中華大典

農業典

河南大學出版社
西南師範大學出版社

中華人民共和國國務院批準的重大文化出版工程

國家文化發展規劃綱要的重點出版工程項目

新聞出版總署列爲『十一五』國家重大工程出版規劃之首

國家出版基金重點支持項目

《中華大典》工作委員會

主　任：柳斌傑　金人慶

副主任：李　彦　于永湛　鄔書林　張少春　李衛紅

周和平　陳金泉　李静海

委　員：張小影　伍　傑　朱新均　吴尚之　孫　明

王家新　徐維凡　劉小琴　毛群安　遲　計

曹清堯　彭常新　王志勇　潘教峰　姜文明

王　正　石立英　安平秋　陳祖武　詹福瑞

戴龍基　宋焕起　孫　顒　陳　昕　魏同賢

王建輝　朱建綱　高紀言　莫世行　段志洪

譚　躍　羅小衛　王兆成

《中華大典》編纂委員會

總主編：任繼愈

副主編：席澤宗　程千帆　戴　逸　吴文俊　柯　俊
傅熹年

編　委：卞孝萱　任繼愈　李明富　余瀛鰲　林仲湘
郁賢皓　馬繼興　袁世碩　席澤宗　陳美東
黄永年　章培恒　張永言　張晉藩　葛劍雄
董治安　程千帆　傅世垣　曾棗莊　龐　樸
趙振鐸　劉家和　潘吉星　錢伯城　戴　逸
楊寄林　穆祥桐　吴文俊　金正耀　戴念祖
柯　俊　金維諾　白化文　汪子春　周少川
孫培青　朱祖延　傅熹年　李　申　郭書春
熊月之　柴劍虹　吴子勇　寧　可　江曉原
鄭國光　吴征鎰　尹偉倫　魏明孔

《中華大典》前言

《中華大典》是運用我國歷代漢文古籍編纂的一部大型工具書。其目的是爲學術界及願意瞭解中國古代珍貴文化典籍的人士提供準確詳實、便於檢索的漢文古籍分類資料。

中國是世界文明古國之一，幾千年來纂寫和聚集的文化典籍浩如烟海。我國歷代都有編纂類書的優良傳統，具有代表性的《永樂大典》等大多已佚失，現存《古今圖書集成》編就距今也已數百年。爲了適應今天和以後研究和檢索的需要，一九八八年海内外三百多位專家學者和各古籍出版社同仁倡議，在已有類書的基礎上，用現代科學方法編纂一部新的類書《中華大典》。

國務院在關於編纂《中華大典》問題的批復中指出，編纂《中華大典》『是我國建國以來最大的一項文化出版工程』。本書所收漢文古籍上起先秦，下迄清末，約三萬種，達七億多字，分爲二十四個典，近百個分典，内容廣博，規模宏大，前所未有。

《中華大典》的編纂工作堅持科學態度和百花齊放、百家争鳴方針。儘量采用古精校精刻本，優先采用我國建國後文獻學和考古學的優秀成果。對傳統文化中重要的不同學派的資料，兼收并蓄。運用現代圖書分類的方法，對收集到的資料，精選、精編，力求便於檢索、準確可信。

這項工作從開始起就受到中共中央、國務院和有關部門的重視和支持。國家主席江澤民、國務院總理李鵬分别爲《中華大典》題詞。江澤民的題詞是：『同心同德群策群力認真編好中華大典爲建設有中國特色的社會主義服務』。李鵬的題詞是：『繼承和弘揚民族優秀傳統文化』。全國政協主席李瑞環、國務委員李鐵映也作了重要指示，要求抓緊辦理。一九九零年五月，國務院批准《中華大典》爲國家重點古籍整理項目。一九九二年九月，正式成立了《中華大典》工作委員會和《中華大典》編纂委員會，召開了《中華大典》工作、編纂會議。自此，《中華大典》的編纂工作由試點轉入正式啓動，逐步鋪開。

編纂《中華大典》，學術性很强，工作量很大，工程十分艱巨，全賴廣大專家學者和全國各有關高等院校、科研院所、圖書館、出版單位的鼎力支持與積極參與。大家本着弘揚中華民族優秀文化的心願，發揚奉獻精神，克服各種困難，團結協作，給這部巨大類書的出版提供了根本保證。在此謹表示誠摯的謝意。
對本書的批評與建議，我們將十分歡迎。

《中華大典》編纂委員會
一九九七年四月
二〇〇六年十一月修訂

《中華大典》編纂通則

一、性質：《中華大典》（以下簡稱《大典》）是對漢文古籍（含已翻譯成漢文的少數民族古籍）進行全面的、系統的、科學的分類整理和彙編總結的新型類書，是在繼承歷代類書優良傳統、考慮漢文古籍固有特點的基礎上，借鑒和參照近代編纂百科全書的經驗和方法編纂而成。編纂《大典》的目的，是爲學術界及願意瞭解中國古代珍貴文化典籍的人士提供各種分門别類的、準確詳細的古代漢文專題資料。

二、規模和體例：《大典》所收古籍的時限，上自先秦，下迄辛亥革命。全書共收各類漢文古籍三萬餘種，七億多字。全書體例，着重汲取清代《古今圖書集成》所采用的經目和緯目相交織這一統一框架結構的模式，同時參照現代科學的學科、目録分類方法，并根據各類學科内容的實際情況，一般將每一大類學科輯爲一典，也有將幾個相關學科共輯爲一典的。對各典名稱，均以現代學科命名，對於所收入的各種古籍資料，亦儘可能納入現代科學分類體系之中。

三、經目：大典共分二十四個典，即哲學典、宗教典、政治典、軍事典、經濟典、法律典、教育典、語言文字典、文學典、藝術典、歷史典、歷史地理典、民俗典、數學典、物理化學典、天文典、地學典、生物學典、醫藥衛生典、農業典、林業典、工業典、交通運輸典、文獻目録典。典以下以分典、總部、部、分部分級，分部之下的標目根據各學科特點由各典自行擬定。

四、緯目：共設置九項緯目，用以包容各級經目的具體内容：

①題解：對有關學科的名稱、概念、涵義、特點等作總體介紹的資料。

②論説：有關理論部分的資料。

③綜述：有關學科或事物的系統性資料，凡有關學科或事物的性狀、制度、範疇、特點及學科地位、發展情況等具體内容均編入此緯目中。

④傳記：有關人物的傳記資料。

⑤紀事：有關學科或事物的具體活動或事例的資料。

⑥著録：重要人物或文獻的有關著作資料，如專集介紹、序跋、藏書題記，以及有關著作的成書經過、版本源流等。

⑦藝文：有關屬於文學欣賞性的散文或韻文。

⑧雜録：凡未收入以上各緯目，而又有較高參考價值的資料，均入雜録。

⑨圖表：根據有關經目的内容需要，圖與表附於相關專題之下，或集中彙總於某級經目之後。

《大典》以内容分類安排各級緯目，各級緯目的正文，一般以原書爲單位，按時代順序排列。每一條資料前標明出處，包括書名或作者名、篇名或卷次，以利讀者核對原書。

五、書目：每分典後附有該分典所收書之書目，書目包括書名、作者、時（年）代、版本等内容。時代以成書時代爲準，成書時代不詳者，以作者主要活動時代爲準，并遵從歷史習慣。

六、版本：《大典》在選用版本時儘量采用古人的精校精刻本，亦采用學術界通用的近、現代整理圈點本及現代學者校點整理本。

七、校點：爲儘可能保存古籍原貌，《大典》衹對底本中明顯的脱、訛、衍、倒進行勘正。古本中的避諱字一般不作改動，衹對缺筆字補足筆劃。後人刻書時避當朝人諱而改動的字，據古本改回。《大典》采用新式標點法。

一九九六年八月

二〇〇六年十一月修訂

《中華大典·農業典》編纂出版領導小組

組　長：張寶明　靳玉樂　王增恂

副組長：馬小泉　周安平　張雲鵬　鄭家福　楊國安

米加德

成　員（按姓氏筆畫排序）：

于　傑　王本朝　王學春　吕剛武　李　森

李偉昉　周志欽　苗書梅　秦紅雨　郭　亮

袁凱强　展　龍　陳廣勝　陳隆予　孫　曉

黄　璜　葛鄭偉　湯興華　鄒芙都　靳宇峰

鄧章應　聶昌紅　龍玉明

《中華大典·農業典》編纂委員會

《中華大典·農業典》序

農業是中國古代的重要生産部門，它關係到人的生存、社會的安定和政權的穩定。因此，它被社會上的全體人員所關注。在中國最早的文字——甲骨文中，就有關於農業生産内容的記載。

中國農業歷史學界按照古籍所載内容的具體情况，將涉農古籍分爲兩類：一類是專門記載中國古代傳統農業科學技術、生産知識和經營管理的著作，即中國古代農書；一類是書中存有涉及農業内容的一般古籍。

據考古資料顯示，中國農業産生於舊石器時代晚期與新石器時代早期交替的階段，距今已有一萬多年的歷史。到了青銅時代，即歷史上的夏、商、周時期（公元前二一—前八世紀），中國的傳統農業已經形成，并且發展爲社會的主要産業。到了春秋戰國時期（公元前七七〇—前二二一年），不僅在諸子百家中出現了農家學派，而且還出現了專門的農書。在《漢書·藝文志》中著録有成書於『六國時』的《神農》《野老》兩種和『不知何世』的《宰氏》《尹都尉》《趙氏》《王氏》等四種。上述書籍今已失傳。

由秦漢時期至清代，據《中國農業百科全書·農業歷史卷》統計，就有六百九十七種之多，按其數量多少排列依次爲：園藝類農書一百六十六種，蠶桑類農書一百五十二種，綜合類農書一百一種，竹木、茶類農書五十五種，耕作、農田水利類農書五十二種，農作物類農書四十七種，畜牧獸醫類農書三十八種，植物、氣象、占候類農書三十一種，荒政、治蟲類農書二十七種，水産類農書二十二種，農具類農書六種。如果按時代進行劃分，元代及以前農書的種類及數量依次爲：園藝類農書三十二種，綜合類農書二十種，畜牧獸醫類農書十一種，植物、氣象、占候類農書十一種，竹木、茶類農書十種，耕作、農田水利類農書三種，蠶桑類農書三種，水産類農書三種，荒政、治蟲類農書二種，農作物類農書一種，農具類農書一種。明清時期農書的種類及數量依次爲：蠶桑類農書一百四十九種，園藝類農書一百三十四種，綜合類農書八十一種，耕作、農田水利類農書四十九種，農作物類農書四十六種，竹木、茶類農書四十五種，畜牧獸醫類農書二十七種，荒政、治蟲類農書二十五種，植物、氣象、占候類農書二十種，水産類農書十九種，農具類農書五種。從上述農書的種類及變化，我們可以看到中國傳統農業的結構、地位及變化。

由於農業對於經濟、政治的影響巨大，因此中國古代社會中上至帝王將相，下至布衣百姓，無不對其給予重大關注，在他們的著作中或多或少地涉及了中國古代農業的內容。這些內容涵蓋了中國傳統農業的方方面面。

在春秋戰國時期，由於傳統農業的性質發生了明顯的變化，因此此時的農業生産有了明顯的進步，人們對於自然界的干預增强了。在先秦諸子的著作中，有不少對人與自然界關係的論述，是中國古代農業生態思想的萌芽。在一貫相承的紀傳體史書二十四史中，詳細準確地記載了中國古代歷年的風、水、雹、旱、蟲等各種農業自然灾害的發生及影響。沈括《長興集》卷九《萬春圩圖記》和胡仔《苕溪漁隱叢話前集》卷二七中詳細地講述了圩田、葑田等中國古代的土地利用。在《莊子・天運》、周去非《嶺外代答》卷四、《蘇東坡全集・後集》卷四中分別介紹了中國古代農具桔槔、踏犁和秧馬。范成大《石湖居士詩集》卷一六《勞畬耕并序》中詳細記載了三峽地區八個水稻品種；陸九淵《象山先生全集》卷三四記載了自家水稻深耕易耨的豐産經驗；高斯得《恥堂存稿》卷五最早記載了水稻生産中的烤田技術；莊綽《鷄肋編》卷上《説蕨》中有關於利用雜草作肥料的經驗。陳舜俞《都官集》卷一四《山中咏橘長咏》中記述了宋代柑橘栽培、貯藏和銷售的一整套經驗；張世南《游宦紀聞》卷五介紹了柑嫁接的經驗；莊綽《鷄肋編》卷下《韓岊論茶》記載了宋代建溪茶場的生産情况，趙希鵠《調燮類編》卷三《清飲》介紹了花茶的製作方法；周密《齊東野語》卷一六介紹了當時著名花卉産地馬塍藝花法。莊綽《鷄肋編》卷下《養柑蟻》介紹了古代的生物防治經驗。周密《癸辛雜識別集上・魚苗》記載了宋代對魚苗的生活特點已經有較深的認識，因此總結出了一套魚苗長途運輸技術，劉恂《嶺表録異》卷上介紹了唐代稻田養魚經驗，龐元英《文昌雜録・養珠法》介紹了人工養殖珍珠的經驗。王禹偁《小畜集》卷一四《記蜂》一文，詳細地描述了蜜蜂的習性、組織、蜂王、分窠、蜜蠟等方面的知識。張舜民的《使遼録》記載了遼國人用麻醉法施行馬肝部病灶切除手術。這些資料，涉及了古代農業的各個專業。

對於古籍中農業資料的整理古已有之，在晚清『富國强兵』的努力中，一些學者也整理出版農業古籍。現代著名的農業農史學家萬國鼎先生于一九二四年開始，從事祖國農學遺産的搜集整理工作，共搜集整理出三千萬字，彙編爲《先農集成》，分成若干專輯，裝訂成四百二十册，現存于南京農業大學中國農業遺産研究室。一九五五年四月，農業部農業科學院籌備小組在北京召開整理祖國農業遺産座談會。一九五八年，在周恩來同志的關懷下，國務院古籍整理出版規劃小組成立，并制定了第一個十年規劃。同年，農業出版社（今中國農業出版社）在北京成立，依靠各農業院校農史研究專業隊伍，開始系統整理出版農業古籍。截至二〇一四年，已出版農業古籍近二百種，涵蓋了十一類古代農書，整理方式有標點校勘、注釋、今譯、影印、輯佚與資料彙編等。

《中華大典》是在黨中央、國務院領導下的新中國成立以來最大的古籍整理出版工程，農史研究者有幸參與其中，在前人的基礎上，對祖國的農業遺産以新編類書的形式進行整理出版，無疑對於廣大農業工作者瞭解中國國情、促進農史研究的發展均有不可估量的作用。

《中華大典·農業典》設糧食作物、蠶桑、茶業、藥用作物、救荒植物、園藝作物、漁業水産、農田水利、農業灾害、畜牧獸醫、農具倉儲和農書十二個分典，基本涵蓋了農業各要素。如前所述，中國古代農業文獻既有一定數量的專書，又或多或少地存在於浩如烟海的經史子集當中。如果繼續使用傳統的手段和出版工作流程，在短時間内利用有限的力量是難以完成編纂工作的。所以《農業典》在編纂之初，就采取了利用數字化編纂的方式。二〇〇六年七月開始由中國社會科學院李根蟠研究員任主編，依靠各高等農業院校農史研究專業人員，編定了編纂大綱，我和蘇金花研究員編定了《農業典》專用書目，各分典在此基礎上又補充了本專業的書目，依托社會上反響較好的古籍數字平臺開始了試編工作。在隨後的實際工作中，我們發現《農業典》編纂所需資料屢屢受制於商業化的數字平臺，尤其在《茶葉總部》的試編寫中遇到了引文難以核對的問題，遂於二〇〇九年底決定自主研發工作平臺，并由我和曹幸穗研究員出任主編，按照新的思路開展編纂出版工作。二〇一一年，按照國家新聞出版總署和國家出版基金規劃管理辦公室的統一部署，與未完成的各典一起納入國家出版基金管理。

《農業典》是《中華大典》確定的數字化編纂出版工作試點，任繼愈先生説：『農業典的試點工作如能成功，其意義將遠遠超越中華大典本身，它對於今後我國整個古籍整理工作，都會産生深遠的影響。』因此出版項目承擔者河南大學出版社組織了由編委會、出版社和數字編纂平臺共同參加的編纂隊伍，打破傳統編者、編輯、出版分離的做法，首先選擇《農業典·蠶桑分典》作爲試點，組織編纂者從一開始就介入平臺建設，平臺也按實際工作需求隨時調整功能，各項工作交叉進行，全面推進編纂工作。二〇一六年十月，經基金辦同意，增加西南師範大學出版社爲《農業典》出版單位，承擔《糧食作物分典》《藥用作物分典》《救荒植物分典》《園藝作物分典》《漁業水産分典》

《農具倉儲分典》的編纂任務。組織形式和工作機制的改進既是本書得以順利面世的原因，又是大型出版物出版工作方式的創新。

雖然全體編纂人員竭盡全力開展工作，但因此工作爲首創之舉，加之本人水準有限，疏漏之處在所難免，懇請讀者不吝指正。

穆祥桐

二〇一七年六月

《中華大典·農業典》凡例

一、收録範圍。《中華大典·農業典》以《中華大典》的編纂宗旨爲依據，彙編中國從先秦到清末有關農業的文獻，包括古代外國人用漢語所寫的涉及中國農業的作品和少量近代翻譯以資中國農業借鑒的國外著述，以供農業、歷史工作者和一般讀者參考和檢索。

二、結構。《農業典》分爲十二個分典，分典之下設總部、部、分部、專題四級經目。在專題之下，根據内容不同，設置題解、論説、綜述、傳記、紀事、著録、藝文、雜録、圖表等緯目。由於各分典的内容差異很大，因此各分典經、緯目的設置存在一定的不同。

三、用字。經目、緯目、標目等屬今人編寫的文字一概使用規範漢字，對所引用原文中的通用字、假借字、古今字、俗體字和舊字形等，爲最大程度保留文獻原貌，基本不作修改。

四、標目。資料標明出處，依次爲：作者生活朝代、作者及編著方式、書名、卷次、篇名。并列的資料選自同書而卷次不同，則不再另標作者及書名，僅用『又』字表示。書名與篇名加書名號《》。如果此書不分卷，將書名與篇名放在一個書名號内，中間用分隔號『·』隔開。此外，先秦典籍、二十四史、十通等大型官修書不標朝代與作者。志書前標加圓括號的年號，不加朝代與作者。對類書、志書或總集類文獻，收録其中單篇文獻時，以文章朝代與作者、文章名（加書名號）作主標目，以類書、志書或總集類文獻的書名與卷次作次標目，用小號字跟在主標目下面，省去編者、篇名。

五、校勘。脱字，在方括號内寫出補入的字。訛字，將錯字寫在圓括號中，後面在方括號中寫出改正的字。衍字，將衍字寫在圓括號中。倒字，在該字的正確位置按脱字的辦法用方括號補上，其錯誤的位置用圓括號作爲衍字處理。在使用前人校勘本時，直接使用校勘後的文字，均不再出校記。

六、節選。對古籍的省略處，用『【略】』標出。中間省略文字用『【略】』。有整段省略者，『【略】』放在上段末尾，不單獨占行。同一標目内，節選内容首尾不加『【略】』。古籍中的原注，用小號字排。

七、古籍中漫漶不可識處，以□代替。

八、數字。對古籍的卷次，用一、二、三、四、五、六、七、八、九、〇標出，不用十、百、千、萬。書名與篇名中照原版保留十、百、千、萬等。

九、以上諸項是《農業典》的通例。各分典因所涉文獻不同，各依據實際情況加以補充説明。

主編：唐志强

中華大典・農業典

蠶桑分典

墨家分典

中華大典·哲學典

《中華大典·農業典·蠶桑分典》編纂委員會

《中華大典·農業典·蠶桑分典》説明

《蠶桑分典》是《中華大典·農業典》的分典之一，其内容以蠶桑生産爲主，包括種桑、養蠶、治絲的生産過程、技術措施、使用工具以及與蠶桑相關詔制、勸課、税賦、詩詞、習俗等。

《蠶桑分典》采用經緯目相交織的框架結構，共設六個總部，分别是綜合總部、桑柘總部、蠶總部、蠶桑設施器具總部、加工總部和蠶俗總部。總部下設部，部以下設分部或專題，如設分部則在分部之下再分專題，專題下分緯目，緯目下收録條目。

綜合總部以有關蠶桑生産的帝王詔制、官員勸課，蠶桑經營的賦税、利益以及反映各地蠶業發展的奏摺、論述等文獻資料爲主要内容，分爲概説、蠶桑政令、蠶桑利益貢賦、圖説四個部。

桑柘總部分爲桑樹基礎、桑樹品種、桑樹繁育、桑園管理和柘五個部。桑樹基礎部收録了古籍文獻對桑樹形態、結構、生長特性的記載。桑樹品種部輯録的文獻包括湖桑、荆桑、女桑、魯桑、白桑、野桑等衆多桑樹品種的史料。桑樹繁育部包括有性繁殖的收籽和播種，無性繁殖中的扡插、壓條和嫁接，以及桑苗培育等方面的史料。桑園管理部輯録的史料主題是桑苗移栽、桑樹修剪枝、病蟲害防治。柘部輯録的主要史料是柘樹種植和利用的方法、飼養柘蠶的技術。

蠶總部是《蠶桑分典》六個總部中内容最多的一個總部，共有約一百五十三萬字，輯録的史料涵蓋家蠶的形態構造、生理特性等基本性狀特徵和給桑飼養、温濕度控制、病蟲害防治、上簇結繭、製種護種等養蠶生産的各個方面。蠶總部分爲綜述、家蠶品種、蠶種保護、家蠶飼養、上簇結繭殺蛹、選種育種、蠶病害、家蠶保護、野蠶共九個部。綜述部分爲家蠶基礎分部和養蠶經驗分部，家蠶基礎分部輯録了家蠶世代、家蠶身體構造、家蠶習性的文獻記載，養蠶經驗分部輯録了關於養蠶經驗『十字訣』的文獻記載。家蠶品種部輯録了有關家蠶品種、化性、眠性、顔色和季節等方面的史料。蠶種保護部包含護蠶、浴種、催青、暖種等内容。家蠶飼養部輯録的史料包括收蟻、眠起、采桑、給桑、除沙、提青、飼夏秋蠶、放地蠶等養蠶技術措施。上簇結繭殺蛹部收録了上簇、結繭、簇中保護、采繭、殺蛹、儲繭、選繭等諸多專題。選種育種部包括選種、育種、製種三個專題。蠶病害部包括病害和蠶忌兩專題。家蠶保護部輯録關於温度、濕度、風等養蠶環境控制方面的資料。野蠶部包括樗蠶（椿蠶）、柞蠶、山蠶、樟蠶等各種野蠶資料。

蠶桑設施器具總部包括桑具、蠶器、簇具、繭具、絲具、蠶室六個部分。桑具部包括采桑用具如桑梯、桑剪、桑鈎、葉籃、擔桑凳等，切桑用具如切葉刀、切葉砧、桑鈠、桑夾等，管桑用具如桑鋸、接桑刀、刮桑鈀、噴筒等。蠶器部包括收蟻用具如鵝翎、蟻稱等，温濕控制用具如火爐等，蠶架及蠶盤箔具如蠶架、蠶箔、蠶盤等，給桑工具如蠶杓、葉篩、蘆簾、缸甕等，除沙工具如蠶箸、絹篩、蠶匙、蠶網等。簇具部包括山棚、蘆簾、帚類簇等。繭具部包括繭籃、繭甕、繭籠等。絲具部包括車床、車軸、牌坊、絲稱、牡娘鐙繩、撈絲帚、踏脚板、絲火盆等。蠶室部包括貯桑室、養蠶室、上簇室等。

加工總部由織紝部、蠶桑産品綜合利用部、蠶桑物料部和圖説部四部分組成。織紝部包括繅絲、絲綿製作和湖絲三個專題的史料。蠶桑産品綜合利用部包括蠶沙、桑渣、僵蠶、蠶蛹、蠶蛾、桑葚、桑皮、桑條等專題文獻資料。蠶桑物料部包括火料、糠料、蓐料、箔料、簇料、薦料、盤料等方面的文字記載。

蠶俗總部由起源傳説與信仰祭祀部、蠶鄉習俗部、蠶農部、蠶時蠶事部、蠶桑集貿部、蠶桑祭禮部和圖説部七部分組成。起源傳説與信仰祭祀部包括嫘祖、菀窳婦人和寓氏公主、蠶叢氏、馬頭娘、蠶花、蠶三姑等；蠶鄉習俗部包括養蠶習俗、節日蠶俗、蠶忌風俗等；蠶農部包括蠶母專題；蠶時蠶事部包括蠶月專題；蠶桑集貿部包括蠶市、桑市等專題；蠶桑祭禮部包括蠶禮、桑禮等專題。

《蠶桑分典》在六個總部下，共設了三十五個部。在部下設有二十個分部，并且在部或分部下共設了約一百七十個專題。在這些專題（即最後一級經目）下，根據其内容不同，設置題解、論説、綜述、傳記、紀事、著録、藝文、雜録、圖表等緯目。在緯目之下，則以『對題、對路、一致』的原則歸集條目，其中每一個條目都是與本緯目主題密切關聯、内容單一完整的意思表達，而且每個條目資料都標明出處，包括朝代、作者、書名、卷次、篇名。

《蠶桑分典》的編纂工作在《中華大典·農業典》編委會大量前期工作的基礎上，從補充蠶桑專業古籍、設計結構框架、編寫檢索詞開始，應用古籍編纂系統以二千多個關鍵詞從約二千五百部古籍、二億五千多萬字的歷史文獻中檢索出十多萬條、四千多萬字的蠶桑相關資料，從中選編出與所在分部或專題密切關聯的條目。在這項階段性工作的基礎上，核對補全遺漏條目或記載，逐條添加緯目，逐句添加標點，逐字進行校對和勘誤。作爲農業典的編纂試點，《蠶桑分典》編纂工作歷時兩年，最終形成現在的近一萬五千條，三百五十萬字的書稿，盡可能輯録了我們所知古代文獻當中涉及蠶桑的原始典籍資料，引用書目上千種。所收録的資料全部按類（或專題）和記載時間先後進行編排，其中多半文獻是首次整理標點的，基本照録原文；對已經整理出版的資料則參考了後人的研究成果，直接改正了古籍中明顯的錯誤。通過這次全庫檢索和海選，挖掘出許多很有研究價值的『新』史料。

相對於其他分典，《蠶桑分典》在材料選擇上有一些特殊性，主要表現在兩個方面：

一、清代的蠶桑文獻所占比重很大。蠶桑生産在清代發生了很大的變化，而且蠶桑生産的地域性較强，不同地區在種桑、養蠶方面有很多不同的經驗、技術和工藝，相關文獻對此進行了非常詳盡的記載。有清一代，從中央到地方的各級政府都非常重視蠶桑生産，爲了推動蠶桑生産的繁榮發展，各地刊刻、翻刻、彙編了大量關於蠶桑生産的書籍。

二、《蠶桑分典》收録了歷朝歷代《耕織圖》關於蠶桑生産的圖像資料。歷代《耕織圖》形象地反映了當時蠶桑生産的情況，其價值甚至超過了文字材料的記載，并且這是當時從中央到地方各級政府推廣蠶桑生産經驗的重要途徑，爲了保證這些材料本身的系統性和完整性，《蠶桑分典》對其進行了完整收録。

虽然我們做了大量工作，但是自知功底淺薄，加之工作浩繁，難免出現内容遺漏、資料重複、分類欠妥、點校可議的情況，敬請海内外方家指正。

二〇一六年十月六日

總目

目録

綜合總部

桑柘總部

蠶總部

蠶種保護部……六九九

上簇結繭殺蛹部

選種育種部

蠶桑設施器具總部

蠶俗總部

蠶桑分典　引用書目

上

綜合總部

綜合總部説明

蠶絲是最纖細、最匀稱、最堅韌，也是最光亮的天然纖維，被人們稱爲纖維皇后。中國是世界上最早飼養絹絲昆蟲的國家，并在相當長時期内是唯一這樣的國家。在歷史上，絲綢不僅是供王公貴族享用的奢侈品，更是我國古代對外貿易的拳頭産品。蠶桑生長環境、品種資源、生産知識技能和勞動力等多重優勢疊加，是我國古代絲綢貿易始終立於不敗之地的核心競争力。

綜合總部輯録有關蠶桑生産的帝王詔制、官員勸課，以及關於蠶桑生産經營的利益、賦税等的文獻資料，反映了各朝代都十分重視蠶桑生産的史實，佐證了我國蠶桑生産格局的歷史變遷，揭示了我國蠶桑絲織長盛不衰的根本制度保證。從輯録的史料看，我國在黄帝時代已開始養蠶。商代統治者把『桑穀共生』當作祥瑞，將蠶桑生産與糧食生産并重。周代的蠶桑生産在《詩經》中有大量記載。當時黄河流域種桑養蠶十分普遍。秦漢時期，齊魯、河南地區、楚國舊地、成都平原蠶桑絲織發達。唐代蠶桑主要産地在今冀、豫、魯三省以及長江上游的成都平原和下游的太湖流域、錢塘江流域。宋代在蠶桑布局上，大致保持了華北、江南及四川三大全國性絲織業中心的格局，有『齊、魯、趙、魏，桑者衣被天下』之説。明清時期長江流域成爲全國蠶桑和絲織業最發達的地區。清末，珠江三角洲成爲我國最重要的蠶區之一，在全國各蠶區中可算是『後起之秀』。

綜合總部分爲概説部、蠶桑政令部、蠶桑利益貢賦部、圖説部四個部。概説部輯録了蠶桑區域發展、蠶桑教育等方面的文獻資料，如清代張壽宸彙輯的《蠶桑圖説提要》記載：『吴絲衣被天下，每歲絲市聚於湖州之雙林，近則吴越閩番，遠及西洋番舶，貿遷百萬。』蠶桑政令部輯録了詔制和勸課蠶桑兩個專題的資料。其中，詔制是以皇帝的名義督辦蠶事的命令，勸課是地方官督促和勉勵當地蠶桑生産的舉措。蠶桑利益貢賦部主要輯録了對發展蠶桑之利的論述和所得收益的計算分析的資料，如清代沈清渠《廣蠶桑説》載：『栽桑原以飼蠶，然不飼蠶而栽桑，亦未始非計也。栽桑百株，成陰後，可得葉二三十石，以平價計之，每石五六百文，獲利已不薄矣。』圖説部輯録了中國古代有關蠶桑的畫像磚、古繪畫、古刻本插圖，如宋代《蠶織圖》，更直觀地展示了古代養蠶、栽桑、紡織的過程。

綜合總部

概説部

蠶桑區域發展

論説

宋 秦觀《蠶書》 考之《禹貢》，揚、梁、幽、雍不貢繭物。兖篚織文，徐篚玄纖縞，荊篚玄纁璣組，豫篚纖纊，青篚檿絲，皆繭物也。而桑土既蠶，獨言于兖。然則九州蠶事，兖為最乎？予游濟河之閒，見蠶者豫事時作，一婦不蠶，比屋詈之，故知兖人可為蠶師。今予所書，有與吳中蠶家不同者，皆得之兖人也。

清 陳世倕《志買葉買種》《蠶事統紀》卷一六 鹽邑，地狹人衆，力耕不足糊口，比户養蠶為急務。蠶出火一觔，食葉百觔，作繭十觔，繅絲一觔，此大畧也。墻隙、田旁悉樹桑，桑葉千觔，養蠶十觔，謂之本分蠶。蠶多葉少，謂之空頭蠶，必買葉飼之。輕舠飛棹，四出遠買。雖百里外，一晝夜必達。遲則葉蒸而爛，不堪餵蠶矣。男不盥，女不櫛，間以箭泥、割麥、撒秧諸事，白叟、黄孺，各有攸司，是為忙月。蠶或不登，則舉家聚哭，盖農家全恃蠶以為耕耘之資。蠶荒，則田蕪，揭債鬻子，慘不免矣。蠶有家種，有客種，向祇有家種。十餘年來，有自餘杭湖州帶歸者，食葉甚猛。每蠶一觔，食葉較家種多十數觔，繅絲亦重數兩。愚民第利其多絲也，競棄家種而養客種，究竟因人之財運為豐歉，儘有一紙平剖，而此成絲，彼無繭者。鄉人狡猾者，往唐棲、西溪諸處販之，沿村放賣，其利不貲，販者益衆。彼處苦無以應，反向我邑收取綿繭生子，以畀販夫。以賤值持歸，仍昂價以給鄉愚，其貽害匪淺鮮也。

清 鮑鈖《先蠶祠》《蠶事統紀》卷一九 蠶事吳興重，神功亘古垂。利民修缺典，報本創蓋祠。軒后親桑始，周官制禮隨。不壇私祭展，肖像俗情宜。鄉貢憑庥庇，官箴媿繭絲。自今欽世世，留記麗牲碑。

清 鄂爾泰《授時通考》卷七二《蠶事門》 《蠶論》 木各有所宜土，惟桑無不宜。桑無不宜，故蠶無不可事。《豳風》之詩曰：『女執懿筐，遵彼微行，爰求柔桑。』則豳可蠶。《將仲子》之詩曰：『無折我樹桑，』則鄭可蠶。《車鄰》之詩曰：『阪有桑，隰有楊。』則秦可蠶。《氓》之詩曰：『桑之未落，其葉沃若。桑之落矣，其黄而隕。』《桑中》之詩曰：『期我乎桑中。』則衛可蠶。《皇矣》之詩曰：『攘之剔之，其檿其柘。』《桑柔》之詩曰：『菀彼桑柔，其下侯旬。』則周可蠶。《禹貢・兖州》：『桑土既蠶，厥篚織文。』則魯可蠶。《青州》：『厥篚檿絲。』《管子》亦曰：『五粟之土，其檿其桑。』則齊可蠶。《荊州》：『厥篚元纁。』則楚可蠶。《孟子・告梁惠王》曰：『五畝之宅，樹之以桑。』《十畝》之詩曰：『十畝之間，桑者閑閑。』則梁可蠶。蠶叢都蜀，衣青衣，教民蠶桑，則蜀可蠶。猶農夫之於五穀，非龍堆狐塞，極寒之區，猶可耕且穫也。

清 崔應榴彙纂，錢馥補輯《蠶事統紀》卷四《歷代祀先蠶禮・親蠶禮三》 案《揮麈餘話》：李元叔《廣汴賦》『后妃親蠶之所，延福邃深，有嚴金鋪。當春日之載陽，率六宮而與俱。懿箱既飾，柔桑既敷。鞠衣東嚮，三采蹡蹡。風戾川浴，地温氣舒。然後龍精報貺，瑞繭紛如，五色之絲，允侔乎東海。八蠶之綿，倍富於吳都。

又 卷一一《祥異》 案吳主孫皓《國山碑》云：靈絮神蠶，彌被原野者三，則皓時或亦有之，抑亦作碑者侈言之乎？又《隋・禮儀志》稱：韋昭作《西蠶頌》，則吳曾行親蠶之禮，而今不可考也。

又 卷一五《雜繫下》 《横山紀畧》：吾郡蠶絲之利，亞於湖州。就七邑中，石門、桐鄉育蠶最多，次則海鹽，又次嘉興、秀水。若嘉善、平湖，此事罕及。非關地□，亦由人力之不勤也。至元《嘉禾志》云：是郡綿綿絹帛，視苕霅次之。《嘉興府志》云：嘉為吳越一隅，屬斗女，女主女功，故俗尚蠶織，重女紅，為星纏之明驗云。

清 吳烜《植桑育蠶書・鄭經序》 凡鄰近之區，如蘇屬及錫金、武陽、宜荊、溧陽等邑，向有種桑育蠶之處，不難轉相則傚，合邑偏行。獨吾江素未講求，無從取法。同志諸公，非不關心民瘼，亦以素非所習，引導爲難。吾徒吳孔彰，於克復之初，即殷殷於蠶桑之事，以爲因利而利，其利方大而且久。近更得賢父母捐廉倡率，相與有成。

清 王晉之《山居瑣言·治生宜精理桑棉》 有桑則養蠶之本已立。然不可不專有蠶房，房宜高敞，宜南向，蠶寒則畏風，煖時又喜透風。房高而南向，則可時其涼暖。養蠶之法，農書悉備，依法爲之，不過數月工夫即可獲利無窮。有謂北方不宜者，此甚不然，除是無桑，始不能養蠶，既是有桑，而且易生，豈有不能養者？即北方地寒，蠶房之中可多用火倉烘之，南方養蠶亦何嘗不用火倉涼暖之節？其權在人。且近時北山中即有恃養蠶爲生者，何疑而不爲乎？

清 尹紹烈《蠶桑輯要合編·吴棠序》 天章重本業也，由此廣為流布，俾比户收女紅之利，耆壽得衣帛之樂。清淮蠶桑，安知不嘉湖、齊魯若也。

清 張之洞《張文襄公全集》卷四三《籌設商務局片光緒二十二年正月初五**》**

再蘇州開埠通商，疊奉諭旨，籌議招商，多設織布、織綢等局。及内河小輪船，就産貨地方，先抽釐金三節，遵即會同江蘇撫臣趙舒翹，於七月間電奏奉旨，允准在案。臣查江蘇所産之土貨，自以棉花、絲繭爲大宗，外洋各國所垂涎。欲設機器製造者，大率皆以紡紗織布、烘繭繅絲爲兩大端。蘇、常蠶桑之利，近十年來日漸加多，漸可與浙相埒。

又《江西紳商請辦小輪瓷器及蠶桑學堂摺》 又江西素不産蠶，現擬於高安縣地方，創設蠶桑學堂，收教學生。於種類之異，土地之宜，培養之方，飼養之法，無不考究精詳。於種桑，則求樹易長而葉加大；於育蠶，則期蠶無病而絲加多。惟桑秧、蠶子，必須購自鄰省，釐稅甚重，小民購辦艱難。擬請暫免釐稅三年，以資鼓舞。將來出有繭絲綢匹，亦請統由九江關出口。【略】至開設蠶桑學堂，係因江西本無蠶桑，意欲特開風氣，所陳辦法，雖未必一時即能度越前人，然既能博采西法，專設學堂，加意講求，必能日習日精，開從前未有之利，自應准其試辦。至請購桑秧、蠶子，暫免稅釐三年，自屬可准。若出有繭絲綢疋，並免稅釐數年，亦係援照廣西奏准成案。惟各省絲綢，皆無免徵稅釐明文，而廣東惠州府繭絲、江南通州繭絲，因係教導民間創辦，經廣東、江南督撫臣批准，免收釐金十年，以期鼓舞。今江西繭絲，亦係創辦，從前關卡所徵，並無此貨，可否亦照廣西成案，酌免釐金數年之處，出自逾格鴻慈。臣查内河小輪，及西式瓷器、蠶桑學堂三事，皆係利濟民生、振興農工之要端，當此民業困絀之時舉辦，實不可緩。相應請旨飭下總理衙門、户部，分別核覆，及早施行，實於江西地方民生大有裨益。

清 趙淵《蠶桑摘要·郭紹恩後序》 《舊唐書》載：綿州土貢紅藍蜀錦。《新唐書》：綿州貢紅綾。《太平寰宇記》：錦州貢紋綾，産交梭紗，産綿紬，又産輕容、雙紃。《遊蜀記》：左綿郡有水，所染緋紅，濯後益鮮。德陽屬綿首邑，意謂是邦土宜，必將愈出愈上。乃業蠶桑者甚尠，工亦窳陋不精，豈良法盡失其傳歟？亦無人爲之提倡耳。夫子以庚寅會魁，籤掣來蜀。辛卯充鄉試同考官，皆得士。紹恩爲對房門生。丁酉攝安岳篆，循聲遂聽。庚子六月，來涖茲邑，甫下車，即減分糧之浮費，許納者自投，耗羨一無所取，處脂膏而不自潤，民甚德之。培植學校，每月加經史時務課一次。公明算術，常揭算題以課士。指畫不勧，業算者夥，爰設算學館，延一人爲之師。捐廉倡募，購經史子集五萬餘卷，建宏道閣，庋書其中，恣人閱看，以增學識。而培士林，一如其治安岳。創設正蒙精舍，選子第之穎秀者，肄業其舍，捐應得之閒欵，資其束脩膏火。不時至館，手授小學，《近思錄》諸書，口講指畫，此殆類程子，兒童所讀書，皆爲正句讀也。建自新所一區，犯者教以織布，學成而歸，各有本業，相戒無敢再犯。竟日坐堂不憚勞，疾忽作，咯血數升，事未訖，弗退。非誠求保赤，留心民瘼者，曷克臻此？遇事擔當有魄力，嘗中文於藩署，儕輩舞法，屢駁夫子，直陳儕輩過失，並不憚投鼠之忌。正己率下，無敢以苞苴進者，以故令節生辰門庭闃然。每詢民間疾苦，又時出巡行鄉社，民或具壺漿以進，夫子卻之，惟飲茶一甌而已，食物則自備也。士民相與嘆曰：官自苦，民自樂，因奉長生位，入祀於晉循吏許真君祠中。公署後小築，額曰『退園』，時人擬之爲魯宗道『退思巖』云。署内不設門丁，不暱書役，二堂設桌，分數格，每房送卷，自陳於上，一以劉簾舫爲法。朞年而政簡刑清，相安無事，購桑種遍植公地，其葉沃若，人稱爲『趙公桑』。

清 曾國荃《曾忠襄公批牘》卷四《絳州陳令稟覆垂問事件開摺請核由》 惟所云《禹貢·冀州》不言蠶桑之利，遂稱山右自古不宜蠶桑，似不盡然。《左傳》，趙宣子舍于翳桑，晉侯召桑田巫。翳、桑田，雖皆地名，要因其地有桑，而後以桑名之。《唐風》之詩詠桑者一，《魏風》之詩詠桑者三，未見山右之不宜於桑也。《魏風》明言採桑，若不宜蠶，採桑何為？惟婦女一身不能兼營，該州鄉村女子七八歲以上，即能紡綫，十二三以上，即能織布。此種既出女手，則蠶桑或可無庸耳，聊相與共證之。

（光緒）《新會鄉土志輯稿》卷一四《物産》 蠶爲廣東特有之種類，常供飼育者爲大造、輪月兩種，均於大寒前後孵化，採不割枝、先發芽之桑耳飼之桑耳俗名桑穀，名曰渡蠶種。用火補助溫度，以溫度之高下伸縮其齡期，令下次發生合於蠶造。蠶造之早晚，因桑葉發生遲速爲差，約自三月起至九月止，凡六造。用湯浴法，令蠶卵發生。蠶期之中，晝與夜之溫度相差不遠，極適於蠶兒之發育。惟濕度頗高，須用法補救耳。邑中蠶業現況與順德畧同。東北方天河、荷塘各鄉多業之，因其附近於順德有桑市、繭市故也。西北方土地，居民均佔多數，且地勢稍高，沙壤居多，最宜於蠶桑。將來蠶種改良及桑市成立，或有發達之望也。飼蠶家手術極敏，但昧於蠶之生理、病理，又乏補救之思想，若陰雨連續，或西風偶吹，則蠶兒多斃。飼蠶家不知撲滅疫菌，僅委諸命運，長歎奈何而已。且蠶室多是密蔽，空氣絶不流通，蠶具多不完備，給桑不按時刻，亦不準定重量，無飼育標準表及養蠶日誌，墨守舊習慣，無試驗改良之思想，幸值天氣晴燥，收繭僅得五六成，能得八九成者罕見。據荷塘人稱，三月頭造，無蠶蛆之弊，則待蠶蟲變蛹而後烘繭。若四月以後，每患蠶蛆，蠶未變蛹，即以火烘之，蓋遲則蠶蛆發作也。不知設法撲滅蠶蛆，徒亟亟於蠶兒吐絲未盡之時烘之，以減去其絲量，豈不可惜？且於飼育期中減蠶甚多，故蟻蠶量與食桑收繭各數難得一定之比例。現邑中有林國光實行改良蠶種之研究，擬用顯微鏡檢查，病者汰之，健者留之。又用殺菌劑嚴行蠶室蠶具消毒法，將來有成，得無病壯健蠶種，則本邑蠶業可期發達。又現在蠶種所出之繭，爲紡錘狀，色或黄或白。然白者，亦非純白，微帶淡青色。繭殼一枚之重量，僅三厘餘，絲縷頭大尾細，長得檢尺器四百一十回，纇節多而切斷易。繭每百斤價值由七十兩至一百四十兩。研究家謂，浙江絲質甲於全球，惜其蠶每年僅發生一次。擬取浙江蠶種用冰室及窮理法令年中發生數回，俾合於廣東飼育，又欲用動物進化理法改良土蠶，令繭形豐大，絲質精韌云。

清 曹笙南輯《五畝居桑蠶清課》卷二《育蠶徵信篇·祈祓》 杭、嘉、湖三府，可普冀豐收。據實陳奏，遂奉詔旨，浙江杭、嘉、湖三府比戶飼蠶，以資生業。允宜恭祀先蠶，聿崇昭報，每年官爲致祭，載入祀典，并御書扁二，懸軒轅黄帝廟及先蠶後殿，猗歟盛哉。古未備而今始全，典既昭而名不瀆，從此先蠶得與先農永永並歆，歲祀福佑兆民，朝家制禮，斯爲盡善矣。愚竊以蜡祭有八，凡有功農事者，大小弗遺，則凡有功蠶事者，皆可同修享報軒轅廟。後殿之神，黄帝正妃當之矣。或者別建一廟，附以苑窳寓氏二神及馬頭娘，庶蠶神咸秩。且別築一壇，奉天駟星，亦豈煩褻哉？祀典統以先蠶，有司敬共禋祀，而民間所私祀者，固聽其從俗也。因詳考紀志而彙識之，俾民眾共曉，兼備當事者之籌議焉。

清 黄祖徽《蠶桑淺説·育蠶標準表》 荆州之域，古以桑土著聞，今蠶利遠不逮吳越，而近亦難與川汴爭先。

（光緒）《南匯縣志》卷二〇《風俗志》 土俗向不解蠶桑，粤寇之亂，浙西及江寗避難者，多至浦東，遂開其端。前令羅嘉杰、金福，曾先後官斯土，始課民藝桑，并導以育蠶之利。近日，周浦、新場、六竈各鎮已樹桑徧地，而蠶利猶未溥焉。

俄 佚名《中國蠶務情形記》《皇朝經世文統編》卷六〇 日本某君抵中國視察蠶業情形，歸而語人曰：『余以四月十四日抵上海，先往蘇州、無錫二地。中國蠶事之盛，莫如江蘇、浙江兩省。無錫屬江蘇省，為育蠶要地。時適當蠶子三眠之際，得親視其中情形。中國育蠶之家，不似日本以男子執蠶桑之業，乃婦女親當其任，男子不過取桑於圃中，以助女子之勞而已。中國風俗，多拘吉凶避忌，既屬婦女專心之事，甚至雖為夫者，或不得知育蠶之實情。矧余欲以一異國人，查視情形，豈不難乎？余乃力請一見蠶情，或先酬以洋圓，又或開誠來意，然後乃得以視察一切矣。其中亦或有育蠶之家博通事理，不拒余請者，余即欣然縱觀之。然如此人，蓋不多見，不過雞鶩羣中之一孤鶴耳。以余所見，中國育蠶法，似未盡善。如以寒暑之度，驗空氣之乾溼，則中人所不顧也。中國育蠶，一任自然。中國書籍，嘗見有天氣冷時，用火力助天候之語。然蠶家所為則不然，豈失傳耶？惟天雨過冷，則或用藁蓆包蠶子，或用棉布包蠶架，然仍未免有隙漏。且又不設蠶房，凡育蠶子，多在住房之內。所謂住房，亦頗不潔，多係土壁、瓦壁，無地板，且多無樓，窗户亦不多，故不能疏通空氣。欲使室中乾燥，亦大難焉。育蠶之法，既不盡善，然有時亦能出好繭，果由何理耶？曰：中國雖未曾為大育蠶之業，然家家從事，或六七人，或二三人。一視居屋之大小，人口之多寡，計人力以舉事，而不出於力所不及之外。蠶業專視人之精粗疏密，以為得失之本。倘有懈怠，則易招大損。日本育蠶，多大其規模，亦却易招敗也。中國則小其規模，易加精密，故雖未盡美而輒生好繭也。大育蠶家，收繭約三百斤，平常之家不過百斤，或多至百五十斤而已。蓋一人之力，能收繭約五十斤，必一家六人，乃能收三百斤。一家六人，則家屋亦必大，能不稱之為大育蠶家乎？』

清 衛杰《蠶桑淺説・蠶桑無地不宜》 任邱、阜城，繭柔而滑；遷安、昌黎，繭粗而亮；深州、安平、饒陽，繭肥而澤；清苑、滿城、完縣，繭大而堅。至條理之粗細，則視工匠之高低。謹就蠶桑局目前所辨者著爲論，若逐漸推廣，力求實效，無論平原高阜，近山近水，皆可栽種，庶美利日興，而從前未有之利源，可從此開矣。

清 河南蠶桑織務局《蠶桑織務紀要・魏綸先序》 東周以降，古制漸湮，故孟子言王政，以樹蓄爲王道之始。兩漢帝后，皆親有事於蠶桑。逮及東晋建國江左，故家巨族，盡室南遷，至今江浙遂獨擅蠶織之利，而中原之杼柚幾空。雖以中州爲自古神聖經營之地，莫之能振翼也。

清 張壽宸彙輯《蠶桑圖説提要・文柱序》 吳中田賦之重甲天下，夏秋二税之外，加以漕糧之費，民無餘蓄，每用愁焉。吳絲衣被天下，每歲絲市聚於湖州之雙林，近則吳越閩番，遠及西洋番舶，貿遷百萬，是以田賦雖重，而民不至匱。太倉之嘉寶，地宜木綿，則漕收折色，亦較各邑漕困為少甦，豈非稼穡之外，自有餘利哉？顧木綿必沙地，而桑則無壤不宜，何以其種，南不逾浙，北不逾淞，西不逾湖，僅行於方千里之間，而隔壤即無桑種，謂土之不宜耶？無論蘇之吳江、震澤，桑半於稼，織半於耕。即常州之宜興、荆溪，鎮江之溧陽，皆有絲市。至丹徒，則地不瀕太湖，而近日設局，種桑育蠶亦有成效。謂吳中地無遺利耶？則村落塍圩、牆隅、道畔，隙地甚多，初無妨於蔬穡，謂人力不遑耶？則吳中貧婦，往往操鋤耦耕，何如蠶婦女工，自修內職，而不行於野，且一歲之中，僅竭三旬之勞，無農四時之苦，無水旱之虞，而坐收倍耕之利。謂其事之不習耶？則鄰壤相望，止須傭一蠶婦，一種樹之工，教幼丁童女為之。初無南北風土之隔，是桑利可佐田賦之窮，明矣。可行於蘇、松，并可行於常、鎮，又明矣。近世陳文恭公撫陜，宋仁圃廉訪治黔，周芸皋太守治襄陽，均以勸興桑蠶著績，何況吳越接壤之地？柱藩吳以來，思所以紓吳農之困，佐其養生之資。既檄行各屬，剴切示諭，復取近人所著《蠶桑切要》，及丹徒蠶桑局章程刊布，加以圖説，并仿製器具，頒行所部。或曰：陳、宋諸公，行諸地曠賦輕之地，非其所施於土陜人稠賦重之區，奈何舍穡事，談桑事？答曰：正惟其土陜人稠賦重，農田所入不足供上，乃必以桑佐穡也。上田畝米三石，春麥石半，大約三石為常。漕賦之外，所餘幾何？今桑地得葉盛者，畝蠶十餘筐，次四五筐，最下亦二三筐。米賤絲貴時，則蠶一筐，即可當一畝之息，夫婦並作桑，盡八畝給公贍私之外，歲餘半資。且葚可為酒，條可以薪，蠶糞水可飼豕而肥田，旁收菜茹瓜荳之利。是桑八畝，當農田百畝之入。為貧民計，為土陜人稠計，孰尚於此？語曰：種桑三年，採葉一世。管子曰：一年之計樹穀，十年之計樹木。勿迂視，勿虛文，無治法，有治人，是在良有司哉！是在良有司哉！

清 宗景藩《蠶桑説略》 農桑之利，自古尚矣。獨楚之人，不事蠶績。初疑其土之不宜桑也，顧《豳詩》言蠶事獨詳。諸葛居蜀，種桑八百本；慕容治遼，通晋以求江南之桑，似西北無不宜桑者。今四川產綢，荆州亦織緞，雖物不及東浙美，而川楚之宜桑，亦可見矣。蒲邑距荆不遠，山水雄秀，有似江南。惟知耕而不務織，故民多窮。竊爲深思詳察，見城鄉之間，間有樹桑，枝槎枒而葉枯瘠，訪畜蠶者，悉詳詢之。蓋桑與蠶之種皆不美，而樹藝飼養，胥未得法，故採繭多而獲絲少。且其質硬，其色黃，僅堪作線，而不能織文受采，獲利既微，銷售亦不廣，業此者遂少。意者土無不宜，特人功未至，遂并大利而棄之耳。吾浙暮春之月，婦女採桑育蠶，窮一月之力，可獲倍利。民之富也，半由於此。今欲爲蒲民興利，赴浙買桑二千株，又桑秧萬餘枝，並購蠶種，載以來蒲，量給鄉民。

綜述

（紹定）《吴郡志》卷三二《郭外寺》 至于縣吏之庭下，皆樹桑、梔、柑、柚為常產。每秋高霜餘，丹苞朱實，與長松茂樹參差，間於巖壑間望之，若圖繪金翠之可愛。

明 徐光啓《農政全書》卷三一《蠶桑・養蠶法》 俞益期箋曰：日南蠶八熟，繭軟而薄，椹采少多。

清　顧炎武《天下郡國利病書》第一册　涿州志　燕地高寒，土宜桑棗。桑之葉大於齊魯，棗實小而多肉，甘於晉魏。然絲之産不多，而棗不流於他境者，民惰故也。弘治四年，知州張遜承、巡撫秦公，令取官田之沃衍者，遂築四圃，課桑葚、棗核若干斛，俾善于種藝者培壅灌溉，歲得桑棗數萬本，令民及時移植私田，久之漸有成效。

清　檀萃《滇海虞衡志》卷八《志蟲魚》　昆明拓東，古有蠶桑之利，後來惟通海工織緞。近歲亦絶迹，則蠶事無可言矣。

《古今圖書集成・歲功典》卷一九《立春部匯考二》　立春日，爭裂土牛，泥以塗竈，曰除蟻。奪春仗以育蠶，曰蠶盛。

又　卷三一《社日部匯考》　二月春社，豫治蠶事，務迎溫以生之，生意稍遲，以桑枝揉水噴之，種卽萌動。浸早穀種，布白豆、黄瓜、茄菜諸種，晴則和暖，雨雪極寒。

又　卷三三《季春部匯考・孝豐縣》　穀雨，撒穀種、燠蠶子、祀竈、采茶。清明後數日爲蠶月，禁往來省視，使育蠶，閱月繭成治絲。

清　顧禄《吴趨風土録・四月》　環太湖諸山，鄉人比戸蠶桑爲務。三四月爲蠶月，紅紙黏門，不相往來，多所禁忌。治其事者，自陌上桑柔，提籠采葉，至村中繭烹、分箔、繅絲，歷一月，而後弛諸禁。俗目育蠶者曰『蠶黨』。或有畏護種出火辛苦，往往於立夏後，買現成三眠蠶於湖以南之諸鄉村，諺云『立夏三朝開蠶黨』。小滿乍來，蠶婦烹繭、治車、繅絲，晝夜操作。

（同治）《阜平縣志》卷四《政典上・物産・貨類》　始，阜民不知飼蠶。乾隆時，知縣鄒尚易見邑多野桑，又有蔡樹者，山東稱波羅樹，卽橡也，葉亦宜蠶。於是嚴禁樵採，令飼蠶之戸貸倉穀二石，稱絲給償。勤其業者獎之，民乃漸知蠶桑之利。今溫南北龍川諸社，畜蠶者千餘戸。

（光緒）《松江府續志》卷五《疆域志五・風俗》　郡境向不事蠶桑，自道光季年，浦南鄉人始有樹桑飼蠶者。華亭諸生顧華琳、莊鏡新，自植數千株於家園，於是相繼興起。及咸豐兵燹，浙西及江甯人避難之浦東，益相講習，官吏復鼓舞導之。近雖植桑漸多，然蠶利猶未溥也。

清　李鴻章撰，袁俊德輯《蠶桑紡織器圖詠・桑圖詠類》　粵攷《豳風》：桑政與農功遞重。《月令》：親蠶之典，同於耕籍。後世因之。蜀漢，諸葛亮種桑八百於成都，蜀錦遂甲天下，與江南埒。燕地寒冷，向無多桑，人亦鮮以藝桑、藝蠶爲業。近年天道北行，地氣轉暖，奉督憲命於蜀境，移來桑株及葚，種之碩茂，飼蠶作繭，不亞他省。乃設局創辦，用溥三輔無窮之利。

清　佚名《宿松蠶務》《農學報》第六十二期　宿松縣四境皆山，佳礦甚多，而地土又宜蠶桑。鄧小赤中丞，委候補縣周大令麟沐往勘煤礦。又札飭霍邱縣陳大令瑜前往查驗桑秧。

清　衛杰《蠶桑萃編》卷一二《桑圖詠類》　蜀中蠶性，與北方相近。今年，蠶桑局及村民，多用蜀蠶子，作繭最旺。易州山村，如馬頭、主良等處，皆養山蠶。

德　福克《西行瑣録》　甘肅、新疆，爵相設立蠶桑局，各處已栽桑樹。新疆有六七處出絲，爵相已著，余帶絲樣六七種，至上海估價。照此而論，甘肅、新疆刻下勤栽旺種，日後不必待他省數百萬協餉，解甘中華，反有進益，盈虧相去天壤也。

藝文

明　李進《題耕織圖存織**》**《蠶事統紀》卷一八　吴蠶作繭明于雪，苕溪之水清且洌。東鄰西舍繅車鳴，銀絲出盆光皎潔。官税已輸私債還，美人曉織綠窗間。嬌鶯睍睆機聲度，春笋參差玉指攀。織成素絹堅且緻，先奉翁姑後夫壻。朔風吹水霜雪飛，夫不憂寒妾如意。君不見青樓艷女好蛾眉，留客高歌送酒巵。纏頭蜀錦不知數，黄金暮盡朝別離。不如田家荆布妻，貧富苦樂長相隨。採桑養蠶繅好絲，年年織絹製郎衣。

清　吴之振《課蠶詞和桐鄉何相如明府**》**《蠶事統紀》卷一九　桑葉團團蠶二眠，暄涼飢飽要心堅。白頭巫媪談休咎，消息今年勝舊年。芹菜泥乾燕乳兒，鯉魚風動柳飛絲。交皆遶屋啼桑扈，正是吴蠶出火時蠶三眠須凉爽。去火盆，俗名三眠為出火。三起三眠日夜忙，早蠶將熟恰清凉。爭傳葉價俄騰貴，兩槳如飛去買桑。

清　愛新覺羅・玄燁，張玉書等纂《聖祖仁皇帝御製文集》第二集卷四五《題耕織圖・第四圖大起**》**　春深處處掩茆堂，滿架吴蠶婦子忙。料得今年收繭倍，冰絲雪縷可盈筐。

清　愛新覺羅・玄燁《御製耕織圖詩・二眠》　吴蠶一再眠，竹屋下簾幙。拍手弄嬰兒，一笑姑不惡。風來麥秀寒，雨過桑沃若。日高蠶未起，谷鳥鳴百箔。

雜録

《史記》卷一二九《貨殖列傳第六十九》　齊帶山海《集解》：徐廣曰《齊世家》曰：齊自泰山屬之琅邪，北被于海，膏壤二千里，其民闊達多匿智膏壤千里，宜桑麻，人民多文綵、布帛、魚鹽。【略】而鄒魯濱洙泗【略】頗有桑麻之葉，無林澤之饒。

清　俞森《種樹説》《牧令書》卷一〇　五畝之宅，樹之以桑，宅不毛者有里布。今汴州四野之桑，高大沃若，若比戶皆桑，大講蠶務，其利七。

清　崔應榴彙纂，錢馥補輯《蠶事統紀》卷一〇

范成大《吴船錄》：九頭山，舊名青衣山。青衣，蠶叢氏之神也。

彭韶《成都誌》：蠶叢祠在府城西南，蠶蘩氏教民桑蠶，呼為青衣神。

又　案趙抃《成都古今記》：蠶蘩氏，每春勸民蠶桑，俱鬻蠶具，設之蠶市，蠶市在府城大慈寺前。唐韋元康有記，宋太守田況有詩，范忠宣公集，亦有《和吴仲庶暮春蠶市诗》。又眉州亦有蠶市。《四川總志》云：在眉州城內，州民習俗重蠶事。歲二月望日，相聚鬻蠶噐於此，因作樂縱觀。洎暮而散。東坡、潁濵皆有詩，並見鎦孟熙《霏雪録》。馥案：《茅亭客話》：蜀有蠶市，每正月至三月，州城及屬縣一十五處，耆舊傳聞，古蠶蘩氏為蜀主，民無定居，隨蠶蘩所在致市居，此其遺風也。

又卷一二　《仙傳拾遺》：蜀蠶叢王蜀，教人蠶桑，作金蠶数千，每歲首出之，以給民家，每给一，所養之蠶必繁滋，既畢，復歸金蠶于王。王巡境內，所止處，民成市。蜀人每年春有蠶市，盖此遺事也。《法苑珠林》：三藏教中，雖聽用繒綵供養，然非自蠶口出，絲绵皆從女口出之，若欲需絲作衣時，即須然香，至桑樹下，便有二化女子從彼樹下出，形如八歲女，從口中吐絲，人但設繀車，從女口中取絲，轉至繀車上，取足便止，化女即滅。

清　劉光蕡《煙霞草堂文集》卷二《蠶桑備要後序》　三原蠶桑大起，野則樹桑日廣，城則繭絲盈市。

清　佚名《閩省樹桑》《農學報》第二十五期　福建蠶桑之利，久已不興。本會陳伯潛閣學，與各紳鳩欵，託杭州林迪臣太守，在石門購桑秧一萬餘株，刻已運到，行卽分種各鄉矣。

清　衛杰《蠶桑淺説・蠶桑無地不宜》　北方寒而多鹻，樹藝之法，未能講求，故與山東僅隔一壤，而蠶桑之利，卒未能興。自同治九年九月奉中堂示諭，勸民種桑養蠶。順德府任升守，於山東周村購桑秧八百，分種城隅，著《蠶桑説》。丁升道種桑靜海，游升牧種桑深州，行之未久，其事暫輟。嗣蒙中堂飭周升任關道及幕府汪，於天津北倉柳灘試種官桑，濃陰竟畝，樹可如拳，民間倣而行之。高陽、南皮漸種甚，桑甚繁葉少，以桑仁作果售市。任邱、阜城多種地桑，以桑條作器售市。贊皇、博野、束鹿每種小葉桑，取其葉與皮入藥售市。滿城、完縣多種花桑，謂蠶必不能養，冬則鄰舍窮民伐其條以作薪，種者亦不能禁。易州、山北一帶每種大葉桑，出絲可作線。饒陽、安平桑葉最小，出絲甚粗，織綢未佳。深州多桃柳及桑，憚於養蠶。遷安以桑皮作紙。清苑漸亦有桑，以甚售錢，是桑株隨地宜植。實由我中堂督直以來，頒發樹藝良規，通飭州縣勸辦，種者日起，惜民間未知養蠶之利，且不諳其法也。上年八月蒙中堂示直省土厚地寒，屢購湖桑來直，栽種難成。川北地高土實，與北方相近，可在川購運桑秧、蠶子，並鄰省就近地方採辦，勸民間種桑養蠶以爲根本至計。春初發散蠶子，民間聞風鼓舞，風氣漸開，事機得手，彼此勸勉。就有桑之家爲養蠶之計，其浴子較南方緩二十多日，食葉較南蠶日少，各處得繭六七十萬斤，相率織窗紗、繭綢。局中更收繭抽絲，色澤光亮，條理細勻，可織貢緞、湖縐、巴緞、大綢等項。清苑南關外水源爲一畝，泉大清，河水甜淨，不亞湖水。錦江水土既佳，蠶繭自旺。易州、山北繭黄而粗。贊皇、束鹿繭毛而實。任邱、阜城繭柔而滑。遷安、昌黎繭粗而亮。深州、安平、饒陽繭肥而澤。清苑、滿城、完縣繭大而堅。至條理之粗細，則視工匠之高低，謹就蠶桑局目前所辦者著爲論，若逐漸推廣，力求實效，無論平原、高阜，近山近水皆可栽種，庶美利日興，而從前未有之利源可從此開矣。

清　河南蠶桑織務局《蠶桑織務紀要・奏創興蠶桑織務摺》

奏爲豫省試辦蠶桑將近一年，可期積久漸著成效，恭摺具陳，仰祈聖鑒事。竊維天下大利，首在農桑。豫省處四方之中，地土沃厚，樹藝五穀之外，儘可栽植桑株，藉興織事。乃豫中僅有土桑野蛹，遠遜湖桑家繭。南陽等處，亦間出綢綾，究非通省普行之利，臣甚惜之。况値大祲之後，年穀雖漸順成，生計仍屬蕭索。臣曾於上年通飭所屬，勸辦蠶桑，適署藩司本任臬司豫山，自東省携來自刊《蠶桑輯要》一冊，頗爲精備，當經檄飭在省司道，並委候補道魏綸先會同，設立蠶桑總局，由豫山、魏綸先首先倡捐銀欵，派員前往浙省，採買湖桑二十三萬餘株，蠶種三百六十餘張，雇覔工匠二十四名，並各種器具多件，又購買本產土桑三萬餘株，一併飭發各屬，散給民間，認眞勸辦。復在省城附近置地闢園，將發剩湖土各桑，悉數試種，以爲倡導，現皆活茁。又於本省外省，分募善織綢綾線緞機匠，在省城添設機房，招致聰慧幼孩暨外縣工民來省，預資學習，不敷經費，勸由現任道府廳州縣量力資助，不動司庫正欵。迄今將及一載，辦理已有端倪，各州縣奉行，尚能實力講求。內如永城縣知縣陳夢蓮、署滎澤縣知縣華蓁，於去歲夏間收買桑椹，種出子桑各數十萬株，辦理更屬認眞。代理祥符縣事試用知州饒拜颺，當創辦之始，即捐銀一千兩，助買桑條蠶種，且勸諭鄉民，領種湖桑至四萬六千餘株，其勤懇愛民，尤爲通省之冠。據現任藩司覺羅成孚，會同各司道詳請具奏前來，臣查教民耕織，本屬良圖，况據現在官民踴躍情形，似可遵循久遠，大學士臣左宗棠，前在甘境辦理，既著成效。則豫境亦可類推。倘能日益興作，俾小民咸知趨就，相率成風，洵爲中土非常之美利，用敢縷瀆上達宸聽，以副聖主敦俗裕民之至意。代理祥符縣事試用知州饒拜颺，捐資出力，異於尋常，雖據稱不敢邀奬，究未便没其微忱，合無仰懇天恩，勑部酌量議敘，以爲先事勤民者勸。出自逾格鴻施。臣未敢擅擬遽請，其各州縣印委等員，除俟辦有成效，再行分別奏奬外，所有豫省試辦蠶桑緣由，謹繕摺具陳，伏乞皇太后、皇上聖鑒訓示。謹奏。光緒七年三月十三日。

軍機大臣奉旨，饒拜颺著交部從優議敘，欽此欽遵。抄出到部。查定例捐栽樹木，除福建、浙江、廣西三省，凡可種植樹木之處，業已栽種無遺，無事再爲勸種。貴州省試種桑麻，俟有成效，再行酌辦外，其直隸等十五省地方官員，有能自出己資，在官山官地栽種樹木，三年後培養長成，該督撫委員查驗數目，造冊送部，成活五千株者紀錄一次，一萬株者紀錄二次，一萬五千株者紀錄三次，二萬株者加一級，分別議叙等語。今河南巡撫涂奏稱豫省試辦蠶桑將及一載，辦理已有端倪，代理祥符縣事試用知州饒拜颺，捐銀一千兩，勸諭鄉民領種湖桑至四萬六千餘株。欽奉諭旨，饒拜颺著交部從優議叙，欽此。查該員領種湖桑，雖係自出己資，勸諭鄉民領種四萬六千餘株，而核計年限未滿，未必能全培養長成，尚非確有成效，核與定例不符，臣部礙難遽議，應將此案存記，俟三年後培養成活，確有成效，再由該撫委員查驗數目，造冊送部，再行照例辦理。謹將臣等聲明定例、請旨緣由繕摺具奏。伏乞皇上聖鑒訓示遵行。謹奏。等因。於光緒七年六月二十一日具奏，奉旨：依議。欽此。

清　許鵬翊《橡蠶新編·試辦桑蠶委員傅毓湘擬就〈吉林種桑要略〉的呈文和清摺》

宣統元年十月二十四日

吉林行省批：呈及清摺均悉。該員所擬《吉林種桑要略》，於種植桑椹及剪接培養諸法，多係閱歷有得之言，按諸吉省氣候土宜，尤為適合，仰即遵照。改易、删除各節，詳加審校，付印刊行，以資分佈。至所請於今年冬臘再行加辦大小湖桑之處，查該局去歲赴浙購種者，已不下數萬株，但能廣為移接，自可逐漸推廣，應即實力舉行，俟看本年成活多少，如各屬領種不敷分給，再議加辦可也。此繳。清摺發還，仍繳。宣統元年閏二月十七日為呈請事。

竊委員於本年春月，謹擬《吉林種桑要略》，繕摺呈請憲台鑒核。奉批：【略】惟以批示內，既飭逐漸推廣，並諄諭以實力舉行，宜如何仰憲懷，一切務求詳備。因思原摺，第據去年經驗各節，為之撰述，而事屬創興，其于此間因時因地之宜，恐猶多所未及，是以遲久而未繳呈。自本年夏秋以來，將種桑各務，督同員司，工役，隨時詳加體察，以新舊成法，南北情形，參酌異同，頗又試驗有得。幸園桑仰蒙福蔭暢旺逾恒，因匯為編記，視原摺倍增其數，仍附列於各條之間。計連前統共六十餘條，膚淺之見，未知是否有當。因蒙邇言必察，用敢復獻其愚。除將前次已奉删改之處，遵照謄寫，並繳呈原摺外，謹續繕清摺一扣，恭呈鈞覽，仰懇憲台，再賜鑒核訓示，俟奉核定後，可否一併即行刊佈，謹候憲裁，所有遵繳。吉林種桑要略原摺，並續繕清摺，呈核緣由，理合備文具呈，伏乞批示飭遵。須至呈者。

清　佚名《書汀漳龍道申報蠶務詳文後》（《皇朝經世文四編》卷二三）　國家致富之道，大要總以農桑為第一。蓋中國之為治，與泰西不同。泰西重商，中國之所重固不專在商也。顧重農之道，中國亦既知之，而蠶桑之務，或有未盡知者，非真有所不知也。或以為土地異宜，風俗異趣，故江浙兩省雖云蠶桑出産之區要，亦惟向業蠶桑之數處最為講求，此外亦不甚鄭重，外省更無論矣。前者曾聞皇太后諭飭杭州織造招募浙江蠶婦至京，以備顧問蠶桑之事，不禁喜形於色。知深宮有重蠶之意，則蠶務必更益加講究，且育蠶、種桑、繅絲、分繭諸務，可以自南而北，風氣漸開，利賴無窮。但未知曾招募得幾人，究竟北京曾否開辦蠶織之事，此中耿耿莫釋所懷。乃目前觀於福建汀漳龍道劉璞堂觀察申報閩浙督憲詳文一紙，而歎有志者事竟成，固有不以地限不以俗囿者也。查此舉創自去年春間，劉觀察、田延平卸篆馳抵汀漳龍道。本任即奉督憲檄飭汀漳龍三屬舉辦蠶桑，觀察乃即自捐鶴俸先刊《蠶桑説》一千二百本，分給各屬，俾知蠶桑之利，人人心中皆知此事之可裕利源，則自然羣相鼓舞，是即所謂探原扼要之道。繼而又知桑種須及時採買，一經過時，無可購辦，因設法先赴廣東順德購辦桑秧，又派員遄赴浙江湖州採辦桑秧。桑樹須以接過為佳，不論單權雙權，但經接過，即易生活，而且葉較肥大。觀察深知其理，故飭委員辦到湖州佳種，所辦桑秧一萬餘株，均係接過、大單雙權者，分給種植，飭令勤加培植。至今春二月間，居然發芽開葉，其枝榦剪斷之處側生旁挺盡見新芽，葉厚而圓潤，蓬蓬勃勃，一望青葱。凡經發給秧株，種於公地及南山守園等處者，無不一律茁壯。統計去年所頒之數，未活者不過二三十株，則該處土地之宜桑，已可概見。惜乎前此未經計及，於此今得劉觀察實力舉行而其效已如此。猶憶七八年前，高麗曾向中國購辦桑秧，捆載以去，其數不下數百萬株，迄今未聞高麗出絲旺相，可知即使地土相宜，仍須辦理得人，督率有方，庶幾行有實效，否則終無所濟也。今汀漳龍三屬，則其效已見矣。桑既勃發，蠶事自必有成。前此由湖州雇去蠶匠二名，携帶繅車、桑砧、刀剪各器，藉資教道。此事本不難於傳授，一經指點，即易領會。而蠶種又復精選，按蠶種本有兩項，出自湖州者為淡種，蠶子未經醃過，出自杭州者為鹹種，蠶子經鹽水漬過，此亦各以其土之所宜，非醃種之果遜於淡種也。移至該處似乎淡種為宜，故淡種食葉二十餘擔，得繭九十六斤，繅出淨絲八斤八兩。其杭州醃種，先食野桑十餘擔，大眠後接食家桑百數十斤，僅得繭二十八斤，繅出淨絲二斤十四兩，此非由於鹹種之不佳，實以土宜之有所區別。觀於甯、紹等處養蠶之家，悉用鹹種，若用淡種，即不能出，即出亦無力易病，是即可知地氣之有不同。今姑無論種之鹹淡，而自去年開辦，於今一年，其所種之桑豐茂，如此其所育之蠶興旺。若彼雖曰所繅出之絲，通共不過九十餘斤，而由此逐漸推廣，民間既知其利，自將趨之如鶩，將見四野桑陰萬家。蠶織以人之利其利者，不啻上之有以利之。而民富，則國不至獨貧。吾故曰：蠶務之興隆未始，非富國之上策也。

蠶桑教育

論説

清 吴作鎮、倪紹雯、劉安欽《蠶桑速成捷法・吴作鎮序》 竊維興養端，資實業而大利，首重農桑。我國氣候温和，土地肥美，版圖壯廓，人族繁盛，而何以國勢不振，民生疲弊？推其致此之由，皆因實業不興，利源外溢故也。欲厚國力，而濟時艱，塞漏巵而保利權者，其惟蠶桑業乎。見效最速，獲利最鉅，茍能廣設教育研究新法，力求改良，日益進步，不數年而國力自充，民困自紓。決必勝之策，奏凱旋之歌，堪於田舍老幼、綠窗婦女之手中，一歲取還數百兆賠款外債而有餘。即四萬萬之生民，衣食亦無不足。夫我國本有蠶桑天然之美利，日本、伊太利、法蘭西三國，得我之傳。雖與竝稱爲世界四大蠶絲國，然伊、法二國，近年來被工食昂貴，出絲漸絀，惟日本蠶桑盛行，已達極點，比年出絲，除其國內消一億萬元左右外，而輸出絲額約達一億六千四百萬以上。若我國版圖十數倍於日本，果能蠶桑發達，以日本輸出外洋絲額爲比例，每年當有一千六百四千萬萬元之鉅額。年年取之於列國，即年年進步而增加。向之列強收括我無算膏血金錢之罪而責其償，誰能禦之，誰敢違之。是不待兵戎相見，所謂戰捷於世界之和平武器者，非我國其誰屬哉。且邇年歐州各國，日尚奢侈，賽富角艷，甚至以緞補壁，衣裏皆綢。各國需絲年增一年，無非仰藉我國與日本而已。由是以思蠶絲之業可立不敗之地，且我國糧食、工銀兩者俱賤，與列國較，無一省不得天惠，占自然之優勝者。誠如日本農學士吉池慶正著《支那蠶業之沿革及現今狀況論》中謂：清政府若用稅務司所傭德人某氏之策，於各省中央設蠶絲業，傳習所教以新理學之養蠶製絲法，分配於各州縣，改良舊習，以盡發達之能事，則挾此雄飛實力，直可以蹂躪世界之社會。外人此語，可爲我國人人之警鐘也。今朝廷既設農工商部，實力振興，爲國民倡。誠能上下同心，猛勇臻進，則十億六百餘兆之新富源，不難確收效果矣。雖然鄙人以上所論，固非一蹴可幾，如能聞風興起，教育普及，由桑而蠶而絲而銀，富强之策非此何求。惟願我國各廳州縣明哲者，迅速提倡，將廢地、荒塲、畦畔、屋角，在在皆樹之桑。以畝田之桑，育春夏秋三季之蠶，辛苦祇數十天，獲利可百數元之多。絲售異域，以我黄土易彼黄金，非富我而何。若論開礦山，興製造，固屬當今之急，然辦機器，請技師，小則數十萬，大則數百萬，恐無如許金錢，斷難驟辦。轉不若先爲務本，而後圖遠大，是爲得策也。查廣東風氣早開，年來産絲漸增，如順德一縣，每年出絲計至六七千萬元之多。次則吾浙各屬，若湖州嵊縣，出數亦鉅。而四川、江蘇亦漸發達。唯絲質雖優，而繅法不精，價終貶抑，必廣興教育，改良新法，斯可駕日本之上。鄙人僑商日本垂三十年，目見耳聞，略有所知，覩鄰國之富强，痛祖國之貧弱，眷念宗邦，誼切桑梓，是以不暇謀家室之安，於光緒三十一年，在本籍浙江甯波府慈谿縣北鄉，創建錦堂學校。初設兩等小學，繼改初等農蠶，今又擴充辦法，逕升爲中等農業學校，總計先後，用銀二十萬圓，今春又設短期蠶業講習所。

又《蠶絲業普及捷法・緒言》 世界蠶絲國中，求其歷史最遠，産額最多，天候最順，土地最饒，人力最富，莫不嘖嘖然曰：支那尚矣。飼育便宜，絲質純白，解舒良好，纖度均勻，莫不嘖嘖然曰：支那尚矣。備此諸要件，列强三尺童子，亦知我有握世界蠶絲業霸權之富力，而乃年復一年，反墮落于極劣敗之地位，爲列强所壓倒。國民窮困，仰屋無術，演出種種不堪見聞之慘狀者，何哉？待數其罪，則罄竹難書，待避其汚，則決海難滌。若於其中指摘最重要者言，則莫如不普及蠶絲業教育一事，而徒從事於空文教育，搜括無算膏血，以供無底之消耗。欲誨子弟，而子弟鮮從，欲開風氣，而風氣愈塞。舍實務而尚粉飾文明，猶緣木而求魚耳。及乎政府飭各省地方，奬勵蠶業，似有轉機。然以現在情形觀之，則邑令承大憲之命，爲蠶業上設一局、一社，委紳士十數輩，美其名曰勸業、曰提調，年終綜核，問其殖桑幾何，養蠶幾何，出繭幾何，製種幾何，繅絲幾何，舉含糊而不能應。且竝無實蹟之可驗，薪水依然，位置自若，卽所謂有名之農蠶學堂者，僅師弟數十輩，以講義相傳授，亦無普及蠶業教育之影響。嗚呼，豈誠吾支那人無進化機能之謂乎，非也，現今世紀，蠶業上文明，實際之作用，未之知耳。今就栽桑、養蠶、製絲三項，避煩就簡，述其捷法如左。

清 陳熾《續富國策》卷一《農書・種桑育蠶説》 法國之里昂城，為蠶絲茶萃之區，植桑養蠶，冠於各國。前數十年，忽遘蠶瘟，蠶種競絶，乃購中國、日本蠶子以歸。嗣於此事加意考求，窺以顯微之鏡，乃知蠶病甚多，惟椒末瘟為害尤烈。一蠶有病，生子六百，子又生子，傳染無窮。無病之蠶，相延而及，不至絶種不止。蠶雖受病，仍可作繭，不過食葉更少，絲細繭薄，無色無光，久則種類絶矣。法政府乃設立蠶桑局，考究防病之法，至精至詳。

又 德人有精究蠶桑之學，在中國日本數十年，刻尚主持上海繅絲廠務者，談及中國所出蠶絲，光白柔韌，實勝於日本、意大利諸邦。惟中國毫不講求，致大利漸為外人所奪耳。嘗深究中國蠶桑所以勝於各國者，太湖一水，實為美利之真源，江浙産絲各區，近太湖者，桑葉無不沃若，蠶絲無不光柔；遠者則否，若紹興各府，則與意日諸邦等耳。蓋湖水清澄，性肥而暖，百物停蓄則肥，日光久照則暖，故各種植物皆格外盛大。而桑性尤宜中國洪澤、巢湖、鄱陽、洞庭、全明、大明、滇池、昆明等湖，不翅數十，誠能推廣此意，遍植蠶桑以太湖例之，每歲絲綢之利，不下一萬萬金，每湖萬萬，即數十萬萬金。即云地利人工，勢難齊一，得十分之一二，每歲亦數萬萬金，即此蠶桑一宗，已足為全地球第一大富之國。天下尚有窮民哉！此種桑之應推廣者，三也。

清 康有爲《歐洲十一國游記二種・法蘭西游記》 吾昔者閲歷甚淺，亦妄有意於是。今遊歷既久，乃知變服之萬不可行。有歐美士女數人亦告我曰：君他日變法，百凡皆可，惟中國之服至美，萬不可變。蓋萬國皆不産絲，而絲為中國獨有之天産。上考《禹貢》『蠶桑絲篚』，已在四千年前；故服物之五色六章，最為妙麗。此天以最厚吾中國者，寧可棄天賦乎？棄天賦者不祥，棄土産者自斃，服氈絨者退化，隨人改者無恥，願吾國識者深思之。

清 鄭守箴《喝茫蠶書序例》《農學報》第一百一十一期 蠶學分爲三等：曰考蠶性，曰飼蠶法，曰製蠶子。按飼法爲蠶務盛衰之本，製子則又本中之本。

清 吴錫璋《蠶桑新論・樊恭煦敘》 古時蠶桑之利，皆在《禹貢》。青、兗、雍、荊之域，未嘗及今之吳越也。迺天道日變，地球日移，人心日巧，故北方田地日荒，而南方艸萊日闢，遂使蠶桑之利利於南，而不利於北，是豈盡天道使然，不關人力之勤惰哉。近年自日本維新，飼蠶樹桑，奪我國之利權，刱養蠶之新法，見長於全球各國，豈不賴有人刱悟蠶學之新理，而始得其效哉。即如十年以前，西洋各國，用華絲者十之六，三年之內，日本絲銷者十之六，意國絲十之三，華絲十之一，則中華豈終自甘頹敝，不復能與日本竝駕齊驅乎？惟吾越蠶學館初創，有吴君琢甫，肄業於日本轟本長及前島次郎，功深月久，其於普通學中化學、物理、動物、地理等學，俱克融會貫通，悉其中之奥妙，而於蠶學，一切新法，尤克神明變化，示未有之新奇。鄉僻閒果能家喻戶曉，安知不可駕地球各國而上之。余查湖絲銷數，近來大減，實以日本絲多之故。中國如洪澤湖、洞庭湖、昆明池以及太湖等處，凡水鄉肥美之區，無不宜養蠶植桑，仿日本製絲製種之新法，是不獨吾越爲然也。苟蠶學日興，出絲多而價自平，行新法而國自富，其利爲日本所奪者，不難漸次收回也。余素慕吴茂才之名，而尤嘉其能習專門之學。今見其心得之新方深信其力學之專，不愧爲吾浙蠶學館之卒業。蓋中國之貧且弱，患不在不仿西法，而在仿行之不能得其精妙耳。丁今之世，既有茂才，歷年於專門之學，專心致志，不吝以己之祕本公諸今世，是民之幸也，亦國之幸也。異時國日富，民日彊，蠶桑日盛，不可謂非茂才之力也。

又《章晙敘》 粵自坤球初運，海戶洞開，天塡精英於是焉。洩東西洋，耽耽逐逐，僉以函夏爲利，叢術妙於生金，功成於縮地，生計上之政策，白人已組織靡遺，浸浸焉猛氣橫飛，吸盡亞東之膏髓。嗟我黄人，將同抱葉寒蟬，支絀乏殖財之計。而猶幸生機未絶，得延殘喘於天演物競界者，厥惟蠶桑。顧蠶桑丁二十載以前，西國未開其風氣，自巴斯陡首刱蠶學，凡選種、飼葉、繅絲等項，均立新法。始則盛行於法國，繼則遍被於西瀛，終則波及於日本，其絲業之膨脹力已日新月異，而歲不同，我華反瞠乎其後。蠶非不廣，而繭則歉收，繭非不良，而絲則減價，以取之無盡之利益，不思壟斷之先登，日誤於守舊而不悟。嗚呼，守舊日貧，維新日富，凡諸財政，靡不皆然，矧在蠶務？吾浙自林郡尊創設蠶學館，標新領異，成效彰彰，惜民間故見是拘，未易家喻戶曉。

清 張坤德譯《泰西育蠶新法·序》 蠶爲衣所從出，而國富亦基之。昔西伯治岐，即有牆下樹桑，匹婦蠶之之政。自是以降，凡天子建邦，諸侯立國，莫不以此爲急務。故深宮親桑，爲天下先。而卿大夫、士、庶人之妻，亦相率奮勉，罔敢或怠。顧古稱老者衣帛，少壯不與焉，則其事雖萌芽，而猶未盛行於世。時至今日，揉羅被縠，觸目皆是，雖謂風氣使然，亦由其業盛故也。即就近省而論，如江蘇之蘇常，浙江之嘉湖，蠶戶婦女類皆悉心培養，不遺餘力。又加以寒燠適中之氣候，燥濕得宜之水土，故每歲利益，因育蠶而得者，不可僂指計。出絲愈多，絲業愈廣，即絲捐一項，亦遂有增無減。說者謂中外互市，迄今數十年，中國之利流入外洋者，不知凡幾，於此猶得收回一二者，茶葉而外，絲爲大宗。然則中國之絲，不特足衣一國之人，並外洋亦仰給於我，自非蠶務極盛，何以至此。雖然盛則盛矣，而究其所以育之之法，要皆不離乎婦女口授之淺說，祖父遞傳之舊訣，求一能推陳出新、別有心得者蓋尠。甚且謂面生人不可令蠶見，見則必壞，散髮時不可與蠶近，近則又壞，凡諸俗忌不一而足。然收成間多不足，或因蠶病致全功盡棄，非歸咎天時之不正，即委諸生命之不辰，從未有即其致病之由，而深究其理者。惟然故叩以病所由起，及其見證，與防之宜用何法，皆不知也。其不知何也，則以不明格致之理，雖有成法，卒不足以濟事也。泰西育蠶新法者，爲病是而作書凡十章。其間除收種、飼養諸法，與中國大致相同外，其專造蠶房、精製各器等事，似非吾華編戶所能。然如除浄室、滌蠶具、透空氣、用硫磺熏室，採南面向陽之桑，俟其乾以飼蠶之數事者，爲之亦甚易易。至測熱度之寒暑表，察病源之顯微鏡，僻在鄉間，驟難購辦，儉嗇者又念不到此。然但使育蠶得手，則所償奚翅倍蓰，慎勿惜小費而隳大功也。夫中國之蠶，素稱力足，土壤亦最相宜，倘更取法於斯，益加勤勉，則蠶務之盛，又當何如耶。

清 鄭愷《飼蠶新法·何春彬序》 蠶桑為中國固有之利，蓋因天時地利之宜，有非他國所能及。惜在上者，既不加提倡；在下者，復不知講求，狃於故常，不知變計，坐視蠶病日益甚，蠶業日益衰，而出口之絲，遂有江河日下之勢。利權旁落，反讓他國以居先。噫！亦可慨已。攷蠶之病要，以椒粒瘟為最烈，軟瘟次之。當道咸時，法國蠶種幾絶，其受病與中國同。自巴斯陡框製之法行，而蠶業復振。意與日本從而仿之，卒收捷效。比年以來，中國風气漸開，各省蠶桑公院，接踵而起。然鄉曲之氓，猶未能家喻而戶曉也。鄭君枚卿，向肄業於蠶學館，業成而歸，有鑒於此，爰將館課删緐摘要，輯成《飼蠶新法》一書，將付剞劂，属為一言。余竊念蠶桑雖農學之一科，然力省而舉易，效速而利溥，開財之源，實無逾此。 鄭君是書，苟能家置一編，仿行西瀌，精飼育，調寒煖，察燥濕，從此精益求精，蠶業之興，其即富國之基歟。

清 莊景仲《養蠶必讀》卷上 世界四大蠶桑國，我國特佔首位，以我固蠶桑古國也。但近日各國研究斯學，不遺餘力，而我國墨守舊章，有退步而無進步。

清 佚名《論中國整頓蠶桑宜先設養蠶學堂》《皇朝經世文四編》卷二三 環地球蠶桑之利，向推亞洲，而亞洲蠶桑之利，向推中國。中國開風氣為最先，《禮經》所載，按籍可稽。周制：仲春，天官內宰，詔后帥內、外，命婦治蠶於北郊，以為祭服。天子公侯，必有公桑蠶室，近川而為之，築宮棘牆而外閉之。后妃齋戒，享先蠶必躬桑，以勸蠶事。及大昕之朝，君皮弁素幘，卜夫人世婦之吉者，使入於蠶室，奉種浴於川，桑於公桑，風戾以俟之。又命野虞無伐桑柘，鳴鳩拂羽，戴勝降桑，具曲植籧筐。后妃齋戒，親東向躬桑，禁婦女毋觀，省婦事，勸蠶事。蠶事既登，分繭稱事效功，以供郊廟之服，無有敢惰，所以為天下蠶事勸也。降及後世，古禮雖廢，而民間蠶桑之利，日盛一日，然當閉關自守之時，亦不知為盛衰。自通商以來，外邦競銷中國之絲，中國始知蠶桑之利，冠於五洲，藉此以收外洋之利，權以抵進口之貨物。乃近年來中國之絲猶是也，中國之蠶桑猶昔也，而絲市日衰，絲商日困，推原其故，皆外邦種蠶以分其利。且種桑養蠶之法，較精於中國，中國若仍墨守舊法，將日復一日，年復一年，絲市之衰，不知伊於胡底。雖現在絲廠迭建，購用外洋機器，繅絲之法，一如外洋，誠以外洋皆用細絲，中國手繅之絲，不能勻細如一，為銷售起見，自當合西人之本，可望易於銷售，而通盤籌算，出絲之多寡，則機繅之絲，仍與手繅之絲等耳。若欲出絲之多，非廣植桑、廣養蠶不可。且桑亦有盛衰之年，蠶亦有衰旺之候，是亦不可以不講。各省大憲，咸知蠶桑為務本之圖，課民種桑，孜孜不倦。如昨報紀直隸蠶桑紡織總局，自光緒十八年奉前督憲興辦後，於今六年，頗有成效。現又奉督憲王夔帥札飭，該局總辦，會同藩臬兩司，經理一切，並札飭各州縣：凡已經種桑者，務加倍培養護惜，禁止樵牧毀傷。未經種桑者，急宜設法開導，務於霜降後至封凍後至清明前，來局請領桑苗，苗長不過二尺，萬株一車可載，散給民間，俾廣為栽植。並發出《種養桑蠶簡明捷要法》十本，照刻廣印，散給於民，務使各村家喻户曉云云。大憲為裕國養民之計，可謂無微不至矣。惟所發之書，未經目覩，未知仍守中國舊有之法，抑參西法。竊謂近年西人講求蠶桑，日精一日，中國欲講求蠶桑，非盡法西法，不可前聞。杭州府林太守，稟請籌款，創設養蠶學堂，可謂絕大見識。稟稱東方蠶業，日本進步最猛，由其采取外洋養蠶成法。查三十年前，法國蠶子多瘟，蠶種將絕，因創設養蠶學堂，用六百倍顯微鏡，考驗種種瘟病，並講求養蠶各法。日人一一仿行，遂奪中國蠶利。蓋西人養蠶之法至備，即配種一節，亦有神效。西方格致家言：凡物一雌一雄，取其兩地相隔最遠者，為之配合，其生必旺，猶化學之愛力，電氣之攝力，同氣相合，其生不旺，在人亦然。故格致考驗，同姓為婚，生子多病癲癇，由其血脈相通，不宜配為夫婦，所謂男女同姓，其生不蕃，中國亦未嘗無此講究也。法國驗中國蠶子，重八兩者，收絲只二十五斤，自擇種後，可收至七十斤，最多者收至百斤，日本尤明其效，可知外國亦用中國蠶子，惟能自擇種，能自驗病耳。現雖各省廣飭植桑養蠶，將來絲數固可望其日旺，然未知擇種驗病之法，終難保蠶桑之利，有盛而無衰。《禹貢・兗州》言：『桑土既蠶』，此外若絲、若經、若纖縞，皆散見於各州。今吳越以外，蠶事久廢，安知千百年以來，不知驗病、擇種，漸漸消磨耶！蒙意宜設學堂，專心講究，經費雖大，亦一勞永逸之法。林太守既有此稟，志在必成，然即能成，亦不過浙江一省，一時安能廣傳，俾家喻而户曉。苟各省能設立學堂，則所傳愈廣，不數年後，蠶桑之利，猶不能駕東西洋而上之，吾不信也。

綜述

清 尹紹烈《蠶桑輯要合編・清河蠶桑局規條》

清河磚圩門西設立勸課蠶桑局並分局。公舉董事管理出入帳目，照料兩局樹株，公議事宜十條，開列於後。

一、局地十二畝餘，現每畝栽桑五十株，二年後長成，每株好者，可摘葉三十斤，每畝只留四五十株，餘揀出移栽他處，以五株百五十斤之葉養蠶，出絲一斤，計一畝出絲八斤。除去人工飯食一半，頗有贏餘。

一、養蠶俟接桑長成之後，就近僱覓江南蠶婦來局，教十五歲以下女子養蠶。

一、籌欵。由紳士分單各向親友寫捐，無論多寡若干，均由局中給與收票。俟三年成熟，按每年一分起息，統共加三，連本歸清。其婦女養贍銀兩情願借入局中者，加給經摺，按月付分半利，亦俟三年歸。本官捐者，任滿日如數完繳。

一、局中種椹之小桑甚多，每年春秋二季，如民間有願領回桑秧自行栽種，悉聽其赴局領取，多寡隨到隨付。局中桑匠一名，每年照料桑樹外，定准接桑千餘棵，以資配搭本秧，給散俾各戶，均有湖桑，可接本桑。

一、局中散給民間桑秧樹本微小，移栽者見效在二年之後。爲日遲久，種者畏難，擬每年買備仙女廟，兩年後大桑秧二三萬棵，配搭本局小桑秧，普散給民，接活甚速。惟每萬須價五十千文，現局中無力購辦，俟捐項稍有存積，即爲買備。倘遇好善樂捐，美舉定必有成。

一、民間種有大桑秧四五十株至一百株，不知接條者，許其到局，邀請桑匠赴鄉代接。但需年前具禀到局，臨期方不致悞。

一、局中每年收買桑葉，俾貧民知有桑樹，即可易錢。自必多栽桑樹，局中每年種桑秧，普散並收備桑子施散。

一、局中製造江南絲車二輛，鐵鍋二口，年年繅絲。如民間來賣繭婦女願學繅者，令其自繅買絲，照買繭價酌加。總期於民有利。

一、局中每年刷印簡明種桑、養蠶、繅絲法三單張，隨時普爲散給，有領桑秧者，必設立號簿，註明集鎮，以便知其散放多寡，以便桑匠分接。

清　張之洞《張文襄公全集》卷四三《江西紳商請辦小輪瓷器及蠶桑學堂摺光緒二十二年正月十五日**》**　竊臣前奉諭旨，飭即招商，多設織布、織綢等局，廣爲製造。又籌款購備小輪船十餘隻，專在內河運貨，以收利權等因。欽此。遵經咨會江浙撫臣次第商辦，分別奏明在案。茲據江西在籍紳士、翰林院編修蔡金臺、熊方燧，翰林院庶吉士藍鈺、陶福履，候選郎中鄒凌瀚、鄒兆元等，分詞呈稱：江西地處上游，上有灘河沙淤之阻，下有鄱湖波濤之虞，每遇阻滯，停待動經旬月。或逢暴風急湍，船貨俱損，而土貨所出，若茶葉、瓷器、煤鐵，皆行銷外洋之大宗，口岸雖遠在九江，仿造可深入腹地。若使洋輪先行，則我商務立絀。擬請援照江南內河成案，自吉安至吳城設小火輪六。自吳城至九江，設淺水輪二。自九江至饒州，設深水輪二。停泊處所各立中國碼頭，並設公司稽查。鈐束而論者，必謂小輪行則民船失業也，釐金減色也，關稅無著也，外人效尤也，不知小輪衹能拖帶，裝貨仍須民船。往來既頻，利息自倍。至釐卡雖極繁密，但於起卸之處，一卡併收數卡之釐，課額無虧，經費更節，此又裕餉利民之大者。若關稅，則皆在九江，該處既爲停泊之所，必驗抽而後放行，更何虞其偷漏。至外人效尤一節，改造既有成約，行輪自在意中，必待事已至而始議補苴，何如事未來而先爲籌備。若以我有先幾，彼因無利中輟，豈不更善。又洋瓷質色遠遜中華，特中國所造之瓷，皆備華人所用，而於西人器皿，從未仿製，彼取一時觀美，尚不惜爭購寶藏。倘仿其規制，造其適用之物，爲彼日用所必需，自必爭相販運，銷路日繁。嘗考五洲諸國，美利堅全境不能造瓷，購自法人，每年進口值銀三千萬兩，准此以推歐阿兩洲，每年所用瓷器，當值萬萬兩以外。若中國價廉工美，與之競逐，但能略分一二，爲數已千萬計，大利之興，無逾於此。現擬集股興辦，惟成本鉅而運費多，必須官爲扶持，乃能作興鼓舞。擬請除中式瓷器經行關卡仍照例完稅抽釐外，其有創造洋式瓷器，統歸九江關出口。援照煙臺製造外洋果酒之例，暫免稅釐數年，以輕成本。數年以後，如銷廣利倍，再按海關進出口稅則及內地釐金辦法，酌量徵收，並援製造果酒之例，准於江西一省定限十五年，衹准華人附股，不准另行設局。又江西素不產蠶，現擬於高安縣地方，創設蠶桑學堂，收教學生，於種類之異、土地之宜、培養之方、飼養之法，無不考究精詳，於種桑則求樹易長而葉加大，於育蠶則期蠶無病而絲加多。惟桑秧、蠶子必須購自鄰省，釐稅甚重，小民購辦艱難，擬請暫免釐稅三年，以資鼓舞，將來出有繭絲綢匹，亦請統由九江關出口，援照光緒十六年前廣西巡撫馬丕瑤奏准成案，免收稅釐數年，各等情前來。臣查內河以小輪拖帶民船，既免守候風汛，又可併徵稅釐，並不失船户生計，自爲便商利運，兼豫杜外人乘隙爭先行輪攘利，似應准其仿行。至於如何徵收關稅釐金，應由江西撫臣督同藩司九江關道詳加籌度，詳定稽查罰究章程，咨商本任督臣劉坤一酌核奏明辦理。至創造西式瓷器，意在行銷外洋，實能開拓商務。況江西及各省本無西式瓷器一項出口，茲因創造暫免抽釐，本屬無傷釐務，其請專利一十五年，係援引户部暨總理各國事務衙門於煙臺果酒案內議覆。內地創造洋貨准行章程，應請准其援照辦理。至開設蠶桑學堂，係因江西本無蠶桑，意欲特開風氣，所陳辦法，雖未必一時即能度越前人，然既能博采西法，專設學堂加意講求，必能日習日精，開從前未有之利，自應准其試辦。至請購桑秧、蠶子，暫免稅釐三年，自屬可准。若出有繭絲綢疋，並免稅釐數年，亦係援照廣西奏准成案。惟各省絲綢，皆無免徵稅釐明文，而廣東惠州府繭絲、江南通州繭絲，因係教導民間創辦，經廣東江南督撫臣批准，免收釐金十年，以期鼓舞。今江西繭絲亦係創辦，從前關卡所徵，並無此貨，可否亦照廣西成案，酌免釐金數年，之處出自逾格鴻慈。臣查內河小輪及西式瓷器、蠶桑學堂三事，皆係利濟民生、振興農工之要端，當此民業困絀之時舉辦，實不可緩，相應請旨飭下總理衙門户部分別核覆，及早施行，實於江西地方民生大有裨益。

硃批：該衙門議奏。欽此。

清　江志伊《種桑法》　三曰插条。日本稱插木法，謂佳種必不能活，惡種亦不能全活，非種桑善法也。秋暮農隙，預掘一區一坑，區方深各二尺以上，熟糞三升，與土相和，置區內。宜北高南下，以留冬春雨雪。以土覆之，坑宜向陽，深長三四尺。臘月內，揀肥長魯桑條二三枝，如接過者更好。通連爲一窠，快斧斫下，於斫處用火微燒之。每四五十條與稈草相間作一束，藏於向陽土坑內，如藏花果法。以土厚覆，無令透風。春分後，候桑樹青眼已動，開穴取出藏條，却將原區刨開，先於區南種䅨，令桑受蔭。下水三四升，布粟二三十粒，將條盤曲，以草索繫定，臥栽區內，覆土約厚三四指。如露出條尖二三寸，覆土宜厚尺餘。將土築實，以水勤灌之，仍以虛土另封條尖。以後生芽，□土自脫。若留作地桑，俟芽微高，逐添糞土，條長數尺即成。若作樹桑，俟條長斫去旁枝，三年可以成樹。一法：圍牆成園，掘坑如地桑法。春分後視魯桑條上青眼動時，揀枝條長一尺以上者截斷，將兩頭斫處烙過，每一坑內斜插二三條，待芽茁封虛土三五寸，每一根科止留一條。如三伏日，澆不斷潤，無不活者。至秋可長數尺，次年可飼蠶矣。如畦內插者，斫取桑枝，每枝長七八寸，插入土中深四五寸，加土築緊，免致風搖，即活。

又　日本新法，謂采葉過度，樹必受傷。且蠶之老幼，宜隨時有相宜之葉，如樹桑千本者，蠶初生至三眠二十日，飼以早生桑三百本，三眠至四眠六七日，飼以中生桑二百本，四眠以後七八日，飼以晚生桑五百本。栽桑備此，各種更換接替，葉之老嫩皆宜。蓋蠶小食少，故早生、中生飼二十六七日，合五百本。大則食多，故晚生止飼七八日，亦五百本。早生桑葉嫩小，采葉不可刈枝，刈則樹傷。葉將盡時，將枝割去，使生新枝，留作明年飼蠶之用。若中生、晚生桑，則連枝刈取，在家捋葉。刈桑宜用早晚二時，日午葉乾，則蠶厭食。刈枝必齊樹本卽生枝處，一名桑拳，不可留杈，留則雨水浸入，樹必受傷，齊樹本刈之，每年所生能包住桑痕，自然無害。若飼二化、四化、多化蠶，以春葉留至夏秋，葉必太老，蠶不喜食，若春日已刈取其枝葉，更采新生枝葉，以飼夏秋之蠶，桑必易枯。惟於春日發芽之先，將枝刈去，使生新枝，其葉嫩而且大，適合夏秋之用也。

清　康有爲《歐洲十一國游記二種・法蘭西游記》　法之織絨甚有名，織廠二千餘，機四萬六千，紡錘三百三十萬，用羊毛二十萬七千吨，值四千五百萬磅。哀摩市百年前未有此物，今則織廠三百餘，織工三萬，可見其進矣。人匀計十九詩令。

織絲里昂為盛。自彼十五紀時已制絲。蓋自明末葡萄牙得澳門後，中國蠶桑之法傳於歐土，而法地頗宜，故法人先為之也。及拿破侖末年，有織工加克脫，創以機器織之，里昂遂大盛。法織絲廠千百七十，機十萬七千，而里昂居四萬四千，歲值千六百萬磅，輸出十之三。其輸入者歲百七十磅，亦相當也，然每人平均僅一詩令耳。

又　絲於法國為盛，婦女亦好服之，然實萌芽耳。歐美男子，絕不衣絲也。絲為中國天產獨擅之物，他日必當冠帶衣履天下。中國若強而獎導之，歐美人必漸變矣。吾見歐美人於吾國絲服，皆豔羨之，但畏其貴而不改服耳。如食品者，中國飲饌之店，已大行於美國芝加高。三年之間，驟開二百餘肆，美人爭嗜之，他日各國人之嗜吾國之絲猶是也，里昂之養蠶甚大，有法以去其病。吾國若善治蠶桑，絲必日進。中國飲食衣服之美實冠萬國，他日必風行萬國。凡美者，人情之所愛。絲服之美，自在優勝劣敗之例，不能以歐人一日之強而見屈也。

清　李向庭輯《蠶桑述要》　第五齡共七日，給桑三十六回，蠶席七十五坪至九十六坪，剉桑片切至枝葉。每日除沙二回，每日給桑五回，由第一齡推計，至第五齡眠起上山，共計三十五日，桑量共計四千二百六十九兩三錢。右所錄者，館中養蠶表也。若鄉下養蠶，儘可稍參變通，其無鐘表人家，飼葉時刻，萬難定準。然懸此以爲程式，盡心飼養，所差或亦無多，獲益當非淺鮮。第三、四齡切葉，不必拘定分數，衹要用刀稍切卽可。至養蠶多，而天時又好，四齡後或不切亦可，惟眠起須照法細切，以將眠體倦，初起齒穉故也。坪數亦不必拘泥，如簏不敷用，第四、五齡時，少展坪數亦可。

（光緒）《東鹿鄉土志》卷一二《物産・蟲類》　蠶《荀子・蠶賦》：三

俯三起，事乃大已。按中國絲利，往時獨行五洲，近來外國蠶桑大興，繅絲、織絲皆用機器。中國但用人工，又不自整理，利入日微。蠶又多病，蠶病始於蠶子，子病者，必有微細黑點，人目不能見，應用六百倍之顯微鏡遍察蠶子，見有黑點者剔除之，蠶病可除。否則轉相傳染，數年後，蠶利必全無。近今外洋飼蠶法傳入中國，見於時務書者甚多，學而行之，亦爭利之一端也。

清 林楊光、王鎮西《蠶桑條説・繅絲器具説》 育蠶新法：今夏，印度本古州布薩地方之中央農事試驗場，取蓖麻子葉以飼蠶，竟得極良之絲縷。印度本有一種野蠶，名愛尼者，專食蓖麻子葉，成繭頗佳，故試以飼蠶家，亦得良好之結果。按蓖麻子之爲物，係草本，不能經年，而能生植於不毛之地，其種子含油量甚多，其油可以爲藥，可以爲肥皂之原料，其粕尚可肥田，今又發明養蠶之用途。如在山嶺叢錯之區，及水土不宜植桑之地者，以此代桑，蠶業不難普及。且夏時桑樹易生害蟲，育夏蠶者，頗以爲虞，而蓖麻子當此時節，發生正旺，更可補夏桑之缺，利莫大焉。

清 袁俊德《東洋蠶事書・蠶絲類》 同治八年，奧國在格爾子地方，設立養蠶公院，爲歐洲中之創首，以期設法除止伯撇靈之病。緣其病將西國蠶務壞盡。適其時法國學士巴斯陡，查得該病情狀，並思有防備之新法。查數年前，已知蠶有伯撇靈之病，實係極小一點之巴拉西德，必用顯微鏡方能顯出動物形一粒，諺謂克拍司格，此克拍司格在蠶全體之內，生長頗速，迨佈滿蠶體而蠶壞。惟巴斯陡細爲詳查，能知克拍司格之原委，及如何生長，如何增多之理。蓋一蠶生有此病，不獨傳染於他蠶，而將來成蛾生子，其子體內亦具此。克拍司格冬季在蠶子體內不長，俟春季卽長。子出爲蟻爲蠶，則與之俱長，此所以爲傳種之病，其害日見加增也。巴斯陡復查明無病之蛾，其生出之子亦無病，由此傳下之種，倘飼養周到，與有病之蠶離開，則此病之根株卽絕。由此以觀，可見欲得無病之蛾，巴斯陡爲創做無病蠶子，而爲蠶子分方法。凡蛾相對時，用小木槅或小竹圈，將每對分置於內，編號爲記，則每雌蛾所生之子各在一處。俟蛾既殭，卽將此蛾用乳鉢磨碎，以顯微鏡查視。如某號蛾體內有克拍司格粒形，其號之子亦必有病，當棄而不用。如某號蛾體內無克拍司格粒形，其子亦必無病，卽留爲傳種之用。此法曰做蠶子分方法。溯同治七年，奧國國家懸賞銀約三千兩之數，以博求整頓蠶務之良法。當時共有三十八人爭獻新法，奧國養蠶公院於同治八九年間，將各人之法，逐細考校。除巴斯陡之法外，均未妥善。嗣由農部令養蠶公院再行查視，故會同著名廣有蠶事之戶，在數處分試此法，以期歸於至當。試經兩年，乃共知巴斯陡之法，實有裨益。同治十年，遂以懸賞銀兩酬送巴斯陡。夫用顯微鏡細爲查視，剔去有病之蠶子，卽能將伯撇靈之病防止。則以教習多人用顯微鏡之法，爲第一要務。且用此法，以存無病之種，則蠶生有力，他病亦自可消除矣。奧國養蠶公院之設，雖以講求蠶務各事，增長見識爲重。然有應行傳佈之事，亦教導國人，使之學習。其教習所內，專以淺近口授之法相教，如安邦多米謂全體各質也，費意昔訛樂際謂體內各質功用，卽子與蠶及蛹與蛾，如何變化也。如蠶生各病，卽伯撇靈黃輭等名目，生長原由及防備之法也。如養蠶之理合宜，卽由子生蟻其時，如何餵養及預備桑葉各事。每眠前後，如何將蠶移至新床蠶屋內，如何生煖通風，蠶山如何編造，如何折山收繭，分別優劣，並將生繭包捆出售，或將繭製乾存而出售，如何將蠶子分方，用顯微鏡檢查種蛾。如何賣繭繅絲，如何種桑及治桑樹之病等事也。其中最要者，惟用顯微鏡查考種蛾分方做子之法。現今各國蠶務之盛，皆由此而成。但巴斯陡之法，不克詳錄，茲僅略爲陳述耳。其實巴斯陡之法，不可僅師之於成書，應由人口授，並一面有式可覩。查奧國養蠶公院教習所定章程，祇准務蠶之人入所學習。其人宜年過二十歲，明白識字，否則須由所內特准。紳富子弟自願入學學習，或國家學院之人，國家並預存公款以爲津貼，來所學習貧人之膏火。所內學習之人，按次學畢，應由公院考試，是否熟習用顯微鏡分別蠶之各病，及挑選種蛾諸事。凡試可者，給以文憑，或准其做蠶子出售，或派往國家所設檢查蠶子局爲司事。按國家特設檢查蠶子局之意，既欲使人廣知養蠶各理，如法製做佳種，亦預爲養蠶不做子之人代爲做子。且無論何人送子于局檢查，各局司事皆不收其費用。凡奧國南境養蠶盛處，均設有此局。其始局中養蠶及做子各器具經費，均由國家支給。嗣後蠶務日興，局款日多，至今已無須國家開支經費矣。所設蠶局有數處，每年所查蠶蛾數計逾十萬，其處子既足用，遂多販往他處。自格爾子公院之設，至光緒十三年，計在教習所學成之人，共五百三十三名。內以奧國各省人爲多，餘皆奧屬國之人。此外由他國來學者，計共四十六名，如義國、瑞士國、德國、俄國、日本國，均有也。查教習所內，各奧人學成而回，均甚熟習做蠶子分方法。日久廣行，凡務蠶之戶，爭欲聘用。查養蠶一事，須極謹愼小心，用顯微鏡之法，又極辛勞。惟女工心靜易於從事，故公院內，初准女工來所學習。不過於做蠶子時，使用顯微鏡檢查種蛾，該女工即頗爲諳練。每日用顯微鏡，能查視四五百蛾，易而且妥。於是人爭聘熟習此法之女工，而女工來院稟請學習者，亦年多一年。公院遂另建一女教習所，計所内學成女工，至去年有六十四名。今統計格爾子公院内教習所學成之人，查視種蛾，每年數可得五百萬。又渾境司格司特地方，所設養蠶公院，於光緒十三年，僅就其一處計，年中所查種蛾爲一百九十一萬餘。自七月開查，至次年三月，其院内所用女工，逾四百名之多。故格爾子公院所管之境，日漸推廣，而其所著效驗，則因倣照巴斯陡之良法，做子出絲，較之二十年前所産，實加十倍。格爾子公院開設後，即有義國在巴士呀城倣設，當請格爾子公院之副總管往助。至同治十三年，法國亦設養蠶公院於蒙伯葉城。以上所論各節，似屬事外之論，然實與查勘日本倣用巴斯陡之法，頗有關繫，蓋日本悉照奥國養蠶公院之法而行也。

又　在同治十二年春，日本派内務省屬整頓農務局局長佐木，前往奥國公會，督辦本國預會事務。佐木乃順至格爾子公院，於養蠶之期，學習兩年。同治十三年冬，佐木回至東京，乃設講求蠶務所。訪求日本養蠶各事及蠶之各病，並將西國養蠶之人及學問，豕講求各新法，佈告國人，使與舊法相較，擇其相近百改易良法。日本養蠶之法，遂漸佳，而所産之絲，亦漸美。數載後，該所乃移之宫内。至光緒九年，由新設之農商務省，在東京設立養蠶公院，名爲蠶業試驗場。所有章程，悉照奥國格爾子之公院。一、訪求伯撒靈之病。二、整頓蠶務各事。三、整頓與蠶務有關之農事。該公院内教習所，按照新法養蠶，並准學生遵以下之例入所學習。一、入學之人，至少宜已經務蠶三年。二、年在二十以外四十以内。三、宜略識字義。至教習教導之事。一用顯微鏡之法。二蠶之安邦多米法。三蠶變化之費意昔訛樂際法。四蠶病原由及防止法。五養蠶之理合宜法。凡教習教導，每次有四月之久，自四月初至七月底。止此期内，學生於蠶務各事，均應工作，國家不給薪水，房飯衣履均自備。每次學習期滿，由公院如法考試，試可者給以文憑，或准其自作蠶子買賣，或由國家派往檢查蛾子局，即當遵依每年往局辦事數月，酌給薪水。

清　福州蠶桑公學《飼蠶淺説・序目》　蠶雖小道，非通格致之理，明生物之性，又加實驗之功，不足以言蠶學也。

清　福州蠶桑公學《福州蠶桑公學庚子年擬辦情形説略》《農學報》第一百一十九期　本公學自己亥試辦蠶事，頗有成效，故於舊冬募集捐貲，爲置蠶具，購桑秧及一切飼蠶種桑之用，以期廣開風氣。承同志厚意，三閲月間，已得開辦經費千餘金，常年經費五百金，自應開局興辦，以副諸君子誘掖奬勸之高義。惟桑秧新種，不可採葉，外間購桑，又甚爲難，勢不能多飼蠶。加以經費未充，局所未定，若勉强興辦，則用力多而收效少，耗費鉅而持久難。今擬再行試辦一年，務使費用節省，不至虚擲，一面籌欵項，覓局所，明年桑秧漸長，桑葉漸多，然後延聘教習，開局興辦。

清　吴錫璋《蠶桑新論・王國賓序》　吴君琢甫，予良友也。浙江蠶學館初創，杭太守林迪臣考試，拔取前茅，既而受業日本轟木長及前島次郎。三年考試，其於普通學中化學、物理、動物、植物、地理一切之學，均能合格。而於專門學中，一切諸法尤爲心得，卒業一道，洵不悪焉。

雜録

清　尹紹烈《蠶桑輯要合編・蠶桑局簡明養蠶易知單》

清明浴蠶　穀雨出蟻
桑芽正生　飼養便宜
育室要煖　飼頓須勻
放蟻一兩　食葉八石
計蟻一錢　得繭八斤
繅絲十兩　易錢四千
每繭一斤　食葉滿筐足十斤
開簇留種　雌雄相當

湖州有專賣四眠蠶種者，其蠶成繭盡白，果小絲多，且無拋綿繭。本局特買試養，的確可信，善業蠶家必須前往購買飼養。湖州收種用鹽水，江北用石灰，何故不同，須問明白，留種方不變。

又《蠶桑局簡明種桑易知單》

春分秋分節候　栽種桑樹極忙
插枝壓條並舉　尤宜移植小秧
二年長有拱把　春分赶接湖桑葉大七寸，滑膩亮光
夏初逐棵修剪　正枝定要斧斲

平時酌量灌糞　炎天水濕無妨
五月收葚種子　來春小桑成行
關心除草澆肥　嚴冬免受損傷
餘秧分給親友　恩惠不比尋常

計種桑一棵，葉值錢三百文。自己養蠶，繭值錢六百文。自己繅絲，絲值錢一千文。一年勤勞數十天，每棵得錢一千文。畝地勻栽四十棵，每年得錢四十餘千文。蠶桑利厚，豈不信然。

又《督辦蠶桑局尹示》

現屆春分節令　移種桑樹相宜
局存桑秧接條　多寡聽民取移
轉瞬清明卽至　養蠶須趁此時
局中並給蠶種　聽民領取勿遲
今年獲有蠶繭　送局收買抽絲
來歲種出桑葉　由局給錢買之
男婦稍習勤苦　自然之利可期
爾民互相勸勉　鄉僻咸使聞知

清　張之洞《張文襄公全集》卷三五《開設繅絲局片》光緒二十年十月初五

再，爲政以利民爲先，然必將農、工、商三事，合爲一氣，貫通講求，始能阜民興利。湖北土産，除茶葉係銷外洋，尚可歲獲巨款，此外殊少暢行之貨。土性素亦産絲，而製造不精，銷流不旺。查絲、茶爲中國出洋土貨大宗，茶則英國於印度仿照種植，然以土性不宜，香味尚遜華産。俄國近年亦欲仿種，而地氣嚴寒，難於成活。絲則義、法等國，講求種桑養蠶之法，日精一日，所出之絲既勝，而抽繅專用機器，勻淨精細，卽絲質不佳，一經繅出，無不精好。近十年來，上海、廣東等處商人，多有仿照西法，用機器繅絲者，較之人工所繅，其價頓增至三倍，專售外洋，行銷頗旺。於光緒十二年，曾經海軍衙門，咨行粤省，勸導商民，廣爲興辦。在案湖北産絲甚多，惟民間素未經見機器繅絲之法，無從下手。臣將湖北蠶繭，寄至上海，用機器繅出，質性甚佳，與江浙之絲，相去不遠。亟應官開其端，民效其法，庶可以漸開利源。惟經費不易籌措，創辦尤須有諳習之人。查有候選同知黄晉荃，家道殷實，綜核精明，久居上海，其家開設機器繅絲廠有年，且在漢口設有絲行，情形極爲熟悉，當飭委員與之籌商，由該職員承辦，先酌借公款試辦，以後由該職員湊集商股辦理，將來或將官本附入商股，或令商人承領，繳回官本，統俟開辦後，察看成本經費實需若干，銷路如何，公項有無閒款可添，再由善後局與該職員籌議辦理，計購機建廠及買繭試辦，成本需費尚不甚鉅。查善後局尚存有揚州紳士嚴作霖善捐存款銀三萬兩，又提鹽道庫外銷款銀一萬兩，共銀四萬兩。先訂購繅絲二百盆之機器，酌買蠶繭，於湖北省城望山門外，購地設廠，並派工匠赴滬學習，先行試辦。其廠地、廠屋及馬力汽機，可供三百盆之用，俟將來機工熟習以後，再行擴充。卽委黄晉荃辦理該局監製事宜，一切司事工匠，俱令該職員選用。計十二月內，廠機俱可造竣安齊，開工繅製，該廠購繭、烘繭，督課工匠，用款行銷，俱責成該職員一手經理。將來如有成效，民間習知辦法，共覩利益，自能聞風仿效。養蠶愈多，種桑愈旺，似於鄂省商民生計，不無裨益。

上諭，張之洞奏鄂省織布官局，招集商股，增設紡紗廠，並添設機器繅絲各摺片，業經批諭，照所請行矣。湖北煉鐵、織布各局，均經張之洞辦有頭緒，現雖調署兩江總督，所有各局應辦事宜，仍著該督一手經理督飭，前派各員認真妥辦，冀廣利源而濟民用，將此諭令知之。欽此！

清　佚名《論中華亟宜講求蠶桑之利》《皇朝經世文四編》卷二二

王者治世，莫不講求庶富之道。蓋民富而後國富，國富而後兵强，自然之勢也。雖然富民之術，亦甚多矣。通商惠工、訓農務財、生衆食寡，何莫非富民利國之要圖，而其最大而最著者，則莫如蠶桑之利。此何也？蓋蠶務興於農隙之時，始終僅竭三旬之力，而無耕耘、胼胝之苦，又無水旱之虞，而收倍蓰之利。且以婦人女子為之，更可習勞而警惰。蠶性喜靜，又可戢婦女浮躁之氣，是謀利而隱兼教養也。其益豈不大且著哉。是故古昔聖王，蠶桑與農田並重，於經傳者班班可考，蓋古時天下無不耕之田，亦無不蠶之家也。降及後世，風俗澆漓，民情偷薄，不務本而趨末，於是育蠶之事，不願講求，而工料亦漸至於陋劣。雖有著書立説以教民者，如秦湛《蠶書》、元時官撰《農桑輯要》等，不下數十家。然或言之不詳，或煩而寡要，或著書者並非育蠶之人，而育蠶者類，皆不能觀書。因此古人良法，漸失其真，惰民日衆，好逸惡勞，蠶桑之利於是薄矣。迄今之世，惟江浙二省，蠶桑最盛，然亦不過拘守成法，未能變通推廣。且因蠶病之蔓延，而致蠶種不佳，育蠶者往往折本。愚民無知，委為運氣使然，絕不考求其致此之由而補救之。數十年後，蠶桑之利未知何如，可不懼哉。可不惜哉。間嘗考西國育蠶之法，而約略得其梗概焉。蓋西國自古無絲，至羅馬時，始由波斯販往者，當時極為珍重，價值甚昂，非富商大賈，不能得之。自開海禁之後，中國出口之絲頗旺，為一大宗貿易，西人羨之，於是法國首倡育蠶，聘中國蠶婦，教以伺蠶、繅絲諸法。不數年，意大里、西班牙諸國，踵而效之，於是蠶務大興，紡織機杼約十萬家，所織綢緞炫爛奪目，行銷各國，大獲其利。歐絲不足，始購中國絲以補之。惟二十餘年前，産絲極旺之時，蠶忽患病，比户傳染，幸經格致家巴斯陡考究，其收用六百餘倍之顯微境，細察蠶身，乃知所患者，形如椒末，凡患此病者，吐絲無力，或未繭而已死，或成繭而甚薄。巴斯陡精擇無種之蠶，如意伺養，令其變蛾，及雌雄相對時，用小木槅，或小竹圈，將每對分置於内，編號為記，則每雌蛾所生之子，各在一處，俟蛾殭，即將其蛾，用乳鉢磨碎，以顯微鏡查視。如某號蛾體内有形如椒末之病者，其子亦必有病，當棄而不用；如某號無病，其子亦必無病，即以傳種，名曰做蠶子分方法。法、意等國，莫不師之，於是蠶病遂除，而産絲復旺。日本於蠶務亦極力整頓，不遺餘力，曾將蠶蛾，選擇佳者，送至西國考察。又派人往意、法二國，學習養蠶諸事，所以日絲之出洋，年盛一年，上下獲利無算。蓋各國俱知蠶務於國計民生關繫甚大，故不憚煩苦，悉心考察，至今各國産絲之旺，數十倍於前矣，其利之厚，可想而知。況日本蠶絲，本遠不如，中國之人，拘守成見，祇知舊法牢不可破，在上之人，視之為不急之務，漠不關心。在下之人，無整頓之權力，並無整頓之方法，所以蠶桑之利，有江河日下之勢，出口絲數，年減一年，將盡為外人所奪。雖然整頓之道，亦易易耳。其法集資設立學堂，延一精於蠶務之西人為教習，擇年輕聰穎子弟，竭力考究之。凡蠶之如何生長，如何飼養，宜食何葉可以肥壯，倘有疾病，如何調治，燥濕寒煖，何以得宜，其繭何以有大小、厚薄之殊，其絲何以有粗細、堅絶之異，其蛾何以有□翅、禿眉、焦尾、赤肚諸病，一一考察，務使明其所以然之故而免之。並仿巴斯陡之法，用顯微鏡細視留種之蛾，有病與否，然後擇其最佳之子，蓋印銷售，以杜民間或將有病之子誤售與人。學生習有成效，給以憑據，准其做子出售，並往各處教習飼養。凡育蠶之家，可將鮮繭送交深明蠶事者，驗其優劣，分別等次，列上等者，國家給以獎賞，以鼓舞之。各州縣又廣設蠶桑局，推舉董事，管理地方蠶務，詳定章程，勸民種桑育蠶，則數年之後，蠶桑必可大興，出絲必佳而多。安見今日之利，已為他邦所奪者，不能仍歸諸己耶！

清　蔣汝正校正，徐瀾編輯《安徽勸辦柞蠶案・安徽柞蠶傳習所試育柞蠶第一次報告書》　光緒三十四年，祥熊承乏勸業道，設立勸業公所，沈方伯以王令元綎，精於蠶學，薦充科員。王令呈所著《野蠶録》一書，詳説山東柞蠶之利，及種樹、育蠶、繅絲、織綢諸法。嗣又覓得河南奉天飼養方法，乃屬農務科長徐令瀾攷其異同，編輯《柞蠶簡法》，刊佈流傳。祥熊前在鳳陽，見鳳境野生柞樹極多，擬設一傳習所，以開風氣，約需開辦費一千一百兩，常年費二千五百兩。沈方伯力任籌欵，遂派商務科員劉令宏達爲所長，前往河南魯山等處，詳細調查，蓋以河南之絲較勝於山東也。劉令調查回省開呈，節略其法，有與前刊簡法不同者，復屬徐令編次之，附以圖説，爲《柞蠶簡法補遺》，亦刊佈流傳。而劉令由河南延聘管理蠶事者一人，曰王平章，又精于飼養者四人，以充蠶師，並購到繭種四萬枚，至鳳陽，擇定森泉寺左近多柞宜蠶，擬在此處設所。而鳳民詫爲洋蠶，頗多疑阻，經再三勸導，始得租定蠶場，而借用森泉寺，修造房屋，設所開辦，嗣以商科事繁，調劉令回省供差，改派譚縣丞啟桂接辦。

又《烘蛾説》　爲詳報事，竊查齊、豫等省，發明一種野蠶，食柞櫟、青棡等葉，較之桑蠶，工省效速，於小民生計，最爲有益。故近年來，日益發達，始僅供内地織綢之用，今且爲出洋大宗。查河南通年産額，值銀二千餘萬，歲收釐捐數十萬兩，直接固爲民生大利，間接亦有裨於公家財政。職道訪聞皖北等處，野生柞樹極多，久思爲因利而利之計，兼以禁種鶯粟之後，民間驟失利賴，尤不可不亟籌補助，以善其後，兹經撰發白話告示通飭，曉諭並飭精於蠶學之員，編輯《柞蠶簡法》，成本刊印通頒，以便仿行，惟事不經實驗，不足以資提倡。擬先在鳳陽設立柞蠶傳習所，租地開辦，揀派講員，僱用蠶師，招集生徒，授以種柞放蠶之法，試辦有效，即可逐漸推廣。現在規畫經始，先派員至河南，調查種柞飼蠶方法，並選僱蠶師，一面即派員赴鳳陽，查勘柞樹最盛之處，租地若干畝，作爲試驗場，靠近場地，租借祠廟一所，爲傳習所。俟由河南調查之員到鳳，即籌辦開所事宜，並以鳳陽縣知縣兼充該所提調，以便保護而資倡率。預算開辦經費約一千一百兩，常年經費約二千五百兩，應於何項內動支，容職道與藩司商籌的欵，另文稟請撥給。所有現擬興辦柞蠶傳習所緣由，理合開具簡章，暨委員銜名，分繕淸摺，並檢同《柞蠶簡法》一本，具文詳報仰祈。

英　康發達《蠶務條陳》　大抵宜以印度爲法，中國蠶病雖深，所幸者旣明此病，尚可爲防備之計。如送來各種子內，有微粒者甚多，倘係西國之蠶，染此病狀，斷難生子。卽生子，亦未必能成蠶。而送來之子，竟能養出，且能經屢次挑揀，得無病之蠶，成蛾成子、至次年養出，比先一年尤佳。可見中國之蠶，其力較他國爲大。其中又查得二理，一係中國之蠶，患此粒瘟，爲時已久，恐有絶種之時，而與昔時西國蠶瘟之患相同。一係中國蠶種內有力大者，雖患此粒瘟，醫治尚易，送來之奉天省蠶蛾等，已經英國倫敦最著名之格致家木爾，查其內有兩樣新種，俟在里昂考察絲院，考察其絲，卽可知其絲質有何分別，並其優劣如何。然今已經查明者，如在中國溫和之地，一蠶養至數次，未必能佳，因遞次所收之絲，一次不如一次。譬第一次收絲有百分，至第六次則不過五十分，總之中國所出之絲式可定，其一年不如一年。而日本所出之絲式，則一年佳似一年。日本之絲，不但年年加增，其蠶繭及絲質，驟然稱美，各西國及美國，均樂以重價購之，其故甚易知也。蓋日本國家，曾經講求此事，前有農部尚書，將蠶蛾等件，選擇精美，送至西國考察，復派人往法國及義大利國，學習養蠶各事。故今日本深知養蠶之法，雖用種不過十餘，其繭、其子，均爲極佳之品，並能明何種宜養於何地，是向來爲日本考察。繭絲之理，其人雖產自法國，至今日獲收養蠶之利，則在日本，而不在法人。予觀今日中國蠶務情形，頗與印度相同。溯印度數年以來，蠶亦多病，絲色日減，雖印度國家，於民生各事向不過問，然因蠶務所關繫於民生者甚巨，亦遂改絃更張，由其國家致函，請予代爲設法俛救，俾印人養蠶無害，並託予聘一熟悉養蠶各事之人往印，並深明巴斯陡選擇無病蠶之法，而願與以重聘，以期易於延覔。無如爲予所深信而不疑者，頗難其人，故勸印度派養蠶公院之工頭，來法學習。適印度養蠶公院中，有工頭一名，在院管理已經兩載，明悉養蠶各事，頗爲用心，現已來法一月，由予請法國國家，准其入蒙伯葉城養蠶公院塾房，在該院内巴姓及提雨克樂兩人名下學習。該工頭不能法語，傳以通事，學藝頗佳，歷二三月後回印，遂深知西國養蠶各務，並防備粒瘟之患。嗣印度國家，擬設立養蠶公院數所，專爲挑選佳種、無病蠶子，售與人民，並在公院設立一查考院，令年幼之人，來院學習，分往内地教習飼養。每年所出蠶絲繭子，仍送往法國里昂城，及義國考察絲院，或英國倫敦木爾處，以備查考。但印度整頓蠶務，較中國爲難。其蠶繭甚小，絲力亦弱，其質亦次。而中國地土宜於養蠶，最爲利便。縱蠶有病，予逆料其易於醫治，更能壯蠶之力，成絲使多，將倍佳於現寄來之絲也。辦理如是之易，倘有幹練之人，經理中國養蠶事務，日本國所能爲者，中國亦無不能爲，並無所難，此一定之理也。

又　國家養蠶局在浙江産蠶適中之地，大約就湖州及太湖一帶，而將寧波試辦各事，移至其處。按照西國養蠶各事最新之法，逐細講求，與法國、奧國、義國各西國，及日本國之養蠶公院，一律辦理。二、所設之養蠶局，固以細究養蠶各事爲重，更須按照巴姓選擇無病蠶之法，蓄留其子，賤價售與内地養蠶之人。如内地民人試用一次後，必知其子甚佳，利益較大。局中有此進欵，則嗣後每歲所需經費，無虞不足。三、養蠶局須設立最新、最靈繅絲之機器，或繅本局所收之繭，或繅購來之繭，或代繅民人之繭。凡繅絲時，宜設法准民人來局者看視，使風氣漸開，可使各人，自備機器繅絲，以期勻淨。四、内地適中之區，雖設有養蠶局，每歲在局專爲養蠶及繅絲各事，更宜設總局於上海，爲查考各事之地，並由總局如前，向各口訪求，及將蠶繭各件，仍舊送往法國查考。五、凡在總局隨習養蠶之人，於蠶務逐細講求，其理均已明晰，選其誠實者，分往各省産絲之區，設立養蠶局，如法經理。

又　國家俯准開辦勸導，民之聽信與否，悉隨民意。其聽信者，定獲利益，利益漸廣，信者必衆。按麻里阿寄來《飼養中國蠶種情形》書内所載，照西國養蠶之道，及巴姓選擇之法，飼養中國送來之蠶子，其種卽本關所養未成者，麻里阿竟能養成，且次年復養，較上年尤佳，請實證之。查所送蠶種，共三十三種，内以十種而論。光緒十三年、十四年，成繭數斤兩，以若干繭，成一吉羅計。一種，第一年七百五十繭爲一吉羅，次年七百十四繭卽爲一吉羅。一種，第一年一千六百八十繭爲一吉羅，次年一千二十五繭卽爲一吉羅。一種，第一年一千九十五繭爲一吉羅，次年八百六十九繭卽爲一吉羅。一種，第一年一千六百十八繭爲一吉羅，次年八百三十三繭卽爲一吉羅。一種，第一年一千六百繭爲一吉羅，次年一千二百五十二繭卽爲一吉羅。一種，第一年一千一百繭爲一吉羅，次年九百五十二繭卽爲一吉羅。一種，第一年一千一百蔴爲一吉羅，次年八百六十九蔴卽爲一吉羅。一種，第一年一千九十蔴爲一吉羅，次年七百四十七蔴卽爲一吉羅。一種，第一年八百五十五蔴爲一吉羅，次年七百六十九蔴卽爲一吉羅。一種，第一年八百四十蔴爲一吉羅，次年七百十四蔴卽爲一吉羅。可見內有一千六百十八蔴爲一吉羅之蠶種，其子次年所出之蠶，僅須八百三十三蔴，卽爲一吉羅，是每蔴較第一年加重一倍，該種蠶，不過身體較壯，其病仍未去盡。如以上十種蠶，合而計之，則十萬蠶於第一年成蔴，重八千五百二十吉羅，至次年所成之蔴，可重一萬一千四百八十吉羅，約每百斤中，加重二十六七斤也。

又倪恩投函覆所擬《設立養蠶局章程》云，閱所擬各章程，均甚妥當，惟似稍有不合。夫今日中國，欲整頓蠶務，與舊年印度開辦整頓蠶務相同，且印度整頓之法，想亦與中國相宜。如在寧波所查各事，雖有裨益，然不過浙省一地之蠶，他省各種家蠶，半家半野之蠶，及野蠶，除牛莊一口外，尚無實在查出之事，照前訪查各節，宜再從首開辦，而以有人深知巴姓選擇之法，爲第一要義。設一公院，以蓄無病蠶之子，務剔盡有病蠶之子，以免病蠶復生子，並比較各種蠶有何佳處。其人須熟悉養蠶各事，譬如養蠶房屋，飼養之法，以及料理器具各事，何者最宜，始有益利可獲，均須一一明晰。但照巴姓之書，及他書所載之法，猶不足。特凡飼蠶各工作，亦甚關緊要。蓋西國各樣新巧之法，尚未載於書中也。如以顯微鏡窺視蠶之病狀，人皆知用，然宜細明其理，否則不能查明伯撇靈之病因。鏡面所顯，除伯撇靈之克拍司格外，尚有他狀甚多，如小五方形質，血輪形質，小腐質，小水蟲等質，宜知其分別之處。舊年印度國家派來之工頭，係在養蠶公院，已經做工二年，其人二三月間來法，七八月回印。此數月內，先入法國蒙伯葉城國家養蠶公院內之塾房，後至里昂城考察絲院學習考察絲質，又往巴土呀城義國國家養蠶公院，並往養蠶最盛名各處，及選擇蠶子處、繅絲處、造經處閱視。該工頭頗能用心，雖不通法語，藉人傳達，學習亦甚易，故印度現已有人在養蠶公院，深知各法，並知西國所用各器具，何者與印度相宜。今中國亦宜設法聘此一人，是爲設立養蠶公院最先之事。鄙意莫如速派一二人來法，尚及見本年養蠶各事，否則又遲誤一年。夫欲整頓蠶務，總以實有裨益爲尚，故中國整頓，祇須就中國之蠶治之，應由中國自行設法，始得長享其利，此策爲最善而亦最便。故余不勸中國，購用外國蠶院之子，雖法、義等國，售買蠶子之處甚多，其子亦佳而無病，若中國購用，仍不免遲誤中國之事。余意中國今日，莫妙於在湖州或太湖一帶，先設試辦養蠶公院，在內仍沿中國舊法飼養，不過房屋、器具、工人，均須潔淨小心，並設法購齊浙江、江蘇、四川、山東、直隸、山西各省所産蠶子，愈多愈妙，在院飼養，查驗各種優劣，不但養無病之蠶，兼須養佳種之蠶。蓋佳蠶費用，仍與他蠶等。余亦不勸中國先行購用法國養蠶各器具，俟派人來法學習蠶務，親試何等器具合用，並爲中國所難得者，方可購用。惟考察絲質之粗細、柔脆、輕重，以定各種蠶之優劣。宜設一考察絲院，該院內用應用各器具之價值，照現時送印度者計，僅五六千法藍，卽約銀一千五百兩也。考察絲質各器具運用，雖頗易，仍宜先在西國學習，以便回國傳習，並宜在該院內，設繅絲之處。此院設立數年之後，且中國人既皆知巴姓之良法，則公院便可裁撤，不過今日，先須示以則效，開其風氣耳。如中國不及早設法除此蠶瘟，則中國何處蠶染此病，其處蠶必盡壞，與昔時法、義、日、斯巴尼亞、葡萄牙各國相同，此定理也。昔時中國之絲，與義國之絲相敵，並可使義絲價賤，今則情形相反，義絲轉能使中國之絲價賤，義、法等國絲市日興，無非善於講求之道。由上各節，以觀中國今日最急、最要之事，一係選一中國或西國年幼之人，已熟悉中國養蠶各事，派往法國學習，與去歲印度派來之工頭同。二、如前查訪蠶務各事，須再推而廣之，使無遺漏。三、宜購齊各省各種蠶子，一半存在貴處，一半寄來法國，倘於本年養蠶之先到法尤妙。夫法國里昂城，爲西國貿易絲市之巨鎮，該地每年所需絲斤，以造絲貨，其數頗巨，甚願他國歲出之絲能旺，則亦與有利益。況法國所出之絲，少不足用，其絲質頗佳於中國，何畏中國之絲往銷。余非商賈者，流絲之賣買，尤不與余相涉，但樂考察絲質一事耳。

按倪恩投來信之言，與本税務司所擬章程意見頗爲相同。然本税務司已早計及中國整頓蠶務，欲求實在裨利，必先細爲查驗，並逐漸講求工作功用之道。倪恩投爲本税務司，深所佩服，惟其中不能不與其意見稍異者，除派人前往法國學習一法，則無疑議外。若中國設立蠶務局，應先就近查明日本如何辦有成效各節，再行仿照開辦，蓋日本與中國最近，情形亦相同也。

又 大人所著《日本蠶務畧說》一書，仰見大人深明蠶事，講求有年，並悉耑派工人，遠赴法國學習養蠶新法。擬將設局整頓辦理，俾中國絲務有興無敗，誠裕國便商之碩畫，而我華民之大幸也。乃遲至今，不見局設何處，未知是否開辦。商等心欽日久盼念，時深爰見。本年養蠶之期已届，不辭固陋，特就上海徐家滙地方，自賃清浄洋房一所，購齊各種蠶子及桑葉器具，經費一切，均經妥辦，以備試行第，恐養不得法，而仍如往年虧折被累，爲亟瀝情稟請。

英　康發達《蠶務圖説》　竊自中外通商以來，彼此以有易無，互相爲市，固勢均而力敵，奈外洋之貨入中國者，不但貨色漸廣，即各貨數目，亦年盛一年，中國運出之貨，不能與之爭勝，以致洋貨所值，漸易以銀，而利源遂流入外洋。中國本有可以挽回之策，惜無人陳說利害，因循未辦。今試以絲務一項論之。夫絲爲中國民生之大本，通商後，尤爲互市之大宗。其在數十年之前，較之各國最爲興旺，而自近十餘年，以至今日，則日見減色。查泰西各國於各項工作之事，講求其理，不遺餘力，而以格致之學爲最要。有一事必請專門名家，稽查各務，集天下之深知此事本源功用者，不厭煩瑣，一一考究詳察，以盡其利。譬如種田，則必究其未種之先，何等種耔宜於何土，燥濕何宜，既種之後，必究其何以長茂，何以蕃實，必使業此者，毫無遺利而後止。故於蠶桑一事，亦設有公院，凡蠶產情形，必專心考究。此公院設有年所，其於蠶之如何生長，宜食何葉，何以肥壯，何以有病，如何醫治，何以必到其時，不食而眠，每次眠時是何形狀，何以必到其時，乃上山結繭，其繭是何色樣，何以繭有大小，何以必到其時，乃出蛾，其蛾是何色樣，有無疾病，何以必到其時，蠶乃生。又何以一年内再生至五六生，如何使其不再生，而留其子使次年始生。所吐之絲，何以有粗細脆韌，何以光潔，何以暗滯，何者爲得天氣之宜，地土之宜，究應如何蓄養，始無遺憾。所種之桑，何桑宜何地土，何以茂密，何以蟲生，如何止蟲，何葉宜何蠶。又有各種野蠶，各種半家半野之蠶，何以爲野，何以爲半家半野，何者產何處，何者生何樹，食何葉，何者可取回蓄養，何者不宜取歸。其蠶及蠶繭、蠶蛾、蠶子，如何收取，如何功用，歷年講究。早得竅奥，隨時薈萃出書，布散天下，使各人增長學問，有所仿效，俾無遺利。故於國計民生，關繫甚大，凡此等費用，皆由各國公款所出，誠重其事也。中國蠶桑之法，講求者原不乏人，特忽略者衆，祇知其當然，而不知其所以然，沿舊蓄養，衰旺委之運氣，年產不能遞增，或且減少，要皆講求不得其道耳。至各種野蠶，則更無人過問，任其自生自滅，實則亦正有用處。光緒六年，各口海關税務司，奉總税務司通札，因法國曾充會院蠶務總考察司里昂城商會首領倪恩投，請將中國蠶務各節查訪，經總税務司札飭，本税務司詳加查察，並准將各項費用，入本關經費報銷。光緒十二年，本税務司復任浙海，見以前所查各法，仍未盡善，無實在裨益之處。緣在浙省，雖查有野蠶兩種，將繭送往法國，察其絲質頗美，恐日後大有用處。而家養各蠶，未曾逐細驗其功用，非在各省查明，不能定其孰優孰劣，因刋布訪求養蠶各節，一書分散。浙省產蠶各區，使年終彙將蠶子繭絲，同送來關，以憑查驗，並購買蠶子，雇用熟悉養蠶之人，就本關設立小院飼蓄，試照書中各節查記。而將最後之一眠蠶，取十條浸入藥水瓶内，並取各蠶乾繭半斤，絲二錢，雌雄蛾五對，活子五分，包固，送往法國，請其考察，其中總以活子爲最要。各種活子，雖送往法國，其餘剩未送者，留在本關，至次年試養，以便兩相比較，考其利弊。按光緒十二年，本關試養家蠶，共二十三種，均送法國，惟惜分散之書，除送到蠶子外，均未如式寄關，想因未明此理，遂不經意，故又經總税務司准，將所用訪求養蠶各節之書，再送各關，照式訪查。至光緒十三年，復將上年所留之子，並他處送來之子試養，計有頭蠶子十八種，二蠶子十種，三蠶子六種，三蠶以上各蠶子八種。初養之事，天氣頗宜，出蠶亦佳。至第四眠，蠶病尚未大見。迨上山時，蠶病乃顯，或一種全死，或一種留有一半左右，計存三十二種蠶，内僅有十二種，尚有力作繭，然收成不過十分之五，其餘二十一種，全歸烏有。第二次所養之蠶，不十日間，幾已千壞，至第四眠時，所餘之蠶，僅足爲浸入藥水之用。第三次所養之蠶，僅存兩種，嗣遂停養，然可由此驗知其病，以期設法防備。故皆如上年之式包固，並將同時自杭州一帶，及甯波、鄞江橋，如式送來，蠶絲、乾繭及蛾子，計共三十三種，彙送法國，請同十二年所送之子，一一考察，當經申明總税務司，並函致法國，來年本關暫停飼養訪求，俟其考察，明悉究應如何整頓，再行開辦。及十四年五六月間，接倪恩投函，稱送來蠶絲、乾繭、蛾子，均已收到，俟考察明悉，即行函覆。今先請陳其大略。中國之蠶，受病已久，特未深信此理者多，今則可實證之。如甯波之蠶，所見病瘟情形，他要亦復如是，則中國各該處蠶種，必有斷絕之時。查得送來各種蠶，身内具微粒，西語曰克柏司格。從未見有如此之多，其微粒之病，曰椒末瘟。西語曰伯撖靈。凡蠶及蛾繭與子，均經沾染此病，且於各種蛾各繭内，並查有他種病狀，譬如黄軟病，西語曰法拉斯利。特其一耳。中國各蠶，其病既如是之巨，何以尚不及早料理。然應加何料理，容說于後，大抵宜以印度爲法，中國蠶病雖深，所幸者既明此病，尚可爲防備之計。如送來各種子內，有微粒者甚多，倘係西國之蠶，染此病狀，斷難生子，卽生子亦未必能成蠶，而送來之子，竟能養出，且能經屢次挑揀得無病之蠶，成蛾成子，至次年養出，比先一年尤佳，可見中國之蠶，其力較他國爲大。其中又查得二理：一係中國之蠶，患此粒瘟，爲時已久，恐有絕種之時，而與昔時西國蠶瘟之患相同。一係中國蠶種內，有力大者，雖患此粒瘟，醫治尚易，送來之奉天省蠶蛾等，已經查其內有兩樣新種，俟在里昂城考察絲院，考察其絲，卽可知其絲質有何分別，並其優劣如何。然今已經查明者，如在中國温和之地，一蠶養至數次，未必能佳，因遞次所收之絲，一次不如一次，譬第一次收絲有八分，至第六次則不過五分。總之，中國所出之絲式可定，其一年不如一年，而日本所出之絲式，則一年佳似一年。日本之絲，不但年年加增，其蠶繭及絲質，驟然稱美，各西國及美國，均樂以重價購之。其故甚易知也，蓋日本國家，曾經講求此事，前有農部尚書，將蠶蛾等件，選擇精美，送至西國考察，復派人往法國及義大利國，學習養蠶各事，故今日本深知養蠶之法，雖用種不過十餘，其繭其子，均爲極佳之品，並能明何種宜養於何地。是向來爲日本考察蠶繭之理，其人雖產自法國，至今日獲收養蠶之利則在日本，而不在法人。予觀今日中國蠶務情形，頗與印度相同。溯印度數年以來，蠶亦多病，絲色日減。雖印度國家，于民生各事，向不過問，然因蠶務所關繫于民生甚巨，亦遂改絃更張，由其國家函請，代爲設法挽救，俾印人養蠶無害，並託予聘一熟悉養蠶各事之人往印，須深明巴斯陡選擇無病蠶之法，而願與以重聘，以期易於延覓，無如爲予所深信而不疑者，頗難其人。故印度派養蠶公院之工頭一名來法，該工頭在其國院內，管理已經兩載，明悉養蠶各事，到法後，法國國家，准其入蒙伯葉城養蠶公院塾房，在該院內巴姓及提雨克樂兩人名下學習數月。該工頭回印，遂深知西國養蠶各務，並防備粒瘟之患。嗣印度國家，擬設立養蠶公院數所，專爲挑選佳種，無病蠶子，售與民人。並設立一查考院，令年幼之人來院學習，分往內地教習飼養。每年所出蠶絲、繭子，仍送至法國，以備查考。但印度整頓蠶務，較中國爲難，其蠶繭甚小，絲力亦弱，其質亦次。而中國地土宜于養蠶，最爲利便，縱蠶有病，予逆料其易于醫治，更能壯蠶之力，成絲使多，將倍佳于現寄來之絲。辦理如是之易，倘有幹練之人，經理中國養蠶事務，日本國所能爲者，中國亦無不能爲，並無所難，此一定之理也。以上皆倪恩投與本稅務司之函，當于光緒十四年六月十八日，抄呈總稅務司，並具漢文，詳論蠶務情形及所有整頓之法，兼申明商之本關，監督甯紹台道，亦甚關心，願爲籌捐襄辦，旋于八月十九日，奉總稅務司札覆以訪求蠶務各節，既深有關于國計民生，擬呈請。

又 就浙江一省之蠶而言，無不有微粒，患椒末瘟之症，倘不亟行整頓，恐蠶務之壞，與二十五年前法國之害相同。夫蠶漸長，而病因之漸重，別無良法療治，惟有選擇無病蠶子之法，一面防有病之蠶，不使生子。但浙江之蠶，染患椒末瘟，恐他處蠶病大概相同。惟中國蠶病雖深，蠶力本大，蠶力究如何大，俟詳於後。較之昔時西國蠶病，設法尚易爲力。故中國苟欲整頓蠶務，惟師各西國近二十年，日本近十年，所設各養蠶公院之法而已。若蠶爲何種，歸於何類，在格致家語之甚詳，似無關養蠶之事，然必格致家分蠶爲何種，種有何繭，而後養蠶家始知何種蠶生何種絲，並知養何種蠶，爲有利益，及何種蠶宜養於何地。至巴姓醫治蠶病之法，知之甚易，倣之無不見效。法國各處養蠶之人，無不知曉。查官册所載，法國每年所出蠶繭之數，計咸豐三年爲二千六百萬吉羅，每吉羅約重一斤十一兩。四年爲二千一百五十萬吉羅，五年爲一千九百八十萬吉羅，六年爲七百五十萬吉羅，以後年減一年，至同治四年，僅歲出四百萬吉羅，皆由蠶患椒末瘟所致也。其時百出其計，遍覓各國蠶子飼養，而日本之子尤多，迄無所效。其年，巴姓得選擇無病蠶子之法，其患始息。其法：將蠶患椒末瘟者，去除淨盡，養蠶之人，復加意飼養，其患黃輭病者，亦漸自止。方法：國蠶瘟盛傳之時，計子重二十五克蘭每一克蘭，約重六錢餘，生繭二十五吉羅後，則子重二十五克蘭，生繭四、五、六十吉羅不等。光緒四年，法京衒奇會所出官册，載近五年各國約出繭數，當時法國每年出繭九百萬吉羅，是法國自止蠶瘟之後，不十年而所產，已加倍矣。且查此五年之前，卽同治四年以後，法國每歲所出繭數，有多至一千四百萬吉羅者，或一千一百萬吉羅者，而此五年中，僅歲出繭九百萬吉羅，非因蠶復有病，實由人工昂貴，外來之絲價較賤。故光緒十二年，法國所出絲數，雖爲八十萬吉羅，而較之前數年所出之數，已較多。又查中國各口通商貿易總册，所有絲及亂絲頭，由上海運往外國之數，自光緒五年至十四年，此十年中計，惟光緒五、六兩年，自上海出口之絲，牽計每年爲六百四十一萬七千斤，其餘之八年出口，牽計每年爲四百四十三萬一千七百斤，是後八年，每歲出口絲數減少二百萬斤，約百斤中少三十斤也。其運往外國亂絲頭之數，此十年中，前兩年牽計每年爲八十九萬二千五百斤，後八年牽計每年則爲二百五十萬一千五百斤，是每年加增一百六十一萬斤，每百斤中，加七十斤也。合上二數以觀，則知中國蠶之病日深，但絲斤減少，而亂絲頭，應隨之俱減，何以反加增？蓋由養蠶日見其多，而成功者少，故亂絲頭日加，而絲斤日減。今就上海、廣東運往美國之絲數，與日本運往美國之絲數而論，中國則年見其少，日本則年見其多，甚至大相懸殊，故合上海、廣東、日本，各出口絲數計之，譬百分中，當光緒四、五兩年，上海出口絲數，約居百分中之五十二分，至六、七兩年，則約居八十四分，嗣後年年見減，至前兩年，則僅居十五分。查前數十年作經之絲，由上海運往美國者，名七里絲，即細絲，俱由南潯新市、菱湖湖州、雙林烏鎮而來；大蠶絲即粗絲，産自該數處之外一帶，産細絲之處在浙之北，其地不大，所種桑樹稠密，近二十年，復年多一年，蠶屋稠疊，過爲擠密，或即因此蠶病盛行，該地之絲，遂收成日少。即本處所需絲斤以織絲貨，亦不足用，遂越太湖，往無錫買粗絲之蠶繭，以補其缺，約每年至數百萬斤之多。即上海所設兩繅絲行，亦每年往無錫、溧陽等處，購買絲斤備用。産粗絲之處，其數本少，其地甚大，數年來，雖種桑之區日多，較之前時甚廣，而蠶病亦與之俱廣，絲則不能多收。若日本出口之絲數，當光緒四年，不能過一千四百十包，及前兩年已加至一萬四百包，是皆由日本仿用巴姓選擇無病蠶子之法，産絲驟盛，而人皆知其絲質尤佳。故中國蠶務，亟宜整頓，萬不可緩。如以上所擬各法，最爲妥善，其事不過便民興利，並不强民遵從，民之聽信與否，悉隨民意。其聽信者，定獲利益，利益漸廣，信者必衆。按麻里阿寄來《飼養中國蠶種情形書》内所載，照西國養蠶之道，及巴姓選擇之法，飼蓄中國送來之蠶子，其種即本關所養未成者，麻里阿竟能養成，且次年復養，較上年尤佳，請實證之。查所送蠶種，共三十三種，内以十種而論。光緒十三年、十四年所成繭數斤兩，以若干繭成一吉羅計，一種第一年七百五十繭爲一吉羅，次年七百十四繭即爲一吉羅。一種第一年一千六百八十繭爲一吉羅，次年一千二十五繭即爲一吉羅。一種第一年一千九十五繭爲一吉羅，次年八百六十九繭即爲一吉羅。一種第一年一千六百十八繭爲一吉羅，次年八百三十三繭即爲一吉羅。一種第一年一千六百繭爲一吉羅，次年一千二百五十二繭即爲一吉羅。一種第一年一千一百繭爲一吉羅，次年九百五十二繭即爲一吉羅。一種第一年一千一百繭爲一吉羅，次年八百六十九繭即爲一吉羅。一種第一年一千九十繭爲一吉羅，次年七百四十七繭即爲一吉羅。一種第一年八百五十五繭爲一吉羅，次年七百六十九繭即爲一吉羅。一種第一年八百四十繭爲一吉羅，次年七百十四繭即爲一吉羅。可見内有一千六百十八繭爲一吉羅之蠶種，其子次年所出之蠶，僅須八百三十三繭，即爲一吉羅，是每繭較第一年加重一倍，該種蠶不過身體較壯，其病仍未去盡。如以上十種蠶，合而計之，則十萬蠶，於第一年成繭，重八千五百三十吉羅，至次年所成之繭，可重一萬一千四百八十吉羅，約每百斤中，加重二十六七斤也。又倪恩投函覆所擬《設立養蠶局章程》云：閲所擬各章，均甚妥當，惟似稍有不合。夫今日中國，欲整頓蠶務，與舊年印度開辦整頓蠶務相同，且印度整頓之法，想亦與中國相宜。如在甯波所查各事，雖有裨益，然不過浙省一地之蠶，他省各種家蠶、半家半野之蠶及野蠶，除牛庄一口外，尚無實在查出之事，照前訪查各節，宜再從首開辦，而以有人深知巴姓選擇之法爲第一要義。設一公院，以蓄無病蠶之子，務剔盡有病蠶之子，以免病蠶復生子，並比較各種蠶，有何佳處，其人須熟悉養蠶之事。譬如養蠶房屋、飼蠶之法，以及料理器具各事，何者最宜，始有利益可獲，均須一一明晰。但照巴姓之書及他書所載之法，猶不足恃。凡飼蠶各工作，亦甚關緊要。蓋西國各樣新巧之法，尚未載於書中也。如以顯微鏡，窺視蠶之病狀，人皆知用，然宜細明其理，否則不能查明伯撇靈之病因，鏡面所顯，除伯撇靈之格拍司格外，尚有他狀甚多，如小五方形，如血輪形質、小腐質、小水蟲等質，宜知其分別之處。舊年，印度國家派來之工頭，係在養蠶公院，已經做工二年，其人二三月間來法，七八月間回印，此數月内，先入法國蒙伯葉城國家養蠶公院内之塾房，後至里昂城考察絲院，學習考察絲質，又往巴土呀城義國國家養蠶公院，並養蠶最盛各處，及選擇蠶子處、繅絲處、造經處閲視。該工頭頗能用心，雖不通法語，藉人傳達，學習亦甚易。故印度現已有人在養蠶公院，深知各法，並知西國所用各器具，何者與印度相宜。今中國亦宜設法聘此一人，是爲設立養蠶公院最先之事，鄙意莫如速派一、二人來法，尚及見本年養蠶各事，否則又須遲誤一年。夫欲整頓蠶務，總以實有裨益爲尚，故中國整頓，祇須就中國之蠶治之，應由中國自行設法，始得長享其利，此策爲最善，而亦最便。故余不勸中國購用外國蠶院之子，雖法、義等國，售賣蠶子之處甚多，其子亦佳而無病，若中國購用，仍不免遲誤。中國之事，余意中國今日最宜先行試辦，仍沿中國舊法飼養，不過房屋、器具、工人，俱須潔淨小心，並設法購齊浙江、江蘇、四川、山東、直隸、山西各省所產蠶子，愈多愈妙，查驗各種優劣，不但養無病之蠶，兼須養佳種之蠶，蓋佳蠶費用，仍與他蠶等。余考察絲質之粗細、柔脆、輕重，以定各種蠶之優劣，各器具運用頗易，並宜設一繅絲之處。數年之後，中國人既皆知巴姓之良法，則公院便可裁撤。不過今日先須示以成傚，開以風氣耳。如中國不及早設法除此蠶瘟，則中國何處蠶染此病，其處蠶必盡壞，與昔時法、義、日、斯巴尼亞、葡萄牙各國相同，此定理也。昔時中國之絲與義國之絲相敵，並可使義絲價賤，今則情形相反，義絲轉能使中國之絲價賤。義、法等國絲市日興，無非善於講求之道。由上各節，以觀中國今日最急最要之事，一係選一中國或西國年幼之人，已熟悉中國養蠶各事，派往法國學習，與去歲印度派來之工頭同。二、如前查訪蠶務各事，須再推而廣之，使無遺漏。三、宜購齊各省各種蠶子，一半存在貴處，一半寄來法國，倘於本年養蠶之先到法尤妙。夫法國里昻城，爲西國貿易絲市之巨鎮，該地每年所需絲斤以造絲貨，其數頗巨，甚願他國歲出之絲能旺，則亦與有利益。況法國所出之絲少不足用，其絲質頗佳於中國，何畏中國之絲往銷。余非商賈者，流絲之買賣，尤不與余相涉，但樂考察絲質一事耳。按倪恩投來信之言，與本稅務司所擬章程意見，頗爲相同。然本稅務司已早計及中國整頓蠶務，欲求實在裨益，必先細爲查驗，並逐漸講求工作功用之道。倪恩投爲本稅務司，深所佩服，除派人前往法國學習一法，則無疑議外。若中國設立蠶務局，應先就近查明，日本如何辦有成效，各節再行仿照開辦，蓋日本與中國最近，情形亦相同也。故仍冀親往日本，查視一切。

又《查得日本整頓蠶務大概情形説》　查日本蠶務，近二十年來，所產之蠶繭，與蠶子紙、生絲、亂絲頭數目，先後懸殊，可知其蠶務，日見興旺。今特具圖呈説，如繭自同治八年至光緒元年，其數無考，二年出一百四十八萬四千擔，九年出二百七十六萬五千擔，十四年出二百九十六萬二千擔，是十四年較之九年，每百分中多七分也。如蠶子紙，自同治八年至光緒三年，其數無考，四年出一百三十八萬七千張，九年出一百二十三萬二千張，十四年出二百三十一萬五千張，是十四年較之九年，每百分中多九十分也。其運出外洋之數，同治八年爲一百三十七萬七千張，光緒九年爲七十五萬張，十四年則僅爲七百五十五張。如生絲，自同治八年至光緒元年，其數無考，二年出二百四萬九千斤，九年出二百八十五萬三千斤，十四年出四百六十五萬六千斤，是十四年較之九年，每百分中多六十三分也。其運出外洋之數，同治八年爲七十三萬斤，光緒九年爲三百十二萬二千斤，至十四年則爲四百六十八萬斤，是此五年內，每百分中，幾多至五十八分也。如亂絲頭，自同治八年至光緒六年，其數無考，七年出一百二萬六千斤，九年出一百七萬三千斤，十四年出一百二十四萬七千斤，是十四年較之九年，每百分中多十六分也。以上所產之數，雖或年分不齊，而多寡已可比較，其取數年爲斷者，因同治十三年，佐木自奧國回至東京，設立講求蠶務所。光緒九年，農商務省，復有整頓蠶絲業之舉也。按數年來，日本所產蠶子紙、生絲，日見其多，而繭及亂絲頭，不與之俱多，其數且相去懸遠，則爲蠶多成佳繭之證。此皆由日本早用西國查得天然利益之法，整頓蠶病，以致蠶生有力之明效。余曾前往內地，查勘蠶事，屢見日本國家，護助蠶業之意，所需種桑之地，年漸推廣。向來蠶務，祗在本道數處，今則推廣至通國，皆有所設西式之繅絲局，亦年見其多。茲將產子與繭之分地，繪爲兩圖。其圖據光緒十二年分所產數目以定，因僅有此年，各處數目可稽也。每一鄉村，懸有示諭，勸民盡心蠶事，及用意繅絲，蓋國家不獨於數年來，盡心整頓蠶病，亦急欲製絲使佳。故今通國繅絲之局日盛，而熟悉繅絲美法之工匠亦衆，製出之絲，運售如流，利益頗厚，實爲日本一大宗商貨。圖內所載生絲，運出外洋數目驟增，亦一證也。況繅絲局彷用西法，繅出之絲極佳。現接倪恩投函稱，本年法京公會蠶務考察院，考日本所製之絲，獎富岡鎮之繅絲局，以超等獎牌，並給他處彷用西法繅絲局金牌者六，是日本蠶務情形如此，不數年必爲一盛產蠶絲之國也。蓋天氣既佳，地土又便，人復智慧，其所出之絲，諒無能與之比，且工賤而易於爭售。若中國天氣、地土、人之智慧、工之便益，固無人不知，其較日本尤佳。而中國蠶務，何不逮日本遠甚？蓋中國人多以絲之一物，惟中國獨擅之利，殊不知於各出絲之國，不過十分中居其數分耳。僅即日本一國情形以觀，已可概見矣。日本整頓蠶務，不過數年，而興旺如此之速者，因彷用西國查得天然利益之法耳。地之所產各物，不能僅恃天時之相宜，天時固爲要事，而格致家所查新理，尤爲至要。各國產出之貨物，其盛與否，亦視其國之人，知用格致家查得之新理與否也。凡爲一事，必應設法，使其減時省工，而餘時餘工，仍可爲事中之他用，則所出貨物，不獨易見其多，且工本較輕，貨物尤完美也。查中國之病，在各業之人，不能聯爲一氣，互相輔助，各人只計本身所業一端之事，而不計所業以外之事。譬養蠶者，但重養蠶，繅絲者，但知繅絲，而他事不計焉。殊不知聯爲一氣，彼此均沾利益。今日苟欲整頓其事，殊覺非易。舊法固不能驟變，而各人意見亦多不同，且非逐細講求，持之久遠不爲功。但中國情形，與日本相近，凡事民間不能自新其謀，必官爲之倡率。西國有何良法，倘國家不示民以准則，恐民終不能自爲此。雖一定之理，然前陳中國蠶務，亟宜設局，講求整頓，以保利源，事宜節畧中，曾經申明，仍不可強民遵從。故開辦整頓之時，民間業蠶之事，不必過問，亦不必訂立章程，使人遵守，民間蠶務，悉聽其便。但设立養蠶公局，如前時所擬各法辦理，不久民知有益，自能相從。俟民間稟請，訂立章程，以防弊端，其時再行酌議。中國絲業，不欲爭勝於諸國則已，苟欲與諸國爭勝，非按以上各節辦理，不可也。自古以來，未有如今日之勢，國中農事及各藝業，必由國家經理之，保護之，其國始能臻於富強焉。

清　賴逸甫《嶺南蠶桑要則·倡辦蠶桑實習局程》　種桑養蠶，皆有三才，缺一不可之道存乎其間，惜此最有裨益。世道之事，前輩竟無立説流傳於世，致令世之仰慕而試辦者，苦無書籍得以觀摩，常有屢試屢虧之類。卽聘乃專宗西法，所用顯微鏡以選蠶者，亦屢虧本。凡有効果得收而地利可興者，皆從順德蠶業中，聘得老成練達者，爲其教習所致。蓋嶺南之操是業者，始於順德，故論知識廣與閱歷深者，皆推順德人爲最。今本局特從順德，敦請著名諳用天道，曉分地利，能順物宜，善用人力，精於蠶桑實業之男女教習四員，來此專教學羣，研究蠶桑事宜，以興地利。并求宣明適當規則，庶有機宜，得以供諸世人取法爲宗旨，取名瀧陽蠶桑實習局。男教員乃梁譽常偕賴敬怡兩位，同於羅鏡葆誠堂設局養蠶，先教葆誠聯誠志善同人。女教員乃賴雪梅偕賴蘭蕙，亦就葆誠堂附近，而借賴熾堂寄廬爲養蠶繅絲之所。先則教諸同人眷屬，嗣因就學日眾，故又添請教員。再以太平聯誠堂爲分局，以便隔河之一帶鄉人，得以就近研究。現因羅太匪患，比之他處尤暴，故今勸教實業，皆從羅太由邇及遠，先教葆聯同人，而後乃及四鄉者。因本局係由葆聯同人發起，所有勸業傳習各義務，皆仗發起人擔任，故以發起人爲先導，所教眷屬者，乃圖舉家通曉，則成効可速。

清　李向庭輯《蠶桑述要·序》　西湖蠶學館，爲侯官林公迪臣先生守杭郡時所創建，固欲採西法之長，以補中法之短也。成效既已大著，嗣經耆紳樊介軒先生等商諸。

清　吴宗周、陳幹材、徐謙山《蠶桑白話·丁振鐸序》　現行蠶學之書，不下數十種，其著自中國者，理既不明，法亦不密，固不足爲善本矣。其譯自外洋者，理精而深，法詳而繁，且於中外之風土氣候，不能一一切合，是僅足備專門研究之需，而不足爲民間實業之用。洵乎蠶學之無善書也。去冬滇省設立蠶桑學堂，開辦之初，即刻《蠶桑淺要》一書，斟酌於滇浙，變通於中外，理淺而明，法密而簡，實足爲蠶桑實業家之圭臬。然以文言道俗情，必非婦孺所能盡悉，誠有如福州中丞所云者，頃從貴州蠶桑學堂寄到《蠶桑白話》一本，其理法之透明，足與《淺要》相發明，而以白話出之，則不但筆墨粗通之人，一見了然，即使婦人、孺子，一字不識之流，但得有人讀而聽之，不難心領神會，着手而從事也。風氣之開，利權之操，將於此書是賴。夫復何疑。而余獨有説者，滇省設立蠶桑學堂，已及一年，大利卓著，成績蔚然。據教習考察，春蠶每蟻一兩，收繭二百二十觔。夏蠶每蟻一兩，收繭二百六十觔。繭身堅厚潔白，絲質光麗精良，足與江浙等省相頡頏，而收繭之多，實有過之而無不及。於此而不力求進步，猛圖推廣，豈非坐失大利，自甘貧弱乎。所惜者，鄉曲愚蒙，見小不見大，見近不見遠，樂成易而謀始艱。畏難而却退者有之，欲爲而無門者有之，是不可不有以勸導之，而引進之也。爰取《白話》一書，刻而布之，以爲利源之先聲云。

清　佚名《試辦四川蠶桑公社推廣集股通啟》《農學報》第一百七十期　逕啟者：僕等竊見，本省出口絲貿，日見衰歇，因於去冬與井研施燮專大令、合州張式卿孝廉，邀憑日本領事，議集股本萬五千金，試辦四川蠶桑公社。用東洋法改良舊業，以期挽回利權，全川穫益。僕等既皆入社領首集股，復經前署合州李子節大令、現任江津葉子宜明府先後提倡，俱有端倪。因卽刻出章程，分布股友，並於五月二十六日初開頭關，收取股銀四分之一，略如章程。本指隨將辦理情形，稟明監督道憲立案。公請式卿孝廉，由鄂赴浙，遂到東洋各處學堂、機廠游歷，攷求人工物用之宜，選購桑秧蠶種，聘請教習，買置器件，回川備用，尅日卽啟行矣。惟原議以本社招股集貲，係屬民款民辦之舉，與浙蘇閩鄂官款官辦之學堂，體制不同，財力亦異。祇能先從種桑養蠶下手，藉立根本之計。俟後股款充裕，再行推廣繅絲，收回全利。刻有渝友議稱，種桑養蠶誠屬本圖，然須三五年後，始能收利，見效稍遲，不如兼辦繅絲，奏功較速，獲利尤厚。既使股友先覩爲快，亦可津貼社中蠶桑之費。卽謂汽力機車，成本過重，現在財力有所不逮，儘可訪購上海、烟台現用之東洋新式人力手搖小機器車，改雇女工，薪貲特廉，售價益貴。約計購器造物，須銀二萬兩上下；買全年繭足敷每日出絲百觔之用，須銀八萬兩上下；開除月息費用，年可贏餘淨利三萬兩上下。將來本社一年育蠶五季，繭足自用，亦可陸續添買，無庸一季全購，利又倍之。目下貲本未充，或難滿足，力量祇及得半之數，利亦半之。特恐儕輩觀望，坐誤因循，外人從而生心，乘時搶辦。不特全蜀利源歸其壟斷，雖本社蠶桑所出，亦不免爲他人作嫁耳。僕等諗悉其言不謬，因議兼辦繅絲，藉收速效，以保遠利。第其股本較鉅，慮非倉卒所能集事，特囑式卿及時東下。僕等分投招股爲之後繼，一俟集有成數，卽行電知式卿，視其價值多寡，以爲能照全辦，或僅辦理一半之準，屆時酌量，先不預定，爲此公啟。川中在藉仕商暨出外宦幕服賈諸君，乞念通商以來，利孔外溢。惟此區區絲業，差藉挽回，而又年減一年，無復起色。若不自爲整興，幾有束手坐罄之勢，加以天步艱棘，捐款日繁，人事維新，興作方始，舉皆責之吾人。而吾人祇此舊業，所入有限，所出無窮，非得別開利源，彌縫補救，尠不舐糠而及米者。諸君康濟爲懷，立達有願，或能承充領首集銀十股至數十股，不厭其多。或能認當股友，出銀百兩至數百兩，不嫌其少。所有應得事權利益，俱按章程酬給，決不食言。務乞啟至之後，及時聯絡，出力維持，統於八九月間，賜椷重慶府城內，報明某人經手集股若干，分別公欵私項，注明事由、姓名，是否一關併納，或係分關補繳，暫存何人何處，均請逐一詳示。俾知確實不虛，足可依據，再行訂定准期，邀駕來渝，公覓妥實商號，照股交銀，掣取關票，以便彙寄式卿，備支公用。如在長江一帶，式卿經由之地，卽可面交式卿，取票如章，不必輾轉寄渝，徒勞往返。此啟。

清　羅振玉《杭州蠶學館成績記》《農學報》第一百二十期　知杭州府事林公啟，請於大府，設蠶學館於西湖之金沙港，以改良中國蠶業，而挽回利權，聘日本蠶師轟木長君，及前島次郎君爲教習，聚生徒講授，既三年於茲矣。今年秋，諸生學期滿，授卒業證書，成學者十有八人，曰丁祖訓字仲夫，諸暨人，曰傅調梅字和羹，錢唐人，曰宣有澤字訂舫，諸暨人，曰祝鼎字仲峙，海寧人，曰周式穀字容實，諸暨人，曰陳拜庚字慕臧，新昌人，曰陳之藩字介臣，諸暨人，曰陳翰字幹材，諸暨人，曰駱纘郊字亦庠，義烏人，曰居世昌字季梅，海寧人，曰朱敏字勉行，仁和人，曰沈鴻逵字肇初，海寧人，曰呂汝本字吉甫，新昌人，曰陸寶泰字小亭，錢唐人，曰俞鴻荃字湘賓，新昌人，曰郭廷輝字星榆，福建人，曰黃燮字杞南，杭州人，曰吳錫璋字琢甫，錢唐人，皆貫通學理，潛心實習，就中祝君鼎尤精邃，有巧思，嘗病中國習用之繅絲器太拙，而西人繅具之用汽力者，値昂，不適於小蠶業家，於是改良舊製，別爲新構，製造簡便，而習學甚易，大利民用。又有嵇君侶字慕陶，歸安人就學日本，初受學於西原講習所，既卒業，更於農科大學爲旁聽生，專研蠶學，堅苦篤實，東邦人士，推爲中國留學生之冠。太守之刱此館，其尤注意，在考研蠶病，故精究製種之術，每年所製之種，以賤値售之民間，飼之輙得豐穫，視民間普通所製種，或豐收至倍焉。今年浙省蠶事甚劣，收量視豐歲，十之四五爾，而蠶館所製種，則大率十得八九，是其徵也。館中所製種，除售之本省外，若江蘇、安徽、江西、福建，亦爭購求，恆苦不給焉。教習轟木君言，五大洲蠶業，以中國爲最先，蠶種亦以中國爲最優，而中國新昌之種，又其尤焉。新昌種中，有正圓形者，爲無上上品，因尖圓形及束腰狀之繭，絲之結搆，疎密不均。蓋束腰之繭，腰部絲密於腹部，尖圓之繭，則鋭端部，亦密於他部，繅時易截斷。惟繭形正圓，則絲之締造，通體均一，易繅而寡截。但製種之蛾，必用皆出於圓繭者，若以正圓繭與橢圓繭之蛾交，則繭形變長，不能保存正圓形矣。故轟木氏專選正圓繭製種，命其名曰新圓。從此，中國廣布此種，利益莫大，此亦蠶館中一大發明也。今年第一班諸生卒業，而太守亦卒，方伯惲公，更命朱小笏司館政，以紹公、朱公一本公之成規，更招新生肄業，現已盈額。吁！林公之興蠶學，甫三年耳，其效已昭昭如此，異日傳習日廣，增長國益，皆公經始之功也。書其成績，以告方來，並貽後之傳循良者。

清　福州蠶桑公學《蠶桑公學章程》《農學報》第一百八十期

第一章　總則

第一條　本學以提倡全閩風氣、開闢閭閻利源爲宗旨。

第二條　本學以教授蠶桑學理及實務爲主。

第三條　本學設於南臺泛船浦新街地方。

第二章　教習規則

第四條　總教習應進退學生及賞罰之權，並規定課程及養蠶事務。

第五條　本學無賬房、司事諸名目，一切事務均總教習任之。

第六條　副教習帮同總教習教授學生及學中一切事務。總教習如有事未到，一切事務副教習須爲代理。副教習有事，總教習亦須代理。

第七條　教習非有疾病事故，不得擅自曠廢課程。

第三章　生徒規則

第八條　凡生徒皆須遵守一切規條，並從教習之指示及其命令。如有犯規，輕者扣分，重者斥退。

第九條　凡生徒畢業，本學當給以執照，准其充爲各處教習。

第十條　凡生徒畢業後，第一年須在本學飼春蠶一次，以期熟練養法，應納膳金與否，俟臨時酌核經費再行定奪。

第十一條　生徒有品行不端或怠惰及屢屢請假者，均即斥退。

第十二條　凡生徒無論在何地均嚴禁洋烟。

第十三條　凡生徒不得倡議罷歇功課。

第十四條　凡衣服身體均當清潔，並須留心衛生，以免疾病。

第十五條　凡生徒在講堂及蠶房内不得喫烟、發高聲並粗暴之舉動。

第十六條　凡講義均定有時刻，該時擊號，諸生須一律到堂聽講。如臨時不到及遲到者扣分。

第十七條　住宿規條如左。

一、不得任意喧嘩，尤不准吹彈、歌唱、賭博。

二、火燭宜慎，舍内力求清潔，勿怠於打掃。

三、學所非關蠶忙之時，十點鐘閉門，十一點鐘息火。

四、凡生徒無事故不得出宿於外。

第十八條　放假日如左。

一、星期日。二、星期六下午。　三、節假：清明一日，端午二日，中秋二日，冬至一日。

第十九條　諸生在蠶忙期内，由教習派班實習。雖遇放假日，亦須就業。倘有緊要事件，須告明教習並請同班代理，方能暫行給假，至多不得逾三日。

第二十條　請假日如左。

一、三年喪兩月。二、期喪十日。三、功喪兩日。四、婚姻十五日。五、疾病。六、有事。

第二十一條　因有事請假，必將情由申明教習。

第二十二條　凡疾病不能習功課，須先陳明教習，違者照臨期不到班例。

第四章　賞罰

第二十三條　一學期間實務考試成蹟最優、品行方正者給褒賞。

第二十四條　平素品行不端或違犯章程者，酌核情由，隨時懲罰。其種別如左。

一、扣分。二、斥退。

第二十五條　加褒賞、懲罰，時時揭示其事由於學内。

第五章　招考規條

第二十六條　招考在前學期之先，每年一次施行，其時日隨時報告。

第二十七條　應考者須有左列事項。

一、年十六歲以上、三十歲以下。二、體氣壯健與資性善良者。三、無家計之累者。四、本科要文字稍通順者。五、別科要識字者。

第二十八條　本科定額八人，別科定額十二人。

第二十九條　應考者須妥商爲保人。

第三十條　應考者須具有願字。

第三十一條　生徒須自備飯金，月二千四百文，不納束修。

第三十二條　生徒須自帶一切卧具、用具，惟膳具免帶，房租免納。

第三十三條　生徒如有欠納飯金，保人須爲賠償。

第六章　學科課程

第三十四條　學科分爲二門：曰本科，曰別科。

第三十五條　本科專講蠶業學理兼事實驗，別科則專事實驗兼授學理。

第三十六條　修業期限本科爲一周年，別科爲六閱月。

第三十七條　本科別科課程如左。

本科

第一項　學理

一養蠶法，一蠶體生理，一蠶體解剖，一蠶體病理，一使用顯微鏡講義，一查檢法，一繅絲法，一桑樹栽培，一土壤學，一肥料論。

第二項　實務

一使用顯微鏡，一解剖蠶□□，一製蠶種法附貯藏蠶種法，一養蠶術，一繅絲手法，一檢查蠶卵蛾法用肉眼鑑定。

別科

第一項　學理

一養蠶法，一蠶體病理，一繅絲法，一桑樹栽培，一土壤學，一肥料論。

第二項　實務

一養蠶術　一繅絲手法

第三十八條　本科學期以正月爲始，至十一月。

第三十九條　別科學期以正月爲始，至六月。

第四十條　分學期爲左二則。

本科前期學課授業時數

課目	時數	課目	時數
養蠶法	四八	蠶體病理	五二
繅絲法	一三	蠶體解剖	一三
實務	四四	合計	一七〇

右表自正月十六日至二月十六日，計有三十日合四星期零二日，授業時數共一百七十小時。

別科前期學課授業時數

課目	時數	課目	時數
養蠶法	四八	蠶體病理	五二
蠶體生理	一三	蠶體解剖	一三
實務	四四	合計	一七〇

右表自正月十六日至二月十六日，計有三十日合四星期零二日，授業時數共一百七十小時。

本科後期學課授業時數

課目	時數	課目	時數	課目	時數
蠶體生理	七〇	蠶體解剖	七〇	顯微鏡使用	六〇
檢查法	一〇	繅絲法	六〇	桑樹栽培	四〇
土壤學	三〇	肥料論	二〇	實務	二八五
合計					三二一

右表自八月初一日至十二月十五日，計有一百三十五日合十七星期零六日，授業時數共三百二十一小時。

別科後期學課授業時數

課目	時數	課目	時數	課目	時數
繅絲法	四〇	桑樹栽培	四〇	土壤學	三〇
肥料論	二〇	實務	五二	合計	一五二

右表自五月末旬至六月末旬，約有三十日合四星期零二日，授業時數共一百五十二小時。

第四十一條　本科別科养蠶期如左。

本科

飼養春蠶，自二月至三月。飼養夏蠶，自四月至五月。飼養秋蠶，自六月至七月。

別科

飼養春蠶，自二月至三月。飼養夏蠶，自四月至五月。

第四十二條　本科、別科每星期內每日授業課目時數如左。

本科前期每星期授業時數

星期＼時數	八時至九時	九時至十時	十時至十一時	十一時至十二時	一時至二時	二時至四時
一	養蠶法	蠶病理	養蠶法	生理	解剖	實務
二	仝	仝	病理	養蠶法	病理	仝
三	仝	仝	養蠶法	生理	解剖	仝
四	仝	仝	病理	養蠶法	病理	仝

星期＼時數	八時至九時	九時至十時	十時至十一時	十一時至十二時	一時至二時	二時至四時
五	仝	仝	養蠶法	生理	解剖	仝
六	仝	仝	病理	養蠶法	停課	停課
七	停課	停課	停課	停課	停課	停課

別科前期每星期授業時數

星期＼時數	八時至九時	九時至十時	十時至十一時	十一時至十二時	一時至二時	二時至四時
一	養蠶法	病理	養蠶法	繅絲法	桑樹栽培	實務
二	仝	仝	病理	養蠶法	病理	仝
三	仝	仝	養蠶法	繅絲法	桑樹栽培	仝
四	仝	仝	病理	養蠶法	病理	仝
五	仝	仝	養蠶法	繅絲法	桑樹栽培	仝
六	仝	仝	病理	養蠶法	停課	停課
七	停課	停課	停課	停課	停課	停課

本科後期每星期授業時數

星期＼時數	八時至九時	九時至十時	十時至十一時	十一時至十二時	一時至三時	
一	顯微鏡	解剖	生理	繅絲法	實習	
二	仝	生理	桑樹栽培	土壤肥料	仝	
三	仝	解剖	解剖	繅絲法	仝	
四	仝	生理	桑樹栽培	土壤肥料	仝	
五	仝	解剖	生理	繅絲法	仝	
六	仝	生理	土壤肥料	檢查法	停課	
七	停課	停課	停課	停課	停課	

別科後期每星期授業時數

星期＼時數	八時至九時	九時至十時	十時至十一時	十一時至十二時	一時至三時	
一	繅絲法	繅絲法	桑樹栽培	土壤學	實務	
二	仝	仝	仝	肥料論	仝	
三	仝	仝	仝	土壤學	仝	
四	仝	仝	仝	肥料論	仝	
五	仝	仝	仝	土壤學	仝	
六	仝	仝	仝	肥料論	停課	
七	停課	停課	停課	停課	停課	

又　第七章　考試

第四十三條　分考試爲左四種。

一、隨時考試，就日常所學課程臨時施行。二、學期考試，於各學期末施行。三、卒業考試，於修業期之終施行。四、實務考試，於各考試期施行。

第四十四條　分考試期於左。

一本科大考二次前學期一次，後學期一次，月考四次八月、九月、十月、十一月各一次，時常考試不定次。

一別科大考二次前學期一次，後學期一次，時常考試不定次。

第四十五條　養蠶各成蹟點數，以一百點爲最高點，以六十點爲合格，六十點以下均爲不合格。

第四十六條　考試各課目以一百點爲最高點，以五十點爲合格，五十點以下均爲不合格。

第四十七條　養蠶成蹟點數及卒業考試點數合格者，給予卒業文憑，不合格者退學。

第四十八條　生徒考試不得臨時規避，其因病或不得已事須預先申明，方許另行補考。

第八章　雜則

第四十九條　凡學内人等欲携取蠶繭、蠶子，帶回考驗試養，應告明教習，由教習酌給並登簿，應俟去時領出，不得預先私携入室，至教習携取蠶繭、蠶子，須□知照登簿備查。

第五十條　凡生徒不得在房内私自養蠶。

第五十一條　各教習及生徒親友，偶有留飯於本學，飯食一切均由自給。

第五十二條　凡教習及生徒，借用飼蠶儀器，勿論在學之内外，俱當鄭重留心，如有遺失或損壞，均當賠償。

第九章　學外事務

第五十三條　凡蠶桑情形，勿論遠近地方，均允其來問。

第五十四條　凡飼蠶儀器，允其託本學代爲購買。

第五十五條　凡有病蠶，允其託本學代爲考驗，但蠶身須浸以火酒，方不腐臭。

第五十六條　一鄉中養蠶至四五十家，允其申請本學轉請教習，往該處教授。惟飼春蠶一次，每家須出四五百文，以爲酬謝教習之費。但此事須在本學生畢業之後。

第五十七條　章程中未妥未備處，或增或改，須臨時斟酌。

清　佚名《設立蠶會》《農學報》第六十二期　知金匱縣葉縵卿大令與紳士高映川副貢，設蠶學會。初擬在城中覓一空宅，教人講明育蠶之法，繼因人多難容，遂於惠泉山左右築堂，聘蠶師爲教習，以期與杭州蠶學館並立云。

清　佚名《廣東蠶業研究社春蠶飼育試驗表》《農學報》第二百七十四期

此粵省試育浙蠶報告書也。主其事者，爲南海陳德三孝廉敬彭。陳君留心蠶學，邀集同志之在日本受蠶學業者數人，開蠶業研究社，以圖改良本省之蠶業。考粵省南海、順德，向無蠶桑之利，乃近三四十年來，乃爲土產一大宗，歲出口至數千萬元，今又得陳君之設蠶業社，以謀改進，可爲粵中蠶業前途賀本作並識。

清　兩廣學務處《兩廣學務處詳督院岑請設兩廣蠶業學堂文》《農學報》第二百七十六期　竊維蠶桑之法，始自中華，衣被之功，歷數千載。通商之後，尤以絲繭爲出口貨大宗。乃自蠶法流入外洋以來，法、意、奧、西、日本諸國，近今絲業進步駸駸，出産之豐，銷場之廣，年盛一年，以致我國絲繭，售價日低，出口日減。推原其故，皆由於各國考求蠶業，不遺餘力，舉凡種桑之法、驗種之法、飼養之法、繅絲之法，其所以爲研究者，學校以專其事，會社以厚其力，學理之密，器具之精，悉從前所未有。而我中國習故蹈常，漫不加意，以致精極難之事，乃一任諸無知之婦女，不學之農夫。夫天理之演，不日進則日退，彼之所以日進，即我之所以日退。西人有言，中國蠶法不講，百十年後，蠶事將絶。言雖過甚，然所以警告我者，至深切矣。嶺南地居温帶，氣候宜蠶，作繭成絲，歲凡七造。總計兩粵有蠶之處，十數州縣，順德最盛，南海次之，大率順德一縣，每年輸入絲價，不下千百萬，是以該縣雖中下戶，無不殷實，小民無遠慮。輒謂蠶利已厚，無待改作，不知守蠶桑之舊法，循而不改，無論絲業固斷無增進，而以外界之競爭相擠迫，必將日衰一日。將欲保其初而不可得。尤可慮者，驗飼之法，全未講求，一遇凶歲，蠶疫盛行，將恃何者爲消防之術？又況由此以往，誠能研究蠶法，日益精良，則操業之利，當倍蓰什百於今日，明效大驗，無可疑者。且使此十數州縣者，出絲之數，悉如順德、南海，其爲利何如？又使兩省無蠶各州縣，他日亦能飼蠶，如順德、南海，其爲利更何如？然則粵省今日蠶業，改良進步之道，殆不可不亟講也。惟是東西各國，蠶學極精，非鄉民驟能領悟，且顯微鏡等物，價值昂貴，亦非尋常飼蠶家所能購備，故必於省會地方，設一總會之區，招集各屬士民，研究蠶學，發售蠶種，使各處蠶戶，皆得以蠶桑各種，呈驗良否。而學者卒業之後，亦可挾其所學，各歸本籍，以漸改其舊法。如浙省所設之蠶學館，事剏力薄，組織未甚完全，而設立數年，杭嘉蠶業改良不少。或有議其無益糜費者，不知蠶學館，每年所製蠶種，至於不敷銷售。誠使無所裨益，則育蠶之家，亦何爲輦金遠道，爭相購致。然則蠶學館所費幾何，而即此歲售之蠶種，其爲益於蠶業者，已不可計量矣。本處綜理學務，仰維憲台振興寔業之意，深念兩粵財政因難之情，亟思早辦寔業學堂，以爲富民本計。此次詳請憲台札派郎中黄受謙，赴東訪購人力機器，及調查工藝，原以爲寔業學堂之預備，惟此種工藝，皆爲開未有之利源起見。若粵省原有之寔業，則蠶桑寔爲大宗。擬於廣東省城，設兩廣蠶業學堂一所，以開通兩省蠶業，講求改良飼蠶製種之學理與實際爲宗旨，分爲高等、簡易兩科。高等科以二年卒業。簡易科分爲二科：一、本科，以一年卒業；一、別科，以六月卒業。各科學生，均擬先儘業蠶之戶選充，謹擬就兩廣蠶業學堂畧章，繕呈鈞核，如蒙批准，即當延訂教習，招選學生，籌議開辦。所有開辦經費，約一萬圓，常年經費，約每年三萬圓。擬即在本處現籌經費項下籌撥，並飭選送學生之州縣分任。校舍一節，因蠶業皆須實驗地址，必求實寬廣，現在師範學堂，擬在東門外錢局後地設建，該處餘地尚多，擬即附設一處，以便管理。

清　佚名《滋陽縣上農工商務局創辦農會禀并批》《農學報》第二百六十五期　竊卑職接准總辦農桑會孔太史函開，現在創設農會，兼蠶桑學堂，囑將卑縣倉厫地基，查明撥歸會中作試驗場，並築育蠶房舍，木料需用大而且乾者，急切難以購覓。南門裏小倉屋架五間，擬拆卸挪用等因。查卑縣常平等倉久經坍塌無存，祇有驛亭倉瓦房，亦俱殘破不堪。現在開辦農桑會及蠶學堂，需用空地作試驗場，並舊房乾料，添修蠶舍，亟應查明，撥交備用。兹卑職帶同該管經書，邀請農會會長司事，眼同將各倉基址，逐一丈清，計三段，共大畝十五畝五分九釐八毫三絲四忽，合官畝地四十六畝七分九釐五毫二忽。

清　饒敦秩輯《蠶桑簡要録・請於省城創設蠶桑總局四道分設桑秧局振興蠶業廣闢利源禀》　夫蠶桑之利，日計不足，歲計有餘。中外古今賢臣哲吏，莫不以是爲切于民用之大者，如漢黄霸、龔遂、召信臣之屬，皆以務農桑爲政本。遞後綱領置使、勸課頒書，以及按畝計丁等法，莫不於蠶桑競競致意。

清 衛杰《蠶桑萃編》卷一四《西學蠶絲類》

一、江生金一名，即係光緒十三四兩年禀報在寧坡設一養蠶小院内之工頭。查江生金雖為工人，其意智則非工人之類，實見其心地純正，既屬可靠，所派之事，亦復經心，性情頗巧，且自欲急行增長見識，為上等之人，而其人實可受栽培。故遵倪恩投所勸需人往法學習之事，即行派伊前往，絕無絲毫疑惑。該工頭往蒙伯業養蠶公院内學習，雖無他人未往院學習以前所有之學習，然之其於分内應學之事不致遺誤。因該工頭不通法語，須派一傳達法語之人，同往襄助，且傳語之人，莫要於年幼，其中又多益也。當派上海人金炳生同往，係由工部局首事轉請該局學堂總教習，在堂中最優之學生内選出。

二、該兩人派往法國學習之時，均立有切結存案。今將結中緊要之事，開列於下。一、在法國時遵照倪恩投所定各節學習。二、宜專心學習養蠶各事。三、該兩人往來盤費，及在法國居住、火食、衣服，均行暫給，每月並給津貼銀若干，不給薪水。四、該兩人學習回國後，仍歸管束派用，察其才能，再行酌給薪水。惟五年限内，不准借詞告退。如不遵照，在三年内告退者，則所有暫給等款，均須加倍罰繳。在最後二年内告退，則照暫給等款之數罰繳。若五年期滿告退，即將前暫給之款，作為賞給。五、倘或不准設立養蠶局，該兩人學習回國後，如無差使可派，另行賞給銀兩，以示體恤。六、須備日記簿一本，記載在法學習養蠶各事，每一禮拜抄寄察閱。七、該二人應照以上所定各項費用，備一賬簿，隨時登記，此簿由江生金一人所管，如學習養蠶應用器具，悉遵倪恩投定購。

三、該二人往法國之時，曾具報一面購有各種蠶隨時同往。内有家蠶，一年養一次蠶子十九種，一年養二次蠶子六種，以便在蒙伯葉公院内，放照巴斯陡新法，飼養收繭做子，并使該二人面睹其式，愈為經意。

四、該二人於光緒十五年二月十五日，自上海起程前往，於三月十八日抵法。其時已由倪恩投申請法國，准該二人入蒙伯葉養蠶公院内學習，并經農部大臣核准該公院，代養各種蠶子，所有房屋、器具、人工各費，均不須繳，但蠶食之葉價，須照值償還，遂於三月二十五日，江金生、金炳生二人為入院學習之始，由教習麻里阿教習之。

五、該二人入院學習未久，接倪恩投來函云，該二人應深知其頗難教習。蓋從前印度派來之工匠，先在英國農事學堂，習學各事已久，易明巴斯陡及西國蠶務各事，所有格致之理，該二人全不知悉，惟麻君盡力將蠶務各事，化入二人之心思，使稍知此中精理。麻君學問素優，辦事精明，性又安詳，具誨誘之善技，尚可冀將該二人教成也。按江生金之為人，如以前所論，則今日倪恩投之來函所言，無足為異，且亦早料有如此情形也。是以覆倪恩投函云，鄙意中所躊躇者，誠如來函所云，現派來之二人，不能及印度派來之一人，但如印度派來之一人，中國一時實無其選。鄙意之所重者，在江生金一人，或終不負麻君之所教也。惟所深愧者，以麻君學問最優之人，而遇此意想不及，難以教習之人耳。然派江生金之始意，不過令其能知巴斯陡所用之法，及西國養蠶各法，其能否知格致之理，無關緊要。緣將來江生金，止冀其能為養蠶工頭各務，并不冀其能為工頭以上之事也。但派二人前至西國，似宜努力，以便諳練各務，可以回助所擬辦理之事，易於成功也。擬再請按以上之意，用便易之法教習之，即令該二人，遲至十一月回華，亦可也。

六、該二人學習之後，復接倪恩投函云，二人學業頗有進益，今日所深喜慰。可以呈報者，江生金學習已畢，教習麻里阿函致倪恩投云，巴斯陡新法所有之功用，江生金已全在握中矣。該二人不獨未負其所賞識，且始所期望不過如此，蓋能如此，即可將所擬中國整頓蠶務各事辦成也。

七、該二人在蒙伯葉公院學習時，固在麻里阿屬下，至往他處學看蠶務各事，復由倪恩投請派其第一幫辦郎培而克同往照料。七月初，該二人在蒙伯葉學習已畢，前往巴黎，在巴黎公會，游視與蠶務有關各物，如繅機器，各種生絲，各種絲貨，是并由倪恩投照料一切，及與該二人講明蠶繭生絲之好壞，倪恩投可謂屈己以相教該二人也。又造繅絲機器廠，造有至新繅絲之機器，在公會内試用，由倪恩投商令江生金前往學習繅絲之用數日。七月二十六日，該二人自巴黎，往里昂城考察絲質院内，學用考查蠶繭生絲之器具，并在里昂附近，上所言造至新機器廠内，學習裝卸動用機器之法，後回蒙伯葉時，路途所經幾處繅絲廠，亦復進内看視。江生金回蒙伯葉之後，復將麻里阿從前所教各事，由郎培而克，遵麻里阿所囑，一一復為考明。蓋其時麻里阿已經染病，惜未幾已故矣。江生金考驗已畢，郎培而克具報倪恩投云，按現在余所可報江生金學習者，一、粗能知巴斯陡新法，用顯微鏡選子之事，現在該工人帶回中國之子，當余面前選擇，均臻妥當。二、該工人深知分方法之理及其原故，并如何仿照也。三、該工人能分別蠶常所有之病。四、可使稍明將蠶子妥當收藏，有何利益。五、可使稍知養蠶不可太密，并房屋宜多透生氣。六、該工人現帶去詳細説略，係麻里阿所與講明蠶之各病原由。

八、江生金、金炳生，於光緒十五年十一月十七日回至上海，該二人所派往之事，均已辦完，往來多日，該二人并無難處，殊可欣慰。然皆倪恩投首先之照料，次則麻里阿之維持，欽佩無涯，似必有以酬其勞績方可也。

九、帶往蒙伯葉公院所養蠶子如何情形，月行，開單呈明。

又卷一五《東洋蠶絲類》

日本蠶務

一、日本二三十年之前，蠶絲所産，俱在中島地面，其島名本道，橫濱商人以所出絲樣包捆，分該島為三區，其北一區，起自地圖緯度北三十七至三十七度半，起自經度東一百四十至一百四十一度。凡運往外國生絲及蠶子紙總數内，生絲有百分中之二十分，蠶子紙有百分中之二十五分，皆由其區而來。區内以福塢鎮為絲市聚會之所。其中一區，與北一區相連，在其西南，起自緯度北三十七至三十五度半，起自經度東一百三十七至一百三十九度半，居東京之西北。凡運往外國生絲及蠶子紙總數内，生絲有百分中之六十五分，蠶子紙有百分中之七十分，皆由其區而來。但其區内所出生絲及蠶子紙，計百分中，約有三十分生絲，十五分蠶子紙，係上野之郡馬縣所出；二十七分生絲，六十分蠶子紙，係信濃之長野縣所出；十五分生絲，係武州之琦玉縣所出。是可見上野為日本蠶務最盛之省。該省以前橋為絲市聚會之所，緣前橋一帶，所出生絲，至為著名，他絲之價，必視之為准。若信濃為最高地之省，蠶務亦盛，飼養得宜，所出蠶子既多且佳，而以上田鎮為尤盛，余曾親往該處查閲也。其南一區，與中一區相連，在其西南，其區各縣，所産蠶絲不多，綜其全額，不過於運往外國生絲、蠶子紙總數内，生絲居百分中之十五分，蠶子紙居百分中之五分。

二、日本之蠶，分為兩種，一名春蠶，一年只出一次，春夏所養此種蠶，絲多而且佳。一名夏蠶，一年能出數次，夏秋所養此種蠶，不甚貴重，養者不多。以上兩種之蠶，其中種類頗繁，大約以繭色為區别，故繭有白色、淡青色、黄色之分，其白色及淡青色繭，為日本人所最愛。斯有地出白色繭者多，亦有地出淡青色繭者多。

三、在二三十年之前，歐洲義、法等國，蠶病極盛之時，除中國外，蠶事之旺，莫如日本，其出口之絲，固年多一年，價值見漲，而蠶子紙亦驟成為一大宗貨色。西國有數處養蠶公事或商家，均每年派人至日本買子。其中以義商為至多，由日本國家，特准往内地購買蠶子紙，俟秋季運回歐洲義國試養。其白色、淡青色之種，第一年所成之絲頗佳，惟至次年以後，則蠶子即漸變為不佳。查自咸豐十年至同治四年，日本國仍未改准蠶子運往外國之律，而出口蠶子紙張數忽增。計同治二年，出口蠶子紙數為三萬張，每張蠶子約重二十五克蘭，三年出口蠶子紙數為三十萬張，四年出口蠶子紙數為二百五十萬張，是蠶子紙買賣忽然增大，如此與日本商人，頗有利益。而商人因之作弊，或將不佳蠶子，或將頭蠶子，與二、三次蠶子混亂發賣，況一年中，蠶子出口如此之多，與日本蠶務，亦將大有妨礙。其時西國商人，公告日本國家，如不設法整頓蠶絲各務，恐日本絲業漸壞。日本國家，因此事所關繫於民生者甚巨，不能置之不問。内務省乃訂立章程，一面改例准蠶子紙出口，一面曉諭蠶戶，須由國家經理其事，但仍照舊時所知，高地之蠶子比低地養蠶稠密，所出蠶子為佳，故只准高地養蠶家，做蠶子紙出賣，并派人照料養蠶各事，每蠶子紙須經查驗，蓋戳為憑，否則不准出賣。此法行後，深獲其益，雖不能防止蠶種之病，而實能使蠶病之害，不至如他國之深且巨也。同時日本國家，復講求製絲之法，於同治十二年，在武州富岡鎮，仿照法國最新式樣，建造機器繅絲公局，由熟悉絲務法人畢能納經理局務，所繅之絲，條條勻净。每日局中，所繅繭五千斤，每年約繅繭一百二十五萬斤，計用工匠八百餘名，内女工約六七百人。其局中事務繁盛，均係官辦三年後，畢能納即行離局，至今仍寓滬上。該局自畢能納去後，所使之人，均為日人。余親往局中查閲，井井有條，諸務妥善，現有農商務省管理也。富岡鎮局中所出之絲，價值較高，他處皆欲效之，遂於各絲市聚會之所，漸設立機器繅絲公局，多由國家督率而保護之。

四、同治八年，奧國在格爾子地方，設立養蠶公院，為歐洲中之創首，以期設法除止伯撇靈之病。緣其病將西國蠶務壞盡，適其時，法國學士巴斯陡，查得該病情狀，并思有防備之新法。查數年前，已知蠶有伯撖靈之病，實係極小一點之巴拉西德，必用顯微鏡，方能顯出動物形一粒，諺謂克拍司格。此克拍司格，在蠶全體之内，生長頗速，迨布滿蠶體而蠶壞。惟巴斯陡細為詳查，能知克拍司格之原委，及如何生長，如何增多之理。蓋一蠶生有此病，不獨傳染於他蠶，而將來成蛾生子，其子體内，亦具此克拍司格。冬季在蠶子體内不長，俟春季即長，子出為蟻為蠶，則與之俱長，此所以為傳種之病，其害日見加增也。巴斯陡復查明無病之蛾，其生出之子，亦無病，由此傳下之種，倘飼養周到，與有病之蠶離開，則此病之根株即絶。由此以觀，可見欲得無病之蛾，巴斯陡乃創做無病蠶子，而為蠶子分方法。凡蛾相對時，用小木槅，或小竹圈，將每對分置於内，編號為記，則每雌蛾所生之子，各在一處，俟蛾既僵，即將此蛾用乳鉢磨碎，以顯微鏡查視，如某號蛾體内有克拍司格粒形，其號之子，亦必有病，當棄而不用。如某號蛾體内，無克拍司格粒形，其子亦必無病，即留為傳種之用，此法曰做蠶子分方法。溯同治七年，奧國國家，懸賞銀約三千兩之數，以博求整頓蠶務之良法，當時共有三十八人爭獻新法。奧國養蠶公院於同治八九年間，將各人之法，逐細考校，除巴斯陡之法外，均未妥善。嗣由農部令養蠶公院，再行查視，故會同著名廣有蠶事之戶，在數處分試此法，以期歸於至當。試經兩年，乃共知巴斯陡之法，實有裨益。同治十年，遂以懸賞銀兩，酬送巴斯陡。夫用顯微鏡細為查視，剔去有病之蠶子，即能將伯撖靈之病防止，則以教習多人，用顯微鏡之法，為第一要務。且用此法，以存無病之種，則蠶生有力，他病亦自可消除矣。奧國養蠶公院之設，雖以講求蠶務各事，增長見識為重，然有應行傳布之事，亦教導國人，使之學習。其教習所内，專以淺近口授之法相教，如安邦多米，謂全體各質也，費意昔訛樂際，謂體内各質功用，即子與蠶及蛹與蛾，如何變化也。如蠶生各病，即伯撖靈、黃軟等名目，生長原由，及防備之法也。如養蠶之理合宜，即由子生蟻，其時如何喂養，及預備桑葉各事，每眠前後，如何將蠶移至新床蠶屋内，如何生暖通風，蠶山如何編造，如何折山收繭，分別優劣，并將生繭，包捆出售，或將繭製乾存而出售，如何將蠶子分方，用顯微鏡檢查種蛾，如何賣繭繰絲，如何種桑，及治桑樹之病等事也。其中最要者，惟用顯微鏡查考種蛾分方做子之法，現今各國蠶務之盛，皆由此而成。但巴斯陡之法，不克詳録，兹僅略為陳述耳。其實，巴斯陡之法，不可僅師之於成書，應由人口授，并一面有式可睹。查奧國養蠶公院教習所定章程，祇准務蠶之人入所學習，其人宜年過二十歲，明白識字，否則須由所内特准。紳富子弟自願入學學習，或國家學院之人，國家并預存公款，以為津貼，來所學習貧人之膏火。所内學習之人，按次學畢，應由公院考試，是否熟習用顯微鏡分別蠶之各病，及挑選種蛾諸事，凡試可者，給以文憑，或准其做蠶子出售，或派往國家所設檢查蠶子局為司事。按國家特設檢查蠶子局之意，既欲使人廣知養蠶各理，如法製做佳種，亦預為養蠶不做子之人，代為做子，且無論何人送子至局檢查，各局司事皆不收其費用。凡奧國南境養蠶盛處，均設有此局，其始局中養蠶，及做子各器具經費均由國家支給。嗣後蠶務日興，局款日多，至今已無須國家開支經費矣。所設蠶局有數處，每年所查蠶蛾數，計逾十萬，其處子既足用，遂多販往他處。自格爾子公院之設，至光緒十三年，計在教習所學成之人，共五百三十三名，内以奧國各省人為多，餘皆奧屬國之人，此外由他國來學者，計共四十六名，如義國、瑞士國、德國、俄國、日本國，均有也。查教習所内，各奧人學成而回，均甚熟習做蠶子分方法，日久廣行，凡務蠶之戶，爭欲聘用。查養蠶一事，須極謹慎小心，用顯微鏡之法，又極辛勞，惟女工心靜，易於從事，故公院内，初准女工來所學習，不過於做蠶子時，使用顯微鏡檢查種蛾，該女工即頗為諳練，每日用顯微鏡，能查視四五百蛾，易而且妥，於是人爭聘熟習此法之女工，而女工來院稟請學習者，亦年多一年，公院遂另建一女教習所，計所内學成女工，至去年有六十四名。今統計格爾子公院内教習所學成之人，查視種蛾，每年數可得五百萬。又渾境司格司特地方，所設養蠶公院，於光緒十三年，僅就其一處，計年中所查種蛾，為一百九十一萬餘，自七月開查，至次年三月，其院内所用女工，逾四百名之多。故格爾子公院所管之境，日漸推廣，而其所著效驗，則因仿照巴斯陡之良法，做子出絲，較之二十年前所産，實加十倍。格爾子公院開設後，即有義國在巴土呀城仿設，當請格爾子公院之副總管往助，至同治十三年，法國亦設養蠶公院於蒙伯葉城。以上所論各節，似屬事外之論，然實與查勘日本仿用巴斯陡之法，頗有關繫，蓋日本悉照奧國養蠶公院之法而行也。

五、在同治十二年春，日本派内務省屬整頓農務局局長佐木，前往奧國公會，督辦本國預會事務，佐木乃順至格爾子公院，於養蠶之期，學習兩年。

同治十三年冬，佐木回至東京，乃設講求蠶務所，訪求日本養蠶各事及蠶之各病，并將西國養蠶之人，及學問家講求各新法，布告國人，使與舊法相較，擇其相近者，改易良法。日本養蠶之法遂漸佳，而所産之絲亦漸美。數載後，該所乃移之宮内，至光緒九年，由新設之農商務省，在東京設立養蠶公院，名為蠶業試驗場，所有章程悉照奥國格爾子之公院。一、訪求伯撇靈之病。二、整頓蠶務各事。三、整頓與蠶務有關之農事。該公院内教習所按照新法養蠶，并准學生遵以下之例入所學習：一、入學之人，至少宜已經務蠶三年。二、年在二十以外，四十以内。三、宜略識字義。至教習教導之事，一、用顯微鏡之法，二、蠶之安邦多米法，三、蠶變化之費意昔訛樂際法，四、蠶病原由及防止法，五、養蠶之理合宜法。凡教習教導，每次有四月之久，自四月初至七月底止。此期内，學生於蠶務各事，均應工作，國家不給薪水，房飯、衣履均自備。每次學習期滿，由公院如法考試，試可者，給以文憑，或准其自作蠶子買賣，或由國家派往檢查蛾子局，即當遵依，每年往局辦事數月，酌給薪水。

六、光緒九年，日本因連年内地業蠶，及絲商生意不旺。查絲為出洋貨物大宗，關繫國計民生，故戶部甚以蠶絲之業為念。當由農商務省，召集著名蠶戶至東京會議，如何設法整頓養蠶各務，及使生絲之業再興。自是年五月十八日至二十六日止，經東京及十五縣之蠶戶議定：一、設立蠶絲業聯合總部，以通内外之消息，而增彼此之見識。二、各地製絲之人，聯合而設公所。三、正經銀行，或日本銀行，在各産蠶絲地方，設立分行，以為販運、匯兑便利之計。四、在横濱設一查驗絲質公局，遇有至佳之絲，政府酌與賞給，以資鼓勵。五、各商應用牌記之章程，請速定頒發。六、在横濱設立一局，遇有製造最佳之絲貨，而本商無力輸運，即由該局助之出口，以擴消路。按上所載第一條，當由民間自行設立蠶絲業聯合總部，因無十分裨益。復據長野、琦玉、宮城三縣禀請，農商務省頒發聯合章程，其餘各府縣，亦多欲如此辦理。光緒十年，農商務省開設講求蠶絲會，各府縣派赴會所人員，均禀請頒發聯合章程。然農商務省，尚欲查知業蠶絲者意見究竟如何。因於光緒十一年，復設繭絲公會，并另三宗公會之時，六月間，再設會集議蠶絲之事，除檢查蛾子局各員外，於絲商及熟悉養蠶製絲人中，特選四十二名以議其時所議之事。一、如何設法擇養至佳之蠶種，以成至佳之絲。二、製造生絲包捆，須輕重大小一律。三、設立蠶絲聯合公所，有無妨礙之處，其養蠶製絲之事，以分為兩公所，合為一公所，二者孰便，衆人集議既定，皆請農商務省，須定章程，以速為妙。蓋無此章程，與衆大為不便也。農商務省見輿論僉同，乃就以上各事，細為增定，於是年十一月，頒發蠶業聯合章程，并訂明村鎮等處，凡業絲之戶，製絲之人，皆應聯合而設公所。每省設一聯合總公所，其府縣等處，設一聯合公所，或一分公所，復在東京設一總部，以轄通國之公所。開辦後，農商務省復增訂各項專行條例，其間至要者皆為譯查。今計其各項條例中，與查勘之意頗相關繫，亟宜陳明者有二：一係農商務省光緒十二年九月所發，檢查蠶子，防止伯撇靈病條例；一係光緒十二年九月所發，檢查蠶子專條也。

七、查得檢查蠶子，預防伯撇靈之病條例所載：一、凡做造蠶子，及販賣蠶子，均須請領准帖。二、凡做造蠶子之人，均須照此條例，以聽檢查。三、凡蠶子，無檢查印據，不准販賣飼養。四、檢查蠶子。於各府州縣適中合宜之地，設立檢查所，但視地方情形，或派人前往檢查亦可。五、凡檢查蠶子之員，由國家派充，其檢查之法，則另有專條遵奉以行。六、凡檢查春蠶子，於每年十月初一日為始。檢查夏秋蠶子，則由該管官酌量相宜之時為始。七、凡做造蠶子之人，春蠶子，則將現收子數，及做種額數，於每年七月二十一日前呈報。夏秋蠶子，則將現收子數，及做種額數，於擇定檢查之日期三十日前呈報。八、凡做造蠶子之人，送蠶子至局檢查，宜將住地、姓名，及何行店，屬何聯合公所，一一開載，并將為種蠶用之子，分別呈明。九、凡檢查蠶子，如病在百分之五以内，准其為種蠶子用；如病在百分中之十五以内，准為製絲子用，均分別蓋以准用印據，如過此分數，則蓋以不准用印據。十、凡蠶子，蓋有不准印據，不得販賣飼養。十一、凡做造蠶子，及販賣蠶子之人，或歇業不做，或往他府州縣寄籍，或移居，均須呈明，將准帖繳還。若在移居及入籍之處，再為此業，仍照第一條，請領准帖。十二、凡本條例之第一條，及二條、十條，如有違犯者，罰洋二元至二十五元不等。

八、查得檢查蠶子專條所載：一、凡按照檢查蠶子防止伯撇靈病條例第一條内所載，發給准帖，應分別其為做造蠶子，與販賣蠶子之准帖。二、凡販賣蠶子之准帖，宜用輕便之物而成，以便其販賣時，易於攜帶。三、凡蠶子檢查所，宜就各府州縣分治署内設立，以省經費。四、凡産蠶子數目不多之處，其做子之人又復散處，則按檢查蠶子條例之第四條，派人前往各處合宜之所，暫行設局，周巡檢查。五、凡檢查蠶子之員，必須為蠶業熟習可靠之人，其姓名履歷，須呈明農商務省。六、凡檢查蠶子，在蠶子紙全面，直條取下蠶子一百粒，分為兩分，再取一分，分為十分，每分為五粒，每五粒盛之小乳鉢，加藥水一滴，細為研碎，用顯微鏡查看其汁，於四圍中間，詳細察閱，此為一回檢查也。如檢查一回中，見汁內有克拍司格粒形，即為該蠶子百分中有二分病之據，故查十回，每回見有克拍司格粒形，即為該蠶子百分中有二十分病之據也。七、凡為製絲用之子，各子中見其有病，則照上第六條檢查，如其病在百分中之十五分以內，尚可准用。八、凡檢查蠶子之顯微鏡，須能顯大五百倍以上者，方可用。九、凡檢查蠶子准用印據，圓式，徑一寸五分，其文曰：某府州縣檢查，所准為種蠶子用。其准為製絲子用之印據，長圓式，縱一寸八分，橫一寸，其文曰：某府州縣檢查，所准為製絲子用。其不准用印據，長方式，直一寸，橫五分，其文曰：某府州縣檢查，所不准販賣飼養。十、凡檢查所每年將檢查之事開册，於次年二月，呈報農商務省。

九、查得檢查蠶子條例，於光緒十三年開辦。查光緒十三、四兩年，各府州縣四十五處檢查所呈報，每年所查數目清册內所載，該兩年各處檢查，僅為種蠶之子，計光緒十三年所查，用舊法所做蠶子紙，每百分得佳者七十七分，不佳者二十三分。用巴斯陡新法所做蠶子紙內，每百分得佳者五十八分，不佳者四十二分。十四年所查，用舊法所做蠶子紙內，每百分得佳者八十五分，不佳者十五分；用巴斯陡新法所做蠶子紙內，每百分得佳者九十分，不佳者十分。是可見一年之中，蠶子之佳者已多，而用巴斯陡之法，其子為尤佳也。

十、查日本蠶務，近二十年來，所產之蠶繭與蠶子、生絲、亂絲頭數目，先後懸殊，可知其蠶務日見興旺，今特具圖呈說。如繭，自同治八年至光緒元年，其數無考，二年出一百四十八萬四千担，九年出二百七十六萬五千担，十四年出二百九十六萬二千担，是十四年較之九年，每百分中多七分也。如蠶子紙，自同治八年至光緒三年，其數無考，四年出一百三十八萬七千張，九年出一百二十三萬二千張，十四年出二百三十一萬五千張，是十四年較之九年，每百分多九十分也。其運出外洋之數，同治八年為一百三十七萬七千張，光緒九年為七十五萬張，十四年則僅為七百五十五張。如生絲，自同治八年至光緒元年，其數無考，二年出二百四萬九千斤，九年出二百八十五萬三千斤，十四年出四百六十五萬六千斤，是十四年較之九年，每百分中多六十三分也。其運出外洋之數，同治八年為七十三萬斤，光緒九年為三百十二萬二千斤，至十四年則為四百六十八萬斤，是此五年內，每百分中，幾多至五十八分也。如亂絲頭，自同治八年至光緒六年，其數無考，七年出一百二萬六千斤，九年出一百七萬三千斤，十四年出一百二十四萬七千斤，是十四年較之九年，每百分中多十六分也。以上所產之數，雖或年分不齊，而多寡已可比較。其取數年為斷者，因同治十三年，佐木自奧國回至東京，設立講求蠶務所，光緒九年，農商務省復有整頓蠶絲業之舉也。按數年來，日本所產蠶子紙、生絲，日見其多，而繭及亂絲頭，不與之俱多，其數且相去懸遠，則為蠶多成佳繭之證，此皆由日本早用西國查得天然利益之法，整頓蠶病，以致蠶生有力之明效。余曾前往內地，查勘蠶事，屢見日本國家，護助蠶業之意，所需種桑之地，年漸推廣。向來蠶業，衹在本道數處，今則推廣自通國皆有所設，西式之繅絲局，亦年見其多。茲將產子與繭之分地，繪為兩圖，據光緒十二年分所產數目以定，因僅有此年各處數目可稽也。每一鄉村，懸有示諭，勸民盡心蠶事，及用意繅絲，蓋國家不獨於數年來盡心整頓蠶病，亦急欲製絲使佳。今通國繅絲之局日盛，而熟悉繅絲美法之工匠亦衆，製出之絲，運售如流，利益頗厚，實為日本一大宗商貨。圖內所載生絲，運出外洋數目驟增，亦一證也。況繅絲局仿用西法，繅出之絲極佳，現接倪恩投函稱，本年法京公會蠶考察院，考日本所製之絲，奬富岡鎮之繅絲局，以超等奬牌，并給他處仿照西法繅絲局金牌者六，是日本蠶務情形如此，不數年必為一盛產蠶絲之國也。蓋天氣既佳，土地又便，人復智慧，其所出之絲，諒無能與之比，且工賤而易於爭售。若中國天氣、地土、人之智慧、工之便益，固無人不知，其較日本尤佳，而中國蠶務，何不逮日本遠甚？蓋中國人，多以絲之一物，惟中國獨擅之利，殊不知於各出絲之國，不過十分中，居其數分耳。僅即日本一國情形以觀，已可概見矣。日本整頓蠶務，不過數年而興旺，如此之速者，因仿用西國查得天然利益之法耳。地之所產各物，不能僅恃天時之相宜，天時固為要事，而格致家所查新理，尤為至要。各國產出之貨物，其盛與否，亦視其國之人，知用格致家查得之新理與否也。凡為一事，必應設法，使其減時省工，而餘時餘工，仍可為事中之他用，則所出貨物，不獨易見其多，且工本較輕，貨物尤完美也。查中國之病，在各業之人，不能聯為一氣，互相輔助，各人只計本身所業一端之事，而不計所業以外之事。譬養蠶者，但重養蠶，繅絲者，但知繅絲，而他事不計焉。殊不知聯為一氣，彼此均沾利益。今日苟欲整頓其事，殊覺非易，舊法固不能驟變，而各人意見亦多不同，且非逐細講求，持之久遠不為功。但中國情形，與日本相近，凡事民間不能自新其謀，必官為之倡率。西國有何良法，倘不示民以准則，恐民終不能自為此。雖一定之理，然前陳中國蠶務，亟宜設局，講求整頓，以保利源。事宜節略中，曾經申明，仍不可强民遵從，故開辦整頓之時，民間業蠶之事，不必過問，亦不必訂立章程，使人遵守，民間蠶務，悉聽其便。但立養蠶公局，如前所擬各法辦理，不久，民知有益，自能相從。俟民間稟請訂立章程，以防弊端，其時再行酌議。中國絲業，不欲爭勝於諸國則已，苟欲與諸國爭勝，非按以上各節辦理不可也。自古以來，未有如今日之勢。國中農事及各藝業，必由國家經理之，保護之，其國始能臻於富强焉。

清　杭州蠶學館《杭州蠶學館章程》

章程綱領第一

第一條　本館之設，考究樹桑、飼蠶、驗蛾、考種，用中國之老法，參東西洋之新理，互相考證，期以兼擅眾長，保中國固有之利權，開閭閻無窮之生計。現擇杭州城外西湖金沙港地方，建造館舍，照後列款項試辦三年，俟有成效，再行推廣。

一項教授蠶絲業功課，分爲二種。

一研究蠶絲業之學理。二練習蠶絲業之實地。

二項考試蠶絲業之法，分爲四種。

一桑樹。曰種類，曰栽培，曰疾病，曰害蟲。

二蠶。曰蠶種，曰飼育，曰蠶病。

三繭絲。曰殺蛹，曰貯繭，曰繅絲。

四器具。曰蠶具，曰殺蛹器，曰貯藏蠶種器。

三項分派蠶種。

四項蠶絲業答問。

五項查考蠶絲業。

第二條　教習及辦公人員名數如左。

一總教習　人　一教習　人　一副教習　人

一館正　人　一館副　人　一通事　人

第三條　總教習受總辦之節制，掌理教授一切事務，並提調屬下人員。

第四條　總教習可以稟明總辦，訂立教授課程及派員任事，並釐訂第一條各項方法。

第五條　凡學生因事歸省或遷地療病，須總教習允准放行，如請假至一個月以外，須稟請總辦定奪。

第六條　總教習查考學生之功課勤惰，年分四次，稟報總辦。

第七條　總教習可以署名於學生畢業執照之上。

第八條　總教習如因有事未到館，可使教習代理，並申明應得幾分總教習之權責。

第九條　各教習受總教習之節制，分掌各務。

第十條　各教習考試蠶絲業之成蹟，於考試後兩個月以內，報明總教習。

第十一條　總教習審查編纂試驗成蹟，每年稟報總辦一次。

第十二條　蠶絲業答問，無論遠地近地，有以書來問者，答書上應署答者之姓名。

第十三條　通事聽教習之命，從事館務。

第十四條　館正及館副，受總辦之節制，掌理館中一切事務。

第十五條　館正可以約束學生，並採用、辭退傭人，遇有重要，稟明總辦定奪。

第十六條　館正於辦理事務，可以稟明總辦，訂立辦事細規。

第十七條　館正如因有事未到館，可使館副代理，並申明應得幾分館正之權責。

第十八條　館中每期製就蠶種若干張，館正須稟明總辦，並訂立分派次序。

第十九條　館副除幫助館正之事務外，仍各分權責。一人專管收支銀錢、伙食雜費，一人專管檢點儀器及收藏蠶繭蠶種，各事仍責成館正，隨時稽查，遇有重事，稟明辦理。

第二十條　凡館中人等，欲攜取蠶繭蠶子帶回考驗者，應告明教習，由教習酌給，並知會館副發簿，應俟出館時領出，不得預先私攜入室。至教習、館正、館副攜取蠶繭，亦互相知照，登簿備查。

第二十一條　驗蛾辨種，成效既著，製就蠶子紙發售，其民間蠶子願託本館查驗者，酌收代驗經費。一切價目隨時另定章程。

第二十二條　教習與館正、副，各辦分掌公務，如有事相關連者，互相籌議，妥當施行。

課程表第二

本館各學課程，限定二年，分爲四期，每期授業時數，預定開列於左。

第一年前期自七月一日至十二月十五日，約一百六十三日，合二十三週星期按月房虛星昴爲星期，每七日一期，每星期授業三十五時，約八百零五時，如左表所記。

第一年前期學課授業時數

課目／時期	第一年前期時數	每星期分計時數	兩年總計時數
動物學	九二	四	九二
植物學	九二	四	九二
理學	六九	三	九九
化學	四六	二	一二三
數學	六九	三	九九
蠶體解剖	六九	三	九九
顯微鏡使用法	六九	三	八九
蠶體生理	二〇	二	
繅絲法	二〇	二	六六
繭及生絲檢查法	二〇	二	二〇
器械學	二〇	二	六六
實習	一一〇	一一	
計	三五〇	三五	

此外，飼蠶實習約六十五日，每日定二十時，合得一千三百時。

第二年前期學課授業時數，與第一年前期同，約計八百零五時，如左表所記。

第二年前期學課授業時數

課目／時期	第二年前期時數	每星期分計時數	兩年總計時數
化學	四六	二	
養蠶法	四六	二	
蠶體生理	六九	三	
氣象學	四六	二	七六
肥料論	四六	二	八六
桑樹栽培法	四六	二	七六
繅絲法	四六	二	
土壤論	四六	二	七六
器械學	四六	二	
蠶體病理	六九	三	一一九
桑樹除害論	四六	二	四六
實習	二五三	一一	
計	八〇五	三五	

第二年後期學課授業時數，與第一年後期同，約計三百五十時，如左表所記。

第二年後期學課授業時數

課目／時期	第二年後期時數	每星期分計時數	兩年總計時數
養蠶法	三〇	三	
氣象學	三〇	三	
肥料論	四〇	四	
桑樹栽培法	四六	二	一三五
蠶體生理	二五三	一一	七二六
實習	二五三	一一	
計	八〇五	三五	

第一年後期自正月二十六日至六月十日，約一百三十五日。但適當春夏育蠶時候，故教授學課之日爲數甚少。今豫算自正月二十六日起，至四月初六日止，爲講授之期，其餘準備春夏蠶事務，計授業日數衹得七十日，合十週星期。每星期授業三十五時，約三百五十時，如左表所記。

第一年後期學課授業時數

課目／時期	第一年後期時數	每星期分計時數	兩年總計時數
理學	三〇	三	
化學	二〇	二	
數學	三〇	三	
蠶體解剖	三〇	三	
顯微鏡使用法	二〇	二	
養蠶法	三〇	三	一〇六
土壤論	三〇	三	
蠶體病理	四〇	四	
害菌論	四〇	四	四〇
實習	一一〇	一一	
計	三五〇	三五	

此外，飼蠶實習約六十五日，每日定二十時，合得一千三百時。

辦事細則第三

第一條　本館置三部，曰教授部，曰試驗部，曰事務部。每部置部長一人，受總辦之節制，分掌各務。

第二條　教授部掌後列事。

一、照章程綱領所載第一條第一項教授各事。

第三條　試驗部掌後列各事。

一、照章程綱領所載第一條第二項各種試驗事。

二、編纂、試驗、成蹟各事。

三、答問事。

第四條　事務部掌後列各事。

一、收支銀錢。　　二、地基房屋及收支物件。

三、收發公文信件。　　四、收藏館中一切編纂。

五、收藏館中戳記。　　六、蠶種事。

七、監督學生請假、住宿各事。　　八、伙食等事。

九、傭人事。

第五條　本館須備後列各種簿冊。

一、招募學生簿。　二、學生籍貫簿。　三、功課簿。

四、勤惰簿。　五、學生畢業簿。　六、講堂聽講簿。

七、各班到班簿。　八、試驗底簿。　九、試驗成蹟簿。

十、號簿。　十一、假簿。　十二、館員履歷簿。

十三、館員出入簿。　十四、學生出入簿。　十五、來觀人簿。

十六、發信簿。　十七、經費出入簿。　十八、物品底簿。

十九、物品收付簿。　二十、傭人簿。　二十一、伙食簿。

第六條　司閽、聽差、長工、廚役等額數如左。

一司閽一名　一聽差一名　一館僮二名

一廚役二名　一水火夫一名　一更夫一名

一長工三名　一臨時傭　名

第七條　司閽專司啟閉，記館中諸人出入，並按日打埽大門内外。聽差專供公廨打埽，及飯聽内外伺應一切雜差。館僮專供東西齋打埽及一切雜差。水火夫專供茶水及照料油燈。更夫專供支更，並收送文件。廚役專供飯膳，及飯廳、廚房、柴房内外打埽。長工專供館内外芟草打埽，及種桑、採葉、挑葉、洗刷蠶品諸務。

第八條　教授部長於每學期實驗，須將其成蹟優劣，稟報總辦。

第九條　教授部長可按照章程第一條第一項範圍，訂立教授時刻。

第十條　蠶業實驗各項，定於每年二月中，如須隨時試驗，由部長酌量舉行。

第十一條　蠶業實驗，每項一主試，臨時選館生幫助。

第十二條　試驗部長每年於正月内，將前一年所有試驗各事稟報總辦。

館生規條第四

第一條　館生畢業期以二年，今定爲額内三十名，額外二十名。額内生由館供給伙食外，每月另給月費三元。額外生每月自備伙食洋二元四角。

第二條　無論舉貢生童，年在二十左右，文理通順，體壯氣靜，覓有妥保者，許自備伙食作爲額外生，但每年入館自正月至五月爲限，過期不收，即未過期，名額已滿，亦不收（遠地欲來學者，須先函問本館館正有無名額。）凡額內額外，入學後同一資格，所有應得利益亦一律從同。

第三條　額外生有才質可造者、勤於功課者、考試優等者，由總辦隨時察看，或給予伙食，免其出費，或升補額內，照給月費，或拔充級長，加增薪水，祇以學業爲憑，並不因額內額外有所分別，考試獎賞亦從同。

第四條　凡館生皆須遵守一切館規，並從執事之指示及其命令，如有犯規，即分別記過除名。

第五條　凡館生，無論在館之內外，均嚴禁洋烟。

第六條　凡衣服身體，均當清潔，並須留心衛生，以免疾病。

第七條　凡館生不得倡議罷歇功課。

第八條　凡借用之物件，俱當鄭重留心，萬一粗率以致損毀，按其實情即著賠償。

第九條　在講堂及蠶所內，不得吸烟、發高聲並粗暴之舉動。

第十條　凡親朋來望，如未經執事允准，不得引入蠶所講堂。

第十一條　在講堂須安靜，遵守規矩，如無教習允許，不得擅自出入。

第十二條　凡講藝均定有時刻，該時擊號，諸生須一律到堂聽講。如臨時不到及遲到者，由執事謄簿，每月稟報總辦一次，以候酌奪。

第十三條　館生中應選一人爲正級長，一人爲副級長，至練習實地時，各班置班長、班副。

第十四條　凡執事者之命，或級中、班中之意見，均由級長爲之上下傳達。

第十五條　凡館生按日應記日記，月終由館正呈繳總辦。

第十六條　凡因有事請假，必將情由申明，請執事者允許。

第十七條　凡疾病不能習功課，須先陳明教授部，違者照臨期不到班例。

第十八條　凡館生除問功課外，所有上遞文件，須經級長及班長之允，方可遞於教授部長。

第十九條　凡館生有品行不端，或怠情及屢屢請假者，均即除名。

第二十條　館生考試分爲三種，曰臨時考試，曰按期考試，曰畢業考試。

第二十一條　臨時考試，月考一次。按期考試，前後期期滿，各考一次。畢業考試，兩年四期，課畢大考一次。

第二十二條　凡館生畢業考試列上等者，館中當給執照，准其充爲各處教習，並造賣蠶子紙。列中等者，如願留館，准其再學。列下等者，即令退學。

第二十三條　館生考試不得臨時規避，其因病或不得已事，須預先稟准請假，方許另行補考。

第二十四條　額內生畢業後二年之內，或留館幫助教授各事，或派往各處，須聽館中調度，不得任意告退。違者著保人追繳館費，其額外生升補額內及免貼伙食者，亦照此例。但此二年中應得利益，應加給月費，均隨時酌量辦理。

住宿規條第五

第一條　凡館生在舍，須肅靜，不得任意喧譁，尤不准吹彈歌唱。

第二條　凡衣服臥具及一切物件，須各自整理，不可散亂。

第三條　火燭切宜謹慎，舍內尤以清潔爲主，切勿怠於打埽。

第四條　凡館生或因有事，或因疾病出宿於外，皆須詳說情由，稟請執事允許。

第五條　兩生同住一房，每房臥榻箱架桌椅等物，各編本房號數，不得擅佔及任意污損，私自移取。

第六條　各教習館正副親友來館，偶有留飯住宿者，飯食一切均由自給。館生人數較多，親友來望，不得留飯住宿。遇上班時，該生不得擅離見客、丁工人等親友，祇准在門房會話，不得擅入公局。

停課請假規條第六

第一條　館生非蠶忙期內，按房虛星昴四星期給予例假。星期外，逐日皆有課程，一律不准請假。或遇有要事，經館正、副察知屬實核准，方可另行給假。假期內，仍按日扣費，至多以四日爲限。每逾四日，記過一次，並不准以星期餘假抵銷。其逾至一月者，即稟請除名，追繳館費，全月不請假者，記功二次。

第二條　館中上午十二下鐘擊號用午飯，下午六下鐘擊號用晚飯。俱准定時刻，其不在星期之日准予請假者，如午飯前出館，次日亦應午飯前到館。晚飯前出館，次日亦應晚飯前到館。逾限者均作兩假。至星期給假，均定前一日下午五下鐘以後出館，應盡星期之日到館。封門後不到者亦作兩假。假簿放在公廨上，歸館正專管。所有假期時刻均由本人親到，當面蓋戳，俾得共見共聞。

第三條　館生蠶忙期內，由教習派班實習，不能按定星期請假。遇有緊要事件，須告明教習館正副會同核准，請同班代理，方能暫行給假，至多不得逾四日，違者按日扣費。每逾三日記過一次，全月不請假者記功三次。

第四條　三年喪給假兩月，期喪十日，功喪兩日，免扣薪費。婚姻准告假一月，仍扣薪費。遇疾病應由執事察知屬實，方准給予病假，仍按日扣費，過久不銷者，稟明除名另補。

第五條　館正副例假，不能按定星期，每月亦以四日爲限。逾限，即各照薪水項下按日勻扣。其因公外出，經稟明核准者免扣薪銀。

第六條　館正館副在假，須互相代理，以重公務。

第七條　例假四日，按月結算，不得移至下月並算。

第八條　館生在館晚膳前，非請假不得擅自出館。違者記過一次，罰月費一日。晚膳後，非上班之學生，准其在湖上左近遊息一點鐘，過晚不歸者記過二次，罰月費三日。

第九條　各生扣假之費，即以給獎餘假之人，按月核算。如星期均不請假，星期之外，別有請假一日者，亦不得給獎。

第十條　每月星期停課外，暑天停課二十日，年終四十日十二月十五日散館，正月二十五日上館。萬壽節以及清明、端午、中秋、冬至、蠶學館開學日各一日。

第十一條　凡停課日期，如遇蠶忙時候，應移前移後，應由教習、館正稟明總辦，隨時酌量變動。

第十二條　丁役例不給假，遇有要事，須稟明館正副，覓人代當，如在一日以内，照扣工資，免覓替人，擅自離館者剔退。

清　吉林蠶桑局《養蠶簡明法》　吉林雖向無蠶業，想養蠶的利益，也都是大家聽聞說過的。近來本局開辦，年年結繭成絲，即附近人家，也多有學習養蠶的了。此事風氣一開，豈不是吉林省一大利源哪！但是，養蠶還是要種好，我們局裡養蠶，是在浙江蠶學館取來的種子，每年照法制好這種，原可把與你們去養，大家得點利息，然也要照我們的養法才好。譬如一個孩子，身體狠［很］強壯的，這種算好了，你冷暖不去管他，到後發出病來，這個病還是種子不好的緣故麼？所以一半也要靠著養法的。我們的養法，也沒有十分繁難，後頭所講的十六條便是。

清　理財政局《奉天全省財政説明書》卷三《正雜各税》　繭絲爲奉天土產，乃外人所爭購者，惜桑柞之種植，絲繭之製造，均拘於舊式，而不能翻陳出新，故獲利頗微，人民以無厚利可圖，遂不肯鼓舞爲之。現在繭絲税之收入，僅限於東南瀕海一隅者，職此故耳。改良之法，似宜先擴張繭場，由該地農會勸令於已設場之處，妥爲整頓。即未設場之處，亦可因地制宜，力求拓展。迨設場既多，而彼此以各人所經驗，互相研究，不惟利益能均沾，而智識亦可以互換。夫種桑以養家蠶，種柞以養山蠶，此定理也。奉省養蠶各地，多種柞而不種桑，已爲缺點，而種柞又不能精選種子，修理枝幹，樹不葱籠，而蠶又何由繁殖，是蓋因農民乏蠶學知識，故不能發生新思想。現在農工商部所定蠶業講習所，爲振興蠶學起見，固法良而意美，然除省城已設立外，其餘各屬，率皆困於款項支絀，未能成立，爲變通計，似不如先於各處農會，設一蠶業研究社，招集本地飼蠶之家，性質穎悟，或歷練有得者，酌購書籍，定期研究種樹之法。已種之柞，力求改良。未種之桑，亦應試種，如是，則桑柞並植，而家蠶、山蠶均可飼養，造成效昭著，自有的款可籌。再行設蠶業講習所，延聘專門學者，招生講習，考之理論，徵之事實，則蠶業乃有根抵矣。獨是飼蠶，既已講求，而繅絲尤爲必要。查奉天繭絲，原質甚堅，最能耐久，惟製造不良，故絲質與絲色，不能精潔，一經外人購去，製以機器，復用理化，變其原質，遂燦然可觀。即以其物，還售於我，其價值頓增數倍，利權外溢，莫此爲甚。急應於產絲各地，設立繅絲場，或官家倡辦，或官商合辦，採東西洋繅絲之法，舉凡所出之絲，盡收集入場，加以人工製造，務使絲質精而絲色潔，如是，則銷路必暢矣，而税額亦可以增加矣。雖然蠶業既圖其發達，而養蠶之地，更宜逐漸推廣。按桑柞之生，不宜於水而宜於山，奉省所屬各地，田嶺居多，不獨蓋復熊海等處也。此後應於近山各府、廳、州、縣，確實調查，如有未闢山荒，即飭農會，首先種植，爲一般農民倡，一面鼓舞農民群相步武，庶幾變無用之荒爲有用。使無蠶之地而有蠶，則蠶業可日冀進步，而税源亦日以增加矣。

清　黄毅《栽桑新論・譯旨》《蠶業叢書》第一編　我國爲蠶桑古國，自黄帝植桑教蠶，而吾業於四千年前，已立有基礎。季漢諸葛武候植桑八百株，子孫遂足乃衣食，可見此業爲生計之要素。而理財家，更當有以講求者也。

東西互市以來，我國江浙兩省，絲產爲出口大宗，西人愛其絲質之良，故視爲奇貨。一時嘉、湖、杭、紹諸府，人民爭得其利。繼而日本、法、意諸國羣起思奪之，均各悉心研究，竭力改良，故其栽桑之善，養蠶之精，絲質之美，皆高出我國，而我國絲商遂折閲矣。萬事聽其天然，而不究以人力，終久不能發達，此固天演之公例，而我栽桑、育蠶之家，猶死守舊章，不加更改，其不惑於鬼神者，亦盡歸之於命運，連年出絲既少，餘貨堆積不銷，四千年蠶桑古國之名，瞬息間墮敗而至如此，有心斯業者，甯不寒心。夫世界文明，次第而開，由空言而入實際，由實際而得效果，此人民進化之公例也。時代近三數年，科學漸次發達，可稱爲科學時代，由科學而進於實業，由實業而達於富强，此我國前途之大目的也。雖狼狽相因，不可越級以上，而以江河流域數萬里沃饒之土地，興復四千年蠶桑之故業。雖科學程度未達極點，苟能竭力改良，利源必不難復。蓋近年，我國新政日興，財力日絀，若不早通利源，將必大受困難。故杭州蠶學一立，各省遂相繼而興，皆講求新法，以開風氣，雖勢力薄弱，招信爲難，而社會之風，亦爲之稍變。從事蠶學者多，而苦無良本參考，舊有蠶桑各書，亦盡爲古法，較之外洋所考驗者，相去天壤。譯者以庸碌之才，投身蠶業，經練既未深，文字尤粗淺，然斯業前途重大，不敢不盡其一技之能，以求裨補於萬一，爰譯是書，以餉同志。又以此書十二册中，惟栽桑爲入門初步，故先從事，其他各册，亦將擇其要者，陸續譯出，以求完備。

清 黄毅《蠶體解剖論》《蠶業叢書》第三編　蠶體解剖一學，在西千六百六十八年，由意大利人馬爾畢克氏所創，當時已能研究各器官之構造與組織矣，後經闊而拿里亞氏、哈畢而蘭多氏、拍司託而氏、馬以尤氏等詳加研究，始有今日發達現象。至於吾國研究此學之始，則在戊戌年，由日人於杭州蠶學教授，現講斯學者，雖不無其人，而能實驗解剖者，未之多見。

清 賴昌《蠶體病理論・序》《蠶業叢書》第七編　比年以來，蠶業學堂日益衆，從事於蠶業之人士，亦日益多，吾國蠶業，似漸入隆盛之域，設循是以往五年而基礎立，十年而人材輩出，二十年而中國最大、最古、最有名譽之蠶業，將揚其毒燄，以淩駕乎各國，而爲廿世紀中最有名譽之蠶絲國，不難焉。詎意一調查，近年出口之蠶絲，以及鄉間養蠶家之成績，與夫號爲研究新法之一般改，則與予近年之所聞者，誠不能相符合。言乎出口則年減一年，而日本已漸有超越吾國之傾向。言乎鄉間之養蠶家，則古□□守，負歉累累。其辛苦一春，而得六七分之收穫者，猶自以爲上乘也。至若一般攷究新法，以改革土法爲任者，又往往徒拾一二吐餘以爲足，其果能實地興辦，以爲鄉人倡者，百不獲一焉，吁可慨也。予嘗攷日本蠶業，在吾國卅年以前，其程度之劣穉，恒較吾國爲尤甚，而今則何如？然試究其今日之所以有若是之效果之原因，何莫非由二三留學伊、法蠶業家之力行新法，以圖滅却各種病菌之効乎？盖一般養蠶家，學力既幼穉，而欲滅却各種病菌，又非有一定之資本，不可是其責，不得不委諸自號攷究新法之一般志士，以爲之倡。惜吾國風氣不開，在一般蠶家，既土法自守，而日益因循。在考究新法者，亦仍坐視其因循，而不悉心提倡，以致新自新，舊自舊，而終無獲效之一日。他省吾不知，即以吾浙言，則自戊戌歲，林迪臣太守創辦蠶學館於杭州西湖以來，迄今已十有餘稔，而百里外之鄉民，猶未食其福，他可知矣！嗚呼！予自就學蠶學館以來，已易六寒暑，其間飼育春、夏、秋蠶，凡十餘次，以土法飼育者，凡五六次。嘗謂欲改良土法，以期蠶業之興盛者，必自有一定之調查及比較始，非合今日考究新法之一般蠶業家合力經營不爲功，徒以無力實行，因而中止。今退而與姚君勇忱從事編譯，以期補救於萬一。擁爐對坐，一燈熒然，事固甚微，而心亦苦矣。今所編之《蠶病豫防法》，僅蠶業中之一分耳。一般蠶家，與研究蠶業之諸先生，倘採而行之，以補我二人能説不能行之疚，而免彼蠶病之猖獗焉。是區區之意也。

清 黄湄西《實驗蠶病消毒法》第一編《蠶業叢書》第九編　**第一章《部論》**　舉世界而觀之，蠶絲之國，則有四：曰日本，曰法，曰伊大利，曰中國，餘皆不足論焉。而此四國之中，土地之大，出產之富，足以握世界蠶絲業之牛耳者，則又夙推我國焉。所可歎者，民泥其方，士輕其業，政府則不奬勵之，學者則不啟誘之，遂至愈趨愈下，昔日之稱雄海外者，今乃瞠乎人後矣。即近今非無一二熱心家，創設學校，培養教材，欲圖改良而進步之，恢復其天然之實業，挽回其本有之利源。其志其行，非不遠且大也。惜乎所學非用，士異其功，故行之數年，而迄無效果。蓋改良蠶業者，必先有統一之機關，使全國人民，凡從事於斯業者，無不互相連絡。且復偵騎四出，調查其作業如何，而爲之指導焉，則庶乎其能普及也。若徒費幾何經費，設幾何學校，收幾何學生，某年某月，卒業者幾何人，給出身者幾何輩，而毫不從根本上着想，計圖斯業之普及於民間，使之知所改良，以養成民力，但計其個人之私利，以此爲改良實業，挽回利權，吾恐行之百年，而亦不見其絲毫利益。況乎所教所學者，又皆殘缺不全也，有名無實，不過於學校中多添一代名詞耳，於民力上有何補焉。予非爲此過言也，予亦不欲吾言之中也。特以爲振興實業，挽回利權自命者，返躬自問，其果有當耶否耶！不然，吾足跡歷內地，遍訪民間，所謂産絲之處，首推江浙，次則廣東、四川。而此數省之中，則莫不有創辦蠶業，講求學理，希圖改良者，早則已有十年餘，如浙江之蠶學館，湖北之蠶桑局。次則亦有三、四年不等。且他省之中，若山東、湖南、雲南，間亦有聞風繼起者，宜乎影響所及，必有可觀，而不意民間之習俗仍如故，絲繭之惡劣仍如故，收成之失敗仍如故，所謂效果，不獨予未之見，未之聞，度司其事者，亦未之見未之聞也。若以爲民間之泥古太甚，雖鞭之長，不及馬腹，此理亦間或有之，然亦不能盡以此推諉也。誠以鄉民雖愚，彼逐年失敗而毫不悔心者，亦以利之所在，人必趨之。我固有實利之可收，熱心指示，彼小民雖至愚，亦何樂而不改良也。特可欲者，一般之搢紳先生，以爲蠶絲一業，本我古有之業，而東西洋之從事於斯者，亦莫不傳自我國，久已駕乎人上，已無可改良矣。其亦思汝之國，亦爲世界上最古之國，何以被人笑罵，受人侵侮，乃亦使後來居上耶，是亦不思之甚矣。復加以一般之立身蠶絲界者，方針既誤，而學力又不足以濟之，以致動輒得咎，爲若輩所口舌，更生阻力，因噎廢食，莫此爲甚，蠶業界之結果，如是我聞，斯亦予輩之罪也。

清 黄祖徽《蠶桑淺説・序》 自來蠶桑書，不下數十百種，或文多深奥，或法未周備，而於實理實事未盡，發明求能考其性質，相厥土宜。若者爲育蠶法，若者爲栽桑法，條分縷晰，訂爲成書，蓋亦鮮矣。余自光緒二十八年，接辦湖北高等農業學堂，於茲五載，見夫農學、林學分科教授，均有成績。蠶桑一門，以新法試驗多年，尤有實效。屢欲就耳聞目見，下著一編，以爲啓廸鄉民之具。學堂事繁，未遑秉筆，因令蠶學畢業生，就歷年所經驗者，編集成帙，樸實説理，淺顯易解，意在家喻戸曉，婦孺皆知。

清 關維震《養蠶法・序》 蠶絲爲中國物産大宗。惜墨守舊法，不求精進，漸成衰弱。論者莫不謂養蠶之法，亟宜改良。然空言改良，若無改良標準，亦復何所適從。近人所出蠶學書，皆譯自外籍。雖多經驗之談，惟偏於理論，及譯筆繁蕪者，亦屬不少。余於蠶學素喜研究，爰本平日經驗，復參考新出各書，去其空論，摘其精要，注重實用；於養蠶手續先後，依次敍述。逐節皆可按照次第試驗。又因一切方法，必先心通其意，方可隨時體會。故於説理之處，務期明白易曉，庶可一目瞭然。其中蠶室、蠶具以及用器檢驗等事，雖皆力求完善，而於簡易各法，亦博采兼收。以便無力購置者，不致畏難。編竣，就正蠶學專家，復證諸實驗，尚無謬誤。或於從事蠶業者，不無小補云爾。

其他

論説

宋 王楙《野客叢書》卷八《種田養蠶》 俞益期牋曰：日南蠶八熟。張文昌《桂州詩》曰：有地多生桂，無時不養蠶。此言可驗矣！而《海物異名記》乃謂『八蠶共作一繭』，與前説異。

宋 樂史《原蠶駁議》 《蠶事統紀》卷一六 雍熙三年，維擢國子司業，會將有事於藉田，維起《周禮》，至于《唐書》，凡沿革制度，並録之以獻，觀者稱其博。又上書請禁原蠶，以利國馬。直史館樂史駁之曰：『《管子》云：「倉廪實知禮節，衣食足知榮辱」，是以古先哲王，厚農桑之業，以其為衣食之原耳。一夫不耕，天下有受其饑者，一婦不蠶，天下有受其寒者，故天子親耕，后妃親蠶，屈身以化下者，邦國之重務也。《吴都賦》曰：「國賦再熟之稻，鄉貢八蠶之綿」，則蠶之有原，其來舊矣。今孔維請禁原蠶，以利國馬，徒引前經物類同氣之文，不究時事確實之理。夫所市國馬，來自外方，涉遠馳驅，虧其秣飼，失於善視，遂至元黄，致斃之由，鮮不由此。今乃欲禁其蠶事，甚無謂也。唐朝畜馬，具存監牧之制，詳觀本書，亦無禁蠶之文。況近降明詔，來年春，有事于藉田，是則勸農之典方行，而禁蠶之制又下，事相違戾，恐非所宜。臣嘗歷職州縣，粗知利病，編民之内，貧窶者多，春蠶所□止充賦調之備，晚蠶薄利，始及卒歲之資。今若禁其後圖，必有因緣為弊，滋章□亂，民豈遑寧，涣汗絲綸，所宜重慎。』上覧之，遂寢晚蠶之禁。維復抗疏曰：『按《周禮》夏官司馬職，言禁原蠶者，為傷馬也。原，再也。天文，辰為馬。《蠶書》：蠶為龍精，月直大火，則浴其種，是蠶與馬同氣，物莫能兩大，故禁再蠶，以益馬也。又郭璞云『重蠶為原』，今晚蠶也。臣少親耕桑之務，長歷州縣之職，物之利害，盡知之矣。蚩蚩之氓，知其利而不知其害，故有早蠶之後，重養晚蠶之繭，出絲甚少，再採之葉，來歲不茂，豈止傷及于馬，而桑亦損矣。臣自縣歷官路，見坰野之地，官馬多死，若非明援典據，助其畜牧，安敢妄有舉陳哉。按《本草注》以僵蠶塗馬齒，則不能食草，物類相感如此。《月令》仲春祭馬祖，季春享先蠶，皆謂天駟房星也。為馬祈福，謂之馬祖，為蠶祈福，謂之先蠶，是蠶與馬同其類爾。蠶重則馬損，氣感之而然也。臣謂依《周禮》禁原蠶為當。上雖不用維言，而嘉其援引經據，以其章付史館。

清 張履祥《楊園先生全集》卷六《與陸孝垂》 小女因蠶務在舍日久，有失侍奉之節，心竊不安。但此事實爲吾鄉衣食之本，婦功之所特重者。兩載以來，見其繭絲不成，必緣育飼不盡其道。故欲其就母氏再加教習，使得熟諳，他日不至休其蠶績，以懶婦隳損家聲。則區區私願，所祈不負明德者也。

清 鄂爾泰《授時通考》卷四七《勸課門・本朝重農・敕論一》 山東人於蠶種初出時，皆置之山間橡樹之上，俟其結繭，并無用桑育蠶之事。此等處言者亦未之知，小民惟利是從，雖以法禁之不止。若無利，雖百計嚴督之不行，此亦理之所必然者。今當昇平之日，惟以無事為本，乃不度地理之燥濕，不計水土之順逆，欲强迫百姓，募南人以教之蠶，此斷斷乎不可行也！

清 崔應榴彙纂，錢馥補輯《蠶事統紀》卷八 案：育蠶必以貯桑為急，須預計籌定，寧餘而無缺。施氏之説，亦非良策。非葉過貴，或遇一時不獲接濟，至萬不得已，不可用也。《月令通纂》又有黑豆麩麪諸法，尤非所宜。

清 吴烜《植桑育蠶書・養蠶説》 每年穀雨以後，芒種以前，天光晴暖，風日乾燥，更喜風多東南，是年蠶事必盛，絲多而易繅。若陰寒潮濕，風多東北，蠶必多病，即能上山作繭，絲少而難繅。此皆天時使然，非人力所能補助也。

清 尹紹烈《蠶桑輯要合編》 從來蠶桑及繅絲，諸書類多，繁其節目，紛其器具，使人望而憚難，良由著書之人非即種桑養蠶繅絲之人，故言之不能親切而簡易。

清 曹笙南輯《五畝居桑蠶清課・凡例》 桑蠶事，惟王盤《農書》、賈思勰《齊民要術》、黄省曾《蠶經》、陳旉《農書》、秦觀《蠶書》、李時珍《本草綱目》及《農桑直説》《農桑通訣》《務本直言》《三才圖會》等書言之最詳。

清 孫尚質《橡蠶芻言》卷三

育蠶要務

蠶食裕，蠶器備，農家山戶飼養有資，而因時變易。自配蛾、産蟻、上樹、催食及治蠶疫、防蠶害，一切應留意之事，正宜組織完善，勿怠勿荒。計在山守四十日，內外稍涉不慎，全功頓廢。蠶業難期發達，坐此大利不興，良可惜也，因標之曰《育蠶要務》。

清 吴士鎔校，袁俊德輯《泰西蠶事書・蠶絲類》 應設一蠶務博物院，凡與蠶有關之物，均儀於院內，以便蠶戶繅工機匠造內，看其式樣，詳究其理。如有質問之處，或在院中面問，或行函致，均隨時回復之。

清 葉向榮《農林蠶説・蠶桑圖説》 樹桑宜立會也。照九華香會等例，合村集約，如每戶一丁，至少以種桑十株為率，務須培植成林。小時牛羊殨殘，樵夫斬伐，立約嚴禁，如有違犯，憑眾議罰。成林後，採葉飼蠶，偷盜成風，尤屬無窮之害。有身單丁寡而不敢種者，有心灰意恨，既種而掘去之者。宜公稟縣憲，請示嚴禁，犯者準予執送究辦。人知畏法，偷風可泯。每歲舉行蠶桑會一次，照桑出資，合村會叙，以申禁約而講蠶務。

（光緒）《石門縣志》卷一一《風俗》 崇邑田地相埒，故田收僅足支民間八箇月之食，其餘月類，易米以供公私仰給，惟蠶息是賴，故蠶務最重。凡借貸契券，必期蠶畢相償。即冬間官賦起徵，數多，不敢賣米以輸，恐日後米價騰涌耳。大率以米從當鋪中質銀，候蠶畢，加息取贖。然當鋪中，持衡搭色，輕重其間，庾困狼藉，一出一入，子錢外不止耗去加一矣。吴郡尊禁云：典戶出銀大半，小民取給完糧，當時以成色作足絲，還時以白絲作成色，銷賠屈折，苦莫可言。以故，民間輸納，利蠶畢，不利田熟也。前徵追比之難，有由來矣。靳志《叢談》

綜述

《禮記・月令》 是月也，命野虞無伐桑柘，鳴鳩拂其羽，戴任降于桑。具曲植籧筐，后妃齋戒，親東鄉躬桑，禁婦女毋觀省婦使以勸蠶事。蠶事既登，分繭稱絲效功，以共郊廟之服。

《呂氏春秋》卷三《三月紀》高誘注

是月也，命野虞無伐桑柘野虞，主材官。桑與柘，皆可以養蠶，故命其官，使禁民不得斫伐，鳴鳩拂其羽，戴任降于桑鳴鳩，班鳩也。是月，拂擊其羽，直刺上飛數十丈，乃復者是也。戴任，戴勝，鵖也。《爾雅》曰：『鶌鳩。』部生於桑。是月，其子彊飛，從桑空中來下，故曰『戴任降于桑』也，具挾曲蒙筐挾，讀曰朕。三輔謂之挾，關東謂之得。曲，薄也，青、徐謂之曲。底曰蒙，方底曰筐，皆受桑器也。是月立夏，蠶生，故敕具也，后妃齋戒，親東鄉躬桑。王者一后三夫人。妃即夫人，與后參職，配王兼衆事。王者親耕，故后妃親桑也，以爲天下先，勸衆民也。禁婦女無觀觀，遊省婦使，勸蠶事省其他使，勸其趨蠶事。蠶事既登登，成也，分繭稱絲效功效，致也。絲多爲上功，以共郊廟之服，無有敢墮郊祭天，廟祭祖《周禮・內子章》：『仲春，詔后率內、外命婦蠶于北郊，以爲祭服。』此之謂也。

北魏　賈思勰《齊民要術》卷五《種桑柘第四十五》

《爾雅》曰：『桑，辦有葚，栀。』注云：『辦，半也。』『女桑，桋桑。』注曰：『今俗呼桑樹小而條長者，為女桑樹也。』『檿桑，山桑。』注云：『似桑，材中為弓及車轅。』

《搜神記》曰：『太古時，有人遠征，家有一女，并馬一匹。女思父，乃戲馬云：「能為我迎父，吾將嫁於汝。」馬絕韁而去。至父所，父疑家中有故，乘之而還。馬後見女，輒怒而奮擊。父怪之，密問女，女具以告父。父屠殺馬，曬皮於庭。女至皮所，以足蹙之曰：「爾馬，而欲人為婦，自取屠剝，如何？」言未竟，皮蹶然起，卷女而行。後於大樹之間，得女及皮，盡化為蠶，績於樹上。世謂蠶為「女兒」，古之遺言也。因名其樹為桑，桑言喪也。』

今世有荊桑、地桑之名。桑椹熟時，收黑魯椹。黃魯桑不耐久，諺曰：『魯桑百，豐錦帛。』言其桑好，功省用多。即日以水淘取子，曬燥，仍畦種。治畦下水，一如葵法。常薅令淨。

明年正月，移而栽之。仲春、季春亦得。率五尺一根。未用耕故。凡栽桑不得者，無他故，正為犁撥耳。是以須概，不用稀；稀通耕犁者，必難慎，率多死矣；且概則長疾。大都種椹，長遲，不如壓枝之速。無栽者，乃種椹也。其下常斸掘種綠豆、小豆。二豆良美，潤澤益桑。栽後二年，慎勿采、沐。小采者，長倍遲。大如臂許，正月中移之，亦不須髡。率十步一樹，陰相接者，則妨禾豆。行欲小掎角，不用正相當。相當者，則妨犁。須取栽者，正月二月中，以鉤弋壓下枝，令著地，條葉生高數寸，仍以燥土壅之。土濕則爛。明年正月中，截取而種之。住宅上及園畔，固宜即定；其田中種者，亦如種椹法，先概種二三年，然後更移之。凡耕桑田，不用近樹。傷桑、破犁，所謂兩失。其犁不著處，斸斷令起，斫去浮根，以蠶矢糞之。去浮根，不妨耬犁，令樹肥茂也。又法，歲常繞樹一步散蕪菁子，收獲之後，放猪啖之，其地柔軟，有勝耕者。種禾豆，欲得逼樹。不失地利，田又調熟。繞樹散蕪菁者，不勞逼也。剶桑，十二月為上時，正月次之，二月為下。白汁出，則損葉。大率桑多者宜苦斫，桑少者宜省剶。秋斫欲苦，而避日中。觸熱樹燋枯，苦斫春條茂。冬春省剶，竟日得作。春采者，必須長梯高机。數人一樹，還條復枝，務令淨盡；要欲旦、暮，而避熱時。梯不長，高枝折；人不多，上下勞；條不還，枝仍曲；采不淨，鳩腳多；旦暮采，令潤澤；不避熱，條葉乾。秋采欲省，栽去妨者。秋多採則損條。椹熟時，多收，曝乾之，凶年粟少，可以當食。

《魏略》曰：『楊沛為新鄭長。興平末，人多飢窮，沛使民益蓄熟椹，收蕢豆，閱其有餘，以補不足，積椹得千餘斛。會太祖西征天子，所將千人，皆無糧。沛謁見，乃進乾椹。太祖甚喜。及太祖輔政，超為鄴令，賜其生口十人，絹百匹，既欲厲之，且以報乾椹也。今自河以北，大家收百石，少者尚數十斛。故杜葛亂後，饑饉荐臻，唯仰以全軀命，數州之內，民死而生者，乾椹之力也。

種柘法：耕地令熟，耬耩作壟。柘子熟時，多收，以水淘汰令淨，曝乾。散訖，勞之。草生拔却，勿令荒没。三年間，斸去，堪為渾心扶老杖。一根三文。十年，中四破為杖，一根直二十文。任為馬鞭、胡牀。馬鞭一枚直十文，胡床一具直百文。十五年，任為弓材，一張三百。亦堪作履，一兩六十。裁截碎木，中作錐刀靶。音霸，一個直三文。二十年，好作犢車材。一乘直萬錢。欲作鞍橋者，生枝長三赤許，以繩繫旁枝，木橛釘著地中，令曲如橋。十年之後，便是渾成柘橋。一具直絹一匹。欲作快弓材者，宜於山石之間，北陰中種之。其高原山田，土厚水深之處，多掘深坑，於坑中種桑柘者，隨坑深淺，或一丈、丈五，直上出坑，乃扶疏四散。此樹條直，異於常材。十年之後，無所不任。一樹直絹十匹。

柘葉飼蠶，絲好。作琴瑟等絃，清鳴響徹，勝於凡絲遠矣。

《禮記・月令》曰：『季春，無伐桑柘。』鄭玄注曰：『愛養蠶食也。』『具曲、植、筥、筐。』注曰：『各養蠶之器。曲，箔也。植，捶也。』『后妃齋戒，親帥躬桑，以勸蠶事，無為散惰。』

《周禮》曰：『馬質，禁原蠶者。』注曰：『質，平也，主買馬平其大小之價直者。』『原，再也。天文，辰為馬；《蠶書》：蠶為龍精，月直「大火」則浴其蠶種，是蠶與馬同氣。物莫能兩大，故禁再蠶者，為傷馬與？』

《孟子》曰：『五畝之宅，樹之以桑，五十者可以衣帛矣。』

《尚書大傳》曰：『天子諸侯，必有公桑、蠶室，就川而為之。大昕之朝，夫人浴種于川。』

《春秋考異郵》曰：『蠶，陽物，大惡水，故蠶食而不飲。陽立於三春，故蠶三變而後消；死於七，三七二十一，故二十一日而繭。』

《淮南子》曰：『原蠶一歲再登，非不利也，然王者法禁之，為其殘桑也。』

《汜勝之書》曰：『種桑法：五月取椹著水中，即以手漬之，以水灌洗，取子陰乾。治肥田十畝，荒田久不耕者尤善，好耕治之。每畝以黍、椹子各三升合種之。黍、桑當俱生，鋤之，桑令稀疏調適。黍熟，穫之。桑生正與黍高平，因以利鐮摩地刈之，曝令燥；後有風調，放火燒之，常逆風起火。桑至春生。一畝食三箔蠶。』

俞益期《牋》曰：『日南蠶八熟，繭軟而薄，椹採少多。』

《永嘉記》曰：『永嘉有八輩蠶：蚖珍蠶。三月績。柘蠶、四月初績。蚖蠶、四月初績。愛珍、五月績。愛蠶、六月末績。寒珍、七月末績。四出蠶、九月初績。寒蠶。十月績。凡蠶再熟者，前輩皆謂之「珍」。養珍者，少養之。愛蠶者，故蚖蠶種也。蚖珍三月既績，出蛾取卵，七八日便剖卵蠶生，多養之，是為蚖蠶。欲作「愛」者，取蚖珍之卵，藏内罌中，隨器大小，亦可十口，蓋覆器口，安硎苦耕反。泉冷水中，使冷氣折其出勢。得三七日，然後剖生，養之，謂為「愛珍」，亦呼「愛子」。績成繭，出蛾生卵，卵七日，又剖成蠶，多養之，此則「愛蠶」也。藏卵時，勿令見人。應用二七赤豆，安器底，臘月桑柴二七枚，以麻卵□，當令水高下，與重卵相齊。若外水高，則卵死不復出；若外水下，卵則冷氣少，不能折其出勢。不能折其出勢，則不得三七日；不得三七日，雖出不成也。不成者，謂徒績成繭、出蛾、生卵，七日不復剖生，至明年方生耳。欲得陰樹下，亦有泥器口，三七日亦有成者。』

《雜五行書》曰：『二月上壬，取土泥屋四角，宜蠶，吉。』按今世有三卧一生蠶，四卧再生蠶。白頭蠶，頡石蠶，楚蠶，黑蠶，兒蠶，有一生、再生之異，灰兒蠶，秋母蠶，秋中蠶，老秋兒蠶，秋末老，獅兒蠶，綿兒蠶，同繭蠶，或二蠶三蠶，共為一繭。凡三卧、四卧，皆有絲、綿之別。凡蠶從小與魯桑者，乃至大入簇，得飼荆、魯二桑，小食則荊桑，中與魯桑，則有裂腹之患也。

楊泉《物理論》曰：使人主之養民，如蠶母之養蠶，其用豈徒絲繭而已哉？』

《五行書》曰：『欲知蠶善惡，常以三月三日，天陰如無日，不見雨，蠶大善。』又法，埋馬牙齒於槌下，令宜蠶。

《龍魚河圖》曰：『埋蠶沙於宅亥地，大富，得蠶絲，吉利。以一斛二斗甲子日鎮宅，大吉，致財千萬。』

養蠶法：收取種繭，必取居簇中者。近上則絲薄，近下則子不生也。泥屋用『福德利』上土。屋欲四面開窗，紙糊，厚為籬。屋内四角著火。火若在一處，則冷熱不均。初生以毛掃。用荻掃，則傷蠶。調火令冷熱得所。熱則焦燥，冷則長遲。比至再眠，常須三箔，中箔上安蠶，上下空置。下箔障土氣，上箔防塵埃。小時採『福德』上桑，著懷中令暖，然後切之。蠶小，不用見露氣；得人体，則衆惡除。每飼蠶，卷窻幃，飼訖還下。蠶見明則食，食多則生長。老時值雨者，則壞繭，宜於屋裏簇之。薄布薪於箔上，散蠶訖，又薄以薪覆之。一槌得安十箔。又法：以大科蓬蒿為薪，散蠶令遍，懸之於棟梁、椽柱，或垂繩鈎戈、鶚爪、龍牙，上下數重，所在皆得。懸訖，薪下微生炭以煖之。得煖則作速，傷寒則作遲。數入候看，熱則去火。蓬蒿疏凉，無鬱浥之憂；死蠶旋墜，無污繭之患；沙、葉不佳，無瘢痕之疵。鬱浥則難繰，繭污則絲散，瘢痕則緒斷。設令無雨，蓬蒿簇亦良。其在外簇者，脱遇天寒，則全不作繭。用鹽殺繭，易練而絲肕。日曝死者，雖白而曹脆，縑煉衣著，幾將倍矣，甚者，虚失歲功。堅、脆懸絶，資生要理，安可不知之哉？崔實曰：『三月清明節，令蠶妾治蠶室，塗隙穴，具槌，持箔籠。』

唐 白居易《白氏六帖事類集》卷二三

蠶桑第五十三　蠶事、繭稅。《月令》桑土既蠶。《書》八月載績。《詩》無伐桑柘。《月令》：季春愛蠶食也。蠶事既登。孟夏。蠶室。具下。蠶則績。而蟹有筐。桑土。見上。蠶織。《詩》曰：婦無公事，休其蠶織。桑于南陌。蠶于北郊。《禹貢》：厥篚檿絲。桑之絲，可中琴瑟絃。《書》遵乃脩之文器宜合理。《月令》：季春乃修蠶器。趨既登之曰：事必及時，不衰，不帛。《周禮》：庶人不蠶者，不帛；績者，不衰，所以恥不勉。女事：禁原蠶。原，再也。蠶與桑馬同氣，物莫能雨大，禁再蠶爲傷馬也。《周禮》

繭稅第五十四　孟夏，蠶事既登，后妃獻繭，乃收繭稅，以桑爲均，貴賤長幼如一，以給郊廟之服。繭稅十取一也，以桑爲均者，隨桑多少而稅，貴賤長幼如一，各以桑爲平，不以貴賤爲差。事懋：而既登。以桑爲均。以桑爲均。繭稅收而先定。絲入。《周禮》：典絲掌絲入，絲入收而稅之也。頒絲。謂出之也。

採桑五十五　十畆之閒，桑柘閑閑，女執懿筐，遵彼微行，爰求柔桑。微行，牆下徑也。蠶月條桑，取自斧斨，以伐遠楊，猗彼女桑。《詩》秦氏之女羅敷，秋胡之妻。並採桑者。城南。《古詩》：羅敷善採桑，採桑城南隅，青絲爲籠繩，桂枝爲籠鉤。桑之未落，其葉沃若。帝女之桑，蠶妾。公子重耳，與從者謀於桑下，蠶妾在其上。工女奉種于川，且宜合禮。執筐於陌，無或失時。南陌。桑也。無伐我樹桑樹也，翳桑。

爭桑第五十六　楚邊邑名卑梁，其處女與吳邊邑處女爭桑，而傷卑梁女，卑梁人讓吳人，吳人應不恭，怒而殺之，吳往盡屠其家，於是吳楚大爭。《呂氏春秋》環廬樹桑。《周禮》維桑與梓。必恭敬止。桑椹。翩彼飛，鴞集于泮林，食我桑椹，懷我好音。

后妃桑蠶第五十七　《月令》：季春，后妃齋戒，享先蠶而躬桑，以勸蠶事，先蠶，天駟星也。后妃躬桑，率先天下也。后妃獻繭。孟夏，蠶事既登，后妃獻繭，乃收繭稅。《月令》古者天子諸侯，必有公桑蠶室，近川而爲之，築宮仞有三尺，棘牆而外閉之。及大昕之朝季春朔日之朝，君皮弁素幘，卜三宮夫人世婦之吉者，使入蠶于蠶室，奉種浴于川，桑于公桑，風戾以食之風戾者，恐露濕葉傷蠶。風之使燥而後食之。歲既單矣謂三月盡之後也，世婦卒蠶，奉繭以示君，遂獻繭于夫人，夫人曰：此所以爲君服與。遂副禕而受之，因少牢以禮之。古之獻繭者，其率用此歟。及良日，夫人繅三盆手，遂布于三宮夫人、世婦之吉者，使繅，遂朱緑之、玄黃之，以爲黼黻文章。君服以祀先王先公，敬之至也。三盆手，三淹也。凡繅，每淹大總而手振之，以出絲緒。王后親蠶於北郊，以供緇服；夫人蠶於北郊，以供冕服。王后夫人，非莫蠶也，身致其誠信也。蠶宮，桑壇。晉元康議皇后採桑，桑壇於蠶宮之西南。繭館。漢孝元皇后，採桑繭館。織室。《東觀漢記》：明帝馬皇后，數來往視之。三灑。《古今事》曰：蠶始生蠶，后食之，三灑而已。宿瘤。齊王后也，王遇其採桑，奇之，遂娶爲后。採帝女之桑。爰求十畝。獻后妃之繭。遂布三宮。《周禮》：仲春，詔后率外宗、內命婦，始蠶於北郊，以爲祭服。昕朝良日，苟三宮夫人，時展北郊之禮。則十畝桑柘。盡趨南陌之功。漢儀。《晉禮志》：漢儀，皇后親蠶桑東郊苑中，蠶室祭蠶神，曰：苑窳婦人，寓氏分主。祠用少牢，侍中成齋，草定其儀，取列侯妻六人爲蠶母。擇吉日，皇后著十二笄步搖，衣青，乘油畫雲母安車，駕六騩馬，女尚書陪載，筐鉤。外命婦皆步搖，青衣，各載鉤筐。先桑二日，蠶室生蠶，著薄上。桑日，皇后未到，太祝質明，以太牢祀之。祠畢，班餘胙於從桑后，東面躬桑，採三條；諸妃、公主，採五條；郡縣已下九條，以桑受蠶母也。一條，《皇后儀》曰：皇后躬桑，始將一條，執筐受葉。三灑。見上。

異蠶第五十八　八蠶。《吳都賦》：鄉貢八蠶之緜。《六州記》曰：一歲八蠶，出日南。冰蠶之繭。《拾遺録》：東海圓嶠山，有冰蠶，長七寸，有鱗角，以霜雪覆之，則爲繭，五色絲織爲文錦，入水不濡。園客之絲。《列仙傳》：有園客種五色香草，上有娥上草，客收養之，生桑蠶，得繭大如盆。有女稱客妻，繅訖，俱去。歐絲。《山海經》：諸天之野，有女子跪樹，歐絲。注，蠶類也。

織紝第五十九　《詩》：婦無蠶事，休其蠶職。休者，刺其廢職事也。女功恤緯。《傳》曰：嫠不恤緯。注：緯，少，寡婦之所宜憂。報章。《詩》曰：跂彼織女，終日七襄。雖則七襄，不成報章。迴文。竇滔妻蘇氏，織錦迴文字。織素新人工織縑，故人工織素，織縑日一匹，織素日丈餘。精麤中數，廣狹中量，龍梭女手，金梭，焚機。公儀：休焚機去織，婦曰：欲使女工織，婦安所售其利哉？機杼。王丹持縑一匹，與友人曰：如丹此縑，出自機杼。投杼。曾參母，方織人，告參殺人，始言不信，及三告而投杼警疑。淵室之人，雖聞潛織。淵室潛織，以卷綃淵室，鮫人之所居。河漢之女，不見報章。《古詩》：皎皎河漢女，札札弄機杼。終日不成章，泣涕漣如雨。札札。弄機杼之聲。霜降。季秋霜始，降則百工休。化理絲枲。《周禮》：太宰以九職任萬人，七曰：嬪婦化理絲枲，嬪亦婦人之稱。化材。絲枲。《周禮》展其功織。婦功也。《周禮》女事。《周禮》：任婦以女事，貢布帛也。理其絲麻。以爲布帛。執麻理絲。《禮》：女子十年不出，母教以婉、娩、執麻、枲、理絲、繭、職紝、組紃，學女事，以供衣服。稽其女工。《周禮》婦工。《周禮》：絲枲以成之謂之，婦工注謂成布帛。一婦不織。賈誼曰：一婦不織，有受其寒者。斷織。樂羊子學未就而歸，其妻執刀欲斷織，曰：此織未畢而斷之，則不成功。學未就而歸，猶婦斷織。三盆既繅。八月載績。載玄載黃。無衣無褐。勸課。後漢崔寔子真，爲五原守，土宜麻枲，而俗不知織績，寔爲作紡績、織紝、練縕，以教之，得免其寒苦。

宋 陸佃《埤雅》卷九《釋鳥》

《淮南子》曰：馬不食脂，桑扈不啄粟，非廉也。桑扈，蓋一名而二種，若魯有兩曾參也。《釋鳥》云：桑扈竊脂，鳭鷯剖葦，此桑扈之一種也；桑扈竊脂，棘扈竊丹，此桑扈之一種也。蓋對剖葦言之，則竊脂者，所謂青質，觜曲，食肉，好盜脂膏者是也。對竊丹者言之，則竊脂者，所謂素質，其翅與領皆鶯然，而有文章者是也。《左傳》曰：九扈爲九農正，扈民無淫者也。賈逵、樊光以爲春扈趣民耕種，夏扈趣民耘耔，秋扈趣民收斂，冬扈趣民蓋藏。棘扈爲果驅鳥，桑扈爲蠶驅雀。行扈唶唶，晝爲民驅鳥。宵扈嘖嘖，夜爲農驅獸。老扈鷃鷃，則趣民刈麥，令起不得晏者也。説者非之，以爲入林爲果驅鳥，入室爲蠶驅雀，晝驅鳥，夜驅獸，窮日通宵，常在田野，非先王所以建官之意，則亦以誤矣。蓋九扈農桑候鳥，扈民無淫者也。故先王名官，以主農桑之事，取其意云爾，非謂依此諸扈，使之動作也。蓋如棘扈，則主園事爾。桑扈，則主蠶事爾。驅鳥驅雀，非所以爲難也。然則所謂交交桑扈，率煬啄粟者，正以其性之竊脂者言之也，故以啄粟爲失其性。交交桑扈，有鶯其羽者，正以其色之竊脂者言之也。故其序曰：君臣上下，動無禮文焉，蓋君子素以爲質而文之者，禮也。《釋獸》曰：虎竊毛謂之虦貓，魋如小熊，竊毛而黄，竊毛皆謂淺毛。則夏扈竊玄，言淺黑。秋扈竊藍，言淺青。冬扈竊黄，言淺黄。棘扈竊丹，言淺赤。桑扈竊脂，言淺白。固其理也。且《爾雅》主詩言之，而《小雅》桑扈所取者，有兩竊脂，故《爾雅》亦兩解也。猶之《無羊》云『九十其犉』，《良耜》云『殺時犉牡』，《爾雅》有黑脣犉，又有牛七尺爲犉，是也。

又 卷一八《釋草》 河汾之間，謂之莫，莖大如箸，赤節，葉厚而長，似柳有毛刺，味酢。始生，可以爲羹。今人蠶繅，以取繭緒，其子如楮實而紅，冀人謂之乾絳，蓋以此也。今吴越之俗呼爲茂子，汾沮洳之。《詩》一章曰『言采其莫』，二章曰『言采其桑』，言其君儉以能勤，始於侵繅事而采莫，終於侵蠶事而采桑也。

宋 陳旉《農書》卷上 又墻下植桑，以便育蠶。

宋 朱輔《溪蠻叢笑》 蠶事，少桑多柘，繭薄小，不可繰，可績爲紬。或以五色間染之爲布，名順水班。

元 周達觀《真臘風土記・蠶桑》 土人皆不事蠶桑，婦人亦不曉針線縫補之事，僅能織木綿布而已，亦不能紡，但以手理成條。無機杼以織，但以一頭縳腰，一頭搭上，梭亦止用一竹管。近年暹人來居，卻以蠶桑爲業，桑種、蠶種皆自暹中來，亦無麻苧，惟有絡麻。暹人卻以絲自織皁綾衣着，暹婦卻能縫補，土人打布損破，皆倩其補之。

（康熙）《諸羅縣志》卷八《風俗志》 邇者滿大中丞，嘗著《蠶桑要法》，以教閩人矣。其援据經傳所載，天下之土，無不宜於蠶桑者。而特慮夫育蠶樹桑之法，或未講明而習熟，于是繪爲十二圖，而詳詔之。今須在郡縣者，可攷也。諸羅，下土墳壚。《小雅》之詩曰：隰桑有阿，其葉有儺。開畝樹桑，蕃衍沃若，無難。因以購種育蠶，卽蠶事興矣。

清 李光地等《御定月令輯要》卷七 分繭稱絲。原《禮》：蠶事既登，分繭稱絲效功，以共郊廟之服，無有敢惰。注：登，成也。敕往蠶者，蠶畢，將課功以勸戒之。命工師。原《禮》：是月也，命工師，令百工，審五庫之量，金、鐵、皮、草、筋、角、齒、羽、箭幹、脂膠、丹漆，毋或不良。注：工師，司空之屬官也。五庫，藏此諸物之舍也。量，謂物善惡之舊法也。

（乾隆）《烏青鎮志》卷二《農桑》 蠶事始于清明節，此日雖男之遠適、女之歸寧者，亦必聚于家室。越十餘日，收上年所布紙上之子，以帕裹之，置熏籠一宿，隨貼胸取煖，謂之護種。率以穀雨爲期，諺云：穀雨勿藏蠶。至脱卵而出，以桃葉火炙之，蠕蠕微動，謂之蠶烏。烏有火種，有晒種。用鵝毛刷于筐中，能食則飼以絲條之葉，稀卽補之，烏密處以細竹筋撥勻，稍飢謂之斷絲腸。如是三四日，夜定而不食，謂之眠。將眠時，不勤食，曰紅嬾思。又有青嬾思，亦曰攬絲，言口中吐絲也，朝見則晚眠矣。初眠，鄉人謂之頭眠。仍以竹著細細分開，去其殘葉，不致傷于溼熱。再一日，夜蠶口有脱殼，則眠而起飼細葉如前。又三四日，而二眠，飼如前。又三四日，而三眠，謂之出火。《天香樓偶得》：俗以第三眠爲出火，不列諸眠之中，因以末眠幷頭、二眠爲三眠三起，實則四眠四起也。蠶自二眠後餧完葉，過三眠餧連枝葉。凡葉患其溼，又患其燥，又患其風，而沙露，而霧也，犯此非傷冷殭死，卽傷熱破囊。鄉人謂之爛肚。楊園《補農書》：蠶食熱葉則亹，浮鬆不可絲，其害淺。食溼葉則潰死，食濕熱葉則僵死，食霧露葉則瘘死。葉染風沙則不食，葉宿則不食，而仍飢，其害深。出火後，不事竹箸用手一一取下秤定，一一分攤筐中，閲四五夜爲大眠，復手取秤過分筐。其曰食孃者，言他蠶盡眠，而此猶食葉也；曰起孃者，言既眠而起也，起而初食曰餉。又有復生小蠶者，爲長孃，至是蠶益粗，而筐不勝盛。於是掃地藉以蘆蓆，散葉其上，如在筐中。更歷三晝夜，將蠶翻過，謂之起。每日一起薙，迄五六晝夜，不眠不食，口中吐絲，繚繞至脰節間，瑩澈則熟矣。先以葦箔作架平鋪，截禾稈如帚，長尺有咫，大可一握，散而登蠶其上，謂之上山。遇天氣薄寒，爇炭山棚下，曰搽火。《廣韻》：搽，桑割七，曷二切。使熱上升，則乘此縈絲作繭不停口，而盡出腹中所有矣。過三日撤火，開戶去蔽，令風燥透繭，易于繰絲，否則類多難繰，而虧折寡觔兩矣。育蠶之室，利邃密，尤利踈爽。晴天北風必拓窻通風，日以舒鬱氣，故版地最宜。否則墊以蘆席，使溼不上行，四壁用草簟圍襯，大寒則重帷障之，或然炭火，以禦寒冷，最忌暴熱，外偪内蒸，暑濕無所歸，則蠶身受之。或薙換不時，餵飼失節，久堆亂積，遠擲高抛，致病之源，皆係乎此。古云：風以散之，則蠶室固當避風，尤不可不通風也。蠶畢，擇繭之堅厚者爲種蠶。越日蛾破繭而出，視其雌雄而聯之，使交。用桑皮紙每方廣尺許爲一幅，引蛾布子其上，收起透風，防他蟲侵蝕與浥黰也。來春，出晒屋瓦上，七日取下，俟清明後，乃取而護焉。絲頭蠶爲上，有經絲、緯絲、細絲、肥光等名。蠒之不中爲絲者，剝爲緜，緜以頭蠶、同功蠒者佳。兩蠶共成一蠒，故名同功，蛾口次之。若繅絲未盡之蠒，曰軟蠒，緜之最下者也。又有黄蠒，緒粗不中織染，別繅爲絲，縛至蠒衣，合之成絮，名水絮，亦可納被中禦寒。育蠶，必有其具。蠶之初生，用篩置之，烏滿則用箧，箧必以紙糊其縫。兩眠出薙，盛之用筐，或用篇器之大者，可以容蠶之多也。蠶室中，必用簾、薦以圍之。簾以蘆編，薦以草織，皆取其蔽風寒也。其采桑，有桑剪，有桑篰。飼小蠶而切葉也，有草墩。時或雨陰而寒，則用火盆。繅絲則用絲車，迨水缸、鍋鼀畢備，而其具全矣。特是蠶所賴者，專在于桑。其樹桑也，自墻下簷隙，以及田塍，池畔，無弃地。但種類不一，稺桑初種，胥名桑秧。秧宜自壓于近水之埂，冬覆以泥，采桑時即留，所欲壓之條，俟葉昂首而新條長，埋而灌之。以荷葉桑、黄頭桑、木竹青爲上，取其幹堅葉茂，大葉密眼次之，細葉密眼爲下。獨火桑，較他種早三五日，可餵早蠶。其種也，不外冬杪春中。法貴稀，縱横各七尺，冬種者，秧宜大。清明前後種者，宜細以大桑，到清明，頭眼已發，根眼已盲，細桑則根眼尚綻故也。根當刷去其如毛者，止留綫根數條，四面排穩，實以泥，時時灌以和水之糞，必離幹尺許，而環壅之。俾新根四達發葉後，覘葉損于蟲，搜而殺之。如遇雨，被泥水滓眼，速行撥開，否卽死矣。桑必接而後大，近鄉每以家桑枝接之，不則爲野桑。家桑子少而鉅，野桑子繁而小。栽桑者甚不樂乎有子也。條桑貴剪，初種剪其幹，獨剩根而糞之，令其發生，如是三年而後，留其幹；採葉後，又剪其長條，否則葉不暢茂。故曰：條桑其不剪者，曰高桑；剪而禿者，曰鼓椎。其脩也，擇根下細條，或了襠陰枝，以及渺小不堪蔭下繁密者，悉去之。剪桑畢，又或有前因礙，鋸而未及盡截及老枝不成器者，再芟之。設遇瘫桑，即墾去，勿令纏染，蓋桑瘫無治法也。漢人頌刺史曰：桑無附枝，蓋言脩桑爲重事也。歲于清明時，糞其四圍，謂之撮桑。剪畢，卽灌之，謂之謝桑。其刮蟥也，自冬訖春，檢瞭凡三，猶不能淨盡。須六月捏頭蟥，七月捏二蟥，而頭蟥又宜細察，留頭蟥一則，二蟥百捉蛀，亦須三次，春分捉出屑蛀，秋分捉條了蛀，剪桑後，或九月，又細捉之。《補農書》：恐因捉損桑，則用爆杖藥綫，入蛀穴燒之，蟲卽死。又有一種包捉之人，故留大蛀，以俟冬間，粥于出痘之家，規取厚利，必親自照瞭，或自備綫鑿，爲不時之需，斯桑無蟲患矣。鄉人不曰桑，而直曰葉。立夏後，采桑貿葉，名葉市。蠶有頭蠶、二蠶。卽《周禮》：『原蠶。』故目葉曰頭葉、二葉云，二葉須老農善采者，留其條，爲來歲生葉之地。若頭葉則盡採，乃已設以值賤留葉，嫩桑猶可。若老桑，必致根壞，後雖培壅，終歸枯萎。大約良地一畝，可得葉千三四百觔，計一歲墾鉏壅培之費，多不過三兩，利則算常值亦有倍稱焉。

清　李拔《蠶説》《蠶事統紀》卷一六

黄帝妃西陵氏始蠶。蠶者，天之所生，人之所養，冠裳衣被之所從出也。古者天子親耕，后妃親桑，視事盖綦重也。我皇上加意農桑，每歲親蠶，收入供御，蠶桑之利遍于天下。閩中天氣和暖，理宜蠶桑，徒以難于創始，大利遂秘。拔歷守二郡，曾經試養良絲厚繭，俱有成效，信乎閩之宜蠶也。養蠶之法，每立春日，取蠶種置地上或草間，使受春氣。隨置温暖處，日以為常。越十餘日，自出小蠶如蛾。視其多寡，或日一二次，用雞翎掃下。每次各為一處，以免参差。初生盛以筐，藉以紙，先用柘葉食之。無柘用桑亦可。每日喂三次。天氣晴暖，約七日即當初眠，則蠶不食，漸藏葉底。視眠者過半，即暫停食。伺蠶皮退大半至盡，起而後食之。初放食不可多，多則傷食病死如螺，名為螺節。蠶漸長漸多，筐不能容，移于曲箔，蜀中呼為簟。二三日一次，攤開令稀，掃去蠶糞，以利其氣。蠶性喜温暖，宜置向陽潔净處，毋使近陰暗及惡臭物，犯則死過半，若瘟疫然。故蠶婦不近喪門，不食蒜韭，良有由也。初眠約七日，當二眠。二眠後七日，當三眠。停食俱如初眠時。三眠蠶長寸許，蜀中呼為大眠，謂過此則不復眠也。蠶既三眠，食葉甚盛，有聲如雨，投之立盡。每日三食，夜則然燈以照之。蜀中名為催老蠶，則舉家忙也。且不論日夜，約用食二十三四次，蠶即老。喉間絲湧，光亮如玻瓈。首左右望，不復食，捉置簇上。捉不勝，則多置葉其上，而覆以鞠梗竹枝之類。蠶老者，次第而上，其前後亦不甚相遠。如遇天冷，下置炭火温之。四五日便成繭，有黄白二色，各取歸筐中，繅為黄絲白絲。繅絲之法，用大鍋燒熱水，入繭一升許，攪令絲頭出。釜上置一木，寬四寸，厚一寸，長經釜。上立三柱，置二小車，長五寸，经二寸。下鑽竹管各一。抽絲頭由竹管出，繞小車周匝，而後引入大車。車制寬一尺六寸，经四尺五寸，前後輊軒。後二柱駕車，前二小柱作機纳絲。二竹鈎下分為二行上，大車，每運車，則機隨車往来，疾徐如意，名曰羅文，謂其宛轉参差如羅之有文也。每抽繭絲盡，則蛹出。不盡者再攪而抽之。有不上頭者，名水繭，去之。破頭者，入水即沈，下石鎮之，無令再起亂絲。次添繭半升，佳者煮繭三斗，可得絲二斤，即宜下架軸，作一束如繩，挽其末如婦人髻，即可貿。川中每斤，價自八九錢至一兩不等，惟其時沽其值耳。川中又有水絲，取法與火絲畧同。惟煮繭取頭後，即下冷水盆中繅之，與火絲小異。其色光而细，可作绫緞经线。然取之較少，故價亦貴。聞湖州蠶皆火絲，每年蠶重生復養，故有頭蠶二蠶之别，此蜀中所無也。蜀中墻下樹桑，宅内養蠶，以為常業。每蠶初生，稱重二錢，長大可滿一簟。簟長丈二，寬五尺，编竹為之。屋中立四柱，柱下有十齒，作架承簟，可容掛五簟。養蠶多者二百簟，少亦十餘簟，每簟可得絲一斤。若得絲二百斤，則小康之家也。又蠶初生至成絲，時僅四十日，獲利最速。其糞可飼猪，水可肥田，柴可炊爨。故人皆為之，甘辛勤而無倦。每蠶熟，置酒相賀。又擇其繭之佳者為種出蛾，分雌雄配對，半日分開。承以綿紙，令下子滿紙，收貯為來歲計。其遺繭可製綿紬，並無棄物。以女红助男耕，心無外用，風俗淳美，豈不休哉。然蠶婦歲歲拮据，有終身不得衣帛者。而富室大賈，目不睹耕桑艱苦，反被服錦繡綵繪而厭珍羞，或以覆窗屋，可念也。

清 崔應榴彙纂，錢馥補輯《蠶事統紀》卷七

案吾鄉絲之細者曰細光，最上者曰扳經。其麤者曰肥光，最麤者曰羅經。雖麤，其價則與扳經等。

《湧幢小品》：湖絲惟七里尤佳，較常價每兩必多一分。蘇人入手即識，用織帽緞，紫光可鑑。有即其地載水作絲者，亦只為常，盖地氣使然。《西吴枝乘》：湖蠶絲最上者曰合羅絲，綿以兩蠶同作繭者曰同功綿。《湖録》：綿以頭蠶同功，繭作者為上，謂之純綿，兩蠶共成一繭也。蛾口綿，蛾子咬出繭後為之，為次，軟綿最下，用織紬曰軟繭紬。《烏青文獻》：大環綿，頭蠶繭造成，白如雪，甚韌，他處不及。《致富奇書》：綿以蛾口為最上，岸次之，黄繭又次之，繭衣為下。蛾口者，出蛾之繭也。上岸者，繅湯無緒撈出者也。繭衣，繭外之蒙戎，蠶初作繭而管者也。張鵬翮《兖州府志》：山邑以野繭為紬，地邑捻綿為紬。婦女務為蠶桑，織絲為絹，亦能為綾，綾甚堅密，不能為他織文矣。《通俗編》：綉，音透，集韻，吴俗謂綿一斤為一綉。按：今俗，通此為繡，非也，而《宋史·儀衛志》《金史·輿服志》凡繡字，皆書作綉，豈傳刻誤耶。《説文》：䋞絲，蔓延也，音荒，集韻，轉若芒，今方音又轉若黄。

又 卷一〇 案：今俗，育蠶之家，於清明前一夕，具酒肉粉餈，祭蠶室方，祭畢，掘地埋之，謂之安蠶室，觀此則其來已遠。《荆楚歲時記》云：今世人，正月十五日作粥禱之，加以肉覆其上，登屋食之，咒曰『登高糜，挾鼠腦，欲來不來，待我三蠶老』，則是為蠶逐鼠矣。亦並見《顯異録》。

又 卷一三 案《遼史·地理志》：京遼陽府，本朝鮮之地，尚禮義，富農桑。林本裕《遼載》：箕子教民田蠶織作，至今高麗有蠶桑。《後漢書·馬韓傳》：馬韓人知田蠶，作綿布。辰韓，土地肥美，宜五穀，知蠶。

又 卷一四 案《毛傳》：角而束之曰猗。《詩傳名物集覧》：邠風春日遲遲，采蘩祁祁，盖農工有早晚，蠶事有先後，言采桑於前，以著蠶之早者，言采蘩於後，以著蠶之晚者。

又 卷二〇 案：樓璹，字壽玉，四明人。宋學士濂《題織圖卷後》曰：宋高宗既即位江南，乃下勸農之詔，郡國翕然，思有以秉承上意。璹時為杭之於潜令，乃繪作耕織圖，農事自浸種至登廩，凡二十有一，蠶事自浴種至剪帛，凡二十有四，且各繫五言八句詩於左。未幾，璹召見，遂以圖上進。

清 周凱《種桑詩説》《皇朝經世文编》卷三七 余自荆之遠安，購小桑八百餘株，種之大隄之上，皆柔桑也。移栽未善，活者十之七。訪之老農，得栽種法。及考襄陽本有桑，葉尖小而缺，有刺，性堅不宜蠶。居民以桑為界，取其易生，長即伐之。即飼蠶得繭，僅堪為帛，售諸豫人，以為綿綢。其桑蓋荆桑類也。按《農書》荆桑薄而尖，枝幹條葉堅勁。魯桑圓厚多津，枝幹條葉豐腴。荆桑心實，可為樹，能久遠，當以魯桑枝接之，則久遠而又盛茂也。《農書》又載壓條法，《齊民要術》及《氾勝之書》載種葚法。余浙人，浙重蠶桑，解種桑法，不能家喻户曉，商之諸牧令，又非文告所能悉。因思士爲四民之首，耕讀相兼者多，士爲之倡，民必從之。遂託之吟咏，分十二題，各繫四十言。幸襄之能文者，廣爲傳述之。一曰：種葚。《齊民要術》收葚之黑者，剪去兩頭，惟取中間一截。其子堅栗，則枝條强茂而葉肥厚。將種之時，先以柴灰掩揉，次日水淘去輕秕不實者，曝令稍乾，種乃易生。氾勝之曰：五月取葚著水中濯灑，取子陰乾，治肥田十畝，荒久不耕者，善好耕治之。以大麥與葚各三升三合和種之，鋤令稀疏。麥熟時穫之，桑生正與麥高下平，即以利鐮歷地刈之，曝令燥，放火焚之。桑至來春生，一畝可食三箔蠶，此吾鄉種條桑法也。一曰：

壓條。八九月間，擇桑枝之柔大者，攀至地，壓以土，即生根。就生根處截斷，移栽他處，一枝可壓數枝，惟壓條者，不必接枝。一曰：接枝。甚之所生，其葉多薄。俟幹大如指，翦取大葉桑枝條接之，自茂盛。如襄人接果木之法。一曰：移栽。桑如指臂，大小皆可移栽，《種樹書》云：下埋龜甲，盛茂不蛀。或用大麥亦可。先掘地成坎，貯以水，攪成泥漿，務令濃厚。然後移桑栽之，根令舒暢，上用土培厚，築使堅實，可不必日日澆灌，名坐漿種法。襄人植果木亦如之。一曰：壅灌。冬月就桑根掘坎，實以糞，加土壅之，五六月旱，宜灌水。一曰：采摘。采桑宜擇葉，不可攀折枝條。一曰：去初桑。初發葉爲初桑，倘飼蠶有餘，當翦去之。否則明春無力，次發爲二桑，不須去。一曰：伐遠條。桑條之遠出而細長者，宜伐去。俟明春另長嫩條，否恐成雞桑。《豳風》『取彼斧斨，以伐遠揚』是也。亦宜相度其勢，可留爲壓條用。一曰：禁再採。初桑葉肥嫩，可飼蠶。二桑葉澁，飼蠶作絲，僅可爲弦。《周禮》禁原蠶，蠶與馬同象，再蠶恐妨馬。一曰：收霜葉。葉經霜而落，可治疾，兼以飯羊甚肥。一曰：剔枯皮。桑老而枯，或中空葉黃，蠶不食，先剔其皮，可以爲紙，世所謂桑皮紙是也。然後伐其木，爲器用。一曰：兼種柘。柘亦可以飼蠶，繭色黃。襄之民果從余種桑矣，三年而桑茂，十年而桑大茂。而余又慮其飼蠶之未善也，附飼蠶法。按《蠶經》：蠶之性喜靜而惡喧，故宜靜室。喜煖而惡濕，故宜板室。室靜可避人聲之喧鬧，室板可避地氣之蒸鬱。尤宜密以避風，火以助煖。又《蠶書》飼蠶弗以雨露濕葉。《禮・祭義》三宫夫人桑於公桑，風戾以食之，是也。《淮南子》曰：蠶食而不飲，二十七日而化。夫竭二十七日之力而得繭，何其工之省且易乎！蠶具以箔以簇竹葦所爲。聞襄之事蠶者，以席置諸地，廠其屋不加火，宜咎蠶之難養也。余將延浙之善蠶者，以教爾蠶。然桑未茂，其事有待，姑就余家人所素習者，分爲十二詠，附種桑之末，以示之。其成絲而後，爲織不一。爾襄民當自求之也，且勿之載。

清　吴樹生《沂水桑麻話》　近日山場桲欏樹幾伐盡，育蠶者甚少。亦間有種桑者，唯不知種植之法，只有樹桑，並無田桑。又北地較寒，樹桑發葉甚遲，往往蠶出無桑。故育蠶者率同兒戲，以柳筐盛之，甚不如法，利益亦微。然亦間有收絲一二百兩者。有雙絲絹，其佳者類紡綢，價亦不廉，惜業此者尚少耳。綢行雖壞，繭行尚可觀。每至繭成時，各集賣繭，堆積如阜。間有貴州客來販買，然亦祇有昔之十二三矣！

清　尹紹烈《蠶桑輯要合編・蠶桑局事宜》

規條既定，亟須妥，速料理，所有一切應辦事宜，擇其尤爲簡要者，開單於後。

一、編籬

查照古農書法，冬月夾雜密栽榆柳大長條，俟生活後兩邊扳倒，編爲十字籬，用棕束緊。此外，仍多栽酸棗、枸橘、木槿、五加皮之類，總以有刺者爲佳。

一、窖糞

冬日培根，用缸盛魚腥水，百草水亦好。

一、接果

五月畦間種桑，冬月將土研齊、澆過，春發新條。除次年接桑外，多餘可接果樹，不論楊梅、石榴、梅、杏、梨，皆可接。

一、蓄菜

桑下種葱韭瓜菜及芋苗、山藥，取其頻頻澆灌，桑葉愈茂。蝗不食桑芋，故宜多栽。

一、采藥

霜桑、葉桑、寄生白皮及殭蠶之類，皆可入藥用。惟桑蟲多蝸牛者，須勤捕之，方不傷葉。

一、取料

養蠶須矮桑，多留大者，長成材料，製　切器具皆好。桑梓、桑麻、桑棗並稱，亦不妨連類及之。

一、養竹

局中需用桑梯、桑几及桑箔之類，大約竹器居多。

一、喂羊

老桑葉喂羊肥美，羊矢兼可飼魚。

一、分局　捐項充餘，可陸續添設分局，以期廣栽。

又《董事每月應辦事件》

正月

一、刷印告示蠶桑書本易知由单，以備付給紳民過客。

一、雇定桑匠春分砍接桑株。

一、收買木柴，以備晒乾煮繭。

一、管發園丁每月工食。

二月

一、粘貼告示並易知由单。

一、禁止偷砍桑株、牲畜踐踏。

一、修理添辦園內應用傢伙。

三月

一、發給蠶種、桑秧，聽民領取，記其鄉鎮地名姓氏、散出多寡，以便考查一年共散出數若干。

一、砍接桑株，移栽桑樹，成做封堆，澆灌桑樹。

一、收買小民零星小桑葉。

一、修理養蠶器具、繅絲車輛。

一、如法浴蠶種浸泡片時。

四月

一、養蠶蟻。

一、繅絲。

一、收買小民送局繭果。

一、買備做繭草枝。

一、往各鄉鎮訪查出繭多寡，報局考查。

一、祀蠶神。

五月

一、收買桑葚一石洗净晾乾，可得籽二斤，以備撒種。

一、澆灌桑樹。

六月

一、修剪桑枝，令其開拳。

一、澆灌桑樹。

七月

一、收藏蠶種。

一、往湖州採買蠶種。

八月、九月

一、移栽桑株，成做封堆，壓栽桑枝下做盆式，以便澆灌。

一、照前給發民間桑秧。

一、澆肥，用豆餅捶碎，泡透，離樹根尺許，澆後蓋土，不生蟲。

十月

一、收藏桑葉。

一、尋除桑樹蟲蟻。

十一月

一、如前澆肥。

十二月

一、買定仙女廟接過湖桑備用。

又《蠶桑局顯明繅絲利厚易知單》 江南繅絲，半多婦女。車務求小靈便省力，水定要清水澄清，鍋不可大，火須燒匀。一人運轉，繅繭十斤。先分黃白，次揀抛綿。水熱下繭忌用礬，切莫貪多。陸續接煮，出絲便匀。水常添換不用井水，絲自亮光。絲繭繅完，再煮抛綿。查頭殘繭，煮熟漚之。浸泡旬日，河水洗淨。絲綿手繡緒衣做線，胥出於此。賣繭十斤，價只二串。繅繭十斤，定值四千。舉手之勞，利已倍蓰。早遲出售，任己便宜。

清 鄒祖堂《蠶桑事宜・建平紳耆公擬蠶桑規條》

建平地瘠民貧，近年穀賤農傷，一遇荒歉，不可救藥。梅渚鄒康齋司廉日夜虔禱，願年豊民富。並與吾等議興蠶桑，稟請正堂嚴憲遍示四鄉，並奉劄委督辦，捐廉刊送蠶桑書，親赴各鄉諄勸，費盡心力惠吾桑梓，興利除害，計遠謀長，惟願蠶桑興遍，水旱無憂，貧人可富，瘠地可肥。凡我鄉民，宜遵勸諭。今吾等公擬規條，嚴防偷竊，俱爲興桑起見，諒諸鄉親或以爲可行。如有良法，望卽增入，切勿坐失大利，務祈協力齊心，是爲至要。

一、各保內願栽桑者，須於冬初赴湖州等處，定買六七尺長桑秧，言明家桑，不要野桑。小戶或自買，或附大戶買，省盤川，俱聽其便。

一、各家栽桑，須在自己地內，各分疆界。几有官地，或無主空地，不得恃強栽種，以致爭奪涉訟。

一、業主有田地山塲，召租與佃戶者，先儘業主栽桑在埂地，令佃戶培養看守，賣業時均分其利。倘業主不栽桑，佃戶願買桑栽，須與業主說明，將來起佃時，憑租中公估，業主酌還佃戶桑本，不准佃戶恃強挖桑，恐傷田埂。

一、典當田地山塲，准典主栽桑在埂地，回贖時，憑契中公估，贖主酌還典主桑本，典主亦不得昂價掯贖。

一、墳塚頂上不准栽桑，恐傷祖棺。通路細狹田埂不可栽桑，恐礙行人。

一、田埂有高低，栽桑須在自己田埂上傍，勿栽下傍，勿栽高桑，但栽條桑，恐遮他人低田雨露。若上下左右四傍俱自己田，聽其自便。

一、黑夜偷拔桑秧、斫樹、偷葉，難以知道，自應小心防範，輪流看管，以免偷竊。

一、如有偷桑，須親自拏住，人贓並獲者，應送官追究。倘有知音報信肯作見證者，視失桑多少分別謝以錢文。設或挾仇誣指，除不謝外，仍令服禮。如縱放牛羊等畜踐踏桑樹，亦須追究。卽斫柴者，亦勿誤斫。兒童等不准攀折，違者一并送官責懲，并究其父兄。各家父母預戒子弟，免致罪戾。

一、奸詐之徒，倘挾私仇，將己桑私自移栽仇人地上，寃枉偷桑；或拔他人桑秧私栽此人地上，計圖栽害，其心陰惡，必遭天災。一經訪查確實，亦應送官究治。

一、曠土悉行栽桑，居家務學養蠶，蠶子一錢，頭二三大眠，約有蠶百兩，食葉二擔餘。辛苦三十餘日，蠶作繭而絲成，約賣錢四五千。本少利多，莫過蠶絲。湖州人每年養三番蠶，至養蠶之法，鄒司廉自印蠶桑書散給，可以查考。

一、田内肥土，凡五穀桑樹，均賴以培養，不准在無分之田私挑肥土。奉勸各家多養猪，用猪糞土擁桑肥田，則地自壯。

一、採過桑葉，桑枝剪下可作柴。自落冬桑葉可治病，可餵羊，羊糞可肥田、擁桑、養魚。蠶沙可肥田、擁桑、養魚，蠶蛹可食，蠶蛾生子，生財大道，於斯爲盛。

又《培養桑樹法十五條》

一、桑地宜高平，而不宜低溼。低溼之地，積潦傷根，萬無活理高平處，亦必土肉深厚乃可。

一、栽桑之法，不宜太密，須隔六七尺而栽一株。於其栽處掘地成坎，深尺五六寸，廣三尺，貯水糞其中，和泥攪之，務令濃厚。取桑秧栽之，加土其上，築之使堅，則不消日日澆灌矣。

將栽時，桑根用水洗淨，剪去根之腐而無用者，所留之根安置得要舒暢，不宜稍有拳曲。

一、栽桑之時，宜及隆冬。遲至正二月者，雖未嘗不活，易生蟲。

一、桑宜肥，肥則葉厚而光潤，冬春必須沃之以糞。糞桑之法：於桑旁掘一小坑，實以糞，以土覆之，使其氣下降，根乃日深。

一、桑下不可使有草，有草則分肥，而地力易窮；不可使多石，多石則礙根，而生機不暢，須於農隙時，以四齒鐵耙鋤而去之。

一、桑未盛時，可兼種蔬菜瓜豆諸物，葢兼種諸物則土鬆，而桑益易繁，此兩利之道也。但不可有妨根條如種瓜，斷不可使瓜藤上樹。

一、桑之茂者，四面勻圓，如雨葢狀，修剪得法故也。修剪之法，删繁補缺去舊換新而已補缺，非另植一株以補之也。於缺處多留幾枝嫩條，使之散布，則補矣。換新，非另植一株以換之也。舊條既去，其著剪處自然抽出新條。栽桑既活，於芽嘴透露後，用桑剪剪去頭上枯枝，餘俱留之。第二年從芽嘴透露時算起，若從栽時算起，則第三年矣立夏後，於第一年所養之條上，每條更留大而長者三四枝，餘俱剪去。第三年立夏後，於第二年所養之條上，每條更留大而長者二三枝，餘俱剪去。第四年立夏後，仍於第三年所養之條上，每條更留大而長者二三枝，餘俱剪去。至第五年則所養之條，業已四層，可將所發嫩條於立夏後盡行剪去，而專養歷年所留之條矣。拳曲向下之枝勿留，橫斜礙道之枝勿留。

所留之條，亦非全不剪去也，留其近幹之五六寸而已幹字不可泥，如第一次則以本身爲幹，第二次則卽以第一次所留之五六寸爲幹矣。

一、桑有壓條法。所栽之桑，有旁出之條，長二尺許，而去土不遠者，鋤鬆其土，攀條就之，加肥泥於其上，用石壓好，露其稍，使之上向。一年之後，其條之在土下者，根已散布，可剪斷移栽。

一、野桑如指大者，用接花果樹法。取家桑卽所栽之桑接之，卽變成家桑野桑非不可以飼蠶，嫌其葉小且薄而又多葚，故須以此法變之。

一、桑樹歷年未久，人功地力俱足，而其葉黄瘦多枯枝者，蟲傷故也。蟲有二種，一生皮内，一生皮外。皮内生者，長一二寸不等，常潛伏於皮内，不令人見，急宜治之。治之之法：從本身及大枝上尋着蟲所出入之戶其戶外必有木屑，故易尋，用硬鐵丝向戶内討取，討取不得，則用熟桐油灌滿其戶，斷無不死矣。此蟲自初一至十五，其頭向上，十五以後，則其頭向下，難於討取。治蟲者宜於十五以前，清晨卽起，以前法治之，葢此蟲於天未明時必出戶飲露，清晨卽起，或猶未歸，卽歸亦未深入，易於下手，失之不治，則愈入愈深，其樹必死。皮外生者，當在五六月間，狀與蠶同而差小，俗謂之白蠶，專食桑葉。桑葉雖肥大，一經此蟲，便如麻布。而明春所發之葉必不能繁。治之之法：用煙油卽煙筋所熬之汁，煙筋向煙店中買和水，以洗箒於桑葉上密密灑之，蟲食其葉則死。然宜於初生時卽治，稍遲數日，便成無用小繭，繭出飛蛾，蛾又爲明年留種，治之益費力矣。

一、桑之萌芽於二三月間者，謂之初桑。既剪後，旋復抽條放葉者謂之二桑。初桑不去，則明春葉薄，雖蠶食不盡，亦必去之。二桑則不須去矣，於經霜後，取以飼羊，甚肥取葉時，勿傷其條，蓋此條卽明春放葉之條也。

一、採桑須有次第，擇其色之較老者先採之，而留其嫩者以俟其長，尤不可傷其芽嘴，蓋芽嘴方長，略遲旬日，便數十倍於此時，且其味苦澁，非蠶所宜食也。蠶初生時，食葉甚少，祇可採其底瓣底瓣者，芽嘴旁邊先放之一兩葉也。其色較老，雖留之，亦不甚長。二眠以後，食葉漸多，若底瓣足以供之，則仍採底瓣。底瓣已盡，則採瞎眼。瞎眼者，芽嘴已放，只兩三葉，而其中心已無未放之芽，雖留之長，亦無多。三眠以後，食葉愈多，然尚須辨其老嫩。至大眠以後，則桑已長足，可開剪矣桑有遲早，則開剪亦自有後先，以長足爲度可也。

三眠前所採之底瓣瞎眼，俗謂之小葉。採小葉得法：則止望其採得百斤者，合前後計之，可得百二三十斤。然年年採小葉，樹亦易敗，以隔年一採爲妙如植桑百株者，則今年採此五十株，彼五十株留至大眠後開剪。明年採彼五十株，此五十株留至大眠後開剪。

一、桑老而枯，或中空，此年代久遠，不能不敗者也。於其前後左右空缺處補植一株，兩三年後，將已敗者伐去，而養其新者，則土不曠矣。如不補植，則將已敗之樹離地六七寸截去，而留其老樁，以肥土堆積其上，俟明春另發嫩條，養成低桑，亦一善法也低桑之放葉較早，於採小葉者最宜，但去地無多，遇有驟雨，其葉上或有泥點，須擦淨方可飼蠶。

一、柘葉亦可飼蠶，但比桑葉較堅厚，非小蠶所能食。桑葉缺少，可於三眠開口時第一次付葉謂之開口令食柘葉兩三次。大眠開口時，令食柘葉五六次，則省下許多桑葉矣所以必於開口時者，柘葉之味不及桑葉，既已食過桑葉，必不肯再食柘葉也。

一、桑秧出浙之嘉湖等處，距此數百里，非旦夕所能致也。好在此樹最易活，雖離土二三十日，而其根未枯者，栽之亦活，可無以道遠爲疑。

清 曹倜《蠶桑速效編·禁止竊桑章程》 野桑各有地主，從前私行爭取，遂致日出事生。今既廣勸蠶桑，議有嚴禁條約，宜報明地主，估值兩願買賣，卽親友之野桑，或買或送，亦必說明聽桑主人自便。若有小兒負包私行自取，損人利己以妨蠶事，卽作竊桑，向其家主理論。

（光緒）《新會鄉土志輯稿》卷一四《物產》 蠶爲廣東特有之種類，常供飼育者爲大造，輪月兩種，均於大寒前後孵化，採不割枝先發芽之桑耳飼之桑耳，俗名桑穀，名曰渡蠶種。用火補助溫度，以溫度之高下，伸縮其齡，期令下次發生，合於造蠶。造之早晚，因桑葉發生遲速爲差，約自三月起至九月止，凡六造。用湯浴法，令蠶卵發生，蠶期之中，晝與夜之溫度，相差不遠，極適於蠶兒之發育。惟濕度頗高，須用法補救耳。邑中蠶業現況，與順德畧同。東北方天河、荷塘各鄉，多業之。因其附近於順德，有桑市、繭市故也。西北方土地居民均佔多數，且地勢稍高，沙壤居多，最宜於蠶桑。將來蠶種改良，及桑市成立，或有發達之望也。飼蠶家手術極敏，但昧於蠶之生理、病理，又乏補救之思想。若陰雨連續，或西風偶吹，則蠶兒多斃。飼蠶家不知撲滅疫菌，僅委諸命運，長歎奈何而已。且蠶室多是密蔽，空氣絕不流通，蠶具多不完備，給桑不按時刻，亦不準定重量，無飼育標準表及養蠶日誌，墨守舊習慣，無試驗改良之思想。幸值天氣晴燥，收繭僅得五六成，能得八九成者者罕見。據荷塘人稱，三月頭造無蠶蛆之弊，則待蠶蟲變蛹，而後烘繭。若四月以後，每患蠶蛆，蠶未變蛹，卽以火烘之，蓋遲則蠶蛆發作也。不知設法撲滅蠶蛆，徒亟亟於蠶兒吐絲未盡之時，烘之，以減去其絲量，豈不可惜？且於飼育期中，減蠶甚多，故蟻蠶量與食桑收繭各數，難得一定之比例。現邑中有林國光，實行改良蠶種之研究，擬用顯微鏡檢查，病者汰之，健者留之。又用殺菌劑嚴行蠶室、蠶具消毒法，將來有成，得無病壯健蠶種，則本邑蠶業可期發達。又現在蠶種所出之繭，爲紡錘狀，色或黃或白。然白者亦非純白，微帶淡青色。繭殼一枚之重量，僅三厘餘。絲縷頭大尾細，長得檢尺器四百一十回，類節多而切斷易。繭每百斤價值，由七十兩至一百四十兩。研究家謂浙江絲質甲於全球，惜其蠶每年僅發生一次。擬取浙江蠶種，用冰室及窮理法，令年中發生數回，俾合於廣東飼育。又欲用動物進化理法，改良土蠶，令繭形豐大，絲質精靭云。

清 李君鳳《蠶桑說·救飼蠶弊說》 下蠶種不分先後，川俗：當收蠶種時，將數日蛾子所下之卵蠶蛋爲卵混在一處，及次年小蠶初生時，又將數日所生之小蠶，混在一處，以致眠起不齊。迨二三眠起眠醒爲起，時有大蠶，復有小蠶，妄謂蠶子下兒。用人工分別蠶之大小，逐條捉置箔上飼蠶席子爲箔不知小蠶是後出卵。蠶眠時食葉未足未眠，未長大之蠶，非蠶子所下之兒也。至蠶老作繭時，有已老之蠶，又有未老尚要食葉之蠶，一箔蠶作數日老，遂至每老蠶一條，又用人工捉置簇上蠶上繭之竹枝稻草等物爲簇，紛紛匆忙，費工不少，山農遂畏飼蠶難。法：於收蠶種時，每日所出之蠶蛾各一連蠶紙爲連，下卵記號連上。次年小蠶初生，每日所生小蠶，各置一處飼養小蠶初生一日，不食葉無妨，定要每日蠶生齊，同時與葉食。分箔時，切記勿混便。每箔眠一齊眠，起一齊起，老一齊老。二三眠時，條條一樣大，不用人工分別大小。蠶老時，止須將簇置箔上，老蠶自行上簇作繭，不須每蠶費人工捉來上簇。一家即飼數百箔，亦不難。

（光緒）《歸安縣志》卷一一《輿地略十一・蠶桑》 《成化府志》：蠶食頭葉者，謂之頭蠶；食二葉者，謂之二蠶；食柘葉者，謂之柘蠶，又名三眠蠶。新府志：今三眠蠶，亦食桑葉。《乾隆府志》：蠶事，如《禹貢》《豳風》所陳，多在青、兗、岐、雍之境。後世漸盛於江南，而湖人尤以爲先務，其生計所資，視田幾過之。且爲時促而用力倍勞，視慈母之護嬰兒，殆有甚焉。然且饑飽之不節，燥溼之不均，寒燠之不時，則蠶往往至於病而死。而蛇鼠之秏，蠅蝨之毒，乘閒抵隙，每爲人力所不及防。蓋有功敗於垂成，禍生於非望者，又不可勝數矣。費南煇《西吳蠶略》：自頭蠶始生，至二蠶成絲，首尾六十餘日，歸女勞苦特甚。其飼之也，篝燈徹曙，夜必六七起。葉帶露則宜蠶，故采必凌晨，不暇櫛沐。葉忌霧，遇陰雲四布，則乘夜采之。葉忌黄沙，遇風霾，則逐片抖刷。葉忌澆肥，必審視地土。葉忌帶熱，必風吹待涼。飼一周時，須除沙屑，謂之『替』，替遲，則蠶受蒸。葉必偏筐，不偏則蠶飢。葉忌太厚，太厚則蠶熱。俟其眠，可少省飼葉之勞。又須捉而秤之，以分筐。將起，有煎煿油腥之戒。起必待齊，然後飼葉。不齊而遽飼之，則至老早晚參差，皆一定之法，稍不經意，其病立見。富室無論已，貧家所養無多，而公家賦稅，吉凶禮節，親黨酬酢，老幼衣著，唯蠶是賴。即唯健婦是賴，顧利殊有限，豐收三五載，汔可小康。如值桑葉涌貴，典衣鬻釵，不遺餘力。蠶不旺，輒忘餐廢寢，憔悴無人色，所係於身家者，重也。男丁唯鋪地後及繅絲，可以分勞。又值田功方興之際，不暇專力從事，政自始至終，婦功十居其九。陶穀《清異錄》謂『齊魯燕趙之間，養蠶收繭訖，主蠶者簪通花銀椀，謝祠廟，村野指爲「女及第」』。吾湖則比戶養蠶，更指何者爲及第乎？唐詩云：遍身羅綺者，不是養蠶人。旨哉斯言！高銓《吳興蠶書》：蠶自小至老，須刻刻防其致病，俗稱蠶爲『憂蟲』，受一分病，則歉收一分。人之飼蠶，未有不期其無病者。而蠶之病，每中於忽微，爲人所不及覺，故必加意調護，以杜其病。調護之道，一戒貪，一戒懶。夫蠶之所需者：人工、桑葉、屋宇、器具，四者備而後可以成功。若不量已之有無，一味貪多務得，必致餵飼缺葉，布置少筐，擡簇乏人，安放無人。人既受困，蠶仍受傷，此貪之致病也。凡事成於勞，廢於逸。《農桑通訣》云：蠶有十體：寒、熱、飢、飽、稀、密、眠、起、緊、慢。此十者，人所當體恤也。時時體恤，猶懼有失。若夜則貪眠，日復偷息，必致分簇不時，飼養失節，風寒不知慎，溼熱不能除。苟且之心勝，則諸病叢出矣。此懶之爲害也。至若一鄉一邑之中，比戶蠶病傳染，無或免者，此則如時行瘟疫，乃運氣使然，非人力所能爲矣。蠶之病，一曰殭，有紅白二種，皆屬風傷。俗每用白馬糞燒煙薰之可治，亦猶馬病用殭蠶，取其氣相感也。凡殭死身直者，必傳染無遺，變者猶冀收成三之一。若臨老病殭，速捉上山，旺火灼之，亦能成薄繭。一曰花頭，蠶生黑點，或遍身，或一二處，統名花頭，亦稱癩瘡頭。此分簇不勤，爲葉簇蒸損故也。能食而不成繭，老則斃而已。一曰暗脰頸，蠶老則脰頸通明，若受簇蒸，不成花頭，即成暗脰頸，亦謂之木脰頸。其頸至老不通，食葉無絲，與花頭等。一曰亮頭蠶，食葉則暗，葉過則亮，是爲過葉亮，非病也。其食葉仍亮者，則名亮頭，沙矢不堅，尾流焦水，又謂之溼朏。臀几小，蠶旺食之候，及遇天氣炎熱，偶不飼而失葉，忍飢至輟火或大眠，輒發爲亮頭，發愈遲，則病愈重，隨飼隨斃，一無收成。大約起孃初蛻時，皮色黄而身胖者，必成亮頭。昔人謂之『黄肥』，今謂之『著黄草布衫』。放葉兩三次，即尾流清水矣。鄭元慶《湖錄》：蠶具，蠶之初生，用鵞羽以拂之，乃置於篩。烏滿則用箔，箔必以紙糊其眼縫焉。兩眠出薙，乃置於筐，或用篇筐，篇大於箔。器之大者，可以容蠶之多也。蠶室之中，必用簾薦以圍之。簾以蘆編，薦以草織之，皆所以蔽風寒也。其采桑也，有桑翦，有桑葥，至飼小蠶而切葉也。有草墩，用以承刀，恐其聲之著也。時或風雨而寒，則用火盆盛炭，熾於筐之下而烘之。蠶將作繭，則用草帚散而登蠶其上。繅絲，則用絲車、水缸、鍋竈，畢具。

清　葉向榮《蠶桑說・蠶桑輯要》 春剪發枝為春條，切不可折，此為養樹條，最惡者，偷竊亂扯，連葉根之眼拔去，樹必損壞。要保護枝條，葉茂之時，速用石灰、桐油與巴豆，研碎和水，撒於葉上，飼蠶必損，人多不取。護桑要法。

傳記

漢 劉珍等《東觀漢記》卷一五《茨充傳》 茨充，字子河案，酈道元《水經注》作字子何，宛人也。初舉孝廉，之京師，同侶馬死，充到前亭，輒舍車持馬還相迎，鄉里號之曰：一馬兩車茨子河。充爲桂陽太守，俗不種桑，無蠶織絲麻之利，類皆以麻枲頭緼著衣，民惰窳，少麤履，盛冬皆以火燎，足多剖裂。充令屬縣教民益種桑柘，養蠶桑織履，復令種紵麻，數年之間，人賴其利，衣履温煖。元和中，荊州刺史上言：臣行部入長沙界，觀者皆徒跣。臣問御佐曰：人無履亦苦之否？御佐對曰：十二月盛寒時，並多剖裂血出，然火燎之，春温或膿潰。建武中，桂陽太守茨充教人種桑蠶，人得其利，至今江南頗知桑蠶織履，皆充之化也。

清 崔應榴彙纂，錢馥補輯《蠶事統紀》卷二〇 案：王禎，字伯善，東平人，官永豐令。所著《農書》分三種，曰《農桑通訣》六卷；曰《農器圖譜》十三卷；曰《穀譜》十一卷，總三十卷。

清 李元度《國朝先正事略》卷三一《韓公復先生事略》 韓公復，名夢周，一字理堂，濰人也。少孤，力學，揭『毋不敬』、『思無邪』二語於齋壁，跬步必以禮。乾隆二十二年進士，知來安縣。始至，懲蠹役，斥淫祀，勸農功，訓民節儉，逐黠商之以窳物網民者。創江清書院，己又立恤孤院，地故産椿槲以為薪，先生止之曰：是宜蠶乎！訂育蠶及種樹法，募沂兖工師，教其民，民用以饒。

清 劉光蕡《修齊直指評·張元際序》 先生姓楊，名屾，字雙山，興平桑家鎮人。鎮舊名三家鎮，先生務蠶桑，改今名。少出盩厔，大儒李二曲之門，二曲許爲命世才，遂潛心聖學，不應科舉。自天人性命之旨，以逮農桑禮樂，靡不洞究精微。桂林陳尚書撫陜時，聘至會城，就館訪道，代爲納粟，入太學，手題堂額楹聯，以旌其居。一時要人顯宦，爭慕名來謁，非同契者，概卻不見。然與人和易，不爲矯異之行。化行一鄉，鄉人有事謀焉，有爭決焉，善攝。生年九十，猶童顔，著書之暇，恒鼓琴自娛。每夜深揮弦，輒有雙鶴舞於庭，著《豳風廣義》四卷，言蠶桑要法。躬自植桑數畝，飼蠶抽絲，光亮而紉。上憲嘉納，三秦取以爲法。《知本提綱》十卷，明五倫三序，爲政教敦倫之統宗。經國五政，以農工禮樂與學爲五，而皆本之帝命也。嘗約先儒禮論酌家，尤深於醫，鄰牛誤吞釘，先生開一方藥，僅常品，釘應時下，醫者皆不解。卒於乾隆五十九年，年九十六，疾革時，戒家人勿棺斂，勿穴葬，舁尸於所築之明經洞，極裏甎砌隔，前爲供案，至七世，必有理我葬事者。道光中，陜撫楊名揚下令興蠶桑，見《豳風廣義》，大善之，並所著各書，及奏疏二篇，上聞宣宗，手諭褒嘉，命入祀鄉。賢子生洲，亦聰穎好學，嘗遊楊太眞墓，閱石刻詩百首，歸録之，不遺一字。先生著書，其注疏，多生洲與門人長安鄭世鐸、臨潼齊倬之手。光緒二十六年，官紳久欽其學爲實學，業爲實業，於洞前接檐四楹，再前廂廈大廳，又前花園門樓，額曰楊雙山先生祠。於洞上築墓立石，每年四月四日，官紳致祭，禮行樂作，以表欽仰之誠。爲之後者，十二家自先生歿，至是，適七世也，咸歎先生有先知之明云。

紀事

《史記》卷三一《吴太伯世家第一》 初，楚邊邑卑梁氏之處女與吴邊邑之女爭桑。《索隱》：《左氏》無其事。二女家怒相滅，兩國邊邑長聞之，怒而相攻，滅吴之邊邑。吴王怒，故遂伐楚，取兩都而去。《正義》：兩都卽鍾離、居巢。

又 卷四〇《楚世家第十》 初，吴之邊邑卑梁，《正義》：卑梁邑近鍾離也。與楚邊邑鍾離小童爭桑，兩家交怒相攻，滅卑梁人。卑梁大夫怒，發邑兵攻鍾離。楚王聞之怒，發國兵滅卑梁。吴王聞之大怒，亦發兵，使公子光因建母家攻楚，遂滅鍾離、居巢。楚乃恐而城郢。《索隱》：去年已城郢，今又重言。據《左氏》，昭二十三年城郢，二十四年無重城郢之文，是《史記》誤也。

又 卷六六《伍子胥列傳第六》 至於吴，吴王僚方用事，公子光爲將。伍胥乃因公子光以求見吴王。久之，楚平王以其邊邑鍾離與吴邊邑卑梁氏俱蠶，兩女子爭桑相攻，乃大怒，至於兩國舉兵相伐。吴使公子光伐楚，拔其鍾離、居巢而歸。《索隱》：二邑，楚縣也。鍾離在六安，古鍾離子之國，《世本》謂之『終犁』，嬴姓之國。居巢亦國也。桀奔南巢，其國蓋遠。《尚書序》『巢伯來朝』，蓋因居之於淮南楚地。

《册府元龜》卷四九五《邦計部·田制》　武成帝河清三年，詔每歲春月，各依鄉土早晚，課人農桑。自春及秋，男子十五以上，皆布田畝。桑蠶之月，婦女十五以上，皆營蠶桑。孟冬，刺史聽審教之優劣，定殿最之科品，人有人力無牛，或有牛無人力者，須令相便，皆得納種，使地無遺利，人無遊手。

《元史》卷五一《五行志二》　二十三年三月，東平路須城、東阿、陽穀三縣隕霜，殺桑，廢蠶事。

明 諸大綬《江西提學僉事汪公應軫墓志銘》《國朝獻徵録》卷八六　泗為祖陵禁地，役煩而土瘠，民惰弗知農桑。公至，首勸之耕，買桑而植之，募桑婦教之蠶事。至於今，猶知隴畝蠶桑之業，皆公之賜也。武宗南巡，郵卒馳報，駕且至。他邑徬徨，勾攝為具，民至塞户逃匿。公獨凝然弗動，或詢其故，公曰：駕來未有期，而倉卒措辦，科派四出，吏胥易為奸。倘費集而駕不果至，將柰何？時中使絡繹道路，恣為求索，公率壯士百餘人列舟次，呼聲震地，中使沮喪。公麾從人，速牽舟行，頃刻百里，遂出泗境。後有至者，方斂戢不敢肆，而公復禮遇之。於是皆咎前使，而深德公。駕至南都，中使矯詔，令泗州進美人善歌吹者數十人，公奏：泗州婦人荒陋，且近多流亡，無以應勅旨。臣向募桑婦十餘人，倘蒙納之宫中，俾受蠶事，實于治化有裨。事遂寢。

明 王鏊《震澤集》卷三三《⿰忄蠡母傳》　⿰忄蠡母者，蜀之魚鳧人也，不知其世次所自出。相傳黄帝時，有神自天降，女身馬首，人以其狀⿰忄蠡⿰忄蠡然也，號曰『⿰忄蠡母』。母為人柔婉有婦道，以其醜也，嫁久不售。母雖婦人，而有經綸之志，嘗曰：『使吾得志，可大庇天下寒士俱懽顔也。』自比管、葛，時人莫之許。會黄帝時，西陵氏位長秋，後宫之屬未備，母以布衣進于帝，曰：『妾願以其不才之身充下陳，執筐筥。』帝曰：『汝何有？』對曰：『妾無有也。使一旦得備箕帚，顧願捐吾軀，刳吾腸以報。方今黑帝起北方，為嚴刑以肅殺天下，陛下用妾經營之，可不戰而退。三年之後，變隆冬為陽和。如妾之意，且欲為陛下定禮樂，上衣下裳，山龍華蟲，宗彝藻米，以黼黻皇猷，使天下覩文明之治，可乎？』帝大悦，遂以屬后，曰：『是所謂王臣蹇蹇匪躬之故者也。』母有巧思，而拙于自防。后寵日甚，而後宫皆妒之，曰：『是所謂蛾眉不肯讓人者耶？』母日侍后，三俯三起，帝憫其勞也，封為長桑君。母嘗請于后曰：『妾侍巾櫛，食恩多矣，後當吐而還之。』居無何，其種滋殖，后視之如己出，親為之浴，上賜洗兒錢。既而卜三宫世婦之吉，飼之窰室。既成厥家，世婦以見于后，肌肉玉雪，衣裳縞然。后竦然改視，為副褘禮之。既而有讒之者曰：『母，小人也，避涼附炎，且其性殘虐，椓物多矣。』后怒，請帝加炮烙之刑。帝曰：『吾聞惡不善如探湯，請以試之。』母怡然受之，不變。徐曰：『吾固願刳吾腸以報，雖就鼎鑊，其甘如飴。』后愈怒，於是聚其族，抽其筋，以須賜天下。既而悔曰：『不可使母無嗣。』乃留其子，子遂飛去，自相夫婦，其類益蕃。至周文王時，求其子，得之蜀，封以五畝之宅，使食邑焉，至以其功配后稷，曰：『此二人者，不可一日無者也。』其後歷代帝王，莫不崇尚，而后與夫人嘗禮之，以為天下先。及尹鐸為晋陽，欲遵以為治，簡子不可，乃止。其後秦用之，卒滅六國。

明 吴寬《⿰忄蠡母續傳》《湧幢小品》卷二　母，蜀之蠶叢人，後徙于湖。自洪荒時，孕月精而生。生凡二種，其一曰禾公，宅于土，負愨泊泊然，自長自化，人拾而吞者充飢，日三四進，不能捨，至倚為命，后稷氏主之。一宅于樹，⿰忄蠡⿰忄蠡然有頭目，嘴微黝，多足而肉身，上下渾圓，鄰于長桑。因食其葉，號曰⿰忄蠡母，黄帝氏主之。方生時，纖細而裸，數甚繁。亦隨人意，聽其多寡。性不喜風，密室加暝則滋蕃育。旬日間，三眠三覺。覺則食緑葉，細細環轉至盡。晝夜不少停，薨薨有聲，獨避其梗。久之肥白，狀如水晶。一日，自請于帝曰：『妾素有經綸之志，比元冥氏歲歲挾大風示威，妾雖孱，能禦之。彼以栗，吾以温；彼以勁，吾以軟，差足相勝。况久食大官，乘障自效，此其時矣。』帝曰：『相從久，未忍舍汝投荒也。』然母性時急時嬾，不自持，邑邑請老。帝曰：『凡養者必有以用。日來遇汝厚，皇后親率六宫保汝、長汝，寢不得安，食不得下咽，上林之樹盡禿，而遽舍朕辭去，可乎？』曰：『固也必有以報，然非獨辭而已。將丐陛下一枝之棲，自相結聚，以基太平之業。且陛下血戰數十年，涿鹿之功最大，及今製黼黻文章，光運中天，而妾亦得與禾公並耀功烈，不亦可乎？』帝曰：『然則何計而可？』因進曰：『陛下柴望之餘，儘有餘束，願斷之，長尺有咫，置妾于顛，重累可三可四，妾願盡吐胸中所有，團為雪宫。投之沸湯中，看有紬而浮者，引之掛于軸，軸轉不休，麗盡則止，惟陛下所用。而妾殘軀，或委糞土，或飼鳥獸，皆無所惜。』帝愴然從之。而皇后深念宫中充下陳者甚多，如母，靜而不喧，婉而不媚，盤旋不噬，且互枕藉，不苦凌壓。即好嚼，祇木葉樹芽，無腥羶滋味之奉。一旦盡族靡爛，大可憐，乃留十之一，置楮上。次日，生子纍纍，不知其數。又挾二翼，栩栩欲飛。或曰：『此蛾眉也，行且惑人。』后疑之。然見其擁腫，烟粉零落，度非帝所喜，置不復較。而收其子藏之，曰：『此又來歲上林之蠹也。』于是洒埽宮内外，置酒酣宴行賞。而帝一日視朝，取軸示群臣。太史院進奏：『夜來文星見一經一緯，牽女織女指日渡河。』帝喟然曰：『昔蟜母嘗有此言，恨不留之，聽其虞淵以没也。』語未既，軸上發白光貫斗，長经天。殿門外謦然有聲，一神人冉冉而下，自稱曰孫襄。俯伏，衣皆渾錦無痕。奏狀請軸而觀，曰：『此臣母家所毓也。以營潔無纇為體，五色變化為用。被萬方包裹萬彙為功業，而又歸本于素。素者，質也，天體也，君道也，臣道也。今陛下應昌期，開太素，臣請得受而絡之緒之，勒以杼，貫以梭，提以玉甲，覆以晴雲，七日畢工以獻。』如期，帝大集廷臣，召入，捧機而上。時西域貢昆吾之剪，東海進氷綃之筋，女媧氏方煉補天之石，即以命之躊躇，隨手而成。太陽在左，太陰在右，山龍華蟲，各以次列。會南郊，帝齋宿。五鼓起披之，上衣下裳，露冕，執大圭肅拜，香氣凝靄，洋洋臨格。禮成，還宮肆赦，盡發餘軸，賜丞相以下各有差。次日，兩廂父老進分餘纔，祀為神，世世脩職貢，許之。于是與后稷氏大會議，封爵禾公曰穀城君，賜姓米；蟜母曰錦城君，賜姓文。秩比上公，禄萬石。禾之弟曰黍、麥、豆、稷、粟，蟜之弟曰綿、葛、褐、苧、麻，爵次之，禄五千石。其族散處，四方皆遍。民得依倚出入，通祀于家，曰司倉之神，曰司篋之神，以多為貴，陳陳相因。而不者，一粒一絲無所著。議者或有不均之歎，乃二人實無趨避意，曰：『吾為勤者所得，其若惰者何？』于是衆協然趣之。每歲大豐，而冠帶衣履，獨江南甲天下。

明 李詡《戒菴老人漫筆》卷三 分類《夷堅志》乙集五卷中載，江陰民云林揚明甫説，紹興六年，寓居江陰時，淮上桑葉價翔涌。有村民居江之洲中，去泰州如皋縣絶近，育蠶數十箔，與妻子謀曰：『吾比歲事蠶，費至多，計所得不足取償，且坐耗日力。不若盡去之，載見葉，貨之如皋，役不過三日，而享厚利，且無害。』妻子以為然。乃以湯盡死，瘞諸桑下，悉取桑。棹舟以北，行半道，有鯉躍入，民取之，剳腹，實以鹽。俄達岸津，吏登舟視稅物，發其桑，見有死者，民之厥子也，驚且哭。吏以為殺人，拘係之鞠同舟者皆莫知，問其所以來，民具道本末。縣遣吏至江陰物色之，至其家，門已閉，壞壁以入，寂無一人。試起瘞驗之，又其妻也，體已腐敗矣。益証為殺妻子而逃，無以自白，吏亦不敢斷，竟斃於獄。沈石田《客坐新聞》七卷末載『蠶神報冤』云，弘治庚申，太倉孫廷慎行販安吉，往來皂林，見巡司獲盗三人，其人是彼處大族伍氏家丁也。蓋其家每歲畜蠶多，桑薄，飼之不繼，因棄蠶十餘筐，瘞之土窖中。三人仍駕船，往市桑葉不得，舟還途次，忽一大鯉躍入舟中，約重數斤，三人喜其罕得，載歸饋主。舟經皂林，巡司異其小船而用兩櫓急駕，疑之，遂追捕。至檢其外，見頭倉有人腿一，三人自相驚駭。巡司即縛解浙江臬司，拷掠甚至詰其身屍所在，三人不勝鍛煉，訴辨得魚之故，變異之端，主司不信。三人者，不得已而認之，云殺人，身屍見埋在家隙地内。主司即命吏卒人等，押至其家，妄指一地發之，正是瘞蠶之處。蠶皆不見，惟見一死屍，身軀完全，乃少一腿。事之符合，并家主俱抵罪，夫豈害蠶命數多，有此報冤耶？按此與《夷堅》所志大略相同，豈太倉孫君偶因蠶事，遂緣飾舊聞，以誑石田，而石田信之耶？不然，不應鯉魚躍舟、瘞蠶變屍之符如是也。後得唐安定皇甫牧所撰《三水小牘》中云，唐咸通庚寅歲，洛師大饑，穀價騰貴，民有殍於溝塍者。至蠶月，而桑多為蟲食，葉一斤直一鍰。新安縣慈澗店北，村民王公直者，有桑數十株，特茂盛蔭翳。公直與其妻謀曰：『歉儉若此，家無見糧，徒竭力於此蠶，尚未知其得失。以我計者，莫若棄蠶，乘貴貨葉，可獲錢千萬，蓄一月之糧，則接麥矣，豈不勝為餒死乎？』妻曰：『善。』乃携鍤坎地，養蠶數箔瘞焉。明日凌晨，荷桑葉，詣都市，鬻之三千文，市彘肩及餅餌以歸。至徽安門，門吏見囊中殷血連洒於地，遂止語之，公直曰：『適賣桑得錢，市彘肉及餅餌貯囊，無他也。』請吏搜索之，既發囊，惟有人左臂，若新支解焉。群吏乃反接送於居守，居守命付河南府尹正琅琊王公凝，令綱紀鞠之。其欵云：『某瘞蠶賣桑葉，市肉以歸，實不殺人，特請檢驗。』尹判差所由監領，就村驗埋蠶處，所由領公直至村，先集鄰保，責手狀，皆稱實知王公直埋蠶，别無惡迹。乃與村衆及公直同發蠶坑中，有箔角一死人，而闕其左臂，取得臂附之，宛然符合。遂復令公直詣府白尹，尹曰：『王公直雖無殺人之辜，且有坑蠶之咎。法或可恕，情在難容。蠶者，天地靈蟲，綿帛之本，故加剿絶，與殺人不殊，當自嚴刑，以絶凶醜。』遂命於市杖殺之，使驗死者，則復腐蠶矣。今據《小牘》，則《夷堅》之説，正當時洪公門下，所竄入唐事，以投其好者。當以《小牘》為的，餘皆係訛襲云。

清 李光地等《御定月令輯要》卷一〇 賜絲。增《唐會要》：開元十五年，上命宮中育蠶，五月丁酉夏至，賜貴近絲，人一綟。

清 張廷玉、吴士玉《御定子史精华》卷四三《設官部七》 朱子《名臣言行錄》：范純仁知襄城縣，襄城民素不事蠶織，鮮有植桑者，公患之。因民有罪而情輕者，使植桑於家，多寡隨其罪之輕重，後按其所植榮茂，與除罪。自此，人得其利，公去，民懷不忘至今。

清 崔應榴彙纂，錢馥補輯《蠶事統紀》卷三 案《太平御覽》：開元中，上令宮中育蠶，親自臨視，欲使嬪御以下，知女工之事，及蠶罷，獲絲，即以賜焉。

又卷一二 《勸善编》：武康有徐紀者，育蠶。萬歷甲午，桑貴，遂棄蠶于水，而賣桑。明年，桑賤，因育蠶。蠶上簇，僅成一繭，如盤，紀以為瑞。繭忽出一火，其聲如雷。□時乃焚其家。

清 程岱葊《西吴蠶略》卷下

蠶報二則

城南金蓋山有農人某，與婦皆樸勤，耕桑之外，無他務。嘉慶辛酉五月，忽風雨晦冥，雷繞農室不絕，須臾霹靂一聲，豁然開霽，則農已震死。農生平惟近嗇，顧未嘗妄取，其事親雖平平，亦未嘗觸忤人，遂以為宿孽也。及就殮，又疾雷一聲，棺為之裂。婦乃言，是春，其家育蠶數筐，已三眠矣。值桑葉陡貴，夫欲棄蠶而售葉，吾阻之。夫乃乘夜取蠶埋園中，託言蠶壞棄之。吾及鄰里，都弗覺也。越三日，吾詣園剪韭，見叢筱上蠕蠕動，視之，皆蠶。遂告夫，且咎之。將收歸飼之，顧葉已貴售，夫不允，吾對蠶涕泣。夫怒疾，取糞汁澆之，蠶盡死，遂遭天譴云。

淳熙間，湖蠶頓盛，桑葉價數倍，民無以為飼。有舉家哭於蠶室誦經，而送諸河者；有用大板浮籧篨，書標云『下流善友鐃於桑，乞育此蠶，必得報』者。獨南潯鎮胡二，桑有餘，足供飼養，志於鬻葉，以規厚利。與妻議，欲瘞蠶，妻非之。胡不顧，喚厥子携鋤剜穴，悉窖之。約遲明，采葉入市。三更後，聞牀壁嘖嘖聲，謂有盜，舉火就視，蓋蠶也。以帚掃之，隨帚隨布，竟夕擾擾，一家駭懼，妻尤申詈。胡愈憤怒，決意屏滌盡，明日昏時乃定，已失一日摘鬻之利。入夜，又聞嘖嘖聲，胡亟起明燈，足才下地，覺為蟲所嚙，大叫稱痛。其子繼起，亦如之。妻急奔視，則滿榻上下，蜈蚣無數。父子宛轉，痛楚數日，胡二死，蜈蚣悉隱，子幸無他。而其時，蠶已老，胡桑葉盈園，不得一錢故老。傳聞如此，而洪邁《夷堅志》誤南潯作南昌，不知南昌江流駛疾，必無其事，因删正之。

清 尹紹烈《蠶桑輯要合編・吴棠序》 清淮處南北之中，民知耕而不知桑。既無嘉湖紡織之法，亦無齊魯絲枲之利，豈蠶桑宜於南北，而斯土獨不然歟，抑人事之勤惰有異也。袁江自庚申冦擾之後，生計益絀。滇南尹蓮溪太守慨然思為民興利，設局栽桑養蠶，試辦年餘，漸有成效。

又《同治二年二月初八日候補知府尹紹烈爲禀報開局日期事》 竊卑府於同治元年十一月初一日，接奉憲臺札，委在於豐濟倉遺址内設立勸課蠶桑局，督董經理，如法樹桑，以供蠶事，仍將開局日期報查等，因奉此。卑府遵即督董籌商，擇其緊要各事，先行舉辦。現在所購桑秧，已趁春分栽種完竣，溝塘水道，一律深通，桑匠園丁，均經住局責成照料澆灌。於二月初十日開局，散給民間，桑秧蠶種，俟散有成數，具報查考。至收買桑葉蠶繭，教民養蠶抽絲，由局酌量情形辦理，隨時禀呈鑒核，所有開局日期相應禀報，恭請福安，卑府紹烈謹禀。

清 馬丕瑶《教民種桑養蠶繅絲織綢四法》 欽加三品銜，補用道署桂林府事，兼辦交代徵信蠶桑局，儘先補用府正堂黄，為出示簡明各法，勸民養蠶。事照得機坊之設，原為民興利起見，但興蠶桑而不習繅絲，繭亦無用，是繅絲尤爲蠶織一大關鍵也。今已將種桑、養蠶、繅絲、織綢，一一舉辦，聽民觀看，勸民學習。

清 林楊光、王鎮西《蠶桑條説・金文同叙》 僕蒞任後，疊次愷諭郡民，勸其各就地勢栽種桑株，勸治蠶業以濬不竭之源。旋聞平利縣屬多宜桑之地，當即給諭該縣紳耆黄鳳藻王守文、張立發等亟事勸種，並因平利王學官鎮西赴鄉宣講聖諭札令，就便喻以種桑之利，溥為民勸。當時白河林令撰呈《蠶桑簡要》七條，王學官述呈《桑蠶説》十九條。詳閱所呈，均於此事討論精詳，足為養蠶家師法。而王説蠶紙耐寒，以牛糞火卻病，各要旨心得之妙，尤為陝民所宜取則。現聞平邑栽桑，已有六七十株，民頗知奮，且競向學署索其條説，而分抄之，是皆知其説之有當矣。□但地限一隅，恐遐阻尚缺於見聞，合並付梓印刷，以廣為吾民勸焉。

清 衛杰《蠶桑萃編》卷一《歷代勸課類》 後漢汝南尹昆為汝陰功曹令，新到官，曰：『園中有桑，以食蠶。』

清 袁俊德輯《蠶桑稽古編・歷代詔制類》 嘉靖九年，續定親蠶儀制。帝曰：《周禮》『耕蠶分南北郊。』其蠶於禁中，唐人便安之制耳，不可為法。於是禮部請行於北郊，酌治蠶禮，定壇壝向，制采桑器，擇掌壇官。翟車出入，或從東華門，或從元武門，用謹厚內臣，用肅宮禁，帝從之。其壇制，殺先農什一，建具服殿、蠶室繭館，俱如古制。仍於西內營織堂，一終蠶事。

清 曹笙南輯《五畝居桑蠶清課・序》 有識者耕而兼桑，誠地方轉移之善策也。歲壬申，樹桑育蠶者，村有其人苦未嫻其事，往往得失相半。一日鄰翁謂予曰：『子之樹果木，藝花卉，無論大小，莫不暢茂，信得種樹之三昧矣。樹桑育蠶，有說以惠我乎？』

藝文

《荀子》卷一八 有物於此，㒫㒫兮其狀，屢化如神，功被天下，為萬世文。禮樂以成，貴賤以分，養老長幼，待之而後存。名號不美，與暴為鄰，功立而身廢，事成而家敗。棄其耆老，收其後世，人屬所利，飛鳥所害，臣愚而不識，請占之五泰。五泰占之曰：此夫身女好而頭馬首者與，屢化不壽者與，善壯而拙老者與，有父母而無牝牡者與。冬伏而夏游，食桑而吐絲，前亂而後治。夏生而惡暑，喜溼而惡雨，蛹以為母，蛾以為父，三俯三起，事乃大已，夫是之謂蠶理。

《史記》卷二《夏本紀第二》 其貢漆絲，其篚織文。《集解》：孔安國曰：地宜漆林，又宜桑蠶。織文，錦綺之屬，盛之筐篚而貢焉。

《宋書》卷二一《艷歌羅敷行》 日出東南隅，照我秦氏樓。秦氏有好女，自名爲羅敷。羅敷喜蠶桑，采桑城南隅。青絲爲籠係，桂枝爲籠鉤。頭上倭墮髻，耳中明月珠。緗綺爲下裙，紫綺爲上襦。行者見羅敷，下儋捋髭須。少年見羅敷，脫帽著帩頭。耕者忘其犁，鋤者忘其鋤。來歸相怒怨，但坐觀羅敷。一解 使君從南來，五馬立踟躕。使君遣吏往，問是誰家姝。秦氏有好女，自名為羅敷。羅敷年幾何？二十尚不足，十五頗有餘。使君謝羅敷，寧可共載不？羅敷前置詞，使君一何愚！使君自有婦，羅敷自有夫。二解 東方千餘騎，夫婿居上頭。何用識夫婿，白馬從驪駒。青絲繫馬尾，黃金絡馬頭。腰中鹿盧劍，可值千萬餘。十五府小吏，二十朝大夫。三十侍中郎，四十專城居。為人潔白晰，鬑鬑頗有須。盈盈公府步，冉冉府中趨。坐中數千人，皆言夫婿殊！三解。前有艷詞，曲後有趨。

晉 楊泉《蠶賦》《藝文類聚》卷六五 惟陰陽之產物，氣陶化而播流。物受氣而含生，皆纏綿而自周。伊夫蠶之為物，功巨大而弘優，成天子之袞冕，著皇后之盛服，昭五色之玄黃，作四時之單複。是以王者貴此功焉，使皇后命三宮之夫人及世婦之吉者，親桑於北宮。二月初吉，遂布令于天下，百辟兆民，使咸務焉。是以仲春之月吉日庚午，既差我馬，惟蠶之祖，徧使童男，佐以童女。溫室既調，桑母入處，陳布涚種，柔和得所，晞用清明，浴用穀雨，爰求柔桑，切若細縷。起止得時，燥濕是候，逍遥偃仰，進止自如。仰似龍騰，伏似虎跌。員身方腹，列足雙俱。昏明相推，日時不居。粵召役夫，築室於房。於房伊何，在庭之東。東受日景，西望餘陽。既酌以酒，又挹以漿。壺飱在側，脯脩在旁。我鄰我黨，我助我康。於是乎蠶事畢矣。大務時成，閤紆卷薄。洒埽宮庭，蠶母須飾，從容自寧。再宿三日，乃開闔啟房，是瞻是觀，方者四張。圓者紆盤，縱者相屬，橫者交連。分薪柴而解著，繭絲互而相攀。競以挐攫，載笑載言。惰者悦而忘懈，劣者勉以爭勤。是月也，天子以太牢之禮，獻繭于寢廟。皇后親繅三盆，然後頒於夫人世婦。至於百辟卿士，而下及兆民，咸趨繰事。爾乃絲如凝膏，其白伊雪，以為衣裳，冠冕服飾，禮神納賓，各有分職，以洽百禮，罔不斯服，夫功也。起于緜緜，成于翼翼。頌之難周，論之罔極，殷斯勤斯，如何勿憶。

南朝宋 江淹《江文通集》卷四《陶徵君潛田居》 但願桑麻成，蠶月得紡績。

南朝梁 王筠《陌上桑》《文苑英華》卷二〇八 人傳陌上桑，未曉已含光。重重相蔭映，軟弱一作軟自芬芳。秋胡始倚一作停馬，羅敷未滿筐。春蠶朝已老一作伏，安得久彷徨。

南朝梁 吴均《陌上桑》《文苑英華》卷二〇八 嫋嫋陌上桑，蔭陌復垂塘。長條映白日，細葉影一作隱鸝黃。蠶飢妾復思，拭淚且提筐。故人去如一作寧知此，離恨煎人腸。

唐 迦葉志忠《進桑條歌表》《全唐文》卷二七六 昔高祖未受命時，天下歌《桃李子》。太宗未受命時，天下歌《秦王破陣樂》。高宗未受命時，天下歌《側堂堂》。天后未受命時，天下歌《武媚娘》。伏惟應天皇帝未受命時，天下歌《英王石州》。順天皇后未受命時，天下歌《桑條韋》。蓋五行六合之內，齊首蹀足，應四時八節之會，歌舞同歡，豈與夫簫韶九成百獸率舞，同年而語哉？伏惟皇后降帝女之精，合爲國母，主蠶桑，以安天下。后妃之德於斯爲盛，謹進桑條歌十二篇，伏請宣布中外，進入樂府，皇后先蠶之時，以享宗廟。

唐 郎大家宋氏《採桑》《全唐詩》卷一九 春來南雁歸，日去西蠶遠。妾思紛何極，客遊殊未返。

唐 李白《李太白文集》卷四《陌上桑》 美女渭橋東一作美女緗綺衣，又作遊女，春還一作還來事蠶作。五馬飛如花一作如花飛，又作如飛龍，青絲結金絡。不知誰家子，調笑來相謔。妾本秦羅敷，五顏豔名都。綠條映素手，採桑向城隅。使君且不顧，況復論秋胡。寒螿愛碧草，鳴鳳棲青梧。託心自有處，但怪旁人愚。徒令白日暮，高駕空踟躕。

又 卷一五《五月東魯行答汶上公》 五月梅始黃一作禾黍綠，蠶凋桑柘空。

唐 杜甫《杜工部集》卷一《白絲行》 繅絲須長不須白，越羅蜀錦金粟尺。象牀玉手亂殷紅，萬草千花動凝碧。已悲素質隨時染，裂下鳴機色相射。美人細意熨貼平，裁縫滅盡針線迹。春天衣著為君舞，蛺蝶飛來黃鸝語。落絮遊絲亦有情，隨風照日宜輕舉。香汗清塵污顏色，開新合故置何許。君不見才士汲引難，恐懼棄捐忍羈旅。

又 卷四《成都府》 翳翳桑榆日，照我征衣裳。

唐 常建《常建詩集》卷上《春詞二首》 翳翳陌上桑，南枝交北堂。美人金梯出，素手自提筐。非但畏蠶飢，盈盈嬌路旁。

唐 李彥暐《采桑》《全唐詩》卷一九 采桑畏日高，不待春眠足。攀條有餘愁，那驚貌如玉。千金豈不贈，五馬空躑躅。何以變真性，幽篁雪中綠。

唐 王建《王司馬集》卷二《簇蠶辭》 蠶欲老，箔頭作繭絲皓皓。場寬地高風日多，不向中庭嘣蒿草。神蠶急作莫悠揚，年來為爾祭神桑。但得青天不下雨，上無蒼蠅下無鼠。新婦拜簇願繭稠，女灑桃漿男打鼓。三日開箔雪團團，先將新繭送縣官。已聞鄉里催織作，送與誰人身上著。

唐 王建《雨過山村》《全唐詩》卷三〇一 雨裏雞鳴一兩家，竹谿村路板橋斜。婦姑相喚浴蠶去，閒著庭前梔子花。

唐 白居易《白氏長慶集》卷四《紅線毯憂蠶桑之費也》 紅線毯，擇繭繅絲清水煮，揀絲練線紅藍染。染為紅線紅于藍，織作披香殿上毯。披香殿廣十丈餘，紅線織成可鋪殿。綵絲茸茸香拂拂，線軟花虛不勝物。美人蹋上歌舞來，羅襪繡鞋隨步沒。太原毯澀毳縷硬，蜀都褥薄錦花冷。不如此毯溫且柔，年年十月來宣州。宣城太守加樣織，自謂為臣能竭力。百夫同擔進宮中，綿厚絲多捲不得。宣城太守知不知，一尺毯用千兩絲。地不知寒人要暖，少奪人衣作地衣。

唐 章孝標《織綾詞》《全唐詩》卷五〇六 去年蠶惡綾帛貴，官急無絲織紅淚。殘經脆緯不通梭，鵲鳳闌珊失頭尾。今年蠶好繅白絲，鳥鮮花沃人不知。瑤臺雪裏鶴張翅，禁苑風前梅折枝。不學隣家婦慵嬾，蠟揩粉拭謾官眼。

唐 于濆《野蠶》《全唐詩》卷五九九 野蠶食青桑，吐絲亦成繭。無功及生人，何異偷飽暖。我願均爾絲，化為寒者衣。

唐 劉駕《桑婦》《全唐詩》卷五八五 墻下桑葉盡，春蠶半未老。南城路迢迢，今日起更早。四隣無去伴，醉卧青樓曉。妾顏不如誰，所貴守婦道。一春常在樹，自覺身如鳥。歸來見小姑，新妝弄百草。

唐 司馬札《蠶女》《全唐詩》卷五九六 養蠶先養桑，蠶老人亦衰。苟無園中葉，安得機上絲。妾家非豪門，官賦日相追。鳴梭夜達曉，猶恐不及時。但憂蠶與桑，敢問結髮期。東鄰女新嫁，照鏡畫蛾眉。

唐 施肩吾《春日錢塘雜興》《全唐詩》卷四九四 酒姥溪頭桑嫋嫋，錢塘郭外柳毿毿。路逢鄰婦遥相問，小小如今學養蠶。

唐 汪遵《採桑婦》《全唐詩》卷六〇二 為報躊躇馬上郎，蠶飢食晚妾心忙。本來若愛黃金好，不肯携籠更採桑。

唐 陸龜蒙《甫里集》卷一〇《蠶賦并序》

荀卿子有《蠶賦》，楊泉亦為之，皆言蠶有功於世，不斥其禍於民也。余激而賦之，極言其不可，能無意乎？詩人碩鼠之刺，於是乎在。

古民之衣，或羽或皮，無得無喪，其游熙熙。藝麻績纑。官初喜窺，十奪四五，民心乃離。逮蠶之生，繭厚絲美，機杼經緯，龍鸞葩卉，官涎益饞，盡取後已。嗚呼！既誊而烹，蠶實病此，伐桑滅蠶，民不陳死。

唐 陸龜蒙《陌上桑》《全唐詩》卷一九　皓齒還如貝色一作光含，長眉亦似烟華貼一作帖。鄰娃盡著繡襦襠，獨自提筐採蠶葉。

唐 來鵠《蠶婦》《全唐詩》卷六四二　曉夕採桑多苦辛，好花時節不閒身。若教解愛繁華事，凍然黄金屋裏人。

唐 唐彦謙《採桑女》《全唐詩》卷六七一　春風吹蠶細如蟻，桑芽纔努青鴉嘴。侵晨探採誰家女，手挽長條淚如雨。去歲初眠當此時，今歲春寒葉放遲。愁聽門外催里胥，官家二月收新絲。

唐 鄭谷《鄭守愚文集》卷一《採桑》　曉陌携籠去，桑村路隔淮。何如鬥百草，賭取鳳凰釵。

唐 王周《採桑女二首》《全唐詩》卷七六五

渡水採桑歸，蠶老催上機。札札得盈尺，輕素何人衣。

采桑知蠶飢，投梭惜夜遲。誰誇羅綺蘐，新畫學月眉。

唐 杜荀鶴《杜荀鶴文集》卷一《蠶婦》　粉色全無饑色加，豈知人世有榮華。年年道我蠶辛苦，底事渾身著苧麻。

唐 韋莊《姬人養蠶》《全唐詩》卷七〇〇　昔年愛笑蠶家婦，今日辛勤自養蠶。仍道不愁羅與綺，女郎初解織桑籃。

唐 蔣貽恭《詠蠶》《全唐詩》卷七六〇　辛勤得繭不盈筐，燈下繅絲恨更長。著處不知來處苦，但貪衣上繡鴛鴦。

《太平御覽》卷八〇二五《資産部五》　閔鴻《蠶賦》曰：體龍頸而驤喙，邁皦素於羔羊。左思《吴都賦》曰：國税再熟之稻，鄉貢八蠶之綿。《古艷歌》曰：日出東方隅，照我秦氏樓。秦氏有好女，自名爲羅敷。羅敷善蠶桑，採桑城南隅。

宋 樂史《原蠶駁議》《蠶事統紀》卷一六　雍熙三年，維擢國子司業。會將有事於藉田，維起《周禮》至于《唐書》，凡沿革制度並録之以獻，觀者稱其博。又上書請禁原蠶以利國□。直史館樂史駁之曰：『管子云，倉廩實，知禮節；衣食足，知榮辱。是以古先哲王厚農桑之業，以其為衣食之原耳。一夫不耕，天下有受其饑者；一婦不蠶，天下有受其寒者。故天子親耕，后妃親蠶，屈身以化下者，邦國之重務也。《吴都賦》曰：國賦再熟之稻，鄉貢八蠶之綿。則蠶之有原，其來舊矣。今孔維請禁原蠶以利國馬，徒引前經物類同氣之文，不究時事確實之理。夫所市國馬來自外方，涉遠馳驅，虧其秣飼，失於善視，遂至元黄。致斃之由，鮮不由此。今乃欲禁其蠶事，甚無謂也。唐朝畜馬，具存監牧之制，詳觀本書，亦無禁蠶之文。况近降明詔，來年春有事于藉田，是則勸農之典方行，而禁蠶之制又下，事相違戾，恐非所宜。臣嘗歷職州縣，粗知利病。編民之內，貧窶者多。春蠶所□，止充賦調之備；晚蠶薄利，始及卒歲之資。今若禁其後圖，必有因緣為弊，滋章□亂，民豈遑寧。涣汗絲綸，所宜重慎。』上覽之，遂寢晚蠶之禁。維復抗疏曰：『按《周禮·夏官·司馬》職言禁原蠶者，為傷馬也。原，再也。天文，辰為馬。蠶書，蠶為龍精。月直大火，則浴其種。是蠶與馬同氣，物莫能兩大，故禁再蠶，以益馬也。又郭璞云：『重蠶為原，今晚蠶也。』臣少親耕桑之務，長歷州縣之職，物之利害，盡知之矣。蚩蚩之氓，知其利而不知其害，故有早蠶之後，重養晚蠶之繭。出絲甚少，再採之葉來歲不茂，豈止傷及于馬，而桑亦損矣。臣自縣歷官，路見坰野之地官馬多死，若非明援典據，助其畜牧，安敢妄有舉陳哉。按《本草注》：以僵蠶塗馬齒，則不能食草。物類相感如此。《月令》仲春祭馬祖，季春享先蠶，皆謂天駟，房星也。為馬祈福謂之馬祖，為蠶祈福謂之先蠶，是蠶與馬同其類爾。蠶重則馬損，氣感之而然也。臣謂依《周禮》禁原蠶為當。』上雖不用維言，而嘉其援引據經，以其章付史館。

宋 楊朴《村居感興》《宋詩紀事》卷五　一壺春酒膠牙酸，十數胡皴徹骨乹。隨着四婆裙子後，杖頭挑去賽蠶官。

宋 楊備《蠶室》《宋詩紀事》卷一七　摘繭抽絲女在機，茅檐葦箔舊堂扉。年年桑柘如雲绿，翻織誰家地錦衣。

宋 吴淑《事類賦注》卷四《歲時部一》　薦鞠衣而修蠶器。《禮》曰：三月之節，天子薦鞠衣於先帝。蓋黄桑之服。又，三月乃修蠶器，后妃齋戒，享先蠶而躬桑，以勸蠶事。

宋 蘇舜欽《田家詞》《石倉歷代詩選》卷一三九　南風霏霏麥花落，豆田漠漠初垂角。山邊夜半一犁雨，田父髙歌待收穫。雨多蕭蕭蠶簇寒，蠶婦低眉憂繭單。人生多求復多怨，天公供尔良獨難。

宋 郭茂倩《樂府詩集》卷四四《子夜四時歌·夏歌二十首》　春傾桑葉盡，夏開蠶務畢。晝夜理機絲，知欲早成匹。

宋 張俞《蠶婦》《宋文鑑》卷二六　昨日到城郭，歸來淚滿巾。徧身羅綺者，不是養蠶人。

宋 何應龍《橘潭詩稿・吴蠶》 正是吴蠶出火時，交交牕外一禽啼。溪西有葉高難採，遥見青裙上竹梯。

宋 沈與求《龜溪集》卷二《蠶》 吴桑成緑陰，吴蠶盈翠箔。闔門障風雨，荒祠動村落。千絲為衣被，一繭自纏縛。殺身以成仁，此計殊不惡。

宋 張九成《孟子傳》卷二 又為之言陽氣方亨，淑鳥應候，宜執桑器，以圖蠶事。其《詩》曰『春日載陽，有鳴倉庚，女執懿筐，遵彼微行，爰求柔桑』是也。又為之言陰氣已應，鵙鳥已鳴，宜務組績，以為衣裳之用。其《詩》曰『七月鳴鵙，八月載績，載玄載黄。我朱孔揚，為公子裳』是也。

宋 樓璹《耕織圖 録織圖二十四首》《蠶事統紀》卷一七

浴蠶

農桑將有事，時節過禁烟。輕風歸燕日，小雨浴蠶天。春衫卷縞袂，盆池弄清泉。深宮想齋戒，躬桑率民先。

下蠶

穀雨無幾日，谿山暖風高。華蠶初破殼，落紙細於毛。柔桑摘蟬翼，簌簌才容刀。茅檐紙牕明，未覺眼力勞。

餵蠶

蠶兒初餵時，桑葉如錢許。扳條摘鵞黄，藉紙觀蟻聚。屋頭草木長，窗下兒女語。日長人頗閒，針線隨緝補。

一眠

蠶眠白日靜，鳥語青春長。抱脛聊假寐，孰能事梳妝。水邊多麗人，羅衣踏春陽。春陽無限思，豈知問農桑。

二眠

吴蠶一再眠，竹屋下簾幕。拍手弄嬰兒，一笑姑不惡。風來麥秀寒，雨過桑沃若。日高蠶未起，谷鳥鳴百箔。

三眠

屋裏蠶三眠，門前春過半。桑麻緑陰合，風雨長檠暗。葉裏蠶絲繁蠶絲，一作蟲絲，似误，卧作字畫短。偷閒一枕肱，夢與楊花亂。

分箔

三眠三起餘，飽葉蠶局促。眾多旋分箔，早晚磓滿屋。郊原過新雨，桑柘添濃緑。竹間快活吟，慚愧麥飽熟。

採桑

吴兒歌採桑，桑下青春深。鄰里講歡好，遜畔無欺侵遜畔，一作過畔，誤。筠籃各自携，筠梯高倍尋。黄鸝飽紫椹，啞咤鳴緑陰。

大起

盈箔大起時，食葉聲似雨。春風老不知，蠶婦忙如許。呼童刈早麥，朝飰已過午。妖歌得綾羅，不易青裙女。

捉績

麥黄雨初足，蠶老人愈忙。辛勤減眠食，顛倒著衣裳。絲腸映緑葉，練練金色光。松明照夜屋，杜宇呼東岡。

上簇

采采緑葉空，翦翦白茅短。撒簇輕放手，蠶老絲腸媆。山市浮晴嵐，風日作妍煖。會看繭如甕，纍纍光眩眼。

炙箔

峩峩爇薪炭，重重下簾幕。初出蟲結網，遽若雪滿箔。老翁不勝勤，候火珠汗落。得閒兒女子，困卧呼不覺老翁，一作老媪。

下簇

晴明開雪屋，門巷排銀山。一年蠶事辦，下簇春向闌。隣里雨相賀，翁媪一笑歡。后妃應獻繭，喜色開天顔。

擇繭

大繭至八蠶，小繭止獨蛹。繭衣繞指柔，收拾擬何用。冬來作縹絖，與兒禦寒凍。衣帛非不能，債多租税重。

窖繭

盤中水精鹽，井上梧桐葉。陶器固封泥，窖繭過旬浹。門前春水生，布穀催畚鍤。明朝踏繅車，車輪纏白氎。

繅絲

連郵賣繭香，解事誰家娘。盈盈意媚竈，拍拍手探湯。上盆顔色好，轉軸頭緒長。晚來得少休，女伴語隔墻。

蠶蛾

蛾初脱纏縛，如蝶栩栩然。得偶粉翅光，散子金粟圓。歲月判悠悠，種嗣期綿綿。送蛾臨遠水，蚕歸屬明年。

祝謝

春前作蠶市，盛事傳西蜀。此邦享先蠶，再拜絲滿目。馬革裹玉肌，能神不為辱。雖云事渺茫，解與民為福。

絡絲

兒夫督機絲，輸官趁時節。向來催租瘢，正為坐逾越。朝來掉籰勤，寧復辭腕脫。辛苦夜未眠，敗屋燈明滅。

經

素絲頭緒多，羨君好安排。青鞵不動塵，緩步交去來。脉脉意欲亂，眷眷首重回。王言正如絲，亦付經綸才。

緯

浸緯供織紝，寒女兩髻了。繾綣一縷絲，成就百種華。弄水春笋寒，卷輪蟾影斜。人間小阿香，晴空轉雷車。

織

青燈映幃幕，絡緯鳴井闌。軋軋揮素手，風露淒已寒。辛勤度幾梭，始復成一端。寄言羅綺伴，當念麻苧单。

攀華

時態尚新巧，女工慕精勤。心手暗相應，照眼華紛紜。殷勤挑錦字，曲折讀回文。更將無限思，織作雁背雲。

剪帛

低眉事機杼，細意把刀尺。盈盈彼美人，剪剪其束帛。輸官給邊用，辛苦何足惜。大勝漠繚綾，粉污不再著。

宋 陸游《劍南詩稿》卷七〇《春晚即事》 桑麻夾道蔽行人，桃李隨風旋作塵。煜煜紅燈迎婦擔，鼕鼕畫鼓祭蠶神。

又 卷八二《夏日》 暑雨初晴晝漏遲，江鄉樂事有誰知。村村壠麥登場後，户户吴蠶拆簇時。

宋 范成大《石湖詩集》卷七《曬繭俗傳葉貴即蠶熟，今歲正尔**》** 隔籬處處雪成窩，牢閉柴荊斷客過。葉貴蠶飢危欲死，尚能包裹一絲窠。

又 卷二七《春日田園雜興》 柳花深巷午雞聲，桑葉尖新绿未成。坐睡覺來無一事，滿牕晴日看蠶生。

又《晚春田園雜興》 三旬蠶忌閉門中，鄰曲都無來往蹤。猶是曉晴風露下，采桑時節暫相逢。

又《夏日田園雜興》

百沸繅絲雪湧波，繅車嘈囋雨鳴簑。桑姑盆女交相賀，綿繭無多絲繭多。

小婦連宵上絹機，大耆催税急于飛。今年幸甚蠶桑熟，留得黄絲織夏衣。

又 卷三〇《照田蠶行》 鄉村臘月二十五，長竿然炬照南畝。近似雲開森列星，遠如風起飄流螢。今春雨雹繭絲少，秋日雷鳴稻堆小。儂家今夜火最明，的知新歲田蠶好。夜闌風焰西復東，此占最吉餘難同。不惟桑賤麥芃芃，苧麻無節菜無蟲。

又 卷三四《繅絲行》 小麥青青大麥黄，原頭日出天色涼。姑婦相呼有忙事，舍後煮繭門前香。繅車嘈嘈似風雨，繭厚絲長無斷縷。今年那暇織絹著，明日西門賣絲去。

宋 陳造《江湖長翁集》卷九《田家謡》 麥上場，蠶出筐，此時祇有田家忙。半月天晴一夜雨，前日麥地皆青秧。陰晴隨意古難得，婦後夫先各努力。倏涼驟暖蠶易蛾，大婦絡絲中婦織。中婦輟閒事鉛華，不比大婦能憂家。飯熟何曾趁時喫，辛苦僅得蠶事畢。小婦初嫁當少寬，令伴阿姑頑過日。明年願得比今年，剩貯二麥饒絲綿。小婦莫辭擔上肩，却放大婦當姑前。

宋 姚寅《養蠶行》《宋詩紀事》卷七三 南村老婆頭欲雪，曉傍墻陰採桑葉。我行其野偶見之，試問春蠶何日結。老婆歛手復低眉，未足四眠那得知。自從紙上掃青子，朝夕餧飼如嬰兒。只今上筐十日許，食葉如風響如雨。夜深人靜不敢眠，自遶床頭逐飢鼠。又聞野祟能相侵，典衣買紙燒蠶神。一家心在陰雨裏，只恐葉濕繅難匀。明朝滿簇收銀繭，軋軋車聲快如剪。小姑促湯娘剥紕，嘻嘻始覺雙眉展。繅成白雪不敢閑，錦上織成雙鳳團。天寒尺寸不得著，盡與乃翁輸縣官。君不見長安女兒嫩如水，十指不動衣羅綺。我曹辛苦徒尔耳，依舊績麻冬日裏。

宋 徐照《芳蘭軒集・春日曲》 中婦掃蠶蟻，挈籃桑葉間。小姑摘新茶，日斜下前山。

宋 葉茵《順適堂吟稿》卷三《蠶婦歎》 浴蠶纔罷餵蠶忙，早暮蓬頭去采桑。辛苦得絲了租税，終年祇著布衣裳。

宋 方岳《秋崖集》卷二《農謡》 雨過一村桑柘烟，林稍日暮鳥聲妍。青裙老姥遥相語，今歲春寒蠶未眠。

宋 嚴粲《嚴氏詩輯》卷一六　上章柔桑乃桑葉之嫩者，嫩葉始生未多，故以筐箱求之，養新出之蠶耳。蠶有新出者，又有未出者，故同采蘩言之，皆言蠶事之始也。此章女桑乃桑樹中之小者，大樹既條取之，小樹又猗取之，蠶已大食，故桑之大小，取之無遺，蓋言蠶事之成也。

《宋史》卷一三七《樂志・祀先蠶六首》　奠幣娛安　化日初長，時當暮春，蠶事方興。惟后惟嬪，絲纊御冬。殘生濟人，敢忘報本，篚幣是陳。

金 劉瞻《春郊》《中州集》卷二　桑芽粒粒破春晴，小葉迎風未展成。寒食歸寧紅袖女，外家紙上看蠶生。

金 元好問《秋蠶》《全金詩》卷六四　室人筐中無寸縷，一箔秋蠶課諸女。朝來飼却馬上桑，隔簇仍聞竹間雨。阿容阿璋墨滿面，晝徹灰城前致語。上無蒼蠅下無鼠，作繭直須如甕許。東家追胥守機杼，有桑有稅吾猶汝。官家却少一絇絲，未到打門先自舉。

元 郝經《陵川集》卷一五《蠶》　作繭纔成便棄捐，可憐辛苦為誰寒。不知蛛腹長絲滿，連結朱簷與畫欄。

元 王虎臣《蠶婦歎》《宛陵群英集》卷三　貧農值年凶，終歲常苦飢。貧女蠶不收，歲終廢機絲。無食夫壻事，無衣妾心悲。終朝掇柔桑，日暮心力罷。居然不成繭，何以慰我思。君不見金谷園中歌舞妾，金縷衣裳自盈篋。一朝禍起墮高樓，翠袖紅衿如電滅。嗟嗟蠶婦莫憂寒，孟光身上無衣完。

元 趙孟頫《松雪齋集》卷二《題耕織圖二十四首奉懿旨撰》

織正月

正月新獻歲，最先理農器。女工並時興，蠶室臨期治。初陽力未勝，早春尚寒氣。牕户當奧密，勿使風雨至。田疇耕耨動，敢不脩來耜。經冬牛力弱，相戒勤飯飼。萬事非預備，倉卒恐不易。田家亦良苦，捨此復何計。

二月

仲春凍初解，陽氣方滿盈。旭日照原野，萬物皆欣榮。是時可種桑，插地易抽萌。列樹偏阡陌，東西各縱橫。豈惟籬落間，采桑憚遠行。大哉皇元化，四海無交兵。種桑日以廣，弥望緑雲平。匪惟錦綺謀，聊以厚民生。

三月

三月蠶始生，纖細如牛毛。婉孌閨中女，素手握金刀。切葉以飼之，攤紙散周遭。庭樹鳴黃鳥，發聲和且嬌。蠶飢當采桑，何暇事遊遨。田時人力少，丈夫方種苗。相將挽長條，盈筐不終朝。八口望無寒，敢辭終歲勞。

四月

四月夏氣清，蠶大已屬眠。高首何昂昂，娥眉復娟娟。不憂桑葉少，徧野如緑烟。相呼攜筐去，迢遞立遠阡。梯空伐條枚，葉上露未乾。蠶飢當早歸，秉心靜以專。飭躬脩婦事，黽勉當盛年。救忙多女伴，笑語方喧然。

五月

五月夏以半，谷鶯先弄晨。老蠶成雪繭，吐絲亂紛紜。伐葦作曲薄，束縛齊臻臻。黃者黃如金，白者白如銀。爛然滿筐筥，愛此顏色新。欣欣舉家喜，稍慰經時勤。相容過相問，笑聲聞四鄰。論功何所歸，在拜謝蠶神。

六月

釜下燒桑柴，取繭投釜中。纖纖女兒手，抽絲疾如風。田家五六月，緑樹陰相蒙。但聞繅車響，遠接村西東。旬日可經絹，弗憂杼柚空。婦人能蠶桑，家道當不窮。更望時雨足，二麥亦稍豐。沽酒田家飲，醉倒嫗與翁。

七月

七月暑尚熾，長日弄機杼。頭蓬不暇梳，揮手汗如雨。嚶嚶時鳥鳴，灼灼紅榴吐。何心娛耳目，往來忘傴僂。織為機中素，老幼要紉補。青燈照夜梭，蟋蟀牕外語。辛勤亦何有，身體衣幾縷。嫁為田家婦，終歲服勞苦。

八月

池水何洋洋，漚麻水中央。數日麻可取，引過兩手長。織絹能幾時，織布已復忙。依依小兒女，歲晚歎無裳。布襦不掩脛，念之熱中腸。朝緝滿一籃，莫緝滿一筐。行看機中布，計日漸可量。我衣苟已成，不憂天早霜。

九月

季秋霜露降，凜凜寒氣生。是月當授衣，有布織未成。天寒催刀尺，機杼可無營。教女學紡纑，舉足疾且輕。舍南與舍北，嘒嘒聞車聲。通都富豪家，華屋貯娉婷。被服雜羅綺，五色相間明。聽説貧家女，惻然當動情。

十月

豐年禾黍登，農心稍逸樂。小兒漸長大，終歲荷鋤钁。目不識一字，每念心作惡。東鄰方迎師，收拾令入學。後月日南至，相賀因舊俗。為女裁新衣，脩短巧量度。龜手事塞向，庶御北風虐。人生真可歎，至老長力作。

十一月

冬至陽來復，草木潛滋萌。君子重其然，吾道自此亨。父母坐堂上，子孫列前榮。再拜稱上壽，所願百福并。人生屬明時，四海方太平。民無札瘥者，厚澤敷群情。衣食苟給足，禮義自此生。願言興學校，庶幾教化成。

十二月

忽忽歲將盡，人事可稍休。寒風吹霜林，日夕聲颼颼。墻南地不凍，墾掘為坑溝。斫桑埋其中，明年芽早抽。是月浴蠶種，自古相傳流。蠶出易脫殼，絲纊亦倍收。及時不努力，知有來歲不。手凍不足惜，冀免號寒憂。

元 馬臻《霞外詩集》卷五《村中書事四首》 餉留兒女自喧呼，指點春禽又引雛。村婦相逢還笑問，把蠶今歲是三姑。

元 王禎《農書》卷二二 朝陽一室虛聰明，今朝喜見蠶初生。四壁匀停全得熱，火龕挫壘如三星。阿母休測衣絹單，添減火候隨寒暄。誰識貴家歡飲處，紅爐畫閣暖嬋媛。

又 捲去緑雲桑已少，箔頭有絲蠶欲老。月餘辛苦見成功，作簇不應從艸艸。南北習俗久不同，彼此更須論拙巧。北簇多露置，積疊仍憂風雨至。南簇俱在屋，施之蠶多良未足。南北簇法當約中，別構長厦方能容。外周層架蒿草平，內備火患通人行。飼却神桑絲已吐，女灑桃漿男打鼓。作蠒直須三石許，開簇團團不勝數。我家多蠶方自慶，得法於今還可證，免似向來多簇病。

又 人家育蠶憂不得，今歲蠶收繭如積。滿家兒女喜欲狂，走送車頭趁繅緝。南州誇冷盆，冷盆繳細何輕勻。北俗尚熱釜，熱釜絲圓儘多緒。即今南北均所長，熱釜冷盆俱此軖。軖頭轉機須足踏，錢眼添梯絲度滑。非絃非管聲咿嚘，邨北邨南響相答。婦姑此時還對語，準備吾家好機杼。豈知縣吏已催科，不時揭去無餘紽。迫索仍憂宿負多，車乎車乎將柰何。

又 蠶家熱釜趁繅忙，火候長存蠏眼湯。多繭不須愁不辦，時時頻見脫絲軖。

又 前朝繭如山，今朝卵如粟。如山今歲謀，如粟來歲足。來歲一何神，生花楮一幅。丁寧語荊婦，依時勤曬沐。

又 卷二四 軠絲張柅復相牽，絡婦車成用具全。座上通槽連簨臼，軸頭引籰逗繩圈。一鉤遞控防偏度，獨縷依循入卧纆。幾向華筵曾誤認，箜篌人坐理冰絃。

元 范梈《范德機詩集》卷二《四月朔經楊林作詩奉命宣布郡縣值大水蠶麥俱盡深念民生》 吉日涉大川，单舟若鴻毛。摇摇遇順風，泛泛凌雄濤。已過赤岓渚，復宿楊林臯。擢師何心術，在險益無勞。受命未踰期，觸目歎所遭。蠶熟麥再空，萬口聲哀嗸。年時有災地，白屋皆滔滔。不能補分寸，奚用徵秋豪。綸言本温厚，下布肅官曹。奉宣吾職耳，庶用救蕭騷。

元 吳師道《蠶桑圖》《蠶事統紀》卷一八 詩圖草木蟲與魚，就中寫出豳風圖。忠臣方寸寓物色，欲使目擊知艱虞。公宫親蠶古遺製，手捋青青有風戾。四海枝條雨露春，萬家機杼昇平世。誰知後有歌舞荒，裁雲剪鳳金煌煌。歲輸不了一日費，紅女夜泣寒無裳。畫師此意誰能識，不寫尋常奇麗質。數葉娟娟即諫書，品目人間當第一。

元 馬祖常《石田文集》卷五《繅絲行》 繅車軋伊繭抽絲，桑薪煑水急莫遲。黄絲白絲光縰縰，老蠶成蛹咲兒饑。田家婦姑喜滿眉，賣絲得錢買羃䍦。翁叟慣事罵婦姑，只今長男戍葭蘆。秋寒無衣霜裂膚，鳴機織素將何須。翁叟喃喃罵未竟，當門叫呼迎縣令。騶奴横索馬鞭絲，婦姑房中折纑經。

元 舒頔《貞素齋集》卷五《繅絲行》 小麥褪緑大麥黄，吳姬踏車繅絲香。兗鐺入沸高下忙，雪苞萬斛浮瀟湘。千絲萬縷雪光炯，五色期補帝舜裳。縣吏夜打户，租税無可措。猶豫欲輸官，又恐奉上誤。躊躇展轉無柰何，東方漸明事更多。

又《繅絲歎》 東家繅絲如蠟黄，西家繅絲白如霜。黄白絲出蠶口長，短繅出婦手。大姑停車愁解官，小姑剥繭愁冬寒。向來苦留二月賣，去年宿債今未還。手足皸瘃事亦小，官府鞭笞何日了。吏胥夜打門，稚耋生煩惱。君不見江南人家種麻勝種田，臘月忍凍衣無邊，却過廬州换木棉。

元 楊維楨《樂府補》卷四《祀蠶姑火龍詞并序論**》** 蠶有六德。衣被天下生靈，仁也。食其食，死其死，以答主恩，義也。身不辭湯火之厄，忠也。必三眠三起而熟，信也。象物以成繭色，必尚黄素，智也。繭而蛹，蛹而蛾，蛾復卵，卵而繭，神也。此謂之六德也。

元 許有壬《至正集》卷二六《即事二首》 遠浦客帆明冉冉，前村牧笛響嗚嗚。園桑葉盡蠶成繭，庭樹陰濃燕引雛。

元 胡天游《傲軒吟稿·春詞和韻》 日射珠簾試曉晴，隙光斜上寶釵明。碧紗窗下無消息，閒數吳蠶幾箇生。

元 虞集《道園學古録》卷三四《題樓攻媿織圖》

鄉里蠶桑弗失時，晝圖勸相又題詩。當時補衮應無缺，金玉餘音到繭絲。吴越蠶桑用日多，始終吟詠極婆娑。玉成繭館間琴瑟，宜薦房中備樂歌。昔者東南杼柚空，詠歌蠶織到圖窮。勸農十道先齊魯，百世興王衣被功。

元 陳高《不繫舟漁集》卷三《種橦花》 炎方有橦樹，衣被代蠶桑。結實吐秋繭，皎潔如雪霜。緝治入機杼，裁剪爲衣裳。禦寒類挾纊，老稚免凄凉。

明 劉基《誠意伯文集》卷一七《春蠶》 可笑春蠶獨苦辛，為誰成繭却焚身。不如無用蜘蛛網，網盡飛蟲不畏人。

明 虞堪《希澹園詩集》卷一《題錢舜舉畫蠶桑圖》 桑中鳴禽巧如鳩，吴娘養蠶夜不歇。暖雨寒風惱煞人，正是江南三四月。苕溪遺老白髮翁，畫蠶畫葉摇春風。千金難買吴娘笑，故寫生枝椹子紅。

明 張羽《靜居集》卷四《蠶婦》 行行及暮春，浴子約比鄰。選地安蠶室，燒錢禱社神。守筐臨鏡嬾，摘葉渡溪頻。辛苦輸官罷，私衣僅蔽身。

明 高啟《高太史大全集》卷二《養蠶詞》 東家西家罷來往，晴日深膍風雨響。二眠蠶起食葉多，陌頭桑樹空枝柯。新婦守箔女執筐，頭髮不梳一月忙。三姑祭後今年好，滿簇如雲繭成早。檐前繅車急作絲，又是夏税相催時。

又《照田蠶詞》 東村西村作除夕，高炬千竿照田赤。老人笑祝小兒歌，願得宜蠶又宜麥。明星影亂棲烏驚，火光辟寒春已生。夜深然罷歸白屋，共説豐年真可卜。

明 于謙《忠肅集》卷一一《采桑婦》 低樹采桑易，高樹采桑難。日出采桑去，日暮采桑還。歸来喂葉上蠶箔，誰問花開與花落。二眠纔起近三眠，此際祇愁風雨惡。割雞裂紙祀蠶神，蠶若成時忘苦辛。但願公家租賦給，一絲不望上儂身。丁男幸免官府責，脂粉何須事顔色。收蠶猶未是閒時，郤與兒夫勤稼穡。

明 朱静菴《春蠶詞》《石倉歷代詩選》卷五〇五 桃花落盡日初長，陌上雨晴桑葉黄。拜罷三姑祭蠶室，漸籠温火煖蠶房。

明 陸深《儼山集・續集》卷一《詠蠶食葉爲康修撰德涵作》 啖葉勢未已，謀生意何愚。但知厭其腹，寧知用其軀。思深報必厚，功高禍與俱。物理固若此，感歎將焉如。

明 蔣冕《村田圖雜詠》《石倉歷代詩選》卷四三二 茅舍新蠶作繭遲，鄰家桑柘盡空枝。持筐欲向街頭賣，更向豪門索舊絲。

明 李東陽《懷麓堂集》卷九一《茶陵竹枝歌十首》 春盡田家郎未歸，小池涼雨試絺衣。園桑绿罷蠶初熱，野麥青時雉始飛。

明 沈明臣《蕭皐别業竹枝詞十首》《甬上耆舊詩》卷二一 東村西村姑惡啼，家家麥熟黄雲齊。春蠶作繭桑園绿，睡起日斜聞竹雞。

明 李進《題耕織圖》《石倉歷代詩選》卷三四三 吴蠶作繭明于雪，苕霅之水清且冽。東鄰西舍繅車鳴，銀絲出盆光皎潔。官税已輸私債還，美人曉織绿窗間。嬌鶯睍睆機聲度，春笋參差玉指攀。織成素絹堅且緻，先奉翁姑後夫壻。朔風吹水霜霰飛，夫不憂寒妾如意。君不見青樓艶女好蛾眉，留客髙歌送酒巵。纏頭蜀錦不知數，黄金暮盡朝别離。不如田家荆布妻，貧富苦樂長相隨。採桑養蠶繅好絲，年年織絹製郎衣。

明 俞泰《題丹陽賀氏採桑飼蠶圖》《石倉歷代詩選》卷四八六 一從西陵育蠶始，開我萬世資生原。五畝橋邊樹桑柘，衣裳乃服由軒轅。王澤寖衰不下究，棄置田廬作園囿。閭閻無復採桑人，郤欲重重被文繡。吁嗟皇妃躬祀夫人繅，豈過惡逸為勤勞。公桑蠶室古來重，里罰有布懲不毛。崇陽拔茶易桑植，乖崖卓有先幾識。四野陰柔桑作林，襄城歌舞忠宣德。上有作者民斯從，三吴非復當時風。一花一木務珍玩，飼蠶樹老烟蕪叢。兹圖宛然含諷意，彷佛東郊勸蠶事。桑陰筐簍去復來，屋裏婦姑忙不寐。簇箔層層候起眠，窖繭繅絲説去年。郤歎官租猶未了，莫教重貢八蠶綿。

《明史》卷六三《樂志三・嘉靖間皇后親蠶宴内外命婦樂章》 進膳曲沽美酒 蠶禮成，鳳輦停。薦霞觴，列雲屏。宫妃世婦仰坤寧。祥雲映紫冥，同頌耀前星，㽝宫御鑾歌。惟天啟聖皇，君耕藉，后躬桑，身先田織率萬邦。天清地寧民阜康。百穀用成，四夷來王，治化登虞唐，世發禎祥。

清 王士禎《漁洋山人精華録》卷一《蠶租行十解》

丁酉夏月，民婦養蠶，質衣釧鬻桑，而催租急，遂被逼而縊死，其夫歸見之，亦縊。王子感焉，作是詩也。

陽春三月時，蠶子何蠕蠕。三日出奩中，五日徧籧篨。一解

東鄰有少婦，養蠶方一嫗。夜夜伴蠶眠，桑葉恐不周。二解

朝出南陌頭，猗猗望桑柔。亦不見桑柔，椹子醉鳲鳩。三解

歸來見蠶飢，徘徊當柰何。脫我耳邊釵，鬻我嫁時襦。四解
阿夫持襦去，里正持符來。漢中索軍糧，不得還顧私。五解
里正且上坐，黽勉具晨炊。但緩一月餘，蠶成賣新絲。六解
新絲亦難賣，新穀亦難收。不見馬上郎，雉尾紅錦裘。七解
再拜謝里正，丈夫且旋歸。鬻我嫁時襦，脫我耳邊釵。八解
蠶應黑瘦盡，軍租持底當。痛哭孤兒視，畢命朱絲繩。九解
阿夫還入門，不復見故妻。生既為同衾，死當攜手歸。十解

又 卷五《**蠶詞四首**》

青青桑葉映迴塘，三月紅蠶欲暖房。相約明朝南陌去，背人先借馬頭娘。
戴勝初來水染藍，女桑濃葉滿江南。誰家少婦青絲籠，知向香閨飼女蠶。
玉蛾飛飛金繭酥，蠶時幾日閉門樞。白葦與儂作璘籍，黃金與儂作躊躇。
鳩鳴屋角桑葉低，三眠四眠蠶始齊。小姑嬌小好閒事，簇蠶學罷學添梯。

又《**山蠶詞四首**》

大司農益都孟公作《山蠶說》，其詞最古雅，因廣其意作《山蠶詞》。

清溪槲葉始濛濛，樹底春蠶葉葉通。曾說蠶蕞蜀道險，誰知齊道亦蠶叢。
那問蠶奩更火箱，春山到處是蠶房。槲林正綠椒園碧，閒卻猗猗陌上桑。
春繭秋絲各自諳，一年三年勝江南。柘蠶成後寒蠶續，不道吳王八繭蠶。
尺五竿頭絡色絲，龍梭玉鑷動妍姿。紅閨小女生來慣，中婦流黃定未知。

清　萬斯同《**石園文集**》**卷三**《**鄮西竹枝詞五十首**》　獨喜鄰村蠶事脩，一村婦女幾家休。織成廣幅生絲絹，不數嘉禾濮院紬。

清　施閏章《**學餘堂集**》**卷一七**《**祀蠶娘**》　華鐙白粥陳椒漿，田家女兒祀蠶娘。願刺繡裙與娘着，使我紅蠶堆滿箔。他家織縑裁羅襦，妾家賣絲充官租。餘作郎衣及兒襖，家貧租重還有無。蠶時桑遠行多露，好傍門前種桑樹。

清　曹爾堪《**養蠶詞**》《篋衍集》卷七　清明洗箔出蠶子，細小如鍼黑如蟻。綠鬢不理剪嫩桑，半月辛苦一寸長。二眠起後筠筐滿，羅敷陌頭愁日短。不寒不煥四月天，薪炭何曾費一錢。銀釵換魚衫換肉，清還直待頭蠶熟。頭蠶已熟繭蛾蚤，今年郭外繅車少。戰鼓頻驚成亂絲，養蠶那得如往時。

清　吳之振《**黃葉邨莊詩集**》**卷五**《**課蠶詞**和桐鄉何相如明府》

趁閒結伴去燒香，過了清明日日忙。阿囡今年新上學，十錢擔裏買文昌。
孤虛旺相驗蠶符，浴種還嫌風色麄。取記東南蠶室利，箄來把火是三姑。
術家先期皰蠶符，有大姑、二姑、三姑把蠶之別，為豐儉驗。
火盆低簇半溫涼，晴日融和暖透牕。舍下秀才蒙上考，頒來官紙白如霜。
俗以官給紙糊牕蠶必大利。
三日晴和兩日陰，初生蠶子細如針。家家禁忌行人絕，吠犬鳴鷄亦斷音。
桑葉團團蠶二眠，暄涼飢飽要心堅。白頭巫媪談休咎，消息今年勝舊年。
芹菜泥乾燕乳兒，鯉魚風動柳飛絲。交皆遶屋啼桑扈，正是吳蠶出火時。
蠶三眠須涼爽，去火盆，俗名三眠為出火。
三起三眠日夜忙，早蠶將熟恰清涼。争傳葉價俄騰貴，兩槳如飛去買桑。
食葉移筐捷若風，蜿蜒頭角宛如龍。叮嚀小婦休傳語，速買豚蹄謝五通。
龍蠶頭生兩角，較常蠶大數倍，作繭如甕。
蒻苗裹樓翠彎環，高簇山盆蠶上山。社肉分攜鄰舍散，荻簾支枕片時閒。
香暖薔薇簇簇花，沿村比户響繅車。辛勤一月離妝鏡，也折斜枝揷鬢鴉。
並頭戢戢兩綢繆，簡出同功各籠收。雪白吳綿輕且煖，禦冬不羨紫貂裘。
兩蠶並作一繭謂之同功繭，絲理紊亂，但可製綿，不得繅絲。願作同功繭，生死不相離，見《懊儂歌》。
西商幾隊出長安，颭颭紅旗揷羽翰。最喜年來絲價好，京槽小顆儘完官。
下路桑枝著地低，杭城都用採桑梯。箄來總是三吳地，物土相宜已不齊。
出繭新蛾勝粉搓，翩翾接翅鬥雙蛾。小姑偷向旁人問，贏得房櫳笑語多。
麥收蠶熟百無憂，酒釅茶香挽客留。底用催科惱官府，八分秋稅已過頭。
稀稀密密散珠霏，白暈中央黑點微。雪壓鹽醃終不死，幾經煅煉出生機。
蛾生子紙上，斑駁如雲霞。冬間用鹽滷漬一二日，復置大雪中壓之，懸屋梁風乾，否則先春發，生無用矣。

清　愛新覺羅·玄燁《**桑賦**并序》《授時通考》卷五〇

朕巡省浙西，桑林被野，天下絲縷之供，皆在東南，而蠶桑之盛，惟此一區。近在宫中，刻為耕織圖，每示司牧，使知其艱苦。今更為賦以托意焉。

伊彼條桑，其葉始萋。春日載陽，綠陰乃披。紫陌上兮婀娜，綺岸側兮垂垂。來璧旭之晨照，受光風之午吹。影映帶兮青翰，色彷彿兮翠旗。既扶疏而相亞，復低昂而參差。念蠶事之欲動，正芳候之如期。聿茲女紅，生計是賴。采采盈筐，慎加覆蓋。虞日煦之少潤，防雨頻之為害。儻薄蘆之不繼，時憂心之旆旆。虔飼食之維勤，勞形神於塵壒。摘曉露之輕滋，乘良月之新薈。

望千畝之閒閒，實蠶家之弘賫。誠黼黻之必資，繫衮職之用大。其重等於苗稼，為王政之不外。予恒恐其難知，作深宮之圖繪。至夫厥貢著於尚書，沃若咏於篇什。公室見説於禮經，牆下屢申於孟集。試古訓之歷稽，又民務之應急。若乃訝為神木，騁以青華，末照是晞，甘椹如瓜。馴雉表異，黄鳥稱嘉。雖景物之堪娱，咸無關於大家。夫其詑幢幢之高蓋，美亭亭之奇樹。靈根依倚於十洲，巨迹遂闢於周宇。類齊諧之荒唐，皆予今日之所不取也。聊因清晏，簡牘是書。用示遠邇，是溉是鋤。共知愛護，種繞其廬。蠶桑農穡，安寶璠璵。

又《桑林乍緑蠶事方興詩以嘉之》 彌望桑林吐葉，垂枝嫩碧初匀。竹舍正殷蠶務，天工雨露維均。

清 黄之雋《唐堂集》卷三一《蠶之食葉》 蠶之食葉，聲如疾雨。馬齕于槽，聲若濤怒。聞之疑似，毫釐千里。古病聰者，以牛惑螘。耳雖在吾，勿信其耳。

又 卷三三《蠶女》

浙中盛蠶事，吾鄉無之，作此歸示鄉里。

纒綿身上衣，辛苦千萬緒。鮮衣盛服人，聽我歌蠶女。蠶女十六七，嫁夫結鴛侣。作家甘勤劬，歲寒秉機杼。三月蠶事起，樹上黄鸝語。妝成不出遊，垂簾理筐筥。蠶生先後齊，蠶飢當啖茹。金環約皓腕，采桑往東墅。道逢遊冶郎，低鬟首不舉。還家剪緑葉，哺飼順時序。圍爐濕氣驅，密室旁風拒。颯颯食葉聲，急雨響蘆渚。忙月倩女伴，相助為黨與。嬌軀本纖弱，黽勉奮腰膂。繁紅枝上稀，不知春已去。寢食於斯寶，何暇相延佇。三俯三起時，挿簇一尺許。微蟲競効命，吐絲自藏褚。數日繭乃成，滿屋白湑湑。桑根釜下炊，繭子釜中煮。纖手抽不遲，併合五六縷。牽引上繅車，軋軋無所阻。宛轉動清響，家家弄新暑。新絲皎于雪，十倍麻與紵。蛾蛹為夫妻，拍拍相狎處。産子實蕃息，浴種藏善所。促織鳴東廂，流黄照秋炬。織帛已成匹，寒來不愁禦。西鄰養蠶婦，衣裙敝絲苧。借問何為爾，蠶月運齟齬。苦繅一筐絲，賤價售商旅。本以完官税，豪右責逋糈。公私償不足，且用飽吏胥。一絲不到身，奚望篋笥貯。同力蠶桑務，脉脉受酸楚。霜風遠相尋，淚下不及杼。

清 黄之雋《春還事蠶》《蠶事統紀》卷一九 百花催月令，蠶事及春陽。載勝家家喚，城隅徑徑忙。最憐鴉鬢女，能事馬頭娘。對鏡工裝束，防人看采桑。

清 黄之雋《蠶食葉成字》《蠶事統紀》卷一九 羅敷獨處在深閨，每飼蠶飢采葉齊。三起唾餘紛有像，六書蠹後本無稽。回文何待絲纔織，流水終非筆所題。憑寫相思寄夫婿，飄零曲薄不堪攜。

清 李紱《穆堂類稿》卷八《瑞州知府趙君以蠶桑教民，有野蠶成繭之祥，詩以紀之》 農桑王政始，衣食所根源。匪農民乃飢，匪桑民亦寒。西江俗儉樸，維瑞尤清淳。道院有嘉稱，賢牧心可勤。稼穡力原野，維桑生未繁。殷勤買蠶種，移植千萬根。風戾傳古法，繪圖懸里門。和風相煦嫗，四時如春温。何來五色蛾，蠶繭被郊原。萬石足絲絮，挾纊皆君恩。古來循吏傳，兩漢尤所尊。永光建武年，野蠶出屢聞。當時誰作守，千載仰清芬。

清 劉廷璣《蠶詩寄内》《蠶事統紀》卷一九 陌頭日日採桑頻，燈下絲絲出苦辛。同著綺羅三十載，今朝纔識養蠶人。

清 毛奇齡《西河集》卷一三一《南歌子》 驅馬東郊道，提筐南陌頭。桑枝欲盡且移鉤，日暮蠶飢歸去，好難留。

清 吴焯《臺城路》《蠶事統紀》卷一九 稠桑緑徧江南路，吴鹽擷花新浴。社鼓纔停，粟房初掃，剪就鵞翎輕蹙。蘆簾互複，怕墻外輕雷，南風乍觸。小袖高擎，二姑持火漫離宿。楝花飛後眠起，聽雨聲如驟。熏籠頻捉，細紙匀鋪，筠筐徐舉，縛草為山陵簇。聚星未卜，恐鄰女偷窺，寒珍後熟，吐盡銀絲，玉纖能幾握。

清 厲鶚《樊榭山房集》卷九《臺城路》

蠶

青萍葉大桐花落，村村又鳴鳩婦。細雨如塵，餘寒若水，蟻動吴匳時候。狸奴聘否，怪生客偏憎，閉門長晝。守定蘆簾，三眠三起似人柳。深窗幾回罷繡。挽籠鉤陌上，親費摻手。夜屋燈邊，曉墻烟外，最怕銀筐飢後。心情漸逗，記瓦卦曾占，簇山將就。待寫雙蛾，更呼鄰女耦。

清 查慎行《敬業堂詩集》卷四《養蠶行》 去年收絲利倍三，村中家家貪養蠶。蠶多葉少桑騰貴，千錢一筐賣未甘。温風吹蠶蠶易老，滿箔三眠上山早。蠶娘一月不梳頭，懶惰郤輸辛苦好。東家採得繭如脂，繅向簷前索索吹。西家繭頭薄於紙，一樣蠶桑兩樣絲。將絲換錢索官串，無者價昂有者賤。貧家衣食天所慳，別許居奇營巧官。即今閩海尚興師，争利人人學賈兒。聞道樓船皆市舶，貿絲豈必盡蚩蚩。

又 卷八《原蠶行》 村東村西桑葉緑，頭蠶不熟二蠶熟。薄于紙片白于脂，五月南風齊上簇。繅車聲中湯百沸，出釜持將易斗粟。去年苦旱秋不登，民命全憑寸絲續。我聞周禮有成法，一歲不容種再浴。蠶多害馬理或然，物類區區別田畜。國家官馬百萬強，惜薪監督煩曹郎。原蠶微利幸無禁，勸汝努力須栽桑。田夫暑雨多咨怨，不如且喫蠶娘飯。

又 卷一三《初夏園居》 頭眠已過二眠新，蠶候參差雜四鄰。一月往來渾斷絕，隔籬時見採桑人。

又 卷四三《村家四月詞》

去年桑葉賤如毛，今歲蠶多葉價高。大抵乘除常得半，半償安分半償勞。

小滿初過上簇遲，落山肥繭白于脂。費他三幼占風色，二月前頭豫賣絲。三幼即三眠也，見放翁詩自注。

野老籬邊獨一家，卧聞隔竹響繅車。開牕自起看風雨，日在墻東苦楝花。

清 查嗣瑮《查浦詩鈔》卷六《蠶月嘆》 前簷後簷雨浪浪，蠶聲食葉如雨忙。大姑把蠶祝葉賤，戴勝降桑喚葉昂。三朝葉昂三暮賤，吴楚喧争幾攻戰。家家打粉充蠶糧，安得還汝錦繡腸。

雉飛角角小麥黄，村路晒絲作飯香。可憐二月已早賣，纔脱繅車抵徵債。西家婦勤兩月忙，滿頭亂髮如絲長。東家婦嬾罷蠶織，髻學城中高一尺，早换柔紅晚蘸碧。

清 張希良《擬陌上桑》《楚詩紀》卷一一 吴地桑蠶遲，四月未成絲。今朝見少女，提筐採葉光離離。髮短蓬飛腳不襪，倚樹淚交頤一解。問女何所悲，女亦無所悲。官家蠶苦早，田家蠶苦遲。採桑不盈掬，已從二月賣新絲二解。為女謂蠶勿食桑，願復化為高辛之帝馬，悲鳴奮躍吞蠻方。催科不煩征戰息，捲女上樹樂洋洋三解。

清 顧詒禄《養蠶詞》《蠶事統紀》卷一八 夜飼紅蠶蠶食飽，眼見柔桑半枯槁。桑條剪盡始成眠，蓬鬢不梳春起早。養蠶作繭繅作絲，正是黄梅欲雨時。堤上女兒真可憫，繅罷氷蠶織明錦。一曲新歌一綵縑，十二樓頭媚紅粉。養蠶人著木棉衣，夜夜西風上錦機。曲轉朱門舞衫弊，更浴春蠶待來歲。

清 李世恪《采桑詞》《蠶事統紀》卷一八 沿畦桑葉長，蠶飢待桑急。少婦携懿筐，稚子桑顛立。日夕少餘閒，蠶成繭霱霱。未得上寒機，抱絲貿通邑。官家催稅錢，豈敢遲呼吸。春事已無求，俯視空筐泣。君不見凍老曾無衣帛時，滿城兒女綺縠歸。

清 佚名《瑞繭吟》《蠶事統紀》卷一八 桑柘陰濃飛載鵀，蓬門晝鍵蠶房深。蠕蠕漸大過拇指，稾秸縛把排山岑。逾時繭不綴顆顆，吴娘意惑凝寸忱。豈知萬蠶不私顧，若赴期約同一心。天孫夜乞機上巧，口口接續痕莫尋。朝來雪色鋪薄面，厚于錦段長于衾。闊二尺餘紋更好，秋池風皺力不任。绿牕昵昵相怨謫，祭禱或褻神罔歆。東鄰西舍男婦集，人頭戢戢荀束林。甲某浮躁逞臆説，乙某瞠視喉舌瘖。其間一老真解事，此為嘉祥非災祲。曷若入城獻官長，太守學博通古今。堂皇展看首屢頷，勞以杯酒并以金。馬頭廟去酬景貺，全家飲福舞且醅。予時在府事筆札，見之歎賞開胸襟。因曰聖皇重耕織，圓穹有意示鑒臨。君子雖耻道符瑞，豈比草木凡獸禽。元封野蠶結成繭，尚載簡册光璆琳。此物較之洵希差，可與盛世增銘箴。亟當緘封薦天子，郊廟衣服供縫紝。左右史臣自點筆，天子正鼓薰風琴。子恐遐方惜未睹，流傳譔此瑞繭吟。

清 佚名《養蠶詞》《蠶事統紀》卷一八 里胥一月不下鄉，家家閉門村日長。蠶娘養蠶如養兒，性知畏寒飢有時。籬根賣炭聞盪槳，屋後鄰園桑剪響。關心兩事愁常缺，典卻頭釵嫁時物。官租不負儂不苦，猶喜端陽簪繭虎。

清 陳梓《删後詩存》卷二《養蠶詞》 田家養蠶極苦辛，蠶大費力小費心。臘月十二蠶生朝，炒鹽獻竈家家勞。清明夫婦莫走動，隔夜采花浴蠶種。蠶種不一分炎涼，熱看冷看須忖量。屈指來朝穀雨近，出城買紙糊蠶筐。轉緣變藍蠶子出蠶子始出時綠色，繼藍色，鵝毛撣落房中藏。先以嫩葉如乳哺，一眠三日魚鱗鋪。二眠兩日連椏枝，三眠插替勞何辭每眠三日，换出老桑葉，謂之替蠶。今年二姑把蠶穩，不如頭姑昏昏小姑狠。出火一錢二百倍，大眠一斤五斤外。如此收成定十分，割肉先獻蠶將軍。掘筍勿斗筍，斗筍蠶要損。喫薑勿喚薑，喚薑蠶要殭。况今天時頗温和，微風拂拂雨不多。雷驚沙脹更何慮，人力到時天豈誤。大眠以後廣送葉，老翁提籃小兒挈。不愁葉貴只求飽，四十二餐一齊考蠶熱，腹通亮，曰考。山棚灼火真小心，起望山頭白皜皜。三日齊封門，五日始採繭。一斤採十斤，合家開笑臉。前村後村絲車鳴，咿咿啞啞聲相聞。或歎白肚孃，上山一半殭。或恨出火早，蠶了葉又了。四鄉各比並，只有我家好。我家雖好勿喜歡，地丁昨夜來催完。豪家復要蠶罷米，今早撑船泊村裏。官糧不抵私債苦，一石冬舂須石五。賣絲分完兩手光，一月替汝空奔忙。落得繭黄績緜綫，織得緜綢一丈半。去年無襦今有袴，畢竟蠶桑是長算。不恨官私兩迫促，但願年年如此十分足，放膽且喫豪家粟。鄭世元曰：田家情事，銖黍具悉，可補吳風。

清 王時翔《養蠶謡》《清詩鐸》卷七 蒿葉青，桑葉緑，吳蠶蠕蠕動萑薄。小婦攜筐襪雀飛，鵓鳩亂啼紫椹熟。温風密雨遮深房，地爐熾炭融冷光。三眠常忌醉人見，村巷家家斷酒漿。櫻桃紅過杏子黄，茶旗盡展麥垂芒。眼前百事俱屏卻，但望雪色新絲長。簇山高，高似屋，捉蠶上山去，花貓捕鼠慎勿觸。老媪拂布裳，拜向馬頭娘。暗祝今年多做繭，要抵舊債充官糧。繅車絡絡杼札札，織成綾錦空羡殺。君不見采桑貧女凍欲死，富女裁衣疊箱裏。

清 朱奕曾《蠶婦謡》《清詩譯》卷七 三月三日天氣清，苕溪女兒逐隊行。提筐攜筥不厭重，爲言采桑育蠶種。初生細如絲，薄刀切葉聲差差。一眠二眠蠶上架，桑葉漸與黄金亞。衣釵質錢買桑葉，只論有葉不論價。大姑鬔髮鬆不梳，小姑辛苦脣不朱。老婦椎髻飼蠶食，衣裳不解體不舒。日間防蠶飢，夜間防鼠齩。保蠶如保嬰，刻刻難離抱。三眠之後蠶始壯，燒紙祈神祝蠶旺。瓦盆烈烈然炭火，雌雄結繭何斑斕。繅車轣轆轉銀牀，飛濤滾滾百沸湯。大姑纖手把絲緒，一莖抽出萬丈長。纔喜新絲初出釜，硃牌紛票來官府。完糧刻日不許遲，胥吏下鄉猛如虎。蠶娘授絲與主公，主公接絲賣城中。賣絲得銀納官税，可憐今歲蠶事空。蠶娘痛哭陳詞説，辛苦看蠶枉勞力。未贖酬神買葉錢，寸絲尺縞留不得。主公涕泣告蠶娘，賣絲未足清官糧。上司行文又催促，儘拚五月賣新穀。

清 周煌《海山存稿》卷一七《吳興蠶詞》 好是風風雨雨天，清明時節閙桑田。青螺白虎剛祠罷，留得灰弓月樣圓。清明節，育蠶之家設祭，又食螺之挑青，以其殼撒于屋上，謂之趕白虎。門前用石灰畫彎弓之狀，祛蠶祟也。

清 蔣廷錫《六荒詩·蠶荒》《清詩鐸》卷一四 吳民事蠶絲，燥溼惟時候。今年三月前，霢霂潤土厚。蠶婦欣相告，可保蠶有收。有綿白如雪，有絲細如縷。嚑風護蠶子，蠶子衆且驟。一線黑如針，初眠已昂首。誰知連旬雨，桑枝爛若蹂。重陰固微陽，葉葉皮縮皺。水氣毒中蠶，蠶死首相湊。蠶婦長歎泣，相約毁絲扣。

清 王道《觀繅絲者》《蠶事統紀》卷一八 白可染兮亂可治，亂不治兮白可棄。由來物曲在人工，不辨精粗與鉅細。此絲之貴為宮衣，大采少采端冕涖。下逮群僚章服榮，士民亦得分婁曳。須念春蠶作繭難，夜牕紅女纖纖試。東南財賦出桑田，寸絲尺縷皆美利。宮中聖人恤民瘼，日以農桑勞寤寐。不勤而惰非王民，不儉而奢豈王意。繅絲一日能幾何，頭頭絫黍不可計。太平日月總寬閒，賣絲買穀謝官吏。所願繅車不肯停，手口交作莫言瘁。

清 愛新覺羅·弘曆，蔣溥等編《御製詩初集》卷二一 浙江巡撫常安奏，杭州諸府桒間自生蠶繭，可取以織綢，名曰『天蠶』，蓋以為瑞也。朕謂此范成大詩所謂『野蠶可繅』，而常安未之知者。然不假人力用佐，女紅則信乎授衣之助，因紀以詩：吳中蠶事由來脩，九月授衣常廑意。照田然炬想遺俗，石湖樂府風人義。野繭可繅換短襦，錦繡纂組猶餘事。欣聞天蠶綴野桒，以供織紝堅且緻。馬頭祭罷有後佑，物產菁華佐衣被。可云人不假其力，將無地尚遺其利。農桒之計牧臣責，底須艷詡明時瑞。

清 馬曰璐《南齋集》卷二《養蠶詞》 江南四月桑陰薄，辛苦吳蠶初上箔。柔條倚徧小姑梯，生怕朝來雨不宜。玉蛾金繭漸成熟，織作羅紈自無服。背人更祭馬頭娘，何不絲繅萬丈長。聞道今年立繭館，眼看蠶桑天下滿。

清 沈瀾《田家雜謡·稍桑葉》《清詩鐸》卷六 吳儂育蠶惟論筐，一眠二眠仰食桑。稍得豪家葉百箇吳地葉不論觔，惟稱幾箇，朝夕采飼免徬徨。眼看蠕蠕競上簇，繭少同功聲撲撲。婦姑抽縷費轆轤，一堆霜雪照羅縠。貨與舶商給直低，償他稍葉尚不足。君不見臨時購葉走趁趯，有人養卻空去聲頭蠶俗以空手育蠶爲空頭蠶。

清 陸瞻雲《蠶耕謡》《清詩鐸》卷六 蠶桑難，采桑女伴身苦寒。紡織勤，鳴機裂下歸賈人。賈人端居坐華屋，織指不動曳羅縠。

清 翟灝《無不宜齋未定稿》卷一《繅絲行》 春蠶老去辭筐筥，寸腸宛轉絲千縷。鼎湯初熱蟹珠繁，繅絲車上烟如雨。一縷未斷一縷連，一聲既往一聲還。鎖星鼓動環繩轉，幽牕軋軋吟新蟬。綿延脆緒引未極，佳人撤筋長太息。吳儂一月廢佳眠，養得蠶成幾金直。臨晨剥繭赴繅盆，身炙手烹勤作力。下車收控雪絲絇，鳴機不待蟲催織。可憐用盡細工夫，紈絹何曾自光飾。君不見少年沈醉美人家，纏頭抛擲賤泥沙。

清 鮑鈖《先蠶神詞曲》《蠶事統紀》卷一八 桑猗猗兮椹紫，豆莢垂垂兮。時維蠶市，蠶之利兮自古稱。徧浙西兮首吳興。雉之山兮箬之水，建靈祠兮神依止。薦溪毛兮酹溪水，蠶娘紛紛兮而來祈此。神陰騭兮繭子成，聽村村兮繅絲聲。衣被天下兮萬世，豈一邑兮吾民是庇，自今兮莫缺其祀。

清 鮑鈖《先蠶詞》《蠶事統紀》卷一八 蠶事吴興重，神功亘古垂。利民修缺典，報本創蕺詞。軒后親桑始，周官制禮隨。不壇私祭展，肖像俗情宜。鄉貢憑庥庇，官箴媿繭絲。自今欽世世，留紀麗牲碑。

清 袁樹《紅豆村人詩稿》卷二《養蠶行》 去年採桑苦身短，郎為持梯將手挽。今年採桑春水波，春蠶奩薄郎關河。思郎怕近繅絲處，千絲萬絲頭緒多。絲結猶可理，情結空自悲。將絲織成素，為郎裁作衣。衣成將寄遠，仔細酌長短。辛苦妾心深，穩護郎心暖。男子一心自古無，在家約密出門疎。君不見頭白鄰家機上婦，夜夜五鼓悲啼烏。

清 金埴《蠶》《蠶事統紀》卷一九

蠶知艱物力，菲食僅青桑。一餵一看長，三眠三改妝。銀絲吐續續，玉繭綴琅琅。何惜糜軀報，為君製作裳。

又《絲湖州者佳聚于新市，每歲五月，杭州、寧、蘓州三織造親詣斯鎮採買，合四方商販不下數百萬金，浙西巨出産也**》** 婦髮蠶身互，成兹寸寸絲。縱令更素質，弥覺發奇姿。聲價初高日，經綸得展時。東南三織部，采買不教遲。

又《蠶花五聖詞》 採茶三唱酒三巡，用饗蠶花五聖人。願得靈巫神語賛，一筐蠶熟一筐銀。採茶曲名

又《放蠶忙》 放蠶忙，吏下鄉。蠶在筐，莫賣桑。官要糧，任蠶僵。

又《蠶》

蠶心苦，餘絲吐。蠶身苦，報蠶女。報蠶母，湯火遭。願將身，不斷繅。誰蠶身，母髮變。休將絲，説價賤。繅絲長，落髮短。髮易絲，腸寸斷。

清 潘玠《蠶婦詞》《蠶事統紀》卷一九

為事蠶桑一月忙，不過鄰里不梳粧。婦姑相對今無事，閒把新較短長。五月家家繭出蛾，雙眉欲畫近如何。小姑不學城中樣，花額微黄映淺波。

清 張逢年《養蠶詞》《蠶事統紀》卷一九 盡日深村不吠尨，飼蠶時候掩紅窗。辛勤誰是秦郎婦，值得新書撰夜釭秦淮海婦善蠶事，故作蠶書。

清 李兆鋐《蠶婦》《蠶事統紀》卷一九 村南少婦理新妝，女伴相携過上方。要卜今年蠶事好，來朝先祭馬頭娘。

清 洪景皓《田蠶竹枝詞》《蠶事統紀》卷一九

清明時節柳毶毶，姊妹相逢訪浴蠶。約去采花好散緑，喜神今日在東南。

穀雨蠶生細似絲，家家門外揷桃枝。禁他鄰里閒來往，還戒兒童簫管吹。

陰晴冷暖總天時，底事吴姬皺着眉。昨夜貪眠愁失曉，蠶飢叵耐雨如絲。

花蠶立夏恰三眠，一月禁人聲寂然。遮莫村兒也解事，暫呼春笱作鑽天。

采山須避鶴人方，落繭盈箱復滿筐。揀出軋圓留作種，明年依舊十分强。

機聲軋軋弄凉宵，女戀紅裙兒愛袍。半匹剪持質酒庫，催租吏怒索香醪。

清 程恩澤輯《貴州橡繭詩·春放蠶子既出，承以橡枝葉於筐，能自上，即取枝葉縛之樹**》** 越孃急蠶食，意欲親乳哺。黔娘急蠶功，一任飽風露。得繭大於甕，不顧越娘妒。回頭笑嬾婦，歌舞博紈素。

清 吴榮光《和程春海學士橡繭十詩》《貴州橡繭詩》附 種稻三年勞，種橡一鋤力。况土不宜禾，磽瘠橡可植。植成葉泥泥，用以供蠶食。黔民勤且臞，胡弗事紝織。紝織夫如何，始事窖秋繭。寒來知屋深，暖至知春淺。雙蛾起累卵，瑟瑟復蠉蠉。昨夜東風多，枝頭新緑展。新緑復新緑，忽忽今三年。我有八育種，汝有九春天。借汝一枝春，引我萬絲纏。枝上日漸高，且莫驚蠶眠。蠶眠又成繭，秋事繼自今。問我何所事，秋蛾已滿林。蛾子下如雨，風露相蕤森。千喙萬連蜷，眈窺奈饑禽。饑禽復胡爲，重以螽緝緝。安能去之逃，色斯舉不集。我欲衛其生，豈必傷汝及。春聲與秋影，中有人獨立。獨立人再思，葉盡防空枝。就食但求飽，守株難爲饑。今日碧雲合，昨日碧雲離。碧雲去復回，相送［老］不知。繭老絲始成，繭熟絲始出。以身殉其絲，衣被及萬室。我繭一灰柔，汝繭三絲密。貿絲人或來，如念保素質。素質定不貴，終日歌七襄。大姑織袿被，小姑織裙裳。更有機前人，夜讀聲琅琅。秋燈勿辭勞，已免春來筐。春筐何但免，成繭勞逸判。回視吴越蠶，功倍而事半。况彼樹有實，園收未貧歎。肆者汝洗染，朽者成薪炭。山炭與山蠶，俱不入課則。聖恩寛邊隅，重戒盡民力。塗畬賦本輕，微末何足殖。寄言循良吏，慎勿擾作息。

清 吴榮光《播州竹枝詞十五首之一》《貴州橡繭詩》附 家家門外種青棡，家家虔拜馬頭娘。小姑絡絲大姑織，蠶事忙於農事忙。

清 鄭珍《巢經巢詩鈔·追和程春海先生橡繭十詠原韻·烘種》 春

寒四十五，人繭暖窩裏。人既忘其寒，蛹亦醒思起。蠶事爭此關，火力謹相視。譬若胎教疎，百病從之始。

又卷七《遵義山蠶至黎平歌贈子何》 大利天開亦因人，胡六秀才名長新。作文不動主司聽，作事乃與君相親。當年讀我槫繭譜，心知足法黎平民。自恨家無槫樹林，又乏財力先椎輪。逢人即講利且易，金帛滿山那苦貧。事既少見多所怪，譜復棘口難俗論。疑者自疑笑者笑，生也不顧逾津津。黑洞宋氏亦深計，種橡於今及三世。有錢能致遵義蠶，無術能行譜中事。胡生大喜得憑藉，牽合遵人負種至。八千蛾走一千里，上巳和風與清霽。胡主滕種宋氏迓，男婦爭觀奔且躓。入林下擔發荆筐，茶樹杉林皆失氣。羊鳴豕哭閧一邨，五牝作犒牡供祭。蠶師善禱紛拄地，宛窳西陵鑒誠摯。使爾繭加甕與盎，使爾蠶無斑與縊，使爾遵人無癘疫，教使黎人似遵義。胡生此時六國蘇，手執牛耳縱指呼。十年談紙一朝見，不信此中天意無。昨日歸來夜過語，快聽使我張髯鬚。貨惡弃地不必己，衣食在八何異吾。男兒不食四海俎，桐鄉豈無朱啬夫。昔我與婦論蠶事，本朝博利彌黔區。黎播相望幾江水，豈料生能行我書。書行我到兩無意，事會天定非人圖。看生此舉必獲願，已說蠶花香四敷。不須快擬欒公社，譜到他年芻狗芻。

清 莊綸渭《紀吳興蠶事六首》《清詩鐸》卷七

臘祭牢丸繭樣饒臘月十二俗名蠶生日。浴蠶種，搓粉作繭形，祀竈祈蠶，春回爭翦舊桑條。窗封薄薄桃花紙，戶插毵毵楊柳標清明插柳，爲熯蠶種之始。少婦澣衣忙欲返，阿娘前席早相邀倩助蠶事，呼曰蠶阿娘。宜蠶喜拾鞭春楮，豐兆先占遇歲朝立春日鞭紙牛，家拾碎紙歸貼蠶室，兆曰宜蠶。

浴種先籌暖種時，蠕蠕將出故風之蠶種夜露爲天浴。又有茄根灰水鹽汗等浴法，暖種置茵褥下，傴育以氣，十日始化生，將出，先一二日懸於風前，取風以動之之義。筐翻玉羽輕蒙紙，葉淬銀刀細刀絲。帶雨摘來常怕溼，長晴攤處更須滋。辛勤三餉何曾間初眠三日，再眠、三眠皆兩日，起而飼之，謂之餉，輕重頻權阿母知始權其種，初生乃權其子。三眠大眠又權之，以知蠶之消長。

競食條桑頓易消，晴窗潛聽雨瀟瀟。葉當四月街頭賣立夏後三日開葉市，蠶到三眠市上挑俗名出貨蠶。索價低昂傳遠近，關情冷暖話晨宵。草山簇簇如秧插，萑箔平鋪待詰朝上山先一日架棚。

沈沈簾影靜煙村家垂蘆簾，不許往來省視，謂之蠶禁，怒吏追呼不到門。遲速火蠶分冷熱始生烈火熨之，凡三日夜而眠，曰熱火蠶。六日八日而眠，寒煥惟其時。寒則稍加溫焉，火僅微烈，曰冷火蠶，舊新筐葉替朝昏俗謂換葉爲替。眠過漸覺烏兒長蠶初出名烏兒，食旺全無白大存初餉不過二餐，夜如之，繼加數曰旺食。蠶能食而不繭者，俗名白大蠶。今日上山天氣好，催絲還有炭盈盆三眠起餉，五日夜而四眠，謂之大眠。眠三日乃大食葉，凡七日而上山，兩日而成繭，必用炭火催之，名曰蠶炭。

豆子青青喜斗量人多以蠶豆占蠶，春醪爭祝馬頭娘大眠上山必祭。蠶沙淨處絲綸富蠶沙在腹，淨一節則絲富一節，光可外照，桑葚甘時吐屬香。一縷橫空身往復，千層團結首低昂。家家看火靈禽喚山棚下炭火不慎，輒致火患，是月有禽適至，其聲宛云家家看火，雲髻偷梳總未遑。

積繭盈筐欲出蛾，村娃翦虎午風和。車旋響軸翻銀礫繅絲以三斗繭爲一車，手拓兜緜漾素波。促織聲中催整線，采桑歌罷漸聞梭。緜官亦仰西陵氏，輸賦由來蠶後多。

清 馬恒錫《看蠶篇》《清詩鐸》卷七 食庚一鳴蠶事忙，西頭婦女多采桑。桑葉沃若歸盈筐，寶寶蠶家呼蠶之稱也。食葉夜漏長。縛薪作山山滿廂，阿娘排車姑煮湯。車聲鴉軋絲如霜，秤梢喜比去歲昂。小姑低聲問阿娘，織成可作兒衣裳。娘笑兒言眞癡狂，爾爺身背百孔瘡。絲少値輕結寸腸，不聞打戶吏虎狼，官府不寬應免糧。

清 張問陶《采桑曲》《清詩鐸》卷七 新蠶蠕蠕一寸長，千頭簇簇穿翳桑。天地生桑作蠶食，一日不食蠶已殭。春來無雨桑林禿，少婦提筐向蠶哭。溫風如火逼人來，擁鼻空吟采桑曲。吁嗟乎！蠶不飢，人不寒。蠶飢忽如此，歎君何處誇羅紈。黃塵撲面風捲沙，倚牆矮樹啼昏鴉。忽憶朱門正歌舞，吳綾一曲爭繁華。吁嗟乎！吳綾一曲眞豪舉，不知葦箔春蠶細如縷。豈獨春蠶細如縷，君不見道旁餓殺采桑女。

清 王槐《養蠶行》《清詩鐸》卷七 吳興徧地皆種桑，家家四月飼蠶忙。陰陽災沴傷草木，桑樹雖多葉不足。葉不足，蠶苦飢，無力作繭抽新絲。絲少賦多難稱貸，賣絲更把桑葉賣。胥吏門前爭叫呼，翩翩春服何其都。君不見輕紈細綺白如雪，寸寸蠶娘眼中血。

清 李宗昉《蠶事二十詠》吳興訪育蠶法得二十事，參以志書所載，各系以詩《清詩鐸》卷七

初過穀雨打包期，帕裏籠熏好護持。生怕當風翻面壁，東家新婦哺兒時。

一護種。取紙上所布子以帕裹之，置熏籠一宿，謂之打包。乃取貼于胸前，暖則活出。

妝罷從容問小姑，明朝日出好攤烏。春葱細掃蠶如線，不辨鵝翎與玉膚。

二下蠶。既出，以鵝毛掃於筐中，謂之攤烏。

頭葉纔過二葉齊，相逢多半在桑梯。投將紫葚供兒食，兒莫懷歸日未西。

三采桑。頭葉盡，采二葉，須老農善采者，留其條來歲生葉。

溼痕侵曉露盈筐，風戾槐陰送午涼。獨對藁砧無語坐，最堪腸斷斷絲腸。

四飼蠶。束藁爲砧，剉細葉如縷，飤之，稍飢，卽謂之斷絲腸。

紅懶思兼青懶思，辛勤分箔下春時。繚娘何事營巢急，一寸秋心一寸絲。

五捉眠。將眠不勤食者曰紅懶，思青懶思食者曰食娘，眠起者曰起娘，又有將熟而先作繭者曰繚娘。

雞脚槐頭減綠腴，蠶娘餉過餉蠶雛。問儂夫壻桑餘幾，留得銀釵壓髻無。

六餉蠶。眠起初食曰餉。

千頭簇簇布苔階，嫩葉勻攤綠似揩。鋪遍三弓窗隙地，向郎分取讀書齋。

七鋪地。掃地藉蘆廢，散葉其上飼之。

迴廊縛架巧嵌空，茆舍蘆簾結搆工。休怪阿郎叉手看，比儂花樣更玲瓏。

八縛山棚。架巨木，上敷蘆簾，相去尺許，以細竹結爲方孔，所以架草，曰花格竹。

去年秋有稼如雲，束藁供蠶作繭勤。遺秉還分鄰嫗好，隔籬花犬漫狺狺。

九架草。截禾稈如帚，倒植竹間便作繭。

山頭傴仄上山初，山勢高低密復疏。知是功成棲隱地，門前已聽轉繅車。

十上山。

緒風絲雨變寒暄，榾柮初燃氣候温。休向枝頭呼葉貴，二蠶初起綠遮門。

十一𤑔火。爇火貯山棚下，亦曰灼山。先是，有鳥如曰葉貴了，至是又有鳴者，曰灼山看火。

千山冰雪映簾櫳，分繭稱絲各課功。銖兩星星兒不識，屬郎將去問兒翁。

十二采繭。六觔爲一筐，率收繭一觔爲一分，以十二分爲中平。

蘭閨深靜日初長，緜顆烏頭別繭忙。揀取同功付嬌女，翦成雙虎過端陽。

十三擇繭。口傷不能爲絲者爲緜顆，垂成而死者爲烏頭繭。

合羅串五又肥光，風轉繅車拂拂香。戲語小姑添活火，絲成裁作嫁衣裳。

十四繅絲。細而白者曰合羅，稍粗者曰串五。又粗者曰肥光。

賸繭鋪霜軟復勻，光生翠釜有經綸。添裁細被分零線，賣向江干續釣緡。

十五剝蛹繭。

竹架彎環妙轉旋，雪光瑩淨月光圓。阿翁今歲添新襖，裝取絲緜換木棉。

十六作絲。

薄鬢疏櫳不識秋，儂家眉樣故風流。倩郎畫筆郎酣睡，栩栩匡牀自夢周。

十七生蛾。

繞盆旋轉引兒嬉，蛾去來年種更滋。素段織成煩妙捥，草蟲新樣繡螽斯。

十八布子。生子後，小兒引置水盆，旋轉而遊，祝曰：阿蛾轉團團，今年去了來明年。

喃喃村語說機祥，如月如錢費揣量。天馬何年逢伯樂，故應重問馬頭娘。

十九相種。村嫗習此者。就種之斜整疏密，擬其形似，撰語占吉凶相欺。

老翁僂背學和南，稚子流涎果實甘。來歲一姑還福我，無蟲無鼠十分蠶。

二十賽神。一姑把蠶則葉賤，二姑把蠶則葉貴，三姑把蠶則倏貴倏賤。

清 周凱《内自訟齋詩鈔》卷二《飼蠶十二詠并序**》**

襄之民，從余種桑十年而大茂。余又慮飼蠶之未善也，附飼蠶法。按《蠶經》，蠶性喜靜惡喧，故宜靜室；喜煖惡溼，故宜板室，尤宜密，以避風火，以助煖。《淮南子》曰：蠶食而不飲，二十七日而化，夫竭二十七日之力而得繭，工亦省且易矣。蠶具以箔以簇，竹葦所爲。襄之事蠶者，以席置諸地，廠其屋不加火，宜其難養也。余將延浙人教之，先就余家人所素習者，分爲十二詠示之。其成絲後，爲織之事，襄民當自求之，茲弗載焉。

迎貓蠶忌鼠迎貓以避之。陸游詩曰：『裹鹽迎得小貍奴。』

元宵鬧燈火，蠶娘。作糜粥。將蠶先逐鼠，背人再拜祝。裹鹽聘貍奴，加以筆一束。爾鼠雖有牙，不敢穿我屋。歲時記正月十五日作粥，登屋上食之，呪曰，登高糜挾鼠腦，欲來不來待我三蠶老蓋，爲蠶逐鼠也。陸游詩，裹鹽迎得小貍奴，杭俗聘貓加筆，借取逼鼠意。

浴蠶清明取蠶子，以桑柴灰水澄清，微溫輕拂之，厚緜絮包置緜被中，數日生，寘人懷更速。

鼓笛喧神祠，戶戶祈蠶畢。溪女各分種，昨過寒食節。厚絮密密包，灰水但輕拂。桑芽小於錢。乍看纖手擷。

初眠俗名頭眠，蠶初生蠕蠕若蟻，采極嫩桑葉翦細飼之。四日頭微白，不食退皮爲頭眠。

今日天氣和，蠕蠕動蠶子。知是第一眠，薄薄鋪繭紙。風從東方來，小姑色先喜。《漢書·天文志》正月上甲，風從東方來，宜蠶。翦桑細飼之，四日頭已起。

二眠自初生七日二眠，又不食將退皮，如頭眠狀，凡蠶四日一眠，眠一次蠶大一次

春寒忍顔色，不復畫蛾眉。二眠蠶欲起，攀桑折柔枝。所願桑葉多，令

我蠶不飢。且緩賀箱籠邵謁詩，春蠶未成繭，已賀箱籠實，曷先具筐槌。梅堯臣蠶槌詩，三月將掃蠶，蠶妾具其器。

三眠最宜著意，飼葉者當晝夜無間。

采桑復采柘，曉夜來相從。吳蠶已三眠，膏沐難爲容。不惜妾勞苦，但愁雨與風，殷勤課諸女，念彼寒號蟲。

大起俗名大眠，葉愈健，脱膚而起，漸有黄光絲在其中矣。

憶自享先蠶，日已近三九。門前過客稀，助蠶倩鄰婦。況當大起時，采葉不離手。食健聽有聲，絲絲漸縈口。

分箔二眠後蠶漸大，即宜分箔，諺云，曲植筥筐，曲，箔也。植即蠶槌，以架箔也。筥，圓器。筐，方器。竹葦皆可編，架高去地三尺許。下可炙火，自下而上五六層，蠶至大起視其食葉稍減，中有瑩光者，置一箔以便先上簇也，俗謂起娘，以其先熟也。

先蠶著箔上，相之具苦心《漢書·藝文志》有相蠶經一卷。昂昂青鴉觜，小大毋相侵。筥圓而筐方，位置深房深。分藏待上簇，中有帛與金。

炙箔蠶宜溫，上簇時更宜加煖，微火炙之，毋太烈。

大蠶已吐絲，小蠶看猶臥。恐犯春風寒，候火不敢惰。蘆簾疊疊鋪，桑柴細細剉。宜温毋太烈，守爐忍飢餓。

上簇以稻麥稭或竹篠葦幹，縛如山，將蠶通體瑩徹者，置其上，俗呼上山，勿遲，遲則繭薄。

蠶老色微紅，有絲何纏緜。麥稭與竹篠，縛之如山然。捉蠶上山來，所戒在遲延。不羨大於甕，作繭箇箇圓。

下簇上簇三日，皆成繭矣，宜摘繭。

雲隴麥將秋，雪繭蠶已熟。鄰翁各相賀，利以三倍卜。獻繭將告功，紛紛喜下簇。寄語紈袴子，愼勿賤羅穀。

擇繭中一蛹者曰獨繭，雙蛹曰雙繭，二三蛹者曰同功繭。擇獨繭、雙繭之堅白者爲細絲，同功繭及雜而薄者爲粗絲。爲帛，其有內潰而漬溼者曰陰繭，另置一處僅可爲帛。凡繭尖細堅而腰小者，雄也，圓慢厚而腰大者，雌也，相兼而收，以簇中者爲佳，近上絲薄，近下不生子，取雙繭，待蛾生子，承之以布，或以紙月直大火，以鹽水沃其子，俗謂醃蠶。以待來年清明浴之。

枝葉兩相當，辛勤歌采桑。不願同功繭，但願獨與雙。視腰辨雌雄，結喜簇中央。沃子待來年，甕窖宜深藏。

繅絲爲繅車以繅絲。

村村煮繭香，軋軋繅車聲。探湯引其緒，入手光晶瑩。上市賣新絲，織素分粗精。歸祀馬頭娘，共慶蠶桑成。

清 于源《哀春蠶》《清詩鐸》卷七

今年蠶市開，處處説蠶熟。奢心十倍成，歡聲遍茅屋。一解
蠶信日以熟，葉價日以昂。誰家傍門前，乃有百株桑。二解
倒我箱與篋，拔我釵與珥。葉貴買不歸，看看蠶餓死。三解
背人忍雙淚，日暮拋田中。不如往年殭，猶得充藥籠。四解
人家作成繭，幾日有絲賣。不彀還葉錢，又添蠶罷債。五解
蠶歉與蠶熟，只苦養蠶娘。城中販葉客，新絲做衣裳。六解

清 于源《蠶詞四首》《清詩鐸》卷七

繅卜油花禱祀虔，今年蠶事勝前年。一灣流水汲新綠，剛是春風浴種天。
十畝青桑蔭漸繁，怕人來往笑言喧。明朝求個村夫子，字寫蠶花貼板門。
翦刀聲裏日遲遲，早閉柴關謹護持。忙殺朝來看火鳥，幾番啼上最高枝。
温和天氣扇微風，雪色堆山一室中。郎喜吐絲成五色，妾思作繭要同功。

清 高其垣《勸蠶歌》《清詩鐸》卷七

其垣爲閩令，念閩省地瘠民貧，薄於生計，思爲開無窮之利。著試行蠶桑説，上之大府。捐貲購地，於井樓門外，蒔桑六千餘株，其秧由浙運至。道光末，陳中丞慶偕開藩來閩，韙其説於郡縣，令省垣設局，飼蠶勸民。其垣又於浙買運桑秧三千餘萬株，分給布種，且募浙之善飼蠶者至閩傳授，前後捐重貲，力任其事，不爲浮議動，作歌紀之。

我本浙中人，曾作閩中吏。身自田間來，且説田間事。江南二三月，牀頭蠶種發。家家皆飼蠶，正值清明節。節當春風香，女兒爭採桑。青青柔桑葉，恰恰連宵忙。全家夜來苦，但願蠶絲吐。二眠至大眠，上山猶閉聲。作繭方告成，堂前繅車鳴。繅車聲轆轆，賣絲錢滿橐。不畏吏催租，沽酒街前酌。女兒藏餘絲，留作嫁時衣。一月雖辛苦，一歲休愁飢。浙中利若此，閩中風土似。城外半膏腴，種桑可千株。我今買桑樹，復購繅絲具。蠶師愁無人，家鄉急覓去。轉瞬春風市上譁，偏栽桑樹如栽花。秋燈門巷鳴機杼，富擬湖州百萬家。

清 黄世本《蠶桑簡明輯説·施愚山戒溺蠶歌》

勸君莫溺蠶，溺蠶最大惡。上天有好生，何可肆殘虐。君不見三眠三起吐絲綸。到底藏身若束縛。繅其繭兮食其蛾，猶歡世上人情薄。忍將蠕動付川流，竟不念彼貪生樂。嗟

爾鄉民為甚忙，一歲之中有兩望。春祈蠶兮秋祈穀，男耕女織務農桑。桑葉稠兮欣奉種，桑葉少兮遽張皇。貪多務得惟評價，至此不敬馬頭娘。貧者待飼甚嗷嗷，富者求桑方逐逐。不知神物自天來，不異微蟲為化育。遽爾慘然毒手施，可憐生機頓傾覆。勸君莫溺蠶，溺蠶還有絕。天道惡殺而好生，似此傷殘福應折。何論往歲與來年，種種蠶花多欠缺。勸君莫溺蠶，溺蠶因心貪。若云園桑多市利，甯必蠶事付空談。轉禍為福憑心地，伫見繅盆樂且耽。勸君莫溺蠶，溺蠶緣心忌。若云桑價費囊錢，何不與爾親鄰飼。憂人富來自怕窮，百箔含生甯拋棄。豈知蒼穹佑善人，有秋獲望足償春。衹須作事循天理，何必終窶且憂貧。蟲蟻舉步宜常看，山林禁火亦為仁。勸君及早迴前轍，從此豐衣樂歲民。

清 劉光蕡《養蠶歌括》

大眠

眠起飼法如頭眠，日夜四頓亦同前。十六漸加五六頓，十七八日七八添。此時分擡成八箔，十九二十六七餐。廿一將眠宜微暖，加減斷眠擡如前。此時布滿十二箔，次日又起三眠全。起飼切葉僅三頓，或飼柘葉繭更堅。一頓薄撒宜覆白，二頓更薄白覆完。三頓如初經日夜，次日頓數又須添。此後飼葉均不切，甚且嫩枝亦許連。

上簇

二十三日七八頓，第二录豆細麪兼。第三又食純桑葉，第四粳米粉爲添。皆用水拌切葉內，飼純葉時枝葉連。此時擡分廿五箔，除去蓐草不同前。五六七八皆純葉，飼至次日辰巳閒。缺葉水拌乾桑麪，不缺噴水如雨然。此時分滿三十箔，此後急飼勿遲延。執葉繞箔常巡走，遇隙卽補使周全。食葉既多沙易厚，宜用網擡取輕便。此時若覺蠶室熱，齊啓窗門掛竹簾。熱甚更須扯窗紙，再用水缸注清泉。猛暴風雨窗門閉，急用微火散微寒。雷勿使聞電勿見，箔上急宜覆舊連。盆水炭火能解畏，周箔位置亦宜然。身肥嘴小喉絲亮，頻薄飼葉如斷眠。成功在此兩三日，晝夜殷勤勿貪頑。身體透明不食走，蠶老尋簇順自然。急須把捉送上簇，到此方爲蠶事完。

又 擇種

近上緊實爲良繭，留以爲種備來年。雄繭緊細形尖小，雌繭厚大形漫圓。雌雄分擺兩器內，七日蛾出擇又嚴。拳翅禿眉並焦腳，焦翅焦尾熏黃兼。身頭俱黑或赤肚，先後出蛾均棄捐。惟留肥好雌雄配，自辰至戌氣始完。去雄留雌使生子，置無風處布爲連。每日生子須記寫，十八日浴勿遲延。連背相靠掛房內，臘月再浴蠶事先。

蒸繭

生繅爲上絲光明，若繅不及繭須蒸。鹽醃甕泥及日曬，楊氏試之法未精。蒸用蒸籠止三扇，將蒸先扯繭外絨。籠中鋪繭三寸厚，二籠鋪繭一籠空。上熱湯手底層去，又加空籠鋪繭同。三扇倒換齊蒸遍，攤於箔上用日烘。楊氏又用大竹篩，攤繭四寸單被蒙。蒸時上置鮮椿葉，椿葉變色定火工。蒸過晾乾藏能久，繅用油鹽絲理鬆。

清 馬丕瑶《教民種桑養蠶繅絲織綢四法》

絲絡繅車女手忙，賢哉太守勸蠶桑權桂守黄兆懷觀察，於桂垣機坊東面，設繅絲公所，另延女師，使城鄉婦女來學，日見踴躍。新開廣厦容千百求學日多，日六十籌，尚嫌其少。更闢南鄰，可容數百人，以廣其傳，第一循能本姓黄漢黄次公霸，為潁川太守，務耕桑種樹。外寬内明，得吏民心治，為天下第一。謂提調。内外關防要肅然，如同兒女保安全繅絲所，内罩玻璃，以取明亮。外設柵欄，嚴鎖鑰，以别男女。要常稽查出入。飲食起居，亦須照料，使客至如歸。遠近聞風，當源源而來，學者日衆。繅三且受夫人手《禮》曰：『奉繭獻於夫人，副褘受之，繅三盆手。雖尊貴如夫人，亦皆繅絲也。』，姆教女師殷勤務廣傳謂委員，並傳諭女師。

家家競祀馬頭娘蠶神，善俗移風富且良粵西婦人，多親操井臼，古樸遠勝北方。蠶織，本女紅分内之事，更使習勞思善，其俗益良。且一年六七蠶，利倍稼穡，久而自知。寄語城鄉賢父老，人間大利是蠶桑謂紳董。

清 衛杰《蠶桑萃編》卷一三《四時圖詠類》

五月

夏半蠶已老，罄腹吐絲綸。簇山營錦爛，繭然似金銀。擇之盈筐筥，聚觀來四鄰。養蠶功至此，足補終年貧。先擇來歲種，化蛾足稱神。連懸通風處，愛護保如珍。

又 六月

六月暑方盛，揮污苦莫辭。繭老繰難緩，當釜自抽絲。繰車殷懃轉，且喜日遲遲。婦子躬蠶桑，自免淫惰思。旬日可經絹，衣食兩有資。盈倉滿籠樂，何事能如之。

又 九月

西風吹漸勁，凛凛寒氣生。是月當授衣，有絹已織成。開笥就刀尺，長短隨人情。身被羅綺服，五色相間明。可惜無褐者，此際尚經營。婦女於蠶桑，殷懃不可輕。

又　園中即事

歲十有二月，飲蜡始伊耆。百種報以穡，勞酒稱觴卮。民事不可緩，乘屋亟其宜。一幅田家樂，羔羊獻頌詩。

清　吴鴻望校，袁俊德輯《蠶政萃編·蠶始類》

祈蠶文

祝曰：惟蠶之原，伊駟有星。蠶事之興，聖母肇成。氣鐘孕育，惟神適從。保之佑之，有箔皆盈。尚冀終惠，用彰厥靈。簇老獻瑞，繭盆效功。敬獲吉卜，克契心盟。神其來享，爰祀惟誠。

讀蠶歌

歌曰：先蠶赫赫有神靈，助我三春蠶事成。萬箔千槌都順遂，絲多繭好慶豐盈。

清　沈炳震《蠶桑樂府·護種》　林間春鳥啼布穀，穀雨纔過蠶事促。蠶房紙窗照眼明，當戶春光快晴燠。堂前老翁負朝陽，室中新婦罷曉妝。旋向牀頭理蠶種，拂拭塵埃手自奉。東家昨夜已打包，西鄰擇吉聞今朝。香羅包裹更重重，束成置之薰籠中。晏溫煖氣長融融，阿翁晚睡抱當胸。非關新婦好安眠，哺兒時復開胸前。阿翁慎莫辭辛苦，繅絲織絹先奉父。

清　尹紹烈《蠶桑輯要合編·御製詩》

分箔

愛逢晴日映疎簾，新綠如雲葉漸添。天氣清和蠶事廣，移筐分箔遍茆檐。

又　晴明開雪屋，門巷排銀山。一年蠶事辦，下簇春向闌。隣里兩相賀，翁媼一笑歡。后妃應獻繭，喜色開天顔。

又　窖繭

一年蠶事已成功，歷數從前屬女紅。聞説及時還窖繭，荷鋤又向綠陰中。

清　張集賢編撰，郝子雅繪製《桑織圖·種桑歌》　種桑好，種桑好，要務蠶桑，莫潦草。無論墻下與田邊，處處栽培不宜少。君不見《豳風·七月》篇，春日載陽便起早。女執懿筐遵微行，取彼柔桑直到抄。八月萑葦作曲箔，來年蠶具今日討。繅絲織組漸盈箱，黼黻文章兼績藻。本來婦職尚殷勤，豈但經營本能巧。老衣帛，幼製襖，一家大小偕溫飽。春作秋成冬退藏，□戶垂簾樂熙皡。更得餘息完課糧，免得催科省煩惱。天生美利人不識，枉費奔馳徒擾擾。我勸世人勸務桑，務得桑成無價寶。若骨世世教兒孫，管取喫著用不了。各書一通曉鄉鄙，方信種桑真箇好。

雜録

南朝梁　吴均《續齊諧記》　吴縣張成，夜起，忽見一婦人立於宅上南角，舉手招成，成即就之。婦人曰：此地是君家蠶室，我即是此地之神，明年正月半，宜作白粥泛膏於上以祭我也，必當令君蠶桑百倍。言絶，失之。成如言爲作膏粥，自此後年年大得蠶。今正月半作白膏粥，自此始也。

《北史》卷九六《吐谷渾傳》　又度四十里海，有女王國，人庶萬餘落，風俗土著，宜桑麻，熟五穀，以女爲王，故因號焉。譯使不至，其傳云然。

唐　佚名《田中種樹判》　《文苑英華》卷五二六　乙於田中種樹，鄰長責其妨五穀，乙乃不伏。《漢書·食貨志》：種穀必雜五穀，以備災傷。田中不得有樹，用妨五穀。力耕數耘，收穫如寇盜之至。環志作還廬樹桑云云。

《舊唐書》卷五一《中宗韋庶人傳》　右驍衛將軍、知太史事迦葉志忠上表曰：昔高祖未受命時，天下歌桃李子。太宗未受命時，天下歌秦王破陣樂。高宗未受命時，天下歌側堂堂。天后未受命時，天下歌武媚娘。伏惟應天皇帝未受命時，天下歌英王石州。順天皇后未受命時，天下歌桑條韋也。女行六合之內，齊首蹀足，應四時八節之會，歌舞同歡。豈與夫簫韶九成、百獸率舞同年而語哉！伏惟皇后降帝女之精，合爲國母，主蠶桑以安天下，后妃之德，於斯爲盛。謹進桑條歌十二篇，伏請宣布中外，進入樂府，皇后先蠶之時，以享宗廟。帝悦而許之，特賜志忠莊一區、雜綵七百段。太常少卿鄭愔又引而申之，播於舞詠，亦受厚賞。兵部尚書宗楚客，又諷補闕趙延禧表陳符命，解桑條以爲十八代之符，請頒示天下，編諸史册。帝大悦，擢延禧爲諫議大夫。時上官昭容與其母鄭氏及尚宮柴氏、賀婁氏，樹用親黨，廣納貨賂，別降墨勑斜封授官，或出臧獲屠販之類，累居榮秩。

《太平御覽》卷五一五　又曰：魏霸，字喬卿，爲鉅鹿太守，妻子不到官舍，常念兄嫂在家勤苦，己獨專樂，故常服麁糲，不食魚肉之味。婦親蠶桑，服機杼，子躬耕農，與兄弟子同苦樂，不得有異。鄉里慕其行化。

宋 陸佃《埤雅》卷一五《釋草・蘩》

《七月》之詩曰：春日遲遲，采蘩祁祁。《傳》曰：采蘩，所以生蠶也。蓋農功有早晚，蠶事有先後，故言求桑于前，以箸蠶之早者；采蘩于後，以箸蠶之晚者。今覆蠶種，尚用蒿云。《仙經》曰：白蒿，白兔食之仙。《爾雅》曰：蘩，菟蒵。豈謂是歟？采蘩，先言于沼于沚，後言于澗之中，言夫人於事有進而無退。采蘋，言澗在前；采蘩，言澗在後，夫人嫌於事不勤大，夫妻嫌於德不劭也。

《新唐書》卷四七《百官志二》

掖庭局，令二人，從七品下；丞三人，從八品下，掌宮人簿賬、女工。凡宮人名籍，司其除附；公桑養蠶，會其課業；供奉物皆取焉。婦人以罪配沒，工縫巧者隸之，無技能者隸司農。諸司營作須女功者，取於戶婢。有書令史四人，書吏八人，計史二人，典事十人，掌固四人。計史掌料功程。

《資治通鑑》卷二五七

［張］全義為河南尹，【略】全義明察，人不能欺而為政寬簡，出見田疇美者，輒下馬與僚佐共觀之，召田主勞以酒食。有蠶麥善收者，或親至其家，悉呼出老幼，賜以茶綵衣物。民間言張公不喜聲妓，見之未嘗笑，獨見嘉麥良繭則笑耳。有田荒穢者，則集衆杖之。

宋 陳景沂《全芳備祖・後集》卷二二《農桑部》

女桑、積桑、壓桑、山桑。《爾雅》遵彼微行，爰求柔桑。《七月》蠶月條桑，取彼斧斨，以伐遠揚。《七月》桑之未落，其葉沃若，維桑與梓，必恭敬止。《小弁》星言夙駕，稅于桑田。《定之方中》無逾我墻，無折我樹桑。《將仲子》食我桑椹，懷我好音。《泮水》桑土既蠶。《禹貢》厥貢檿絲。同上。其亡其亡，繫于苞桑。《否卦》五畝之宅，樹之以桑，五十者可以衣帛矣。《孟子》季春之月，命野虞無伐桑柘。鳴鳩拂其羽，戴勝降于桑，具曲植蘧箱。后妃齋戒，親東鄉躬桑。禁婦女毋觀。省婦使以勸蠶事，蠶事既登，分繭稱絲效功。以共效廟之服，無有敢惰。《月令》古者天子諸侯必有公桑蠶室，近川而為之，築宮仞有三尺，棘墻而外閉。夫人世婦之吉者，使入蠶室，奉種入于川，桑于公桑，風戾以食之。注：戾，燥也。蠶性惡濕。既畢矣，世婦奉蠶繭以示于君，遂獻繭于夫人。《祭義》宅不毛者，有里布。注謂不植桑麻，欲令宅植桑麻，則無稅賦以勸之。不植桑麻之毛者，則罰以二十五家之稅布。《周禮》麻、枲，麻黂枲，實黂子麻母。《爾雅》有倉麻，有緝麻，二種。《草木記》仲秋之月，天子乃以犬嘗麻，先薦寢廟。《月令》天子居總章，服白。王食麻與犬。同上蓬生麻中，不扶自直。

明 沈氏，清 張履祥輯補《農書》卷上

蠶務六畜附

養蠶之法，以清涼乾燥為主，以潮濕鬱蒸為忌；以西北風為貴，以南風為忌。蠶房固宜邃密，尤宜疏爽。晴天北風，切須開闢窻牖，以通風日而舒鬱氣。下用地板者最佳，否則用蘆席墊鋪，使濕不上行。四壁用草簀圍襯收潮濕。大寒則重幃障之，别用火缸，取火氣以解寒冷。此易易耳。惟暴熱則外逼內蒸，暑熱無所歸，則蠶身受之。或體換不時，喂飼畧後，乆堆亂積，遠擲高抛，致病之源，皆在於此，古云風以散之。則蠶室固要避風，尤不可不通風也。俗忌生人者，或帶酒男子，或經行婦人，濁氣衝之，立能致變，豈神為祟乎。若能調其寒熱，時其飼哺，一一如法，自足豐收。農家以耕織為業，自己育蠶，雖亂絲薄繭，均足入經緯而獲價值，所宜多養。若細細計之，蠶一筐，火前喫葉一個，大眠後喫葉六個。此外蠶炭一錢，盤費一錢。每筐收絲一觔，纔足抵本，所贏者纔仝功繭黄黄提起，不彀二錢之類，若十分以下，便不足償葉本。故親身经歷，不算工力猶可，若假手下人，多靡工力，墮落農務，則所得且不償失矣。

清 孫廷銓《南征紀略》

自縣南行【略】七十里，宿石門村。其中沙石粼粼，一溪屢渡。山半多生槲樹林，是土人之野蠶廠。按野蠶成繭者，人謂之上瑞，今東齊山谷在在有之，與家蠶等。蠶月撫種出蟻，蠕蠕然，即散置槲葉上。槲葉初生，猗猗不異桑柔，聽其眠食。食盡，即枝枝相換，樹樹相移，皆力人為之。彌山遍谷，一望蠶蔟。其蠶壯大，亦生而習野，日日處風雨中，不為罷。然亦間傷水暵而斃者。畏雀啄。野人飼蠶，必架廬於林下，手把長竿，逐樹按行，為之察陰陽，禦鳥鼠。其稔也，與家蠶相先後。然其穰者，春夏及秋，歲凡三熟也。作繭大者二寸以來，非黄非白，色近乎土。淺則黄壤，深則似赤埴墳。如果贏繁實，離離綴木葉間。又或如雉雞鷇也。練之，取繭置瓦鬴中，藉以竹葉，覆以茭席。洸之，用純灰之鹵。藉之，慮其近火而焦也。覆之，慮其泛而不濡也。洸之灰計柔之也。厝火焉，朝以逮朝，夕以逮夕，發覆而視之，相其水火之齊，抽其緒而引之，或斷或續，則加火也。引而不斷乃已。去火而沃之，而盎之，俾弗燥。繅之不用繅車，尺五之竿，削其端而為兩角，冒繭其上，重以十数，抽其绪而引之，若出一繭然，則練者工良也。竿在腋間，絲出指上，綴橫木而疾轉之，且抽且轉，寸寸相續，捷者日得三百尺。或有間輟，日得一二百尺。或計十焉，積歲乃成匹也。脫機而振之，丁丁然，握之如撚沙，則縑善。食槲名槲，食椿名椿，食椒名椒。繭如蠶名，縑如繭名。又其蠶之小者，作繭堅如石，大纔如指上螺，在深谷叢條間，不關人力。樵牧遇之，載槖而歸，無所名之，曰山繭也。其縑備五善焉：色不加染，黯而有章，一也；浣濯雖敝，不易色，二也；日御之，上者十歲而不敗，三也；與韋布處不已華，與紈縠處不已野，四也；出門不二服，吉凶可從焉，五也。故諺曰：官者贏，葛布褐。言無入不可者，此亦有焉。

清 陳世倕《海鹽縣續圖經》（光緒）《嘉興府志》卷三二　鹽邑地狹人衆，力耕不足糊口，比户養蠶為急務。蠶出火一觔，食葉百觔，作繭十觔，繅絲一觔，此大畧也。墻隙田旁，悉樹桑。桑葉千觔，養蠶十觔，謂之本分蠶。蠶多葉少，謂之空頭蠶，必買葉飼之。輕舠飛棹，四出遠買，雖百里外，一晝夜必達。遲則葉蒸而爛，不堪餵蠶矣。男不盥，女不櫛，間以篙泥，割麥、撒秧諸事，白叟黃孺，各有攸司，是為忙月。蠶或不登，則舉家聚哭，盖農家全恃蠶以為耕耘之資，蠶荒則田蕪，揭債鬻子，慘不免矣。蠶有家種，有客種。向祇有家種，十餘年來有自餘杭、湖州帶歸者，食葉甚猛。每蠶一觔，食葉較家種多十數觔，繅絲亦重數兩。愚民第利其多絲也，競棄家種而養客種。究竟因人之財運為豐歉，儘有一紙平剖，而此成絲彼無繭者。鄉人狡猾者，往唐棲、西溪諸處販之，沿村放賣，其利不貲。販者益衆，彼處苦無以應，反向我邑收取綿繭，生子以畀。販夫以賤值持歸，仍昂價以紿鄉愚，其貽害匪淺鮮也。

清 康基淵《先蠶祠記》（乾隆）《續河南通志》卷一五　先蠶祠何？重桑也。重桑者何？嵩之民貧，桑之利厚，且其土宜桑也。宜桑，則曷為祀先蠶也。《周禮》：后帥外內命婦，蠶北郊。《月令》：季春，命野虞，毋伐桑柘。省婦使，勸蠶事。後世織室、桑壇、繭館代興，盖其重也？嵩之桑凡四種，女桑尤宜。山谷間亦多柘。人知槲葉飼山蠶，不知桑與柘食蠶之為利也。夫曠廢久，則圖始難，非有觀而感不深。驟喻民以所不習，則疑。明示以事之有，因斯共信，佛老空談，本無有也。大士天尊之像，繪人心目，桑而蠶，蠶而食服裕，實有其祖也。祀其祖，並繪蠶織于壁，俾民有觸而興，衣食之源，用以濟焉，斯其為福普矣。君子不以民之愚而弛其心，不以效之迂而闕其政。先蠶之祠，堅民信也。釋奠者祭先師，祈穀者祭先嗇，則躬桑者祭先蠶，宜也。先蠶者何，元妃西陵氏也。

清 方棨如《看蠶詞書後》《蠶事統紀》卷一六　晉簡文見稻不識而愧之，凡三月不出，曰：『寧有賴其末不識其本者。』夫衣之賴蠶者猶稻也，然而識稻者或不識蠶。余惟《七月》豳詩，首陳衣食，乃復以衣先食，而言蠶事，又視稼為詳，《禮》之《祭義》也亦云。盖稼更四時，加日縣久，明動晦休，尚有餘閒，蠶則三閱月而歲已單矣。其節短故其期迫；其物瑣，故其事猥。少遼緩之，即偏然而反。古人所以鄭重言之。而土非塗泥，不宜桑柘，則有老身長子，不知此事者。彼抱布蚩氓何足道？而士大夫履絲曳縞，亦復茫然，如坐雲霧，此與菽麥不辨何異？然不聞有抱簡文之愧者，何也？吾家中丞問亭公，所生長非蠶鄉，而民寒寒之，務求盡物之性，窮物之理。人民謠俗，條舉件繫，歌以永言，舉百雜碎，著之篇而名之曰《看蠶詞》。其詞含英咀華，而譯之即不識字者皆可明曉。因憶六十年以往，某公涖浙。人有言蠶上山者，某公不知謂何等語，顧反怒曰：『蠶安得上山？』其人力辨數乃置，聞者皆猶然笑之。嗚呼，使此詞出於數十年前，錞于申之俾皆相傳以熟，即安有惛惛不辨，為千古笑端者。楊子雲曰：『蜘蛛之務，不如蠶之綸。』為九州被補五色裳，皆於蠶乎是賴，即皆於中丞公是屬。然則此詞也，《無逸》之陳艱難也。設有以《茶经》《酒史》相唐突者，幸勿以知言許之。

清 楊廷璋、定長《請復絲斤出洋舊例疏》（乾隆二十九年）《皇清奏議》卷五五

閩浙總督臣楊廷璋、福建巡撫臣定長謹奏，為遵旨議奏事，乾隆二十九年欽奉上諭，臣等跪誦之下仰見聖主遠鑒如神，為閭閻籌畫生計，至周且備。伏查絲斤一項，數年以來，價值原極昂貴。乾隆二十四年，仰蒙聖主俯准臺臣李兆鵬等條奏，將絲斤嚴禁出洋。并准部議，將綢緞絹一律嚴禁，節年實力遵行在案，原使留有餘於內地，俾物多價平，於民生日用有裨。臣等於奉文飭禁後，竊意從此絲價自必日減，乃自二十四年禁止出洋以來，迄今五載，不特絲價依然昂貴，未見平減。且偶值蠶事，收成稍薄，價值較前更昂。推原其故，總由國家承平日久，百數十年，生齒日繁，民間需用日多，物價有不得不長之勢。誠如聖諭，生齒衍繁，取多用宏，蓋物情自然之勢也。查向來販洋絲斤，均不過土絲及粗糙之絲，祇堪供織土綢，而不足供紗緞綾羅之用，祇應粗絲價昂，而細絲價減。今無論粗細絲斤，一律昂貴，其非關販洋，已可概見。且不特此也，即以產地而論，浙省之杭、嘉、湖，及紹屬之諸暨，

產絲最盛。每屆新絲出後，江浙粵閩販絲客民，挈本而來者甚多，所產粗絲，頃刻得價售賣，農民轉覺生計裕如。今奉禁之後，絲價未見其平，而粗絲消售轉滯，於農民反有轉售不速之苦。再查外番船隻，載貨挾貲，遠赴內地，原欲以其所有易其所無，而各番首重者絲斤。今因禁止販洋，近年粵閩貿易，番船甚覺減少，即內地販洋商船，亦多有停駕不開者。在外番，因不能置買絲斤，運來之貨日少，而內地所需洋貨，價值亦甚見增昂，是中外均無裨益。臣等悉心體察，竊謂絲價之低昂，總視乎蠶事之豐嗇。蠶收稔，則絲價自平；蠶收歉，則絲價自貴，固有自然之勢。今蒙聖主燭照民隱，敕下臣等悉心體察，應否即行開禁。臣等伏思，禁洋而絲價過減，有益於民，自宜永行禁止。今奉行已五年之久，絲價迄未平減，徒使外番以織紝不供，紛紛瀆請，而民間又乏銀貨流通之益，實屬兩無所便。伏讀聖訓，以天下之物，供天下之用，尤為通商便民。大哉天言！誠中外一體之遠模也。應請特頒諭旨，將販洋絲斤，照舊弛禁。但開禁之後，若不定以限制，竊恐商民惟利是圖，知外番缺絲已久，一經弛禁，必紛紛不惜重價買運新絲赴洋，內地不免有絲少價翔之患，似非稱物平施之道。伏查乾隆二十八年，琉球國請聖主格外施恩，准其歲買土絲五千斤，二蠶湖絲三千斤，此係出自特恩，且係一國一歲所買之數。今絲禁一開，商販船隻多寡，雖屬難定，每船各有配買，絲斤一至外番，積少成多，即足供其織紝。臣等愚昧之見，應請定以海洋內外商船，每船止許配搭土絲一千斤，二蠶粗絲一千斤，此外不許多帶，并不許兼帶細絲，影射蔽混。俟三年之後，內地不致絲少價昂，再請酌增斤數。至絲斤既蒙恩准其帶往，則外番俱可自供織紝，其內地已織之紬緞紗羅絲棉等項，應請仍照舊例禁止出洋，留為內地之用，以免價值騰貴之虞。其稽查之法，應責成各海口關及沿海各泛口，文武員弁，逐層查驗。先令海關驗明絲斤粗細、斤兩，如無影射多帶情弊，收稅後，即予印照注明絲斤數目，再令出口之處。及沿途各海泛文武官弁，會同查驗屬，貨照相符，方准開行。設有奸商於額定斤數之外多帶，及將細絲混作粗絲，并夾帶紬緞紗綾絲棉等項者，不拘何處查出，即照原例，按多帶斤數，分別充軍徒杖治罪。泛口文武官弁，如不實力稽查，致有影射侵漁之弊，即分別失察故縱，嚴揭參懲。如此，弛禁之中，定節制之限，或亦因時調劑之一法也。緣奉諭旨飭議，謹就臣等管見，所及恭摺議奏。

清 檀萃《滇海虞衡志》卷五《志器》 猓猓錦，猓猓布，《漢書》言哀牢宜蠶桑，知染采文繡，罽㲲帛疊，蘭干細布，織成文章如綾錦。有梧桐木華，績以爲布，幅廣五尺，潔白不受垢。今云玀玀帛與布，皆其類，今昔異名耳。幅五尺者，滇南不見，止今洋上所來之嗶嘰耳。

清 郭起元《布帛贏縮説》《皇朝經世文編》卷三七 南省郡邑，多濱江枕湖。古稱下隰宜桑，得地利也。而諸邑少植之，桑既不足，並蠶不育，遇木棉不登之歲，紡車空懸，女紅歇絶，坐致凍餒，愕眙無策，其謀生也拙甚矣。爰為説以導之。

清 崔應榴彙纂，錢馥補輯《蠶事統紀》卷二《歷代祀先蠶禮 親蠶禮》 案《師古注》引《漢宮闕疏》云：『上林苑有繭館，盖蠶繭之所也。』並見《三輔黃圖》桑，採桑也，王莽知太后厭居深宮，欲娛樂以市其權，故令如此。馥案：文帝、景帝詔書皆有后親桑之文，然史不述其事，故靡得而詳焉。

又 卷一一《祥異》

《古今注》：漢元帝永光元年，東萊郡東井山有野蠶為繭，繭生蛾，蛾生卵，卵著石，收得萬餘石，民以為絲絮。

《後漢書・光武帝紀》：建武二年《東觀漢紀》作四年，《文獻通考》作三年，關西家給人足。並見《晉書》載記。

《宋書・符瑞志》：文帝元嘉十六年，宣城宛陵、廣陵野蠶成繭，大如雉卵，弥漫林谷，年年轉盛。

《符瑞志》：孝武帝大明三年五月，宣城宛陵縣石亭山生野蠶三百餘里，太守張辯以聞。

《齊書・祥瑞志》：高帝建元元年，郢州監利縣天井湖水色忽澄清，出綿，百姓採以為纊。

案《南史・齊高帝紀》：荊州天井湖出綿，人用，與常綿不異。

《祥瑞志》：齊武帝永明二年，護軍府門外桑樹一株，竝有蠶絲綿被枝莖。史臣曰：漢光武時，野蠶成繭，百姓得以成衣服。今則浮波幕樹，其亦此之類乎。

《南史・梁武帝紀》：天監十一年三月戊辰，新昌、濟陽二郡野蠶成繭。

《魏書・靈徵志》：高祖太和十年七月，并州治中張野蠶成繭，被于山阜。

袁宏《後漢紀》：建武之初，一石粟直黄金一斤，而人相食。二年秋，野穀旅生，野蠶成繭，民收其實，以為衣糧。《宋書・符瑞志》：建武初，野繭穀充給百姓，其後耕蠶稍廣，二事漸息。

案《東觀漢紀》《續漢書》並云：野蠶成繭，民收其絮。《爾雅翼》云：蓋地力久曠而有餘，故穀易生。樹力久蘊而有餘，故繭易成。

《三國志・吳書・孫權傳》：黃龍三年夏，有野蠶成繭，大如卵。並見《宋書・符瑞志》

案吳主孫皓國山碑云：靈絮神蠶，彌被原野者三，則皓時或亦有之，抑亦作碑者侈言之乎。又《隋禮儀志》稱韋昭作《西蠶頌》，則吳曾行親蠶之禮，而今不可考也。

附《十六國春秋前秦録》符□皇始元年，野蠶成繭，野禾被原，百姓採野繭而衣，野粟而食。

《萬壽表》：建興獲澤縣民賈日成，以去年四月中養蠶，有絲網成幕，中有卷物，似絹帶，長四尺，廣三寸，箔上復得黃繭二，狀如履形。

《靈徵志》：世宗景明二年三月辛亥，齊州實霜殺桑麥。四年三月壬戌，雍州實霜殺桑麥。辛巳，青州實霜殺桑麥。

《靈徵志》：世宗正始二年三月，徐州蠶蛾喫人，尫殘者一百一十餘人，死者二十二人。

案蠶之喫人，古今所罕聞。《朝野僉載》云：被蠶齧者，以甲蟲末傅之。

《新唐書・高祖紀》：武德五年四月，梁州野蠶成繭《太平御覽》：百姓採而用之。

案《通考》云：十二年六月，滁州言野蠶成繭于山阜。

《太宗紀》：貞觀十二年，滁、濠二州野蠶成繭。

《太宗紀》：十三年，滁州野蠶成繭。十四年，滁州野蠶成繭。

案《通考》云：野蠶食槲葉成繭，大如柰，其色緑，凡收五千六百七十石，至十四年又收八千三百石。

《元宗紀》：開元二十八年十月戊辰，以徐泗州無蠶，免今年税。

《文獻通考》：元宗天寶五年九月，太原奏文水縣冬蠶成繭。

《太平御覽》：代宗大歷中，太原府清源縣人韓景暉養冬蠶成繭，詔給復終身。

《文獻通考》：穆宗長慶四年五月，淄青奏登州蓬萊山谷間約四十里野蠶成繭，其絲可織。

《文獻通考》：文宗太和元年十月，陳許奏界内野蠶自生桑上，三遍成繭，連綿九十里，百姓收拾得，并抽繅得絲綿，并織成紬絹。

《宋史・五行志》：太祖乾德二年四月，相州蝻蟲食桑。三年四月，尉氏扶溝風雹害民田桑棗，十損七八。

《太祖紀》：乾德四年八月，京兆府貢野蠶繭。

案《通考》云：其絲纖潤可愛。

《五行志》：建隆三年春，厭次縣隕霜殺桑，民不蠶。

《太祖紀》：開寶七年正月，齊州野蠶成繭。

案《通考》云：齊州獻野蠶繭二萬枚。

《文獻通考》：開寶七年五月，開封府封邱縣民程鐸家發蠶簇，有繭聯屬，自成被。七月，開封府陽武縣民家野蠶成繭。

案程鐸事，《事物紺珠》作太宗時事。又云：被廣五尺，長倍之。

《五行志》：太宗太平興國七年三月，宣州霜雪害桑稼。

《文獻通考》：真宗大中祥符元年五月，開封府酸棗縣民程矩家蠶繭自成被，色潔輕重密緻柔滑，非人工可及。五年五月，藤州鐔津縣野蠶成繭，是州不產絲蠶。此食山柘而成，緘絲以獻。六年八月，亳州譙縣民李賁園桑，野蠶成繭，奉祀經度制置使丁謂，采蠶繅屏絮以獻。

《五行志》：仁宗至和二年，河東自春隕霜殺桑。

《文獻通考》：仁宗景祐四年五月，滑州靈河縣民黃慶家蠶自成被，長二丈五尺，濶四尺。並見《五行志》

《五行志》：嘉祐五年，深州野蠶成繭，被于原野。

案《通考》作二年十月。

《五行志》：哲宗元祐六年閏八月，定州七縣野蠶成繭。七年五月，北海縣蠶自織如絹，成領帶。

案北海，濰州屬。

《五行志》：元符元年七月，藁城縣野蠶成繭。八月，行唐縣野蠶成繭。九月，深澤縣野蠶成繭，織紝《通考》作絹成萬匹。二年六月，房陵縣野蠶成繭。

案藁城、行唐皆真定府屬，房陵，房州屬。

《五行志》：徽宗政和元年九月，河南府野蠶成繭。四年，相州《通考》作湘州野蠶成繭。五年，南京野蠶成繭，織紬五匹，綿四十兩，聖繭十五兩。

案聖繭不知何解，抑或有訛字，俟更考之。

《五行志》：高宗紹興五年三月，霖雨傷蠶麥。七年二月，霜殺桑稼。八年三月，積雨至于四月，傷蠶麥，害稼。三十年五月，久雨，傷蠶害稼。

《五行志》：孝宗乾道元年二月，行都及越、湖、常、潤、温、台、明、處九郡寒，敗首種，損蠶麥。二年正月，淫雨至于四月，夏寒，江浙諸郡損稼，蠶麥不登。

《五行志》：光宗紹熙四年五月，安豐軍大水，平地三丈餘，漂田廬，絲麥皆空。

《五行志》：寧宗嘉定五年春，淫雨至于三月，傷蠶損稼。

《金史・太宗紀》：天會二年七月己卯，南京帥以錦州野蠶成繭，奉其絲綿來獻，命賞其長吏。並見《五行志》《續文獻通考》

《章宗紀》：明昌四年《續通考》作四年六月，邢洺、深冀及河北《續通考》：河北西路十六謀克之地，野蠶成繭。並見《五行志》永安元年六月乙丑，平晉縣民利通家蠶自成綿段，長七尺一寸五分，濶四尺九寸，詔賜絹十匹。

《元史・世祖紀》：至元四年六月壬戌，以中都順天東平等處蠶災，免民户絲料，輕重有差。七年五月，大名、東平等路桑蠶皆災，南京、河南等路蝗，詔減今年銀絲十之三。

案《金食貨志》：金制，桑被災不能蠶，則免絲綿絹稅。元法殆亦仿此。

《五行志》：至元二十一年三月，山東隕霜殺桑，蠶盡死，被災者三萬餘家。

《世祖紀》：二十三年五月庚寅，廣平等路品路蠶災。二十九年五月，真定之中山、新樂、平山、獲鹿、元氏、靈壽，河間之滄州、無棣，景之阜城、東光，益都之濰州、北海縣，有蟲食桑葉盡，無蠶。並見《五行志》

《五行志》：大德九年三月，河間、益都、般陽三郡屬縣隕霜殺桑。清、莫、滄、獻四州霜殺桑一百四十一萬七千餘本，壞蠶一萬二千七百餘箔。

王圻《續文獻通考》：成宗元貞元年五月，隨州野蠶成繭數百里，民取為纊。

《五行志》：仁宗延祐元年閏三月，濟寧、汴梁等路，及隴州、開州、青城、渭源諸縣，隕霜殺桑，無蠶。

《五行志》：順帝至正四年夏，汴梁蘭陽縣，□州長葛、郾城，襄城睢州，歸德府亳州之鹿邑，濟寧之虞城，淫雨害蠶，麥禾不登。二十三年三月，東平路須城、東阿、陽穀三縣隕霜殺桑，廢蠶事。

案史及王氏《續通考》：世祖至元十七年，成宗元貞元年，大德五年、七年，武宗至大元年，泰定至和元年，文宗大歷二年，至順二年、三年，皆有霜損蟲食之災，桑既受傷，則蠶功之敗可知，撮記于此，覧者得以知其概焉。

傅維鱗《明書・太祖紀》：洪武二十八年乙亥秋七月，確山縣野蠶成繭，群臣請賀，上曰：如此繭可以衣被天下，則當賀，一邑偶然，何賀焉。

《河南通志》：成祖永樂元年五月，汝寧山中野蠶成繭。

《明史・五行志》：景帝景泰五年三月，畿南五府有蟲食桑，春蠶不育。

又卷一二《靈徵果報》

《山海經海外西經》：歐絲之野，在大踵東，一女子跪，據樹歐絲，三桑無枝，在歐絲東。

案郭璞注，盖蠶類也。《詩傳名物集覧》云：或曰即蠶神。

《搜神記》舊説，太古之時有大人遠征，家無餘人，惟有一女，牡馬一匹，女親養之，窮居幽處，思念其父，乃戲馬曰：爾能為我迎得父還，吾將嫁汝。馬既承此言，乃絶繮而去，徑至父所。父見馬驚喜，因取而乘之。馬望所自來，悲鳴不已。父曰：此馬無事如此，我家得無有故乎？亟乘以歸。為畜生有非常之情，故加芻養。馬不肯食，每見女出入，輒喜怒奮擊。如此非一，父怪之，密以問女。女具以告父，必為是故。父曰：勿言，恐辱家門，且莫出入。於是伏弩射殺之，暴皮于庭。父行，女與鄰女於皮所戲，以足蹙之曰：汝是畜生，而欲取人為婦耶！招此屠剥，如何自苦。言未及竟，馬皮蹷然而起，卷女以行。鄰女慌怕，不敢救之，走告其父。父還，求索，已出失之。後經数日，得於大樹枝間，女及馬皮盡化為蠶，而績於樹上。其璽綸理厚，大異於常蠶。鄰女取而養之，其收数倍，因名其樹曰桑。桑者，喪也，由斯百姓競種之，今世所養是也。言桑蠶者，是古蠶之餘類也。案天官，辰為馬星。《蠶書》曰：月當大火，則浴其種，是蠶與馬同氣也。《周禮》教人職疑當馬質，掌禁原蠶者，而注云：物莫能兩大。禁原蠶者，為其傷馬也。漢禮，皇后親採桑，祀蠶神，曰苑窳婦人、寓氏公主。公主者，女之尊稱也。苑窳婦人，先蠶者也。故今世或謂蠶為女兒者，是古之遺言也。

案《原化傳拾遺》：蜀有蠶女，當高辛時，舊跡在蜀廣漢，不知姓氏。其父為人所掠，惟所乘馬在，女念父不食，其母誓于衆曰：有得父還者，以女嫁之。馬聞言，驚躍絶其拘絆而去。數日父乃乘馬而歸，母白之故，父曰：安有人而偶非類乎？馬咆哮，父怒，欲殺之。馬愈咆哮，父射殺之，曝皮於庭。皮忽蹶然捲女飛去，旬日，皮復棲於桑上，女化為蠶，食葉吐絲成繭，以衣被于人間。一日，蠶女乘雲駕此馬，侍衛數十，謂父母曰：太上以兒身心不忘義，授以九宮仙嬪矣，無復憶念也。今冢在什邡、綿竹、德陽三縣之界，每歲祈蠶者，四方雲集，宮觀皆塑女像披馬皮，謂之馬頭娘。此與干令升所記微有不同，然要為一事。令升僅言太古，云高辛時，則自宋《蜀圖經》始也，而《原化傳》因之。然皆荒唐之説也。馬縞《中華古今注》載程雅問答，略與《搜神記》同。後世呼蠶神為馬鳴菩薩，或曰馬鳴王，《乘異集》以為實起於此。郎瑛《七修類稾》以荀子《蠶賦》有身女好而馬首一語，遂謂稱馬頭娘者，以此説尚近理《演繁露》云：蠶頭實不似馬，而卿乃云爾。則蠶為馬類，古有其傳矣。至謂荀子嘗為蘭陵王，後世因訛為馬鳴王，則愈附會可笑矣。然荀子曾為蘭陵令，並未為王。

王子年《拾遺記》：員嶠山一名環邱，有木名猗桑，煎椹以為蜜。有氷蠶長七寸，黑色，有角有鱗，以霜雪覆之，然後作蠒，長一尺。其色五彩，織為文錦，入水不濡，以之投火，經宿不燎。唐堯之世，海人獻之，堯以為黼黻。並見任昉《述異記》、李石《續博物志》

案《月令廣義》云：後代乃染五色絲，製錦以效之。唐李君房有海人獻《文錦賦》。

東方朔《神異經》：東方有桑樹焉，高八十丈，敷張自輔。其葉長一丈，廣六七尺。其上自有蠶，作繭長三尺，繅一繭，得絲一斤。有椹焉，長三尺五寸，如圍長相等。

《洞冥記》：寒青之國，其人皆以鳥為衣。其地多有蠶，色青，長一尺，亦曰青蠶。績其絲，大如指，一絲可以羈絆牛馬，國人常以十丈繫黃門之厩，以拘馬也。巨象獅子常令以一絲繫之。

《梁四公記》：杰公嘗與諸儒語曰：扶桑之蠶，長七尺，圍七寸，色如金，四時不死，五月八日嘔黃絲，布于條枝，而不為蠒，脆如綖，燒扶桑木灰汁煮之，其絲為堅韌，四絲為係，足勝一鈞。蠶卵大如燕雀卵，産於扶桑下。齎卵至句驪國，蠶變小，如中國蠶。俄而，扶桑國使使貢方物，有黃蠒三百斤，即扶桑蠶所吐之絲也。帝有金爐，重五十斤，以六絲懸爐，絲有餘力。並見《白孔六帖》

《搜神記》：園客者，濟陰人也。貌美，邑人多欲妻之，客終不娶。嘗種五色香草，積數十年，服食其實，忽有五色神蛾止香草之上，客收而薦之以布，生桑蠶焉。至蠶時，有神女夜至，助客養蠶，亦以香草食蠶，得蠒一百二十頭，大如甕。每一蠒繅六七日，乃盡。繅訖，女與客俱去，莫知所如。並見《述異記》《列仙傳》《太平廣記》《女仙傳》

案《女仙録》云：今濟陰有華蠶祠。

《麗情集》：賈知微遇曾城夫人杜蘭香，以秋雲羅帕裹丹五十粒與生，曰此羅是織女采，玉蠶繭織成。遇雷雨時密藏之，後大雷雨，失帕所在。並見林坤《誠齋雜記》

《賈氏説林》：沈休文雨夜齋中獨坐，風開竹扉，有一女子携絡絲具入門便坐，風飄细雨如絲，女隨風引络，络繹不斷。斷時，亦就口續之，若真絲焉。燭未及跋，得數兩，起贈沈曰：此谓氷絲，贈君，造以為氷纨。忽不見。沈後織成纨，鲜潔明净，不異於氷。製以為扇，當夏日甫携在手，不摇而自涼。

《隋遺録》：煬帝時，越溪進耀光绫，绫纹突起，有光彩。越人乘樵風泛舟於石帆山下，收野繭繅之。繅絲女夜夢神人告云，禹穴三千年一開，汝所得野繭，即江淹文集中壁魚所化也。絲織為裳，必有奇文，及織成，果符所夢，故進之。帝獨賜司花女及绛仙，他姬莫預。

《太真外傳》：妃子琵琶弦，乃末訶彌羅國所貢者，渌水蠶絲也。

《杜陽雜編》：咸通九年，同昌公主出降，有火蠶绵，云得之炎洲。絮衣一襲，用绵一兩，稍過度，則熇蒸之氣不可近也。並見《同昌公主外傳》

《杜陽雜編》：大軫國貢神錦衾，水蠶絲所織也。方二丈，厚一寸，其上龍文鳳彩，殆非人工。彼國以五色彩石甃池塘，採大柘葉飼蠶于池中，始生如蚊睫，游泳于其間，及老，可五六寸。池中有挺荷，雖驚風疾吹，不能傾動。大者，可潤三四尺。而蠶经十五月，即跳入荷中，以成其蠒，形如斗，自然五色。國人繅之，以織神錦，亦謂之靈泉絲。上始覽錦衾，與嬪御大笑曰：此不足以為嬰兒綳褓，曷能為我被耶？使者曰：此錦之絲，水蠶成也，得水則舒，水火相反，遇火則缩。遂于上前，令四官張之，以水一噴，即方二丈，五色煥爛，逾于向時。上乃嘆曰：本乎天者親上，本乎地者親下，不亦然哉。却令以火逼之，須臾如故，上益異之。翌日，出示術士田元李元戢焉。並見《六帖》

《杜陽雜編》：代宗軟玉鞭，以聯蟬繡為囊，以碧玉絲為鞘。碧玉蠶絲，即永泰元年東海弥羅國所貢。云其國有桑，枝幹盤屈，覆地而生，大者連延十数頃，小者蔭百畝。其上有蠶，可長四寸，其色金，其絲碧，亦谓之金蠶絲，縱之一尺，引之一丈，撚而為鞘，表裏通瑩如貫。其韌，雖併十夫之力，挽之不斷。為琴瑟弦，則鬼神悲愁忭舞。為弩弦，則箭出一千步。為弓弦，則箭出五千步。上令藏之於内府。

《樂府雜録》：康老子，本長安富家子，生計蕩盡，遇老媪持舊錦褥貨鬻，乃以半千獲之。尋有波斯人見之，乃曰：此是氷蠶絲所織，暑月置於座間，滿室清涼，即酬十萬。

瞿祐《剪燈新話》：處士成令言，卜居鑑湖之濵。初秋之夕，泊舟千秋觀下，舟忽自動，其行甚速，須臾至一處，寒氣襲人，清光奪目，所謂天河也。見織女，贈以瑞錦二端，拜别囬舟，取錦視之，與世間所織不甚相異。後遇西域賈胡，出而示焉。撫玩移時，改容而言曰：此天上至寳，非人間物也。其文順而不亂，色纯而不雜，日映之，瑞氣葱葱而起，以塵覆之，則自飛揚而去，以為帳幄，則蚊蚋不敢入；以為衣服，則雨雪不能濡。隆冬御之，不必挾纊而附火；盛夏披之，不必纳凉而向風。其蠶為扶桑葉所飼，其絲則天河水所濯，豈非織女機中之物乎？君何從得此，令言祕之，不肯與语，後遂長遊不返。

《仙傳拾遺》：蜀蠶叢王蜀，教人蠶桑，作金蠶数千，每歲首出之，以給民家。每给一，所養之蠶必繁滋。既畢，復歸金蠶于王。王廵境内，所止處，民成市。蜀人每年春有蠶市，盖此遺事也。

《法苑珠林》：三藏教中雖聽用缯綵供養，然非自蠶口出，絲绵皆從女口出之。若欲需絲作衣時，即須然香，至桑樹下，便有二化女子從彼樹下出，形如八歲女，從口中吐絲，人但設繀車，從女口中取絲，轉至繀車上，取足便止，化女即滅。

《湧幢小品》：泰州有天女繅絲井，相傳董永行孝之所。每蠶熟時，井中有白草根，長丈餘，如絲。

案董永感織女事，見《太平御覽》引《孝子傳》。

《語林》：蠶最巧，作繭往往遇物成形。有寡女獨宿，欹枕不寐，私傍孔壁視鄰家蠶箔。明日，繭多類之，雖眉目不甚悉，而望之隐然如愁女。蔡邕見之，厚價市歸，繅絲製為琴弦，弹之有憂愁哀痛之聲，以問其女，女曰：此寡女絲也。聞其音者，莫不墮淚。

《丹鉛總録》：博陵縣有郝仙女廟，魏青龍中，仙女年及笄，姿色姝麗，採蘋水中，蒼烟白霧，俄失所在。其母哀求水濵，願言一見。良久，忽聞異香襲人，隐約於波渚間曰：兒以靈□托跡綃宫，陰主是水府，世缘已斷，毋用悲悒，而今而後，使鄉梓田蠶歲宜，有感而通，乃為吾驗應之。後人立廟祀焉，有好事者題《喜遷鶯詞》于壁云：汀洲蘋滿，記翠籠采采，相將鄰媛，蒼渚烟生，金支光爛，人在霧綃鮫館，小鬟顿成雲散，羅韈凌波不見，翠鸞遠，但清溪如鏡，野花留靨，情睠鷩變，現身後神功，缘就吴蠶繭。漢女菱歌，湘妃瑶瑟，春動倚雲層殿，彤車載花一色，醉盡碧桃春宴，故山晚嘆流年，一笑人間飛電。

果報

《酉陽雜俎》：旁㐌，新羅國人。求蠶于弟，弟烝而與之。生一大蠶如牛，食葉數樹不足，弟殺之，四方百里蠶飛集其家，謂之蠶王。四鄰共飼之，不供。

舊《湖南通志》：咸通中歲，洛邑大饑，穀價踴貴，時養蠶者多以桑葉貨之。新安人有王公直者，一日與妻謀曰：養蠶不如鬻葉，遂取蠶瘞之。公直入洛陽鬻葉，得錢，市猪肉一脚，盛于袋中，鮮血流出，關吏將袋啟視，見人臂一隻，遂縛公直送河南郡守訊之。公直不服，只稱鬻葉云云。郡守令左右釋公直，驗瘞蠶之處，乃死人無臂見，復勘相合，公直遂下獄，尋杖殺之。

徐鉉《稽神録》：建業有婦人背生一瘤，其大數斗，囊中有物，如繭栗甚衆，行即有聲，恒乞於市，自言村婦也。嘗與娣姒輩分養蠶，已獨頻年損耗，竊以其姒囊繭焚之，頃之，背遂患此瘡，漸成瘤，以衣覆之，即氣閉悶，常露之，乃可，如負囊矣。

《能改齋漫録》：宣和間，新喻博侯為蕲春蔡氏壻，登第之歲，婦家簇蠶不繭，缘屋吐丝，成段長丈餘，濶數尺，奕奕正黄，厚薄若一，如有邊幅然。鄉人以為祥，賦詩盈軸，有一聯云：園客有絲難比甕，鮫人無杼自成綃。號為絶出。洪駒父亦有一篇云：公子青衫得意朝，閨門異事喜成謡。星河牛女支機石，泉室鮫人暗織綃。園客憑虚誇獨繭，氷蠶誌怪豈同條。細看霞綺驚群眼，詎減雲裳下九霄。

《夷堅志》：宿州符離北境農民壬友聞居邑之蔡村，與弟友諒同處，娶邑人秦彪女，天性狼戾，日夜讃諒，竟分析出外，或經年不相面。諒嘗乞蠶種于兄，秦以火熇而遺之，諒妻如常法煖浴，以俟其出，過期，但得其一，已而漸大，幾重百斤。秦氏俟諒夫婦作客東村，但留稚女守舍，秦呼其夫同詣之，詐女往庖下，直入蠶房，見蠶臥牖畔，喘息如牛，食葉如風雨聲。秦鞭以巨挺，每一擊，輒吐絲數斤，秦震怖，魂魄俱喪，急促夫歸，因病心顫，踰日而死。及諒蠶成繭，皤然如甕，繅之正得絲百斤。

《夷堅志》：淳熙十四年，豫章蠶頓盛，桑葉價值過常時數十倍，民以多為憂，至舉家哭於蠶室，命僧誦經，而送諸江。富家或用大板，浮籧筥其上，旁置紙錢，而書標云：下流善友，若饒於桑者，願奉此錢以償，乞為育此蠶，期無愧于天地。他不得已而輦棄者，皆蹙額，起不忍心。獨南昌縣忠孝鄉胡二桑柘有餘，足以供餵養，志于鬻桑，以規厚利。與妻議，欲瘞蠶，妻非之。胡不顧，喚厥子攜鉏，剜桑下為穴，悉窖之，且約遲明採葉入市。自以為得策，飲酒醉寢。三更後，聞床壁嘖嘖聲，謂有盜，舉火就視，盖蠶也。以帚掃去之，隨掃隨布，竟夕擾擾，一家駭懼。妻尤責言曩愆，胡愈憤怒，復决意屏滌盡，明日昏時乃完，殊不自悔，但恨失一日摘鬻之利。俄又聞嘖嘖聲，胡呼曰：莫是恠物又來也。亟起明燈，足纔下地，覺為蟲所嚙，大叫稱痛。其子繼起，亦如之。妻急奔視，則滿榻上下蜈蚣無數，父子宛轉痛楚，數日，胡二死，蜈蚣悉不見，子幸無他，而外間人家有桑者，蠶已作繭，胡桑葉盈園，不得一錢也，且死。

《夷堅志》：餘千潤陂民譚、曾二家，每歲育蠶百箔。紹熙元年四月，其妻夜起餵葉。忽見箔内一蠶，長大與他異，幾至數倍，而逐節為一色，青紅黑白，皎然不雜，當中如黄金，透徹腹背。妻知為佳祥，取香合捧承，別剉細葉鋪籍，寘諸佛堂。旦起揭視，則已生兩耳，明日又生尾，俄而衆足皆隱，徐生四足，能立，全如馬形，時時勃跳作戲。凡七十晝夜，馬不見，但得小佛像，似入定觀音，蒙頭趺坐。外間傳説，來瞻覩者，駢肩疊跡。譚氏畏有他變，乃併合瘞之於桑下，是歲所得絲絮，倍于常年。至于小蠶寒蠶，亦皆遂意。二年三年皆然。及四年癸丑，春夏所育猶昔，了無一繭有不成就。甲寅乙卯歲，亦如之。

《草木子》：至正九年間，河内民家養蠶，及熟而上箔，共結成一幅，宛如旗狀。又一家蠶數千萬，共結成一璽，大如數石甕，盖亦倮蟲之孽，為兵之兆也。

《草木子》：鄜州路宜君縣孟皇村呼景賢母舅石氏養蠶三十箔，其蠶忽變，萬蠶合併為千，千化為百，百化為十，十化為一巨蠶，大如瓜瓠，及老而簇，吐絲計重一十五觔。當時以為瑞，及元末，小總兵王保保與慶陽李思齊治兵相攻，屠翦其村，石氏遂滅，盖倮蟲之孽也。又呼家其母養蠶將老，蠶忽唧唧有聲，次年母卒。

《湧幢小品》：鄰家章姓者，預占桑價，占賤，即畜蠶至百餘斤。凡二十年無爽，白手厚獲，生計遂饒，鼓樂賽謝以為常。一日賽畢，有婦人矮而肥白，求齋，卧于地不肯去。其家内外醉飽，得意甚，厭之，叱曰：亟去，毋得聒擾。則應曰：我與汝家曾祖母有德，連歲為汝家應卜，助生計，不啻足矣，一齋何有，而慳吝至此？匍匐將入門，衆恚甚，蹴之，忽不見，且駭且疑，其佛堂忽有聲，曾祖母牌已裂為二。盖此母故好善，每見倮蟲，必置煖處，護其生，俟生翼翔去，乃已。歿已数十年矣。矮婦之示，或在于此。以後卜占而畜者，其事每每相左，初猶得失半，後失者居多，最後價騰相差十倍，棄其蠶于水，家亦隨之零替矣。

《獪園》：遂昌王氏有婺居者，頗以節著。其家養蠶數筐，未及眠，倏忽不肯食，悉作軒首欲立状。婺怪之，適有微疴，頓卧，遂經三晝夜不視。一日啟筐，則化為美女数十人，姿容嫵媚，紫衣碧裳，端然並立，奔告親姻，共聚而觀，冉冉緣壁淩檐而去，莫敢阻之，後其家亦竟無他。

《勸善编》：武康有徐紀者育蠶，萬歷甲午桑貴，遂棄蠶于水，而賣桑。明年，桑賤，因育蠶。蠶上簇，僅成一繭，如盤，紀以為瑞。繭忽出一火，其聲如雷，□時乃焚其家。

《二申野録》：萬歷庚戌，義和李氏育蠶，獨一蠶特大而赤色，三眠之後，愈大愈赤，雄于諸蠶，結一繭，巨如雞卵。其家喜其大，而又異其不染，有天然之色，共相傳玩。已而，繭裂火出，廬舍焚蕩一空，或曰李氏往時桑貴殺蠶，而獲此報。

《留青日札》：萬歷乙酉丙戌年，吾鄉桑樹忽生蟲，將葉食盡，云是吴中傳徧而來。有結小繭于枝上者，因攷此類有數種，非古所謂野蠶成繭者。曰蟓者，桑蠶，或成繭。曰蠰者，齧桑蟲。曰蝎者，桑中蠹也。又有曰螟蟜，曰蜀，一作蠋，皆桑蟲也。

《二申野録》曰：天啟丁卯，平陽縣宋傑養蠶上簇，俱未成繭，忽一夕變為黄旗，凋長皆丈許。

《信徵録》：康熙乙亥年間，桐鄉東門外官莊村曹君升，育蠶三十筐，因其年葉貴，私念看蠶未必厚獲，不如賣葉得利，竟盡將蠶傾在三間廳屋内，而賣其葉。蠶饑，满屋散走求食。升復將蠶撥作一堆，用竈灰鋪壓其上，蠶又從灰内出。升怒，又加草柴其上而燒之，火延及屋，忽風捲之，升家盡燬，而鄰居無恙。五月間，升往種田，巳刻西北黑雲陡起，雷聲轟轟，升仰嘆曰：雷豈欲打殺人耶？然心竊惶窘，欲歸家避之，忽然霹靂一聲，將升擊死。種田者回顧，見升跪泥中，身如黑炭，因共懼為滅蠶之報。

《四川通志》：翰林院侍講葉桂章為士時，妻彭氏取絲繭，黄白混入釜中，忽成微赤色，異之，乃易其水，獨用純白璽，及取之，絲色愈鮮，赤白相間不紊，如文錦，人以卜葉詞林之兆。

又卷一三《異域土産》

《後漢書・濊傳》：濊，本朝鲜地，箕子教以禮義田蠶，置八條之教，其俗知種麻養蠶作綿布。

案《遼史・地理志》：京東遼陽府，本朝鲜之地。尚禮義，富農桑。林本裕《遼載》：箕子教民田蠶織作。至今高麗有蠶桑。

《後漢書・馬韓傳》：馬韓人知田蠶，作綿布。辰韓土地肥美，宜五穀，知蠶。

《後漢書・倭傳》：倭土宜禾稻、麻紵、蠶桑，知織績為縑帛。

案《宋史・外國傳》：日本産絲蠶，多織绢，薄緻可愛。鄭若曾《日本圖纂》：土宜桑蠶而少麥。

《南史・新羅傳》：土地肥美，宜植五穀，多桑麻，作縑布。

《北史・百濟傳》：賦税以布、绢、絲、麻。

《梁書・武興國傳》：本仇池地，植九穀，種桑麻，出紬絹精布。並見《北史》

王延德《奉使高昌行程敘》：伊州地有野蠶，生苦參上，下為綿帛。

《後漢書・西域傳》：大秦國俗力田作，多種樹蠶桑，皆髡頭而衣文繡。有細布，或言水羊毳、野蠶繭所作也。

案《北史》云：土宜五穀桑麻，人務蠶田。

《魏書・西域傳》：焉耆國養蠶，不以為絲，但充綿纊。並見《周書・焉耆傳》

《周書・高昌傳》：高昌地多石磧，氣候温暖，穀麥再熟，宜蠶桑，多五果。

《明一统志》：哈密出白氎，本野蠶結綱，絲如細纑，取織為布，用以市易。

《新唐書・西域傳》：于闐初無桑蠶，丐鄰國，不肯出，其王即請婚，許之。將迎，乃告曰：國無帛，可持蠶自為衣。女闻，置蠶種帽絮中，關守不敢驗。自是始有蠶。女刻石，誓無殺，蠶蛾飛盡，得治繭。並見《六帖》

案《唐西域記》：瞿薩旦那國，王城東南五六里有鹿射僧伽藍，此國先王妃所立也。昔者此國未知桑蠶，聞東國有也，命使以求。東國君祕而不賜，嚴勑關防毋令桑蠶種私出也。瞿薩旦那王乃卑辭下禮，求婚東國。國君有懷遠之意，遂允其請。瞿薩旦那王命使迎婦，而誡曰：爾致辭東國君女，我國素無絲绵桑蠶之種，可以持來，自為裳服。女聞其言，密求其種，以桑蠶之子置帽絮中。既至關防，主者徧索。惟王女帽不敢以檢，遂入瞿薩旦那國止鹿射伽藍故地，方備儀禮，奉迎入宫，以桑蠶種留於此地。陽春告始，乃植其桑，蠶月既臨，復事來養，初食也，尚以雜葉飼之。自時厥後，桑樹連陰。王妃乃刻石為制，不令傷殺，蠶蛾飛盡，乃得治繭。敢有犯違，明神不祐，遂為先蠶，建此伽藍。數株枯桑，云是本種之樹也，故今此國有蠶不殺。竊有取絲者，來年輒不宜蠶。此與《新書》所載，直是一事。瞿薩旦那者，特于闐之梵語耳。並列之，以証《新書》所本。　馥。案《西域聞見録》云：和闐，回疆之一大城也。原蠶山繭極盛，所織紬绢繭布，極縝密光實可貴。或曰和闐，即古于闐。又曰喀什噶尔土産盪緞、盪紬、金銀絲紬緞布。

王鴻緒《明史稾・外國傳》：哈烈多育蠶，善為紈綺。

《北史・白蘭傳》：白蘭西南二千五百里，隔有大嶺。又度四十里海，有女王國，地宜桑麻，熟五穀，以女為國王。

《北史・西域傳》：波斯國，古條支國也，多綾錦。

《安南紀遊》：安南土産有銀蠶絲、光韌、玳瑁、桂漆、梹榔之屬。

案《月令廣義》：安南國多桑，一歲八蠶，一年再稻，别詳名類中。

《赤雅》：猺女握兵符者，披紫鳳之裘，曳蝶綃之衣。蝶綃，氷蠶所成，織作蝶紋，輕逾火浣，服之避暑。諺云：鳳裘無冬，蝶綃無夏。

《蠻司合誌》：千崖土熱，四時皆蠶，取其絲，織五色土錦充貢。

《後漢書・西南夷傳》：哀牢土地沃美，宜五穀蠶桑，知染采，文繡，罽毲帛疊，闌千細布，織成文章。如綾錦，有梧桐木華，績以為布，幅廣五尺。潔白不受垢汙，先以覆亡人，然後服之。

《溪蠻叢笑》：蠻地蠶事，少桑多柘，繭薄小，不可繅，可緝為紬。

《新唐書·南蠻傳》：南詔自曲靖州至滇池，人水耕，食蠶以柘，蠶生越二旬而繭成，織錦縑精緻。大和祁鮮而西，人不蠶，剖波羅樹實，狀如絮，紐縷而幅之。自夜郎滇池以西，皆莊蹻之裔，以十二月為歲首，正月蠶生，二月熟。並見《六帖》

《宋史·外國傳》：闍婆國在南海中，務蠶織，有薄絹絲絞吉貝布。

案前史所載蠻方異域，以今輿地考之，不啻皆列版圖，姑仍舊史書之，用昭聖朝無外之規，且以資多識焉。

又卷一四《雜繫上》

《困學紀聞》：《豳風》於十月云：曰為改歲，言農事之畢也。《祭義》於三月云：歲既單矣，言蠶事之畢也。農桑一歲之大務，故皆以歲言之。並見朱應奎《翼學編》

案《祭義》鄭注：歲單，謂三月盡之後也。曰歲者，蠶歲之大功事畢，於此也。

呂氏《讀詩記》蠶月條桑。程氏曰：蠶月，當蠶長之月也。計歲氣之早晚，不可指定幾月也。王氏曰：蠶月非一月，故不指言某月。

案《毛傳》：蠶月，治蠶之月也。

《詩總聞》『七月』诗注：自七月萑葦將成，八月可采儲蠶薄，待蠶月將至，則采桑從事也。條桑，南人谓之梯桑批桑，北人谓之穿桑采桑，止取其葉不伐條也。

《嚴氏诗輯》上章『柔桑』，乃桑葉之嫩者。嫩葉始生未多，故以筐箱求之，養新出之蠶耳。蠶有新出者，又有未出者，故同采蘩言之，皆言蠶事之始也。此章『女桑』，乃桑樹中之小者，大樹既條取之，小樹又猗取之，蠶已大食，故桑之大小，取之無遺，盖言蠶事之成也。

案《毛傳》：角而束之曰猗。

《詩傳名物集覽》：《邠風》春日遲遲，采蘩祁祁，盖農工有早晚，蠶事有先後，言采桑於前，以著蠶之早者；言采蘩於後，以著蠶之晚者。

《诗·七月》孔疏：絲麻布帛，衣服之常，故蠶績為女工之正，皮裘則其助。

《诗總聞》『十畝之間』注：魏俗多以蠶為業，蠶月壯者用力於外，弱者用力於内，晝夜奔波，今其風尚如此。

孫之騄《枝語》：《夏小正》『三月攝桑』。鄭氏曰：桑攝而記之，急桑也。《月令》命野虞，無伐桑柘。柘與桑並重。《蠶書》：柘蠶絲作瑟弦，清響勝於凡絲。

案《夏小正》又曰：妾子始蠶，先妾而後子。何也？曰事有漸也。言自卑事者，始執養宮事，執操也，養長也。馥案『桑攝而記之急桑也』八字，是《夏小正》本文。孫謂鄭氏語者誤也，宮事，蠶宮之事。

《管子》：夫歲有四秋，而分有四時，故曰農事且作。請以什伍農夫，賦耜鐵，此之谓春之秋。大夏且至，絲纊之所作，此之谓夏之秋。而大秋成五穀之所會，此之谓秋之秋。大冬營室中，女事紡績緝縷之所作，此之谓冬之秋。

《淮南子·説林训》：未嘗稼穡粟滿倉，未嘗蠶桑絲滿囊，得之不以道，用之必横。

《春秋繁露》：卵待伏二十日，而後能為雛。繭待繅以绾湯，而後能為絲。性待漸於教訓，而後能為善。

焦氏《易林》：兑之坎曰，饑蠶作室，緒多亂纆，端不可得。震之兑曰，秋蠶不成，冬種不生。

楊雄《太元经》：红蠶緣于枯桑，其繭不黄，緣于枯桑，蠶功敗也。蜘蛛之務，不如蠶之緰。

《淮南子·覧冥訓》：蠶珥絲而商弦絶，或感之也。注：珥一作囁絲，谓弄絲于口，商音清，弦細而急，故先絶。

案《爾雅翼》：蠶既老將績，其口含絲。《春秋文耀鉤》曰：商弦絶，蠶含絲，言弦將絶，蠶含絲以待用也。《淮南子》曰：蠶珥絲而商弦絶，谓新絲出，故絲脆。五音之中，商弦最急，故先絶。亦以蠶，午火也。商，金音也。火壯金因，應之而絶。珥絲或為餌絲。或曰上下絲于口，故曰咡絲。

《物理論》：民主養民，如蠶母之養蠶，則其用，豈徒蠶絲而已哉？

仲長統《昌言》：北方寒而人壽，南方暑而人夭。如蠶寒而饑，則引日多。温而飽，則引日少。此寒温饑飽之為脩短，驗乎物者也。

《韓非子》：鱣似蛇，蠶似蠋，人見蛇則驚駭，見蠋則毛起。然而婦人拾蠶，漁者握鱣，利之所在，皆為賁諸。

案《淮南子·説林訓》：蠶之與蠋，狀相類，而愛憎異。《説苑·説蕺編》：

蠋欲類蠶，鱓欲類蛇，人見蛇蠋莫不身灑然。然女工脩蠶，漁者持鱓，不惡，何也？欲得錢也。

《尸子》：夫繭，合而弗治，則腐蠹而棄，使女工繅之，則為美錦。

劉子《新論》：夫繭繰以為絲，織為縑紈，績以黼黻，則王后服之。繭之不繰，則素絲蠹于筐籠，

《容齋續筆》：昆蟲之微，天機所運，其善巧方便，有非人智慮技解所可及者。蠶之作繭，蜘蛛结之綱，是也。

《郁離子》：蠶吐絲而為繭，以自衛也，卒以烹其身。

鄭瑗《蜩笑偶言》：繭，蠶出也，而蠶非繭，則不能藏身以形化。

王文禄《竹下寤言》：吴俗之育蠶也，可謂至愛至重無加矣。一旦繭成而繅也，付諸沸湯，絲盡蛾見，畧不少□。猶且烹其蛾食之，即有全活以待化子者，鮮矣。雖因以得令終，然又不免於放。苟能念其□繭之功，繅畢而瘞其蛾，亦厚之道也。

《簪雲樓雜説》：古者中原以北，皆帝王至化所漸，桑土甚闢，今燕齊間，樹桑絶少連畝者，桑葉開遲於南中，而飼蠶在窖室，不生火，惟清豐縣蠶特盛。耕桑國之大計，希心經濟者當令民事遵三代之遺，兼適於今日而無弊，則東南之民力紓矣。

陳旉《農書》：湖州安吉人唯藉蠶辦生事，十口之家養蠶十箔，每箔得繭一十二斤，每一斤取絲一兩三分，每五兩絲織小絹一匹，每一匹絹易米一碩四㪷。絹與米價常相侔也，以此歲計衣食之給，極有準的。

《過眼書目》：元諸色人匠提舉楊叔謙，嘗因大都風俗隨十有二月，分繪農桑為二十四圖，翰林承旨趙孟頫為之詩，於延祐五年進呈，各有綺絹之賜，並命孟頫序其首，見《松雪齋集》。

東方朔《別傳》：武帝求神仙，朔言能上天取藥。上知其謾，欲極其言，即遣方士與朔上天。朔曰：『當有神仙來迎我。』後方士晝卧。朔呼曰：『我方從天上還。』方士以聞，上謂面欺，下朔于獄。泣曰：『臣幾死者再。天工問臣下方何衣。朔曰衣蠶。蠶何若？曰喙呥呥類馬，色斑斑類虎。天工以臣為謾，繫臣司空，使使下問，還報有之，乃出臣。今陛下以臣為詐，願使使上問。』上曰：『齊人多詐，欲喻我止方士也。』乃罷方士。

《東觀漢記·魏霸傳》：霸為鉅鹿太守，妻子不到官舍，婦親蠶桑，服機杼，子躬耕農。

《續漢書·鄧彪傳》：其先楚人鄧況，始居新野，子孫以農桑為業。

案彪，字智伯，官至太傅，《後漢書》有傳。

王隱《晉書》：王褒家貧，躬耕計口而田，度身而蠶。

《司馬徽別傳》：有人臨蠶求簇箔者，徽自棄其蠶而與之。或曰：凡人損已以贍人者，謂彼急而我緩也。今彼此正等，何為與人。徽曰：人未嘗求己，求之不與，將慚，何有以財物令人慚者。

《南史·到彦之傳》：到溉，字茂灌，為建安太守。任昉以詩贈之：求二衫段云：鐵錢兩當一，百易代名實。為惠當及時，無待秋凉日。溉答云：余衣本百結，閩中徒八蠶。假令金如粟，詎使廉夫貪。

《齊書·卞彬傳》：性飲酒，以瓠壺瓢勺杬皮為肴，著帛冠，十二年不改易。以大瓠為火籠，什物諸多詭異，自稱卞田居，婦為傅蠶室。

《北史·儒林·馮偉傳》：偉閉門不出，專精覃思，無所不通。蠶而衣，耕而食，簞食瓢飲，不改其樂。

《雒陽伽藍記》：王肅在江南之日，聘謝氏女為妻，及至京師，復尚公主《北史·王肅傳》：尚陳留公主。謝作五言詩以贈之曰：『本是薄上蠶，今作機上絲。得路逐勝去，頗憶纏綿時。』公主代肅答云：『鍼是貫綿物，目中恒任絲。得帛縫新去，何能纳故時。』肅覥之甚有媿色。

《舊唐書·李元愷傳》：景龍中，元行沖為洺州刺史，遺元愷衣服。辭曰：微軀不宜服新麗。行沖乃以泥塗汚而與之，不獲已而受。及還，乃以己之所蠶素絲五兩以酬之，曰義不受无妄之財。

《清異録》：小符拆字為賦。予過其家，見莊賔來呈繭。小符曰：此蟲雅哉。予曰：子將拆蠒為二，出雅字以張本，若作爾雅虫，無疑也。

《猗覺寮雜記》：世傳某縣有尉，夜半擊令門，求見甚急。令曰：『半夜有何事，請俟旦。』尉曰：『不可。』令披衣遽起，取火延尉入，坐未定，問曰：『事何急？豈有盜賊竊發，君欲出捕不可失時而告行耶？』曰：『不然。』『豈家有疾病倉卒耶？』曰：『不然。』令愠曰：『然則何為不待旦？』曰：『某見春夏之間農事方興，百姓皆下田，又使養蠶，恐民力不給。』令笑曰：『然則君有何策？』曰：『某見冬間農隙無事，不若移養蠶在冬，為兩便。』令曰：『君策甚善，古人不及。柰冬無葉何？』尉瞠目不對，久之，乃拱手長揖曰：

『夜已深矣，伏惟安置。』

案雜記論曰：□來嶺表，見一歲三蠶，盖冬桑不凋，故蠶可養。十月盡猶簇繭，則知尉之策未必不善，而令之笑，止可行之中原。古有氷蠶，唐尹師正刺青州，蠶四熟。以是觀之，不必專在春夏之交也。

《能改齋漫録》：少卿章岵，嘗牧于蜀。持吴羅朔綾至官，與川帛同染紅，後還京師經梅潤，吴朔之帛，色皆渝變，惟蜀帛如舊。後詢蜀人之由，乃云蜀之蓄蠶，與他邦異當，其眠將起時，以桑灰餵之，故宜色。然世之重川紅，多以其染之良，不知由蠶所致也。

《元史・梁曾傳》：曾除知南陽府，南陽在宋末為邊鄙，桑柘未成，而歲賦絲，民甚苦之，曾請折輸布，民便之。

陳詩禪《寄筆談》：臨海趙太守，洪武間卒業太學，為中官題蠶婦圖云：蠶未成絲葉已無，髩雲撩亂粉痕枯。宮中羅綺輕如布，安得王孫見此圖。一日太祖幸中貴宅，見之，問中貴。以趙對。即除肇慶知府，有廉聲。

《醒餘雜述》：給事陳安平子，年滿赴選，與鄉人李仙藥卧，夜夢十一月養蠶。仙藥占曰：『十一月養蠶，冬絲也，君必選東司。』數日果選吏部。

《山海經・圖贊帝女桑贊》：爰有洪桑，生濵淪潭，厥圍五丈，枝相交參，園客是采，帝女所蠶。

案《中山經》：宣山，淪水出焉。其上有桑，大五十尺。其枝四衢，其葉大尺餘，赤理黄華青樹，名曰帝女之桑。郭注曰：婦女主蠶，故以名桑。又《廣州異記》云：南方赤帝女學道得仙，居南陽愕山桑樹上。正月一日，啣柴作巢，至十五日成。或作山白鵲，或作女人。赤帝誘之，不得。以火焚之，女即昇天，因名帝女桑，故鵲名神女。

許彦周《詩話》：蜀道觀中鑿井得碑，一文曰『采乎蠶食之前，用乎火化之後。白英聚而雪慚，黄酥凝而金醜。』

案白英黄酥二語，似是賦繭。然云采乎蠶食之前，則仍不知其何所指也。唐李君房《海人獻文錦賦》有云『臨風始起，全含琪樹之芳。向闕爰開，遥寫蜃樓之色』，措辭頗工妙也。

《攤飯鳩譚》：世説王羲之書《蘭亭序》用蠶繭紙。《博物要覧》云：『高麗紙，有以綿繭造成，色白如綾，堅韌光潔如帛。』右軍所書，當即此紙。

《法苑珠林》：諸佛出世不著蠶衣。《舊唐書・西南蠻傳》：驃國，在永昌故郡南，不衣繒帛，云出於蠶，為其傷生故也。

案驃國崇信佛教，故風尚如此。

墨禪《傳燈録》云：坐禪如蠶，吐絲自縛。梁元帝碑云：飛蛾不息，縈蠶自纏。東坡詩云：羑君美玉经三火，笑我枯桑困八蠶。

《顔氏家訓》『歸心』篇：胡人見錦，不信其有蟲食樹吐絲所成。

《元中記》：大月氏有牛，名日及，割取肉一二斤，明日創愈。漢人入其國，示之以為珍異。漢人曰：吾國有蟲，大如小指，名曰蠶，食桑葉為人吐絲作衣。外國復不信之。

又卷一五《雜繫下》

《淮南子・説林訓》：人食礜石而死，蠶食之而不饑。案《攤飯續譚》云，《山海經》：臯塗之山，有白石名礜，可毒鼠。郭注云：鼠食之死，蠶食之肥。

《山堂肆攷》：蠶食礜石而肥。

《務本新書》：蠶要十體，謂寒、熱、飢、飽、稀、密、眠、起、緊、慢謂飽蠶時緊慢。蠶有三光，《蠶經》：白光向食，青光厚飼皮皺為飢，黄光以漸住食。蠶要三稀：下蟻、上箔、入簇。蠶要五廣：一人，二桑，三屋，四箔，五簇。

《太平御覧》：蔡邕書曰：家祖居常言，客有三當死，夜半蠶時至人室家也。今者一行而犯其兩。

《循觚紀聞》：古語相傳，謂蠶為女兒，大抵本蘭陵身女好一語。王世貞詩：柔似女蠶春再浴。

《横山紀畧》：吾郡蠶絲之利，亞於湖州。就七邑中石門桐鄉育蠶最多，次則海鹽，又次嘉興秀水。若嘉善平湖，此事罕及，非關地□，亦由人力之不勤也。至元《嘉禾志》云：是郡絲綿絹帛，視苕霅次之。《嘉興府志》云：嘉為吴越一隅，屬斗女，女主女功，故俗尚蠶織，重女紅，為星纏之明驗云。

《海寧縣志》：清明夜，育蠶之家各褁蠶子于綿衣中，卧諸身下，謂蠶得人氣始生。臘月十二日，養蠶之家各以鹽鹵茄灰薫揉蠶子，藏之縠殼中，至二十四日則出之，浴於川中，以待春至。

《水品》：湖州金盖山，故多雲氣，下有佳泉，土人言十里内蠶絲俱汲此水，煮之輙光白大佳。

《横山紀畧》：吾家始逸齋公墓在邑六都之珠字圩，盖明初所卜藏也。

其墓多檀，風清月明之夕，頗有聞其香者，俗遂稱之曰檀樹墳。距墳四周十里內，土皆肥厚，種植無不美。墳前之水，尤性重而澤，繅絲者遠近爭汲也。其絲光潔，異於他産，賈人入手即識之，曰檀絲也，必增值價。所産麥曰檀麥，烟葉曰檀烟，鬻之皆得善價。

《侯寧極藥譜》：死氷，白殭蠶也。

案《集韻殭》：殭，蠶白。《類篇》：殭，蠶死貌。《本草綱目・釋名》：自死者名白殭蠶。注：蠶病風死，其色自白，故名白殭。死而不朽曰殭《仁和縣志》曰：其體直殭，其色自白，死且不朽也。殭于蠶事，最關利害。其他有所鬣鬎、白肚、青娘、焦娘之類，皆為蠶病。其中惟鬣鬎，由□上年生子之風色。而亮頭亦基與於上年之餓種。餘則或因愛之太勤，或因護之不密，失之毫釐，繆以千里，育蠶者可不慎諸。

《衍謝》：予以頭二蠶沙浸酒飲，明目去風，頗得其益。湖州蠶民云，僵者煎湯飲，治疫甚效。又以其自脱繭燒灰存性，百滚水調服，能止小産。憶昔年劉左黄言之。

謝肇淛《五雜俎》：大内供御溷厠所用乃川中供野蠶所吐成繭，織以為帛，大僅如紙，每供御用之後，即便棄擲。孝廟時，一宮人取已用者澣濯縫紉，為簾帷之屬。一日上見問之，具以對。上曰：如此殊可惜，即勑以紙代之，停所進貢。踰年，川中奏詔書到後，野蠶比年不復吐繭，村民有衣食於是者，流離失所，乃令進貢如初。翼歲，蠶復生矣。固知惟正之供，不偶然也。

並見居易《録天香樓偶得》

東坡《物類相感志》：彈琴士指甲薄者，用僵蠶燒烟熏之則厚。

《本草綱目》：凡蠶類入藥，俱用食桑者。

《月令廣義》：取蠶自死而白色條直者，勿令中濕，濕則有毒也。用時仍去綿絲，及干燥過，毉家用治中風。急喉脾欲死者，擣篩細末，生薑自然汁調，灌之，下喉立愈。

《廣惠方》：五月五日，取蠶蛾為末，津調塗刺，良久即出。本法用晚蠶蛾，盖將臀倒點濕繭子頭出者，生收，用竹筒兩頭有節者，於一頭錐穿，放入蛾，塞之，令自在乾死，遇竹木等刺肉内不能出者，取少許為末點刺上，即出。

《代醉編》：有負脾中創血如箭出，毉者以炒原蠶蛾末傅之，立止。

《通志・昆蟲草木略》：《周禮・禁原蠶》注云：為其傷馬，今以蠶為末塗馬齒，即不能食草。以桑葉拭去，乃還食。此明蠶馬類也。

《通俗編》：《爾雅・釋草》：列藈，豕首。郭注曰：江東呼為豨首，可以熠蠶蛹。按熠蛹，特饕饞小夫所為，不謂晋時已然。

案《揚子方言》曰：㷄火，乾也。凡以火而乾五穀之類，秦晋之間或謂之㷄。㷄與熠同。《正韻》：楚絞切，並音謅，即俗炒字。

《齊民要術》：三月榆莢時，雨膏地強，可種禾。薄田不能糞者，以原蠶矢雜禾種之，則禾不蟲。又煮繅蛹汁，大旱澆種，其收至畝百石。

王禎《農桑通訣》：凡耕桑田，不用近樹，犁不著處，劚土令起，斫去浮根，以蠶矢糞之。

《齊民要術》：種麥，若天旱無雨澤，則薄漬麥種，以酢漿并蠶矢夜半漬，向晨速投之，酢漿令麥耐旱，蠶矢令麥耐寒。

《物類相感志》：林檎樹生毛蟲，埋蠶蛾于下，或以洗魚水澆之，即止。

《四時類要》：種茶，桑下竹陰地種之，以小便、稀糞、蠶沙澆擁之，不可太多。

《氾勝之書》：麻高一尺，以蠶矢糞之，蕃收。

《四時類要》：種薑，盖土厚三寸，以蠶沙盖之，糞亦得。有草即耘，漸漸加土。

《務本直言》：麥種初收時，旋打旋揚，與蠶沙相和，辟蟲傷，資地力，苗又耐旱。

《農桑通訣》：種瓠如瓜法，掘地作坑，方圓深各三尺，圍蠶沙和土令匀，着坑中，足踐令堅平，以水沃之，水盡下子，復以前糞澆覆之。

《月令廣義》：蠶沙及剩殘亂葉，皆可以喂牛，又宜壅桑及花樹。肥田地，其功甚溥。宜潔净收之

《氾勝之書》：取雪汁以漬原蠶矢，漬之五六日，待釋。因摩之雜穀種，能禦旱。

《元中記》：化民食葉，三七年化，能以絲自裹，如蠶績，九年生翼，十年而死，去瑯邪四萬里。

《梁書・高昌傳》：高昌國，東師王之故地也。多草木，草實如繭，繭中絲如細纑，名曰白疊子。國人多取織以為布，布甚軟白，交市用焉。

《本草綱目》：凡諸草木，皆有蚅蠋之類。食葉吐絲，不如蠶絲可以衣

被天下，故莫得並稱。

《侯鯖録》：絲蟲，出南寧横州，食楓葉，能作絲，光明如琴弦。

案《月令廣義》：廣西南寧府所屬有横州，其地楓始生葉，有蟲食之，蟲形似蠶，而赤黑，四月間熟，亦如蠶之將絲。州人擘取其絲，光明如琴弦，海濱蜑人鬻之作釣緡，甚適于用。亦見《事物紺珠》

《後漢書・趙岐傳》：盜發齊桓公墓，得水銀池，金銀蠶數十箔。

《三輔故事》：始一后塟，用金蠶二十箔。

《顧微廣州記》：吴黄武三年，遣交州治中吕瑜，發趙嬰齊冢，得金蠶白珠各數斛。

《稽神總録》：右千牛兵曹王文秉之祖，嘗探碑於積石下，得一自然圓石，如毬形，式如鶻斲，乃重疊如殼相包。斲之至盡，其大如拳，復破之，中有一蠶，如蠐螬，蠕蠕能動，人不能識，因棄之，後與鄉人夜會，有語及青蚨還錢事。或云人欲求富，莫如得石中金蠶畜之，則寳貨自致矣。問其形狀，則則石中蠐螬也。

《燕閒録》：南方富金蠶，食以蜀錦，取其糞，能毒人。蠶能致他財，但遺之極難。

案《詩傳名物集覽》：南方畜金蠶，取其矢置飲食中毒人，多以金銀置蠶其中，投路隅，謂之嫁金蠶。金蠶畏蝟，所至畜兩蝟，能擒出之，或曰雷丸能殺之。

《本草綱目》：石蠶一名沙蝨，乃東海水中細蟲。

案《詩傳名物集覽》曰：石蠶附生水中石上作絲。

《居易録》：海蠶大如蠶，青黑色，頂有一竅，温台人取置塘中，插竹如林，蠶食水草，久之，則緣竹而上，自竅吐粉，凝於竹末。粉盡，蠶入水死，即海粉也。

《攤飯鳩譚》：雪蠶生陰山及峨嵋山，北人謂之雪蛆。浙江温台山中亦間有之。

《詩傳名物集覽》：地蠶，可茹，名甘露子。

《説文》：蜀，葵中蠶也，从虫，上目象蜀頭形，中象其身蜎蜎。邵氏《尔雅正義》曰：蠋，亦作蠾，化蛾孚子，諸草木皆有之，故《説文》以為蠶也。按《爾雅翼》：葵者，菜之甘者也。古人有言，蓼蟲不知徙乎葵。今蜀食葵之甘，其體肥大，亦食於藿。《廣志》云：藿蠋有五色者，槐香蠋，五采有角，甚臭。《庚桑子》曰：奔蜂不能化藿蠋，言大小不同量也。蠋雖蠶類，而不食桑，詩乃稱蒸在桑野者，葵藿之下，亦桑野之地也。蠶致養于人，百萬為族，蜀則獨行，故以比敦然獨宿者。箋云：蠋蜎蜎然特行，久處桑野，有似勞苦者。蠋一名蚅，狀雖可畏，然古人以金作此，而綴之車上以為飾，故曰鞗革金厄。

陳藏器《本草》：蚝虫，好在果樹上，大小如蠶，身面背上有五色斑文，漸老者口吐白汁，凝聚如雀卵。其蟲以甕為繭，在中成蛹，夏月羽化，而蛾生於葉間，如蠶子。

清 曾國荃《曾忠襄公批牘》卷三《霍州楊牧禀所屬各鄉情形地利籌辦教養急需之事由》 該牧所答該州水利民風，土宜物産，歷歷如繪，非平日關心民事，熟悉地方情形者，不能如此。惟稱棉花一種，蠶桑一事，查詢士人，僉謂地不相宜。按棉花之性，雖惡濕而喜燥，但止宜於土之燥而柔者，不宜於土之燥而剛者。該州地處萬山山地，率多堅硬，謂此項不宜，其説誠然。至稱該州不宜蠶桑，則殆未之試行耳。考周之唐地，即今太原。周之魏地，即今解州。該州介居唐魏之間，土宜大略相似，《魏詩》曰：彼汾一方，言采其桑。又曰：十畝之間，桑者閑閑。十畝之外，桑者泄泄。唐詩曰：肅肅鴇行，集於苞桑。此皆該州宜桑之確證，惟蠶桑一事，本係女紅。來禀稱地宜柳葦，是否以柳編筐，以葦織席，二者皆係婦女所為。倘二項已出女手，固不必格外添設，致令務廣而荒，否則教以蠶桑。

清 張之洞《張文襄公全集》卷四七《湖北試辦工藝附蠶桑局摺》光緒二十四年閏三月十三日 竊惟《周禮》六職飭其材；《月令》五庫審其益。萬物有曲成不遺之妙，百工爲自古政令所關。光緒十六年，臣繼洵到任後，即經會同督臣之洞，督飭司道籌款興辦農桑，曾於十九年籌款興辦蠶桑會，奏在案。近年廣招學徒，添設織機六十張，仿織浙江紬緞各料，精益求精，銷路寬廣，經費足資周轉。既擬擴充規模，飭令工匠學徒，講求工藝，以備農桑蠶織之不足，藉抵外洋朘削之利權。伏查內地所産麥草，或非貴重之物，織成帽辮粗細式様二百餘種，行銷外洋，甚有利益。就山東煙台一處而論，每年銷價計銀已有一二百萬兩之多，所造之貨，女工居多。近年日本設廠織造，質良工細，銷數甚多，更奪中國之利。又樟樹易於種植，采葉製煉，可成樟腦。台灣向有成法，廣東近已仿造，亦可暢銷外洋。他如日用所需，有洋蠟燭、洋紙壓油等物，多以中國布縷毛骨鎔煉而成，我材彼有，償我祇此，纖微彼貨，我銷益彼。每逾舊物，更互交易，盈絀懸殊。慨自關市交通，外洋以機器代人工，中土財力，遂爾交困。惟有因利推行，以濬其來源；多方效法，以敵其銷路。湖北民貧地瘠，水旱頻仍，尤當設法補苴，用蘇民困。兹由山東萊州，招僱織辮上等工匠來鄂，收買麥草，即於農桑局添募本省學徒，令其指授，由粗及精。一面飭令民間廣栽樟樹，其有長成之木，先行收買，試熬樟腦，並購運機器，逐漸仿製洋燭壓油等物。俟有效驗，即擇學徒之精其法者，派赴各屬，轉相傳授，總期失業者得所工作，成物者各盡土宜，以副朝廷利用厚生之至意。

硃批：該衙門知道。欽此。

清 衛杰《蠶桑萃編》卷一《稽古·歷代制詔類》

羲皇

太昊伏羲氏，化蠶桑為繐帛，絙桑為三十六瑟，以修眞理性，返其天眞。

炎帝

炎帝神農氏，謹修地理，教之桑麻，以為布帛。

軒帝

黄帝垂裳，而天下治；元妃西陵氏，教民養蠶。

唐禹

唐堯見舜於草茅之中，席隴畝而蔭庇桑陰，桑陰移而受天下。

夏

《禹貢》：桑土既蠶，九州各篚所織，絲之織者六。

商

伊陟相大戊，桑生亳。

周

周公，勤相成王，德化宣流，越裳來貢，嘉禾貫桑。召伯，就蒸庶於阡陌隴畝而聽斷，百姓大悦，耕桑倍力以勸。穆天子作居范宫，以勸桑者，遂飲桑中，禁暴。

秦

秦始皇遣徐福入海，求一寸葚桑。

清 葉向榮《蠶桑説·吴學堦後序》 鎮郡鄉民祇知耕稼，不知蠶桑。是以地多曠土，家無蓋藏。兵燹後，尤荒廢不治。同治己巳冬，觀察吴興沈公奉。

蠶桑政令部

詔制

綜述

《漢書》卷四《文帝紀第四》顔師古注 景帝詔曰：『朕親耕，后親桑，爲天下先。』本以躬親爲義，不得以假借爲稱也。

《宋書》卷一八《禮制五》 漢制，太后入廟祭神服，紺上皂下；親蠶，青上縹下，皆深衣。深衣即單衣也，首飾剪牦幗。

又 漢制，皇后謁廟服，紺上皁下。親蠶，青上縹下。首飾，假髻，步搖，八雀，九華，加以翡翠。晉《先蠶儀注》，皇后十二鏌，步搖，大手髻，衣純青之衣，帶綬佩。今皇后謁廟服袿襡大衣，謂之褘衣。公主三夫人大手髻，七鏌，蔽髻。九嬪及公夫人五鏌。世婦三鏌。公主會見，大手髻。其長公主得有步搖。公主封君以上皆帶綬，以采為緄帶，各如其綬色。公特進列侯夫人、卿校世婦、二千石命婦年長者，紺繒。佐祭則皁絹上下。助蠶則青絹上下。自皇后至二千石命婦，皆以蠶衣為朝服。

《文選·謝玄暉〈齊敬皇后哀策文一首〉》李善注 《列女傳》敬薑曰：『皇后親蠶玄紞，公侯夫人，加之以紘綖。』《周禮》曰：『上春，詔王后帥六宫之人，出種稑之種，而獻于王。』

《隋書》卷二四《食貨志》 又每丁給永業二十畝為桑田，其中種桑五十根，榆三根，棗五根，不在還受之限。非此田者，悉入還受之分。土不宜桑者，給麻田，如桑田法。率人一床，調絹一疋，綿八兩，凡十斤綿中，折一斤作絲。墾租二石，義租五斗，奴婢各准良人之半。牛調二尺，墾租一斗，義租五升，墾租送臺，義租納郡，以備水旱。墾租皆依貧富為三梟。其賦税常調，則少者直出上户，中者及中户，多者及下户。上梟輸遠處，中梟輸次遠，下梟輸當州倉，三年一校焉。租入臺者，五百里内輸粟，五百里外輸米。入州鎮者，輸粟。人欲輸錢者，准上絹收錢。諸州郡皆别置富人倉。初立之日，准所領中下户口數，得支一年之糧，逐當州穀價賤時，斟量割當年義租充入。穀貴，下價糶之；賤則還用所糶之物，依價糴貯。每歲春月，各依鄉土早晚，課入農桑。自春及秋，男二十五已上，皆布田畝。桑蠶之月，婦女十五已上，皆營蠶桑。

唐 長孫無忌《故唐律疏議》卷一三《里正授田課業桑》 疏議曰：『依田令，户内永業田，課植桑五十根以上，榆棗各十根以上。土地不宜者，任依鄉法。』又條：『應收授之田，每年起十月一日，里正預校勘造簿，縣令總集應退應受之人，對共給授。』又條：『授田先課役，後不課役；先無後少，先貧後富。』其里正皆須依令造簿通送及課農桑。若應合受田而不授，應合還公田而不收，應合課田農而不課，應課植桑、棗而不植，如此事類違法者，每一事有失，合笞四十。

《通典》卷六二《后妃命婦服章制度》 漢制，太皇太后、皇太后、皇后入廟服，紺上皁下；蠶服，青上縹下；皆深衣制，徐廣曰：『卽單衣也。』縹，音疋繞反。隱領袖緣。貴人助蠶服，純縹上下。長公主見會，自公主封君以上皆帶綬，以采組為緄帶，各如其綬色；黄金辟邪首為帶鐍，飾以白珠。公卿列侯、中二千石夫人入廟佐祭者，服皁絹上下；助蠶者，縹絹上下。自二千石夫人以上至皇后，皆以蠶衣為朝服。公主、貴人、妃以上，嫁娶得服錦綺羅縠繒，采十二色，重緣袍。特進列侯以上錦繒，采十二色。六百石以上重練，采九色，禁丹紫紺。三百石以上五采，青絳黄紅綠。二百石以上四采，青黄紅綠。賈人，緗縹而已。緗，赤黄色。魏之服制，不依古法，多以文繡。晉依前漢制，皇后謁廟，服紺上皁下；蠶，青上縹下，隱領袖緣。元康六年，詔以純青服。貴人、夫人、貴嬪，是為三夫人，皆金章紫綬。九嬪銀印青綬，佩采瓄音獨。玉。助蠶之服，純縹為上下。皇太子妃，金璽龜鈕，纁朱綬，佩瑜玉。諸王太妃、諸長公主，金印紫綬，佩山元玉。自公主以上，皆帶綬，以采組為緄帶，各如其綬色，金辟邪首為帶玦。郡縣公侯夫人，銀印青綬，水蒼玉。公特進列卿世婦、中二千石夫人入廟助祭者，皁絹上下；助蠶者，縹絹上下。自二千石夫人以上至皇后，皆以蠶衣為朝服。宋制，太后、皇后入廟服袿襴。上圭，下屬。大衣，謂之褘衣。公主、封君以上皆帶綬，以采組為緄帶，各如綬色。公特進列侯夫人、卿校世婦、二千石命婦年長者，入廟佐祭，皁絹上下；助蠶則青絹上下。自皇后至二千石命婦，皆以蠶衣為朝服。按漢劉向曰：『古者天子至於士，王后至於命婦，必佩玉，尊卑各有其制。』王后至命婦所佩玉，古制不存，今與外同制。齊因之。袿襴用繡為衣裳，黄綬。貴嬪、夫人、貴人、王太妃、長公主、封君，皆紫綬。六宮、郡公、侯夫人，青綬。陳依前制，皇后謁廟，袿襴大衣，皁上皁下，親蠶則青上縹下，隱領袖緣。貴妃，金章龜鈕，紫授，佩于闐玉，獸頭鞶。九嬪，金章龜鈕，青綬，獸頭鞶，佩采瓄玉。婕妤以下，銀印珪鈕，艾綬，獸頭鞶。美人等，銅印環鈕，墨綬，獸頭鞶。皇太子妃，金璽龜鈕，纁朱綬，佩瑜玉。良娣，銀印珪鈕，佩采瓄玉，青綬，獸爪鞶。寶林，佩水蒼玉，餘同。開國公侯太夫人，獸頭鞶，餘同。長公主、公主、封君，金印龜鈕，紫綬，佩山玄玉，獸頭鞶。公主封君以上皆帶綬，以采組為緄帶，各以其綬色，金辟邪首為帶玦。自二千石以上至皇后，皆以蠶衣為朝服。北齊皇后助祭、朝會以褘衣，祠郊禖以揄翟，小宴以闕翟，親蠶以鞠衣，禮見皇帝以展衣，宴居以褖衣。六服俱有蔽膝、織成緄帶。内外命婦從二品以上，金章，紫綬，服揄翟，雙佩山元玉。九嬪視三品，銀章，青綬，鞠衣，佩水蒼玉。世婦視四品，銀印，青綬，展衣。八十一御女視五品，銅印，墨綬，褖衣。又有宫人女官服：二品闕翟；三品鞠衣；四品展衣；五品、六品褖衣；七品、八品、九品，俱青紗公服。皇太子妃，璽綬佩同皇太子，服揄翟，從蠶則青紗公服。郡長公主、公主、王國太妃、妃，纁朱綬，章服佩同内命婦一品。郡長君，元朱綬，闕翟，章佩與公主同。郡君、縣主，佩水蒼玉，餘與郡長君同。太子良娣視九嬪服。縣主青朱綬，餘與良娣同。女侍中，假金印紫綬，服鞠衣，佩水蒼玉。縣君銀章，青朱綬，除與女侍中同。太子孺子同世婦。太子家人同御女。鄉主、鄉君，素朱綬，佩水蒼玉，餘與御女同。外命婦皆如其夫；若夫假章印綬佩，妻則不假。一品、二品服闕翟，三品服鞠衣，四品展衣，五品褖衣。内外命婦、宫人從蠶，則各依品次，皆服青紗公服。其外命婦，綬帶鞶囊，皆准其夫公服之例。百官之母詔加太夫人者，朝服公服，各與其命婦服同。後周制，皇后之服，十有二等。其翟衣六：從皇帝祀郊禖，享先皇，朝皇太后，則服翬衣；祭陰社，朝命婦，則服揄衣；祭群小祀，受獻繭，則服鷩衣；採桑則服鳪衣；黄色。音卜。從皇帝見賓客，聽女教，則服鵗衣；白色。音罩。食命婦，歸寧，則服翞衣。元色。音秩。俱十有二等，以翬翟為領褾，各十有二。臨婦學及法道門，燕命婦，有時見命婦，則蒼衣；春齊及祭還，則青衣；夏齊及祭還，則朱衣；採桑齊及採桑還，則黃衣；秋齊及祭還，則素衣；冬齊及祭還，則元衣。自青衣而下，其領褾以相生之色。諸公夫人九服，其翟衣翟皆九等，俱以揄翟為領褾，各九。自揄衣以下，鷩、鳪、鶾、翃、朱、黃、素、元等九也。自朱衣而下，其褾領亦用相生之色。諸侯夫人，自鷩衣而下八；其翟衣翟皆八等，俱以鷩翟為領褾；無揄衣。諸伯夫人，自鳪衣而下七；其翟衣翟皆七等，俱以鳪翟爲領褾；無鷩衣。諸子夫人，自鶾衣而下六；其翟衣翟皆六等，俱以鶾翟為領褾；又無鳪衣。諸男夫人，自鳺衣而下五；其翟衣翟皆五等，俱以鳺翟為領褾；又無鶾衣。三妃、三公夫人之服九：鳪衣，鶾衣，鳺衣，青衣，朱衣，黃衣，素衣，元衣，綃衣。其翟亦九等，以鳪翟為領褾，各九。三孤之內子，自鶾衣而下八。翟皆八等，以鶾翟為領褾，各八。六嬪、六卿之內子，自鳺衣而下七。翟皆七等，以鳺翟為領褾，各七。上媛、上大夫之孺人，自青衣而下六。中媛、中大夫之孺人，自朱衣而下五。下媛、下大夫之孺人，自黃衣而下四。御婉、士之婦，自素衣而下三。中宮六尚，緅子侯反。衣。諸命秩之服曰公服，其餘常服曰私服。隋制，皇后褘衣、鞠衣、青衣、朱衣四等。褘衣，深青質，織成領袖，文以翬翟，五采重行，十二等。素沙內單，黼領，羅縠褾、襈，色皆以朱。蔽膝隨裳色，以緅為緣，用翟三章。大帶隨衣裳，飾以朱綠之錦，青緣。革帶，青襪、舄，舄以金飾。白玉佩，元組、綬，章采尺寸同於乘輿。祭及朝會大事服之。鞠衣，黃羅為質，織成領袖。蔽膝，革帶及舄，隨衣色。餘准褘衣，親蠶服也。青服，去花、大帶及佩綬，金飾履，禮見天子則服之。朱服，如青服。有金璽，盤螭鈕，文曰『皇后之璽』。冬正大朝，則并璜琮，各以笥貯，進於座隅。皇太后同於后服，而貴人以下並亦給印。三妃，服揄翟，金章龜鈕，文從其職。紫綬，金縷織成獸頭鞶囊，佩于闐玉。九嬪，服闕翟，金章龜鈕，文從其職。金縷織成獸頭鞶囊，佩采璸玉。婕妤，銀縷織成獸頭鞶囊，他如嬪服。美人、才人，鞠衣，銀印珪鈕，獸爪鞶囊，佩水蒼玉。餘同。寶林，服展衣，艾綬。鞶囊、佩玉，同婕妤。承衣刀人、采女，皆褖衣，無印綬。皇太子妃，服揄翟衣，九章。金璽龜鈕。素紗內單，黼領，羅褾、襈，色皆用朱，蔽膝二章。大帶，同褘衣，青綠革帶，朱襪，青舄，舄加金飾。佩瑜玉，纁朱綬，獸頭鞶囊。凡大禮見皆服之。唯侍親桑，則用鞠衣，佩綬與揄衣同。良娣，鞠衣，銀印，青綬，獸爪鞶囊。餘同世婦。寶林、八子，展衣，銅印，佩水蒼玉，艾綬。諸侯王太妃、妃、長公主、公主、三公夫人、一品命婦，揄翟，繡為九章。佩山元玉，獸頭鞶囊，綬同夫色。公夫人、縣主、二品命婦，亦揄翟，繡八章。從親桑，同鞠衣。自此以下，佩皆水蒼玉。侯伯夫人、三品命婦，亦服揄翟，繡為七章。子夫人、四品命婦，服闕翟，刻赤繒為翟，綴衣上，為六章。男夫人、五品命婦，闕翟，五章。若從親蠶，皆同鞠衣。大唐武德制，皇后服有褘衣、鞠衣、鈿釵禮衣三等。皇太子妃揄翟鞠衣。自皇后至內外命婦衣服制度，並具《開元禮》序例。

又 卷六五《主妃命婦等車》

漢制，長公主乘赤罽軿車。大貴人、公主、王妃、封君油畫軿車，大貴人加節畫輈，皆右騑。公、列侯及二千石夫人，會朝若親蠶，各乘其夫之安車，右騑，加交絡帷裳，皆皂。非公會，不得乘朝車，得乘漆布輜軿，銅五末。晉制，三夫人油軿車，駕兩馬，左騑。其貴人加節畫輈。三夫人助蠶，乘青交絡安車，駕三，皆以紫絳罽軿車。九嬪、世婦乘駢車，駕三。長公主赤罽軿車，駕兩馬。公主、王太妃，皆油軿車，駕兩馬，右騑。公主油畫安車，駕三，青交絡，以紫絳罽軿車駕三爲副，王太妃、三夫人亦如之。公主助蠶，乘油畫安車，駕三。公主有先置者，乘青交絡安車，駕三。諸王妃、公太夫人、縣鄉君、諸郡公侯特進夫人助蠶，乘皂交絡車，駕三。諸郡公侯監國嗣子之世婦、侍中常侍尚書中書監令卿校世婦、命婦助蠶，乘皂交絡安車，儷駕。郡縣公侯、中二千石夫人會朝及蠶，各乘其夫之安車，皆右騑，皂交絡，皂帷裳。自非公會則不得乘朝車。王妃、特進夫人、封君，安車，駕三，皂交絡。封縣鄉君，油軿車，駕兩馬，右騑。宋制，公主安車，以紫絳罽軿車爲副，駕三。九嬪、世婦軿車，駕一。王妃、特進夫人、封君皂交絡安車，駕三。其貴人、公主、王妃、封君油軿駕二，右騑。公、列侯、中二千石夫人會朝及蠶所乘，依漢故事。齊制，皇太子妃厭翟車，如重翟，飾而微減。油絡畫安車，公主、王妃、三公特進夫人所乘。其貴人、公主、三夫人、九嬪、世婦、三公妃、特進夫人所乘正副，皆依漢晉。梁天監二年令，上臺、六宮、長公主、公主、諸王太妃，皆得乘青油榻幢通幰車，榻幢涅幰爲副。綵女、皇女、諸王嗣子、侯夫人，皆乘赤油榻幢車，以涅幰爲副。侍女直乘涅幰之乘。北齊制，諸公主乘油朱絡網車，車牛飾用金塗及純銀。後周制，諸公夫人之輅車九：厭翟、翟輅、翠輅，皆錫面，朱總、金鉤。雕輅、篆輅，皆勒面刻白黑韋爲當顱，繢總。朱輅，黃輅，白輅，元輅，皆雕面刻漆韋馬當顱，鷖總青黑色繒，其著如朱總。諸侯夫人自翟輅而下八，諸伯夫人自翠輅而下七，諸子夫人自雕輅而下六，諸男夫人自篆輅而下五。鞶纓就數，各視其君。三妃、三公夫人之輅九：篆輅、朱輅、黄輅、白輅、元輅，皆勒面，繢總。夏篆、夏縵、墨車、輚車，皆雕面，鷖總。三妷由力反，三孤內子，自朱輅以下八。六嬪、六卿內子，自黄輅而下七。上媛婦、中大夫孺人，自元輅而下五。下媛婦、大夫孺人，自夏篆而下四。御婉、士婦人，自夏縵而下三。其鞶纓就，各以其等。皆簟笰，漆之。君以赤，卿大夫士以元。君駕四，三輈六轡。卿大夫駕三，二輈五轡。士駕二，一輈四轡。隋制，皇太子妃乘翟車，以赤爲質，駕三馬，畫轅金飾。犢車爲副，紫幰，朱絡網。良娣以下，並乘犢車，青幰朱裏。三公夫人、公主、王妃，並犢車，紫幰，朱絡網。五品以上命婦，並乘青幰，與其夫同。大唐制，內命婦夫人乘厭翟車，嬪乘翟車，婕妤以下乘安車，各駕二馬。外命婦、公主、王妃乘厭翟車，駕二馬。自餘一品乘白銅飾犢車，青通幰，朱裏油幢，朱絲絡網，駕牛。二品以下去油幢、絡網，四品青偏幰。其三公以下車輅，皆太僕官造貯掌之。若受制行冊命及二時巡陵、婚葬，則給之。

又 卷一一五《親桑》 皇后將詣望瘞位，司賓引內外命婦採桑者，俱就採桑位，內外命婦一品各二人，二品、三品各一人。諸執鉤筐者各就位。皇后既至採桑位，尚功奉金鉤，自北陛升壇，進，典製奉筐從升。皇后受鉤採桑，典製奉筐受桑，皇后採桑三條，止，尚功前受鉤，典製以筐，俱退復位。皇后初採桑，典製等各以鉤授內外命婦。皇后採桑訖，內外命婦以次採桑，女史執筐者受之。內外命婦一品各採五條，二品、三品各採九條，止，典製等受鉤，與執筐者退復位。司賓各引內外命婦採桑者，退復位。司賓引婕妤一人，詣蠶室，尚功帥執鉤筐者，以次從至蠶室。尚功以桑授蠶母，蠶母受桑，切之以授婕妤，婕妤食蠶，灑一簿訖，司賓引婕妤還本位。尚儀前奏：『禮畢。』退復位。尚宮引皇后還大次，樂作，入大次訖，樂止。司賓引內命婦，內典引引外命婦，各還其次。尚儀、典正以下，俱復執事位，立定，司贊曰：『再拜。』尚儀以下，皆再拜訖，出。女工人以次出。其祝版燔於齋所。

《舊唐書》卷四四《職官志三》 掖廷令，掌宮禁女工之事。凡宮人名籍，司其除附；公桑養蠶，會其課業。丞掌判局事。博士掌教習宮人書算衆藝。監作掌監當雜作。

宋 高承《事物紀原》卷二《禮祭郊祀部第九》 《周禮・內宰》：『詔王后蠶于北郊，齋戒享先蠶。』《禮》亦雜記其事然《禮》之所紀，多商周之制，及其餘群小祀，俱周典云。

《太平御覽》卷一四五 又曰：『季春之月，后妃齋戒，親東鄉躬桑。』齋戒者，事於先蠶也。東鄉，盛德也。躬桑者，手三繰，猶天子親耕三推也。古者，天子諸侯，必有公桑蠶室。近川而爲之，築宮仞有三尺，棘牆而外閉之。卜夫人、世婦之吉者，使入蠶室，奉種浴于川，公桑以食之。蠶事既升升，成也。分繭稱絲絲以斤兩，故曰稱，知其多少，所以旌其成功也。在孟夏，於此終言之也，以供郊廟之服。天子諸侯所服以祭者，必后夫人所親蠶也。禮，世婦卒蠶，獻繭于夫人。受之，親繅三盆手，朱緑之，玄黄之，以爲黼黻文章。君服之，以祀先王、先公，敬之至也，故曰無或敢怠。

又 卷八二五 又《祭統》曰：『是故天子親耕于南郊，以共齊盛；王后蠶于北郊，以共純音緇服。諸侯耕於東郊，以共齊盛；夫人蚕於北郊，以共冕服。天子諸侯，非莫耕也；王后夫人，非莫蠶也。』

又 又曰：『文德太后，率內外命婦有事於親蠶。』

又曰：『開元中，上命宮中食蠶，親自臨視。欲使嬪御已下知女工之事。及蠶罷，獲絲甚多，因以賜焉。』

宋 陸佃《埤雅》卷一一《蠶》 王親耕三推而止，王后親蠶三洒而止。

又 卷一八《葛》 蓋王后親蠶，以勸女功之正事；親葛，以勸女功之餘事；絺麻者，本事也。

《新唐書》卷四七《百官志》 內侍省，監二人，從三品；少監二人，內侍四人，皆從四品上。監掌內侍奉，宣制令。其屬六局，曰掖庭、宮闈、奚官、內僕、內府、內坊。少監、內侍爲之貳。皇后親蠶，則升壇執儀；大駕出入，爲夾引。武德四年，改長秋監曰內侍監，內承奉曰內常侍，內承直曰內給事。龍朔二年，改監爲省。武后垂拱元年，曰司宮臺。天寶十三載，置內侍監，改內侍曰少監；尋更置內侍，有高品一千六百九十六人，品官白身二千九百三十二人，令史八人，書令史十六人。

《冊府元龜》卷四九五 官第一品以下，羽林武賁以上，各有差職。事及百姓請墾田者，爲永業田。奴婢受田者，親王止三百人，嗣王二百人，第二品嗣王以下及庶姓王百五十人，正三品以下及皇宗百人，七品以下八十人，八品以下至庶人六十人。奴婢限外不給田者，皆不輸。其方百里外及州人，一夫受露田八十畝，奴婢依良人，限數與在京百官同。丁牛一頭，受田六十畝，限止四牛。每丁給永業二十畝，爲桑田。其田中種桑五十根，榆三根，棗五根，不在還受之限。非地田者，悉入還受之限。土不宜桑者，給麻田，如桑田法。關東風俗傳曰：『其時强弱相凌，恃勢侵奪，富者連畛踰陌，貧無立錐之地。昔漢氏募人從田，恐遺墾課，令就良美。而齊民全無斟酌，雖有當年權格，時暫施行，爭地文案有三十年不了者，此田授受無法者也。其賜田者，謂公田及諸横賜之田。不問貧賤，一人一頃，以共芻秣。』

宋 王觀國《學林》卷七《柳子厚非國語》 觀國按，《禮》：『天子親耕，以共粢盛；王后親蠶，以共祭服。』粢盛、衣服皆備，然後可以享宗廟。蓋王者身致其誠，以盡孝道，舉此以率天下，皆知勸于耕，勸于蠶。其意若曰：思天下匹夫匹婦，有惰于耕，而受其饑者；有惰于蠶，而受其寒者。今我以天子之尊，且不敢忘耕事也。我親率之，冀天下皆知勸于耕，而民無受其饑者矣。以王后之尊，且不敢忘蠶事也。我親率之，冀天下皆知勸于蠶，而民無受其寒者矣。

宋 王應麟《玉海》卷七六《漢開藉田 親耕禮儀 耕鉅定 弄田 耕上林 藉田令》 臣瓚曰：『景帝詔曰：朕親耕，后親桑，為天下先，本以躬親為義。不得以假借為稱也，藉為蹈藉也。師古曰：『瓚説是也。』《國語》曰：『宣王不藉千畝，虢文公諫則藉，非假借明矣。』

又 卷一二一《唐内侍省》 《志》：内侍省，監一人，少監二人，内侍四人。監掌内侍奉，宣制令。其屬六局，曰掖庭、宫闈、奚官、内僕、内府、内坊。少監，内侍為之。侍皇后親蠶，則升壇執儀；大駕出入，為夾引。

《遼史》卷五九《食貨志上》 初，皇祖匀德實爲大迭烈府夷离堇，喜稼穡，善畜牧，相地利以教民耕。仲父述瀾爲于越，飭國人樹桑麻，習組織。太祖平諸弟之亂，弭兵輕賦，專意於農。嘗以戶口滋繁，糺轄疎遠，分北大濃兀爲二部，程以樹藝，諸部效之。太宗會同初，將東獵，三剋奏減輜重，疾趨北山取物，以備國用，無害農務。尋詔有司勸農桑，教紡績。

《金史》卷一一《章宗本紀》 尚書省言，申明舊制，猛安謀克戶，每田四十畝，樹桑一畝，毁樹木者有禁，鬻地土者有刑。

元 王禎《農書》卷二〇 周制，天子諸侯，必有公桑蠶室。近川而為之，築宫仞有三尺，棘墻而外閉之。后妃齋戒，享先蠶而躬桑，以勸蠶事。《皇后親蠶儀》曰：『皇后躬桑，始捋一條；執筐受桑，捋三條。』女尚書跪曰：可止。執筐者，以桑授蠶母，以桑適金室。《前漢・文帝紀》詔：皇后親桑，以奉祀服。景帝詔：后親桑，為天下先。元帝王皇后為太后，幸繭館，率皇后及列夫人桑。明帝時，皇后諸侯夫人蠶。魏文帝黄初中，皇后蠶於北郊，遵周典也。晋武帝太康中，立蠶官，皇后親桑，依《漢魏故事》。宋孝武立蠶觀，后親桑，循晋禮也。北齊，置蠶宫，皇后躬桑於所。後周制，皇后至蠶所，桑。隋制，皇后親桑於位。唐太宗貞觀元年，皇后親蠶。顯慶元年，皇后武氏，先天二年，皇后王氏，乾元二年，皇后張氏，并見親桑禮。玄宗開元中，命宫中飼蠶，親自臨視。宋《開寶通禮》《郊祀録》，并有后親蠶祝辭。

明 夏言《夏桂洲先生文集》卷一二《定擬籍田西苑廪實分供粢盛疏》 聖上定耕籍之儀，立先蠶之制，身先天下，風動四方，實千古而一見者也。如蒙乞賜該部，著爲令典，使歲有常規，以供郊廟粢盛之用，以昭聖上敬天勤民之意，以立萬世永遠之規。臣下情不勝忭躍快覩之至等，因隨該戶部右侍郎張雲題同前事，俱奉聖旨，是君后耕蠶，以供郊廟粢盛、衣服。

《大明會典》卷一七《户部四・農桑》

國初，農桑之政勸課耕植，具有成法。初皆責成有司，歲久政弛，乃稍添官專理，其例具後。

凡課種。國初，令天下農民，凡有田五畝至十畝者，栽桑、麻、木棉各半畝，十畝以上者倍之，田多以是爲差。有司親臨督視，惰者有罰。不種桑者，使出絹一疋；不種麻者，使出麻布一疋；不種木棉者，使出木棉布一疋。洪武【略】二十七年，令天下百姓務要多栽桑、棗，每一里種二畝秧。每一百戶内，共出人力，挑運柴草燒地，耕過再燒，耕燒三徧，下種。待秧高三尺，然後分栽，每五尺濶一壟，每一戶初年二百株，次年四百株，三年六百株。栽種過數目，造冊回奏，違者發金齒充軍。

又 卷五一《禮部九・親蠶》 國初，無親蠶禮，肅皇帝始勑禮部，以每歲季春，皇后親蠶於北郊，後改於西苑，未久即罷。

又 公主以下，各就位，南北向。執鈎者跪進鈎，執筐者跪奉筐受桑。

明 黄道周《博物典彙》卷一三《唐役法》 唐令，以百户為里，五里為鄰。每里設正一人，掌案比户口，課植桑農，檢察非違，催驅賦役。在邑居者為坊，別置方正。在田野居者為村，別置村正。

明 焦竑輯《國朝獻徵録》卷六五《御史馮恩傳》 古者，天子躬耕籍田，以供粢盛；后親桑蠶室，以資黼黻文章，未聞出郊而蠶也。今士庶之家，少習禮教者，必以男不言内，女不言外為美俗。堂堂天朝四方取則，焉可舍九重而遠出郊宿？是禮行後世，有特書者曰：后親蠶於郊，視陛下當為何如主也？南北郊，高皇帝未定制也。分十年而合，合百餘年而列聖，繼之未有改也。

明 沈德符《萬曆野獲編》卷二《帝社稷》 户部以本年所入之數上，聞葢自夏言，皇后親蠶之説行，於是農桑竝舉，以復邃古神農之政。未幾親蠶禮卽廢，而農務則終世宗之世焉。今西苑宮殿久撤，惟無逸《豳風》尚存，仍爲至尊親稼之所。

明 王象晉輯《桑麻葛譜·桑》 漢文帝詔：『后親桑，爲天下先。』漢景帝詔：『太后幸蠶舘，率皇后及列夫人桑。』《漢元帝紀》。武帝太康中，立蠶官，皇后躬親，依《漢魏故事》、《晉史》。孝武立觀，后親桑，循晉禮也。《宋史》。置蠶室，皇后躬桑于所。《北齊書》。皇后至蠶所桑。《後周書》。皇后親桑于位。

清 嵇璜等《欽定續通典》卷三 即位之初，首下明詔，管莊人員，盡數革回。乃者復採廷議，委臣等以查勘前項地土。草萊之人，始得披雲霧而覩青天，脱水火而就衽席矣。臣等勘報文冊，將在京附郭大興縣地方，各宮莊田，原不係占奪民田，不滿數十頃者，請一切改為各宮親蠶廠、公桑園等項名額，以備宮中蠶事。

又 卷三一 唐制，内侍省，監二人，少監二人。掌内侍奉，宣制令。皇后親蠶，則升壇執儀，大駕出入。

又 掖庭局，唐置令二人，丞三人。掌宮人簿帳、女工。凡宮人名籍，司其除附；公桑養蠶，會其課業；供奉物皆取焉。

又 卷四七 卜之奉先殿太祖前，不吉。乃問大學士翟鑾，具述因革以對。復問禮部尚書李時，時請少需日月，博選儒臣，議復古制。帝復卜之太祖，不吉，議且寢。會給事中夏言請舉親蠶禮。帝以古者天子親耕南郊，皇后親蠶北郊。

清 蕭震《請舉行耤田之典疏》《皇清奏議》卷一七 漢文帝、景帝，詔行耕桑，帝親耕，后親桑。自是以降，漢武帝征和四年，唐太宗貞觀二年，宋太宗端拱元年，仁宗明道二年，明太祖洪武二年，皆躬行耤田，以為天下先。

清 姚之駰《元明事類鈔》卷三六《採桑臺》 《泳化編》：嘉靖時，定親蠶禮。皇后祭先蠶畢，易服，詣採桑臺，採桑三。公命婦，五採。侯、九卿命婦，九採。

《古今圖書集成·歲功典》卷二九

《内宰》：『中春，詔后帥外内命婦，始蠶于北郊，以爲祭服。』

《訂義》鄭鍔曰：說者謂《月令》『季春之月，鳴鳩拂其羽，戴勝降于桑。后妃齋戒，親東鄉躬桑』。而先儒於《祭義》大昕之注，亦以爲季春朔日，今此仲春詔后，何也？然以《七月》之詩攷之，『春日載陽，有鳴倉庚。女執懿筐，爰求柔桑』，謂仲春也。倉庚以仲春鳴記，禮者乃言季春，豈季春者，蠶事之始歟？謂之始蠶，意可知矣。』

清 崔應榴彙纂，錢馥補輯《蠶事統紀》卷九 案：《史記·周勃世家》：『勃以織薄曲為生。』《索隐》：『以織蠶薄為生業也。』王鳴盛《十七史商榷》：『《新書禮樂志》説親蠶之儀云：食蠶，灑一簙本作薄，傳寫誤為簙，又轉誤為𥳗。《説文》無此字，今俗又別造蠶薄之字為箔，《説文》新附亦無。』

清 秦緗業、黄以周等輯《續資治通鑑長編拾補》卷三〇 四月案：錢大昕《四史朔閏考》：『是月，癸巳朔。』癸丑，議禮局奏：有詔就先蠶壇之側，度地築公桑蠶室，歲養蠶以供祭服，令具制度以聞。合制公桑蠶室，按古者，公桑蠶室，近川而為之，築宮仞有三尺，棘墻而外閉之。後齊之制，為蠶宮方十步，墻高一丈五尺，被以棘，其中起蠶室二十七。今乞倣後齊之制，度地為宮，四面為墻，高仞有三尺。其屋室閒架多寡，視養蠶簿數修建。合置繭館，按《漢舊儀》，皇后蠶於蠶室，手三盆於繭館。合置織室，按《漢舊儀》，凡蠶絲絮，織室以作祭服，故有東、西織室。養蠶簿數，於經無見，按《漢舊儀》，養蠶千簿以上，乞並依漢制合置桑林；按晉制，桑林在東，而無多寡廣狹之限，今若倣漢制養蠶，即當約千簿所用之數，度地為之。合置采桑壇，按晉制，築桑壇於桑林之側，至唐《開元禮》，築於先蠶壇南，相去二十步，方三丈，高五尺，四出陛。國朝《開寶通禮》因之，合依此修建築室建殿。按後齊制為蠶宮，其中建別殿一區，用為親蠶之所。今藉田有思文殿，以俟御耕臨幸，合依倣藉田之制，於蠶宮中置親蠶殿。詔從之，親蠶殿仍以無斁為名。《紀事本末》卷百三十三　案：《宋史·禮志》：政和禮局言：《禮》：『天子必有公桑蠶室，以興蠶事。歲既畢，則奉繭而繅，遂朱緑之，元黄之，以為郊廟之祭服。』今既開藉田，以供粢盛，而未有公桑蠶室，以供祭服，尚為闕禮。請倣古制，於先蠶壇側築蠶室，度地為宮，四面為墻，墻高仞有三尺，上被棘，中起蠶室二十七，别構殿一區為親蠶之所。倣漢制，置蘭館，立織室於宮中，養蠶於千簿以上，度所用之數，為桑林。築采桑壇於先蠶壇南，相距二十步，方三丈，高五尺，四陛。凡七事。置蠶官令、丞，以供郊廟之祭服。又《周官·内宰》，詔后帥内外命婦，蠶於北郊。鄭氏謂：『婦人以純陰為尊。』則蠶為陰事可知。《開元禮》：『享先蠶，幣以黑。』蓋以陰祀之禮祀之也。請用黑幣，以合至陰之義。詔從其議，命親蠶殿以無斁為名。又詔：『親蠶所供，不獨衮服。凡施於祭祀者，皆用之。』

又　卷三九　三月，皇后親蠶。詔建蠶宮、蠶殿。案《九朝編年備要》云：『親蠶於延福殿。』又云：『政和初，詔建蠶宮、親蠶殿，以無斁為名。』《紀事》載，建宮殿之詔在政和閒。是時，宮殿已成，始行親蠶禮。疑此書誤訛詔建二字也。《東都事略》亦，但云：『是月，皇后親蠶。』不言詔建宮殿。《宋史本紀》云：『甲戌，皇后親蠶。』《玉海》卷七十七云：『政和元年，四月二十一日，度地作公桑、蠶室，其親蠶殿名曰無斁。宣和元年，三月二十八日，皇后親蠶於延福宮。』注云：『築采桑壇、繭館、織室，服用鞠衣。』

清　楊名颺《蠶桑簡編》　典當田地，註明有桑幾株。如係當戶新種，取贖之日，照株大小，補給樹價，使沾餘利，庶無曠土。

《清史稿》卷一一《高宗本紀》　皇后不行親蠶禮之年，遣妃代行。

紀事

《漢書》卷四《文帝紀第四》顔師古注　十三年春，二月甲寅，詔曰：『朕親率天下農耕，以供粢盛；皇后親桑，以奉祭服，其具禮儀。』師古曰：『令立耕桑之禮制也。』

《漢書》卷一〇《成帝紀第十》　四年春正月，詔曰：『夫《洪範》八政，以食為首，斯誠家給刑錯之本也。先帝劭農，薄其租稅，寵其强力，令與孝弟同科。間者，民彌惰怠，鄉本者少，將何以矯之？方東作時，其令二千石勉勸農桑，出入阡陌，致勞來之。』平帝元始元年，置大司農部，丞十三人部一州，勸農桑。

《宋書》卷五《文帝本紀》　縣宰親民之主，宜思獎訓，導以良規。咸使肆力，地無遺利，耕蠶樹藝，各盡其力。【略】

二十年【略】詔：耕桑未廣，地利多遺，有司其班宣舊條，務盡郭課。二十一年詔：凡諸州郡，皆令盡勤地利，蠶桑麻枲各盡其方，不得但奉行公文而已。

又　卷四一《孝武文穆皇后傳》　大明四年，后率六宮躬桑于西郊，皇太后觀禮。上下詔曰：朕卜祥大昕，測辰拂羽，爰詔六宮親蠶川室。

《隋書》卷二四《食貨志》　每歲春月，各依鄉土，早晚課人農桑，自春及秋，男子十五以上，皆就田畝。桑蠶之月，婦女十五以上，皆營蠶桑。孟冬，刺史聽審邦教之優劣，定殿最之科品，使地無遺利，人無游手焉。

《魏書》卷八《世宗本紀》　景明三年，詔曰：民本農桑，國重蠶籍，粢盛所憑，冕織攸寄。比京邑初基，耕桑暫缺，遺規往昔，宜必祗修。

唐　李純《勸種桑詔》《全唐文》卷六　農桑切務，衣食所資。如聞閭里之間，蠶織猶寡，所宜勸課，以利於人。諸道州府有田戶無桑處，每檢一畝，令種桑兩根，勒縣令專勾當。每至年終，委所在長吏檢察，量其功具殿最奏，聞兼令兩稅使同訪察。其桑仍切禁採伐，犯者委長吏重加責科。

《册府元龜》卷四八七　元平元年二月詔曰：天下以農桑為本，日者省用，罷不急官，減外繇耕桑者益衆，而百姓未能家給，朕甚愍焉，其減口賦錢。

又　卷四九五　大平真君九年，下詔：均給天下人田，諸男夫十五以上，受露田四十畝不栽樹者，謂之露田。婦人二十畝，奴婢依良。丁牛一頭，受田三十畝，限四牛。所授之田率倍之，三易之田，再倍之，以供耕作，及還受之盈縮。人年及課則受田，老免及身沒則還田，奴婢、牛隨有無以還受。課桑田不在還受之限，但見人倍田分，于數雖盈，不得以充露田之數，不足者以露田充倍。諸初受田者，男夫一人給田二十畝，課種桑五十樹、棗五株、榆三根。非桑之土，夫給一畝，依法課蒔榆棗，各依根，限三年種畢，奪其不畢之地，於桑榆地分雜蒔餘果，及多種桑榆者不禁。諸應還之田，不得種桑、棗、果，種者以違令論，地入還，分諸桑田皆爲代業，身終不還。

《資治通鑑》卷二二二　上命妃嬪以下，宮中育蠶，欲使之知女功。丁酉夏至，賜貴近絲人一綟。

又 武成帝河清三年，詔：『每歲春月，各依鄉土早晚課人農桑。自春及秋，男子十五以上，皆布田畝。桑蠶之月，婦女十五以上，皆營蠶桑。』

宋 王應麟《玉海》卷一七六《元魏均田》 北齊河清三年，令男子十八受輸調，二十充兵，六十免力役，六十六退田，免租調。職事及百姓請墾田者，名為永業田。一夫受露田八十畝，婦人四十畝。每丁給永業二十畝，為桑田，不在還受之限。土不宜桑者，給麻田。

明 黃道周《博物典彙》卷一三《北魏均田之令》 北齊孝武河清三年，為永業之制，令男子十八受田，六十而免役，六十六退田，免租調。一夫受露田八十畝，婦人四十畝。每丁給永業二十畝，為桑田，不在還受之限。不宜桑者，給麻田。

明 王應電《周禮傳》卷一下 中春，詔后帥外、內命婦始蠶于北郊，以為祭服。中，音仲。中春，蠶月也。北郊，純陰之地，婦道屬陰，故公桑蠶室于北郊。后帥外、內命婦親蠶者，一則供祭服以奉郊廟，一則勤職事以化百姓也。為祭服，見後《典枲》。

元 馬端臨《文獻通考》卷八七 宋真宗景德三年詔，祀先蠶，依先農例，遣官攝事。

又 徽宗政和元年四月詔：就先蠶壇之側，度地築公桑蠶室，歲養蠶以供祭服，其親蠶殿可以無斁為名。又詔：親蠶所供不獨袞服，凡施於祭祀者，皆用之。

《明史》卷一一《景帝本紀》 冬十月庚寅詔：天下鎮守巡撫官督課農桑。

《明史》卷一七《世宗本紀》 九年正月丁酉，祀天地於南郊。丙午，作先蠶壇於北郊。三月諭云：『都要種桑養蠶，不許間了。』

清 鄂爾泰《授時通考》卷一一 《隋書・食貨志》：北齊武成帝河清三年，定令男率以十八受田輸租調，二十充兵，六十免力役，六十六退田，免租調。京城四面，諸坊之外，三十里內為公田。受公田者，三縣代遷戶內執事官，一品以下，逮於羽林武賁，各有差。其外畿郡，華人官第，一品以下，羽林武賁已上，各有差。職事及百姓請墾田者，名為永業田。奴婢受田者，親王止三百人；嗣王止二百人；第二品嗣王已下及庶姓王，止一百五十人；正三品已上及皇宗，止一百人；七品已上，限止八十人；八品已下至庶人，限止六十人。奴婢限外不給田者，皆不輸。其方百里外及州人，一夫受露田八十畝，婦四十畝。奴婢依良人，限數與在京百官同。丁牛一頭，受田六十畝，限止四年。又每丁給永業二十畝，為桑田。其中種桑五十根，榆三根，棗五根。不在還受之限。非此田者，悉入還受之分。土不宜桑者，給麻田，如桑田法。

清 秦蕙田《五禮通考》卷二四九 《昭帝紀》：始元二年八月，詔曰：往年災害多，今年蠶麥傷，所賑貸種食，勿收責，毋令民出今年田租。

清 李光地等《御定月令輯要》卷一 課入農桑。增《隋書・食貨志》：河清三年，定令每歲春月，各依鄉土早晚，課入農桑。自春及秋，男二十五以上，皆布田畝。蠶桑之月，婦女十五以上，皆營蠶桑。孟冬，刺史聽審邦教之優劣，定殿最之科品。人有人力，無牛，或有牛無力者，須令相便，皆得納種，使地無遺利，人無遊手焉。

清 黃書霖《二十四史九通政典類要合編》卷二三四 章宗明昌元年六月，詔勸諭民戶，栽桑果。金制，凡桑棗，民戶以多植為勸，少者必植其地十之三。明安穆昆民戶少者，必課種其地十之一，除枯補新，使之不缺。至是尚書省奏，近制以明安穆昆戶不務栽植桑果，已令每十畝須栽一畝。今乞再下各路提刑，及所屬州縣，諭民戶，如有不栽及栽不及十之三者，竝以事怠慢輕重罪科之，詔可。至五年，諭尚書遼東等路，女直、漢兒百姓，並令量力為蠶桑。太和元年六月，用尚書省言，申明舊制，明安穆昆戶，每田四十畝，樹桑一畝，毀樹木者，有禁；鬻地土者，有刑。《金史・食貨志》

清 衛杰《蠶桑萃編》卷一《歷代詔制類》

商

商伊陟相大戊桑生亳。

又 和帝永元十三年八月，詔：賜象林貧民失桑業者。

又 蜀漢

亮為相時，對帝曰：成都有桑八百株。

魏

黃初七年，命中宮蠶於北郊。

吳

赤烏三年，詔：督軍郡守謹察，當農桑時擾民者，聞奏。

晉

晉武帝太康六年，楊皇后蠶於西郊。

太康九年三月丁丑，皇后親蠶於西郊，賜帛各有差。

元帝太興元年秋七月戊申，詔：二千石令長課桑，州牧刺史互相檢察。

又 梁

梁元帝大寶三年正月甲戌，世祖下令曰：軍國多虞，戎旃未靜，青領雖熾，黔首宜安，化俗移風，常在所急，勸耕且戰，彌須自許，無棄民力，并分地利，班勒州縣，咸使遵承。

陳

文帝天嘉元年三月丙辰，詔曰：今歲軍糧通減三分之一，守宰明加勸課，務急農桑，庶鼓腹含哺，復在茲日。

又 隋

隋制，皇后祀先蠶禮畢，就桑位於壇東南面，尚功進金鉤，典制奉筐，皇后採三條返。

又 唐太宗貞觀元年三月癸巳，文德后率内外命婦，有事於先蠶。【略】

開元十五年五月丁亥，夏至，賜宰臣及供奉官諸司長官，各蠶絲，先帝命宮中養蠶，親自臨視，欲使嬪御以下知女工之事，及蠶罷，獲絲甚多，因以賜焉。

開元十七年春正月丁酉，詔曰：獻歲發生，陽和在候，乃眷甿庶，方就農桑。其力役不及之務，一切并停。【略】

貞元二十年詔曰：理化之本，繫乎京師，副朕憂人，屬於長吏，宜勉務農桑，各安生業，以舒朕懷。

元和七年四月癸巳，詔曰：『農桑務切，衣食所資。始聞閭里之間，蠶織猶寡，所宜勸課，以利於人。諸道、州、府有田戶無桑處，每檢一畝，令種桑兩根。年終，長吏具聞。

宣宗大中元年制：天下逃戶桑田，限五年復業。

又 後唐

明宗天成二年，蔡州進新繭。

後晉

出帝開運二年，嚴禁伐桑。

後漢

隱帝乾祐元年，申伐桑之禁。

乾祐二年，太子中允侯仁寶上言，請以栽蒔桑棗，考課長吏。

又 後周

太祖廣順元年正月，敕：農桑之務，衣食所資，一夫不耕，有艱食之慮，一婦不織，有無褐之虞，詔諸道府州長吏，宜勸課農桑，以豐儲積，編民樂業，仍倍撫綏。

顯德二年，詔天下厚農桑薄技巧。

顯德三年，命工刻木，為耕夫、織女狀於禁中，召近臣觀之。

又 遼

太祖天贊元年十月甲子，始分二部，飭國人樹桑麻，習組織。

太宗會同元年三月壬戌，詔：有司勸農桑，教紡績。

會同三年十一月丁丑，詔：有司教民播種紡績。

聖宗統和四年十一月辛卯，詔：諸軍毋殘南境桑果。

統和七年春正月己亥，禁部從伐民桑梓。

清寧二年六月乙酉，遣使分道勸桑。

又 宋

太祖建隆三年，命官分詣諸道申勸課桑之令。

神宗熙寧二年，分遣諸路常平官，專領農田水利，民增種桑柘者，毋得加賦。

徽宗政和元年三月己巳，詔：監司督州縣長吏，勸民增種桑柘，課其多寡，為賞罰。【略】

乾道六年二月壬寅詔諭：大臣均役法，嚴限田，抑游手，務農桑，一務本、二協力、三因時。

又 金

世宗大定五年十二月，申伐桑為薪之禁令。

章宗明昌元年，禁末作傷農，勸民栽桑，每地十畝，栽桑一畝，違者有罪。

元

世祖至元十一年三月己卯，詔：以勸課農桑，諭高麗。

至元二十二年六月乙巳詔：以《農桑輯要》書頒諸路，克勤厥職者以次陞獎，其怠於事者罷之。

成宗元貞元年五月丙申，詔：以農桑水利諭中外。

仁宗皇慶二年，申諭勸課桑。

延祐二年八月庚子，詔，江浙行省印《農桑輯要》萬部，頒有司遵守勸課。

延祐五年九月癸丑，命刊《栽桑圖説》千帙，散之民間。

英宗至治二年八月戊寅，詔畫蠶麥圖於鹿頂殿壁，以時觀之可知民事。

泰定帝致和元年正月丁丑，頒《農桑舊制十四條》於天下，詔勵有司以察勤惰。

文宗天歷二年二月戊戌，頒行《農桑輯要》及栽桑圖。

至正八年夏四月乙亥詔，守令選立社長，專以勸課農桑。

又 明

太祖洪武元年，奏准桑麻科徵之額。罰不種桑者，使出絹一疋。栽桑有成者，四年後始租。

洪武二年二月壬午，命皇后率内外命婦，蠶於北郊，以為祭祀衣服。

洪武五年，敕有司以農桑考課。

洪武十八年，議准農桑起科太重令，今後以定數為額，又諭部臣禁末作華靡，以無廢農桑之業。

洪武二十五年令天下樹桑棗等物。

洪武二十六年，定桑株起科則例。

洪武二十七年令，戸部教民多種桑、棗，每一戸初年二百株，次年四百株，三年六百株，栽種數目造册回奏，違者遣罰。

成祖永樂二年四月乙丑，敕諭文武群臣，存恤軍民，勸課農桑，臻於治理。

英宗正統六年，命所司行親農桑事。

正統八年，令各處不出蠶絲，處所每絹一疋折銀五錢，解京供用。【略】

嘉靖十三年五月，定内苑先蠶壇繭成進絲。

又《歷代勸課類》

百廿桑

北燕馮跋下書曰：今田畝荒穢，有司不隨督察，欲令家給人足，不亦難乎？桑柘之益，有生之本。此土少桑，人未見利，可令戸植桑一百二十株。

又 丁桑

沈瑀為建德令，教一丁種桑十五株，女丁半之，人咸悦，頃之成林。

丁桑

齊河清三年，令每丁給永業二十畝爲桑田，其中種桑五十根。

又 課桑

隋高祖登庸冗丁男中男永業露田，皆遵後齊之制，并課以桑。

又 禁作薪

會昌二年四月，敕勸課種桑，比有敕命，如能增數，每歲申聞。比和并無，恣加翦伐，列於鄽市，賣作薪蒸。自今州縣所由，切宜禁斷。

禁剝桑

宋太祖詔：在官吏，論民有能廣植桑墾闢荒田者，止輸舊租。民伐桑為薪者罪之；剝桑者分首從定罪。

毋增賦

熙寧元年，勸民栽桑。帝曰：『農桑者，衣食之本。民種桑柘，毋得增賦。』

拔茶

張咏為崇陽令，令民拔茶栽桑。

又 戒損桑

大德年，申擾農之禁。縱畜牧損桑者，責其償而後罪之。

雜録

清 袁俊德輯《蠶桑稽古編》

羲皇

太昊伏羲氏，化蠶桑爲繐帛，絙桑，爲三十六瑟，以修眞理，性返其天眞。

炎帝

炎帝神農氏，謹修地理，教之桑麻，以爲布帛。

軒帝

黄帝垂裳而天下治，元妃西陵氏，教民養蠶。

唐虞

唐堯見舜於草茅之中，席隴畝而蔭庇桑，陰桑、陰移，而受天下。

夏

禹貢桑土，既蠶九州各篚，所織絲之織者六。

商

伊陟相大戊桑生亳。

周

周公勤相，成王德化宣流，越裳來貢，嘉禾貫桑，召伯就蒸庶於阡陌隴畝而聽斷，百姓大悦，耕桑倍力以勸。

穆天子作居范宮以勸桑者，遂飲桑中禁暴。

秦

秦始皇遣徐福入海，求一寸葚桑。

漢制

漢文帝十三年二月甲寅，詔曰：皇后親蠶以奉祭服，其具禮儀，賜天下孤寡布、帛、絮，各有數。

景帝二年夏四月，詔曰：朕親耕后親蠶，以奉宗廟，粢盛祭服，布告天下，使明知朕意。

昭帝元平元年春二月，詔曰：天下以農桑爲本。

元帝建昭五年春二月，詔曰：方春農桑與百姓戮力，自盡之時也。故是月勞農勸民。

成帝陽朔四年春正月，詔曰：方東作時，其令二千石，勉勸農桑，出入阡陌，致勞來之。

平帝元始元年六月，置大司農，部丞十三人，人部一州，以勸農桑。

後漢

漢光武中元二年，明帝卽位，十二月甲寅，詔曰：方春戒節，人以耕桑，其敕有司務，順時氣，使毋煩擾。

明帝永平二年三月，皇后帥公卿、諸侯夫人蠶祠，先蠶禮以少牢。

永平三年春正月癸巳，詔曰：有司勸督農桑，夙夜匪懈，以稱朕意。

永平十年夏四月戊子，詔曰：百姓勉務桑稼，以備災害，吏敬厥職，無使愆墮。

章帝建初元年春正月丙寅，詔曰：方春東作，宜及時務，二千石勉勸桑。

和帝永元十三年八月，詔賜象林貧民，失又要業者。

蜀漢

亮爲相時，對帝曰：成都有桑八百株。

魏

黄初七年，命中宫蠶於北郊。

吴

赤烏三年，詔：督軍郡守，謹察當農桑時擾民者，聞奏。

晋

晋武帝太康六年，楊皇后蠶於西郊。

太康九年三月丁丑，皇后親蠶於西郊，賜帛各有差。

元帝太興元年秋七月戊申，詔：二千石令長課桑，州牧刺史互相檢察。

宋

文帝元嘉八年閏六月庚子，詔曰：自農桑惰業遊食者，眾宜思獎訓導以良規，咸使肆力，地無遺利，耕蠶樹藝，各盡其力。

孝武帝大明三年冬十月丁酉，詔曰：古者薦鞠青壇聿祈，多慶分繭元郊，以供純服，來歲可使六宫妃嬪，修親桑之禮。

大明四年始，於臺城西白石里，爲西蠶設兆域，置大殿七間，又立蠶觀，三月甲申，皇后親蠶。

南齊

明帝建武二年春正月己卯，詔曰：食爲民天，義高姬載，蠶實生本，教重軒，經前哲，盛範後王茂，則布令審端咸必由之，若耕蠶，殊眾具以名聞，游怠害業，卽便列奏。

梁

建武四年，詔：所在課田桑。

梁元帝大寶三年正月甲戌，世祖下令曰：軍國多虞，戎旃未静，青領雖熾，黔首宜安，化俗移風，常在所急，勸耕且戰，彌須自許，無棄民力，並分地利，班勒州縣，咸使遵承。

陳

文帝天嘉元年三月丙辰，詔曰：今歲軍糧，通減三分之一，守宰明加勸課，務急農桑，庶鼓腹含哺，復在茲日。

北魏

明元帝永興三年春二月戊戌，詔曰：衣食足，知榮辱，夫人饑寒，切己所急者，溫飽而已，其出宫人，以配鰥民，令夫耕婦織。

太武帝太平眞君四年六月庚寅，詔曰：牧守之徒，各屬精，爲治勸課農桑。

孝文帝二十年七月丁丑，詔：京民始業農桑爲本。

宣武帝景明三年十有二月戊子，詔曰：民本農桑，國重蠶績，粢盛所憑，冕織攸寄，比京邑初，基耕桑暫缺，遺規往旨，宜必祇修，今寢殿顯成，移御維始重郊無遠拂羽，有辰使可營表千畝，開設宮壇秉耒援筐躬，勸億兆。

北周

後周制：皇后率妃嬪、夫人至蠶，所以太牢奠先蠶，西陵氏禮畢，降壇因以公桑焉。

隋

隋制：皇后祀先蠶禮畢，就桑位於壇東南面，尚功進金鉤典制、春筐，皇后採三條返。

唐

唐制：皇后歲祀，季春吉亯先蠶致齋三日於後殿，致齋一日於正寢，遂以親桑。皇后受鉤採桑，典制奉筐受桑，妃嬪命婦以次從至蠶室，尚功以桑授蠶母，蠶母切以授婕妤，婕妤飼蠶灑一薄訖，司賓引婕妤還本位，尚儀前奏祀畢。

唐太宗貞觀元年三月癸巳，文德后率內外命婦，有事於先蠶。

貞觀九年三月，皇后親蠶。

高宗永徽三年三月，制以先蠶爲中祀。

顯慶元年三月辛巳，皇后親蠶。

上元元年三月己巳，皇后親蠶。

上元二年三月丁巳，天后親蠶。

元宗開元元年正月辛巳，皇后親蠶。

開元十五年，五月丁亥夏至，賜宰臣及供奉官諸司長官各蠶絲，先帝命宮中養蠶，親自臨視，欲使嬪御以下知女工之事，及蠶罷，獲絲甚多，因以賜焉。

開元十七年春正月丁酉，詔曰：獻歲發主陽和在候，乃睠甿庶，方就農桑，其力役不及之務，一切並停。

肅宗乾元元年后，親蠶苑中。

乾元二年三月己巳，皇后親蠶。

上元三年，詔天下刺史、縣令，令於所部勸桑。

貞元二十年，詔曰：理化之本繫乎京師，副朕憂人，屬於長吏，宜勉務農桑，各安生業，以舒朕懷。

元和七年四月癸巳，詔曰：農桑務切，衣食所資，始聞閭里之間，蠶織猶寡，所宜勸課，以利於人，諸道州府有田戶無桑處，每檢一畝，令種桑兩根，年終，長吏具聞。

宣宗大中元年，制天下逃戶，桑田限五年復業。

後唐

明宗天成二年，蔡州進新繭。

後晉

出帝開運二年，嚴禁伐桑。

後漢

隱帝乾祐元年，申伐桑之禁。

乾祐二年，太子中允侯仁寶上言，請以栽蒔桑棗，考課長吏。

後周

太祖廣順元年正月，勅：農桑之務，衣食所資，一夫不耕，有艱食之慮；一婦不織，有無褐之虞。詔諸道府州長吏，宜勸課農桑，以豐儲積，編民樂業，及倍撫綏。

顯德二年，詔天下厚農桑薄技巧。

顯德三年，命工刻本，爲耕夫織女狀，於禁中召近臣觀之。

遼

太祖天贊元年十月甲子，始分二部，飭國人樹桑麻，習組織。

太宗會同元年三月壬戌，詔：有司勸農桑、教紡績。

會同三年十一月丁丑，詔：有司教民播種、紡績。

聖宗統和四年十一月辛卯，詔：諸軍毋殘南境桑果。

統和七年春正月己亥，禁部從伐民桑梓。

清甯二年六月乙酉，遣使分道勸桑。

宋

太祖建隆三年，命官分詣諸道，申勸課桑之令。

神宗熙甯二年，分遣諸路常平官，專領農田水利，民增種桑柘者，毋得加賦。

徽宗政和元年三月己巳，詔：監司督州縣長吏，勸民增種桑柘，課其多寡，爲賞罰。

政和元年四月，詔：就先蠶壇之側，度地築公桑蠶室，歲養蠶以供祭服，其親蠶，可以無斁爲名。

宣和元年三月甲戌，皇后親蠶。

宣和六年閏三月辛巳，皇后親蠶。

乾道六年二月壬寅，詔諭大臣均役法，嚴限田，抑游手，務農桑，一務本、二協力、三因時。

光宗紹熙三年九月丙申，勸兩淮民種桑。

理宗寶慶三年三月庚戌，詔：郡縣長吏勸農桑，抑末作戒苛擾。

端平三年春正月己未朔詔：勸桑。

金

世宗大定五年十二月，申伐桑爲薪之禁令。

章宗明昌元年，禁末作傷農，勸民栽桑，每地十畝，栽桑一畝，違者，有罪。

元

世祖至元十一年三月己卯，詔：以勸課農桑，諭高麗。

至元二十二年六月乙巳，詔：以《農桑輯要》書頒諸路，克勤厥職者以次陞奬，其怠於事者罷之。

成宗元貞元年五月丙申，詔以農桑水利諭中外。

武宗至大三年十月壬申，詔諭大司農司課桑。

仁宗皇慶二年，申諭勸課桑。

延祐二年八月庚子，詔江浙行省印《農桑輯要》萬部，頒有司遵守勸課。」

延祐五年九月癸丑，命刊栽桑，圖說千帙，散之民間。

英宗至治二年八月戊寅，詔：畫蠶麥圖於鹿頂殿壁，以時觀之，可知民事。

泰定帝致和元年正月丁丑，頒農桑舊制十四條於天下，詔勵有司以察勤惰。

文宗天曆二年二月戊戌，頒行農桑輯要，及栽桑圖。

至正八年夏四月乙亥，詔：守令選立社長，專以勸課農桑。

明

太祖洪武元年，奏准桑麻科徵之額，罰不種桑者，使出絹一疋，栽桑有成者，四年後始租。

洪武二年二月壬午，命皇后率內外命婦蠶於北郊，以爲祭祀衣服。

洪武五年，勅有司以農桑考課。

洪武十八年，議准農桑起科太重，令今後以定數爲額，又諭部臣，禁末作華靡，以無廢農桑之業。

洪武二十五年，令天下樹桑、棗等物。

洪武二十六年，定桑株起科則例。

洪武二十七年，令戶部教民多種桑棗，每一戶，初年二百株。次年，四百株。三年，六百株。栽種數目造冊，回奏，違者，遣罰。

成祖永樂二年四月乙丑，勅諭文武羣臣，存恤軍民，勸課農桑，臻於治理。

英宗正統六年，命所司行，親農桑事。

正統八年，令各處不出蠶絲處所，每絹一疋折銀五錢，解京供用。

世宗嘉靖，始勅禮部，以每歲季春，皇后親蠶於北郊，後改於西苑。

嘉靖九年，續定親蠶儀制。帝曰：周禮耕蠶，分南北郊，其蠶於禁中，唐人便安之制耳，不可爲法於是禮部請行於北郊，酌治蠶禮，定壇壝向制採桑器，擇掌壇官，翟車出入，或從東華門，或從元武門，用謹厚內臣，用肅宮禁，帝從之。其壇制，殺先農什一，建具服殿、蠶室、繭館，俱如古制，仍於西內營織堂，一終蠶事。

嘉靖十三年五月，定內苑先蠶壇繭成，進絲。

勸課蠶桑

題解

《管子》卷二四《輕重乙第八十一》　夫歲有四秋，而分有四時。故曰農事且作，請以什伍農夫，賦耜鐵，此之謂春之秋。大夏且至，絲纊之所作，此之謂夏之秋。而大秋成五穀之所會，此之謂秋之秋。大冬營室中，女事紡績緝縷之所作，此之謂冬之秋。

《漢書》卷二八上《地理志第八上》顏師古注　桑土既蠶，是降丘宅土。師古曰：「降，下也。宅，居也，言此地宜桑。先時人衆避水，皆上丘陵。今水害除，得以蠶織，故皆下丘，居平土也。」

明　胡廣等《禮記大全》卷二二　公桑，公家之桑也。蠶室，養蠶之室也。近川便於浴種也。棘牆，置棘於牆上也。外閉户扇，在外而閉，則向内也。大昕之朝，季春朔之旦也。三宮，在天子，則謂三夫人。在諸侯之夫人，則立三宮，半后之六宮也。

清 崔應榴彙纂，錢馥補輯《蠶事統記》卷七 郭璞《爾雅・釋言》注：『今呼重蠶為蠠。』《周官・夏官・馬質》：『禁原蠶者。』鄭注：原，再也。天文辰為馬。《蠶書》：『蠶為龍精，月值大火，則浴其種，是蠶與馬同氣，物莫能兩大。禁原蠶者，為傷馬與。』《淮南子・泰族訓》：『螈蠶一歲再收，非不利也。然而王法禁之者，為其殘桑也。』《方言》：『秦晉謂之魏蠶。』郭注：魏，細也。自關而西，秦晉之間，凡細而有容，謂之魏。今轉為二蠶是矣。《爾雅翼》：『古者魏地狹隘，其君民有儉嗇趨利之譏，豈原蠶亦魏之俗耶？』《衍謝》：『原蠶，今稱頭二蠶，非即二蠶也。乃舊年二蠶之子，本年二蠶之母，先頭蠶而出者，一脉相傳，總是二蠶，故謂之原蠶。以本年而論，則是頭一番之二蠶，故谓之頭二蠶。』《石门縣志》：『原蠶為二蠶所從出，在頭蠶之前，亦四眠，其成繭畧薄，舊以繅絲多纇，故稍輕之，今则盛種，幾於頭蠶矣。』

又卷一四 孫之騄《枝語》：《夏小正》：『三月攝桑。』鄭氏曰：『桑攝而記之，急桑也。』《月令》：『命野虞，無伐桑柘。柘與桑並重。』《蠶書》：『柘蠶絲作瑟弦，清響勝於凡絲。』

案：《夏小正》又曰：『妾子始蠶，先妾而後子，何也？』曰：『事有漸也』。言自卑事者，始執養宮事，執操也，養長也。馥案『桑攝而記之急桑也』八字，是《夏小正》本文，孫謂鄭氏語者，誤也。宮事，蠶宮之事。

論説

《史記》卷一〇《孝文本紀》 正月，上曰：『農，天下之本，其開籍田，朕親率耕，以給宗廟粢盛』《集解》：應劭曰：『古者天子耕籍田千畒，爲天下先。籍者，帝王典籍之常』，韋昭曰：『籍，借也。借民力以治之，以奉宗廟，且以勸率天下，使務農也』，瓚曰：『景帝詔曰：朕親耕，后親桑，爲天下』。本以躬親爲義，不得以假借爲稱也。籍，蹈籍也』。

漢 班固《白虎通德論》卷四《耕桑》 王者所以親耕，后親桑何？以率天下農蠶也。天子親耕，以供郊廟之祭；后之親桑，以供祭服。《祭義》曰：『天子三推，三公五推，卿大夫、士七推，耕於東郊。』何東方少陽，農事始起，桑於西郊；西方少陰，女功所成。故曾子問曰：『天子耕東田，而三反之。』《周官》曰：『后親桑，率外、内婦蠶於北郊。』《禮・祭義》曰：『古者，天子諸侯必有公桑、蠶室。近外水為之築，周棘墻而外閉之者也。』

漢 荀悦《申鑒》卷一 興農桑以養其生按《漢書》作性字，審好惡以正其俗，宣文教以章其化，立武備以秉其威，明賞罰以統其法，是謂五政。民不畏死，不可懼以罪老子曰：『民不畏死，柰何以死愳之？』；民不樂生，不可觀按《漢書》作勸字以善。雖使卨布五教，咎繇作士，政不行焉。無死之畏，法何由施？無生之樂，教何由立？故在上者，先豐民財以定其志。帝耕籍田，后桑蠶宮《月令》：孟春之月，乃擇元辰，天子親載耒耜，措之于參保介之御間，帥三公、九卿、諸侯、大夫躬耕帝籍。天子三推，三公五推，卿諸侯九推。又季春之日，后妃齋戒，親東鄉躬桑。《祭義》曰：天子為籍千畒，冕而朱紘，躬秉耒。諸侯為籍百畒，冕而青紘，躬秉耒，以事天地、山川、社稷。先古以為醴酪齋盛，於是取之敬之至也。又，古者，天子諸侯，必有公桑、蠶室，近川而為之，築宮仞有三尺，棘墻而外閉之。及大昕之朝，君皮弁素積，卜三宮之夫人、世婦之吉者，使入蠶室。奉種浴于川，桑于公桑，風戾以食之。至漢文帝，常詔開籍田。而漢制，皇后亦帥公卿諸侯夫人蠶，此所謂興農桑也。

漢 鄭玄《周禮鄭氏注》卷四 凡宅不毛者，有里布；凡田不耕者，出屋粟；凡民無職事者，出夫家之征。鄭司農云：宅不毛者，謂不樹桑麻也。里布者，布參印書，廣二寸，長二尺，以為幣，貿易物。《詩》云：『抱布貿絲。』抱此布也，或曰布泉也。《春秋傳》曰：『買之百兩一布。』又廛人職掌斂市之次布、儳布、質布、罰布、廛布。《孟子》曰：『廛，無夫里之布，則天下之民皆説，而願為其民矣。』故曰：『宅不毛者，有里布。民無職事，出夫家之征。欲令宅樹桑麻，民就四業，則無税賦以勸之也。』故《孟子》曰：『五畒之宅，樹之以桑，則五十者可以衣帛。』不知言布參印書者，何見舊時説也。玄謂：『宅不毛者，罰以一里二十五家之泉。空田者，罰以三家之税粟，以共吉凶二服及喪器也。』民雖有閒無職事者，猶出夫税家税也。夫税者，百畝之税；家税者，出士徒車輦給繇役。以時徵其賦。

《宋書》卷八二《周朗傳》 又田非疁水，皆播麥菽；地堪滋養，悉藝紵麻，蔭巷緣藩，必樹桑柘，列庭接宇，唯植竹栗。若此令既行，而善其事者，庶民則叙之以爵，有司亦從而加賞。若田在草間，木物不植，則撻之而伐其餘樹，在所以次坐之。

唐 李翱《平賦書并序》《全唐文》卷六三八 凡執事者之祿，以供賓客，以輸四方，以禦水旱之災，皆足於是矣。其田間樹之以桑，凡樹桑，人一日之所休者，謂之功桑。太寡則乏於帛，太多則暴於田。是故十畝之田，植桑五功。一功之蠶，取不宜歲，度之雖不能盡其功者，功不下一匹帛。公索其百之十，凡百里之州，有田五十四億畝，以十九億四萬有四千畝爲之。州縣城郭，通川大途，甽遂溝澮，邱墓鄉井，屋室徑路，牛豚之所息，葱韭菜蔬之所生植，餘田三十四億五萬有六千畝，麥之田大計三分當其一。其土卑，不可以植桑，餘田二十三億有四千畝。樹桑凡一百一十五萬有二千功，功率十取一匹帛，爲帛一十一萬五千有二百匹，以貢於天子，以給州縣。凡執事者之禄，以供賓客，以輸四方，以禦水旱之災，皆足於是矣。鰥寡孤獨，有不人疾者，公與之粟帛。能自給者，弗征其田桑。凡十里之鄉，爲之公囷焉。鄉之所入於公者，歲十舍其一於公囷，十歲得粟三千四百五十有六石。十里之鄉，多人者，不足千六百家。鄉之家，保公囷，使勿偷，饑歲并入不足於食量家之口，多寡出公囷，與之而勸蠶，以須麥之升焉。及其大豐，鄉之正告鄉之人歸公，所與之畜，當戒必精勿濡，以内於公囷。窮人不能歸者，與之，勿徵於書，則歲雖大饑，百姓不困於食，不死於溝洫，不流而入於他矣。人既富樂其生，重犯法而易爲善教，其父母使之慈教，其子弟使之孝教，其在鄉黨使之敬讓。羸老者得其安，幼弱者得其養。鰥寡孤獨，有不人病者，皆樂其生。屋室相鄰，烟火相接於百里之内，與之居，則樂而有禮，與之守，則人皆固其業。雖有强暴之兵，不敢陵。自百里之内，推而布之千里，自千里而被乎四海，其孰能當之？是故善爲政者，百姓各自保而親其君上，雖欲危亡，弗可得也。其在《詩》曰：『迨天之未陰雨，徹彼桑土，綢繆牖户。今此下民，或敢侮予？』此之謂也。

唐 皮日休《皮日休文集》卷七《請行周典》 今之宅，樹花卉，猶恐不奇，減征賦惟恐不至。苟樹桑者，必門嗤户笑，有能以不毛而税者哉？如曰：『必也居不樹桑，雖勢家亦出里布。』則途無裸丐之民矣。

唐 劉允章《直諫書》《文苑英華》卷六七六 臣聞自古帝王，終日勸農，猶恐其飢；終日勸桑，猶恐其寒。此輩不農不桑，坐食天下。欲使天下之人，盡為衣冠矣；天下之人，盡爲將士矣；舉國之人，盡爲僧尼矣；舉國之人，盡爲劫賊矣。欲使誰人蠶桑乎？

唐 朱希濟《治論》《文苑英華》卷七四六 有國家者，未嘗不思治。孜孜焉求才，汲汲焉用人。官無曠位，命不虚日。多不至於治者，何哉？蓋不知重其本也。夫重其本，莫若安人，安人之本，莫先於農桑。上自天子，下至庶人，未有不須衣食以資養其生，此情性之欲，一也。故率公卿以躬耕於千畝，非獨致敬於粢盛也；率嬪御以親蠶於繭絮，非獨致美於黻冕也，皆所以先民之教化也。下之人必曰：王者后妃，尚勤於耕桑，奈何人哉？若天下之人，皆相率以耕織爲務，則穀帛可指期而取。穀帛既賤，人各足其所欲。所欲之大，唯衣食而已。不饑不寒，則時無怨嗟。

五代 郭威《令諸道勸課耕桑敕》《全唐文》卷一二三 農桑之務，衣食所資。一夫不耕，有艱食之慮；一婦不織，有無褐之虞。今氣正陽春，候當生發，宜勤用天之業，將觀望歲之心。應諸道州府長吏，宜勸課耕桑，以豐儲積。編民樂業，仍倍撫綏。

《太平御覽》卷一四五 又曰：『季春之月，后妃齋戒，親東嚮躬桑。』齋戒者，事於先蠶也。東嚮，盛德也。躬桑者，手三繰，猶天子親耕三推也。古者，天子諸侯，必有公桑、蠶室。近川而爲之，築宫仞有三尺，棘牆而外閉之。卜夫人、世婦之吉者，使入蠶室，奉種浴于川，公桑以食之。蠶事既升，升，成也。分璽稱絲，絲以斤兩，故曰稱。知其多少，所以旌其成功也。在孟夏，於此終言之也。以供郊廟之服。天子、諸侯所服以祭者，必后、夫人所親蠶也。《禮》：『世婦卒蠶，獻璽于夫人。受之，親繰三盆手，朱緑之，玄黄之，以爲黼黻文章。君服之以祀先王先公，敬之至也。』故曰：『無或敢怠。』

又卷五一四 又《將仲子》曰：『將仲子刺莊公也。不勝其母以害其弟，弟叔失道而公不制祭，仲諫而公弗聽，小不忍而致大亂焉。將仲子兮，無踰我墻，無折我樹桑。豈敢愛之？畏我諸兄。仲可懷也，諸兄之言，亦可畏也。』

又卷八二五 又《祭義》曰：『古者，天子諸侯必有公桑、蠶室。近川而爲之，築宫仞有三尺，棘牆而外閉之。及大昕之朝，君皮弁素積，卜三宫之夫人、世婦之吉者，使入蠶室，奉種浴于川，桑于公桑，風戾以食之。大昕，季春朔月之朝也。諸侯夫人，三宫半王后也。風戾之者，及早涼脆采之，風戾之，使露氣燥，乃以食蠶。蠶性惡濕。歲既單矣，世婦卒蠶，奉繭以示于君，遂獻繭于夫人。』

宋 歐陽修《歐陽文忠公集》外集卷一六《與張秀才第二書》 孔子之後，惟孟軻最知道。然其言不過於教人樹桑麻，畜雞豚，以謂養生送死，為王道之本。

宋 李覯《盱江集》卷一九《平土書》 今詳司農注引《孟子》云：

『廛，無夫里之布』，其意可取。蓋凡税者，各随其地所出，田有穀則輸其穀，宅有桑麻則輸其布帛。唯廛里在國中者，人衆宇廣，無所樹藝，則課之出泉布，亦料其廛地，所可樹藝多少，二十之價而取其一焉。若城外之宅，可樹桑麻，而怠廢不為者，則依國中例，課之出泉布。蓋樹桑麻易為功，而出泉布難為力，所以罰之，使其勤耳。故曰：『宅不毛者，有里布也。田不耕者，出屋粟。』康成謂：『罰以三家之税粟。』《周禮》不為屋，但以三家之税粟，借文以稱之焉。

宋 秦觀《蠶書》 考之《禹貢》，揚、梁、幽、雍不貢繭物。兖篚織文，徐篚玄織縞，荆篚玄纁璣組，豫篚纖纊，青篚檿絲，皆繭物也。而『桑土既蠶』，獨言于兖，然則九州蠶事，兖為最乎？予游濟河之間，見蠶者豫事時作，一婦不蠶，比屋詈之，故知兖人可為蠶師。

宋 樓鑰《耕織圖後序》《耕織圖詩》附 周家以農事開國。生民之尊祖，思文之配天，后稷以來，世守其業，公劉之厚于民，太王之于疆于理，以致文武成康之盛。周公無逸之書，切切然，欲君子知稼穡之艱難，至七月之陳王業，則又首言授衣，與夫無衣無褐，何以卒歲？條桑載績，又兼女紅而言之，是知農桑爲天下之本。孟子備陳王道之始，由于黎民不飢不寒，而百畝之田，牆下之桑，言之至于再三，而天子三推，皇后親蠶，遂爲萬世法。高宗皇帝，身濟大業，紹開中興，出入兵閒，勤勞百爲，櫛風沐雨，備知民瘼，尤以百姓之心爲心，未皇它務。下務農之詔，行親蠶之典。

宋 陳景沂《全芳備祖》卷二二《紀要》 鄒魯濱洙泗，猶有先王之遺風，其民頗重桑麻之業。《史・貨殖傳》齊帶山海，膏壤千里，宜桑麻，與千户侯等。《史・貨殖志》齊宿瘤女，東郭採桑之女，項有大瘤。閔王遊至東郭，百姓盡觀，宿瘤女採桑如故，王怪，問之。對曰：『受父母教採桑，不受教觀王。』王曰：此奇女。悦而聘迎之。《列子傳》吳公子光伐楚，拔居巢、鐘離。初，楚邊邑卑氏之處女與吳邊邑之女爭桑，二女家相怒，喧兩國。楚邊邑長聞之，怒而攻吳之邊邑。王怒，遂伐楚兩都。《國語》

宋 黄震《黄氏日鈔》卷一六 是月也，命野虞無伐桑柘，鳴鳩拂其羽，戴勝降于桑，具曲植籧筐，后妃齋戒，親東鄉躬桑，禁婦女毋觀，省婦使以勸蠶事。蠶事既登，分繭稱絲效功，以共郊廟之服，無有敢惰。籧，居呂反。鄉，許亮反。覲，古喚反。省，所景反。高誘《呂氏春秋》注如字。

又 卷二三 古者，天子諸侯，必有公桑、蠶室。近川而爲之築宫，仞有三尺，棘牆而外閉之。及大昕之朝，君皮弁素積，卜三宫之夫人、世婦之吉者，使入蠶于蠶室，奉種浴于川。桑于公桑，風戾以食之。歲既單矣，世婦卒蠶，奉繭，以示于君，遂獻繭于夫人。夫人曰：『此所以爲君服，與遂副褘而受之，因少牢以禮之。』古之獻繭者，其率用此與。及良日，夫人繅三盆手，遂布于三宫。夫人、世婦之吉者使繅，遂朱緑之，玄黄之，以爲黼黻文章。服既成，君服以祀先王、先公，敬之至也。『褘』音『暉』。

元 司農司《農桑輯要》卷一《經史法言》 《齊民要術》：《傳》曰『人生在勤，勤則不匱』，古語曰『力能勝貧，謹能勝禍』，蓋言勤力可以不貧，謹身可以避禍。庸人之性，率之則自力；縱之則惰窳耳。稼穡不修，桑果不茂，畜産不肥，鞭之可也。杝落不完，垣墻不牢，掃除不浄，笞之可也。此督課之方也，且天子親耕，皇后親蠶，況夫田父而懷窳情乎？

明 林俊《傳奉敕諭畿内田地疏》《皇明疏鈔》卷四一 勅該部查照臣等勘報文册，將在京附郭大興縣地方，各宫莊田，原不係占奪民田，不滿數十頃者，請一切改為各宫親蠶厰、公桑園等項名額。勅令有司種植桑柘，以備宫中蠶事。蓋古者天子親秉耒以耕，后妃親桑，以供郊廟之服。後世漢文帝、景帝皆詔：『皇后親桑，以供祭服，為天下先。』乃者改元之春，臣等恭覩陛下躬耕籍田，既以身先天下矣；兹者恭遇 皇后殿下配德之初，正位之始，所宜躬履勤儉，以率天下，而親蠶之禮，實為我朝百年缺典。誠願陛下大賜建興，克配皇祖，特勅禮部詳考《禮經》月令、祭統、祭義等篇，斟酌古今，具皇后親蠶儀以進。待明年季春之月，擇日舉行，播告天下。此誠帝王之高致，后妃之盛節，閨門風化之首，而王業之根本也。將見風聲感動，德教流行，男勸於耕，女勸於織，海内富庶之效，不患不文帝若矣。而曠代之典，又不足以為萬世之美談也哉。

明 夏言《夏桂洲先生文集》卷一二《請舉親蠶典禮疏》 臣竊是考之於漢則皇后蠶於東郊，後漢皇后帥公卿、列侯夫人蠶，歷魏、晉、宋、北齊、後周以及於隋，亦復依據周典，未之或廢。唐立先蠶壇在長安北苑中，太宗貞觀九年三月，文德皇后帥内、外命婦，有事于先蠶，歷高宗永徽、顯慶以還，皆間歲皇后親祠先蠶。宋眞宗景德三年，詔禮先蠶。神宗元豐四年，又詳定享先蠶之儀。宣和元年，皇后親蠶於延福宫。高宗紹興七年，猶復舉行，至十五年，太常丞王湛言，請按《政和禮》建親蠶殿、蠶室、繭館，請皇后就禁中，行親蠶之禮。朝旨送禮部，下太常寺計論，尋不果行，則是親蠶之禮，殆廢於此矣。洪惟我 太祖高皇帝，開天建極，統一萬國，制禮作樂，卓越百王，躬耕籍田，既稽古攸行矣，顧獨於親蠶闕焉。當時議禮，儒臣亦竟未有及之者，豈非本朝之闕典歟？列聖相承，繼文由舊，謙讓未遑，禮官廷臣，蔑聞建白，是固有待於 陛下也。夫農桑之業，衣食萬人，不宜獨缺；耕蠶之禮，垂法萬世，不宜偏廢。

《大明會典》卷一七《户部四·農桑》

國初，農桑之政勸課耕植，具有成法。初皆責成有司歲久政弛，乃稍添官專理，其例具後。

凡課種。國初，令天下農民，凡有田五畝至十畝者，栽桑麻、木綿各半畝。十畝以上者，倍之。田多者，以是為差。有司親臨督視，惰者有罰。不種桑者，使出絹一疋。不種麻者，使出麻布一疋。不種木綿者，使出綿布一疋。洪武元年奏准，桑麻科徵之額。麻，每畝八兩。木綿，每畝四兩。栽桑者，四年以後有成，始徵其租。四年，令各府州縣行移提調官，常用心勸諭農民，趂時種植，仍將種過桑麻等項田畝，計科絲綿等項，分豁舊有新收數目開報。十八年議，晨桑起科太重，百姓艱難。令今後以定數為額，聽從種植，不必起科。二十一年，令河南、山東農民中有等懶惰，不肯勤務農業，朝廷已嘗差人督併耕種。

明 呂坤《呂公實政録》卷二 一民不樹桑，何以飼蠶？古者，天子后妃、諸侯夫人皆親蠶繅而曆日年神，方位屬蠶者三。太原地方，飼蠶甚少。州縣衛所衙門，先出告示，責令所屬軍民，五月半催畦桑椹，六月半催壓桑條。仍先期示以親查，不奉令者重責。又正當栽種時，掌印官掣籤，親自帶二三人下鄉，查驗是否全活，量行賞勸。抽查責治一二次，則衆自知警而爭相栽種矣。甚不可委甲長及佐貳首領查看，以致煩擾。

明 潘游龍輯《康濟譜》卷一〇《種植·蠶論》 郭子章曰：《月令》：『季春之月，命野虞無伐桑柘，鳴鳩拂羽，戴勝降桑，具曲、植、籧、筐，后妃齋戒，親東鄉躬桑，禁婦女毋觀，省婦使勸蠶事。蠶事既登，分繭稱絲，効功成，供効廟之服，無有敢惰，所以爲天下蠶事勸也。』木各有所宜土，惟桑亡不宜，桑亡不宜，故蠶亡不可事。《豳風》之詩曰『女執懿筐，遵彼微行，爰求柔桑』，則豳可蠶。《將仲子》之詩曰『無折我樹桑』，則鄭可蠶。《車隣》之詩曰『阪有桑，隰有楊』，則秦可蠶。《氓》之詩曰『桑之未落，其葉沃若。桑之落矣，其黄而隕』，《桑中》之詩曰『期我乎桑中』，則衛可蠶。《皇矣》之詩曰『攘之剔之，其檿其桑』，《桑柔》之詩曰：『菀彼桑柔，其下侯旬』，則周可蠶。《禹貢》：兖州『桑土既蠶，厥篚織文』，則魯可蠶。青州，『厥篚檿絲』。《管子》亦曰『五粟之土，其檿其桑』，則齊可蠶。荊州，『厥篚玄纁』，則楚可蠶。《孟子·告梁惠王》曰『五畝之宅，樹之以桑』，《十畝》之詩曰『十畝之間，桑者閑閑』，則梁可蠶。蠶叢都蜀，衣青衣，教民蠶桑，則蜀可蠶。猶之農夫之於五穀，非龍堆狐塞極寒之區，猶可耕且穫也。今天下蠶事疎濶矣，東南之機，三吳、越、閩最夥，取給於湖繭；西北之機，潞最工，取給於閬繭。予道湖、閬，女桑姨桑，參差墻下，未嘗不美二郡女紅之廑，而病四遠之惰也。夫一女不績，天下必有受其寒者，而況乎半天下女不績也？豈第五十之老，帛無所出。不績則逸，逸則淫，淫則男子爲所蠱蝕，而風俗日以頽壞。今天下門内之德，不甚質貞。每歲奏牘，姦淫十五，毋亦蠶教不興使然與！公父文伯母曰：『王后親織玄紞，公侯夫人，加之以紘綖，卿之内子為大帶，命婦成祭服，列士之妻，加之以朝服，自庶士以下，皆衣其夫。社而賦事，烝而獻功。男女效績，愆則有辟，古之制也。』彼大夫之家而主猶績，奈何今天下女習於逸以趨於淫乎？國家蠶桑，載在令甲。凡民田五畒至十畒者，栽桑麻木棉各半畒；十畒以上者倍之，田多者以是為差，特廢不舉耳。故《月令》躬蠶之禮，魯母績愆之辟，與令甲桑麻之數，此三者不可謂迂而不講也。

明 夏元彝、李開鄴《禹貢古今合注》卷一 桑土既蠶，是降丘宅土。

兖州寡山而夾于兩大流之間。其民皆山居巢栖以避之。水害既除，民乃下高丘，居平土，就蠶桑也。《禹貢》：惟冀、揚、梁、雍，不貢繭物。『兖，篚織文。』『徐，篚玄纖縞。』『荊，篚玄纁璣組。』『豫，篚纖纊。』『青，篚檿絲。』皆繭物也。而桑土既蠶，獨言于兖。蓋濮水之上，是名桑土。《史記》曰：『齊魯，千畒桑，其人與千戶侯等。』古稱齊人織作水紈繡綺，號爲冠帶，衣履天下。《濮州志》曰：『兖之桑，濮爲上。入其境，蔭蔽阡陌。』衞，當蠶而治絲帛者，比鄰至不相往還。帛成，可以衣舉室，其餘則貿之。』衞，稱『抱布貿絲』，蓋自昔而已然歟！孟子，鄒人也，故論王政曰『樹墻下以桑」，亦所素習耳。夫聖王之利天下，其大者農桑而已。序成于冀曰：『既作』；于兖曰：『既蠶』。水土初平，率天下耕而食，織而衣。即冀、兖之間，自能辨之。寧事東南之秔稻，吳越之抒軸哉。晚近燕、趙、齊、魯之區，率事媮惰，農桑失業，而西北日貧，東南並困矣。桑葉沃若，是爲神木。《禮記》：『桑于公桑，風戾以食之。』鄭氏云：『及早涼風戾之，使露氣濕乃以食蠶，蠶性惡濕。』鄭氏曰：『蠶爲龍精，月值大火，則浴其種。』《月令》曰：『季春無伐桑柘。』愛蠶食也。『孟夏既登，八月載績』。伏羲氏化蠶爲絲，黄帝元妃西陵氏始蠶，荀卿《蠶賦》曰：『此夫身女好，而頭馬首者歟？有父母而無牝牡者歟？冬伏而夏游，食桑而吐絲，喜濕而惡雨，蛹以爲母，蛾以爲父，三俯三起，事乃大已，夫是之謂蠶理。』王盤《農書》曰：『桑種甚多，世所名者，荊與魯也。荊桑多椹，魯桑少椹。葉薄而尖，其邊有辨者，荊桑也。凡枝幹條葉堅勁者，皆荊之類也。桑圓厚而多津者，魯桑也。凡枝幹條葉豐腴者，皆魯之類也。荊之類，根固而心實，能久遠，宜爲樹。魯之類，根不固，心不實，不能久遠，宜爲地桑。然荊之條桑，不如魯葉之盛茂，當以魯桑條接之，則能久遠而又盛茂也。魯桑宜飼大蠶，荊桑宜飼小蠶。』丘形，四方高，中央下。《爾雅》曰：『非人爲之曰丘，天下有名丘五，其三在河南，二在河北。』《廣雅》曰：『小陵曰丘，方言曰冢，大者謂之丘。九州惟兖、雍言宅者，雍最高，兖最下，故舉以包餘州也。

又 厥貢漆絲，厥篚織文。

地宜漆林，又宜桑蠶，織文錦綺之屬，盛之筐篚而貢焉。舜作食器，流漆黑其上，諫者十餘人。禹作祭器，黑漆其外，朱畫其中，而後世譏之。貢漆何爲？蓋世漸遠于茆茨，而踵美增華。宗廟宮室，有宜于增飾者，即聖人不廢也。篚而入貢以示敬。凡幣帛之屬，皆盛以篚，而球琳不與焉。或謂精者入篚，非也，禹制貢皆服食器用，斯稱惟正之供者乎？鄭玄云：『貢者，百功之府。受而藏之，其實于篚者，入于女工，故以貢篚別之。』漢世，陳留、襄邑，置服官，使制作衣服，是兖州綾錦美也。《周禮》：『太宰，以九貢制邦國之用。一曰祀貢；二曰嬪貢；三曰器貢；四曰幣貢；五曰材貢；六曰貨貢；七曰服貢；八曰斿貢；九曰物貢。嬪貢絲枲；器貢銀、鐵、石磬、丹漆也。水山多漆，刻漆多于鷄林日出之始，過此則陰氣淪，陽氣升，無所獲也。』《周禮》載師漆林之征，《史記》曰『漆千大斗，比千乘之家』，漆樹以斧破其皮，以竹管承之，汁滴管中，斯成漆矣。《詩》曰：『素絲五紽，五緎五總。』《周禮》：『典絲，掌絲入而辨其物，以其賈揭之。慌氏湅絲以涗水漚其絲，一蠶爲忽，十忽爲絲。蠶眠生繭，二繅成絲。睢、渙之間，出文章，天子郊廟御服出焉。』《述異記》曰：『沮、渙二水，波紋皆若五色，故一名績水。』《詩》曰：『跂彼織女，終日七襄。雖則七襄，不成報章。』《淮南子》曰：『伯余之初作衣，緂麻索縷，手經指絓，其成猶網羅。』後世爲之機杼勝複，以便其用。蓋織之始也。

明 徐光啓《農政全書》卷三一《總論》 王禎《蠶繅篇》曰：『淮南王《蠶經》云：黄帝元妃西陵氏始蠶。蓋黄帝制作衣裳，因此始也。其後禹平水土，《禹貢》所謂『桑土既蠶，其利漸廣』。《禮・月令》曰：『季春之月，具曲植蘧筐，后妃齋戒，親東鄉躬桑，禁婦女毋觀毋觀，去容飾也，省婦使以勸蠶事。婦使，謂縫線、組紃之事。蠶事既登，分繭稱絲效功，以供郊廟之服，無有敢惰。』及考之歷代，皇后與諸侯夫人，親蠶之事，昭然可見。況庶人之婦，可不務乎？

明 余繼登輯《典故紀聞》卷一〇 宣宗謂侍臣曰：『朕嘗歷田野，見織婦採桑育蠶，繅絲製帛，累寸而後成匹，亦甚勞苦。』出所賦織婦詞以示，曰：『朕非好為詞章，昔真西山有言農桑，衣食之本。為君者，當詔儒臣，以農夫紅女耕蠶勞勤之狀，作為歌詩，使人誦於前。又繪為圖，揭於宮掖，布之戚里，使皆知民事之艱，衣食之所自。朕所以賦此也。』其詞曰：『昔嘗歷田野，親覩織婦勞。春深蠶作繭，五月絲可繅。繅絲準擬織為帛，兩手理絲精揀擇。理之有緒纔上機，弄杼拋梭窗下織。斯螽動股織未停，鷄聲三號先夙興。機梭軋軋不暫息，辛勤累日帛始成。嗚呼！育蠶作繭未必如甕盎，累絲由寸積為丈。上供公府次豪家，織者冬寒無挾纊。紛紛當時富貴人，綺羅燁燁華其身。安知織婦最辛苦，我獨沈思一憐汝。』

明 李清《三垣筆記・附識》下《崇禎》 且北直山東、河南，新經變亂，無桑。安有穰至浙江杭、嘉、湖三府，雖宜桑，若責以二百萬斤，即盡括亦不足，揭入留中，後竟得免。

明 談遷《棗林雜俎》中集《棉花》 《禹貢》：兖州，『厥貢絲，厥篚織文』；揚州，『厥貢島夷卉服，厥篚織貝』。注謂：兖地宜桑。織文者，綿綺之屬。卉服，今木棉，而織貝為木棉之精，好者曰桑絲，曰木棉。

維兖與揚之島夷作貢彰矣。古之所謂綿者，絲綿也。古之所謂布者，枲布也。故唐人税法，每丁歲輸絹，或綾絁共二丈，綿三兩。輸布者，麻三斤。宋林勳作《政本書》，匹夫之貢，惟絲與綿，非蠶鄉則貢布麻。夫以綿而繫之絹，以布而繫之麻，則綿為絲綿，為布為枲布也，明矣。元學士王磐序《農桑撮要》之書云：『木綿種於陝右。』《輟耕錄》云：『閩廣多種木棉，紡績為布。』蓋木棉出於南夷、西域。宋元間始傳閩廣關陝，至明時乃盛。

清 王夫之《噩夢》 黄籍户口之外，有司别有煙民册，此政之顛倒，而但可一笑者。『率土之濱，莫非王臣』，此穰穰者何人，而徒以勤耕苦穫，供國家之租賦者，謂之户口也。且如人丁絹，唐之庸調也。桑絲絹□，元按户課桑之加征也。

清 顧炎武《天下郡國利病書》第二册 故酒多黍釀，土宜桑絲。然秦漢以來，兵革代興，户口散亡，而樹桑者什一而已，故織紝不廣。注九

清 顧炎武，黄汝成《日知録集釋》卷一〇《紡織之利》 今邊郡之民，既不知耕，又不知織，雖有材力，而安於游惰。華陰王宏撰著，議以爲延安一府布帛之價，貴於西安數倍。既不獲紡織之利，而又歲有買布之費，生計日蹙，國税日逋，陳文恭曰：『陝西爲自古蠶桑之地，今日久廢弛，綢帛資于江浙，花布來自楚豫，小民食本不足，而更賣糧食以製衣，宜其家鮮蓋藏也。』非盡其民之惰，以無教之者耳。今當每州縣發紡織之具一副，令有司依式造成，散給里下，募外郡能織者爲師，即以民之勤惰工拙，爲有司之殿最。一二年間，民享其利，將自爲之，而不煩程督矣。計延安一府四萬五千餘户，户不下三女子，固已十三萬餘人，其爲利益，豈不甚多？按《鹽鐵論》曰：『邊民無桑麻之利，仰中國絲絮而後衣之。夏不釋複，冬不離窟，父子夫婦，内藏於專室土圜之中。』崔寔《政論》曰：『僕前爲五原太守，土俗不知緝績。冬積草伏臥其中，若見吏，以草纏身，令人酸鼻。』原注：今大同人多是如此，婦人出草，則穿紙袴，眞所謂『倮蟲』者也。吾乃賣儲峙，得二十餘萬，詣雁門廣武，迎織師，使巧手作機，乃紡以教民織。原注：《後漢書》采入本傳。是則古人有行之者矣。《漢志》有云：『冬，民既入，婦人同巷，相從夜績，女工一月，得四十五日。八月載績，爲公子裳。豳之舊俗也。率而行之，富強之效，惇龐之化，豈難致哉？

清 唐甄《權實》《皇朝經世文編》卷七 昔者唐子之治長子也，其民貧，終歲而賦不盡入。璩里之民，五月畢納，利蠶也。乃偏詢於衆曰：『吾欲使民皆桑，可乎？』皆曰：『地方之上不宜桑。若宜之，民皆樹桑，無俟今日矣』，遂已。他日游於北境，見桑焉。乃使民皆樹桑，衆又曰：『昔者阿巡撫令樹榆於道，鞭笞而不成，今必不能。』不聽，違衆行之，吏請條法示於四境。唐子笑曰：『文示之，不信於民也久矣。』乃擇老者八人告於民，五日而偏，身往告於民，二旬而徧。再出，遇婦人於道，使人問之曰：『汝知知縣之出也奚為乎？』曰：『以樹桑。』問於老者，老者知之。問於少者，少者知之。問於孺子，孺子知之。三百五十聚之男女，無不知之者。三出入其廬，慰其婦，撫其兒，語以璩里之富，於桑不可失也。一室言之，百室聞之，三百五十聚之男女，無不欲之者。唐子曰：『可矣。』乃使璩民為諸鄉師，而往分種焉。日省於鄉，察其勤怠，督賦聽訟。因之，不行一檄，不撻一人，治雖未竟也，乃三旬而得樹桑八十萬。長子小縣也，樹植易事也。

清 唐甄《省刑》《皇朝經世文編》卷一二 皇上言之。一臣聞樹桑之制，詳於《孟子》，七十衣帛，著於《禮經》。四川成都等府，紡織頗盛，第製作華侈，非民間日用所宜。山西澤、潞、絳諸州府亦然。直隸、陝西，則紡織甚少。即有，亦不視為急務。臣思《禹貢》九州，惟冀、雍、梁三州，不篚織絲，疑非地土所宜。然豳詩：『蠶月條桑，八月載績。』魏詩：『十畝之間，桑者間間。』《周禮·職方氏》正北曰：『并州，其利布帛。』諸葛亮自表成都有桑八百株，子弟衣有餘饒，皆在今陝西、四川、直隸、山西之境，即古冀、雍、梁三州也。是知《禹貢》三州無篚，以雍、梁有織皮，冀州不用貢耳，非桑有宜有不宜也。漢崔寔為五原太守，其俗不知緝績。冬月無衣，積細草卧其中。寔賣儲峙，詣雁門廣武，迎織師，教民紡績，織紝練緼，民得以免寒。若松江府舊無梭布，明萬歷間，廣東老婦教之，遂以成俗。夫五原，今河外地，越老婦至無能耳。紡織之益，尚能如此，況《禹貢》九州之域，加以有司訓教，利自十倍於前。臣請敕下直省督撫，通行州縣，有能紡織者，無務華靡無益之飾；不能者，官發紡織之具。迎善織者為之師，不三五年，民自勤於紡織，而布帛可以有餘矣。

清 唐甄《教蠶》《皇朝經世文編》卷三七 吳絲衣天下，聚於雙林。吳、越、閩、番，至於海島，皆來市焉。五月載銀而至，委積如瓦礫。吳南諸鄉，歲有百十萬之益，是以雖賦重困窮，民未至於空虛室廬。舟楫之繁庶，勝於他所，此蠶之厚利也。四月務蠶，無男女老幼，萃力靡他，無稅無荒，以三旬之勞，

無農四時之久，而半其利，此蠶之可貴也。夫蠶桑之地，北不逾淞，南不逾浙，西不逾湖，東不至海，不過方千里。外此，則所居為鄰，相隔一畔，而無桑矣。其無桑之方，人以為不宜桑也。今楚、蜀、河東，及所不知之方，亦多有之，何萬里同之，而一畔異宜乎？桑如五穀，無土不宜，一畔之間，目覩其利而弗效焉。甚矣！民之惰也。三代以下，廢海內無窮之利，使民不得厚其生。乃患民貧，生財無術，是猶家有寶藏而不知發，而汲汲腊罨果蔬之是鬻也，盍亦謀諸此與？吾欲使桑徧海內，有禾之土，必有桑焉。然亦匪易也。蓋安之久者難創，習之慣者難作，約法而民不信，施教而民不從，則樹植亦不可就。古者田有官，是故棄為稷官，其後教民田者，謂之田畯。田既有之，桑亦宜然。其在於今，當責之守令，於務蠶之鄉，擇人為師，教人飼鏁之法，而厚其廩給。其移桑有遠莫能致者，則待數年之後，漸近而分之。而守令則省騎時行履其地，察其桑之盛衰；入其室，視其蠶之美惡。而終較其絲之多寡，多者奬之，少者戒之，廢者懲之。不出十年，海內皆桑矣。昔吾行於長子，略著於篇，可以取法焉。

清 郭起源《布帛贏縮説》《皇朝經世文編》卷三七 江南膏腴之壤，植木棉，女紅惟布為多。漢張騫通西南夷，攜種至中夏，盛於楚、豫、閩、粵。宋初南省始徧植之，而織婦最為勤苦，碾彈紡織，工亦勞矣。而一布之值，不敵匹帛之什一。工多利少，不足以供口食。季女斯飢，良不免矣。要惟樹桑治蠶之利，可當耕耘也。

清 藍鼎元《鹿洲初集》卷二《與吳觀察論治臺灣事宜書》 臺地不蠶桑，不種綿苧，故其民多游惰。婦女衣綺羅，粧珠翠，好遊成俗，則桑麻之政，不可緩也。制府滿公保撫閩時，嘗著《蠶桑要法》，繪十二圖，頒行郡縣。臺土寬曠，最宜樹桑，可倣而行之。漳、泉多木綿，俗謂之吉貝，可令民於內地，收其核，赴臺種之。并令廣種麻苧，織紝為冬夏布，婦女有蠶桑紡績之務，則勤儉成風，民可富而俗可美也。

清 楊屾《豳風廣義》卷一《孟子陳王道圖説》 《孟子》曰：『五畝之宅，樹之以桑，五十者可以衣帛矣。鷄豚狗彘之畜，無失其時，七十者可以食肉矣。百畝之田，勿奪其時，數口之家，可以無饑矣。謹庠序之教，申之以孝悌之義。』夫孟子，亞聖也，以經天緯地之學，其備陳王道，立法垂世，不過教養兩大端。七篇之中，語雖不同，然反覆丁寧，總不外此。蓋農桑為養之源，庠序乃教之始。農桑生於地，人能力取，自然用之不竭，是為良富。孝悌忠信，出自性天，教自君父，人能率循，自然天祐人助，是為良貴。能遵斯二者，生民之道盡矣。舍此而外，皆為逐末。而人多視為平淡無奇，遂作章句讀過，所以罕覩實效。余於誦讀之下，俯而思之，墻下樹桑，不過片刻之力，畜鷄養彘，祇是朝夕微勞，行之最易，而其功最著。養老恤幼，豐歉有備，皆在此。樹畜之中，事雖平常，實係教養大政。故繪其圖於《豳風》之次，令人興觀感之思。凡我同志，教子弟誦讀，即率子弟以力行，則豐裕可臻，德品可立，教養兩全，豈不美哉？

又《終歲蠶織圖説》 聖王教民，春作秋成，冬則闔户邃養，安享休和，以順天道。故於至日閉關，商旅不行，使民以養陽伏陰，得盡天年。今我秦人，往往於朔風凜冽，衝寒冒雪，尚逐逐不息。良由一耕，不足一年之用，焉得不營營外求？予特繪終歲之圖，解以俚句，月月警醒，使知桑蠶之利，足遂闔户之養，能臻熙皞之盛。又總十二月之意，謹編一歌，易於誦讀，以為觀惺之一助。歌曰『種桑好，種桑好，要務蠶桑莫潦草。無論墻下與田邊，處處栽培不宜少。君不見《豳風·七月》篇，春日載陽便起早。女執懿筐遵微行，取彼柔桑直到杪。八月萑葦作曲箔，來年蠶具今日討。繅絲織組漸盈箱，黼黻文章兼績藻。本來婦職尚殷勤，豈但經營誇能巧。老衣帛，幼製襖，一家大小偕温飽。春作秋成冬退藏，闔户垂簾樂熙皞。更得餘息完課糧，免得催科省煩惱。天生美利人不識，枉費奔馳徒擾擾。我勸世人勤務桑，務得桑成無價寶。若肯世世教兒孫，管取吃着用不了。各書一通曉鄉鄰，方信種桑真個好。』

又《水深土厚高寒之處宜樹桑説》 西安近地，其宜桑不待言矣。即延慶平鞏等處，無不宜桑。觀其一株能成，推而廣之，則千萬株可例矣。夫深山僻隅，離通都大邑甚遠，難以貿易，諸凡俱不活便。至於豐稔之歲，糧食甚賤，無處貨賣。隆冬歲暮，衣無所出，苦寒者甚多，此處田土必賤。若能勉力樹桑數千株，一則歲不乏衣，二則絲可遠貨，糧賤則食足，桑多則衣備。衣食豐饒，教子弟讀《詩》《書》，習禮讓，豈非莫大之益？若以高燥無水，不便灌溉，宜槌杵造大潦池或鑿地作水庫，腹大口小，內周圍用木橛釘孔，填以硬泥，築極實，連填築數次，以不漏水為止。上用板蓋，以蔽風日消耗，引積雨水，以便澆灌。桑乃易生之物，冬澆一水，春澆二水，夏澆不過三水，便活，以後不用澆矣。歲歲樹之，數年之間，可成桑林。人若肯殷懃培植，任是高燥，焉有不成之理？有疑天氣寒凉，養蠶不合時節者。不知天下養蠶之處，節氣原自不同。廣東立春，四川驚蟄，江浙清明，河南、陝西在穀雨前三四日，其時雖不同，總之有一最的實證驗。但看桑上葉如茶匙大，是其時也。蠶不待煖而自生，内外相應，此自然之理也。居水深土燥之地者，宜詳之，勿自誤。

又《地卑水淺處甚宜樹桑說》　地卑水淺，種桑最易生活。或插條，或種子，或壓枝，不過三年，即可獲利。夫居濕地，其田必貴。恒種麥穀，每畝即收二石，豐年不過值銀一兩有餘。若使樹桑，每畝歲可收絲九觔，值銀十餘兩。如有田四五十畝，可栽桑十餘畝。即逢歉年，賣絲買穀，豈非大益。

又《河決水淹之地急宜樹桑說》　每見沿河之地，七八月間，往往霖雨日久，河水暴漲，漂没田禾。惟桑柳雖被泥壅，却自無恙。若水侵之地，使盡栽桑樹，每歲養蠶收絲，反獲大利，焉有乏食之苦，意外之災？蓋養蠶在春時，多無雨水，即三月有水，桑亦不畏。誠能廣布，歲歲收絲，即禾苗難成，亦補缺乏。況蠶絲之利，更數倍於五穀。果肯依法培植，雖沃土種穀者，亦不及也。

又《家宅墳園宜樹桑說》　桑乃裕國福民之大寶，豈他木可比。家中樹桑多者，不惟得絲，且宜婦人。蓋桑本箕星之氣下映而生者。箕乃女相之星，下映其室，婦人少病而無夭折之患。況桑又能袪邪，逐邪者用桑弓，即此義也。如有陰陽術士，妄談桑與喪同音，樹之不吉者，此愚迷無識之輩，不可聽信。孟夫子言王政，必教以『五畝之宅，樹墻下以桑』，豈有心通造化亞聖之識，以不吉祥之事教天下哉？再於路旁門前，場圍城壕，悉為種植，不使有尺寸曠土，則遍地皆錦繡之資矣。

又《栽桑說》　民生濟用，莫先於桑。謀衣者，不艱於養蠶，而難於樹桑。若桑務一舉，則蠶事自興，故首述而備論之。種子、盤條、壓枝、栽接、修科之法，詳列於後，資生者當留心焉。

又《附種柘法》　今人多不肯樹桑者，以為五七年以後，方可成樹，方可獲利，我豈能待？獨不思我即年老，遺澤子孫，為世守之業，亦何不可？若先世早樹，至我豈不大享其利？我今仍舊不樹，將來子孫蠶織終無望矣。所謂及今不畜艾，七年之病，終不痊者，此也。故玄扈先生曰：『恐不能待者，急樹之，便是妙方。』桑乃蠶食，故居蠶先。今樹桑之法已備，方可以言蠶事矣。

又《敬陳桑蠶實效廣開財源以佐積貯裕國輔治以厚民生事》　知農而不知桑，是有食而無衣，二者缺一，則民失一倍之資。至於木棉麻苧，又非秦地所宜；絲帛布葛，通省無出。雖厥土黄壤，厥田上上，自桑蠶一廢，五穀之外，百無所生，究不能全獲地利，常有饑寒之患。夫一女不績，天下必有受其寒者，而況通省之不績乎？雖有數縣，木棉之出，然不過一縣中百分之一，不足本地之用，豈能廣布通省？是以秦人歲歲衣被冠履，皆取給於外省，而賣穀以易之。穀賣之於遠方，是穀輸於外省矣。絲帛、木棉、布葛之屬，買之於江浙、兩廣、四川、河南，是銀又輸於外省矣。每歲必賣食買衣，因衣之費而食減其半，其艱於食者，固自不少，而缺於衣者，抑已良多。夫農一歲之入，能有幾何？貢賦賴之，八口賴之，婚喪賴之，兼之一歲之衣被仍賴之，焉得不豐歉並困，而衣食兩艱耶？豐則粟賤金貴，而公私並需，一糶無餘；歉則室如懸罄，而流亡過半。無衣之害，一至於此，尚望其有餘積乎？古者耕三餘一，而秦人之積，無異酌涓水而實漏巵矣。生長於斯，深知秦人兩困之原，踵自無衣，且嘗親受其累。每思所以治衣之法，試諸木棉、麻苧，厥成維艱，竭思殫慮。十餘年來，考諸《詩》《書》傳記，方知蠶桑乃秦人本有之業，但因往代兵燹之後，砍伐殆盡，物易人遷，樹桑、養蠶之法，盡失其傳。後世習而不察，誤爲風土不宜之説，因而棄置不講，所以桑蠶之業久廢，女工之事不作。無人焉以倡率開導之，遂棄無窮之地利，委諸土壤，以自有之衣具仰給鄰邦，甚屬可惜。屾因博訪樹桑、養蠶之法，織工、繰絲之具，無不按其規程，盡其法則。先自樹桑數百株，於己酉年始爲養蠶，鄉人每有笑其迂濶難成者，屾亦弗之顧，惟日夜經營，無少懈怠。既而蠶成，及繰水絲之日，鄉人乃共相環視，見其絲堅韌有色，光亮如雪，覩所未見，莫不驚異。由是鄉鄰之中，多有倣之養蠶者。迄今十有三年，歲歲見收。近來鄰邑，亦有慕倣者。但欲養蠶者雖多，而樹桑者甚少。徒作羨魚之歎，而罕結網之思。若能設法勸誘，力加開導，使桑蔭布滿於阡陌，則蠶事自興於民間，而秦人之富，可立而致也。

又　考自伏羲採嶧山之繭，抽絲爲絃，以定音律，而天下化。黄帝元妃西陵氏，始爲室養蠶，煮繭繅絲，製衮冕，定儀度，別尊卑，垂衣裳，而天下治，是爲衣冠之祖。夫伏羲、黄帝，皆都於北而未都於南，則蠶事之興，不始於南，而始於北明矣。此可証據者一也。又嘗考之於《詩》，無處不言桑，而咏於北方者居多。以秦論之，《豳風・七月》之篇言蠶桑者，屢屢矣。有曰『春日載陽，有鳴倉庚。女執懿筐，遵彼微行。爰求柔桑』，又曰『蠶月條桑，取彼斧斨，以伐遠揚，猗彼女桑』，此治桑也，即所以治蠶。夫豳地，即今邠慶、三水等處，地近邊壤。亦云寒矣，其田高燥瘠磽，而周先王當日諄諄誥誡，不遑暇逸者，誠以農桑爲王政之本，女工乃衣被之原。男力乎耕，女事乎蠶。男女各勤其職，而民以富，實上下雍睦，庶姓休和，載諸經史，班班可考。隅地尚然，而類於豳者，在在皆然。況臨渭一帶，沃壤千餘里，勝於豳者多矣，豈不能樹桑、養蠶，以興萬世無疆之利？此可証據者二也。又考之《孟子》言王道諸章，開陳列國，無在不言桑。岐與齊、梁，皆屬北地，反覆言之，何有南北之分？推而廣之，能行天下，繼續而傳之，可垂萬世，豈有亞聖之識，以迂濶難成之術，教當時及後世哉？此可証據者三也。又稽之郭子章之《蠶論》，木各有所宜土，惟桑無不宜。桑無不宜，故蠶無不可事。桑蠶本一氣，蠶卽生於桑。有桑之處，便可成蠶。猶農夫之於五穀，非龍堆極寒之處，猶可耕且穫也。此可証據者四也。又察諸天時，陝西出地平三十六度，已在北道之北一十二度半。自春分之日，日行北道，晝漸長，夜漸短，陽漸多，陰漸少，積陽之氣漸盛。至夏之熱，甚於南方。況蠶屬純陽，喜燥惡濕，食而不飲，陽立於三春，三變而後消，陰生而後死。自秋分之日，日行南道，晝漸短，夜漸長，陰漸多，陽漸少，積陰之氣漸盛。至冬之寒，甚於南方。此時織工興而蠶事畢矣。又養蠶之時，各省不同。然不論節氣寒熱，自有一定之候。但看桑上葉如茶匕大，則蠶自生於室内，卽古人云『木華於春，粟芽於室』，同類相感，有自然之理，何有南北寒熱之可疑。此可証據者五也。又驗之於今，秦中無處不有桑，但只不廣。有桑一株，便可養蠶成繭。近歲以來，岫之鄰境，皆有養蠶者。但樹桑稀少，不能大獲利益，然曲箔數筐，亦可得絲。歲歲有成，已獲實效，恐疑書生之見，摭拾浮詞，無足憑信。謹將今歲所繰之絲，並所織之絹帛，一並呈驗。再俟養蠶之月，大人委員至家驗試，事若涉虚，治以欺誑之罪。此尤近事之確然可證據者六也。詳此六證據，則知蠶桑乃天下通宜之物，並知古昔聖王以農桑命名之深義。不惟秦中可行之而無疑，凡北地皆可行之而無疑也。若桑蠶一舉其大利於秦者有四。夫積貯者，天下之大命也。而秦尤非他省可比，壤接三邊，首稱要地，兼之水路不通，輓運維艱，積貯之道所當更重。鼂錯曰：『非能耕而食之，織而衣之，爲開其資財之道也。』開其源，節其流，則財恒足矣。若徒節其流，而不開其源，則財終匱。所以開之之要，在乎務民於農桑。秦人知農棄桑，衣源未開，利缺其半。況今昇平日久，生齒益繁，仍守一耕，治生無增，歲計無加，諸凡之費，皆取給於此，所以衣食兩艱，豐凶並困。然則凶荒雖起於乏食，而其實早貽於無衣。若衣有所出，自不輕糶，粟麥餘一餘三，何慮饑饉？欲爲秦謀積貯之道，農之外，無過於桑。若舍桑而言積貯，無非挹彼注此，何能分外加益？誠能因地之利，盡民之力，無論墻下路旁，壠畔田邊，悉皆種植。既不侵地，又不妨農，曠土皆化爲錦繡之資，每家歲能取絲三五斤，便完通省賦稅有餘。且水絲一斤，貨銀一兩四五錢，能買木棉二十斤，足中人闔家一歲之衣。若能取絲數十斤，便爲中人之富矣。況桑無水旱、風蟲之災，即歲過荒歉，五穀不成，桑卻無害，養蠶取絲，以補歲計，可必而可久。又桑子熟於青黃不接之月，亦可充饑數旬，其利最溥，功與農配。故曰：農桑，是以古聖王籌國計，立民命首重而不敢忽。

又 若桑務一舉，男女各有所職，民得衣食不缺。自有暇日，使子弟盡趨於學，耕讀兼營，教養並舉，人人得沐《詩》《書》，家家不廢誦讀，文人才士，濟濟輩出，上爲國家儲養人材，下爲秦民廣其教化。此其大利於秦者二也。夫民可使勞，不可使逸。民勞則思，思則善心生。民逸則淫，淫則惡心生。周公《無逸》之詩，魯母績愆之辟，良有以也。秦人於農忙之外，冬春二季，毫無所事，男逸於外，女逸於內；往往相聚嬉戲，奢靡賭賽，久無事事，流入遊惰，良由桑蠶之教不興，男女之職曠廢，有以使之然也。不然何其於農忙之月，此風全無乎？若桑蠶一舉，正月理蠶室，二月織箔曲、製什物，三月養蠶，四月繰絲，五、六月農忙，七、八月績絲、織絹，九、十月栽桑，冬寒修樹，身有所事，心有所向，則親正務多而遊戲少，勤日長而惰日消，自然衣食足而禮儀興，仁讓之風，日在民間。養蠶不惟有以厚民生，而兼有以善民俗也。此其大利於秦者三也。秦素無梗楠橡章之材，松杉漆竹之屬，一望蕭然，若桑樹繁滋，則阡陌如雲，壠頭似綺，菁葱蔚茂。不但美觀，兼有八宜。皮可抄紙，材堪爲弓，木造車桌，枝編筐笓，根皮爲藥，散木作薪，椹可充饑，能救荒歉。豈但葉可飼蠶，衣被無窮。此其大利於秦者四也。請再陳桑蠶易舉之由，樹桑者不過一夫之力，樹成之後，可享數十年之利。採後復生，不勞更種。又無耕牛、子種之費，不慮水旱、風蟲之災。所謂一勞永逸，比之棉麻，逸勞十倍。至於養蠶，桑成之時，不待教而自興。飼養得法，不過三眠三起，二十七日而老，功雖一月，其實用力於七日，即獲一歲之利。雖係生民重大之務，舉之並無難事。又將古今教民桑蠶有成效，而遺澤後世者，列陳於後。昔茨充爲桂陽令，俗疑於風土不宜之説，不知種桑，無蠶織之利，類皆以麻枲頭紵衣。民惰窳少，粗履，足多剖裂出血，盛冬皆然，火燎炙充，始教民種桑，養蠶織履。數年之間，大獲利益。今江南享蠶織之利者，皆充之教也。蜀王蠶叢都教蜀人養蠶，鑄金蠶數千，春月集蠶市，將金蠶給之，民間以爲蠶瑞，誘而教之。數年之間，其政大興。至今嘉定、保寧、成都，每歲所出之絲，獲利不下數百萬金。明洪武，取淮徐桑子二十石，命種辰永寶衡之間，數年之中，民大獲利。康熙三十二年，漢中府郡守滕天綬，教民栽桑，刻爲便民通示一單，後附勸民栽桑歌詞，等差獎賞，力加開導。惟洋縣令鄒溶，仰體郡守良法美意，奉行罔懈，遍勸境內，無不栽桑，二年之間，共勸栽過桑一萬二千二百餘株。嗣後，猶歲歲督勸不已，年年增益。今漢南九署，桑蠶大舉，獨洋縣最盛而民富，皆鄒溶首倡之力也。其事載在《洋縣志》可考。今漢中一歲所出之絲，其利不下數十萬金，豈非哲人開導之力乎？是以未教之先，皆疑風土不宜，亦猶今秦人未樹養，而自疑其地之與南方異也，後之視今，亦猶今之視昔也。

又　秦中蠶桑一興，民得衣食兩全，荒歉有備，此乃重大之務，必須設一永久之法，使千萬世長享休和之福。昔明洪武以此政教成，七十年之後，樹老漸砍去，不即補，其政遂息。夫民之趨利，猶水之就下。既享其利，何至復廢？以民情多好逸惡勞，怠惰因循。種菜，三十日獲利，尚有無菜食之人。一歲失耕，性命攸關，尚有荒蕪其田之人。況桑三年培植，五載獲效，添一株不見其益，去一株不見其損，因而不知不覺，由多至少，由少至無，漸積之勢然也。是故樹桑最易，垂久甚難。故古聖王立勸農課桑之條，田畯之官，令甲桑麻之數，時專經理，故民得豐衣足食，本固邦寧，奠安永久。今大人將此政檄行州縣，賢司牧實力勸導，自然有成。但不日大人內佐聖主，賢司牧依次陞遷，繼事者非屬考成，或未能於簿書，紛紜之中急急乎此，此政又何能以行人遠。屾再三思維，莫若先檄行州縣，以種桑之多寡爲殿最，再行題請定規。嗣後州縣陞遷，卓異必列，勸課桑蠶，歲歲增益，實有成效。一條或設專管之員，專董其事，更無推委。疎忽如此，永爲定例。則官無不勸，民無不從，則萬世裕國富民，無弊之政，永垂不朽！

清　陳宏謀《培遠堂偶存稿》卷一《勸種桑樹檄乾隆十六年閏五月**》**　陝省向不種桑。本院近年自于省城設立蠶局。買桑養蠶。并飭鳳翔府等處，一體設局養蠶，誘民興利，民間漸知仿效養蠶，各處出絲不少。省城織局，招集南方機匠，織成秦緞、秦土紬、秦綿紬、秦綾、秦縑紗，年年供進貢之用。近已通行遠近，本地民人學習，皆能織各色紬緞，正須接續勸行，方可推廣加多。惟有多種桑樹，庶幾到處有桑，即到處可以養蠶。桑多則蠶絲亦多，絲多則紬緞亦多。本部院近日循行渭河南北及盩、鄠地方，經過郷邨，樹木叢茂，滿目陰翳，除棗、柿樹而外，襍樹甚多。如謂地不宜桑，豈有可以種植襍樹，獨不可以種植桑樹之理與？與其種無用之襍樹，何如種有用之桑樹？如謂種後人偷砍伐，豈有不偷砍襍樹，獨偷砍桑樹之理？況邨堡溝濠、地頭屋角，一隙之地，皆可種桑，並非必須平原片段，方可種桑，致碍蔬穀之利也。桑樹既可多種，則蠶事正可推廣。仰布政司官吏，除金鎖關以北，鄜延、榆、綏各屬，地不宜樹，種植難成，毋庸勸行外。其餘各府各縣，務令地方官巡歷所至，勸諭民間種植桑樹。舊有之桑，各宜保護培植，不可戕伐。有偷伐桑樹者，加倍究處。現在省城蠶局及鳳翔府，每年佈種桑秧，聽人赴領。各該州縣，或亦廣佈桑秧，聽民人領回種植。或赴省城、鳳翔領回，分散民間種植。其鼓舞勸誘之法，當將已種成之桑樹，加以獎勵。種而未成者，不必過問。每年官於城中設局養蠶，出示民間，凡有桑樹，或估價摘葉，或聽民人摘葉赴局，官即酌量給以價值，俾民人知家有桑樹，年年可以賣錢。路上野桑亦可摘葉賣錢，自必愛惜舊桑，廣栽新桑。地方官每年買桑養蠶，不無所費。所得之絲，仍然有用，雖有虧折，亦不甚多。地方官果肯有心爲民興此大利，每年即有所費，當亦不必吝惜。所得之絲，只須禀知，不必將絲送驗。倘民間有養蠶得繭，而不能繅絲者，亦許賣給於官。官買此繭，亦可繅絲，同歸有用。如此則種桑既可得利，養蠶賣繭亦可得利，有絲而或賣或織，更可得利。小民層層得利之處，即官司層層引誘之法，不必刑驅勢迫，自必鼓舞樂從。現在局中匠多機多，如各屬養蠶得絲甚多，意欲織紬緞者，亦可赴局覓人教習，或令人赴局學習。地方官一面身先倡率，一面設法鼓舞，因勢利導，不怕桑樹不多，蠶織不廣。本部院年來勸行蠶桑，祇於省城設立蠶局、織局，爲倡導引誘之計，未敢徒事文告，繩以官法。今事將就緒，現成有機，地方官民亦皆知陝省蠶事可興。故此通行，爲廣種桑樹，多多養蠶之計。各屬各隨心力，次第舉行，積少可以成多，由近可以及遠。月計不足，歲計有餘。果肯推行有效，決不没其所長，毋再以爲迂泛而忽之。仍移各道，一體督查，毋違。

清 陳宏謀《廣行山蠶檄乾隆二十二年**》**《皇朝經世文編》卷三七 陝省山嶺槲葉最盛，宜養山蠶。康熙年間，寧羌牧劉公，從山東僱人來州，放養山蠶，織成繭紬，甚爲勻細，到處流行，名曰『劉公紬』。劉公陞任，漸次衰微。乾隆九年三月，奉旨勅行山東，將《山東養蠶成法》，纂刊送陝。本部院初莅陝省，即已發司刊刻，分發通省，倣效學習。隨有郿縣知縣紀虚中，募得善於養蠶之魏振東，立爲蠶長，教人放養，已得春蠶四十餘萬，合之秋繭，可得八九十餘萬，統計可織紬一千餘丈，民間已有販賣郿繭者。又有藍田令蔣文祚，商南令李嗣洙，連年倡率教習，該二縣每年獲繭成紬，已自不少。其隴州汧陽，放養未成，同官令曹世鑑，從山東覓人來此放蠶。因北山早寒，秋繭難成。興安州劉、李二牧，亦曾放養，未報得繭。近據寧羌州稟稱，連年借給工本，設法鼓舞，所得繭紬，比前較多。略陽縣早已成繭，近竟中止。再近省到處椿樹易長易成，可養春蠶。曾經咸寧令柳大任，試養得蠶，因爲鳥雀所傷而止。就陝省情形而論，雖不能處處可以養放山蠶，而山蠶所食之槲樹，隨處有之，可以放養山蠶之處，亦正不少。若得地方官設法勸導，接續行之，鼓舞推廣，自可漸覩成效。況偏山槲樹，可作蠶場，不比家蠶之必須種桑也。繭紬麤細皆宜，又耐久穿，亦不比絲紬之貴而難賣也。本部院前後經理，設法振興，幸有可興之機，豈非迂而難成。今又莅陝，覩此山場美利，不肯坐聽中止。除同官以北，毋庸再行外，仰布政司轉飭西、同、鳳、漢、興、商、邠、乾等屬境內，凡有槲樹之處，官爲勘明，斫伐裸樹，修理蠶場，可養山蠶。或僱人試養，或官出資本，而招民同養。或給民人口食，令其學習。或官借資本，聽民人給夥學養。其抽絲拈線，毋論男婦老少，皆可學習。其蠶種，必須官爲購覔；其器具，亦須官爲製給。其中氣候事宜，備載《山東養蠶成法》。或於本省之寧羌、郿縣、商南等處，僱人教習，或於山東、河南僱覔善養山蠶之人，來此教習。地方官用些心思，費些物力，爲本境倡此美事，成此美利。俾滿山槲樹，向時作爲柴藪，棄爲無用者，將來皆百姓資生之物、養命之源。政蹟可觀，功德無量，本部院尤拭目以觀山蠶之盛，并紀循良之績矣。

（康熙）《諸羅縣志》卷八《風俗志》 大中丞嘗著《蠶桑要法》，以教閩人矣。其援据經傳所載，天下之土，無不宜於蠶桑者。而特慮夫育蠶樹桑之法，或未講明而習熟。于是繪爲十二圖而詳詔之，今頒在郡縣者可攷也。諸羅下土墳壚。《小雅》之詩曰：『隰桑有阿，其葉有儺。』開畝樹桑，蓄衍沃若無難，因以購種育蠶，即蠶事興矣。

（康熙）《山東通志》卷一之三《典謨三·重農桑以足衣食》 朕聞養民之本，在於衣食。農桑者，衣食所由出也。一夫不耕，或受之饑；一女不織，或受之寒。古者，天子親耕，后親桑躬，為至尊不憚勤勞，為天下倡，凡為兆姓，圖其本也。夫衣食之道，生於地，長於時，而聚於力。本務所在，稍不自力，坐受其困。故勤則男有餘粟，女有餘布；不勤則仰不足事父母，俯不足畜妻子，其理然也。彼南北地土，雖有高下、燥濕之殊，然高燥者宜黍稷；下濕者宜秔稻。食之所出不同，其為農事一也。樹桑養蠶，除浙江、四川、湖北外，餘省多不相宜。然植麻、種棉，或績或紡，衣之所出不同，其事與樹桑一也。願吾民盡力農桑，勿好逸惡勞，勿始勤終怠，勿因天時偶歉而輕棄田園，勿慕奇贏倍利而輒改故業。苟能重本務，雖一歲所入，公私輸用而外，羨餘無幾，而日積月累，以至身家饒裕，子孫世守，則利賴無窮。不然，而捨本逐末，豈能若是之綿遠乎？至爾兵隶在戎伍，不事農桑，試思月有分給之餉，倉有支放之米，皆百姓輸納，以散給爾等各贍身家。一絲一粒，莫不出自農桑，爾等既享其利，當彼此相安，多方捍衛，使農桑俱得盡力，爾輩衣食永遠不匱，則亦重有賴焉。若地方文武官僚，俱有勸課之責，勿奪民時，勿妨民事。浮惰者懲之，勤苦者勞之，務使野無曠土，邑無游民，農無捨其耒耜，婦無休其蠶織。即至山澤園圃之利，雞豚狗彘之畜，亦皆養之有道，取之有時，以佐農桑之不逮。庶幾克勤本業，而衣食之源溥矣。所慮年穀豐登，或忽於儲蓄布帛充贍，或侈於費用不儉之弊，與不勤等。甚且貴金玉而忽菽粟，工文繡而廢蠶桑，相率為紛華靡麗之習，尤爾兵民所當深戒者也。自古盛王之世，老者衣帛食肉，黎民不饑不寒，享庶富之盛，而致教化之興，其道胥由乎此！

清 鄭之僑《農桑易知録·序》 孟子對齊君務農，必及樹桑，則知農桑之業，民之本也，國之經也。若謂五穀偏盛南方，絲蠶獨擅浙省，則如《詩》所咏，『柔桑苞桑』；《尚書》所傳，『桑土是蠶』等事，豈其誣哉？欲謀民命，輒以燥濕、肥瘠之土壤，判人事之豐嗇，而謂宜農不宜農，宜桑不宜桑，人自失其利也。

清 鄂爾泰《授時通考》卷七七《桑餘》 《農桑通訣》：中國自桑土既蠶之後，惟以繭纊為務，不知木棉之為用。夫木棉産自海南，諸種藝制作之法，駸駸北來。江淮川蜀，既獲其利，至南北混一之後，商販於此，服被漸廣。按，裴淵《廣州記》云：『蠻夷不蠶，採木棉為絮。』又《諸番雜志》云：『木棉，吉貝木所生，占城、闍婆諸國皆有之。』今已為中國珍貨，且比之蠶桑，無采養之勞，有必收之效，埒之枲苧，免績緝之工，得禦寒之益，可謂不麻而布，不繭而絮。列製造之具，庶遠近滋習，農務助桑麻之用，華夏兼蠻夷之利，將自此始矣。

清 李拔《蠶説》《蠶事統紀》卷一六 黄帝妃西陵氏始蠶。蠶者，天之所生，人之所養，冠裳衣被之所從出也。古者天子親耕，后妃親桑。視事，盖綦重也。我皇上加意農桑，每歲親蠶，收入供御。蠶桑之利遍于天下，閩中天氣和暖，理宜蠶桑，徒以難于創始，大利遂秘。拔歴、守二郡，曾經試養良絲厚繭，俱有成效，信乎閩之宜蠶也！養蠶之法：每立春日，取蠶種置地上或草間，使受春氣，隨置温暖處，日以為常。越十餘日，自出小蠶如蛾。視其多寡，或日一二次，用雞翎掃下，每次各為一處，以免参差。初生盛以筐，藉以紙，先用柘葉食之，無柘用桑亦可，每日喂三次。天氣晴暖，約七日，即當初眠，則蠶不食，漸藏葉底，視眠者過半，即暫停食，伺蠶皮退大半至盡起，而後食之。初放食不可多，多則傷食，病死，如螺，名為螺節蠶。漸長漸多，筐不能容，移于曲箔，蜀中呼為簟。二三日一次，攤開令稀，掃去蠶糞，以利其氣。蠶性喜温暖，宜置向陽潔浄處，毋使近陰暗及惡臭物，犯則死過半，若瘟疫然。故蠶婦不近喪門，不食蒜韭，良有由也。初眠約七日，當二眠，二眠後七日，當三眠，停食俱如初眠時。三眠蠶長寸許，蜀中呼為大眠，謂過此則不復眠也。蠶既三眠，食葉甚盛，有聲如雨，投之立盡，每日三食。夜則然燈以照之，蜀中名為催老蠶，則舉家忙也。且不論日夜，約用食二十三四次，蠶即老。喉間絲湧，光亮如玻瓈，首左右望，不復食。捉置簇上，捉不勝則多置葉其上，而覆以鞠梗、竹枝之類，蠶老者次第而上，其前後亦不甚相遠。如遇天冷，下置炭火温之，四五日便成繭。有黄、白二色，各取歸筐中，繅為黄絲、白絲。繅絲之法：用大鍋燒熱水，入繭一升許，攪令絲頭出。釜上置一木，寛四寸，厚一寸，長經釜上，立三柱，置二小車，長五寸，经二寸，下鑚竹管各一，抽絲頭，由竹管出，繞小車周匝，而後引入大車。車制寛一尺六寸，徑四尺五寸，前後輕軒，後二柱駕車，前二小柱作機纳絲。二竹鈎下，分為二行，上六車，每運車，則機隨車往来，疾徐如意，名曰羅文，謂其宛轉参差，如羅之有文也。每抽繭，絲盡則蛹出，不盡者，再攪而抽之。有不上頭者，名水繭。去之，破頭者，入水即沈，下石鎮之，無令再起。亂絲，次添繭半升，佳者煮繭三斗，可得絲二斤，即宜下架軸，作一束如繩，挽其末，如婦人髻，即可貿。川中每斤價自八九錢至一兩不等，惟其時，沽其值耳。川中又有水絲，取法與火絲畧同，惟煮繭取頭後，即下冷水盆中繅之，與火絲小異。其色光而细，可作绫緞经線。然取之較少，故價亦貴。聞湖州蠶皆火絲，每年蠶重生復養，故有頭蠶、二蠶之别，此蜀中所無也。蜀中墻下樹桑，宅内養蠶，以為常業。每蠶初生，稱重二錢，長大可滿一簟。簟長丈二，寛五尺，编竹為之。屋中立四柱，柱下有十齒，作架承簟，可容掛五簟。養蠶多者二百簟，少亦十餘簟。每簟可得絲一斤，若得絲二百斤，則小康之家也。又蠶初生至成絲時，僅四十日，獲利最速，其糞可飼猪，水可肥田，柴可炊爨，故人皆為之，甘辛勤而無倦。每蠶熟，置酒相賀，又擇其繭之佳者為種。出蛾，分雌雄配對，半日分開，承以綿紙，令下子滿紙，收貯為來歲計。其遺繭可製綿紬，並無棄物。以女红助男耕，心無外用，風俗淳美，豈不休哉。然蠶婦歲歲拮据，有終身不得衣帛者，而富室大賈目不睹耕桑艱苦，反被服錦繡綵繪而厭珍羞，或以覆窗屋，可念也。

清 李拔《蠶桑説》《牧令書》卷一〇 聖天子加意農桑，每歲必親蠶，收入供御。蠶桑之利，遍於天下。閩中天氣和暖，理宜蠶桑，徒以難於創始，大利遂秘。予蜀人也，習蠶利，來閩，歴守二郡，曾於署内試養，良絲厚繭，俱有成效。信乎！閩之宜蠶也。顧欲養蠶，必先樹桑。

清 康基淵《先蠶祠記》《蠶事統紀》卷一六 先蠶祠何？重桑也，重桑者何？嵩之民貧，桑之利厚，且其土宜桑也。宜桑則曷為？祀先蠶也。《周禮》：后帥外、內命婦，蠶北郊。《月令》：季春，命野虞，毋伐桑柘，省婦使勸蠶事。後世織室、桑壇、繭館代興，盖其重也。嵩之桑凡四種，女桑尤宜。山谷間亦多柘，人知槲葉飼山蠶，不知桑與柘食蠶之為利也。夫曠廢久，則圖始難，非有觀而感不深，驟喻民以所不習，則疑，明示以事之有，因斯共信。佛老空談，本無有也，大士天尊之像，繪人心目。桑而蠶，蠶而食服裕，實有其祖也。祀其祖，並繪蠶織于壁，俾民有觸，而興衣食之源，用以濟焉，斯其為福普矣。君子不以民之愚而弛其心，不以效之迂而闕其政。先蠶之祠，堅民信也。釋奠者祭先師，祈穀者祭先嗇，則躬桑者祭先蠶，宜也。先蠶者何？元妃西陵氏也。

清 韓夢周《蠶桑實濟》卷一《樹桑捷驗・水深土厚高寒之處宜樹桑説》 水深土厚之地，其宜桑不待言矣。卽高燥寒冷之處，無不宜桑。若以高燥無水，不便灌溉，宜槌杵造大潦池。或鑿地作水庫，腹大口小，內周圍用木橛釘孔，塡以硬泥，築極實。連塡築數次，以不漏水爲上。上用板蓋，以蔽風日消耗。引積雨水，以便澆灌。桑乃易生之物，冬澆一水，春澆二水，夏澆不過三水，便活，以後不用澆矣。歲歲樹之，數年之間，可成桑林。人若肯勤於培植，任是高燥，焉有不成之理？有疑天氣寒涼，養蠶不合時節，不知天下養蠶之處，節氣原自不同。總之，有一最的實証驗。但看桑上葉如茶匙大，是其時也。蠶不待煖而自生，內外相應，此自然之理也。居水深土燥之地者，宜詳之，勿自誤。

清 潘道根《晚香書劄》卷二《復顧勖齋書》 根聞之，爲地方計者，興利莫如除弊。何則？除弊卽興利也。目今弊政，不勝縷指矣，而莫有爲之革者。蠶桑之利，固可裕民，然欲行於今時，譬如兩軍交綏，而行鄉飲酒之禮也。吾邑之病，固在乎曠土游民，驅之務本，詎非首務，然而必以漸也。卽以城郭論之，其男子，非茶坊，卽酒肆也，甚者吸鴉片，而甘爲廢人者矣；其女子，非刺繡，卽豔妝也，甚者婆娑於市矣。此非有大儒身教之於前，官府嚴禁之於後，其頹風未可驟返也。而欲以蠶桑之利勸之，不太早乎？蓋今之建言者，大抵爲憂貧起見，顧孟子有言，田野不闢，貨財不聚，非國之災。惟上無禮，下無學，而賊民興，乃爲可慮。閣下宜勉爲風俗人心計，而無爲貧計。苟人心一正，則止貧何患無術？田桑何患弗重？方今催科嚴迫，如火如荼，有產業者，皆重足而立，非可募捐生事之時，願閣下亟寢前議。或謀諸韓師尊，刊刻勸民條教，如勿入茶坊、酒肆，勿賭博、搆訟之類，使明者驚心而勸其子弟，愚者覺悟而知返，此亦一事也。與同志之友，仿藍田鄉約之說，德相勸，過相規，有無相資，守望相助，此又一事也。蓋近今學者大病，不先自治，而急欲治人，此宜爲戒。蠶桑一事，宜自爲謀，使行之有效，人自爲勸，非可設局以勸人者。若如高論，欲先懇地植桑，則勸人出資一難，得人看守二難，西溪云云，若甚易者。

清 崔應榴彙纂，錢馥補輯《蠶事統紀》卷一四 孫之騄《枝語》：《夏小正》：『三月攝桑』。鄭氏曰：『桑，攝而記之，急桑也。』《月令》：『命野虞，無伐桑柘，柘與桑並重。』《蠶書》：『柘蠶絲作瑟弦，清響勝於凡絲。』

案：《夏小正》又曰：『妾、子始蠶，先妾而後子，何也？』曰：『事有漸也。』言自卑事者，始執養宮事，執操也，養長也。　馥案『桑攝而記之急桑也』八字，是《夏小正》本文，孫謂鄭氏語者，誤也。宮事，蠶宮之事。

《管子》：『夫歲有四秋，而分有四時。故曰農事且作，請以什伍農夫，賦耜鐵，此之謂春之秋。大夏且至，絲纊之所作，此之謂夏之秋。而大秋成五穀之所會，此之謂秋之秋。大冬營室中，女事紡績緝縷之所作，此之謂冬之秋。』

又 王文禄《竹下寤言》：吴俗之育蠶也，可謂至愛至重，無加矣。一旦繭成而繅也，付諸沸湯，絲盡蛾見，畧不少□。猶且烹其蛾食之，即有全活以待化子者，鮮矣。雖因以得令終，然又不免於放。苟能念其□繭之功，繅畢而瘞其蛾，亦厚之道也。《簪雲樓雜説》：古者中原以北，皆帝王至化所漸，桑土甚闢。今燕齊間，樹桑絶少連畝者。桑葉開遲於南中，而飼蠶在窖室，不生火。惟清豐縣蠶特盛。耕桑，國之大計，希心經濟者，當令民事遵三代之遺，兼適於今日而無弊，則東南之民力紓矣。

清 周春溶《蠶桑寶要・栽桑簡要法則》 桑之利，並於農。農必當春布穀，而種桑成林，葉可年年採之，則勞逸殊焉。蠶之事，並於績。績必縷晰條分，而養蠶作繭，絲可乙乙抽之，則難易殊焉。何居乎榮昌之俗，力於農，勤於績，而獨不以蠶桑為急務也。或謂蜀地恐不宜桑，此其説非也。不聞武侯相蜀，亦曾有桑八百株。

清 周凱《勸襄民種桑説三則》《皇朝經世文編》卷三七 或者曰『蠶桑之利，宜東南不宜西北』，遂疑襄陽近西北，非桑所宜。不知《禹貢》：兖州，曰『桑土既蠶』；青州，曰『厥篚檿絲，檿，山桑也』。他州如揚、徐、東南，《禹貢》亦僅曰『厥篚織貝』、『厥篚元纖縞』而已。考之詩，《豳風》『蠶月條桑』，《唐風》『集于苞桑』，《秦風》『止于桑』，『桑者閑閑』詠於魏『鳴鳩在桑』詠於曹，『説于桑田』詠於衛。按古今疆域計之，冀、荆、豫、梁、雍皆宜桑，利不獨東南也。且襄陽古稱南國，南屬荆，北屬豫，介荆、豫之交。荆州，『厥篚元纁璣組』；豫州，『厥篚纖纊，纊，細緜也』。纁，絳幣，組綬屬，皆絲所織。不桑不蠶，其何以織。昔北燕馮跋下書，令百姓種桑。遼無桑，慕容廆通晉，求種江南，而平川有桑息。張天錫歸晉，稱北方之美，桑椹甘香。涼、燕皆處西北，且曰：桑為有生之本，利盡西北矣。何獨東南，其尤足為襄陽明證者。《先賢傳》載：『司馬德操，躬采桑後園，龐士元助之。』《齊書》載：『韓係伯，桑陰妨他地，遷界，鄰人愧謝。』此三子皆襄陽人，則襄之宜桑必矣。或者曰：『橘踰淮為枳，非木之性，遷地勿良。』按《農書》：『荆桑多椹，魯桑少椹。』《禹貢》：『厥篚檿絲。』注，魯桑宜飼大蠶，荆桑宜飼小蠶，則荆自有桑，與魯桑並著。《襄陽志》載物産，桑及山桑素絹，穀城之廟灘有絹，南漳之東鞏有絲，接壤當陽之河溶有河溶絹，天門有天門絹，荆有荆綢。庶民試則而效之，加以壓接、壅溉之法，安見其變為枳耶？或者曰『襄有木棉之利，與蠶桑匹』。按木棉，古吉貝，樹高丈餘。今之所藝者，草本木棉。《羣芳譜》所謂『班枝花』也，可為絮為布，絮與帛同功。《禮》：『童子不裘不帛。』帛煖恐損幼者筋骨；『七十非帛不煖』，言老者非帛不足衛其筋骨也。爾既知織木棉以為布矣，曷不織繭絲以為衣乎？況藝木棉以畝計，侵稼穡之地，有芟柞之工，水潦之慮。桑則樹之牆角畦棱道旁，場圃間隙之地，較木棉為尤便。且爾既有木棉之利矣，益以蠶桑，其利不更溥哉？爾襄民何其未之思也？

余非僅與爾民言利也。余甚憫襄之婦女，無以專其執業，而壹其心志也。婦人無事，以蠶織爲事，士庶人之妻，親蠶以衣其夫，餘力足以自食，而心始貞。比者余行郊野，見貧民婦女，操櫌鋤，雜耕耦，心竊異之。謂詩言：饁不言耕也？乃未幾而婦訟其夫矣，未幾而夫訟其婦矣襄多婦女拐逃、搶嫁、買休、賣休之案。婦人不再斬。斬衰爲其夫服。今襄之戒鷄鳴、矢柏舟者，蓋亦有人，其不止於再醮者，比比然也。娶者不以爲非，嫁者不以爲恥。羞惡之心，人皆有之，豈其心之殊人哉？夫亦無業之可專，無志之可壹，而力不足以自食也，不桑故也。《周禮》：『宅不毛者出里布。』毛，桑麻之屬，典婦功之織，專授女工之事，秋獻功，辨其苦良。謂婦女不親絲枲，則耽於逸樂，而淫邪易生。閭師不蠶者不帛，與不耕者祭無盛同罰，謂不親其事，即不得用其物。抑之使不得齊於儕人之禮，恥之也。聖王之所以設官分職，不惜委曲繁重，而爲民謀者，誠以農桑者養民之生，即以正民之心也。凡人勞則思，思則善心生；逸則淫，淫則惡心生。勞者多富，逸者多貧，富則禮義之心生，貧則姦盜之心生。無恒産，因無恒心，而放辟邪侈，無不爲矣。今襄之明禮義者，不必盡出於富。而其爲盜賊姦邪者，及抵于法，無不諉咎于貧。推其致貧之由，則恒産恒心，勞逸之論，間不容寸。《管子》曰：『倉廩實而知禮節，衣食足而知榮辱。』揚子曰：『男子畝，女子桑，習其耳目而定其心思，嫻其道藝而世其家業。』無非以道率民，其尤深於家塾黨庠之爲教乎！知農桑之利如彼，不農不桑之害如此，自古迄今曾無二理，襄之民亦何憚而不爲也？

（道光）《南宮縣志》卷六《風土志》 《葉志》曰：『父老云：成宏間，無不樹桑、飼蠶之家。閭閻衣帛者，皆所繰織也。今百姓傷水旱，詘賦役，鮮克以治蠶爲急務。阡陌彌望，而不見一桑，是自蹙其常生之業矣。』《邢志》曰：『南宮幅幀百里，厥土白壤，宜樹宜藝，穀足食，秸足芻，木緜、梨、棗之饒，估客轉販，歲入不訾。十畝之田，一夫力作，可贍卒歲，能善厥居，亦樂哉。斯土矣，乃猶有豐年歉戶，千法毀身，此何以故哉？』

又 《胡志》曰：『古云衣食足則禮義自生，故孟子談王道，以樹桑畜養爲急，敦本務也。使不耕而食，不織而衣，遊手好閒，是爲盜階。誠能返本窮源，勸民樹蓄，樂利日生，盜風自息，司牧者勗之。』

清 曾國荃《曾忠襄公批牘》卷三《霍州楊牧稟所屬各鄉情形地利籌辦教養急需之事由》 該牧所答，該州水利民風，土宜産，歷歷如繪，非平日關心民事，熟悉地方情形者，不能如此。惟稱棉花一物種，蠶桑一事，查詢土人，僉謂地不相宜。按，棉花之性，雖惡溼而喜燥，但止宜於土之燥而柔者，不宜於土之燥而剛者。該州地處萬山，山地率多堅硬，謂此項不宜，其說誠然。至稱該州不宜蠶桑，則殆未之試行耳。考周之唐地，即今太原。周之魏地，即今解州。該州介居唐、魏之間，土宜大略相似。《魏詩》曰『彼汾一方，言采其桑』，又曰『十畝之間，桑者閑閑。十畝之外，桑者泄泄』，《唐詩》曰『肅肅鴇行，集於苞桑』，此皆該州宜桑之確證。惟蠶桑一事，本係女紅，來稟稱地宜柳葦是否，以柳編筐，以葦織席，二者皆係婦女所為。倘二項已出女手，固不必格外添設，致令務廣而荒，否則教以蠶桑。

又 卷五《寧明州劉牧稟批》 天生萬物，以為人用。火蠶冰繭，皆可為絲；吉貝婆羅，皆可為布。然出産不常，組織非易，閭閻往往難之。求其取多用宏，價廉工省，貴賤咸宜，貧富皆便者，惟棉花為最上。該州曠土甚多，現奉通飭查辦荒地，設法墾復，并令民間從事蠶桑。

又《遷江縣姚令稟批》 該令諭種雜糧，俾資補救，廣籌樹藝，勸課蠶桑，深得教民養民之術。乃蠶桑雖已勸課，而創始倍覺艱辛。繭絲雖已紡成，而消售苦於無地。以致迭次勸令，不肯始終學習。是殆未能出以至誠，而立法亦未周密故也。

又《安定縣陳令稟批》 王制：每歲仲春之月，天子親耕，后親蠶。故蠶桑之利，遍於天下。今海南之地，天氣温燠，理宜蠶桑，而來稟以為，地土不甚相宜，殆亦未能深知其利，故民間不甚講求耳。竊謂一畝之地，種稻不過收穀二三石，豐年值銀一兩有奇。種桑飼蠶，即可得絲八九觔，值賤亦易銀十餘兩。且樹穀必需終歲勤勞，猶有催科之擾。樹桑衹用三餘農隙，兼無賦稅之繁。功孰易而孰難，利孰多而孰寡？況天時和暖，長養尤蕃，地脉温潤，滋生更易。莫謂無地可種，道傍宅畔，盡屬良疇。莫謂土性不宜，下隰、高原，均堪種植。莫謂不識養蠶，種桑何益，試思織女豈盡天生？《蠶經》原可共讀，天下無不能耕之匹夫，安有不能織之匹婦？特患難於創始，是以美利不興。查陵水亦瓊州屬邑，該縣桑麻遍野，土人不識其名。現在蘊署令購買蠶事諸書，紡織器具，相與講求興利，勸課蠶桑。雖未能遽求速效，而因勢利導，或不難聿觀厥成。該代令近在鄰封，幸即諮訪，而力行之，毋以土性不宜，坐失地利，至為切要。

清 佚名《廣興蠶政説》（《皇朝經世文四編》卷二三） 周制，仲春，天官内宰，詔后帥内、外命婦，治蠶於北郊，以為祭服。天子諸侯必有公桑、蠶室，近川而為之，築宫，棘牆而外閉之。后妃齊戒，享先蠶，而躬桑，以勸蠶事。及大昕之朝君，皮弁素幘，卜夫人、世婦之吉者，使入於蠶室，奉種浴於川，采於公桑，風戾以乾之。是月也，命野虞毋伐桑柘，乃修蠶器，禁婦女毋觀。蠶桑，向推江、浙，而兩省比較，則浙為尤甚。昔人云：『吳絲不古，若而古之用儉，今之用奢，遂令人有不足之虞，興擴充之志。』蠶桑，向推江、浙，而兩省比較，為尤多。昔人云：『吳絲衣天下，聚於雙林，吳南諸鄉，歲入百數十萬，是以雖為賦困，而窮民未至於空虛室廬，舟楫之繁庶，勝於他所者，皆得蠶桑之厚利也。』四月務蠶，無男女老幼，萃力靡他，無稅無宂，僅習三旬之勞，無農民四時之久，而半其利，此蠶桑之所以之貴也。說者謂：『蠶桑之業，雖藉人工，然須得天時，須得地利。』江浙天時温煖，宜於蠶，故養蠶者較多。江、浙地土鬆潤，宜於桑，故植桑者較盛。不知蠶桑為天地自然之利，無處不宜蠶，即無處不宜桑。《豳風》之詩曰『遵彼微行，爰求柔桑』，則豳既有桑，而豳亦可蠶矣。《將仲子》之詩曰『無折我樹桑』，則鄭既有桑，而鄭亦可蠶矣。《車鄰》之詩曰『阪有桑隰，有楊則泰』，既有桑而泰，亦可蠶矣。《桑中》之詩曰『期我乎桑中』，則衛既有桑，而衛亦可蠶矣。《禹貢》『兖州，桑土既蠶，厥篚織文』，則蠶桑之利在於魯。『青州，厥篚檿絲』，則蠶桑之利在於齊。『荆州，厥篚元纁』，則蠶桑之利在於楚。《孟子》曰『五畝之宅，樹之以桑』，則蠶桑之利在於梁。以是觀之，養蠶植桑，猶農夫之於五穀，苟非龍堆絶寒極寒寥廓之區，無不可以耕且獲者也。現在各直省，雖無不有養蠶、種桑之處，而終不如江浙之美，江浙之盛者。大抵風氣之未開，人民之怠惰，而要不盡關乎天時地利也。當時各省大半藉二省之絲，以章身被體，而兩省所出，亦未嘗不足於用，乃自通商。以後西人競銷中國之絲，每年出口之貨盈千累萬，兼之世風靡靡，俗尚奢侈，繁盛之區，幾至無人不綾，無人不緞。絲之去路，日見其廣，而絲之出數，未見其多，殊非足國之道。且現在西人講求蠶桑，不遺餘力。中國若不講求整頓擴充，將來此項利權，恐又為彼所奪，是又不可不慮也。然則欲講求整頓擴充，非地方官實力舉辦，斷不能鼓舞斯民。本館接九江，采訪友人來函云，昔年南昌府江訒吾太守在瑞州府任時，與吉安府許清臣太守講求種桑、養蠶之法，著有成效。藩司翁小山方伯蒞任後，即飭各府廳州縣，一律倣行。復委員於正月初旬，赴浙江采辦桑秧，陸續到潯，分派各屬栽植。奉新縣鍾澤生明府，又將種桑切近之法，刊刷知單，俾民咸知利弊。又復出有示諭，諄諄勸導，略謂現在購辦湖桑，不取爾等錢文，飭令栽種。該士民等或集股本，或撥圖會錢文，以為種植工糞之費。先將荒地開墾，每地一畝約可種桑四五十株，屆時赴局請領。如未諳修種之法，派人來局學習云云。夫人孰不欲謀利，一則苦無資本，二則無提倡之人，遂致因循怠忽。吾知江省之人，經此鼓舞，尚不欲踴躍從事者哉。將來蠶事之盛，可以預卜矣。日前松郡陳太守，亦有課桑示諭，其勸民集股，在隙地開墾栽植，與江省大略相同。而近鄉士民，咸汲汲以購地種桑為務。當此國瘠民貧，江河日下之時，而人知求本，是亦富强之一大轉機也。尤望各省官憲，皆取法於南昌江太守、奉新鍾明府、松郡太守，一律舉行，勸民種桑育蠶，則其利未有不溥於天下者也，不禁拭目俟之。

清　佚名《書汀漳龍道申報蠶務詳文後》《皇朝經世文四編》卷二三　國家致富之道，大要總以農桑為第一。蓋中國之為治，與泰西不同。泰西重商，中國之所重，固不專在商也，顧重農之道，中國亦既知之。而蠶桑之務，或有未盡知者，非真有所不知也。或以為土地異宜，風俗異趣。故江、浙兩省，雖云蠶桑出産之區要，亦惟向業蠶桑之數處，最為講求。此外亦不甚鄭重，外省更無論矣。前者曾聞：皇太后諭飭杭州織造，招募浙江蠶婦至京，以備顧問蠶桑之事，不禁喜形於色，知深宮有重蠶之意，則蠶務必更益加講究，且育蠶種桑繅絲分繭諸務，可以自南而北，風氣漸開，利賴無窮。但未知曾招募得幾人，究竟北京曾否開辦蠶織之事，此中耿耿，莫釋所懷。乃目前觀於福建汀漳龍道劉璞堂觀察申報閩浙督憲詳文一紙，而歎『有志者，事竟成』，固有不以地限，不以俗囿者也。查，此舉創自去年春間，劉觀察、田延平卸篆馳抵汀漳龍道，本任卽奉督憲檄，飭汀、漳、龍三屬，舉辦蠶桑。觀察乃卽自指鶴俸，先刋《蠶桑說》一千二百本，分給各屬，俾知蠶桑之利。人人心中，皆知此事之可裕利源，則自然羣相鼓舞，是卽所謂探原扼要之道。繼而又知桑種須及時採買，一經過時無可購辦。因設法先赴廣東順德，購辦桑秧。又派員遄赴浙江湖州，採辦桑秧、桑樹，須以接過為佳。不論單權、雙權，但經接過，卽易生活，而且葉較肥大。觀察深知其理，故飭委員辦到湖州佳種，所辦桑秧一萬餘株，均係接過大單雙權者，分給種植，飭令勤加培植。至今春二月間，居然發芽開葉，其枝榦剪斷之處，側生旁挺，盡見新芽，葉厚而圓潤，蓬蓬勃勃，一望青葱。凡經發給秧株，種於公地，及南山寺園等處者，無不一律茁壯。統計去年所頒之數，未活者不過二三十株，則該處土地之宜桑，已可概見。惜乎！前此未經計及於此，今得劉觀察實力舉行，而其效已如此。猶憶七八年前，高麗曾向中國購辦桑秧，捆載以去，其數不下數百萬株。迄今未聞高麗出絲旺相，可知卽使地土相宜，仍須辦理得人，督率有方，庶幾行有實效，否則終無所濟也。今汀、漳、龍三屬，則其效已見矣。桑既勃發，蠶事自必有成。前此由湖州雇去蠶匠二名，携帶繅車、桑砧、刀剪各器，藉資教道。此事本不難於傳授，一經指點，卽易領會，而蠶種又復精選。按蠶種本有兩項，出自湖州者為淡種，蠶子未經醃過；出自杭州者為鹹種，蠶子經鹽水漬過。此亦各以其土之所宜，非醃種之果遜於淡種也。移至該處，似乎淡種為宜，故淡種食葉二十餘擔，得繭九十六斤，繅出淨絲八斤八兩。其杭州醃種，先食野桑十餘擔，大眠後，接食家桑百數十斤，僅得繭二十八斤，繅出淨絲二斤十四兩。此非由於鹹種之不佳，實以土宜之，有所區別。觀於甯、紹等處，養蠶之家，悉用鹹種。若用淡種，卽不能出，卽出亦無力，易病，是卽可知地氣之有不同。今姑無論種之鹹淡，而自去年開辦，於今一年，其所種之桑，豐茂如此；其所育之蠶，興旺若彼。雖曰所繅出之絲，通共不過九十餘斤，而由此逐漸推廣，民間旣知其利，自將趨之如騖。將見四野桑陰，萬家蠶織，以人之利其利者，不啻上之有以利之，而民富則國不至獨貧。吾故曰：『蠶務之興隆，未始非富國之上策也。』

清　佚名《論蠶棉之利》《皇朝經世文四編》卷二三　絲、茶兩項，為中國生意之大宗，而上海一隅，絲為尤大。絲業興旺，獲利豐厚，則他業亦可藉以生色。然絲業之疲敝，已數載於茲矣。鄉間養蠶之時，或苦於桑葉價貴，有棄蠶而售葉者。此固貪目前之小利，其見識淺隘，無足齒及。然以葉貴之故，而養蠶致少，則有之矣。蠶少，則出絲亦少，物以希為貴，於是有昂其價者矣。由鄉收取，旣出厚價，而銷路又苦於無多。去年寄番之絲，至今尚未銷盡，而屯絲之家，或以去年絲價不漲，不肯售出，存貯踰年。及新舊交接，而舊者尚無售主，新者又無銷場，此絲業之所以不能生色也。絲之銷路，全賴外洋，而西人信息最靈。卽如去年，先傳有外洋需絲孔急之信，絲價驟漲，迨各商收絲已足，始知前言實非確信，而價復跌落，業此者頗受其累。今年傳聞絲信頗佳，絲價有起色。蓋以蠶性喜熱而惡寒，本年天氣和煦，陽回劇早，故於蠶性相宜。雖入夏以來，或嫌春寒尚滯，然早者已成繭可繅矣。本埠繅絲機器，已多增設，大抵因聞絲信頗佳，故視為可居之奇貨。但業此者，往往以貪多之故，而轉致折本，是又不可不慎以持之也。業絲之人，假如資本止有萬金，卽可作三萬金生意。蓋以萬金購絲，不卽出售，先以付質，卽以多質之銀，續購絲觔如是者，一而再，再而三，迨屯之旣足，而絲則皆存質庫中。設有售主，則卽以所得之價，向質庫贖出以付之，一轉移間，而所獲較為豐富。然或遇銷場遲鈍，則典當利息日增月積，勢必不免虧累矣。此貪多之誤事，實自貽伊戚也。若夫資本誠巨，屯積過多，而不肯乘機銷售，欲為龍斷罔利之計。而人或從中覷破，置而不顧，卒至貨滯難銷，此則又以貪狠居心，而致有折耗者也。總之，今年絲信，近來雖有較去年生色之説，而業此者，必不可以有恃不恐，而且内地養蠶之家，近年不逮從前之廣，尤宜廣為諄勸，以興蠶桑之大利也。外洋之銷場，姑置勿論，即就衣被而論，絲之為用，與木棉正同。第木棉之種，資本略輕，價亦較賤，不若絲之本重而物貴，故貧苦之人，但得一襲棉布之衣，即不憂。夫卒歲木棉之用，實數倍於絲，而中國之種木棉，則但有濱海之地競相種植，山鄉不少。概見説者謂木棉之性，宜在沙地，其實則此言未為確論。蓋木棉之種，本自外洋帶入中國，原由海舶而來，故濱海者首先布種。而内地山鄉，則尚無人試種之。江北淮楊海道桂觀察，飭屬出示，令民間栽種桑棉，並刊《種棉法説》，散給各屬鄉民刻已，著有成效。然蠶桑之利，漸知趣向，而種棉之法，仍未周知。故目下清河縣楊邑尊，又復出示曉諭，收買棉子，以備散給民間，似此實力奉行，吾知木棉一項，該處亦將有蒸蒸日上之勢。從此蠶桑之利既溥，而木棉之種亦繁，其造福於該處居民，實為無量矣。夫衣、食二者，皆人間養命之源，不可有所偏廢。衣綢與衣布，雖有貴賤之不同，而其所以蔽體則一也。絲之利，中國賴之，而以其餘力出於外洋，為生意之大宗。人知其可以獲利，故爭趨之，而或過於貪很，致有折閱。然固知其為貴重之物也。木棉來自外洋，入中國也已晚。近來雖競相種植，而視之不甚珍貴，且内地知其法者猶少，故桂觀察諄諄以此為勸，而欲民間皆得被黍谷之春。安得天下有司牧之責者，皆如桂觀察其人，而為之興發大利也哉！今年木棉之豐歉，刻下尚難預卜，而絲信則已有端倪。僉以為今年絲出既多，絲價亦增，頗有興旺氣象。惟願業此者，勿謂有恃無恐，而致有末路之槩。實為幸甚。更勸地方官，廣為敦勸，於桑、棉兩事。惟日孜孜加意講求，不遺餘力，俾衣被之餘，又得以轉運出洋，藉謀巨利。而木棉之法，傳布愈廣，種植得宜，韋布既可適體，羅綺不難文身，此則所深望焉，而不勝禱祝者耳。嗚呼！如桂觀察者，亦可謂得治其本矣。

清 董開榮《育蠶要旨・序》 黄帝製衣裳之法，而衣被天下。周禮因之，親桑作於上，樹桑布於野，典至重，利至溥也。

又 養蠶之月，夫不食，婦不眠，盡力以為之，勤劬六十日而一歲之衣食賴焉，利厚而法密，匹夫匹婦類能與知。庚申之變，中廢五載，數年以來，承弊興作，漸復舊观。絲故產湖州，天下謂之湖絲，然邇歲嘉興所產，遂駸駸與湖角。又江蘇溧陽，舊亦產絲，亞於湖，一縣以為生計，此可知遷地弗良之説不足盡之也。江南兵燹以後，田廬十損其八，曠土至多。今相國湘鄉公秉鉞秣陵，首重民食，出教命各屬，舉廢地，勸民蠶桑。又遴需次官之賢者，分董其事，鎮江、揚州各屬，以次舉行。王君韻石暨路青吾弟膺是選，主金陵局。自夏涉秋，日有興舉，期以歲月，當必蔚然可观。

清 方濬頤《二知軒文存》卷二一《湖上桑田記》 同治辛未、壬申間，既修復平山、谷林二堂，重念邗上農桑之義，欲儆其惰，厲其勤，為課桑之舉。於湖東江氏净香園故址，鳩工築屋一區，顔曰課桑局，刊碑紀之檄。屬吏買桑於吴興，分給農民，領種十餘萬株，而局之前後，亦種數千株，以為官桑。飼蠶繅絲，鬻其直，備善舉之用，嗣以局費，借佽於市肆，不可以竭商賈之力。因議停捐，向者局主於官，今則歸紳，主之以官桑太少，因與卞頌臣中丞、鄭芝巖太史、劉緌卿舍人謀擇官地，闢桑田，乃久之甘泉。令以册籍無稽，告嗣於局東數武，得地四十餘畝，云為畢園故址，今歸邵氏局之地，為净香園。乃奉宸院卿江春别業，載在《平山堂圖志》，志中無畢園名，是耶非耶，不可得而知已。因以錢三百緡，購其地為桑田。郡有尹氏某，以種桑為業者。司局務云：湖桑近日江洲皆有之，不必遠求也。因屬其市桑萬株蒔之。天膏濃霈，彌望沃若，三五年後，璘藉燦然，女紅以興，婦職無忝。而所謂浴蠶也。分箔也，染也，練也，經也，機而織也，紡而成衣也，獻功也，皆於田乎肇端。吾意緑桑亭、螺祖祠固不得擅美於前而揚之民，崇本抑末，去靡麗以返敦龐，蒸為善俗，又何芍田之足云。

清 方濬頤《淮南課桑備要・揚州課桑局記》 自來畊田之外，以織為先，而蠶利之興，厥桑宜樹。是以張詠崇陽之植，姜彧濱州之栽，慕容平川之移，王宏汲郡之教，莫不植之沃土，采以春陽法，創一時利，賴百世。

又 五畝之宅，必樹桑，未嘗不勝於十年之計在樹木也。

又《上兩江總督禀》 課桑養蠶，實為培養民氣善舉。該司既籌議舉行，仰即飭令印委各員，妥議章程，次第辦理，仍隨時與鎮江、江甯互相諮商，期彼此皆有利益也。繳。

又《布政使銜、總理兩淮都轉鹽運使、司鹽運使方，爲勸種蠶桑以廣生業事》 照得生人以衣食為先，富國以農桑為本。揚州薦遭兵燹，土曠人稀，元氣未復，推原其故，實以民風逐末，一切治生本務，從未講求。為之上者，能無倡率勸勉，以與吾民共圖樂利？夫天之生人，無論男女，皆有恒業，足以自食其力，無待外求。衣食之源，農桑並重。本司曾至吳興，蠶絲美利，甲於天下。甞見八口之家，子婦竭三旬拮据，飼養十餘筐，繅絲易錢，足當農家百畝之入，舉家溫飽，寬然有餘。現在鎮江府各屬，已經常鎮道沈設局課桑，勸民養蠶，行見地方蕃阜，盖以天地自然之利，為斯民本富之源。婦職舉而家道昌，用力少而成功倍。吾揚屬居民，亦何憚而不為乎？惟養蠶必先樹桑，本司現擬籌欵，派人前赴湖州一帶，購買柔桑，並僱覓善種之人來揚。先於城中隙地，酌量試植，以為之倡。一面劄飭縣府，並委員就城鄉情形，妥議章程，設局勸辦，仍俟種植有成，再由本司採買繭種，延請蠶師，遍行倡導。除另行示諭外，為此示仰城鄉紳士、軍民人等知悉。爾等須知蠶桑之利十倍農事，無四時之勞，胼胝之苦，水旱之慮，賦稅之繁種。桑三年採葉一世，大約每地一畝，種桑四五十株。飼蠶收絲，可得八九觔。今日多種一分之桑，即他年多收一分之利。凡我父老子弟，其各互相勸勉，切實講求，一俟開局之後，桑樹購到，再行酌發領種。或由爾等自行前赴江南一帶採買，種植務期多多益善，灌溉以時，為子孫美利之基，極家室豐盈之樂，庶無負本司，勷勷保息，一片苦心。

清 李有棻《桑麻水利族學彙存》卷一《植桑·諭發桑秧并種桑養蠶章程》 爲發領桑秧，并刊給《簡明種桑養蠶章程》，以示遵守。事照得蠶桑之爲利最大，爾百姓應無不知之。惟苦無桑秧，未免向隅，且不得辦理成法，遂致功效莫睹，殊爲可惜。茲本府縣發來桑秧，係買自湖州，葉大如巴扇。如法種植，每株養蠶賣絲，可得錢三四百文，比種谷、麥、棉花、雜糧，有十倍之利。又不怕天乾水旱，且爲爾等子孫衣食永遠之計。前屢次發桑，不見成功者，由爾小民以爲不費自己一錢，領後遂不愛惜故也。今特交各鄉保甲紳士，擇其願種而不棄擲者，與之。並將領桑人姓名、鄉貫、株數注明，呈候本府縣密查，以分勤惰而示勸儆。此諭。

清 林楊光、王鎮西《蠶桑條説·金文同序》 興郡處關南，氣候和暖，於蠶事最宜。故漢陰、安康各廳縣風氣早開，久食其利。近年蠶絲為出口大宗，我華產足與進口貨相抵制者，首屈惟此，而茶次之。去歲玉繭價額增至數倍，利益至鉅，而且至速，安可任其坐失，而不共切講求以厚民生。僕蒞任後，疊次愷諭郡民，勸其各就地勢栽種桑株，勤治蠶業，以濬不竭之源，旋聞平利，縣屬多宜桑之地，當即給諭該縣紳耆黃鳳藻、王守文、張立發等，亟事勸種，並因平利王學官鎮西赴鄉宣講。

清 呂廣文《蠶桑要言·江青序》 楊子曰：『男子畝，女子桑，習其耳目而定其心思，嫺其道藝而世其家業，無非以道率民也。』粵西關公次琛來治吾邑，有利必興，有害必去，始濬河渠以便農，繼築海塘以捍潮，復於塘內隙地，策種桑，教育蠶，俾婦女習勤，以收其利。其有造於我邦者，何如乎？昔范純仁知襄城，課民種桑。張詠治崇陽，拔茶種桑。沈瑀爲建德令，一丁種十五桑，冀於畦稜隙地，而獲其大利。其用心同也。

清 汪曰楨《湖蠶述》卷一《總論》 胡承謀《湖州府志》蠶事如《禹貢》《豳風》所陳，多在青、兗、岐、雍之境，後世漸盛于江南，而湖人尤以為先務。其生計所資，視田幾過之，且為時促，而用力倍勞。視慈母之護嬰兒，殆有甚焉。然且飢飽之不節，燥濕之不均，寒暵之不時，則蠶往往至于病而死，而蛇鼠之秏，蠅蝨之毒，乘間抵隙，每為人力所不及防。蓋有功敗于垂成，禍生于非望者，又不可勝數矣。

清 吴烜《植桑育蠶書·汪坤厚序》 余自丁卯秋，奉檄權篆蓉江，周歷四境，地廣人稀，蓋兵燹之後，元氣猶未復焉，而土脈肥厚，宜禾黍者固多，宜樹桑者，亦復不少。每思吾浙湖郡，大半栽桑，獲利甚鉅，是邑苟能仿行，於民大有裨益。惜無人相助，爲理欲行不果。吳君孔彰爲邑善士，與余議興是舉，余喜同志有人購買桑秧給民試種，果見蕃盛。迨己巳秋，調署京江，屢以未及推廣爲歉。庚午初秋，吳君復來告余曰，江邑蠶桑，年來購栽愈廣，並示《植桑育蠶》一書，編成次茀法極周詳，實能補余所未逮，從此家喻戶曉，野曠土上以體朝廷敦俗之心，下可驗鄉里富饒之美，皆出吳君一片熱腸。至區區捐俸載及簡端，則適足增余愧赧，又何功之敢居耶？爰綴數語，以誌緣起。

又《何栻序》 曩於乙卯仲冬，道經於越，顧見兩岸，多嘉樹林，其行列極整齊，而形狀極奇崛，高不過五六尺，然槎枒叢起，如力士支拳，如藥叉探手，生氣遠出。若有勒之使還者，少則數畝，多則數十畝，了無雜木參錯其間。怪而問其名，舟人曰：『桑也。』噫嘻！農桑者，天下之大利；種樹者，致富之奇書，此豈獨宜於越者耶！何吾鄉未見有如此桑也。況乎井田之制，五畝之宅，樹牆下以桑，是三代之時，未聞有遷地勿良者，豈吾鄉之桑，獨不宜如此耶？今閱吳君孔彰種桑之說，乃渙然釋也。植物之性，不擇地而生，土產之原必待人而闢。宜於越者，未始不宜於吳也。其說不信而可徵耶！吳君少年時，與予同受業於鄭守庭師，又吾姊夫之從子也，予故知之甚深。嘗惜其抱經世之畧，而不得志於功名；蘊利物之懷，而不得見於措置。吾邑洊經兵燹，失業者多，里無富室，鄉有廢田，君不自恤其窮而恤人之窮，思以蠶桑爲耕者，輔爲圃者，導爲治貧之良方，爲救荒之善策。

又《自序》 古來大利，農與蠶桑，二者兼營，民多殷富。蓋農之利猶薄，而且難，蠶桑之利則厚，而且易也。吾江舊俗，僅解務農，麥稻之餘，毫無生息，終歲勤動，寢食不遑。無論水旱蟲灾，舉家失望，卽年歌大有工本之外，所餘亦甚無多，一時婦子歡欣，轉眼依然枵腹，此僅恃農業者之難期康阜也。雖四民之家，多攻紗布，而晝夜勤苦，獲利極微，自給其身，尚虞不足，若家多數口，卽無以爲生，此僅攻紗布者之不能補助也。竊謂救貧之策，非蠶桑之利不爲功。種植在廢埄、荒基，不妨田稼；養育在暮春、初夏，不害農功。竭一月之勞，卽可供一歲之用，果能茨粱告慶，百室固愈見豐盈。卽使饑饉薦臻，八口亦無憂凍餒，此種桑、育蠶之處，所以素稱饒裕也。況克復以後，絲價之貴，桑葉之昂，尤爲歷來所未有，卽謂素非所習，驟難育蠶，則先論栽桑，已能致富。夫種桑一畝，二三年後卽可采葉一二千觔，以後年多一年，三四千觔，五六千觔不等。湖桑肥大，非比土桑，每年蠶季，每觔至賤，值錢十餘文，貴則二三十文，四五十文皆未可知。以麥稻之息例之，誠覺無從比儗。且麥稻若遇凶年，甚至工本盡棄，而桑則止於價賤，並無旱潦之災。況麥稻卽遇豐收，一經樵割，必須復栽，而桑則采葉剪條，本枝仍在，來年再發，愈見蕃滋，傳之子孫，世享其利。又況栽培桑樹，盡在閒暇之時，於農事毫無所損，且施功甚易，更無霑體、塗足、水耕、火耨之勞，但以栽培一畝麥稻之工本，栽培一畝之桑，未有不暢茂條達者。予也久欲爲吾江興利，是以六七年來，每遇浙西、吳下諸處熟諳蠶桑之人，無不留心諮訪，考究詳明。又恐江陰土性非宜，因於前年二月中，購得接過湖桑數百本，試種家園，復勸友人數處分栽。既可驗土性之宜，并可爲各方倡率，而桑葉之盛，小者如掌，大者如蕉，並不似逾淮之橘。

去春二月，又蒙邑侯汪漁垞公祖捐廉購桑，給發貧民。予復與本鎭同志諸公，集腋成裘，偕往浙西，購歸發種，隨高隨下，無不欣欣向榮，則江陰土性宜桑，固已信而有徵矣。至育蠶、繅絲諸法，予請浙人來家，教習數載，予亦加意審察，知之益精。凡養蠶之家，最多俗禁，雖親族不相往來。予家則門戶洞開，縱人學習，自旦至晚，庭前如市，而蠶事極盛，並無厭忌。繅絲則純淨光澤，不下湖産，良由桑與土宜，是以蠶絲特勝耳。至成功之速，價值之昂，較之紗布之利，又何止十倍耶？

清　楊名颺《蠶桑簡編》《牧令書》卷一〇　養生之計，衣食爲先。勸課之方，農桑並重。漢南俗勤耕耨，山頭地角，皆種雜糧，亦既不留曠土矣。惟務稼穡者多，而務蠶桑者少，境内原出縑綢，養蠶織紡之法，固不待教而知之也。祇以樹桑不多，因而飼蠶有限。每桑一株，約採葉三四十觔。有桑五株，可育一觔絲之蠶。每地一畝，種桑四五十株，收絲八九觔，值銀十餘兩。若種麥穀，卽收二石，豐年不過值銀一兩有餘。且樹穀，必需終歲勤勞，猶有催科之擾；樹桑，祇用三農餘隙，兼無賦稅之繁，功孰難而孰易，利孰多而孰寡，必有能辨之者。則欲養蠶，盍先樹桑。莫謂無地，可植路旁、堤畔，盡是良疇；莫謂土性不宜，低隰、高原，豈無佳蔭？更莫謂不習養蠶、種桑何益，試思織女，豈盡天生？《蠶經》原可共讀，世無不能耕之匹夫，安有不能織之匹婦？特患未知其利而不爲耳。武侯居西蜀，有桑八百樹，卽謂子孫可小康。張詠治崇陽，授茶而種桑，遂使百姓皆富足。誠慮他日無衣，何以卒歲？祇有及時栽樹，乃免號寒。惟是小民，可與樂成，難於謀始。要在賢有司，乘時因地而利導之也。一邑如栽桑十萬株，每年卽出絲二萬觔，十年樹木，獲利其可勝計哉？不但巴也，郭子章謂『不績則逸，逸則淫，淫則男子爲其所蠹蝕，而風俗日以頹壞，皆蠶教之不興使然。』然則，蠶教且有繫於人心矣。余重守漢川，亟與諸同好講求斯事，於漢臺之麓，種桑百株。迄今三年，無一不活，種椹一畝，已長八九尺。可見，桑本易生之物，合郡已種四十餘萬株，足徵人亦樂從。然而官令所不到，遂不自爲之謀，固由不盡知其利，抑由不盡知其方也。

清　徐珂《清稗類鈔・植物類》　桑爲飼蠶要品，凡宜稻之處，無不宜桑，故江、粵兩域最茂，太湖域尤佳，塔里木河上游亦稱桑區，近年河、遼各域又多仿種。柞，松嶺、千山、太山、伏牛、大別諸脈多産之，可飼野蠶。

清　佚名《相法牛經大全・畜牧學篇》　仆聞古之聖帝明王，享國裕民之道，莫先于耕種。若以勸課耕桑為急務，則其富有天下者宜也。

清　佚名《樹桑養蠶要略・提要》　經傳所言蠶桑之利，多在西北。張堪爲漁陽太守，百姓歌之曰『桑無附枝』。邯鄲女秦羅敷，採桑陌上，是燕趙之地，本宜桑。昔之燕趙，今之直隸也。近時京東如遷安等處，偏地皆桑，遷安桑皮紙久著稱，三五年來，擷葉養蠶，售繭得利，遂專事繅絲，繭不外售，利又倍於售繭。風氣所開，漸及永平、灤州各屬，足見北土宜桑，推廣宜亟。茲先購桑於浙，並及絲車、棉矩，以裨補遺闕。至蠶性雖喜温忌涼，然南方自小蠶初生，以至三眠，皆用火盆以温之，至蠶上山時，亦用火盆盛炭，以防陰雨。北地養蠶，遵用其法，無不順利，此固閭閻勤求本富之一大端也。

清 王晉之《山居瑣言・居山先宜樹木》 樹木以桑爲首，果樹次之。種桑養蠶，不惟得利，婦女事此，便有職業，不至游閒。矧近今種棉之利，大興紡棉、織布，所得已厚，再加之以蠶桑，是一歲而獲二利。且棉收於秋，蠶桑止在春夏之交，兩不相妨。種桑較遲，插秧最速。地桑以養穉蠶，大蠶於樹桑爲宜。桑分荊、魯兩種，荊強魯弱，荊瘦魯肥。地用魯桑，樹用土宜。果樹，惟柿利大而速，而又不畏蟲災。棃杏之利少遲，秧賤而可速栽者爲棗，栽之而獲利速者爲桃。其他胡桃、蘋婆、榛栗之屬，亦莫不宜。就柿論之，一畝之地，約種柿二十株，十畝可二百株。暢茂時，每樹得柿一千，每千薊錢十五千。一樹之入，敵穀田一畝，則二百株樹，便敵二百畝田。桑樹暨他果樹，視柿多寡不等，亦不大相懸殊，利有大於此者乎？且樹未得力之時，並無妨於種穀。居山而不樹木，非惰人卽愚人也。

清 尹紹烈《蠶桑輯要合編・作興教民栽桑養蠶繅絲大有成效記》

竊查江北數郡，向不種桑，更不知治蠶。婦女強者織屨揀柴，弱者日事游惰，以致生計日促，國稅日逋，坐守困窮，而嘆生財無術。以無教之所以至此耳。自同治二年，漕督吴憲委烈在於清江荒廢官地創設蠶局，教民務本，而蚩蚩之氓，安之久者難創，習之慣者難作。約以法而民不信，施以教而民不從。甚者畏而避之，幾疑樹養，終不可就。因思善教之方，惟以身親先勞。予民矜式，引而近之，方可由此入手。先行招選本邑老誠鄉民，住局董司其事，雇覔左近民人在局，如法倡種桑秧。工人日事栽培澆灌，予民以顯明板樣，左近始知種植之不難。循循引誘，給其桑秧，令其領回試種，亦見如局之滋長。民家居然有桑，而信從者衆，漸次導之以利。春間桑芽初生，卽收買其小葉，在局養蠶，不拘零星些少，必給其錢數十文，抵其傭工一日之利，來路遠者，畧加多文，隨到隨買，民以爲便。彼見同伴，葉多得錢更多，自知葉少由於桑少，爭來領取桑秧。以期年年獲利，多方引導，四鄉傳聞，咸知有葉卽可易錢，種者漸多。又見局中雇覔左近婦女在局，隨蠶娘養蠶，日給飯食，又得工錢。且生活輕省，有求之而來者，有領取蠶種回家試養者。及繭果將成，預出告示，註明上、中、下三等繭價。無論零星多寡，局中收買。抽絲上等錢多，次者漸少。婦女來局賣繭，互相比較，漸知講求，次年繭果好者儘多。又見局中絲娘抽絲不難，心羡無似，有願學者卽予以飯食，能抽絲一兩者，給工錢一百文，一日可得平昔傭工數日之利。若能抽絲多兩者，倍加工錢，卽僱其年年到局抽繅，同伴相觀，知其有利，亦願學者衆。董事層層引誘之方，卽婦女層層見利之處。惟收買葉繭，局中不無稍費。然俱歸有用，亦不致大有虧損。今近浦九州縣之民，多知仿效，各處桑蠶不少。初年出絲數百斤至數千斤，近數年出絲數萬斤，歲賣銀十餘萬兩，年盛一年，漸次得手。在民不過三旬之勞，無農四時之苦，因民所利而利之，固有施工甚簡，爲效甚鉅者，如徐郡，僻在山隅，近年趙姓創開文裕機房，織成徐緞、徐綢、徐縐等料，一方衣被，無事外求。若再由此精習蠶事，自可漸期饒裕，地道敏樹，其易原本如此也。《書》曰『惟土物愛，厥心藏』，典策昭垂，願同人其遵聖訓焉。

清 趙烺《趙伯寅轉復書》《蠶桑辑要合编》下《集文》 蠶桑擅利於湖郡，甲於天下久矣。敝郡漂邑人士，早年竊取其法，亦嘗富甲一郡。自沈仲復觀察常鎮倡議捐資，在鎮郡設立課桑局，購買湖郡桑秧、蠶種，先於郡城之南，得地十餘畝，招集湖人以教養之，採買器具以利導之。十餘年來，東碼頭一帶鄉民莫不以蠶事爲首務，出絲亦十倍於從前。方子箴都轉法其政，亦於揚郡集資設立課桑局。烺以如邑東鄉，野多曠土，赴鎮，在沈觀察處，領得桑秧五千株。復又在湖郡添購桑秧萬餘，其價每株由十五六文起至二十二三文爲止。湖地有行可投，約由湖至揚，人工水腳連桑本，每株合四十餘文。秋分以後，春分以前，均可種植。倘買三五十萬株，則必於上年預先定買矣。烺買來後，分於如鄉之同志者，現各蔚然可觀。又在湖邑覓得工人二名，每名月費六千文，並購買桑鋤、桑剪、絲車等件，在鄉教養得剪揷接換種子育蠶之法。至蠶種，其價不一，每張由三四元起，以至十元八元者不等。紙有大小，種有高低，蠶有三眠四眠之別，欲得好種，必須求善養者，早爲留存。現在如邑岔河一鎮，每年亦出絲兩萬餘觔。第豫省道路較遠，成本較重，如欲課桑，非招湖人不能擅其長，非由官籌欵發領不足以鼓其興，非得賢有司董率之不足以成其政。況小民可與圖成，難於謀始，積習相沿，一時難化，勢必誘導於無形，相安於無事。數年之後，得利較厚，則必愈推愈廣，不勸而興起矣。此所謂欲賢有司也。

清　劉清藜補輯《蠶桑備要》第一篇《栽桑説》　民生濟用，莫先於桑。謀衣者，不艱於養蠶，而難於樹桑。若桑務一舉，則蠶事自興。故首述而備論之，種子、盤條、壓枝、栽接科採諸法，詳列於後，資生者當留心焉。

清　曹笙南輯《五畝居桑蠶清課・序》　談及鄉里戶鮮不耕，邑有餘粟，非復道光時，土陜人稠，樂歲僅支三月糧矣。特陳陳相因，四達旱道，負戴未便，穀賤傷農耳。有識者耕而兼桑，誠地方轉移之善策也。歲壬申，樹桑育蠶者，村有其人，苦未嫻其事，往往得失相半。【略】因念兵燹甫平，流離失業，里人欲求一飽而不可得。今耕九餘三，野多曠土，咸欲興此，以佐農事。

許文正公有言：儒者宜以治生為急務。古者上出於農，我儀圖之，治生之策，惟桑蠶宜。蓋無有沾體塗足之苦，自裕仰事俯畜之資。僅分一月之功，不妨終歲之課。無論備束脩，供膏火，使之無內顧憂，可以掇巍科，衍實學，即釋褐之日，亦可藉佐養廉也。

又　桑蠶者，齊民利產也。

清　秦緗業、黃以周等輯《續資治通鑒長編拾補》卷二九　又請仿《周禮》，置公桑蠶室，以興蠶事，而供祭服。

清　葉向榮《蠶桑説・叙》　蠶織迹畧，苦勸不興。可否請章，申詳咨部，用法嚴行，以開財源，使之家給戶誦，而同登夫仁壽也。蓋以西邑地土開廣，燥溼得由乎人工，種桑播棉，尤為合宜。據地而論，當可稱為富足之地，禮義之邦。豈知足衣足食者，十居一二，讀書誦詩者亦然。人之甘於困苦者，其來非無由矣。有土不知生財，有業不知自習。其男而勤者，於正糧外，祇知播種雜糧，入不敷出；其惰者遊手好閒，不務正業；其女而勤者，於炊爨外，祇知牧豕為業，殫殘五穀；其惰者，賭習紙牌，多生事故，而於種桑養蠶、紡紗織布兩行事業，毫不知習。有識者以為此事之非易，不知者以為此事之無裨，積習成風，相沿日久，此蓋由從前失教之所致耳。於光緒九年，蒙前縣主歐陽，愛民念切，有心吏治，採辦桑秧十萬餘株，給發四鄉。先興蠶事，後欲設法教織。奈利源方啟，而任宰他方。迄今已十餘載，得能培植成林，獲利者不過十居一二，餘皆任聽其自然，甚至成林掘棄者不少，是猶水之始達而仍塞其源流。今有戴星之良吏來臨，更有心於民瘼。生居僻壤，不辭艱辛，盡心蠶織，現有百金絲產，紡紗織布，女媳早能有成，已將斯道往往苦勸村鄰，歷有年數，欲為廣傳。無如牢不可破，情言已極，輾轉思維，非法不行。竊查先朝宋時，范純仁任宰襄陽，勸教蠶織，亦牢不可破，已及三年，未能廣行。後以法行之，先行出示，并立蠶織簿本，除犯有情之罪外，餘以此作抵，民多畏懼，均習斯業。至十年後，地方饒富，俗尚禮義，是民所畏者，法也。

又《迹略條説》　一蠶織之久不興也，惑亦甚焉。有識者，以為種桑無地，屋宇褊小；無知者，以為男耕女爨，撫兒育子，無暇養蠶。試思嘉、湖等處其蠶桑之利，甲於天下者，亦皆出自己業。屋宇廣大，男不耕耘，女不炊爨，亦不撫兒育子乎？即使設言推委，而平素之間，紡紗織布，亦無暇乎。此由怠惰者，習慣之成自然也。

又《歐陽烜叙》　古者，天子親耕，后親桑。我聖祖仁皇帝，念切民依，嘗刊《耕織圖》，頒行中外。誠以民生之源，首在衣食，故惰農有誡，即婦事有省，蓋有並重，無畸輕也。西邑四面環山，繚以原田，民樸而勤。雖兵燹後，土著流亡強半，招徠自四方，黨類既殊，風氣稍易矣。然盡力田間，類能終歲劬勞，舍我穡事者，蓋亦甚鮮。獨婦女無常職，求所謂執麻枲、治絲繭，竟渺不可得。夫人情恒難於創，而樂於因民俗，宜補其偏而貽以利。士農工商，男有恒業，其室家婦子嘻嘻晏然，無所司事。一絲一縷，皆將貸諸抱布貿絲者流，內職之不修，狃於習俗，特無人起而創，為之補其偏。余兩宰斯土，深病之，且以自病。葉子向榮出所纂《蠶桑輯要》一帙，於接桑、養蠶之法，言質而詞淺，易於通曉。且甚言蠶桑之益，深得利導之意，亟序而梓之，俾家喻戶曉，庶幾『爰求柔桑』，學女事以共衣服，上副聖朝耕織並重之至意，不其韙與。

又《沈秉成叙》　世人泥《禹貢》『桑土既蠶』之説，謂種桑之地必擇土性所宜，以致天下大利輒為方隅所限。不知五畝之宅可樹桑，匹婦之家可飼蠶，天下有土之地皆可種桑之地，皆可養蠶之地也。文王善養老於西岐，孟子策王政於齊魏，俱以樹桑為首務，未嘗慮土性不宜，其明證矣。彼斤斤然，謂遷地弗良者，皆游惰之民，不善治生，遂使先王良法美意，不能徧及於天下，豈不重可惜哉。浙之湖州，蠶桑與農事並重，男耕女織，寖為風俗。

秉成生長楚邦，親見每年所出之絲，四方來購者，相望於道。竊謂此利若推之他省，更可衣被無窮，私願所存，有志未逮。同治己巳夏，奉命備兵常、鎮。冬初履任後，周歷各鄉，野多曠土，詢諸父老，知重農而不重桑，迺捐廉為倡。郡之紳富，亦復樂成是舉，踴躍輸將，遂設課桑局於南郊，擇郡人之公正者司其事。集資倩人至吾鄉采買桑秧，得二千餘萬株，分給各鄉傾種，並頒示章程，導以培植、灌溉諸法。年餘以來，十活八九。高原下隰，蔚然成林，此後養蠶繅絲，如法教之，亦在不憚勤勞耳。

又《告示條規》 常、鎮通海道，為勸種蠶桑，以廣生業事。照得生人以衣食為先，富國以農桑為本。鎮江薦遭兵燹，物力彫殘，彌望榛棘，地荒窳而不治，民流亡而未歸。井里蕭條，生計艱窘。周覽郊野，惻然傷之。固緣軍興以來，土曠人稀，元氣未復，而推原其故，實以民風逐末，一切治生本務，從未講求。為之上者，復無以倡率董勸之。以故地有遺利，家無蓋藏，即力穡農夫，亦勤於男耕，惰於女織。偶值水旱偏災，收成歉薄，賦稅無所供，老穉無所養，不得不轉徙四方，甚或飢寒切身，甘蹈刑網。言念及此，可為痛心。夫天之生人，無論男女，皆有恒業，足以自食其力，無待外求。衣食之源，農桑並重，本道籍隸吴興，蠶絲美利甲天下，嘗見八口之家，子婦竭三旬拮据，飼蠶十餘筐，繅絲易錢，足當農田百畝之入，舉家溫飽，寬然有餘。江南地土鬆柔，天氣和暖，與蠶性為近，即如郡屬四邑，惟溧陽最號蕃阜，其民亦以蠶絲為業，富冠一郡。蓋以天地自然之利，為斯民大富之源。婦職舉而家道昌，用力少而成功倍，吾民亦何憚而不為乎？惟養蠶必先樹桑，京口舊有蠶桑局，亂後中輟，且小民難與謀始，可與樂成，或因惜費而遷延，或以畏難而觀望，苟安疑阻，迄用無成。本道來自田間，惗知稼穡，亟思所以紓閭閻之苦，為吾民博求治生之方。捐廉派人前赴湖州，買柔桑萬株，並僱覓善種之人來鎮，先於城中隙地，酌量試植苦干株，以為之倡。一面諭總董吴州同等，就城鄉情形，妥議章程，設局勸辦，仍俟種植有成，再由本道采買繭種，延請蠶師，遍行倡導。除另行示諭外，為此仰示郡城內外紳、士、軍、民、人等知悉。爾等須知，蠶絲之利，十倍農事。無四時之勞、胼胝之苦、水旱之慮、賦稅之繁。種桑三年，采葉一世。大約每地一畝，種桑四五十株，飼蠶取絲，可得八九斤。今日多種一分之桑，他年即多得一分之利。凡我父老子弟，其各互相勸勉，切實講求。一俟開局之後，報名認種，傾取桑條，分畦列植，務期多多益善，灌溉以時，為子孫美利之基，極室家豐盈之樂。

清　葉向榮《農林蠶説・序》 從來衣食之源，農桑並重，而桑之利倍於農，而其利不普及於天下，此無他，人苦不知法耳。榮幼束髮受書，考先王樹桑、養蠶之政，竊有志蠶桑之務。既長，與異方人士交游，間有籍隸嘉湖者，談及蠶桑之務，井井有條，榮欣然聆之。即為叩其成法，因得見規條雜説，與夫器具圖説。榮借録其書，遵法樹桑養蠶，頗著成效。閱歷有年，於舊法外，別有心得。榮固寳而奉之，第思有志蠶桑之務者，豈止榮也乎？得其法而不以告人，是自私也。急欲訪求舊板，印送同志，乃兵燹之後，板燬無存。榮故不惜重資，將前所錄規條雜說、器具圖說，逐加考校，登諸梨棗。而數十年閱歷，有得於舊法外者，亦補刻其間。顏曰《蠶桑圖説》，俾樹桑養蠶之法，燦然大備。彼有志蠶桑之務，既得是書，則蠶桑之法明，蠶桑之利興矣。至於教導愚氓，使人人盡知蠶桑之法，而蠶桑之利得以普及於天下，榮更有望於閲是書者。

又 竊維衣食大源，不外農桑，而桑利較農尤便。西邑近年養蠶者亦頗不乏類，皆冒昧從事，知養蠶，不知樹桑。每致蠶多桑缺，余甚憫焉！特蠶事既畢，即置桑不問，有桑者不知培，無桑者不知種，習俗之牢，非法不破。余前刻《蠶桑圖説》庚子六月，余屋為匪所焚，板亦被燬，并累上條陳，皆述宋朝范純仁宰襄陽時，勸教蠶桑，用法督民一事，欲官宰仿行，為民生利。奈官宰案牘事繁，無暇及此。而蠶桑大利，又吾民切己之責，不得不自行設法。以余管見，莫若各庄各村，設立蠶桑會，但口難遍告，因將養蠶、樹桑諸法，并立會章程，刊板印貼，使人通曉，以沾利益。

清　曾鉌《蠶桑備要・序》 升任甘肅布政使，署陝西布政使、正任按察使曾，爲詳請整頓蠶桑，以備荒歉事。查陝省地居高原，泉深土燥，雨澤偶愆，禾苗卽至枯稿。西、同、鳳、邠、乾各屬，專重麥秋，每當農忙之時，人工異常昂貴，而收穫之麥豆等糧，值錢無幾，盡數糶賣，尚有莫償工價之虞。不得已，栽種罌粟，暫顧目前，而罌粟與麥同時，若麥秋無收，罌粟亦復何望？求其積蓄有餘，蓋藏有備之家，百不得一。偶值旱暵，非賑濟不能存活。夫經費所出，只有此數，若災荒屢告賑欵，亦難爲繼。況關河四塞，挽運維艱，求糴鄰封，動逾千里。若不亟籌富民之圖，終不免於公私交困。查陝省自兵荒之後，屢經前任各憲台勸辦蠶桑，無如鄉民太愚，條教號令，格格不入。

惟三原縣劉令青藜在任最久，自開辦以來，認眞經營，始終不懈。又得該縣東鄉，有山東客民若干戶，素習此業，使本地土著從之學習，數年之間，盡得其法。該縣百姓，翕然知蠶桑之利，加於罌粟數倍，羣相趨效，風氣已開，此後不致廢墜。其餘附近州縣，則尚漠然如未聞見也。現擬整頓之方，先於省城四郊，購覓十畝內外之田數十區，闢爲桑園，僱覓種桑、養蠶之民，每園一戶，各居其中，多種桑秧，使附近居民按年移栽，告之培植之法，分布村落。三年之後，漸可飼蠶。由官置買養蠶、繅絲器具等項，令園戶養蠶取絲，招附近居民來園觀看，與之講說修樹、養蠶、取絲之法。所得之絲，賣之於市，得錢若干，榜示門外。居民既見蠶事之並非難作，又見得絲之獲利甚豐，當無不樂於從事者。仍通飭附近各州縣，於明年蠶事方興之時，親赴三原，觀看討論，仿照興辦。並將藩署所刊《豳風廣義》刷印多部，分發各縣，令學校中讀書之家，講求討論，俾使聞風興起。再將《豳風廣義》中種桑、養蠶、取絲之法，摘刊小本，分散各鄉，使稍知識字之人，一見皆能了然。庶農民互相傳習，不致十分隔膜，理認眞訓導，以期逐漸推廣奉行。除通飭各屬遵照外，合行抄錄原詳，院批札委爲此，仰該員查來札事理，刻即遵照。在於省城四郊，查勘地勢，購覓十畝內外之田數十區，闢爲桑園。僱覓熟習蠶桑匠工，每園一戶，各居其中，多種桑秧，使民移栽，養蠶。務臻成效，是爲切要。仍將辦理情形，具報查考，毋違，切切。光緒二十年十二月十九日案奉。

又《劉光蕡後序》 古今教民桑蠶有成效而遺澤後世者，悉為大人詳陳之。考自伏羲採嶧山之繭，抽絲爲絃，以定音律，而天下化。黃帝元妃西陵氏，始爲室養蠶，煮繭繹絲，製袞冕，定儀度，別尊卑，垂衣裳而天下治，是爲衣冠之祖。夫伏羲、黃帝皆都於北而未都於南，則蠶事之興，不始於南而始於北明矣。此可証據者一也。又嘗考之於《詩》，無處不言桑，而咏於北方者居多。以秦論之，《豳風·七月》之篇言蠶桑者，屢屢矣。有曰：『春日載陽，有鳴倉庚。女執懿筐，遵彼微行。爰求柔桑。』又曰：『蠶月條桑，取彼斧戕，以伐遠揚，猗彼女桑。』此治桑也，即所以治蠶。夫豳地，即今邠慶、三水等處，地近邊壤，亦云寒矣。其田高燥瘠磽，而周先王當日諄諄誥誡，不遑暇逸者。誠以農桑爲王政之本，女工乃衣被之原。男力乎耕，女事乎蠶。男女各勤其職，而民以富，實上下雍睦，庶姓休和，載諸經史，班班可考。豳地尚然，而類於豳者，在在皆然。況臨渭一帶，沃壤千餘里，勝於豳者多矣，豈不能樹桑、養蠶，以興萬世無疆之利？此可証據者二也。又考之《孟子》言王道諸章，開陳列國，無在不言桑。岐與齊、梁，皆屬北地，反覆言之，何有南北之分？推而廣之，能行天下，繼續而傳之，可垂萬世，豈有亞聖之識，以迂濶難成之術，教當時及後世哉？此可証據者三也。又稽之郭子章之《蠶論》，木各有所宜土，惟桑無不宜。桑無不宜，故蠶無不可事。桑蠶本一氣，蠶卽生於桑。有桑之處，便可成蠶。猶農夫之於五穀，非龍堆極寒之處，猶可耕且穫也。此可証據者四也。又察諸天時，陝西出地平三十六度，已在北道之北一十二度半，自春分之日，日行北道，晝漸長，夜漸短，陽漸多，陰漸少，積陽之氣漸盛。至夏之熱，甚於南方。況蠶屬純陽，喜燥惡濕，食而不飲。陽立於三春，三變而後消，陰生而後死。自秋分之日，日行南道，晝漸短，夜漸長，陰漸多，陽漸少，積陰之氣漸盛。至冬之寒，甚於南方。此時織工興而蠶事畢矣。又養蠶之時，各省不同。然不論節氣寒熱，自有一定之候。但看桑上葉如茶匙大，則蠶自生於室內，卽古人云『木華於春，栗芽於室』，同類相感，有自然之理，何有南北寒熱之可疑？此可証據者五也。又驗之於今，秦中無處不有桑，但只不廣。有桑一株，便可養蠶成繭。近歲以來，屾之鄰境，皆有養蠶者。但樹桑稀少，不能大獲利益，然曲箔數筐，亦可得絲。歲歲有成，已獲實效，恐疑書生之見，摭拾浮詞，無足憑信。謹將今歲所繅之絲，並所織之絹帛，一並呈驗。

清 江志伊輯《飼蠶法》 天文辰爲龍，蠶生辰爲龍精，故月大火則浴蠶種。蠶神，天駟也，蠶與馬同氣，物莫能兩大，故《周禮·馬質》禁原蠶，爲傷馬也。原，再也。淮南子云：原蠶一歲再登，非不利也，然王者法禁之，爲其殘桑也。蠶食而不飲，二十七日而化。此言三眠蠶也，四眠蠶則二十八日。若緊飼葉，亦有二十四、五日而繭者。蠶身有十二節，平行柔韌，能張能縮，脚十六，前六脚生於首三節之下，堅强尖利，能開合，不能伸縮，後十脚生於後五節之下，能張縮，形扁，底多小鈎。蠶所以立身者也。第十一節上有尾，如旗式尖，前三節外突起處爲頭，口直，齒如鋸。口後之節有兩孔，餘自第四節起至第十一節止，每節有兩孔，計十八孔，蠶所以爲呼吸者也，名曰氣門。口邊有兩小孔，曰絲孔，吐絲時兩道直綫由絲孔吐出，孔中有膠，黏合爲一，蠶絲之小尚分爲兩，則絲孔之小可知矣。蠶始生至老，凡三變。自出卵至成繭爲蠶，在繭爲蛹，出繭爲蛾。蠶有六德，衣被天下生靈，仁也。食其食，死其死，以答主恩，義也。身不辭湯火之厄，忠也。必三眠三起而熟，信也。象物以成繭，色必黄素，智也。繭而蛹，蛹而蛾，蛾而卵，卵而蠶，蠶而復繭，神也。黄帝元妃儽祖西陵氏始蠶，故稱先蠶。周制，天子諸侯必有公桑、蠶室，近川而爲之，築宮仞有三尺，棘牆而外閉之。后妃齋戒，享先蠶而躬桑，以勸蠶事。《禮·月令》：季春之月，具曲植籧筐，后妃齋戒，親東向躬桑，禁婦女毋觀，去容飾也。省婦使，謂縫紉之事。以勸蠶事，蠶事既登，分繭稱絲效功，以供郊廟之服，無有敢惰。凡木各有所宜土，惟桑無不宜，故蠶皆可事。《詩》曰：『爰求柔桑』，則豳可蠶。『菀彼桑柔，其下侯旬』，則周可蠶。『無折我樹桑』，則鄭可蠶。『阪有桑』，則秦可蠶。『桑之未落，其葉沃若』，則衛可蠶。『桑者閑閑』，則梁可蠶。《禹貢》：『桑土既蠶』，則魯可蠶；『厥篚檿絲』，則齊可蠶；『厥篚元纆』，則楚可蠶；『蠶叢都蜀，教民蠶桑』，則蜀可蠶。蓋猶農夫之於五穀，非龍堆狐塞極寒之區，無不可耕且穫也。自頭蠶始生，至二蠶成絲，首尾六十餘日，爲時促而用力勞，婦功十居其九。其飼之也，篝燈徹曙，假寐不遑，葉帶露則宜蠶，采必凌晨，不暇櫛沐。葉忌霧雨，遇陰晦則乘夜采桑；葉忌黄沙，遇風霾則逐片抖刷；葉忌帶熱，則吹以凉風；葉忌澆肥，必審其地土。倘或飢飽之不節，燥溼之不均，寒溼之不適，加以蛇鼠之耗蠅蝨之毒，乘間抵隙，每爲人力所不及防，故有功敗垂成，禍生非望者。必也察氣候以適寒暝，勤替換以均燥溼，伺眠起以節飢飽，如慈母之護嬰兒，則所收率倍常數矣。蠶自小至老，須刻刻防其致病，俗稱蠶爲憂蟲，受一分病則歉一分收成。調護之法：一戒貪，一戒懶。夫蠶之所需者，人工、桑葉、屋宇、器具四者備而後可以成功。若不量己之有無，一味貪多務得，必致餧飼缺葉，布置少筐，擡簇無人，置箔無地，人既受困，蠶復受傷，此貪之致病也。凡事成於勞，廢于逸。蠶有十體，寒、熱、飢、飽、稀、密、眠、起、緊、慢，此十者，人所當體恤也。倘夜則貪眠，日復偷息，必致飼葉失節，分簇不時，溼熱不除，風寒不慎，苟且之心勝則諸病叢生矣，此懶之爲害也。

又 地球各國蠶絲之利，向推亞洲育蠶之地，必在距赤道南北各三十度之間，方能繁殖，若過冷過熱之地，均不相宜，西人稱爲東方蠶業者也。通商以來，中國出口之貨，絲、茶並重，江浙等省尤以絲爲大宗。自意大利、法蘭西購買中國蠶種，加意講求。數十年前，法國蠶子病瘟，蠶種將絶，因刱立養蠶學堂，用顯微鏡考驗蠶種，而蠶業始興。推陳出新，絲業遂日出亞洲之上。日本采歐洲成法，一一仿行，東方蠶業遂稱巨擘。近來中國出口之數年減一年，推原其故，一由於選種之未諳。西士有言嘗考驗中國蠶子，亦有瘟病以致出絲不旺，將來病蠶生子，病種流傳，蠶種必有絶滅之一日。中國蠶業古時盛於西北，今則盛於東南，是西北蠶種絶滅之證也。法人驗中國蠶子重八兩者，收絲只二十五觔，選種後可收絲七十觔至百觔。凡物一雌一雄，取兩地相隔最遠者爲之配合，其生必旺。在人亦然，同姓爲婚，生子多病癲癇，由其血脉相通，不宜配合也。如取西洋、日本之蛾，與中國之蛾配合，東西洋均有蠶種紙可購，傳種甚易。則生子强，而吐絲盛。或取野蠶之蛾，野蠶食櫟，結繭枝上，大如雞卵，蛹在繭中，度冬至次年夏始破繭而出。與家蠶之蛾配合，則傳種必碩大而繁矣。此猶以野桑之根接以家桑之榦，則葉肥潤也。一由於種桑之不廣。桑類甚繁，無不宜之土，農家隙地半多荒棄，誠於水涯山畔，悉以樹桑飼蠶，其利不可勝言矣。近人創立種桑公司，建五股分利之議，計栽種者、看守者、出資本者及地主與義舉，五年獲利，各分一股，缺一株則補種二株，不數年則桑徧通國矣，其良法可仿行也。一由於器具之不精。中國繅絲沿用舊法，每絲百觔僅售二三百金，以機器繅出之絲，則每百觔可售七八百金，他如殺蛹則建烘房，烘殺之繭蛹殭不腐，可以久藏待繅。織綢可用屑繭，利用廢物尤能化腐朽爲神奇矣。一由於公院之未立。法國於咸豐三年出絲爲二千六百萬啓羅，嗣後年減一年，至同治四年僅出絲四百萬啓羅，自設立公院，精益求精，至同治七八年，出絲遂多至一千四百萬啓羅，公院之效如此。中國誠仿設公院，延精於蠶學者，教授生徒，凡蠶之何以病斃，何以蕃滋絲之，何以有粗細韌脃光澤暗滯，一一研求，分教四方，俾人人知改良進步，中國蠶絲之利庶幾其有振興之機乎。

清 李君鳳《蠶桑説·救飼蠶弊説》 諮詢川俗，飼蠶恆蹈二巨弊：一買桑葉飼蠶。鄉農亦知飼蠶之利，奈自栽桑樹不多。栽桑家不自種桑秧、買秧，遠方秧從遠來，離土日久，栽植十株，僅活三四，遂謂桑樹難栽。飼蠶必買桑葉，除卻人工、葉本，獲利甚微。窮人乏葉本，卽不敢下蠶種，明知飼蠶有利，而不得食利。豈知自采桑葚，種桑秧？葚老各處早遲不同，總在四月尾五月內，芒種夏至前後。自行多栽桑樹，桑秧離土卽栽，無株不活。止於空閒，時舉手足之勞，栽種並不費一錢。桑樹長成，卽爲數世之利。飼蠶原是女工，婦女、孩童在自業内采葉飼蠶，既不須男工，買葉亦不費一錢葉本，卽獲新絲，其利自厚數倍。一下蠶種不分先後。川俗，當收蠶種時，將數日蛾子所下之卵蠶蛋爲卵，混在一處，及次年小蠶初生時，又將數日所生之小蠶混在一處，以致眠起不齊，迨二三眠起眠醒爲起，時有大蠶，復有小蠶，妄謂蠶子下兒。用人工，分別蠶之大小，逐條捉置箔上飼蠶席子爲箔。不知小蠶是後出卵。蠶眠時，食葉未足，未眠，未長大之蠶，非蠶子所下之兒也。至蠶老作繭時，有已老之蠶，又有未老尚要食葉之蠶，一箔蠶作數日，老遂至。每老蠶一條，又用人工捉置簇上。蠶上繭之竹枝、稻草等物爲簇。紛紛匆忙，費工不少，山農遂畏飼蠶難法。於收蠶種時，每日所出之蠶蛾，各一連蠶紙爲連，下卵記號連上。次年，小蠶初生，每日所生小蠶，各置一處飼養。小蠶初生一日，不食葉，無妨，定要每日蠶生齊，同時與葉食。分箔時，切記勿混，便每箔眠一齊眠，起一齊起，老一齊老。二三眠時，條條一樣大，不用人工分別大小。蠶老時，止須將簇置箔上，老蠶自行上簇、作繭，不須每蠶費人工捉來上簇，一家卽飼數百箔，亦不難經理。向讀川人《論蠶桑書》，有舉家忙之語，謂是課桑佳話。今乃知蹈此弊也。爰爲是說，以救之。尚有飼蠶細弊，散見《蠶桑說》各條中。

清 李向庭輯《蠶桑述要・跋》 慨自甲午、庚子而後，賠款浩繁，上下交困，籌國計者智盡能索，而度支終憂不給，將謂取民者廉，故用有不足歟。何以庫款既一空如洗，閭閻亦窘迫異常耶！深思其故，中國之財之窘，非取財之術有未精，實生財之道有未盡也。考中國生財，地大物博，難更僕數，而舉其大者，則農田而外，厥維邊地之畜牧，內地之蠶桑，加意考求，精其一皆足致富。難者謂：『畜牧、蠶桑，相沿自古。今益之以開礦築路，仿設工藝各廠，而仍無濟於貧，遽以爲畜牧、養蠶均可致富，恐托諸空言易，而徵諸實事則難焉。』第天不兩粟，中外皆同。外洋生利，既在人爲；中國生財，豈難力致。他不具論，如育蠶以新法，飼養較古法，利可倍蓰。是嘉、湖蠶絲向之生利二千萬元者，以新法則生利可三千萬元矣。桑葉、人工均不加多，而獲利獨多。若無蠶桑之地，更能推廣仿行，獲利之夥，當爲巧歷所不能算，此非無稽讕言也。以日本島國，輿圖僅中華兩省地，自維新後，致意蠶桑，近日出口絲價，已百數十兆元，多於中國者二三倍，國之驟强，添兵購械，方駕歐洲，半賴乎此。統中國二十一行省，普能講求蠶桑，富甲全球，亦意中事。賠款用款，雖鉅何傷？或謂：『蠶利固厚，其如除嘉、湖外，地不宜桑。』何噫！爲此說者，是未卽《孟子》論王政及《禹貢》、《豳風》而深考之。至創爲地氣自北而南之說，尤因見江、浙蠶桑盛行，大江以北，少植桑者，故爲之附會耳。其實，北省無桑，半因兵燹。觀於遼統和七年，禁伐桑；金大定五年，申禁伐桑，可得其大凡；加以時未通商，僅江、浙蠶絲，已足敷中國之用，而木棉入中國，非帛亦可以煖。北地瘠苦，人尚儉樸，故蠶桑之事，不甚講求。北不宜桑之說，實非確論。總之，湖桑卽不能遍地栽植，而川桑、魯桑亦可飼蠶。原夫中土卽不甚宜桑之地，其育蠶終較便於外洋，外洋尚能養蠶，中國反不能植桑，無是理也。卽謂蠶喜温煖，北地寒涼，飼蠶非宜。然日本北海道，寒涼甚於北方，何亦植桑偏野？竊以爲中國蠶桑，所以較優於外洋者，以養蠶最費人工，而中國則人工甚賤，此爲獨擅勝場。僅以天時地利論，外洋之不宜蠶桑，亦難限定。以外洋既不宜茶而茶，安知不又不宜桑而桑乎。雖蠶利普而不厚，故無育蠶之商號。然天下大利在農桑，古人早有定論，以爲國生利貴普不貴專，貴公不貴私。所謂生之者衆，則財恆足者，此也。試徵諸美國，開闢之初，礦產亦多英人股本，祇以其國於畜牧耕田，銳意求新，因之牛乳暢銷於五洲，面粉分售於中國，獲利大夥，近竟富埒英法。其國雖亦講工藝，不過用以輔農牧之不足，使野無曠土，國無游民而已。而生利之厚，則仍以農牧爲本源也。蓋有土此有財，原千古不易之定理。今之生財，所以較易於古者，以從前畜牧食肉、寢皮，此外無可牟之利。今則骨角、絨毛，均可獲利，而牛乳利更不貲。昔時養蠶，鮮繭出售，獲利最微。今則繼長增高，幾與售絲相等。況農田尚有機器，可代人工，外洋或較勝於中國。畜牧、養蠶，則專恃人工，機器無可効力之處，他樣局廠需本甚鉅，畜牧、養蠶，則有土有人，取之不盡。計蒙古、新疆、西藏各地，導民畜牧，不惟致富，並可實邊，此固利之大者。至內地蠶桑，尤爲一錢不費，祇要田畔植桑，三五年後，便可獲利無窮。至桑不多佔農田，蠶不甚奪農時，編中已經述及。以中國疆土之廣，人民之衆，是天留此畜牧、養蠶二大利藪，以爲中國易貧爲富，易弱爲强之一大轉機。果其提倡有人，不必開礦築路、工藝設廠，已可以富。既開礦築路、工藝設廠，而益可以富已。世之患貧者，扼腕咨嗟，終苦點金之無術，不知美以畜牧富，日以蠶桑富。中國則牧地多於日，桑田優於美，利俯拾而卽是，夫何貧之足患？況從前養蠶，豐欠不齊，尚虞虧耗。若新法則謹寒煖而慎燥溼，人力頗有勝天之處，足民而卽以富國，利益而鉅，莫逾乎此。

清 佚名《各省事狀・閩省樹桑》《農學報》第二十五期 福建蠶桑之利，久已不興。本會陳伯潛閣學與各紳鳩欵，託杭州林迪臣太守，在石門購桑秧一萬餘株，刻已運到，行卽分種各鄉矣。

清　馮曉青《馮曉青大令調查順德蠶業陳粤督禀兼説帖》《農學報》第二百四十五期

考意大利，講求蠶桑最精。每年亦祇于四月，務蠶一次，若須養第二次，熱度尚可以人事伸縮，而桑葉不足飼養，此粤省獨得天時之勝。惟歲養蠶八次，每有一二次遇蠶受病，致失利益，此其美中不足者，實因未考究歐洲養蠶之法，若精求西法，擇蠶子，定熱度，一切飼蠶之要，究其根原，自能百不失一，獲利更覺充裕。惟凡事先求易處起手，庶可望其樂從。聞南海、香山、東莞各屬，風氣亦漸開，擬請大帥通飭未有蠶桑之各州縣，選男婦之勤而良者各數人，分班至順德地方。男則考究栽桑，不過費數日之力；婦則考究飼繅，亦不過一月之功。令其各備川資前往，此費須由地方官會同紳士籌給。并飭順德縣向栽桑飼蠶之家及各絲廠，議明盡法教道，就其隣近租屋居住，使各屬男婦均知蠶桑之利。再令購脚踏機繅絲，每張僅需洋四圓，尤民力所易爲。一二年間各屬均得蠶桑之利，然後再進以西法。又恐大利一興，民間將盡有稻田而改種桑。蓋種桑費力少而獲利多，種稻工本重而獲利輕。小民惟利是圖，罔知顧慮，水旱無常，一旦歉收，本地既無蓄積，外省又將閉糴，將何以救之？現擬先將各屬荒蕪之地，儘數種桑。次及向有之稻田，祇准種桑一半，其一半仍行種稻。是又在各州縣籌畫盡善，著爲法令，民間衣食之源，不得不兼籌并顧。

清　江南派辦處《江南派辦處禀請官購桑秧勸民領種詳文》《農學報》第二百三期

爲擬官購桑秧，示民領種，以興蠶務，詳請示遵事。竊維江、浙爲古揚州地，蠶桑之利，甲於天下，然究祇蘇、杭、湖、嘉爲然。江甯各屬，密邇咫尺，種桑者卽屬寥寥，豈土性之不宜耶？抑人力之不盡耶？推原其故，厥有兩端。小民好逸惡勞，而淮、揚等處之農，尤多游惰。方其從事田畝，卽不免鹵莽以耕，滅裂以耘，安肯以東作方殷，兼勤蠶事。卽或五畝之宅，偶樹數株，而無賴遊民，從而嫉妒戕賊，利之未獲，害已叢生。遂使種桑之家，獨力難支，廢然中止，此人力未盡之在民者。循良之吏，世不多見。各州縣官能於聽訟催科，少盡心力，卽已邀注上考，誰復勤課農桑，循行阡陌。如古人之見有蠶麥善收者，輒親至其家，呼出老幼，賜以茶綵衣物，以示鼓勵；加之宦途傳舍，期滿卽去，桑下馴雉之化，亦不思傳爲美談，此人力未盡之在官者。有此兩端，故江甯各屬蠶絲，屢經示辦，尚無成效。司道等以爲振興蠶務，必先廣種桑株；而欲廣種桑株，必先躬自倡率，列入考成。查康熙年間，陝西甯羌州劉牧，見該處槲葉最盛，從山東雇人來州牧養山蠶，織成繭綢，甚爲匀細，世人謂之『劉公綢』。乾隆年間，貴州遵義陳守，見其地有青棡樹，其葉可養山蠶，乃遣人至山東買取繭種，雇覓蠶師，廣爲勸導，明年有成，至今利賴。以陜、黔素不產桑之地，一經提倡，衣被無窮。況甯屬地本宜桑，又與蘇、杭接壤，覓秧既易，取法尤便，事半工倍，左券可操。司道等擬於派辦處，兼辦蠶桑，先期量爲籌欵，選派熟悉蠶務委員，前赴蠶桑等處，收買桑秧，回甯以爲紳民之創。凡民間有願種桑者，示令到處領賣，仿照湖北章程，價買若干株，官另照給若干株，使知有利可圖，欣然從事。各外州縣則責成地方官，會同紳董，就地籌欵，仿辦買備桑秧，勸令百姓人等，分領廣種。而仍於年終，將種成桑株數目據實具報，由司道等委員勘驗，得實數在一萬株以上者，記功一次。三萬株以上者，記大功一次。積至三大功者，實缺詳請奏予議叙，候補詳請，給予超委。如捏詞虛報，及並未舉辦者，查實之後，分別記過。撤糸紳董等能認眞相助，辦有成效，並准地方官詳請給奬，或旌以匾額，或援照雍正四年四川墾荒老農，題給頂戴之例，奏請奬叙，以示鼓勵。如此立法勸懲，奮興鼓舞，數年之後，育桑繅絲雖未必與蘇、杭比盛，而於生民大命，必有裨補。司道等爲振興蠶務起見，理合將應辦事宜，酌擬章程，開摺詳請，是否有當，仰祈憲台俯賜鑒核。謹擬官購桑秧示民種植章程，繕具清摺，呈請憲鑒。須至摺者，一省城由派辦處籌欵，派員赴產桑處所，採購桑秧二十萬株，示民領買分種外，各州縣由地方官會同紳董，設法籌欵仿辦，均照湖北章程，價買若干株，官另照給若干株。惟須開具姓名、里居，登載薄內；是否全活，應令秋後自行報明，以備查考。

清　佚名《閩督許奏設農桑局摺稿》《農學報》第二百二十五期

爲閩省設立農桑局，先行試辦蠶桑，以開利源，恭摺仰祈聖鑒事。竊維閩地枕山襟海，極少平原，上游依麓，所產穀米雜粮，略敷民食，下游地勢低窪，田畝無多，每當青黃不接時，有缺食之虞。是整頓農桑，最爲要圖。惟墾荒培壅，防旱禦潦各法，必須講求新理，由淺入深，方可日臻進境。民間風氣未開，恐非旦夕所能奏效，種桑之利，較稻田所獲數倍，見功亦速。同治年間，前大學士督臣左宗棠，曾經設局辦理，迨後漸就廢弛。閩省地屬温帶，毘連浙、粤兩省，素爲養蠶之所，物性土質，甚爲合宜。查種桑以浙爲最佳，種植澆培，數年方可採摘。粵桑則冬間下種，次年春季即可摘取，獲利最速，自應因地制宜，廣行勸導。惟小民狃于便安，于種植之法，未能深求。近來外洋蠶事日精，考驗皆由實學，非設局派員，採取中西善法，于種桑飼蠶事宜，認眞教練，難以推行盡利。臣于本年春間，查得水部門外，原有桑棉舊局，地基寬廠，酌量修葺，改爲農桑總局。城北賢良局，作爲農桑分局。飭令藩司周蓮督辦，派委候補道何成浩、黎國濂會同辦理。該道等籍隸廣東順德縣，順邑蠶桑爲粵省冠，于植桑、育蠶諸法，尤爲熟悉。從前閩省興辦桑棉局時，給予官地，令民種桑。後因停辦，民間漸次侵佔，伐去桑株，改種他物。現據查出省城外牆根及各鄉官地不少，應飭履勘清丈，改爲桑地。並派員前往廣東，採購桑秧來閩，趕于冬間栽種。一俟明春，桑葉萌發，仿照新法試辦，育蠶如有成效，凡設機、練絲、選匠、教織諸事，皆當次第舉行。值此庫帑支絀之時，祇得力從撙節先行試辦，後當逐漸擴充。現需經費，暫由稅釐雜欵項下動支，飭局核實開報。至農務爲小民粒食之源，或疎濬水利，或開墾荒田，以及試驗土質物性各法，徐爲董勸，以期民智漸開，因勢利導，仰副朝廷爲民興利之至意。除咨部立案外，所有閩省設立農桑局，先行試辦蠶桑，大概情形緣由，理合恭摺具陳。伏乞皇太后、皇上聖鑒。謹奏。奉硃批：知道了。着即督飭認眞經理，以興地利。欽此。

清　馬丕瑶《教民種桑養蠶繅絲織綢四法》

廣西巡撫臣馬丕瑶跪奏：為廣西俗悍民貧，亟宜通籌教養，擬開設書局機坊，以培本源而資休息。恭摺奏明，仰乞聖鑒。事竊前撫臣沈秉成，於光緒十五年六月十七日片奏，粵西素稱瘠苦，與司道等悉心籌畫，非教養兼施，不能挽回弊習。蓋不澤以詩書之氣，則獷悍不馴；不廣以農桑之利，則游惰失業。飭各州縣設立義學，頒給《弟子規》《童蒙養正》諸書，又令興辦蠶桑，於吏治民生，大有裨益等語。八月二十五日，奉到。硃批：知道了，欽此。欽遵在案。臣於上年春，初到廣西藩司任，隨同前撫臣籌商整頓，意見相同，當議興辦義學、蠶桑，年餘以來，民間漸知向學，飼蠶亦遂成絲。沈秉成於調任安徽，行時切勉力底於成茲。臣蒙恩簡擢，責任尤重，亟應力求鼓舞振興之法，敬為皇上陳之：

一書局宜開也。廣西人文夙盛，自漢有陳元士燮，以經術顯著，在史册代不乏人。我朝文治日新，前大學士陳宏謀，崛起偏隅，所至以正學導化，刊書垂訓，探載籍之精英，措諸實用，蔚然為世大儒。近年兵燹後，人士流離，藏書悉燬，舊刊片板無存，寒畯遠購無力。每屆考試，不過零星書販，或舛錯糢糊，或洋板縮本，難資誦讀。且多係時藝講章，無以為績古培才之助，以至流風日沫，俗尚囂陵。即間刊布一二種，或行或輟，究未能推廣流傳。將欲力挽頹風，必先廣儲經籍。擬在省城開一書局，先刊六經讀本，續刻有關實學諸書。查江南、浙江、廣東、湖南北、四川各省，書局刊本精博，請旨飭下六省，將局刻經史各本，及陳宏謀《五種遺規》等籍，每種刷寄十部，以九部，分發梧州、潯州、柳州、南寗、太平、泗城、百色、鬱林、歸順。各府廳州書院，妥議章程，俾士子獲資借閱。平樂近省，慶遠近柳，思恩近南寗，鎮安近歸順，可就近往看。以一部存省局，為擇刊式樣。西省經費維艱，書價無款可籌，請即由各省報銷。俾窮荒邊隅漢苗樸陋，得讀所未見書，欣然向化。各省當亦樂助，不吝此區區也。臣仍當專函切懇，其廣東、兩湖書，即由請餉委員就便領回。江南、浙江、四川各書，請覓便搭解來桂。俟仿刊裝成，飭發各府、廳、州、縣，照價分售，以期散布城鄉，務使漸漬涵濡，皆消悍戾，可以清源化俗，可以育德興賢。臣愚以為立教之規，莫先於此。

一機坊宜設也。臣嘗閱唐《韋丹傳》，丹為容州刺史，教民耕織，止惰游，其化暢行容州，即今梧州府屬之容縣，地宜蠶織，伊古已然。同治年間，前容縣知縣陳師舜，勸辦有效，現每歲可出絲一萬五六千斤。又唐張籍詩『有地多生桂，無時不養蠶』，桂林宜蠶，亦其明証。上年於省城開辦蠶桑，今春請領桑本者日多，得絲漸盛。若官置機收買，無論絲斤多寡，即出即售，小民狃於近利，更將趨之若騖。臣前任山西解州知州，創辦蠶桑，曾設同善機局，民以為便。茲擬於西省設一機坊，梧州府城設一機坊，責成署桂林府知府黄仁濟，署梧州府知府志彭，署臨桂縣知縣張棠蔭，署蒼梧縣知縣洪昌言妥為經理，該府縣四員，均明敏精强，辦理可期得力。每坊覓雇廣東機匠三名，教民學織，本地轉相效法，日久能自織紝綢匹通行，則利愈溥而民有賴，可化游惰而清盜源。至柳州府屬界連黔省，有青棡樹，可育山蠶，亦飭柳屬州縣，仿黔試辦。柳州應否添設機坊，俟有成效，再行酌核。臣愚以為休養之方，莫良如此，惟是二者並興。籌欵不易，與司道等再四熟商設法措辦，並據兩司酌核，會詳請奏前來，一面飭備工料，機張逐漸興舉，雖未能收效目前，但早一日即有一日之益。迨數年後，漸能化悍為馴，易貧為富。庶仰慰宵旰，嘉惠邊氓，至意亦無負前撫臣惓惓教養之心。所有開設書局、機坊各緣由，是否有當理合，恭摺具奏，伏乞皇上聖鑒、訓示。謹奏。

光緒十五年九月二十四日拜發

清 饒敦秩輯《蠶桑簡要録·請於省城創設蠶桑總局四道分設桑秧局振興蠶業廣闢利源稟》 川省幅幀寥濶，甲於天下，其民富而愚，其地溢而饒，論者稱爲天府。然而今昔情形，盛衰異勢，生寡食衆，外强中乾，兼以近年偏災疊見，輸納頻仍，生利有限，分利無窮，爲政者是不得不度時審勢，籌補救而謀富饒之方。查川民多以農田爲務，稼穡而外，可以收地利而補不足者，爲鹽、葯、糖三者爲大宗。然合計通省，既不能處處産鹽，又不能處處産葯與糖，矧擅其利者，半出客民。若士民，則百工技藝，及肩挑背負，小本營生者爲多。且生齒之蕃，冠諸行省，民數實在六千萬以外。無業游民，則在鄉滿鄉，在縣滿縣。以有限之利源，養無窮之閑散，無怪乎生計日蹙，流而爲匪也。爲今之計，欲利民生、厚風俗，莫如振斯民自有之利益，收天地不盡之精華，使之家給戶足，不爲饑寒所廹，安分守法，不爲匪類所愚。以求至簡至便，至捷至效之方，其在導民蠶桑乎。夫蠶桑之利，日計不足，歲計有餘，中外古今賢臣哲吏，莫不以是爲切于民用之大者。如漢黄霸、龔遂、召信臣之屬，皆以務農桑爲政本。遞後，綱領置使，勸課頒書，以及按畝計丁等法，莫不於蠶桑競競致意。近來東洋振興農學，大闢桑利，三島産絲，竟敵中國之半，今爲一盛産蠶絲之邦。泰西奥法義等國，素不産絲之地，因講求蠶學，絲業日漸隆盛。

又 總督部堂岑批該令，爲地方振興蠶桑之利，是能關心教養者，自應移交後任，立案踵行，勿使廢墜。另稟請，通飭各屬，興辦蠶桑之處，應由司核明，業經興辦，地方毋庸飭知；未經興辦，地方飭令酌量試行。至省城設局之處，應從緩議，繳《蠶桑簡要録》存。

清 任蘭生《蠶桑摘要·序》 蠶桑，天下大利也。而不知其利者，每漠然置之，吁可惜哉！不佞從事。皖北十有餘年，髮捻之亂，彌望蕭然，蕩平以後，亦既開墾田畝，各勤耕作，而歷年已久，民氣卒難元復者，良以治生本務，未能詳盡。地有遺利，民有遺力，偶值水旱偏灾，家鮮盖藏，不得不轉徙四方，另謀衣食。甚或饑寒廹切，甘蹈法網，興言及此，真堪痛心！夫天之生人，男女皆有恒業，力足自食，無待外求。誠於農事之外，更勸蠶事，辛苦不過月餘，操作可藉女工，且無胼胝之勞，無賦税之擾，綜歲所入有，較之僅力南畝而利實數倍者。況蠶桑事了，然後挿田，先後舉行，兩無妨礙。即使土性或有不同，而苟得其養，無物不長。天下有土之地，皆可種桑之地，即皆可養蠶之地。孟子論政，諸葛治家，率以樹桑為務，未嘗有遷地弗良之慮。但購桑較遠，獲利稍遲，民間素非熟習，驟令自行興辦，難免疑信相參，仍懷觀望。用為籌欵，先于壽州設局試辦，以凌莨村大令會州牧主其事，而以紳之賢者董之，往嘉、湖採買桑種，募業桑之人。並先期示諭，令民各量地畝，于冬初赴局呈請，局中誌其姓名、里居及所請數。春初桑至，如數發給，即令所募之人，分途教導，主者時復周歷，察其中否。如鄰邑之民，有聞風而願興此利者，當歲以九月為率，各以其數上之有司，有司以十月為率，彙告局中，同為購運，來春赴局請領，即以壽人之習者教之。統俟三年有成，酌歸桑本，仍為購備蠶種、繅具，及教習之人，次第相授。約計五年，全功竟而效可見矣。以天地自然之利，為閭閻致富之源，織事舉而家道昌，用力少而成功倍，由是互相勸勉，推行盡利，實生道之一大助也。爰于種桑、飼蠶、繅絲三事，取先輩時賢成法，擇其要者，各録若干條，並圖桑式兼及器具，付之手民。俾種桑者，家置一編，以其暇日，按圖攷說，詳細講究，庶領會于心。異日桑成，飼蠶、繅絲，無俟遠求浙人之教，不亦善乎！區區之意，尤望關心民瘼者，廣為傳播，使蠶桑之利，家喻户曉，衣被無窮，誠斯民之厚，幸焉！

清 沈練，仲學輅輯補《廣蠶桑説輯補》卷下《新增蠶桑總論六條》

一、蠶桑不可偏廢。每見鄉村烟户，其屋前屋後，墻東墻西，不無隙地。除行路之外，俱可栽桑。以三時之餘閒，勤加培養，至放拳以後，日長一日，不數年，而高至丈餘，狀如華蓋，至夏，濃陰成片，景致天然。況二三月，插田尚早，男丁婦女，采桑養蠶，正當天氣融和，不畏寒暑，祇須三四旬之久，其蠶絲便可換錢。其繭壳、繭絲，及雜亂之絲緒，歸之婦女，或作綿，或製衣，一家均被其利矣。

一、蠶桑不可過貪。蓋天時水旱不齊，秋收盈歉異致。惟蠶桑之利，可備凶荒。然宜知節食，多則有害，何也？桑多防葉賤，蠶多防葉貴。蠶桑并多，更防工力不敷，反至糟蹋。大約一人之力，可植桑三畝；二人之力，可留蠶種一連連，取密密相連之意。吳俗謂：「二連為一方。」一方者，方一尺七八寸也。

一、農家宜重蠶桑。何則？肥田百畝，每年除去錢漕褋費，所餘有幾。

苟無蠶桑之利以輔之，則豐年猶可支撐，凶歲或難敷衍。一旦饑寒交迫，賢者雖能忍受，而愚者往往放辟邪侈，無所不爲，及事情敗露，被獲就刑，悔無及矣。是以農隙之時，卽須兼顧蠶桑，爲救貧地步。諺云『一時蠶可抵半年糧。』利非小補明矣。願農家之未業蠶桑者，聞風興起。

一、工作之家宜識蠶桑。蓋蠶性宜靜。比户養蠶時候，凡土木金石諸工，大都停止，緣造作之聲，恐驚鄰舍之蠶也。斯時工匠，不若趁蠶忙之際，幫人采桑養蠶，所得工資，正可抵償本業。習熟之後，且可教其兒女。然則既操本業，帶課蠶桑，有何不利？

一、商賈之家宜稍事蠶桑。蓋貨利有盛衰，得息豈皆十倍？即經營盡善，財帛日盈，富埒王侯，交通官吏，聲勢非不赫矣。不再傳而黄金消散，華屋空虛，其故何哉？緣市利去來無定，來易則去亦易，理固然也。孰若稍事蠶桑，令家人玩習，不但使知物力艱難，亦以弦高之婦代敬姜之勞，於理甚當。況市利自盤剝得來，暗中招造物之忌。蠶桑之利，自辛勤得來。人勤則善心生，豈獨免白香山飽食濃妝之諷哉？

一、仕宦之家宜理蠶桑。《詩》云『婦無公事，休其蠶織』，在王妃之貴，猶以女紅責之。況其下者乎？每見身列仕籍者，携眷出鄉，以為既食天祿，則男可不耕，女可不織，遂將蠶桑瑣事置之度外。迨至年老歸田，一無所恃，所謂『桑者閑閑，行與子還』者，安望耶？不得不教其子弟，仍奔走於形勢之途。子弟若賢，或能繼起；子弟若愚，則潦倒他鄉，莫知為計。於是有操奇贏權，子母為後人圖萬全者，豈知後人安享慣常，誰肯追念祖父之艱難？時加勸勉，勢必筋柔骨脆，為天地之棄材，何如早分鶴俸於故里，購辦桑田，倩人經理？他年歸隱，不但桑陰滿徑，可以娱目騁懷，而且倉庚一鳴，則采桑養蠶，令後人稍習勞苦，如是則内有所恃，出可以養廉，處可以食力，亦何至進退維谷，貽患後人耶？

清 王世熙編輯《蠶桑圖説》金編《蠶桑總論・土不宜桑辨》 吾讀《孟子》『五畝之宅，樹之以桑』，而後知梁可桑。蠶叢都蜀，衣青衣，而後蜀亦可桑。洵是翳古來止有不可樹木之土，卒未有不可樹桑之土者。而況浙之杭、嘉、湖，吳之蘇、松、常、鎮、太，何地無桑，何地無蠶。蓋桑之不可以土，限有明證，夫人知之矣。苟有人焉，仍膠執一土不宜桑之説，而不之辨，則是聾者而未之發也，瞶者而未之振也，彼聾瞶不自知聾瞶。

又《蠶桑論》 蠶所賴者，專在桑。其樹桑也，自牆下簷隙，以暨田之畔，池之上，無乎不有。故浙之杭、嘉、湖雖有惰農，亦無棄地。其名桑也，不曰桑，而曰葉桑。地宜平，不宜低濕。高平處亦宜，培土深厚。蠶桑隨地可興，惟湖州獨甲天下，不獨盡藝養之宜，蓋亦治地得其道焉。厥土塗泥，水潦易消。《周禮》謂：『川澤之土，植物宜膏。原濕之土，植物宜叢。』湖實兼之，乃淮南所謂息土也。地利既擅，人功尤備，以桑之宜疏也。貇必數四，深必尺餘，以桑之喜肥也。壅以蠶沙暨豆屑、糞草，以桑之惡沙礫、草萊也。植必平原，芟必淨盡。治地之道，能順桑性，故生葉蕃大而厚。一二三眠後之蠶，皆賴此以爲飼。

清 黄湄西《實驗蠶病消毒法》第一章《總論》《蠶業叢書》第九編 我國自古以農立國，加以土地肥沃，氣候溫和，原野荒林，未開墾者，指不勝計，孰者宜桑，孰者宜耕，必使野無荒草，地無遺利，民力既足，國亦富焉。況蠶業者，農之副業也。舉世界而觀之，蠶絲之國，則有四：曰日本，曰法，曰伊大利，曰中國。餘皆不足論焉。而此四國之中，土地之大，出產之富，足以握世界蠶絲業之牛耳者，則又夙推我國焉。所可歎者，民泥其方，士輕其業，政府則不獎勵之，學者則不啟誘之，遂至愈趨愈下，昔日之稱雄海外者，今乃瞠乎人後矣。卽近今非無一二熱心家創設學校、培養教材，欲圖改良而進步之，恢復其天然之實業，挽回其本有之利源，其志其行非不遠且大也。惜乎！所學非用，士異其功，故行之數年而迄無效果。蓋改良蠶業者必先有統一之機關，使全國人民凡從事於斯業者，無不互相連絡且復偵騎四出，調查其作業如何而爲之指導焉，則庶乎其能普及也。若徒費幾何經費，設幾何學校，收幾何學生，某年某月卒業者幾何人，給出身者幾何輩，而毫不從根本上着想計圖斯業之普及於民間，使之知所改良以養成民力，但計其個人之私利，以此爲改良實業挽回利權，吾恐行之百年而亦不見其絲毫利益，況乎所教所學者又皆殘缺不全也。有名無實，不過於學校中多添一代名詞耳，於民力上有何補焉。

清 衛杰《蠶桑圖説》上册《桑政第一圖**》**

生意葱蘢次第栽，燕雲織錦五雲開。桑株八百成都市，移向黄金臺畔來。

粵攷《豳風》，桑政與農功遞重；《月令》，親蠶之典，同於耕籍。後世因之。蜀漢，諸葛亮種桑八百於成都，蜀錦遂甲天下，與江南埒。燕地寒沍，向無多桑，人亦鮮以藝桑、藝蠶爲業。近年天道北行，地氣轉暖，奉督憲命於蜀境，移來桑株及葚，種之碩茂，飼蠶作繭，不亞他省。乃設局創辦，用溥三輔，無窮之利。

清 河南蠶桑織務局《蠶桑織務紀要・重勸添種湖桑示》 爲重申誥誡，勸種蠶桑，以裕民生事，照得農桑爲政治之首，蠶織乃衣被之原。本司道自去歲奉委勸辦以來，勞怨不辭，成效頗著。今春採購湖桑秧二十三萬餘株，共計成活十四五萬。如本總局桑園，所栽湖桑一萬六千株，認眞培養，成活一萬三千株。新發芽條，已長六七尺，葉大七八寸，異常肥潤。近來創興機務，雇用杭匠，教習幼徒十數名，仿造南式綢縐緞綾，均已善織，無亞南產，足見地土宜桑，人工易教，不在江浙下也。查栽植湖桑，尤爲蠶織之先務，桑成則諸務並興，近據各屬稟報，情形不一，其認眞講求，加意培養者，成活分數，與本總局桑園無異。其視爲具交，任聽小民分領，或數株或數十株。自栽之後，既不壓糞澆水，除草培土，又不剪去原本，抹去餘芽，或栽於沙鹹之間，或植於荒蕪之地，致多枯死，卽偶有成活，亦不過條小葉黄，安望有濟？乃不歸咎於人事之不及，專藉口於土地之非宜，何不思之甚耶？爲此示仰紳民人等知悉。爾等生長北方，僅聞江浙之富饒，未見蠶桑之利益，相習成風，驟難挽回，遂至坐失機宜，每遇灾歉至不堪問。今既官爲督率，但須用心培養，三年後一畝所出，可抵播種五穀十數畝。爾等何憚不爲也？至窮民地畝無多，朝種卽望晚收，以謀養生之計，誠恐難於圖始，是以不得不先勸富戶，預籌肥地若干畝，以開風氣之先。因湖桑與土桑之性微有不同，土桑未經接過，本根一氣，其葉薄小，故耐荒蕪；湖桑係用荆桑之本，接以魯桑之枝，全藉培養，方有成效。今擬於冬間委員赴浙，再購湖桑數十萬株，或官爲捐發，或富戶托購。每株買價運費共議銀二分，每戶能栽數千株，或萬餘株，卽可用一農工，盡心培養。初栽時，用糞土覆根築實，乾則澆灌清糞水，成活卽無須澆水矣。每於冬月壓糞一次，春分壓糞一次。有草常除。發芽時，只留兩正芽以作叉勢，餘均抹去。庶不分氣，四年卽成十六拳。餘無他事，較之稼穡艱難，力省功倍，曷不趁此機緣，爲閭里開富有之源，爲子孫圖久遠之業。其有肥地而無力買購，情願認眞培養者，或數畝或數十畝，每畝計栽湖桑三百株。準其向地方官請領，不取分毫費用。倘有不肖差役，需索飯食等費，一經訪察定行嚴究。桑樹長成卽係爾等恒產，官亦不抽樹稅。至鹹土沙堆，栽亦難活。湖桑來自數千里外，實非易得。凡遇此等請領者，概不給發，祇宜令其於屋角道傍，多種土桑。俟其長成，剪湖桑枝以接其本，如此推行，則地無曠土，民沾樂利矣。其各遵行，毋違特示。

光緒七年八月　日

清 張行孚《蠶事要略》卷一《總論》 天下之美利，農圃外莫大於蠶桑。古昔宜蠶之地，唐虞以前，荒邈難稽，無論已。自大禹平治水土，兗州之桑土既蠶；由是青州宜蠶，而貢檿絲矣；徐州宜蠶，而貢元纖縞矣；荆州宜蠶，而貢元纁璣組矣；豫州宜蠶，而貢纖纊矣。攷之《禹貢》，惟冀、揚、梁、雍四州，不貢繭物。然《詩・唐風》云：『言采其桑。』又云：『桑者閑閑。』《孟子・告梁惠王》亦云：『樹之以桑。』而唐、梁為冀州地，則冀州宜蠶也。《豳風》云：『蠶月條桑，言求柔桑。』而豳為雍州地，則雍州宜蠶也。他如《衛風》云：『稅于桑田。』則衛宜蠶。《鄭風》云：『無折我樹桑。』則鄭宜蠶鄭、衛雖即兗、豫地，然即此可見，隨地宜蠶。惟梁州，《詩》《書》皆無可攷。然諸葛武侯言：『成都有桑八百株。』而成都為梁州地，則梁州之宜蠶可知。或謂《詩》《書》所謂『桑乃柘檿之類』，與今吳地之桑不同。然《衛風》云：『無食桑葚。』《魯頌》云：『食我桑黮。』而《孟子·告齊梁之君》亦云：『五畝之宅，樹之以桑。』則為今吳地之桑無疑矣。且《史記》云：『齊、魯千樹桑，其人與千户侯等。』又云：『燕代田畜而事蠶。』則青、兖、幽、并之閒，漢世猶廣有蠶桑。自漢魏以降，各州始失蠶桑之利。而蠶桑之利遂獨盛於《禹貢》不言宜蠶之揚州。推原其故，蓋由五季之亂，中原鼎沸，人民徙于江左，故江左蠶桑之利漸興，而中原蠶桑之利漸失，此非風土有古今之殊，而法度有存亡之變，故愚以為欲興蠶桑之利者，亦惟上之人導以法度而已。然蠶桑為小民之事，與興學校不同，若僅以書頒之，以法示之，終無所就。此猶種植之事，儒者按書行之，未必暢茂，而老農、老圃，無不應手發生，蓋耳聞與目見殊也。昔虞集議京東水利，謂：『當召三吳農民，以教水田之法。』夫興蠶桑者，亦若是焉已矣。愚故私議蠶桑方略數條，與湖州育蠶之法，箸之于篇，以竢留心民事者之采擇焉。

又《興蠶桑條議》

一、興蠶桑，當由漸推行也。凡民趨向，惟利是圖。若其地與素有蠶桑之處離隔太遠，則小民未深悉蠶桑之利，其趨事必不勇躍。即買桑秧、蠶種及一切育蠶器具，亦多未便。惟其地與素有蠶桑之處，繡壤相錯，則有以生其羨慕之心，而諸事亦多便易。待相近之地興立，稍有成效，然後由漸推行遠處，則事無不成矣。

興蠶桑，當召募熟手也。蠶桑為小民之事，與興文教不同。必先於素有蠶桑之地，召募熟手數十人（若能召募數十家更妙）。於近城之郜莊，分立數局，而令本地之人雜處其閒，分任其栽桑、育蠶之事。迨數局漸著成效，則郜莊之人，見其有利，自然羨慕興起。若僅於城中立一局，而不與鄉民親近，終無益處。

興蠶桑，當明立賞格也。小民安土重遷，彼蠶桑熟手，苟非欣於名利，安肯背井離鄉，專心教導。故召募之始，必先籌畫經費，使蠶桑熟手衣食無憂，略勝於本鄉之日。即將來興立，既有成效，尤必明立賞格，略倣古田官之意。如彼熟手果能教導鄉民，興立蠶桑之利，或賞頂戴榮身，或賞田畝，令彼作為永業。庶小民樂事勸功，有喜成懼敗之意。蓋郜莊之中，或有十家八家栽桑育蠶，則蠶桑之業，自能推行漸廣矣。

興蠶桑，當責成公正鄉董也。蠶桑為小民之事，凡督率之人，必與小民雍和親睦，庶無畏懼掣肘之患。若一經官場，則與小民聲氣乖隔，凡塗飾蒙蔽之患，無不作矣。故此事當責成各鄉公正紳董，收放經費，料理事宜，當道官長，但當察看紳董公私邪正，有無功效，而上下其賞罰而已（紳董如公正可取，著有成效，亦當保舉，以示鼓厲）。必不可干預蠶桑之事，使吏役得以藉口滋擾。

興蠶桑，當恒久期限也。凡事可以速成，而育蠶必先栽桑。桑之采葉，須待長大為期，須八九年，至速亦須六七年。且興立之始，一切不便育蠶，必無利息，不足鼓動人心。若當道吝惜經費，遽責成效，或因初年育蠶無利，半途中止，則前功盡棄矣。故興立蠶桑，必須久其歲月，優游寬展，但不可為紳董蒙蔽。須每年巡視數回，察其功之勤惰，效之多少而已。竊謂此事創立，誠在當道定其規模。至於統率經理，莫若委任實缺教官，使教官責成紳董，則庶可恒久已。但教官之賢否，又須當道察核爾。

興蠶桑，當因地制宜也。蠶桑，誠隨地可興。然或地氣極寒，至三四月，猶衣皮裘，而艸木不發生者，其地必不能興蠶桑。蓋蠶桑皆喜温和，懼寒濕。若地氣極寒之處，當其天日晴明，猶可無礙，一朝頓冷，則其蠶盡壞矣。故吳地育蠶，當三眠、大眠之時，若天氣頓寒，其蠶必不甚利。況西北極寒之地乎？然中原地氣，皆寒暖適中，不必慮此。即有地氣稍寒者，其護種生蠶，較他處稍遲數日，或十數日可爾。

清 張集賢編撰，郝子雅繪製《桑織圖》 桑蠶為秦中故物，歷代皆有，不知何時廢棄，竟有西北不宜之説，是未悉《豳風》為今邠州，岐周為今岐山，皆西北高原地，豈古宜而今不宜耶？歷奉上憲，興辦遵信者，皆著成效。惟慶久失傳，多不知法，不成中止。奉發《蠶桑輯要》《豳風廣義》，或以文繁不能猝識。今奉《蠶桑簡編》，復翻刻偏散，骰數年勸諭諄諄，躬自試辦，皆驗。逢人指示，已日有起色，務桑養蠶者亦夥，猶慮不及遍諭，不能合法。因取《豳風廣義》諸圖仿之，無者補之，繪圖作畫，刻印廣布，俾鄉民一目了然，以代家喻戶曉，庶人皆知，務地利，復其固有。衣食足而禮義生，豳風再見今日，所厚望焉！是舉也，書者為甘肅候補州判邑人張集賢，繪者為

清 張坤德譯《泰西育蠶新法·序》 蠶爲衣所從出，而國富亦基之。昔西伯治岐，即有牆下樹桑，匹婦蠶之政。自是以降，凡天子建邦，諸侯

立國，莫不以此爲急務。故深宫親桑，爲天下先，而卿大夫、士、庶人之妻，亦相率奮勉，罔敢或怠。顧古稱老者衣帛，少壯不與焉，則其事雖萌芽，而猶未盛行於世。時至今日，揉羅被縠，觸目皆是，雖謂風氣使然，亦由其業盛故也。卽就近省而論，如江蘇之蘇、常，浙江之嘉、湖，蠶戶婦女類皆悉心培養，不遺餘力，又加以寒燠適中之氣候，燥濕得宜之水土，故每歲利益無減。説者謂中外互市。迄今數十年，中國之利流入外洋者，不知凡幾，於此猶得收回一二者，茶葉而外，絲爲大宗。然則中國之絲，不特足衣一國之人，並外洋亦仰給於我，自非蠶務極盛，何以至此。雖然盛則盛矣，而究其所以育之之法，要皆不離乎婦女口授之淺説，祖父遞傳之舊訣，求一能推陳出新、別有心得者蓋尠甚。且謂面生人不可令蠶見，見則必壞，散髮時不可與蠶近，近則又壞，凡諸俗忌不一而足。然收成間多不足，或因蠶病，致全功盡棄，非歸咎天時之不正，卽委諸生命之不辰，從未有卽其致病之由，而深究其理者。惟然故叩以病所由起及其見證，與防之宜用何法，皆不知也。其不知何也，則以不明格致之理，雖有成法，卒不足以濟事也。《泰西育蠶新法》者，爲病是而作書，凡十章。其間除收種、飼養諸法與中國大致相同外，其專造蠶房，精製各器等事，似非吾華編戶所能然。如除净室、滌蠶具、透空氣、用硫磺熏室、採南面向陽之桑，俟其乾以飼蠶之數事者，爲之亦甚易易。至測熱度之寒暑表，察病源之顯微鏡，僻在鄉間，驟難購辦，儉嗇者又念不到此。然但使育蠶得手，則所償奚翅倍蓰，慎勿惜小費而隳大功也。夫中國之蠶，素稱力足，土壤亦最相宜，倘更取法於斯，益加勤勉，則蠶務之盛，又當何如耶。

清　宗景藩説略，吴嘉猷繪圖《蠶桑圖説·叙》　國朝恩隆，教養律中姑洗，后必躬桑。農桑並勸，聖訓煌煌，而植桑養蠶之法，浙民為善，以故絲帛之利甲天下。楚人耕而不桑，未諳其法耳。或者曰：『蠶桑利東南，不利西北。德安地近西北，故不宜桑。』非也。閒嘗考之《禹貢》：荆州，厥篚元纁璣組；豫州，厥篚纖纊。《傳》曰：組綬類纊細綿。組綬、細綿，胥絲成之，不桑不蠶，何以有絲？德安當古荆、豫之交，此宜桑一證也。杜君卿《通典》載，唐朝土貢，漢東郡貢綾十疋。唐之漢東，今之隨州也。《德安志》亦稱土絹與皺紗包頭。唐時，合羅綾為漢東郡土貢，此宜桑二證也。或者曰：『德安有木棉，利產應城者。』曰：『梭布行東南諸省，產安陸各屬者。』曰：『棉布行西北，萬里而遥。植棉植桑，利益相當，蠶事加務，功作有妨，是又不然。夫蓺木棉，侵菽粟之地，有水旱之虞。桑則宜野宜山，牆下畦稜，道傍場圃，閒隙之處，無不可樹，水旱無慮，一便也。木棉歷芟柞灌溉之勞極，碾彈紡績之力而成。一布值不敵絲帛什一。桑則隨時培養，農隙可治，取斧執筐，子婦之事，始蠶迄登，三旬而已。其功則半，其利數倍，二便也。至若桑下，可以種蔬，桑落可以釀酒，桑木可以樵薪，桑皮可以造紙，而蠶沙飼豕，繅湯澆田，猶其餘利也。況棉以秋成，桑以春美，以布以帛，並行不悖。江南蘇、松等郡，絲帛、棉布並為厚產，未見其相妨也。德安既有棉布利矣，益以蠶桑，其所以利民者，不更溥哉。同治朝，先世父朝議公宰蒲圻，撰《蠶桑説略》，倡興蠶桑，著有成效。余忝竊茲衛，四更寒燠，目擊屯黎，生計日蹙，夙有志焉。教以樹畜，今秋奉大府以余浙人素解蠶桑，責成舉行，因捐貲赴浙采購桑秧，以散諸旗。竝覓善桑者來茲，先自種植，為衆人導。冀以由近及遠，漸推漸廣，鼓舞而振興之。待五年後桑茂，設立蠶局，葉繭絲帛，平值兼收。蓋人有知愚之不齊，家有衆寡之不一，俾織者利其帛，繅者利其絲，飼蠶者利其繭，栽桑者利其葉，固不必人人飼蠶也，不必家家繅而織也。惟種植、飼繅之法，恐不能家喻户曉。爰檢朝議公《蠶桑説略》，倩名手分繪圖説，付諸石印，分給諸屯。讀書之士，轉相傳閲，俾習者了然心目，誠能如法講求，勤勞樹畜，則多一桑，即多一桑之利；多一蠶婦，即多一養蠶之利。勤其體而正其心，嫺其藝而世其業，然後地無曠土也，邑無敖民也。衣食由此而足也，廉讓於是乎生也。余其拭目俟之矣。

清　陳熾《續富國策》卷一《種樹富民説》　江浙之富也，以蠶桑。考之中國則如此。法蘭西之富也，以葡萄；意大利之富也，以蠶桑；美利堅之富也，以木棉；奥地利之富也，以材木。稽之外國又如彼。

又　向疑中國自有蠶桑垂五千載，雖天時人事偶有歉收，然從未有絕種之時，亦無轉購他國蠶子之説。後訪之江浙養蠶之戶，始知中國自有火試、雪試、鹵試三法，即所以防病蠶之子也。火試者，以蠶紙置之灶上極熱之處烘之，蠶子之無病者不傷，有病者不復出矣；雪試者，置之雪中；鹵試者，濾以鹽水。皆以殺病蠶之子而留無病之蠶。然後知中國數千年來自有秘法流傳，足以保茲美利。而西國防病之法，防之於受病之始，亦宜博采兼收，而不容稍有偏廢者也。此養蠶之應考求者，一也。

又　四者畢舉，而蠶桑之利，衣被六洲，將與天地同其悠久。萬變之原，權輿於此，僅僅興利云乎哉！

清　陳啟沅《蠶桑譜》卷一《蠶桑總論》　況蠶桑爲民食之本，爲國課之原，計其成絲獲利，民得其九，而國亦得其一。歷年土絲、土綢，出口徵稅，動以數百萬計。另內地消流，不知凡幾，且蠶桑之物，略無棄材。蠶食餘剩之桑，可以養魚。蠶疴之屎，可以作糞土，固可以培桑，并可以培禾，蔬菜雜粮，無不適用，更可以作風藥。已結之繭，退去蠶殼，化成無足之蟲，曰『蠶蛹』。若不留作種，煨而食之，味香而美，可作上品之菜。偶有變壞之蟲，亦可飼魚、養畜。更有劣等者，曰『僵蠶』，可作驅風藥。卽繅絲之水，均可作糞土以耕植。豈非蟲中之聖品乎？

清　費烈傳口述《寧郡蠶桑要言》　吾鄉地濱大海，生齒既繁，自務農外多以貿易爲生計。鄞東之人，沿海捕魚，此外土產不多，謀生維艱。余欲教以蠶桑，使男無曠工，女有常課，實爲救時之良法。

清　廣東省農林試驗場《農工商部農事試驗場第一期報告・敘略》

皇朝之重農也，雍乾間，屢詔天下，以時墾田。光緒三十二年，遂特設農事試驗場於京師，由農工商部奏准，即樂善園故址，改而新之，距西直門徑二里許，面積一千零六十二畝。土味腴瘠相錯，地勢高下不等。惟荒蕪年久，瓦礫而外，半皆蒲盧。本場從事經營，窪者疏以爲溝，宣以爲澮，溝上有路，澮上有道，如《周官・遂大夫》畛遂之制。高者樹以爲園藝，以爲圃園。圃之外有宮，有室，有亭，有臺，如《周官・匠人》營繕之制。土之性沃而質鬆者，厥樹宜桑，可以育蠶。土之味鹹而質磽者，厥樹宜椿枸、白楊之屬，可以取材，並附設動物園，講求畜牧。蓋古者草木鳥獸，各有專司，無容偏廢。成周以稼穡開基，而靈囿載詠，魯頌以稻秬誌美，而坰野陳詩畜牧之利，蓋與蠶桑並重矣。至光緒三十四年三月，田功始畢。是歲四月九月。

清　許鵬翊《柳蠶新編》卷上《栽柳栽桑難易說》　吉林一省，有食無衣，為民謀衣，除蠶事外，別無一策。《孟子》云：『五畝之宅，樹之以桑。』《詩》云：『蠶月條桑。』《書》云：『桑土既蠶。』我國古時，無不以桑蠶為重者。誠以桑為蠶食，天然美利。一婦不蠶，一家受其寒，所以不憚其難，合通國共經營之也。然古人五十衣帛，明非五十不能衣也，五十非帛不暖，未五十以前，其取給於麻縷者，被體而已；其取給於皮革者，又非貧家所多有。自棉入中國而後，朝野上下，皆適於用，民間尤大享其利，以其工省而產多也。吉省天冷，素不宜棉，而栽桑須數年之功，方可成林。古人云：十年之計，莫如樹樹是也。栽柳則不然，先冬栽植，明年即可放蠶，較之種棉，尤易為力，事之易辦，無有過於此者。且一經栽植，數世用之無窮，亦一勞而永逸也。

清　莊景仲《養蠶必讀・敘》　今之憂國之士曰：國貧矣，國貧矣。國何以貧，民貧也，民何以貧，生利之途隘，分利之人多也。吾悲焉，吾恥焉。吾何悲，吾悲夫路鑛之利，非吾有焉；絲茶之利，將吾失焉。吾何恥，吾恥夫吾亦國民一分子也，而朝而誦焉，夕而息焉。吾分吾同胞之利者，萬五千七百日矣，而於生利之日，曾不能得其萬一。自今以往，吾其將勉爲生利中人乎？吾且將以吾之生利，廣吾同胞之利也。

又　僉謂吾鄉普通之利，莫大於蠶桑。而其事又輕而易舉，特率出於婦人、女子之手。

清　宗景藩《蠶桑說略》　農桑之利，自古尚矣。獨楚之人不事蠶績。初疑其土之不宜桑也，顧《豳詩》言蠶事獨詳。諸葛居蜀，種桑八百本；慕容治遼，通晉以求江南之桑，似西北無不宜桑者。今四川產綢，荊州亦織緞，雖物不及東浙美，而川、楚之宜桑，亦可見矣。蒲邑距荊不遠，山水雄秀，有似江南。惟知耕而不務織，故民多窮。竊爲深思詳察，見城鄉之間，間有樹桑，枝槎枒而葉枯瘠，訪畜蠶者，悉詳詢之。蓋桑與蠶之種皆不美，而樹藝飼養，胥未得法，故採繭多而獲絲少。且其質硬，其色黃，僅堪作線，而不能織文受采，獲利既微，銷售亦不廣，業此者遂少。意者土無不宜，特人功未至，遂并大利而棄之耳。吾浙暮春之月，婦女採桑育蠶，窮一月之力，可獲倍利。民之富也，半由於此。今欲爲蒲民興利，赴浙買桑二千株，又桑秧萬餘枝，並購蠶種，載以來蒲，量給鄉民。恐其未解樹畜也，乃作《桑說》五，《蠶說》十，縷晰條分，刋發四鄉。俾獲通曉，誠能先求樹藝，糞多力勤，約計五稔，桑植繁茂，而蠶事可以盛行，其效似紆，其利至溥。語有之：『民勞則思，思則善心生；逸則淫，淫則忘善，忘善則惡心生。』耕耨之事，楚人知之，益以蠶織，則男力於野，婦勤於室。男女有業，邪僻之心，無自而生。或亦敦本善俗之一助歟。知蒲圻縣事錢塘宗景藩撰。

清　孫福保《吳苑栽桑記》　古者，吉貝之種，未入中國，所謂布帛者，麻與絲組織而成也。故孟子言，牆下樹桑，七十者足以衣帛。是地不植桑，雖欲戶勗以育蠶，卒不可得。昔泰西始通中國，中人之市絲於番舶者，無不罔厚利以歸。近則意、法、日本，考究養蠶，既精且詳，淩駕中土，而我中人蠶市之衰，日復一日，蠶功之曠，年復一年。鄉農舊植之桑，壯且老。棄美利於先疇，不亦惜乎！福保側一身於天壤間，無蚊翼之負，其如山何？無已，則思學爲農圃之勤，苟一草一木，得附麗於吾，而培植之，勾者畢出，萌者盡達，不使如牛山之濯濯也。區區此心，蓄之已久，乃徙宅於吳地之鄉，靈巖之麓，試以數畝閒田，闢而新之，植桑滿圃，綠蔭油油。

綜述

《漢書》卷五《景帝紀》顔師古注　農事傷則飢之本也，女紅害則寒之原也。夫飢寒並至，而能亡為非者寡矣。朕親耕，后親桑，以奉宗廟粢盛、祭服，為天下先。不受獻，減太官，省繇賦。師古曰：『省音所領反。繇，讀曰傜。』欲天下務農蠶，素有畜積，以備災害。

《宋書》卷九九《二凶傳》　上時務在本業，勸課耕桑，使宮內皆蠶。

唐　長孫無忌《故唐律疏議》卷一三　疏　議曰：『一事，謂失一事於一人者。假若於一户之上，不課種桑、棗爲一事，合笞四十。若於一人失數事，謂於一人之身，應受不授。又不課桑、棗，及田疇荒蕪；及一事失之於數人，謂應還不收之類，在於數人之上，皆累而爲坐。』

唐　白居易《白氏六帖事類集》卷二三　蠶桑第五十三　蠶事，繭稅。《月令》桑土既蠶。《書》八月載績。《詩》無伐桑柘。《月令》：季春愛蠶食也。蠶事既登孟夏。蠶室，具下。蠶則績而蟹有筐。桑土，見上。蠶織，《詩》曰：『婦無公事，休其蠶織。』桑于南陌蠶于北郊，《禹貢》厥篚檿絲，桑之絲，可中琴瑟。《絃書》遵乃脩之文器，宜合禮《月令》：季春乃修蠶器。趨既登之曰事必及時。

《舊唐書》卷四九《食貨志》　擇其上腴，樹桑環之，曰公桑。自王公至于匹庶，差借其力，得穀絲以給國用。詔從其說。贊孰計之。

《太平御覽》卷八二五《蠶》　《禮記·月令·季春》曰：是月也，命有司無伐桑柘，愛蚕食。有司，謂主山林之官。乃修蠶器，蚕器，謂簿槌、鉤筐之類。后妃齊戒，享先蠶而躬桑，以勸蠶事。季春吉祀，皇后享先蚕。先蚕，天駟，享先蚕而後躬桑，示率先天下也。

宋　吴淑《事類賦注》卷四《春夏》　薦鞠衣而修蠶器。《禮》曰：三月之節，天子薦鞠衣於先帝，蓋黄桑之服。又，三月乃修蠶器，后妃齋戒，享先蠶而躬桑，以勸蠶事。

宋　釋文瑩《湘山野録》卷中　又按《周禮》造民籍，曠土皆使樹桑。

宋　陳祥道《禮書》卷三〇《后躬蠶》　勸蠶事原《禮》：后妃齋戒，親東鄉躬桑，禁婦女毋觀，省婦使，以勸蠶事。注：后妃親採桑，示帥先天下也。東鄉者鄉時氣也，是明其不常留養蠶也，留養皆所卜夫人與世婦，婦，謂世婦及諸臣之妻也。夏小正曰妾子始蠶，執養宮事。毋觀，去容飾也。婦使，縫線、組紃之事。

宋　祝穆《古今事文類聚前集》卷八《天時部》　是月也，命野虞，無伐桑柘。鳴鳩拂其羽，戴勝降于桑。具曲植籧筐，后妃躬桑，以勸蠶事，命百工毋或不良。

元　馬端臨《文獻通考》卷八七《史部》　先是，議禮局。禮部太常寺被旨，議合行制度。凡七事，謂仿後齊之制，置公桑、蠶室，度地為宮，四面為墻，高仞有三尺，上被以棘，中起蠶室二十七，別建殿一區，為親蠶之所。倣漢制，置繭館，立織室于蠶宮中，養蠶千箔以上，度所用之數，為桑林，築採桑壇于先蠶壇南，相距二十步，方三丈，高五尺，四出陛。

元　王禎《農書》卷六《蠶繅篇》　淮南王《蠶經》云：黄帝元妃西陵氏始蠶，盖黄帝制作衣裳，因此始也。其後禹平水土，《禹贡》所谓：『桑土既蠶，其利浙廣』。《禮·月令》曰：『古者天子諸候，必有公桑、蠶室。季春之月，具曲植籧筐。后妃齋戒，親東鄉躬桑，禁婦女毋觀，省婦使，以勸蠶事。蠶事既登，分繭稱絲效功，以共郊廟之服，無有敢惰。』及考之歷代皇后，與諸侯夫人親蠶之事，昭然可見，况庶人之婦，可不務乎？

元　佚名《居家必用事類全集》辛集《爲政九要》　勸農為政。周公曰：穀不熟為饑，菜不熟為饉，果不熟為荒。牛不安，農困。一夫不耕，一家饑；一婦不蠶，一室寒。養親祭祀，租稅差役，則皆廢矣。農家殺牛食肉，年年瘴癘疾病，牛能弩力，傷坤順之氣也。殺馬食肉，歲歲蠶死桑枯。馬為蠶父，傷天陽之氣。鷄豚狗彘，羊猪鵝鴨，二社冬年，足可養老祭祀矣。農家豪富，置買金銀頭面，招賊榜文；錦綉羅紈，差發由帖；好賽神社，非突横禍；大屋高房，官兵館驛；輕車肥馬，藉借生冤；攀高接貴，張羅釁隙，可逐。一鄉一社，立耆老教化民也。諺云：由人而窮，窮者有十。一要貧，學燒銀。二要貧，孝空門。三要貧，好相論。四要貧，好移墳。五要貧，置寵人。六要貧，陪女門。七要貧，要宅新。八要貧，酒賭頻。九要貧，宴貴賓。十要貧，好賽神。其犯一者，未有不貧也。又云：人有十可富。一可富，孝親族。二可富，少奴僕。三可富，省追逐。四可富，劾勤苦。五可富，不高屋。六可富，長忍辱。七可富，粗衣服。八可富，養六畜。九可富，多糞土。十可富，没名目。為之三五，無不可富足也。公侯州郡，常切用心，罷不急之役，無名之費，及冗官繁吏，民户難以養贍，可省費者，即當罷去。莫大之便，利民之要也。公侯之職，當教文武、醫卜、士農工商、道釋九流，衣服不得過越奢侈僭易。

《元史》卷一六七《張立道傳》 爨僰之人，雖知蠶桑，而未得其法，立道始教之飼養，收利十倍於舊。

明 夏言《夏桂洲先生文集》卷一二《請舉親蠶典禮疏》 竊念臣於嘉靖元年四月，謬蒙簡命，令查勘順天等八府皇莊田土，事竣之日，嘗具本於册。陛下面進内一節，欲將在京負郭大興縣等地方，各宫莊田，原不係占奪民田者，一切削去皇莊之名，宜改爲親蠶廠、公桑園等項名額，勅令有司種植桑柘，以備宫中蠶事。禮部詳考《禮經》，斟酌古今，具皇后親蠶儀以進。仍於季春之月，擇日舉行，播告天下，誠爲帝王之高致，皇后之盛節，閨門風化之首，王業之根柢也。

明 王圻《續文獻通考》卷一〇九《郊社考》 親蠶之禮，遼、金俱不行，故不列祀典，元建蠶壇矣，而祀事不聞舉焉，故其禮儀亦無可考。趙天麟嘗有策，述古公桑之制，勸中宫仿古親蠶。

明 潘游龍輯《康濟譜》卷九《農桑》 又以湖廣，辰、遠、永、寶、衡等處宜桑，而種者少，命于淮、徐取桑種二十石，送其處，給民種之。

明 張國維《吴中水利全書》卷二二 蓋三月後，高田務桑麻，低田務番耕，農時不可違也。

明 張萱《西園聞見録》卷三二《賦役前》 乞勅該部，查照勘報文册，將在京附郭大興縣地方，各宫莊田，原不係占奪民田，不滿數十頃者，請一切改為各宫親蠶廠、公桑園等項名額，令有司種植桑柘，以備宫中蠶事。皇后躬履勤儉，以率天下，而親蠶之禮，實為我朝百年缺典。勅禮部詳具皇后親蠶儀以進。待明年季春之月，擇日舉行。

清 顧炎武《天下郡國利病書》第十五册《山東上・章丘縣志》 即清平鄉，地宜桑，蚕成，織紗絹，為利頗不貲。

清 俞森《種樹説》 五畝之宅，樹之以桑，宅不毛者，有里布。今汴州四野之桑，高大沃若，若比戶皆桑，大講蠶務，其利七。

清 楊屾《豳風廣義・敬陳桑蠶實效廣開財源以佐積貯裕國輔治以厚民生事》 蠶桑乃秦人本有之業，但因往代兵燹之後，砍伐殆盡，物易人遷，樹桑養蠶之法，盡失其傳。後世習而不察，誤爲風土不宜之説，因而棄置不講，所以桑蠶之業久廢，女工之事不作。無人焉以倡率開導之，遂棄無窮之地利，委諸土壤，以自有之衣具仰給鄰邦，甚屬可惜。屾因博訪樹桑養蠶之法，織工繰絲之具，無不按其規程，盡其法則，先自樹桑數百株。於己酉年始爲養蠶，鄉人每有笑其迂濶難成者。屾亦弗之顧，惟日夜經營，無少懈怠。既而蠶成，及繰水絲之日，鄉人乃共相環視，見其絲堅韌有色，光亮如雪，覩所未見，莫不驚異。由是鄉鄰之中，多有傚之養蠶者。迄今十有三年，歲歲見收。近來鄰邑，亦有慕傚者。但欲養蠶者雖多，而樹桑者甚少。徒作羡魚之歎，而罕結網之思。若能設法勸誘，力加開導，使桑蔭布滿於阡陌，則蠶事自興於民間，而秦人之富，可立而致也。然秦人多疑南北風氣之殊，天時寒熱之異，以爲桑蠶非北地所宜。又謂即或偶爾有成，不過一隅之地，恐非通省所宜。此亦靡所考稽之故也。屾請以北地桑蠶可舉者，証據有六，其大利於秦者有四，並將桑蠶易舉，及古今教民桑蠶有成效，而遺澤後世者，悉爲。

又 莫若先檄行州縣，以種桑之多寡為殿最，再行題請定規。嗣後，州縣陞遷，卓異必列，勸課桑蠶。歲歲增益，實有成效。一條，或設專管之員，專董其事，更無推委。

清 李拔《蠶桑説》《皇朝經世文編》卷三七 襄之民，果從余種桑矣。三年而桑茂，十年而桑大茂，而余又慮其飼蠶之未善也。

清 李聿求《桑志》卷六《桑所植》 《士農必用》：地桑之功，惟在治之如法，不致荒燥。無樹桑之家，純用地桑則人力倍省；有樹桑兼地桑之家，樹葉既成地桑可止，而勿用加澆鋤之功，使之滋長至其蠶大眠之後。或樹桑不能時至，則可就取地桑補之，蠶至終老不致闕食。

清 崔應榴彙纂，錢馥補輯《蠶事統紀》卷九 《禮記・祭義》：『古者天子諸侯，必有公桑、蠶室，近川而為之，築宫仞有三尺，棘墻而外蔽之。及大昕之朝，君皮弁素積，卜三宫之夫人、世婦之吉者，使入蠶於蠶室』。案：颜師古《漢書・張湯傳》注：養蠶欲其温而早成，故為窑室，蓄火以置之。

又卷一〇　案趙抃《成都古今記》：蠶蕞氏每春勸民蠶桑，俱鬻蠶具，設之蠶市，蠶市在府城大慈寺前，唐韋元康有記，宋太守田況有詩，《范忠宣公集》亦有《和吴仲庶暮春蠶市诗》。又眉州亦有蠶市，《四川總志》云：在眉州城内，州民習俗重蠶事。歲二月望日，相聚鬻蠶噐於此，因作樂縱觀，洎暮而散。東坡、潁濵皆有詩，並見《錙孟熙霏雪録》。馥案，《茅亭客話》：蜀有蠶市。每正月至三月，州城及屬縣一十五處。耆舊傳聞，古蠶蕞氏為蜀主，民無定居，隨蠶蕞所在致市居，此其遺風也。

又卷一六　案《福寧府志》云：福寧舊無樹桑、蠶絲，郡守李拔教民種桑養蠶為絲，今漸多。此文述蜀地蠶絲甚詳，故備載之。

清　吴烜《種桑説・序》　邑侯汪漁垞公祖捐廉購桑，給發貧民。子復與本鎮同志諸公，集腋成裘，偕往浙西，購歸。發種，隨高隨下，無不欣欣向榮，則江陰土性宜桑，固已信而有徵矣。

清　周春溶《蠶桑寶要・告示》　欽命分巡四川川東兵備道，轄重、夔、綏、忠、酉、石等處地方，兼管驛傳事，加三品銜，軍功三級，隨帶四級，紀錄八次姚為勸諭事，照得右者，農桑並重。墻下之樹，野虞之禁，禮有明文。蜀為沃土，桑植尤宜，嘉、眉、順、保一帶，早已大獲其利，而川東未之及者，豈土之有宜有不宜歟？抑亦創始之無人也。本道生長浙湖，深悉種桑之利倍於農，而尤逸於農。思欲以吾湖種桑之法，興川東蠶桑之利。除籌欵採買桑秧，扎飭委員會同局紳，先行試種外，合亟出示勸諭。為此諭仰軍民人等知悉，爾等如有情願領桑種植者，即赴保甲局，報明數目，領請給發。其有力之家，亦可多購桑秧，隨地栽植，或千株，或百株，即降而數十株，再降而十數株，量力行之，均無不可。捴之，種桑一株，三年後，即收一株之利。本小利厚，爾等其努力為之，毋負本道諄諄勸諭之苦心，本道實有厚望焉，各宜凛遵勿違，切切此諭。

又《山東道姚刊示栽桑簡要法則》　或谓蜀婦女恐不能蠶，此其説更非也。匹婦之蠶，猶匹婦匹婦，疑係匹夫之誤之耕也，未有夫而不能耕者，寗有婦而不能蠶者乎？是皆不必為民慮。特患民未悉其方耳。余世居浙江，鄉貢八繭之緜，栽桑育蠶，咸諳其業。大凡桑子入土萌芽，三年可移以栽，又三年可接其本，至所接之枝盈握，葉遂大茂。以桑之最下者計之，每樹一株，採葉三四十觔，蠶則食葉一百五六十觔，出絲一觔。是有桑五株者，可育一觔絲之蠶；有桑五十株者，可育十觔絲之蠶。而自蠶之始生，以及成繭，為期不過一月，以此而較之農，豈不逸甚？以此而較之績，豈不易甚？惜乎！榮昌人未之知也。不寗惟是，桑葉之採而復生者，可畜牛羊。葉條之棄而不用者，可供柴火。又有繭衣，可以為緜纊，繭餅可以織緜紬，而蠶沙、蠶蛹，更可藉以肥田畝。其有益於民用者，豈一二端所能竟哉？

清　何石安輯《蠶桑圖説合編・陸𪻐恩跋》　昔齊管仲修太公之業，而冠帶衣履天下。逮漢時，猶有齊三服官，知名賢之流澤長矣。秀水張晴江令君爲宰吾邑，乃獨思振興之前政。時已闢荒田爲公桑，植萬餘株，而其利未溥至。君又添植若千本，并購採桑、庋蠶各器具，懸于庭，以爲楷式，俾民仿爲之。又欲傭織婦來常，使得所觀摩甚盛意也。

清　張之洞《張文襄公全集》卷八《修治四天門韓侯嶺路工完竣摺》　義井至㴋石驛一段，灘路紆回，涉水者凡十二處，夏秋亦苦山水之患。今於平潭、石壩嘴、墩臺山三處，創築石堤二里，内則因山開道，外則築壩護堤。堤内樹桑，堤外樹柳，可以方軌行車。所有各工，於去年三、九、十二等月，本年三、四等月，陸續據報完竣。經臣飭委署平定州知州蔣拱辰，逐段勘驗，據稟，工程堅實，均能合法，可期經久等情。

清　王晉之《山居瑣言・治生宜精理桑棉》　治生之道，男女俱不可曠。蠶桑紡織，乃婦女專責。《詩》云：『婦無公事，休其蠶織。』《周官》：『不蠶不績，胥有明罰。』故桑、棉二者，治家者宜破出氣力經營，爲婦女作久遠恒業。

清　俞墉纂輯《蠶桑述要・繅絲圖》　古者后妃親蠶，明婦功也。躬爲先導，以教民也。近時，課蠶桑之利者多男功，而女紅僅相助爲理矣。

（光緒）《湖南通志》卷一八二《長沙府・攸縣》　乃刊《農桑輯要》一書，頒示之。罪有至笞者，令種公桑於社中，遂得免廢淫祠。因設義塾，凡百十有七所，并請旌烈婦百九十有七人，其存者，則歲時存問，表其間，以寵厲之。

清　曾鉌《蠶桑備要・計開經始事宜章程十二條》　每園先由三原，招傭園丁一家，專理導畦、灌水，暨布種、分秧、壓條、接樹各事，兼爲鄉民指示樹桑法。程常川住守不得曠期，須先取具地保，方準充當。每月由本局酌給身價、口食，議定銅錢叁仟文，惰者立時黜換。

清　陳恢吾《農學纂要》卷四　土宜　凡不宜稻之地，其土高潤，舉可樹桑。最宜高燥之而通風日之地，或山腰傾斜，以及平原曠野，培壅得法，皆易繁茂。桑性尤宜夾沙而上層深厚之土。惟易淹之處，及土堅如石者，不可種土濕之區，宜種高地。湖水宜桑。

清　江毓昌《桑蠶説》

欽加鹽運使銜，特授瑞州府正堂，加十級，紀錄十次，江爲勸蠶桑以廣生業事，照得人生切己之圖，惟有衣食，衣食從出之處首在農桑，此農桑之政所以由來並重也。瑞郡民勤耕鑿，皆知盡力田疇，獨蠶桑一事雖經舉行，未能推廣。追求其故，或謂野無曠土，或謂土性不宜，或謂三縣各有土産，孰肯荒已成之業，謀未成之舉，各拘所見，所以迄用無成。夫四境之大，何至竟無閒土？且桑最易生，山邊、墻外、地角、田頭，處處可種。即令並此均無隙地，竟種於陸地之中，計離六尺遠一株，占地無多，依舊可種稼穡。迨桑既成林，占地漸大，其利亦遠勝於苗稼。試看江浙兩省，人稠地窄，而無處不有桑園，若非利厚，何肯舍稼穡而種桑樹？其明証也，則無曠土之説不足慮。至於土性，查府署院中，有自生桑樹十餘株，枝葉茂盛，詢問民間，桑亦如此。若謂土不宜桑，何能自生桑樹？此不待智者而後辨也。其所以養蠶不佳者，由於未接。蓋江浙謂接過者爲家桑，又勤於修剪澆灌，故葉極肥厚，用以養蠶，蠶大而絲軟。謂自生者爲野桑，蓄以待接，不以養蠶，嫌其養蠶不大，出絲不軟也。今以從未接過從未修剪澆灌之桑，歸罪於土性，土性何能任咎？則不宜之説不必慮。三縣土産，新昌造紙，不用女工。高安綿布，現因洋布盛行，消路日滯。上高夏布，雖可暢行，然養蠶之事自生蟻以至繅絲，婦女勤勞不過四十餘日，以一年三百六十日計之，除去四十餘日，尚餘三百一二十日，皆可各爲本業，又况此四十餘日所得之利可敵三百一二十日所得之利乎？至於種桑以及修剪澆灌，爲時有限，小民斷無日夜操作，竟不能分片刻工夫料理桑樹之理，則荒廢本業之説，無庸慮。本府籍隸江南，本地所産五穀不敷食用，全賴蠶桑以佐生計，深知蠶桑之利十倍雜糧。今忝守是邦，何忍不與吾民共此美利？特爲重刻《桑蠶提要》一書，教以種桑養蠶繅絲之法。尤恐篇幅太長，難於披閱，又作《桑蠶説》一同刷印散給。仍由本府捐廉赴湖州購買桑秧作爲桑母，並雇湖州匠人教令栽種接換，一有成效，再買湖州蠶種發給，並雇蠶師教習養蠶繅絲，以期盡美盡善。除將各書扎發各縣轉發外，合行出示曉諭，爲此示仰紳民人等一體知悉。爾等須知蠶桑爲利最大，且無水旱之慮、四時之勞，又爲婦女職業，不碍男子生計，務將書內各條過細講求，一面於八月間多壓桑條，廣蓄小樹，以待明春接換。數年之後，家桑徧野，蠶事大興，本府必雇覓匠人織成裁料，以廣消路，以爲我瑞郡永遠之利。凡爾紳民宜体本府不惜心力，不惜銀錢，又不要爾等花費分文，爲爾等謀無窮利益，務必互相勸勉，按法廣種，以待教習，毋負本府苦心，是爲至要。所有章程開列於後，其各凛遵毋違。特示。

計開章程

一、舉紳士，辦事首在得人。蠶桑局董事宜由地方公舉公正殷實明白耐勞紳士六人，須城廂附近者，以便常川到局經理，有大事商議，則六人皆到。平時分爲兩班，每年一班，輪流經管。若將來事務過忙，隨時酌添，總期無冗人無廢事。此邦紳士皆明大義，爲桑梓興無窮之利，自不至於推諉。

一、籌經費辦事，以經費爲先。所有赴湖州買桑秧、桑子，雇教種樹、接樹、養蠶、繅絲湖人，運脚、工食以及局用，在在需錢，本府蒞瑞甫經數月，毫無善政及民。若派令民間捐辦，是利未興而害先至，殊非愛民之道。今一切經費，均由本府捐辦，並不派捐百姓，倘有紳富好義急公自願助金，以成美舉，以收速效，則是誼篤桑梓。除將捐數條示外，事後仍勒石以垂久遠。本府意在安民，既不派令捐輸，亦不阻人善念，在紳富之好義者自酌之。

一、計久遠。本府歲入有限，人所共知，即令傾囊相助，亦非長久之計。今先扵郡城設立總局，多備公中隙地，俟湖桑辦到，先種若干株，一面興種桑秧廣接，以備分散養蠶之時，由局覓空房一所，雇四五十歲婦女教令養蠶，既可使各處效法，來年又可令轉教各鄉，以期愈推愈廣。局中所得之絲，即充本局經費。二三年後，桑葉愈多，可以多養蠶多出絲，則經費自可漸足。再設各縣分局，如該縣有公中閑欵可以提借，即照總局章程辦理，俟出息稍裕，即將借欵陸續抽還。

一、發桑母。桑非接過，葉不肥厚，養蠶不大，出絲不光，江浙皆然，不獨本地桑樹如此也。本府定扵秋後派人赴湖州買接好桑樹，約明年正二月間運到，每縣酌發若干株，令各都圖長均匀分領，按照本府所發《桑蠶提要》

如法栽種，作爲桑母。一面令各鄉各戶預先多蓄本地小桑，俟可接之時，即由接樹之人剪取桑母新發枝條挨接。數年之間，所有桑樹，無不變成湖桑。再由本府購買湖蠶種，發給餧養。其所領桑母，三年之後，接桑既多，到處可以取枝，再接他樹，如原領桑母，係都啚長所領種，在該都啚長地內，即作爲該都啚長之物，不准他人擅取。若由該都啚公衆承領，種在公地，即將桑母歸公，每年賣桑葉以充該都啚善舉公用。如都啚長無地無力承領，該都啚中又無公地可種，則無論該都啚何人，或摠領，或分領，均照都啚長章程辦理，但不准斂錢購買公地，以杜騷擾。至領桑母，止須在局具領字一張，與同領之人具互結一張，彼此互保，不敢作踐，不敢轉賣，便可領去。凡具稟及一切之事，均無分文花費，倘有撞騙者，准其在局喊稟。

一、禁掯吝。民間所種桑樹，已用湖桑接過，樹上枝條長出，屆接桑之時，如有人討取接桑，必須剪給，不得掯吝不與，方能愈推愈廣。倘向討之人擅自私取，任意剪伐，致傷桑樹者，准稟官查究。

一、勤護惜。種桑之利，倍於各種雜糧，且無水旱之憂。所有桑園須築土墻，或編籬圍護，倘有縱放牛羊，故意作踐，以及偷窃之人，准其指名稟官，分別嚴懲。如挾嫌妄稟，察實，亦必反坐。

一、廣教導。可以接樹之時，爲日無幾，若專令湖州匠人偏歷三縣，勢必誤事，須每縣招募精細勤謹者十人，來局學習，局中酌給工食，學成之後，以十傳百，以百傳千，不過三四年，處處皆知種接矣。至養蠶、繅絲、絡絲等事，本地皆不得法，由局募四五十歲婦女若干口，酌給工食，在局學習，學成，即令偏教鄉人，以期家喻戶曉。其定額之外，如有願學習者，均准在局學習，但經費不充局中，一概不給工食。至各種應用器具，局中均一一備齊，以便各處照式自行置辦。

一、籌消路。本地絲既不佳，消路亦不甚廣，所以不能盛行。數年之後，桑樹既已接好長成，栽培得法，又係湖蠶種所出之絲，繅絲等法亦漸精熟，出絲亦必光亮勻細，再酌雇下江匠人試織綢緞，但能織成裁料，消路不愁不廣，蠶桑即可不勸而興，庶能行之久遠。

一、節用度。一切經費，不但由本府獨捐力量有限，局紳理宜體貼節省，即將來出息充裕，亦必以節儉爲主，節得銀錢，好在百姓頭上用。總之，錢乃身外之物，若是當用，雖百萬不可吝惜。錢爲天地之寶，若不當用，雖一文不可妄費，纔算得善理財，纔可以做事業。凡治家治國皆然，不獨一蠶桑局也。

一、明賞罰。在局辦事諸紳，除酌送薪水、供應火食外，如能始終勤慎，事事妥貼，俟成效大，著或由本府送給匾額，或稟請大憲發給功牌，以示獎勵。如有始勤終惰、不盡心力者，隨時更換。至各鄉，俟本府每年查保甲時，親自帶查，如各都圖長於所轄之處勸種桑樹蕃多，所領桑母栽培茂盛，隨時酌予獎勵。倘本地並未勸人種植，或聊種數株以圖塞責，所領桑母又復枯萎，定即從嚴查究。

一、策善後。興利之事只可官爲提倡，若利成之後，仍復歸官經理，久必百弊叢生，廢而後已。倘能於五六年中諸事告成，即可撤局，使利益全歸於民。局中桑樹及器具與省出之錢，或撥給書院，或撥充善舉，屆時視所餘多寡，再行酌辦。諸紳宜善體本府損己利民之意，盡心竭力爲桑梓求永遠利益，是所盼切。

（光緒）《南匯縣誌》卷二〇《風俗志》 土俗向不解蠶桑。粵寇之亂，浙西及江寗避難者多至浦東，遂開其端。前令羅嘉杰、金福曾先後官斯土，始課民藝桑，并導以育蠶之利。近日周浦、新場、六竈各鎮，已樹桑偏地，而蠶利猶未溥焉。

清 林楊光、王鎮西《蠶桑條説·白河縣知縣林令楊光述呈桑蠶各説七條》 江浙穀雨後，停理詞訟，官不鳴鑼，養蠶之門題『蠶目知禮』四字，重蠶事也。

清 饒敦頤輯《蠶桑簡要録·南溪種桑請準立案並飭後任照章接辦勿使廢墜稟》 窃以耕織遞咏，見於《風詩》、《月令》，親蠶同於耕耤，農桑並重，古訓昭然。攷西蜀蠶叢開國，爲當年固有之利，沃野千里，氣候暄和，是無地不宜桑，無人不可蠶。近今食其利者，除成、嘉、順、保數郡外，其餘各州縣，偶一有之，無視爲恆業者，失此大利，殊爲可惜。察南邑地方情形，比歲不登，民俗凋弊，捐稅頻增，輸將竭蹶；兼以民情浮動，飢寒迫人。良懦者，尚能作苦營生；狡黠者，遂爾比匪苟活。欲施補救之良方，莫妙標本之兼治，近時迭奉。

清 華惲《監察御史華惲奏請廣種植興水利以闢利源事》《光緒政要》卷二二 夫種植之大利，其在南方者二：曰桑，曰茶。黃河以南之省分，近水者無不宜桑，近山者無不宜茶。苟能由官籌款，購買桑秧、茶子，散給民間，並講求養蠶、製茗之方，不數年，而風行海内矣。

清 衛杰《蠶桑萃編》卷二《桑政・辨土類》 性壤者，取柔軟也，宜種椹；厥土赤埴墳，色赤者，光耀也。性埴者，粘膩也，宜種桑；厥土白壤，色白者，潔净也。性壤者，無塊也，宜種椹；厥土黑墳，色黑者，純净也。性墳者，沃衍也，宜樹桑。

清 河南蠶桑織務局《蠶桑織務紀要・詳請沿河栽種樹株文》 爲詳報事，案查本局於六年六月由司詳奉憲台批准在於省城設立蠶桑總局，當經籌欵倡捐，置買南鄉百塔莊地畝，蓋造蠶室、桑園，製備各項器具。一面札行各府州縣，量爲捐資，派員赴浙，採買湖桑來汴，乘時栽種，凡地土宜桑處所，悉已辦有端倪。

清 張行孚《蠶事要略・興蠶桑條議》 興蠶桑，當由漸推行也。凡民趨向，惟利是圖。若其地與素有蠶桑之處，離隔太遠，則小民未深悉蠶桑之利，其趨事必不勇躍。即買桑秧、蠶種及一切育蠶器具，亦多未便。惟其地與素有蠶桑之處，繡壤相錯，則有以生其羨慕之心，而諸事亦多便，易待相近之地，興立稍有成效，然後由漸推行遠處，則事無不成矣。

《清史稿》卷四四三《張之洞傳》 又以荊襄宜桑棉麻枲而饒皮革，設織布、紡紗、繅絲、製麻革諸局，佐之以隄工，通之以幣政，由是湖北財賦稱饒，土木工作亦日興矣。

傳記

漢 劉珍等《東觀漢記》卷一九《魏霸傳》 霸【略】為鉅鹿太守，妻子不到官舍。【略】婦親蠶桑，服機杼，子躬耕農。

《元史》卷一六七《姜彧傳》 王下令諸軍敢入城者，論以軍法。瓊就擒，城中按堵如故。彧以功授大都督府叅議，改知濱州。時行營軍士多占民田爲牧地，縱牛馬壞民禾稼桑棗。彧言於中書，遣官分畫疆畔，捕其强猾不法者，寘之法。乃課民種桑，歲餘，新桑遍野，人名爲『太守桑』。及遷東平府判官，民遮請留，馬爲之不行。至元五年，召拜治書侍御史，出爲河北河南道提刑按察使，賜金虎符，改信州路總管。後累遷陝西漢中、河東山西道提刑按察使，拜行臺御史中丞。後以老病歸濟南，尋擢燕南河北道提刑按察使。三十年二月，以疾卒，年七十六。子迪吉。

（康熙）《山東通志》卷二七《宦績志》 高伯温上都人。至元間為長清尹，勸民樹桑，至十七萬餘株。又建義倉儲粟，以給流民之歸者。境内瀦水没田，乃立表相地，開渠洩水，民樂其業，立石頌之。

又 卷二八《人物志》 顏斐字文林，濟北人，有才學。太祖時，召為太子洗馬。黄初間，轉為黄門侍郎，後為京兆太守。始，京兆民人不專農殖。斐到官，乃令屬縣整阡陌，樹桑果。置車，買牛，民始以為煩。一二年間，家有車牛，人民豐富。又起文學，聽吏民欲讀書者，復其小徭，於是教化大行，吏民愛之。青龍中，遷平原太守，吏民遮道不得前，稽留十餘日乃出界，因立碑稱頌之。

又 姜彧字文卿，萊陽人。父椿，避亂往依濟南張榮，因家焉。彧幼頴悟好學，榮守濟南，辟為掾，陞左右司知事，遷郎中，進叅議。中統三年，彧與榮孫宏入朝，因言益都李璮必叛，宜先未發制之。明年春，璮果判，據城邑。彧從榮，招集散亡，迎諸王哈必齊進兵討之，得城中窮蹙狀，乃勸主將下令諸將分守城門，勿縱兵妄殺。由是賊衆開門出降，璮就擒，彧以功授大都督府叅議，改知濱州。時行營軍士多占民田為牧地，縱傷禾稼桑棗。彧言於中書，遣官分畫疆界，并捕治强猾。乃課民種桑，歲餘，新條遍野，人名為『太守桑』。後累遷提刑按察司，拜行臺御史中丞，以老告歸。

（雍正）《山西通志》卷九一《名宦》 陳伯福，後至元間，知潞州，教民孝弟，勸農課桑，人咸德之。

又 丁惟寧，號少濱，山東諸城人。嘉靖間，以進士知長治縣，縣宜桑，人多以紬為業。往時上官來取，差役需索無已，民甚病之，維寧獨力為裁，抑不少徇，徵拜御史，官至湖廣副使。

清 崔應榴彙纂，錢馥補輯《蠶事統紀》卷五《官司勸課》 《醒餘雜述》：『范忠宣公知襄城。襄俗不事蠶織，鮮有植桑者，公患之。因民之有罪而情輕者，使植桑於家，多寡隨其罪之輕重，後按其所植榮茂，即與除罪，自此人得其利，公去，民懷之不忘。』

又 趙《松雪齋集・姜公墓誌》：『姜彧，字文卿，萊陽人。知濱州，設賞罰，課民栽桑，歲餘新桑徧野，人呼曰「太守桑」。且歌曰：「田野桑麻一倍增，昔無麤麻今纊繒，太守之德如景星。」』

清 陸獻輯《山左蠶桑考・跋一》 陳君諱斌，浙之德清人。嘉慶間宰合肥，以合肥多曠土，少蠶桑之利，小民生計日絀，因于湖中購蠶種，買桑于苕人之來者，以課民，民由是養蠶，合肥養蠶自此始。夫民之窮且懶久矣，窮可療也，懶不可爲也。獻不敢謂民之懶由于官懶，以不課桑故，而獻則深信民之窮由于地窮以不樹桑故，如陳君者，可謂仁人君子之用心者矣。陳君所述種桑法，糸之古今種植書，大同而小異，亟登錄之，以資考証云。

清　吴烜《植桑育蠶書・何栻序》　邑侯汪公漁垞，越人也。聞其事而善之，捐廉以爲之倡。三年有成，可大可久，以爲五年之後，息金百倍於田租。四境之中，貿絲一同於吳產，此非吳君之臆說。其說可信，固已信而有徵者已異，日者推原所，自始方將爲欒公立社，與嫘祖合祠。吳君經世利物之心，至是可以大慰。且與吾師勸行鄉約之舉，誠所謂教養兼施者，果能推而行之，三代富庶之風，何難復見於今日哉！

（光緒）《湖南通志》卷九八《名宦志七》　李恒，六合人。成化中知安鄉縣，民不諳紡績，恒教之樹桑麻、木棉，月課其功，歲旱救荒有功，多所全活。

（光緒）《湖南通志》卷一〇一《名宦志十》　鄧國材，横州人。萬歷中知衡山縣，始至即教民樹桑，禁人毀折，人指為『鄧公桑』。當微行田閒，見民之藝桑多者，親慰勞之，聞織紝聲，賜以茶米。在任數年，田野增治，人耻游惰，吏不敢犯，民不忍欺。《一統志》

（光緒）《湖南通志》卷一〇六《名宦志十五》　李大本，安邱人。乾隆九年知益陽縣，縣民不知蠶，大本教之樹桑，後賴其利，號『李公桑』。明年調長沙縣，政尚平恕，重修學宮、縣志，皆鋭意為之，以卓異擢寶慶同知。所隸通水峒苗僧行賈臨桂，誣服為賊黨，兵且至峒，大本力雪之誣，卒白。横嶺尚苗乏食，籲官求粟，大本多方賑之。復請以入官，苗田募苗民，受種出租，不果行，時論惜之。

清　曾鉌《蠶桑備要・序》　安静吏也，在任十年，專以勸課蠶桑為事，迄今漸覩成效。

清　饒敦秩輯《蠶桑簡要録・請於省城設蠶桑總局四道分設桑秧局振興蠶業廣闢利源稟》　李文忠，於保定創設蠶桑局，導民試辦。兩年之間，各屬種桑至四百餘萬株，所產絲繭即增土貨十萬金以上。五年以後，發出桑秧，增至二千四五百萬，所出繭絲亦逐年增多。此外，浙之湖州，鄂之武昌，皆已舉行，成效昭著，確有可憑。川省土脈饒沃，氣候温和，是地利宜桑，天時宜蠶，徒以風氣未開，致多遺利。

清　王世熙編輯《蠶桑圖説・任光奇序》　道光間，錢中丞伯瑜先生，創議種桑，遭兵燹而事廢。幸世宇蕩平，賢刺史相繼而來，創設課桑局，合屬邑之捐廉，採買桑秧，給民栽植。官雖屢易，政必踵行。迄今二十餘年，桑林日茂，育蠶漸多，木棉、禾、麥之外，竟有絲之產矣！

清　衛杰《蠶桑萃編》卷一《稽古・歷代詔制類》　周公勤相成王，德化宣流，越裳來貢，嘉禾貫桑。召伯，就蒸庶於阡陌隴畝而聽斷，百姓大悦，耕桑倍力以勸。穆天子作居范宮，以勸桑者，遂飲桑中，禁暴。

《清史稿》卷三八七《張日晸傳》　張日晸，貴州貴筑人，嘉慶二十二年進士，選庶吉士，授編修。道光九年，出爲四川叙州知府，調成都。日晸勤於吏職，刻《樹桑百益書》，以勸民蠶。

又　卷四八三《李大本傳》　李大本，字立齋，山東安邱人，雍正十三年舉人。乾隆九年，銓授湖北棗陽知縣，改湖南益陽。居官自奉儉約，勤於吏事。益陽人不知蠶，大本教之樹桑，後賴其利。

又　卷四八九《胡承諾傳》　父虎邱，順治十四年舉人，選長子令，下車即導民樹桑，凡八十萬本，民利賴焉。

紀事

《漢書》卷四《文帝紀》　十三年，春二月，甲寅，詔曰：『朕親率天下農耕，以供粢盛；皇后親桑，以奉祭服，其具禮儀。』

又　六月，詔曰：『農，天下之本，務莫大焉。今廑身從事，而有租稅之賦，其於勸農之道未備。其除田之租稅，賜天下孤寡布帛、絮各有數。』

又　卷五《景帝紀》　夏四月，詔曰：『雕文刻鏤，傷農事者也；錦繡纂組，害女紅者也。農事傷則飢之本，女紅害則寒之原也。夫飢寒並至，而能亡為非者寡矣。朕親耕，后親桑，以奉宗廟粢盛、祭服，為天下先。不受獻，減太官，省繇賦。欲天下務農蠶，素有蓄積，以備災害。彊毋攘弱，衆毋暴寡，老耆以壽終，幼孤得遂長。今歲或不登，民食頗寡，其咎安在？或詐偽為吏，吏以貨賂為市，漁奪百姓，侵牟萬民。縣丞，長吏也，奸法與盗盗，甚無謂也。其令二千石各脩其職；不事官職耗亂者，丞相以聞，請其罪。布告天下，使明知朕意。」

又 夏四月戊子詔曰：昔歲五穀登衍，今茲蠶麥善收，其大赦天下。□方盛夏，長養之時，蕩滌宿惡，以報農功。百姓勉務桑稼，以備灾害。吏敬厥職，無令愆惰。

又 卷七《昭帝紀》 元平元年春二月，詔曰：天下以農桑為本。日者省用，罷不急官，省外繇，耕桑者益衆，而百姓未能家給，朕甚愍焉，其減口賦錢。

又 卷九《元帝紀》 五年春三月，詔曰：【略】方春農桑興，百姓戮力，自盡之時也。故是月勞農勸民，無使後時。今不良之吏，覆案小罪，徵召證案，興不急之事，以妨百姓，使失一時之作，亡終歲之功。公卿其明察，申敕之。

《後漢書》卷二《明帝紀》 三年春，正月癸巳，詔曰：朕奉郊祀，登靈臺，見史官正儀度。夫春者，歲之始也，始得其正，則三時有成。比者水旱不節，邊人食寡，政失於上，人受其咎。有司勉順時氣，勸督農桑，去其螟蜮，以及蝥賊。

《三國志・魏書》卷一六《倉慈傳》 始京兆從馬超破後，民人多不專於農殖，又歷數四二千石，取觧目前，亦不為民作久遠計。斐到官，乃令屬縣整阡陌，樹桑果。

《宋書》卷九九《劉劭傳》 上時務在本業，勸課耕桑，使宮內皆蠶，欲以諷屬天下。

《魏書》卷八《世宗紀》 十有二月戊子，詔曰：民本農桑，國重蠶籍，粢盛所憑，冕織攸寄。比京邑初基，耕桑暫缺，遺規往旨，宜必祗修。

《隋書》卷二四《食貨志》 河清三年定令：【略】每歲春月，各依鄉土，早晚課人農桑。【略】蠶桑之月，婦女十五已上皆營蠶桑。

《通典》卷二七《職官典・諸卿下》 掖庭局令：秦置永巷，漢武更名掖庭，置令，掌宮人簿帳、公桑、養蠶及女工等事。

《新唐書》卷九一《李襲譽傳》 負京有賜田十頃，能耕之，足以食；河內千樹桑，事之，可以衣。

《唐會要》卷八四《雜稅》 四年六月，判度支户部侍郎趙贊請置大田、天下田計其頃畝，官收十分之一。擇其上腴，樹桑環之，曰公田、公桑。自王公至於匹庶，差借其力，得穀絲以給國用。

《續資治通鑑長編》卷一八〇《仁宗》 秋七月，丁巳朔，詔：『如聞河東户役，惟課桑以定物力之差，故農人不敢植桑，而蠶益薄。其令轉運使勸植之，仍自今毋得以桑數定户等。』

《建炎以來繫年要録》卷一五四 己丑，太常丞王湛，請皇后就禁中親蠶，不果行。

辛卯，詔：『楚州上供錢物，更免一年。』丙申，提舉祕書省秦熺奏，以祕書郎沈介正字湯思退充本所編定書籍官，從之。

《玉海》卷七七《漢親蠶》 《王莽傳》：請元后春幸繭館，率皇后、列侯夫人桑。師古曰：『漢宮閣疏，上林苑有繭館，蓋蠶繭之所也。』《後紀》：明德皇后置織室，蠶於濯龍中。《前書》有東織、西織，屬少府。

又 《漢劭農》 《文紀》：陽朔四年春，正月，詔曰：《洪範》八政，以食為首。先帝劭農，薄其租稅，寵其強力，令與孝弟同科。間者，民彌惰怠，鄉本者少，趨末者衆，將何以矯之？方東作時，其令二千石，勉勸農桑，出入阡陌，致勞來之阡陌，田間道也。南北曰阡，東西曰陌，蓋秦時商鞅所開。《武紀》：建昭五年，三月，詔：方春農桑興，是月勞農勸民，無使後時。《武紀》：元狩三年秋，遣謁者勸有水災郡種宿麥董仲舒説武帝，詔司農，使關中民益種宿麥。《後紀》：安帝永初三年七月，庚子，詔長吏案行在所，皆令種宿麥，務盡地力。《後循吏傳》：王景，建初八年，遷廬江太守，教用犂耕。又訓令蠶織，為作法制，皆著於鄉亭。

《宋史》卷一〇二《禮五》 請倣古制，於先蠶壇側築蠶室，度地爲宮，四面爲墻【略】命親蠶殿以『無斁』爲名。

元 司農司《農桑輯要》卷一《先賢務農》 顔裴為京兆，乃令整阡陌，樹桑果，又課以閒月取材，使得轉相教匠作車。

又 李襲譽嘗謂子孫曰：『吾負京有田十頃，能耕之，足以食；河內千樹桑，事之，可以衣。能勤此，無資於人矣。』

元 蘇天爵《滋溪文稿》卷一七《元故通議大夫徽州路總管內勸農事朱公神道碑》 郡民朱張二氏，歲漕米海道，可俾就輸，充其常賦之數，則公私皆利，衆咸服焉。公遇事敏給類此，台州土不宜桑，官歲征絲纊於民，民轉市於他所。

明 陸容《菽園雜記》卷一 巡撫陝西都憲嘉禾項公忠，令慶陽、邠、寧州縣督民種樹道傍，民頗怨之。巡撫延綏都憲廣東盧公祥有詩嘲之，其終篇云：『可惜路旁如許地，只栽榆柳不栽桑。』項公和韻云：『老我豈無衣食計，安知此地不宜桑。』二詩今在慶陽公館壁間，邠、寧、慶陽皆古豳地。《七月》之詩言蠶桑之事備矣。要之，盧公之言得之。

明 薛應旂《憲章録》卷一一　五月　上以湖廣諸郡宜桑，而種之者少，命於淮安府及徐州，取桑種二十石，遣人送至辰沅靖全道永寶慶衡州等處，各給一石，使其民種之。

明 余繼登輯《典故紀聞》卷五　太祖嘗諭五府臣曰：『天下衛所，分兵屯種者，咸獲稼穡之利。其令在屯軍士人，樹桑、棗百株，柿、栗、胡桃之類，隨地所宜植之，亦足以備歲歉之不給。』

《明史》卷三《太祖本紀三》　二十七年春正月乙卯，大祀天地於南郊。辛酉，李景隆爲平羌將軍，鎮甘肅，發天下倉穀貸貧民。三月庚子，賜張信等進士及第出身，有差。辛丑，魏國公徐輝祖、安陸侯吳傑備倭浙江。庚戌，課民樹桑、棗、木、棉。甲子，以四方底平，收藏甲兵，示不復用。

又 卷二〇八《汪應軫傳》　臣向募有桑婦，請納之宫中，傳受蠶事，事遂寢。世宗踐阼，召爲户科給事中。

清 鄂爾泰《授時通考》卷四三《勸課門・詔令》

《景帝紀》：【略】後二年，詔曰：『雕文刻鏤，傷農事者也；錦繡纂組，害女紅者也。農事傷則飢之本也，女紅害則寒之原也。夫飢寒並至，而能亡為非者寡矣。朕親耕，后親桑，以奉宗廟粢盛、祭服，為天下先。不受獻，減大官，省繇賦。欲天下務農蠶，素有蓄積，以備災害。强毋攘弱，衆毋暴寡，老耆以壽終，幼孤得遂長。今歲或不登，民食頗寡，其咎安在？或詐僞為吏，吏以貨賂為市，漁奪百姓，侵牟萬民。縣丞，長吏也，奸法與盗盗，甚無謂也。其令二千石各修其職；不事官職耗亂者，丞相以聞，請其罪。布告天下，使明知朕意。』

又《昭帝紀》：元平元年，詔曰：『天下以農桑為本。日者省用，罷不急官，減外繇，耕桑者益衆，而百姓未能家給，朕甚愍焉。其減口賦錢。』

又《宣帝紀》：本始四年，詔曰：『蓋聞農者，興德之本也。今歲不登，已遣使者振貸困乏。其令大官損膳省宰，樂府減樂人，使歸就農業。丞相以下，至都官令丞上書入穀，輸長安倉，助貸貧民。以車船載穀入關者，得毋用傳。』

又《成帝紀》：陽朔四年，詔曰：『夫《洪範》八政，以食為首，斯誠家給，刑錯之本也。先帝劭農，薄其租稅，寵其彊力，令與孝弟同科。間者，民彌惰怠，鄉本者少，趨末者衆，將何以矯之？方東作時，其令二千石勉勸農桑，出入阡陌，致勞來之。《書》不云乎「服田力穡，乃亦有秋」，其勗之哉！』

又　十年，詔曰：『昔歲五穀登衍，今兹蠶麥善收，其大赦天下。方盛夏長養之時，蕩滌宿惡，以報農功。百姓勉務桑稼，以備灾害。吏敬厥職，無令徯惰。』

又《章帝紀》：建初元年，詔曰：『比年牛多疾疫，墾田減少，穀價頗貴，人以流亡。方春東作，宜及時務。二千石勉勸農桑，弘致勞來。群公庶尹，各推精誠，專急人事。罪非殊死，須立秋案驗。有司明慎選舉，進柔良，退貪猾，順政令，理冤獄。五教在寬，《帝典》所美；愷悌君子，《大雅》所嘆。布告天下，使明知朕意。』

又《宋書・文帝紀》：元嘉八年，詔曰：『自頃農桑惰業，游食者衆，荒萊不闢，督課無聞。一時水旱，便有罄匱，不深存務本，豐給靡因。郡守賦政方畿，縣宰親民之主，宜思獎訓，導以良規。咸使肆力，地無遺利，耕蠶樹藝，各盡其力。若有力田殊衆，歲竟條名列上。』

又《齊書・武帝紀》：永明三年，詔曰：『守宰親民之要，刺史案部所先，宜嚴課農桑，相土揆時，必窮地利。若耕蠶殊衆，足厲浮惰者，所在即便列奏。其違方驕矜，佚事妨農，亦以名聞。將明賞罰，以勸勤怠。校覈殿最，歲竟考課，以申黜陟。』

又《明帝紀》：建武二年，詔曰：『食為民天，義高姬載。蠶實生本，教重軒經。前哲盛範，後王茂則，布令審端，咸必由之。朕肅扆巖廊，思引風訓，深務八政，永鑒在勤，靜言日昃，無忘寢興。守宰，親民之主；牧伯，調俗之司，宜嚴課農桑，罔令游惰，揆景肆力，必窮地利，固修堤防，考校殿最。若耕蠶殊衆，具以名聞；游怠害業，即便列奏。主者詳為條格。』

又《世宗紀》：景明三年，詔曰：『民本農桑，國重蠶籍，粢盛所憑，冕織攸寄。比京邑初基，耕桑暫缺，遺規往旨，宜必祗修。今寢殿顯成，移御維始，春郊無遠，拂羽有辰。便可表營千畝，開設宮壇，秉耒援筐，躬勸兆億。』

又　後周太祖廣順元年，敕：『農桑之務，衣食所資。一夫不耕，有艱食之慮；一婦不織，有無褐之虞。今氣正陽春，候當生發，宜勤用天之業，將觀望歲之心。諸道州府長吏，宜勸課耕桑，以豐儲積。編民樂業，仍倍撫綏。』

又《理宗紀》：寶慶三年，詔郡縣長吏，勸農桑，抑末作，戒苛擾。

又端平三年，詔勸農桑。

又《元史·世祖紀》：中統二年，詔：『十路宣撫使量免民間課程。命宣撫司官勸農桑，抑游惰，禮高年，問民疾苦。』

又三年，命管民官，勸誘百姓，開墾田土，不得擅興不急之役，妨奪農時。

又至元六年，命中書省，采農桑事，列為條目。仍令按察司與州縣官，相風土之所宜，講究可否，別頒行之。

又二十三年，詔以大司農司所定《農桑輯要》書，頒諸路。

又《成宗紀》：元貞元年，詔以農桑水利諭中外。

又大德二年，詔諸郡凡民播種怠惰，及有司勸課不至者，各道廉訪司治之。

又《食貨志》：武宗至大三年，詔大司農總挈天下農政，修明勸課之令。

又《仁宗紀》：皇慶元年，諭司農曰：『農桑，衣食之本。汝等舉諳知農事者用之。』

又延祐二年，詔印《農桑輯要》萬部，頒降有司，遵守勸課。

又《英宗紀》：至治二年，詔畫《蠶麥圖》於鹿頂殿，以時觀之。

又泰定帝致和元年，頒《農桑舊制》十四條於天下。

又《順帝紀》：至正元年，詔守令選立社長，專一勸課農桑。

又卷七六《桑政門·彙考》 《元史·食貨志》：仁宗以苗好謙所至植桑，皆有成效，於是風示諸道，命以為式。是年十一月，命各社出地，共蒔桑苗，以社長領之。

又《姜彧傳》：彧知濱州時，課民種桑。歲餘，新桑遍野，人名為『太守桑』。

清 郝懿行《補宋書食貨志》 八年夏，六月庚子，詔曰：『自頃農桑惰業，遊食者衆，荒萊不闢，督課無聞。一時水旱，便有罄匱，不深存務本，豐給靡因。郡守賦政方畿，縣宰親民之主，宜思獎訓，導以良規。咸使肆力，地無遺利，耕蠶樹藝，各盡其力。若有力田殊衆，歲竟條名列上。』

清 李兆洛《懷遠水利志》 《皇朝經世文編》卷一一六《田賦·勸農桑》而蠶事則惟呂家淺，及雙溝集有之。然北土未嘗不盡宜桑柘也。

《欽定續通典》卷五〇《禮吉·先蠶》 元武宗至大三年，從大司農請，建先蠶壇。博士議壇式與社稷同。趙天麟奏述古公桑之製，勸中宮倣古親蠶。然祀事未舉，其禮儀無可考云。

清 李彥章《江南催耕課稻編·春耕以順天時》 《漢書·元帝紀》云：建昭五年三月，詔：『方春農桑興，是月勞農勸民，無使後時。』

又《後漢書·明帝紀》云：永平三年正月，詔曰：『夫春者，歲之始也。始得其正，則三時有成。有司其勉順時氣，勸督農桑。』《漢書·食貨志》云：『春，令民畢出在野。』

清 李聿求《桑志》卷三《桑之事》

耕桑樹藝，古聖因以利民勸農課桑，史册垂其令典。三代以來，皆惟桑是貴，誠以衣服之大源，閭閻之至計也。志桑之事第三。

《漢書·文帝紀》：十三年正月，詔曰：皇后親桑，以奉祭服。

《漢書·景帝紀》：元年春正月，詔曰：郡國或磽陿，無所農桑毄畜；其議民欲徙寬大地者，聽之。

《漢書·景帝紀》後元二年夏四月，詔曰：朕親耕，后親桑，以奉宗廟粢盛、祭服，為天下先。

《漢書·景帝紀》：後元三年春正月，詔曰：令郡國務勸農桑，益種樹，可得衣服食物。

《漢書·昭帝紀》：元平元年春二月，詔曰：天下以農桑為本。日者省用，罷不急官，減外繇，耕桑益衆，而百姓未能家給，朕甚愍也。

《漢書·元帝紀》：建昭五年春三月，詔曰：方春農桑興，百姓戮力，自盡之時也。

《漢書·成帝紀》：陽朔四年正月，詔曰：令二千石勉勸農桑，出入阡陌，致勞來之。

《後漢書·明帝紀》：詔曰：方春戒節，人耕桑。有司務順時氣，使無煩擾。

《後漢書·明帝紀》：永平三年，詔曰：春者，歲之始也，始得其正，則三時有成。有司其勉順時氣，勸督農桑。

《後漢書·明帝紀》：永平十年，詔曰：百姓勉務桑稼，以備災害。

《後漢書·章帝紀》：建初元年，正月，詔曰：方春東作，宜及時務，二千石勉勸農桑，宏致勞來。

《三國志・孫權傳》：赤烏三年，詔曰：督軍、郡守，當農桑時，以役事擾民者，舉正以聞。

《三國志・孫休傳》：永安二年，詔曰：今欲廣開田業，輕其賦税，諸卿尚書，可共咨度，務取便佳，田桑已至，不可後時，事定施行，稱朕意焉。

《晋書・元帝紀》：大興元年秋七月，詔曰：二千石令長，當祗奉憲，勸課農桑。

《宋書・文帝紀》：元嘉八年，詔曰：自頃農桑惰業，遊食者衆，郡守賦政方畿，縣宰親民之主，宜思獎訓，導以良規。咸使肆力，地無遺利，耕蠶樹藝，各盡其力。若有力田殊衆，歲竟條名列上。

《宋書・文帝紀》：元嘉二十年，詔曰：耕桑未廣，地利多遺。有司班宣舊條，務盡敦課。遊食之徒，咸令附業。

《宋書・文帝紀》：二十一年，詔曰：凡諸州郡，皆令盡勤地利，勸導播殖蠶桑、麻枲，各盡其方，不得但奉行公文而已。

《宋書》：武帝大明三年，詔曰：古者薦鞠青壇，聿祈多慶，分繭元郊，以供純服。來歲，可使六宫妃嬪修親桑之禮。

《齊書・武帝紀》：永明三年，詔曰：守宰親民之要，刺史案部所先，宜嚴課農桑，相土揆時，必窮地利。

《齊書・明帝紀》：建武二年，詔曰：守宰親民之主，牧伯調俗之司，宜嚴課農桑，罔令遊惰。

《陳書・文帝紀》：天嘉元年，詔曰：守宰明加勸課，務急農桑。

《魏書・世祖紀》：太平眞君四年，詔曰：牧守之徒，勸課農桑。

《魏書・高祖紀》：太和元年，詔曰：農夫外布，桑婦内勤，民有惰于農桑者，加罪刑。

《魏書・世宗紀》：景明三年，詔曰：比京邑初基，耕桑暫缺，遺規往旨，宜必祗修。

《册府元龜》：唐元宗開元十七年，詔曰：方就農桑，其力役及不急之務，一切竝停。

《册府元龜》：唐肅宗上元二年，詔：天下刺史縣令，各于所部，親勸農桑。

《册府元龜》：唐德宗貞元二十年，詔曰：宜勉務農桑，各安生業。

《舊唐書・憲宗紀》：元和三年四月，敕：天下州府民户，每田一畝，種桑二樹。

《舊唐書・武宗紀》：會昌二年，敕：勸課種桑。

《册府元龜》：後周太祖廣順元年，敕：諸道州府長史，宜勸課耕桑，以豐儲積。

《册府元龜》：後周太祖廣順二年，敕：諸道府州吏，勸課鄉縣，百姓栽接桑、棗。

《玉海》：宋太祖乾德四年閏八月，詔：百姓能廣植桑、開荒田者，只納舊租。

《宋史・孝宗紀》：淳熙八年，詔：監司守令，勸課農桑。

《宋史・理宗紀》：寶慶三年，詔：郡縣長吏，勸農桑。

《宋史・理宗紀》：端平三年，詔：勸農桑。

《宋史・食貨志》：會同元年，詔：有司勸農桑。

《遼史・道宗紀》：清寧二年，詔：遣使分道，勸農桑。

《元史・世祖紀》：中統二年，詔：宣撫司官，勸農桑。

《元史・世祖紀》：至元六年，命中書省采農桑事，列為條目，仍令按司與州縣官，相風土之所宜，講究可否，別頒行之。

《元史・世祖紀》：至元二十三年，詔：以《農桑輯要》書頒諸路。

《元史・世祖紀》：世祖至元二十五年，詔：諭廉訪司巡行，勸課農桑。

《元史・成宗紀》：元貞元年，詔：以農桑水利諭中外。

《元史・武宗紀》：至大三年，詔：諭大司農，勸課農桑。

《元史・仁宗紀》：皇慶元年，諭司農曰：農桑，衣食之本。汝等舉諳知農事者，用之。

《元史・仁宗紀》：皇慶二年，敕：守令勸課農桑。

《元史・仁宗紀》：延祐二年，詔：印《農桑輯要》萬部，頒降有司。

《元史・順帝紀》：至正元年，詔：守令選立社長，勸課農桑。

《續文獻通考》：太祖洪武五年，敕：考課必書農桑之績。

《明史・太祖紀》：洪武八年，詔曰：農桑，衣食之本。朕嘗設置有司，頒行條章，何有司不遵朕命？往往給由赴京者，皆無桑株數目，甚與朕意相違，特敕：中書令有司，今後敢有無農桑者，論擬違制。

《明史·成祖紀》：永樂二年，諭曰：今春和時，東作方興，宜各勸課農桑。

《禮·祭義》：古者，天子諸侯，必有公桑、蠶室。近川而為之，築宮仞有三尺，棘牆而外閉之。及大昕之朝，君皮弁素積，卜三宮之夫人、世婦之吉者，使入蠶于蠶室，奉種浴于川，桑于公桑，風戾以食之。

《禮·月令》：季春之月，后妃齋戒，親東鄉躬桑。

《漢書·元后傳》：孝元皇后為太后，幸繭館，率皇后及列侯夫人桑。

衛宏《漢舊儀》：春桑生，而皇后親桑于苑中，群臣妾從桑，還，獻于繭觀，皆賜從桑者樂，皇后自行。

丁孚《漢儀》：皇后出，乘鸞輅，青羽蓋，駕駟馬，龍旗，九旒。大將軍妻參乘，太僕妻御前鸞旂車，皮軒闟戟，洛陽令奉引，亦千乘萬騎。車府令設鹵簿駕，公卿、五營校尉、司隸校尉、河南尹妻皆乘其官車，帶夫本官綬，從其官屬導從皇后。置虎賁、羽林騎，戎頭、黃門鼓吹，五帝車，女騎夾轂，執法御史在前後，亦有金鉦黃鉞，五將導，桑於蠶宮。

董巴《輿服志》：漢皇后桑于東郊苑中。

《晉書·禮志》：皇后著十二笄，步搖，依漢魏故事，衣青衣，乘油蓋雲母車，駕六騩馬。女尚書著貂蟬，佩璽陪乘，載筐鉤。公主、三夫人、九嬪、世婦、諸太妃、太夫人及縣鄉君郡公侯特進夫人、外世婦、命婦皆步搖，衣青，各載筐鉤從。先桑二日，蠶宮生蠶著簿上。蠶桑日，皇后未到，太祝令質明以太牢告祠。皇后至西郊升壇，公主以下陪列壇東。皇后東面躬桑，采三條，諸妃、公主各采五條，鄉縣君以下各采九條，悉以桑授蠶母，還蠶室。事訖，皇后還便座，公主以下乃就位，設饗宴，賜絹各有差。

《宋書·禮志》：大明四年，皇后率六宮，躬桑于西郊。

《北齊書》：皇后親桑于壇，備法駕，服鞠衣，乘重翟，帥六宮升桑壇東陛，即御座。女尚書執筐，女主衣執鉤，立壇下。皇后自東陛，執筐者處右，執鉤者處左。乃躬桑三條訖，升壇，即御座。內命婦以次就桑，服鞠衣者，采五條，展衣、綠衣者九條，以授蠶母。還蠶室，切之授世婦，灑二簿。凡應蠶者，並復本位。後乃降壇，還便殿，設勞酒，頒賚而還。

《後周書》：皇后乘翠輅，率六宮三妃、三妐、御媛、御婉、三公夫人、三孤內子至蠶所，禮畢，降壇，令二嬪為亞獻，終獻，因以躬桑。

《隋書》：季春上巳，皇后服鞠衣，親桑于位壇東南。尚功進金鉤，典奉筐。皇后采三條，反鉤。命婦各依班采五條九條。世婦以授蠶母，受切桑，灑訖，皇后降壇。

《大唐開元禮》：為采桑壇于壇南二十步所，方三丈，高五尺，西出陛。尚舍量施帷幛于外壝之外，四面開門，其東門使容厭翟車。又設御采桑位于采桑壇下。東設內命婦采桑位于壇下，當御位東北，每等異位，南向西上。設外命婦采桑位于壇下，當御位東南，每等異位，北向西上。設執御鉤筐者位于內命婦之西，少南西上尚功執鉤，司制執筐。設內命婦執鉤筐者位各于其采桑位之者尚功下四與執鉤，司制下女史執筐。

《大唐開元禮》：前享一日，金吾奏請外命婦等應集壇所者，並聽夜行其應采桑者四人各具，女侍者進筐、鉤，載之而行。監門先奏請。享日，未明四刻，開所由苑門，諸親及命婦以下，以次入詣壇南次所，各服其服。其應采桑者筐鉤各具，女侍者執授內謁者，監內謁者監受之，以授執筐鉤者。享日，未明三刻，捶一鼓為一嚴三嚴時節，前日內侍奏裁。未明二刻，捶二鼓為再嚴。尚儀板奏：請申嚴。內命婦各服其服，所司陳車駕鹵簿。未明一刻，捶三鼓為三嚴。司賓引內命婦入立于庭，重行西面，以北為上。六尚以下各服其服，俱詣室奉迎尚服負寶如式。內僕進厭翟車于閤外。尚儀板奏：外辦。馭者執轡，皇后服鞠衣，乘輿以出，華蓋、侍衛、警蹕如常，內命婦從出門。皇后升車，尚功、司制進筐鉤，載之，仗衛如常。內命婦及六尚等乘車陪從如式。其內命婦應采桑者四人各服，典製等進筐、鉤，載之。諸翊駕之官皆乘馬，駕動警蹕如常。不鳴鼓吹，諸衛前後督攝如常。內命婦、宮人以次從。

《大唐開元禮》：享日，未明二刻，諸享各服其服，尚儀及司醞各帥其屬，駕將至內引，引命婦，俱就門外位。駕至大次門外，迴車南向。尚儀進車前跪奏稱：尚儀妾姓名，請降車。興，還侍位。皇后降車，乘輿至大次，華蓋繖扇侍衛如常儀。皇后降車訖，尚功、司製進受鉤筐以退其內命婦鉤筐，則內命婦降車訖，典製等進乃受之。禮畢，請就采桑位。尚宮引皇后，樂作，詣采桑壇，升自西陛，東向立。

《大唐開元禮》：皇后將詣望瘞位，司賓引內外命婦采桑者，俱就采桑位內外命婦一品，各二人；二品、三品，各一人。諸執筐鉤者，各就位。皇后既至采桑位，尚功奉金鉤，自北陛升壇，進。典製奉筐受桑，皇后采桑三條，止。尚功前受鉤，典製以筐，俱退，復位。皇后初采桑，典製等各以鉤授內外命婦。皇后采桑訖，內外命婦以次采桑，女史執筐者受之。內外命婦一品，各采五條；二品、三品，各采九條，止，典製等受鈎，與執筐者退，復位。司賓引婕妤一人，詣蠶室。尚功帥執鈎、筐者，以次從。至蠶室，尚功以桑授蠶母。蠶母受桑，切之以授婕妤，食蠶，灑一簿，訖，司賓引婕妤，還本位。尚儀前奏：禮畢。退，復位。尚功引皇后，還大次，樂作，入大次，訖，樂正。司賓引內命婦，內典引引外命婦，各還其次。尚儀、典正以下，俱復執事位，立定。司贊曰：再拜。尚儀以下，皆再拜，訖，出。女工人以次出。其祝板燔于齋所。

《宋史》：眞宗景德三年，築先蠶壇于東郊，從桑生之義。

《宋史》：徽宗政和元年，四月，詔：就先蠶壇之側，度地築公桑、蠶室。

《文獻通考》：議禮局被旨議倣後齊制，置公桑、蠶室，度地為宮，四面為墻。高仞有三尺，上被棘，築采桑壇于先蠶壇南，相距二十步，方三丈，高五尺，四出陛。

《明史》：設皇后采桑位于采桑壇東向，公主及內命婦位于皇后位東，外命婦位于采桑壇東陛下，南北向，以西為上。設執皇后鈎筐者位于皇后位傍，少東。司賓引外命婦先詣采桑壇位南，北向。尚儀奏請，皇后詣采桑位，公主以下各 就位。執鈎者跪進鈎，執筐者跪奉筐，受桑。皇后采桑三條，還至壇南儀門，坐，觀命婦采桑。三公命婦采桑五條，列侯、九卿命婦采桑九條，訖。

清 崔應榴彙纂，錢馥補輯《蠶事統紀》卷一《歷代重本》

《漢書・食貨志》：嘉穀、布帛二者，生民之本，興自神農之世。《皇圖要覽》：伏羲化蠶為絲化，教也。《路史・疏仡紀》：黄帝命西陵氏勸蠶稼。杜佑《通典》：周制，后妃享先蠶而躬桑，示率先天下也。《漢書・食貨志》：周制，還廬樹桑，女脩蠶織，則五十可以衣帛。並見何休《公羊傳注》《周官・地官閭師》：凡庶民不蠶者不帛。恥不勉也。

案《管子》山權數篇：民之通於蠶桑，使蠶不疾病者，置之黄金一斤，直食八石，謹聽其言而藏之官，使師旅之事無所與，此國筴之者也。

《漢書・食貨志》：孝文皇帝，承兵革之後，天下空虛，故務勸農桑，帥以節儉，民始充實。

案《刑法志》云：孝文即位，躬修元默，勸趣農桑，減省租賦。

《景帝紀》：三年，詔郡國務勸農桑，並種樹，可得衣食物。後二年，詔曰：朕親耕，后親桑，以奉宗廟祭服，為天下先。

《昭帝紀》：始元二年八月，詔曰：往年災害多，今年蠶麥傷，所賑貸種食，勿收責，毋令民出今年田租。元平元年二月，詔曰：天下以農桑為本，日者省用，罷不急官，減外繇，耕桑者益衆，而百姓未能家給，朕甚愍焉，其減口賦錢。

《元帝紀》：建昭五年，三月，詔曰：方春農桑興，百姓戮力自盡之時，今不良之吏，興不急之事，以妨百姓，使失一時之作，亡終歲之功。公卿其明察申飭之。

《成帝紀》：陽朔四年，詔二千石勉勸農桑。

東漢《明帝紀》：明帝即位，十二月甲寅，詔曰：方春戒節，人以耕桑，其敕有司，務順時氣，使無煩擾。永平三年，詔有司勉順時氣，勸督農桑。十年夏四月，詔曰：『昔歲五穀發衍，今茲蠶麥善收，其大赦天下。方盛夏長養之時，百姓勉務桑稼，以備災害。

《章帝紀》：建初元年，詔二千石勉勸農桑。

《和帝紀》：永元十三年八月，詔：象林民失農桑業者，賑貸種糧。

《三國志・吴書・孫權傳》：赤烏三年，詔：當農桑時，以役事擾民者，舉正以聞。』《孫休傳》：永安二年，詔曰：桑已至，不可後時。

《宋書・文帝紀》：元嘉八年，詔：縣宰親民之主，宜思獎訓，耕蠶樹藝，各盡其力。二十年，詔：耕桑未廣，地利多遺，有司其班宣舊條，務盡敦課。二十一年，詔：凡諸州郡，皆令盡勤地利，蠶桑、麻枲，各盡其方，不得但奉行公文而已。

《南齊書・武帝紀》：永明三年，詔曰：守宰親民之要，刺史按部所先，宜嚴課農桑。若耕蠶殊衆，足厲浮惰者，所在即便列奏。

《明帝紀》：建武二年，詔曰：食為民天，義高姬載。蠶實生本，教重軒經。守宰牧伯，宜嚴課農桑，罔令遊惰。若耕蠶殊衆，具以名聞。游怠害業者，即便列奏。

《陳書・文帝紀》：天嘉元年，詔曰：守宰明加勸課，務急農桑。

《魏書・世祖紀》：太平真君四年，詔曰：牧守各勵精為治，勸課農桑，不得妄有徵發。

《高祖紀》：承明元年，八月甲申，以長安二蠶多死，丐民歲賦之半。

太和元年，詔曰：牧民者，務盡地利，使農夫外布，桑婦內勤。若輕有徵發，致奪民時，以侵擅論。民有不從長教，惰於農桑者，加以罪刑。八年十月丁未，詔：遣使循行州縣，與牧守均給天下之田，還受以生死為斷，勸課農桑，興富民之本。二十年七月丁亥，詔：京民始業，農桑為本。田稼多少，課督不具，以狀言。

案《魏・食貨志》：太和九年，均給天下民田。男夫一人，給田二十畝，種桑五十樹。《北史》亦作九年。

《世宗紀》：景明三年，詔曰：民本農桑，國重蠶藉，粢盛所憑，冕織攸寄。比京邑初基，耕桑暫缺，遺規往旨，宜必祗修。

《北齊書・武成帝紀》：河清三年，令每歲春月，各依鄉土早晚，課人農桑。自春及秋，男子十五以上，皆就田畝。桑蠶之月，婦女十五以上，皆營蠶桑。孟冬，刺史聽審邦教之優劣，定殿最之科品，使地無遺利，人無游手焉。並見《隋書・食貨志》《通典・食貨類》

《冊府元龜》：唐元宗開元十七年，詔曰：獻歲發春，陽和在候，乃睠甿庶，方就農桑。其力役及不急之務，一切並停之。

肅宗上元二年，詔天下：刺史、縣令，各於所部，親督勸農桑。

德宗貞元二十年，詔：長吏勉務農桑，各安生業。憲宗元和七年，詔：民田畮樹桑。

《五代史・後唐・明宗紀》：長興四年三月，帝幸龍門七里亭。農事方春，田民徧野，帝見其剞桑稼樹，枉駕勞問，親自勸課。

《冊府元龜》：後周太祖，廣順元年，敕農桑之務。衣食所資，諸道州府長吏，宜勸課農桑，以豐儲積。

《宋史・陶穀傳》：周世宗留心稼穡，命工刻木，為耕夫、織女、蠶婦之狀，置于禁中，思廣勸課之道。穀為贊詞以進。並詳《通鑑》《玉海》

《宋史・食貨志》：太祖建隆以來，詔所在長吏，諭民廣植桑、棗，墾闢荒田。民有伐桑、棗為薪者，罪之。

案《通攷》云：太祖開基，分命朝臣，出守列郡，勸課農桑，旌別孝悌。

《困學紀聞》：仁宗寶元初，嘗圖耕織於延春閣。

案此圖耕織之始。

《宋史・食貨志》：英宗治平四年，詔：今春時雨，農民桑蠶穀麥，衆作勸勞，一歲之功併在此時。其委安撫轉運司，勑戒州縣吏，省事息民，無奪其時。神宗熙寧五年，議勸民栽桑。帝曰：農桑，衣食之本。民不敢自力者，正以州縣約以為貲，升其户等耳，宜申條禁。於是司農寺請立法頒天下，民種桑柘，無得增賦。

案《志》又云：六年，立法勸民栽桑。有不趨令，則仿屋粟里布為之罰。然長吏不能究宣德意，民以為病。至宣仁太后臨朝，楚邱民胡昌等言其不便，詔罷之，且蠲所負罰金。

《食貨志》：孝宗淳熙六年，提舉浙西常平茶鹽。颜師魯奏議勸課之法，欲重農桑，廣種植。詔可。

《孝宗紀》：淳熙八年，詔監司守令，勸課農桑，以奉行勤怠為賞罰。

案《食貨志》：詳載八年五月，詔曰：迺者得天之時，蠶麥既登，及命近甸取而視之，則穗短繭薄，非種植風勵之功，有所未至歟？朕將稽勤惰，而詔賞罰焉。

《理宗紀》：寶慶三年，詔郡縣長吏，勸農桑，抑末作。端平三年，詔勸農桑。

《遼史・太宗紀》：會同元年，詔有司勸農桑。

《道宗紀》：清寧二年，詔遣使分道勸農桑。

《金史・食貨志》：章宗明昌五年，諭旨尚書省，遼東等路，女直漢兒百姓，可並令量力為蠶桑。

《元史・食貨志》：世祖中統元年，頒《農桑輯要》之書於民。又命各路宣撫司，擇通曉農桑事者，充隨處勸農官。《世祖紀》：中統二年，命宣撫司官，勸農桑，抑游惰。至元元年八月，詔卹鰥寡，勸農桑。至元六年八月，詔諸路勸課農桑，命中書省采農桑事，列為條目。仍令按察司，與州縣官，相土地之所宜，講究可否，別頒行之。二十三年，詔以大司農司所定《農桑輯要》書頒行諸路。《食貨志》：二十八年，頒《農桑雜令》。

《成宗紀》：元貞元年，詔以農桑水利，諭中外。

《食貨志》：武宗至大三年，詔修明勸課之令。

《仁宗紀》：皇慶元年，諭司農曰：農桑，衣食之本。汝等舉諳知農事者，用之。

延祐二年，詔印《農桑輯要》萬部，頒降有司，遵守勸課。

《英宗紀》：至治二年，詔畫《蠶麥圖》於鹿頂殿，以時觀之。

《泰定帝紀》：致和元年，頒《農桑舊制》十四條，行於天下。

《順帝紀》：至正元年，詔守令選立社長，專一勸課農桑。

《明史・太祖紀》：洪武八年，詔曰：農桑，衣食之本；學校，道理之原。朕嘗設置有司，頒行條章，使敦篤教化，務使民豐衣足食，理道暢焉。何有司不遵朕命，往往給由赴京者，皆無桑株數目，學校緣由，甚與朕意相違。特勑中書，令有司今後，敢有無農桑學校者，論擬違制；民有不奉天時而負地利者，如律究焉。十三年，諭户部，令天下人民，每村置一鼓，凡遇農桑時月，晨起擊鼓會田所，怠惰者，里老督責之。十八年諭曰：農桑，衣食之本，然棄本逐末，鮮有救其弊者。朕思足食在于禁末作，足衣在于禁華靡，宜申明天下四民，各守其業。二十七年，課民樹桑、棗、木棉。二十八年，詔河南、山東種桑、棗。及二十七年後，新墾田無徵税。

案：太祖即位，首重農桑，嘗令有司考課，必書農桑、學校之績，如洪武八年詔云云；十三年詔諭户部云云；十八年諭云云，合而觀之，可以識重本之意矣。

《成祖紀》：永樂二年，諭曰：今春和時，東作方興，宜各究心務實，申明教術，勸課農桑。十一年，以野蠶繭為衾，命皇太子薦太廟。

《景帝紀》：景泰四年，詔天下鎮守巡撫官，令督課農桑。

正統十四年四月，聖諭云：都要種桑養蠶，不許間了。

《世宗紀》：嘉靖九年正月，作先蠶壇於北郊。詳親蠶類三月，諭云：『都要種桑、養蠶，不許間了。

案《月令廣義》：英宗正統十四年，諭民皆要種桑、養蠶。嘉靖九年，亦有此諭。

《神宗紀》：萬歷十年，諭礼部，令民及時農桑，勿得游惰。

又 卷四《歷代祀先蠶禮・親蠶禮三》

《宋史・禮志》：徽宗政和元年四月，詔：就先蠶壇之側，度地築公桑、蠶室，歲養蠶以供祭服，其親蠶殿，可以無斁為名。又詔：親蠶所供，不獨衮服。凡施於祭祀者，皆用之。

又 傅維鱗《明書・土田志》：明太祖洪武二年，上親耕籍田，命皇后率内外命婦，蠶于北郊。供郊廟衣服如儀，自是歲以為常。

又 卷五《官司勸課》

蔡邕《獨斷》：少昊之世，置九農之官：桑扈氏農正，趣民養蠶。

案《左傳正義》：桑扈竊脂，為蠶驅雀者。

《淮南子・繆稱訓》：召公以桑蠶耕種之時，弛獄出拘，使百姓皆得反業脩職。

案《説苑・貴德篇》：召公述職，當桑蠶之時，不欲變民事，故不入邑中，舍於甘棠之下，而聽斷焉。陝間之人，皆得其所，故後世思而歌詠之。

《韓詩外傳》：耕桑者，倍力以勸，歲得大稔，而民給家足。

《漢書・百官志》：漢凡郡國，以春行所主縣，勸民農桑，救乏絕。

《平帝紀》：元始四年，置大司農部丞十三人，人部一州，勸農桑。

案《後漢書・卓茂傳》：王莽秉政，置大司農六部丞，勸课農桑，遷茂為京部丞。

《地里志》：召信臣為南陽太守，勸民農桑，去末歸本，民以殷富。

《黄霸傳》：霸為潁川太守，務耕桑。

《龔遂傳》：遂為渤海太守，勸民務農桑。

《後漢書・循吏・衛颯傳》：茨充為桂陽太守，教民種植桑柘、麻苧之屬，勸令養蠶，織縷，民得利益。

案《齊民要術》：桂陽俗不種桑，無蠶織絲麻之利。充教民益種桑柘、養蠶、織縷，數年之間，大賴其利。《東觀漢記》：建武中，充教民桑蠶。至今江南頗知桑蠶，織縷，皆充之化也。茨充，謝承《後漢書》误作范充。

《王景傳》：景遷徐州刺史，训令蠶織，為作法制，皆著於鄉亭。

案《東觀漢記・王景傳》：建初八年，景為廬江太守，教民種桑麻而養蠶。

《樊準傳》：準為鉅鹿太守，時飢荒之餘，人庶流迸，準课督農桑，廣施方畧。期年間，穀粟豐賤數十倍。

《仇覽傳》：覽為蒲亭長，剽輕游恣者，皆役以田桑，嚴設科罰。

《農桑輯要》：杜畿為河東守，勸耕桑，家家豐實。

案畿為河東太守，魏武稱其無間然。《三國・魏書》有傳。

《三國志・魏志》：邢子昂除行唐令，勸民農桑，風化大行。

《晉書・食貨志》：武帝泰始八年，司徒石苞，奏州郡農桑，宜增椽屬令史，有所循行，帝從之。

《温嶠傳》：嶠奏置田曹掾，州一人，勸課農桑。

《王宏傳》：宏為汲郡太守，撫百姓如家，耕桑樹藝，莫不躬教示，曲盡事宜。

《桓宣傳》：宣鎮襄陽，招懷初附，勸課農桑，能得衆心。

《南史・循吏・申怙傳》：怙為青州刺史。百姓彫弊，怙勸課農桑。二三年間，遂皆優實。

《宋書・周朗傳》：孝建中，朗疏曰：農桑者，實民之命，為國之本，有不足，則禮節不興。若重之，宜罷金錢，以穀帛為賞罰。

《梁書・徐摛傳》：摛出為新安太守，教民禮義，勸课農桑。期月之中，風俗頓改。

《良吏・沈瑀傳》：瑀為建德令，教民一丁種十五株桑、四株柿，及梨栗，女丁半之，人咸歡悦。

《孫謙傳》：謙為郡縣，常勤課農桑，務盡地利，收入常多於鄰境。

《魏宗室傳》：淑字買仁，為河東太守。俗多商賈，罕事農桑，淑下車，先以勸課，躬往教示。二年間，大治，家給人足。

《北史・崔浩傳》：崔衡除秦州刺史。刼盗大起，衡脩龔遂法，勸課農桑。周年，寇盗止息。

《循吏・杜纂傳》：纂拜清河內史，勸督農桑，親自檢視，勤者賞以物帛；惰者加以罪譴。

案《農桑輯要》：杜纂誤作辛纂。

《蘇綽傳》：周文務宏强國富人之道，其三盡地力，曰：布種既訖，嘉苗須理，麥秋在野，蠶停于室，此時宜少長悉力，男女併功，然後可使農夫不失其業，蠶婦得就其功。

《獨孤信傳》：信為秦州刺史，示以禮教，勸以耕桑。數年之中，公私富實。

《唐書・百官志》：唐凡十道巡按，以判官二人為佐，務繁，則有支使。其三曰察農桑不勤。

案《通考》：唐令诸户，以百户為里，五里為鄉，四家為鄰，三家為保。每里設正一人，掌按比户口，課殖農桑。

《張廷珪傳》：景龍中，宗楚客、紀處訥、武延秀、韋温等封户，多在河南、河北。諷朝廷詔兩道蠶産所宜，雖水旱，得以蠶折租。廷珪謂兩道倚大河，地雄奥，股肱走集，宜得其懽心，安可不恤其患，而殫其力？願依貞觀、永徽事，准令折免，詔可。

《倪若水傳》：若水為汴州刺史。元宗遣中人捕鵁鶄、溪鶒南方。若水上言：農方田，婦方蠶，以此時捕奇禽怪羽，為園籞之玩，道路之言，不以賤人貴鳥望陛下耶！帝手詔褒答，悉放所玩，謫使人罪，而賜若水帛。

《何易于傳》：易于為益昌令，刺史崔朴嘗乘春，與賓屬泛舟，出益昌旁，索民挽牽。易于身引舟，朴驚問狀。易于曰：方春，百姓耕且蠶，惟令不事，可任其勞。朴媿與賓客疾去。

《尹師貞傳》：師貞為青州刺史，治州有績。蠶至四熟，黜陟使路敬潛至部，歎曰：是非善政祥乎！表上之，並見《舊唐書》。

《搢紳舊聞》：張全義治洛，喜民力於耕織。知某家蠶、麥善，必至其家，悉召老幼，親慰勞之，賜以酒食、繒綵，遺之布衫、裙袴，喜動颜色。

案：《五代史》：全義督民蠶桑。人言公見聲色未嘗笑，惟繭良則笑也。

《醒餘雜述》：『南民不事蠶桑。楚王馬殷有國時，軍都判官高郁，令輸税者，皆以帛代錢。未幾，民間機杼大盛。

《文獻通考》：宋建隆元年，應天下諸縣，除赤畿外，有望緊上中下，掌總治民政，勸課農桑。

案宋之考課以九事，其五曰勸農桑。

《宋史・竇儀傳》：竇儼以穀、帛二者，不出國而出於民。其道在天，其利在地，得其理者蕃阜；失其理者耗嗇。請於《齊民要術》及《四時纂要》、《韋氏月録》中采其關于田蠶、園圃之事，集為一卷，鏤版頒行，使之流布，疏奏不報。儼，儀之弟也。

《宋史・食貨志》：至道二年，太常博士陳靖上言，今京畿周環二十三州，幅員數千里，地之墾者，十纔二三，税之入者，十無五六，如廣募游惰，誘之耕墾，其逃民歸業，丁口授田，耕桑之外，令益種雜木、蔬果。候至三五年間，生計成立，即計户定徵，量田輸税。

《文獻通考》：真宗置諸路提點刑獄公事。天禧四年，加勸農使，天聖嘉祐中罷。熙寧十年，復置，勸課農桑。

案《通考》又曰：宋制，委户部長貳，左曹分按，法曰農田，掌農田及田訟務，限奏豐稔，驗水旱、蟲蝗，勸課農桑。

陳後山《談蕞》卷三：張忠定公乖崖，令崇陽，民以茶為業，令拔茶而種桑。初民以為苦，其後榷茶，他縣民有失業，而崇陽之桑皆已成，其為絹，而比者歲百萬匹，其富至今。

《醒餘雜述》：范忠宣公知襄城，襄俗不事蠶織，鮮有植桑者。公患之，因民之有罪而情輕者，使植桑於家，多寡隨其罪之輕重，後按其所植榮茂，即與除罪。自此人得其利。公去，民懷之不忘。

樓《攻媿集》：中興後，伯父璹為於潛令，念農夫、蠶婦之作苦，究訪始末，為耕織二圖，凡二十四事。事繫以五言詩，賜對之日，遂以進呈，玉音嘉獎。並見陳繼儒《妮古録》。

《大學衍義》：真德秀請以農夫紅女耕蠶勞勩之狀，作為歌詩。退朝之暇，使人日誦於前，且繪畫成圖，揭之宮掖，布之戚里，庶聖心不忘小民之依，而嬪御外家，勉為勤儉。

《遼史・能吏傳》：大公鼎改良鄉令，省徭役，務農桑，部民服化。

《元史・世祖紀》：至元七年，立司農司，以參知政事張文謙為卿，設四道巡行勸農司。閏十一月，申明勸課農桑賞罰之法。

《食貨志》：至元七年，立司農司，專掌農桑水利。凡五十家立一社，擇高年曉農事者，為長官司長，以教督農桑為事。種植之制，每丁課種桑、棗各二十本。

《元史・孛德輝傳》：授太原路總管，崇學校，勸耕桑，立社倉，凡可以阜民者，無不為之。

《滇考》：張立道為勸農使，爨僰之人，雖知蠶桑而未得其法，立道始教之飼養，收利十倍于舊。並見《元史》本傳。

趙《松雪齋集・姜公墓誌》：姜彧，字文卿，萊陽人，知濱州，設賞罰，課民栽桑。歲餘，新桑徧野，人呼曰太守桑，且歌曰：田野桑麻一倍增，昔無蠶麻今纊繒，太守之德如景星。並見《元史》本傳。

《元詩選》：王禎，字伯善，東平人，官旌德宰，調永豐。每歲教民種桑若干株，凡麻苧、禾黍、牟麥之類，所以蒔藝、芟穫皆授之以方，為書曰《農器圖譜》《農桑通訣》。詳見書目提要類。

林本裕《遼載》：元胡秉彝知錦州，編苗司農栽桑圖，及築園栽桑，聽民移植，民乃衣食饒足。

《明史・沐英傳》：英在滇，百務具舉，簡守令，課農桑，墾田至百萬畝。民大便之。

汪鈍翁《類稾》：汪應軫知泗州，課民植桑，募江南女工，教以蠶織，

清　方濬頤《二知軒文存》卷三一《常鎮通海兵備道李君墓誌銘》　丹陽境内江灘，民人墾種，易啟爭端。君議收其田租，以供書院，及各善舉之用。課桑局，則先為借欵采買，並委官設局，教民育蠶。

又　卷三四《汪芝生師墓表》　府君見園中桑陰茂密，稔知鳳之人向以織絹為業。欲興蠶桑之利，商之觀察蔡公世松，擬各捐數千金，往市湖桑，且募浙人種藝，以事出創始，大府未即報可，而府君適病，其議遂寢。近來江北各郡，半設課桑局，惜府君不及見也。

清　高其垣《試行蠶桑説・附刊原禀》　然思聖賢之法垂教後世，斷非一隅一處而設，江浙可樹，其民養藏者眾，利厚可知。想閩地連界，自無不可之理，且見有大株野桑之處，其非不宜蠶桑者甚明。或因歷未教養而民不知利之厚薄，故未為耶？但思事如創始，必須官為之倡，民知有利，始樂為之。卑職因前權南平，與同省後每年採取野桑，均令女工試以養之，無不成繭，惟觀其繭較浙省畧小，而收絲稍薄。

清　汪士鐸《南北史補志》卷一二《禮儀志》　建德三年，親耕耤田，禮皆如之。又制，皇后乘翠輅，率三妃、三妣、御媛、御婉、三公夫人、三孤内子至蠶所，以一太牢親祭，進奠先蠶西陵氏神，禮畢，降壇。昭化嬪亞獻，淑嬪終獻，因以公桑焉。

清　尹紹烈《蠶桑輯要合編・同治二年二月初八日候補知府尹紹烈爲禀報開局日期事》　同治二年，二月初八日，候補知府尹紹烈爲禀報開局日期事：竊卑府於同治元年十一月初一日，接奉憲臺札，委在於豐濟倉遺址内設立勸課蠶桑局，督董經理，如法樹桑，以供蠶事，仍將開局日期報查等，因奉此。卑府遵卽督董籌商，擇其緊要各事，先行舉辦。現在所購桑秧，已趁春分栽種完竣，溝塘水道，一律深通。桑匠園丁，均經住局，責成照料澆灌。於二月初十日開局，散給民間桑秧、蠶種，俟散有成數，具報查考。至收買桑葉、蠶繭，教民養蠶、抽絲，由局酌量情形辦理，隨時禀呈鑒核，所有開局日期相應禀報，恭請福安，卑府紹烈謹禀。

（光緒）《松江府續志》卷五《疆域志・風俗》　郡境向不事蠶桑。自道光季年，浦南鄉人始有樹桑、飼蠶者。華亭諸生顧華琳、莊鏡新，自植數千株於家

園，於是相繼興起。及咸豐兵燹，浙西及江甯人避難之浦東，益相講習，官吏復鼓舞導之。近雖植桑漸多，然蠶利猶未溥也。參華亭奉賢《南匯志》

（光緒）《望都縣新志》卷四《土産志》 又土宜桑，春冬兩季，邑侯李公由省垣蠶桑局，領桑秧數萬株，勸民於牆下河沿道旁，及各處隙地遍植，後宜踵行，廣興蠶利。

清 林楊光、王鎮西《蠶桑條説·金文同序》 興郡□處關南，氣候和暖，於蠶事最宜。故漢陰、安康各廳縣風氣早開，久食其利。近年蠶絲為出口大宗，我華産足與進口貨相抵制者，首屈惟此，而茶次之。去歲，玉藺價額增至數倍，利益至鉅，而且至速，安可任其坐失，而不共切講求以厚民生。僕蒞任後，疊次愷諭郡民，勸其各就地勢，栽種桑株，勤治蠶業，以濬不竭之源，旋聞平利縣屬多宜桑之地，當即給諭該縣紳耆黄鳳藻、王守文、張立發等，亟事勸種，並因平利王學官鎮西，赴鄉宣講聖諭、札令。就便喻以種桑之利，溥為民勸。當時白河林令撰呈蠶桑簡要七條，王學官述呈桑蠶説十九條，詳閲所呈，均於此事討論精詳，足為養蠶家師法。而王説蠶紙耐寒，以牛糞火卻病，各要□心得之妙，尤為陝民所宜取。則現聞平邑栽桑已有六七十株，民頗知奮且競向學，署索其條説而分抄之，是皆知其説之有當□。但地限一隅恐遐阻，尚缺於見聞，合並付梓印刷，以廣為吾民勸焉。

清 王世熙編輯《蠶桑圖説·黄元芝序》 賢刺史相繼戾止蠲廉，廣購桑苗，倡置課桑局，飭民領植，下逮嘉寶屬邑。於是視縣事者，悉蠲廉應之，著爲令，年來循行久遠，不無視爲具文。

又《序》 爲振興益城，南地三十餘畝，繼至者爲吴侯承潞，捐廉爲倡，於南園中葺屋數楹，設課桑局，其利漸溥。自侯陞任去，吴侯政祥來，侯曾宦錫山，有課桑政備言錫山蠶桑之利益，欲爲婁地，作久遠計。

清 衛杰《蠶桑萃編》卷一《歷代詔制類》

漢制

漢文帝十三年，二月甲寅，詔曰：皇后親蠶，以奉祭服，其具禮儀，賜天下孤寡布帛、絮各有數。

景帝二年，夏四月，詔曰：朕親耕，后親蠶，以奉宗廟粢盛、祭服，布告天下，使明知朕意。

昭帝元平元年春二月，詔曰：天下以農桑為本。

元帝建昭五年春二月，詔曰：方春，農桑興，百姓戮力自盡之時也。故是月勞農勸民。

成帝陽朔四年，春正月，詔曰：方東作時，其令二千石勉勸農桑，出入阡陌，致勞來之。

平帝元始元年六月，置大司農部丞十三人，人部一州，以勸農桑。

又 後漢

漢光武中元二年，明帝即位，十二月甲寅，詔曰：方春戒節，人以耕桑。其敕有司，務順時氣，使毋煩擾。

明帝永平二年，三月，皇后帥公卿、諸侯夫人，蠶祠先蠶，禮以少牢。

永平三年，春正月癸巳，詔曰：有司勸督農桑，夙夜匪懈，以稱朕意。

章帝建初元年，春正月丙寅，詔曰：方春東作，宜及時務，二千石勉勸農桑。

永平十年，夏四月戊子，詔曰：百姓勉務桑稼，以備災害。吏敬厥職，無使怠墮。

又 宋

文帝元嘉八年，閏六月庚子，詔曰：自農桑惰業，遊食者衆，宜思獎訓，導以良規。咸使肆力，地無遺利，耕蠶樹藝，各盡其力。

孝武帝大明三年，冬十月丁酉，詔曰：古者，薦鞠青壇，聿祈多慶。分繭元郊，以供純服。來歲可使六宮妃嬪，修親桑之禮。

大明四年，始於臺城西白石里為西蠶，設兆域。置大殿七間，又立蠶觀。三月甲申，皇后親蠶。

又 南齊

明帝建武二年，春正月己卯，詔曰：食為民天，義高姬載，蠶實生本，教重軒經。前哲盛範，後王茂則，布令審端，咸必由之。若耕蠶殊衆，具以名聞；游怠害業，即便列奏。

建武四年，詔：所在課田桑。

又 北魏

明元帝永興三年，春二月戊戌，詔曰：衣食足，知榮辱。夫人饑寒切已，所急者，温飽而已。其出宮人，以配鰥民，令夫耕婦織。

太武帝太平眞君四年，六月庚寅，詔曰：牧守之徒，各厲精為治，勸課農桑。

孝文帝二十年，七月丁丑，詔京民始業，農桑為本。

宣武帝景明三年，十有二月戊子，詔曰：民本農桑，國重蠶績，粢盛所憑，冕織攸寄。比京邑初基，耕桑暫缺，遺規往旨，宜必祗修。今寢殿顯成，移御維始，重郊無遠，拂羽有辰。便可表營千畝，開設宮壇，秉耒援筐，躬勸億兆。

又 唐制，皇后歲祀。季春，吉，享先蠶。散齋三日於後殿，致齋一日於正寢，遂以親桑。皇后受鈎采桑，典制奉筐受桑。妃嬪、命婦以次從，至蠶室。尚功以桑授蠶母，蠶母切，以授婕妤。婕妤飼蠶，灑一薄，訖。司賓引婕妤還本位，尚儀前奏，禮畢。

唐太宗貞觀元年三月癸巳，文德后率內外命婦，有事於先蠶。

貞觀九年三月，皇后親蠶。

高宗永徽三年三月，制：以先蠶為中祀。

顯慶元年三月辛巳，皇后親蠶。

上元元年三月己巳，皇后親蠶。

上元二年三月丁巳，天后親蠶。

上元三年，詔天下刺史、縣令，令於所部勸桑。

元宗開元元年正月辛巳，皇后親蠶。【略】

肅宗乾元元年，后親蠶苑中。【略】

貞元二十年，詔曰：理化之本，繫乎京師，副朕憂人，屬於長吏。宜勉務農桑，各安生業，以舒朕懷。

乾元二年，三月己巳，皇后親蠶。

又 後周

太祖廣順元年正月，敕：農桑之務，衣食所資。一夫不耕，有艱食之慮；一婦不織，有無褐之虞。詔：諸道府州長吏，宜勸課農桑，以豐儲積。編民樂業，仍倍撫綏。

顯德二年，詔：天下厚農桑，薄技巧。

顯德三年，命工刻本為耕夫、織女狀於禁中，召近臣觀之。

又 遼

太祖天贊元年十月甲子，始分二部，飭國人樹桑麻，習組織。【略】

清甯二年六月乙酉，遣使分道勸桑。

又 宋

太祖建隆三年，命官分詣諸道，申勸課桑之令。

神宗熙甯二年，分遣諸路常平官，專領農田水利，民增種桑柘者，毋得加賦。

徽宗政和元年，三月己巳，詔：監司督州縣長吏，勸民增種桑柘，課其多寡為賞罰。

政和元年四月，詔：就先蠶壇之側，度地築公桑蠶室。歲養蠶以供祭服，其親蠶可以無數為名。

宣和元年，三月甲戌，皇后親蠶。

宣和六年，閏三月辛巳，皇后親蠶。

乾道六年，二月壬寅，詔諭：大臣均役法，嚴限田，抑游手，務農桑。一、務本，二、協力，三、因時。

光宗紹熙三年，九月丙申，勸兩淮民種桑。

理宗寶慶三年，三月庚戌，詔：郡縣長吏勸農桑，抑末作，戒苛擾。

端平三年，春正月己未朔，詔：勸桑。

又 金

世宗大定五年十二月，申伐桑爲薪之禁令。

又 元

世祖至元十一年，三月己卯，詔：以勸課農桑諭高麗。至元二十二年，六月乙巳，詔：以《農桑輯要》書頒諸路，克勤厥職者，以次陞獎；其怠於事者，罷之。

成宗元貞元年，五月丙申，詔：以農桑水利諭中外。

武宗至大三年，十月壬申，詔諭：大司農司課桑。

仁宗皇慶二年，申諭勸課桑。

延祐二年，八月庚子，詔：江浙行省印《農桑輯要》萬部，須有司遵守勸課。

延祐五年，九月癸丑，命刊《栽桑圖説》千帙，散之民間。

英宗至治二年，八月戊寅，詔：畫《蠶麥圖》於鹿頂殿壁，以時觀之，可知民事。

泰定帝致和元年，正月丁丑，頒《農桑舊制》十四條於天下，詔：勵有司以察勤惰。

文宗天歷二年，二月戊戌，頒行《農桑輯要》及《栽桑圖》。至正八年，夏四月乙亥，詔：守令選立社長，專以勸課農桑。

又 明

太祖洪武元年奏准，桑麻科徵之額，罰不種桑者，使出絹一疋。栽桑有成者，四年後始租。

洪武二年，二月壬午，命皇后率内、外命婦，蠶於北郊，以為祭祀衣服。

洪武五年，敕有司以農桑考課。

洪武十八年議准，農桑起科太重，令今後以定數為額。又諭部臣，禁末作華靡，以無廢農桑之業。

洪武二十五年，令天下樹桑、棗等物。

洪武二十六年，定《桑株起科則例》。

洪武二十七年，令戶部教民多種桑、棗，每一戶初年二百株，次年四百株，三年六百株，栽種數目造册回奏，違者遣罰。

成祖永樂二年，四月乙丑，敕諭：文武群臣，存恤軍民，勸課農桑，臻於治理。

英宗正統六年，命所司行親農桑事。

正統八年令，各處不出蠶絲處所，每絹一疋，折銀五錢，解京供用。

世宗嘉靖始敕禮部，以每歲季春，皇后親蠶於北郊，後改於西苑。

嘉靖九年，續定親蠶儀制。帝曰：《周禮》，耕蠶分南北郊。其蠶於禁中，唐人便安之制耳，不可為法。於是禮部請行於北郊，酌治蠶禮，定壇壝向，制采桑器，擇掌壇官。翟車出入，或從東華門，或從元武門，用謹厚内臣，用肅宮禁，帝從之。其壇制，殺先農什一，建具服殿、蠶室、繭館，俱如古制。仍於西内營織堂，一終蠶事。

嘉靖十三年，五月，定内苑先蠶壇，繭成，進絲。

又《歷代勸課類》

樹桑

鄭子產開畝樹桑。

爭桑

吳王僚因吳邊邑處女與楚邊邑之女爭界上之桑，而伐楚。

宜桑

齊帶山海，膏壤千里，宜桑麻。

葉桑

鄒、魯、濱、洙、泗頗有桑麻之葉。

園中桑

後漢汝南尹昆爲汝陰功曹令，新到官，曰：『園中有桑以食蠶。』

旅生桑

陳曋爲巫令，桑旅生二萬餘株，民以爲給。

附枝

張堪爲漁陽太守，勸民耕種。百姓歌曰：『桑無附枝，麥秀兩歧。張君爲政，樂不可支。』

再葚

獻帝興平元年九月，桑再葚。到元德軍於沛，年荒，軍士以爲糧。

食葚

表詔：『在河北，軍人仰給桑葚爲食。』

蓄葚

楊沛爲新鄭長，課民益蓄桑葚，積浸千餘斛。太祖天子軍無糧，沛乃進乾葚。

八百桑

諸葛亮表後主曰：『成都有桑八百株，薄田五十頃，子孫食衣，自有餘饒。』

三百桑

晉令丞尉以官舍有桑，皆給之；其無桑及不滿三百株，皆使吏卒隨開於官舍，種桑滿三百株。

百廿桑

北燕馮跋下書曰：『今田畝荒穢，有司不隨督察，欲令家給人足，不亦難乎？桑柘之益，有生之本。此土少桑，人未見利，可令戶植桑一百二十株。』

桑重生

《後燕錄》曰：初，晃之遷龍城也，植松爲社主。及秦滅燕，大風吹拔之後，數年社忽有二桑根生焉。先是遼川無桑，及廆通於晉求種。

丁桑

沈瑀爲建德令，教一丁種桑十五株，女丁半之，人咸悅，頃之成林。

丁桑

齊河清三年，令每丁給永業二十畝爲桑田，其中種桑五十根。

種農隙

蘇綽兼司農卿，奏曰：『三農之隙及陰雨之暇，當教人種桑。』

充衣

唐李能譽謂子孫曰：『吾性不好貨，遂至貧乏。然吾近京城有賜田十頃，桑若干根，可以充衣。』

出三輔

范子計曰：『桑出三輔。』

五月葚

《氾勝之書》：五月取椹，著水濯洗，取子陰乾之，好治肥田十畝，荒久不耕者尤好，耕治之。黍椹子各三升，合和種之，黍桑當頃俱生。鉏之，桑令稀疏，桑正與黍高下平，因以利鐮歷地刈之，暴令燥。後有風調，放火燒之，當逆風起火。桑至春生，一畝食三薄蠶。

課桑

隋高祖登庸，死丁男、中男永業露田，皆遵後齊之制，並課以桑。

畝二株

唐元和七年夏四月，勑天下州府民戶，每田一畝種桑二株。長吏逐年合計以聞。

禁作薪

會昌二年四月，勑：勸課種桑。比有勑命，如能增數，每歲申聞。比和並無，恣加翦伐，列於鄽市賣作薪蒸。自今州縣所由，切宜禁斷。

禁剝桑

宋太祖詔：在官吏諭民，有能廣植桑、墾闢荒田者，止輸舊租；民伐桑爲薪者，罪之；剝桑者，分首從定罪。

毋增賦

熙甯元年，勸民栽桑。帝曰：農桑者，衣食之本。民種桑柘，毋得增賦。

拔茶

張詠爲崇陽令，令民拔茶栽桑。

論功差等

乾道元年，都省言淮民失業，宜先勸課農。令丞植桑三萬株至六萬株，守倅部內植二十萬株，以並論賞有差。

毋踐桑

元世祖中統三年，詔：征戍軍士及勢官毋縱畜傷禾稼、桑棗。又詔：種植桑棗，不得擅興不急之役，妨奪農時。

頒輯要

世祖卽位之初，詔天下：國以民爲本，民以衣食爲本，食衣以農桑爲本，於是頒各路《農桑輯要》之書。至元七年，又頒《農桑之利》。

戒損桑

大德年，申擾農之禁。縱畜牧損桑者，責其償，而後罪之。

收葚

至大二年，淮西廉訪事苗好謙獻種蒔之法，其說分農民爲三等，上戶地十畝，中戶五畝，下戶三畝或一畝皆築園之，以時收桑葚，依法種植。武宗善而行之。

分畦種桑

延祐三年，以好謙所植桑，皆有成效。令如社出地，其時桑苗以社長領之，分給如社。四年，又令民各畦種之。

太守佳名

姜彧知濱州時，行營軍士多占民田，壞民桑、棗。彧言於中書，遣官分畫疆界，强猾者治之，課民種桑，民謂太守桑。

清 衛杰《蠶桑圖説·蠶桑織紡圖説序》 杰自十八年春遵奉相飭勸辦蠶桑，由川揀子種、選工匠、運機紡來直，試辦種桑、養蠶、抽絲、織絹迺勸桑，而鄉農未習試織，而商賈難銷，早作夜籌，未能得手其時。

清 葉向榮《蠶桑説·吴學堦後序》 鎮郡鄉民祇知耕稼，不知蠶桑，是以地多曠土，家無蓋藏，兵燹後尤荒窳不治。同治己巳冬，觀察吴興沈公奉命來鎮是邦，軫念民瘼，周歷原野，遂出俸錢，興蠶桑之利，學堦蒙憲諭董正其事，因商諸同志，學博張君太生、貳尹張君開淇，尚以鎮地彫敝，一時籌欵維難為慮。其時別駕沈君增、司馬魏君昌壽，力為慫恿，設法貸資。又得少尉包君履、正郎張君維楨、理問汪君淦、貳尹蔡君慶坊，皆觀察同里，素樂善，贊成其事。遂設局於城西之南郊，購桑分給鄉民，并選僱湖屬善種之人，教以樹藝之法，一時分司其責。如少府汪君玉振、太學王君銘勲、茂才睦君世隆，皆黽勉從公，不辭勞瘁，舉行一二年，已有成效。噫，鎮郡數百年來，戶不知織。今觀察興此萬世之利，其功豈不大哉。

著録

宋 樓鑰《攻媿集》卷七六《跋揚州伯父耕織圖》 周家以農事開國。《生民》之尊祖，《思文》之配天，后稷以來，世守其業，《公劉》之厚于民，太王之于疆于理，以致文、武、成康之盛。周公《無逸》之書，切切然，欲君子知稼穡之艱難，至《七月》之陳王業，則又首言授衣，與夫無衣無褐，何以卒歲？條桑載績，又兼女工而言之，是知農桑爲天下之本。《孟子》備陳王道之始，由于黎民不飢不寒，而百畝之田，牆下之桑，言之至于再三，而天子三推，皇后親蠶，遂爲萬世法。高宗皇帝，身濟大業，紹開中興，出入兵間，勤勞百爲，櫛風沐雨，備知民瘼，尢以百姓之心爲心，未遑他務。下重農之詔，躬耕耤之勤。

元 王禎《農書》卷二〇《農器圖譜十六·蠶繅門》 繭館，皇后親蠶之所，古公桑蠶室也。【略】周制，天子諸侯，必有公桑、蠶室。近川而為之，築宮，仞有三尺，棘墻而外閉之。后妃齋戒，享先蠶而躬桑，以勸蠶事。《皇后親蠶儀》曰：『皇后躬桑，始捋一條；執筐受桑，捋三條。女尚書跪曰：「可止。」』執筐者，以桑授蠶母，以桑適金室。』《前漢·文帝紀》詔：『皇后親桑，以奉祀服。』景帝詔：『后親桑，為天下先。』元帝王皇后為太后，幸繭館，率皇后及列夫人桑。明帝時，皇后、諸侯夫人蠶。魏文帝黄初中，皇后蠶於北郊，遵周典也。晉武帝太康中，立蠶官。皇后親桑，依漢魏故事。宋孝武立蠶觀，后親桑，循晉禮也。北齊，置蠶宮，皇后躬桑於所。後周制，皇后至蠶所，桑。隋制，皇后親桑於位。唐太宗貞觀元年，皇后親蠶。顯慶元年，皇后武氏，先天二年，皇后王氏，乾元二年，皇后張氏，並見親桑禮。玄宗開元中，命宮中飼蠶，親自臨視。宋《開寶通禮》《郊祀録》，並有后親蠶祝辭。此歷代皇后親蠶之事，采之史編，昭然可見。茲特冠於篇首，庶有按圖考譜，知繭館之不徒虚名也。【略】賦云：惟蠶有功，於世歸美。廣物産之貨資，作人生之衣被。中春之月，天子詔后以躬桑。大昕之朝，內宰告期而命祀。於是詣靈壇，降寳殿，翠障夾乎道周，鳳輦翔於畿甸。順春氣於東方，朝先蠶於北面。具夫青縹之服皇后蠶服，青上縹下，深衣，侑以芳馨之薦。九宮傾動，藹然陪際以成班；三獻禮成，沛然迎祥於同眷。當其叠成寵命，適對韶光。擇世婦於吉卜，受鞠衣於明堂。所以崇開禁館，始入公桑。援條有三，聽女尚書之勸止；執筐不再，受宮夫人之是將。體之以坤儀之柔順，視之以母道之慈良。破蟻以來，庶養至於千箔；獻繭之後，諒化被於多方。是以命繅治以成絲，就趨工而俟織。元黄朱緑，染各精明；黼黻文章，參同品色。

清 愛新覺羅·玄燁，張玉書等纂《聖祖仁皇帝御製文集》第二集卷三二《耕織圖序》 朕早夜勤毖，研求治理，念生民之本，以衣食爲天。嘗讀《豳風》《無逸》諸篇，其言稼穡、蠶桑，纖悉具備。昔人以此被之管絃，列於典誥，有天下國家者，洵不可不留連三復於其際也。西漢詔令，最爲近古，其言曰『農事傷，則飢之本也，女紅害，則寒之原也』，又曰『老耆以壽終，幼孤得遂長』，欲臻斯理者，舍本務，其曷以哉？朕每巡省風謠，樂觀農事，於南北土疆之性，黍稌播種之宜，節候早晚之殊，蝗蝻捕治之法，素愛諮詢，知此甚晰。聽政時，恒與諸臣工言之。於豐澤園之側，治田數畦，環以溪水，阡陌井然在目，桔槔之聲盈耳，歲收嘉禾數十鍾。隴畔樹桑，傍列蠶舍，浴繭繅絲，恍然如茆簷蔀屋，因搆知稼軒、秋雲齋以臨觀之。古人有言：『衣帛當思織女之寒；食粟，當念農夫之苦。』朕惓惓於此，至深且切也。爰繪耕、織圖各二十三幅，朕於每幅製詩一章，以吟咏其勤苦，而書之於圖。自始事，迄終事，農人胼手胝足之勞，蠶女繭絲機杼之瘁，咸備極其情狀。復命鏤板流傳，用以示子孫、臣庶，俾知粒食維艱，授衣匪易。《書》曰『惟土物愛，厥心臧』，庶於斯圖有所感發焉。且欲令寰宇之内，皆敦崇本業，勤以謀之，儉以積之，衣食豐饒，以共躋於安和富壽之域，斯則朕嘉惠元元之至意也夫。

清 何品玉輯刊《蠶桑會粹·顔光猷跋》

春誦夏絃，端屬文人韻事；男耕女織，原為鄉土生涯。古者罰及不毛，防茲遊手，謂四民無不作苦，籌一業亦可資生。不逸不勞，非稼非圃。不觀夫禮，隆獻繭乎，君夫人必供其典；不觀夫政，首樹桑乎，彼老者不歎無衣。而況易事通功，無不可借茲餬口；便民裕國，更無事費爾多心。物阜民康，實基於此；地肥土瘠，罄無不宜。我州之建也二百餘年矣。地實濱乎鶴水，人未習夫蠶工。生齒多多，計衣食憑誰借箸；勞心亟亟，作商賈慙我探囊。未有良圖，曷資利賴。幸我星五田公祖三蒞是邦，百思其利，捐鶴俸為創始之謀，大開蠶局，願鳳山作室家之計，思課桑田，異雖未兆乎飛蛾，功宜勤求夫作繭，飭我濟興之典，專心志以樹先聲，權其子母之餘，便鄉閭何妨作市。利非龍斷，神祀馬頭。然而飼浴未得心傳，保護亦烏足恃。有静波廖茂才者，研心得暇，着手成春，已備三宫之種，且明八輩之珍，訂蠶譜不下數千言，勸蠶事欲周千百室，過目則條分縷析，賴我良朋，銘心則溯委尋源，荷我賢牧。僕齒幾頒白，口敢雌黃。惟躬逢我州盛事，足知刺史嘉猷，何以報德，是用作歌。歌曰：

父母之恩不可忘，賢牧之恩水同長。

可以為衣兮務蠶織，可以為食兮勸樹桑。

有志惠民兮，效我賢牧；永日消閒兮，盼桑陌以徜徉。

清 劉光蕡《養蠶歌括・序》 蠶桑爲陝民故業，其後失傳，不惟不詳其法，且若初無其事者。蓋由晉宋南渡，中原俶擾，殘毀桑株，民不暇爲久遠謀，故桑盡而蠶事遂廢也。顧元設勸農司，特重蠶桑，其法多宜北土，而北省之蠶終遜江浙。然則陝省蠶利之失，固由兵戈，究不盡由於兵戈也。夫育蠶，婦人事也。婦人終身閨閣，既寡見聞，目不識字，又不能乞靈於簡策。卽其夫採之四方，歸而述之，語焉不詳，詳不能記，勉强使爲，鹵莽滅裂，用力多而得利少，不自咎其法之疎，諉爲土性之不宜。《豳風》之詩，《月令》之篇，皆視爲古人欺人之語矣。歲乙未，余命内人學育蠶於三原，歸而自育者二歲，堅守三原蠶婦之簡法，而不肯精進益上。蓋婦性專一，恒德爲貞，先入爲主，不能變於後。内人率仲媳、仲女爲蠶，不授以古法，又將囿於簡便，而昧古法之善，恐吾鄉蠶事終不能返於古也。乃取《蠶桑備要》中育蠶之法，編為俗歌，使媳女誦之。心中先有古法之善，從事蠶務必能精益求精，而不至苟焉一得已也。

清 呂廣文《蠶桑要言・闞鍾衡序》 天下大利，必歸農耕。桑者，農之本務也。五穀所以養民生，蠶桑所以裕民財。民生遂，民財充，而後教之以爲善去惡，靡有不翕然易從者。三代下，阡陌開而井田廢，上無樹藝之教，下成媮惰之風，於是蠶桑之務，竟不能隨地踵行。浙俗惟杭、嘉、湖三府，畢力於桑而善蠶，紹興、甯波次之。近日，則新昌、嵊縣奮然興起，其勢蒸蒸日上。若台州府屬，則鮮有講究之者。署天台縣學訓導呂君子香，新昌人也，述其鄉俗之美利，著爲書，以勸導天台之民。而又先購桑種數萬株，教其栽植，意固良而法亦美也。苟能知所效法，則隨在皆可致富。余馳函廣文，請得其書，更刪纂而歸於體要，刻刷千本，以貽黃巖之民。黃邑東南境，壤土性鬆潤，桑爲宜；天氣和暖，蠶爲宜。且横街民家，素織羅絹，歲出數萬疋絲，則購之異地，使能從事蠶桑，全境化而從之，則黃邑之爲利，殆必駕新、嵊而上者。民富知禮，豈但化悍盜之俗，悉歸純良者哉！

清 衛杰《蠶桑圖說・王文韶序》 國朝康熙三十五年，御製《耕織圖》，民賴其利，富庶日增。惟北方地寒多堿，蠶利未興。今合肥李傅相於保定，創開蠶桑一局，痌念民瘼，籌生計也。檢閱衛道所著《蠶桑》一編，自桑政辨時，治地蠶政，祈神育子，以迄繅絲製車，攀花成錦，凡爲目二十有八，分爲三册，次第節目，纖細該備，編戶齊民，都可誦解，以視昔人蠶桑各書，於直省時，令土宜民情更爲切近，非稔知允蹈，烏能簡當若是乎？夫胡棉之利興，其種植、紡織功省事便，民賴其用，而蠶桑之產，日就耗減。惟江浙、川蜀，俗尚繭絲，故纂組文繡之奇贏，甲諸行省。說者謂天時地利，南北異宜，風氣所關，靡克補挽。然考諸往代，王后親蠶，繅三盆手，分田畫井，五畝樹桑，曷嘗有畛域之分，人事之別哉？是在爲上者，教之以法，授之以具，敦勸而勉行之耳。昔方恪敏公督直時，繪《棉花圖》，以勵本業，至今流播，傳爲美談。今李傅相興辦蠶桑，而衛道實理其事，撰此圖說，行將家喻戶曉，積漸推行，因民所利而利之，於以仰副朝廷衣被天下之意。

清 温忠翰《蠶桑問答・序》 耕織二字，爲衣食根源，民生要務。耕種之事，農家無弗習之矣。蠶桑之事，則盛於浙西，而浙東無聞焉。以天地自然之利，舍之不爲，亦良足惜。若牧民者示以準則，俾家喻戶曉，咸知織之不可偏廢，而美利可興，民風可變，豈非甚善舉哉！温郡時序陽和，土田肥潤，於蠶桑尤宜。甌城南北兩河，鄉溪流環繞萬頃桑田，不難於數年中觀其成，特患人之畏難苟安耳。爰就前人所刊《廣蠶桑說》一書，擇其要者，編成俗語，名曰《蠶桑問答》。必使野老農夫粗通文義者皆知所解，庶幾互相傳習，各思自贍其家而奮然興起也。

清 葉世倬《樹桑百益・序》 昔余嘗刻《桑蠶須知》，勸山中樹桑、飼蠶。年來郡縣士民 種植日廣矣。顧人知桑之益於蠶，而不知其益於人。止知療病者用桑皮、桑葉、桑枝、桑葚，而不知桑柴之有火，火之有灰。桑之有蟲，蟲之有糞。又桑花、桑汁、桑耳，無一不可用也。余甚惜之，山僻購藥不易，而庸醫率多以草藥應之，往往殺人而人不知，誠大病也。爰檢《本草綱目》，截錄桑之修治、主治、氣味，及附載各方，其有發明者，亦間采錄，而柘亦附焉。續刻《桑蠶須知》之後，俾人人知桑之物薄而用重如此。顔曰『樹桑百益』，而其實所益不僅以百計也。屋角田邊，取攜甚便。凡我士民，幸益努力焉。

藝文

《尚書》卷三　厥貢漆絲，厥篚織文。地宜漆林，又宜桑蠶。織文錦綺之屬，盛之筐篚而貢焉。漆音七，盛音成。

北周　庾信《自古聖帝名賢讚・湯解祝網》《文苑英華》卷七八〇　連珠兩起，合玉雙沉。殺爲祥樹，桑成樂林。三方落網，一面驅禽。德矣聖政，仁乎用心。

宋　吕本中《吕氏春秋集解》卷四　天子親耕，以供粢盛；王后親蠶，以供祭服。

宋　梅堯臣《宛陵集》卷五三《送家靜寺丞知洛南》　秦愛商於地，信美洛水南。銀鉛與丹砂，鑿山民爭貪。蜀客善製錦，當先務桑蠶。衣老以及少，使煦如春酣。摘蔬有筍蕨，釣庖有巖潭。頗同故鄉味，將喜獲所諳。

宋　吴曾《能改齋漫録》卷一二《晏元獻節儉》　非親耕不食，非親蠶不衣。

宋　真德秀《西山真文忠公文集》卷一《長沙勸耕》　田家捹取一春忙，男力菑畬女課桑。隴上黄雲機上雪，暫時辛苦樂時長。

《宋史》卷一三七《樂志》　酌獻美安　盛服承祀，出自公桑。衣不羽皮，利及萬方。百味旨酒，有飶其香。神其歆止，洋洋在傍。

元　張顉《虞帝廟祀歌》（嘉靖）《濮州志》卷九　昭歌問公桑兮，治絲織。

明　方孝孺《遜志齋集》卷二四《次危紀善五十韻倍成千字獻蜀王》　擬植千尋柏，還栽八百桑。

明　俞泰《題丹陽賀氏採桑飼蠶圖》《石倉歷代詩選》卷四八六　一從西陵育蠶始，開我萬世資生原。五畝橋邊樹桑柘，衣裳乃服由軒轅。王澤寖衰不下究，棄置田廬作園囿。閭閻無復採桑人，郤欲重重被文繡。吁嗟！皇妃躬祀夫人繅，豈敢惡逸為勤勞。公桑蠶室古來重，里罰有布懲不毛。崇陽拔茶易桑植，乖崖卓有先幾識。四野陰稠桑柘林，襄城歌舞忠宣德。上有作者民斯從，三吴非復當時風。一花一木務珍玩，飼蠶樹老煙蕪叢。兹圖宛然含諷意，彷彿東郊勸蠶事。桑陰筐簍去復來，屋裏婦姑忙不寐。簇箔層層候起眠，窖蠶繅絲説去年。郤歎官租猶未了，莫教重貢八蠶綿。

清　楊屾《豳風廣義》卷一《終歲蠶織圖説》　我勸世人勤務桑，務得桑成無價寶。

清　愛新覺羅・玄燁，張玉書等纂《聖祖仁皇帝御製文集》第二集卷五四《題耕織圖・織圖・浴蠶》　豳風曾著授衣篇，蠶事初興穀雨天。更考公桑傳禮制，先宜浴種向晴川。

清　陳蕃詰《勸辦桐廬柞蠶歌》　國民首重根基固，切莫放棄無程度。預備立憲過渡時，仕農工商同一路。天生出産無其數，亟研究，莫遲誤。桐溪山水清且秀，柞樹林立無其右。維柞之枝毛詩詠，其葉蓬蓬隨處有。堅韌柞性分多種，繪圖貼説言論透。山蠶利厚，作繭不落家蠶後，吐絲不比家蠶瘦。須賴人工調護勤，不畏春秋風雨緊。織出綢綾銷售行，興業莫把餘利剩。我今勸辦柞蠶莅兹土，滿山柞樹目親覩。休負巖桐樗櫟多，快覓種子放枝柯。春暖蠶花熟，農家衣食足。秋成出繭多，賣繭如羅穀。剝繭千箇街頭挑，售價得銀一兩速。絕大利源開，都從桐廬來。實業興，實業興，聽我説原因。勸業新政改良策，滿山遍地皆黄金。熟覧柞蠶誌，方知柞蠶事。熟覧各柞圖，方知各柞樹。我今續箸勸辦柞蠶謌，又繪各種柞圖阿。願爾闢開地利，莫負天心。願爾家家豐足，勿再因循。

清　張集賢編撰，郝子雅繪製《桑織圖・種桑歌》　種桑好，種桑好，要務蠶桑莫潦草。無論墻下與田邊，處處栽培不宜少。君不見《豳風・七月》篇，春日載陽便起早。女執懿筐遵微行，取彼柔桑直到杪。八月萑葦作曲箔，來年蠶具今日討。繅絲織組漸盈箱，黼黻文章兼繢藻。本來婦職尚殷勤，豈但經營誇能巧。老衣帛，幼製襖，一家大小偕溫飽。春作秋成冬退藏，闔戶垂簾樂熙皡。更得餘息完課糧，免得催科省煩惱。天生美利人不識，枉費奔馳徒擾擾。我勸世人勤務桑，務得桑成無價寶。若肯世世教兒孫，管取喫著用不了。各書一通曉鄉鄰，方信種桑真箇好。

雜録

《三國志·吴書》卷一一《朱然傳》裴松之注 《襄陽記》曰：柤音如租稅之租。柤中在上黄界，去襄陽一百五十里。魏時夷王梅敷兄弟三人，部曲萬餘家屯此，分布在中廬宜城西山陽、沔二谷中，土地平敞，宜桑麻，有水陸良田。沔南之膏腴沃壤，謂之柤中。

《册府元龜》卷二二八《僭僞部·務農》 前秦符堅，僭稱大秦天王，課農桑，又親耕籍田；其妻苟氏，親蠶于近郊。其後又遣使巡察四方，勸課農桑。

宋 陳景沂《全芳備祖》卷二二《農桑部》 女桑、積桑、壓桑、山桑。《爾雅》遵彼微行，爰求柔桑。《七月》蠶月條桑，取彼斧戕，以伐遠楊。《七月》桑之未落，其葉沃若。維桑與梓，必恭敬止。《小弁》星言夙駕，稅于桑田。《定之方中》無踰我墻，無折我樹桑。《將仲子》食我桑椹，懷我好音。《泮水》桑土既蠶。《禹貢》厥貢檿絲。同上其亡其亡，繫于苞桑。《否卦》五畝之宅，樹之以桑，五十者可以衣帛矣。《孟子》季春之月，命野虞無伐桑柘。鳴鳩拂其羽，戴勝降于桑，具曲植蘧筐。后妃齋戒，親東鄉躬桑。禁婦女毋觀。省婦使，以勸蠶事。蠶事既登，分繭稱絲效功，以共效廟之服，無有敢惰。《月令》古者天子諸侯必有公桑、蠶室，近川而為之，築宫仞有三尺，棘墻而外閉。夫人世婦之吉者，使入蠶室，奉種入于川，桑于公桑，風戾以食之。注：戾，燥也。蠶性惡濕。既畢矣，世婦奉蠶繭以示于君，遂獻繭于夫人。《祭義》宅不毛者，有里布。注：謂不植桑麻也，欲令宅植桑麻，則無稅賦以勸之。不植桑麻之毛者，則罰以二十五家之稅布。《周禮》

宋 朱熹《四書章句集注·孟子集注》卷一《梁惠王章句上》 朱熹曰：『五畝之宅，一夫所受，二畝半在田，二畝半在邑。田中不得有木，恐妨五穀，故於墻下植桑，以供蠶事。五十始衰，非帛不暖，未五十者，不得衣也。』

明 王象晉輯《桑麻葛譜·桑》 典故 天子諸侯，必有公桑、蠶室。后妃齋戒，享先蠶而躬桑，以勸蠶事。《周禮》黄帝元妃西陵氏傫祖始勸蠶事，月大火而浴種，夫人副禕而躬桑。王禎《農書》皇后躬桑，始捋一條，執筐受桑，捋三條。女尚書跪曰：『可止。』執筐者以桑受蠶母，以桑適金室。《皇后親蠶儀》皇后親桑，以奉祀服。《漢文帝詔》后親桑，爲天下先。《漢景帝詔》太后幸蠶舘，率皇后及列夫人桑。《漢元帝紀》武帝太康中，立蠶官，皇后躬親，依漢魏故事。《晉史》孝武立觀，后親桑，循晉禮也。《宋史》置蠶室，皇后躬桑于所。《北齊書》皇后至蠶所桑。《後周書》皇后親桑于位。《隋史》扶桑在陽州，日所拂。《淮南子》天下之高者，扶桑，無枝葉，上至于天，下通三泉。《寰中記》扶桑在碧海中，上有天帝宫，東王公所治。樹長數千丈，兩兩同根，更相依倚。仙人食其椹，體作金色。《十洲記》東北海外，圓丘之南，有三桑，木長百仞，無枝。《山海經》伊尹生于空桑。伊陟相太戊，亳有桑穀，共生于朝，七日而大拱。《白帖》孔子母徵在，游于大塚之陂，睡夢黑帝使請往，交語曰：『汝乳必于空桑。』覺則若有所感，後生孔子于空桑之中。《孔演圖》子產相鄭，開畝樹桑，鄭人謗訾。《韓非子》《史記》：『始皇遣徐福入海，求三山不死之藥。』《金樓子》曰：『聞鬼谷先生言，故遣之，求金菜玉蔬，及一寸椹。此說亦異。』張堪爲太守，百姓歌之曰：『桑無附枝，麥秀兩岐。張君爲政，樂不可支。』《漢鑑》申屠蟠，耻郡無處士，遂閉門養志，爲蓬室，依大桑以爲棟梁。《漢史》先主宅東南角籬下，有桑樹，高丈餘，遥遥童童，若羽葆車盖，往來者皆怪其非凡，謂當出貴人。先主少時，與宗中諸兒戲丁樹下，曰：『我必乘此葆羽車盖。』《蜀志》元帝永光元年，三月，隕霜殺桑，時石顯用事。龐士元，師事司馬德操，不矜小名，人莫知之。德操蠶月躬採桑後園，士先助之，因與談世興廢，其言若神，遂移日忘食。德操於是重之。高弘爲瑯琊相，妻子不入官舍，用桑栝盛漿。《後漢書》楊沛爲新鄭長，課民蓄桑椹，豋豆積得千餘斛。太祖軍乏粮，沛進之，後遷鄴令。《魏書》愍懷太子孕時，有桑生于西廂，數日而枯。十二月，太子生。《晉书》遼初無桑，慕容廆通于晉，求種江南。平州之桑，悉繇吳來。《後燕録》太祖宅在武進，宅南有桑，樹高三丈，横出四枝，如車盖。太祖方數歲，游其下，從兄敬宗謂曰：『此樹爲汝生也。』《齊書》襄陽土俗，凡隣居必種桑界上，以爲誌。韓係伯以桑蔭妨隣人地，遷開數尺，隣人隨侵之，係伯輒又改種。隣人慚，還所侵地。同前金末，大饑，至夏，桑椹熟，民皆採食，獲活者不可勝計。《金史》

明 談遷《棗林雜俎》 青田縣，五色石杯，巧工琢造，歲應上官，不啻千百，民甚苦之。古人拔茶樹桑，以茶且累民，况石杯於器無益，有一製必貽一害，在司牧者念之耳。

清 陳宏謀《培遠堂偶存稿·勸種桑樹檄乾隆十六年閏五月**》** 陝省蠶桑日久廢棄。近年以來，省城設立蠶局，買桑養蠶，買繭繅絲。鳳翔等處亦多設局養蠶，誘民興利，民間效法，漸知養蠶，各處出絲不少。省城織局，招集南方機匠，織成秦緞、秦斗紬、秦線紬、秦綾、秦縑、秦紗，年年供進貢之用。近已通行遠近，本地民人學習，皆能織各色紬緞，正須接續勸行，方可推廣加多。惟有多種桑樹，庶幾到處有桑，即到處可以養蠶。桑多則蠶絲亦多，絲多則紬緞亦多。本部院近日循行渭河南北及盩、鄠地方，經過鄉邨，樹木叢茂，滿目陰翳，除棗柿樹而外，襆樹甚多。如謂地不宜桑，豈有可以種植襆樹，獨不可以種植桑樹之理？與其種無用之襆樹，何如種有用之桑樹？如謂種後人偷砍伐，豈有不偷砍襆樹，獨偷斫桑樹之理？況邨堡溝濠，地頭屋角，一隙之地，皆可種桑。並非必須平原片段，方可種桑，致碍蔬穀之利也。桑樹既可多種，則蠶事正可推廣。仰布政司官吏，除金鎖關以北，鄜、延、榆、綏各屬，地不宜樹，種植難成，毋庸勸行外，其餘各府各縣，務令地方官巡歷所至，勸諭民間種植桑樹。舊有之桑，各宜保護培植，不可戕伐。有偷伐桑樹者，加倍究處。現在省城蠶局及鳳翔府，每年佈種桑秧，聽人赴領。各該州縣或亦廣佈桑秧，聽民人領回種植，或赴省城、鳳翔領回，分散民間種植。其鼓舞勸誘之法：當將已種成之桑樹，加以獎勵。種而未成者，不必過問。每年官於城中設局養蠶，出示民間，凡有桑樹，或估價摘葉，或聽民人摘葉赴局，官即酌給量以價值，俾民人知家有桑樹，年年可以賣錢，路上野桑亦可摘葉賣錢，自必愛惜舊桑，廣栽新桑。地方官每年買桑養蠶，不無所費，所得之絲，仍然有用，雖有虧折，亦不甚多。地方官果肯有心爲民興此大利，每年即有所費，當亦不必吝惜，所得之絲，只須稟知，不必將絲送驗。倘民間有養蠶得繭，而不能繅絲者，亦許賣給於官。官買此繭，亦可繅絲，同歸有用。如此則種桑既可得利，養蠶賣繭亦可得利，有絲而或賣或織更可得利。小民層層得利之處，即官司層層引誘之法，不必刑驅勢迫，自必鼓舞樂從。現在局中匠多機多，如各屬養蠶得絲甚多，意欲織紬緞者，亦可赴局覔人教習，或令人赴局學習。地方官一面身先倡率，一面設法鼓舞，因勢利導，自不患桑樹之不多，蠶織之不廣。本部院年來勸行蠶桑，祇於省城設立蠶局織局，爲倡導引誘之計，未敢徒事文告，繩以官法。今事將就緒，現城有機，地方官民，亦皆知陝省蠶事可興，故此通行，爲廣種桑樹多多養蠶之計，各屬各隨心力，次第舉行，積少可以成多，由近可以及遠。月計不足，歲計有餘。果肯推行有效，決不沒其所長，毋再以爲迂泛而忽之。仍移各道一體督查毋違。

清 方觀承《述本堂詩集·看蠶詞》 寒食節為令節，馬明王是蠶王。紅女來修，廟祀靈陰，指近公桑。

清 崔應榴彙纂，錢馥補輯《蠶事統紀》卷二《歷代祀先蠶禮·親蠶禮》 《周官禮》：天官內宰，中春，詔后率外、內命婦，始蠶于北郊，以為祭服。鄭注：蠶于北郊，婦人以純陰為尊，郊必有公桑、蠶室。杜佑《通典》：后妃齋戒，享先蠶而躬桑，以勸蠶事。

《清朝文獻通考》卷二六八《物異考》 七年七月，浙江歸安縣民家萬蠶同繭。浙江總督性桂疏報，湖州府歸安縣民王文隆家育蠶二十七筐，有九筐萬蠶同結瑞繭一幅，長五尺八寸，寬二尺三寸，自然成就，不由人工。八月奉諭旨，前據浙江署督性桂、署撫蔡仕舢奏進，湖州居民家萬蠶同織瑞繭一幅，父老稱爲從來未有之奇。朕恐小民圖利望恩，或用人工造作而成，因令體訪確實，勿爲所欺。昨性桂、蔡仕舢等于本地詳加驗看訪察，實係自然成就，具摺覆奏。廷臣等以蠶桑織紝，乃衣被之大原，養民之切務。今浙江有此瑞應，則小民溫煖可期，咸爲國家稱慶。朕數不言祥瑞，數年以來，每遇休徵，必倍加乾惕儆戒。所頒諭旨至再至三，朕愛育元元，務期普天率土之人同沾實惠，一時希有之物，不足以禦飢寒。倘蒙上天俯鑒悃誠，錫福黎庶，蠶桑普盛，衣食充盈，乃朕心之所謂祥瑞也。

清 周春溶《蠶桑寶要·告示》 欽命分巡四川川東兵備道，轄重、夔、綏、忠、酉、石等處地方兼管驛傳事，加三品銜，軍功三級，隨帶四級，紀錄八次姚為勸諭事：照得古者農桑並重，墻下之樹，野虞之禁，禮有明文。蜀為沃土，桑植尤宜，嘉、眉、順、保一帶，早已大獲其利，而川東未之及者，豈土之有宜有不宜歟？抑亦創始之無人也。本道生長浙湖，深悉種桑之利倍於農而尤逸於農，思欲以吾湖種桑之法，興川東蠶桑之利。除籌欵採買桑秧，扎飭委員會同局紳先行試種外，合亟出示勸諭。為此諭仰軍民人等知悉，爾等如有情願領桑種植者，即赴保甲局，報明數目，領請給發。其有力之家，亦可多購桑秧，隨地栽植，或千株，或百株，即降而數十株，再降而十數株，量力行之，均無不可。捴之，種桑一株，三年後即收一株之利。本小利厚，爾等其努力為之，毋負本道諄諄勸諭之苦心，本道實有厚望焉。各宜凜遵勿違，切切此諭。

蠶桑利益貢賦部

貢賦

題解

明 胡廣等《禮記大全》卷六 后妃獻繭，謂后妃受內命婦之獻繭也。收繭稅者，外命婦養蠶，亦用國北近郊之公桑，近郊之稅十一，故亦稅其繭十之一，其餘入已，而為其夫造祭服。一說再命受服，服者，公家所給，故稅其十一者，為給其夫祭服也。受桑多則稅繭多，少則稅亦少，皆以桑為均齊也。貴謂卿大夫之妻，賤謂士妻；長幼，婦之老少也。如一，皆稅十一也。郊廟之服，天子祭服也。

《古今圖書集成·歲功典》卷四五 蠶事畢，后妃獻繭，乃收繭稅，以桑爲均，貴賤長幼如一，以給郊廟之服。陳注后妃獻繭，謂后妃受內命婦之獻繭也。收繭稅者，外命婦養蠶，亦用國北近郊之公桑，近郊之稅十一，故亦稅其繭十之一，其餘入已，爲其夫造祭服。一說：再命受服。服者，公家所給，故稅十一者，爲給其夫祭服也。受桑多，則稅繭多，少則稅亦少，皆以桑爲均齊也。貴謂卿大夫之妻，賤謂士妻；長幼，婦之老少也。如一，皆稅十一。郊廟之服，天子祭服也。

清 李光地等《御定月令輯要》卷九 獻繭收稅。原《禮》：蠶事畢，后妃獻繭，乃收繭稅，以桑為均，貴賤長幼如一，以給郊廟之服。註：后妃獻繭者，內命婦獻繭於后妃。收繭稅者，收於外命婦，外命婦雖就公桑蠶室而蠶，其夫亦當有祭服，以助祭。收其近郊之稅耳，疏：十而稅一。

（光緒）《重修華亭縣志》卷二三《雜志上·風俗》 俗務紡織，不止鄉落，雖城中亦然。里媼晨抱紗入市，易木棉以歸。明旦復抱紗以出，無頃刻間，織者率日成一匹。有通宵不寐者，田家收穫輸官償息外，未卒歲，室廬已空，其衣食全賴此。竝顧《府志》案，邑境向有木棉，不講蠶事。近自道光季年，諸生顧華琳、莊鏡新勸人蠶桑，自植數千株於家園，由是亭林以南，養蠶者相繼，其利較倍於紡織云。

清 理財政局《奉天全省財政説明書·奉天財政沿革利弊説明書》卷三《正雜各税説明》 繭絲税，東南瀕海一帶，各屬有之，從前產出無多，收税甚微，而税率亦多寡不等，然均以東錢計算。嗣因養蠶者衆，而税章不得不有劃一之規定，即如：繭税分山繭、繭扣二種，新章酌中定價，每山繭千個，估價銀一兩一錢四分三釐；每繭扣百斤，估價銀四十兩。繅繭成絲税分四種，家繭所繅曰『白元』，每絲百斤，估價銀三百八十兩；山繭所繅曰『山絲』，每絲百斤，估價銀一百八十七兩；繭扣所繅曰『扣絲』，每絲百斤，估價銀一百五十四兩；挽手絲所繅曰『亂絲』，每絲百斤，估價銀二十五兩。繭絲税率，均照出產値百抽一五，銷場値百抽二。此外孤山等口又有所謂『紅單税』，山繭以籠之大小計算，繭扣、山絲、挽手絲，皆以百斤計算。至蓋海、復熊等處旗民，地方衙門向徵之翦課繭税，統名山分繭税，現在翦課一項，仍由旗民各署照舊徵收。繭税劃歸，蓋復税捐局徵收絲捐名稱，定於蓋平，先由旗署經收，於光緒二十七年創設絲捐局，改由督憲委員經徵，宣統元年三月，又改歸蓋平縣兼征，並於海城析木城設立分卡，每絲一包重百斤者，捐銀一兩六錢。熟絲綢，每疋捐銀二百四十文，現均改爲以銀元計算。此繭絲税之大略也。

清 理財政局《奉天全省財政説明書》第五章《國家税與地方税劃分時之改良辦法》 案，奉天祖税，名目浩繁，頗嫌混雜，就同一之物件而征收之税，有因税則之不同而異其名者。例如同一繭税，依估價而納税，則曰『繭税』；依剪地而納税，則曰『剪課』。

又 又如繭捐一項，有曰『蠶捐者』，蠶不作繭，胡能征税，宜曰『繭税』，不宜曰『蠶税』。要之：各種税目，多無定章，由各地方創辦徵收，設立名目，冊報之時，各不相謀，以致名目紛歧，不能統一，細按之，每多同税異名之弊，此税目之所以愈見溷雜也。又如：就同一之物件而征收之税捐，在國家税，宜曰『税』，在地方税宜曰『捐』，以誌區別。

又 第六章《國家税與地方税劃分之標準》 案，依税則之有無一定，亦有足爲兩税劃分之標準者，例如出產税、銷場税、牲畜税等，凡統捐税則之有一定者，悉劃爲國家。税糧捐、貨捐等，其性質亦與統捐無異。然税則無一定悉劃爲地方税，例如同一繭税，有一定之税率者，則爲國家之繭税；

無一定之税率者，則爲地方之繭捐。同一牲畜税，有一定之税率者，則爲國家之牲畜税；無一定之税率者，則爲地方之牲畜捐。其他，如葦税之屬於國家税，葦捐之屬於地方税，皆可依此類推。

又 第八章《國家税與地方税之細目・繭絲税》 案，奉天繭絲税，有單稱絲税、單稱繭税者，税額雖各有不同，然均係就絲繭之爲物而徵收之，税可名曰絲繭税。皆依統捐之例，分出産、銷場兩税，由税捐局經徵，自有國家税之性質，宜劃爲國家税。

論説

明 丘濬《大學衍義補》卷一五《治國平天下之要》 臣按，成周之後，最重農者，莫如漢。文、景二帝，尤惓惓焉，非徒有是虚文也，而減租之詔歲下。雖以武帝之窮奢好武，下至舟車，皆有筭，而於田租則未嘗有加焉。兹則所謂誠於憫農之實惠也。自是而後，君非不耕藉田，后非不親蠶，非不下憫農之詔，非不勑守令以勸相，然皆尚虚文而已，非實惠也。是故農不必勸也，能無擾之足矣。善乎柳宗元之言曰：長人者好煩其令，若甚憐焉而卒以禍。旦暮吏來而呼曰：官命促爾耕，勗爾植，督爾穫，蚤繅而緒，蚤織而縷，字而幼孩，遂而鷄豚，鳴鼓而聚之，擊木而召之；小人輟飧饔以勞吏者，且不得暇，又何以蕃其生而安其性耶？臣願仁聖在上，思王業之所本，念小人之所依。禁遊惰則為之者衆，省繇役則不奪其時，減租賦則不罄所有；是雖不下憫農之詔，而人皆知其有憫念之心，不設勸農之官，人皆受其勸相之惠。田里小民，不勝多幸。

綜述

唐 張廷珪《請河北遭旱澇州準式折免表》《文苑英華》卷六〇九 臣廷珪言：『伏見景龍二年三月十一日勑，河南北桑蠶倍多，風土異宜，租庸須别。自今已後，河南、河北蠶熟，依限即輸庸調。秋苗若損，唯令折租，乃爲常式者。臣聞皇天無私覆，后土無私載，日月無私鑒，陰陽無私毓。是以明王聖帝，則而像之，慶浹萬邦，政敷一德。故《書》曰：「無偏無黨，王道蕩蕩；無反無側，王道正直。」伏惟聖朝御曆，皇極在人，正朔所覃，率土奉若，百年于兹矣。頃於災歲，重賦飢人，頓革彝典，特開變例，雖施蠻貊之邦，臣愚猶知不可，况此兩道，枕倚大河，南接神州，北通天邑，郡縣雄劇，人物昌阜，既類股肱之地，尤宜得其歡心，豈可殊其土風，異其徭賦，不恤災患，而殫其財力者？即以桑蠶，别加徵税。至如隴右百姓，羊馬是資；山南諸州，椒漆爲利。其或銅、錫、鉛、鍇，貨自巖通；蜃、蛤、魚、鹽，財自海殖。土物惟性錯貢四字一作惟錯方隅咸有，澇年並無他税，旱歲各準常規，豈獨斯人外之王度？且天災所降，年穀莫登，在於貧弱，或至殍殣。生理既其難恃，人心固未易安，就其憂危，載空杼軸，窮斯濫矣，將無不至。臣効官潁服，實在河南，每見部人，衆稱冤苦。伏思景龍之際，時多賊臣，有若宗楚客、紀處訥、武延秀、韋温等，蔽虧日月，專擅威權，各食實封，遍河南、河北。屬當水旱，屢致蠲除，因而遂矯制命，固非先朝之本意也。伏願陛下廣天成之德，均子育之愛，式崇大體，追復舊章，許河南、河北有水旱處，依貞觀、永徽故事，一準令式折免，則在蒼生，不勝幸甚！謹因所部法司叅軍鄭玄亮奏澇損，謹附表以聞。』

《太平御覽》卷八二五《資産部・蠶》 又《孟夏》曰：是月也，蠶事既登，后妃獻繭，乃收繭税，以桑爲均。貴賤長幼如一，以給郊廟之服。后妃獻繭，進其成功也。乃收繭税，十而取一，以桑爲均者，謂用桑多則繭多，桑少則繭少。貴賤、長幼如一，各自以桑爲，不得以人貴賤、長幼爲差。

清 劉祖憲《橡繭圖説》卷下 若以為官之擾己也，及再四曉示諭民，毋出繭税，而民始相與從之。然則種橡育蠶，事雖因，而功實同于創也。

（道光）《晃州廳志》卷一三《田賦志》

桑絲一斤十二兩七錢六分零二絲。

該征絲銀，一兩零三分釐二毫五絲九忽九微九塵六纖一渺一漠。

清 張之洞《張文襄公全集》卷四三《江西紳商請辦小輪瓷器及蠶桑學堂摺》 又江西素不産蠶，現擬於高安縣地方，創設蠶桑學堂，收教學生。於種類之異，土地之宜，培養之方，飼養之法，無不考究精詳。於種桑，則求樹易長而葉加大；於育蠶，則期蠶無病而絲加多。惟桑秧、蠶子，必須購自鄰省，釐税甚重，小民購辦艱難。擬請暫免釐税三年，以資鼓舞。將來出有繭絲綢匹，亦請統由九江關出口，援照光緒十六年，前廣西巡撫馬丕瑤奏准成案，免收税釐數年各等情。前來臣查内河以小輪拖帶民船，既免守候風汛，又可併徵税釐，並不失船户生計，自爲便商利運，兼豫杜外人乘隙爭先，行輪攘利，似應准其仿行。至於如何徵收關税釐金，應由江西撫臣，督同藩司九江關道，詳加籌度，詳定稽查罰究章程，咨商本任督臣劉坤一酌核奏明辦理，至創造西式瓷器，意在行銷外洋，實能開拓商務。況江西及各省，本無西式瓷器一項出口，兹因創造，暫免抽釐，本屬無傷釐務，其請專利一十五年，係援引户部暨總理各國事務衙門，於煙臺果酒案内，議覆内地創造洋貨准行章程，應請准其援照辦理。至開設蠶桑學堂，係因江西本無蠶桑，意欲特開風氣，所陳辦法，雖未必一時即能度越前人，然既能博采西法，專設學堂，加意講求，必能日習日精，開從前未有之利，自應准其試辦。至請購桑秧、蠶子，暫免税釐三年，自屬可准。若出有繭絲綢疋，並免税釐數年，亦係援照廣西奏准成案。惟各省絲綢，皆無免徵税釐明文，而廣東惠州府繭絲、江南通州繭絲，因係教導民間創辦，經廣東江南督撫臣批准，免收釐金十年，以期鼓舞。今江西繭絲，亦係創辦，從前關卡所徵，並無此貨，可否亦照廣西成案，酌免釐金數年之處，出自逾格鴻慈。臣查内河小輪，及西式瓷器、蠶桑學堂三事，皆係利濟民生、振興農工之要端，當此民業困絀之時舉辦，實不可緩。相應請旨飭下，總理衙門、户部，分別核覆，及早施行，實於江西地方民生大有裨益。

清　陳壽彭《戊戌年中國農産物貿易表》　近來中國出口之絲，並無加進，而是年土著蠶工，皆云佳善。蓋所收豐盛，而繭質惡劣，售繭者不知其故，欲望起色，以高價居奇。歐人收繭者，洞知之，必使之減值。夫收繭者，豈真狡獪，以賤價視貴貨乎？良因其蠶之内質，積久漸壞，有以厄其利益。據云無錫一縣之蠶尤壞，往者絲一擔，須繭之重，今兩倍其數焉。是年，蒸瀛各絲所爲未善，故出口之亂絲愈廣，此即壞絲劣工之明效也。此等貨色，已拓成最高之額，至七萬一千三百三十九擔。然同時之中，上海各絲廠，以蒸氣所繅之絲跌，而亂絲出口則加進。廣東各絲廠，以蒸氣所繅之絲尚有進，而亂絲出口則差殺。故廣東佳絲之額尚廣。由此觀之，欲圖此項利源，惟有減賦税與竭力講求繅法，或有小補。無如其飼蠶之工，亦仰其絲與繭，得列上等，藉謀厚價，而不喜力圖新法，以去其久遠之蠶病，又奈之何哉！

清　佚名《事狀・官桑免税》《農學報》第六十四期　如甯國府桂太守，客臘捐廉委員，往湖州採辦桑秧十萬株。二月初輪運來蕪，由蕪轉運返苑陵，俾各屬領植。並先由蕪湖關道吴季卿觀察函致新關税務司幸盛君，此項官桑，輪運進口，應免納税云。

清　理財政局《奉天全省財政説明書・奉天財政沿革利弊説明書》卷三《正雜各税説明》　繭絲税僅收於東南瀕海一帶，範圍極狹。查奉天宜繭之處甚多，祇以農家習故蹈常，不識蠶桑之大利。即間有操此業者，率於飼蠶繅絲等法疏於講求，以致絲質不精，絲色不潔。我國輸出之貨，絲業本係大宗之一，而近來銷售於外國者，價格日以下落，税額漸覺減少。其原因在於無以提倡故利之所在，而弊遂生焉。

紀事

《禮記・月令》　蠶事畢，后妃獻繭，乃收繭税，以桑爲均，貴賤長幼如一，給郊廟之服。

《呂氏春秋》卷四《四月紀》高誘注　蠶事既畢，后妃獻繭，乃收繭税，以桑爲均均，平也。桑多税多，桑少税少，貴賤少長如一，以給郊廟之祭服。是月也，天子飲酎用禮樂酎，春醖也。是月，天子乃與群臣飲酒作樂。詩云，爲此春酒，以介眉壽。行之是令，而甘雨至三旬行之是令，行此之令也。旬十日也，十日一雨，三旬三雨也。孟夏行秋令，則苦雨數來，五穀不滋，四鄙入保孟夏盛陽而行金氣殺戮之令，水生於金，故苦雨殺穀，不滋茂也。四境之民畏寇賊來，入城郭以自保守也。行冬令，則草木早枯後乃大水敗其城郭行冬寒固閉之令，故草木早枯，大水壞其城郭，姦時逆行之徵也。行春令，則蟲蝗爲敗，暴風來格，秀草不實是月，當繼長增高助陽長養。而行春啓蟄之令，故有蟲蝗之敗春，木氣多風，故暴疾之風應氣而至，使當秀之草不長茂。

《册府元龜》卷四八四《邦計部・經費》　請置大田，天下人田計其頃畝，官收十分之一。擇其上腴，樹桑環之，曰公田公桑。自王公至於匹庶，差借其力，得穀絲以給國用。

《續資治通鑑長編》卷二七　又以劄子言：『鄧州五縣，其四在山，三分居民，二皆客户。昨來差配，約共出十萬貫錢，乃可運二萬碩糧至莫州。典桑賣牛，十聞六七，亦有鬻男女，棄性命者。力加善誘，偶赴嚴期，滯留至今，所費益廣。如或再行徭役，決定廣致逃移，假令收下幽州，轉慮干戈未息。』

明　丘濬《大學衍義補》卷一五　孟夏之月，蠶事畢，后妃獻繭后妃受內命婦之獻，乃收繭稅，以桑為均繭之多寡，以葉為均齊。

清　愛新覺羅・良弼《奉天府府尹奏整頓繭稅摺》《農學報》第六十四期

奴才良弼跪奏，爲整頓繭稅，派員嚴密稽徵，以杜侵蝕偷漏，而益餉源，恭摺仰祈聖鑒事。竊查奉省牛高、蓋州、復州、熊岳、岫巖、鳳凰等處，向有放蠶山場，徵收剪子稅並繭絲稅。奴才因餉項奇絀，迭次飭諭地方官，認眞查收，毋令蠶吏隱匿，吏胥侵蝕。而該地方官等報部起課者，仍屬寥寥，內中惟鳳凰城爲尤甚。該城所報剪子僅一百餘把，每歲收東錢一百餘千，繭絲稅每年僅收一百餘千。確訪該處剪子不止千把，所遺絲稅，較所解者亦不倍蓰。當此需餉孔急之際，尚應格外設法籌欵，豈容以原有之項任其隱匿。近來屢奉諭旨舉行蠶政，且整理稅務，係奴才專責，因揀派妥員詳查補徵應納之稅課，從此務期擴充未放之山場，尤應廣爲勸辦，先由鳳邑起手，逐漸及於各城。除原收稅數不計外，統約各處，多可再收數十萬千，少亦不下數萬千，似於餉項不無裨益。再邊內外之荒山場，可養蠶之處所在多有，奴才均擬派員陸續招徠試辦，並咨行盛京將軍府尹轉飭地方官彈壓照料，會同查辦，以濬利源而裕國課。雖各處氣候寒暖不同，間有不宜之地，要非盡難舉行，謹將整頓繭稅緣由恭摺具陳，伏乞皇太后、皇上聖鑒訓示。謹奏。奉硃批：知道了。欽此。

清　喻端士《時節氣候抄》卷三　又蠶事畢，后妃獻繭，乃收繭稅，以桑為均，貴賤長幼如一，以給郊廟之服。收繭稅者，外命婦養蠶，亦用國北近郊之公桑。受桑多則稅繭多，少則稅亦少。再命受服。服者，公家所給祭服也。貴，卿大夫之妻；賤，士妻；長幼，老少也。如一，皆稅十一也。按前記蠶事既登，則公家蠶事畢，此則指外命婦養蠶者也。前已分繭稱絲效功，則獻繭者，乃獻所稅之繭於王也。前云以共郊廟之服，則天子祭服也。曰『共敬之至也』，此曰給則卿大夫祭服。孔氏謂官家所給，非鑿空也。《國語》云命婦成祭服，謂其妻供造得之意，祭於公則服所給之衣，家之祭服，則成於命婦歟？

雜録

清　崔應榴彙纂，錢馥補輯《蠶事統紀》卷六《貢賦》　《夏書・禹貢》：濟河惟兗州。桑土既蠶。《孔傳》：民下邱居平土，就桑蠶。厥貢漆絲，厥篚織文。《孔傳》：地宜漆林，又宜桑蠶，織文。錦綺之屬，盛之筐篚而貢焉。《正義》：織，是織繒之有文者，是綾錦之別名，故云錦綺之屬，皆是織而有文者也。漢世陳留襄邑縣置服官，使制作衣服，是兗州綾錦美也。

海岱惟青州。厥貢岱畎絲枲。厥篚檿絲。《孔傳》：檿桑蠶絲，中琴瑟弦。《正義》：檿絲，是蠶食檿桑所得絲。韌，中琴瑟弦也。

海岱及淮惟徐州。厥篚元纖縞。《孔傳》：元，黑繒。縞，白繒。纖，細也。纖在中，明二物皆當細。

案師古《漢・地理志》注：縞，鮮支也，即今所謂素者也。言獻黑細繒，及鮮支也。

淮海惟揚州。厥篚織貝。《孔傳》：織，細紵。《正義》：細紵，謂細紵布也。鄭云：貝，錦名。詩云：萋兮斐兮，成是貝錦。凡為織者，先染其絲，乃織之，則文成矣。《禮記》曰：士不衣織。

荆及衡陽惟荆州。厥篚元纁璣組。《孔傳》：此州染元纁色善，故貢之。組，綬類。《正義》釋詁云，三染為纁。《玉藻》說：珮玉所懸者，皆云組綬，是組綬相類之物也。

案師古注：纁，絳也。

荆河惟豫州。厥篚纖纊。《孔傳》：纊，細綿。《正義》：纖是細，故言細綿。

《周官禮》：職方氏，河南曰豫州。其利林漆絲枲。

案《漢・地理志》：林，作麻。

《周禮・大行人》：甸服貢嬪物，鄭注：絲，帛也。采服貢服物。鄭注：元纁，絺纊也。

《典絲》：掌絲入而辨其物，以其賈楬之。鄭注：絲入，謂九職之嬪婦所貢絲。《賈疏》：后宮所蠶之絲，自於后宮用之，以為祭服，不入典絲。其歲之常貢之絲，若《禹貢》兗州貢漆絲之等，且餘官更無絲入之文，亦當入此典絲也。

《齊語》：桓公南征伐楚，濟汝，踰方城，望汶山，使貢絲於周而反。《管子・小匡篇》：作征伐楚，濟汝水，踰方地，望文山，使貢絲于周室。房元齡注：絲，即所謂檿絲者也，堪為琴瑟絃。

案周之制貢，當亦與《禹貢》相等，職方不備載也。

《史記・貨殖傳》：山東多魚鹽、漆絲、聲色。

魏文侯時，白圭樂觀時變，人棄我取，人取我與，歲孰取穀，予之絲漆，繭出，取帛絮與之食。

齊帶山海，膏壤千里，宜桑麻。人民多文綵、布帛、魚鹽。

鄒魯洙泗，頗有桑麻之業，無林澤之饒。

沂、泗水以北，宜五穀、桑麻、六畜。

齊魯千畝桑麻，其人與千户侯等。

《漢書・地理志》：秦地跨雍、梁二州，其民有先王遺風，好稼穡，務本業，故豳詩言：農桑衣食之本甚備。宛西通武關，東受江淮，宣帝時，鄭宏、召信臣為南陽太守，治皆見紀，信臣勸民農桑，去末歸本，郡以殷富。

燕地，尾箕分壄也。樂浪元菟屬焉，皆朝鮮、濊貉、句驪蠻夷。殷道衰，箕子去之朝鮮，教其民以禮義、田蠶、織作。

齊地，虚危之分壄也。太公以齊地負海舄鹵，少五穀而人民寡，廼勸以女工之業，通魚鹽之利，而人物輻湊。後桓公用管仲，設輕重以富國，其俗彌侈，織作冰紈綺繡純麗之物，號為冠帶衣履天下。

魯地陿民衆，頗有桑麻之業，亡林澤之饒。

粤儋耳珠厓郡，民皆服布。男子耕農種禾稻紵麻，女子蠶桑織績。

案漢世貢法，今不可考。以襄邑服官，及《禹貢》所稱齊地三服官，驗之，知凡可蠶之地，皆有絲物之入矣。略舉傳志，可以例推。後漢志郡國而不列土物，故靡得而詳焉。

《隋書・食貨志》：晋自寓居江左，僑立郡縣，歷宋齊梁陳，皆因而不改。其課丁男，調布絹各二丈，絲三兩，綿八兩，禄絹八尺，禄綿三兩，女並半之。

齊河清三年，定令：人一床，調絹一匹，綿八兩，凡十斤綿中，折一斤作絲。

周太祖作相，其賦之法：有室者，歲不過絹一匹，綿八兩。

案自晋以後，貢賦之法，史未克詳。隋志兼綜五代，故撮舉之。

《唐書・食貨志》：凡授田者，丁歲輸粟二斛、稻三斛，謂之租。丁隨鄉所出。歲輸絹二尺，綾、絁二丈，布加五之一，綿三兩，麻三斤，非蠶鄉，則輸銀十四兩，謂之調。用人之力，歲二十日，閏加二日，不役者日為絹三尺，謂之庸。揚州租調以錢，嶺南以米，安南以絲，益州以羅紬綾絹。

《地理志》：關内道，厥賦絹綿布麻京兆同。華岐調綿，餘州布麻，開元二十五年，以關輔寡蠶，詔納米粟。其河南、河北，非通漕州，皆調絹，以便關中。

河南道，厥賦絹絁綿布，厥貢絲布葛席。開元《十道圖》云：陝、許、汝、潁，調絁、絹，唐州麻、布，餘州並以絹及綿。河南府土貢，方紋綾、紗、絹。鄭州滎陽郡土貢絹。潁州汝陽郡土貢絁、綿。《十道圖》云：厥貢紬、絁、文綾、絲仙、滑二州方紋綾。豫州鸂鶒雙絲綾。兖州鏡花綾。許州潁川郡土貢絹。陳州淮陽郡土貢絹。汴州陳留郡土貢絹。宋州睢陽郡土貢絹。亳州譙郡土貢絹。徐州彭城郡土貢雙絲綾、絹、綿紬。泗州臨淮郡土貢錦。濠州鍾離郡土貢絁、錦、絲布。宿州土貢絹。鄆州東平郡土貢絹。齊州濟南郡土貢絲、葛、絹、綿。曹州濟陰郡土貢絹、綿。濮州濮陽郡土貢絹。青州北海郡土貢仙紋綾、絲。棣州樂安郡土貢絹。兖州魯郡土貢花綾。海州東海郡土貢綾。

河東道，絳州絳郡土貢白縠。

河北道，厥賦絲絹綿，厥貢羅綾紬紗。《十道圖》云：厥貢羅綾平紬絲布綿紬。懷州河内郡土貢平紗、平紬。魏州魏郡土貢花紬、綿紬、平紬、絁絹。博州博平郡土貢綾、平紬。相州鄴郡土貢紗、絹。衛州汲郡土貢綾、絹、綿。貝州清河郡土貢絹。邢州鉅鹿郡土貢絲布。洺州廣平郡土貢絁、綿紬。惠州即磁州土貢紗。鎮州常山郡土貢孔雀羅、瓜子羅、春羅。真州信都郡土貢絹、綿。深州饒陽郡土貢絹。趙州趙郡土貢絹。滄州景城郡土貢絲布。德州平原郡土貢絹、綾。定州博陵郡土貢羅、紬、細綾、瑞綾、兩窠綾、獨窠綾、二色綾、熟線綾。易州上谷郡土貢紬、綿。幽州范陽郡土貢綾、綿、絹。瀛洲河間郡土貢絹。莫州文安郡土貢絹、綿、紬。

山南道，厥賦絹布綿紬。厥貢金絲紵漆。江陵府江陵郡土貢方紋綾。澧州澧陽郡土貢紋綾、紵練、縳布。忠州南賓郡土貢綿紬。泌州淮安郡土貢絹、布。隋州漢東郡土貢合羅綾、葛。文州陰平郡土貢紬、綿。壁州始寧郡土貢紬、綿。巴州清化郡土貢綿紬。蓬州蓬山郡土貢綿紬。通州通川郡土貢紬、綿。閬州閬中郡土貢綾、綿、絹、紬。果州南充郡土貢絹、絲布。渠州潾山郡土貢紬、綿。

隴右道。西州交河郡土貢絲、氎布。

淮南道，厥賦絁絹綿布，厥貢絲布紵葛。揚州廣陵郡土貢綿、蕃客袍、錦被、錦半臂、獨窠綾、殿額。滁州永陽郡土貢絲布、紵練。壽州壽春郡土貢絲布、絁。廬州廬江郡土貢花紗、交梭絲布。

江南道，厥貢紗綾綿練。潤州丹陽土貢衫羅、水紋、方紋、魚口、繡葉、花紋等綾。《十道圖》云：潤州方棋水波綾。常州晉陵郡土貢紬、絹、布、紵、紅紫綿、巾緊紗。蘓州吴郡土貢絲、葛絲、綿、八蠶絲、緋綾。湖州吴興郡土貢御服烏眼綾、折皂布、綿紬、布、紵。杭州餘杭郡土貢白編綾、緋綾。睦州新定郡土貢文綾。越州會稽郡土貢寶花花紋等羅、白編交梭十樣花紋等綾、輕容、生縠、花紗、吴絹。明州餘姚郡土貢吴綾、交梭綾。處州縉雲郡土貢綿。婺州東陽郡土貢綿、葛、紵布。泉州清源郡土貢綿、絲、蕉葛。宣州宣城郡土貢綺、白紵、絲頭。洪州豫章郡土貢葛、絲布。虔州南康郡土貢紵、絲、紵布。吉州廬陵郡土貢絲、葛、紵布。撫州臨川郡土貢絲、貢布、葛。潭州長沙郡土貢絲、葛、絲布。《十道圖》云：澧子龜子綾。郴州桂陽郡土貢紵布、絲布。

劍南道，厥賦絹綿葛紵，厥貢絲葛羅綾錦紬。成都府蜀郡土貢錦、單絲羅。彭州濛陽郡土貢叚羅、交梭綾。蜀州唐安郡土貢錦、單絲羅、花紗。漢州德陽郡土貢交梭雙紃彌牟、紵布、衫段綾。邛州臨邛郡土貢葛、絲布。簡州陽安郡土貢葛、綿紬。巂州越巂郡土貢絲布、花布。梓州梓潼郡土貢紅綾、絲布。遂州遂寧郡土貢樗蒲綾、絲布。綿州巴西郡土貢輕容、雙紃綾、錦。劍州普安郡土貢絲布。陵州仁壽郡土貢鵝溪絹、細葛。榮州和義郡土貢紬、斑布、葛。

嶺南道無絲綿等貢。

案貢賦之法，莫詳于《唐史》，故羅舉絲入之郡，備列之。

《宋史·食貨志》：宋制歲賦，其類有五，曰雜變之賦，牛革蠶鹽之類，隨其所出，變而輸之也。歲賦之物，其類有四，其二曰帛，帛之品十：一曰羅，二曰綾，三曰絹，四曰紗，五曰絁，六曰紬，七曰雜折，八曰絲線，九曰綿，十曰布葛。

建炎四年，詔諸州受租藉，錢必成文，絹帛成尺，粟成升，絲綿成兩，薪藁成束，金銀成錢，紬不滿半疋、絹不滿一疋者許計丈尺輸直。

宋承前代之制，調絹紬布絲綿，以供軍須。又就所産，折科和市，其纖麗之物，則在京有綾錦院。西京真定青益梓州場院，主織錦綺鹿胎透背。江寧府潤州，有織羅務。梓州有綾綺場。亳州市縐紗。大名府織縐縠。青、齊、鄆、濮、淄、濰、沂、密、登、萊、衡、永、全州市平紬。東京榷貨務，歲入中平羅小綾各萬疋，以供服用及歲時賜與。諸州折科和市，皆無常數，唯内廟所須，則有司下其數供疋。自周顯德中，受公私織造，並須幅廣二尺五分，民所輸絹，疋重十二兩，踈薄短狹，塗粉入藥者禁之。河北諸州軍，重十兩，各長四十二尺。宋因其舊。開寶三年，令天下諸州，凡絲綿紬絹麻布等物，所在約支二年之用，不得廣科市以煩民。

案五代貢法，史所不詳，觀此，可以知其槩焉。

《地理志》：京畿開封府貢方紋綾、方紋紗。

京東路。青州貢仙紋綾。定州貢絹。濟南府貢綿絹。濰州貢綜絲、素絁。淄州貢綾。淮揚軍貢絹。

京西路。應天府貢絹。襲慶府貢大花綾。

徐州貢雙絲綾、紬、絹。興仁府貢絹。東平府貢絹。濮州貢絹。

京西南路。襄陽府貢白縠。隋州貢絹綾。唐州貢絹。

京西北路。潁昌府貢絹。鄭州貢絹。滑州貢絹。蔡州貢絹。淮寧府貢紬絹。順昌府貢紬、絁、綿。汝州貢絁、絹。

河北東路。大名府貢花紬、綿紬、平紬。滄州貢大絹。冀州貢絹。河間府貢絹。博州貢平絹。棣州貢絹。莫州貢綿。雄州貢紬。霸州貢絹。德州貢絹。濱州貢絹。思州貢絹。清州貢絹。信安軍貢絹。保定軍貢絁。

河北西路。真定府貢羅。相州貢暗花牡丹花紗。衛州貢絹、綿。洺州貢紬。深州貢絹。祁州貢花絁。慶元府貢絹、綿。保州貢絹。安肅軍貢素絁。廣信軍貢紬、綿。順安軍貢絹。

河東路。汾州貢土絁。威勝軍貢土絁。平定軍貢絹。岢嵐軍貢絹。寧化軍貢絹。保德軍貢絹。河東業寡桑柘，而富苧麻。

陝西路永興軍路。陝州貢紬、絁。

秦鳳路。渭州貢絹。陝西有絲枲林木之饒，其民慕農桑，好稼穡。

兩浙路。臨安府貢綾。紹興府貢越綾、輕庸紗。鎮江府貢羅、綾。婺州貢綿。慶元府貢綾。常州貢紗。處州貢綿。衢州貢綿。嘉興府貢綾。

淮南東路。亳州貢縐紗、絹。宿州貢絹。海州貢絹。泰州貢隔織。泗州貢絹。滁州貢絹。廬州貢紗、絹。

淮南西路。濠州貢絹。無為州貢絹。淮南土壤膏沃，有茶鹽、絲綿之利。

江南東路。太平州貢紗。

江南西路。臨江軍貢絹。建昌軍貢絹。江南茗荈冶鑄金帛秔稻之利，歲給縣官用度，盖半天之入焉。

荆湖北路。江陵府貢綾。澧州貢綾。靖州貢白絹。荆湖南路無絲綿等貢。

福建路。泉州府貢綿。

成都府路。成都府貢花羅綿。崇慶府貢春羅、單絲羅。綿州貢綾。邛州貢絲布。簡州貢綿紬。潼川府貢綾。遂寧府貢樗蒲綾。順慶府貢絲布。昌州貢絹。渠州貢綿紬。懷安軍貢紬。寧西軍貢絹。

利州路。洋州貢隔織。閬州貢蓮綾。巴州貢綿紬。沔州貢紵、絲、綾、錦、紬。

夔州路。咸淳府貢綿紬。達州貢紬。涪州貢絹。雲南軍貢絹。梁山軍貢綿。川峽土植宜柘蠒絲，織文纖麗者窮于天下。

廣南東路。韶州貢絹。循州貢絹。南雄州貢絹。廣南西路無絲綿等貢。

《金史·地理志》：河北東路。河間府産無縫綿。山東西路。東平府産絲、綿、綾、錦、絹。大名府路。大名府産縐縠、絹。

《食貨志》：章宗泰和五年，諭民桑被災不能蠶，則免絲綿絹税。

《元史·食貨志》：絲料之法，太宗丙申年始行之。每二户出絲一斤，并隨路絲線颜色輸于官。五户出絲一斤，并隨路絲線顔色輸于本位，逮及世祖，其制益詳。

《明史·食貨志》：兩税。洪武時，夏税：曰米麥，曰錢鈔，曰絹。秋糧：曰米，曰錢鈔，曰絹。

弘治時，會計之數，夏税：曰大小米麥，曰麥莜，曰絲綿并荒絲，曰税絲，曰絲綿折絹，曰税絲折絹，曰本色絲，曰農桑絲折絹，曰農桑零絲，曰人丁絲折，曰改科絹，曰棉花折布，曰苧布，曰土苧，曰紅花，曰麻布，曰鈔，曰租鈔，曰税鈔，曰原額小絹，曰幣帛絹，曰本色絹，曰絹，曰折色絲。秋糧：曰米，曰租鈔，曰賃鈔，曰山租鈔，曰租絲，曰租絹，曰租粗麻布，曰課程棉布，曰租苧布，曰牛租米穀，曰地畝棉花絨，曰棗子易米，曰棗株課米，曰課程苧麻折米，曰棉布，曰魚課米，曰改科絲折米。

萬歷時，小有所增損，大畧以米麥為主，而絲絹與鈔次之。夏税之米，惟江西、湖廣、廣東、廣西。麥莜惟貴州。農桑絲遍天下，惟不及川廣雲貴。餘各視其地産。太祖初立國，即下令：凡民田五畝至十者，栽桑麻木棉各半畝，以上倍之。麻畝徵八兩，木棉畝四兩。栽桑以四年起科，不種桑出絹一疋。不種麻及木棉，出麻布棉布各一疋。此農桑絲絹所由起也。

蠶桑利益

論説

明 沈氏，清 張履祥輯補《農書》卷下 桐鄉田地相匹，蠶桑利厚，東而嘉善、平湖、海鹽，西而歸安、烏程，俱田多地少，農事隨鄉地之利為博，多種田不如多治地。蓋吾鄉田不宜牛耕，用人力最難。又田壅多，工亦多，地工省，壅亦省。田工俱忙，地工俱閒。田赴時急，地赴時緩。田憂水旱，地不憂水旱，俗云『千日田頭，一日地頭』，是已。況田極熟，米每畝三石，春花一石有半，然間有之大約共三石為常耳下路湖田，有畝收四五石者，田寬而土滋也。吾鄉田隘土淺，故止收此。地得葉盛者，一畝可養蠶十數筐，少亦四五筐，最下二三筐若二三筐者，即有豆二熟。米賤絲貴時，則蠶一筐即可當一畝之息矣米甚貴，絲甚賤，尚足與田相準。雖久荒之地，收梅豆一石，晚豆一石，近來豆價貴，亦抵田息，而工費之省，不啻倍之，況又稍稍有葉乎？但田荒一年熟，地荒三年熟，人情欲速，治地多不盡力。其或地遠者，力有所不及耳。俗云『種桑三年，採葉一世』，未嘗不一勞永逸也，弗思耳。上治地一則

清 尹會一《敬陳農桑四務疏》《皇朝經世文編》卷三六 竊以蠶桑之利，固屬無窮，而布疋之需，為用尤廣。查江南蘇、松兩郡，最為繁庶，而貧乏之民，得以俯仰有資者，不在絲而在布。女子七八歲以上，即能紡絮，十二三歲，即能織布，一日之經營，儘足以供一人之用度而有餘。今棉花産於豫省，而商賈販於江南，則以豫省之民，曠廢女工故也。臣愚以為寸絲之直，可以買尺布，衣布之人百倍於衣絲。且織布易而織絲難，教以難者，或未必其率從，教以易者，庶可冀其就業。但豫省未嘗不織布，而家有機杼者百不得一。應令地方官，曉諭有力之家，或多造機杼，貸於織布之戶，量取賃直；或將無礙公項，可以動支打造者，令其報名給領，俟一年之後，繳還原項。

并廣諭婦女，凡牌甲之内，有一家織布者，即令同甲倣效行之。久而比户連村，無不各勤紡織，似亦推廣蠶桑之一道也。以上四條，臣仰體我皇上重農務本、富民足食之至意。竊就豫省地方，董率官民，措施辦理。

清　鄭光祖《一斑録·雜述七·湖絲》　蠶桑之利，天下所同，而必以湖州府屬所産爲上。若太湖兩洞庭山之絲，質已稍粗，性亦稍剛，蘇地各處皆遜，川中所産猶相亞，然終不迨，閩、廣更無論已。若織手亦大有高下，緞，蘇州不及金陵；線縐，蘇州不及杭州，易地弗能爲良。

清　楊屾《豳風廣義》卷一《郭子章桑論》　郭子曰：木各有所宜土，惟桑無不宜。桑無不宜，故蠶無不可事。《豳風》之詩曰：『女執懿筐，遵彼微行，爰求柔桑　。』則邠可蠶。《將仲子》之詩曰：『無折我樹桑。』則鄭可蠶。《車鄰》之詩曰：『阪有桑，隰有楊。』則秦可蠶。《氓》之詩曰：『桑之未落，其葉沃若。桑之落矣，其黄而隕。』《桑中》之詩曰：『期我乎桑中。』則衛可蠶。《皇矣》之詩曰：『攘之剔之，其檿其柘。』《桑柔》之詩曰：『菀彼桑柔，其下侯旬。』則周可蠶。《禹貢·兖州》：『桑土既蠶，厥篚織文。』則魯可蠶。《青州》：『厥篚檿絲。』《管子》亦曰：『五粟之土，其檿其桑。』則齊可蠶。《荆州》：『厥篚元纁。』則楚可蠶。《孟子·告梁惠王》曰：『五畝之宅，樹之以桑。』《十畝》之詩曰：『十畝之間，桑者閒閒。』則梁可蠶。蠶叢都蜀，衣青衣，教民蠶桑，則蜀可蠶。猶農夫之於五穀，非龍堆狐塞，極寒之區，猶可耕且穫也。今天下蠶事疏闊矣。東南之機，三吴越閩最夥，取給於湖繭。西北之機，潞最工，取給於閬繭。予道湖閬，女桑桋桑，參差墻下，未嘗不羨二郡女紅之勤，而病四遠之惰也。夫一女不績，天下必有受其寒者，而況乎半天下女不績也。豈第五十之老帛無所出，不績則逸，逸則淫，淫則男子為所蠹蝕，而風俗日以頹壞。今天下門内之德，不甚貿貞。每歲奏牘，奸淫十五，毋亦蠶教不興使然與！公父文伯母曰：『王后親織玄紞，公侯夫人，加之以紘綖。卿之内子為大帶，命婦成祭服，列士之妻，加之以朝服，自庶士以下，皆衣其夫。社而賦事，烝而獻功。男女效績，愆則有辟，古之制也。』卿大夫之家而主猶績，奈何今天下女，習於逸以趨於淫乎？國家蠶桑，載在令甲。凡民田五畝至十畝者，栽桑、麻、木棉各半畝；十畝以上者倍之，田多者以是為差，特廢不舉耳。故《月令》躬蠶之禮，魯母績愆之辟，與令甲桑麻之數，此三者不可謂迂而不講也。

清　高銓《吴興蠶書·叙》　農桑者，衣食之本，財用所從生也。男服田力穡，而蠶桑必於女者，何也？《孟子》：『五畝之宅，樹墻下以桑，匹婦蠶之。老者可以衣帛矣。』《禮》：『季夏之月，蠶事畢，后妃獻繭，乃收繭税，以桑爲均，貴賤長幼如一，以供郊廟之服。』蓋以人之生也，不能不藉物以養之，有事於物，而後心志有所定。精力有所專，財用有所出，貴賤老幼有所養。是故，男力田於外，以爲之食；女飼蠶於内，以也。冀、梁、雍三州，不聞有絲者。冀，帝都不言貢，雖有絲不可知。而梁、雍二州，或其時尚未興蠶桑之利耶！考《魏詩》『彼汾一方，言采其桑』，是冀州宜桑也。《豳詩》『蠶月條桑』，是雍州宜桑也。《蜀志·諸葛傳》『成都有桑八百株』，則梁州之域亦於桑無不宜。夫以天下無不宜蠶桑之地，無不可蠶桑之婦女，而顧於其利，有未興者，彼蓋以農爲亟，以工商賈爲重，而不知蠶桑之利之大矣。吴興者，蠶桑之聖地也。天下莫不宜蠶桑，而吴興獨以蠶桑擅天下，匪蠶桑獨良於吴興，其所以爲蠶桑者，至良且盡，故獲利爲天下最，事宜爾也。同年融縣辛李君德新，以事經長沙，出《吴興蠶書》二卷示余，書爲歸安高銓輯。高，不知何許人，鈔本字多訛脱，爲正而鐫之板。其書於蠶桑之事，本末賅備，精確絕倫，高秦觀《蠶書》不啻倍蓰。蓋高君以其地之人，言其地之事，故宜其精詳乃爾也。雖然蠶桑者天下之利，高君之言實可行於天下，其爲吴興言之，實爲天下言之也。天下有桑之地，師其法而培桑；無桑之地，師其法而種桑。桑既盛，然後師其法以爲蠶絲，以女工助男事所不逮，衣食充沛，於以阜民成俗。是又區區鐫布，此書之旨也。

清　潘道根《晚香書劄》卷二《復顧勖齋書》　蠶桑之利，固可裕民，然欲行於今時，譬如兩軍交綏，而行鄉飲酒之禮也。吾邑之病，固在乎曠土游民，驅之務本，詎非首務，然而必以漸也。即以城郭論之，其男子非茶坊，即酒肆也，甚者吸鴉片，而甘爲廢人者矣。其女子非刺繡，即豔妝也，甚者婆娑於市矣。此非有大儒身教之於前，官府嚴禁之於後，其頹風未可驟返也。而欲以蠶桑之利勸之，不太早乎？蓋今之建言者，大抵爲憂貧起見，顧《孟子》有言：『田野不闢，貨財不聚，非國之災，惟上無禮，下無學，而賊民興，乃爲可慮。』閣下宜勉爲風俗人心計，而無爲貧計，苟人心一正，則止貧何患無術，田桑何患弗重？

清　何石安輯《蠶桑圖説合編·序》　嘗聞古聖王利民之道，首重農桑。

今吾鄉農事大備，獨於蠶桑之務，缺而勿講，豈以木棉之法，不蠶而緜耶！抑知蠶桑之制，自古爲昭，繭絲之利，於今爲最。石自幼至今，於蠶桑一事，探訪源流，每念大江以南，土沃民稠，無處不可種桑，亦無家不可養蠶。一畝之田，可植桑百餘株，八年以後，可獲葉大約二十石。且養蠶之時，不妨農務，養蠶之人，卽係內助，洵所謂『取自然之利，而與世無爭；竭匹婦之勞，而盡人各足』者也。且蠶喜靜，婦近之，可以戒躁妄，而言有物。蠶品純，婦習之，可以禁淫巧，而功有常。況又有利之可取也乎？以之勸人，多未見信，欲身試爲之。因於丁酉歲，邀友人趙邦彥，築南山草堂，平原數畝，種桑千株。旋於來歲暮春，率內人躬操其事。一切飼養之經，明切指示，未幾數十日，而蠶事告成。計其所獲之利，大有裨益。昔人之言，誠不我欺也。由是每歲必興。桑之所出愈多，蠶之所育愈繁，竊以世事人情，大率不遠。石坐亯其利，卽人人皆可獲自然之利，思以己之所得，公諸同人，倣而行之，行見大江以南，家有蠶桑之利，猶存古聖王之遺意也。

清 周凱《勸襄民種桑說三則》《皇朝經世文統編》卷六〇

或者曰：『蠶桑之利，宜東南，不宜西北。』遂疑襄陽近西北，非桑所宜。不知《禹貢·兗州》曰『桑土既蠶』，《青州》曰『厥篚檿絲，檿山桑也』，他州如揚徐東南，《禹貢》亦僅曰『厥篚織貝，厥篚玄織縞』而已。攷之《詩·豳風》『蠶月條桑』，《唐風》『集于苞桑』，《秦風》『止于桑』。『桑者閑閑』，詠於魏；『鳲鳩在桑』，詠于曹；『說于桑田』，詠于衛。按古今疆域計之，冀、荆、豫、梁、雍，皆宜桑，利不獨東南也。且襄陽，古稱南國，南屬荆，北屬豫，介荆豫之交，荆州『厥篚元纁璣組』，豫州『厥篚纖纊』，纊，細綿也。纁絳幣組綬屬，皆絲所織，不桑不蠶，其何以織？昔北燕馮跋下書，令百姓種桑。遼無桑，慕容廆通晉，求種江南，而平川有桑息。張天錫歸晉，稱北方之美，桑椹甘香。涼、燕皆處西北，且曰桑有為生之本，利盡西北矣。何獨東南其尤足為襄陽明證者。《先賢傳》載：司馬德操躬采桑，後園龎士元助之。《齊書》載：韓係伯桑陰，妨他地遷界，鄰人愧謝。此三子，皆襄陽人，則襄之宜桑必矣。或者曰『橘踰淮為枳』，非木之性，遷地弗良。按：《農書》，『荆桑多椹，魯桑少椹』，《禹貢》『厥篚檿絲』，註：魯桑宜飼大蠶，荆桑宜飼小蠶，則荆自有桑，與魯桑並著。《襄陽志》載物產，桑及山桑，素絹縠。城之廟灘有絹，南漳之東鞏有絲，接壤當陽之河溶有河溶絹，天門有天門絹，荆有荆綢爾，庶民試則而效之，加以壓接、壅溉之法，安見其變為枳邪！或者曰：『襄有木棉之利，與蠶桑匹。』按：木棉，古吉貝，樹高丈餘，今之所藝者，草本木棉，《羣芳譜》所謂『班枝花』也，可為絮，為布，絮與帛同功。《禮》：『童子不裘不帛。』帛煖，恐捐幼者筋骨，七十非帛不煖，言老者非帛不足衛其筋骨也。爾既知織木棉以為布矣，曷不織繭絲以為衣乎？況藝木棉以畝計，侵稼穡之地，有芟柞之工，水潦之慮。桑則樹之牆角、畦棱道旁，場圃間隙之地，較木棉為尤便。且爾既有木棉之利矣，益以蠶桑，其利不更溥哉！爾襄民何其未之思也？

清 汪曰禎《湖蠶述》卷一

《吳興掌故》：大約良地一畝，可得葉八十箇，每二十斤爲一箇，計其一歲墾鋤壅培之費，大約不過二兩，而其利倍之。自看蠶之利，復稍加贏，而其勞固已甚矣！

《廣蠶桑說》：栽桑原以飼蠶，然不飼蠶而栽桑，亦未始非計也。栽桑百株，成陰後，可得葉二三十石，以平價計之，每石五六百文，獲利已不薄矣。

按《書城雜著》亦云：皮可爲紙，枝可爲薪，兼有餘利。

清 方濬頤《淮南課桑備要·上兩江總督稟》

課桑養蠶，實為培養民氣善舉。該司既籌議舉行，仰即飭令，印委各員，妥議章程，次第辦理，仍隨時與鎮江、江甯互相諮商，期彼此皆有利益也。繳。

又《布政使銜、總理兩淮都轉鹽運使、司鹽運使方，爲勸種蠶桑以廣生業事》

照得生人以衣食為先，富國以農桑為本。揚州薦遭兵燹，土曠人稀，元氣未復，推原其故，實以民風逐末，一切治生本務，從未講求。為之上者，能無倡率勸勉，以與吾民共圖樂利。夫天之生人，無論男女皆有恒業，足以自食其力，無待外求。衣食之源，農桑並重。本司曾至吳興，蠶絲美利甲於天下。甞見八口之家，子婦竭三旬拮据，飼養十餘筐，繅絲易錢，足當農家百畝之入，舉家溫飽，寬然有餘。現在鎮江府各屬，已經常鎮道沈設局，課桑勸民養蠶，行見地方蕃阜，蓋以天地自然之利，為斯民本富之源。婦職舉而家道昌，用力少而成功倍。吾揚屬居民，亦何憚而不為乎？惟養蠶必先樹桑。本司現擬籌欵派人前赴湖州一帶，購買柔桑，並僱覓善種之人來揚，先於城中隙地酌量試植，以為之倡。一面劄飭縣府，並委員就城鄉情形，妥議章程，設局勸辦。仍俟種植有成，再由本司採買繭種，延請蠶師，遍行倡導。除另行示諭外，為此示仰城鄉紳士、軍民人等知悉，爾等須知蠶桑之利十倍農事，無四時之勞，胼胝之若，水旱之慮，賦稅之繁。種桑三年，採葉一世，大約每地一畝，種桑四五十株，飼蠶收絲，可得八九觔。今日多種一分之桑，即他年多收一分之利。凡我父老子弟，其各互相勸勉，切實講求，一俟開局之後，桑樹購到，再行酌發領種。或由爾等自行前赴江南一帶，採買種植，務期多多益善。灌溉以時，為子孫美利之基，極家室豐盈之樂，庶無負本司懃懃保息一片苦心。所有種桑事宜，謹就前賢成法，摘録要言，開列於後，特示。

清 高其垣《試行蠶桑説・序》 丈夫事耕作，而婦人不知有蠶織，寸絲尺帛資於他郡，則財日益匱。高君湘産，親知蠶桑之利，以所習見習聞者，條陳周備，循其説，可使地無不桑之土，家無不蠶之婦，更數十年，食其利者，亦烏有窮耶！

清 温忠翰《蠶桑問答》

問：蠶桑之利如何？

答曰：年年收買桑葉，養蠶治絲，已有二三分之利，若自家種桑，自家養蠶，則桑樹是本，置買各器是本，此後年年所得之絲，皆是利也，豈非十倍之利乎。且婦女知蠶事，不致嬾惰嬉遊，有益於閨門者不少。杭嘉湖三府，地方富厚，皆由於此。與其栽種罌粟，及取一切有干例禁之利，何如種桑養蠶，耕織並重，人人自食其力，同樂此太平世界乎。爾小民，其共勉之也。

清 吴烜《種桑説・汪坤厚序》 余自丁卯秋，奉檄權篆蓉江，周歷四境，地廣人稀，蓋兵燹之後，元氣猶未復焉。而土脈肥厚，宜禾黍者固多，宜樹桑者亦復不少。每思吾浙湖郡，大半栽桑，獲利甚鉅。是邑苟能仿行於民，大有裨益。

又《自序》 古來大利，農與蠶桑，二者兼營，民多殷富。蓋農之利猶薄而且難，蠶桑之利則厚而且易也。吾江舊俗，僅解務農，麥稻之餘，毫無生息，終歲勤動，寢食不遑，無論水旱、蟲災，舉家失望，即年歌大有，工本之外，所餘亦甚無多。一時婦子歡欣，轉眼依然枵腹，此僅恃農業者之難期康阜也。雖四民之家，多攻紗布，而晝夜勤苦，獲利極微，自給其身，尚虞不足。若家多數口，即無以爲生，此僅攻紗布者之不能補助也。竊謂救貧之策，非蠶桑之利不爲功。種植在廢埄荒基，不妨田稼；養育在暮春初夏，不害農功。竭一月之勞，即可供一歲之用，果能茨粱告慶，百室固愈見豐盈。即使饑饉薦臻，八口亦無憂凍餒，此種桑育蠶之處，所以素稱饒裕也。況克復以後，絲價之貴，桑葉之昂，尤爲歷來所未有。即謂素非所習，驟難育蠶，則先論栽桑，已能致富。夫種桑一畝，二三年後，即可采葉一二千觔。以後年多一年，三四千觔、五六千觔不等。湖桑肥大，非比土桑，每年蠶季，每觔至賤，值錢十餘文，貴則二三十文、四五十文，皆未可知。以麥稻之息例之，誠覺無從比儗。且麥稻若遇凶年，甚至工本盡棄，而桑則止於價賤，並無旱潦之災。況麥稻即遇豐收，一經樵割，必須復栽。而桑則采葉、剪條，本枝仍在，來年再發，愈見蕃滋，傳之子孫，世享其利。又況栽培桑樹，盡在閒暇之時，於農事毫無所損，且施功甚易，更無霑體塗足、水耕火耨之勞。但以栽培一畝麥稻之工本，栽培一畝之桑，未有不暢茂條達者。予也久欲爲吾江興利，是以六七年來，每遇浙西吴下諸處熟諳蠶桑之人，無不留心，諮訪考究詳明。又恐江陰土性非宜，因於前年二月中，購得接過湖桑數百本，試種家園，復勸友人，數處分栽，既可驗土性之宜，并可爲各方倡率。而桑葉之盛，小者如掌，大者如蕉，並不似逾淮之橘。去春二月，又蒙邑侯汪漁坨公祖，捐廉購桑，給發貧民子，予復與本鎮同志諸公集腋成裘，偕往浙西購歸發種，隨高隨下，無不欣欣向榮，則江陰土性宜桑，固已信而有徵矣。至育蠶繅絲諸法，予請浙人來家教習數載，予亦加意審查，知之益精。凡養蠶之家，最多俗禁，雖親族不相往來。予家則門戶洞開，縱人學習，自旦至晚，庭前如市，而蠶事極盛，并無厭忌。繅絲則純淨光澤，不下湖產。良由桑與土宜，是以蠶絲特勝耳。至成功之速，價值之昂，較之紗布之利，又何止十倍耶！予因以數年中耳聞目見，躬親試驗，復博採蠶桑諸書，擇其可以取法者，彙著於編，以公同志。俾得廣為勸導，果能家喻戶曉，於農桑之外益以蠶桑，餘時仍攻紗布，則較之浙西吴下諸處，其不更多一紗布之利，行見轉貧為富，旱乾水溢不能災。庶幾革薄從忠，講讓型仁所由始。語云：『倉廩實而知禮節，衣食足而知榮辱。』未始非吾師守庭先生舉行鄉約之一助也。

清 佚名《論中華亟宜講求蠶桑之利》《皇朝經世文四編》卷二三 王者治世，莫不講求庶富之道，蓋民富而後國富，國富而後兵强，自然之勢也。雖然，富民之術亦甚多矣。通商惠工，訓農務財，生衆食寡，何莫非富民利國之要圖。而其最大而最著者，則莫如蠶桑之利。此何也？蓋蠶務興於農隙之時，始終僅竭三旬之力，而無耕耘、胼胝之苦，又無水旱之虞，而收倍蓰之利。

且以婦人、女子為之，更可習勞而警惰。蠶性喜靜，又可戢婦女浮躁之氣，是謀利而隱兼教養也，其益豈不大且著哉！是故古昔聖王，蠶桑與農田並重，於經傳者班班可考，蓋古時天下無不耕之田，亦無不蠶之家也。降及後世，風俗澆漓，民情偷薄，不務本而趨末，於是育蠶之事不願講求，而工料亦漸至於陋劣。雖有著書立說以教民者，如秦湛《蠶書》，元時官撰《農桑輯要》等，不下數十家。然或言之不詳，或煩而寡要，或著書者並非育蠶之人。而育蠶者類皆不能觀書，因此古人良法漸失其真。惰民日衆，好逸惡勞，蠶桑之利於是薄矣。迄今之世，惟江、浙二省蠶桑最盛，然亦不過拘守成法，未能變通推廣。且因蠶病之蔓延，而致蠶種不佳，育蠶者往往折本。愚民無知，委為運氣使然，絶不考求其致此之由而補救之。數十年後，蠶桑之利未知何如，可不懼哉，可不惜哉！間嘗考西國育蠶之法，而約略得其梗概焉。蓋西國自古無絲，至羅馬時，始由波斯販往者，當時極為珍重，價値甚昂，非富商大賈不能得之。自開海禁之後，中國出口之絲頗旺，為一大宗貿易，西人羨之。於是法國首倡育蠶，聘中國蠶婦，教以飼蠶、繅絲諸法。不數年，意大里、西班牙諸國，踵而效之，於是蠶務大興，紡織機杼約十萬家，所織綢緞炫爛奪目，行銷各國，大獲其利。歐絲不足，始購中國絲以補之。惟二十餘年前，産絲極旺之時，蠶忽患病，比户傳染。幸經格致家巴斯陡考究其收，用六百餘倍之顯微鏡，細察蠶身，乃知所患者形如椒末。凡患此病者吐絲無力，或未繭而已死，或成繭而甚薄。巴斯陡精擇無種之蠶，如意伺養，令其變蛾，及雌雄相對時，用小木槅或小竹圈，將每對分置於內，編號為記，則每雌蛾所生之子，各在一處。俟蛾殭，即將其蛾用乳鉢磨碎，以顯微鏡查視。如某號蛾體内有形如椒末之病者，其子亦必有病，當棄而不用。如某號無病，其子亦必無病，即以傳種，名曰『做蠶子分方法』。法、意等國，莫不師之，於是蠶病遂除，而産絲復旺。日本於蠶務亦極力整頓，不遺餘力。曾將蠶蛾選擇佳者，送至西國考察，又派人往意、法二國，學習養蠶諸事，所以日絲之出洋，年盛一年，上下獲利無算。蓋各國俱知蠶務於國計民生關繫甚大，故不憚煩苦，悉心考察，至今各國産絲之旺數十倍於前矣，其利之厚可想而知。況日本蠶絲本遠不如。中國之人拘守成見，衹知舊法牢不可破。在上之人視之為不急之務，漠不關心；在下之人無整頓之權力，並無整頓之方法，所以蠶桑之利有江河日下之勢，出口絲數年減一年，將盡為外人所奪。雖然，整頓之道亦易易耳。其法：集資設立學堂，延一精於蠶務之西人為教習，擇年輕聰穎子弟竭力考究之。凡蠶之如何生長，如何飼養，宜食何葉可以肥壯，倘有疾病如何調治，燥濕寒煖何以得宜，其繭何以有大小厚薄之殊，其絲何以有粗細堅絶之異，其蛾何以有□翅、禿眉、焦尾、赤肚諸病，一一考察，務使明其所以然之故而免之。並仿巴斯陡之法，用顯微鏡細視留種之蛾有病與否，然後擇其最佳之子，蓋印銷售，以杜民間或將有病之子誤售與人。學生習有成效，給以憑據，准其做子出售，並往各處教習飼養。凡育蠶之家，可將鮮繭送交深明蠶事者，騐其優劣，分别等次。列上等者，國家給以奬賞以鼓舞之。各州縣又廣設蠶桑局，推舉董事，管理地方蠶務，詳定章程，勸民種桑育蠶，則數年之後，蠶桑必可大興，出絲必佳而多。安見今日之利已為他邦所奪者，不能仍歸諸己耶！

清 佚名《論中國整頓蠶桑宜先設養蠶學堂》《皇朝經世文四編》卷二三

環地球蠶桑之利向推亞洲，而亞洲蠶桑之利向推中國。中國開風氣為最先，《禮經》所載，按籍可稽。周制：仲春，天官内宰詔后帥内外命婦，治蠶於北郊，以為祭服。天子公侯必有公桑蠶室，近川而為之，築宮棘牆而外閉之。后妃齋戒享先蠶必躬桑以勸蠶事。及大昕之朝，君皮弁素幘，卜夫人世婦之吉者，使入於蠶室，奉種浴於川，桑於公桑，風戾以俟之。又命野虞無伐桑柘，鳴鳩拂羽，戴勝降桑，具曲、植、籧、筐。后妃齋戒，親東向躬桑。禁婦女毋觀，省婦事，勸蠶事。蠶事既登，分繭稱事效功，以供郊廟之服，無有敢惰，所以為天下蠶事勸也。降及後世，古禮雖廢，而民間蠶桑之利，日盛一日。然當閉關自守之時，亦不知為盛衰。自通商以來，外邦競銷中國之絲，中國始知蠶桑之利冠於五洲，藉此以收外洋之利權，以抵進口之貨物。乃近年來中國之絲猶是也，中國之蠶桑猶昔也，而絲市日衰，絲商日困。推原其故，皆外邦種蠶以分其利。且種桑養蠶之法較精於中國，中國若仍墨守舊法，將日復一日，年復一年，絲市之衰不知伊於胡底。雖現在絲廠迭建，購用外洋機器，繅絲之法一如外洋，誠以外洋皆用細絲，中國手繅之絲，不能勻細如一。為銷售起見，自當合西人之本，可望易於銷售，而通盤籌算，出絲之多寡，則機繅之絲仍與手繅之絲等耳。若欲出絲之多，非廣植桑、廣養蠶不可，且桑亦有盛衰之年，蠶亦有衰旺之候，是亦不可以不講。各省大憲咸知蠶桑為務本之圖，課民種桑，孜孜不倦。如昨報紀直隸蠶桑紡織總局，自光緒十八年奉前督憲興辦後，於今六年，頗有成效。現又奉督憲王夔帥札飭，該局總辦會同藩臬兩司，經理一切。並札飭各州縣，凡已經種桑者，務加倍培養護惜，禁止樵牧毀傷。未經種桑者，急宜設法開導，務於霜降後至封凍後至清明前，來局請領桑苗。苗長不過二尺，萬株一車可載，散給民間，俾廣為栽植。並發出《種養桑蠶簡明捷要法》十本，照刻廣印，散給於民，務使各村家喻户曉云云。大憲為裕國養民之計，可謂無微不至矣。惟所發之書，未經目覩，未知仍守中國舊有之法抑參西法。竊謂近年西人講求蠶桑日精一日，中國欲講求蠶桑，非盡法西法不可。前聞杭州府林太守，稟請籌欵，創設養蠶學堂，可謂絶大見識。稟稱東方蠶業，日本進步最猛，由其采取外洋養蠶成法。查三十年前，法國蠶子多瘟，蠶種將絶，因創設養蠶學堂，用六百倍顯微鏡考驗種種瘟病，並講求養蠶各法，日人一一仿行，遂奪中國蠶利。蓋西人養蠶之法至備，卽配種一節，亦有神效。西方格致家言：『凡物一雌一雄，取其兩地相隔最遠者，為之配合，其生必旺。猶化學之愛力，電氣之攝力，同氣相合，其生不旺，在人亦然。』故格致考驗同姓為婚，生子多病癲癇，由其血脈相通，不宜配為夫婦。所謂男女同姓，其生不蕃，中國亦未嘗無此講究也。法國驗中國蠶子，重八兩者，收絲只二十五斤，自擇種後，可收至七十斤，最多者收至百斤，日本尤明其效。可知外國亦用中國蠶子，惟能自擇種，能自驗病耳。現雖各省廣飭植桑養蠶，將來絲數固可望。其日旺，然未知擇種驗病之法，終難保蠶桑之利有盛而無衰。《禹貢・兗州》言：『桑土既蠶』，此外若絲、若經、若纖縞，皆散見於各州。今吴越以外，蠶事久廢，安知千百年以來，不知驗病、擇種，漸漸消磨耶！蒙意宜設學堂，專心講究，經費雖大，亦一勞永逸之法。林太守既有此稟，志在必成，然卽能成，亦不過浙江一省，一時安能廣傳，俾家喻而户曉？苟各省能設立學堂，則所傳愈廣，不數年後，蠶桑之利猶不能駕東西洋而上之，吾不信也。

清　佚名《論蠶桑之利》《皇朝經世文四編》卷二三　蠶桑之利溥矣，而或限於地，不能偏天下而各收其益。人以為利之有所限，而不可以人力强為，而不知非也。《禹貢》，兗州之地宜於桑，故曰『桑土既蠶，是降邱宅土』。青州與兖相接，地亦宜蠶，檿絲之貢，著之為經。蓋山東地土高燥，蠶性惡溼而喜燥，惡寒而喜温。地高則土性燥而桑可種，氣温而蠶可育。《孟子》言，王政之要首在樹桑。可知北邊地土，在在可以收蠶桑之利。而近年山東等處絶無絲貨，是蓋風氣遽變漸失其初，而自然之利遂棄而不事，廢於人非廢於天也。東南諸省，至近日而皆以育蠶為業。浙之嘉湖為絲業之大宗，其他如紹□，尚有業此者，已不及嘉湖之盛，甯郡則更少矣。蘇屬治絲之家，不逮浙省遠甚，而松郡則多以木棉為業，因地多沙磧，宜於棉而不宜於桑，加以海風所襲，地氣寒多而温少，故人皆以為非蠶桑所宜。乃昨觀於該郡公稟郡尊，興辦蠶桑，捐資設局，詳定章程，以期收此大利。細核其言，鑿鑿可據，誠知事在人為，非天時地利之得以限之也。夫外洋之絲、茶，皆購於中國。故絲、茶兩項，中國獨擅其利。論者謂外洋之地，不宜種桑、種茶故也。然近來意大利出絲甚旺，與印度之茶相頡頏，東洋亦出絲不少，是皆從來所未有者，而今乃居然有之。且聞近年以來，愈産愈盛，愈産愈佳，可見人力所在不可以地限也。外洋既出絲茶，而中國絲茶之利乃大減於昔，業此者每每耗折喪資，雖或者非盡由此，然盛於外者衰於内，暢於彼者滯於此，必然之勢矣。以外洋之地，向來不曾出絲，而尚且以人力補天功之缺，而況松郡本係文物之邦，富庶之地，不過以地濱於海，土性稍有未宜，而遂因此中阻，不敢興辦，是不亦貽西人之笑乎？夫種桑之地，宜於高不宜於下。松郡沿海地勢卑濕，恐非桑樹所宜，然其間沙梗之高者，亦正不少，不可以一概論也。海風多寒，不適蠶性，然温房密室，亦豈無之？蒔花者，患花之遲發，則為温室，以火烘而開之，名曰『唐花』，此獨非人力為之者哉！何獨於蠶而疑之。譬之種田，古者一夫授田百畝，雖古之畝數小於今時，然卽今之種田者言之，每人不過種田十餘畝，何其與古人之力大相懸殊哉！而兵燹之後，招募游民，開墾荒田，其糞多而力勤者，乃亦有每人墾至三四十畝，此特在人之勤惰何如耳。田之腴者可以三熟，先種豆麥，次種早稻，次種晚稻；其不甚腴者，僅兩熟而已。然兩熟之田，或有勤於播□者，於町畦之旁間蒔菜蔬，亦不減於三熟之利，不過各勤其事，不遺餘力，而地利不足以限之，以彼絜此，蠶桑之事何獨不然哉？顧吾謂此事之舉行，亦在民間自行勸辦，不過在府縣備案而已。夫事苟利於地方，官必董而成之，然必俟官之督責，而後得以收功，已非因民之利而利之意。且府史、胥徒，皆足以為民間之累，民間蠶桑之利厚，孰不趨之若鶩，固不待上之督責也。府批所云向不講習，一時能否興起，此固揆時度勢之言。然事在人為，苟衆志僉同，自可望其有成。至云集捐設局，商業有無滋擾，此則洞見利弊。誠恐利尚未興，弊已叢起，不足為益，反足為損，轉不若聽民之自行籌辦為妥便也。夫木棉之種，聞係傳自外洋，一老婦倡之，而頓移風俗。又何況蠶桑之利倍於木棉，教法亦不甚瑣碎，知其利者，有不聞風而興起者哉！

清 佚名《論宜整頓蠶務以興絲利》《皇朝經世文四編》卷二三 夫治産積居，與時相逐，以之謀生則善，以之謀國則乖。然而太公通魚鹽之利，人物輻輳，冠帶天下，餘澤及於威宣，知物産之豐盈，國勢之所由壯也。絲之為物，為西洋各國所必需，百餘年來，有加無已。綜計出口之貨，茶為首，絲次之。按其出口之數，非不歲增一歲也。然恒不若進口之驟且鉅，而贏朒遂由是判焉。不有挽回之術，使進出足以相抵，不二十年，民生幾無復可問，執政所宜憂也，豈漫云商務而可不加董理哉！居乎今之世，所宜挽回者固不獨絲，今姑就絲言之，則所以究其得而懲其失，察其病而推其利與參考乎？我與彼之所以異同，而舍短從長以求合乎？始則師而法之，繼則等而齊之，終且駕而上之之數焉。是固在得人而為之，夫豈奢願難償乎？因條其目於左：一、在於育蠶之家不多也。問曰：『江浙等省，尤以蠶務為重。』夫江浙為古吳越之地，而考之傳經，其言蠶桑之利，未嘗及吳越。按郭子章《蠶論》云：《七月》之詩曰『爰求柔桑』，則豳可蠶。《將仲子》之詩曰『無折我樹桑』，則鄭可蠶。《氓》之詩曰『桑之未落，其葉沃若』，則衛可蠶。《十畝之詩》曰『桑者閑閑兮』，則晉可蠶。《皇矣》之詩曰『其檿其柘』，《桑柔》之詩曰『菀彼桑柔』，則周可蠶。兗州厥貢漆絲，厥篚織文，桑土既蠶。青州厥篚檿絲，徐州厥篚元纖縞，揚州厥篚織貝，□齊魯可蠶。荆州厥篚元纁組，豫州厥貢漆枲絺紵，厥篚纖纊，則楚可蠶。《孟子》『樹牆下以桑』，則齊梁可蠶。蠶叢都蜀，教民蠶桑，則蜀可蠶。不知何時利獨歸於吳越，然則地之宜蠶桑者，不獨江浙二省也明矣。今以中國之大，土地之廣，其荒蕪而不治者，何可勝道！誠欲收後日之效，非創立新章，不足以見功。夫所謂創立新章者，何也？集股分以買地栽桑□之養蠶也。曷以明其然？蓋小民膠執成見，牢不可破，雖由官勸之樹桑，勸之育蠶，其心終不肯舍故業而就新。自來良吏達官非不深加董理，然而其效可睹矣。故非設公司，招股分，則其資不易集，而其功不易成。延精明曉事、廉潔□方之人為之，董理其事，或以白金百兩為一股，或二百為一股，由為倡者擬定，妥切章程。俟股分既集，請入股諸人，公同會議斟酌而損益之，然後相度土宜，買地栽桑，建屋養蠶，招善飯以之，俱其不而以貧户小民承其教，給予工值，使無内顧之憂也。然後得盡力於公事，要在行之以漸，守之以堅，持之以恒，勿為浮言所動，勿因挫而阻其初心。盡心竭力，實事求是而為之，二三十年之後，中國絲業必煥然改觀，非獨可以收我固有之利也。於是乎，購置洋機紡織洋綢洋縐，薄其出口之税，以交易於外洋。庶幾數十年，中國財力之耗於外洋者，可以收回於萬一。此非托之空言，好為高遠之論，能言而不能行者也。觀于日本，而有明驗矣。至於絲業積弊，蓋在乎狃於故見，不肯力求整頓，以與人角勝，然此乃中國之通弊，又不獨絲為然矣。今欲定一整頓之法，約有數端。一、在乎用顯微鏡察究蠶病而不使傳染也。一、在乎講求種植之法而使桑枝肥茂也。一、在乎揀選蠶種而使蠶得佳種、絲得佳絲也。一、在乎顧持大局，堅守定見，勿跌價急售，以墮洋人播弄之術也。一、在乎減輕釐税，勿使商人成本愈重也。然此數端，中國之人多有能言之者，其如不肯從，何嗟乎？天下不患無至當不易之論可以見以施行，獨患無力行之人耳。區區絲業之整頓，又何足云乎哉！

清 佚名《廣興蠶政説》《皇朝經世文四編》卷二三 周制：仲春，天官内宰詔后帥内外命婦治蠶於北郊，以為祭服。天子、諸侯必有公桑蠶室，近川而為之，築宫棘牆而外閉之。后妃齋戒享先蠶而躬桑，以勸蠶事。及大昕之朝，君皮弁素幘，卜夫人世婦之吉者，使入於蠶室，奉種浴於川，采於公桑，風戾以乾之。是月也，命野虞毋伐桑柘。乃修蠶器，禁婦女毋觀蠶桑。向推江浙，而兩省比較，則浙為尤甚。昔人云『吳絲不古』，若而古之用儉，今之用奢，遂令人有不足之虞，興擴充之志。蠶桑向推江浙，而兩省比較，為尤多。昔人云：『吳絲衣天下，聚於雙林。』吳南諸鄉，歲入百數十萬，是以雖為賦困而窮，民未至於空虛，室廬舟楫之繁庶勝於他所者，皆得蠶桑之厚利也。四月務蠶，無男女老幼，萃力靡他。無税無荒，僅習三旬之勞，無農民四時之久而半其利，此蠶桑之所以之貴也。説者謂『蠶桑之業，雖藉人工，然須得天時，須得地利。江浙天時温煖，宜於蠶，故養蠶者較多。江浙地土鬆潤，宜於桑，故植桑者較盛』。不知蠶桑為天地自然之利，無處不宜蠶，即無處不宜桑。《豳風》之詩曰『遵彼微行，爰求柔桑』，則豳既有桑，而豳亦可蠶矣。《將仲子》之詩曰『無折我樹桑』，則鄭既有桑，而鄭亦可蠶矣。《車鄰》之詩曰『阪有桑，隰有楊』，則秦既有桑，而秦亦可蠶矣。《桑中》之詩曰『期我乎桑中』，則衛既有桑，而衛亦可蠶矣。《禹貢》兖州『桑土既蠶，厥篚織文』，則蠶桑之利在於魯。青州厥篚檿絲，則蠶桑之利在於齊。荆州厥篚元纁，則蠶桑之利在於楚。《孟子》曰『五畝之宅，樹之以桑』，則蠶桑之利在於梁。以是觀之，養蠶植桑，猶農夫之於五穀，苟非龍堆絶寒極寒寥廓之區，無不可以耕且獲者也。現在各直省，雖無不有養蠶種桑之處，而終不如江浙之美、江浙之盛者，大抵風氣之未開，人民之怠惰，而要不盡關乎天時地利也。當時各省，大半藉二省之絲以章身被體，而兩省所出亦未嘗不足於用。乃自通商以後，西人競銷中國之絲，每年出口之貨盈千累萬。兼之世風靡靡，俗尚奢侈，繁盛之區，幾至無人不綾，無人不緞。絲之去路日見其廣，而絲之出數未見其多，殊非足國之道。且現在西人講求蠶桑不遺餘力，中國若不講求整頓擴充，將來此項利權，恐又為彼所奪，是又不可不慮也。然則欲講求整頓擴充，非地方官實力舉辦，斷不能鼓舞斯民。本館接九江采訪友人，來函云：昔年南昌府江訒吾太守，在瑞州府仕時，與吉安府許清臣太守，講求種桑養蠶之法，著有成效。藩司翁小山方伯蒞任後，即飭各府、廳、州、縣一律倣行。復委員於正月初旬，赴浙江采辦桑秧，陸續到潯，分派各屬栽植。奉新縣鍾澤生明府，又將種桑切近之法，刋刷知單，俾民咸知利弊。又復出有示諭，諄諄勸導，略謂：現在購辦湖桑不取爾等錢文，飭令栽種。該士民等，或集股本，或撥圖會錢文，以為種植工糞之費。先將荒地開墾，每地一畝，約可種桑四五十株，屆時赴局請領。如未諳修種之法，派人來局學習云云。夫人孰不欲謀利，一則苦無資本，二則無提倡之人，遂致因循怠忽。吾知江省之人經此鼓舞，尚不欲踴躍從事者哉！將來蠶事之盛，可以預卜矣。日前松郡陳太守，亦有課桑示諭，其勸民集股，在隙地開墾栽植，與江省大略相同。而近鄉士民，咸汲汲以購地種桑為務，當此國瘠民貧，江河日下之時，而人知求本，是亦富强之一大轉機也。尤望各省官憲，皆取法於南昌江太守、奉新鍾明府、松郡太守，一律舉行勸民種桑育蠶，則其利未有不溥於天下者也，不禁拭目俟之。

清　佚名《論育蠶之利》《皇朝經世文四編》卷二三

太原公子被紗縠之裳，駕油碧之車，過訪潁川主人於委巷。主人方與二三僮僕料量蠶桑，晨而摘葉，夜而守箔，筐筥縱横，稻草盈屋，兩手拮据，鬢髮蓬鬆。問之，則曰：『吾疲精役神半月於兹矣，食不得飽，夜不得睡，一切筆墨之事，且以此冗廢焉。』公子曰：『有是哉！子之迂也。夫蠶桑，鄉農之事也。吾子讀聖賢之書，懷澤民之志，當知學稼學圃之非至計，乃不務其大者遠者，而甘為此鄉農婦人之事，瑣瑣焉。疲精役神而為之，不亦愚乎？』主人笑曰：『吾之育蠶，非果欲與農婦爭利也，正欲廣此聖人澤民之志也。今天下民之貧者亦衆矣，强者為非而罹於法，弱者飢寒交迫而至於死，念可以濟生民之貧而無失乎聖人之本計者，莫如蠶桑一事為最便。然事不躬親無以審其法，藏身不恕無以喻諸人。吾之不憚疲精役神而為此，固欲審知其利而推其利以及人也。』公子曰：『蠶之利如何？』主人曰：『蠶必以桑為本。一畝之地可栽桑百餘株，歲沃以糞，三年而可得葉。一株之葉，可得三十觔，一畝之桑，可得葉三十石，可育蠶花二兩。大眠之後，可得蠶百十餘觔，作繭之後，可成絲四百兩，可賣洋七八十元。如不欲育蠶而種桑，桑葉貴時，恒須二三千文一石，賤時或僅數百文，以中價論，當以千文一石為準，是一畝之入，可得錢三十千文。如不種桑而育蠶，但須於未飼蠶之先，預向有桑之家以平價買定，亦以千文一石為準。十石之葉，可得大眠蠶三十餘觔，可成絲百餘兩，是亦可穫倍蓰之利。《孟子》曰：「五畝之宅，樹牆下以桑，匹婦蠶之，則老者足以衣帛」，《史記》：「齊魯千畝桑，其人與千户侯等。」夫農之於耕，竭終歲之勞，一熟再熟，所入可計，而猶不免有水旱之憂，有什一之征。而蠶則祇有三旬之勞，無四時之久，有貿錢之便，無賦稅之苦，其為利亦大矣哉！昔人謂「吴絲衣被天下，聚於雙林」，吴越閩番至於海島，皆來市焉。五月載銀而至，委積如瓦礫。吴南諸鄉，歲有百十萬之益，是以雖賦重困窮，民未至於空虛，室廬舟楫之繁勝於他所，此非虛語也。方今銀之漏出於外洋者日益甚，進口之貨日益多，中國之所恃以與洋人交易者，惟有絲茶兩項，而茶則近來西土有自種，而絲則不聞自出之者。中國於此時，正宜竭力振興，以收此自有之權利。即使洋人未必多購，而但令民間多一人育蠶，可多出數十兩絲，即又多濟一人之用，所幸苦者無幾日，而所得益者甚大。夫亦何憚而不為哉！故余以為今日婦女不論貴賤，俱宜育蠶。如婦女無知，宜由家主勸道之，率而行之，蒸為風氣。富强之效，惇龐之化，不難再見於今日也。余之育蠶，豈僅為一人一家之計哉！』

清　佚名《書汀漳龍道申報蠶務詳文後》《皇朝經世文四編》卷二三

國家致富之道，大要總以農桑為第一。蓋中國之為治與泰西不同，泰西重商，中國之所重，固不專在商也，顧重農之道，中國亦既知之，而蠶桑之務，或有未盡知者，非真有所不知也，或以為土地異宜，風俗異趣。故江浙兩省，雖云蠶桑出産之區，要亦惟向業蠶桑之數處，最為講求，此外亦不甚鄭重，外省更無論矣。前者曾聞皇太后諭飭：杭州織造，招募浙江蠶婦至京，以備顧問蠶桑之事，不禁喜形於色。知深宫有重蠶之意，則蠶務必更益加講究。且育蠶、種桑、繅絲、分繭諸務，可以自南而北，風氣漸開，利賴無窮。但未知曾招募得幾人，究竟北京曾否開辦蠶織之事，此中耿耿，莫釋所懷。乃目前觀於福建汀漳龍道劉璞堂觀察《申報》閩浙督憲詳文一紙，而歎有志者事竟成，固有不以地限，不以俗囿者也。查此舉創，自去年春間，劉觀察田延平卸篆，馳抵汀漳龍道本任，卽奉督憲檄，飭汀、漳、龍三屬，舉辦蠶桑，觀察乃卽自捐鶴俸，先刊《蠶桑説》一千二百本，分給各屬，俾知蠶桑之利。人人心中，皆知此事之可裕利源，則自然羣相鼓舞，是卽所謂探原扼要之道。繼而又知桑種須及時採買，一經過時，無可購辦，因設法先赴廣東順德購辦桑秧，又派員遄赴浙江湖州採辦桑秧。桑樹須以接過為佳，不論單權、雙權，但經接過，卽易生活，而且葉較肥大。觀察深知其理，故飭委員辦到湖州佳種所辦桑秧一萬餘株，均係接過大單、雙權者，分給種植，飭令勤加培植。至今春二月間，居然發芽開葉，其枝榦剪斷之處，側生旁挺，盡見新芽，葉厚而圓潤，蓬蓬勃勃，一望青葱。凡經發給秧株，種於公地及南山守園等處者，無不一律茁壯。統計去年所頒之數，未活者不過二三十株，則該處土地之宜桑，已可概見。惜乎前此未經計及於此，今得劉觀察實力舉行，而其效已如此。猶憶七八年前，高麗曾向中國購辦桑秧，捆載以去，其數不下數百萬株，迄今未聞高麗出絲旺相。可知卽使地土相宜，仍須辦理得人，督率有方，庶幾行有實效，否則終無所濟也。今汀、漳、龍三屬，則其效已見矣。桑既勃發，蠶事自必有成。前此，由湖州雇去蠶匠二名，携带繅車、桑砧、刀剪各器，藉資教道，此事本不難於傳授，一經指點，卽易領會，而蠶種又復精選。按蠶種本有兩項：出自湖州者為淡種，蠶子未經醃過；出自杭州者為鹹種，蠶子經鹽水漬過，此亦各以其土之所宜，非醃種之果遜於淡種也。移至該處，似乎淡種為宜。故淡種食葉二十餘擔，得繭九十六斤，繅出淨絲八斤八兩。其杭州醃種，先食野桑十餘擔，大眠後，接食家桑百數十斤，僅得繭二十八斤，繅出淨絲二斤十四兩。此非由於鹹種之不佳，實以土宜之有所區別。觀於甯、紹等處，養蠶之家，悉用鹹種，若用淡種，卽不能出，卽出亦無力易病，是卽可知地氣之有不同。今姑無論種之鹹淡，而自去年開辦，於今一年，其所種之桑豐茂如此，其所育之蠶興旺若彼。雖曰所繅出之絲通共不過九十餘斤，而由此逐漸推廣，民間既知其利，自將趨之如鶩，將見四野桑陰，萬家蠶織，以人之利其利者，不啻上之有以利之而民富，則國不至獨貧，吾故曰：『蠶務之興隆，未始非富國之上策也。』

清 佚名《論蠶棉之利》《皇朝經世文四編》卷二三

絲、茶兩項，為中國生意之大宗，而上海一隅，絲為尤大。絲業興旺，獲利豐厚，則他業亦可藉以生色。然絲業之疲敝，已數載於茲矣。鄉間養蠶之時，或苦於桑葉價貴，有棄蠶而售葉者。此固貪目前之小利，其見識淺隘，無足齒及。然以葉貴之故，而養蠶致少，則有之矣。蠶少，則出絲亦少，物以希為貴，於是有昂其價者矣。由鄉收取，既出厚價，而銷路又苦於無多。去年寄番之絲，至今尚未銷盡，而屯絲之家，或以去年絲價不漲，不肯售出，存貯踰年。及新舊交接，而舊者尚無售主，新者又無銷場，此絲業之所以不能生色也。絲之銷路，全賴外洋，而西人信息最靈。卽如去年，先傳有外洋需絲孔急之信，絲價驟漲，迨各商收絲已足，始知前言實非確信，而價復跌落，業此者頗受其累。今年傳聞絲信頗佳，絲價有起色。蓋以蠶性喜熱而惡寒，本年天氣和煦，陽回劇早，故於蠶性相宜。雖入夏以來，或嫌春寒尚滯，然早者已成繭可繅矣。本埠繅絲機器已多增設，大抵因聞絲信頗佳，故視為可居之奇貨。但業此者，往往以貪多之故，而轉致折本，是又不可不慎以持之也。業絲之人，假如資本止有萬金，卽可作三萬金生意。蓋以萬金購絲，不卽出售，先以付質，卽以多質之銀續購絲觔，如是者一而再，再而三，迨屯之既足，而絲則皆存質庫中。設有售主，則卽以所得之價，向質庫贖出以付之，一轉移間，而所獲較為豐富。然或遇銷場遲鈍，則典當利息日增月積，勢必不免虧累矣。此貪多之誤事，實自貽伊戚也。若夫資本誠巨，屯積過多，而不肯乘機銷售，欲為龍斷罔利之計。而人或從中覷破，置而不顧，卒至貨滯難銷，此則又以貪狠居心而致有折耗者也。總之，今年絲信近來雖有較去年生色之説，而業此者，必不可以有恃不恐。而且內地養蠶之家，近年不逮從前之廣，尤宜廣為諄勸，以興蠶桑之大利也。外洋之銷場，姑置勿論，卽就衣被而論，絲之為用，與木棉正同。第木棉之種，資本略輕，價亦較賤，不若絲之本重而物貴。故貧苦之人，但得一襲棉布之衣卽不憂。夫卒歲木棉之用，實數倍於絲，而中國之種木棉，則但有濱海之地競相種植，山鄉不少概見。說者謂木棉之性宜在沙地，其實則此言未為確論。蓋木棉之種，本自外洋帶入中國，原由海舶而來，故濱海者首先布種。而內地山鄉，則尚無人試種之。江北淮揚海道桂觀察，飭屬出示，令民間栽種桑棉，並川種棉法說，散給各屬鄉民，刻已著有成效。然蠶桑之利，漸知趣向，而種棉之法，仍未周知。故目下清河縣楊邑尊又復出示曉諭，收買棉子，以備散給民間，似此實力奉行，吾知木棉一項，該處亦將有蒸蒸日上之勢。從此蠶桑之利既溥，而木棉之種亦繁，其造福於該處居民，實為無量矣。夫衣食二者，皆人間養命之源，不可有所偏廢。衣綢與衣布，雖有貴賤之不同，而其所以蔽體則一也。絲之利，中國賴之，而以其餘力出於外洋，為生意之大宗。人知其可以獲利，故爭趨之，而或過於貪很，致有折閱，然固知其為貴重之物也。木棉來自外洋，入中國也已晚。近來雖競相種植，而視之不甚珍貴，且內地知其法者猶少，故桂觀察諄諄以此為勸，而欲民間皆得被黍谷之春。安得天下有司牧之責者，皆如桂觀察其人，而為之興發大利也哉！今年木棉之豐歉，刻下尚難預卜，而絲信則已有端倪。僉以為今年絲出既多，絲價亦增，頗有興旺氣象。惟願業此者，勿謂有恃無恐而致有末路之隳，實為幸甚。更勸地方官，廣為敦勸，於桑、棉兩事，惟日孜孜，加意講求，不遺餘力。俾衣被之餘，又得以轉運出洋，藉謀巨利。而木棉之法，傳布愈廣，種植得宜，韋布既可適體，羅綺不難文身，此則所深望焉，而不勝禱祝者耳。嗚呼！如桂觀察者，亦可謂得治其本矣。

清 李君鳳《蠶桑說·救飼蠶弊說》 諮詢川俗，飼蠶恆蹈二巨弊：一、買桑葉飼蠶。鄉農亦知飼蠶之利，奈自栽桑樹不多栽桑家不自種桑秧，買秧遠方。秧從遠來，離土日久，栽植十株，僅活三四，遂謂桑樹難栽，飼蠶必買桑葉。除卻人工葉本，獲利甚微。窮人乏葉本，卽不敢下蠶種。明知飼蠶有利，而不得食利。豈知自采桑葚，種桑秧葚老各處早遲不同，總在四月尾五月內，芒種夏至前後，自行多栽桑樹桑秧離土卽栽，無株不活，止於空閒時，舉手足之勞栽種，並不費一錢。桑樹長成，卽爲數世之利。飼蠶原是女工，婦女孩童，在自業內，采葉飼蠶，既不須男工。買葉亦不費一錢葉本卽獲新絲，其利自厚數倍。

清 李向庭輯《蠶桑述要》 中國蠶絲，五洲豔羨。近意、法諸國儘欲設法抵制，奈其地不宜桑，人工過貴，卽巧如機器，而於蠶事卻無可施，故講蠶利者，中國仍當首屈一指焉。夫中國在昔，農桑卽已並重，當今五洲通道，絲之獲利尤豐。聞從前，鮮繭每斤賤時祇一角五分，貴亦不過三角。今則七八角不等，卽賤亦須四五角之譜。試觀浙省，杭、嘉、湖、甯、紹諸處，富饒甲於他郡，雖由其地人善居積，亦蠶桑之利普耳。計嘉湖絲價，每年所得不下數千萬元，農田之外，又博此厚利，焉得不富。況農事，係男子專責；而養蠶，則女子亦得分任其勞。計男女二人，可養蠶蟻一兩五錢，如遇蠶豐之年，可收繭三百觔，除桑葉外，別少開銷，若自家有桑，何等便易。且女子用心精細，體貼蠶性較男子且獨勝。平時，中國女子除酒食縫紉外無他事，若使盡致力養蠶，則是以無事之人，反得謀最厚之利，此後女爲男累之患，當不至見詬於外人矣。惟計養蠶，種蟻一兩需葉三千觔，是蠶非桑無所食，冀廣蠶學，植桑最爲要務。故將種子插渡諸法，臚詳於左。

又 養蠶無論蠶岁豐歉如何，而人事既盡，總有把握。計今絲價已倍蓰於前，雖日本講求蠶桑，頗占奪中國之利，然限於幅幀狹小，蠶事且已造極，再難進步。西洋則蠶桑不宜，此後所仰給者，當惟中國。考中國無地不宜桑，無人不宜蠶，有此憑藉，再能加意考究，未始非我中國轉貧爲富之一大關鍵。但養蠶與種田同，通均核算，其利甚鉅，卽一家一人計之，以辛力博蠅頭，實屬有限。故古人勸課農桑，冀其通力合作，並云農桑利普，亦是通盤合算也。所望富室好義，倡開風氣之先，於水湄田畔創植佳桑。嘉湖諸處，從舟中望之，幾於兩岸皆桑，及登高遠眺，見桑林之外，稻田尤多，大抵樹桑多在水湄田畔故也。是桑不甚占良田，且養於農隙，又不妨農功，利益之厚，莫逾乎此。東洋所以謂爲副營業，而極力振興也。售葉而外，並出葉招貧民飼養，酌分其繭如佃戶，然則不獨利己且能利人。昔時絲賤，爲此或無利可圖，以今日絲價計算，獲利之夥，可操左券。由此爭相仿效，舉國風行，闢久遠之財源，莫逾乎此。如慮虧耗，可令蠶戶以此法試養，卽蠶荒之年，雖無大利，折本則萬萬不至也。

清 劉清藜補輯《蠶桑備要·養蠶總要》 蠶乃衣被之原，功與穀對，性屬純陽。喜燥惡濕，食而不飲。自卵生為蟻，蟻脫為⿰虫少，⿰虫少脫為蠶，蠶脫為蛹，蛹脫為蛾，蛾脫繭復卵。紙為連，屎為沙，蓐曰沙燠，卧曰眠，脫殼曰起。南蠶多四眠，北蠶多三眠。總之，一七而變，四變而老二十七日，七變而死，氣化神物，為功甚大。不過費三十日之功，辛勤不過大眠後七八日，兩夫婦可獲絲一二十觔，值價銀三四十兩，精絲造綾緞，上可完賦稅；粗絲織絹帛，下亦能衣被一家。綿可使高堂溫體，絮可令妻子禦寒，益人如此，何憚不為哉！

清 馮曉青《馮曉青大令調查順德蠶業陳粵督稟兼説帖》《農學報》第二百四十五期 竊卑職等擬赴順德考驗蠶桑，前具說帖，奉 批示，所論甚是，應准前往等因，卽於初一日附輪前往，至順德登岸，彌望桑田，無尺寸曠土，卽屋角籬頭，亦多栽徧。行至一村落名葛岸鄉，烟戶祇百數十家，有繅絲廠四，其牌號美綸昌廣興綸兩廠，每廠各有五百盆，每盆用女工一人。又牌號瑞和綸、廣和成兩廠，每廠各有四百五十盆。此外，尚有脚踏機數家。此鄉豐饒之象，比戶皆是。據稱，順德一屬，共計繅絲百數十廠。每廠均四五百盆，統算歲得絲價千數百萬兩，是以家給人足，富庶勝于他縣。凡自三月至九月，月可養蠶，無論男女老幼，皆萃力于此。十月後，桑田又可加種菜蔬，可謂地無遺利，民無餘力矣。桑如五穀，無土不宜，而于粵省爲尤勝，此固江浙所不及，亦歐洲所未聞。考意大利講求蠶桑最精，每年亦祇于四月，務蠶一次。若須養第二次，熱度尚可以人事伸縮，而桑葉不足飼養。此粵省獨得天時之勝。惟歲養蠶八次，每有一二次遇蠶受病，致失利益，此其美中不足者，實因未考究歐洲養蠶之法。若精求西法，擇蠶子，定熱度，一切飼蠶之要，究其根原，自能百不失一，獲利更覺充裕。惟凡事先求易處起手，庶可望其樂從。聞南海、香山、東莞各屬，風氣亦漸開，擬請大帥通飭未有蠶桑之各州縣，選男婦之勤而良者各數人，分班至順德地方，男則考究栽桑，不過費數日之力，婦則考究飼繅，亦不過一月之功，令其各備川資前往，此費須由地方官會同紳士籌給，并飭順德縣向栽桑飼蠶之家及各絲廠，議明盡法教道，就其隣近租屋居住，使各屬男婦均知蠶桑之利。再令購脚踏機繅絲，每張僅需洋四圓，尤民力所易爲。一二年間，各屬均得蠶桑之利，然後再進以西法。又恐大利一興，民間將盡有稻田而改種桑，蓋種桑費力少而獲利多，種稻工本重而獲利輕。小民惟利是圖，罔知顧慮，水旱無常，一旦歉收，本地既無蓄積，外省又將閉糴，將何以救之。現擬先將各屬荒蕪之地，儘數種桑，次及向有之稻田，祇准種桑一半，其一半仍行種稻。是又在各州縣籌畫盡善，著爲法令。民間衣食之源，不得不兼籌并顧。卑職等管見所及是否有當，伏乞鈞奪。

清 馬丕瑶《蠶桑簡易法》 《豳風》《孟子》詳論蠶事，其地皆指西北，後世蠶桑之利，東南特盛，西北轉少，豈今異於古耶？一由不得其術，一由懶惰成習。茲輯古法，參以時宜，命曰『簡易』，易從易知。俾知西北高原，最宜蠶事。苟知其法，事半功倍。乘天地自然之利，補耕農不足之財，男女稍勤手足之勞，室家得免飢寒之苦。語云『十年樹木』，桑不待十年而利已溥，家給人足可翹足待也，何難媲美東南乎？

清 任蘭生《蠶桑摘要·序》 蠶桑，天下大利也，而不知其利者，每漠然置之，吁可惜哉。不佞從事皖北，十有餘年，髮捻之亂，彌望蕭然，蕩平以後，亦既開墾田畝，各勤耕作，而歷年已久，民氣卒難元復者，良以治生本務，未能詳盡。地有遺利，民有遺力，偶值水旱偏灾，家鮮盖藏，不得不轉徙四方，另謀衣食，甚或饑寒迫切，甘蹈法網。興言及此，真堪痛心。夫天之生人，男女皆有恒業，力足自食，無待外求，誠於農事之外，更勤蠶事，辛苦不過月餘，操作可藉女工，且無胼胝之勞，無賦稅之擾，綜歲所入，有較之僅力南畝而利實數倍者。况蠶桑事了，然後揷田，先後舉行，兩無妨礙。即使土性或有不同，而苟得其養，無物不長，天下有土之地，皆可種桑之地，即皆可養蠶之地。孟子論政、諸葛治家，率以樹桑為務，未嘗有遷地弗良之慮。但購桑較遠，獲利稍遲，民間素非熟習，驟令自行興辦，難免疑信相參，仍懷觀望。用為籌欵，先于壽州設局試辦，以淩蓑村大令會州牧主其事，而以紳之賢者董之，往嘉湖採買桑種，募業桑之人。並先期示諭，令民各量地畝，于冬初赴局，呈請局中，誌其姓名里居及所請數。春初桑至，如數發給。即令所募之人，分途教導，主者時復周歷，察其中否。如鄰邑之民有聞風而願興此利者，當歲以九月為率，各以其數，上之有司。有司以十月為率，彙告局中，同為購運。來春赴局請領，即以壽人之習者教之。統俟三年有成，酌歸桑本，仍為購備蠶種、繅具，及教習之人，次第相授，約計五年，全功竟而效可見矣。以天地自然之利，為閭閻致富之源，織事舉而家道昌，用力少而成功倍，由是互相勸勉，推行盡利，實生道之一大助也。爰于種桑、飼蠶、繅絲三事，取先輩時賢成法，擇其要者，各録若干條，並圖桑式兼及器具，付之手民。俾種桑者家置一編，以其暇日，按圖攷說，詳細講究，庶領會于心，異日桑成，飼蠶、繅絲，無俟遠求浙人之教，不亦善乎？區區之意，尤望關心民瘼者，廣為傳播。使蠶桑之利，家喻户曉，衣被無窮，誠斯民之厚幸焉。

清 吴詒善《蠶桑驗要·孫詒讓叙》 中國蠶桑之利，肇自邃古，顧《詩》、《書》所紀，率在齊衛。自宋元以來，吳越絲繒，衣被天下。而兖、濮，古所稱桑土者，其所產反惡劣，遠不逮南方。蓋物種之進退，與人事之精粗，有交相推嬗之故，其由來遠矣。自甌亞交通中國，利權盡奪，惟絲爲我國獨擅之利，而亦日趣於衰敝。蓋法蘭西、意大利、日本諸國，皆植桑飼蠶，其儒者以動植物學之理，精研而詳察之。又以光熱燥濕求其性質之所宜，其擇種之精，種接、繅治之巧，皆遠出我上。然則蠶桑之利昔由齊衛而南移於吳越，今迺由亞東而移於歐西，斯亦寰宇一大變局矣。聞之西人論中土：地處温帶，上腴陸海，其壤宜桑，而蠶種之良，亦甲五洲。徒以士大夫不究茲學，桑農工女又拘守故法，不能通其精理，故桑既不蕃，而蠶尤以病爲累。噫彼異域，重譯於我國蠶桑利病類，能精究而質言之，而我乃鹵莽從事，莫能改良以救敝，豈不可痛耶！温州舊稱八蠶之鄉，鄭緝之《永嘉郡記》所紀蚖珍之屬，今儒者率莫能舉其名。往者邑中間有事此者，咸以土桑種劣葉薄，遠遜蘇湖，而蠶尤多病。西人所謂椒末瘟者，往往瀸漬委棄，莫能療治。譯務既盛，泰東西蠶學之書，稍稍迻譯入中國。顧吾鄉流傳尚尟，多未經見。且其理深奧，淺學亦未能盡窺也。吾友吳君子翼，夙嗜農桑之學，數年以來，藝桑家園，采葉以飼蠶，漸洞究其理。故比年郡邑事桑蠶者多耗絀，而子翼所養獨善，其獲絲亦甚厚。蓋學與不學，其利害固相倍蓰也。子翼以其數年所研究而試驗者，爲書二卷，於桑則自選秧，以至擁本、采葉。蠶則自選種，以至察病、繅絲，咸參酌中西之説而發明之。又繫之圖表，以宣究其微義，信有用之書也。今子翼復以其書刊版，以餉學者。俾郡邑從事者，有所遵循。則吾鄉蠶桑之學，行將大興，遠軼兖、濮而近超蘇、湖，更由是而進焉，精益求精，以與泰東西專家抗衡，則中國富强之機，將在是矣！豈徒吾鄉一隅之利哉！

又《自叙》 嗚呼！談蠶桑之利於今日，蓋僅不絕如縷矣。嘗稽《蠶外紀》云：『家蠶之絲，起於中國。』邃古之初，我不得而知之。黃帝有熊氏正妃，西陵螺祖，於農隙時教民以蠶。《孟子》曰『五畝之宅，樹牆下以桑』，載在書史，至爲彰著。降及後世，迭盛迭衰，往往有其名而無其實，蓋未有如今茲之甚者也。中外通商以來，意、法、日本各國攷求蠶桑之學者，至精且詳，而中土蠶絲之利見奪於鄰國，日甚一日。推其故，皆由於種植失時，飼養無術。其植桑也，不辨土壤高下之異宜；其育蠶也，不知天時燥濕之異度，故蠶則如西人所云『椒瘟』、『微粒子』病者十居其九。桑則鄉農舊植，漫不得法，枯朽彫耗，十居七八。我中國士大夫祇知輕暖適體，文繡章身，獨不思若何種植，若何飼養，始得享其成而收其利，坐令良法美意，日卽淪亡，深可慨也。詒善郊居多暇，每憶樊遲稼圃之請，竊有慕焉。購地數區，闢治蔬果、萩藥、種瓜，聊娛永日。繼復思中國固有之利源，以蠶桑爲大宗，乃更栽桑百餘株，督園丁而課之，育蠶數千頭，率家人而哺之。法採中西，事憑實驗。數年以來，觕有心得，輒就筆記，編述大凡。雖不敢自詡專家，然吾甌爲桑土蠶鄉，誠於種植飼養之法，家喻而戶曉焉，其贏益固有可坐券者，此未始非挽回利權之一術也。

清 葉向榮《蠶桑説·序》 從來衣食之源，農桑並重，而桑之利倍於農，而其利不普及於天下，此無他，人苦不知法耳。榮幼束髮受書，讀先王樹桑養蠶之政，竊有志蠶桑之務。既長，與異方人士交游，間有籍隸嘉湖者，談及蠶桑之務，井井有條。榮欣然聆之，即為叩其成法，因得見規條雜説，與夫圖説樂府。榮借錄其書，遵法樹桑養蠶，頗著成效。閱歷有年，於舊法外別有心得，榮固寶而奉之。第思有志蠶桑之務者，豈止榮也乎？榮得其法，而不以告人，是自私也。急欲訪求舊板，印送同志。乃兵燹之後，板燬無存。榮故不惜重資，將前所錄規條、雜説、圖説、樂府逐加考校，登諸梨棗，而數十年閱歷有得於舊法外者，亦補刻其間，且附播棉之説於後，顔曰《蠶桑圖説》，俾樹桑養蠶之法燦然大備。彼有志蠶桑之務者，既得是書，則蠶桑之法明，蠶桑之利興矣。至於教導愚氓，使人人盡知蠶桑之法，而蠶桑之利，得以普及於天下，榮更有望於閱是書者。

又《迹略條説》 蠶織之久不興也，惑亦甚焉。有識者以為種桑無地，屋宇褊小。無知者以為男耕女爨，撫兒育子，無暇養蠶。試思嘉湖等處，其蠶桑之利甲於天下者，亦皆出自己業。屋宇廣大，男不耕耘，女不炊爨，亦不撫兒育子乎？即使設言推委，而平素之間，紡紗織布，亦無暇乎？此由怠惰者習慣之成自然也。

清 張行孚《蠶事要略》 天下之美利，農圃外莫大於蠶桑。古昔宜蠶之地，唐虞以前荒邈難稽，無論已。自大禹平治水土，兖州之桑土既蠶。由是青州宜蠶，而貢檿絲矣，徐州宜蠶而貢元纖縞矣，荆州宜蠶而貢元纁璣矣，豫州宜蠶而貢纖纊矣。攷之《禹貢》，惟冀揚梁雍四州不貢繭物。然《詩·唐風》云『言采其桑』，又云『桑者閑閑』，《孟子·告梁惠王》亦云『樹之以桑』，而唐梁爲冀州地，則冀州宜蠶也。《豳風》云『蠶月條桑，言求柔桑』，而豳爲雍州地，則雍州宜蠶也。他如《衛風》云『税于桑前』，則衛宜蠶。《鄭風》云『無折我樹桑』，則鄭宜蠶。鄭衛雖即兖豫地，然即此可見則隨地宜蠶。惟梁州《詩》《書》皆無可攷。然諸葛武侯言成都有八百株，而成都爲梁州地，則梁州之宜蠶可知。或謂《詩》《書》所謂桑乃柘檿之類，與今吴地之桑不同，然《衛風》云『無食桑椹』，魯頌云『食我桑椹』，而孟子告齊梁之君亦云『五畝之宅，樹之以桑』，則爲今吴地之桑無疑矣。《史記》云『齊魯千樹桑，其人與千户侯等』，又云『燕代田畜而事蠶』，則青、兖、幽、并之間，漢世猶廣有蠶桑。自漢、魏以降，各州始失蠶桑之利，而蠶桑之利遂獨盛於《禹貢》不言宜蠶之揚州。推原其故，蓋由五季之亂，中原鼎沸，人民徙于江左，故江左蠶桑之利漸興，而中原蠶桑之利漸失，此非風土有古今之殊，而法度有存亡之變。故愚以為欲興蠶桑之利者，亦惟上之人導以法度而已。然蠶桑為小民之事，與興學校不同，若僅以書頒之，以法示之，終無所就。此猶種植之事，儒者按書行之，未必暢茂，而老農、老圃無不應手發生，蓋耳聞與目見殊也。昔虞集議京東水利，謂當召三吴農民以教水田之法，夫興蠶桑者，亦若是焉已矣。愚故私議蠶桑方略數條，與湖州育蠶之法，著之于篇，以俟留心民事者之采擇焉。

又 二蠶當年生種，其生育在頭蠶後，其育法與頭蠶大約相同，亦有作絲、作緜二種。其所食之桑葉頭葉未采過者爲頭葉二葉俱可。若夫鄉邨有育三蠶四蠶五蠶者，其利甚薄，而損傷桑樹甚大。古人所以有原蠶之禁矣按《周禮》『禁原蠶』，鄭注謂：辰爲馬。《蠶書》蠶爲龍精。蠶與馬同祖，物莫能兩大，禁原蠶者，爲傷馬也。夫蠶馬同祖天駟。天駟，房星也。以馬病食殭蠶卽愈驗之，蠶盛傷馬，容有此理。然愚謂禁原蠶之大指尚不在此。蓋育蠶必采桑，桑樹一年數采則滋液竭，而根本傷，來年桑葉必不茂，而頭蠶不能多育矣，則原蠶雖有薄利，而所以損蠶桑之利甚大，此古人所以禁原蠶也。《淮南子》曰：『原蠶一歲再登，非不利也。然王者法禁之，為其殘桑也』，此說得之矣。

清 佚名《蠶桑輯要・樹桑養蠶要略》 經傳所言，蠶桑之利，多在西北。張堪爲漁陽太守，百姓歌之，曰：『桑無附枝。』邯鄲女秦羅敷，採桑陌上，是燕趙之地本宜桑。昔之燕趙，今之直隸也。近時京東，如遷安等處，徧地皆桑，遷安桑皮紙久著稱。三五年來，擷葉養蠶，售繭得利，遂專事繅絲，繭不外售，利又倍於售繭。風氣所開，漸及永平、灤州各屬，足見北土宜桑。推廣宜亟，兹先購桑於浙，並及絲車棉矩，以裨補遺闕。至蠶性雖喜温忌涼，然南方自小蠶初生，以至三眠，皆用火盆以温之。至蠶上山時，亦用火盆盛炭，以防陰雨。北地養蠶，遵用其法，無不順利，此固閭閻勤求本富之一大端也。

清 陳啟沅《蠶桑譜・潘衍桐叙》 蠶桑之利莫盛於東南，東南之利莫大於浙西。曩嘗乘輶軒過苕霅，見夫柔桑沃若，膩逾羅紈。每當春日載陽，具曲、植、籧、筐，以從事於十畝間者，士伊婦媚樂可知也。吾粤土絲之美不及湖絲，栽桑飼蠶之法亦不若湖之周且備。近則詳求博考，略得其法矣，而出絲終遜於湖者，豈地力之所限歟，抑人事之未盡也。比年風雨不時，疹癘大作，業蠶事者強半折閲，大都膠於成法而罔識變通，昧於時宜而不知審擇，寒煖失其調，燥溼乖其節，烏能盡委咎於天時哉！

清 江毓昌《桑蠶説・序》 養蠶之事，自生蟻以至繅絲，婦女勤勞不過四十餘日，以一年三百六十日計之，除去四十餘日，尚餘三百一二十日，皆可各爲本業。又況此四十餘日所得之利，可敵三百一二十日所得之利乎！至於種桑以及修剪澆灌，爲時有限，小民斷無日夜操作，竟不能分片刻工夫料理桑樹之理，則荒廢本業之説無庸慮。本府籍隸江南，本地所産五穀，不敷食用，全賴蠶桑以佐生計深知蠶桑之利十倍雜糧。今忝守是邦，何忍不與吾民共此美利，特爲重刻《桑蠶提要》一書，教以種桑、養蠶、繅絲之法。尤恐篇幅太長，難於披閲，又作《桑蠶説》，一同刷印散給。仍由本府捐廉，赴湖州購買桑秧作爲桑母，並雇湖州匠人教令栽種接換。一有成效，再買湖州蠶種發給，並雇蠶師教習養蠶繅絲，以期盡美盡善。除將各書扎發各縣轉發外，合行出示曉諭，爲此示仰紳民人等，一體知悉。爾等須知蠶桑爲利最大，且無水旱之慮四時之勞，又爲婦女職業，不碍男子生計。

清 江志伊輯《飼蠶法》 計利：凡下蟻一錢，得蠶九千餘頭。飼葉四百觔，而老除去消耗，約得繭八千餘顆，量三斗二升。每繭一升重十一兩五錢，可繅絲一兩三斗。二升之繭，約得絲三十二兩。畝積弓二百四十，一弓植桑一株，一畝得桑二百四十株。五年採葉，每株至少采葉五觔，應得葉一千二百觔。飼蟻三錢，可得絲九十六兩。若每株采葉十觔，即得絲一百九十二兩。諺有之：十歲之兒不能養老。若值桑十畝，十年之後，其獲利何如耶？平陵沈清渠《廣蠶桑說》云：農家治田百畝，除去錢粮雜費，已少贏餘。倘遇水旱偏災，秋收歉薄，一家數口迫於飢寒。每見鄉村廬舍、墻陰、屋角，隙地甚寬，若能悉以栽桑，勤加培植，數年之後，綠陰如蓋，景致天然。二三月間，天氣融和，田疇未事，丁男子婦相率采桑飼蠶，不過三四旬之勞，而絲登市矣。語云：一季蠶可抵半年糧，其利豈小補哉。

清　賴逸甫《嶺南蠶桑要則·序》　逸甫賴夫子來主經堂講席，見夫地不改辟，民不改聚，深歎『有土自有財』之言。每對人必以勸業蠶桑，剴切痛喻，而教以濬開衣食之源。於是乎率同經堂學羣倡設蠶桑義學，廣延善桑善蠶之師來立蠶桑標準，先教經堂學羣而引導四鄉，由邇及遠，推廣而教。每歲甄別學羣兩次，每次掄將學有堪以勸課鄉鄰程度者，取列二三十名爲傳習員，贊成其回鄉去，再立乃鄉乃族之標準，而教乃鄉乃族之親友。如是者，各鄉所獲蠶桑之利年年加倍，今數年間，各處皆倍而又倍。姑計羅太兩堡，歲沽繭價已得十萬有奇，成勣既著，仍患其教不廣，尤患口教之有流弊。蠶桑雖乃王政大典，因其向無適當書說流傳，世人苦於無所觀摩，爰徵諳練老成蠶師之精言要旨，彙輯成書，名曰《嶺南蠶桑要則》。洋洋數萬言，於種桑、飼蠶、治繭、抽絲之法，縷晰詳明，專以堪供世人取法，而達於家喻戶曉爲主義。是書也，旨微而顯，義寬而密，所謂夫婦之愚，可以與知焉；夫婦之不肖，可以能行焉，以言夫詣造其極，則終身出之而不足。其反覆丁寧示人之意，亦深切矣。昔汪公應軫出守泗州，民惰弗耕桑。公教之樹畜，買桑萬株植之，募善治蠶桑者教蠶事。吾師一掌教責耳，而以民生之心爲心，先儒謂『世盛，則教在君相；世衰，則教在師儒』，移風易俗，吾師悲憫之心苦矣。古者天子諸侯，必有躬桑蠶室，近布於三宮而築之。大昕之朝，君皮弁視犢，卜三宮夫人世婦之吉者，風戾以食，卒蠶獻繭，夫人副幃受，君其非慎重之謂。夫固謂『天子躬耕，后妃親蠶』，而知稼穡艱難，心關民瘼，身爲先導耳。周之興也，穡事開基，周元聖以成王幼沖，陳后稷公劉肇祖之王業，使瞽矇朝夕而諷誦之，讀《七月》諸什，其於蠶桑者，三致意焉。夫民以衣食爲先。衣食者，民生之本，王道之原也。天下大利必歸農，故富始耕桑，而次工賈。所願有心世教者，覽此書而珍爲家之嚆矢，使先覺覺後覺，則以天地自然之利爲利，斯固生財之大道乎，亦天工人其代之也。史官云：『西陵女教民養蠶，而天下無皸瘃之患。』天下無皸瘃之患，而吾師之心慰矣。

又《羅陽蠶桑實習紀始》　自中外互市以来，吾國工商利權，慘被洋貨之與機器所奪，因而失業者日眾。矧當禁賭在即，若不亟興地利以澤貧窘，則時艱益苦而隱患堪虞。但濬地利之源，則以倡實業爲首務。查實業之可舉家同創，工作之可老弱皆能，資本之可不拘多少，物產之可不患難銷者，則以嶺南之桑蠶爲第一宗也。其餘柞蠶、楓蠶、柏蠶，因皆時日久，工夫多，造數少，銷路隘，未可同日而語。嶺南桑蠶，自出卵至成熟，無乃三十天工夫，輒有繭絲可賣，此則養蠶家稱之爲一造。凡乃勤該實業者，蠶桑兩利，每歲皆可收成六七八造之多。湖絲雖亦桑蠶，惟其每年僅養三造，收成則又頭造居其七八，二三兩造僅有一二成耳。此其造數之不能媲美於嶺南。若論百穀，則皆草本，田種尚有旱患，且必開花結子，百日之久方得收成。惟有桑屬木本，兩年後其根既深，雖山種亦能耐旱，每月收成一次，摘葉輒可沽銀。乾慶間，蠶絲因未出洋，富家服飾又皆咸以綺麗爲恥，那時絲未暢銷，蠶利尚可勝於禾麥。近來，嶺南蠶絲，歐美各國皆有鉅商來購。耕田牧畜諸利，悉以本國物產而易本國之財，得失同是本國耳。惟有養蠶繅絲一宗，乃以吾國物產易得他國之財。姑就先年廣東釐務總局稟覆制府所云，遵札查得光緒三十一、二兩年，每年洋商所買廣州蠶絲出口，其數皆在四百餘萬斤。每百斤均時價銀壹千員計，斯則每年賣出外洋蠶絲，得銀已逾四千餘萬。尚有絲皮、絸殼、水結幾宗，亦皆洋商買去，今亦日以加多。另有買歸本省織造而銷之粗幼蠶絲，其數尤鉅，即照順德之墟市而論，每墟沽十餘萬銀絸絲者，不須兩個時辰，輒可銷完。況今俗尚奢華，貧者小服亦多紗羅綢縐，蠶絲之價比道咸間，漲至三倍。所以農圃之利，嶺南則推蠶桑爲最。因乃桑蠶實業，其工最輕；桑蠶絸絲，其用最廣。士、農、工、商之家，固可憑該實業而興。即諸老少男女之富，亦可憑該實業而致。所以堪化荒曠而爲沃壤，堪舒物力而甦民困，堪利商賈而興百工，堪引嬉遊而歸務本，堪轉貧窶而成富庶，堪塞漏卮而爲公益者，皆賴乎此。獨惜蠶業之利，嶺南尚未遍及，羅陽地方，曠土多而嬉遊眾，苟非開此利源，則恐肅清無期，但必有諸已而後方可求諸人，於是邀我葆誠聯成兩堂之志善同人，倡立蠶桑義學，以教人多務蠶桑實業。先就羅陽籌興地利，庶得詣造乎爲善之本。初由葆聯兩堂志善同人，各自墾將荒曠原野及往時所歉收諸地，改良種桑，專從順德敦請精於蠶業者來當教員，刱立蠶桑標準，而設蠶桑實習局。先教葆聯兩堂之志善同人，躬爲先導，次則廣教鄉人，教至堪供世人取法，則遣其回鄉推廣而教。每歲甄別學羣兩次，每次掄將學有堪以勸課鄉鄰程度者，取列二三十人爲傳習員，贊成其回鄉去，或爲鄉族倡設蠶桑公會，以營蠶桑之利，而立乃鄉乃族之標準，教導乃鄉乃族之親鄰，或使就其家庭自設蠶莊，以營蠶業，而教親戚。但凡種桑養蠶之家，本局必皆請官爲其懸賞，購緝盜窃蠶絸絲桑之匪，嚴禁軍民人等之擾害蠶桑地方，并禁豢畜家之恣縱牲畜，殘害桑園。務請各給告示，俾其懸挂，有此保護，地利必可允興，而隱患亦可消於無形。

清　吴錫璋《蠶桑新論・樊恭煦序》　古時蠶桑之利，皆在《禹貢》青、兖、雍、荆之域，未嘗及今之吴越也。迺天道日變，地球日移，人心日巧，故北方田地日荒，而南方艸萊日闢，遂使蠶桑之利利於南，而不利於北，是豈盡天道使然，不關人力之勤惰哉。近年自日本維新，飼蠶樹桑，奪我國之利權，刱養蠶之新法，見長於全球各國，豈不賴有人別悟蠶學之新理，而始得其效哉。即如十年以前，西洋各國，用華絲者十之六，三年之內，日本絲銷者十之六，意國絲十之三，華絲十之一，則中華豈終自甘頹敝，不復能與日本竝駕齊驅乎。惟吾越蠶學館初創，有吴君琢甫，肄業於日本轟本長及前島次郎，功深月久，其於普通學中化學、物理、動物、地理等學，俱克融會貫通，悉其中之奧妙，而於蠶學，一切新法，尤克神明變化，示未有之新奇，鄉僻間果能家喻戶曉，安知不可駕地球各國而上之。余查湖絲銷數，近來大減，實以日本絲多之故。中國如洪澤湖、洞庭湖、昆明池以及太湖等處，凡水鄉肥美之區，無不宜養蠶植桑，仿日本製絲製種之新法，是不獨吾越爲然也。苟蠶學日興，出絲多而價自平，行新法而國自富，其利爲日本所奪者，不難漸次收回也。余素慕吴茂才之名，而尤嘉其能習專門之學。今見其心得之新法二十篇，巧妙異常，奚翅諸葛武侯於斜谷口，勸農講武，作木牛流馬。余方深信其力學之事，不愧爲吾浙蠶學館之卒業，蓋中國之貧且弱，患不在不仿西法，而在仿行之不能得其精妙耳。丁今之世，既有茂才，歷年於專門之學，專心致志，不吝以己之祕本公諸今世，是民之幸也，亦國之幸也。異時國日富，民日彊，蠶桑日盛，不可謂非茂才之力也。爰特爲之序。

綜述

元　司農司《農桑輯要》卷三《栽桑》　《務本新書》：假有一村，兩家相合，低築圍墻，四面各一百步若户多地寬更甚省力。一家該築二百步，墻內空地計一萬步，每一步一桑，計一萬株，一家計分五千株。若一家孤，另一轉築墻二百步，墻內空地止二千五百步。依上一步一桑，止得二千五百株其功利不侔如此。恐起爭端，當於園心，以籬界斷。比之獨力築墻，不止桑多一倍，亦遞相藉力，容易句當。

《大明會典》卷一七《户部四・農桑》

國初，農桑之政勸課耕植，具有成法。初皆責成有司，歲久政弛，乃稍添官專理，其例具後。

凡課種。國初，令天下農民，凡有田五畝至十畝者，栽桑、麻、木棉各半畝，十畝以上者倍之，田多以是爲差。有司親臨督視，惰者有罰。不種桑者，使出絹一疋；不種麻者，使出麻布一疋；不種木棉者，使出棉布一疋。【略】洪武二十七年，令天下百姓務要多栽桑、棗，每一里種二畝秧。每一百户內，共出人力，挑運柴草燒地，耕過再燒，耕燒三徧，下種。待秧高三尺，然後分栽。每五尺濶一壟，每一户初年二百株，次年四百株，三年六百株。栽種過數目，造册回奏，違者發雲南金齒充軍。

清　李拔《蠶説》《蠶事統紀》卷一六　黄帝妃西陵氏始蠶。蠶者，天之所生，人之所養，冠裳衣被之所從出也。古者天子親耕，后妃親桑，視事盖綦重也。我皇上加意農桑，每歲親蠶，收入供御，蠶桑之利，遍于天下。閩中天氣和暖，理宜蠶桑。徒以難于創始，大利遂秘。拔歷守二郡，曾經試養，良絲厚繭，俱有成效，信乎閩之宜蠶也。養蠶之法，每立春日，取蠶種置地上或草間，使受春氣。隨置温暖處，日以為常。越十餘日，自出小蠶如蛾，視其多寡，或日一二次，用雞翎掃下。每次各為一處，以免參差。初生，盛以筐，藉以紙，先用柘葉食之，無柘，用桑亦可，每日喂三次。天氣晴暖，約七日即當初眠，則蠶不食，漸藏葉底。視眠者過半，即暫停食，伺蠶皮退大半至盡起而後食之。初放食不可多，多則傷食，病死如螺，名為螺節。蠶漸長漸多，筐不能容，移于曲箔，蜀中呼為簟。二三日一次，攤開令稀，掃去蠶糞，以利其氣。蠶性喜温暖，宜置向陽潔凈處，毋使近陰暗及惡臭物，犯則死過半，若瘟疫然。故蠶婦不近喪門，不食蒜韭，良有由也。初眠約七日，當二眠，二眠後七日，當三眠，停食俱如初眠時。三眠蠶長寸許，蜀中呼為大眠，謂過此則不復眠也。蠶既三眠，食葉甚盛，有聲如雨，投之立盡。每日三食，夜則然燈以照之，蜀中名為催老蠶，則舉家忙也。且不論日夜，約用食二十三四次，蠶即老，喉間絲湧，光亮如玻璨，首左右望，不復食。捉置簇上，捉不勝則多置葉其上，而覆以鞠梗、竹枝之類。蠶老者次第而上，其前後亦不甚相遠。

如遇天冷，下置炭火温之。四五日便成繭，有黄白二色，各取歸筐中，繅為黄絲白絲。繅絲之法，用大鍋燒熱水，入繭一升許，攪令絲頭出。釜上置一木，寬四寸厚，一寸長。經釜上立三柱，置二小車，長五寸，经二寸，下鑽竹管各一，抽絲頭由竹管出，繞小車周匝，而後引入大車。車制寬一尺六寸，经四尺五寸，前後輊軒。後二柱駕車，前二小柱作機纳絲，二竹鈎下，分為二行，上大車。每運車則機随車往来，疾徐如意，名曰羅文，謂其宛轉参差如羅之有文也。每抽繭，絲盡，則蛹出。不盡者，再攪而抽之，有不上頭者，名水繭，去之。破頭者入水即沈，下石鎮之，無令再起。亂絲，次添繭半升。佳者煮繭三斗，可得絲二斤，即宜下架軸，作一束如繩，挽其末，如婦人髻，即可貿。川中每斤價自八九錢至一兩不等，惟其時沽其值耳。川中又有水絲，取法與火絲畧同，惟煮繭取頭後，即下冷水盆中繅之，與火絲小異。其色光而细，可作绫緞经线，然取之較少，故價亦貴。聞湖州蠶皆火絲，每年蠶重生復養，故有頭蠶、二蠶之别，此蜀中所無也。蜀中墻下樹桑，宅内養蠶，以為常業。每蠶初生，稱重二錢，長大可滿一簟，簟長丈二，寬五尺，编竹為之。屋中立四柱，柱下有十齒，作架承簟，可容掛五簟，養蠶多者二百簟，少亦十餘簟。每簟可得絲一斤，若得絲二百斤，則小康之家也。又蠶 初生至成絲時，僅四十日，獲利最速。其糞可飼猪，水可肥田，柴可炊爨，故人皆為之，甘辛勤而無倦。每蠶熟，置酒相賀。又擇其繭之佳者為種出蛾，分雌雄配對，半日分開，承以綿紙，令下子滿紙，收貯為來歲計。其遺繭可製綿紬，並無棄物。以女红助男耕，心無外用，風俗淳美，豈不休哉。然蠶婦歲歲拮据，有終身不得衣帛者。而富室大賈目不睹耕桑艱苦，反被服錦繡綵繪而厭珍羞，或以覆窗屋，可念也。

清 李拔《蠶桑説》《牧令書》卷一〇 聖天子加意農桑，每歲必親蠶，收入供御。蠶桑之利，遍於天下。閩中天氣和暖，理宜蠶桑，徒以難於創始，大利遂秘。予蜀人也，習蠶利。來閩歷守二郡，曾於署内試養，良絲厚繭，俱有成效，信乎閩之宜蠶也。顧欲養蠶，必先樹桑。

清 楊屾《豳風廣義》卷三《園制》 墻内樹桑一周，以收蠶利。相去五尺一株，一周可樹二百株，科如傘樣。或再種地桑一畝，歲可收絲一二十斤，能給一歲之衣，樹桑法已見前。

清 崔應榴彙纂，錢馥補輯《蠶事統紀》卷八《飼養》 近年以來，蠶利甚溥，而葉與絲綿價皆倍高，一切傭工雜費亦無慮數倍，良由得利既多，而趨之者衆故也。

清 周春溶《蠶桑寶要・序》 或謂蜀婦女恐不能蠶，此其説更非也。匹婦之蠶，猶匹婦匹婦，疑係匹夫之誤之耕也，未有夫而不能耕者，寧有婦而不能蠶者乎？是皆不必為民慮。特患民未悉其方耳。余世居浙江，鄉貢八繭之緜，栽桑育蠶，咸諳其業。大凡桑子入土萌芽，三年可移以栽，又三年可接其本，至所接之枝盈握，葉遂大茂。以桑之最下者計之，每樹一株，採葉三四十觔，蠶則食葉一百五六十觔，出絲一觔。是有桑五株者，可育一觔絲之蠶；有桑五十株者，可育十觔絲之蠶。而自蠶之始生，以及成繭，為期不過一月，以此而較之農，豈不逸甚？以此而較之績，豈不易甚？惜乎榮昌人未之知也。不寧惟是，桑葉之採而復生者可畜牛羊。葉條之棄而不用者可供柴火。又有繭衣，可以為緜纊，繭餅可以織緜紬，而蠶沙、蠶蛹更可藉以肥田畝。其有益於民用者，豈一二端所能竟哉？

清 尹紹烈《蠶桑輯要合編・蠶桑局簡明種桑易知單》 餘秧分給親友，恩惠不比尋常。計種桑一棵，葉值錢三百文。自己養蠶，繭值錢六百文。自己繅絲，絲值錢一千文。一年勤勞數十天，每棵得錢一千文。畝地匀栽四十棵，每年得錢四十餘千文。蠶桑利厚，豈不信然。

清 何品玉輯刊《蠶桑會粹・種桑養蠶格式》 獲蠶利 一畝地每造可出桑五百斤，若初年，則其葉稍少，一年六造，約出桑三千斤。以中價論，每百斤值銀陸錢，一畝三千斤值銀壹拾捌兩，十畝則壹百捌拾兩矣。以之飼蠶，春夏食葉一百八十斤，得絲一斤；秋季食葉一百六十斤，得絲一斤。一畝三千斤，約得絲一十七斤。以中價論，每絲一斤值銀貳兩伍錢，一畝十七斤值銀肆拾貳兩伍錢，十畝則肆百貳拾伍兩矣。況一畝得絲十七斤，另得絲皮四斤有餘，每斤約價銀壹錢。絲骨一斤有餘，每斤約價銀叁錢。蠶蛹七十餘斤，每斤約價銀壹分零。桑枝柴十擔，每擔約價銀壹錢零。他如蠶屎，可以下肥，蠶食餘桑，可以養魚，利又不一而足。蓋地利出息之厚，無過於此。且粤地蠶桑，順德稱最，而順德地租頗貴每畝租銀值四五兩，人工亦貴，他處則不必然，費用又較順德而省，有志興利者，其可不知所從事乎？

清 李向庭輯《蠶桑述要》 養蠶以樹桑爲本，乃浙省爲産絲名區，除杭、嘉、湖、甯、紹外，温、台無論，卽金、衢、嚴等處，植桑已爲罕覯。

夫浙省植桑，僅三五郡，他省更無論矣。無桑不能養蠶，棄地弗植，誠爲可惜。計田每畝種桑二百五十株，葉約飼種蟻一兩，豐年可收繭二百斤，其利之厚，莫可比倫，棄而不講，可惜孰甚。近有購嘉、湖桑秧，擬興蠶利者，初次栽植，豈必盡善，乃偶或不效，動謂土性不宜，此後遂不復過問，始勤終怠，卒鮮成功。不知中國九州，除斥鹵不毛之地，無處不可植桑。直隸、永郡、遷邑，曠野荒沙，不生嘉禾，而產桑獨茂，其地土產，以桑皮紙爲大宗，桑之易生，此可概見。雖遠購桑秧，遷地弗良，插渡諸法折磨已甚，生長或有不易，而取子種之，再考究土性鬆黏燥溼，以定布種之淺深，當無不生之理。是有地皆可以植桑，即無桑不可以養蠶，十年之計，莫如樹木，大利所在，曷共圖之。

清 林心北、吳書年勸刻《蠶桑輯略·養蠶節次三十五條》 蠶本天駟之精。黃帝元妃西陵氏始蠶。凡養蠶之家，於蠶室高潔處，供奉先蠶神位。下蟻日，用牲醴、香帛祭之。每日清晨獻清酒三杯，至蠶事完，報賽畢方止。夫蠶爲陽物，大惡水，故蠶食而不飲。卵生爲蟻，蟻脫爲眇音苗，眇脫爲蠶，蠶脫爲蛹音勇，蛹脫爲蛾，蛾脫繭復卵。蠶紙爲連，皮爲蛻，屎曰沙，蓐曰沙燠。卧曰眠，脫殼曰起。凡蠶一七而變，四變而老，七變而死，蓋氣化神物也。蠶事之本，唯在謹於謀始，使不爲後日之患也。眠起不齊，由於變生之不一。變生不一，由於收種之不得其法。故曰：『謹於謀始。』凡養蠶下蟻，須量葉之多寡。每蟻一錢，自初至老，約食葉一百六十觔，可布滿一箔。箔長一丈，寬七尺。若用竹篇，須長三尺五寸，寬二尺五寸。凡八篇可抵一箔之用。一切什物，量蠶預備。凡餧養之法，頓數多速老，頓數少遲老，愼勿貪睡。要緊尤在三眠後七日，若二十五日而老，一箔可得絲二十五兩。二十八日而老，得絲二十兩。月餘而老，止得絲十餘兩。

清 林楊光、王鎮西《蠶桑條說·白河縣知縣林令楊光述呈桑蠶各說七條》 付葉爲飼蠶第一要着，葉有不可以飼蠶者五：曰濕葉，雨中所採之葉也，宜晾乾；曰霧葉，霧中所採之葉也，宜漂浄晾乾；曰氣水葉，所採之葉過一日發熱，即致生氣水是也，若欲過夜，宜連枝帶葉攤開，以清水輕灑，勿使風吹，則活而不熱；曰金桑葉，葉上有黃斑者是也；曰油桑葉，葉黑色，若有油者。是五者，皆不可食，食則蠶必病。又有馬房左右大麥田中，其桑有毒，蠶食立壞。至於採桑，帶露最好，晝所食，宜辰刻採之，夜所食，宜申酉刻採之。凡買桑葉於數十里外者，連枝束縛太緊，踰時則色變。約行十里，擇有風無日出，解開鬆之，則不發熱變色。蓋勤看蠶者不使病蠶傳染，慎付葉者不使病葉混投。嘗見人家飼蠶，不量人工，不計桑葉，以多爲貴，迨人力不到，桑葉不敷，兼以飼育失宜，無利可獲。蠶事不旺，職此之由。善養蠶者，科桑飼蠶，計蠶花一錢約五六千蠶，除撿去病蠶弱蠶外，及將老，可得四五千。每蠶扁潤二尺八寸者，可容千餘。蠶不宜太稀，稀則桑葉多餘，遺棄可惜。亦不宜太密，密則蠶身枕壓，飢飽不均。大約每錢蠶花可勻三扁，自初生至三眠，飼以葉絲，需葉不多。三眠起至大眠，每扁日需葉三四觔。大眠起前後數日，需葉四五觔。中間最多食者三日，每扁日需葉八九觔。每錢蠶花到老約食葉一百六七十觔，以葉條計，則三百觔左右。若能多食更好，多吃一口葉，多吐一口絲，未有爲其事而無其功者也。

清 呂道象《廣州番禺縣呂大令道象調查境内蠶業報告》《農學報》第二百四十四期 二十五、境内产繭数目：縣屬先無蠶桑之利，近十餘年，飼蠶種桑，以東滘爲始。故癸卯年，初設繭市，其餘各鄉則無。約計每造出繭五萬餘斤左右。

二十六、每家飼蠶數目：五口之家，如能勤奮其事，約可飼種三十餘兩，得繭視蠶種之美惡。

清 沈練，仲學輅輯補《廣蠶桑說輯補》卷下《新增蠶桑總論六條》 蠶桑不可過貪。蓋天時水旱不齊，秋收盈歉異致。惟蠶桑之利，可備凶荒，然宜知節，貪多則有害，何也？桑多防葉賤，蠶多防葉貴，蠶桑並多，更防工力不敷，反至蹧蹋。大約一人之力，可植桑三畝；二人之力，可留蠶種一連。連取密密相連之意。吳俗謂一連爲一方。一方者，一尺七八寸也。

清 衛杰《蠶桑淺說》 北方寒而多鹻，樹藝之法，未能講求，故與山東僅隔一壤，而蠶桑之利卒未能興。自同治九年九月，奉中堂示諭，勸民種桑養蠶，順德府任升守於山東周村購桑秧八百，分種城隅，著《蠶桑說》。丁升道種桑靜海，游升牧種桑深州，行之未久，其事暫輟。嗣蒙中堂飭周升任關道及幕府汪於天津北倉柳灘試種官桑，濃陰竟畝，樹可如拳，民間倣而行之。高陽、南皮漸種甚桑，甚繁葉少，以桑仁作果售市。任邱、阜城多種地桑，以桑條作器售市。贊皇、博野、束鹿每種小葉桑，取其葉與皮入藥售市。滿城、完縣多種花桑，謂蠶必不能養，冬則鄰舍窮民伐其條以作薪，種者亦不能禁。易州山北一帶每種大葉桑，出絲可作線。饒陽、安平桑葉最小，出絲甚粗，織綢未佳。深州多桃柳及桑，憚於養蠶。遷安以桑皮作紙。清苑漸亦有桑，以葚售錢。是桑株隨地宜植，實由我中堂督直以來，頒發樹藝良規，通飭州縣勸辦，種者日起，惜民間未知養蠶之利，且不諳其法也。上年八月蒙中堂示直省土厚地寒，屢購湖桑來直，栽種難成。川北地高土實，與北方相近，可在川購運桑秧、蠶子，並鄰省就近地方採辦，勸民間種桑養蠶，以爲根本至計。春初發散蠶子，民間聞風鼓舞，風氣漸開，事機得手，彼此勸勉，就有桑之家爲養蠶之計。其浴子較南方緩二十多日，食葉較南蠶日少，各處得繭六七十萬斤，相率織窗紗、繭綢，局中更收繭抽絲，色澤光亮，條理細勻，可織貢緞、湖縐、巴緞、大綢等項。清苑南關外水源爲一畝泉，大清河水甜淨不亞湖水，錦江水土既佳，蠶繭自旺。易州山北繭黄而粗，贊皇、束鹿繭毛而實，任邱、阜城繭柔而滑，遷安、昌黎繭粗而亮，深州、安平、饒陽繭肥而澤，清苑、滿城、完縣繭大而堅。至條理之粗細，則視工匠之高低，謹就蠶桑局目前所辦者著爲論。若逐漸推廣，力求實效，無論平原、高阜，近山、近水，皆可栽種，庶美利日興而從前未有之利源可從此開矣。

清 姚紹《南海縣蠶業調查報告》《農學叢書》第六集 七、桑田每畝之利益 每畝桑之中數三千四百斤，近每百斤常價，約一兩二錢，計得總價四十兩零八錢。惟桑地一畝，值租二十元，基塘各半者別論。麱二百五十斤，每百斤六元，共十五元；尿廿擔，每擔二毫五角，共五元，統約四十元，人工在外。是故農人植桑者，無不養蠶，以所得之蠶沙，可省麱費也。

清 葉向榮《蠶桑説·蠶桑輯要》 量葉下蟻，每蟻一錢，至老約食葉一百六十斤。什物須量蠶預備，育蠶暖，頓數多，則老速。天氣寒，頓數少，則老遲。半夜要飼，慎勿貪睡。若二十五日老，蟻一錢可得絲二十五兩，二十八日老，只得絲二十兩，月餘老，只得絲十餘兩。

清 佚名《樹桑養蠶要略》 桑外餘利 初桑葉炙熟可代茶，二葉霜後可飼羊，桑葚可禦荒，桑皮可造紙，斫桑枯枝可為薪，桑幹可為車及一切器具，桑根白皮、桑寄生可入藥。蠶外餘利不一而足，欲富者可速植之。

雜録

宋 祝穆《方輿勝覽》卷五一《成都府路》 成都，古蠶叢之國，其民重蠶事。故一歲之中，二月望日，鬻花木蠶器於某所者，號『蠶市』。

明 沈氏，清 張履祥《農書》卷下 事易集而功用多，一架可備數年之用。余里蠶桑之利，厚於稼穡，公私賴焉。蠶不稔則公私俱困，為苦百倍。

清 宋犖《西陂類稿》卷三三《災田請緩徵疏》 皇上視民，如傷盛心。今據布政使王樑詳稱，被災九分、十分田畝，二十九年緩徵錢糧，作何開徵，呈請題明前來。臣查江省民間並無蠶桑之利，仰事俯育，惟播種是賴。

清 李拔《蠶桑説》《牧令書》卷一〇 聖天子加意農桑，每歲必親蠶，收入供御。蠶桑之利，遍於天下。閩中天氣和暖，理宜蠶桑，徒以難於創始，大利遂祕。予蜀人也，習蠶利。來閩歴守二郡，曾於署内試養，良絲厚繭，俱有成效，信乎閩之宜蠶也。顧欲養蠶，必先樹桑。

清 岳震川《府志食貨論》《皇朝經世文編》卷三六 若云『皇皇求利，庶人之行』，則蠶桑之利齊可以富國。山南之民，豈不能以桑蠶富其家耶！

清 何石安輯《蠶桑圖説合編·陸黻恩跋》 俾家置一編，朝夕諷習，姑誡其媳，母勉其女，童而習焉。其心安焉，將見十年之後，戶贏五袴，鄉貢八蠶，室有奇温之被，門無號寒之蟲，令後之人額手而頌曰：『吾常蠶桑之功，自張令君始，侯其禕而，而莊君勸導之功，于是爲不没也。』

清 錢棨《湖北興農文牘·宜昌府巴東縣即補知縣錢棨謹禀》 至蠶桑之利，中外通稱。中國産絲之區，以浙江爲最。蓋湖水澄清，性肥而煖，以水灌桑則葉茂，以桑飼蠶則絲韌。卑縣崇山峻嶺，土乾石錯，昔年亦嘗有人購桑播植，卒之土性不宜，難以收效。

清 余治《得一録》卷六《蠶桑局章程》 古聖王利民之道，首重農桑，蠶桑之利甚溥且厚，可佐耕農之不足。地有曠土，而不知倡種桑之舉，非所以厚民生也。因民所利而利之，是所望於彼都人士矣。

（嘉慶）《西安縣志》卷二一《物産志》 衢絹。西邑業此者一二家，其絲皆取給于嘉湖，以本地少蠶桑之利故也。

（道光）《遵義府志》卷一六《農桑》 蠶月陰雨見，育蠶者乏乾鮮之葉。男子勞于外，婦女憂于內，蓋晝夜皇皇也。因思育蠶之家，宜預作木架如松棚式，廣一丈四尺，深亦如之，其高過于桑，上織竹作蓋，于蠶初收時即張之茂桑之上，若樹桑室中然。或一日而移，或兩日、三日而移，量飼蠶之多寡而斟酌焉。朝暮可避露，晴可避日，陰可避雨。葉時時干鮮，既省人工，又不生蠶病。至大眠后可輟。大眠後葉老，越宿經日猶鮮，且又可以加水。事易集而功用多，一架可備數年之用。予里蠶桑之利，厚于稼穡，公私賴焉。蠶不稔，則公私俱困，為苦百倍。然大約蠶之疾，半在人，半在天。人之失，恒于惰，惰則失飼而蠶饑，饑則首亮。惰則失替而蠶熱，熱則體焦，皆不稔之徵也。天之患，恒于風雨霧露，即烈日亦有不宜，以乾鮮之葉難得也。蠶食熱葉，則繭浮鬆，不可絲，其害淺；食濕葉則潰死，食濕熱葉則僵死，食霧露葉則痿死。葉染風沙，則不食，葉宿則不食，而仍饑，其害深。知戒人之失而不知備天之患，未為全策也。張氏《補農書》

清 吴烜《植桑育蠶書·養蠶説》 育蠶必先量葉，量葉必先秤蠶，方有把握。小蠶初出，連蠶秤紙記明分兩，收下後再秤空紙，便知小蠶分兩。明日再收再秤。每小蠶一兩，食浄葉約二十担，可得絲一百五六十兩。三眠時併在一筐，秤蠶一斤，可得絲一斤。四眠謂之大眠，每蠶一斤，除以前食葉不算外，以後再食二十餘斤，約可收繭二斤。每繭一斤，多則繅絲二兩，少則一兩二三錢，多寡不齊，大約總以十分繅一爲常，而食葉之多寡，亦可預定矣。

清 徐慶《信徵録·滅蠶之報》 康熙乙亥年間，桐鄉東門外官莊村，曹君升育蠶三十筐，因其年葉貴，私念看蠶未必厚獲，不如賣葉得利，竟盡將蠶傾在三間廳屋內，而賣其葉。蠶饑，滿屋散走求食。升復將蠶撥作一堆，用竈灰鋪壓其上，蠶又從灰內出。升怒，又加草柴其上而燒之。火延及屋，忽風捲之，升家燬之，而鄰家無恙。

（同治）《阜平縣志》卷四《政典上》 蠶絲。始阜民不知飼蠶。乾隆時知縣鄒尚易，見邑多野桑，又有蔡樹者，山東稱『波羅樹』，即橡也，葉亦宜蠶，於是嚴禁樵採，令飼蠶之戸，貸倉穀二石，稱絲給償，勸其業者奬之，民乃漸知蠶桑之利。今温南北龍川諸社，畜蠶者千餘戸。

清 曾國荃《曾忠襄公批牘》卷四《絳州陳令稟覆垂問事件開摺請核》 惟所云《禹貢》冀州不言蠶桑之利，遂稱山右自古不宜蠶桑，似不盡然。《左傳》：趙宣子舍于翳桑，晋侯召桑田巫醫。桑田，雖皆地名，要因其地有桑，而後以桑名之。《唐風》之詩詠桑者一，《魏風》之詩詠桑者三，未見山右之不宜於桑也。《魏風》明言採桑，若不宜蠶，採桑何為？惟婦女一身不能兼營，該州鄉村，女子七八歲以上即能紡綫，十二三以上即能織布。此種既出女手，則蠶桑或可無庸耳。聊相與共證之。

又 卷五《定安縣陳令稟批》 王制：每歲仲春之月，天子親耕，后親蠶，故蠶桑之利，遍於天下。今海南之地，天氣温煥，理宜蠶桑，而來稟以為地土不甚相宜，殆亦未能深知其利，故民間不甚講求耳。竊謂一畝之地，種稻不過收穀二三石，豐年值銀一兩有奇；種桑飼蠶，即可得絲八九觔，值賤亦易銀十餘兩。且樹穀必需終歲勤勞，猶有催科之擾。樹桑祇用三餘農隙，兼無賦税之繁，功孰易而孰難，利孰多而孰寡？况天時和暖，長養尤蕃，地脉温潤，滋生更易。莫謂無地可種，道旁宅畔盡屬良疇。莫謂土性不宜，下隰高原均堪種植。莫謂不識養蠶種桑何益，試思織女豈盡天生？《蠶經》原可共讀，天下無不能耕之匹夫，安有不能織之匹婦？特患難於創始，是以美利不興。

清 方濬頤《二知軒文存》卷三四《汪芝生師墓表》 府君見園中桑陰茂密，稔知鳳之人，向以織絹為業，欲興蠶桑之利。商之觀察蔡公世松，擬各捐數千金，往市湖桑，且募浙人種藝。以事出創始，大府未即報可，而府君適病，其議遂寢。近來江北各郡，半設課桑局，惜府君不及見也。

清 高其垣《試行蠶桑説·飼蠶法六十條》 其芽迨次春復發，即長成一株，三二年後，樹高葉大，卽可放養山蠶。惟須日夜守管，以防蟲鳥啄食。然約頭蠶成繭，勤苦不過一月，爲期甚淺，而獲利頗厚，此殆天工以養人者。聞登、萊、青三郡，近山居民之富足，多由此也。

清 何品玉輯刊《蠶桑會粹·附録·宜忌各條》 夫以蠶桑之利甚普，而收效又甚速，江浙有然矣。苦寒如新疆，磽瘠如西粤，人所共知也。以視江浙天時之温煖，土地之沃肥，誠不可同年而語。今不數年間，蠶事大著成效，絲綢販於外省，年盛一年，遂使荒徼變為樂土，非其明效大驗歟？我州山多田少，物産匪豐，生事日促，比岁以來，地方彌形凋敝，予常抱為隱憂。

清 賴逸甫《嶺南蠶桑要則·勸業芻言》 若將禾麥以比種桑，則又種桑勝於禾麥幾倍。所因百穀，皆屬草本，田種尚有旱災，且必百日之久，開花結子，而後方可收成。惟有桑屬木本，兩年後，其根既深，雖山種亦能耐旱。初年桑株幼稚，葉少價低，其利尚可駕乎禾麥之上。因其每年有六七造之多，收成不過三十天一造，將葉輒可沽價。惟有桑屬木本，所因每歲有蠶六七造可養，是以絸絲亦有六七造之多。桑利蠶利之勝於禾麥者，此可概見。所謂農圃之利大，莫大於蠶桑者，此也。况諸種桑養蠶，工夫如挖草根、淋肥料、摘桑葉、飼蠶、𥽲蠶、執蠶、焙蔟、帍絸、撍絸、抽皮繰絲、績絲腿、緝水結、繰攞絲、績絸殼紗，此等工夫，雖老少婦女，咸皆可爲。試思那割草賣者，一往一返，上山落嶺，自割至賣，要費大半日工夫，擔行十數里，受諸風熱熬煎，方得七八十斤山草，沽錢壹百七八十文，力少者所得尚不及此。今所代人摘桑，不須上山落嶺，不須擔行數十里之遥，不須兩時工夫，不須捱飢受渴，輒可摘得碼秤桑葉百斤，博得工錢二百有奇。以此比較，固乃摘桑易於割草。即挖草根之有桑樹遮身，則亦勝於挖地荳者多矣。若夫抽皮繰絲之輕工勝諸重工者，更不待言。或於山坑開一水濊，或於河邊挖一水澳，將該濊澳專養浮萍，以供餧豬，得該豬糞，將以培桑，得該桑葉，將以養蠶，得該蠶渣絸水，又可培桑養魚，及義浮藻。所謂實業之利益無窮者，此也。至於蠶絲、絸殼、水結三宗，歐美各國，皆有鉅商來購，只慮出産之不敷其買，而不患乎銷售之難。將來蠶桑風氣開通，則有桑種市、桑葉市、炭市、絸市、絲市、絲皮市、絲骨市、水結市、絸殼市、桑籮市、桑園市、蠶筥蠶箔市、蠶帳蠶被市、手笠脚笠市、桑刀桑鈒市、火盤絸爐市，與夫銅鐵竹木所造諸般蠶器之工商則日以加多，地方既有許多農工商利可樂，尚何患乎物力之艱，尚何患乎謀生計拙？若再將乃蠶絲所造諸物之工商而計，如緝線錦綉、綾羅綢緞，此等工資商利，則更不勝枚舉。順德民生之得，比他邑允裕者，皆由蠶桑之利而致。

（光緒）《南匯縣誌》卷二〇《風俗志》 土俗向不解蠶桑。粤寇之亂，浙西及江甯避難者多至浦東，遂開其端。前令羅嘉杰、金福曾先後官斯土，始課民藝桑，并導以育蠶之利。近日周浦、新場、六竈各鎮，已樹桑徧地，而蠶利猶未溥焉。

清 李鴻章撰，袁俊德輯《蠶桑紡織器圖詠·桑圖詠類》

生意蔥蘢次第栽，燕雲織綿五雲開。桑株八百成都市，移向黄金臺畔來。

粤攷《豳風》桑政與農功遞重，《月令》親蠶之典，同於耕籍，後世因之。蜀漢諸葛亮種桑八百於成都，蜀錦遂甲天下，與江南埒。燕地寒冷，向無多桑，人亦鮮以藝桑藝蠶爲業。近年天道北行，地氣轉暖，奉督憲命，於蜀境移來桑株及葚，種之碩茂，飼蠶作繭，不亞他省。乃設局創辦，用溥三輔，三輔無窮之利。

清 李應珏《鄉董箴言·蠶桑説略》 乙未歲，余自浙省請假回籍，著有擬興高郡《蠶桑説》一卷，爲鄉人創蠶桑之利。數年來，得絲日多，因摘録於此，各董倘能首先倡率，錙銖皆從前未有之利，自可積少成多。不諳繅絲、烘繭、運售，工少利多，尤妙。

清 徐嘉禾《湖北興農文牘·安陸府鍾祥縣知縣徐嘉禾謹稟》 前憲先後頒發桑秧、桑子，教民種蓺，現在多已長發暢茂。體察民情，亦頗知蠶桑之利。近年養蠶之戸，雖不能接迹江南，而每年日見其盛，所産繭絲，甚爲暢旺。

清 佚名《各省事狀·閩省樹桑》《農學報》第二十五期 福建蠶桑之利，久已不興。本會陳伯潛閣學與各紳鳩欵，託杭州林迪臣太守，在石門購桑秧一萬餘株，刻已運到，行即分種各鄉矣。

清 陳敬彭《廣東蠶業研客社春蠶飼育試驗表·附説》《農學報》第二百七十四期 陳君留心蠶學，邀集同志之在日本受蠶學業者數人，開蠶業研究社，以圖改良本省之蠶業。考粤省南海、順德向無蠶桑之利，乃近三四十年來，乃爲土産一大宗，歲出口至數千萬元。今又得陳君之設蠶業社，以謀改進，可爲粤中蠶業前途賀，本作並識。

清 佚名《江南派辦處稟請官購桑秧勸民領種詳文》《農學報》第二百三期 爲擬官購桑秧示民領種以興蠶務詳請示遵事。竊維江浙爲古揚州地，蠶桑之利甲於天下。

清 河南蠶桑織務局《蠶桑織務紀要·魏綸先序》 蠶桑之利，自古惟昭。奠川宅土而後，兖有漆絲，青有檿絲，徐有纖縞，揚有織貝，荆有纁組。何地無蠶，即何地無桑。矧豫貢絺紵篚纖纊，在昔固已然也。迨至筐人失職，典絲無官，時殊世異，竟置蠶桑於不講，誰普美利於無言者。庚辰春，豫東屏廉訪陳臬中州，時攝藩事，首倡樹桑之議於涂朗軒中丞，中丞曰：『善。』爰撥閑欵三千金，置百塔莊地百二十畝，開闢草萊，創築牆垣、屋舍，是爲省之桑園。購湖桑分植各州縣，查閲所擬各條，均爲蠶桑切要之圖，足見該道辦事認眞，務求實效，應即如稟辦理。至捐資購買湖桑，以資接濟，尤屬好義急公，殊堪嘉尚。此項捐欵，雖該道不欲仰邀獎敘，本部院亦何敢壅於上聞。

清 俞墉纂輯《蠶桑述要·器具附圖説》 古者，后妃親蠶，明婦功也。躬爲先導，以教民也。近時課蠶桑之利者，多男功，而女紅僅相助，爲理矣。

清 增輯《柞蠶彙志・董元亮序》 聞之《呂覽》：『始生之者，天也；養成之者，人也。』養之者，冀其生也；成之者，遂其生也，是天人之合也。天生之，而無人以養成之，則物之爲物，不過一天産之自然品，亦無以神其用，而彰厥功。《禹貢》九州所産，既詳紀金石草木之屬，而復詳纁組絲枲之文，以見天之生物，必藉人以成之者，其大較也。粤稽浙省爲古揚州之域界，牛女之區，瀕海濱而處温帶，蠶桑之利，宜莫與京。而墨守舊法，近亦稍殺矣。

清 宗景藩説略，吴嘉猷繪圖《蠶桑圖説・繪圖蠶桑説略》 農桑之利自古尚矣，獨楚之人不事蠶績，初疑其土之不宜桑也。顧《豳》詩言蠶事獨詳。諸葛居蜀，種桑八百本。慕容治遼，通晉以求江南之桑。似西北無不宜桑者。今四川産綢，荆州亦織緞，雖物不及東浙美，而川、楚之宜桑，亦可見矣。

清 曹倜《蠶桑速效編》 山左風俗，務農之家，收穫之餘，毫無生計，無論水旱風災，舉家失望，即年歌大有，工本以外，所剩無多。竊思民情困苦，生計維艱，欲有以振興之，則功效最速者，莫如蠶桑。己亥歲，倜以丁艱旋里，見種桑育蠶之家，獲利甚鉅，每年一邑所出之繭，售銀已逾百萬。詢其由，則吴茂才、孔彰之力也。孔彰爲江邑善士，因見鄉人性多守舊，風氣未開，於是手自種桑，分秧鄰里。並聘蠶婦，招繅師，講求育蠶作繭之法，手口經營，孜孜不倦。撰蠶桑諸説，實力勸導，俾得家喻户曉，閤邑仿行，不十年而鄉無廢田，里多富室，洵救荒之善策，治貧之良方也。今者時局艱難，亟圖補救，民爲邦本，培養宜先。況自通商以後，絲價桑葉之昂，尤爲歷來所未有。即謂素非所習，驟難繅絲，何如先試種桑，以期致富。夫致富之原，待人而闢，種桑獲利在二三年後，窮簷計入爲出，且乏貲本，遂使致富之術，因循坐廢，良可惜也。倜因推廣吴君所著論説，考證東省土性之宜，並附列濰縣陳紳所著《勸興蠶桑説》彙爲一編，名曰《蠶桑速效編》，以公同志。倘能廣爲勸導，實力推行，俾東省務農之家益以蠶桑之利，行見地無曠土，野鮮游民，因利而利。其利乃大而且久，將來商舶畢至，鐵軌通行，絲業之盛，可跂而待。然則農學之要圖，即商務之嚆矢，凡爲民牧者豈無意乎？辛丑三月江陰曹倜謹識。

圖説部

魏晉畫像磚

採桑

婦女提籠採桑

採桑

採桑

宋 佚名《蠶織圖》

臘月浴蠶

清明暖種

摘葉

體餵

穀雨前第一眠

第二眠

第三眠

暖蠶

大眠

忙采葉

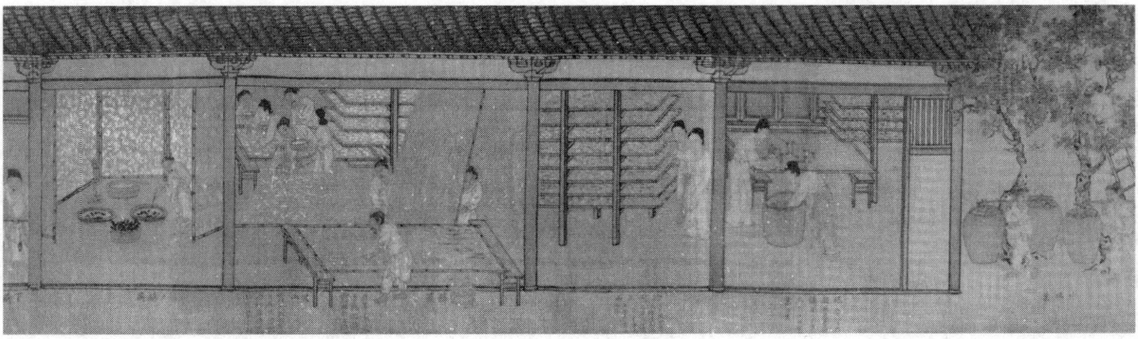

眠起葉大餵

拾巧上山

簿簇

裝山

熻繭

下繭
約繭
剥繭
稱繭
鹽繭甕藏
生繅
蠶蛾出種

挽花
做緯
織作
下機
入箱

餵蠶

下蠶

分箔

三眠

上簇　下繭　窖繭

繅絲　絡絲　經　緯　織

元 程棨《耕織圖》

浴蠶

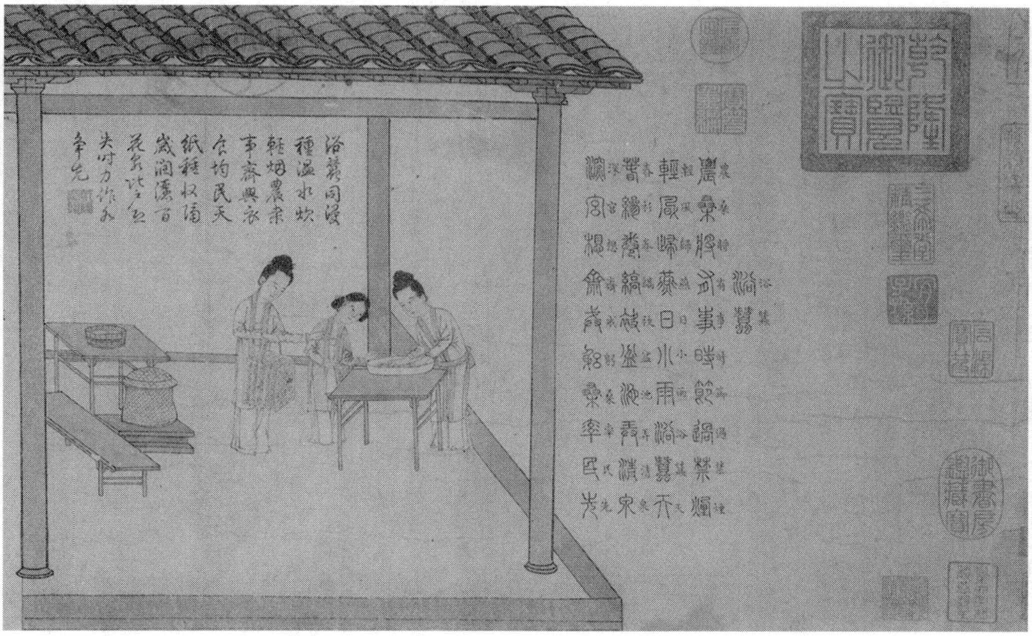

下蠶

餵蠶

一眠

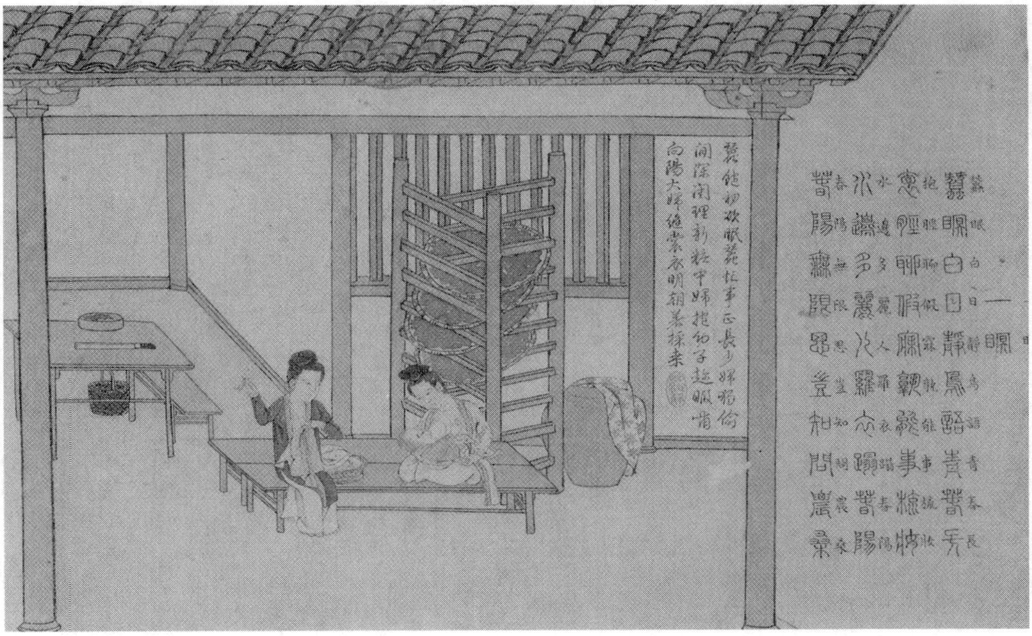
一眠
蠶眠白日静
鳥語青春長
抱膝聊假寐
孰能事梳妝
水邊多麗人
羅衣蹋春陽
春陽無限思
豈知問農桑

二眠

二眠
吳蠶一再眠
竹屋下簾幕
拍手弄嬰兒
一笑姑不惡
風來麥秀寒
雨過桑葉落
日高蠶未起
谷鳥鳴百箔

三眠

分箔

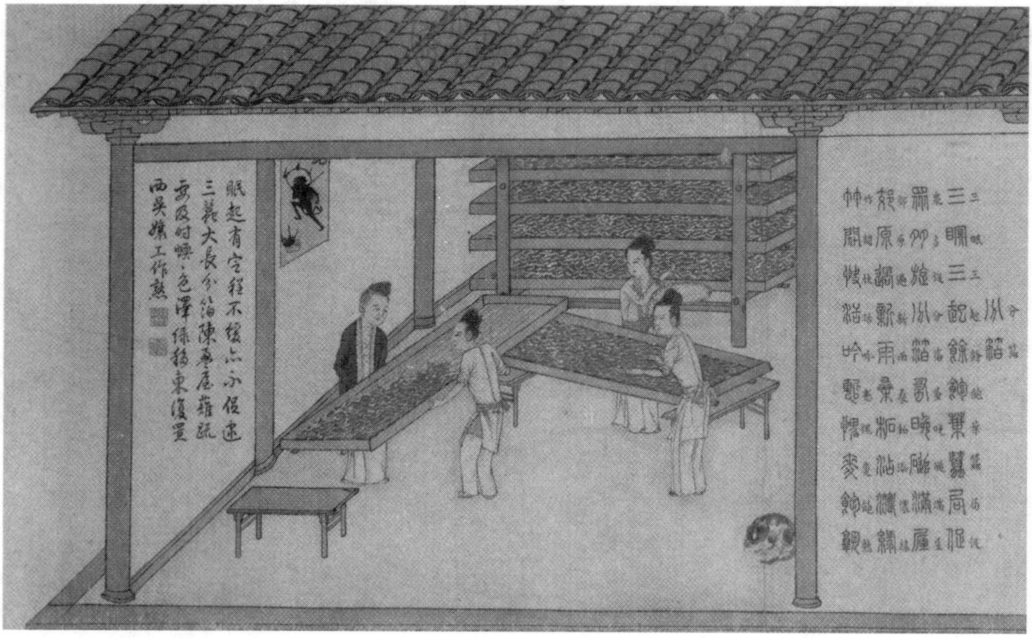

采桑

大起

捉績

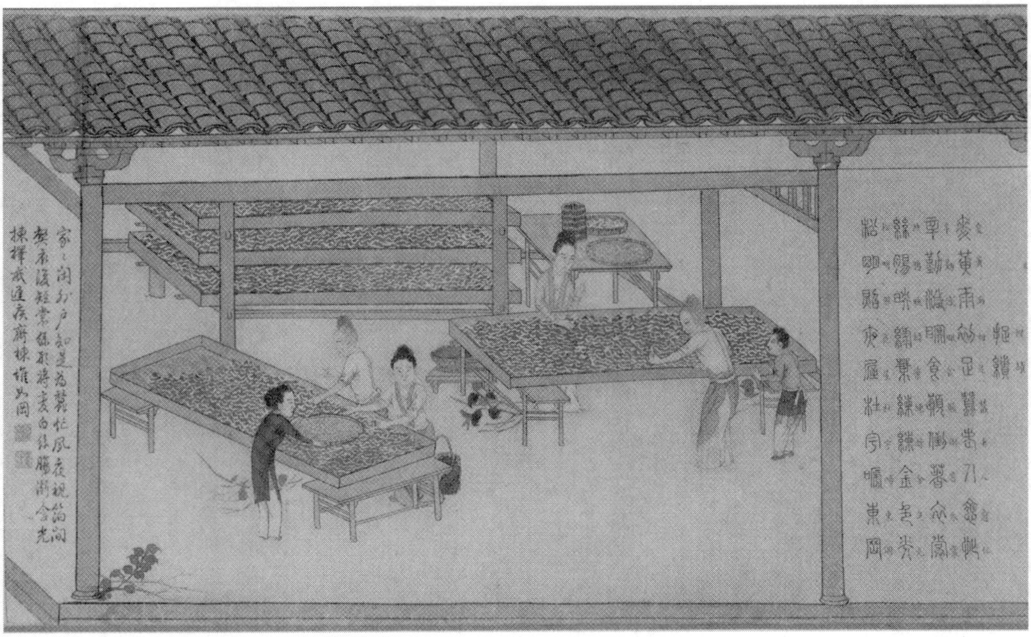

上簇

炙箔

下簇

窖繭

繅絲

蠶蛾

祀謝

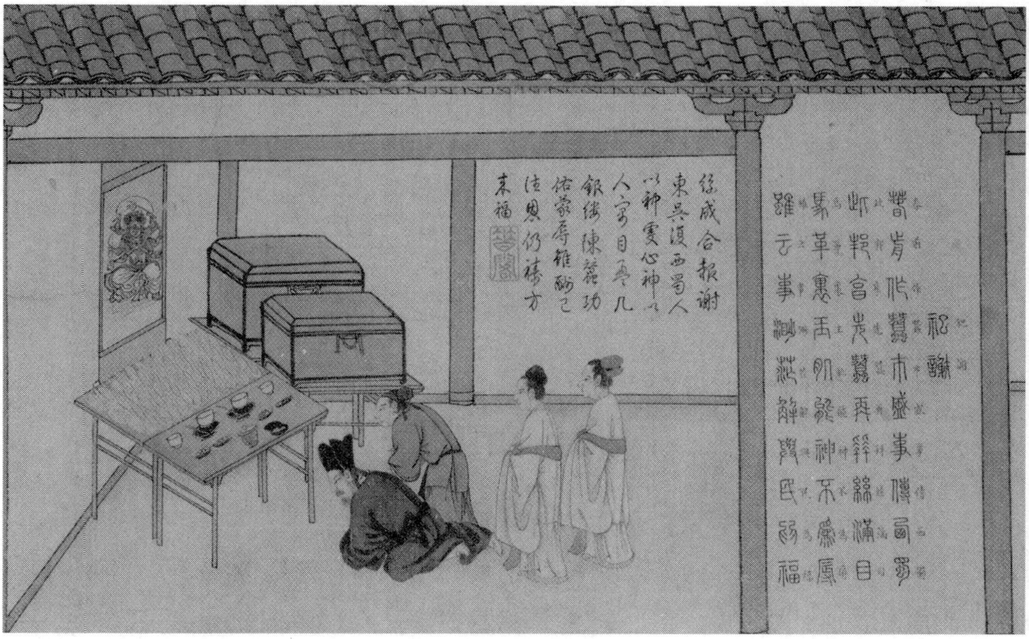

絡絲

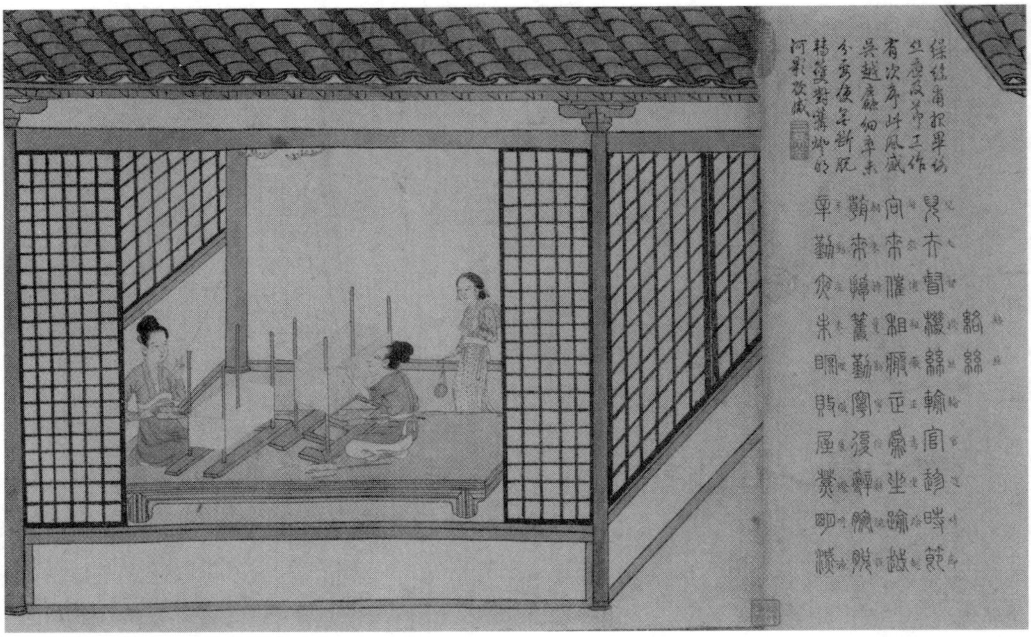

經

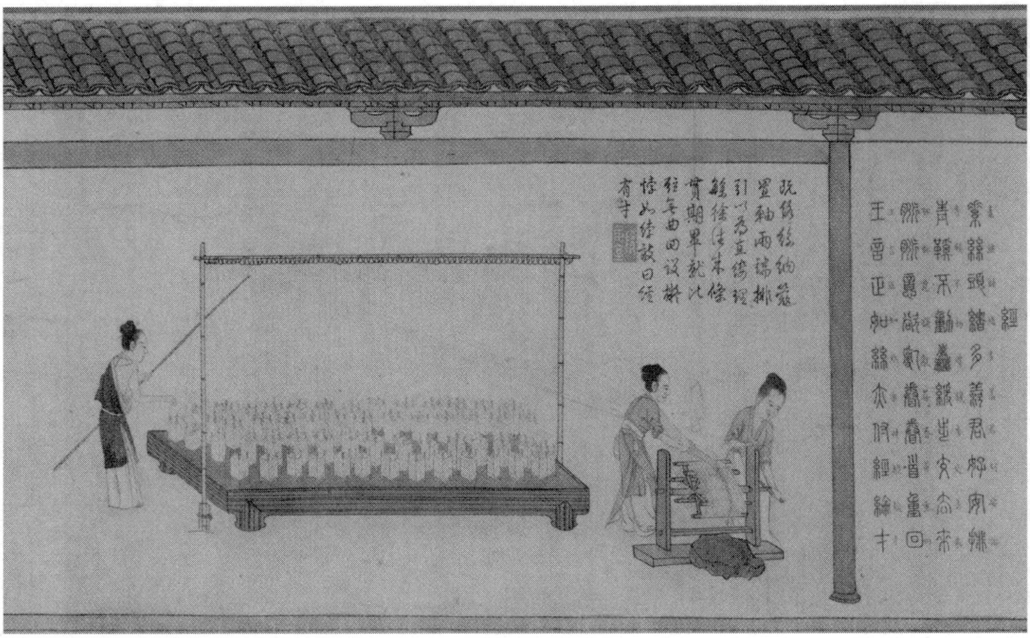

緯

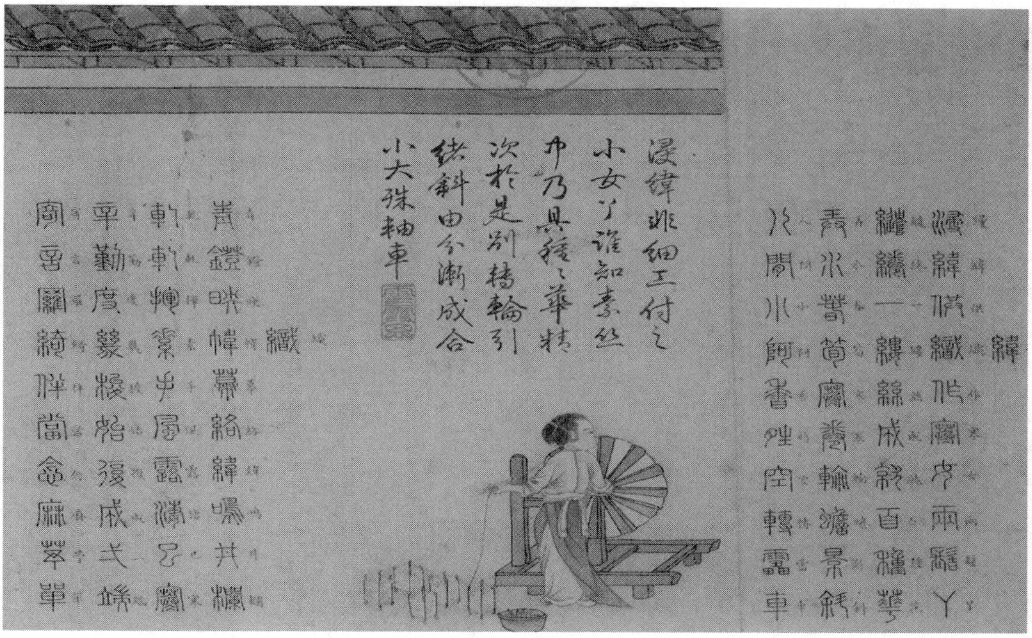

織

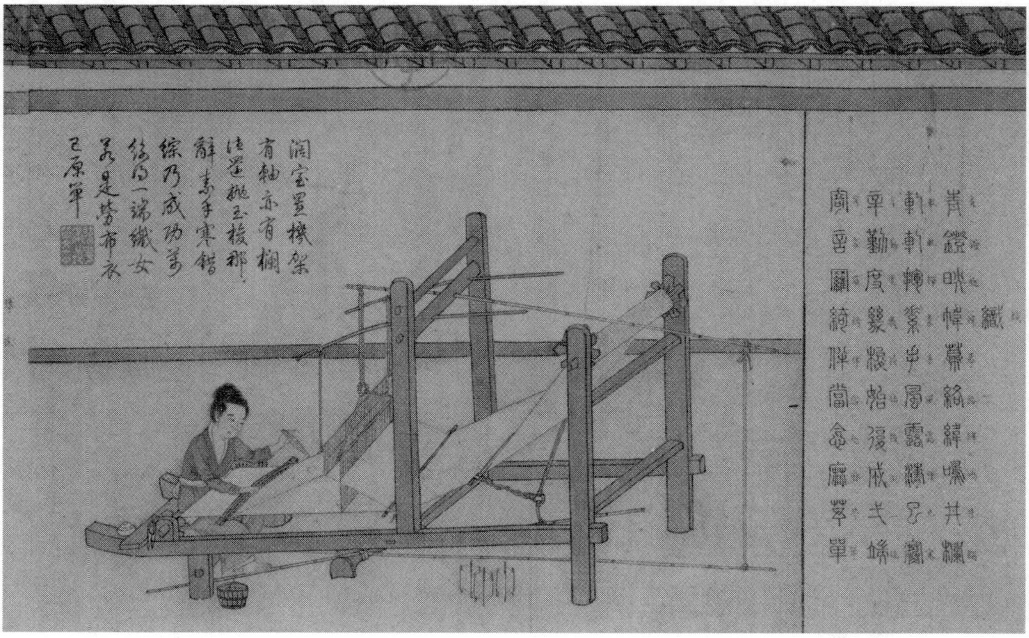

攀花

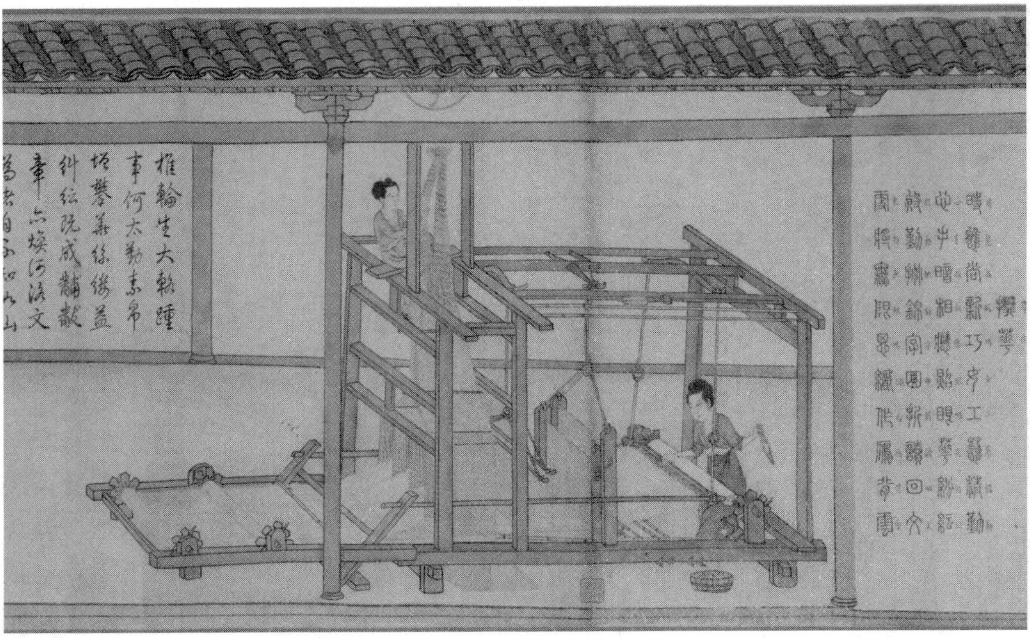

剪帛

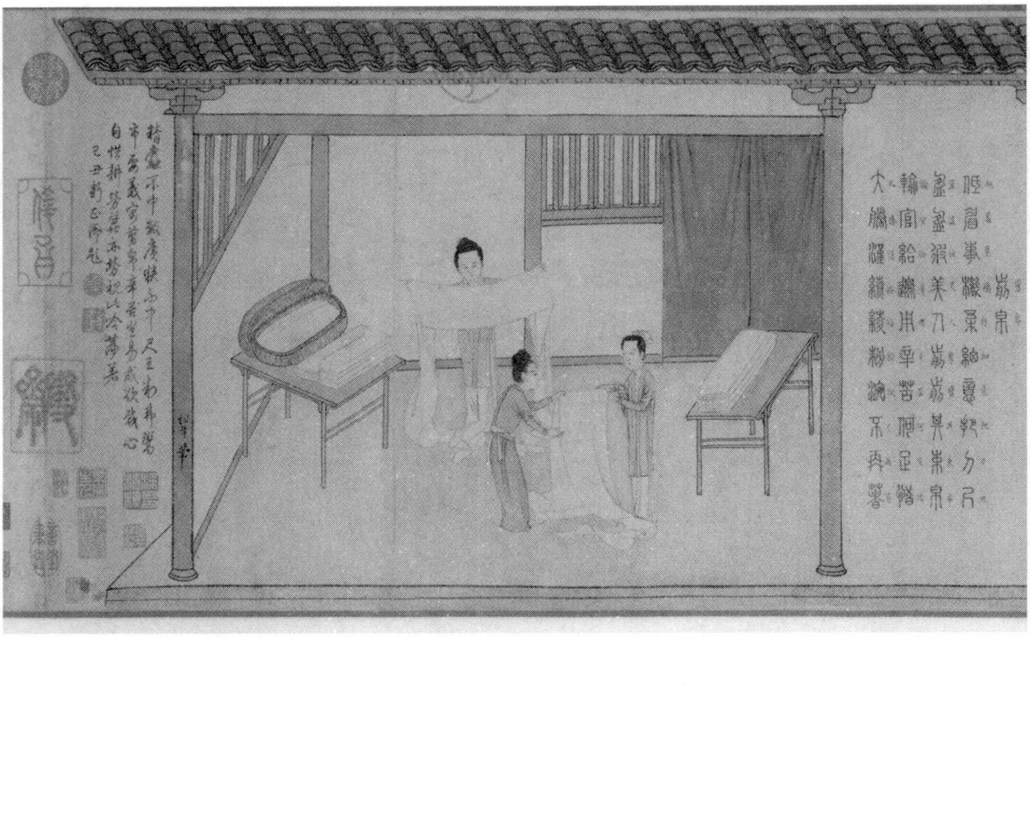

明 宋宗魯《耕織圖》

浴蠶

下蠶

餵蠶

一眠

二眠

三眠

分箔

采桑

大起

捉績

上簇

炙箔

下簇

擇繭

窖繭

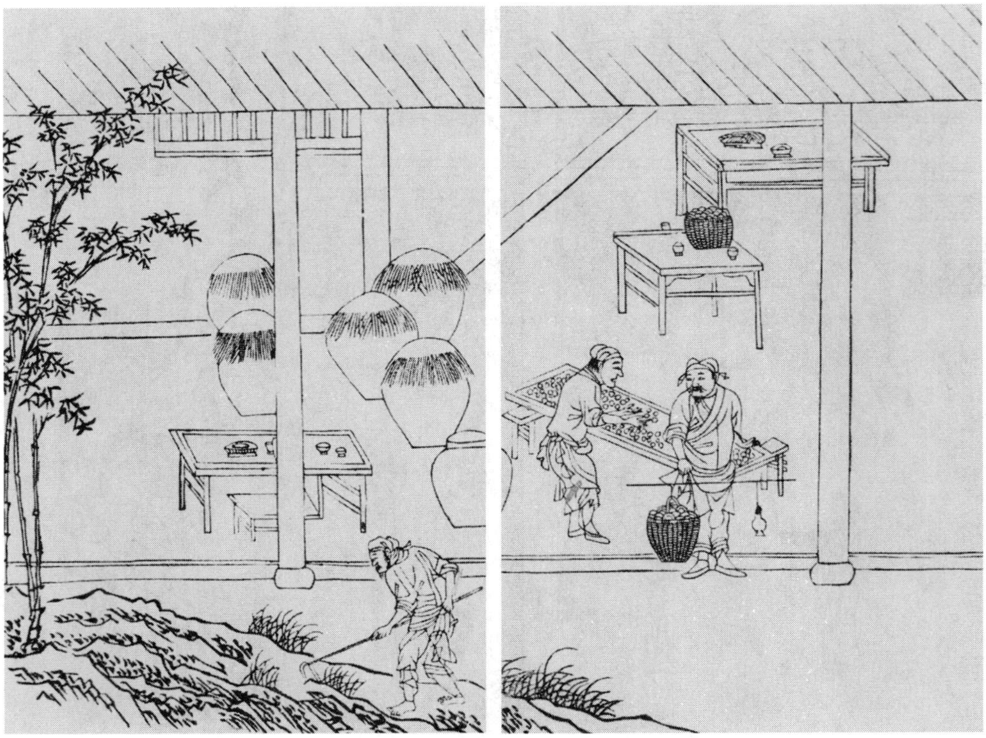

繅絲

蠶蛾

祀謝

絡絲

經

緯

織

攀花

剪帛

明 仇英《耕織圖》

大起

采桑

擇繭

繅絲

經

絡絲

明 鄺璠《便民圖纂》

下蠶

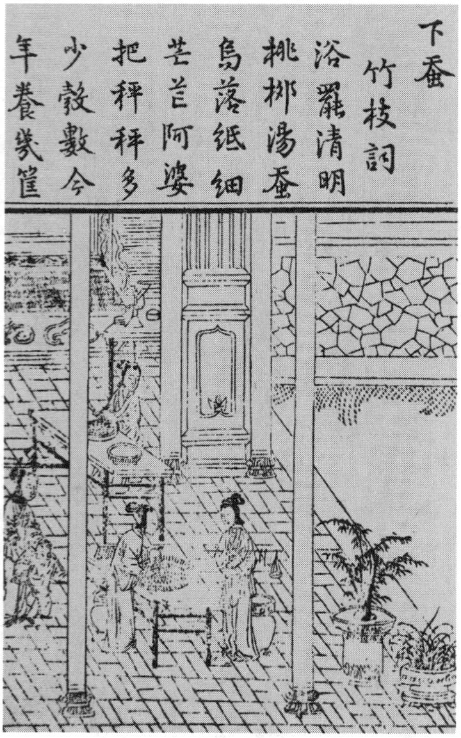

餵蠶

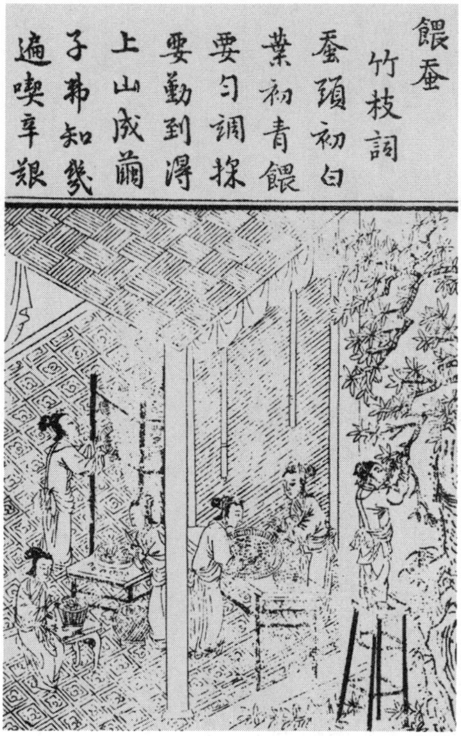

蠶眠

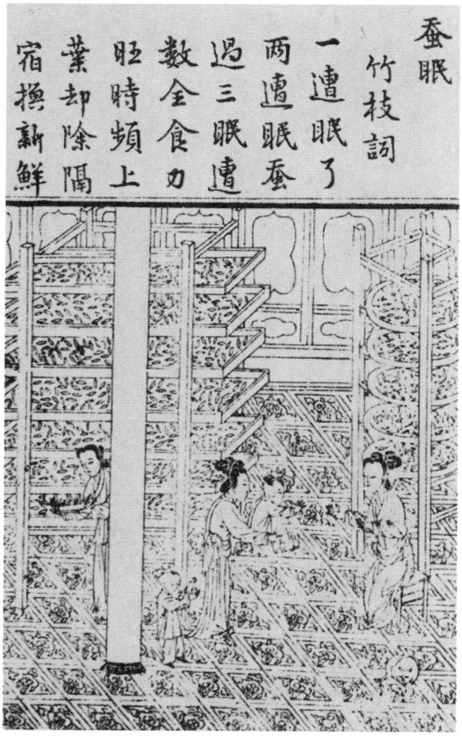

採桑

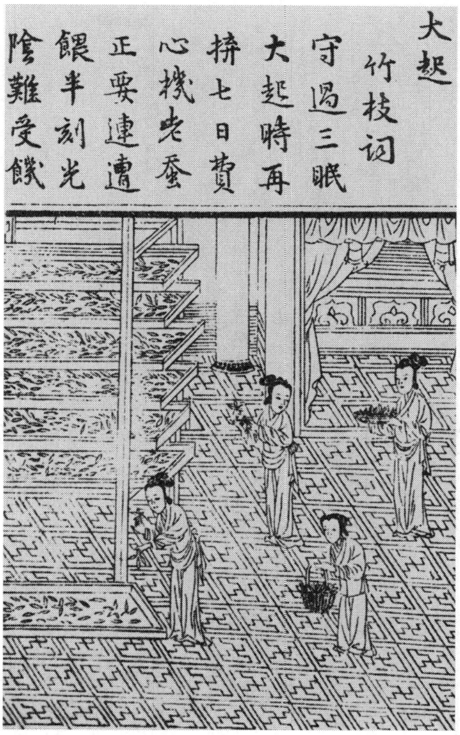
大起
竹枝词
守過三眠
大起時再
捹七日費
心機也蚕
正要連遭
餵半刻光
陰難受餓

大起

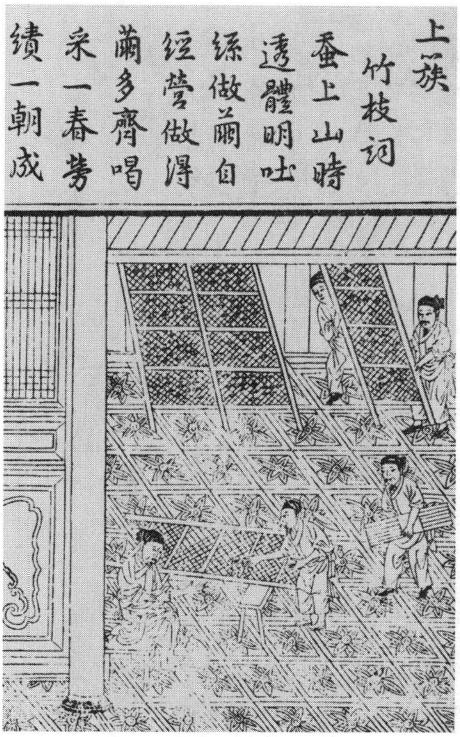
上簇
竹枝词
蚕上山時
透體明吐
絲做繭自
經營做得
繭多齊唱
采一春勞
績一朝成

上簇

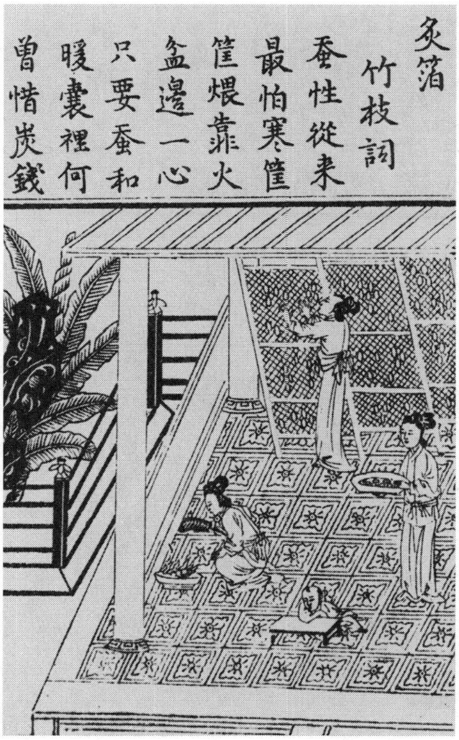
炙箔
竹枝詞
蚕性從来
最怕寒筐
筐煨靠火
盆邊一心
只要蚕和
暖囊裡何
曾惜炭錢

炙箔

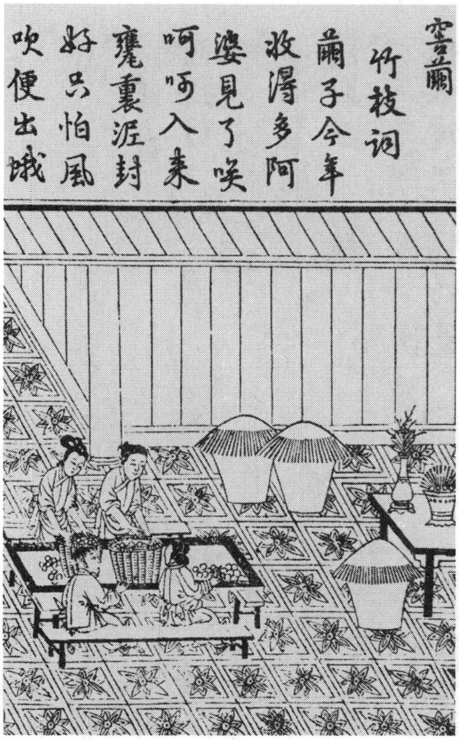
窖繭
竹枝词
繭子今年
收得多阿
婆見了笑
呵呵入来
甕裏泥封
好只怕風
吹便出蛾

窖繭

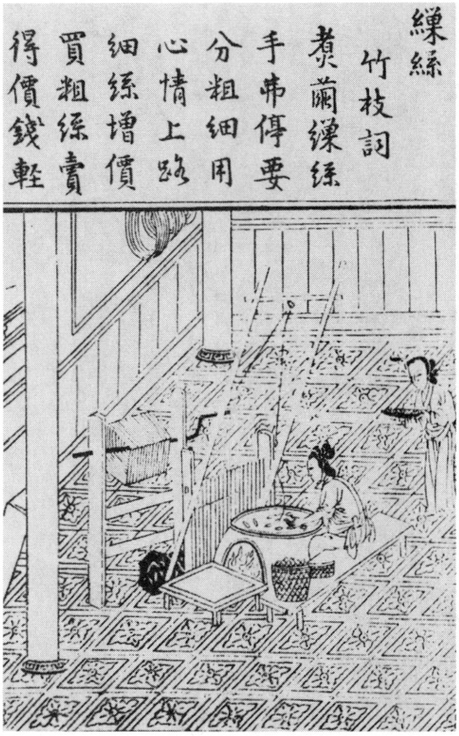
繅絲
竹枝詞
煑繭繅絲
手弗停要
分粗細用
心情上路
細絲增價
買粗絲賣
得價錢輕

繅絲

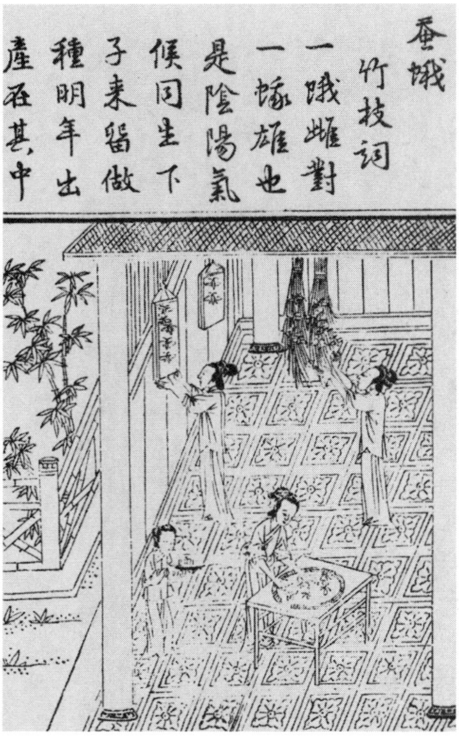
蠶蛾
竹枝詞
一蛾雌對
一蛾雄也
是陰陽氣
候同生下
子來留做
種明年出
產在其中

蠶蛾

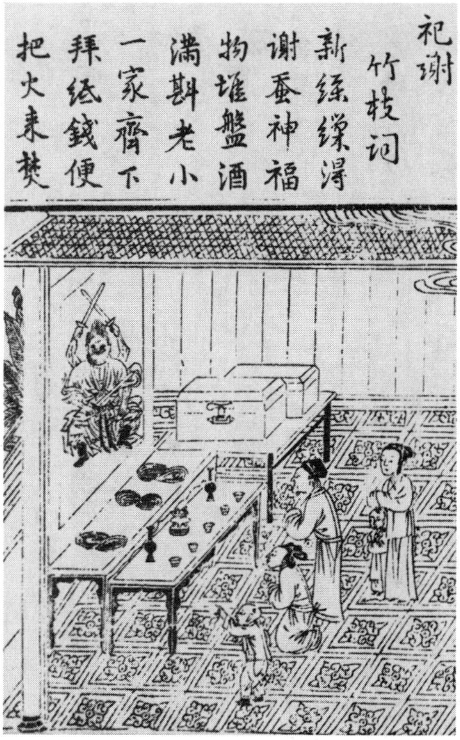
祀謝
竹枝詞
新絲繅得
謝蠶神福
物堆盤酒
滿斟老小
一家齊下
拜紙錢便
把火來焚

祀謝

絡絲
竹枝詞
絡絲全在
手輕便只
費工夫弗
費錢粗細
高低齊有
用斷頭須
要接連牽

絡絲

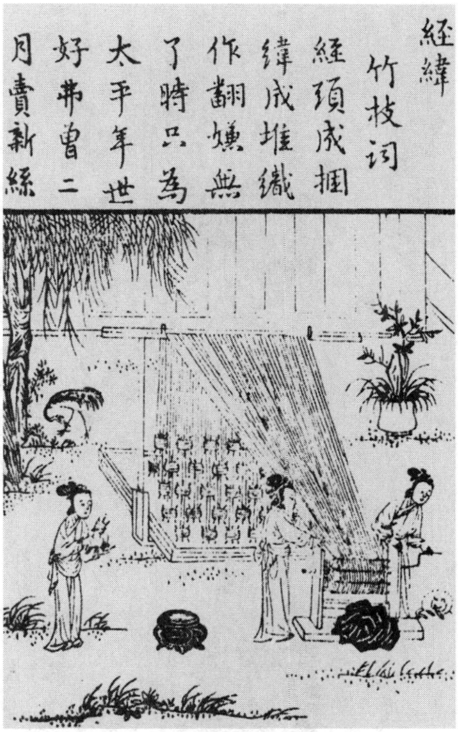
經緯
竹枝词
經頭成捆緯成堆織作翻
無了時只為太平年世好弗曾二月賣新絲

經緯

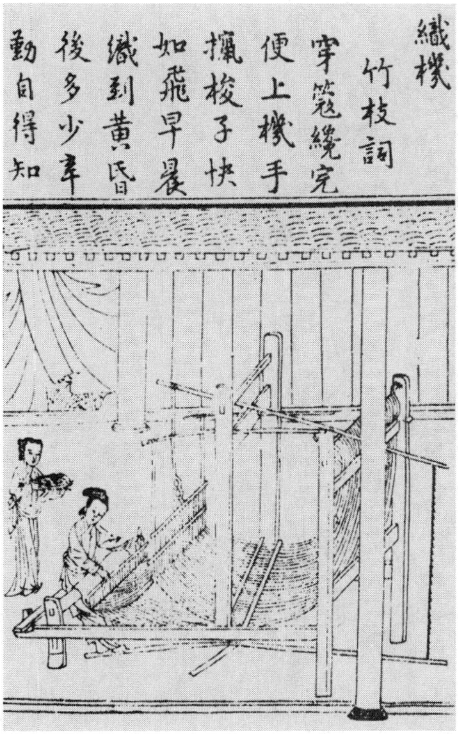
織機
竹枝詞
穿簆纔完便上機手攛梭子快如飛早晨織到黃昏後多少年勤自得知

織機

攀花
竹枝詞
機上生花第一難全憑巧手上頭攀近来挑出新花樣見一番時愛一番

攀花

剪製
竹枝詞
絹帛綾紬疊滿箱將來裁剪做衣裳公婆身上齊完備剩下方纔做與郎

剪製

清 焦秉貞《耕織圖》

浴蠶

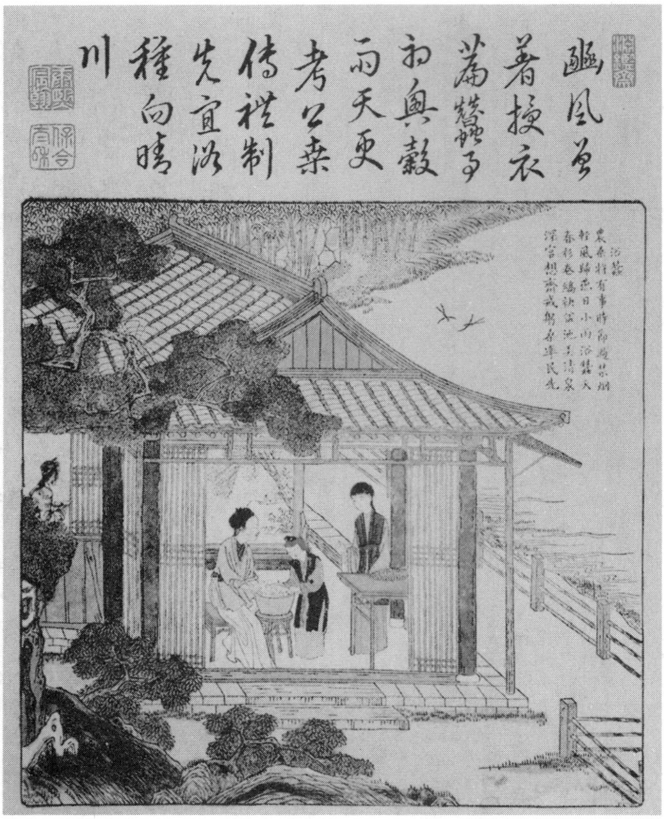

大起

捉績

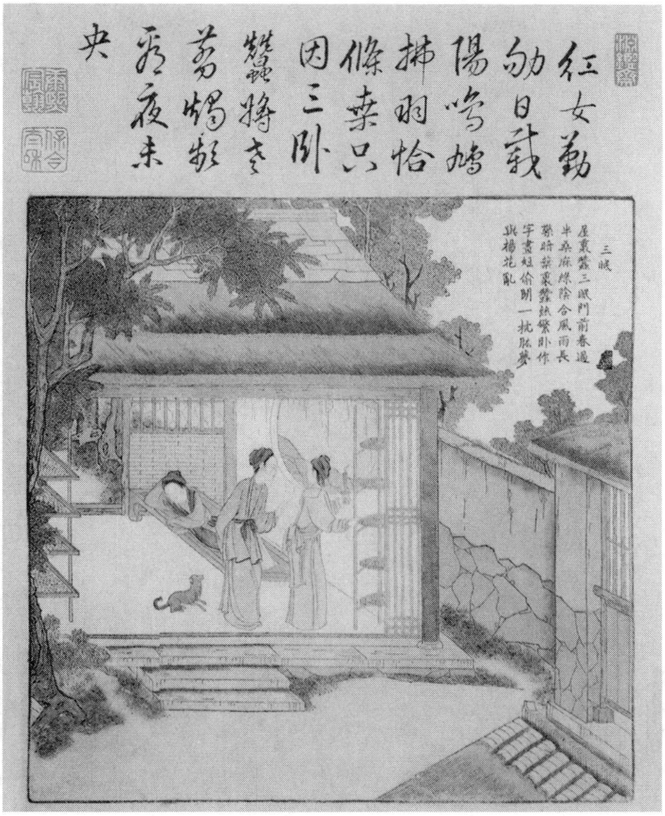
三眠
屋裏蠶三眠門前春過
半桑麻綠陰合風雨長
檠暗蔡裏蠶飢饜卧作
字書短偷閒一枕眠夢
與楊花亂

二眠

大起
蠶箔大起時
食葉聲似雨
春風女不知
蠶婦忙如許
呼童刈早麥
餉飯已過午
妖歌得綾羅
不易青帬女

三眠

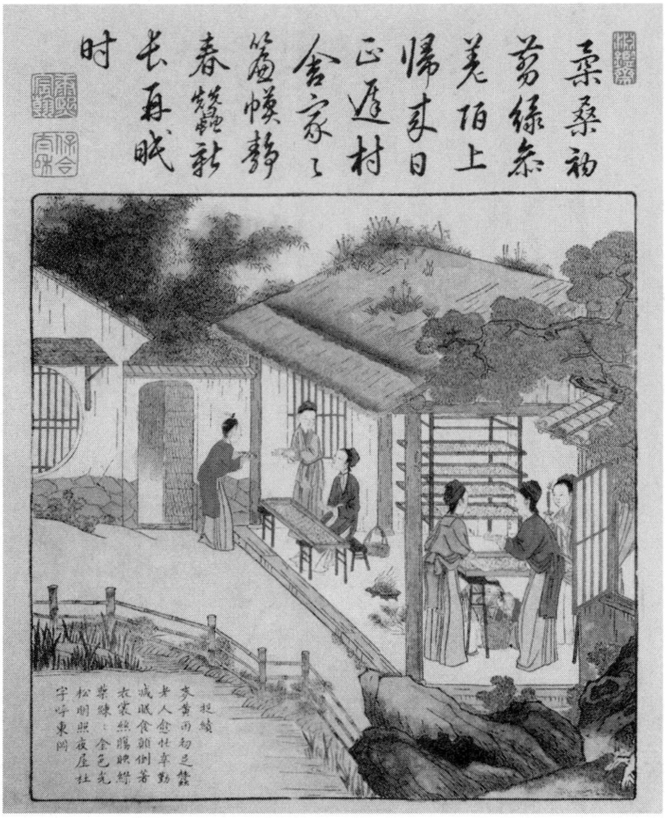

分箔

採桑

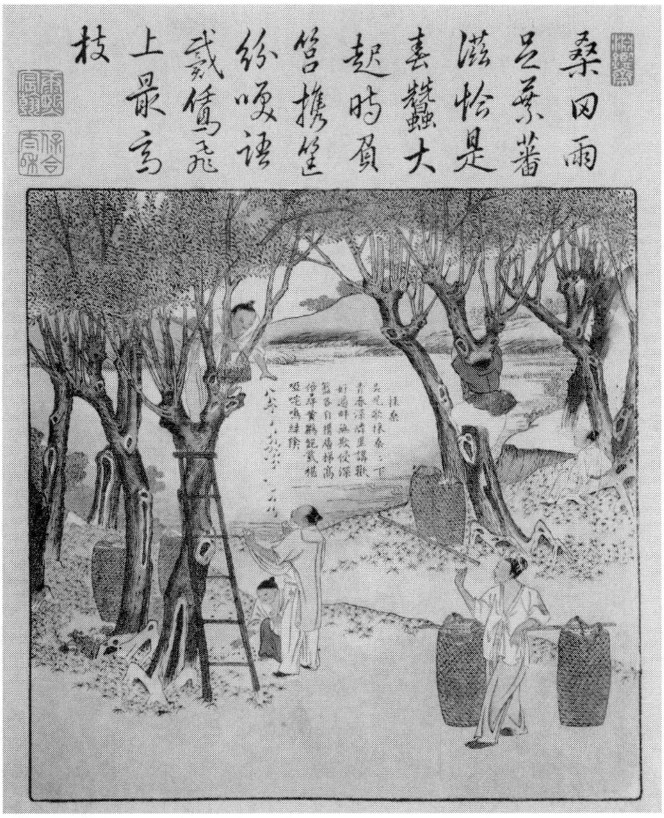

上簇

炙箔

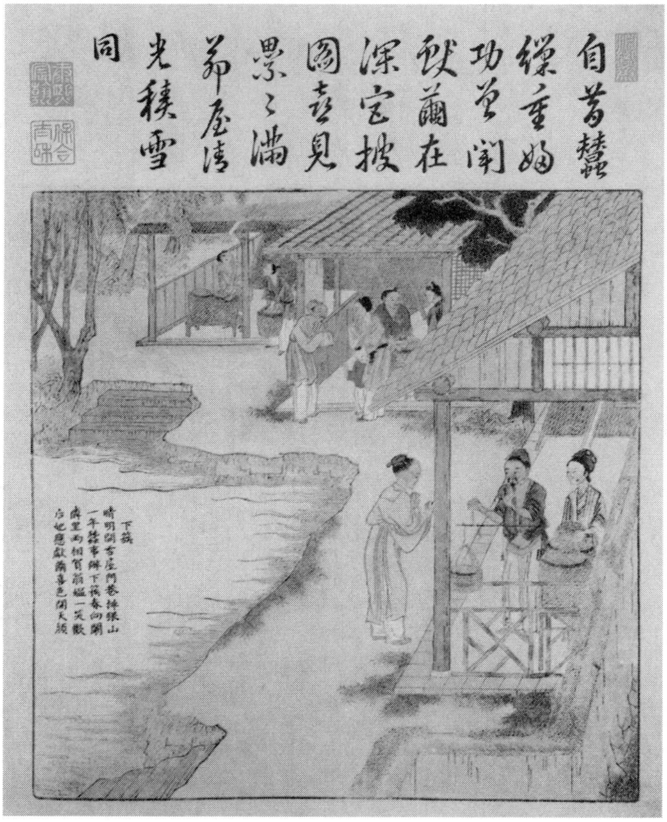

下簇

擇繭

窖繭

繅絲

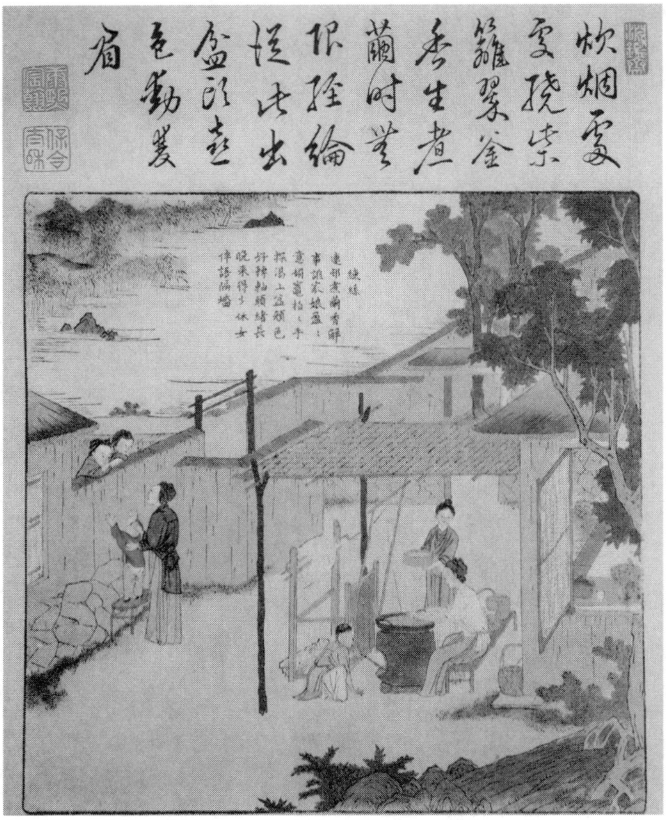
繅絲
連邨煮繭香解
事誰家娘盈盈
意嬌麗拍拍手
探湯上盆顏色
好轉軸頻緒長
曉來得少休女
伴語隔牆

蠶蛾

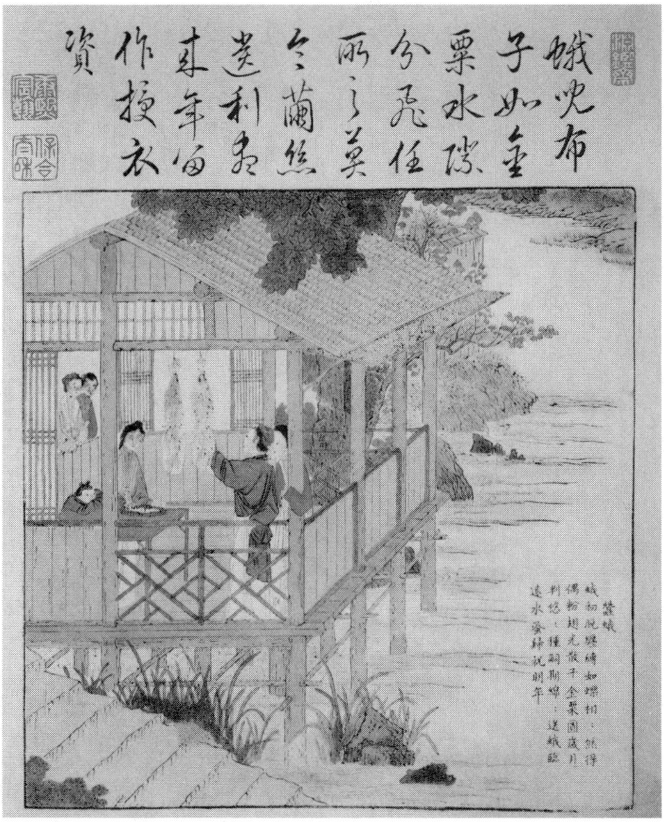
蠶蛾
蛾初脫繭縛如蝶栩栩然得
偶粉翅光散子金粟圓歲月
判悠悠種嗣期綿綿送蛾臨
遠水蠶歸祝明年

祀謝

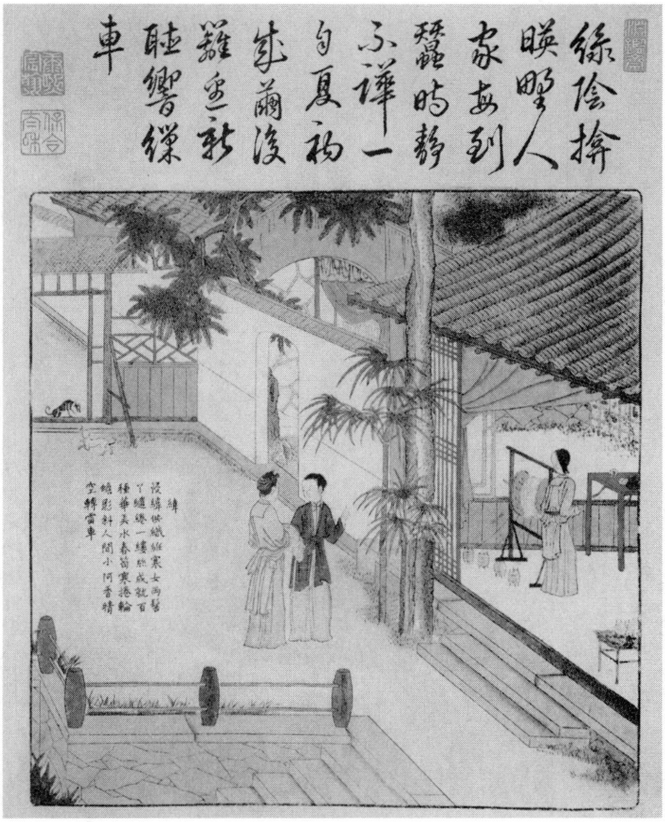

緯

織

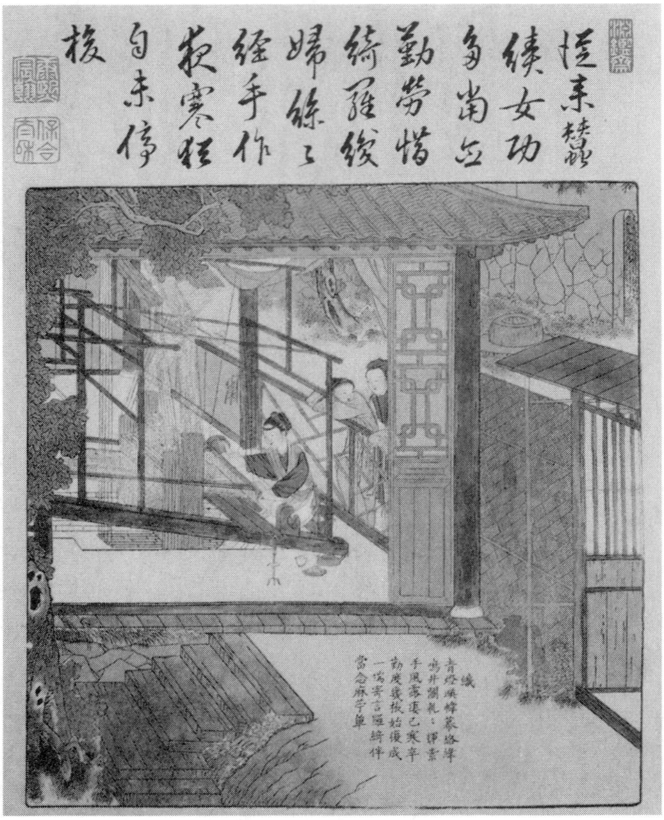

絡絲

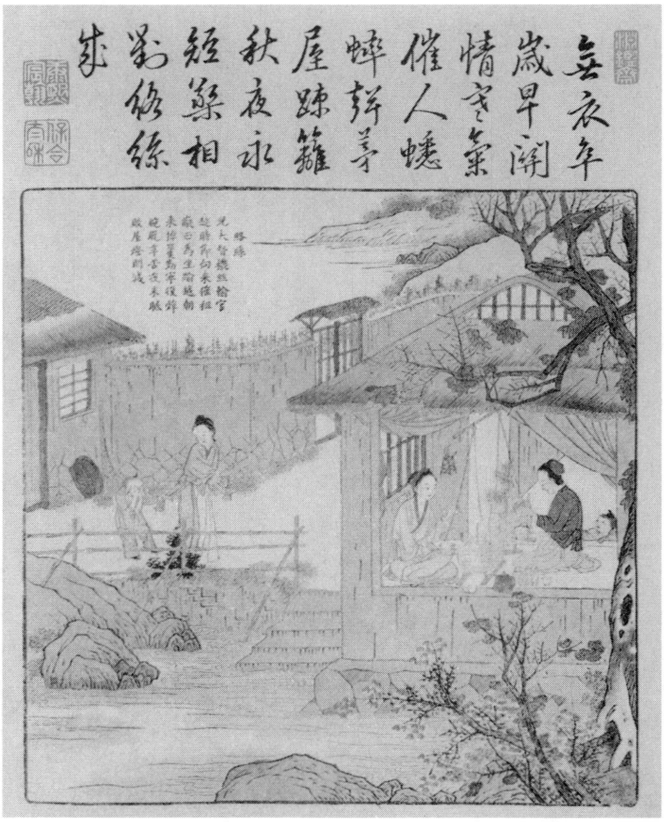

經

染色

攀花

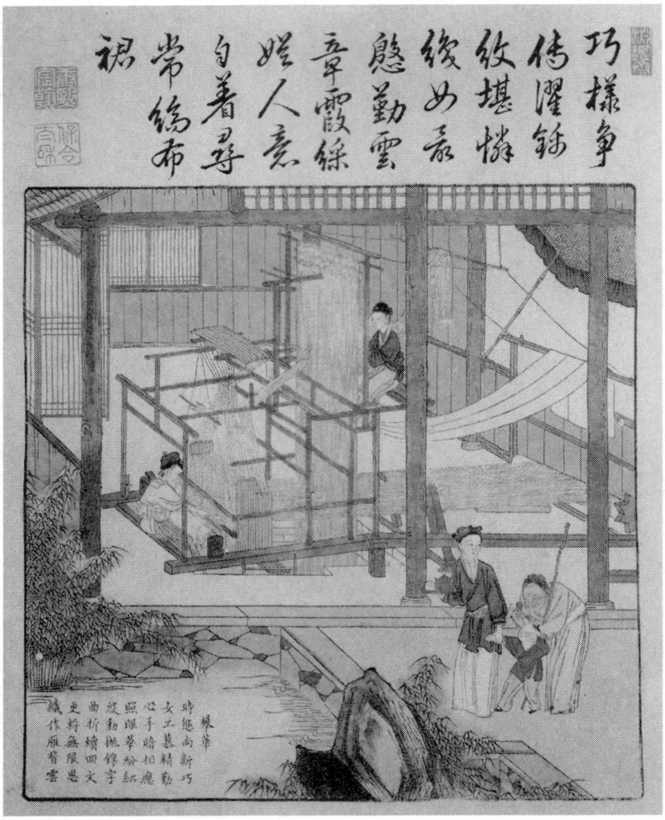

剪帛

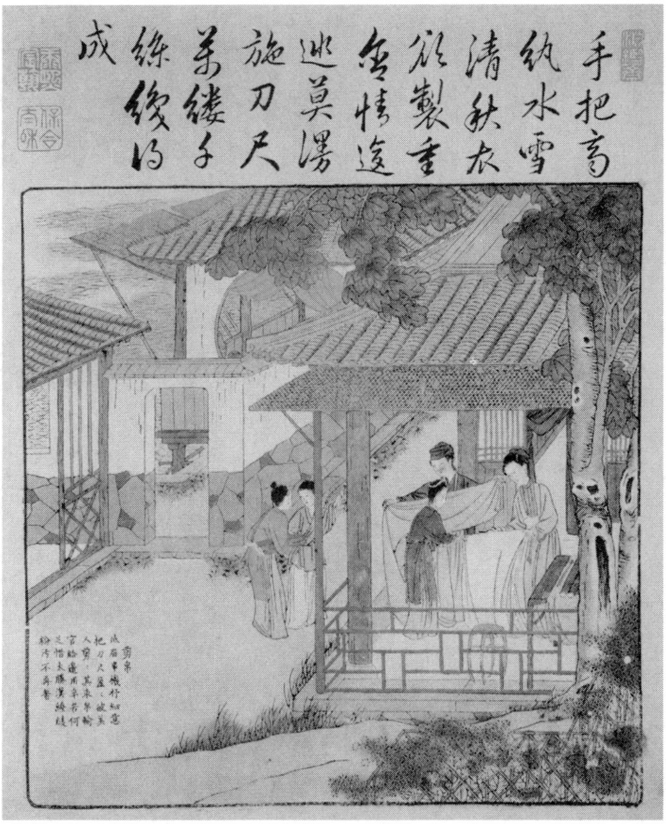

清 佚名《耕織圖》

成衣

浴蠶

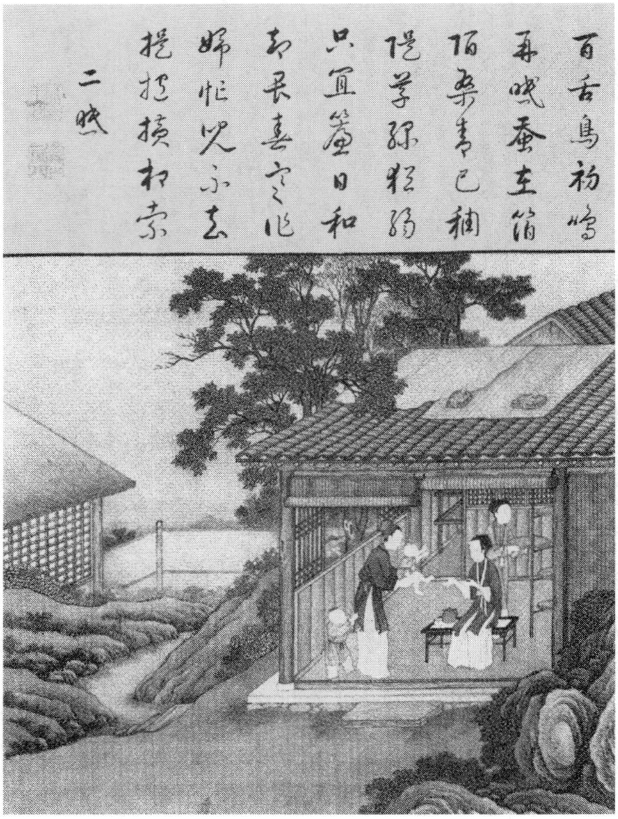

二眠

三眠

大起

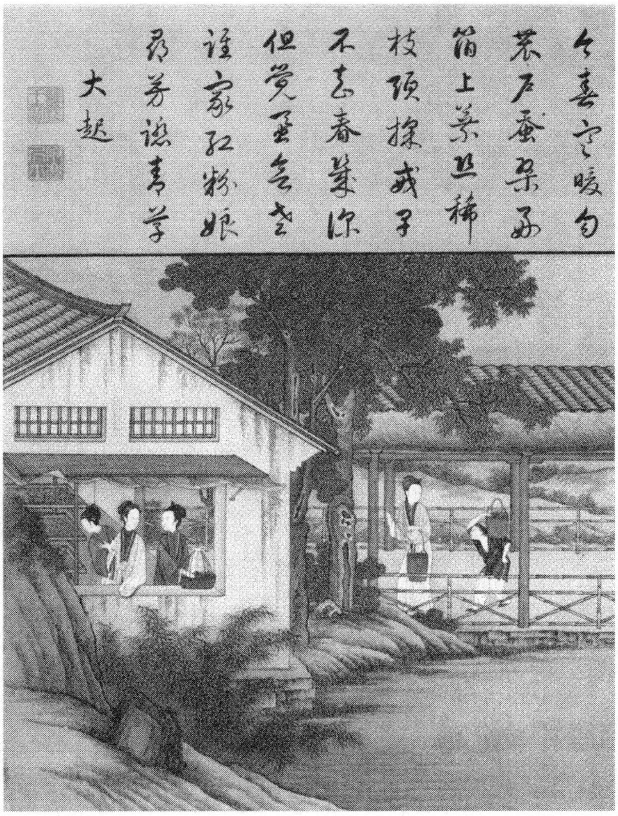

捉績

分箔

采桑

上簇

炙箔

下簇

擇繭

窖繭

繅絲

蠶蛾

祀神

緯

織

絡絲

經

染色

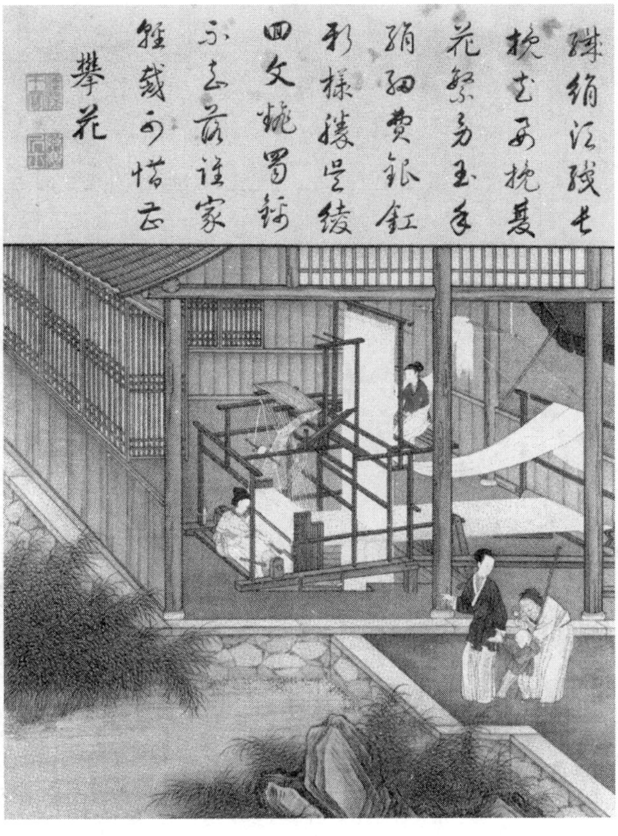

攀花

剪帛

裁衣

浴蠶

豳風爲
著授衣
篇蠶事
初興穀
雨天更
考公桑
傳禮制
先宜浴
種向晴
川

二眠

柔桑初
翦綠參
差陌上
歸來日
正遲村
舍家家
簾幙靜
春蠶新
長再眠
時

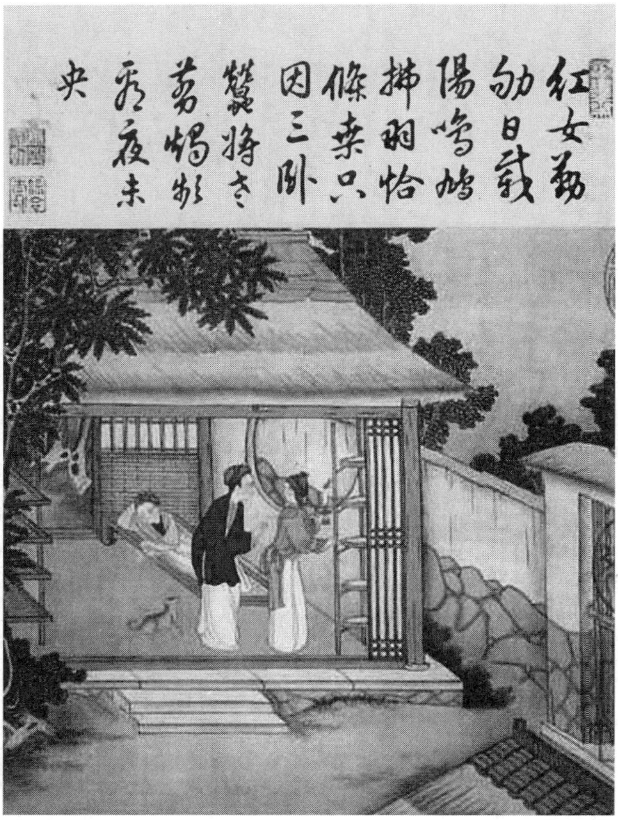

三眠

大起

捉績

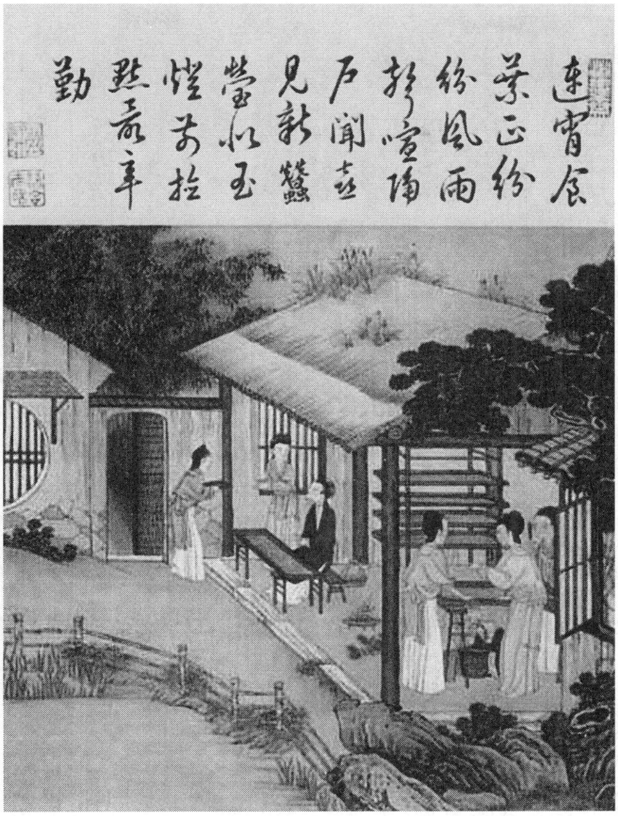

分箔

采桑

上簇

炙箔

下簇

擇繭

窖繭

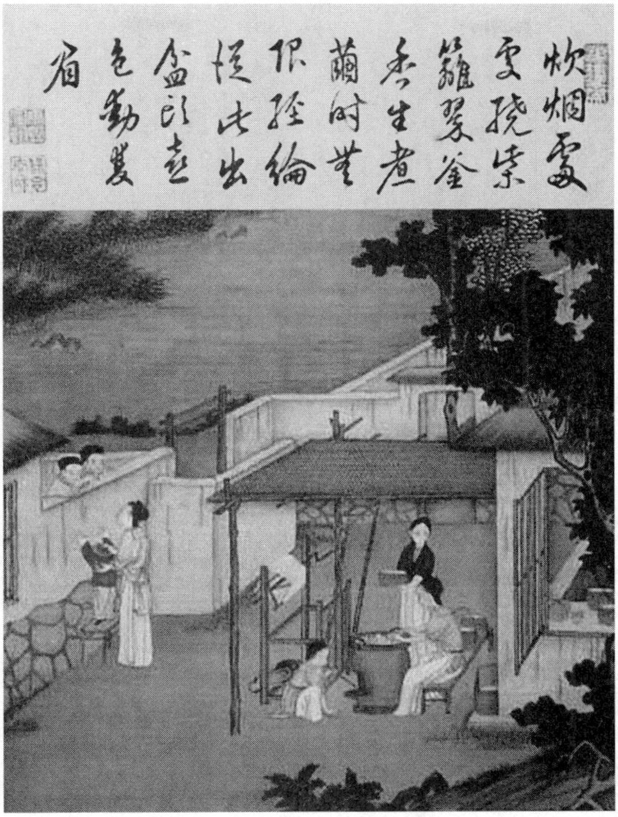

繅絲

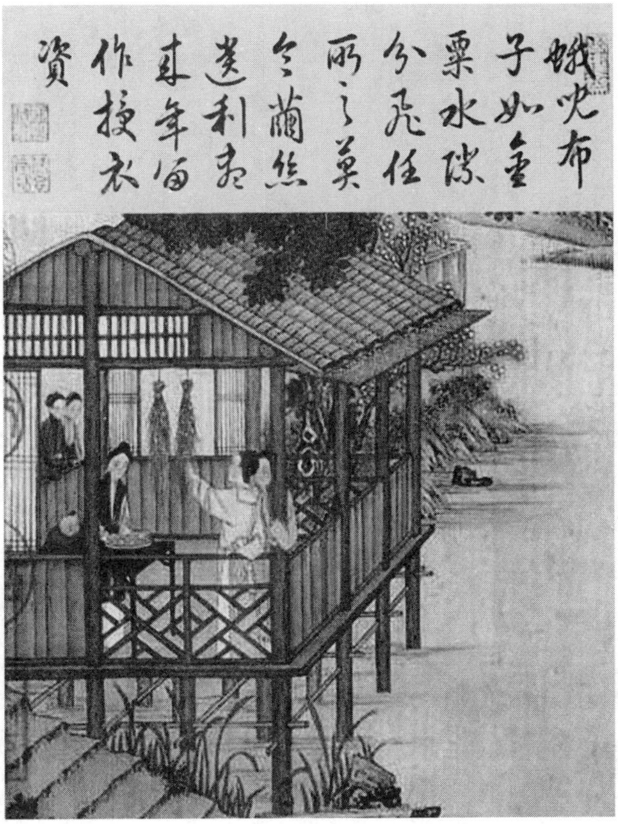

蠶蛾

祀謝

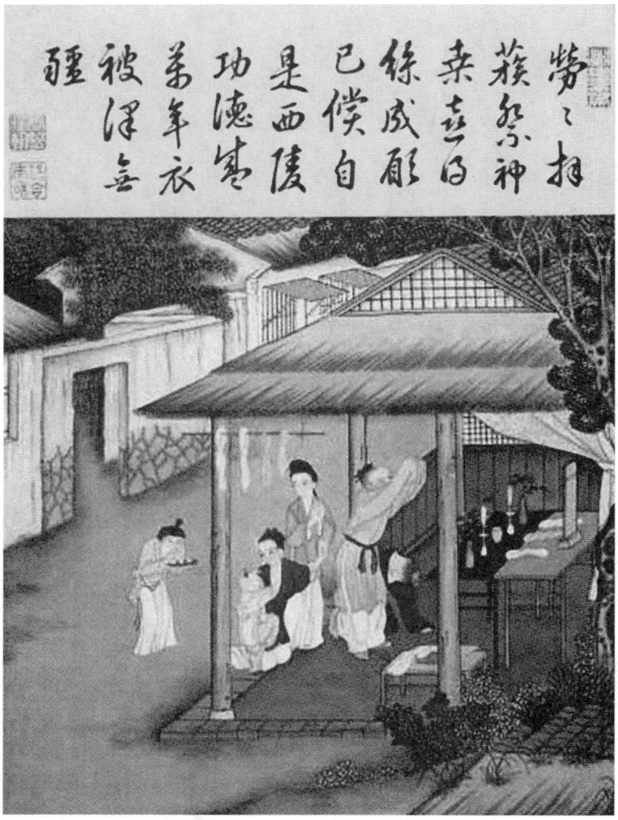

緯

織

絡絲

此圖缺

經

染色

攀花

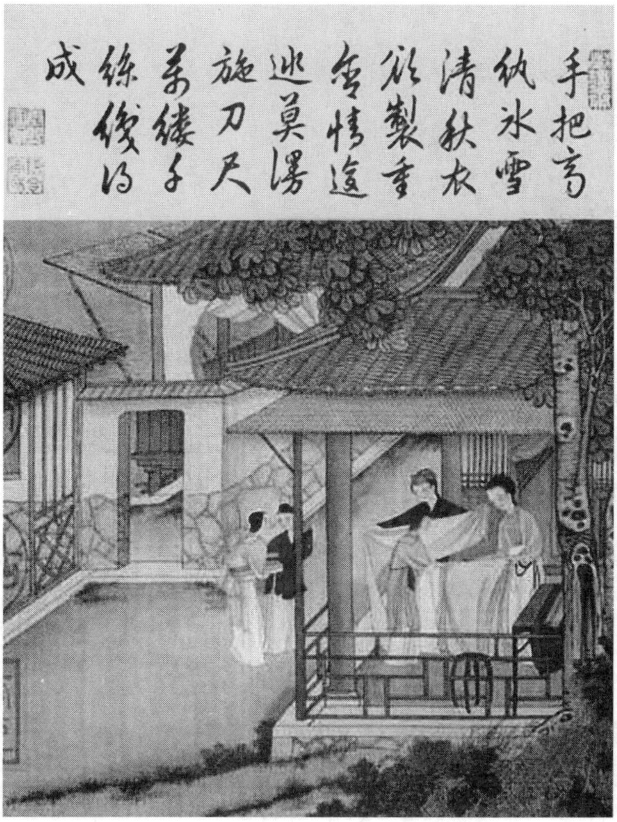

剪帛

清 陳枚《耕織圖》

成衣

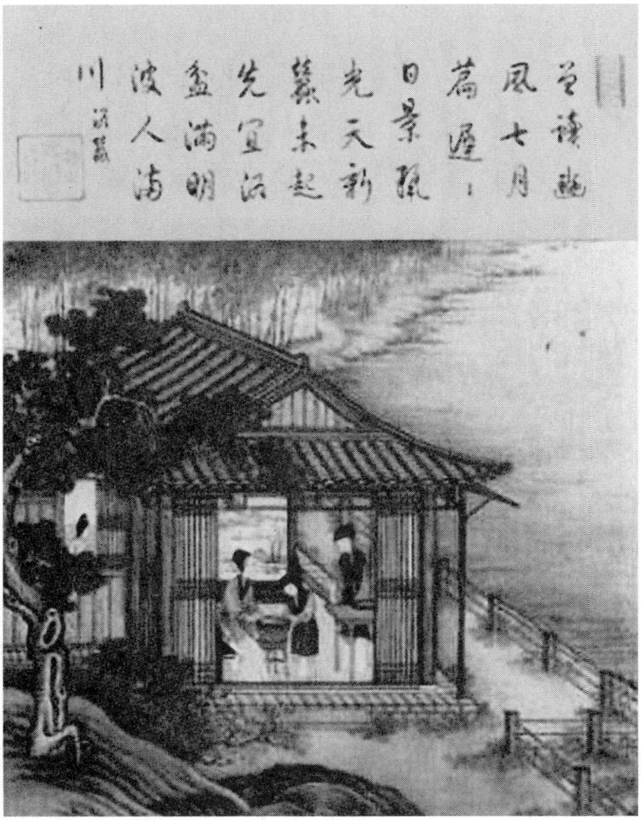

浴蠶

二眠

三眠

大起

捉績

分箔

采桑

上簇

炙箔

下簇

獻繭由
來重女
功繪圖
今見列
宮
聖人不為
丹青玩
玉粒珠
絲此意
同
下簇

擇繭

繭何
時成綺
拮据
莫忘一
身寒八
獨稱
蓬須擇
几上分
明取次
觀
擇繭

蠶蛾

祀謝

蠶繰輪捲已千家午靜人情鳥語譁浸緯形秀供織作阿香軋軋轉雷車
緯

緯

織女工夫午夜多何曾已自著絲罥銀蘭照雯方成寸却早循環擲萬梭
織

織

絡絲

經

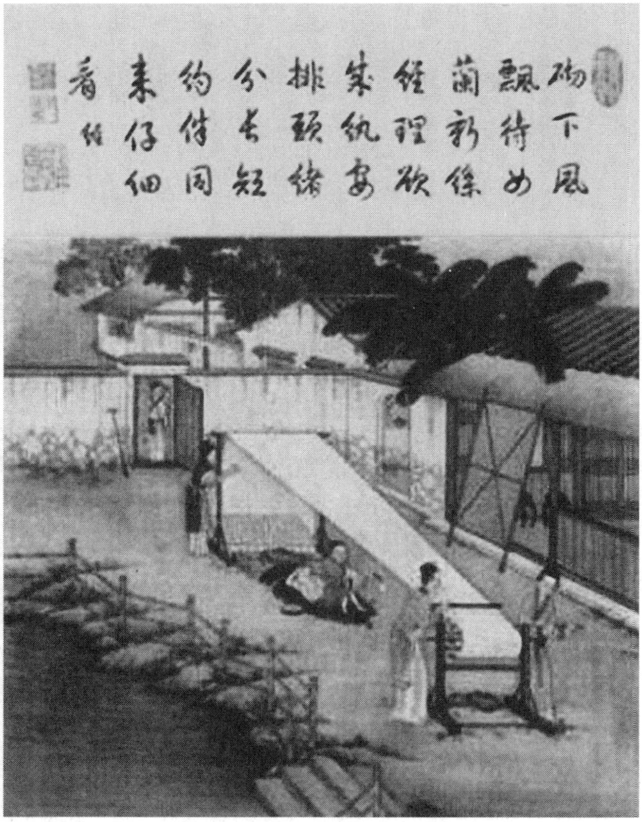

染色

攀花

剪帛

成衣

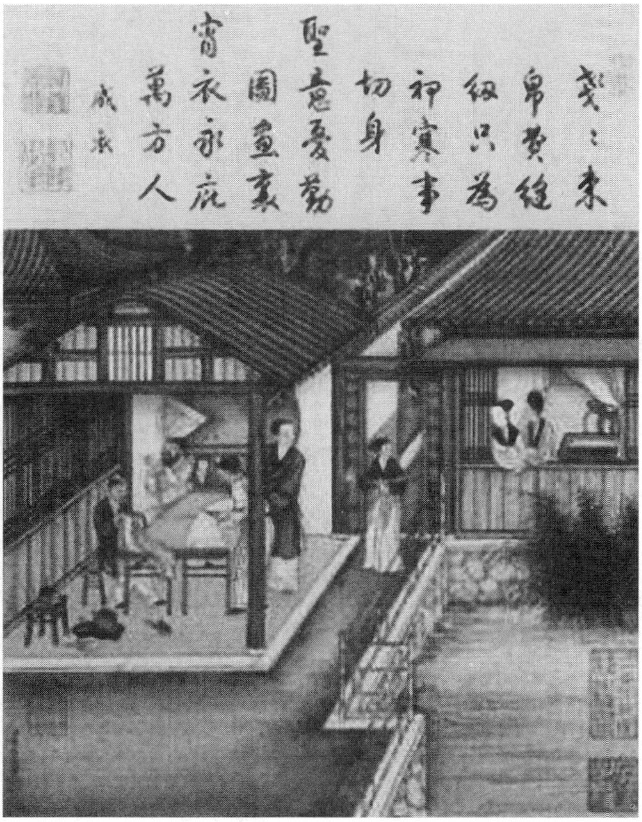

育桑

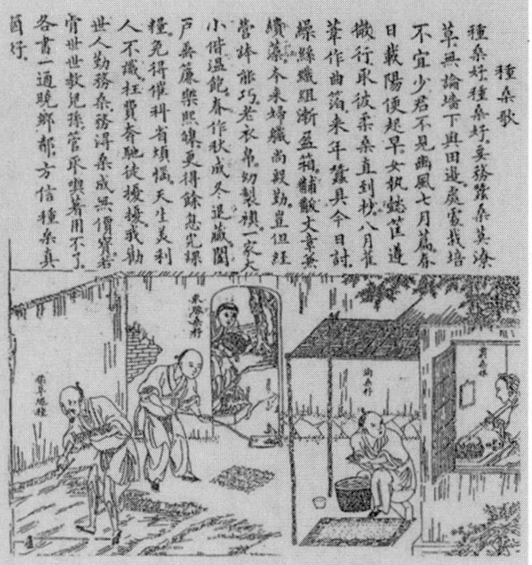
種桑歌
種桑好。種桑好。要務蠶桑莫潦
草。無論墻下與田邊。處處栽培
不宜少。君不見豳風七月篇。春
日載陽便起早。女執懿筐遵
微行。爰彼柔桑直到秋。八月萑
葦作曲箔。來年蠶具今日討。
繰絲織組漸盈箱。黼黻文章兼
續藻。不來婦織尚殷勤。豈但紝
營妹能巧。老衣帛。幼製襦。一家大
小皆溫飽。春作秋成冬退藏。闔
戶桑蔭樂熙熙。更得餘息究探
種。免得催科省煩惱。天生美利
人不識。枉費奔馳徒擾擾。我勸
世人勤務桑。務得桑成無價寶。若
肯世世教兒孫。管取與着用不了。
各書一通曉鄉都。方信種桑真
箇好。

種桑

桑樹修剪

栽桑

桑樹管理

採桑

祀先蠶

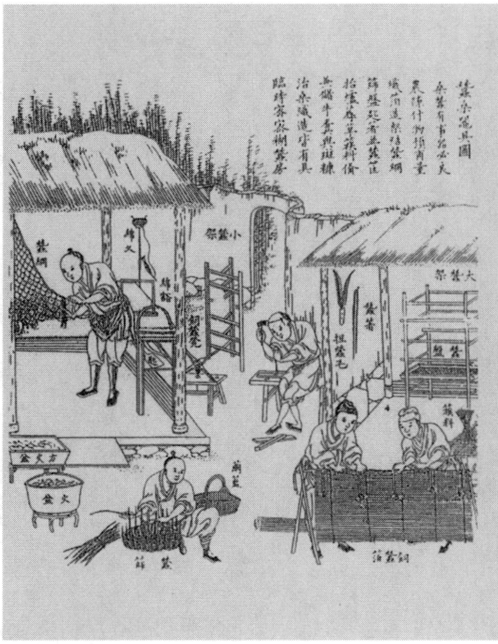

蠶桑器具

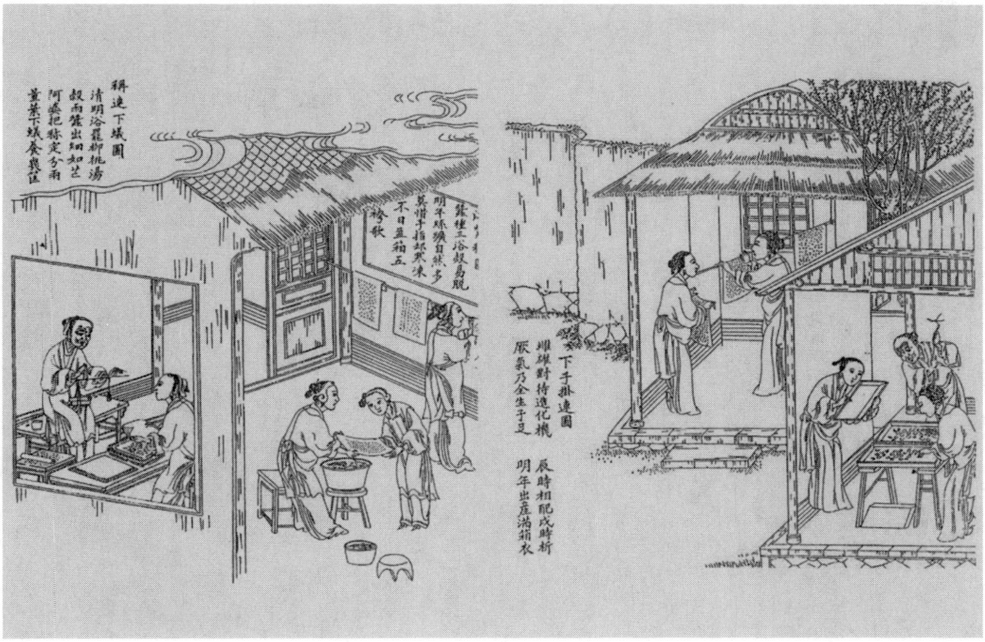

下子掛連　浴蠶種　稱連下蟻

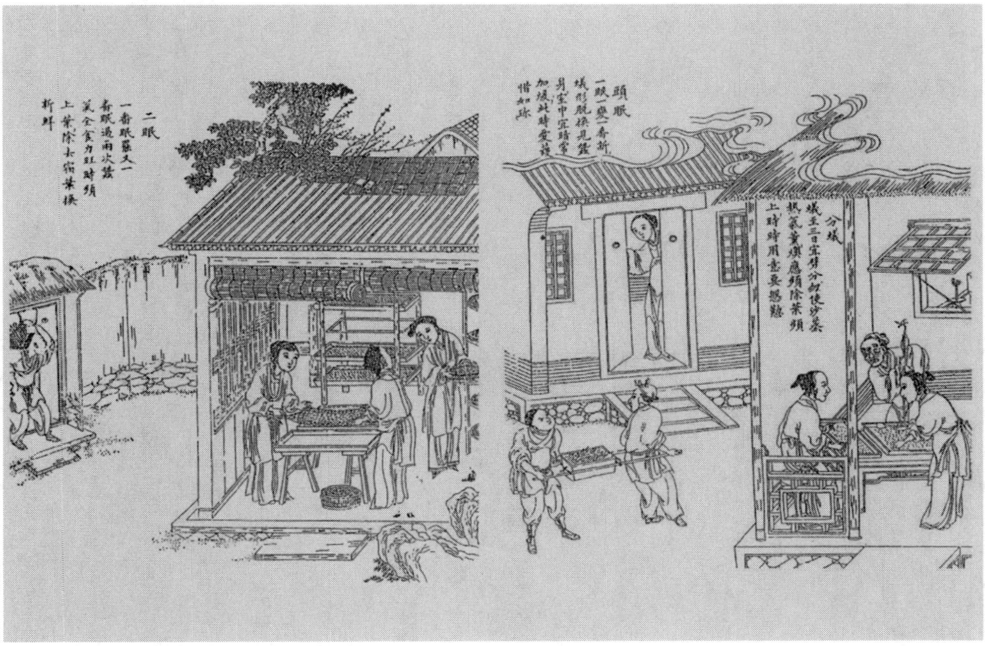

分蟻　頭眠　二眠

摘繭　上簇　大眠

繅水絲　晾繭　蒸繭

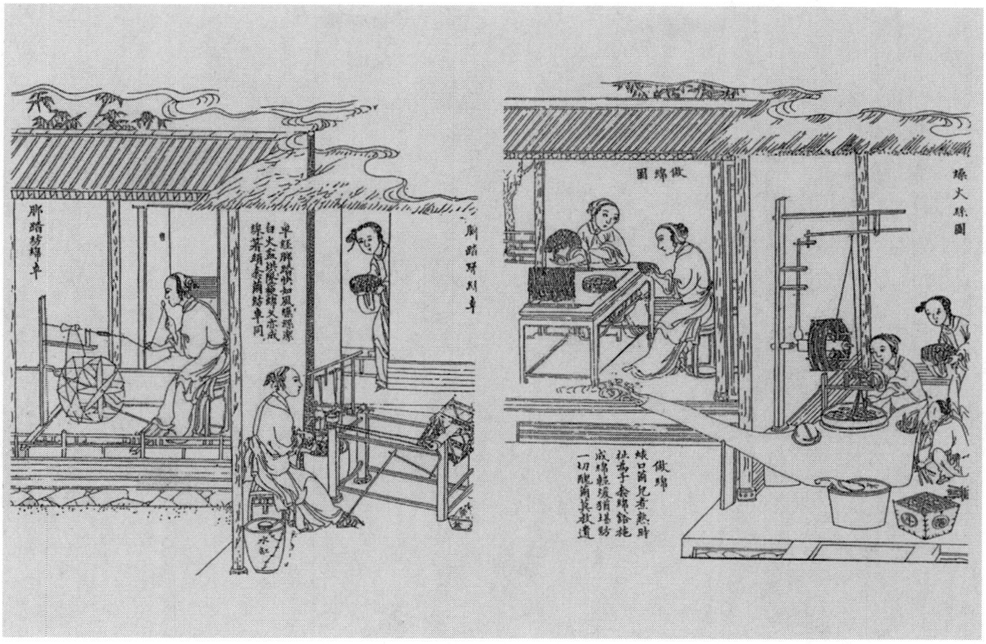

繅火絲

做綿

脚踏綿絲車

脚踏紡綿車

解絲緯絲

絡車

經

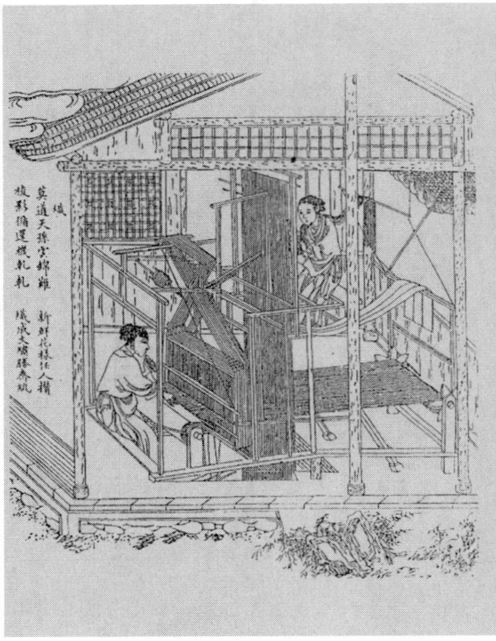

織

絧絲

成衣

謝先蠶

清 吴嘉猷《蠶桑圖説》

種桑大要

剪接本桑并剪桑

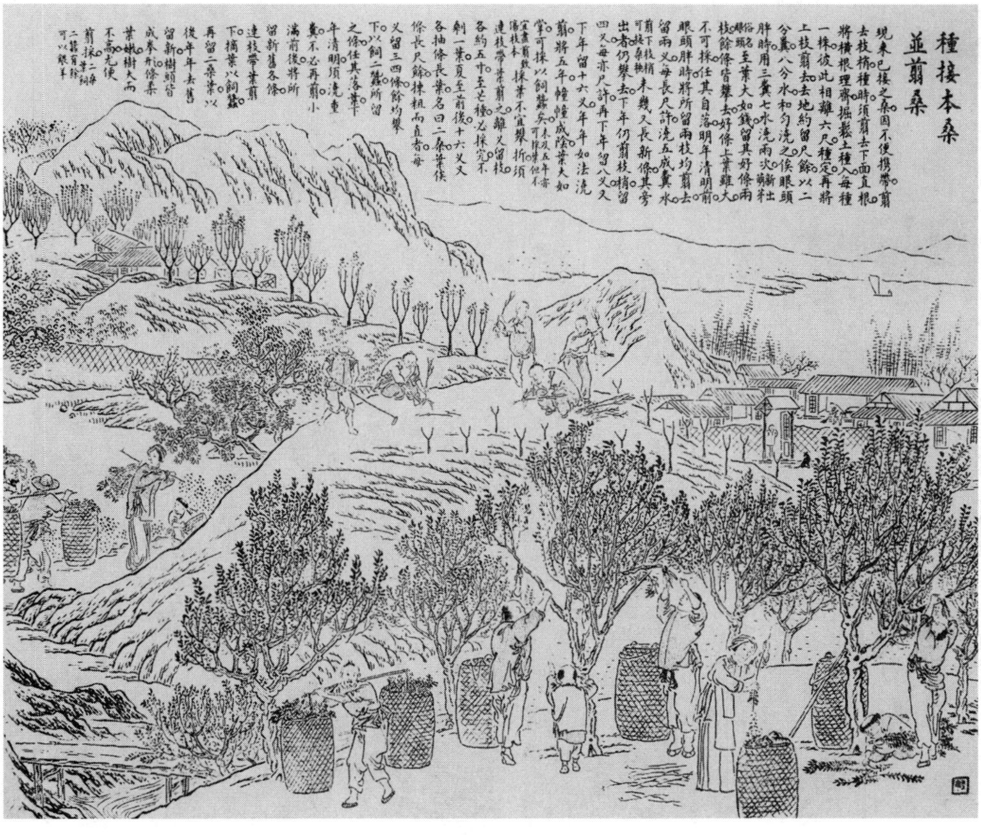

種桑秧

種桑秧
買來桑秧。大小兩項。其大桑秧照種接本法。將下面直根翦去。每枝相離六尺。插土種之。亦翦去其梢。留本約尺許。用一分糞。九分水。和勻澆灌。平時澆以二糞八水。不一月抽條長葉。將旁出者擘去。留其粗枝一條。○種小桑秧先將地墾鬆。培土作埂。約闊二尺五寸。將秧下直根。翦留四寸。用細竹粗如指者。扦土作小孔。將秧插入。用泥蓋滿。上面枝梢。亦翦留四寸。凡地約種五株。埂上兩邊。可種兩行。即以一糞九水。和勻澆之。平時亦照二八澆灌。照大桑秧法。留粗枝一條。凡種桑之地。四面均須開溝。地上不留寸草。其種小秧須築埂者。亦防水漬也。○又購到各項桑枝。雖已乾涸。但須種後。如法澆灌。自能還滋。倘用水浸潑。反不能活。

接桑

接桑
本年所種大桑秧。明年春分前。澆三七分糞水。將本枝斜劈翦去。離地只留二寸。用桑刀將枝上之皮剖開少許。取接本桑上翦下之嫩條。粗如箸者。斜翦二段。各長二三寸。插入桑本皮內。以稻草一莖紮鬆。再用泥糊好。再

下秧

蠶種

收子

收子
春蠶作繭不大而堅者留之。約八九日。蛾將出。五更時。俾其雌雄配成對。俗名門蛾。俟門至午未後。將雨蛾折開。用布一方。取蛾數十置其上。將布挂於壁間。有蛾即生子。密粘於布。俟滿取下。擇卧室中懸挂。以防鼠嚙。不可有香臭氣。及烟煤熏蒸。挂至初冬。摺置箱匳。待時而浴。

浴蠶

浴蠶
春間所留蠶種。至臘月八日。其鹹種用鹽滷浸之。今晨浸。明晨取出。泡綠茶極濃。候涼。取子在茶汁中。輕輕漂淨滷氣。揀淨處懸挂。候乾。仍置箱匳。俟明春穀雨時收。淡其淡種用石灰泡水浸。約一日取起。餘與鹹種同。二者鹹種為佳。楚人不知浴蠶。故其蠶食葉多而作繭薄。

收蠶

收蠶
穀雨前。蠶子盡變綠色。不時取閲。見其久變青墨色。内有一二細如髪。蠕蠕欲動。是秧將出矣。仍密藏之。待桑枝抽有嫩葉。乃取出。温於懷中。一半日。攤開暖處晾之。又半日。俟其出齊。用雞毛輕掃下。是謂收蠶。桑葉未發切勿早溫
既收後。即採嫩葉。用快刀切成細絲。洒蠶上。蠶漸能食。四五日後。蠶漸大。切葉可稍粗。天寒。用棉衣或絮被覆蓋。

飼葉

飼葉
收蠶之後。日夜採桑餵養。不可間斷。採桑宜早晚。不宜烈日中。宜燥不宜濕。如雨中採桑。須晾乾。若食濕葉。蠶必病。如過大風。塵沙四起。桑葉沾沙。蠶食之。亦必病。脈以洗淨為宜。

蠶眠
蠶將眠。頭向上。
不食葉。謂之眠
頭。用石灰研細
末。糝蠶身。約一
日。蠶褪其衣。謂
之起娘。初時口
嫩。不宜餵葉。俟
衣褪盡。
三眠三褪。謂之
大眠頭。用秤稱
之。每蠶一觔。前
後食葉約二十
五觔。約可收繭
二觔。每繭二觔。
約可收絲三兩。
楚人採繭十觔。
收絲不過四五
兩。其飼養之不
如法。概可知矣。

上山
三眠之後。食葉甚旺。
移須日夜飼養。萬不
可使稍飢。四五日後。
蠶身明亮。中有一絲
跳動。即要上山。浙俗
紮山之法。用稻草割
去其梢。留二尺餘。大
約拱把。中間用繩紮
縛。兩頭放鬆。置箔上。
箔以蘆梗編成如簾。
下用高板凳兩條。置
兩頭。用竹竿三四根
橫凳上。將箔鋪平。再
取草山。排立於箔。然
後提蠶置山上。任其
高下吐絲。是謂上山。
天寒。用炭火置箔下
溫之。又須將炭盆隨
時移動。使滿箔煖氣
勻和。三日成繭。四五
日齊。晴暖
可以開窗。
謂之晾山。
七日可以
採繭。

蠶忌

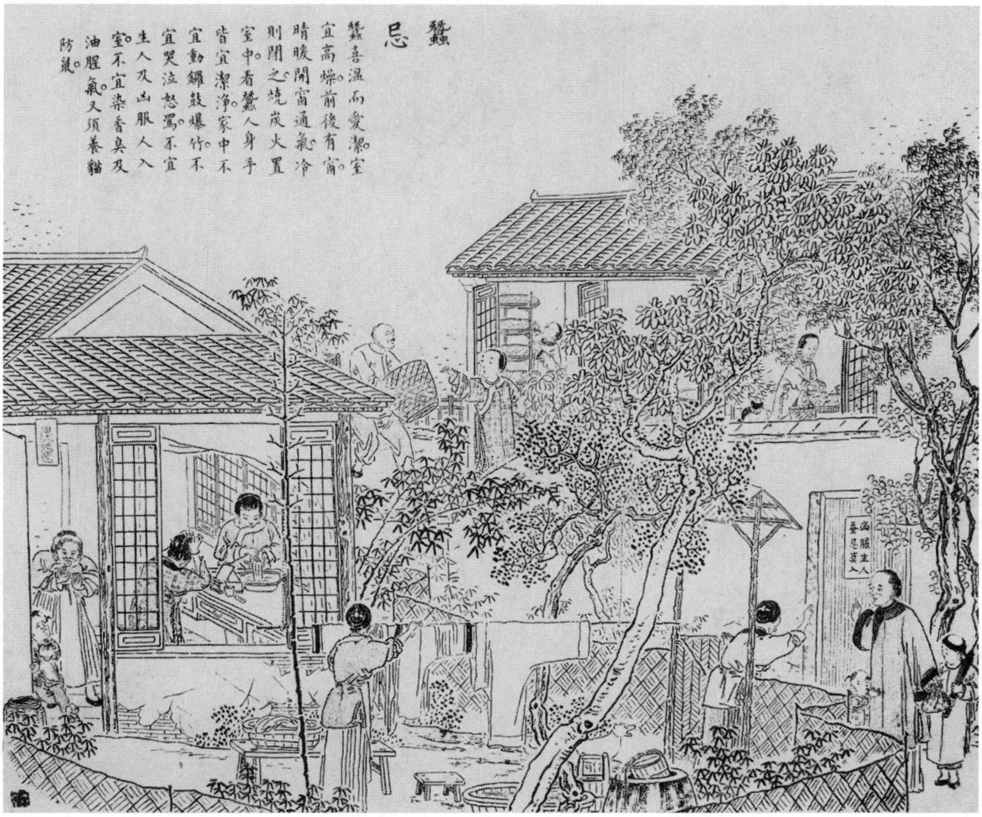
蠶忌
蠶喜溫而愛潔。室宜高燥。前後有窗。晴暖開窗通氣。冷則閉之。燒炭火置室中。看蠶人身手皆宜潔淨。家中不宜動鑼鼓爆竹。不宜哭泣怒罵。不宜生人及山服人入室。不宜染香臭及油腥氣。又須養貓防鼠。

繅絲

繅絲
採繭下。先剝去其外衣。入鍋煮之。以繭六七枚。各撈其頭。繅成一縷者。為細絲。以十二三枚繅絲一縷者。為粗絲。楚人繅絲用手車。不若吾浙脚踏車之靈活。人工亦省。惟踏車之藝。非可言傳。擬買絲車來。命家人親授。俾可傳習。又繅車下須用炭火一盆。帶繅帶烘。絲燥而白。不烘而聽其自乾。則其色黃。入滾繭不宜燒松柴。因松有烟煤。絲染其氣。色不明亮。尤不可不講也。

挑繭

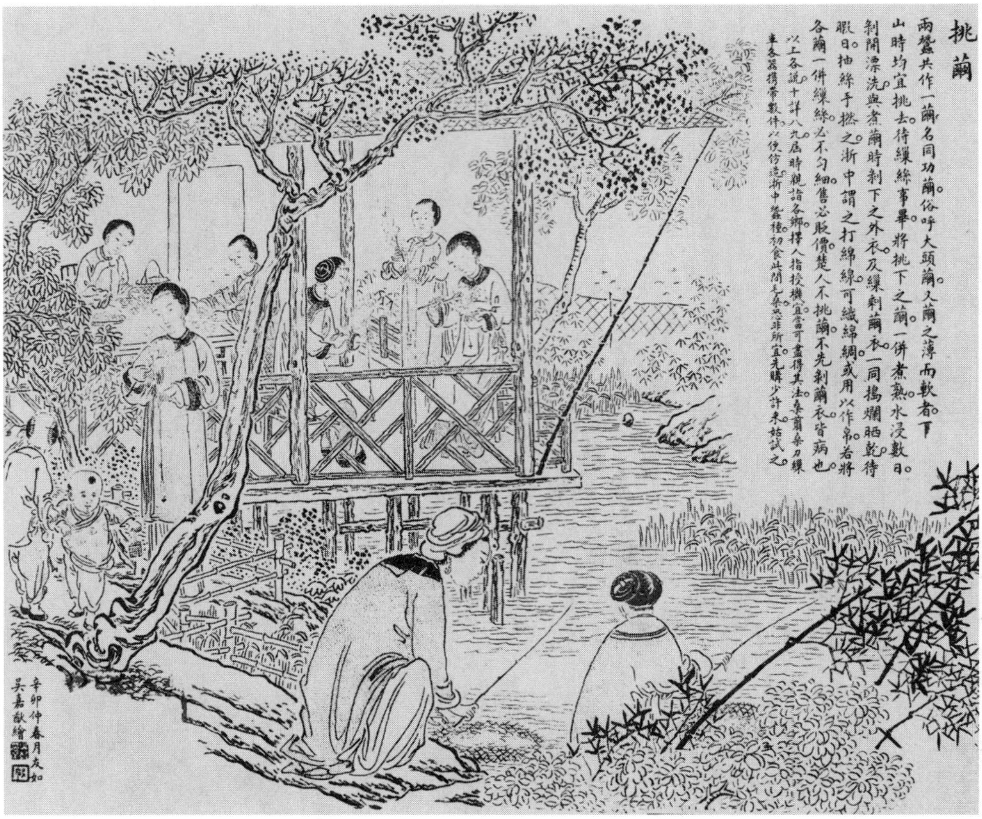

清 衛杰《蠶桑圖説》

辨時第二圖

桑政第一圖

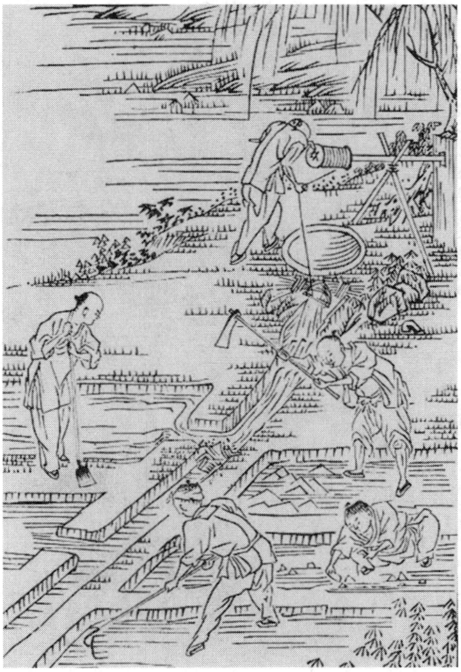

治地第三圖

選種第四圖

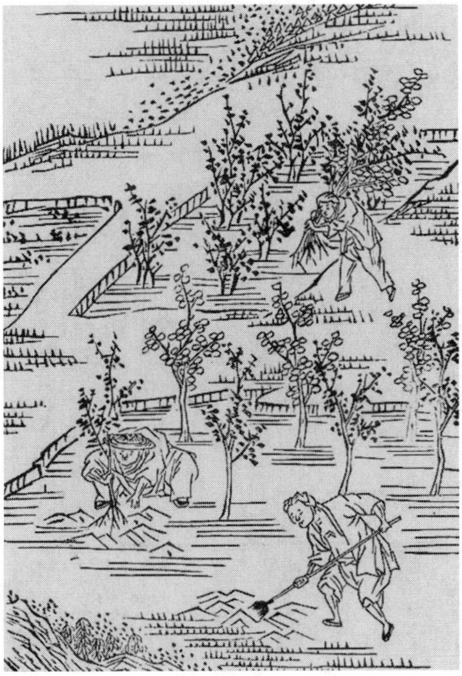

栽桑第五圖

移桑第六圖

盤桑第七圖

採桑第八圖

祀蠶神第一圖

護蠶子第二圖

重蠶母第三圖

辨蠶種第四圖

初眠第五圖

再眠第六圖

三眠第七圖

大食第八圖

揀老第九圖

加簇第十圖

摘繭第十一圖

留子第十二圖

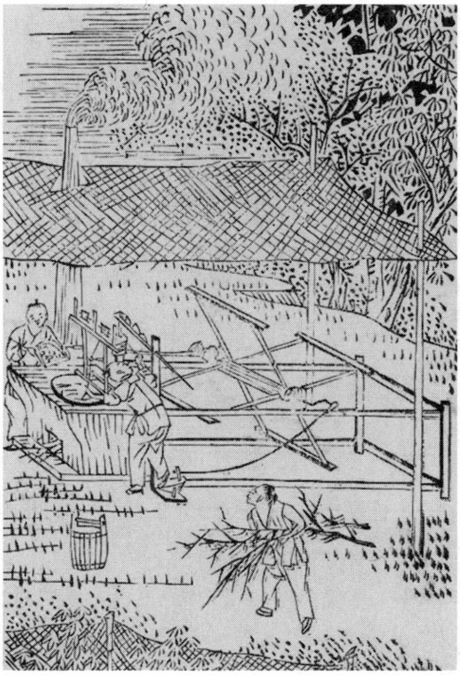

繅絲第一圖

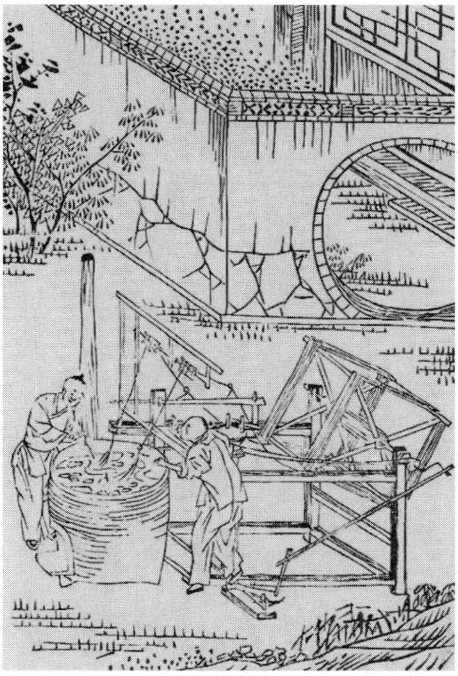

製車第二圖

束捆第三圖

紡絡第四圖

染色第五圖

織紬第六圖

攀花第七圖

成綿第八圖

清 劉祖憲《橡繭圖》

橡利第一

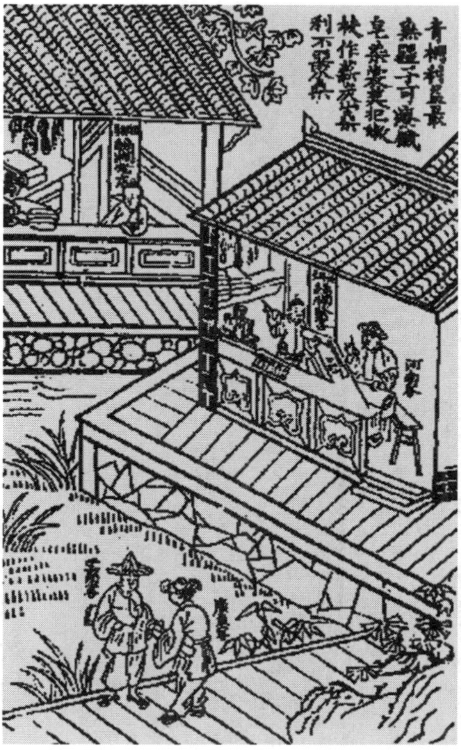

辨橡第二

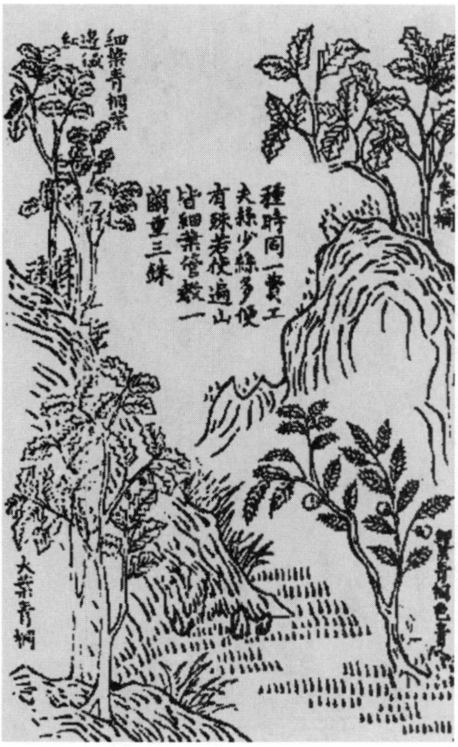

窖橡子第三

擇土第四

種橡第五

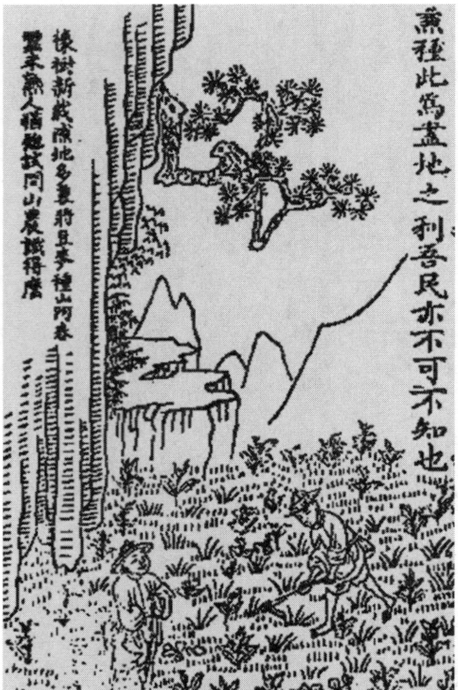

種橡兼種雜糧第六

畜橡第七

斫橡第八

恤橡第九

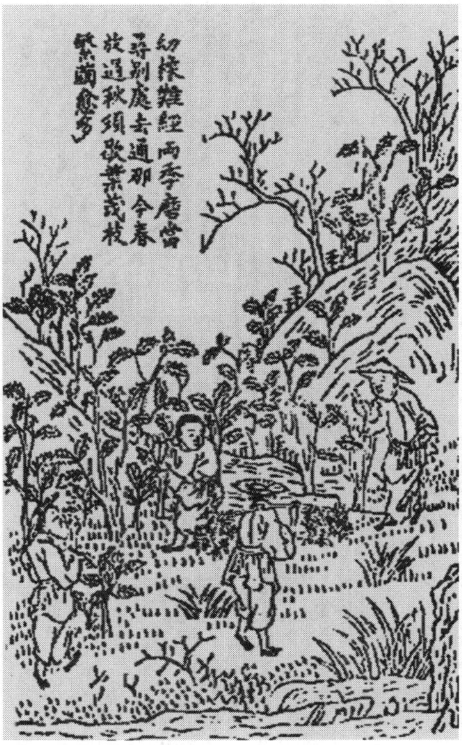

擇種搖種第十

修理烘房第十一

穿種上晾出蛾第十二

烘房火候第十三

提蛾配蛾折蛾數蛾第十四

伏卵出蠶第十五

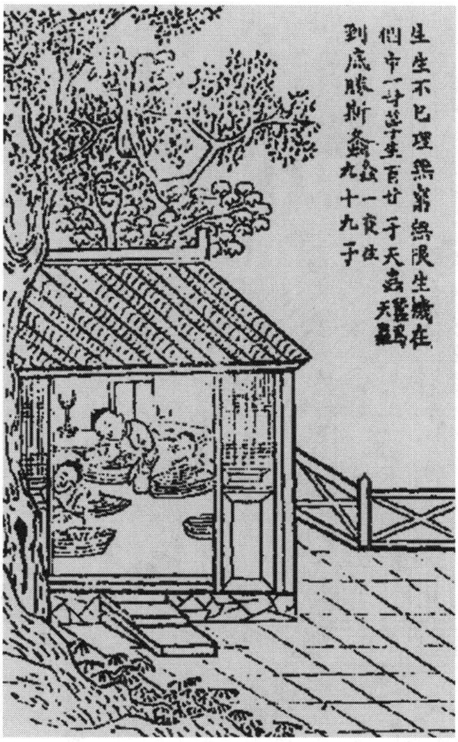

祀蠶第十六

簸風雹法第十七

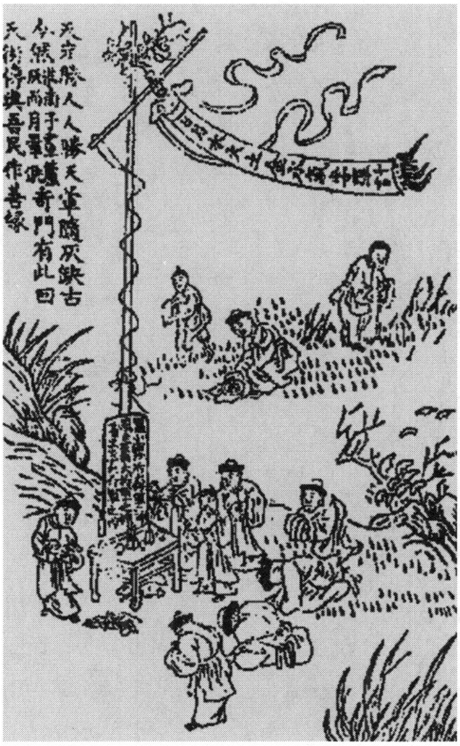

占蠶及繭之成熟第十八

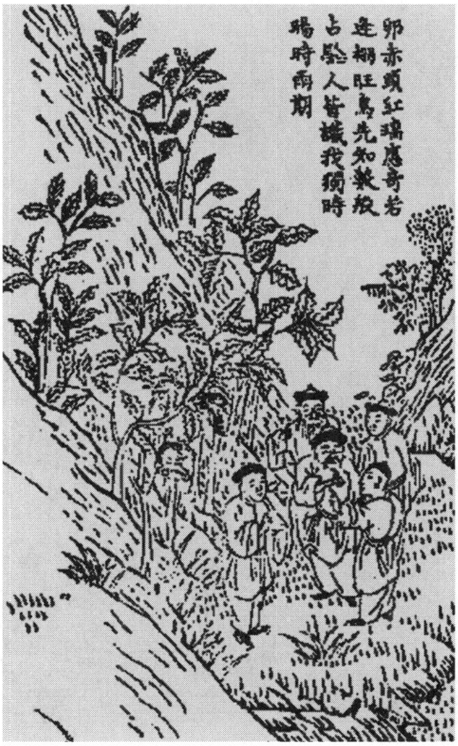

分棚第十九

計本息第二十

春放蠶法第二十一

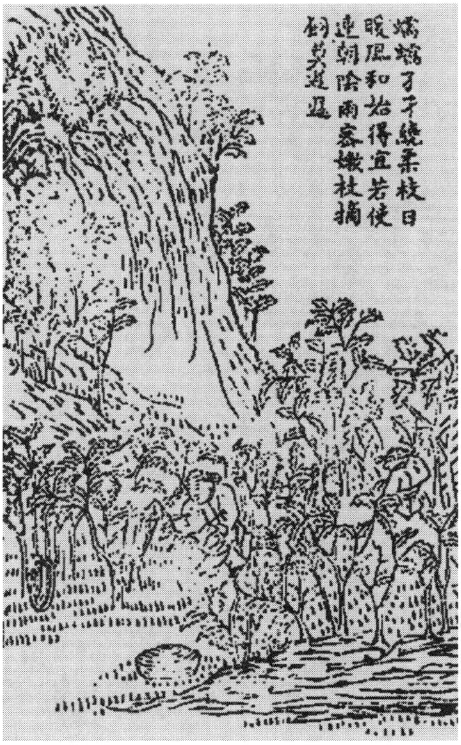

驅鳥第二十二

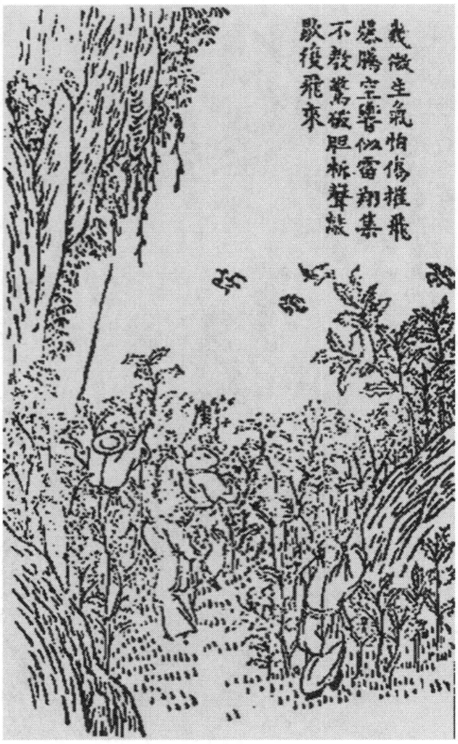

移枝第二十三

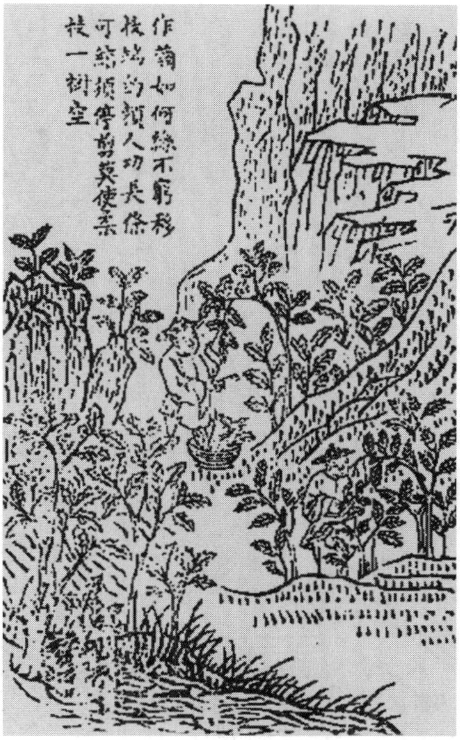

三眠第二十四

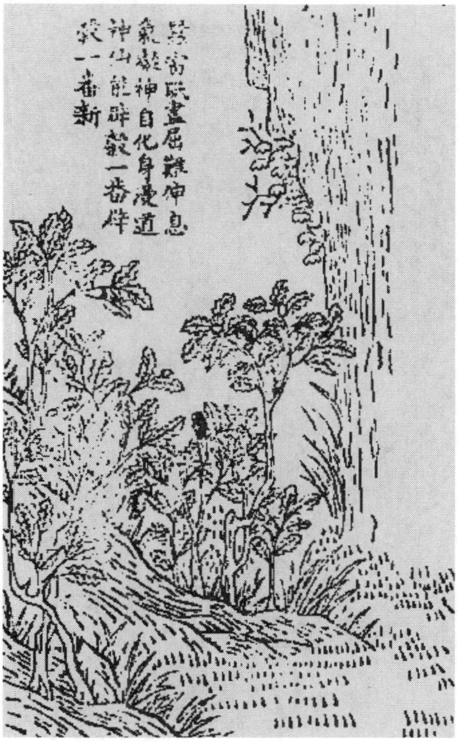

蠶病第二十五

收繭收種第二十六

炕繭第二十七

晾種第二十九

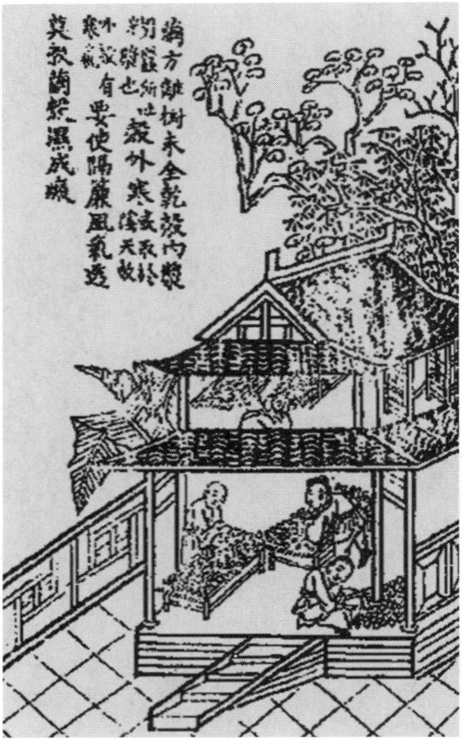

秋放蠶縛枝第二十九

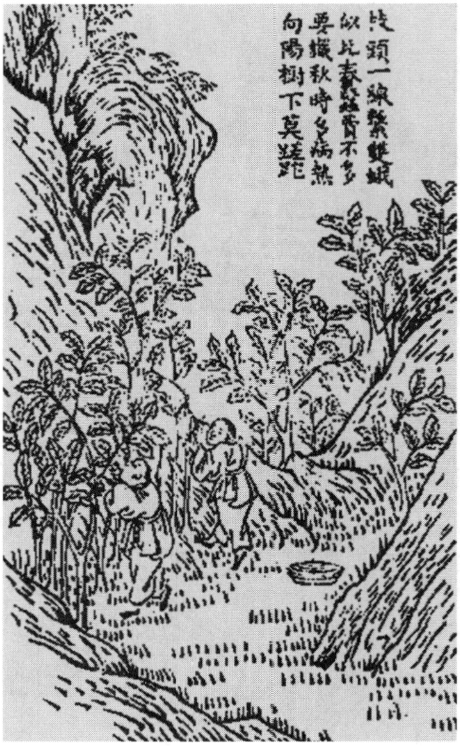

驅蚱蜢毆蜂第三十

煮繭取絲第三十一

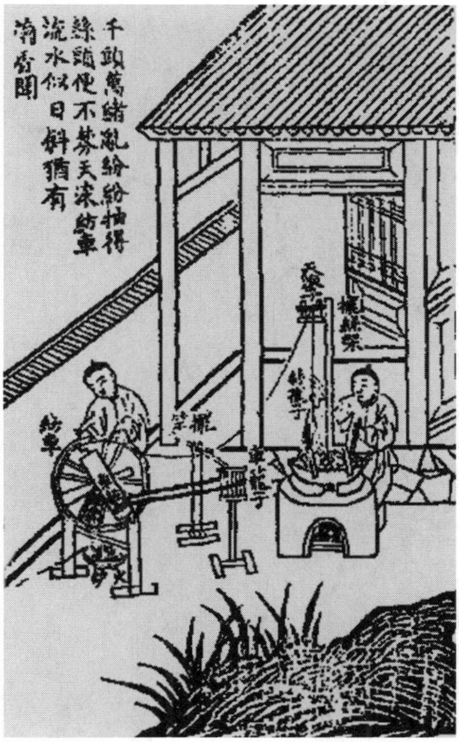

導篇第三十二

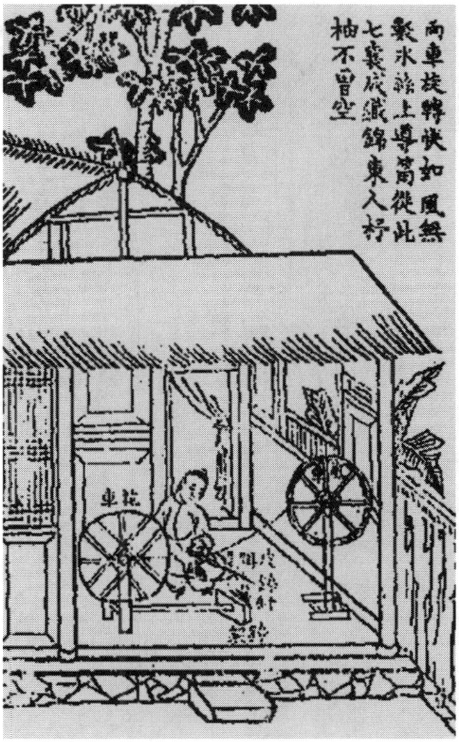

套繭第三十三

絡絲第三十四

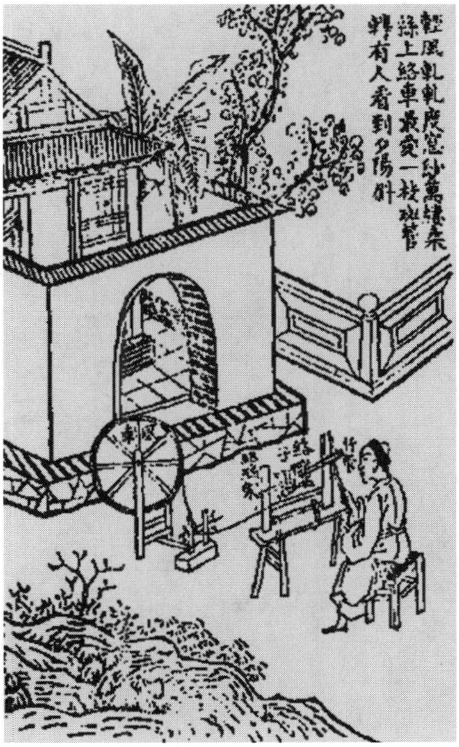

攢絲第三十五

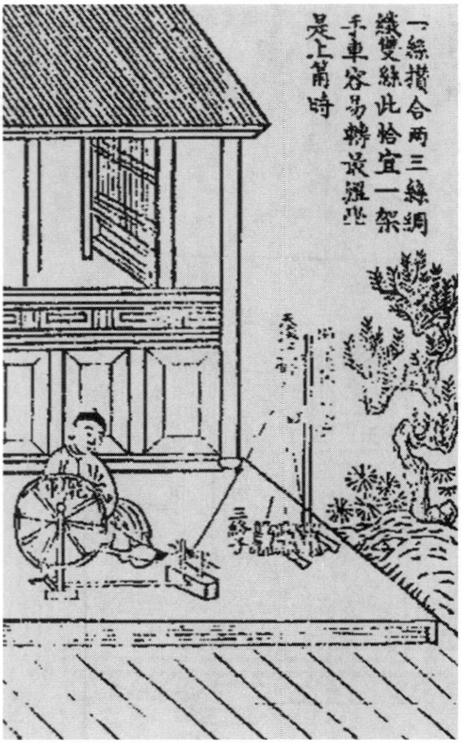

絡緯第三十六

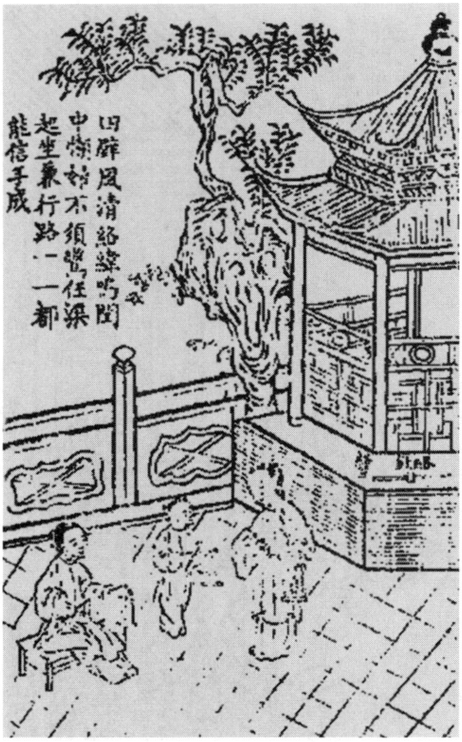

牽絲第三十七

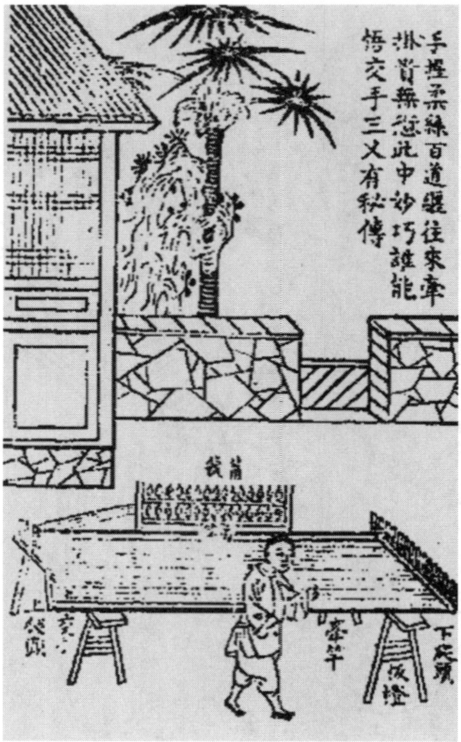

扣絲第三十八

刷絲第三十九

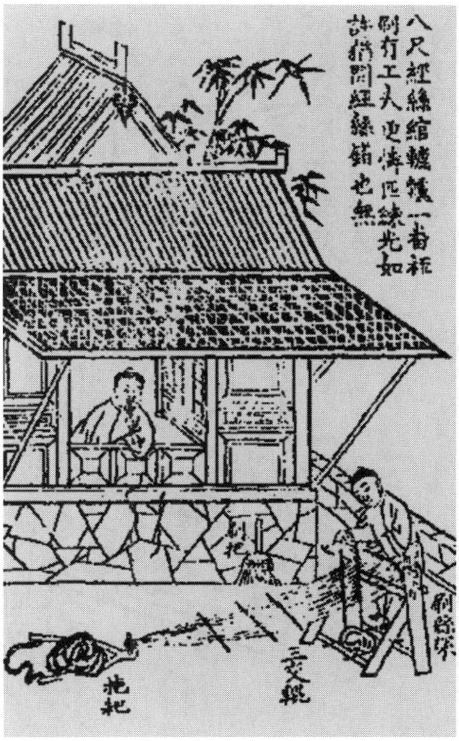

再扣絲緊綜第四十

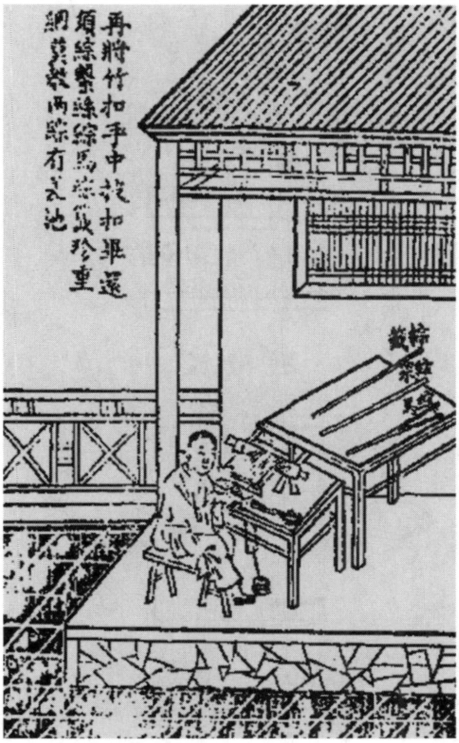

上機度梭成綢第四十一　機床并各器

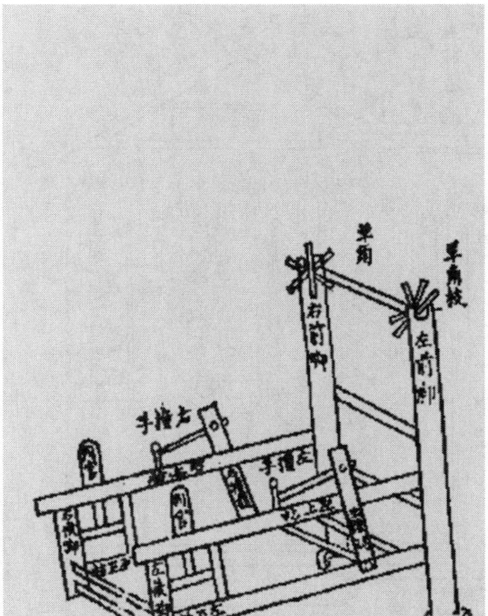

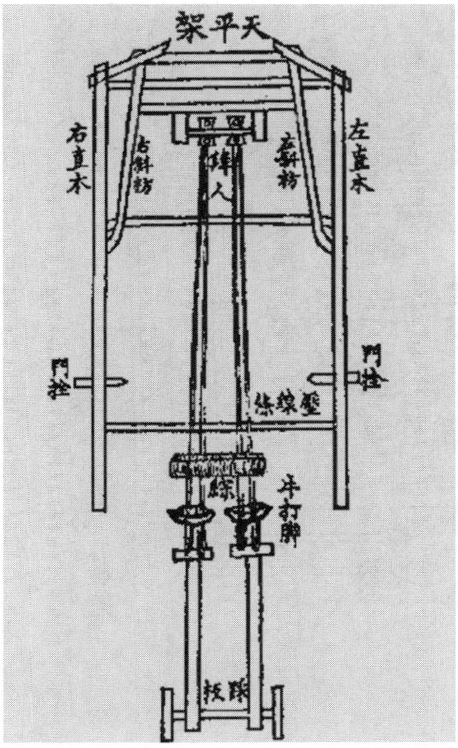

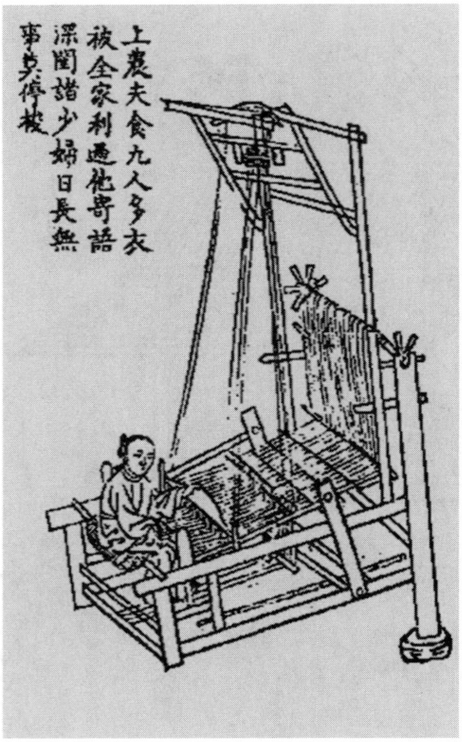

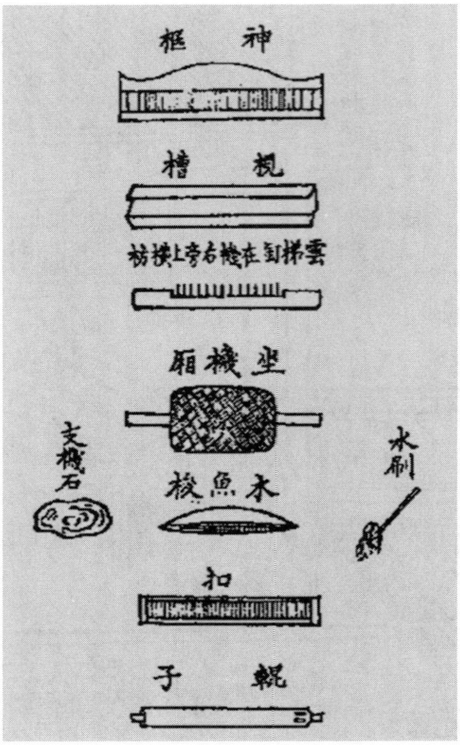

清 何太清《耕織圖》

二眠

浴蠶

三眠

大起

捉績

分箔

采桑

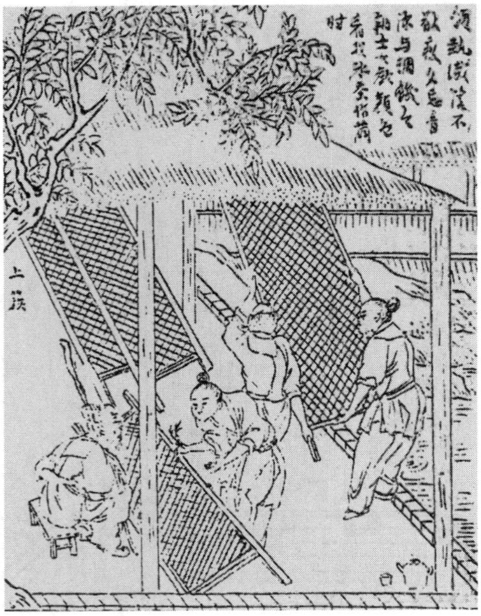

上簇

炙箔

下簇

擇繭

窖繭

練絲

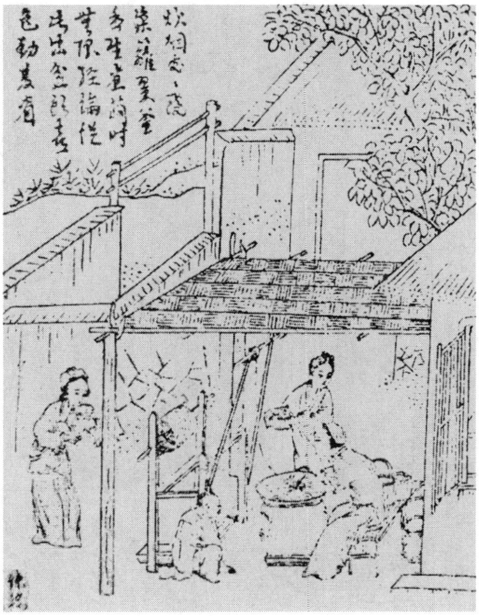

蠶蛾

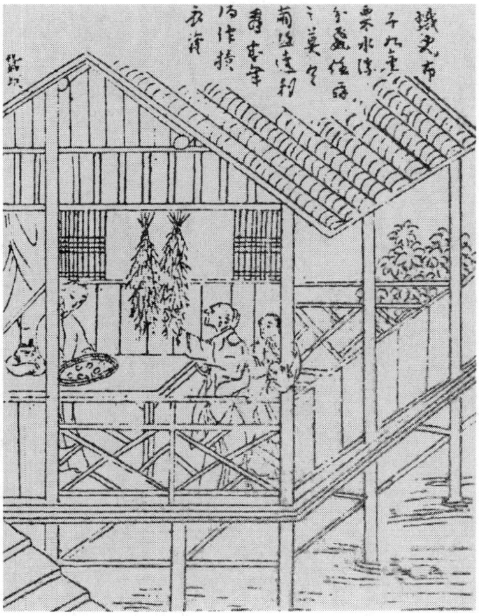

祀謝

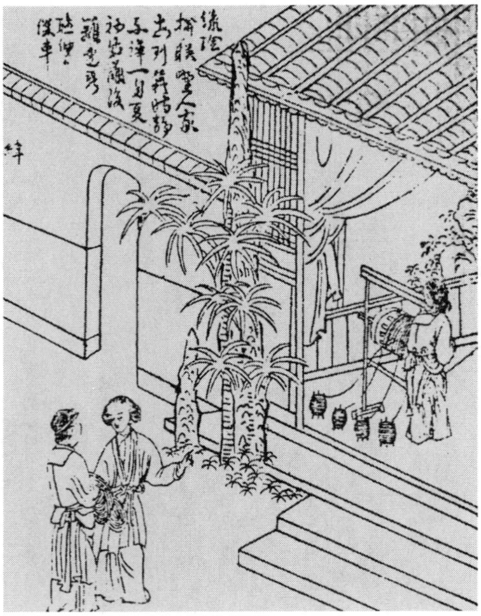

緯

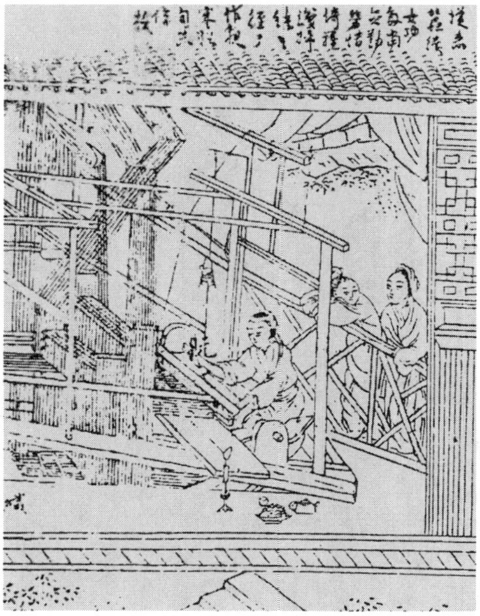

織

絡絲

經

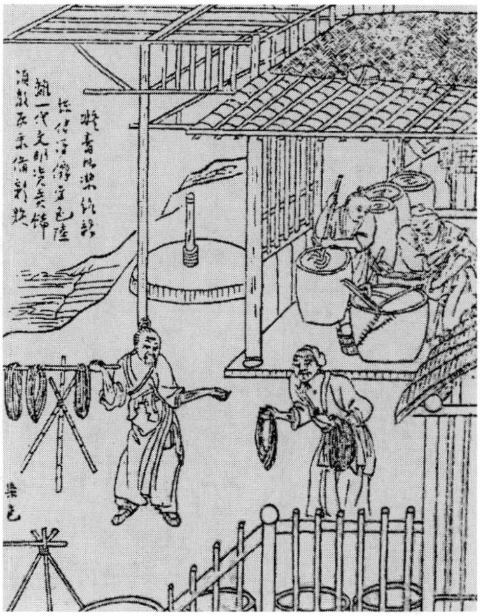

染色

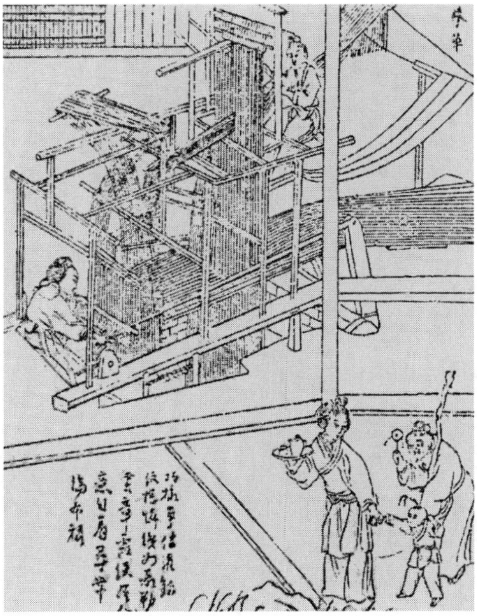

攀花

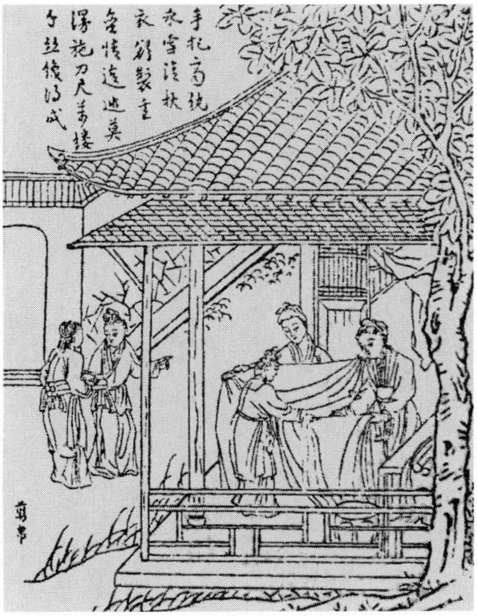

剪帛

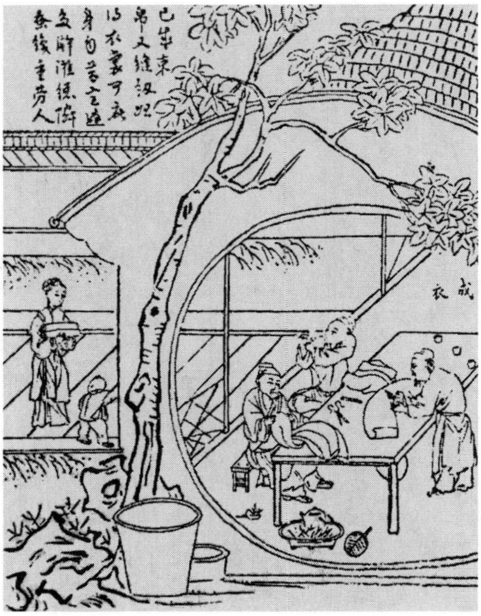

成衣

桑柘總部

桑柘總部説明

桑、柘同科，均爲落葉喬木，有乳汁，單葉互生。桑葉、柘業是家蠶的主要飼料，我國各地均有野生或人工栽培的桑樹、柘樹。桑樹樹冠呈倒卵圓形、葉卵形或寬卵形，鋸齒粗鈍，僅葉背有毛。屬聚花果，桑椹（桑果）爲紫黑色、淡紅或白色，多汁味甜。桑柘總部分爲桑樹基礎部、桑樹品種部、桑樹繁育部、桑園管理部和柘部。桑樹基礎部收録了古籍文獻中對桑樹形態、結構、生長特性的記載。

我國生長的桑樹種質分屬十五個桑種三個變種，是世界上桑種最多的國家。其中栽培種有魯桑、白桑、廣東桑、瑞穗桑；野生桑種有長穗桑、長果桑、黑桑、華桑、細齒桑、蒙桑、山桑、川桑、唐鬼桑、滇桑、鷄桑；變種有鬼桑（蒙桑的變種）、大葉桑（白桑的變種）、垂枝桑（白桑的變種）。桑樹品種部輯録的古代文獻記載涉及桑樹品名多達上百種。我國古代，桑樹往往以産地、樹形、莖葉形狀和色澤命名，野生桑種也常常被統稱爲野桑。目前尚無法把古文獻記載的各個桑樹品名準確地歸入現代桑樹分類中去，只能根據古籍記載和相關情况進行大致歸類。

現代桑樹繁殖分有性繁殖和無性繁殖兩種。有性繁殖是用種子育苗，無性繁殖是用枝條進行嫁接、壓條或扡插育苗。我國古代農家多用自行繁殖培育桑苗，桑樹繁育部收録的文獻記載包括有性繁殖的收籽、播種，無性繁殖的扡插、壓條和嫁接，以及桑苗培育和移栽等方法和措施。其中最精彩的桑苗嫁接，技術方法多，成效好，史料豐富，是先人留下的一筆豐厚遺産。

古今桑園管理技術措施比較接近。桑樹移栽定植後，要通過剪定、疏芽、摘心等技術措施，養成一定的樹型，利於多生枝條，增加桑葉産量，并便於收穫和田間作業，這就是修剪枝。此外，還需要進行桑園施肥除草，除蟲防病，預防霜、凍、風、雹等氣象灾害，以及其他栽培管理作業。桑園管理部除輯録了樹型養成、病蟲害防治等田間管理作業的歷史文獻資料外，還輯録了桑下間種的記載，如桑樹下可種緑豆、小豆、蠶豆、黑豆等豆科作物，也可種菜、種黍、種棉、種[illegible]等，但不宜種麥穀藤蔓之物，也不宜種楊、種芥菜，以免引起桑樹生蟲或導致蠶食葉後死去。

柘部輯録的主要資料是種植柘樹和利用柘葉養蠶。柘葉不僅是桑葉的臨時替代飼料，而且給蠶添食柘葉後能夠增强蠶絲的强度。古籍記載中，往往把桑柘編入同一個部。北魏賈思勰的《齊民要術》詳細記録了種植柘樹的具體方法及其用途。許多古籍都提到要給家蠶添食柘葉，介紹飼養柘蠶的方法。

桑柘總部

桑樹基礎部

概説

論説

明 黃省曾《蠶經》 其占桑葉之貴賤也，以正月之上旬，木在一日也，則爲蠶食一葉爲甚貴。木在九日也，則爲蠶食九葉爲甚賤。又以三月之三日有雨則貴，四日尤貴。諺曰：『三日尤可，四日殺我。』陰而不雨，則蠶大善。其壅也，以糞，以蠶沙，以稻草之灰，以溝池之泥，以肥土。其初藝之壅也，以水藻，以綿花之子，壅其本則煖而易發。初春而脩也，去其枝之枯者，樹之低小者，啓其根，而糞泥壅之，不然則葉遲而薄。凡擇桑之本也，皺皮者，其葉必小而薄；白皮而節疏，芽大者，爲柿葉之桑，其葉必大而厚，是堅繭而多絲。高而白者，宜山岡之地，或牆隅而籬畔。五月也，收桑椹，而水淘少曬焉，畦而種之，至冬而焚其梢，及明年而分種之。短而靑者，宜水鄉之地。正二月也，木鈎攀之，土壓，朞年而截之，移而種之，歲糞也二。其壓也，濕土則條爛，焦土則根生。撒子而種，不若條而壓。其爲桑之害也，有桑牛，尋其穴，桐油抹之則死。或以蒲毋草，草之狀也，如竹葉，其桑葉之葉癩也，亦以草汁而沃之。桑之下，可以藝蔬。其藝桑之園，不可以藝楊。藝之，多楊甲之蟲，是食桑皮，而子化其中焉。二月而接也，有揷接，有劈接，有壓接，有搭接，有換接。穀而接桑也，其葉肥大。桑而接梨也，則脆美。桑而接楊梅也，則不酸。勿用雞脚之桑，其葉薄，是薄繭而少絲。其葉之生黃衣而皺者，木將就槁，名曰金桑，蠶則不食。先椹而後葉者，其葉必少。有柘蠶焉，是食柘而早繭。其靑桑無子，而葉不甚厚者，是宐初蠶。望海之桑，種之術與白桑同。是皆臘月開塘而加糞，卽壅之以土泥，或二或三，六七月之間，乃去其蟲，開塘加糞，壅土宐遲。紫藤之桑，其種高大，是不用剪。其葉厚大，尤早種之也，宜邇于竈屋，不必開塘而糞壅。惟幼稚之時，待冬而糞，或二或三，以臘月爲佳。

明 徐光啓《農政全書》卷三二《蠶桑》 黃省曾《藝桑總論》曰：『有地桑，出於南潯。有條桑，出於杭之臨平。其鬻之時，以正月之中、上旬。其鬻之地，以北新關內之江將橋。旭旦也，擔而至，陳於梁之左右，午而散。大者株以二厘，其長八尺。其種也，耨地而糞之，截其枚，謂之嫁。留近本之枝尺餘許，深埋之，出土也寸焉。培而高之以泄水，墨其瘢，或覆以螺殼，或塗以蠟，而瀝靑油煎封之，是防梅雨之所侵。糞其周圍，使其根四達；若直灌其本，則聾而死，未活也。不可灌水，灌以和水之糞，二年而盛。其在土也，月一鋤焉，或二起翻也，必尺許，灌以純糞，遍沃於桑之地，使及其根之引者。不摘葉也，三年則其發茂，禁損其枝之奮者。桑之下，厥草木，留則茂。蠶之時，其摘也必潔净，遂剪焉。南潯之剪，價以七分。必於交湊之處，空其幹焉，則來年條滋而葉厚，歲歲剪條則盛。禁原蠶之飼，飼則來年枝纖而葉薄。桑之壅也，以糞、以蠶沙、以稻草之灰、以溝池之泥、以肥土。其初藝之壅也，以水藻、以棉花之子，壅其本則煖而易發。玄扈先生曰：「以豆餅、以棉餅、以麻餅、以猪羊牛馬之糞。」初春而修也，去其枝之枯者，樹之低小者。啓其根，而糞泥壅之，不然，則葉遲而薄。凡擇桑之本也，皺皮者，其葉必小而薄；白皮而節疏，芽大者，為柿葉之桑，其葉必大而厚，是堅繭而多絲。高而白者，宜山崗之地，或墻隅而籬畔。五月也，收桑椹而水淘，少曬焉。畦而種之，至冬而焚其梢，及明年而分種之。短而靑者，宜水鄉之地。正二月也，木鈎攀之，土壓，期年而截之，移而種之，歲糞也二。其壓也，濕土則條爛，焦土則根生。撒子而種，不若條而壓。其為桑之害也，有桑牛，尋其穴，桐油抹之則死。或以蒲母草，草之狀也，如竹葉，其桑葉之葉癩也。亦以草汁而沃之，桑之下可以藝蔬，其藝桑之園，不可以藝楊。藝之，多楊甲之蟲玄扈先生曰：「楊不可絶，宜勤捕之」。是食桑皮，而子化其中焉。二月而接也，有插接、有劈接、有壓接、有搭接、有換接。穀而接桑也，其葉肥大。桑而接梨也，則脆美。桑而接楊梅也，則不酸。勿用鷄脚之桑，其葉薄，是薄繭而少絲。其葉之生黃衣而皺者，木將就槁，名曰金桑，蠶則不食。先椹而後葉者，其葉必少。有柘蠶焉，是食柘而早繭。其靑桑，無子而葉不甚厚者，是宜初蠶。望海之桑，種之術與白桑同。是皆臘月開塘而加糞，即壅之以土泥，或二或三，六、七月之間，乃去其蟲。開塘加糞，壅土宜遲。紫藤之桑，其種高大，是不用剪。其葉厚大，尤早種之也，宜邇於竈屋，不必開塘而糞壅。惟幼稚之時，待冬而糞，或二或三，以臘月為佳。」

（康熙）《諸羅縣志》卷八《風俗志》 滿大中丞嘗著《蠶桑要法》，以教閩人矣。其援据《經傳》所載，天下之土，無不宜於蠶桑者，而特慮夫育蠶、樹桑之法，或未講明而習熟，于是繪爲十二圖，而詳詔之，今頒在郡縣者，可攷也。諸羅下土墳壚，《小雅》之詩曰：『隰桑有阿，其葉有儺。』開畝樹桑，蕃衍沃若無難，因以購種育蠶，卽蠶事興矣。

清 李拔《蠶桑説》《牧令書》卷一〇 一名壓桑。春初取桑枝大者，長二三尺許，橫壓土中，上掩肥土約二寸，萌芽漸長三四月後可四五尺。七月間連根枝先削去一半，九月盡行翦斷，次年春月移栽，較接本之桑更好。

一名子桑，乃桑葚所種，四月取黑桑葚揉碎，用糞灰和土種入地寸許，一月可發芽，三四月可長二尺許，再逾年移栽，四五年始成樹，仍結子，惟葉稍薄，亦可養蠶，不過難取。

一名花桑，亦由種子而成，其葉與壓桑相似，但有花無實，與子桑異，湖州種小桑接之。

清 陳熾《續富國策》卷一《農書》 德人有精究蠶桑之學，在中國、日本數十年，刻尚主持上海繅絲廠務者，談及中國所出蠶絲，光白柔韌，實勝於日本、意大利諸邦。惟中國毫不講求，致大利漸為外人所奪耳。嘗深究中國蠶桑所以勝於各國者，太湖一水，實為美利之真源，江浙產絲各區，近太湖者，桑葉無不沃若，蠶絲無不光柔；遠者則否，若紹興各府，則與意日諸邦等耳。蓋湖水清澄，性肥而暖，百物停蓄則肥，日光久照則暖，故各種植物皆格外盛大。而桑性尤宜中國洪澤、巢湖、鄱陽、洞庭、全明、大明、滇池、昆明等湖，不翅數十，誠能推廣此意，遍植蠶桑以太湖例之，每歲絲綢之利，不下一萬萬金，每湖萬萬，即數十萬萬金。即云地利人工，勢難齊一，得十分之一二，每歲亦數萬萬金，即此蠶桑一宗，已足為全地球第一大富之國。天下尚有窮民哉！此種桑之應推廣者，三也。

清 王世熙編輯《蠶桑圖説》金編《蠶桑總論・蠶桑論》 蠶所賴者，專在桑。其樹桑也，自牆下簷隙，以暨田之畔、池之上，無乎不有。故浙之杭、嘉、湖，雖有惰農，亦無棄地。其名桑也，不曰桑，而曰葉桑。地宜平，不宜低濕，高平處亦宜培土深厚。蠶桑隨地可興，惟湖州獨甲天下，不獨盡藝養之宜，蓋亦治地得其道焉。厥土塗泥，水潦易消，《周禮》謂：川澤之土，植物宜膏；原隰之土，植物宜叢。湖實兼之，乃淮南所謂息土也。地利既擅，人功尤備，以桑之宜蔬也；墾必數四，深必尺餘，以桑之喜肥也；壅以蠶沙、暨豆屑、糞草，以桑之惡沙礫草萊也。植必平原，芟必淨盡，治地之道，能順桑性，故生葉蕃大而厚。二三眠後之蠶，皆賴此以爲飼。

又《原性治病法》 桑地宜高不宜陷，桑性惡濕而好乾，惡瘠而好肥，惡蔭蔽而好軒敞，故曠野植之，無不發也。如臨低地水漲時浸之，則根受病，須於水退數日後，地土略乾，即用人糞澆之，不致受傷。有時葉黄枝槁，謂之『桑驚』，宜用餅肥之，人糞澆之亦可治。桑癩以蒲母草汁沃之，瘻桑即墾去，勿令纏染，蓋桑瘻無治法也。桑老而枯，或中空，此年代久遠不能不敗者，也於其前後左右空缺處，補植一株，兩三年後，將已敗者伐去，而養其新者，則土不曠矣，如不補植，則將已敗之樹，離地六七寸截去，而留其老樁，以肥土堆積其上，俟明春另發嫩條，養成低桑，亦一善法也。低桑放葉較早，於采小葉者最宜，但去地近遇有驟雨，葉上或有泥點，須擦淨，方可飼蠶。

清 衛杰《蠶桑淺説・桑類》 桑爲箕星之精，種類不一。叢生者爲地桑，實繁者爲葚桑，雙秀者爲女桑，花而不實者爲花桑，不花不實者爲旅生桑，葉枯而邊有鋸齒者爲荊桑，葉圓而豐厚者爲魯桑，皆可飼蠶。地桑、女桑，宜飼始出小蠶。魯桑，宜飼初起、再起、三起、大蠶。荊桑、旅生桑，宜飼大起大食時蠶。葚桑，宜飼撿老時蠶。諸桑中，以魯桑爲最。今年蠶桑局所栽之桑，多係魯桑，餘亦間種之。

清 豫山《蠶桑辑要合编》上《種桑・辨桑法》 桑爲蠶本，育蠶必先植桑。桑有荊、魯之別，魯桑葉大葚少而根固，荊桑葉小葚多而質堅。同是一樹桑葚，種出荊桑者十之八，種出魯桑者十之二。如無湖桑之處，即以荊桑爲本，接以魯桑之條，根固葉茂，其法最善。雖葉比湖桑稍小，然養蠶相宜，似與湖桑等。

清 趙淵《蠶桑摘要》卷上《桑種類・桑分大葉小葉二種》 桑之種類，不過大葉小葉而已。大葉桑，條柔津多，色青靛隱，有黑紋，味濃而力少減。小葉桑，條勁液實，色青淺，微有碧紋，力厚而味較淡。以大葉飼蠶，其體肥而粉，其繭圓而闊，其絲柔而滑，其綢細而亮。以小葉飼蠶，其體昂而長，其繭尖而毛，其絲勁而緊，其綢實而堅。此大小葉種辨也。若夫原其始，椹一也。子居中者，葉大；子兩頭者，葉小。土一也，畦極平者，葉大；畦高低者，葉小。時一也，雨水灌足者，葉大；雨水欠溉者，葉小。是大小葉本一種，而別為兩種也。以故儒家者流，知其理，未親其事；農家者流，習其事，未窮其理。而湖桑、川桑、魯桑、荆桑之名遂判。湖桑，工夫最細，養條漸成極品。然每年絲蠶時，有豐歉收之分。是養條雖佳，而養條却有葉濃一病。若再仿川法養樹，使葉力少淡，以樹桑飼小蠶、老蠶；以條桑飼眠起大食蠶，則食勻繭厚。譬如人家，小孩、老年宜食淡，壯歲喜食濃。醫家，亦以食淡可少病。湖中若再加一層工夫，以樹桑之味淡，調條桑之味濃，而蠶病可却，産絲亦多，此湖桑之尚宜添一層工夫也。川桑經營最力，養樹期其葉美，然收繭亦有歉歲。須如湖中養條，使桑味厚，以條桑飼眠起蠶，以樹桑飼小時，大食揀老蠶。其絲利，必與湖等。此川桑之宜加兩層工夫也。魯桑，為桑之始，即東桑其利。既減湖桑，亦減川桑。湖與川，殆青出於藍，而勝於藍者歟。若就魯桑而論，誠能取已成之樹桑培壅之，取已暢之條桑灌溉之，亦當不讓湖桑、川桑之美利，此魯桑之宜添三層工夫也。荆桑，多養成大樹。間種小條，土厚力勁，葉邊如齒，利益亦在各行省上。再能精密考較，則樹桑愈大愈佳，條桑愈柔愈旺，此荆桑之尤宜加三層工夫也。要之，種桑全是人力。審物性，慎土宜，課天時，庶以人工濟造化之窮，以桑蠶補水旱之偏。

綜述

唐　郭橐駝《種樹書》卷中《桑》

穀上接桑，其葉肥大。桑上接梨，脆美而甘。撒子種桑，不若壓條而分根莖。

鷄脚桑，葉花而薄，得繭薄，而絲少。

白桑，葉大如掌而厚，得繭厚而堅，絲每倍常。

桑葉生黄衣而皺者，號曰金桑，非特蚕不食，而木亦將就槁矣！

宋　吴自牧《夢粱録》卷一八

先椹而後葉者，葉必少。

木之品

桑數種名：青桑、白桑、拳桑、大小梅、紅鷄爪等類。

金　張福《種藝必備補遺》　正月、二月、三月移桑，并得熟耕地五六遍，五步一株，着糞一二升。至秋初，斸根下更着糞，培土三年，即堪採。每年及時科斫，以繩繫石墜四向枝，令婆娑，中心亦屈却，勿令直上難採。凡栽樹，須記南北枝，坑中着水作泥，即下樹栽摇，令泥入根中，即四面下土堅築。上留三寸浮土，埋令深，澆令常潤，勿令手近，及六畜觝突。凡一切樹，正月十五日以前上時，兼多子。種桑，收魯桑椹水淘取子曝乾，熟耕地畦，種如葵法，土不得厚，厚則不生。待高一尺，又上糞一遍，當四五尺，常耘令净，來年正月移之。白桑無子，壓枝種之，纔收得子，便種之亦可，只須於陰地頻澆為妙。午日不得鋤桑園。《陰陽書》曰：『亥為天倉耕之始。』正月晦日種葵，神日種法臨種必須乾照子，其子千歲不喝，地不厭良，故彌善。薄則糞之，葵須畦種，水澆，畦長兩步，闊一步，大則水難勻他畦，做此深掘，以熟糞和中半，鐵爬爬之令熟，足蹋令堅平，下水令微濕滲。下葵子又取和糞土蓋之，厚一寸，葵生葉，然後一澆，澆以早暮，每一掐即爬去地，令起下以加糞三掐，即更種秋掐，須俟露晞收。葵子，須俟霜降。若以穰草蓋，經冬收子，謂之冬葵子，入桑用。　穀上接桑，其葉肥大。桑上接梨，脆美而甘。撒子種桑，不若壓條而分根莖。淛間植桑，斬其桑而栽之，謂之嫁桑，卻以螺殼覆其項，恐梅雨損其皮故也。

明　徐光啓《農政全書》卷三二《蠶桑》　鍾化民曰：種桑在正、二月，至八月亦可種，根要理直，泥要挨緊，當以水糞澆灌，方有生意。玄扈先生曰：『初種不用糞。』桑有二種：一種有桑葚，即以桑葚植地，一二月即出。一種將桑樹柔條，攀至於地，以泥壓於其上。每一桑眼，即發一枝。待至二三尺長，其桑有根，用剪剪下，移種于地上，即成桑樹。如今年壓，明年起；明年又壓，後年又起，生生不窮。

明　姚可成匯輯《食物本草》卷二〇《木部》　李時珍曰：桑有數種，有白桑，葉大如掌而厚；鷄桑，葉花而薄；子桑，先椹而後葉；山桑，葉尖而長。以子種者，不若壓條而分者。桑生黄衣，謂之金桑，其木必將槁矣。《種樹書》云：桑以構接則桑大。桑根下埋龜甲，則茂盛不蛀。

清　鄂爾泰《授時通考》卷六七《農餘門・木一・楮》

楮，一名穀，一名穀桑。有二種，雄者皮斑而葉無椏叉，謂之斑穀，三月開花，成長穗，如柳花狀，不結實。雌者皮白無花，葉有椏，似葡萄葉，開碎花，結實如楊梅。其實初夏生，大如彈丸，青綠色。六七月成熟，漸深紅。八九月采實，名楮桃，一名穀實。

陸璣《詩疏》：構，幽州謂之穀桑，或曰楮桑，荆揚交廣謂之穀，中州人謂之楮，食其嫩芽，可當菜茹。

《酉陽雜俎》：穀田久廢，必生構葉，有瓣曰楮，無曰構。《本草》李時珍曰：楮本作柠，其皮可績為紵故也。

又，凡穀樹雄者不結實，歉歲人采花食之，雌者實如楊梅，半熟時，水澡去子，蜜煎作果食。

《齊民要術》：宜澗谷間種之，地欲極良，秋上楮子熟時，多收淨淘，曝令燥，耕地令熟，二月耬耩之，和麻子漫散之，即勞，秋冬仍留麻，勿刈，為楮作煖。若不和麻子，種卒多凍死。明年正月初，附地芟殺，放火燒之，一歲即没人，不燒者，瘦而長亦遲。三年便中。未滿三年者，皮薄不任用。斫法，十二月為上，四月次之。非此兩月而斫者，則多枯死也。每歲正月，常放火燒。自有乾葉在地，足得火然，不燒則不滋茂也。二月中間，斫去惡根。斸者地熟，楮科亦以留潤澤也。移栽者二月蒔之，亦三年一斫。三年不斫者，徒失錢無益也。楮地賣者，省功而利少，煮剝賣皮者，雖勞而大其柴足以供然，自能造紙，其利又多，種三十畝者，歲斫十畝，三年一徧，歲收絹百疋。

《廣州記》：蠻夷取穀皮，熟搥為揭裏罽布，以擬毡，甚煖也。其木腐後生菌耳，味甚佳。

《農桑通訣》南方鄉人，以穀皮作衾甚堅好，鬻之，實為貧家之利焉。

又 卷七六《桑政門・種類》 《農政全書》：《韓氏直説》曰：『地桑，須於近井園内栽之，有草則鋤，無雨則澆，比及蠶生，可澆三次，其葉自然早生。桑種自有早生者、遲生者，須擇其早生為地桑，則可。』

又鍾化民曰：『桑有二種：一種有桑葚，即以桑葚植地，一二月即出；一種將桑樹柔條，攀至於地，以泥壓於其上。每一桑眼，即發一枝。待至二三尺長，其桑有根，用剪剪下，移種于地上，即成桑樹。』

又黄省曾《藝桑總論》曰：『有地桑，出於南潯。有條桑，出於杭之臨平。其鬻之時，以正月之中上旬。其鬻之地，以北新關内之江漲橋。旭旦時，擔而至，陳於梁之左右，午而散。』大者株以二鏊，其長八尺。

又凡擇桑之本也，皺皮者，其葉必小而薄；白皮而節疎，芽大者，為柿葉之桑，其葉必大而厚，是堅繭而多絲。

又高而白者，宜山岡之地，或墻隅而籬畔。

又短而青者，宜水鄉之地。

又其青桑無子，而葉不甚厚者，是宜初蠶。

又望海之桑，種之術與白桑同。

又紫藤之桑，其種高大。

又《博聞録》曰：白桑少子，壓枝種之。若有子，可便種，須用地陰處，其葉厚大，得繭重實，絲每倍常。

又 卷七六《桑政門・栽植》

《農政全書》：《四時類要》曰，『種桑，土不得厚，厚即不生，待高一尺，又上糞土一遍。』

又鍾化民曰：『種桑在正、二月，至八月亦可種，根要理直，泥要挨緊，當以水糞澆灌，方有生意。』徐光啓曰：『初種不用糞。』

又黄省曾《藝桑總論》：『其種也，耨地而糞之，截其枚，謂之嫁。留近本之枝尺餘許，深埋之，出土也寸焉。培而高之以泄水，墨其瘢，或覆以螺殼，或塗以蠟，而瀝青油煎封之，是防梅雨之所浸。糞其周圍，使其根四達；若直灌其本，則聾而死，未活也。不可灌水，灌以和水之糞，二年而盛。其在土也，月一鋤焉，或二起翻一二尺許，灌以純糞，遍沃於桑之地，使及其根之引蔓。至摘葉也，三年則其發茂，禁損其枝之奮者。桑之下，草木不留則茂。蠶之時，其摘也，必潔净，遂剪焉。必於交凑之處，空其幹焉，則來年條滋而葉厚，歲歲剪條則盛。禁原蠶之飼，飼則來年枝纖而葉薄。桑之壅也，以糞、以蠶沙、以稻草之灰、以溝地之泥、以肥土。其初藝之壅也，以水藻、以棉花之子，壅其本則暖而易發。徐光啓曰：以豆餅、以棉餅、以麻餅、以猪羊牛馬之糞。初春而修也，去其枝之枯者，樹之低小者。啓其根，而糞泥壅之，不然，則葉遲而薄。』

又其壓也，濕土則條爛，焦土則根生。撒子而種，不若條而壓。其為桑之害也，有桑牛，尋其穴，桐油抹之則死。或以蒲母草，草之狀也，如竹葉，其桑葉之癩也。以草煮汁而沃之，桑之下可以藝蔬，其藝桑之園，不可以藝楊。藝之，多楊甲之蟲。是食桑皮，而子化其中焉。徐光啓曰：『楊不可絶，宜勤捕之。』

又望海之桑，種之術與白桑同。是皆臘月開塘而加糞，即壅之以土泥，或二或三，六、七月之間，乃去其壅。開塘加糞，壅土宜遲。紫藤之桑，其種高大，是不用剪。其葉厚大，尤早種之也，宜邇於竈屋，不必開塘而壅糞。惟幼稚之時，待冬而糞，或二或三，以臘月為佳。

又《農桑要旨》曰：『凡新栽桑，斫科采葉須得宜。初栽後，成科時，中心長條上葉勿采，其餘在傍脚科，止捋其葉，且勿剸斫。蓋令枝條煩密，就為籓蔽，以防牛畜咽咬、掣擺拖挽之患。後中心枝既麤，即可剸斫在旁科條。本根既盛，脂脉盡歸中心枝，便可長成大樹，堅久茂盛，不生糖心。』

清 周凱《種桑詩説》《皇朝經世文編》卷三七　余自荊之遠安，購小桑八百餘株，種之大隄之上，皆柔桑也。移栽未善，活者十之七，訪之老農，得栽種法。及考襄陽本有桑，葉尖小而缺有刺，性堅不宜蠶，居民以桑爲界，取其易生。長卽伐之，卽飼蠶得繭，僅堪爲帛，售諸豫人以爲綿綢，其桑蓋荊桑類也。按《農書》荊桑薄而尖，枝幹條葉堅勁，魯桑圓厚多津，枝幹條葉豐腴，荊桑心實可爲樹能久遠，當以魯桑枝接之，則久遠而又盛茂也。《農書》又載壓條法，《齊民要術》及《汜勝之書》載種葚法。

余浙人，浙重蠶桑，解種桑法，不能家喻戶曉，商之諸牧令，又非文告所能悉。因思士爲四民之首，耕讀相兼者多，士爲之倡，民必從之，遂託之吟咏，分十二題，各繫四十言，幸襄之能文者，廣爲傳述之。

一曰：種葚。《齊民要術》收葚之黑者，剪云兩頭，惟取中間一截，其子堅栗則枝條强茂而葉肥厚。將種之時，先以柴灰掩揉，次日水淘，去輕秕不實者，曝令稍乾，種乃易生。汜勝之曰：五月取葚，著水中濯灑，取子陰乾，治肥田十畝，荒久不耕者善好，耕治之，以大麥與葚各三升合和種之，鋤令稀疏，麥熟時穫之。桑生正與麥高，下平卽以利鐮歷地刈之，曝令燥，放火焚之，桑至來春生一畝可食三箔蠶，此吾鄉種條桑法也。

一曰：壓條。八九月間，擇桑枝之柔大者攀至地，壓以土卽生根，就生根處截斷，移栽他處，一枝可壓數枝，惟壓條者不必接枝。

一曰：接枝。葚之所生，其葉多薄，俟幹大如指，翦取大葉桑枝條，接之自茂盛，如襄人接果木之法。

（嘉慶）《漢中府志》卷二二《物産·桑》　阪有桑。《詩經·秦風》蠶月條桑。《豳風》桑有數種，葉沃者曰沃桑，不實可飼蠶，結椹者亦有黑、白二種。《録他志》

清 包世臣《郡縣農政》農一下《蠶桑》　桑有二種：魯桑一名『湖桑』，葉厚大而疎，多津液，少椹，飼蠶，蠶大，得絲多。荊桑一名『雞桑』，一名『黑桑』，葉尖而有瓣，小而密，先結子，後生葉，飼蠶，蠶小，得絲少。然荊桑心實耐久，且生葉早，可爲樹桑，飼蟻及頭眠。魯桑枝豐不耐久，生葉遲，可爲地桑，飼老蠶。桑不宜遠居，便採折，便修治。種之有種葚、壓條二法。壓條易長而難得，宜兼用之。椹熟，收黑魯桑椹，水淘淨，曬乾；及四月，耕地令熟，糞而勞之，爲溝塍，以黍、桑子各三升，蠶沙三斗種之；輕概平，勿令土厚壓二月種舊椹者多不生。令相間五六寸；黍熟、刈之。桑長等黍，以利鐮附地刈倒，亂草覆之，曝燥，順風走火燒之火太甚則傷根，加牛糞覆之。春芽出，每科留一肥者，頻澆之，至十月移栽。北方地冷，則用八月。先以牆圍成園，園宜約鄉里數家公圍，或四家各圍一面，或兩家各圍兩面，既省圍工，又互藉糞水之力。園內地，牛犁熟，方五尺掘一坑，坑相直以便犁；坑方二尺，深二尺。先以亂石填深七八寸，下土二三寸，踐平實；石亂舒直根，且畜糞，保澤。將燒過土糞三升、熟牛糞三升和軟土三升匀下坑，水一桶，攪成泥漿；若過年及春分栽者，先於秋末掘坑，和糞細土填坑一半，以收冬潤。栽時抛開如法下苗者，不用火糞。連根掘出桑苗，去根七寸截斷，燒鍋令紅，倒案桑瘢烙過，將根坐稀泥中，按至底，提三五次，令根舒順，以桑頂平地爲度，乃下細土塡坑滿。次日，繞坑檐築土下七八寸，令堅實；靠桑身處勿築。檐土堅，自隨低下着實也。乃以細土壅滿，輕築平，以鬆土和牛糞厚覆之，令毋凍。及春融，撥糞和土爲桑隔，時時澆之。隔員二尺，中聚鬆土如鍋覆，旁築堅爲池畔以渟水。二月，在隔東北種黍，以遮新芽三年便不須此。芽叢生出土，每一根止留二三條，任長足，來春便可飼蠶。作地桑者，附地一刀割斷。其一割不斷者，則條楂生出不齊。芽出，可留五六根，以漸增之。作樹桑者，去土三尺以上割去梢條，則條自横岔，任令滋長；至十二月，乃科砍之。當夏科砍走汁，則數年不茂。凡春摘葉，夏翦條。摘葉不可屈枝，翦條不可當午。地桑翦條附土，樹桑翦條附老瘢；小瘢凸出多者，損新條也。樹桑枝宜員，向外出，中可立一人。科砍時，凡條向下生者名『瀝水』，向裏生者名『刺身』，皆砍去之；相併生者名『駢指』，稠雜生者名『冗脞』，皆科選之，以養新葉之力。凡夏翦藏過後，所發條有一葉者，則入春爲芽，長一横枝。凡樹桑砍梢後芽出，擇其員正肥旺者留五六芽；其明年翦條時，各留尺許，留芽如初；明年又留尺許翦之。但擇肥長，不必取員向，以後翦條皆齊老瘢。樹本三尺，枝兩節二尺，合高齊人。三年科砍，一樹廿五頭中，員空三尺，每頭留四五條。凡桑隔宜常治淨，則不生蟲；或有步屈，亦易捕。凡桑田皆宜春秋兩耕；隔間三尺，一犁順逆之地也。縱横耕之，遇浮根則去之。秋種菜子，春種赤緑豆、芋頭、脂麻，餘植皆病桑。每熟，宜三糞三耡；糞耡皆宜及桑，則地不荒而桑益茂，且葉早生也。科方五尺，則畝爲二百四十科；地桑盛者，科得葉十斤，則畝飼蠶廿四箔。大眠起秤重四斤爲一箔，今名一盤。樹桑陰相交則不滋下植。先栽時可相間一丈，掘坑深三尺五寸，方二尺五寸，糞量加。畝六十科，科盛者，葉四十斤，亦飼蠶二十四箔。壓條者，春初將地桑隔旁開小溝，深廣四寸，將桑條扳倒，截梢烙過，横臥渠中，以鉤釘土，仰鉤條，使離土寸許，懸空着，其芽皆向上生。每五寸留一芽。至五月內晴天，取泥和水攪淖，曬熱擁臥條上，晚澆其本根及臥條，則生根鬚。至秋，其芽條皆成條身；十月或來年春分，節節翦斷栽之。凡移栽皆宜多帶本土，保護根鬚；遠移者尤宜包裹固密。凡三月，桑芽已動，最畏霜凍；倘天氣斗寒，北風大作，宜於園北預積糞草，夜深發火溫之，以解霜凍。接桑如接梨法。詳後本樹老，不長葉，及穀樹、柏樹皆可。凡桑生蟲者，以杖打落，拾取，於上風燒之，餘蟲聞氣氧即盡落；乃以蘇子油塗樹根，令不得再上。其食皮攻心者名『蠐螬』，俗名『鑿蟲』，當食皮時，有脂流出，即削去，並跟根尋其子；如蛆，去之，其已至樹心者，以鑿去之。凡蟲皆因隔荒而生，熟治者斷無此也。椹熟時，偏收曝乾藏之，可備荒；浸酒煎汁，常服之、益人，惟小兒忌食。皮可爲紙，可入藥材中各器。葉和麻葉煮米泔汁，沐髮，令驟長。葉皮煎水，洗風淚各眼。以嫩枝炒過煎汁，治消渴。乾椹間飼牛，使不疫。

清　李聿求《桑志》卷二《桑之類》

種類不一，以荆、魯二種為上，外有異名異類，亦間附之志桑之類第二。

《詩·豳風》：『猗彼女桑。』《傳》：『女桑，荑桑也。』《箋》：『女桑，少枝長條，不落不枝者，束而采之。』

《詩·大雅》：『其檿其柘。』《傳》：『檿，山桑也。』

《爾雅》：『桑辦有葚梔。』疏：『桑樹一半有葚，一半無葚為梔。』

《爾雅》：『女桑桋桑，檿桑山桑。』

《爾雅》：『桑柳醜條。』

《齊書》：『扶桑國，在大漢國東二萬餘里，土多扶桑，葉似桐，初生如筍，國人食之，實如梨而赤。』

《唐書·南蠻傳》：『野桑生石上，其林上屈，兩向而下植，取以為弓，不筋漆而利，名曰瞑弓。』

《管子》：『擾桑。』注：『擾桑，又曰柔桑也。』

《拾遺記》：『員嶠山，有木名猗桑者，煎葚，以為蜜。』

《拾遺記》：『扶桑，萬歲一枯，其人視之，如旦暮也。』

《括地圖》：『芒尚山，其桑長千仞。』

《異苑》：『北方有白桑，葚長數寸，食之甘美。』

《述異記》：『空桑，生大野中，為琴瑟之最者，空桑也。』

《嶺表録異記》：『佛桑，似木槿花，莖葉如桑，故名佛桑，三月花至冬至。』

《齊民要術》：『今世有荆桑、地桑之名。』

《齊民要術》：『種取黑魯椹，黄魯椹不耐久。諺曰：魯桑百豐絲帛。言其桑好，功用省力。』

《郭橐駝種樹書》：『鷄脚桑，葉花而薄。』

《郭橐駝種樹書》：『白桑，葉大如掌而厚。』

《郭橐駝種樹書》：『先葚而後葉者，葉必少。』

顏師古《漢書注》：『檿山桑，有點文者。』

《杜陽雜編》：『彌羅國，有桑覆地而生，大者十數頃，小者蔭百畝。』

《陳旉農書》：『海桑低亞。』

《農桑要旨》：『平原淤壤，土肥地虛，荆桑、魯桑，種之俱可。若地連山陵，土脉赤硬，止宜荆桑。』

《農桑通訣》：『桑種甚多，不可遍舉，世所名者，荆與魯也。荆桑多葚，魯桑少葚。葉薄而尖，其邊有瓣者，荆桑也。凡枝幹條葉堅勁者，皆荆桑類也。葉圓厚，而多津者，魯桑也。凡枝幹條葉豐腴者，皆魯桑類也。荆之類，根固而心實，能久遠，宜為樹。魯之類，根不固，心不實，不能久遠，宜為地桑。然荆之條葉，不如魯葉之茂盛，當以魯葉條接之，則能久遠，而又盛茂也。魯為地桑，而有壓條之法，傳轉無窮，是亦可以久遠也。』

《蠶經》：『有地桑出于南潯，有條桑出于杭之臨平。』

《蠶經》：『凡擇桑之本也，皺皮者，其葉必小而薄，白皮而節疏芽。大者為柿葉之桑，其葉必大而厚，是堅繭而多絲。』

《蠶經》：『高而白者，宜山岡之地，或墻隅而籬畔。』

《蠶經》：『短而青者，宜水鄉之地。』

《蠶經》：『青桑無子，葉不甚厚。』

《蠶經》：『望海之桑，種之術與白桑同。』

《蠶經》：『紫藤之桑，其種高大。』

《格物總論》：『桑大者數圍，高一二丈許，皮粗，枝幹條竦。正二月抽條發葉，葉大者盈尺，有刻缺，面深緑而光。』

《博聞録》：『白桑少子，壓枝種之。若有子，可便種，須地陰處，其葉厚大。』

《農政全書》：『鍾化民曰：桑有二種：一種有桑葚，即以桑葚植地，一二月即出；一種將桑樹柔條，攀至于地，以泥壓於上，每一桑眼，即發一枝，待至二三尺長，其桑有根，用翦翦下，移種于地上，即成桑樹。』

《本草》：『白桑，葉大如掌而厚。鷄桑，葉細而薄。子桑，先葚而後葉。山桑，葉尖而長。』

《本草》：『桑生黄衣，謂之金桑，其木將槁。』

《事物紺珠》：『雲桑，密縣山野生樹，枝葉皆類桑，但葉如雲頭，花木欒細，青黄色。』

《烏青文獻》：『桑類有密眼青、白皮桑、荷葉桑、鷄脚桑、扯皮桑、失葉桑、晚青桑、火桑、山桑、紅頭桑、槐頭青鷄窠桑、木竹青、烏桑、紫藤桑、望海桑。』

《沈氏農書》：『桑以荷葉桑、黄頭桑、木竹青為上，五頭桑、大葉、密眼青次之，細葉、密眼青為最下。』

《倦圃蒔植記》：『白桑有花無實，黑桑有實無花。』

又 卷五《桑所宜》

九州之土，皆宜桑，而志乘或不備載，兹録之，以見地利所出，衣被無窮。志桑所宜第五。

《書・兖州》：『桑土既蠶。』

《書・青州》：『厥篚檿絲。』蘇軾傳：『檿桑出東萊。』

《詩・鄘風》：『期我乎桑中。』

《詩・鄘風》：『降觀于桑。』

《詩・鄘風》：『星言夙駕，税于桑田。』

《詩・衛風》：『桑之未落，其葉沃若。』

《詩・衛風》：『桑之落矣，其黄而隕。』

《詩・鄭風》：『無踰我墻，無折乎我樹桑。』

《詩・魏風》：『彼汾一方，言采其桑。』

《詩・魏風》：『十畝之間兮，桑者閑閑兮。』

《詩・魏風》：『十畝之外兮，桑者泄泄兮。』

《詩・唐風》：『肅肅鴇行，集于苞桑。』

《詩・秦風》：『阪有桑。』

《詩・秦風》：『交交黄鳥，止于桑。』

《詩・曹風》：『鳲鳩在桑。』

《詩・豳風》：『蠶月條桑。』

《詩・豳風》：『蜎蜎者蠋，烝在桑野。』

《詩・小雅》：『南山有桑。』

《詩・小雅》：『黄鳥黄鳥，無集于桑。』

《詩・小雅》：『維桑與梓，必恭敬止。』

《詩・小雅》：『隰桑有阿，其葉有難。』

《詩・大雅》：『菀彼桑柔，其下侯旬。』

《史記》：『齊帶山海，膏壤千里，宜桑。』

《史記》：『鄒魯濱洙泗，頗有桑麻之業。』

《史記》：『沂泗水以北，宜桑麻。』

《史記》：『齊魯千畝桑，其人與千户侯等。』

《漢書・地理志》：『秦地好稼穡，故《豳詩》言，農桑甚備。』

《漢書・地理志》：『魯地頗有桑麻之業。』

《漢書・地理志》：『粤地女子，桑蠶織績。』

《蜀志》：『諸葛亮自表後主曰：「成都有桑八百株。」』

《齊書》：『扶桑國，在大漢國東二萬餘里，土多扶桑。』

《唐書》：『李襲譽常謂子孫曰：「河内千樹，桑事之，可以衣。」』

《山海經・西次經》：『鳥山，其上多桑。』

案，鳥山，疑即陝西安定縣西南泰重嶺，辱水逕其北，縣南四十里有鴉鴿山，或即古之鳥山歟？

《山海經・北次經》：『洹山，其上多三桑生之，其樹皆無枝，其高百仞。』

《山海經・東山經》：『姑兒之山，其下多桑。』

《山海經・東山經》：『嶽山，其上多桑。』

《山海經・中次經》：『輝諸之山，其上多桑。』

《山海經・中次經》：『穀山，其下多桑。』

案，穀山，《水經注》云：『在河南澠池縣南。』《太平寰宇記》云：『澠池縣，穀山在縣南八十里。』

《山海經・中次經》：『大堯之山，其木多桑。』

《山海經・中次經》：『隅陽之山，其木梓桑。』

《山海經・中次經》：『視山，其上多美桑。』

《山海經・中次經》：『雞山，其上多桑。』

《山海經・中次經》：『雅山，其上多美桑。』

案，雅山，《漢書》注，引《经》作雉山。《经》云：『澧水出焉。』《地理志》云：『南陽雉衡山，豊水所出。』《水經注》云：『醴水出南陽雉縣。』漢，雉縣，以山得名。《太康地理志》以爲有陳倉寶雞，故名雉。疑誤。

《山海經・中次經》：『宣山，其上有桑焉，大五十尺，其枝四衢，其葉大尺餘，赤理黄華赤柎名曰，帝女之桑。』

案，宣山，《水經注》云：『在河南泌陽界。』今失名。

《山海經・中次經》：『豐山，其木多桑。』

《山海經・中次經》：『衡山多桑。』郭璞注云：『在衡陽湘南縣，南嶽也。』

案，豐山，《太平寰宇記》云：『南陽縣廢向城縣，本漢西鄂縣，地有豐山。』

《山海經・中次經》：『夫夫之山，其木多桑楮。』

《山海經・中次經》：『即公之山，其木多桑。』

案，即公山，《史記集解》：『姚氏引《經》作即山。』

《山海經・中次經》：『陽帝之山，其木多檿。』

《山海經・中次經》：『柴桑之山，其木多桑。』郭璞注云：『在潯陽柴桑縣。』

《山海經・海外北經》：『歐絲之野，一女子據樹歐絲。三桑無枝，在歐絲東，其木長百仞，無枝。』

《山海經・海外北經》：『陽谷上扶桑，十日所浴。』

《山海經・大荒北經》：『赤澤水，名曰封淵，有三桑無枝。』

《管子》：『五粟之地，宜其檿其桑。』

《管子》：『五沃之地，宜彼其桑。』

《管子》：『五位之地，皆宜其桑。』

《管子》：『黄唐無宜也，其木宜櫌桑。』

《范子計然》：『桑出三輔。』

《後燕録》：『晃之遷于龍城，植桑為社主。及秦滅燕，大風吹拔，後數年，度社處，忽有桑根二生焉。先是遼川無桑，及槐通于晋，求種江南，平川之桑，由晃始也。』

清 陸獻《山左蠶桑考・跋》 凡養蠶必先樹桑，桑椹初年出桑秧，次年成桑苗，桑苗大如指，分種諸地。又逾年而成接桑，漸漸開拳。拳老，葉益繁，遂成桑林。種桑秧宜起地輪，每株去五寸，連密培壅，去根邊草，去附枝，每月澆肥一次，澆宜擇晴日。種桑苗，宜二月上旬晴天，宜高燥地。

每株縱橫去六尺許，翦直根，留旁根三四，令深入土尺五寸，必理根使四舒，勿促縮，厚壅土，必力踹之。地中邊，俱起溝道，使洩水。桑苗本長四五尺者，分種時，翦其本罯半，俟發旁枝，擇其旺者留二三。明年成條，又翦之，枝壯成榦遂翦，其條以開拳，年年于拳上抽條，翦條接葉，葉多而易爲力。蓋柳有髡柳，桑有拳桑，物理之相似也。桑之不接者爲野桑，野桑有團葉，有尖葉，有碎葉，團者尚可，尖碎者不中蠶食。野桑至把必接之，接桑宜穀雨前晴日。其法離土尺許，以小刀劃桑本，成八字，皮稍開，即截取好桑條三寸，削其末，令薄如薤葉，插入八字中，使兩脂相浹，將稻草密紮其處，勿令動搖，遲至五七日便活。二年以後，接條壯，則截去野桑之本，成接桑矣。陳君諱斌，浙之德清人，嘉慶間宰合肥，以合肥多曠土，少蠶桑之利，小民生計日絀。因于湖中購蠶種，買桑于苕人之來者，以課民，民由是養蠶。合肥養蠶自此始。夫民之窮且懶久矣，窮可療也，懶不可爲也。獻不敢謂民之懶，由于官懶，以不課桑故，而獻則深信，民之窮，由于地窮，以不樹桑故。

清 汪曰楨《湖蠶述》卷一《栽桑》

蠶所賴者，專在于桑。其樹桑也，自墻下檐隙，以暨田之畔、池之上，雖惰農，無棄地者。其名桑也，不曰桑，而直曰葉。《德清縣志》明洪永宣德年間，敕州縣植桑，報聞株數，以是各鄉桑柘成陰。今窮鄉僻壤，無地不桑。《胡府志》桑地宜高平，不宜低濕，高平處亦宜培土深厚。《廣蠶桑説》蠶桑隨地可興，而湖州獨甲天下，不獨盡藝養之宜，蓋亦治地得其道焉。厥土塗泥，陂塘四達，水潦易消。《周禮》謂：『川澤之土，植物宜膏；原隰之土，植物宜叢。』湖實兼之，乃淮南所謂息土也。地利既擅，人功尤備，以桑之喜疏也；墾必數四，深必尺餘，以桑之喜肥也；壅以蠶沙、暨豆屑、糞草，以桑之惡沙礫草萊也。植必平原，芟必净盡，治地之道，能順桑性，故生葉蕃大而厚。《西吳蠶略》桑之種不一，有蜜眼青按，此種桑葚最美、白皮桑、荷葉桑、鷄脚桑、扯皮桑、尖葉桑、晚青桑、火桑、山桑、紅頭桑亦曰：黄頭桑、槐頭青、鷄窠桑、木竹青、烏桑、紫藤桑、望海桑，凡十有六種，秧長八尺者，曰大種桑，蜜眼青次之。張炎貞《烏青文獻》又有麻桑，葉有毛，高時烝枝棲小隱。《桑譜》凡擇桑皺皮者，葉必小而薄；白皮而節疏，芽大者，葉必大而厚。穀而接桑也，其葉肥大。按穀，从㱿从木，一名構，一名楮，近人無用此法者。勿用鷄脚桑，其葉薄；若葉生而黄皺者，木將就槁，名曰金桑，蠶所不食。先葚而後葉者，其葉必少，有柘蠶，是食柘，而早繭。其青桑無子，而葉不甚厚者，是宜初蠶，皆臘月開塘而加糞，即壅之以土泥。紫藤桑，種高大，其葉厚大，宜邇于竈屋，不必壅糞，穉小之時，於臘月稍壅之。《烏青文獻》荷葉桑、黄頭桑、木竹青三種，條幹堅實，眼眼發頭，火桑視他桑較早，可飼早蠶，且雨過即乾，并宜多植，更宜覓富陽種植之，其大者，可得葉數石。倘不令蟲蛀，及水灌其根，愈老愈茂，年遠不敗。《廣蠶桑説》：按，富陽桑，皮堅，蟲不能嚙，最為佳種，但彼地專擅販葉之利，其種不許外出，故求之不易得也。接過謂之家桑，未接者謂之野桑。家桑子少而大，野桑子多而小，子名葚，俗名桑果，可啖，飼蠶之家甚不樂乎？其有子也。《湖録》：按，桑上寄生，入藥品甚珍；又螳螂于桑上生子作窠，為桑螵蛸；又野蠶繭採之亦有用，然蠶家亦不樂有此，必盡去之；又桑根白皮入藥，取土中根皮出土者傷人，桑枝，桑葉亦入藥。家桑葉圓厚而多津，古所謂魯桑也；野桑葉薄而尖，古所謂荆桑也。按，又有山桑，名檿桑，亦即野桑也；葉貴之年，亦採以飼蠶，向時山鄉皆野桑，近亦多栽家桑矣。野桑若任其長，肥者成望海桑，瘠者成鷄脚桑，蠶家賤之，故莫不用接，接成家桑，經數年高與檐齊，粗如盃如盌，是名嫩壯桑。過十餘年，則老，漸稀漸薄，以次添種，而删易之。《西吳蠶略》樹在大麥田中者，食之壞蠶。栽桑之時，宜及隆冬，遲至正二月者，雖未嘗不活，易生蟲。《廣蠶桑説》

種桑葚：采取野桑之葚紫黑者，搓碎于籮，入水中用手捏淘，不必淘净脂皮，浮者去之，用其沈者，以稻秆灰拌匀，曬一日，《桑譜》一云：經日曬則其出較遲，宜陰乾。《廣蠶桑説》便于空地墾五寸闊，二寸深長溝，溝底泥要匀細，將灰拌葚，匀匀撒下，宜稀不宜密，上覆灰一薄層。《桑譜》一云：撒于肥地，以薄糞澆透，乃覆以灰，若覆以泥，則其出又遲矣。《廣蠶桑説》如天晴，隔兩日，用人糞以水三分配入，均匀澆灌，漸即出秧矣，宜多澆灌，不可重用糞肥，俗謂清水糞可也；大伏天氣，尤宜多澆，用水糞對配，次年秧長二尺許，即可分種矣。《桑譜》乃鋤地分埨縷尹切，土之加高處也，使無積水，於埨背分行栽之，與治圃者排葱蒜之埨相似，其栽宜疏，彼此相去約八九寸。《廣蠶桑説》行不可正對，《烏青文獻》勤澆勤鋤，至其大如指，則可以接矣。《廣蠶桑説》一法：以草索浸圊溷間，月餘取出曬乾，取紫葚，捋諸索，横埋淺土中，時澆灌之，經雨即芽。《西吳蠶略》

壓條：桑有旁出之條，長二尺許，去土不遠者，鋤鬆其土，攀條就之，加肥泥於其上，用石壓之，露其梢，使上向；一年後，其條在土下者，根已散布，可剪斷移栽。《廣蠶桑説》一云：壓桑，初芽時，擇指大枝，條旺相肥澤者，就馬蹄處劈下，潤土内開溝尺許，埋實，自然生根布葉；壓後，遇旱於旁開溝灌之，但取水氣到，忌多著水。《邢典書城雜著》按，近時桑秧，大抵販自杭州、石門、震澤等處，其自養桑秧，用種葚壓條之法者甚少。

種桑秧：稚桑初種，胥名桑秧，法貴稀，縱横各七尺。冬種者，秧宜大；清明前後，種者宜細，董世寧《烏青鎮志》其根無論長短粗細皆不可動，唯直下之根，須剪去之，開六寸深平潭，宜大不宜小，一人持秧枝，放准潭中，將根理挺鋪直；如有長根，亦須將潭開，長根不宜由，一人掔取田中稻秆泥俗名『脚乾泥』，鋪壓根上，繼以地上燥泥蓋滿，其潭以足踏平，再用手將桑枝輕輕一提，再覆上細泥，踏之，一年内種處不可掔動。凡種桑，必須兩人，方得本直根挺。天晴用水糞對配澆之，至三四次即活矣。種秧時，要晴燥乃發，大伏中仍如法澆灌一二次，冬間或壅稻稈泥，或罱河泥皆可。如桑枝下本旁生細枝，以桑剪剪去，修平則本光好接也。種秧時，先剪去上梢俗名『攔頭』，冬間再攔之，一二年可接成家桑矣。《桑譜》一云：耨地而糞之，截其枝，謂之嫁。留近本尺餘，深埋之，出土寸許，培而高之以泄水，墨其瘢；或覆以螺殼，或塗以蠟而封之，是防梅雨之所浸。糞其周圍，使其根四達；若直灌其本，則癰而死矣；不可灌水，灌以和水之糞，二年而盛；又必月一鋤焉，其起翻也，須尺許，灌以純糞，遍沃于桑之地，使及其根之引者，禁損其枝之奮者。《烏青文獻》

接桑：桑本粗壯者可接，細弱者不可接。接法：先剪家桑枝有葉芽者，每枝約長三四寸，《桑譜》置筐中，以濕布覆之，勿令見風日；《廣蠶桑説》用小刀于野桑本上，離地半尺許，劃開桑皮，農器有接桑刀，又有反手鍥，皆鋒利。如圭角形，《桑譜》將刀一擺動，則皮已離骨，取小竹釘，長二寸許，削如馬耳樣，嵌入皮内，謂之『桑餂』；《廣蠶桑説》隨將家桑枝俗謂『層頭』一頭削薄，一面如鴨觜形，《桑譜》取出桑餂，而以是條，嵌入皮中；須以刀削一面向外，乃活。蓋桑之膏液，皆從皮上流通，故必以接條之皮，與本樹之皮彼此相向，乃得浹洽；若以皮貼皮，以骨貼骨，則必不活矣。《廣蠶桑説》以桑皮纏定，糞土包縛，令不泄氣；《烏青文獻》或用長秈稻稈縛之數轉，須寬緊相宜，《桑譜》污泥護之，《西吴蠶略》慎勿動搖。《廣蠶桑説》如天晴和暎，在清明節前十日内接；天寒陰雨須清明節後十日内接，《桑譜》月餘即活，《西吴蠶略》甫接而遇驟雨，則活者寡矣。《廣蠶桑説》接後能得天晴二日，第三日雖有細雨無害，倘久晴縛處燥裂，須用水潤其縛；《桑譜》俟新條發芽，將故條剪去，便成家桑。《西吴蠶略》接而不活者，可候明春再接。《廣蠶桑説》

縛接桑：桑已接後，發蘖成枝，至三四寸長者，遇大風防吹斷，須以好稻秆二三莖浸濕，帶定嫩枝中間之葉紮縛在野桑本上，方無礙，《桑譜》且可使挺然直上，無横斜拳曲。《廣蠶桑説》

閹野桑：如所接之條，發枝約七寸長者，將野桑本離接處二三寸，用桑剪旋剪其皮上下兩轉，約離寸許，將寸許之皮剝去，則脂液并發接枝上，俗謂之『閹』。閹時最要留心，防搖動。接枝閹後，即將稻稈三根，輕輕縛嫩枝于野桑本上，宜寬不宜緊，恐傷嫩枝也；枝長至尺餘者，再用稻秆縛上一層；如長至二尺餘者，用細草繩縛之。《桑譜》

紮絆接科：上春所接家桑，枝本已粗壯，須將所閹野桑槁本貼接枝之處，依家桑皮間斜鋸去之，以刀削平其皮，自能漸漸包裹，用稻稈數莖絆定紮緊，即遇風搖，無礙矣。《桑譜》

絆養桑：養桑者，枝葉留而不剪，以待長大也。枝葉紛披易於招風，須用細草繩紮絆，庶免吹折，并使小枝整齊。《桑譜》

攔桑枝：所接家桑，順性發生，必本枝直上，不生旁枝，所以有逐年攔頭之法，即剪去上梢也。本年攔頭，如枝已粗壯約長三尺餘，可將嫩枝直梢，用桑剪攔去數寸，待發新芽，澆糞一遍，能當兩年；如枝瘦者，不可攔；倘有發兩枝者，擇其善者養之，其不善者去之，蓋兩枝并養，其枝終覺細軟，不如一本，為壯直也。一年攔頭，須在清明時，則葉芽之孰隱孰發易於視察也。其本長四五尺，桑芽青綻者離芽四分攔之，留其本約高三尺許，須存粗葉芽三四個，本細者稍短亦可；二年攔頭已攔之桑，如生枝二三恰好，倘生枝過多，即將細枝横枝剪去，則望之如圓蓋，且其地少草，桑枝仍照前法攔之，其存枝可長八九寸，過長則枝軟不壯實矣，乃下本已長故也；三年攔頭，上年所攔之桑，次年發生有五六枝，其枝在中而壯者，約一尺二三寸長攔之可二三枝，其枝在四旁者約七八寸長攔之，中枝長者為頂，如寶塔狀，非第為觀美也，蓋枝葉層層而上，其受雨露，遍而無陂，則葉易長大而多生也；四年攔頭，遠處桑地即外圩産及漾中洲渚之類，四年之中逐年如法攔之，桑必枝葉茂密，第五年便可開剪，將桑枝帶葉剪斷，以便采下飼蠶也。第六年養其葉于桑，勿剪勿伐，如遇葉貴之年，亦可從權采之。第七年攔養桑，約留一二寸之本，剪之不可過長，長則枝太高而本軟矣；五年攔頭，近處桑地在宅之前後左右者，須攔頭五年為率，六年開剪，七年養桑，八年攔養桑，凡攔養桑，宜早在蠶將大眠時剪之，則葉有用而桑亦發也，能剪小葉更妙。《桑譜》

假攔桑：凡桑枝已攔過兩年者，一本必生六七枝，枝有葉芽，而遂攔之，謂之『攔白條』徒有葉芽，不能飼蠶也，葉未張而先去之，殊為可惜。一法：俟收蠶後，陸續攔之，其葉小，恰宜飼小蠶，不致狼籍，且攔早則發亦茂盛，是曰：假攔頭，攔時須天晴，庶其脂勿流泄。《桑譜》

剪桑葉：桑貴剪，初種剪其幹，獨剩根而糞之，令其發生，如是三年而後留其幹。《烏青鎮志》蠶事畢，將枝髡去，但髡時不可留觜角，及夏至開掘，根下用糞或蠶沙培壅，《書城雜著》否則葉不暢茂，其不剪者，曰：高桑，剪而禿者曰：鼓椎桑；《烏青鎮志》剪葉宜晴時，則桑脂遇日即乾，如遇雨則桑脂隨雨而泄，本不固矣；如枝粗不宜留者，用桑剪剪下，不可徒手攀折，恐連皮而下損其本也。《桑譜》

摘桑葉：桑通謂之葉，采通謂之摘。俗讀如札《西吳蠶略》采桑須有次第，擇其色之老者先采之，留其嫩者以俟其長，尤不可傷其芽觜，蓋芽觜方長略遲，旬日便數十倍于此時，且其味苦澀，非蠶所宜食也。蠶初生時，食葉甚少，只可采其底瓣底瓣者芽觜之旁，先放之一兩葉也，其色較老，雖留之亦不甚長；二眠以後，食葉漸多，若底瓣已盡則采瞎眼瞎眼者芽觜已放，只兩三葉，而其中心已無未放之芽，雖留之長亦不多；三眠以後，食葉愈多，然尚須辨其老嫩，至大眠以後，則桑已長足可開剪矣；三眠前所采之底瓣、瞎眼，謂之小葉，采小葉得法，則止望其采得百斤者，合前後計之可得百二三十斤，然年年采小葉，桑亦易敗，以隔年一采，每年輪換為妙。《廣蠶桑説》

耘二葉：蠶有頭蠶、二蠶，故目葉曰：頭葉、二葉，二葉須老農善采者，留其條，為來歲生葉之地。若頭葉，則盡采乃已耳。《胡府志》二葉唯于葉密枝叢處，耘采之，如有頭葉留于樹上，亦可采取，然飼蠶總不敵二葉之翠嫩也。《桑譜》頭葉不去，則明春葉薄，雖蠶食不盡，亦必去之，二葉則不須去矣。《廣蠶桑説》采二葉後，其條復生芽，是為三葉，不盡采矣。《西吳蠶略》

捋羊葉：霜降後，將桑枝老葉捋下，《桑譜》勿傷其條，蓋此條即明春放葉之條也。《廣蠶桑説》隨攤地上曬乾，用稻稈包裹之，冬間無草時。代芻飼羊最宜，俗謂之『羊葉』。如捋葉過早，則桑脂多泄，次年發葉不茂矣。《桑譜》按，今俗捋羊葉皆失于早，無在霜降後者，不知此理也。

移桑：凡家桑栽種有年，根深且多，設欲移此置彼。其起之種之之法，不可不備，起時依桑枝四面，蓋覆處墾開其土，輕輕翻杷，將樹緩緩取起，勿令根斷。種法如種野桑式，用木梢作樁，捆縛其本，以防風動；移種時，春則二月中，冬則十月中，宜天晴以清水糞澆兩三徧，其處一年不可墾動，又不可剪動其枝葉。《桑譜》

修桑：春分、秋分，乃修桑、治蟲時也。用小篋籃一隻，將應用斧鑿、鋸子、鐵絲、桑剪、刮杷等器置籃內，則取携甚便，《桑譜》擇根下細條，或丫襠陰枝，及眇小不堪蔭下繁密者，老枝不成器者，悉去之；《烏青鎮志》枝已枯而不復萌芽者，亦去之；《桑譜》拳曲向下者勿留，横斜礙道者勿留。《廣蠶桑説》粗則鋸之，細則剪之，次用鑿劃平并修光，使其皮漸自包裹；若不修平，遂成節疤，風吹易折也；桑條横在空處者，以繩絆之，則枝條整齊矣。《桑譜》

治蟲：夏間有旋頭蟲。將桑條枝頭旋轉，生子在内，嫩條即死，久而成條裹蛀，見時即將旋轉處多剪去一分，便無條裹蛀之病；如桑條有蛀屑、蛀眼，已成條裹蛀也，蟲在條内，可將桑條剪斷寸許，自朔至望，蟲在上半條；自望至晦，蟲在下半條。以鐵絲刺其中，蟲自斃矣；如節邊有蛀屑，名堆沙蛀，刮去蛀屑，用菜油以筆塗之，暈入其中，蟲亦斃矣；如延皮蛀穿心蛀，不能用鐵絲刺之，唯多塗菜油，蟲亦自殺，所謂無骨之蟲，逢油而死也。《桑譜》或尋其穴，桐油抹之；或以蒲母草汁沃之。草之狀如竹，《烏青文獻》按，蒲母草即小青，一名淡竹葉草。若穿心蛀不及早除，蟲日大而本日空，至蟲老而蛻，便成黑殼蟲，有翅有鬚，俗名『桑牛』是也。《桑譜》一云：蟲生皮内者，其母為桑牛，即天水牛也，在楊曰：『楊甲』，在桑曰『桑牛』，於盛夏時生，口有雙鉗，其利如剪，新發之枝嚙之即折；其下卵必嚙破樹皮，藏卵於皮内，見有脂膏流出之處，剔破其皮，中有卵如米粒者，取而碎之；若已成蟲，須尋其出入之戶，戶外必有蛀屑，故易尋。用鐵綫探戶内刺死；其深入而非鐵綫所及者，以百部草藥名，能殺蟲。切碎，納小瓮中，用水浸爛，封固瓮口，勿令走氣。取汁灌之用熟桐油亦可，無不死者。此蟲自初一至十五頭向上，十五以後頭向下，宜于十五以前清晨即起，以此法治之，蓋此蟲天未明時必出戶飲露，清晨或猶未歸，即歸亦未深入，易于下手。失此不治，則愈入愈深，其樹必死。《廣蠶桑説》又横蟲横去聲，或借蟥蝗字。子生樹上，集成小堆，其上似有泥，蓋桑蠶子生樹上，散而不成堆，此兩種子，色俱與樹色相似，宜細看也，有則用杷刮去之，樹上生青苔似癬，亦宜刮去。《桑譜》一云：刮蟥，自冬訖春檢瞭，凡三猶不能净，須六月捏頭蟥，七月捏二蟥，而頭蟥更宜細察，留頭蟥一，則二蟥百，捉蛀亦須三次；春分捉出屑蛀，秋分捉條丫蛀，剪桑後或九月又細捉之，恐因捉損桑，則用爆仗藥綫入蛀穴，燒之蟲即死。《烏青鎮志》如有白蠶莠蟲等為害于六七月間，蟲從葉上一過，其葉徧身沙眼，如紗狀，不但老葉無用，且來春發芽穿蕻時有礙。治以河中淤泥水灑之，或用菸筋水菸葉筋浸出水，雖蟲可殺，然蠶忌菸，不若淤泥為妙。《桑譜》白蠶宜於初生時即治，稍遲數日使成無用小繭，繭出飛蛾，蛾又為明年留種矣。《廣蠶桑說》

壅肥：桑宜肥，肥則葉厚而光潤。冬春必須沃之以糞，人糞力旺，畜糞力長，垃圾最鬆地；《廣蠶桑說》或用稻草灰，《烏青文獻》或罱河泥，或上田中稻稈泥，或用菜餅豆餅，先用刨層層刨下，再杵細勻滲潭中。或用頭蠶沙蘚二蠶沙蘚不可用，或用豬糞羊矢皆可，每年壅泥一次不可少，此用肥二三次足矣。唯剪葉後，所謂産母桑也，宜用肥一次能發二葉枝條。《桑譜》一云：歲於清明時，糞其四圍，謂之『撮』。桑剪畢即灌之，謂之『謝桑』。《烏青鎮志》按，采葉時不可見肥，肥葉害蠶。凡用肥，于地上離桑尺許，墾二尺闊半尺深潭，盛肥在潭內，緩緩用泥蓋潭，《桑譜》使其氣下降，根乃日深。《廣蠶桑說》按，肥不可沃于桑本，故必用于四周，桑本沃糞，必癃死，俗謂之『肥殺』。用豬糞晨澆，須至晚蓋潭，因性鹹也；用沙蘚羊矢，宜少蓋泥，露一半在外，因性熱也；用餅隨用隨蓋，用河泥半乾墾轉敲碎最肥《桑譜》為益，尤鉅一歲中，雨淋土剝，專藉此泥，培補根乃不露。《廣蠶桑說》用稻稈泥最易發根。《桑譜》

墾地鋤草：桑地不必多墾。唯冬間必須大坺音跋泥之大塊也，深墾莫留宿土，不但土脉活動，一遇雪凍，則草根死，而地蠶蟲亦除，所謂墾過冬地也，有蠶畢即墾者，謂之墾蠶罷地，然旱潦易傷，實可省也，凡鋤墾宜晴不宜雨。《桑譜》桑下不可有草，有草則分肥；不可有石，有石則礙根，須鋤去之。桑未盛時，可兼種蔬菜諸物，則土鬆而桑益易繁，此兩利之道也。但不可有妨根條，如種瓜豆，斷不可使其藤上樹。《廣蠶桑說》按：近桑不可種大麥，又不可植楊，以多楊甲蟲也。倘地多，千年韭其根即香附子，按，千年韭，即莎草，可為笠及雨衣，生桑地能害桑。理之不淨，可大伏中墾之，日出杲杲曝其子，遂亦除矣，《桑譜》遇午日不可以鋤。《烏青文獻》

原性治病：桑地宜高不宜陷，桑性惡濕而好乾，惡瘠而好肥，惡蔭蔽而好軒廠，故曠野植之，無不發也；如臨低地水漲時浸之，則根受病，須於水退數日後，地土略乾，即用人糞澆之，不致受傷。有時葉黄枝槁，謂之『桑鶩』，宜用餅肥之，人糞澆之亦可治。《桑譜》桑癩以蒲母草汁沃之，《烏青文獻》癃桑即墾去，勿令纏染，蓋桑癃無治法也。《烏青鎮志》桑老而枯，或中空，此年代久遠不能不敗者也，於其前後左右空缺處，補植一株；兩三年後，將已敗者伐去，而養其新者，則土不曠矣，如不補植，則將已敗之樹，離地六七寸截去，而留其老樁，以肥土堆積其上，俟明春另發嫩條，養成低桑，亦一善法也。低桑放葉較早，於采小葉者最宜，但去地近遇有驟雨，葉上或有泥點，須擦淨，方可飼蠶。《廣蠶桑說》

《大清一統志》：湖州府土産桑，談鑰《吳興志》吳興烏程東南三十里有桑墟，梁陳故事，吳興太守周敏，勸人種桑；顔眞卿《西亭記》：烏程令李清，種桑盈數萬本，草有山桑，有家桑，葉椏者名鷄桑；《爾雅》有女桑檿桑；《齊民要術》有荆桑、地桑，今鄉土所種有青桑、白桑、黄藤桑、鷄桑，富家有種數十畝。《明會典》：明初，令天下農民，凡有田五畝至十畝者栽桑、麻木棉各半畝；十畝以上者，倍之，田多以是為差。有司親臨督視惰者，有罰不種桑者，使出絹一匹；不種麻者，使出麻布一匹；不種木棉者，使出木棉布一匹。洪武二十七年，令天下百姓務要多栽桑棗，每一里種二畝秧，每一百戶內共出人力，挑運柴草燒地，耕過再燒，耕燒三徧下種，待秧高三尺，然後分栽；每五尺闊一壟，每一戶初年二百株；次年四百株，三年六百株，栽種過，數目造册，回奏違者，發金齒充軍。《勞府志》：桑屬縣多有，城東南有桑墟其處尤多，朝廷以農桑為衣食之本，教民栽種，例不起科。《王道隆菰城文獻》：桑葉宜蠶，民以此為恒産，傍水之地無一曠土，一望鬱然。《胡府志》：明王懋中知武康縣，臨河桑樹皆其手植。閔光德《東林山志》：嘗周行村落，見桑陰蓊翳，陂池饒衍，其民拮據，不少休，又無他嗜好，意其家皆肥澤而顧身無完縷，朝不給夕，心竊怪之，故老曰：此鄉田湫，且隘山溪，不時衝溢，畝收視他處僅半之，而桑故難成易敗。初年種，次年接，又次年闌，三年內國課空輸，六年之後，始獲茂盛，非朝稽暮，剔則蠹不去，非旬鋤月壅則色不肥，葺治稍疏水潦稍，及而數載，辛勤悉付烏有矣；且葉之貴賤，頃刻天淵，甚有不值一錢，委之道路者，蠶之成虧，斯須易態甚有竭産供蠶，毫無獲繭者，工費煩而利不可常，舍此更無以為生，故民多瘠耳。

累朝定賦，而地稅特減於田糧，洞悉民隱哉！吳興掌故：大約良地一畝，可得葉八十個，每二十斤為一個，計其一歲，墾鋤壅培之，費大約不過二兩，而其利倍之，自看蠶之利復稍加贏，而其勞固已甚矣！《廣蠶桑說》：栽桑原以飼蠶，然不飼蠶而栽桑亦未始非計也。栽桑百株，成陰後可得葉二三十石，以平價計之，每石五六百文，獲利已不薄矣。按《書城雜著》亦云：皮可為紙，枝可為薪，兼有餘利。又野桑雖亦可飼蠶，然葉薄而小，且易癟音『鱉』，故必接成家桑，柘葉亦可飼蠶。按《武康縣志》云：柘産于山野曠土，采飼柘蠶，葉貴餘蠶亦可食，其絲次于桑蠶。但比桑葉較堅厚，非小蠶所能食。按劉沂春《烏程縣志》謂：蠶早葉未抽，則柘葉可代，是小蠶亦可食也。桑葉缺少，可於三眠開口時，初次布葉，謂之開口，即餉食也。令食柘葉兩三次；大眠開口時，令食柘葉五六次，則省桑葉矣！必於開口時者柘之，味不及桑，既食桑葉，必不肯再食柘葉也！又，大眠起後，先飼以柘葉，其絲乃韌而有光。《西吳蠶略》：柘與桑同功，兖蠶頗食柘，其蠶養于樹，繭殊大；又有養于椒樹，食椒葉者，繭有香氣，二者皆不中，纔唯成綫，織紬而已。考《爾雅》注：食樗葉、棘葉、欒葉者，名雠；由食蕭葉者，名蚢，皆蠶類；又濟陰有食香草之蠶，橫州有食楓葉之蠶，伊州有食苦參之蠶，記傳所載，蠶食不必定用桑，吾鄉遇桑葉涌貴，飼以楝葉，亦能食能繭，何不采諸葉廣試之。又，凡葉少時，以白米粉糝葉上餌之，絲更光白而紉；又秋葉未落時，采完好者，曬為細末，留置暵處。蠶時遇雨，葉濕，則以乾葉末糝之，均其水氣，兼易飽難飢，省葉也。見施愚山《矩齋雜說》。

按《育蠶要旨》云：米粉糝葉之法，道光二十二年曾有用及此者。

清 王元綎《野蠶録》卷一《考證》 宋開寶七年九月，長葛縣桑蠶成繭。祥符五年八月，亳州桑蠶成繭，皆野蠶也。此蠶，凡桑樹上皆有之，而生於山桑者尤佳。且其生也，較家蠶稍晚，在家蠶大眠以後。此時，桑葉翦伐已盡，故多出於山桑也。又此蠶亦有春秋二季，春桑飼蠶，秋桑或不飼蠶，故多成於八九月也。胡氏以為，《禹貢》之『檿絲』確切不移，與歷來詩文家之以『檿絲』為野蠶者，説亦相符，庾信《鄭常墓志》：『山桑野繭，足充貢賦。自六朝以來，已沿用之矣。』而獨以為今之柞蠶則誤矣，因附記，以質諸博物之君子。

又按，《本草》有山桑、家桑之別。家桑，即今之接桑。山桑，即今之野桑。其不由人種，而生於深巖之中者，則為山桑。《意大利蠶書》言：『野桑飼蠶，力大於接桑。況山桑不由人種而生，其力大，尤屬可信。』張子中《蠶事要略》謂：『潮俗，桑樹無有不接者，不接則為野桑，椹極多，而葉極少，不足以飼蠶。』誤矣，自來解經者，先由不知檿為何物，故以『檿絲』為今之柞蠶山繭，若知檿之為桑，其是非固不待辨而明矣。

清 費烈傳口述《寧郡蠶桑要言・論桑》 湖地之桑，多是接桑，葉大而厚，難於培植。杭地之桑，不接謂之野桑，葉薄枝長，易於培植。詢湖人，接桑與野桑，蠶食之無異，絲亦無異。桑種甚多，有青皮桑、白皮桑、火桑、地桑、鷄腳桑、山桑、石榴桑。就余論之，甯地種桑不如青皮、白皮兩種爲上，其皮厚而上漿旺，枝葉易大，且易種植；次之火桑，其芽逢春早發，可飼小蠶。

清 江志伊輯《飼蠶法》 凡木各有所宜土，惟桑無不宜，故蠶皆可事。《詩》曰『爰求柔桑』，則豳可蠶。『菀彼桑柔，其下侯旬』，則周可蠶。『無折我樹桑』，則鄭可蠶。『阪有桑』，則秦可蠶。『桑之未落，其葉沃若』，則衛可蠶。『桑者閑閑』，則梁可蠶。《禹貢》『桑土既蠶』，則魯可蠶。『厥篚檿絲』，則齊可蠶。『厥篚元纆』，則楚可蠶。『蠶叢都蜀，教民蠶桑』，則蜀可蠶。蓋猶農夫之於五穀，非龍堆狐塞極寒之區，無不可耕且穫也。

清 金步瀛《古今合纂殖桑法》第三章《壓條法》第四節《備録》 桑有二種：一種有桑葚，即以桑葚植地，一二月即出。一種將桑樹柔條攀至於地，以泥壓於其上。每一桑眼，即發一枝。待至二三尺長，其桑有根，用剪剪下，移種于地上，即成桑樹。如今年壓，明年起；明年又壓，後年又起，生生不窮。見《農政全書》

清 賴逸甫《嶺南蠶桑要則・種桑要則》 種桑之要，首貴其種之青皮窖節，次貴其地之深耕淺種，節窖者圖其葉之多發，耕深者圖其根之易放，所因桑屬木本，與百穀之草本不同，必得桑根放長，桑田乃茂，地實根短，其桑則發達維艱，故凡未種之前，宜將土地耕鬆，深至盈尺，此則乃圖桑根易放而肥料深藏也。嶺南養蠶，造數獨能倍於浙江、江蘇、四川、河南、山東、江西、陝西、貴州等省者，因彼皆尚老桑，兼有棡、櫟、槲、柞等蠶，惟我嶺南僅養桑蠶，而且專尚嫩葉以圖發達之速，所以養至六七造仍皆有葉。嶺南養桑之法，凡欲下年二造有葉得以養蠶者，必從小寒後至立春前，乘其元氣鍾於榥而煖氣藏於土種之，此乃圖其生長易而可耐久不彫也。蓋凡小寒後至大寒前所種該桑，則必先放根而後出苗，其苗最壯，所因那時煖氣在土，如過大寒後至立春前而種者，其則根苗並發，但其苗則略遜於大寒前所種者耳。如至立春、雨水後而種者，其則先發苗而後放根，此則等至下三造方有桑葉得以養蠶，蓋因其時煖氣已出土外，是故其苗則更不及於立春前所種者也。其理猶之浸穀、蒔禾、種瓜、種荳，所順物宜以乘天時者同其意也。若論種桑地土，自河汀而至山坂，獨忌礬坭之地，除此一宗其餘悉皆可種，但種桑地邊如有龍眼樹者宜先伐去，蓋因該樹有等殕蟲，損蠶甚烈，切莫忽此。凡擬種桑之際，務將桑穜調足五行，他日其桑方乃沃若。先宜斬去原根，約留桑梲寸餘，纔又翦去其末，只留桑榦四寸，此乃桑木之仗金器，而治其意卽與水仙花之雕蟹爪者同其一理。次則以水調備泥漿一盆，另備草灰一堆，先將桑梲蘸入泥漿寸零，隨卽提起轉蘸草灰，使該桑梲泥漿輥滿草灰，此卽調其水土火氣而沾足五行也。種時將該桑梲入地約深二寸零可也。若論行列所直離之疏密而計則宜七八寸，若以横離之闊窄而論則宜一尺一二。疏雖可云用牛耙草，其實地之太乾與夫太溼，兩皆不能用耙，等至耙可用時則已淋肥不及而桑葉少發，況多月光照其地面者草易滋生，日光曬其坭土者旱難久耐，所以宜密忌疏，請觀種麻之地，便知密之勝於疏也。如用水足之地而種，則宜每桑三行開一小坑，使其有壢則免飫水之患，按照順德而計，每一畝地種桑七千餘株，此間每一升米地可種二千二三百株。若論桑之行列則又宜通東西而忌南北，蓋因桑應箕宿蠶屬房駟，兩皆貴得東方生炁，是以宜乎疏通東西，此卽順物之宜而使之茂盛也。種妥桑穜之後，如值天晴則宜四五日間淋之以水，半月間則必發苗，既苗之後毋庸水淋，苗長二寸宜淋薄肥，長至六七寸可淋厚肥。種至五六箇月，其葉則可摘以養蠶，若於二造時開摘，譬如有葉十片則宜摘七留三，第三造亦當如是，第四造則宜摘八九而留一二，第五六造則宜摘至回頭不見青色，新舊皆宜照此。若論山坂地與河汀地之孰勝者，此又各有所長。山坂地則土氣厚於水氣，其桑膠濃，蠶食此葉其絲有力，但乏水漲之泥漿，所培則肥料須多。河汀地則水氣重於土氣，其桑雖茂，蠶全食此則生變畧多，蠶乃食而不飲之物，所以山桑勝於水桑。但河汀地每年有水漲而積之泥漿者，則肥料可以略慳旱天，蠶食汀桑身健而瑩，若食山桑則身色略皺。陰天，蠶食山桑則肉硞色佳，若食汀桑則有水患之虞。雖凡坭地皆可種桑，惟獨先曾種過菸者，該地如果改爲桑園，該桑固成毒蠶之物，卽凡與菸相近之桑，飼蠶亦壞，凡屬菸地必須改種不食之物，幾年方可將桑而種。凡墾荒曠諸地而種之，桑初年生者皆下等葉矣，所因其草尚多，則肥料被奪，肥少則土堉而燥，因之蜑白質少。桑邊若種糧蔬，肥料則被糧蔬奪去，糧之豐收所得不敵桑之大歉，所損桑葉二十餘天，得價一次少則每斤值銀一分有零，多則每斤值銀三分亦常有之，糧須四倍之久方乃成熟，其價不但必無四倍之數，卽得四倍其利之穩仍不及桑。凡諸虧本者皆被草根之與糧蔬所害，如果要種糧蔬者寧可另地而種，切莫種於桑園，所因針無兩頭利也。蓋桑屬木本，設遭水旱，無奈桑何，糧蔬皆屬草本，水旱必致失收，所以善圖桑利者，咸以桑邊糧蔬爲害桑之賊。凡有不求明晰而人云亦云者無不虧折，若爲地方初立桑蠶標準而爲乃鄉乃堡之先導者，該處未有桑市之時，種桑當如計辦酒殽，養蠶猶之邀請賓客，殽多客少其桑固攂，殽少客多其蠶亦枉。若論地之肥堉，在夫工料多之必肥少之則堉，誠如人之饑飽在夫飲食同其一理，是以種桑養蠶既貴相因相需，尤貴工勤料足。如果地方已有桑市時，則種而不養或養而不種准可各隨其便，但凡初種之桑，務須勤於搢挖草根，嚴於防範牲畜，多淋肥料，理至草盡而土鬆潤，次年桑根既深，桑葉則多而葉價亦增，凡求桑利者皆視去草之人工與培桑之肥料而進退之。桑之生發最速，雖多淋肥料亦無壞桑之虞，但淋肥後必過半月，其桑方可養蠶，因有鹹味故當避之，卽如旱天淋肥之桑，無論日數多少，勢必得水方沾肥料，該桑亦必得過水後十日方可摘以養蠶。凡諸肥料足者，每升米地可得桑葉四百餘斤，時或售銷不完，留歸下造必肥足者其葉方不黃殞。設若草多肥少，斯則不徒無利且必折本。若論汀桑猶泥山之木質脆而易生，山桑猶石山之木，質堅而難長。桑之所仗坭土培養者猶飯也，所以舊墻坭與新坭漿皆能致其苗之茁壯；所仗肥料培養者猶殽也，是故麩糞與攦㨃皆能致其葉之秀茂。桑之所能養蠶而吐絲者，因其內含脂肪蜑白兩質之最多，所致買桑者所稱肉薄膠少。徒然水足之大片桑爲水葉者，因其土氣薄肥料少而蜑白質微，此等水葉一被風熱所逼，其卽變壞，如果肉厚膠足，雖遭風熱所逼或水所浸或曕所曬，皆比水葉可能耐久。蓋肉厚者乃由澱粉質多而厚，色瑩者乃由脂肪質多而瑩，膠足者則由蜑白質多而足，必此其葉方歸上等。蠶仗桑好而好絸仗蠶佳而佳，利仗絸厚而厚，所關系最大者桑也，是以桑必有膠有肉，色生氣華，純美無疵方爲好桑。買賣桑葉，雖轉眴間時價不同，但買家則皆按桑養蠶，賣家則皆因價售桑，無論許賣若干，無論訂價幾何，無論有無交收定銀，凡經訂允必須兩皆踐約。設如賣後跌價，買者必須照數承足，如或因蠶生變則亦不得取少，只可將以轉賣方昭公允；設如賣後起價，賣者亦須依期交足，固不得索增價銀，尤不得交少桑斤。但凡買主取桑之日或遇有雨、有霧，賣主必須代該買主分憂相機妥摘，依數交足，既不可少尤不可多，如有只圖利己不計損人，理應罰賠所虧，庶其知所痛癢。凡有霧水葉、鹹氣葉、失膠葉、黃葉、乾葉、發熱葉、冚潮葉、雨水葉，夫二造後之粗枝桑樹脚之沙泥及諸般殘敗葉，此皆名爲壞桑，務必剔除淨盡方可送交，所因蠶食壞桑登卽憔悴而生病矣。凡遇新産與及新喪之喜慶汚穢，若不用薑而解則必於蠶有碍，如果賣桑者遇此穢氣交桑時，須將生薑幾両放於桑面送交收桑者，一見該薑則必將以放於蠶姑神前及放蠶架，有此其穢則可解矣。順德凡務桑蠶之人，彼此所事無論相識與否，衆皆同顧桑蠶公益。凡有見聞所及，則必痛癢相關，如見損蠶害桑情弊，則必勸之以言或施之以力以盡匡扶解化之道。所以各處定買桑葉，悉皆憑此信義，固不須眼看亦毋庸丁寧，自己賣桑與人固皆剔淸壞葉，然乃送交，否則必被旁觀唾駡，逼令退還且之停與交易。如見他人摘葉未善或撻壞桑皮，或拘傷桑樹，或摘傷桑莞，或籮心未通，或籮面未遮，或粗枝未除，或黃葉未去，或脚葉未落，大凡見有未善情弊則必勸其歸於至善。如果知其淋肥尚未半月，霧水尚未乾透則必勸其從緩。如果弗恤則皆謂其無良而不與之交易，葢賣桑者固常養蠶，養蠶者亦常賣桑，既經旁人勸之，是卽明知不利於蠶其尚故意爲之，此則無怪衆皆惡其無良而不與之交易也。遞年蠶事告畢，皆於冬至前幾日，天晴則將桑枝斬去，僅於坭面留其一寸以備來春再發。斬桑樹者名曰覛，桑枝最忌覛後隨卽落雨，因其被雨洗去覛口桑膠，則桑梘易枯，是以貴於天晴而覛，如既覛妥須卽去盡草根，鋤鬆桑地，淋足肥料或培之以坭，此名冬耕有此滋培，下年發達必茂。如果下年正月要桑養蠶以練蠶種者，此則冬後留該桑樹，既不覛幹亦不斬尾，但須鋤鬆桑地，去盡草根，淋足肥料，陽春一到，該樹則有桑葉，摘以養蠶，那時方乃隨摘隨覛，隨卽去草、淋肥。二造蠶出，又有新發桑葉得以養蠶，凡乃斬短桑尾者，其樹則於桑梘發出。幹大葉少之嫩苗，碍該老樹發達，不但老樹之得葉反少，卽覛後所發之新桑亦弱，有等將該老樹屈低者名曰『屈枝』，此乃因值批賃期滿，業主不允换批，原賃者計圖抻回自己所淋之肥，是以屈低其樹，抽其土中放根之力上於氣中而發芽莌。現造桑葉雖多，惟下造則生發難矣，若以硝水爲肥料淋桑者萬不可試。初造雖然葉多，惟是桑屬木，硝屬火，木之元氣被火洩傷，不但下造葉少，卽桑樹亦已受病。又有斬將桑枝揷以作種者，雖亦生長惟是最易惹蟲，况無正根則葉少而不能耐旱，數年間則有神槁之虞。桑所宜忌，全在兹矣。

清 呂道象《廣州番禺縣呂大令道象**調查境内蠶業報告》**《農學報》第二百四十四期 桑田之害蟲，有二種。一種，粤諺呼爲狗毛蟲；又一種，呼爲青蟲。其捕治之法，於初起時，勤爲巡察，見卽用手撚死，勿使蔓延，因桑性與田禾蔬菜不同。禾與蔬菜遇有蟲害，可用石灰烟梗等物，浸水毒斃。桑則最忌，如蠶遇此等氣味，雖好蠶亦壞。

清 張坤德譯《泰西育蠶新法》第十章《飼葉種類》 又有一種，與牧洛斯相同，謂之紙桑。南省一帶，各處皆有，但其葉不宜飼蠶。紙桑較尋常桑樹更易長盛，樹身較大，其葉各種不同，而長圓者居多。葉邊齵齷作犬牙形，或一邊有贅葉下垂，或兩邊皆有。正面較糙於尋常之葉，背面生有軟毛。樹分雌雄兩種，雄者在早春未發葉之前，有穗垂垂，與柳花相似。結椹後，穗卽下墮。其雌者在夏令開花不已，直至結實如球，既熟，子卽綻出，其子包在有膠粘之質内，形甚微細，與覆盆子相仿佛，美人多不能辨，但止納種雄樹。今吾因南邊訪事人來函，常以紙桑能否飼蠶爲問，故論及之。此樹枝條虬結，頗可觀玩，南省之人栽之，以娱目耳。

藝文

唐 白居易《白氏六帖事類集》卷三〇 桑第三十四 亳有祥。桑穀共生於朝，七日大拱。終朝採桑不盈一筐。贈金，魯秋胡贈桑下美人金，乃妻也。探得金環。羊祜叔子五歲時，令乳母於東家桑樹中，控得金環。戴勝降桑，三月期我乎桑中，《詩》以桑爲均。《月令》爲桑多，則繭多；以桑少則繭少。無伐桑柘。桑之落矣，其黃而殞。桑之未落，其葉沃若。桑田說于桑田說勸也南山有桑。充養母。蔡順採桑椹充養母。以桑爲弧子初生。桑間濮上。衣食之源。蠶月條桑。行採。秋胡詩五畝之宅。空桑。扶桑。桑樞。蔽野。

《太平御覽》卷五七《地部二十二・隰》 又曰：『隰桑有阿，其葉有儺。』鄭玄曰：『隰中之桑茂盛，喻君子不用而野處也。』

又 卷九五五《木部四・桑》 《詩》曰：『桑之未落，其葉沃若。桑，女功之所起。沃若，猶沃然。于鳩兮，無食桑葚。桑之落矣，其黃而隕。』

又　又曰：『隰桑有阿，其葉有儺。阿然，美貌也。儺然，盛貌也。有以利人也。《箋》云：隰中之桑，條之阿阿然長美，其葉又茂盛，可庇蔭人。興者，喻時賢人、君子不用，而處有覆養之得。既見君子，其樂如何？』

宋　吴淑《事類賦注》卷三《天部三》　桑葉鬱其黃。《古豔歌》曰：『秋霜白露下，桑葉鬱爲黃。』非宜介樹，《唐書》曰：『寧王憲疾時，寒甚，凝霜封樹，或以爲春秋雨水冰卽此，亦名樹介，言象介胄也。憲歎曰：「此俗謂樹嫁者也。諺曰：樹嫁達官怕，吾其死乎？」憲果薨。』

雜録

唐　白居易《白氏六帖事類集》卷二三

蠶桑第五十三　蠶事　繭稅《月令》桑土既蠶。《書》八月載績。《詩》無伐桑柘。《月令》：『季春，愛蠶食也。』蠶事既登。《孟夏》蠶室。具下蠶則績。而蟹有筐。桑土。見上蠶織。《詩》曰：『婦無公事，休其蠶織。』桑于南陌。蠶于北郊。《禹貢》：『厥篚檿絲。』桑之絲，可中琴瑟絃。《書》。遵乃脩之，文器宜合禮。《月令》：『季春，乃修蠶器。』趨既登之，日事必及時。不衰，不帛。《周禮》：『庶人不蠶者不帛，不績者不衰，所以恥不勉。』女事，　禁原蠶。原，再也。蠶與桑馬同氣，物莫能兩大，禁再蠶，爲傷馬也。《周禮》。

繭稅第五十四　孟夏，蠶事既登，后妃獻繭，乃收繭稅，以桑爲均，貴賤長幼如一，以給郊廟之服。繭稅，十取一也。以桑爲均者，隨桑多少而稅。貴賤長幼如一，各以桑爲平，不以貴賤爲差。事懋，而既登。以桑爲均。以桑爲均，繭稅收而先定。絲入《周禮》：『典絲掌絲入，絲入收，而稅之也。』頒絲。謂出之也。

採桑五十五。　十畝之閒，桑柘閑閑。　女執懿筐，遵彼微行，爰求柔桑。微行，牆下徑也。蠶月條桑，取自斧斨。以伐遠楊，猗彼女桑。《詩》秦氏之女羅敷。秋胡之妻並採桑者。《城南》古詩：『羅敷善採桑，採桑城南隅。青絲爲籠繩，桂枝爲籠鉤。』桑之未落，其葉沃若。　帝女之桑。　蠶妾。公子重耳與從者，謀於桑下，蠶妾在其上。工女奉種于川，且宜合禮。執筐於陌，無或失時。南陌。桑也。無伐我樹。桑樹也。翳桑。

爭桑第五十六　楚邊邑名卑梁，其處女與吴邊邑處女爭桑，而傷卑梁女。卑梁人讓吴人，吴人應不恭，怒而殺之，吴往盡屠其家，於是吴楚大爭。《呂氏春秋》環廬樹桑。《周禮》維桑與梓。必恭敬止。桑椹。翩彼飛鴞，集于泮林。食我桑椹，懷我好音。

后妃桑蠶第五十七。　《月令》：『季春，后妃齋戒，享先蠶而躬桑，以勸蠶事。』先蠶，天駟星也。后妃躬桑，率先天下也。后妃獻繭。孟夏，蠶事既登，后妃獻繭，乃收繭稅。《月令》。古者，天子諸侯，必有公桑蠶室。近川而爲之，築宮仞有三尺，棘牆而外閉之。及大昕之朝季春，朝日之朝，君皮弁素幘，卜三宮夫人、世婦之吉者，使入蠶于蠶室。奉種浴于川，桑于公桑，風戾以食之。風戾者，恐露濕葉傷蠶，風之使燥，而後食之。歲既單矣，謂：三月月盡之後也。世婦卒蠶，奉繭以示君，遂獻繭于夫人。夫人曰：『此所以爲君服與？』遂副禕而受之，因少牢以禮之。古之獻繭者，其率用此歟。及良日，夫人繅，三盆手，遂布于三宮夫人、世婦之吉者，使繅，遂朱緑之、玄黃之，以爲黼黻文章。君服以祀先王先公，敬之至也。三盆手，三淹也。凡繅，每淹大總，而手振之，以出絲緒。王后親蠶於北郊，以供緇服。夫人蠶於北郊，以供冕服。王后、夫人，非莫蠶也，身致其誠信也。蠶宮。桑壇。晉《元康議》：『皇后採桑，桑壇於蠶宮之西南。』繭館。漢孝元皇后採桑繭館。織室。《東觀漢記》：『明帝馬皇后，數來往視之。』三灑。《古今事》曰：『蠶始生，蠶后食之，三灑而已。』宿瘤。齊王后也，王遇其採桑，奇之，遂娶爲后。採帝女之桑。爰求十畝。獻后妃之繭。遂布三宮。《周禮》：『仲春，詔后率外宗內命婦，始蠶於北郊，以爲祭服。』　昕朝。良日。苟三宮夫人，時展北郊之禮。則十畝桑柘。盡趨南陌之功。漢儀。《晉・禮志》：漢儀，皇后親蠶桑東郊苑中，蠶室祭蠶神，曰苑窳婦人、寓氏公主，祠用少牢。侍中成齊草定其儀，取列侯妻六人爲蠶母。擇吉日，皇后著十二笄步搖，衣青，乘油畫雲母安車，駕六騩馬。女尚書陪載筐鉤，外命婦皆步搖，青衣，各載鉤筐。先桑二日，蠶室生蠶，著薄上。桑日，皇后未到，太祝質明，以太牢祀之。祠畢，班餘胙於從桑。后東面躬桑，採三條；諸妃公王，採五條；郡縣已下，九條；以桑受蠶母也。一條。《皇后儀》曰：『皇后躬桑，始將一條，執筐受葉。』三灑。

南朝宋　劉義慶《世說新語》卷上《言語第二》　張天錫爲涼州刺史，稱制西隅。既爲符堅所禽，用爲侍中。後於壽陽俱敗，至都，張資《涼州記》曰：『天錫，字純，嘏安定烏氏人，張耳後也。曾祖軌，永嘉中爲涼州刺史。值京師大亂，遂據涼土，天錫篡位，自立爲涼州牧。符堅使將姚萇攻没涼州，天錫歸長安，堅以爲侍中，比部尚書歸義侯。從堅至壽陽，堅軍敗，遂南歸，拜散騎常侍西平公。』《中興書》曰：『天錫，後以貧拜廬江太守，薨贈侍中。』爲孝武所器。每入言論，無不竟日。頗有嫉己者，於坐問張：『北方何物可貴？』張曰：『桑椹甘香，鴟鴞革響，《詩・魯頌》曰：『翩彼飛鴞，集于泮林。食我桑椹，懷我好音。』淳酪養性，人無嫉心。』《西河舊事》曰：『河西牛羊肥，酪過精好，但寫酪置革上，都不解散也。』

《太平御覽》卷九五五《木部四・桑》 崔鴻《前涼録》曰：『張天錫爲符堅破，後歸晋，孝武帝問之曰：「北方何物爲美？」錫對曰：「桑椹甘香，鴟鴞革響，淳酪養性，人無疾心。」』

又《甄異傳》曰：『沛國張伯逺，年十歲時，病亡。見泰山下有十餘小兒，共推一大車，車高數丈，伯逺亦推之。時天風暴起，揚塵，伯逺因桑枝而住。聞呼聲，便歸，遂蘇，髮中皆有沙塵。後年大，至泰山，識桑，如死時所見。』

《十洲記》曰：『扶桑，在碧海中。上有天帝宫，東王公所治。有椹樹，長數千丈，二千圍。兩兩同根，更相依倚，故曰扶桑。仙人食其椹椹，體作金色。其樹雖大，椹如中夏桑椹也。稀而色赤，九千歲一生實耳，味甘香。』

宋 吴淑《事類賦注》卷二五《木部・桑》 伊柔桑之䰟條，《詩》曰：『爰求柔桑。』《爾雅》曰：『桑、柳䰟條。』稟純精於箕星。《典術》曰：『桑木者，箕星之精。』止交交之黄鳥，《詩》曰：『交交黄鳥，止于桑。』集肅肅之鴇行。《詩》曰：『肅肅鴇行，集于苞桑。』蠶室有近川之制，《禮》曰：『天子諸侯，必有公桑蠶室，近川而爲之。』圓丘傳北海之名。《山海經》曰：『東北海外，圓丘之南，有三桑，無枝，皆高百仞。』若夫靈輒始見於宣子，《左傳》曰：『趙宣子田於首山，舍於翳桑，見靈輒餓，問其病，曰：「不食三日矣。」食之，舍其平。問之，曰：「宦三年矣，未知母之存否？今近焉，請以遺之。」使盡之，而爲之簞食與肉，置諸橐以與之。既與爲公介，靈公將殺宣子，倒戟以禦公徒，而免之。問何故，曰：「翳桑之餓人也。」』注：『公介，公甲士。』蠶妾初遇於重耳。《左傳》曰：『晋重耳至齊，桓公妻之，有馬二十乘，公子欲安之。從者以爲不可，將行，謀於桑下，蠶妾在上，以告姜氏，姜氏殺之。』慕容布，江南之種，《後燕録》曰：『遼川無桑。及慕容廆通于晋，求種江南，平州之桑，悉由吴來。』天錫稱北方之美。《前涼録》曰：『張天錫歸晋，孝武帝問之曰：「北方何物爲美？」錫對曰：「桑椹甘香，鴟鴞革響，淳酪養性，人無壯心。」』禁野虞而勿伐，《禮》曰：『季春，命野虞，無伐桑柘。』候戴勝之來止。《禮》曰：『季春，戴勝降於桑。』亦有環五畝而爲宅，《孟子》曰：『五畝之宅，樹之以桑，五十者可以衣帛矣。』比千户之封侯。《史記》曰：『齊魯千畝桑，其人與千户侯等。』陽谷大明之浴，《山海經》曰：『陽谷上有扶桑，十日所浴。』范宫周穆之遊。《穆天子傳》曰：『天子居范宫以觀桑者。乃飲于桑中，命桑虞出桑者，用禁暴民。』注：『桑虞，主桑者。』至於美沃若，《詩》曰：『桑之未落，其葉沃若。』稱有儺，《詩》曰：『隰桑有阿，其葉有儺。』楊沛以乾椹爲糧，《魏略》曰：『楊沛爲新鄭長，課民畜桑椹、䔲豆，積得千餘斛。太祖軍無糧，沛進之。』張堪以附枝見歌。《後漢書》曰：『張堪爲漁陽，百姓歌曰：「桑無附枝，麥穗兩岐。」』復有沈瑀行勸課之教，《齊書》曰：『沈瑀爲建德令，教人一丁種十五株桑、柿、栗，女丁半之。人咸歡悦，頃之成林。』馮跋下篤察之書。《載記》曰：『北燕馮跋下書曰：「桑柘之益，有生之本。此土少桑，可令百姓人植桑百二十株。」』太戊之懼，既七日而拱，《家語》曰：『太戊之時，道缺法圮，以致天孽。桑榖生朝，七日而拱。太戊恐懼，側身修德。』愍懷之廢，亦數日而枯。《晋書》曰：『愍懷太子時，有桑生於西廂，長數日而枯。十二月，后廢太子。』狀鳳闕之萬桷，繁欽《桑賦》曰：『上似華蓋，紫極北形；下象鳳闕，萬桷一楹。』擢帝女之四衢。《山海經》曰：『宣山上有桑，大五十尺，其枝四衢，名曰帝女之桑。』郭璞曰：『婦人主桑，故以名也。』若夫種殖傳《氾勝之書》，《氾勝之書》曰：『種桑五月，取椹著水中濯灑，取子，陰乾之，肥田十畝。荒久不耕者，善好耕治之，黍、椹子各三升三合和種之，黍、桑俱生，鋤之令稀疏、調適，黍熟獲之，桑生正與黍高下平，因以利鎌歷地刈之，曝令燥，放火燒之。桑至春生，一畝食三箔蠶。』繁茂見陸機之賦，陸機《桑賦》曰：『初，世祖武皇帝爲中壘將軍，植桑一株，世更三代，年漸三紀。緑葉興而盈尺，柔條蔓而增尋。』顧出水而得伊尹，見《水賦》『陷空桑之里』注。游大冢而生尼父。《孔演圖》曰：『孔子母徵在游大冢之陂，睡夢黑帝使請已往交，語曰：「女乳必於空桑。」覺則若感，生丘於空桑之中。』注：『乳，產也。』或間以榆、棗，《隋書》曰：『齊河清中定令，丁給永業二十畝爲桑田，其中種桑五十根，榆三根，棗五根。』或用爲綿、布。《齊書》曰：『扶桑國，在大漢國東二萬餘里，土多扶桑，葉似桐，初生如笋，國人食之，實如梨而赤。績其皮爲布，亦爲綿、爲紙。』貢美青州，《書》曰：『青州厥篚檿絲。』注：『檿桑絲，中琴瑟絃。』名傳三輔。《范子計然》曰：『桑葉出三輔。』得齊王之奇女，《列女傳》曰：『齊瘤女者，齊東郭採桑之女，項有大瘤。閔王遊至東郭，百姓盡觀，獨瘤女採桑如故。王怪，問之，對曰：「妾受父母教採桑，不受教觀大王。」王曰：「此奇女也。」聘迎之。』見秋胡之烈婦。《列女傳》曰：『魯秋胡子納妻五日，而宦於陳。後歸，未至家，見路傍美婦人方採桑，秋胡悦之，下車，願託桑陰下，歸人採桑不輟。胡曰：「力田不如逢年，採桑不如逢郎，今吾有金，願與夫人。」婦人不受，胡乃歸，母呼其婦，乃向採桑者也。數胡之罪，而自投于河。』至若枝上拂乎十日，《淮南子》曰：『扶桑在陽州，日所拂。』注：『十日所出，九日居下枝，一日居上枝。』根下屈乎三泉。《玄中記》曰：『天下之高者，扶桑，無枝木焉，上至於天，下通三泉。』食之美君仲之孝，《東觀漢記》曰：『蔡君仲，汝南人。王莽亂，人相食。君仲取桑椹異器，賊問所以，君仲曰：「黑與母，赤自食。」賊義之，遺鹽二升，受而不食。』採之接龐統之言。《荊州先賢傳》曰：『龐士元師事司馬德操，不務小名，衆莫之知。德操蠶月躬採桑後園，士元助之，因與談論廢興，其言若神，遂移日忘食。』爭則有卑梁之鬬，《史記》曰：『吴公子光伐楚，拔居巢、鍾離。初，楚邊邑卑梁氏之處女，與吴邊邑之女爭桑，二女家怒相滅，兩邑長聞之，怒而相攻，滅吴之邊邑。吴王怒，遂伐楚。』讓則有係伯之賢。《齊書》曰：『襄陽人土俗，鄰居種桑於界上爲誌。韓係伯以桑蔭妨他地，遷界上開數尺，鄰畔隨侵之，係伯輒更改種。鄰人慚愧，還所侵地。』知天風而已枯，古詩曰：『枯桑知天風，海水知天寒。』變東海而爲田。《神仙傳》曰：『麻姑謂王方平云：「吾見東海三爲桑田。」』至其禁原蠶而慮殘，《淮南子》曰：『原蠶一歲再登，非不利也，然王法禁之者，爲其殘桑也。』獲死龍而有害，《三國典略》曰：『齊長廣郡人伐枯桑樹，於中得死龍，長尺餘。識者以爲長廣齊太上皇本封也，齊氏木德，龍爲君象，木枯龍死，非吉徵焉。』蜀主之舍邊羽葆，《蜀志》曰：『先主舍東南角籬上有桑樹生，高丈餘，遥望童童如小蓋，往來者皆怪此樹非凡，謂當出貴人。先主少時與宗中諸兒於樹下戲言：「吾必當乘此羽葆車蓋。」』齊祖之宅南車蓋。《齊書》曰：『太祖宅在武進，宅南有桑樹，狀如車蓋。上年數歲，遊於其下，從兄敬宗謂曰：「此樹爲汝生也。」』又若《詩》稱『猗彼』，《詩》曰：『猗彼女桑。』《易》著『其亡』，《易》曰：『其亡其亡，繫于苞桑。』條之蠶月，《詩》曰：『蠶月條桑。』執以懿筐。《詩》曰：『女執懿筐，爰求柔桑。』既兩兩以同根，《十洲記》曰：『扶桑，在碧海中，上有天帝宫，東王所治。樹長數千丈，兩兩同根，更相倚依，故曰扶桑。仙人食其椹，體作金色。其樹雖大，椹如中夏桑椹也，稀而色赤，九千歲一生實，味之絶香。』亦葉葉而相當。曹植《艷歌》曰：『出自薊北門，遥望胡地桑。枝枝自相值，葉葉自相當。』或有左衽既絓，《楚辭》曰：『衣攝葉似儲與兮，左袪絓於扶桑。右衽拂於不周兮，六合不足以肆行。』注：『攝葉儲與，不舒展貌。』化民自裹，《括地圖》曰：『化民，食桑二十七年，化而自裹，九年生翼，十年而死。』仙人食之而變金，見上『兩兩同根』注。季夏鑽之而取火。《鄒子》曰：『季夏取桑、柘之火。』復有馬領殺人，《本草》曰：『桑根白皮，出見地上，名馬領，勿取，毒殺人。』伏蛇療疾。《本草》曰：『桑根旁行出土上者，名伏蛇，治心痛。』過路室而目待，《楚辭》曰：『路室女之方桑，孔子過之以目待。』注：『路室，客舍。』想姜嫄之履迹。《元命苞》曰：『姜嫄遊閟宫，地扶桑，履大人迹，生稷。』子產相鄭而貽謗，《韓子》曰：『子產開畝樹桑，鄭人謗訾。』孔子自陳而自得。《孫卿子》曰：『孔子適楚，於陳、蔡之間，七日不食，曰：「居不隱者思不生，身不佚者志不廣。汝庸知吾不得之桑落之下。」』非獨琅邪國相，用之而爲杯；謝承《後漢書》曰：『高弘爲琅邪相，妻子不歷官舍，桑杯盛漿。』亦有陳留隱人，依之而作室。謝承《後漢書》曰：『陳留申屠蟠耻郡無處士，遂閉門養志，蓬室依大桑樹以爲棟梁。』

宋 蘇軾《東坡志林》卷一〇 詩人有寫物之功，『桑之未落，其葉沃若』，他木殆不可以當此。林逋《梅花詩》云：『疏影横斜水清淺，暗香浮動月黄昏。』決非桃李詩。皮日休《白蓮詩》云：『無情有恨何人見，月曉風清欲墜時。』決非紅蓮詩，此乃寫物之功。若石曼卿《紅梅詩》云：『認桃無緑葉，辨杏有青枝。』此至陋語，蓋村學究體也，元祐三年十月十六日付過。

浮屠不三宿桑下，東坡蓋三宿矣。去後，重修便當復念我耶？庚辰八月一十四日，合浦清樂軒書。

宋 王楙《野客叢書》卷二二《陳胡二公評詩》 東坡云：詩人有寫物之工，『桑之未落，其葉沃若』，他物不可當此。林和靖《梅詩》：『疏影横斜水清淺，暗香浮動月黄昏。』決非桃杏詩。皮日休《白蓮詩》：『無情有恨何人見，月冷風清欲墮時。』決非紅蓮詩。僕觀《陳輔之詩話》謂：『和靖詩，近野薔薇。』《漁隱叢話》謂：『皮日休詩，移作白牡丹，尤更親切。』二說似不深究詩人寫物之意，『疏影横斜水清淺』，野薔薇安得有此蕭灑標致？而牡丹開時，正風和日暖，又安得有月冷風清之氣象邪？陳標《蜀葵詩》曰：『能共牡丹爭幾許。』柳渾《牡丹詩》曰：『也共戎葵較幾多。』輔之、漁隱所見，正與二公一同。

宋 陳景沂《全芳備祖·後集》卷二二《農桑部》 女桑積桑，壓桑山桑。《爾雅》遵彼微行，爰求柔桑。《七月》蠶月條桑，取彼斧斨，以伐遠揚。《七月》桑之未落，其葉沃若。維桑與梓，必恭敬止。《小弁》星言夙駕，税于桑田。《定之方中》無逾我墻，無折我樹桑。《將仲子》食我桑椹，懷我好音。《泮水》桑土既蠶。《禹貢》厥貢檿絲。同上其亡其亡，繫于苞桑。《否卦》五畝之宅，樹之以桑，五十者可以衣帛矣。《孟子》季春之月，命野虞，無伐桑柘。鳴鳩拂其羽，戴勝降于桑，具曲植蘧筐。后妃齋戒，親東鄉躬桑，禁婦女毋觀，省婦使，以勸蠶事。蠶事既登，分繭稱絲效功，以共效廟之服，無有敢惰。《月令》古者，天子諸侯，必有公桑蠶室。近川而為之，築宫仞有三尺，棘墻而外閉。夫人、世婦之吉者，使入蠶室，奉種入于川，桑于公桑，風戾以食之。注：戾，燥也，蠶性惡濕。既畢矣，世婦奉蠶繭，以示于君，遂獻繭于夫人。《祭義》宅不毛者，有里布。注謂：不植桑麻也。欲令宅植桑麻，則無税賦以勸之。不植桑麻之毛者，則罰以二十五家之税布。《周禮》麻枲，麻𪎭枲，實𪎭子、麻母。

《爾雅》有倉麻，有緝麻二種。《草木記》仲秋之月，天子乃以犬嘗麻，先薦寢廟。

《月令》天子居總章，服白王，食麻與犬。同上蓬生麻中，不扶自直。

宋 吴欑《種藝必用》 正月、二月、三月移桑，并得熟耕地五六遍，五步一株，着糞一二升。至秋初，斸根下更着糞，培土三年，即堪採。每年及時科斫，以繩繫石墜四向枝，令婆娑，中心亦屈却，勿令直上難採。 九栽樹，須記南北枝，坑中着水作泥，即下樹栽揺，令泥入根中，即四面下土堅築。上留三寸浮土，埋令深，澆令常潤，勿令手近，及六畜觝突。凡一切樹，正月十五日以前上時，兼多子。 種桑，收魯桑椹水淘取子曝乾，熟耕地畦，種如葵法，土不得厚，厚則不生。待高一尺，又上糞一遍，當四五尺，常耘令净，來年正月移之。白桑無子，壓枝種之，纔收得子，便種之亦可，只須於陰地頻澆為妙。 午日不得鋤桑園，《陰陽書》曰：『亥為天倉耕之始。』正月晦日種葵，神日種法臨種必須乾曬子，其子千歲不暍地不厭良，故彌善。薄則糞之，葵須畦種，水澆畦，長兩步，闊一步，大則水難匀他畦，倣此深掘，以熟糞和中半，鐵爬爬之令熟，足躡令堅平，下水令微濕滲下。葵子又取和糞土蓋之，厚一寸，葵生葉，然後一澆，澆以早暮，每一掐即爬去地，令起下以加糞三掐，即更種秋掐，須俟露晞收。葵子，須俟霜降。若以穰草蓋，經冬收子，謂之冬葵子，入桑用。 穀上接桑，其葉肥大。桑上接梨，脆美而甘。撒子種桑，不若壓條而分根莖。湔間植桑，斬其桑而栽之，謂之嫁桑，卻以螺殼覆其項，恐梅雨損其皮，故也。二年即盛，常以三月三日雨，卜桑葉之貴賤。諺曰：『雨打石頭遍，葉賣三錢片。』或曰：『四日尤甚。』

又 桑樹上接楊梅則不酸。

又 種桑，收魯桑椹，水淘取子曝乾，熟耕地畦，種如葵法，土不得厚，厚則不生。待高一尺，又上糞一遍，當四五尺，常耘令净，來年正月移之。白桑無子，壓枝種之，纔收得子，便種之亦可，只須於陰地頻澆為妙。 午日不得鋤桑園，《陰陽書》曰：『亥為天倉耕之始。』 正月晦日種葵，神日種法臨種必須乾曬子，其子千歲不暍地不厭良，故彌善。 薄則糞之，葵須畦種，水澆畦，長兩步，闊一步，大則水難匀他畦，倣此深掘，以熟糞和中半，鐵爬爬之令熟，足躡令堅平，下水令微濕滲下。葵子又取和糞土蓋之，厚一寸，葵生葉，然後一澆，澆以早暮，每一掐即爬去地，令起下以加糞三掐，即更種秋掐，須俟露晞，收葵子，須俟霜降。若以穰草蓋，經冬收子，謂之冬葵子，入桑用。 穀上接桑，其葉肥大。桑上接梨，脆美而甘。撒子種桑，不若壓條而分根莖。湔間植桑，斬其桑而栽之，謂之嫁桑，卻以螺殼覆其項，恐梅雨損其皮，故也。二年即盛，常以三月三日雨，卜桑葉之貴賤。諺曰：『雨打石頭遍，葉賣三錢片。』或曰：『四日尤甚。』杭州人云：『三日尚可，四日殺我』言四日雨尤貴。

明 俞宗本《種樹書・桑》 穀樹上接桑，其葉肥大。桑上接梨，脆美而甘。撒子種桑，不若壓條而分根莖。

白桑，葉大如掌而厚，得繭厚而堅，絲每倍常。桑葉生黄衣而皺者，號曰金桑，非特蠶不食，而木亦將槁腐矣。

先椹而後葉也者，葉必少。

明 周嘉胄《香乘》卷九《桑椹甘香》 張天錫云：『北方桑椹甘香，鴟鴞革響，淳醇養性，人無妬心。』《世説新語》

清 陳元龍《格致鏡原》卷六四《名類》 王盤《農書》：『桑種甚多，不可偏舉，世所名者，荊與魯也。荊桑多椹，魯桑少椹。葉薄而尖，其邊有瓣者，荊桑也。凡枝榦柔，葉堅勁者，皆荊之類也。葉圓厚，而多津者，魯桑也。凡枝榦條葉豐腴者，皆魯之類也。荊之類，根固而心實，能久遠，宜為樹。魯之類，根不固，心不實，不能久遠，宜為地桑。然荊之條葉，不如魯葉之盛茂，當以魯桑條接之，則能久遠，而又盛茂也。魯為地桑，而有厭條之法，傳轉無窮，是亦可以久遠也。荊桑所飼蠶，其絲堅韌，中紗羅用。』《禹貢》稱：『厥篚檿絲。』注曰：『魯桑之類，宜飼大蠶。荊桑，宜飼小蠶。』《齊民要術》曰：『收椹之黑者，剪去兩頭，惟取中間一截。蓋兩頭者，其子差細，種則成雞桑花桑；中間一截，其子堅栗，則枝條堅强，而葉肥厚。將種之時，先以柴灰掩揉，次日，水淘去輕秕不實者，曬令水脉才乾，種乃易生。』《本草》李時珍曰：『桑有數種，白桑葉大如掌而厚；雞桑葉細而薄；子桑先椹而後葉；山桑葉尖而長。以子種者，不若壓條而分者。』黄省曾《蠶經》：『有地桑出於南潯，有條桑出於杭之臨平。』《爾雅》邢昺疏：『女桑，一名桋桑。今俗呼桑樹，小而條長者爲女桑樹。』《詩・豳風・七月》云：『猗彼女桑。』是也。《種樹書》：『白桑得繭厚而堅，絲每倍常。桑葉生黄衣而皺者，號曰金桑，非特蠶不食，而木亦將槁腐矣。』《拾遺記》：『員嶠山有木名猗桑，煎椹以爲蜜。』《山海經》：『宣山有桑，大五十尺，其枝四衢赤理，黄花青葉，名曰帝女之桑。』郭註：『四衢，言交互四出。婦人主蠶，故以名桑。』《廣異記》：『南方赤帝女，學道得仙，居南陽崿山桑樹上。正月一日銜柴作巢，至十五日成，或作白鵲，或作女人。赤帝見之悲慟，誘之不得，以火焚之，女即昇天，因名帝女桑。』《十洲記》：『扶桑，在碧海中。上有天帝宫，東王所治。樹長數千丈，兩兩同根，更相倚依，故曰扶桑。仙人食其椹，體作金色。其樹雖大，椹如中夏桑椹也，稀而赤色，九千歲一生實，味之絶香。』《齊書》：『扶桑國在大漢國東二萬餘里，土多扶桑，葉似桐，初生如笋，國人食之實，如梨而赤。績其皮爲布，亦爲綿，爲紙。』《拾遺記》：『窮桑者，西海之濱，有孤桑之樹，直上千尋，葉紅椹紫，萬歲一實，食之，后天而老。』《述異記》：『空桑生大野山中，爲琴瑟之最者，空桑也。』《神異經》：『東方有樹焉，高八十丈，敷張自輔，其葉長一丈，廣六七尺，名曰桑。其上自有蠶，作繭，長三尺。繰一繭，得絲一斤。有椹焉，長三尺五寸，圍如長，此是偃桑，但樹長大耳。』《爾雅》：『檿桑山桑。』注：『似桑材中作弓，及車轅。』《唐書》：『南詔永昌之西，野桑生石上，其材上屈，南向而下植，取以爲弓。』《事物紺珠》：『雲桑，密縣山野生樹，枝葉皆類桑，但葉如雲頭，花木欒細，青黄色。』

清 楊屾《豳風廣義》卷一《郭子章桑論》　郭子曰：木各有所宜土，惟桑無不宜。桑無不宜，故蠶無不可事。《豳風》之詩曰：『女執懿筐，遵彼微行，爰求柔桑。』則邠可蠶。《將仲子》之詩曰：『無折我樹桑。』則鄭可蠶。《車鄰》之詩曰：『阪有桑，隰有楊。』則秦可蠶。《氓》之詩曰：『桑之未落，其葉沃若。桑之落矣，其黄而隕。』《桑中》之詩曰：『期我乎桑中。』則衛可蠶。《皇矣》之詩曰：『攘之剔之，其檿其柘。』《桑柔》之詩曰：『菀彼桑柔，其下侯旬。』則周可蠶。《禹貢・兖州》：『桑土既蠶，厥篚織文。』則魯可蠶。《青州》：『厥篚檿絲。』《管子》亦曰：『五粟之土，其檿其桑。』則齊可蠶。《荊州》：『厥篚玄纁。』則楚可蠶。《孟子・告梁惠王》曰：『五畝之宅，樹之以桑。』《十畝》之詩曰：『十畝之間，桑者閑閑。』則梁可蠶。蠶叢都蜀，衣青衣，教民蠶桑，則蜀可蠶。猶之農夫之於五穀，非龍堆狐塞，極寒之區，猶可耕且穫也。今天下蠶事疏闊矣。東南之機，三吴越閩最夥，取給於湖繭。西北之機，潞最工，取給於閬繭。予道湖閬，女桑桋桑，參差墻下，未嘗不羡二郡女紅之勤，而病四遠之惰也。夫一女不績，天下必有受其寒者，而况乎半天下女不績也。豈第五十之老帛無所出，不績則逸，逸則淫，淫則男子為所蠹蝕，而風俗日以頹壞。今天下門内之德，不甚質貞。每歲奏牘，奸淫十五，毋亦蠶教不興使然與！公父文伯母曰：『王后親織玄紞，公侯夫人，加之以紘綖。卿之内子為大帶，命婦成祭服，列士之妻，加之以朝服，自庶士以下，皆衣其夫。社而賦事，烝而獻功。男女效績，愆則有辟，古之制也。』鄉大夫之家而主猶績，奈何今天下女，習於逸以趨於淫乎？國家蠶桑，載在令甲。凡民田五畝至十畝者，栽桑麻木棉各半畝；十畝以上者倍之，田多者以是為差，特廢不舉耳。故《月令》躬蠶之禮，魯母績愆之辟，與令甲桑麻之數，此三者不可謂迂而不講也。

（乾隆）《正定府志》卷一三《種植・勸民蠶桑札》　州縣知悉，照得衣食之源，首重農桑。自北地以苦寒爲詞，躬稼而外，蠶繅之事，畧焉不講。然豳女微行，楚宫卜宅，讀『十畝閒閒』之詩與漆絲織文，貢自兖州，士大夫都樂道其軼事，燕、趙距魯、衛、秦、晉未遠，吾焉知今獨異於古所云耶？抑聞之唐永淳間，定州雨雹害桑。元時，中山路虫食桑叶殆盡。又前明洪武、宣德，屢詔民樹桑，遣官巡視，正定等府，督民栽種，具報利病，歷歷載在史冊，此非郡地宜桑之驗？與議者謂：『人地不習，難以垂久。』此其説似然，而未盡然也。查桑性宜燥，蠶性喜溫，北方地高，最發桑柘。惟天氣較寒，疑於蠶性未協。顧養蠶法，有因天寒而焙以火者，正可行之北地。或又慮南北氣候早晚不齊，亦思浙省初蠶後，二蠶、三蠶，不必定在春杪夏初也，且阜平溫南等社，亦既行之而效矣。誠廣其傳，習其教，《蠶桑事略》一冊，載樹桑一十四則，養蠶二十四則，本府曾跋以示人，刊而行之，殊明晰也。夫人情可與樂成，難與圖始。破因循之固習，毅然以百世之利爲必可興，是在賢有司之以深心，大力出之耳。

清 吴樹生《沂水桑麻話》　蠶初出，桑葉苦不足。地内出一種草，葉長而厚，一草四五葉，皆貼地生，名曰『地桑』。三月杪采之，云可以飼蠶。此予在莒州目擊者。莒、沂接壤，想亦有此草也。北方寒，桑葉甚遲，此草大有益於蠶事。

清 王元綎《野蠶録》卷一《考證》　按，古之野蠶，即今之柞蠶也。雖野蠶之類不一，然他項野蠶，究屬寥寥，惟槲柞，隨處有之，成繭最多。故凡言野蠶者，皆柞蠶也。不知者，或以《禹貢》之『檿絲』當之。考《書・

禹貢》：『厥篚檿絲。』《集傳》云：『檿山桑也。』《詩·大雅》：『其檿其柘。』《集傳》云：『檿山桑與柘，皆美材，可為弓幹，又可蠶也。』《爾雅》：『檿桑山桑。』郭注云：『似桑材中作弓，及車轅。』《考工記》：『弓人取幹之道柘為上，檿桑次之。今山蠶所出之木，并不可以為弓，檿而係以桑，知檿固桑之一類也。』郝氏《爾雅義疏·釋木》云：『今山桑葉小於桑，而多缺刻，性尤堅緊。』《禹貢·青州》：『厥篚檿絲。』蘇軾注：『檿絲出東萊，以織繒堅韌異常，東萊人謂之山繭，然則檿絲可供織作，即於今登州山繭織成者，非獨絲中琴瑟取貴也。』竊謂蘭皋先生，登州人，當知山繭之所從出。且既明明見山桑矣，當知山桑仍所以飼家蠶，何復以檿絲為山繭乎？又《釋蟲》云：『柞蠶出柞樹上，其紬為大繭紬，又為雙絲，今登州人貨之以為利。』是非不知山繭之所從出也，何前後之矛盾若是？李時珍《本草綱目》曰：『桑有數種。白桑，葉大如掌而厚。鷄桑，葉細而薄。子桑，先椹而後葉。山桑，葉尖而長。』又《士農必用》曰：『桑種類甚多，不可偏舉，世所名者，荆與魯也。荆桑多椹，魯桑少椹。葉薄而尖，其邊有瓣者，荆桑也。凡枝幹條葉堅勁者，皆荆之類也。葉厚圓，而多津者，魯桑也。凡枝幹條葉豐腴者，皆魯之類也。荆桑之類，宜飼大蠶，其絲堅韌，中紗羅。』《書·禹貢》：『厥篚檿絲。』注曰：『檿山桑，此荆之類而尤佳者也。魯桑之類，宜飼小蠶。其説極為明晰。』《登州府志》云：『檿絲出棲霞縣，文登、招遠等縣亦有之，其繭生山桑上。』

（同治）《滑縣志》卷五《风俗》

《漢書·地里志》：『俗剛武，上氣力。』

《隋志》：『民事農桑，性多樸直，前代多文雅之士。』

清　葉向榮《農林蠶説·歐陽烜叙》　古者天子親耕，后親桑。我聖祖仁皇帝念切民依嘗，刋『耕織圖』頒行中外，誠以民生之源，首在衣食，故惰民有誠即婦事有省，盖有並重無畸輕也。西邑四面環山，繚以原田，民樸而勤，雖兵燹後，土著流亡，强半招徠，自四方黨類既殊，風氣稍易矣。然盡力田間，類能終歲劬勞，舍我穡事者，盖亦甚鮮，獨婦女無常職求，所謂執麻枲、治絲繭，竟渺不可得。夫人情恆難於創而樂於因，民俗宜補其偏而貽以利。士農工商，男有恆業，其室家婦子嘻嘻晏然，無所司事，一縷一絲皆將貸，諸抱布貿絲者流内職之不修，狃於習俗，特無人起而創，為之補其偏。余兩宰斯土，深病之，且以自病葉子向榮，出所纂《蠶桑輯要》一帙，於接桑養蠶之法言質而詞淺，易於通曉，且甚言蠶桑之益，深得利導之意。亟序而梓之，俾家喻户曉，庶幾爰求柔桑，學女事以共衣服，上副聖朝耕織並重之至意，不其韙與。

清　張行孚《蠶事要略·接桑》　又一種所接之桑條，大至一把，將本株截去，其所接之桑條，不復剪去其梢，而僅采其葉，此一種，湖人謂之荷葉桑，又謂之扎桑。蓋湖地桑有二種，其葉小者，為剪桑；其葉大者，為荷葉桑。故欲為剪桑者，則以剪桑之條接之。欲為荷葉桑者，則以荷葉桑之條接之。蓋其本株雖同，而其所接之桑條各異也。剪桑至高不過一丈，至大不過一拱，而荷葉桑則有高至二丈許，大至徑尺者。然湖人育蠶，全仗剪桑，而荷葉桑止以飼小蠶。蓋剪桑占地小而葉多，樹低而采葉易。荷葉桑占地大而葉少，樹高而采葉難。故湖俗剪桑接在高原，大至數畝，而荷葉桑接在墻下，不過數株。今且往往一株不接矣。按，今湖人有預將桑秧接好，而貿與人移栽者，其法誠簡便，然活者終少，不如老法穩當。

按，《輯要》言：『桑種甚多，不可偏舉。凡荆桑多葚，魯桑少葚。枝幹條葉堅勁者，皆荆之類也。枝幹條葉豐腴者，皆魯之類也。』味其所言，荆桑似即湖之剪桑，魯桑似即湖之荷葉桑。然《輯要》又言：『荆桑之條葉，不如魯桑之茂盛，當以魯桑接之，則能久遠，而又茂盛。』據此説，似魯桑不接葉，亦未嘗不茂盛，則與今湖俗大不同。蓋湖俗桑樹無一不接，欲為剪桑，則以剪桑條接之。欲為荷葉桑，則以荷葉桑條接之。所接之條雖異，而其本株無不同也。若不接，則為野桑，葚極多，而葉極少，不足以飼蠶已。又按，《輯要》有接廢樹及劈接、壓接、搭接諸法，然諸法大約難活。故湖俗止用插接一法，而其法又與《輯要》小異，今皆不著。

桑樹結構

綜述

清　孫廷銓《山東繭志·桑椹》　《爾雅》：『桑辨有葚梔。』言一半有葚，一半無葚也。野桑葚多而味酸，家桑葚少而味甘。善飲者以之浸酒，醫家以之蒸露煎膏，並芳烈可愛。至歲饑爲粻，惟古有之。漢王莽時，蔡君仲順採椹異器，賊問其故，君仲曰：『黑奉母，赤自食。』賊義之，遺鹽二斗。見《東觀漢記》。又興平中九月，桑再椹，先主經小沛，年荒穀貴，士衆仰以爲粻。見《異苑》。又楊沛爲新鄭長，課民蓄乾椹，得千餘斛。會太祖軍無粻，沛進之。見《魏略》。若《十洲記》謂：『食扶桑之椹，一體皆作金光色，則又可以仙矣！』

（乾隆）《盛京通志》卷二七《物產》 桑椹味甘酸，色紫黑。

清 程岱葊《西吴蠶略》卷下《桑椹》 《爾雅》：『桑辨有葚梔。』言一半有葚，一半無葚也。野桑葚多而味酸，家桑葚少而味甘。善飲者以之浸酒，醫家以之蒸露煎膏，并芳烈可愛。至歲饑為粻，惟古有之。漢王莽時，蔡君仲順採椹異器，賊問其故。君仲曰：『黑奉母，赤自食。』賊義之，遺鹽二斗。見《東觀漢記》。又興平中九月，桑再椹，先主經小沛，年荒穀貴，士衆仰以為粻。見《異苑》。又楊沛為新鄭長，課民蓄乾椹，得千餘斛，會太祖軍無粻，沛進之。見《魏略》。若《十洲記》謂：『食扶桑之椹，一體皆作金光色，則又可以仙矣！』

清 方大湜《桑蠶提要》卷一《桑政二十三條**・桑種**九則**》**

桑葚。葚，桑子也，或多或少，或有或無，或半有半無，或先葉後葚，或先葚後葉。葚多者葉少，先葚後葉者，葉亦少。

桑條。或長或短，或硬或輭，或豐肥，或瘦削。

桑皮。或青或白，或光滑，或皺澀。皺，音縐。皮皺者，葉必小而薄。

桑葉。或多或少，或大或小，或厚或薄，或尖或圓，或潤澤，或枯澀，或光滑，或有毛。

荆桑。荆桑多葚，葉薄而尖，邊有鋸齒，較魯桑葉略早，宜飼小蠶，樹亦耐久，然不如魯桑之茂，須以魯桑條接之。凡枝條堅勁，葉薄小者，皆荆之類。

魯桑。魯桑少葚，葉圓厚而多津液，較荆桑稍遲，宜飼大蠶。以魯桑接荆桑，則荆桑葚少而葉厚。以魯桑接魯桑，則魯桑葉愈厚，津液愈多。凡枝幹豐腴，葉圓大者，皆魯之類。今之浙桑，最為著名，葉大如掌，多津液，亦魯桑之類。

地桑。地桑與樹桑不同。樹桑，謂桑之成樹者。樹桑之種，或荆或魯。地桑則專用魯桑為種。樹桑移栽後，有因密而再移者。地桑則只栽一次，不再移。樹桑，去梢留杈。地桑則靠土割條，不去梢留杈。樹桑，數年後方能成樹。地桑則年年靠土割條，不令成樹。樹桑，數年後方可采葉。地桑則今年栽種，明年即可飼蠶。

火桑。火桑，另是一種，較他桑早五六日，且雨過即乾。凡清明節在二月以後者，桑葉必遲，飼蠶家宜兼種火桑。

富陽桑。另是一種，别種桑樹，每桑一株，不過得葉數十斤。富陽桑之大者，每株可得葉數百觔。别種桑樹，年久則不旺。富陽桑，最耐久。祇要蟲不蛀其幹，水不灌其根，則愈老愈茂。飼蠶家若覓得富陽種，栽一株可抵十株。

又 桑葉：初桑葉炙熟，可代茶。二桑葉，霜後可餧羊。

桑葚：可禦荒，可釀酒。

桑皮：可造紙。所謂桑皮紙也，或砍下繁枝，或桑老而枯，或中空葉黄，蠶不食，均可剝皮造紙，以春初所剝之皮為上，餘月次之。臘月津液未上，砍伐枝條，雖不傷樹，却難剝皮。春月砍條，皮雖易剝，却又不免傷樹。總不如臘月、正月砍下枝條，埋向陽坑内，俟二月剝之，樹既不傷，皮又易剝，真良法也。如欲速用，即將所砍枝條，捆作一束條，長約三尺，束大如鍋口，鍋内盛水，將桑束安鍋口，勿浸水内，再用稻草粗繩，自鍋口至桑束之頂，密密纏繞，毋令泄氣，頂上覆以鍋蓋，蒸至皮利為度，取出剝之，省力多多矣。

桑枝：可為薪，可編筐、簍、簸箕等物。直隷遷安縣桑樹叢生，如地桑，然年年靠地割條，以皮造紙，以枝條編筐、簍、簸箕等物，獲利甚厚。

桑幹：可為車，為弓，及一切器具。

桑寄生桑螵蛸，桑根白皮：皆可入藥。

清 賈振聲校，袁俊德輯《桑政萃編》卷二《桑條》 條有長短、硬軟、豐肥瘦削之分。卽取效，亦别栽。桑宜短與硬，短不畏風傷，硬可耐凍旱，取以接與插皆佳。若長軟、豐肥之條，發葉必多，應留以飼蠶。瘦削者，葉小而薄，不必用。

清 陳恢吾《農學纂要》卷四《桑皮》 桑皮，可造紙。日本將翦下枝條，剝皮製綿，無異蠶綿。桑皮百兩，可得綿十八兩。又有桑木製絲法，尚未通行。

種桑一株，葉值錢三百文。自養蠶成繭，值六百文，繅絲值一千文。每畝百餘株，計得百餘千。

清 金步瀛《古今合纂殖桑法》第二章《播實法》 桑椹熟時，先熟者不用，後熟者不用，惟揀中熟肥大者，翦去兩頭，惟取中間一截用之。蓋兩頭者其子差細，種之則成雞桑花桑；中間之子充實，則生氣旺而葉必肥厚。見《齊民要術》《豳風廣義》椹有三種：白，紅，黑是也。白則子不實，可食不可種；紅則子未老，種之不多生；黑則子已老，種之極易發芽。見《蠶桑萃編》

清　康發達《將各處寄來蠶繭蛾請查各病分別查明摺》《農學報》第十二期　按，查得蠶二百零八條，内無病九十條，粒瘟病五十條，黄軟病六十二條，無眠病六條。是無病之蠶，居十分之四。有病之蠶，居十分之六也。蠶繭四十五個，無病十七個，粒瘟病十九，黄軟病七個，無眠病二個。是無病之繭，亦居十分之四。有病之繭，居十分之六也。蠶蛾七十隻，無病三十九隻，粒瘟病三十一隻。是無病之蛾，不止十分之五。有病之蛾，不足十分之五也。桑葉厚薄之差如此，其養分之多少，姑置勿論，而飼育之法，頗宜小心。蓋桑葉厚薄既異，則其乾燥之遲速自殊。乾燥遲速既殊，則蠶牀乾濕自不一，宜細爲分别矣。所恨世人漫不加察，不顧其葉之厚薄，往往誤認良桑爲惡桑。如魯桑，驗之極良，與山中高助，在伯仲之間，世顧有以爲惡種者。是非桑之惡，乃飼蠶之法不得其宜也。左表卽農務局蠶業試驗場之所報，所以示人桑葉厚薄與大小異量，及乾燥遲速之率者也。

清　衛杰《蠶桑萃編》卷二《桑政・桑苞》　葉與枝分界處，又皆生小苞，自苞以上葉也，自苞以下枝也。苞附於桑枝皮外，實生於桑枝皮内，而皮内之苞，所謂小心子者，又卽爲生苞生葉之根本。

清　趙淵《蠶桑摘要》卷上

桑椹

椹子或多或少，卽種後葉多葉少之分。凡先葉後椹者，葉必多；先椹後葉者，葉必少。椹多者，葉亦少。椹之有粒無粒，揉淨以知之。粒之堅實與否，沈水以辨之。

桑條

條有長短、硬軟、豐肥、瘦削之分，卽取效，亦别栽。桑宜短與硬，短不畏風傷，硬可耐凍旱，取以接與插皆佳。若長軟豐肥之條，發葉必多，應留以飼蠶，瘦削者，葉小而薄不必用。

桑皮

皮有青、白、光滑三種，發葉必大而厚，若皮皺澀，則葉小而薄。

桑葉

葉有多少、大少之分；有厚薄、尖圓之别；有潤澤、枯澀之異；有光滑、帶毛之殊。美者宜用，如法存留。惡者不可用，早宜除去，以免費工耗糞。

桑眼

凡桑樹上新發小觜爲靨，將以抽條葉者也，大如麥子，俗名桑眼。眼下骨上，别生萌芽，形如米粒，俗名小心子。

桑根

根性下伏，深入土内，雖挖栽，亦不能全爬正根。根多則著土鬆難活，法宜研去直根，留横根，並向南之根。根少著土緊，發芽始澆，必易成活。

桑椹

椹有三種：白、紅、黑也。白則子不實，可食不可種。紅則子未老，種之不多生。黑則子已老，種之極易發芽。

桑苞

葉與枝分界處，又皆生小苞。自苞以上葉也，自苞以下枝也。苞附於桑枝皮外，實生於桑枝皮内。而皮内之苞，所謂小心子者，又卽爲生苞生葉之根本。

清　黄穀《蠶體生理論》第七章《營養論》第一節《營養物》《蠶業叢書》第六編　桑葉之營養分，雖關於葉之老幼，其他尚有各種之關係如後：一、桑樹種類之關係；二、栽培土地氣候之關係；三、採摘時刻之關係；四、葉肉厚薄之關係；五、桑葉肥瘠之關係；六、剪枝法之關係；七、貯桑長短之關係。

桑樹特性

題解

清　張宗法《三農紀》卷六《桑》　《桑圖經》云：『木高大，葉青緑而有光，材可器，椹可果，皮可造紙，桑乃東方神木，蠶食可叶絲。』《詩》云：『蠶月條桑。』《説文》云：『其字象形，故加木于下而别之。』《字解》云：『桑音若。』《典術》云：『桑乃箕星之精。』《爾雅》云：『女桑桋桑，檿桑山桑。』《綱目》云：『自桑鷄桑、子桑，其種不一，略舉其資者，有二焉：一曰荆桑；一曰魯桑。荆即桑之芟枝者，魯即桑之摘葉者。摘桑葉肥厚而多津，幹豐枝柔，根固心實，其木多壽，但少椹，宜接搏，宜插枝，宜壓條。芰桑葉薄尖，枝幹堅硬，其木不耐老，多椹，子易生，宜栽，宜插，易茂，年久心腐，生黄耳而枝枯。芰桑飼蠶，其絲堅韌。摘桑飼蠶，其絲□柔。芰桑宜小蠶，摘桑宜大蠶。』樹牛黄耳黄衣，蠶食召病。蠶事畢，餘桑收採，荒年可濟饑。霜落者取，取何喂牲畜，食且耐，兼且肥壯。桑之為物，尚矣！五畝之宅，樹之以桑，而老者得以衣帛，孟氏以為王道始。

清 楊鞏《中外農學合編》卷八《林類・楮》

楮，一名穀，一名穀桑。有二種，雄者皮斑而葉無椏叉，謂之斑穀。三月開花，成長穗，如柳花狀，不結實。雌者皮白無花，葉有椏，似葡萄葉，開碎花，結實如楊梅。其實初夏生，大如彈丸，青綠色，六七月成熟，漸深紅，八九月采實，名楮桃，一名穀實。《授時通考》

構，幽州謂之穀桑，或曰楮桑，荊揚交廣謂之穀，中州人謂之楮，食其嫩芽，可當菜茹。陸璣《詩疏》

清 黄穀《栽桑新論》第七章《桑樹之種類》第一節《桑樹之分類》

《蠶業叢書》第一編

桑屬

所謂桑之種類者，卽桑屬之變種與亞變種是也。昔時如此等科學之分類法不盛行，專以葉之形狀，而別其種類。如魯桑葉爲圓形，荊桑葉則缺刻。其他尚有種種分法，或以樹色，或以葉形，紛紛不一，故有赤桑(Morus Bulba)、黑桑(Morus Nigla)、白桑(Morus alba)之別種也。夫桑樹之分類，古來既如是其多，吾人將何所爲憑？若據跌根奪兒氏之分法，則有白色與黑色之兩種，因彼以熟椹之色，分辨之也。按，此說雖有疑案，然由此深加研究，遂分桑樹爲五種，十九變種，十亞變種，於其所著之(Regnumvegetable. DecandolleXVⅢ)書中發見。此說一出，現世甚爲歡迎，今將其所分之表列之。

又傅蘭色氏及殺烏哈跌氏所著之(Enumeratio Plantarum Franchet Etsavatier Vol. Ⅰ)書中，分桑樹爲左之三變種，今揭之。

桑屬 {
1. Morus alba Styiosa
2. Morus alba Saliforia
3. Morus alba Indica

又德人C.H.Pathe氏分爲十四種如後。

1. Morus Tartarica
2. Morus Constantinopolitana
3. Morus Rubra coltirosa
4. Morus Indica
5. Morus Satiforia
6. Morus Oustralis
7. Morus Mauritania
8. Morus Tinchtaria
9. Morus Papyrifua
10. Morus Alba
11. Morus Moretti
12. Morus Nigra
13. Morus Multicoulis
14. Morus Low

而其於十四種中，又將十一種至十四種列有佳良之說明，今錄之。

第十一種Morus Moretti者，比Morus alba葉柄稍短，葉形稍大，雄花較長，雌花較短，椹呈黑色，味頗美。

第十二種Morus Migra者一名Morus Nigra Chinensis，發芽最遲，葉呈心臟形，椹色黑，味似葡萄，樹皮起鱗而帶黑色。據日本大尉倚兒分氏發見此種，尚可分十二種云。

第十三種Morus Multicoulis者，爲灌木狀之樹，葉甚華麗。

第十四種Morus low 我國山東所產葉肉既厚，葉形且大，ヒシケル氏移植各地，皆能繁殖。今將我國及法、意、日本諸國桑樹之種類略舉之，以供讀者考察。

又 叢生桑：係灌木之桑，根旁溢，挺生小枝，用以揷條，最可繁生。

综述

清 朱斌《蠶桑指要・擇地》 桑性喜潮而惡濕，又喜近人，近人則蟲蠹易除，修剪易便。潮潤則土膏易上，而枝葉肥茂。故墻陰屋角，樹之最宜，河沿岸亦佳。若放桑園，每歲以河泥蓋之，既能釣潮，又不生草。

清 孫星衍、孫馮翼輯《神農本草經・百種録》 桑上寄生，味苦平。主腰痛，得桑之氣，亦能助筋骨也。小兒背强驅脊間風，癰腫和血脈，安胎胎亦寄母腹者也，充肌膚，堅髪齒，長鬚眉養皮毛之血脈。其實主明目，桑性驅風，肝為風藏，而開竅于目，風去則目明也。輕身通神。寄生乃感風露之氣以生，故服之亦有清虛之妙應。

又 桑螵蛸，桑上螳螂所生之子也。螳螂于諸蟲中最有力，而其子最繁，則其腎之强可知。人之有子，皆本于腎，以子補腎，氣相從也。桑性最能續傷和血，螵蛸在桑者，亦得桑之性，故有養血逐瘀之功。

清 程岱葊《西吴蠶略》卷上《治桑地》 養蠶必先藝桑，藝桑必先治地。蠶桑隨地可興，而吾湖擅其利，獨甲天下。不獨盡藝養之宜，蓋亦治地得其道焉。吾鄉厥土塗泥，陂塘四達，水潦易消。《周禮》謂：『川澤之土，植物宜膏。原隰之土，植物宜叢。』湖實兼之，乃淮南所謂息土也。地利既擅，人功尤備，以桑之喜疏也；墾必數四，深必尺餘，以桑之喜肥也；壅以蠶沙、暨豆屑、糞草，以桑之惡沙礫草萊也。植必平原，芟必净盡，治地之道，能順桑性，故生葉蕃大而厚。

又《采桑》 桑通謂之葉，采通謂之摘音扎，實則摘者止供小蠶，蠶既大，必連條剪取。有桑剪本高者，梯而剪之。有桑梯兩梯相對，高七八尺。盛葉之器，曰節。初剪者爲頭葉，飼頭蠶。剪後復生者為二葉，飼二蠶。二葉不剪，長其條，但采其旁生者，謂之勻。其條復生芽，是爲三葉，不盡采矣。凡采賸留樹上，經霜而枯，捋取飼羊，謂之羊葉。故湖羊充庖，特肥美，能益人。青桑曬乾葉入藥爲扶桑丸，烏鬚髪，冬桑浸水洗目，入鹽擦齒并良。

清 崔應榴彙纂，錢馥補輯《蠶事統紀・曾勉之跋》 凡擇桑之本也，皺皮者，其葉必小而薄。白皮而葿疏芽大者，為柿葉之桑，其葉必大而厚，是堅繭而多絲。高而白者，宜山岡之地，或墻隅而籬畔。五月也，收桑椹，而水淘，少曬焉。畦而種之，至冬而焚其梢，及明年而分種之。短而青者，宜水鄉之地。正二月也，木鈎攀之土壓，期年而截之，移而種之，歲糞也二。其壓也，濕土則條爛，焦土則根生，撒子而種，不若條而壓。

清 方大湜《桑蠶提要》卷一《桑政二十三條**・澆水**四則**》** 先時儲積桑性喜肥，肥則葉厚而光潤，故平日積糞最為要緊。且人糞力大，宜陳不宜新，因新糞過於猛烈，恐燒損桑樹也。儲積多日，便是陳糞。

又 培壅之效　雨淋土剝，桑根往往露出土外，縱澆糞，亦不全盛，壅以泥則藉此培補，免至老根呈露。桑性喜燥，壅以拉颯，則土鬆，雨過便乾。桑性喜肥，壅以豆餅等項，則肥氣浸灌，桑眼自然飽綻，桑葉自然豐盛。

又《除害五則**》**

根怕水漬　漬水傷根，萬無活理，必須培土作埂，栽桑於埂上，且四面開溝，以防漬水。

眼怕泥糊　桑眼將萌時，大雨之後，必須逐株查看，如被泥水糊眼，即速速挑開，否則死矣。雨一番，看一番，不可忽也。

芽怕霜凍　桑芽已動，最怕霜凍。倘遇天氣陡寒，北風大作，宜於樹北堆積糞草，待夜深時，順風發火，借烟氣以解霜凍。

皮怕苔生　桑皮生黑苔成塊，須用刮桑鈀刮去。若不刮去，葉即枯槁。

樹怕蟲傷　蟲有生於桑樹皮内者，名天水牛又名桑牛，俗名牽牛。其下卵也，在小滿後，必嚙破樹皮，而藏其卵於皮内。其變蟲也，在芒種後，形如蛆，吮樹脂膏，將近夏至，漸漸鑽穴而入。秋冬間，大如蠐螬，身長足短，名蛸蠐一名蝎，又名蠹。

清 李有棻《桑麻水利族學彙存》卷一《植桑》 桑性喜肥，越肥越好，每月皆可擁糞，冬月、正月、四月更要緊。擁時樹旁掘一坑，以人畜糞或豆餅放在坑内，用土蓋好，長草即鋤，中間可種雜糧，及一切菜蔬棉花，惟大麥不宜。

清 汪曰楨《湖蠶述》卷一《栽桑》 蠶所賴者，專在于桑。其樹桑也，自墻下檐隙，以暨田之畔、池之上，雖惰農，無棄地者。其名桑也，不曰桑，而直曰葉。《德清縣志》明洪永宣德年間，敕州縣植桑，報聞株數，以是各鄉桑柘成陰。今窮鄉僻壤，無地不桑。《胡府志》桑地宜高平，不宜低濕，高平處亦宜培土深厚。《廣蠶桑説》蠶桑隨地可興，而湖州獨甲天下，不獨盡藝養之宜，蓋亦治地得其道焉。厥土塗泥，陂塘四達，水潦易消。《周禮》謂：『川澤之土，植物宜膏；原隰之土，植物宜叢。』湖實兼之，乃淮南所謂息土也。地利既擅，人功尤備，以桑之喜疏也；墾必數四，深必尺餘，以桑之喜肥也；壅以蠶沙、暨豆屑、糞草，以桑之惡沙礫草萊也。植必平原，芟必净盡，治地之道，能順桑性，故生葉蕃大而厚。《西吴蠶略》桑之種不一，有蜜眼青按，此種桑葚最美、白皮桑、荷葉桑、鷄脚桑、扯皮桑、尖葉桑、晚青桑、火桑、山桑、紅頭桑亦曰：黄頭桑、槐頭青、鷄窠桑、木竹青、烏桑、紫藤桑、望海桑，凡十有六種，秧長八尺者，曰大種桑，蜜眼青次之。張炎貞《烏青文獻》又有麻桑，葉有毛，高時杰枝棲小隱。《桑譜》凡擇桑皺皮者，葉必小而薄；白皮而節疏，芽大者，葉必大而厚。榖而接桑也，其葉肥大。按，榖，从㱿从木，一名構，一名楮，近人無用此法者。勿用鷄脚桑，其葉薄；若葉生而黄皺者，木將就槁，名曰金桑，蠶所不食。先葚而後葉者，其葉必少，有柘蠶，是食柘，而早繭。其青桑無子，而葉不甚厚者，是宜初蠶，皆臘月開塘而加糞，即壅之以土泥。紫藤桑，種高大，其葉厚大，宜邇于竈屋，不必壅糞，穉小之時，於臘月稍壅之。《烏青文獻》荷葉桑、黄頭桑、木竹青三種，條幹堅實，眼眼發頭，火桑視他桑較早，可飼早蠶，且雨過即乾，并宜多植，更宜覓富陽種植之，其大者，可得葉數石。倘不令蟲蛀，及水灌其根，愈老愈茂，年遠不敗。《廣蠶桑説》：按富陽桑，皮堅，蟲不能嚙，最為佳種，但彼地專擅販葉之利，其種不許外出，故求之不易得也。接過謂之家桑，未接者謂之野桑。家桑子少而大，野桑子多而小，子名葚，俗名桑果，可啖，飼蠶之家甚不樂乎？其有子也。《湖録》：按桑上寄生，入藥品甚珍；又螳蜋于桑上生子作窠，為桑螵蛸；又野蠶繭采之亦有用，然蠶家亦不樂有此，必盡去之；又桑根白皮入藥，取土中根皮出土者，傷人，桑枝，桑葉亦入藥。家桑葉圓厚而多津，古所謂魯桑也；野桑葉薄而尖，古所謂荆桑也。按，又有山桑，名檿桑，亦即野桑也；葉貴之年，亦採以飼蠶，向時山鄉皆野桑，近亦多栽家桑矣。野桑若任其長，肥者成望海桑，瘠者成鷄脚桑，蠶家賤之，故莫不用接，接成家桑，經數年高與檐齊，粗如盃如碗，是名嫩壯桑。過十餘年，則老，漸稀漸薄，以次添種，而刪易之。《西吴蠶略》樹在大麥田中者，食之壞蠶。栽桑之時，宜及隆冬，遲至正二月者，雖未嘗不活，易生蟲。《廣蠶桑説》

清 汪宗沂《蠶桑輯要·樹桑養蠶要略》 種桑澆糞 桑性喜肥，肥則葉厚而光潤。平日最宜多積糞，人糞力大，宜陳不宜新。儲積數月，便是陳糞。用時，以水和糞，令稀，然後澆桑，則糞力與水氣同到。其次，則用牛糞，亦宜和水。若大樹，則冬月、正月及四月剪桑葉之後，於樹旁多掘小坑，以糞灌入，用土蓋好，肥氣下行。用牛粪則先置坑內，加水和勻，可省糞力。

清 汪曰楨《湖蠶述》卷一 原性治病 桑地宜高不宜陷，桑性惡濕而好乾，惡瘠而好肥，惡蔭蔽而好軒廠，故曠野植之，無不發也。如臨低地水漲時浸之，則根受病，須於水退數日後，地土略乾，即用人糞澆之，不致受傷。有時葉黄枝槁，謂之『桑驚』，宜用餅肥之，人糞澆之亦可治。《桑譜》桑癩以蒲母草汁沃之，《烏青文獻》癃桑即墾去，勿令纏染，蓋桑癃無治法也。《烏青鎮志》桑老而枯，或中空，此年代久遠不能不敗者也。於其前後左右空缺處，補植一株；兩三年後，將已敗者伐去，而養其新者，則土不曠矣，如不補植，則將已敗之樹，離地六七寸截去，而留其老椿，以肥土堆積其上，俟明春另發嫩條，養成低桑，亦一善法也。低桑放葉較早，於采小葉者最宜，但去地近遇有驟雨，葉上或有泥點，須擦净，方可飼蠶。《廣蠶桑説》

清 尹紹烈《蠶桑輯要合編·蠶桑輯要圖説》 桑性最甜，生蟲亦易。一蛀蟲孔用銅絲勾勾之，或用尾刺之，或用紙炮火對孔噴之。此蟲交夏成蛹脱殼，即是水牛蟲，口如鋸，咬桑條則條折，咀桑皮則水濕不乾。交冬水乾，蟲成如蛆，入木復又成蛀，名曰桑蟲，去其蟲在八九十月間，樹皮水濕中尋去蛆蟲。又一種步屈，土名八丁蟲。又一種曰青蟲，名蜾蠃。又有刺毛蟲，皆食葉蟲也。前所用噴筒巴豆水殺之，又皮上生白屑，乃樹瘠之故。長成如半粒扁米貼樹，刺之有水，至乾枯時裂開，復又白屑滿布。一年數次，吸引皮汁則皮槁，而葉少見此，急用巴豆研如泥，和豆油調勻，塗白屑之上，則白屑不生，樹復茂矣。

清 俞墉纂輯《蠶桑述要》 桑性喜鐵，得鐵腥而益茂。江浙多用剪刀，剪其枝條，金鈴集中。《蠶詞》云：『到處緑陰桑不斷，東風吹出剪刀聲』是也。毋論老枝新條，俱不宜手攀折。蓋桑皮性縝，手折多將桑皮剥下，而留樹上之枝受傷矣。又不宜刀砍，刀砍勢不能一刀卽下。若重砍，又不能在原砍之處。樹經刀砍，津液流溢，其傷更多。考《農桑要旨》，古人俱用刀砍，不知用剪之法。卽此可見，法勝於前。葉從隔年老梗發者，隔年者，謂甲年之枝，至丙年發葉。若乙年所留，丙年發葉，尚謂之新條。多小而乾薄；從新苗條發者，大而潤厚。故精於培桑者，臘月須芟剪一回，立春後，再加芟治。

又 桑性喜肥，肥則葉厚而大，人糞、畜糞，其力耐久，河泥更肥，且能培高，桑地離河遠者，取諸池塘、陂溝之中。桑地有草則分肥，宜隨時芟之拔之，不留其根，則草自盡。夏秋間，桑地可種黄豆、茄子、菜蔬之類，頻頻澆肥，兩有裨益，但不可種倭瓜、絲瓜、黄瓜、扁荳，一切藤本蔓延樹身之物，芥菜、大麥，亦不宜種。桑牛專能作戕桑樹，利嘴雙鉗，食蘖條嫩葉而傷皮本，生子必於皮縫，見枝椏有脂膏流出，即剔皮，以小鐵鈀擊碎，其子刮去之；若已變蟲，尋其出入之穴穴口必有蛀屑，淺則以錐刺之，深則隨其上下，以鐵線通之；或一穴而有兩孔出入者，急以百部草和甘草末搗匀爲丸，對塞兩孔；如其穴從上而下，以熟桐油灌之，桑牛既除，其孔内有蟻爲穴，亦宜以桐油灌之。皮上生蝨及白點，亦用鐵鈀刮之。

清　高銓《蠶桑輯要》卷上《罱泥》　古人云：『家不興，少心齊；桑不興，少河泥。』篰泥第一要事，不唯一歲雨淋土剝，藉此補益。正由篰泥之地，土堅而又鬆，雨過便乾。桑性喜燥，易於茂旺。若不篰泥之地，經雨則土爛如腐，嫩根不行，老根必露，縱加意栽培，亦不全盛。每年冬春間篰一番，八九月罱一番。做溝之人，亦須敏捷者為之。若做溝拖泥不及，罱手即停候，費時矣。泥乾，趁晴倒刈曬曝，如菱殼，敲碎如粉，方肥。凡墾地倒地，必俟天晴。至于泥，雖陰雨，亦可罱，家具小船，正當藉此，消磨兩工。

清　費烈傳口述《寧郡蠶桑要言》　吾鄉地濱大海，生齒既繁。自務農外，多以貿易爲生計。鄞東之人沿海捕魚，此外土產不多，謀生維艱。余欲教以蠶桑，使男無曠工，女有常課，實爲救時之良法。向來小溪樟村等處間有種桑之家，土人未能深悉其法，今者余從申江至湖郡一路皆屬水鄉。湖地窊爲低窪，又自湖至杭，近杭之土地勢漸高。桑性喜高燥，湖地實非宜桑之土。其所以擅利一方者，皆由人工所致。湖郡之田，名曰斗田，四邊皆高築塘以衞田。高處植桑，數十畝爲一斗，或至二三百畝爲一斗，約計植桑之處不過農田十分之二。詢去歲所入絲銀壹千伍百餘萬緡，查湖府總捐局絲每包捐洋廿六元，共計捐洋八十萬元。是以富甲。大江以南吾鄉土脈，勝於湖地，若能效法，幾乎徧地可以栽桑，一二十年後家家稱富，無求於人矣。

論桑

湖地之桑，多是接桑葉，大而厚，難於培植。杭地之桑，不接，謂之野桑。葉薄枝長，易於培植。詢湖人接桑與野桑，蠶食之無異，絲亦無異。桑種甚多，有青皮桑、白皮桑、火桑、地桑、鷄腳桑、山桑、石榴桑。就余論之，甯地種桑，不如青皮白皮兩種爲上。其皮厚而上漿旺，枝葉易大且易種植。次之火桑，其芽逢春早發，可飼小蠶。

清　黄壽昌《蠶桑須知·種桑各則》　接本桑樹，有紅皮、白皮二種。紅皮桑發生較易，但人工稍疎，不能如法調護，即見消敗。白皮桑發生較滯，人工即不周到，不至立敗。

桑性喜燥，忌窪下之地，通年水浸不乾，致桑根腐爛，便難發生。如種在多磚屑之地，最易暢茂，因卸水容易之故。若多大塊磚頭，及石子石片等類，有礙桑根，不能四達，亦非所宜。

清　賈振聲校，袁俊德輯《桑政萃編》卷二《辨栽類·燥栽》　地氣乾燥也，桑性喜燥不耐溼。北方土外燥內潤，但不當風之處，園傍墻下宅畔，無往不宜，不澆水，不上糞，掘而栽之，只須拔草覆土，則工省而成活必多，然則北方土地，種桑更宜也。

又　荒栽　未經墾闢之地，性不熟淨，內多雜質。設有地尚肥潤，不便種而便桑者，先燒盡野草，以絕根粒虫類，將土打細，如法栽種。儻上氣未過乾，不澆水，恐草易生也。

又　林栽。桑性宜陰潤，先有榆柳等樹，有隙地尚可栽桑。暑則避烈日，晴則避風沙，易於生活。俟桑長如拳，斫去榆柳等樹，自然桑茂獲利也。

清　江毓昌《桑蠶説·除害》　桑樹最怕水漬，一漬就死，須照前治土法培埂開溝。小桑秧春天纔發的芽名『叫眼』，最怕泥糊，大雨後，必須細看，有泥要挑去。桑眼怕霜凍，發芽時，如遇大北風寒冷，在上風堆些糞草，夜裏燒著，可以解凍，燒過的灰，還可以作糞。怕生苔，皮上生黑苔，或生白點，漸長成蘿蔔子大再長就變成蟲，趕快刮淨。怕生蟲，樹身或大枝，有流黄水處，裏頭就有蟲子，像米粒大，把樹皮刨開，把子刮破；若已成蟲，樹上必有小洞出木末子，用桐油灌入，洞深用鐵絲戳進，把蟲戳死；若蟲已經會飛，名『桑牛』，又叫『天水牛』，見著就要打死。務宜隨時打死。喫葉肉蟲，用百部巴豆藥店都有泡濃汁，用棕帚蘸汁灑掃。治白點，亦可用此法。又有白天藏在土內，夜裏飛出來喫葉的蟲，要夜裏在下風燒火，蟲自投火燒死。同種宜忌：黍、綠豆、黑豆、蔓菁、芝麻、綿花，一切菜蔬，種在桑下，扵桑最有益，又不荒地。大麥、粟穀、薥黍、楊梆，各樣瓜，一切有籐的東西，都扵桑有損，切不可種。

清　饒敦秩《蠶桑質説·用糞第五》　桒性喜肥，用糞水灌最好，或菜餅、棉子、羊糞、蠶沙之屬皆可。常年以春、冬兩季灌二次，若不拘次數，則愈肥愈盛，更能以河底溝底埿培壅，比灌他糞尤妙。惟當蠶食葉時，則斷不可肥，肥則葉有毒，蠶食生病。初栽稚桒，不可過肥，僅可用一成糞，九成水之清水糞，徐徐灌之。

清　衛杰《蠶桑萃編》卷二《桑政・辨栽類》　地氣乾燥也，桑性喜燥不耐溼。北方土外燥內潤，但不當風之處，園傍墻下宅畔，無往不宜，不澆水，不上糞，掘而栽之，只須拔草覆土，則工省而成活必多，然則北方土地，種桑更宜也。

清　吴詒善《蠶桑驗要・桑篇・土宜第四》　地卑水多，土質濕，栽宜稍高。地高水少，土質燥，隨處可栽。惟沙土質鬆，根株易達，枝葉易蕃。《農桑要旨》云：『平原淤壤，土地肥虚，荊桑魯桑，皆可種。若山地土脈赤硬，止可種荊桑。桑性雖惡濕而喜燥，要以得中爲妙。』

又《護養第十》　桑樹忌水，開溝以去積水。桑眼怕凍，遇大風雪，以糞草在上風燒之，可以解凍，灰可作壅。如皮生白點，或黑苔，速刮去，免致生蟲。樹身及枝有黄水流出，内有蟲子如米粒，當剔去蟲子，以菸葉百部，巴豆煎汁抹之。若有小孔木屑流出，内必有蟲，以藥汁或桐油灌之，或用鐵絲插入殲之，或綿浸藥水塞孔內。如四五月，有蜘蛛、青蟲、野毛蟲等，用藥汁洒之。葉經藥洒，須洗刷極淨，方可飼蠶。至六七月，一種能飛，嘴似剪，名曰桑牛，能將枝剪斷，遺子樹皮内，化生甚速，須隨時察看，捉去磔死，自無遺類。

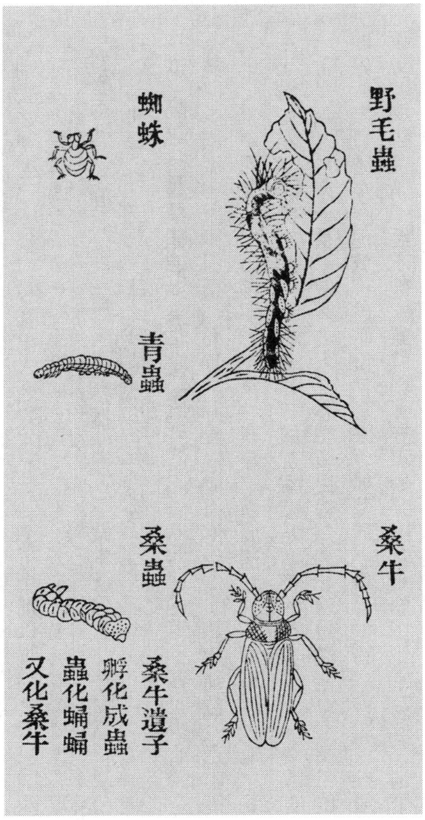

清　張坤德譯《泰西育蠶新法》第十章《飼葉種類》　歷來飼蠶，必用桑葉。美國産有兩種，一名紅葉桑，一名細葉桑，然皆非宜用。本局曾取紅桑一種，試以飼蠶，或竟不食，或食之身驟縮小而死。大概美國所有，係黑桑及各種白桑，皆從他處進口。其黑桑較各種白桑更次一等。白桑之中，有一種名毛勒梯者，栽之頗能獲利。其葉甚大，最宜飼蠶。此外如洛西哀，如劇扑尼軋，如末爾剔考立斯，種類相同，飼養亦佳。尚有一種桑樹，向爲美國所無，近時西省始有用之者，此係産於俄國，其樹極能耐苦，葉質較厚，用以飼蠶，亦頗相宜。

清　陳恢吾《農學纂要》卷四《桑》　土宜：凡不宜稻之地，其土高潤，舉可樹桑。最宜高燥之而通風日之地，或山腰傾斜，以及平原曠野，培壅得法，皆易繁茂。桑性尤宜夾沙，而上層深厚之土。惟易淹之處，及土堅如石者，不可種。土濕之區，宜種高地。湖水宜桑。

種類：桑種之善者，幹大而根多鬚。荆桑即土桑。多葚，枝幹堅勁；魯桑少葚，枝葉豐腴。荆之類，能久遠。魯之類，不能久遠。湖桑亦魯類。宜以土桑為本，接以湖桑之條。湖桑紫皮者最佳，黄皮次之。凡擇桑皺皮者，葉必小而薄；白皮而節疏芽大者，葉必大而厚。

桑老樹空：桑老樹空，可於旁種新秧，兩三年後，將已敗者伐去，或將老樹離地六七寸截去，留其老樁，培以肥土，沒其樁，另發新條，養成低桑。

火桑：火桑葉早，飼蟻必需，故須附種，不必條翦，任其高大，可采葉數百斤。

清　曹倜《蠶桑速效編》　膏腴上地，五穀所殖，然隴頭栽桑，實不相妨。閒曠沙灘，近年多栽楊樹，易之以桑，更爲適用。蓋桑性乾濕皆宜，又不惡泥沙也。

清　黄祖徽《蠶桑淺説・栽桑篇第一》第八章《桑病》　桑地宜高，不宜陷。桑性惡濕好乾，惡瘠好肥，惡陰蔽，好軒敞。故於曠野植之，無不發也。

清　江志伊《種桑法》　總論　桑爲箕星之精，分大葉、小葉二種。大葉桑條柔津多，色青靛，隱有黑紋，味濃而力少減。小葉桑條勁液實，色青淺，微有碧紋，力厚而味較淡。以大葉飼蠶，其體肥而粉，其繭圓而闊，其絲柔而滑，其綢細而亮。以小葉飼蠶，其體昂而長，其繭尖而毛，其絲勁而緊，其綢實而堅。然原其始，則椹一也，種居中之子，則葉大；種兩頭之子，則葉小。土一也，畦極平者，葉大；畦高低者，葉小。時一也，雨水足者，葉大；雨水歉者，葉小。小葉宜飼小蠶、老蠶，大葉宜飼眠起大食蠶。大葉多產自條桑，條愈柔，則葉愈旺。小葉多產自樹桑，樹愈大，則葉愈佳。是在種桑者，察天時、辨土宜、審物性、竭人力，以濟造物之窮而已。

又 桑性喜燥，施肥則土鬆，而水不積。桑性喜肥，壅料則力厚，而根日深。惟小蠶食葉時，不宜壅糞，蠶食肥葉。甫壅糞之葉，曰：『肥葉。』

清 盛宣懷輯《蠶桑備要·栽桑》 桑地宜高平，不宜低溼，高平處，亦宜培土深厚，以桑之喜疏也；墾必數四，深必尺餘，以桑之喜肥也；壅以蠶沙、豎豆屑、糞草，以桑之惡沙礫草萊也。植必平原，芟必净盡，治地之道，能順桑性，故生葉蕃大而厚。 凡擇桑皺皮者，葉必小而薄；白皮而節疏芽大者，葉必大而厚。穀而接桑也，其葉肥大。穀，從殸從木，一名構，一名楮，近人無用此法者。

清 楊鞏《中外農學合編》卷九《林類·除害》 樹怕蟲傷：蟲有生於桑樹皮內者，名天水牛。又名桑牛，俗名牽牛。其下卵也，在小滿後，必嚙破樹皮，而藏其卵於皮內。其變蟲也，在芒種後，形如蛆，吮樹脂膏，將近夏至，漸漸鑽穴而入。秋冬間，大如蠐螬，身長足短，名蝤蠐一名蝎，又名蠹，食樹心，穿木如錐。明年三四月間成蛹，變為天水牛，兩角如八字形，似水牛角，亦有一角者。色黑，背有白點，緣木上下，口有雙鉗，其利如剪，新發之條，嚙之輒折。治之之法：須於樹之本身，及大枝上，流出黃水之處，剔破其皮，中有卵如米粒，取而碎之，此蟲便絕。如子已成蟲，則須尋著蟲穴穴外必有蛀屑，用鐵絲向穴內刺死，或用鐵絲作小鈎，將蟲鈎出。如蟲已深入，非鐵絲所能及，則用百部草汁灌之，無不死者。百部，藥名，能殺蟲。將百部切細，納小瓮中，用水浸爛，浸時須封固瓮口，勿令走氣。或用熟桐油浸入穴內，或用爆竹藥綫插入蟲穴，以火燃之，蟲聞桐油氣藥氣即死。此蟲自初一至十五，其頭向上，宜於十五日以前，清晨時，以此法治之，此蟲天未明時，必出穴飲露，清晨或尚未歸穴，即歸亦未深入，易於下手，失此不治，則愈入愈深，其樹必死。如已變為天水牛，則緣樹而飛，飛騰不遠，宜急撲捕。蟲有生於桑樹皮外者，曰：蠦蛛；曰：步屈；曰：麻蟲；曰：桑狗；曰：白蠶，皆食葉蟲也。葉雖肥大，一經蟲食，不特葉如麻布，即明年所發之葉，亦不能繁茂。治之之法：須用木棍橫掃桑葉，蟲自跌落下，以布幅承聚，或篾簟、蘆席，均可。將蟲打死；或用烟油和水，烟油，即烟筋所熬之汁。百部巴豆浸汁，以棕帚醮汁於葉上，密灑之，樹高，則以吸筒噴之。蟲食其葉即死。然宜早治，遲則生子，留為明年之害矣。又有食葉之蟲，其名曰蟥，生子必在桑身，或在桑拳，及桑丫內，子浮皮上，微高起成堆，形色與桑皮稍別。須用刮桑刀，將子刮下，蟲自不生，謂之刮蟥。每年刮蟥三次，冬春看頭蟥，清明節前看二蟥，剪桑畢看三蟥，必須刮盡，如蟥已成，則六月捉頭蟥，七月捉二蟥，頭蟥尤宜細看，留頭蟥一，則二蟥便有百也。又有桑虱，初生如白屑，漸成細粒如蘿蔔子一半大，吸飲桑皮之漿，皮漸槁，葉亦漸枯。須用刮桑鈀刮之，然治之不早，樹已受傷，不如見有白點時，即用巴豆研細，和以豆油，用棕帚醮油掃之，則白蝨盡死。蟲有生於桑樹皮外，而入居皮內者，名曰嚙桑又名『嚙髮』。形似天水牛，淺黃色，角差短，體有白點，喜緣桑上，嚙桑樹作孔入其中，當以治蝤蠐之法治之。蟲有生於桑樹，而晝伏夜動，性與他蟲迥別者，名曰蜣螂蟲，晝潛樹上，夜出食葉。又有不生於桑樹，而食桑葉者，名曰時蟲，夏初遇西南風，酉戌時從土中飛出食葉，至卯時復入土，蜣螂晝潛樹上，晝尚可捉，時蟲晝潛土中，難於尋覓，須於夜間燃火，蟲見火光，便紛紛投入火內，但火宜遠燒於下風，因葉忌烟熏也。《廣蠶桑説輯補》《蠶桑輯要》

雜録

北魏 賈思勰《齊民要術》卷一〇《桑》

《山海經》曰：『宣山有桑，大五十赤，其枝四衢言枝交互四出，其葉大尺，赤理黃花青葉，名曰帝女之桑。』婦人主蠶，故以名桑。《十洲記》曰：『扶桑，在碧海中。上有大帝宮，東王所治，有椹，桑樹長數千丈，三千餘圍。兩樹同根，更相依倚，故曰扶桑。仙人食其椹，體作金色。其樹雖大，椹如中夏桑椹也。但稀而赤色，九千歲一生實，味甘香。』

《括地圖》曰：『昔烏先生避世於芒尚山，其子居焉，化民食桑。三十七年，以絲自裹，九年生翼，九年而死。其桑長千仞，蓋蠶類也，去琅琊二萬六千里。』

《玄中記》云：『天下之高者，扶桑無枝木焉。上至天，盤蜿而下屈，通三泉也。』

明 陳繼儒纂輯，清 石巖增訂《陶朱公致富奇書》卷二《每月栽種書》

十月

種大小豆，春菜，生菜，萝蔔諸色菜。接花果，壓桑條，澆灌花木。收茶子、山藥子、桑葉、芋頭、冬瓜。

十一月

種小麥、油菜、萵苣、桑、萝蔔種。【略】

十二月

種菊、松、花樹、桑大麥。扦柳。壓桑條，壓果樹。添桑土。墩牡丹皮。浴蚕種。

桑樹品種部

概説

題解

（嘉慶）《漢中府志》卷二二《物産・桑》　阪有桑。《詩經・秦風》蠶月條桑。《豳風》桑有數種，葉沃者曰沃桑，不實，可飼蠶。結椹者，亦有黑白二種。《録他志》

清　俞墉纂輯《蠶桑述要》　桑有家桑、野桑之別。按時芟剪、澆灌、培植者爲家桑，聽其自生、無人芟接爲野桑。

論説

清　李向庭輯《蠶桑述要》　湖桑即不能遍地栽植，而川桑、魯桑亦可飼蠶。原夫中土，即不甚宜桑之地，其育蠶終較便於外洋，外洋尚能養蠶，中國反不能植桑，無是理也。

綜述

明　陳嘉謨《本草蒙筌》卷四《木部》　山桑質堅，木堪作檐；家桑氣厚，葉可飼蠶。

清　楊屾《豳風廣義》卷一《種桑法》　桑乃箕星之精，其字从叒。叒乃東方之地，多生榑桑，乃蠶食葉之神木，故叒下加木以別之，爲衣被之源，其功最神，為世大寶。種類甚多：有柔桑，葉如紬帛，豐厚而軟；有檿桑，即山桑，葉尖而長，絲中琴瑟；有楝桑，樹小而條長，便於女采，一名女桑；有白桑，葉大如掌而厚；有鷄桑，葉花而薄澀；有子桑，先椹而後葉。

清　朱斌《蠶桑指要・選種》　桑有數種，總以葉厚大而無花與子者為家桑。其高種以石門大種為第一，葉肥大而最厚，又不甚蛀，故能高大而有壽，種於宅旁，可當榆柳。其次黄皮官桑，葉大條長，亦宜種於宅旁，獨枝疎，易蛀，有遜石門。其矮種以白皮密眼為第一，枝繁葉茂，少蛀，叢生，亦名哺鷄桑，宜作桑園。其次赤皮火桑，葉嫩枝柔，發芽最早，可供火食。至於野桑，類皆葉小晏發，不堪園種，獨取收拾，自能成樹耳。然其中惟柿葉板桑子稀葉厚，鷄腳花桑葉嫩枝柔，又皆高大可種。其餘花桑、子桑、皮桑，幾同枳棘矣。

清　李拔《蠶桑説》《牧令書》卷一〇　桑之種類不一。一名壓桑，春初取桑枝大者長二三尺許，横壓土中，上掩肥土約厚二寸，半月後萌芽漸長，三、四月後可四五尺，次年立春前後翦開移於他處，二三年即成拱葉，可飼蠶矣。一名子桑，乃桑椹所種，四月取黑桑椹揉碎，用糞灰和土種入地寸許，一月發芽，三四月可長二尺許，再逾年移種，四五年始成樹，仍結子，惟葉稍薄，然任砍伐，枝可爲薪，取葉又甚易，養蠶者利之，而吴越之間每取壓桑條移接子桑，其葉更美。一名花桑，亦由種子而成，其葉與壓桑相似，但有花無實，與子桑異，不可多得，湖州所種皆小桑，蜀中多大桑，此種桑之異法也。

清　高銓《吴興蠶書》卷上《樹桑》　果木必取種之佳者接換，維桑亦然。已接者爲家桑，不接爲野。野桑之葉薄而易瘺，不如家桑之肥大而多液。

清　汪曰楨《湖蠶述》卷一《栽桑》　桑之種不一，有蜜眼青按此種，桑葚最美、白皮桑、荷葉桑、鷄脚桑、扯皮桑、尖葉桑、晚青桑、火桑、山桑、紅頭桑、亦曰黄頭桑槐頭青、鷄窠桑、木竹青、烏桑、紫藤桑、望海桑，凡十有六種，秧長八尺者，曰大種桑，蜜眼青次之。張炎貞《烏青文獻》又有麻桑，葉有毛，高時枝栖小隱。《桑譜》凡擇桑皺皮者，葉必小而薄，白皮而節疏；芽大者葉必大而厚，穀而接桑也，其葉肥大。按穀从木殻，一名構，一名楮，近人無用此法者。勿用鷄脚桑，其葉薄；若葉生而黄皺者，木將就槁，名曰金桑，蠶所不食。先葚而後葉者，其葉必少。有柘蠶，是食柘而早繭。其青桑無子，而葉不甚厚者，是宜初蠶，皆臘月開塘而加糞，即壅之以土泥。紫藤桑：種高大，其葉厚大，宜邇于竈屋，不必壅糞，稚小之時，於臘月稍壅之。《烏青文獻》荷葉桑、黄頭桑、木竹青三種，條幹堅實，眼眼發頭，火桑視他桑較早，可飼早蠶，且雨過即乾，并宜多植，更宜覓富陽種植之，其大者，可得葉數石，倘不令蟲蛀及水灌，其根愈老愈茂，年遠不敗。《廣蠶桑説》：按富陽桑皮堅蟲不能嚙，最為佳種，但彼地專擅販葉之利，其種不許外出，故求之不易得也。接過謂之家桑，未接者謂之野桑。家桑子少而大，野桑子多而小，子名葚，俗名桑果，可啖，飼蠶之家甚不樂乎其有子也。《湖録》按，桑上寄生入藥品甚珍。又螳蜋于桑上生子作窠，為桑螵蛸；又野蠶繭采之亦有用，然蠶家亦不樂有此，必盡去之；又桑根白皮入藥，取土中根皮出土者，傷人桑枝，桑葉亦入藥。家桑葉圓厚而多津，古所謂魯桑也；野桑葉薄而尖，古所謂荆桑也。按又有山桑，名檿桑，亦即野桑也；葉貴之年，亦采以飼蠶，向時山鄉皆野桑，近亦多栽家桑矣。野桑若任其長肥者，成望海桑；瘠者成鷄脚桑，蠶家賤之，故莫不用，接成家桑，經數年高與檐齊，粗如杯如盌，是名嫩壯桑；過十餘年則老，漸稀漸薄，以次添種，而删易之。《西吴蠶略》樹在大麥田中者，食之壞蠶；栽桑之時，宜及隆冬，遲至正二月者，雖未嘗不活，易生蟲。《廣蠶桑説》

清 俞墉纂輯《蠶桑述要》 桑有荆桑、魯桑、水桑、旱桑、雌桑、雄桑之分。枝幹堅勁，葉薄而尖，邊有缺叉，如梧桐葉雲版式者，荆桑也又如楮樹葉式；枝條豐腴，葉圓厚而多津者，魯桑也。水桑宜種傍湖之地，旱桑宜栽高原沃壤，雌桑多椹，先發花椹，而後茁葉，雄桑子少而葉茂。

清 尹紹烈《蠶桑輯要合編·辨桑法》 桑爲蠶本，育蠶必先植桑。桑有荆、魯之别。魯桑，葉大葚少而根固。荆桑，葉小葚多而質堅。同是一樹桑葚，種出荆桑者，十之八；種出魯桑者，十之二。如無湖桑之處，卽以荆桑爲本，接以魯桑之條，根固葉茂，其法最善。雖葉比湖桑稍小，然養蠶相宜，實與湖桑等。

清 沈秉成《蠶桑輯要》卷一《諸家雜説·桑樹有三種》 一名壓桑。春初取桑枝大者，長二三尺許，横壓土中，上掩肥土約二寸，萌芽漸長三四月後，可四五尺。七月間，連根枝先削去一半，九月盡行翦斷。次年春月移栽，較接本之桑更好。

一名子桑，乃桑葚所種。四月，取黑桑葚揉碎，用糞灰和土，種入地寸許。一月可發芽，三四月可長二尺許，再逾年移栽。四五年始成樹，仍結子，惟葉稍薄，亦可養蠶，不過難取。

一名花桑，亦由種子而成。其葉與壓桑相似，但有花無實，與子桑異。湖州種小桑接之。

清 陳恢吾《農學纂要》卷四《桑·種類》 桑種之善者，幹大而根多鬚。荆桑即土桑多葚，枝幹堅勁，魯桑少葚，枝葉豐腴。荆之類能久遠，魯之類不能久遠湖桑亦魯類，宜以土桑為本接以湖桑之條，湖桑紫皮者最佳，黄皮次之，凡擇桑皺皮者，葉必小而薄，白皮而節疏，芽大者葉必大而厚。

清 程岱葊《西吴蠶略》卷上

種接桑樹

桑之種類極多，大抵就地而名之，不可枚舉。湖之所名，惟家桑、野桑二種。野桑多椹，葉薄而尖，古所謂荆桑也。家桑少椹，葉圓厚而多津，古所謂魯桑也。凡桑秧産於南路德清杭郡諸處，聞其法，以草索浸圊溷，間月餘，取出曬乾，擇桑椹之極紫者，捋諸索横，埋淺土中，時澆灌之，經時雨則桑芽怒生，培護經年，幹粗如指，長五六尺，即可出售，鄉人購而種之，是為野桑。若任其長，肥者成望海桑，瘠者成鷄脚桑，蠶家賤之，故莫不用接。接法，於清明前，天陰不雨時，剪取家桑壯條，斜削剪處，如馬耳形，於所種桑秧，離地七八寸，用刀劃破其皮，作月牙形，微屈折之，使皮離幹，乃以所削壯條，插皮内，外縛以草污泥護之，月餘即活。俟新條發芽，將故條剪去，便成家桑。經數年，高與檐齊，粗如杯如盌，是名嫩壯桑。過十餘年則老，漸稀漸薄，以次添種，而删易之。各鄉小有不同，而大較不外乎此，農桑諸書，有移栽、壓條、栽條、栽梢諸法，皆非吾鄉所習用也。

清 費烈傳口述《寧郡蠶桑要言·論桑》 湖地之桑，多是接桑，葉大而厚，難於培植。杭地之桑，不接謂之野桑，葉薄枝長，易於培植。詢湖人接桑與野桑，蠶食之無異，絲亦無異，桑種甚多，有青皮桑、白皮桑、火桑、地桑、鷄腳桑、山桑、石榴桑。就余論之，甯地種桑不如青皮、白皮兩種爲上，其皮厚而上漿旺，枝葉易大，且易種植，次之火桑，其芽逢春早發，可飼小蠶。

清 高其垣《試行蠶桑説》 叅考《西吴蠶畧》論種接桑樹栽秧之法云：桑之種類極多，大抵就地而名之，不可枚舉。浙江湖郡之所名，惟家桑、野桑二種。野桑多椹，葉薄而尖，古所謂荆桑也；家桑少椹，葉圓厚而多津，古所謂魯桑也。

清 何剛德《撫郡農產考略・木類・桑》 桑有湖桑、魯桑、荊桑、粵桑之別。湖桑葉圓大多津而甘，然枝條柔脆，不高挺。魯桑葉圓大豐厚，結甚少津潤，次於湖桑。荊桑葉小結甚多，其本堅勁。湖桑、魯桑宜飼大蠶。荊桑宜飼小蠶。以湖桑、魯桑條接荊桑身，則根固而葉大。粵桑草本繁植，易收成，□宜飼粵蠶。湖桑、魯桑、荊桑出浙江，臨川宜黃皆有之，東邑向種魯桑，今所存無幾。粵桑出廣東，崇仁種之，金谿多土桑，間種浙桑，樂安所有皆土桑。

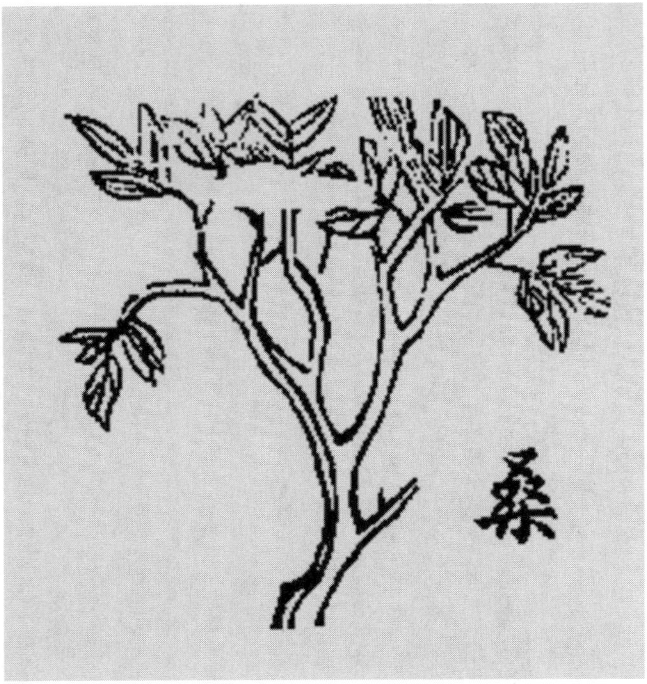

清 佚名《書汀漳龍道中報蠶務詳文後》《皇朝經世文四編》卷二三 桑既勃發，蠶事自必有成，前此由湖州雇去蠶匠二名，携帶繅車桑砧刀。前各器藉資教道，此事本不難於傳授，一經指點，即易領會，而蠶種又復精選。按蠶種本有兩項，出自湖州者為淡種，蠶子未經醃過。出自杭州者為鹹種，蠶子經鹽水漬過。此亦各以其土之所宜，非醃種之果遜於淡種也。移至該處，似乎淡種為宜。故淡種食葉二十餘擔，得繭九十六斤，繅出淨絲八斤八兩。其杭州醃種，先食野桑十餘擔，大眠後，接食家桑百數十斤，僅得繭二十八斤，繅出淨絲二斤十四兩，此非由於鹹種之不佳，實以土宜之有所區別。觀於甯紹等處，養蠶之家悉用鹹種。若用淡種，即不能出，即出亦無力易病，是即可知地氣之有不同。今姑無論種之鹹淡，而自去年開辦，於今一年，其所種之桑，豐茂如此，其所育之蠶，興旺若彼，雖曰所繅出之絲通共不過九十餘斤，而由此逐漸推廣民間，既知其利，自將趨之如鶩。將見四野桑陰萬家蠶織，以人之利其利者，不啻上之有以利之，而民富則國不至獨貧。吾故曰：蠶務之興隆，未始非富國之上策也。

清 黃祖徽《蠶桑淺說・栽桑篇第一》第一章《桑種》 桑種甚多，不可偏舉。中國桑種約分十八類。日本桑約分早生、中生、晚生三種。早生桑約分百餘類，中生桑約二百餘類，晚生桑約百餘類。此外意、法諸國，早、中、晚各桑亦不下數百種。榷而爲論，其要凡二：一曰大葉，一曰小葉。考其原始，本一種而別爲兩種者也。厥後因地異形，因時異名，加以人工培植，而種類遂夥。儒家者流知其理未親其事，農家者流習其事未窮其理，而湖桑、川桑、魯桑、荊桑之名遂判。以湖桑爲最良。湖桑又分青皮葉疎而薄、黃皮較勝於青皮、紫皮葉密而厚，最佳，浙人謂之紅皮大種三種。蠶家可於立春及春分前，至浙江石門購桑秧，揀紅皮大種根鬚淡黃而潤澤者，載歸栽種。苗價因時而異，每株約十餘文。

清 賈振聲校，袁俊德輯《桑政萃編》卷二《桑種類・桑分大葉小葉二種》 桑之種類，不過大葉小葉而已。大葉桑條柔津多，色青靛隱有黑紋，味濃而力少減。小葉桑條勁液實，色青淺微有碧紋，力厚而味較淡。以大葉飼蠶，其體肥而粉，其繭圓而闊，其絲柔而滑，其綢細而亮。以小葉飼蠶，其體昂而長，其繭尖而毛，其絲勁而緊，其綢實而堅，此大小葉種辨也。若夫原其始，椹一也。子居中者葉大，子兩頭者葉小，土一也。畦極平者葉大，畦高低者葉小，時一也。雨水灌足者葉大，雨水欠溉者葉小，是大小葉本一種，而別爲兩種也。以故儒家者流，知其理未親其事。農家者流，習其事未窮其理。而湖桑、川桑、魯桑、荊桑之名遂判。湖桑工夫最細，養條漸成極品。然每年絲蠶，時有豐歉收之分。是養條雖佳，而養條卻有葉濃一病。若再仿川法養樹，使葉力少淡，以樹葉飼小蠶老蠶，以條桑飼眠起大食蠶，則食匀繭厚。譬如人家小孫老年，宜食淡，壯歲喜食濃，醫家亦以食淡可少病。湖中若再加一層工夫，以樹桑之味淡，調條桑之味濃而蠶病可卻，產絲亦多，此湖桑之尚宜添一層工夫也。川桑經營最力，養樹期其葉美。然收繭亦有歉歲，須如湖中養條使桑味厚，以條桑飼眠起蠶，以樹桑飼小時大食揀老蠶，其絲利必與湖等，此川桑之宜加兩層工夫也。魯桑爲桑之始，卽東桑，其利既減湖桑，亦減川桑，湖與川殆青出於藍而勝於藍者歟。若就魯桑而論，誠能取已成之樹桑培壅之，取已暢之條桑灌漑之，亦當不讓湖桑、川桑之美利，此魯桑之宜添三層工夫也。荊桑多養成大樹間種小條，土厚力勁，葉邊如齒，利益亦在各行省上。再能精密考較，則樹桑愈大愈佳，條桑愈柔愈旺，此荊桑之尤宜加三層工夫也。要之，種桑全是人力，審物性，愼土宜，課天時，庶以人工濟造化之窮，以桑蠶補水旱之偏。

清 江志伊《種桑法》 辨種

桑之因地而殊者曰魯桑，卽東桑，少椹，葉圓厚而多津。凡枝幹條葉豐腴者皆魯之類也，宜爲地桑。然亦有養成樹桑者，柔嫩與湖桑相若，宜飼大蠶曰荊桑，多椹，葉薄而尖邊有痕如齒。凡枝幹條葉堅勁者，皆荊之類也，宜爲樹桑，易種易生，接則其葉肥美，宜飼小蠶。其絲堅韌，中紗羅用。曰湖桑，葉圓而大，津多而甘，性柔，葉脆幹不高挺，樹鮮老株，採折最便，宜飼眠起大食蠶。桑種以湖產爲良，而湖桑又有青皮、黃皮、紫皮三種。青皮，葉疏而薄，黃皮較勝，惟紫皮葉密而厚最佳。紫皮，一名紅皮，浙人謂之紅皮大種。其種法，第一年下種，第二年移栽，第三年接換，第四年即成桑秧，出售謂之接過單槍。宜於立春後春分前，至石門之天花蕩一帶，揀買紅皮大種，根鬚淡黃而潤者，栽歸種之。曰川桑，易種易活，不待移接，葉自圓大，津較減而力較厚，宜飼小，時大食揀老蠶桑之。因種而異者曰女桑，卽桋桑，其葉沃若，無椹無花，樹小而條長，最便采摘。曰白桑，葉大如掌，而厚得繭重，實絲每倍常。少椹，壓枝種之，若有子者，可種於地陰處。臘月開塘加糞，壅以土泥，或二次三次。曰青桑，無椹，而葉不甚厚，是宜初蠶。曰雞桑，卽花桑，皮粗厚不畏冰雪，葉小而尖，有花，而薄得繭薄而絲少。曰子桑，卽椹桑，先椹後葉，葉肥氣旺，飼蠶甚佳。椹長大，色黑而子堅實者，可取以爲種。曰梔桑，半有椹半無椹者，葉小。曰火桑，別爲一種，其葉青赤，雨過卽乾，發芽獨早，宜飼早蠶。曰望海桑，卽當陽桑，宜植土氣深厚處，水灌其根，愈老愈茂，不令蟲蛀，大者一株得葉數石，種法與白桑同。曰紫藤桑，其種高大，葉不用剪，而厚其種也，宜邇竈屋。曰叢生桑，桑根旁溢得雨露滋養，一茁則數十百條，分種最宜。曰地桑，俗名公道老，北方多植之，以界地深根蟠結，一伐一生。曰山桑，生山上，葉尖而長，其幹遒勁，材中弓弩及車轅。曰檿桑，卽柘飼蠶，絲中琴瑟。或云桑種甚繁，以荷葉桑、黃頭桑、木竹青爲上，取其條幹堅實，眼眼發芽也。凡擇桑之本皺皮者，葉必小而薄，白皮而節疎芽大者，葉必大而厚，是名柿葉之桑，多絲而堅繭。若桑生黃衣而皺者，號曰金桑，非特蠶不食，其木亦將槁腐矣。宜以龜甲埋桑根下治之

（光緒）《歸安縣志》卷一一《輿地略十一・蠶桑》

桑之種不一，有蜜眼青、白皮桑、荷葉桑、雞腳桑、扯皮桑、尖葉桑、晚青桑、火桑、山桑、紅頭桑亦曰黃頭桑、槐頭青、雞窠桑、木竹青、烏桑、紫藤桑、望海桑。張炎貞《烏青文獻》又有麻桑葉有毛。高時杰《枝棲小隱》《桑譜》長八尺者曰大種桑。凡擇桑皺皮者，葉必小而薄，白皮而節疏芽大者，葉必大而厚，穀而接桑也，其葉肥大勿用。雞腳桑，其葉薄。若葉生而黃皺者，木將就槁，名曰金桑。蠶所不食，先葚而後葉者，其葉必少。有柘蠶，是食柘而早繭，其青桑無子，而葉不甚厚者，是宜初蠶。皆臘月開塘而加糞，卽壅之以土泥。紫藤桑種高大，其葉厚大，宜邇於竈屋，不必壅糞。稺小之時，於臘月稍壅之。《烏青文獻》荷葉桑、黃頭桑、木竹青三種條，幹堅實，眼眼發頭。火桑視他桑較早，可飼早蠶，且雨過卽乾，並宜多植，更宜覓富陽種植之，其大者，可得葉數石。倘不令蟲蛀，及水灘其根，愈老愈茂，年遠不敗。《廣蠶桑說》

清 吴宗周、陳幹材、徐謙山《蠶桑白話》卷一《栽桑白話・種桑》

種桑子的法子，檢定幾株强壯桑樹，須要葉片厚大，桑葚肥美的，留他春葉不採，到小滿後，桑葚老熟，把桑樹輕輕搖動，使其自行落下。取其肥美的桑葚，放在水盆裏面，用水盛滿，兩手搓碎，漂去浮面的嫩子及葚肉，約漂三四回，方纔漂淨，留沉水底的桑子，都是好做種的。倘要明年下子將水和桑子一總倒在篇上，攤薄涼乾，勿用日晒，俟已乾了，方可盛在竹箭裏面。竹箭口裏再加燥的穀草灰，盛二寸許，口上用木塞塞好，卽使藏到明年亦不壞了。若要本年當時就下種子，須用穀草灰拌匀，尋一塊高燥的空地，用鋤頭一把，掘起一埨一埨的樣子，每埨都要五尺潤，長短不拘，兩埨相離的溝，潤八寸深五寸。這個埨面上的土，須要做得極鬆極細纔好，先澆七分水三分糞的薄肥一回，然後可拏拌灰的種子來散布，大概一平方尺，可散布八九十

顆。到這個堖上散遍後，上面又要用細土及灰，散鋪二三分厚，再用穀草或青草，攤鋪一層，以防大雨打濕，太陽晒枯。倘遇天旱的時候，天天早晚要澆淡水二回，過九日或十三日，定能出起來了。這個時候堖上所蓋的草，一概可以收去。看這種出來的桑秧，大約長有一寸許，可以芟除雜草，及弱小的桑秧，留存壯大的，疏密得宜，每株横直相離二寸許。後來天晴的日子，須要隔四五日澆薄糞水一回，到冬天長約一二尺，就是很多的桑秧，到第二年正月間就可以分栽呢。一回分栽以後，不必再去動他，這種謂之野桑。第三年正月間行接以後分栽，到第四年正月間再分栽定奪，這種謂之接桑。

又《栽桑秧》 栽桑秧的法子，也有好幾種，一種就是插桑，剪那個强壯的枝條插在泥土裏面。一種就是渡桑，用老樹的新枝或壯樹的枝條，埋在沙土底下，這種法子，容易乾枯衰敗，都沒有甚麽好，我且不說，衹說栽桑秧的道理。當年所出之桑秧，移栽他處，這種就喊做野桑，雖暖如廣東福州這種地方，也要冬臘月時候方纔可栽，我看雲南的氣候，十冬臘月可栽，正月亦可栽，只要灌溉得力，必然滋長暢茂的，可以保他無碍。總之栽桑這個地方，須要高燥爲佳，若太卑濕及有積水地方，先要開溝洩水，方纔可栽，不然栽下去，根都霉爛，那裏還肯活了。桑樹大概分爲二種，一種喊他荆桑，就是未曾接過這種野桑廣桑，一種喊他魯桑，就是已經接過這種扒接桑廣接桑，湖桑也是差不多的樣子。荆桑須要栽密，就是前年桑秧次年分栽定的，每株横直相離五尺許，每畝可栽二百四十株。湖桑須要栽疏，就是接好以後相離五寸分栽，再到第二次永遠栽定，每株横直相離六尺，每畝可栽一百六十六株。栽法分高刈根刈二種，高刈的法子，將要栽的時候，把這種桑秧一株一株上半株都剪去，留存下半株二尺許，還要把腐敗根剪去，長根剪短，留在地上一半，種在地下一半。第一年春間發芽，留頂上壯强兩個新枝，除去餘的小枝。到第二年正月間 可剪去二枝的上端，長七八寸許，到春葉發大的時候，這種新枝葉都可採去，到二葉發出的時候，再可留二枝上的四枝，除去餘的小枝。到第三年春間，又要剪去四枝的上端，留存下端七八寸，照這個樣每年一枝發二枝，到第五年就成一個茂盛的桑林，採葉很多，這種就是高刈。根刈的法子，分栽以後，離地尺許，剪去上端梢頭，留存下端新芽二三個，常澆薄肥，次年發芽。剪去枝條，無用分叉，再使他發芽澆稍濃的肥料，到第三年剪枝留幹，又抽出葉來，此時的葉可採去飼小蠶。到第四年以後，桑幹粗大，發葉肥厚，這種就是根刈。但是栽桑每年須要墾地四回，至少也要三回。春冬宜深墾，夏秋宜淺墾。那個桑地分栽定後，第一年到第四年，都可種菜荳棉花，這種利息仍舊不少，且芟除雜草，常加肥料，墾鬆土地，有益桑樹，多得利息，豈不很好嗎？那個茂盛的桑葉，到九十月間葉落的時候，也可種菜。切不可種鴉片煙，傳害他的桑葉及蠶兒。

又《接桑樹》 那種桑秧不去接他，雖然也有葉採，總是桑葚很多，桑葉很薄，但是接桑的法子也不少，只要曉得最要緊的二種就好呢。一種喊他合接法，用那個下子的桑秧，到第三年正月底二月初的時候，都有手指這樣粗了，把他的桑秧一株一株的掘起來，然後用別的湖桑樹上，選擇强壯的枝條，拿桑剪去剪來，又分剪得四寸長的一段一段，留桑芽二個或三個，就是枝上要出葉的小釘子，又要用鋒快的刀子，大約闊一寸五分，長六寸許，把他下一頭削出斜面形，好像一個馬蹄形的樣子，這個就是喊做接穗。這個接穗定要同那個桑秧根邊的幹子一樣的粗，又把鋒快的刀，將那個桑秧根邊也要削出斜面形，不可留存一個桑芽。然後把這個桑秧的斜面同那個接穗的斜面合緊，一線都沒有大小濶狹，用打熟的糯穀草挐來縛得很緊，照這個樣子做好，就可以擔到空地上去種。這個空地須要先做三尺或五尺濶的堖子，兩堖相離的溝濶八寸，深五寸，每株横直離五寸許，掘一孔穴深四五寸，先澆一回淡糞，把這箇接好的桑秧種在孔穴裏面，四面用土輕輕掩蓋，兩手墊實，只要稍頭露出一寸就是了。倘然遇天旱的時候，總要天天早晚澆淡水，到二月底發芽二三寸長，就可用薄糞澆他，到秋天就有數尺長的苗，就稱謂之湖桑。再到次年正月間，都可以分栽別處了。一種名曰皮接法，那種老衰的桑樹，或四五年的野桑，都可以用這種接法。但是老衰的桑樹，須當檢嫩的枝幹上方纔可用，那個時候最好二月初上取來的接穗，也要鋒快的刀，削得如從前所說的馬蹄形一樣。這個接穗有小指大的粗細就好，要看那株樹身上適當的地方，或離地二尺許，切八字形的二條縫，又要八字形頂上横切一刀，切的時候，以皮破爲度，不可切得太深，恐傷了桑幹。這個横切一刀的地方，當即用一條篾簽鑿開皮，把那個接穗所削的斜面向外，輕輕插入這個鑿開皮裏，須要斜面與皮裏面合好，外取打熟的糯穀草，漸漸縛得狠緊，草外再用泥輕輕糊好，萬不可稍許動搖他。過了十餘天，這幾個芽就發出來了，到秋天已有二三尺長，恐防大風吹折，將這個新枝條用繩縛在大樹身上，且可免歪曲的弊病，到第二年正月，　大樹的接口後面用刀切斷桑皮，使他脂漿盡向接穗昇上，切不可傷動他的接枝，自然那個大樹不再抽葉。這個新枝發得很快，待到秋天，就好將那個切斷縫的地方，用鋸子鋸去這個舊枝了，施肥壅地。只要照尋常的就是了。

清 林心北、吴書年勸刻《蠶桑輯略·栽桑法則十六條**·辨土法》**　桑爲箕星之精，乃東方自然神木之名，其字象形，蠶所食也。其功最神，在人資用尤眾。其種類甚多，不可偏舉。世所名者，荊與魯也。荊桑多椹，其葉薄小，色淡形尖，邊有深鋸齒。凡枝幹條葉堅勁者，皆荊之類也。魯桑少椹，其葉圓大豐厚，色深綠而多津。凡枝幹條葉豐腴者，皆魯之類也。荊桑根固而心實，能久遠，宜培養爲樹桑。樹桑者，能長成大樹也。魯桑之根不固，其心不實，不能久遠，宜散布爲地桑。地桑者，稠栽，每年割取，不使成大樹也。然荊桑之條葉，不如魯桑之條葉茂盛。當以魯桑之條，接荊桑之身，則茂盛而兼可久遠。魯爲地桑，而有壓條、換根之法，傳轉無窮，是亦可以長久也。魯桑之葉，肥嫩多津，宜飼初生之蠶。荊桑之葉，堅硬少津，宜飼大眠以後之蠶。夫桑有美惡，不可不知。凡本粗而皮皺者，其葉必小而薄，蠶食之，結繭亦薄。若白皮而節疏芽大者，謂之柿葉桑。其葉大而厚，蠶食之，繭堅而多絲。有一種木理極粗，葉如扇面，光若沃油者，謂之烏桑，甚宜初蠶。有一種枝如紫色之蔓，高大而葉肥厚者，謂之紫籐桑，飼蠶最好。有一種柔桑，枝如籐蔓，葉若紬帛，豐厚而輭，取絲最多。有一種白桑，葉大如掌而厚，飼蠶得繭重實，絲亦倍常。白桑，惟吐魯番種尤良，椹形如馬乳，色若珍珠，其味甘美異常，洵爲佳果，其葉飼蠶更好，且其子可種，其條可壓，亦能廣布。又有梜桑，頗似赤棘，樹小而條長，便於女採，故亦名女桑。此外，又有檿桑，卽山桑，葉尖而長，材中弓弩，絲中琴瑟。《禹貢》云『厥篚檿絲』，是也。此亦荊桑之類，而尤佳者。若鷄桑、花桑，則葉小而薄，其背有毛，其味多澀，蠶多不食。又有桑葉忽生黄衣而皺者，木將就槁，名曰金桑，蠶亦不食。此殆蠶絲薄收之歲，乃有此兆。又有子桑，先椹而後葉者，此與鷄桑、花桑，皆荊類之劣而不堪用者。當用接花果法，取魯桑枝條接之，則在善養桑者轉移而變化之耳。

清 饒敦秩輯《蠶桑簡要録·辨種二條**》**　川桑易種易活，可以成條，可以成樹。葉之津，較湖葉略減。葉之力，較湖桑加厚。湖桑須移接乃佳，川桑則不待移接，而葉自圓大，此川桑之隨地皆宜，而種植甚便也。桑柘皆供蠶事，但柘葉甚老，不及桑葉柔嫩，三眠開口時，可飼兩三次，四眠開口時，可飼五六次，其絲方韌而有光。若飼桑之後，再飼以柘，蠶不欲食，若盡飼以柘，則繭薄絲少，故祇可於開口時暫飼數次，非可恃以爲常也。

清 沈練，仲學輅輯補《廣蠶桑説輯補》卷上《培養桑樹法十九條·桑秧説三條》

一、桑秧出浙之嘉湖等處，相距數百里，非旦夕所能致也。好在此樹最易活，雖離土二三十日，而其根未枯者，栽之亦活，可無以道遠為疑。

按，《禹貢》及《國風》所載，則各州皆有蠶絲，皆有桑樹。雖梁州未有明文，而自蠶叢氏教民養蠶，後世蜀錦重天下，則梁州蠶桑之盛，亦可想見。本條言桑秧出浙之嘉湖就近處，多處而言，非謂二郡有之，而他郡不能有也。但遐僻之地，乏人教導，未習蠶桑，遂疑風土本不相宜，闕焉不講，因此沃野釀成瘠土，婦人不識女紅。若非因逸生淫，即是逐末忘本，亦可哀已。

一、桑種甚繁，以荷葉桑、黄頭桑、木竹青為上。取其條幹堅實，眼發頭也。別有一種火桑，視他桑較早，可飼早蠶，且雨過即乾，飼蠶家宜多植。若住基寬曠墻下，可以植桑，宜覓富陽望海等種植之，其大者可得葉數石，能不令蟲蛀及水灌，其根則愈老愈茂，不以年遠而敗。

《蠶桑輯要》曰：桑本箕星之精，種類不一，甚少葉圓大而豐厚者，皆魯桑之願。甚多葉小，邊有鋸齒者，皆荊桑之類。荊桑宜飼初生之蠶，魯桑宜飼三四眠以後之蠶。

按，魯桑之類，家桑也。荊桑之類，野桑也。家桑見第十七條，野桑見第十八條。

又按，望海桑，須植土氣深厚之處。

一、桑秧皆以桑葚種之。種葚之法，於五月間，以桑葚純黑者，置水中搓碎，去其浮者，而取其沉者，陰乾之，經日曬，則其出較遲。撒於肥地，以薄糞澆透，而覆之以灰。覆以泥則其出又遲矣。芽出，更以薄糞勤澆之。明春則其長尺許，可以移栽他處矣。移栽之法，鋤地分塍縷尹切，土之加高處也，使無積水，於塍背分行栽之，與治圃排葱、蒜之塍相似。其栽宜疏彼此相去，須在八寸外，勤澆勤鋤，至其大如指，則可以接之，使變家桑矣。

按，接成家桑後，再要移栽，恐有傷損，且根頭漸大，移亦費事。若不移栽，則彼此相去祇八寸外，勢必不能兩大。何如先照第一條栽法栽之，至大如母指，或如兒臂，纔用接條。《蠶桑輯要》曰：桑本有三寸圍圓，接之最妙。

清 盛宣懷輯《蠶桑備要・栽桑》 桑地宜高平不宜低溼，高平處亦宜培土深厚，以桑之喜疏也。墾必數四，深必尺餘，以桑之喜肥也。壅以蠶沙暨豆屑糞草，以桑之惡沙礫草萊也。植必平原，芟必浄盡，治地之道能順桑性，故生葉蕃大而厚。凡擇桑，皺皮者，葉必小而薄，白皮而節疏芽大者，葉必大而厚。穀而接桑也，其葉肥大。穀，從㲉從木，一名構，一名楮，近人無用此法者。火桑視他桑較早，可飼早蠶，且雨遇即乾，竝宜多植，更宜覓富陽種植之。其大者，可淂葉數石。倘不令蟲蛀及水灌，其根愈老愈茂，年遠不敗。富陽桑，皮堅，蟲不能齧，最為佳種。但彼地專擅販葉之利，其種不許外出，故求之不易淂也。接過謂之家桑，未接者謂之野桑。家桑子少而大，野桑子多而小。家桑葉圓厚而多津，古所謂魯桑也。野桑葉薄而尖，古所謂荊桑也。野桑若任其長，肥者成望海桑，瘠者成雞腳桑，蠶家賤之，故莫不用接，接成家桑，數年高與檐齊，粗如盃如椀，過十餘年則老，葉漸稀薄，以次添種而易之。桑樹在大麥田中者，食之壞蠶，栽桑之時，宜隆冬，遲至正二月。雖未嘗不活，易於生蟲。

清 衛杰《蠶桑萃編》卷二《桑政・桑種類》 湖桑工夫最細，養條漸成極品。然每年絲蠶時，有豐歉收之分，是養條雖佳，而養條却有葉濃一病。若再仿川法養樹，使葉力少淡，以樹桑飼小蠶老蠶，以條桑飼眠起大食蠶，則食匀繭厚。譬如人家小孫老年，宜食淡；壯歲，喜食濃。醫家亦以食淡可少病。湖中若再加一層工夫，以樹桑之味淡，調條桑之味濃，而蠶病可却，産絲亦多，此湖桑之尚宜添一層工夫也。川桑經營最力，養樹期其葉美，然收繭亦有歉歲。須如湖中養條，使桑味厚，以條桑飼眠起蠶，以樹桑飼小時。大食揀老蠶，其絲利，必與湖等。此川桑之宜加兩層工夫也。魯桑為桑之始，即東桑，其利既減湖桑，亦減川桑。湖與川，殆青出於藍而勝於藍者歟。若就魯桑而論，誠能取已成之樹桑培壅之，取已暢之條桑，灌溉之，亦當不讓湖桑、川桑之美利。此魯桑之宜添三層工夫也。荆桑多養成大樹，間種小條，土厚力勁，葉邊如齒，利益亦在各行省上。再能精密考較，則樹桑愈大愈佳，條桑愈柔愈旺。此荆桑之尤宜加三層工夫也。要之，種桑全是人力，審物性，慎土宜，課天時。庶以人工濟造化之窮，以桑蠶補水旱之偏。總計，則桑種二分計，則桑種列為十八。

清 衛杰《蠶桑淺説・桑類》 桑爲箕星之精，種類不一。叢生者爲地桑，實繁者爲葚桑，雙秀者爲女桑，花而不實者爲花桑，不花不實者爲旅生桑，葉枯而邊有鋸齒者爲荆桑，葉圓而豐厚者爲魯桑，皆可飼蠶。地桑、女桑宜飼始出小蠶，魯桑宜飼初起、再起、三起大蠶，荆桑、旅生桑宜飼大起大食時蠶，葚桑宜飼撿老時蠶。諸桑中以魯桑爲最，今年蠶桑局所栽之桑多係魯桑，餘亦間種之。

清 温忠翰《蠶桑問答》

問：桑有幾種？

答曰：『以荷葉桑、黄頭桑、木竹青爲上。又有火桑，發葉較早，可餵早蠶。富陽、望海等種，亦佳。』

清 吴烜《種桑説》 桑樹不可太高，太高則葉小而薄，培壅亦難，見功且易招風，枝柯易折，根本易搖，故拳桑至高不可過六尺。

桑宜修縶，枝若橫斜，以繩束之使上。枝若拳曲，以竹縛之使直。其可去者有四，一瀝水條，向下垂者；一刺身條，向內生者；一駢指條，相並生者；一煩冗條，多而雜亂者，皆可去也。若蟲傷太甚，枝條不多，可去之，條亦可修縶，皆不必去。枯枝最能引蛀，當速去之。丫間一段枯枝，亦宜剪去。

桑樹近地處有旁出之條在接頭下者便是野桑，宜芟去；在接頭上者卽是湖桑，每株可留一條，將土塊壓下，謂之壓條復加土壅之，時澆糞水。一年之後，已另生根。正二月中，可將土發開，就與大桑相聯處剪斷，移栽以廣生息。

清 吴作鏌、倪绍雯、劉安欽《蠶桑速成捷法・蠶絲業普及捷法》 中國桑種類甚多，然爲世界所羡稱者，爲湖桑、魯桑，而白桑、荊桑次之。以此栽植，須分早、中、晚三類。發芽最早者，爲早生，專飼一、二齡蠶兒。發芽不早不晚者，爲中生，可飼三、四齡蠶兒。發芽最晚者，爲晚生，專飼四、五齡蠶兒。假定有地十畝，早生占二畝，中生占三畝，晚生占五畝。

清 楊鞏《中外農學合編》卷九《林類・樹桑》 桑樹種類，依其株幹之形態，及接木等變化而別。雖同一種，若用外洋喬木法，葉形漸漸變小，葉肉薄水分少。用中刈根刈法，生大形之葉。中國及伊佛之桑，初無甚區別，故葉形葉肉，不甚差異。惟中國不過火桑、湖桑、荆桑、魯桑之三四種。如欲分別其形象，則葉圓者為魯桑，葉叉者為荆桑。現時中國有家桑、野桑之分，家桑者，以魯桑接荊桑而成，野桑者，未接之謂也。

清　葉向榮《農林蠶説・蠶業》　桑樹種類不一，有白皮桑、黄皮桑、木竹青、火桑火桑較早，飼小蠶最宜。葉大而豐厚者皆魯桑之類，有種葚多葉少者皆荊桑即子種草桑，又名野桑。之類，而以魯桑條接於荊桑之身，葉自繁茂又能久遠。

清　佚名《樹桑養蠶要略・辨種》　桑有魯桑、荊桑二種。魯桑少葚，葉圓厚多津，宜飼大蠶。今之浙桑，其初多從山東移植，葉大如掌，即魯桑也。荊桑多葚，葉薄而尖，邊有鋸齒，樹則高大，土人謂之野桑，止可飼初生之小蠶。

（光緒）《石門縣志》卷三《食貨志》　桑有晚青桑、白皮桑、荷葉桑、尖葉桑、雞腳桑、雞窠桑、扯皮桑、紅頭桑、火桑、山桑、烏桑、槐頭青、木竹青、密眼青諸種。《洪志》：本縣官民，桑四萬一千六百餘株，抄沒桑二萬七千八百餘株。《靳志》：邇來四郊無警，休養生息，民皆力農重蠶，闢治荒穢樹桑，不可以株數計。

清　豫山《蠶桑輯要略編・辨桑種》　荊桑多葚，魯桑少葚。魯桑葉圓大而豐厚，宜飼初生之蠶。荊桑葉小而邊有鋸齒，宜飼三眠以後之蠶。或於大眠後，荊桑與魯桑間飼，絲頭必硬而堅韌，最好全飼湖桑。

清　趙敬如《蠶桑説・辨桑種》　桑為蠶本，育蠶必先栽桑。桑有荊桑、魯桑之别。魯桑葚少，葉圓大而豐厚。荊桑葚多，葉瘠薄而邊多鋸齒。以魯桑接於荊桑，謂之接桑俗稱湖桑。葉尤肥厚，以接桑條壓土生根，截斷分栽者，謂之壓桑，絶不生葚。

清　朱祖榮《蠶桑答問》卷上

問曰：今之湖桑、土桑，其即魯桑、荊桑之類歟？以何法辨之？

答曰：荊桑多葚，葉薄而尖。魯桑少葚，葉厚而多津。今之土桑，枝幹條葉堅勁者，即荊桑之類也。今之湖桑，枝幹條葉豐腴者，即魯桑之類也。凡荊之類，根固而心實，能久遠。凡魯之類，根不固而心不實，不能久遠。故今之種桑者，皆以土桑爲本，接以湖桑之條，則根固而葉茂也。

問曰：如無湖桑之處，或路遠無從購買，奈何？

答曰：同是一樹桑葚，種出荊桑者十之八，種出魯桑者十之二，須留意辨别之。如無湖桑之處，即以荊桑爲本，接以魯桑之條，使根固葉茂，其法亦善。雖葉比湖桑稍小，然養蠶相宜，實與湖桑等。

又《荊桑飼桑第十五》　問曰：飼蠶自以湖桑爲良，荊桑亦可間飼否？

答曰：湖桑飼蠶，其絲光澤而少堅韌。亦可斟酌栽荊桑樹，於大眠後取葉間飼之，其絲則韌而有光矣。或謂飼以湖桑，即不能飼以荊桑者非。

清　黄毅《栽桑新論》第七章《桑樹之種類》第二節《桑樹之品數》

《蠶業叢書》第一編　我國桑樹，向只分三種，即白皮、青皮、紅皮者是也。後因分法日多，遂有今日之多種。然其至要者，則以火桑、湖桑、魯桑、荊桑、川桑數種爲最著，其他皆所謂亞種、亞變種也。

又　第十二章《收穫》第三節《選種之關係》　選擇桑種，甚爲要緊，必使收穫量多，葉質厚而樹勢强，易於培植者，是爲上品。而最要者，在能變出新種，如我國之湖桑，即其證也。

清　曹倜《蠶桑速效編》　本地野桑，亦可飼蠶，惟葉小而薄，不及種桑。若依時培養，亦能稍大。若高已丈外，圍已尺許者，自不可接。其大如杯、大如臂者，於春分前後離地數尺鋸去上段，以種桑如法接之，每株可接數枝，便成種桑。至新出小桑，接換尤易，切勿以其土種而棄之。

湖桑

論説

清　吴烜《種桑説・何栻序》　救貧之策，非蠶桑之利不爲功。種植在廢埄荒基，不妨田稼；養育在暮春初夏，不害農功。竭一月之勞，即可供一歲之用。果能茨粱告慶百室，固愈見豐盈。即使饑饉薦臻，八口亦無憂凍餒，此種桑育蠶之處，所以素稱饒裕也。況克復以後，絲價之貴，桑葉之昂，尤爲歷來所未有。即謂素非所習，驟難育蠶，則先論栽桑，已能致富。夫種桑一畝，二三年後，即可采葉一二千觔，以後年多一年，三四千觔、五六千觔不等。湖桑肥大，非比土桑。每年蠶季，每觔至賤值錢十餘文，貴則二三十文、四五十文，皆未可知。以麥稻之息例之，誠覺無從比儗，且麥稻若遇凶年，甚至工本盡棄。而桑則止於價賤，並無旱潦之災。況麥稻即遇豐收，一經樵割必須復栽；而桑則采葉剪條，本枝仍在，來年再發，愈見蕃滋，傳之子孫世享其利。又況栽培桑樹盡在閒暇之時，於農事毫無所損，且施功甚易，更無霑體塗足、水耕火耨之勞。但以栽培一畝麥稻之工本，栽培一畝之桑，未有不暢茂條達者。

又《種桑説》 桑以湖州所產者爲佳，有青皮、黄皮、紫皮三種。青皮葉疎而薄，黄皮較勝，惟紫皮最佳。紫皮又名紅皮，葉密而厚，浙人謂之紅皮大種。湖桑之中，又以此種爲第一。種法：第一年下種，第二年移栽，第三年接，第四年剪頭分栽，第五六七年再剪，以後即可剪條采葉。惟宜桑之地，與栽桑之法，吾江與浙西不同。浙西地卑而多水，土質濕，且易淹没，故桑地宜於最高。吾江地高而水少，土質燥，惟卑下易淹之處，以及地脈所經，土堅如石，皆不可種。此外則無不相宜，而所尤宜者莫如沙土，體質鬆酥，根株易達，即枝葉易蕃。吾江沙土甚多，如沿江各鎮，以及城南之九里埄，較之浙西等處，尤屬相宜。浙地栽桑，不必太深，而吾江栽桑，斷不可淺，栽種既深，即遇亢旱，地中尚潤，不至受傷，桑喜燥而惡濕，考之往昔，証之今人，莫不謂然。而吾江栽桑，非不喜燥而不喜太燥，良由地土不同，是以種法亦異。此六七年來，每遇陰晴旱潦，隨時隨處，留心試驗而知之，非臆説也。

清 李向庭輯《蠶桑述要·接桑》 養蠶以樹桑爲本，乃浙省爲產絲名區，除杭、嘉、湖、甯、紹外，温、台無論，即金、衢、嚴等處，植桑已爲罕覯。夫浙省植桑僅三五郡，他省更無論矣。無桑不能養蠶，棄地弗植，誠爲可惜。計田每畝種桑二百五十株，葉約飼種蟻一兩，豐年可收繭二百斤，其利之厚，莫可比倫。棄而不講，可惜孰甚。近有購嘉湖桑秧，擬興蠶利者，初次栽植，豈必盡善，乃偶或不效，動謂土性不宜，此後遂不復過問，始勤終怠，卒鮮成功。不知中國九州除斥鹵不毛之地，無處不可植桑。直隸永郡，遷邑曠野，荒沙不生嘉禾，而產桑獨茂，其地土產以桑皮紙爲大宗，桑之易生，此可概見。雖遠購桑秧，遷地弗良，插渡諸法，折磨已甚，生長或有不易，而取子種之，再考究土性鬆黏燥溼，以定布種之淺深，當無不生之理，是有地皆可以植桑，即無桑不可以養蠶。

清 吴宗周、陳幹材、徐謙山《蠶桑白話》卷一《除害蟲》 栽桑的利息，自己養蠶爲最大。總之肥厚的土地，發生甚快，須要栽疏，出葉自然很多。瘠薄的土地，發生稍慢，須要栽密，出葉也是不少。那種瘠薄的地方，每一株横離四尺，直離三尺，每畝可栽到五百株。今以一畝肥地的湖桑，栽一百六十六株，約定最賤的價五錢銀子一百觔，核算每年出葉的觔量，且除每年人工肥料的消耗費四兩，淨得利表於後。

年份	每株葉量	一畝葉量	賣葉銀數	淨得銀數
一年	四兩	四十一斤八兩	二錢零九釐	荳菜上算
二年	一斤	一百六十六斤	八錢三分	同上
三年	二斤	三百三十二斤	一兩六錢六分	同上
四年	六斤	九百九十六斤	四兩九錢八分	九錢八分
五年	十二斤	一千九百九十二斤	九兩九錢六分	五兩九錢六分
六年	二十斤	三千三百二十斤	十六兩六錢	十二兩六錢
七年	二十六斤	四千三百一十六斤	二十一兩六錢	十七兩五錢八分
八年	三十斤	四千九百八十斤	二十四兩九錢	二十兩零九錢
九年	三十三斤	五千四百七十八斤	二十七兩四錢	二十三兩四錢
十年	三十五斤	五千八百一十斤	二十九兩五分	二十五兩零五分

以上表中祇算春葉價銀，春葉一担，二葉祇可採到三十斤。倘要養秋蠶，又可採枝上嫩的秋葉，如他省的平常葉價，也要加一倍半。如第一年到第三年，要別的花利上算，五六口的百姓人家，能種二三百株桑樹，人工肥料都出自己手上，利息更厚，衣食自然豐裕了。

清 衛杰《蠶桑淺説》 中堂示：直省土厚地寒，屢購湖桑來直，栽種難成。川北地高土實，與北方相近，可在川購運桑秧、蠶子，並鄰省就近地方採辦。勸民間種桑養蠶，以爲根本至計。春初發散蠶子，民間聞風鼓舞，風氣漸開，事機得手，彼此勸勉，就有桑之家爲養蠶之計。其浴子較南方緩二十多日，食葉較南蠶日少，各處得繭六七十萬斤。相率織窗紗繭綢局中，更收繭抽絲，色澤光亮，條理細匀，可織貢緞、湖縐、巴緞、大綢等項。清苑南關外，水源爲一畝泉，大清，河水甜淨，不亞湖水、錦江，水土既佳，蠶繭自旺。易州、山北繭黄而粗，贊皇、束鹿繭毛而實，任邱、阜城繭柔而滑，遷安、昌黎繭粗而亮，深州、安平、饒陽繭肥而澤，清苑滿城完縣繭大而堅。至條理之粗細，則視工匠之高低。謹就蠶桑局目前所辦者，著爲論。若逐漸推廣，力求實效，無論平原高阜，近山近水，皆可栽種，庶美。利日興而從前未有之，利源可從此開矣。

清 河南蠶桑織局《蠶桑織務紀要》 勸諭種桑養蠶，以裕民財，而資補救事，照得天地有自然之利，必設法以開其端，吾民有觀感之忱，宜奉行以收其效。汴省災祲之餘，戶鮮蓋藏，人多失業，頻年以來，流離困苦，可爲前鑒，若不乘此歲事告豐之時，預爲十年樹木之計，設使偶遇偏災，何堪設想，第恐小民狃於積習，或有爲之說曰：汴中地多沙鹻，栽桑非宜，不知果木雜樹極爲蕃盛，豈宜於果木雜樹而不宜於桑乎。近因購買種桑之地，親履隴畝，見民役，至是而行省附郭之民，爭自陳請，又如發粟散緡，苦不盡給，甚矣。民之可與樂成，而難于圖始也久矣，非有至誠惻怛之意，若飢寒之迫於吾身，其能致率興之效若此乎。温雲將有南行之役，迺彙其始事本末，見諸文牘者，都爲一編，以資考鏡，且爲凡有事於蠶桑者導焉。推之以漸，貞之以恒，天下事其曷克罔濟，則是編者，殆又爲將來之左券也，抑又聞之，往者泰西歲購浙絲，累貲鉅萬。頃年以來，彼國亦效其法，以事蠶桑，漸致繒纊，又其俗以商爲國，而貴粟重農，間以桑樹爲地界，則桑之易栽尤爲明徵。或又爲之說曰：汴中閨閫不諳養蠶之法，未便苦人所難，不知向之不習於蠶者，因桑葉薄小，宜其視爲不急之務。今既徧栽湖桑，葉大七八寸，光膩肥厚，人人知爲美利，勢必爭先恐後，轉移風氣。本司道念切民艱，因於課農之外，議興蠶桑之舉，業經詳奉撫憲。在於省城設立蠶桑總局，並刊刻《蠶桑輯要》等書，頒發各府廳州縣仿行外，合亟出示曉諭，爲此示仰城鄉紳民人等知悉，須知種桑養蠶之利，十倍於栽種五穀果木雜樹，自示之後，務宜踴躍從事。或向地方官先領桑秧，擇地栽種。或自行接插桑枝，相機試辦，然後徐議養蠶繅絲織綢。次第舉行，當其創始之初，勿存畏難阻撓之見，及其樂成之後，自收一勞永逸之功。爾紳耆百姓，果能實力奉行，數年之後，必能享此久長美利，慎勿坐失機，宜以副厚望，其各凜遵，勿違特示。

光緒六年六月　日

又《候補道魏綸先續捐湖桑十萬株稟》　擬廣種葚桑，以備接枝，而省遠求也。省局桑園，去夏種葚半畝，今春長發芃茂，約計數千株。入夏後復又添種八畝，現已漸次出土，隨即將種葚法則通飭各州縣普種。來春一經盛發，悉數接成湖桑。接後二年，方可發給鄉民移栽。一畝之地，約得湖桑秧一二萬株，所費不過數千文。即能收此利益，倘能普得其法，何讓浙湖蠶桑之盛。三年後我豫有此接桑，無須再購湖桑，庶事不勞而功畢舉矣。

清　吳作鏌、倪紹雯、劉安欽《蠶桑速成捷法・江起鯤跋》　《豳詩・七月》，詠桑者三，所謂柔桑、女桑者，與今拳桑及根刈諸種皆不同。蓋速成種植後，所得之桑，殆類是歟。

綜述

宋　吳自牧《夢粱録》卷一八《木之品》　桑數種，名青桑、白桑、拳桑、大小梅、紅鷄爪等類。

明　沈氏，清　張履祥輯補《農書》卷上《種桑》　種桑以荷葉桑、黄頭桑、木竹青爲上，取其枝幹堅實不易朽，眼眼發頭，有觔兩。其五頭桑、大葉密眼次之，細葉密眼爲最下。又有一種火桑，較別種早五六日，可養早蠶。凡過二月清明，其年葉必發遲，候桑下蠶，蠶恐後期，屋前後種百餘株，備用可也。

（乾隆）《烏青鎮志》卷二《農桑》　畜蠶之家，先在栽桑。桑之類，有密眼青、白皮桑、荷葉桑、鷄脚桑、扯皮桑、尖葉桑、晚青桑、火桑、山桑、紅頭桑、槐頭青、鷄窠桑、木竹、青鳥桑、紫藤桑、望海桑，凡十有六。其鬻之也，于冬之抄春之初，遠近負而至，大者株以二氂，其長八尺，所謂大種桑也。密眼青亞之，其栽也，耨地而糞之，截其枚，謂之嫁畱，近本之餘尺餘許，深埋之，出土也寸焉，培而高之，以泄水，墨其瘢，或覆以螺殼，或塗以蠟而封之，是防梅雨之所浸，糞其周圍，使其根四達。

清　方觀承《述本堂詩集・看蠶詞》　《桑經》：接換者為家桑，葉茂而厚。《種樹書》云：桑以構接則大。構即穀桑也。其不接者，葚生枝擫，謂之野桑，但以食原蠶，不貴也。

又　桑之宜蠶者，海桑、䈤桑、黄桑，甚少葉密而厚。子桑、花桑、草桑，葚多葉稀薄，蠶食之不肥。《東陽縣志》：桑種甚多，世所稱者，荊與魯也。浙西所植，枝條柔短，魯桑之類也。湖桑即荊桑也，荊桑飼蠶，其絲堅韌，本邑頗近之。

清　朱斌《蠶桑指要・選種》　桑有數種，總以葉厚大而無花與子者為家桑。其高種以石門大種為第一，葉肥大而最厚，又不甚蛀，故能高大而有壽，種於宅旁可當榆柳。其次黄皮官桑，葉大條長，亦宜種於宅旁，獨枝疎，易蛀，有遜石門。其矮種以白皮、密眼為第一，枝繁葉茂，少蛀叢生，亦名哺鷄桑，宜作桑園；其次赤皮、火桑，葉嫩枝柔，發芽最早，可供火食。至於野桑類，皆葉小晏發，不堪園種，獨取收拾，自能成樹耳。然其中惟柹葉板桑子稀葉厚，鷄腳花桑葉嫩枝柔，又皆高大可種。其餘花桑、子桑、皮桑幾同枳棘矣。

又　分栽

種桑須在春分前，耡地要鬆，溏地要肥。買桑秧時，須看根，有横枝者，乃為家桑；再擇其根鬚多者，為易活。寬鋤其坎，理直其鬚，徐徐搜土壅實。種後，離地五六寸剪去稍。數日後，方以清糞水澆之，則當年枝葉茂盛。大抵大種宜桑宜稀，相離約以六七尺為度；哺雞桑宜密，相離四五尺可矣。

又　取野桑如傘柄大者，截存寸許，以家桑上隔年嫩枝，削成馬耳，破開桑皮，插入，務使內不着骨，外不着皮。每樁貼兩三枝，以馬糞和土封好，再以竹籜泡軟，包其外，惟春秋二分十日內可接。

又　採葉

凡養蠶一斤者，須俻家桑浄葉一伯二十斤。其摘葉之法，亦有次序，抒食後，摘蕻頭上着根青老葉。僅可摘三，不可摘四；摘四則傷蕻頭。眠後，摘大幹上老啞眼，不可摘新條上嫩眼，摘之則新蕻落黃。二眠後，摘繁枝。出火後，始用剪刀。若家園，則先剪老樹。蓋老樹葉易青，蕻頭早，正可供食。且先剪，則二芽早發，秋條必茂。出火後，便須計葉，如足十斤，不必言矣，若餘一斤，便須增葉二十五擔，急宜買足。務在出替前二日內先吃，不致旺食時忙亂。但葉有高低，其斤數以家桑為准，花桑、板桑半斤作一斤，子桑三斤作一斤，故葉價亦以此相准。然買葉亦有法：若預先定葉，寧定大園，勿定散樹。若買散葉，寧可連枝估，不可採見稱。蓋連枝則不熱不醃，雨天易乾，燥天得潤，散葉則反是，况守候稱，有悞時刻也。若收散葉，寧可增價買鮮葉，可不貪賤買宿葉。此要訣也。

（嘉慶）《桐鄉縣志》卷二《農桑》　種桑以荷葉桑、黃頭桑、木竹青爲上，取其枝幹堅實，不易朽，眼眼發頭有觔兩，其五頭桑，大葉密眼次之，細葉密眼爲最下。又有一種火桑，較別種早五六日，可養早蠶。

（道光）《江陰縣志》卷一〇《物產・木》　桑。湖桑葉大而厚，花桑、子桑葉小而薄。

清　程岱葊《西吴蠶略》卷上《種接桑樹》　桑之種類極多，大抵就地而名之，不可枚舉。湖之所名，惟家桑、野桑二種。野桑多椹，葉薄而尖，古所謂荆桑也。家桑少椹，葉圓厚而多津，古所謂魯桑也。凡桑秧產於南路德清杭郡諸處，聞其法，以草索浸圊溷，閲月餘，取出曬乾。擇桑椹之極紫者，捋諸索横埋淺土中，時澆灌之，經時雨則桑芽怒生。培護經年，幹粗如指，長五六尺，即可出售，鄉人購而種之，是為野桑。若任其長，肥者成望海桑，瘠者成鷄脚桑，蠶家賤之，故莫不用接。接法於清明前，天陰不雨時，剪取家桑壯條，斜削剪處如馬耳形。於所種桑秧，離地七八寸，用刀劃破其皮，作月牙形，微屈折之，使皮離幹，乃以所削壯條，插皮內，外縛以草，污泥護之，月餘即活。俟新條發芽，將故條剪去，便成家桑。經數年，高與檐齊，粗如杯如盌，是名嫩壯桑。過十餘年則老，漸稀漸薄，以次添種而刪易之，各鄉小有不同，而大較不外乎此。

清　高銓《蠶桑輯要》卷上

樹藝

桑種甚繁，以荷葉桑、黃頭桑、木竹青為上，取其枝堅實，眼眼發頭。其次則五頭桑，大葉密眼，若細葉密眼為最下。有一種火桑，較別種早五六日，可養早蠶。凡遇二月清明，其年葉發必遲，候桑下蠶，蠶恐後期，須多種百餘株備用。若住基寬曠，墻下可以樹桑，宜種富陽望海等種。每株大者，可養蠶一筐，愈老愈茂，但不令蟲蛀及水灌，其根動以世計。桑秧出武康，五月內收桑葚，用水淘取其子，曬乾，撒子肥地，俟芽出，灌以糞水，至明年春，其長約三四寸，曰桑烏。復起而寬栽之，其萌蘖之旁生者摘去，務盡一歲，長可丈許。冬杪春初，遠近負販，大者株值三四釐，小者以次遞降。凡內地年前春初，皆可種。外地患盜者，清明邊種年前種桑秧，以大為貴，清明邊種桑秧，以細為貴，以大桑到清明，頭眼已發，根眼已盲。細桑則根眼尚綻，故也。

又　接換

果木必取種之佳者接換，維桑亦然。已接者為家桑，不接為野。野桑之葉薄而陽癟，不如家桑之肥大而多液。凡桑秧，種至三年，秧身粗壯，即可接換。其法，以春分前後，五日為上時，揀天色晴明接時逢雨，决無活者。，翦取家桑肥旺枝條，如指大者，截去其稍，約留五寸長，謂之接扦頭。將桑秧向北一面，離根一尺，或半尺，看光潤無傀儡處，用快刀向上，左右斜批兩刀，如鴉嘴樣，切平其尖環屈。秧身刀批處，其皮自然豁開，取接頭量，留兩綻眼，將下一半用刀斜批，至末削去三之二，要刀法平準，不可有凹凸痕，再略刮去外面粗浮青皮，插入秧身皮內，不可以木貼木，須使接頭所削一面之木，緊貼桑秧之皮，無少罅隙。然後，以稻草緊縛，俟芽發長一二尺，即將秧身未着刀一面之皮割斷，使精液盡歸接頭上，用細繩將新條，連秧身縛定，不致風動損傷。次年春鋸去秧身，削平鋸口，使皮周圍包裹，可無傾折之患矣。若秧身大，不能環屈，則用劈接法，離地一尺平，鋸去秧身，用刀從中直劈開二寸，取接頭刊削如鑿，倚着一邊嵌入，須使接頭之皮，緊接秧身之皮，方活。蓋桑與他木異，其脂盡從皮上行也，外用草縛，取泥裹之，以避雨水。古稱構樹接桑，其葉肥大，余屢試之，俱不能活。

清 汪曰楨《湖蠶述》卷一《栽桑》 種桑秧 穉桑初種，胥名桑秧，法貴稀，縱橫各七尺。冬種者，秧宜大；清明前後，種者宜細，董世寧《烏青鎮志》其根無論長短粗細皆不可動，唯直下之根，須剪去之，開六寸深平潭，宜大不宜小，一人持秧枝，放准潭中，將根理挺鋪直；如有長根，亦須將潭開，長根不宜曲，一人埾取田中稻秆泥俗名『脚乾泥』，鋪壓根上，繼以地上燥泥蓋滿，其潭以足踏平，再用手將桑枝輕輕一提，再覆上細泥，略踏之，一年內種處不可埾動。凡種桑，必須兩人，方得本直根挺。天晴用水糞對配澆之，至三四次即活矣。種秧時，要晴燥乃發，大伏中仍如法澆灌一二次，冬間或壅稻秆泥，或罱河泥皆可。如桑枝下本旁生細枝，以桑剪剪去，修平則本光好接也。種秧時，先剪去上梢，俗名『攤頭』冬間再攤之，一二年可接成家桑矣。

《桑譜》一云：耨地而糞之，截其枝，謂之嫁。留近本尺餘，深埋之，出土寸許，培而高之，以泄水。墨其瘢，或覆以螺殼，或塗以蠟而封之，是防梅雨之所浸。糞其周圍，使其根四達；若直灌其本，則癃而死矣；不可灌水，灌以和水之糞，二年而盛，又必月一鋤焉。其起翻也，須尺許，灌以純糞，偏沃于桑之地，使及其根之引者，禁損其枝之奮者。《烏青文獻》

接桑 桑本粗壯者可接，細弱者不可接。接法：先剪家桑枝有葉芽者，每枝約長三四寸，《桑譜》置筐中，以濕布覆之，勿令見風日。《廣蠶桑說》用小刀于野桑本上離地半尺許劃開桑皮農器有接桑刀，又有反手鍥，皆鋒利，如圭角形，《桑譜》將刀畧一擺動，則皮巳離骨，取小竹釘，長二寸許，削如馬耳樣，嵌入皮內，謂之『桑餂』；《廣蠶桑說》隨將家桑枝俗謂『層頭』一頭削薄，一面如鴨觜形，《桑譜》取出桑餂，而以是條嵌入皮中，須以刀削一面向外，乃活。蓋桑之膏液皆從皮上流通，故必以接條之皮與本樹之皮彼此相向乃得浹洽；若以皮貼皮，以骨貼骨，則必不活矣。《廣蠶桑說》

又 攤桑枝 所接家桑，順性發生，必本枝直上，不生旁枝，所以有逐年攤頭之法，即剪去上梢也。本年攤頭，如枝已粗壯，約長三尺餘，可將嫩枝直梢，用桑剪攤去數寸，待發新芽，澆糞一遍，能當兩年。如枝瘦者，不可攤。倘有發兩枝者，擇其善者養之，其不善者去之。蓋兩枝并養其枝，終覺細軟不如。

清 吴烜《植桑育蠶書・種桑説》 桑樹近地處有旁出之條，在接頭下者，便是野桑，宜芟去；在接頭上者，卽是湖桑，每株可留一條。將土塊壓下，謂之壓條，復加土壅之，時澆糞水。一年之後，已另生根。正二月中，可將土發開，就與大桑相聯處，剪斷移栽，以廣生息。

又 本地野桑，亦可飼蠶，唯葉小而薄，不及湖種。若依時培養，亦能稍大。若高已丈外，圍已尺許者，自不可接。其大如杯、大如臂者，於春分前後，離地數尺，鋸去上段，以湖桑如法接之，每株可接數枝，便成湖桑。至新出小桑，接換尤易，切勿以土種而棄之。

又 湖桑柔嫩而香，最易引蟲。五月後，間有蜘蛛、青蟲、野蠶等等，形類甚多，皆能損芽傷葉，須隨時察看去之。或以菸葉之筋，及藥中百部煎湯，用洗箒密密洒之，蟲食其葉則死。惟飼蠶時切不可用，用則傷蠶。

清 吴烜《種桑説》

桑以湖州所産者為佳，有青皮、黄皮、紫皮三種。青皮葉疏而薄，黄皮較勝。惟紫皮最佳，紫皮又名紅皮，葉密而厚，浙人謂之紅皮大種。湖桑之中，又以此種為第一。種法，第一年下種，第二年移栽，第三年接，第四年剪頭分栽，第五六七年再剪，以後即可剪條采葉。

第三年驚蟄以後，清明以前，天色老晴，將桑秧離地剪留寸許，隨剪接過湖桑嫩條如筆管粗者，勿見風日。其條上半空，下半實，空者無用，將實者剪作三四段，每段三寸，斜削寸許，其二寸，留芽兩三個。

又 至七年立夏采葉，再將第六年所留之枝，離丫數寸剪去，每枝再留四五芽，餘皆摘去，通計所留之枝，已有四層。又明年立夏采葉，將枝頂新條，着丫剪去，不必留叉。以後逐年剪取，枝頂如拳，謂之拳桑。每株可成數十拳，每拳可發五六條。數年以後，根柢盤深，枝幹粗壯，每株浄葉始則十數觔，漸至二三十觔、四五十觔。年愈久，葉愈蕃，但能留意捉蟲，不致鑽空樹本，可以多壽。

又 下種分接之後，雖逐年已可采葉，然必七載方成。既費人功，更稽歲月。不如於立春以後，春分以前，至浙江石門之天花蕩，揀買接過單槍紅皮大種甫經出土根鬚淡黃而潤者，載歸栽種。剪去蒂根，蒂根即直根。不去直根，則樹少歧枝，難於暢茂。照第四年剪頭栽培之法，不過半月便可回生。

又 桑樹不可太高，太高則葉小而薄，培壅亦難見功，且易招風，枝柯易折，根本易搖，故拳桑至高不可過六尺。

又 桑樹近地處有旁出之條，在接頭下者，便是野桑，宜芟去。在接頭上者，即是湖桑，每株可留一條，將土塊壓下，謂之壓條，復加土壅之，時澆糞水，一年之後，已另生根。正二月中，可將土發開，就與大桑相聯處，剪斷移栽，以廣生息。

又 湖桑中另有一種火桑，視他桑較早，可飼早蠶。其葉雨過即乾，須購富陽、望海等種栽之，不必修剪，任其高大。十年後，每株可采葉數百觔，愈老愈茂。但能不令蟲蛀，不使水淹，可以久遠不敗。

又 湖桑柔嫩而香，最易引蟲。五月後，間有蜘蛛、青蟲、野蠶等等，形類甚多，皆能損芽傷葉，須隨時察看去之，或以菸葉之筋及藥中百部煎湯，用洗箒密密洒之，蟲食其葉則死。惟飼蠶時切不可用，用則傷蠶。

清 沈炳震《樂府二十·采桑》 桑之種不一。凡穉桑初種，胥謂之桑秧，種三年則可采矣。然必以家桑枝接之，不接則為野桑，不中采飼也。蠶有頭蠶、二蠶，故亦目葉曰頭葉、二葉云。二葉須老農善采者，留其條，為來歲生葉之地。若頭葉，則盡采乃已耳。

清 包世臣《齊民四術》卷一下《農一下·桑》 有二種：魯桑，一名湖桑，葉厚大而疏，多津液，少椹。飼蠶，蠶大得絲多。荊桑，一名雞桑，一名黑桑，葉尖而有瓣，小而密，先結子後生葉。飼蠶，蠶小得絲少。然荊桑心實耐久，且生葉早，可為樹桑，飼蟻及頭眠。魯桑枝豐不耐久，生葉遲，可為地桑，飼老蠶。桑不宜遠居，便採折，便修治。種之有種椹、壓條二法。壓條易長而難得，宜兼用之。椹熟，收黑魯桑椹，水淘淨，曬乾。及四月耕地令熟，糞而勞之，為溝塍，以黍、桑子各三升，蠶沙三斗種之。輕概平，勿令土厚壓。

清 曹倜《蠶桑速效編·再剪法》 第五年立夏後，將第四年所留之條，離丫長則尺許，短則六七寸，再將上段剪去，剪下之條，亦可接桑。摘去下芽，上留三四芽，發成三四枝。養蠶時，每株即可采葉一二觔。至第六年立夏後，再將第五年所留之條，離丫數寸，再行剪去，將葉通身摘盡，每株可得四五觔，隨即培壅，不及旬日，又長新芽，每枝再摘去下芽，上存四五芽，發成四五枝。至七年立夏采葉，再將第六年所留之枝，離丫數寸剪去，每枝再留四五芽，餘皆摘去，通計所留之枝，已有四層。又明年立夏采葉，將枝頂新條，着丫剪去，不必留叉。以後逐年剪取，枝頂如拳，謂之拳桑。每株可成數十拳，每拳可發五六條。數年以後，根柢盤深，枝榦粗壯，每株淨葉始則十數觔，漸至二三十觔，四五十觔，年愈久，葉愈蕃，但能留意捉蟲，不致鑽空樹本，可以多壽。【略】

桑樹不可太高，太高則葉小而薄，培壅亦難見功，且易招風，枝柯易折，根本易搖，故拳桑至高，不可過六尺。

又《養蠶說》 桑以湖州所產者爲佳。湖桑之中，又以紅皮爲第一。種法第一年下種，第二年移栽，第三年接，第四年剪頭分栽，第五、六、七年再剪，以後卽可剪條采葉。惟宜桑之地，與栽桑之法，江浙不同，東省與江浙互證，亦有同異。浙西地卑而多水，土質濕且易淹没，故桑地宜於最高。江左地高而水少，土質燥，惟卑下易淹之處，以及地脈所經土堅如石，皆不可種。此外則無不相宜，而所尤宜者莫如沙土，體質鬆酥，根株易達，卽枝葉易蕃。東省沙土甚多，如兖、沂、登、萊、青、濟各屬，依山近水，栽植尤屬相宜。浙地栽桑，不必太深，而東省栽桑，斷不可淺。

清 陳淳《實驗蠶桑簡要法》上篇《栽桑法》第二章《選擇桑苗之法》 湖州桑苗有青皮、黃皮、紫皮三種。青皮葉疎而薄，黃皮較勝，紫皮最良，葉大而厚，津多而甘，爲湖桑冠。吾浙謂之紅皮大種是也。

又 第八章《養成桑拳之法》 第五年立夏後採葉，將枝頂新條，着權剪去，不必留權。以後逐年剪去，枝頂如拳，謂之拳桑。浙江及伊大利之拳式，日本之秋田式，皆如此。此桑每株可成數十拳，每拳可發五六條、七八九條不等，始則十數斤，漸至二三十斤，甚至有四五十斤者。年愈久，葉愈蕃，但能留意害蟲，不致鑽空樹本，可久壽而不敗。

又 第十章《改良桑樹之法》 土桑除樹高數丈、圍已數尺，祇可改良不可行接木法外，樹本大如杯、粗如臂者，均可於春分前後，離地數尺，鋸

去上叚，以强壯湖桑之條，採用接木法，每樹可接數枝，便成湖桑，切勿以土桑委棄之。【略】

不問枝幹大小，初年在何部截去者，以後逐年均須於此發生部切斷，日久則自成爲高刈之拳桑矣。

又 第十三章《搭接桑秧之法》 就中以皮接法爲良。此法無論荊桑、土桑等苗，於第二年發芽二十日前，卽可將該苗離地剪留一二寸。隨將接過湖桑嫩條，取來如筆管大者，長約三寸，以利刃從其下端削成七八分長馬耳形斜面，貴極平滑，毋稍凹凸，其二寸餘，留三四芽，削後銜於口內，乃將該苗側面之皮層切開，成圭角狀，長短與接穗之削面同，以手探入令鬆，卽揷接穗，以刀削面貼皮，務使全體密切。倘以皮貼皮，必難生活。再以蔴草等束緊，勿使動搖而植之，並撚泥丸，蓋於條頂爲要。

又 第十五章《驅除桑蟲之法》 湖桑柔嫩而香，最易生蟲。故植至三四年後，内每生蟲，謂之桑蠹，小時如蛆，漸大如蠶，鑽空樹心，樹卽枯萎。有蟲之樹，皮必有孔，孔外有水，更有木屑，須用鐵絲屈鈎，從孔中探入，將蟲鈎出。倘藏匿太深，亦須戮死。否則，須將樹皮剜破，跡其藏匿之處捉之。此蟲上半月頭向上，下半月頭向下。倘不能尋覓，每月於十五日前，將百部草煎汁，或桐油，從眼中灌之。倘不能灌入，以鐵絲裹棉櫄桐油探入，其蟲沾油卽死。

清 陳淳《實驗蠶桑簡要法》下篇第十一章《貯葉之法》 儲桑之法，亦因氣候、桑種而異。如天候乾燥，葉貴新鮮，雨天濕甚，葉貴貯藏。湖桑宜如潁屬土桑，宜直哺之。

清 陳恢吾《農學纂要》卷四《又日本壓條三法》 接桑法 於種後第三年驚蟄後，清明前，天晴，將桑秧離地翦留寸許，隨翦接過湖桑數條，如筆管粗者，勿見風日。其條上半空，下半實，空者無用，將實者翦作三四段，每段三寸，斜削寸許，其二寸留芽兩三個，將翦留之桑根，四旁發開，用快刀劃破其皮寸半，取竹片削尖，探入令鬆，隨將斜削之條反插皮内。有皮一面向内，削過一面向外。最要。蓋桑之膏液在皮，必以斜削之骨與桑根之皮，膏液粘併，方能浹洽。如法接好，紮以桑皮，塗以河泥，復撚河泥為丸，蓋在頂條，切勿移動，遇晴旬日卽活。清明後，摘去下芽，上存一芽，發成一枝，俟高至尺餘，須用蘆葦數尺植其旁，一年可長五六尺，至次年卽成接過單槍可售。

又 養拳桑法 第一年立春後，春分前，買接過單槍者，翦去直根及橫根之腐者，每株相離五尺五寸，如品字式，不可對栽。預將桑土翻作埨，闊亦五尺五寸，將地掘深一尺二三寸，四周寬廣，沃以糞或河泥。植桑坎中，理直四面橫根，敲土極細，壅之堅實。過接頭一二寸，高地三寸，隨用快翦，視桑大者離地尺餘，小者七八寸，翦去上段。栽時不可澆水，三四日後以二糞入水澆之，以後天氣晴燥，須五六日一澆。俟芽發盡放，摘去下芽，上留三四芽，發成三四枝。第二年立夏後，將所留之條，離叉長則一尺四五，短則尺許，再將上段翦去，摘去下芽，上留三四芽，發三四枝，可采葉一二觔。第三年立夏後，離叉四五寸，再翦去，摘葉盡可得四五斤。隨卽培壅，旬日又長芽，每枝摘去下芽，上留四五芽，發成四五枝。第四年立夏采葉，再將留枝離叉四五寸翦去，每枝再留四五芽，餘皆摘去。通計所留之枝，已有四層。 第五年立夏采葉，將枝頂新條逐叉翦去，不必留叉。以後逐年翦取，枝頂如拳，謂之拳桑，每株可數十拳，每拳五六條，數年後根柢盤深，淨葉可得數十斤。年久愈佳。留意捉蟲，勿使鑽空樹本。一畝之地計二百四十弓，留采桑路二十弓，可種一百八十株，樹高不過六尺。 枝葉橫斜，以繩束之使上；如拳曲，則以竹縛之使直。下垂之條、向内之條、并生之條、煩冗之條皆可去也。去條腊月爲宜，正月次之。 立夏翦條後，近根鋤開，厚壅一次，蓋好。腊正修斫後，復如前壅之。惟采葉之前半月，不可壅糞。

清 方濬頤《淮南課桑備要·諸家雜説·移栽剪桑法》 條桑栽法，宜五尺許，一本如品字樣，不可對植，待次年正月天氣清和，離地二尺，翦去上條，候芽出時，只留二芽。秋後條成，又五六尺許，待次年正月離了尺許，復翦去如叉様式，再留頂上各兩芽，餘芽抹去，來年又翦新枝，總留尺許。仿前法，再翦再留，而枝條又增倍矣。約五六年，至立夏後開翦，連枝葉盡行翦下飼蠶。翦至數年，桑成拳式，八九十拳不等，謂之拳桑。拳之大者，可留三四五條不等。次年立夏，又將拳處翦下，飼蠶。連枝葉翦下者，一則省工，再則恐有雨溼，須倒懸於通風處，一時卽乾，卽可飼蠶矣。

又《蠶桑雜説》 拳桑葉茂，難免偷扯，亦可翦下飼蠶。樹小切忌翦剝嫩枝，樹大本足，且在拳上翦之，無妨葉眼再長，謂之黴條。來年之葉仍茂，所謂『斧頭自有一倍桑』是也。

清 何石安《蠶桑合編·接桑法》 接換之法，用魯桑條三寸許削去一半，如馬耳式，約寸餘，宜急速反插入荊桑皮内，麻札土擁，惟在時之融和，手之快密，封繫之固，擁包之厚。取春分前後清和天氣，候芽出時只留一芽，秋成條桑是也。

清　黄世本《蠶桑簡明輯説・種桑説》　嘗考種桑之法，先辨土宜，桑地宜高平而不宜低濕。低濕之地，積潦傷根，難期滋長。本邑地高水少，且悉屬沙土，体質鬆酥，根株易達，枝葉易蕃，除卑下易淹之處，以及地脉所經，土堅如石者，不可種外，其餘悉可栽種。較之浙西，尤為相宜。浙西地卑土濕，故栽種不必太深。本邑地土高燥，似又斷不可淺，栽種既深，即遇亢旱，地中尚潤，亦可不至受傷，至桑種固以湖州所産為佳。即湖州而論，亦有紅皮、青皮、紫皮三種。青皮葉疏而薄，黄皮較勝，唯紫皮最良。又名紅皮，葉密而厚，浙人謂之紅皮大種。湖桑之中，又以此種為第一。若至彼處采買桑秧，如法施種，較之栽種子桑更為便捷，利益之大，孰過於斯，一切培植之法，詳載如左。

又《修剪法二條》　桑樹近地處有旁出之條，在接頭下者，便是野桑，宜芟去。在接頭上者，即是湖桑。每株可留一條，將土塊壓下，謂之壓條。復加土壅之，時澆糞水，一年之後，已另生根，正二月中，可將土發開，就與大桑相聯處，剪斷移栽，以廣生息。

又《治桑田四條》

湖屬栽桑甚密，桑下不種他物，恐其分肥，其地每年必鋤翻一次，使土鬆易長。杭嘉蘇三屬及錫金等邑，桑樹較疏，麥蔬皆種。每種一次，鋤翻一次。既取土鬆，且沾餘利。惟黄豆芥菜，最能奪肥。蘇人諺云：種豆種芥，三年必敗。且尤能損桑，故以為戒。浙人亦復云然。又桑下不可種大麥，蠶食之必病瘟，故大麥田中之桑，不可飼蠶。又云蠶豆不利於桑，而浙西一帶，亦多有種之者。或者以蠶能食桑，故附會其説歟。

桑下不可有草，恐其奪肥，更不可有瓦石，恐壓之根難展舒，生機不暢，須鋤開去之。

桑樹不可太高，太高則葉小而薄，培壅亦難見功，且易招風，柯枝易折，根本易摇，故拳桑至高，不可過六尺。

桑老漸枯或中空，此年代久遠，不能不敗也。可預於樹旁補種一株，二三年後，將敗者伐去，鋤盡根株，留其新者，使無曠土。抑或將敗樹近根截去，以肥土覆之，明年又發嫩條，如法培養。數年後，又成新樹，特較矮小耳。

又　湖桑中另有一種火葉，視他桑較早，可飼早蠶，其葉雨過即乾，須購富陽望海等種栽之，不必修剪，任其高大。十年後，每株可采葉數百斤，愈老愈茂，但能不令虫蛀不使水淹，可以久遠不敗。

本地野桑，亦可飼蠶，唯葉小而薄，不及湖種。若依時培養，亦能稍大，若高已丈外，圍已尺許者，自不可接，其大如杯，大如臂者，於春分前後，離地數尺，鋸去上段，以湖桑如法接之。每株可接數枝，便成湖桑，至新出小桑，接换尤易，切勿以土種棄之。

又《去桑蟲三條》　湖桑柔嫩而香，最易引蟲。五月後，間有蜘蛛、青蟲、野蠶等等，形類甚多，皆能損芽傷葉。須隨時察看去之，或以菸葉之筋，及藥中百部煎湯，用洗帚密密洒之，蟲食其葉則死。惟飼蠶時，切不可用，用則傷蠶。又夏月，皮生白屑，漸成細粒，吸引皮漿，謂之桑蠹，用巴豆研細，和桐油抹之，其蠹自盡。

清　賈振聲校，袁俊德輯《桑政萃編》卷二《桑種類》　湖桑工夫最細，養條漸成極品。然每年絲蠶，時有豐歉收之分。是養條雖佳，而養條卻有葉濃一病。若再仿川法養樹，使葉力少淡，以樹葉飼小蠶老蠶，以條桑飼眠起大食蠶，則食匀繭厚。譬如人家小孫老年，宜食淡，壯歲喜食濃，醫家亦以食淡可少病。湖中若再加一層工夫，以樹桑之味淡，調條桑之味濃而蠶病可卻，産絲亦多，此湖桑之尚宜添一層工夫也。

又　湖桑葉圓而大，津多而甘，其性柔，其條脆，其幹不高挺，其樹鮮，老株採折最便。惟移置他省甚難培養。若培養不得其法，多未成活，此湖桑爲桑之冠，而難於移種也。

又　富陽桑，種類各别，其桑獨大，每樹之葉，約數百斤，桑最耐久，愈老愈茂。

清　江志伊《種桑法・辨種》　湖桑，葉圓而大，津多而甘，性柔，葉脆，榦不高挺，樹鮮老株，採折最便，宜飼眠起大食蠶。桑種以湖産爲良，而湖桑又有青皮、黄皮、紫皮三種。青皮，葉疏而薄，黄皮較勝，惟紫皮葉密而厚最佳。紫皮，一名紅皮，浙人謂之紅皮大種。其種法，第一年下種，第二年移栽，第三年接换，第四年即成桑秧，出售謂之接過單槍。宜於立春後，春分前，至石門之天花蕩一帶，揀買紅皮大種，根鬚淡黄而潤者，栽歸種之。

清　金步瀛《古今合纂殖桑法》第一章《總論》第三節《各殖桑法之

得失》　壓條法及攊條法：二法均爲利用發生不定根，使成獨立苗木之方法。彼無椹之優美家桑，得以此等方法蕃殖；且苗木之品質，能維持母樹之固有特性，無遞變之憂；而苗木之成長期間，又較由播實法蕃殖之苗木短縮。惟因樹體不具完全形態，故體質弱，壽命短，與播實法適成反比。【略】

接木法　法取强健之實生苗由播實法所得之苗木爲枯木，而以枝葉優美之家桑凡經接過之桑樹名爲家桑。爲接穗。故體質健而壽命長，葉量豐而葉質美，播實、壓條等法之優點兼而有之，爲蕃殖法中最完善之法。

又　第五章《接木法》第六節《砧木與接穗之選擇》　湖桑：爲魯桑之進化者。《湖州府志》有云：『家桑葉圓厚而多津，古所謂魯桑也。』發芽性兼中晚，葉巨圓而肉厚，纖維少，養液多，爲我國桑種中良品，發育生長，因接殖而俞臻佳勝，桑皮微帶紫色者尤爲佳種。

清　李向庭輯《蠶桑述要・種子》　種桑子之法，須擇桑之老大壯茂者，取子種之，其樹《喝茫蠶書》言，先年卽不翦條摘葉，至來年椹肥子壯，種之最易，生長其實，當年不摘葉亦可。取子法，或俟熟自落，或搖令墜，擇可用者置水盆內，揉破淘洗數次，面浮之子掬去，留沈底者種之。如不卽種，可將子陰乾，收入瓶內，待次年二三月間種之。種時擇地鋤草，鬆土下子而掩之。其法農家盡識，無煩詳述。春種之子，至冬已可移栽，移栽處地要深挖，樹防過密，此後任其生長，名爲芽桑。若以湖桑之枝接之，則卽成爲湖桑矣。

又《接桑》　惟考湖桑，飼蠶肥美，人每苦移栽之難。湖桑亦有家、野之分。野桑椹多，家桑葉大。湖人每有野桑必接以家桑，故謂爲家桑。因接桑者湖人，故書中又名爲湖桑。然購桑秧千百株，當有數十株可生者，加意培植，取其枝以接各種之桑。不數年，非湖桑將遍成湖桑矣。

清　李應珏《蠶桑說略》卷一《接桑樹法》　桑移栽後，大至一把，於清明節前後，葉芽未放時，在已接過之大桑樹上，削其一枝，長尺許，刀口如馬耳形。又於本樹距地尺許，削去一枝，刀口向出，下皮接上皮，裏以泥草，使樹根之水直貫而上不可使雨水灌入，數日有葉芽放卽活。次年，將本樹再鋸去。凡樹接過者，謂之家桑。子少葉厚多津，數年，高與簷齊，數十年始衰，得葉可數十斤。未接過者，謂之野桑，葉希而薄。

清　吳宗周、陳幹材、徐謙山《蠶桑白話》卷一　用那個下子的桑秧，到第三年正月底二月初的時候，都有手指這樣粗了，把他的桑秧一株一株的掘起來，然後用別的湖桑樹上，選擇强壯的枝條，拿桑剪去剪來，又分剪得四寸長的一段一段，留桑芽二個或三個，就是枝上要出葉的小釘子，又要用鋒快的刀子，大約闊一寸五分，長六寸許，把他下一頭削出斜面形，好像一個馬蹄形的樣子，這個就是喊做接穗。這個接穗，定要同那個桑秧根邊的幹子一樣的粗。又把鋒快的刀，將那個桑秧根邊，也要削出斜面形，不可留存一個桑芽。然後把這個桑秧的斜面，同那個接穗的斜面合緊，一線都沒有大小濶狹，用打熟的糯穀草筝來縛得很緊，照這個樣子做好，就可以擔到空地上去種，這個空地須要先做三尺或五尺濶的埨子，兩埨相離的溝濶八寸深五寸。每株橫直離五寸許，掘一孔穴深四五寸。先澆一回淡糞，把這箇接好的桑秧種在孔穴裏面，四面用土輕輕掩蓋，兩手埶實，只要稍頭露出一寸就是了。倘然遇天旱的時候，總要天天早晚澆淡水，到二月底發芽二三寸長，就可用薄糞澆他，到秋天就有數尺長的苗，就稱謂之湖桑。

又　那種桑秧分栽以後，每年臘月或正月間，須要修一次，留其强壯的二個枝條，剪去上端，留存枝條下端七八寸。大眠以後，採去春葉，到二葉發出了，再除弱小的新枝，每枝留存二枝。從此每年一枝變二枝，到五年就有三十二枝了。要使這種枝條四面均齊，桑葉發大的時候，好像雨傘張開的一樣，使這種所栽的桑樹，個個照他的樣子纔好，那個三十二條的丫枝，年年從這裏剪去，變成拳頭大的樣子，就喊他拳桑。看他拳大的枝頭，多生桑芽七八個，拳小的枝頭，生桑芽四五個。再過幾天，就是手掌大的嫩葉了。

清　林心北、吳書年勸刻《蠶桑輯略・栽桑法則十六條**・魯桑法》**　園內養成，第三年接過魯桑，培養一年之後，至第四年，卽可移栽。約八尺一株，分行，如品字形。移栽後，於接頭以上，有青眼處，空出青眼，翦去上條，止留二三寸。發芽時，止留一芽。深秋，肥者長成五六尺高。至冬後，又翦去上條，離地留一尺五寸，如此樣。來春，頂上留兩芽，長成雙條。至冬後，又翦留一尺四寸之譜，如此樣。來春，又各留兩芽。至冬後，又按一尺四寸，翦去上條，如此樣。來春，又各留兩芽。至冬後，又按前法，翦之成八頭，如此樣。此後在八頭上留芽，不必止留兩條，卽三、五、六、七條皆可。每年蠶三眠時，連條翦下，飼蠶。翦後八頭上，必另發新條，此條不可砍伐。來年蠶三眠時，依前法翦之，久之八頭成拳式，是謂拳桑。自拳下如有附枝，亟抹去之，恐其分力也。

清 端方《湖北巡撫端中丞飭地方整頓農務札》《農學報》第百八十八期　皁州土性堅硬，水利未興。偶植湖桑，動輒萎廢；山桑樹高葉瘠，取以喂養家蠶，既費人工，絲色亦不潤澤，故取桑養蠶者少。

清 呂廣文《蠶桑要言·种桑法·桑秧》　第一桑秧於立夏後，凡草桑上桑子色黑而老，先禁小孩打摘，俟其老而落下，將子拾起用手捻糊，以水洗去腐肉，掏淨陰乾，攤燥，不可日晒。即用燥灰拌和，如以灰拌麥子樣，散子宜疎密相勻，俟其出起，密處用手拔去，使不過密。未下種之先，其地亦須深掘，厚舖糞灰，亦逐月用水糞澆壅，次年秧便可種。或如種麥一般，但不宜腳踏，恐子小力弱，其出較遲，上面用麥殼薄蓋一層，雖遇大雨，泥不結板。一法將桑子捻黏草繩之土其地先行深掘，每闊四尺掘成一坑約深三四寸，即用泥頭灰鋪底每行安放草绳一條，用灰土蓋轉按月用水糞澆壅，次年即按每三尺闊留一株作應種之桑，餘可拔賣；或於三尺中間，多留一兩株，同應種各株一般培壅。次年均接成湖桑，第三年多留之株即可掘賣。此法次年可賣秧，第四年又可賣。接成之桑株，每株計價五十文，而其地桑亦成林。雖工料均多，而利實無，算新昌梅渚人，多有由此起家致富者。

又《接法》　於驚蟄時候，擇桑種之佳者，將桑條中間一段剪下，直插甕中，使畧收斂。春分後取出，每條剪作四寸許之長，去梢不用，名曰桑簡。聽候取接一着桑漿，即便吃去，活而抽芽矣。接時將草桑泥底株根邊僅寸許高，用鋸裁斷，以利刀將皮斜割兩刀，一向東，一向西，須刀柄在上，刀頭在下，使所割桑皮，上尖下闊，如三角形。稍長復用竹籤，將皮懸起，直插其中。然後將桑簡削去，一邊如馬耳形，須極平，插拔起竹籤以桑簡插入，其簡須將刀割，一面搭向割開之桑皮，桑漿由皮而上，使從桑簡削去處透入兩面，隙縫用田泥糊封，再用糯稻草兩三根緊緊紮住，即便活矣。截落桑條，即插其旁，俟芽抽起長一二尺許時候，恐風吹折，即可用以挪扶。

又《值湖桑法》　既接之後，芽長三尺許，每株即將腦頭摘斷，越七八日，每葉間各有嫩芽抽出，留養上頭三芽，使其直達，餘俱除去。若力壯即多養一芽，亦可到七八月間，每株三條，長過於人，已濃者若幄一片成林矣。至第三年春，即有湖桑，可摘，計時不過兩週年。採桑時，各將每株三條，齊養至當胸之高，胸以上則剪去，所養條上葉亦摘落。至第四年，三條各發，三四五條不等。剪葉時，養出平頭之高，三三共九條。此時，九條之上，各發三四五條不等，其可得三四十條。第五年，只好仍將九條留養，不能再多，以桑株密種，每株發三四十條，已有葉五六斤。一畝地方，可採桑一千數百斤，獲厚利矣。且桑條稠密，再養亦不能容，每年於花利十分中，抽出分半，作培資已足，如照法培壅，其桑總可至三十餘年之久，收自然利。

又《收葉遲早》　新昌向來種桑，直行闊丈二，橫行亦然，其桑俟四年方接，必須六七年方成林。近法種桑甚密，每地一畝，可種三百株，頭年種下，次年接湖桑，至七八月已成林，第三年即有湖桑可採，計時不過兩週年。蓋同此一地，無論古法今法，均可培桑一千。但照古法，必須逐漸培至七八年方可收葉一千斤；仿照今法培至三四年便可收葉一千斤，其取效固甚迅速也。

清 馬丕瑶《蠶桑簡易法·剪桑》　冬閒移栽後，翦厺上條，只留二寸。臨春發芽時，只留一芽。深秋，肥者長成五六尺高，冬令又翦去上條，離地留一尺五寸，如此樣杈。來春，頂上留兩芽，長成雙條，冬令又翦，留一尺四寸，譜如此樣杈。來春，又各留兩芽，冬又按一尺四寸翦厺上條，如此樣杈。來春，又各留兩芽，冬按前法翦之，成八頭，如此樣杈。此後，在八頭上留芽，不必只留兩條，即三五六七條皆可。每年蠶三眠後，連條翦下，飼蠶。立夏後，八頭上必另發條，此條不可砍伐。來年蠶三眠時，依前法翦之，久之，八頭成拳式，是謂拳桑。自拳以下，如有附枝，亟抹厺之，恐其分力也。

清 饒敦秩輯《蠶桑簡要録·修枝三條》　湖桑謂之拳桑，因頂上之枝，其形如拳。其法第一年視桑大小，桑大則離地一尺，桑小離地五六寸，剪去上段，俟芽葉發出，摘去下芽，上留兩三芽，發成兩三枝。浙西僅留兩芽，發成雙枝。蓋浙西無蟲患，留得一芽，即成一枝，他處必多留一二芽，以防傷損。第二年立夏後，將年前所留之條，離丫長尺許，再將上段剪去，摘去下芽，上留兩三芽，發成兩三枝。養蠶時，每株即可采葉一二觔。第三年立夏後，再將年前所留之條，離丫一尺，再行剪去，將葉通身摘盡，每株可得四五觔，隨即培壅，不及旬日，又長新芽，每枝再摘去下芽，上存兩三芽，發成兩三枝，第四年剪枝去芽，法亦如前。通計所留之枝，已有四層，高五尺。又明年立夏采葉，將枝頂新條，着丫剪去，不必留义，以後逐年剪去，枝頂如拳，每株可成數十拳，每拳可發五六條。數年以後，根柢深，枝幹壯，每株淨葉，始則十數觔，漸至四五十觔，年愈久葉蕃矣。

清 任蘭生《蠶桑摘要·接桑樹種》　桑秧根切忌風吹，一遇風吹，容易枯槁。嘉、湖等處行中係成把出賣，或十枝，或二三十枝不等。如來路太遠，紥把時須用半潮泥外將稻草包護，勿使漏風。

清　沈秉成《蠶桑輯要・諸家雜説・移栽翦桑法》　條桑栽法，宜五尺許一本，如品字樣，不可對植。待次年正月，天氣清和，離地二尺，翦去上條，候芽出時，只留二芽，秋後條成，又五六尺許。待次年正月，離丫尺許，復翦去，如叉樣式，再留頂上各兩芽，餘芽抹去。來年，又翦新枝，總留尺許，仿前法再翦再留，而枝條又增倍矣。約五六年，至立夏後開翦，連枝葉盡行翦下飼蠶。翦至數年，桑成拳式，八九十拳不等，謂之拳桑。拳之大者，可留三四五條不等。次年立夏，又將拳處翦下飼蠶。連枝葉翦下者，一則省工，再則恐有雨濕，須倒懸於通風處，一時即乾，即可飼蠶矣。

又　蠶桑雜記　拳桑葉茂，難免偷扯，亦可翦下飼蠶。樹小，切忌翦剝嫩枝；樹大本足，且在拳上翦之無妨。葉眼再長，謂之徽條。來年之葉仍茂，所謂斧頭自有一倍桑是也。

清　沈練《蠶桑説・樹桑法二十一條》　桑種甚繁，以荷葉桑、黄頭桑、木竹青爲上。取其條榦堅實，眼眼發頭也。別有一種火桑，視他桑較早，可飼早蠶，且雨過卽乾，飼蠶家宜多植。如住基寬曠，墻下可以植桑，宜覓富陽、望海等種植之，其大者可得葉數石。若不令蟲蛀及水灌，其根則愈老愈茂，不以年遠而敗。

桑秧以葚種之。種葚之法，於四五月間，以純黑桑葚搓碎置水中，去其浮者而取其沈者，陰乾之經日曬，則其出較遲，撒於肥地，以薄糞澆透，而覆之以灰覆以泥則出又遲矣。芽出，更以薄糞勤澆之。至明春，則其長尺許，便可移栽他處。移栽之法，鋤地分埨縷尹切，土之加高處也，使無積水，於埨背分行栽之，與治圃者排蔥蒜之埨相似，其栽宜疏彼此相去，須在八寸外，勤澆勤鋤，至其大如指，則可以接之，使變家桑矣。

又　接桑所發之條，高至尺許，卽以粗桑條他條之堅實者亦可牢植其旁，用桑皮鬆鬆綰住，以防風折，且可使挺然直上，無横斜拳曲之枝。接而不活者，其本身必更發新條，可至明春再接。解此二條，則桑秧可於木處取辦，然必先栽有家桑乃可，否則無處取接條。

清　沈練，仲學輅輯補，章震福校訂《廣蠶桑説輯補校訂》卷一《培養桑樹法十九條・桑須修剪説一條》　《蠶桑輯要》曰：條桑栽法如品字樣詳第二條下，待次年正月天氣清和，離地二尺許，剪去上條，候芽出時，只留二芽，秋後條成，又五六尺許。待次年正月離丫尺許，復剪去如叉樣式，再留頂上各兩芽，餘芽抹去，來年又剪新枝，總留尺許仿前法。再剪再留，而枝葉又增倍矣。約五六年，至立夏開剪，連枝葉盡行剪去飼蠶，剪至數年，桑成拳式，八九十拳不等言八拳、九拳、十拳不等也。次年立夏，又將拳處翦下飼蠶。

按，栽桑之次年，或第三四年，須接桑者接之接法詳第十七八條。

震按，吾鄉桑樹無有不接者，必俟接條長成，將原本就接處截去，僅留原幹者。

清明出芽，頂上又各留兩芽，冬令又去如此樣。

春芽又如前法留之，冬令又剪成八頭如此樣。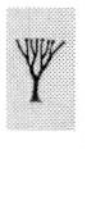

自此以後，年年在此剪之，卽成拳桑。

又如別留芽十六條，自此冬令不剪，立夏連枝葉剪下，抹葉飼蠶。其樹本之下出芽者，年年抹盡，只留頂上者。頂上所生枝葉，立夏平剪之，再發芽爲徽條，次年仍在此處剪之。【略】

蓋剪留之法，先相枝幹。枝葉有强弱，有稀密，强者不妨多留幾寸，稀處不妨多留幾芽。至成拳桑，則拳上之枝葉年年平剪，不再留矣。

又《除蟲傷説一條》　接本，俟一二年，接本粗大，然後翦條留芽。又按，立夏拳桑放剪，不過約計時候，並非呆板。詳第十二條。

《蠶桑輯要》剪桑及拳桑圖如左，栽桑剪去上條如此樣。

來春頂上又留兩芽，長成雙條，冬令又剪去如此樣。

留兩芽者如此條，則本條盛旺，須留三芽者，可以類推。若接桑之次年、正二月，見所接之條業已滋長，亦照樣留之。

震按，吾鄉桑樹留芽，俱俟接條長大，就接本上翦而留之，從未有留在。

又　震按：以魯桑之枝接入荊桑，便成家桑。

又　接成家桑後，再要移栽恐有傷損，且根頭漸大，移亦費事。若不移栽，則彼此相去祇八寸外，勢必不能兩大。

又　震按，湖屬接桑，不先翦去其本樹，大率就本樹離地一尺有半，破皮接條。

又按，接條既活，蠶事己畢，可將接條以上本樹用刀横劃之，祇劃斷樹皮，而本樹之上叚自枯，其生發之氣盡萃於接條矣，至來年正月，將上叚照法截去。

震按：此法須酌量照行，必視所有之家桑，足以喂蠶而後行之。蓋原本之桑葉，亦未嘗不可飼蠶，惟不若家桑之佳耳。

解此二條，則桑秧可於本處改辦，然必先栽有家桑乃可，否則無處取接條。

按，本條接法，得活固佳，然而接不活，本身未必更發新條，或者雖齊土而剪斷，近根處尚有芽口，得以透達生機，不至悶絶也。

清 沈練《廣蠶桑説·培養桑樹法二十條》 接桑宜在驚蟄以後，清明以前，天色老晴時接之，甫接而遇驟雨，則活者寡矣。【略】

野桑雖亦可以飼蠶，然葉薄而小，且易癟音鱉，故必接成家桑。

接桑所發之條，高至尺許，卽須用立夏後所剪之粗桑條他條之堅實者亦可牢植其旁，用桑皮鬆鬆縛住，以防風折，且可使挺然直上，無横斜拳曲之枝。接而不活者，其木身必更發新條，可候明春再接。

解此二條，則桑秧可於木處取辦，然必先栽有家桑乃可，否則無處取接條。

清 盛宣懷輯《蠶桑備要》 凡種桑，必須兩人，方得本直根挺。天晴用水糞對配澆之，至三四次卽活矣。種秧時要晴燥乃發，大伏中仍如法澆灌一二次。冬閒或壅稻稈泥，或罱河泥，皆可。如桑株下本旁生細枝，以桑翦翦去，修平，則本光好接也。種秧時先翦去上梢，冬閒再攔之，一二年可接成家桑矣。

又 分栽 第一年下種，第二年移栽，第三年接桑，第四年立春以後，春分以前，天氣晴和，將已接家桑掘起。直幹無枝，浙人謂之單槍，翦去直根，及横根之腐而無用者。每株相離五尺五寸，須如品字，不可對栽，長大方能寬展。預將分栽之地，鋤翻作埨，闊亦五尺五寸，先用丈竿量定，不可參差疏密，致礙將來挑擔栽培之路

又 第五年立夏後，將第四年所留之條，離了尺許，將上段翦去翦下之條亦可接桑，摘去下芽，上畱三四芽，發成三四枝。養蠶時，每枝卽可采葉一二斤。至第六年立夏後，再將第五年所留之條，離丫數寸，再行翦去，將葉通身摘盡，每株可得四五斤。隨卽培壅，不及旬日，又長新芽，每枝再摘去下芽，上存四五芽，發成四五枝。至七年立夏采葉，再將第六年所畱之枝，離丫數寸翦去，每枝再留四五芽，餘皆摘去，通計所留之枝，已有四層。又明年立夏采葉，將枝頂新條著丫翦去，不必留叉。以後逐年翦取，枝頂如拳，謂之拳桑。每枝可成數十拳，每拳可發五六條。數年以後，根柢盤深，枝幹粗壯，每株淨葉始則十數斤，漸至二三十斤、四五十斤，年愈久葉愈蕃，但能留意捉蟲，不致鑽空樹本，可以多壽。翦桑宐晴時，則桑脂遇日卽乾，如遇雨則脂隨雨而泄，本不固矣。如枝粗不宐，畱者用桑翦翦下，不可徒手攀折，恐連皮而下，損其本也。

又 於立春以後，春分以前，至浙江石門之天花蕩，揀買接過單槍，紅皮大種。甫經出土，根鬚淡黃而潤者，載歸栽種，翦去蒂根，蒂根卽直根。不去直根，則樹少歧枝，難於暢茂。栽培得法，不過半月，便可回生。倘條幹漸枯，根能再發，切勿拔去，滿至兩年，卽可采葉。畝之下種分接，已省四年。若更欲其速，可購第五年者，去春翦頭，已成兩叉，浙人謂之雙槍，亦照單槍栽種之法，來年便可采葉。較之單槍，獲利尤速。惟雙槍之價，數倍單槍，且多發一年，根盤更大，移種恐難全活耳。嘉湖等處，家家育蠶，人人種桑，從未有一家種數十畝桑者，工少樹多，鮮不荒廢，亦須人人種桑，依時壅肥、削草、修翦、捉蟲，但勿貪多，自能獲利。

清 湯聘珍輯《種桑成法》卷一 採桑葉 三眠以後，則桑已長足，可開翦矣。開翦將小枝翦去，成八字頭，愈翦愈旺，久之八字頭成拳式，為拳桑，則不枯而易茂。

清 王世熙編輯《蠶桑圖説》金編《蠶桑總論·種桑葚法》 桑葚所種者有二，一名子桑，一名花桑。子桑成陰後仍結子。花桑與壓桑相似，有花無實，與子桑異。其種桑之法，採取野桑之葚紫黑者，搓碎於籮入水中，用水捏淘，不必淘淨，脂皮浮者去之，其沈者以稻稈灰拌勻，曬一日。一云經日曬則其出較遲。【略】桑本粗壯者可接，細弱者不可接。接法，先翦家桑枝有葉芽者，每枝約長三四寸，置筐中，以濕布覆之，勿令見風日。用小刀於野桑本上離地半尺許劃開桑皮農器有接桑刀，又有反手鎞，皆鋒利，如圭角形。將刀畧一擺動，則皮已離骨。取小竹釘長二寸許，削如馬耳樣，嵌入皮內，謂之桑餂。隨將家桑枝一頭削薄，一面如鴨觜形，取出桑餂，而以是條嵌入皮中。須以刀削一面向外乃活。桑之膏液，皆從皮上流通，故必以接條之皮與本樹之皮彼此相向，乃得浹洽。若以皮貼皮，以骨貼骨，則必不活矣。以桑纏定糞土包縛，令不泄氣，或用長秈稻稈縛之數轉，須寬緊相宜，汙泥護之，慎勿動摇。如天晴和暖，在清明節前十日內接，天寒陰雨，須清明節後十日內接，月餘卽活。甫接而遇驟雨，則活者寡矣。接後能得天晴二日，第三日雖有細雨，無害。倘久晴，縛處燥裂，須用水潤其縛。

又　紥絆接科法

上春所接家桑，枝本已粗壯，須將所閹野桑槁本貼接枝之處，依家桑皮間斜鋸去之，以刀削平，其皮自能漸漸包裹，用稻桿數莖絆定紥緊，即遇風搖，無礙矣。

又　攔桑枝法

所接家桑順性發生，必本枝直上，不生旁枝，所以有逐年攔頭之法，即翦去上梢也。【略】倘生枝過多，即將細枝橫枝翦去，則望之如圓蓋。且其地少草桑枝，仍照前法攔之。

又　凡家桑，栽種有年，根深且多，設欲移此置彼，其起之種之之法，不可不備。起時，依桑枝四面蓋覆處，墾開其土，輕輕翻把，將樹緩緩取起，勿令根斷。種法如種野桑式，用木梢作樁，梱縛其本，以防風動。移種時，春則二月中，冬則十月中，宜天晴，以清水糞澆兩三遍，其處一年不可墾動，又不可翦動其枝葉。

清　衛杰《蠶桑萃編》卷二《桑政・桑種類・桑分大葉小葉二種》　湖桑工夫最細，養條漸成極品。然每年絲蠶時，有豐歉收之分，是養條雖佳，而養條却有葉濃一病。若再仿川法養樹，使葉力少淡，以樹桑飼小蠶老蠶，以條桑飼眠起大食蠶，則食匀繭厚。譬如人家小孫老年，宜食淡；壯歲，喜食濃。醫家亦以食淡可少病。湖中若再加一層工夫，以樹桑之味淡，調條桑之味濃，而蠶病可却，產絲亦多，此湖桑之尚宜添一層工夫也。

又《桑分十八種》　湖桑葉圓而大，津多而甘，其性柔，其條脆，其幹不高挺，其樹鮮，老株采折最便。惟移置他省，甚難培養。若培養不得其法，多未成活，此湖桑為桑之冠，而難於移種也。

清　温忠翰《蠶桑問答》

問：『桑有幾種？』

答曰：『以荷葉桑、黃頭桑、木竹青爲上。又有火桑，發葉較早，可餵早蠶。富陽、望海等種，亦佳。』

問：『壓條種甚法？』

答曰：『桑有旁出二三尺長條，去土不遠的，加肥泥埋好，用石壓住，露梢向上，一年後移栽必活。五月間，取黑桑葚水中搓碎，用沈水的桑子陰乾，撒在肥地上，糞水微澆，用草灰蓋住，待桑芽出土，糞水勤澆，一年後便成桑秧。』

清　吴宗周、陳幹材、徐謙山《蠶桑白話》卷一　湖桑須要栽疏，就是接好以後，相離五寸分栽，再到第二次永遠栽定，每株橫直相離六尺，每畝可栽一百六十六株。

又　接桑樹

那種桑秧不去接他，雖然也有葉採，總是桑葚很多，桑葉很薄，但是接桑的法子也不少，只要曉得最要緊的二種就好呢，一種喊他合接法。用那個下子的桑秧，到第三年正月底二月初的時候，都有手指這樣粗了。把他的桑秧一株一株的掘起來，然後用別的湖桑樹上，選擇强壯的枝條，拿桑剪去剪來，又分剪得四寸長的一段一段，留桑芽二個或三個，就是枝上要出葉的小釘子。又要用鋒快的刀子，大約濶一寸五分長六寸許，把他下一頭削出斜面形，好像一個馬蹄形的樣子，這個就是喊做接穗，這個接穗，定要同那個桑秧根邊的幹子一樣的粗。又把鋒快的刀，將那個桑秧根邊，也要削出斜面形，不可留存一個桑芽。然後把這個桑秧的斜面，同那個接穗的斜面合緊，一線都沒有大小濶狹，用打熟的糯穀草拿來縛得很緊，照這個樣子做好，就可以擔到空地上去種。這個空地須要先做三尺或五尺濶的埨子，兩埨相離的溝濶八寸深五寸，每株橫直離五寸許，掘一孔穴深四五寸，先澆一回淡糞。把這個接好的桑秧，種在孔穴裏面，四面用土輕輕掩蓋，兩手墊實，只要稍頭露出一寸就是了。倘然遇天旱的時候，總要天天早晚澆淡水。到二月底發芽二三寸長，就可用薄糞澆他。到秋天就有數尺長的苗，就稱謂之湖桑。再到次年正月間都可以分栽別處了。一種名曰：皮接法。那種老衰的桑樹，或四五年的野桑，都可以用這種接法。但是老衰的桑樹，須當檢嫩的枝幹上方纔可用。那個時候最好二月初上取來的接穗，也要鋒快的刀，削得如從前所說的馬蹄形一樣，這個接穗有小指大的粗細就好。要看那株樹身上適當的地方，或離地二尺許，切八字形的二條縫，又要八字形頂上橫切一刀。切的時候，以皮破爲度，不可切得太深，恐傷了桑幹。

清　吴詒善《蠶桑驗要・桑篇・種類第一》　葉尖薄多椹爲荊桑。葉圓厚多液而少椹爲魯桑。吾邑土桑，枝幹條葉甚堅勁，乃荊桑之類。今之湖桑，枝幹條葉甚豐腴，乃魯桑之類。荊桑能久遠，魯桑不能久遠。若以土桑之本，接以湖桑之條，根固葉茂，其法甚善。湖桑分青皮、黃皮、紫皮三種，惟紫皮最佳。今有火桑，葉雖薄而發芽早，春分後，布葉如錢大，甚宜於早蠶。

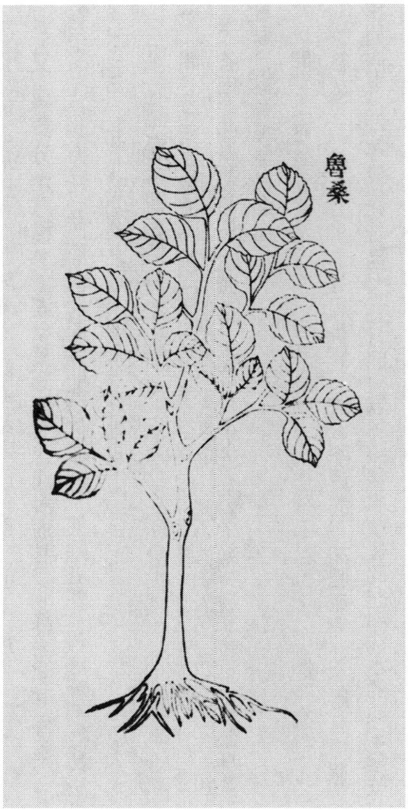

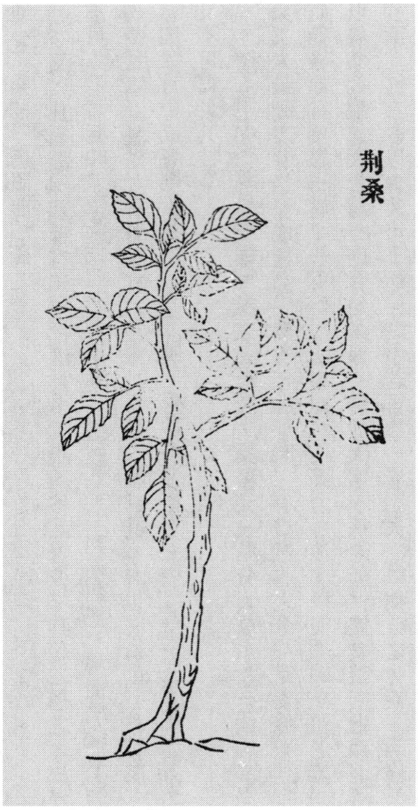

又 種子第二

取桑椹色黑而甜者，放水內揉散，以沉水者陰乾，待芒種時，下種澆以糞水，覆以草灰。如天氣晴燥，須每日澆清水，芽出後再澆糞水。冬月燒去細苗，留肥大者，次年接過，第三年移栽。

又 插條第三

凡桑樹接頭下生出嫩枝，仍是土桑，取肥大者，就馬蹄處擘下，壓肥潤土內，自然生根布葉。次年以湖桑接過移栽，接頭上所生嫩枝，即是湖桑。當就近地掘深五寸，將條臥壓於內，以鈎鈎住，不使離土，再加肥土壅之，澆以糞水，一年後根生葉茂，待春分，將土耙開，就根處截斷移栽。

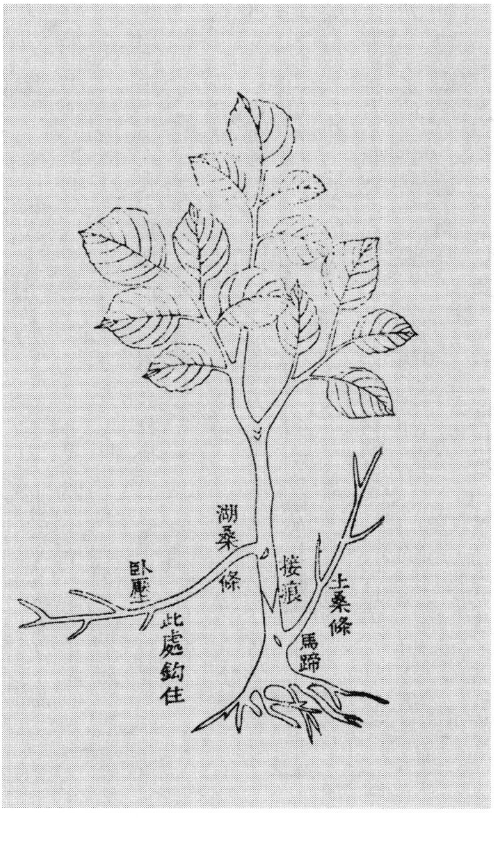

又 栽植第六

先於冬間掘地作坑，深闊各二尺，品字栽法。每坑用陳糞二杓，以細土加水和成泥漿，至春分時將桑栽剪去上節及直根，留橫生細根放坑內，輕提三四下，令根舒暢，再加細土築實，近根處土略高，四圍填土圈澆水於內。今湖桑帶來雖似枯槁，如法栽之即活，切忌水浸，一浸即壞。

又 修剪第九

桑秧栽時，剪去上節，留正幹尺許長，俟枝條發出，葉如錢大，留肥旺者二三枝，餘悉剪去。至冬月，再將枝上細芽剪去，每枝留一尺長。第二年春間及十二月，以至三四五等年，均如是剪法留法。始成拳桑，枝若橫斜，繩縛之，使上枝若拳曲，竹護之令直，如枝下垂，或向內生，或相並生名曰駢枝，或多而雜亂者，皆宜剪去，冬月爲上，正月次之。若遇蟲傷，即枝條不多，速剪免致引蛀。剪下之枝藏土內，待來春桑眼動時，剝作桑皮，可入藥亦可製紙，枝可作柴，灰可作鹼，更有餘利也。

第一年留枝法

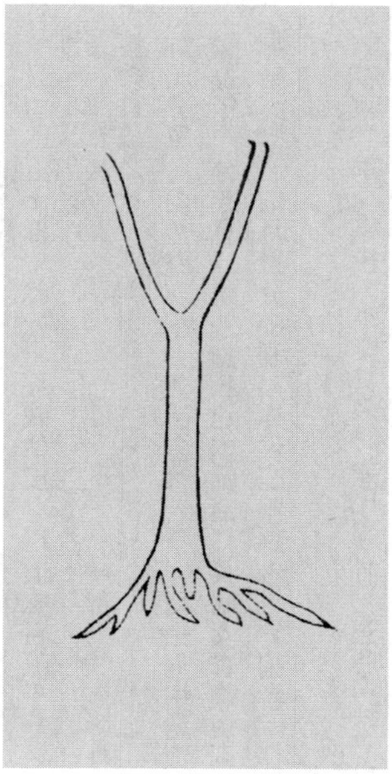

第二年留枝法

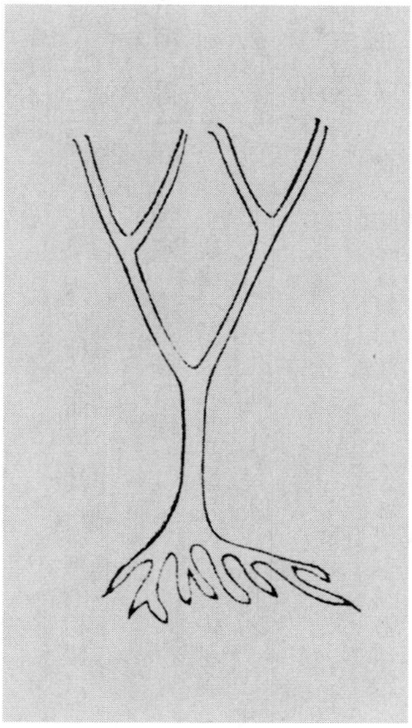

第三年留枝法

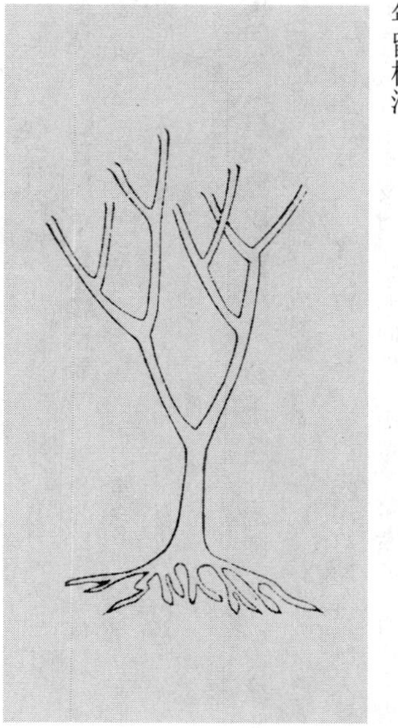

第四年留枝法

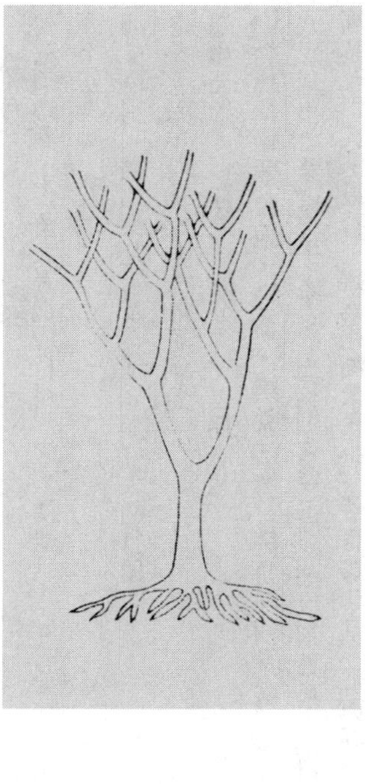

第五六年均如是留法，每株約六十餘枝，可採葉六十餘觔，成拳桑時，可採百餘觔也。

又 搭接第十三 驚蟄後，清明前，天氣晴和，將桑秧離地寸許，以刀削作馬耳形，隨剪湖桑嫩條如指大者，兩面科削搭在馬耳之間，紮以桑皮，塗以河泥，旬日即活，桑之液在皮，必斜削之，使皮與皮相粘，方能浹洽耳。

清 吴作鏌、倪紹雯、劉安欽《蠶桑速成捷法・速成桑園種植法》 魯桑實生速成桑園，若不欲栽植全園，而與拳桑式混植亦可。蓋拳桑式距離較遠，其間多生間隙。若以速成桑植之，其初年，即可收葉，以養少數蠶兒。迨至速成桑，勢稍衰弱，而拳桑式已爲多量收穫之期，是誠一舉兩得之良法也。又混植法可於農圃之周圍，代用竹籬，密植其間。或於宅地之周圍，代用墻壁，而栽植之，廢物利用，所得亦非鮮也。

又《蠶絲業普及捷法》 中國桑種類甚多，然爲世界所羡稱者，爲湖桑、魯桑，而白桑、荊桑次之。以此栽植，須分早、中、晚三類。發芽最早者，爲早生，專飼一、二齡蠶兒。發芽不早不晚者，爲中生，可飼三、四齡蠶兒。發芽最晚者，爲晚生，專飼四、五齡蠶兒。假定有地十畝，早生占二畝，中生占三畝，晚生占五畝。

又 此法須以荊桑、火桑、白桑等之椹爲實生苗。經過兩春，乃于秋後，如前所云代出法，掘起其苗，移植于土中，至來春雨水節内掘出。

清 徐珂《清稗類鈔・植物类》 桑爲落葉喬木，每歲刈取，故枝榦低亞。葉爲卵形，肥大，以飼蠶。浙江湖州府所植者最良，謂之湖桑。雌雄花皆爲穗狀，淡黄緑色。其材可製農具什器，皮可製紙。野生者榦高大而葉小。

清 葉景葵、顧廷龍《太康物産表》 湖桑。涂中丞宗瀛撫豫，購湖桑秧札發各屬勸種。當時以車運載來，縣招致鄉農領去，遂置不問。至今各村無孑遺者，西門外官地尚存十餘株，葉大多津，一株抵魯桑三株之用，鄉人亦深知其利，有摘取以飼蠶者。惜傳種不廣，又未諳壓接之法，恐歷久則靡有存矣。

清 葉向榮《農林蠶説・蠶業》 桑本有三寸圍圓，接之最妙，臨接之時，取家桑條如筯粗者，將草桑鋸截成盤或接於草桑柯上，候接條生活，然後將樹鋸截更穩，以家桑條三寸削如馬耳式，含人口中以受生氣，先用竹筯削扁刺入草桑皮内，拔出速將馬耳反插草桑皮内，削面向外，用草搓緊紮之，再用牛糞和土封之宜潮潤。以笋壳箬籠盖之，清明後即活，接後過五日遇雨無妨，未過五日遇雨復盖要緊，不可不慎。

又《桑樹有三種》 花桑，亦由種子而成，其葉與壓桑相似，但有花無實，與子桑異，湖州種小桑接之。

清 余治《得一録》卷六《蠶桑局章程》

古聖王利民之道，首重農桑，蠶桑之利甚溥且厚，可佐耕農之足，地有曠土而不知倡種桑之舉，非所以厚民生也。因民所利而利之，是所望於彼都人士矣。述蠶桑章程。

清江勸課蠶桑局規條

清河磚圩門西，設立勸課蠶桑局並分局，公舉董事，管理出入帳目，照料兩局樹株。公議事宜十條，開列於後。

局地十二畝餘，現每畝栽桑五十株，二年後長成，每株好者，可摘葉三十斤，每畝只留四五十株，餘揀出移栽他處，以五株百五十斤之葉，養蠶出絲一斤，計一畝出絲八斤，除去人工飯食一半，頗有贏餘。

養蠶俟接桑長成之後，就近僱覓江南蠶婦來局，教十五歲以下女子養蠶。

籌欵由紳士分單各向親友寫捐，無論多寡若干，均由局中給與收票，俟三年成熟，按每年一分起息，統共加三連本歸清。其婦女養贍銀兩，情願借入局中者，加給經摺，按月付分半利，亦俟三年歸本。官捐者，任滿日如數完繳。

局中每年春秋二季種椹後，小桑甚多，如民間有願領回桑秧，自行栽種，悉聽其赴局領取多寡，隨到隨付。局中桑匠一名，每年照料桑樹外，定準接桑千餘株，以資配搭本秧給散，俾各戶均有湖桑，可接本桑。

民間種有大桑秧，四五十株至一百株，不知接條者，許其到局，邀請桑匠赴鄉代接，但需年前具稟到局，臨期方不致悮。

局中每年種買桑葉，俾貧民知有桑樹即可易錢，自必多栽桑樹。局中每年種桑秧普散，並收備桑子施散。

局中製造江南絲車二輛，鐵鍋二口，年年繅絲，如民間來賣繭婦女願學繅者，令其自繅。買絲照買繭價酌加，總期於民有利。

局中每年，刷印簡明種桑養蠶繅絲法二單張，隨時普爲散給，有領桑秧者，必設立號簿註明集鎮，以便知其散放多寡，以便桑匠分接。

蠶桑局事宜

規條既定，亟須妥速料理，所有一切應辦事宜，擇其尤爲簡要者開單於後。

編籬　查照古農書法，冬月夾雜密栽榆柳大長條，俟生活後，兩邊扳倒編爲十字籬，用棕束緊。此外仍多栽酸棗、枸橘、木槿、五加皮之類，總以有刺者爲佳。

窖糞　冬日培根用缸盛魚腥水，百草水亦好。

接果　五月畦間種桑，冬月將十一研齊澆過，春發新條，除次年接桑外，多餘可接果樹，不論楊梅、石榴、杏、梨皆可接。

蓄菜　桑下種葱、韭、瓜菜，及芋苗、山藥，取其頻頻澆灌，桑葉愈茂，蝗不食桑，芋故宜多栽。

采藥　霜桑葉桑寄生白皮及殭蠶之類，皆可入藥用。惟桑蟲多蝸牛者，須勤捕之，方不傷葉。

取料　養蠶須矮桑，多留大者長成材料，製一切器具皆好。桑梓、桑麻、桑棗並稱，亦不妨連類，及之。

養竹　局中需用，桑梯桑几，及桑箔之類，大約竹器居多。

喂羊　老桑葉喂羊肥美，羊矢兼可飼魚。

分局　捐項充餘，可陸續添設分局，以期廣栽。

清 豫山《蠶桑輯要合编・種桑・辨桑法》 同是一樹桑葚，種出荊桑者，十之八；種出魯桑者，十之二。如無湖桑之處，即以荊桑爲本接以魯桑之條，根固葉茂，其法最善。雖葉比湖桑稍小，然養蠶相宜，似與湖桑等。

又 移栽接桑翦成拳桑法

接桑栽法，宜五尺許一本，如品字樣，不可對植。當待次年正月，天氣晴和時候，可離地二尺翦去上條，候芽出時只留二芽。秋後成條又五六尺許。待次年正月，離幹尺許，復翦去如叉樣式，再留預上各兩芽，餘盡抹去。來年又翦新枝，總留尺許，仿前法再翦再留，而枝條又增倍矣。約五六年，至立夏後開翦，連枝葉盡行翦下飼蠶。翦至數年，桑即成拳式，十六七拳不等，謂之拳桑。拳之大者可留三四五條不等。次年立夏，又將拳處翦下飼蠶。連枝葉翦下者，一則省工，再則恐有雨溼，須倒懸於通風處，一時卽乾，卽可飼蠶矣。

又　接桑法

桑秧種至二年一云三年必須接換，葉乃厚大。春分前後，截取向陽好湖桑條，或魯桑條，大如筯長數寸者，削如馬耳式，其末令薄，於荊桑離地二三尺處，將桑皮帶斜割開如人字樣，刀口約寸半長，先將削扁竹筯刺入荊桑皮內，急速將馬耳朝外插入，使兩脂相浹，以桑皮纏定，或用麻緊紮之，將糞土堆壅厚封接處，令勿動搖洩氣，清明後卽活。

又　未接魯桑秧養成拳桑法

初年出桑秧，擇係魯桑者留之。次年成桑苗，苗大如指分栽，翦直根，留旁根三四，令深入土五寸，埋根令舒暢。其苗長四五尺者，翦其本略半。俟發旁枝，擇其旺者留之。次年漸漸開拳，不接亦可。惟荊桑必須接。枝壯成幹，翦其條以開拳，年年於拳上抽條摘葉，葉多易采。蓋柳有髡柳，桑有拳桑，物理之相似者。

又　培桑法

桑本箕星之精，種類不一。甚少葉圓大而豐厚者，皆魯桑之類。甚多葉小邊有鋸齒者，皆荊桑之類。魯桑宜飼初生之蠶，荊桑宜飼三四眠以後之蠶。初蠶多飼荊桑，誠恐腹裂。但於大眠後，與魯桑間飼，絲頭硬而堅韌，最好全飼湖桑。

清　張行孚《蠶事要略·接桑》　又一種所接之桑，條大至一把。將本株截去，其所接之桑條，不復剪去其梢，而僅采其葉，此一種，湖人謂之荷葉桑，又謂之扎桑。蓋湖地桑有二種，其葉小者為剪桑，其葉大者為荷葉桑。故欲為剪桑者，則以剪桑之條接之，欲為荷葉桑者，則以荷葉桑之條接之。蓋其本株雖同，而其所接之桑條各異也。剪桑至高不過一丈，至大不過一拱，而荷葉桑則有高至二丈許，大至徑尺者。然湖人育蠶，全仗剪桑，而荷葉桑止以飼小蠶。蓋剪桑占地小而葉多，樹低而采葉易。荷葉桑占地大而葉少，樹高而采葉難。故湖俗剪桑接在高原，大至數畝，而荷葉桑接在墻下，不過數株，今且往往一株不接矣。按，今湖人有預將桑秧接好，而貿與人移栽者，其法誠簡便，然活者終少，不如老法穩當。

按，《輯要》言，桑種甚多，不可遍舉。凡荆桑多甚，魯桑少甚，枝幹條葉堅勁者，皆荆之類也。枝幹條葉豐腴者，皆魯之類也。味其所言荆桑似即湖之剪桑，魯桑似即湖之荷葉桑然。《輯要》又言，荆桑之條葉，不如魯桑之茂盛，當以魯桑接之，則能久遠，而又茂盛。據此説，似魯桑不接，葉亦未嘗不茂盛，則與今湖俗大不同。蓋湖俗桑樹無一不接，欲為剪桑，則以剪桑條接之。欲為荷葉桑，則以荷葉桑條接之。所接之條雖異，而其本株無不同也。若不接，則為野桑，甚極多而葉極少，不足以飼蠶已。又按，《輯要》有接廢樹及劈接、壓接、搭接諸源，然諸法大約難活，故湖俗止用插接一法，而其法又與《輯要》小異，今皆不著。

又《采桑》　采桑須乘旦暮，而避日午炎熱。又須乘晴燥，而避雨濕。采荷葉桑者，須摘葉而留條，樹高者須用長梯，枝遠者須用長鈎，采剪者須用桑剪，在年年剪處剪其條，而後摘下條上之葉。其條上之皮，剝而藏之，可以搗紙。其采桑之多寡，視蠶之大小為節。蠶小時，以籃采之。蠶大時，以長竹籃采之。或肩挑，或船載。湖俗，蠶至三眠大眠時，各處多有桑葉行，其桑葉之價，賤或每擔每百斤為擔錢二三百，貴或每擔錢二三千。雖朝夕之間，其價貴賤懸殊也。湖俗所謂仙人難斷葉價也。至桑梯、桑剪、竹籃等物，皆須預為置備。

明　沈氏，清　張履祥輯補《農書》卷上《種桑》　種桑，以荷葉桑、黄頭桑、木竹青爲上，取其枝幹堅實，不易朽，眼眼發頭有觔兩。其五頭桑，大葉密眼次之，細葉密眼爲最下。又有一種火桑，較別種早，五六日可養早蠶。

清　張壽宸彙輯《蠶桑圖説提要·接桑法》　條桑法，惟剪接時所剪桑本，及另取嫩條，均要斜剪，其嫩條扦入桑本皮內，務要皮搭皮，切勿與中木反扦，並勿損傷，無不活者。勿反扦一説，乃接樹之要訣也。其小桑秧，將本枝離地剪留半寸，餘如前法接之。至次年正月，可以掘起，墾土另種現在未接之桑，粗如蔗如盞者，亦皆可接。其法留本枝三尺許，橫斜鋸斷，破其皮，取青皮桑嫩稍三四段，插入，封以泥，無不活，仿前法剪留，悉成佳種，一二年即可采葉。

清　趙敬如《蠶桑説·辨桑種》　桑為蠶本，育蠶必先栽桑。桑有荆桑、魯桑之別。魯桑甚少，葉圓大而豐厚。荆桑甚多，葉瘠薄而邊多鋸齒。以魯桑接於荆桑，謂之接桑俗稱湖桑。葉尤肥厚，以接桑條壓土生根，截斷分栽者，謂之壓桑，絶不生葚。

又 剪桑成拳法

桑樹太高，不便采葉，所以要翦，只留五層。其法俟桑樹接活，本年長有數尺，次年正月，即將接桑上之上梢翦去，是第一層。是年即長新條，衹留兩條好枝，餘俱不要。第二年春，又長新條也，一概不要。至冬臘月間，將去年所留兩條，剪去梢子，留一尺長，是第二層。第三年，將第二年所留兩枝之上，各留兩枝，共四枝俟。是年臘月，次年清明前，再將四枝各剪去梢子，仍留一尺，是第三層。年年照此剪法，至第五年，共十六枝，凡五層矣。以後，再不留枝，每年只照第五年剪斷處剪之剪下枝葉飼蠶，則樹頭皆成拳形，謂之拳桑。

按：此剪法，樹大拳多，為膏腴地之常。若瘠地及田塍，不能容多拳大樹，每樹只容三四拳，接樹後，兩年即可開剪，樹不欲高，使土膏易於灌頂，且免遮蔭禾稼。

清 趙淵《蠶桑摘要》卷上《桑分十八種》 湖桑，葉圓而大，津多而甘，其性柔，其條脆，其幹不高挺，其樹鮮老株，採折最便。惟移置他省甚難培養，若培養不得其法，多未成活，此湖桑爲桑之冠，而難於移種也。

川桑，易種易活，可以成條，可以成樹，葉之津較湖葉略減，葉之力較湖桑加厚。湖桑須移接乃佳，川桑則不待移接，而葉自圓大，此川桑之隨地皆宜，而種植甚便也。

又 富陽桑種類各別，其桑獨大，每樹之葉約數百斤，桑最耐久，愈老愈茂。

清 朱祖榮《蠶桑答問》卷上《桑種第一》

問曰：桑種自以湖產爲良，而湖桑之中，又有青皮、黃皮、紫皮三種，當以何種爲最佳？

答曰：青皮葉踈而薄，黃皮較勝。惟紫皮最佳，葉密而厚。紫皮一名紅皮，浙人謂之紅皮大種。其種法第一年下種，第二年移栽，第三年接，第四年卽成桑秧出售。爲之接過單槍，宜於立春以後，春分以前，至浙江石門之天花蕩一帶，揀買紅皮大種，根鬚摘去，通計所留之枝，已有四層。

第五年立夏採葉，將枝頂新條，着叉剪去，不必留叉。以後逐年剪取，枝頂如拳，謂之拳桑。每株可成數十拳，每拳可發五六條。數年以後，根柢盤深，枝幹粗壯，每株淨葉，始則十數觔，漸至二三十觔、四五十觔，年愈久，葉愈蕃，但能留意捉蟲，不致鑽空樹本，可以久壽。

又《拳桑高不過六尺第五》

問曰：高卑若何？

答曰：桑樹不可太高，太高則葉小而薄，培壅亦難見功，且易招風，枝柯易折，根本易摇，故拳桑至高不可過六尺。

又《治蟲法第十一》

問曰：湖桑柔嫩而香，最易引蟲，何法治之？

答曰：五月間有蝴蛛、青蟲、野蠶等等，形類甚多，皆能損芽傷葉，須隨時察看去之，或以菸葉之筋，及百部草煎湯，用洗帚密密洒之，蟲食其葉卽死，惟飼蠶時切不可用，用則傷蠶。

又《種桑接桑諸法第十二》

問曰：接桑之法，何如？

答曰：第三年驚蟄过後，清明以前，天色老晴，將桑秧離地剪留寸許，隨剪接過湖桑嫩條，如筆管粗者，勿見風日，其條上半空，下半實，空者無用。將實者剪作三四段，每段三寸，斜削寸許，其二寸，留芽兩三箇，將剪留之桑根，四旁發開，用快刀劃破其皮寸半，取竹片削尖，探入令鬆，隨將斜削之條，反插皮內，須以刀削一面對皮。蓋桑之膏液在皮，必以斜削之皮與桑根之皮，膏液粘併，方能浹洽。若將接條正插，以皮貼皮，以骨貼骨，必不能活。如法接好，紮以桑皮，塗以河泥，復撚泥丸，蓋在條頂，切勿摇動。若常遇天晴，旬日卽活。清明後桑芽盡放，摘去下芽，上存一芽，發成一枝，俟高至尺餘，須用蘆葦數尺植其旁，一年可長五六尺，第四年卽成，接過單槍，可以出售，以廣利益。

問曰：古之接法可傳者有四，一曰插接，二曰劈接，三曰壓接，四曰搭接，今獨取搭接一法而棄其三，何也？

答曰：搭接一法卽前法，用新出小桑，最易生活也。卽插接劈接之法，亦可以搭接法代之。如本地土桑，其大如杯，大如臂者，於春分前後離地數尺，鋸去上段，以湖桑條如前法接之，每株可接數枝，便成湖桑。切勿以其土桑而棄之，若樹高丈外，圍已尺許者，則不可接。

問曰：壓接之法，亦可行否？

答曰：古所傳壓接法，可就横枝上截了，留一尺許尺寸不必拘定，惟取樹勢圓也，於接頭上眼外方半寸，刀尖割斷皮肉至骨款，揭下帶眼皮肉一方片其眼底骨上一小心子如米粒，此是一芽生氣之根，揭時用指甲尖劃起，令其小心子帶於皮肉子上，口噙少時，取出印濕痕於横枝上。復噙養之，用刀尖依濕痕四圍，刻斷皮肉，揭去露骨，將接頭上壓皮嵌帖上其眼向上，勿令顛倒，上下兩頭，用新細薄桑皮繫了斟酌其寬緊，太緊則生氣不通，太寬則不相附着，皆難活，用牛糞和泥，眼四面泥了，其所貼之壓多少，可量其樹之大小，此法行於湖桑未盛以前，亦可補其不足也。

又《壓條法第十三》

問曰：接桑之外，又有壓條，其法何如？

答曰：桑樹近地處，有旁出之條，在接頭下者，便是野桑，宜芟去。在接頭上者，即是湖桑。每株可留一條，地上先兜一渠，可深五指餘，卧條於内，用鈎橛子攀住，條短二箇，長則三箇使空不著土，謂之壓條。復加土壅之，時澆糞水。一年之後，已爲生根，正二月間，可將土發開，就於大桑相聯處，剪斷移栽，以廣生息。

又《火桑栽法第十四》

問曰：湖桑中另有一種火桑，其栽法何如？

答曰：火桑視他桑較早，可飼早蠶，其葉雨過即乾，須購富陽、望海等種，栽之不必修剪，任其高大，十年後，每株可採葉數百觔，愈老愈茂，但能不令蟲蛀，不使水淹，可以久遠不敗。

又《荆桑飼蠶第十五》

問曰：飼蠶自以湖桑爲良，荆桑亦可間飼否？

答曰：湖桑飼蠶，其絲光澤而少堅韌。亦可斟酌栽荆桑樹，於大眠後取葉間飼之，其絲則韌而有光矣。或謂飼以湖桑，即不能飼以荆桑者非。

清 鄒祖堂《蠶桑事宜·建平紳耆公擬蠶桑規條》 各保内願栽桑者，須於冬初赴湖州等處，定買六七尺長桑秧，言明家桑，不要野桑。小戶或自買，或附大戶買，省盤川，俱聽其便。

清 佚名《蠶桑録要·接換》 接桑之法，在驚蟄後，清明前，連日暢晴，乃可下手。其法，擇家桑新條，如筆管粗者，翦下，置筐中，覆以溼布，勿見風日。然後將野桑根旁，浮土抓開，見有絲根，即將樹身齊土面鋸斷，揀光潤處，用快刀劃破其皮寸餘，隨將刀略一擺動，使皮離骨，取小竹釘長二寸許削如馬耳尖樣，嵌入皮内，再翦接條三寸，削一寸，如馬耳樣上二寸，留芽嘴二，取出竹釘，嵌入桑條，用桑皮繞緊，以土壅之但露芽嘴於土上，慎勿動摇。清明後，漸漸發芽，冬月可以移栽。

清 黄祖徽《蠶桑淺説·栽桑篇》 桑種甚多，不可偏舉。【略】以湖桑爲最良。湖桑又分青皮葉踈而薄、黄皮較勝於青皮、紫皮葉密而厚，最佳，浙人謂之紅皮大種三種。蠶家可於立春及春分前，至浙江石門購桑秧，揀紅皮大種根鬚淡黄而潤澤者，載歸栽種。苗價因時而異，每株約十餘文。

清 吉林蠶桑局《種桑簡明法》

剪桑

浙中初年種成椹秧；次年則剪種之，不剪正幹；再次年則剪正幹，令開雙槍；又次年四槍，以後遞剪至十六槍，令成拳桑，其大致也。然湖桑移栽此地則不大然，蓋次年剪成雙槍，則長發極猛；而再次年仍須先後近土枝條處，發葉漸上，正幹少則枝葉皆少，於養早蠶甚不相宜。唯隔年多留近土旁枝，如内省種茶樹之法，任其叢生，則次年發苗益繁，而葉亦多，且亦早，而正幹亦能漸次發青，向上層遞放葉。至六月間，或剪或留在上稍者，皆可變通辦理，而總須多留近土旁枝，既八九月所發近土嫩枝，尤宜留之。此與内省情形截然各别者也，即欲於近土枝條有所剪裁，亦必留其餘蒂一二寸許，則來年亦能於此處早放嫩芽。

又 插桑

浙中種桑，用先年種成椹秧，於次年掘出，將根截去半段，而留根寸餘，留苗亦寸餘，約共留三寸上下，用以插種，其餘苗即棄之。本局去年試剪第二段之無根者，插之亦活，先發葉，後生根，雖經冬雪，至今年仍長發如常。然本局今年爲各屬代種小湖桑於局園，初不以此爲意，仍將餘苗棄之，及種完後，試將餘苗剪第二段，插之竟活。繼思同一無根，何獨第二段可用？又將餘苗剪成數段插之，亦皆活。惜日曬太久者，則枯而難活，若早見及此，則數十萬小桑可剪成數百萬插之，皆成嘉樹也。復將棄苗稍幹者窖土中，經旬則皆節苞生芽，亦零剪插之而能活，其太枯者則窖之，亦不生芽矣。既用此法，即與有根者，同時剪插尤佳。是項捷法，乃近日驗之確切者，特發明之。又湖桑、野桑之枝條，無不能剪取插活者。於欲雨時，雨中插之，尤易活。

又 接桑

野桑椹秧種過三四年後，於萌芽、漿盛時，將此桑株平土斫斷，或以桑鋸截之，或出土寸許鋸斷，留其根兜，以湖桑條剪取二寸餘，將下截用小刀削平一面，並稍削尖，插接於野桑兜之皮裏，約七八分深，以削平之一面向外，而以桑皮或草緊縛其根兜，並以土掩覆其接痕。其湖桑苗可露於土外，匝月餘，其苗即萌芽、放葉，長發最速，至秋杪可與未斫接者，其高相等。惟內省接桑在春分邊，此地則宜在立夏後矣。

又 種椹

湖桑椹子興種此間，即隔年者皆能出土。而本地有野桑，蠶食其葉，出絲亦佳，可於五、六月間采熟黑椹，搓取其子種之。如新椹不即時布種，則宜陰乾，不可日曬，下土時如種菜子之法。惟須多和碎土撒布，以免秧太稠密，難於長發。隔年者四月即可種，早種則至秋杪苗深，次年便可剪插。七、八月種者，其苗太淺，難耐寒凍。地方桑，日多則椹亦多，即茅簷小圃，欲每年種秧數萬，爲來歲養蠶之需，亦不為爲難發育之繁，不可思議。

清 黄穀《栽桑新論》第七章《桑樹之種類》第二節《桑樹之品數》

《蠶業叢書》第一編 湖桑 產於本國浙江湖州府，葉大而圓，津多且甘，性柔而條脆，幹亦堅硬，色帶青白，發芽比火桑略遲，可稱爲中生桑。此爲本國桑樹中最良之品。近日各省均植此種，然其性畏遷移，若移植他處，甚難培養。亦有謂此種由魯桑而變者。

又 望海桑 原名富陽桑，其樹特別之大，每株可採葉五百斤，愈老愈茂，爲桑種中最能耐久者也。

紀事

清 方濬頤《二知軒文存》卷二一《湖上桑田記》 郡有尹氏某以種桑爲業者，司局務云，湖桑，近日江洲皆有之，不必遠求也。因屬其市桑萬株，蒔之天膏濃霈，彌望沃若。三五年後，璘藉燦然，女紅以興，婦職無忝。而所謂浴蠶也，分箔也，染也，練也，經也，機而織也，紡而成衣也，獻功也，皆於田乎。肇端吾意，緑桑亭、螺祖祠，固不得擅美於前，而揚之民，崇本抑末，去靡麗以返敦龐，蒸爲善俗，又何芍田之足云。

又 卷三四《汪芝生師墓表》 文淵閣檢閲歷任山東濟南府、武定府同知，權東昌、武定、登州府事，【略】境内産穀不多，府君見園中桑陰茂密，稔知鳳之人向以織絹為業，欲興蠶桑之利，商之觀察蔡公世松，擬各捐數千金，往市湖桑，且募浙人種藝。

（光緒）《睢寧縣志稿》卷三《疆域志・物產》 湖桑。光緒八年，知府曾廣照，稟明大憲，委員采買湖州桑，分植各屬縣。今水南社，有官桑園地二十五畝，栽桑四千株，枝葉繁茂，甲於他縣，推而廣之，誠美利也。

清 江毓昌《桑蠶説・發桑母》 桑非接過，葉不肥厚，養蠶不大，出絲不光，江浙皆然，不獨本地桑樹如此也。本府定於秋後，派人赴湖州買接好桑樹，約明年正二月間運到。每縣酌發若干株，令各都圖長均匀分領。按照本府所發《桑蠶提要》，如法栽種。作爲桑母，一面令各鄉各戶，預先多蓄本地小桑，俟可接之時，即由接樹之人，剪取桑母新發枝條挨接。數年之間，所有桑樹，無不變成湖桑。再由本府購買湖蠶種，發給餧養，其所領桑母，三年之後，接桑既多，到處可以取枝，再接他樹。如原領桑母，係都啚長所領，種在該都啚長地內，即作爲該都啚長之物，不准他人擅取。若由該都啚公衆承領，種在公地，即將桑母歸公，每年賣桑葉，以充該都啚善舉公用。如都啚長無地、無力承領，該都啚中又無公地可種，則無論該都啚何人，或摠領，或分領，均照都啚長章程辦理。但不准歛錢購買公地，以杜騷擾。至領桑母，止須在局具領字一張、與同領之人具互結一張，彼此互保，不敢作踐，不敢轉賣，便可領去。凡具禀及一切之事，均無分文花費，倘有撞騙者，准其在局喊禀。

清 萬祖恕《署安徽含山縣萬大令祖恕禀稿》《農學報》第二百七十八期

敬禀者竊維王政首重劭農，足民乃能富國。際此時艱財匱，上下交困，求所謂保固有之利權，濬自然之利源，外人且不能攘奪者，要莫若農務一端。顧農之大利在培熟，尤在墾荒。卑職生長田間，家世耕讀。光緒二十二年以遇缺即選知縣，指分安徽省試用，歷充清賦各差，往來皖南北一帶，見夫荒區纍纍，所在皆有即沃壤膏腴，亦變爲磽瘠不毛之地，皆由墾政不修，以致美利坐棄，良用慨然。遂於光緒二十五年春間條上兩江屯墾事宜、皖南屯墾事宜，各十二則，意在責成印官，就地籌欵，設立公司墾而兼屯，以盡地利而圖富强。猥蒙前督憲劉批發前憲會同蘇寧江西各藩憲詳議察辦，並蒙前撫憲鄧將條議批發前藩憲刋印成本，通飭仿辦在案。嗣因創始無人，卑職復自忘固陋，禀請由倡議之員，自行集股試辦一處，爰勘定宣城灣沚之王家圩，及毗連之小倪家圩，設立咸育屯墾公司，購買原册未折寔官民荒產五千餘畝，築圩招墾，井植湖桑萬株於圩田近山處所。前後六年中，更辛丑大水，長江上下，一片汪洋，新堤亦潰決難支。各股董每懷觀望，勢成騎虎。卑職竭盡心力，添集股本數千金，修復全圩，俾田地次第成熟，隄工益臻鞏固。卑職刻已造册，移送宣城縣核寔丈量，照例升科。卑職先後奉委輪署舒城，及今含山縣篆務，復以州縣係親民之吏，教養是其專責。於舒城捐廉千金，含山捐廉五百金，兩次創辦斌農學校，除經史、測算、體操外，兼延農學教習，廣植湖桑，置農正農會，設試驗場，以資勸導，而圖振興。以上三端，皆卑職倡首創辦，身觀厥成，墾荒培熟，期盡地方之寔在情形也。卑職伏讀光緒二十七年秋、冬兩次上諭整頓墾務，諄諄以毋庸拘定升科年限，毋庸拘定常例辦理爲訓。仰見聖恩寬大，重在野無曠土，不重在粮賦復額，然未經明張曉諭，鄉民無由得知。查卑職前辦宣城咸育屯懇公司，新舊股董多係文武大僚，卑職係倡議承辦之員，並無絲毫股分在內，原禀卽經聲明有案。現在應按何則完粮，有司自有權衡，卑職未便擅議。惟年來辦理屯墾，益知荒產之多，宣城一縣尚有未懇田地山灘二十餘萬畝，合之通省荒額，應不下四五百萬畝。其間不皆無主而業戶棄而不顧者，一則因科則之重，新懇之荒與久熟之地，肥瘠本自不同，一則因圩工浩大，塘壩難修，不肯以有盡之欵，謀無定之利。一經報墾，卽須按則科征。近年丁漕加捐，在熟田租利已薄，荒墾成熟之地，更形虧耗，而地方刁徒於田地墾熟之後，勾人認業，訛詐財物，尤妨害墾務之一端。卑職愚昧之見，墾荒之擧非於有主之荒，勒限報墾續墾之荒，酌寬升科，定制不足以斷糾葛而廣招徠。而官爲提倡，尤必羣策羣力，廣集公司以收衆擎之效，而開風氣之先。卑職在宣設立公司之後，附近荒田相率開墾，赴縣報明註册者，不下萬畝，卽其明證，合無仰墾憲恩俯賜通飭各州縣出示曉諭。嗣後有主荒田，均勒限半年，檢帶契據，赴州縣衙呈明立案，或自行開墾，或給人代懇，再勒限一年爲斷，不得任意抛荒，如其逾限不報，或延不開墾，無論何人，均准報墾，繳價領照執業，業戶不得事後控爭，並宣布歴奉諭旨准將續墾荒田，截至三年後，按照科則先征半粮，仍俟十年後再行察看情形，分別辦理，一面勸諭士紳招集股本，於每州縣設墾務公司一所，兼延農學教習，講求種植，以圖精進，果能墾熟大段荒田。由州縣查勘明確，詳請優獎，以昭激勸。似此酌量變通，兩皖荒田，數年後不難次第墾復，於國計民生裨益實非淺鮮。至於續墾之田半征粮賦，於定制稍形減折，而皖省荒田數百萬畝，但能一律墾復，核計半征銀數，每年不下數十萬兩，十年以後，猶可規復原額。以視承平三十餘年，荒墾未復，民間歲少數百萬物產，公家歲失數十萬糧賦，相去奚啻霄壤，卽使荒田非盡瘠土，圩工不盡難辦，而藏富於民，培養元氣，揆之百姓足，君孰與不足之旨，亦不失以與爲取，損爲益之道。卑職爲振興墾務起見，所有擬請通飭勒限墾荒，酌寬糧賦，並提倡公司緣由，是否有當，理合縷情禀陳仰祈大人鑒核，再卑職創辦宣城咸育屯墾公司，幷植湖桑萬株成林，及先後倡捐創辦斌農學校、試驗場，均意在開通風氣，現幸次第告成。並有蘇皖紳士仿卑職咸育公司辦法，在全椒縣屬開辦墾務，卽爲稍酬初志，雖蒙前憲台札飭，如果辦有成效，定當奏請優獎。以爲留心時務者勸第，區區微勞，曷敢仰邀叙錄，惟時閱六載中遭巨浸，在事員紳，於酷暑嚴寒之中督工修築隄埂，凊查田畝，備嘗艱苦，可否容卑職擇尤請奬，以示鼓勵。又卑縣北鄉沈腊强王四圩，有公私荒熟田地一萬五百餘畝，經卑職禀奉藩憲札委龔巡檢敏中坐辦墾務在案，各該圩民以圩當水衝，易遭水患，亢晴稍久，又苦受旱，護圩車水耗費頗重，田地磽瘠，收穀甚微，紛紛以請寬賦課，赴局赴縣，具禀。卑職查上年前縣委原禀本有該圩田土瘠薄，將來招墾升科，應收田價錢粮，均經輕而又輕之語，可否卽照此次所請將各該圩民業熟田五千餘畝賦額，准其折半升科，合幷附文陳請，伏候訓示祇遵，臨潁無任叩禱之至。

清　佚名《濟南農桑會上農工商務局禀并批》《農學報》第二百六十五期

敬禀者，竊卑職等前蒙憲局發到湖桑八千株，廣爲布散，今已發訖，而飼蠶之風，究屬不開，實由銷路不廣。農桑會原以開民智，擴利源爲急務。如不急開風氣，雖偏植桑秧，亦覺無益。似宜先設收買繭絲公司，俾民有銷路，實見利益，則種桑飼蠶之風，勢必不勸而開。擬在農桑會公所，附設公司，邀請熟悉紳董一二人，入會同辦。查呂志瀛、何福生，素爲嫺習，樂於從事，均可自備資斧兩三月，卽可截止。公司除收絲繭以外之浮費，尚屬易了，然事刱辦之初，厚利難獲，集股不易，可否仰邀憲恩借撥公欵一千兩，先爲試辦，俟繅絲得價，卽行交淸。卑職等以開通風氣起見，是否有當，出自鴻裁，批示祇遵，以便詳定章程，張貼以廣招徠，實爲公便。批，據稟擬在農桑會附設公司，添請紳董入會購蠶繭已悉，所有借撥銀一千兩，應行照准，俟繅絲得價，即行歸還，仰即備具墨領來局請領，赶緊詳定章程開辦，毋延，繳。

清 佚名《豫撫陳奏辦河北中等蠶桑實業學堂摺》《農學報》第二百九十二期

奏爲開辦河北中等蠶桑實業學堂，遵照定章，變通辦理，謹將大概情形，恭摺具陳，仰祈聖鑒事。竊查河北内縣清化鎮一帶，夙稱農桑興盛之區。縣境以東，有光緒初年民間呈繳官荒地畝，現經清出三十頃有奇，可資墾種。前經臣派委河北鑛務局候補道韓國鈞，就近勘查情形，籌辦農務實業學堂，以資講習，並派員採購湖桑十萬株，分發各屬試種，兼募浙匠，豫先教導種桑養蠶諸法。業於奏設河南商務農工局摺内，聲明在案。茲據該道韓國鈞稟稱：於清化鎮地方，籌設河北農務實業學堂。業經酌定章程，延聘教習。擬自光緒三十一年正月起，招考學生，入堂肄業。惟查京師大學堂奏中等農務學堂章程内開各種學科，係就農桑應備之科目，分門羅列，各處因地制宜，擇其合於本地情形者，酌量設置，不必全備。又若在偏僻市鎮，則各實業學堂，可僅置别科各等語。是於權衡至當之内，實寓變通盡利之方。今河北實業學堂，係在清化鎮一隅地方，設立考察土性所要，以蠶業爲宜。春間承領湖桑二萬餘株，分段試種，多已成活；並募浙省工匠二人，招集生徒，課以育蠶收繭諸法，各生徒均能領會，所出繭絲，尚屬光厚晶瑩，實已漸著成效。惟學堂既以蠶業爲大宗，自未便沿用農務舊名，以致漫無區别。擬自明年起，將河北農務實業學堂，改爲中等蠶桑實業學堂，以期名實相符。其課程均按照定章，豫科本科及普通實習各科目，分别肄業。而凡有益蠶務，如東洋養蠶大意育蠶實習等科，以及動植物理化土壤肥料等學之類，酌量增訂，期於精益求精。雖爲定章所未詳，而要皆蠶業所必備，惟現在高等小學堂尚未普設。若必按照奏定章程所載，由小學堂畢業後，再習豫科二年本科三年，則斯時既無合格之生，且創辦之初，收效太遲，人皆視爲迂途，似不足以勸來學，應請量予變通，擇取年例合格，文理較優者，俾入豫科，學習一年，再入本科，學習二年，統限三年。作爲畢業如此減其年限，寬其出路，庶不致畏阻而不前，即可期事半而功倍。學生畢業後，擬請考驗，按照中等實業學堂章程請獎，以資鼓勵。常年經費，約需二千餘兩，由該道移會司局，按年籌撥等情，當經批飭布政使瑞良，會同商務農工局司道，核議具詳，請奏前來。臣維蠶桑一事，有關民間之生計，即爲農政之要圖，宗旨既有專歸，名實豈容不符。該道韓國鈞所擬辦法，以蠶桑爲農業之權輿，即冀以一隅開全省之風氣，一切程度尚屬切實可行，將來學生畢業之時，擬由臣詳加考察，如果著有成效，考列優等者，照章咨部核獎，如蒙俞允。應請敕下商部學務大臣立案，除將詳細章程分咨查照外，所有開辦中等蠶桑實業學堂緣由，是否有當，理合恭摺具奏。伏乞皇太后皇上聖鑒訓示，謹奏，奉硃批：該衙門知道，欽此。

清 河南蠶桑織務局《蠶桑織務紀要·奏創興蠶桑織務摺》 光緒七年三月十三日，軍機大臣奉旨，饒拜颺著交部從優議敘，欽此欽遵，抄出到部，查定例捐栽樹木，除福建、浙江、廣西三省，凡可種植樹木之處，業已栽種無遺，無事再爲勸種，貴州省試種桑麻，俟有成效，再行酌辦外，其直隸等十五省地方官員，有能自出己資，在官山官地栽種樹木，三年後培養長成，該督撫委員查驗數目，造冊送部，成活五千株者，紀錄一次，一萬株者紀錄二次，一萬五千株者紀錄三次，二萬株者加一級，分别議叙等語。今河南巡撫涂奏稱：豫省試辦蠶桑將及一載，辦理已有端倪，代理祥符縣事試用知州饒拜颺，捐銀一千兩，勸諭鄉民領種湖桑至四萬六千餘株，欽奉諭旨，饒拜颺著交部從優議叙，欽此。查該員領種湖桑，雖係自出己資，勸諭鄉民領種四萬六千餘株，而核計年限未滿，未必能全培養長成，尚非確有成效，核與定例不符。臣部礙難遽議，應將此案存記，俟三年後培養成活，確有成效，再由該撫委員查驗數目，造冊送部，再行照例辦理。謹將臣等聲明定例請旨緣由，繕摺具奏。

又《詳現任司道捐經費文》 爲詳報事，竊自光緒六年六月由司詳奉前憲台涂　批准設立蠶桑局以來，時將一載。始因經費支絀，議及勸捐，繼因各州縣逡巡觀望，當經前署藩司豫山捐銀五百兩，分購湖土各桑以爲之倡。旋回臬司本任，茲因由浙採買湖桑，飭屬栽種，又雇到湖州機匠，詳明添設織務，用欵更繁，隨據正任藩司覺羅成孚捐銀五百兩，臬司豫山續捐銀五百兩，連前共一千兩，糧儲鹽法道麟椿捐銀三百兩，開歸陳許道任愷捐銀五百兩，彰衛懷道陳寶箴捐銀五百兩，河陝汝道賈政恩捐銀二百兩，署彰衛懷道潘觀保捐銀三百兩，署南汝道邵漣捐銀二百兩，已據交局兑收，以充公用。除飭經理工匠司事人等撙節動用外，理合詳報憲台核示祇遵。爲此備由具呈，伏乞照詳施行。

兼署巡撫部院李　批：據詳司道因該局現在採辦湖桑，雇覓機匠，需費更繁，各捐銀兩，以充公用。殊徵潔己愛民，急公好義，深堪嘉尚，仰卽兌收動用，一面轉移知照，此繳。

又《候補道魏綸先續捐湖桑十萬株禀》　敬稟者，職道前蒙憲檄委辦蠶桑織務局。秉承德意，體察時艱，欲爲小民開衣被之原，先於各屬課蠶桑之績，私衷惴惴，深恐事無成效，有負委任。幸與在局司道，和衷商榷，次第布置，辦理稍有端倪，此皆我憲台至誠率屬，不責效於目前，實惠及民，冀成功於異日。俾職道贊襄其事，得有遵循，莫名欽感。茲將現在局中應辦事宜，酌擬最要三條，謹爲大人臚陳之。

一、擬多栽湖桑，以冀盛行而垂久遠也。上年勸令各屬購買湖桑，並豫臬司先後捐銀一千兩，除作織務經費外，購桑一萬七千餘株。職道捐銀一千兩，購桑三萬株，統計二十三萬餘株，所有發給各屬。栽種之桑，據報有活至八九成者，有六七成者，有四五成者，甚有毫不經意，十僅成活一二者。省局百塔莊桑園所栽湖桑，經職道等隨時親督灌溉，現查十活其八。細訪各屬民情，雖不能人人樂從，而每見湖桑葉大枝榮，鮮不互相稱道，并有追悔春間領種株數較少之議。卽此以觀，其爲風氣漸轉，已可想見，似宜添購湖桑，飭發分種，以順輿情，而資接濟。

一、擬廣種葚桑，以備接枝，而省遠求也。省局桑園去夏種葚半畝，今春長發芃茂，約計數千株，入夏後復又添種八畝，現已漸次出土。隨即將種葚法則通飭各州縣普種，來春一經盛發，悉數接成湖桑。接後二年，方可發給鄉民移栽。一畝之地約得湖桑秧一二萬株，所費不過數千文，卽能收此利益。倘能普得其法，何讓浙湖蠶桑之盛，三年後我豫有此接桑，無須再購湖桑，庶事不勞而功畢舉矣。

一、擬教習幼徒以翻新樣，而廣流傳也。豫省本有機匠，祗以素鮮講求，僅能織汴綢汴綾，及無花捻線緞等物。如僅雇用浙匠，織成湖縐、甯綢等料，徒具虛文，莫由推廣，況工匠來自遠方，議定三年後，卽行歸去。若不亟爲教習幼徒，設使異日撤局，浙匠回籍，仍無傳授織綢之人，於事何裨。此教習幼徒，當較織綢爲尤重。倘於三年之中，教成本地幼徒數十名，展轉傳授，卽成恒藝，則此日之幼徒皆爲他日之浙匠，而他處機房，雇用此匠，自能織浙湖綢縐等料，方爲盡善盡美。職局前由浙招募織湖縐工匠三名，現已教有幼徒八名，亦知提花織機，所織之料不減湖產，近又創織有花捻線緞，先後恭呈憲覽。俟下月所募織甯綢杭線縐工匠到豫，再將團龍等花樣教授幼徒，便可一勞永逸。綜計三事，除種葚教徒次第辦理外，惟上年採購湖桑二十三萬餘株，通扯成活，僅得十餘萬株，若待葚桑接成，非二年不可，來春如不添購湖桑，誠恐各屬視爲具文，稍一鬆勁，前功盡棄。將欲提欵購買，則局費無多，難資周轉，若再令州縣捐購，則歲值歉收，亦不得不加以體恤。職道再四思維，既經領辦其事，責無旁貸，惟有再行節省。候補資斧，捐購湖桑十萬株，由浙運汴，此項桑價及車船運費，悉由職道捐助。伏查興辦蠶桑省分，如江蘇、安徽、山東、山西、湖南、陝甘等省，有已獲成效者，有興而未果者，有初著微效而卒成廢棄者，近日辦理得宜，如左候相於關外創興此舉，前年採購湖桑，由鄂省取道前往，去冬復購，由輪船運至天津，直達關外，並僱桑蠶工匠織匠六十餘名，聞所費已鉅，持以必成之局。我憲台爲民興此大利，海內周知。職道奉差以來，夙夜祗懼，未敢稍涉荒廢，以期仰贊宏謨，而免貽笑鄰省。此次捐欵出於至誠，斷不敢仰邀獎敘，所有續捐湖桑緣由，理合禀懇大人察核，肅此具禀。恭請崇安，伏祈垂鑒。

職道謹禀

光緒七年七月　日

又《轉詳歸德府李廷簫報捐湖桑禀批文》　爲詳請示遵事，竊以寮屬之賢否，每視政績之優劣爲衡，而政績之優劣則以辦事之眞僞爲斷。本局自上年勸辦蠶桑以來，類多踴躍，急公之員，應俟各屬報齊，分別等差，彙詳請獎。惟是既欲廣興蠶政，總以多種湖桑爲要務，現查通省成活湖桑，雖有十餘萬株散栽各屬，究嫌稀少，誠恐日久廢弛，前功盡棄。正在籌辦間，接據歸德府知府李廷簫禀稱，卑郡自咸豐年間，疊遭兵燹，以後民情困苦，又有光緒三年之旱災，元氣至今未復，而人心之浮動，風氣之强悍，河南全省無有過之者。民間除種粟、麥、粱、黍、麻、豆而外，別無生計，歲歉則穀貴傷民，歲豐則穀賤傷農。卑府抵任以來，節年尚稱中稔，而錢粮仍難踴躍輸將，設再值天時雨露之不齊，弱者轉乎溝壑，强者必爲盜賊，殆有不堪設想者矣。其黠者則曰『惟種罌粟可以獲利』，不知罌粟之爲利無多，而流毒甚深，並且有妨農事。現蒙撫憲再三誥誡，申明嚴禁，凡有人心者，自當切實懍遵。卑府渥荷帡幪，承乏兹土，求所以厚民生而固民心，期征收之有起色，罌粟之能禁絕，思維再四，農田而外，無有大於蠶桑者，是以屢經率同勸課。上年各屬所種土桑，僅十三萬餘株，不足以言興起，幸賴設局敦勸，委購湖桑。其爲質最肥，而成功較速，此實高出卑府勸種土桑之策，不啻十倍。惟此間民情急於向利，而倦於習勞，若祇聽其自爲，則府縣不過備員，且相率而歸於無用。前次捐廉率屬，稟請購買湖桑，爲數無多，其時未知土性之是否合宜，暫爲試種。本年郡城所種湖桑三千二百株，已活二千五百餘株，足見遷地亦可爲良，非湖桑之不宜於斯土也。兹奉再爲酌定價值，每株二分，具見所以實心爲民者，無微不至。卑府竊思夫天下之爲功較遠者，其爲事必更難，遽期其效，則權無可操，而欲任其難，則心有宜盡。卑府處至瘠之地，守淡泊之常，將身家食用力求節省，除前次捐廉外，悉索所餘，竭盡棉力，猶可再捐廉銀一千兩，懇請飭委代購湖桑五萬株，如屆時尚有嬴餘，即希儘數採買並購粗細絲車全副各一架，蠶子若干張。於購運到亳時，先期知照，以便飭屬雇車運回，庶免遲滯。至所屬各縣，除署商邱松令、署永城劉令、考城趙令，尚未到任，即懇就近先行勸諭。慷慨捐購外，所有現在各州縣，由卑府即飭竭力捐欵，趕早稟請代購，報明數目，徑請覈辦，又單稟稱本月初三日，奉到札開。吏部以祥符大令捐欵千金，種樹未届成活議駁，不與奬敘，拘於成例，並未分辨所種何樹，及種樹之是否有益國計民生，亦不計其實捐之應得奬敘，若如所議，則取巧退縮者，反爲得計，而盡心民事者，轉可緫緫以尺寸相繩。此文一出，勸課蠶桑事宜，必至大爲掣肘。卑府原擬捐欵添買湖桑，於本月底稟陳，部中既有此文，是奬叙全無，而捐購之舉轉不可以不速，誠欲破庸俗之見，而免阻向善之機也。此件卑府竊以爲轉行無益，暫不必宣示所屬，致啟觀望，如尚有未盡通行之處，亦乞暫勿發行，庶免俗吏遲疑，致誤蠶桑大局。愚昧之見，是否有當，伏祈（栽）[裁] 酌，各等情到局，據此當將原稟核批。以該守續捐廉銀一千兩，請購湖桑五萬株，先解到庫平銀五百兩，已由局先行兑收，印發批回備案，核計連前共捐銀一千五百餘兩。洵屬濟時善舉，所陳郡屬情形，語語從肺腑中流露而出，不獨見解超越尋恒。凡所以厚民生、固民心，籌征收之至計，杜罌粟之流弊，莫不藉蠶桑以資補救。此非關心民事，身體而力行之，曷能抉透根源，洞若觀火，具見蘊蓄宏深，設施遠大，欽佩奚似。惟該守當大祲之後，居至瘠之區，且未久於其任，而欲力爲其難，尤徵識力堅定，視國事如家事，見民憂若己憂，一片眞誠懇摯之懷，與民相見以天，徒以慷慨急公目之猶淺也。應候詳請通飭各屬，以風有位，而勵同寮。另稟部駁奬叙一節，自是格於定例，緩行之議，不爲無見。然取巧退縮者，必非實心辦事之人，其於蠶桑一事，漠不關心。況此俗吏之從違，原不係部文之準駁，而盡心民事者，決不肯蹈庸俗之見。況此等創辦事宜，關乎省運，十室之邑，尚有忠信，通省之廣，豈無賢良。倘因前種湖桑葉大而肥，頓生見獵心喜之念，慨然請購，何莫非豫民之福。等情，由局批發該守遵照外，理合附錄詳請憲台核示祇遵。伏查該守前於到任後，目睹民俗凋敝，亟欲挽回，曾於未設省局之先，敦勸所屬，種活土桑十三萬餘株，上年本擬多購湖桑，因恐土性未宜，小試其端，今見新種之桑成活八分以上，確有把握，遂即毅然獨任，以冀大興美舉，且於奉到部章之後，在他人方退却之不前，該守乃不惜鉅資，爭先續購湖桑至五萬株之多，其爲眞心愛民，破除屬，以其餘環種之。嗣成子中方伯莅任，更籌經費，規模於是始備。司其事者成方伯、豫廉訪及任樂如、麟子瑞兩觀察，綸先不敏，亦從其後焉。襄辦則余二尹秉鈞暨諸君子，矢慎矢勤，兢兢業業，以期無負爲民與利之至意。是秋遴員赴湖，購得桑秧二十餘萬株。辛巳春，各屬分種，入秋報成活者過半，尚節省銀三千五百餘兩，因於老府門西置立機局，招徠浙匠教習幼徒，所織綢縐，不亞江浙。各州縣聞風慕義，捐資助美，今冬又可再購湖桑三十餘萬株。積習，不求聞達，已可想見。惟是上年請購湖桑，雇用浙匠，以及今夏輸捐織務經費，先後共捐銀一千五百餘兩，實足爲各屬之倡，事關善舉，似未便没其微忱，應如何奬勵之處，仰祈憲裁，爲此備由具呈，伏乞照詳施行。

光緒七年閏七月二十日

巡撫部院涂　批

據詳歸德府李守廷簫，續捐廉銀壹千兩，復請購買湖桑，以冀廣爲勸種。不特數年之後，自然之美利可收。即罌粟之利不能專，亦可期其不禁自绝。足見殫精竭慮，潔己愛民，細閲原稟所陳各節，尤屬卓識過人，措施遠大，似此開誠布公，實力行政，洵屬不可多得之員，深堪嘉尚，自應先記大功三次，以爲盡心民事者勸。一面仍由該局存記，俟彙保時，再請給予內奬，以示優異，仰布政司查照註册，並移該局轉行知照，此繳。

又《代理祥符縣饒拜颺開局稟》　竊以卑職前捐經費銀一千兩，來年正月湖桑購到，由局酌發桑秧一萬株，橡槲種子一千三百觔，絲車二十一架，飭令預擇地畝，以便隨到隨發隨栽，免致躭誤時令，並先將合編署編領回勸辦，等因奉此。伏查前因憲局開辦之初，需用較繁，籌欵非易，卑職勉捐經費，原屬末僚報効之忱，本擬採買湖桑來汴，另備價值，領桑栽種，乃荷鴻慈體恤，挹彼注茲，諭令毋須備價，捧讀之下，欽感莫名。遵卽擇於十月十五日，在於省城對堵廟袁公祠內設局，一面邀集在城紳士，並各社紳耆，諭飭分社勸辦，實心經理，何人願領若干株，聽民自便，其不願者不必勉強。一俟造具願領花名清册，按册給發桑秧，種活後卽爲民間自有之物，務使一律認眞辦理，隨時培護澆灌，以仰副憲台諄諄爲民興利之至意。惟是人情樂於圖成，難於謀始，每創一事，在主辦者煞費苦心，而旁觀者則妄加揣度，於是有以道途窵遠爲慮者，有以土性異宜爲慮者，有以寒暖燥濕不齊爲慮者，有以沙石鹹鹻過重爲慮者。種植之後，幸而桑秧成活，必將曰此偶然事耳。設不幸而桑秧變種，又將曰此意中事耳。議論多而成功少，殊不知成敗利鈍則繫乎人，倘得一二習勞耐苦，心精力果之人，董司其事，於甫種時如何下秧，既種時如何培蔭，稍長時如何灌溉，長成後如何接壓，勿揠苗以助長，必月異以日新。一意經營，天下斷無難爲之事，卑職暫權首劇，固屬責有攸歸，而奔走趨承，終日竟鮮暇晷，若僅爲紙上之談，問心實有不敢，欲作變通之計，襄理必得其人。兹查有候補通判邱步洲，候補知縣張錫圭，候補州吏目余登瀛，素習勤勞，澹於嗜慾，可否仰懇大人俯賜札發該三員下縣，幫同照料。俾袁公祠局務，督率有人，而卑職亦稍收指臂之助，是否有當，祇候鈞裁。兹將設局種桑教蠶，稽查杜弊等事，酌擬條欵章程，另繕清摺，恭呈憲鑒。

紳委宜潔己奉公也。各紳董食毛踐土，具有天良，此係爲民興利之舉，斷難籌及薪水，卽奉准委員幫辦，亦須自備資斧，統俟事有成效，分別勤惰，由縣詳請獎勵，以籌其勞。

流弊不可不防也。此舉原爲利民起見，畧一悞會，便多擾民之端。各社紳耆，悉皆老成公正，仰體時艱，決不致有藉端科派之事，第恐日久弊生，或各社之差保，從中需索，或紳董之親族，暗中影射，若不預爲之防，轉於大局有礙，應卽責成各紳，各自糾察，如有前項情弊，務須破除情面，密稟究辦。倘扶同狥隱，別經發覺，同干未便，庶杜漸防微，以免民間藉口。

湖桑不妨分社領種也。此次總局採買湖桑，由數千里跋涉而來，實非容易，現飭開具領種名册，照發桑秧。但須地土腴潤處所栽種，成活之後，利悉歸民。甫種之時，仍須官爲督查，議定每月朔望，各社紳耆來縣清理車馬局務時，就便至袁公祠，與城內紳士，將各社承種桑秧，枯菀情形，申說一番，卽於册內登記，勤者不妨酌量添種，惰者隨時裁汰，原領桑株，另易他人承管。庶不致任意棄擲，日久廢弛。

橡槲須各社合夥領種也。查喂養山蠶，向係聚集一處，半由人力，半賴天工。近省一帶，向不知務山蠶，不過藉此以廣其傳。蓋蠶生時，放之樹上，聽蠶自擇嫩葉而食。譬如此樹之葉食盡，卽須將蠶挪至彼樹，更番伺察，稍一受餓，貽害匪輕。是以植橡槲者，必須依山傍隄，或空曠廟宇，排列而栽，相去不宜過遠，以便隨時移蠶就葉。倘相隔稍遠，蠶難就食，必得每社約集數人合夥，卽領歸一處栽種，齊心恊力，同爲經理，庶乎其可。領種時亦須早籌及之，未便猛浪從事。

土桑尤宜配搭栽種也。查湖桑必須三年後始能長成，方可接壓。若非先蓄土桑，使之接壓有資，縱有湖桑，焉能蕃茂。現奉飭查，應將各社原有土桑若干株，先行查明報縣，以憑轉稟，並勸各社就近各自添種土桑，以爲未雨綢繆之計。

教師學業，兩宜認眞也。現奉總局委赴南省僱覔桑蠶工匠，來春到汴後，由縣擬各僱一名，赴鄉教導，但教者務須盡法傳授，學者亦必悉心效法。蠶織並舉，所謂因民之所利而利之者其在斯乎，是舉也。東屏廉訪開於先，子中方伯助於後，而尤賴各寅好踴躍急公，以底於成，將使豫州片壤，盡布桑陰，梁省游民，都成織戶。在昔貢絺紵篚纖纊，至是而益大其觀，彼兖之漆絲，青之檿絲，徐之纖縞，揚之織貝，荆之纁組，何足數耶。事既定，履新守令有請抄存案者，隣省官紳有詢訪成規者，錄不暇及，特綜奏摺稟稿書札公牘，擇其緊要彙爲一編，付諸剞劂，俾觀者知其梗概，世有同志，更斟酌損益而進教焉，則不得虛應故事，有名無實。其教師工食，按月由官給發，不准取民分文，違者懲治，似此官爲出資，勸民學習，民間儘可選擇靈巧子弟，將教師延之公所，隨時指授，子弟回家，並可轉相告語。俾家中眷屬，一體領畧，學成之後，受用無盡。如有紳富有志於此，不妨另延到家，傳授其法。俾得漸推漸廣，其無力延請者，卽於總局百塔莊桑園，種桑、接樹、養蠶、繅絲時，各率子弟前來學習，事更易行，均聽民自便。

光緒六年十一月初四日

據稟開局日期，並條欵清摺均悉，該代理令，前已捐助經費一千兩，慷慨急公，不愧循良之最。茲閱條欵章程，井井有條，詳細周匝，不事鋪張粉飾，但期實力奉行，洵足爲通省辦理蠶桑之式，仰卽如稟照辦。一面出示曉諭，咸使周知，以杜流弊，而便遵守，並將原稟摺通行各府州轉飭各屬，酌奪仿行，所請幫辦局務委員，已據稟札飭赴縣矣。仍候撫憲暨藩臬司批示，繳。

又《詳祥符縣監生萬聯道等請領湖桑稟批文》 爲詳報事，據祥符縣監生萬聯道，生員陳邱園等，爲遵示請領湖桑，認眞培養事。竊生等生長北方，上年見憲局創興蠶桑，誠恐地土未宜，徒勞無益，良由鄉民淺見，並恐種桑不活，責令賠罰。卽使培養芃茂，又恐另加地稅，是以未敢多領。本年春間，監生聯道僅領四百株，現已種活三百餘株。生員邱園僅領三十株，現已種活二十五株。悉皆枝榮葉茂，可見易地皆可種桑，經此一番閱歷，鮮不知爲美利。無如請領較少，未遂所願，誠如近奉憲示，僅領數株或數十株，斷難期其認眞培養，此眞洞徹下情之論。今生等既信此事爲利甚大，聯道自有肥地數百畝，情願劃出一百五十畝，以備種桑，茲擬請領四萬株。邱園邀同戚友，湊欵購地九十餘畝，擬請領三萬株，生等均願盡力灌糞澆水，培土鋤草，刪去繁枝，認眞培養，期盡成活，斷不敢辜負大人愛民之至意。爲此出具領狀，伏乞賞准承領，以便預治肥地，靜候桑到領栽，望光上稟，等情到局，據此，查本局創種湖桑，原爲民間普興美利。該生等生長斯邦，既願各自劃出地畝，領種湖桑以爲倡率，本局極所深願，何致恐桑未全活，遽有賠罰之議，此乃外間浮言，兩紳民毋庸過慮，不過既擬領種，自當督夫認眞經理，加意培養，以爲將來接枝壓條。漸推漸廣之計，切勿希圖小利，賣作桑乂等用，致失本局一片苦心，是爲至要。該監生萬聯道，如稟准領湖桑四萬株，生員陳邱園准領湖桑三萬株，應俟來春購到，卽日照發，仍將培桑肥糞早爲籌定，毋得臨時貽誤。除批示該生等遵照，並照錄稟批，通飭各屬，一體照辦外，理合具文詳報憲台鑒核，爲此備由具呈。伏乞照詳施行。

光緒七年九月初五日

又《詳請沿河栽種樹株文》 爲詳報事，案查本局於六年六月由司詳奉憲台批准在於省城設立蠶桑總局。當經籌欵倡捐，置買南鄉百塔莊地畝。蓋造蠶室桑園，製備各項器具，一面札行各府州縣，量爲捐資，派員赴浙，採買湖桑來汴，乘時栽種。凡地土宜桑處所，悉已辦有端倪。因查前准署彰衛懷潘道，函稱黄河南北兩隄，甚爲寬廣，袤延數百餘里，並非沙鹻不毛之地。向例十丈以外，准種梨、棗、榆、柳等樹，意至美法至良也。特是物産關乎地利，地利賴乎人謀。苟得因地制宜，能於隄旁空曠之處，植以柳條、葚桑、橡檞等樹，自必易於成活，所費無多，一經長成，則於地方生計，河工材料，均有裨益。因思河務應由廳員承辦，向隷開歸、河北二屬，擬請由道札飭沿河各廳員，破除積習，飭令河夫，按段擇其肥地，栽種桑株果木，次地栽種橡檞椿樗等樹，沙地栽種柳楊，由官給發樹種，不課其值，但責其澆灌成活，於民間無所不便。併定章程，限一年栽齊，二年成活，三年不准於應栽樹木之地，任意荒蕪，勤賞怠罰。河員督率有方者，重加奬敘，辦理廢弛者，立予記過。五年之後，定見蕃茂成陰，不獨河隄益加鞏固，而地方亦永臻利賴矣。倘需器具等件，隨時咨商本局，定行代辦，除咨開歸、河北二道查核酌辦外，理合具文詳報憲台鑒核，爲此備由具呈，伏乞照詳施行。

光緒七年二月二十三日

河督部堂李 批

來詳已悉，候撫部院核辦，並候批示此覆。

撫部院涂 批

據詳已悉，仰卽分移開歸、河北二道，督飭沿河廳員，認眞興辦，務期桑榆果木，一律芃茂成林，以收地利。是所欣望，仍將開辦日期，並如何辦理情形，具報查核，毋違。此繳。

清 陳啟沅《蠶桑譜・吴尌叙》 中原沃壤數千里，爲五洲羣島之所無。使農桑果盡其利，何富如之？乃自《周官》九職之法廢，萬民日趨於惰，不惟農業失修，甚至以振古宜蠶之地，皆委過於地有未宜，遂使荆、梁、雍、冀、淮、徐、青、兗諸州地多曠土。小民一遭凶歲，流離相繼，深可憫已。邇來通商徧環球，中國之貨以絲茶爲首，而絲利之厚，尤以浙爲最。粤東陳氏，獨以此倡行嶺南，嘗卽其親所閱歷者製爲譜，俾蠶桑之法人人可按籍而稽也。壬寅冬，尌省侍嚴君天津節署，於淩雲臺太守處假得此本。癸卯春，攜之至豫。念昔隨侍陳州時，見豫東屏廉訪採買湖桑，講求紡織，卒以未得，培養之法寖久而廢。爰將此譜重刊，以廣其傳，爲兩河士庶勸。果能深通其法，則中州沃壤接軫。異時，皆可使桑陰比鄰，蠶織興而物利厚，不第偶遇凶荒，流亾可免，且見利權不溢，地無游民以云溥利，孰有溥於此者乎？予以是益爲言富國者望矣。

藝文

宋 樓璹《耕織圖》卷二《織・第十四圖蠶蛾》

蛾兒布子如金粟，水際分飛任所之。莫令繭絲遺利盡，來年留作授衣資。

鄰始通往來，暫時解忙促。出繭影翩翩，翅光膩粉沃。秧苗已抽青，桑葉再見綠。送蛾須水邊，流傳咲農俗。

雜録

清 程岱葊《西吴蠶略》卷下《桑椹》 《爾雅》桑瓣有葚梔。言一半有葚，一半無葚也。野桑葚多而味酸，家桑葚少而味甘。善飲者以之浸酒，醫家以之蒸露煎膏，並芳烈可愛。至歲饑為粻惟古有之。漢王莽時，蔡君仲順采椹異器，賊問其故，君仲曰，黑奉母赤自食，賊義之，遺鹽二斗，見《東觀漢記》。又興平中九月，桑再椹先，主經小沛，年荒穀貴，士衆仰以為粮，見《異苑》。又楊沛為新鄭長，課民蓄乾椹，得千餘斛，會太祖軍無粮，沛進之，見《魏略》。若《十洲記》謂，食扶桑之椹，一體皆作金光色，則又可以仙矣。

清 汪曰楨《湖蠶述》卷一《栽桑》 湖州府土産桑。談鑰《吴興志》：吴興烏程東南三十里有桑墟。《梁陳故事》：吴興太守周敏，勸人種桑。顔眞卿《西亭記》：烏程令李清，種桑盈數萬。《本草》有山桑，有家桑，葉椏者名鷄桑。《爾雅》有女桑、檿桑。《齊民要術》有荆桑、地桑。今鄉土所種有青桑、白桑、黄藤桑、鷄桑，富家有種數十畝。

清 江毓昌《桑蠶説・計開章程》 本府歲入有限，人所共知，即令傾囊相助，亦非長久之計。今先扵郡城設立揔局，多備公中隙地，俟湖桑辦到，先種若干株，一面興種桑秧，廣接以備分散。養蠶之時，由局覔空房一所，雇四五十歲婦女，教令養蠶，既可使各處效法，來年又可令轉教各鄉，以期愈推愈廣。局中所得之絲，即充本局經費。二三年後，桑葉愈多，可以多養蠶，多出絲，則經費自可漸足。再設各縣分局，如該縣有公中閑欵可以提借，即照揔局章程辨理，俟出息稍裕，即將借欵陸續抽還。

又 桑非接過，葉不肥厚，養蠶不大，出絲不光，江浙皆然，不獨本地桑樹如此也。本府定扵秋後，派人赴湖州買接好桑樹，約明年正二月間運到。每縣酌發若干株，令各都啚長均匀分領。按照本府所發桑蠶提要，如法栽種。作爲桑母，一面令各鄉各戶，預先多蓄本地小桑，俟可接之時，即由接樹之人，剪取桑母新發枝條挨接。數年之間，所有桑樹，無不變成湖桑。再由本府購買湖蠶種，發給餧養，其所領桑母，三年之後，接桑既多，到處可以取枝，再接他樹。如原領桑母，係都啚長所領，種在該都啚長地內，即作爲該都啚長之物，不准他人擅取。若由該都啚公衆承領，種在公地，即將桑母歸公，每年賣桑葉，以充該都啚善舉公用。如都啚長無地、無力承領，該都啚中又無公地可種，則無論該都啚何人，或摠領，或分領，均照都啚長章程辦理。但不准歛錢購買公地，以杜騷擾。至領桑母，止須在局具領字一張與同領之人，具互結一張，彼此互保，不敢作踐，不敢轉賣，便可領去。凡具稟及一切之事，均無分文花費，倘有撞騙者，准其在局喊稟。

又 民間所種桑樹，已用湖桑接過。樹上枝條長出，届接桑之時，如有人討取接桑，必須剪給，不得揹吝不與，方能愈推愈廣。倘向討之人，擅自私取，任意剪伐，致傷桑樹者，准稟官查究。

清 沈練，仲學輅輯補，章震福校訂《廣蠶桑説輯補校訂》卷一《培養桑樹法十九條》 震按：以魯桑之枝接入荊桑，便成家桑。

又 震按：望海桑，須植土氣深厚之處。

清 盛宣懷輯《蠶桑備要》 於立春以後，春分以前，至浙江石門之天花蕩，揀買接過單槍紅皮大種甫經出土根鬚淡黃而潤者載歸。

清 河南蠶桑織務局《蠶桑織務紀要・蠶桑織務局園舍告成記》 惟大中丞涂公之來撫豫也，時方大祲，亟修人事，感召天和，而否泰之機得於是乎轉。夫既弭患於已然，即思防患於未然，重農貴粟，裕倉儲，勸積貯，凡所以爲敦本計者，已歷歷舉行。吾鄉麟子瑞觀察、豫東屏廉訪，時先後莅茲土。越明年，廉訪掌藩條，觀察權臬事，得左右籌度於其間，慨然念天下大利在農桑，農有豐歉，桑少歉多豐，補農事之不足者，惟蠶桑是賴。豫民少有知其事，未盡食其利，洵由講求致力者，其法不周，其效故不著。乃起白於大中丞公前，公曰然，予曾思之熟而籌之久矣，今亟行之便，爰設局集議，博採東南各省種桑養蠶各成書，擇其精要，輯爲一編，繪圖列説，至纖至悉。魏温雲觀察楚材也，能躬親其事，更相與討論，而實成之，通示全省，一律勸辦，乃先於會城東郭外，購地百餘畝，遍植湖桑，又於會城南門内，購葺公舍，列具機張，廣募南省匠工，開織授徒，爲勸辦蠶桑織務者，始蓋亦非一朝夕之故矣。茲屬記於余，余不敏，敢不辭？然又不敢辭。嗟惟斯役也，大中丞軫念民生困苦之極，爲之謀樂利，諸君子奉令承教，而勇於任事，相與有成。由一會城推之十百郡縣，由十百郡縣推之千萬村閭，茂蔚青葱，河山生色，衣帛養老，王道化行。而且以之課女工，而使豫民知勤儉；以之聯梓誼，而使豫民知敬恭。治絲治繭之中，寓教孝教忠之意，彼追豳風奏雅，元黄爲裳，朋酒羔羊，躋堂稱兕，則即古所謂：『先天下之憂而憂，後天下之樂而樂』也。善夫，光緒辛巳季夏六月北平黄振河撰。

又《戊子中答山西藩台松峻峯書》 上巳前一日，陳守丙昌來豫，捧讀琅函。備叨獎飾，浣薇香而盥手，撫竹篆以銘心。敬諗鼎績虹申，豐勛彪丙，樹屏藩於三晉，迓綸綍於九重。翹企崇階，定符私祝。弟自去冬履任，藩條忝領，樹建滋慙，愧無幹濟之才，徒切濫竽之誚。尚祈教頒蘭勗，庶幾明启蓬衷耳。承詢辦理蠶桑局章程。查豫省向産紅白二花，於木棉一事畧而未辦。此次議籌蠶桑織局，自上年六月興辦始，則購種土桑，八月由汴起行，九月抵浙，十月分赴嘉興、石門一帶。預定桑秧臘月起土裝運，二月到汴，每株連買價、運費，通扯二十四文上下。竭半載之辛勞，購桑二十三萬株，現已發給各屬試種，並分養湖蠶，以廣其傳。一面雇覓杭湖等處桑匠、機匠在局，添設織務所，織綢縐與浙産無異。積久漸有成效。已蒙朗帥據情具奏，此豫省現辦之大概情形也。尊處如擬辦理，春分已過，購種湖桑已覺不及，眼前惟有飭屬，於四月土桑葚子熟時，廣爲收買，如法栽種。秋末冬初，委員前赴嘉興、石門，購辦桑秧，以溝洫、以備旱潦。而廉訪長白豫公，權守藩司，肇興蠶桑，舉數百千年久廢之典。方伯成公既履斯任，嘉謨協諧，貲用具集，僉以魏温雲觀察董司厥事，購致湖州稚桑數十萬本，班藝于諸府州縣地，授之程式，而責其成功。買附郭隙地百數十畝，賃民樹植，而親督課之，既導以飼蠶繅繭之方。又募杭湖織工，以教民子弟，使盡其技。不及二年，桑陰蔽隴，與吳越之産無少異，而越綾江錦，華藻相宣，見者不知其非南來物也。當始事時，州縣吏召民受桑，率逡巡顧畏，若奉徭四尺五尺者爲佳，來春必能一律辦就。一二年後，湖桑長成，即以土葚各桑，隨時壓條接枝，自必日見蕃茂，從此桑林密布，蠶事盛行，何莫非大君子甘棠之庇陰也。辱承下問，僅就管見所及以聞。其餘章程，悉詳輯要一書，附陳十部，並器具各件，交陳守帶呈，以備採擇。肅復敬請勛安，惟希惠照不宣。

又《奏創興蠶桑織務摺》 奏爲豫省試辦蠶桑，將近一年。可期積久漸著成效，恭摺具陳，仰祈聖鑒事。竊維天下大利，首在農桑。豫省處四方之中，地土沃厚，樹藝五穀之外，儘可栽植桑株，藉興織事。乃豫中僅有土桑野蛹，遠遜湖桑家繭。南陽等處，亦間出綢綾，究非通省普行之利，臣甚惜之。況值大祲之後，年穀雖漸順成，生計仍屬蕭索。臣曾於上年通飭所屬，勸辦蠶桑，適署藩司本任臬司豫山自東省攜來自刊《蠶桑輯要》一冊，頗爲精備，當經檄飭在省司道，並委候補道魏綸先會同設立蠶桑總局，由豫山、魏綸先首先倡捐銀欵，派員前往浙省，採買湖桑二十三萬餘株，蠶種三百六十餘張，雇覔工匠二十四名，並各種器具多件，又購買本產土桑三萬餘株，一併飭發各屬，散給民間，認眞勸辦。復在省城附近置地闢園，將發剩湖土各桑，悉數試種，以爲倡導，現皆活茁。又於本省外省，分募善織綢綾線縐機匠，在省城添設機房，招致聰慧幼孩，暨外縣工民來省，預資學習不敷經費，勸由現任道府廳州縣量力資助，不動司庫正欵。迄今將及一載，辦理已有端倪，各州縣奉行，尚能實力講求。內如永城縣知縣陳夢蓮、署榮澤縣知縣華蓁，於去歲夏間收買桑椹，種出子桑各數十萬株，辦理更屬認眞；代理祥符縣事試用知州饒拜颺，當創辦之始，即捐銀一千兩，助買桑條蠶種，且勸諭鄉民，領種湖桑至四萬六千餘株，其勤懇愛民，尤爲通省之冠。據現任藩司覺羅成孚，會同各司道詳請具奏前來，臣查教民耕織，本屬良圖，況據現在官民踴躍情形，似可遵循久遠，大學士臣左宗棠，前在甘境辦理，既著成效，則豫境亦可類推。倘能日益興作，俾小民咸知趨就，相率成風，洵爲中土非常之美利，用敢縷瀆上達。

又《重勸添種湖桑示》 爲重申誥誡，勸種蠶桑，以裕民生事。照得農桑爲政治之首，蠶織乃衣被之原。本司道自去歲奉委勸辦以來，勞怨不辭，成效頗著。今春採購湖桑秧二十三萬餘株，共計成活十四五萬。如本總局桑園，所栽湖桑一萬六千株，認眞培養，成活一萬三千株，新發芽條，已長六七尺，葉大七八寸，異常肥潤。近來創興機務，雇用杭匠，教習幼徒十數名，仿造南式綢縐緞綾，均已善織，無亞南產，足見地土宜桑，人工易教，不在江浙下也。查栽植湖桑，尤爲蠶織之先務，桑成則諸務並興。近據各屬稟報，情形不一。其認眞講求，加意培養者，成活分數，與本總局桑園無異。其視爲具文，任聽小民分領，或數株或數十株，自栽之後，既不壓糞澆水、除草培土，又不剪去原本、抹去餘芽，或栽於沙鹹之間，或植於荒蕪之地，致多枯死，即偶有成活，亦不過條小葉黃，安望有濟？乃不歸咎於人事之不及，專藉口於土地之非宜，何不思之甚耶？爲此示仰紳民人等知悉：爾等生長北方，僅聞江浙之富饒，未見蠶桑之利益，相習成風，驟難挽回，遂至坐失機宜。每遇灾歉，至不堪問。今既官爲督率，但須用心培養，三年後一畝所出，可抵播種五穀十數畝。爾等何憚不爲也？至窮民地畝無多，朝種即望晚收，以謀養生之計誠恐難於圖始。是以不得不先勸富戶，預籌肥地若干畝，以開風氣之先，因湖桑與土桑之性微有不同，土桑未經接過，本根一氣，其葉薄小，故耐荒蕪。湖桑係用荆桑之本，接以魯桑之枝，全藉培養，方有成效。今擬於冬間委員赴浙，再購湖桑數十萬株，或官爲捐發，或富戶托購。每株買價運費共議銀二分，每戶能栽數千株，或萬餘株，即可用一農工，盡心培養。初栽時用糞土覆根築實，乾則澆灌清糞水，成活即無須澆水矣。每於冬月壓糞一次，春分壓糞一次，有草常除，發芽時只留兩正芽，以作丫勢，餘均抹去，庶不分氣，四年即成十六拳。餘無他事，較之稼穡艱難，力省功倍，曷不趁此機緣，爲閭里開富有之源，爲子孫圖久遠之業。其有肥地而無力買購，情願認眞培養者，或數畝，或數十畝，每畝計栽湖桑三百株，準其向地方官請領，不取分毫費用。倘有不肖差役，需索飯食等費，一經訪察，定行嚴究。桑樹長成即係爾等恒產，官亦不抽樹稅。至鹹土沙堆，栽亦難活，湖桑來自數千里外，實非易得，凡遇此等請領者，概不給發，祇宜令其於屋角道傍，多種土桑，俟其長成，剪湖桑枝以接其本。如此推行，則地無曠土，民沾樂利矣，其各遵行，毋違特示。

清 豫山《蠶桑輯要略編・種桑簡明易知單》 春分秋分節候，栽種桑樹極忙。插枝壓條並舉，尤宜移植小秧。二年長有拱把，春分趕接湖桑。葉大七寸，滑膩亮光。夏初逐顆修翦，正枝定要斧斨。平時酌量灌糞。炎天水溼無妨。五月收葚種子，來春小桑成行。關心除草澆肥，嚴冬免受損傷。餘秧分給親友，恩惠不比尋常。

圖表

清 葉向榮《農林蠶説》 養拳桑。今與古異也，古以兩叉始，後成四叉、八叉，十六叉為度，年年於十六叉拳上剪之。今余改良，養拳之桑本，一莖而上，高有五六尺以防牛咬，即就六尺盡處剪去之。聽其發芽成條，留旺者三條不剪，如成鼎足之形，離叉一尺五寸處剪去之，此是第一層。隔年剪成三三九叉，是第二層。又隔一二年後，剪成九三二十七叉。再每年於二十七叉拳上剪之，每拳約條葉三斤，可有葉八十餘斤，旺則益倍，畫式於後。

離地五尺，立夏後剪如此式。

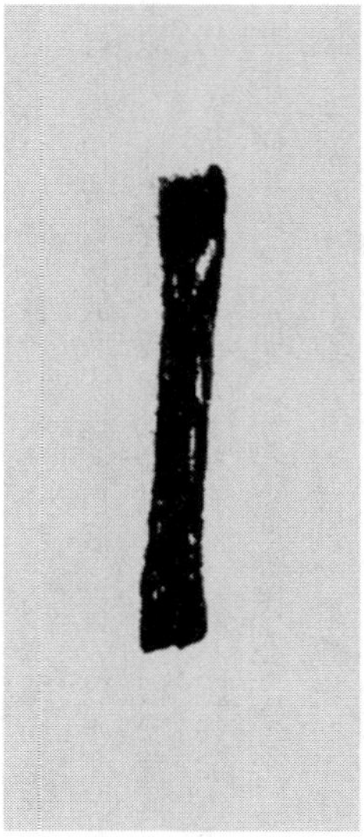

立夏後剪如此式成九叉

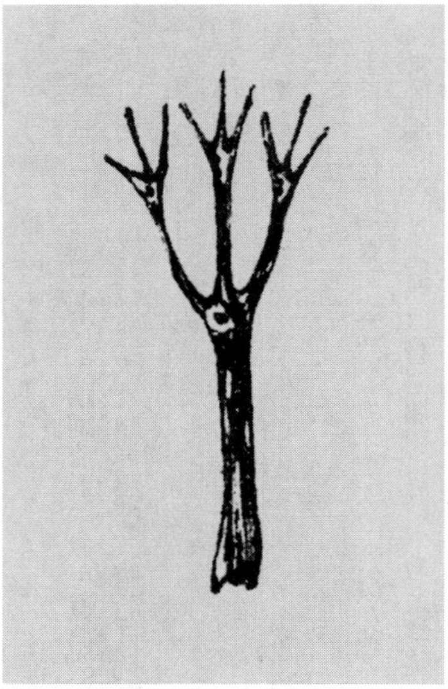

立夏後剪如此式

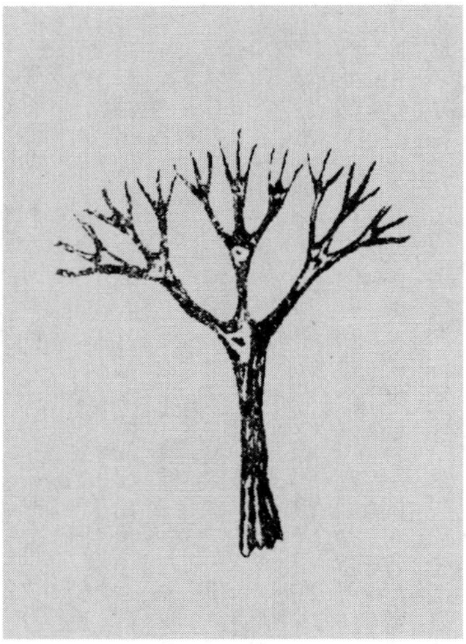

桑葉成陰之後，立夏後剪條葉飼蠶，年年在此二十七拳上，剪其所發之條葉，自成拳樣矣。

頭一叚一尺五六寸高，二三四叚約留一尺三四寸高，共成樹本一丈。另為定立夏後在此頂上平剪，再發芽為嫩條，次年仍在此處剪之。

荆桑

題解

清 金步瀛《古今合纂殖桑法》第五章《砧木之選》 案荊桑卽野桑，『野桑葉薄而尖，古所謂荊桑也。』見《湖州府志》如草桑、川桑、雞桑等是也。

清 沈練，仲學輅輯補，章震福校訂《廣蠶桑説輯補校訂》卷一《培養桑樹法十九條》 按魯桑之類，家桑也；荊桑之類，野桑也。家桑見第十七條，野桑見第十八條。

清 楊鞏《中外農學合編》卷九《林類・桑》 荆桑 多葚，葉薄而尖，邊有鋸齒，較魯桑葉署早，宜飼小蠶，樹亦耐久，然不如魯桑之茂，須以魯桑條接之。凡枝條堅勁，葉薄小者，皆荆之類。《爾雅》《郭橐駝種樹書》

清 黄毅《栽桑新論》第七章《桑樹之種類》第二節《桑樹之品數》《蠶業叢書》第一編 一名榛桑，葉大而肉薄，津較湖桑略少，力較湖桑亦薄，但其性堅硬，發芽最遲，可稱爲晚生桑，用飼三四齡之蠶最適。且其性必待移植，方成良種，然亦須如法修理，方能發達。若只其天然之野生而不修理，亦必如今日鄉野所生者，斜欹萎錯，枝岔參差，葉愈小而肉愈薄，枝愈多而液愈淡，以此飼蠶，豈有不受害者。

論説

清 吴錫璋《蠶桑新論・論桑質之關係第十》 考中國之桑有二種，一曰魯桑，一曰荆桑。荆桑葉小而多葚，滋味甚薄。魯桑葉大而稍薄，滋味頗厚，最能營養蠶身。又考桑葉内之質有五，一曰絲紋質，二曰松香質，三曰綠葉質，四曰甜味質，五曰水質。絲紋及水質，毫無補益。甜味質及綠葉質，蠶食之，身漸肥大。松香質，蠶食之，藉此成爲黏液質，存於胃腑，而後存於吐絲腺。是以吐絲本係兩孔，至吐時，二絲抱合爲一，可知絲質之美，非松香質不爲功也。

清　賈振聲校，袁俊德輯《桑政萃編》卷二《桑種類・桑分大葉小葉二種》　桑之種類，不過大葉小葉而已。大葉桑，條柔津多，色青靛，隱有黑紋，味濃而力少減；小葉桑，條勁液實，色青淺，微有碧紋，力厚而味較淡。以大葉飼蠶，其體肥而粉，其繭圓而闊，其絲柔而滑，其綢細而亮；以小葉飼蠶，其體昂而長，其繭尖而毛，其絲勁而緊，其綢實而堅，此大小葉種辨也。若夫原其始，椹一也，子居中者葉大，子兩頭者葉小；土一也，畦極平者葉大，畦高低者葉小；時一也，雨水灌足者葉大，雨水欠溉者葉小；是大小葉本一種，而別爲兩種也。以故儒家者流知其理，未親其事；農家者流習其事，未窮其理；而湖桑、川桑、魯桑、荊桑之名遂判。湖桑工夫最細，養條漸成極品。然每年絲蠶時，有豐歉收之分，是養條雖佳，而養條卻有葉濃一病。若再仿川法養樹，使葉力少淡，以樹桑飼小蠶，老蠶以條桑飼，眠起大食蠶則食勻繭厚，譬如人家，小孫、老年宜食淡，壯歲喜食濃，醫家亦以食淡可少病。湖中若再加一層工夫，以樹桑之味淡，調條桑之味濃，而蠶病可卻，產絲亦多，此湖桑之尚宜添一層工夫也。川桑經營最力，養樹期其葉美，然收繭亦有歉歲，須如湖中養條，使桑味厚，以條桑飼眠起蠶，以樹桑飼小時大食揀老蠶，其絲利必與湖等，此川桑之宜加兩層工夫也。魯桑爲桑之始，即東桑，其利既減，湖桑亦減。川桑，湖與川，殆青出於藍而勝於藍者歟！若就魯桑而論，誠能取已成之樹桑培壅之，取已暢之條桑灌溉之，亦當不讓湖桑、川桑之美利，此魯桑之宜添三層工夫也。荊桑多養成大樹，間種小條，土厚力勁，葉邊如齒，利益亦在各行省上。再能精密考較，則樹桑愈大愈佳，條桑愈柔愈旺，此荊桑之尤宜加三層工夫也。要之種桑，全是人力，審物性，慎土宜，課天時，庶以人工，濟造化之窮，以桑蠶補水旱之偏。總計，則桑種二；分計，則桑種列爲十八。

清　黃穀《栽桑新論》第七章《桑樹之種類》第一節《桑樹之分類》

《蠶業叢書》第一編　所謂桑之種類者，即桑屬之變種與亞變種，是也。昔時如此等科學之分類法不盛行，專以葉之形狀，而別其種類，如魯桑葉爲圓形，荊桑葉則缺刻。其他尚有種種分法，或以樹色、或以葉形，紛紛不一，故有赤桑（Morus Bulba）、黑桑（Morus Nigla）、白桑 (Morus alba) 之別種也。夫桑樹之分類，古來既如是其多，吾人將何所爲憑？若據跌根奪兒氏之分法，則有白色與黑色之兩種，因彼以熟椹之色，分辨之也。

綜述

明　潘游龍輯《康濟譜》卷一〇《農桑・種植》　凡桑果以接博爲妙，一年後便可穫利。昔人以之譬螟子者，取其速肖之義也。凡接枝條必擇其美，宜用宿條向陽者，庶氣壯而茂；嫩條陰翳而難成。根株各從其類。然荆桑亦可接魯桑，梅可接杏，桃可接李。

明　夏元彝、李開鄴《禹貢古今合注》卷一　王盤《農書》曰：桑種甚多，世所名者，荆與魯也。荆桑多椹，魯桑少椹。葉薄而尖，其邊有辨者，荆桑也；凡枝幹條葉堅勁者，皆荆之類也。桑圓厚而多津者，魯桑也；凡枝幹條葉豐腴者，皆魯之類也。荆之類根固而心實，能久遠，宜爲樹；魯之類根不固，心不實，不能久遠，宜爲地桑。然荆之條桑，不如魯葉之盛茂，當以魯桑條接之，則能久遠而又盛茂也。魯桑宜飼大蠶，荆桑宜飼小蠶。丘形四方高，中央下。《爾雅》曰：非人爲之曰丘，天下有名丘五，其三在河南，二在河北。《廣雅》曰：小陵曰丘。《方言》曰：冢大者謂之丘。九州惟兖、雍言宅者，雍最高，兖最下，故舉以包餘州也。

清　韓夢周《蠶桑實濟》卷一《樹桑捷驗・種桑子法》　荊桑多椹，魯桑少椹。凡枝幹條葉堅勁，其葉小而邊有鋸齒者，皆荊之類也。荊桑根固而心實，能久遠，宜爲樹桑。樹桑者，長成大桑之謂也。魯桑之根不固，心不實，不能久遠，宜爲地桑。地桑稠栽地上，每年割取，不令成樹。然荊之條葉不如魯之條葉茂盛，當以魯桑條接荊桑之身，則茂盛而亦久遠。魯桑其葉肥厚柔軟多津，宜飼初生之蠶；荊桑葉堅硬少津，宜飼大眠以後之蠶。初蠶不可多飼荊桑葉，多飼則有裂腹之患，但於大眠後與魯桑間飼，則絲頭必硬，而且堅韌。

又《栽桑樹法》　築牆成園，大小任意，將園内地耕熟，或栽行桑，每株相去一丈，横直成行，以便耕種；行間或種菉豆、黑豆、豌豆、芝麻、穈子，及瓜茄菜蔬，無不可者，上採桑葉，下種豆蔬，可謂兩益，而且發桑，但不可種麥穀，令桑不旺也。或栽牆下桑，或栽門前家庭阡陌道旁，城濠墳園場圃。其法：先掘地一坑，深三尺寬，窄量樹大小，務要寬綽有餘，九月至二月半栽之，皆活。或種出者，或盤壓成者，皆可移栽。魯桑宜多，荊桑宜少。

又《移栽小桑法》 樹小根少，上無寸土，但經路遠風日，耗竭脂液，栽後難活，即活亦不榮旺。凡栽小樹，取之他方者，通約十餘株爲一束，於根鬚蘸沃稀泥，泥上糝土，包以柔草。包内另用厚泥固封，揾按車箱内，令樹身順臥，護閉兩頭，不透風日，以蓆草覆蓋；又須預於栽所掘區下糞，樹到便栽，依法不苟，無不活者。九十月以後，雖行千里，亦不妨。又取野荊桑、魯桑入園中養者，如其身乾枯，或不端直，或參差亂枝，栽如上法。栽畢用快刀摩地，斫去樹身，俟生出樹芽，揀旺者留一本，即成端正好樹，且旺異常。蓋桑聞鐵腥愈旺，地桑是其驗也。凡園内一切樹，栽後二年不旺者，或樹身不成材，參差不齊者，俱用快刀砍去樹身，去地半指，糝土封其樹槎，俟其芽生，止留旺者一本。此法但於九月以後，二月以前可用。

又《接桑法》 凡接枝條，必擇其美者，宜用向陽宿條，庶氣壯而茂；新條、陰條，不堪用。根株各從其類，魯桑仍接魯桑，則葉愈厚而多津；荊桑接以魯桑，則椹少而葉亦厚矣。然魯桑宜多接，荊桑宜少接。至於接果，杜梨樹可接梨，白果樹可接橉果，海棠可接檳子，軟棗可接柿樹，桃接桃，杏接杏，皆以接而愈美。

清 陳元龍《格致鏡原》卷六四《木類一·名類》 魯為地桑，而有厭條之法，傳轉無窮，是亦可以久遠也。荊桑所飼蠶，其絲堅韌，中紗羅用。

清 帥念祖《蠶政編·種桑法》 桑之種類甚多，各處所產殊異，總名之曰荊桑，魯桑。荊桑多椹，魯桑少椹。凡枝幹條葉堅勁，其葉小而邊有鋸齒者，皆荊之類也；凡枝幹條葉豐腴，其葉圓大，厚而多津者，皆魯之類也。荊桑能久遠，宜爲樹桑；樹桑者，長成大樹也。魯桑不能久遠，宜爲地桑。地桑者稠栽，每年割取，不使長成大樹也。然荊桑之條葉，不如魯桑之條葉茂盛，當以魯桑條接荊桑之身，則茂盛而亦久遠。魯桑宜飼初生之蠶，荊桑宜飼大眠以後之蠶。初蠶多飼荊桑，有裂腹之患。

又 栽樹桑法

九月至二月半栽之，皆活。掘坑須寬綽有餘，或種出者，或盤壓成者，皆可移栽。魯桑宜多，荊桑宜少，栽時記號，南枝不可錯了原向，且忌大風。移時務掘大歩，不可傷着小根。將坑内用糞與土和勻，入水一桶，調成稀泥，將樹根坐於泥中，按至坑底，提三五次。欲令根鬚皆順。填土與地平，次日方可築實，上復用土封身尺餘高，自成環池。無雨澆之，可以容水。三年不可採葉，冬壅其根，早則數日一澆，三年之後，長如椽大，可以採葉飼蠶矣。

清 方觀承《述本堂詩集·看蠶詞》 桑之宜蠶者，海桑、油桑。黃桑甚少，葉密而厚；子桑、花桑、草桑甚多，葉稀薄，蠶食之不肥。《東陽縣志》：桑種甚多，世所稱者，荊與魯也。浙西所植枝條柔短，魯桑之類也；湖桑即荊桑也，荊桑飼蠶，其絲堅韌，本邑頗近之。

清 馮祖繩《救貧捷法·種樹·桑》 桑有荊桑、魯桑之別。荊桑，芟枝者也。葉薄而尖，枝幹堅硬，木不耐老，多椹，宜為樹桑。魯桑，摘葉者也。葉肥厚而多津，幹豐枝柔，根固心實。其木多壽而少椹，宜為地桑。荊葉不如魯葉之盛，當以魯接荊，則久而又茂。

又 芟枝

荊桑宜芟葉，用□□如鐮形，一刀一斷，不復重斫。重則枝葉難茂，刀下帶皮則原枝枯損。審其枝之茂者，留微長，弱者短斷之，除去一切枯楂冗枝。若蠶老桑剩，須於小滿内外盡斫之。毋宿留，毋越時，致來年不茂。

清 汪宗沂《蠶桑輯要·樹桑養蠶要略·辨種》 桑有魯桑、荆桑二種。魯桑少葚，葉圓厚多津，宜飼大蠶。今之浙桑，其初多從山東移植，葉大如掌，即魯桑也。荆桑多葚，葉薄而尖，邊有鋸齒，樹則高大，土人謂之野桑，止可飼初生之小蠶。

（道光）《蓬溪縣志》卷一五《物産·桑》 王盤《農書》：『桑種甚多，荊桑多椹，葉薄而尖，其邊有瓣；魯桑少椹，葉圓厚而多津。』

清 沈秉成《蠶桑輯要·諸家雜説·辨桑法》 桑為蠶本，育蠶必先植桑。桑有荆桑、魯桑之別，魯桑葉大甚少而根固，荊桑葉小甚多而質較堅。但桑種出之荆桑者居多。莫如以荆桑為本，接以魯桑之條，根固葉茂，其法最善。

又《培桑有十法》 辨桑種 桑本箕星之精，種類不一。甚少葉圓大而豐厚者，皆魯桑之類；甚多葉小，邊有鋸齒者，皆荆桑之類。荆桑宜飼初生之蠶，魯桑宜飼三四眠以後之蠶，魯桑枝大葉厚，最宜老蠶。

清 周凱《勸襄民種桑説三則》《蠶桑輯要合編·集文》 按《農書》：荊桑多椹，魯桑少椹。又魯桑宜飼初生之蠶，荊桑宜飼三眠以後之蠶。則荊自有桑，與魯桑並著。

清 周凱《種桑詩記》《蠶桑輯要合編·集文》 余自荊之遠安，購小桑八百餘株，種之大隄之上，皆柔桑也。移栽未善，活者十之七，訪之老農，得栽種法。及考襄陽本有桑，葉尖小而缺有刺，性堅不宜蠶；居民以桑爲界，取其易生，長即伐之；即飼蠶得繭，僅堪爲帛，售諸豫人以爲綿綢，其桑蓋荊桑類也。按《農書》：荊桑薄而尖，枝幹條葉堅勁；魯桑圓厚多津，枝幹條葉豐腴。荊桑心實可爲樹，能久遠，當以魯桑枝接之，則久遠而又盛茂也。

清 周凱《種桑十二詠》《清詩鐸》卷七 襄陽桑葉尖小有刺，性堅，不宜蠶，得繭僅堪爲帛，售諸豫人，以爲緜綢，其桑蓋荊桑類也。按《農書》：荊桑薄而尖，條葉堅勁；魯桑圓厚多津，條葉豐腴。余於荊之遠安，購小桑八百餘株，種之大堤上，移栽未善，活者十之七。《農書》載壓條法，《齊民要術》及《氾勝之書》載種甚法，此非文告所能悉，不能家喻戶曉也。思以士爲之倡，民乃從之，遂託諸吟詠，幸襄之能文者傳述之。

清 包世臣《齊民四術》卷一下《農一上》 桑有二種：魯桑，一名湖桑，葉厚大而疏，多津液，少椹。飼蠶，蠶大得絲多。荊桑，一名雞桑，一名黑桑，葉尖而有瓣，小而密，先結子後生葉。飼蠶，蠶小得絲少。然荊桑心實耐久，且生葉早，可為樹桑，飼蟻及頭眠。

清 曹笙南輯《五畝居桑蠶清課》卷一《樹桑徵信篇·辨類》 惟有壓條法，傳轉無窮，是亦可以久遠也。」《本草綱目》：『白桑葉大如掌而厚，雞桑葉細而薄，子桑先葚而後葉，山桑葉尖而長。』

又 卷二《育蠶徵信篇·樹桑總説》 桑種之佳者，惟荊、魯二類。若雞桑、花桑、山桑，皆種之下者，不宜栽植。惟用接博法，則變成佳桑。荊桑枝柔葉勁，其邊有瓣，能久遠，宜為高樹。魯桑枝葉豐腴，圓厚多汁，不甚久遠，宜為地桑。地桑翦採、治蟲，較高桑省力，且可壓條傳種。栽宜取魯類，作低桑為佳。種甚較難，且亦稍遲，不如壓條之易而速也。

清 陳洊《實驗蠶桑簡要法》篇上第十三章《搭接桑身之法》 就中以皮接法爲良，此法無論荊桑、土桑等苗，於第二年發芽二十日前，即可將該苗離地，剪留一二寸；隨將接過湖桑嫩條，取來如筆管大者，長約三寸，以利刃從其下端，削成七八分長馬耳形斜面，貴極平滑，毋稍凹凸。其二寸餘，留三四芽，削後銜於口內；乃將該苗側面之皮層切開，成圭角狀，長短與接穗之削面同，以手探入令鬆，即揷接穗，以刀削面貼皮，務使全體密切，倘以皮貼皮，必難生活；再以蘇草等束緊，勿使動搖而植之，並撚泥丸，蓋於條頂爲要。

土桑等苗宜擇老幼適度，皮層細潔，根幹强壯者爲上，接穗則貴健全無病，芽位各段疎密勻稱者。但削此穗之法，上部須在芽位背面稍低處下手，若誤在芽位周圍削下，接後難望活着。因發芽部木質較他部堅緻，所貯養分亦較多，非第削不易平，且下部對芽難紮縛也。

宜擇空氣流通日光照射乾濕適度處爲植秧之圃，先時預爲耕耘，深約五六寸，散布腐熟堆肥，次將土塊細碎，造成三尺或二尺餘幅之畦，畦間掘深七八寸之溝。一畦兩行，每行距五寸許，並植接過之秧，覆細土至紮縛處之上，以免接穗動搖。復宜常川巡視，防砧木抽芽，有則隨時掐去，使砧木養液悉輸接穗，則成活自易也。

清 賈振聲校，袁俊德輯《桑政萃編》卷二《桑分十八種》 魯桑爲桑之始，即東桑。東桑葉大而圓，力勁而厚，成株者多，蟠根者不少。近來多養成大樹，而柔嫩亞於湖桑。其移種較川桑、荊桑爲難，較湖桑略易也。荊桑易種易生，氣清而茂，葉之液與川桑等，葉之味與湖桑異，邊痕如齒，須移種移接，肥美可勝他桑，此荊桑之力厚，而種植亦便也。

又 《接時》 桑不接則葉不美，無論荊桑、魯桑、小葉、大葉、老桑均宜。接法：以春分前後，桑葉囘青時爲佳，必須天氣晴暖，得陽和之氣；接時必待月暗，自下弦至上弦時，每月二十三日後至初八日前也，晦日尤妙；如上弦至下弦時並望日，皆忌，因地氣隨月而盛，當月明時，生機全在枝葉，移則傷性，接則傷氣也。

清 江志伊《種桑法·辨種》 桑之因地而殊者，曰魯桑，即東桑，少椹，葉圓厚而多津。凡枝幹條葉豐腴者，皆魯之類也，宜爲地桑。然亦有養成樹桑者，柔嫩與湖桑相若，宜飼大蠶。曰荊桑，多椹，葉薄而尖，邊有痕如齒。凡枝幹條葉堅勁者，皆荊之類也，宜爲樹葉，易種易生，接則其葉肥美，宜飼小蠶。其絲堅韌，中紗羅用。

又 《辨土》 凡土黃壤、白壤者，宜種椹。黃爲土之正色，白則潔淨壤者，柔軟無塊。黑墳、赤、埴墳者，宜樹桑。黑者純淨，赤者光耀，埴者粘膩，墳者沃衍。樹桑以煙田、禾田及蔬園爲上，山麓、河岸、牆陰、屋角次之，宜近水空曠多風處。近水則便灌溉，空曠多風則吸受日光，不生蟲害。若沙地、斥鹵及低溼水田，積潦易傷桑根均不宜種。其高原、平壤，地厚土肥，荆桑、魯桑，種之皆可。若地連山陵，土脉赤硬，止宜荆桑。山岡及墻隅、籬畔，宜白桑。水鄉宜青桑。壤土之地，生桑恒多，葉中含水亦多，其蠶必浮而輕。夾沙之地，生桑恒少，葉中含水亦少，其蠶必結而重。

又《布種》　至來春耙去，以水澆灌。每科自出芽三數莖，留旺者一莖，餘去之。此時，苗已戎根，可頻澆，不必作蔭。至秋，魯桑可長五七尺，荆桑可長三四尺。魯桑可爲地桑，荆桑可爲樹桑也。

清　金步瀛《古今合纂殖桑法》第二章《播實法》第九節《備録》

種子宜新不宜陳，新椹種之爲上，隔年春種多不生；蔭畦搭棚爲上，穄麻次之，黍苗又次之。桑芽出，間今相去五七寸營造尺寸，頻澆過伏，可長至三尺割去穄麻。至十月內，附地割了，撒亂草，走火燒過火不可大，恐損根，糞草蓋。至來春耙耬去糞草，每一科自出芽三數箇，留旺者一條。已成根則不須蔭，可頻澆。至秋，魯桑可長五七尺，荆桑可長三四尺。見《士農必用》

清　李鴻章撰，袁俊德輯《蠶桑紡織器圖詠・選種》　荆桑葉小薄而有力，宜飼頭眠之蠶；魯桑葉厚大而有力，宜飼二三眠之蠶；初出之蠶，宜用女桑。魯愈於荆，宜多種之，蜀中桑葉圓大味甜者尤佳。

清　吴宗周、陳幹材、徐謙山《蠶桑白話》卷一《栽桑白話・栽桑秧》　桑樹大概分爲二種：一種喊他荆桑，就是未曾接過這種野桑、廣桑；一種喊他魯桑，就是已經接過這種扒接桑、廣接桑，湖桑也是差不多的樣子。荆桑須要栽密，就是前年桑秧次年分栽定的，每株橫直相離五尺許，每畝可栽二百四十株；湖桑須要栽疏，就是接好以後相離五寸分栽，再到第二次永遠栽定。

清　劉光蕡《修齊直指評・桑有栽接鋸翦之法》　凡栽樹，九月至三月皆活，惟栽桑樹，亦不論冬夏。但荆桑葉不如魯桑葉肥大，宜將魯桑壓接於荆桑，樹枝葉愈肥大。接有插接、根接、劈接、枝接、搭接數法，而皆不如壓接易生。法：將魯桑小壓如麥子大者，截作長一寸、闊四分，起下來，須看壓心平實莫傷；又將荆桑枝幹上亦截去長一寸、闊四分，將皮起下，以魯桑壓補上，須要下節對緊，用麻或桑皮縛緊，截去上面枝稍，以桑葉遮蓋，四五日卽生，可割斷縛繩，以暢生氣。接桑自桑椹熟時，至三伏日皆可，然桑不鋸翦則不旺，卽如欲成樹桑，將栽下的桑條，如箸大者，落地齊翦；次年發芽，只留一芽，上長餘皆鋸去；長至六七尺高，至冬月，就樹腰中齊翦，來年發芽，只留兩條，餘皆鋸去飼蠶。如此，每歲一條留兩條，兩條留四條，四條留八條，愈留愈多，愈多愈高。若翦大樹，蠶月翦條飼蠶，五六月發出條來，翦去一切不正冗條，以飼二蠶，名曰滅條；至臘月或正月，翦去整條的稍尖，名曰攔頭。翦地桑亦如此法，只是年年落地齊翦，滅條、攔頭皆同。人能依法樹桑，自然桑葉繁盛，遍野綠雲矣。

清　盛宣懷輯《蠶桑備要・栽桑》　接過謂之家桑，未接者謂之野桑。家桑子少而大，野桑子多而小；家桑葉圓厚而多津，古所謂魯桑也；野桑葉薄而尖，古所謂荆桑也。野桑若任其長，肥者成望海桑，瘠者成雞腳桑，蠶家賤之，故莫不用接。接成家桑，數年高與檐齊，粗如盃如椀，過十餘年則老，葉漸稀薄，以次口種而易之。

（光緒）《續修浦城縣誌》卷七《物産・木之屬》　桑。《桑譜》：荆桑葉薄而尖，凡枝葉堅勁者荆類也；魯桑圓厚而多津，凡枝葉豐腴者魯類也。邑産皆荆桑。

清　吴詒善《蠶桑驗要・桑篇・種類第一》　葉尖薄多椹爲荆桑，葉圓厚多液而少椹爲魯桑。吾邑土桑枝幹條葉甚堅勁，乃荆桑之類。今之湖桑枝幹條葉甚豐腴，乃魯桑之類。荆桑能久遠，魯桑不能久遠。若以土桑之本，接以湖桑之條，根固葉茂，其法甚善。湖桑分青皮、黄皮、紫皮三種，惟紫皮最佳。今有火桑，葉雖薄而發芽早，春分後，布葉如錢大，甚宜於早蠶。

清 吴作鎮、倪紹雯、劉安欽《蠶桑速成捷法・蠶絲業普及捷法》第一章《桑樹栽培捷法》 分類 中國桑種類甚多，然爲世界所羨稱者，爲湖桑、魯桑，而白桑、荊桑次之。以此栽植，須分早、中、晚三類。發芽最早者爲早生，專飼一二齡蠶兒。發芽不早不晚者爲中生，可飼三四齡蠶兒。發芽最晚者爲晚生，專飼四五齡蠶兒。假定有地十畝，早生占二畝，中生占三畝，晚生占五畝。

又 接木法 此法須以荊桑、火桑、白桑等之椹爲實生苗，經過兩春，乃于秋後如前所云代出法，掘起其苗，移植于土中，至來春雨水節內掘出。先將本株繁根，酌宜裁剪，其榦亦只存留三寸許，乃用魯桑、湖桑之枝條，如上代出法所切去之枝條即可利用留三四芽切爲一段，而爲接穗。若接穗與砧木一樣大，則用利刃斜切之，務使兩相密合，以麻束緊，勿令動搖而植之，此爲合接。接穗小于砧木，則削穗爲楔形，剝開砧木之皮，揷入而束緊之，此爲揷接。芽接者，先劃丁字形于砧木中，就劃處將皮剝開，揷入新芽，以麻繩束之。然須夏季，樹汁循環最旺，剝皮容易時行之，乃有效。根接者，爲砧木不足，而利其切去之根以代之也。

清 楊名颺《蠶桑簡編・栽桑法》《牧令書》卷一〇 辨桑種 桑本箕星之精，種類不一。椹少葉圓大而豐厚者，皆魯桑之類，宜飼初生之蠶；椹多葉小，邊有鋸齒者，皆荊桑之類，宜飼三眠以後之蠶。以魯桑條接荊桑身，盛茂亦久遠。

清 楊鞏《中外農學合編》卷七《林類・附培果諸法・接果》 凡果樹以接博爲妙，取速肖也。枝條必擇其美，宜宿條向陽者，氣壯而茂，嫩條陰弱難成。根枝各從其類。荊桑接魯桑，梅接杏，桃接李，櫟接栗，赤梨、棠梨接梨。

清 楊蔚本《養蠶説》《皇朝蓄艾文編》卷二〇 桑椹熟時，收黑魯椹。諺云：『魯桑百，豐錦帛』，言桑好功省川多。白桑少子，壓枝種之，有子便可種。須地陰處，其葉豐腴，得繭重大，絲每倍常。桑之種類不一，世所名者，荊桑與魯桑也。荊桑多椹，魯桑少椹。葉薄而有邊者荊桑，葉厚而多津者魯桑，荊桑之條葉不如魯桑之盛茂。荊桑能久遠，魯桑不能久遠，當以魯桑接荊桑，則可久。荊桑宜爲樹，魯桑宜爲地。桑有壓條接根之法，傳轉無窮。荊桑之類，宜飼大蠶，其絲堅韌中織紗羅，魯桑飼大小蠶俱可。

又《論種椹》 種桑法 五月取椹著水中，即以手潰之，以水洗子陰乾，治肥田十畝，荒田久不耕者尤善，好耕治之。每畝以黍椹子各三升合種之，黍桑俱生，鋤之令稀疎調適。桑生正與黍平，因以利鐮摩地刈之。桑至春生，一畝可食三箔蠶。種桑如種葵法，土不得厚，厚即不生，待高一尺，上糞一遍。四月種椹，二月種舊椹亦同。東西掘畦，熟糞和土，摟平下水，水宜濕透，然後布子，或和黍子同種。椹藉黍力，易爲生發，又遮日色。夏至長二三寸，旱則澆之。若不雜黍種，須搭矮棚，以箔覆蓋，晝舒夜捲。處暑之後，不須遮蔽。十月刈倒，仍糝糞土，春暖榮茂。移栽一法，先耩黍一壠，另搓草索，截約一托，中間匀抹濕椹子十餘粒，將索臥於黍壠內，索兩頭以土厚壓，中間糝土薄覆，隔一步或兩步，依上臥一索，四面取齊成行。久旱宜澆，十月刈糞如前。冬春擁雪蓋糞，清明前後掃去。霖雨時看稀稠移補，比之畦種旋移，省力決活，早二年得力。如舊有椹，春種更妙，然種子宜新不宜陳。或先於地內，東西成行，匀稀種縈，將椹與蠶沙相合，或炒黍穀亦可。趁雨後於縈北單耩綠縈陰，高密透風，雖種十畝，亦不費力。芽出間令相去五七寸，頻澆，過伏可長至三尺；十月附地割了，糞草蓋之；春來把去糞草澆，每一株出芽三數箇，條旺者留一條，至秋魯桑長五七尺，荊桑長三四尺。

又《栽桑樹法》 園內耕熟地方，三尺許掘一坑，將畦內種出荊桑，全條連根掘出，栽培如前。築堅土與地平，上復用土封身，一二尺周圍，自成環池。待樹身長一人高，割去梢子，則橫條自長。休科去新條，當春不宜科，科了數年不旺。十二月、正月科則不妨，如澆治有功，至秋可長大如壯椽。十月內，次年正月，可移爲行桑。野荊桑不成身者，移根於園內養之，如地桑法，芽出，留旺者一條，長高，科養如前。

又《科斫法》 搭按法 就將種出荊桑芽條，去地三寸許，向上削成馬耳狀；將一般粗細魯桑接頭，亦削成馬耳狀；兩馬耳相搭，用桑皮繫了，牛糞泥封，濕土擁培；其芽條出土，可留一二芽，至秋長成，明年移入園中栽之。

清 姚紹《南海縣蠶業調查報告・桑部》 桑之種類 桑有魯、荊兩種。椹少葉圓大而豐厚者，皆魯桑之類；椹多葉少，狀若鋸齒者，皆荊桑之類。

清 豫山《蠶桑輯要合编・種桑》

辨桑法

桑爲蠶本，育蠶必先植桑。桑有荊、魯之別，魯桑葉大甚少而根固，荊桑葉小甚多而質堅，同是一樹桑葚，種出荊桑者十之八，種出魯桑者十之二。如無湖桑之處，卽以荊桑爲本，接以魯桑之條，根固葉茂，其法最善。雖葉比湖桑稍小，然養蠶相宜，似與湖桑等。

又 接桑法

桑秧種至二年一云三年，必須接换，葉乃厚大。春分前後，截取向陽好湖桑條，或魯桑條，大如筯長數寸者削如馬耳式，其末令薄，於荊桑離地二三尺處，將桑皮帶斜割開如人字樣，刀口約寸半長，先將削扁竹筯，刺入荊桑皮內，急速將馬耳朝外插入，使兩脂相浹；以桑皮纏定，或用麻緊紥之，將糞土堆壅厚封接處，令勿動摇洩氣，淸明後卽活。

又 未接魯桑秧養成拳桑法　初年出桑秧，擇係魯桑者留之。次年成桑苗，苗大如指分栽，翦直根留旁根三四，令深入土五寸，埋根令舒暢；其苗長四五尺者，翦其本略半，俟發旁枝，擇其旺者留之。次年漸漸開拳，不接亦可，惟荊桑必須接。枝壯成幹，翦其條以開拳，年年於拳上抽條摘葉，葉多易采，蓋柳有髠柳，桑有拳桑，物理之相似者。

接大荊桑　在春分前後，天氣晴和之日，西風之日不可接，接之不活。以西風屬金，金剋木故也。桑本有三寸圍圓，接之最妙詳見前接桑法一條。接活過五日遇雨無妨，未過五日遇雨，覆蓋要緊。三年卽翦成大樹，葉多而茂。

又《培桑法》 辨桑種　桑本箕星之精，種類不一。甚少葉圓大而豐厚者，皆魯桑之類；甚多葉小，邊有鋸齒者，皆荊桑之類。魯桑宜飼初生之蠶，荊桑宜飼三四眠以後之蠶。初蠶多飼荊桑，誠恐腹裂，但於大眠後與魯桑間飼，絲頭硬而堅韌。最好全飼湖桑。

又《補遺·水深土厚高寒之處宜樹桑説》 桑乃箕星之精，其字從叒音若，叒乃東方之地，多生榑；桑乃蠶食神木，故叒下加木以別之，爲衣被之源，其功最神，爲世大寶。種類甚多，有柔桑，葉如綢帛，豐厚而軟；有檿桑，卽山桑，葉尖而長，絲中琴瑟；有桋桑，樹小而條長，便於女採，一名女桑；有白桑，葉大如掌而厚；有雞桑，葉花而薄澁；有子桑，先椹而後葉。各處所產殊異，不可盡述，總名之曰荊桑、魯桑。荊桑多椹，魯桑少椹。凡枝幹條葉堅勁，其葉小而邊有鋸齒者，皆荊之類也。荊桑根固而心實，能久遠，宜爲樹桑。樹桑者，長成大桑之謂也。魯桑之根不固，心不實，不能久遠，宜爲地桑。地桑稠栽地上，每年割取，不令成樹。然荊之條葉不如魯之條葉茂盛，當以魯桑條接荊桑之身，則茂盛而亦久遠。魯桑其葉肥厚，柔軟多津，宜飼初生之蠶；荊桑葉堅硬少津，宜飼大眠以後之蠶。初蠶不可多飼荊桑葉，多飼則有裂腹之患，但於大眠後與魯桑間飼，則絲頭必硬而且堅韌。

清　黄毅《栽桑新論》第七章《桑樹之種類》第二節《桑樹之品數》

《蠶業叢書》第一編　我國桑樹，向只分三種，卽白皮、青皮、紅皮者是也。後因分法日多，遂有今日之多種。然其至要者，則以火桑、湖桑、魯桑、荊桑、川桑數種爲最著，其他皆所謂亞種、亞變種也，今分述之。

荊桑一名榛桑，葉大而肉薄，津較湖桑略少，力較湖桑亦薄，但其性堅硬，發芽最遲，可稱爲晚生桑，用飼三四齡之蠶最適，且其性必待移植方成良種，然亦須如法修理，方能發達。若只其天然之野生而不修理，亦必如今日鄉野所生者，斜欹萎錯，枝岔參差，葉愈小而肉愈薄，枝愈多而液愈淡，以此飼蠶，豈有不受害者。

雜録

（光緒）《鄆城縣鄉土志·農業》 蠶桑　頗稱發達，計栽湖桑三千五百珠，魯桑、椹桑、荊桑等，三萬二千株。

清　江志伊《種桑法》 然魯桑飼蠶，絲少堅韌，宜兼栽荊桑。大眠後，以荊桑葉間飼之。

又 桑有早生、遲生者，須擇早生者爲地桑，比及蠶生，澆灌三次，則葉自生矣。地桑異於樹桑者，樹桑身出土外，坑內之土，上下均宜築實，築後於樹旁加浮土，長後刪繁枝，兼去梢。地桑則身埋土內，坑內之土，下半實築，上半輕築，築後於樹頂加浮土，長後只刪繁枝，而不去梢也。

清　沈練，仲學輅輯補，章震福校訂《廣蠶桑説輯補校訂》卷一《培養桑樹法十九條》 震按：以魯桑之枝接入荊桑，便成家桑。

（光緒）《續修浦城縣誌》卷七《物産·蟲之屬》 蠶。邑皆荊桑，蠶絲多纇。又別有食楓葉者曰楓蠶，食榆葉者曰榆蠶。

圖表

清 吴詒善《蠶桑驗要・桑篇・種類第一》 葉尖薄多椹爲荊桑，葉圓厚多液而少椹爲魯桑。吾邑土桑枝幹條葉甚堅勁，乃荊桑之類。今之湖桑枝幹條葉甚豐腴，乃魯桑之類。荊桑能久遠，魯桑不能久遠，若以土桑之本接以湖桑之條，根固葉茂，其法甚善。湖桑分青皮、黄皮、紫皮三種，惟紫皮最佳。今有火桑，葉雖薄而發芽早，春分後布葉如錢大，甚宜於早蠶。

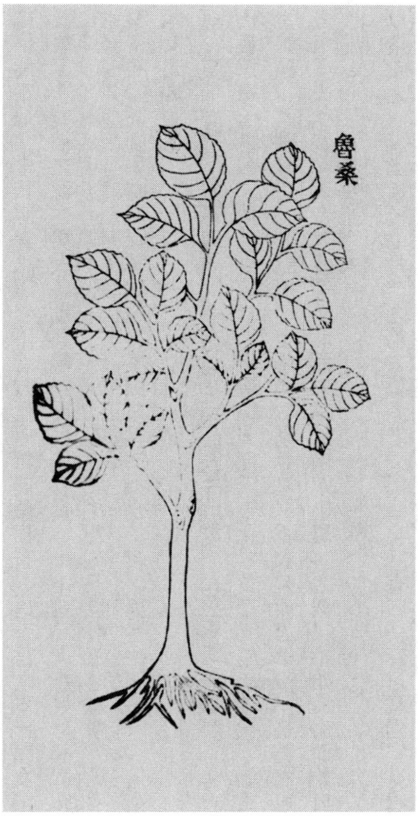

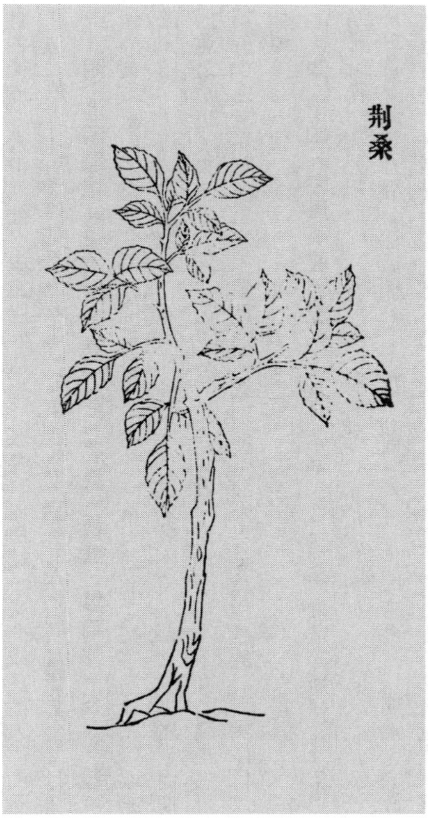

女桑

題解

清 郝懿行《寶訓》卷三《蠶桑》 《爾雅》：『桑辦有葚栀。』注：辦，半也。《疏》云：『桑樹，一半有葚，半無葚為栀。』○辦音片。女桑、桋桑。注：今俗呼桑樹小而條長者為女桑樹。

清 張宗法《三農紀》卷六《桑》 桑，《圖經》云：木高大，葉青緑而有光，材可器，椹可果，皮可造紙。桑乃東方神木，蚕食可叶絲。《詩》云：蚕月條桑。《説文》云：其字象形，故加木于下而别之。《字解》云：桑，音若。《典術》云：桑，乃箕星之精。《爾雅》云：女桑，桋桑。檿桑，山桑。

清 孫星衍、孫馮翼輯《神農本草經》卷二《中經》 案，《説文》云：桑，蠶所食葉；木萸、木耳也；蕈，桑萸。《爾雅》云：桑辦有葚、梔。舍人云：桑樹一半有葚，半無葚名梔也。郭璞云：辦，半也。又女桑、桋桑，郭璞云：今俗呼桑樹小而條長者，爲女桑樹。又檿山桑，郭璞云：似桑材中作弓及車轅。

論説

宋 王安石《臨川先生文集》卷四三《詩義》 《七月》『去其女桑而猗之，然後柔桑可得而求也』已上十六字，今欲删去，改云：『承其女桑而猗之，然後遠揚可得而伐也。』

又 又云：猗薪之也，言猗女桑，則遠揚可知矣。言伐遠揚，則女桑可知矣。皆伐而猗之也。已上三十字，今欲删去。

宋 黄震《黄氏日鈔》卷四《讀毛詩・猗彼女桑》 毛云：角而束之，曰猗。孔以《左傳》『晉人角之諸戎猗之』爲證。愚按：掎角之掎，從才；猗彼女桑之猗從犭，字義皆不同。猗，倚也。就桑而取其葉，不斷其條，朱説爲精。女桑，朱云：小桑。嚴云：小者曰女，如小墻，亦曰女墻。然則前云柔桑，指桑葉之小者。此云女桑，指桑樹之小者。

《文苑英華》卷五二六《判二十四・田農門二道》 女桑不樹，見戴勝之徒飛，夫田無征，望竊脂而何啄？既莫喜於田畯，又非成於穡人。尚阻農功，孰供兵噐焉？見不勞而逸，無業而居，雖有愛人之詞，難恕失官之罪。

明 潘游龍輯《康濟譜》卷一〇《農桑·種植·蠶論》 今天下蠶事疎濶矣。東南之機，三吳越閩最夥，取給於湖藺；西北之機，潞最工，取給於閬藺。予道湖、閬女桑、姨桑，參差墻下，未嘗不美二郡女紅之廑，而病四遠之惰也。夫一女不績，天下必有受其寒者，而況乎半天下女不績也！豈第五十之老帛無所出，不績則逸，逸則淫，淫則男子爲所蠱蝕，而風俗日以頽壞。

清 楊屾《豳風廣義》卷一 八月萑葦，蠶月條桑。取彼斧斨，以伐遠揚。猗彼女桑，七月鳴鵙。八月載績，載玄載黄。我朱孔陽，為公子裳。以下數章，茲不具述。此詩乃周公述后稷公劉之化。前段言衣，後段言食，以明農桑為政教之首務。夫后稷封於有邰，即今武功等縣。公劉立國於豳，即今豳州，諸處俱屬秦地。當日諄諄詰誡，不遑暇逸，肇農桑樹畜，為養民之本；開女工蠶織，作衣被之源。男女各勤其職，而民以富實。上下雍睦，庶姓休和，化行俗美，漸及南國。載諸經史，班班可考。余友人高子嘗南游至嘉湖，見桋桑密布，園圃如綺，緑蔭畎畝，壟頭似雲。機聲午夜，與春聲相答，深羡南地女工之勤。

又《陳桑蠶實效廣開財源以佐積貯裕國輔治以爲民生事摺》 考自伏羲採嶧山之繭，抽絲爲絃，以定音律，而天下化。黄帝元妃西陵氏，始爲室養蠶，煑繭繹絲，製衮冕、定儀慶、别尊卑，垂衣裳而天下治，是爲衣冠之祖。夫伏羲、黄帝，皆都於北而未都於南，則蠶事之興，不始於南而始於北明矣，此可证據者一也。又甞考之於《诗》，無處不言桑而咏於北方者居多。以秦論之，《幽風·七月》之篇言蠶桑者，屢屢矣。有曰：春日載陽，有鳴倉庚。女執懿筐，遵彼微行。爰求柔桑。又曰：蠶月條桑，取彼斧戕，以伐遠揚，猗彼女桑。此治桑也，即所以治蠶。

清 徐鼎《毛詩名物圖説》卷八《桑》 《爾雅》：桑柳醜條。《邢昺疏》：桑柳之類，皆阿那垂條。《青史子》：桑，中央之木。蔡卞曰：兖地宜桑，如桑間濮上可驗也。劉瑾曰：楚邱在冀河之東，兖州之境，則文公所觀所説，其桑土之野乎！王盤《農書》：魯桑飼大蠶，荆桑飼小蠶。愚按，降觀于桑，察其土宜也。《七月》云『爰求柔桑』者，稺桑也；云『蠶月條桑』者，枝落之采其葉也；云『猗彼女桑』者，荑桑也。草木初生，謂荑女桑，少枝長條不枝落者，柬而采之也。桑實爲葚，荆桑多椹，魯桑少椹。又有白黑二種，泮水詩作黮，並同。

清 曾鉌《蠶桑備要·劉光蕡後序》 以秦論之，《豳風·七月》之篇，言蠶桑者，屢屢矣。有曰：春日載陽，有鳴倉庚。女執懿筐，遵彼微行，爰求柔桑。又曰：蠶月條桑，取彼斧戕，以伐遠揚。猗彼女桑，此治桑也，即所以治蠶。夫豳地，即今邠慶三水等處，地近邊壤，亦云寒矣，其田高燥瘠磽。而周先王當日諄諄詰誡，不遑暇逸者，誠以農桑爲王政之本。

綜述

晉 郭璞《爾雅》卷下《釋木第十四》 桑辨有葚、梔辨，半也。女桑，桋桑今俗呼桑樹小而條長者，爲女桑樹。

北魏 賈思勰《齊民要術》卷五《種桑柘第四五》 《爾雅》曰：桑辨有葚、梔。注云：辨，半也。女桑、桋桑，注曰：今俗呼桑樹小而條長者，為女桑樹也。檿桑、山桑，注云：似桑材中為弓及車轅。

《太平御覽》卷九五五《木部四·桑》 又曰：女執懿筐，爰求柔桑柔桑，稚桑也。

又曰：蠶日條桑條桑枝落，採其葉也。

又曰：猗彼女桑女桑，少枝長條不枝落者，揀而採之。

明 王象晉輯《桑麻葛譜·桑》 桑，箕星之精也，東方自然神木之名，其字象形，蠶所食也。皮葉榦踈，葉面深綠光澤，多刻缺方。《書》稱桑之功最神，在人資用尤衆。其小而條長者爲女桑。種類甚多，世所名者，荆與魯也。荆桑多椹，葉薄而尖，邊有瓣几枝，葉堅勁者，皆荆類也。

明 徐光啓《農政全書》卷三四《蠶桑·桑事圖譜》 《士農必用》云：擔負高几，遶樹上下，今蠶家採彼女桑，玆為便器。

清 陳淏子輯《花鏡》卷三《花木類考·桑》 桑之功用甚大，原非玩好之木，此獨不遺者，以存圃中之本務也。其種類稍異，白桑葉大如掌而厚，鷄桑葉細而薄。子桑先椹後葉，山桑葉尖而長，女桑樹小而條長。壓桑材中糾努絲中琴瑟。梜桑似赤棘，以子種者，不若壓條之易大，若以構接則葉大。根下埋龜甲，則茂盛不蛀。又桑生黃衣，謂之金桑，其木必槁。葉傳飼蠶，一歲三採更盛。一云：蝗之所至，無桒不食，獨不食桑，亦造物之靈也。攊桑條宜燥，二則根易生。

清 楊屾《豳風廣義》卷一《種桑法》 桑，乃箕星之精，其字從叒。叒乃東方之地，多生榑。桑乃蠶食葉之神木，故叒下加木以別之，為衣被之源，其功最神，為世大寶。種類甚多，有柔桑，葉如紬帛，豐厚而軟。有檿桑，即山桑，葉尖而長，絲中琴瑟。有梜桑，樹小而條長，便於女採，一名女桑。有白桑，葉大如掌而厚。有雞桑，葉花而薄澀。有子桑，先椹而後葉。

（嘉慶）《如皋縣志》卷六《木之屬》 桑。有數種，白桑葉大如掌而厚，雞脚桑葉小而薄，子桑先椹而後葉，山桑葉尖而厚，女桑條長而小，臯土宜桑而不治蠶，女工之廢可慨也，皮甚入藥，果之屬。

清 江志伊《種桑法》 辨種 桑之因地而殊者。曰魯桑，即東桑，少椹，葉圓厚而多津。

清 李君鳳《蠶桑説·栽桑法》 辨桑類 桑類不一。一名女桑，即小桑，俗又乎藤桑。此桑發葉最早，宜飼初生之蠶。蠶三眠以前，食葉甚少，多種此桑，飼至三眠後，大桑葉長圓足，一株可當二株。此桑樹小蔭薄，種田畔園邊不妨農。

又 栽桑樹 女桑，以桑條截二尺許長壓栽，每窩三四節，須留小半段於外。 又宜覓柘種栽之，以飼小蠶。

清 林心北、吴書年勸刻《蠶桑輯略·栽桑法則十六條》 又有梜桑，頗似赤棘，樹小而條長，便於女採，故亦名女桑。

清 湯聘珍輯《種桑成法》卷一《種桑簡明成法十六條》 辨桑種 桑乃箕星之精，厥類甚多，大畧有柔桑、白桑、青桑、子桑、花桑、雞桑、梔桑、檿桑即山桑、梜桑即女桑、紫藤桑、柿葉桑、望海桑等種。雖各處所産不同，而總名之曰荆桑、魯桑。

清 衛杰《蠶桑萃編》卷二《桑種類·桑分十八種》 女桑，其條遠揚，其葉沃若，一伐一榮，無花無椹。條小枝長，即荑桑、梜桑、梯桑之類，最便采摘也。

又 卷一二《圖詠·桑圖詠類·選種第四圖》

荆桑，葉小薄而有力，宜飼頭眠之蠶。魯桑，葉厚大而有力，宜飼二三眠之蠶。初出之蠶，宜用女桑。魯愈於荆，宜多種之蜀中，桑葉圓大味甜者尤佳。

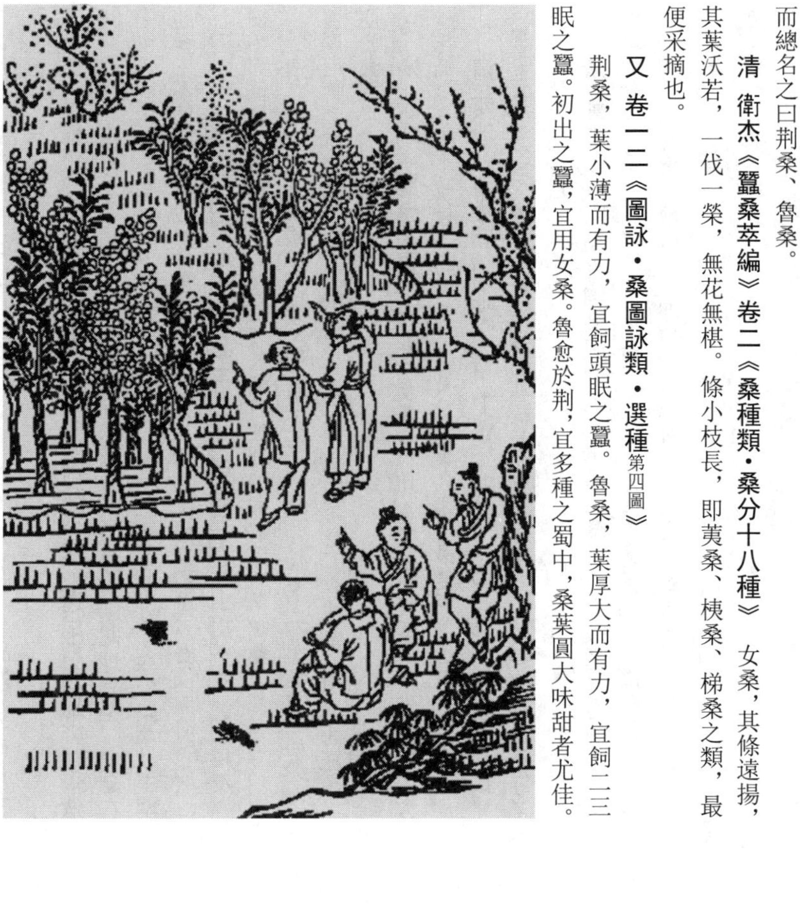

又《採桑第八圖》

初番采葉待商量，先翦旁枝後女桑。留得正芽添茂葉，摘來盈掬更盈筐。

摘葉之較小者，先以飼蠶，留正芽以待生長。惟雨露黃沙之候，忌採。

辰刻所摘，宜於晝食；申刻所摘，宜於夜食。至大眠後，則連枝帶葉翦下。

清　衛杰《蠶桑淺說・桑類》　桑爲箕星之精，種類不一。叢生者，爲地桑。實繁者，爲葚桑。雙秀者，爲女桑。花而不實者，爲花桑。不花不實者，爲旅生桑。葉枯而邊有鋸齒者，爲荆桑。葉圓而豐厚者，爲魯桑。皆可飼蠶。地桑、女桑，宜飼始出小蠶。魯桑宜飼初起、再起、三起大蠶。荆桑、旅生桑，宜飼大起大食時蠶。葚桑，宜飼擡老時蠶。諸桑中以魯桑爲最，今年蠶桑局所栽之桑，多係魯桑，餘亦間種之。

清　吴其濬《植物名實圖考》卷三三《木類》　桑本，經中品。《爾雅》：女桑，桋桑。注：今俗呼桑樹小而條長者，爲女桑樹。檿桑，山桑。注：似桑材中作弓及車轅。今吴中桑矮而葉肥，蓋即女桑。江北桑，皆自生材中什器，蓋即檿桑。蠶絲勁黄，所謂檿絲矣。桑枝根白皮，皮中汁，霜後葉及葚耳蘚花，柴灰螽蟲，皆入藥。

清　吴作鏌、倪绍雯、劉安欽《蠶桑速成捷法・速成桑園蠶絲捷學法跋》　昔子輿氏言：樹桑爲王政所關。而日宅曰：牆下則隙地宜桑，固無在不可爲園也。《豳詩・七月》詠桑者三，所謂柔桑女桑者，與今拳桑及根刈諸種皆不同。蓋速成種植後，所得之桑，殆類是歟。蠶桑爲吾國固有特産。

（光緒）《湖南通志》卷二五《地理志二五・山川一三》　桋桑，樹小而條長，古杉五□而餘尺，鳥則有鸝黄，鶺鴒□鳩茅鴟桑。

清　豫山《蠶桑輯要合編・種桑子法》　種類甚多，有柔桑，葉如綢帛，豐厚而軟。有檿桑，即山桑，葉尖而長，絲中琴瑟。有桋桑，樹小而條長，便於女採，一名女桑。

清　趙淵《蠶桑摘要》卷上《女桑》　其條遠揚，其葉沃若，一伐一榮，無花無椹，條小枝長，即荑桑、桋桑、梯桑之類，最便採摘也。

清　黄毅《栽桑新論》第七章《桑樹之種類》第二節《桑樹之品數》《蠶業叢書》第一編　女桑　條遠揚而葉沃若，無花無椹，一發一榮，《詩經》所謂荑桑，而今日之家桑也。

清　鄒漢勛《南高平物産記》上《木類・桑》　有數種。有白桑，葉如掌而厚。雞桑，葉花而薄。子桑，先葚而後葉。《爾雅》『桑辨有葚，梔』，即雞桑；『女桑，桋桑』，即白桑。無實單名桑者，乃子桑也。

藝文

《文選・枚乘〈七发〉》李善注　女桑河柳，素葉紫莖。《毛詩》曰：猗彼女桑。毛萇曰：女桑，荑桑也。《爾雅》曰：檉河柳。郭璞曰：今河旁赤莖小楊也。

唐　白居易《白氏六帖事類集》卷二三　蠶月條桑，取彼斧斨，以伐遠楊。猗彼女桑，《詩》秦氏之女羅敷，秋胡之妻並採桑者，城南古詩羅敷善採桑，採桑城南隅，青絲爲籠繩，桂枝爲籠鉤。桑之未落，其葉沃若。

宋 羅願《爾雅翼・王應麟序》《詩》：隰有杞桋。注：桋，赤楝也。本亦作荑，音夷。愚按，《脂韻》有桋、荑二字，注：桋，木名。荎荑，藥名，並音夷。又《齊韻》亦有桋、荑二字，注：桋，女桑也，荑初生草也。《詩》：手如柔荑，自牧歸荑。

明 王象晉輯《桑麻葛譜・桑》 麗藻散語 五畝之宅，樹墻下以桑。《孟子》桑之未落，其葉沃若，吁嗟鳩兮，無食桑椹。桑之落矣，其黄而隕。肅肅鴇行，集于苞桑。鳴鳩在桑，其子七兮。蠶月條桑，取彼斧斨，以伐遠揚，猗彼女桑。菀彼柔桑。其下候旬，捋採其劉，瘼此下民。俱《詩》季春之月，具曲植蘧筐，后妃齋戒，親東鄉躬桑，禁婦女毋覼，省婦以勸蠶事。《禮・月令》桑柳醜條。《爾雅》麻姑云：接待以來，見東海三爲桑田。葛洪 維六龍於扶桑。劉向

清 王士禛《蠶詞》《清詩鐸》卷七 戴勝初來水染藍，女桑濃葉滿江南。誰家少婦青絲籠，知向香閨飼女蠶。

清 李光地等《御定月令輯要》卷七 蠶月。《原詩》：蠶月條桑，取彼斧斨，以伐遠揚，猗彼女桑。增古《採桑辭》：蠶生春三月，春桑正含緑。女兒採春桑，歌吹當春曲。

清 鄂爾泰《授時通考》卷五三《織第二・二眠》

聖祖仁皇帝御製：柔桑初剪緑參差，陌上歸來日正遲。村舍家家簾幕靜，春蠶新長再眠時。

世宗憲皇帝御製：百舌鳥初鳴，再眠蠶在箔。陌桑青已柔，隄草緑猶弱。正宜旭日和，惟恐春寒作。娘忙兒不知，棗栗頻啼索。

皇帝御製恭和

聖祖仁皇帝原韻：女桑搖緑葉參差，曉起人慵欲采遲。雙燕入簾春晝靜，再眠恰是仲春時。

清 崔應榴彙纂，錢馥補輯《蠶事統紀》卷一四《雜繫上》 呂氏《讀詩記》：蠶月條桑。程氏曰：蠶月當蠶長之月也，計歲氣之早晚，不可指定幾月也。王氏曰：蠶月非一月，故不指言某月。

案毛傳蠶月治蠶之月也。【略】

《嚴氏詩輯》：『上章柔桑，乃桑葉之嫩者。嫩葉始生未多，故以筐箱求之，養新出之蠶耳。蠶有新出者，又有未出者，故同采蘩言之，皆言蠶事之始也。此章女桑，乃桑樹中之小者。大樹既條取之，小樹又猗取之。蠶已大食，故桑之大小，取之無遺，蓋言蠶事之成也。』

又《山海經・圖贊・帝女桑贊》：『爰有洪桑，生濵淪潭。厥圍五丈，枝相交參。園客是采，帝女所蠶。』

清 衛杰《蠶桑圖説》上册《採桑第八圖》 初番採葉待商量，先翦旁枝後女桑。留得正芽添茂葉，摘來盈掬更盈筐。

雜録

《太平御覽》卷九五五 《爾雅》曰：女桑，桋桑。郭璞注曰：谷呼小桑長條者爲女桑樹。桋，音挮，又音夷。檿鳥點切桑、山桑，《詩》曰：其檿其柘，林中弓也。桑柳醜條。阿郁垂條也。

宋 陳景沂《全芳備祖・後集》卷二一《事實祖》 女桑、積桑、壓桑、山桑，《爾雅》遵彼微行，爰求柔桑。《七月》蠶月條桑，取彼斧伐，以伐遠揚。《七月》

宋 黄朝英《靖康緗素雜記》卷六《猗嗟》 《元度確論》云：猗，倚也。若曰『猗嗟昌兮』，『猗重較兮』，『猗與《漆沮》』，『猗與那與』，皆中有所倚而生歎也。至於『猗彼女桑』，乃以為采而薪之，則不可以言倚，

而猗之義不通矣。故《經義》以謂承彼女桑而猗之，乃所以為倚，蓋詩人所記，適其條桑之事而已。其論誠工，然説『猗重較兮』，以猗為嘆辭，恐於義未安。蓋亦不詳考舒王《經義》而誤為之説也。《淇奥義》云：猗，倚也。重較者，所以為慎固也。猗自訓倚，而以為中有所倚而生嘆，豈其誤歟？

（嘉泰）《吴興志》卷二〇　桑《吴興記》：烏程東南三十里，有桑墟。《梁陳故事》：吴興太守周敏，勸人種桑。顔真卿《西亭記》：烏程令李清，種桑盈數萬。《本草》：有山桑，有家桑，葉椏者名雞桑。《爾雅》：有女桑、檿桑。《齊民要術》：有荊桑、蛇桑。今鄉土所種，有青桑、白桑、黄藤桑、雞桑，富家有種數十畝者。檿桑，山桑也，生於野。

清　陳元龍《格致鏡原》卷六四《分類》　《爾雅》邢昺疏：女桑，一名桋桑，今俗呼桑樹小而條長者爲女桑樹。《詩・豳風・七月》云：猗彼女桑是也。

清　李聿求《桑志》卷二《桑之類》　《詩・豳風》：猗彼女桑。《傳》：女桑，荑桑也。《箋》：女桑少枝長條，不落不枝者，束而采之。

《詩・大雅》：其檿其柘。《傳》：檿，山桑也。

《爾雅》：桑辨有葚，梔疏桑樹一半有葚，一半無葚為梔。

《爾雅》：女桑，桋桑、檿桑、山桑。

清　喻端士《時節氣候抄》卷二　穀雨三候。戴勝降于桑，柘鳴鳩拂其羽，戴勝降于桑。具曲植籧筐，野虞主田及山林之官，毋伐桑柘，愛蠶食也。《典術》：桑，箕星之精。

《詩・豳風》：爰求柔桑，稚桑也。猗彼女桑，荑桑也。

清　汪曰楨《湖蠶述》卷一　《大清一統志》：湖州府土産桑。談鑰《吴興志》：『吴興烏程東南三十里有桑墟。』《梁陳故事》：『吴興太守周敏勸人種桑。』顔眞卿《西亭記》：『烏程令李清，種桑盈數萬。』《本草》有山桑，有家桑，葉椏者名雞桑。《爾雅》有女桑、檿桑。《齊民要術》有荊桑、地桑，今鄉土所種，有青桑、白桑、黄藤桑、雞桑，富家有種數十畝。

魯桑

題解

元　王禎《農書》卷五《種植篇第十二》　桑種甚多，不可偏舉，世所名者，荊與魯也。荊桑多椹，魯桑少椹。葉薄而尖，而邊有瓣者，荊桑也。凡枝幹條葉堅勁者，皆荊之類也。葉圓厚而多津者，魯桑也。凡枝幹條葉豐腴者，皆魯之類也。荊之類，根固而心實，能久遠，宜爲樹。魯之類，根不固心不實，不能久遠，宜爲地桑。然荊之條葉不如魯葉之盛茂，當以魯桑條接之，則能久遠而又盛茂也。

清　方大湜《桑蠶提要》卷一《桑政二十三條・桑種九則》

荊桑　荊桑多葚，葉薄而尖，邊有鋸齒，較魯桑葉略早，宜飼小蠶。樹亦耐久，然不如魯桑之茂，須以魯桑條接之。凡枝條堅勁，葉薄小者，皆荊之類。

魯桑　魯桑少葚，葉圓厚而多津液，較荊桑稍遲，宜飼大蠶。以魯桑接荊桑，則荊桑葚少而葉厚，以魯桑接魯桑，則魯桑葉愈厚，津液愈多。凡枝幹豐腴，葉圓大者，皆魯之類。今之浙桑最爲著名。葉大如掌，多津液，亦魯桑之類。

地桑　地桑與樹桑不同。樹桑，謂桑之成樹者。樹桑之種或荊或魯，地桑則專用魯桑爲種。樹桑移栽後，有因密而再移者，地桑則只栽一次不再移。樹桑去梢留杈，地桑則靠土割條，不去梢留杈。樹桑數年後，方能成樹，地桑則年年靠土割條，不令成樹。樹桑數年後，方可採葉，地桑則今年栽種，明年即可飼蠶。

火桑　火桑另是一種，較他桑早五六日，且雨過卽乾。在二月以後者，桑葉必遲，飼蠶家宜兼種火桑。

清　金步瀛《古今合纂殖桑法》第五章《接木法》第六節《砧木與接穗之選擇》　魯桑　原產魯地，品質佳良，可分爲二種：一曰雞冠魯桑，一曰實生魯桑。前者形類湖桑，惟花略多，葉較少耳；後者之品種不一，有結椹者，亦有結椹而甚稀者，葉似雞冠魯桑，然薄少者多，惟發芽爲略早耳。

清　沈練，仲學輅輯補，章震福校訂《廣蠶桑説輯補校訂》卷一　按：魯桑之類，家桑也；荊桑之類，野桑也。

（光緒）《續修浦城縣志》卷七《物產》　桑。《桑譜》：荊桑葉薄而尖，凡枝葉堅勁者，荊類也。魯桑圓厚而多津，凡枝葉豐腴者，魯類也。邑產皆荊桑。

清　楊鞏《中外農學合編》卷九《林類・樹桑》　魯桑　少葚，葉圓厚而多津液，較荊桑稍遲，宜飼大蠶。以魯桑接荊桑，則荊桑葚少而葉厚，以魯桑接魯桑，則魯桑葉愈厚，津液愈多。凡枝幹豐腴葉圓大者，皆魯之類。今之浙葉最為著名，葉大如掌，多津液，亦魯桑之類。《農桑要旨》

（光緒）《茂名縣志》卷一　桑。葉薄硬而長者，味苦，名魯桑，葉厚而圓者，味甘，名浙桑。

清　黃毅《栽桑新論》第七章《桑樹之種類》第二節《桑樹之品數》《蠶業叢書》第一編　魯桑爲我國桑樹之祖，原名東生桑，葉大而圓，力勁而厚，有成株者，亦有蟠根者，近來因不加培植，故多養成大樹。考其性質，於移植頗便。

論説

清　沈秉成《蠶桑輯要・培桑有十法》　辨桑種　桑本箕星之精，種類不一，甚少葉圓大而豐厚者，皆魯桑之類。甚多葉小邊有鋸齒者，皆荊桑之類。荊桑宜飼初生之蠶，魯桑宜飼三四眠以後之蠶。魯桑枝大葉原最宜老蠶。

清　汪宗沂《蠶桑輯要・辨種》　桑有魯桑、荊桑二種，魯桑少甚，葉圓厚多津，宜飼大蠶。今之浙桑，其初多從山東移植，葉大如掌，即魯桑也。荊桑多葚，葉薄而尖，邊有鋸齒，樹則高大，土人謂之野桑，止可飼初生之小蠶。

清　馮祖繩《救貧捷法・桑・辨桑法》　桑有荊桑、魯桑之別。荊桑，芰枝者也。葉薄而尖，枝幹堅硬，木不耐老，多椹，宜為樹桑。魯桑，摘葉者也。葉肥厚而多津，幹豐枝柔，根固心實。其木多壽而少椹，宜爲地桑。荊葉不如魯葉之盛，當以魯接荊，則久而又茂。

清　楊蔚本《養蠶説》《皇朝蓄艾文編》卷二〇　桑之種類不一，世所名者，荊桑與魯桑也。荊桑多椹，魯桑少椹。葉薄而有邊者，荊桑；葉厚而多津者，魯桑。荊桑之條葉，不如魯桑之盛茂。荊桑能久遠，魯桑不能久遠；當以魯桑接荊桑，則可久。荊桑宜爲樹，魯桑宜爲地桑。有壓條接根之法，傳轉無窮。荊桑之類，宜飼大蠶。其絲堅韌，中織紗羅。魯桑飼大小蠶俱可。

清　佚名《樹桑養蠶要略・辨種》　桑有魯桑、荊桑二種，魯桑少甚，葉圓厚多津，宜飼大蠶，今之浙桑。其初多從山東移植，葉大如掌，即魯桑也。荊桑多甚，葉薄而尖，邊有鋸齒，樹則高大，土人謂之野桑，止可飼初生之小蠶。

清　趙敬如《蠶桑説》卷一

辨桑種

桑爲蠶本，育蠶必先栽桑。桑有荊桑、魯桑之別。魯桑甚少，葉圓大而豐厚，荊桑甚多，葉瘠薄而邊多鋸齒。以魯桑接於荊桑，謂之接桑俗稱湖桑，葉尤肥厚，以接桑條壓土生根，截斷分栽者，謂之壓桑，絶不生葚。

又　論桑宜蠶　荊桑葉薄，宜飼頭二眠之蠶此時花而未實，無葚，魯桑葉厚，宜飼三四眠之蠶。大眠後，專飼接桑之葉，蠶肥絲豐。壓桑，則蠶自小至老皆宜，尤宜陰雨天，易晾乾也。

清　曹笙南輯《五畝居桑蠶清課》卷一《樹桑徵信篇》

辨類

《王盤農書》：桑種甚多，不可偏舉。世所名者，荊與魯也。荊桑多葚，魯桑少葚。葉薄而尖，其邊有瓣者，荊桑也。凡枝柔葉勁者，皆荊之類也。葉圓厚而多津者，魯桑也。凡枝葉豐腴者，皆魯之類也。荊之類，根固而心實，能久遠，宜爲樹。魯之類，根不固心不實，不能久遠，宜爲地桑。惟有壓條法，傳轉無窮，是亦可以久遠也。

清　方濬頤《淮南課桑備要・上兩江總督稟》　辨桑種。桑本箕星之精，種類不一。椹少葉圓大而豐厚者，皆魯桑之類，宜飼初生之蠶。椹多葉小邊有鋸齒者，皆荊桑之類，宜飼三眠以後之蠶。以魯桑條接荊桑身，盛茂亦久遠。

又《諸家雜説・辨桑法》　桑為蠶本，育蠶必先植桑。桑有荊桑、魯桑之别。魯桑葉大椹少而根固，荊桑葉小椹多而質較堅。但桑種出之荊桑者居多，莫如以荊桑為本，接以魯桑之條，根固葉茂，其法最善。

清　江志伊《種桑法・辨種》　桑之因地而殊者，曰魯桑，即東桑。少椹，葉圓厚而多津。凡枝幹條葉豐腴者，皆魯之類也，宜爲地桑。然亦有養成樹桑者，柔嫩與湖桑相若，宜飼大蠶，曰荊桑。

清　吴錫璋《蠶桑新論・論桑質之關係第十》　兒食葉，小時宜食嫩葉，大時宜食老葉，前已論之詳矣。無如中華農家，蠶學不甚講求，不論熱葉、溼葉，概以飼蠶。及至蠶之病發，或諉之天時，或諉之命運，懵然於病之起原，致使唾手可得之利益，棄於半途，可惜孰甚。蓋蠶食熱葉，必生微粒瘟之病，往往上山而不做繭，即做繭，而不堅。蠶食溼葉，必生黃軟、烏爛、膿痢之疾，其驗已歷試之，而不爽也。考中國之桑有二種：一曰魯桑；一曰荊桑。荊桑，葉小而多葚，滋味甚薄；魯桑，葉大而稍薄，滋味頗厚，最能營養蠶身。又考桑葉內之質有五：一曰：絲紋質；二曰：松香質；三曰：綠葉質；四曰：甜味質；五曰：水質。絲紋及水質，毫無補益。甜味質及綠葉質，蠶食之，身漸肥大。松香質，蠶食之，藉此成爲黏液質，存於胃腑，而後存於吐絲腺。是以吐絲本係兩孔，至吐時，二絲抱合爲一，可知絲質之美，非松香質不爲功也。若夫繭之堅厚，絲之純美，半在於溫度之得宜，機器之巧捷，繅手之純熟，水質之清潔，未嘗全恃乎桑質之佳。

清　豫山《蠶桑輯要合編・種桑・辨桑法》　桑爲蠶本，育蠶必先植桑，桑有荊、魯之別。魯桑葉大甚少而根固，荊桑葉小甚多而質堅。同是一樹桑葚，種出荊桑者十之八，種出魯桑者十之二。如無湖桑之處，即以荊桑爲本，接以魯桑之條，根固葉茂，其法最善。雖葉比湖桑稍小，然養蠶相宜，似與湖桑等。

又《培桑法》　桑本箕星之精，種類不一。甚少葉圓大而豐厚者，皆魯桑之類。甚多葉小邊有鋸齒者，皆荊桑之類。魯桑宜飼初生之蠶，荊桑宜飼三四眠以後之蠶。初蠶多飼荊桑，誠恐腹裂，但於大眠後與魯桑間飼，絲頭硬而堅韌，最好全飼湖桑。

綜述

北魏　賈思勰《齊民要術》卷五《種桑柘第四十五》　桑椹熟時，收黑魯椹黃魯桑，不耐久，諺曰『魯桑百，豐錦帛』，言其桑好，功省用力，即日以水淘取子，曬燥，仍畦種治畦下水一如葵法，常薅令浄。明年正月移而栽之仲春季春亦得，率五尺一根四耕，凡栽桑不得者，無他故，正患犁撥耳。是以須概，不用稀，稀遇耕犁者必難惧，率多死矣。且概則長疾。大都種椹長遲，不如壓枝之速，無栽者乃種椹也，其下常斸掘，種菉豆、小豆二豆良美潤澤益桑。栽後二年，慎勿採沐。小采者，長倍遲。大如臂許，正月中移之亦不須髡，率十步一樹陰相接者，則妨禾豆，行欲小犄角，不用正相當相當者則妨犁。須取栽者，正月二月中，以鉤弋壓下枝，令著地，條葉生高數寸，仍以燥土壅之土濕則爛。明年正月中，截取而種之。住宅上及園畔者，固宜即定。其田中種者，亦如種椹法，先概種二三年，然後更移之。

元　司農司《農桑輯要》卷三《栽桑・論桑種》　《齊民要術》：桑椹熟時，收黑魯椹，黃魯桑，不耐久，諺曰：『魯桑百，豐錦帛，』言其桑好，功省用多。《博聞録》：白桑少子，壓枝種之。若有子，可便種，須用地陰處。其葉厚大，得繭重實，絲倍每常。《士農必用》：桑之種性，惟在辨其剛柔，得樹藝之宜，使之各適其用。桑種甚多，不可偏舉，世所名者，荊與魯也。荊桑多椹，魯桑少椹。葉薄而尖，其邊有瓣者，荊桑也。凡枝幹條葉堅勁者，皆荊之類也。葉圓厚而多津者，魯桑也。凡枝幹條葉豐腴者，皆魯之類也。荊之類，根固而心實，能久遠，宜爲樹。魯之類，根不固而心不實，不能久遠，宜爲地桑。然荊桑之條葉不如魯桑之盛茂，當以魯條接之，則能久遠而又盛茂也。魯爲地桑，而有壓條、換根之法，傳轉無窮，亦是可以長久也。荊桑之類，宜飼大蠶，其絲堅紉，中紗羅。《書・禹貢》『厥篚檿絲』，注曰：『檿，山桑，此荊之類而尤佳者也』。魯桑之類宜飼小蠶。

又　栽條

《務本新書》：秋暮農隙時分，預掘下區。藉地氣，經冬藏濕，又分減栽時并忙。區方深各二尺之上，熟糞一二升，與土相和，納於區内。土宜北高南下，以留冬春雨雪。餘區準此。臘月内，揀肥長魯桑條三二根，通連爲一窠，快斧斫下，即將楂頭於火内微微燒過，每四十五條與稈草相間作一束，臥於向陽阬内阬深長三四尺，當預掘下，防冬深地凍難掘，以土厚覆。春分已後取出，卻將元區跑開，下水三四升，布粟三二十粒。將條盤曲，以草索繫定，臥栽區内，覆土約厚三四指，如或出露條尖三二寸，覆土宜厚尺餘，俱當堅築。仍以虛土另封條尖，已後芽生，虛土自充。先於區南種蘇，地宜陰濕，時時澆之。若全臥栽者，已後逐旋添土，芽條長高，斫去傍枝，三年可以成樹，或就作地桑。

又　栽桑梢

據埋頭栽桑，斫下桑梢，相連三二枝爲一窠，栽如前法。或於蘿蔔内穿過一枝，假借氣力更妙。掘區堅埋依前法。

壟種桑條。秋耕熟地，二月再擺勻，東西起場，約量遠近，撥土為區。將臘月元埋桑條，栽依前法。或是單根長桑條，依上栽之亦可。

栽種桑條者，若舊桑多處，可以多斫萌條；若是少處，又慮斫伐太過，次年誤蠶。故具種椹、壓條、栽條之法，三者擇而行之。

元　王禎《農書》卷五《農桑通訣五・種植篇第十二》　桑種甚多，不可偏舉，世所名者，荊與魯也。荊桑多椹，魯桑少椹，葉薄而尖，其邊有瓣者，荊桑也。凡枝幹條葉堅勁者，皆荊之類也。葉圓厚而多津者，魯桑也。凡枝幹條葉豐腴者，皆魯之類也。荊之類，根固而心實，能久遠，宜為樹；魯之類，根不固心不實，不能久遠，宜為地桑。然荊之條葉不如魯葉之盛茂，當以魯桑條接之，則能久遠又盛茂也。魯為地桑，而有壓條之法，傳轉無窮，是亦可以久遠也。荊桑所飼蠶，其絲堅韌，中去聲紗羅用。《禹貢》稱『厥篚檿絲』，注曰：檿，山桑。此荊之産而尤佳者也。魯桑之類，宜飼小蠶。《齊民要術》曰：『收椹之黑者，剪去兩頭，惟取中間一截。蓋兩頭者，其子差細，種則成鷄桑、花桑，中間一截，其子堅栗，則枝幹堅强，而葉肥厚。將種之時，先以柴灰淹揉，次日水淘，去輕秕不實者，曬令水脉才乾，種乃易生。按：收椹一條乃節取陳旉《農書》，非《齊民要術》也，下慎勿採沐五十二字，方是引《齊民要術》耳。仍當畦種，常薅令浄，慎勿採沐，大如臂許。正月中移之，十步一樹，行欲少掎角，不用正相當。凡耕桑田，不用近樹，犁不著處，斸土令起，斫去浮根，以蠶矢糞之剶桑。十二月為上時，正月次之，二月為下，大抵桑多者宜苦斫，桑少宜省剶。』《農桑要旨》云：『平原淤壤，土地肥虛，荊桑、魯桑種之俱可，若地連山陵，土脉赤硬，止宜荊桑。』

明 潘游龍輯《康濟譜》農桑卷一〇《桑》 王盤曰：桑種甚多，不可遍舉，世所名者，荊與魯也。荊桑多椹，魯桑少椹，葉薄而尖，其邊有瓣者，荊桑也。凡枝幹條葉堅勁者，皆荊之類也。葉圓厚而多津者，魯桑也。凡枝幹條葉豐腴者，皆魯之類也。荊之類，根固而心實，能久遠，宜爲樹。魯之類，根不固心不實，不能久遠，宜爲地桑。然荊之條葉不如魯葉之盛茂，當以魯桑條接之，則能久遠而又盛茂也。魯爲地桑，而有厭條之法，傳轉無窮，是亦可以久遠也。荊桑所飼蠶，其絲堅韌，中去聲紗羅用。《禹貢》稱『厥篚檿絲』。注曰：檿，山桑，此荊之美而尤佳也。魯桑之類，宜飼大蠶，荊桑宜飼小蠶。《齊民要術》曰：收椹之黑者，剪去兩頭，惟取中間一截。蓋兩頭者，其子差細，種則成雞桑、花桑；中間一截，其子堅栗，則枝條堅强而葉肥厚。將種之時，先以柴灰淹揉，次日水淘去輕秕不寔者，晒令水脉才乾，種乃易生。

明 王象晉輯《桑麻葛譜·桑》 桑種甚多，不可遍舉，世所名者，荊與魯也。荊桑多椹，葉薄而尖邊有瓣。凡枝葉堅勁者，皆荊類也。魯桑少椹，粗圓厚而多津，凡枝葉豐腴者，皆魯類也。荊類根固而心實，能久，宜爲樹。魯類根不固心虛不能久，宜爲地桑。荊葉不如魯之盛，當以魯條接荊，則久而又茂。魯爲地桑，有壓條法，傳轉無窮，是亦可以久遠者也。荊桑飼蠶，其絲堅韌，中紗羅用。魯桑宜飼大蠶，荊桑宜飼小蠶。此外又有姨桑、檿桑、山桑。《禹貢》『厥篚檿絲』，是也。桑生黃衣，謂之『金桑』，木將稿，蠶食必病。樹下每年耕，用糞，則葉肥嫩，構接則葉大。桑白皮，利小水，肺中有水氣及肺火有餘者用之。葉多積，荒年可濟饑，亦可喂猪羊牛馬。蠶事既畢，令人採取晒乾，收貯備用。

明 徐光啓《農政全書》卷三二《栽桑法》 《士農必用》曰：種子宜新不宜陳。新椹種之爲上，隔年春種多不生。蔭畦搭棚爲上，穄麻次之，黍苗又次之。桑芽出，間令相去五七寸營造尺寸也，他倣此，頻澆，過伏，可長至三尺。割去穄麻。至十月內，附地割了，撒亂草，走火燒過火不可大，恐損根，糞草蓋。至來春，把耬去糞草，澆。每一科自出芽三數箇，留旺者一條。已成根則不須蔭，可頻澆。至秋，魯桑可長五七尺，荊桑可長三四尺。魯桑可移爲地桑，荊桑可移入園養之。

又《士農必用》曰：園内養成荊魯桑小樹，如轉盤時，於臘月內，可去不便枝梢。小樹近上留三五條，椀口以上樹，留十餘條，長一尺以上，餘者皆科去。至來春，桑眼動時，連根掘來。於漫地內，濶八步一行，行內相去四步一樹，相對栽之。栽培澆灌如前法。桑行内種田，闊八步，牛耕一繳地也。行内相去四步一樹，破地四步，已奀可成大樹。相對則可以横耕。故田不廢墾，桑不致荒。荊棘圍護，當年横枝上所長條，至臘月，科令稀匀得所。至來年春，便可養蠶。

明 佚名《便民圖纂》卷四《論桑種》 桑種甚多，不可偏舉，世所名者，荊與魯也。荊桑多椹，魯桑少椹。荊桑之葉尖薄，得繭薄而絲少。魯桑之葉圓厚，得繭厚而絲多。若葉生黃衣而皺者，號曰金桑，蠶不可食，木亦易稿。

清 楊屾《豳風廣義》卷一 於臘月揀肥大魯桑，或絶好的柔桑，總要肥大葉厚多津者，素日驗看停當。嫩條二三枝，通連爲一科，用快刀砍下，每四五十條與秆草相間，共作一束，卧於向陽坑内深長各三四尺，當預先掘下，防冬深地凍難掘，如桑條多，更掘大些，不必太拘，以土覆起高堆。候春分前三五日，取出坑内桑條，即將預先掘下區子跑開，下水三四升，撒粟二三十粒，將桑條盤成圓圈，以草索縛定，卧放區內。外露出稍尖三四寸，填土尺餘厚，宜築令實。仍以虛土另封條尖，枝上芽生，虛土自脫。先於區南種穄麻，以遮烈日。若不遮蓋，經三伏必死。地宜常常陰濕，如乾即澆。若久乾則死。芽條長高，砍去旁枝，數年則成樹矣，或即作地桑，亦可。

清 蒲松齡《農桑經·種桑法十則》 腊月，埋桑條，候春分前後取出。揀有萌芽處，各盤七八寸或一尺，掘區下水，卧條栽之。覆土約厚三四指，以手按匀。東、西、南種麻五六粒。五月後，芽微高，旋添糞。或揀魯桑，秋間，埋頭深栽，得力更疾。

又 臘月，揀長魯桑條二三枝，通連為一窠，快斧斫下，將楂頭微燒，每四五條與稈草相間作一束，卧於向陽坑內，以土厚覆。

春分以後，取出，却將原區爬開，下水三四升，布粟二三十粒，將條盤曲，以草索繫定，臥栽區中，覆土三四指。如或露出條尖二三寸，覆土宜厚尺許，俱當堅築，仍以虛土另封條尖。後芽生，虛土自脫。先於區南種麻，地宜濕，時時澆之。若全臥栽者，宜逐窠添土，芽條長高，斫去旁枝。三年可以成樹，或就作地桑。

又 桑：宜伏內取魯桑條，掘罨如秧葡萄法，或劈馬蹄，如揷石榴法。

清 鄂爾泰《授時通考》卷七六《桑政門·種類》

《農桑要旨》：平原淤壤，土肥地虛，荊葉魯桑，種之俱可。若地連山陵，土脉赤硬，止宜荊桑。

又《齊民要術》：種取黑魯葚，黃魯葚不耐久。諺曰：「魯桑百，豐絲帛。」言其桑好，功用省力。

又《農桑通訣》：桑種甚多，不可偏舉，世所名者，荊與魯也。荊桑多葚，魯桑少葚，葉薄而尖，其邊有瓣者，荊桑也。凡枝幹條葉堅勁者，皆荊桑類也。葉圓厚而多津者，魯桑也。凡枝幹條葉豐腴者，皆魯之類也。荊之類，根固而心實，能久遠，宜為樹。魯之類，根不固心不實，不能久遠，宜為地桑。然荊之條葉不如魯葉之茂盛，當以魯葉條接之，則能久遠，而又盛茂也。魯為地桑而有壓桑之法，傳轉無窮，是亦可以久遠也。荊桑所飼蠶，其絲堅韌，中紗羅用。《禹貢》稱『厥篚檿絲』。注曰：檿，山桑也。此荊之美而尤者也。魯桑之類，宜飼大蠶，荊桑宜飼小蠶。

又《齊民要術》載：收葚之黑者，剪去兩頭，惟取中間一截。蓋兩頭者，其子差細，種則成鷄桑、花桑，中間一截，其子堅栗，則枝幹堅强而葉肥厚。

又《士農必用》：種子，宜新不宜陳。新葚種之爲上，隔年春種，多不生。蔭畦搭棚爲上，蘇麻次之，黍苗又次之。桑芽出，間令相去五七寸營造尺寸也，他仿此，頻澆。過伏，可長至三尺。割去蘇麻。至十月內，附地割了。撒亂草，走火燒過，火不可大，恐損根，糞草蓋。至來春，把樓去糞草，澆。每一科自出芽三數箇，留旺者一條。已成根，則不須蔭，可頻澆。至秋，魯桑可長五七尺，荊桑可長三四尺。魯桑可移為地桑，荊桑可入園養之。

又地桑之功，惟在治之如法，不致荒燥。無樹桑之家，純用地桑，則人力倍省。有樹桑兼地桑之家，樹桑既成，地桑可止而勿用，加三澆之功，使之滋長。至其蠶大眠之後，或樹桑不能時至，則可槩取地桑，使晚蠶至終者不至缺食。

又布地桑法：墻圍成園，將園內地，或牛犁、或钁斸熟。方五尺內掘一坑每地一畝合栽二百四十科，方深各二尺。坑內下熟糞三升生糞不中，壯地少用，和土勻，下水一桶，調成稀泥。將畦內種成魯桑連根掘出一科，自根上留身六七寸，其餘截去，截斷處，火鏊上烙過。每一坑栽一根，將根坐於泥中欲疾見功者栽二根，按至坑底，提三五次欲令根須皆順，按桑身填與地平，擁周圍熟土，令坑滿，次日築實。匝坑四邊築下土，至半坑，根下土自實。不實則根土不相著，多懸死。上半坑，擁熟土輕築，令平滿附身土不宜築實，實則芽難生，用虛土封堆如大鏊子様，可厚五七寸，周圍自成環池，水澆於內。芽出於土四五指，每一根止留一二條澆鋤如法，當年可長五尺餘，次年，附根割條葉飼蠶。須用厚背鋼鐮，一割要斷，鈍鐮一割不能斷，則修楂又齊，雨侵傷根。地桑不要放出身，只要躲從土中長，出身出土，名爲脚高，身上所長條不旺，又多被風雨擺折。割過處，每一根盤周圍數芽出，每一科可許留四五條，餘者間去。年年附地割之，根漸旺，留條漸多。野魯桑根科，栽之亦可。全如前法也，桑三年後正長旺，五年後根相交，根交則不旺。春時將相交根砍斷掘去，添上糞土，或澆過、或得雨，即復長旺。次後斟酌，其根欲大，將壓成栽子，圍別園如前法。栽之三年後，新桑茂盛，養蠶砍桑時，將舊桑根上只斫一條，隔年自成一根，分出栽爲行桑，如此傳轉，無有盡期。然魯桑斫飼蠶，其絲少堅韌，可斟酌栽荊桑樹，於大眠後以葉間飼之。

又種藝之宜，惟在審其時月，又合地方之宜，使之不失其中。春分前後十日，十月內，并爲上時。春分前後，以及發生也。十月號陽月，又曰小春，木氣生長之月，故宜栽培，以養元氣。此洛陽方左千里之所宜，其他地方，隨時取中可也。又曰：『桑者，易生之物，除十一月不生活，餘月皆可。』仍須於園內稀種蘇或麻黍爲蔭，每歲三月三日晴雨，卜桑之貴賤。

又養桑法：墻圍成園，大小隨人所欲。將園內地耕斸熟，方三尺許掘一坑。坑之方澤下糞水，與栽地桑法同。將畦內種出荊桑全條連根掘出，栽培亦如前法。但所築實土與地平，上復用土封身一二尺，周圍自成環池。無雨則澆。待桑身長至一大人高，割去梢子，則横條自長。任令滋長，休科去新條，當春不宜科，科了數年不旺，十二月內或次年正月科則不防。如澆治有功，至秋可長大如壯椽。十月內或次年春，可移爲行桑。若不如此，於園內養成，從小便栽爲行桑者，多被風雨、孳畜損傷。

野荊桑不成身者，移根於園内養之亦同。栽培如地桑法，芽出留旺者一條，長至如大人高，其科養法如前。

又春氣初透時，將地桑邊旁一條，梢頭折了三五寸，屈倒於地空處，多用栽子，多屈幾條隨人所欲，地上先兜一渠，可深五指餘，卧條於内，用鈎橛子即釘住，條短則二個，長則三個，懸空不令著土。其後芽條向上生，如細杷齒狀，横條上約五寸留一芽，其餘剝去。可飼小蠶。至四五月内，晴天巳午時間，横條兩邊取熟塘土擁横條上成壟，横條即為卧根，至晚澆其根科。當夜卧根生鬚。至秋其芽苗為條身，至十月或次年春分前後際，卧根二頭截斷取出土，隨間空處斫斷一根拐子樣，每一根為一栽。此法出引栽子無窮。

又插條法：墻圍成園，掘坑如地桑法，大葉魯桑條上青眼動時，科條長一尺之上，截斷兩頭烙過。每一坑内微斜插三二條，待芽出封堆虚土三五寸，每一根科止留一條，至秋可長數尺，次年割條葉飼蠶。止怕當年三伏日，澆蔭不缺，無不活者，畦内插亦可。如當處無可采之條，預於他處摘下大葉魯桑，臘月割條藏於土穴如藏花果法，接頭透風則乾了，候至桑樹條上青眼動時，穴開藏條上眼亦動，截烙栽培用度如前。

又園内養成荊魯桑小樹，如轉盤時，於臘月内可去不便枝梢。小樹近上留三五條，椀口以上樹留十餘條，長一尺以上，餘者皆科去。至來春桑眼動時，連根掘來，於漫地内，闊八步一行，行内相去四步一樹，相對栽之。栽培灌澆如前法，桑行内種在闊八步，牛耕一繳地也。行内相去四步一樹，破地四步，已奭可成。大樹相對，則可以横耕，故田不廢墾，桑不致荒。荊棘圍護，當年横枝上所長條，至臘月科令稀匀得所，至來年春便可養蠶。

又 夫地桑本出魯桑，須以魯桑萌條，如法栽培。揀地肥旺者，約留四五條，鋤治添糞。條有定數，葉不煩多，衆葉脂膏，聚於一葉，其葉自大，即是地桑。栽地桑法，秋時於熟白地内，深耕一圍如壟，加糞撥土爲區，如無牛摳區，亦可。春分前後，取臘月所埋桑條，揀有萌芽處，各盤七八寸或一尺，鍬區下水，卧條栽之。覆土約厚三四指深，厚則難生，以手按匀，區東南西種穇五七粒。五月之後，芽葉漸高，旋添糞土。已後條高，便作地桑，或揀魯桑窠兒，秋間埋頭深栽，更疾得力。

清 韓夢周《蠶桑實濟》卷一《樹桑捷驗》 各處所產殊異，不可盡述，總名之曰荊桑、魯桑。荊桑多椹，魯桑少椹，凡枝幹條葉堅勁，其葉小而邊有鋸齒者，皆荊之類也，荊桑根固而心實，能久遠，宜爲樹桑。樹桑者，長成大桑之謂也。魯桑之根不固，心不實，不能久遠，宜爲地桑。地桑，稠栽地上，每年割取，不令成樹。然荊之條葉不如魯之條葉茂盛，當以魯桑條接荊桑之身，則茂盛而亦久遠。魯桑其葉肥厚，柔軟多津，宜飼初生之蠶；荊桑葉堅硬少津，宜飼大眠以後之蠶。初蠶不可多飼荊桑葉，多飼則有裂腹之患，但於大眠後與魯桑間飼，則絲頭必硬，而且堅韌。

又 有一種野魯桑亦可移植，冬春上糞，早則澆灌，年年盛茂。三年後正長旺，六年後根相交，根交則不旺。春時將相交根斫斷掘去，添上糞土，或得雨、或澆過，即復長旺。其根漸大，壓成種子，移別園。如前法，栽之三年後，新桑茂盛，養蠶斫桑時，將舊桑根上只留一條，隔年自成一株，分出栽爲行桑，如此傳轉，無有盡期。然魯桑飼蠶，其絲不堅韌，可斟酌栽荊桑樹數株，俟蠶大眠後，採葉與魯桑相間飼之。地桑須於園内栽之，有草則鋤，無雨則澆，比及蠶生，可澆三次，其葉自然早生。桑種自有早生葉，遲生葉者，須擇其早生葉者爲地桑。其行間宜種豆，兩不相妨，且豆性發桑，勝於芝麻瓜蔬。

清 韓夢周《蠶桑實濟》卷一《桑樹捷驗》 於臘月揀肥大魯桑或絕好的柔桑，總要肥厚葉大多津者。素日驗看停當，嫩條二三枝通連爲一科，用快刀砍下，每四五十條與穀草相間共作一束，臥於向陽坑内深長各三四尺，當預先掘下，防冬深地凍難掘，如桑條多，更掘大些，不必大拘。以土覆起高堆。候春分前三五日，取出坑内桑條，即將預先掘下區子跑開，下水三四升，撒粟二三十粒，將桑條盤成圓圈，以草索縛定，臥放區内，外露出梢尖三四寸，填土尺餘厚，宜築令實。仍以虚土另封條尖，枝上芽生，虚土自脫。先於區南種穇麻遮烈日。若不遮蓋，經三伏必死。地宜常常陰濕，如乾則澆。若久旱則死。芽條長高，砍去旁枝，數年則成樹矣，或即作地桑亦可。

清 郝懿行《寶訓》卷三

諺曰：『魯桑百，豐錦帛。』解見下，言其桑好功省用多。

《夏小正》三月攝桑注：桑攝而記之，急桑也，妾子始蠶，注：先妾而後子，言事自卑者始。執養宮事注：執，操也。養，長也。《典術》：桑，箕星之精。《陰陽書》云：三月三日，欲陰不雨則蠶善。蜀中春月，村市聚爲歡樂，爲蠶市。《爾雅》：桑辦有葚梔。注：辦，半也。疏云：桑樹一半有葚，半無葚爲梔。辦音片。女桑、桋桑注：今俗呼桑樹小而條長者為女桑樹。《汜勝之書》：種桑法，五月取椹著水中，即以手漬之，以水洗取子，陰乾，治肥田十畝，荒田久不耕者尤善，好耕治之，每畝以黍椹子各三升，合種之，黍桑當俱生。鋤之桑，令稀疏調適。黍熟穫之，桑生正與黍高平，因以利鐮摩地刈之，曝令燥，後有風放火燒之。桑至春，生一畝食三箔蠶。《齊民要術》：桑椹熟時收黑魯椹。黄魯桑，不耐久。即日以水淘取，曬燥，仍畦種治畦下種，一如葵法，常薅令净。《博聞録》：白桑少子，壓枝種之，若有子可便種，須用地陰處，其葉厚大得繭重實，絲每倍常。桑種甚多，不可偏舉世所名者荆與魯也，荆桑多椹，魯桑少椹，葉薄而尖，其邊有瓣者，荆桑也。凡枝幹條葉堅勁者，皆荆之類也。葉圓厚而多津者，魯桑也，凡枝幹條葉豐腴者，皆魯之類也。荆桑之條葉不如魯桑之盛茂，當以魯條接之，則能久遠而又盛茂也。荆桑之類，宜飼大蠶，魯桑之類宜飼小蠶。《務本新書》：四月種椹二月種舊椹。《士農必用》：種子宜新不宜陳。新椹種之為上，隔年春種多不生，蔭畦搭棚為上，穄麻次之，黍苗又次之。《韓氏直説》：地桑須於近井園内栽之，有草則鋤，無雨則澆，其葉自然早生。案：《務本新書》地桑本出魯桑，以魯桑萌條，如法栽培，揀肥旺者約留四五條，鋤治添糞，其葉自大，即是地桑。《齊民要術》：桑椹畦種，明年正月移而栽之仲春季春亦得。率五尺一根大都種椹長遲，不如壓枝之速，無栽者乃種椹也，其下常斸掘，種绿豆、小豆二豆良美潤澤益桑，栽後二年慎勿採沐小采者長倍遲。案：農家移栽，為轉盤桑同果樹，一移一旺，舊根斫斷，新根即向下生，故長旺久遠，又桑間鐵腥愈旺，又壓桑法須取栽者正月、二月中以鈎杙壓下枝，令著地，條葉生高數寸，仍以燥土壅之土濕則爛。明年正月中截取而用之住宅上及園畔者固宜，即定其田中種者，亦如種椹法，先概種二三年，然後更移。《士農必用》：春氣初透時，將地桑邊傍一條梢頭截了三五寸，屈倒於地空處，地上先兜一渠，可深五指餘，卧條於内，用鈎橛子攀釘住條短則二個，長則三個，懸空不令著土，其後芽條向上生，如細杷齒狀，横條上約五寸留一芽，其餘剝去。可飼小蠶至四五月内晴天巳午時間，横條兩邊取熱溏土擁，横條上成壟，横條即為卧根，至晚澆其根科。當夜卧根生須至秋其芽條皆爲條身，至十月或次年春分前後際，卧根根頭截斷取出，隨間空處斫斷一如拐子樣，每一根爲一栽此法萌芽栽子無窮，又插條法墻圍成園，掘坑如地桑法，大葉魯桑條上青眼動時，科條長一尺之上截斷，兩頭烙過，每一坑内微斜插三二條栽培如地桑法。待芽出，封堆虚土三五寸，每一根科止留一條，至秋可長數尺，次年割條葉飼蠶，如當處無可採之條，預於他處擇下大葉魯桑，臘月割條，藏於土穴。如藏花果，接頭透風則乾了。候至桑樹條上青眼微動時開穴，所藏條上眼亦動但黄色。截烙栽培用度如前，案：前論栽地桑法，掘阬方深各二尺，阬内下熟糞三升，和土匀，下水一桶，調成稀泥，將魯桑連根掘出，自根上留身六七寸，其餘截去，截斷處火鏊上烙過。每一阬栽一根將根坐於泥中，按至阬底，提三五次，按桑身頂與地平，擁周圍熟土令坑滿，次日築實。上半阬擁熟土輕築，令平滿，用虚土封堆，可厚五七寸，周圍自成環池。

清 程岱葊《西吴蠶略》卷上

種接桑樹

桑之種類極多，大抵就地而名之，不可枚舉。湖之所名，惟家桑、野桑二種。野桑多椹，葉薄而尖，古所謂荆桑也，家桑少椹，葉圓厚而多津，古所謂魯桑也。

清 崔應榴彙纂，錢馥補輯《蠶事統紀》卷八《飼養》 用葉

《典術》：桑木，箕星之精。蠶食葉，為文章。

王禎《農書》：桑種甚多，不可偏舉。世所名者，荆與魯也。荆桑所飼蠶，其絲堅韌，中紗羅用。《禹貢》稱厥篚檿絲，注云：檿，山桑，此荆之美而尤者。魯桑之類，宜飼大蠶，荆桑宜飼小蠶。《韓氏直説》：蠶向眠时，量黄白分數，抽減所飼之葉，十分黄光，急須擡過。擡過時住食，起齊時投食。抽減眠蠶之葉，使之速眠，不致覆壓。專飼未眠之蠶，使之速眠。不惟眠起得齊，且無葉罨燠熱之病。

清 杜文瀾《古謡諺》卷三七《魯桑諺》 《齊民要術》卷五，《種桑柘篇》。桑柘熟時，收黑魯椹。孫注云：黄魯桑，不耐久，諺曰云云，言戀粲好。功省用力。魯桑百，豐錦帛。

清 馮祖繩《救貧捷法·桑·摘桑》 魯桑宜摘葉，樹高者用梯摘，庶不傷枝。遠者強者斫之。于回腕處枝楂既順，精脈不出，葉必茂盛。高枝不用梯，須置桑几如橙［凳］下列桄凳級，斯易摘葉，又不傷樹。

清 李聿求《桑志》卷二《桑之類》

《齊民要術》：種取黑魯椹，黄魯椹不耐久。諺曰：『魯桑百，豐絲帛』，言其桑好功用省力。

《郭橐駝種樹書》：鷄脚桑葉花而薄。

《郭橐駝種樹書》：白桑葉大如掌而厚。

《郭橐駝種樹書》：先葚而後葉者，葉必少。

顔師古《漢書注》：檿，山桑，有點文者。

杜陽《雜編》：彌羅國有桑，覆地而生，大者十數頃，小者蔭百畝。

陳旉《農書》：海桑低亞。

《農桑要旨》：平原淤壤，土肥地虛，荆桑、魯桑種之俱可。若地連山陵，土脉赤硬，止宜荆桑。

清　周凱《種桑詩説》《蠶桑輯要合編》　余自荊之遠安，購小桑八百餘株，種之大隄之上，皆柔桑也。移栽未善，活者十之七，訪之老農，得栽種法。及考襄陽本有桑，葉尖小而缺有刺，性堅不宜蠶。居民以桑爲界，取其易生，長卽伐之，卽飼蠶得繭，僅堪爲帛，售諸豫人，以爲綿綢。其桑葢荊桑類也。按《農書》：荊桑薄而尖，枝幹條葉堅勁。魯桑圓厚多津，枝幹條葉豐腴。荊桑心實可爲樹能久遠，當以魯桑枝接之，則久遠而又盛茂也。

清　周凱《種桑詩論》《皇朝經世文編》卷三七　按《農書》：荆桑薄而尖，枝幹條葉堅勁，魯桑圓厚多津，枝幹條葉豐腴。荆桑心實，可為樹，能久遠，當以魯桑枝接之，則久遠而又盛茂也。

清　黃輔辰《營田輯要・外篇・雜植》　桑。種甚多，不可偏舉。枝幹條葉堅勁者，荊桑也。葉厚而多津者，魯桑也。荊桑耐久，不如魯桑之盛。當以魯葉接條於荊桑，則經久而葉豐腴。魯桑宜種地，荊宜種墻垣。鷄桑葉花而薄，飼蠶，得繭薄而絲少。白桑葉大而厚，得繭厚而絲多。金桑葉黃樹老，而蠶不食。

（同治）《昌黎縣志》卷四　桑有二種，魯桑葉大而厚，花桑葉小而薄。

清　陸獻《山左蠶桑考・課桑事宜》　《王磐農書》荆桑多椹，荆之類，根固而心實，能久遠，宜爲樹。魯桑少椹，魯之類，根不固，心不實，不能久遠，宜爲地桑。然地桑有壓條之法，傳轉無窮，是亦可以久遠也。

又《農書》：『荆桑能久遠，其條葉不如魯桑之盛茂，當以魯桑條接之，則能久遠而又盛茂也。』按：俗説用新斧先斫魯桑一二下，再斫去椹。桑枝斫後，發芽變爲魯桑，木得金而化，蓋物理之自然者。

清　楊蔚本《養蠶説》《皇朝蓄艾文編》卷二〇　桑椹熟時，收黑魯椹。諺云：『魯桑百，豐錦帛。』言桑好，功省用多。白桑少子，壓枝種之。有子，便可種，須地陰處。其葉豐腴，得繭重大，絲每倍常。

又　魯桑萌條，如法栽培，選肥壯者留四五條，鋤治添糞，條有定數，葉不繁多，衆葉膏脂聚於一葉，其葉自大。　至其栽法，秋後栽白地就壠加糞，如無牛，掘區亦可。春分前後，取臘月所埋桑條，看有萌芽條，各盤六七寸，或一尺，掘區下水，臥條栽之，覆土約厚三四指深，厚則難生，以乎按勻。五月之後，芽葉微高，擁糞土，已後條高，便作地桑，惟在治之如法，不致荒燥。

布地桑法，於耕熟地內方五尺內掘一坑，方深各二尺，坑內下熟糞三升，和土勻，下水一桶，成稀泥。將種成魯桑連根掘一科，自根上留六七寸，餘截去，截斷處火熬上烙過，每一坑栽一株。將根坐於泥中，按至坑底，提四五次，使根鬚舒順，桑身頂與地平，周圍擁熟土，令坑滿，次日築實。上半坑輕築，令平滿，用虛土封堆，周圍自成環池。茅出土四五指，止留二三條，次年附根割條葉飼蠶。須用厚背剛鐮，一割要斷。又地桑不宜放出身條，從土中長出，身出土則條不旺。割過處每一根盤，周圍數芽出，留三條。年年附地割之，根漸旺，條漸多，三年後正長旺。五年後根相交，則不旺。春時將相交根斫斷，添糞土澆水，卽復長旺。若三年後新桑茂盛，斫桑時，舊桑上留一條，隔年自成一樹，分出栽爲行桑，傳轉無盡。魯桑所飼蠶絲少堅靭，酌栽荊桑，於大眠後取葉間飼之。

又　臘月內揀肥長魯桑條，快斧斫下，將楂頭於火內微微燒過。每四五十條與稈草相間作一束，臥於向陽坑內。坑深三四尺，當預掘就，免冬深地凍。以土厚覆，春分後取出。將所掘坑下水三四升，布粟三二十粒，將條盤曲，以草繫定，臥栽坑內，封土約厚三四指，或露條尖三二寸，覆宜厚尺於堅築，仍以虛土封，條尖芽生，虛土自充。栽處地宜陰濕，時時澆之。若全臥栽者，已後旋添土，條芽長高，斫去傍枝，三年可以成樹，或就作地桑。

清　包世臣《齊民四術》卷一下《農下・蠶桑》　桑，有二種：魯桑，一名湖桑，葉厚大而疏，多津液，少椹。飼蠶，蠶大得絲多。荆桑，一名雞桑，一名黑桑，葉尖而有瓣，小而密，先結子後生葉。飼蠶，蠶小得絲少。然荆桑心實耐久，且生葉早，可為樹桑，飼蟻及頭眠。魯桑枝豐不耐久，生葉遲，可為地桑，飼老蠶。桑不宜遠居，便采折，便修治。種之有種椹、壓條二法。壓條易長而難得，宜兼用之。椹熟，收黑魯桑椹，水淘淨，曬乾。及四月耕地令熟，糞而勞之，為溝塍，以黍、桑子各三升，蠶沙三斗種之。輕概平，勿令土厚壓。

（光緒）《新會鄉土志輯稿》卷一四　桑悉是魯桑，種依根刈法而栽植之，分布甚密，畦間約二尺，株間不過數寸。年中耕耘一次，施肥二次。

自三月至九月分六造收葉，每造約得桑四百斤，每百斤價銀五六錢至二三兩不等。桑葉之貴賤，恒視蠶造之豐凶。

清 曹笙南輯《五畝居桑蠶清課》卷二《育蠶徵信篇·樹桑總説》 桑種之佳者，惟荊、魯二類。若雞桑、花桑、山桑，皆種之下者，不宜栽植。惟用接博法，則變成佳桑。荊桑，枝柔葉勁，其邊有瓣，能久遠，宜為高樹。魯桑，枝葉豐腴，圓厚多汁，不甚久遠，宜為地桑。地桑，翦採、治蟲，較高桑省力，且可壓條傳種，栽宜取。魯類，作低桑為佳，種甚較難，且亦稍遲，不如壓條之易而速也。

清 曾鉌《蠶桑備要》卷一《栽桑説》 辨桑種。桑乃箕星之精，東方生氣，蠶食葉之神木，爲世大寶，種類甚多，總名之曰荊桑、魯桑。凡椹多枝幹條葉堅勁，其葉小而邊有鋸齒者，皆荊之類，宜飼大眠以後之蠶。椹少枝幹條葉豐腴，葉圓大豐厚而多津者，皆魯之類，宜飼初生之蠶。初蠶不可多飼荊桑葉，恐有裂腹之患，但於大眠後與魯桑間飼，則其絲頭必勁而堅韌。以魯桑條接荊桑身，茂盛亦久遠。桑種宜擇凡本粗皮皺者，其葉小而薄，白皮而節疎芽大者，爲柿葉桑。其葉大而厚，堅繭而多絲，枝如藤蔓，葉如綢帛，謂之柔桑，飼蠶多絲而堅韌。有一種木理極粗，葉如扇面，光如沃油，謂之烏桑，甚宜初蠶。有一種紫藤之桑，枝如紫色之蔓高大而葉肥厚，飼蠶最好，或謂絲勝接桑。有一種白桑，其葉厚大，得繭重實，白桑種有自土魯番來者，椹形如馬乳、如珍珠，其味甘美，兼可充佳果。惟雞腳花桑葉、毛背桑葉不可用。

又《栽樹桑》 築牆成園，大小任意，將園內地耕熟，或栽行桑每株相去一丈，横直成行，以便耕種，行閒或種菉豆、黑豆、豌豆、芝蔴、穄子及瓜茄菜蔬，無不可者。上採桑葉，下種豆蔬，可謂兩益，而且發桑。但不可種麥穀，令桑不旺。不宜種藤蔓之物，纏繞桑枝，採葉之樹尤忌種大麥。地內種相去宜寬，若務桑園六七尺一株，須按品字樣，或栽牆下桑，或栽門前、家庭、阡陌、道旁、城壕、墳園、場圃。其法先掘一坑，深三尺許，寬窄量樹大小，務要寬綽有餘。九月至二月半栽之卽活。古人云，惟十一月栽之不活，今每於十一月内栽之皆活。或種出者，或盤壓成者，皆可移栽，魯桑宜多，荊桑宜少。

清 陳開沚《裨農最要》卷一《加魯桑飼法》 魯桑宜飼大蠶，然素食荊葉，突加魯葉，蠶多傷食，禁口而病魯桑汁濃，突多食，則漿凝氣結而死，宜荊魯間飼。如初加魯桑，宜二頓荊一頓魯，次宜一頓荊一頓魯，後可純用魯桑，亦有每眠起後，飼魯桑一頓者。

又 卷二《擇種》 飼蠶必先植桑，植桑必先擇種。然種類雖多，不過荊桑、俗呼油桑、砍桑魯桑俗呼盤桑盡之。荊桑多葚，葉薄而尖，邊有鋸齒，較魯桑略早，宜飼小蠶，樹亦耐久，然不如魯桑之茂。宜以魯桑條接之，則樹耐久而葉又厚大也。魯桑少葚，無葚者更佳，葉圓厚亦有長而厚者，俗名柳葉桑而多津液，較荊桑稍遲，宜飼大蠶。再以魯桑條接之，則葉愈厚而液愈多。如魯桑美，不接亦可。飼蠶家宜荊少魯多一分荊桑二分魯桑，至若鷄桑葉小如鷄嘴、花桑葉缺數瓣如花，非開花之桑、毛桑葉粗澀而背有毛，子多葉少，飼蠶則成薄繭，此桑之最劣者，宜鋸樹另接魯桑。

又 卷二《修桑》 魯桑無子者，只宜修條，不宜砍枝。修條，樹大者，葉數百斤。砍枝，樹大者，葉數十斤。不特樹大宜修，即小者亦宜修。魯桑秧去地三尺古法去地一尺，雖便採葉，卻防盜賊，割去其尖，俟發芽，只留三枝，餘皆揭去。俟三枝長尺餘，又割去其尖割尖、留條須在立夏以前，遲則發之不茂，若不取葉飼蠶，臘月割更好，每枝各留二芽，共六枝，至來年各從尺餘處割去飼蠶。俟發嫩條，每枝各留二條，共十二條，又來年各從尺餘處割去飼蠶。俟發嫩條，每枝各留二條，共二十四條。地不肥，桑不茂者，少留一層，只十二枝。亦有由二枝起，至四層共十六枝者。以後任其滋長，每年只采葉飼蠶，不必砍條，惟於臘月内臘月津液未上，又農隙正月前半月亦可，否則損津液。將枯枝、冗脞枝雖順生却稠脞、瀝水枝向下垂者、刺身枝向裏生者、駢指枝相并生砍去其小者一並砍去。皮上有桑耳、桑苔，用刀刮去若不刮去桑即枯槁，便成高大魯桑。

又 卷二《采葉有次第》 桑之生葉有早遲。荊桑早，魯桑遲，又荊、魯二種各有早遲。采葉即不可無次第，須擇其葉之較老者先采之，而留其嫩者，以俟其長，尤不可傷其芽嘴。蓋芽嘴方長，略遲旬日，便十倍於此時。且其味苦澀如瓜果未熟之類，非蠶所喜食也。

清 金步瀛《古今合纂殖桑法》第二章《播實法》第八節《移植》 移植時，不可不詳加選擇。其選擇法，可由外觀之狀態而鑑別之。蓋凡善良者，榦色灰白而肥大，節間屈折；芽小，略呈三角形；白色斑點散布榦上，併有長橢圓形之大斑，及圓形之小斑；葉形大而圓，葉肉厚，葉色深綠而有光澤，葉柄之分離痕爲半月形；直根長。不良者亞變種，榦之色濃，節間少屈折，或全無者；芽呈橢圓或紡錘形，比前者長大；榦上斑點略呈一樣；葉形小，或生缺刻，色淡肉薄，葉面粗糙而無光澤，葉柄分離痕常近圓形；直根短。此爲二者外觀狀態顯然不同之點，選別者卽就此不同之點，而定其傷劣，以爲取捨之南針可也。

上述苗木之選擇法，係指魯桑之實生苗言。蓋魯桑最易生亞變種，甚者過半數，故宜特別注意。至於其餘各種苗木之選擇法，大概與此相同，舉一反三，是在實行者。

桑種之善者，榦大而根多鬚，如髮蓬蓬然，不可櫛，是良種也。見《吳苑栽桑記》

又 **第五章《接木法》第一節《接木法對于桑葉上之重要》** 常考葉質優良之佳種，其根榦必不堅實，而堅實之根榦，其葉質又不若根榦不堅實者之優良。王禎《農書》曰：『荊桑之葉尖而薄，魯桑之葉圓而厚；荊桑之根固而心實，能久遠，魯桑之根不固，而心不實，不能久遠。』美惡各具，妍媸互見，倘不行截長補短之手段，以造成一完善無缺之新桑種，必難邀栽桑家養蠶家之歡迎。

清 李君鳳《蠶桑説·栽桑法》 葚少，葉圓大而豐厚者，魯桑之類。此桑多葉，葚難得，采葚種桑秧，宜留心另種。葚多葉少，邊有鋸齒者，荊桑之類。蠶食此桑葉，絲瑩潔。以魯桑條，接荊桑身更美。

清 吳宗周、陳幹材、徐謙山《蠶桑白話》卷一《栽桑秧》 桑樹大概分爲二種，一種喊他荊桑，就是未曾接過這種野桑廣桑。一種喊他魯桑，就是已經接過這種扒接桑廣接桑，湖桑也是差不多的樣子。

清 林心北、吳書年勸刻《蠶桑輯略·栽桑法則十六條·栽梢法》 魯桑少子，壓條、盤條二法，可以廣布無窮，此外又有栽梢法。

又 魯桑接魯桑，則葉愈厚而多津。荊桑接魯桑，則椹少而葉亦肥厚。畦内種成荊桑，培養到三年之初，宜擇魯桑枝條之肥美者，尤須向陽宿條，其氣壯而茂，新陰條不堪用。接時，擇其大如筯，長一尺者，削如馬耳。於本樹離地一尺處，將桑皮帶斜割開，如人字樣，刀口約寸半長，即將馬耳朝外向皮開處插入，使兩邊皮上脂水粘連。以桑皮纏定，牛糞和土封之，外包竹箬，草繩縛緊，勿令洩氣。清明後卽活，次年長成青條，可將本樹上截鋸去，用快刀削平，不削則鋸處火氣入木，生氣不旺也。以後便成高大接桑。

清 林楊光、王鎮西《蠶桑條説·平利縣王學官鎮西述呈蠶桑簡易説十九條》 葉邊無岔者，名爲魯桑，其種最佳。俟其熟黑之時，取來，手執細把，翦去稍頭一節，不去稍，則成花桑矣。然後用清水，將肉掏浄，另用燒柴之灰，將子放入灰内，拌勻陰乾，決不敢見太陽，見太陽則不出矣。

清 劉光蕡《修齊直指評》卷一 須要栽種下的魯桑秧子，一畝約栽二百四十坑，雖不及樹桑耐久，而獲利甚速。凡栽樹九月至三月皆活，惟栽桑樹，亦不論冬夏。但荊桑葉不如魯桑葉肥大，宜將魯桑壓接於荊桑樹，枝葉愈肥大。接有插接、根接、劈接、枝接、搭接數法，而皆不如壓接易生。

清 劉清藜補輯《蠶桑備要·栽桑説》 栽地桑 濟急救困莫如地桑之速，凡河決水淹之地，地少人貧之處，地桑一畝，歲可收絲九觔，布後次年，即可飼蠶三箔，三年後可飼五六箔。其法，築墻成園，將園内地耕熟，相去五尺掘一坑每畝該掘二百四十區，廣深各二尺，每坑内下熟糞三升，合土令勻，下水一桶，調成稀泥，將畦内種成魯桑。不用荊桑連根掘出一科，自根上留身五六寸，其餘截去或止留身二指寬，祇須有一條眼，發出就是一壯股，省科樹桑地桑初栽皆可用此法。將樹頭截處用火微烙，以收津液，埋與土平，謂之埋頭樹，再發出樹條更旺。每一坑栽二根，將根坐於泥中欲速見功者栽三根。按至坑底，提三五次，按桑身略與地平，壅周圍熟土令坑滿，次日築實，再壅熟土輕築，令平滿。附身土不可築實，實則芽難生。用虚土封堆，如鏊背子様，可厚五六寸，周圍自成環池。亦可容水。芽出土長三四寸時節，揀不旺者掐去，每一株止留旺者一二本澆鋤如法，當年可長五尺高，次年附根割條，到家揀葉飼蠶。割須用厚背鋼鐮，一割要斷，若鈍鐮，不能遽斷則傷根皮，有雨則根必傷。蓋地桑不要放出身來，只要從土中長出，若身出土，名爲脚高，條既不旺又多被風雨擺折。割過處，每一根盤周圍生出數芽，每一科可留六七條大約割一條，再發芽留兩條，年年如是，一年多於一年，餘者减去，年年附地割之，愈割愈旺，留條漸多。有一種野魯桑亦可移植，冬春上糞，旱則澆灌，年年茂盛。三年後正長旺，六年後根相交，根交則不旺，春時將相交根砍斷掘去，添上糞土，或得雨、或澆過，即復長旺。次後斟酌，其後漸大，壓成栽子，圍別園，如前法，栽之三年後新桑茂盛。養蠶砍桑時，將舊桑根上只留一條，隔年自成一株，分出栽爲行桑，如此傳轉無有盡期。然魯桑飼蠶其絲不堅韌，可斟酌栽荊桑樹數株，俟蠶大眠後，採葉與魯桑相間飼之。地桑須於園内栽之，有草則鋤，無雨則澆，比及蠶生，可澆三次，其葉自然早生。桑種自有早生葉、遲生葉者，須擇其早生葉者為地桑。其行間宜種豆，兩不相妨。且豆性發桑，勝於芝麻瓜蔬。

清 姚紹《南海縣蠶業調查報告》《農學報》第二百五十期 桑之種類，桑有魯荊兩種，椹少葉圓大而豐厚者，皆魯桑之類。椹多葉少狀若鋸齒者，皆荊桑之類。

清 沈練，仲學輅輯補《廣蠶桑説輯補》卷上《培養桑樹法十九

條》　桑種甚繁，以荷葉桑、黃頭桑、木竹青爲上。取其條幹堅實，眼眼發頭也。別有一種火桑，視他桑較早，可飼早蠶，且雨過即乾，飼蠶家宜多植。若住基寬曠，牆下可以植桑，宜覔富陽望海第種植之。其大者可得葉數石，能不令蟲蛀及水灌其根，則愈老愈茂，不以年遠而敗。

《蠶桑輯要》曰：桑本箕星之精，種類不一。葚少，葉圓大而豐厚者，皆魯桑之類；葚多，葉小邊有鋸齒者，皆荆桑之類。荆桑宜飼初生之蠶，魯桑宜飼三四眠以後之蠶。

按：魯桑之類，家桑也，荆桑之類，野桑也。家桑見第十七條，野桑見第十八條。

清　沈練，仲學輅輯補，章震福校訂《廣蠶桑説輯補校訂》卷一

震按：湖屬注重魯桑，蠶食之成絲柔軟而光亮。

又　震按：以魯桑之枝接入荆桑，便成家桑。

清　孫福保《吴苑栽桑記・辨類第四》　有荆桑、魯桑之異名，荆桑葉小而多葚，宜用其幹，魯桑葉大而腴美，宜用其枝。荆桑兼以魯桑，木堅久而葉肥大，是非貼接不爲功。

清　湯聘珍輯《種桑成法》卷一《移桑林》　桑有轉盤之一法，就所養荆魯桑小樹，臘月内先去不便枝梢。小樹，近上留三五條，椀口以上樹，留十餘條，長一尺以上，餘皆科去。至來春，桑眼動時，連根掘來，於漫地内闊八步一行，行内相去四步一樹，相對栽之。蓋桑間種田，每行寬八步，正容牛耕一繳地。每樹間四步，破地四步已軟，可成大樹，相對則可以横耕。外以荆棘圍護，臘月科之，來春即可養蠶。

清　王晉之《山居瑣言・居山先宜樹木》　桑分荆、魯兩種，荆強魯弱，荆瘦魯肥，地用魯桑樹，用土宜果樹。惟柿利大而速，而又不畏蟲災；梨杏之利少遲；秧賤而可速栽者爲棗；栽之而獲利速者爲桃；其他胡桃、蘋婆、榛、栗之屬，亦莫不宜。就柿論之，一畝之地，約種柿二十株，十畝可二百株。暢茂時，每樹得柿一千，每千薊錢十五千，一樹之入敵穀田一畝，則二百株樹便敵二百畝田。桑樹暨他果樹，視柿多寡不等，亦不大相懸殊，利有大於此者乎。且樹未得力之時，並無妨於種穀，居山而不樹木，非惰人卽愚人也。

清　王世熙編輯《蠶桑圖説》石編《桑種圖説・魯桑圖》

魯桑葚少，葉圓大而豐厚者，宜飼三眠後之蠶。

又　盤桑條。九、十月間擇魯桑連枝好柔條，盤作圓圈，掘坑一二尺，和以糞土，緊緊埋築，少露梢尖，冬蓋腐草，春月摟去，正二月亦可盤。

清　衛杰《蠶桑萃編》卷二《壓插類・盤臥枝》　秋間地未凍時，先開畦掘坑，一以畦之，方深各二尺餘。用熟糞一二升，和土置畦内，以土覆之。一於向陽處掘深坑，至臘月揀肥長魯桑條，如接過之桑更好，快刀砍下，將砍處用火微燒，每四五十條與杆草爲一束，臥於向陽坑内，覆以厚土。春分後，先爬畦，次取桑條，將條盤曲，以草索繫定，臥栽畦内，以薄土覆之，約三四指。將土築實，常澆水。如留作樹桑，俟芽條長高，砍去旁枝，三四年可成樹。如留作地桑，俟芽條微高，再添糞土，條長數尺，即成地桑，可飼蠶。

清　吴作鏌、倪紹雯、劉安欽《蠶桑速成捷法・速成桑園種植法》第三章《速成桑園與桑種之關係》　按：魯桑爲吾國特産名物，栽培容易，收葉豐富，樹命永久，硬化遲緩，且能耐過度寒冷，無論何處，皆能發育。故東、西洋各國，皆稱此爲最優等種，盛行種植，而日本幾徧全國。余今年夏間至信州，實地視察，行道兩傍，一目所及，盡皆桑園。視其種類，除極少數日本固有之早生桑外，餘悉魯桑。始恍然諸雜誌、書籍所稱道，魯桑之優良者，誠非虛語。其具體的栽培法，容當多方搜羅，編述成帙，以供當業者參攷之用。

又　第五章《苗木之選別》　苗木之良否，關係於種植後之生育，實非淺鮮。故欲作良好之桑園，不可不選善良之苗木，而魯桑實生，最易生惡變種，甚至過於半數，故尤宜格外注意。大凡善良之實生魯桑，與惡變種，可由幹及芽之狀態，而識別之。其善良者，幹灰白色，而肥大，節間屈折，芽少，略呈三角形，白色斑點散布幹上，尚有長楕圓形之大斑及圓形之小斑。

而惡變雜種，幹之色濃，節間少屈折，或全無者，芽呈楕圓或紡錘形，比前者長而大，且幹上斑點略一樣者。又葉柄之分離痕，前者爲半月形，後者常近於圓形。又前者之直根長，而後者短。又葉之區別，更屬瞭然。卽善良者，形大而圓，肉厚，帶深緑色，且有光澤。而惡變者，葉形小，或生缺刻，色淡，肉薄，葉面粗，而無光澤。故栽桑者，宜留意焉。

又 第九章《栽植法》第四節《苗根之修理》 魯桑實生速成桑園，若不欲栽植全園，而與拳桑式混植亦可。蓋拳桑式距離較遠，其間多生間隙。若以速成桑植之，其初年，卽可收葉，以養少數蠶兒。

清 吴作鏌、倪紹雯、劉安欽《蠶桑速成捷法・蠶絲業普及捷法》第一章《桑樹栽培捷法》 中國桑種類甚多，然爲世界所羨稱者，爲湖桑、魯桑，而白桑、荊桑次之。以此栽植，須分早、中、晚三類。發芽最早者，爲早生，專飼一、二齡蠶兒。發芽不早不晚者，爲中生，可飼三、四齡蠶兒。發芽最晚者，爲晚生，專飼四、五齡蠶兒。假定有地十畝，早生占二畝，中生占三畝，晚生占五畝。

又 第二章《養蠶捷法》 又我國魯桑，滋養分最足，惟多給之，蠶兒食之不盡，致使蠶座變濕而有害。須依標準表分量，則其利甚大。

清 楊鞏《中外農學合編》卷九《林類・樹桑》 卧栽 秋暮掘區，區之方深各二尺以上，用熟糞一二升，與土相合，納於區中。臘月内揀肥長魯桑條已經接過之桑樹條更好，快刀砍下，條之盡頭處，用火微微烙過，每四十五條與杆草相間爲一束，卧於向陽坑内坑當預先掘下，恐冬深地凍難掘也，以土厚覆。春分後，先刨開秋天所掘之區，次取出臘月所埋之條，再將條盤曲，以草索繫定，卧栽區内。覆土約厚三四指土太厚則不生，將土築實，時時澆水。如留作樹桑，俟芽條長高，砍去旁枝，三五年卽可成樹。如留作地桑，俟芽條微高，再添上糞土，以後條長數尺，卽是地桑，次年可靠土割條葉飼蠶。

又 乘天時 桑不接則不美，不特荊桑宜接，卽魯桑亦宜接，不特小桑宜接，卽大桑、廢桑卽老桑樹亦宜接。接桑以春分前後桑眼回青之時爲佳，然必須天氣晴暖，乃得陽和之氣。《蠶桑總論》

清 姚紹《南海縣蠶業調查報告・桑部・桑之種類》 桑有魯、荊兩種。椹少葉圓大而豐厚者，皆魯桑之類。椹多葉少狀若鋸齒者，皆荊桑之類。

清 葉景葵、顧廷龍《太康物産表・木類》 桑種皆魯桑，往往自生，土性極宜，鄉間無村無之，養蠶家多隨意采擷，無買桑葉之費，而栽培桑樹之法亦遂不講矣。

清 葉向榮《農林蠶説・歐陽烜序》 桑樹種類不一，有白皮桑、木竹青、火桑火桑較早，飼小蠶最宜。葉大而豐厚者皆魯桑之類，有種甚多葉少者皆荊桑卽子種草桑，又名野桑之類，而以魯桑條接於荊桑之身，葉自繁茂，又能久遠。

清 豫山《蠶桑輯要合編・種桑埋栽桑條法》 區方深各二尺，納熟糞一二升和土，宜北高南下。留冬春雨雪。臘月，揀肥長魯桑條，快斧斫下，卽將斫處火上微燒過。每四十五條，雜稈草同作一束，卧放向陽阬内，阬深三四尺，以土厚覆。春分取出，一面刨開前區，下水澆透，布粟一撮，將條盤曲，用草索繫定，卧栽區内，覆厚土三四指，堅築虚封尖。芽生，先於區南種麻，地宜陰溼，三年可成樹。或就作地桑亦可

又 種桑子法

桑乃箕星之精，其字從叒音若，叒乃東方之地多生榑，桑乃蠶食神木，故叒下加木以别之。爲衣被之源，其功最神，爲世大寶。種類甚多，有柔桑，葉如綢帛，豐厚而軟。有檿桑，卽山桑，葉尖而長，絲中琴瑟。有梜桑，樹小而條長，便於女採，一名女桑。有白桑，葉大如掌而厚。有雞桑，葉花而薄澁。有子桑，先椹而後葉。各處所産殊異，不可盡述，總名之曰荊桑、魯桑。荊桑多椹，魯桑少椹。凡枝幹條葉堅勁，其葉小而邊有鋸齒者，皆荊之類也，荊桑根固而心實，能久遠，宜爲樹桑樹桑者，長成大桑之謂也。魯桑之根不固心不實，不能久遠，宜爲地桑地桑稠栽地上，每年割取，不令成樹。然荊之條葉不如魯之條葉茂盛，當以魯桑條接荊桑之身，則茂盛而亦久遠。魯桑其葉肥厚，柔軟多津，宜飼初生之蠶。荊桑葉堅硬少津，宜飼大眠以後之蠶。初蠶不可多飼荊桑葉，多飼則有裂腹之患，但於大眠後與魯桑間飼，則絲頭必硬而且堅韌。

清 文桂《江蘇興辦蠶桑序》《蠶桑輯要合編》 按《農書》：荊桑多椹，魯桑少椹。又魯桑宜飼初生之蠶，荊桑宜飼三眠以後之蠶，則荊自有桑，與魯桑並著。

清 豫山《蠶桑輯要合編・種桑未接魯桑秧養成拳桑法》 初年出桑秧，擇係魯桑者留之，次年成桑苗，苗大如指分栽，翦直根留旁根三四，令深入土五寸，埋根令舒暢。其苗長四五尺者，翦其本略半。俟發旁枝，擇其旺者留之，次年漸漸開拳，不接亦可，惟荊桑必須接。枝壯成幹，翦其條，以開拳。

年年於拳上抽條摘葉，葉多易采。蓋柳有髡柳，桑有拳桑，物理之相似者。

清 張行孚《蠶事要略》卷一《接桑》 按《輯要》言：桑種甚多，不可偏舉。凡荆桑多葚，魯桑少葚。枝幹條葉堅勁者，皆荆之類也。枝幹條葉豐腴者，皆魯之類也。味其所言，荆桑似卽湖之剪桑，魯桑似卽湖之荷葉桑。然《輯要》又言：荆桑之條葉不如魯桑之茂盛，當以魯桑接之，則能久遠而又茂盛。據此説，似魯桑不接葉亦未嘗不茂盛，則與今湖俗大不同。

清 趙淵《蠶桑摘要》卷上《桑種類·桑分大葉小葉二種》 魯桑爲桑之始，卽東桑，其利既減湖桑，亦減川桑，湖與川殆青出於藍而勝於藍者歟。若就魯桑而論，誠能取已成之樹桑，培壅之，取已暢之條桑灌溉之，亦當不讓湖桑、川桑之美利，此魯桑之宜添三層工夫也。荆桑多養成大樹，間種小條，土厚力勁，葉邊如齒，利益亦在各行省上，再能精密考較，則樹桑愈大愈佳，條桑愈柔愈旺，此荆桑之尤宜加三層工夫也。要之，種桑全是人力，審物性、愼土宜、課天時，庶以人工濟造化之窮，以桑蠶補水旱之偏。總計則桑種二，分計則桑種列爲十八。

又《桑分十八種》 魯桑爲桑之始，卽東桑。東桑葉大而圓，力勁而厚，成株者多，蟠根者不少。近來多養成大樹，而柔嫩亞於湖桑，其移種較川桑、荆桑爲難，較湖桑略易也。

又《盤卧枝》 春分後先爬畦，次取桑條，將條盤曲，以草索繫定，臥栽畦內，以薄土覆之，約三四指，將土築實，常澆水。如留作樹桑，俟芽條長高，砍去旁枝，三四年可成樹。如留作地桑，俟芽條微高，再添糞土，條長數尺，卽成地桑，可飼蠶。

清 黄毅《栽桑新論》第六章《肥料》第三節《施肥之要領》《蠶業叢書》第一編 因植物種類不同，而施肥之量亦異，如魯桑，施肥之量須較他桑爲多。

藝文

宋 梅堯臣《宛陵集》卷五六《送邵裔長洲主簿》 姑蘇城頭烏哺時，長洲草綠春袍歸。魯桑葉小蠶出遲，吳田水暖牛耕肥。里胥爭迎縣寮喜，入門先自易綵衣。拜親然後及王事，簿書豈得長相鞿。

雜録

元 司農司《農桑輯要》卷三《種椹》 種子宜新不宜陳。新椹種之為上，隔年春種多不生，蔭畦搭棚為上，穄麻次之，黍苗又次之。桑芽出間，令相去五七寸營造尺寸也，他仿此，頻澆過伏，可長至三尺。割去穄麻。至十月內，附地割了，撒亂草，走火燒過火不可大，恐損根，糞草蓋。至來春，把樓去糞草，澆每一科，自出芽三數箇，留旺者一條。已成根則不須蔭，可頻澆。至秋，魯桑可長五七尺，荆桑可長三四尺。魯桑可移為地桑，荆桑可移入圍養之。

又 地桑之功，惟在治之如法，不致荒燥。無樹桑之家，純用地桑，則人力倍省。有樹桑兼地桑之家，樹葉既成，地桑可止，而勿用加三澆鋤之功，使之滋長。至其蠶大眠之後，或樹桑不能時至，則可就取地桑，使晚蠶至終老不闕缺食。

布地桑法 墻圍成園，將園內地或牛犁、或钁斸熟，方五尺內掘一阬內地一畝，合栽一百四十科，方深各二尺，阬內下熟糞三升生糞不中，壯地不用。和土勻，下水一桶，調成稀泥，將畦內種成魯桑連根掘出一科，自根上留身六七寸，其餘截去。截斷處，火鏊上烙過，每一阬栽一根，將根坐於泥中。欲疾見功者栽二根。按至阬底，提三五次。欲令根須皆順。按桑身頂與地平，擁周圍熟土令阬滿，次日築實。匝阬四邊築下土至半阬，根下土自實，不實則根土不相著，多懸死。上半阬擁熟土，輕築令平滿附身土不可築實，實則芽難生。用虛土封堆，如大鏊子樣，可厚五七寸，周圍自成環池水澆於內。芽出虛土四五指，每一根止留一二條。澆鋤如法，當年可長五尺餘。次年，附根割條葉飼蠶。須用厚背鋼鐮，一割要斷，鈍鐮一割不能斷，則條楂不齊，雨浸傷根。地桑不宜放出身，只要條從土中長出，身出土，名為脚高。身上所長條不旺，又多被風雨擺折。割過處，每一根盤周圍數芽出，每一科可計留四五條，餘者間去。年年附地割之，根漸旺，留條漸多。野魯桑根科栽之亦可。全如前法。地桑三年後正長旺，五年後根相交，根交則不旺。春時將相交根砍斷掘去，添上糞土，或澆過、或得雨，即復長旺。次後斟酌其根欲大，將壓成栽子，圍別園如前法栽之。三年後，新桑茂盛。養蠶砍桑時，將舊桑根上只留一條，隔年自成一樹，分出栽為行桑。如此傳轉，無有盡期。然魯桑所飼蠶，其絲少堅韌，可斟酌栽荆桑樹，於大眠後取葉間飼之。

明 徐光啓《農政全書》卷三一《養蠶法》《雜五行書》曰：『二月上壬，取土泥屋四角，宜蠶，吉。』案今世有三卧一生蠶、四卧再生蠶、白頭蠶、頡石蠶、楚蠶、黑蠶、有一生再生之異。灰兒蠶、秋母蠶、秋中蠶、老秋兒蠶、秋末老獅兒蠶、錦兒蠶、同繭蠶或二蠶三蠶共為一繭，凡三卧四卧，皆有絲綿之別。凡蠶從小與大者，乃至大入簇，得飼荊、魯二桑，小食則桑，中與魯桑，荊有裂腹之患也。

清 韓夢周《蠶桑實濟》卷一《桑樹捷驗·栽桑樹法》 移栽魯桑宜多，荊桑宜少。

清 徐鼎《毛詩名物圖説》卷八 《爾雅》：桑柳醜條。邢昺疏：桑柳之類，皆阿那垂條。《青史子》：桑中央之木。蔡卞曰：兖地宜桑，如桑間濮上可驗也。劉瑾曰：楚邱在冀河之東，兖州之境，則文公所觀所說，其桑土之野乎？《王盤農書》：魯桑飼大蠶，荊桑飼小蠶。愚按：降觀于桑察其土宜也。《七月》云爰求柔桑者，穉桑也。云蠶月條桑者，枝落之，采其葉也。云猗彼女桑者，荑，桑葉草木初生，謂荑。女桑，少枝長條，不枝落者，束而采之也。桑實爲葚，荊桑多椹，魯桑少椹，椹有白黑二種，泮水詩作黮，並同。

清 周凱《勸襄民種桑説三條》《皇朝經世文統編》卷六〇 按《農書》荊桑多椹，魯桑少椹。《禹貢》：『厥篚檿絲』。註：魯桑宜飼大蠶，荊桑宜飼小蠶，則荊自有桑與魯桑並著。《襄陽志》載物産：桑及山桑、素絹、穀。

清 江志伊《種桑法》 辨土 凡土黃壤、白壤者，宜種椹。黃爲土之正色，白則潔淨壤者，柔軟無塊。黑墳、赤埴。墳者，宜樹桑。黑者純淨，赤者光耀，埴者粘膩，墳者沃衍。樹桑以煙田、禾田，及蔬園爲上，山麓、河岸、牆陰、屋角次之，宜近水空曠多風處近水則便灌溉，空曠多風則吸受日光，不生蟲害。若沙地、斥鹵及低溼水田積潦易傷桑根，均不宜種。其高原、平壤，地厚土肥，荊桑、魯桑種之皆可。若地連山陵，土脉赤硬，止宜荊桑。山岡及墻隅、籬畔，宜白桑。水鄉宜青桑。壤土之地，生桑恒多，葉中含水亦多，其蠶必浮而輕。夾沙之地，生桑恒少，葉中含水亦少，其蠶必結而重。

又 布種 種桑之法，一曰種椹。此法易活，不易大，且生椹而葉小，不能保其特性。其原因，因結子必由於花，花有雌、雄二蕊，此種雌蕊，受他種雄蕊之花紛，即變性。然用爲接桑之砧木，一經接博，便成家桑也。五月擇近根桑椹之熟黑者椹味有甜有淡。淡者，子多。甜者，子少，不可用，剪去兩頭其子差細，種之則成雞桑，惟取中間一截其子堅栗，種之則枝幹强而葉肥厚，即日著水中，以手輕搓，淘淨椹肉，去輕浮者，取沈實者陰乾經日曬，則其出較遲，畦種之。若留子春種，置子簸中，糝以白糠灰，陰乾，去灰，勿用紙裹，閉氣二三月。播種勿過夏至，過則不出。種時浸之如種穀，種則出芽較速。凡種子，以新椹爲上。以飼猪與雞鴨，於糞中淘出種者，便不生椹。大約種椹一升，其秧可共十畝之用。種時拌以草灰及油餅末、蠶沙、黃沙土各一分，或點或撒。點則將子一小撮，離二寸許，布令成行。撒則先將地面鬆土，掠置一旁，將底泥築實，勻鋪鬆土於上，盛椹於簸內，退後移步，輕手播種，務極停勻。種後用耰輕耰，以禾草戳斷，薄蓋其上，或覆以灰。不宜厚覆土，覆則不生。以細水徧澆之，及芽長寸許，勤澆薄糞濃糞、生糞，肥猛傷苗。苗高一尺，則上糞土一徧。或云種椹後，宜蔭其畦。蔭法：以搭棚覆箔，晝舒夜卷爲上；種穇麻於畦西南次之；雜種黍苗又次之。苗長三四寸，耡令稀疏調適約相去五六寸，頻澆灌之。亢久，則斷潤；勤澆，則太溼。澆後開坼，風入，均易傷根，須以土覆之。過伏可長至三尺，處暑後，可撤蔭棚。十月後，以利鐮附地刈去。若種穇黍者，同刈之。撤亂草，走火燒其上。宜逆風縱火，順風太烈，易傷其根。燒畢，覆以土灰糞草，至來春耙去，以水澆灌。每科自出芽三數莖，留旺者一莖，餘去之。此時苗已成根，可頻澆，不必作蔭。至秋，魯桑可長五七尺，荊桑可長三四尺。魯桑可爲地桑，荊桑可爲樹桑也。一法：五月先耩黍一壟，另捲草索，截約一托，以水或麪飯湯浸軟。索兩頭各歇三四寸，中間勻抹熟黑椹子十餘粒，將索臥於黍壟內。索兩頭無子者，以土厚壓，中間糝土薄覆。隔一兩步，依上臥一索，四面取齊成行。旱則澆之。十月刈燒、加糞，如前法。冬季擁雪蓋糞，清明前後掃去。霖雨時，覷稀稠移補，比之畦種旋移，特省力易活，得力可早二年。如舊有椹者，春種更妙。或嫌用索煩瑣，可以黍和椹於葫蘆中，點種過處，用箒掃勻。或慮天旱，就黍壟內撥土平勻，順壟作區，下水種之亦可。惟久旱久雨，不可種，以地過燥過溼，難於發生。須黃梅熟後，荷花生前，以新畦新椹，安排停當，種後數日，遇雨則苗勃然興矣。

又 然魯桑飼蠶，絲少堅韌，宜兼栽荊桑。大眠後，以荊桑葉間飼之。

清 金步瀛《古今合纂殖桑法》第二章《審別種子》 種子之採集，最宜審別；即播下時，亦宜分別播下，存記入薄，畦間幷植籤子，標明種類如富陽桑、魯桑、荊桑之類，庶移植時不致混淆。

清 林心北、吳書年勸刻《蠶桑輯略·魯桑法》 園內養成，第三年接過魯桑，培養一年之後，至第四年卽可移栽。約八尺一株，分行如品字形。移栽後，於接頭以上有青眼處，空出青眼，翦去上條，止留二三寸。發芽時，止留一芽。深秋肥者，長成五六尺高。至冬後，又翦去上條，離地畱一尺五寸，如此樣。來春，頂上留兩芽長成雙條。至冬後，又翦畱一尺四寸之譜，如此樣。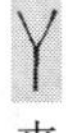來春，又各留兩芽。至冬後，又按一尺四寸翦去上條，如此樣。來春，又各留兩芽，至冬後，又按前法翦之，成八頭，如此樣。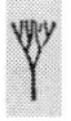此後在八頭上留芽，不必止留兩條，即三五六七條皆可。

又 魯桑多無子，必須盤條。

清 王元綎《野蠶録》卷一《高宗純皇帝聖諭》 《書・禹貢》：『厥篚檿絲。』注曰：『檿，山桑。』此荊之類而尤佳者也。魯桑之類宜飼小蠶，其説極為明晰。

圖表

清 王世熙編輯《蠶桑圖説》石編《桑種圖説・魯桑圖》

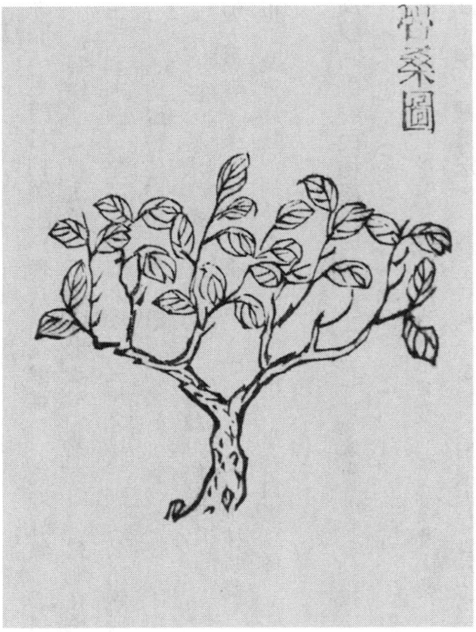

清 衛杰《蠶桑萃編》卷一二《選種第四圖》

小小條桑葉似錢，魯桑味厚大而圓。荊粗性苦宜初飼，分出頭眠與二眠。

荊桑葉小薄而有力，宜飼頭眠之蠶。魯桑葉厚大而有力，宜飼二三眠之蠶。初出之蠶宜用女桑，魯愈於荊，宜多種之，蜀中桑葉圓大味甜者尤佳。

白桑

綜述

南朝宋 劉敬叔《異苑》《太平御覽》卷九七三 又曰，北方有白桑，椹長數寸，食之甘美。

唐 郭橐馳《種樹書》卷上 移桑樹、高樹、白桑，宜山岡地上、墻邊籬畔種之。五月，收桑椹，以水淘取子，罯晒，成畦種之，至冬间燒去，稍明年分開，再種一年後可移。若是矮短青桑，宜水鄉田土水畔種之。正、二月，用木鈎攀枝地上以土壓之，明年正月便可截斷移種。每年兩次用糞或蠶沙添肥土澆壅，常鋤去草根、動浮根。樹下宜種菜蔬，依時修治則葉茂。

又 卷中 白桑，葉大如掌而厚，得繭厚而堅，絲每倍常。

桑葉生黄衣而皺者，號曰金葉，非特蠶不食，而木亦將就槁矣。先椹而後葉者，葉必少。

宋　吴欑《種藝必用》卷一　種桑。收魯桑椹，水淘取子，曝乾，熟耕地畦種，如葵法。土不得厚，厚則不生。待高一尺，又上糞一遍，當四五尺，常耘令浄，來年正月移之。白桑無子，壓枝種之，纔收得子，便種之亦可，只須於陰地頻澆為妙。午日不得鋤桑園，《陰陽書》曰：『亥為天倉耕之始，正月晦日種葵神日。』種法，臨種必須乾照子，其子千歲不喝，地不厭良，故彌善薄，則糞之。葵須畦種，水澆畦，長兩步，闊一步，大則水難匀他畦。做此深掘，以熟糞和中半，鐵爬爬之，令熟，足躡令堅平，下水令微濕滲下葵子，又取和糞土，蓋之厚一寸。葵生葉，然後一澆，澆以早暮，每一掐即爬去地，令起下以加糞三掐，即更種。秋掐須俟露晞，收葵子須俟霜降，若以穰草，蓋經冬收子，謂之冬葵子，入藥用。穀上接桑，其葉肥大，桑上接梨，脆美而甘。撒子種桑，不若壓條。而分根莖瀄間植桑，斬其桑而栽之，謂之嫁桑。卻以螺殻覆其頂，恐梅雨損其皮故也。二年即盛，常以三月三日雨，卜桑葉之貴賤，諺曰：『雨打石頭遍，葉賣三錢片。』或曰，四日尤甚。杭州人云：『三日尚可，四日殺我。』言四日雨尤貴。

宋　吴自牧《夢粱録》卷一八《木之品》　桑數種名：青桑、白桑、拳桑、大小梅紅、鷄爪等類。

明　黄省曾《蠶經》　塱海之桑，種之術與白桑同，是皆臘月開塘而加糞，卽壅之以土泥，或二或三六七月之間，乃去其虫，開塘加糞，壅土宜遲。紫藤之桑，其種高大，是不用剪，其葉厚大，尤早種之也。宜邇于竈屋，不必開塘而糞壅，惟幼稚之時，待冬而糞，或二或三，以臘月為佳。

明　姚可成匯輯《食物本草》卷二〇《桑》　李時珍曰：桑有數種：有白桑，葉大如掌而厚；鷄桑，葉花而薄；子桑，先椹而後葉；山桑，葉尖而長。

清　楊屾《豳風廣義》卷一　擇桑之法，不可不知。凡本粗皮皺者，其葉必小而薄。白皮而節疏芽大者，為柿葉之桑，其葉必大而厚，堅繭而多絲，枝如藤蔓，葉如紬帛，謂之柔桑，飼蠶多絲而堅韌。有一種木理極粗，葉如扇面，光如沃油，謂之烏桑，甚宜初蠶。有一種紫藤之桑，枝如紫色之蔓，高大而葉肥厚，飼蠶最好。有一種白桑，其葉厚大，得重實絲每倍常。余近得土爾番白桑種，今已種成，其形如馬乳，色如珍珠，其味甘美異常，椹為佳菓，葉可飼蠶，兩有益也，子可種條，可壓，亦能廣布。

（乾隆）《天津縣志》卷一三　北方有白桑，甚長數寸，食之甘美。《異苑》。

清　曹溶《倦圃蒔植記・總論》卷上《論木第二》　白桑有花無實，黑桑有實無花，飼蠶須種白桑。欲收紫椹為藥，明目延年，則黑桑亦可，種十分之二也，每歲翦剝冗枝，其薪更可熬藥。

清　曾鉌《蠶桑備要》卷一《栽桑説》　有一種白桑，其葉厚大，得繭重實。白桑種有自土魯番來者，椹形如馬乳，如珍珠，其味甘美，兼可充佳果，惟雞腳花桑葉、毛背桑葉不可用。

清　陳淏子輯《花鏡》卷三《花木類考・桑》　桑之功用甚大，原非玩好之木，此獨不遺者，以存圃中之本務也。其種類稍異，白桑葉大如掌而厚，雞桑葉細而薄。子桑先椹後葉，山桑葉尖而長，女桑樹小而條長。壓桑材中弓弩絲中琴瑟。梜桑似赤棘，以子種者，不若壓條之易大，若以構接則葉大。根下埋龜甲，則茂盛不蛀。又桑生黄衣，謂之金桑，其木必槁。葉厚飼蠶，一歲三採更盛。一云：蝗之所至，無桒不食，獨不食桑，亦造物之靈也。撅桑條宜燥，二則根易生。

（乾隆）《烏青鎮志》卷二　畜蠶之家，先在栽桑。桑之類，有密眼青、白皮桑、荷葉桑、鷄脚桑、扯皮桑、尖葉桑、晚青桑、火桑、山桑紅頭桑、槐頭青、鷄窠桑、木竹青、烏桑、紫藤桑、望海桑，凡十有六其鬻之也，于冬之抄春之初，遠近負而至大者，株以二鳌，其長八尺，所謂大種桑也。

清　韓夢周《蠶桑實濟》卷一《桑樹捷驗・種桑子法》　桑，乃箕星之精，其字從叒，叒乃東方之地，多生榑；桑乃蠶食之神木，故叒下加木以别之，爲衣被之，源其功最神，爲世大寳。種類甚多：有柔桑，葉如紬帛，豐厚而軟；有檿桑，卽山桑葉，尖而長，絲中琴瑟；有梜桑，樹小而條長，便於女採，一名女桑；有白桑，葉大如掌而厚；有鷄桑，葉花而薄澁；有子桑，先椹而後葉。各處所產殊異，不可盡述，總名之曰荆桑。

又《接桑法》　有一種白桑，其葉厚大，得繭重實，絲每倍常。總之，勿用雞腳之桑卽花桑，葉邊有缺齒，其葉薄，飼蠶使成薄繭。又勿用毛背之桑，其葉濇而有毛，蠶多不食。

清　黄輔辰《營田輯要》外篇　白桑，葉大而厚，得繭厚而絲多。

清　吴通帛《廣廣事類賦》卷二七《植物部・諸果》　北方有白桑，甚長數寸，食之甘美，歐陽詢《藝文類聚》：『東方有八十丈桑，上有葚，長三尺五寸，圓與長等。』

清　江志伊《種桑法·辨土》　凡土黄壤、白壤者，宜種椹。黄爲土之正色，白則潔淨，壤者柔軟無塊。黑墳、赤、埴、墳者，宜樹桑。黑者純淨，赤者光耀，埴者粘膩，墳者沃衍。樹桑以煙田、禾田及蔬園爲上，山麓、河岸、牆陰、屋角次之，宜近水空曠多風處。近水則便灌溉，空曠多風則吸受日光，不生蟲害。若沙地、斥鹵，及低溼水田積潦易傷桑根，均不宜種。其高原、平壤，地厚土肥，荆桑、魯桑，種之皆可。若地連山陵，土脉赤硬，止宜荊桑。山岡及墻隅、籬畔，宜白桑。水鄉宜青桑。壤土之地生桑恒多，葉中含水亦多，其蠶必浮而輕。夾沙之地，生桑恒少，葉中含水亦少，其蠶必結而重。

清　林心北、吴書年勸刻《蠶桑輯略·栽桑法則十六條**》**　有一種白桑，葉大如掌而厚，飼蠶，得繭重實，絲亦倍常。白桑，惟吐魯番種尤良，椹形如馬乳，色若珍珠，其味甘美異常，洵爲佳果。其葉，飼蠶更好，且其子可種，其條可壓，亦能廣布。

清　劉清藜補輯《蠶桑備要》第一篇《栽桑説》　有一種白桑，其葉厚大，得繭重實，白桑椹有自土魯番來者，椹形如馬乳，如珍珠，其味甘美，兼可充佳果。惟鷄脚花桑葉、毛背桑葉不可用。

清　曹笙南輯《五畝居桑蠶清課》卷一《樹桑徵信篇·辨類》　王盤《農書》：『桑種甚多，不可偏舉。世所名者，荆與魯也。荆桑多葚，魯桑少葚。葉薄而尖，其邊有瓣者，荆桑也。凡枝柔葉勁者，皆荆之類也。葉圓厚而多津者，魯桑也。凡枝葉豐腴者，皆魯之類也。荆之類，根固而心實，能久遠，宜爲樹。魯之類，根不固心不實，不能久遠，宜爲地桑。惟有壓條法，傳轉無窮，是亦可以久遠也。』《本草綱目》：『白桑葉大如掌而厚，雞桑葉細而薄，子桑先葚而後葉，山桑葉尖而長。』

（光緒）《上海縣志》卷五　桑。有數種，地産止白桑，葉大如掌，可飼蠶。海邑殫力木棉，不興蠶事，歷朝夏稅絲綿之賦，並未出于桑也。

清　湯聘珍輯《種桑成法·種桑簡明法十六條·辨桑種》　桑，乃箕星之精，厥類甚多。大略有柔桑、白桑、青桑、子桑、花桑、鷄桑、梔桑、檿桑即山桑、桋桑即女桑。

清　吴作鏌、倪绍雯、劉安欽《蠶桑速成捷法·蠶絲業普及捷法》第一章《桑樹栽培捷法》　中國桑種類甚多，然爲世界所羨稱者，爲湖桑、魯桑，而白桑、荊桑次之。以此栽植，須分早、中、晚三類。發芽最早者，爲早生，專飼一二齡蠶兒。發芽不早不晚者，爲中生，可飼三、四齡蠶兒。發芽最晚者，爲晚生，專飼四、五齡蠶兒。假定有地十畝，早生占二畝，中生占三畝，晚生占五畝。

又　此法須以荊桑、火桑、白桑等之椹爲實生苗，經過兩春，乃于秋後，如前所云代出法，掘起其苗，移植于土中，至來春雨水節内掘出。先將本株繁根，酌宜裁剪，其榦亦只存留三寸許，乃用魯桑、湖桑之枝條，如上代出法所切去之枝條，即可利用。留三四芽切爲一段，而爲接穗。若妾穗與砧木一樣大，則用利刃斜切之，務使兩相密合，以麻束緊，勿令動搖而植之，此爲合接。接穗小于砧木，則削穗爲楔形，剝開砧木之皮，揷入而束緊之，此爲揷接。芽接者，先劃丁字形于砧木中，就劃處，將皮剝開，揷入新芽，以麻繩束之。然須夏季，樹汁循環最旺，剝皮容易時行之，乃有效。根接者，爲砧木不足，而利其切去之根以代之也。

清　黄毅《栽桑新論》第七章《桑樹之種類》第一節《桑樹之分類》　《蠶業叢書》第一編　所謂桑之種類者，即桑屬之變種與亞變種是也。昔時，如此等科學之分類法不盛行，專以葉之形狀而別其種類。如魯桑葉爲圓形，荊桑葉則缺刻。其他尚有種種分法，或以樹色，或以葉形，紛紛不一。故有赤桑（Morus Bulba）、黑桑（Morus Nigla）、白桑（Morus alba）之別種也。

雜録

南朝宋　劉敬叔《異苑》卷二《士衆皆饑仰以爲糧》　北方有白桑，葚長數寸，食之甘美。

元　卞管勾《痊驥通玄論注釋·解頭類·治雜病部》　治結熱起卧，戰不食水草方。

黄連二兩、白桑皮一兩、菜油五合、猪脂四兩細切。

上藥爲末，溫水一碗和藥灌，停灌牽行，抛糞即癒。

元　司農司《農桑輯要》卷三《栽桑·論桑種》　《博聞録》：『白桑少子壓枝，種之，若有子可便種，須用地陰處。其葉厚大，得繭重實，絲每倍常。』

清　陳元龍《格致鏡原》卷七六《果類三》　《藝文類聚》：『東方有

八十丈桑，上有椹，長三尺五寸，圓與長等。』

（乾隆）《天津府志》卷五　桑。王安石詩『幽燕桑葉暗川原』，幽薊古多樹桑，今則絶少矣。《異苑》：『北方有白桑，葚長數寸，食之甜美。』《容齋三筆》：『幽州人以桑葚爲糧。』

清　李聿求《桑志》卷二《桑之類》　《倦圃蒔植記》：『白桑有花無實，黑桑有實無花。』

清　汪曰楨《湖蠶述》卷一　《爾雅》有女桑、檿桑。《齊民要術》有荊桑、地桑。今鄉土所種，有青桑、白桑、黄藤桑、雞桑，富家有種數十畝。

又　《大清一統志》：『湖州府土産桑。』談鑰《吴興志》：『吴興烏程東南三十里有桑墟。』《梁陳故事》：『吴興太守周敏，勸人種桑。』顔眞卿《西亭記》：『烏程令李清種桑盈數萬。』《本草》有山桑、有家桑，葉椏者名雞桑。《爾雅》有女桑、檿桑。《齊民要術》有荊桑、地桑，今鄉土所種，有青桑、白桑、黄藤桑、雞桑，富家有種數十畝。

野桑

題解

清　王世熙編輯《蠶桑圖説》金編《蠶桑總論・桑種説》　接過謂之家桑，未接者謂之野桑。家桑子少而大，野桑子多而小。子名葚，俗名桑果，可啖，飼蠶之家甚不樂乎其有子也。家桑葉圓厚而多津，古所謂魯桑也；野桑葉薄而尖，古所謂荊桑也。野桑若任其長肥者，成望海桑；瘠者成雞腳桑。

清　俞墉纂輯《蠶桑述要》　桑有家桑、野桑之别，按時芟剪、澆灌、培植者爲家桑，聽其自生，無人芟接爲野桑。毋論壓桑、子桑，其本如腕臂大，須揀家桑中之好種接之，則葉自肥大，桑亦耐久，一本可二三十年。家桑中有名荷葉桑者，其葉肥大，最爲難得。又有火桑一種，耐久易長，早於他桑，葉亦潤厚，飼蠶家宜多多栽之。

論説

宋　羅願《爾雅翼》卷九《釋木・檿》　檿山桑：顔師古以為山桑之有點文者，其葉可以食蠶，而材尤有用。古者青州，以絲為貢，以檿絲為篚，蓋食檿之蠶，其絲中琴瑟絃，盛之箱篚，貴之也。其材可以為車轅，又可以為弓，弓人取幹之道，七柘為上，檍次之，檿桑次之，橘次之，木爪次之，荊次之，竹為下。周幽王之亂，檿弧箕服之謡，兆於宣王之時，竟取棄女以亡周國。先王之制，戎器不鬻於市，而至於夫婦鬻是器，則已異矣！檿之為弓，見於此時，箕草似荻而細，織以為矢服，説者以為近射妖。《管子》：五粟之土，其檿其桑。《周詩》言文王之事，攘之剔之，其檿其柘。

清　陳宏謀《巡歷鄉村興除事宜檄》《皇朝經世文編》卷二八　陝省未嘗不可養蠶，現今各地，方可以種桑者甚多。并有大株野桑之處，其非不宜蠶桑甚明。正宜加意興起，今各處地方官，多有能種覓桑秧，兼於城内買桑養蠶者。凡小民摘取桑葉，或賣於官，或賣給就近養蠶之家，均可得錢。士民雖一時不諳養蠶之法，凡有舊桑，正宜保護培植，其屋旁隙地。更可赴官領取桑秧，種植一二年後，自己便可養蠶。即不能養蠶，亦可摘賣桑葉，若養蠶之家不能自織，亦可賣絲。向後日久，其利愈廣，比之别項營生，甚有便益。切不可惑於地土不宜種桑之説，坐失美利，其放養山繭之法荷蒙。

清　徐鼎《毛詩名物圖説》卷九　《爾雅》：檿桑，山桑。郭璞註：似桑，材中作弓及車轅。《考工記》：弓人取幹，柘爲上，檿桑次之。《禹貢》：青州厥篚檿絲。註：蠶食檿桑，所得絲，韌中琴瑟絃。《説文》：山桑有點文者。《朱子集傳》：檿山桑，葉與柘皆美材，可爲弓幹，又可蠶也。

清　佚名《書汀漳龍道申報蠶務詳文後》《皇朝經世文編四編》卷二三　淡種食葉二十餘擔，得繭九十六斤，繅出浮絲八斤八兩。其杭州醃種，先食野桑

十餘擔，大眠後接食家桑百數十斤，僅得繭二十八斤，繅出淨絲二斤十四兩，此非由於鹹種之不佳，實以土宜之有所區別。觀於甯、紹等處養蠶之家，悉用鹹種，若用淡種卽不能出，卽出亦無力，易病，是卽可知地氣之有不同。今姑無論種之鹹淡，而自去年開辦，於今一年，其所種之桑豐茂，如此其所育之蠶興旺若彼。雖曰所繅出之絲通共不過九十餘斤，而由此逐漸推廣，民間既知其利，自將趨之如鶩。將見四野桑陰萬家，蠶織以人之利，其利者不啻上之，有以利之而民富，則國不至獨貧。吾故曰：蠶務之興隆未始，非富國之上策也。

（同治）《阜平縣志》卷四《貨類》 蠶絲。始阜民不知飼蠶，乾隆時知縣鄒尚易，見邑多野桑。又有蔡樹者，山東稱波羅樹，卽橡也，葉亦宜蠶。於是嚴禁樵採，令飼蠶之戶貸倉穀二石，稱絲給償。勤其業者，獎之。民乃漸知蠶桑之利。今溫南北龍川諸社，畜蠶者千餘戶。

清 陸獻《山左蠶桑考・課桑事宜・采葉》 《種桑詩》說：『采桑宜摘葉，不可攀折枝條。』惟桑條之遠出而細長者，宜伐去，俟明春另長嫩條，否則成雞桑。《豳風》：『取彼斧斨，以伐遠揚。』是也。然亦宜相度，或留爲壓條用。初發葉爲初桑，肥嫩。倘飼蠶有餘，宜翦去，否則明春無力。次發爲二桑，不須去，葉澀，飼蠶作絲，可爲弦。葉經霜而落者，喂羊甚肥。

清 周凱《勸襄民種桑説三則》 《皇朝經世文統編》卷六〇 或者曰：蠶桑之利，宜東南不宜西北，遂疑襄陽近西北，非桑所宜，不知《禹貢・兗州》曰：桑土既蠶，青州曰：厥篚檿絲，檿山桑也，他州如揚徐東南，《禹貢》亦僅曰：厥篚織貝，厥篚玄纖縞而已。攷之《詩・豳風》蠶月條桑，《唐風》集于苞桑，《秦風》止于桑，桑者閑閑詠於魏，鳲鳩在桑詠于曹，説于桑田詠于衛。按古今疆域計之，冀荆豫梁雍皆宜桑利，不獨東南也。且襄陽古稱南國，南屬荆、北屬豫，介荆豫之交。荆州厥篚元纁璣組，豫州厥篚纖纊，纊細綿也，纁絳幣組綬屬，皆絲所織，不桑不蠶，其何以織。昔北燕馮跋下書：今百姓種桑，遼無桑，慕容廆通晋，求種江南，而平川有桑息，張天錫歸晋，稱北方之美。桑椹甘香，涼、燕皆處西北，且曰：桑有為生之本，利盡西北矣，何獨東南，其尤足為襄陽明證者。《先賢傳》載：司馬德操躬采桑後園，龎士元助之。《齊書》載：韓係伯桑陰妨他地遷界，鄰人愧謝。此三子皆襄陽人，則襄之宜桑必矣。或者曰：橘踰淮為枳，非木之性，遷地弗良。按：《農書》：荆桑多椹，魯桑少椹。《禹貢》：厥篚檿絲，註：魯桑宜飼大蠶，荆桑宜飼小蠶，則荆自有桑，與魯桑並著。《襄陽志》載物産：桑及山桑，素絹穀城之廟灘有絹，南漳之東鞏有絲，接壤當陽之河溶有河溶絹，天門有天門絹，荆有荆綢，爾庶民試則而效之，加以壓接、壅溉之法，安見其變為枳邪？或者曰：襄有木棉之利，與蠶桑匹。按：木棉古吉貝樹高丈餘，今之所藝者，草本木棉，《羣芳譜》所謂班枝花也。可為絮，為布絮，與帛同功。《禮》：童子不裘不帛，帛煖，恐捐幼者筋骨，七十非帛不煖，言老者非帛不足衛其筋骨也。爾既知織木棉以為布矣，曷不織繭絲以為衣乎。況藝木棉以畝計，侵稼穡之地，有芟柞之工水潦之慮。桑則樹之牆角、畦棱、道旁、埸圃間隙之地，較木棉為尤便。且爾既有木棉之利矣，益以蠶桑其利不更溥哉，爾襄民何其未之思也。

清 王元綎《野蠶録》卷一 按：古之野蠶，即今之柞蠶也。雖野蠶之類不一。然他項野蠶，究屬寥寥，惟槲柞隨處有之，成繭最多。故凡言野蠶者，皆柞蠶也，不知者或以《禹貢》之檿絲當之。考《書》、《禹貢》厥篚檿絲，集傳云：檿山桑也。《詩・大雅》：其檿其柘，集傳云：檿山桑，與柘皆美材，可為弓幹，又可蠶也。《爾雅》：檿桑、山桑。郭注云：似桑材中作弓，及車轅。《攷工記》：弓人取幹之道，柘為上，檿桑次之。今山蠶所出之木，並不可以為弓，檿而係以桑知檿，固桑之一類也。郝氏《爾雅義疏》釋木云：今山桑，葉小於桑，而多缺刻，性尤堅緊。《禹貢》：青州厥篚檿絲。蘇軾注：檿絲出東萊，以織繒堅韌異常，東萊人謂之山繭，然則檿絲可供織作，即於今登州山繭織成者，非獨絲中琴瑟，取貴也。竊謂蘭皋先生，登州人，當知山繭之所從出，且既明明見山桑矣。當知山桑，仍所以飼家蠶，何復以檿絲為山繭乎？又《釋蟲》云：柞蠶出柞樹上，其紬為大繭，紬又為雙絲，今登州人貨之以為利，是非不知山繭之所從出也，何前後之矛盾。若是李時珍《本草綱目》曰：桑有數種，白桑葉大如掌而厚，鷄桑葉細而薄，子桑先椹而後葉，山桑葉尖而長。又《士農必用》曰：桑種類甚多，不可偏舉。世所名者，荆與魯也。荆桑多椹，魯桑少椹。葉薄而尖，其邊有瓣者，荆桑也，凡枝幹條葉堅勁者，皆荆之類也；葉厚圓而多津者，魯桑也，凡枝幹條葉豐腴者，皆魯之類也。荆桑之類，宜飼大蠶，其絲堅韌，中紗羅。《書・禹貢》：厥篚檿絲，注曰：檿山桑，此荆之類，而尤佳者也。魯桑之類，宜飼小蠶，其說極為明晰，《登州府志》云：檿絲出棲霞縣，文登招遠等縣亦有之，其繭生山桑上，不浴不飼，居民取之，織為紬，久而不敝。胡氏《禹貢錐指》曰：今青州濟南等處，皆有繭紬，其蠶乃人放椿樹上柞上居多，椿樹上另樹是一種間有之，食葉作繭絲，不甚堅韌，嘗詢之土人，野蠶食山桑葉作繭，高巖之上，樵者往往得之，不過數枚，欲製為紬，須廣收積多，乃成一匹，所出至少，官長欲市，取亦無從也。蓋必此種而後，可以當《禹貢》之檿絲。古今事變不同，不得以今之偏地皆有，而疑古之獨出於東萊也。今按桑上有野蠶一種。《詩・豳風》：蜎蜎者蠋，烝在桑野。《集傳》云：蠋桑，蟲如蠶者也。《玉海》：唐開成二年，陳許奏，野蠶自生桑上三徧成繭，連綿九十里，百姓以為絲綿紬絹。又宋開寶七年九月，長葛縣桑蠶成繭；祥符五年八月，亳州桑蠶成繭，皆野蠶也。此蠶，凡桑樹上皆有之，而生於山桑者尤佳，且其生也，較家蠶稍晚，在家蠶大眠以後，此時桑葉翦伐已盡，故多出於山桑也。又此蠶亦有春秋二季，春桑飼蠶，秋桑或不飼蠶，故多成於八九月也。胡氏以為《禹貢》之檿絲，確切不移，與歷來詩文家之以檿絲為野蠶者說，亦相符庾信《鄭常墓志》：山桑野繭足充貢賦，自六朝以來，已沿用之矣。而獨以為今之柞蠶，則誤矣，因附記以質諸博物之君子。

又按《本草》：有山桑、家桑之別。家桑即今之接桑，山桑即今之野桑。其不由人種而生於深巖之中者，則為山桑。意大利《蠶書》言：野桑飼蠶，力大於接桑，況山桑不由人種而生，其力大尤屬可信。張子中《蠶事要略》謂：潮俗：桑樹無有不接者，不接則為野桑，椹極多，而葉極少，不足以飼蠶，誤矣。自來解經者，先由不知檿為何物，故以檿絲為今之柞蠶，山繭；若知檿之為桑，其是非固不待辨而明矣。

清 溫忠翰《蠶桑問答》

問：『溫州之柟溪，亦有蠶桑，其絲何以不佳？』

答曰：『柟溪之桑，皆是野桑，不是家桑。蠶食野桑之葉，吐出絲來，必定粗黃，繅絲再不得法，豈堪織綢？今官家從嘉湖一帶，買得桑來，分散與民間栽種。到治絲之時，從湖州僱人來，作與大家觀看學習。一二年後，大家都學會了，桑樹也長成了，更復年年加增，循環無已。十年以後，溫州地方，若不富厚，吾不信也。』

清 楊守敬《武陵土產表・李致禎叙》 家人從吳中來，桑蠶所素習。又值武陵僻遠，絲利不通之地，於此爲絶學，勸導之責，無可旁貸。惟是三年種桑遲效難，俟儗取江浙蠶種，以附郭野桑飼之。先以辨土物之所宜覘，風氣之所嚮。然後漸植蘇湖佳種，以盡擴充之利久，且師東洋新法，以精繅驗之功，十年之後，或桑蔭於野，機充於家，絲登於市，則余之願也。

清 吳作鎮、倪紹雯、劉安欽《蠶桑速成捷法・劉安欽序》 《說文》：桑，蠶所食也。蓋蠶之於桑，猶人之於米麥，人不可一日無米麥，蠶不可一時無桑。欲興蠶事，必首栽桑。伊古以來，未之有改，見於古書，或形容其蒼鬱，或辨別其名稱，或定保護之條，或言種植之利，足見栽桑之業，固與蠶事並重矣。及至罌粟輪入，蚩蚩者只顧目前之利，而忘其害之所，自來腴畑沃土盡廢，栽桑之業而營罌粟。蠶兒唯一之飼料，悉仰給於野生桑樹，以致蠶病日劇，種子不良。

綜述

北魏 賈思勰《齊民要術》卷五《種桑柘第四十五》 《爾雅》曰：桑辨有葚梔。注云：辨，半也。女桑，桋桑。注曰：今俗呼桑樹小而條長者，為女桑樹也。

南朝宋 李石《續博物志》卷一〇 野桑生石上，取以爲弓，不膠漆而利。

唐 孔穎達等《尚書正義》卷六 萊夷作牧萊夷，地名，可以放牧，厥篚檿絲，檿桑蠶絲，中琴瑟弦。疏：《傳》『檿桑』至『瑟弦』：《正義》曰：『《釋木》云：檿桑，山桑。郭璞曰：柘屬也。檿絲是蠶食檿桑所得絲，韌中琴瑟弦也。』

《太平寰宇記》卷一二七《光州・土産》 白牙山在縣（编者按：光山縣）東南一百六十七里，與黄州麻城縣從山頂為界，出山桑，堪為弓弩材。

《新唐書》卷二二二上《南蠻傳》 野桑生石上，其材上屈，兩向而下植。取以爲弓，不筋漆而利，名曰瞑弓。

明 鄭曉《禹貢要註》 萊州之夷，因水患既息，得以蓄牧爲生。有山桑之絲，可爲琴瑟之絃，繒帛之用，則盛於筐篚焉。此隨地貢也。

明 陳嘉謨《本草蒙筌》卷四《木部》 山桑質堅，木堪作檐；家桑氣厚，葉可飼蠶。

（康熙）《山東通志》卷二四 桑。其葉飼蠶。其子名椹，可食。與柘為二種。或曰柘即山桑也，故蠶皆食之。然東人飼蠶不盡桑與柘也，椿葉、槲葉皆野蠶自食以成繭，惟東省則然，木性固不同矣，豈蠶性亦有異乎。柞。一名鑿子，木以性堅忍，可供枘鑿也。

清 韓夢周《蠶桑實濟》卷一《桑樹捷驗・接桑種》 桑秧種過三年之後，桑多而葉薄小，是爲草桑。必用移接之法，葉方大而少桑椹。宜於春分半月之中，翦取別株，家中樹桑多者，不惟得絲，且宜婦人。蓋桑本箕星之氣下映而生者，箕乃女相之星，下映其室，婦人少病而無夭折之患。況桑又能祛邪，逐邪者用桑弓，卽此義也。如有陰陽術士妄談，桑與喪同音，樹之不吉者，此愚迷無識之輩，休聽信。再於路旁門前、場圃城壕，悉爲種植，不使有尺寸曠土，則遍地皆錦繡之資矣。

（乾隆）《烏青鎮志》卷二 桑必接而後大，近鄉每以家桑枝接之，不則爲野桑。家桑子少而鉅，野桑子繁而小。

（乾隆）《盛京通志》卷二七 檿。山桑中爲弓材及車轅，葉亦可飼蠶。

清 李拔《蠶桑説》《牧令書》卷一〇 顧欲養蠶，必先樹桑，桑之種類不一，一名壓桑，春初取桑枝大者，長二三尺許，横壓土中，上掩肥土，約厚二寸。半月後萌芽漸長，三四月後可四五尺，次年立春前後，翦開移於他處。二三年卽成拱，葉可飼蠶矣。一名子桑，乃桑葚所種。四月取黑桑葚揉碎，用糞灰和土，種入地寸許。一月發芽，三四月可長二尺許，再逾年移種，四五年始成樹。仍結子，惟葉稍薄，然任砍伐，枝可爲薪，取葉又甚易，養蠶者利之。而吳越之閒，每取壓桑條移接子桑，其葉更美。一名花桑，亦由種子而成，其葉與壓桑相似，但有花無實，與子桑異，不可多得。湖州所種皆小桑，蜀中多大桑，此種桑之異法也。

清 朱斌《蠶桑指要・選種》 桑有數種，總以葉厚大而無花與子者為家桑。其高種以石門大種為第一，葉肥大而最厚，又不甚蛀，故能高大而有壽，種於宅旁，可當榆柳。其次黄皮官桑，葉大條長，亦宜種於宅旁，獨枝疎，易蛀，有遜石門。其矮種以白皮密眼為第一，枝繁葉茂，少蛀，叢生，亦名哺鷄桑，宜作桑園。其次赤皮火桑，葉嫩枝柔，發芽最早，可供火食。至於野桑，類皆葉小晏發，不堪園種，獨取收拾，自能成樹耳。然其中惟柿葉板桑子稀葉厚，鷄腳花桑葉嫩枝柔，又皆高大可種。其餘花桑、子桑、皮桑，幾同枳棘矣。

又《分栽》 種桑須在春分前，耡地要鬆，溏地要肥。買桑秧時須看根有横枝者乃為家桑，再擇其根鬚多者，為易活。寛鋤其坎，理直其鬚，徐徐搜土壅實。種後離地五六寸剪去稍。数日後方以清糞水澆之，則當年枝葉茂盛。大抵大種官桑宜稀，相離約以六七尺為度。哺雞桑宜密，相離四五尺可矣。種野桑者志其直根，餘如前法。

清 程岱葊《西吴蠶略》卷上 桑之種類極多，大抵就地而名之，不可枚舉。湖之所名，惟家桑、野桑二種。野桑多椹，葉薄而尖，古所謂荆桑也。家桑少椹，葉圓厚而多津，古所謂魯桑也。凡桑秧産於南路德清杭郡諸處，聞其法，以草索浸圊溷，閒月餘，取出曬乾，擇桑椹之極紫者，捋諸索横，埋淺土中，時澆灌之，經時雨則桑芽怒生，培護經年，幹粗如指，長五六尺，即可出售，鄉人購而種之，是為野桑。若任其長，肥者成望海桑，瘠者成鷄脚桑，蠶家賤之，故莫不用接。

又卷下 《爾雅》：『桑辦有葚梔。』言一半有葚，一半無葚也。野桑葚多而味酸，家桑葚少而味甘。

清 宋如林《種橡》《貴州橡繭詩》附 蒺藜不可植，桃李非美利。橡葉比柔桑，民生賴以遂。石隙與崖頭，敷榮不擇地。三年即有成，不必十年識。

清 崔應榴彙纂，錢馥補輯《蠶事統記》卷七 《雲夢蘗溪談》：『《禹貢》：萊夷作牧，厥篚檿絲。《史記》作酓絲。《爾雅》曰：檿山桑。顔師古曰：山桑之絲，其韌中琴瑟之弦。蘇氏曰：惟東萊有此絲，以之為繒，堅韌異常。萊人謂之山繭。枚乘《七發》：野蠶之絲，以為弦。殆所謂蟓繭而堅韌者乎。《庶物異名疏》：《夏本紀》其篚酓絲，酓桑蠶絲，中為琴瑟弦。』

又卷八 用葉：《典術》：『桑木，箕星之精。蠶食葉，為文章。』王禎《農書》：『桑種甚多，不可徧舉。世所名者，荆與魯也。荆桑所飼蠶，其絲堅韌，中紗羅用。』《禹貢》稱厥篚檿絲，注云：『檿山桑，此荆之美而尤者。』魯桑之類，宜飼大蠶，荆桑宜飼小蠶。《韓氏直説》：『蠶向眠时，量黄白分數，抽減所飼之葉，十分黄光，急須擡過。擡過時住食，起齊時投食。抽減眠蠶之葉，使之速眠，不致覆壓。專飼未眠之蠶，使之速眠。不惟眠起得齊，且無葉罨燠熱之病。』

清 高其垣《試行蠶桑説・培養桑樹法十五條》 野桑如指大者，用接花果樹法。取家桑卽所栽之桑接之，卽變成家桑。野桑非不可以飼蠶，嫌其葉小且薄，而又多葚，故須如此法變之。

清 程岱葊《西吴蠶略》卷上《種接桑樹》 桑之種類極多，大抵就地而名之，不可枚舉。浙江湖郡之所名，惟家桑、野桑二種。野桑多椹，葉薄而尖，古所謂荆桑也；家桑少椹，葉圓厚而多津，古所謂魯桑也。

清 高銓《吴興蠶書》卷上《器具·接换》 果木必取種之佳者接换，維桑亦然。已接者爲家桑，不接爲野。野桑之葉薄而易癟，不如家桑之肥大而多液。

清 郭柏蒼《閩産録異》卷一《漳紗》 出漳州。各色、各花俱備。惟絲出于山桑，不及杭、嘉、湖之軟潤。

清 汪曰楨《湖蠶述》卷一《栽桑》 接過謂之家桑，未接者謂之野桑。家桑子少而大，野桑子多而小，子名葚，俗名桑果，可啖，飼蠶之家，甚不樂乎其有子也。《湖錄》按：桑上寄生入藥品，甚珍；又螳蜋於桑上生子作窠，爲桑螵蛸；又野蠶繭採之亦有用，然蠶家亦不樂有此，必盡去之；又桑根白皮入藥，取土中根皮出土者傷人，桑枝桑葉亦入藥。家桑葉圓厚而多津，古所謂魯桑也；野桑葉薄而尖，古所謂荆桑也。按：又有山桑，名檿桑，亦即野桑也。葉貴之年，亦採以飼蠶，向時山鄉皆野桑，近亦多栽家桑矣。野桑，若任其長，肥者成望海桑，瘠者成雞腳桑，蠶家賤之，故莫不用接，接成家桑，經數年高與檐齊，粗如盃如盌，是名嫩壯桑，過十餘年則老，漸稀漸薄，以次添種，而删易之。《西吴蠶畧》桑樹在大麥田中者，食之壞蠶。栽桑之時，宜及隆冬，遲至正二月者，雖未嘗不活，易生蟲。《廣蠶桑說》

又 野桑葉薄而尖，古所謂荆桑也按：又有山桑名檿桑，亦即野桑也。葉貴之年，亦採以飼蠶，向時山鄉皆野桑，近亦多栽家桑矣。野桑若任其長肥者，成望海桑；瘠者成鷄脚桑，蠶家賤之，故莫不用接成家桑，經數年高與檐齊，粗如盃如盌，是名嫩壯桑，過十餘年則老，漸稀漸薄，以次添種，而删易之。

又 種桑椹 採取野桑之椹紫黑者，搓碎於蘿，入水中，用手捏淘，不必淘淨，脂皮浮者去之，用其沈者，以稻稈灰拌勻，曬一日，一云經日，曬則其出較遲，宜陰乾，便於空地墾五寸闊二寸深長溝，溝底泥要勻細，將灰拌葚勻勻撒下，宜稀不宜密，上覆灰一薄層。

又 閹野桑 如所接之條，發枝約七寸長者，將野桑本離接處二三寸，用桑剪旋剪其皮上下兩轉，約離寸許，將寸許之皮剝去，則脂液并發接枝上，俗謂之『閹』。閹時最要留心，防搖動。接枝閹後，即將稻秆三根，輕輕縛嫩枝于野桑本上，宜寬不宜緊，恐傷嫩枝也，枝長至尺餘者，再用稻秆縛上一層；如長至二尺餘者，用細草繩縛之。

又 移桑 凡家桑栽種有年，根深且多，設欲移此置彼。其起之種之之法，不可不備，起時依桑枝四面蓋覆處，墾開其土，輕輕翻杷，將樹緩緩取起，勿令根斷。種法如種野桑式，用木梢作樁，捆縛其本，以防風動。移種時，春則二月中，冬則十月中，宜天晴，以清水糞澆兩三徧，其處一年不可墾動，又不可剪動其枝葉。《桑譜》

清 汪宗沂《蠶桑輯要·樹桑養蠶要略》 辨種 桑有魯桑、荆桑二種，魯桑少葚，葉圓厚多津，宜飼大蠶。今之浙桑，其初多從山東移植，葉大如掌，即魯桑也。荆桑多葚，葉薄而尖，邊有鋸齒，樹則高大。土人謂之野桑，止可飼初生之小蠶。

又《接野桑》 樹高大，葉尖薄而不適于用者，謂之野桑。處處有之，若用佳桑條接之，一年之後，即成家桑，葉亦圓大，可飼蠶。接桑之時，必待天煖，又須月暗，晦日尤妙。接法不一，當于南方求慣習接桑者，以爲之倡導。惟接桑之葉，二年以內不可飼初蠶，只飼大眠以後之蠶。

清 朱祖榮《蠶桑答問》卷上

問曰：『接桑之外，又有壓條，其法何如？』

答曰：『桑樹近地處，有旁出之條，在接頭下者，便是野桑，宜芟去。在接頭上者，即是湖桑，每株可留一條，地上先兜一渠，可深五指餘，卧條於內，用鈎橛子攀住條短二箇，長則三箇，使空不著土，謂之壓條，復加土壅之，時澆糞水，一年之後，已爲生根，正二月間，可將土發開，就於大桑相聯處剪斷移栽，以廣生息。』

清 温忠翰《蠶桑問答》

問：『温州之柟溪，亦有蠶桑，其絲何以不佳？』

答曰：『柟溪之桑，皆是野桑，不是家桑。蠶食野桑之葉，吐出絲來，必定粗黄，繅絲再不得法，豈堪織綢？今官家從嘉湖一帶，買得桑來，分散與民間栽種。到治絲之時，從湖州僱人來，作與大家觀看學習。一二年後，大家都學會了，桑樹也長成了，更復年年加增，循環無已。十年以後，温州地方，若不富厚，吾不信也。』

清 吴烜《植桑育蠶書·種桑説》 桑柘皆供蠶事，但柘葉甚老，不及桑葉柔嫩。三眠開口時，可飼兩三次。四眠開口時，可飼五六次，其絲方韌而有光。若飼桑之後，再飼以柘，蠶不欲食。若盡飼以柘，則繭薄絲少。故祇可於開口時，暫飼數次，非可恃以爲常也。

清 吴宗周《蠶桑白話》卷一《栽桑秧》 桑樹大概爲二種，一種喊他荊桑，就是未曾接過這種野桑、廣桑。一種喊他魯桑，就是已經接過這種扒接桑、廣接桑。湖桑也是差不多的樣子。

清 吴烜《種桑説》 本地野桑亦可飼蠶，惟葉小而薄，不及湖種。若依時培養，亦能稍大，若高已丈外、圍已尺許者，自不可接。其大如杯、大如臂者，於春分前後離地數尺鋸去上段，以湖桑如法接之，每株可接數枝，便成湖桑。至新出小桑，接換尤易，切勿以其土種而棄之。

又 桑樹近地處，有旁出之條，在接頭下者，便是野桑，宜芟去。在接頭上者，即是湖桑，每株可留一條。

清 楊蔚本《養蠶説》《皇朝蓄艾文编》卷二 野桑亦可移栽，取横枝轉盤換根，則長旺。舊根斫斷，新根卽生，長旺久遠。又桑樹脚科及浮根，皆可斫去，不妨耕種。根可栽者，依法栽之。

（道光）《清澗縣志》卷二 桑：邑皆山桑，鮮有種者。

清 鄒祖堂《蠶桑事宜・建平紳耆公擬蠶桑規條》 各保内願栽桑者，須於冬初赴湖州等處定買六七尺長桑秧，言明家桑，不要野桑。小戶或自買，或附大戶買，省盤川俱聽其便。

又《培養桑樹法十五條》 野桑如指大者，用接花果樹法，取家桑卽所栽之桑接之，卽變成家桑。野桑非不可以飼蠶，嫌其葉小且薄，而又多葚，故須以此法變之。

清 楊守敬《武陵土産表・昆蟲》 蠶微産，而種不甚佳，加以土人不善養飼，俗不種桑，惟以野桑飼，故出絲皆黄色，爲利不溥，故無專業此者。

清 曹笙南輯《五畝居桑蠶清課》卷一《樹桑徵信篇・種葚法》 《齊民要術》：收葚之黑者，翦去兩頭，惟取中間一截。蓋兩頭者其子差，細種之則成雞桑、花桑。《西山農書》：種葚預擇肥壤土，鋤而又糞，糞畢復鋤，如此三四轉踏，令小緊平整，乃于地面匀布細沙，約寸許。然後于沙上布葚子，令疏密得所。下子後，又以薄沙摻蓋。

清 俞墉纂輯《蠶桑述要・放桑》 古時採桑皆婦工，《詩》云『女執懿筐，遵彼微行，爰求柔桑』。此蠶小時，在於家園附近處，至三眠以後，食葉漸多，非婦工所能勝。他省須蠶戶赴地剪採，蠶忙工宜多雇蠶忙時雇來之幫工，謂之蠶忙工一人剪葉，每日不過二百觔。江浙城鄉村鎮俱開葉市，桑已剪下裝就葉簍，只須挑運，不煩剪折，故人工較省，且物聚於市，急需則隨時可以秤購也。湖州葉市每十觔爲一箇，十箇爲一擔，《金鈴集》中《蠶詞》云『青青論箇不論觔』者是也。

又《栽桑》 桑有家桑、野桑之别，按時芟剪、澆灌、培植者爲家桑，聽其自生、無人芟接爲野桑。毋論壓桑、子桑，其本如腕臂大，須揀家桑中之好種接之，則葉自肥大，桑亦耐久，一本可二三十年。家桑中有名荷葉桑者，其葉肥大，最爲難得。又有火桑一種，耐久易長，早於他桑，葉亦潤厚，飼蠶家宜多多栽之。

清 黄世本《蠶桑簡明輯説》卷一《修剪法兩條》 桑樹近地處，有旁出之條，在接頭下者，便是野桑，宜芟去。在接頭上者，即是湖桑，每株可留一條。將土塊壓下，謂之壓條。復加土壅之，時澆糞水，一年之後，已另生根。正二月中，可將土發開，就與大桑相聯處，剪斷移栽，以廣生息。

又《辨桑種四條》 本地野桑，亦可飼蠶，唯葉小而薄，不及湖種。若依時培養，亦能稍大。若高已丈外，圍已尺許者，自不可接。其大如杯、大如臂者，於春分前後，離地數尺，鋸去上段。以湖桑如法接之，每株可接數枝，便成湖桑。至新出小桑，接換尤易，切勿以土種棄之。

清 黄壽昌《蠶桑須知・稱蠶》 台屬只有野桑即天生桑，俗名烏桑。葉性老，無滋潤，蠶每不能盡食。

清 賈振聲校，袁俊德輯《桑政萃編》卷二《桑分十八種》 山桑，葉尖而長，生在山上，材中弓弩及車轅，其幹遒勁，與檿桑可爲絲中琴瑟等。

（光緒）《重修嘉善縣志》卷一二 桑。一種樹大者，名麻桑。柘。桑屬。

清 江志伊輯《飼蠶法・餘論》 此猶以野桑之根，接以家桑之幹，則葉肥潤也。由於種桑之不廣，桑類甚繁，無不宜之土。農家隙地，半多荒棄，誠於水涯山畔，悉以樹桑飼蠶，其利不可勝言矣。

清 江志伊《種桑法・布種》 曰：『山桑生山上，葉尖而長，其幹遒勁，材中弓弩及車轅。』曰：『檿桑即柘，飼蠶，絲中琴瑟。』或云：『桑種甚繁，以荷葉桑、黄頭桑、木竹青爲上，取其條幹堅實，眼眼發芽也。凡擇桑之本皺皮者，葉必小而薄；白皮而節疎，芽大者，葉必大而厚。是名柿葉之桑，多絲而堅韌。若桑生黄衣而皺者，號曰金桑，非特蠶不食，其木亦將槁腐矣。』宜以龜甲，埋桑根下治之。

清 賴逸甫《嶺南蠶桑要則》 山坂地則土氣厚於水氣，其桑膠濃，蠶食此葉，其絲有力，但乏水漲之泥漿所培，則肥料須多。河汀地則水氣重於土氣，其桑雖茂，蠶全食此則生變署多，蠶乃食而不飲之物。所以，山桑勝於水桑。但河汀地每年有水漲而積之泥漿者，則肥料可以略慳。旱天蠶食汀桑身健而瑩，若食山桑則身色略皴。陰天蠶食山桑，則肉硈色佳，若食汀桑則有水患之虞。【略】若論汀桑猶泥山之木質脆而易生，山桑猶石山之木，質堅而難長。桑之所仗坭土培養者猶飯也，所以舊墻坭與新坭漿皆能致其苗之茁壯；所仗肥料培養者猶餸也，是故豬糞與攤蹅，皆能致其葉之秀茂。

清 李應珏《蠶桑説略》卷一 凡樹接過者，謂之家桑。子少葉厚多津，數年高與簷齊，數十年始衰，得葉可數十斤；未接過者，謂之野桑，葉希而薄。

清 林心北、吳書年勸刻《蠶桑輯略・栽桑法則十六條》 又有桋桑，頗似赤棘，樹小而條長，便於女採，故亦名女桑。此外又有檿桑，即山桑，葉尖而長，材中弓弩，絲中琴瑟。《禹貢》云：『厥篚檿絲。』是也，此亦荆桑之類，而尤佳者。

清 林志恂《蠶桑淺要》 至冬間，苗長尺許，次年之春，即可分栽，謂之芽桑。俗名草桑，又名野桑。江浙各省，均在春間分栽，滇地氣候較暖，以冬爲宜。

清 吕廣文《蠶桑要言・種桑法》 桑秧於立夏後，凡草桑上桑子，色黑而老，先禁小孩打摘，俟其老而落下，將子拾起，用手捻糊，以水洗去腐肉，掏淨陰乾攤燥，不可日晒，即用燥灰拌和，如以灰拌麥子樣，散子宜疎密相勻，俟其出起，密處用手拔去，使不過密。未下種之先，其地亦須深掘，厚鋪糞灰，亦逐月用水糞澆壅。次年秧便可種，或如種麥一般，但不宜腳踏，恐子小力弱，其出較遲，上面用麥殼薄蓋一層，雖遇大雨泥不結板。一法將桑子捻黏草繩之上，其地先行深掘，每闊四尺掘成一坑，約深三四寸，即用泥頭灰鋪底，每行安放草绳一條，用灰土蓋轉，按月用水糞澆壅。次年即按每三尺闊，留一株，作應種之桑，餘可拔賣。

又 值草桑法 未接之桑謂草桑，所種桑秧至五、六月間已大如指，長可四、五尺，每葉間均有小芽生出，須趕緊挖去，五日挖一回，使其獨條直達根株，較大次年可接。

又 於春分後，接成湖桑，土薄之處，再過一年，必然可接。接法須於驚蟄時候，擇桑種之佳者，將桑條中間一段剪下，直插甕中，使罯收斂。春分後取出，每條剪作四寸許之長，去梢不用，名曰桑簡。聽候取接一着桑漿，即便吃去活而抽芽矣。接時將草桑泥底株根邊僅寸許，高用鋸裁斷，以利刀將皮斜割兩刀，一向東，一向西，須刀柄在上，刀頭在下，使所割桑皮，上尖下闊，如三角形。稍長復用竹籤，將皮懸起，直插其中。然後將桑簡削去，一邊如馬耳形，須極平，插拔起竹籤以桑簡插入，其簡須將刀割，一面搭向割開之桑皮，桑漿由皮而上，使從桑簡削去處透入兩面，隙縫用田泥糊封，再用糯稻草兩三根緊緊紮住。即便活矣，截落桑條，即插其旁，俟芽抽起，長一二尺許時侯，恐風吹折，即可用以挪扶。

（光緒）《宣平縣志》卷七 桑。有白桑，葉大如掌而厚。雞桑，葉花而薄。子桑，先椹而後葉。山桑，葉尖而長，以子種，不若壓條。而分桑樹，樹一半有椹，一半無椹者曰梔。桑生黄衣，謂之金桑，其木必槁。桑根下埋龜甲，則茂盛不蛀。

清 沈練《蠶桑説・樹桑法二十一條》 野桑雖亦可以飼蠶，然葉薄而小甚亦多於家桑，且易癟音鱉，故必接成家桑。

又 接桑宜在驚蟄以後，清明以前，天色老晴時接之甫接而遇驟雨，則活者寡矣。其法，擇家桑條其條上半空而下半實，空者無用，擇其實者用之。如筆管粗者翦下，謂之接條每條約可接野桑三兩株。翦下接條置筐中，以溼布覆之，勿使見風日，將野桑根旁浮土抓開，見有絲根，即將樹身齊土而翦斷翦不斷者，以小鋸斷之。於翦斷以下，擇光潤無魂礧處，用快刀豎劃，破其皮深約寸半。隨將刀略一擺動，則皮已離骨，取桑餂以竹釘削成馬耳様，長二寸許，嘉湖人謂之桑餂嵌入皮內，翦接條三寸，削刀須側下一面留皮。一寸如馬耳様，上二寸留芽嘴二。取出桑餂，而以是條嵌入其嵌入也，須以刀削一面向外乃活，蓋樹之膏液，皆從皮上流通。故必以接條之皮，與本樹之皮，彼此相向，乃得浹洽。若以皮貼皮，以骨貼骨，則必不活矣，用桑皮繞緊，以土壅之，但露芽嘴二於土面，慎勿動搖。清明後，即漸漸發芽，八九月間，其高大已與未接時之本樹等矣。俟至冬月，移至他處，照第二條栽法栽之。野桑雖亦可以飼蠶，然葉薄而小甚亦多於家桑。且易癟音鱉，故必接成家桑。

清 費烈傳口述《寧郡蠶桑要言・論桑》 湖地之桑，多是接桑，葉大而厚，難於培植。杭地之桑，不接謂之野桑，葉薄枝長，易於培植。

清 盛宣懷輯《蠶桑備要・栽桑》 凡擇桑皺皮者，葉必小而薄，白皮而節疏，芽大者，葉必大而厚。穀而接桑也，其葉肥大穀從殼從木，一名構，一名楮，近人無用此法者。火桑視他桑較早，可飼早蠶，且雨過卽乾，竝宜多植，更宜覓富陽種植之，其大者可淂葉數石，倘不令蟲蛀，及水灌，其根愈老愈茂，年遠不敗富陽桑皮，堅蟲不能齧，最爲佳種，但彼地專擅販葉之利，其種不許外出，故求之不易淂也。接過謂之家桑，未接者謂之野桑。家桑子少而大，野桑子多而小；家桑葉圓厚而多津，古所謂魯桑也；野桑葉薄而尖，古所謂荆桑也。野桑若任其長，肥者成望海桑，瘠者成雞腳桑，蠶家賤之，故莫不用接，接成家桑，數年高與檐齊，粗如盃如椀，過十餘年，則老葉漸稀薄，以次添種，而易之。桑樹在大麥田中者，食之壞蠶。栽桑之时，宜隆冬，遲至正二月，雖未嘗不活，易於生蟲。

又《**原性治病**》 野桑雖亦可飼蠶，然葉薄而小，且易瘍，不如家桑。柘亦可飼蠶，但較堅厚，小蠶不能食。

清 王世熙編輯《**蠶桑圖説**》**金編**《**蠶桑總論**》 野桑式，用木梢作樁，梱縛其本，以防風動。移種時春則二月中，冬則十月中，宜天晴以清水糞澆兩三遍，其處一年不可墾動，又不可翦動其枝葉。

清 王元綎《**野蠶録**》**卷一**《**野蠶名・桑蠶**》 桑蠶生桑樹上，色白有黑紋，似家蠶，而小嘴甚長，【略】其生於山桑上者，絲尤堅韌，即《禹貢》之檿絲也。

清 衛杰《**蠶桑萃編**》**卷二**《**桑種類・桑分十八種**》 山桑，葉尖而長，生在山上，材中弓弩及車轅。其幹遒勁，與檿桑可為絲中琴瑟等。

清 葉向榮《**農林蠶説**》 桑樹種類不一，有白皮桑、黄皮桑、木竹青、火桑火桑較早，飼小蠶最宜。葉大而豐厚者，皆魯桑之類。有種葚多葉少者皆荆桑即子種草桑，又名野桑之類，而以魯桑條接於荆桑之身，葉自繁茂又能久遠。

又 園内及地肥之處，宜種以接過之桑秧。若瘠土沙洲，先種以草桑及桑本有三四圍者，再以家桑苗接之。即不接，用剪條尾之法培植之，其葉亦繁盛。【略】冬栽為上，春正次之。栽後成陰，以接過家桑苗於草桑柯上接之，二三年後即成大家桑矣。

又 栽桑宜辨土也，浙江杭、嘉、湖、甯、紹等處，其地土肥鹹而低溼，一遇水災浸沒多日，其桑即死，故掘去而換種之，且無牛咬之患，所以特購接成家桑秧，密而種之，其地形土性宜然。若他處高燥瘠土，均照嘉湖格式密種以接過家桑，非惟氣水歸葉，其身不大，即牛咬亦甚難防，是凡高燥瘠土必先取草桑秧稀而種之，至四五年後從草桑柯上接以家桑苗如白皮、黄頭、木竹青、火桑等，則身大葉繁，二三年即成大家桑，既可經久而且免牛咬之患，此余之經歷多年，可以為栽桑者告。

又 荆桑與接桑亦無異也即野桑、草桑也，野桑易於培植，即土地不肥者亦可栽種，務須培植得法，自無桑葚，不過其葉稍薄，未能如家桑之厚也。蠶食無異，絲性尚硬，機織官紗線縐銀綢等料，惟此蠶絲，最為合宜。

又 培植野桑有其法也，如接桑之説，養以桑拳數層，其後夏條發出，至下年正月間將條剪去三股之二，僅留一尺五寸足矣。後芽發生之處盡成嫩條，其桑葚亦無多，即葉亦能茂也。

又 種桑宜順時也。每歲冬季，無論山中堤埂沙洲田墈，均可種以草桑秧條。【略】至後無論接桑野桑，視其身大力旺者，照此式加養一層，葉自繁多。頭一層開乂處，自下而上者以五六尺為度，以防牛咬。如此養成拳桑，不特其葉繁茂，即形式亦甚可觀矣。

又 剪桑有其説也。無論家桑、草桑，須立夏後方可剪條，至小滿節後，其葉雖蠶食不盡，亦宜剪去其條以養成夏條即下年之春條，如不早剪其條，下年之條必不繁因氣力已拔盡之故，早留神之。且草桑能於臘月、正月間剪去其長條之尾此法最佳，僅留一尺五六寸長，則桑葚無所滋生，而水盡歸於葉，亦不下接過家桑，余經歷數十年矣，如不信試剪一二株以與不剪者較，自然明白。又草桑多葚，若留心收貯，無食之時，可以充飢。前明太祖嘗敎百姓多種桑棗以備飢荒，不種者罰，此亦可濟糧食之不足，人毋忽諸。

又 草桑若不培植剪尾，每條只有葉二三兩之數因氣盡歸桑葚之故，知估桑葉，則凡有家桑或草桑幾株，即知桑葉若干，自不至臨時缺葉採判不及，此養蠶之要着也。

又 無知之徒其家雖種有桑，均係不培植之草桑，葉本無幾，清明時見條芽一萌，亦驟以蠶子多多育出，未至立夏即伐盡其條枝，桑雖多種而葉猶五穀之未成熟也雖多奚益，蠶食之無力。且繭薄絲少，遂以為桑無多利，此不願種桑養蠶者亦有之。

清 佚名《**樹桑養蠶要略・接野桑**》 樹高大，葉尖薄，而不適于用者，謂之野桑，處處有之。

清 余銑《山蠶講義・辨樹一》 有所謂不落樹者，以其葉經霜雪不墮落，得名。一名槲，葉大如掌，其長而尖者，名柞。總而名之曰不落，皆山桑類，山蠶之所食也。其訛音，則為簸籮。故大葉槲名『大簸籮』，小葉槲名『小簸籮』。又有『尖葉簸籮者』，曰櫟。遵義人概名之曰青棡。又名橡。其中固有差別，然皆簸籮類也。

清 豫山《蠶桑輯要合編・桑樹有三種》 一名壓桑，春初取桑枝大者，長二三尺許，橫壓土中，上掩肥土約二寸。萌芽漸長，三四月後，可四五尺。七月間，連根枝先削去一半，九月盡行翦斷。次年春月移栽，較接本之桑更好。

一名子桑，乃桑葚所種。四月取黑桑葚揉碎，用糞灰和土，種入地寸許，一月可發芽，三四月可長二尺許，再逾年移栽，四五年始成樹。仍結子，惟葉稍薄，亦可養蠶，不過難取。

一名花桑，亦由種子而成，其葉與壓桑相似，但有花無實，與子桑異，湖州種小桑接之。

又《種桑子法》 桑乃箕星之精，其字從叒音若叒乃東方之地多生榑，桑乃蠶食神木，故叒下加木以別之。爲衣被之源，其功最神，爲世大寶。種類甚多，有柔桑，葉如綢帛，豐厚而軟。有檿桑，卽山桑，葉尖而長，絲中琴瑟。

清 趙淵《蠶桑摘要》卷上《桑分大葉小葉兩種》 川桑，易種易活，可以成條，可以成樹，葉之津較湖葉略減，葉之力較湖桑加厚。湖桑須移接乃佳，川桑則不待移接，而葉自圓大，此川桑之隨地皆宜，而種植甚便也。

又《桑分十八種》 山桑，葉尖而長，生在山上，材中弓弩及車轅，其幹遒勁，與檿桑可爲絲中琴瑟等。

清 宗景藩説略，吴嘉猷繪圖《蠶桑圖説・繪圖蠶桑説略》 楚北之桑，種既不佳，隨地生長，不接不翦，是謂毛桑。又不去草，不澆糞，枝高老而葉枯瘠，蠶食不肥，其弊坐此。不知桑宜乾燥，須擇山下高坡，墾其土，務使鬆如麥地然，然後種之，四面開溝以防積水。樹本既大，冬月正月兩次澆肥，澆時將樹脚之土四圍掘開，糞灌其根，用土蓋好，愈肥愈妙。

清 吉林蠶桑局《種桑簡明法・接桑》 野桑椹秧種過三四年後，于萌芽、漿盛時，將此桑株平土斫斷，或以桑鋸截之，或出土寸許鋸斷，留其根兜，以湖桑條剪取二寸餘，將下截用小刀削平一面，並稍削尖，插接于野桑兜之皮裏，約七八分深，以削平之一面向外，而以桑皮或草緊縛其根兜，並以土掩覆其接痕。其湖桑苗可露于土外，匝月餘，其苗即萌芽、放葉，長發最速，至秋杪可與未斫接者，其高相等。惟内省接桑在春分邊，此地則宜在立夏後矣。

又 湖桑椹子興種此間，即隔年者皆能出土。而本地有野桑，蠶食其葉出絲亦佳，可於五、六月間采熟黑椹，搓取其子種之。如新椹不即時布種，則宜陰乾，不可日曬，下土時如種菜子之法。惟須多和碎土撒布，以免秧太稠密，難於長發。隔年者四月即可種，早種則至秋杪苗深，次年便可剪插。七八月種者，其苗太淺，難耐寒凍。地方桑，日多則椹亦多，即檐小圃，欲每年種秧數萬，為來歲養蠶之需，亦不為難發育之繁，不可思議。

清 黄穀《栽桑新論》第七章《桑樹之種類》《蠶業叢書》第一編 子桑 其老幹去而生新條者，卽稱爲子桑，生長甚旺，必須截根分栽，始可成樹。【略】

檿桑 一名山桑，生於山野，葉尖而長枝幹堅硬，其葉可飼野蠶。今吾湘省所飼野蠶卽食此葉，而其絲質頗靭，可爲琴絃云。

清 黄穀《養蠶新論》第四章《飼育法》第六節《給桑》《蠶業叢書》第二編 蠶兒發育之齊否，雖關於蠶種之優劣，然最關給法之得失，今將其要點述之。

第一 給葉不可不均勻齊一 給葉不勻則分薄厚，薄處易乾蠶欲多食，厚處常濕蠶不欲食，發育因是不齊，且蠶座冷濕於衛生更有大害，故養蠶家務須注意，於給葉必使撒布均勻厚薄齊一也。

第二 葉質不可有軟硬之差 葉肉有厚薄則軟硬不同，混合飼蠶，其乾燥時期亦不同，與給葉不均同一結果，且葉質既有軟硬，消化必亦不同，發育不齊比前尤甚也。

凡野桑與早生桑其葉概硬，所含纖維甚多，養分則少，故蠶食之則發育緩慢且又不齊，比軟葉育成之蠶體較小，結繭亦薄，不過飼育容易，蠶不生病且絲細而有光，比軟葉所育者則優，故巴司託爾氏曾廢去刈桑，而用天然所生之桑亦因此也。然絲量甚少，爲其缺點，軟葉多爲晚生桑所生，或霜後再發之芽，與枝梢末端所生者，其飼育之情形與結果殆與前者相反。因四齡以後每生下痢病，上簇以後多生烏爛之蠶，故用軟葉者須於給葉以前，撒布礱糠，最宜注意者也。由此而言，則軟硬兩者混用，更爲養蠶最忌之事。

藝文

《毛詩正義》卷八《七月》　七月流火，九月授衣。一之日觱發，二之日栗烈，無衣無褐，何以卒歲？三之日於耜，四之日舉趾。同我婦子，饁彼南畝，田畯至喜。七月流火，九月授衣。春日載陽，有鳴倉庚。女執懿筐，遵彼微行，爰求柔桑。春日遲遲，采蘩祁祁。女心傷悲，殆及公子同歸。七月流火，八月萑葦。蠶月條桑，取彼斧斨，以伐遠揚，猗彼女桑。七月鳴鵙，八月載績。載玄載黄，我朱孔陽，為公子裳。

漢　蔡邕《蔡中郎集・文集》卷四《漢交趾都尉胡府君夫人黄氏神誥》　其乘輅執贄朝，皇后採柔桑于蚕宫，手三盆于繭館者盖三十年。上有帝室龍光之休，下有堂宇斤斤之祚，心耽其榮，體安其玄遠圓之。

宋　王安石《臨川先生文集》卷二六《題八功德水》　欲尋阿練若，曳屐出東岡。澗谷芳非少，春風著野桑。

又　卷三二《郊行》　柔桑採盡綠陰稀，蘆箔蠶成密繭肥。聊向村家問風俗，如何勤苦尚凶飢。

宋　陸佃《埤雅》卷九《戴勝》　《春秋傳》曰：『鶻鳩氏，司事也。見鳩拂羽，戴勝降桑則具筐筥。』《詩》云：女執懿筐，遵彼微行，爰求柔桑。』

宋　樓璹《耕織圖詩・下蠶》　穀雨無幾日，谿山暖風高。華蠶初破殼，落紙細于毛。柔桑摘蟬翼，簌簌才容刀。茅檐紙窗明，未覺眼力勞。

宋　李彭《日涉園集》卷九《睡起》　奕奕桑柔霜後繁，繅絲無復繭盆翻。願同園客繭如甕，忍使疲民無複褌。

宋　洪適《盤洲文集》卷八《佛桑》　展葉柔桑，沃裝叢醉，緅繁定應西域到，略不耐輕寒。

宋　陳景沂《全芳備祖後集》卷二二《七言散句》

舍西柔桑葉可拈。杜甫

野蠶食葉可成繭。張藉

又《憶秦娥》　著春衫、玉鞭鞭馬南城南。南城南，柔桑芳草，留住金銜。粉娥采葉共新蠶，蠶饑略許携纖纖，携纖纖，湔裙淇上，更待初三。賀方回

明　夏言《夏桂洲先生文集》卷六　畦邊綠水秧猶淺，苑裏柔桑露未乾。鳳輦曉臨蠶氏館，衮衣春祀穀祇壇。

《明史》卷六三《豳風亭宴講官樂章・沽美酒》　熙春陽，化日長。執懿筐，采柔桑。拾繭繅絲有萬箔，染紅黄孔陽，為公子製衣裳。

清　爱新觉罗・玄燁《御製耕織圖》　柔桑初剪綠參差，陌上歸來日正遲。村舍家家簾幕靜，春蠶新長再眠時。

清　李光地等《御定月令輯要》卷四《春令・民用》　柔桑增詩：女執懿筐，遵彼微行，爰求柔桑。箋柔桑，稺桑也。蠶始生宜稺桑。《傳》：休奕秋胡行，百草揚春華，攘腕採柔桑。杜牧詩：春半南陽西，柔桑偏村塢。

清　愛新覺羅・弘曆《催耕鳥》　《授時通考》卷五一　高棲嫩柳梢，低喚柔桑枝。

清　鄂爾泰《授時通考》卷五三《耕織圖下・織第一・二眠》

世宗憲皇帝御製

百舌鳥初鳴，再眠蠶在箔。陌桑青已柔，堤草綠猶弱，正宜旭日和。惟恐春寒作，婦忙兒不知，棗栗頻啼索。

皇帝御製恭和

聖祖仁皇帝原韻

女桑搖緑葉參差，曉起人慵欲採遲。雙燕入簾春晝靜，再眠恰是仲春時。

清　崔應榴彙纂，錢馥補輯《蠶事統記》卷一七　野蠶食青桑，吐絲亦成繭。無功及生人，何異偷飽暖。我願均爾絲，化為寒者衣。

清　金步瀛《古今合纂殖桑法・雙山氏種桑歌》

楊屾，清陝西西安府人，字雙山。著有《豳風廣義》，詳述樹桑養蠶織紝諸法。此歌即録自《豳風廣義》者，讀之足引起吾人栽桑觀念。余本此旨，故特録之，以爲本書之尾聲，聊表馨香默禱於萬一云爾。

種桑好，種桑好，要務蠶桑莫潦草。
無論墻下與田邊，處處栽培不宜少。
君不見豳風七月篇，春日載陽便起早。
女執懿筐遵微行，取彼柔桑直到杪。
八月萑葦作曲箔，來年蠶具今日討。
繅絲組織漸盈箱，黼黻文章兼績藻。
本來婦職尚殷懃，豈但經營誇能巧。
老衣帛，幼製襖，一家大小皆溫飽。
春作秋成冬退藏，闔戶垂簾樂熙皞。
更得餘息完課糧，免得催科省煩惱。
天全美利人不識，枉費奔馳徒擾擾！
我勸世人勤務桑，務得桑成無價寶。
若肯世世教兒孫，管取着喫用不了。
各書一通曉鄉鄰，方信種桑個眞好。

清　吳鴻望校，袁俊德輯《蠶政萃編・蠶始類・業蠶銘》

銘曰：世業農桑，既興我室。比臨蠶月，復事塗飾。桃茢祓除，神主斯立。曲植既具，籧筐乃集。連蟻方生，若不厭密。婦以母言，育有慈德。爰求柔桑，入此飼食。寒燠身先，是爲體測。上無疏薄，下無溼浥。簾箔垂門，龕火在壁。夜窗或遮，風竇時窒。頗忌北風，宜障西日。他工莫興，外人莫入。庇護攸安，漸至捉績。祈祀以時，願穫終吉。神實相之，簇如雪積。分繭稱絲，來告功畢。

雜録

唐　戴孚《廣異記》《太平御覽》卷九二一　南方赤帝女，學道得仙，居南陽愕山桑樹上。正月一日，銜柴作巢，至十五日成，或作白鵲，或女人。赤帝見之悲慟，誘之不得以火焚之，女即昇天，因名帝女桑。今人至十五日，焚鵲巢，作灰汁，浴蠶子招絲象此也，《式經三十六・禽變》曰：酉爲烏鵲。《五行書》曰：燒鵲置酒中，令家無盜賊。

（嘉泰）《吳興志》卷二〇《物產》　桑《吳興記》：烏程東南三十里，有桑墟。梁陳故事：吳興太守周敏，勸人種桑。顔眞卿《西亭記》：烏程令李淸，種桑盈數萬。《本草》有山桑，有家桑，葉椏者名鷄桑。《爾雅》有女桑、檿桑。《齊民要術》有荊桑、蛇桑。今鄉土所種有青桑、白桑、黃藤桑、鷄桑，富家有種數十畝者，檿桑山桑也，生於野。

明　慎懋官《華夷花木鳥獸珍玩考》卷一《花木・空桑》

空桑生大野山中，為琴瑟之最者，空桑也。

檿絲

出棲霞青萊亦有之，絲韌中琴瑟之弦。蘇氏曰：為繒堅韌。《禹貢》曰：萊夷作牧，厥篚檿絲是也。繭生山桑，不浴不飼，居民取之製為紬，久而不敝。

（乾隆）《揭陽縣志》卷七　春正月，桃李花盛，柔桑可採。

清　陳元龍《格致鏡原》卷六四《桑》　《種樹書》：白桑得繭厚而堅，絲每倍常。桑葉生黃衣而皺者，號曰金桑。非特蠶不食，而木亦將槁矣。《拾遺記》：員嶠山有木，名猗桑，煎椹以爲蜜。《山海經》：宣山有桑，大五十尺，其枝四衢，赤理黃花青葉，名曰帝女之桑。郭註：四衢，言交互四出。婦人主蠶，故以名桑。《廣異記》：南方赤帝女，學道得仙，居南陽崿山桑樹上，正月一日銜柴作巢，至十五日成，或作白鵲，或作女人。赤帝見之悲慟，誘之不得，以火焚之，女即昇天，因名帝女桑。

清　吳宗周、陳幹材、徐謙山《蠶桑白話》卷一《栽桑白話・修枝條》　桑樹每株有一定脂漿，若枝條簇密，大小不齊，將來的葉子也是細小薄弱，所以必定要修枝條的法子。【略】到次年正月，未曾接過的野桑，都要剪去枝條上端，祇能留拳上七八寸長的。

清　汪曰楨《湖蠶述》卷一《栽桑》　《大清一統志》：湖州府土產桑，談鑰《吳興志》：吳興烏程東南三十里有桑墟，梁陳故事：吳興太守周敏勸人種桑；顔眞卿《西亭記》：烏程令李淸，種桑盈數萬。《本草》有山桑，有家桑，葉椏者名鷄桑；《爾雅》有女桑、檿桑；《齊民要術》有荊桑、地桑，今鄉土所種有青桑、白桑、黃藤桑、鷄桑，富家有種數十畝。

清　吳烜《種桑說》　桑樹近地處有旁出之條，在接頭下者便是野桑，宜芟去。

清　王世熙編輯《蠶桑圖說》金編《蠶桑總論・移桑法》

凡家桑栽種有年，根深且多，設欲移此置彼，其起之、種之之法不可不備。起時依桑枝四面蓋覆處墾開其土，輕輕翻把，將樹緩緩取起，勿令根斷。種法如種野桑式，用木梢作樁，梱縛其本，以防風動。移種時春則二月中，冬則十月中，宜天晴以淸水糞澆兩三遍；其處一年不可墾動，又不可翦動其枝葉。

清　吳通帛《廣廣事類賦》卷三一《蟲豸部・蠶》　食楓林于海上，《事物紺珠》：『楓蠶葉始生，有虫食葉，如蠶赤黑色，四月吐絲，光明如琴絃，海上人取作釣緡，出橫州。』飼柘葉于池心。《六帖》：『大軫國有靈泉池，以五色石甃池，採大柘，飼蠶于池中。池有挺荷，疾風不動，蠶經十五日，即入荷中，蠶可五六寸，繭形如斗，五色。人繅之，以織神錦。』色愛彌羅之碧，蘇鶚《杜陽襍編》：『彌羅國，有桑連延十數頃，其上有蠶，長四寸，其色金，其絲碧。』縑誇曲靖之精。《唐書》：『南詔，自曲靖至滇池，人水耕，食蠶以柘，蠶生二旬而繭，織錦縑精緻。』

清　吳樹生《沂水桑麻話》　不惟桲欏、山桑可益蠶事，凡松、柏、楸、栗相其土宜在在可種。

清　鄒漢勛《南高平物產記》上《壓桑》　一名山桑。葉尖長。《考工記》：『檿桑次之』。《爾雅》：『檿桑，山桑。』注：『似桑，材中作弓及車轅。』

（光緒）《歸安縣志》卷一三《木之屬・桑》　檿桑《吳興志》：山桑也，生於野。柘《成化府志》：柘多植於牆旁。

桑樹繁育部

概說分部

論說

唐　郭槖駝《種樹書》卷中《桑》　穀上接桑，其葉肥大。桑上接梨，脆美而甘。撒子種桑，不若壓條而分根莖。【略】

午日不得鋤桑園。

（乾隆）《烏青鎮志》卷二　桑必接而後大，近鄉每以家桑枝接之，不則爲野桑。家桑子少而鉅，野桑子繁而小。栽桑者甚不樂乎有子也。

清　程岱葊《西吴蠶略》卷上《種接桑樹》　桑之種類極多，大抵就地而名之，不可枚舉。湖之所名，惟家桑、野桑二種。野桑多椹，葉薄而尖，古所謂荆桑也。家桑少椹，葉圓厚而多津，古所謂魯桑也。凡桑秧産於南路德清杭郡諸處，聞其法，以草索浸圊溷，閲月餘，取出曬乾，擇桑椹之極紫者，捋諸索横，埋淺土中，時澆灌之，經時雨則桑芽怒生，培護經年，幹粗如指，長五六尺，即可出售，鄉人購而種之，是為野桑。若任其長，肥者成望海桑，瘠者成鷄脚桑，蠶家賤之，故莫不用接。接法，於清明前，天陰不雨時，剪取家桑壯條，斜削剪處，如馬耳形，於所種桑秧，離地七八寸，用刀劃破其皮，作月牙形，微屈折之，使皮離幹，乃以所削壯條，插皮内，外縛以草汙泥護之，月餘即活。俟新條發芽，將故條剪去，便成家桑。經數年，高與簷齊，粗如杯如盌，是名嫩壯桑。過十餘年則老，漸稀漸薄，以次添種，而删易之。各鄉小有不同，而大較不外乎此，農桑諸書，有移栽、壓條、栽條、栽梢諸法，皆非吾鄉所習用也。

清　吴作鏌、倪紹雯、劉安欽《蠶桑速成捷法·劉安欽序》　《説文》：『桑，蠶所食也。』蓋蠶之於桑，猶人之於米麥。人不可一日無米麥，蠶不可一時無桑。欲興蠶事，必首栽桑。伊古以來，未之有改。見於古書，或形容其蒼鬱，或辨別其名稱，或定保護之條，或言種植之利，足見栽桑之業，固與蠶事並重矣。及至罌粟輸入，蚩蚩者只顧目前之利，而忘其害之所自來。腴畑沃土，盡廢栽桑之業，而營罌粟。蠶兒唯一之飼料，悉仰給於野生桑樹，以致蠶病日劇。種子不良，誰生厲階，至今爲梗。

清　吴作鏌、倪紹雯、劉安欽《蠶桑速成捷法·速成桑園種植法》第九章《栽植法》　收穫之多寡，與植入株數，適相比例。愈密植者，則收穫愈多。本試驗年數不久，而成蹟雖未十分可信，然亦足知密植桑園之大勢也。

清　豫山《蠶桑輯要合編·種桑雜記》　植桑救窮，亦要三年，方有微利。所謂有恒心而有恒産，小民無恒心者多，每育蠶之後，不理桑植，不盡心培養，次年葉稀，遂謂桑無多利。翦後務必抹去附枝數次，毋使分力，極宜灌肥。初植近根，樹大遠根，要根鬚拔肥，今年有條，來年葉倍。

綜述

宋　陳旉《農書》卷下《種桑之法篇第一》　種桑自本及末，分為三段。若欲種椹子，則擇美桑種椹，每一枚翦去兩頭，兩頭者不用，為其子差細，以種即成鷄桑、花桑，故去之。唯取中間一截，以其子堅栗特大，以種即其幹强實，其葉肥厚，故存之。所存者，先以柴灰淹揉一宿，次日以水淘去輕秕不實者，擇取堅實者，略曬乾水脉，勿令甚燥，種乃易生。預擇肥壤土鉏而又糞，糞畢復鉏，如此三四轉，踏令小緊。平整了，乃于地面匀薄布細沙，約厚寸許。然後于沙上匀布椹子，令疏密得所。下子了，又以薄沙摻蓋其上，即疏爽而子易生，芽蘖不為泥瓮腐。而根漸蝕下所踏實者，肥壤中則易以長茂矣。每畦闊叁尺，其長稱焉，一畦只可種四行，即便于澆灌，又易採除草。畦上作棚，高三尺，棚上略薄著草蓋却，如種薑棚樣，以防黄梅時連雨後，忽暴日曬損也。待苗長三五寸，即勤剔摘去根幹四傍樸蔌小枝葉，只存直上者幹標葉，五七日一次，以水解小便澆沃，即易長，此第一段也。

至當年八月上旬，擇陽顯滋潤肥沃之地深鉏，以肥窖燒過土糞以糞之，則雖久雨亦疏爽，不作泥淤沮洳；久乾亦不致堅硬磽埆也；雖甚霜雪，亦不凝凛凍沍。治溝壟町畦，須疏密得宜，然後取起所種之苗，就根頭盡削去幹，只留根。又削去對幹一條直下者命根，只留四傍根，每三根合作一株，若品字樣，繫縛著一竹筒底下，筒各長三尺，大如脚拇指，盡斸去中心節，令透徹底，一一繫縛了。然後行列，并竹筒植之，可相距二尺許一株。俾三根日久，竹筒朽腐，自然三幹合為一幹，以三根共蔭一幹。植未逾數月，幹力專厚，易長大矣。每一竹筒口，尋常以瓦子一片蓋却，免雨水得入漬爛之也。覺久須澆灌，即揭起瓦片子，以瓶酌小便，從竹筒中下直至根底矣。澆畢，依前以瓦片子蓋筒口，但不必如前種苗樣作棚也。又須時時摘去幹之四傍枝葉，謂之『妒芽』，恐分其力，以害幹，此第二段也。

於次年正月上旬，乃徙植。削去大半條幹，先行列作穴，每相距二丈許，穴廣各七尺，穴中填以碎瓦石，約六七分滿，乃下肥火糞三兩，擔于穴中所填者碎瓦石上。然後于穴中央植一株，下土平填緊築，免風搖動。更四畔以椀足大木子四五條，長三尺餘，斫塹周迴牢釘，以輔助其幹。仍以棘刺絆縛遶護，免牛羊挨搊損動也。根下得瓦石，即虛疏不作泥，糞落其中，又引其根易以行。待數月根行矣，乃于四傍以大木斫槧，周迴釘穴，搖動為十數穴。穴可深三四尺，又四圍略高作塘塍。貴得澆灌時，不流走了糞，且蔭注四傍，直從穴中下至根底，即易發旺，而歲久難摧也。又時時看蟲，恐蝕損，仍剔摘去細枝葉，謂之『妒條』。若桑圃在曠野處，即每歲於六七月間，必鉏去其下草，免引蟲援上蝕損。至十月，又併其下腐草敗葉，鉏轉蘊積根下，謂之『罨擇』，最浮泛肥美也。至來年正月間，斫剔去枯摧細枝。雖大條之長者，亦斫去其半，即氣浹而葉濃厚矣。大率斫桑要得漿液未行，不犯霜雪寒雨，斫之乃佳。若漿液已行而斫之，即滲溜損，最不宜也。纔斫了，便鉏開根下糞之，謂之『開根糞』，則是每歲兩次鉏糞耳，此第三段也。

又有一種海桑，本自低亞，若欲壓條，即于春初。相視其低近根本處條，以竹木鈎鈎釘地中，上以肥潤土培之，不三兩月，生根矣，次年鑿斷徙植，尤易于種椹也。若欲接縛，即别取好桑直上生條，不用横垂生者，三四寸長，截如接果子樣接之，其葉倍好，然亦易衰，不可不知也。湖中安吉人皆能之，彼中人唯藉蠶辦生事。十口之家，養蠶十箔，每箔得繭一十二斤，每一斤取絲一兩三分，每五兩絲織小絹一匹，每一匹絹易米一碩四斗，絹與米價常相侔也，以此歲計衣食之給，極有準的也。以一月之勞，賢于終歲勤動，且無旱乾水溢之苦，豈不優裕也哉！前所謂每歲兩次糞鉏，乃桑圃之遠于家者如此。若桑圃近家，即可作墻籬，仍更疏植桑，令畦壟差闊，其下徧栽苧。因糞苧，即桑亦獲肥益矣，是兩得之也。桑根植深，苧根植淺，竝不相妨而利倍差。且苧有數種，唯延苧最勝。其皮薄白細軟，宜緝績，非麤澀赤硬比也。糞苧宜麤爛穀殼糠藁。若能勤糞治，即一歲三收，中小之家只此一件，自可了納賦税，充足布帛也。聚糠藁法，于厨棧下深闊鑿一池，結甃使不滲漏。每舂米，即聚礱簸穀殼及腐藁敗葉，漚漬其中，以收滌器肥水與滲漉泔淀，漚久自然腐爛浮泛。一歲三四次，出以糞苧，因以肥桑，愈久而愈茂，寧有荒廢枯摧者。作一事而兩得，誠用力少而見功多也，僕每如此為之，比鄰莫不嘆異而胥效也。

宋 吴欑《種藝必用》 正月旦日鷄鳴時，把火遍照五菓及桑樹上下，即無蟲。時年有桑菓災生蟲者，见日照者必免災。正月、二月、三月，移桑并得熟耕地五六遍，五步一株，着糞一二升。至秋初，斸根，下更着糞，培土三年即堪採。每年及時科斫，以繩繫石，墜四向枝，令婆娑中心亦屈却，勿令直上難採。凡栽樹，須記南北枝。坑中着水作泥，即下樹栽搖，令泥入根中，即四面下土堅築，上留三寸浮土。埋令深，澆令常潤，勿令手近及六畜觝突。凡一切樹，正月十五日以前上時兼多子。 種桑收魯桑椹，水淘，取子曝乾，熟耕地畦，種如葵法。土不得厚，厚則不生，待高一尺，又上糞一遍，當四五尺，常耘令净，來年正月移之。白桑無子，壓枝種之，纔收得子，便種之亦可。只須於陰地，頻澆為妙。 午日不得鋤桑園，《陰陽書》曰：亥為天倉耕之始。 正月晦日種葵，神日。種法，臨種必須乾曬子，其子千歲不喝，地不厭良，故彌善。薄則糞之，葵須畦種，水澆畦，長兩步，闊一步。大則水難勻他畦，倣此，深掘以熟糞和中半，鐵爬爬之，令熟；足蹋，令堅平；下水，令微濕滲下。葵子，又取和糞土蓋之，厚一寸，葵生葉，然後一澆，澆以早暮，每一掐即爬去，地令起，下以加糞三掐，即更種秋掐，須俟露晞收葵子，須俟霜降，若以穰草蓋經冬收子，謂之冬葵子，入藥用。

元 司農司《農桑輯要》卷三《地桑》 《務本新書》：夫地桑，本出魯桑。若以魯桑萌條，如法栽培，揀肥旺者約留四五條，鋤治添糞。條有定數，葉不繁多，衆葉脂膏，聚於一葉，其葉自大，即是地桒。栽地桑法秋後於熟白地内，深耕一犁，就壠加糞，撥土為區。如無牛，掘區亦可。春分前後，取臘月所埋桑條。埋條法如後。揀有萌芽處，各盤七八寸，或一尺，鍬區下水，卧條栽之。覆土約厚三四指深，厚則難生，以手按勻，區東南西種𥻆五七粒。五月之後，芽葉微高，旋添糞土，已後條高，便作地桑。或揀魯桑箄兒，秋間埋頭深栽，更疾得力。

又《移栽》 《士農必用》種藝之宜，惟在審其時月，又合地方之宜，使之不失其中。栽培所宜，春分前後十日，十月内并為上時。春分前後，以及發生也。十月號陽月，又曰小春，木氣生長之月，故宜栽培，以養元氣。此洛陽方左千里之所宜，其他地方隨時取中可也。桑者，易生之物，嘗於長安試地桑，除十一月不生活，餘月皆可，然春時及寒月，必於天氣晴明巳午間藉其陽和如其栽子，已出元土，忽變天寒風雨，以熱土調泥栽培之，熱月則必待晚凉。仍預於園内稀種𥻆或麻黍為蔭。養樹桑法：墻圍成園，大小隨人所欲。將園内地耕斸熟，方三尺許掘一坑。坑之方深下糞水，與栽地桑法同。將畦内種出荆桑全條連根掘出，栽培亦如前法。但所築實土與地平，上復用土封身一二尺，周圍自成環池。無雨則澆。待桑身長至一大人高，割去梢子，則横條自長。任令滋長，休科去新條，當春不宜科，科了數年不旺，十二月内或次年正月科則不妨。如澆治有功，至秋可長大如壯椽，十月内或次年春可移為行桑。若不如此，於園内養成，從小便栽為行桑者，多被風雨、孳畜損壞。野荆桑不成身者，移根於園内養之，亦同。栽培如地桑法，芽出留旺者一條，長至如大人高，其科養法如前。

又《壓條》 春氣初透時，將地桑邊旁一條，梢頭截了三五寸，屈倒於地空處。多用栽子，多屈幾條，隨人所欲。地上先兜一渠，可深五指餘，卧條於内，用鈎橛子攀釘住。條短則二個，長則三個，懸空不令著土，其後芽條向上生，如細杷齒狀。横條上約五寸留一芽，其餘剝去。可飼小蠶。至四五月内，晴天巳午時間，横條兩邊，取熱塘土，擁横條上成壟，横條，即為卧根，至晚澆其根科。當夜卧根生鬚。至秋其芽條皆為條身，至十月或次年春分前後，際卧根根頭，截斷取出隨間空處，斫斷，一如拐子樣。每一根為一栽。此法萌栽子無窮。

元 魯明善《農桑撮要》《五畝居桑蠶清課》卷一 十二月内掘坑，深闊約二尺，于坑畔取土糞和成泥漿，桑根埋定，糞土培壅。將栽條輕輕向上提起，則根舒暢，加土壅與地平。次日築實，不可動搖，加倍榮茂。

明 徐光啓《農政全書》卷三二《蠶桑·栽桑法》《務本新書》曰：夫地桑，本出魯桑，次以魯桑萌條，如法栽培。揀肥旺者，約留四五條，鋤治添糞，條有定數，葉不繁多。衆葉脂膏，聚於一葉，其葉自大。即是地桑。栽地桑法：秋地於熱白地内，深耕一為如壠，加糞，撥土為區，如無牛，掘區亦可。春分前後，取臘月所埋桑條，揀有萌芽處，各盤七八寸，或一尺，鍬區下水，卧條栽之。覆土約厚三四指深，厚則難生。以手按匀，區東南西。種檾五七粒。五月之後，芽葉微高，旋添糞土。已後條高，便作地桑。或揀魯桑箄兒，秋間埋頭深栽，更疾得力。

又《士農必用》曰：種藝之宜，惟在審其時月，又合地方之宜，使之不失其中。栽培所宜春分前後十日，十月内并為上時，春分前後以及發生也。十月號『陽月』，又曰『小春』，木生長之月，故宜栽培，以養元氣。

又曰：桑者易生之物，除十一月不生活，餘月皆可。仍須於園内，稀種檾或麻黍為蔭，每歲三月三日晴雨，卜桑之貴賤。

清 張宗法《三農紀》卷六《桑》《農桑撮要法》云：春間，揀枝葉茂盛者就馬蹄處劈下，得潤土開溝尺許，理枝築實，自生根布葉。土太乾則不生，太濕則皮腐，取潤為佳壓後，遇旱，于傍開溝灌之，但取水氣到為準，平壤、淤壤及土肥虚，荆桑、魯桑俱宜。苦山地，土脈赤硬處，宜植刑桑，須五步一株。春分前十日為上時，當發生也。十月小陽春，木氣長生也，亦宜當得枝。芽櫬青植，萬不失一。桑有三宜，時宜和包宜，固壅宜厚。大抵栽要晴明，假陽和之氣。暑月宜于園中種禾麻為蔭，惟十一月不種、不植。

《要旨》云：腊月内掘深潤坑，約尺餘，入土糞和泥漿，將桑條理定栽定，又向土提起，則根舒暢，復土壅于地平。次日築實，飲以水，切禁動摇頻法。夏桑條，或如指如肘大者，儘可栽。掘出有獨根定柢者，勿用法，將條浸糞水内一宿。掘寬深穴，穴内填以土糞方栽，須令根鬚伸直，不得曲。於當知大之問省，失之則難活，活亦後有半枯之茨。穴内填土壓根，方用水澆。澆後，令將木摇動幾許。以茨棘護之，忌牲畜踐傷。十日以澆，晴雨最之，待芽生葉發乃止。桑根下理龜甲免蛀，填以鍾乳石，耐老，着瓣蒜甘草迹虫。

清 楊屾《豳風廣義》卷一

栽樹桑法

築墻成園，大小任意，將園内地耕熟，或栽行桑，每株相去一丈，横直成行，以便耕種。行間或種緑豆、黑豆、碗豆、芝麻、糜子，及瓜茄菜蔬，無不可者。上采桑葉，下種豆蔬，可謂兩益，而且發桑。但不可種麥穀，令桑不旺。或栽墻下桑，或栽門前家庭阡陌道旁城壕墳園場圍，其法先掘地一坑，深三尺，寬窄量樹大小，務要寬綽有餘。九月至二月半，栽之皆活。古人云：『惟十一月栽之不活』，余每於十一月内栽之皆活。或種出者，或盤壓成者，皆可移栽。魯桑宜多，荆桑宜少。栽時記號南枝，不可錯了原向。陰面若受日晒，則焦枯。如樹甚小，亦不必拘。且忌大風。風能燥物，恐耗散脂液，則不長旺。掘時務要掘大些，不可傷着小根。古人云：『栽樹莫巧，勿令樹知，則可耳。』將掘下坑内下熟糞四五升，和土令匀。如有龜殼，根下置一個，則桑更茂。入水一桶，調成稀泥，將樹根坐於泥中，按至坑底，提三五次。欲令根鬚皆順。扶端樹身，填土與地平，壅周圍熟土，令坑滿，次日方可築實。周坑四邊，須築實；若不實則根上不相着，多懸死。上復用土封身尺餘高，周圍自成環池。無雨澆之，可以容水。如在園外路旁場畔者，須護以棘，以防牲畜啯傷、孩童戲折。二年不可採葉。樹小傷生氣，多不旺。其上糞，九月至正月皆宜，三月至八月不宜。恐糞氣傷損嫩根。或猪羊牛馬之糞，油渣亦可，棉子油渣性暖，冬壅其根更好。旱則數日一澆，三年之後，長如椽大，可以採葉飼蠶矣。

又 卷三 園制

負郭之間，得田十餘畝。若去城市稍遠者，更益其數，田多者可作素封。負郭之間，易於得糞，果蔬便於發賣，而且價高，故園田不待多；若離城市遠者，糞不可多得，果蔬之價又賤，故田不可少。若田更廣，能樹千株桑果者，即為素封，可享利如千户侯矣。若水深不便灌溉蔬菜者，多植桑果，夏則積水擔澆，冬則掃雪擁根，亦能大茂成林。田少者，繚以垣墻。務使西北之墻高，以遮蔽西北之風。園大者，培植柘墻。其種法詳種柘門中，行之寬窄，樹之稀稠，科編之法與枳墻同。南方汝潁間桑圃有大十餘畝者，縱横成行，整齊可觀，行間盡種雜豆，肥壯異常。而周圍種柘，編為籬墻，以荆為門，司園者守之，名為柘墻。蓋柘身有刺，盗採不易，而一切畜牲不得入内。既為桑障，又益春蠶，且易生倍於桑，惜乎北人不知樹之。

墻内樹桑一周，以收蠶利。相去五尺一株，一周可樹二百株，科如傘様。或再種地桑一畝，歲可收絲一二十斤，能給一歲之衣，樹桑法已見前。

清 陳元龍《格致鏡原》卷六四《桑》

《格物總論》：『桑樹大者數圍，高一二丈許，皮粗，枝榦修竦。春正二月抽條發葉，葉大者盈尺，有刻缺，面深緑而光。』俞宗本《種樹書》：『浙間植桑，斬其葉而植之，謂之稼桑，却以螺殼覆其頂，恐梅雨侵損其皮故也，二年即盛。』《氾勝之書》：『種桑，五月取椹著水中，濯灑取子陰乾之。肥田十畝，荒久不耕者，善好耕治之，黍、椹子各三升三合，和種之。黍桑俱生，鋤之令稀疏調適，黍熟穫之。桑生正與黍高下平，因以利。鐮歷地刈之，曝令燥，放火燒之。桑至春生，一畝食三箔蠶。』《種樹書》：『桑以構接，則桑大；根下薶龜甲，則茂盛不蛀。』《呂氏春秋》：『伊尹之母，居伊水之上孕。夢有神告之曰：日出水東走，無顧。明日視日出水，告其鄰東走，顧其邑盡爲水，身因化爲桑。有莘氏採桑得嬰兒空桑之中，獻之於君，君令乳之。』

清 帥念祖《蠶政編・栽地桑法》

濟急救困，莫如地桑之速，凡河決水湮之地，地少人貧之處，地桑一畝，歲可收絲九觔。布後次年，即可飼蠶三箔，三年後可飼五六箔。其法將地耕熟，相去五六尺掘一坑。每畝該二百四十區。廣深各二尺，坑内下糞和土令匀，下水一桶，調成稀泥，將種成的魯桑不用荊桑連根掘出一科，自根上留身五六寸，餘截去。每栽二根一坑，按至坑底，按桑身畧與地平。壅土令坑滿，次日築實，周圍令成環池亦可容水。芽出土長三四寸時，揀旺者每株留一二根，餘掐去。次年附根割條，到家推葉飼蠶。割過處，每一根盤，周圍生數芽，每一科留六七條，餘去之。年年附地割採，愈割愈旺，留條愈多。冬春上糞，旱則澆灌，年年茂盛。地桑須於園内栽之，有草則鋤，無雨則澆。比及蠶生，可澆三次。其葉自然早生，其行間宜種豆，兩不相妨。且豆性發桑，勝於芝蔴瓜蔬。

（乾隆）《烏青鎮志》卷二

穉桑初種，胥名桑秧。秧宜自壓于近水之埂，冬覆以泥，采桑時，即留所欲壓之條，俟葉昂首而新條長，埋而灌之，以荷葉桑、黄頭桑、木竹青爲上，取其幹堅葉茂，大葉密眼次之，細葉密眼爲下，獨火桑較他種早，三五日可餵早蠶。其種也，不外冬杪春中，法貴稀，縱横各七尺。冬種者秧宜大，清明前後種者宜細。以大桑到清明，頭眼已發，根眼已盲。細桑則根眼尚綻故也。根當刷去其如毛者，止留線根數條，四面排穩實以泥，時時灌以和水之糞，必離幹尺許，而環壅之。俾新根四達，發葉後覘，葉損于蟲，搜而殺之。如遇雨，被泥水滓眼，速行撥開，否即死矣。桑必接而後大，近鄉每以家桑枝接之，不則爲野桑。家桑子少而鉅，野桑子繁而小。栽桑者甚不樂乎，有子也。

清 汪曰楨《湖蠶述》卷一《栽桑》

蠶所賴者，專在于桑。其樹桑也，自墻下檐隙，以暨田之畔池之上，雖惰農無棄地者。其名桑也，不曰桑而直曰葉《德清縣志》：明洪永宣德年間，敕州縣植桑，報聞株數，以是各鄉桑柘成陰。今窮鄉僻壤，無地不桑。《胡府志》桑地宜高平，不宜低溼，高平處亦宜培土深厚。《廣蠶桑説》蠶桑隨地可興，而湖州獨甲天下，不獨盡藝養之宜，蓋亦治地得其道焉。厥土塗泥，陂塘四達，水潦易消。《周禮》謂：『川澤之土，植物宜膏；原隰之土，植物宜叢。』湖實兼之，乃淮南所謂『息土』也。地利既擅，人功尤備，以桑之喜疏也；墾必數四，深必尺餘，以桑之喜肥也；壅以蠶沙暨豆屑糞草，以桑之惡沙礫草萊也；植必平原，芟必净。盡治地之道，能順桑性，故生葉蕃大而厚。《西吴蠶畧》

清 温忠翰《蠶桑問答》

問：『栽桑之法何如？』

答曰：『桑樹宜十一二月時栽種。春天種，易生蟲。不宜低溼之地，高平近水處栽之，必活。須隔六七尺栽一株，栽時將桑根用水洗淨，舒根土中。坑深一尺五六寸，寬三尺，用糞和泥水攪匀，栽上桑秧，再加好土，搗築結實。到冬至以後，驚蟄以前，在樹旁掘一小坑，裝糞坑内，糞氣下行，桑根自然暢茂，出葉亦必肥大。蠶食肥葉，自然吐出美絲。近河之地，只要河泥培桑，功同糞土。』

問：『隔六七尺地栽桑一株，豈不侵佔良田？』

答曰：『桑陰之下，種蔬菜、棉花諸物最宜。土性常鬆，桑更繁盛。但不可使生草，有草必鋤去，恐拔地力。』

清 吴烜《種桑説》 分栽剪頭法 第四年立春以後，春分以前，天氣晴和，將桑掘起，直幹無枝，浙人謂之單槍。剪去直根，及横根之腐而無用者，每株相離五尺五寸，須如品字，不可對栽，長大方能寬展。預將分栽之地，鋤翻作塪，闊亦五尺五寸，先用丈竿量定，不可參差疏密，致礙將來挑担栽培之路。將地鋤深一尺二三寸，四周寬廣，沃之以糞，或河泥，植桑坎中。理直四面横根，不可稍有拳曲。敲土極細，塞實根柢，不可空虚，逐漸加泥，漸加漸踏，務令堅實，勿使鬆浮。平地須種過接頭一二寸，高地必須種過三寸，方易回生。隨用桑剪視桑大小，桑大離地尺餘，桑小離地六七寸。剪去上段剪下之條，可接土桑，種時不可澆水，三四日後，以二糞入水澆之。以後天氣晴燥，須五六日一澆。俟芽葉盡放，摘去下芽，上留三四芽，發成三四枝。浙西僅留兩芽，發成兩枝，明春謂之雙槍。蓋浙西一帶，雜樹甚少，出蟲之樹，一概删除，無蟲侵蝕，故留得一芽，即成一枝。吾江出蟲之樹甚多，驟難删去，夏秋數月，蟲類甚多，故必多留數芽，以防傷損。

清 曹笠南輯《五畝居桑蠶清課》卷二《育蠶徵信篇・栽植》

地宜高平，土肉深厚。若低溼，則積潦傷根。時宜季冬，諺云『臘月栽桑，桑不知』。若遲至二三月，則易生蟲。栽時，宜先將桑秧置糞内浸一宿。掘坎，每約離五六尺。取土糞調匀，置桑秧於坎中，壅土少許。又將桑秧輕輕提起，則根順舒暢，復加土與地平。次日築實勿動，自易榮茂。更宜仿農書栽法，每坎先填瓦礫少許，後用火糞土培之。取桑秧翦去對榦直下之命根壓條，無命根則不必翦。每坎養三條，如三叉品字式。蓋桑秧得瓦礫，則虚疏易以行根。近見壞屋基上，栽桑易茂，是其驗矣。火糞土之益甚多，久雨不作泥淤，久旱不致堅硬，天寒不致凝凍。且草種蟲子，經火俱灰。翦去命根，則榦低枝茂。養作三叉品字式，初修即成三叉，較之栽一株，待放三條，再修作三叉者，成蔭更速，開翦自早。如防偷竊桑秧，栽後即用乾草將條燒去，來春發芽更旺。或翦條栽根，而翦下之條，又可擇肥潤地插之。遠道購來桑秧，已有二三十日之久，未免乾涸，切勿見水，亦浸糞内一宿，如法栽之，自能活也。初栽之秧，間有至夏秋發芽者，亦有枝枯而根下發芽者，不可遽拔棄之。

清 陳雪堂《蠶桑簡法》卷下《栽桑要法・辨土》 土質之大别，分砂土、粘土二種。砂土質鬆，植物之根易舒，惟性凉而少儲蓄之力。粘土質堅，多費翻鋤之工，然性溫而富吸收之性。二者各有利弊，欲得栽桑最適宜之土質，莫如砂土、粘土相雜之一種壤土，其位置既在砂土、粘土之間，則儲蓄力與分解力亦得中洵，栽桑最良之土質也。

按栽桑，既明土質，又當審地勢。地宜高燥，土宜深厚，卑濕之地應開溝洩水，否則桑根腐爛，不能生活，卽活亦不茂盛。桑本最易生長之物，除十分卑濕之地不能洩水者，餘如山阜、砂土、隄塘等處，皆宜特培植法有異耳。

又《整地》 相度地段，預備栽桑，首宜整理土地，或作高畦，或作平畦，須因地制宜。平畦者一律平坦，僅於四圍開溝，高畦則兩傍起溝，中央植桑，二者皆隨氣候、土質而定。如粘土而雨水多之地，宜作高畦，以疏潮濕。砂土面雨水少之地，宜作平畦，以資瀦蓄。最要者地必深耕，使土質風化透徹，表裏輕鬆，則桑根得遂其蔓延也。

又《下種》 下種之要領分爲三項

（甲）選種 四月間採集桑椹，擇其色黑者，和藁灰揉碎，種皮密塗於藁繩上，直播畦間。或將揉碎之椹投入水中攪之，取其沈者陰乾之，和灰收貯，至翌春和暖時播種。

（乙）苗床 播種之處名曰苗床，擇東南向稍濕潤之砂土爲之，先期耕耘，施用肥料，經十日再耕一次，較前稍深，至播種前再耕一次，惟不必深，恐苗發後，直根長支根寡，不利於接木也。

（丙）播種 播種前宜將耕鬆之土作三尺或四尺之高畦，畦側以鋤打實，然後以每方寸播種四五粒，上篩細土二分蓋之，面覆濡莛莛草，草荐之類，以防乾燥，晴時則早晚澆水，以資潤澤。

又《培苗》 發苗遲早，雖由氣候而異，大約十日當可萌發。斯時宜去濡莛，易以低篷，防日光之直射，與雨水之侵伐，夜間宜捲去，俾受露潤，迨苗漸長，芟去弱苗，平均苗間之疏密，勤除雜草，頻施液肥，至秋可長至二尺以上之苗木。若地方寒冷，須於落葉後悉行掘起，以四五十株爲一束，假植□列地上根不覆土謂之假植於屋内泥地上，不觸日光，不受雨水，以備翌春接木之用。

清 陳恢吾《農學纂要》卷四《桑》 土宜 凡不宜稻之地，其土高潤，舉可樹桑。最宜高燥之而通風日之地，或山腰傾斜，以及平原曠野，培壅得法，皆易繁茂。桑性尤宜夾沙，而上層深厚之土。惟易淹之處，及土堅如石者，不可種。土濕之區，宜種高地。湖水宜桑。

又　肥料　桑性喜肥，惟忌新糞。冬寒歲暮，不腐者亦可用。糞料以人糞最良，次則羊糞、猪糞，蠶砂、殘葉，水中浸爛亦可肥桑，菜豆餅生蟲，不宜。黏土施肥，次數宜少，而每次施肥宜多；沙土次數宜多，而每次用肥宜少，既施肥加土於上而耕之。

初二年，欲長柯條，宜多施加里、草木灰最妙。數年後，欲多獲葉，宜多施窒素肥料，設每畝日本畝欲得葉三千斤，則需用窒素二十斤，燐酸三斤，加里十三斤，以此為率。如用廐肥即猪羊牛馬糞和腐草敗葉三千七百斤，中有窒素九斤，再加蠶砂千餘斤即合用。蠶砂即多窒素，可查肥料表，配合之。河泥壅桑最佳。

桑樹大根深，平時不可澆灌，惟於冬正發芽前，及清明前後，翦桑之後。采葉前半月，不可糞。用五分糞、五分水各澆一次。澆時，先將根下土挖開，不可傷根，儘量澆足，用新土蓋好。一年最少澆灌四次為常，須離桑尺許遠施肥，否則瘻萎。用猪糞則至晚方可蓋土。

又　耕耘　桑忌蔓草，每年耘四次，發芽耘第一次，翦枝後耘第二次，當雜草開花之前耘第三次，秋季耘第四次，又視地之肥瘠堅疏為增減。表土淺則不宜深耕，須沃以肥壅，漸次稍深。桑惡積水，近桑圃無草地，則不生桑蟲。

又　間植　桑田可間種綠豆、小豆、脂麻、瓜芋、麥蔬，既取土鬆，復沾餘利。惟不宜黄豆、芥菜、大麥、鶯粟及有藤蔓之豆。桑圃近家，桑下可偏栽延芏，於厨棧下鑿大池，結甃使不滲漏。春米之殼，及腐草敗葉并漚其中，以收滌器肥水與泔淀漚之，一歲三四次，出以糞芏，因以肥桑。

又　桑禾間植法　田之兩畔栽桑，中間種禾，需資甚省，便於小農。如圖以三之一種桑，三之二種禾，則疏而不密，收葉可多一倍。

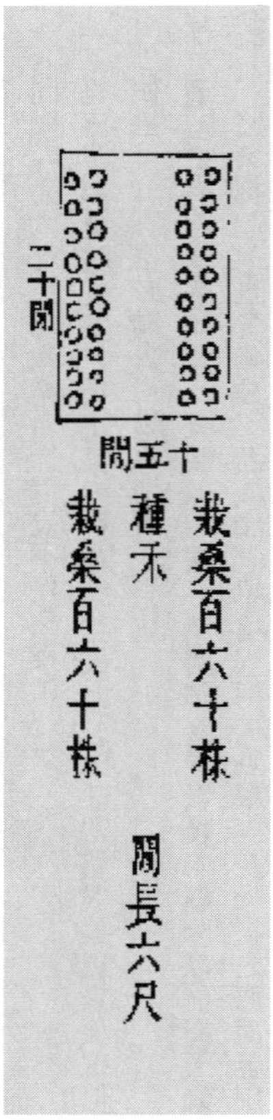

又　采羊葉　霜降後捋其葉，可雜芻飼羊豕。此採第三次也。不可傷條，不可早捋。又乾葉為末，雨後葉濕，可糝以飼蠶。葉少之年，米粉亦可糝飼之。

又　桑老樹空　桑老樹空，可於旁種新秧，兩三年後將已敗者伐去，或將老樹離地六七寸截去，留其老樁，培以肥土，沒其樁，另發新條，養成低桑。

又　火桑　火桑葉早，飼蟻必需，故須附種，不必條翦，任其高大，可采葉數百斤。

清　陳開沚《裨農最要》卷二《栽桑》　將所掘之坑撥開，下河泥、糞泥拌勻，鋤起少半方栽。以鋤起之泥環蓋，灌水令透。提三四次，使根鬚皆順，俟半日水性定，然後下土填實。勿太緊，扶端樹身。附身土須築緊，否則風易摇動。坐槳法栽亦好，然微嫌將土結緊。地埂栽桑，宜五步一株，坑掘地內。如前法。幹斜地外。既不陰地，又便人行，灌築如前法。地中栽桑。宜肥厚土。須丈四五尺一株。桑成尚可耕種，倘六尺一株，桑大則成空地，且數年根枝交錯，葉亦不茂，不如隔遠，而無妨於農也。不得對值，宜用品字形式。一三五七九行相對，二四六八十行相對，則成品字形矣。如秧不直美，剪去上梢，只留四寸，倒按燒紅鍋內，用火微微烙過。栽下，務令頂與地平，四圍填實輕築，附身土勿築，以細土鬆蓋其頂，後發條葉更茂。栽地桑亦如是。但每坑相去五尺，一坑必栽二三株，每年附地割條飼蠶，獲利亦厚，然終有妨於農也。

清　黄世本《蠶桑簡明輯説·種桑説·種桑子法五條》　三四月中，將地鋤鬆作埨，闊約四尺，芟草净盡，沃之以糞。或加猪灰河泥，敲土極細，兩邊開溝，以備出水，節交芒種，桑子極熟，摘取味甜色黑者，置水中搓散，去浮者，取沈者陰乾撒之，以糞水澆透，覆之以灰，天若乾燥，間日澆水，俟芽出後，以糞水澆之。又法取極熟桑子數十顆置掌中，用草繩一條，水中浸濕，握而捋之，子粘繩上將繩曳直，埋土數分，每條相離五六寸，覆以稻柴，出即揭去，天氣晴燥，以二糞八水澆之，旁生萌芽，隨即摘去。

第二年雨水節後，天晴時，於他處鋤地極鬆，壅地極肥，掘起桑秧，將直根剪留四寸，用細竹與根相彷者，扦土作孔離七八寸，將桑秧插入踏令堅實，以清水糞澆之。

第三年驚蟄以後，清明以前天色老晴，將桑秧離地剪留寸許，隨剪接過湖桑嫩條，如筆管粗者，勿見風日，其條上半空，下半實，空者無用。將實者剪作三四段，每段三寸，斜削寸許，其二寸留芽兩三個，將剪留之桑根，四旁發開，用快刀劃破其皮寸半，取竹片削尖，探入令鬆，隨將斜削之條，反插皮內，須以刀削一面對皮，蓋桑之膏液在皮，必以斜削之皮，與桑根之皮，膏液粘并，方能浹洽。若將接條正插，以皮貼皮，以骨貼骨，必不能活，如法接好扎以桑皮，塗以河泥，復撚泥丸，蓋在條頂，切勿摇動。若常遇天晴，旬日即活，清明後桑芽盡放，摘去下芽存上一芽，發成一枝，俟高至尺餘，用蘆葦數尺植其旁，用浸軟稻柴鬆鬆縛住，以防風折。勤削勤澆，一年可長五六尺，倘有接而不活者，其根必發新條，來年再接。

第四年立春以後，春分以前，天氣晴和，將桑掘起。直幹無枝，浙人謂之『單槍』，剪去直根及横根之腐而無用者，每株相離五尺五寸，須如品字，不可對栽。長大方能寬展，預將分栽之地，鋤翻作埨，闊亦五尺五寸，先用丈竿量定，不可參差疏密，致礙將來挑担栽培之路。將地鋤深一尺二三寸，四周寬廣，沃之以糞或河泥，植桑坎中，理直四面横根，不可稍有拳曲，敲土極細，塞實根柢，不可空虛，逐漸加泥，漸加漸踏，務令堅實，勿使鬆浮。平地須種過，接頭一二寸，高地必須種過三寸，方易回生，隨用桑剪視桑大小，桑大離地尺餘，桑小離地五六寸，剪去上段剪下之條，可接土桑。種時不可澆水，三四日後，以二糞入水澆之，以後天氣晴燥，五六日一澆，俟芽葉盡放，摘去下芽，上留三四芽，發成三四枝，浙西僅留兩芽，發成雙枝，明春謂之『雙槍』，蓋浙西一帶，雜樹甚少，出蟲之樹一概删除，故留得一芽，即成一枝。他處出蟲之樹甚多，驟難删去，夏秋數月，蟲類甚多，故必多留數芽以防傷損，第五年立夏後，將第四年所留之條離了，長則尺許，短則六七寸，再將上段剪去。剪下之條，亦可接桑。摘去下芽，上留三四芽，發成三四枝，養蠶時每株即可采葉一二斤。至第六年立夏後，再將第五年所留之條，離了數寸，再行剪去，將葉通身摘盡，每株可得四五斤。隨即培壅，不及旬日，又長新芽，每枝再摘去下芽，上存四五芽發成四五枝，至七年立夏采葉，再將第六年所留之枝，離了數寸剪去，每枝再留四五芽，餘皆摘去。通計所留之枝，已有四層，又明年立夏采葉，將枝頂新條，着了剪去，不必留叉。以後逐年剪取，枝頂如拳，謂之拳桑。每株可成數十拳，每拳可發五六條，數年以後，根柢盤深，枝幹粗壯，每株净葉，始則十數斤，漸至二三十斤、四五十斤，年愈久葉愈蕃，但能留意捉虫，不致鑽空樹本，可以多壽。

以上諸法，下種分接之後，雖逐年已可采葉，然必七載方成，既費人功，更稽歲月，不如立春以後，春分以前，至浙江石門之天花蕩揀買接過單槍。紅皮大種，甫經出土，根鬚淡黄而潤者，載歸栽種，剪去蒂根，蒂根即直根。不去直根，則樹少歧枝，難於暢茂。照第四年剪頭栽培之法，不過半月，即可回生。出土之後，但能不見風日。雖一月之久，根紅皮縐，開地澆肥，如法栽種，間日滋養，不使稍乾，速則半月，遲至黄霉，無有不活。倘條幹漸枯，根能再發，切勿拔去，滿至兩年即可采葉。較之下種分接，已省四年。若更欲其速，可購第五年者。去春剪頭，已成兩叉，浙人謂之『雙槍』。亦照單槍培種之法，較之單槍獲利尤速。惟雙槍價甚昂，且根盤又大，移種恐難全活耳。

清 江志伊《種桑法》

欲栽樹桑者，於種桑之次年正月，或二三月間，圍牆成園大小隨人所欲，耕地令熟。方五尺許，掘一坑，下糞水。將畦內所種桑秧，連根掘出，栽之，根科須得匀舒。栽畢，將土築實，與地平。上復用土封身一二尺，周圍自成環池，無雨則澆。或云桑生一二年，根株微嫩，栽後最忌風摇，須於區北，堆土成壁，約高於地二三尺。將小桑靠壁栽之，既遮北風，復迎日色也。待桑身長至一人高，割去稍子，則横條自長。長出新條不宜科，當春科條，則數年不旺。如澆治有功，至秋可長大如壯椽，次年春可移爲行桑矣。若不如此，從小於園內養成行桑者，多被風雨孳畜傷損。欲爲行桑者，須於臘月內，預科去不便枝稍。小樹近上留三五條，椀口大樹留十餘條。長一尺以上者，餘皆科去。至來春桑眼動時，連根掘出，於漫地內闊八步一行，行內相去四步，一樹栽之。闊八步者，牛耕一繳地也。相去四步者，大樹相對，可以横耕。故田不廢墾，桑不致荒。按，此爲兼種他物之桑田言，若專樹桑者，則每株相距一步或七八尺而栽一株。栽處掘地成坎，深尺五六寸，廣三尺，儲水糞其中，和泥攪之，務令濃厚。將桑根用水洗淨，翦去直根、腐根，一如春栽之法。行欲小掎角，如品字樣，不令正相當。法以第一行與第三行對，第二行與第四行對。栽畢，隔數日一澆，荊棘圍護。富年横枝上所長條，至臘月科令稀匀得所，來年春可采葉飼蠶。此由種椹而後移栽，由移栽而後布行之法也。若布地桑者，圍牆成園，將地牛犁斸熟，方五尺內，掘一坑，方深各二尺。坑內下熟糞三升，生糞不宜，壯地少用。和土匀，下水一桶，調成稀泥。將畦內種成之魯桑荆桑不能爲地桑也，連根掘出，每科自根上留六七寸，其餘截去。截處，用火烙過。每一坑栽一株，欲疾見功者，栽二株。將根坐於泥中，按至坑底，提三五次。須令根鬚皆順。按桑身頂與地平，坑周圍壅熟土令滿，次日築實。帀坑四邊，築下土至半坑。根下土自實，不實則根土不相著，多懸死。上半坑壅熟土，輕築令平滿。附身土不宜築實，實則芽不生。用虛土封堆，如鏉子樣，厚五七寸，周圍自成環池，水澆於內，芽出於土四五指，每一株約留四五條，澆耡如法，當年可長五尺餘，次年可附根割條葉飼蠶。須用厚背鋼鐮，一割便斷，鈍鐮割則條楂不齊，雨侵傷根。地桑不要放出身，只要躲從土中，長身出土，名爲『脚高』，條便不旺，又多被風雨搖擺也。割過處，每一根盤周圍數芽出，每一科可留四五條，餘者相間去之。此後年年附地割，則根漸旺，而留條漸多。三年後正旺，五年後，其根相交，則衰。須於春時將交根斫掘，添上糞土。或澆灌，或得雨，即復長旺。此後其根復大，將壓成栽條，團別園，如前法栽之。三年後，新桑茂盛，飼蠶斫桑時，將舊根上只留一條，隔年自成一根，分出栽爲行桑。如此傳轉，無有盡期。然魯桑飼蠶，絲少堅韌。宜兼栽荊桑。大眠後，以荊桑葉間飼之。一法秋後於熟白地內，深耕一犁，就壟加糞，撥土爲區。春分前後，揀魯桑萌條，各盤七八寸或一尺，鋤區下水，臥條栽之，覆土約厚三四指過深厚，則不生，以手按勻。區東南西種穄五七粒，五月之後，芽葉漸高，揀肥壯者四五條，耡治添糞。條有定數，葉不繁多，則脂膏濃聚，葉自肥大。或云揀魯桑箄兒，秋間埋頭添栽，得力更速。凡地桑，須栽於近井園內，無雨時，便澆灌也。

清　楊蔚本《養蠶説·栽地桑》《皇朝蓄艾文編》卷二〇

魯桑萌條，如法栽培。選肥壯者留四五條，鋤治添糞。條有定數，葉不繁多，衆葉膏脂，聚於一葉，其葉自大。

至其栽法，秋後栽白地，就壟加糞。如無牛，掘區亦可。春分前後，取臘月所埋桑條，看有萌芽，條各盤六七寸，或一尺，掘區下水，臥條栽之，覆土約厚三四指深，厚則難生，以手按勻。五月之後，芽葉微高，擁糞土。已後條高，便作地桑，惟在治之如法，不致荒燥。

布地桑法，於耕熟地內，方五尺內掘一坑，方深各二尺，坑內下熟糞三升，和土勻。下水一桶，成稀泥，將種成魯桑。連根掘一科，自根上留六七寸，餘截去，截斷處火熬上烙過。每一坑栽一株，將根坐於泥中，按至坑底，提四五次，使根鬚舒順。桑身頂與地平，周圍擁熟土，令坑滿，次日築實。上半坑輕築，令平滿，用虛土封堆，周圍自成環池，茅出土四五指，止留二三條。次年，附根割條葉飼蠶，須用厚背剛鐮，一割要斷。又地桑不宜放出身條，從土中長出，身出土則條不旺，割過處每一根盤，周圍數芽出，留三條。年年附地割之，根漸旺，條漸多，三年後正長旺，五年後根相交，則不旺。春時，將相交根斫斷，添糞土澆水，即復長旺。若三年後新桑茂盛，斫桑時，舊桑上留一條，隔年自成一樹，分出栽爲行桑。傳轉無盡，魯桑所飼蠶，絲少堅韌，酌栽荊桑，於大眠後取葉間飼之。

清　豫山《蠶桑輯要合編·養樹桑法》　園地掘阬下糞水，與栽地桑同，但所築實土與地平，上復用土封身一二尺，周圍成環池。無雨則澆。待桑身長如人高，割去稍子，則橫條自長。如澆治有功，至秋長大如壯椽，冬春可移爲行。若不於園內養成，從小卽栽爲行桑者，多被風雨孳畜損壞。有樹桑兼有地桑之家，樹桑既成，地桑可加澆灌，使之滋長成樹。至蠶大眠後，或樹桑不能時至，卽可就地桑補之，蠶至終老，不致缺食。

紀事

《元史》卷九三《食貨志·農桑》　延祐三年以好謙所至，植桑皆有成效。於是風示諸道，命以爲式。是年十一月，令各社出地，共蒔桑苗，以社長領之，分給各社。四年，又以社桑分給不便，令民各畦種之法，雖屢變而有司不能悉遵上意，大率視爲具文而已。

清　佚名《廣興蠶政説》《皇朝經世文四編》第三三　昔年南昌府江訒吾太守在瑞州府仕時，與吉安府許清臣太守講求種桑養蠶之法，著有成效。藩司翁小山方伯蒞任後，卽飭各府廳州縣一律倣行，復委員於正月初旬赴浙江采辦桑秧，陸續到潯，分派各屬栽植。奉新縣鍾澤生明府又將種桑切近之法，刋刷知單，俾民咸知利弊。又復出有示諭，諄諄勸導，略謂『現在購辦湖桑，不取爾等錢文，飭令栽種』，該士民等或集股本，或撥圖會錢文，以為種植。如工糞之費，先將荒地開墾，每地一畝約可種桑四五十株，屆時赴局請領。如未諳修種之法，派人來局學習云云。夫人孰不欲謀利，一則苦無資本，二則無提倡之人，遂致因循怠忽。吾知江省之人，經此鼓舞，尚不欲踴躍從事者哉！將來蠶事之盛，可以預卜矣。日前松郡陳太守，亦有課桑示諭。其勸民集股，在隙地開墾栽植，與江省大略相同，而近鄉士民咸汲汲以購地種桑為務。當此國瘠民貧，江河日下之時，而人知求本，是亦富强之一大轉機也。尤望各省官憲，皆取法於南昌江太守，奉新鍾明府松郡太守，一律舉行勸民種桑育蠶，則其利未有不溥於天下者也，不禁拭目俟之。

清 許鵬翊《橡蠶新編・試辦桑蠶委員傅毓湘擬就〈吉林種桑要略〉的呈文和清摺》

宣統元年十月二十四日

吉林行省批：呈及清摺均悉。該員所擬《吉林種桑要略》，於種植桑椹及剪接培養諸法，多係閱歷有得之言，按諸吉省氣候土宜，尤為適合，仰即遵照。改易、刪除各節，詳加審校，付印刊行，以資分佈。至所請於今年冬臘再行加辦大小湖桑之處。查該局去歲赴浙購種者，已不下數萬株，但能廣為移接，自可逐漸推廣，應即實力舉行，俟看本年成活多少，如各屬領種不敷分給，再議加辦可也。此繳。清摺發還，仍繳。宣統元年閏二月十七日。

為呈請事。

竊委員於本年春月，謹擬《吉林種桑要略》，繕摺呈請憲台鑒核。奉批：

【略】

惟以批示內，既飭逐漸推廣，並諄諭以實力舉行，宜如何仰憲懷，一切務求詳備。因思原摺，第據去年經驗各節，為之撰述，而事屬創興，其于此間因時因地之宜，恐猶多所未及，是以遲久而未繳呈。自本年夏秋以來，將種桑各務，督同員司，工役，隨時詳加體察，以新舊成法，南北情形，參酌異同，頗又試驗有得。幸園桑仰蒙福蔭暢旺逾恒，因匯為編記，視原摺倍增其數，仍附列於各條之間。計連前統共六十餘條，膚淺之見，未知是否有當，因蒙邇言必察，用敢復獻其愚。除將前次已奉刪改之處，遵照謄寫，並繳呈原摺外，謹續繕清摺一扣，恭呈鈞覽，仰懇憲台，再賜鑒核訓示，俟奉核定後，可否一併即行刊佈，謹候憲裁，所有遵繳。《吉林種桑要略》原摺，並續繕清摺，呈核緣由，理合備文具呈，伏乞批示飭遵。須至呈者。

藝文

三國魏 繁欽《桑賦》《御定歷代賦》卷七一　上似華蓋，紫極比形，下象鳳闕，萬桷一楹。叢枝互出，乃錯乃並。曄曄隆暑，涼風自生。微條纖繞，隨風浮沉。陽蜩鳴其南枝，寒蟬噪其北陰。秋風忽其將來，咸感節而悲唫。玩庇蔭之厚惠，情眷眷而愛深。

晉 陸機《桑賦》《御定歷代賦》卷七一　皇太子便坐，蓋本將軍直廬也。初世祖武皇帝為中壘將軍，植桑一株，世更二代，年漸三紀，扶疎豐衍，抑有瑰異焉。

夫何佳樹之洪麗，超託居乎紫庭。羅萬根以下洞，矯千條而上征。豈民黎之能植，乃世武之所營。故其形瑰族類，體豔眾木，黃中爽理，滋榮煩縟。綠葉興而盈尺，崇條蔓而層尋。希太極以延峙，映承明而廣臨。革飛鴞之流響，想鳴鳥之遺音。唯歷數之有紀，恒依物以表德。豈神明之所相，將我皇之先識。誇百世而勿翦，超長年以永植。

晉 傅咸《桑樹賦有序》《御定歷代賦》卷七一　世祖昔為中壘將軍，於直廬種桑一株，迄今三十餘年，其茂盛不衰。皇太子入朝，以此廬為便坐。

伊茲樹之僥倖，蒙生生之渥惠。降皇躬以斯植，遂弘茂於聖世。厥茂伊何，其大連尋，脩柯遠揚，洪條梢槮。布繁枝之沃若，播密葉以垂陰。蔭華宇而作涼，清隆暑之難任。以厥樹之巨偉，登九日於朝陽。且積小以高大，生合抱於毫芒。猶帝道之將升，亦累德以彌光。湯躬禱于斯林，出獲雨而興商。惟皇晉之基命，爰於斯而發祥。從皇儲於斯館，物無改於平生。心惻切以興思，思有感於聖明。步徬徨以周覽，庶髣髴於儀形。

晉 潘尼《桑樹賦》《御定歷代賦》卷七一　從明儲以省膳，憩便房以偃息。觀茲樹之特瑋，感先皇之攸植。蔚蕭森以四射，邈洪榮而端直。爾乃徘徊周覽，俯仰逍遙。俯睨靈根，上眺修條。洞芳泉於九壤，含溢露於清霄。倚增城之飛觀，拂綺窗之疏寮。下迢遞以極望，上扶疏而參差。匪衆鳥之攸萃，相鳳鸞之羽儀。理有微而至顯，道有隱而應期。豈皇晉之禎瑞，兆先見而啓茲？起尋抱於纖毫，崇萬匱於始基。

元 王禎《農書》卷二〇《蠶繅門》　惟蠶有功，萬世歸美。廣物產之貨貲，作人生之衣被。中春之月，天子詔后以躬桑。大昕之朝，內宰告期而命祀。于是詣靈壇，降寶殿，翠障夾乎道周，鳳輦翔于畿甸，順春氣于東方，朝先蠶于北面，具夫青縹之服。皇后蠶服青上縹下深衣。侑以芳馨之薦，九宮傾動，藹然陪祭，以成班三獻，禮成沛矣。迎祥於回眷。當其疊承寵命，適對韶光，澤世婦，於吉卜，受鞠衣於明堂。月令三月薦鞠衣祭先帝於明堂。所以崇開禁館，始入公桑。援條有三，聽女尚書之勸止，執筐不再，受宮夫人之是將，體之以坤儀之柔順，視之以母道之慈良。破蟻以來，庶養至于千箔。獻繭之後，諒化被於多方，是以命繅治以成絲，就趨工而侯織。黄元朱緑，染各精明。黼黻文章古者獻繭使繅，遂朱緑之元黄之以爲黼黻文章，絲同品色。

明 王象晉輯《桑麻葛譜・桑》 麗藻散語：五畝之宅，樹墻下以桑。《孟子》 桑之未落，其葉沃若。吁嗟鳩兮，無食桑椹。桑之落矣，其黄而殞。肅肅鴇行，集于苞桑。鳴鳩在桑，其子七兮。蠶月條桑，取彼斧斨。以伐遠揚，猗彼女桑。 菀彼柔桑，其下侯旬。捋采其劉，瘼此下民。俱《詩》季春之月，具曲植蘧筐，后妃齋戒，親東鄉躬桑，禁婦女毋觀，省婦以勸蠶事。《禮月令》桑柳醜條。《爾雅》麻姑云接待以來，見東海三爲桑田。葛洪維六龍於扶桑。劉向

又 贊 有星天駟，象匹神龍，惟蠶辰生，厥精冥通，孕卵而出，寓食桑中。惟君立后，毓德中宫，既正母儀，普師婦工，建茲繭舘，桑必以躬，爰制祭服，郊廟是供。《王禎農書》

詩五言 桑柘起寒烟。謝玄暉 枯桑知天風。《古詩》巖枝落帝桑。《唐詩》但願桑麻成，蠶月得紡績。江淹翳翳桑榆日，照我征衣裳。五月梅始黄，蠶稠桑柘空。李白藹藹桑麻交，公侯爲等倫。天用莫如龍，有時繫扶桑。俱杜少陵出自薊北門，遥望胡地桑。枝枝自相植，葉葉自相當。曹子建蠶生春三月，春桑正含緑。女郎採春桑，歌吹當春曲。《古樂府》採桑盛陽月，緑葉何翩翩。攀條上樹表，牽懷紫羅衫。秦地羅敷女，採桑緑水邊。素手緑條上，紅粧白日鮮。蠶饑妾欲去，五馬莫留連。李白翳翳陌上桑，南枝交北望。美人全梯出，手自提竹筐。非但畏蠶饑，盈盈嬌路傍。常建用拙存吾道，幽居近物情。桑麻深雨露，燕雀半生成。村鼓時時急，漁舟箇箇輕。杖藜從白首，心跡喜雙清。杜甫美女渭橋東，春還事蠶作。五馬如飛龍，青絲結金絡。不知誰家子，調笑來相謔。妾本秦羅敷，玉顔艷名都。緑條映素手，採桑向城隅。使君且不顧，况復論秋胡。寒螿愛碧草，鳴鳳棲青梧。託心自有處，但怪旁人愚。徒令白日暮，高駕空踟躕。李太白野外罕人事，窮巷寡輪鞅。白日掩荊扉，虚室絶塵想。時復墟曲中，披草共來往。相見無雜言，但道桑麻長。桑麻日已長，吾土日已廣。常恐霜霰至，零落同草芥。陶淵明厚地植桑麻，所用濟生民。生民理布帛，所求活一身。身外充征賦，上以奉君親。國家定兩税，本意在愛人。厥初防其横，明較内外臣。税外加一物，皆以枉法論。奈何歲月久，貪吏得因循。役我以求寵，斂索無冬春。織絹未成疋，繰絲未盈斤。里胥逼我納，不許暫逡巡。歲暮天地閉，陰風生破村。夜深烟火盡，霰雪白紛紛。幼者形不蔽，老者體無温。悲啼與寒氣，併入鼻中辛。昨日輸殘税，因窺官庫門。繒帛如山積，絲絮似雲屯。號爲羨餘物，隨同獻至尊。奪我身上暖，買爾眼前恩。進入瓊林庫，歲久化爲塵。白樂天

七言 繅成白雪桑重緑王介甫起居八座稱觴日，遥指扶桑海上霞。馮琢菴舍西柔桑葉可拈，江上細麥復纖纖。人生幾何春已夏，不放香醪如蜜甜。杜子美鵝湖山下稻粱肥，豚穽雞塒半掩扉。桑柘影斜春社散，家家扶得醉人歸。張演女桑新緑映宫槐，三月春風戴勝來。織就鴛鴦錦千疋，金刀先取合歡裁。陳眉公

詞 一夜春波釀作藍，曉桑柔葉緑毿毿。丫鬟十五太嬌憨。 織作雙魚成比目，偷將百草鬭宜男，更無心緒餵春蠶。王元美《浣溪沙》

有性繁殖分部

收籽

綜述

元 魯明善《農桑衣食撮要》卷上《收椹》 椹子熟時，摘取，以水淘過，署曬乾，便種同二月法，或畦種之便生。即時多收椹子，以待來春種尤佳。收貯，勿近濕壁墻邊，則浥損不生。

播種

論説

清 吴烜《植桑育蠶書・種桑説》 桑以湖州所産者爲佳，有青皮、黄皮、紫皮三種。青皮葉疎而薄，黄皮較勝，惟紫皮最佳。紫皮又名紅皮，葉密而厚，浙人謂之『紅皮大種』。湖桑之中，又以此種爲第一。種法：第一年下種，第二年移栽，第三年接，第四年剪頭分栽，第五六、七年再剪，以後即可剪

條采葉。惟宜桑之地，與栽桑之法，吾江與浙西不同。浙西地卑而多水，土質濕，且易淹没，故桑地宜於最高。吾江地高而水少，土質燥，惟卑下易淹之處，以及地脈所經，土堅如石，皆不可種，此外則無不相宜。而所尤宜者，莫如沙土，體質鬆酥，根株易達，即枝葉易蕃。吾江沙土甚多，如沿江各鎮，以及城南之九里埣，較之浙西等處，尤屬相宜。浙地栽桑，不必太深，而吾江栽桑，斷不可淺。栽種既深，即遇亢旱，地中尚潤，不至受傷。桑喜燥而惡濕，考之往昔，証之今人，莫不謂然。而吾江栽桑，非不喜燥，而不喜太燥。良由地土不同，是以種法亦異。此七年来，每遇陰晴旱潦，隨時隨處，留心試驗而知之，非臆說也。

清　曹倜《蠶桑速效編・種桑説》　桑以湖州所產者爲佳，湖桑之中，又以紅皮爲第一。種法：第一年下種；第二年移栽；第三年接；第四年剪頭分栽；第五六七年再剪。以後即可剪條采葉。惟宜桑之地，與栽桑之法，江浙不同。東省與江浙互證，亦有同異。浙西地卑而多水，土質濕，且易淹没，故桑地宜於最高；江左地高而水少，土質燥，惟卑下易淹之處，以及地脈所經，土堅如石，皆不可種，此外則無不相宜。而所尤宜者，莫如沙土，體質鬆酥，根株易達，即枝葉易蕃。東省沙土甚多，如兗、沂、登、萊、青、濟各屬，依山近水，栽植尤屬相宜。浙地栽桑，不必太深，而東省栽桑，斷不可淺。

清　孫福保《吴苑栽桑記・選種第三》　種之善者，幹大而根多鬚，如髮蓬蓬然，不可櫛，是良種也。吾吴皆購湖南種，濱太湖之南者，吾吴俗謂之湖南。以魯桑之根接以荆之幹，故求之。株易五六錢，今則貴，非以二十錢不可得。

綜述

漢　氾勝之《氾勝之書》卷下《種桑篇》　種桑法，五月取椹著水中，即以手漬之，以水灌洗，取子陰乾。治肥田十畝，荒田久不耕者尤善，好耕治之。每畝以黍、椹子各三升合種之。黍、桑當俱生，鋤之，桑令稀疏調適。黍熟穫之。桑生正與黍高平，因以利鐮摩地刈之，曝令燥；後有風調，放火燒之，常逆風起火。桑至春生。一畝食三箔蠶。

北魏　賈思勰《齊民要術》卷五《種桑柘第四十五》　桑椹熟時，收黑魯椹。黄魯桑，不耐久。諺曰：『魯桑百，豐錦帛。』言其桑好，功省用多。即日以水淘取子，曬燥，仍畦種。治畦下種，一如葵法。常薅令净，明年正月移而栽之。仲春、季春亦得。

又　《氾勝之書》曰：種桑法：五月取椹著水中，即以手漬之，以水灌洗，取子陰乾。治肥田十畝，荒田久不耕者尤善，好耕治之。每畝以黍、椹子各三升合種之。黍、桑當俱生，鋤之，桑令稀疏調適。黍熟，穫之。桑生正與黍高平，因以利鐮摩地刈之，曝令燥；後有風調，放火燒之，常逆風起火。桑至春生，一畝食三箔蠶。俞益期箋曰：日南蠶八熟，繭軟而薄。椹采少多。

宋　陳旉《農書》卷下《種桑之法篇第一》　若欲種椹子，則擇美桑種椹，每一枚翦去兩頭。兩頭者不用，為其子差細，以種即成鷄桑、花桑，故去之。唯取中間一截，以其子堅栗特大，以種即其幹强實，其葉肥厚，故存之。所存者，先以柴灰淹揉一宿，次日以水淘去輕秕不實者，擇取堅實者，略曬乾水脉，勿令甚燥，種乃易生。預擇肥壤土，鉏而又糞，糞畢復鉏，如此三四轉，踏令小緊。平整了，乃于地面匀薄布細沙，約厚寸許。然後于沙上匀布椹子，令疏密得所。下子了，又以薄沙摻蓋其上，即疏爽而子易生，芽櫱不為泥瓮腐，而根漸蝕下所踏實者肥壤中，則易以長茂矣。每畦闊參尺，其長稱焉。一畦只可種四行，即便于澆灌，又易採除草。畦上作棚，高三尺，棚上略薄著草蓋却，如種薑棚樣，以防黄梅時連雨後，忽暴日曬損也。待苗長三五寸，即勤剔摘去根幹四傍樸蔌小枝葉，只存直上者幹標葉。五七日一次，以水解小便澆沃，即易長。

宋　吴欑《種藝必用》卷一《種桑》　收魯桑椹，水淘取子曝乾，熟耕地，畦種如葵法。土不得厚，厚則不生。待高一尺，又上糞一遍，當四五尺，常耘令净。來年正月移之。白桑無子，壓枝種之，纔收得子便種之，亦可。只須於陰地，頻澆為妙，午日不得鋤。

又　桑秧皆以桑葚種之。種葚之法：於五月間，以桑葚純黑者，置水中搓碎，去其浮者而取其沉者陰乾之。經日晒，則其出較遲。撒於肥地，以薄糞澆透，而覆之以灰。覆以泥，則其出又遲矣。芽出，更以薄糞勤澆之。至明春，則其長尺許，可以移栽他處矣。

移栽之法：鋤地分埨縷尹切上之加高處也，使無積水，於埨背分行栽之，與治圃者排葱蒜之埨相似。其栽宜踈彼此相去，須在八寸外，勤澆勤鋤，至其大如指，則可以接之，使變家桑矣。

元 司農司《農桑輯要》卷三《栽桑》 《博聞録》：白桑少子，壓枝種之。若有子，可便種。須用地陰處，其葉厚大，得繭重實，絲倍每常。

《士農必用》：桑之種性惟在辨其剛柔，得樹藝之宜，使之各適其用。桑種甚多，不可遍舉。世所名者，荆與魯也。荆桑多椹，魯桑少椹。葉薄而尖，其邊有瓣者，荆桑也。凡枝幹條葉堅勁者，皆荆之類也。葉圓厚而多津者，魯桑也。凡枝幹條葉豐腴者，皆魯之類也。荆之類根固而心寬，能久遠，宜爲樹。魯之類根不固而心不寬，不能久遠，宜爲地桑。然荆桑之條葉，不如魯桑之盛茂。當以魯條接之，則能久遠而又盛茂也。魯爲地桑而有壓條換根之法，傳轉無窮，亦是可以長久也。荆桑之類，宜飼大蠶。其絲堅紉，中紗羅。《書・禹貢》：厥篚檿絲。注曰檿山桑。此荆之類而尤佳者也。魯桑之類，宜飼小蠶。

又 種椹

《齊民要術》：收黑魯椹，即日以水淘取，曬燥。仍畦種。治畦、下種，一如葵法。常薅令净。

《氾勝之書》曰：種桑法：五月取椹著水中，即以手潰之，以水洗取子，陰乾。治肥田十畝，荒田久不耕者尤善，好耕治之。每畝以黍、椹子各三升，合種之。黍桑當俱生。鋤之，桑令稀疏調適。黍熟，穫之。桑生正與黍高平，因以利鐮摩地刈之，曝令燥。後有風，放火燒之。桑至春生，一畝食三箔蠶。

《四時類要》：種桑，如種葵法。土不得厚，厚即不生。待高一尺，又上糞土一徧。

《務本新書》：四月種椹，二月種舊椹亦同。東西掘畦，熟糞和土，耬平，下水，水宜濕透，然後布子。或和黍子同種，椹藉黍力，易為生發，又遮日色。或預於畦南、畦西種穄，後藉穄陰遮映，夏至長至三二寸，旱則澆之。若不雜黍種，須旋搭矮棚於上，以箔覆蓋，晝舒夜捲。處暑之後，不須遮蔽。至十月之後，桑與黍稭同時刈倒，順風燒之，仍糝糞土、蔽灰。春暖榮茂，次年移栽。一法：熟地先耩黍一壟，另搓草索，截約一托，以水浸軟，麪飯湯更妙。索兩頭，各歇三四寸，中間匀抹濕椹子十餘粒，將索卧於黍壟內，索兩頭以土厚壓，中間摻土薄覆。隔一步或兩步，依上卧一索。四面取齊成行，久旱宜澆。十月，刈燒，加糞，如前。冬春擁雪蓋糞，清明前後掃去。霖雨時，覷稀稠移補，比之畦種旋移，省力，决活，早二年得力。如舊有椹，春種更妙。後宜築圍墻固護。或慮索繁碎，以黍椹相和於葫蘆內，點種，過處，用箒掃匀。或慮天旱，宜就黍壟內，撥土平匀，順壟作區，下水種之。又法：春月，先於熟地内，東西成行，匀稀種穄。次將桑椹與蠶沙相和，或炒黍穀亦可，趁逐雨後，於穄北單耩，或點種。比之搭矮棚，與黍同種，緣穄陰高密，又透風露。雖種數十畝，亦不甚委曲費力。

《士農必用》：畦種與前法同。種子宜新不宜陳。新椹種之為上，隔年春種，多不生。蔭畦搭棚為上，穄麻次之，黍苗又次之。桑芽出，間令相去五七寸。營造尺寸也，他倣此。頻澆，過伏，可長至三尺。割去穄麻。至十月内，附地割了，撒亂草，走火燒過。火不可大，恐損根。糞草蓋。至來春，杷耬去糞草；澆；每一科，自出芽三數個，留旺者一條。已成根，則不須蔭，可頻澆。至秋，魯桑可長五七尺，荆桑可長三四尺。魯桑可移為地桑，荆桑可移入園養之。

又《韓氏直説》：地桑須於近井園内栽之，有草則鋤，無雨則澆，比及蠶生，可澆三次，其葉自然早生。桑種自有早生者遲生者，須擇其早生者爲地桑則可。

又 移栽

《齊民要術》：桑椹畦種，明年正月，移而栽之。仲春、季春，亦得。率五尺一根。大都種椹長遲，不如壓枝之速。無栽者，乃種椹也。其下常斸掘，種菉豆、小豆。二豆良美，潤澤益桑。栽後二年，慎勿採沐。小採者，長倍遲。

元 魯明善《農桑衣食撮要》卷上《種舊椹》 宜熟耕地，打成畦，以舊椹撒於畦中，常用水澆灌，候芽出時，如法愛護。冬間附地割去其窠，用柴草薄盖，以走火燒過，火大則傷根。糞草蓋至春，杷耬去糞草，用水澆灌。每一窠出芽數枝，留旺者一枝，餘枝削去。至秋長五六尺，來春可移於熟地内，相對作大寬行栽之。

又《栽桑》 掘坑深闊約二小尺，却於坑畔取土糞和成泥漿，將桑根埋定，再用糞土培壅。微將桑栽向上提起，則根舒暢，復用土壅與地平，次日築實，切不可動搖，其桑加倍榮旺，勝如春栽。

元 王禎《農書》卷五《農桑通訣五・種植篇第十三》 《齊民要術》曰：收椹之黑者，剪去兩頭，惟取中間一截。蓋兩頭者，其子差細，種則成鷄桑、花桑，中間一截，其子堅栗，則枝幹堅强，而葉肥厚。將種之時，先以柴灰淹揉，次日水淘去輕秕不實者，曬令水脉才乾，種乃易生。按：收椹一條，乃節取《陳旉農書》，非《齊民要術》也。下『慎勿採沐』五十二字，方是引《齊民要術》耳。仍當畦種，常薅令净，慎勿採沐。大如臂許，正月中移之，十步一樹。行欲少掎角，不用正相當。凡耕桑田，不用近樹犁，不著處斸土，令起斫去浮根，以蠶矢糞之。

元 佚名《居家必用事類全集》戊集《竹木類・種桑》 椹熟時，揀取魯桑，葉大椹稀者種之，葉小椹稠者不堪。白桑無子，壓取枝熟耕肥地，多着糞，一如種菜法，作畦種之。淨淘椹子曬乾，和穄種不得厚盖，多不生。待長高一尺，又上糞一徧，當年得高四五尺。明年正月初，熟耕地五六徧，五步栽一株，下着一升糞。至秋初，斸根下更着糞培土。五年内，每春秋常須培根下，上糞培土，三年即有椹堪采，每樹得葉三十斤。又須每年及時科斫，以縛石墜壓四面枝，令婆娑向下，中心枝亦屈倒，勿令直上。若令向上，即難摘，不宜下處水浸着即死。五年後每樹賃得一兩絲，十畝地計絲百兩，山中衣服即偏足矣。若擬於下種茶，即東西行三步種一株，南北環五步為準，圖陰窨故也。若桑陰未成，即於茶南種雄麻及苧等，取其陰覆也，麻苧皆有利。

明 朱權《臞仙神隱》卷四《種木・種桑椹》 宜熟耕地，打成畦，以舊椹撒於畦中，常用水澆灌，候芽出時，如法愛護。冬間附地割去其窠，用亂草薄盖，以走火燒過，勿令火大，則傷其根。以糞草盖，至春爬去糞草，用水澆灌。每一窠出芽數枝，留旺者一枝，餘前削去。至秋長五六尺，來春可移於熟地内，相對几大寬行栽之。

明 黄省曾《農圃四書》卷二 五月也，收桑椹而水淘少曬焉，畦而種之，至冬而焚其梢，及明年而分種之，短而青者宜水鄉之地。正二月也，木鈎攀之土，壓朞年而截之，移而種之，歲糞也二。其壓也，濕土則條爛，焦土則根生，撒子而種不若條而壓。

明 王象晉輯《桑麻葛譜・種植》 取黑椹中叚子收貯，勿令浥濕。將種時，先以柴灰淹揉，次日淘淨，取沉水者晒，令纔去水氣，種乃易生。宜肥地，有草鋤淨。冬月燒去苗，至春去冗苗，留旺者。俟至指大移栽，五步一株，大約種子不如壓條。

清 蒲松齡《農桑經・桑經》 四、五月，收黑魯桑椹，淘淨、曬乾，墾荒田，雜黍種之，黍熟刈去。十月，亦將桑摩地割之，曬乾，趁風放火燒之。至春生，一畝飼蠶三箔。

清 朱斌《蠶桑指要・除蠹》 一曰播子。五月間，收好葉稀子熟桑椹，曬乾。次年二月，撒肥鬆熟地，覆以和灰肥土，以清水澆之。出後常常削草灌溉，至冬盍以乾灰或熟草燒去細枝，尤妙。澆濃糞。來春每株上止留旺芽一枝，至秋可長六七尺，次年二月便可移栽矣。

清 韓夢周《蠶桑實濟》卷一《桑樹捷驗・種桑子法》 桑乃箕星之精，其字從叒，叒乃東方之地，多生榑；桑乃蠶食之神木，故叒下加木以別之，爲衣被之源，其功最神，爲世大寶。種類甚多，有柔桑，葉如紬帛，豐厚而軟；有壓桑，卽山桑，葉尖而長，絲中琴瑟；有梜桑，樹小而條長，便於女採，一名女桑；有白桑，葉大如掌而厚；有雞桑，葉花而薄澁；有子桑，先椹而後葉。各處所產殊異，不可盡述，總名之曰荆桑、魯桑。荆桑多椹，魯桑少椹。凡枝幹條葉堅勁，其葉小而邊有鋸齒者，皆荆之類也，荆桑根固而心實，能久遠，宜爲樹桑樹桑者，長成大桑之謂也。魯桑之根不固，心不實，不能久遠，宜爲地桑地桑稠，栽地上，每年割取，不令成樹。然荆之條葉不如魯之條葉茂盛，當以魯桑條接荆桑之身，則茂盛而亦久遠。魯桑其葉肥厚，柔軟多津，宜飼初生之蠶；荆桑葉堅硬少津，宜飼大眠以後之蠶。初蠶不可多飼荆桑葉，多飼則有裂腹之患，但於大眠後，與魯桑間飼，則絲頭必硬而且堅韌。種法：俟桑椹熟時，先熟者不用，後熟者不用，惟揀中熟肥大者，剪去兩頭，惟取中間用之。蓋椹子兩頭差細，種之則成雞桑、花桑二種葉薄而澁，少津，蠶食之則結繭亦薄。中間之子，氣足堅實，則氣旺而葉必肥厚，收來握爛，以水淘洗，陰乾。臨種之時，先一日用水漂去輕秕不實者輕秕亦能生苗，然終成雞桑、花桑，不堪用，用柴灰擠之，放一夜，次日種之。種時須在芒種前後十數日之内爲上時，夏至之後種者爲下時，次年二三月亦可種，若陳久則多不生須將子收葫蘆內，放高燥之處，亦可生。未種之，先將地耕二次，將土塊打極細，上熟糞，厚四五寸許。熟糞是窩過的，不是蒸過的。再耕一次，打土塊極細，用杷子摟成闊二尺長一丈的畦子，有雨便種，如無雨，用水灌溉，俟二日後，土散不粘，用杷子摟起，以灰擠椹子勻散於畦内，用杷子輕摟一二次，再上打細的熟糞一指厚，用木棍子碾一次。上搭矮棚棚用葦箔最妙，便於捲舒，其棚之高，不過三四尺許，遮蔽烈日，晝舒夜捲若不遮蔽，桑苗初生極嫩，一經烈日晒乾地皮，將桑苗夾成細項，遇猛風一吹，盡被摧折。若能三四日一澆，使地皮常濕，亦可不用棚遮。處暑後不須遮，種後每日早灌溉一次，及苗出之後，春種者三日一澆，夏種者二日一澆，乃不使地皮乾裂。及苗長五六寸時，常芸草極淨，及苗長尺餘，或三五日、或六七日澆一次。及至冬月苗長三四尺高，至十月半間再上熟糞，一二寸厚，用麥草撒入畦中，厚二三寸許，逆風放火燒之，桑苗焦枯，次日用利鐮摩地刈之，根槎不可露出土外。再撒麥草或野地柔草，易於起火者，一二寸厚，仍逆風放火燒之，此爲三耕三燒之法。燒後用糞蓋一二寸厚，再用爛柴草厚蓋更好。至春月摟去，冬月若無雨雪，再燒二三次，至次年發生甚旺。一根可長數芽，揀旺者留一本，其餘摘去，旱則澆之，至冬月可長七八尺。或爲地桑，或爲樹桑，或遠近移栽，此爲養桑廣布第一法也。（或不能遵依此法，只照尋常種菜法種之，亦可不燒，但不及此之長而且旺也。）

清 韓夢周《蠶桑實濟》卷一《樹桑捷驗·散種地桑法》 有地或三五畝，或十數畝，耕三次，上糞五六寸，再耕一次，打耱極細，摟成畦子。（或高燥之地無水，澆灌之處不必作畦，漫種亦能生活。）每畝用黍子半升，（黍即糜子。）製淨椹子一升，（魯桑者佳。）黍椹相和種之，黍桑當俱生，鋤之，桑須稀疎調適。（大概二尺一苗。）黍熟時，剪去穗子，俟經霜後以利鐮摩地刈之，曝令燥，候有風放火燒之，再上糞一二寸，旱則澆之。次年春生芽數條，每株只留二條，其餘掐去，三四月常鋤，令草淨。空處點種菉豆、黑豆等物，不可種麥穀，至秋收畢，將地又鋤一次，過年桑長漸大，割取飼蠶，每畝可飼三箔蠶，又過一年可飼蠶五六箔。

清 李拔《蠶桑説》（《牧令書》卷一〇） 一名子桑，乃桑椹所種。四月取黑桑椹揉碎，用糞灰和土種入地寸許。一月發芽，三四月可長二尺許，再逾年移，種四五年始成樹，仍結子，惟葉稍薄，然任砍伐，枝可為薪，取葉又甚易，養蠶者利之。而吴越之間，每取壓桑條，移接子桑，其葉更美；一名花桑，亦由種子而成，其葉與壓桑相似，但有花無實，與子桑異，不可多得。湖州所種皆小桑，蜀中多大桑，此種桑之異法也。

清 丁宜曾《西石梁農圃便覧·夏·五月》 收桑椹，水淘，少曬，畦種之。至冬焚其頂，明年分植。

清 杜文瀾《古謡諺》卷三七《臘月栽桑諺》 《便民纂要》：十二月内，掘坑深闊約二小尺，桑根埋定與地平，次日築實，其桑加倍榮旺。諺云：臘月栽桑，桑不知。

清 鄂爾泰《授時通考》卷七六《桑政門·栽植》 撒子種桑，不若壓條而分根莖。

清 方大湜《桑蠶提要》卷一《桑政（二十三條）**·種葚**（三則）**》**

治地 先耕地為畦，務令虛鬆；次以熟糞和土，務令肥美。（熟糞即陳糞也，莫用生糞。）

擇種 桑樹結子謂之葚，以葚作種，宜新不宜陳，（隔年種子，多不生。）宜黑不宜黄，（黄者尚未熟，）宜用中間不宜用兩頭，（葚之兩頭，子較細小，以之作種，則成鷄桑、花桑。）宜陰乾不宜日曬。（經日曬，則其出較遲。）

種葚法 四五月内，收葚之極熟者，翦去兩頭，取中間一截，置水内搓洗，子浮水面者去之，沉水底者漉出，陰乾，俟雨後布種。（如遇天旱，則灌水於畦，令上濕透，然後布種。）每地一畝，以葚子、黍子各三升同種，（葚藉黍力，易於生發，且黍長可遮日色。）或漫種或穴種皆可。（以子遍撒地内謂之漫種，先鋤穴後以子種穴内謂之穴種。）種後蓋以薄土，（土不宜厚，厚則不生，上内和灰更好。）俟桑苗與黍苗俱出，鋤令稀疏，（相去約五七寸。）如法澆灌。（詳澆水第三則，澆糞第三則。）十月後，以利鐮就地割倒桑黍，曬令乾，撒亂草於已割桑黍之上，放火燒之。（火不可大，恐損根也。）燒後仍蓋以灰糞，春間去糞草，以水澆之，桑芽自出。每叢留旺者一條，明年移栽即小桑秧也，後年移栽即大桑秧也。

又法，葚極熟時，摘數十顆置掌中，取草繩一條浸濕，連葚帶繩握而捋之，葚自粘於繩上，將繩拉直埋肥土中，不一月，秧出如草，且排列如繩，埋繩百條，桑秧逾萬矣。

又法，葚極熟時，揀肥大者秤食餧豬。取豬糞交土，於芒種前後種之，名曰豚桑，其葉厚大。（秤，音伴，物相和也。）

清 黄世本《蠶桑簡明輯説》卷一《種桑説·種桑子法五條》 三四月中，將地鋤鬆作埨，闊約四尺，芟草浄盡，沃之以糞，或加猪灰、河泥，敲土極細。兩邊開溝，以備出水。節交芒種，桑子極熟，摘取味甜色黑者，置水中搓散，去浮者，取沈者陰乾，撒之，以糞水澆透，覆之以灰。天若乾燥，間日澆水。俟芽出後，以糞水澆之。又法，取極熟桑子數十顆，置掌中，用草繩一條，水中浸濕，握而捋之，子粘繩上。將繩曳直，埋土數分，每條相離五六寸，覆以稻柴，出即揭去。天氣晴燥，以二糞八水澆之，旁生萌芽，隨即摘去。

第二年雨水節後，天晴時，於他處鋤地極鬆，壅地極肥。掘起桑秧，將直根剪留四寸，用細竹與根相仿者，扦土作孔，離七八寸，將桑秧插入，踏令堅實，以清水糞澆之。

第三年驚蟄以後，清明以前，天色老晴，將桑秧離地剪，留寸許，隨剪接過湖桑嫩條，如筆管粗者，勿見風日。其條上半空，下半實。空者無用，將實者剪作三四段，每段三寸，斜削寸許，其二寸留芽兩三個。將剪留之桑根，四旁發開，用快刀劃破其皮寸半，取竹片削尖，探入令鬆。隨將斜削之條，反插皮內，須以刀削一面對皮。蓋桑之膏液在皮，必以斜削之皮，與桑根之皮膏液粘并，方能浹洽。若將接條正插，以皮貼皮，以骨貼骨，必不能活。如法接好，扎以桑皮，塗以河泥，復撚泥丸，蓋在條頂，切勿摇動。若常遇天晴，旬日即活。清明後，桑芽盡放，摘去下芽，存上一芽，發成一枝。俟高至尺餘，用蘆葦數尺植其旁，用浸軟稻柴鬆鬆縛住，以防風折。勤削勤澆。一年可長五六尺。倘有接而不活者，其根必發新條，來年再接。

第四年立春以後，春分以前，天氣晴和，將桑掘起。直幹無枝，浙人謂之『單槍』，剪去直根，及横根之腐而無用者。每株相離五尺五寸，須如品字，不可對栽，長大方能寬展。預將分栽之地，鋤翻作埨，闊亦五尺五寸。先用丈竿量定，不可參差疏密，致礙將來挑担栽培之路。將地鋤深一尺二三寸，四周寬廣，沃之以糞，或河泥植桑坎中。理直四面横根，不可稍有拳曲，敲土極細，塞實根柢，不可空虛。逐漸加泥，漸加漸踏，務令堅實，勿使鬆浮。平地須種過，接頭一二寸，高地必須種過三寸，方易回生。隨用桑剪，視桑大小，桑大離地尺餘，桑小離地五六寸，剪去上段。剪下之條，可接土桑。種時不可澆水，三四日後，以二糞八水澆之。以後天氣晴燥，五六日一澆。俟芽葉盡放，摘去下芽，上留三四芽，發成三四枝。浙西僅留兩芽，發成雙枝，明春謂之『雙槍』。蓋浙西一帶，雜樹甚少，出虫之樹，一概删除，故留得一芽，即成一枝。他處出虫之樹甚多，驟難删去，夏秋數月，蟲類甚多，故必多留數芽，以防傷損。第五年立夏後，將第四年所留之條，離了長則尺許，短則六七寸，再將上段剪去。剪下之條，亦可接桑。摘去下芽，上留三四芽，發成三四枝。養蠶時，每株即可采葉一二斤。至第六年立夏後，再將第五年所留之條，離了數寸，再行剪去。將葉通身摘盡，每株可得四五斤。隨即培壅，不及旬日，又長新芽。每枝再摘去下芽，上存四五芽，發成四五枝。至七年立夏采葉，再將第六年所留之枝，離了數寸剪去。每枝再留四五芽，餘皆摘去。通計所留之枝，已有四層。又明年立夏采葉，將枝頂新條，着了剪去，不必留義。以後逐年剪取，枝頂如拳，謂之拳桑。每株可成數十拳，每拳可發五六條，數年以後，根柢盤深，枝幹粗壯。每株浄葉，始則十數斤，漸至二三十斤、四五十斤。年愈久，葉愈蕃，但能留意捉蟲，不致鑽空樹本，可以多壽。

以上諸法，下種分接之後，雖逐年已可采葉，然必七載方成。既費人功，更稽歲月，不如立春以後，春分以前，至浙江石門之天花蕩，揀買接過『單槍』、『紅皮大種』。甫經出土，根鬚淡黄而潤者，載歸栽種，剪去蒂根。蒂根即直根。不去直根，則樹少歧枝，難於暢茂。照第四年剪頭栽培之法，不過半月，即可回生。出土之後，但能不見風日，雖一月之久，根紅皮縐。開地、澆肥，如法栽種。間日滋養，不使稍乾，速則半月，遲至黄霉，無有不活。倘條幹漸枯，根能再發，切勿拔去，滿至兩年，即可采葉，較之下種分接，已省四年。若更欲其速，可購第五年者，去春剪頭，已成兩義，浙人謂之『雙槍』，亦照『單槍』培種之法，較之『單槍』，獲利尤速。惟雙槍價甚昂且根盤又大，移種恐難全活耳。

清 黄輔辰《營田輯要·外篇·雜植》 當葚熟時，取黑魯堅實者，水漬，陰乾。春分前後，合黍子同種。黍桑俱生。鋤令稀，黍熟，穫之。桑與黍齊，平地刈之，曝乾以火燒之。明春發生，一畝飼三箔蠶。

清 李應珏《蠶桑説略》卷一《種桑秧法》 夏初葚熟即桑子，擇黑而肥大者，淘浄陰乾。芒種節前後，鋤土極細，澆以糞水，耙起寸許，取桑子，如種莧菜法種之。宜疎不宜密，壅以猪糞。十餘日吐芽，數日放毛，有草便耘，土乾便澆水，一桶加糞一二瓢，不可過肥。至九、十月，桑秧可長二三尺，次年春分節前後即可移種矣。桑子以魯桑爲佳，樹白皮節疎芽大者，葉大而厚，樹皺皮者，葉小而薄。先葚後葉者，葉必小，葉有鋸齒者，名荆桑，葉尤少。

清 李有棻《桑麻水利族學彙存》卷一《植桑·種葚》 桑樹結子，名曰葚。俟其黑時，翦去兩頭，以數十顆放掌中，取草繩一條浸溼，將葚和繩捋之，葚粘繩上，將繩拉直，埋肥土中。不一月，即出土如秧，第二年移栽，第三年接。

清 汪曰楨《湖蠶述》卷一《蠶具·種桑葚》 採取野桑之葚紫黑者，搓碎于簏，入水中，用手捏淘，不必淘浄，脂皮浮者去之，用其沈者以稻稈灰拌匀，曬一日。《桑譜》一云，經日曬則其出較遲，宜陰乾。《廣蠶桑説》便于空地墾五寸闊，二寸深長溝，溝底泥要匀細，將灰拌葚，匀匀撒下，宜稀不宜密，上覆灰一薄層。《桑譜》

一云：撒於肥地，以薄糞澆透，乃覆以灰；若覆以泥，則其出又遲矣。《廣蠶桑説》如天晴，隔兩日用人糞，以水三分配入，均勻澆灌。漸卽出秧矣，宜多澆灌，不可重用糞肥，俗謂清水糞可也。大伏天氣尤宜多澆，用水糞對配，次年秧長二尺許，即可分種矣。《桑譜》乃鋤地分埨縷尹切，土之加高處也，使無積水，於埨背分行栽之，與治圃者排葱蒜之埨相似。其栽宜疏，彼此相去約八九寸，《廣蠶桑説》行不可正對，《烏青文獻》勤澆勤鋤，至其大如指，則可以接矣。《廣蠶桑説》一法以草索浸圊溷間，月餘取出曬乾，取紫葚，捋諸索，橫埋淺土中，時澆灌之，經雨即芽。《西吳蠶畧》

清　朱祖榮《蠶桑答問》卷上

問曰：『桑種自以湖産爲良，而湖桑之中，又有青皮、黃皮、紫皮三種，當以何種爲最佳。』

答曰：『青皮葉踈而薄，黃皮較勝，惟紫皮最佳，葉密而厚。紫皮一名紅皮，浙人謂之紅皮大種。其種法：第一年下種，第二年移栽，第三年接，第四年卽成桑秧出售。爲之接過單槍，宜於立春以後，春分以前。至浙江石門之天花蕩一帶，揀買紅皮大種，根鬚摘去，通計所留之枝，已有四層。

第五年立夏採葉，將枝頂新條，着叉剪去，不必留叉。以後逐年剪取。枝頂如拳，謂之拳桑。每株可成數十拳，每拳可發五六條，數年以後，根柢盤深，枝幹粗壯。每株浄葉，始則十數觔，漸至二三十觔、四五十觔。年愈久，葉愈蕃，但能留意捉蟲，不致鑽空樹本，可以久壽。

清　温忠翰《蠶桑問答》

問：『栽桑之法何如？』

答曰：『桑樹宜十一二月時栽種春天種，易生蟲。不宜低溼之地，高平近水處，栽之必活。須隔六七尺栽一株，栽時將桑根用水洗淨，舒根土中。坑深一尺五六寸，寬三尺，用糞和泥水攪勻，栽上桑秧，再加好土，搗築結實。到冬至以後，驚蟄以前，在樹旁掘一小坑，裝糞坑內，糞氣下行，桑根自然暢茂，出葉亦必肥大。蠶食肥葉，自然吐出美絲。近河之地，只要河泥培桑，功同糞土。』

問：『隔六七尺地，栽桑一株，豈不侵佔良田？』

答曰：『桑陰之下，種蔬菜、棉花諸物最宜。土性常鬆，桑更繁盛。但不可使生草，有草必鋤去，恐拔地力。』

清　楊蔚本《養蠶説·辨桑種》《皇朝蓄艾文編》卷二〇　桑椹熟時，收黑魯椹。諺云：『魯桑百，豐錦帛。』言桑好，功省用多。白桑少子，壓枝種之。有子，便可種，須地陰處。其葉豐腴，得繭重大，絲每倍常。桑之種類不一，世所名者，荊桑與魯桑也。荊桑多椹，魯桑少椹。葉薄而有邊者荊桑，葉厚而多津者魯桑。荊桑之條葉，不如魯桑之盛茂。荊桑能久遠，魯桑不能久遠，當以魯桑接荊桑，則可久。荊桑宜爲樹，魯桑宜爲地。桑有壓條接根之法，傳轉無窮。荊桑之類，宜飼大蠶，其絲堅韌，中織紗羅。魯桑飼大小蠶俱可。

又　論種椹

然種子宜新不宜陳。或先於地內，東西成行，勻稀種穄。將椹與蠶沙相合，或炒黍穀亦可。趁雨後於穄北單搆綠穄陰，高密透風，雖種十畝亦不費力。芽出，間令相去五七寸，頻澆，過伏可長至三尺。十月附地割了，糞草蓋之。春來把去糞草澆。每一株出芽三數箇，條旺者留一條。至秋，魯桑長五七尺，荊桑長三四尺。

清　曹笙南輯《五畝居桑蠶清課》卷二《育蠶徵信篇·種葚》　取桑葚極熟者收藏，勿近牆壁，以免浥損。待來春種，或隨種亦可。凡種，取葚子，翦去兩頭細子，免生雞桑、花桑。惟取中間堅栗者，以柴灰掩揉，次日用水淘去輕秕不實者，取實者曬畧乾。擇肥地，鋤糞三四遍，踏平，布細沙寸許，勻布葚子於上，仍以細沙蓋之。則芽出，不為泥壅，兼根生漸入肥土，自然易茂。又有摘葚子數十顆，於掌中，取草繩一條，浸溼，連葚帶繩，握而將之，葚黏繩爛如醬，將繩扯直，埋肥土中。不一月，秧出，排列如繩，亦不為泥壅也。種每畦約四行，以便澆鋤。畦上作棚，如薑棚式，以防霉雨、暴日。至冬焚其枝，次年秋後移栽，樹最耐久，特不如壓條之易而速也。

清　曹倜《蠶桑速效編·下種法》　三四月中，將地鋤鬆作埨，濶約四尺，芟草淨盡，沃之以糞，或加豬灰河泥，敲土極細。兩邊開溝，以備出水。節交芒種，桑子極熟，摘取味甜而色黑者，置水中搓散。去其浮者，取沉者，陰乾，撒之，以糞水澆透，覆之以灰。天若乾燥，間日澆水。俟芽出後時以糞水澆之。

清　陳恢吾《農學纂要》卷四《桑·種桑之法》　一曰種葚，一曰壓條。

又　種葚法　三四月將地鋤作埨，兩邊開溝洩水。芒種荊桑葚熟，摘取味甜而色黑者，翦去兩頭，先以柴灰揉淹一宿，次日水淘去輕秕，畧晾乾種之，以糞水澆透，其地先鋤，糞三四次。覆以灰或薄沙。每畦闊三尺種四行，天燥間日澆水，芽出以糞水澆之。一云：畦上作棚，以防梅雨、烈日。長三四寸，摘去根邊小枝葉，留直上者，五七日以水解小便澆之。

又法以黍葚各三升種之，黍熟後與桑並刈，放火燒之。宜順風燒之，勿傷根。覆以糞草，至來春，去草，每科自苗芽三五枝，留旺者三兩枝，則一畝可飼三箔蠶。第二年雨水節後晴日，另將地治鬆，壅地極肥，掘起桑秧，將直根翦留四寸，用細竹與根相倣者，扦土作孔，相離七八寸，將秧插入，踏令堅實，清水和糞澆之。

清 費烈傳口述《寧郡蠶桑要言·下桑秧》 小滿前取老桑子，俗稱桑果，用水洗過，去其桑子上皮肉，內有子如芝麻樣者，即於土面下種，須敲實其土，上蓋稻草，俟芽出三分之則，即去稻草。小秧宜疏不宜密，疏則易大，密則難長。宜時常培植之，如農人種茄秧一式。

清 何石安輯《蠶桑圖説合編·下秧説》 每至鄉，訪父老，咸以桑少爲患。蓋未知下秧之法耳。桑結子，名桑椹。俟其極熟，摘數十顆，置掌中，取草繩一條，浸溼，連椹帶繩，握而捋之，椹粘繩，爛如醬，將繩拉直，埋肥土中，不一月，秧出如草，且排列如繩。埋繩百條，桑出逾萬。現購之桑，爲數無多，誠得下秧接翦之法，三數年間，求桑億萬，亦何難哉！

清 黃祖徽《蠶桑淺説》卷一《栽桑篇》第一章《桑種》 夏初，擇桑椹熟而肥黑者，淘靜陰乾，先行掘溝，打土勻細，澆以糞水，將子撒下。宜稀不宜密，桑□半升可掘溝一弓。再澆清水，覆以乾草，生苗後去草，勤加澆灌，便成荆桑。俟一二年，擇地移栽，削去樹本，以魯桑枝之佳者，於未發芽時接之，用草緊縛，實以糞土，便成魯桑。又鬆鬆打以稻草，繩以熟椹，橫抹一過，令椹在繩縫中，掘熟地以埋之深不過寸許。苗長移栽，此法較爲省便。

清 江志伊《種桑法·布種》 種桑之法，一曰種椹。此法易活，不易大，且生椹而葉小，不能保其特性。其原因，因結子必由於花，花有雌、雄二蕊，此種雌蕊，受他種雄蕊之花紛，即變性。然用爲接桑之砧木，一經接博，便成家桑也。五月擇近根桑椹之熟黑者，椹味有甜、有淡淡者，子多甜者，子少不可用。剪去兩頭，其子差細，種之則成雞桑。惟取中間一截。其子堅栗，種之則枝幹强而葉肥厚。即日著水中，以手輕搓，淘淨椹肉，去輕浮者，取沈實者陰乾。經日曬，則其出較遲。畦種之。若留子春種，置子簸中，糝以白糠灰，陰乾，去灰，勿用紙裹，閉氣二三月。播種勿過夏至，過則不出。種時浸之如種穀，種則出芽較速。凡種子，以新椹爲上。以飼猪與雞鴨，於糞中淘出種者，便不生椹。大約種椹一升，其秧可共十畝之用。種時拌以草灰及油餅末、蠶沙、黃沙土各一分，或點或撒。點則將子一小撮，離二寸許，布令成行。撒則先將地面鬆土，掠置一旁，將底泥築實，勻鋪鬆土於上，盛椹於簸內，退後移步，輕手播種，務極停勻。種後用耰輕耰，以禾草戳斷，薄蓋其上，或覆以灰。不宜厚覆土，覆則不生。以細水徧澆之，及芽長寸許，勤澆薄糞。濃糞、生糞，肥猛傷苗。苗高一尺，則上糞土一徧。或云種椹後，宜蔭其畦。蔭法：以搭棚覆箔，晝舒夜卷爲上；種穄麻於畦西南次之；雜種黍苗又次之。苗長三四寸，耡令稀疏調適約相去五六寸，頻澆灌之。亢久，則斷潤；勤澆，則太溼。澆後開拆，風入，均易傷根，須以土覆之。過伏可長至三尺，處暑後，可撒蔭棚。十月後，以利鎌附地刈去。若種穄黍者，同刈之。撒亂草，走火燒其上。宜逆風縱火，順風太烈，易傷其根。燒畢，覆以土灰糞草，至來春耙去，以水澆灌。每科自出芽三數莖，留旺者一莖，餘去之。此時苗已成根，可頻澆，不必作蔭。至秋，魯桑可長五七尺，荊桑可長三四尺。魯桑可爲地桑，荊桑可爲樹桑也。一法：五月先耩黍一壟，另捲草索，截約一托，以水或麪飯湯浸軟。索兩頭各歇三四寸，中間勻抹熟黑椹子十餘粒，將索臥於黍壟內。索兩頭無子者，以土厚壓，中間糝土薄覆。隔一兩步，依上臥一索，四面取齊成行。旱則澆之。十月刈燒、加糞，如前法。冬季擁雪蓋糞，清明前後掃去。霖雨時，覷稀稠移補，比之畦種旋移，特省力易活，得力可早一年。如舊有椹者，春種更妙。或嫌用索煩瑣，可以黍和椹於葫蘆中，點種過處，用箒掃勻。或慮天旱，就黍壟內撥土平勻，順壟作區，下水種之亦可。惟久旱久雨，不可種，以地過燥過溼，難於發生。須黃梅熟後，荷花生前，以新畦新椹，安排停當，種後數日，遇雨則苗勃然興矣。

清 金步瀛《古今合纂殖桑法》第一章《總論》第三節《各殖桑法之得失》 桑樹之種子，既多生雜種，而此雜種中，必有特良者，吾人可利用人工交配及人為淘汰，先播下種子，待其成長，選其最佳者再爲採種，如此數次，亦可得拔羣之良種。彼無性蕃殖法，則無此等效果。

又 第二章《播實法》第四節《播種之方法》 條播，亦稱繩播。其法：鬆鬆打成草繩，粗如拇指，長約一托兩手左右平伸爲一托，以水浸軟或浸於糞尿中，約十餘日，繩之兩頭，各歇三四寸，中間將極黑桑椹，以手橫抹一過，令椹子在繩縫中，隨即將繩臥於治好畦上，兩頭壓以厚土，中間摻土薄覆，約隔四五寸臥一條，四面取齊成行。

又 第二章《播實法》第九節《備録》　種子宜新不宜陳新椹種之爲上，隔年春種多不生；蔭畦搭棚爲上，穄麻次之，黍苗又次之。桑芽出，間令相去五七寸營造尺寸，頻澆，過伏，可長至三尺割去穄麻。至十月内，附地割了，撒亂草，走火燒過火不可大，恐損根，糞草蓋。至來春，耙耬去糞草，每一科自出芽三數箇，留旺者一條。已成根則不須蔭，可頻澆。至秋，魯桑可長五七尺，荊桑可長三四尺。見《士農必用》

清 林心北、吴書年勸刻《蠶桑輯略・栽桑法則十六條・種椹法》　當桑椹熟時，擇桑葉肥大無毛，細皮桑樹，所結之椹，先熟者不用，後熟者不用，唯擇中熟黑色者，翦去椹之兩頭，取中間者用之。蓋兩頭其子頗細，種之則成鷄桑、花桑。中間之子，氣足堅實，則生機旺而葉必肥厚。收來入水中，以手握爛，以水淘洗，取子陰乾。臨種之時，先一日，漂去輕秕不實者。以柴灰拌之，放一夜，次日種之。種時須在芒種前後十日之内者爲上時，夏至以後種者爲下時，次年二三月亦可種。若太陳久，則多不生。須將子收葫蘆内，掛高燥之處。本年新椹種者，當年多長不高，冬季每被凍壞，不若隔年椹子，種於清明前後者爲穩。未種之先，預將地用板钁深砍，砍過用有齒釘鈀，將土塊打極細，再砍一次，再將土塊打極細。用平鈀耬成闊二尺、長一丈的畦子，當以曬透的熟清糞，用水澆灌，流入畦内。候乾，再用鋤通治一次，再澆一次。俟二日後，土散不黏，用勾钁耬起二指許，以灰拌椹子，種之。每畝用子半觔，勻撒之，不可太深，深則子細難出。每畦種三行，用平鈀輕耬一次。桑苗出土，其細如線，春種者忌風吹，夏種者忌烈日。或搭矮棚，晝舒夜捲，或蓋柔草以遮護之。初種後，每日清晨澆一次；苗出後，春種者三日一澆，夏種者二日一澆，勿使地皮乾裂。苗長寸許時，分移之，須令稀疏調適，常常芸草極淨。及苗長尺餘時，五日一澆。俟經霜後，以利鐮刈之，根楂不令露出土外。立冬後，再上窩過熟糞寸許，用麥草或野地柔草，易於起火者，一二寸厚，逆風放火燒之。火不可大，恐傷根。次日以水沃之，用熟糞與土相和，蓋寸許厚，再將爛柴草厚蓋更好，至春月耬去。冬月若無雨雪，擇天氣和煖時，再澆一二次，至次年發生甚旺，一根可長數芽，揀旺者留一本，其餘摘去。旱則澆之。春秋二季，上熟糞二次，至冬月可長五六尺。就地上止留一尺許，將上梢翦去，仍用爛柴草壅蓋，至第三年春，撤去壅草，上接魯桑枝條。接法在後。或於春分前後，遠近移栽，以作樹桑皆可。此養種廣布第一法也。

又法，夏初桑椹熟時，揀大葉桑樹上肥大桑椹，拌於餧豬食内，令豬食之。將豬閉在屋内，取糞與土和勻種之，名曰『豚桑』，尤佳。其耕地、上糞、種黍、壅糞、燒蓋之法，與前同。

清 林楊光、王鎮西《蠶桑條説・白河縣知縣林令楊光述呈桑蠶各説七條》　飼蠶必先種桑，每株當隔四五尺，地分行既疎，開盤始大，切勿貪多密栽。土桑嫌其葉小而薄，可取浙桑之幹接之，便成佳樹。若浙桑少，則於夏間，取浙桑椹之肥大者，洗浄陰乾。先掘地，打土極細，澆以糞水，挖起寸許，將桑椹以土沙緊拌之，平鋪其上，掩以細土，澆以清水。至兩月，而桑苗長矣。苗長數寸，分出另栽。但下種切不可深，深過二三寸，則種不能出。成林之後，遞年修翦，使出新條。隨時灌溉，使葉肥美。桑下之草宜鋤，桑旁之土要鬆。桑地宜平曠多風，風多則蟲不生。惟滷地、燥地，種之不活。此外，地以近水爲善。每年必澆糞水一二次，澆糞之次早，必用清水解之，葉之氣味，乃不過鹹。摘葉有次第，宜由下而上，勿採萌芽，其味苦澁，蠶不可食。略遲數日，便大十倍，留爲大眠後開翦。既開翦，旋復抽條放葉，謂之『二桑』。如地方圓十丈，可種桑四五百株，二年後，每次可摘葉四五百觔，每年可摘數次，其利何如？諸葛武候云：『錦城外有桑八百株，足以供吾家衣食。』此言信不誣矣！

又《平利縣王學官鎮西述呈蠶桑簡易説十九條》

種桑之時

切忌夏至前三日，趕早下種，仍忌太陽出照也。

清 林志恂《蠶桑淺要・種桑淺要》

種葚附插桑、渡桑。葚音沈，桑子實也

桑葚成熟約在四月中旬，如欲取葚之樹，不可採摘其葉，更須擇樹之老大者，使葚肥子壯，易於發生，葚熟自落，或微搖而墜，擇肥美紫黑者，置水盆内揉搓使碎，換水數次，去浮面之子，留沈底者，以稻草灰拌勻，即於空地墾一長溝以東南向爲佳溝闊五寸，深三寸，先澆薄糞一次水七分、糞三分和勻，將灰拌之，子勻勻撒下，以每平方寸播子二三粒爲度，若留子待明年播種，或寄至遠處播種者，於用水漂淨之後，就陰處攤乾，收入瓶内可也。既種之後，以細土覆之，約厚三四分，再用稻草覆之，以防烈日、驟雨。若天氣乾燥，每晚宜澆水澆水用噴壺器爲妥。經過十日，或十五日，即可出苗，苗出七八日，即去其所覆之草。

若嫌太密，則芟其弱小者，使疏密得宜，以每株相離二寸左右爲度。晴天須常施薄糞。水七分糞三分，和勻。至冬間苗長尺許，次年之春，即可分栽，謂之芽桑。俗名草桑，又名野桑。江浙各省，均在春間分栽，滇地氣候較暖，以冬季爲宜。

清 劉光蕡《修齊直指評》卷一 桑有栽接鋸翦之法。桑有盤條、右壓條數法，而皆不如種桑之多且易生。法將熟足桑椹用水淘净陰乾，將地治熟，摟成畦子，將桑子撒布，用杷子輕摟，三兩日一澆，十餘日即出。勤澆勤糞，至冬即可移栽，桑椹熟時即可種。栽桑之處，凡山坡、溝澗、高原、下濕、砂磧墈灘、水淹、湖泊、壠畔、田邊、城壕、捍臺、家宅、墳園、牆下、路旁、門前、側室、一切間階，曠土及入山五里之地皆宜。

清 呂廣文《蠶桑要言·種桑法·桑秧》 第一，桑秧於立夏後，凡草桑上桑子，色黑而老，先禁小孩打摘。俟其老而落下，將子拾起，用手捻糊，以水洗去腐肉，掏淨，陰乾，攤燥，不可日晒。即用燥灰拌和，如以灰拌麥子樣，散子宜疎密相勻。俟其出起密處，用手拔去，使不過密。未下種之先，其地亦須深掘，厚鋪糞灰，亦逐月用水糞澆壅，次年秧便可種，或如種麥一般。但不宜腳踏，恐子小力弱，其出較遲。上面用麥殼薄蓋一層，雖遇大雨，泥不結板。一法，將桑子捻黏草繩之土，其地先行深掘，每闊四尺掘成一坑，約深三四寸。即用泥頭灰鋪底，每行安放草绳一條，用灰土蓋轉。按月用水糞澆壅。次年即按每三尺闊留一株，作應種之桑，餘可拔賣。或於三尺中間，多留一兩株，同應種各株一般培壅，次年均接成湖桑，第三年多留之株，即可掘賣。此法次年可賣秧，第四年又可賣接成之桑株，每株計價五十文，而其地桑亦成林，雖工料均多，而利實無算。新昌梅渚人多有由此起家致富者。

清 馬丕瑶《蠶桑簡易法·植桑法》 種桑 桑種以魯桑爲上，凡葚少葉圓大色深綠而豐厚者，魯桑也。葚多葉小色淡形尖邊有深鋸齒者，荆桑也。夏初，魯桑葚熟，揀肥大者，拌食餧豬，取糞和勻種之，名曰豚桑，最佳。又法，揀葚之肥者，淘净陰乾，臨種時柴灰拌勻，放一宿，然後種。以芒種前後爲上時，二三月亦可。鋤地一段，打土極細，澆以糞水，掘土寸許，起槽成行，將種布上，細土蓋之，澆以清水，切不可深，深則不出苗。出後冬月再上熟糞，加草於上，縱火燒去其梢，次日以水沃之，仍蓋以草，至春發出，來年便可移栽。

清 沈練《廣蠶桑説·培養桑樹法二十條》 桑秧皆以桑葚種之。種葚之法：於五月間，以桑葚純黑者，置水中搓碎，去其浮者而取其沉者陰乾之。經日晒，則其出較遲。撒於肥地，以薄糞澆透，而覆之以灰。覆以泥，則其出又遲矣。芽出，更以薄糞勤澆之。至明春，則其長尺許，可以移栽他處矣。

移栽之法：鋤地分埨縷尹切，上之加高處也，使無積水，於埨背分行栽之，與治圃者排葱蒜之埨相似。其栽宜踈彼此相去，須在八寸外，勤澆勤鋤，至其大如指，則可以接之，使變家桑矣。

清 盛宣懷輯《蠶桑備要·種葚》 採取野桑之葚紫黑者，搓碎入水，揑淘去浮，用沈以稻稈灰拌勻，曬一日。一云：經日曬，則其出較遲，宜陰乾。於空地墾五寸闊，二寸深長溝，溝底泥要勻細，將灰拌葚，勻勻撒下，宜稀不宜密，上覆灰一薄層。一云：撒於肥地，以薄糞澆透，乃覆以灰；若覆以泥，則其出又遲矣。如天晴，以水三分入人糞，隔兩日澆灌一次，漸即出秧。伏天尤宜多澆，用水糞對配，次年秧長二尺許，即可分種矣。乃鋤地分埨縷尹切，土之加高處也，使無積水，於埨背分行栽之，相去約八九寸，行不可正對，勤澆勤鋤，至其大如指，則可以接矣。一法：以草索浸圊溷間，月餘取出曬乾，取紫葚，捋諸索，横埋淺土中，時澆灌之，經雨即芽。

清 吴烜《植桑育蠶書·種桑説·下種法》 三四月中，將地鋤鬆作埨，濶約四尺，芟草淨盡，沃之以糞，或加豬灰、河泥，敲土極細，兩邊開溝，以備出水。節交芒種，桑子極熟，摘取味甜而色黑者，置水中搓散，去其浮者，取沈者，陰乾撒之，以糞水澆透，覆之以灰。天若乾燥，間日澆水。俟芽出後，時以糞水澆之。又法，取極熟桑子數十顆置掌中，用草繩一條，水中浸濕，握而捋之，子粘繩上，將繩曳直，埋土數分，每條相離五六寸。恐遇大雨，泥凝難出，覆以稻柴，出即揭去。天氣晴燥時，以二糞八水澆之，旁生萌芽，隨即摘去。

清 吴宗周《蠶桑白話》卷一《栽桑白話》 到立夏後，檢定幾株强壯桑樹，須要葉片厚大，桑葚肥美的，留他春葉不採。到小滿後，桑甚老熟，把桑樹輕輕搖動，使其自行落下。取其肥美的桑葚，放在水盆裏面，用水盛滿，兩手搓碎，漂去浮面的嫩子及葚肉。約漂三四回，方纔漂浄留沉水底的桑子，都是好做種的。倘要明年下子，將水和桑子一總倒在篇上攤薄涼乾，勿用日晒。俟已乾了，方可盛在竹箭裏面。竹箭口裏再加燥的穀草灰，盛二寸許，口上用木塞塞好，方可藏到明年即不壞了。若要本年當時就下種子，須用穀草灰拌勻。尋一塊高燥的空地，用鋤頭一把，掘起一埨一埨的樣子。每埨都要五尺濶，長短不拘，兩埨相離的溝，濶八寸深五寸。這個埨面上的土，須要做得極鬆極細纔好。先澆七分水三分糞的薄肥一回，然後可挐拌灰的種子來散布。大概一平方尺，可散布八九十顆。到這個埨上散遍後，上面又要用細土及灰，散鋪二三分厚，再用穀草或青草，攤鋪一層，以防大雨打濕太陽晒枯。倘遇天旱的時候，天天早晚要澆淡水二囬。過九日或十三日，定能出起來了。這箇時候，埨上所蓋的草，一概可以收去了。看這種出來的桑秧，大約長有一寸許。可以芟除雜草及弱小的桑秧，留存壯大的，疏密得宜，橫直相離二寸許。後來天晴的日子，須要隔四五日澆薄糞水一囬。至冬天長約三尺，就是很多的桑秧，到第二年正月間就可以分栽呢。一囬分栽以後不必再去動他，這種謂之野桑。第三年正月間行接以後分栽，到第四年正月間再分栽定奪，這種謂之湖桑若下種卽用湖桑子更好，又廣桑發葉較早亦可種。

又　栽桑秧

栽桑秧的法子，也有好幾種：一種就是揷桑，剪那個强壯的枝條，揷在泥土裏面；一種就是渡桑，用老樹的新枝，或壯樹的枝條，埋在沙土底下，這種法子，容易乾枯衰敗，都沒有甚麼好。我且不說，祇說栽桑秧的道理。當年所出之桑秧，移栽他處，這種就喊做野桑。雖暖如雲南、福州、廣東這種地方，也要冬臘月時候，方纔可種。我看貴州的氣候，還不如正二月間栽桑河南略同，可以保他無碍。總之，栽桑這個地方，須要高燥爲佳。若太卑濕及有積水地方，先要開溝洩水，方纔可栽。不然栽下去，根都霉爛，那裏還肯活了。桑樹大概爲二種，一種喊他荊桑，就是未曾接過這種野桑、廣桑；一種喊他魯桑，就是已經接過這種扒接桑、廣接桑，同湖桑也是差不多的樣子。荊桑須要栽密，就是前年桑秧次年分栽定的，每株橫直相離五尺許，每畝可栽二百四十株。湖桑須要栽疏，就是接好以後相離五寸分栽，再到第二次永遠栽定，每株橫直相離六尺，每畝可栽一百六十六株。栽法分高刈、根刈二種，高刈的法子，將要栽的時候，把這種桑秧一株一株，上半株都剪去，留存下半株二尺許，還要腐敗根剪去，長根剪短，留在地上一半，種在地下一半。第一年春間發芽，留頂上壯强兩個新枝，除去餘的小枝，到第二年正月間，可剪去二枝的上端，長七八寸許。到春葉發大的時候，這種新枝葉都可採去，到二葉發出的時候，再可留二枝上的四枝，除去餘的小枝。到第三年春間，又要剪去四枝的上端，留存下端七八寸。照這個樣，每年一枝發二枝，到第五年就成一個茂盛的桑林。

清　吴治善《蠶桑驗要・桑篇・種子第二》　取桑椹色黑而甜者，放水內揉散，以沉水者陰乾，待芒種時下種，澆以糞水，覆以草灰，如天氣晴燥，須每日澆清水。芽出後，再澆糞水。冬月燒去細苗，留肥大者。次年接過，第三年移栽。

清　吴作鎮、倪紹雯、劉安欽《蠶桑速成捷法・速成桑園種植法》第一章《速成桑園之利害》　用實生苗之利：速成桑園，概爲密植，其生長繁茂之餘地，較少於普通根刈法，且年數較短。故種植高價之接苗，徒屬不利，反不如容易可得苗木之實生苗爲得策也。而實生苗樹質强健，宜於兼用桑園，特魯桑實生苗，桑質尤爲優良。

又《蠶絲業普及捷法》第一章《桑樹栽培捷法》　播下桑椹，發出新苗，此爲實生苗。法于四月頃，採老熟紫黑色桑椹，混木灰投水中，揉去其菓肉，然後濾取其實，陰乾之。能于此時卽行播種，則發育最良，得苗最多。若因事忙迫無暇，則以棉布囊，或棕囊盛之，懸于屋梁。至翌春，桑樹未發芽前，播下亦可。惟發育不良，得苗不多耳。苗床，須擇日光透射，洩水佳良，砂質壤土之地。先將土壤碎成粉末，篩過，混和以腐爛之堆肥亦須碎細，而播下種子。每二三粒，宜間隔寸許，以細土鬆掩之，而散布雜艸于其上。閱二星期，新芽發出，去其覆艸。又以腐熟之人糞尿和水成稀薄液，而灌漑之。若當夏期，尤須以艸席作覆，以防烈日，陰則捲之。苗達二寸以上，則拔去其不良者。灌漑除艸，不可懈怠。至秋末，可得良苗。然此木都因雌雄異株，風媒作合，與異種花粉交配，致變母性，而爲野生，業此多用爲砧木，而以湖桑、魯桑等接之。浙江嘉興府石門縣、杭州海寗縣、四川嘉定府，爲中國培養桑苗有名地。凡欲購求及研究者，以此三地爲宜。又魯桑實生苗尤佳，但魯桑之母樹，隔年須多施堆肥，其旁須栽類似魯桑之桑樹，以便花蕊交配，不至大變，不必接木，亦可栽植。凡葉大，而肉肥厚，有光澤，形圓而稍尖者，魯桑也。

清　豫山《蠶桑輯要略編・種桑法・種桑葚》　揀肥大者淘淨，陰乾，臨種時，用柴灰拌勻放一宿，然後種之。芒種前後爲上時，夏至後爲下時。二三月亦可種。下種切不可深，深則不出。長四五尺，卽可移栽。

清 趙淵《蠶桑摘要》卷上《種椹類·採購》 夏初黃鳥鳴曰：『黃粟留，黃要留，問我麥黃椹熟不？』正宜採購新桑椹，擇肥大極黑者，淘淨晾乾，去皮則易生。如經日晒生發較遲，浮之以水，挑堅壯者用之。若子粒細小，種之則多變雞桑、花桑矣。

又 拌種以油餅麵一分，蠶沙一分，黃沙土一分，草灰一分，拌勻，即擇本年好椹子，酌量多寡，攙入和勻，用筊箕盛之。人在畦內退後移步，輕手細播，務求停勻，恐子密不齊也。或覆沙土，或用腳踩，覆土亦宜薄，厚則不生。令放細水遍澆一次，不可將椹粒沖歸一處，無論春種、夏種，均要如此。

紀事

清 陸獻《山左蠶桑考·道光十五年乙未八月獻既輯課桑事宜呈》 順德府知府徐公衍祚，勸民種桑，云種桑之法，四月間桑椹熟時，揀黑紫色透熟者，水淘取淨子，隨宅園牆下空隙地所，密密種上。或于近園井，打成菜畦，如種菜之法。家家戶戶，隨力栽種，出秧後，任意移栽，不時澆灌，務期成效，一歲可得千萬株。

又 涿州知州張遜，于宏治四年承巡撫秦公，令取官田之沃衍者，築爲四圃，課桑椹、棗核若干斛，俾善于種藝者，培壅灌溉，歲得桑棗數千萬。

（光緒）《湖南通志》卷末之六《雜志六》 明洪武十七年，以湖、廣、辰、永、寶、衡等處，宜種桑而植者少，命淮、徐取種二千石，給其地，令民種之。兼禁天下種秫以不種桑，而私造酒者，罪之，以足人民衣食。《明史》

藝文

宋 梅堯臣《宛陵集》卷五一《桑原》 原上種良桑，桑下種茂麥。雉雊麥秀時，蠶眠葉休摘。空條漏日多，餘椹更誰惜！會待黃落來，酒壚燒斗石。

其他

論説

清 沈練，仲昂庭輯補，章震福校訂《廣蠶桑説輯補校訂》卷一《桑秧説三條》 一桑種甚繁，以荷葉桑、黃頭桑、木竹青爲上。取其條幹堅實，眼眼發頭也。別有一種火桑，視他桑較早，可飼早蠶，且雨過即乾，飼蠶家宜多植。若住基寬曠，牆下可以植桑，宜覓富陸望海等種植之，其大者可得葉數石，能不令蟲蛀，及水灌其根，則愈老愈茂，不以年遠而敗。

綜述

清 黃輔辰《營田輯要·外篇》 雜植所録皆恒有之物，便於民食器用者，其限於地或野生可入藥食之類，兹不具載。

桑種甚多，不可偏舉。枝幹條葉堅勁者，荆桑也；葉厚而多津者，魯桑也。荆桑耐久，不如魯桑之盛，當以魯葉接條於荆桑，則經久而葉豐腴。魯桑宜種地，荆宜種墻垣，鷄桑葉花而薄，飼蠶得繭薄而絲少，白桑葉大而厚，得繭厚而絲多，金桑葉黃樹老而蠶不食。

清 吴烜《養蠶説·附種緑柴法》 緑柴之用，所以染緑色也。銷路甚廣，其利不下栽桑。吾郡各處有之，惟浙中產者最佳。冬令收子，連肉曬乾，正二月下種，就高燥之地，將土鋤鬆，去草淨盡，用柴灰和土拌勻。作埨開溝，撒子埨上，用耙輕抓，勿使露在土面，亦不宜深入。復薄蓋柴灰，以防鳥雀。若遇久晴，以二糞八水澆之。月餘方出，土燥即澆，黃霉時，即可分種。其地宜鋤盡草根，起埨濶約七尺，兩邊開溝，以備洩水。種在埨背，每株四面相離二尺許，每畝可種一千一二百株。種後天燥宜澆，有草即削。時隙地甚多，除去黃豆、芥菜奪肥之物，餘皆可種。但不可近秧遮露，致難生長。第二年正月，離地剪留二寸，便產旁枝，隨澆厚糞，切勿當頭。第三年正月，照前剪去，旁枝更盛，除草淨，壅糞多，則易長。第四年正月，已滿三年，樵割出售，其價每觔貴則十五六文，至賤亦值七八文。以後年盛一年，隔一年，樵一次，每株少則十餘觔，多至二十餘觔，大約每畝可得一萬數千觔。隨用厚糞從旁澆足，再加肥土，敲碎壅根，勿壓枝幹，尤易暢茂。如無綠子，常州南門外丫叉浦，有秧發售，可購種之。利等栽桑，無蟲侵蝕，尤爲省易。要之，地不愛寶，有種必收，獨栽綠栽桑，其利更大而且久。救貧在此，致富亦在此。吾江素未講求，致多遺利。予特窮耳目口舌之力，到處綱羅，采而輯之，以爲先導云。

清　陳淳《實驗蠶桑簡要法》篇上《栽桑法》第四章《植付桑苗之法》　植桑之先，宜經意支配早中晚之桑。如植桑千株，早生桑二百，中生桑三百，晚生桑五百，爲最適當也。

又　第七章《種植桑下之法》

（一）無論種何項蔬菜，雖能鬆土而繁桑，萬不可種，有妨根條諸物，此爲第一要義。如種瓜荳，勿使其藤上樹之類是也。且近桑處，不可植楊，以多楊甲蟲故也。

（二）桑下若種黃荳、芥菜，最能奪肥。蘇人諺云：種荳、種芥，三年必敗。二物過能損桑，故懸爲厲禁。

（三）桑下不可種大麥，因蠶食其葉必病瘟，故大麥田中之桑不可飼蠶。

（四）桑下宜種綠荳、白菜、瓜茄等物，惟後三種不如前二種之益桑良美也。

清　程述《種樹圖説・土質・礫土》　礫土者，砂礫最多，太通空氣，於農林兩業，均不相宜。惟用粘土混合，最適於栽植桑樹。

無性繁殖分部

概説

論説

清　楊屾《豳風廣義》卷一

地卑水淺處甚宜樹桑説

地卑水淺，種桑最易生活。或揷條，或種子，或壓枝，不過三年，即可獲利。夫居濕地，其田必貴，恒種麥穀，每畝即收二石，豐年不過值銀一兩有餘。若使樹桑，每畝歲可收絲九觔，值銀十餘兩。如有田四五十畝，可栽桑十餘畝，即逢歉年，賣絲、買穀，豈非大益？

河决水淹之地急宜樹桑説

每見沿河之地，七八月間往往霖雨，日久，河水暴漲，漂没田禾，惟桑柳雖被泥壅，却自無恙。若水侵之地，使盡栽桑樹，每歲養蠶、收絲，反獲大利焉。有乏食之苦、意外之災，蓋養蠶在春時，多無雨水，即三月有水，桑亦不畏，誠能廣布，歲歲收絲，即禾苗難成，亦補缺乏，况蠶絲之利更數倍於五穀，果肯依法培植，雖沃土種穀者，亦不及也。

又　栽桑説

民生濟用，莫先於桑，謀衣者不艱於養蠶，而難於樹桑，若桑務一舉，則蠶事自興。故首述而備論之。種子、盤條、壓枝、栽接、修科之法，詳列於後，資生者當留心焉。

綜述

清　韓夢周《蠶桑實濟》卷一《桑樹捷驗》　種秧以下五條，尋常樹桑之法已備，亦且簡便易行。但種有美惡，地有肥磽，可必其生，未可必其旺；即旺矣，而所飼之蠶，未必繭堅多絲。固不如楊氏之法，至周且密，行之確有成效也。特將楊雙山《豳風廣義》種子、盤條、壓枝、栽接、修科六法備錄於左。

又　盤桑條法

柔桑多無子，必須盤條。秋暮農隙時，預掘成區每區相去五尺，一畝地桑共該二百四十區，如在地畔路傍，其區亦相去五六尺，藉地氣，經冬藏濕，其區廣深二三尺，上熟糞一二升，與土相和，納於區內，宜北高南下，以留冬春雨雪取其向陽雪易消也。於臘月揀肥大魯桑或絶好的柔桑，總要肥厚葉大多津者，素日驗看停當，嫩條二三枝通連爲一科，用快刀砍下，每四五十條與穀草相間，共作一束，臥於向陽坑內深長各三四尺，當預先掘下，防冬深地凍難掘，如桑條多更掘大些，不必太拘。以土覆起高堆，候春分前三五日，取出坑內桑條，即將預先掘下區子跑開，下水三四升，撒粟二三十粒，將桑條盤成圓圈，以草索縛定，臥放區內，外露出稍尖三四寸，填土尺餘厚，宜築令實，仍以虛土另封條尖。枝上芽生，虛土自脱，先於區南種穇麻以遮烈日若不遮蓋，經三伏必死。地宜常常陰濕，如乾則澆若久乾則死。芽條長高，砍去旁枝，數年則成樹矣，或卽作地桑亦可。右古法也，十可五六活，不活者次年補之，頗費功力，且種麻遮蔭亦覺煩瑣。又有一捷要之法，於九、十月間揀最好的柔桑條子，或單枝，或二三相連，砍來。將園中地造成畦子，其闊二尺餘，其長一丈，將地掘起打細，再用糞與土相和，每相去八九寸盤一條，每畦各行須築令實，少露桑條稍尖，隨卽澆過，次日再蓋浮土一層。冬月可澆一二次，以腐草苫蓋。迨至春月摟去，三四日一澆。立夏以後，二三日一澆，總不使地皮乾燥，上搭矮棚遮蔽烈日，晝舒夜捲，處暑後撤去，此法十活七八。三年之後遂可移栽。正二月亦可如此盤之。

又　壓條分桑法

春月或九、十月，將桑樹上近地的枝條，下掘一條渠，深二三寸，將條攀下臥於渠內，用木鈎搭子，長數寸，將條向地鈎住，釘於渠內，使不得起，以土築實，須將條上所有枝稍盡扶端露出土外，但得雨水，卽便生根。春月壓者，當年九、十月起；冬月壓者，次年九、十月起。於近樹身處砍斷，掘出渠內條子，將枝稍之間以利刀剁斷，俱如拐子樣，有幾稍剁幾截，拐上皆帶根鬚，移栽卽活。

清　方大湜《桑蠶提要》卷一《桑政二十三條**·修剪**六則**》**

壓桑插桑去梢留杈式樣

壓桑、插桑二項，所壓之枝，應用接本桑上之枝；所插之條，應用接本桑上之條，將來使不必再接。今年壓枝，明年移栽，卽以移栽之年爲第一年；今年插條，明年不再移，卽以插條之年爲第一年。自第一年至第五年，去梢留杈，各式樣均與接本桑同。

清　何剛德《撫郡農産考略·木類一·桑》　凡春時，剪桑枝插肥地，長大茂盛，與布桑秧種者無異。種桑之書又有繩種、烙種、盤條、壓條諸法。繩種者，置葚掌中，以浸濕鬆草繩，握而捋之，葚粘於繩。埋熟地中，深寸許，秧出時，排列如繩式。烙種者，舊桑肥枝砍斷處，置熱鍋中微烙之，長芽分栽，不用再接。盤條者，當九、十月間，盤枝作圈，掘土實糞，圈築土中，稍露土外。壓條者，近土柔枝，壓之地中，引枝梢出地面，長至二三尺時，斷老條，剪新梢，連根合二尺分栽之。桑宜重肥，忌新糞。下種時，以草灰拌種漫撒之，春初吐芽，澆以陳糞三分，水七分，凡兩次。每年冬月、正月暨清明剪葉後，用水糞各半，和勻澆之，凡四次。六月天熱，不宜糞。浙桑宜糞，樹下再以新土覆之。粵桑則每行距桑尺餘，灌糞一道。凡用肥，宜在立春前。塘湖溝渠淤泥、渣草及蠶糞，猪羊牛馬糞，豆棉枯均可。培壅以曬乾粉碎為佳。凡桑，初栽用糞輕，後漸加倍。惟出蠶時，不宜澆糞，澆糞過七日者，飼蠶不忌。治蟲，用百倍巴豆，各汁以棕帚蘸灑之。樹身有洞，灌以桐油，或用鐵絲深入，截殺之。白點、黑苔，俱為蟲胎，宜速刮净。

清　周凱《種桑詩説》《皇朝經世文編》卷三七　余自荆之遠安，購小桑八百餘株，種之大隄之上，皆柔桑也。移栽未善，活者十之七，訪之老農，得栽種法。及攷襄陽本有桑，葉尖小而缺，有刺，性堅不宜蠶，居民以桑為界，取其易生，長卽伐之，卽飼蠶得繭，僅堪為帛。售諸豫人，以為綿綢，其葉蓋荆桑類也。按《農書》：荆桑薄而尖，枝幹條葉堅勁，魯桑圓厚多津，枝幹條葉豐腴。荆桑心實可為樹，能久遠，當以魯桑枝接之，則久遠而又盛茂也。《農書》又載壓條法，《齊民要術》及《氾勝之書》載種葚法。余浙人，浙重蠶桑解種桑法，不能家喻户曉，商之諸牧令，又非文告所能悉，因思士為四民之首，耕讀相兼者多，士為之倡，民必從之。遂託之吟詠，分十二題，各繫四十言，幸襄之能文者，廣為傳述之。一曰種葚，《齊民要術》：收葚之黑者，翦去兩頭，惟取中間一截，其子堅栗，則枝條强茂而葉肥厚。將種之時，先以柴灰掩揉，次日水淘去輕秕不實者，曝令稍乾，纔乃易生。氾勝之曰：五月取葚，著水中濯灑，取子陰乾之。肥田十畝，荒久不耕者，善好耕治之，以大麥與葚各三升三合和種之，鋤令稀疏。麥熟時，穫之桑生正與麥高下平，卽以利鐮歷地刈之，曝令燥，放火焚之，桑至來春生，一畝可食三箔蠶，此吾鄉種條桑法也。一曰壓條，八九月間，擇桑枝之柔大者，攀至地，壓以土，卽生根。就生根處截斷，移栽他處，一枝可壓數枝，惟壓條者不必接枝。一曰接枝，葚之所生，其葉多薄，俟幹大如指，翦取大葉桑枝條接之，自茂盛，如襄人接果木之法。一曰移栽，桑如指臂大小，皆可移栽。《種樹書》云：下埋龜甲，盛茂不蛀，或用大麥亦可。先掘地成坎，貯以水，攪成泥漿，務令濃厚。然後移桑栽之根令舒暢，上用土培厚築，使堅實，可不必日日澆灌，名坐漿種法，襄人植果木亦如之。一曰壅灌，冬月就桑根掘坎，實以糞，加土壅之，五六月旱宜灌水。一曰采摘，采桑宜摘葉，不可攀折枝條。一曰去初桑，初發葉為初桑，倘飼蠶有餘，當翦去之，否則明春無力，次發為二桑不須去。一曰伐遠條，桑條之遠出而細長者，宜伐去，俟明春另長嫩條，否恐成雞桑。《豳風》『取彼斧斨，以伐遠揚』是也。亦宜相度其勢，可留為壓條用。一曰禁再採，初桑葉肥嫩，可飼蠶，二桑葉澁，飼蠶作絲僅可為弦。

《周禮》『禁原蠶，蠶與馬同象』，再蠶恐妨馬。一曰收霜葉，葉經霜而落，可治疾，兼以餵羊甚肥。一曰剔枯皮，桑老而枯或中空，葉黃蠶不食，先剔其皮，可以為紙，世所謂桑皮紙是也，然後伐其木為器用。一曰兼種柘。柘亦可以飼蠶，繭色黃。

清　金步瀛《古今合纂殖桑法》第一章《總論》　無性生殖，亦稱單性生殖，卽由母樹之一部份，與母樹分離而別成獨立之桑樹，絕無雌雄兩細胞相交而蕃殖之關係。故無性云者，對有性而言也。蓋由雌雄兩細胞相交而蕃殖之生殖，既命名爲有性，其不由此者理名無性，然乎？凡由無性生殖而蕃殖之桑樹，其性質恆與母樹同，彼有價值之良種，得藉此法展轉持續，常存於天地間，供養蠶家之採用，此實無性生殖之功也。其蕃殖之法有多種：一、利用不定根之發生而繁殖者，本書第三章所列之壓條法，第四章所列之捲條法屬之；二、利用不定芽之發生而蕃殖者，本書第四章第四節所列之根分法屬之；三、利用癒合層之生成而蕃殖者，本書第五章所列之接木法屬之。諸如此類之蕃殖法，統稱之曰無性生殖。

清　吴宗周、陳幹材、徐謙山《蠶桑白話》卷一《栽桑白話·栽桑秧》　栽桑秧的法子，也有好幾種。一種就是插桑，剪那個强壯的枝條，插在泥土裏面。一種就是渡桑，用老樹的新枝，或壯樹的枝條，埋在沙土底下。這種法子，容易乾枯衰敗，都沒有甚麼好。

清　佚名《湖南辰溪縣王大令舉辦蠶桑稟》《農學報》第六十一期　又查有浙人藝桑之法十有二：一曰種葚，二曰壓條，三曰接枝，四曰移栽，五曰壅灌，六曰採摘，七曰初桑，八曰伐邊條，九曰禁再採，十曰收桑葉，十一曰剔枯皮，十二曰兼種柘。

清　楊鞏《中外農學合編》卷九《壓桑插桑去梢留杈式樣》

壓桑、插桑二項，所壓之枝，應用接本桑上之枝，所插之條，應用接本桑上之條，將來便不再接。今年壓枝，明年移栽，即以移栽之年為第一年。今年插條，明年不再移，即以插條之年為第一年。自第一年至第五年去梢留杈各式樣，均與接本桑同。

大小桑秧，移栽剪梢，未幾即抽條長葉，只留粗枝一條。今年移栽，明年即可接換。接時將本桑斜剪，離地只留一二寸。接後芽條出自桑本者，必須摘去。出自接頭者，俟高一二尺時，只留好條一枝，餘皆删去。冬臘月將所留之條，剪去稍子，離地約高尺許，是為第一層。第二層留兩杈，第三層留四杈，第四層留八杈，第五層留十六杈，均照接本桑法。但接本桑，以移栽之年為第一年，每一年留一層，留至五層，已及五年。大小桑秧，今年移栽，明年接換，應以接換之年為第一年，留至五層，亦是五年。若以移栽之年為第一年，留至五層便是第六年。其初次移栽太密者，今年移栽，明年接換，後年尚須再移，應以再移之年為第一年。留至五層，亦是五年。若以初次移栽之年為第一年，留至五層便是第七年。

原有之大桑樹，冬臘月將樹身鋸斷，離地只留三尺，是為第一層。《蠶桑提要》

大桑樹去梢畱杈式樣

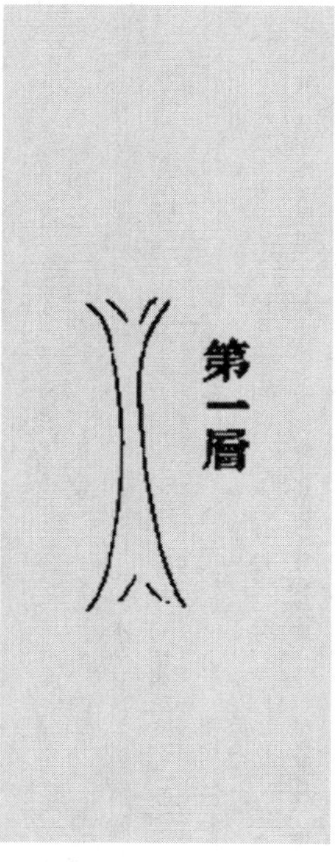

第二年春天新條自然抽出，俟四月剪桑。飼蠶時只擇肥旺者，留五枝，其餘旁出枝條概行删去删去之枝可摘葉飼蠶。所留五枝暫不剪梢，俟本年冬臘月或明年清明前再將此五枝各留一尺，剪去梢子，是為第二層。同上

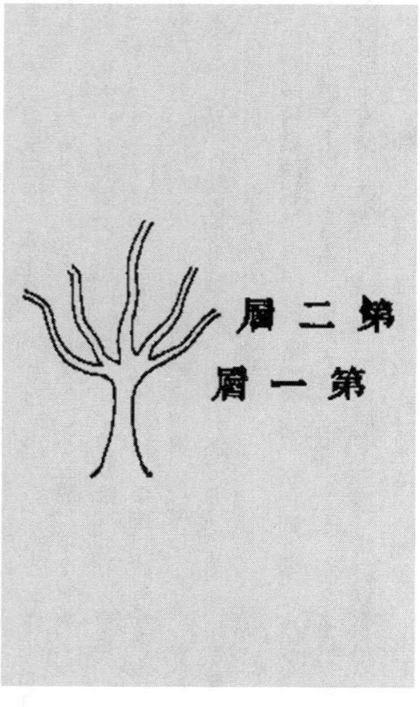

第三年春天又復抽條，俟四月剪桑飼蠶時，將所留五枝之上又各留五枝，共二十五枝，其餘旁出枝條概行删去删去之枝可摘葉飼蠶。所留二十五枝暫不剪梢，俟本年冬臘月、或明年清明前，再將此二十五枝各留一尺，剪去梢子，是為第三層。以後不再留杈，年年立夏後，將二十五枝上所生嫩條連枝帶葉一并剪下，摘葉飼蠶。同上。

補空缺　修剪合式，則桑之四面圓如雨蓋。如缺而不圓，須知補缺之法。所謂補缺者，非另栽一株以補之也。只於缺處多留一二枝嫩條，便補圓矣。移栽小桑，每一層留二枝。原有大桑，每一層留五枝。亦就大概而言，若有空缺，不必過於拘泥。《蠶桑輯要》

砍全樹　桑栽二年以上，有芽條不旺者，或樹老而中空者，於穀雨時以硬木貼樹身，將枝條全行砍去，樹身去地約留二三寸或五六寸。立夏後不宜此法。砍後，以土封瘢，并以肥土壅樹之四圍，旱以澆之，自然復茂。《藝桑總論》

剪地桑　地桑與樹桑不同，樹桑去梢留杈，修剪樹桑，須齊杈上老瘢，地桑不去梢。修剪地桑，必須靠土移栽地桑之後，俟桑芽出土四五指時，每一科只留一二條，餘皆靠土剪去。次年靠土割條葉飼蠶，割過之後，每一根盤又出數芽，亦只留四五條，餘皆靠土剪去。以後根漸旺，留條亦可漸多。又地桑之壓枝者，俟卧條生芽，狀如鈀齒時，約五六寸遠留一芽，餘皆剝去。又地桑五年以後，根相交則不旺，春時將相交之根砍斷掘去，添上糞土俟得雨或澆水，即復暢旺。《種桑詩説》

清　黄毅《栽桑新論》第八章《桑樹繁殖法》《蠶業叢書》第一编　桑樹之繁殖法有多種，大別為播實法、攓條法、接木法、壓條法之四種，以下各述明之。

第一節　播實法

植物開花結實，所以遺其子孫於後世，而維持統系於永久者也。故欲植物之繁殖，則以播實法爲最適宜，因能順其自然之生育也。然生物之近族交配者，其子孫之性質，概陷於虛弱，而植物能依自然作用受精於他花，然其自然所生之種子，尚不免於近族交配之患。若異花受精之植物，則多爲遠族交配，雖然子苗乃由種子而生者，其形質與資性，多有變異。故欲改良桑樹而使之繁殖，必當保其固有之性質。若不行播實法，而依他法，則決不能繁殖也。依播實法而野生者，其退化雖多，然欲改良變種，仍不可不採用此法也。此法用人工交配法，播下種子，使其自然成長，而生數多子苗，年年選其最佳者，再爲採種，循環繁殖，即古來植物或動物之生殖，其理亦莫不如是。

（一）採種　採集桑椹當在五六月之間，擇其色澤紫黑者，搖而落之，以供播種之用。播下桑種，有秋季、春季之別。秋季者，於當年採種之後，即將椹入桶中，混以木灰，注之以水，極力揉搓之。待其子沉而肉浮，乃再三濾過，去其粘液，即可播種。春季者，採種之後陰乾而藏之，俟翌春方爲播下。然採種之後，須混以同量之乾砂，揉摧陰乾之以減其水分，此後時時攪拌，再入乾燥箱中，埋於高燥砂地。以防雨露之浸透，至貯藏得當者，三年之久，尚能發芽云。

（二）播種法　適當播種法，須用輕鬆土壤，富於有機物之砂壤土最好，而粘質性爲不宜。若不得已而用此種土，當播種之前，須耡入有機物之肥料，或用客土法，或冬季耕耡法，以使土壤膨軟。當下種之先，預將圃地施腐熟堆肥，造成平畦。畦上更混以稀薄人糞尿，及腐熟堆肥木灰等。薄薄散布於上面，再覆以土，而押之使堅，於一寸立方播下種子一二粒，更被以極薄之濕藁，以防乾燥。晴天朝夕注水，使其濕度終始適宜，必能發芽也。

（三）發芽後之修理　由播種以迄發芽，須二十日上下，若於播種以前，將種浸入水中，歷一晝夜，再行播種，則發芽可以畧速。既發芽後，除去所被之藁，四周圍以椿木，高可二尺，日中及大雨之時，上面蓋以竹簀以保護之。

至苗稍長，每夕須施稀薄液肥，苗漸長而液肥亦漸增多。當苗長三四寸時，可將雜草及不良之苗除去，連除幾次，使莖間距離約四五寸爲止，此後須使風光能自由通透，耕耘培養勿稍懈怠。至秋後，卽可得二尺以上之良苗也，當落葉之後最好行假植之法，將苗掘起，以三十株爲一束，直立於乾燥之地，待至翌春，卽可爲接本。其不良者，由其二三寸之處剪去，殘留强狀之芽復植之，而極力培植，至秋季亦可爲良好之接本也。

雜録

通州蠶學館《蠶桑簡明圖説・附録蠶病》 孜移種桑秧，開剪以前，原有種桑、壓條、過枝諸法。又有成繭後前繭繅絲諸法，統彙成篇，方爲習業蠶桑之完事。

扡插

綜述

元 司農司《農桑輯要》卷三《栽條》

《務本新書》：秋暮農隙時分，預掘下區，藉地氣經冬藏濕，又分減栽時併忙，區方深各二尺之上，熟糞一二升，與土相和，納於區內。土宜北高南下，以留冬春雨雪餘區準此。臘月內，揀肥長魯桒條三二根，通連為一窠，快斧斫下，卽將楂頭於火內微微燒過，每四十五條與稈草相間作一束，卧於向陽阬內阬深長三四尺，當預掘下，防冬深地凍難掘，以土厚覆。春分已後取出，卻將元區跑開，下水三四升，布粟三二十粒，將條盤曲以草索繫定，卧栽區內覆土約厚三四指，如或出露條尖三二寸，覆土宜厚尺餘，俱當堅築，仍以虛土另封條尖，已後芽生，虛土自兊。先扵區南種蒜，地宜陰濕，時時澆之。若全卧栽者，已後逐旋添土，芽條長高，斫去傍枝，三年可以成樹。或就作地桒。

栽桒梢，據埋頭栽桒，斫下桒梢相連三二枝為一窠，栽如前法。或於蘿蔔內穿過一枝，假借氣力更妙，掘區堅埋，依前法。壠種桒條。秋耕熟地，二月再擺勻，東西起塲，約量遠近，墢土為區，將臘月元埋桒條栽依前法，或是單根長桒條依上栽之，亦可。栽種桒條者，若舊桒多處，可以多斫萌條，若是少處，又慮斫伐太過，次年誤蠶，故具種椹、壓條、栽條之法，三者擇而行之。《士農必用》插條法。牆圍成園，掘阬如地桑法，大葉魯桑條上青眼動時，斜條長一尺之上，截斷兩頭烙過。每一阬內，微斜插三二條栽培如地桑法。待芽出，封堆虛土三五寸，每一根斜，止留一條，至秋可長數尺，次年割條葉飼蠶。止怕當年三伏日，澆蔭不闕，無不活者。畦内插亦可。如當處無可採之條，預於他處，擇下大葉魯桑，臘月割條，藏於土穴。如藏花果，接頭透風則乾了。候至桑樹條上青眼微動時，開穴，所藏條上眼亦動但黄色。截烙栽培，用度如前。

又《布行桑》

《齊民要術》：桑栽大如臂，許正月中移之亦不須髡。率十步一樹陰相接，則妨禾豆。行欲小掎角，不用正相當相當則妨犂。

《士農必用》：園內養成荆魯桑，小樹如轉盤時，於臘月內，可去不便枝梢。小樹，近上畱三五條；碗口以上樹，畱十餘條，長一尺以上，餘者皆斜去。至來春，桑眼動時，連根掘來，於漫地內，闊八步一行，行內相去四步，一樹相對栽之。栽培澆灌如前法。桑行內種田，濶八步，牛耕一繳地也。行內相去四步一樹，破地四步已，久可成大樹。相對則可以横耕，故田不廢壟桑不致荒。

清 蒲松齡《農桑經・插條》 青眼動時，科條長一尺以上，截斷，兩頭烙過。每一坑內，微斜揷二、三枝，栽培如地桑法。待芽出，封堆虛土四、五寸每一科只留一條。至秋，可長數尺；次年，割條葉飼蠶。若三伏日澆到，無不活者。如別處斫條，亦要臘月掘深穴藏之。

清 汪宗沂《蠶桑輯要・樹桑養蠶要略・插種條桑》 法於秋令，先掘一深坑，約三四尺，泥水調勻，至十二月中，斫取粗肥桑條。將一頭於火內微燒過，横放坑中，以土厚覆築實。次年春分前後，掘出桑條，以木棍一頭，削尖鑲鐵。用椎築之，便成一洞，澆糞水一杓，卽以條插入，外覆以土約高三寸，不可築實。俟長至三尺許，仍剪去梢，三年成樹。如欲栽地桑，則卧條以種，覆土令厚。五月長芽，仍加糞土。條高五尺餘，便作地桑。剪枝不剪梢，次年便可割葉飼蠶。

清 尹紹烈《蠶桑輯要合編・栽地桑法》 熟地方五尺，內掘一阬，方深各二尺，阬內下熟糞壯地不用，和土均勻，下水一桶，調成稀泥。將畦內種成之小桑，連根掘出一棵，自根上留身六七寸，其餘截去。截斷處，火鉗上烙過。

每阬栽一根欲急見功者，栽二根，將根坐於泥中，下半阬栽訖築實，上半阬務令平滿。加虛土封堆，厚五七寸，周圍成環池，水澆於內，芽出虛土四五指，每一根只留一二條，澆鋤如法。當年長五尺，次年附根割條葉飼蠶。地桑不宜放出身，只要條從土中長出，年年附地割之，根漸旺留條漸多，五年後根交，春時須斫斷掘去，添糞土卽復長旺。一法，春分前後，取臘月所埋桑條，卧栽區內，覆土三四指，勿深厚，以手按勻。區東南西種麻五七粒，五月後芽葉微高，旋添糞土，以後條高，便作地桑。

又《埋□桑條法》 區方深各二尺，納熟糞一二升，和土，宜北高南下留冬春雨雪。臘月，揀肥長魯桑條，快斧斫下。卽將斫處，火上微燒過。每四十五條雜稈草，同作一束，卧放向陽阬內。阬深三四尺，以土厚覆。春分取出，一面刨開，前區下水澆透，布粟一撮，將條盤曲，用草索繫定，卧栽區內，覆厚土三四指，堅築虛封。尖芽生先，於區南種麻，地宜陰濕，三年可成樹或就作地桑亦可。

清 楊蔚本《養蠶説》《皇朝蓄艾文編》卷二〇 臘月內，揀肥長魯桑條，快斧斫下，將楂頭於火內微微燒過。每四五十條，與稈草相間作一束，臥於向陽坑內，坑深三四尺，當預掘就，免冬深地凍，以土厚覆，春分後取出。將所掘坑下水三四升，布粟三二十粒，將條盤曲以草繫定，臥栽坑內，封土約厚三四指，或露條尖三二寸，覆宜厚尺於堅築，仍以虛土封。條尖芽生，虛土自充。栽處地宜陰濕，時時澆之。若全臥栽者，已後旋添土，條芽長高，斫去傍枝，三年可以成樹，或就作地桑。

又 埋頭桑，斫下桑梢三二枝爲一窠，栽如前法。 或有蘿葡內穿過一枝，假借氣力更妙。掘區堅埋，或秋耕熟地，撥土爲區，將臘月原埋桑條，依前法栽之。亦可栽桑條。若桑多，可以多斫萌條，桑少不宜斫伐太過，致誤蠶食。

插條法。大葉魯桑，當青眼動時，科條長一尺以上，截斷兩頭烙過。每一坑內，斜插三二條。芽出，封虛土三五寸，每一根只留一條，至秋高數尺，次年割條葉飼蠶。又如無可採之條，預於他處擇大葉魯桑，臘月割條藏於土穴，接頭不透風，候至桑條上青眼動時開穴，所藏條上眼亦動，但黃色，截烙栽培，如前法。

清 方大湜《桑蠶提要》卷一《桑政二十三條**・澆水**四則**》** 宜時時澆水，伏天尤爲要緊。

清 黃輔辰《營田輯要・外篇・雜植》 有種子壓條揷枝三法。種子，當葚熟時，取黑魯堅實者，水漬陰乾，春分前後，合黍子同種。黍、桑俱生，鋤令稀，黍熟穫之，桑與黍齊，平地刈之，曝乾，以火燒之。明春發生，一畝飼三箔蠶。壓條，就桑下作小渠，可深五指。攀條懸卧於內，用鈎橛子釘住，梢仍出土，候芽生，約五寸留一芽，壅以土，横條卽為卧根。至秋芽茁為條身，十月截卧根，每一段為一栽，來年桑葉較種子尤易。揷條掘坑，如種地桑法。種地桑，將畦內種成魯桑，身長六七寸，截去尖烙之。方五尺內掘一坑，每坑一栽，根須順，土須實，糞須熟。取大葉桑條，長一尺以上，斷兩頭烙過。每坑微斜揷二三枝，勤澆待芽茁封堆，止留肥大者一條。秋可長數尺，次年卽可飼蠶。《士農必用》《務本新書》

清 賈振聲校，袁俊德輯《桑政萃編・壓插類》

插斜枝

春分後，擇大葉魯桑條，視眼頭萌動，砍下約長一尺，將兩頭砍處用火微燒，每坑內斜插二三枝。待芽茁出，再封虛土三五寸，如一伏日澆不斷潤無有不活。每根留一條，秋後可長數尺，次年可飼蠶。

清 江志伊《種桑法》 揷條日本稱揷木法，謂佳種必不能活，惡種亦不能全活，非種桑善法也。秋暮農隙，預掘一區一坑，區方深各二尺以上，熟糞三升，與土相和，置區內。宜北高南下，以留冬春雨雪。以土覆之，坑宜向陽，深長三四尺。臘月內，揀肥長魯桑條二三枝如接過者更好，通連爲一窠，快斧斫下，於斫處用火微燒之。每四五十條，與稈草相間作一束，藏於向陽土坑內，如藏花果法。以土厚覆，無令透風。春分後，候桑樹青眼已動，開穴取出藏條。却將原區刨開先於區南種穄，令桑受蔭，下水三四升，布粟二三十粒，將條盤曲，以草索繫定，卧栽區內，覆土約厚三四指如露出條尖二三寸，覆土宜厚尺餘，將土築實，以水勤灌之。仍以虛土另封條尖。以後生芽，虛土自脫。若留作地桑，俟芽微高，逐添糞土，條長數尺卽成。若作樹桑，俟條長斫去旁枝，三年可以成樹。一法圍牆成園，掘坑如地桑法，春分後，視魯桑條上青眼動時，揀枝條長一尺以上者截斷，將兩頭斫處烙過。每一坑內，斜揷二三條。待芽茁，封虛土三五寸，每一根科，止留一條。如三伏日，澆不斷潤，無不活者。至秋，可長數尺，次年可飼蠶矣。如畦內揷者，斫取桑枝，每枝長七八寸，揷入土中，深四五寸，加土築緊，免致風搖，卽活。

清 金步瀛《古今合纂殖桑法》第四章《捲條法・關於普通捲條法者》 插條法：牆圍成園，於適宜距離處掘阬，大葉魯桑條上青眼動時，科條長一尺之上，截斷兩頭烙過，每一阬內微斜插三二條，待芽出封堆虛土三五寸，每一根科止留一條，至秋可長數尺，次年割條葉飼蠶。止怕常年三伏日，澆蔭不闕，無不活者，畦內插亦可。如常處無可採之條，預於他處擇下大葉魯桑，臘月割條藏於土穴如藏花果接頭，透風則乾了，候至桑樹條上青眼微動時開穴，所藏條上眼亦動但黃色，截烙栽培用度如前。見《士農必用》

清 李君鳳《蠶桑說・栽桑法》 栽桑樹，掘坑尺許，用糞和泥，栽下，填土緊築，分行要寬，九月至二月半，俱可栽。

女桑以桑條截二尺許長，壓栽，每窩三四節，須留小半段於外。

清 林心北、吴書年勸刻《蠶桑輯略・栽桑法則十六條》

地桑法

濟急救貧，莫如地桑之速。凡近水之地，種地桑一畝，較種麥穀，其利數倍，次年卽可飼蠶。其法先將地耕熟，或用板钁深砍，打土極細。如種椹法，唯畦子須闊二尺五寸，隔一畦種一畦，相去五尺掘一坑，方深各二尺。每坑內，下熟糞三升，和土令勻，下水一桶調成稀泥。將魯桑小秧，連根掘出一株，自根上留身六七寸，其餘截去。截斷處，火鐵上烙過。每一坑栽一株，將根坐於泥中，按至坑底，提三五次，令根鬚舒順。按桑身頂與地平，擁周圍熟土令坑滿，次日築實，再擁熟土，輕築令平滿。附身土不可築實，實則芽難生。用周圍土虛虛封堆，如大鐵子樣，可厚三寸許，周圍令成環池，以容澆水。俟芽出虛土四五指，每一株止留旺者一二條，撤去虛土，澆鋤如法，當年可長五尺餘。次年，附根割條葉飼蠶。須用厚背剛鐮，一割要斷。一割不能斷，則條楂不齊，雨浸傷根。地桑不宜放出身，衹要條從土中長出，若出土，名爲腳高，身上所長條不旺，又多被風雨擺折。割過處，當年夏季，每一根盤，周圍生出數芽，不可翦去。每一科可留四五條，餘者翦去，年年附地割之。割後留新條，爲來年之資。根漸旺，留條漸多，其利有不可勝言者矣。野桑照此栽之亦可，全如前法。地桑，三年後，長正旺。五年後，根相交，根交則不旺。春時，將相交根斫斷，掘去，添上糞土，或勤澆，或得雨，卽復長旺。又地桑有壓條法，可以傳轉無窮。然魯桑所飼蠶，其絲少堅韌，可斟酌栽荆桑樹，於大眠後，取葉，閒飼之。然地桑須於近井園內栽之，有草則鋤，無雨則澆，比及蠶生，可澆三次，其葉自然早生。桑種自有早生者，遲生者，須擇其早生者爲地桑，方妙。

又散種地桑法，魯桑多無子。若有子，便可種，俱如前種椹法。

又 盤條法

魯桑多無子，必須盤條。其法宜於春分前後若霖雨時更妙，揀最好魯桑條子，或單枝，或二三枝相連者，砍來，火鐵上烙過。預將園中地，造成畦子，濶二尺，長一丈。將土掘起，打極細，再用糞與土攙和，相離一尺遠，盤一條，每畦兩行，務須培實，少露桑條梢尖，隨卽澆過。次日，再蓋浮土一層，三四日一澆。立夏後，二三日一澆，總不使地皮乾燥。上搭矮棚，晝舒夜捲，處暑後撤去。此提要之法，十活七八。至三年，便可移栽。古人有以臘月盤者，北地多寒，斷不相宜。近時，有人效此，盤條諸法皆備，但不曾搭棚，爲烈日所曬，只十活一二。如嫌搭棚煩絮，可於三月內，附桑種豆爲蔭，亦簡便法也。盤栽桑條者，須依此法詳細爲之，愼勿少有忽略也。

又 栽梢法

魯桑少子，壓條、盤條二法，可以廣布無窮，此外又有栽梢法。當於氣候和暖，地脈鬆活，易於發生之處爲之，尤爲省便。耕耙和糞，撥畦掘區，俱如前法。大葉魯桑，條上青眼動時，科條長一尺之上，截斷兩頭，用火烙過。或於蘿蔔內鑽一孔，穿過一徧，藉其生氣以助發育。每一坑內，微斜插二三條，栽培築實，如地桑法。待芽出，封堆虛土三五寸，每一根科止留一條，至秋可長數尺。衹要當年三伏日，澆蔭不闕，無不活者。

清 林楊光、王鎮西《蠶桑條說・平利縣王學官鎮西述呈蠶桑簡易說十九條》 栽地桑之法，仍用桑條長四五尺者，盤圈不留稍，再將地掘密坑，約離五寸，以桑條平安於內，加糞，再實以土，用水灌溉。至來春必發一圈桑苗，酌其遠近，留六七八苗不等。本年可長三四尺許。養蠶之時，每條留根上或二葉，或三葉，連條翦下，至後則一葉生一條矣。此法取利最速，但五七年後，須另種耳，恐條不長，葉必不多。

清 曾鉌《蠶桑備要》卷一《栽桑説》 盤桑條 九、十月揀連枝好柔條，盤作圓圈。掘坑一二尺，和以糞土，緊緊埋築，少露梢尖，冬蓋腐草，春月摟去，正二月亦可盤。須常時澆水，地皮勿乾，夏月亦須搭涼棚，遮烈日。條長數尺，卽是地桑，次年卽可割條葉飼蠶，三年後亦可移栽。

又 斜插法 大葉魯桑條上，眼頭萌動時，砍下約長一尺以上，將兩頭砍斷處，用火微微烙過。每一坑內微斜插二三枝，待芽出，再封堆虛土三五寸，只要三伏日澆灌不缺，無不活者。每一根只留一條，本年秋後長至數尺，次年卽可割條葉飼蠶。但不缺水地，或雨多時，插桑卽活。

清 陳開沚《裨農最要》卷二

插壓傳種

雨水前後或九、十、臘、正月亦可，選已經接過厚大魯桑條砍下或於臘月内砍魯桑條，盡頭處用火微微烙過。每四五十條草束臥向陽坑内，以土厚覆，春分前取出，截尺餘長，兩頭用火微微烙過。於肥土中掘坑，每坑相去一丈，方深二尺，用熟糞和土拌勻。斜插四五枝，生芽向上，下半節覆土三四指厚土太厚則不生，用脚踏實下半節不實，雖苗長尺餘，倘被風猺，則根不行而死，上半節用土鬆覆，勿使節現於外，則芽生壯大。上面厚蓋綵草，長保潤氣，燥則淋水，以水氣透爲止。俟芽長數寸，澆以水糞，蓋糞土一遍。待高尺餘，又澆水糞，蓋糞土一遍，只要三伏日澆太乾則根不行，太濕則皮遂腐。蔭桑條在土中先生芽，後生根，烈日薰蒸，其苗必槁，故宜晝蓋夜廠。得法，無不活者。

清 劉清藜補輯《蠶桑備要・斜插法》 大葉魯桑條上，眼頭萌動時，砍下約長一尺以上，將兩頭砍斷處，用火微微烙過。每一坑内，微斜插二三枝，待芽出，再封堆虛土三五寸。只要三伏日澆灌不缺，無不活者。每一根只留一條，本年秋後，長至數尺，次年卽可割條葉飼蠶。但不缺水地，或雨多時，插桑條，卽活。

清 衛杰《蠶桑萃編》卷二《桑政・壓插類》

插斜枝

春分後，擇大葉魯桑條，視眼頭萌動砍下，約長一尺，將兩頭砍處用火微燒，每坑内斜插二三枝，待芽苗出，再封虛土三五寸。如一伏日澆不斷潤，無有不活。每根留一條，秋後可長數尺，次年可飼蠶。

清 吴作鏌、倪紹雯、劉安欽《蠶桑速成捷法・蠶絲業普及捷法》第一章《桑樹栽培捷法》插木法 令枝條挿入土中，發生新芽，是也。此法須擇日光透射之田圃，細碎土壤，攪拌堆肥，作二尺五寸寬之畦。當春季發芽前，採切有二三芽之桑枝條以爲挿穗，于畦上每距三四寸許而斜挿入之，壓緊其根部，上覆枯草，以防乾燥。新芽長成，則留其健全者一芽，他悉折去，晚秋卽得苗木。

清 楊鞏《中外農學合編》卷九《樹桑・插枝》 卧栽 秋暮掘區，區之方深各二尺以上，用熟糞一二升，與土相合，納於區中。臘月内，揀肥長魯桑條已經接過之桑樹，條更好。快刀砍下，條之盡頭處，用火微微烙過。每四十五條，與杆草相間為一束，卧於向陽坑内坑當預先掘下，恐冬深地凍，難掘也，以土厚覆。春分後，先刨開秋天所掘之區，次取出臘月所埋之條，再將條盤曲，以草索繫定，卧栽區内，覆土約厚三四指土太厚則不生。將土築實，時時澆水，如留作樹桑，俟芽條長高砍去旁枝，三五年卽可成樹。如留作地桑，俟芽條微高，再添上糞土，以後條長數尺，卽是地桑。次年可靠土割條葉飼蠶。

又 斜插 大葉魯桑條上，眼頭萌動時新出萌芽，俗名眼頭，砍下桑條，約長一尺以上。將兩頭砍斷處，用火微微烙過，每一坑内微斜插二三枝，待芽苗出，再封堆虛土三五寸。只要三伏日澆灌不缺，無不活者。每一根只留一條，本年秋後，卽可長至數尺，次年卽可割條葉飼蠶。前法是臘月砍條埋坑内，春分後取栽；此法是春分後砍條，當時栽插。前法是卧栽坑内，此法是斜插坑内。前法是卧栽之後，卽覆土築實；此法是斜插之後，不覆土，待芽出再壅。《士農必用》以虛土，插法不同，同歸於活，可見桑為易生之物。

清 葉向榮《蠶桑説・序》 盤桑條，九、十月揀連枝好柔條，盤作圓圈，掘坑一二尺，和以糞土，緊緊埋築，少露梢尖，冬蓋腐草，春月摟去，正、二月亦可盤。

紀事

清 佚名《廣種桑棉兼教紡織情形疏》《清經世文續編》卷三五 方種桑之始，黔省皆係插條，而蟠根不堅，枝葉未能暢茂。該道因於省城附近之處，治地兩區，令以椹子試種，頗覺根固枝繁，易於長發。計十七年，至今共成活三萬餘株。貴陽府亦於署後隙地栽活二萬餘株，均陸續令民移種於宅畔山邊，以普其利。此外於石阡、思南等府各種活二萬株、一萬株不等。惟綏陽縣自四川移來桑秧六萬餘株，均經栽植成活，辦理尤善。今將種法通飭各屬，需以歲月，桑多，蠶事可興矣。

壓條

題解

明 呂坤《實政録》卷二 民不樹桑，何以飼蠶。古者天子后妃、諸侯夫人皆親蠶繅，而曆日年神，方位屬蠶者三。太原地方飼蠶甚少，州縣衛所衙門先出告示，責令所屬軍民，五月半催畦桑椹，六月半催壓桑條。仍先期示以親查，不奉令者重責。又正當栽種時，掌印官掣籤親自帶二三人下鄉查驗，是否全活，量行賞勸，抽查責治一二次，則衆自知警而爭相栽種矣。甚不可委甲長及佐貳首領查看，以致煩擾。

清　金步瀛《古今合纂殖桑法》第三章《壓條法》　一稱採木法，又稱取木法，或稱分株法。乃以枝條之一部分，埋沒土中，待其發根，即與母樹分離，使成獨立之桑苗者也。考桑樹之莖榦，比他種木易變；而發根力又強，故壓條法，亦爲桑樹蕃殖法中足資採用之法。

論説

清　韓夢周《蠶桑實濟》卷一《桑樹捷驗·地卑水淺處甚宜樹桑説》

地卑水淺種桑，最易生活。或插條，或種子，或壓枝，不過三年，即可獲利。夫居濕地，其田必貴，恒種麥穀，每畝即收二石，豐年不過値銀一兩有餘。若使樹桑，每畝歲可收九觔絲，値銀十餘兩，如有田四五十畝，可栽桑十餘畝，即逢歉年，賣絲買穀，豈非大益。

（道光）《遵義府志》卷一六《農桑》　附：道光十九年知府黄樂之《勸民種桑示》　照得遵義橡繭，始自東萊陳公，百年之間，獲利甚溥，民實賴之。然伊古以來，盡以桑蠶作繭，蓋取諸室而有余，不類橡繭需時，資于山而後成也。資于山，非男工不可；取諸室，則婦孺能為。其勞逸不辨而自明矣。本府蒞任茲土，每思家繭之成，速于山繭；家絲之價，倍于山絲。果能行此，是子孫世世之業，其利豈有窮乎？至于種桑之地，家園野圃，并可分栽；院落墻陰，皆堪遍植。其法，或壓枝于地而生，或折枝插土而生，或以桑椹播土而生。今遵城現自有桑，本府署內，已得兩株，城鄉內外，諒必不少。可知非地土之不宜，人自不為耳。現查府屬，惟正安州家蠶頗盛，倘種桑有成，購種甚便。至栽桑節候，及飼蠶、抽絲一切事宜，《蠶桑寶要》一書論之最悉。本府正在刊印，以備分給，俾得周知。有此自然之利，當與山繭并行不悖，胡不亟奉行之？惟是衆心不一，始事常難，本府擬設奬賞，以示激勸：其有活桑百株者，本城由經廳衙門報驗，各屬由該縣報驗，如果屬實，本府即賞一兩重銀牌一面，花紅一副；以次遞增，活千株者，賞二兩重銀牌五面，花紅一副。通計活至五萬株，則其勢已成，無用本府再行奬勸矣。倘有潛拔人桑株、偷摘人桑葉者，一經查出，定行嚴懲，以示明罰。各宜爭先踴躍，務使桑陰茂盛，蠶繭豐盈，用副本府愛民厚生之意。次年，《再勸種桑示》竊照本府前因遵義所屬，止知山繭，不知家蠶，是以出示曉諭，力陳桑蠶之利；并刊刻《蠶桑寶要》一書，頒發各屬，俾知種桑養蠶之法，較山繭效速而不勞；又懸賞以示激勸。乃出示後，只有綏陽縣報稱種活數萬株，自行奬賞。遵義、仁懷、桐梓三屬，并無一人報驗、領賞，豈皆視若罔聞，抑種之不得其法而不活耶？現在賀中丞有《種桑捷法》刊刷分布，其大旨：每年四五月間，采熟老桑椹，置水盆中，頻頻淘汰，去盡肉骨，澄出桑子，陰乾、灰拌。先尋地兩塊，順地上面刨開長溝，深約五六分，將灰拌桑子下入溝中，上面蓋土厚五六分，仍與地平。數日內得雨即出，不得雨，用噴壺以水噴之即出。每塊約可得數萬株。太密者拔去，隔三四寸留一株，大率一畝可得萬株。以後天乾澆灌，勿致草食，餘無所事。至臘月，長高二尺許。是冬，將一塊用快鐮擦地砍去桑枝，只留根本。地上鋪稻草一層，厚數寸或尺許皆可，順風縱火燒之，其灰即蓋于地上。來年萌芽怒生，至冬即長高六七尺，且極粗壯。其一塊弗砍，留為次年移栽。其法如此。爾等即自本年四月為始，照此法栽種，無有不活。俟明年四月，徑行報府查驗，如果栽活，按計株數，照前賞數，以次遞增，由府發給。爾等務須認真栽植，期于必成，莫負本府叮嚀告誡之意。逾年，《三勸種桑示》照得本府上年四月，因屢勸栽桑，只有綏陽詳報，其遵、桐、仁三屬并無報者，是以復行示諭，并曉以《種桑捷法》，限本年四月前報驗。茲屆清明，新條漸發，爾等果有新種，即可陸續報府，候委員查驗。如係屬實，即照前賞數按株發給，以示鼓勵。除綏陽自種多株，正安久慣養蠶，無庸查辦外。其遵、桐、仁三屬，准其一體報驗，以所報先後為次，隨報隨驗，隨即領賞。核算至五萬株而止。本府所以苦勸栽桑，不惜厚賞者，實以繭成速于山繭，絲價倍于山絲；且利取諸室，婦孺皆能，不若橡繭資于山而後成也。茲定三月初一為始，至四月三十為止，限兩月報驗；如逾限，不准續報；即報，亦不往查驗矣。

清 曹笐南輯《五畝居桑蠶清課》卷二《樹桑總説》 地桑翦採治蟲，較高桑省力，且可壓條傳種，栽宜取魯類作低桑為佳。種葚較難，且亦稍遲，不如壓條之易而速也。

清 金步瀛《古今合纂殖桑法》第一章《總論》 壓條法及搟條法二法均為利用發生不定根，使成獨立苗木之方法。彼無椹之優美家桑，得以此等方法蕃殖；且苗木之品質，能維持母樹之固有特性，無遞變之憂；而苗木之成長期間，又較由播實法繁殖之苗木短縮。惟因樹體不具完全形態，故體質弱，壽命短，與播實法適成反比。

又 第四章《搟條法》 此法亦稱代出法，爲折衷壓條搟條之二法也。蓋其他各搟條法，在搟條未發根之前，往往因自身養分，不足以供營養，常成枯條。代出法施行之主旨，卽在採取壓條之優點，以彌補搟條之不足耳。

此法，須預先養成母樹，其養成法，一如傘形壓條法。或不養成母樹，以普通之根刈桑地桑代之亦可。其施行之方法：於春季未發芽之前，翦去舊條，至新條長至二三尺時，行壅土法或橫伏土中亦可，使新條之下部深沒於土中，至秋末或翌春之初，則新條埋沒土中之部分，有黃色如絲之細根發現。乃將其條而截斷之，長約四五寸，如普通蒔條法插下。是法雖需時長，手續煩，其成效則較其他各搟條法多多也。

清 劉清藜補輯《蠶桑備要》第一篇《栽桑説》 民生濟用，莫先於桑，謀衣者不艱於養蠶，而難於樹桑。若桑務一舉，則蠶事自興，故首述而備論之。種子、盤條、壓枝、栽接、科采諸法，詳列於後，資生者當留心焉。

清 趙敬如《蠶桑説》卷一《論壓桑之益》 常養蠶之家，有三百株接桑，不可不栽一二百株壓桑。壓桑有數利不可不知，剪斷移栽不須接而成樹，一也；絶不生葚，地力盡歸於葉，二也；葉不厚不薄，蠶自初生至老皆宜，三也；遇陰雨天采葉，連枝倒垂風口，頃刻卽乾，蠶饑能應急需，四也；其葉筋多易燥，蠶將眠專用此葉，不受濕蒸之病，五也。

綜述

北魏 賈思勰《齊民要術》卷五《種桑柘第四十五》 桑椹熟時收黑魯椹。黃魯桑不耐久，諺曰：魯桑百，豐錦帛，言其桑好，功省用多。即日以水淘取子，曬燥，仍畦種治畦下水，一如葵法。常薅令浄，明年正月移而栽之仲春、季春亦得。率五尺一根。未用耕故。凡栽桑不得者，無他故，正為犁撥耳。是以須概，不用稀；稀通耕犁者，心難惧，率多死矣；且概則長疾。大都種椹長遲，不如壓枝之速。無栽者，乃種椹也。其下常斸掘種菉豆、小豆二豆良美潤澤，益桑。栽後二年，慎勿採沐小採者長倍遲，大如臂許，正月中移之亦不須髡，率十步一樹陰相接者則妨禾豆，行欲小掎角，不用正相當相當者則妨犁。須取栽者，正月、二月中，以鈎弋壓下枝，令著地，條葉生高數寸仍以燥土壅之土濕則爛。明年正月中，截取而種之。

唐 郭橐馳《種樹書》卷中《桑》 榖上接桑，其葉肥大。桑上接梨，脆美而甘。撒子種桑，不若壓條而分根莖。

宋 陳旉《農書》卷下《種桑之法篇第一》 又有一種海桑，本自低亞，若欲壓條，卽于春初，相視其低近根本處條，以竹木鈎鈎釘地中，上以肥潤土培之，不三兩月生根矣。次年鑿斷徙植，尤易于種椹也。若欲接縛，卽別取好桑直上生條，不用橫垂生者，三四寸長，截如接果子樣接之。其葉倍好，然亦易衰，不可不知也。湖中安吉人皆能之。

元 魯明善《農桑衣食撮要·壓桑條》 濕土壓，則條爛不生根。燥土壓之，則易生根。

元 司農司《農桑輯要》卷三《地桑》 《務本新書》：夫地桑本出魯桑，若以魯桑萌條，如法栽培，揀肥旺者約留四五條，鋤治添糞，條有定數，葉不繁多，衆葉脂膏，聚於一葉，其葉自大，卽是地桑。

《務本新書》：栽地桑法。秋後，於熟白地内，深耕一犁，就壟加糞，撥土為區。如無牛掘區，亦可春分前後，取臘月所埋桑條埋條法如後。揀有萌芽處，各盤七八寸或一尺，鍬區下水，卧條栽之，覆土約厚三四指深，厚則難生，以手按匀。區東西，種櫟五七粒。五月之後，芽葉微高，旋添糞土。已後條高便作地桑，或揀魯桑草兒，秋間埋頭深栽，更疾得力。

《士農必用》：地桑之功，惟在治之如法，不致荒燥。無樹桑之家，純用地桑，則人力倍省。有樹桑兼地桑之家，樹葉既成地桑，可止而勿用，加澆鋤之功，使之滋長。至其蠶大眠之後，或樹桑不能時至，則可就取地桑補之，蠶至終老，不致闕食。

《士農必用》：布地桑法。牆圍成園，將園内地，或牛犁或钁斸熟，方五尺内掘一阬内地一畝，合栽一百四十科，方深各二尺；阬内下熟糞三升生糞不中，壯地不用，和土匀，下水一桶，調成稀泥；將畦内種成魯桑，連根掘出一科，自根上留身六七寸，其餘截去；截斷處，火鍬上烙過。每一阬栽一根，將根坐於泥中欲疾見功者，栽二根，按至阬底，提三五次欲令根須舒順，按桑身頂與地平；擁周圍熟土，令阬滿。次日築實，匝阬四邊築下，土至半阬，根下土自實，不實則根土不相著，多懸死。上半阬擁熟土輕築，令平滿，附身土不可築實，實則芽難生。用虛土封堆，如大鍬子樣，可厚五七寸，周圍自成環池水澆於內。芽出虛土四五指，每一根止留一二條澆鋤如法，當年可長五尺餘。次年附根割條葉飼蠶，須用厚背剛鐮，一割要斷；鈍鐮一割不能斷，則條楂不齊，雨浸傷根。地桑不宜放出身，只要條從土中長出。身出土，名為『脚高』，身上所長條不旺，又多被風雨擺折。割過處，每一根盤周圍數芽出，每一科可計留四五條，餘者間去。年年附地割之，根漸旺，留條漸多，野魯桑根科栽之，亦可。全如前法：地桑三年後，正長旺；五年後根相交，根交則不旺。春時，將相交根斫斷掘去，添土糞土，或澆遍，或得雨卽復長旺。次後斟酌其根欲大，將壓成栽子圍別園，如前法栽之，三年後，新桑茂盛。養蠶斫桑時，將舊桑根上只留一條，隔年自成一樹，分出栽為行桑，如此傳轉，無有盡期。然魯桑所飼蠶，其絲少堅韌，可斟酌栽荆桑樹，於大眠後，取葉間飼之。

《韓氏直說》：地桑須於近井園内栽之，有草則鋤，無雨則澆。比及蠶生，可澆三次，其葉自然早生。桑種自有早生者、遲生者，須擇其早生者為地桑則可。

又《栽桑・移栽》

《齊民要術》：桒椹畦種，明年正月移而栽之仲春季春亦得。率五尺一根大都種椹長遲，不如壓枝之速，無栽者乃種椹也，其下常斸掘，種菉豆、小豆二豆良美潤澤益桒。栽後二年，慎勿採沐小採者長倍遲。

又 壓桑

《齊民要術》：須取栽者，正月二月中，以鉤杙壓下枝，令著地，條葉生高數寸，仍以燥土壅之土濕則爛。明年正月中截取而種之。住宅上及園畔者固宜，卽定其田中種者，亦如種椹法，先概種，二三年然後更移。

《務本新書》：寒食之後，將二年之上桑，全樹以兜撅祛定，掘地成渠，條上已成小枝者，出露土上，其餘條樹，以土全覆。樹根周圍撥作土盆，旱宜頻澆。如無元樹，止就桑下脚窠依上掘渠埋壓，六月不宜全壓。

《士農必用》：春氣初透時，將地桑邊傍一條梢頭，截了三五寸，屈倒於地空處多用栽子多屈幾條，隨人所欲，地上先兜一渠，可深五指餘，卧條於內，用鉤撅子攀釘住條短則二箇，長則三箇，懸空不令著土。其後芽條向上生，如細杷齒狀，橫條上約五寸，留一芽，其餘剝去可飼小蠶。至四五月內晴天巳午時間，橫條兩邊取熱溏土，擁橫條上成壟，橫條卽為卧根，至晚澆其根科當夜卧根生須。至秋其芽條皆為條身，至十月或次年春分前後際，卧根根頭截斷取出，隨間空處斫斷一如拐子樣，每一根為一栽。此法萌芽栽子無窮。

元 王禎《農書》卷五《農桑通訣・種植篇第十三》 荆桑多椹，荆之類，根固而心實，能久遠，宜爲樹。魯之類，根不固心不實，不能久遠，宜爲地桑。然荊之條葉不如魯葉之盛茂，當以魯桑條接之，則能久遠而又盛茂也。有壓條之法，傳蓴無窮，是亦可以久遠也。

元 佚名《居家必用事類全集》戊集《壓條法》 須取栽者，正月、二月中以鉤杙壓下，枝令着地，條葉生高數寸，仍以燥土壅之土濕則潤。明年正月中，截取而種之。

明 朱權《臞仙神隱》卷四《務農・壓桑條》 用燥土壓之，則根易生，若溫土壓，則條爛不生。

明 王象晉輯《桑麻葛譜・壓插》 初芽時，擇指大枝條旺相肥澤者，就馬蹄處劈下，潤土内開溝尺許，埋實自然生根布葉。壓後遇旱，于傍開溝灌之，但取水氣到，忌多着水。《農桑要旨》云：平原淤壤，土地肥虛，荆桑、魯桑俱可種。若山地上脉赤硬，止宜荆。《士民必用》云：種藝在審時，又合地宜，使不失其中。春分前十日爲上，時當發生也。十月小春，木氣長生也，亦可。壓桑有三宜：時宜和，包宜固，壅宜厚。大抵天氣晴明，巳午時借其陽和，如栽子已出，忽變天氣，卽以熱湯調泥培之。暑月必待晚凉，仍預于園中，稀種麻麥爲蔭，惟十一月不生。《農桑撮要》云：十二月内掘坑，深潤約二小尺，却于坑畔取土糞和成泥漿，桑根埋定，糞土培壅，將桑栽向土提起，則根舒暢。復土壅與地平，次日築實。切不可動搖，其桑加倍榮旺，勝如春栽。

明 佚名《便民圖纂》卷四 壓桑 正、二月中以長條攀下，用別地燥土壓之，則易生根。次年鑿斷移栽。或云，撒子種桑，不若壓條而分根莖。

明 沈氏，清張履祥輯補《農書》卷下 治地必宜壓桑秧。蓋桑秧出自己有，則易選擇，而根幹枝枝相似，隨起隨種，無不活者。又省一項急銀。買來種者，百枝只可活四五十枝，蓋百凡樹木，根俱不耐凍，風霜一觸，生意卽傷也。若天色或遇雨雪，或人工不湊，更不可知矣。一枝不活不足惜，所惜者又遲一年之葉，且來年所種能保必活乎？其法：宜新填地，或近水地埂，冬天挑稻稈泥一次。采葉之時，即留所欲壓之條，更近乎地，俟葉頭向上，而新條長即埋入土中。黄霉澆糞一次；若以羊垃圾鋪上更妙。六月澆一次，八月澆一次，可以斷其母，而新根自長。每地一分可得桑秧數百枝，葉復不少，得厚利而力又不費。歲壓三五分以供家用，必不可少，記之。

桑蟲捉不盡。恐因捉損桑，則用爆杖藥綫入蛀穴，以火燒之，蟲聞即死，亦是一法。上壓桑一則

清　顧炎武《天下郡國利病書·北直隸中·壓桑之法》　初時在桑樹根上，將發出嫩條，聽其長成，不要動。止二月間，將條壓倒，自根至梢，每尺用短繩橫綳，俱令着地。至三四月，條上所發之芽不要摘壞。至五月夏至前後，其芽自然長成小秧。再將大條用土培壅，止露小秧，向上發長。頻用糞水澆灌，一兩月間，其土内大條，必生出白根。待來年正月，却照小秧之處或五六株，或十餘株，照株裁斷，移分别地，照依後法表植。

栽桑之法，正月内擇高阜之地，每株周圍相離八九尺，鋤開一坑，小者深二三寸，大者三四寸，坑底要平。將桑秧根鬚，各分曲直，竪在坑内，用糞壅培牢固，即將餘梢剪栽与土相平，每月用糞水澆灌二三次，清明前後自然發芽。再用糞土澆一二次，一月可長一尺，每株根上只可二芽或一芽，隨日而長。至五六月間，將新發枝上葉内小芽，盡行摘去，亦不要留旁枝。

清　蒲松齡《農桑經·壓條》

春氣初透時，將地桑每一條折三、五寸，屈倒。先兜一渠，卧條其中，用鈎橛子釘住。條長則用二三個，懸空不令着土。其後，芽出如朳齒，約五寸留一芽，其餘剜去飼蠶。

至四、五月晴天巳午時，取乾熟土擁横條上；至晚，澆其根科；當夜，卧根生鬚。

至十月或春分前後，將卧根根頭截斷；取出，斫成一拐子樣，每拐為一栽。

清　韓夢周《蠶桑實濟》卷一《樹桑捷驗·壓條分桑法》　春月或九、十月，將桑樹上近地的枝條下掘一條渠，深二三寸，將條攀下，臥於渠内。用木鈎搭子，長數寸，將條向地鈎住，釘於渠内，使不得起，以土築實。須將條上所有枝稍，盡扶端露出土外，但得雨水，即便生根。春月壓者，當年九、十月起。冬月壓者，次年九、十月起，於近樹身處砍斷，掘出渠内條子，將枝稍之間以利刀剜斷，俱如拐子樣，有幾稍，剜幾截，拐上皆帶根鬚，移栽即活。

清　方以智《物理小識》卷九《桑木類上·桑》　壓桑條宜燥土，則根易生，溼則條爛矣。《抱朴》言：桑爲箕精，能助藥力。愚按：夏季取桑柘，火以木黄而綿，則火氣長，故利關節，拔氣奪邪也，惟燒肉忌桑柴。

清　帥念祖《蠶政編》

壓條分桑法

春月或九、十月，將桑樹上近地的條子地下掘一渠攀條臥於渠内，用數寸長木鈎搭，將條鈎住，釘於渠内，使不得起，以土築實。將條上所有枝梢扶端露土外，但得雨水，即便生根。春月壓者，當年九、十月，冬月壓者，次年九、十月起，於近樹身處斫斷，掘出渠内條子，將枝梢之間以利刀剜斷，俱如拐子樣，有幾枝剜幾截，拐子上皆帶根鬚，移栽即活。

清　鄂爾泰《授時通考》卷七六《桑政·栽植》　栽條桑法：秋暮農隙時分，預掘下區藉地氣，經冬藏，濕又分減，栽時并忙區方深各二尺以上，熟糞一二升，與土相和，納於區内。土宜北高南下，以留冬春雨雪餘區准此。臘月内揀肥長魯桑條三二枝，通連為一窠，快斧斫下，即將楂頭於火内微燒過，每四十五條與稈草相間，作一束卧於向陽坑内坑深長三四尺，當預掘下，防冬深地凍難掘，以土厚覆。春分已後取出，却將原區刨開，下水三四升，布粟二三十粒，將條盤曲以草索繫定。卧栽區内覆土約厚三四指，如或出露條尖三二寸，覆土宜厚尺餘，俱當堅築，仍以虚土。另封條尖，已後芽生，虚土自脱。先於區南種穄，地宜陰濕，時時澆之。若全卧栽者，已後逐旋添土，芽條長高，斫去傍枝，三年可以成樹。或就作地桑，栽桑梢，遠埋頭栽桑。斫下桑梢，相連二三枝為一窠，栽如前法。或於蘿蔔内穿過一枝，假借氣力更妙，掘區堅埋依前法。壟種桑條：秋耕熟地，二月再擺勻，東西起畤，約量遠近，撥土為區，將臘月元埋桑條栽依前法，或是單根肥長桑條，依上栽之亦可。栽種桑條者，若舊桑多處，可以多斫萌條，若是少處，又慮斫伐大過，次年悮蠶，故具種桑甚壓條栽條之法，三者擇而行之。

清　楊屾《豳風廣義》卷一

盤桑條法

柔桑多無子，必須盤條。秋暮農隙時，預掘成區，每區相去五尺，一畝地桑共

該二百四十區，如在地畔路傍，其區亦相去五六尺。藉地氣，經冬藏濕，其區廣深各二尺，上熟糞一二升，與土相和，納於區內，宜北高南下，以留冬春雨雪。取其向陽雪易消也。於臘月揀肥大魯桑或絶好的柔桑，總要肥大葉厚多津者，素日驗看停當，嫩條二三枝，通連為一科，用快刀砍下，每四五十條與稈草相間，共作一束，卧於向陽坑内。深長各三四尺，當預先掘下，防冬深地凍難掘，如桑條多更掘大些，不必太拘。以土覆起高堆，候春分前三五日，取出坑内桑條，卽將預先掘下區子跑開，下水三四升，撒粟二三十粒，將桑條盤成圓圈，以草索縛定，卧放區内，外露出稍尖三四寸，填土尺餘厚，宜築令實，仍以虚土另封條尖。枝上芽生，虚土自脱，先於區南種縈麻以遮烈日。若不遮蓋，經三伏必死。地宜常常陰濕，如乾卽澆。若久乾則死。芽條長高，砍去旁枝，數年則成樹矣，或卽作地桑亦可。

右古法也，十可五六活，不活者次年補之，頗費功力，且種麻遮蔭亦覺煩瑣。余試得一捷要之法，於九、十月間揀最好的柔桑條子，或單枝，或二三相連，砍來，將園中地造成畦子，其闊二尺餘，其長一丈，將地掘起、打細，再用糞與土相和，每相去八九寸盤一條，每畦兩行，須築令實，少露桑條稍尖，隨卽澆過，次日再蓋浮土一層。冬月可澆一二次，以腐草苫蓋。迨至春月摟去，三四日一澆。立夏以後，二三日一澆，總不使地皮乾燥，上搭矮棚遮蔽烈日，晝舒夜捲，處暑後撤去，此法十活七八。三年後遂可移栽。正二月亦可如此盤之，有一人倣余盤栽桑條，諸法皆備，但不曾搭棚，為烈日所曬，其後只十活一二。

桑乃極易生之物，余於六月間根接桑數十株，隨斫本樹枝稍，揷於周圍以遮烈日，時遇連雨數日，不料至七月間，所揷枝稍大半皆活。以此觀之，插桑亦不拘時。《士農必用》有埋條的法，將桑條截作一尺長，兩頭用火烙過，春分之日埋之，用水澆之。余依其説，後無一活者，惟臘月埋條，春栽之法，並九、十月盤栽之法，余所驗過者，從此二法最穩。

又 壓條分桑法　春月或九、十月，將桑樹上近地的條子，地下掘一渠，深二三寸，將條攀下，卧於渠内，用木鈎搭子長數寸，將條向地鈎住，釘於渠内，使不得起，以土築實。須將條上所有的枝稍盡扶端露出土外，但得雨水，卽便生根。春月壓者，當年九、十月起，冬月壓者，次年九、十月起。於近樹身處斫斷，掘出渠内條子，將枝稍之間以利刀剁斷，俱如拐子樣，有幾稍剁幾截，拐上皆帶根鬚，移栽卽活。

清　李拔《蠶桑説》《牧令書》卷一〇　聖天子加意農桑，每歲必親蠶，收入供御。蠶桑之利，遍於天下，閩中天氣和暖，理宜蠶桑，徒以難於創始，大利遂秘。予蜀人也，習蠶利，來閩歷守二郡，曾於署内試養，良絲厚繭，俱有成效，信乎閩之宜蠶也。顧欲養蠶必先樹桑，桑之種類不一，一名壓桑，春初取桑枝大者，長二三尺許，横壓土中，上掩肥土約厚二寸。半月後萌芽漸長，三四月後可四五尺。次年立春前後翦開，移於他處，二三年卽成拱葉，可飼蠶矣。

清　朱斌《蠶桑指要》

傳種

一曰壓條。留取着根氣條，於二月中，以有鈎樹枝鈎令貼地。俟發芽後，空六七寸許，留一向上旺芽，餘俱剥去。黄梅前將細土堆壓條上，壅直新枝，頻澆肥水，則節下自長根鬚。來春逐節剪断分種，每條可得四五株。

清　方大湜《桑蠶提要》卷一《桑政二十三條・**壓條**二則**》**

壓接本桑法

八月閒擇接本桑之嫩而長者，攀至地，壓以肥土，數月卽生根。明春就生根處截斷，移栽他處，不必再接。

壓地桑法

春氣初透時，先將地桑旁邊開一小溝，深四寸許，次將地桑柔條折去梢頭三五寸，攀條至溝，横卧於内，用鉤橛釘住。條短用橛二箇，條長用橛三箇。溝内卧條須空懸，不令著土離土寸許，卧條生芽，分別去留詳修翦第六則。四五月晴天巳午時，取泥和水攪勻，曬熱擁卧條上成壟，至晚以水澆之詳澆水第一則，則卧條自生根鬚。秋閒芽皆成條，十月或次年春分前後砍斷本根，取出卧條，節節截斷，移栽他處。

又《修剪六則**》**

壓桑插桑去梢留杈式樣

壓桑、插桑二項，所壓之枝，應用接本桑上之枝；所插之條，應用接本桑上之條，將來便不必再接。今年壓枝，明年移栽，卽以移栽之年爲第一年。今年插條，明年不再移，卽以插條之年爲第一年。自第一年至第五年，去梢留杈各式樣，均與接本桑同。

清 汪曰楨《湖蠶述》卷一

栽桑

壓條 桑有旁出之條，長二尺許，去土不遠者，鋤鬆其土，攀條就之，加肥泥於其上，用石壓之，露其梢，使上向。一年後其條在土下者，根已散布，可剪斷移栽。《廣蠶桑説》一云壓桑。初芽時，擇指大枝條旺相肥澤者，就馬蹄處劈下，潤土内開溝尺許埋實，自然生根布葉。壓後遇旱，於旁開溝灌之，但取水氣到，忌多著水。邢典《書城雜著》按：近時桑秧，大抵販自杭州、石門、震澤等處，其自養桑秧，用種葚、壓條之法者甚少。

清 汪宗沂《蠶桑輯要・樹桑養蠶要略》 插種條桑 於秋令，先掘一深坑，約三四尺，泥水調勻。至十二月中，斫取粗肥桑條，將一頭於火内微燒過，横放坑中，以土厚覆築實。次年春分前後，掘出桑條，以木棍一頭削尖，鑲鐵用椎築之，便成一洞，澆糞水一杓，即以條插入，外覆以土，約高三寸，不可築實。俟長至三尺許，仍剪去梢，三年成樹。

又 如欲栽地桑，則臥條以種，覆土令厚，五月長芽，仍加糞土，條高五尺餘，便作地桑，剪枝不剪梢，次年便可割葉飼蠶。

又 壓接本桑 八月中，以本桑枝條之嫩而長者，攀至地，壓以肥土，不令透風，數月即生根。明春就生根處，用桑剪剪斷，移栽他處，不須更接，二年即成樹。

清 温忠翰《蠶桑問答》

問：壓條種葚法

答曰：桑有旁出二三尺長條，去土不遠的加肥泥埋好，用石壓住，露梢向上，一年後移栽必活。五月間取黑桑葚，水中搓碎，用沈水的桑子陰乾，撒在肥地上，糞水微澆，用草灰蓋住。待桑芽出土，糞水勤澆，一年後便成桑秧。

清 吴烜《種桑説》 桑樹近地處有旁出之條，在接頭下者，便是野桑，宜芟去。在接頭上者，即是湖桑。每株可留一條，將土塊壓下，謂之壓條，復加土壅之。時澆糞水，一年之後已另生根，正二月中可將土發開，就與大桑相聯處剪斷移栽，以廣生息。

清 楊蔚本《養蠶説》《皇朝蓄艾文編》卷二〇

栽地桑

魯桑萌條，如法栽培，選肥壯者留四五條，鋤治添糞，條有定數，葉不繁多，衆葉膏脂，聚於一葉，其葉自大。

至其栽法，秋後栽白地，就壠加糞，如無牛，掘區亦可。春分前後，取臘月所埋桑條，看有萌芽，條各盤六七寸或一尺，掘區下水，臥條栽之，覆土約厚三四指深，厚則難生，以手按勻。五月之後，芽葉微高，擁糞土，已後條高，便作地桑，惟在治之如法，不致荒燥。

布地桑法 於耕熟地内，方五尺内掘一坑，方深各二尺，坑内下熟糞三升，和土勻，下水一桶，成稀泥，將種成魯桑連根掘一科，自根上留六七寸，餘截去，截斷處火熬上烙過。每一坑栽一株，將根坐於泥中，按至坑底，提四五次，使根鬚舒順。桑身頂與地平，周圍擁熟土，令坑滿，次日築實。上半坑輕築，令平滿，用虚土封堆，周圍自成環池，芽出土四五指，止留二三條，次年附根割條葉飼蠶。須用厚背剛鐮，一割要斷。又地桑不宜放出身條，從土中長出，身出土則條不旺。割過處每一根盤周圍數芽出，留三條，年年附地割之，根漸旺，條漸多，三年後正長旺，五年後根相交則不旺。春時將相交根斫斷，添糞土澆水，即復長旺。若三年後新桑茂盛，斫桑時舊桑上留一條，隔年自成一樹，分出栽爲行桑，傳轉無盡。魯桑所飼蠶，絲少堅韌，酌栽荊桑，於大眠後取葉間飼之。

又 壓條法

正、二月中，以鉤杙壓下桑枝，令著地，條葉生高數寸，仍以乾土壅之。明年正月，截取而栽之。或以栽二年桑，全樹以兜撅祛定，掘地成渠，條上已成小枝者，出露土上，以土全覆。樹根周圍作土盆，旱宜頻澆，若無元樹，止就桑下腳窠，掘渠埋壓，六月不宜全壓。

又 春氣初透時，將地桑邊傍一條，稍頭截了三五寸，屈倒於地空處，掘地深五指餘，臥條於地内，用鉤撅子釘住，懸空不令著土，其後芽條向上如耙齒狀，約五寸留一芽，其餘剝去。至四五月晴天巳午時，取熱塘土擁横條上成壠，横條即爲臥根，晚澆其根科。至秋，芽條皆爲條身，至春分，將根兩頭截斷取出，隨開空處斫斷，每一根爲一栽。

清 楊名颺《蠶桑簡編・栽桑法》《牧令書》卷一〇 壓桑條 近土柔條，掘坑攀倒，沉土築實。條上枝梢扶出土面，次年稍長二三尺，春分時將老條逐節剪斷，將發出新條，剪去上梢，連根留二尺栽之。

清 尹紹烈《蠶桑輯要合編·壓桑條法》 正、二月將近土柔條，攀倒築實，條上枝梢出土面。次年春分，剪斷老條，將發出新條剪去上梢，連根栽之。地桑尤宜壓條。春間，將地桑旁條屈倒於地，地上開一渠，深五指，卧條於內，用釘二三個攀住，懸空不著土，芽向上生。至四五月，晴天巳午間，横條兩邊取熱塘土擁成壠，横條卽爲卧根。至晚澆水，當夜卧根生鬚，至秋其長成幹爲條。深冬春截斷分栽。

又《蠶桑局簡明種桑易知單》 插枝壓條並舉，尤宜移植小秧。二年長有拱把，春分赶接湖桑。葉大七寸，滑膩亮光。

清 包世臣《齊民四術》卷一下《農一下·蠶桑》 壓條者，春初將地桑隔旁開小溝，深廣四寸，將桑條扳倒，截梢烙過，横臥渠中，以鈎釘土，仰鈎條，使離土寸許懸空着。其芽皆向上生，每五寸留一芽。至五月內晴天取泥和水攪淖，曬熟擁臥條上。晚澆其本根及臥條，則生根鬚。至秋，其芽條皆成條身，十月或來年春分，節節翦斷栽之。凡移栽皆宜多帶本土，保護根鬚。遠移者尤宜包裹固密。凡三月桑芽已動，最畏霜凍，倘天氣斗寒，北風大作，宜於園北預積糞草，夜深發火溫之，以解霜凍。

清 曹笙南輯《五畝居桑蠶清課》卷一《樹桑徵信篇·壓揷法》 《西山農書》：壓條于春初，擇近根之條，以竹木鉤釘地中，上以肥潤土培之，不兩三月生根矣，次年翦斷移栽。《羣芳譜》：壓條以潤爲佳，土乾則不生根，太溼則皮爛。插條于初芽時，擇指大枝條旺相肥澤者，就馬蹄處劈下，潤土內開溝尺許埋實，自然生根布葉。

又 卷二《育蠶徵信篇·壓插》 桑傍新出之條，初夏時擇去土不遠者，將土鋤鬆，攀條就地，上加肥土，用甎石壓好，或用竹木鉤釘之，亦可。露其根梢，不時用水糞澆灌，或糞其本根，自茂。如枝條太倚，用物儭直更好。待生根，臘月移栽。若插條，須於二月將芽時，翦取細條，將地澆鋤極熟，開坎揷之，加土培壅，不時用水澆灌，自活。若地非肥壤，難以活也。

清 陳恢吾《農學纂要》卷四《桑·壓條法》 於桑樹近地，有旁出之條，在接頭上者，每株留一條。先兜一渠，深五指，卧條其內，用鈎橛攀住，使空不著土，復加土壅之。時澆糞水，一年後生根，正、二月間發土，翦開移植。嘉定種桑、種葚、壓條并用。壓條法於二月就桑根嫩條，每尺以繩縛之，令貼地，則氣聚於未縛之處而生芽。芽秧既生，乃壅以土，沃以糞，明正割斷移栽。月糞二三次，五六月盡去枝葉，培本幹令直上，仍前澆壅，將各株用繩相聯以防風。鋤其草，次年可摘葉飼蠶。

清 陳開沚《裨農最要》卷二《移秧》 壓桑條更宜帶護根土速栽，蓋桑活全賴有細根，倘細根焦枯，必另生細根方長條葉。諺云：栽樹無巧，勿令樹曉。如已乾涸，亦須如法速栽，仍還滋潤，若用水浸濕，反不能活。凡栽桑秧，宜於尺長割去其梢，當牛羊處則不宜割，恐割而發芽，被牛羊傷損，難成故也。又移大桑，須記認南枝，勿錯原向。凡移大樹皆然，樹小不拘。

清 高其垣《試行蠶桑説·培養桑樹法十五條》 桑有壓條法，所栽之桑有旁出之條，長二尺許，而去土不遠矣。鋤鬆其土，攀條就之，加肥泥於其上，用石壓好，露其稍，使之上向。一年之後，其條之在土下者，根已散布，可剪斷移栽。

清 高銓《蠶桑輯要》卷上《壓條》 小桑種秧不如壓條之速。其法宜新填地或近水地埂，冬天挑泥一次。采葉之時卽留所欲壓之條，使之著地，用竹木鈎子攀住。俟葉頭向上而條長，卽埋入土中。黃梅時澆糞一次，若以羊拉颯鋪上更妙。六月澆一次，八月澆一次，可以斷其母而新根自長。每地一分可得小桑數百株，葉復不少。歲壓數分，以供家用，實省買秧一項急錢。且秧出自己，有則易選擇，隨起隨種，無不活者。買來種未必株株活，一株不活不足惜，所惜者又遲一年之葉耳。故此項必不可缺。

清 何石安輯《蠶桑圖説合編·蠶桑續編》 壓桑法 近土柔條，掘坑攀倒，泥土築實，條上枝梢扶出土面。次年梢長二三尺，春分時將老條逐節剪斷，將發出新條剪去上梢，連根留二尺栽之。《迮常五輯》

清 黃世本《蠶桑簡明輯説·種桑説·修剪法二條》 桑樹近地處有旁出之條，在接頭下者，便是野桑，宜芟去，在接頭上者卽是湖桑。每株可留一條，將土塊壓下，謂之壓條。復加土壅之，時澆糞水，一年之後，已另生根。正二月中，可將土發開，就與大桑相聯處，剪斷移栽，以廣生息。

清 黃輔辰《營田輯要·外篇·壓條》 就桑下作小渠，可深五指，攀條懸卧於內；用鈎橛子釘住，梢仍出土。候芽生，約五寸留一芽；壅以土，横條卽為卧根。至秋芽苗為條身，十月截卧根，每一段為一栽，來年桑葉較種子尤易。

清 黃祖徽《蠶桑淺説·栽桑篇》第二章《育苗》 栽桑第四年春，間以桑樹旁枝壓彎至地，先掘斜溝五六寸深，以壓桑條，覆以土以防風搖，露其梢使向上，以便生長。五六月，用小鐮在曲部中央剝皮二寸許，使與親本相離。惟年數不及種桑椹之久也。

清 賈振聲校，袁俊德輯《桑政萃編・辨桑類》 壓桑。按：接博時候，初取桑枝大者，長二三尺許，壓地中，上掩肥土，均二寸。三四月萌芽漸長，七八月削去柔枝，九月盡行剪去，次年春移栽成株。

又 壓接本桑

設椹苗小桑，無處可覓，則有壓條、插枝諸法。八月間，擇接本桑之嫩長者，攀至地，壓以肥土，數月即生根。明春就生根處截斷，移栽他處，不必再接。

又 壓地桑

春氣初透，先將地桑之旁，直開小溝，深四寸許，次將地桑柔條折去梢頭三五寸，攀條至溝橫卧，用鈎橛釘住，條短用二橛，條長用三橛，卧條須空懸，不令著土，離寸許，卧條生芽，分別去留。四五月晴天巳午時，取泥和水，攪勻晒熱，擁卧條上成壟。晚則澆水，自生根鬚，秋間芽皆成條。十月及次年春分前後，砍斷本根，取出卧條，節節截斷，移栽他處。

又 壓桑插桑去梢留杈

壓枝插條應用接本桑上之枝與條，以後不必再接。今年壓，次年移，即以移之年爲第一年。今年插，次年不再移，即以插之年爲第一年。凡五年內，去梢留杈，均與接本桑同。

又 地桑壓枝者，俟卧條生芽，狀如耙齒時，約五寸，留一芽，餘皆剝去。又地桑五年後，根相交則不旺，春時將相交之根砍斷，掘去，添糞土澆水，及得甘雨，復見暢旺。

清 江毓昌《桑蠶説・壓枝》 八月間，擇桑樹離地不遠的肥嫩長條，輕輕按倒，睡在地下鬆土上，再用肥土壓在上面，照法澆灌，數月就生根，明春從生根處截斷移栽。若是曾經接過的，不必再接此法最好。若壓地桑，正月間，把地桑旁邊，開一小溝深四五寸，把地桑嫩肥條，剪去梢子三四寸，按倒，卧在溝內揷入斜口要緊貼著砧盤的肌肉，又要認準接頭上下，不要揷倒了，拿稻草一莖，鬆鬆紮住，再用細溼泥，把接處四圍壅好連草壅在內，不可透風，只留接頭上一兩個眼，在外通氣。又做小泥丸套在接頭尖上防雨五日外遇雨不妨，若五日內遇雨，務必遮好。接活後，凡砧盤上發的芽都掐去，只留接頭上的芽，更要用荊棘圍護，不可碰動，等長到一尺多長，又用結實直樹枝，揷在旁邊，用繩繫住，免得風雨摇擺。若是接酒杯以上粗的樹，不必截斷本身，只要清明前，在本樹離地三四寸處樹小離地三四寸，樹大要署遠些。用快尖刀，斜割樹皮兩刀，像人字樣到骨便止約長一寸半，選湖桑向陽肥枝，斜剪二三寸，長的做接頭本樹小接頭只要二三寸長，本樹大接頭要長些。接頭下截斜口向外，插入本樹人字內，用稻草紮緊，溼泥封結實，不要洩氣，清明後就從接頭眼上抽條。明年立夏後，再把本桑上段鋸去千萬不要碰著接頭此法最好，凡學接的，都照此法做，就是接不活，本樹還在，明年清明前，還可以接。若接茶碗粗的樹，把本樹離地二三尺遠，橫著帶斜鋸去鋸齒要細，其餘揷接頭，捆稻草，壅溼泥，都同接小樹一樣，並且一個砧盤上，可揷兩三個接頭。若接大桑未接過的大樹、廢桑樹大葉不好的，先削圓竹籤一枝長五寸，粗細像接頭一樣，把一面削平一面圓的，竹籤盡頭處削成馬耳形左右各削一刀，成尖形就像馬耳朵。再把桑樹靠地鋸斷，做砧盤，把竹籤馬耳朝下，平面緊貼著砧盤的骨，圓面緊貼著砧盤肌肉，揷入釘入亦可約深一寸半，再剪接頭，長五寸多，用極快小刀，把接頭下截一寸半，削平一面，盡頭處也削成馬耳務必像竹籤一樣，把竹籤拔出，照樣揷入，務必要緊密，不可有一絲縫，接頭同砧盤連界處，用牛糞和土，四圍包裹，再用溼土封堆盤大堆大，盤小堆小，土堆面上，露桑眼一兩個泄氣，當年可長至八九尺。

清 江志伊《種桑法》

種桑之法，一曰種椹。【略】

二曰壓條。正、二月中或寒食後春氣初透時，於地上先掘一坎，深五指許，取移栽二年之魯桑柔條，以钩弋攀至地壓泥，條上露出小枝於土面，以水頻澆。每一桑眼，即發一株。待條葉生高數寸，仍以燥土壓之土溼則爛。俟長二三尺，本年十月，或次年春分前後，將本根截斷，取出卧條，節節翦下，移種之。不須接博，即成佳桑。一法，將魯桑條攀屈至坎內，用钩橛子釘住，條短則兩箇，長則三箇，懸空不令着土。俟橫條上芽向上生，如細齒耙狀，約五寸留一芽，餘悉剝去，以飼小蠶。至四五月內，晴天巳午時間，取熟塘土，壅橫條上，成壟，橫條即爲卧根。至晚澆其根科，當夜即生鬚。至秋，其芽茁爲條身，可如前法截種之。

清 金步瀛《古今合纂殖桑法》第三章《壓條法》

丁字法 丁字法，栽植母樹之距離，有株間五尺，畦間即行間八尺者；有株間四尺，畦間一丈二尺者；更有株間畦間相等，各四五尺者。

案，丁字法壓條，向左右分埋，似以畦間較廣爲得策。至畦間適當之距離，則以兩畦之條對埋後，其間尚有五六寸之餘地，以資管理卽可，固不必距離一丈二尺也，至若株間畦間相等，各四五尺者，乃將兩畦之條，交互埋壓，僅爲節省地面起見耳，殊不適一般栽桑家之採用也。

又 壅土法 亦稱盛採或盛取法，爲壓條法中最簡易之法。施行此法，雖有預先養成母樹者，然通常於桑苗不足時，以根刈桑代母樹者爲多；其法有二：

(1)於春期發芽前，伐去全部舊枝，至新條長達一尺五寸及二尺時，除去不良者而留其美者，周圍施以腐熟堆肥，壅以土，約埋沒新條之基部七八寸，以後卽由埋沒之部分發生新根，而成獨立之苗木。

第五圖 傘形壓條之溝狀

（甲）內側 （乙）外側

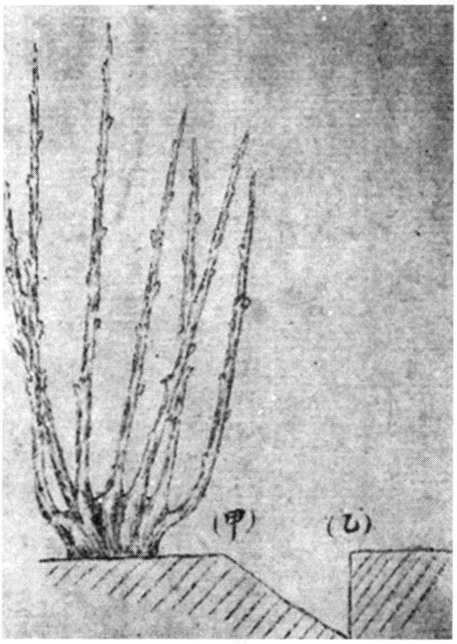

(2)於春期發芽前伐去全部舊枝，至新條長達二尺許時，除去弱小者留其良者，乃屈曲其基部，向四面分開，排列於母樹之周圍而呈圓形，於屈曲部覆土，使梢端直立。

壅土法，發根之力，概不充足，故苗木之生長力不足，不易發根者，不可採用此法。

壓條法：除丁字，傘形，壅土三法外；尚有橫伏，畦伏，百足伏等。然此等方法，皆由丁字，傘形，壅土三法變化而生；茲記其大概於次：

第六圖 壅土壓條

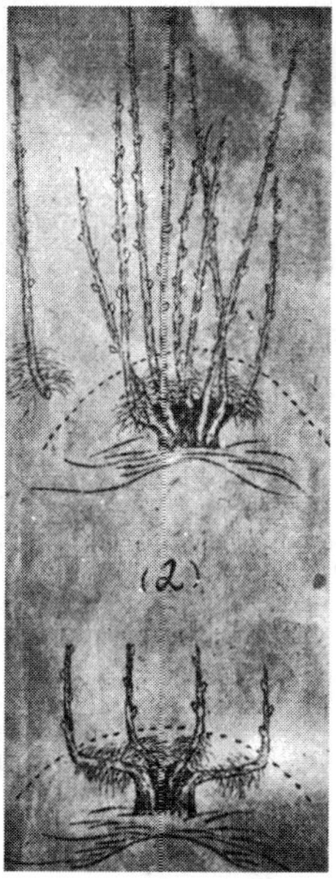

（一）橫伏法 此爲以苗採苗之法。其法：依行間九尺，株間一尺內外，將桑苗傾斜四十度植之，芽長一寸以上時，如丁字法壓之，爾後之手續皆與丁字法同。

橫伏法，無須長期間養成母樹，故凡有特別需要，急於採苗者，利用此法最善。

第七圖 橫伏

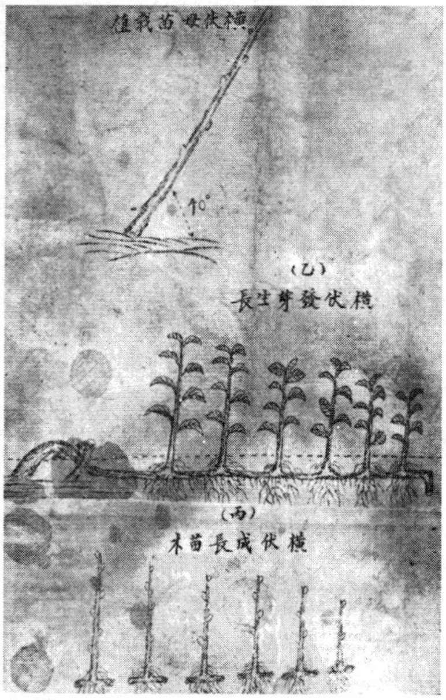

（二）畦伏法 畦伏法，大概與傘形法無異，惟於埋條之時，以母樹爲中心，將新梢於母樹之一方或左右兩方並列而埋伏之，異乎傘形法之爲圓形而已。

畦伏法各梢之距離，每有相接太近之虞，但畦之中央卽母樹所在之部分較廣闊，而有一直線之空地，故亦易得良好之苗木也。

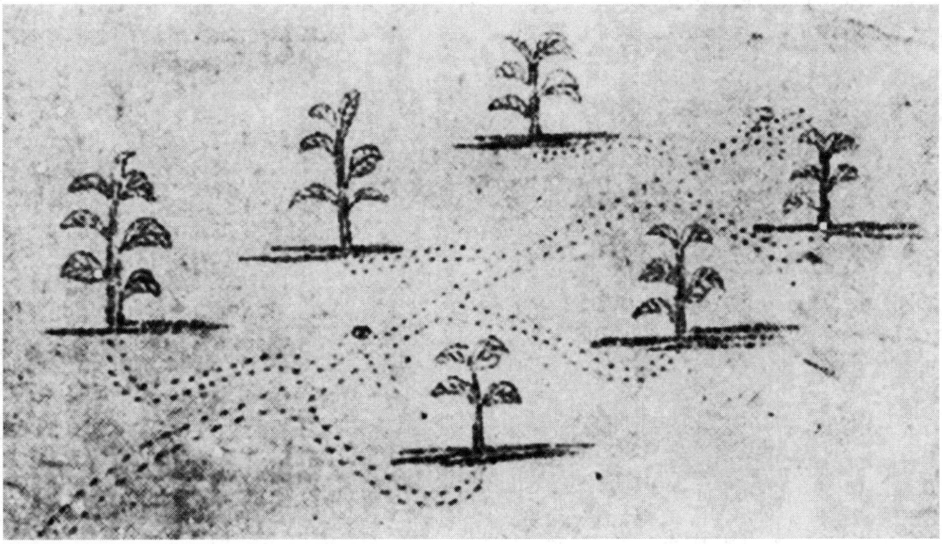

第八圖　百足伏

（三）百足伏法　此法係採丁字傘形兩法之長而折衷之方法也。其法：於春期新梢伸長至一尺之時，將新梢與舊條均埋入於土中，使梢之基部發生新根，其他一切手續，可照丁字法及傘形法行之。

又　關於丁字法者　春氣初透時，將地桑邊傍一條，梢頭截了三五寸，臥屈倒於地空處多用栽子，多屈幾條，隨人所欲。地上先兜一渠，可深五指餘，臥條於內，用鉤撅子攀釘住條短則二箇，長則三箇，懸空不令著土，其後芽條向上生，如細杷齒狀，橫條上約五寸留一芽，其餘剝去可飼小蠶。至四五月內，晴天巳午時間，橫條兩邊，取熱溏土擁橫條上成壠，橫條即爲臥根，至晚澆其根科當夜臥根生須。至秋其芽條皆爲條身，至十月或次年春分前後際臥根根頭截斷取出，隨間空處斫斷一如拐子樣，每一根爲一栽。此法萌芽栽子無窮。見《士農必用》

又　關於共他者　桑有壓條法：所栽之桑，有旁出之條，長二尺許，而去土不遠者，鋤鬆其土，攀條就之，加肥泥於其上，用石壓好，露其梢，使之向上，一年之後，其條之在下土者，根已散布，可翦斷移栽。見《廣蠶桑說》

又　關於普通蒔條法者

壓桑初芽時，擇指大枝條旺相肥澤者，就馬蹄處劈下，潤土內開溝尺許，埋實，自然生根布葉，埋後遇旱，於旁開溝灌之，但取水氣到，忌多著水。見《湖州府志》

清　李向庭輯《蠶桑述要》

渡桑

渡桑者何法？取桑之已成樹者，入冬將樹幹挨地截去，用土微覆其上，勿使風日侵曬。來春當生無數小枝，俟盈尺後將小枝彎入地中，用土掩覆，一年後即可挖斷移栽。而被截之樹又生新枝，再如前法爲之，一樹可用數年移栽桑柯之根，愈長愈妙。根傷之處，小者用翦刀翦之，大者以鐮刀削之，再行入土。至挖坑深淺，亦要相土之肥瘠鬆黏爲斷。

又　壓桑

壓桑者，量桑長短，開地成溝，埋入其內，用土密覆，勿令稍露，春夏間當生無數。桑芽俟成株後，將原桑酌量截斷，量地移栽，較插桑易於生活。

清　林心北、吴書年勸刻《蠶桑輯略・栽桑法則十六條**・壓條法》**

又法，每年於春月，將去土不遠之條，於地下掘一渠，深三四寸，將條攀下卧於渠內，加肥泥於其上，用石壓好，使不得起。須將條上所有的枝梢，盡扶端露出土外，使之向上，但得雨水卽便生根，缺雨澆之。當年九、十月間，於近樹身處斫斷，掘出土内條子，以利刀分剔，帶根鬚者移栽卽活。

又法，寒食之後，將二年之上魯桑，全樹以兜櫪袪定，掘地成渠，條上已成小枝者，出露土上。其餘條樹，以土全覆，樹根周圍，撥作土盆，旱宜頻澆，六月不宜全壓。

又法，地桑壓條甚便。若接成魯桑，則離地不遠，旁出之條，尚可壓。其離地頗遠者，難以壓入地中，則莫如盤條之法最穩。

又 栽梢法

魯桑少子，壓條盤條二法，可以廣布無窮。此外，又有栽梢法，當於氣候和暖，地脈鬆活，易於發生之處爲之，尤爲省便。耕鈀和糞撥畦掘區，俱如前法，大葉魯桑條上青眼動時，科條長一尺之上，截斷兩頭，用火烙過。或於蘿蔔内鑽一孔，穿過一徧，藉其生氣以助發育。每一坑内，微斜插二三條栽培、築實。如地桑法，待芽出，封堆虚土三五寸，每一根科，止留一條，至秋可長數尺。祇要當年三伏日，澆蔭不闕，無不活者。

清 林志恂《蠶桑淺要・種桑淺要》 渡桑，亦不用桑葚。取已栽五六年之樹，先年臘月，於離地二三寸之處截斷其幹，至春間樹頭發生多數小枝，宜留葉勿摘。次年之春枝長數尺，先將近傍之地墾成小溝五六條，深五六寸，併施堆肥。然後擇樹枝之強壯者五六條不宜過多，恐老樹衰弱也，逐條壓入溝中壓入之時，手勢宜緩，恐枝條受傷也，覆以鬆土覆土宜漸次加厚，不宜一時盡覆，恐發芽緩慢也，又用人字形之木枝或鐵釘夾住，以防反撥。約經十餘日，卽見新芽，宜施用薄肥水七分，糞三分和勻，新芽長至一尺以上，可仔細檢查新根之多寡，倘新根已多，宜用小鐮剝取老枝之根部，使漸次與老樹相離，此時用肥宜加濃。第二年之春取出卧條，節節截斷，可得多數桑秧。此法生長較易於揷桑，而經久亦不如芽桑。

清 劉清藜補輯《蠶桑備要》第一篇《栽桑説》 壓桑條 近土柔條，掘坑攀倒，泥土築實，條上枝稍扶出土面。但得雨水，卽便生根。次年稍長二三尺，於近樹身處砍斷。或十月，或春分挖出，逐節剪斷，各帶根鬚，將發出新條剪去上稍，連根留二尺栽之。

又 盤桑條 九、十月揀連枝好柔條，盤作圓圈，掘坑一二尺，和糞土緊築，少露稍尖，冬蓋腐草，春月摟去。正、二月亦可盤，此盤桑條法。又近土柔條，攀倒築實，條上枝稍出土面，次年春分，翦斷老條，將發出新條翦去上稍，連根栽之，此壓桑條法。按，盤桑卽壓條中之一法，《本草》云：以子種，不若壓條而分者。

清 陸獻《山左蠶桑考・李澧跋》 壓桑法，春初桑根發嫩條，聽其長成不動。至二月，將條壓倒，自根至稍，每尺用粗繩横綳，俱令着地。至三四月，條上發芽。至五月夏至前後，其芽自長成小秧，再將大條用土培壅，止露小秧，向上發長，頻用糞水澆灌。一兩月間，其土内大條生白根，待來年正月，却照小秧處，一一栽斷，移分别地。

清 馬丕瑶《蠶桑簡易法・植桑法》 壓桑 冬月視樹本下，近土有柔條便可壓，掘地尺許如溝形，將條攀倒，順壓溝内，面蓋泥土築實，枝梢扶出土面，壓條中間發芽處自然長出桑秧。五月，將條近根處截斷一半，八九月間，新出秧長成二三尺高，將近根之條翦斷。俟根鬚長成，冬令將原條連處翦斷，分秧栽之。

清 饒敦秩《蠶桑質説・壓條第二》 壓條分秧，較撒子既速且旺。法於腊、正兩月，就大桒之下，挖土作溝，卽將根下所發嫩條攀臥溝中，以原土封蓋。二三月間，必逐莭發秧生根。來春分栽，卽將横條逐莭截斷，一莭一株，是謂壓桒。近今川民頗知其法，有專習此業蓄至三四年，高至五六尺者，買植此種秧株，尤覺功省效速。

清 任蘭生《蠶桑摘要・培養桑樹法二十三條》 桑有壓條法，所栽之桑有旁出之條，長二尺許，去土不遠者，鋤鬆其土，攀條就之，上盖肥泥，用石壓好，露其梢。一年後，其條之在土下者，根已散布，可剪斷移栽。

清 沈秉成《蠶桑輯要》卷一《諸家雜説・桑樹有三種》 一名壓桑。春初取桑枝大者長二三尺許，横壓土中，上掩肥土約二寸。萌芽漸長，三四月後可四五尺。七月間連根枝先削去一半，九月盡行翦斷，次年春月移栽，較接本之桑更好。

清 沈練《蠶桑説・樹桑法二十條》 桑有壓條法。所栽之桑有旁出之條，長二尺許，而去土不遠者，於雨水後春分前，鋤鬆樹旁之土，攀條就之，壅肥泥於其上。撒秈稻少許於條下，尤易生根。用石壓好，露其梢使之上向，一年之後，則條之在土中者根已散布，可翦斷移栽矣。

清 沈練，仲學輅輯補《廣蠶桑説輯補》卷上《培養桑樹法十九條・

壓條說一條》 一、桑有壓條法。所栽之桑，有旁出之條，長二尺許，而去土不遠者，鋤鬆其土，攀條就之，加肥泥於其上，用石壓好，露其梢使之向上。一年之後，其條之在土下者，根已散布，可剪斷移栽。

清 盛宣懷輯《蠶桑備要·壓條》 旁出之條長二尺許，去土不遠者，鋤鬆其土，攀條就之，加肥泥於其上，用石壓之，露其梢，使上向。一年後其條在土下者，根已散布，可翦斷移栽。一云壓桑，初芽時擇指大枝條旺相肥澤者，就馬蹄處劈下，潤土內開溝尺許，埋實，自然生根布葉。壓後遇旱，於旁開溝灌之，但取水氣到，忌多著水。

清 湯聘珍輯《種桑成法》卷一 壓桑條 種桑莫妙於壓條，今年壓，明年即起；明年壓，後年又起，生生不已，為利無窮。法於春初，取桑枝之大而柔者，長二三尺，横壓土中。須掘一坑，深三四寸。上掩肥土，約厚二寸，須築實，條上枝梢，扶出土面，使之向上。半月後萌芽漸長，下便生根，每一眼，即發一枝。長高數寸，即以燥土壅之。土燥則根生，土濕則條爛。三四月後，可四五尺。於其根之周圍，撥作土盆聚雨，旱則以水澆之。次年立春前後，將老條逐節翦開，新條翦去上梢，連根留二尺，移栽他處，一二三年後即成拱，可養蠶。壓之時，以春初為上，九、十月次之，六月最不宜。惟壓條者不必接枝。

又 柔桑無子，必須盤條。其法於九十月交正二月亦可，臘月不宜，揀最好柔桑條子，或單枝或二三枝相連者砍來，就園中地造成畦子，闊二尺餘，長一丈，將土打細再以糞土和之。閒八九寸遠盤一條，以草繩繫之，每畦兩行，務須培實，少露枝梢，隨即澆過。次日，再蓋浮土，約厚三四指，如或出露條尖三二寸，覆土宜厚尺餘。冬月可澆一二次，以腐草苫蓋，至春摟去。春間，四五日一澆。立夏後，二三日一澆，勿使土裂。先於地南種苘以蔭之，或搭矮棚，晝舒夜捲，至處暑撤去。三年後，即可移栽，或就作地桑。

清 王晉之《山居瑣言·右條論桑棉之宜精》 植桑有多法，而莫便於插秧。桑眼生時刈取王條，約截二尺許一根，治畦如種菜法，俟水浸透，插入畦中，下尺上尺，畦可三行，行可五六十株。插後灌溉之，要常令潤澤，無不活者。一二年後移之，插秧數畦，數百株桑可以立辦。有老桑不甚王者，貼地刈之，條必叢生，或刈而插秧，或以土掩之生根，則從周圍分而栽之，亦便移栽，後樹桑修理枝幹，如法留之。地桑貼地刈之，山田土薄而燥，須移栽。若平田，則竟可在田中壓條，一根兩株，如壓柳條法，平時並宜開畦種秧以備用。

清 王世熙編輯《蠶桑圖說》金編《蠶桑總論》

壓桑條法

桑有旁出之條，長二尺許，去土不遠者，鋤鬆其土，攀條就之，加肥泥於其上，用石壓之，露其梢使上向。一年後，根已散布，可翦斷移栽。一云壓桑，初芽時擇指大枝條旺相肥澤者，就馬蹄劈下，潤土內開溝尺許埋實，自然生根布葉。壓後遇旱，於旁開溝灌之，但取水氣到，忌多著水。

清 衛杰《蠶桑萃編》卷二《桑政·桑種類》 桑分十八種 按：接博時候，初取桑枝大者，長二三尺許，壓地中上掩肥土，均二寸。三、四月萌芽漸長，七、八月削去柔枝，九月盡行剪去，次年春移栽成株。

又《壓插類》

壓接本桑

設椹苗小，桑無處可覓，則有壓條插枝諸法。八月間，擇接本桑之嫩長者，攀至地，壓以肥土，數月即生根。明春就生根處截斷，移栽他處，不必再接。

又 壓地桑

春氣初透，先將地桑之旁，直開小溝，深四寸許。次將地桑柔條折去梢頭三五寸，攀條至溝横卧，用鈎橛釘住，條短用二橛，條長用三橛。卧條須空懸，不令著土，離寸許。卧條生芽，分別去留。四五月晴天，巳午時取泥和水，攪勻晒熱，擁卧條上成壟。晚則澆水，自生根鬚。秋間芽皆成條，十月及次年春分前後，砍斷本根，取出卧條，節節截斷，移栽他處。

清 衛杰《蠶桑淺說·桑類》

壓條桑

法於近土桑條，掘一坑，攀倒泥中，上加浮土築實，枝梢微露土面，次年長出成株。插枝者，法亦同，總不可缺水。

清 吳作鏌、倪紹雯、劉安欽《蠶桑速成捷法·蠶絲業普及捷法》第一章《桑樹栽培捷法》

壓條法

此法將桑條埋伏于土中，生根發芽，即得苗木。其法有傘取法、撞木法、盛土法、代出法，茲順次述之。傘取法者，株間寬濶，各占五尺，栽植母樹。

至三四年早春，盡伐其枝條，俟稍長達一尺五寸以上，於母樹周圍，掘溝深四五寸，順梢之方向，埋伏于溝內，梢端露出地上。至七月頃，將近于母株之彎曲處，以利刃劃一週轉，使之離母樹，自生新根。至秋未，全行切斷，則一梢有一株苗木。撞木法者，稍與上法不同。母樹距離地面較寬，當春季新芽成長一寸許時，擇其健全枝條，順梢之方向，掘溝深三四寸，屈曲枝條，用鈎楔釘住，埋伏于溝內。有掘溝爲半月形而圈伏之者亦便，以後處理，悉同傘取法。至翌春，一梢可得數本苗木。盛土法者，不屈曲梢部于土中，惟于近根部盛土，令之生根，切取而用之。更有依傘取盛土二法，而爲代出法者，乃秋末冬初，將苗木連根掘起，以十餘本爲一捆，擇無水砂質壤土，將根悉植于土中，枝梢斜露于土面。至來春雨水節內，掘出，切其根，爲二段或三段。每段中要有二芽根爲良，植之，可多得苗木。以上四法，必用根刈桑樹及根多者乃可。

清 葉向榮《蠶桑説・告示條規》 壓桑條，近土柔條，掘坑攀倒，泥土築實。條上枝梢，扶出土面，次年梢長二三尺，春分時，將老條逐節剪斷，將發出新條，剪去上梢，連根留二尺栽之。

清 葉向榮《農林蠶説・蠶桑圖説》 接桑亦可扦插也。雨水後春分前，各省氣候遲早不同，總視其條芽將開未開之時為合宜。將接過桑條剪下，於根頭以利刀斜劈之，即將刀劈之斜處向肥土下面横斜插入，露尾五六寸於土面，不時澆以糞水。三伏日以草遮護，防其日晒，苗自活矣，至冬際可以移栽。

清 豫山《蠶桑辑要合编》上编《種桑》

壓桑條法

正、二月將近土柔條，掘阬攀倒，泥土築實，條上枝梢扶出土面。次年春分，翦斷老條，將發出新條翦去上梢，連根栽之，地桑尤宜壓條。春間將地桑旁條屈倒於地，地上開一渠深五指，臥條於內，用釘二三箇攀住，懸空不著土，芽向上生。至四五月，晴天巳午間，橫條兩邊，取熟塘土壅成壠，橫條即爲臥根，至晚澆水，當夜臥根生鬚。至秋其長成榦爲條，深冬春截斷分栽。

清 趙敬如《蠶桑説》

壓桑條法

預備已接桑數株，接頭上一尺內，發三五枝條。俟條長四五尺，於樹下掘淺坑，攀條横卧其中，泥土築實，條上枝梢扶出土面。次年梢長二三尺，葉眼中亦多出新條，立春後將老條掘出，逐節剪斷，將發出新條剪去上梢，連根留二尺栽之，栽法照第四條，是謂壓桑。其原桑根下出條，本年又可壓，用此法預備，接桑五株，歲可得壓桑百株。

清 趙淵《蠶桑摘要》卷上《桑政・桑種類》 壓桑，按接博時候，初取桑枝大者長二三尺許壓地中，上掩肥土，均二寸。三四月萌芽漸長，七八月削去柔枝，九月盡行剪去，次年春移栽成株。

又《壓插類》

壓接本桑

設椹苗小桑無處可覓，則有壓條、插枝諸法。八月間擇接本桑之嫩長者，攀至地，壓以肥土，數月即生根，明春就生根處截斷，移栽他處，不必再接。

又 壓地桑

春氣初透，先將地桑之旁直開小溝，深四寸許，次將地桑柔條折去稍頭三五寸，攀條至溝横臥，用鈎橛釘住，條短用二橛，條長用三橛，臥條須空懸，不令著土，離寸許，臥條生芽，分別去留。四五月晴天巳午時，取泥和水攪匀晒熱，擁臥條上成壟，晚則澆水，自生根鬚。秋間芽皆成條，十月及次年春分前後砍斷本根，取出臥條，節節截斷，移栽他處。

又 盤臥枝

秋間地未凍時，先開畦，掘坑，一以畦之，方深各二尺餘，用熟糞一二升，和土置畦內，以土覆之。一於向陽處掘深坑，至臘月揀肥長魯桑條，如接過之桑更好，快刀砍下，將砍處用火微燒，每四五十條，與桿草爲一束，臥於向陽坑內，覆以厚土。春分後，先爬畦，次取桑條，將條盤曲，以草索繫定，臥栽畦內，以薄土覆之，約三四指，將土築實。常澆水，如留作樹桑，俟芽條長高，砍去旁枝，三四年可成樹。如留作地桑，俟芽條微高，再添糞土，條長數尺，即成地桑，可飼蠶。

又《修剪類》

壓桑插桑去梢留杈

壓枝插條，應用接本桑上之枝與條，以後不必再接。今年壓，次年移，即以移之年爲第一年，今年插，次年不再移，即以插之年爲第一年，凡五年內，去梢留杈，均與接本桑同。

又 翦地桑

地桑與樹桑不同，樹桑去梢留杈，修翦齊杈上老瘢，地桑不去梢，修翦必須靠土。移栽後，俟桑芽出土四五指，每一顆留一二條，餘皆靠土翦去。次年靠土割條摘葉，割後每一根盤又出數芽，留四五條，餘皆靠土翦去。以後根漸旺，條漸多。又地桑壓枝者，俟臥條生芽狀如耙齒時，約五寸留一芽，餘皆剝去。

清　鄭文同《蠶桑輯要・栽桑十二則》　桑有壓條法，所栽之桑有旁出之條，長二尺許，而去土不遠者，鋤鬆其土，攀條就之，加肥土於其上，用石壓好，露其稍，使之上向。一年之後，其條之在土下者，根已散布，可翦斷移栽。

清　朱祖榮《蠶桑答問》卷上

壓條法第十三

問曰：接桑之外，又有壓條，其法何如？

答曰：桑樹近地處有旁出之條，在接頭下者，便是野桑，宜芟去。在接頭上者，卽是湖桑，每株可留一條。地上先兜一渠，可深五指餘，卧條於內，用鈎橛子攀住，（條短一箇，長則三箇。）使空不著土，謂之壓條，復加土壅之，時澆糞水。一年之後已爲生根，正、二月間可將土發開，就於大桑相聯處，剪斷移栽，以廣生息。

清　宗景藩《蠶桑説略・説桑五條》　四接桑説　本年所種大桑秧，明年春分前，澆三七分糞水。將本枝斜劈翦去，離地只留二寸，用桑刀將枝上之皮剖開少許，取接本桑上翦下之嫩條粗如箸者，斜翦二段，各長二三寸，插入桑木皮內。以稻草一莖鬆鬆紮之，用泥糰好，再泥做小丸，套蓋枝尖，俟其抽榦長葉後，攀留一條，明年留兩條，以後均照種接本法。惟翦接時所翦桑本及另取嫩條均要斜翦，其嫩條扦入桑本皮內，務要皮搭皮，切勿與中木反扦，並勿碰傷，無不活者。（勿反扦一説乃接樹之要訣也。）其小桑秧，明年春分後，亦澆三七分糞水，將本枝離地翦留半寸，亦斜翦取，接本桑上嫩枝一小段接之，餘如前法。至明年正月可以掘起，墾土另種，卽接本桑也。凡種秧均須圍插荆榛，以防蹴踏，澆肥去草，尤爲要務。現在未接之桑，粗如蔗、如盞者亦皆可接。其法：留本枝約三尺許，横斜鋸斷，剖其皮，取浙桑嫩梢三四段插入，封以泥，無不活。以前法翦留，悉成佳種，一二年卽可採葉。至桃李梅杏之類，如法插接，果實無不鮮美。

清　佚名《樹桑養蠶要略・樹桑十九條》　壓接本桑　八月中，以本桑枝條之嫩而長者，攀至地，壓以肥土，不令透風，數月卽生根。明春就生根處用桑剪剪斷，移栽他處，不須更接，二年卽成樹。

又　種桑澆水　新種小桑，條葉未盛，宜時時澆水，以護根之土，須帶潤澤，方能發芽，土乾便應澆水。凡自南移北之小桑，種活者少，皆由澆水之功疏也。若新插桑條得活者，三伏天尤宜時常澆水。至三年之後已成大樹，根深膏沃，只須隨時上糞，不必澆水。

清　曹倜《蠶桑速效編・禁止竊桑章程》　桑樹近地處有旁出之條，在接頭下者，便是野桑，宜芟去。在接頭上者卽是種桑。每株可留一條，將土塊壓下，謂之壓條。復加土壅之，時澆糞水，一年之後，已另生根。正二月中，可將土發開，就與大桑相聯處，剪斷移栽，以廣生息。

清　陳淳《實驗蠶桑簡要法》篇上第十四章《捲壓桑條之法》

（一）捲條者，於將苗芽前，捲健全無病，及發芽力最强之桑條於土中，至晚秋而得苗木之法也。其切法，有垂直、横斜諸種，均須以利刃行之。但此法先宜以前章所選之地，行深耕，并施堆肥人糞各一次，至捲條時，作二尺半幅，七八寸深之溝畦，畦底置腐熱堆肥，上覆細土，每隔四五寸許而斜挿之，以足踏實，蓋以枯草。並投高棚，日舒夜捲，使避烈日而吸甘露。復勤行灌溉，芟除雜草。迨新芽齊放，留其强壯者一芽，餘悉除去，以免分奪養分，而得專蔭其苗木也。

（二）壓條者，壓母樹桑條於土中，促其發芽生根，而得多數苗木之法也。欲行此法，宜先講母樹之植法，而後方可壓條。以前選之地，横直距六七尺，種植一株，至翌春離地七八寸處，切其莖幹，每年仍切其原處，使其莖幹粗大，可發多條，至第四年可行壓法也。

（三）當壓條之年，於未發芽前，先施條熟堆肥，及耕耘各一次，俟新芽發至三寸長時，將壓條之處，掘四五寸深，與條同長之溝，溝底施以堆肥及細土，除去條下之芽，徐徐壓下，上用人字形之竹籤夾之，以防枝條反撥。經一星期外，新芽生長，宜令直立。若長若尺餘，檢其有新根時卽用小鐮剝去，壓下屈曲部十分四五之皮層，使減母樹養液之流通，復壅以淡肥細土，以助新根繁生，嗣復勤爲培養。至七月下旬，可盡剝屈曲部之皮，使離母樹，晚秋時卽成良苗矣。

（四）壓條當注意之法如下：（甲）每一母樹祇可壓五六條爲限。（乙）母樹上發芽宜隨時除去。（丙）所壓之條，貴擇強壯者。（丁）切斷苗間，莖極宜短，根極宜長。（戊）壓時不擇天氣清明，朝露已晞之後，則細胞中含水必多，恐傷組織。（己）覆條細土，如一時盡覆，則光熱不足，害苗生長，當漸漸加厚爲要。（庚）剝屈曲部之皮，如一時過多，必絶其養液之輸送，苗木難望成活。（辛）苗木既採，當厚壅母樹，使其勢力充足，以便下年再壓也。

清　佚名《蠶桑録要・種桑法》　壓條　冬月在桑樹旁掘坑一尺，取近地桑條屈入坑内，加土築實，枝梢扶出土外，只留一頭。次年根鬚長足，便可翦斷移栽。

山西農桑總局《蠶桑淺説》第一編《培桑》

壓條

接成的湖桑，若想教他分成多株，有一法子，叫做壓條法。其法：選生長四五年的湖桑，於春季未發芽前在離地二三寸處削去，施以腐熟的人糞尿，促其快發新芽。待長至一二尺高時，於周圍掘多數六七寸深的溝，施以人糞尿，將新條彎曲，埋入溝中，只露梢頭三四寸，屢行灌水、上糞，促其快快生長。至六七月間，剝去離母樹近的皮，絕其養液流通，使生鬚根。待明春切斷，移栽他處，這一株湖桑能得秧子數十本。

藝文

宋　李彦遠《採桑》《文苑英華》卷二〇八　採桑畏日高，不待春眠足。攀條有餘態，那矜一作憐貌如玉。千金豈不贈，五馬空躑躅。何以變真性，幽篁雪中緑。

宋　江遵《採桑》《文苑英華》卷二〇八　爲報踟蹰陌上郎，蠶飢日晚妾心忙。本來若愛黃金好，不肯携籠自採桑。

清　周凱《種桑十二詠》《清詩鐸》卷七　壓條八九月間，擇桑枝柔大者，攀至地，壓以土，即生根。就生根處截斷，移栽他處，一枝可壓數株，傳轉無窮。壓條者不接枝。

涼秋八九月，絲已織成衣。門前有桑樹，枝大葉復稀。攀枝壓土中，土肥根亦肥。移根植牆下，春來蔭幾圍。

又　伐遠條桑條遠出而細長者，宜伐去，俟明春另長嫩條，否恐成雞桑，《豳風》「以伐遠揚」是也。亦宜相度其勢，可留爲壓條用。

忽聞翦翦聲，出自纖纖手。梯影亂斜陽，伐條去其醜。譬彼護良苗，先在除稂莠。慎無攀折之，不比道旁柳。

又　禁再采初桑葉肥嫩，可飼蠶，二葉澀，飼蠶作絲，僅可爲絃。《周禮》禁原蠶再蠶，恐妨馬也。

隰桑葉有儺，童童望如蓋。云是采後生，飼蠶亦何害。無乃味苦澀，吐絲恐不類。况復蠶與馬，應星不兩大。

又　收霜采葉經霜而落，收之餵羊甚肥，兼治目疾。

枯桑知天風，風多氣已寒。嚴霜昨夜降，林間葉聲乾。爾羊忽來思，晨夕供飽餐。牧童有餘情，坐看丹楓丹。

又　剔苦皮桑老而枯，或中空葉黃。蠶不食，先剔其皮可爲紙，然後伐其木爲器用。

吾鄉有赫蹄，狀似魚網爲。問工何所成，云是枯桑皮。其理緜且厚，炸油避雨宜。剔之以爲紙，桑者所當知。

又　兼種柘柘亦可飼蠶，繭色黃。

周禮命野虞，春禁伐桑柘。蠶食吐繭黃，絲成待善賈。所願利三倍，歲熟多婚嫁。何以勤農桑，勞酒同飲蜡。

雜録

北魏　賈思勰《齊民要術》卷五《種桑柘第四十五》　種椹長遲，不如壓枝。

唐　郭橐馳《種樹書》卷中　桑　穀上接桑，其葉肥大，桑上接梨，脆美而甘。撒子種桑，不若壓條而分根莖。

又　木　種桑取葚子，水淘净，暴乾，熟耕地畦種。

元　司農司《農桑輯要》卷三《栽桑》

論桑種

《博聞録》：白桑少子，壓枝種之，若有子可便種，須用地陰處，其葉厚大，得繭重實，絲倍每常。

又　魯為地桑，而有壓條換根之法，傳轉無窮，是亦可以長久也。

明　陳繼儒纂輯，清　石巖增訂《陶朱公致富奇書》卷二《每月栽種書》

正月

元旦鷄鳴，以火照桑果無蟲。辰日將斧駁斫樹，則結子不落。此月栽樹為上時，【略】種松、桑、榆、柳、枣、葱、葵、韭、麻椒、牛旁子、竹宜初二日，種樹木宜上旬。

明　徐光啓《農政全書》卷三二《蠶桑・栽桑法》　王禎曰：桑種甚多，不可偏舉，世所名者，荆與魯也。荆桑多椹，魯桑少椹。葉薄而尖，其邊有瓣者，荆桑也，凡枝幹條葉堅勁者，皆荆之類也。葉圓厚而多津者，魯桑也，凡枝幹條葉豐腴者，皆魯之類也。荆之類，根固而心實，能久遠，宜為樹。魯之類，根不固，心不實，不能久遠，宜為地桑。然荆之條葉不如魯葉之盛茂，當以魯桑條接之，則能久遠而又盛茂也。魯為地桑而有壓條之法，傳轉無窮，是亦可以久遠也。荆桑所飼蠶，其絲堅韌中去聲紗羅用，《禹貢》稱『厥篚檿絲』。注曰：檿山桑也，此蓋荆之美而尤者也。魯桑之類，宜飼大蠶，荆桑宜飼小蠶。

又　卷三七《種植・種法》　桑，取其幹可作骨，取其葉可飼蠶，取其椹可食，可作藥，壓條。

清　陳淏子輯《花鏡》卷一《花曆新栽》

壓條凡可扦插者皆可壓條

杜鵑、山茶、木樨、桑。

清　帥念祖《蠶政編・栽桑説》

接桑法

凡接枝條，必擇其美者，根株各從其類接之。器具用細齒鋸一連，厚脊利刃小刀一把，總須應手，又必趂時。自小滿至七月接之皆易於活。一經接換，二氣交通，變惡爲美，其利有不可勝言者矣。接法最多，而惟劈接省功易活。用鋸將樹截成砧盤，量樹大小以利刃劈作兩半或四半，將接頭根下削兩面如烏鴉觜長短，插入劈縫中。兩邊務要兩皮相合，先以紙裹，後以桑皮或蔴麻縛之，外用濕土封固，微露其稍，俟芽長三四寸時，起土看原樹上有芽，盡去之，仍封土如故，將所纏裹的皮子盡解去。其次，靨接亦善，當年所生美桑新條如指大者，周身有葉，每一葉蒂下有一小靨如麥子大。搯去葉蒂，獨取靨子，周圍方方一寸用快刀刻取，連皮肉揭下，於口内噙少時，取出，於惡桑上亦刻去一方，以此方合上，須安令靨竅相對，濕綿包好，桑皮纏之，不鬆不緊，用牛糞泥封之，芽尖露出，接時在三伏時最易活。

清　包世臣《齊民四術》卷一下《農政・蠶桑》　種之有種椹，壓條二法。壓條易長而難得，宜兼用之。

清　曾鉌《蠶桑備要・序》　每園先由三原招僱園丁，一家專理，導畦灌水，暨布種、分秧、壓條、接樹各事，兼爲鄉民指示樹桑法，程常川住守，不得曠期。須先取具地保，方準充當，每月由本局酌給身價口食，議定銅錢叁仟文，惰者立時黜換。

清　江毓昌《桑蠶説》　將各書扎發各縣轉發外，合行出示曉諭。爲此示，仰紳民人等一體知悉。爾等須知蠶桑爲利最大，且無水旱之慮，四時之勞，又爲婦女職業，不碍男子生計，務將書内各條，過細講求一面。於八月間多壓桑條，廣蓄小樹，以待明春接换。數年之後，家桑徧野，蠶事大興。

清　林心北、吴書年勸刻《蠶桑輯略・栽桑法則十六條》　桑爲箕星之精，乃東方自然神木之名，其字象形，蠶所食也，其功最神，在人資用尤眾，其種類甚多，不可偏舉，世所名者荆與魯也。荆桑多椹，其葉薄小，色淡形尖，邊有深鋸齒，凡枝幹條葉堅勁者，皆荆之類也。魯桑少椹，其葉圓大豐厚，色深綠而多津，凡枝幹條葉豐腴者，皆魯之類也。荆桑根固而心實，能久遠，宜培養爲樹桑。樹桑者，能長成大樹也。魯桑之根不固，其心不實，不能久遠，宜散布爲地桑。地桑者稠栽，每年割取，不使成大樹也。然荆桑之條葉不如魯桑之條葉茂盛，當以魯桑之條，接荆桑之身，則茂盛而兼可久遠。魯爲地桑，而有壓條換根之法，傳轉無窮，是亦可以長久也。

清　張行孚《蠶事要略》　按《蠶桑輯要》言，種葚宜種黍，種穄遮蔭，又宜搭矮棚、蓋覆，今湖人皆不用此法。又按：《輯要》種桑，尚有地桑、壓桑、栽條、栽梢諸法，然湖人僅用種葚一法，蓋諸法俱不若種葚為易叢茂也，今皆不著。

圖表

清　王世熙編輯《蠶桑圖説》石編《桑種圖説》

盤桑圖

盤桑條。九、十月間，擇魯桑連枝好柔條，盤作圓圈，掘坑一二尺，和以糞土，緊緊埋築，少露梢尖。冬蓋腐草，春月摟去，正、二月亦可盤。

又 壓桑圖

壓桑條，以近土桑條掘坑攀倒，泥土築實，條上枝梢扶出土面。次年梢長二三尺，春分時將老條逐節翦斷，將發出新芽翦去上梢，連根留二尺栽之。

清 宗景藩説略，吴嘉猷繪圖《蠶桑圖説》

接桑

八月間，擇接夲桑之嫩而長者，攀至地，壓以土，數月即生根。來春就生根處截斷，移種他處，便成佳本，不必再接，此壓條法也。

嫁接

題解

清 金步瀛《古今合纂殖桑法》第五章桑餂第四節接木用具　桑餂，爲行皮接法時剔開砧木之皮，以便插入接穗之用。

第十五圖　桑餂

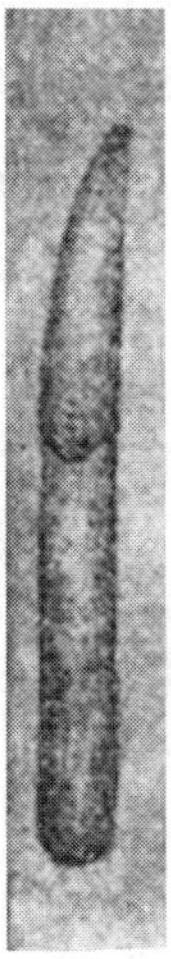

論説

清 黄輔辰《營田輯要》外篇

雜植

陝省自古為蠶桑之地，今久廢弛，綢帛一資於浙。小民食本不足，而更賣食以製衣，宜其家鮮蓋藏也。現在城固洋縣蠶利甚廣，華陰、華州織賣縑子，寧羌采槲葉餧蠶，織繭紬。各地方可種桑者甚，多養蠶者在在有之。小民不知種法，可赴官領取桑秧，一二年後便可養蠶，亦可摘葉賣錢；若不能自織，亦可賣絲。地方官亦當勸導，但不可差查滋擾。陳宏謀《興除事宜檄》

清 王晉之《山居瑣言》

培樹刪樹之法宜知

樹之利雖厚，而修理糞治不盡其道，則亦不能得力。除柴木止用刪刈，不用糞治外，其餘桑樹、果樹，凡有出產不在田中，得種穀糞力者，皆糞而治之。用糞不宜迫近樹本，寬寬深掘，得雨而徐徐浸潤者爲上。初次糞治，雨後土不堅强，較易爲力，以後則皆以在雨前爲妙。蓋樹根與樹梢其輪之大小上下相對相當。樹根之尖胥有小孔，如人之血管，上通枝葉。於其相當之處，寬寬深掘，則糞力雨澤自孔而入，樹自分外生王。近則轉不得力，深掘而用腐草及荆梢漬之，其力柔而耐久。秋後深掘，使土鬆活，冬時以漬糞冰塊培之，俟春暖自化亦佳。既得種穀糞力，再深掘而糞之尤妙。修理之法：大概桑樹與諸果相仿，果樹不似桑樹之須痛刈其條耳。凡栽活而不用接，及接活者，卽皆去其梢，所留根幹，愈短愈妙。其枝四向外生，久則樹勢圓整，而中可站人摘葉摘果。可以任意接樹，有靨接、腰接、根接三法。靨接得利最速。惟靨接之柿枝條力弱，實大體重，四出易受風折。法宜視秧狀似拇指，於春間未葉時，去根尺許，刈而接之。一樹止宜接兩片，接活後更去其一；於底層生枝上，四圍去枝，使其力不能上注，則枝自壯大；再去其枝之梢，則枝益繁盛，次層亦如法修之，層層如此，則樹上小下大，便不畏風。靨接之樹，占地無多，丈餘一株足矣！若腰接、根接，其輪廓較大，便須兩丈一株，中間空地，可以夾栽桃樹。靨接得利雖速，但不如腰接、根接之力大而年永，兼爲可也。《農書》載科桑條法有四等：一瀝水條向下垂者；一刺身條向内生者；一駢指條並生者去其一；一冗脞條雖順而稠冗者。他果樹科法亦同，不科之則力爲所洩，而實不繁。拿蟲及摘蟲葉，乃樹木最要之事。必須加意地平而寬，自可於樹間種穀。遇窄狹處，或樹陰過大，可種豆樹。最喜土鬆而潤邊隅之地，必亦宜割地兼養樹，秧大則間而移之。

綜述

元 司農司《農桑輯要》卷三《栽桑》

接廢樹

廢樹，老樹也，謂枝幹豐大，條短葉薄，不能復滋長者。接法可傳者有四，一插接，二劈接，三靨接，又名貼接，又名神仙接，四批接，又名搭接。其法度各具本條，廢樹可插接，又可劈接。插接法：附地鋸斷於砧盤上，肌肉内附骨，用竹篦子插下，可深一寸半。或插或釘，竹篦子大小比接頭劈半樣，一面蒲背一面平也，削成馬耳狀，用時噙養温和，插時平面附骨，鋸過處為砧盤，堅木為骨，皮内骨外青輭者為肌肉。鋸用細齒者，齒麁傷肌肉。接頭可長五寸之上其眼襯青者，根頭一寸半，用薄刃刀子刻下中半，刻成判官頭樣，餘半削其骨成馬耳狀，又與刻下處相照，蒲背上用刀子遏斷浮皮，剝去顯露肌肉。輕過不可傷肌肉。又將馬耳尖頭薄骨割去半分青肌肉，自長於骨尖半分也，將接頭噙養温暖，假借人之生氣易活。人於其時不可喫酒及濃厚滋味物。取出篦子，就用青肌肉半分裹接頭馬耳尖插下，極要嵌密，每一砧盤上插二條或三條，令接頭之骨與樹之骨相著，肌肉與樹之肌肉相著，木之津液行於肌肉之間，如不相對著又不緊密多不活。如不用半分肌肉裹馬耳尖則擦了肌肉，故亦多有不活者。用新牛糞和土為泥封泥了，濕土封堆。大小斟酌其樹盤接頭頂上可留一二眼，土厚三四寸，周圍棘刺遮護，接頭生芽條出土長高一二尺，約量留三二條，其餘割去。傍埋椽子一條為依柱，芽條漸長，用繩子或葛條捻繫在柱上，不如此被風雨擺折。芽條漸長，壯止可留二條，後為雙身樹也，當年可長八九尺、一丈。至大人高時，截去梢，其橫枝自長，勿採剥，至臘月內科截橫條，每一身可留三四枝，各長一尺。然不可拘定，或可長可短，取其樹勢圓也。明年為柯，柯上起條，採令稀勻，至秋成樹，劈接亦可。其法如後。又法掘土見根，將橫根周圍一遭斧斫斷掘，去中間正根，將周圍根楂細鋸子截成砧盤，每一砧盤或劈接、或插接二三接頭。斟酌砧盤大小，細根不堪接者勿用，封堆等如前法。芽條出土，若太稠密則間令得所，至來年止留一條大者，於本地其餘分出為栽子，於別地栽之。用依柱如前。劈接法：先附地平鋸去身幹，於砧盤傍向下一寸半皮肉上用快刀子尖向上左右斜批豁兩道至平面，其下尖，其上闊一指，中間批豁斷者剔去，其批豁了處如一鴉子樣渠子也，兩壁有斜面，無平底，其尖淺向上漸深，至平面可深至半指許。接頭可長五寸，其粗細如一指許者，於根頭一寸半內量留一半，將其外一半左右削兩刀子成蕎麥楞樣，令頭尖，口內噙養溫暖，嵌於砧盤傍所批渠子內，極要緊密，須使老樹肌肉與接頭肌肉相對著，於一砧盤上如此，接至數箇。斟酌砧盤大小。用新牛糞土泥封泥了所繫桑皮，然後用濕土封堆，接頭上可厚五寸，大小斟酌其樹盤。周圍棘刺遮護，接頭生條芽出土長高一二尺，約量留三二條，用依柱如前。接大小樹。大樹宜劈接、插接，小樹宜搭接、靨接。附地接者，封泥擁培，如前半身截成砧盤接者，但其縫罅上用紙封，又用破席片包裹如仰盆子樣，內盛潤土，培養其接頭，勿令透風。用無底瓦罐盆子代席片亦可。土乾則灑水，所包土上條芽長出，其所包土亦休取去，至秋條長成，接處長定，所包土不用也。如接頭都活，則斟量橫枝多少，樹之氣力留之。靨接法，可就於橫枝上截了，留一尺許，然尺寸不可定，惟取樹勢圓也，於接頭上眼外方半寸刀尖刻斷皮肉至骨款，揭下帶眼皮肉一方片，其眼底骨上一小心子如米粒，此是一芽生氣之根，揭時用指甲夫尖剗起，令其小心子帶於皮肉之上。口噙少時，取出印濕痕，於橫枝上復噙養之，用刀尖依濕痕四圍刻斷皮肉，揭去露骨，將接頭上靨皮嵌貼上，其眼向上，勿令顛倒。上下兩頭用新細薄桑皮繫了，斟酌其緊慢，太緊則生氣不通，太慢則不相附著，俱難活也。用牛糞和泥眼四邊泥了，其所貼之靨多少，可量其樹之大小。接小芽條。可用搭接法。就畦內將已種出荆桑隔年芽條去地三寸許向上削成馬耳狀，將一般粗細魯桑接頭亦削成馬耳狀，兩馬耳相搭，細桑皮繫了，牛糞泥封，濕土擁培，其芽條出土可留一二芽，至秋長如一大人高，明年可移入園中養之，其法如前接諸果木亦同。取藏接頭，側近有接頭者，臨接時取，遠處有者，預先於臘月節氣內割取其條。其採取培養之法，全如揷條法內所說，如取接頭處過遠者，可於未曾盛油新柿簍中與蒲棒穰一處舂了，外密封不透，雖行千里不致凍傷。果木宜二年條，其藏及接法亦同。

元 王禎《農書》卷五《農桑通訣五·種植篇第十三》

一經接博，二氣交通，以惡為美，以彼易此，其利有不可勝言者。夫接博，其法有六：一曰身接。先用細鋸截去元樹枝莖，作盤砧，高可及肩。以利刃小刀際其盤之兩旁，微啓小罅，深可寸半。先用竹攕之，測其深淺，却以所接條，約五寸長，一頭削作小篦子，先噙口中，假津液以助其氣，却納之罅中，皮肉相對插之。訖用樹皮封繫，寬緊得所；用牛糞和泥，斟酌封裹之。勿令透風，外仍用留二眼，以泄其氣。二曰根接。鋸截斷元樹身，去地五寸許，以所接條削篦插之，一如身接法。就以土培封之，以棘枝圍護之。三曰皮接。用小刃刀子於元樹身八字斜劃之。以小竹攕測其淺深，以所接枝條皮肉相向插之。封護如前法。俟接枝發茂，以漸去其元樹枝莖，使之獨茂耳。四曰枝接。如皮接之法，而差近之耳。五曰靨於協切接。小樹為宜。先于元樹橫枝上截了，留一尺許。于所取接條樹上，眼外方半寸，刀尖刻斷皮肉至骨，併款揭皮肉一方，片須帶芽心揭下。口噙少時取出，印濕痕于橫枝上。以刀尖依痕刻斷元樹靨處，大小如之，以按接之。上下兩頭，以桑皮封繫，緊慢得所，仍用牛糞泥塗護之。隨樹大小，酌量多少接之。六曰搭接。將已種出芽條，去地三寸許，向上削作馬耳。將所接條，併削馬耳。相搭接之，封繫糞壅如前法。今夫種植之功，其利既溥，又加之以接博，猶變稂莠而為嘉禾，易碔而為美玉。世之欲業其生者，其可不務之哉？又有去蠹之法。凡桑果不無蟲蠹，宜務去之。其法用鐵線作鈎取之。一法：用硫黄及雄黄作烟，薰之卽死；或用桐油紙燃塞之，亦驗。夫既已種植，復接博之，既接博矣，復剔其蟲蠹。柳子所謂『吾問養樹，得養人術』，此長民為國者，所當視傚也。夫民為國本，本斯立矣。既興其利，而復除其害，為治之道。無以外是苟審行之，不惟得勸民之法，抑亦知政教之本歟？

又 凡桑果，以接博為妙，一年後便可獲利。昔人以之譬螟子者，取其速肖之義也。凡接枝條，必擇其美宜用宿條向陽者，氣壯而易茂；嫩條向陰者，氣弱而難成，根株各從其類。然荆桑亦可接魯桑，梅可接杏，桃可接李。接工必有用具：細齒截鋸一連，厚脊利刃小刀一枚，要當心手款穩，又必趁時。以春分前後十日為宜，或取其條襯青為期，然必待時暄可接，蓋欲藉陽和之氣也。

元 佚名《居家必用事類全集》戊集《農桑類》

接桑法

其法有四：一插接，二劈接，三靨接，又名貼接，又名神仙接，四批接，又名搭接。插接法：附地鋸斷，於砧盤上肌肉內附骨，用竹篦子插下，可深一寸半，接頭可長五寸之上，其眼微青者根頭一寸半，用薄刀子削成馬耳狀，其馬耳尖頭薄骨割去半分，青肌肉自長於骨尖半分，將接頭噙養温暖，假借人之生氣易活。人於其時，不可吃酒及濃厚滋味物。取出篦子，就用青肌肉半分，裹接頭馬耳尖，插下，極要嵌密，每一砧盤上揷二三條。合接頭之骨與木之骨相着，肌肉與樹之肌肉相着，水之津液行於肌肉之間，如不相對又不緊密，多不活。用新牛糞和土為泥，封泥了。濕土封堆，接頭生茅條，出土高一二尺，約量刈三二條，其餘割去，傍埋椽子一條，用繩總繫。不如此被風雨擺折。

明 黃省曾《蠶經》 二月而接也，有揷接、有劈接、有壓接、有搭接、有換接。榖而接桑也，其葉肥大。桑而接梨也，則脆美。桑而接楊梅也，則不酸。勿用雞脚之桑，其葉薄，是薄繭而少絲。其葉之生黃衣而皺者，木將就槁名曰金桑，蠶則不食。先椹而後葉者，其葉必少有。柘蠶焉，是食柘而早繭，其青桑無子而葉不甚厚者，是宜初蠶。望海之桑，種之術與白桑同，是皆臘月開塘而加糞卽壅之，以土泥或二或三、六、七月之間，乃去其蟲，開塘加糞壅土宜遲。紫藤之桑，其種高大，是不用剪，其葉厚大尤早，種之也宜邇于竈屋，不必開塘而糞壅，惟幼稚之時，待冬而糞，或二或三，以臘月爲佳。

明 潘游龍輯《康濟譜》卷一〇《種植》 凡桑果，以接博爲妙，一年後便可穫利。昔人以之譬螟子者，取其速肖之義也。凡接枝條，必擇其美，宜用宿條向陽者，庶氣壯而茂，嫩條陰翳而難成。根株各從其類。然莉桑亦可接魯桑，梅可接杏，桃可接李。

明 徐光啓《農政全書》卷三二《蠶桑·栽桑法》

玄扈先生曰：『莫如當年條為妙，三年之説，不然也。且接時必待月暗，自下弦至上弦皆可，晦尤妙。自上弦至下弦皆忌，望尤險。』

劈接法。先附地平鋸去身幹，於砧盤傍向下一寸半，皮肉上用快刀子尖，向上左右斜批豁兩道至平面，其下尖，其上濶一指，中間批豁斷者剔去。其批豁了處如一鴉嘴樣渠子也，兩壁有斜面，無平底，其尖淺，向上漸深，至平面可深至半指許。接頭可長五寸，其粗細如一指許者，於根頭一寸半內量留一半，將其外一半左右削兩刀子成蕎麥楞樣，令頭尖，口内噙養温煖，嵌於砧盤傍所批渠子內，極要緊密，須使老樹肌肉與接頭肌肉相對著，於一砧盤上如此接至數箇。斟酌砧盤大小。用新牛糞和土成泥，封泥其接頭周遭。又用新桑皮纏繳牢固，上又用牛糞土泥封泥了，所繳桑皮然後用濕土封堆，接頭上可厚五寸。大小斟酌其樹盤。周圍棘刺遮護，接頭生條芽出土長高一二尺，約量留三二條，用依柱如前。玄扈先生曰：『渠子淺深，量樹大小及接頭粗細。其緊要處，只在皮對皮，骨對骨耳。更緊要處，在縫對縫。』

又曰：『接大桑宜劈接、插接，小桑宜搭接、壓接。附地接者，封泥擁培如前，半身截成砧盤接者，但其縫隙上用紙封，又用破蓆片包繫如仰盆子樣，內盛潤土培養，其接頭勿令透風。用無底瓦罐盆子代蓆片亦可。土乾則洒水，所包土上條芽長出，其所包土亦休取去。至秋，條長成，接處長定，所包土不用也。如接頭都活，則斟量横枝多少，樹之氣力留之。壓接者，可就於横枝上，截了留一尺許。然尺寸不可定，惟取樹勢圓也。於接頭上眼外方半寸，刀尖刻斷皮肉，至骨款揭下帶眼皮肉一方片。其眼底骨上一小心子如米粒，此是一芽生氣之根，揭時用指甲尖剗起，令其小心子帶於皮肉之上。口噙少時，取出，印濕痕於横枝上，復噙養之。用刀尖依濕痕四圍刻斷皮肉，揭去露骨，將接頭上靨皮嵌貼上。其眼向上，勿令顛倒。上下兩頭用新細薄桑皮繫了。斟酌其緊慢，太緊則生氣不通，太慢則不相附着，俱難活也。用牛糞和泥，眼四邊泥了，其所貼之靨多少，可量其樹之大小。又接小芽條，可用搭接法，就畦內將已種出荊桑隔年芽條去地二寸許向土削成馬耳狀，將一般粗細魯桑接頭亦削成馬耳狀，兩馬耳相搭，細桑皮繫了，牛糞泥封，濕土擁培。其芽條出土，可留一二芽。至秋，長如一大人高，明年可移入園中養之，其法如前。全要大小一般，令其縫對縫。取藏接頭，側近有接頭者，土中種之。其高原山田土厚水深之處，多掘深阬，中種桑柘者，隨阬深淺，或一丈、丈五，直上出阬，乃扶疎四散。此樹條直異於常材，十年之後，無所不任。』

又 卷三七《種植·種法》

《務本新書》曰：凡桑果以接博為妙，一年後便可獲利，昔人以之譬螟子者，取其速肖之義也。凡接枝條必擇其美，宜用宿條向陽者，庶氣壯而茂嫩條，陰弱而難成。根株各從其類。然荊桑亦可接魯桑，梅可接杏，桃可接李。接工必有用具細齒截鋸一連，厚脊利刃小刀一把，要當心手，凝穩又必趂時。以春分前後十日為宜，或取其條襯青為期，然必待時暄可接，蓋欲借陽和之氣也。一經接博，二氣交通，以惡為美，以彼易此，其利有不可勝言者矣。

接博其法有六，一曰身接。先用細鋸截去元樹枝莖作盤砧，高可及肩，以利刃小刀際其盤之兩旁微啓小罅，深可寸半，先用竹籤之測其深淺，却以所接條約五寸長，一頭削作小篦子，先噙口中假津液，以助其氣。却內之罅中皮肉相對插之訖，用皮樹封繫，寬緊得所。用牛糞和泥，斟酌封裹之，勿令透風，外仍上留二眼以泄其氣。玄扈先生曰：開砧宜用老鴉嘴為妙，高如馬，低如瓦。

二曰根接。鋸截斷元樹身，去地五寸許，以所接條削篦插之，一如身接法。就以土培封之，以棘枝圍護之。

三曰皮接。用小利刃刀子於元樹身八字斜鎞之，以小竹籤測其淺深，以所接枝條皮肉相向揷之，封護如前法，候接枝發茂，以斬去其元樹枝莖，使之莖茂耳。

四曰枝接。如皮接之法而差近之耳。

五曰靨接。小樹為宜。先於元樹横枝上截了，留一尺許。於所取接條樹上眼外方半寸，刀尖刻斷皮肉至骨，并帶凝揭皮肉一方片，須帶芽心。揭下口噙少時取出，印濕痕於横枝上，以刀尖依痕刻斷元樹靨處，大小如之，以接按之，上下兩頭以桑皮封繫，緊慢得所。仍用牛糞泥塗護之，隨樹大小酌量多少接之。

六曰搭接。將已種出芽條去地三寸許上削作馬耳，將所接條併削馬耳，相搭接之，封繫如前法，糞壅。

明 佚名《便民圖纂》卷四《桑蠶類》

接桑 荆桑根固而心實，能久遠，魯桑根不固而心不實，不能久遠。荆桑以魯條接之，則久遠而茂盛。然接換之妙，惟在時之和融，手之審密，封繫之固，擁包之厚，使不至踈淺而寒凝也。春分前十日為上時，前後五日為中時，取其條眼襯青為時尤好，此不以地方遠近，皆可準也。

清 蒲松齡《農桑經・桑經》

接桑

枝接、脱帽，皆易活。卽以好條埋罨中，如接葡萄法，亦活。

又 劈接樹法

先附地平鋸其身，於砧盤旁向下一拌皮肉上，用快刀子尖向上左右斜批，豁両道至平面，下尖至潤，潤一指；中間批割斷者剔去。割處如鴨嘴樣。渠子両壁有斜面，無平底；其尖淺，向上漸深，至平面可深半指許，接頭長五寸許，粗一指許；於根頭一寸半內，量留一半，將外一寸左右削両刀，成莜麥稜樣，令頭尖；口內含養温暖，嵌於渠子內，極要緊密，須使老樹肌肉與接頭肌肉相對。如此接至數個，以新牛矢和土成泥，封其接頭；周圍又以新桑皮纏牢固，又封泥於桑皮上，然後以濕土封堆接頭上，可厚五寸，以棘遮護；待芽出高一二尺，量留二三條。

又 靨接法

就於横枝上截了，留尺許。於接頭上，眼外，方半寸，刀尖割斷皮肉至骨，欵揭下帶眼皮肉一方，口含少時取出，印溼痕於横枝上，復含之。用刀依溼痕四圍割斷皮肉，揭去，露骨。將所含之皮嵌上，其眼向上，勿令顛倒。上下用細薄桑皮縛了，勿令太緊，使生氣不通；亦勿太緩，使不相附着。用牛矢和泥，泥眼四旁。其眼靨貼多少，量樹大小。

又 搭接法

小芽條就畦内去地二寸許，向上削成馬耳狀。將一般粗細魯桑接頭亦削成馬耳；両頭相搭，細桑皮纏了，牛糞泥封，濕土擁培。芽出土，可留一二芽。至秋，長一人高，明年可移。

清 韓夢周《蠶桑實濟》卷一《桑樹捷驗》

接桑法

《務本新書》曰：桑以接傳爲妙，一年後便可獲利。昔人以之辟螟子，取其速省之義也。接桑飼蠶一株，可當數株之用，又且多絲而柔和有色，但不可飼初蠶，須於大眠以後，方可飼之。凡接枝條，必擇其美者宜用向陽宿條，庶氣壯而茂新條，陰條不堪用，根株各從其類。魯桑仍接魯桑，則葉愈厚而多津；荆桑接以魯桑，則椹少而葉亦厚矣。然魯桑宜多接，荆桑宜少接。至於接果。杜梨樹可接梨，白果樹可接樃果，海棠可接樌子，軟棗可接柿樹。桃接桃，杏接杏，皆以接而愈美。接之器具：用細齒鋸一連厚脊，利刃小刀一把，總須應手，又必趁時。古法以春分前後十日爲宜，又不拘南北，惟視桑條上青眼微動時爲的期。余秦中於此時接諸樣果樹皆活，獨接桑，百不一活，不知是風氣使然否？後於小滿後，桑椹熟時接之，方活；五六月接之，亦活。若接諸樣果木須在驚蟄至春分前後，皆可活；惟是接桑秦中，必在小滿後至七月皆可接，余屢試驗之最的，不可有誤。一經接換，二氣交通，以彼易此，變惡爲美，其利有不可勝言者矣。其法有六、一曰身接。如樹長盌口大，不可就地接，須用身接。用細齒鋸截去原樹身作砧盤，高可及人肩，以利刃小刀於砧盤旁，向下一寸半皮肉上，以刀尖向上左右科劈分兩道，至平面其下尖，其上闊。中間劈分斷者剔去，如烏鴉嘴樣。渠子兩壁有斜面無平底，其尖淺向上，漸深至頂，可深至半指許。接頭俗呼『眼子』。須要揀肥大好魯桑向陽枝條，大如小指，以下長可尺許。將楂頭一寸半，用利刀左右削兩刀成蕎麥楞樣，令頭尖如烏鴉嘴，與樹身劈分處要緊密。總要皮對皮，骨對骨，與樹身一般無痕迹爲妙。如不合式，一砧盤可接四個原樹；小者止接二三個。接訖，外用綿紙纏包，再用構皮，或桑皮，或𦃃麻纏縛牢固，鬆則皮肉離脱，不能活矣；然亦不可太緊，緊則將皮勒壞，津脉不通，亦不能活。纏畢又用牛糞同泥封塗周圍，又用破蓆片包裹，如仰盆樣。內盛潤土，將接頭埋合，畧露稍一二寸，如數日土乾，則灑水少許，其接頭發芽，亦不可取去。蓆土至秋長定，然後將蓆土並去之。二曰根接。用之於小樹，去地尺許截成砧盤，接法與身接法無異。集畢攢土埋合，微露稍一二寸。芽出之後，俱要依柱扶持，四五月之間，常看根下，如有芽生，卽便拔去。三曰劈接。惟此法省功易活。予用之百接百活，如身接、根接亦用此法最穩；不拘樹身大小，皆可用。將樹用小鋸截成砧盤，其頂用利刀削平，隨以利刀按樹中心，用斧背將刀背一擊，樹身劈爲兩半。拔去刀中心，用木釘一插其縫自開，將接頭根下用利刀削兩面成蕎麥楞樣，令接頭尖如烏鴉嘴。長短須量，劈縫不可過長過短。插入縫中，兩邊務要兩皮相着，如不合式，拔去再削，務要合式。如樹稍大，徑寸餘或二寸者，十字劈開，插四接頭，中間木釘拔去，先以紙裹，後以桑皮或𦃃麻縛之。外用濕土封固，微露其稍，俟芽長三四寸時，常起土看原樹木根底發芽，盡行拔去，仍封土如故。將所纏包的皮子解去，不然則長成藥葫蘆樣，豈能成樹？待長三四尺，恐風擺折，用一竹竿子或木杆子揷立於旁，以繩繫定，然亦不可太緊，俟一二年後，不畏風，可以去之。四曰枝接。俗呼爲渡樹，要美惡兩近者，方可爲之。如渡菓樹盆栽移近美者，將美惡兩樹枝條一般大者，條中間將皮身各削去一半，長可二三寸，將兩半相合成一枝，務要皮對皮，骨對骨，用桑皮或𦃃麻纏縛，外用牛糞合泥封固。俟長三五月之後，津脉已通，遂將美樹下枝漸削，惡樹上枝漸削，俟其常定，便解去纏縛。俟八九月間，方斷美樹枝下畔，此法須於春分前後爲之，乃得其妙。五曰靨接。將美樹枝條之上長就小靨，如麥子大，未發出芽者，將此靨周圍方方一寸，用快刀刻取，連皮肉揭下，於口內噙少時取出；於惡樹上揀一未發芽的小靨子，如麥子大者，一口將口內靨皮取出，貼印濕痕，於惡靨皮上以利刀依痕刻斷。惡樹靨處大小如之。將惡靨皮揭去不用，遂將美靨合貼惡靨刻痕上，務要將美靨裡面空尖子合在惡靨上，小骨尖上如榫卯之相合。要緊在兩皮相對無少間隙，兩頭用濕綿包裹，桑皮繩不鬆不緊，仍用牛糞泥封之，但須露芽尖在外，縛樹枝葉，遮蔽烈日，再將惡樹上一切枝條盡行砍去，又將其餘惡靨子一切掐去，令津脉盡升於所接之靨上，及靨發生尺餘，便可解去纏物。此法接諸菓樹，須豌豆開花時；若接桑無論樹接、靨接，必須在三伏日。初伏接者，枝稍向上長；中伏接者，枝稍平長；末伏接者，枝稍向下長。其餘諸月接者，皆難活。亦不論下弦上弦，月明日暗，但入伏接之皆活。桑惟靨接最穩，十活八九。然須用當年所生新條，如小指大者，周身有葉，每一葉蒂下有一小靨，如麥子大，掐去葉蒂，刻取靨子，如上接法，如新生惡條靨子上卽活。若樹接，不過十活三四。六曰搭接。將美惡兩枝俱削如馬耳，皮骨相對，縛泥如上法，但此接多難活。擇桑之法，不可不知。凡本粗皮皺者，其葉必小而薄；白皮而節疎芽大者，爲柿葉之桑，其葉必大而厚。堅繭而多絲，枝如藤蔓，葉如紬帛，謂之『柔桑』，飼蠶多絲而堅韌。有一種木，理極粗，葉如扇面，光如沃油，謂之『烏桑』，甚宜初蠶。有一種紫藤之桑，枝如紫色之蔓，高大而葉肥厚，飼蠶最好。有一種白桑，其葉厚大，得繭重實絲每倍常。總之，勿用『雞腳之桑』卽花桑葉，邊有缺齒。其葉薄，飼蠶使成薄繭。又勿用『毛背之桑』，其葉濇而有毛，蠶多不食。又桑葉忽生黃葉而皺者，木將就稿，名曰『金桑』，蠶則不食，此乃蠶絲不成之年。故《古詩》云：『桑華腐蠹，衣敝如絡。女工不成，絲帛如玉』，此之謂也。有一種先椹而後葉者，其葉必少，宜接之，接過則椹少葉多且大矣。

清 郝懿行《寶訓》卷三《蠶桑》

《農桑輯要》接廢樹法　廢樹，老樹也，謂枝幹豐大，條短葉薄，不能復滋長者。接法可傳者有四：一插接，二劈接，三靨接，又名貼接，又名神仙接，四批接，又名搭接。廢樹可插接，又可劈接。又云大樹宜劈接、插接，小樹宜搭接、靨接。

清 楊屾《豳風廣義》卷一

接桑法

《務本新書》曰：『桑以接博爲妙，一年後便可獲利。昔人以之譬螟子，取其速肖之義也。』接桑飼蠶，一株可當數株之用，又且多絲而柔和有色，但不可飼初蠶，須於大眠以後方可飼之。凡接枝條，必擇其美者宜用向陽宿條，庶氣壯而茂，新條、陰條不堪用，根株各從其類。魯桑仍接魯桑，則葉愈厚而多津，荊桑接以魯桑，則椹少而葉亦厚矣，然魯桑宜多接，荊桑宜少接。至於接果，杜梨樹可接梨，白果樹可接椰果，海棠可接檳子，軟棗可接柿樹，桃接桃，杏接杏，皆以接而愈美。接之器具，用細齒鋸一連，厚脊利刃小刀一把，總須應手，又必趂時。古法以春分前後十日爲宜，又不拘南北，惟視桑條上青眼微動時爲的期，余於此時接諸樣果樹皆活，獨接桑百不一活，不知是風氣使然否？後於小滿後桑椹熟時接之方活，五六七月接之亦活，若接諸樣果木，須在驚蟄至春分前後皆可活。惟是接桑，秦中必在小滿後至七月皆可接，余累試驗，此法最的，不可有誤。一經接換，二氣交通，以彼易此，以惡爲美，變惡為美，其利有不可勝言者矣。其法有六：一曰身接。

如樹長盌口大，不可就地接，須用身接，用細齒鋸截去原樹身作砧盤，高可及人肩，以利刃小刀於砧盤旁向下一寸半，皮肉上以刀尖向上左右斜劈，分兩道至平面。其下尖，其上闊，中間劈豁斷者剔去，如烏鴉嘴樣，渠子兩壁有斜面，無平底，其尖淺，向上漸深，至頂可深至半指許。接頭俗呼眼子，須要揀肥大好魯桑向陽枝條，大如小指以下，長可尺許，將槎頭一寸半用利刀，左右削兩刀成蕎麥楞樣，令頭尖如烏鴉嘴，與樹身上劈割成烏鴉嘴樣子，大小相符，遂捺於老鴉嘴渠子，裏處要緊密，總要皮對皮，骨對骨，與樹身一般無痕跡爲妙。如不合式，再削眼子下烏鴉嘴，再刻渠子，務要緊密合式。一砧盤可接四個，原樹小者，止接三二個。接訖，外用綿紙纏包，再用構皮或桑皮或檾麻纏縛牢固，鬆則皮肉離脫不能活矣，然亦不可太緊，緊則將皮勒壞，津脉不通，亦不能活。纏畢，又用牛糞同泥封塗周圍，又用破蓆片包裹，如仰盆樣，內盛潤土，將接頭埋合，露稍一二寸，如數日土乾，則灑水少許，其接頭發芽，亦不可取去蓆土，至秋長定，然後將蓆土去之。二曰根接。用之於小樹，去地尺許截成砧盤，接法與身接法無異，接畢攢土埋合，微露稍一二寸，芽出之後，俱要倚柱扶持，四五月間，常看根下，如有芽生，即便拔去。三曰劈接。惟此法省功易活，予每用此法百接百活，如身接、根接，亦用此法最穩，不拘樹身，大小皆可用，將樹用小鋸截成砧盤，其頂用利刀削平，隨以利刀按樹中心，用斧背將刀背一擊，樹身劈爲兩半，拔去刀，中心用木釘一揷，其縫自開。將按頭根下，用利刀削兩面成蕎麥楞樣，令接頭尖如烏鴉觜，長短須量劈縫，不可過長、過短，插入縫中，兩邊務要兩皮相着，如不合式，拔去再削，務要合式。如樹梢大，徑寸餘或二寸者，十字劈開，揷四接頭，中間木釘拔去，先以紙裹，後以桑皮或檾麻縛之，外用溼土封固，微露其稍，俟芽長三四寸時，常起土看原樹，根底發芽，盡行拔去，仍封土如故，將所纏包的皮子解去，不然久則長成藥葫蘆樣，豈能成樹。待長三四尺高，恐風擺折，用一竹竿子或木杆子揷立於旁，以繩繫定，然亦不可太緊，一二年後樹不畏風，可以去之。四曰枝接。俗呼爲渡樹，要美惡兩樹相近者方可爲之，如渡菓樹盆栽，移近美者，將美惡兩樹枝條一般大者，條中間將皮身各削去一半長，可二三寸，將兩半相合成一枝，務要皮對皮，骨對骨，用桑皮或檾麻纏縛，外用牛糞合泥封固。俟長三五月之後，津脉已通，遂將美樹下枝漸削，惡樹上枝漸削，俟其長定便解去纏縛，俟八九月間，方斷美樹枝下畔，此法須於春分前後爲之妙。五曰靨接。將美樹枝條之上長就小靨如麥子大未發出芽者，將此靨周圍方方一寸，用快刀刻取，連皮肉揭下，於口內噙少時，取出於惡樹上揀一未發芽的小靨子，如麥子大者一個，將口內靨皮取出，貼印濕痕於惡靨皮上，以利刀依痕刻斷，惡樹靨處大小如之，將惡靨皮揭去不用，遂將美靨合貼惡靨刻痕上，務要將美靨裡面空尖子合在惡靨上小骨尖上，如榫卯之相合，要緊在四圍皮對皮，無少閒隙，兩頭用溼綿包裹，桑皮繩之，不鬆不緊，仍用牛糞泥封之，但須露芽尖在外，縛樹枝葉，遮蔽烈日，再將惡樹上一切枝條盡行砍去，又將其餘惡靨子一切掐去，令津脉盡升於所接之靨上，及靨發生尺餘，便可解去纏物。此法接諸果樹，須在豌豆開花時，若接桑，無論墩接、靨接，必須在二伏日，初伏接者枝梢向上長，中伏接者枝梢平長，末伏接者枝梢向下長，其餘諸月接者皆難活。亦不論下弦、上弦、月明、日暗，但入伏接之皆活，桑惟靨接最穩，十活八九，然須用當年所生新條如小指大者，周身有葉，每一葉蒂下有一小靨如麥子大，掐去葉蒂，刻取靨子如上法，接於新生惡條靨子上即活，若墩接不過十活三四。六曰搭接。將美惡兩枝俱削如馬耳，皮骨相對，縛泥如上法，但此接多難活。

擇桑之法，不可不知，凡本粗皮皺者，其葉必小而薄，白皮而節疎芽大者，爲柿葉之桑，其葉必大而厚，堅繭而多絲，枝如藤蔓，葉如紬帛，謂之柔桑，飼蠶多絲而堅韌。有一種木理極粗，葉如扇面，光如沃油，謂之烏桑，甚宜初蠶。有一種紫藤之桑，枝如紫色之蔓，高大而葉肥厚，飼蠶最好。有一種白桑，其葉厚大，得繭重實，絲每倍常。余近得土爾番白桑種，今已種成，其形如馬乳色，如珍珠，其味甘美異常，椹為佳菓，葉可飼蠶，兩有益也，子可種，條可壓，亦能廣布。

總勿用雞腳之桑即花桑，葉邊有缺齒，其葉薄，飼蠶便成薄繭。又勿用毛背之桑，其葉澀而有毛，蠶多不食。又桑葉忽生黃衣而皺者，木將就槁，名曰金桑，蠶則不食，此乃蠶絲不成之年，故古詩云：『桑華腐蠹，衣敝如絡。女工不成，絲帛如玉。』叶縮，此之謂也。有一種先椹而後葉者，其葉必少，宜接之，接過則椹少葉多且大矣。

以上種桑修科栽接四法俱備，人能依此飼蠶，自然絲纊倍收，亦且堅韌有色，可中紗羅綾緞之用。

又《務本新書》曰：桑以接博爲妙，一年後便可獲利。昔人以之譬螟子，取其速肖之義也。接桑飼蠶，一株可當數株之用，又且多絲而柔和有色，但不可飼初蠶，須於大眠以後方可飼之。凡接枝條，必擇其美者，宜用向陽宿條，庶氣壯茂新，陰條不堪用。根株各從其類。魯桑仍接魯桑，則葉愈厚而多津，荊桑接以魯桑，則椹少而葉亦厚矣。然魯桑宜多接，荊桑宜少接，至於接果，杜梨樹可接梨，白果樹可接櫇果，海棠可接檳子，軟棗可接柿樹，桃接桃，杏接杏，皆以接而愈美。

清 朱斌《蠶桑指要・傳種》 一曰過接。取野桑如傘柄大者，截存寸許，以家桑上隔年嫩枝削成馬耳，破開桑皮揷入，務使內不着骨，外不着皮。每樁貼兩三枝，以馬糞和土封好，再以竹籜泡軟，包其外，惟春秋二分十日內可接。

（乾隆）《烏青鎮志》卷二《農桑志》 桑必接而後大，近鄉每以家桑枝接之，不則爲野桑。家桑子少而鉅，野桑子繁而小。栽桑者甚不樂乎有子也。條桑貴剪，初種剪其幹，獨剩根而糞之，令其發生，如是三年而後，留其幹；採葉後，又剪其長條，否則葉不暢茂。故曰：條桑其不剪者，曰高桑；剪而禿者，曰鼓椎。其脩也，擇根下細條，或了襠陰枝，以及渺小不堪蔭下繁密者，悉去之。剪桑畢，又或有前因礙，鋸而未及盡截及老枝不成器者，再芟之。

清　鄂爾泰《授時通考》卷五八《農餘門》

接果

《務本新書》：凡桑果，以接博為妙，一年後便可獲利。昔人以之譬螟子者，取其速肖之義也。凡接枝條，必擇其美宜用宿條向陽者，庶氣壯而茂；嫩條陰弱而難成，根株各從其類。然荊桑亦可接魯桑，梅可接杏，桃可接李。接工用細齒截鋸一連，厚脊利刃小刀一把，要當心手凝穩，又必趂時以春分前後十日為宜，或取其條襯青為期，然必待時暄可接，蓋欲藉陽和之氣也，一經接博，二氣交通，以惡為美，以彼易此，其利有不可勝言者矣。接博其法有六：一曰身接先用細鋸截去元樹枝莖，作盤砧，高可及肩，以利刃小刀際其盤之兩旁，微啓小罅，深可寸半，先用竹籤之，測其深淺，却以所接條，約五寸長，一頭削作小篦子，先噙口中，假津液以助其氣；却內之罅中，皮肉相對插之，訖用皮樹封繫，寬緊得所，用牛糞和泥，斟酌封裹之，勿令透風；外仍上留二眼，以泄其氣。徐光啓曰：『開砧宜用老鴉觜為妙，高如馬，低如瓦。』二曰根接。鋸截斷元樹身，去地五寸許，以所接條削篦插之，一如身接法，就以土培封之，以棘圍護之，三曰皮接。用小利刃刀子於元樹身八字斜鉎之，以小竹籤測其淺深，以所接枝條皮肉相向插之，封護如前法，候接枝發茂，去其元樹枝莖，使之莖茂耳，四曰枝接。如皮接之法而差近之耳，五曰靨接。小樹為宜。先於元樹横枝上截去，留一尺許，於所取接條樹上，眼外方半寸，刀尖割斷皮肉至骨，并帶凝揭皮肉一方片，須帶芽心，口噙少時取出，印濕痕於横枝上；以刀尖依痕刻斷元樹靨處，大小如之，以接按之。上下兩頭，以桑皮封繫，緊慢得所；仍用牛糞泥塗護之，隨樹大小，酌量多少接之，六曰搭接。將已種出芽條去地三寸許，上削作馬耳，將所接條并削馬耳，相搭接之，封繫如前法，糞壅。

又　卷七六《桑政門》

接博

《士農必用》：接换之妙，荆桑根株，接魯桑條也。惟在時之和融，手之審密，封繫之固，擁包之厚，使不疏淺而寒凝也。春分前十日為上時，前後五日為中時，然取其條眼襯青，為時尤妙。此不以地方遠近，皆可准也。然必待晴暖之日，以藉其陽和也。接不密，則氣液難通；擁包不固厚，則風寒入而害之也。果之一生者，質小而味惡；既一接之，則質碩大而味美。桑亦如是，故接换之。接時取遠處有者，預先取下，可節氣內，割取其條。其採取培養之法，全如採條桑內所説。如取接萌處過遠者，可與未曾盛油新柿篓中，與蒲包穰一處裝了，外密封不透，雖行千里，不致凍損。果木宜三年條，其藏及接法亦同。徐光啓曰：『莫如當年條為妙，三年之説不然也。且接時必待月暗，自下弦至上弦皆可，晦尤妙；自上弦至下弦皆忌，望尤險。』劈接法，先附地平鋸去身幹，於砧盤旁，向下一寸半，皮肉上用快刀子，尖向上、左右斜批豁兩道，至平面。其下尖，比上闊一指，中間批豁斷者剔去其批豁丫處，如一鴉嘴樣渠子也。兩壁有斜面，無平底，其尖淺，向上漸深，至平面可深至半指許。接頭可長五寸，其麤細如一指許者，於根頭一寸半內，量留一半，將其外一半左右削兩刀子，成蕎麥楞樣；令尖頭口內含養温煖，嵌於砧盤旁所批渠子內，極要緊密，須使老樹肌肉與接頭肌肉相對著，於一砧盤上，如此接至數箇。斟酌砧盤大小。用新牛糞和土成泥，封泥其接頭；周遭又用新桑皮纏繳牢固；又用牛糞土泥，封泥了所繳桑皮。然後用濕土封堆接頭上，可厚五寸。大小斟酌其樹盤。周圍棘刺，遮護接頭，生條芽出土，長高一二尺，約量留三二條，用依柱如前。徐光啓曰：『渠子淺深，量樹大小，及接頭麤細，其緊要處，只在皮對皮，骨對骨耳，更緊要處在縫對縫。』又接大桑宜劈接插接，小桑宜搭接壓接。附地接者，封泥擁培如前半身截成砧盤接者，但其縫罅上用紙封，又用破蓆片包繫，如仰盆子樣。內成潤土培養其接頭，勿令透風。用無底瓦罐盆子，代蓆片亦可。土乾則灑水，所包土上，條芽長出，其所包土，亦休取去。至秋條長成，接頭長定，所包土不用也。如接頭都活，則酌量横枝多少，樹之氣力留之。壓接者，可就於横枝上截了，留一尺許。然尺寸不可定，惟取樹勢圓也，於接頭上眼前方半寸，刀尖割斷皮肉至骨，款揭下帶眼皮肉一方片。其眼底骨上，一小心子，如米粒，此是一芽生氣之根，揭時用指甲尖剟起，令其小心子帶於皮肉之上，口含少時取出，印濕痕於横枝上，復含養之。用刀尖依濕痕四圍刻斷皮肉，揭去露骨，將接頭上靨皮嵌貼上。其眼向上，勿令顛倒。上下兩頭，用新細薄桑皮繫了。斟酌其緊慢，太緊則生氣不通；太慢則不相附著，俱難活也。用牛糞和泥，眼四邊泥了。其所貼之靨多少，可量其樹之大小；又接小芽條可用搭接法就畦內將已種出荆桑隔年芽條，去地二寸許，向上削成馬耳狀；將一般粗細魯桑接頭，亦削成馬耳狀，兩馬耳相搭，細桑皮繫了，牛糞泥封，濕土擁培，其芽條出土，可留一二芽。至秋長如大人高，明年可移入園中養之，其法如前。全要大小一般，令其縫對縫。取藏接頭，側近有接頭者，土中種之。其高原山田土厚水深之處，多掘深坑。中種桑柘者，隨坑深淺，或一丈、丈五直上出坑，乃扶疎四散。此樹條直異於常樹，十年之後，無所不任。

又《務本新書》：凡桑果以接博為妙，凡接枝條，必擇其義宜用宿條向陽者，庶氣壯而茂；嫩條陰弱而難成，根株各從其類。然荆桑亦可接魯桑，梅可接杏，桃可接李接博其法有六：一曰身接，二曰根接，三曰皮接，四曰枝接，五曰靨接，六曰搭接。詳見農餘門。

又《藝桑總論》：二月而接也，有插接、有劈接、有壓接、有搭接、有換接。穀而接桑也，其葉肥大；桑而接梨也，則脆美；桑而接楊梅也，則不酸。

清 方大湜《桑蠶提要》卷一《桑政二十三條·接桑十五則》　選接頭將魯桑枝條截下數寸，接於砧盤之上，謂之接頭。接頭以當年所生之嫩條爲佳，又桑條上半空、下半實，須擇其實者用之。翦下接頭之後，須置筐內，以溼布覆之，勿令見風日。

又　接大小桑秧法

本年所種大小桑秧，明年清明前將本枝翦去。大桑秧離地只留二寸作砧盤，小桑秧離地只留一寸作砧盤。用桑刀將砧盤之皮剖開少許，取魯桑枝上之嫩條，粗如筷子者，翦一段長二三寸，插入砧盤皮內，以稻草一莖鬆鬆紮之。仍用泥壅其四圍，再做小泥丸套蓋枝尖。惟所翦砧盤及另取做接頭之嫩條，均要斜翦；其嵌入砧盤時，須將接頭翦斜處向外乃活。蓋桑之膏液，皆從皮上流通。故必以接頭之皮與本桑之皮彼此相向，乃得浹洽。活後抽條長葉，如法修翦詳修翦第三則，便是接本桑，此插接法也。

接小桑樹法

不必截斷樹身，只於清明前將本樹離地數寸處，割開樹皮，斜如人字，刀口約長一寸半本樹小，則割皮之處離地數寸；本樹大，則割皮之處離地較遠，擇向陽好條斜翦二三寸爲接頭。本樹小，則接頭只二三寸；本樹大，則接頭較長。以接頭下截翦斜處，向外插入本樹皮內，用稻草緊縛之或纏以桑樹皮更好。再用潮潤土封之，勿令洩氣，清明後卽活。明年接頭滋長，然後用刀從本樹之背將上段截去，勿傷接頭。或於明年立夏後將接頭以上之本樹，用刀横劃只須劃斷樹皮，則本樹之上段自枯，庶生發之氣，可盡歸於接頭。俟後年正月，再將上段截去。小桑樹之粗如酒杯者，可用此法接之；大桑秧之粗壯者，亦可用此法接之。倘接而不活，則本樹之枝榦具在，生氣無虧，次年仍可再接，此皮接法也。

又法　凡樹上新發小觜，皆謂之靨音葉。桑樹將抽條葉，先發小靨如麥子大，俗名『桑眼』。眼下骨上，生有芽心形如米粒，俗名『小心子』。接小桑樹者，俟接本桑枝上發出桑眼須用本年新生枝條，先用快利小刀將桑眼週圍刻斷約方半寸，連皮肉帶眼及小心子一併揭下，揭時用指甲尖劃起小心子，帶於支肉之上，噙於口內；次將應接之桑樹截横枝爲砧盤；再取出口內桑眼，印溼痕於砧盤上，用快刀照清溼痕四圍，刻斷皮肉，揭去不用。揭去皮肉便露骨矣。然後將接頭上眼皮，貼於砧盤骨上。接頭砧盤，須如榫卯之相合，不可稍有閒隙，眼須向上，不可顛倒。上下兩頭用桑皮纏繞，纏繞桑皮，不可太鬆，太鬆則接頭與本枝不相著；亦不可太緊，太緊則將皮勒傷津液不通，再用牛糞泥封固，再將砧盤上桑眼，一概掐去。掐，音洽。如此則全樹津液盡歸接頭矣。此靨接法也。

又法　桑葉與桑枝分界處生有小苞，自苞而上爲桑葉；自苞而下爲桑枝。苞雖附於桑枝皮外，卻生於桑枝皮內，皮內生苞處有一小心子，大如米粒，爲生苞之根本，亦卽生葉之根本。小滿後，桑葉肥厚，遇天氣晴明時，先將從前接過之桑樹，翦下一條，擕至現在應接之桑樹旁；次用快利小刀，將桑條上有苞處四面青皮，一併劃開長七八分寬二分；然後連苞帶皮以手揭下，只要皮內小心子無傷損，便可用作接頭。再於現在應接處直劈一縫，以一手分開刀縫，以一手將苞下青皮插入縫內，苞留縫外；再以桑皮纏繞，卽可發生。每一樹可接五六枝，此葉接法也。與靨接法大意略同，但靨接用桑眼作接頭，此用桑葉作接頭耳。

接毛桑法　聽其生長，從來不接不翦，謂之『毛桑』。將毛桑之粗如蔗如盞者，横斜鋸斷，砧盤離地約高三尺，剖開砧盤之皮，取魯桑嫩枝三四段，如法插入，封以泥。未幾，接頭上插條長葉，便成佳種。一二年卽可採葉飼蠶，此身接法也。

又法　先用小鋸將樹身截作砧盤，次用利刀削平砧盤之頂，再用刀口按定砧盤中心，以斧背擊刀背一下，砧盤自劈爲兩半。然後將刀拔出，以木釘插入，其縫自開。再將接頭下裁兩面，各削一刀，插入劈縫之內。接頭削尖之處，形如烏鴉觜，長短須與劈縫一様，不可過長，亦不可過短。拔去木釘，看接頭與劈縫是否緊密。如不緊密，將接頭拔出再削，總以緊密爲度，外以桑皮纏繞。或繞以蕣麻亦可，接頭上梢，須露於外。再以溼土封固，即活。此劈接法也。接小桑樹亦可用此法。樹身梢大者，用刀横劈一下，直劈一下，形如十字可接四枝。

接大桑廢桑法　枝榦粗大，謂之『大桑』。榦大而條短葉薄，不能滋長，謂之『廢桑』。此皆向來聽其生長，未曾接過之樹。接此等桑樹，須先削竹籤一枝，和細比接頭一半。一邊削平，一邊削圓；仍將竹籤下截盡頭處，削成馬耳形；馬耳形尖，只將左右各削一刀，便成尖形，如馬耳矣。次將桑樹靠地鋸斷爲砧盤，以竹籤馬耳插於盤上骨肉之間。或釘下亦可。深約一寸半籤之平面，須附骨插下，籤之圓背，須附肉插下。接頭長五寸許，先用薄刃刀子將接頭下截一寸半，照竹籤樣削平一面；其餘一面，本是圓背，不必再削。次於盡頭處削成馬耳形。然後拔出竹籤，將接頭馬耳尖插入砧盤孔內，接頭之骨對著砧盤之骨；接頭之肌肉對著砧盤之肌肉，務令緊密。接頭與砧盤連界處用新牛糞和土，四圍包裹，再用溼土對堆盤大則土堆大，盤小則土堆小，土堆之上，露桑眼一二箇，以泄其氣，當年可長八九尺，此根接法也。

又法　不必先用竹籤釘入砧盤，只用快刀子將砧盤旁邊開一小孔，剔出孔内肌肉，深一寸半，下尖上闊上闊一指。接頭下截左右各削一刀，亦下尖上闊，以接頭嵌入孔内，務須緊密。砧盤兩旁，可開兩孔，嵌兩枝，此亦根接法也。

又　本年移栽之接本桑，離地一尺翦去梢子詳移栽第五則，是為第一層。

接本桑去梢留杈式樣

第一層翦梢之後，當年即抽出新條，俟葉大如錢時，只留好條兩枝，其餘旁出枝條概行删去，所留之兩枝暫不翦梢。第二年春天，又長新條除，所留兩枝之外其餘枝條仍照舊删去。俟本年冬臘月，再將所留之兩條翦去梢子，其形如杈，每杈各留一尺，是為第二層。

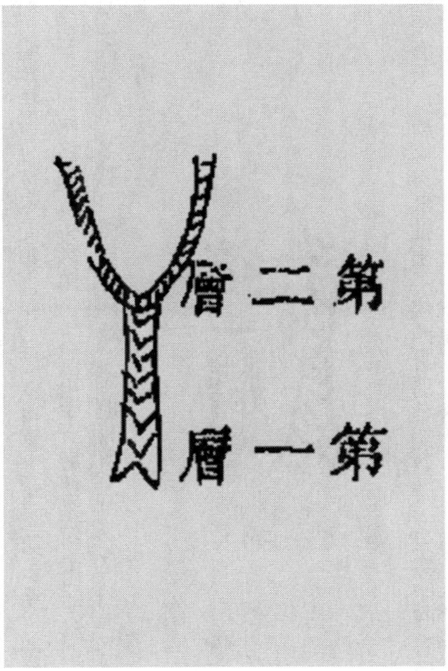

第三年春天，又長新條。應於立夏後，將第二年所留兩枝之上各留兩枝，共四枝，其餘枝條概行删去。所留之四枝，暫不翦梢，俟本年冬臘月或明年清明前，再將此四枝各留一尺，翦去梢子，是為第三層。

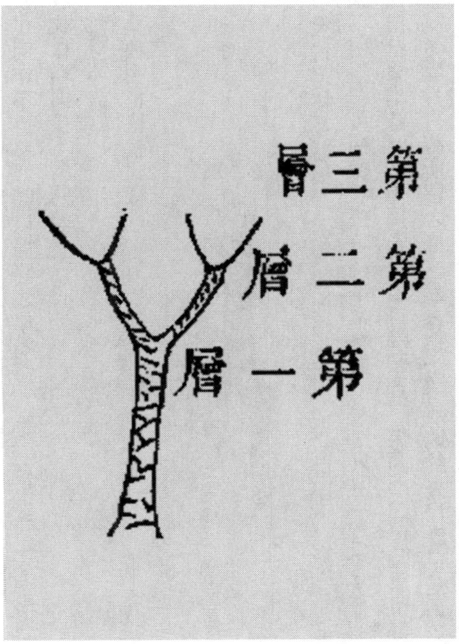

第四年春天，又長新條。應於立夏後，將第三年所留四枝之上，各留兩

枝，共八枝，餘皆删去。所留之八枝暫不翦梢，俟本年冬臘月，或明年清明前，再將此八枝各留一尺，翦去梢子，是為第四層。

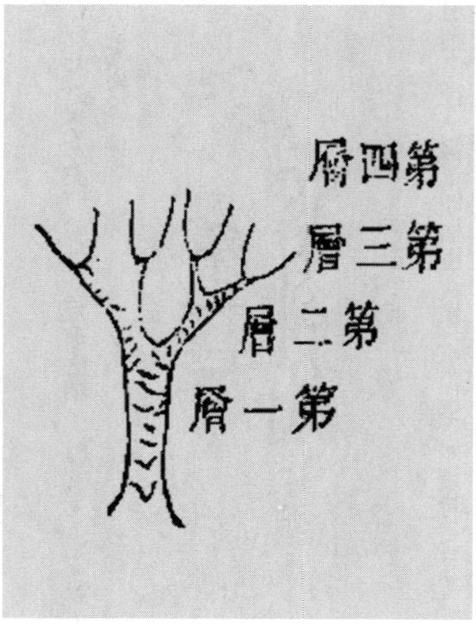

第五年春天，又長新條。應於立夏後將第四年所留八枝之上各留兩枝，共十六枝，餘皆删去。并將十六枝各留一尺翦去梢子，是為第五層。以後不再留杈，每年立夏後將十六枝上所生嫩條，連枝帶葉一并翦下，摘葉飼蠶。

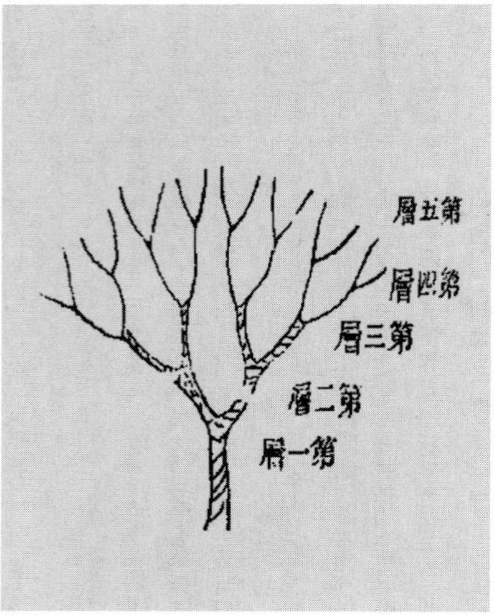

壓桑插桑去梢留杈式樣

壓桑、插桑二項所壓之枝，應用接本桑上之枝，所插之條，應用接本桑上之條，將來便不必再接。今年壓枝，明年移栽，即以移栽之年為第一年。今年插條，明年不再移，即以插條之年為第一年。自第一年至第五年，去梢留杈，各式樣均與接本桑同。

又《修翦六則**》**

接換桑秧去梢留杈式樣

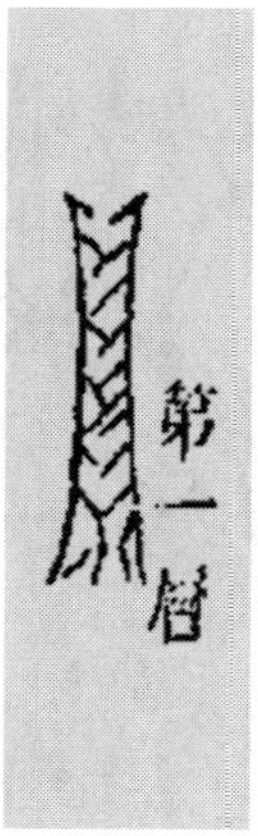

大小桑秧，移栽翦梢，未幾即抽條長葉，只留粗枝一條詳移栽第六七則。今年移栽，明年即可接換。接時將本桑斜翦，離地只留一二寸詳接桑第十二則。接後芽條出自桑本者，必須摘去；出自接頭者，俟高一二尺時只留好條一枝，餘皆删去。冬臘月，將所留之條，翦去梢子，離地約高尺許，是爲第一層。

第二層留兩杈，第三層留四杈，第四層留八杈，第五層留十六杈，均照接本桑法。但接本桑以移栽之年爲第一年，每一年留一層，留至五層，已及五年。大小桑秧今年移栽，明年接換，應以接換之年爲第一年，留至五層，亦是五年。若以移栽之年爲第一年，留至五層便是第六年。其次移栽太密者，今年移栽，明年接換，後年尚須再移，應以再移之年爲第一年，留至五層，亦是五年。若以初次移栽之年爲第一年，留至五層便是第七年。

原有之大桑樹，冬臘月將樹身鋸斷，離地只留三尺，是爲第一層。

大桑樹去梢留杈式樣

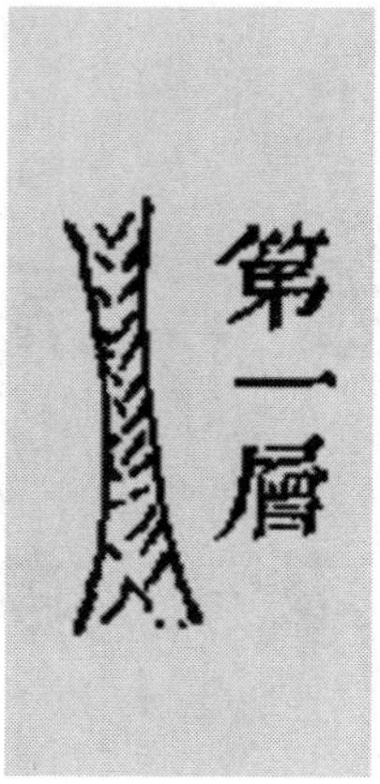

第二年春天，新條自然抽出，俟四月翦桑飼蠶時，只擇肥旺者留五枝，其餘旁出枝條概行删去删去之枝可摘葉飼蠶。所留五枝暫不翦梢，俟本年冬臘月

或明年清明前，再將此五枝各留一尺，翦去梢子，是爲第二層。

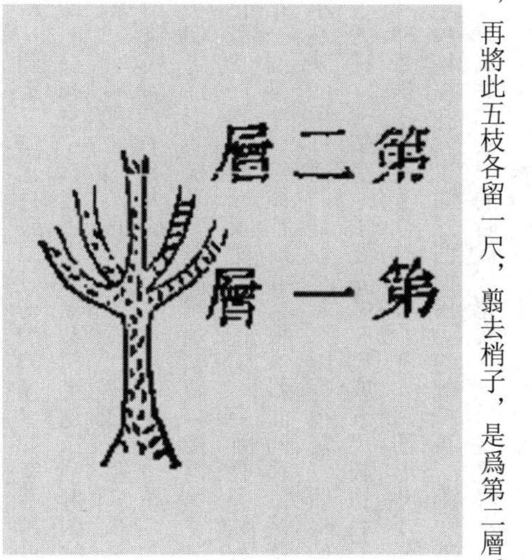

第三年春天，又復抽條，俟四月翦桑飼蠶時，將所留五枝之上又各留五枝，共二十五枝，餘旁出枝條概行刪去刪去之枝可摘葉含蠶。所留二十五枝暫不翦梢，俟本年冬臘月或明年清明前，再將此二十五枝各留一尺，翦去梢子，是爲第三層，以後再不留杈。年年立夏後，將二十五枝上所生嫩條連枝帶葉一併翦下，摘葉飼蠶。

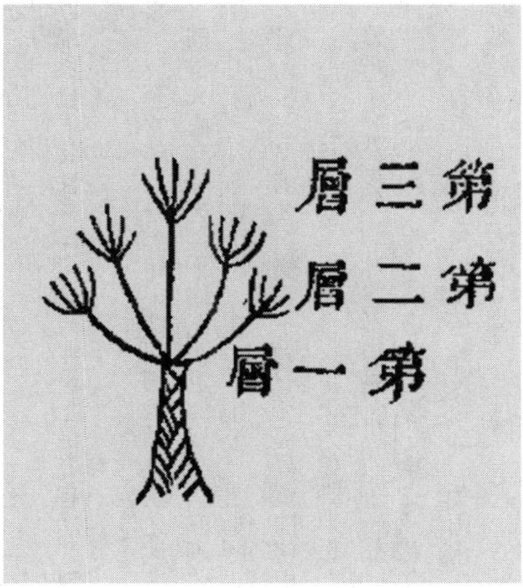

清 汪曰楨《湖蠶述》卷一《栽桑》 縛接桑 桑已接後，發蕻成枝，至三四寸長者，遇大風防吹斷，須以好稻秆二三莖浸濕，帶定嫩枝中間之葉，扎縛在野桑本上，方無礙《桑譜》，且可使挺然直上，無横斜拳曲。《廣蠶桑説》

又 一、閹野桑

如所接之條發枝約七寸長者，將野桑本離接處二三寸用桑剪旋剪其皮，上下兩轉，約離寸許，將寸許之皮剝去，則脂液并發接枝上，俗謂之閹。閹時最要留心，防搖動，接枝閹後，卽將稻稈三根輕輕縛嫩枝于野桑本上，宜寬不宜緊，恐傷嫩枝也。枝長至尺餘者，再用稻稈縛上一層，如長至二尺餘者，用細草繩縛之。《桑譜》

一、紥絆接科

上春所接家桑，枝本已粗壯，須將所閹野桑槁本貼接枝之處依家桑皮間斜鋸去之，以刀削平其皮，自能漸漸包裹，用稻稈數莖絆定紥緊，卽遇風搖無礙矣。《桑譜》

又 接桑

桑本粗壯者可接，細弱者不可接。接法：先剪家桑枝有葉芽者，每枝約長三四寸《桑譜》，置筐中，以濕布覆之，勿令見風日《廣蠶桑説》，用小刀于野桑本上離地半尺許，劃開桑皮農器有接桑刀，又有反手鍥，皆鋒利如圭角形《桑譜》，將刀略一擺動，則皮已離骨，取小竹釘長二寸許，削如馬耳樣，嵌入皮内，謂之桑餂《廣蠶桑説》，隨將家桑枝俗謂層頭一頭削薄，一面如鴨觜形。《桑譜》取出桑餂，而以是條嵌入皮中，須以刀削一面向外，乃活。蓋桑之膏液皆從皮上流通，故必以接條之皮與本樹之皮彼此相向，乃得浹洽。若以皮貼皮，以骨貼骨，則必不活矣。《廣蠶桑説》以桑皮纏定，糞土包縛，令不泄氣。《烏青文獻》或用長秈稻稈縛之數轉，須寬緊相宜。《桑譜》污泥護之。《西吳蠶略》慎勿動搖。《廣蠶桑説》如天晴和暖，在清明節前十日内接。天寒陰雨，須清明節後十日内接，《桑譜》月餘卽活。《西吳蠶略》甫接而遇驟雨，則活者寡矣。《廣蠶桑説》接後能得天晴二日，第三日雖有細雨，無害。倘久晴，縛處燥裂，須用水潤其縛。《桑譜》俟新條發芽，將故條剪去，便成家桑。《西吳蠶略》接而不活者，可候明春再接。《廣蠶桑説》

清 李聿求《桑志》卷六《桑所值》 《種樹書》：桑以構接，則桑大；根下蘊龜甲，則茂盛不蛀。

《種樹書》：浙間植桑，斬其葉而植之，謂『嫁桑』，却以螺殻覆其頂，恐梅雨侵損其皮故也，二年即盛。

案：種桑以稀為貴，其性喜燥，以河泥覆之最為有功。河泥之地，土堅而鬆，雨過即乾。

《陳旉農書》：至當年八月上旬，擇陽顯滋潤肥沃之地深鉏，以肥窖燒過土糞以糞之，則雖久雨亦疏爽，不作泥淤沮洳，久乾亦不致堅硬磽埆也；雖甚霜雪亦不凝凜凍沍。治溝壟町畦，須疏密得宜。然後取起所種之苗，就根頭盡削去幹，只留根；又削去對條直下者，命根只留四傍根，每三根合作一株，若品字樣；繫縛一竹筒底下，筒各長三尺，大如脚拇指，盡斸去中心節，令透徹底。一一繫縛了，然後行列并竹筒植之，可相距二尺許，一株俾三根，日久竹筒朽腐，自然三幹合為一幹。以三根共蔭一幹植，未逾數月，幹力專厚，易長大矣。每一竹筒口，尋常以瓦子一片蓋却，免雨水得入漬爛之也。覺久須澆灌，即揭起瓦片子，以瓶酌小便，從竹筒中下，直至根底矣。澆畢，依前以瓦片子蓋口，但不必如前種苗樣作棚也。又須時時摘去幹之四傍枝葉，謂之『妒芽』，恐分其力以害幹。

清 吴宗周、陳幹材、徐謙山《蠶桑白話》卷一《栽桑白話》

接桑樹

那種桑秧不去接他，雖然也有葉採，總是桑葚很多，桑葉很薄。但是接桑的法子也不少，只要曉得最要緊的二種就好呢。一種喊他『合接法』，用那個下子的桑秧，到第三年正月底二月初的時候，都有手指這樣粗了。把他的桑秧一株一株的掘起來，然後用別的湖桑樹上選擇强壯的枝條，拿桑剪去剪來；又分剪得四寸長的一段一段，留桑芽二個或三個，就是枝上要出葉的小釘子；又要用鋒快的刀子，大約闊一寸五分，長六寸許，把他下一頭削出斜面形，好像一個馬蹄形的樣子，這個就是喊做『接穗』。這個接穗定要同那個桑秧根邊的幹子一樣的粗；又把鋒快的刀，將那個桑秧根邊也要削出斜面形，不可留存一個桑芽；然後把這個桑秧的斜面同那個接穗的斜面合緊，一線都沒有大小濶狹，用打熟的糯穀草拏來縛得很緊，照這個樣子做好，就可以擔到空地上去種。這個空地須要先做三尺或五尺濶的堎子，兩堎相離的溝濶八寸深五寸。每株橫直離五寸許，掘一孔穴深四五寸；先澆一回淡糞，把這箇接好的桑秧種在孔穴裏面。四面用土輕輕掩蓋，兩手墊實，只要稍頭露出一寸就是了。倘然遇天旱的時候，總要天天早晚澆淡水；到二月底發芽二三寸長，就可用薄糞澆他到秋天就有數尺長的苗，就稱謂之『湖桑』，再到次年正月間都可以分栽別處了。一種名曰皮接法：那種老衰的桑樹或四五年的野桑，都可以用這種接法。但是老衰的桑樹須當剪嫩的枝幹上方纔可用，那個時候最好二月初上取來的接穗。也要鋒快的刀，削得如從前所說的馬蹄形一樣。這個接穗有小指大的粗細就好，要看那株樹身上適當的地方，或離地二尺許，切八字形的二條縫。又要八字形頂上橫切一刀，切的時候以皮破為度，不可切得太深，恐傷了桑幹。這個橫切一刀的地方，當即用一條篾簽鑿開皮，把那個接穗所削的斜面向外，輕輕插入這個鑿開皮裏，須要斜面與皮裏面合好，外取打熟的糯穀草，漸漸縛得狠緊，草外再用泥輕輕糊好，萬不可稍許動搖他。過了十餘天，這幾個芽就發出來了。到秋天已有二三尺長。恐防大風吹折，將這個新枝條用繩縛在大樹身上，且可免歪曲的弊病。到第二年正月，大樹的接口後面用刀切斷桑皮，使他脂漿盡向接穗昇上；切不可傷動他的接枝，自然那個大樹不再抽葉，這個新枝發得很快。待到秋天，就好將那個切斷縫的地方用鋸子鋸去這個舊枝了。施肥壅地只要照尋常的就是了。

清 吴烜《植桑育蠶書·種桑説》 接桑法 第三年驚蟄以後，清明以前，天色老晴，將桑秧離地剪留寸許，隨剪接過湖桑嫩條如筆管粗者，勿見風日。其條上半空，下半實，空者無用。將實者剪作三四段，每段三寸，斜削寸許，其二寸留芽兩三個。將剪留之桑根四旁發開，用快刀劃破其皮寸半，取竹片削尖，探入令鬆，隨將斜削之條反插皮内，須以刀削一面對皮。蓋桑之膏液在皮，必以斜削之皮，與桑根之皮，膏液粘併，方能浹洽。若將接條正插，以皮貼皮，以骨貼骨，必不能活。如法接好，扎以桑皮，塗以河泥，復撚泥丸蓋在條頂，切勿搖動。若常遇天晴，旬日即活。清明後桑芽盡放，摘去下芽，上存一芽，發成一枝，俟高至尺餘，須用蘆葦數尺植其旁，用浸軟稻柴鬆鬆縛住，以防風折，勤削勤澆，一年可長五六尺。倘有接而不活者，其根必發新條，來年再接。

清 楊名颺《蠶桑簡編·栽桑法》《牧令書》卷一〇 接桑樹：種過三年，必須接換，葉乃厚大。春分前後，擇向陽好條，大如筯，長一尺者，削如馬耳。於本樹離地二三尺處將桑皮帶斜割開如人字樣，刀口約寸半長，將馬耳朝外插入，以桑皮纏定，糞土包縛，令勿洩氣，清明後即活。次年，將本樹上截鋸去，便成大樹。陝西宜小滿後椹熟時接之，五、六、七月亦可。

又不拘樹身大小，將頂上鋸截成盤，用刀削平，劈爲兩半，將接頭削如鴉嘴長短，須量劈縫插入，務要兩皮相著，包如前法。

清 楊名颺《蠶桑簡編・養蠶法》《牧令書》卷一〇 一法，本年春間，所種小桑，次年清明前卽須將本枝翦去，出土只留二寸作盤，用刀削平，劈爲兩半。取老桑樹上本年所生之嫩條，翦二三寸長一段者，削如鴉嘴，長短須量劈縫插入，務使兩皮相合，以稻草一莖紮緊，外用爛泥護其四圍，自易活易長。

清 楊蔚本《養蠶説》《皇朝蓄艾文編》卷二〇

接桑法

大凡果之一生者，質小而味惡，一接之則質大而味美，桑亦如是。則接法宜講，春分前十日爲上時，前後五日爲中時。晴煖陽和，爲時恰好，木之津液生，氣行於肌肉間，乘其發生之時，移精美之芽條，以合鄙惡之幹質，人巧可奪天工。接法有四：一插接，二劈接，三貼接，四搭接。 插接法：附地鋸斷，於砧盤上肌肉內附骨用竹篦子插下，可深一寸半，或插或釘。竹篦子大小批接頭劈半樣，一面蒲背，一面平地，削成馬耳。用時噙養溫和，插時平面附骨，鋸過處爲砧盤，堅木爲骨，皮內骨外青輭者爲肌肉。鋸用細齒者，粗傷肌肉，接頭可長五寸之上。其眼襯青者，根頭一寸半，用薄利刀刻下中半，刻成判官頭樣，餘半削其骨如馬耳狀，又與刻下處相照。蒲背上用利刀遏斷，浮皮剝去，顯露肌肉，輕遏不可傷肌肉，又將馬耳尖頭割去半分，青肌肉自長於骨尖半分。將接頭噙養溫暖，借人之生氣易活，但人口不可喫酒及滋味。取出篦子，就用青肌肉半分裹接頭馬耳尖插下，極要嵌密，每一砧盤插二條或三條，合接頭之骨與樹之骨相著，肌肉與肌肉相著，如不相對著，又不緊密，多不活。如不用半分肌肉裹馬耳尖，則擦省肌肉，亦多有不活者。用新牛糞和土爲泥，封泥了，濕土封堆。接頭頂上，可留一二眼，土厚三四寸，周圍棘刺遮護，接頭芽條出土，長高一二尺，酌量留二三條，其餘割去。傍豎椽子一根爲依柱，芽條漸壯，止可留二條，後爲雙身樹，當年可長至一丈，至大人高時，截去稍，其橫枝自長，勿採。至臘月內科截橫條，每一身可留三四枝，各長一尺，然不可拘定，或長或短，取其樹勢圓也。明年爲柯，柯上起條，採令稀勻，至秋成樹，劈接亦可。又法掘土見根，將橫根周圍一遭斧斫斷，掘去中間正眼，將周圍根楂細鋸子截成砧盤，或劈接或插接如前，至來年止留一條大者，其餘分出別地栽之。 劈接法：先附地平鋸去身幹，於砧盤上向下一寸半皮肉上用快刀子尖向上左右斜批豁兩道至平面。其下尖，其上闊一指，中間批豁斷者，剔去接頭，可長五寸。其粗細如一指許者，於根頭一寸半內，量留一半，將其外一半左右削兩方成蕎麥楞樣。令頭尖口內噙養，嵌於砧盤所批渠子內，極要緊密，使老樹肌肉與接頭肌肉相對，斟酌砧盤大小接數枝，用牛糞土泥封所繫桑皮，然後用濕土封堆，俱如上遮護法。貼接法：一名神仙接。就於橫枝上截了，留一尺許於接頭上，眼外方寸半，刀尖割斷皮肉至骨欵，揭下帶眼皮肉一方片。其眼底骨上一小心子如米粒，此是一芽生機之根，揭時用指甲尖剗起，令其小心帶於皮肉之上。口噙少時，取出印濕痕於橫枝上，復噙養之。用刀尖依濕痕周圍刻斷皮肉，揭去露骨，將接頭上靨皮嵌貼上，上下兩頭用新細薄桑皮繫了，斟酌鬆緊，用牛糞和泥眼四邊泥了。搭按法：就將種出荊桑芽條，去地三寸許向上削成馬耳狀，將一般粗細魯桑接頭，亦削成馬耳狀，兩馬耳相搭，用桑皮繫了，牛糞泥封，濕土擁培。其芽條出土，可留一二芽，至秋長成，明年移入園中栽之，接諸果木亦同。再取藏接頭，如近處有接頭者，臨接時取如遠處有者，先於臘月節氣取割其條。可用未曾盛油新柿簍中，與蒲穰一處藏了，外密封不透，雖行千里不致凍損。又大樹宜劈接、插接，小樹宜搭接、貼接。附地接者，封培擁泥如前，半身截成砧盤接者，但其縫罅上用紙封，又用破席片包裹，如仰盆子樣，內盛潤土培養，接頭勿令透風，土乾則灑水，所包土上芽條長出，包土亦休去。至秋條長成，接處長定，所包土不用也，至接果木，宜二年條。

清 佚名《樹桑養蠶要略・樹桑十九條》 接野桑 樹高大，葉尖薄而不適于用者，謂之野桑，處處有之。若用佳桑條接之，一年之後，即成家桑，葉亦圓大，可飼蠶。接桑之時，必待天煖，又須月暗，晦日尤妙。接法不一，當于南方求慣習接桑者，以為之倡導。惟接桑之葉，二年以內不可飼初蠶，只飼大眠以後之蠶。

清 尹紹烈《蠶桑輯要合編・蠶桑輯要合編》 接桑法桑秧種至二年，必須接葉乃厚大。離土寸許剪斷，以小刀劃桑皮成人字樣，卽截取湖桑條或魯桑條三寸者，削其末，令薄，插入人字中，使兩脂相浹，用皮紙蔴披緊紮。將糞土堆高，擁埋接處，令勿動搖洩氣，遲至五七日便活。又種秧二年後，方能接活，殊覺遲緩，莫若栽湖州，接過桑條，較爲迅速。務於本年大寒節內往仙女廟戴橋章墅村一帶購買，約定次年二月送浦，包栽包活。

又 移栽接桑，剪成拳桑法

接桑栽法：宜五尺許一本，如品字樣，不可對植。當待次年正月天氣清和時候，可離地二尺翦去上條。候芽出時，只留二芽，秋後成條，又五六尺許。待次年正月，離幹尺許，復翦去，如叉樣式。再留頂上各兩芽，餘盡抹去。來年又翦新枝，總留尺許，仿前法，再翦再留，而枝條又增倍矣。約五六年，至立夏後開翦，連枝葉盡行翦下。飼蠶翦至數年，桑卽成拳式；十六七拳不等，謂之拳桑。拳之大者，可留三四五條不等。次年立夏，又將拳處翦下，飼蠶。連枝葉翦下者，一則省工，再則恐有雨溼，須倒懸於通風處，一時卽乾，卽可飼蠶矣。

又 未接魯桑秧，養成拳桑法

初年出桑秧，擇係魯桑者留之，次年成桑苗，苗大如指，分栽。翦直根，留旁根三四，令深入土五寸埋根，令舒暢。其苗長四五尺者，翦其本畧半。俟發旁枝，擇其旺者留之，次年漸漸開拳，不接亦可。惟荊桑必須接。枝壯成幹，翦其條，以開拳。年年於拳上抽條摘葉，葉多易采。蓋柳有髡柳，桑有拳桑，物理之相似者。

又 《清河蠶桑局規條》 局中散給民間桑秧，樹本微小，移栽者見效在二年之後，爲日遲久，種者畏難。擬每年買備仙女廟兩年後大桑秧二三萬棵，配搭本局小桑秧普散給民，接活甚速。惟每萬須價五十千文，現局中無力購辦，俟捐項稍有存積，卽爲買備。倘遇好善樂捐美舉，定必有成。

清 周春溶《蠶桑寶要·序·法則》 接桑 種後三年，必須接過，葉乃厚大。法於正月間，將滿枝條截去，祇留三兩大椏；卽於大頭上用刀斜砍數分，深一處另用別枝一刀削下；將尖薄處湊合插上，當用溼土封好，外用箬片或棕皮包裹紮緊，卽活。其法與接菓木樹同，如有已經接過桑樹，取其新枝，接上更好。

清 高銓《蠶桑輯要》卷上

接換

果木必取種之佳者接換，維桑亦然。已接者為家桑，不接為野。野桑之葉薄而易癟，不如家桑之肥大而多液。凡桑秧，種至三年，秧身粗壯，卽可接換。其法以春分前後五日為上時，揀天色晴明接時逢雨，決無活者，翦取家桑肥旺枝條如指大者，截去其稍，約留五寸長，謂之接扦頭。將桑秧向北一面離根一尺或半尺，看光潤無傀儡處，用快刀向上，左右斜批兩刀，如鴉嘴樣。切平其尖，環屈秧身，刀批處其皮自然豁開，取接頭量留兩綻眼，將下一半用刀斜批至末，削去三之二。要刀法平準，不可有凹凸痕，再畧刮去外面粗浮青皮，插入秧身皮內，不可以木貼木，須使接頭所削一面之木緊貼桑秧之皮，無少罅隙，然後以稻草緊縛。俟芽發長一二尺，卽將秧身未着刀一面之皮割斷，使精液盡歸接頭上，用紐繩將新條逌秧身縛定，不致風動損傷。次年春鋸去秧身，削平鋸口，使皮周圍包裹，可無傾折之患矣。若秧身大，不能環屈，則用劈接法。離地一尺，平鋸去秧身，用刀從中直劈開二寸，取接頭刊削如鑿，倚着一邊嵌入，須使接頭之皮緊接秧身之皮方活。蓋桑與他木異，其脂盡從皮上行也。外用草縛，取泥裹之以避雨水。古稱構樹接桑，其葉肥大。余屢試之，俱不能活。

清 何石安輯《蠶桑圖説合編》 接桑法 接換之法，用魯桑條三寸許，削去一半如馬耳式，約寸餘，宜急速反插入荆桑皮內，麻札土擁，惟在時之融和，手之快，密封繫之固，擁包之厚。取春分前後，清和天氣，候芽出時，只留一芽，秋成條桑是也。

又 説桑五條

四接桑説 本年所種大桑秧，明年春分前澆三七分糞水，將本枝斜劈翦去，離地只留二寸。用桑刀將枝上之皮剖開少許，取接本桑上翦下之嫩條，粗如箸者，斜翦二段，各長二三寸，插入桑本皮內，以稻草一莖，鬆鬆紮之。用泥糰好，再泥做小丸，套蓋枝尖，俟其抽榦長葉後，攀留一條，明年留兩條，以後均照種接本法，惟翦接時所翦桑本及另取嫩條，均要斜翦，其嫩條扦入桑本皮內，務要皮搭皮，切勿與中木反扦，並勿碰傷，無不活者。勿反扦一説，乃接樹之要訣也。其小桑秧，明年春分後亦澆三七分糞水，將本枝離地翦留半寸，亦斜翦。取接本桑上嫩枝一小段，接之餘如前法。至明年正月，可以掘起，墾土另種，卽接本桑也。凡種秧，均須圍插荆榛，以防蹴踏，澆肥去草，尤爲要務。現在未接之桑，粗如蔗如盞者，亦皆可接。其法留本枝約三尺許，横斜鋸斷，剖其皮，取浙桑嫩梢三四段插入，封以泥，無不活。以前法翦留，悉成佳種。一二年卽可採葉，至桃李梅杏之類，如法插接，果實無不鮮美。

清 黃祖徽《蠶桑淺説·栽桑篇》第二章《育苗》第二節《接桑》 此

法歐洲行之者甚多，種桑椹，第三年清明前，先剪家桑枝有葉芽者每枝約長三四寸，置筐中，覆以濕布，勿見風。用小刀於野桑木上劃開桑皮，如圭角形，將刀畧一擺動，則皮已離骨；取小竹釘，削如馬耳樣，嵌入皮內，謂之桑餂；隨將家桑枝一頭削薄，一面如鴨嘴形，取出桑餂，而以是條，嵌入皮中。或以桑皮纏定，糞土包縛，令不泄氣；或以污泥護之，愼勿動搖。天晴，清明前十日接；天寒，清明後十日接，月餘即活。甫接而遇驟雨，則活者寡矣；接後三日，雖有微雨無害，久晴縛處燥裂，須用水潤。其縛新條發芽，將故條剪去，便成家桑，接而不活者，明春可以再接。

清 賈振聲校，袁俊德輯《桑政萃編》卷二《辨桑類》 蟠桑，拔去老樹，全留根荄，以新枝紮其中旁，是以嫩枝接老幹，暢茂勝於小樹。

桑不接則葉不美，無論荊桑、魯桑、小葉、大葉、老桑，均宜接法。以春分前後，桑葉回青時爲佳，必須天氣晴暖，得陽和之氣。接時必待月暗，自下弦至上弦時，每月二十三日後至初八日前也，晦日尤妙。如上弦至下弦時，並望日皆忌，因地氣隨月而盛，當月明時，生機全在枝葉，移則傷性，接則傷氣也。

又 選接頭

將魯桑枝條截下數寸，接於砧盤上爲接頭，以當年嫩條爲佳。又桑條上半空，下半實，擇實者用之，翦下接頭，即置筐內，覆以溼布，勿令見風日。

又《接博類》

插接

本年所種大小桑秧，次年清明前將本枝翦去。大桑秧離地留二寸作砧盤，小桑秧離地留一寸作砧盤。用刀將砧盤之皮剖開少許，取魯桑向南之嫩條，粗如筷子，翦二三寸長，插入砧盤皮內，以稻草一莖鬆紮之，仍用泥壅四圍，再作小泥丸套蓋枝尖。惟所翦砧盤及另取接頭嫩條，均要斜翦。其嵌入砧盤時，將接頭翦斜處向外，乃活，因桑之膏液皆從皮上流通，必令接頭與本桑之皮彼此相向，乃得浹洽。

皮接

如接小桑樹，不必截斷樹身。清明前，將本樹離地數寸割開樹皮，斜如人字，刀口長一寸半，如樹大則割皮離地稍遠。擇向陽好條，斜翦二三寸爲接頭，以接頭下截翦斜，向外插入本樹皮內，用桑皮緊纏，以潤土封之，勿令洩氣，清明後即活。次年，接頭滋長，始用刀從本樹之背將上段截去，勿傷接頭。或於次年立夏後，將接頭以上本樹用刀橫劃，則上段自枯，令生發之氣歸於接頭，俟後年正月再將上段截去。凡小桑粗如酒杯，接用此法，大桑粗壯者，接亦同。倘接而不活，枝幹具在，生氣無虧，次年仍可再接。

靨接

凡接小桑樹，俟接本桑枝上發出桑眼，擇本年新枝條，用快小刀將桑眼週圍割斷約半寸，連皮肉帶眼及小心子，即眼下骨上之芽心，一並揭下。以指甲尖剗起小心子，帶於皮肉之上，噙於口內，次將應接桑樹截橫枝爲砧盤，再取出口內桑眼，印溼痕於砧盤上，用快刀照溼痕四圍刻斷皮肉，揭去不用，將接頭上眼皮貼於砧盤骨上，以眼向上，不可顛倒上下兩頭。以桑皮纏繞，須鬆緊合宜，太鬆則接頭本枝兩不相著，太緊則皮勒受傷津液不通。用牛糞泥封固，將砧盤上桑眼一概掐去，如此則全樹津液，盡歸接頭上矣。

葉接

桑葉與枝分界處生小苞，自苞以上爲葉苞，以下爲枝苞，附於桑枝皮外，實生於桑枝皮內。生苞處有小心子，大如米粒，爲生苞根本，即生葉根本。小滿後，桑葉肥厚，遇天氣晴明，將從前接過桑樹翦下一條，以快利小刀將條上有苞處四面青皮一並劃開，長七八分，寬二分，連苞帶皮以手揭下，視皮內小心子無傷損，可作接頭。再於現在應接處直劈一縫，即分開將苞下青皮插入縫內，苞留縫外，以桑皮纏繞可發生。每一樹可接五六枝，與靨接略同，但靨接用桑眼作接頭，此用桑葉作接頭也。

身接

凡桑不接不翦，任其生長者，毛桑也。擇桑之粗如蔗如盞者，橫斜鋸斷，砧盤離地約高三尺，剖開砧盤之皮，取魯桑嫩枝三四段，如法插入，封以泥丸，俟接頭上抽條、長葉，便成佳桑。

劈接

以小鋸截樹身作砧盤，用利刀削平砧盤之頂，再以刀口接定砧盤中心，執斧背擊一下，砧盤自劈兩半，拔出刀以木釘插入，令縫分開。將接頭下截兩面各削一刀，插入劈縫之內，須長短相合。拔去木釘是否緊密，否則拔出再削，以緊密爲度，用桑皮或檾麻纏繞，露接頭上梢，以溼土封固即活。接小桑亦可用此法，如樹身梢大，用刀橫直各劈一下，如十字，可接四枝。

根接

凡枝幹粗壯爲大桑，樹大條短葉薄，不能滋長爲廢桑，皆未曾接過。法先削竹籤一枝，粗細比接頭一半，一邊削平，一邊削圓，仍將竹籤下頭左右各削一刀，尖如馬耳；次將桑樹靠地鋸斷爲砧盤，以竹籤插於盤上骨肉之間，或釘下亦可，約深一寸半。籤平面附骨插下，圓背附肉插下，接頭長五寸許，用薄刀於接頭下截一寸半，照竹籤樣削平一面，餘不必削；次於下頭削馬耳形，拔出竹籤，將接頭插入砧盤孔內，接頭與砧盤須以骨對骨，以肌肉對肌肉，務令緊密，連界處用新牛糞和土四圍包裹，以溼土封堆，須露桑眼一二個以洩其氣，當年可長八九尺。

清 江毓昌《桑蠶説》 若是接酒杯以上粗的樹，不必截斷本身，只要清明前在本樹離地三四寸處樹小離地三四寸，樹大要畧遠些，用快尖刀斜割樹皮兩刀，像人字樣到骨便止，約長一寸半，選湖桑向陽肥枝，斜剪二三寸長的做接頭本樹小接頭只要二三寸長，本樹大接頭要長些，接頭下截斜口向外，揷入本樹人字內，用稻草紮緊，溼泥封結實，不要洩氣，淸明後就從接頭眼上抽條。

清 方濬頤《淮南課桑備要・上兩江總督稟》

接桑

樹種過三年必須接換，葉乃厚大。春分前後，擇向陽好條，大如筯，長一尺者，削如馬耳，於本樹離地二三尺處，將桑皮帶斜割開，如人字樣。刀口約寸半長，將馬耳朝外插入，以桑皮纏定糞土包縛，令勿洩氣。清明後卽活，次年將本樹上截鋸去，便成大樹。又不拘樹身大小，將頂上鋸截成盤，用刀削平，劈為兩半。將接頭削如鴉嘴長短，量劈縫插入，務要兩皮相著包如前法。

又《諸家雜説》

接桑法

接換之法：用魯桑條三寸許，削去一半如馬耳式，約寸餘，急速反插荆桑皮內，麻扎土擁。惟在時之融和手之快，密封繫之固，擁包之厚。取春分前後，清明天氣，候芽出時，只留一芽，秋成條桑是也。

又 培桑有十法

桑木有三寸圍圓，接之最妙。臨接之時，取向陽好魯桑條，如筯大，將荆桑鋸截盛盤，以魯桑條三寸削如馬耳式。先用竹筯削扁，刺入荆桑皮內，速將馬耳反插荆桑皮内，用麻扎之，再用稻草作窩籠之，用潮潤細土封之。清明後即活，過五日遇雨無妨，未過五日遇雨，覆盖要緊，三年即翦成大樹，葉多而茂。

清 曹笙南輯《五畝居桑蠶清課》卷二《祈祓》 接博 桑秧栽二三年後，人力、地利俱善，仍然葚多葉少，是為草桑。宜於春分前後用接博法，不惟葉大而少葚，變為佳桑，且每株可收葉七八十斤或至百餘斤者。接博可仿接果法，惟身接、根接、皮接三法，於桑最宜。大樹用身接法，先用鋸截去原樹枝莖，作盤砧，高可及肩。以利刀際其盤之兩傍，微啟小罅，深可半寸。先以竹片測其淺深，以所接條約五寸長，一頭削如小篦，畧噙口津，卽納之罅中，使皮肉相對。用樹皮封固得所，再用牛糞和泥包裹，勿令透風。仍留二眼於上，以洩其氣。小樹宜用根接法，用鋸截去原對身，去地約五寸以接條，削如篦式插入，餘如前法。皮接法，用利刀於樹身八字斜剉之，測其淺深以接條，削如馬耳式插入，亦皮肉相對，餘如前法。凡接上條，宜擇佳種，接時必以刀利手敏為得。或一樹接兩處，待芽後，擇旺者留之。芽出非接條上者，悉去之。

清 曾鉌《蠶桑備要》卷一《栽桑説》 接桑 樹種過三年，必須接換，葉乃厚大。春分前後，擇向陽好魯桑條，大如筯，長一尺者，削如馬耳，於本樹離地二三尺處，將桑皮帶斜割開，如人字樣。刀口約寸半長，將馬耳朝外插入，以桑皮纏定，糞土溼包縛牢，勿令洩氣，露梢一二寸，清明後卽活。次年將本樹上截鋸去，便成大樹。陝西宜小滿後椹熟時接之，五六七月亦可。又不拘樹身大小，大樹留及人肩，小樹離地留一尺。將頂上鋸截成盤，用刀削平，劈爲兩半，將接頭削如鴨嘴，長短須量劈縫插入，縫中兩邊務要兩皮相著，包如前法。俟接頭芽長三四寸時，常起土看，原樹根底發芽盡行拔去，仍封土如故，將所纏裹的皮子解去，否則纏久樹成藥葫蘆樣。又法：以小利刀於砧盤傍向下一寸半皮肉上，以刀尖向上，左右斜劈豁兩道，至平面，下尖上闊，中間劈豁斷者剔去，如烏鴉嘴。渠子兩壁有斜面，無平底，其尖淺，向上漸深，至頂可深至半指許。接頭揀好條，大如中指，以下長尺許。將槎頭一寸半，用利刀左右削兩刀，成蕎麥楞樣，令頭尖如烏鴉嘴，子與樹身、烏鴉嘴、渠子，大小相符，捺與老鴉嘴渠子裏，務要緊密，皮對皮，骨對骨，與樹身一般無迹。一砧盤可接四箇，樹小者可接二三。外用棉紙纏包，再用構皮或桑皮，或檾麻，纏縛牢固，外用牛糞泥土封塗周圍，又用破席片包裹，如仰盆樣。內盛潤土，將接頭埋合，略露梢一二寸。土乾灑水少許，接頭長芽，亦不可去席土。至秋長定後去。

又 㕞接法　將美樹枝條上長就小㕞如麥子大，未發出芽者，將此㕞周圍方寸用快刀刻取，連皮肉揭下，於口內噙少時，取出；於惡樹上，揀一未發芽的小㕞子，如麥子大者，一箇將口內㕞皮取出，貼印溼痕，於惡㕞皮上以利刀依痕刻斷。惡樹㕞處大小如之。將惡㕞皮揭去不用，遂將美㕞合貼惡㕞刻痕上，務要將美㕞裡面空尖子合在惡㕞上的小骨尖上，如榫卯之相合。要緊在四圍皮對皮，無少閒隙，兩頭用溼綿包裹，桑皮纏之，不鬆不緊。仍用牛糞泥封之，但須露芽尖在外，縛樹枝葉，遮蔽烈日，再將惡樹上一切枝條盡行斫去。又將其餘惡㕞子一切掐去，令津脈盡升於所接之㕞上，及㕞發上尺餘，便可解去纏物。此法接諸果樹，須在豌豆開花時；若接桑，無論橔接、㕞接，必須在三伏日。

又山東人㕞接法：茶碗粗桑樹，五月閒，將美樹當年新條㕞子削下，周圍帶皮約各一分許。將惡樹科去頂條，留橫條四五股；削去梢尖，各留尺許。將此四五股上每股接二㕞子，餘俱掐去。接法：將惡樹條近頂處，兩邊上下錯開各劃一十字，橫直各四五分；將美樹㕞子塡入十字中閒，不必對骨尖。用桑皮上下纏住，使不露風中，露㕞子卽活。

又㕞接小桑條子與酒杯粗小桑樹。春月，豫將惡樹冗枝條科翦，並將所留舊枝翦留一節，上留兩㕞，以下㕞子掐去，使長兩新條。到五月閒，新條長有尺許，將美樹新條削下一頭，截齊，再將皮劃斷，八九分長一節，用指一扭，連皮帶㕞子祇須一㕞子，脫下一空筒。卽將惡樹新枝條削去梢尖，將皮四面剝開，隨剝隨將空筒套上，套至大小合式，卽不裹亦活。如梢不合，卽用上節脫開桑皮，纏繞於下，上口不纏，至筒子上所露舊條骨一段，亦不截，自能長齊。此法更穩便。㕞子亦不必對骨尖。

又《補編》 根接法　接時須將桑根旁浮土抓開，見有絲根，卽將樹身齊土面翦斷，或鋸斷，擇其光潤無傀儡處，用快刀豎劃破皮，將刀略擺，使皮離。翦接條三寸，削一寸如馬耳，嵌入。用桑皮繞緊，土壅，但露二芽鞘於上。驚蟄後，接清明後，卽漸發芽。秋後長旺，冬月卽可移栽。或將近地小樹枝條㕞接，長成條子，攀倒壓土，生根後分栽，卽不須再接。

清　陳雪堂《蠶桑簡法》卷下《栽桑要法》

接桑

接桑之效用在改良葉質、增收桑量，故宜先選接穗俗名桑插，次選砧木草桑之待接者曰砧木。接穗宜於冬月擇葉大而厚之桑樹，剪其完全無疵之枝如手指大，密閉於陶器最好用酒罐，內以越冬，至翌年春分節前取出，截去兩端，取中央長三四寸中生三四芽者用之。有以春分前十日採接穗者，吾國桑家皆用之，其法亦可取。砧木須擇老幼適度，皮層細潔者用之。至其接法雖有多種，最便而易活者，莫如皮接之一法。法將砧木之皮用利刃劃人字形之裂縫有闊皮如門者，預將接穗削成馬耳形之斜面斜面之長約七八分，削之須平，否則養液外洩，不能生活插入之以接穗之斜面貼砧木之皮，外塗接蠟無接蠟以粘土代之，貼縛稻草務須貼伏，勿令過寬過緊，迨接穗發芽，擇其強壯者留一二芽，餘皆除去，同時於砧木上端之皮接合處上二寸許作輪環形挖去，留其枝以爲接枝之保護，則養液不能上升，胥歸接穗而苗自旺，及秋去其砧木之上端。有接時遂將砧木上端截去者，然不如至落葉時截去爲妙。成爲一本良好之接桑也。但接桑尚有起娘接將砧木掘起面接之者、抱娘接不將砧木掘起，卽於地中接之二種。起娘接，接後必須移植桑圃，圃宜開敞，預作南北畦，下埋腐熟廐肥，畦旁作八寸深溝，每畦植桑兩行，每行距五寸，植後覆以細土實之，以免搖動。此法雖易於培植，然縱實行上驗之，則起娘接不如抱娘接之較爲便捷也。

清　陳淳《實驗蠶桑簡要法》篇上《栽桑法》第十三章《搭接桑秧之法》

（一）就中以皮接法爲良，此法無論荊桑、土桑等苗，於第二年發芽二十日前卽可將該苗離地，剪留一二寸，隨將接過湖桑嫩條取來如筆管大者，長約三寸，以利刃從其下端削成七八分長馬耳形斜面，貴極平滑，毋稍凹凸，其二寸餘，留三四芽，削後銜於口內，乃將該苗側面之皮層切開成圭角狀，長短與接穗之削面同，以手探入令鬆，卽插接穗，以刀削面貼皮，務使全體密切，倘以皮貼皮必難生活，再以蔴草等束緊，勿使動搖而植之，並撚泥丸，蓋於條枯爲要。

（二）土桑等苗，宜擇老幼適度，皮層細潔，根幹强壯者爲上。接穗則貴健全無病，芽位各段疎密匀稱者，但削此穗之法，上部須在芽位背面稍低處下手，若誤在芽位周圍削下，接後難望活着。因發芽部木質較他部堅緻，所貯養分亦較多，非第削不易平，且下部對芽難紮縛也。

（三）宜擇空氣流通，日光照射，乾濕適度處爲植秧之圃。先時預爲耕耘，深約五六寸，散布腐熟堆肥。次將土塊細碎，造成三尺或二尺餘幅之畦，畦間掘深七八寸之溝，一畦兩行，每行距五寸許，並植接過之秧，覆細土至紮縛處之上，以免接穗動搖。復宜常川巡視，防砧木抽芽，有則隨時掐去，使砧木養液，悉輸接穗，則成活自易也。

（四）植下後，每日早晚，宜用噴水器散布清水。如乾燥之年，可導水於畦，以資濕潤。俟接穗桑芽放後，須留强壯者一芽，餘悉除去，勤糞淡肥，迨長至尺許，將竹葦等物，扶植其旁，以防屈曲。此時苗幹漸大，培肥亦可稍厚，惟晚夏以後最忌施肥，此理詳選擇桑苗章，不贅。

（五）此外更有宜行於老桑之大接，割接兩法。大接法，即皮接法之一種，雖以十數年老樹，於將萌芽前，離地數尺高處，將幹横斜鋸入，以揷接穗，其間隙處，封以河泥與肥料混成之粘土，復用稻草束之，施速肥數次。俟其活後，即截老幹，使其生長力悉歸接穗，所謂返老還童之改良法也。割接法，有單接、雙接兩種。單接法者，將幹截後，削令平滑，即從中心或幹之側面，斜削而開裂目，嵌入接穗而束縛之，幹上復封粘土，第此穗削法，須於其下端兩側削之，成爲楔形是也。雙接之法不過兩面皆嵌接穗耳，惟其嵌時皮層須令密切，不可削有凹凸，否則恐難見效。

清 陳開沚《裨農最要》卷二

劈接

樹本用細齒鋸粗則損皮肉，截樹小宜低截，高則地氣不應；樹大宜高截，低則地氣太旺；再大者截枝，接亦好作砧盤即截梢所留之桑本也，以利刀削平砧盤之頂，再以刀口按定中心，用斧擊刀背一下，劈為兩半，拔去刀，以木釘從心中插入，其縫自開，將接頭取魯桑當年所發向陽新條，氣旺者用之，陰嫩者不用。又桑條上半空，下半實，須擇其實者用之，剪下接頭置筐中，以無油汗濕帕覆之，無令見風日下截用薄口鋒利刀鈍則損津液兩面各削一下。勿削桑眼之方，削則傷眼難活，形如烏鴉觜。烏觜尖處，最怕皮離骨，離則難活，宜再削，長短須與劈縫一樣不可過長，亦不可過短，插入縫內，拔去木釘，細看接頭與劈縫是否緊密，如不緊密，拔出另削，總以緊密為度。務要皮對皮，肉對肉，骨對骨，與樹身一般無痕迹為妙。又砧盤皮厚，接頭皮薄，須嵌進一絲則皮與骨肉各相對矣，此又不可不知也。外包綿紙三四層，桑皮構皮、綀麻、棕葉皆可用。纏縛牢固，鬆則皮肉離脱，津液不凝，不能活矣。然亦不可太緊，緊則皮肉受傷，津液不通，亦不能活。纏畢以牛糞和田泥，搓融包固，再以潤土壅封四圍，否則風寒雨濕入而害之，砧盤在樹身、在樹枝者，用竹箬包好，内盛潤土或蓆片，無底瓦盆亦可，略露梢頭二三眼，護以荆棘，免人畜觸動。如數日土乾，周圍灑水少許，勿使浸入接頭。見接頭發芽，必刪除砧盤之芽，使生氣盡歸接頭，及接頭抽條，又掐去接頭旁芽，使旺氣盡歸正尖，植竹枝桑條於旁，以繩繫定，免風摇損，且可扶之使直，本年即過於原樹，此法易知易能。時人接諸果，俱用劈法。根接、身接、枝接皆可用，亦最穩。樹大者截樹身為砧盤，横直各劈一刀如十字，接四枝。再大者截樹枝為砧盤，每枝劈一刀，各接二枝。樹小者附地截砧盤，劈一刀，接二枝。再小者撥開浮土見絲根，平土面截砧盤，劈一刀，接一枝。只要插包壅灌得法，斷無不活，但不可畏難苟安耳。

又 皮接

先削竹籤一枝粗細比接頭一樣，一邊削平，一邊削圓，下截盡頭處削成馬耳尖形左右各削一刀便成尖形，如馬耳矣，不必截樹身，只用刀將桑皮兩邊帶斜割開，樹大宜高割，樹小宜低割，再小附地割，如人字形，刀口長約一寸，以竹籤插入籤之平面須附骨插下，籤之圓背須附肉插下，取接頭四五寸，下截一寸，照竹籤様削平一面，其餘一面本是圓背，不必再削，盡頭處仍削馬耳形，拔出竹籤，以接頭削平之面，向外插入，使兩邊皮上，滋水粘連。樹之膏液皆從皮上流通，故必以接頭之皮與本樹之皮，彼此相向乃得浹洽，若以皮貼皮，以骨貼骨，必不能活。外貼以紙，用稻草棕葉亦可。一莖，鬆鬆紮之，牛糞田泥，合勻封之，外包竹箬，盛潤細土，露桑眼二三，慎勿摇動，清明即活。條長數寸，以繩繫於樹身，本樹當年，仍可採葉。若要接條速長，採葉後即將本樹皮，用刀從接口上周圍劃斷。俟明年接條滋長，勿採其葉，只從本樹接口上尺餘長處，全砍其梢以取葉，則接條壯大。明年亦如是，則接條更壯大。又明年，然後用刀從本樹之背將上段截去，勿傷接條，則來年發葉，更勝於本樹。凡桑樹如指大、酒杯大、茶杯大者，俱可用此接法。倘接而不活，則本樹仍在，次年又可易一面接之。接而既活，則本樹尚可採葉，無傷接條，如法砍枝截幹，接條由小而大，葉不缺少。桑亦變換，其獲利也厚矣。近人有平地截桑本，擇光潤無魄礧處，用刀帶斜割開，將刀略一擺動，則皮已離骨，用接條斜剪插入者。有連皮帶骨斜割，接條兩面，各削上圓下尖，邊厚邊薄，如刀有口背樣，用背面寬皮，向外插入者。有將桑樹離土面四寸，用鋸截去三分之一，上以利刀斜削，如半心空，用竹籤插入，接頭亦削籤形插入，周歲後刮去本樹粗皮，俾脂膏流貫，易於合抱。又一年乃於接口上，全伐桑本者。有將大桑、廢桑靠地截作砧盤，如前法插接者。有不用竹籤插，而於砧旁開小孔，剔去孔内肌肉，長一寸餘，下尖上闊。接頭下截，左右各削一刀，亦下尖上闊，嵌入孔内者。

以上各法俱要如法包裹壅護，皆能有成。諸書所載曰身接，曰根接曰皮接，曰枝接，曰靨接，曰搭接，悉試之，惟劈接、皮接根接、身接、枝接亦不外此兩法。較穩。其實皆接皮耳，皮不相接，斷不能生皮，既相接，斷無不活，接皮之要，在肉對肉卽皮内白韌者、皮對皮。其緊要在縫對縫，其尤緊要在有縫而無縫，蓋至無縫，接桑之能事畢矣。梅可接杏，桃可接李，構可接桑，螟子蜾負之義也，不類者尚可類，况本相類者乎！欲求種美者非接不可。

清 江志伊輯《飼蠶法》 餘論 近來中國出口之數，年減一年，推原其故【略】一由於種桑之不廣，桑類甚繁，無不宜之土。農家隙地，半多荒棄，誠於水涯山畔，悉以樹桑飼蠶，其利不可勝言矣。近人創立種桑公司，建五股分利之議，計栽種者、看守者、出資本者及地主與義舉，五年獲利，各分一股。缺一株，則補種二株，不數年，則桑徧通國矣，其良法可仿行也。

清 江志伊《種桑法》 浙人植桑，斬其枝而植之，謂之『嫁桑』。却以螺殼覆其頂，恐梅雨侵損其皮也，二年即盛。

移栽 若栽接本桑，湖桑之紅皮大種，接過單槍者順，立春後，春分前，買栽之。預耡地作埨，用丈竿量定，闊五尺五寸。不可參差闊狹，致礙采葉施肥之路。然後將地耡深一尺二三寸，四周寬廣，沃之以糞或塘泥，植桑坎中，每株相距亦五尺五寸。栽時翦根、調泥，一如春栽法。理直横根，不可拳曲。敲土極細，塞實根株。平地須過接頭三寸高，方易回生。隨用快翦，視桑之大小，桑大離地尺餘，桑小離地七八寸，翦去上段，以接土桑。栽後不必澆水，三四日後，以二糞和水澆之。以後天晴，則五六日一澆。俟芽葉盡放，摘去下芽，留上芽三四枚，發成三四枝，以後分五年作五層，修翦之，便成拳桑矣。若栽未接小桑，先將地墾鬆，培土作埂，闊二尺五寸，埂兩邊可栽兩行，每株相去一尺。用指大竹管扦土，作小孔，將桑秧翦去直根，留四寸，插入孔内。孔大則用土填滿，根與土務令相着。栽畢，翦去枝稍，亦留四寸，澆灌之。俟抽條長葉，留粗者一條，次年接換。惟接後，又須移栽耳。按：種桑之木，有三寸圍圓，或大如母指、兒臂者，便宜接博。接成後，復移栽之，恐有傷損，且根頭漸大，移亦費事。不移則相距太密，勢難兩大。何如此時移栽，卽一步一株之爲愈耶？若小桑移自遠方，微帶根鬚，上無寸土，脂脉爲風日耗竭，栽後難活，縱活亦不榮旺。必須通十餘樹爲一束，於根鬚上蘸沃稀泥，泥上糁土，包以蒲蓆，包内用湆泥固塞，仍搿夾車箱兩頭，不透風日。中間順臥，樹身上以蓆草覆之。預於栽所，掘區下糞。樹到時，晝便下水，依法栽之。以上均言熟地栽桑法，若栽於未耕種之生地，須擇黄白色帶沙燥土，燒盡野草，以絶蟲類。將土曳打柔細，用灰糞與土合勻，不乾勿澆。若青黑窪溼之地，須四面開溝，中擁土埂，以洩水氣。

又 接博 至接博之法，一曰揷接。清明前，將上年所種桑秧，翦去本枝。大桑秧，離地留二寸，作砧盤。小桑秧，離地留一寸，作砧盤。擇光潤無塊礧處，用快刀，將砧盤之皮剖開寸半許，隨將刀略一擺動，則皮自離骨，取小竹籤，長二寸許者，削如馬耳樣嘉湖人謂之桑餂，嵌入皮内。再取魯桑向南之嫩條，粗如筯者，翦二三寸長，揷入砧盤皮内，以桑皮鬆紮，仍用泥壅四圍。再作小泥丸，套蓋枝尖。砧盤及接條均用斜剪，如馬耳樣。其嵌入砧盤時，須將接條翦斜處向外，乃活，慎勿動搖。清明後，卽漸漸發芽。八九月間，其高大已與未接之本樹相等。至冬月，便可移截矣。接桑所發之條，高至尺許，卽須用堅實木條，牢植其旁，用桑皮鬆鬆縛住，以防風折，且可使挺然直上，無横斜拳曲之枝。接而不活者，其本身必更發新條，明春可再接之也。

二曰劈接，以小鋸截樹身作砧盤，用利刃削平砧盤之頂，再以刀口接定砧盤中心，執斧背擊一下，砧盤自劈兩半，拔出刀，以木釘插入，令縫分開。將接條下截兩面，各削一刀，揷入劈縫之内，須長短相合。拔去木釘，是否緊密，否則拔出再削，以緊密爲度，用桑皮或蔴麻纏繞，露出接條上梢，以溼土封固，可厚五寸卽活。接小桑亦可用此法，如樹身梢大，用刀横直各劈一下，如十字，可接四枝。一法於平頂砧盤旁向下一寸半皮肉上，用快刀子尖向上、左右斜批，豁兩道至平面，其下尖比上闊一指，中間批豁斷者，剔去之。其批豁了處，如一鵶嘴樣渠子也。兩壁有斜面，無平底，其尖淺向上，漸深至平面，可深至半指許。接條可長五寸，其粗細如一指許者，於根頭一寸半内，量留一半，將其外一半左右削兩刀子，成喬麥楞樣，令頭尖口内噙養溫暖，嵌於砧盤。旁所批渠子内極要緊密，須使老樹肌肉與接條肌肉相對著，於砧盤上其泥封，繳紮一如前法。三曰身接，卽高接。擇桑之粗如蔗如盞者，横斜鋸斷半身，作砧盤，離地約高三尺，剖開砧盤之皮，取魯桑嫩枝三四段，如法揷入，對以糞泥。或將老樹身幹截去一半，爲砧盤，但砧頂離地太高，不能附地壅土，須將連界處之縫罅用紙封固，紙外包以破蓆，形如仰盆，内盛潤土培養，勿令透風。或用無底瓦罐盆子代蓆片亦可。乾則澆水，芽條雖出，勿去包土。俟秋天長定後再去，此身接又一法也。

又 接博　凡椹種之桑，不接則葉不美。接博須以春分前後桑葉回青時爲佳，必須天氣晴暖，得陽和之氣。甫接而遇驟雨則活者寡矣。【略】接博時所宜注意者，【略】曰選接條。擇魯桑枝條粗如筆管者，翦下數寸，接於砧盤上，曰接條，以當年嫩條爲佳。凡桑條上半空，下半實，宜用下半實者，翦下卽置筐內，覆以溼巾，勿令見風日。如選自遠方，可於未盛油之新柿□中，與蒲包穰裝了，外密封不透，行千里不損。

清　金步瀛《古今合纂殖桑法》第四章《搶條法》第五節《備錄》

備錄

又云：『桑乃極易生之物，余於六月間根接桑數十株，隨斫本樹枝梢插於周圍，以遮烈日，時遇連雨數日，不料至七月間，所插枝梢大半皆活，以此觀之，插桑亦不拘時。』

又　第五章《接木法》第九節《接木之方法》

枝接法

枝接法所用之接砧爲全樹，如旁接法或截去枝榦之一部；如平頭接，準接，劈接，搭接，扦接等法。其接穗爲全枝，或一部份，極少必有一芽，須長二寸至四寸。寒冷之地，較溫暖之地宜稍長；芽嘴緊密之桑，較芽嘴稀疏之桑可稍短；又肥土宜較長，瘠土可較短；接砧大者宜較長，接砧小者可較短。

又　皮接法，更分平頭接法，斜面接法：

（1）平頭接法

先將砧木於適宜之處截斷，約出地平二三寸，亦有高至一二尺，或與人等高者，是在接者臨時斟酌耳。《蠶桑萃編》云：砧盤大，宜高截，低則地氣太壯；砧盤小，宜低截，高則地氣難應。截斷處以利刀削光，於皮層與木質之間，用籤子插入，約深一寸半。接穗之莖極略帶斜切之，根極之上約一寸半處，其位置在末芽下方或背面。用刀橫斷，至將達木心爲止，如下圖二之a。其餘削成斜面形，如下圖二之b。斜面形之背面，用刀略去其表皮，使現綠色之靭皮層；如下圖四之d。又接穗之削法，有不先用刀橫斷，乃直接削成斜面者；如下圖三之c。削畢噙於口中，取出籤子，將口中之接穗插入。其插入也，接穗皮層與砧木木層貼，砧木皮層與接穗木層癒合，而營其共同生活，每一砧木上插二條或三條。插畢，用蠟或牛糞泥封之，更用藁稈覆於砧木之斷面，稈之兩端折之下垂，外再用藁縛之。

第二十四圖　平頭接法（一）

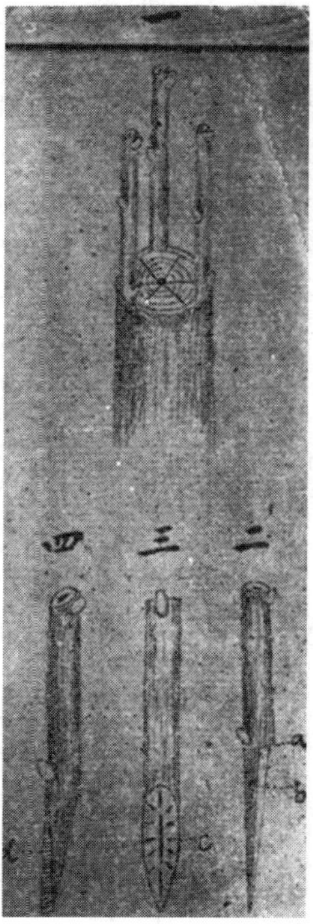

上圖一，爲一砧木上插接穗三枝之形，其砧木之周爲三等分，卽每隔一百二十度插下一枝是也。依一砧木之徑，不能多於三枝，如多於此數則太近，而砧木之皮必破裂，欲免此病，宜於每枝插入處劃一直縫，至形成層爲止，如下圖a。再用桑餂起其皮，將接穗逐一插入，其他手續與前同。

第二十五圖　平頭接法（二）

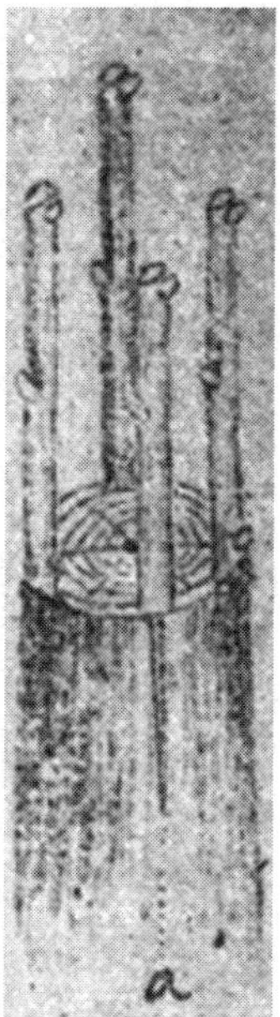

又《農桑輯要》所稱插接法，似卽上述之平頭接法，錄其原文以資參考：

插接法，附地鋸斷，於砧盤上肌肉內，附骨用竹篦子插下，可深一寸半。或插或釘，竹篦子大小比接頭半劈樣，一面蒲背，一面平也，削成馬耳狀，用時噙養溫和，插時平面附骨。鋸過處爲砧盤。堅木爲骨，皮內骨外青輭者爲肌肉。鋸用細齒者，齒麄傷肌肉。接頭可長五寸之上其眼襯青者，根頭一寸半，用□刃刀子刻下中半，刻成判官頭樣，餘半削其骨成馬耳狀；又與刻下處相照蒲背上，用刀子遏斷，浮皮剝去，顯露肌肉；輕遏，不可傷肌肉。又將馬耳尖頭薄骨割去半分，青肌肉自長於骨尖半分也，將接頭噙養溫暖，假借人之生氣易活。人於其時不可喫酒，及濃厚滋味物。取出篦子，就用青肌肉半分裹接頭馬耳尖，插下極要嵌密，每一砧盤上插二條或三條，令接頭之骨與樹之骨相著，肌肉與樹之肌肉相著，木之津液行於肌肉之間，如不相對著，又不緊密，多不活。如不用半分肌肉裹馬耳尖，則擦了肌肉，故亦多有不活者。用新牛糞和土爲泥封泥了，溼土封堆，大小斟酌其樹盤。接頭頂上可留一二眼，土厚三四寸，周圍棘刺遮護。接頭生芽條出土長高一二尺，約量留三二條，其餘割去，傍埋橛子一條爲依柱，芽條漸長，用繩子或葛條總繫在柱上，不如此，被風雨擺折。芽條漸長壯，止可留二條，後爲雙身樹也。當年可長八九尺一丈，至大人高時，截去梢，其横枝自長，勿採剝，至臘月内科截横條，每一身可留三四枝，各長一尺，然不可拘定，或可長可短，取其樹勢圓也。明年爲柯，柯上起條，採令稀勻，至秋成樹。

又 (a)平頭嵌接法

《農桑輯要》《農政全書》名此法曰劈接法，而《豳風廣義》則曰身接法，二者接法相同，特《豳風廣義》較爲詳盡。其文曰：『如樹長盈口大，不可就地接，須用身接。用細齒鋸截去原樹身作砧盤，高可及人肩，以利刃小刀於砧盤傍向下一寸半皮肉上，以刀尖向上、左右斜劈豁兩道至平面，其下尖，其上濶，中間劈割斷者剔去，如烏鴉觜樣，渠子兩壁有斜面，無平底，其尖淺，向上漸深，至頂可深至半指許。接頭俗呼眼子，須要揀肥大好魯桑，向陽枝條，大如中指以下，長可尺許，將槎頭一寸半，用利刀左右削兩刀，成蕎麥楞樣，令頭尖如烏鴉觜，與樹身上劈割成烏鴉觜樣渠子大小相符，遂捺於烏鴉觜渠子裏，務要緊密，總要皮對皮，骨對骨，與樹身一般無痕跡爲妙。如不合式，再削眼子，下烏鴉觜，要刻渠子，務要緊密合式。一砧盤可接四個，原樹小者止接三二個。接訖，外用棉紙纏包，再用構皮或桑皮或檾麻纏縛牢固，鬆砧皮肉離脱，不能活矣。』

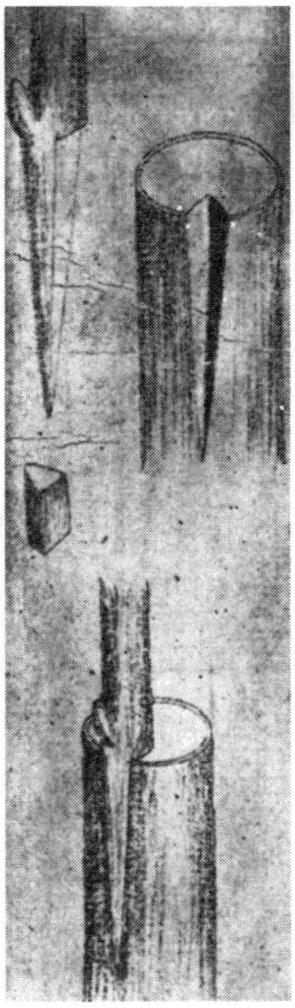

第三十二圖　平頭嵌接法

又 (2)雙枝劈接法

《豳風廣義》曰：惟此法省功易活，予每用此法，百接百活，如身接根接，亦用此法最穩，不拘樹身大小皆可用。將樹用小鋸截成砧盤，其頂用利刀削平，隨以利刀按樹中心，用斧背將刀背一擊，樹身劈爲兩半，拔去刀，中心用木釘一插，其縫自開。將接頭根下用利刀削兩面成蕎麥楞樣，令接頭尖如烏鴉觜，長短須量劈縫，不可過長過短，插入縫中，兩邊務要兩皮相着，如不合式，拔去再削，務要合式。如樹稍大，徑寸餘或二寸者，十字劈開，插四接頭，中間木釘拔去，先以紙裹，後以桑皮或檾麻縛之，外用溼土封固，微露其梢。俟芽長三四寸時，常起土看，原樹根底發芽。

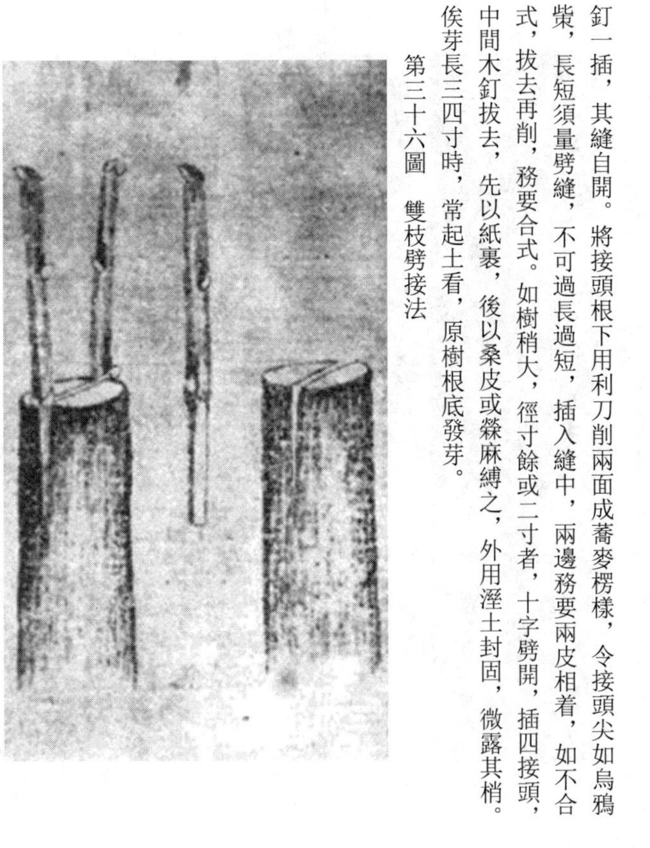

第三十六圖　雙枝劈接法

又 (1)斜面搭接法

此法或簡稱搭接法，亦稱殺接法。接砧與接穗須等徑，兩斜面必極平滑，而角度相配。兩斜面相切之縫須極密，以免樹汁流出，蓋樹汁流出，爲接木最大弊病，往往使接木不能成功。《士農必用》云：『接搭法，就畦内將已種出荊桑隔年芽條，去地二三寸許，向上削成馬耳狀；將一般粗細魯桑接頭，亦削成馬耳狀，兩馬耳相搭，細桑皮繫了，牛糞泥封，溼土擁培。其芽條出土，可留一二芽，至秋長如一大人高，明年可移入園中養之。』《豳風廣義》云：『將美惡兩枝，俱削如馬耳，皮骨相對，但此接多難活。』

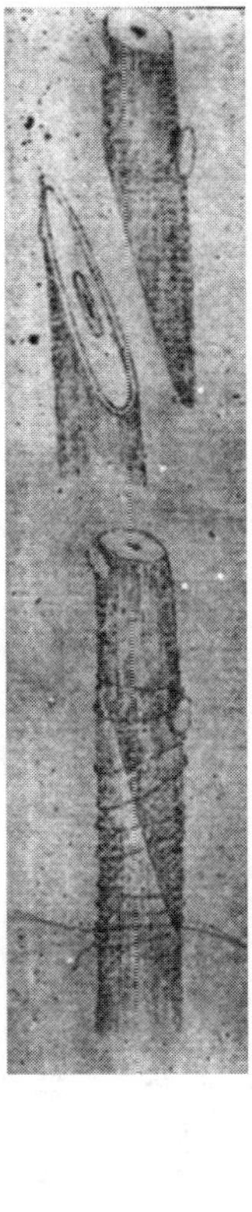

第三十九圖　斜面搭接法

又　根接法

根接之方法，與枝接所行之方法大概相同，如接枝與接根同大者，可行搭接法；接枝較接根粗大者，可行皮接、準接、劈接等法是也。惟其接枝削如枝接法之砧木，而接根削如枝接法之接穗，與枝接法適成反比。茲將普通施行之皮接根接法，記之於後，其餘參照枝接法施行可也。其法：將接枝與接根取齊，先由根之兩邊約七八分用刀削尖，再於接枝末端之皮層裂開七八分，以削根插入，接枝大者接以二根，其狀恰如蛸，故有蛸接法之名。接後縛之，不縛亦可，縛之宜鬆，蠟料可不必用。栽之土中，自然接着矣。又如欲求接工迅速，則切條者，削根者，插入者，包縛者，栽種者，皆分職爲之，一日可接數千株，且切口可免乾燥之患。

接枝宜選去年所生，徑三四分至一寸，長約四五寸而附有三四芽者；接根宜選去年所生之鬚根，徑一分長四五寸者用之。但接根除接着之一寸許外，餘須細根錯雜，不可用少而禿者；須預於臘月樹汁尚未流動時掘取，或冬間耕耘桑田時採集爲一束，貯土中以待用亦可。

第四十七圖　根接法

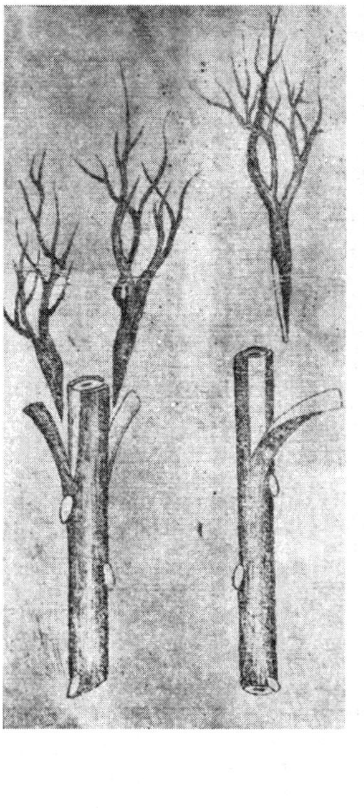

上法係將根掘起，接好後，再行栽之土中。然又有但掘土見根，即就本地根上用皮接、準接、劈接、搭接等法接之者，錄之以供參考，其法：掘土見根，將橫根周圍一遭斧斫斷，掘去中間正根，將周圍根楂細鋸子截成砧盤，每一砧盤，或劈接或插接二三接頭，（斟酌砧盤大小，細根不堪接者勿用。）芽條出土，若太稠密，則間令得所，至來年止留一條大者於本地，其餘分出爲栽子，於別地栽之。——見《農桑輯要》

又　（2）貼法籐牌形芽接法

此法卽《農桑輯要》《豳風廣義》等書所稱之靨接法；然二書之記載，略有出入，並錄之，以資採擇。

靨接法：可就於橫枝上截了留一尺許，然尺寸不可拘定，惟取樹勢圓也。於接頭上眼外方半寸，刀尖刻斷皮肉至骨，款揭下帶眼皮肉一方片，其眼底骨上，一小心子如米粒，此是一芽生氣之根，揭時用指甲尖剗起，令其小心子帶於皮肉之上。口噙少時，取出，印溼痕於橫枝上，復噙養之，用刀尖依溼痕四圍刻斷皮肉，揭去露骨，將接頭上靨皮嵌貼上，其眼向上，勿令顛倒。上下兩頭，用新細薄桑支繫了，斟酌其緊慢，太緊則生氣不通，太慢則不相附著，俱難活也。用牛糞和泥，眼四邊泥了，其所貼之靨，多少可量其樹之大小。見《農桑輯要》《農政全書》

靨接法，將美樹枝條之上長就小靨如麥子大未發出芽者，將此靨周圍方一寸，用快刀刻取連皮肉揭下，於口內噙少時，取出於惡樹上揀一未發芽的小靨子如麥子大者一個，將口內靨皮取出，貼印溼痕於惡靨皮上，以利刀依痕刻斷惡靨處，大小如之，將惡靨皮揭去不用，遂將美靨合貼惡靨刻痕上，務要將美靨裏面空尖子，合在惡靨上的小骨尖上，如榫卯之相合，要緊在四圍皮對皮，無少間隙。兩頭用溼綿包裹，桑皮纏之，不鬆不緊，仍用牛糞泥封之，但須露芽尖在外，縛樹枝葉遮蔽烈日。再將惡樹上一切枝條盡行砍去，又將其餘惡靨子一切掐去，令津脈盡升於所接之靨上，及靨發上尺餘，便可解去纏物。此法接諸果樹，須在豌豆開花時。若接桑，無論橔接、靨接，必須在二伏日，初伏接者，枝梢向上長，中伏接者，枝梢平長，末伏接者，枝梢向下長，其餘諸月接者皆難活，亦不論下弦上弦，月明月暗，但入伏接之皆活。桑惟靨接最穩，十活八九，然須用當年所生新條，如小指大者，周身有葉，每一葉蒂下有一小靨如麥子大，掐去葉蒂，刻取靨子，如上法接於新生惡條靨子上卽活，若橔接不過十活三四。見《豳風廣義》

靨接又名貼接，又名神仙接。見《農桑輯要》

第五十二圖　貼法籐牌形芽接法

附雙接芽法　凡接芽之人，雖爲最巧之熟手，亦不能包定所接之芽全歸成功。如不成，則耽悮一年之工，間或接砧因此枯死。故如接芽頗多而接砧少，或接砧略大，可用雙接芽法，彼此相對。其接法一如前述各接芽法，惟其横縫不可過長，如接砧格外大而强，可接三四芽，倘接後俱活，而無須兩芽或多芽生長，則留其强者而除去其餘。如欲成雙枝或扇形之樹，則可留之令兩邊生長。

又　第五十五圖

此圖左示接苗桑所用接穗之形，右示抓開砧木根旁浮土際根翦斷形，如馬蹄，兼插入接穗壅蓋潤土之形。

接苗桑　其法：先將接砧根旁浮土抓開，見有絲根，即將樹身近根際剪斷，形如馬蹄。次取枝條去其兩端，將芽之下方反面，削爲一寸以上之斜面，斜面下半之兩邊，各削去少許，使幾成圓面狀，並適度割去其尖端，使皮層與木質不致分離，或更於尖端之背面微微削去其表皮，使現綠色，乃留一芽或二芽，由枝翦下，令成長約二寸之接穗。然後將接砧馬蹄形之尖端，用刀尖剔開其皮，樹小者，但以手捏之，其皮自開，可不必用刀。將接穗插入，而斜削之面向外，纏縛上蠟等事俱可不必，但徐徐壅以潤土即可。其壅土也，以左右手之大食中三指捏土，對馬蹄形之尖端而緊擁之，末以虚土封堆，略露芽嘴於土外，慎勿動摇。迨發芽之後，宜檢查新芽是否從接穗所發，若不發自接穗而發自接砧，則嫁接之功已成虚費。倘兩者俱發新芽，則接砧所生芽當隨時去之。時施液肥，毋使土地乾燥，並勤除雜草，謹防害蟲風害。至秋間長達四五尺，生長漸減，則摘去稍端，落葉後或發芽前，即可掘出而栽植於桑園。

按此法，施行於如指大之小桑最爲適宜，省功易活，雖初學接桑者行之，成績亦屬不惡。惟地面有物經行，最易碰動，碰動則壞，故接後宜將接穗埋沒土中，或周圍密插小枝，以爲保護兼資識别。

又按，桑苗圃或大栽桑家，其所接之樹多者，可用分業制，以三人合作：一爲園工，用鋤挖開根旁之泥；一爲接木人，將樹身齊根翦斷，如法將枝插入；一爲管理壅土，及插保護兼識别之枝，如此分職而行，每較一人獨作爲迅速。

又按，接苗桑亦可用準接、劈接、搭接等法，然俱不如此法之簡便。

又　（二）接壯桑

此法不切斷砧木之莖榦，視榦之大小，及皮層之優劣，斟酌適宜之位置，割開人字形或丁字形之目，用竹籤餂起皮層，或以手撓樹，使皮層與木質部分離。於是將削成馬耳樣接穗，

第五十六圖

（甲）砧木割開人字形之目之形（乙）砧木割開丁字形之目之形

馬耳樣部分，宜薄而長，其背面及尖端之處理與前法同。朝外插入，插入部分宜多。以稻

草纏定，復以稻草作窠，中貯潮濕細土，露芽嘴一於土外，或更於其上以稻草披蓋。接穗既活，蠶事已畢，

第五十七圖

此圖示接合點以上之砧木用刀周圍刻去樹皮寸餘之形

可將接合點以上之砧木，用刀周圍刻去樹皮寸餘。而砧木之上段自枯，其生機盡萃於接穗矣。俟來年接穗新梢滋長，然後用鋸或刀從結合點之背將上段截去，勿傷新梢，截處帶斜平勢，不令聳突；如恐風折，則用柱依扶，數年後接枝盛大，刀疤塡滿，不見接痕矣。倘接之不活，則砧木之根榦俱在，生氣無虧，來年再接可也。

案上法即腹接，俗稱抱兒接，蓋因其接處在樹之中部，而其狀又恰如抱兒故耳。以之改良五六年生之野生桑，甚屬相宜，成績頗佳，故吾浙行之者甚衆，如浙東之諸暨縣，則純以此法行之云。

又案砧木割開人字形或丁字形處，普通約離地面尺許，然須斟酌樹身之大小而定。如樹身大，離地可稍遠，樹身小，離地宜較近是也。

又 施術方法與目的　欲求基木客木之癒合，使無妨津液之上昇，與類化液之下降，所用刀翦必須銳利特備，否則多費時間，而截斷部凹凸不平，癒合困難，有礙生活。接木術務求敏捷，基木之割切插接，爲時愈短愈佳，庶傷口無乾枯之患，基木必二三年實生桑苗，高出地面二尺許爲要。此時所留高度，有關新法養成後之樹形，與勞動經濟等等，苗榦横面截成後，其餘同爲三等分，即每於一百二十度，用刀輕敏縱截，至基木行成層爲止。預削竹或木扁圓籤子數个，成客木形，但略小，度此籤插入基木皮層與木質層之間，待客木削成，籤子拔出，而插入早中晚三種客木，如圖一之abc。客木之預備，以各具二芽爲度，長約二三寸，將末芽下方，或其背部，削爲寸許之斜面，如圖二之a。更於背面略去其表皮，使現綠色之靭皮層，如圖二之b。

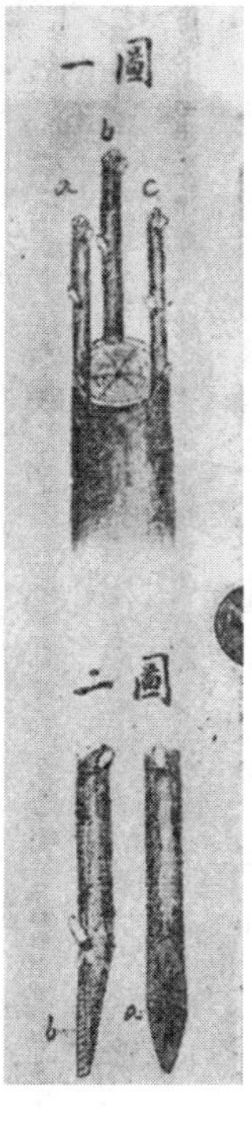

清 李應珏《蠶桑説略》卷一　接桑樹法。桑移栽後，大至一把，於清明節前後葉芽未放時，在已接過之大桑樹上削其一枝，長尺許，刀口如馬耳形。又於本樹距地尺許削去一枝，刀口向，出下皮接上皮，裹以泥草，使樹根之水直貫而上，不可使雨水灌入。數日有葉芽放即活。次年，將本樹再鋸去，凡樹接過者謂之家桑，子少葉厚多津，數年，高與簷齊，數十年始衰，得葉可數十斤。未接過者謂之野桑，葉希而薄。

清 林心北、吴書年勸刻《蠶桑輯略·栽桑法則》十六條

接換法

魯桑接魯桑，則葉愈厚而多津。荆桑接魯桑，則椹少而葉亦肥。厚畦内種成荆桑，培養到三年之初，宜擇魯桑枝條之肥美者，尤須向陽宿條，其氣壯而茂，新陰條不堪用。接時，擇其大如筯，長一尺者，削如馬耳。於本樹離地一尺處將桑皮帶斜割開，如人字樣，刀口約寸半長，即將馬耳朝外，向皮開處插入，使兩邊皮上脂水粘連，以桑皮纏定，牛糞和土封之，外包竹箬草繩縛緊，勿令洩氣，清明後即活。次年，長成青條，可將本樹上截鋸去，用快刀削平，不削則鋸處火氣入木，生氣不旺也。以後，便成高大接桑。山陝省分，宜於小滿後接之，五六月亦可。山陝接諸樣果樹，俱在春分前後，獨於此時接桑不活，疑是地氣寒冷，或春多大風故耶。

清 林志恂《蠶桑淺要》

接桑

芽桑未接，甚多葉薄，故接桑之法，爲養蠶家所宜知。法：於正二月時各地氣候不同，不能一定，總之在桑樹發芽前之二十日或三十日爲最佳。剪取接桑之枝條，截去上梢，用其下段，長約二三寸，粗如小指，須有芽二三個，以利刃削其下端，成斜面形，上端亦畧斜，削作馬蹄形。是爲接穗。乃將芽桑離地二三寸處

截斷，用利刃剖切其皮肉相接之處，是爲砧木，亦名砧盤。即將接穗下端挿入砧木挿時須以接穗之皮貼砧木之肉，砧木之肉貼接穗之皮，用稻草紮縛，四圍以泥壅之。壅宜過接穗紮縛之處。勿透風，勿動搖，不久自能生活發芽。發芽多者，擇其强壯之一枝留之，餘俱摘去，芽長至三寸以上，宜施用薄肥，水糞對配。以助其成長，至秋間可得四五尺高之苗木。

清　劉光蕡《修齊直指評》

桑有栽接、鋸翦之法。桑有盤條、壓條數法，而皆不如種桑之多且易生。法：將熟足桑椹用水淘浄陰乾，將地治熟摟成畦子，將桑子撒布，用杷子輕摟，三兩日一澆，十餘日即出，勤澆勤糞，至冬即可移栽。桑椹熟時，即可種栽桑之處，凡山坡、溝澗、高原下濕、砂磧壛灘、水淹湖泊、壠畔田邊、城壕捍臺、家宅墳園、牆下路旁、門前側室，一切間階曠土及入山五里之地，皆宜栽桑。法：將地掘坑，廣深各尺許，用糞與土和勻，入水一桶，調成稀泥；將預種桑秧掘來，坐於泥中，按至坑底，提掇三五次，填土與地平；次日築實，封身尺餘高，周圍成環池，以容水。栽地桑亦如此法，只是一坑二三根，須要栽種下的魯桑秧子一畝約栽二百四十坑，雖不及樹桑耐久，而獲利甚速。凡栽樹，九月至三月皆活，惟栽桑樹亦不論冬夏。但荆桑葉不如魯桑葉肥大，宜將魯桑曆接於荆桑，樹枝葉愈肥大。接有插接、根接、劈接、枝接、搭接數法，而皆不如壓接易生。法：將魯桑小曆如麥子大者，截作長一寸，闊四分，起下來須看曆心平實莫傷。又將荊桑枝幹上亦截去長一寸闊四分，將皮起下以魯桑曆補上，須要下節對緊，用麻或桑皮縛緊，截去上面枝稍，以桑葉遮蓋，四五日即生。可割斷縛繩，以暢生氣。接桑自桑椹熟時至三伏日皆可，然桑不鋸翦則不旺。即如欲成樹桑，將栽下的桑條如箸大者，落地齊翦。次年發芽只留一芽，上長餘皆鋸去，長至六七尺高。至冬月，就樹腰中齊翦，來年發芽只留兩條，餘皆鋸去，飼蠶如此。每歲一條留兩條，兩條留四條，四條留八條，愈留愈多，愈多愈高。若翦大樹蠶，月翦條飼蠶，五六月發出條來，翦去一切不正冗條，以飼二蠶，名曰『滅條』。至臘月或正月，翦去整條的稍尖，名曰『攔頭』。翦地桑亦如此法，只是年年落地齊翦，『滅條』、『攔頭』皆同，人能依法樹桑，自然桑葉繁盛，遍野綠雲矣。

清　劉清藜補輯《蠶桑備要》第一篇《栽桑説》

接桑樹　種過三年，必須接換，葉乃厚大。春分前後，擇向陽好魯桑條大如筯，長一尺者，削如馬耳，於本樹離地二三尺處將桑皮帶斜割開，如人字樣，刀口約寸半長，將馬耳朝外插入，以桑皮纏定，糞土濕包縛牢，勿令洩氣，露稍一二寸，清明後即活。次年，將本樹上截鋸去，便成大樹。陝西宜小滿後椹熟時接之，五、六、七月亦可。又不拘樹身大小，大樹留及人肩，小樹離地留一尺。將頂上鋸截成盤，用刀削平，劈為兩半，將接頭削如鴨嘴，長短須量劈縫，插入縫中兩邊，務要兩皮相著，包如前法。俟接頭芽長三四寸時，常起土看，原樹根底發芽，盡行拔去，仍封土如故，將所纏裹的皮子解去，否則纏久，樹成藥葫蘆樣。又法以小利刀於砧盤傍，向下一寸半皮肉上，以刀尖向上、左右斜劈豁兩道至平面，下尖上闊，中間劈豁斷者，剔去，如烏鴉觜渠子，兩壁有斜面，無平底，其尖淺，向上漸深，至頂可深至半指許，接頭揀好條大如中指以下，長尺許。將槎頭一寸半用利刀左右削兩刀，成蕎麥楞樣，令頭尖如烏鴉觜子與樹身烏鴉渠子大小相符。捺於老鴉觜渠子裏，務要緊密，皮對皮，骨對骨，與樹身一般無迹。一砧盤可接四個，樹小者可接二三。外用棉紙纏包，再用構皮或桑皮、或檾麻纏縛牢固，外用牛糞泥土封塗周圍，又用破席片包裹，如仰盆樣，內盛潤土，將接頭埋合，略露稍一二寸。土乾灑水少許，接頭長芽，亦不可去席土，至秋長定後去。

曆接法　將美樹枝條上長就小曆如麥子大未發出芽者，將此曆周圍方寸用快刀刻取，連皮肉揭下，於口內噙少時取出，於惡樹上揀一未發芽的小曆子如麥子大者一箇，將口內曆皮取出，貼印濕痕於惡曆皮上，以利刀依痕刻斷惡樹曆處，大小如之，將惡曆皮揭去不用，遂將美曆合貼惡曆刻痕上，務要將美曆面空尖子合在惡曆上的小骨尖上，如榫卯之相合。要緊，在四圍皮對皮，無少間隙，兩頭用濕綿包裹，桑皮纏之，不鬆不緊，仍用牛糞泥封之，但須露芽尖在外。縛樹枝葉，遮蔽烈日，再將惡樹上一切枝條盡行斫去。又將其餘惡曆子一切掐去，令津脉盡升於所接之曆上，及曆發上尺餘，便可解去纏物。此法接諸果樹，須在豌豆開花時，若接桑，無論墩接曆接，必須在三伏日。

又山東人曆接法　茶碗粗桑樹，五月間將美樹當年新條曆子削下，周圍帶皮約各一分許，將惡樹科去頂條，留横條四五股，削去稍尖，各留尺許。將此四五股上每股接二曆子，餘俱掐去。接法：將惡樹條近頂處兩邊上下錯開，各劃一十字，横直各四五分，將美樹曆子填入十字中間，不必對骨尖。用桑皮上下纏住，使不露風，中露曆子即活。

又曆接小桑條子

與酒杯粗小桑樹，春月豫將惡樹冗枝條科翦，并將所留舊枝翦留一節，上留兩曆，以下曆子掐去，使長兩新條。到五月間，新條長有尺許，將美樹新條削下，一頭截齊，再將皮劃斷八九分長一節，用指一扭，連皮帶曆子祇須一曆子脫下一空筒，即將惡樹新枝條削去稍尖，將皮四面剝開，隨剝隨將空筒套上，套至大小合式，即不裹亦活。如稍不合，即用上節脫開桑皮纏繞於下，上口不纏，至筒子所露舊條骨一段亦不截，自能長齊，此法更穩便。靨子亦不必對骨尖。

清　陸獻《山左蠶桑考・課桑事宜》

接本

《種樹書》：桑以構接，則桑大。《蠶桑簡編》：種過三年必須接，葉乃厚大。春分前後，擇向陽好條，大如筯長一尺者，削如馬耳。於樹之離地二三尺處將桑皮帶斜割開，如人字樣，刀口約寸半長，將馬耳朝外插接，以桑皮纏定，糞土包縛，令勿洩氣。清明後卽活。次年將本樹上截鋸去。按：接本、接枝皆可，接本名『墩接』，皆照接果法。南人謂已接者曰『家桑』，未接者曰『野桑』。

清　呂廣文《蠶桑要言・種桑法》

接法

栽種理值如法，次年卽可接。於春分後，接成湖桑，土薄之處，再過一年，必然可接。接法須於驚蟄時候，擇桑種之佳者，將桑條中間一段剪下，直插甕中，使畧收斂。春分後取出，每條剪作四寸許之長，去梢不用，名曰桑簡。聽候取接一着桑漿，卽便吃去活而抽芽矣。接時將草桑泥底株根邊僅寸許高，用鋸裁斷，以利刀將皮斜割兩刀，一向東，一向西，須刀柄在上，刀頭在下，使所割桑皮上尖下闊，如三角形。稍長復用竹籤，將皮懸起，直插其中。然後將桑簡削去，一邊如馬耳形，須極平，插拔起竹籤以桑簡插入，其簡須將刀割，一面搭向割開之桑皮，桑漿由皮而上，使從桑簡削去處透入兩面，隙縫用田泥糊封，再用糯稻草兩三根緊緊紮住。卽便活矣，截落桑條，卽插其旁，俟芽抽起，長一二尺許時候，恐風吹折，卽可用以挪扶。

清　馬丕瑶《蠶桑簡易法・植桑法》

接桑　魯桑利厚，不能耐久。荆桑能久，而葉沃不及魯桑。惟以魯桑枝接荆桑本，則兼得之。接法：按春分前後，天氣晴和之日西風之日不可接，西風屬金，金剋木，接之不活，視桑本有三寸圍圓，將荆桑本離地二三尺許，用細鋸横截成盤，取向陽好魯桑條如筯大，約三寸長，削如馬耳式。先用竹筯削扁，刺入荆桑皮内，速將馬耳條反插荆桑皮内，用麻紮之，再用稻草做窩籠之無稻草處麥草亦可，用潮潤細土封之，清明後卽活。過五日遇雨無妨，五日内遇雨，覆蓋要緊。三年卽成大樹，葉多而茂。按：接桑或靠地截斷接之，俟活時便可用翦桑法更佳。

清　任蘭生《蠶桑摘要・培養桑樹法二十二條》

接桑，樹種過三年必須接換，葉乃厚大。春分前後，擇向陽好條，大如筋，長尺許者，削如馬耳，於夲樹離地二三尺處，將桑皮带斜割開，如人字樣。刀口約寸半長，將馬耳朝外揷入，用桑皮纏定，糞土包縛，令勿洩氣，清明後卽活。次年將夲樹上截鋸去，便成大樹。

或卽以桑子所出之秧，于次年春分前後將根旁浮土抓開，見有絲根，卽將樹身齊土面剪斷，於剪斷以下擇光潤無傀儡處，用快刀豎劃，破其皮寸半，隨將刀略一擺動，則皮自離骨，取小竹釘長二寸許者，削如馬耳樣，嵌入皮内，嘉湖人謂之『桑餂』。剪接條約三寸，削一寸如馬耳樣，上二寸留芽嘴二，取出桑餂，以是條嵌入。其嵌入时須以刀削一面向外乃活，盖桑之膏液，皆泛皮上流通，故必以接條之皮與夲樹之皮彼此相向，乃得浹洽。若以皮貼皮，以骨貼骨，則必不活。用桑皮繞緊，以土擁之，但露芽嘴二于土上，慎勿動摇。清明後卽漸漸發芽，八九月間其高大已與未接時之夲樹等矣。俟至冬春間移至他處，照苐三條栽法栽之。

清　沈練《蠶桑説・樹桑法二十一條》

接桑宜在驚蟄以後清明以前天色老晴時接之。甫接而遇驟雨，則活者寡矣。其法：擇家桑條其條上半空而下半實，空者無用，擇其實者用之如筆管粗者翦下，謂之接條每一條約可接野桑三兩株。翦下接條置筐中，以溼布覆之，勿使見風日。將野桑根旁浮土抓開，見有絲根，卽將樹身齊土面翦斷。翦不斷者，以小锯斷之。於翦斷以下擇光潤無磈磄處用快刀豎劃破其皮，深約寸半，隨將刀略一擺動，則皮已離骨。取桑餂以竹釘削成馬耳樣，長二寸許，嘉湖人謂之桑餂嵌入皮内。翦接條三寸，削刀須側下，一面留皮一寸如馬耳樣，上二寸留芽嘴二，取出桑餂，而以是條嵌入其嵌入也，須以刀削一面向外乃活，蓋樹之膏液皆從皮上流通，故必以接條之皮與本樹之皮彼此相向，乃得浹洽。若以皮貼皮，以骨貼骨，則必不活矣。用桑皮繞緊，以土壅之，但露芽嘴二於土面，慎勿動搖。清明後卽漸漸發芽，八九月間，其高大已與未接時之本樹等矣，俟至冬月移至他處，照第二條栽法栽之。野桑雖亦可以飼蠶，然葉薄而小，甚亦多於家桑且易瘪，音鼈。故必接成家桑。

一、接桑所發之條，高至尺許，卽以粗桑條，他條之堅實者亦可牢植其旁，用桑皮鬆鬆綰住，以防風折，且可使挺然直上，無横斜拳曲之枝。接而不活者，其本身必更發新條，可至明春再接。解此二條，則桑秧可於木處取辦。然必先栽有家桑乃可，否則無處取接條。

清　沈練，仲學輅輯補，章震福校訂《廣蠶桑説輯補校訂》卷一

接桑說二條　接桑宜在驚蟄以後。清明以前。天色老晴時接之。甫接而遇驟雨，則活者寡矣。其法：擇家桑條如筆管粗者剪下，謂之接條。其條上半空而下半實，空者無用，擇其實者用之。每一條約可接野桑三兩株。剪下接條置筐中，以濕布覆之，勿使見風日。將野桑根旁浮土抓開，見有絲根，即將樹身齊土面剪斷。剪不斷者，以小鋸斷之。於剪斷以下擇光潤無傀儡處用快刀豎劃破其皮寸半，隨將刀略一擺動，則皮已離骨，取小竹釘長二寸許者，削如馬耳樣，嵌入皮內。嘉湖人謂之桑餂。剪接條三寸，削一寸如馬耳樣，上二寸留芽嘴二，取出桑餂，而以是條嵌入。其嵌入也，須以刀削一寸向外乃活。蓋桑之膏液皆從皮上流通。故必以接條之皮與本樹之皮彼此相向，乃得浹洽。若以皮貼皮，以骨貼骨，則必不活矣。用桑皮繞緊，以土擁之。但露芽嘴二於土上，慎勿動搖。清明後即漸漸發芽。八九月間，其高大已與未接時之本樹等矣。俟至冬月，移至他處，照第二條栽法栽之。

按：樹身齊土面剪斷，嵌入接條，俗名『平頭接』。若土面有物經行，最易碰動。碰動則壞，且接之不活，則桑本之生機亦絕，來春不能再接矣。補種又覺費事，不如離地數寸，樹身大者離地較遠，勿斷樹身，但照法接入。用稻草緊縛之，再用潮潤細土封之，上露接條芽嘴，如本條所說。俟來年接條滋長，然後用刀從本樹接處之背將上段截去，勿傷接條。截處帶斜平勢，不令聳突，如恐風折，則第十九條保護之法仍用一次。數年後接條盛大，刀疤填滿，不見接痕矣。倘接時不活，則本樹之根幹具在，生氣無虧，來年再接可也。

又　震按：湖屬接桑，不先翦去其本樹，大率就本樹離地一尺有半，破皮接條。

又按：接條既活，蠶事已畢，可將接條以上本樹用刀橫劃之，祇劃斷樹皮，而本樹之上段自枯。其生發之氣，盡萃於接條矣。至來年正月，將上段照法截去。

震按：此法須酌量照行，必視所有之家桑足以餧蠶，而後行之。蓋原本之桑葉，亦未嘗不可飼蠶，惟不若家桑之佳耳。

一接桑所發之條，高至尺許，即須用立夏後所剪之粗桑條他條之堅實者亦可牢植其旁，用桑皮鬆鬆縛住，以防風折。且可使挺然直上，無橫斜拳曲之枝。接而不活者，其本身必更發新條，可俟明春再接。

解此二條，則桑秧可於本處改辦，然必先栽有家桑乃可，否則無處取接條。

按本條接法，得活固佳，然接而不活，本身未必更發新條，或者雖齊土而剪斷，近根處尚有芽口，得以透達生機，不至悶絕也。

清　盛宣懷輯《蠶桑備要》　接桑　先翦家桑枝有葉芽者，每枝約長三四寸，置筐中，以溼布覆之，勿令見風日。用小刀於野桑本上離地半尺許劃開桑皮農器有接桑刀，又有反手鏟，皆鋒利如圭角形，將刀略一擺動，則皮已離骨。取小竹釘，長二寸許，削如馬耳樣，嵌入皮內，謂之桑餂。隨將家桑枝俗謂『頭層』一頭削薄，一面如鴨觜形，取出桑餂，而以是條嵌入皮中，須以刀削一面向外，乃活。桑之膏液，皆從皮上流通，故必以接條之皮與本樹之皮彼此相向，乃得浹洽。若以皮貼皮，以骨貼骨，則必不活矣。以桑皮纏定，糞土包縛，令不泄氣，或用長秈稻稈縛之數轉，須寬緊相宜，汙泥護之，慎勿動搖。如天晴和暖，在清明節前十日內接。天寒陰雨，須清明節後十日內接，月餘即活，甫接而遇驟雨，則活者寡矣。接後能得天晴兩日，第三日雖有細雨，無害。倘久晴，縛處燥裂，須用水潤其縛。

清　孫福保《吴苑栽桑記》

選種第三

種之善者，幹大而根多鬚，如髮蓬蓬然，不可櫛，是良種也。吾吴皆購湖南種濱太湖之南者，吾吴俗謂之『湖南』。以魯桑之根，接以荊之幹，故求之，株易五六錢。今則貴，非以二十錢不可得。

清　湯聘珍輯《種桑成法》卷一《種桑簡明成法十六條》　接桑樹　桑過三年必須接換以荊桑根株接魯桑條也，葉乃厚大。接法有六，曰：身接、根接、枝接、劈接於大桑宜、壓接、搭接於小桑宜。春分前後，擇向陽好條，大如筯，長一尺者，削如馬耳。於本樹離地二三尺處將桑皮帶斜割開如人字樣，刀口約半寸長。將馬耳朝外插入，以桑皮糾纏結實如接小桑，須斟酌其鬆緊，太緊則生氣不通，太鬆則不相坿麗，俱難活也。用新牛糞和土成泥，封其週遭，清明後即活。次年，將本樹上截鋸去，便成大樹。

清　王世熙編輯《蠶桑圖説》金編《蠶桑總論》

縛接桑法

桑已接後，發蘖成枝至三四寸長者，遇大風防吹斷，須以好稻稈二三莖浸濕，帶定嫩枝中間之葉，紮縛在野桑本上，方無礙，且可使挺然直上，無橫斜拳曲。

又　紮絆接科法

上春所接家桑枝本已粗壯，須將所閹野桑槁本貼接枝之處，依家桑皮間斜鋸去之，以刀削平其皮，自能漸漸包裹，用稻桿數莖絆定紮緊，即遇風搖，無礙矣。

清 衛杰《蠶桑萃編》卷二《桑政・桑種類》

桑分十八種

接桑，按接博法有一定時候，取桑株有二三年者砍去。平地用好嫩桑條，不過三寸長，削尖接之，月餘出土，本年即可長五六尺、七八尺不等。凡桑之不成株者，均可用此法接之，葉可肥美。

清 衛杰《蠶桑淺説》

接魯桑

種桑三年，若能接移，葉更肥大。其法：於春分前，離土一寸許，計用一小刀削樹皮如馬耳，截去一半，上用魯桑條，將皮帶針割開如人字形，插入，使兩脂相浹，用麻緊繫。上堆糞土，毋使洩氣。清明後即活，次年便成好桑，若逢伏雨久雨，切不可接，接則爛壞。

清 吴宗周、陳幹材、徐謙山《蠶桑白話》卷一《栽桑白話》

接桑樹

那種桑身不去接他，雖然也有葉採，總是桑葚很多，桑葉很薄。但是接桑的法子也不少，只要曉得最要緊二種就好呢。一種喊他合接法，用那個下子的桑秧，到第三年正月底二月初的時候，都有手指這樣粗了，把他的桑秧一株一株的掘起來，然後用別的湖桑樹上，選擇强壯的枝條，拿桑剪去剪來，又分剪得四寸長的一段，一段留桑芽二個或三個，就是枝上要出葉的小釘子，又要用鋒快的刀子，大約濶一寸五分，長六寸許，把他下一頭削出斜面形，好像一個馬蹄形的樣子，這個就是喊他接穗，這個接穗定要同那個桑秧根邊的幹子一樣的粗。又把鋒快的刀將那個桑秧根邊也要削出斜面形，不可留存一個桑芽，然後把這個桑秧的斜面同那個接穗的斜面合緊，一綫都沒有大小濶狹，方纔可用打熟的糯穀草拏來縛得很緊，照這個樣子做好，就可以擔到空地上去種。這個空地須要先做三尺或五尺濶的埨子，兩埨相離的溝濶八寸深五寸，每株橫直離五寸許，掘一孔穴深四五寸，先澆一回淡糞，把這個接好的桑秧種在孔穴裏面四面用土輕輕掩蓋，兩手墊實，只要梢頭露出一寸就是了。倘然遇天旱的時候，總要天天早晚澆淡水，到二月底發芽二三寸長，就可用薄糞澆他，到秋天就有數尺長的苗，就稱謂之湖桑，再到次年正月間都可以分栽別處了。一種名曰皮接法，那種老衰的桑樹或四五年的野桑，都可以用這種接法。但是老衰的桑樹，須當檢嫩的枝幹上方纔可用，那個時候最好二月初上取來的接穗，也要鋒快的刀，削得如從前所説的馬蹄形一樣，要看那株樹身上適當的地方，或離地二尺許，切八字形的二条縫，又要八字形頂上横切一刀，切的時候，以皮破爲度，不可切得太深，恐傷了桑幹。這個横切一刀的地方，當即用一條篾箋鑿開皮，把那個接穗所削的斜面向外，輕輕挿入這個鑿開皮裏，須要斜面與皮裏面合好，外取打熟的糯穀草，漸漸縛得很緊，草外再用泥輕輕糊好，萬不可稍許動摇他，過了十餘天，這幾個芽就發出來了，到秋天已有二三尺長。恐防大風吹折，將這個新枝條用繩縛在大樹身上且可免歪曲的弊病，到第二年正月，大樹的接口後面用刀切斷桑皮，使他脂漿盡向接穗昇上，切不可傷動他的接枝，自然那個大樹不再抽葉，這個新枝發得很快，待到秋天，就好將那個切斷縫的地方可用鋸子鋸去這個舊枝了，施肥墾地，只要照尋常的就是了。

清 吴詒善《蠶桑驗要・桑篇》

搭接第十三

驚蟄後清明前，天氣晴和，將桑秧離地寸許，以刀削作馬耳形。隨剪湖桑嫩條如指大者，兩面科削，搭在馬耳之間。紮以桑皮，塗以河泥，旬日即活。桑之液在皮，必斜削之。使皮與皮相粘，方能浹洽耳。

清 吴作鏌、倪紹雯、劉安欽《蠶桑速成捷法・蠶絲業普及捷法》第一章《桑樹培養捷法》 而播下種子，每二三粒宜間隔寸許，以細土鬆掩之，而散布雜艸于其上。閲二星期，新芽發出，去其覆艸，又以腐熟之人糞尿和水成稀薄液而灌溉之。若當夏期，尤須以艸席作覆，以防烈日，陰則捲之。苗達二寸以上，則拔去其不良者，灌溉、除艸不可懈怠，至秋末可得良苗。然此木都因雌雄異株，風媒作合，與異種花粉交配，致變母性，而爲野生。業此多用爲砧木，而以湖桑、魯桑等接之。浙江嘉興府石門縣、杭州海寗縣、四川嘉定府爲中國培養桑苗有名地。凡欲購求及研究者，以此三地爲宜。又魯桑實生苗尤佳，但魯桑之母樹隔年須多施堆肥，其旁須栽類似魯桑之桑樹，以便花蕊交配，不至大變。不必接木，亦可栽植。凡葉大而肉肥厚，有光澤，形圓而稍尖者，魯桑也。

又 接木法： 此法須以荊桑、火桑、白桑等之椹爲實生苗，經過兩春，乃于秋後如前所云代出法，掘起其苗，移植于土中，至來春雨水節內掘出。先將本株繁根酌宜裁剪，其榦亦只存留三寸許，乃用魯桑、湖桑之枝條，如上代出法所切去之枝條，卽可利用。留三四芽切爲一段，而爲接穗。若接穗與砧木一樣大，則用利刃斜切之，務使兩相密合。以麻束緊，勿令動搖而植之，此爲合接。接穗小于砧木，則削穗爲楔形，剝開砧木之皮，插入而束緊之，此爲插接。芽接者，先劃丁字形于砧木中，就劃處將皮剝開，插入新芽，以麻繩束之。然須夏季樹汁循環最旺，剝皮容易時行之，乃有效。根接者，爲砧木不足，而利其切去根以代之也。

清 楊鞏《中外農學合編》卷七《林類》

接果

凡果樹以接博為妙，取速肖也。枝條必擇其美，宜宿條向陽者氣壯而茂，嫩條陰弱難成。根枝各從其類。荊桑接魯桑，梅接杏，桃接李，櫟接栗，赤梨棠梨接梨。接工必用細齒截鋸一連，厚脊利刃小刀一把，要心手穩，又必趂時。春分前後十日為宜，或取條襯青為期，然必時暄方可接，蓋欲借陽和之氣也。一經接博，二氣交通，以惡為美，其利有不可勝言者。

接博之法有六：一曰身接。貼大宜高接，先用細鋸截去元樹，枝莖作盤砧，高及肩。以利刃小刀際其盤之兩旁，微啓小罅，深一小寸。先用竹籤測其深淺，却以所接條約寸許。一頭削作小篦子，先噙口中，假精液以助其氣內之罅中。極要快捷緊密，須肌肉相對。插訖用樹皮封纏，內寬外緊，牛糞和泥，斟酌封裹。仍用寬兜盛土，培養接頭，勿令透風見日。土乾則洒以水，芽出非接頭上者，悉去之。培土上露接頭一二眼，以通活氣，天晴則易活。二曰根接。貼小宜近地鋸截斷元樹身，去地五寸許，以所取條削蓖插上，如身接法。培土以棘護之。三曰皮接。用小利刃于元樹身八字斜鋒之，小竹籤測其淺深，以所接枝條皮肉相向插之，封護如前法，俟接枝條發生，去其元樹枝莖。四曰枝接。如皮接之法而差近。五曰靨接。小樹為宜。先於元樹横枝上截去留一尺許，於所取接條樹上眼外方半寸，刀尖劃斷皮肉至骨，併擣皮肉一方片，口噙少時，取出印濕痕於横枝上，以刀尖依痕刻斷元樹靨處，大小如一，以接按之。上下兩頭以桑皮系緊，緊慢得所，仍用牛糞泥塗護，隨樹大小酌量多少接之。六曰搭接。將已種出芽條，去地三寸許，上削作馬耳，將所接條併削馬耳相搭接。以人唾粘連封緊，糞壅如前法。陳瑩中曰：色紅可使紫葉，單可使千花，小可使大，子少可使繁。

又 卷九《林類》

接桑

乘天時 桑不接則不美。不特荊桑宜接，卽魯桑亦宜接；不特小桑宜接，卽大桑廢桑卽老桑樹亦宜接。接桑以春分前後桑眼回青之時為佳，然必須天氣晴暖，乃得陽和之氣。《藝桑總論》

精器具 鋸齒宜細，粗則損皮肉。刀斧宜鋒利，鈍則損津液。《農書》

截砧、盤 接時將本樹鋸作兩截，上一截為枝梢，下一截為砧盤。砧盤大，宜高截，低則地氣太旺；砧盤小，宜低截，高則地氣難應。《農桑要旨》

選接頭 將魯桑枝條截下數寸，接於砧盤之上謂之接頭。接頭以當年所生之嫩條為佳。又桑條上半空，下半實，須擇其實者用之。剪下接頭之後，須置筐內，以濕布覆之，勿令見風日。《農桑通訣》

辨骨肉 砧盤及接頭之中心堅硬者，謂之『骨』。骨外皮肉青輭者，謂之『肌肉』。《農桑輯要》

判上下 以接頭插入砧盤，上下須仍其舊，不可顛倒。《士農必用》

謹嵌貼 以接頭插入砧盤，謂之『嵌』。以接頭緊搭砧盤，謂之『貼』。嵌貼不謹，必不能活。《藝桑總論》

慎包裹 接頭與砧盤連界處，包裹不固，則風寒入而害之。接頭之上，亦須以泥丸封口。《種樹書》

通生氣 接頭包裹之外，仍用土壅其四圍，惟接頭之上，須露出一二眼。《四時類要》

酌去留 接活之後，接頭、砧盤各發新芽，須將砧盤上所發之芽刪除净盡，只留接頭上所發之芽。《藝桑總論》

戒搖動 接後須護以荆棘，以防人畜觸動。接頭生枝條，高至尺許，須用堅實柱子植其旁，以繩繫枝條於柱上，庶免風雨搖擺。《種樹書》

接大小桑秧法 本年所種大小桑秧，明年清明前，將本枝剪去，大桑秧離地只留二寸作砧盤；小桑秧離地只留一寸作砧盤。用桑刀將砧盤之皮剖開少許，取魯桑枝上之嫩條，粗如筷子者，剪一枝，長二三寸，插入砧盤皮內。以稻草一根鬆鬆扎之，仍用泥壅其四圍；再做小泥丸，套蓋枝尖，惟所剪砧盤及另取做接頭之嫩條均要斜剪。其嵌入砧盤時須將接頭剪斜處向外，乃活。蓋桑之膏液皆從皮上流通，故必以接頭之皮與本桑之皮彼此相向，乃得浹洽。活後抽條長葉，如法修剪，便是接本桑。此插接法也。《務本新書》《藝桑總論》

《士農必用》

接小桑樹法　不必截斷樹身，只於清明前將本樹離地數寸處割開樹皮，斜如人字。刀口約長一寸半本樹小，則割皮之處離地數寸；本樹大，則割皮之處離地較遠擇向陽好條，斜剪二三寸為接頭本樹小，則接頭只二三寸；本樹大，則接頭較長，以接頭下截剪斜處向外插入本樹皮內，用稻草緊縛之或纏以桑樹皮更好。再用潮潤土封之，勿令洩氣，清明後卽活。明年接頭滋長，然後用刀從本樹之背將上段截去，勿傷接頭。或於明年立夏後將接頭以上之本樹，用刀橫劃只須劃斷樹皮，則本樹之上段自枯，庶生發之氣可盡歸於接頭。俟後年正月，再將上段截去。小桑樹之粗如酒杯者，可用此法接之；大桑秧之粗壯者，亦可用此法接之。倘接而不活，則本樹之枝幹具在，生氣無虧，次年仍可再接，此皮接法也。《務本新書》《藝桑總論》

又法　凡樹上新發小嘴，皆謂之『屬桑』。樹將抽條葉，先發小屬，如麥子大俗名『桑眼』。眼下骨上生有芽心形如米粒，俗名『小心子』。接小桑樹者，俟接本桑枝上發出桑眼須用本年新生枝條，先用快利小刀將桑眼週圍刻斷約方寸半，連皮肉帶眼及小心子一併揭下。揭時用指甲尖剗起小心子，帶於皮肉之上，噙於口內；次將應接之桑樹截橫枝為砧盤；再取出口內桑眼，印濕痕於砧盤上，用快刀照濕痕四圍刻斷皮肉，揭去不用揭去皮肉便露骨矣。然後將接頭上眼皮貼於砧盤骨上，接頭砧盤，須如榫卯之相合，不可稍有間隙，眼須向上，不可顛倒。上下兩頭，用桑皮纏繞。纏繞桑皮，不可太鬆。太鬆則接頭與本枝不相著；亦不可太緊，太緊則將皮勒傷津液不通。再用牛糞泥封固，再將砧盤上桑眼一概掐去。如此則全樹津液盡歸接頭矣。此屬接法也。《務本新書》《種樹書》

又法　桑葉與桑枝分界處生有小苞自苞而上為桑葉；自苞而下為桑枝。苞雖附於桑枝皮外，卻生於桑枝皮內。皮內生苞處有一小心子，大如米粒，為生苞之根本，亦卽生葉之根本。小滿後桑葉肥厚，遇天氣晴明時，先將從前接過之桑樹剪下一條，携至現在應接之桑樹旁；次用快利小刀，將桑條上有苞處四面青皮一併劃開長七八分，寬二分；然後連苞帶皮以手揭下。只要皮內小心子無傷損，便可用作接頭。再於現在應接處直劈一縫，以一手分開刀縫，以一手將苞下青皮插入縫內，苞留縫外。再以桑皮纏繞卽可發生。每一樹可接五六枝，此葉接法也。與屬接法大意畧同，但屬接用桑眼作接頭，此用桑葉作接頭耳。《士農必用》《授時通考》

接毛桑法　聽其生長，從來不接不剪，謂之『毛桑』。將毛桑之粗如蔗如盞者，橫斜鋸斷，砧盤離地，約高三尺。剖開砧盤之皮，取魯桑嫩枝三四段，如法插入，封以泥。未幾接頭上抽條長葉，便成佳種。一二年卽可采葉飼蠶，此身接法也。《士農必用》《農桑輯要》

又法　先用小鋸將樹身截作砧盤，次用利刀削平砧盤之頂，再用刀口按定砧盤中心，以斧背擊刀背一下，砧盤自劈為兩半。然後將刀拔出，以木釘插入，其縫自開；再將接頭下截兩面各削一刀，插入劈縫之內，接頭削尖之處，如烏鴉嘴，長短須與劈縫一樣，不可過長，亦不過短。拔去木釘，看接頭與劈縫是否緊密。如不緊密，將接頭拔出再削，總以緊密為度。外以桑皮纏繞或繞以檾麻亦可，接頭上梢須露於外，再以濕土封固卽活，此劈接法也。接小桑樹亦可用此法，樹身梢大者，用刀橫劈一下，直劈一下，形如十字可接四枝。《蠶桑提要》

接大桑廢桑法　枝幹粗大，謂之『大桑』；幹大而條短葉薄，不能滋長，謂之『廢桑』，此皆向來聽其生長，未曾接過之樹。接此等桑樹，須先削竹籤一枝粗細比接頭一半，一邊削平，一邊削圓，仍將竹籤下截盡頭處，削成馬耳形。馬耳形尖，只將左右各削一刀，便成尖形如馬耳矣。次將桑樹靠地鋸斷為砧盤，以竹籤馬耳插於盤上骨肉之間或釘下亦可，深約一寸半。籤之平面，須用骨插下。籤之圓背，須附肉插下。接頭長五寸許，先用薄刃刀子將接頭下截一寸半，照竹籤樣削平一面其餘一面本是圓背不必再削。次於盡頭處削成馬耳形。然後拔出竹籤，將接頭馬耳尖插入砧盤孔內，接頭之骨對著砧盤之骨；接頭之肌肉，對著砧盤之肌肉，務令緊密。接頭與砧盤連界處用新牛糞和土四圍包裹，再用濕土封堆。盤大則土堆大，盤小則土堆小。土堆之上，露桑眼一二箇，以泄其氣，當年可長八九尺，此根接法也。《農桑輯要》《蠶桑提要》

又法　不必先用竹籤釘入砧盤，只用快刀子將砧盤旁邊開一小孔，剔去孔內肌肉，深一寸半，下尖上濶上濶一指。接頭下截，左右各削一刀，亦下尖上濶，以接頭嵌入孔內，務須緊密。砧盤兩旁，可開兩孔，嵌兩枝，此亦根接法也。《士農必用》

又法　鋸斷砧盤，不必靠地，只將老樹身幹截去一半為砧盤亦可。但砧盤之頂離地太高，不能附地壅土，須將砧盤與接頭連界處用紙封固，紙外包以破蓆片，形如仰面盆子。盆內盛潤土培養或以無底瓦罐盆子代蓆片亦可，土乾則以水澆之，芽條雖已茁出，所包之土不得遽然取去。須俟秋天接處長定後，

再去蓆片，此亦身接法也。《授時通考》

又　壓桑插桑去梢留杈式樣

壓桑插桑二項，所壓之枝，應用接本桑上之枝；所插之條，應用接本桑上之條，將來便不再接。今年壓枝，明年移栽，即以移栽之年為第一年；今年插條，明年不再移，即以插條之年為第一年，自第一年至第五年，去梢留杈，各式樣均與接本桑同。

又　大小桑秧，移栽剪梢，未幾即抽條長葉，只留粗枝一條，今年移栽，明年即可接換。接時將本桑斜剪，離地只留一二寸；接後芽條出自桑本者，必須摘去。出自接頭者，俟高一二尺時只留好條一枝，餘皆刪去。冬臘月將所留之條，剪去稍子，離地約高尺許，是為第一層，第二層留兩杈，第三層留四杈，第四層留八杈，第五層留十六杈，均照接本桑法。但接本桑，以移栽之年為第一年，每一年留一層，留至五層，已及五年。大小桑秧，今年移栽，明年接換，應以接換之年為第一年，留至五層亦是五年。若以移栽之年為第一年，留至五層便是第六年。其初次移栽太密者，今年移栽，明年接換，後年尚須再移，應以再移之年為第一年，留至五層，亦是五年。若以初次移栽之年為第一年，留至五層便是第七年。

清　沈秉成《蠶桑輯要·諸家雜説》

接桑法

接換之法，用魯桑條三寸許，削去一半，如馬耳式，約寸餘，急速反插荆桑皮內，麻扎土擁。惟在時之融和，手之快密，封繫之固，擁包之厚。取春分前後清明天氣候芽出時，只留一芽，秋成條桑，是也。

又　接大荆桑，在春分前後，天氣晴和之日，西風之日不可接，接之不活。西風屬金，金尅木。桑本有三寸圍圓，接之最妙。臨接之時，取向陽好魯桑條如筯大，將荆桑鋸截成盤，以魯桑條三寸削如馬耳式，先用竹筯削扁，刺入荆桑皮內，速將馬耳反插荆桑皮內，用麻扎之，再用稻草做窩籠之，用潮潤細土封之，清明後即活。過五日，遇雨無妨。未過五日，遇雨，覆蓋要緊。三年，即剪成大樹，葉多而茂。

又　采桑。桑之種不一，凡樨桑初種，胥謂之「桑秧」。種三年，則可采矣。然必以家桑枝接之，不接則為野桑，不中采飼也。蠶有頭蠶、二蠶，故亦目葉曰頭葉、二葉。云二葉，須老農善采者，留其條，為來歲生葉之地。若頭葉，則盡采乃已耳。蠶時多禁忌，雖比戶不相往來。宋范成大詩云「采桑時節暫相逢」，蓋其風俗由來久矣。

清　豫山《蠶桑輯要合編·種桑》

接桑法

桑秧種至二年一云三年，必須接換，葉乃厚大。春分前後，截取向陽好湖桑條或魯桑條，大如筯，長數寸者，削如馬耳式，其末令薄。於荊桑離地二三尺處，將桑皮帶斜割開如人字樣，刀口約寸半長。先將削扁竹筯刺入荊桑皮內，急速將馬耳朝外插入，使兩脂相浹，以桑皮纏定，或用麻緊紮之，將糞土堆壅厚封接處，令勿動搖洩氣，清明後即活。

清　豫山《蠶桑輯要略編·種桑法》　本有三寸圍圓，接之最妙。取向陽好魯桑條，如筯大，長三寸，削如馬耳式，用利刃將荆桑樹皮斜割開，作人字樣，速將削成馬耳之魯桑條插入，務使牢固。用桑皮捆紮，潮潤細土封之，勿令洩氣。接後忌雨，覆蓋要緊，當年切勿摘葉，初栽之桑亦不可接。

清　張行孚《蠶事要略》

接桑

接桑之法：待移栽之桑大至一把不移栽不可接，於清明節桑葉萌芽未放時，在已接之大桑樹上翦其最滋長之條，長一尺許。於條之下頭用薄刃刀削成馬耳狀尖頭，又於所接之樹，身高二尺許從平地計起，用薄刃刀削其浮皮至肌肉肌肉不可傷，而以所剪之桑條將尖頭平處帖在所接樹之肌肉條之外，少以泥塗之，而以浮皮包在泥外，浮皮之外又以稻艸二三十根牢縛之。待數日，所接之桑條有桑葉放則活矣，如不活，來春可以再接。所接之桑條大如拇指，可將刀斷本株之一半在所接處上，大至一把則本株可以截去矣。本株截去之後，有葉可采，采葉時將所接之桑條高四五尺許剪斷其梢，至來年梢上所發枝條復盡剪去。其後年年剪去如常，蓋枝頭剪去，則來年發出枝頭愈多，此一種即湖人所謂剪桑也。

又一種，所接之桑條大至一把，將本株截去，其所接之桑條不復剪去其梢，而僅采其葉，此一種湖人謂之荷葉桑，又謂之扎桑。蓋湖地桑有二種，其葉小者為剪桑，其葉大者為荷葉桑。故欲為剪桑者，則以剪桑之條接之，欲為荷葉桑者，則以荷葉桑之條接之，蓋其本株雖同，而其所接之桑條各異也。剪桑至高不過一丈，至大不過一拱，而荷葉桑則有高至二丈許，大至徑尺者。然湖人育蠶全仗剪桑，而荷葉桑止以飼小蠶，蓋剪桑占地小而葉多，樹低而采葉易，荷葉桑占地大而葉少，樹高而采葉難。故湖俗剪桑接在高原大至數畝，而荷葉桑接在墻下不過數株，今且往往一株不接矣。按：今湖人有預將桑秧接好而貿與人移栽者，其法誠簡便，然活者終少，不如老法穩當。

按：《輯要》言：桑種甚多，不可偏舉。凡荆桑多葚，魯桑少葚。枝幹條葉堅勁者，皆荆之類也。枝幹條葉豐腴者，皆魯之類也。味其所言，荆桑似卽湖之剪桑，魯桑似卽湖之荷葉桑。然《輯要》又言：荆桑之條葉不如魯桑之茂盛，當以魯桑接之，則能久遠而又茂盛。據此説，似魯桑不接葉亦未嘗不茂盛，則與今湖俗大不同。蓋湖俗桑樹無一不接，欲為剪桑則以剪桑條接之，欲為荷葉桑則以荷葉桑條接之，所接之條雖異而其本株無不同也。若不接則為野桑，葚極多而葉極少，不足以飼蠶已。又按：《輯要》有接廢樹及劈接、壓接、搭接諸法，然諸法大約難活，故湖俗止用插接一法，而其法又與《輯要》小異，今皆不著。

清　趙敬如《蠶桑説》

接桑樹法

桑秧移栽後，長大仍葉薄而多葚，必須接換，葉乃豐厚而大。接法有二，其一貼接。將已經接過之桑樹上翦其好枝條，大如筷子，長一尺者，削如馬耳形。而於本樹離地二三尺處，將桑皮帶斜割開如人字樣，刀口約寸半長。將馬耳向外插入，以桑皮纏定，用土封固，勿令洩氣，並不可使雨水浸入，進水卽不活。清明後，接條上葉芽漸長卽活，次年將接頭上面之本樹鋸去；其一絶命接。不拘樹身大小，離地數寸，鋸斷成盤，用快刀將皮劃開，長寸餘，深至骨，稍稍將皮剔起。翦好接桑條如筯頭粗，長三寸，有一二葉眼者，將一頭斜削如馬耳形，反插於剔起一邊皮内，以桑皮扎緊，起土封之，五日内接處不見雨卽活。樹大可接三枝或四枝，凡接桑之時，均以春分前後葉芽如豆大為準，遲早皆不宜。

清　趙淵《蠶桑摘要》卷上　蟠桑，拔去老樹，全留根荄，以新枝紮其中旁，是以嫩枝接老幹，暢茂勝於小樹。

又　移小桑

先將地墾鬆，培土作埂，闊二尺五寸，翦去直根留四寸。用指大竹管扦土作小孔，以桑秧插入。孔大則用土塡滿，根與土務令相着。上面枝梢，亦翦去留四寸，一尺栽一株。埂上兩邊，可種兩行，俟抽條長葉留粗者一條，澆水澆糞與大桑同。今年移栽，次年換接，但接後又要移栽耳。

又　接乘時

桑不接則葉不美，無論荆桑、魯桑、小葉、大葉、老桑，均宜接。法：以春分前後桑葉回青時爲佳，必須天氣晴暖，得陽和之氣。接時必待月暗，自下弦至下弦時，每月二十三日後，至初八日前也，晦日尤妙。如上弦至下弦時，並望日皆忌。因地氣隨月而盛，當月明時，生機全在枝葉，移則傷性，接則傷氣也。

又　選接頭

將魯桑枝條截下數寸，接於砧盤上爲接頭。以當年嫩條爲佳，又桑條上半空，下半實，擇實者用之。翦下接頭卽置筐内，覆以溼布，勿令見風日。

又　插接

本年所種大小桑秧，次年清明前將本枝翦去，大桑秧離地留二寸作砧盤，小桑秧離地留一寸作砧盤。用刀將砧盤之皮剖開少許，取魯桑向南之嫩條，粗如筷子，翦二三寸長，插入砧盤皮内，以稻草一莖鬆紮之。仍用泥壅四圍，再作小泥丸，套蓋枝尖。惟所翦砧盤，及另取按頭嫩條，均要斜翦。其嵌入砧盤時，將接頭翦斜處向外乃活。因桑之膏液皆從皮上流通，必令接頭與本桑之皮彼此相向，乃得浹洽。

皮接

如接小桑樹，不必截斷樹身。清明前將本樹離地數寸，割開樹皮，斜如人字。刀口長一寸半，如樹大，則割皮離地稍遠，擇向陽好條斜翦二三寸爲接頭。以接頭下截翦斜向外，插入本樹皮内，用桑皮緊纏，以潤土封之，勿令洩氣。清明後卽活，次年接頭滋長，始用刀從本樹之背將上段截去，勿傷接頭。或於次年立夏後將接頭以上本樹，用刀横劃，則上段自枯。令生發之氣，歸於接頭，俟後年正月，再將上段截去。凡小桑粗如酒杯，接用此法。大桑粗壯者，接亦同。倘接而不活，枝幹具在，生氣無虧，次年仍可再接。

靨接

凡接小桑樹，俟接本桑枝上發出桑眼，擇本年新枝條，用快小刀將桑眼週圍割斷約半寸，連皮肉帶眼及小心子，卽眼下骨上之芽心，一並揭下。以指甲尖剗起小心子，帶於皮肉之上，噙於口内。次將應接桑樹截横枝爲砧盤，再取出口内桑眼，印溼痕於砧盤上。用快刀照溼痕四圍，刻斷皮肉，揭去不用。將接頭上眼皮貼於砧盤骨上，以眼向上，不可顛倒。上下兩頭以桑皮纏繞，須鬆緊合宜。太鬆則接頭本枝兩不相著；太緊則皮勒受傷，津液不通。用牛糞泥封固，將砧盤上桑眼一概掐去。如此則全樹津液盡歸接頭上矣。

葉接

桑葉與枝分界處生小苞，自苞以上爲葉；苞以下爲枝。苞附於桑枝皮外，實生於桑枝皮內。生苞處有小心子，大如米粒，爲生苞根本，即生葉根本。小滿後桑葉肥厚，遇天氣晴明，將從前接過桑樹翦下一條，以快利小刀，將條上有苞處四面青皮一並劃開。長七八分，寬二分，連苞帶皮以手揭下。視皮內小心子無傷損，可作接頭。再於現在應接處，直劈一縫即分開。將苞下青皮插入縫內。苞留縫外，以桑皮纏繞，可發生。每一樹可接五六枝，與靨接略同。但靨接用桑眼作接頭，此用桑葉作接頭也。

身接

凡桑不接不翦，任其生長者，毛桑也。擇桑之粗如蔗如盞者，橫斜鋸斷，砧盤離地約高三尺。剖開砧盤之皮，取魯桑嫩枝三四段，如法插入，封以泥丸，俟接頭上抽條長葉，便成佳桑。

劈接

以小鋸截樹身作砧盤，用利刀削平砧盤之頂，再以刀口按定砧盤中心，執斧背擊一下，砧盤自劈兩半。拔出刀，以木釘插入令縫分開。將接頭下截兩面各削一刀，插入劈縫之內，須長短相合，拔去木釘。是否緊密，否則拔出再削，以緊密爲度。用桑皮或檾麻纏繞，露接頭上梢，以溼土封固即活。接小桑亦可用此法。如樹身梢大，用刀橫直各劈一下，如十字，可接四枝。

根接

凡枝幹粗壯爲大桑，樹大條短葉薄，不能滋長爲廢桑，皆未曾接過。法：先削竹籤一枝，粗細比接頭一半，一邊削平，一邊削圓，仍將竹籤下頭左右各削一刀，尖如馬耳。次將桑樹靠地鋸斷爲砧盤，以竹籤插於盤上，骨肉之間，或釘下亦可。約深一寸半，籤平面附骨插下圓背附肉插下，接頭長五寸許，用薄刀於接頭下截一寸半。照竹籤樣削平一面，餘不必削，次於下頭削馬耳形，拔出竹籤。將接頭插入砧盤孔內，接頭與砧盤，須以骨對骨，以肌肉對肌肉，務令緊密。連界處用新牛糞和土四圍包裹，以溼土封堆，須露桑眼一二箇，以洩其氣，當年可長八九尺。

又 根接二

先不用竹籤釘入砧盤，用快刀將砧盤旁邊開小孔，剔出孔內肌肉深一寸半。下尖上闊，大一指接頭下截，左右各削一刀，亦下尖上闊。以接頭嵌入孔內，務令緊密。砧盤兩旁，可開兩孔嵌兩枝，此根接又一法也。

又 身接二

鋸斷砧盤，不必靠地，將老樹身幹截去一半爲砧盤亦可。但砧盤之頂離地太高，不能附地壅土，須將連界處用紙封固。紙外包以破席，形如仰盆，內盛潤土培養。乾則澆水，芽條雖出，勿去包土，俟秋天長定後再去。此身接又一法也。

清　鄭文同《蠶桑輯要·栽桑十二則》　桑枝接後，甚少而葉大。宜於春分前後，將已經接過之桑條大如筯者，翦三四寸長，下面削成馬耳形，隨將未接之桑離土二三寸遠，將皮剖開寸許，如人字形。以馬耳形之桑條插入，斜頭向外。將桑皮拂起，以稻草密纏，忌漏水入口內，再用泥封之，不得動搖。本年可長數尺，明年立夏後將接頭上面之本樹用刀削去，不得損傷移接之枝。

清　朱祖榮《蠶桑答問》卷上

種桑接桑諸法第十二

問曰：古之接法可傳者有四，一曰插接，二曰劈接，三曰靨接，四曰搭接。今獨取搭接一法而棄其三，何也？

答曰：搭接一法，即前法用新出小桑，最易生活也。即插接、劈接之法，亦可以搭接法代之。如本地土桑，其大如杯，大如臂者，於春分前後，離地數尺鋸去上段，以湖桑條如前法接之，每株可接數枝，便成湖桑。切勿以其土桑而棄之，若樹高丈，外圍已尺許者，則不可接。

又　問曰：靨接之法，亦可行否？

答曰：古所傳靨接法，可就橫枝上截了，畱一尺許尺寸不必拘定，惟取樹勢圓也，於接頭上眼外方半寸，刀尖割斷皮肉至骨款，揭下帶眼皮肉一方片。其眼底骨上一小心子，如米粒，此是一芽生氣之根，揭時用指甲尖剗起，令其小心子帶於皮肉子上。口噙少時，取出印濕痕於橫枝上，復噙養之。用刀尖依濕痕四圍刻斷皮肉，揭去露骨，將接頭上靨皮嵌帖上。其眼向上，勿令顛倒。上下兩頭，用新細薄桑皮繫了，斟酌其寬緊，太緊則生氣不通；太寬則不相附着，皆難活，用牛糞和泥，眼四面泥了，其所貼之靨多少，可量其樹之大小。此法行於湖桑未盛以前，亦可補其不足也。

清 孫福保《吴苑栽桑記》

選種第三

種之善者，幹大而根多鬚，如髮蓬蓬然不可櫛，是良種也。吾吴皆購湖南種濱太湖之南者，吾吴俗謂之『湖南』，以魯桑之根接以荆之幹，故求之。株易五六錢，今則貴，非以二十錢不可得。

清 宗景藩《蠶桑説略》 接桑説 本年所種大桑秧，明年春分前澆三七分糞水，將本枝斜劈翦去，離地只留二寸，用桑刀將枝上之皮剖開少許，取接本桑上翦下之嫩條粗如箸者，斜翦二段，各長二三寸，捕入桑木皮內，以稻草一莖鬆鬆紥之，用泥糰好。再泥做小丸，套蓋枝尖，俟其抽榦長葉後，攀留一條，明年留兩條，以後均照種接本法。惟翦接時，所翦桑本及另取嫩條，均要斜翦，其嫩條扦入桑本皮內，務要皮搭皮，切勿與中木反扦，並勿碰傷，無不活者。勿反扦一說，乃接樹之要訣也。其小桑秧，明年春分後，亦澆三七分糞水，將本枝離地翦留半寸，亦斜翦，取接本桑上嫩枝一小段接之，餘如前法。至明年正月，可以掘起，墾土另種，即接本桑也。凡種秧，均須圍插荊榛，以防蹴踏，澆肥去草，尤爲要務，現在未接之桑，粗如蔗如盞者，亦皆可接。其法：留本枝約三尺許，橫斜鋸斷，剖其皮，取浙桑嫩梢三四段插入，封以泥，無不活，以前法翦留，悉成佳種，一二年即可採葉。至桃李梅杏之類，如法插接，果實無不鮮美。

清 佚名《蠶桑録要》 接换 接桑之法，在驚蟄後，清明前，連日暢晴，乃可下手。其法：擇家桑新條，如筆管粗者，翦下，置筐中，覆以溼布，勿見風日；然後將野桑根旁浮土抓開，見有絲根，即將樹身齊土面鋸斷，揀光潤處，用快刀劃破其皮寸餘，隨將刀畧一擺動，使皮離骨，取小竹釘長二寸許削如馬耳尖樣，嵌入皮內，再翦接條三寸，削一寸，如馬耳樣上二寸，留芽嘴二，取出竹釘，嵌入桑條，用桑皮繞緊，以土壅之但露芽嘴於土上，愼勿動摇。清明後，漸漸發芽，冬月可以移栽。

清 吉林蠶桑局《種桑簡明法》

接桑

野桑椹秧種過三四年後，于萌芽、漿盛時，將此桑株平土斫斷，或以桑鋸截之，或出土寸許鋸斷，留其根兜，以湖桑條剪取二寸餘，將下截用小刀削平一面，并稍削尖，插接于野桑兜之皮裏，約七八分深，以削平之一面向外，而以桑皮或草紧縛其根兜，并以土掩覆其接痕。其湖桑苗可露于土外，匝月餘，其苗即萌芽、放葉，長發最速，至秋杪可與未斫接者，其高相等。惟内省接桑在春分邊，此地則宜在立夏後矣。

藝文

清 沈炳震《蠶桑樂府》

采桑桑之種不一，凡稚桑初種，胥謂之桑秧，種三年則可采矣。然必以家桑枝接之，不接則為野桑，不中採也。蠶有頭蠶、二蠶，故亦曰葉曰頭葉、二葉云。二葉須老農善采者，留其條為來歲生葉之地，若頭葉則盡采乃已。蠶時多禁忌，雖比户不相往來。宋范成大詩云『采桑時節暫相逢』，蓋其風俗由來久矣。

舍南舍北皆栽桑，千株萬株繞屋旁。蠶多葉少行且盡，南塍一稜還蒼蒼。明朝欲眠蠶食急，屋裏空虚已無葉。還須更采早作計，莫待更深歎無繼。盈籠采得負荷來，倏忽墻角青成堆。婦姑飼蠶心手忙，縱横重疊鋪之筐。忽聞堂前兒作鬧，葉裏悲號正難料。提燈問兒兒不言，但見紫葚盈階翻。

雜録

明 徐石麒《花傭月令・正月》 接桃樹。花者以單瓣接千葉，果者以小桃接大桃。以桑根接之則為桑桃，俗誤稱湘桃。

明 屈大均《廣東新語》卷二五《木語・花木曆》 凡接果木，腰接離地二尺許，根接離地二寸許，櫟上接栗，桑上接楊梅，椐柳上接核桃，或皆用桃樹，兩兩相交，封以黄土，壅以肥垢，燒腐艸以拒霜，勿使凍著，接枝則易生花。既芽勿澆糞水，俟嫩條長花頭出結實稍大，乃澆糞水，實時以糞潑之，則實多。

清 鄂爾泰《授時通考》卷六三《農餘門・果一》 《物類相感志》：『桑樹接楊梅則不酸，樹上生癩，以甘草釘之，則去。』

清 尹紹烈《蠶桑輯要合編・董事每月應辦事件》 三月 一、砍接桑株，移栽桑樹成，做封堆、澆灌桑樹。

一、收買小民零星小桑葉。

又《蠶桑局簡明種桑易知單》 春分秋分節候，栽種桑樹極忙。插枝壓條並舉，尤宜移植小秧。二年長有拱把，春分赶接湖桑。葉大七寸，滑膩亮光。

清 陳淏子輯《花鏡》卷二 梅接桃則脆，桃接杏則肥，桑接梨則鬆而美，桃接李則紅而甘，桑接楊梅則不酸，李接桃杏則可久。

又 卷三《楊梅》 每遇雨，肥水滲下，則結實必大而甜，若以桑樹接楊梅則不酸。

清 陳恢吾《農學纂要》卷三《果樹》 桑上接梨，美脆而甘古語。

又 桑樹接梅則不酸。夏季用芽接可用種子，三月、九月用劈接、嵌接，三月用斜形接。

清 賈振聲校，袁俊德輯《桑政萃編》卷二《辨栽類·移小桑》 先將地墾鬆，培土作埂，濶二尺五寸，翦去直根，留四寸。用指大竹管扦土作小孔，以桑秧插入孔，大則用土填滿，根與土務令相著，上面枝梢亦翦去，留四寸。一尺栽一株，埂上兩邊可種兩行，俟抽條長葉，留粗者一條，澆水澆糞與大桑同。今年移栽，次年換接，但接後又要移栽耳。

清 江毓昌《桑蠶說·計開章程》 計久遠 本府歲入有限，人所共知。即令傾囊相助，亦非長久之計。今先於郡城設立摠局，多備公中隙地，俟湖桑辦到，先種若干株。一面興種桑秧廣接，以備分散養蠶之時。由局覓空房一所，雇四五十歲婦女，教令養蠶，既可使各處效法。來年又可令轉教各鄉，以期愈推愈廣，局中所得之絲，即充本局經費。二三年後，桑葉愈多，可以多養蠶，多出絲，則經費自可漸足。再設各縣分局，如該縣有公中閑欵可以提借，即照摠局章程辦理，俟出息稍裕，即將借欵陸續抽還。

（乾隆）《威遠縣志》卷二《地理志》 果類：接骨梨。以梨本枝接桑，枝大而頗佳。

清 沈練《蠶桑說·樹桑法二十一條》 野桑雖亦可以飼蠶，然葉薄而小葚亦多於家桑，且易癟音鱉，故必接成家桑。

清 沈練，仲昂庭輯補，章震福校訂《廣蠶桑説輯補校訂》卷一 桑秧說三條 震按：以魯桑之枝，接入荆桑，便成家桑。

清 王芷《稼圃輯》 或用身接、根接俱妙。桑上接梨則脆而甘，接梨在春分前十日。

又 桑樹接楊梅則不酸。

桑樹育苗移栽分部

育苗

論說

清 任蘭生《蠶桑摘要·培養桑樹法二十三條》 桑秧根切忌風吹，一遇風吹，容易枯槁。嘉湖等處行中係成把出賣，或十枝，或二三十枝不等。如來路太遠，紮把時須用半潮泥，外將稻草包護，勿使漏風。

清 沈練，仲學輅輯補《廣蠶桑説輯補》卷上《培養樹桑法十九條》 桑秧說三條

桑秧出浙之嘉湖等處，相距數百里，非旦夕所能致也，好在此樹最易活，雖離土二三十日，而其根未枯者，栽之亦活，可無以道遠為疑。

按《禹貢》及《國風》所載，則各州皆有蠶絲，皆有桑樹。雖梁州未有明文，而自蠶叢氏教民養蠶，後世蜀錦重天下，則梁州蠶桑之盛，亦可想見。本條言桑秧出浙之嘉湖，就近處、多處而言，非謂二郡有之，而他郡不能有也。但遐僻之地，乏人教導，未習蠶桑，遂疑風土本不相宜，闕焉不講。因此，沃野釀成瘠土，婦人不識女紅，若非因逸生淫，即是逐末忘本，亦可哀已。

桑種甚繁，以荷葉桑、黄頭桑、木竹青為上，取其條幹堅實、眼眼發頭也。別有一種火桑，視他桑較早，可飼早蠶，且雨過即乾，飼蠶家宜多植。若住基寬曠，墻下可以植桑，宜覓富陽、望海等種植之。其大者可得葉數石，能不令蟲蛀及水灌其根，則愈老愈茂，不以年遠而敗。

《蠶桑輯要》曰：桑本箕星之精，種類不一。葚少葉圓、大而豐厚者，皆魯桑之類。葚多葉小、邊有鋸齒者，皆荆桑之類。荆桑宜飼初生之蠶，魯桑宜飼三四眠以後之蠶。

按：魯桑之類家桑也，荆桑之類野桑也。家桑見第十七條，野桑見第十八條。

又按：望海桑，須植土氣深厚之處。

桑秧皆以桑葚種之。種葚之法，於五月間以桑葚純黑者，置水中搓碎，

去其浮者，而取其沉者陰乾之。經日曬，則其出較遲。撒於肥地，以薄糞澆透，而覆之以灰。覆以泥，則其出又遲矣。芽出，更以薄糞勤澆之，明春則其長尺許，可以移栽他處矣。移栽之法：鋤地分壟縷尹切，土之加高處也使無積水，於壟背分行栽之，與治圃排葱蒜之壟相似，其栽宜疏彼此相去，須在八寸外勤澆勤鋤，至其大如指，則可以接之，使變家桑矣。

按接成家桑後，再要移栽，恐有傷損，且根頭漸大，移亦費事。若不移栽，則彼此相去祇八寸外，勢必不能兩大，何如先照第一條栽法栽之，至大如母指或如兒臂，纔用接條。《蠶桑輯要》曰：桑本有三寸圍圓，接之最妙。

綜述

北魏　賈思勰《齊民要術》卷五　桑椹熟時收黑魯椹。黃魯桑不耐久，諺曰：魯桑百，豐錦帛，言其桑好，功省用多。即日以水淘取子，曬燥，仍畦種。治畦下水，一如葵法。常薅令淨，明年正月移而栽之。仲春、季春亦得。率五尺一根。未用耕故。凡栽桑不得者，無他故，正為犁撥耳。是以須穊不用稀；稀通耕犁者，心難惧，率多死矣；且穊則長疾。大都種椹長遲，不如壓枝之速。無栽者，乃種椹也。

清　鄂爾泰《授時通考》卷七六《桑政門》　《士農必用》：種子宜新不宜陳。新葚種之為上，隔年春種多不生，蔭畦搭棚為上，蘇麻次之，黍苗又次之。桑芽出間，令相去五七寸營造尺寸也，他做此，頻澆過伏，可長至三尺。割去蘇麻。至十月內，附地割了，撒亂草，走火燒過。火不可大，恐損根。糞草蓋至來春，把耬去糞草澆，每一科自出芽三數箇，留旺者一條。已成根則不須蔭，可頻澆。至秋，魯桑可長五七尺，荊桑可長三四尺。魯桑可移為地桑，荊桑可入圍養之。

清　韓夢周《蠶桑實濟》卷一《桑樹捷驗》

栽桑樹法

築牆成園，大小任意，將園內地耕熟，或栽行桑。每株相去一丈，橫直成行，以便耕種，行間或種菉豆、黑豆、豌豆、芝麻、糜子及瓜茄菜蔬，無不可者。上採桑葉，下種豆蔬，可謂兩益，而且發桑。但不可種麥、穀，令桑不旺也。或栽牆下桑，或栽門前、家庭、阡陌、道旁、城濠、墳園、場圃。其法：先掘地一坑，深三尺，寬窄量樹大小，務要寬綽有餘。九月至二月半栽之皆活，或種出者，或盤壓成者，皆可移栽。魯桑宜多，荊桑宜少，栽時記號南枝，不可錯了原向。陰面若受日晒則焦枯，如樹甚小，可以不必拘。且忌大風。風能燥物，恐耗散脂液，則不能長旺。掘時務要掘大些，不可傷着小根。古人云：栽樹莫巧，勿令樹知則可耳。將掘下坑內下熟糞四五升，和土令勻。如有龜殼，根下置一個則桑根茂盛。入水一桶，調成稀泥，將樹根坐於泥中，按至坑底提三五次欲令根鬚皆順，扶端樹身，填土與地平，壅周圍熟土令坑滿，次日方可築實。周坑四邊須築實，若不實則根土不相着，必多懸死。上復用土封身尺餘高，周圍自成環池。無雨澆之可以容水。如在園外、路旁、場畔者須護以棘，以防牲畜嚙傷、孩童戲折，二年不可採葉。樹小傷生氣，多不旺。其上糞，九月至正月皆宜，三月至八月不宜。恐糞氣傷損嫩根。猪羊牛馬之糞，油渣亦可，棉子油渣性煖，冬壅其根更好。旱則數日一澆，三年之後長如椽大，可以採葉飼蠶矣。

清　尹紹烈《蠶桑輯要合編・養樹桑法》　園地掘阬，下糞水與栽地桑同。但所築實土與地平，上復用土封身一二尺，周圍成環池。無雨則澆。待桑身長如人高，割去梢子，則橫條自長。如澆治有功，至秋長大如壯椽，冬春可移爲行。若不於園内養成，從小即栽爲行桑者，多被風雨孳畜損壞。有樹桑兼有地桑之家，樹桑既成，地桑可加澆灌，使之滋長成樹。至蠶大眠後，或樹桑不能時至，即可就地桑補之。蠶至終老，不致缺食。

清　王晉之《山居瑣言》　植桑有多法，而莫便於插秧。桑眼生時，刈取王條，約截二尺許一根，治畦如種菜法。俟水浸透，插入畦中，下尺、上尺畦可三行，行可五六十株，插後灌溉之。要常令潤澤，無不活者。一二年後移之，插秧數畦，數百株桑可以立辦。有老桑不甚王者，貼地刈之，條必叢生，或刈而插秧，或以土掩之生根，則從周圍分而栽之，亦便移栽。後樹桑修理枝幹如法。留之地桑，貼地刈之，山田土薄而燥，須移栽。若平田則竟可在田中壓條，一根兩株，如壓柳條法。平時並宜開畦種秧以備用。

清　陳雪堂《蠶桑簡法》卷下《栽桑要法》

四　培苗

發苗遲早，雖由氣候而異，大約十日當可萌發。斯時宜去濡莛，易以低篷，防日光之直射與雨水之侵伐。夜間宜捲去，俾受露潤。迨苗漸長，芟去弱苗，平均苗間之疏密。勤除雜草，頻施液肥，至秋可長至二尺以上之苗木。若地方寒冷，須於落葉後悉行掘起，以四五十株爲一束，假植□列地上根不覆土謂之假植於屋內泥地上，不觸日光，不受雨水，以備翌春接木之用。

清　江志伊《種桑法》　欲栽樹桑者，於種桑之次年正月，或二三月間圍牆成園大小隨人所欲，耕地令熟。方五尺許，掘一坑，下糞水。將畦內所種桑秧，連根掘出，栽之，根科須得勻舒。栽畢，將土築實，與地平。上復用土封身一二尺，周圍自成環池，無雨則澆。或云桑生一二年，根株微嫩，栽後最忌風搖，須於區北堆土成壁，約高於地二三尺，將小桑靠壁栽之，既遮北風，復迎日色也。待桑身長至一人高，割去稍子，則橫條自長。長出新條不宜科，當春科條，則數年不旺。如澆治有功，至秋，可長大如壯椽。次年春，可移爲行桑矣。若不如此，從小於園內養成行桑者，多被風雨孳畜傷損。欲爲行桑者，須於臘月內，預科去不便枝稍。小樹近上留三五條，椀口大樹留十餘條。長一尺以上者，餘皆科去，至來春桑眼動時，連根掘出，於漫地內闊八步一行，行內相去四步，一樹栽之。闊八步者，牛耕一繳地也。相去四步者，大樹相對，可以橫耕。故田不廢墾，桑不致荒。按，此爲兼種他物之桑田言，若專樹桑者，則每株相距一步或七八尺而栽一株。栽處掘地成坎，深尺五六寸，廣二尺。儲水糞其中，和泥攪之，務令濃厚。將桑根用水洗淨，翦去直根、腐根，一如春栽之法。行欲小掎角，如品字樣，不令正相當。法以第一行與第三行對，第二行與第四行對。栽畢，隔數日一澆，荊棘圍護。富年橫枝上所長條，至臘月科令稀勻得所，來年春，可采葉飼蠶。此由種椹而後移栽，由移栽而後布行之法也。若布地桑者，圍牆成園，將地牛犁斸熟，方五尺內掘一坑，方深各二尺。坑內下熟糞三升生糞不宜，壯地少用，和土勻，下水一桶，調成稀泥。將畦內種成之魯桑荊桑不能爲地桑也，連根掘出，每科自根上留六七寸，其餘截去。截處用火烙過。每一坑栽一株欲疾見功者，栽二株，將根坐於泥中，按至坑底，提三五次。須令根鬚皆順。按桑身頂與地平，坑周圍壅熟土令滿，次日築實。帀坑四邊，築下土至半坑，根下土自實，不實則根土不相著，多懸死。上半坑壅熟土，輕築，令平滿。附身土不宜築實，實則芽不生。用虛土封堆如鏊子樣，厚五七寸，周圍自成環池，水澆於內，芽出於土四五指，每一株約留四五條，澆耡如法，當年可長五尺餘。次年，可附根割條葉飼蠶。須用厚背鋼鐮，一割便斷，鈍鐮割則條楂不齊，雨侵傷根。地桑不要放出身，只要躲從土中，長身出土，名爲『脚高』，條便不旺，又多被風雨搖擺也。割過處，每一根盤周圍數芽出，每一科可留四五條，餘者相間去之。此後年年附地割，則根漸旺，而留條漸多。三年後正旺，五年後，其根相交，則衰。須於春時將交根斫掘，添上糞土，或澆灌，或得雨，即復長旺。此後其根復大，將壓成栽條，圍別園，如前法栽之。三年後新桑茂盛，飼蠶斫桑時，將舊根上只留一條，隔年自成一根，分出栽爲行桑。如此傳轉無有盡期。然魯桑飼蠶，絲少堅韌。宜兼栽荊桑，大眠後，以荊桑葉間飼之。一法秋後於熟白地內，深耕一犁，就壟加糞，撥土爲區。春分前後，揀魯桑萌條，各盤七八寸或一尺，鋤區下水，臥條栽之，覆土約厚三四指過深厚，則不生，以手按勻。區東南西種穄五七粒，五月之後，芽葉漸高，揀肥壯者四五條，耡治添糞。條有定數，葉不繁多，則脂膏濃聚，葉自肥大。或云揀魯桑箄兒，秋間埋頭添栽，得力更速。凡地桑，須栽於近井園內，無雨時，便澆灌也。桑有早生遲生者，須擇早生者爲地桑，比及蠶生，澆灌三次，則葉自生矣。地桑異於樹桑者，樹桑身出土外，坑內之土，上下均宜築實。築後於樹旁加浮土，長後刪繁枝，兼去梢。地桑則身埋土內，坑內之土，下半實築，上半輕築。築後於樹頂加浮土，長後只刪繁枝，而不去梢也。

清 李君鳳《蠶桑説·蠶桑管見》 桑秧種徧，灌糞勤密，次年可擇其大株者移栽，又次年盡可移栽，仍於保甲册每戶之下，註已栽桑若干株，備查。

清 沈練《廣蠶桑説·培養桑樹法二十條》 桑秧根切忌風吹，一遇風吹，容易枯稿。嘉湖等處行中係成把出賣，或十枝或二三十枝不等。如來路太遠，紮把時須用半潮泥，外將稻草包護，勿使漏風。

清 盛宣懷輯《蠶桑備要》 分栽 第一年下種，第二年移栽，第三年接桑，第四年立春以後、春分以前，天氣晴和，將已接家桑掘起，直幹無枝，浙人謂之單槍，翦去直根及橫根之腐而無用者，每株相離五尺五寸，須如品字，不可對栽，長大方能寬展。預將分栽之地鋤翻作埨，闊亦五尺五寸，先用丈竿量定，不可參差疏密，致礙將來挑擔栽培之路。將地鋤深一尺二三寸，四周寬廣，沃之以糞或河泥。植桑坎中，理直四面，橫根不可稍有拳曲，敲土極細，塞實根柢，不可空虛。逐漸加泥，漸加漸踏，務令堅實，平地須種過接頭一二寸，高地必須種過三寸，方易回生。隨用桑翦，視桑大小，桑大離地尺餘，桑小離地六七寸，翦去上段。翦下之條可接土桑。種時不可澆水，三四日後以二糞八水澆之。以後天氣晴燥，須五六日一澆，俟芽葉盡放，摘去下芽，上留三四芽發成三四枝。浙西僅留兩芽，發成兩枝，明春謂之雙槍。蓋浙西一帶雜樹甚少，出蟲之樹一概芟除，無蟲侵蝕，故留得一芽即成一枝。吾常出蟲之樹甚多，驟難芟去，夏秋數月蟲類甚夥，故必多留數芽，以防傷損。

清 楊鞏《中外農學合編》卷九《林類·樹桑》 補空缺 修剪合式，則桑之四面圓如雨蓋，如缺而不圓，須知補缺之法。所謂補缺者，非另栽一株以補之也，只於缺處多留一二枝嫩條，便補圓矣。移栽小桑，每一層留二枝，

原有大桑，每一層留五枝，亦就大概而言，若有空缺，不必過於拘泥。《蠶桑輯要》

砍全樹　桑栽二年以上，有芽條不旺者，或樹老而中空者，於穀雨時，以硬木貼樹身，將枝條全行砍去。樹身去地約留二三寸，或五六寸，立夏後不宜此法。砍後，以土封瘢，並以肥土壅樹之四圍，旱以澆之，自然復茂。《藝桑總論》

圖表

通州蠶學館《蠶桑簡明圖說》

桑秧單槍樣

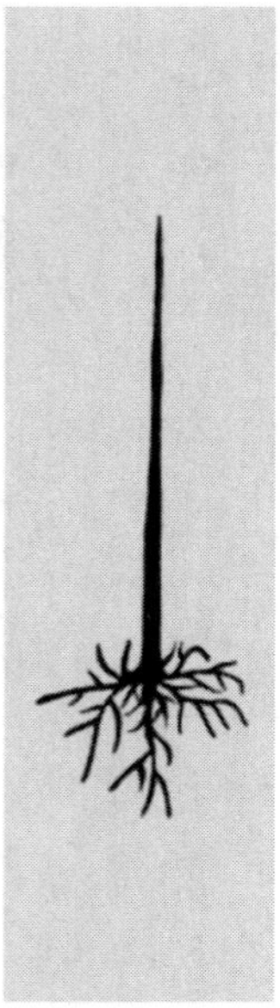

此係桑子種出，移接培成，已三年矣。產出浙江石門之天花蕩，紅皮大種最佳，未經剪過，一枝獨長，名爲單槍。

移栽

題解

清　衛杰《蠶桑萃編》卷二《桑政・移栽類》

移大桑

翦根、坐漿、去稍、澆水皆照移栽接本法，惟澆灌水糞，較接本稍薄耳，栽後抽條長葉，只留粗者一條，今年移栽，次年接換。

又　移小桑

先將地墾鬆，培土作埂，闊二尺五寸，翦去直根，留四寸，用指大竹管扦土作小孔，以桑秧插入。孔大則用土填滿，根與土務令相著，上面枝梢亦翦去，留四寸，一尺栽一株，埂上兩邊可種兩行。俟抽條長葉，留粗者一條，澆水、澆糞與大桑同，今年移栽，次年換接，但接後又要移栽耳。

又　地桑樹桑同異

移地桑，耕地掘坑，和糞下水，坐漿澆灌諸法與樹桑同。所不同者，樹桑根埋土內，身出土外，地桑則根與身均埋土內；樹桑坑內之土，上下均宜築實，地桑坑內之土，下半實築，上半輕築；樹桑坑土填平之後，於樹旁加浮土，地桑坑土填平之後，於樹頂加浮土；樹桑應删繁枝，去梢子，地桑只删繁，而不去梢。

又　移遠桑

由遠處購來小桑，用蒲席包裹，不透風日，道上不可澆水。運到之時，雖已乾涸，宜種後如法澆灌，自然滋潤。若先用水浸淫，反不能活。

又　移補老桑

桑老而枯，或中空，須於前後左右補種一株。兩三年後，將老與枯伐去，培養新桑，則土不曠矣。如不補種，將枝條全砍，樹身留五六寸，俟月發嫩條。

論說

清　吳宗周、陳幹材、徐謙山《蠶桑白話》卷一《栽桑百話》

栽桑秧

栽桑秧的法子，也有好幾種。一種就是插桑，剪那個强壯的枝條，插在泥土裏面。一種就是渡桑，用老樹的新枝，或壯樹的枝條，埋在沙土底下，這種法子，容易乾枯衰敗，都沒有甚麼好，我且不說，祇說栽桑秧的道理。當年所出之桑秧，移栽他處，這種就喊做『野桑』。雖暖如廣東、福州這種地方，也要冬臘月時候，方纔可栽。我看雲南的氣候十冬臘月可栽，正月亦可栽，只要灌溉得力，必然滋長鬯茂的，可以保他無碍。總之栽桑這個地方，須要高燥爲佳。若太卑濕及有積水地方，先要開溝洩水，方纔可栽，不然栽下去，根都霉爛，那裏還肯活了。桑樹大概分爲二種：一種喊他荆桑，就是未曾接過這種野桑、廣桑；一種喊他魯桑，就是已經接過這種扒接桑、廣接桑，湖桑也是差不多的樣子。荆桑須要栽密，就是前年桑秧次年分栽定的，每株橫直相離五尺許，每畝可栽二百四十株；湖桑須要栽疏，就是接好以後相離五寸分栽，再到第二次永遠栽定，每株横直相離六尺，每畝可栽一百六十六株。栽法分高刈、根刈二種：高刈的法子，將要栽的時候，把這種桑秧一株一株上半株都剪去，留存下半株二尺許，還要把腐敗根剪去，長根剪短，留在地上一半，種在地下一半，第一年春間發芽，留頂上壯强兩個新枝，除去餘的小枝。到第二年正月間，可剪去二枝的上端，長七八寸許，到春葉發大的時候，這種新枝葉都可採去；到二葉發出的時候，再可留二枝上的四枝，除去餘的小枝。到第三年春間，又要剪去四枝的上端，留存下端七八寸。照這個樣每年一枝發二枝，到第五年就成一個茂盛的桑林。採葉很多，這種就是高刈、根刈的法子。分栽以後，離地尺許，剪去上端梢頭留存下端新芽二三個，常澆薄肥，次年發芽，剪去枝條，無用分叉，再使他發芽澆稍濃的肥料；到第三年剪枝留幹，又抽出葉來，此時的葉可採去飼小蠶；到第四年以後，桑幹粗大，發葉肥厚，這種就是根刈。但是栽桑每年須要墾地四回，至少也要三回。春冬宜深墾，夏秋宜淺墾。那個桑地分栽定後，第一年到第四年，都可種菜豆、棉花，這種到息仍舊不少，且芟除雜草，常加肥料，墾鬆土地，有益桑樹，多得利息，豈不很好嗎？那個茂盛的桑葉，到九、十月間葉落的時候，也可種菜。切不可種鴉片煙。傳害他的桑葉及蠶兒。

綜述

北魏 賈思勰《齊民要術》卷五

桑椹熟時收黑魯椹黄魯桑不耐久，諺曰：魯桑百，豐錦帛，言其桑好，功省用多，即日以水淘取子，曬燥，仍畦種治畦下水，一如葵法。常薅令净，明年正月移而栽之仲春、季春亦得。率五尺一根未用耕，故凡栽桑不得者，無他故，正為犁撥耳。是以須概不用稀，稀通耕犁者，必難慛，率多死矣。且概則長疾，大都種椹长遲，不如压枝之速；無栽者，乃種椹也，其下常斸掘種緑豆、小豆二豆良美，潤澤益桑，栽後二年，慎勿采沐小採者，長倍遲。大如臂許，正月中移之亦不須髡，率十步一樹陰相接者，則妨禾豆，行欲小掎角，不用正相當相當者則妨犁。須取栽者，正月、二月中，以鈎弋壓下枝，令著地。條葉生高數寸，仍以燥土壅之土濕則爛，明年正月中，截取而種之。住宅上及園畔者，固宜即定；其田中種者，亦如種椹法，先概種二三年，然後更移之。

元 魯明善《農桑衣食撮要・養民月宜》

栽桑樹

耕地宜熟，移栽時行須用寬，横行闊八步，長行相離四步，對栽桑行中間，可用牛耕，故田不廢，桑不致荒。二月内移栽亦可，臘月亦得。

又 移栽諸色果木樹

古人云：『移樹無時，莫教樹知，多留宿土，記取南枝。』宜寬深開掘，用少糞水和之成泥漿。根有宿土者，栽於泥中，候水喫定，次日方用土覆蓋；根無宿土者，深栽於泥中，輕提起樹根與地平，則根舒暢，易得活。三四日後，方可用水澆灌。上半月移栽，則多實。宜愛護，勿令動搖。

元 司農司《農桑輯要》卷三

移栽

《齊民要術》：桑椹畦種，明年正月移而栽之仲春、季春亦得，率五尺一根大都種椹長遲，不如壓枝之速，無栽者乃種椹也，其下常斸掘種緑豆、小豆二豆良美，潤澤益桑。栽後二年，慎勿采沐小采者，長倍遲。《務本新書》：桑生一二年，脂脉根株亦必微嫩。春分之後，掘區移栽，區北直上，下栽成土壁，壁底旁鍬其土，下水三四升，將桑葍兒靠壁栽立，根科須得匀舒，以土堅覆土壁，比區地約高三二寸。大抵一切草木根科，新栽之後，皆惡搖擺，故用土壁遮禦北風，迎合日色。

今時移栽小桑，微帶根鬚，上無寸土，但經路遠，風日耗竭脂脉，栽後難活，縱活亦不榮旺，却稱地法不宜，此係拙謬。今後應栽小樹，若路遠移多，約十餘樹通為一束，於根鬚上蘸沃稀泥，泥上糁土，上以草包或席蒲包，包内另用淳泥固塞，仍搿夾車箱兩頭，不透風日，中間順卧樹身，上以席草覆蓋，預於栽所，掘區下糞，樹到之時，便下水依法栽培。

秋栽法：平昔栽桑，多於春月，全樹移栽，春多大風吹擺，加之春雨艱得，又天氣漸熱，芽葉難禁，故多不活活亦遲得力。若是斫去元幹，再長樹身，桑聞鐵腥愈旺，地桑是其驗也。迤南地分，十月埋栽，河朔地氣頗寒，故宜秋栽霖雨内為上時。區深一尺之上，平地約留樹身一二指，餘者斫去。栽罷地須堅築，以土封瘢。比及地凍於上，約量添糞。春暖之後，就糞撥為土盆，雨則可聚，旱則可澆，樹南春先種穄。比及霖雨以來，芽條葉茂，就作地桑。或削去細條，存留旺者一二枝，次年便可成樹。或是就壓傍條，一樹又生十餘，比之全樹栽者，樹樹必活，桑亦榮茂。

十月木迷，宜栽埋頭桑截去桑身，栽如秋栽法。冬月根脉下行，乘春併發，一年之間，長過元樹。

栽二年之上，其間但有芽葉不旺者，於穀雨時，以硬木貼樹身，去地半指，一斧截斷，快鋉更妙，糝土封其樹瘢，樹南種黍五七粒，十餘日妒出芽條。旱則頻澆，立夏之後，不宜此法。一歲之中，除大寒時分不能移栽，其餘月分皆可。《農桑要旨》云：平原淤壤，土地肥虛，荆桑、魯桑種之俱可。若地連山陂，土脉堅硬，止宜荆桑。又初栽後成科時，中心長條上葉勿采，其餘在旁脚科，止將其葉且勿剶斫，蓋令枝葉繁密，就為藩蔽，以防牛畜咬損、犁擺拖挽之患。後中心枝既粗，即可剶斫，在旁科條，本根既盛，脂脉盡歸中心枝，便可長成大樹，堅久茂盛，不生糠心。

《士農必用》種藝之宜，惟在審其時月，又合地方之宜，使之不失其中。栽培所宜，春分前後十日，十月內并為上時。春分前後，以及發生也。十月號『陽月』，又曰『小春』，木氣長生之月，故宜栽培，以養元氣。此洛陽方左千里之所宜，其他地方隨時取中可也。桑者，易生之物，嘗於長安試地桑，除十一月不生活，餘月皆可。然春時及寒月，必於天氣晴明巳午間，藉其陽和。如其栽子已出元土，忽變天寒風雨，以熱土調泥栽培之，熱月則必待晚涼，仍預於園內稀種穄，或麻黍為蔭。

養樹桑法：墻圍成園，大小隨人所欲，將園內地耕斸熟，方三尺許掘一阬阬之方深、下糞水與栽地桑法同。將畦內種出荆桑全條，連根掘出，栽培亦如前法。但所築實土，與地平。上復用土封身一二尺，周圍自成環池無雨則澆。待桑身長至一大人高，割去梢子，則横條自長。任令滋長，休科去新條，當春不宜科。科了，數年不旺。十二月內，或次年正月，科則不妨。如澆治有功，至秋可長大如壯椽，十月內或次年春，可移為行桑。若不如此，於園內養成，從小便栽為行桑者，多被風雨孳畜損壞。野荆桑不成身者，移根於園內養之，亦同。栽培如地桑法，芽出，留旺者一條，長至如大人高，其科養如前。

明　黄省曾《蠶經》

一之藝桑

有地桑出於南潯，有條桑出於杭之臨平。其鬻之時，以正月之上中旬。其鬻之地，以北新關內之江將橋。旭旦也，擔而至，陳于梁之左右，午而散。大者，株以二釐，其長八寸。其種也，耨地而糞之，截其枚，謂之『嫁』。留近本之餘，尺餘許，深埋之，出土也寸焉，培而高之以泄水。墨其瘢，或覆以螺殼，或塗以蠟，而瀝青油煎封之，是防梅雨之所侵。糞其周圍，使其根四達。若直灌其本，則聾而死，未活也。不可灌水，灌以和水之糞，二年而盛。

清　蒲松齡《農桑經·桑經》

布地桑法　於園內或耕或斸，令熟。方五尺，掘一坑，方、深各二尺，下糞和土匀，下水調成稀泥。將畦內所種魯桑連根掘出，自根上留身六七寸，其餘截去；將斷處火鏉上烙過，坐於泥中，按至坑底，提三五次，令根不曲，擁土填與地平，次早築實。上半坑攤熟土，輕築令平滿；附身土勿築，用虛土封堆，周圍自成環池，可以澆水，芽出四五指，每根上留一二條。澆鋤如法，當年可長五尺餘。

清　韓夢周《蠶桑實濟》卷一《桑樹捷驗》

栽地桑法　濟急救困，莫如地桑之速。凡河決水湮之地，地少人貧之處，地桑樹一畝歲可收絲九觔。布後次年卽可飼蠶三箔，三年後可飼五六箔。其法築牆成園，將園內地耕熟，相去五尺掘一坑每畝該掘二百四十區，廣深各二尺，每坑內下熟糞三升，和土令匀，下水一桶，調成稀泥，將畦內種成魯桑不用荆桑。連根掘出一科，自根上留身五六寸，其餘截去，每一坑栽二根，將根坐於泥中，欲速見功者，栽三根按至坑底，提三五次，按桑身畧與地平。擁周圍熟土，令坑滿，次日築實，再擁熟土，輕築令平滿。附身上不可築實，實則芽難生用虛土封堆，如鼇背子樣，可厚五六寸，周圍自成環池。亦可容水芽出土長三四寸時，節揀不旺者，掐去每一株，止留旺者一二根。澆鋤如法，當年可長五尺高。次年附根割條，到家捽葉飼蠶割須用厚背鋼鐮，一割要斷。鈍鐮不能遽斷，則傷根皮。有餘則根必傷，蓋地桑不要放出身來，只要從土中長出。若身出土名爲脚高，條卽不旺，又多被風雨擺折，割過處，每一根盤周圍生出數芽，每一科可留六七條，餘者減去。年年附地割之，愈割愈旺，留條漸多。有一種野魯桑，亦可移植。冬春上糞早，則澆灌年年茂盛。三年後正長旺，六年後根相交，根交則不旺。春時將相交，根斫斷掘去，添上糞土，或得雨，或澆過卽復長旺。其根漸大，壓成種子，移別園，如前法栽之。三年後，新桑茂盛。養蠶斫桑時，將舊桑根上只留一條，隔年自成一株，分出栽爲行桑。如此傳轉，無有盡期。然魯桑飼蠶，其絲不堅韌，可斟酌栽荆桑樹數株。俟蠶大眠後，採葉與魯桑相間飼之。地桑須於園內栽之，有草則鋤，無雨則澆。比及蠶生，可澆三次，其葉自然早生。桑種自有早生葉、遲生葉者，須擇其早生葉者爲地桑。其行間宜種豆，兩不相妨，且豆性發桑，勝於芝麻瓜蔬。

又　移栽小桑法　樹小根少，上無寸土，但經路遠，風日耗竭脂液，栽後難活，卽活，亦不榮旺。凡栽小樹，取之他方者，通約十餘株爲一束，於根鬚蘸沃稀泥，泥上糝土，包以柔草，包內另用厚泥固封。揾按車箱內，令樹身順臥，護閉兩頭，不透風日，以蓆草覆蓋。又須預於栽所掘區下糞，樹到便栽，依法不苟，無不活者。九、十月以後，雖行千里，亦不妨。又取野荆桑、魯桑入園中養者，如其身乾枯，或不端直，或參差亂枝，栽如上法。栽畢，用快刀摩地斫去樹身，俟生出樹芽，揀旺者留一本，即成端正好樹，且旺異常。

蓋桑聞鐵腥愈旺，地桑是其驗也。凡園內一切樹，栽後二年不旺者，或樹身不成材、參差不齊者，俱用快刀砍去。樹身去地半指，糝土封其樹槎，俟其芽生，止留旺者一本。此法但於九月以後、二月以前可用。

清 郝懿行《寶訓》卷三 明年正月移而栽之。仲春、季春亦得。率五尺一根大都種椹長遲，不如壓枝之速。無栽者，乃種椹也，其下常斸掘，種緑豆、小豆二豆良美，潤澤益桑，栽後二年慎勿采沐。小采者，長倍遲。案：農家移栽為轉盤，桑同果樹，一移一旺，舊根斫斷，新根即向下生，故長旺久遠。又桑聞鐵腥愈旺。又壓桑法須取栽者，正月、二月中，以鈎杙壓下枝，令著地，條葉生高數寸，仍以燥土壅之。土濕則爛。明年正月中，截取而用之。住宅上及園畔者，固宜即定；其田中種者，亦如種椹法，先概種二三年，然後更移。

清 楊屾《豳風廣義》卷一 散種地桑法 有地或三五畝，或十數畝，耕三次，上糞五六寸，再耕一次，打耱極細，摟成畦子或高燥之地，無水澆灌之處，不必作畦，浸種亦能生活。每畝用黍子七合黍即糜子，製净椹子一升魯桑者佳，黍椹相合種之，黍桑當俱生，鋤之，桑須稀疏調適大概二尺一苗，黍熟時，剪去穗子。俟經霜後，以利鐮摩地刈之，曝令燥，後有風，放火燒之，再上糞一二寸，旱則澆之，次年春生芽數條，每株只留二條，其餘掐去。三四月常鋤令草净，空處點種緑豆、黑豆等物，不可種麥穀。至秋收畢，將地又鋤一次。過年桑長漸大，割取飼蠶，每畝可飼三箔蠶。又過一年，可飼蠶五六箔。又移栽小桑，樹小根少，上無寸土，但經路遠，風日耗竭脂液，栽後難活，即活亦不榮旺。凡栽小樹，取之他方者，通約十餘株為一束，於根鬚蘸沃稀泥，泥上糝土，包以柔草，包内另用厚泥固封，搵按車箱內。令樹身順卧，護閉兩頭，不透風日，上以席草覆蓋，又須預於栽所，掘區下糞，樹到便栽，依法不苟，無不活者。九、十月以後，雖行千里亦不妨。

又取野荆桑、魯桑入園中養者，如其身乾枯，或不端直，或參差亂枝，栽如上法。栽畢用快刀摩地砍去樹身，俟生出樹芽，揀旺者留一本，即成端正好樹，且旺異常。蓋桑聞鐵腥愈旺，地桑是其驗也。凡園內一切樹，栽後二年不旺者，或樹身不成材，參差不齊者，俱用快刀砍去樹身，去地半指，糝土封其樹槎，俟其芽生，止留旺者一本。此法但可施於九月以後二月以前。

清 鄂爾泰《授時通考》卷七六《桑政門・栽植》 夫地桑，本出魯桑，須以魯桑萌條如法栽培。揀地肥旺者，約留四五條，鋤治添糞，條有定數，葉不煩多，衆葉脂膏，聚於一葉。其葉自大，即是地桑。栽地桑法：秋時於熟白地内深耕一圍如壟，加糞撥土為區，如無牛掘區亦可。春分前後，取臘月所埋桑條，揀有萌芽處，各盤七八寸，或一尺，鍬區下水，卧條栽之，覆土約厚三四指深，厚則難生，以手按匀，區東南西種檾五七粒。五月之後，芽葉漸高，旋添糞土，已後條高，便作地桑，或揀魯桑簞兒，秋間埋頭深栽，更疾得力。

又 桑生一二年，脂脉根株，亦必微嫩。春分之後，掘區移栽，區北直上，下栽成土壁。壁底旁鍬其土，下水三四升，將桑簞兒靠壁栽立，根科須得匀舒，以土堅覆。土壁地區地約高三二寸，大抵一切草木根科，新栽之後皆惡摇擺，故用土壁遮禦北風，迎合日色也。今時移栽小桑，微帶根鬚，上無寸土，但經路遠風日，耗竭脂脉，栽後難活，縱活亦不榮旺，却稱地法不宜，此係拙謬。今後應栽小樹，若路遠移多，約十餘樹通為一束，於根鬚上蘸沃稀泥，泥上摻土，上以草包或席蒲包，包内另用淳泥固塞，仍擘夾車箱，兩頭不透風，日中間順卧樹身上，以席草覆蓋。預於栽所掘區下糞，樹到之時，即便下水，依法栽培。秋栽法：平昔栽桑多於春月，全樹移栽，春多大風吹擺，加之春雨艱得，又天氣漸熱，芽葉難禁，故多不活活亦遲得力。若是斫去原幹，再長樹身，桑聞鐵腥愈旺，地桑是其驗也。迤南地分，十月埋栽。河朔地氣頗寒，故宜秋栽霖雨内為上時。區深一尺之上，平地約留樹身一二指餘者斫去。栽罷，地須堅築以土封瘢，皆及地凍，於上約量添糞。春暖之後，就糞撥為土盆，雨則可聚，旱則可澆，樹南春先種檾。比及霖雨以來，芽條叢茂，就作地桑，或削去細條，存留旺者一二枝，次年便可成樹。或是就壓傍條，一樹又引十餘，比之全樹栽者，樹樹必活，桑亦榮茂也。十月木迷，宜栽埋頭桑。截去桑身，栽如秋栽。冬月根脉下行，乘春併發，一年之間長過原樹。栽二年之上桑，穀雨其間但有芽葉不旺者，以硬木貼樹身，去地半指，一斧截斷，快鏟更妙，糝土封其樹瘢，樹南種黍五七粒，十餘日始出芽，條旱則頻澆，立夏之後不宜此法。大暑則不能。一歲之中，除大寒時分不能移栽，其餘月分皆可。

清　方大湜《桑蠶提要》卷一《桑政二十三條**・桑種**九則**》**

地桑　地桑與樹桑不同樹桑謂桑之成樹者，樹桑之種，或荊或魯，地桑則專用魯桑爲種。樹桑移栽後，有因密而再移者；地桑則只栽一次，不再移。樹桑去梢留杈，地桑則靠土割條，不去梢留杈。樹桑數年後方能成樹，地桑則年年靠土割條，不令成樹。樹桑數年後方可採葉，地桑則今年栽種，明年卽可飼蠶。

又　地桑　地桑與樹桑不同。樹桑去梢留杈，修翦樹桑，須齊杈上老瘢。地桑不去梢，修翦地桑，必須靠土。移栽地桑之後，俟桑芽出土四五指時，每一科只留一二條，餘皆靠土翦去。次年靠土割條葉飼蠶，割過之後，每一根盤又出數芽，亦只留四五條，餘皆靠土翦去，以後根漸旺，留條亦可漸多。又地桑之壓枝者，俟卧條生芽，狀如杷齒時，約五寸遠，留一芽，餘皆剝去。又地桑五年以後根相交，則不旺，春時將相交之根，砍斷掘去，添上糞土，俟得雨或澆水卽復暢旺。

又《移栽十則**》**

辨時令　栽桑以春分前後十日及十月為上春分前後，時當發生，十月小陽為木氣生長之月，餘月亦可，惟大寒時候不能移栽陰寒正盛，地氣尚伏，恐被凍損。春初及寒月栽種者，宜天氣晴明巳午時，暑月栽種者宜待晚凉。

調泥漿　掘地成坑如係初墾之地，先須燒盡野草以絶蟲類，然後掘坑，每坑方約二尺，深約二尺，坑内下熟糞三升，以土和勻，再下水一桶，攪成泥漿，務令濃厚。然後將桑根坐於泥漿之中，按至坑底，提三五次，務令根鬚舒暢不可拳曲，再用土培厚築實，自然耐乾，可不必日日澆灌，名坐漿法。

去直根　移栽桑樹，須翦去下面直根，只將横根理齊，掘鬆土栽之。

布行列　每六尺遠栽一株，每地一畝可栽一百五十餘株，栽桑不宜對植，如品字樣最好。

第一行與三行對栽，第二行與四行對栽，第三行與第五行對栽，第四行與六行對栽，便成品字樣矣。

移栽接本桑法　已經接過之桑，謂之接本桑。移栽接本，須翦去直根，照坐漿法栽之。每株相去六尺，栽定之後再將枝梢翦去，離地只留尺許或先翦梢後栽種亦可，澆灌得法詳澆水第三則，澆糞第五則，不一月即抽條長葉，只留好枝兩條。

移栽大桑秧法　翦根坐漿，去梢澆水，皆照移栽接本法，惟澆灌水糞，較接本稍薄耳。詳澆糞第四則。栽後抽條長葉，只留粗者一條，今年移栽，明年即可接換。

移栽小桑秧法　先將地墾鬆，培土作埂，闊二尺五寸，將秧下直根翦留四寸，用細竹管粗如指者，扦土作小孔，以秧插入孔内，孔大則用土填滿，根與土務令相著，上面枝梢亦翦留四寸，尺地可栽一株，埂上兩邊可種兩行。未幾抽條長葉，只留粗者一條，澆水澆糞，與大桑秧同。今年移栽，明年即可接換，但接後又要移栽耳。一尺一株澆灌較便，但再移則未免費力，不再移則相去太近，桑枝漸茂又覺彼此礙事。若照栽大桑秧法六尺遠一根，便不必再移矣。雖占地太多，然桑未成林，桑閒仍可種植别項，地利固自在也。

移栽地桑法　先將畦内魯桑連根掘出，樹身只留六七寸，餘皆截去。次將鍋燒紅，將截斷之處倒按於鍋内烙過，每一坑栽一株欲速者，一坑栽兩株。桑身之頭，以平地為度，不可露出地上。地桑枝條，須從土内長出，桑身出土，則身上枝條不旺，多被風雨擺折。身之周圍，壅以熟土，下半坑土須實築，不可鬆浮鬆浮則根與土不相著，多懸死。上半坑土須輕築，不可緊實附身土太緊實則芽難生。坑土填滿之後，再於坑面堆積浮土，約厚五七寸，芽條出土之後，只删繁枝，不翦梢子詳修翦第六則，本年即可長五尺餘，次年割條葉飼蠶。移栽地桑，耕地掘坑、和糞下水、坐漿澆灌諸法，均與樹桑同。所不同者，樹桑根埋土内，身出土外。地桑則根與身均埋土内，樹桑坑内之土，上下均宜築實，地桑則坑内之土，下半實築上半輕築。樹桑坑土填平之後，於樹旁加浮土；地桑則坑土填平之後，於樹頂加浮土。樹桑應删繁枝，應去梢子，地桑則删繁而不去梢。

遠處移栽　由遠處購來小桑，須用蒲席包裹或草包亦可，不透風日，運到之時，雖已乾涸，但須種後如法澆灌，自然仍還滋潤，若用水浸濕，反不能活。

桑老補種　桑老而枯，或中空，須於其前後左右補種一株，兩三年後，將老者、枯者伐去，而養其新栽者，則土不曠矣。如不補種則將枝條全砍，樹身只留五六寸，俟明年另發嫩條。詳修翦第五則。

又《澆水四則**》**

壓枝　宜澆其本根，并澆所壓之枝。

插條　宜時時澆水，伏天尤為要緊。

小桑樹　條葉未盛，其根尚淺，護根之土，須帶潤澤，故土乾便應澆水。

大桑樹　桑陰茂密，其根已深，土乾亦無妨礙。且隨時可以澆肥，不必時時澆水也。

又《澆糞七則》

先時儲積　桑性喜肥，肥則葉厚而光潤，故平日積糞最為要緊。且人糞力大，宜陳不宜新，因新糞過於猛烈，恐燒損桑樹也，儲積多日便是陳糞。

臨時和水　糞宜稀不宜稠，以水和糞，則糞與水相融，以水糞澆桑，則水氣所到之處，即糞力所到之處。不論人糞、牛糞，皆宜和水。

桑苗　種葚之後，俟苗高一尺時，即用一分糞九分水和勻澆之。

大小桑秧　移栽之後，以一分糞九分水和勻澆之，平時澆以二糞八水。

接本桑　移栽之後，以二分糞八分水和勻澆之，俟眼頭胖時，用三糞七水澆兩次，次年澆五分糞水。

大桑樹　樹已茂密成陰，冬月正月兩次澆人糞，清明時又澆以人糞，謂之撮桑。四月翦桑畢再澆人糞，謂之謝桑。謝桑尤為要緊，切不可因循。蠶大眠時，桑脂正旺，開翦之後，其脂必從翦處流出，須將土鋤鬆，澆以水糞，則桑根氣暢，且得所養自能攝脂，使不上溢。澆糞時，須將樹脚之土四面掘開，以糞水灌其根，用土蓋好，愈肥愈妙。或於樹旁掘一小坑，以糞水灌坑內，用土蓋好，使肥氣下行亦可。所謂冬月正月清明時，四月翦桑畢，亦就大概而言，其實一年之內惟小蠶食葉時不可澆糞，澆糞則蠶食其葉當眠不眠，其餘各月均可澆糞。如用牛糞須置坑內加水作爛，每畝壅牛糞四十石，以水和薄便有八十石。

田園內大小桑樹　園內田內栽種桑樹，桑下尚有餘地，本可兼種菜蔬、豆綿等項詳桑間種植第一則，但未免分地力耳俗名奪肥，澆桑之糞應稍稍加厚。

又《培壅四則》

培壅之物　農諺云：『家不興，少心齊；桑不興，少河泥。』故壅河泥是要緊事，如無河泥即以湖泥、塘泥、溝泥及拉颯培壅之拉颯即埽地所積之灰土及一切渣滓，或壅以蠶矢、豆餅、綿餅。

培壅之時　下壅須在立春以前，未春先下壅則肥氣下降，桑根一行便沾肥氣。

培壅之法　泥須曬乾，敲細如粉，餅上須蓋泥，以防惡物蹧踏傷及桑根。樹旁壅土，須中間高旁邊低，低處四圍又微高，如池形，以便澆水。

培壅之效　雨淋土剝，桑根往往露出土外，縱澆糞亦不全盛，壅以泥則藉此培補，免至老根呈露。桑性喜燥，壅以拉颯則土鬆，雨過便乾。桑性喜肥，壅以豆餅等項則肥氣浸灌，桑眼自然飽綻，桑葉自然豐盛。

又《耘鋤二則》

去草　桑下有草則分肥，且蕪穢生蟲，宜時常鋤掘，務使寸草不生，桑自榮茂，萬一有蟲，亦易捕打。

去石　桑下有石則礙根，生機未免不暢，宜用四齒鐵鈀鋤去之，根自遠行。

又《修翦六則》

趁時令　臘月桑枝津液未行，正月桑枝萌芽未出，宜趁此時修翦。四月飼頭蠶，五六月飼二蠶，亦正好將應去之條連枝葉一并翦下。今年修翦不過時，則長條豐美，明年之桑葉自早發而且腴潤。

刪繁枝　枝條少則葉自肥。必不可留者曰枯條，曰細小不堪之條，曰瀝水條條向下垂，曰刺身條條向裏生。去一留一者曰駢指條兩枝相并而生，酌留旺者一條。留少去多者曰冗脞條稠雜叢生，宜多去少留。不可留而暫留者曰遠揚，曰脚科。遠揚即條之遠出而細長者。脚科即根下細條。如遠揚脚科有可為壓桑之用者，暫勿砍，否則砍去。

去梢子　桑樹不可太高，太高則難於採葉，必須去梢留杈纔好。大約移栽小桑樹身，只留一尺，樹枝四層，每層各留一尺，共計五層，共高五尺，每樹共留十六枝。原有大桑，樹身只留三尺，樹枝兩層，每層各留一尺，共計三層，共高五尺，每樹共留二十五枝。以後年年翦條，均齊老瘢。翦斷處謂之瘢，從前翦斷處謂之老瘢。現在翦斷處即從前翦斷處，謂之齊老瘢。五層者年年只留五層，三層者年年只留三層，不令再長，十六枝者年年只留十六枝，二十五枝者年年只留二十五枝，不必多留，如此則樹頭皆成拳形，條柔枝嫩，葉闊如掌，且樹身大而不高，尤便採摘。所有大小桑樹去梢留杈之法，詳晰開列於左。

（道光）《遵義府志》卷一六《農桑志・栽桑》

栽桑

種秧　正月犁地一段，挖成淺溝，澆以糞水，揀紫熟桑椹分散溝內，上覆松泥，干則澆以清水，至三月內，必長桑秧。到三年，有指頭粗，三四尺長，可分種。若低小柔桑，近土外或有長條，于放葉正茂時攀倒，用泥壓上，其新發嫩梗浮露土面，自能節節生枝，次年嫩梗有二三尺高。春分時，將老桑條逐節剪斷，其桑秧剪去上梢，連根只長二尺余，屋角、墻根、河岸、田塍及空地內，每離五六尺或一丈余尺可種一株。

種法　掘坑一尺，先用肥壅，和水澆之，然后種上，取土填平，踏緊，再澆清水糞一遍，自能成活。至川省地土，易于發生，春間用桑條插種亦可。

接種　桑秧種過三年之后，桑椹多而葉薄小，是為草桑。必用移接之法，葉方大而少桑椹。宜于春分半月之中，剪取別株桑條四五寸，用快刀削成藕劈，入頭在于本樹離地五六寸及一尺余處所，將桑皮兩邊帶斜割開如人字樣，刀口約半寸長，即將藕劈朝外向皮開外插入，使兩邊皮上滋水粘連，封之以泥，外包竹箬，用草緊緊捆縛，清明后即活。次年長成青條，可將本樹上截鋸去，二三年便成高大接桑。

修條　頭蠶采葉時，全采其葉，不剪其枝，待生二葉，又喂二蠶南方頭蠶畢，又養二蠶，然亦不多。三蠶四蠶則更少。至二蠶采葉時，桑條帶葉剪下，然亦須留一尺及二尺許不剪，并擇其粗壯者一二枝，全留其葉。如不養二蠶，則頭蠶采葉時，先將繁枝芟去；或于來年正月內修剪一次。每枝除剪去外，宜留一尺二尺許不剪。

培土　桑地內如有細草發生，必要鋤去。每年二、八月及冬月要上肥壅。牛羊騾馬之糞，任土皆宜，而培桑尤宜人糞；若棉花菜油豆餅之類更肥。

去蟲　桑有蟲蠹，便要枯死，須于閑時尋看，見有蟲糞處，即是蛀穴。若深入者，用鐵鑿鑿取；其淺者，用鐵絲插入殺之。則桑樹茂盛，可無凋零之患矣。《蠶桑寶要》

清 汪曰楨《湖蠶述》卷一《栽桑》　移桑　凡家桑栽種有年，根深且多，設欲移此置彼。其起之種之之法，不可不備，起時依桑枝四面蓋覆處，墾開其土，輕輕翻杷，將樹緩緩取起，勿令根斷。種法如種野桑式，用木梢作樁，捆縛其本，以防風動。移種時，春則二月中，冬則十月中，宜天晴，以清水糞澆兩三徧，其處一年不可墾動，又不可剪動其枝葉。《桑譜》

地操瘠者，寬要兩尺，深要一尺，兩樹相離須六尺；地肥濕者，寬廣不必兩尺，相離則要八尺，以發生較速，免致相殘也。方入土時，不必即用肥料，蓋初栽之桑，本屬莊健，隨時灌溉足矣；若既培以肥料，將來習慣自然，無料可繼，反易衰老，不如用各種樹管擂碎，置入根頭，爲夏天發濕滋潤桑根之用。

又　種桑秧　稺桑初種，胥名桑秧。法貴稀，縱橫各七尺。冬種者秧宜大，清明前後種者宜細。董世甯《烏青鎮志》其根無論長短粗細，皆不可動，唯直下之根須剪去之。開六寸深平潭，宜大不宜小。一人持秧枝放準潭中，將根理鋌鋪直，如有長根亦須將潭開長，根不宜曲。一人墾取田中稻稈泥俗名脚乾泥，鋪壓根上，繼以地上燥泥，蓋滿其潭，以足踏平，再用手將桑枝輕輕一提，再覆上細泥略踏之。一年內種處不可墾動。凡種桑，必須兩人方得本直根挺。天晴用水糞對配澆之，至三四次即活矣。種秧時要晴燥乃發，大伏中仍如法澆灌一二次。冬間或壅稻稈泥，或罱河泥皆可。如桑枝下本旁生細枝，以桑剪剪去修平，則本光好接也。種秧時先剪去上梢俗名攔頭，冬間再攔之，一二年可接成家桑矣。《桑譜》一云耨地而糞之，截其枝謂之嫁，留近本尺餘深埋之，出土寸許，培而高之，以泄水墨。其瘢或覆以螺殼，或塗以蠟而封之，是防梅雨之所浸。糞其周圍，使其根四達。若直灌其本，則癰而死矣。不可灌水，灌以和水之糞，二年而盛。又必月一鋤焉，其起翻也，須尺許，灌以純糞，偏沃于桑之地，使及其根之引者，禁損其枝之奮者。《烏青文獻》

清 汪宗沂《蠶桑輯要》　移栽地桑　地桑亦揀魯桑條肥而旺者，留四五條，鋤土添糞，只栽一次不再移。其掘土澆水之法亦與樹桑同。惟根與樹身均不令出土中，上加浮土，其條長出，只刪繁枝，不須剪梢。桑旁有草勤鋤。無雨勤澆灌，葉自早生。一年之內，條高五尺餘，次年可用快鐮刀，附根割條葉飼蠶。比樹桑採葉，較早一年。

清 吴烜《植桑育蠶書・種桑説》　分栽剪頭法　第四年立春以後，春分以前，天氣晴和，將桑掘起。直幹無枝，浙人謂之『單槍』，剪去直根及橫根之腐而無用者。每株相離五尺五寸，須如品字，不可對栽，長大方能寬展。預將分栽之地，鋤翻作埨，潤亦五尺五寸。先用丈竿量定，不可參差疎密，致礙將來挑担栽培之路。將地鋤深一尺二三寸，四周寬廣，沃之以糞或河泥，植桑坎中，理直四面橫根，不可稍有拳曲，敲土極細，塞實根柢，不可空虛，逐漸加泥，漸加漸踏，務令堅實，勿使鬆浮。平地須種過接頭一二寸，高地必須種過三寸，方易囘生。隨用桑剪，視桑大小，桑大離地尺餘，桑小離地六七寸，剪去上段剪下之條，可接土桑。種時不可澆水，三四日後，以二糞八水澆之，以後天氣晴燥，須五六日一澆。俟芽葉盡放，摘去下芽，上留三四芽，發成三四枝。漸西僅留兩芽，發成兩枝，明春謂之『雙槍』。蓋浙西一帶，雜樹甚少，出蟲之樹，一概刪除，無蟲侵蝕，故留得一芽，即成一枝。吾江出蟲之樹甚多，驟難刪去。夏秋數月，蟲類甚多，故必多留數芽，以防傷損。

清 楊蔚本《養蠶説》《皇朝蓄艾文編》卷二〇

移栽法

栽地桑，須於近井圍內栽之，有草則鋤，無雨則澆。比及蠶生，可澆三次，其葉自然早生。桑椹畦種，次年移栽，仲春、季春皆可。率五尺一株，栽後二年勿採，小採長遲。桑生一二年，脂脈微嫩，春分移栽，以土堅覆。大抵一切草木根株新栽之後，皆惡擺搖。栽小桑微帶根鬚上無寸土，但經路遠，風日耗竭脂脉難活，縱活不旺。卽云地不宜桑，殊謬。今後移栽小樹，若遠處移，多以十餘株爲一束，於根鬚上沃稀泥，泥上滲土，外以草包，順臥樹身於車箱，覆以席草不透風。若全樹移栽，大風動搖多不活，宜斫去原幹，再長樹身。桑聞鐵腥愈旺，地桑是其驗也。栽區深一尺，平地約留樹身二三指，餘者斫去，地須堅築，以土封瘢。若地凍，於上酌量加糞。春分後，就地作爲地盆，雨則可聚，旱則可澆。待芽長條茂，可作地桑。或削去細條，存留旺者二枝，次年便成樹。或就壓旁條，一樹又生十柯，比之全樹栽者，樹樹必活，亦榮茂。十月木迷，宜栽埋頭桑，栽去樹身，如秋栽法。一年之間，長過原樹。瘢栽二年以上，如芽葉不旺，榖雨時用硬木貼樹身，去地半指，一斧斫斷，須利斧方好，糝土封其瘢，樹南種黍五七粒，十餘日妒出芽條。旱則頻澆，立夏後不宜此法。一歲之中，除大寒時分不能移栽，其餘月分皆可。

清 尹紹烈《蠶桑輯要合編》

移栽接桑剪成拳桑法

接桑栽法，宜五尺許一本，如品字樣，不可對植。當待次年正月，天氣清和時候，可離地二尺，剪去上條。候芽出時，只留二芽，秋後成條，又五六尺許。待次年正月，離幹尺許，復剪去，如乂樣式。再留頂上各兩芽，餘盡抹去。來年又剪新枝，總留尺許，仿前法，再剪再留，而枝條又增倍矣。約五六年，至立夏後開剪，連枝葉盡行剪下飼蠶。剪至數年，桑卽成拳式，十六七拳不等，謂之『拳桑』。拳之大者，可留三四五條不等。次年立夏，又將拳處剪下飼蠶。連枝葉剪下者，一則省工，再則恐有雨濕，須倒懸於通風處，一時卽乾，卽可飼蠶矣。

又 秋栽法

霖雨內爲上時，區深一尺，平地約留樹身一二指，餘者斫去。栽罷須堅築，以土封樹頭，地凍量添糞，春煖就糞撥爲土盆，雨可聚，旱可澆。雨後芽發，或就作地桑，或削去細條，存留旺者一二枝，次年成樹。人栽桑多於春月全樹移栽，春多大風吹擺，加之雨少，又天氣漸熱，芽葉難禁，多不活，活亦遲得力。若斫去元幹，再長樹身，桑喜鐵腥更旺。又十月木迷，宜栽埋頭桑截去桑身，栽如前法。冬月根脉下行，乘春便發，一年之間，長過元樹。其斫下桑梢，相連二三枝爲一把另栽。或於蘿蔔內穿過，假借氣力更妙。近南地方，宜十月埋栽。河朔地氣頗寒，宜秋栽。又春初取桑枝大者，長二三尺許，橫壓土中，上掩肥土，約厚二寸。半月後，萌芽漸生，三月後可長四五尺。次年立春前後，剪開移他處，二三年卽成拱把。按：伏天壓桑亦活。

清 何品玉輯刊《蠶桑會粹·種桑養蠶格式》 植桑栽 種桑之法，須於大小寒時此時種無虫食將桑栽斬去幼根，約頭與根留一寸許，枝身留四寸許，以塘泥養其頭，置天井中，待抽蕊乃種。種後隔日淋水，連淋十餘天，有五六次桑種定必開强。此後若遇天旱，隔三五日淋水一次，有雨則不用淋水矣。桑栽以大寒時種，使發極。然後立春第三造交，六月節可有桑養蠶矣。若正二月種，則須待七月四造，乃能有桑養蠶。桑地肥，每行離一尺七寸；桑地瘦，每行離一尺五六寸分。兩行橫直相間，直行正對，橫行不必正對，如品字樣。每丈長種桑十三四條，一畝約種四千條橫六丈，直十丈為一畝，每畝桑栽約價銀玖錢或捌錢左右。

清 賈振聲校，袁俊德輯《桑政萃編》卷二

移地桑

先將畦內魯桑連根掘出，樹身留六七寸，餘皆截去。次將鍋燒紅，以截處倒按鍋內烙過，每坑栽一株或兩株。桑身之頭以平地爲度，不可露出，因地桑枝條從土內長出，桑身出土則枝條不旺，被風擺折。桑身週圍須壅以熟土，下半坑土須實築，恐根與土不相著。上半坑土須輕築，恐土太緊不易生。再於坑面堆積浮土，厚五六寸，至芽條出土，只刪繁枝，不翦梢子，本年可長五尺餘，次年割條葉飼蠶。

清 江志伊《種桑法》 移栽 凡桑四時均可栽，然以大寒前後回陽時爲上此時栽桑不生蟲，正二月栽者未嘗不活，然易生蟲，諺云：臘月栽桑，桑不知也。栽時翦去直根，留四寸。直根不去，則樹少歧枝，難于暢茂。及橫根之腐而無用者，將根頭浸糞水中一宿一法以塘泥養其根頭，置天井中，待抽蕊乃種，掘坑深闊約二尺，坑相距肥地一尺七寸，瘠地尺五六寸，直行正對，横行斜對。若不再移者，相去須五六尺許。却於坑畔取土糞，和成漿，埋定桑根，糞土培壅，與地平，次日築實，不可動搖，隔日澆水，澆十餘日必發芽。大寒時栽者，發芽當在立春前。以後天旱則三五日一澆，雨則否。其桑加倍榮旺，勝於春栽。或云：冬栽宜十月，以小陽月木氣生長，名曰木迷。根脉下行，地脉內潤，用糞和土澆畢，以土覆之。栽好築實，不澆無損。春栽栽在春分前後，宜晴天巳午氣暖時忌早晚氣寒時，掘地成坑，如冬栽法，調泥和糞。是名坐漿法，於坑中下熟糞三升，以土勻和，再下水一桶，攪成泥漿，栽桑可以耐乾，免澆。惟此法止宜黄沙土，若膠土、青黑土，泥漿易糊，桑眼難生。土寒則結塊開坼，風入傷根，均不宜用。將桑根坐坑底，提數次，則桑土相著，復用熟土厚封，築實不必澆水。夏栽宜伏雨後，或晚涼時，用糞不必調泥，亦不澆水，土乾則澆，澆後封以熟土。秋栽以霖雨爲上時，作區深一尺以上，平地約留樹身一二指，餘者斫去。斫去原榦，再長樹身，桑聞鐵腥則愈旺也。栽罷地須堅築，以土封瘢，及地凍於上，約量添糞。春暖後就糞撥爲土盆，雨則可聚，旱則可澆。樹南，春先種穄，比及霖雨，芽條叢茂，削去細條，存留旺者一二枝，次年便可成樹，或就壓旁條，一樹可引十餘，比之全樹栽者，樹樹皆活，桑亦榮茂也。凡栽桑，多於春月，然春雨艱得，風多吹擺，天氣漸熱，芽葉難禁，故多不活，即活而得力亦遲。河朔地寒，秋栽爲上。南方地暖，十月木迷，可栽埋頭桑，截去桑身，如秋栽法。冬月根脉下行，乘春併發，一年之間，長過原樹矣。若栽接本桑湖桑之紅皮大種，接過單槍者順，立春後，春分前，買栽之，預耡地作埨，用丈竿量定，闊五尺五寸不可參差闊狹，致礙采葉、施肥之路，然後將地耡深一尺二三寸，四周寬廣，沃之以糞，或塘泥。植桑坎中，每株相距亦五尺五寸。栽時，翦根調泥，一如春栽法。理直横根，不可拳曲，敲土極細寒實，根株平地，須過接頭三寸高，方易回生，隨用快翦，視桑之大小，桑大離地尺餘，桑小離地七八寸，翦去上段，以接土桑。栽後不必澆水，三四日後，以二糞和水澆之。以後天晴則五六日一澆，俟芽葉盡放，摘去下芽，留上芽三四枚，發成三四枝。以後分五年作五層修翦之，便成拳桑矣。若栽未接小桑，先將地墾鬆，培土作埂，闊二尺五寸，埂兩邊可栽兩行，每株相去一尺，用指大竹管，扦土作小孔，將桑秧翦去直根，留四寸，插入孔內。孔大則用土填滿，根與土務令相着。栽畢，翦去枝稍，亦留四寸，澆灌之。俟抽條長葉，留粗者一條，次年接換。惟接後又須移栽耳。按：種桑之木有三寸圍圓，或大如母指、兒臂者，便宜接博。接成後，復移栽之，恐有傷損，且根頭漸大，移亦費事，不移則相距太密，勢難兩大，何如此時移栽，即一步一株之爲愈耶。若小桑移自遠方，微帶根鬚，上無寸土，脂脉爲風日耗竭，栽後難活，縱活亦不榮旺。必須通十餘樹爲一束，於根鬚上蘸沃稀泥，泥上糝土，包以蒲蓆，包內用湆泥固塞，仍擗夾車箱，兩頭不透風日，中間順臥，樹身上以蓆草覆之，預於栽所掘區下糞，樹到時晝便下水，依法栽之。以上均言熟地栽桑法，若栽於未耕種之生地，須擇黄白色帶沙燥土，燒盡野草以絶蟲類，將土曳打柔細，用灰糞與土合勻，不乾勿澆。若青黑窪溼之地，須四面開溝，中擁土埂，以洩水氣。

清　劉光蕡《修齊直指評》　栽桑法　將地掘坑，廣深各尺許，用糞與土和勻，入水一桶，調成稀泥，將預種桑秧掘來，坐於泥中，按至坑底，提掇三五次，填土與地平。次日築實，封身尺餘高，周圍成環池以容水。栽地桑亦如此法，只是一坑二三根，須要栽種下的魯桑秧子，一畝約栽二百四十坑。雖不及樹桑耐久，而獲利甚速。凡栽樹，九月至三月皆活，惟栽桑樹亦不論冬夏，但荊桑葉不如魯桑葉肥大，宜將魯桑靨接於荊桑。樹枝葉愈肥大，接有插接小靨如麥子大者，截作長一寸闊四分，起下來須看靨心，平實莫傷。又將荊桑枝幹上亦截去，長一寸闊四分，將皮起下，以魯桑靨補上，須要下節對緊，用麻或桑皮縛緊，截去上面枝，稍以桑葉遮蓋，四五日卽生。可割斷縛繩，以暢生氣。

清　劉清藜補輯《蠶桑備要》　栽樹桑　築墻成園，大小任意，將園內地耕熟，或栽行桑。每株相去一丈，横直成行，以便耕種。行間或種緑豆、黑豆、豌豆、芝麻、糜子及瓜茄菜蔬，無不可者。上採桑葉，下種豆蔬，可謂兩益，而且發桑，但不可種麥穀，令桑不旺；不宜種藤蔓之物，纏繞桑枝。採葉之樹，尤忌種大麥。地內種，相去宜寬。若務桑園，六七尺一株，須按品字樣。

又　栽地桑　濟急救困，莫如地桑之速，凡河決水湮之地，地少人貧之處，地桑一畝，歲可收絲九觔。布後次年，即可飼蠶三箔，三年後，可飼五六箔。其法築墻成園，將園內地耕熟，相去五尺掘一坑每畝該掘二百四十區，廣深各二尺，每坑內下熟糞三升，合土令勻，下水一桶，調成稀泥，將畦內種成魯桑。不用荆桑。連根掘出一科，自根上留身五六寸，其餘截去。或止留身二指寬，祇須有一條眼，發出就是一壯股，省科樹桑。地桑初栽，皆可用此法。將樹頭截處用火微烙，以收津液，埋與土平，謂之埋頭樹，再發出樹條更旺。每一坑栽二根，將根坐於泥中。欲速見功者，栽三根。按至坑底，提三五次，按桑身略與地平，壅周圍熟土，令坑滿，次日築實，再壅熟土輕築，令平滿。附身土不可築實，實則芽難生。用虛土封堆，如鼇背子様，可厚五六寸，周圍自成環池亦可容水。芽出土長三四寸時節，揀不旺者掐去，每一株止留旺者一二本。澆鋤如法，當年可長五尺高。次年附根割條，到家捭葉飼蠶。割須用厚背鋼鐮，一割要斷。若鈍鐮，不能遽斷，則傷根皮。有雨則根必傷，蓋地桑不要放出身來，只要從土中長出。若身出土名為脚高，條既不旺，又多被風雨擺折。割過處，每一根盤，周圍生出數芽，每一科可留六七條。大約割一條，再發芽留兩條，年年如是，一年多於一年。餘者減去，年年附地割之，愈割愈旺，留條漸多。有一種野魯桑亦可移植，冬春上糞，旱則澆灌，年年茂盛。三年後正長旺，六年後根相交，根交則不旺，春時將相交根砍斷掘去，添上糞土，或得雨，或澆過，即復長旺。次後斟酌，其後漸大，壓成栽子。圍別園如前法。栽之三年後，新桑茂盛，養蠶砍桑時，將舊桑根上只留一條，隔年自成一株，分出栽為行桑。如此傳轉，無有盡期。然魯桑飼蠶，其絲不堅韌，可斟酌栽荊桑樹數株，俟蠶大眠後，采葉與魯桑相間飼之。地桑須於園內栽之，有草則鋤，無雨則澆，比及蠶生，可澆三次，其葉自然早生。桑種自有早生葉、遲生葉者，須擇其早生葉者為地桑。其行間宜種豆，兩不相妨，且豆性發桑，勝於芝麻瓜蔬。

清 盧燮宸《粵中蠶桑芻言・種桑事宜條列》 植桑栽 種桑之法，先於小寒、大寒時將桑栽斬去幼根。每棵頭與根共約留一寸許，枝身留五六寸許，以塘坭或溝渠中涖坭養其頭根，置天井中。待其抽芽，乃種之。種後天時雨水調勻，定必開蕻。倘遇天旱，隔四五日畧灑水一次便可。如立春以前種者，則於下三造，便有桑飼蠶矣。若是年正二月始種，則須待下年頭造，乃能得桑飼蠶也。至於種法，其地肥者每行約離開一尺二三寸，瘦者每行離一尺五六寸，橫直分行，直行正對，橫行不必正對，大約每丈長種桑十三四棵，一畝地約種五千棵。橫六丈、直十丈為一畝。

清 陸獻《山左蠶桑考・課桑事宜》

移樹

俞宗本《種樹書》：浙人植桑，斬其葉而植之，謂之『嫁桑』。以螺殼覆其頂，恐梅雨侵損。二年即盛，根下埋龜甲，則茂盛不蛀。先掘地成坎，貯以水，攪成泥漿，務令濃厚。然後移樹栽之，根令舒暢，上培土，築實，可不必日日澆灌，名『坐漿種法』。

又《李澧跋》 栽桑法 正月擇高阜地，每相離三尺許，鋤開一坑，深三四寸，坑底要平。將桑秧根鬚各分曲直，竪坑內，糞培牢固。將餘稍翦去，與土相平。每月澆糞水二三次。清明發芽，再澆糞水一二次，一月可長一尺。每株根上只留一二芽，隨月而長。至五六月間，摘去新枝上葉內小芽，去旁枝，止培原養本枝，直上直下，仍澆灌一年，可五六尺。臘月間，翦去上稍，只留三四寸。到次年，每月只澆灌一次。春分後，根上復生芽，不拘多少，摘去，止留一二芽，最要防護牲畜踐踏。至五六月，去斜枝，恐奪本根脂力。長至六七尺，又怕風摇，致傷根本。可用細繩拴縛各桑根上，互相牽絆。候至次年，任從摘葉飼蠶。其栽桑地內，不宜種花草奪地脉，只宜種葱、韭、瓜、菜之類，取其頻澆灌，桑葉愈茂。

清 沈練《廣蠶桑説・培養桑樹法二十條》 移栽之法 鋤地分埨縷尹切，上之加高處也，使無積水，於埨背分行栽之，與治圃者排葱蒜之埨相似。其栽宜踈彼此相去須在八寸外，勤澆勤鋤，至其大如指，則可以接之，使變家桑矣。

清 湯聘珍輯《種桑成法》卷一《種桑簡明成法十六條》 發桑叢叢桑即地桑，其法先將地耕熟，閒五尺掘一坑，廣深各二尺，每坑下熟糞三升生糞不中，壯地少用。和土下水，調成稀泥。將種成魯桑連根掘出，自根上留身五六寸，餘截去烙過。每坑栽一根，將根坐於泥中，按至坑底，提三五次，令根鬚皆順，桑身略與地平，周圍壅熟土，令滿築實。帀坑四邊，築土至半坑，則根土自實，不實則根土不相著，多懸死。上半坑再壅熟土輕築，令平滿。附身土不可築實，實則芽難生。上用虛土封堆，可厚五六寸，周圍自成環池，以容澆水。俟芽出土四五指，揀不旺者掐去，每根止留二三條。澆鋤如法，當年可長四五尺。次年，附根割條葉飼蠶。

又 植桑身 法將畦內荊桑，全條連根掘出，下坑栽種，均如地桑一樣。但所築實土，須與地平，上復用土封身一二尺，待桑身長至五六尺高，割去梢子，則橫條自長。當春不宜科，科則不旺，惟臘正兩月不妨。秋冬長成，次年春即可移為行桑。凡荊桑若不於園內長成，從小便栽為行桑者，多被風雨孳畜損壞，野荊桑不成身者，移根於園內養之，亦同。

清 王世熙編輯《蠶桑圖説》金編《蠶桑總論》

移桑法

凡家桑栽種有年，根深且多，設欲移此置彼，其起之、種之之法不可不備。起時依桑枝四面蓋覆處鋆開其土，輕輕翻把，將樹緩緩取起，勿令根斷。種法如種野桑式，用木梢作樁，梱縛其本，以防風動。移種時春則二月中，冬則十月中，宜天晴，以清水糞澆兩三遍，其處一年不可鋆動，又不可翦動其枝葉。

清 衛杰《蠶桑萃編》卷二《桑政・種椹類》

栽椹桑

移種桑根，生發較遲，惟椹桑成活最速。諺云：栽根不栽苗，先長根，次長苗。雖北方天寒風冷，而土脉深厚肥潤，人鮮覺察。惟窖栽一法最為相宜。視苗之大小，掘土之深淺，鋤去地上浮土，見黄土者佳。距一尺掘小坑，以桑根向南，用土覆埋，少露枝苗，先勿澆水，以地滚石壓緊，勿令透風。次年三四月，視土氣乾燥，始用澆灌。如地潤，則勿庸澆，則工省而成活必多。或本年不栽，尋避風之處，掘大坑窖土，用黄土堆蓋，次年春暖凍開，地氣土升，起出分栽，亦可如前法。

又《移栽類》

移本桑

已經接過之桑謂之接本桑，如移栽他處，須翦直根，照坐漿法栽之。每株相距六尺，栽罷再翦去枝梢，離地留尺許。或先翦後栽亦可。如法澆灌一月，即抽條長葉，只留好枝二條。

又　移地桑

先將畦内魯桑連根掘出，樹身留六七寸，餘皆截去，次將鍋燒紅，以截處倒按鍋内烙過。每坑栽一株或兩株，桑身之頭以平地為度，不可露出，因地桑枝條從土内長出，桑身出土，則枝條不旺，被風擺折。桑身周圍須壅以熟土，下半坑土須實築，恐根與土不相著；上半坑土須輕築，恐土太緊，不易生。再於坑面堆積浮土，厚五六寸，至芽條出土，只删繁枝，不翦梢子，本年可長五尺餘，次年割條葉飼蠶。

清 劉安欽《蠶桑速成捷法・蠶絲業普及捷法》第一章《桑樹栽培捷法》

栽桑之時，春宜于雨水節，秋宜于落葉後。以地味言，溼地宜秋，寒地宜春。植桑場圃，密植宜掘溝，疏植宜掘穴。表土深者宜深植，淺者淺植亦可。桑行宜從横成直線，可參着左表。

刈法	每株相距	株間之濶	溝與穴之深	溝與穴之徑
根刈	三尺五或四尺五	四尺五或六尺	一尺五	一尺三
中刈	四尺　或五尺五	四尺五或七尺	一尺七	一尺六
高刈	四尺五或六尺	五尺五或七尺五	一尺九	一尺八
喬木	九尺或一丈二	一丈或一丈二	二尺五	二尺二

清 楊鞏《中外農學合編》卷九《林類》

移栽

辨時令　栽桑以春分前後十日及十月為上春分前後，時當發生，十月小陽，為木氣生長之月，餘月亦可，惟大寒時候不能移栽。陰寒正盛，地氣尚伏，恐被凍損。春秋及寒月栽種者，宜天氣晴明巳午時，暑月栽種者，宜待晚凉。《士農必用》

調泥漿　掘地成坑如係初墾之地，先須燒盡野草以絶蟲類，然後掘坑，每坑方約二尺深約二尺。坑内下熟糞三升，以土和勻，再下水一桶攪成泥漿，務令濃厚。然後將桑根坐於泥漿之中，按至坑底，提三五次，務令根鬚舒暢不可拳曲，再用土培厚築實，自然耐乾，可不必日日澆灌，名坐漿法。同上

去直根　移栽桑樹，須剪去下面直根，只將横根理齊，掘鬆土栽之。同上。

布行列　每六尺遠栽一株，每地一畝可栽一百五十餘株，栽桑不宜對植，如品字樣最好。同上。

品字式

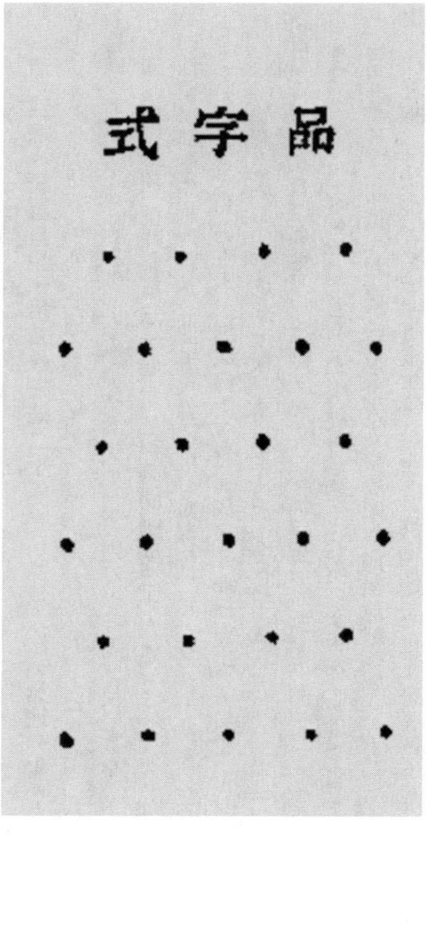

第一行與三行對栽，第二行與四行對栽，第三行與第五行對栽，第四行與六行對栽，便成品字樣矣。《蠶桑提要》

移栽接桑法　已經接過之桑謂之接本桑，移栽接本須剪去直根，照坐漿法栽之，每株相去六尺，栽定之後再將枝梢翦去，離地只留尺許或先剪梢後栽種亦可，澆灌得法，不一月即抽條長葉，只留好枝兩條。《務本新書》

移栽大桑秧法　剪根坐漿去梢澆水，皆照移栽接本法，惟澆灌水糞較接本稍薄耳。栽後抽條長葉，只留粗者一條，今年移栽，明年即可接換。《農桑要旨》

移栽小桑秧法　先將地鋤鬆，培土作埂，濶二尺五寸，將秧下直根剪留四寸，用細竹管粗如指者扦土作小孔，以秧插入孔内，孔大則用土填滿，根與土務令相著，上面枝梢亦翦留四寸，尺地可栽一株，埂上兩邊可種兩行。未幾抽條長葉，只留粗者一條，澆水澆糞與大桑秧同。今年移栽，明年即可接換，但接後又要移栽耳。一尺一株澆灌較便，但再移則未免費力，不再移則相去太近，桑枝漸茂又覺彼此礙事。若照栽大桑秧法六尺遠一根，便不必再移矣。雖佔地太多，然桑未成林桑閒仍可種植別項，地利固自在也。

移栽地桑法　先將畦内魯桑連根掘出，樹身只留六七寸，餘皆截去，次將鍋燒紅，將截斷之處倒按於鍋内烙過，每一坑栽一株欲速者一坑栽兩株。桑身之頭以平地為度，不可露出地上地桑枝條須從土内長出，桑身出土則身上枝條不旺，多被風雨擺折。身之周圍壅以熟土，下半坑土須實築，不可鬆浮鬆浮則根與土不相著，多懸死。上半坑土須輕築，不可緊實附身土太緊實則芽離身。坑土填滿之後，再於坑面堆積浮土，約厚五六寸，芽條出土之後，只删繁枝不剪梢子，本年即可長五尺餘，次年割條葉飼蠶。移栽地桑，耕地掘坑、和糞下水、坐漿澆灌諸法，均與樹桑同。所不同者，樹桑根埋土内，身長土外。地桑則根與身均埋土内，樹桑坑内之土上下均宜築實，地桑則坑内之土下半實築上半輕築。樹桑坑土填平之後於樹旁加浮土，地桑則坑土填平之後於樹頂加浮土。樹桑應删繁枝，應去梢子，地桑則删繁而不去梢子。

遠處移栽　由遠處購來小桑，須用蒲席包裹，或草包亦可。不透風日，運到之時，雖已乾涸，但須種後如法澆灌，自然仍還滋潤。若用水浸濕，反不能活。《蠶桑輯要》

桑老補種　桑老而枯，或中空，須於其前後左右補種一株，兩三年後將老者枯者伐去而養其新栽者，則土不曠矣。如不補種則將枝條全砍，樹身只留五六寸，俟明年另發嫩條。《農桑通訣》

又《壓桑插桑去梢留杈式樣》

補空缺　修剪合式，則桑之四面圓如雨蓋，如缺而不圓，須知補缺之法。所謂補缺者，非另栽一株以補之也，只於缺處多留一二枝嫩條，便補圓矣。移栽小桑，每一層留二枝；原有大桑，每一層留五枝，亦就大概而言，若有空缺，不必過於拘泥。《蠶桑輯要》

砍全樹　桑栽二年以上，有芽條不旺者，或樹老而中空者，於穀雨時，以硬木貼樹身，將枝條全行砍去，樹身去地約留二三寸，或五六寸。立夏後不宜此法。砍後以土封瘢，并以肥土壅樹之四圍，旱以澆之，自然復茂。《蠶桑總論》

清　葉向榮《蠶桑説・序・告示條規》　種桑樹，掘坑尺許，用糞和泥，栽下，填土緊築，移樹勿傷小根。栽時須記原向，分行要寬，不可正對。春分前後，栽之易活，九月至二月半亦可栽。空處宜種菉豆、黑豆等物，不宜種麥穀。

清　沈秉成《蠶桑輯要・諸家雜説》

移栽剪桑法

條桑栽法：宜五尺許一本，如品字樣，不可對植。待次年正月，天氣清和，離地二尺，剪去上條。候芽出時，只留二芽，秋後條成，又五六尺許。待次年正月，離丫尺許，復翦去，如叉樣式。再留頂上各兩芽，餘芽抹去。來年又翦新枝，總留尺許，仿前法再翦再留，而枝條又增倍矣。約五六年，至立夏後，開翦，連枝葉盡行翦下。飼蠶翦至數年，桑成拳式，八九十拳不等，謂之拳桑。拳之大者，可留三四五條不等。次年立夏，又將拳處翦下，飼蠶。連枝葉翦下者，一則省工，再則恐有雨溼，須倒懸於通風處，一時卽乾，卽可飼蠶矣。

清　佚名《樹桑養蠶要略・樹桑十九條》

移栽地桑　地桑，亦揀魯桑條肥而旺者，留四五條。鋤土添糞，只栽一次不再移。其掘土澆水之法，亦與樹桑同。惟根與樹身，均不令出土中，上加浮土，其條長出，只删繁枝，不須剪梢。桑旁有草勤鋤，無雨勤澆灌，葉自早生。一年之内條高五尺餘，次年可用快鐮刀，附根割條葉飼蠶，比樹桑采葉較早一年。

按：地桑惟無樹桑之處可取用，其葉大津厚，究不如樹桑。若樹桑三年已成樹，可採葉飼大蠶，地桑出較早，可兼取以飼小蠶。凡地桑，五年後根交則不旺。樹桑培養得法，可支三十年。似樹桑較勝，若地桑每叢留一條，不齊根截去，任其長出横枝，二年即成樹桑矣。

清　豫山《蠶桑辑要合编・種桑》

栽地桑法

熟地方五尺，內掘一阬，方深各二尺，阬內下熟糞壯地不用。和土均勻，下水一桶，調成稀泥。將畦內種成之小桑連根掘出一棵，自根上留身六七寸，其餘截去，截斷處火鉗上烙過，每阬栽一根欲急見功者，栽二根。將根坐於泥中，下半阬栽訖築實，上半阬務令平滿，加虛土封堆厚五七寸，周圍成環池。水澆於內，芽出虛土四五指，每一根只留一二條，澆鋤如法。當年長五尺，次年附根割條葉飼蠶，地桑不宜放出身，只要條從土中長出，年年附地割之。根漸旺，留條漸多。五年後根交，春時須斫斷掘去。添糞土，卽復長旺。一法春分前後，取臘月所埋桑條，臥栽區內，覆土三四指，勿深厚，以手按勻，區東南西種麻五七粒，五月後芽葉微高，旋添糞土，以後條高，便作地桑。

清　趙淵《蠶桑摘要》卷上《種椹類》

栽椹桑

移種桑根，生發較遲，惟椹桑成活最速。諺云『栽根不栽苗』。先長根，次長苗。雖北方天寒風冷，而土脈深厚肥潤，人鮮覺察，惟窖栽一法最爲相宜。視苗之大小，掘土之深淺，鋤去地上浮土，見黃土者佳。距一尺掘小坑，以桑根向南，用土覆埋。少露枝苗，先勿澆水，以地滚石壓緊，勿令透風。次年三四月，視土氣乾燥，始用澆灌。如地潤則勿庸澆，則工省而成活必多。或本年不栽，尋避風之處掘大坑窖，上用黃土堆蓋。次年春暖凍開，地氣上升，起出分栽亦可，如前法。

又《辨栽類》

栽桑十六法

春栽夏栽，秋栽冬栽，生栽熟栽，塌栽轉栽，水栽火栽，燥栽泥栽，耀栽行栽，荒栽林栽。

移地桑

先將畦內魯桑連根掘出，樹身留六七寸，餘皆截去。次將鍋燒紅，以截處倒按鍋內烙過。每坑栽一株或兩株，桑身之頭以平地爲度，不可露出，因地桑枝條從土內長出，桑身出土則枝條不旺，被風擺折。桑身週圍須壅以熟土，下半坑土須實築，恐根與土不相着；上半坑土須輕築，恐土太緊不易生。再於坑面堆積浮土，厚五六寸，至芽條出土，只刪繁枝，不翦稍子，本年可長五尺餘，次年割條葉飼蠶。

地桑樹桑同異

移地桑，耕地掘坑、和糞下水、坐漿澆灌諸法與樹桑同。所不同者，樹桑根埋土內，身出土外，地桑則根與身均埋土內。樹桑坑內之土，上下均宜築實；地桑坑內之土，下半實築，上半輕築。樹桑坑土塡平之後，於樹旁加浮土；地桑坑土塡平之後，於樹頂加浮土。樹桑應刪繁枝去梢子，地桑只刪繁而不去梢。

清　帥念祖《蠶政編》

栽樹桑法

九月至二月半，栽之皆活。掘坑須寬綽有餘。或種出者，或盤壓成者，皆可移栽。魯桑宜多，荊桑宜少。栽時記號南枝，不可錯了原向，且忌大風。移時務掘大蔸，不可傷着小根。將坑內用糞與土和勻，入水一桶，調成稀泥，將樹根坐於泥中，按至坑底，提三五次欲令根鬚皆順，塡土與地平，次日方可築實。上復用土封身尺餘高，自成環池無雨澆之，可以容水，三年不可採葉。冬壅其根，旱則數日一澆。三年之後，長如椽大，可以採葉飼蠶矣。

又　栽地桑法

濟急救困莫如地桑之速，凡河決水湮之地，地少人貧之處，地桑一畝，歲可收絲九觔。布後次年卽可飼蠶三箔，三年後可飼五六箔。其法將地耕熟，相去五六尺掘一坑每畝該二百四十區，廣深各二尺。坑內下糞和土令勻，下水一桶，調成稀泥，將種成的魯桑不用荊桑連根掘出一科，自根上留身五六寸，餘截去。每栽二根一坑，按至坑底，按桑身畧與地平，壅土令坑滿，次日築實，周圍令成環池亦可容水。芽出土長三四寸時，揀旺者，每株留一二根，餘掐去。次年附根割條，到家推葉飼蠶。割過處每一根盤周圍生數芽，每一科留六七條，餘去之，年年附地割採，愈割愈旺，留條愈多。冬春上糞，旱則澆灌，年年茂盛。地桑須於園內栽之，有草則鋤，無雨則澆，比及蠶生，可澆三次，其葉自然早生。其行間宜種豆，兩不相妨，且豆性發桑，勝於芝麻、瓜蔬。

清　曹倜《蠶桑速效編・種桑説》　桑樹近地處有旁出之條，在接頭下者便是野桑，宜芟去。在接頭上者卽是種桑，每株可留一條。將土塊壓下，謂之壓條，復加土壅之，時澆糞水，一年之後已另生根。正二月中，可將土發開，就與大桑相聯處，剪斷移栽，以廣生息。

清　曾鉌《蠶桑備要》卷一《栽桑説》　壓桑條　或種出者，或盤壓成者，皆可移栽。魯桑宜多，荊桑宜少。栽時記號南枝，不可錯了原向陰面若受日曬則焦枯。如樹甚小，亦不必拘。且忌大風風能燥物，恐耗散脂液，則不長旺。掘時務要掘大些，不可傷著小根。古人云：『栽桑莫巧，勿令樹知則可耳。』將掘下坑內，下熟糞四五升，和土令匀如有龜殼，根下置一箇，則桑更茂且避蟲，入水一桶，調成稀泥，將樹根坐於泥中，按至坑底，提三五次欲令根鬚皆順，扶端樹身，填土與地平，擁周圍熟土，令坑滿，次日方可築實。周坑四邊須築實；若不實，則根土不相著，多懸死。上復用土封身尺餘高，周圍自成環池無雨澆之，可以容水。如在園外路旁場畔者，須護以棘，以防牲畜啯傷，孩童戲折，二年不可採葉樹小傷生氣，多不旺。其上糞九月至正月皆宜，三月至八月不宜。恐糞氣傷損嫩根，養蠶之月亦不宜上糞，蠶食葉生病，養蠶已畢，枝葉科翦，仍要上糞，謂之謝樹。或猪羊牛馬之糞，油渣亦可，棉子油渣性煖，冬壅其根更好，旱則數日一澆。三年之後，長如椽大，可以採葉飼蠶矣。

清　陳雪堂《蠶桑簡法》卷下《栽桑要法》

移植

冬月中，將接過之桑秧，悉行掘起，置於屋內泥地上，假植之，不令日照雨灑。自春初，截去直根之半。腐壞纖小之根，悉行剪去。上端之枝，截留尺餘，唯剪口須斜斜面向南。預將整好之畦，橫直各離四尺以上，六尺以下之處通常以五尺爲宜，然因地土而有差，肥地宜密，瘠地宜疏；平地宜密，山地宜疏；根刈（浴稱地桑）宜密，高刈（桑拳離地約五六尺者）宜疏。開穴，穴之深淺，因栽法而有差異。根刈宜淺，高刈宜深；粘土宜淺，砂土宜深。平均以一尺三四寸爲宜。穴底施堆肥、荳餅、木灰等肥料，上覆表土。桑秧植入後植時根須理直，不可拳曲，再以細土覆之，令實。俟生機萌發，則定時施肥詳施肥節中。芽綻後，擇其強壯而位置適宜者，留其三芽以三方輪生者，爲最妙，餘悉除去之。及秋日，得三叉之良木也。

清　陳淳《實驗蠶桑簡要法》上篇《栽桑法》　植付桑苗之法

（一）栽植桑苗，有淺深兩種。淺植者，深約六七寸。初，雖因表層土之肥沃，成長似覺迅速。不數年後，樹勢必漸退化；深植者，約二尺餘。始縱衰弱，至根力蔓延，樹勢日見其進化於無已。

（二）植桑距離，密則枝條互錯，長大不能舒展；疎則葉遮蔽不周，曠地生草，皆非所宜。現吾浙通行之高刈法，每株橫直相距六尺，可謂疎密得中。

（三）照前節之距離，開掘深闊一尺七八寸許之穴，穴底入廐肥、木灰、人糞等三四寸，薄蓋以土，然後張直長繩而植付之，萬不可參差，致礙將來整齊之觀。並理直四面橫根隨覆細土，用足踏實，而後再加表土，惟須逐漸加足爲要。

（四）植下半月內，每日或間日早晚，宜澆以七八分水、二三分糞之清水糞一二次。俟其生機已復，可截其幹，或當時截之亦可。

（五）未植桑苗之前晚，先浸於池塘內，翌晨起上。於室內翦其直根，殘留守許，否則樹少枝歧，難望暢茂。所有錯綜小根及腐敗之損傷部，悉宜翦去，以免分肥。

（六）植桑之先，宜經意支配早中晚之桑。例如植桑千株，早生桑二百、中生桑三百、晚生桑五百，爲最適當也。

清　陳開沚《裨農最要》卷二

移秧

移桑秧，宜用快鋤，四圍鋤之後，鋤定底直根。凡栽桑，俱要剪去，定底直根，如不剪去，反難榮茂。輕輕帶護根土提起，如提不起，是有根未鋤斷者，宜再鋤。既已提起，便要移栽，勿久停延，致使細根焦枯。若遠移，用濕草包根，外用席裹，運到即栽。壓桑條，更宜帶護根土速栽，蓋桑活全賴有細根。倘細根焦枯，必另生細根，方長條葉。諺云：栽樹無巧，勿令樹曉。如已乾涸，亦須如法速栽，仍還滋潤。若用水浸濕，反不能活。凡栽桑秧，宜於尺長割去其梢。當牛羊處，則不宜割，恐割而發芽，被牛羊傷損難成，故也。又移大桑，須記認南枝，勿錯原向。凡移大樹皆然，樹小不拘。

清　陳啟沅《蠶桑譜》卷二《栽種桑宜忌篇》

栽桑與種桑之法，廣東比別省，大同而小異也。湖浙種桑，以桑栽分種，三年始行斬枝。摘葉後，其老幹留回多年皆不盡斬，故其桑膠凝結，養蠶成絲亦結。惟廣東地土不同，天氣亦異。若照不斬樹之法，桑葉反碎老，不能飼蠶，更不足供六造蠶之用。考廣東種桑宜忌之理，每年三四月將成熟之桑椹，俗名桑棗。用竹籮洗去其肉此肉沽與藥材店，可作桑椹膏，留其核晒乾，貯至下年二三月放栽。其放栽之法，將地鋤鬆，取其泥面，再將該地底打結，復將面坭鋤幼，分開畛數，每畛闊約五六尺，長約數丈。然後散核於面，以禾稈灰蓋之，復將禾稈加蓋面上。每日分早晚灑水十餘天，漸漸萌芽，待長至六七寸高，以薄肥灌之。再長至尺五六高，或二尺高，便能移栽分種矣。初時之地，打結其底之故，蓋因移栽之時，原株抽起，不至傷其正根蔃。其橫蔃雖盡斬之，亦不碍，故俗名曰水松頭，以其桑仔頭與水松之頭相似故也。種桑之地，宜鬆肥，不瘀水，忌砜泥。廣州各屬所種之桑，多因田土低陷，鑿高作基塘，以其水浸不能揷禾，即有外圍，亦被雨水所浸，故改作魚塘，四便高基，得以種桑耳。約得四分水，六分基，每實基一畝，種桑得法者，可每造收得六担有餘，年中共可得桑三十担。其法以地長二尺、闊一尺，植桑一坎，每坎或種三株，或兩株，俗曰『橫根直巷』，巷者即順行一巷也。根者約相隔八九寸，或一尺，不能如巷之直，不能行人，頗有紊亂。其初種之法，鋤開一坎，其大如湯碗口，每坎先加生泥一大碗生泥者，即塘底心之溼泥，再後將桑仔斬去飛蕹桑頭四便之幼蕹，謂之飛蕹。再將桑仔之尾斬斷，約留三寸餘，以剩三四個蔃眼為合度，種於濕泥坎中，觀其濕泥將乾有烈紋，然後將四便乾泥撥滿此坎，用水灌溉三四天，過十餘日便見發蔃。發蔃之後，不用灑水矣。待其蔃長至二三寸，漸落小肥，再長至六七寸能落大肥。五六個月，即能採以養蠶，但既落肥，必相隔二十天方可摘桑。若相隔日子太近，桑葉必有鹹味，飼蠶必壞，愼之愼之。計初種至可摘桑之時，已到第二造矣。摘葉七成，留回三成，以為第三造再摘，第三造亦照法留，至第四造、第五造則全行摘清，第六造在幹身出蔃，亦全行摘清。再發嫩蔃，便為寒造桑。及至冬至前後，盡將枝幹斬清，只留桑頭，以為遞年萌芽而已。自清明後十天左右而至立夏為頭造，每造相隔約四十日左右完一造，每造摘完桑後，則芸草落肥鋤地，男耕桑，女飼蠶。周年無閒時，女子之弱質者，無力養蠶則繅絲。家家戶戶，踵而行之，何止小康已乎？或有時天氣不齊，每出蟲傷桑，非勤於捕捉，斷難獲利。蟲有數種，正二月桑蔃初出之時，有蟲如蟋蟀一式，俗名曰『大頭狗』，每隻約重一二錢左右，在泥洞近桑頭之處，夜間出而食蔃者。治之之法，可用青菜斬碎，和以信石粉，放些少在洞口，該蟲必食而死。有曰尺蠖，俗名『按尺蟲』，又一種『狗毛蟲』，皆要用大香火燒之，趁其細小未散團較易治，既散開，略惡治矣。無他，總宜勤捉可也。以上所述各法，大略已備，凡種桑土地，宜肥不宜瘦，宜生水不宜瘀水為根本，餘外因時制宜，便全美矣。

清 吉林蠶桑局《種桑簡明法》

栽桑

已經長發之桑，無論來自遠近，皆可栽植。須量其桑根之闊狹，掘成新穴，約寬一尺有零，深尺許或八寸上下，切勿使根鬚蟠曲，如根太長，即可剪斷或加寬其穴。以一人扶植桑株置於穴內，一人先將底層根鬚理清，乃加土二寸許，以手按擦其根之空缺處，用土填塞，使毫無罅隙，再以足踏緊其土。復與根之中層、上層，又兩次鋪展按擦，填塞踐踏，一如上法，皆須手足並用，如是逐層梳櫛，逐層緊築，則土與桑皆緊相粘貼，即抽之不動，風亦難搖，未有不成活者。

又 移桑

本园桑株太密，将换地移栽于本园者，先将桑边原土用足踏紧，而以铁锹于桑之四旁直方铲下，约留原土七八寸宽，而以一面另铲一斜穴，如箕口形，然后以铁锹铲向根底，承土与桑，从箕口拖出。而另用一锹于新栽处掘穴，较移来之桑土稍阔，亦另铲一箕口形，而以原锹承桑与土，从箕口送入，以土掩其旁隙，乃将原锹轻缓拖出，并以土塞其箕口，则树虽移而不觉。无论何时移栽皆可成活，其树仍如原向之方位为佳。

山西農桑總局《蠶桑淺説·培桑》

栽桑

前所說的桑苗，必須移栽後，方可培養成樹。栽桑的法子，於清明谷雨間，掘地成穴，施以腐熟的畜糞，上遮細土；將前二三年所種的桑苗移栽於內，不可教根和糞挨近，將腐爛的根切去，捲縮的根引直，並使肥壯根向北方，衰弱根向南方；栽後徐徐撒土踏實，再行澆水，切忌動搖。

通州蠶學館《蠶桑簡明圖説·移栽培壅修枝驅蟲各法續説》 初栽時，量天時陰燥，澆水多寡，不可動搖桑本。如新芽發有早遲，不可因遲未發，而拔去桑本。當年發芽，即有報喜葉見，此時可驗。如在接本之下，有芽發出，即剝去。倘使發條，即是本桑。生葉甚小，不堪育蠶。當看上圖說，只宜留頂上二三芽發條。

紀事

清 河南蠶桑織務《蠶桑織務紀要·重勸添種湖桑示》 爲重申誥誡，勸種蠶桑，以裕民生事。照得農桑爲政治之首，蠶織乃衣被之原。本司道自去歲奉委勸辦以來，勞怨不辭，成效頗著。今春採購湖桑秧二十三萬餘株，共計成活十四五萬。如本總局桑園所栽湖桑一萬六千株，認眞培養，成活一萬三千株，新發芽條，已長六七尺，葉大七八寸，異常肥潤。近來創興機務，雇用杭匠，教習幼徒十數名，仿造南式綢縐緞綾，均已善織，無亞南產，足見地土宜桑，人工易教，不在江浙下也。查栽植湖桑，尤爲蠶織之先務，桑成則諸務並興。近據各屬禀報，情形不一，其認眞講求，加意培養者，成活分數與本總局桑園無異。其視爲具交，任聽小民分領，或數株或數十株，自栽之後，既不壓糞澆水，除草培土，又不剪去原本，抹去餘芽。或栽於沙鹹之間，或植於荒蕪之地，致多枯死。即偶有成活，亦不過條小葉黄，安望有濟？乃不歸咎於人事之不及，專藉口於土地之非宜，何不思之甚耶！爲此示仰紳民人等知悉，爾等生長北方，僅聞江浙之富饒，未見蠶桑之利益，相習成風，驟難挽回，遂至坐失機宜。每遇灾歉，至不堪問。今既官爲督率，但須用心培養，三年後一畝所出，可抵播種五穀十數畝，爾等何憚不爲也。至窮民地畝無多，朝種即望晚收，以謀養生之計，誠恐難於圖始。是以不得不先勸富戶，預籌肥地若干畝，以開風氣之先。因湖桑與土桑之性，微有不同，土桑未經接過，本根一氣，其葉薄小，故耐荒蕪。湖桑係用荆桑之本，接以魯桑之枝，全藉培養，方有成效。今擬於冬間委員赴浙，再購湖桑數十萬株。或官爲捐發，或富戶托購，每株買價運費共議銀二分，每戶能栽數千株，或萬餘株，即可用一農工，盡心培養。初栽時用糞土覆根築實，乾則澆灌清糞水，成活即無須澆水矣。每於冬月壓糞一次，春分壓糞一次。有草常除，發芽時只留兩正芽，以作丫勢，餘均抹去。庶不分氣，四年即成十六拳，餘無他事。較之稼穡艱難，力省功倍，曷不趁此機緣，爲閭里開富有之源，爲子孫圖久遠之業。其有肥地而無力買購，情願認眞培養者，或數畝，或數十畝，每畝計栽湖桑三百株，準其向地方官請領，不取分毫費用。倘有不肖差役，需索飯食等費，一經訪察，定行嚴究。桑樹長成即係爾等恒產，官亦不抽樹稅。至鹹土沙堆，栽亦難活。湖桑來自數千里外，實非易得，凡遇此等請領者，概不給發，祇宜令其於屋角道傍，多種土桑。俟其長成，剪湖桑枝以接其本。如此推行，則地無曠土，民沾樂利矣。其各遵行，毋違特示。

雜録

清 何品玉輯刊《蠶桑會粹》

種桑各法

桑為蠶本，育蠶必先植桑。然桑類不一，必須擇葉之厚大圓而尖者以植之開歧葉不用。當立春前後，擬種田桑，無論田之大小，預宜將田劃開，一段一溝，段大尺四五，溝濶八九寸，每段分列左右兩行，行内相去尺許一株，却左右行不可相對，若品字樣俗呼『蓮花稻』，即便澆灌，又易除草摘葉。夫田之植桑、移栽、扦插、眠壓皆宜移栽，則以桑秧二株作一株，將二株分植，離開二三寸，斜靠如人字樣。扦插，則砍取桑枝，每枝截斷七八寸長，插入土段約四五寸深，加土築緊，免至風搖。眠壓，則砍取桑枝，不拘大小、長短集齊，將土段左右行鉏開小坑，用雙枝眠於坑内，自首至尾接續放去。面上用土壓緊，凡移栽、扦插、眠壓之桑，天晴宜常灌，蔭種後月餘，以水鮮便淋之，約五六十日可摘葉養蠶。接續下肥菜麯、豆麯、花生麯皆可，豬狗牛糞尤妙馬屎、馬尿不可。摘葉一造，除草下肥一造，約四十日之間，又可摘葉一造，本年共可摘葉五六造。冬至前後，離地留桑身寸許，其餘概行砍去。所留桑身即用塘坭培壅，或火坭亦可。來年春深發芽，長過原幹。若論地桑，非田桑可比。倘土地磽瘠，宜種高桑沃土不必。初種時，可移栽、可扦插、不可眠壓。至其樹行疎密，視地之濶狹栽之，不必過於執一。臘月僅去不便枝梢，或削去細條存留旺者一二枝，次年可成高桑。又有秋栽、十月埋種二法。秋栽可用桑枝植之，擇霖雨為上時。十月埋種，必須桑頭，此時根脉下行。乘春便發，其砍下桑梢，相連二三枝為一把另栽，或蘿蔔内穿過，假借氣力更妙，大抵種桑初栽宜密。俟其長成好者，留之；不可者，去之。疎者，補之；密則，删之。其獲葉多寡，不論樹行疎密，惟論樹枝好歹又全在人力之勤惰耳！

清 盛宣懷輯《蠶桑備要》 分栽 第一年下種，第二年移栽，第三年接桑，第四年立春以後春分以前，天氣晴和，將已接家桑掘起，直幹無枝，浙人謂之單槍。翦去直根及横根之腐而無用者，每株相離五尺五寸，須如品字，不可對栽，長大方能寬展。預將分栽之地，鋤翻作埨。闊亦五尺五寸，先用丈竿量定，不可參差疏密，致礙將來挑擔栽培之路，將地鋤深一尺二三寸，四周寬廣，沃之以糞或河泥。植桑坎中，理直四面，横根不可稍有拳曲，敲土極細，塞實根柢，不可空虛，逐漸加泥，漸加漸踏，務令堅實。平地須種過接頭一二寸，高地必須種過三寸，方易回生。隨用桑翦視桑大小，桑大離地尺餘，桑小離地六七寸，翦去上段。翦下之條，可接土桑種時不可澆水，三四日後，以二糞入水澆之，以後天氣晴燥，須五六日一澆。俟芽葉盡放，摘去下芽，上留三四芽，發成三四枝。浙西僅留兩芽，發成兩枝，明春謂之雙槍。蓋浙西一帶，雜樹甚少，出蟲之樹，一概芟除，無蟲侵蝕，故留得一芽，即成一枝。吾常出蟲之樹甚多，驟難芟去，夏秋數月，蟲類甚夥，故必多留數芽，以防傷損。

圖表

清 衛杰《蠶桑萃編》卷一二《桑圖詠類》

栽桑第五圖

初植桑條勿動搖，先將豆麥和泥澆。細根留得須深種，準擬新秋半及腰。

雨水、春分及伏雨、秋分日，掘坑一尺餘，用油箍末調稀泥，以沃桑根，上敷乾土細末，頻加灌溉。候長時，剪去旁枝，衹留正樹，自然濃陰密布。入冬後，便能經風雪。

其他

論說

宋 程珌《程洺水先生集》卷一九《壬申富陽勸農》 仲春勸農，非文具也。今到官五閱月，此邦農事，大略可見。地狹而人稠，土瘠而收薄，通縣計之僅支半歲，半歲所食，悉仰客販。今日受詞訴，每見其指墮農之人，則曰冬田不耕，一枝之桑亦必爭護，則此邦之農，不待勸矣。然令尚有所見，請以二說，示爾農焉。其一曰勸農，其二曰無妨農。令嘗至郊外，雖曰田無不耕，而糞田不至，每見衢婺之人，收蓄糞壤，家家山積，市井之間，掃拾無遺，故土膏肥美，稻根耐旱，米粒精壯。此邦之人，重於糞桑，輕於壅田，況是土色帶沙，糞又不至，則米不精綻，根不耐旱，此糞田尚當致力也。此邦平地，固盛植桑，然江東江西之人，凡低山平原，亦皆種植。嘗見太平州老農云：彼間之種桑者，每人一日只栽十株，務要鋤掘深闊，則桑根易行，三年之後，即可採摘，蓋桑根柔弱不能入堅。鋤掘不闊，則拳曲不舒，雖種之十年，亦可搖拔，此種桑之法也。低山平壟，更當添種，則蚕絲之利博矣。此令所以勸農者一也。《周禮》：大司徒以保息六養萬民，既曰恤貧，又曰安富。大抵富人資貧人以爲財，貧人恃富人以爲命，貧富有相資之理，不可偏廢。且如近日，因舊會通行已沒之質，已賣斷之田，紛紛贖以千萬計，令未見虛實，姑爲施行。所當退贖者，富人固不可辭；所不當取者，貧人亦宜自反。有錢而贖者，固舊物之思復，其間無錢轉假於人者，往往皆是。或取之於東家，復賣之於西舍，所得不多，奚苦結怨，縱使贖得，未必能守，鄰里親戚，顏面奚施。若是借錢，不如就業，或加典、或斷賣得田之人，亦勿靳吝，比之平時多捐薄，少與之且免爭辨，復免贖去，今來寄庫之錢，既已在官，爭辨未定，舊會限迫，約束分明，未得爲業，無致過時，徒費爭執，大抵貧富貴賤死生壽夭，莫不有命，命所賦受，毫髮難逃。貧人當知分定，節食省衣，盡力耕桑，辛勤商販，無萌負債之心，常思富人濟我急用，勿萌偷竊他物之念，常思官法壞我肌體。富人則又自思曰：天之生財，爲衆人用，今吾乃獨多得焉，其可不知聚散之理乎？消息盈虚，天地陰陽所不能免，富貴其可恃哉！無過取其利息，無侵奪其疆界，無包占其畝步，無陵轢其愚弱，契劵必分明，無攔典、無攔賣、無浮租。雖是鄉俗，必竟戾法。《洪範・九疇》，其一曰五福。五福之中，富居其次，好德又居其次。富而不好德，則不能保其富矣。所謂德者，非以物與人也，亦非姑息愛人也。德者，皇極也；皇者，大也；極者，中也。大則器度不狹，中則好惡不偏。不狹不偏則存心近厚，皆是有德，天必報應。世固有多行不義、剝人利己而亦致富貴者，此皆氣數偶差，而非天道之常，故不能久。或一世、或不終其身，甚者不能數年。有因奇禍而赤族者、傾家者，令嘗多見之。盖愈富者所爲不義愈多，故得禍愈酷。又嘗見積德之家，其後必生才子、産俊人、取儒科、登顯仕，有爲宰相者。此無他，皆天以其所施於人者而報之也。盖人雖貧窮，皆天赤子。人而戕賊困苦，天之赤子，豈不爲天之所惡哉？富者能處其富，貧者能安其貧，則禮義興、風俗厚，更能輸租。以時無事追呼，差役既平，不須争糾。篤親族之義，無恃長而凌幼；敘鄉井之好，無因財而害誼，小辱必忍，小怨勿念，無宰殺耕牛，無輕生詞訟，無鬬毆犯法，無唆使人爭訟。古人云：教唆之報，殃及子孫。不惟富者可以教子，而貧者亦可以讀書。如此，則争訟日息，田里之人不至官府，則可以無妨農矣。既能勤農又無妨農，則家安得不給人，安得不足哉？令生長田野，每事不爲虚僞。凡所以告爾農者，無非樸實可行之説。爾農其歸，告爾子弟、爾鄰里，其相與共行之，令不勝鋃鋃焉。

清 俞森《荒政叢書》卷五《救荒圖説》 勸務農桑 臣惟救荒于已然，不若備荒于未然。救于已然者，時窮勢迫，而莫可誰何。備于未然者，事制曲防，而可以無患。漢賈誼曰：聖王在上，而民不凍餒者，非能耕而食之，織而衣之，為開其資財之道也。臣歷中州至虞城縣，村中父老，以桑椹供食。臣食而甘之，問父老曰：此地有桑椹，必有桑樹。有桑樹，必有蠶絲。今桑樹罕見，蠶絲罕有，其故何在？父老答曰：民間栽桑不多，養蠶之家亦不紡絲。止是賣繭頗無厚利。臣喟然歎曰：天地自然之利，何為惰農自棄哉！因令答府州縣正官循行阡陌，隨地課農，如有地一畝，令其植桑百株，十畝千株，百畝萬株。桑多則蠶多，蠶多則絲多，絲多則利多。至于麥豆粟穀，及進深耕，棗梨柿栗，隨地編植，務使人無遺力，地無遺利者。周家以農事開基，此王業根本也。我朝勸課農桑，載在令甲，有司以此為勤民者首務，則殷盛富庶之風，無難致矣！

清 陳開沚《裨農最要》卷一《農桑兼資説》 古者農桑并重，孟子曰：五畝之宅，樹墻下以桑。《史記》：齊魯千畝桑，其人與千戶侯等。張詠治崇陽，令民拔茶植桑。沈瑀令建德，使一丁種十五桑。歷考往籍，確有明徵。今人開墾草萊，務盡地力，而蠶桑則忽諸，殆謂蠶桑有妨於農，而不知實有裨於農也。栽桑之地，亦宜耕種，旱年稍遜，水澇尤過之，以桑土乾燥故也。況腴地植桑，鋤去浮根，使桑本深入土面，仍收美稼。瘠地四圍植桑，使桑枝外蔭，地内無礙嘉種。墻角畦稜道旁、場圃隙地，一一植之，既不佔地，尤便看守，此蠶桑之不妨於農也。

又卷二 擇種

飼蠶必先植桑，植桑必先擇種。然種類雖多，不過荆桑俗呼『油桑』『砍桑』、魯桑俗呼『盤桑』盡之。荆桑多葚，葉薄而尖邊，有鋸齒，較魯桑略早，宜飼小蠶，樹亦耐久，然不如魯桑之茂，宜以魯桑條接之，則樹耐久而葉又厚大也。魯桑少葚，無葚者更佳，葉圓厚亦有長而厚者，俗名『柳葉桑』而多津液，較荆桑稍遲，宜飼大蠶，再以魯桑條接之，則葉愈厚而液愈多如魯桑美，不接亦可。飼蠶家宜荆少魯多一分荆桑，二分魯桑。至若鷄桑葉小如鷄嘴、花桑葉缺數瓣如花，非開花之桑、毛桑葉粗澀，而背有毛，子多葉少，飼蠶則成薄繭，此桑之最劣者，宜鋸樹另接魯桑。

又 治地

桑種如女兒，以貧賤而嫁富貴，則富貴矣；以富貴而嫁貧賤，則貧賤矣。種雖美而植瘠土，又不加糞培壅，則樹枯小而葉薄少，故植桑以治地為要。宜於山坡水際勢斜處，農隙開墾深厚，作小長平地，耕犁種植，立埂栽桑，乃無牛羊踐踏，較熟地植桑尤易長成。蓋桑根柔細，新墾之地，土脉虚鬆，根易行走故也。家圈墻頭屋角徑側，農隙掘坑，每坑寬深各二三尺，鋤草渣穢泥填滿，以便栽桑，多掘多栽，不惟得絲，且宜婦人。蓋桑本箕星之氣，下映而生，箕主婦人，桑樹濃陰，婦人病少，可預卜也。道旁場圃，田畔土埂，河岸飼蠶時，無大水不害桑。城壕，悉於農隙掘坑種桑，不使有尺寸曠土，則遍地皆錦綉之資矣。

清 方濬頤《淮南課桑備要・蠶桑雜説》

植桑救窮，亦要三年方有微利，所謂有恒心而有恒産。小民無恒心者，多每育蠶之後，不理桑植，不盡心培養。次年葉稀，遂謂桑無多利。翦後務必抹去附枝數次，毋使分力，極宜灌肥，初植近根，樹大遠根，要根鬚拔肥。今年有條，來年葉倍。

清 葉向榮《農林蠶説・蠶桑圖説》 園内及地肥之處，宜種以接過之桑秧。若瘠土沙洲，先種以草桑，及桑本有三四圍者，再以家桑苗接之。即不接，用剪條尾之法培植之，其葉亦繁盛。

種桑有疎密之分也。掘坑尺許，用糞和泥，將桑梢理直栽下，填土築實，栽時視其土之肥瘠。肥者相隔八尺而種一株，瘠者一丈二尺，不可正對。冬栽為上，春正次之，栽後成陰，以接過家桑苗於草桑柯上接之。二三年後，即成大家桑矣。如地邊週圍種之，地中可用牛耕，兼種以雜糧象貝等物，亦兩利之道也。

清 黄毅《栽桑新論》《蠶業叢書》第一編 凡百植物，皆賴氣候以生，故稱爲自然界之栽制。吾人所植桑樹，春日生芽，秋日落葉，其所如此者，豈不由氣候爲之轉移乎？故氣候于植物生育上，有最重要之關係，從事桑業者，不可不有以研究之也。

又 栽培植物，以整理地土之如何，與將來之成育，有特別之影響在焉。如桑樹之深根植物，尤宜注意。其整地之要旨，乃在行深耕之法，爲便桑根之蔓延也。且土壤一經深耕，不獨能使空氣流通，地溫增高，受天然之養料而已也。抑且能助肥料之分解，土壤之吸收，變化土中及肥料中有害物質而爲無害，並可使不可溶性之物質變爲可溶性，其他利益不一而足。然表土淺者，其下層固結已久，卒然深耕，受空氣作用必少。若彼此混合，恐表面盡爲下層之土，亦未免有害，故遇此種土壤，須漸次深耕，不可卒然而行也。桑園整地之法，分爲二種：一爲園中全面之土，在一時耕耡同一之深，須掘溝以栽植者；一爲僅於栽植桑樹之處，耕耡較深者。兩者相較，各有優劣。適中之法，須將後法行於栽植之際，以後漸次全耕可也。然整地不必定在苗木移植之頃，若在三四月移植，則於年前冬季，即宜整理，使受充足之凍結作用也。若在粘土性之地，又不獨種桑如是。凡栽植物，莫不皆然。日本所謂『天地返者』，即利用其空氣曝露及耕耘施肥之作用而使土壤上下層兩相倒換，且能將表土發生雜草之根，與種子及害蟲之卵等有害之物耡入土中，失其作用，且可利用之以爲肥料，種種利益，故日本栽植桑樹多採用此法也。依此法而整理之地，其應施之肥料，由土壤之性質而異。栽植之時，施用腐熟肥，栽植後施用未熟肥可也。栽植桑苗，其溝穴之大小與深淺，由養成法及表土之深淺，土質之輕重乾濕而異。

又 栽植桑樹，有二種方法，即全圃栽植，稱爲桑園者，及農家普通栽植於田圃之四圍者，此二種方法，對於栽植上有種種之理論，然必由地方財政之情形而爲之判斷，不可同日而語者也。農家用爲副業，固以後法爲佳。然不過爲土地狹小者而言，誠欲使蠶業完全，以發達地方財政，又不可棄乎前法也。

雜録

明 徐光啓《農政全書》卷三二《蠶桑・栽桑法》 欲作快弓材者，宜於山石之間北陰中種之。其高原山田土厚水深之處，多掘深坑，於坑之中種桑柘者，隨坑深淺，或一丈五，直上出坑，乃扶疏四散。此樹條直，異於常材，十年之後，無所不任。一樹直絹十匹。

清 黄輔辰《營田輯要外篇》

雜植所録皆恒有之物，便於民食器用者，其限於地或野生可入藥食之類，茲不具載

桑種甚多，不可遍舉。枝幹條葉堅勁者，荆桑也；葉厚而多津者，魯桑也。荆桑耐久，不如魯桑之盛，當以魯葉接條於荆桑，則經久而葉豐腴。魯桑宜種地，荆宜種墻垣。鷄桑葉花而薄，飼蠶得繭薄而絲少；白桑葉大而厚，得繭厚而絲多；金桑葉黄樹老而蠶不食。有種子、壓條、插枝三法。種子當葚熟時，取黑魯堅實者水漬陰乾。春分前後，合黍子同種。黍桑俱生，鋤令稀，黍熟穫之，桑與黍齊，平地刈之，曝乾以火燒之。明春發生，一畝飼三箔蠶。壓條就桑下作小渠，可深五指，攀條懸卧於內。用鈎橛子釘住，梢仍出土。候芽生約五寸，留一芽壅以土，横條即為卧根，至秋芽苗為條身，十月截卧根，每一段為一栽，來年桑葉較種子尤易。插條掘坑如種地桑法種地桑，將畦内種成魯桑，身長七寸截去尖烙之，方五尺内掘一坑，每坑一栽，根須順，土須實，糞須熟。取大葉桑條長一尺以上，斷兩頭烙過，每坑微斜插二三枝，勤澆待芽苗封堆，止留肥大者一條，秋可長數尺，次年即可飼蠶。《士農必用》《務本新書》。陝省自古為蠶桑之地，今久廢弛，綢帛一資於浙。小民食

本不足，而更賣食以製衣，宜其家鮮蓋藏也。現在城固洋縣蠶利甚廣，華陰、華州織賣縑子，寧羌采槲葉喂蠶織繭紬，各地方可種桑者甚多。養蠶者在在有之，小民不知種法，可赴官領取桑秧，一二年後便可養蠶，亦可摘葉賣錢。若不能自織，亦可賣絲，地方官亦當勸導，但不可差查滋擾。

陳宏謀《興除事宜檄》

清 蔣斧《粵東飼八蠶法·桑篇》

治地

劃地二丈許為一坵，坵間開渠一條。山地之渠，深七八寸，寬尺二寸。田地之渠，深尺七八寸，寬二尺。山地先犁鬆捶碎鋪平，然後開渠。田地不必犁，先開渠，即以開渠之土覆上基面，待其曬乾，然後捶碎鋪平之。此順德治地法也，連平州則劃地，寬尺四五寸爲一段，段間有溝，溝寬八九寸，每段植桑兩行。

清 河南蠶桑織務局《蠶桑織務紀要·候補道魏綸先續捐湖桑十萬株稟》 擬多栽湖桑，以冀盛行，而垂久遠也。上年勸令各屬購買湖桑，並豫臬司先後捐銀一千兩，除作織務經費外，購桑一萬七千餘株。職道捐銀一千兩，購桑三萬株，統計二十三萬餘株。所有發給各屬栽種之桑，據報有活至八九成者，有六七成者，有四五成者，甚有毫不經意，十僅成活一二者。省局百塔莊桑園，所栽湖桑，經職道等隨時親督灌溉，現查十活其八。細訪各屬民情，雖不能人人樂從，而每見湖桑葉大枝榮，鮮不互相稱道，并有追悔春間領種株數較少之議。即此以觀，其爲風氣漸轉，已可想見，似宜添購湖桑，飭發分種，以順輿情，而資接濟。

清 黃穀《栽桑新論》《蠶業叢書》第一編 根之全體，由主根與支根兩部而成，深蟠結於土壤之中，而為保持植物全體位置之要具。其根之幼稚者，附生多數根毛。乃由主根及支根之新生部分而成長者也。根之先端為根冠，由柔軟細胞而成。此細胞有保護組織，其下為生長點。

至其作用，根毛專司吸收養分。因其密生于根之先端，散布于土壤之中，所佔面積甚大，能吸收土壤分子間無機養分，以養樹體，故吾人栽植桑樹，當其長大之時，必切斷其根，即促其枝根之分歧根毛之發生而已。根冠之作用，能保護成長點，于成長期中，防禦障碍之物，又能分泌一種有機酸類，以溶解土壤中不能溶解之物質。生長點之作用，專司各部分之成長。

桑園管理部

桑苗移栽分部

施肥

論說

明 黃省曾《蠶經》

藝桑

有地桑出於南潯，有條桑出於杭之臨平。其鬻之時，以正月之上中旬。其鬻之地，以北新關內之江將橋。旭旦也，擔而至，陳于梁之左右，午而散。大者，株以二釐，其長八尺。其種也，耨地而糞之，截其枚，謂之『嫁』。留近本之餘尺餘許，深埋之。出土也寸焉，培而高之，以泄水。墨其瘢，或覆以螺殼，或塗以蠟，而瀝青油煎封之，是防梅雨之所侵。糞其周圍，使其根四達。若直灌其本，則聾而死，未活也。不可灌水，灌以和水之糞，二年而盛。

清 江志伊輯《飼蠶法·飼夏秋蠶法》 秋期桑葉堅硬，少水氣，蠶食之，胃難消化，妨其發育，宜專培養桑樹以飼秋蠶。於三月中旬斫去桑條，充分施肥，至秋則桑葉繁茂肥美，足供飼育。

清 吳作鎮、倪紹雯、劉安欽《蠶桑速成捷法·蠶絲業普及捷法》 浙江嘉興府石門縣、杭州海寧縣、四川嘉定府爲中國培養桑苗有名地。凡欲購求及研究者，以此三地爲宜。又魯桑實生苗尤佳，但魯桑之母樹隔年須多施堆肥，其旁須栽類似魯桑之桑樹，以便花蕊交配，不至大變。不必接木，亦可栽植。凡葉大而肉肥厚，有光澤，形圓而稍尖者，魯桑也。

綜述

宋 陳旉《農書》卷下《種桑之法篇第一》 所謂每歲兩次糞鉏，乃桑圃之遠于家者如此。若桑圃近家，即可作墻籬，仍更疏植桑，令畦壟差闊，其下遍栽苧，因糞苧，即桑亦獲肥益矣，是兩得之也。桑根植深，苧根植淺，并不相妨，而利倍差。且苧有數種，唯延苧最勝，其皮薄白細軟，宜緝績，非麤澀赤硬比也。糞苧宜粗爛穀殼糠稾。若能勤糞治，即一歲三收，中小之家，只此一件，自可了納賦稅，充足布帛也。聚糠稿法：于厨棧下深闊鑿一池，結甃使不滲漏，每舂米即聚礱簸穀殼，及腐稾敗葉，漚漬其中，以收滌器肥水，與滲漉泔淀，漚久自然腐爛浮泛。一歲三四次出以糞苧，因以肥桑，愈久而愈茂，寧有荒廢枯摧者。作一事而兩得，誠用力少而見功多也。僕每如此為之，比鄰莫不歎異而胥效也。

宋 吴欑《種藝必用》 正月旦日鷄鳴時，把火遍照五菓及桑樹上下，即無蟲，時年有桑果灾生蟲者，元日照者必免灾。正月種豍豆、葱芋、秣瓜瓠、葵蓼、苜蓿、薔薇之類。正月二月三月移桑，并得熟耕地五六遍，五步一株，着糞一二升。至秋初斸根下，更着糞培土，三年即堪採。每年及時科斫，以繩繫石，墜四向枝，令婆娑。中心亦屈却，勿令直上難採。凡栽樹須記南北枝，坑中着水作泥，即下樹栽，摇令泥入根中，即四面下土堅築，上留三寸浮土，埋令深，澆令常潤，勿令手近及六畜觝突。凡一切樹，正月十五日以前上時，春多子。種桑，收魯桑椹水淘，取子曝乾，熟耕地畦種，如葵法。土不得厚，厚則不生，待高一尺，又上糞一遍，當四五尺。常耘令净，來年正月移之。白桑無子，壓枝種之。纔收得子便種之，亦可。只須於陰地頻澆為妙。午日不得鋤桑園。《陰陽書》曰：亥為天倉，耕之始。正月晦日種葵神日，種法：臨種必須乾暰子，其子千歲不暍，地不厭良，故彌善。薄則糞之。葵須畦種，水澆。畦長兩步，闊一步。大則水難匀。他畦倣此，深掘以熟糞和中半，鐵爬爬之令熟，足蹋令堅平，下水令微濕滲，下葵子。又取和糞土蓋之，厚一寸。葵生葉然後一澆，澆以早暮。每一掐即爬去地，令起下以加糞。三掐即更種。秋掐須俟露晞，收葵子須俟霜降。若以穰草蓋，經冬收子謂之冬葵子，入藥用。穀上接桑其葉肥大，桑上接梨脆美而甘。撒子種桑不若壓條而分根莖。浙間植桑，斬其桑而栽之，謂之嫁桑，却以螺殻覆其頂，恐梅雨損其皮故也。二年即盛，常以三月三日雨卜桑葉之貴賤。諺曰：『雨打石頭遍，葉賣三錢片。』或曰：『四日尤甚。』杭州人云：『三日尚可，四日殺我。』言四日雨尤貴。

元 王禎《農書》卷五《農桑通訣五・種植篇》 凡耕桑田，不用近樹。犁不著處，斸土令起，斫去浮根，以蠶矢糞之。

明 沈氏，清 張履祥輯補《農書》卷上《運田地法》 要覓壅，則平望一路是其出産磨路猪灰，最宜田壅。在四月十月農忙之時，糞多價賤，當併工多，買其人糞必往杭州，切不可在壩上買。滿載當在五道前買半載，次早押到門外，過壩也有五六成糞，且新糞更肥。至於謝桑，於小滿邊蠶事忙迫之日，只在近鎮買。坐坑糞，上午去買，下午即澆更好。

又 春天壅地，垃圾必得三四十担，在立春左右，揀天色老晴，土色乾燥，方可倒入。地面要平，使不受水；灌不要深，則不走肥，隨箭泥蓋土。雖遇春雨，久亦無害。惟未春先下壅，令肥氣浸灌土中，一行根便討力，桑眼飽綻，個個有頭，葉必倍多。清明邊再澆人糞，謂之撮桑，澆一錢多一錢之葉，剪桑畢再澆人糞，謂之謝桑，澆一錢多一錢之葉，毫不虧本，落得桑好。謝桑尤是要緊工夫，切不可因循。

清 韓夢周《蠶桑實濟》卷一《樹桑捷驗》

栽地桑法

濟急救困，莫如地桑之速。凡河決水湮之地，地少人貧之處，地桑樹一畝，歲可收絲九觔，布後次年，即可飼蠶三箔，三年後可飼五六箔。其法築牆成園，將園內地耕熟，相去五尺掘一坑，每畝該掘二百四十區。廣深各二尺，每坑內下熟糞三升，和土令匀，下水一桶，調成稀泥。將畦內種成魯桑，不用荆桑。連根掘出一科，自根上留身五六寸，其餘截去。每一坑栽二根，將根坐於泥中。欲速見功者栽三根。按至坑底，提三五次，按桑身，署與地平，壅周圍熟土，令坑滿。次日築實，再壅熟土，輕築令平滿。附身上不可築實，實則芽難生。用虚土封堆如鏊背子樣，可厚五六寸，周圍自成環池。亦可容水。芽出土長三四寸時節，揀不旺者掐去，每一株止留旺者一二根。澆鋤如法，當年可長五尺高。次年附根割條，到家摔葉飼蠶。割須用厚背鋼鐮，一割要斷，若鈍鐮不能遽斷，則傷根皮，有餘則根必傷，蓋地桑不要放出身來，只要從土中長出，若身出土，名爲脚高條，即不旺，又多被風雨擺折。割過處每一根盤周圍生出數芽，每一科可留六七條，餘者減去，年年附地，割之愈割，愈旺留條漸多。有一種野魯桑，亦可移植。冬春上糞，早則澆灌，年年茂盛。三年後正長旺，六年後根相交，根交則不旺，春時將相交根斫斷掘去，添上糞土，或得雨，或澆過，即復長旺。其根漸大，壓成種子移別園，如前法。栽之三年後，新桑茂盛，養蠶斫桑時，將舊桑根上只留一條，隔年自成一株。分出栽爲行桑，如此傳轉，無有盡期。然魯桑飼蠶，其絲不堅韌，可斟酌栽荆桑樹數株，俟蠶大眠後採葉，與魯桑相間飼之。地桑須於園內栽之，有草則鋤，無雨則澆，比及蠶生，可澆三次，其葉自然早生。桑種自有早生葉、遲生葉者，須擇其早生葉者爲地桑。其行間宜種豆，兩不相妨，且豆性發桑，勝於芝麻瓜蔬。

清　鄭之僑《農桑易知録》卷二《桑務事宜》

栽種

孟春之月，鋤地一段，開淺溝數道，以人糞和水澆於溝内，將隔年所收極熟桑椹子埋入溝，上以鬆泥覆之。至三月間，桑子透發成秧，不時澆以糞水。到第三年粗如指頭，長可三四尺，卽起出分種，每隔六尺種桑一株。考桑之性，宜旱不宜澇，乾則挺秀，澇則委靡。如種後一載，椹多而葉薄小，當用移接之法。每年於春分半月内剪取别株葉大而厚之桑條，約四寸許，用快刀削成藕劈様，卽在本樹離地處所，將桑皮兩邊帶斜劃開如人字様，刀口約五六分長，卽將藕劈向外，於皮開處插入，使兩邊皮上滋水粘連，用稻草緊縛。十日後，接上之芽青綻，便已成活。及至次年，所接萌芽已成青條，方將本樹鋸去，留老幹尺餘，仍將青條繩縛於老幹上，以避大風吹折摇動之患。每年二、八月，要上肥壅，如荳餅、菜餅、羊壅等類。平時再澆糞水兩次，每畝可得葉一二千觔。至桑樹以條剪爲要，養蠶時將桑條帶葉剪下，宜於剪所處止留三分於樹上，俟其萌芽長出又生二葉，可餧二蠶。然則□其葉須留嫩枝，其細而短者當連枝□落，如不養二蠶，亦須將繁枝芟除，只存粗壯之枝條，俟至霜降後，始將枯葉晒乾以餧羊。若樹上有蟲蠹，急須閒時尋看，深入者用鐵鑿鑿取，淺者用鐵絲插入殺之，其桑必茂。蟲之爲害者最多，一曰穿心蛀蟲，食其木心也，一曰□沙蛀蟲，於枝節上堆有蛀屑也。一曰沿皮蛀蟲，食其皮如直上不妨，若在皮上團圓蛀食一道，其樹卽死。又曰□條蛀蟲，□於嫩枝，其枝卽枯，卽時捉去甚易。又有□糞食其栗。又有白蟲，食其葉。又有黔蟲，食其葉維，用樹筋煑水，用噴筒噴葉上，野蠶可滅。故善種桑者冬時卽用小鐵耙在樹上耙去其子，不使滋生蔓延。

清　鄂爾泰《授時通考》卷七六《桑政門・栽植》

《農政全書・四時類要》曰：種桑土不得厚，厚即不生，待高一尺，又上糞土一遍。

又　鍾化民曰：種桑在正二月，至八月亦可。種根要理直，泥要挨緊，當以水糞澆灌，方有生意。徐光啓曰：初種不用糞。

又　黄省曾《藝桑總論》：其種也，耨地而糞之，截其枚謂之嫁。留近本之枝尺餘許，深埋之，出土也寸焉。培而高之，以泄水，墨其瘢，或覆以螺殼，或塗以蠟，而瀝青煎油封之，是防梅雨之所浸。糞其周圍，使其根四達，若直灌其本，則聾而死，未活也。不可灌水，灌以和水之糞，二年而盛。其在土也，月一鋤焉，或二起翻一二尺許，灌以純糞，遍沃於桑之地，使及其根之引蔓，至摘葉也，三年則其發茂，禁損其枝之奮者，桑之下草木不留則茂。蠶之時，其摘也必潔净。遂剪焉，必於交凑之處。空其幹焉，則來年條滋而葉厚，歲歲剪條則盛。禁原蠶之飼，飼則來年枝纖而葉薄。桑之壅也，以糞，以蠶沙，以稻草之灰。以溝地之泥，以肥地。其初藝之壅也，以水藻、以棉花之子壅其本，則暖而易發。徐光啓曰：以豆餅、以棉餅、以麻餅、以猪羊牛馬之糞。初春而修也，去其枝之枯者，樹之低小者，啓其根而糞泥壅之，不然則葉遲而薄。

又　其壓也，濕土則條爛，焦土則根生。撒子而種，不若條而壓。其為桑之害也，有桑牛，尋其穴，桐油抹之則死。或以蒲母草，草之狀也如竹葉。其桑葉之癩也，以草煮汁而沃之。桑之下可以藝蔬，其藝桑之園，不可以藝楊，藝之多楊甲之蟲，是食桑皮而子化其中焉。徐光啓曰：楊不可絶，宜勤捕之。

又　望海之桑，種之術與白桑同，是皆臘月開塘而加糞，即壅之以土泥，或二或三。六七月之間乃去其壅，開塘加糞，壅土宜遲。紫藤之桑，其種高大，是不用剪，其葉厚大尤早種之也。宜邇於竈屋，不必開塘而糞壅，惟幼稚之時待冬而糞，或二或三，以臘月為佳。

又　《農桑要旨》曰：凡新栽桑，斫科采葉須得宜，初栽後成科時，中心長條上葉勿采，其餘在傍脚科，止捋其葉，且勿剶斫。蓋令枝條煩密，就為籓蔽，以防牛畜咽咬、掣擺、拖挽之患。後中心枝既麤，即可剶斫在旁科條，本根既盛，脂脉盡歸中心，枝便可長成大樹，堅久茂盛，不生糖心。

清　程岱葊《西吴蠶略》卷上

治桑地

養蠶必先藝桑，藝桑必先治地。蠶桑隨地可興，而吾湖擅其利獨甲天下，不獨盡藝養之宜，蓋亦治地得其道焉。吾鄉厥土塗泥，陂塘四達，水潦易消。《周禮》謂：川澤之土植物宜膏，原隰之土植物宜叢，湖實兼之，乃淮南所謂息土也。地利既擅，人功尤備，以桑之喜疏也。墾必數四，深必尺餘，以桑之喜肥也。壅以蠶沙暨豆屑、糞草，以桑之惡沙礫、草菜也。植必平原，芟必净盡，治地之道，能順桑性，故生葉蕃大而厚。

清　方大湜《桑蠶提要》卷一《桑政二十三條**・澆糞**七則**》**

大桑樹　樹已茂密成陰，冬月、正月兩次澆人糞，清明時又澆以人糞，謂之撮桑。四月翦桑畢，再澆人糞，謂之謝桑。謝桑尤爲要緊，切不可因循。蠶大眠時，桑脂正旺，開翦之後，其脂必從翦處流出，須將土鋤鬆，澆以水糞，則桑根氣暢，且得所養，自能攝脂，使不上溢。澆糞時，須將樹脚之土四面掘開，以糞水灌其根，用土蓋好，愈肥愈妙。或於樹旁掘一小坑，以糞水灌坑內，用土蓋好，使肥氣下行亦可。所謂冬月、正月、清明時、四月翦桑畢，亦就大概而言，其實一年之內，惟眠小蠶食葉時不可澆糞，澆糞則蠶食其葉，當眠不眠，其餘各月均可澆糞。如用牛糞，須置坑內加水作爛，每畝壅牛糞四十石，以水和薄，便有八十石。

清 高銓《吴興蠶書》卷上 壅壯壅，《廣韻》於用切，加土壅田。湖人以肥爲壯，以糞穢壅田地爲壅。壯，如用音，無字。 治地以肥壅爲要，人糞力旺，畜糞力長，拉颯最鬆地，三者不可偏廢。須於立春左右，揀天色老晴，土色乾燥，方可壅培。人糞要和極清，畜糞要和極薄，斷不可貪嬾少和水。大約壅拉颯，每畝須三四十擔，壅糞亦然，乘春前壅之，則肥氣浸灌土中，一行根便討力，桑眼飽綻，個個有頭，葉必倍多。清明邊再澆，謂之撮桑，澆一錢多二錢之葉，翦桑畢再澆謂之謝桑，澆一錢多一錢之葉，毫不折本。謝桑尤要緊。八月中再壅一遍，一年四壅，罱泥番兩，深墾淨烈，不荒不橫，每畝必採葉八九十個葉二十觔爲一個。比中地一畝採四五十者，豈非一畝兼二畝之息，而功力、錢糧、地本仍只一畝，所謂事半而功倍者此也。要覓壅，南潯菱湖諸處皆有糞行可買，城鎮中有窖可租。但近來糞價貴，人工貴，載運費力，偷竊弊多，不如牧養豬羊爲取肥簡便之法。古人云：租田不養豬，秀才不讀書，甚言其無成功也。舊規養豬虧折身本，然遇餅賤肉貴亦有盈餘。每窠養六口，養至六個月，每口約吃豆餅三百觔，可得壅九十擔，一年四窠，共得壅三百六十擔。養胡羊十一隻，十雌一雄，孕育以時，每口一日約吃草葉四十觔，每年可得壅三百擔，若所墊草多，更不止此數。畜牧盛則桑地肥，此興利之至計也。

清 汪曰楨《湖蠶述》卷一《栽桑》 壅肥 桑宜肥，肥則葉厚而光潤。冬春必須沃之以糞。人糞力旺，畜糞力長，垃圾最鬆地。《廣蠶桑説》或用稻草灰，《烏青文獻》或罱河泥，或上田中稻秆泥，或用菜餅、豆餅先用鏍層層鏍下，再杵細勻滲潭中，或用頭蠶沙緜二蠶沙緜不可用，或用猪糞羊矢皆可。每年壅泥一次，不可少此，用肥二三次足矣。唯剪葉後所謂産母桑也，宜用肥一次，能發二葉枝條。《桑譜》一云歲於清明時，糞其四圍，謂之撮桑，剪畢即灌之，謂之謝桑。《烏青鎮志》按：采葉時不可見肥，肥葉害蠶。凡用肥于地上，離桑尺許，墾二尺闊半尺深潭，盛肥在潭內，緩緩用泥蓋潭。《桑譜》使其氣下降，根乃日深。《廣蠶桑説》按：肥不可沃于桑本，故必用于四周，桑本沃糞必癃死，俗謂之肥殺。用猪糞晨澆，須至晚蓋潭，因性鹹也。用沙緜、羊矢宜少蓋，泥露一半在外，因性熱也。用餅隨用隨蓋，用河泥半乾墾轉敲碎最肥，《桑譜》為益尤鉅。一歲中雨淋土剝，專藉此泥培補，根乃不露。《廣蠶桑説》用稻秆泥最易發根。《桑譜》

清 吴烜《植桑育蠶書・種桑説》

湖屬栽桑甚密，桑下不種他物，恐其分肥。其地每年必鋤翻一次，使土鬆易長。杭嘉蘇三屬及錫金等邑，桑樹較疎，麥蔬皆種。每種一次，鋤翻一次，既取土鬆，且沾餘利。惟黄豆、芥菜，最能奪肥，蘇人諺云『種豆、種芥，三年必敗』，二物尤能損桑，故以爲戒。詢之浙人，亦莫不云然。又桑下不可種大麥，蠶食之必病瘟。故大麥田中之桑不可飼蠶。又云蠶豆不利於桑，而予往浙西，桑下亦多見之，或者以蠶能食桑，故有此附會之説歟。

蠶初生時，食葉甚少，只可采芽旁先放之一兩葉，謂之底板，其色較老，雖留之，亦不甚長。二眠以後，食葉漸多，若底板已盡，則采瞎眼。瞎眼者，放葉數張，中無嫩芽，留之長亦無多。三眠以後，食葉愈多，須先采老葉，留其嫩者。至大眠既起，則立夏將半，葉已長足，可以剪條矣。

清 吴烜《種桑説》 第四年立春以後，春分以前，天氣晴和，將桑掘起，直幹無枝，浙人謂之單槍，剪去直根及横根之腐而無用者，每株相離五尺五寸，須如品字，不可對栽，長大方能寬展。預將分栽之地，鋤翻作埨，潤亦五尺五寸。先用丈竿量定，不可參差疎密，致礙將來挑担栽培之路。將地鋤深一尺二三寸，四周寬廣，沃之以糞或河泥。植桑坎中，理直四面，横根不可稍有拳曲，敲土極細，塞實根柢，不可空虛，逐漸加泥，漸加漸踏，務令堅實，勿使鬆浮。平地須種過接頭一二寸，高地必須種過三寸方易回生。隨用桑剪，視桑大小，桑大離地尺餘，桑小離地六七寸，剪去上段。剪下之條，可接土桑。種時不可澆水，三四日後以二糞八水澆之，以後天氣晴燥，須五六日一澆。俟芽葉盡放，摘去下芽，上留三四芽，發成三四枝。浙西僅留兩芽，發成兩枝，明春謂之雙槍。蓋浙西一帶雜樹甚少，出蟲之樹一概刪除，無蟲侵蝕，故留得一芽，即成一枝。吾江出蟲之樹甚多，驟難刪去，夏秋數月蟲類甚多，故必多留數芽，以防傷損。

清 曹笙南輯《五畝居桑蠶清課》卷二《育蠶徵信篇》

培養

初栽之條，宜不時用清糞水潤之，遇旱更須勤灌。待芽出時，宜用濃糞澆之，或用燒過糞土、池塘汙泥，或於廚傍及豬牛棧邊開池，使不漏。隨積穢物糠稾敗葉，肥水漚爛壅之，人糞、蠶沙、牛馬豬羊等糞均可。如用桐茶、棉菜、蔴荳各油餅，可春碎，和石灰少許，則不引蟲，離根開坎下之為妙。尤防草木分肥，宜勤鋤去。約每年正月一次，清明一次，五月一次，七月一次，十月一次，成樹後酌減一二次可也。澆水糞，宜用三尺長木釘於桑邊釘穴，勿使傷根。四邊築高，澆則直注根底，不致流走。又有預埋空通竹筒於根傍，常覆以瓦，免水漬入，澆則揭起，亦直注根底之法也。或於桑間稀種麻荳，亦兩利之道也。切忌瓜荳各籐纏絆。

清 曹倜《蠶桑速效編・禁止竊桑章程》 分栽剪頭法 第四年立春以後，春分以前，天氣晴和，將桑掘起，直幹無枝，浙人謂之單槍，剪去直根及橫根之腐而無用者，每株相離五尺五寸，須如品字，不可對栽，長大方能寬展。預將分栽之地鋤翻，作埨濶亦五尺五寸。先用丈竿量定，不可參差疎密，致礙將來挑担栽培之路。將地鋤深一尺二三寸，四周寬廣，沃之以糞或河泥。植桑坎中，理直四面，橫根不可稍有拳曲，敲土極細塞實，根柢不可空虛，逐漸加泥，漸加漸踏，務令堅實，勿使鬆浮。平地須種過接頭一二寸，高地必須種過三寸方易回生。隨用桑剪視桑大小，桑大離地尺餘，桑小離地六七寸，剪去上段剪下之條可接土桑。種時不可澆水，三四日後以二糞入水澆之，以後天氣晴燥須五六日一澆。俟芽葉盡放摘去下芽，上留三四芽，發成三四枝。浙西僅留兩芽，發成兩枝。明春謂之雙槍。蓋浙西一帶雜樹甚少，出蟲之樹一概刪除，無蟲侵蝕，故留得一芽即成一枝。吾江出蟲之樹甚多，驟難刪去，夏秋數月蟲類甚多，故必多留數芽，以防傷損。

清 陳恢吾《農學纂要》卷四《桑》 肥料 桑性喜肥，惟忌新糞冬寒歲暮，不腐者亦可用。糞料以人糞最良，次則羊糞、猪糞。蠶砂、殘葉，水中浸爛，亦可肥桑。菜豆餅生蟲，不宜。粘土施肥，次數宜少，而每次施肥宜多。沙土次數宜多，而每次用肥宜少。既施肥，加土於上而耕之。

初二年，欲長柯條，宜多施加里，草木灰最妙。數年後欲多獲葉，宜多施窒素肥料，設每畝日本畝欲得葉三千斤，則需用窒素二十斤，燐酸三斤，加里十三斤，以此為率。如用厩肥即猪羊牛馬糞和腐草敗葉三千七百斤中有窒素九斤，再加蠶砂千餘斤即合用蠶砂即多窒素，可查肥料表配合之。河泥壅桑，最佳。

桑樹大根深，平時不可澆灌。惟於冬正發芽前及清明前後，翦桑之後采葉前半月不可糞，用五分糞、五分水，各澆一次。澆時先將根下土挖開，不可傷根，儘量澆足，用新土蓋好。一年最少澆灌四次為常，須離桑尺許遠施肥，否則瘙萎。用猪糞，則至晚方可蓋土。

又 耕耘 桑忌蔓草，每年耘四次，發芽耘第一次，翦枝後耘第二次，當雜草開花之前耘第三次，秋季耘第四次，又視地之肥瘠堅疏為增減。表土淺則不宜深耕，須沃以肥壅，漸次稍深。桑惡積水，近桑圃無草地，則不生桑蟲。

又 閒植 桑田可閒種綠豆、小豆、脂麻、瓜芋、麥蔬，既取土鬆，復沾餘利。惟不宜黃豆、芥菜、大麥、鶯粟及有藤蔓之豆。

桑圃近家，桑下可偏栽延芒於廚棧下，鑿大池結甃，使不滲漏。春米之殼及腐草敗葉，并漚其中，以收滌器肥水與泔淀漚之，一歲三四次，出以糞芒，因以肥桑。

清 何品玉輯刊《蠶桑會粹》

種桑各法

桑為蠶本，育蠶必先植桑。然桑類不一，必須擇葉之厚大圓而尖者以植之。開歧葉不用。當立春前後，擬種田桑，無論田之大小，預宜將田劃開一段一溝，段大尺四五，溝濶八九寸，每段分列左右兩行，行內相去尺許，一株却左右行，不可相對若品字樣俗呼蓮花硇，即便澆灌，又易除草摘葉。夫田之植桑、移栽、扦插、眠壓皆宜。移栽則以桑秧二株作一株，將二株分植，離開二三寸，斜靠如人字樣。扦插則砍取桑枝，每枝截斷七八寸長，插入土段約四五寸深，加土築緊，免至風搖。眠壓則砍取桑枝，不拘大小長短，集齊將土段左右行，鉏開小坑，用雙枝眠於坑內。自首至尾接續放去，面上用土壓緊。凡移栽、扦插、眠壓之桑，天晴宜常灌。蔭種後月餘，以水觧便淋之，約五六十日可摘葉。養蠶接續下肥，菜麩、豆麩、花生麩皆可，猪狗牛糞尤妙。馬屎、馬尿不可。摘葉一造，除草下肥一造，約四十日之間又可摘葉一造，本年共可摘葉五六造。冬至前後離地留桑身寸許，其餘概行砍去，所留桑身即用塘坭培壅，或火坭亦可，來年春深發芽長過原幹。若論地桑，非田桑可比。倘土地磽瘠，宜種高桑，沃土不必。初種時可移栽、可扦插、不可眠壓、至其樹行疎密，視地之潤狹，栽之不必過於執一。臘月僅去不便枝梢，或削去細條存留旺者一二枝，次年可成高桑。又有秋栽、十月埋種二法。秋栽可用桑枝植之，擇霖雨為上時。十月埋種必須桑頭，此時根脉下行，乘春便發，其砍下桑梢相連二三枝為一把，另栽或蘿蔔內穿過，假借氣力更妙。大抵種桑初栽宜密，俟其長成，好者留之，不可者去之。疎者補之，密則刪之。其獲葉多寡，不論樹行疎密，惟論樹枝好歹，又全在人力之勤惰耳。

清　黃壽昌《蠶桑須知》　桑樹已大，於清明時灌糞，謂之撤桑能使桑葉增多，葉翦畢後又即灌之，謂之謝桑，則樹力藉以為補也。

清　江志伊《種桑法》　移栽　凡桑四時均可栽，然以大寒前後回陽時爲上。此時栽桑不生蟲，正二月栽者，未嘗不活，然易生蟲。諺云『臘月栽桑，桑不知也』。栽時翦去直根留四寸直根不去，則樹少歧枝，難于暢茂。及横根之腐而無用者，將根頭浸糞水中一宿。一法以塘泥養其根頭，置天井中，待抽蕊乃種。掘坑深闊約二尺，坑相距肥地一尺七寸，瘠地尺五六寸。直行正對，横行斜對。若不再移者，相去須五六尺許。却於坑畔取土糞和成漿，埋定桑根，糞土培壅，與地平。次日築實，不可動搖。隔日澆水，澆十餘日，必發芽。大寒時栽者，發芽當在立春前。以後天旱，則三五日一澆，雨則否。其桑加倍榮旺，勝於春栽。或云冬栽宜十月，以小陽月木氣生長，名曰『木迷』，根脉下行，地脉內潤，用糞和土，澆畢，以土覆之栽好築實，不澆無損。春栽，栽在春分前後，宜晴天巳午氣暖時忌早晚氣寒時。掘地成坑，如冬栽法，調泥和糞。是名『坐漿法』，於坑中下熟糞三升，以土勻和，再下水一桶，攪成泥漿，栽桑可以耐乾免澆。惟此法止宜黃沙土，若膠土、青黑土，泥漿易糊桑眼難生。土寒則結塊，開坼風入傷根，均不宜用。將桑根坐坑底，提數次，則桑土相著。復用熟土厚封築實，不必澆水。夏栽宜伏雨後，或晚涼時，用糞不必調泥，亦不澆水。土乾則澆，澆後封以熟土。秋栽以霖雨爲上時，作區深一尺以上，平地約留樹身一二指，餘者斫去斫去原幹，再長樹身，桑聞鐵腥，則愈旺也。栽罷，地須堅築，以土封瘢，及地凍於上，約量添糞。春暖後，就糞撥爲土盆，雨則可聚，旱則可澆，樹南春先種穄，比及霖雨，芽條叢茂，削去細條，存留旺者一二枝，次年便可成樹。或就壓旁條，一樹可引十餘，比之全樹栽者，樹樹皆活，桑亦榮茂也。凡栽桑多於春月，然春雨艱得，風多吹擺，天氣漸熱，芽葉難禁，故多不活，即活而得力亦遲。河朔地寒，秋栽爲上；南方地暖，十月木迷，可栽埋頭桑。截去桑身，如秋栽法。冬月根脉下行，乘春併發，一年之間，長過原樹矣。若栽接本桑。湖桑之紅皮大種，接過單槍者順，立春後，春分前，買栽之。預耡地作埨，用丈竿量定，闊五尺五寸。不可參差闊狹，致礙采葉施肥之路。然後將地耡深一尺二三寸，四周寬廣，沃之以糞或塘泥，植桑坎中，每株相距亦五尺五寸。栽時翦根、調泥，一如春栽法。理直横根，不可拳曲。敲土極細，寒實根株。平地須過接頭三寸高，方易回生。隨用快翦，視桑之大小，桑大離地尺餘，桑小離地七八寸，翦去上段，以接土桑。栽後不必澆水，三四日後，以二糞和水澆之。以後天晴，則五六日一澆。俟芽葉盡放，摘去下芽，留上芽三四枚，發成三四枝，以後分五年作五層，修翦之，便成拳桑矣。若栽未接小桑，先將地墾鬆，培土作埂，闊二尺五寸，埂兩邊可栽兩行，每株相去一尺。用指大竹管扦土，作小孔，將桑秧翦去直根，留四寸，揷入孔內。孔大則用土塡滿，根與土務令相着。栽畢，翦去枝稍，亦留四寸，澆灌之。俟抽條長葉，留粗者一條，次年接換。惟接後又須移栽耳。按：種桑之木，有三寸圍圓，或大如母指、兒臂者，便宜接博。接成後，復移栽之，恐有傷損，且根頭漸大，移亦費事。不移則相距太密，勢難兩大。何如此時移栽，即一步一株之爲愈耶？若小桑移自遠方，微帶根鬚，上無寸土，脂脉爲風日耗竭，栽後難活，縱活亦不榮旺。必須通十餘樹爲一束，於根鬚上蘸沃稀泥，泥上糝土，包以蒲蓆，包內用湢泥固塞，仍擗夾車箱，兩頭不透風日。中間順臥，樹身上以蓆草覆之。預於栽所掘區下糞，樹到時，晝便下水，依法栽之。以上均言熟地栽桑法，若栽於未耕種之生地，須擇黃白色帶沙燥土，燒盡野草，以絶蟲類。將土曳打柔細，用灰糞與土合勻，不乾勿澆。若青黑窪溼之地，須四面開溝，中擁土埂，以洩水氣。

又　秋後於熟白地內，深耕一犁，就壟加糞，撥土爲區。春分前後，揀魯桑萌條，各盤七八寸，或一尺，鋤區下水，臥條栽之，覆土約厚三四指過深厚則不生，以手按勻，區東、南、西種穄五七粒。五月之後，芽葉漸高，揀肥壯者四五條，耡治添糞，條有定數，葉不繁多，則脂膏濃聚，葉自肥大。或云，揀魯桑箪兒，秋間埋頭添栽，得力更速。凡地桑，須栽於近井園內，無雨時，便澆灌也。

清　吳宗周、陳幹材、徐謙山《蠶桑白話》卷一《栽桑白話》

施肥料

桑樹若不施肥料，枝葉漸漸枯衰，好比我們的人缺乏飲食，形容時常憔悴，所以欲使這種桑樹長久茂盛，必要動苦墾地，多加肥料。肥料的種類很多，性質也是不同，總之有二種肥料最爲要緊。一種名曰速效肥料，就是人的糞尿，每年正月間墾地一回後，每株桑樹根邊掘一孔穴，澆肥料到這個孔穴裏面，當即用土蓋好，使其桑芽快發，春葉茂盛，到春蠶老畢春葉採完的時候，這種桑樹的脂漿都要缺乏，趕緊用人糞尿或者那種蠶的䊀沙，補助他桑樹的脂漿。二葉採畢後，又要墾地一回。採葉的時候，切勿用人糞尿呢。一種名曰持久肥料，就是那種馬圈、牛圈、猪圈、鷄舍的蓐草。用一處空地堆積腐敗，上要蓋草棚，不可使太陽照射，雨水漏下，到冬天墾地一回後，每株樹邊脚相離尺許，掘一小溝，那種堆積的蓐草，各樹分勻，埋在小溝裏面，當時用土蓋好，切不可堆在樹根脚邊，多生地蠶，要蛀空他的樹身，漸漸枯衰，豈不可怕？倘有卑濕，這種地方土性必然凝固，桑樹不能暢茂，定要鋤草燒灰，俗名謂之泥草灰，或用穀草灰或穀糠，能解土性的凝固。還有那種河泥、塘泥、街泥、除溝泥，最能暢茂桑樹，溶解凝固的土性，變爲輕鬆的土壤，能使桑樹長久茂盛了。

清 盧燮宸《粵中蠶桑芻言·種桑事宜條列》

澆肥

培桑肥料，以塘坭、攔搓、肉麩及煎硝所出之老水為上，次用生糞即人屎也，或用蠶屎更便。其法：於植桑栽後，看其抽芽發蘧，約有寸許，便略澆肥。若在冬令，當於斅枝後向各桑頭處開一小坎，用麩或糞澆坎内，即以碎坭蓋面，因恐被雪霜去其油也。如用攔搓，則要先培坭，後以攔搓鋪面。凡澆肥，待足二十日後乃可摘桑飼蠶，否則防桑有鹹氣，蠶食之必死也。若經有雨淋，則不論。買肥料，最費貲本，其本多者，自然以澆多次為佳，惟本少者，雖欲多澆而不能耳。

清 沈練《蠶桑説·樹桑法二十一條》 立夏後，葉巳開翦，桑脂從翦處流出，最易受傷。必須鋤土令鬆沃，以水糞則桑根暢達，且得所養。桑地之甫經開翦者，人呼之爲產母地，足見培養之宜亟矣。自能攝脂，使不上溢。俗謂之謝桑。

清 盛宣懷輯《蠶桑備要》 壅肥 桑宜肥，肥則葉厚而光潤，冬春必須沃之以糞，人糞力旺，畜糞力長，垃圾最鬆地，或用稻草灰，或罱河泥，或上田中稻稈泥，用菜餅豆餅先用鉋層層鉋下，再杵細勻糝潭中，或用頭蠶沙𧎶二蠶沙𧎶不可用，或用豬糞羊矢皆可。每年壅泥一次，不可少此，用肥二三次足矣。惟翦葉後謂之產母桑，宜用肥一次，能發二葉枝條。一云歲於清明時糞其四圍，謂之撮桑，翦畢卽灌之，謂之謝桑。采葉時不可上肥，肥葉害蠶。凡上肥離桑尺許，墾二尺闊、半尺深潭，盛肥在内，緩緩用泥蓋潭，使其氣下降，根乃日深，若直灌其根，則癃而死矣。用豬糞晨澆，須至晚蓋潭，因性鹹也。用沙𧎶羊矢宜少，蓋泥露一半在外，因性熱也。用餅隨用隨蓋，用河泥半乾墾轉敲碎最肥。一歲中雨淋土剝，專藉此泥培補，根乃不露，用稻稈泥最易發根。

清 楊鞏《中外農學合編》卷五《農類·肥料》

沿川河與水面不甚高低，常含濕氣土壤。又土質多砂泥者，或川水氾濫之地，宜減其窒素肥料。接續大川之田圃，田水上流來土芥，地味自豐，而富於窒素質，以之植桑則其幹甚茂。然不如施磷酸及剝多亞斯肥料，則終易生萎縮病也。而以燐酸及剝多亞斯混合多量用之，此等土地用燐酸肥料時，殊有大效。又以前專施厩肥堆肥人糞等，熟地本富於窒素質，必以燐酸肥料施之。同上

又 卷九《林類·樹桑》

澆糞

先時儲積 桑性喜肥，肥則葉厚而光潤，故平日積糞最為要緊。且人糞力大，宜陳不宜新，因新糞過於猛烈，恐燒損桑樹也，儲積多日便是陳糞。《種樹書》

臨時和水

糞宜稀不宜稠，以水和糞，則糞與水相融，以水糞澆桑，則水氣所到之處即糞力所到之處。不論人糞、牛糞皆宜和水。《群芳譜》

桑苗

種葚之後，俟苗高一尺時即用一分糞，九分水和勻澆之。《農桑通訣》

大小桑秧 移栽之後，以一分糞九分水和勻澆之，平時澆以二糞八水。《農桑要旨》

接本桑

移栽之後，以二分糞八分水和勻澆之，俟眼頭胖時用三糞七水澆兩次，次年澆五分糞水。《沈氏農書補》

大桑樹

樹已茂密成陰，冬月正月，兩次澆人糞，清明時又澆以人糞，謂之撮桑，四月剪桑畢再澆人糞，謂之謝桑，謝桑尤為要緊，切不可因循。蠶大眠時，桑脂正旺，開剪之後，其脂必從剪處流出，須將土鋤鬆。澆以水糞，則桑根氣暢，且得所養，自能攝脂，使不上溢。澆糞時須將樹脚之土四面掘開，以糞水灌其根，用土蓋好，愈肥愈妙。或於樹旁掘一小坑，以糞水灌坑内，用土蓋好，使肥氣下行亦可。所謂冬月、正月、清明時、四月剪桑畢，亦就大概而言。其實一年之内惟小蠶食葉時不可澆糞，澆糞則蠶食其葉，當眠不眠，其餘各月均可澆糞。如用牛糞須置坑内，加水作爛，每畝壅牛糞四十石，

以水和薄，便有八十石。《農桑輯要》

田園内大小桑樹

園内田内栽種桑樹，桑下尚有餘地，本可兼種菜蔬豆綿等項，但未免分地力耳俗名奪肥，澆桑之糞應稍加厚。《蠶桑提要》

清 葉向榮《蠶桑説·蠶桑輯要·諸家雜説》 栽桑樹，諒根掘坑，將根理直，灌糞栽之，填土緊築，移樹勿傷小根。栽時須宜原向分行五尺，不可正對。春冬栽之易活，二九月栽次之。宜種蠶豆、黑豆，不宜種麥穀。

清 豫山《蠶桑輯要合編·種桑·培桑法》

種桑子　夏初葚熟，揀肥大者拌食餵豬，取糞和匀種之，名曰豚桑。其葉厚大，芒種前後種。掘地一段，打土極細，澆以糞水，摟起寸許，切不可深，深則不出。將種布上，澆以清水，長成卽可移栽。又冬月斫去上梢，灌以厚糞，或加草於上，縱火燒之。明日灌澆清水。至春只留旺者一枝，來年移栽。又鬆鬆打一草繩，以熟葚横抹一過，令葚在繩縫中，掘熟地以埋之，深不過寸。苗長間棵六七寸開，或接或移栽。

清 黄毅《栽桑新論》《蠶業叢書》第一編　家禽糞尿於各種植物皆爲有効之肥料，然新鮮時其窒素多存於尿酸鹽中，易於流失，用之有害。栽桑家以鳥糞爲有害於桑樹，故常不用。總之，家禽之糞須如人糞尿之混堆肥而用，方爲有効。

又　栽培植物，以整理地土之如何與將來之成育有特别之影響在焉。如桑樹之深根植物，尤宜注意。其整地之要旨，乃在行深耕之法，爲便桑根之蔓延也。且土壤一經深耕，不獨能使空氣流通，地溫增高，受天然之養料而已也，抑且能助肥料之分解、土壤之吸收，變化土中及肥料中有害物質而爲無害，並可使不可溶性之物質變爲可溶性，其他利益不一而足。然表土淺者，其下層固結已久，卒然深耕，受空氣作用必少，若彼此混合，恐表面盡爲下層之土亦未免有害。故遇此種土壤，須漸次深耕，不可卒然而行也。桑園整地之法分爲二種：一爲園中全面之土，在一時耕耡同一之深須掘溝以栽植者，一爲僅於栽植桑樹之處耕耡較深者。兩者相較，各有優劣，適中之法，須將後法行於栽植之際，以後漸次全耕可也。然整地不必定在苗木移植之頃，若在三四月移植，則於年前冬季卽宜整理，使受充足之凍結作用也。若在粘土性之地又不獨種桑如是，凡栽植物莫不皆然。日本所謂天地返者，卽利用其空氣曝露及耕耘施肥之作用，而使土壤上下層兩相倒換，且能將表土發生雜草之根與種子及害蟲之卵等有害之物耡入土中，失其作用，且可利用之以爲肥料。種種利益，故日本栽植桑樹多採用此法也。依此法而整理之地，其應施之肥料由土壤之性質而異，栽植之時，施用腐熟肥，栽植後施用未熟肥可也。栽植桑苗其溝穴之大小與深淺由養成法及表土之深淺，土質之輕重乾濕而異，今擇其大略記之於後。

又　施肥種種之要件，已於六章述之，今不再贅，而只述其最當注意者。夫桑樹爲深根植物，又爲多年生者，須施以堆肥、厩肥等分解遲慢之肥料，以供給桑根之養分。用窒素以爲肥料者，僅能使樹繁茂，於葉質之關係甚小。夫桑葉養分之多寡及其質之軟硬，不特關於蠶兒之成育，而且關於絲質之優劣，當春日施以速効肥料人糞尿，則發芽早而收葉多。若僅施以水分則不能得完全之結果也。故施肥之期節種類分量等件皆須酌量而行之。普通施肥每年大約二次，於春季耕耘以後施第一次，夏季伐條以後施第二次，亦有於冬季第四次耕耘，以後更施一回者。

又　施肥之方法　在喬木之桑，須於其樹之周圍掘輪狀之溝，其距離約爲樹幹直徑之三倍半，或至五倍，最爲適宜。溝既掘畢，然後施肥。若在根刈之桑，須於隔畦之中間掘溝而施肥。至所施分量之多寡，由土質及桑樹養成法而異，大約一畝三分地原書一反步，一年須施堆肥三千七百五十斤原書六百貫。而刈桑可得三千斤之葉量，但年年須補給三要素其量，如下：

窒素　十九斤十四兩三貫百八十兩

燐酸　三斤二兩五百兩

加里　十二斤十四兩五錢二貫六十五兩

雜録

明 徐光啓《農政全書》卷三二《蠶桑·栽桑法》　《齊民要術》曰：凡耕桑田，不用近樹。傷桑破犁，所謂兩失。其犁不着處，斸斸令起，斫去浮根，以蠶矢糞之。去浮根，不妨耬犁。

（乾隆）《光州志》卷二七　又《齊民要術》曰：凡耕桑田，不用近樹。其犁不着處，斸斸令起，斫去浮根，以蠶屎糞之。十五年任爲弓材，亦堪作履。

裁截碎木，中作錐、刀靶。二十年好作犢車材。欲作鞍橋者，生枝長三尺許，以繩繫旁枝，木橛釘著地，令曲如橋。十年之後，便是渾成柘橋。

間種

綜述

北魏 賈思勰《齊民要術》卷五《種桑柘第四十五養蠶附》 桑椹熟時，收黑魯椹黃魯桑不耐久，諺曰：魯桑百豐。錦帛言其桑好，功省用多。，即日以水淘取子，曬燥仍畦種，治畦下水，一如葵法，常薅令淨，明年正月移而栽之仲春季春亦得。率五尺一根未用耕故凡栽桑不得者，無他故，正為犁撥耳。是以須概不用稀稀通耕犁者，心雖慎，率多死矣。且概則長疾，大都種椹長遲，不如壓枝之速。無栽者乃種椹也，其下常斸掘種菉豆、小豆二豆良美潤澤益桑。栽後二年，慎勿採沐小採者長倍遲，大如臂許，正月中移之亦不須髡，率十步一樹陰相接者，則妨禾豆，行欲小掎角，不用正相當相當者則妨犁。須取栽者，正月二月中，以鈎弋壓下枝，令著地，條葉生高數寸，仍以燥土壅之土濕則爛，明年正月中，截取而種之。住宅上及園畔者，固宜即定；其田中種者，亦如種椹法，先概種一二年，然後更移之。

凡耕桑田，不用近樹傷桑破犁，所謂兩失。其犁不著處，斸斷令起，斫去浮根，以蠶矢糞之。去浮根不妨耬犁，令樹肥茂也。又法：歲賞繞樹一步散蕪菁子，收獲之後，放猪啖之，其地柔軟有勝耕者。種禾豆，欲得逼樹。不失地利，田又調熟。繞樹散蕪菁者，不勞逼也。

元 司農司《農桑輯要》卷三《栽桑·布行桑》 《士農必用》：園內養成荊魯桑小樹，如轉盤時，於臘月內，可去不便枝梢。小樹近上留三五條，碗口以上樹留十餘條，長一尺以上，餘者皆斜去。至來春桑眼動時，連根掘來，於浸地內，闊八步一行，行內相去四步一樹，相對栽之。栽培灌澆如前法。桑行內種田闊八步，牛耕一繖地也。行內相去四步一樹，破地四步，已久可成。大樹相對，則可以橫耕，故田不廢墾，桑不致荒。荊棘圍護。當年橫枝上所長條，至臘月科令稀匀得所，至來年春，便可養蠶。

明 沈氏，清 張履祥輯補《農書》卷下 不得已則於桑下種菜，謂菜不害桑也。其實種菜之地，桑枝不茂，此不特地力之不盡，亦見人工偷惰，無足取也。古人規制無大小，俱有法度，何不遵而行之。上編籬二則

清 方大湜《桑蠶提要》卷一《桑政二十三條·桑間種植二則》

宜種　桑間宜種黍桑發黍，黍發桑；宜種綠豆、黑豆二豆肥美；宜種蔓菁、芝麻、綿花及一切菜蔬蔓菁諸物，皆柔潤。桑下之土，隨時翻鬆，桑葉自然茂盛。

不宜種　桑間不宜種瓜，及一切有藤蔓之物藤蔓上樹，則桑葉被其糾纏，必不暢茂，且易生蟲；不宜種大麥以大麥田中桑葉飼蠶，蠶即壞；不宜種粟穀種粟穀者，地脉亢乾，至秋則桑葉先黄，明年桑葉澀薄，十減二三；不宜種蜀黍蜀黍梢葉與桑相等，如此叢雜，桑亦不茂；桑園不宜種楊楊樹多蟲。

清 汪宗沂《蠶桑輯要·樹桑養蠶要略·桑下種蔬》 桑下餘地，可種菜及豆、棉，惟大麥與芥菜不宜種，以二物蠶所最忌，與桑同種，蠶食其葉必斃。且桑樹亦多不暢茂。藤蔓之物，亦不宜種，桑園之中不宜種楊，以免生蟲。

清 李聿求《桑志》卷六《桑所植》 夏至長至三二寸，旱則澆之。若不雜黍種，須旋搭矮棚于上，以箔覆蓋，晝舒夜捲。處暑之後，不須遮蔽。至十月之後，桑與黍稭同時刈倒，順風燒之。仍糝糞土、蔽灰。春暖榮茂，次年移栽。

又 又案：桑下種植，惟菉豆、小豆最為益桑，菜亦無傷。若種煙，斷不可。其味辣，薰之在上，蠶食之必死。

又 《士農必用》：種子宜新不宜陳新椹種之為上；隔年春種，多不生；蔭畦搭棚為上，穄麻次之，黍苗又次之。桑芽出，間令相去五七寸營造尺寸也，他做此，頻澆，過伏，可長至三尺割去穄麻。至十月內，附地割了，撒亂草，走火燒過火不可大，恐損根。糞草，蓋至來春，杷耬去糞草。澆，每一科，自出芽三數個；留旺者一條已成根，則不須蔭，可頻澆，至秋，魯桑可長五七尺，荊桑可長三四尺。魯桑可移為地桑，荊桑可移入園養之。

又 《務本新書》又法：春月，先于熟地內東西成行，匀稀種穄。次將桑椹與蠶沙相和，或炒黍穀亦可，趁逐雨後，于穄北單耩或點種。比之搭棚，與黍同種，緣穄陰高密，又透風露。雖種數十畝，亦不甚委曲費力。

又 又案：夫桑地田間野外城邊市角無不可種，惟人家有燒煤，則一方之地多可不種。煤煙一起，葉面上如墨，不可飼蠶。

清 楊名颺《蠶桑簡編》《牧令書》卷一〇　種桑樹，掘坑尺許，用糞和泥

栽下，填土緊築，移樹勿傷小根。栽時須記原向，分行要寬，不可正對。春分前後，栽之易活，九月至二月半亦可栽。空處宜種菉豆、黑豆等物，不宜種麥穀。

清　尹紹烈《蠶桑輯要合編·布行桑法》　園地養成，接過桑樹，臘月内去不便枝稍。至來春桑眼動時，連根掘來，於漫地内，潤八步一行，行内相去四步一樹，相對栽之。桑行内種田潤八步，便於牛耕。行内相去四步，久可成大樹，相對則可以横耕。故田不廢墾，桑可不致荒。又樹與樹相離，横直二三尺至七八尺皆可。大約初栽宜密，俟其長成，好者留之，不可者去之，疎則補之，密則删之。其獲葉多寡，不論樹行疎密，惟論樹枝好歹，又全在人力之勤惰耳。

清　余治《得一録》卷六《蠶桑局事宜》　蓄菜　桑下種葱、韮、瓜、菜及芋苗、山藥，取其頻頻澆灌，桑葉愈茂，蝗不食桑、芋，故宜多栽。

清　黄壽昌《蠶桑須知·種桑各則》　桑樹初種時，中間空地，無論蔬菜以及蠶豆、小麥等類，均可隨意種植，不過樹旁宜留隙地尺許，以便澆灌。惟大麥切不可種。俗云：大麥田間桑，飼蠶如砒霜。亦不可種幹高葉大如向日葵之類之物，遮蔽日光，於生機殊有窒礙。至所種之物，應用肥壅，照常培灌，不必因桑樹而有增减。

清　盛宣懷《蠶桑備要·墾地鋤草》　桑地不必多墾，惟冬間必須大坺深墾，莫留宿土。不但土脈活動，一遇雪凍則草根死，而地蠶蟲亦除。有蠶畢卽墾者，然旱潦易傷，或反致害。鋤墾宜晴不宜雨。

桑下不可有草，有草則分肥。不可有石，有石則礙根。桑未盛時，可兼種蔬菜諸物，則土鬆而桑易繁，此兩利之道也。但不可有妨根條，如種瓜豆，斷不可使其藤上樹。近桑不可種大麥。又不可植楊，以多楊甲蟲也。千里韭。其根卽香附子尤不可不淨，伏中墾之，子卽槁。一法：秋冬時，於桑下種蠶豆。來春草生豆葉肥，拔苗匀鋪桑下，覆以稻柴，既肥桑又省削草。

清　蔣斧《粵東飼八蠶法·桑篇》　劃地二丈許爲一坵，坵間開渠一條。山地之渠，深七八寸，寬尺二寸；田地之渠，深尺七八寸，寬二尺。山地先犁鬆、捶碎、鋪平，然後開渠。田地不必犁，先開渠，卽以開渠之土，覆上基面，待其曬乾，然後捶碎、鋪平之。此順德治地法也，連平州則劃地，寬尺四五寸爲一段，段間有溝，溝寬八九寸，每段植桑兩行。

清　趙淵《蠶桑摘要》卷上《桑政·兼種類》　桑間有餘地不可荒棄，宜種黍，因桑發黍，黍亦發桑也。宜種緑豆、黑豆二豆，能肥美也。宜種蔓菁、芝麻、綿花及一切菜蔬、蔓菁諸物，皆柔潤也。桑下之土隨時掘伐，自然茂盛。

清　楊蔚本《養蠶説》《皇朝蓄艾文編》卷二〇　桑大如臂，正月移栽，亦不須髡。率十步一樹陰相接，妨禾豆，行欲犄角相正對妨犂。又養桑小樹，臘月内可去不便枝梢。小樹近上留三五條，大樹留十餘條，長一尺以上，餘皆斫去。春來桑眼動時，帶根鬚於漫地内，八步一行，行内相去四步一樹，相對栽之。相對則可横耕，田不廢墾，桑不至荒。當年横枝上長條荊茨圍，臘月科令匀，來春便可養蠶。野桑亦可移栽，取横枝轉盤換根，則長旺。舊根斫斷，新根卽生，長旺久遠。又桑樹脚科及浮根皆可斫去，不妨耕種。根可栽者，依法栽之。

清　吴詒善《蠶桑驗要·蠶篇·採葉禁忌》　桑下種麥，飼蠶病瘟，皆宜禁也。

清　姚紹《南海縣蠶業調查報告》《農學報》第二百五十期　植桑數視行之疎密，每長十丈，闊六丈，方積六十井。順德人横直每行相距一尺，南海人横每行相距一尺八寸，或一尺六寸，直每株八寸。都計順德人每畝植桑六千株，南海人每畝植桑四千八百株。然得葉之多寡，不在植桑之疎密，因桑行過密，少通風，脚葉易黄，順德人因嫩於芸草，故利用密行耳。

圖表

清　黄毅《栽桑新論》第九章《整地及栽植》第四節《株間之距离》《蠶業叢書》第一編　栽植桑樹，其各株相距之廣狹，由養成法及種類土質等事不能一定。而於蛆害之處，尤須酌量而行。今將普通之距離，每一畝三分地，日本一反步栽植之株數列表於後。

	栽桑株數	畦間	株間
根刈	四〇〇－七〇〇	四、五尺——六、〇尺	三、五尺——四、五尺
中刈	三〇〇－六〇〇	四、五——七、〇	四、〇——五、五
高刈	二五〇－四五〇	五、五——七、五	四、五——六、〇
喬木	七〇－一二〇	一〇、〇－一二、〇	九、〇－一二、〇

其他

論説

（嘉慶）《沅江縣志》卷一九《物産志》 《天工開物》曰：凡菽種之多與黍稻相等，播種收穫之期四時相承，果腹之功在人日用，蓋與飲食相終始。一種大豆，黑黄兩色，下種不出清明前後，綠豆必小暑方種。未及而種，其苗蔓數尺，結莢甚稀。若過期至於處暑，則隨時開花結莢，顆粒亦少。一種豌豆，此豆有黑斑點，形圓同綠豆而粒則過之。其種十月下，來年五月收，凡樹木葉遮者其下亦可種。一種蠶豆，其莢似蠶形，粒大如大豆。八月下種，來年四月收，西浙桑樹之下遍環之。蓋凡物樹木遮露則不生，此豆與豌豆樹葉茂時彼已結莢而成實矣。一種白藊豆，乃沿籬蔓生者，一名蛾眉豆，其他豇豆、虎斑豆、刀豆與大豆中分青皮褐色之類，皆充蔬代穀，以粒蒸民者。

綜述

《詩經・唐風・鴇羽》 肅肅鴇行，集于苞桑。

唐 郭橐馳《種樹書》卷中《桑》 浙間植桑，斬其桑而植之，謂之稼桑。却以螺殼覆其頂，恐梅雨侵損其皮故也，二年即盛。

清 汪曰楨《湖蠶述》卷一《栽桑》 桑地不必多墾，唯冬間必須大坺音跋，泥之大塊也，深墾莫留宿土，不但土脉活動，一遇雪凍，則草根死而地蠶蟲亦除，所謂墾過冬地也。有蠶畢即墾者，謂之墾蠶罷地。然旱潦易傷，實可省也。凡鋤墾宜晴不宜雨。《桑譜》 桑下不可有草，有草則分肥，不可有石，有石則礙根，須鋤去之。桑未盛時，可兼種蔬菜諸物，則土鬆而桑益易繁，此兩利之道也。但不可有妨根條，如種瓜豆斷不可使其藤上樹。《廣蠶桑説》按：近桑不可種大麥，又不可植楊，以多楊甲蟲也。倘地多千年韭，其根即香附子，接千年韭即莎草，可為笠及雨衣，生桑地能害桑。理之不淨，可大伏中墾之。日出杲杲曝其子，遂亦除矣。《桑譜》過午日不可以鋤。《烏青文獻》

清 呂道象《廣州番禺縣呂大令道象調查境内蠶業報告》《農學報》第二百四十四期 四每畝得葉之數目 每年分七造，自頭造至六造計之，每造得桑五百斤有奇，至七造則約得二百斤。因秋天乾旱，出葉較少，且縣屬得葉之數與順德又有別。頭造至三造，本邑與順德不相上下，四造至七造，則順德不及本邑之多。因縣屬藝桑俱用潮田築基，秋冬土性較爲滋潤。

五灌壅之法 縣屬種桑之法，初種時如天乾，三兩日必灌水一次，至一律萌芽時，則灌糞。其糞用水和淡，因糞味醃，有礙生機故也。照此法灌至三四次約二十餘天一次，則稍有收成。既有收成，摘葉一次，灌糞一次。此時之糞不和水，至明年則摘葉二次，布肥一次亦可，惟布肥以天晴爲妙，雨天不宜。

清 盛宣懷輯《蠶桑備要》 第一年下種，第二年移栽，第三年接桑，第四年立春以後春分以前，天氣晴和，將已接家桑掘起，直幹無枝，浙人謂之单槍，翦去直根及横根之腐而無用者。每株相離五尺五寸，須如品字，不可對栽，長大方能寬展。預將分栽之地鋤翻，作埨闊亦五尺五寸，先用丈竿量定，不可參差疏密，致礙將來挑擔栽培之路。將地鋤深一尺二三寸，四周寬廣，沃之以糞或河泥。植桑坎中，理直，四面横根不可稍有拳曲，敲土極細，塞實根柢，不可空虚，逐漸加泥，漸加漸踏，務令堅實。平地須種遇接頭一二寸，高地必須種遇三寸，方易回生。隨用桑翦，視桑大小，桑大離地尺餘，桑小離地六七寸，翦去上段翦下之條可接土桑。種時不可澆水，三四日後以二糞入水澆之。以後天氣晴燥，須五六日一澆，俟芽葉盡放，摘去下芽，上留三四芽，發成三四枝。浙西僅留兩芽，發成兩枝，明春謂之雙槍。蓋浙西一帶雜樹甚少，出蟲之樹一概芟除，無蟲侵蝕，故留淂一芽即成一枝。吾常出蟲之樹甚多，驟難芟去，夏秋數月蟲類甚夥，故必多留數芽，以防傷損。

清 劉清藜補輯《蠶桑備要・栽桑説》 濟急救困莫如地桑之速。凡河決水湮之地，地少人貧之處，地桑一畝歲可收絲九觔。布後次年，即可飼蠶三箔，三年後可飼五六箔。其法：築墻成園，將園内地耕熟，相去五尺掘一坑每畝該掘二百四十區。廣深各二尺，每坑内下熟糞三升，合土令勻，下水一桶，調成稀泥。將畦内種成魯桑不用荆桑，連根掘出，一科自根上留身五六寸，其餘截去或止留身二指寬，祇須有一條眼，發出就是一壯股，省科樹桑地桑，初栽皆可用此法，將樹頭截處用火微烙，以收津液，埋與土平，謂之埋頭樹，再發出樹條更旺，每一坑栽二根，將根坐於泥中欲速見功者栽三根，按至坑底，提三五次，按桑身略與地平。

壅周圍熟土，令坑滿。次日築實，再壅熟土輕築，令平滿附身土不可築實，實則芽難生。用虛土封堆，如鼇背子様，可厚五六寸，周圍自成環池亦可容水。芽出土長三四寸時節，揀不旺者掐去，每一株止留旺者一二本澆鋤如法，當年可長五尺高。次年附根割條，到家拌葉飼蠶割須用厚背鋼鐮，一割要斷，若鈍鐮不能遽斷，則傷根皮，有雨則根必傷，蓋地桑不要放出身來，只要從土中長出。若身出土，名為脚高，條既不旺，又多被風雨擺折。割過處，每一根盤周圍生出數芽，每一科可留六七條大約割一條，再發芽，留兩條，年年如是，一年多於一年。餘者減去，年年附地割之，愈割愈旺，留條漸多，有一種野魯桑，亦可移植。冬春上糞，旱則澆灌，年年茂盛。三年後正長旺，六年後根相交，根交則不旺，春時將相交根砍斷掘去，添上糞土。或得雨，或澆過，即復長旺。次後斟酌，其後漸大，壓成栽子，園別園如前法。栽之三年後，新桑茂盛，養蠶砍桑時，將舊桑根上只留一條，隔年自成一株。分出栽為行桑，如此傳轉，無有盡期。然魯桑飼蠶，其絲不堅韌，可斟酌栽荊桑樹數株。俟蠶大眠後，采葉與魯桑相間飼之。地桑須於園内栽之，有草則鋤，無雨則澆，比及蠶生，可澆三次，其葉自然早生。桑種自有早生葉、遲生葉者，須擇其早生葉者為地桑。其行間宜種豆，兩不相妨，且豆性發桑，勝於芝麻瓜蔬。

清　陳熾《續富國策》卷一《講求農學説》　英國百年之内，工作大興，而農民益苦，其國君乃概免田賦以恤之，然猶不能自振也。幸英國用周制大宗之法，舉國之田，概歸宗子，餘皆佃人，故多田之翁，擁膏腴動數百頃，乃講求農學，耕耘、培壅、收獲均參新法，用新機，瘠者皆腴，荒者皆熟，一人之力，足抵五十人之工，一畝之收，足抵五十畝之獲。又廣開水利，教民廣植桑棉、葡萄、加非煙葉等樹，於是農民亦大富，足以與工商相敵，而農具之精良甲於天下矣。由其田主皆富人，故於農業之中，亦能推陳出新，收長袖善舞之效也。法國不然，人有田畝，則諸子均分，與中國同，故法人之多田者，不過六百畝，少或數畝十數畝，無力購置機器，君民上下，專以興水利、廣種樹為功。葡萄釀酒為國大利，國制：生子者必種葡萄兩株；生女一株，違者有罰。人有葡萄三畝，已足小康，五畝，則中人以上之產矣。田少功勤，國亦大富。德意諸國略與法同，國中聚集講求，各有農學之會，則田主不富，不用新機，而亦可以自收大利者也。

清　吴作鎮、倪紹雯、劉安欽《蠶桑速成捷法·速成桑園種植法》第一章《速成桑園之利害》第一節《速成桑園之利》

（一）集約經營之利　比較的地積狹隘，費用輕廉，而收穫之量多於通例，且施肥、耕耘、採葉及一切事情亦較便利。

（二）兼用桑園之利　春蠶適値農家多忙之際，無暇及此，又氣候寒冷之地，被霜凍害，無葉可摘。至秋蠶之時，則無論何地，桑葉繁茂，且農家閑暇，得利用此餘力，故晚近飼育秋蠶，年增歲加，幾有凌駕春蠶之勢。然飼育回數既多，則桑葉亂採，桑園未免因之荒蕪。講救濟策者，均主張另設秋蠶專用桑園，策固萬全也。然據從來種植法，地積既廣，資本亦大。彼農家者流，究難語此，若速成桑園，地積狹而收入大，資本輕而穫效速，整理肥培，亦較周到，且時可補種。故桑樹勢力，常呈旺盛，雖年中數回採摘，實少衰弱之虞。故爲兼用桑園，最稱合宜。

又　第十一章《耕耘及除草法》第一節《耕耘》　速成桑園之耕耘，須淺於普通根刈桑園，蓋以淺植故也。其深淺程度，在於五六寸内外，而其回數，大抵一年四回，其時期如次。

又《附録桑樹蟲害病害災害驅除豫防法》第三項《災害驅除豫防法》

凡天災地變，來焉忽如，防禦之法，實甚困難。然其來也，大抵先有惡變氣象，以相豫報，如天欲雨，礎礎濕潤是也。故豫防驅除方法，可由是研究矣，茲特就所知者摘列於後。

一　暴風　八九月之間，海岸相近地方，甚被其害。然其來時，則有一定方向。故於其所來之方位，植松杉樹等，爲防風林，使不直接侵入桑園。又春期採刈後，十分施以肥料，至八九月暴風起時，桑之枝條已甚伸長，則自少屈折之患矣。

二　洪水　有洪水害之地方，桑園須用喬木式種植。桑園之上位編立竹籬，以殺水勢。或於桑樹株間植以茶樹，則可免表土之流失。

三　雪害　桑樹若係喬木式，須於落雪前用竹或木支持桑枝，以防挫折。

四　凍害　在嚴寒地方，自地面到積雪之上面數寸處，須用稻草包其樹幹。

五　霜害　其法計有數種，就中效果最著廣大區域可應用者，莫如左之燻烟法。

豫貯藏松杉類之生葉、稻草、礱糠、鋸屑等，迨溫度將近於氷點時，降雪有兆，將上之燃料等分配于桑園内外，點火使其發煙。又時時注水於燃料，務使發散多量之水蒸氣，以防土地熱氣之放散，且遮日光之直射。然此須合同近隣者一致施行，最爲有效。若以一人之力從事其間，則其目的殊難達也。

清 馮曉青《馮曉青大令調查順德蠶業陳粵督稟兼説帖・説帖》《農學報》第二百四十五期 每畝桑下種後，初年六七月摘桑十擔左右。

種桑一二年後，每畝每造摘得桑六七擔左右，一年共計七造。

清 楊鞏《中外農學合編》卷九《林類・樹桑》

澆水

壓枝 宜澆其本根，并澆所壓之枝。《藝桑總論》

插條 宜時時澆水，伏天尤為要緊。《士農必用》

小桑樹 條葉未盛，其根尚淺，護根之土須帶潤澤，故土乾便應澆水。《農桑輯要》

大桑樹 桑陰茂密，其根已深，土乾亦無防礙，且隨時可以澆肥，不必時時澆水也。《蠶桑提要》

清 趙淵《蠶桑摘要》卷上《桑政・辨土類》

地氣

凡事有法，栽種、移接、澆灌諸法，桑政之要也。其最要者，必須深知地氣，乃可從事，倘不知地氣之應否，勢必無益而有損，爲栽種家大忌。蓋地氣隨月而盛，二十三日後至初八日前，月氣晦暗，則生氣在根本。初八日後至二十三日前，月氣光明，則生氣在枝葉。晦暗時可以移栽，光明時不可移栽，樹移必受傷也。

土質

土含五金之質，實含五行之氣，氣與質相合而成者，即有生物不生物之分，如硝、養、炭三氣，及灰炭、强礈、硝强，並一切炭强類之質。凡物感於陽和者，皆能生物也，如青黄白鑥鹹各類沙强之質。凡物一於陰凝者，皆不生物也。又土泥、沙石、磁瓦各分其質，土泥淨則易生，或少攙雜質亦生，若多攙雜質則不生，其餘皆可類推。

治土

青黑之土，和生黄土則美；黄壤之土，和膠土則美；赤色之土，和白土則美；白色之土，和黄土則美；黑色之土，和黄白土則美。

土化

土敝則草木不長，氣衰則生物不遂。土本瘠也，下糞則瘠者化而爲肥；土本結也，勤墾則結者化而爲鬆；土本溼也，或四面開溝，培土爲埂，栽於埂土，則溼者化而爲燥。

又《辨水類》

井水

井水所含之質有六，曰鏉炭强鹽，曰鏉硝强鹽，曰鏉綠，均能化物生物。曰鑥硝强鹽，曰鑥綠二者，最能生物，曰鏉鐼强鹽。若欲試此六質，則用銀硝强鹽，或以火煮之，則各質均見矣。冬天井水煖，因陽氣藏蓄在內，夏天井水寒，因陽氣全露在外，内無鹹氣，故澆物相宜，此專論甜水。若苦水則不然，苦則有鹹氣、滷氣，人不能食，即澆物亦不茂發。

雨水

雨因五行之熱氣相蒸而成，自空中下降，純是一片生養之氣，内無雜質，生物自然暢茂。

泉水

泉之源有二，或由沙土滲溼，或由山谷地勢空窪，愈漲愈滿，積水遂多，其實皆雨水所蓄，清潔無滓，充盈流出，所含生物性多。

河水

日夜流動，温而不寒，内無鹹氣，所含鏉强鹽類之性少，而含浮塵草泥之性多，澆物最佳，勝於井泉之水。

池塘水

凡雨水所積及泉水流水貫注者，均佳。上生萍草，下畜魚蝦，并鵝鴨浮游，性皆温煖肥美矣。養氣多而鹹氣少，澆桑最宜，若淀水臭，水内少生氣，盡含硝鹹，澆則傷物不可用。

又《論耕類》

土解時功

氾勝之曰：凡耕之本，在於趨時。春凍解，地氣始通，土一和解。夏至天氣始暑，陰氣始盛，土復解。夏至後九十日，晝夜分，天地氣和，以此時耕一而當五，名曰膏澤，皆得時功。

順天時

《韓氏直説》云：凡地除種麥外，並宜秋耕。秋耕之地，荒草自少，極省鋤工，如牛馬力不及，不能盡秋耕者，除種粟地外，其餘黍豆等地，春耕亦可。

大抵秋耕宜早，春耕宜遲，此所謂順天之時也。

强土變弱弱土變强

《齊民要術》云：春地氣通，可耕堅硬强地；黑壚地，輒平磨其塊，以待生草，草生復耕，天有小雨，復耕和之，勿令有塊，以待時至，所謂强土而弱之也。杏始華，榮轥輕土弱土，望杏花落復耕，耕輒轥之，草生，有雨澤，耕重轥之。土甚輕者，以牛羊踐之，如此則土强，所謂弱土而强之也。

論犁耕

《農書》云：北方農俗，春宜早晚耕，夏宜兼夜耕，秋宜日高耕。中原地皆平曠旱田陸地，一犁必用兩牛或四牛，以一人執之，量牛强弱，耕地多少，皆有定法。

用耙勞

犁耕既畢，則有耙勞，耙有渠疏之義，勞有蓋磨之功，今人乎耙曰渠疏，勞曰蓋磨，皆因其用以名之，所以散撥去芟，平土壤也。桓寬《鹽鐵論》曰：茂木之下無豐草，大塊之間無美苗，耙勞之功不至，而望禾稼之秀茂，實粟難矣。耙欲其平，勞欲其散。

根土須相著

《韓氏直說》云：古農法犁一擺六，今人只知犁深爲功，不知擺熟爲全功。擺功不到，土粗不實，下種後雖見苗生，根在粗土，則根土不相著，不耐旱，有懸死、蟲咬、乾死諸病。擺功到則土細，而立根在細實土中，又經碾過，根土相著，自然耐旱，不生諸病。

又《論糞類》

糞壤集成

農桑莫急於糞，壤所以變薄田爲良田，化磽土爲肥土也，爲農者必儲糞，朽以糞之，則地力常新壯，而收穫不減。

踏糞

凡人家於秋收場上所有穰穢等並收貯一處。每日布牛腳下三寸厚，經宿牛以蹂踐便溺成糞。平旦收聚，除置院內堆積之，每日悉如前法，至春，可得糞三十餘車。夏月載糞糞地，每畝用五車，計三十車可糞六畝。

苗糞

美田之法，菉豆爲上，小豆、胡麻次之，皆五月穠種，七八月犁掩殺之，爲春穀田，則畝收十石，其美與蠶矢熟糞同，江淮北常用之也。

草糞

草木茂盛時，芟倒就地內掩罨腐爛也。《禮記》：仲夏，利以殺草，可以糞田疇，可以美土疆。卽以耘除之草，和泥渥漉，深理禾苗根下，漚罨既久，則草腐而土肥美也。

火糞

法以積腐藁敗葉，剗薙枯朽根荄，遍鋪而燒之，入土則暖而爽。凡麻秕穀殼皆可，與火糞窖罨並同。草木堆疊燒之，必先渥漉精熟，然後踏糞入泥，如水地多冷，則用火糞。凡一切禽獸毛羽親肌之物，最爲肥澤，積之爲糞，勝於草木。然糞田之法，得其中則可，若驟用生糞及布糞過多，糞力峻熱，卽燒殺物，反爲害矣。人糞力壯，南方常於地頭置磚檻，窖熟而後用之，其地甚美，北方效此，利可十倍。

泥糞

法於溝港內，乘船以竹夾取青泥，杴撥岸上，凝定後裁成塊子，擔去同大糞和用，比常糞得力甚多。或用小便，亦可澆灌，但生者立見損壞。

積糞

凡埽除之土，燒燃之灰，簸揚之糠粃，斷藁落葉積而焚之，沃以肥液，積久乃多。又腐草敗葉，漚漬其中，以收滌器肥水，與滲漉泔淀，漚久自腐爛，一歲三四次，出以糞苎。因以肥桑愈久愈茂，而無荒廢枯摧之患矣。夫埽除之穢，腐朽之物，人視之而輕忽，農得之爲膏潤，唯務本者知之，所謂惜糞如惜金也。

糞宜

《周禮》：草人掌土化之法，凡糞種，騂剛用牛，言乾燥土也；赤緹用羊，言紅色土也；墳壤用麋，言柔軟土也，今宜用騾馬糞。渴澤用鹿，言窪溼土也，今宜用牛馬糞。鹹潟用貆，言鹹硝地也，今宜用騾馬糞。勃壤用狐，言無塊土也，今宜用豕糞。埴壚用豕，言枯澀土也，彊㯺用蕡，言乾硬土也，蕡麻子也，今宜用大糞豕糞。輕爂用犬，言乾亢土也，所以別糞種者，助土氣以合地氣也。

糞等次

糞不一例，以人糞油餅小便爲佳，鳥雞犬豕糞次之，若牛馬羊騾驢等，又其次也，柴灰草葉渣滓等類下矣。

糞性

豆餅者，油之餘也，性滑能化乾燥，長物最易，惜價昂不能多用。若人糞與小便受飲食五味之質而化濁質爲糞，輕氣爲小便，糞含輕綠之質，小便含鏺硝强之質，化生最速。如便池邊長白塊一層，即鏺也，故以水兌小便，澆物亦生。

糞力

糞分二力，一乾一水。如柔土溼土，則水不如乾；如硬土燥土，則乾不如水。尤須細察土性，因地制宜，方能得糞之力。

治糞

土以黄白黑三色爲上，或置磚石池，或擁高堆。用生土則氣旺，不可用舊土、瘦土。先將土遇齊，以小便及糞水澆之，澆一次鋤翻一次，惟堆土練之甚便。人小便爲佳，牲畜便溺雖次，可兼用。

糞輕重

糞不可重，用重則氣猛，葉過肥者，蠶食多病。糞不可輕，用輕則氣不足，葉過薄者，蠶食繭軟。惟審量於輕重之間，察視土性，用得恰當，乃得大益。

糞眞假泡去聲，即漚麻之意

其在貲財饒裕，用淨糞固佳，但力量稍薄，不能不少用。只有作乾水二糞，莫善於此，或用人糞泡水澆土，或用小便澆土，或築池泡糞水，或用猪糞便溺泡糞水，如此尚不失其眞。若用渣滓灰土等類，力小而難見功。是多買假糞，不如少買眞糞有益也。

糞早遲

土脈乾燥，只宜水糞；土脈溼潤，只宜乾糞。未雨前下種時及翻黄之候，未凍以前，開凍以後，用之最效。既雨之後，久旱之時，用之亦耗費無功。

糞優劣耩音講

北方土脈深厚，專用耕耩之法。先以糞撒擲土面，然後耩之，俟生長後，上糞亦擲地面，並不用土掩覆，則糞氣洩而不聚，其法未善。南方土脈淺薄，設效用此法，物必不長。專用挖窩之法，相距一尺先挖窩，次用糞，或乾則先糞後子，或水則先子後糞，再用土淹覆，則糞氣聚而不散，其法頗良。故南方種地十畝，勝於北方五十畝，上地則十畝，抵北之百畝，優劣之分，於此概見矣。

又《**護桑類**》

挑桑眼

桑眼將萌時，大雨後，須逐株查看，如被泥水糊眼，即速挑開，否則壞矣，雨一番必查一番。

清　陳雪堂《**蠶桑簡法**》**卷下**《**栽桑要法**》　暴風　須循風來之方向，預植常綠木如松杉等樹以殺其勢，而桑田則尤宜於春葉採後，施足肥料，以固樹勢。

又　洪水　有水害地方，桑樹須作高刈桑拳離地約五六尺者曰高刈。栽法：或喬木栽法，株間栽淺根植物茶樹之類，以保表土之衝刷。

又　霜雪冰凍　嚴寒地方，桑之被其害者甚多，須於落葉後，用稻草圍裹樹身，幹旁多插竹木等支持樹枝，以防雪壓。

清　佚名《**樹桑養蠶要略・樹桑十九條**》　挑桑眼　春間桑之芽眼初萌，如遇大雨衝激，泥水糊眼，必一一挑開，否則桑樹難活。

藝文

宋　梅堯臣《**宛陵集**》**卷五一**《**桑原**》　原上種良桑，桑下種茂麥。雉雊麥秀時，蠶眠葉休摘。空條漏日多，餘椹更誰惜。會待黄落來，酒壚燒斗石。

雜録

元　魯明善《**農桑衣食撮要**》**卷上**

嫁樹

元日五更點火把，照桑、棗、果木等樹，則無蟲。以刀斧班駁敲打樹身，則結實。此謂之嫁樹。

元　司農司《**農桑輯要**》**卷三**《**栽桑・義桑**》　《務本新書》：假有一村，兩家相合，低築圍牆，四面各一百步若戶多地寬更甚省力。一家該築二百步，牆内空地，計一萬步。每一步一桑，計一萬株。一家計分五千株，若一家孤，另一轉築牆二百步，内空地止二千五百步，依上一步一桑法，止得二千五百株其功之不侔如此。恐起爭端，當於園心以籬界斷，比之獨力築牆，不止桑多一倍，亦遞相藉力，容易勾當。

清 吴烜《植桑育蠶書・種桑説》 培壅之法，各處不同。嘉湖一帶，立夏剪條後，近根鋤開，厚壅一次，仍卽蓋好，不及數日，其芽復萌，枝必肥大。臘月中復如前壅之，來年葉必蕃茂。杭屬一帶，則在臘、正兩月。蘇屬及錫金等處，二月培葉，九月培條。蓋桑樹喜肥，若能不惜工本，不拘幾次，愈培愈盛。惟采葉之前半月，切不可壅，壅則謂之壯葉，壯葉有毒，蠶食之必病且死，故將近清明，卽宜戒忌。

（光緒）《重修嘉善縣志》卷二《區域志二》 另録條例以爲歲修之法，并遵憲諭，飭各區新築圩岸下種茭蘆，上植桑榆等樹，使日久月深，根株蔓衍聯絡岸身，庶獲苞桑之固，尤望後之莅。

清 吴作鏌、倪紹雯、劉安欽《速成桑園種植法》第九章《栽植法》 凡整地之精粗，於作物生育繁茂上影響甚大。故當栽植桑園，須注意此點。然桑樹係深根植物，務盡所能，深耕鋤之，以便根之侵入蔓延。然在表土淺之地，宜隨時反耕心土，若一時過深，却害其生育，故反耕心土之程度，每次以一二寸爲限。

又《蠶絲業普及捷法・桑樹栽培捷法》 桑樹，除卑濕陰鬱無日光處，不論寒地暖地，無不相宜。高燥平垣地，蟲害少，繁茂尤速。地勢傾斜，宜南向者，乃得充分吸收陽光，以助發育。土質惟砂質壤土、腐植質土此土乃多年植物堆積成，初開墾者，須行燒土法，及混入石灰而用之、河流沿岸冲積土、山麓沃土等最良。其他砂土、粘土，須先施堆肥如木葉艸藁等類，堆積腐爛而成者是也後用客土由別處載運新土來相混燒土法，爲土質改良。而粘土尤宜深開溝渠，以洩水爲良。

修剪枝分部

湖桑

論説

清 方濬頤《淮南課桑備要・蠶桑雜説》 拳桑葉茂，難免偷扯，亦可翦下飼蠶。樹小切忌翦剝嫩枝，樹大本足，且在拳上翦之無妨。葉眼再長，謂之『黴條』，來年之葉仍茂，所謂『斧頭自有一倍桑』是也。

清 吴詒善《蠶桑驗要・桑篇》

修剪第九

桑秧栽時，剪去上節，留正幹尺許長。俟枝條發出，葉如錢大，留肥旺者二三枝，餘悉剪去。至冬月，再將枝上細芽剪去，每枝留一尺長。第二年春間及十二月，以至三、四、五等年，均如是剪法留法，始成拳桑。枝若横斜，繩縛之，使上；枝若拳曲，竹護之，令直。如枝下垂，或向內生，或相並生名曰『駢枝』，或多而雜亂者，皆宜剪去。冬月爲上，正月次之，若遇蟲傷，卽枝條不多，速剪，免致引蛀。剪下之枝，藏土內，待來春桑眼動時，剝作桑皮，可入藥，亦可製紙，枝可作柴灰，可作鹼，更有餘利也。

清 黄祖徽《蠶桑淺説・栽桑篇》第四章《截枝》

整枝刈

樹枝較高刈整齊，枝條排列得宜，日光透徹，空氣流通，生長自易。

又 立通

此法任其天然成長，葉質漸劣，葉形漸小。近今東西各國，用此法者甚鮮，就以上得失比較之，中刈、高刈爲最宜，根刈、整枝刈次之，立通又次之。

清 江志伊《種桑法》 剥條 剝斫桑條以十二月爲上時，正月次之，二月爲下。臘月津脉未上，又在農隙，人家春剝，只圖容易剝皮，却損津液也。欲用桑皮，將臘月、正月剝者，培向陽土內，至二月中取之，自可剝也。桑樹高五七尺，割去梢，併去中心其條，自向外長樹，長大中心可容立一人。轉身運斧，枝條偃落，比之科有心之樹，一人可敵數人之功。如長成樹者，當中有身及枝亦可斫去也。凡條之可剝者曰瀝水條向下垂者，曰刺身條向裹坐者，曰駢指條相並生者，選去其一，曰叢脞條稠雜叢生者，曰遠揚條遠出細長者，曰脚科條根下細條，曰枯條己黄萎者曰細條小而無力者。秦中之法，臘月悉删去之所存之條，甚疏，存條上僅留四眼，明年則爲柯。其眼中所發青條，可長三數尺，葉光潤如沃，稀則條豐而葉腴，今年科不過時，則長條豐美，明年葉早發而又腴潤也。故科斫爲蠶事首務。諺云：鋤頭自有三寸澤，斧頭自有一倍桑也。一法於冬至後將桑根之土，劚鬆翻曬，勿傷其根。至大寒後將榦從下钩上，斜口向南，止留根頭，離地約高寸許，隨下足肥，以塘泥培覆之。明年，又钩如前。以後年年钩之，一桑可植八十年。按：此卽科斫地桑之法。钩者，卽斫之謂也。若土地磽瘠，可種高桑。臘月剝去不便枝條及細條，留旺者一二枝，次年生發，即成高桑矣。按：剝桑與修翦之法相似，惟修翦用於未成拳桑以前，此則用於已成拳桑之後耳。

清 陳淳《實驗蠶桑簡要法》篇上《栽桑法》第八章《養成桑拳之法》 第五年立夏後採葉，將枝頂新條着權剪去，不必留權。以後逐年剪去枝頂如拳，謂之拳桑。浙江及伊大利之拳式，日本之秋田式，皆如此。此桑每株可成數十拳，每拳可發五六條或八九條不等，始則十數斤，漸至二三十斤，甚至有四五十斤者。年愈久葉愈蕃，但能留意害蟲，不致鑽空樹本，可久壽而不敗。

清 陳雪堂《蠶桑簡法》卷下《栽桑要法》 留養桑枝，式様頗多，最合用者，莫如四年級之八拳式法。將初年移植之桑至次年春分前每枝截留八九寸，發芽後選留強壯而位置適宜者二芽須預計成枝後各枝不相接觸者爲宜，餘芽悉行摘去，至秋成爲六枝。第三年春分前仍將各枝截留七八寸前年所成之六枝，遇有孱弱者，刪去之，選留二芽，至秋約成十枝，去其孱弱，可得強健者八九枝。至四年春，每枝仍截留六七寸，發芽後，留其離切口二寸處之芽，餘悉摘去。以後逐年從此切處剪之，即成三尺八九寸之八拳桑。惟每年留芽時，若以經濟上着想，可於立夏節行之。則攀棄之葉，可供蠶食，但爲枝幹計，不如芽綻時預留之爲得也。

清 黃毅《栽桑新論》第十章《桑樹之養成法》第三節《高刈養成法》《蠶業叢書》第一編 高刈養成法無害於桑樹之生理，故甚少萎縮病及他一切之病害。

又 高刈養成法由春季剪枝之後可以再發多數之新條，以其不用者採切，以供夏秋蠶之用，又爲兩得其益。

又 以高刈養成法之葉飼蠶，其所產之絲概爲優等，已由日本機業所實驗，有以上數者之利益，則吾人須早速改良，使高刈法風行國內，實爲吾業大幸。

又 我國廣袤既大，各地風土、氣候不同，故栽桑之法亦皆有異。南部氣候溫暖，如廣東地方，可以飼育六化蠶，其桑樹殆如稻麥類之狀。而其根刈，行密植之法，距離極近。摘葉之時，由下漸次及上，蓋留其嫩葉，以飼育六化蠶。蠶事甫畢，即將枝條刈去。然我國蠶業最盛之區，首推江浙，其高刈、中刈均與日本相同，故彼國常欲得爲參考之資料也。

又 我國嘉湖所行之高刈養成法，如二十六圖，其幹依段數而分歧，稱爲拳式。其樹形及高低，由地勢而異，大約最高者八尺，最低者三尺。種後六七年，可得普通之收穫量矣。初年所種苗木，地上只留二三芽，其餘悉行除去。由此上生一本新芽，注意培肥修理。至翌春，可於所要高處切斷，由此切斷部側面所生之芽，選其強壯者三，恰成三拳式。餘皆剪去，或只留二芽，以成多數拳式亦可。至第三年春，於所要高處再行切斷。其切斷部側面所生之芽，留其壯者二三，其伸長而成者，即爲段數也。例如作八拳式，於種後二年之春將其幹一尺五寸或二尺二三寸之處切斷，由切斷部側近伸長二芽。三年春，於兩枝分歧點之上部約一尺許之處切斷，由此部發生之新芽，各枝仍留其二，以使伸長。此已有四條之枝梢矣。第四年春，將各枝距分歧點一尺許之處切斷，再留二芽，使其伸長，延至秋季，即成爲八條之枝梢矣。第五年春，於上年切斷部分一尺二三寸之處，再行切斷，始成爲八枝之本幹，而全體之高不過四尺七八寸，或至五尺五六寸。以後年年由切斷部發生者，而年年仍切斷之，以供蠶食，八拳式之目的，於是達之矣。蓋因切斷部形狀如拳，故有拳式之稱。其他六拳、四拳、九拳各式，皆不外此法行之。

第二十六圖

又 拳式收葉之量，一畝三分日本一反步地。平均可得千斤日本一百六十貫

有奇此爲日本人在我國調查者。大約拳式十年，可與根刈三年之葉量相較，然其壽命則甚爲永久，幹可達三尺直徑云。

又　本爲喬木，而欲改爲高刈，須於春季發芽之前行春伐之法，連行三年，使枝條梢爲齊一，再行整枝之法。將無用之小枝悉行剪去，以便樹液運行均勻，各部生長相等。於是樹形既整，以後每隔年行春伐與夏伐，則與高刈無異矣。

又　第十一章《桑樹之培養》第二節《修剪及結束》　結束者行於中刈及根刈之法也。高刈行之者則稀，其時期以秋季爲宜。此時，桑樹之發育將欲停止，於地上一尺五寸或二尺中刈則由舊株一尺五寸内外之處，結束一個。後於十一月時，其發育之機能，殆爲休止，更於其上部結束一二個。於翌春第一次耕耘之後解之。結束之要在矯正樹形，使土壤受陽光及空氣之作用，故結束之時期及其方法與收葉之多寡關係至大，亦不可不注意也。

綜述

清　方大湜《桑蠶提要》卷一《桑政二十三條**・修剪**六則**》**

去梢子　桑樹不可太高，太高則難於采葉，必須去梢留杈纔好。大約移栽小桑樹，身只留一尺，樹枝四層，每層各留一尺，共計五層，共高五尺，每樹共留十六枝。原有大桑樹，身只留三尺，樹枝二層，每層各留一尺，共計三層，共高五尺，每樹共留二十五枝。以後年年剪條，均齊老瘢。剪斷處，謂之瘢。從前剪斷處，謂之老瘢。現在剪斷處，即從前剪斷處，謂之齊老瘢。五層者，年年只留五層；三層者，年年只留三層，不令再長。十六枝者，年年只留十六枝；二十五枝者，年年只留二十五枝，不必多留。如此，則樹頭皆成拳形，條柔枝嫩，葉闊如掌。且樹身大而不高，尤便采摘。

接換桑秧去梢留杈式樣

大小桑秧移栽翦梢，未幾，即抽條長葉，只留粗枝一條詳移栽第六七則。今年移栽，明年即可接換。接時將本桑斜翦，離地只留一二寸詳接桑第十二則。接後芽條出自桑本者，必須摘去；出自接頭者，俟高一二尺時，只留好條一枝，餘皆刪去。冬臘月，將所留之條，翦去梢子，離地約高尺許，是爲第一層。

第二層留兩杈，第三層留四杈，第四層留八杈，第五層留十六杈，均照接本桑法。但接本桑以移栽之年為第一年，每一年留一層，留至五層已及五年。

又　原有之大桑樹，冬臘月將樹身鋸斷，離地只留三尺，是爲第一層。

大桑樹去梢留杈式樣

第二年春天新條自然抽出，俟四月翦桑飼蠶時，只擇肥旺者留五枝，其餘旁出枝條概行刪去刪去之枝，可摘葉飼蠶。所留五枝暫不翦梢，俟本年冬臘月，或明年清明前，再將此五枝各留一尺，翦去梢子，是爲第二層。

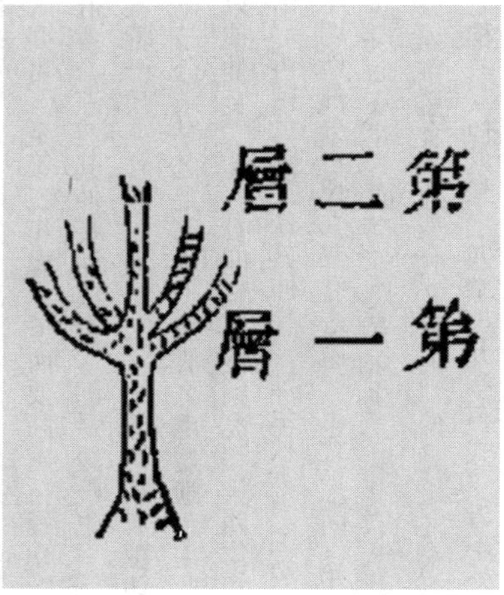

第三年春天，又復抽條，俟四月翦桑飼蠶時，將所留五枝之上，又各留五枝，共二十五枝，餘旁出枝條，概行刪去刪去之枝，可摘葉飼蠶。所留二十五枝，暫不翦梢，俟本年冬臘月，或明年清明前，再將此二十五枝，各留一尺，翦去梢子，是爲第三層。以後再不留杈。年年立夏後，將二十五枝上所生嫩條，連枝帶葉，一併翦下，摘葉飼蠶。

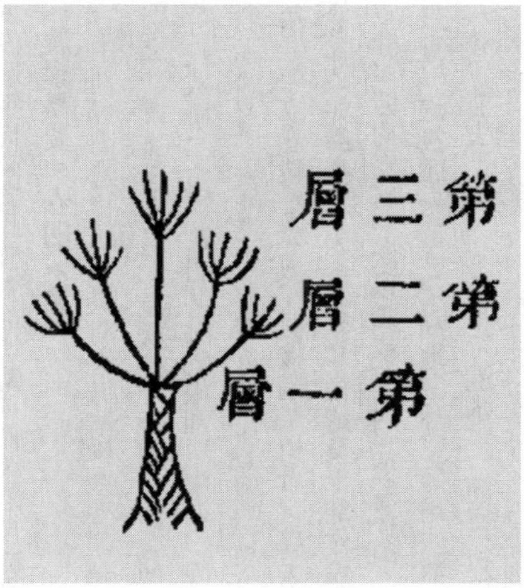

清　李有棻《桑麻水利族學彙存》卷一《植桑》

翦桑

桑樹太高，不便採葉，所以要翦，祇留五層。初種時，出土祇留一尺長，翦去上梢，是第一層。本年即長新條，祇留好條兩枝，餘俱不要。第二年春天，又長新條也，一概不要。至冬臘月，將去年所留兩條翦去梢子，留一尺長，是第二層。第三年，將第二年所留兩枝之上各留兩枝，共四枝。俟本年臘月、次年清明前，再將四枝各翦去梢子，留一尺，是第三層。年年照此翦法，至第五年，共十六枝，凡五層。五尺高以後，再不留枝，每年只照第五年翦斷處翦之，則樹頭皆成拳形。樹每株隔五尺遠者，留五層。隔三尺遠者，留三層。

清　沈秉成《蠶桑輯要·諸家雜説》

移栽翦桑法

條桑栽法，宜五尺許一本，如品字樣，不可對植。待次年正月，天氣清和，離地二尺翦去上條。俟芽出時，只留二芽，秋後條成，又五六尺許。待次年正月，離丫尺許，復翦去，如又樣式，再留頂上各兩芽，餘芽抹去。來年又翦新枝，總留尺許，仿前法，再翦再留，而枝條又增倍矣。約五六年，至立夏後開翦，連枝葉盡行翦下飼蠶。翦至數年，桑成拳式，八九十拳不等，謂之拳桑。拳之大者，可留三四五條不等。次年立夏，又將拳處翦下飼蠶。連枝葉翦下者，一則省工，再則恐有雨濕，須倒懸於通風處，一時即乾，即可飼蠶矣。

清　温忠翰《蠶桑問答》

問：『隔年之桑，如何培養？』

答曰：『栽桑既活，於芽嘴透露後用剪剪去頭上枯枝，餘俱留之。第二年立夏後，每桑條上留長大的二三枝，餘俱剪去。第三年立夏後，又剪第二年所生之條。如是至五年後，所養桑條已成四層，可將發出嫩條立夏後全行剪去，專養歷年所留之條，此時美蔭成林，美利無窮矣。

清　吴烜《植桑育蠶書·種桑説》

分栽剪頭法　第四年立春以後，春分以前，天氣晴和，將桑掘起，直幹無枝，浙人謂之單槍，剪去直根及横根之腐而無用者。每株相離五尺五寸，須如品字，不可對栽，長大方能寬展。預將分栽之地，鋤翻作埨，潤亦五尺五寸。先用丈竿量定，不可參差疎密，致礙將來挑担栽培之路。將地鋤深一尺二三寸，四周寬廣，沃之以糞或河泥，植桑坎中，理直四面横根，不可稍有拳曲，敲土極細，塞實根柢，不可空虚，逐漸加泥，漸加漸踏，務令堅實，勿使鬆浮。平地須種過接頭一二寸，高地必須種過三寸，方易回生。隨用桑剪，視桑大小，桑大離地尺餘，桑小離地六七寸，剪去上段剪下之條，可接土桑。種時不可澆水，三四日後，以二糞八水澆之，以後天氣晴燥，須五六日一澆。俟芽葉盡放，摘去下芽，上留三四芽，發成三四枝。浙西僅留兩芽，發成兩枝，明春謂之雙槍。蓋浙西一帶，雜樹甚少，出蟲之樹，一概删除，無蟲侵蝕，故留得一芽即成一枝。吾江出蟲之樹甚多，驟難删去。夏秋數月，蟲類甚多，故必多留數芽，以防傷損。

又　再剪法　第五年立夏後，將第四年所留之條離丫長則尺許，短則六七寸，再將上段剪去剪下之條，亦可接桑，摘去下芽，上留三四芽，發成三四枝。養蠶時，每株即可采葉一二觔。至第六年立夏後，再將第五年所留之條離丫數寸再行剪去。將葉通身摘盡，每株可得四五觔。隨即培壅，不及旬日，又長新芽，每枝再摘去下芽，上存四五芽，發成四五枝。至七年立夏采葉，再將第六年所留之枝離丫數寸剪去，每枝再留四五芽，餘皆摘去。通計所留之枝已有四層。又明年立夏采葉，將枝頂新條着丫剪去，不必留叉，以後逐年剪取，枝頂如拳，謂之拳桑。每株可成數十拳，每拳可發五六條，數年以後，根柢盤深，枝榦粗壯，每株浄葉始則十數斤，漸至二三十觔、四五十觔，年愈久，葉愈蕃。但能留意捉蟲，不致鑽空樹本，可以多壽。

又　桑樹不可太高，太高則葉小而薄，培壅亦難見功，且易招風，枝柯易折，根本易搖。故拳桑至高不可過六尺。

桑宜修㸃，枝若横斜，以繩束之，使上枝若拳曲，以竹縛之使直。其可去者有四，一瀝水條，向下垂者。一刺身條，向内生者。一駢指條，相並生者。一煩冗條，多而雜亂者，皆可去也。若蟲傷太甚，枝條不多，可去之條亦可修㸃，皆不必去。枯枝最能引蛀，當速去之，丫間一段枯枝，亦宜剪去。

桑樹近地處有旁出之條，在接頭下者便是野桑，宜芟去，在接頭上者卽是湖桑，每株可留一條。將土塊壓下，謂之壓條，復加土壅之，時澆糞水，一年之後已另生根。正二月中可將土發開，就與大桑相聯處剪斷移栽，以廣生息。

清 尹紹烈《蠶桑輯要合編》

未接魯桑秧養成拳桑法

初年出桑秧，擇係魯桑者，留之。次年成桑苗，苗大如指。分栽，剪直根，留旁根三四，令深入土五寸，埋根令舒暢。其苗長四五尺者，剪其本畧半。俟發旁枝，擇其旺者留之。次年漸漸開拳，不接亦可。惟荆桑必須接。枝壯成幹，剪其條，以開拳。年年於拳上抽條摘葉，葉多易采。蓋柳有髡柳，桑有拳桑，物理之相似者。

清 陳雪堂《蠶桑簡法》卷下《栽桑要法・除害》

洪水　有水害地方，桑樹須作高刈桑拳離地約五六尺者，曰高刈栽法或喬木栽法，株間栽淺根植物茶樹之類，以保表土之衝刷。

清 陳涥《實驗蠶桑簡要法》篇上《栽桑法》

不間枝幹大小，初年在何部截去者，以後逐年均須於此發生部切斷。日久則自成爲高刈之拳桑矣。

清 陳恢吾《農學纂要》卷四《桑》

桑樹有根刈、中刈、高造三法。根刈，每年移植後，二三年自土際刈去，留寸許發生如叢，可免桑牛患，惟葉易沾泥，宜暖地。中刈，距三四尺，宜差寒處一云尺許。高造，距五尺或一二丈，斫去其幹。根刈、中刈，晚秋以藁束枝稍。嘉定植桑作坎，深一尺，先窖以糞，秧根長者，斫留二寸許，上杈斫短，留六寸許。

養拳桑法　第一年立春後春分前，買接過單槍者，翦去直根及横根之腐者，每株相離五尺五寸，如品字式，不可對栽。預將桑土翻作堎，闊亦五尺五寸，將地掘深一尺二三寸，四周寬廣，沃以糞或河泥，植桑坎中，理直四面横根。敲土極細，壅之堅實，過接頭一二寸，高地三寸。隨用快翦，視桑大者，離地尺餘，小者七八寸，翦去上段。栽時不可澆水，三四日後以二糞入水澆之。以後天氣晴燥，須五六日一澆。俟芽發盡放，摘去下芽，上留三四芽，發成三四枝。第二年立夏後將所留之條離叉長則一尺四五，短則尺許，再將上段翦去，摘去下芽，上留三四芽，發三四枝，可采葉一二觔。第三年立夏後，離叉四五寸再翦去，摘葉盡可得四五觔。隨即培壅，旬日又長芽。每枝摘去下芽，上留四五芽，發成四五枝。第四年立夏采葉，再將留枝離叉四五寸翦去，每枝再留四五芽，餘皆摘去。通計所畱之枝，已有四層。第五年立夏采葉，將枝頂新條逐叉翦去，不必留叉，以後逐年翦取，枝頂如拳，謂之拳桑。每株可數十拳，每拳五六條，數年後根柢盤深，净葉可得數十斤。年久愈佳，留意捉蟲，勿使鑽空樹本。一畝之地，計二百四十弓，留采桑路二十弓，可種一百八十株。樹高不過六尺，枝葉横斜，以繩束之使上，如拳曲，則以竹縛之使直。下垂之條，向内之條，并生之條，煩冗之條皆可去也。去條，腊月為宜，正月次之。立夏翦條後，近根鋤開，厚壅一次，蓋好。腊正修斫後，復如前壅之。惟采葉之前半月不可壅糞。

采葉翦條法　蠶初生時，只可采芽旁所放之兩底板葉。二眠後，採瞎眼枝葉中無嫩芽者。三眠後，先采老葉，留嫩葉。大眠後，則立夏已半，葉已長足可以翦條矣。采桑用高梯、高杌，數人一樹，還條復枝，務要净盡。時宜旦暮，而避日中陰天不妨。桑之二三月間名初條。立夏後翦條復放，謂之二葉。凡初條，雖蠶食不盡，亦必翦之。二葉如養二蠶，只可翦葉，不可翦條。即不養二蠶，亦宜翦去其葉晾乾為末，可飼畜。采葉必留其眼，而後枝能生。蠶大眠時務於五六日將葉斫下，連枝積儲，不令日氣曬炙，如一二日斫下，桑葉漸萎，當細切，以温鹽水拌飼，則蠶喜食，且有益。

清 黄祖徽《蠶桑淺説・栽桑篇》

中刈、高刈每年蠶畢，刈取新條，上下約留兩三尺。

清 江志伊《種桑法》

移栽

栽時翦根、調泥，一如春栽法。理直横根，不可拳曲。敲土極細，寒實根株。平地須過接頭三寸高，方易回生。隨用快翦，視桑之大小，桑大離地尺餘，桑小離地七八寸，翦去上段，以接土桑。栽後不必澆水，三四日後，以二糞和水澆之。以後天晴，則五六日一澆。俟芽葉盡放，摘去下芽，畱上芽三四枚，發成三四枝，以後分五年作五層，修翦之，便成拳桑矣。

又 修翦

凡修翦，以移栽之年爲第一年。此言已接博之桑，若椹種之桑秧，今年移栽，次年接博，即以接年爲第一年。壓條以移栽爲第一年，揷條以揷年爲第一年也。每年留一層，留五層爲五年。第一年將本年移栽之桑離地一尺翦去稍子。翦後即抽新條，俟葉大如錢，留好條兩枝，餘枝概行删去，所留枝暫不翦梢，是爲一層。第二年春又長新條。立夏後除所留兩枝外，餘皆删去。俟本年冬臘月，將所留兩條，翦去梢子，其形如杈，每杈各留一尺，是爲二層。第三年立夏後，將上年所留兩枝上各留兩枝，共四枝，餘皆删去。所留四枝，暫不剪梢。俟本年冬臘月或次年清明前，再將此四枝各留一尺，翦去梢子，是爲三層。第四年立夏後將上年所留四枝上各留兩枝，共八枝，餘皆删去。屆時又將此八枝各留一尺，翦去梢子，是爲四層。第五年立夏後又將上年所留八枝上各留兩枝，共十六枝，餘皆删去。並將十六枝各留一尺，翦去梢子，是爲五層。以後不再留杈，每年立夏後將十六枝嫩條枝葉一併翦下，摘葉飼蠶。數年桑成拳式，修翦得法，四面圓匀如蓋。其不圓者必須删繁補缺凡拳曲、向下、横斜、礙道，各皆去之，是爲删繁。於缺處多留幾枝嫩條，使之散布，是爲補缺，去舊換新舊條，枯枝也。枯枝既去，着翦處自長新條，尤宜相枝榦之强弱疎密，强者多留幾寸，疎者多留數芽，自然茂盛。至成拳之後，則年年平翦，不再留矣。若修翦大樹桑，於冬臘月將樹身鋸斷，離地留三尺，是爲一層。第二年春，新條抽出，至四月，擇肥壯者留五枝，餘均删去。所留五枝，暫不翦梢，俟本年冬臘月或次年清明前再將此五枝各留一尺，翦去梢子，是爲二層。第三年，於所留五枝上各留五枝，共二十五枝，餘均删去。屆時再將此二十五枝，各留一尺，翦去梢子，是爲三層。此後不再留杈，每年立夏後，將二十五枝所生嫩條連枝帶葉剪下，摘以飼蠶可也。桑栽年久，樹老身空，芽葉不旺者，宜於前後左右空缺處補植一株。兩三年後，將已敗者伐去，而養其新者，則土不曠矣。如不補植，則於穀雨時立夏後，即不宜將其樹離地六七寸截去，而留其老椿，以土封瘢，並以肥土堆壅其上。旱則澆之。俟明春另發嫩條，養成低桑，亦一善法也。低桑放葉較早，可采飼小蠶。惟去地太近，遇有驟雨，葉易沾泥，須拭淨，方可飼蠶。或另飼一種泥蠶，專飼泥葉尤善。

又 刈桑宜用早晚二時，日午葉乾，則蠶厭食。刈枝必齊樹本卽生枝處，一名『桑拳』，不可留杈，留則雨水浸入，樹必受傷。齊樹本刈之，每年所生，能包住桑痕，自然無害。

若飼二化、四化、多化蠶，以春葉留至夏秋，葉必太老，蠶不喜食。若春日已刈，取其枝葉，更采新生枝葉，以飼夏秋之蠶，桑必易枯。惟於春日發芽之先，將枝刈去，使生新枝，其葉嫩而且大，適合夏秋之用也。

清 林志恂《蠶桑淺要・種桑淺要》 高刈者，於初年栽秧以後，秋間可長至五尺以上。次年春初，於離地三四尺之處截斷上端，畱强壯者三芽每芽相去約四五寸，使發育成枝。第三年春，就各枝離幹一尺或尺半處剪去，再發新芽，新芽過多，反碍生長。每枝擇適當者，畱存二三個成小枝，餘俱剪去。第四年春，又從一尺處，剪去畱芽，與第三年同。此後，仍以適當之位置，再剪再畱。至第六年，採葉之多，非根刈所能及也。

今比較根刈、高刈，利弊短長，有如左述。

採葉　高刈不如根刈之便。

害蟲　高刈不如根刈之少。

經久　根刈不如高刈之長。根刈不過二十年，高刈則可至百餘年。

葉量　根刈不如高刈之多。

墾培　根刈不如高刈之便。桑下隙地，可種豆菜，根刈不如高刈之得利。

至於分栽之時，宜以利刄削去秧之更梢。既栽之後，根旁用足蹈實，墾地分行，宜起堎。因行開穴，須作品字形。天晴則土乾，宜常施薄肥。草長則地瘠，宜常加墾鋤。無論屋角牆邊，凡有隙地，均可栽植，則根刈、高刈所同也。

又 接桑者，不必剪枝，任其發芽，直至蠶事大眠以後，逐枝齊拳剪去，可也。如係芽桑未接者謂芽桑，則於臘月或正月時按枝修剪，每枝約留離幹尺許，至大眠後，則仍齊拳剪去，與接桑同。

清 饒敦秩輯《蠶桑簡要録・栽桑法則》 湖桑，謂之拳桑。因頂上之枝，其形如拳。其法：第一年視桑大小，桑大則離地一尺，桑小離地五六寸，剪去上段，俟芽葉發出，摘去下芽，上留兩三芽，發成兩三枝。浙西僅留兩芽，發成雙枝。蓋浙西無蟲患，留得一芽卽成一枝。他處必多留一二芽，以防傷損。第二年立夏後，將年前所留之條離丫長尺許，再將上段剪去，摘去下芽，上留兩三芽，發成兩三枝。養蠶時，每株卽可采葉一二觔。第三年立夏後，再將年前所留之條離丫一尺再行剪去。將葉通身摘盡，每株可得四五觔，隨即培壅，不及旬日，又長新芽。每枝再摘去下芽，上存兩三芽，發成兩三枝。第四年剪枝去芽，法亦如前，通計所留之枝，已有四層，高五尺。又明年立夏采葉，將枝頂新條，着丫剪去，不必留叉。以後逐年剪去，枝頂如拳，每株可成數十拳，每拳可發五六條。數年以後，根柢深，枝幹壯，每株淨葉，始則十數觔，漸至四五十觔，年愈久葉蕃矣。

清 沈練，仲學輅輯補《廣蠶桑説輯補》卷上《培養桑樹法十九條》

桑之茂者，四面圓如雨蓋狀，修翦得法故也。修剪之法：刪繁補缺，去舊換新而已。補缺，非另植一株以補之也，於缺處多留幾枝嫩條，使之散布，則補矣。換新，非另植一株以換之也。舊條既去，其著剪處，自然抽出新條。栽桑既活，於芽嘴透露後，用桑剪剪去頭上枯枝，餘俱留之。第二年從芽嘴透露時算起，若從栽時算起，則第三年矣立夏後，於第一年所養之條上，每條留大而長者三四枝，餘俱剪去。第三年立夏後，於第二年所養之條上，每條再留大而長者二三枝，餘俱剪去。第四年立夏後，仍於第三年所養之條上，每條更留大而長者二三枝，餘俱剪去。至第五年，則所養之條業已四層，可將所發嫩條於立夏後盡行剪去，而專養歷年所留之條矣。拳曲向下之枝勿留，橫斜礙道之枝勿留。

所留之條，亦非全不剪去也，留其近幹之五六寸而已。幹字不可泥，如第一次則以本身為幹，第二次則即以第一次所留之五六寸為幹矣。

《蠶桑輯要》曰：條桑栽法如品字樣詳第二條下。待次年正月，天氣清和，離地二尺許，剪去上條，候芽出時只留二芽，秋後條成又五六尺許。待次年正月離丫尺許，復剪去如叉樣式，再留頂上各兩芽，餘芽抹去。來年又剪新枝，總留尺許，仿前法，再剪再留，而枝葉又增倍矣。約五六年，至立夏後，開剪。連枝葉盡行剪下飼蠶。剪至數年，桑成拳式，八九十拳不等。言八拳九拳十拳不等也。次年立夏，又將拳處剪下飼蠶。

按：栽桑之次年，或第三四年，須接桑者接之。接法詳第十七八條。

又按：立夏拳桑放剪，不過約計時候，并非呆板。詳第十二條。

《蠶桑輯要》：剪桑及拳桑圖如左。

栽桑剪去上條，如此樣。

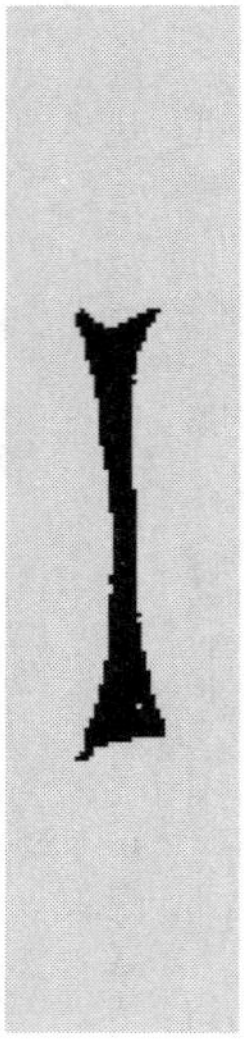

來春頂上又留兩芽，長成雙條，冬令又剪去，如此樣。

留兩芽者如此樣，則本條盛旺。須留三芽者，可以類推。若接桑之次年正二月，見所接之條業已滋長，亦照樣留之。清明出芽，頂上又各留兩芽，冬令又剪，如此樣。

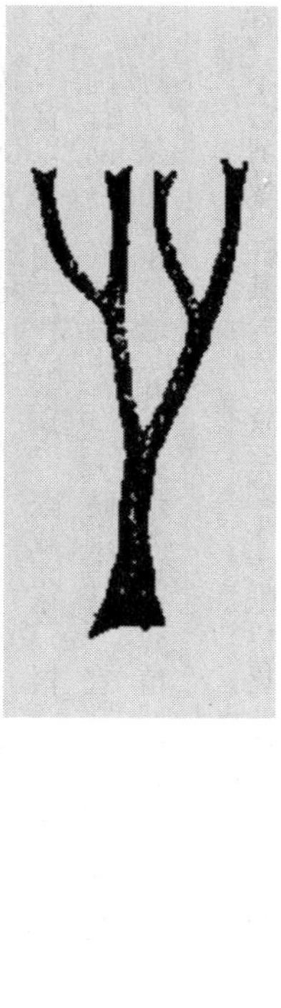

春芽又如前法留之，冬令又剪成八頭，如此樣。

自此以後，年年在此剪之，即成拳桑。

又如前，留芽十六條，自此冬令不剪，立夏連枝葉剪下，抹葉飼蠶。其樹本之下出芽者，年年抹盡，只留頂上者，頂上所生枝葉，立夏平剪之，再發芽為黴條，次年仍在此處剪之。

按上四圖，不過備式而已，須與本條參看。蓋剪留之法，先相枝幹，枝幹有强弱，有稀密。强者不妨多留幾寸，稀處不妨多留幾芽，至成拳桑，則拳上之枝葉，年年平剪。不再留矣。

清 盛宣懷輯《蠶桑備要》 翦桑 第五年立夏後，將第四年所留之條離丫尺許將上段翦去（翦下之條，亦可接桑），摘去下芽，上留三四芽，發成三四枝。養蠶時，每枝即可采葉一二斤。至第六年立夏後，再將第五年所留之條離丫數寸再行翦去，將葉通身摘盡，每株可得四五斤。隨即培壅，不及旬日，又長新芽。每枝再摘去下芽，上存四五芽，發成四五枝。至七年立夏采葉，再將第六年所留之枝離丫數寸翦去，每枝再留四五芽，餘皆摘去，通計所留之枝，已有四層。又明年立夏采葉，將枝頂新條著丫翦去，不必留叉，以後逐年翦取，枝頂如拳，謂之拳桑。每枝可成數十拳，每拳可發五六條，數年以後，根柢盤深，枝榦粗壯，每株淨葉始則十數斤，漸至二三十斤、四五十斤，年愈久葉愈蕃。但能留意捉蟲，不致鑽空樹本，可以多壽。

翦桑宜晴時，則桑脂遇日即乾；如遇雨，則脂隨雨而泄，本不固矣。如枝粗不宜留者，用桑翦翦下，不可徒手攀折，恐連皮而下，損其本也。

清 衛杰《蠶桑萃編》卷二《桑政・修剪類》

去梢

樹不可太高，高則礙採，須去梢留杈。大約小桑，身留一尺，枝四層，每層各留一尺，共計五層，高五尺，每樹共留十六枝。又大桑，身留三尺，樹枝兩層，每層各留一尺，共計三層，高五尺，每樹共留二十五枝。以後每年翦條，均比齊老瘢，照舊樣翦之。凡五層及三層，每年照數翦留，不令再長。凡十六枝及二十五枝，每年照數留存，不必多留。如此則樹頭皆成拳形，條柔枝嫩，葉闊如掌，且樹身大而不高，尤便採摘。

接本桑去梢留杈

本年移栽之接本桑，五年内分爲五層，頭年離地一尺，翦去梢子，以後每年均以次序，翦法不可錯亂。

第一層

翦梢之後，即抽出新條，俟葉大如錢，留好條兩枝，其餘旁出枝條，概行删去，所留枝暫不翦梢，此一層修翦也。

第二層

第二年春天，又長新條，除所留兩枝外，餘皆删去，俟本年冬蜡月，再將所留兩條翦去梢子，其形如杈，每杈各留一尺，此二層修翦也。

第三層

第三年春天，又長新條，立夏後，將第二年所留兩枝上各留兩枝共四枝，餘皆删去，所留四枝暫不翦梢，俟本年冬蜡月及次年清明前，再將此四枝各留一尺，翦去梢子，此三層修翦也。

第四層

第四年春天，又長新條，立夏後將第三年所留四枝上各留兩枝，共八枝，餘皆删去。所留八枝暫不翦梢，俟本年冬蜡月及次年清明前，再將此八枝各留一尺，翦去梢子，此四層修翦也。

第五層

第五年春天，又長新條，立夏後將第四年所留八枝上各留兩枝，共十六枝，餘皆删去，並將十六枝各留一尺，翦去梢子，此五層修翦也。以後不再留杈，每年立夏後，將十六枝上嫩條枝葉一並翦下，摘葉飼蠶。

壓桑插桑去梢留杈

壓枝插條，應用接本桑上之枝與條，以後不必再接。今年壓，次年移，即以移之年爲第一年，今年插，次年不再移，即以插之年爲第一年，凡五年内去梢留杈，均與接本桑同。

接換桑秧去梢留杈

大小桑秧，移栽翦梢，俟抽條長葉，留粗枝一條，今年移栽，次年接換。須將本桑斜翦，離地留一二寸，接後芽條出自本桑者，必須摘去；出自接頭者，俟高一二尺，留好條一枝，餘皆删去。冬蜡月，將所留之條，翦去梢子，離地高尺許，爲第一層。

分層

第二層留兩杈，第三層留四杈，第四層留八杈，第五層留十六杈，均照接本桑法。

分年

接本桑，以移栽之年爲第一年，每年留一層，留五層爲五年。大小桑秧，今年移栽，次年接換，以換年爲第一年，留五層亦五年。若以移年爲第一年，留五層便是六年。其初移栽太密，今年移，次年換，三年須再移，以移年爲第一年，留五層亦是五年。若以初栽年爲第一年，留五層便是第七年。

大桑去梢留杈

凡修大桑樹，只分三層，將五大枝上各留五小枝，共二十五枝，餘概翦去。

第一層

原有大桑樹，冬蜡月將樹身鋸斷，離地留三尺，此一層修翦也。

第二層

第二年春天新條抽出，至四月翦桑飼蠶時，擇肥壯者留五枝，其餘旁枝概删去摘葉，所留五枝暫不翦梢。俟本年冬蜡月及次年清明前，再將此五枝各留一尺，翦去梢子，此二層修翦也。

第三層

第三年春天又復抽條，至四月翦桑飼蠶時，將所留五枝上又各留五枝，共二十五枝，其餘旁枝概删去摘葉，所留二十五枝暫不翦梢。俟本年冬蜡月及次年清明前，再將此二十五枝各留一尺，翦去梢子，此三層修翦也，以後再不留杈。每年將立夏後二十五枝上所生嫩條連枝帶葉一並翦下，摘葉飼蠶。

補空缺

翦修合式，則桑之四面圓如雨蓋，儻缺而不圓，須於缺處多留數枝。

砍全

桑栽三年以上，有芽葉不旺者，或樹老中空者，穀雨時以硬木貼樹身，將枝條全行砍去，樹身距地留一三寸，或五六寸，立夏後不宜此法。砍後以土封瘢，並以肥土壅樹四圍，旱則澆之，自然復茂。

清 吴宗周、陳幹材、徐謙山《蠶桑白話》卷一《栽桑白話》 栽法分高刈根刈二種。高刈的法子：將要栽的時候，把這種桑秧一株一株上半株都剪去，留存下半株二尺許。還要腐敗根剪去。長根剪短，留在地上一半，種在地下一半。第一年春間發芽，留頂上壯强兩個新枝，除去餘的小枝。到第二年正月間，可剪去二枝的上端，長七八寸許。到春葉發大的時候，這種新枝葉都可採去，到二葉發出的時候，再可留二枝上的四枝，除去餘的小枝。到第三年春間，又要剪去四枝的上端，留存下端七八寸。照這個樣每年一枝發二枝，到第五年就成一個茂盛的桑林，採葉很多，這種就是高刈。根刈的法子：分栽以後，離地尺許，剪去上端梢頭，留存下端新芽二三個，常澆薄肥。次年發芽，剪去枝條，無用分叉，再使他發芽，澆稍濃的肥料。到第三年剪枝留幹，又抽出葉來，此時的葉可採去飼小蠶。到第四年以後，桑幹粗大，發葉肥厚，這種就是根刈。但是栽桑，每年須要墾地四回，至少也要三回。春冬宜深墾，夏秋宜淺墾。那個桑地分栽定後，第一年到第四年，都可種菜荳棉花，這種利息仍舊不少。且芟除雜草，常加肥料，墾鬆土地，有益桑樹，多得利息，豈不很好嗎？那個茂盛的桑葉，到九十月間，葉落的時候，也可以種菜切不可種鴉片，傳害他的桑葉及蠶兒。

又 修枝條

桑樹每株有一定脂漿，若枝條簇密，大小不齊，將來的葉子也是細小薄弱。所以必定要修枝條的，法子：使他株株長短一樣那種桑秧分栽以後，每年臘月或正月間須要修一次，留其壯强的二個枝條，剪去上端，留存枝條下端七八寸。大眠以後採去春葉，到二葉發出了，再除弱小的新枝，每枝留存二枝，從此每年一枝變二枝，到五年就有三十二枝了。要使這種枝條四面均齊。桑葉發大的時候，好像雨傘張開的一樣，使這種所栽的桑樹，個個照他的樣子纔好。那個三十二條的叉枝，年年從這裏剪去，變成拳頭大的樣子，就喊他拳桑。看他拳大的枝頭，多生桑芽七八個，拳小的枝頭，生桑芽四五個，再過幾天就是手掌大的嫩葉了。小蠶時采去他的芽葉，到大眠後，可依他的拳上去年留存七八寸老枝都好剪去了。如是過了十五天左右，個個拳上又發出新芽來了，就是二葉。這種二葉，看他拳大的每个留三枝，拳小的每个留二枝，其餘弱小的嫩枝及樹上亂生的枝條，一概可以芟去養二蠶了。到次年正月，未曾接過的野桑，都要剪去枝條上端，衹能留拳上七八寸長的。到四眠後的時候，仍然依拳上連枝葉的剪去就是了。那種已經接過的接桑，正月間不必剪去枝條，憑他發出桑芽來。到大眠後的時候，依拳上連枝葉的剪去，可以飼春蠶了。那個拳上待二葉抽出來，仍然芟去弱小的新枝葉，可以養二蠶的，也要留存强壯的枝葉二三條，年年照這樣子做便不差了。

清 吴詒善《蠶桑驗要・桑篇》

培壅第八

新栽桑秧，不可卽澆水，待三四日後，以糞一分、水九分和澆之。如天氣晴燥，五六日澆一次。長活後糞二分、水八分。芽纔肥時，糞三分、水七分，日澆一次。凡冬月、正月、清明前後，用糞水各半均澆一次，澆後蓋以新土。採葉時不宜澆糞，恐葉有毒，能害蠶。蠶事畢，以蠶沙同糞埋根下，明年葉倍茂。所用糞忌新者，須積坑內數月後方可澆灌。

修剪第九

桑秧栽時，剪去上節，留正幹尺許長，俟枝條發出，葉如錢大，留肥旺者二三枝，餘悉剪去。至冬月，再將枝上細芽剪去，每枝留一尺長。第二年春間及十二月以至三四五等年，均如是剪法、留法，始成拳桑。枝若橫斜，繩縛之使上。枝若拳曲，竹護之令直。如枝下垂，或向內生，或相並生名曰駢枝，或多而雜亂者，皆宜剪去。冬月爲上，正月次之。若遇蟲傷，即枝條不多，速剪，免致引蛀。剪下之枝藏土內，待來春桑眼動時，剝作桑皮，可入藥，亦可製紙。枝可作柴灰，可作鹼，更有餘利也。第五六年，均如是留法，每株約六十餘枝，可採葉六十餘觔。成拳桑時，可採百餘觔也。

護養第十

桑樹忌水，開溝以去積水。桑眼怕凍，遇大風雪，以糞草在上風燒之，可以解凍，灰可作壅。如皮生白點或黑苔，速刮去，免致生蟲。樹身及枝有黃水流出，內有蟲子。如米粒當剔去，蟲子以菸葉、百部、巴豆煎汁抹之。若有小孔，木屑流出，內必有蟲，以藥汁或桐油灌之，或用鐵絲插入殲之，或綿浸藥水塞孔內。如四五月有蜘蛛、青蟲、野毛蟲等，用藥汁洒之。葉經葉洒須洗刷極淨方可飼蠶。至六七月，一種能飛嘴似剪，名曰桑牛，能將枝剪斷，遺子樹皮內，化生甚速，須隨時察看，捉去磔死，自無遺類。

清 楊鞏《中外農學合編》卷九《林類・樹桑》

修剪

趁時令　臘月桑根津液未行，正月桑枝萌芽未出，宜趁此時修剪。三四月飼頭蠶，五六月飼二蠶，亦正好將應去之條連枝葉一併剪下，今年修剪不過時，則條長豐美；明年之桑葉自早發，而且腴潤。《蠶桑輯要》

刪繁枝　枝條少，則葉自肥。必不可留者，曰枯條；曰細小不堪之條；曰瀝水條條向下垂；曰刺身條條向裏生，去一留一者；曰駢指條兩枝相并而生，酌留旺者一條，留少去多者；曰冗腔條稠雜叢生，宜多去少留，不可留而暫留者；曰遠揚；曰脚科遠揚，即條之遠出而細長者；脚科，即根下細條，如遠揚。脚科有可為壓桑之用者，暫勿砍，否則砍去。

去梢子　桑樹不可太高，太高則難於採葉，必須去梢留杈纔好。大約移栽小桑，樹身只留一尺，樹枝四層，每層各留一尺，共計五層，共高五尺，每樹共留十六枝。原有大桑，樹身只留三尺，樹枝二層，每層各留一尺，共計三層，共高五尺，每樹共留二十五枝。以後年年剪條，切齊老瘢。剪斷處，謂之瘢。從前剪斷處，謂之老瘢。現在剪斷處，即從前剪斷處，謂之齊老瘢。五層者，年年只留五層；三層者，年年只留三層，不令再長。十六枝者，年年只留十六枝；二十五枝者，年年只留二十五枝，不必多留。如此，則樹頭皆成拳形，條葉枝嫩，葉潤如掌，且樹身大而不高，尤便採摘。所有大小桑樹，去梢留杈之法，詳晰開列於左。《蠶桑輯要》

接本桑去梢留杈式様

本年移栽之接本桑，離地一尺，剪去梢子，是為第一層。同上。

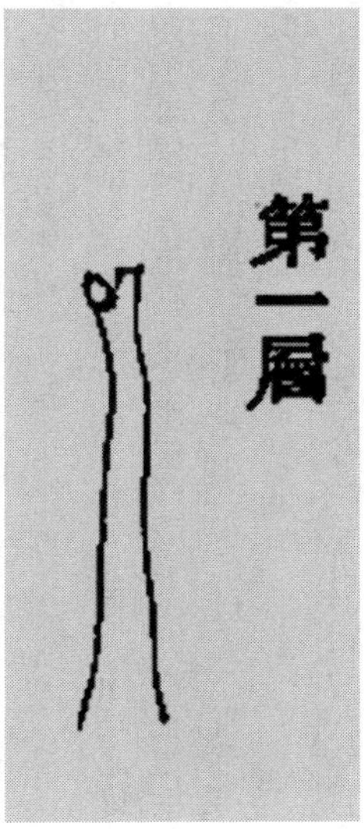

第一層剪梢之後，當年即抽出新條，俟葉大如錢時，只留好條兩枝，其餘旁出枝條，概行刪去。所留之兩枝，暫不剪梢。第二年春天又長新條，除所留兩枝之外，其餘枝條，仍照舊刪去。俟本年冬臘月，再將所留之兩條，剪去梢子，其形如杈，每枝各留一尺，是為第二層。同上。

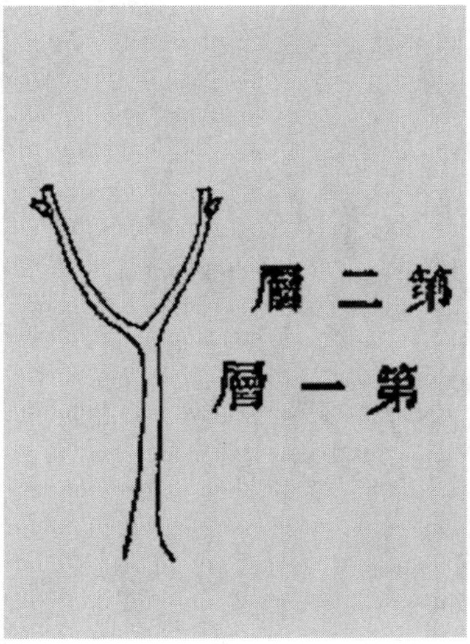

第三年春天，又長新條，應於立夏後，將第二年所留兩枝之上，各留二枝，

共四枝，其餘枝條概行删去。所留之四枝，暫不剪梢。俟本年冬臘月，或明年清明前，再將此四枝各留一尺，剪去梢子，是為第三層。同上。

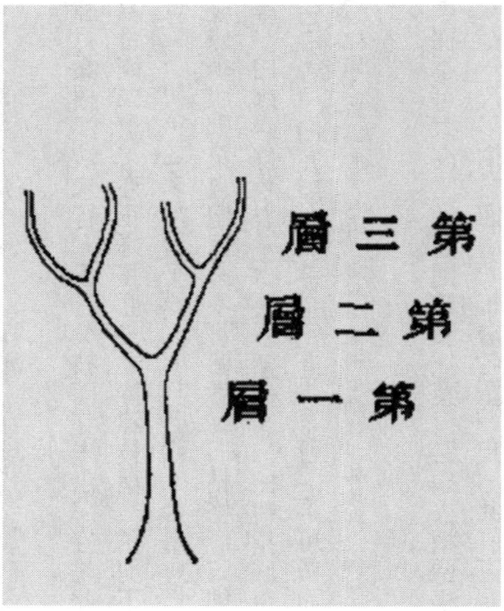

第四年春天，又長新條，應於立夏後，將第三年所留四枝之上，各留兩枝，共八枝，餘皆删去。所留之八枝，暫不剪梢。俟本年冬臘月，或明年清明前，再將此八枝各留一尺，剪去梢子，是為第四層。同上。

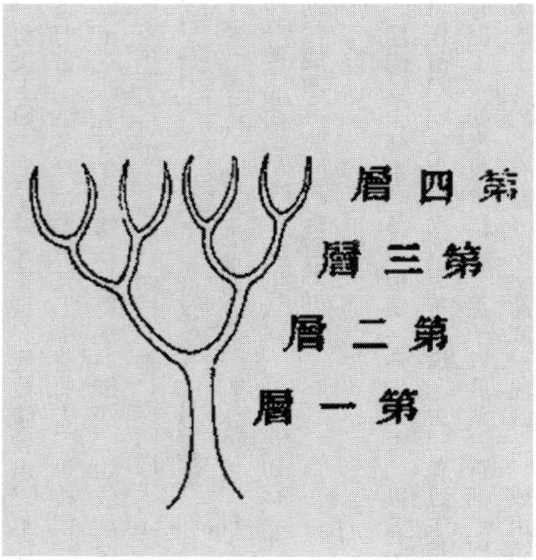

第五年春天，又長新條，應於立夏後，將第四年所留八枝之上，各留兩枝，共十六枝，餘皆删去。并將十六枝各留一尺，剪去梢子，是為第五層。以後不再留杈，每年立夏後，將十六枝上所生嫩條連枝帶葉一併剪下，摘葉飼蠶。同上。

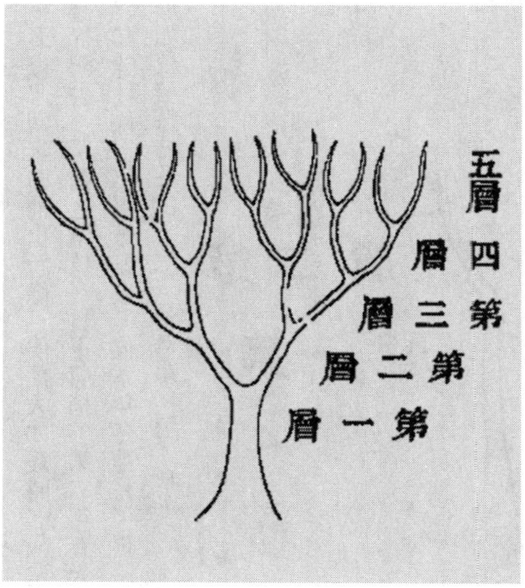

壓桑插桑去梢留杈式樣

壓桑插桑二項：所壓之枝，應用接本桑上之枝；所插之條，應用接本桑上之條，將來便不再接。今年壓枝，明年移栽，即以移栽之年為第一年。今年插條，明年不再移，即以插條之年為第一年。自第一年至第五年，去梢留杈各式樣，均與接本桑同。

大小桑秧，移栽剪梢，未幾即抽條長葉，只留粗枝一條。今年移栽，明年即可接換。接時，將本桑斜剪，離地只留一二寸。接後芽條出自桑本者，必須摘去；出自接頭者，俟高一二尺時，只留好條一枝，餘皆删去。冬臘月，將所留之條剪去稍子，離地約高尺許，是為第一層。第二層留兩杈，第三層留四杈，第四層留八杈，第五層留十六杈，均照接本桑法。但接本桑以移栽之年為第一年，每一年留一層，留至五層，已及五年。大小桑秧，今年移栽，明年接換，應以接換之年為第一年，留至五層，亦是五年。若以移栽之年為第一年，留至五層，便是第六年。其初次移栽太密者，今年移栽，明年接換，後年尚須再移，應以再移之年為第一年，留至五層，亦是五年。若以初次移栽之年為第一年，留至五層，便是第七年。

原有之大桑樹，冬臘月將樹身鋸斷，離地只留三尺，是為第一層。《蠶桑提要》

大桑樹去梢留杈式樣

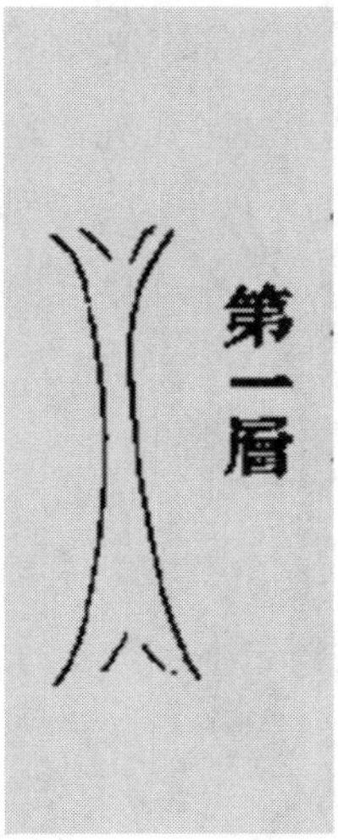

第二年春天，新條自然抽出，俟四月剪桑飼蠶時，只擇肥旺者留五枝，其餘旁出枝條概行删去。删去之枝，可摘葉飼蠶。所留五枝，暫不剪梢。俟本年冬臘月或明年清明前，再將此五枝各留一尺，剪去梢子，是為第二層。同上。

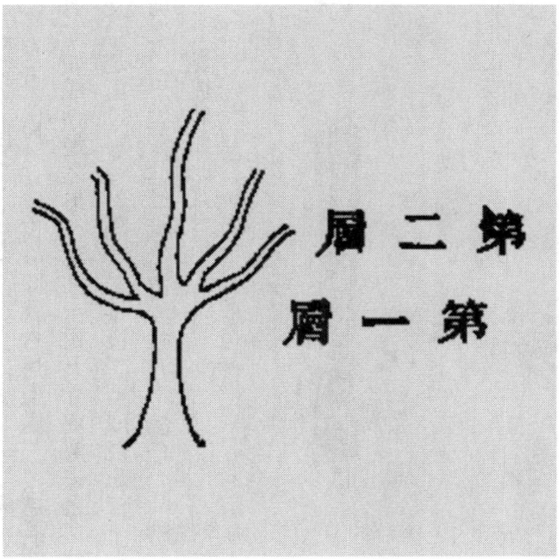

第三年春天，又復抽條，俟四月剪桑飼蠶時，將所留五枝之上又各留五枝，共二十五枝，其餘旁出枝條概行删去。删去之枝，可摘葉飼蠶。所留二十五枝暫不剪梢。俟本年冬臘月或明年清明前，再將此二十五枝各留一尺，剪去梢子，是為第三層。以後不再留杈，年年立夏後將二十五枝上所生嫩條連枝帶葉一并剪下，摘葉飼蠶。同上。

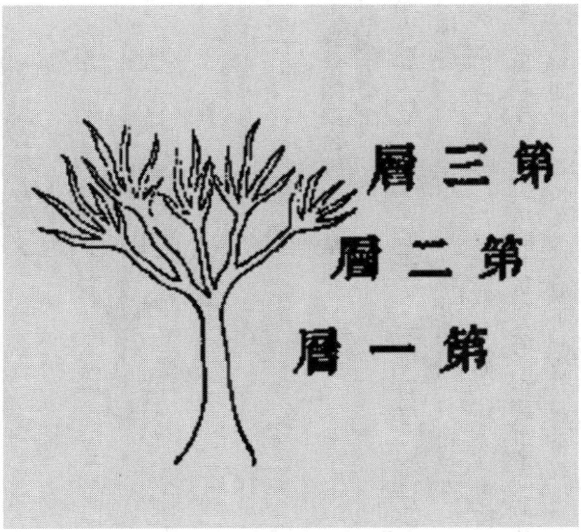

補空缺　修剪合式，則桑之四面圓如雨蓋，如缺而不圓，須知補缺之法。所謂補缺者，非另栽一株以補之也。只於缺處多留一二枝嫩條，便補圓矣。移栽小桑，每一層留二枝，原有大桑，每一層留五枝。亦就大概而言，若有空缺，不必過於拘泥。《蠶桑輯要》

砍全樹　桑栽二年以上，有芽條不旺者或樹老而中空者，於穀雨時以硬木貼樹身，將枝條全行砍去。樹身去地約留二三寸，或五六寸。立夏後，不宜此法。砍後以土封瘢，并以肥土壅樹之四圍，旱以澆之，自然復茂。《藝桑總論》

剪地桑　地桑與樹桑不同，樹桑去梢留杈，修剪樹桑，須齊杈上老瘢；地桑不去梢，修剪地桑，必須靠土。移栽地桑之後，俟桑芽出土四五指時，每一科只留一二條，餘皆靠土剪去。次年靠土割條葉飼蠶，割過之後，每一根盤又出數芽，亦只留四五條，餘皆靠土剪去。以後根漸旺，留條亦可漸多。又地桑之壓枝者，俟卧條生芽，狀如鈀齒時，約五六寸遠留一芽，餘皆剃去。

又地桑五年以後，根相交則不旺，春時將相交之根，砍斷掘去，添上糞土，俟得雨或澆水，即復暢旺。《種桑詩説》

清 葉向榮《農林蠶説・蠶桑圖説》 養拳桑，今與古異也，古以兩叉始，後成四叉、八叉、十六叉為度，年年於十六叉拳上剪之。今余改良養拳之桑本，一莖而上，高有五六尺。以防牛咬。即就六尺盡處，剪去之，聽其發芽成條，畱旺者三條不剪，如成鼎足之形，離叉一尺五寸處剪去之，此是第一層；隔年剪成三三九叉，是第二層；又隔一二年後，剪成九三二十七叉，再每年於二十七叉拳上剪之。每拳約條葉三斤，可有葉八十餘斤，旺則益倍。畫式於后。

離地五尺，立夏後剪如此式。

立夏後剪如此式成

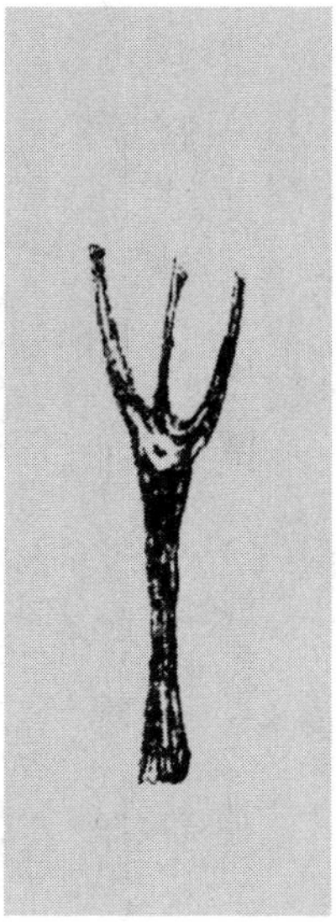

立夏後剪如此式九乂

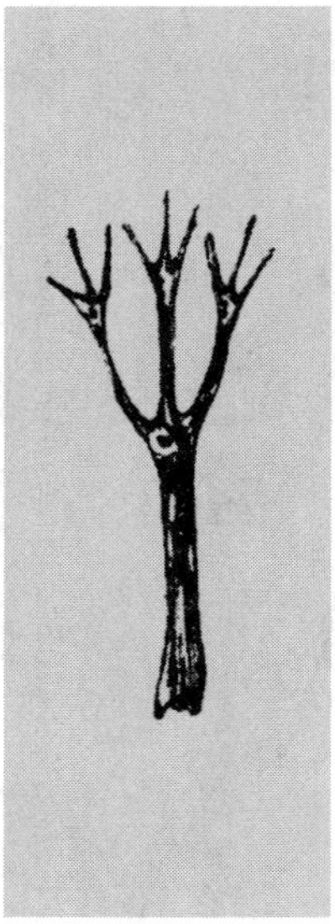

桑葉成陰之後，立夏後剪條葉飼蠶，年年在此二十七拳上剪其所發之條葉，自成拳樣矣。

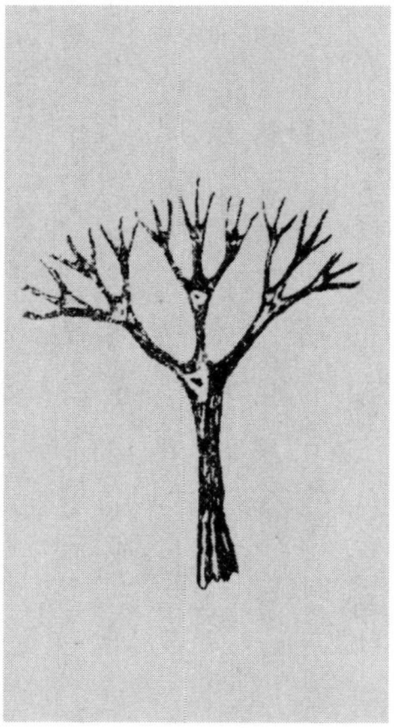

頭一段一尺五六寸高，二三四段約留一尺三四寸高，共成樹本一丈，另為定立夏後在此頂上平剪，再發芽為嫩條，次年仍在此處剪之。

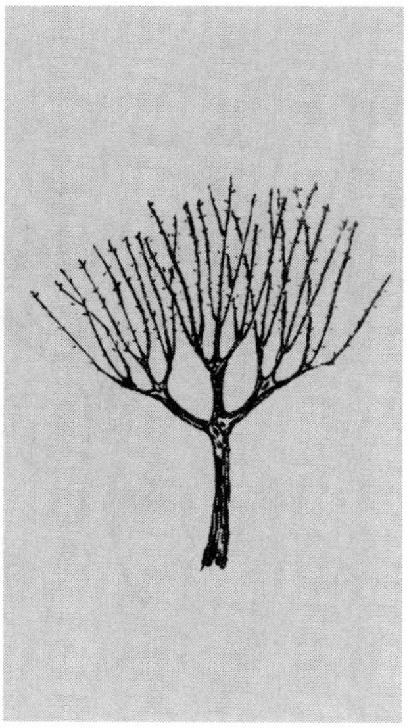

清 豫山《蠶桑輯要合編・種桑》

移栽接桑翦成拳桑法

接桑栽法 宜五尺許一本，如品字樣，不可對植。當待次年正月，天氣晴和時候，可離地二尺，翦去上條。候芽出時，只留二芽，秋後成條，又五六尺許。待次年正月，離幹尺許，復翦去，如叉樣式。再留頂上各兩芽，餘盡抹去。來年又翦新枝，總留尺許，仿前法，再翦再留，而枝條又增倍矣。約五六年，至立夏後開翦，連枝葉盡行翦下飼蠶。翦至數年，桑即成拳式，十六七拳不等，謂之拳桑。拳之大者，可留三四五條不等。次年立夏，又將拳處翦下飼蠶。連枝葉翦下者，一則省工，再則恐有雨溼，須倒懸於通風處。

一時即乾，即可飼蠶矣。

清　趙敬如《蠶桑説》

剪桑成拳法

桑樹太高，不便采葉，所以要翦，只留五層。其法俟桑樹接活，本年長有數尺。次年正月，即將接桑上之上梢翦去，是第一層；是年即長新條，衹畱兩條好枝，餘俱不要。第二年春，又長新條，也一概不要。至冬臘月間，將去年所留兩條剪去梢子，留一尺長，是第二層；第三年，將第二年所留兩枝之上各留兩枝，共四枝，俟是年臘月次年清明前，再將四枝各剪去梢子，仍留一尺，是第三層；年年照此剪法，至第五年共十六枝，凡五層矣。以後再不留枝，每年只照第五年剪斷處剪之剪下枝葉飼蠶，則樹頭皆成拳形，謂之拳桑。

按此剪法，樹大拳多，為膏腴地之常。若瘠地及田塝，不能容多拳大樹，每樹只容三四拳，接樹後兩年即可開剪，樹不欲高，使土膏易於灌頂，且免遮蔭禾稼。

清　趙淵《蠶桑摘要》卷上《桑政・修剪類》

時令

臘月桑枝津液未行，正月桑枝萌芽未出，宜及時修翦。四月飼頭蠶，採葉不翦枝，五六月飼二蠶，將應去之條連枝葉並翦，須留一尺或二尺，擇粗壯者一二枝全留之，如不養二蠶，則頭蠶採葉時並翦繁枝。今年修翦不過時，則條長肥美，次年桑葉必早發。

刪繁

枝條少則葉肥，其應刪有八，必不可留，曰枯條；曰細小不堪之條；曰瀝水條，向下垂也；曰刺身條，向裡生也，去一留一；曰駢指條，枝並生而留旺也，留少去多；曰宂脞條，稠雜。第三年春天又長新條，立夏後將第二年所留兩枝上各留兩枝，共四枝，餘皆刪去。所留四枝，暫不翦梢，俟本年冬臘月及次年清明前，再將此四枝各留一尺，翦去梢子，此三層修翦也。

第四層

第四年春天又長新條，立夏後將第三年所留四枝上各留兩枝，共八枝，餘皆刪去。所留八枝暫不翦梢，俟本年冬臘月及次年清明前，再將此八枝各留一尺，翦去梢子，此四層修翦也。

第五層

第五年春天又長新條，立夏後將第四年所留八枝上各留兩枝，共十六枝，餘皆刪去，並將十六枝各留一尺，翦去梢子，此五層修翦也。以後不再留杈，每年立夏後將十六枝上嫩條枝葉一並翦下，摘葉飼蠶。

壓桑插桑去梢留杈

壓枝插條應用接本桑上之枝與條，以後不必再接。今年壓，次年移，即以移之年爲第一年，今年插，次年不再移，即以插之年爲第一年。凡五年內，去梢留杈均與接本桑同。

接換桑秧去梢留杈

大小桑秧，移栽，翦梢。俟抽條長葉，留粗枝一條。今年移栽，次年接換，須將本桑斜翦，離地留一二寸。接後，芽條出自本桑者，必須摘去。出自接頭者，俟高一二尺，留好條一枝，餘皆刪去。冬臘月，將所留之條翦去梢子，離地高尺許，爲第一層。

分層

第二層留兩杈，第三層留四杈，第四層留八杈，第五層留十六杈，均照接本桑法。

分年

接本桑，以移栽之年爲第一年，每年留一層，留五層爲五年，大小桑秧，今年移栽，次年接換，以換年爲第一年，留五層亦五年，若以移年爲第一年，留五層便是六年。其初移栽太密，今年移，次年換，三年須再移，以移年爲第一年，留五層亦是五年。若以初栽年爲第一年，留五層便是第七年。

大桑去梢留杈

凡修大桑樹，只分三層，將五大枝上各留五小枝，共二十五枝，餘概翦去。

第一層

厚有大桑樹，冬臘月將樹身鋸斷，離地留三尺，此一層修翦也。

第二層

第二年春天，新條抽出，至四月翦桑飼蠶時，擇肥壯者，畱五枝，其餘旁枝概刪去。摘葉所留五枝，暫不翦梢。俟本年冬臘月，及次年清明前，再將此五枝各留一尺，翦去梢子，此二層修翦也。

第三層

第三年春天，又復抽條。至四月翦桑飼蠶時，將所留五枝上又各留五枝，共二十五枝，其餘旁枝概删去。摘葉所留二十五枝，暫不翦梢。俟本年冬臘月及次年清明前，再將此二十五枝各留一尺，翦去梢子，此二層修翦也。以後再不留杈，每年立夏後將二十五枝上所生嫩條連枝帶葉一並翦下，摘葉飼蠶。

補空缺

修翦合式，則桑之四面圓如雨蓋，儻缺而不圓，須於缺處多留數枝。

砍全樹

桑栽三年以上，有芽葉不旺者，或樹老中空者，穀雨時以硬木貼樹身，將枝條全行砍去，樹身距地留二三寸，或五六寸，立夏後不宜。此法砍後，以土封瘢，並以肥土壅樹四圍，旱則澆之，自然復茂。

翦地桑

地桑與樹桑不同，樹桑去梢留杈，修翦齊杈上老瘢。地桑不去梢修翦，必須靠土移栽後，俟桑芽出土四五指，每一顆留一二條，餘皆靠土翦去，次年靠土割條摘葉，割後每一根盤又出數芽，留四五條，餘皆靠土翦去，以後根漸旺，條漸多。

又地桑壓枝者，俟臥條生芽，狀如耙齒時，約五寸留一芽，餘皆剝去。

又地桑，五年後根相交則不旺，春時將相交之根，砍斷掘去，添糞土澆水，及得甘雨，復見暢旺。

清 黄毅《栽桑新論》第十章《桑樹之養成法》《蠶業叢書》第一編

桑樹養成之法，大別有二種：一爲刈枝養成，一爲喬木養成。就刈枝養成法中，又分根刈、中刈、高刈之三種。喬木養成法，用人工以剪修枝梢者甚少，多任其自然生長，然兩者相較，亦各有利害。當就地方氣候、風土及財政上之情形而擇其適宜者行之，今姑述其得失之大略。

夫根刈者，多遭霜雪寒凍之害，中刈次之，高刈最輕。根刈喜生萎縮之病，喬木則無之。根刈接近地面，易受污染，於工力上亦甚不便。若論其生物之害，則喬木爲甚，高刈次之，根刈最少。以收葉之多寡論，亦由各種關係大有差别：以實理言之，則當以高刈爲第一，根刈次之，中刈與喬木又次也。再以葉之質點考之，根刈生柔軟闊大之葉。於蠶兒飼育及絲質上之關係較，喬木與高刈略遜。由是以言，各有得失，不過以高刈爲首，喬木最次而已，若從事未來，固當以高刈爲準，而事後不得已者，可改喬木爲高刈，改中刈爲根，亦亡羊補牢之策也，今將各法詳述之。

第二十三圖　甲初年　乙二年

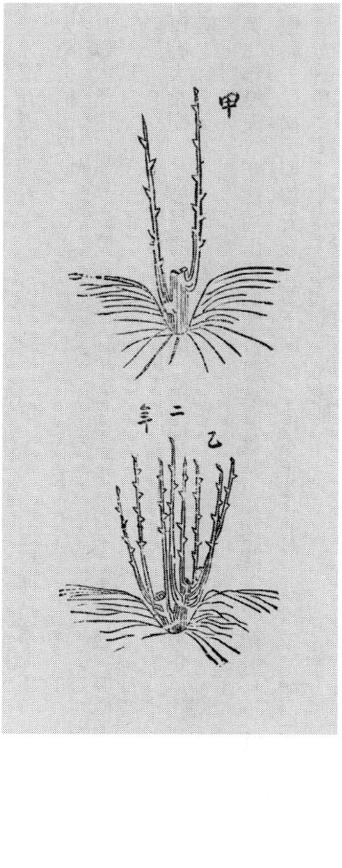

第一節　根刈養成法

根刈之法，今世盛行，其入手先於春間發芽之前，將桑莖留一二芽，餘皆刈。

第二十四圖　丙三年

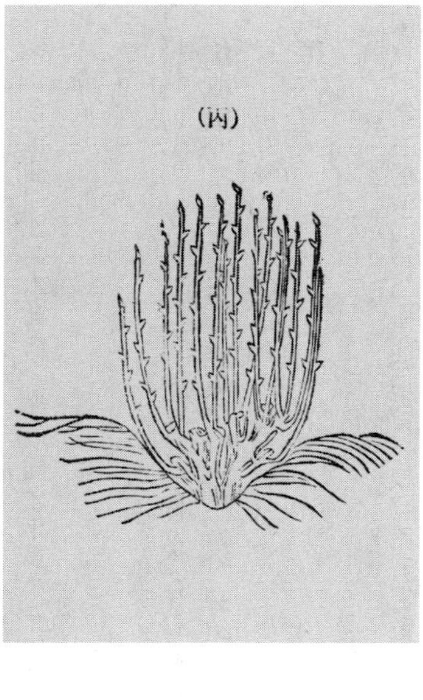

於培肥耕耘，至晚秋，將所留一二芽伸長之枝條，以草藁結束之，至翌春發芽之前，仍如上年治法，至三年之春，切採須稍早，以供春蠶之用，如是四年可爲普通收穫矣。以後每春皆由舊部剪切，但其切斷之面須成馬蹄形，而尤以向南爲要。

第二節　中刈養成法

此法在日本福島地方盛行，我國江浙一帶亦間有之。其法於春間將樹身切去，只留最强壯之芽一本，於是耕耘施肥，至翌春發芽前，將年前所留一芽之枝條，一尺至四尺之間，如根刈法切斷，但須留二三良芽，使其伸長。至秋結束，以防凍害，至第三年春切採亦須略早，以供蠶食，迨至四年，即成爲通常收穫者矣。

第二十五圖

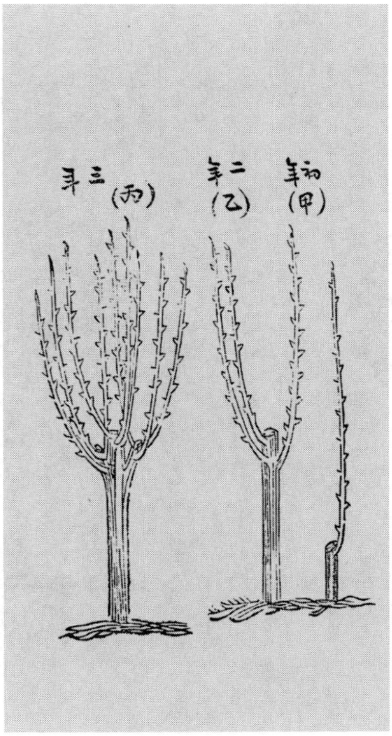

第三節　高刈養成法

高刈之法有數種，其最美者則推我國嘉湖所行者及日本秋田地方所行者之二法也。其法大約以五尺或八尺高，爲最適宜，其移植之初年，必成長强壯之一芽，第二年春即於距地面三四尺處切斷之，以爲將來之本幹。至三年春，即可行截枝法，而擇其適當之位置留存新芽，此芽之位置於將來樹形大有影響，故不可不慎。此後耕耘培肥，至第六年即可得多量之桑葉矣。按此法，於桑樹之生理最爲適宜，所謂順其天，以致其性者也，今將此法適宜之點摘錄於後。

（一）高刈發芽之早遲，由剪枝之法而有不同，故同一種類之桑樹，可以分早遲而供老蠶與幼蠶之用，可見分別早、中、晚爲栽植上之要點。現在日本秋田地方有一種赤木桑名，由初齡至老熟均適於蠶食。

（二）高刈養成法，無害於桑樹之生理，故甚少萎縮病及他一切之病害。

（三）高刈養成法，由春季剪枝之後，可以再發多數之新條，以其不用者採切以供夏秋蠶之用，又爲兩得其益。

（四）高刈法不僅便於耕耘，且可栽植荳科植物。

（五）以高刈養成法之葉飼蠶，其所產之絲概爲優等，已由日本機業所實驗。有以上數者之利益，則吾人須早速改良，使高刈法風行國內，實爲吾業大幸。

第一項　中國嘉湖高刈養成法

我國廣袤既大，各地風土氣候不同，故栽桑之法亦皆有異。南部氣候溫暖，如廣東地方，可以飼育六化蠶，其桑樹殆如稻麥類之狀，而其根刈行密植之法，距離極近，摘葉之時，由下漸次及上，蓋留其嫩葉，以飼育六化蠶，蠶事甫畢，即將枝條刈去。然我國蠶業最盛之區，首推江浙，其高刈中刈均與日本相同，故彼國常欲得爲參考之資料也。

我國嘉湖所行之高刈養成法，如二十六圖，其幹依段數而分歧，稱爲拳式，其樹形及高低由地勢而異，大約最高者八尺，最低者三尺，種後六七年，可得普通之收獲量矣。初年所種苗木，地上只留二三芽，其餘悉行除去，由此上生一本新芽，注意培肥修理，至翌春可於所要高處切斷，由此切斷部側面所生之芽，選其强壯者三，恰成三拳式，餘皆剪去，或只留二芽，以成多數拳式亦可。至第三年春，於所要高處再行切斷，其切斷部側面所生之芽留其壯者二三，其伸長而成者，即爲段數也，例如作八拳式。於種後二年之春，將其幹一尺五寸或二尺二三寸之處切斷，由切斷部側近伸長二芽。三年春，於兩枝分歧點之上部約一尺許之處切斷，由此部發生之新芽各枝，仍留其二，以使伸長，此已有四條之枝梢矣。第四年春，將各枝距分歧點一尺許之處切斷，再留二芽，使其伸長，延至秋季，即成爲八條之枝梢矣。第五年春，於上年切斷部分一尺二三寸之處再行切斷，始成爲八枝之本幹，而全體之高不過四尺七八寸或至五尺五六寸，以後年年由切斷部發生者，而年年仍切斷之，以供蠶食，八拳式之目的於是達之矣。蓋因切斷部形狀如拳，故有拳式之稱，其他六拳、四拳、九拳各式，皆不外此法行之。

拳式收葉之量，一畝三分日本一反步地，平均可得千斤日本一百六十貫有奇此爲日本人在我國調查者，大約拳式十年，可與根刈三年之葉量相較，然其壽命則甚爲永久，幹可達三尺直徑云。

第二十六圖　三拳式

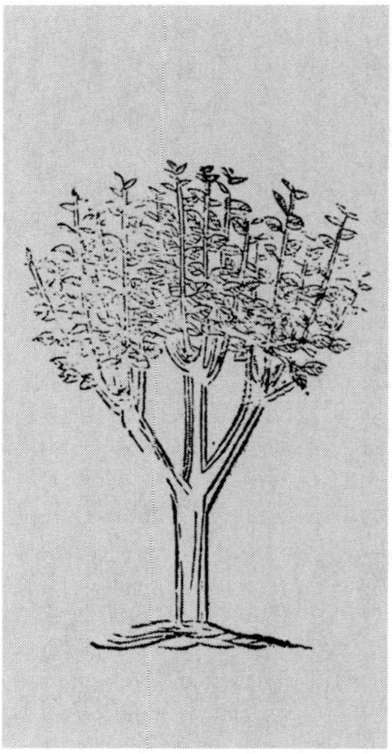

第二十七圖　四拳式

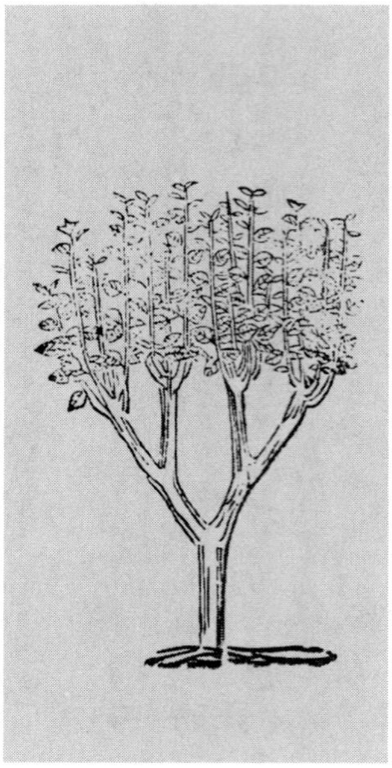

第二十八圖　六拳式

第二項　日本秋田高刈仕立法

日本秋田地方古代即行此法。初春，苗木伸長至五尺以上者，可於次年春間，距地三四尺處切斷，但須選擇此三四尺之間有强壯之芽三個者，其彼此之距離約以五六寸爲宜，向三方放射而生長，勤於施肥，秋間可得六七尺長，至第三年，將各枝於二尺許處切斷，若其枝不甚粗壯，殘畱稍短亦可。總以畱二個或三個爲宜，其餘可盡除去，再爲培肥、修理，至秋間又可長至六七尺也。四年之春，將上年所畱各條於一尺四寸之處切斷，由再生之新芽各枝仍畱二本或三本，總之，是年秋間成長之後，以得十二本以上之枝條爲度。如是至第六年，即可得多量之葉也。至第六年春，須行春伐整枝之法。至七年，始行夏伐，以後春伐、夏伐隔年順次而行之。

第二十九圖　八拳式

春伐者，以保護桑樹爲目的，於春季之前即行剪去其枝；夏伐者，以多收桑葉爲目的，於夏季春蠶採葉以後將枝條剪去，基部須畱五分或一寸許，以備蠶兒食用。夏伐法若欲供夏秋蠶之用，不免過遲，且採其再生之芽，即減次年之收穫，故須畱其再生之芽，以便翌年行春伐法。只於每枝畱强狀之芽二本，使其長短齊一，餘者仍可摘之，以供夏秋蠶之用。以後隔年而行，實爲便利之法也。若已成長之樹行春伐之法時，與前有所不同。因枝條漸增漸密，其切斷之處，比前須短，使樹形整齊，尤要者，在隔年而行夫整理枝條之目的，乃維持桑樹適宜之形狀，使津液環流各部，彼此相均，發育方得齊一。故枝之强者，宜早切短，以使與弱者均勻，强枝之葉亦宜先摘，以促弱枝葉之繁生。其如不用之小枝，於發芽之前即可剪去，以其所需之養液而助補正枝。此皆最宜注意者也。依此法而行，至六年以後，每株可得葉六十二觔有奇日本稱十貫。然此不過據夏伐法而言，若春伐法，則大有差異，較夏伐法殆少過半云。

然夏伐法收葉雖多，樹勢實弱，故須注意施肥，而最妙之法，將所有桑園分爲甲乙二種，交互行春伐與夏伐之兩法，不獨收葉平均，而且同一之桑種，可以兼早中晚三期之用，春夏秋蠶皆可飼育，爲最有利益之法也。

第三十圖　初年之秋

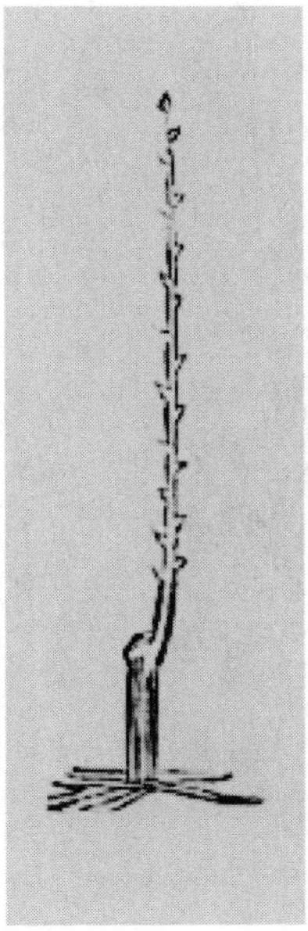

第三十一圖　二年之秋

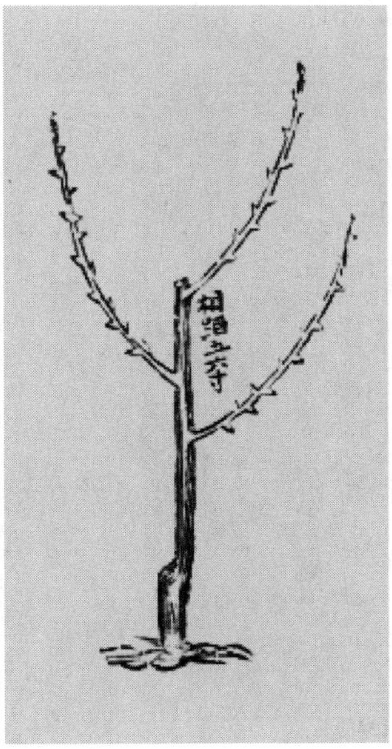

第三十二圖　三年之春伐

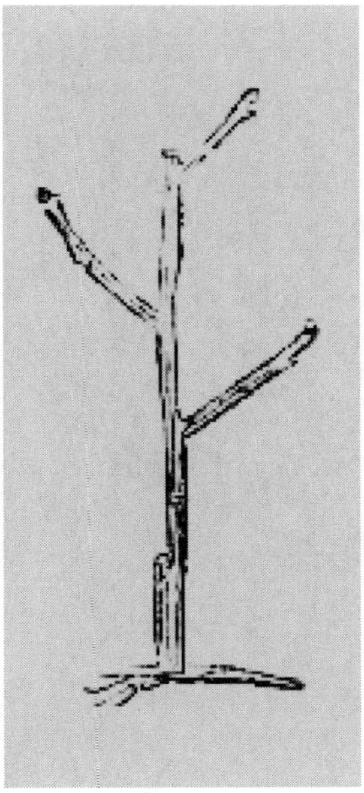

第三十三圖　三年之秋

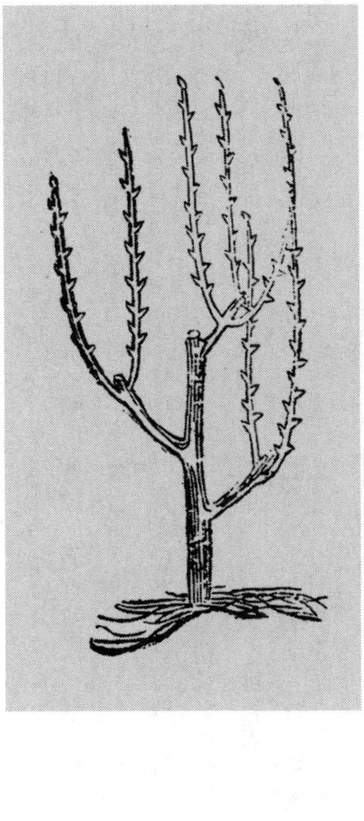

第三十四圖　四年之春伐

第三十五圖　四年之秋

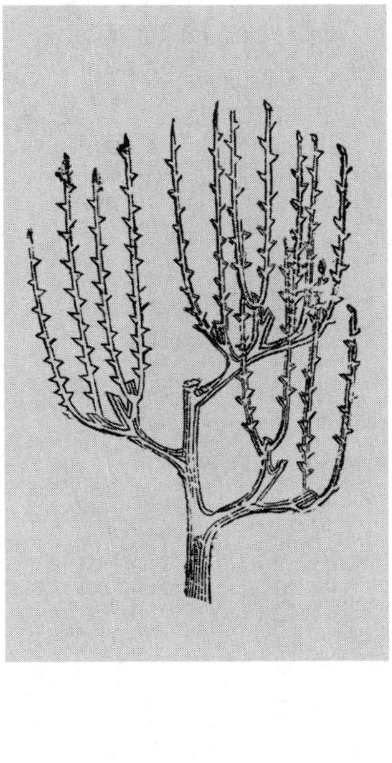

第三十六圖　五年之春伐

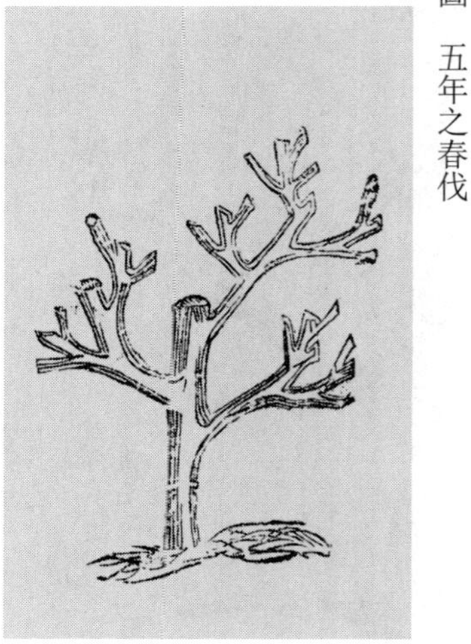

第三十七圖　五年之秋

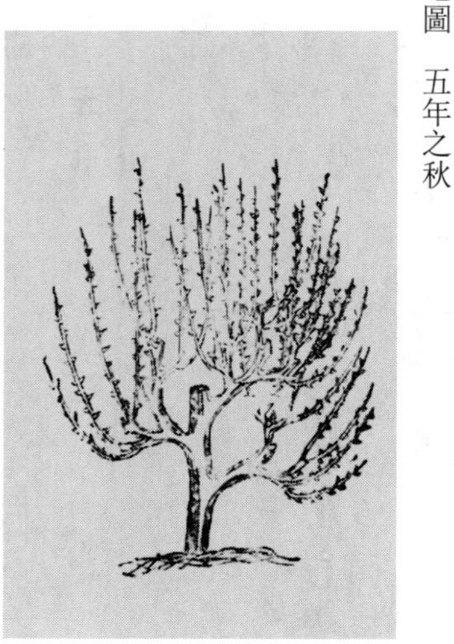

第三十八圖　六年繁茂之秋

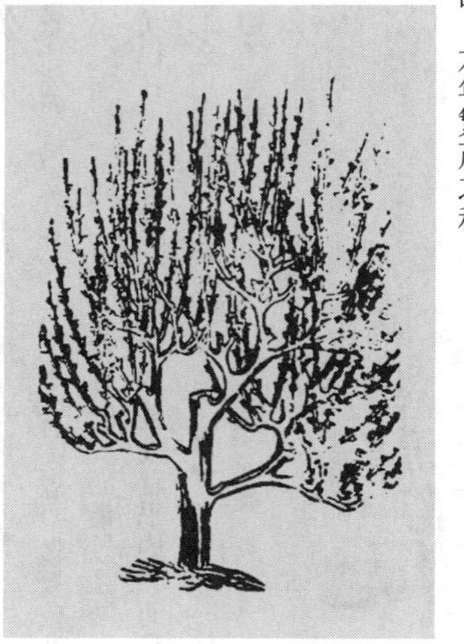

第四節　喬木養成法

喬木養成法，或稱『漫生養成法』，種後不加人工爲之修理，全仍其自然生長。枝葉蚤生，參差無序，空氣爲之不通，隔三四年偶爲之一理。凡採伐枝條，一切培養之法絕不講求。雖於寒冷之地，略爲相宜，而空氣不通，必招蟲害；枝修不整，必費養液。既招蟲害，又費養液，雖省人工，又何用哉？故當極力改良使成高刈養成法，庶爲挽桑榆於落日之道也。

譯者按：我國現在情形，與此節極有關係。以十八省計之，除江浙兩省稍爲講求及北省地寒不計外，其江河流域各省，雖未有依此爲正業者，而農婦村姑亦常視爲己職，偶遊於籬邊村落，亦間有喬木之桑。或高數丈或細如指，大小參差，天然狀態。其葉形既日見其小，而葉質且日見其淡。害蟲滿樹，病毒亦多，以此飼蠶而欲得良果，豈可得乎？果使老農少婦盡欲改良已往者，速改爲高刈，未來者改用新法，則當以培植之法，編成白話以化農民。於吾業不無裨益。願與閱者共任其責。

本爲喬木而欲改爲高刈，須於春季發芽之前行春伐之法，連行三年，使枝條梢爲齊一，再行整枝之法，將無用之小枝悉行剪去，以便樹液運行均勻。各部生長相等，於是樹形既整，以後每隔年行春伐與夏伐，則與高刈無異矣。

雜録

清　金步瀛《古今合纂殖桑法》第五章《接木法》　秋季飼育之葉，多由樹桑高刈桑與地桑根刈桑春夏輪伐得來。但桑樹不能年年枝伐，否則亦羅萎縮病。即間隔數年一行，或一地分區間植各種。而行輪伐，則必須多樹桑量，多佔土地，經濟上深所不便。實際上易實行者，惟植地桑，行春夏伐。如我國南部之廣東廣西及日本東南部諸地，其夏秋蠶多化性蠶等，飼育桑葉多由地桑得來。由此而觀，能育夏秋蠶之地，與欲推廣夏秋蠶之蠶業國，似可專植地桑，勤於施肥，行春夏伐制矣。但事勢間有所不能行者，地桑發育繁茂，祇適氣候濕涼、土地潤溼之地；溫高風燥之陽地，皆不宜於地桑之繁殖。

圖表

清　沈練，仲學輅輯補，章震福校訂《廣蠶桑説輯補校訂》卷一《培養桑樹法十九條》　接本俟一二年，接本粗大，然後翦條留芽。又按，立夏拳桑放剪，不過約計時候，並非呆板。詳第十二條

《蠶桑輯要》：剪桑及拳桑，圖如左。

栽桑剪去上條，如此樣。

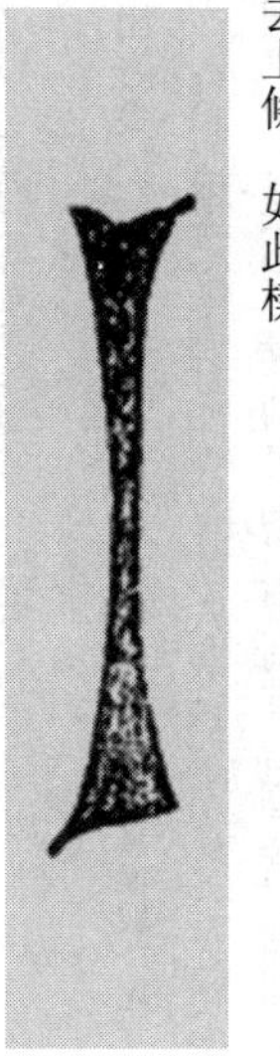

來春頂上又留兩芽，長成雙條，冬令又剪去如此樣。

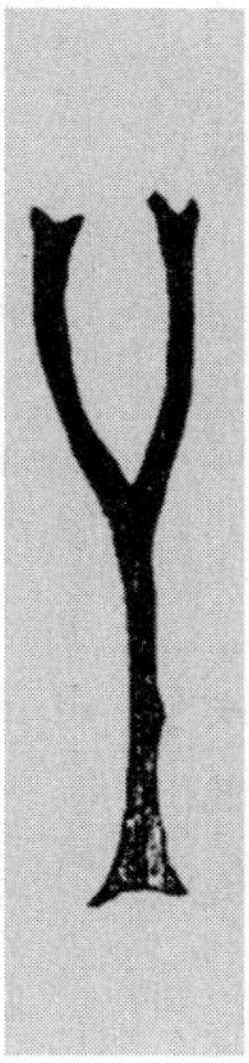

留兩芽者如此條，則本條盛旺，須留三芽者可以類推。若接桑之次年正二月，見所接之條業已滋長。亦照樣留之。

震按：吾鄉桑樹留芽俱俟接條長大，就接本上翦而留之，從未有留在。

地桑

論説

清　黄祖徽《蠶桑淺説·栽桑篇》　初次收穫量較根刈少，然樹姿完成後，即逐年增加，且葉形豐美，較根刈及高刈均優。

清　林志恂《蠶桑淺要·種桑淺要》　根刈者，分栽以後，截去苗幹，留離地尺許，併留新芽二三個。常施薄肥，次年發芽前截去其枝條，不必分杈，再使發芽。此時施肥，可較濃。第三年截枝留幹，與第二年同。惟桑至是年，發葉較多，可於二眠以後採摘，以供蠶食。第四年以後，桑幹粗大，發葉繁茂，可採取其葉，以供養蠶之用也。

清　黄毅《栽桑新論》第十章《桑樹之養成法》《蠶業叢書》第一編　大根刈者，多遭霜雪寒凍之害，中刈次之，高刈最輕。根刈喜生萎縮之病，喬木則無之。根刈接近地面，易受污染，於工力上亦甚不便。若論其生物之害，則喬木爲甚，高刈次之，根刈最少。以收葉之多寡論，亦由各種關係，大有差別。以實理言之，則當以高刈爲第一，根刈次之，中刈與喬木又次也。再以葉之質點考之，根刈生柔軟闊大之葉，於蠶兒飼育及絲質上之關係較喬木與高刈略遜。由是以言，各有得失，不過以高刈爲首，喬木最次而已。若從事未來，固當以高刈爲準，而事後不得已者，可改喬木爲高刈，改中刈爲根，亦亡羊補牢之策也。

綜述

元　王禎《農書》卷五《農桑通訣五·種植篇》　《農桑要旨》云：『平原淤壤，土地肥虚，荆桑、魯桑種之俱可，若地連山陵，土脉赤硬，止宜荆桑。』

清　郝懿行《寶訓》卷三《蠶桑》　《韓氏直説》：地桑須於近井園内栽之，有草則鋤，無雨則澆，其葉自然早生。案：《務本新書》：地桑本出魯桑，以魯桑萌條，如法栽培，揀肥旺者，約留四五條，鋤治添糞，其葉自大，即是地桑。

清　馬丕瑶《蠶桑簡易法·種桑雜説》　地桑　墻圍成園，將園内地犁熟，方五尺内掘一坑。内地一畝，合栽百四十科。方深各二尺，坑内下熟糞三升。和土勻，下水一桶，調成稀泥，將畦内所種魯桑連根掘出一科，自根上留身六七寸，其餘截去，截斷處火鏊上烙過。每一坑栽一根，將根坐於泥中。欲疾見功者，栽二根。按至坑底，提三五次，桑身頂與地平，周圍擁熟土，令坑滿。次日築實，上半坑擁熟土輕築，令平滿，用虚土封堆，如大鏊子樣。芽出虚土四五指，每一根止留一二條，次年附根割條飼蠶。須用鐮，一割要斷，否則雨浸傷根。割過處每一根盤周圍數芽出，每一科可計留四五條，餘者割去。年年附地割之，根漸旺，留條漸多。

清　汪宗沂《蠶桑輯要·樹桑十九條》　插種條桑法　於秋，令先掘一深坑，約三四尺，泥水調勻。至十二月中，斫取粗肥桑條，將一頭於火内微燒過，橫放坑中，以土厚覆築實。次年春分前後，掘出桑條，以木棍一頭

削尖鑱鐵，用椎築之，便成一洞。澆糞水一杓，即以條插入，外覆以土，約高三寸，不可築實。俟長至三尺許，仍剪去梢，三年成樹。如欲栽地桑，則臥條以種，覆土令厚。五月長芽，仍加糞土，條高五尺餘，便作地桑，剪枝不剪梢，次年便可割葉飼蠶。

又　斫桑枝　凡樹桑每年須斫枝三次，正月、二月、十二月皆宜。不留中心之枝。樹矮，則圓葉横生而肥大。若地桑，須年年割之。南方剪枝條，防斫枝傷皮也。今浙中桑剪，約大錢一百五十文，以布包紮其柄而用之。

清　賈振聲校，袁俊德輯《桑政萃編》卷二《修剪類》

翦地桑

地桑與樹桑不同，樹桑去梢留杈，修翦齊杈上老瘢。地桑不去梢修翦，必須靠土移栽，後俟桑芽出土四五枝，每一顆留一二條，餘皆靠土翦去，次年靠土割條摘葉。割後，每一根盤又出數芽，留四五條，餘皆靠土翦去，以後根漸旺條漸多。

清　林楊光、王鎮西《蠶桑條説・平利縣王學官鎮西述呈蠶桑簡易説十九條》　栽地桑之法　仍用桑條長四五尺者，盤圈不留稍，再將地掘密坑，約離五寸，以桑條平安於内，加糞，再實以土，用水灌溉。至來春必發一圈桑苗，酌其遠近，留六七八苗不等。本年可長三四尺許，養蠶之時，每條留根上或二葉，或三葉，連條翦下，至後則一葉生一條矣。此法取利最速，但五七年後，須另種耳，恐條不長，葉必不多。

清　林志恂《蠶桑淺要・種桑淺要》

分栽

本年所出之桑秧，至冬臘月係據滇地而言，若他省氣候較冷處，當以次年春間分栽爲宜鋤地鬆土，度勢成行，因行開穴，就穴栽秧。至於行之疏密，穴之深淺，因桑類而不同。桑有根刈、高刈之别，根刈宜密宜淺，高刈宜疏宜深。浙江嘉湖等處俱行高刈法。日本則根刈、高刈俱有之。尚有中刈、喬木等類，兹不具載。究其利弊，各有所長，亦各有所短。

又　整枝

桑樹不知修整，則枝條繁蕪；養液不足以繼之，葉必細小薄弱。知修整而整之不得其法，則參差不齊。低樹爲高樹，所壓弱枝被强枝所侵，生機不暢，久之必至枯死，此整枝所以宜注意也。凡桑自分栽以後，每年畱枝至第五年，可得二三十枝。此二三十枝者，務使上下相齊，周圍平均。發葉之際，望之如傘，即使成片之地，無論數十數百數千株，亦必株株一例，是之謂好桑樹。凡桑既留至二三十枝，則以後不必再留，年年比齊枝頭，照舊剪去，則樹頭皆成拳形。發芽時，每拳多則六七芽，少亦四五芽，柔條嫩枝，葉大如掌。蠶至大眠以後，齊拳剪下，不留一枝。小蠶時，須片片採摘。過十餘日或二十日，拳上又發新芽，是爲二葉。二葉既盛，每拳留强壯者一二枝，餘俱齊拳剪去，可飼二蠶。即使不養二蠶，亦須剪去餘枝，否則次年之葉不盛。其留存之一二枝，亦可採摘。其葉以飼秋蠶，但每枝上半段之葉切不可摘。

清　衛杰《蠶桑萃編》卷二《桑政・修剪類》

翦地桑

地桑與樹桑不同，樹桑去梢留杈，修翦齊杈上老瘢。地桑不去梢修翦，必須靠土移栽。後俟桑芽出土四五枝，每一顆留一二條，餘皆靠土翦去。次年靠土割條摘葉，割後每一根盤又出數芽，留四五條，餘皆靠土翦去，以後根漸旺，條漸多。

又地桑壓枝者，俟卧條生芽，狀如耙齒時，約五寸留一芽，餘皆剝去。

又地桑五年後根相交則不旺。春時將相交之根砍斷掘去，添糞土澆水，及得甘雨，復見暢旺。

清　吴鴻望校，袁俊德輯《蠶政萃編・採葉類》

地桑靠地割條

以厚背鋼鐮將地面上條葉靠地割下。若用鈍鐮，不能一割卽斷，則條椿不齊，必致雨浸傷根。

清　吴作鎮、倪紹雯、劉安欽《蠶桑速成捷法・速成桑圓種植法》

整枝法

其法與普通根刈桑園，稍異其趣。即栽植初年，新芽伸長二寸以上之時，依苗木之大小，每株留存一芽，乃至三芽。爾後勤力培養，至八月間，苗幹長至四尺内外，摘其葉，可供秋蠶之用。每一畝約可收一百二十斤，乃至二百餘斤。若以善良之苗木，而行周到之培養，則於第一年，不難得四百餘斤之收葉。

清　楊鞏《中外農學合編》卷九《林類・樹桑》　剪地桑　地桑與樹桑不同，樹桑去梢畱杈，修剪樹桑，須齊杈上老瘢，地桑不去梢，修剪地桑，必須靠土移栽地桑之後俟桑芽出土四五指時。每一科只留一二條，餘皆靠土剪去，次年靠土割條葉飼蠶。割過之後，每一根盤又出數芽，亦只留四五條，餘皆靠土剪去。以後根漸旺，留條亦可漸多。又地桑之壓枝者，俟卧條生芽狀如鈀齒時，約五六寸遠留一芽，餘皆剝去。又地桑五年以後，根相交則不旺，春時將相交之根砍斷掘去，添上糞土俟得雨或澆水即復暢旺。《種桑詩説》

清 豫山《蠶桑辑要合编·種桑》

未接魯桑秧養成拳桑法

初年出桑秧，擇係魯桑者，留之。次年成桑苗，苗大如指分栽。翦直根，留旁根三四，令深入土五寸，埋根令舒暢。其苗長四五尺者，翦其本略半。俟發旁枝，擇其旺者留之。次年漸漸開拳，不接亦可。惟荊桑必須接。枝壯成幹，翦其條，以開拳。年年於拳上抽條摘葉，葉多易采。蓋柳有髡柳，桑有拳桑，物理之相似者。

又 栽地桑法

熟地方五尺内掘一阬，方深各二尺。阬内下熟糞壯地不用，和土均勻，下水一桶，調成稀泥。將畦内種成之小桑連根掘出一棵，自根上留身六七寸，其餘截去。截斷處火鉗上烙過。每阬栽一根，欲急見功者，栽二根。將根坐於泥中，下半阬栽訖，築實。上半阬務令平滿。加虚土封堆，厚五七寸，周圍成環池。水澆於内，芽出虚土四五指，每根只留一二條。澆鋤如法，當年長五尺，次年附根割條葉飼蠶。地桑不宜放出身，只要條從土中長出，年年附地割之，根漸旺留條漸多。五年後根交，春時須斫斷掘去，添糞土即復長旺。一法，春分前後，取臘月所埋桑條，臥栽區内，覆土三四指，勿深厚，以手按勻。區東南西種麻五七粒，五月後，芽葉微高，旋添糞土，以後條高，便作地桑。

又 養樹桑法

園地掘阬，下糞水，與栽地桑同。但所築實，土與地平，上復用土封身一二尺，周圍成環池。無雨，則澆。待桑身長如人高，割去稍子，則横條自長。如澆治有功，至秋，長大如壯椽，冬春可移爲行。若不於園内養成，從小即栽爲行桑者，多被風雨孳畜損壞。有樹桑兼有地桑之家，樹桑既成，地桑可加澆灌，使之滋長成樹。至蠶大眠後或樹桑不能時至，即可就地桑補之，蠶至終老，不致缺食。

清 趙淵《蠶桑摘要》卷上《桑政·修剪類》

翦地桑

地桑與樹桑不同，樹桑去梢留杈，修翦齊杈上老瘢；地桑不去梢，修翦必須靠土。移栽後，俟桑芽出土四五指，每一顆留一二條，餘皆靠土翦去。次年靠土割條摘葉，割後每一根盤又出數芽，留四五條，餘皆靠土翦去。以後根漸旺，條漸多。又地桑壓枝者，俟臥條生芽，狀如耙齒時，約五寸留一芽，餘皆剝去。

又地桑五年後根相交則不旺。春時將相交之根砍斷掘去，添糞土澆水，及得甘雨，復見暢旺。

又 卷中《蠶政·採葉類》

地桑靠地割條

以厚背鋼鐮將地面上條葉靠地割下。若用鈍鐮，不能一割即斷，則條椿不齊，必致雨浸傷根。

清 黄毅《栽桑新論》第二章《桑樹之生理》《蠶業叢書》第一编 植物生理之大要，栽培家所最宜研究者也。如桑樹，由如何之理，而可以生活之。既明此理，則對于培肥、耕耘上，可施其一切之手段矣。以下概論之。

第一節 桑樹之成長與外界之關係

溫度于植物生育上最爲要緊，即如人類生活亦必要一定之溫，若高之低之不及此度，則人必失其生活之力。蓋溫度與生物界之關係親密，如唇與齒不可須臾離也。桑樹發育之溫度，以華氏表七十度至八十度爲最適宜。然按桑樹生育之範圍，較他種植物之性質，能賴寒熱，惟溫度激變，于植物生理上最有障礙。如吾人目擊霜害之現象，可見一斑矣。又植物之種子當發芽之際，須要多量之溫度，過低則有礙生長力。根刈桑及苗木易被凍害，成木受害則淺。

又 第八章《桑樹繁殖法》第四節《壓條法》

第三項 傘採法

傘採又稱分株法，因採苗之狀恰如傘形，故又以傘名，其法有三種。

（一）以舊枝四周之新梢爲壓條者 於畦間株間距離六尺之處，栽植根刈養成法之桑樹，經過三四年即可爲採苗之用。當早春發芽之前，將枝條剪去，掘開母樹根旁之土令受日光，俟其新梢長至一尺五寸或二尺時，更將母株之周圍開四五寸深放射狀之溝，施以腐熟肥料即可壓條。將新梢頭留葉四五片，其餘盡可除去，而所留之葉使直立地上，餘皆屈曲埋之，其無用之枝梢悉行除去。此後施肥加土，并將屈曲部之皮剝去，以助新根之生長。至晚秋或至

翌春，卽可分離母體而成獨立之苗木矣。如十七圖

第十七圖　傘採法

第十八圖

第十九圖

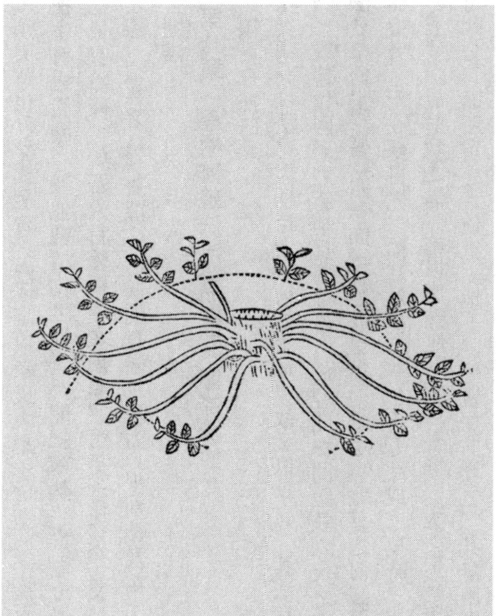

（二）由一株母樹而養成三四本者　此法與前法相同，只用一株母樹而養成三四本之苗木，故四五年後可得數十本之多，其面積甚小而欲得多數之苗木者，實以此法爲美也。如十八圖

（三）利用普通根刈之桑樹者，以通常根刈桑之枝條，俟其春蠶，採摘一次。以後新梢長一尺五六寸時，擇其善者，向四圍押開倒觀，恰如傘形。如前法埋於地中，亦將先端露出地面約五六寸，此後勤於培肥耕耘，勿怠。至翌春，亦可離於母體，而爲獨立之苗木也。如第十九圖

又 第十章《桑樹之養成法》

桑樹養成之法，大別有二種：一爲刈枝養成，一爲喬木養成。就刈枝養成法中，又分根刈、中刈、高刈之三種。喬木養成法，用人工以剪修枝梢者甚少，多任其自然生長。然兩者相較，亦各有利害。當就地方氣候、風土及財政上之情形而擇其適宜者，行之。今姑述其得失之大略。

夫根刈者，多遭霜雪寒凍之害，中刈次之，高刈最輕。根刈喜生萎縮之病，喬木則無之。根刈接近地面易受汚染，於工力上亦甚不便。若論其生物之害，則喬木爲甚，高刈次之，根刈最少。以收葉之多寡論，亦由各種關係大有差別。

以實理言之，則當以高刈爲第一，根刈次之，中刈與喬木又次也。再以葉之質點考之，根刈生柔軟闊大之葉，於蠶兒飼育及絲質上之關係較喬木與高刈略遜。由是以言，各有得失，不過以高刈爲首，喬木最次而已。若從事未來，固當以高刈爲準。而事後不得已者，可改喬木爲高刈，改中刈爲根，亦亡羊補牢之策也。今將各法詳述之。

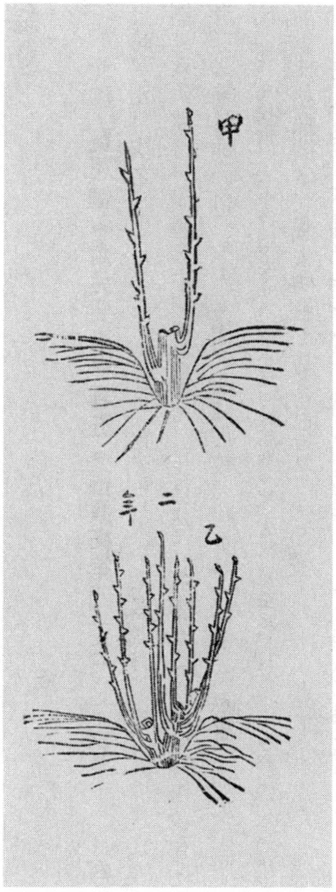

第二十三圖　甲初年　乙二年

又　根刈養成法

根刈之法，今世盛行，其入手先於春間發芽之前將桑莖留一二芽，餘皆刈。

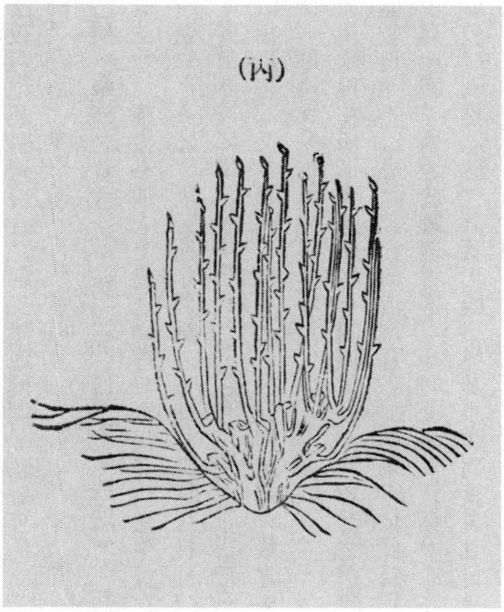

第二十四圖　丙三年

於培肥耕耘至晚秋，將所留一二芽伸長之枝條以草藁結束之。至翌春發芽之前，仍如上年治法。至三年之春，切採須稍早，以供春蠶之用。如是四年，可爲普通收穫矣。以後每春，皆由舊部剪切，但其切斷之面，須成馬蹄形，而尤以向南爲要。

其他

論説

明　徐光啟《農政全書》卷三二《蠶桑・栽桑法》　種椹而後移栽，移栽而後布行。

（光緒）《新會鄉土志輯稿》卷一四《物産志》　桑悉是魯桑種，依根刈法而栽植之，分布甚密。畦間約二尺，株間不過數寸。年中耕耘一次，施肥二次。自三月至九月，分六造收葉，每造約得桑四百斤，每百斤價銀五六錢至二三兩不等。桑葉之貴賤，恒視蠶造之豐凶爲比例。因蠶種帶病，飼育家率多落蠶種，以備不虞。若天氣順適，蠶兒生存，則需求遠過於供給，桑葉價值驟漲。若天氣不佳，蠶兒病死，則桑葉爲無用，委諸江河仍耗摘工。新會之氣象土質，最宜於桑，隙地寸土，無不生之，且樹性強壯，傳染病絕少。害蟲雖多，然爲患不大，又無外國所稱最可恐之痿縮病。冬冷，亦不至氷點，故無霜害。且枝多節密，收葉較多，除六造收葉之外，九月以後，尚可收寒造一次。較諸外省外國，獲利數倍。現栽種者，僅盛行於天河、荷塘各鄉邑，城西南各處，尚屬寥寥。近蠶學研究家考得本境桑質，水分較多，蛋白質較少，擬用接木法，改良桑種。以土桑爲砧木，（因土桑鬚根多，且合氣候土宜。）以浙桑爲接穗，（因浙桑葉大，且富於滋養分。）而取高刈、中刈等法，栽培之。

清　吴作鏌、倪紹雯、劉安欽《蠶桑速成捷法・速成桑園蠶絲捷法跋》　《豳詩・七月》詠桑者三。所謂柔桑、女桑者，與今拳桑及根刈諸種，皆不同。蓋速成種植後，所得之桑，殆類是歟，蠶桑爲吾國固有特産。

清　黄穀《栽桑新論》第八章《桑樹繁殖法》第三節《接木法》（《蠶業叢書》第一編）　接本長須二寸或四寸，斷面平滑（根刈養成者，接本宜短，皮膚組織須細而光。接後可用藁緊縛接合之部，然遭濕潤，恐難延長。若用柳皮，則可隨接木成長，但恐切損樹皮，又有患也。

又 第十章《桑樹之養成法》第四節《喬木養成法》 喬木養成法或稱『漫生養成法』。種後不加人工爲之修理，全仍其自然生長。枝葉蚉生，參差無序，空氣爲之不通，隔三四年偶爲之一理。凡採伐枝條，一切培養之法絕不講求。雖於寒冷之地，略爲相宜，而空氣不通，必招蟲害；枝修不整，必費養液。既招蟲害，又費養液，雖省人工，又何用哉？故當極力改良，使成高刈養成法，庶爲挽桑榆於落日之道也。

譯者按：我國現在情形與此節極有關係。以十八省計之，除江、浙兩省稍爲講求及北省地寒不計外，其江河流域各省，雖未有依此爲正業者。而農婦村姑亦常視爲己職。偶遊於籬邊村落，亦間有喬木之桑，或高數丈，或細如指；大小參差，天然狀態。其葉形既日見其小，而葉質且日見其淡。害蟲滿樹，病毒亦多。以此飼蠶，而欲得良果，豈可得乎？果使老農少婦盡欲改良，已往者速改爲高刈，未來者改用新法，則當以培植之法，編成白話，以化農民。於吾業不無裨益，願與閱者共任其責。

綜述

北魏 賈思勰《齊民要術》卷五《種桑柘第四十五》 剶桑十二月為上時，正月次之，二月為下。白汁出，則損葉。大率桑多者宜苦斫，桑少者宜省剶。秋斫欲苦，而避日中，觸熱樹燋枯，苦斫春條茂。冬春省剶，竟日得作。春採者，必須長梯高机，數人一樹，還條復枝，務令净盡；要欲旦暮，而避熱時。梯不長，高枝折；人不多，上下勞；條不還，枝仍曲；採不净，鳩脚多；旦暮采，令潤澤；不避熱，條葉乾。秋採欲省，栽去妨者。秋多採則損條。

宋 嚴粲《詩緝》卷一六 女桑，乃桑樹中之小者，大樹既條取之，小樹又猗取之，蠶已大食，故桑之大小，取之無遺，盖言蠶事之成也。

元 魯明善《農桑衣食撮要》卷下

修桑

削去枯枝及低小亂枝條，根傍開掘，用糞土培壅與臘月同。此月不修理，則葉生遲而薄。

又 斫桑

斫桑不可留觜角。比及夏至，開幄根下，可用糞或蠶沙培壅。此時不斫，則枝條來春不旺。

又 修桑

削去小枝條，則枝葉茂盛；去其枯枝，則不荒。

元 王禎《農書》卷五《農桑通訣・種植篇第十二》 剶桑，十二月為上時，正月次之，二月為下。大抵桑多者宜苦斫，桑少宜省剶。

元 司農司《農桑輯要》卷三《栽桑》 園內養成荆魯桑小樹，如轉盤時，於臘月內，可去不便枝梢。小樹近上留三五條，椀口以上樹留十餘條，長一尺以上，餘者皆科去。至來春桑眼動時，連根掘來，於漫地內闊八步一行，行內相去四步一樹，相對栽之。栽培灌澆如前法。桑行內種田闊八步，牛耕一繳地也。行內相去四步一樹，破地四步，已久可成。大樹相對，則可以横耕，故田不廢墾，桑不致荒。荆棘圍護，當年横枝上所長條，至臘月科令稀匀得所，至來年春，便可養蠶。

明 徐光啓《農政全書》卷三二《蠶桑・栽桑法》 王禎曰：『剶桑十二月為上時，正月次之，二月為下。大抵桑多者宜苦斫，桑少宜省剶。』《農桑要旨》云：『平原淤壤土地肥虚，荆桑魯桑種之俱可。若地連山陵土脉赤硬，止宜荆桑。』《士農必用》云：『種藝之宜，惟在審其時月，又合地方之宜，使之不失其中。蓋謂栽培之宜，春分前後十日及十月，竝為上時；春分前後以及發生也；十月號陽月，又曰小春，木氣長發之月，故宜栽培，以養元氣。』此洛陽方佐千里之所宜，其他地方隨時取中可也。大抵春時及寒月，必於天氣晴明巳午時，藉其陽和。如其栽子已出元土，忽變天氣風雨，即以熱湯調和泥培之，暑月則必待晚涼，仍預於園中稀種麻麥為蔭，十一月栽種不生活。

（乾隆）《烏青鎮志》卷二《農桑志》 條桑貴剪，初種剪其幹，獨剩根而糞之，令其發生，如是三年而後留其幹；採葉後又剪其長條，否則葉不暢茂。故曰：條桑其不剪者，曰高桑；剪而禿者，曰鼓椎。其脩也，擇根下細條，或了襠陰枝以及渺小不堪蔭下繁密者，悉去之。剪桑畢，又或有前因礙，鋸而未及盡截及老枝不成器者，再芟之。

清 尹紹烈《蠶桑輯要合編》

移栽接桑剪成拳桑法

接桑栽法，宜五尺許一本，如品字樣，不可對植。當待次年正月，天氣清和時候，可離地二尺，剪去上條。候芽出時，只留二芽，秋後成條，又五六尺許。待次年正月，離幹尺許，復剪去，如乂様式。再留頂上各兩芽，餘盡抹去。來年又剪新枝，總留尺許，仿前法，再剪再留，而枝條又增倍矣。約五六年，至立夏後開剪，連枝葉盡行剪下飼蠶。剪至數年，桑即成拳式，十六七拳不等，謂之『拳桑』。拳之大者，可留三四五條不等。次年立夏，又將拳處剪下飼蠶。連枝葉剪下者，一則省工，再則恐有雨濕，須倒懸於通風處，一時即乾，即可飼蠶矣。

又　科斫桑條法

科斫不留中心之枝，使枝條四達。條之可科去者有四：一、瀝水條，向下垂者；一、刺身條，向内生者；一、駢枝條，相並生者，選其一；一、冗脞條，雖順生者，卻稠冗。桑條剪後，近根細鋤，並窖以泡開豆餅，每株碗許，其芽復萌，謂之『莓條』。交秋可長八尺，冬季灌以厚糞，加以肥土，來年葉茂倍多。

清　陸獻《山左蠶桑考・課桑事宜》《種桑詩說》：采桑宜摘葉，不可攀折枝條。惟桑條之遠出而細長者，宜伐去。俟明春另長嫩條，否則成雞桑，《豳風》『取彼斧斨，以伐遠揚』是也。然亦宜相度，或留爲壓條用。初發葉爲初桑，肥嫩，倘飼蠶有餘，宜翦去，否則明春無力。次發爲二桑，不須去，葉澀，飼蠶作絲可爲弦。葉經霜而落者，餧羊甚肥。

清　沈秉成《蠶桑輯要・諸家雜説》　科斫，不留中心之枝，使枝條四達。條之可科去者有四：一、瀝水條，向下倒垂者；一、刺身條，向内生者；一、駢枝條，相并生者，選其一；一、穴脞條，雖順生者，却稠穴。

桑條翦後，離本鋤開，并窖以泡開豆餅，每株盌許，其芽復萌，謂之莓條。交秋可長八尺，冬季灌以厚糞，加以肥土，來年葉茂倍多。

清　汪曰楨《湖蠶述》卷一《栽桑》

一攔桑枝　所接家桑，顺性发生，必木枝直上，不生旁枝，所以有逐年攔頭之法，即剪去上梢也。本年攔頭，如枝已粗壮，约长三尺有餘，可将嫩枝直梢用桑剪攔去数寸，待发新芽，浇粪一偏，能当两年。如枝瘦者，不可攔。倘有發兩枝者，擇其善者養之，其不善者去之。蓋兩枝并養，其枝終覺細軟不如一本為壮直也。一年攔頭須在清明時，則葉芽之孰隱孰發，易於視察也。其本長四五尺，桑芽青綻者，離芽四分攔之，留其本，約高三尺許，須存粗葉芽三四箇，本細者，稍短亦可。二年攔頭，已攔之桑如生枝二三恰好，倘生枝過多，即將細枝横枝剪去，則望之如圓蓋，且其地少草，桑枝仍照前法攔之，其存枝可長八九寸，過長則枝軟不壯實矣，乃下本已長故也。三年攔頭，上年所攔之桑，次年發生有五六枝，其枝在中而壯者，約一尺二三寸長攔之，可二三枝，其枝在四旁者，約七八寸長攔之。中枝長者為頂，如寶塔狀，非第為觀美也，蓋枝葉層層而上，其受雨露，徧而無陂，則葉易長大而多生也。四年攔頭，遠處桑地即外圩産及漾中洲渚之類四年之中逐年如法攔之，桑必枝葉茂密，第五年便可開剪將桑枝帶葉剪斷，以便採下飼蠶也，第六年養其葉于桑，勿剪勿伐如遇葉貴之年，亦可從權採之。第七年攔養桑，約留一二寸之本，剪之不可過長，長則枝太高而本軟矣。五年攔頭，近處桑地在宅之前後左右者須攔頭五年為率，六年開剪，七年養桑，八年攔養桑。凡攔養桑，宜早在蠶將大眠時剪之，則葉有用，而桑亦發也，能剪小葉更妙。《桑譜》

一假攔桑　凡桑枝已攔過兩年者，一本必生六七枝，枝有葉芽，而遂攔之，謂之『攔白條』徒有葉芽，不能飼蠶也，葉未張而先去之，殊為可惜。一法：俟收蠶後，陸續攔之，其葉小，恰宜飼小蠶，不致狼籍，且攔早則發亦茂盛，是曰假攔頭。攔時須天晴，庶其脂勿流泄。《桑譜》

一剪桑葉　桑貴剪，初種剪其幹，獨剩根而糞之，令其發生，如是三年而後留其幹。《烏青鎮志》蠶事畢，將枝髠去，但髠時不可留觜角，及夏至開掘，根下用糞或蠶沙培壅《書城雜著》，否則葉不暢茂。其不剪者，曰高桑，剪而禿者曰鼓椎桑。《烏青鎮志》剪葉宜晴時，則桑脂遇日即乾，如遇雨則桑脂隨雨而泄，本不固矣；如枝粗不宜留者，用桑剪剪下，不可徒手攀折，恐連皮而下損其本也。《桑譜》

一摘桑葉　桑通謂之葉，采通謂之摘俗讀如札。《西吳蠶略》采桑須有次第，擇其色之老者先采之，畱其嫩者以俟其長，尤不可傷其芽觜，蓋芽觜方長畧遲，旬日便數十倍于此時，且其味苦澀，非蠶所宜食也。蠶初生時，食葉甚少，只可采其底瓣底瓣者芽觜之旁，先放之一兩葉也，其色較老，雖畱之亦不甚長；二眠以後，食葉漸多，若底瓣已盡則采瞎眼瞎眼者芽觜已放，只兩三葉，而其中心已無未放之芽，雖留之長亦不多；三眠以後，食葉愈多，然尚須辨其老嫩，至大眠以後，則桑已長足可開剪矣；三眠前所采之底瓣、瞎眼，謂之小葉，采小葉得法，則止望其采得百斤者，合前後計之可得百二三十斤，然年年采小葉，桑亦易敗，

以隔年一采，每年輪換為妙。《廣蠶桑說》

清 汪宗沂《蠶桑輯要・樹桑十九條》 接野桑 樹高大，葉尖薄，而不適于用者，謂之野桑，處處有之。若用佳桑條接之，一年之後卽成家桑，葉亦圓大，可飼蠶。接桑之時，必待天煖，又須月暗，晦日尤妙。接法不一，當于南方求慣習接桑者，以爲之倡導。惟接桑之葉，二年以內不可飼初蠶，只飼大眠以後之蠶。

清 吴烜《植桑育蠶書・種桑説》 桑樹不可太高，太高則葉小而薄，培壅亦難見功，且易招風，枝柯易折，根本易搖，故拳桑至高不可過六尺。

清 吴烜《種桑説》 桑之生於二三月間者，謂之初桑；立夏剪條後，旋復抽條放葉，謂之二桑。初條不剪，來春葉薄，雖蠶食不盡，亦必去之；二桑之條，卽明春放葉之條，若養二蠶，只可剪葉，不可剪條。盛夏時陰翳，不宜太密，卽不養二蠶，二葉亦宜剪去，勿傷其條，一則免引桑牛，二則留其生氣，來年必倍茂也。

清 曹笙南輯《五畝居桑蠶清課》卷二《育蠶徵信篇》

修治

桑秧初栽，於是年正月，翦去上梢，僅留二尺。待放苗，約留三幹，卽葉好，亦不可摘。仍多冗幹，可翦飼蠶。次年正月，又將三幹翦留尺許，待放苗，每幹約留二三枝，仍多冗枝，可翦飼蠶。三年正月，又將三枝翦留尺許。待放苗，樹已成陰，可將本年嫩條盡行開翦，年久則各條成拳式。每年拳上新條，卽蠶食不盡，亦必於近拳處翦去，不可稍留嘴角。蓋不翦，則樹不復茂。翦後再發者，謂之『二桑』，須將拳下所透新芽盡行芟去，拳上約留幾枝，以不礙用翦為度。經霜之葉，為冬桑葉，取以入藥，及餵牛馬豬羊甚肥，亦勿傷條。因此條即來春放葉之條也。近根細條，謂之『妬條』，若下壓條，隨時剔去為是。

翦採

翦桑切不可扯傷桑皮，宜用利翦取之，高者用梯，或用鉤，或用凳。翦取粗大之枝，或用桑鋸。採葉宜參用《蠶桑說》之法，分別老嫩，次第採之，則嫩者日見加長，葉自較多。桑芽味苦，不宜飼蠶，尤不宜損，以稍待數日，則枝揚葉布，倍蓰難計矣。蠶初生時，食葉不多，宜採底瓣飼之。底瓣者，芽邊先放之一二葉也，其色較老，留亦不長。底瓣採畢，則採空瓣。空瓣者，芽放只二三葉，而中空無芽者也。留之，長亦無多。然此底瓣、空瓣，年年頻採，樹又易敗，分樹隔年輪採可也。待開翦，亦宜分別老嫩，次第而採為是。

又 衛護

初栽二三年之條，每留旺苗，不翦不採，以養樹也。成樹開翦後再發之條，乃來春放葉之條，均不宜採。最防偷竊亂扯，樹必受傷，宜隨時用石灰、桐油與巴豆末加水徧灑，雨過復灑，縱使偷去，洗浄飼蠶，蠶亦全損，人自不偷。須先插牌，通知為是。桑為蠶本，葉出時至大眠，為日無多，可以設篷夜巡，守望相助。惟壓苗、栽苗日久，未便常守，宜各處會議嚴禁，加意防護。不然壓苗，栽苗隨時偷竊，非獨延誤時年，最是可惜。且使未栽者，望而中止矣。

清 馮祖繩《救貧捷法・種樹・桑》

芟枝

荊桑宜芟葉，用□□如鐮形，一刀一斷，不復重斫。重則枝葉難茂，刀下帶皮則原枝枯損。審其枝之茂者，留微長，弱者短斷之，除去一切枯楂冗枝。若蠶老桑剩，須于小滿內外盡斫之。毋宿留，毋越時，致來年不茂。

清 黄祖徽《蠶桑淺説・栽桑篇》

截枝

截枝法，約分五種：一、根刈；二、中刈；三、高刈；四、整枝刈；五、立通聽其天然成長之謂也。分述於左。

第一節 根刈每年春蠶畢，刈取每株，上下約留一尺餘

（一）初設桑園時，欲桑樹速成，宜此用法。

（二）收穫便利。

（三）年年割去，桑條蟲害較少。

（四）植於淺地，葉易暢茂。

（五）樹齡短，易罹萎縮病。

（六）葉含水分多，易罹霜害。

（七）不能利用地中深處之養分。

（八）不宜於寒地。

第二節 中刈、高刈每年蠶畢，刈取新條，上下約留兩三尺

（一）樹齡較根刈長。

（二）收穫多。
（三）葉含水分少。
（四）受霜害較輕。
（五）適於寒地及浸水之地。
（六）根延地中甚深，故能利用地中深處之養分。
（七）樹幹易被蟲害。
（八）植立年數較多。

第三節　整枝刈

（一）樹枝較高，刈整齊枝條，排列得宜，日光透徹，空氣流通，生長自易。
（二）發病少。
（三）樹齡短。
（四）初次收穫量較根刈少，然樹姿完成後，即逐年增加，且葉形豐美，較根刈及高刈均優。
（五）五六年後方能採葉，樹下不另栽他物，不能補助用費。

第四節　立通

此法任其天然成長，葉質漸劣，葉形漸小，近今東西各國用此法者甚鮮。就以上得失比較之，中刈高刈爲最宜，根刈整枝刈次之，立通又次之。

清　江志伊《種桑法》　桑有早生、遲生者，須擇早生者爲地桑，比及蠶生，澆灌三次，則葉自生矣。地桑異於樹桑者，樹桑身出土外，坑内之土，上下均宜築實。築後於樹旁加浮土，長後刪繁枝兼去梢。地桑則身埋土内，坑内之土，下半實築，上半輕築。築後於樹頂加浮土，長後只刪繁枝，而不去梢也。

又　桑之萌芽於二三月間者，謂之『初桑』，以飼頭蠶。雖蠶食不盡，亦必去之，不去，則明春葉薄不旺。既翦後，旋復抽條放葉者，謂之『二桑』，以飼二蠶。須於枝之過密處及枝之少力者酌量刪下。如無可刪之枝，則於各枝上刪葉飼蠶，每枝於近拳處刪下三分之一。二桑則不必去矣。若拳下及桑丫雜生之枝葉，即二蠶過時，亦宜一概刪去，俗謂之『刪莓丫』。經霜後，采以飼羊，易肥。惟采時毋傷其條，以此即明春放葉之條也。

清　吴宗周、陳幹材、徐謙山《蠶桑白話》卷一《栽桑白話》

修枝條

桑樹每株有一定脂漿，若枝條簇密，大小不齊，將來的葉子也是細小薄弱，所以必定要修枝條的法子，使他株株長短一樣。那種桑秧分栽以後，每年臘月或正月間須要修一次，留其强壯的二個枝條，剪去上端，留存枝條下端七八寸。大眠以後採去春葉，到二葉發出了，再除弱小的新枝。每枝留存二枝，從此每年一枝變二枝，到五年就有三十二枝了，使這種枝條四面均齊，桑葉發大的時候好像雨傘張開的一樣，使這種所栽的桑樹個個照他的樣子纔好。那個三十二條的乂枝年年從這裏剪去，變成拳頭大的樣子，就喊他拳桑。看他拳大的枝頭，多生桑芽七八個，拳小的枝頭，生桑芽四五個，再過幾天就是手掌大的嫩葉了。小蠶時采去他的芽葉，到大眠後，可依他的拳上去年留存七八寸的老枝，都好剪去了，如是過了十五天左右，个个拳上又發出新芽來了，就是二葉。這種二葉，看他拳大的每个留三枝，拳小的每个留二枝，其餘弱小的嫩枝及樹上亂生的枝條，一概可以芟去養二蠶了。到次年正月，未曾接過的野桑，都要剪去枝條上端，祇能留拳上七八寸長的。到四眠後的時候，仍然依拳上連枝葉的剪去就是了。那種已經接過的接桑，正月間不必剪去枝條，憑他發出桑芽來，到大眠後的時候，依拳上連枝葉的剪去，可以飼春蠶了，那個拳上待二葉抽出來，仍然芟去弱小的新枝葉；可以養二蠶的，也要留存强壯的枝葉二三條，年年照這樣子做便不差了。

清　林心北、吴書年勸刻《蠶桑輯略·栽桑法則十六條》　魯桑法　園内養成第三年接過魯桑，培養一年之後，至第四年，即可移栽。約八尺一株，分行如品字形，移栽後，於接頭以上有青眼處空出青眼，翦去上條，止留二三寸。發芽時，止留一芽。深秋，肥者長成五六尺高，至冬後，又翦去上條，離地留一尺五寸，如此樣。來春，頂上留兩芽，長成雙條，至冬後，又翦留一尺四寸之譜，如此樣。來春，又各留兩芽，至冬後，又按一尺四寸，翦去上條，如此樣。來春，又各留兩芽，至冬後，又按前法翦之，成八頭，如此樣。此後在八頭上留芽，不必止留兩條，即三五六七條皆可。每年蠶三眠時，連條翦下飼蠶。翦後，八頭上必另發新條，此條不可砍伐。來年蠶二眠時，依前法翦之，久之，八頭成拳式，是謂『拳桑』。自拳下如有附枝，亟抹去之，恐其分力也。

清　林楊光、王鎮西《蠶桑條説·平利縣王學官鎮西述呈蠶桑簡易説十九條》　盤桑條法　用老桑樹上嫩條，長四五尺者，刋下盤作圓圈，留稍上尺許。將地掘坑，深八九寸，放桑條於坑内，稍露地面寸許，中實以糞，後用土築緊，再灌以水。至腊月中，用爛草將稍頭纏住，以火燒之，來春發生必旺，本年即長四五尺許。

又 修桑樹之時 桑不修翦，則附枝多而葉薄，然翦去桑枝，必在三月十五後，四月初五前，早則葉小，遲則桑條不長矣。

清 劉光蕡《修齊直指評》 接桑：自桑椹熟時，至三伏日皆可。然桑不鋸翦則不旺，即如欲成樹桑，將栽下的桑條如箸大者落地齊翦，次年發芽，只留一芽上長，餘皆鋸去，長至六七尺高。至冬月，就樹腰中齊翦，來年發芽，只留兩條，餘皆鋸去。飼蠶如此，每歲一條留兩條，兩條留四條，四條留八條，愈留愈多，愈多愈高。若翦大樹，蠶月翦條飼蠶，五六月發出條來，翦去一切不正冗條，以飼二蠶，名曰滅條。至臘月或正月翦去整條的稍尖，名曰攔頭。翦地桑亦如此法，只是年年落地齊翦，滅條、攔頭皆同。人能依法樹桑，自然桑葉繁盛，遍野緑雲矣。

清 饒敦秩輯《蠶桑簡要録・栽桑法則》 臘正月間，將頂上透高及四面散撑枝樹，用桑剪截去稍頭，其長枝可翦去大半，短枝可翦去一半，大約每枝只留下尺餘及二尺長足矣。使其力不外散，則葉自大而厚矣。

清 王世熙編輯《蠶桑圖説》金編《蠶桑總論》

攔桑枝法

所接家桑，順性發生，必本枝直上，不生旁枝，所以有逐年攔頭之法，即翦去上梢也。本年攔頭，如枝已粗壯，約長三尺餘，可將嫩枝直梢，用桑翦攔去數寸，待發新芽，澆糞一遍，能當兩年；如枝瘦者，不可攔。倘有發兩枝者，擇其善者養之，其不善者去之。蓋兩枝竝養，其枝終覺細輭，不如一本爲壯直也。一年攔頭，須在清明時，則葉芽之孰隱孰察，易於視察也。其本長四五尺，桑芽青綻者，離芽四分攔之，留其本，約高三尺許，須存粗葉芽三四箇，本細者稍短亦可。二年攔頭，已攔之桑如生枝二三郤好，倘生枝過多，即將細枝横枝翦去，則望之如圓蓋。且其地少草，桑枝仍照前法攔之。其存枝可長八九寸，過長則枝輭不壯實矣，乃下本已長故也。三年攔頭，上年所攔之桑，次年發生有五六枝，其枝在中而壯者，約一尺二三寸長，攔之可二三枝，其枝在四旁者，約七八寸長攔之。中枝長者爲頂，如寶塔狀，非第爲觀美也，蓋枝葉層層而上，其受雨露遍而無陂，則葉長大而多生也。四年攔頭，遠處即外圩產及漾中州渚之類四年之中，逐年如法攔之，桑必枝葉茂密，第五年便可開翦將桑枝帶葉翦下，以便採下飼蠶也。第六年養其葉於桑，勿翦勿伐如遇葉貴之年，亦可從權採之。第七年攔養桑，約留一二寸之本，翦之不可過長，長則枝太高而本輭矣。五年攔頭，近處桑地須攔頭，五年爲率，六年開翦，七年養桑，八年攔養桑。凡攔養桑宜早，在蠶將大眠時翦之，則葉有用而桑亦發也。能翦小葉更妙。

清 衛杰《蠶桑萃編》卷二《桑政・修剪類》

壓桑插桑去梢留杈

壓枝插條，應用接本桑上之枝與條，以後不必再接。今年壓，次年移，即以移之年為第一年。今年插，次年不再移，即以插之年為第一年。凡五年内，去梢留杈，均與接本桑同。

清 吴作鏌、倪紹雯、劉安欽《蠶桑速成捷法・速成桑圓種植法》第九章《栽植法》 備考 魯桑實生速成桑園，若不欲栽植全園，而與拳桑式混植亦可。蓋拳桑式距離較遠，其間多生間隙。若以速成桑栽植之，其初年，即可收葉，以養少數蠶兒。迨至速成桑，勢稍衰弱，而拳桑式已爲多量收穫之期，是誠一舉兩得之良法也。又混植法，可於農圃之周圍，代用竹籬，密植其間。或於宅地之周圍代用墻壁，而栽植之，廢物利用，所得亦非鮮也。

又《蠶絲業普及捷法》第一章《桑樹栽培捷法》 收葉 飼一齡蠶兒，採早生桑近顛處，第三葉之帶黄緑色者。二齡採第四、五葉，三齡採第五、六葉，四、五齡，伐其枝條，採其全葉。惟葉顛養分不足，而多水分，不可用。伐條處，宜恰近于樹身，切口宜斜向南方。惟魯桑伐條時宜長留尺許，隔數日後，于晴天上午，乃刈其餘。蓋魯桑漿液最富，驟近身伐之，則流出甚多，易于腐爛樹身，如此刈法，可稍保全。

清 徐樹銘《桑政邇言》 移種之年，下腳不高，不必去旁枝。至第二年，枝條尚瘦，祇可去靠下一盤在一尺以内者。至第三年，可於冬月去靠地一盤之在二尺内。至第四年，可以去三尺以下之枝，共成露梗，下腳三尺分三年去。其在樹之枝條，約略分五層，每層一尺，合計全樹八尺。總要枝横四面，不要中條獨長，高過八尺，有妨採葉。如過八尺以上之條，即應截去。其横長過五尺者，亦翦去空梢。浙江有數年後將各枝條全行翦截，謂之『拳桑』，如北方突柳之比。然必俟本根堅固，下根長而勢力足，雖去全條不妨。若初種三五年，本根勢力薄弱，不可動輒翦去，恐其透風傷氣，致成枯槁。

又 種葚之外，其次莫妙於接枝之一法。今試照移花接果之法，先將業已種成本樹，或柘葉有數歧，一名花桑，或公桑不結葚者，或樗卽臭椿，或椿卽香椿，可食者，或橡一名烏柏，一名青剛，一名菩提果，可代漆，可生黑白木耳，將已成樹高一二丈者，近地大一寸二寸三寸圍者，鋸留平盤綜計已長七八年者佳，過老卽難活，以桑枝削成馬子，照接桃李之法，或三馬或四五馬接之，護土如法，春時卽可發桑枝，三年卽可成樹，尤葉茂枝榮。其餘培護、澆灌及翦截，一如種葚之法。其所用之馬子，卽取四五年新桑之傍枝，或年久大桑樹之氣條嫩枝，大小合式者用之，取其漿水足，易於生活也。

清 楊鞏《中外農學合編》卷九《林類・樹桑》

壓桑插桑去梢留杈式樣

壓桑、插桑二項，所壓之枝，應用接本桑上之枝，所插之條，應用接本桑上之條，將來便不再接。今年壓枝，明年移栽，即以移栽之年為第一年。今年插條，明年不再移，即以插條之年為第一年。自第一年至第五年去梢留杈各式樣，均與接本桑同。

大小桑秧，移栽剪梢，未幾即抽條長葉，只留粗枝一條。今年移栽，明年即可接換。接時將本桑斜剪離地，只留一二寸。接後芽條出自桑本者，必須摘去。出自接頭者，俟高一二尺時，只留好條一枝，餘皆删去。冬臘月將所留之條剪去稍子，離地約高尺許，是為第一層。第二層留兩杈，第三層留四杈，第四層留八杈，第五層留十六杈，均照接本桑法。但接本桑，以移栽之年為第一年，每一年留一層，留至五層已及五年。大小桑秧，今年移栽，明年接換，應以接換之年為第一年，留至五層，亦是五年。若以移栽之年為第一年，留至五層便是第六年。其初次移栽太密者，今年移栽，明年接換，後年尚須再移，應以再移之年為第一年。留至五層，亦是五年。若以初次移栽之年為第一年，留至五層便是第七年。

大桑樹去梢留杈式樣

原有之大桑樹，冬臘月將樹身鋸斷，離地只留三尺，是爲第一層。《蠶桑提要》

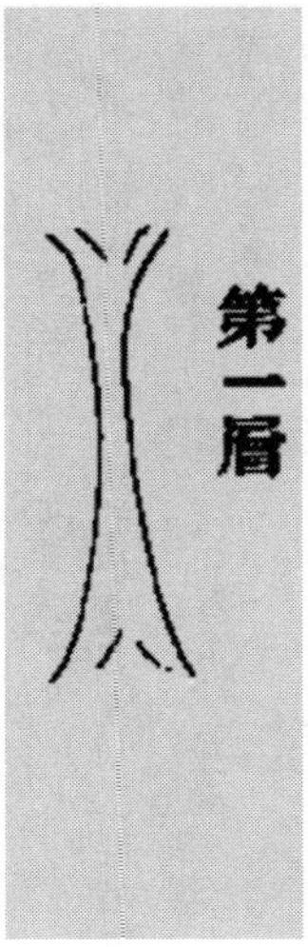

第二年春天新條自然抽出，俟四月剪桑。飼蠶時只擇肥旺者留五枝，其餘旁出枝條概行删去。删去之枝可摘葉飼蠶。所留五枝暫不剪梢，俟本年冬臘月或明年清明前再將此五枝各留一尺，剪去梢子，是為第二層。同上

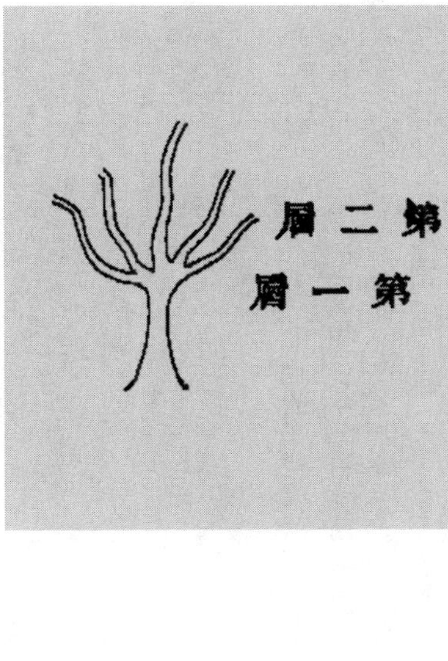

第三年春天又復抽條，俟四月剪桑飼蠶時，將所留五枝之上又各留五枝，共二十五枝，其餘旁出枝條概行删去。删去之枝可摘葉飼蠶。所留二十五枝暫不剪梢，俟本年冬臘月或明年清明前再將此二十五枝各留一尺，剪去梢子，是為第三層。以後不再留杈，年年立夏後，將二十五枝上所生嫩條連枝帶葉一併剪下，摘葉飼蠶。同上

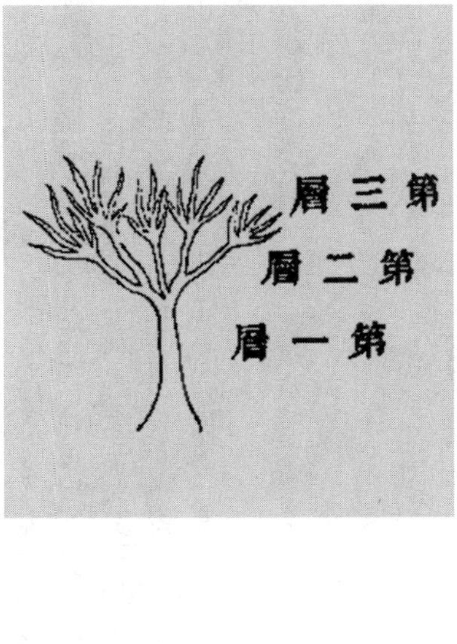

補空缺　修剪合式，則桑之四面圓如雨蓋。如缺而不圓，須知補缺之法。所謂補缺者，非另栽一株以補之也。只於缺處多留一二枝嫩條，便補圓矣。移栽小桑，每一層留二枝。原有大桑，每一層留五枝。亦就大概而言，若有空缺，不必過於拘泥。《蠶桑輯要》

砍全樹　桑栽二年以上，有芽條不旺者，或樹老而中空者，於穀雨時以硬木貼樹身，將枝條全行砍去，樹身去地約留二三寸或五六寸。立夏後不宜此法。砍後，以土封瘢，並以肥土壅樹之四圍，旱以澆之，自然復茂。《藝桑總論》

剪地桑　地桑與樹桑不同，樹桑去梢留杈，修剪樹桑，須齊杈上老瘢，地桑不去梢。修剪地桑，必須靠土移栽地桑之後，俟桑芽出土四五指時，每一科只留一二條，餘皆靠土剪去。次年靠土割條葉飼蠶，割過之後，每一根盤又出數芽，亦只留四五條，餘皆靠土剪去。以後根漸旺，留條亦可漸多。又地桑之壓枝者，俟卧條生芽，狀如鈀齒時，約五六寸遠留一芽，餘皆剝去。又地桑五年以後，根相交則不旺，春時將相交之根砍斷掘去，添上糞土俟得雨或澆水，即復暢旺。《種桑詩説》

清　葉向榮《蠶桑説・告示條規》　修桑樹　長至六七尺，臘正月間，砍去中心之枝，餘幹向外長，如大傘之狀，枝不繁而葉自大。飼蠶時，枝剪下，須留一二尺不剪。土草長即鋤，土乾便灌。二八月及冬月，要上肥。豬羊牛馬之糞皆可，人糞尤宜。棉子、油渣、荳餅之類，性煖，更肥，須鍋熟用。

又《蠶桑輯要・諸家雜説》

科斫桑條法

科斫不留中心之枝，使枝條四達。條之可斫去者有四：一、瀝水條，向下倒垂者；一、刺身條，向内生者；一、駢枝條，相并生者，選其一；一、冗脞條，雖順生者，卻稠冗。

又　修桑樹　臘正月間，砍去中心之枝，餘幹便向外長，如大傘之狀，枝不繁而葉自大，春冬翦之最好。

清　豫山《蠶桑輯要合編・種桑》

未接魯桑秧，養成拳桑法

初年出桑身，擇係魯桑者，留之，次年成桑苗，苗大如指，分栽。翦直根，留旁根三四，令深入土五寸埋根，令舒暢。其苗長四五尺者，翦其本略半。俟發旁枝，擇其旺者留之，次年漸漸開拳，不接亦可。惟荊桑必須接。枝壯成幹，翦其條，以開拳。年年於拳上抽條摘葉，葉多易采。蓋柳有髡柳，桑有拳桑，物理之相似者。

清　佚名《樹桑養蠶要略・樹桑十九條》　枝少則葉自肥，必當去之條有五：一枯條、二細條、三向下垂之條、四向裏生而刺身之條、五駢枝并生之條，宜去一留一。新移小桑，其梢既已剪去，次年又剪去梢，不令樹高，便于採葉。且樹梢細嫩，出葉不大，去之則全力注于旁枝矣。此二事，均用浙中桑剪爲便。

清　黄穀《栽桑新論》第八章《桑樹繁殖法》《蠶業叢書》第一編

第八圖　簾伏法

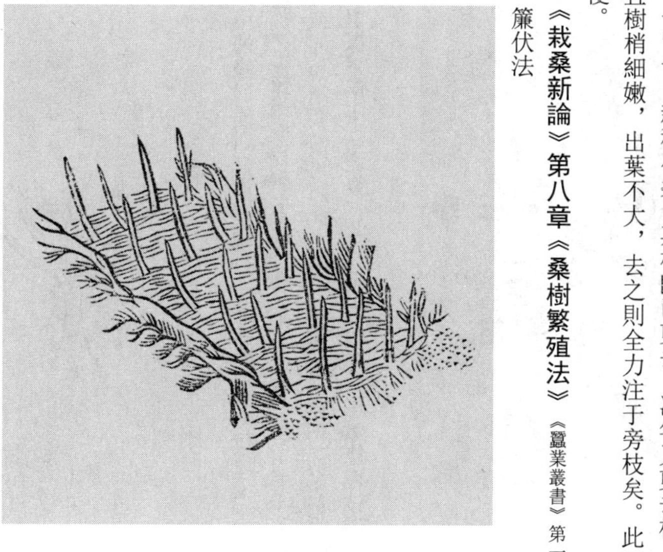

此法利用根刈桑之枝條，盡去其葉，其目的在養成苗木。故當條中養分欠乏之時，行之難以奏効，必須於落葉之後，以至春日芽萌之前，行之最好。此法既簡且易，可得多量之苗木，先於濕氣適宜之地耕耘，而施以腐熟堆肥。如第八圖之形，掘溝，距離約三尺五寸，兩側用土築以小堤，溝深以四寸，幅以五寸爲適度，將桑梢兩端切去，約留一尺五寸，而插入於小堤中，橫以排列，距離各三四寸，狀恰如簾，故稱此名。其下面發根點之部分若稍露出，須以土補填之，其上面覆之以草藁，以防其乾燥。且須時施稀薄液肥，使萌芽漸次伸長，再將芽間切斷，以促根之生長。此後勤除草，多培肥，至晚秋卽可得良苗也。落葉後行假植法，至翌春，將新梢之間切斷，可成獨立之苗木。

藝文

明 高啟《大全集》卷二《樂府・養蠶詞》 東家西家罷來往，晴日深窗風雨響。二眠蠶起食葉多，陌頭桑樹空枝柯。新婦守箔女執筐，頭髮不梳一月忙。三姑祭後今年好，滿簇如雲繭成早。簷前繅車急作絲，又是夏稅相催時。

雜録

《玉海》卷一二《律歷》 三月，參則伏，攝桑，委楊，羵羊，鷇則鳴，頒冰，采識草也妾子始蠶，執養宮事。祈麥實。越有小旱，田鼠化為鴽。拂桐芭。鳴鳩。

清 李光地等《御定月令輯要》卷七 《三月令》 攝桑。原《夏小正》：攝桑。《傳》：桑攝而記之，急桑也。

清 尹紹烈《蠶桑輯要合編・董事每月應辦事件》

六月

一、修剪桑枝，令其開拳。

一、澆灌桑樹。

清 黃毅《栽桑新論》第十章《桑樹之養成法》 《蠶業叢書》第一編

喬木養成法

喬木養成法或稱漫生養成法。種後不加人工爲之修理，全仍其自然生長。枝葉蚤生，參差無序，空氣爲之不通。隔三四年，偶爲之一理，凡採伐枝條，一切培養之法，絕不講求。雖於寒冷之地，略爲相宜。而空氣不通，必招蟲害；枝修不整，必費養液。既招蟲害又費養液，雖省人工，又何用哉？故當極力改良，使成高刈養成法。庶爲挽桑榆於落日之道也。

桑樹病蟲害防治分部

桑蟲

題解

宋 戴侗《六書故》卷二〇《動物四》 蝎 ，許謁切，蠐螬類也。在木曰蝎，與蠐同，而色微黃，多蠹穴桑中，化而羽有角，如牛羊，故俗謂『天牛』，亦謂『桑牛』。盧黑而白駁，緣木上下，飛騰不遠，還齧木皮，卵其中。《爾雅》曰：蝎蛣蝠。《説文》作『蚍』，又曰蝎。桑蠹，蠰齧桑，又曰『蠐』，扶非切。蠐螬，蝤蠐，蝎。疏曰：在糞土中者，名蠐螬，又名蠐螬。在木中者，方言云：關東謂之蝤蠐，梁益之間謂之蝎，實一蟲也。齧桑，江東呼『齧髮』，似天牛長角，體有白駁，好齧桑，正此物也。按：蝤蠐與蝎雖相類，而實二物，以蝎為蝤蠐，非也。

蠹 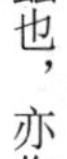 當故切，木中蟲也，亦作 ，會意。

清 王念孫《廣雅疏證》卷一〇下《釋蟲》 蠀螬。蠀，與蠐同。《爾雅》：『蠀，蠐螬』。郭璞注云：在糞土中，蝤蠐，蝎。注云：在木中。今雖通名爲蝎，所在異蝎。蛣蝠注云：木中蠹蟲。蝎、桑蠹，注云：卽蛣蝠，《方言》云：蠀螬，謂之蠀，自關而東謂之蝤蠀，或謂之卷蠾，或謂之蝖蝂；梁益之閒謂之蛒，或謂之蝎，或謂之蛭蛒；秦晉之閒謂之蠹。郭璞注云：亦呼『當齊』，或呼『地蠶』，或呼『蠀蝖』，是土中之蠀，木中之蠹，同類而通名。故《衛風・碩人》篇『領如蝤蠐』，正義引《爾雅》釋之，以爲蠀也，蠐螬也，蝤蠐也，蛣蝠也，桑蠹也。一蟲而六名也。《本草》云：蠐螬，一名蠀蠐。蠐螬，雙聲字，蠀蠐疊韻字也。單言之，則或爲蠀，或爲螬。《爾雅》蠀蠐螬。《孟子・滕文公》篇：『井上有李，螬食實者過半矣』是也。《名醫別錄》云：『一名蜰齊，一名教齊，蜰齊，與蠀蠐通聲，轉而爲教耳。』《莊子・至樂》篇：『烏足之根爲蠐螬。』司馬彪：本作，螬蠐，云蝎也。螬蠐卽蝤蠐，蝤螬聲相近也。《論衡・無形》篇云：『蠐螬化而爲復育，復育轉而爲蟬。』《御覽・引博物志》云：『蠐螬以背行駛於用足，皆其情狀也。』各本脫『也』字，今補。

清 吴儀洛《本草從新》卷一七 桑蟲。古名『桑蠹蟲』，又名『桑蝎』。宣、祛風。

清 葉世倬輯《樹桑百益》

緣桑蠃

集解：此蠃全似蝸牛，黄色而小，雨後好援桑葉。此蠃諸木上皆有，獨取桑上者，正如桑螵蛸之意。發明。小兒驚風，以蜜丸通聖散服之，間以桑樹上牛兒陰乾，焙研爲末，服之以平其風。桑牛、蝸牛、蛞蝓三物皆一類，而形署殊，故其性味、功用皆相彷彿，而桑牛治驚，又與僵蠶、螵蛸同功，皆食桑者，其氣能入肝平風也。

清 趙淵《蠶桑摘要》卷上《桑政》

皮內蟲

蟲生於桑樹皮內，名『天水牛』，又名『桑牛』，俗名『牽牛』。小滿後下卵，必齧破樹皮，藏卵於皮內。芒種後，變蟲形如蛆，吮樹脂膏。近夏至，漸鑽穴而入，秋冬間，大如蠐螬，身長足短，名『蝤蠐』，一名『蝎』，又名『蠹』，食樹心，穿木如錐，次年三四月成蛹，變爲天水牛，兩角如八字形，似牛角，或有一角色黑，背有白點，緣木上下，口有雙鉗，其利如翦，新發之條，齧之卽折。

清 孫星衍、孫馮翼輯《神農本草經》卷二 案：《說文》云：蠹，蠹蟲也。蝤，蝤蠹也，蝎，蝤蠹也。《廣雅》云：蛭蛒，蛬蠋，地蠶，蠹蟦，蠐螬。《爾雅》云：蟦、蠐螬。郭璞云：在糞土中，又蝤蠐，蝎。郭璞云：在木中，今雖通名蝎，所在異，又蝎，蛣蝠。郭璞云：木中蠹蟲，蝎、桑蠹。郭璞云：卽拮掘。《毛詩》云：領如蝤蠐。《傳》云：蝤蠐，蝎蟲也。《方言》云：蠐螬，謂之蟦，自關而東，謂之『蝤蠐』，或謂之『蛬蠋』，或謂之『蝖螜』，梁益之間，謂之『蛒』，或謂之『蝎』，或謂之『蛭蛒』，秦晉之間，謂之『蠹』，或謂之『天螻』。《列子・天瑞》篇云：『烏足根爲蠐螬』。《博物志》云：『蠐螬以背行，快於用足』。《說文》無『蟦』字，當借蜚爲之，聲相近，字之誤也。

清 鄒漢勛《南高平物産記》下 蝎 《爾雅》載四種：『蟦，蠐螬』，一也。『蝤蠐，蝎』，二也。『蝎，桑蠹』，三也。『蝎，蛣蝠』，四也。蟦生糞土中，狀似蛆子，赤頭白身。蝤蠐在木中。桑蠹生桑上。蛣蝠，凡器物中蠹皆是。

論說

清 吴儀洛《本草從新》卷一七

桑蟲

甘温有毒。時珍曰：『蝎化天牛有毒，蠐螬化蟬無毒，又可見蠐螬與蝎之性味良惡也。』祛風治障翳瘀腫，小兒驚風，口瘡風疳，婦人崩中漏下赤白，墮胎下血，產後下痢。今人多用以發痘。景岳曰：『桑蟲亦名桑蠶，不知創自何人，用以發痘。』子嘗遍考《本草》及《痘證》諸書，俱所不載，及審其質性，不過爲陰寒淫毒之蟲爾。惟其有毒，所以亦能發痘，惟其寒淫，所以最能敗脾。顧發痘不從氣血，而從毒藥，此與揠苗者何異，矧其淫毒侵脾，弱稚何堪。故每見多服桑蟲者，毒發則唇膚俱裂，脾敗則泄瀉不止。人但見痘證之死，而不知其敗在蟲毒也。前之既覆，後可鑒矣。其柰蒙蒙者，率猶長夜之不醒何？子欲呼之，用斯代柝，而并咎夫作俑者之可恨。恪按：桑蟲能祛風而走竄經絡，其性大約與穿山甲相近，故均能發痘，然起發不出根本，元氣爲毒所傷。今人治痘無不用之，其爲害不知若干人矣。吾鹽馮楚瞻，有《錦囊秘録》，其書龐雜淺鄙，全無足取，內有云：『大桑蟲有人參之功』，噫！此黃口小兒之言也，何物匪才，敢無知妄作耶！桑蟲卽桑蠹蟲，《别録》《日華》《蜀本》《藏器》時珍，俱所收載，何景岳以爲不載耶？但竝未言其治痘、痘證，諸書從未有用之者。蟲矢功用略同，俱燒存性，研末酒調。按：牛蝨啖血，例比䖟蟲，尤非痘家所宜，而世習用之，傷人多矣。

綜述

宋 程大昌《演繁露》卷八

尺蠖

尺蠖之屈，以求信也。《方言》曰：蠀資蛓子六反謂之尺蠖。郭璞釋之曰：『步屈也，步屈云者，一步一屈也，多在桑上，其體質似蠶，色灰褐而身瘦長，其腹下兩頭有足，足亦如蠶。每欲進步，先聚屈其體，前後幾相連著，而脊背橋起，直如筓釵，兩頭環曲之處也，此其所以爲屈也，已屈而聚，聚已而舒，則遂寸寸前進，是其所以爲伸也。吾鄉俗呼『度』音『鐸』，蟲度者，蠖音之訛也。《爾雅》曰：尺蠖。《說文》則曰：曲信蟲。韓集《城南聯句》曰：桑蠖。見虛指，皆可互相發明也。

明 劉仲達《劉氏鴻書》卷一《天文部一》 裸蟲三百有六十，而人爲之長。食水者善遊而柰寒，食土者無心而不息，食木者多力而不治，食草者善走而愚，食桑者有緒而蛾，食肉者勇毅而悍，食氣者神明而壽，食穀者智慧而夭。

清 李元《蠕範》卷八《物名》 蟲物之微者，備羽毛鱗介，兼產水陸，其種不一。曰竊蟲，似鼠負，四角白色，振其頭，有聲甚響，尋之卒不可見，常居屋壁間。曰丹戩，飛龍也。似鼠負，青股赤頭，出蜀郡。曰禾蟲，軟如蠶，細如箸，長三寸餘，青黃色，中有白漿，置器中滴入鹽醋，則漿自吐。閩人云：海濱禾根，長數尺或丈許，縷縷如血絲，隨海水而出，漾至海濱，寸寸自斷，爲此蟲。曰棗貓，生棗樹上，大如棗仁，青灰色，兩角有翅能飛。曰天社，狀如犬大腰，食草木葉。曰氥蠜，氣盤也。行夜也，不能遠飛，好夜行，觸之則氣出，狀如蜚蠊。曰腆顆，狀如氣盤，褐色身扁帶之，令人相愛。曰桑牛，天螺也。緣桑螺也，似蝸牛而小，黃色，雨後好緣桑。曰益符，無舌蟲。曰麗降，似蚨，腹薄而青，在橄欖樹上，自呼其名。曰蠼，螟蛉也，桑女也，桑上小蟲，似尺蠖而青。曰飛生，天牛也，似蠰不錐桑孔。曰蜛蝫，一頭數尾，長二三尺左右，有腳似蠶，可食。

清 朱斌《蠶桑指要·種桑》

修樹

凡桑林，除每年剪採如法外，猶必要修整兩番，方能久盛。夏至後，新條方長，務去繁枝、桑耳；秋分後，桑條已成，務去蛀梗枯角。蓋夏日不去繁枝，則條不粗；不去桑耳，則來春必多啞眼。又且桑牛虫蛋，不能顯露，秋間不去蛀梗，恐虫轉入大幹難除；不去枯角，則椿頭不清，難以成拳矣。故交冬猶未修剪者，其樹必敗，若老拳之上發芽甚小，而大芽反出其下，寧去椿頭，謂之留大不留小，留嫩不留老，此總訣也。

明 黃省曾《蠶經》 其為桑之害也，有桑牛，尋其穴，桐油抹之，則死。或以蒲母草，草之狀也，如竹葉，其桑葉之葉癩也，亦以草汁沃之。桑之下可以藝疏，其藝桑之園，不可以藝楊，藝之多楊甲之蟲，是食桑皮，而子化其中焉。

清 方大湜《桑蠶提要》卷一《桑政二十三條·除害五則》

根怕水漬　漬水傷根，萬無活理。必須培土作埂，栽桑於埂上，且四面開溝以防漬水。

眼怕泥糊　桑眼將萌時，大雨之後必須逐株查看，如被泥水糊眼，即速挑開，否則死矣。雨一番，看一番，不可忽也。

芽怕霜凍　桑芽已動，最怕霜凍。倘遇春天陡寒，北風大作，宜於樹北堆積糞草，待夜深時順風發火，借烟氣以解霜凍。

皮怕苔生　桑皮生黑苔成塊，須用刮桑鈀刮去，若不刮去，葉即枯槁。

樹怕蟲傷　蟲有生於桑樹皮內者，名天水牛又名桑牛，俗名牽牛，其下卵也在小滿後，必嚙破樹皮而藏其卵於皮內。其變蟲也在芒種後，形如蛆，吮樹脂膏，將近夏至漸漸鑽穴而入，秋冬間大如螬蠐，身長足短，名蝤蠐一名蝎，又名蠹，食樹心，穿木如錐。明年三四月間成蛹，變為天水牛，兩角如八字形似水牛角，亦有一角者，色黑，背有白點，緣木上下，口有雙鉗，其利如翦，新發之條，嚙之輒折。治之之法：須於樹之本身及大枝上流出黃水之處，剔破其皮，中有卵如米粒，取而碎之，此蟲便絕。如子已成蟲，則須尋著蟲穴穴外必有蛀屑，用鐵絲向穴內刺死，或用鐵絲做小鈎將蟲鈎出。如蟲已深入，非鐵絲所能及，則用百部草汁灌之，無不死者。百部，藥名，能殺蟲，將百部草切細，納小甕中，用水浸爛，浸時須封固甕口，勿令走氣。鄉間小藥店皆有此藥，并非貴重難得之物。或用熟桐油灌入穴內，或用爆竹藥綫插入蟲穴，以火燃之，蟲聞桐油氣、藥氣即死。此蟲自初一至十五其頭向上，宜於十五以前清晨時以此法治之。此蟲天未明時必出穴飲露，清晨或尚未歸穴，即歸亦未深入，易於下手，失此不治，則愈入愈深，其樹必死。如已變為天水牛，則緣樹而飛，但飛騰不遠，宜急撲捕。蟲有生於桑樹皮外者，曰蠦蛛，曰步屈，曰麻蟲，曰桑狗，曰白蠶，皆食葉蟲也。葉雖肥大，一經蟲食，不特葉如麻布，即明年所發之葉亦不能繁茂。治之之法：須用木棒橫掃桑葉，蟲自跌落，下以布幅承聚，或篾簟蘆席皆可，將蟲打死。或用烟油和水烟油即烟筋所熬之汁，百部巴豆浸汁，以棕帚醮汁於葉上密灑之樹高則以吸筒吸而噴之，吸筒見桑具第五則，蟲食其葉則死。然宜早治，遲則生子，留為明年之害矣。又有食葉之蟲，其名曰蟥，生子必在桑身或在桑拳及桑丫內，子浮皮上，微高起成堆形色與桑皮稍別，須用刮桑刀將子刮下，蟲自不生，謂之刮蟥。每年刮蟥三次，冬春看頭蟥，清明節前看二蟥，翦桑畢看三蟥。必須刮盡，不可遺剩一顆。如蟥已成，則六月捉頭蟥，七月捉二蟥。頭蟥尤宜細看，留頭蟥一則，二蟥便有百也。又有桑虱，初生如白屑，漸成細粒如蘿蔔子一半大，吸飲桑皮之漿，皮漸槁，葉亦漸，枯須用刮桑鈀刮之刮桑鈀見桑具第四則。然治之不早，樹已受傷，不如見有白點時，即用巴豆研細和以豆油，用棕帚醮油埽之，則白虱盡死。蟲有生於桑樹皮外而入居皮內者，名曰嚙桑又名嚙髮，形似天水牛，淺黃色，角差短，體有白點，喜緣桑上，嚙桑樹作孔入其中，當以治蝤蠐之法治之。蟲有生於桑樹而晝伏夜動，性與他蟲迥別者，名曰蜣螂蟲。晝潛樹上，夜出食葉。又有不生於桑樹而食桑葉者，名曰時蟲。夏初遇西南風，酉戌時從土中飛出，食葉至卯時復入土。蜣螂晝潛樹上，晝尚可捉。時蟲晝藏土中，難於尋覓。須於夜間燃火，蟲見火光便紛紛投入火內，但火宜遠燒於下風，因葉忌烟薰也。

清 馮祖繩《救貧捷法·種樹·桑》

療桑

桑生黃衣，以龜甲埋入根柢治之，則不生蟲且茂盛。桑有蟲，名桑牛，急覓其穴，灌以桐油即死，或以杉木尖塞之。

清 高其垣《試行蠶桑説·培養桑樹法十五條》 桑樹歷年未久，人功地力俱足，而其葉黃瘦多枯枝者，蟲傷故也。蟲有二種：一生皮內，一生皮外。皮內生者，長一二寸不等，常潛伏於皮內，不令人見，急宜治之。治之之法：從本身及大枝上尋着蟲所出入之戶其戶外，必有木屑，故易尋，用硬鐵絲向戶內討取，討取不得，則用熟桐油灌滿其戶，斷無不死矣。此蟲自初一至十五，其頭向上；十五以後，則其頭向下，難於討取。治蟲者，宜於十五以前清晨卽起，以前法治之，蓋其蟲於天未明時，必出戶飲露。清晨卽起，或猶未歸，卽歸亦未深入，易於下手，失之不治，則愈入愈深，其樹必死。皮外生者，常在五六月間，狀與蠶同而差小，俗之謂『白蠶』，專食桑葉，葉雖肥大，一經此蟲，便如麻布，而明春所發之葉，必不能繁。治之之法：用桐油卽烟筋所熬之汁，烟筋向烟店中買和水，以洗箒於桑葉上密密灑之，蟲食其葉則死，然宜於初生時卽治，稍遲數日，便成無用小繭，繭出飛蛾，蛾又爲明年留種，治之益費力矣。

清 高銓《蠶桑輯要》卷上

去蠹

《農桑要旨》云：害桑蟲蠹不一，蠦蛛、步屈、麻蟲、桑狗，又有蜣螂，蟲性如蠦蛛，晝潛于上，夜出食葉；又有蠹根食皮而飛者，名天水牛，于盛夏時生，皆沿樹身匝地生子，子形類蛆，吮樹膏脂，秋冬漸大，如蠐螬，蠹食樹心，至三四月間，化成樹蛹，却變天水牛，凡此皆桑之害也。而其蟲之最甚者，莫如橫與蛀。橫，從去聲。案：蝗有橫蟲之稱，演《春秋繁露》云：徽州稻苦蟲害，俗稱橫蟲，蓋以其縱橫擾害也。此蟲害桑，亦如蝗之害稼，故有是名橫蟲似蠶而小，色黃白，有頭橫、二橫、三橫之繁，頭橫二橫之子，皆綴葉上，三橫子則綴枝上，百顆叢生，與桑一色，須杷刮净盡，若遺剩一顆，亦移害無窮。冬春看頭橫，清明前看二橫，翦桑畢看三橫，如此三番四覆，亦料不能盡。又要六月內搦頭橫，七月內搦二橫，頭橫尤宜細看，留頭橫一，二橫便有百，不可忽略，桑經橫蟲，縱有肥壅，亦不復茂。其有搦不盡者，取百部草浸汁，用噴筒吸而噀之將草寸切，納甕中，用水浸殜，封固甕口，不可出氣，此草性能殺蟲，不獨除橫，諸蟲觸之皆死；或用巴豆去殼，水浸搗細，漉取清汁噴噀，較百部草更烈。巴豆有毒，其氣觸人，卽頭面臃腫，用甘草湯洗，卽解。蛀蟲，卽天水牛子也。桑有蛀其樹，方秋先發黃葉，經冬及春必漸枯死，除之必須三番，春分邊捉出屑蛀，秋分邊捉了條蛀，翦桑畢或九月，又細捉。若已在樹心，宜以鑿剔除之，或慮椎鑿損桑，則以曝竹藥綫入蛀穴，用火燒之，蟲聞卽死；或用百部草塞亦可，此皆緣桑地荒蕪而生，若鉏治精熟，搜捉勤謹，自無此患。

清 李有棻《桑麻水利族學彙存》卷一《論發桑秧并種桑養蠶章程》

看蟲

桑樹好生蟲，看樹之本身，卽大枝上流黃水之處，將皮剔破，中有卵大如米者，破之。或樹有小孔，中必有蟲，用鉄絲向孔刺蟲，或用銅筆筒磨穿底，插入孔內，以洋油或百部汁注銅筆筒內，蟲卽死。治蟲宜在每月十五以前。

清 汪曰楨《湖蠶述》卷一《栽桑》 治蟲 夏間有旋頭蟲，將桑條枝頭旋轉，生子在內，嫩條卽死，久而成條裏蛀。見時卽將旋轉處多剪去一分，便無條裏蛀之病。如桑條有蛀屑，蛀眼已成條裏蛀也，蟲在條內，可將桑條剪斷寸許自朔至望，蟲在上半條，自望至晦，蟲在下半條，以鐵絲刺其中，蟲自斃矣。如節邊有蛀屑，名堆沙蛀，刮去蛀屑，用菜油以筆塗之，暈入其中，蟲亦斃矣。如延皮蛀、穿心蛀不能用鐵絲刺之，唯多塗菜油，蟲亦自殺。所謂無骨之蟲，逢油而死也。《桑譜》或尋其穴，桐油抹之，或以蒲母草汁沃之。草之狀如竹。《烏青文獻》按：蒲母草卽小青，一名淡竹葉草。若穿心蛀不及早除，蟲日大而本日空，至蟲老而蛻，便成黑殼蟲，有翅有鬚，俗名『桑牛』是也。《桑譜》一云蟲生皮內者，其母為桑牛，即天水牛也。在楊曰楊甲，在桑曰桑牛，於盛夏時生，口有雙鉗，其利如剪，新發之枝，嚙之即折。其下卵，必嚙破樹皮，藏卵於皮內，見有脂膏流出之處，剔破其皮，中有卵如米粒者，取而碎之。若已成蟲，須尋其出入之戶戶外必有蛀屑，故易尋，用鐵綫探戶內刺死，其深入而非鐵綫所及者，以百部草藥名，能殺蟲切碎，納小瓮中，用水浸爛封固瓮口，勿令走氣，取汁灌之用熟桐油亦可，無不死者。此蟲自初一至十五頭向上，十五以後頭向下，宜于十五以前清晨即起，以此法治之，蓋此蟲天未明時必出戶飲露，清晨或猶未歸，即歸亦未深入，易于下手，失此不治，則愈入愈深，其樹必死。《廣蠶桑説》又橫蟲橫去聲，或借蟥蝗字，子生樹上，集成小堆，其上似有泥蓋；桑蠶子生樹上，散而不成堆。此兩種子，色俱與樹色相似，宜細看也，有則用杷刮去之，樹上生青苔似癬，亦宜刮去。《桑譜》一云刮蟥，自冬訖春，檢瞭凡三，猶不能凈，須六月捏頭蟥，七月捏二蟥，而頭蟥更宜細察，留頭蟥一則二蟥百。捉蛀亦須三次，春分捉出屑蛀，秋分捉條丫蛀，剪桑後或九月又細捉之，恐因捉損桑，則用爆仗藥綫入蛀穴燒之，蟲即死。《烏青鎮志》如有白蠶、莠蟲等為害于六、七月間，蟲從葉上一過，其葉遍身沙眼，如紗狀，不但老葉無用，且來春發芽穿蘖時有礙。治以河中淤泥水灑之，或用菸筋水菸葉筋浸出水，雖蟲可殺，然蠶忌菸，不若淤泥為妙。《桑譜》白蠶宜於初生時即治，稍遲數日，使成無用小繭，繭出飛蛾，蛾又為明年留種矣。《廣蠶桑説》

清　温忠翰《蠶桑問答》

問：『桑樹生蟲，如何治法？』

答曰：『蟲有二種，一生皮內，一生皮外。皮內之蟲，口有雙鉗，嫩條一咬便斷，常藏樹皮中。凡大枝上見有脂膏流出，挑破樹皮，有白如米粒的蟲子，全行剔去。如已成蟲，樹上必有小洞，用鐵絲剜出，或用百部草汁灌之。皮外之蟲，其形如蠶，治之用百部草汁，密洒葉上，蟲食其葉卽死。』

清　楊蔚本《養蠶説》《皇朝蓄艾文編》卷二〇

去害桑蠶

桑狗、步屈、蠦蛛，皆爲桑蠶。當生發時，必須於桑根周圍封土，或用蘇子油周圍塗抹，振打令下，不得復上，卽蹉撲之。又野蠶爲害，其蠶與家蠶同眠起，小時無害，蠶大眠時，將五六日內飼蠶桑葉併力收斫，連枝堆積，勿令日晒。其野蠶當斫時，自然振落，縱未落者，亦因堆積蒸斃。一二日桑葉萎輭，摘下細切，以溫鹽水拌飼之，葉轉新而鹽性涼，於蠶有益。倘不知此法，桑盡爲野蠶所食。又蜣蜋蟲晝潛於上，夜出食葉，雖用大棒振落，下用布幅承聚，於上風燒之，蟲聞其氣，卽自去。又有天水牛，盛夏時生，食桑皮而飛，沿樹身匝地生子，類蛆，吮樹膏脂，秋冬漸大，食樹心，大如螃蟺，三四月化成蛹，變爲天水牛，樹先發黃葉漸枯。除之當食樹皮時，樹身流脂液，看濕處以斧削去，打死其子。若已在樹心，宜以鑿剔除之。大抵害桑蟲，皆因桑隔荒蕪而生，使盡修築爲熟地，必無此害桑蟲也。

清　俞墉纂輯《蠶桑述要》

桑性喜肥，肥則葉厚而大，人糞、畜糞其力耐久，河泥更肥且能培高，桑地離河遠者，取諸池塘、陂溝之中。桑地有草則分肥，宜隨時芟之拔之，不留其根，則草自盡。夏秋間，桑地可種黃豆、茄子、菜蔬之類，頻頻澆肥，兩有裨益，但不可種倭瓜、絲瓜、黃瓜、扁荳、一切藤本蔓延樹身之物，芥菜、大麥亦不宜種。

桑牛專能作践桑樹，利嘴雙鉗，食蘖條嫩葉而傷皮本，生子必於皮縫，見枝椏有脂膏流出，卽剔皮，以小鐵鈀擊碎，其子刮去之；若已變蟲，尋其出入之穴穴口必有蛀屑，淺則以錐刺之，深則隨其上下，以鐵線通之；或一穴而有兩孔出入者，急以百部草和甘草末搗匀，爲凡對塞兩孔；如其穴從上而下，以熟桐油灌之，桑牛既除，其孔內有蟻爲穴，亦宜以桐油灌之。皮上生蝨及白點，亦用鐵鈀刮之。

又

桑樹蛀蟲，可消疳積，治驚風。桑牛、桑螵蛸、桑椹、冬桑葉、桑白皮、桑寄生，均爲上品之藥。

清　曹笙南輯《五畝居桑蠶清課》卷二《育蠶徵信篇》

制蟲

桑味甘，最易生蟲，而蟲類甚多，治蛀為先，蛀木中蠹蟲也。名蛣蝠，一名蝤蠐，一名桑蠍，食木心，穿木如錐，似蠶，身長足短，口黑，節慢無毛，春雨後，化為天牛等蟲。宜不時趁露捉之，或尋視有蟲糞蛀屑處，得其蟲戶，以硫黃末塞之。如穴深曲，以焰硝、硫黃、雄黃作紙藥線，插入穴中，炷之自死，或用鐵絲鉤取。有云蛀蟲入冬，頭向下行，宜硫黃末塞之，鐵鉤取之。入春頭向上行，宜用藥線炷之。又有云，月初頭向上，月末頭向下，宜用熟桐油灌之。如蟲久蝕深，可用鑿鑿開，去淨蟲子腐木，或將蟲條用鋸截去。有云，根下埋龜甲，則茂盛不蛀。天牛，一名『天水牛』，俗名『桑牛甲』，上有黃白點。又有狀如桑牛，甲有白點，善齧桑樹，名『齧桑』，一名『蠰』，皆諸蠹蟲所化。有云桑牛喙有黑鉗，新條被傷則折，老條被傷則沿水，至秋方止。疤內生蟲，速宜剝去，否則冬入木內為蛀，至春復化天牛。又有如蠶而青大者，名『蠋』，《詩》所謂『蜎蜎者蠋』是也。如蠋而小，行則首尾相就，屈而復伸者，桑蠖也，一名『尺蠖』。似尺蠖而青小者，為螟蛉，俗謂之『桑蝎』。又有蛅蟖，俗名『毛蟲』，其如蠶，背上有五色斑毛，老則吐白汁，成甕如繭，至夏皆羽化為蛾。又有名蟓者，野蠶也。常居桑葉背面，一經蝕食，葉如麻布，久則於枝椏間成繭化蛾，傳轉不已。均須隨時用巴豆水或菸筋水徧灑之，雨過復灑，自除。春初有黃甲黑身小飛蟲，狀如守瓜蟲，其來甚多，食葉甚速，宜乘早用輕筅將桑條攀就敲之，自盡入筅內殺之。春夏初芽時，有黑甲長身飛跳小蟲，狀如米內小黑甲蟲，專齩芽蒂，被齩則全芽落下，被傷則芽爛而枯。宜清晨捉殺之。立夏後有黑甲大蟲，狀如推糞蜣蜋，晝伏夜飛，亦蜣蜋類也。《本草綱目》『附，天社蜣蜋，食草木葉』或即此歟。約黃昏時，即飛出食葉，或更深而去，或黎明而去，早晨看之，惟黑糞污葉而已。惟更初持火，捉納筒中，甚易。若灼火堆蟲，亦投火而死。桑畏烟燻，但宜遠燒。夏初皮生白屑，漸變蒼灰色，名『桑蝨』，宜速用巴豆研末，調桐油埽之，自除。遲則漸大，如蘿蔔子狀，吸引皮汁，樹槁生苔，葉少而枯，惟用桑杷括之。

清 曹倜《蠶桑速效編・種桑説》 又五、六、七月中，天晴日，有其殼如鐵，其嘴如剪，徧體灰黃，頭鬚如角，大者寸半，小亦寸餘，更有黑白兩種，較爲短小，皆謂之桑牛，俗名『桑轄』。抱住枝條，齧盡桑皮，其枝即斷，不斷亦枯。更有齧枝如鋸者，即小有損傷，內必生子，卵如米粒，速宜剝去，遲則成蟲。如蠹入木內蛀，皮亦有孔出水，亦以桐油灌之，否則明年夏季又變桑牛。故五、六、七月中，不遇陰雨，每日自旦至晚必須巡察數周，見有桑牛，當即磔死，以上各蟲幸皆不多，除之亦甚易也。又五月以後至七八月中，遇西南風，每有黑殼圓蟲，形似蜣螂，而小不及半，千百成羣，薨薨有聲，據云土蟲所變，匿在土中，日晡始出，天明復入，食芽食葉，大能損桑，矢如黑線，留在葉間，近屋尚少，野外甚多，捉不勝捉，驅不勝驅；如有此蟲，於晚間食葉時用柴草離桑一二丈燒之，蟲喜火光，飛投焚死。詢之浙西吳下錫金人云：『此蟲處處有之，禳之可免，無須用火戕生也。』栽桑之法已盡於此。

清 陳淳《實驗蠶桑簡要法》篇上《栽桑法》 右述數種主要桑蟲外，更有細菌病、縮葉病、膏藥病、紋羽病、根朽病、枝枯病、赤白澁病，此等病害，概屬於黴菌病。輕則凋萎枝葉，重則腐爛樹本。其發生由於潮濕鬱盛，空氣阻滯，日光遮蔽所致。其形狀或如紫色粉，或如蛛網形，或如黃色、茶褐色水點珠，或如膏藥膏，或如絲狀體，或赤或白，其狀不一。其寄生於枝幹、樹根、葉面，不一其所。其預防不外地形高燥，大氣流通，陽光直射而已。其治法：或掘取被害樹本，或集乾草於被害處燒殺之；或覓其根枝，以石灰、食鹽水與硫黃粉洗滌之，撒布之爲要。

清 陳開沚《裨農最要》卷二

治蟲

蟲有生於桑樹皮內者，名天水牛又名桑牛，俗名『牽牛』，其下卵也，在小滿後，必嚙破樹皮，而藏其卵於皮內。其變蟲也，在芒種後，形如蛆，吮樹脂膏，將近夏至，漸漸鑽穴而入。秋冬閒，大如蠐螬，身長足短，名『蝤蠐』一名『蝎』，又名『蠹』，食樹心，穿木如錐，明年三四月間成蛹，變為天水牛，兩角如八字形似水牛角，亦有一角者，色黑，背有白點，緣木上下，口有雙鉗，其利如剪，新發之條，嚙之輒折。治之之法：須於樹之本身及大枝上流出黃水之處，剔破其皮，中有卵如米粒，取而碎之，此蟲便絕。如子已成蟲，則須尋著蟲穴穴外必有蛀屑，用鐵絲向穴內刺死，或用鐵絲做小鈎，將蟲鈎出，如蟲已深入，非鐵絲所能及，則用百部草汁灌之，無不死者。百部，藥名，能殺蟲。將百部草切細，納小甕中，用水浸爛，浸時須封固甕口，勿令走氣。鄉間藥店皆有此藥，并非貴重難得之物。或用熱桐油灌入穴內，或用爆竹藥綫插入蟲穴，以火燃之，蟲聞桐油氣、藥氣即死；或用篾絲透入菸稈，中多裹菸油，插入蟲穴。又以葉菸塞其穴，其蟲即死，更為簡便。此蟲自初一至十五，其頭向上，宜於十五以前，清晨時，以此法治之，此蟲天未明時必出穴飲露，清晨或尚未歸穴，即歸亦未深入，易於下手，失此不治，則愈入愈深，其樹必死。如已變為天水牛，則緣樹而飛，但飛騰不遠，宜急撲捕。蟲有生於桑樹皮外者，曰蠦蛛、曰步屈、曰麻蟲、曰桑狗、曰白蠶，皆食葉蟲也。葉雖肥大，一經蟲食，不特葉如麻布，即明年所發之葉，亦不能繁茂。治之之法：須用木棒橫埽桑葉，蟲自跌落下，以布幅承聚或篾簟、蘆席皆可，將蟲打死；或用菸油和水菸油，即菸骨所熬之汁，百部巴豆浸汁，以棕帚蘸汁於葉上，密灑之樹高，則以吸筒吸而噴之，蟲食其葉則死。然宜早治，遲則生子，留為明年之害矣。又有食葉之蟲，其名曰蟥，生子必在桑身，或在桑拳及桑丫內，子浮皮上，微高起成堆形色與桑皮稍別，須用桑刀將子刮下，蟲自不生，謂之刮蟥。每年刮蟥三次，立春看頭蟥，清明節前看二蟥，剪桑畢看三蟥，必須刮盡，不可遺剩一顆。如蟥已成，則六月捉頭蟥，七月捉二蟥，頭蟥尤宜細看，留頭蟥一，則二蟥便有百也。又有桑虱，初生如白屑，漸成細粒如蘿蔔子一半大，吸飲桑皮之漿，皮漸槁葉亦漸枯，須用刮桑鈀刮之，然治之不早，樹已受傷，不如見有白點時，即用巴豆研細，和以桐油，用棕帚蘸油埽之，則白虱盡死。蟲有生於桑樹皮外而入居皮内者，名曰嚙桑又名『嚙髮』，形似天水牛，淺黄色，角差短，體有白點，喜緣桑上，嚙桑樹作孔入其中，當以治蛕蠐之法治之。蟲有生於樹上而晝伏夜動，性與他蟲迥别者，名曰蜣螂蟲，晝潛樹内，夜出食葉。又有不生於桑樹而食桑葉者，名曰時蟲，夏初遇西南風，酉戌時從土中飛出食葉，至卯時復入土，蜣螂晝潛樹上，晝尚可捉，時蟲晝藏土中，難於尋覓，須於夜間燃火，蟲見火光，便紛紛投入火内，但火宜遠燒，因葉忌烟薰也。

清 陳啟沅《蠶桑譜》卷二 男耕桑，女飼蠶，周年無閒時，女子之弱質者，無力養蠶則繅絲，家家戶戶，踵而行之，何止小康已乎？或有時天氣不齊，每出蟲傷桑，非勤於捕捉，斷難獲利。蟲有數種，正二月，桑遠初出之時，有蟲如蟋蟀一式，俗名曰『大頭狗』，每隻約重一二錢左右，在泥洞近桑頭之處，夜間出而食遠者。治之之法：可用青菜斬碎，和以信石粉，放些少在洞口，該蟲必食而死。有曰『尺蠖』，俗名『按尺蟲』，又一種『狗毛蟲』，皆要用大香火燒之，趁其細小未散團，較易治，既散開，略惡治矣。無他，總宜勤捉可也。以上所述各法，大略已備。凡種桑，土地宜肥不宜瘦，宜生水不宜瘀水為根本。餘外，因時制宜，便全美矣。

清 何石安輯《蠶桑圖説合編・蠶桑續編》 治桑蟲法：桑味甘，易於生蟲。葉上毛蟲與步屈用巴豆水噴筒噴之即除。最惡者，新條方長二尺，有水牛蟲夾之，遇風則折，老皮處夾之，沿水不已；到深秋水止，乾疤内有蟲如蛆，速宜剝去，否則冬令入木内蛀，夏令成蛹飛出，又爲水牛蟲矣。桑蝨，夏初皮生白屑，漸成細粒，如蘿蔔子狀，吸引皮漿，皮漸枯槁生苔，葉少而枯，所以用刮桑杷刮之。不若有白點時用巴豆研細，和入桐油，用稷帚蘸油掃之，白蝨自盡。又有一種時蟲，立夏後遇西南風，戌時從土中飛出食葉，至卯時復又入土，捉之不盡，黄昏灼以乾草，蟲盡投火而死，但宜遠燒，葉忌煙燻。

金鴻保輯

清 黄世本《蠶桑簡明輯説・種桑説》 桑内生虫，謂之『桑蠹』，足以害桑，然害桑之物，却為小兒種痘、催漿之要藥。

清 賈振聲校，袁俊德輯《桑政萃編》卷二《護桑類》

去苔

桑皮生黑苔成塊，用刮桑鈀刮去，勿使蔓延，若不刮去，葉即枯槁矣。

又《治蟲類》

皮外蟲

曰蠦蛛、曰步屈、曰麻蟲、曰桑狗、曰白蠶，皆食葉者也。葉雖肥大，一經蟲食，葉如麻布，次年葉不茂。

治法

一用木棍横掃桑葉，蟲自跌落，下鋪席簟，將蟲捕打。一用煙葉梗熬汁和水。一用百部巴豆浸汁，以稷帚醮汁洒於葉上，令蟲食葉而死，皆宜早治，勿留次年爲害。

又 桑蝨

初生如白屑，漸成細粒，如蘿蔔子半大，吸桑皮之漿，皮漸稿，葉漸枯，用刮桑鈀刮之。治之不早，樹已受傷，如見白點時，用巴豆研細，和豆油，以稷帚醮油掃之，亦可治。

又 齧蟲

蟲生桑樹皮外，入居皮内，名『齧桑』，又名『齧髮』。似天水牛，淺黄色，角差短，身有白點，喜緣桑上，齧桑樹，作孔而入，當以治蛕蠐之法治之。

（光緒）《重修嘉善縣志》卷一二《食貨志四》 螳螂卵生桑上，名桑螵蛸，入藥。

又 桑蟲桑中蠹蟲也。

清 江毓昌《桑蠶説・種桑説》 除害 桑樹最怕水漬，一漬就死，須照前治土法培埂開溝。小桑秧春天纔發的芽名叫眼最怕泥糊，大雨後必須细看，有泥要挑去。桑眼怕霜凍。發芽時如遇大北風寒冷，在上風堆些糞草，夜裏燒著可以解凍，燒過的灰還可以作糞。怕生苔。皮上生黑苔或生白點，漸長成蘿蔔子大再長就變成蟲，赶快刮净。怕生蟲。樹身或大枝有流黄水處，裏頭就有蟲子，像米粒大，把樹皮刨開，把子刮破，若已成蟲，樹上必有小洞出木末子，用桐油灌入洞深，用鐵絲戳進把蟲戳死，若蟲已經會飛名桑牛，又叫天水牛，見著就要打死，務宜隨時打死。喫葉肉蟲。用百蔀巴豆藥店都有，泡濃汁用棕帚蘸汁灑掃治白點亦可用此法。又有白天藏在土內，夜裏飛出來喫葉的蟲。要夜裏在下風燒火，蟲自投火燒死。

同種宜忌　黍、綠豆、黑豆、蔓菁、芝麻、綿花一切菜蔬種在桑下，於桑最有益，又不荒地。大麥、粟、穀、蘮、黍、楊、柳、各樣瓜、一切有籐的東西都於桑有損，切不可種。

清　江志伊《種桑法》

治蟲　種桑歷年未久，人功地力俱足，而枝葉黃瘦枯萎者，蟲傷故也。桑蟲之類不一，曰『天水牛』，一名桑牛，頭有兩鬚，長寸餘，似牛角，故名。殻黑如鐵，有白點，口有鉗如翦，喜齧新發桑條折之。小滿後，齧破樹皮，生卵皮內。芒種後，卵化蟲如蛆，吮樹脂膏。夏至鑽穴而入，秋冬大如蠐螬，身長足短，名蝤蠐，一名桑蠹，穿木如錐，是食樹心。次年三四月成蛹，復爲天水牛。治之之法：於小滿後，視樹身有流黃水處剔取其卵如米粒者，碎之。如卵已化蟲，視有蛀屑處即蟲穴，用鐵絲刺入，殺之。其深入者，灌以百部汁百部，藥名，殺蟲。切碎，納小甕中，水浸，封甕口，勿洩氣，用時取之，竹蘂綫，無不死者。此蟲月半前，頭向上；月半後，頭向下。須於月半前早晨，如法治之，蓋早晨蟲出戶飲露，即入穴，必未深，殺之較易也。曰蠦蛛，曰步屈，曰麻蟲，曰桑蝗，曰桑狗，曰白蠶。生五六月間，皆食葉者也。葉雖肥大，一經蟲食，便如麻布，明春葉亦不繁。治之之法：用竹棒横掃桑葉，下鋪蓆簟，蟲跌落其上，捕殺之。或用煙筋熬汁和水，或用百部、巴豆浸汁，密灑葉上，蟲食之即死。惟宜於初生食葉時，稍遲，則蟲已成繭，化蛾生子，遺害無窮矣。然遺子必在桑身及桑拳、桑丫內浮結上，而微高起成堆，色與桑皮稍別。每年於冬月或正月及清明節前，采葉畢後，查檢三次，以刮桑刀，刮其子去之，則蟲不生矣。曰桑蝨。生夏月，初如白屑，漸成細粒，大如半蘿蔔子，吸食皮漿，桑漸枯槁。用巴豆末，調桐油塗之，或刮以刮桑鈀亦善。曰齧桑，即齧蟲。生於皮外，入居皮中，色淺黃，身有白點，角似桑牛而差短，喜緣樹齧孔以居。治之如治天水牛法。曰蜣蜋。生桑上，晝潛伏不見，夜則出而食葉。用竹捧掃落，聚於上風燒之，桑上蜣蜋，聞而自去。曰時蟲。殻黑而圓形，小如蜣蜋之半，或云土蠶所化，匿於土中。五七月遇西南風，日晡時，千百成羣，出而食葉，天明復入土中。捕之難盡，須於夜間燎火，使之投入焰中，殺之。然宜遠燎於下風，以桑葉忌煙薰也。曰尺蠖。四月上旬孵化，蝕害桑芽，經四次脫皮，始長成大，逾二寸，全體灰色，似桑皮。五月下旬吐絲，作灰揭色繭，蟄其中爲蛹。六七月化蛾，長八分許，前翅黑暗，有紋如白雲，後翅灰色而雜黑點。一雌產卵數百，又孵化如前。至九月杪則蟄。其孵化遲者，冬季尚爲原蟲，有寄生蟲能害之。此蟲惟七八月最多，宜用篝火誘殺法，或以纙網捕殺之。冬季則以藁莛纏樹身，尺蠖自入其中衞寒，可從外燒殺之。原蟲之在冬季者，則捕而殺之。曰卷葉蟲，六七月間孵化食葉，漸長成七八分長，前脚六，後脚十，體淡綠色，而頭部稍帶淡褐色。八月中卷葉，蟄居其中，化爲褐色蛹。歷二周日，羽化爲暗色蛾，長三分許，而產卵孵化如前。六七月頃見原蟲，須於午前後三時中，布蓆於下，振樹枝，撼落其蟲，取而掩殺之。八月則視有卷葉，即摘去。曰桑蠋，四五月間孵化，蝕害桑葉，漸長成寸五六分長，全體綠色，而有暗黃色綫條。六月中，蟄土中作繭，長七分餘，化爲褐色蛹。七月下旬，化蛾，全體及前翅濃綠色，而略帶褐色，後翅褐色而帶灰色，產卵於葉。七八月間，桑園見濃灰色蛾，於朝夕用網捕殺之，殺一雌勝殺原蟲百也。若見繭於樹根，則翦而燒去之，或撼枝令墮落，毋遺一蟲。曰白黴，寄生於枝榦，初暗黃色，經二三月，變黑色，多在高樹，苗桑及刈桑則少，間有之，則在樹之傷處，或落葉之蒂及發芽處。因有樹液漏出，易寄生也。又多殖於溼氣處及空氣不流通處，害甚者，遂及葉裏。曰紋羽，亦黴屬，其形爲絲狀，多單一，或有固結成蛛網形者，大抵外部赤褐色，內部白色。其初多生於細根，漸傳主根，終達全根，或損傷內部，致生腫脹。八月間最盛。其害在表皮、亞皮中間，表皮生點如水珠，色黃。葉罹此，漸次腐爛，小樹不出十年而枯。曰葉縮，亦黴屬。專生樹根被害處，悉腫起如癭瘤，其皮下有如紫黑色粉，用顯微鏡照之，有無數橢圓狀之胞子，是即黴之種子。自是生絲形狀，蔓延表皮、亞皮中間，以上蝕桑樹流通之養液，害其生育。故初年僅萎縮桑葉，次年漸劇，經三四年，則桑樹枯死。罹此害者，多在表土淺薄，底土堅硬，排水不善處。若黏土多溼及山林遮蔽日光者，蔓莚尤速，一樹見此，即速掘取，聚枯草燒之，以免傳播他樹也。或云，埋龜甲於根下，則葉茂而不蛀。皮生黑苔成塊者，刮以刮桑鈀，勿使蔓莚。

清　吴宗周、陳幹材、徐謙山《蠶桑白話》卷一《栽桑白話》

除害蠶

害蠶的名目很多，祇有那種桑牛最利害。他的翼子紫黄色，他的頭上黑色，他的身子都是灰白色，頭上有二隻角，口中有兩个鉗，像刀一樣的快。遇新發的枝條，一嚙就斷了，化這个桑牛的時候，都是五月到七月間，他的性質，天將亮時，飛到桑樹上，喜嚙桑皮一次，要捕殺他也要在這个時候最容易。

他的生子就在嚙破桑皮的裏面，過了幾十天，就能發生幼蟲。這个幼蟲有一寸八九分長，不見有脚，祇像筆幹的圓，喜食桑樹的脂漿，能嚙穿樹身，出幾個的孔，他躲在這個孔裏面，吃食樹的脂漿，孔口排出蟲糞很多，好像鋸屑一樣的。到長大老熟後，就能化蛹。這個蛹再經幾十天，仍舊變爲桑牛了。那個樹孔裏面的幼蟲，用巴豆研末，調和桐油，注入孔内，這個蟲就死了。又有用鹽水或石灰水灌入孔内，也能殺蟲。最簡便者，用木塞幾個，釘實所有的孔口，使他空氣不通，自然死了。又有這種蛄蟖，長毛蟲，綿蟲，尺蠖，都是害桑的蟲。他的化蛾，大概都在五六七八月間的時候，繁殖很盛。可用玻璃燈一盞，或者紙糊燈也好，用大的水盆一個，盆内盛滿水，到黄昏的時候，放在桑園裏面，便將那個玻璃燈擱在盆内水中央，那這種成羣的蟲向亮光飛來，都到水盆裏面投死了。他的生子，就在化蛾的後，這種蟲子都積在樹枝上，漸漸尋他積子的枝條，拏桑剪去剪他的枝條來，用火燒灰，這種所積的子都燒死了。又有一種桑樹，樹皮上生白苔、青苔、黑苔，都要寄生黴菌，使他的桑樹漸漸枯衰，必要用刀刮去，能照這個樣子調護，可以保他的桑樹永久茂盛了。

清 林志恂《蠶桑淺要・種桑淺要》

害蟲

害桑之蟲不一，最甚者莫如桑牛亦名天牛。此蟲係産卵於樹皮内，孵化而爲幼蟲，即能蝕齧木髓。由幼蟲而化蛹，終乃化爲天牛，頭有兩角，背有兩翅，口有兩鉗，其利如剪，新發之枝條，被齧即折。害桑之蟲，以此爲最。尚有桑虎、尺蠖等蟲，名目繁多，不可勝述。大抵害桑之蟲，無地不有，亦無時不有，驅除之法不甚相遠，略如左述。

種桑之地，能乾燥、通風、透光，則蟲害自少。

常常巡視桑園桑間，見有蟲卵附着，或幼蟲棲息，急宜除殺。若枝間見有小孔，孔口見有蟲糞俗謂之蛀屑，宜用銅絲挿入刺殺之，如深入難治，可用桐油注入孔内，則蟲必死或用食鹽水和石灰水註入，亦能殺蟲。又或蟲已成蛾如葉捲蟲、赤蛄蟖、刺尺蠖等，能化蛾産卵，可於晚間用篝火，誘其聚而燒殺之。桑皮上如生黑苔或白苔，必有黴菌寄生，宜用刀刮去，勿使蔓延。

清 盧燮宸《粤中蠶桑芻言・種桑事宜條例》

捕蟲宜於日未出時，人既凉爽，蟲又未匿嚙桑之蟲，亦由氣化所生，有數年不一見者，有一年而數見者，其為灾，與蝗蝻之害稼相等焉。蟲有數種，最忌者為青蟲即尺蠖也，其行如尺之量物然，俗呼為『印絲尺』者是也。每於夜静時出而食葉，旦則匿於葉底，或伏於桑根下坭土之中，此蟲宜早用人事勤捕為要，倘捕之稍遲，則三五日間可將桑葉嚙食過半矣。次則桑龜，其形如龜，遍身金緑色，翼硬而能飛，此蟲只在清明時出，其為害雖不及青蟲之甚，然捕之亦不容緩也。捕法：用沙磚磨成圓毬一個，另用竹筲一個，將葉上之龜撲落筲内，隨用磚毬輾之，便死。更有一種名狗毛蟲，食桑甚快，且最毒，沾着人身即痛癢難當。捕法：用木桶載水，加灰水及火水一勺，將其蟲放下立死。又有名地蟋者，匿於地下，每春間桑蕸初出之時，其蟲亦出，恒將桑蕸咬斷，須俟桑再發蕸，是年方有收成，此頗難捕。若以瓦瓶載火水，向蟲穴灌少許，其蟲必死；或以砒石末并切碎生菜、番薯等物，將砒末攙和撒勻，基面以毒之，較為易除。

清 吕道象《廣州番禺縣吕大令道象調查境内蠶業報告》《農學報》第二百四十四期 桑田之害蟲捕治法 桑田之害蟲有二種，一種粤諺呼爲『狗毛蟲』，又一種呼爲『青蟲』。其捕治之法：於初起時勤爲巡察，見即用手撚死，勿使蔓延。因桑性與田禾蔬菜不同，禾與蔬菜遇有蟲害，可用石灰、烟梗等物，浸水毒斃。桑則最忌，如蠶遇此等氣味，雖好蠶亦壞。

清 馬丕瑶《蠶桑簡易法・植桑法》

培桑 每冬須沃糞，人糞力旺，畜糞力長惟豬糞宜少用，多則濫根，繞樹掘一圓溝様，實以糞覆以土，使氣下降，樹小近圍，樹大遠圍，約使糞能及根。蓋地肥則桑葉厚，而且多獲利自倍。附樹不令有草，有草則分肥也，又宜防蟲桑虱初生，如白屑，漸成細粒，如半蘿蔔子狀，吸引皮漿，最害桑樹，或用桑鈀刮去，或用巴豆熬水，以噴筒噴之。又有樹大皮生黑苔成塊者，亟宜鈀去，不然葉少而枯。

清 饒敦秩輯《蠶桑簡要録・雜説十條》 種桑養蠶，無一棄物。立夏後，剪葉連條，條可熬膏，服之可以愈風濕，熬過晒乾，可以作薪，灰水澄清，可以煑繭，剝綿，可以澣衣去垢。桑内生蟲，謂之『桑蠹』，足以害桑，然害桑之物，卻爲小兒種痘、催漿之要藥。

清 沈練，仲學輅輯補，章震福校訂《廣蠶桑説輯補校訂》卷一《培養桑樹法十九條》

按：食葉之蟲亦名蝗，必遺子在桑身，或在桑拳及丫內，浮結上面，微高起成堆，形色與桑皮稍別。冬月或正月逐樹按驗，遇此卽將刮桑刀刮下，蟲自不生，較烟油灑葉之法似更簡捷。

震按：吾鄉農人總於此兩月施功，烟油實不足恃。

《蠶桑輯要》曰：有一種時蟲，立夏時遇西南風，戌酉時從土中飛出食葉，至卯時復入土，捉之不能盡。黄昏時灼以亮火，蟲盡投火而燒除之，宜遠燒於下風，葉忌煙薰。

清 沈練《蠶桑説・樹桑法二十一條》 所栽之桑，歷年未久，人功地力俱足，而其葉黄瘦、多枯枝者，蟲傷故也。蟲有二種：一生皮內，一生皮外。皮內生者，其母爲桑牛，卽天水牛也，在楊曰楊牛，在桑曰桑牛，於盛夏時生口有雙鉗，其利如翦，新發之條，齧之輒折，其下卵也，必齧破樹皮，而藏其卵於皮內。治之之法：於樹之本身及大枝上，見有脂膏流出之處，剔破其皮，中有卵如米粒者，取而碎之。若已成蟲，則須尋著蟲所出入之戶其戶外必有蛀屑，故易尋，用鐵線蘸油刺入戶內，其深入而非鐵線所能及者，以百部草藥名，能殺蟲切碎，納小甕中，用水浸爛封固甕口，勿令洩氣，取其汁灌之用熟桐油亦可，無不死者。此蟲自初一至十五，其頭向上；十五以後，則其頭向下。治蟲者宜於十五以前，清晨卽起，以此法治之，蓋此蟲於天未明時必出戶飲露，清晨或猶未歸，卽歸亦未深入，易於下手，失此不治，則愈入愈深，其樹必死。皮外生者，常在五六月間，狀與蠶同而差小，俗謂之『白蠶』，專食桑葉，桑葉雖肥大，一經此蟲，便如麻布，而明春所發之葉，必不能繁。治之之法：用煙油卽煙筋所熬之汁和水，以笎帚於葉上，密密灑之用百部草汁亦可，蟲食其葉則死。然宜於初生時卽治，稍遲數日，便成無用小繭，繭出飛蛾，蛾又生子，子生樹上，散而不集，須時時細察，有則用桑鈀刮去，惟子色與樹色相似，察之亦頗不易治之益費力矣。

清 盛宣懷輯《蠶桑備要》 治蟲 夏閒有旋頭蟲，將桑條枝頭旋轉，生子在內，嫖條卽死，久卽成條裏蛀，見時卽將旋轉處，多翦去一分，便無條裏蛀之病。如桑條有蛀屑、蛀眼，已成條裏蛀也。蟲在條內，可將桑條翦斷寸許，自朔至望，蟲在上半條；自望至晦，蟲在下半條。以鐵絲刺其中，蟲自斃矣。如節邊有蛀屑，名堆沙蛀，刮去蛀屑，用菜油以筆塗之，暈入其中，蟲亦斃矣。如沿皮蛀、穿心蛀，不能用鐵絲刺之，惟多塗菜油，蟲亦自殺，所謂無骨之蟲，逢油而死也。或尋其穴，桐油抹之，或以蒲母草汁沃之草之狀如竹葉。若穿心蛀不及早除，蟲日大而本日空，至蟲老而蛻，便成黑殼蟲，有翅有鬚，俗名桑牛。一云蟲生皮內者，其母爲桑牛，卽天水牛也。在楊曰楊甲，在桑曰桑牛，於盛夏時生，口有雙鉗，其利如翦，新發之枝，齧之卽折，其下卵必齧破樹皮，藏卵於皮內。見有脂膏流出之處，剔破其皮，中有卵如米粒者，取而碎之；若已成蟲，須尋其出入之戶戶外必有蛀屑，故易尋，用鐵綫探戶內刺死，其深入而非鐵綫所及者，以百部草藥名，能殺蟲切碎，納小甕中，用水浸爛固封甕口，勿令走氣，取汁灌之用熟桐油亦可，無不死者。此蟲自初一至十五，頭向上；十五以後，頭向下，宜於十五以前，清晨卽起，以此法治之，蓋此蟲天未明時必出戶飲露，清晨或猶未歸，卽歸亦未深入，易於下手，失此不治，則愈入愈深，其樹必死。又橫蟲橫去聲，亦借用蟥字，子生樹上，集成小堆，其上似有泥蓋；桑蟲子生樹上，散而不成堆，此兩種，子色俱與樹色相似，宜細看也，有則用杷刮去，樹上生青苔似癬，亦宜刮去。一云刮蟥，自冬訖春，檢瞭凡三，猶不能淨。須六月捏頭蟥，七月捏二蟥，而頭蟥更宜細察，留頭蟥一則二蟥百。捉蛀亦須三次，春分捉出屑蛀，秋分捉條丫蛀，翦桑後或九月又細捉之，恐因捉損桑，則用爆仗、藥綫入蛀穴燒之，蟲卽死。如有白蠶、莠蟲等爲害，於六七月閒，蟲從葉上一過，其葉徧身沙眼，如紗狀，不但老葉無用，且來春發芽穿蘖時有礙。以河中淤泥水灑之，或用菸筋水，雖可殺蟲，然蠶忌菸，不若淤泥爲妙。白蠶宜於初生時卽治，稍遲數日，便成無用小繭，繭出飛蛾，又爲明年留種矣。

清 湯聘珍輯《種桑成法・治桑蠹》

治桑蠹

桑有歷年未久，人功地力俱足，而葉多黄，枝多枯者，蟲傷故也。蟲有兩種：一生皮內，長一二寸不等，潛伏難見，然天未明時，必出穴飲露，又上半月頭必向上，下半月頭必向下，須於早起，或上半月治之。治法：從樹身及大枝上尋其出入之處，以桐油抹之即死，深入者，用硬鐵絲插入殺之。一生皮外，專食桑葉，名桑牛，葉雖肥大，一經此蟲，便如麻布，來春發葉，必不能旺。治法：以烟葉或蒲母草狀如竹葉熬汁，密灑於葉上，蟲食必死，但宜早治，遲則成繭出蛾，留種遺患。又藝桑之園，不可藝楊，藝之，多楊甲蟲，喜食桑皮，且子化其中焉。

清 衛杰《蠶桑萃編》卷二《桑政・治蟲類》

皮外蟲

曰蠦蛛，曰步屈，曰麻蟲，曰桑狗，曰白蠶，皆食葉者也。葉雖肥大，一經蟲食，葉如麻布，次年葉不茂。

又　桑蟥

生子在桑身上或桑拳及桑丫内，子浮皮内，微高起成堆，色與桑皮稍別，用刮桑刀刮下。每年刮蟥三次，冬春看頭蟥，清明節前看二蟥，翦桑畢看三蟥，務必刮盡，如蟥已成，六月捉頭蟥，七月捉二蟥，頭蟥宜細看，如頭蟥留一，則二蟥便成百也。

清　吴烜《種桑説》　桑之生於二三月間者，謂之初桑。立夏剪條後，旋復抽條放葉，謂之二桑。初條不剪，來春葉薄，雖蠶食不盡，亦必去之；二桑之條，即明春放葉之條，若養二蠶，只可剪葉，不可剪條。盛夏時，陰翳不宜太密，即不養二蠶，二葉亦宜剪去，勿傷其條。一則免引桑牛，二則留其生氣，來年必倍茂也。

又　湖桑柔嫩而香，最易引蟲。五月後，間有蜘蛛、青蟲、野蠶，等等，形類甚多，皆能損芽傷葉，須隨時察看去之，或以菸葉之筋及藥中百部煎湯用洗帚密密洒之，蟲食其葉則死。惟飼蠶時切不可用，用則傷蠶。

又夏月皮生白屑，漸成細粒，吸引皮漿，謂之桑虱。用巴豆研細和桐油抹之，其虱自盡。

又桑秧至三四年後，内每生蟲，謂之桑蠹。小時如蛆，漸大如蠶，鑽空樹心，樹即枯萎。有蟲之樹，皮必有孔，孔外有水，更有木屑，須用鐵絲屈鉤，從孔中探入，將蟲鈎出。倘藏匿太深，亦須戳死。否則須將樹皮剜破，迹其藏匿之處捉之。此蟲上半月頭向上，下半月頭向下。倘不能尋覓，每月於十五以前將百部煎汁，或桐油從眼中灌之。倘不能灌入，以鐵絲裹棉，蘸桐油銷之，其蟲沾油即死。

又五、六、七月中，天晴日，有其殼如鐵，其嘴如剪，遍體灰黄，頭鬚如角，大者寸半，小亦寸餘，更有黑白兩種，較為短小，皆謂之桑牛，俗名桑蠖。抱住枝條，嚙盡桑皮，其枝即斷，不斷亦枯。更有嚙枝如鋸者，即小有損傷，内必生子，卵如米粒，速宜剝去，遲則成蟲如蠹，入木内蛀，皮亦有孔出水，亦以桐油灌之。否則明年夏季又變桑牛。故五六七月中，不遇陰雨，每日自旦至晚，必須巡察數周，見有桑牛，當即磔死。以上各蟲，幸皆不多，除之亦甚易易也。又五月以後至七八月中，遇西南風，每有黑殼圓蟲，形似蜣螂，而小不及半，千百成群，薨薨有聲。據云土蠶所變，匿在土中，日晡始出，天明復入，食芽食葉，大能損桑，矢如黑綫，留在葉間。近屋尚少，野外甚多，捉不勝捉，驅不勝驅。如有此蟲，於晚間食葉時，用柴草離桑一二丈燒之，蟲喜火光，飛投焚死，詢之浙西吳下錫金人云：此蟲處處有之，禳之可免，無須用火戕生也，栽桑之法，已盡於此。

清　吴詒善《蠶桑驗要・桑篇》

護養第十

桑樹忌水，開溝以去積水。桑眼怕凍，遇大風雪以糞草在上，風燒之可以解凍，灰可作壅。如皮生白點或黑苔，速刮去，免致生蟲。樹身及枝有黄水流出，内有蟲子，如米粒，當剔去。蟲子以菸葉百部，巴豆煎汁抹之。若有小孔木屑流出，内必有蟲，以藥汁或桐油灌之，或用鐵絲插入戳之，或綿浸藥水塞孔内。如四五月有蜘蛛、青蟲、野毛蟲等，用藥汁洒之（葉經藥洒，須洗刷極淨，方可飼蠶。）至六七月，一種能飛，嘴似剪，名曰桑牛，能將枝剪斷，遺子樹皮内，化生甚速，須隨時察看捉去磔死，自無遺類。

桑牛遺子，孵化成蟲，蟲化蛹，蛹又化桑牛。

清　吴作鎮、倪紹雯、劉安欽《蠶桑速成捷法・速成桑圓種植法・附録》　第一　桑樹蟲害病害災害驅除預防法

第一項　蟲害之驅除豫防法

驅除豫防法，雖由害蟲之種類而有差異，然其大要如左：

一、桑園須墾切耕除，不使雜草發生。蓋雜草不特掠奪土壤之養分且爲害蟲棲息漫延之媒介，故桑園之周圍常使清潔爲要。

二、桑樹不可過於密植，恐風光之不能透澈，且便於害蟲之繁殖及棲息。

三、蝶蛾類及半翅類椿象、田鼈等，於夜間點誘蛾燈（其構造甚簡單，盛水於面盆内，注加少量之石油裝入耐風之洋燈）以誘殺之爲最便法。又日中用捕蟲網以捕殺之。

四、如有綿蟲、介殼蟲、蠟蟲、紛蟲等，密着枝幹吸收樹液者，須用石油乳劑（製法：石油一升、肥皂（洗衣服用）一兩二錢乃至一兩八錢、清水五合善攪拌之，至呈濃厚白泡乳狀，是爲石油乳劑之原液。至使用時，和五倍乃至三十倍之水以稀釋之）塗於樹幹，或用噴霧器撒布亦可。

五、如食葉之葉捲蟲，多數發生時在養蠶期後，撒布石油乳劑而在落葉後，則集其桑而燒却之。

六、天牛爲害蟲中之最可恐者，若發見其卵，固須除去。然有喰入樹幹者，當開其隧道而捕殺之。又將煙草汁注入隧道中亦可。

七、尺蠖若發見時，須卽捕殺之。特在發芽前，其形甚似桑之小枝，故最宜注意巡視。

八、甲蟲類針金蟲、蠐螬、金花蟲之甚發生時，除使用石油乳劑、點誘蛾燈等之外，當朝露未乾之前，將大捕蟲網張於樹下，突然動搖樹幹，令其落下而捕殺之。

凡害蟲多數發生時，以個人之力從事驅除，其效殊少，必一村或相近桑園共同實行最爲要事。

清　楊鞏《中外農學合編》卷九《林類・樹桑》

皮怕苔生　桑皮生黑苔成塊，須用刮桑鈀刮去，若不刮去，葉即枯槁。《藝桑總論》

樹怕蟲傷　蟲有生於桑樹皮内者，名天水牛又名桑牛，俗名『牽牛』，其下卵也，在小滿後，必嚙破樹皮，而藏其卵於皮内。其變蟲也，在芒種後，形如蛆，吮樹脂膏，將近夏至，漸漸鑽穴而入。秋冬間，大如蠐螬，身長足短，名『蝤蠐』一名『蝎』，又名『蠹』，食樹心，穿木如錐。明年三四月間成蛹，變為天水牛，兩角如八字形似水牛角，亦有一角者，色黑，背有白點，緣木上下，口有雙鉗，其利如剪，新發之條，嚙之輒折。治之之法：須於樹之本身及大枝上流出黄水之處，剔破其皮，中有卵如米粒，取而碎之，此蟲便絶。如子已成蟲，則須尋著蟲穴穴外必有蛀屑，用鐵絲向穴内刺死，或用鐵絲作小鈎，將蟲鈎出。如蟲已深入，非鐵絲所能及，則用百部草汁灌之，無不死者。百部，藥名，能殺蟲。將百部切細，納小瓮中，用水浸爛，浸時須封固瓮口，勿令走氣。或用熟桐油浸入穴内，或用爆竹藥綫插入蟲穴，以火燃之，蟲聞桐油氣藥氣即死。此蟲自初一至十五，其頭向上，宜於十五日以前清晨時，以此法治之，此蟲天未明時必出穴飲露，清晨或尚未歸穴，即歸亦未深入，易於下手，失此不治，則愈入愈深，其樹必死。如已變為天水牛，則緣樹而飛，飛騰不遠，宜急撲捕。蟲有生於桑樹皮外者，曰蠦蛛；曰步屈，曰麻蟲，曰桑狗，曰白蠶，皆食葉蟲也。葉雖肥大，一經蟲食，不特葉如麻布，即明年所發之葉亦不能繁茂。治之之法：須用木棍横掃桑葉，蟲自跌落下，以布幅承聚或篾簟、蘆席，均可，將蟲打死；或用烟油和水烟油，即烟筋所熬之汁，百部巴豆浸汁，以棕帚醮汁於葉上，密灑之樹高，則以吸筒噴之，蟲食其葉即死。然宜早治，遲則生子，留為明年之害矣。又有食葉之蟲，其名曰蟥，生子必在桑身，或在桑拳及桑丫内，子浮皮上，微高起成堆形色與桑皮稍别，須用刮桑刀將子刮下，蟲自不生，謂之刮蟥。每年刮蟥三次，冬春看頭蟥，清明節前看二蟥，剪桑畢看三蟥，必須刮盡。如蟥已成，則六月捉頭蟥，七月捉二蟥，頭蟥尤宜細看，留頭蟥一，則二蟥便有百也。又有桑虱，初生如白屑，漸成細粒如蘿蔔子一半大，吸飲桑皮之漿，皮漸槁，葉亦漸枯。須用刮桑鈀刮之，然治之不早，樹已受傷，不如見有白點時，即用巴豆研細，和以豆油，用棕帚醮油掃之，則白虱盡死。蟲有生於桑樹皮外而入居皮内者，名曰嚙桑又名『嚙髮』，形似天水牛，淺黄色，角差短，體有白點，喜緣桑上，嚙桑樹，作孔入其中，當以治蝤蠐之法治之。蟲有生於桑樹而晝伏夜動，性與他蟲迥别者，名曰蜣螂蟲，晝潛樹上，夜出食葉。又有不生於桑樹而食桑葉者，名曰時蟲，夏初遇西南風，酉戌時從土中飛出食葉，至卯時復入土。蜣螂晝潛樹上晝尚可捉，時蟲晝潛土中難於尋覓，須於夜間燃火，蟲見火光，便紛紛投入火内，但火宜遠燒於下風，因葉忌烟熏也。《廣蠶桑説輯補》《蠶桑輯要》

清　姚紹《南海縣蠶業調查報告・桑部》　桑田害蟲捕治法　害桑之蟲，有黄蟲，有毛蟲，有桑牛、黄蟲。毛蟲害葉，桑牛齕幹，齕畢卽生一卵，由幹達根，其桑遂枯。捕蟲之候，宜在晨夕間。桑牛所齕處，折去其枝數寸，以絶生蟲傳根之患。

清　葉向榮《蠶桑説・蠶桑輯要・諸家雜説》　桑蝨初生如白屑，漸成細粒，如半蘿蔔子狀，吸引皮漿，皮漸枯藁生苔，自此葉少而枯。所以用刮桑鈀刮之，不若有白點時用巴豆研細，和豆油，用椶帚蘸油掃之，白蝨自盡。又有一種時蟲，立夏時遇西南風，戌酉時從土中飛出食葉，至卯時復又入土，捉之不能盡。黄昏時，灼以亮火，蟲盡投火而燒除之，宜遠燒於下風，葉忌煙熏。

清　葉向榮《農林蠶説・每月事宜》

樹木

桑下、皂下，有捲皮蟲，尋去之，此係桑牛放子，每十日一看，尋去之。

又　鋤桑地，剪桑上横條細枝，取桑牛所放之子，此時已成蟲，取之甚易。

又《桑蠶圖説》　護桑有其法也。凡物有蟲，非死卽傷。桑間一種桑蝨，初生如白屑，漸成細粒，吸引皮漿，皮漸枯槁生苔，自此葉少，不久而樹卽壞。可用刮桑鈀刮之，不若見有白點時用巴豆末和桐油或石油，劑以椶帚，蘸油掃之，白蝨自盡。又有一種蛀蟲，藏於樹身，吸食皮漿，其皮週食一圈，樹即死壞，見有蛀穴，即用上藥塗蛀孔內，深入者用鐵絲蘸油插入殺之，此護桑之方，尤宜共曉。種桑不治蟲，猶種禾之不去莠也。石油劑方：附用洋油十分之二，碱十分之二，水十分之六和成。

清　豫山《蠶桑輯要略編・種桑法》　去蟲　桑味甘，易於生蟲。葉上毛蟲與步屈，用噴筒巴豆水噴之卽除。新條方長二尺，有水牛蟲口夾嫩條，遇風枝折，老皮處夾之，沿水不已，到深秋水止疤乾，內有蟲如蛆，速宜剝去，否則冬令入本內蛀，夏令成蛹飛出，又爲水牛蟲矣。又桑蝨初生如白屑，漸成細粒，如半蘿蔔子狀，吸引桑漿，皮漸枯槁生苔，所以用刮桑鈀刮之。不如有白點時用巴豆研細和豆油用棕帚蘸掃，白蝨自盡。又有一種時蟲，立夏時遇西南風，從土中飛出食葉，捉之不能盡，宜於黃昏時然火燒之，務在下風，不可烟熏桑葉。

清　張壽宸彙輯《蠶桑圖説提要》

治桑蟲法

桑味甘，易於生蟲。葉上毛蟲與步屈蠖也用巴豆水噴筒噴之即除。最為桑患者，新條方長二尺許，有水牛蟲夾之俗呼『牽牛郎』，遇風則折，老皮處夾之，沿黃水不已。到暮秋水止，乾疤內有蟲如蛆音『苴』，即蜣螂也，速宜剥去，否則冬令入樹內蛀，夏令成蛹飛出，又為水牛蟲矣。桑蝨，夏初皮生白屑，漸成細粒，如蘿蔔子樣，吸引皮漿，皮漸枯槁生苔，葉少而瘁，所以用刮桑杷刮之。不若有白點時用巴豆研細，和入桐油，用棕帚蘸油掃之，白蝨自盡。又有一種時蟲，立夏遇西南風，戌時從土中飛出食葉，至卯時復又入土，捉之不盡，黃昏燒以乾草，蟲盡投火而死，但宜遠燒，葉忌烟燻。

清　趙敬如《蠶桑説》

治桑蟲法

桑樹枝幹上見有蛀穴，桐油抹之即死，近有洋油更烈。深入者，或滴入洋油，或以鐵絲插入殺之。樹老皮生黑苔成塊，亦係細蟲之窠，務用刮桑鐵鈀鈀去，若不鈀去，漸致葉少而枯。

清　趙淵《蠶桑摘要》卷上《桑政・治蟲類》

皮外蟲

曰蠦蛛，曰步屈，曰麻蟲，曰桑狗，曰白蠶，皆食葉者也。葉雖肥大，一經蟲食，葉如麻布，次年葉不茂。

治法

一用木棍橫掃桑葉，蟲自跌落，下鋪席簟，將蟲捕打。一用煙葉梗熬汁和水。一用百部巴豆浸汁，以棕帚醮汁洒於葉上，令蟲食葉而死，皆宜早治，勿留次年爲害。

又　桑蟥

生子在桑身上或桑拳及桑丫內，子伏皮內，微高起成堆，色與桑皮稍別，用刮桑刀刮下，每年刮蟥三次。冬春看頭蟥，清明節前看二蟥，翦桑畢看三蟥，務必刮盡。如蟥已成，六月捉頭蟥，七月捉二蟥，頭蟥宜細看，如頭蟥留一，則二蟥便成百也。

又　桑蝨

初生如白屑，漸成細粒，如蘿蔔子半大，吸桑皮之漿，皮漸稿，葉漸枯，用刮桑鈀刮之。治之不早，樹已受傷，如見白點時用巴豆研細，和豆油，以棕帚醮油掃之，亦可治。

又　齧蟲

蟲生桑樹及外，入居皮內，名齧桑，又名齧髮，似天水牛，淺黃色，角差短，身有白點，喜緣桑上，齧桑樹作孔而入，當以治蝤蠐之法治之。

又　蜣蜋

蟲生桑樹上，晝伏夜動，性與他蟲迴別，名蜣蜋蟲，晝潛樹上，夜出食葉。

又　時蟲

蟲不生於桑樹而食桑葉，名時蟲。夏初遇西南風，酉戌時從土中飛出食葉，至卯時復入土。蜣蜋晝潛樹上，晝尙可捉，時蟲晝藏土中，難於尋覓。法：用夜間燃火，蟲見火光，紛紛投入火內，但火宜遠燒於下風，恐葉忌煙薫。

清　朱祖榮《蠶桑答問》卷上

問曰：桑有初條二葉，皆必剪去，何爲也？

答曰：桑之生於二三月間者，謂之初桑卽初條也；立夏剪條後，旋復抽條放葉，謂之二桑卽二葉也。初條不剪，來春葉薄，雖蠶食不盡，亦必去之。二桑之條，卽明春放葉之條，若養二蠶，只可剪葉，不可剪條。盛夏時，陰翳不宜太密，卽不養二蠶，二葉亦宜剪去，勿傷其條，一則免引桑牛，二則留其生氣，來年必倍茂也。

又 問曰：湖桑柔嫩而香，最易引蟲，何法治之？

答曰：五月間，有蝴蛛、青蟲、野蠶，等等，形類甚多，皆能損芽傷葉，須隨時察看去之。或以菸葉之筋及百部草煎湯，用洗箒密密洒之，蟲食其葉即死，惟飼蠶時切不可用，用則傷蠶。又夏月皮生白屑，漸成細粒，吸引皮漿，謂之，桑蝨，用巴豆研細，和桐油抹之，其蝨自盡。

清 余宗農《桑樹蟲害論》第三章《桑之蠹蟲》《蠶業叢書》第五編 被害情形。天牛無論成蟲、幼蟲，均能傷害桑樹。幼蟲食其木髓，令樹漸爲枯死。成蟲嚙食嫩枝，使枝幹爲侵折。故桑樹害蟲，雖有多種，而害之大者，莫如此蟲。又考該蟲發生，往往暖地比寒地爲多。若他根刈、中刈受害，又比高刈爲易，惟喬木則罹其害者少耳。

清 黃湄西《蠶體病理論》下編第五章《蛆害》第四節《蠶蛆傳染之徑路》《蠶業叢書》第七編 蠶蛆傳染之徑路，我國與日本不同。日本則產卵於桑葉，蠶食之，致繁殖於胃中。我國雖間有如是者，究不若日本之多。往往因桑蠅入蠶室，產卵於蠶之皮膚，從而侵入者。推原其故，因日本桑之仕立法，多爲根刈，與地相近，且桑枝繁茂，易於產卵。我國桑樹概爲中刈或高刈，故產卵於桑葉者較少，但日本蠶室清潔，而又有種種之相當處理詳後，故由皮膚而侵入者自少。我國養蠶家，蠶室不清潔，蕻沙往往堆積於室外，致蠅羣一入，遂釀蛆害，切宜戒也。

通州蠶學館《蠶桑簡明圖説》 桑質氣香，最易引蟲。五月後，間有蜘蛛、青蟲、野蠶，等等，形類甚多，皆能損芽傷葉，隨時察看去之。又有夏月，皮生白屑，漸成細粒，吸引皮漿，謂之『桑蝨』。用巴豆研末和桐油抹之，自盡。五七月間，天晴之日，有蟲其殼如鐵，其嘴如剪，謂之『桑牛』。抱枝囓皮，卽生子於中，小時如蛆，漸大如蠶，鑽空樹心。有蟲之樹，必有孔眼，眼外有水與木屑。須用鐵絲從眼刺入，加灌桐油，其蟲卽死。或竟咬斷枝條，此條卽枯，久晴尤多，當卽磔死。又五月以後至七八月間，遇西南風，每有黑殼蟲，形似蜣螂，而小不及半，千百成羣，薨薨有聲。據傳是係土蠶所變，匿在土中，日晡始出，天明復入，食芽食葉，近屋尚少，荒野甚多，驅捉不盡。法：於夜間用柴草，離桑一二丈燒之，蟲見火光，飛投自焚。又俗謂禳之可免，無須用火戕生也。

紀事

清 徐珂《清稗類鈔・植物類》

樹中有字

新寧縣張村人某折取樹上小幹，欲以爲鋤柄，取歸，未及用，旋見樹幹一偏已枯朽，慮不適用，乃折之爲薪，見木中有字，其文曰『鄉村雲字』。『鄉村』兩字横書，『雲字』兩字直書。某以爲怪也，鳴於衆，均不解其故。詢其木取自何所，某謂此乃祠側狗毛蟲樹幹也。衆視之，將就枯，因將所存之幹折視，復有『日月常臨』四字，則直寫。

雜録

宋 彭乘《墨客揮犀》卷五 《詩》云：『螟蛉有子，蜾裸負之。』陶隱居以謂：『蜾裸自生子如粟粒，捕取螟蛉者，所以飼其子，非以螟蛉為子也。』余童稚時，屢驗之，陶説誠不妄。其類有三：銜泥營巢於室壁間者，名蜾裸；穴地為巢者，名蠮螉；窠於書卷或筆管中者，名蒲盧。名既不同，其質狀小大亦異。蜾裸、蒲盧，即捕桑螋及小蜘蛛之類，蠮螉唯捕蠨蛸與蟋蟀耳。捕得皆螫殺，去其足盡寘穴中，生子其上，旋以泥隔之。旬日，子大成蜂，能飛，而諸蟲盡矣。

元 司農司《農桑輯要》卷三《栽桑》 《士農必用》：樹桑之病。自變革之後，桑田不治，積有歲年，苟就其久荒之業為一時之用。荒桑晚生，其蠶則稺，稺蠶老遲，則科葉亦遲。故明年之葉，其生也又羌晚矣。積年愈多，則與蠶生之日愈不能相及。為蠶事者，必當開墾其田，科斫其桑，使之滋長成條，其次年所生之葉，與蠶生之時，自不相遠也。《韓氏直説》：桑樹脚科并浮根，依時皆可斸去，可做栽子者，依法栽之，不妨耕種，其桑自然根深耐旱，葉早生榮茂。《農桑要旨》云：害桑蠶蠹不一，蠦蛛、步屈、麻蟲、桑狗為害者，當生發時，必須於桑根周圍封土作堆；或用蘇子油於桑根周圍塗掃，振打既下，令不得復上，即蹉撲之；或張布幅，下承以篩之。野蠶為害者，其蟲與家蠶同眠起，小時不為害，欲大眠時，將應有五六日内飼蠶桑葉，併力收斫，連枝積貯，不令日氣曬炙。其野蠶，當斫時自然振落，縱有留者，亦因積貯蒸死。一二日，桑葉萎軟，當旋旋剸下，切細，以温鹽水拌飼之，不惟其葉生新，抑鹽性涼，於蠶有益。不然，遲於收斫，三日内，野蠶大眠起，桑葉必盡為所食，家蠶又何望乎？又有蜣蜋蟲，性如蠦蛛，晝潛於上，夜出食葉，必須上用大棒振落，下用布幅承聚，於上風燒之，桑間蟲聞其氣，即自去。以上蟲，蓋食葉者也。又有蠹根食皮而飛者，名曰天水牛，於盛夏時生，皆沿樹身匝地生子，其子形類蛆，吮樹膏脂，到秋冬漸大，蠹食樹心，大如蠐螬，至三四月間，化成樹蛹，却變天水牛。故其樹方秋先發黄葉，经冬及春，必漸枯死。除之之法：當盛夏食樹皮時，沿樹身必有流出脂液濕處，離地都無三五寸，即以斧削去，打死其子，其害自絶。若已在樹心者，宜以鑿剔除之。凡諸害桑蟲蠹，皆因桑隔荒蕪而生，以致累及熟桑，使盡修築下為熟地，必無此害桒蟲蠹也。

清　李元《蠕範》卷八《物名》　非牛曰牛：齅偃牛、蝸土牛、螋天牛、賀米牛、天螺桑牛、蜣螂黑牛、蛞蝓涎牛。

清　倪倬《農雅・釋天》

五賊：螽、蟿、螣、螟、蚍。《農政全書》注，馬一龍《農説》

案《農政全書》：熱氣積於土塊之間，暴得雨水，醖釀蒸濕，未經信宿，則其氣不去，禾根受之，遂生螽。烈日之下，忽生細雨，灌入葉底，留注節幹。或當晝汲太陽之氣，得水激射，熱與濕相蒸，遂生蟿。朝露浥日，濛雨日中，點綴葉間，單則化氣，合則化形，遂生螣。熱踵根下，濕行於槁，爽日與雨，外薄其膚，遂生螟。歲交熱化，不雨不暘，晝晦夜暍，而風氣不行，遂生蚍。倬案：字書無蚍字，有『蠂』字，音攝。類篇：蝗也，疑蚍卽蠂。又案：螣亦作蟘蚮，卽螽也，今謂之蝗，蝗子未生翅曰『蝝』《漢志》劉歆以爲『蝝，蚍蠹之有翼者』，一曰：螟始生，今謂之蝻。《漢書・五行志》：介蟲孳者，謂小蟲有甲飛揚之類，陽氣所生也，春秋爲螽，今謂之蝗。《埤雅》謂『蝗，魚卵所化，春魚遺子如粟，埋於泥中，明年水及故岸，則皆化而爲魚。如遇旱乾水縮，不及故岸，則其子久閣，爲日所暴，乃生飛蝗。』《演繁露》謂：『最爲農害，俗呼「横蟲」。』唐姚崇遣使捕蝗，夜中設火，火邊掘坑，且焚且瘞，蓋卽秉畀炎火之義。元扈氏謂：『蝗子初生在地，土脈墳起，趁此撲除，極易爲力。』又蝗之所至，凡草木葉靡有遺者，獨不食芋、桑、豌豆，與水中菱芡，此亦備荒者所宜知也。

（光緒）《重修嘉善縣志》卷一二《食貨志四》　蜣蜋。又名推車蟲，聚人糞一團，作推車之狀。

（光緒）《金華縣志》卷一二《志食貨第四・物産》　前志謂：『諸豸無繫民生，名可弗列。』然蠶亦諸豸之一，衣被九州，蜜蜂、白蠟蟲、五倍子，並攸民用，以至卵生。若螳蜋其子爲桑螵蛸、蛺蜨、蜻蛉、蟋蟀、蜘蛛、蠨蛸、蛾蠍色黑，氣如醋，俗呼『醋□』，與北產者形略相似、蟻蛆、蠅蚤、虱孓、孑蝗按諸史，婺蝗凡四见，而演繁□，謂江南無蝗，其有蝗者，皆北地飛來，化生；若蟬螢有二種能飛，似光者。《呂氏・月令》『腐草爲螢』是也。如蠶尾有光者，《明堂月令》『腐草爲蠲』是也、蜣蜋、螻蛄、絡緯俗呼『紡績娘』、竈馬、蚱蜢、蚊蝱、蠹截、螟螯，螣溼生；若蝌蚪《蟬史略》曰：諸書皆分蝦蟆、蟾蜍爲二物，予細視，蝌蚪脫尾生，是登陸能鳴，經年老則出拾蟲，而不能鳴，躍人呼爲『蛤霸』，其實一物也。按：霸俗作『蚆非』、蛙色青，生水田者，名田雞，生山澗者，名石□，人以爲珍饌、蜈蚣、蚰蜒帶殼者爲蝸牛、桑牛、蚯蚓、佗負俗呼『駱駝』、蛭，或利民或害民，不可殫述，惟《山棲志》之鳴蛩王素亦有《蛩賦》，今不可攷。《道光志》稱：『馬陸，名蛩，俗呼「百足蟲」。』按：百足蟲不能鳴，非是。

清　余宗農《桑樹蟲害論》《蠶業叢書》第一編　蠶業界上之大敵，除蠶病外，卽桑樹之病害與蟲害而已。一旦樹上有害蟲發現，久之必致全園枯萎。樹桑家覩此慘象，往往至束手無策，良可慨已。本書詳述各種有害於桑樹之昆蟲，如桑尺蠖、蜥蛄、葉捲蟲等，共計三十餘種，每種害蟲，又分成蟲、幼蟲，經過習性，被害狀況，以及預防之法，驅除之術，綱舉目張，條理井然，誠蠶業界上，去害之好書，而樹桑家尤不可不人手一編也。

圖表

清　徐鼎《毛詩名物圖說》卷三

蠐螬

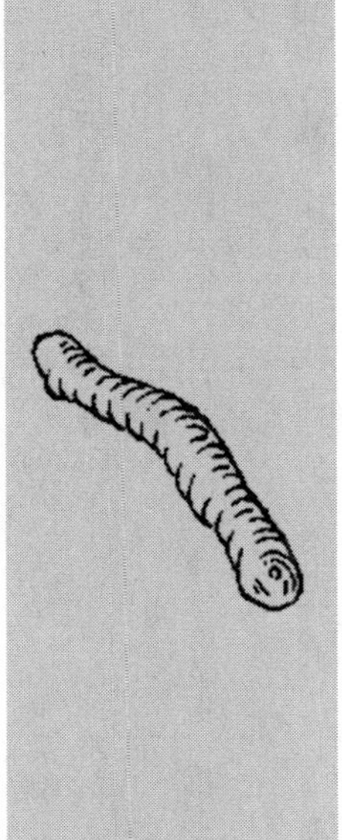

《詩》曰：領如蝤蠐。蓋蝤蠐之體，有豊潔且白者，故詩以況莊姜之領。《七辯》曰『蝤蠐之領，阿那宜顧』是也。此卽木中蠹蟲，亦曰桑蠹。《名物解》：蝤蠐，桑蟲也。桑質柔腴白，蝤蠐食桑之腴，故色白而體柔。愚按：《釋蟲・蝤蠐》又云：蝎桑蠹，則蝤蠐也，蝎也，桑蠹也，其卽一物也。或在柳中，或在桑中。故郭氏、孔氏，止言在木中耳。

桑病

論説

清 汪曰楨《湖蠶述》卷一《栽桑》 原性治病 桑地宜高不宜陷，桑性惡溼而好乾，惡瘠而好肥，惡蔭蔽而好軒敞，故曠野植之無不發也。如臨低地，水漲時浸之，則根受病，須於水退數日後，地土畧乾，卽用人糞澆之，不致受傷。有時葉黃枝槁，謂之『桑鶩』，宜用餅肥之人糞澆之亦可治。《桑譜》桑癩以蒲母草汁沃之。《烏青文獻》癃桑卽墾去，勿令纏染，蓋桑癃無治法也。《烏青鎮志》桑老而枯或中空，此年代久遠不能不敗者也，於其前後左右空缺處補植一株，兩三年後，將已敗者伐去，而養其新者，則土不曠矣。如不補植，則將已敗之樹離地六七寸截去，而留其老椿，以肥土堆積其上，俟明春另發嫩條，養成低桑，亦一善法也。低桑放葉較早，於采小葉者最宜，但去地近，遇有驟雨，葉上或有泥點，須擦淨，方可飼蠶。《廣蠶桑説》

清 陳雪堂《蠶桑簡法》卷下《栽桑要法・除害・蟲害》 害芽之蟲最烈者，爲尺蠖蟲俗曰『量尺蟲』，行動時，曲其體作弓狀，色褐，休止時恰如桑枝，非勤爲捕捉不可。次爲葉捲蟲，其食桑芽也，必吐絲於上，致芽易枯死，故見桑受此害，卽宜連葉採去以焚殺之。且夏葉發生，則第二期之葉，捲蟲又出而害之，宜撒布石油劑以殺之。落葉後，尤宜收集其葉，燒化其卵及蛹。

清 林志恂《蠶桑淺要・種桑淺要》 種桑之地，能乾燥、通風、透光，則蟲害自少。常常巡視桑園桑間，見有蟲卵附着或幼蟲棲息，急宜除殺。若枝間見有小孔，孔口見有蟲糞俗謂之『蛀屑』，宜用銅絲插入刺殺之，如深入難治，可用桐油注入孔內，則蟲必死。或用食鹽水和石灰水註入，亦能殺蟲。又或蟲已成蛾如葉捲蟲、赤蛄、蜥刺、尺蠖等能化蛾産卵，可於晚間用篝火誘其聚而燒殺之。

桑皮上如生黑苔或白苔，必有黴菌寄生，宜用刀刮去，勿使蔓延。

清 姚紹《南海縣蠶業調查報告・桑部》 桑田害蟲捕治法 害桑之蟲，有黄蟲，有毛蟲，有桑牛。黄蟲、毛蟲害葉，桑牛齕幹，齕畢，卽生一卵，由幹達根，其桑遂枯。捕蟲之候，宜在晨夕間，桑牛所齕處，折去其枝數寸，以絶生蟲傳根之患。

清 盛宣懷輯《蠶桑備要》 原性治病 桑地宐高不宐陷，桑性惡溼而好乾，惡瘠而好肥，惡覆蔽而好軒敞，故曠野植之無不發也。如地低，水浸則根受病，須於水退數日，地土略乾，卽用人糞澆之，不致受傷。有時葉黄枝槁，謂之『桑鶩』，亟用豆餅、人糞肥之。桑癩以蒲母草汁沃之，癃桑卽墾去，勿令纏染，蓋桑癃無治法也。

清 王世熙編輯《蠶桑圖説》金編《蠶桑總論》

原性治病法

桑地宜高不宜陷，桑性惡濕而好乾，惡瘠而好肥，惡陰蔽而好軒敞，故曠野植之，無不發也。如臨低地，水漲時浸之，則根受病。須於水退數日後地土畧乾，卽用人糞澆之，不致受傷。有時葉黄枝槁，謂之桑鶩，宜用餅肥之人糞澆之，亦可治。桑癩以蒲母草汁沃之。癃桑卽墾去，勿令纏染。蓋桑癃無治法也，桑老而枯或中空，此年代久遠，不能不敗者也。於其前後左右空缺處，補植一株，兩三年後，將已敗者伐去，而養其新者，則土不曠矣。如不補植，則將已敗之樹離地六七寸截去，而留其老椿。以肥土堆積其上，俟明春另發嫩條。養成低桑，亦一善法，低桑放葉較早，於采小葉者最宜，但去地近，遇有驟雨，葉上或有泥點，須擦淨，方可飼蠶。

綜述

清 高銓《蠶桑輯要》卷上 若有癃桑，决宜番去，不可愛惜，使其纏染。蓋桑之癃，皆從翦上傳過，別無醫法，斷不可留。

清 汪宗沂《蠶桑輯要・樹桑十九條》

挑桑眼 春間桑之芽眼初萌，如遇大雨衝激，泥水糊眼，必一一挑開，否則桑樹難活。

護桑芽 三月中桑芽已動，最忌霜凍，宜於樹北堆積糞草，傍晚焚之，借煙氣以解霜凍。無論冬春，凡遇北風大作，即用此法。

清　陳雪堂《蠶桑簡法》卷下《栽桑要法・除害》

桑害甚多大別之如左三項【略】

（乙）病害　桑樹之病，種名頗多，不勝縷述，大抵皆由地土陰濕、空氣鬱滯及採摘失時所致。茲就其最習見者，述其病狀及除之之法：

（一）根部發生之病，如紋羽病根罹此病，離根三四寸之幹，必有白色或褐色之棉狀物包裹。根腐病、俗曰□根，發此病時，桑根必有白色之棉狀物附着，至枝條枯槁變爲黑色等，將其樹掘去根之周圍，尤當掘三四尺深之溝，盡將其細根與泥土焚化，閒置其地，或栽五穀。五穀不受此因病菌寄生故也。數年後再行種桑。

（二）枝幹發生之病，如枯枝病枝上現黑色之塊粒者，即此病之特徵、膏藥病老樹最多，桑皮上附着黑色之大班點者，即此病也。其勢□不烈，若不留意終必遭害等，須於枝幹面削去患處之皮以焚化，之或以石油醋酸灰汁擦其患處以驅除之。

（三）莖葉發生之病，如赤澁病、葉柄上發金黃色之斑點，漸至葉面全被金黃粉、白澁病葉底發白色之斑點，漸變黃白及黑褐此病於樹身，□無大害而葉不能飼蠶等須將受病之枝截去，焚化以防傳染。

（四）採摘過度而發生之病，如萎縮病。初則葉端鈍□短□□形漸致瘦小縱則葉不發達漸變黃色而□毛幼□逐漸粘萎爲病害中之最可恐者，其預防挽救之策，宜從生理上入手。

（一）採取適當除早晚外，不得採摘剪伐，不可一時剪盡。

（二）耕耘宜勤。

（三）慎用速效肥料及施肥過量。

（丙）蟲害【略】

甲蟲及蝶蛾類，於夜間用誘蛾燈，燈之裝置以水盛而盆內，注石油少許，上置，乃風之□燈，蛾見光而投入，故曰誘蛾燈。以誘殺之。或於日中用捕蟲網以捕殺之。

總之，除害之要件：第一、桑樹不宜密植，恐風光不能透徹，且使害蟲之繁殖及棲息。第二、巡視宜勤。桑園見有受害之處，即妥爲處理。第三、桑園宜懇切耕除，不使雜草繁生。蓋雜草不特掠奪桑壞之養分，且爲害蟲棲息蔓延之媒介，故桑園清潔，亦爲防害之要着也。

清　陳洊《實驗蠶桑簡要法》篇上《栽桑法》第十五章《驅除桑蟲之法》　有細菌病、縮葉病、膏藥病、紋羽病、根朽病、枝枯病、赤白澁病，此等病害概屬於黴菌病，輕則凋萎枝葉，重則腐爛樹本。其發生由於潮濕鬱盛、空氣阻滯、日光遮蔽所致，其形狀或如紫色粉，或如蛛網形，或如黃色、茶褐色水點珠，或如膏藥，或如絲狀體，或赤或白，其狀不一。其寄生於枝幹、樹根、葉面，不一其所。其預防，不外地形高燥、大氣流通、陽光直射而已。其治法：或掘取被害樹本，或集乾草於被害處，燒殺之。或覓其根枝，以石灰食、鹽水與硫黃粉洗滌之，撒布之爲要。

清　黄祖徽《蠶桑淺説・栽桑篇》第八章《桑病》　桑病凡二：一曰無機病，一曰有機病。無機病如風害、雪害、凍害、雹害、霜害、萎縮病等是也。有機病如動物寄生、植物寄生是也。本堂所纂桑樹病理、桑樹除害法諸書，論豫防之法、救治之方甚詳，不可殫述。總之，桑地宜高不宜陷，桑性惡濕好乾，惡瘠好肥，惡陰蔽好軒厰，故於曠野植之無不發也。

清　沈練《蠶桑説・樹桑法二十一條》　立夏後，葉已開翦，桑脂從翦處流出，最易受傷。必須鋤土令鬆，沃以水糞，則桑根暢達，且得所養。桑地之甫經開翦者，人呼之爲産母地，足見培養之宜亟矣。自能攝脂，使不上溢。俗謂之謝桑。

清　吴作鏌、倪紹雯、劉安欽《蠶桑速成捷法・速成桑圓種植法・附録》

病害之驅除豫防法

害桑樹之病害，種類甚多，若欲詳説，而求無遺漏，究非本書所許。茲特就公布最廣，受害最大者，摘記於左：

一、二、同於第一《蟲害之驅除豫防法》之（一）（二）

三、疏通空氣，透澈日光，以排除土地之濕氣，而使樹勢旺盛。

四、由根部發生之病害，如紫紋羽病、白紋羽病、根朽病等，於樹根之周圍以根之擴張所及處爲度掘三四尺深之溝，將細根與塵土盡行燒棄，其他或閑置數年，或栽植不受本病菌寄生之禾木科麥、稻、粟、黍之類，而後再改種桑樹。

五、由枝幹發生之病害，如枝枯病、黑枯病一名寒枯病、膏藥病等，其枝條有病斑者，用小刀或竹篦等，削去其部分而燒棄之，或用木灰、炭灰、石灰汁等塗抹之亦可。

六、由葉莖發生之病害，如赤澁病一名赤銹病、白澁病等，嫩葉及嫩芽見有本病狀者，伐其部分而燒却之，又施排水法以圖圃地乾燥。

七、由生理上發生之萎縮病，爲病害中最可恐者，故其豫防驅除法，須從生理上注意。其詳如下：（一）選擇適當土地；（二）栽植强健桑種；（三）

嚴禁濫伐亂採；（四）十分勤力耕除；（五）愼用速效肥料併過度之施肥；（六）不從此病發生之地方購入苗木。

又　一、暴風　八九月之間，海岸相近地方，甚被其害。然其來時，則有一定方向。故於其所來之方位，植松杉樹等爲防風林，使不直接侵入桑園。又春期採刈後，十分施以肥料，至八九月暴風起時，桑之枝條已甚伸長，則自少屈折之患矣。

二、洪水　有洪水害之地方，桑園須用喬木式種植。桑園之上位，編立竹籬，以殺水勢。或於桑樹株間植以茶樹，則可免表土之流失。

三、雪害　桑樹若係喬木式，須於落雪前用竹或木支持桑枝，以防挫折。

四、凍害　在嚴寒地方，自地面到積雪之上面數寸處，須用稻草包其樹幹。

五、霜害　其法計有數種，就中效果最著、廣大區域可應用者，莫如左之燻烟法。

豫貯藏松杉類之生葉、稻草、礱糠、鋸屑等，迨溫度將近於氷點時，降雪有兆，將上之燃料等分配于桑園內外，點火使其發煙。又時時注水於燃料，務使發散多量之水蒸氣，以防土地熱氣之放散，且遮日光之直射。然此須合同近隣者一致施行，最爲有效。若以一人之力從事其間，則其目的殊難達也。

清　吴作鏌、倪紹雯、劉安欽《蠶桑速成捷法・蠶絲業普及捷法》第二章《桑樹栽培捷法》　防病害　桑樹病害，如萎縮病、細菌病、赤澁病、白澁病、立枯病、枝枯病、根朽病、膏药病、紋羽病；尺蠖、金蛄螂、捲葉蟲、螟蛾、天牛、象鼻蟲、金毛蟲，其他凍害、鼠害、兎害等，不勝枚舉。惟中有金花蟲者，俗名『蝗蟲』，四月發生，羣飛蔽天，食桑之芽葉立盡，西南各省，受害甚劇。大概因土地卑濕，空氣不流通，陽光不透射之所致也。其禦防之大要：（甲）桑園宜選乾燥通風之地。（乙）既罹此害，以桶盛石油掛于樹下，强搖其枝，使蟲落入器內，淹斃之。（丙）亞砒酸四分斤之一，水一斗五升，小麥粉二斤，和融後，用噴水器撒布葉上，蟲食之立斃。但此葉須閱十四日後，乃可飼蠶。（丁）以竹枝黏松脂膏掃之，蟲卽附着而斃。（戊）夜間搖動樹枝致蟲落地，掃集之，用石油燒殺。（己）用蟲網羅捕以石油燒殺之。以上六法，最爲簡便，又公共設立購買害蟲所，其利最大。凡天然驅除害蟲之雀鳥及蜂，須保護之，勿任弋獲，樹上尺蠖，有自斃者，宜任之，乃有天然驅除之寄生蟲在故也。

清　楊鞏《中外農學合編》卷九《林類・樹桑・除害》

根怕水漬　漬水傷根，萬無活理，必須培土作埂，栽桑於埂上，且四面開溝，以防漬水。《蠶桑須知》

眼怕泥糊　桑眼將萌時，大雨之後，必須逐株查看，如被泥水糊眼，即速速挑開，否則死矣。雨一番，看一番，不可忽也。《蠶桑提要》

芽怕霜凍　桑芽已動，最怕霜凍，倘遇天氣陡寒，北風大作。宜於樹北堆積糞草，待夜深時，順風發火，借煙氣以解霜凍。《蠶桑輯要》

皮怕苔生　桑皮生黑苔成塊，須用刮桑鈀刮去。若不刮去，葉卽枯槁。《藝桑總論》

清　衛杰《蠶桑萃編》卷一四《外記・西學蠶絲類・英人康發達講求蠶務法》　應講求家桑樹及野桑樹生有何病，並其病之生長原由與防治之法。

柘部

綜述

北魏　賈思勰《齊民要術》卷五　種柘法：耕地令熟，耬耩作壟。柘子熟時，多收，以水淘汰令浄，曝乾，散訖勞之。草生拔却，勿令荒没。三年間斸去，堪為渾心扶老杖。一根三文。十年中四破為杖，一根直二十文。任為馬鞭、胡床。馬鞭一枚，直十文。胡床一具，直百文。十五年，任為弓材，一張三百。亦堪作履。一兩六十。裁截碎木，中作錐刀靶音霸，一個直三文。二十年，好作犢車材。一乘直萬錢。欲作鞍橋者，生枝長三尺許，以繩繫旁枝，木橛釘著地中，令曲如橋。十年之後，便是渾成柘橋。一具直絹一匹。欲作快弓材者，宜於山石之間，北陰中種之。其高原山田，土厚水深之處，多掘深坑，於坑中種桑柘者，隨坑深淺，或一丈五直上，出坑乃扶疎四散，此樹條直，異於常材。十年之後，無所不任。一樹直絹十匹。

柘葉飼蠶，絲好，作琴瑟等弦，清鳴響徹，勝於凡絲遠矣！

《禮記・月令》曰：『季春，無伐桑柘。』鄭玄注曰：愛養蚕食也。具曲植筥筐。注曰：各養蚕之器。曲，箔也。植，捶也。后妃齋戒，親帥躬桑，以勸蠶事，無為散惰。

《太平廣記》卷二二七《伎巧三絕藝附・重明枕》　錦衾，水蠶絲所織，方二尺，厚一寸。其上龍文鳳彩，殆非人工。其國以五色石甃池塘，採大柘葉，飼蠶於池中。始生，若蚊睫，游泳其間。及長，可五六寸。池中有挺荷，雖驚風疾吹，不能動，大者，可闊三四尺。而蠶經十五日即跳入荷中，以成其繭。形如方斗，自然五色。國人繅之，以織神錦，亦謂之靈泉絲。上始覽錦衾，與嬪御大笑曰：『此不足以為嬰兒繃褓，曷能為我被耶？』使者曰：『此錦之絲，水蠶也，得水即舒。水火相返，遇火則縮。』遂於上前，令四官張之，以水一噴，即方二丈，五色煥爛，逾於向時。上歎曰：『本乎天者親上，本乎地者親下。不亦然哉！』則却令以火逼之，須臾如故。出《杜陽編》。

宋 陸佃《埤雅》卷一四

柘

柘宜山石，柞宜山阜，楮宜澗谷，柳宜下田，竹宜高平之地。崔豹《古今註》曰：杼實曰橡，棘實曰棗，桑實曰葚，柘實曰隹。隹言隹鳥性所食也。《考工記》曰：弓人取材，柘爲上，檍次之，檿桑次之，橘次之，木瓜次之，荆次之，竹爲下。蓋弓材莫良於檿，尤良於柘。故皇矣！先其檿，後其柘也。《蠶書》曰：柘葉飼蠶，其絲作琴瑟弦，清鳴響亮，勝於凡絲遠矣！

宋 秦觀《蠶書》

時食

蠶生明日，桑或柘葉，風戾以食之，寸二十分，晝夜五食，九日不食。一日一夜，謂之初眠。又七日，再眠如初。既食葉寸十分，晝夜六食。又七日，三眠如再。又七日，若五日，不食二日，謂之大眠。食半葉，晝夜八食，又三日，健食，乃食全葉。晝夜十食，不三日，遂繭。凡眠已初食，布葉勿擲，擲則蠶驚，毋食二葉。

宋 趙希鵠《調燮類編》卷四《草木》 柘葉飼蠶，其絲作琴瑟弦，清鳴響亮，遠勝凡絲。

元 司農司《農桑輯要》卷三《栽桑柘附》

柘

《齊民要術》：『種柘法：耕地令熟，耬耩作壟。柘子熟時，多收，以水淘汰令浄，曝乾，散訖勞之。草生拔却，勿令荒没。三年間，斸去，堪為渾心扶老杖。十年中，四破為杖，任為馬鞭、胡牀。十五年，任為弓材，亦堪作履。裁截碎木，中作錐刀靶。二十年，好作犢車材。欲作鞍橋者，生枝長三尺許，以繩繫旁枝，木橛釘著地中，令曲如橋。十年之後，便是渾成柘橋。欲作快弓材者，宜於山石之間，北陰中種之。其高原山田，土厚水深之處，多掘深阬，中種桑柘者，隨阬深淺，或一丈五直上，出阬乃扶疎四散，此樹條直，異於常材。十年之後，無所不任。柘葉飼蠶，絲好，作琴瑟等弦，清鳴響徹，勝於凡絲遠矣！』《博聞録》：『柘葉多叢生，幹疎而直，葉豐而厚，春蠶食之，其絲以冷水繅之，謂之冷水絲。柘蠶，先出先起而先繭。柘葉，隔年不采者，春再生，必毒蠶。如不采，夏月皆要打落，方無毒。』

元 佚名《居家必用事類全集》戊集《農桑類》 種柘法：柘子熟時，多收，水淘令浄，曝乾，散訖勞之。草生拔却，勿令荒没。其葉飼蚕，絲好，作琴弦，清鳴響徹，勝於凡絲遠矣！柘葉多叢生，幹疎而直，葉豐而厚，春蚕食之，其絲以冷水繅之，謂之冷水絃。柘蚕先出、先起而先繭。柘葉，隔年不採者，春再生，必毒蚕。如不採，夏月皆要打落，方無毒。

明 朱橚等《救荒本草》卷六《木部・柘樹》 柘木，北土處處有之。其木堅勁，皮紋細密，上多白點，枝多有刺，葉比桑葉甚小而薄，色頗黄淡，葉梢皆三叉，亦堪飼蠶。

明 慎懋官《華夷花木鳥獸珍玩考》卷八《珍玩・神錦衾》 錦衾，水蠶絲所織，方二尺，厚一寸。其上龍文鳳彩，殆非人工。其國以五色石甃池塘，採大柘葉，飼蠶於池中。始生，若蚊睫，游泳其間。及長，可五六寸。池中有挺荷，雖驚風疾吹，不能動，大者，可闊三四尺。而蠶經十五日，即跳入荷中，以成其繭。形如方斗，自然五色。國人繅之，以織神錦，亦謂之靈泉絲。上始覽錦衾，與嬪御大笑曰：『此不足以為嬰兒繃褓，曷能為我被耶？』使者曰：『此錦之絲，水蠶也，得水即舒。水火相返，遇火則縮。』遂於上前，令四官張之，以水一噴，即方二丈，五色煥爛，逾於向時。上嘆曰：『本乎天者親上，本乎地者親下。不亦然哉！』則却令以火逼之，須臾如故。

明 宋應星《天工開物》卷上《乃服第二卷》

葉料

又有柘葉三種，以濟桑葉之窮。柘葉，浙中不經見，川中最多。寒家用浙種，桑葉窮時，仍啖柘葉，則物理一也。凡琴弦、弓弦絲，用柘養蠶，名曰棘繭，謂最堅韌。凡取葉，必用剪。鐵剪出嘉郡桐鄉者最犀利，他鄉未得其利。剪枝之法，再生條，次月葉愈茂，取資既多，人工復便。凡再生條葉，仲夏以養晚蠶，則止摘葉而不剪條。二葉摘後，秋來三葉復茂。浙人聽其經霜自落，片片掃拾，以飼綿羊，大獲絨氈之利。

又 卷下《佳兵第十五卷》 凡弓弦，耴食柘葉蠶繭，其絲更堅韌。每條用絲綫二十餘根作骨，然後用綫横纏緊約。纏絲分三停，隔七寸許，則空一二分不纏，故弦不張弓時，可摺疊三曲而收之。

明 徐光啓《農政全書》卷三一《蠶桑・栽桑法》 欲作快弓材者，宜於山石之間，北陰中種之。其高原山田，土厚水深之處，多掘深坑，於坑之中種桑柘者，隨坑深淺，或一丈五直上，出坑乃扶疎四散，此樹條直，異於常材。十年之後，無所不任。一樹直絹十匹。

柘葉飼蠶，絲可作琴瑟等弦，清鳴響徹，勝於凡絲遠矣！

又《博聞録》曰：柘葉多叢生，幹疎而直，葉豐而厚，春蠶食之，其絲以冷水繰之，謂之冷水絲。柘蠶，先出、先起而先繭。柘葉，隔年不採者，春再生，必毒蠶。如不採，夏月皆要打落，方無毒。

又《齊民要術》曰：種柘法：耕地令熟，耬耩作壠。柘子熟時，多收，以水淘汰令浄，曝乾，散訖勞之。草生拔却，勿令荒没。三年間，斸去，堪為渾心扶老杖。十年中，四破為杖，任為馬鞭、胡床。十五年，任為弓材，亦堪作履。裁截碎木，中作錐刀靶。二十年，好作犢車材。欲作鞍橋者，生枝長三尺許，以繩繫旁枝，木橛釘著地中，令曲如橋。十年之後，便是渾成柘橋。欲作快弓材者，宜於山石之間北陰。

柘葉比桑葉，澀薄十減二三。又招天水，生牛蠹等蟲。若種蜀黍，其梢葉與桑等，如此叢亦不茂。如種緑豆、黑豆、芝麻、瓜芋，其桑鬱茂，明年葉增二三分，種黍亦可。農家有云：『桑發黍，黍發桑。』此大概也。

清 方以智《物理小識》卷九《草木類上》

柘

柘葉可飼蠶，其絲爲弦，清響。隔年不採者，春再生，必毒蠶，故夏月宜擊脱之。柘木，以醋調礦灰塗之，一宿，作問道烏木。

又 卷一一《鳥獸類下》

蠶法

開簇時，近上向陽者佳。雄繭尖細緊小，雌者圓幔厚大。日數足，蛾自出而配之，用厚紙收其子爲種。午日，以菖文操水浴種。鄭玄曰：『蠶爲龍精，月及大火，則浴其種是也。』臘八日，以雪水浴之。除夕，以馬齒莧、桃符木查水煎。元日，曉浴之則盛。生蛾時，宜火煖其室，以蓐紙細切稚桑葉布之，旦夕飼，多頓者先老。計二十五日老，一簿得絲二十五兩。日多絲減。若月餘，則十餘兩耳。二眠時，宜温，寒必加火。此後晴明，宜通風日。大眠後，天氣熱，室宜清凉，亦勿使溼氣上蒸。凡飼葉，宜薄散。經雨露溼葉，須風戾之以飼。十分眠，乃住食。十分起齊，乃投食。向黄時，見黄光即住。分擡之時，去其燠沙，若值熏，即多黑死。食冷露葉，必成白殭。食舊乾葉，則腹結、頭大、尾瘠。倉卒開門，暗風中者，必多紅殭。蠅叮蠶，則生肚蟲。凡初飼，一晝夜可四十九頓或三十六頓。次日三十頓。頭眠飼法，一晝夜可六頓。次日漸加葉。停眠時一晝夜可四頓。大眠齊起，一晝夜可三頓。次日加葉至七八頓。午後天晴，取預磨菉豆粉，與切下葉和匀，既可省葉，又解蠶毒，仍得絲多易繰，堅韌有色。其柘葉蠶先繭，以冷水繰之，絲作琴瑟，清響。

清 陳元龍《格致鏡原》卷六四《木類一》

柘

《格物總論》：柘樹高大如桑，枝條婀娜，葉大如掌，草木狀，柘宜山石。《蠶書》：柘葉飼蠶，其絲作琴瑟弦，清響勝凡絲。《周禮・冬官》：弓人辯六材，柘爲上。《清異録》：張曲江里第之側，有古柘，嘗因狂風，發其一根，解爲器具，花紋甚奇。人又以公之手筆冠世，目之曰文章樹。《古今注》：『柘實曰隹。』音錐。《本草》：奴柘生江南山野，似柘，節有刺，冬不彫葉，可飼蠶。

清 楊屾《豳風廣義》卷一

附種柘法

柘亦飼蠶之物，柘宜山石，柞宜山阜。柘字從石，其取義與，柘木有紋理，亦可旋爲器。其葉可飼蠶，曰柘蠶。柘蠶亦另有柘蠶種，先出、先眠、先起、先繭。如無柘蠶種，以桑蠶飼以柘葉亦可，得絲甚少。然葉硬而薄小，不及桑葉。桑葉大而豐肥多津，故多樹桑，少樹柘。柘宜山麓之人不勞種植而獲利。處處山中有之，喜叢生，幹疎而直，葉豐而厚，團而有尖。飼蠶成繭，冷水繰之，謂之冷水絲，作琴瑟絃，清響異常，亦可織紬，且韌。《爾雅》所謂『棘繭』，即此蠶也。此柘，諸山皆有，最多且茂。惜乎近山之人多不知此美利，無有爲之者。若在山麓之下，蓋草房幾間，內多置蠶種，廣採山中野柘飼蠶，其利可勝言哉？無樹桑占田之累，修接糞澆之勞，豈非坐而獲利？且蠶種廣布無窮，而野柘多採無盡，勝於深山採水，幽壑負薪之勞遠矣，何憚而不爲？予近教盩厔山庄上人，有幾家歲歲采柘飼蠶，收絲織縑。

種柘法：耕地令熟，摟溝作壠。柘子熟時，多收要揀無刺，葉圓大者，方好。如身有刺，葉小薄者，勿用，以水淘洗令淨，曝乾。臨種時，用水浸一夜，用柴灰拌勻，散於畦中，摟杷蓋之。苗出後，時時鋤草令淨，不可荒没。移栽者，不可太稀，大約三尺一株。若在山田，令其多布。又須歲歲採葉飼蠶，如一歲不採，次年葉生有毒，蠶食之不旺，且多死。如欲養蠶者，先年夏月，將柘葉打落，次年生葉，方無毒，可飼蠶。

柘蠶之種：其始即生柘樹上，乃柘之氣化生者。人若細心，於夏秋間，年年在柘樹葉上撥看，常有結成繭子，可取以為種。但有無多寡，年年不同。柘蠶亦食桑葉，且得良繭。桑蠶不可飼柘葉，食之多結薄繭。

又 卷二《論蠶》 種柘蠶即棘繭也，生於柘上，一種雠由蠶食樗作繭者。一種蚢蠶食蕭葉作繭者。一種槲蠶食槲橡作繭者，三種皆山蠶，一歲再生樹，放而織繭紬者。海南橫州，一種風蠶，絲作釣緡。員嶠之山，一種冰蠶。長六七寸，黑色，有麟甲，以雪覆之，則作繭，長尺許，抽五色絲，織為文錦，入水不濡，入火不燎，即火浣紗也。堯時，海人獻之，其質輕暖柔滑，亦雪蛆之類，此尤蠶之異者也。

又 卷三《園制》 園大者，培植柘墻。其種法，詳種柘門中。行之寬窄，樹之稀稠，科編之法，與枳墻同。南方汝穎間桑圃，有大十餘畝者，縱橫成行，整齊可觀，行間盡種雜豆，肥壯異常，而周圍種柘，編為籬墻，以荆為門，司園者守之，名為柘墻。蓋柘身有刺，盜採不易，而一切畜牲，不得入內。既為桑障，又益春蠶，且易生，倍於桑，惜乎北人不知樹之。

清 韓夢周《蠶桑實濟》卷四《育蠶急務》 一種柘蠶。即棘繭也，生於柘上。一種雠由蠶。食樗作繭者。一種蚢蠶。食蕭葉作繭者。一種槲蠶。食槲橡作繭者，三種皆山蠶，一歲再生樹，放而織繭紬者。

又 卷五《蠶桑雜附》

種柘法

柘亦飼蠶之物，柘宜山石，柞宜阜。柘字從石，其取義與，柘木有紋理，亦可旋爲器。其葉可飼蠶，曰柘蠶，柘蠶另有柘蠶種，先出、先眠、先繭。如無柘蠶，將桑蠶飼以柘葉亦可，但得絲甚少。然葉硬而薄小，不及桑葉。桑葉大而豐肥多津，故多樹桑，少樹柘。柘宜山麓之人不勞種植而獲利。處處山中有之，喜叢生，幹疎而直，葉豐而厚，團而有尖。飼蠶成繭，冷水繰之，謂之冷水絲，作琴瑟絃，清響異常，亦可織紬且韌。《爾雅》所謂『棘繭』，即此蠶也。此柘，諸山皆有，最多且茂。惜乎近山之人多不知此美利，無有爲之者。若在山麓之下，葢草房幾間，內多置蠶種，廣採山中野柘飼蠶，其利可勝言哉？無樹桑占田之累，修接糞澆之勞，豈非坐而獲利？其蠶種廣布無窮，而野柘多採無盡，勝於採山採水，幽壑負薪之勞遠矣，何憚而不爲也？

又 種柘法：耕地令熟，摟溝作壠。柘子熟時，多收，要揀無刺，葉圓大者，方好。如身有刺，葉小薄者，勿用。以水淘洗令淨，曝乾。臨種時，用水浸一夜，用柴灰搀勻，散於畦中，摟把蓋之。苗出後，時時鋤草令淨，不可荒没。移栽者，不可太稀，大約三尺一株。若在山田，令其多布。又須歲歲採葉飼蠶，如一歲不採，次年葉生有毒，蠶食之不旺，且多死。如欲養蠶者，先年夏月將柘葉打落，次年生葉方無毒，可飼蠶。

又 柘蠶之種，其始即生柘葉上，乃柘之氣化生者。人若細心，於夏秋間年年在柘樹葉上撥看，常有結成繭子，可取以為種。但有無多寡，年年不同。柘蠶亦食桑葉，且得良繭。桑蠶不可飼柘葉，食之多結薄繭。

（乾隆）《正定府志》卷一二《風物志下・物産志・木屬》 柘 《本草》：柘喜叢生，其木染黃赤色，謂之柘黃。又奴柘，似柘而小，有刺，葉可飼蠶。《蠶書》：柘葉飼蠶，作琴瑟弦，清響勝凡絲。

清 郝懿行《寶訓》卷三《蠶桑》 《齊民要術》：種柘法：耕地令熟，耬耩作壟。柘子熟時，多收，以水淘汰令浄，曝乾，散訖勞之。草生拔却，勿令荒没。三年間斸去，堪為渾心扶老杖。十年中四破為杖，任為馬鞭、胡床。十五年任為弓材。欲作鞍橋者，生枝長三尺許，以繩繫旁枝，木橛釘著地中，令曲如橋。十年之後，便是渾成柘橋。此樹條直，異於常材。十年之後，無所不任。柘葉飼蠶，絲好，作琴瑟等弦，勝於凡絲。《博聞録》：柘葉多叢生，幹疏而直，葉豐而厚，春蠶食之，其絲以冷水繰之，謂之冷水絲。柘蠶，先出、先起而先繭。柘葉，隔年不采者，春再生，必毒蠶。如不采，夏月皆要打落，方無毒。案崔豹《古今注》：桑實曰葚。柘實曰隹。《本草》：其本染黃赤色，謂之柘黃，天子服。

清 李拔《蠶桑説》《牧令書》卷一〇 養蠶之法：立春日，取蠶種置地上，或草間，使受春氣，隨置溫暖處，日以爲常。越十餘日，自出小蠶，如蟻蠕動，視其多寡，用鷄翎掃下。每日一次，各爲一處，以免參差。初生，盛以筐，藉以紙。先用柘葉食之，如無柘，用桑亦可。每日餧三次，天氣晴暖，約七日，即當初眠。

清 李拔《蠶桑説》《牧令書》卷一〇　初生，盛以筐，藉以紙，先用柘葉食之，無柘，用桑亦可，每日喂三次。天氣晴暖，約七日，即初眠。

清 徐鼎《毛詩名物圖説》卷九《木下》

柘

《淮南子》：『八月其樹。』柘，《説文》：『桑屬。』《蠶書》：『柘葉飼蠶，爲絲，中琴瑟絃，清響勝凡絲。』《埤雅》：『柘宜山石。』愚按：柘材可爲弓矢，故《考工记》云：弓人取幹柘爲上。《投壺》云：矢以柘，若棘是也，葉可飼蠶，又堪染色。《本草》云：其木染黄赤色，謂之柘黄，天子服是也。又，季夏取桑柘之火，見《問書》。其實名佳。崔豹曰：桑實曰葚，柘實曰佳。

清 程岱葊《西吴蠶略》卷下《異蠶》　湖俗相傳，養得蠶王，作繭如瓮，繅絲數日不絶。蓋本任昉《述異記》『濟陰園客與仙女，養華蠶事也』。其尤異者，張説《梁四公記》：東海扶桑，蠶長七尺，金色。五月八日，嘔絲於條，不為繭，扶桑灰煮之，四絲足勝一鈞卵。至句麗國，蠶即變小。《杜陽雜編》：大軫國産水蠶，生池中，採柘葉飼之。經十五月，跳入荷葉，成繭如斗，自然五色，繅以織錦，得水則舒，遇火則縮。

清 方大湜《桑蠶提要》卷一《桑政二十三條**・柘**二則**》**

形狀：柘木堅韌，喜叢生，幹疏而直，皮紋細密，上多白點，枝條多刺，葉色淡黄，團而有尖，葉梢有三叉。實如桑子而圓，粒如椒。其木可染黄赤色，謂之柘黄。其葉可飼柘蠶，亦可飼家蠶。柘葉硬而薄，雖可飼家蠶，却不如桑葉之佳。惟飼養柘蠶，則一氣相感，最為相宜，以柘蠶係柘氣化生也。但柘葉飼蠶，須一年採一次。今年不採，明春再生，必毒蠶。奴柘似柘，節有刺，葉如柞葉而小，凌冬不凋，可飼柘蠶，亦可飼家蠶。

種植：野柘，山谷中處處有之。種柘者，先耕地為畦。俟柘子熟時，以水淘淨曬乾。結子之樹，以葉圓大者為佳。若樹葉薄小，則所結之子，不堪作種。臨種時，復以水浸之，約一夜，再漉出，以柴灰和勻，種於畦内，仍蓋以薄土。苗出後，須時時鋤草，勿令荒蕪。移栽山坡，長成最易。柘宜山石，故柘字從石。既不接枝，又不翦條，且不澆糞，坐而獲利，山居者何樂不為？

又 卷二《蠶事四十條**・蠶食**三則**》**　可食：桑葉之外，可食者六：一曰蒿白蒿可喂小蠶，一曰萵苣大眠起後，桑葉缺少，則以萵苣補之，葉多者不必，一曰柘柘葉堅硬，非小蠶所能食。惟三眠起後，及大眠起後，可先餧柘葉，後餧桑葉。所以必先餧柘葉者，以柘葉不如桑葉之美。既已食過桑葉，必不肯再食柘葉也。詳三眠起後第二則，大眠起後第二則，一曰綠豆粉，一曰白米粉，一曰桑葉麪豆粉、米粉、桑葉麪，均詳蠶料第一則，大眠起後第二則。

又《大眠起後二則**》**　大眠起齊：餧葉之法，堆已散盡，無一眠者，便須餧葉。第一日，先餧柘葉五六次，再餧桑葉，絲乃韌而有光。韌音忍，柔而固也。無柘葉者，專餧桑葉。

又《柘蠶三則**》**　蠶種：柘蠶，感柘氣而生。另是一種，其始生柘樹上，夏秋之交，將柘葉細心撥看，遇有小繭，即取以為種。但有無多少，年年不同耳。得種之後，便可養而為蠶。養蠶之後，便可留而為種。生生不息，無庸再在柘樹上找尋矣。

蠶形：與家蠶同。

蠶性：先出，先起，先繭，與家蠶異，其餘均與家蠶同。

又《養柘蠶法二則**》**　養柘蠶，大致與家蠶同，須參看家蠶各條。

飼葉：餧以柘葉，亦可餧以桑葉。一切餧法與家蠶同。柘葉須年年摘採，方可餧蠶，否則有毒，蠶食之，不旺，且多死。初次養柘蠶者，應於先一年夏月，將柘葉打落净盡，次年生葉，便無毒矣。

繅絲：餧蠶成繭，以冷水繅之，謂之冷水絲。作琴瑟弦，清響異常。亦可織紬，古人所謂棘繭，即此蠶也，繅法與家繭同。

清　高其垣《試行蠶桑説·培養桑樹法十五條》　柘葉亦可飼蠶，但比桑葉較堅厚，非小蠶所能食。桑葉缺少，可於三眠開口時第一次付葉，謂之開口，令食柘葉兩三次。大眠開口時，令食柘葉五六次，則省下許多桑葉矣。所以必於開口時者，柘葉之味不及桑葉。既已食過桑葉，必不肯再食柘葉也。

（嘉慶）《義烏縣志》卷一九《土物志·木之屬》　柘。桑屬，其實曰隹。弓材，柘為上。葉飼蠶，絲中琴瑟。

（嘉慶）《西安縣志》卷二一《物産》　柘。《蠶書》：柘葉飼蠶。《考工記》：弓人取幹之道，柘爲上。《應鳴鳳詩》：青林一角花如綺，柘彈春深放處紅。

清　李有棻《桑麻水利族學彙存》卷一《植桑》

大眠起

蠶大眠起後，第一日先餧柘葉五六次，再餧桑葉，絲乃有光。第二日巳午時，以綠豆粉拌桑葉餧一次，可解熱毒。第三日，以桑葉麫拌葉餧三五次，有白水蠶，蠶身獨短，其節高聳，不食葉，常在葉上往來，腳下有白水。有青頭蠶，掉頭不住，似有所苦者，俱宜檢出，丢之。

清　李宗昉《黔記》卷二　遵義蠶事最勤，其絲行楚、蜀、閩、滇諸省，村落多種柘樹，繭客至春時，買其樹放蠶於上，繭成來收取之。廣東程鄉繭亦遵議絲也。居民無男婦大小，手中皆持一撚絲墜子。余莅郡時，見執事役，伺應之暇，就懷中取木墜子，撚絲不輟，可云勤矣！

清　汪曰楨《湖蠶述》卷一　勞鉞《湖州府志》：蠶食頭葉者，謂之頭蠶。食二葉者，謂之二蠶。食柘葉者，謂之柘蠶，又名三眠蠶。按：今三眠蠶，亦食桑葉。劉沂春《烏程縣志》：蠶，俗謂之春寶，按：今俗稱蠶寶寶。一年生意，誠重之也。

又《栽桑》　有柘蠶，是食柘而早繭；其青桑無子，而葉不甚厚者，是宜初蠶，皆臘月開塘而加糞，即壅之以土泥。

又　野桑雖亦可飼蠶，然葉薄而小，且易瘺，音鼈。故必接成家桑。柘葉亦可飼蠶，按：《武康縣志》云：柘産于山野曠土，采飼柘蠶，葉貴，餘蠶亦可食，其絲次于桑蠶。但比桑葉較堅厚，非小蠶所能食。按：劉沂春《烏程縣志》謂：蠶早葉未抽，則柘葉可代，是小蠶亦可食也。桑葉缺少，可於三眠開口時初次布葉，謂之開口，即餉食也，令食柘葉兩三次。大眠開口時，令食柘葉五六次，則省桑葉矣。必於開口時者，柘之味不及桑。既食桑葉，必不肯再食柘葉也。又大眠起後，先飼以柘葉，其絲乃韌而有光。《西吳蠶畧》：柘與桑同功。兖蠶頗食柘，其蠶養于樹，繭殊大。又有養于椒樹，食椒葉者，繭有香氣。二者皆不中繅，唯成綫織紬而已。考《爾雅》注：食樗葉、棘葉、欒葉者，名讎由；食蕭葉者，名蚢，皆蠶類。又濟陰有食香草之蠶，橫州有食楓葉之蠶，伊州有食苦參之蠶。記傳所載，蠶食不必定用桑，吾鄉遇桑葉涌貴，飼以楝葉，亦能食能繭，何不采諸葉廣試之。

清　王念孫《廣雅疏證》卷一〇上

杆，柘也。

杆，與榦同。《禹貢·荆州》：厥貢杶、榦、栝柏。《考工記》疏引鄭注云：榦，柘榦也。又注《考工記》『荆之榦』云：榦，柘也，可以爲弓弩之榦。又弓人，凡取榦之道七，柘爲上，此柘之所以名榦也。高誘注：『《淮南·原道訓》云：「烏號柘桑，其材堅勁」，伐其枝以爲弓。』《齊民要術》云：柘，十五年，任爲弓材，亦堪作履。二十年，好作犢車材。柘葉飼蠶，絲可作琴瑟等弦，清鳴響徹，勝於凡絲遠矣！案：《月令》：季春，命野虞，毋伐桑柘。鄭注云：『愛養蠶食也。』今柘桑上多野蠶食葉，絲之堅韌，遠過家蠶，俗所謂雙絲繭也。柘又可爲矢榦。《投壺》云：矢以柘若棘，毋去其皮。鄭注云：『取其堅且重也。』又可以染。《御覽》引《四民月令》云：『柘染色黃赤，人君所服。』鄭注：『《月令》云：「鞠衣，黃桑之服。」』或是此與？

清　王元綎《野蠶録·野蠶名》

柘蠶

柘蠶生柘樹上，與桑蠶同。《玉海》：祥符五年五月，藤州鐔津縣，野蠶成繭。是州素不産蠶，此蠶食山柘而成，州緘絲以奏。是柘蠶自古有之，又柘亦可飼家蠶。《蠶書》：柘葉飼蠶，其絲作琴瑟絃，清響勝凡絲。今養蠶者，於桑葉未發時，多有用之者。

清　温忠翰《蠶桑問答》

問：大眠後，如何培養？

答曰：大眠一晝夜必起，亦有遲至二三日的，總須靜候，不可用火烘。蠶起，必出在灰草之上，此時不可急急上葉，必待盡起，然後上葉。又宜先用柘葉餵兩三次，再餵桑葉，吐絲可有光彩。大眠起後，食葉更快，上葉更要勤。經四五日，上葉五十餘次，而蠶老矣。如有身短節高，不食葉，又在葉上往來，脚下拖白水的，是病蠶也，急去之。

（道光）《遵義府志》卷一六《農桑》

正安蠶

正安向無織紝之業。乾隆十三年，吏目徐階平自浙江購蠶種來州，教民飼法。當春夏之交，以紙糊周密深房，偏懸繭種於窗櫺之上。因州地寒，中設柴燎，日加微炙。歷數日而蠶種皆出。然后配以雌雄，臥以筐箔，五食、三眠，纍纍成繭。繭質較大於江浙，惟經煙熏，故其色黄。初，州地少桑，階平教飼柘葉，后家皆桑，始盡以桑飼。其繭色美質精，不下中州之產，而價昂於山絲。繅絲昔皆以手洴澼，故質粗而織毛。今則偏張機杼，漸成花樣，售絲售紬，遠通商賈矣。《州志》

清　鄒祖堂《蠶桑事宜·培養桑樹法十五條》

柘葉亦可飼蠶，但比桑葉較堅厚，非小蠶所能食。桑葉缺少，可於三眠開口時第一次付葉，謂之開口，令食柘葉兩三次。大眠開口時，令食柘葉五六次，則省下許多桑葉矣。所以必於開口時者，柘葉之味不及桑葉。既已食過桑葉，必不肯再食柘葉也。

桑秧出浙之嘉湖等處，距此數百里，非旦夕所能致也。好在此樹最易活，雖離土二三十日，而其根未枯者，栽之亦活，可無以道遠爲疑。

清　俞墉纂輯《蠶桑述要·放葉》　江浙養蠶，只用桑葉一物。如《農桑輯要》所云，先以柘葉食之，或川陝有此法，江浙桑葉遍地，未聞有飼以柘葉者。卽使蠶肯食柘，度其絲必不能潔白光亮。聞川絹皆柘蠶絲所織，故多灰黄色。又如所云，以乾桑葉爲末，及以糯米粉豆麪伴食之説，此江浙絶無之事。聞道光年間，一歲偶值桑葉買斷，間有以米粉篩於葉上，食之後，蠶多發脹，不能成繭。至他書又有萵苣菜、蕻菜攙食之説，尤不可信。

清　沈秉成《蠶桑輯要·諸家雜説·培桑有十法》　柘，桑屬，飼蠶，絲作琴瑟弦，清響勝凡絲。此絲性剛，織紬較硬。竟有缺桑，采柘代桑。柘有棘刺，刺手，亦不易取，是蠶缺桑而取之。

清　周凱《種桑詩説》《皇朝經世文編》卷三七　余浙人，浙重蠶桑，解種桑法不能家喻戶曉，商之諸牧令，又非文告所能悉，因思士爲四民之首，耕讀相兼者多，士爲之倡，民必從之，遂託之吟咏，分十二題，各繫四十言，幸襄之能文者，廣爲傳述之。【略】

一曰：兼種柘柘，亦可以飼蠶，繭色黄。

清　周凱《種桑十二詠·兼種柘》《清詩鐸》卷七

兼種柘。柘，亦可飼蠶，繭色黄。

《周禮》：命野虞，春禁伐桑柘。蠶食吐繭黄，絲成待善賈。所願利三倍，歲熟多婚嫁。何以勤農桑，劳酒同飲蜡。

清　吴通帛《廣廣事類賦》卷三二《蟲豸部·蠶》　宜分八輩之珍。

鄭緝之《永嘉記》：『入蠶，一曰蚖珍，蠶三月績。二曰柘蠶，四月初績。三曰蚖蠶，四月績。四曰愛珍，五月績。五曰愛蠶，六月末績。六曰寒珍，七月績。七曰四出蠶，九月初績。八曰寒蠶，十月績。凡蠶再熟者，皆曰珍。』諮巧娘之別號。黄一正《事物紺珠》：『起娘，頭眠蠶。又巧娘，最先熟蠶。』

（光緒）《歸安縣志》卷一一《輿地略·蠶桑·總論》　《成化府志》：蠶食頭葉者，謂之頭蠶。食二葉者，謂之二蠶。食柘葉者，謂之柘蠶，又名三眠蠶。《新府志》：今三眠蠶，亦食桑葉。

清　林心北、吴書年勸刻《蠶桑輯略·養蠶節次三十五條》

大眠起娘

起後，先飼以柘葉兩三次，吐絲乃堅韌而有光。此時，放葉與前三眠時不同，臨手翻轉，約一手掌起娘內，尚有三四箇眠娘，就要餧葉。大眠起娘，帶嫩餧葉。臨老上杣時不至慌忙局促。若等箇箇起全嘴老餧葉，臨時一齊俱老，人手少者，一一捉蠶不及也。此時餧葉，不拘正面反面，溼葉、霧葉、氣水葉、黄砂等葉，皆可不忌。

清　劉光蕡《養蠶歌括》　全起飼切葉僅三頓，或飼柘葉繭更堅。一頓薄撒宜覆白，二頓更薄白覆完。三頓如初經日夜，次日頓數又須添。此後飼葉均不切，甚且嫩枝亦許連。

清　劉清藜補輯《蠶桑備要》第四篇《養蠶程式》　三眠起齊　餧葉之法，個個起齊，方纔餧葉，與頭二次起齊後同。所不同者，甫經開口，未餧桑葉之先，可餧柘葉兩三次。既餧桑葉，切過三四次之後，可用整張大葉，不必再切耳。此時，食葉較速，務須晝夜布葉食盡即上。

又　大眠起齊　餧葉之法，堆已散盡，無一眠者，便須餧葉。第一日先餧柘葉五六次，再餧桑葉，絲乃韌而有光。韌音忍，柔而固也。無柘葉者，專餧桑葉。第二日巳午之間，以臘月所藏綠豆粉拌桑葉餧一次。先攤桑葉於蠶盤內，以新水灑拌，再用細羅篩，篩綠豆粉於葉上，拌令極勻。每葉一筐，用水一升，豆粉四兩，可餧蠶五六觔。

清 佚名《湖南辰谿縣王大令舉辦蠶桑禀》《農學報》第六十一期 又查有浙人藝桑之法十有二：一曰種葚，二曰壓條，三曰接枝，四曰移栽，五曰壅灌，六曰採摘，七曰初桑，八曰伐邊條，九曰禁再採，十曰收桑葉，十一曰剔枯皮，十二曰兼種柘。所論諸法，言簡易行。

清 任蘭生《蠶桑摘要・培養桑樹法二十三條》 柘葉亦可飼蠶，但比桑葉較堅厚，非小蠶所能食。桑葉缺少，可于三眠開口時第一次布葉，謂之開口，令食柘葉兩三次。大眠開口時令食柘葉五六次，則省下許多桑葉矣。所以必于開口時者，柘葉之味，不及桑葉。既已食過桑葉，必不肯再食柘葉也。

清 沈練，仲學輅輯補《廣蠶桑説輯補》卷下《飼蠶法六十六條・大眠起後説三條》 大眠起後，先飼以柘葉兩三次，其絲乃韌而有光。

按：大眠起後布葉，如天晴無霧，可用帶露桑葉，露為天酒，能補助好蠶，令後來繭絲光澤。病蠶食之，即軟死，力不勝也。或先布燥葉一二次，再用露葉法亦妥。若帶霧者，仍宜待燥，霧有毒故也。

清 沈練，仲學輅輯補，章震福校訂《廣蠶桑説輯補校訂》卷四《新增蠶桑總論・桑》 當年桑葉，不得留存，前已言之。至於柘葉，尤不可留。人謂：『柘葉不采，當春再生，必致毒蠶。』是又育蠶者，不可不知也。

（光緒）《上海縣志》卷五《土産・木之屬》 柘《埤雅》：柘宜山石，故從石，叢生，幹疎，弓人取材，以柘爲上。

清 盛宣懷輯《蠶桑備要・原性治病》 柘，亦可飼蠶，但較堅厚，小蠶不能食。桑葉缺少，可於三眠開口時，令食柘葉兩三次。大眠開口時，令食柘葉五六次，則省桑葉矣。必於開口時者，柘之味，不及桑。既食桑葉，必不可再食柘也。大眠起後，先飼以柘葉，其絲乃韌而有光。凡葉少時，以白米粉糁葉上飼之，絲更光白而韌。又秋葉未落時，采完好者，曬為細末，留置暖處。飼蠶時遇雨，葉溼則以乾葉末糁之，均其水氣，兼易飽難飢，省葉也。

清 吴鴻望校，袁俊德輯《蠶政萃編・蠶飼類》

代食

凡桑葉之外，可食者六：曰蒿，白蒿可餵小蠶。曰蒿苣，大眠起後，桑葉缺少，以蒿苣補之。曰柘，柘葉堅硬，非小蠶所能食。惟三眠起後，大眠起後，可先餵柘葉，次餵桑葉。若先餵桑，恐蠶不食柘。此爲桑葉缺乏，不能供蠶食者而言，乃以蒿、柘代之。有桑之家，無須乎此，然儲之，亦可療蠶病。

又《大眠類》 大眠起齊 餵葉之法，視其眠起，即便餵葉。第一日先餵柘葉五六次，再餵桑葉，絲乃韌而有光，無柘則專餵桑葉。第二日巳午刻間，以臘月所藏綠豆粉拌桑葉餵一次，先攤桑葉於蠶盤內，以新水洒拌，再用細羅篩，篩綠豆粉於葉上，拌令極勻。每葉一筐，用水一升，豆粉四兩，餵蠶五六斤，可解熱毒，且蠶絲堅韌有色，易於抽繅。或用臘月所藏熟米粉，拌桑葉餵之，亦可。第三日以臘月所製桑葉麪，拌桑葉內，餵三五次，洒水篩拌，與拌豆粉同。若專餵桑葉更佳，第四五日，專以桑葉餵之，蠶自大眠之後，食葉愈速，布葉宜勤，不拘正反面，不忌溼沙葉，須晝夜餵養，食盡即布，勿令稍餓。每一晝夜，約餵十餘次，此時多食一口葉，則上簇後多吐一口絲。

清 吴汝綸《深州風土記》卷二一《物産・柘》 柘雍正志，材中弓榦，安平有。《齊民要術》：『柘，十五年，任爲弓材，亦堪作履。廿年，好作犢車材。柘葉飼蠶，絲可作琴瑟弦，勝於凡絲。』

清 吴作鏌、倪紹雯、劉安欽《蠶桑速成捷法・蠶絲業普及捷法》第一章《桑樹栽培捷法》 實生苗法

四川嘉定府地方，多以柘葉飼一、二、三齡，經日本理學博士佐佐木忠次郎研究，謂與桑葉無異。若以之飼四、五齡蠶，且可以免蛆害云，我國人勿輕視此物也。又我國魯桑，滋養分最足，惟多給之，蠶兒食之不盡，致使蠶座變濕而有害，須依標準表分量，則其利甚大。

清 楊鞏《中外農學合編》卷九《林類・樹桑》

柘附

柘木堅韌，喜叢生，幹疏而直，皮紋細密，上多白點，枝條多刺，葉色淡黄，圓而有尖，葉梢有三叉。實如桑子而圓，粒如椒。其木可染黄赤色，謂之柘黄。其葉可飼柘蠶，亦可飼家蠶。柘葉硬而薄，雖可飼家蠶，卻不如桑葉之佳。惟飼養柘蠶，則一氣相感，最爲相宜，以柘蠶係柘氣化生也。但柘葉飼蠶，須一年採一次。今年不採，明春再生，必毒蠶。《齊民要術》《農政全書》《埤雅》

又卷一〇《蠶類・飼育・春蠶》 辨食 蠶可食者，一曰桑，一曰柘。柘葉堅硬，非小蠶所能食。惟三眠起後及大眠起後，可先餧柘葉，後餧桑葉。所以先餧柘葉者，

以柘葉不如桑葉之美。既已食過桑葉，必不肯再食柘葉也。

又 卷一一《蠶類・飼育》

三眠起後

眠起之時，三眠亦以一晝夜為率。其狀及餧葉、易器、保護各法，均與頭、二眠起齊後同。所不同者，甫經開口，未餧桑葉之先，可餧柘葉二三次，再餧桑葉，切過三四次後，可用整張大葉，不必再切。此時，食葉較速，務須晝夜布葉，每次宜略厚，三更後，再布一次，亦宜略厚。易器之法，與二眠起齊後同，與頭眠起齊後不同。保護之法，與頭、二眠起齊後同。惟起齊之次日，可去蓐草，謂之落蓐，與頭、二眠起齊後不同耳。《蠶桑直説》《蠶桑實際》

又 大眠起後

眠起之時，大眠一晝夜後，蠶必脱灰脱草而出。倘天氣寒冷，則其起較遲，有遲至兩三日者，只宜靜候，溫度不可太高，緣蠶至大眠後，喜涼也，其狀與頭、二、三眠同。易器、保護，與三眠初起同。餧葉之法：起齊後，便須餧葉。第一日，先餧柘葉五六次，再餧桑葉，絲乃韌而有光無柘葉，即餧桑葉。第二三日，或用臘月所製桑葉麪，拌桑葉內，間空餧三四次。第四五日，專以桑葉餧之，則絲更堅韌有色，易於抽繅。蠶自大眠後食葉愈速，布葉宜勤。務須晝夜餧養，不可稍飢，每一晝夜，約餧十餘次此時多食一口葉，則上山後多吐一口絲。若遇天氣暴熱，須開窗捲簾，并開風竇。或門外置瓮，貯以清水，或洒水於門外地上，以透涼氣。天氣和平，則不必。如起齊後二三日，見有蠶身獨短，其節高聳，不食葉，而常在葉上往來，胸下有白水者，宜急去之，毋使沾染他蠶。《農政全書》《授時通考》《蠶桑提要》

又 柘蠶養法與山蠶大致相同，可參看之

柘蠶，感柘氣而生，另是一種，其始生柘樹上，夏秋之交，將柘葉細心撥看，遇有小繭，即取以為種。但有無多少，年年不同耳。得種之後，便可養而為蠶。養蠶之後，便可留而為種。生生不息，不再在柘樹上尋矣。形與家蠶同。先出，先起，先繭，與家蠶異，其餘均與家蠶同。餧以柘葉，亦可餧以桑葉。一切餧法，與家蠶同。柘葉，須年年採摘，方可喂蠶，否則有毒，蠶食之，不旺，且多死。初次養柘蠶者，應於先一年夏月，將柘葉打落浄盡，次年生葉，便無毒矣。餧蠶成繭，以冷水繅之，謂之冷水絲。作琴瑟絃，清響異常。亦可織紬，古人所謂棘繭，即此蠶也，繅法與家繭同。《蠶桑提要》《廣蠶桑説輯補》《養山蠶事宜》

清 葉向榮《農林蠶説・林業樹植》

柘

寒露後，採柘子，樹上結實，如紅梅者。水浸，搓出其中之子，陰乾，留下年清明前畦種。長有五尺許，移栽地邊，或老樹下，尋梢發者小枝，取種之。葉可飼蠶，樹可護地邊，以攔猪牛攪擾。此余歷試八九年，方得其法。若撰作絲絃，蠶須由少至老。均食柘葉。詩云：種桑種柘勝栽花。

又《蠶桑圖説・培桑法》 柘葉飼蠶，絲作琴瑟，清響勝凡絲。此絲性剛，織紬較硬。竟有缺桑，採柘代桑。柘有棘刺，刺手，亦不易取，是蠶缺桑而取之。地邊種之，以備蠶荒，缺食最宜。寒露後，採紅子，照取桑子法種之。

清 豫山《蠶桑輯要略編・養蠶法》 清明節，用浄水將蠶連潤濕取起，名曰『浴蠶』。攤於風處候乾，用紙包裹，再包以棉，或藏懷內，切勿見風。各省節氣不同，只看桑葉如茶匙大，不久即生小蟲如蟻，總在巳午時居多。先燒蠶室令熱，蟻出，鋪連煖炕，取細葦密編爲箔，寬五尺，長一丈。每蟻一錢，需用一箔。或用荆條，或用竹條，將箔編成大筐更好。屋大者，平地用木板架起。屋小者，用竹木搭架。層層叠起，勿使著地。將蓐草鋪筐底，上加棉紙，用鷄翎細細掃在紙上。先用柘葉，或嫩桑葉，細翦如絲飼之。或隔年枯葉，研末亦可，要薄而勻，每日飼兩三次。蠶網以細麻編成竹枝，如魚網形，孔如鷄蛋大，長五尺，濶三尺五寸，每箔當用一兩扇。三眠以後，擡蠶除糞，以網輪流擡換。先將網輕輕蓋於蠶上，以葉鋪滿，蠶聞葉香，穿網而上，連蠶擡起，掃除潔淨，輕輕放下，省功而不傷蠶。

清 張行孚《蠶事要略・論蠶種》 凡蠶種不一，據湖俗，盛行者有二種：一名四眠子；一名三眠子。四眠子者，四眠四起也。三眠子者，三眠三起者也。四眠子，繭小宜作絲。三眠子，繭大宜作綿。故湖俗育蠶，大抵育四眠子者為多，其育三眠子者，甚寥寥也。又有一種食柘葉者，謂之柘蠶。柘蠶亦止宜作綿，不能作絲。故湖俗育者更少，其眠起與桑蠶之三眠子同也。

清 趙敬如《蠶桑説・柘葉飼蠶》 蠶三四眠初起，可將柘葉切碎，飼數頓，絲色光亮。缺桑葉之年，可多飼數頓。《博聞録》謂：柘葉，隔年不采者，春再生，必毒蠶。如不采，夏月皆要打落，方無毒。

又《飼蠶總説》 初飼蠶，桑葉宜旋摘旋飼。雨露濡溼，用新布摺乾。

利刀細切，切葉麤細，略如蠶身長之半。二三眠，皆以此為度。四眠初起，先切柘葉飼之，次飼桑葉。此後桑葉可不切，或連枝飼之。凡遇天暖，一日夜可飼葉六七次。天涼，晝三次，夜一次，即可。天暖夜飼，最不可忽。點燈時飼一次，稍薄不妨。二鼓，飼一次略厚，少睡。夜中起，又飼一次。鋪葉須高四寸，巡視蠶箔，見薄處，取葉鋪平。如此至天曉，再飼。每飼葉，要疏密得宜。頭二眠飼後，將蠶箔置之帳内，用小蠶架架好，以沾暖氣。但不可蓋遏受濕，致生病患。三眠後，則不必置帳内矣。

清　鄭文同《蠶桑輯要·育蠶十二則》　小蠶約飼五六天，見其嘴上隱隱有尖角，而不復食葉，謂之頭眠。用礱糠灰，撒蠶身上，以收潮氣。既眠之翌日，天冷或二日，則蜕衣脱灰而出，謂之起娘。俟灰下無眠蠶，方可喂葉。又約四五天則二眠，又約五天則三眠，乃捉置他箔，法皆如初。惟所喂葉，可不必切。又約五六天則大眠，其養法亦如前。大眠起後，第一日或先喂柘葉五六次，再喂桑葉，絲乃有光。第二日巳午時，或以緑豆粉拌桑葉喂一次，可解熱毒。再閲三五天，身轉稍斂，蠶糞謂之沙，視其沙色純緑，蠶體瑩徹，則知其熟。有先熟者，謂之巧娘，雖喂以葉，亦不食而吐絲矣。

清　朱祖榮《蠶桑答問》卷上

柘葉飼蠶第十六

問曰：古云：柘葉飼蠶，絲好，作琴瑟等絃。然否？

答曰：桑柘皆供蠶事，但柘葉甚老，不及桑葉柔嫩。三眠開口時，可飼兩三次，四眠開口時，可飼五六次。其絲方韌而有光，若飼桑之後再飼以柘，蠶不欲食。若盡飼以柘，則繭薄絲少，故祇可於開口時暫飼數次，非可恃以爲常也。

清　許鵬翊《橡蠶新編·辨説》　柘葉亦可飼蠶。養家蠶者，桑葉缺少，可於三眠開口時令食柘葉兩三次，大眠開口時令食柘葉五六次，可省桑葉。放山蠶者，不可取柘，且吉省少此樹。

清　黄世本《蠶桑簡明輯説·種桑説》　桑柘，皆供蠶事。但柘葉甚老，不及桑葉柔嫩。三眠開口時可飼兩三次。四眠開口時可飼五六次，其絲方韌而有光。若飼桑之後再飼以柘蠶，不欲食。若盡飼以柘，則繭薄絲少。故祇可於開口時暫飼數次，非可恃以為常也。

清　江毓昌《桑蠶説·養蠶説》　到大眠起齊宜漸涼，須把紙窻捲起透風。若遇西南風及雷電，或夜氣太冷，還要把捲窻放下，第一天先餧柘葉五六回無柘葉，桑葉亦可，再餧桑葉。若先餧桑葉，便不喫柘葉。

清　何品玉輯刊《蠶桑會粹·種桑各法·撮録大造桑蠶説》　柘葉亦可飼蠶，但比桑葉較堅厚，非小蠶所能食。桑葉缺少，可於三眠開口時第一次付葉，謂之開口，令食柘葉兩三次。大眠開口時，令食柘葉五六次，則省下許多桑葉矣。所以必於開口時者，柘葉之味，不及桑葉。既已食過桑葉，必不肯再食柘葉也。

清　方濬頤《淮南課桑備要·諸家雜説·培桑有十法》　柘，桑屬，飼蠶，絲作琴瑟弦，清響勝凡絲。此絲性剛，織紬較硬。竟有缺桑，采柘代桑。柘有棘刺，刺手，亦不易取，是蠶缺桑而取之。

清　曹倜《蠶桑速效編·種桑説》　桑柘，皆供蠶事。但柘葉甚老，不及桑葉柔嫩。三眠開口時，可飼兩三次。四眠開口時，可飼五六次，其絲方韌而有光。若飼桑之後，再飼以柘，蠶不欲食。若盡飼以柘，則繭薄絲少。故祇可於開口時暫飼數次，非可恃以為常也。

清　曾鉌《蠶桑備要》卷四《養蠶程式》　大眠起齊　餧葉之法，堆已散盡，無一眠者，便須餧葉。第一日，先餧柘葉五六次，再餧桑葉，絲乃韌而有光。韌音忍，柔而固也。無柘葉者，專餧桑葉。

清　陳恢吾《農學纂要》卷四《桑》　柘葉　柘葉，只可於四眠開口時飼五六次，能使絲韌而有光。嘉定用柘飼蟻。荆桑，大眠後亦可參飼。亦能使絲韌而有光。

雜録

宋　楊萬里《誠齋集》卷二八《甘露子一名地蠶》　甘露子，甘露子，喚作地蠶亦良似。不食柘葉不食桑，何須走入地底藏？不能作繭不上簇，如何也蒙賜湯浴？呼我果，謂之果。呼我蔌，謂之蔌。唐臨晁錯莫逢他，高陽酒徒咀爾不摇牙。

清　王士禛《池北偶談》卷二四

水蠶

吾鄉山蠶食椒、椿、槲、柘諸木葉而成繭，各從其名。故相國益都沚亭孫公廷銓作《山蠶説》，曲盡物性，文多不録。唐小説載：元和八年，大軫國貢神錦衾，水蠶絲所成。云：其國以五色石甃池塘，採大柘葉，飼蠶於池中。始生，若蚊睫，游泳其間。及長，可五六寸。池中有挺荷，蠶經十五日，即跳入荷中成繭，自然五色，亦謂靈泉絲。山蠶、水蠶，皆物産之異。

清 曹笙南輯《五畝居桑蠶清課》卷二《育蠶徵信篇・桑蠶占驗》《羣芳譜》：二月二日，宜日雨夜晴，否則桑柘貴。

清 崔應榴彙纂，錢馥補輯《蠶事統紀》卷一二《靈徵》《杜陽雜編》：『大軫國貢神錦衾，水蠶絲所織也。方二丈，厚一寸，其上龍文鳳彩，殆非人工。彼國以五色彩石甃池塘，採大柘葉，飼蠶于池中。始生如蚊睫，游泳于其間。及老，可五六寸。池中有挺荷，雖驚風疾吹，不能傾動，大者可潤三四尺，而蠶经十五月，即跳入荷中，以成其蠒，形如斗，自然五色。國人繅之，以織神錦，亦謂之靈泉絲。上始覽錦衾，與嬪御大笑曰：「此不足以為嬰兒繃褓，曷能為我被耶？」使者曰：「此錦之絲，水蠶成也，得水則舒，水火相反，遇火則缩。」遂于上前，令四官張之，以水一噴，即方二丈，五色煥爛，逾于向時。上乃嘆曰：「本乎天者親上，本乎地者親下，不亦然哉！」却令以火逼之，須臾如故，上益異之。翌日，出示術士田元佐、李元戢焉。』並見《六帖》

清 陳蕃詰《勸辦桐廬柞蠶歌》

右柞即柘，又號樗櫟。研究柘葉飼蠶為絲，中琴瑟絃，清響勝凡絲。幹有棘，冬不彫。葉柔軟，與桑同。每有擷其葉，以飼家蠶，補桑之不足，俗呼曰圓柘。

蠶總部

管縣存

蠶總部説明

蠶總部是《蠶桑分典》六個總部中内容最多的一個總部，輯録的資料涵蓋家蠶的形態構造、生理特性等基本性狀特徵和給桑飼養、温濕度控制、病蟲害防治、上簇結繭、製種護種等養蠶生産的各個環節。蠶總部分爲綜述、家蠶品種、蠶種保護、家蠶飼養、上簇結繭殺蛹、選種育種、蠶病害、家蠶保護、野蠶共九個部。

家蠶屬完全變態的昆蟲，一個世代中要經過卵、幼蟲、蛹和成蟲四個不同的發育階段。蠶卵呈橢圓形。剛從蠶卵孵化的幼蟲，形態似螞蟻，稱爲蟻蠶。蠶的幼蟲從孵化到結繭要經過四次就眠蜕皮，全齡經過二十五天左右。到五齡末期，逐漸老熟，吐絲結繭。吐完絲在繭内化成蛹，再經過十五天便羽化成蛾，出蛾後立即進行交配産卵。大致四十五天完成一個世代。綜述部分爲家蠶基礎分部和養蠶經驗分部，家蠶基礎分部輯録了家蠶世代、家蠶身體構造、家蠶習性的文獻記載。養蠶經驗分部輯録了關於養蠶經驗『十字訣』的文獻記載。

家蠶品種部輯録有關家蠶品種的文獻資料，包括品種、化性、眠性、顔色和季節等方面的記載。從古籍記載看，古代飼養的家蠶有三眠蠶和四眠蠶。一化性蠶以四眠蠶爲主，而二化性蠶則多爲三眠蠶。各養蠶區都有適合當地生態條件的地方蠶品種。

蠶種保護部輯録了護種、浴種、催青、暖種等專題的文獻記載。浴種原先是指把蠶種放在净水中漂洗的意思，後來演化爲汰弱留强的技術措施。護種、催青和暖種的作用類似。護種是蠶娘將蠶種以羅帕包好，貼置胸前，蠶種得暖點青出蟻蠶者。催青是用人工調節空氣之温度、濕度，以促蠶卵之孵化者。暖種是通過提高温濕度，使胚胎發育成蟻體者。

家蠶飼養部輯録收蟻、眠起、采桑、給桑、除沙、提青等關鍵步驟，以及飼養夏秋蠶、放地蠶技術措施的文獻記載。

上簇到繅絲前的生産流程分上簇、結繭、簇中保護、采繭、殺蛹、儲繭、選繭七個步驟，上簇結繭殺蛹部按照上述流程逐一輯録了有關蠶繭生産的相關文獻資料。

選種育種部輯録了選種、育種、製種三個專題的史料。

養蠶必先留種，留種必先選蠶。先民對家蠶的選育和製種十分重視，留下了許多寶貴經驗。

蠶病害部輯録家蠶病害與養蠶禁忌兩個專題的史料。文獻記載的家蠶病害有黑痣病、軟化病、硬化病、膿蠶、病蛆等。如唐代詩人王建在《簇蠶詩》中有『但得青天不下雨，上無蒼蠅下無鼠』，這是家蠶蠅蛆病的最早記録。

家蠶保護部輯録了蠶室的温度、濕度、通風等專題的文獻記載。如秦觀《蠶書》記載，蠶母須著單衣，若自身覺冷，便添炭旺火，若自身覺熱，則減少炭火。這樣的温度大致爲二十七至二十八攝氏度，與現代的標準一致。

野蠶部輯録的資料包括樗蠶（椿蠶）、柞蠶、山蠶、樟蠶等衆多專題。

蠶總部

綜述部

家蠶基礎分部

家蠶世代

題解

宋 陸佃《埤雅》卷一〇《釋蟲》

蛾

繭生蛾，蛾生夘。《博物志》曰：食桑者有緒而蛾。蛾類者，先孕而後交，蓋蛹者蠶之所化，蛾者蛹之所化。《荀子》曰『蛹以爲母，蛾以爲父』是也。蛹一名螝，蛾一名羅。孫炎《爾雅正義》以爲螝即是雄，蛹即是雌；羅即是雄，蛾即是雌。蛾似黄蝶而小，其眉句曲如畫，故《詩》以譬莊姜，《碩人》曰：螓首蛾眉。今一種善拂燈火，夜飛，謂之飛蛾，一名慕光。《符子》曰：不安其昧而樂其明，是猶文蛾去暗赴燈而死，亦其類也。與䗪而爲牝牡。䗪，一名過街，言逢申日則過街，殆與鶡忌庚申、燕避戊巳無異。周人設官覆夭鳥之巢，以方書十日之號、十有二辰之號、十有二月之號、十有二歲之號、二十有八星之號縣其巢上，則去之。言夭鳥見此五者而去，良有以也。《變化論》曰：蝙蝠夜值庚申乃伏。

又 卷一一《釋蟲》

蠶

蠶，陽物也，惡水，食而不飲。《淮南子》曰：蠶食而不飲，蟬飲而不食，蜉蝣不食不飲。再蠶謂之原蠶，一名魏蠶，今以晚葉養之，先王之法禁焉。《淮南子》曰：原蠶再登，非不利也，然王者之法禁之，爲其殘桑也。鄭云：蠶爲龍精，月直大火，則浴其種，是蠶與馬同氣，物莫能兩大，禁原蠶者，爲害馬歟？然則原蠶有禁，非特欲以護桑，又以害馬故也。今蠶負馬迹，亦其驗歟？里俗謂之夏蠶，亦曰熱蠶，亦曰晚蠶。自世衰道微，先王之禁不行，而民間一歲至有三蠶者矣，是以桑弱而馬耗也。《蠶書》曰：飼蠶勿用雨露濕葉。蓋蠶性惡濕，故《禮》云：桑于公桑，風戾以食之也。今俗飼蠶以葉，洒之欲其匀厚，故古者王親耕，三推而止；王后親蠶，三洒而止。舊云蠶之所吐爲忽，十忽爲絲，五絲爲䋎，十絲爲升，二十絲爲緎，四十絲爲紀，八十絲爲總。《詩》曰素絲五緎，又曰五總。其絲之數蓋如此。《太玄》曰：紅蠶緣于枯桑，其繭不黄。蓋蠶足於葉，三俯三起，二十七日而蠶已老則紅，故謂之紅蠶。紅蠶以繭自衣，亦或謂之室。《易林》曰『飢蠶作室』是也。《爾雅·釋蟲》曰：蟓，桑繭；雔由，樗繭，棘繭，欒繭，蚢蕭繭。

（乾隆）《安遠縣志》卷一《物産·蟲》 蠶蛾 《埤雅》云：繭生蛾，蛾生卵，卵生蛹。蛾之眉勾曲如畫，沉香色雜山紺碧，間以猩點金絲。仲春，束稻柄，懸檐頭，羣相棲附。得雌則雄至先孕而交。蛹經旬爲蠶。養蠶最難，西風起，蠶盡死枝葉間。防鳥啄蟻蛀，随時持竿逐而去之，亦良苦矣。

（乾隆）《安肅縣志》卷四《方産·蟲屬》 蠶。時珍曰：蠶，孕絲蟲也，有大小、白烏斑色之異。其蟲屬陽，喜燥惡濕，食而不飲，三眠三起，二十七日而老。自卵出而爲妙，自妙蜕而爲蠶，蠶而繭，繭而蛹，蛹而蛾，蛾而卵，卵而復妙。亦有胎生者，與母同老，蓋神蟲也。

清 張宗法《三農紀》卷八

蠶

蠶，吐絲虫也，字從䖍，象其頭足，形並蚰者，取其繁也。形有大小、白烏蒼斑之異，首四足而身八足。蠶者，纘也，聚而不散。俗書『蚕』字，取義天虫，謂人力不能强致也。《内經》云：燥，其虫性陽，惡濕，畏雨，好晴。能動而不能鳴，能食而不能飲。自卵出而云妙，妙長謂蠶，蠶老為繭，繭蛆呼蛹，蛹化蝶號蛾，蛾生子名卵，卵出蟻曰蚢。卵紙曰連，遺矢曰砂，再生曰口原，死而不朽曰殭。有三眠、四眠者，有再出復出者。《博物志》云：蚕，神物也。亦有胎生者，與母同老。蚕三化，先孕後交，不交者亦産子，子復為蠶，皆無眉目。《周禮》註云：蚕乃龍精所化，與馬同氣。蚕四月死，五月再生。蚕盛則馬病，故禁原蚕。《博物志》云：燕辟戊巳，蝠伏庚申。

一歲三蚕，則桑柘馬耗。史記始自西陵氏，養蚕為絲于蜀，故號其地曰蜀，曰蚕叢。飼有桑、柘兩葉，繭有黄、白二種，繅有水、火兩治。繭之抽線曰絲，不抽而煮曰綿，為繪為錦，染蒼染黄，在其主之。

清 李元《蠕範》卷一《物理第一》 蠶，蟓也，蟻也，女兒也，龍精也。三月始生，有大小、白烏斑各色，食而不飲。喙哃哃似馬，色斑斑似虎。初拂謂之蚝，三俯三起，二十七日而老。吐絲爲繭，自處其中，久則化爲螝蛾，破繭而出，狀如小蝶，眉曲如畫。先孕後交，不交亦產子，無眉目，收采亦薄。交州、永嘉、日南、南鄉諸處，歲八蠶。三月蚖珍，四月柘蠶、蚖蠶，五月愛珍，六月愛蠶，七月寒珍，九月四出，十月寒蠶。凡蠶再養爲珍，珍子爲愛也。蠶性畏溼惡水。其蛻爲蠶皮，爲馬明。退爲佛退，爲金牛兒。其蛹爲螝。其神爲宛窳，爲馬頭娘，爲馬明菩薩。其別種曰蟓，食桑葉；曰讎由，食樗葉；曰蚢，食艾葉；曰棘蠶，食棘葉；曰欒蠶，食欒葉；曰山蠶，食槲葉；曰楓蠶，食楓葉；曰冰蠶，長七寸，黑色，有角鱗，霜雪覆之，然後作繭，長一尺，織錦不濡不燎，出員嶠山；曰風蠶，出横州；曰火蠶，出炎洲；曰水蠶，出軫國；曰海蠶，出南海。

清 吴鴻望校，袁俊德輯《蠶政萃編・蠶始類》

貴辨化

蠶作繭成，化而爲蛹，亦曰螝，曰繭蟲，曰蠶女。蛹化爲蛾，亦曰羅蛾，穿繭而成，又復生卵。蠶屎曰沙，蠶皮曰殼，亦曰衣，曰蛻繭。外浮絲，曰繭絖，亦曰窠，曰外衣。

（道光）《思南府續志》卷三《食貨門・土產・蟲之屬》 蠶 馬首龍文，自卵出而為眇，蛻而為蠶，三眠而成繭，自裹於繭中，蛹復破繭而出曰蛾，蛾而復卵，蓋神蟲云。

清 楊名颺《蠶桑簡編・養蠶法》 《牧令書》卷一〇 總説蠶本天駟之精，黄帝元妃西陵氏始蠶。卵生爲蟻，蟻脱爲眇音苗，眇脱爲蠶，蠶脱爲蛹音勇，蛹脱爲蛾，蛾脱繭復卵。蠶紙爲連，皮爲蛻，屎爲沙，蓐曰沙燠，臥曰眠，脱殼曰起。南蠶多四眠，北蠶多三眠。總之，一七而變，四變而老，七變而死，蓋氣化神物。蠶室高潔處供奉先蠶神位，下蟻日用牲醴祭之。

清 李君鳳《蠶桑説・飼蠶法》 蠶卵生爲蟻，蟻脱爲眇音亩，眇脱爲蠶，蠶脱爲蛹音勇，蛹化爲蛾，蛾脱繭復卵。蠶紙爲連，皮爲蛻，矢俗作屎爲沙，蓐曰沙燠，卧曰眠，脱殼曰起。

清 鄒漢勛《南高平物產記》下《蟲類》 蠶 《爾雅》：『螝，蛹。』註：『蠶蛹。』『蛾，羅。』註：『蠶蛾。』『蟓，桑繭。』註：『食桑葉作繭者，即今蠶。』『雔由，樗繭。』註：『食樗葉。』『棘繭。』註：『食棘葉。』『欒繭。』註：『食欒葉。』『蚢，蕭繭。』註：『食蕭葉（者）此『者』字，點校者據《爾雅註疏》阮元校勘記補入，皆蠶類。』案，今新化惟有桑繭，養者亦少，餘不見也。

論説

元 楊維楨《鐵崖古樂府》 蠶有六德：衣被天下生靈，仁也；食其食，死其死，以答主恩，義也；身不辭湯火之厄，忠也；必三眠三起而熟，信也；象物以成，繭色必尚黄素，智也；繭而蛹，蛹而蛾，蛾復卵而繭，神也。此六德也。

清 楊屾《豳風廣義》卷二《論蠶》

欲事蠶者，先樹桑，次製什物，修蠶室，安蠶神，立蠶母，數事備而方可以言蠶矣。夫蠶為衣冠文物之祖，所係不綦重哉！考我中國，自草服後，皆務桑蠶，以絲帛為衣。自炎宋時，棉花之種傳自海南，始入中國。率土共仰其利，而獨不宜於秦。秦之桑蠶，又久失傳，秦人衣被，皆仰給外省，蠶之名義俱失，今特表而出之。

蠶乃天駟之精，孕絲蟲也。衣帛所出，功與穀對，非他虫可得而比。形乃氣化。蠶即生於桑，余家園中種桑五分許，高可六尺餘。於庚戌夏四月，忽生小蠶滿園，余收而養之，得良繭以此傳種，與家蠶無異。方知古來蠶種所出，皆氣化而成，况氣無停止。觀蠶身之中，閃爍不定，如湯面集氣之象，時時變換，一日一小變，七日一大變，凡七變而息。性屬純陽。喜燥惡濕，食而不飲。陽立於三春，故蠶生於三春。陽息於陰生，故蠶死於夏至之後。種類甚繁，五方所產各殊，一種四卧一生蠶南蠶多四眠四起，余家亦養此蠶，得自南方，歲獲佳繭，蠶亦無南北之分；一種四卧再生蠶四眠四起，一歲兩生；一種柘蠶即棘繭也，生於柘上；一種雔由蠶食樗作繭者；一種蚢蠶食蕭葉作繭者；一種槲蠶食槲橡作繭者。三種皆山蠶，一歲再生，樹放而織繭細者。海南、横州，一種風蠶，絲作釣緡。員嶠之山，一種冰蠶。長六七寸，黑色，有鱗甲，以雪覆之，則作繭長尺許，扯五色絲，織為文錦，入水不濡，入火不燎，即火浣紗也。堯時，海人獻之，其質輕暖柔滑，亦雪蛆之類，此尤蠶之異者也。廣東一種八輩原蠶。原者，再也，謂一歲再養者。原子為珍，珍子為愛，三月至十月能生八輩。又有白頭蠶、頡石蠶、楚蠶、黑蠶、灰兒蠶、老秋兒蠶、錦兒蠶、秋末老蟹兒蠶、同繭蠶，不可盡述。我秦中一種三卧一生蠶，花蠶，皆三眠三起，南方亦有養之者。有大小、白烏斑色之異，繭有青、黃、白、緑之殊。自卵生為蟻，蟻脱為蚐，蚐脱為蠶，蠶脱為蛹，蛹脱為蛾，蛾脱繭復卵。蠶屎名為蠶沙，蠶皮為蠶蜕，蠶紙為連，蠶卧曰眠，蠶已脱殼曰起，蠶卧之蓐曰沙燠。不論南北之異，四眠、三眠之殊，總之，一七而變，四變而老，七變而死，蓋氣化神物也。乃資生要理，安可不知哉？

清　鄂爾泰《授時通考》卷七二《蠶事・彙考》

《蠶經》：蠶有六德，衣被天下生靈，仁也；食其食，死其死，以答主恩，義也；身不辭湯火之厄，忠也；必三眠三起而熟，信也；象物以成繭，色必黄素，智也；繭而蛹，蛹而蛾，蛾而卵，卵而蠶，蠶而復繭，神也。

清　韓夢周《蠶桑實濟》卷四《育蠶急務》

論蠶

蠶乃天駟之精，孕絲蟲也。衣帛所出，功與穀對，非他蟲可得而比。形乃氣化，性屬純陽，喜燥惡溼，食而不飲。陽立於三春，故蠶生於三春；陽息於陰生，故蠶死於夏至之後。種類甚繁，一種四卧一生蠶南蠶多四眠四起，一種四卧再生蠶四眠四起，一歲兩生，一種柘蠶即棘繭也，生於柘上，一種雔由蠶食樗作繭者，一種蚢蠶食蕭葉作繭者，一種槲蠶食槲橡作繭者。三種皆山蠶，一歲再生，樹放而織繭紬者。秦中一種三卧一生蠶。北蠶皆三眠三起，南方亦有養之者。有大小、白烏斑色之異，繭有青、黃、白、緑之殊。自卵生爲蟻，蟻脱爲蚐，蚐脱爲蠶，蠶脱爲蛹，蛹脱爲蛾，蛾脱繭復卵。蠶屎名爲蠶沙，蠶皮爲蠶蜕，蠶紙爲連，蠶卧曰眠，蠶已脱殼曰起，蠶卧之蓐曰沙燠。不論南北之異，四眠、三眠之殊，總之，一七而變，四變而老，七變而死，蓋氣化神物也。資生要理，安可不知？

清　李拔《蠶桑説》《牧令書》卷一〇

聖天子加意農桑，每歲必親蠶，收入供御。蠶桑之利遍於天下。閩中天氣和暖，理宜蠶桑，徒以難於創始，大利遂秘。予蜀人也，習蠶利，來閩歷守二郡，曾於署内試養良絲厚繭，俱有成效。信乎！閩之宜蠶也。顧欲養蠶，必先樹桑。桑之種類不一：一名壓桑。春初，取桑枝大者，長二三尺許，取壓土中，上掩肥土，約厚二寸。半月後萌芽漸長，三四月後，可四五尺。次年立春前後翦開，移於他處，二三年即成拱，葉可飼蠶矣。一名子桑，乃桑椹所種。四月取黑桑葚揉碎，用糞灰和土，種入地寸許，一月發芽，三四月可長二尺許。再逾年移種，四五年始成樹，仍結子，惟葉稍薄。然任砍伐，枝可為薪，取葉又甚易，養蠶者利之。一名花桑，亦由種子而成，而吳越之間，每取壓桑條，移接子桑，其葉更美。一名花桑，其葉與壓桑相似，但有花無實，與子桑異，不可多得。湖州所種，皆小桑，蜀中多大桑，此種桑之異法也。

養蠶之法：立春日取蠶種置地上或草間，使受春氣，隨置温暖處，日以為常。越十餘日，自出小蠶，如蟻蠕動，視其多寡，用雞翎掃下。每日一次，各為一處，以免參差。初生，盛以筐，藉以紙，先以柘葉食之，如無柘，用桑亦可，每日喂三次。天氣晴暖，約七日即當初眠。眠則蠶不食，漸藏葉下。視眠者過半，即暫停，無與食伺。蠶蜕大半起，而後食之。初與食不可多，多則傷食病死。漸長漸多，筐不能容，移於曲箔，蜀中呼為簟。二三日一次，攤開令稀，掃去蠶糞，以利其氣。蠶性喜温暖，宜向陽潔淨，毋使近陰暗及污穢惡臭，犯則蠶瘟。故蠶婦不近喪門，不食蒜韭，良有由也。初眠後，約七日而再眠。又七日而三眠，停食俱如初眠時。三眠蠶長寸許，蜀中呼為大眠，謂過此則不復眠也。蠶既三眠，食葉有聲如雨，投之立盡，每日三食。夜則燃燈照之，蜀中名曰催老蠶，則舉家忙也。約食二十三四次，蠶即老，不復食，置蔟上令作繭。漸多不勝摘，則多置葉其上而覆以草，如鞠梗、竹枝之類。蠶老者，次第而上，其前後亦不甚相遠。如遇天冷，下置火温之，四五日便成黄白二繭，各取歸筐中。黄者繅為黄絲，白者繅為白絲。

繅絲之法：大釜沸水，入繭一升，攪出絲頭。置一木長徑，釜上立三柱。置二小車，長五寸，徑二寸。下鑽竹管各一，抽絲頭由竹管出，繞小車周匝，而後引入大車。車制寬尺六寸，徑四尺五寸，前輊後軒，後二柱架車，前二小柱作機納絲，二竹鈎下，分為二行上大車。每運車，則機隨車往來，疾徐如意。每抽繭絲盡則蛹出，不盡者則攪而抽之。有不上頭者，名水繭，去之。破頭者，入水即沈，鎮以石，毋令再起亂絲。每次添繭半斤，佳者煑繭三斗，可得絲二斤，即宜下架軸，作一束如繩，挽其末如髻即可貿。川中每斤價自八九錢至一兩不等，惟其時耳。川中又有水絲，取法與火絲略同。惟煮繭取頭後即下冷水盆中繅之，與火絲少異，色光而細，可作綾、緞、經、線，然取之較少，故價稍貴。聞湖州蠶皆火絲，每年桑重生，復養蠶，故有頭蠶、二蠶之別，此乃蜀中所無也。蜀中牆下樹桑，宅内養蠶，以為常業。蠶初生，每重二錢，長大可滿一簟。簟長一丈二，寬五尺，編竹為之。屋中立四柱，柱下有十齒作架，盛簟挂上，可容五簟。養蠶家多者二百簟，少者亦十餘簟。每簟可得絲一觔，若得絲二百觔，則小康之家也。又蠶初生至成絲時，僅四十日，獲利最速。其糞可飼豕，水可肥田，柴可炊爨，故人皆寶之。每蠶熟，置酒相賀。又擇其繭之佳者為種，出蛾分雌雄配對，半日分開，承以綿紙，令下子，滿紙收貯，為來歲計。其出蛾遺繭，可製棉綢，並無弃物。婦工女紅以助男耕，心無外用，風俗可淳，豈不休哉？吾憫閩民之厚昧利，窮生計，而莫為之所也，作是説以導之。

清 程岱葊《西吴蠶略》卷上

卮言

《淮南子》曰：蠶，食而不飲，二十二日而化。蟬，飲而不食，三十日而脱。又曰：蠶珥絲而商弦絶。《春秋考異郵》曰：四月蠶珥絲。東坡《物類相感志》曰：蠶過小滿則無絲。來斯行曰：蠶為繭而身化其中，故能入復能出。蛛為網而身居其外，故可進而亦可退。楊廉夫曰：蠶有六德：衣被天下生靈，仁也；食其食，死其死，以答主恩，義也；身不辭湯火之厄，忠也；必三眠三起而熟，信也；象物成，繭色必尚黄素，智也；繭而蛹，蛹而蛾，蛾而卵，卵而復繭，神也。此六德也。

清 高銓《蠶桑輯要》卷下

眠起

蟲豸之卵生者，皆有一定之動息。其息也，結嘴停食曰眠；其動也，蛻膚向食曰起，此滋長之樞也。蠶於卵生中為神蟲，其眠與起，雖出於性之自然，要當以人功調劑之，不可使之遲早不一。《蠶經》云：眠起不齊，絲減半。蓋蠶之眠起，約一晝夜，須安靜不擾，方為得所。若遲早不一，則早者停食，遲者猶就食。飼而亂之，動而蹂之，眠失其所矣。比及遲者皆眠，此已動起而求食，以遲者方眠，靳其食而不與。比及俱起而飼之，則既困且餓，多病少絲，端在于此。此經之所以為戒也。凡眠起之，齊與不齊，全在飼葉。葉勻則齊，不勻則否。飼蠶者當知絲減半之病，而慎飼之也可。

清 江志伊《飼蠶法》

蠶始生至老，凡三變。自出卵至成繭爲蠶，在繭爲蛹，出繭爲蛾。蠶有六德：衣被天下生靈，仁也；食其食，死其死，以答主恩，義也；身不辭湯火之厄，忠也；必三眠三起而熟，信也；象物以成，繭色必黄素，智也；繭而蛹，蛹而蛾，蛾而卵，卵而蠶，蠶而復繭，神也。

清 林心北、吴書年勸刻《蠶桑輯略·養蠶節次三十五條》

總説

蠶，本天駟之精，黄帝元妃西陵氏始蠶。凡養蠶之家，於蠶室高潔處供奉先蠶神位，下蟻日，用牲醴、香帛祭之，每日清晨，獻清酒三杯，至蠶事完，報賽畢方止。

夫蠶爲陽物，大惡水，故蠶食而不飲。卵生爲蟻，蟻脱爲蚒音苗，蚒脱爲蠶，蠶脱爲蛹音勇，蛹脱爲蛾，蛾脱繭復卵。蠶紙爲連，皮爲蛻，屎曰沙，蓐曰沙燠，卧曰眠，脱殼曰起。凡蠶一七而變，四變而老，七變而死，蓋氣化神物也。

清 林志恂《蠶桑淺要·養蠶淺要》

眠起

眠起之要，在於使蠶發育齊一，乃養蠶關係最重之事也。收成之豐歉，半在於此；疾病之發現，亦半在於此。世俗見蠶之不動，而謂之眠，實則非蠶之眠，乃蠶之過厄也。使其經過此厄，依然健康，是飼育者分内之事也。其理甚繁，其説甚長，非片紙所能盡。

清 尹國琛、姚葉駿《武昌農務學堂報告·癸卯各齡飼育經過總論》《農學報》第二百三十七期

世人稱蠶曰運蟲，於是以爲賴天時而不知實需人力，其謬固甚。間有一二卓識者，又徒以飼蠶不怠時刻，勤給桑葉爲能事，而不知精微之法術頗多，非熱心學習三四年，專志實修三四次，不可得其端倪，請以育蠶所經過者畧陳之。

蓋去歲天雨連綿，鄉間來絶大不良之影響，本學堂則不然，收穫頗多，結果頗善。不憑天時，端賴人力，可見一斑。夫人力最優長者，在於學業法術，非講求而神明之，欲得良好之結果，恐難能何者。

今年沔陽、大冶等處，蠶少收成，某處且有上簇而無一作繭者，不講學業，不明法術，是何足言？獨異漢陽農務學堂，亦聞未有起色。噫！學業法術，其眞宜急急以講求哉！本學堂歷年得好結果，人咸推爲學業精、法術美。由是觀

之，殆信然哉。蓋去年外間之蠶無收成，本學堂興盛如故。今年外間之蠶無收成，且外間之學堂之蠶無收成，本學堂繁茂又如故，非學業精、法術美者，曷克臻此？何以見學業精、法術美也？本年催青中溼度過少，過少則有難發生之虞，故薦上洒水，或鋪桑花，或置熱水使沸騰，及種種方法，以催其發生，人皆不知此理也。蠶未發生以前，室内用霍摩陵消毒，其法爲鄉民所不知也。二齡初，風力大，蠶座甚冷，故試驗之。又昔小石丸等蠶於起除後，中除前，除沙一次，以暖蠶座，是除沙非徒爲除汚葉、除溼氣而已，明此法者鮮也。眠中試乾濕法，將蠶座中桑撚之，以成索而不粉者爲宜，他人罔知之也。眠除於沙後，給桑前，不洒糠，恐閉空氣而乾座，不適眠中，鄉人無此法也。自催青至上簇，濕度無一百度，固爲適宜。然而四齡之第六日，外温平均七七以上。五齡第三日，外温平均五五。忽昇忽降，故四齡第一日以後，雖未常用火，而至其温降時，蠶兒舉動不活潑，則不能不用火。且五齡第一日，大下黄沙，尤爲本業家所困難。本學堂則神明其法，以使内温上昇。又善測天時，能豫備採桑，愼爲儲藏，桑保無罹黄沙之害，鄉間其孰能得此法也？本年蠶上簇後，温度適宜，至於製種時，内温低降爲七〇，因以火力使高温度，令蛾産卵。且示以用扇之法，平時可以扇蛾之鱗毛毒物，熱時可以使蠶受涼氣，不致精蟲未熟，卽行産卵，可保發育完全，此法皆爲外間所未有也。凡除沙分箔，所以使蠶位置相易，得温度、空氣皆平均，生長自能一致，外間之眠起上簇發生産卵之不齊者，率由不知此理。本學堂有飼蠶之責者，自催青以至製種，時時外觀天氣，内攷温度。天氣不平和，温度不相適，蠶必陡然來不測之憂。要使不徒形式上熱心，尤必精神上注意，雖夜間不能安眠，必隔時給桑，而勤考察狀態，恐蠶來不測之影響。外人則自己足食多眠，每日於蠶，徒給三四次桑而已，豈有晝夜不休，盡心攷察哉？夫本年天氣較辛丑年不及，較壬寅年亦不及。辛丑年温度、濕度，一齡至五齡，昇降順序，易於飼育；壬寅年雖患寒濕，然始終如一，非陡然變易，尚屬易防。今年則先温而後寒，先乾而後濕，防不易防，所以外間無好結果。而本學堂能操必勝之權者，良由學業精、法術美之故，惟其學業精、法術美也，故去年所種之桑今年長至高一丈餘，且粗壯肥厚，而蠶食之，作繭亦佳。查外間今年售繭，在大治則每斤二百餘文，在黄岡則每斤三百餘文，在省城則每斤四百文，是外間賣價之極點，每斤不出四百文。本學堂則將上上之繭選作標本，選作種子，選作自己繰絲，其次則賣與繰絲局，其價值且在四百四十文以上，内猶有全功等繭。尚獲此貴重價值，向使以作種子、作標本、作自己繰絲之上上繭售之，安知不更出乎四百四十文以上哉？雖然，本學堂之教法一致，學法一致，育法又一致，奈房屋不得宜。一室之中，上下温度、空氣、陽光不平均，内外温度、空氣、陽光不平均，各組蠶産所受之温度、空氣、陽光因之不平均。故甲、乙、戊三組蠶利於空氣、温度、陽光位置，較丙、丁、己三組爲善，其收繭亦較丙、丁、己三組多未能均一。明年在城外建築蠶室，用改良方針，使温度、空氣、陽光皆平均，則蠶之眠起、上簇、製種皆整齊，而收繭亦無不均一之弊，成可爲完全蠶室也。又今年以青熟與新圓相掛合，改良性質，則明年蠶室改良，蠶種亦與之改良，爲蠶業界之一大美談也。吾知鄉間更欽慕而深其法効也，然則欲爲國家謀富利而增國民之一大幸福者，可不亟亟講求學業精通法術哉？愚濫竽蠶科，指屈五載，聊陳夙學，以盡微忱，未知有當萬一否。

清 孫鐘亶《山蠶輯略》第一課《養蠶溯原》

蠶事始于西陵西陵氏之女嫘祖，爲黄帝之元妃。始教民育蠶，治絲繭以供衣服，後世祀爲先蠶。蠶利始于關中，繼則提倡乏人，蠶織遂廢，今則江浙獨盛。議者皆以北地産馬，馬、蠶不能並行，其説謬甚，豈關中養馬始于今日耶？關中興平有楊屾者，首先種桑養蠶，以此倡率鄉人織綢繅絲，著有《豳風廣義》一書。前清陳榕門撫秦時，因其有益于關中蠶政，招之來省，設立蠶館，發給工本，養蠶織縑，屢經奏明，荷蒙嘉納。後楊生衰老，不能專司其事。有朱孝廉石琪，于蠶館教人繅織，廣植柔桑，鄉人知種桑養蠶，隨在皆可得利，俱踴躍從事。至于山繭，別爲一種，始于山東。漢元帝永光四年，東萊郡東牟山野蠶繭收萬餘石。東萊郡，古萊夷地，戰國屬齊，秦置齊郡，漢置東萊郡，至北魏孝昌四年別置東牟郡，郡治牟平，在今寧海州城東五里，故址尚在。前漢書東萊郡領縣十七，其地在登州界者十一，内有牟平、東牟二縣。按，唐如意元年，復析置東牟，始名牟州，繼改登州。登州以蓬萊爲首縣，知東牟卽今蓬萊、棲霞也。蓬萊東南境，與棲接壤，棲邑之艾山西北分脉，卽爲蓬萊、黄、招遠三縣也。艾山東南行爲鋸牙山，直達三海山，分三枝：南枝爲海陽之招虎山、七于山，直達嵩山；東枝由寧海之馬石山至海陽之鐵山，折而東南爲峗嵎山、英石山，南爲乳山；其東北一枝至大鐸山，折而北爲鵲山，又折而東直達大崑崙，並文登之文山，榮城之成山、織杈山，皆以牙山爲鼻祖。東萊諸山，隨在出繭，而牙山之繭，光彩出衆，爲東萊之冠。《隋志》有牟山，東牟山或謂卽此牟山，非也。蓋指東牟，凡有出繭之山而言也，豈東牟一山可收繭萬余石乎？則山繭之源于東牟，由來舊矣。不知東牟卽吾棲也，此亦偶獲天然之利，故史官特志之。迨後人無研究，任其自爲生育于林谷之中，卽收穫漸減，而野史雜記不過以瑞稱之。

近十余年，吾栖繭綢銷行外洋，而野人之放蠶獲利，較前倍蓰，卽謂綢行、繭行之發達，自吾栖始焉可也。槲、橡、青岡、柞樹及村間之椿樹，皆可飼蠶。陝西椿樹，自生自長，不須種植，郊村原野處處有之。槲、橡等樹，則鳳翔之岐山、漢中之鳳縣、寧羌南北棧中，遍山皆槲，就地立爲蠶廠更不費力。關中、寧羌，向有劉牧養蠶成綢，咸稱『劉公綢』。近來督理無人，不甚如法，民間以利微中止。今能倡放如法，其利之博不亞山東。又郿縣令紀君虛中于山東覓人來郿，立爲蠶長，廣行教習。咸寧令柳大任，試養椿蠶。通判張文佶，倡行鳳翔，咸效昭著。今栖霞間有以白樗放蠶者，其繭細小而色灰，堅固難煉，雖未盛行，亦可望其有成。又有一種椆繭『椆』，按新舊字典俱無此字。其木性柔韌，農人刊之，編織筐簍等物，未見有樹高丈餘者。戚繼光《紀效新書》製槍之法，槍桿以椆木爲第一，可知椆木亦能拔矣而成大木，不僅叢生條干編織筐簍而已，此繭與柞繭仿佛，其蠶色緑微白，食成之後，入土尺餘始能做繭。此繭比樗繭更勝，兼又耐爛，性質使然。此繭入地，大約不離椆棧左右，農人春日掘椆根者，往往掘出。此蠶必須入地做繭，不便于放。更有一種柳蠶，絲之潔白細紉雖不遜于柞繭，終未能推行，有志治世者，其亦設法而推廣乎？

清　曾鉌《蠶桑備要》卷三

養蠶總要

蠶乃衣被之源，功與穀對，性屬純陽。喜燥惡溼，食而不飲。自卵生爲蟻，蟻脱爲蚡，蚡脱爲蠶，蠶脱爲蛹，蛹脱爲蛾，蛾脱繭復卵。紙爲連，屎爲沙，蓐曰沙燠，臥曰眠，脱殼曰起。南蠶多四眠，北蠶多三眠。總之，一七而變，四變而老二十七日，七變而死。氣化神物，爲功甚大。不過費三十日之功，辛勤不過大眠後七八日，兩夫婦可獲絲一二十觔，值價銀三四十兩。精絲造綾緞，上可完賦稅；粗絲織絹帛，下亦能衣被一家。綿可使高堂温體，絮可令妻子禦寒，益人如此，何憚不爲哉！

清　黄穀《蠶體生理論》第五章《生存競爭》《蠶業叢書》第六編　雖然，下等之生物，一年數產，一產有數百之卵子，不似吾人之經年方產，雖產亦只一子耳，則其競爭也，又將如之何？然下等動物之卵子，產出之後，多數死亡。如野蠶之卵，多半不出，卽出亦或不能營繭。惟家蠶得人類之保護，方得多數生存，獲此莫大之幸福也。

又　第七章《本能》　夫所謂生物體色擬態，實乃出於不識不知之中，天然之習慣也。雖然，天然之習慣，卽謂之自然之本能，如犬、馬、牛、羊之產子也，生而知求哺乳；蠶卵之孵化也，生而知食桑葉。凡此眼前各物，具有自然之能力者，皆本能也。在生理學上言之，凡本能皆由外界之感應，起一種反射之運動，搖動其筋肉而生者也。例如，青蟲類受外物之刺戟，卽縮小其體，墜落於地下；野蠶二三環節，特別膨大，亦生於神經之中央，此皆筋肉運動爲之也。又謂凡生物之本能，因感應而生習慣性。彼蜘蛛張絲空際，專以俟他物飛來，卽爲纏繞，而另於壁隅屋角之處，灰塵埃土之中，造有窠巢，以爲避敵之所。若遇强敵之來，則避居窠巢，或竟自墜其體於地下，擬於死體，亦保身之妙術，可爲本能之良徵也。

昆蟲類中有一生而數變其本能者。如蠶有食葉之本能，有造繭之本能，有蛹化之本能，有蛾化之本能，有交尾及產卵之本能。此其本能雖有變異，要皆出於自然，而不自知者也。如野蠶產卵於桑幹，其斑紋確相類似；天牛產卵於菜幹，必產於其下，嚙食其皮，必撥起而覆其身；蛆蠅產卵於桑葉，必產於葉之裏面，及葉脈分叉之所，不使人見，而又能不易脱落。此雖各爲保護起見，而並不自知，實卽本能之所在也。

又　第九章《生物體之變態》　夫吾人所養之蠶，其幼蟲則蠶，成蟲則蛾也。人見之，不知其蠶爲蛾之子也。其幼蟲通常雖有四眠，其間未有變態，必待脱皮五次，方吐絲造繭，而成爲蛹。人見此蛹，亦不知其爲蠶之後身、蛾之前世也，然則變態之現象，固足以增人之意趣者也。惟吾人睹之，窃不能無所疑者。如寄生蠶體之蛆，產卵於桑葉，隨葉而入蠶腹，卽就蠶體中，孵化而爲蛆，色白，形如飯粒，漸次成長，成爲筍狀，皮膚遂變而爲褐色，終成爲小豆狀之蛹。此蛹大異于蛆，毫無運動之力，必待蛾化成蠅，方具活潑飛翔之力，其變化既如是奇妙，其理果何在耶？是必須於生理學一方面求之。

綜述

明　宋應星《天工開物》卷上《乃服第二卷》

蠶種

凡蛹變蠶蛾，旬日破繭而出，雌雄均等。雌者伏而不動，雄者兩翅飛撲，遇雌卽交，交一日、半日方解。解脱之後，雄者中枯而死，雌者卽時生卵。承藉卵生者，或紙或布，隨方所用。嘉湖用桑皮厚紙，來年尚可再用。一蛾計生卵二百餘粒，自然粘于紙上，粒粒匀鋪，天然無一堆積。蠶主收貯，以待來年。

又　種類

凡蠶有早晚二種。晚種每年先早種五六日出用中者不同，結繭亦在先，其繭較輕三分之一。若早蠶結繭時，彼已出蛾生卵，以便再養矣。晚蛹戒不宜食。凡三樣浴種，皆謹視原記如一，錯誤或將天露者投鹽浴，則盡空不出矣。凡繭色唯黄白二種，川、陜、晉、豫有黄無白，嘉湖有白無黄。若將白雄配黄雌，則其嗣變成褐繭。黄絲以猪胰漂洗，亦成白色，但終不可染漂白、桃紅二色。凡繭形，亦有數種：晚繭結成亞腰葫盧樣；天露繭尖長如榧子形；又或圓扁如核桃形；又一種不忌泥塗葉者，名爲賤蠶，得絲偏多。凡蠶形亦有純白、虎斑、純黑、花紋數種，吐絲則同。今寒家有將早雄配晚雌者，幼出嘉種，一異也。野蠶自爲繭，出青州、沂水等地，樹老卽自生。其絲爲衣，能禦雨及垢污。其蛾出卽能飛，不傳種紙上。他處亦有，但稀少耳。

清　李拔《蠶桑説》《牧令書》卷一〇　養蠶之法：立春日，取蠶種置地上或草間，使受春氣，隨置温暖處，日以爲常。越十餘日，自出小蠶，如蟻蠕動，視其多寡，用鷄翎掃下，每日一次，各爲一處，以免參差。初生盛以筐，藉以紙，先用柘葉食之，如無柘，用桑亦可，每日喂三次。天氣晴暖，約七日卽當初眠，眠則蠶不食，漸藏葉下，視眠者過半，卽暫停，無與食。伺蠶蜕大半，起而後食之，初與食，不可多，多則傷食病死，漸長漸多，筐不能容，移於曲箔，蜀中呼爲簟。二三日一次，攤開令稀，掃去蠶糞，以利其氣。蠶性喜温暖，宜向陽，潔淨，毋使近陰暗及污穢惡臭，犯則蠶瘟，故蠶婦不近喪門，不食蒜韭，良有由也。初眠後，約七日而再眠，又七日而三眠，停食俱如初眠時。三眠蠶長寸許，蜀中呼爲大眠，謂過此則不復眠也。蠶既三眠，食葉有聲如雨，投之立盡，每日三食，夜則燃燈照之，蜀中名爲催老蠶，則舉家忙也。約食二十三四次，蠶則老，不復食，置簇上，令作繭，漸多不勝摘，則多置葉其上而覆以草，如菊梗、竹枝之類。蠶老者次第而上，其前後亦不甚相遠。如遇天冷，下置火温之，四五日，便成黄、白二繭，各取歸筐中，黄者繅爲黄絲，白者繅爲白絲。【略】又蠶初生至成絲時，僅四十日，獲利最速。其糞可飼豕，水可肥田，柴可炊爨，故人皆寶之。每蠶熟，置酒相賀。又擇其繭之佳者爲種，出蛾分雌雄配對，半日分開，承以綿紙，令下子滿紙，收儲爲來歲計。其出蛾遺繭，可製綿紬，並無棄物。婦工女紅以助男耕，心無外用，風俗可醇，豈不休哉。吾憫閩民之昧厚利，窮生計，而莫爲之所也，作是説以導之。

清　程岱葊《西吴蠶略》卷下

胎生蠶

蠶之卵生，夫人而知之。然亦有胎生者，出火以後，間生小蠶，其細如烏，俗名長筐蠶，隨母食葉。迨母蠶登簇，小蠶亦隨成小繭，形如梅核，極可愛。

清　方大湜《桑蠶提要》卷二《蠶事四十條**・秋蠶**四則**》**

蠶形　與夏蠶同。

蠶性　春蠶自初生至大眠，均喜煖，大眠起後喜涼；夏蠶自始至終均喜涼。秋蠶則初生喜涼以其時去三伏尚近，暑氣猶存也，與夏蠶同，與春蠶不同；初眠喜溫，再眠如春，與春蠶同，與夏蠶不同；大眠後，全要煊煖，與春蠶、夏蠶均不同。惟喜燥惡溼，則春蠶、夏蠶、秋蠶無不相同。

清　汪曰楨《湖蠶述》卷二《頭眠》　蠶將眠，不勤食，曰紅嬾思。又有青嬾思。亦曰攬絲，言口中吐絲也。《胡府志》一云蠶長已倍，乃發油光，名紅嬾思。《西吴蠶畧》其曰食孃者，言他蠶盡眠，而此猶食葉也。《胡府志》按，青條亦在内。結觜停食曰眠，蛻膚向食曰起。時寒則遲，時温則早，此天為之也。冷看則遲，熱看則早；食慢則遲，食緊則早，此人為之也。初眠曰頭眠，次曰二眠，三曰輟火，四曰大眠。已眠者為眠頭，已起者為起孃。火蠶之眠，疾而且齊，如見紅攬絲，即宜纍除沙綈。冷蠶之眠，畧分先後，須審其眠十之二方纍，卻不可早。早則食葉者尚多，不能不多飼，飼多綈厚，又難復纍，必受鬱蒸之病。亦不可遲，遲則眠于沙綈者多，既不勝檢捉之煩，且致沙綈罨抑之患。《吴興蠶書》仍以竹箸，細細分開，去其殘葉。《烏青鎮志》初眠雖係學眠，究欲其齊，朝見眠頭而夕定綈，夕見眠頭而朝定綈，其蠶必佳。眠頭欲眠者數十個也，定綈無不眠也，雖屬好蠶，終不免有青條。將眠，葉不可多采。每眠并同。《育蠶要旨》眠則擿置他器，曰捉眠頭。《董蠡舟樂府小序》頭二眠蠶小，不能捉，但去沙屑，謂之替。《西吴蠶畧》

又　候眠頭　凡蠶之眠，皆先吐絲著綈，以纏其足，謂之做綈，須停火停葉火不停則傷蠶，進葉則已做綈者復上葉面而重做矣，移放帷帳之中，勿使風襲風吹之，則觜頻縮而難吐。西北風尤忌，又不可撞動蠶筐撞之，則觜亦縮住。初但伸觜向上，挺身不動，謂之打眠樁。再候之，則吐珠矣觜上忽伸出一紫色圓點，如綴珠然，謂之吐珠。《吳興蠶書》。俗謂：『頭眠頭頂沙，二眠蠶拕蠶。』然猶不足憑，唯看其蠶身放白。蠶身長大，旺葉以後，漸漸色黃，收身褪葉，觜尖有黑二殼，此眠之候也。《育蠶要旨》

清 吳烜《植桑育蠶書·養蠶説》 采繭須看，山把上如有黑腐之蠶，先行棄去，免汙他繭。然後就蠶山高處，揀取竪而不横、兩頭平圓、堅厚細結者，采作蠶種。腰細爲雄，腰胖爲雌。剝去浮綿，雌雄各半，各貯一筐，不可抛擲，恐蠶蛹受傷，不能變蛾生子。大約每繭二十兩，生子見方一尺，來春可哺小蠶一兩。然作種之繭，只宜多留，蛾出時方可剔選，餘皆采下，剝去浮綿，秤見觔數，亦宜輕輕安放，恐蛹傷出水，繭爛難繅，攤貯筐中，不可堆厚，厚則暖而易出，須架陰涼高爽之處，陰涼則出蛾遲，高爽則抽絲易。以采下之日爲始，大約天寒十二日，天暖七八日，必須抽完，遲則出蛾穿繭，不能抽矣。

又 春蠶之後，另有夏蠶。春蠶謂之頭蠶，夏蠶謂之二蠶，二蠶卽原蠶。蠶盛妨馬，《周禮》有禁，南方無馬，亦無所妨。哺養之法與春蠶不同。必須連哺兩次，第一次取其生子，第二次方可繅絲，故春蠶哺在清明以後，此則轉在清明以前。用子少許，加意煖哺，數日卽出，是謂頭二蠶。迨春蠶初生，二蠶過半；春蠶上山，二蠶生子；春蠶繅絲，二蠶再哺。須視春蠶食過之後，桑葉有無存餘。有餘卽將二蠶子於春繭繅絲時，搭在近鍋架上，以受熱氣，數日卽出；葉若無餘，必待再發，芒種後，桑葉復盛，一哺卽出，謂之夏蠶。養育之法與春蠶無異，惟飼葉起底，格外要勤，更忌天熱。屋宇必須清潔涼爽，不可逼近厨竈，蠶宜寬鬆，不可擁擠。所謂春蠶宜煖，夏蠶宜涼，更須用三脚架，將蠶筐層層架起，用夏布作帳，週廻遮護，以避蚊蠅，料理得宜，速則十七八日，遲則二十一二日，卽可上山，天涼三日采繭，天熱兩日可采，隨卽繅絲。是時出蛾極速，天涼七日，天熱五日，必須繅完，大約有繭百觔，須車兩步，少則不及，其烘蒸曬悶之法，亦必至將出時，不得已而用之。緣時近小暑，蛹死易爛，爛卽有黑水映出，不能繅絲，故烘曬之後，三日必須繅完，不可稍緩。其繭之厚薄、絲之良惡，比之春蠶爲較遜耳。至留種之法，亦與春蠶不同。只須揀堅厚平頭之繭四五十個，聽其出蛾生子，空懸高爽之處，待來年春蠶之前，先行哺養，小滿生子，芒種再哺。或謂何不今年多留種子，逕至來年芒種哺養，省費一番周折。予思春蠶種子，一交穀雨，不哺亦出，想夏種亦然。不如此，必與春蠶並出，便奪春蠶之葉，而芒種後所發二桑，徒然無用。若將春蠶所生之子，隨卽再哺，子亦試過，不能再出，惟夏種則春夏皆宜。故初養取其生子，再養方可繅絲，既不奪春蠶之葉，更可食無用之桑，誠爲兩得。故二蠶取其本輕，養育得法，亦未必遠遜春蠶，惟二桑祇可剪葉，不可剪條，至煮繭、繅絲、剝綿諸法，與春蠶同。

清 俞墉纂輯《蠶桑述要》 老蠶上山，吐絲成繭，須三晝夜而繭成絲盡，再三日而蠶變爲蛹，再隔七八日，蛹變爲蛾。自濕其繭，咬口鑽出。蛾生多在五更及黎明時，届時須人守護之。湖諺謂之『抱蛾』。

種繭用徑三尺，營造尺。竹籭糊以竹紙。將繭密排平鋪，俟出蛾時另用二籭，一置雄蛾，一置雌蛾，隨出隨揀，分開兩籭，否則卽自相配合，留種參差無定時矣。雌者蛾大，雄者蛾小。蠶蛾出後約半時之久，擇雌雄相敵者爲之配對，另置一籭上，再以籭覆之，防蜂螫雀啣。經兩時之久，卽爲拆開，雄者置之甕内，次日埋之，不能再配。雌者俟其放出黄尿之後卽移上蠶簾，約半時之久，卽放子矣。蛾放子時，須時時相之，恐其堆生及於簾外。平放謂之『蠶種紙』，懸放謂之『蠶簾』。用漂白研光洋布，或用厚紙雙層裱好，然粘合緊密，布不如紙。

清 高銓《蠶桑輯要》卷下

頭眠

蠶初生至頭眠，用火者約三日，不用者約七八日。凡蠶將眠，宜爨除沙䌸，以清穢濁。火蠶之眠，疾而且齊，如見紅懶絲即可爨除。冷蠶之眠，略分先後，須審其眠者有十之二方爨，決不宜早。早則食葉者尚多，不能不多飼，飼多䌸厚，必受鬱蒸之病。又不可遲，遲則眠于沙䌸之内，不勝檢捉。此中調劑，貴在恰好也。凡蠶之眠，皆先吐絲著䌸，以纏其足，謂之做䌸。蠶若做䌸，須停火停葉不停火，則傷蠶；不停葉，則已做䌸者復上聚葉面而重做矣，移放帷帳之中，不使風襲風吹之，則嘴頻縮而難吐。西北風尤忌，亦不得撞動蠶筐撞之，則嘴亦縮住，初但伸嘴向上，挺身不動，謂之打眠樁。再候之，則吐珠矣嘴上忽伸出一紫色圓點，如綴珠然，謂之吐珠。蠶至吐珠為眠成，宜擡筐細看，或尚有游行者，青蠶也。亟檢棄之，謂之相青蠶之不眠者，其色獨青，故曰青蠶，宜用鮮葉切粗條引去，或以葉綈引亦可，隨取空筐，匀摻斑糠，以眠頭帶綈鬆布其中，謂之派綈。綈中沙菌，必盡敨去，用手宜輕，不得觸傷蠶嘴。復厚摻斑糠一層，安頓靜暖處，謂之種眠，種，從去聲，言安頓，如栽種也。此候眠法也。自眠而起，天寒約一周時，暖則不必周時。欲其速起，須用沙綈法。廊簷外架竹木作棚，上覆蘆簾，旁護草薦。太陽洞照，暖如火炙，移蠶筐置棚下，頻翻動蠶綈，蠶乘暖氣，半日即起矣。先起者名搶火孃，悉屬雄蠶。起齊後，若絆滿楊花綈，須用箸分開，使起孃在下者皆得乘鬆而上，此候起法也。

又 二蠶眠起

二蠶性與頭蠶迴別。頭蠶之眠，與分蚤暮。二蠶晚刻不眠，凡日中見眠頭，傍晚自能眠齊，或在申刻見，至晚不過眠成一半，餘則直須至次日午刻方眠，不可不分開另貯。若每眠如此，即不勝其分矣。諺故曰：『二蠶十八派也。』三蠶、四蠶等性亦同。

清 江志伊輯《飼蠶法》 夏蠶即春蠶之卵第二次發生者，種類不一，大都絲質弱，而節纇多，難繅良絲。秋蠶分三種：一、藏春蠶種於冷室，抑止其發生，七月上旬以三伏節爲最宜出之冷室而育之，即成秋蠶。種若太晚，則其蠶虛弱，易於罹病。二、藏夏蠶種於冷室，抑止其發生。飼育之法：須於六月中旬，令子出卵，取爲種，則發生者多；至七月中旬出卵，取爲種，則發生者少。又可取未經貯藏應天候而發生者以爲種，於地氣不甚寒處飼之，最宜三四化蠶種每年四次發生者，在煖地尚不止四次。此蠶第四次生時，正飼育秋蠶之候，不必如春夏二種，先須抑止其發生，故飼育甚易。然既至三化以後，卵之發生者，亦僅十之七八，或五六，且作繭甚小，絲量不饒，不爲良繭。

飼夏秋蠶法附後。

《爾雅・釋蟲》：蟓桑繭、雔由樗繭、棘繭、欒繭、蚢蕭繭，此五繭惟欒繭不可考，桑繭即今桑上野蠶生桑間，形與蠶同，色黑而差小，作繭一面，著桑而平，色灰褐，每年採兩次五六月與八月。

又 傳種

傳種之法凡傳種之蠶，宜早飼，能使傳種之蠶已上簇，而製繭之蠶尚未大眠，最爲合格。蓋早飼早熟，不患蠶病之傳染故也，一曰擇蠶。於大眠後，擇蠶之整齊强健者，日以蘖頭葉謂枝頂最茂處，飼蠶則力旺頻飼之，勿令稍餓，一切𩞀換諸事，更宜勤慎，老則另搭一山以上之，溫以微火，使速成繭。若前此未能預擇者，須於簇之中間擇繭之堅硬潔白者留之，近上者絲薄，近下者少子。摘繭時，辨其雌雄尖而腰細者雄，圓而腰大者雌，拗盡繭繞分作兩筐蓋蛾性善淫，雌雄同筐，則出繭卽交，謂之抱繭對。出有先後，交有遲早，則布子、化蠶均不齊一，單排之不宜堆積，致傷鬱蒸，置之透風之靜室或平鋪篇內架上，蠶植外用稻草簾圍之，以避風霧，勿搖動搖動則受驚，雖變蛾不能生子，俗謂之癡蛾，勿靠墻靠柱避鼠也。約半月而蛾出矣，一云蛾餂出繭，金門黃色爲上，銀門白色次之。每繭二觔半，生子可滿一幅紙，紙大者需繭三觔，大約留繭十觔，可得大眠蠶四十觔 。凡欲得健全美好之種，須於最豐之繭籠中若十分中有爛繭、蝨鑽繭、及蛹死不變蛾之繭一分者，即不可選用。選中熟蠶之繭早熟者多雄，且逐形不正，留種則年加劣，晚熟者虛弱，每百繭中剖二三十繭，查驗其蛹中有無病證，若蛹之氣門蠶體左右有橢圓形之黑點九顆，名曰氣門，乃吸入空氣之孔穴也，成蛹時氣門仍存生黑點，即有蛆子寄生。惟查驗不宜太早早則黑點尚未生，亦不宜太遲遲則蛆已鑽繭而出，大抵以上簇後十一日以内爲適當。再將其蛹體研爛，以顯微鏡驗其液，若含有微粒子，則蛹傳於蛾，蛾傳於子，次年之蠶遂成椒末瘟而無噍類矣若欲蛹速老熟，以便查驗，可置繭於華氏九十二三之高温度處，經四五日卽老矣。既經兩次查驗後，適於留種，然後更選其繭：一、色澤鮮美，須白如雪，白如銀者其畧帶黃色、赤色者除去之，否則逐年加濃，難繅良絲；二、形狀須長短、大小適中者；三、全繭須緊張，無厚薄，其絲長四百回以上者若繭之兩端及半，而或腰部緒薄者，皆不可用；四、繭之縮皺，須一類者縮皺過密、過粗，及如縣、如天鵝絨者，皆宜去之。選繭既訖，然後於空氣易透、寒煖不侵、乾溼適度之處，貯藏之。蛾之出繭須以口汁溶解其護膜質，然後排縣而出，外氣燥則汁乾，其出不易。藏繭室中須以新水溼潤之，使適度也。若溫度在華氏七十五至八十度則蠶老，熟後約十八日至二十日即出蛾。溫度高則十六七日，低則二十二三日，故天氣冷，則以火焙之。

又 附飼八造蠶時日表

一日黎明浴春下午起淡紅色；二日通紅色；三日現紅黑斑；四日絳色、凹窩；五日赤色上粉；六日深赤色、點嘴；七日銀灰色；八日卯辰時，出蟻，巳刻下葉，移蟻下簸；九日辰刻，換簸去沙；十日未申刻，欲眠卽換簸，子丑刻，住食；十一日申酉刻，起；十二日飼葉；十三日巳午刻，欲眠卽換簸，申酉刻，住食；十四日巳午刻，起；十五日飼葉；十六日寅卯刻，欲眠卽換簸，午未刻，住食；十七日，寅卯刻起；十八日飼葉；十九日巳午刻，欲眠卽換簸，申酉刻，住食；二十日午未刻，起；二十一、二十二、二十三日飼葉；二十四日半身黃亮；二十五日丑刻，住食，卯刻，上簇；二十六日午刻，蠶吐絲盡；二十七日成蛹；二十八日在簇；二十九日，采繭炕燥；臨晚撤火，其留種之繭，於三十三日寅卯時出蛾；臨晚生春，三十四日黎明又浴春。

清　曹笠南《五畝居桑蠶清課》卷二《育蠶徵信篇》《淮南子》：蠶食而不飲，三十日而化，食桑者有絲而蛾。《博物志》：蠶，陽物也，惡水溼，三化，先孕而後交，不交者亦產子，子後者無眉目易傷，收採亦薄。《埤雅》：螈蠶，再蠶也。或曰，蠶不交而生者往往爲螈蠶。《本草綱目》：蠶種皆卵生，亦有胎生者，與母同老。《蠶桑續編》：蠶種，三眠易育絲少，四眠難育絲多。《事物紺珠》：起娘頭眠蠶，又巧娘最先熟蠶。《齊民要術》：永嘉有八輩蠶，蚖珍蠶，三月績；柘蠶，四月初績；蚖蠶，四月初績；愛珍，五月績；愛蠶，六月末績；寒珍，七月末績；四出蠶，九月初績；寒蠶，十月績。凡蠶再熟者，前輩皆謂之珍。養珍者少養之，愛蠶者，故蚖蠶種也。蚖珍三月既績，出蛾取卵，七八日便剖卵，蠶生多養之，是爲蚖蠶。欲作愛蠶者，取蚖珍之卵，藏內罌中，隨器大小亦可，拾紙蓋覆器口，安硎泉冷水中，使冷氣折其出勢，得三七日，然後剖生養之，謂為愛珍，亦呼愛子。績成繭出蛾卵，七日又剖成蠶，多養之，此則愛蠶也。《宋史・孔維傳》，維抗疏曰：按，《周禮》夏官職禁原蠶，爲傷馬也。原，再也，天文辰爲馬。《蠶書》：蠶爲龍精，月值大火，則浴其種，是蠶與馬同氣，物莫能兩大，故禁再蠶以益馬也。《淮南子》：原蠶歲可登，非不利也。然王者法禁再蠶之，爲其殘桑也，然則夏蠶最不宜多育。《本草綱目》：禁原蠶，先王仁愛及物，不忍其一歲再致湯鑊，且妨農事，亦不專爲害馬殘桑而已。《西山農書》：一種原蠶謂之兩生，言放子後，隨即再出也。切不可育，既損壞葉條，且狼藉作踐，其絲且不奈衣著，所損多而爲利少，育之何益也。《簷曝偶談》：楊廉夫嘗論蠶有六德、衣被天下生靈，仁也；食其食，死其所，以答主恩，義也；身不辭湯火之厄，忠也；必三眠三起而熟，信也；象物以成繭，包必尚黃素，智也；繭而蛹，蛹而蛾，蛾而卵，卵而復繭，神也，此六德也。

清　李君鳳《蠶桑說・飼蠶法》　烘繭　鋪繭烘籠內，厚約二三寸，用柴炭火烘之火不宜大，火大恐傷繭，亦不宜太小，太小蛹不斃，最要留心，以蛹斃爲率如一二日內卽繅，但烘蛹斃；若須待多日始繅，要補烘令蛹乾，否則蛹潰傷繭。遇有烈日，晒亦能斃蛹，較烘更好。須於摘繭一二日內烘晒畢，遲卽出蛾，倘繭絲少，或繅絲人多，生繭繅更佳。《蠶書》云：用蒸繭，經蒸必潮，蛹愈易潰，似未可爲法。

清　林心北、吳書年勸刻《蠶桑輯略・養蠶節次三十五條》

收種

蠶蛾未出時，都是蠶蛹。五更時分，蛻去蠶蛹殼，向繭頭上吹氣鑽出，便爲蛾子。初朝名曰放標如一百箇繭，不過先出五六隻或十來隻蛾子，第二日名曰旺朝，第三日出齊。先一日出及末後生者不用，若有拳翅禿眉、焦腳焦翅焦尾、熏黃赤肚、黑身黑頭者，一概不用，將完全肥好者，判雌雄腹小者雄，腹大者雌分儲之所儲之器，先以稻草心鋪其內，使蛾有立腳處，乃不致鼓翅盤旋，空耗氣力，候其出已多，將雌雄併在一處須其數相當，設有多寡，留其餘，以待未出之蛾，聽其自相配合，俗謂之對。既對之後，一一提置空筐，關閉門戶，勿令見風，見風則易拆散，滿筐擾亂矣。亦有不見風而拆散者，謂之走對。走對者，將兩蛾提置一處，以小杯覆之，則復對。對滿四箇時辰，卽分之，謂之拆對如子初對者，於卯未拆之；卯初對者，於午未拆之。不宜拆得太早，早則來年多不眠之蠶，亦不宜折得太遲，遲則來年大眠後多高節而拖白水之蠶。

蛾之出於五更前後者多，四更時便須有人守候其旁俗謂之看蛾，出卽分儲之，否則蛾性極淫，雄雌相遇，卽於繭上配合俗謂之抱繭對，而所對之時刻不準矣。

拆對之後，將雄蛾另放一處，將連紙鋪於筐中。須用緜連厚紙，先於做絲湯內泡過三徧，曬乾，然後提蛾於上，灑種方不脫落。若於一筐鋪許多蠶，連者須配搭得好，勿露筐底而勻置雌蛾於連上，四面用木界尺攔住恐其生子於連外也，俟雌蛾撒尿後，便做勢灑種，灑到黃昏時方止。灑種時須將雌蛾排放均勻，勿使種子堆積，生足用盤覆之有空缺處，須卽日補之，越宿再補，則來年蠶出不齊矣。某日所出之蛾，下子記號連上，不可將數日蛾子混在一處，以致眠起不齊。候蛾生足，移蛾下連，屋內一角空處，豎立柴草，散蛾於上，前所捉雄蛾及第一日出末後出之末蛾俱於屋中置柴草上安放。至十八日後，西南淨地，掘坑貯蛾，上用柴草搭合，以土封之，庶免禽蟲傷害。有功於人，理當如此，然埋蛾之處往往生蟲，當以黑礬灌之。

清　盛宣懷輯《蠶桑備要》　眠頭　蠶將眠，不勤食，曰紅嬾思又有青嬾思，亦曰攬絲，言口中吐絲也。一云蠶長已倍，乃發油光，名紅嬾思。其曰食孃者，言他蠶盡眠，而此猶食葉。結觜停食曰眠，蛻膚向食曰起。時寒則遲，時溫則早，此天爲之也。冷看則遲，熱看則早；食慢則遲，食緊則早，此人爲之也。初眠曰頭眠，次曰二眠，三曰輟火，四曰大眠。已眠者爲眠頭，已起者爲起孃。火蠶之眠，疾而且齊，如見紅攬絲，卽宜騄除沙綠。冷蠶之眠，略分先後，須審其眠十之二方騄，卻不可早。早則食葉者尚多，不能不多飼，飼多綠厚，又難復騄，必受鬱蒸之病。亦不可遲，遲則眠於沙綠者多，既不勝檢捉之煩，且致沙䗍罨抑之患。仍以竹箸細細分開，去其殘葉。初眠雖係學眠，究欲其齊，朝見眠頭而夕定𧍵，夕見眠頭而朝定𧍵，其蠶必佳。眠頭欲眠者數十箇也，定𧍵無不眠也，雖然好蠶，終不免有青條。將眠，葉不可多采。每眠竝同。眠則擿置他器，曰捉眠頭。頭二眠蠶小，不能捉。但去沙屑，謂之替。

一、候眠頭：凡蠶之眠，皆先吐絲著䗍，以纏其足，謂之做䗍，須停火停葉。火不停則傷蠶，進葉則已做𧍵者復上聚葉面而重做矣。移放帷帳之中，勿使風襲。風吹之，則觜頻縮而難吐。西北風尤忌。又不可撞動蠶筐。撞之，則觜亦縮住。初但伸觜向上，挺身不動，謂之打眠樁。再候之，則吐珠矣。觜上忽伸出一紫色圓點，如綴珠然，謂之吐珠。

一、引青：不眠者，謂之青條。定䗍後，用礱穅灰糝於面上，用葉片翦開貼在𧍵上，其青自來，謂之引青。捉之自盡，亦名相青。或以葉䗍引亦可。

一、派老底：蠶之眠貴齊，眠齊起亦齊。若飼葉不均，則食足者眠早，不足則眠遲。一筐之中，眠頭與食葉之蠶糾紛雜沓，飼之則䗍益厚，而罨損眠頭，不飼則缺食，而愈不能眠矣。須䗍開面上，食葉者飼之，而以底中之眠頭另貯，謂之派老底。面上之蠶，雖非青蠶，收成終不及老底之豐。

一、種眠：頭蠶至吐珠爲眠成，取空筐，勻糝班穅。卽礱穅灰，或兼拌散石灰。以眠頭帶䗍鬆布其中，謂之派䗍，用手宜輕，不得觸傷蠶觜。䗍中沙矢，必盡敨去，復厚糝班穅一層，安頓靜暖處，謂之種眠。令蠶䗍乾燥，眠亦易起。

一、候起孃：自眠而起，天寒約一周時，天暖較速。欲其速起，須用抄䗍法。廊檐外架竹木作棚，上覆蘆簾，外護草薦，太陽洞照，移蠶筐置棚下，頻頻翻動，謂之抄䗍。蠶乘暖氣，半日卽起矣。先起者，名搶火孃，悉屬雄蠶。起齊後，若絆滿楊花䗍，須用箸分開，使起孃在下者皆得乘鬆而上。

一、驗眠頭：起孃眠頭，身體堅實，向明照之，色深綠者爲無病；疲輭紅黃則病矣。捉眠頭時，葉𧍵乾燥，沙矢堅結者爲無病葉；䗍潮潤，沙矢汙手則病矣。起孃初，蛻昂首張尾，色如羊脂者爲無病；頭垂尾斂，身黃如陳倉米色，俗謂之著黃草布衫。放葉後，則尾流清水矣。火蠶須用新白紙一方，置筐中，眠頭起齊，紙上無一點汙穢水迹者良。若有迹，爲傷火之徵，棄之可也。

清　韓夢周《蠶桑實濟》卷四《育蠶急務》　洒蠶種附　與擇種下子條參看

蠶蛾未出時，都是蠶蛹。五更時分，脫去蠶蛹殼，向繭頭上吹氣，鑽出，便爲蛾子。初朝名曰放標，如一百箇繭，不過先出五六隻，或十餘隻蛾子。第二日名曰旺朝，第三日必然出齊。每日清晨，公蛾卽尋母蛾成對，必俟對到申時，方可將公蛾拆開丟棄，提母蛾放在紙上須用綿連厚紙，先於做絲湯內泡過三遍，曬乾。然後提蛾子於上洒種，方不脫落，母蛾撒尿後便做勢洒種，洒到黃昏時方止。第二、三朝洒種時，須將母蛾排放均勻，勿使種子堆積，卽用細竹竿子將種連掛在房內，以待臘月醃種，次年收蠶。白布鍋內泡過亦可洒種。

清　余銑《山蠶講義》第三章《養蠶類》第六十九節《蠶之變態》

蠶之一生，三變其形。所謂初生不肖其親，而屬於昆蟲類中之完全變態者也。彼自卵中初生，柔體無翅，口適於咀嚼，以食植物之葉，則為蠶。稍長，脫皮數次，而後造繭，匿身其中，則為蛹。復逾時，破繭而出，生有翅翼而不食物，則又為蛾。研究此物者，於幼蟲與蛹及成蟲時，劃然分為三期。

清　陳淳《制種法》第三章《蠶種之檢查》

第二　肉眼檢查

以肉眼鑑定蠶卵之良否者，至難之事，非經多年之經驗，難保不有錯誤，而據經驗家所心得以爲鑑定之標準者，大概不外左之五項：

（一）形狀　蠶卵之形狀，因種類而有差異，非得多年之經驗者，不能辨也。但無論何種蠶卵，必具固有之形狀。固有之形狀者，卽扁平而略帶楕圓，且一端爲方圓形，一端則爲尖圓形是也。尖圓形之一端，卽精孔所在之處；胚子之頭部，亦在此處。具固有之形狀者佳；不具固有之形狀者爲不佳。而尤要者，更須鑑別紙上之卵形，全面一例，無大小長短之不同，乃爲佳種；若同一種類之中而卵粒大小長短參差不一者，決非佳種，不可飼育。

（二）附着力　蠶卵之附着力亦因種類而不同，然總以附着力强者爲佳。若以指頭撫摩卵面，容易脫落者，決非健全之種。

（三）產附　蠶卵產附於紙上，以排列規正，粒粒密接，且平附於紙面者爲佳。如或疏散無序，或横斜不正，或重積於周邊，或聚疊於中央者，俱爲惡劣之徵驗。

（四）水引　蠶卵產附之後，從經過之日時，而表面漸次起凹陷，此凹陷部，卽稱之水引，因卵内之水分被空氣引發而去故也。而因此水引之狀態，卽可鑑别蠶種之良否。水引之位置，必在表面之中央，凹陷有一定之程度，必須各卵一例，如有凹陷過於深淺，或不正而偏於一邊者，俱爲不佳。

（五）色澤　蠶卵之色澤因種類而有差異，且因桑地之土質及桑樹之肥料而不能律以一定標準。概而言之，則凡現有紫藤色、墨綠色、黑褐色者，俱爲固有之色澤。日本人常言，蠶卵黑褐色者多不佳，但我國蠶種，黑褐色者頗多飼育，常得良果。是黑褐色者，我國蠶卵固有之色澤也，烏得概以不良目之。如現淡紅色、黄白色者，决非佳種。又如同一母蛾所生之卵，而色澤參差不齊、濃淡各殊者，尤爲不佳，切不可留養。

以上各項之外，尚有母蛾産卵之數過少者，或不受精之卵及死卵多者，概爲不良之種，亟宜棄却勿惜。

又 第五章《蠶種之組成》

第一　蠶卵之外態

蠶卵之形態，雖因種類各異，不盡相侔，而概爲扁平之楕圓體，寬三釐許，長四釐，厚約一釐半。産卵後，經過日久，卵面中央漸次凹陷，卵之一端爲尖圓形，他端豐圓形。尖圓之一端卽胚子頭部存在之處，爲卵之前端，中有小孔，謂之精孔，亦曰卵門，精蟲輸入之門徑也。

成熟蠶卵，被以兩種皮膜，外膜謂之卵殼，色淡黄，質堅固，保護卵之外部者也；内膜謂之卵黄膜，質柔軟，而膜薄，包被卵内之液質部者也。卵殼爲起分泌而成，表面有不規則之多角形斑紋，在前端者，較後端鮮明而易見。卵門周圍有整列斑紋，狀如菊花。卵殼有無數小孔，斜通於卵内，謂之氣孔，卽吸取空氣，排泄炭酸處也。

第二　蠶卵之受孕及胚子之形成

蠶爲卵生動物，受孕之情形，與胎生動物不相同。其受孕也，由雌蛾生殖器卵管内之卵細胞漸次成長，由卵管下入於輸卵管，後受其管壁細胞所分泌之强韌質包被而形成卵殼，是時卵子生有兩重被膜，外被卽卵殼，内被卽所謂卵黄膜。此卵黄膜直包被卵子之内容物，卵子内容物者，卽所謂原形質、卵黄珠、脂肪球及細胞核而已。細胞核近於卵子成熟之期，次第移向卵之前端，至精孔附近之處分裂爲二，其一移出於卵黄膜之下，名曰第一極體；其一更分裂爲二，如前放出，名曰第二極體。此等極體，後均消失。當放出第一極體將生第二極體時，卵子已成熟，精蟲遂得由其卵門進入，而與卵核相近；迨至第二極體放出時，精蟲卽與卵中遺剩之核結合而生分裂核，由是始可形成胚子也。

蠶卵受精作用已畢，其受精之核旣爲分裂核後，於是移於卵之中部，屢次分裂，增加其數，此數多之分裂核附近於卵之周圍一一排列，外有原形質及細胞膜包被，而成多數完全細胞，於卵黄膜之内面形成一種組織，名曰胚盤。其遺於卵内之核，名卵黄核，漸次液化爲卵黄球，以供胚子之營養。次於胚盤一部，卽卵子之右側，其細胞特爲生長，比他部增加其厚形成腹板。腹板表面爲楕圓，卽發育而爲胚子之部分，後於腹板周圍胚盤處復成褶狀而突出，名曰羊膜突起。此羊膜突起係由四方次第伸長而來，至此遂相附着，而爲兩層之膜，包覆腹板，因而腹板與胚盤分離，遂陷入於卵黄之中，而成獨立之胚子。其時内膜覆於胚子表面，稱爲羊膜外膜，後漸堆積色素，卽成所謂漿液膜者是也。

第三　蠶卵變色及胚子之休眠

不越年蠶卵之漿液膜，雖至孵化而無變化。然越年蠶卵之漿液膜經時則生一種色素，是謂卵之變色。此變色之時期，普通春蠶卵，始于産生後之二十時間至三十時間，終于七十時間至八十時間也。

至究蠶卵變色之必要，由越年蠶卵變色，不越年蠶卵不變色之理推之。蓋越年蠶卵漿液膜中之含有色素者，冬季以之抵禦外來之寒冷，春季以之吸收溫熱，而便于發生；其不越年之卵，發生甚速，本忌發生多量之熱。若有色素，不特於卵無益，且有害於生理，此造物所以不與其有色素之機能。

蠶卵於漿液膜形成之後，斯時陷入卵黄中獨立之胚子，漸漸發育，先後背面中央之部分生一縱溝，稱曰背溝，此背溝爲卵子之細胞層，漸次陷入而生。迨背溝全行塞閉，遂分細胞層爲上下兩層。在上層者曰外胚葉；在下層者曰内胚葉。同時外面亦伸長，不爲橢圓，而爲長方形。胚子之兩端亦稍膨大，其前端膨大之部，稱曰頭褶；後端膨大之部，稱曰尾褶。通例越年蠶卵，呈此現象，約在産出後之一週内外，此後變化極緩。至春期始得見爲十八個之體節，此時胚子占卵周四分之三，稱爲最延長期之胚子。胚子自成長方形，至此時期，所謂胚子之休眠也。但不越年之卵子，此時不獨不停止其發育，卽其形成胚子亦較越年之卵爲速，不過産出後之一二日，卽成如此之形也。

第四　蠶卵精子及卵殼之生成

蠶兒自四齡末期五齡之初，睪丸精囊内之原精細胞次第分裂，增加其數，後每數個相集而爲小羣，更生薄膜以包被之。此薄膜包被之小羣細胞，在內復漸增大，終各分裂爲四，由是漸次伸長，核在一端，而爲小塊。至化蛹後，細胞異常伸長，成細絲狀，其由核變生之部，大如頭狀，稱爲精核；由細胞變生之部，細而似尾，稱爲鞭毛，是卽爲成精子之物。且當精子伸長，其周圍之膜亦漸伸長，故精子在囊中多數集合，其形彷佛若髦者也。

至其卵巢之發育，係隨蠶體成長而伸長，迨蠶老熟時，卵囊已伸長而爲細長之管，屈曲於卵巢之內，如此卵囊變化時，原卵細胞亦次第生長。每數個爲一小羣，降於卵囊下方，此等小羣細胞中，內有一個其形特大，以吸收他細胞爲營養，故稱其大者爲卵細胞，小者爲營養細胞。迨細胞成熟，其營養細胞已無痕迹，惟卵細胞成熟之始，其時尚無卵殼，後乃漸漸降下卵管，受卵管被膜細胞分泌之キソ質包被，然後始有卵殼，是卵殼面上所現之斑紋，卽爲卵管被膜細胞所印之痕跡也。

清 黄毅《蠶體解剖論》第一章《總論》《蠶業叢書》第三編

蠶之幼蟲　蠶蟲之初，由卵孵化而出者，稱爲毛蠶，又稱曰蟻。色暗褐，長約二米厘米突，或至三米厘米突。重千頭約〇、四瓦。以擴大鏡視之，其前端黑而有光之部卽爲頭部。其次連於頭部者爲體部，由十二環節所成者也。腹面生脚。脊面有疣狀之突起物，多數小毛，叢生其上，稱爲毛叢。每環節各有二焉，當第一次脫皮之後，毛叢盡行脫落，暗褐體色亦漸失去。另有短毛，生於其上。蠶當幼虫時代，共行四次脫皮，老熟結繭之後，行第五次脫皮，卽蛹化也。然以種類不同，有脫皮三次卽行結繭者，稱爲三眠蠶。

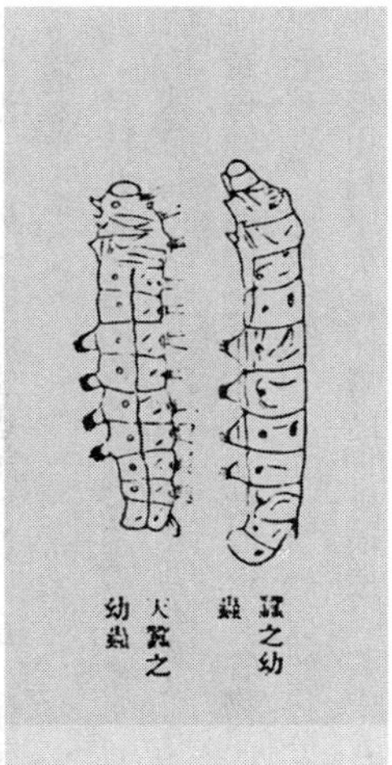

第二圖

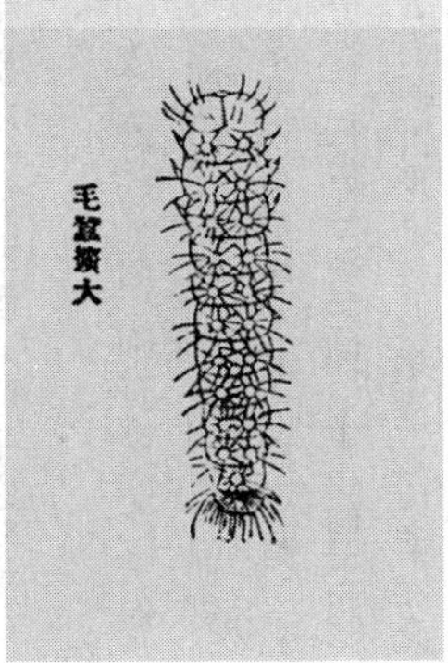

第三圖

又（四）成蟲　由蛹成蛾，最後之變態也。一至此期，只生脚六，翅二或四，其翅如鞘翅類，則蒙堅厚之甲；脉翅類與膜翅類，其翅由半透明之膜質而成；鱗翅類則覆以鱗毛，故體不生長，亦不能增大，所以生存之目的，惟交尾產卵，以延其統系耳。其成蟲壽命之短長，由於境遇之難易，不採食物者，時間概短，極短者不過四五時，長者竟達十年以上云。

蠶之成蟲　通常稱爲蠶蛾，體之全面，覆以白色鱗毛。以手少觸，卽有紛末狀之物分散，卽蠶蛾之毛也。

蛾當羽化之時，其脫却蛹皮，先由口中吐阿爾加利性之液，以濕其繭層，賴其作用，以使强韌之絲層溶解，得由此開孔而出。其時刻雖不能一定，然在午前六七時最盛，先出者爲雄蛾，後出者爲雌蛾。初出之時，體軀尙濕，兩翅卷縮，不能十分開展，脚亦不能自由，故其舉動甚不活潑，愈時少許，翅方振動，漸能活潑，交尾之際，雄先求雌，每雌蛾所有之卵數，大約五六百粒，產卵之後，不日卽死，雌蛾生存之期，比雄蛾尤覺加長。

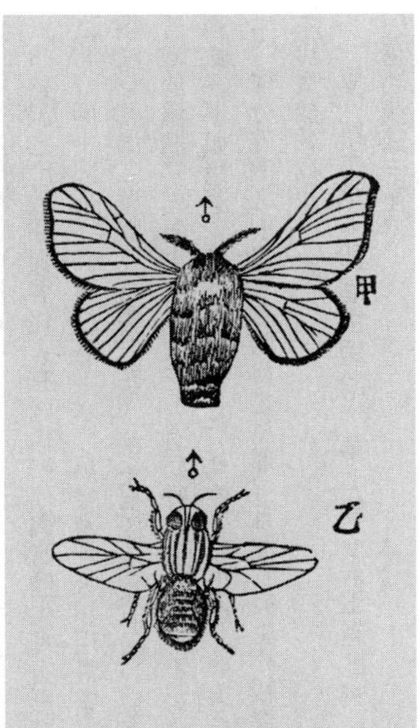

（甲）家蠶雄蛾
（乙）蠁蠅
第七圖

又 第四章《蠶卵解剖論》第一節《形態》　蠶卵如粟粒大，楕圓而扁平，外面包以角膜克親質，甚有光澤。一端稍尖，一端稍鈍，表面之中央，稍形凹陷。其大小與形狀，因種類及飼法而異。大抵長經一米厘米突，短經〇、八米厘米突，厚〇、五米厘米突。其重量在初產之時最重，經日愈久，量愈減輕。蓋因卵中水分發散，故其表面凹陷亦日大也。一卵之重，雖由大小不定，大約不過二絲一温司重。大者三萬六千粒，小者四萬九千粒。卵之色澤亦各不同。通常白繭種呈紫藤色；黄繭種帶綠色；鈍白種一名黄雪種，呈淡黄色。然無論何種，當初產之時，皆呈淡黄色。二三日之後，方漸次着色也。

六七日之後，方全帶色。表面見之，如白粉散布者然。若二化蠶在一化之時，當時淡黃，隨卽變色，因急須預備發生，胚子發達至急也。

清 黃穀《蠶體生理論》第一章《生殖機論》第四節《胚子之發達》

《蠶業叢書》第六編

受精之卵，變化頗多。試取成熟之蠶卵一枚，檢其外面，則有硬固之被殼，即稱爲卵殼。卵膜之內，又有透明薄膜，稱爲卵黃膜，專爲包被卵內原形質、卵黃球、脂肪等物之作用。此等含有各物，常充滿於卵中，其亦有一核，名爲胚球。產卵後，經過一定時間，胚球始行分裂。初於分裂之部，生一種三膜，此膜係由扁平大形一層之細胞而成。其中含有橢圓形之核及多量之色素，此膜卽爲漿液膜，乃與卵黃膜共爲保護蠶卵內部之含有物者也，俗稱蠶卵之變色。生於漿液膜，係由色素堆積而成。然黃繭種卵呈綠色，若在二化第一期，則無色，是亦因色素種類之有無者也。今以蠶卵變色之現象觀之，越年卵與不越年卵大有別異。如越年卵春冬皆須吸收溫熱，因其漿液膜中含有色素，春冬氣寒，均受外界之影響，故須吸熱，以爲發生之調和。至於不越年者，既無色素，若吸收溫熱，反害生理，所以變色不變色由此而分也。

又 越年蠶卵變色之期，必在胚基陷沒於卵黃之後，漿液膜生成二十時乃至三十時之後，漸次增生色素。至七十時乃至八十時，始呈卵體固之色，卽爲變色完全之期也。

又 第五節《孵化》

如前所言，胚子發達已經完全，卽將辭出卵殼而出人世。先將內部之羊膜及漿液膜嚙破，此時透出卵殼，可以視爲蠶體。蓋以漿液膜之色素變爲青色，故俗稱爲青。青後一晝夜，其胚子卽由卵門之一方嚙破卵殼，而出於卵外，此卽謂之孵化，亦可謂之發生。

高等動物由母體而直接胎生者，名爲分娩，其作用頗複雜，皆基於反射的神經作用。若蠶之卵生者，作用極其簡單，由發生方法上言之，有二三關係，述之如後。

蠶之發生，由地方氣候及風土、卵質固有之形質及其他種種外界之影響而異，而於生理上關係最大者，首推蠶之種類。如大形卵種與小形卵種，同一保護之時，其大形卵種發生卽遲，因卵形之大者，胚子及卵殼之形狀均大，在同一溫度之下，所受熱量自有多寡之別也。其次與發生有關係者，則爲產卵之遲早。凡晚產之卵，發生概早；早產之卵，發生反遲。其事雖如此，而理則未詳。或者先產之卵，在卵管中生成最早，其殼厚而形大，方得如此，是待發明者。

蠶兒之孵化，未有一日之中盡皆發生者，大抵三日發生完畢，已稱爲速，尚有五六日方完者，此間延長，爲成蹟不良之證，則曾由實驗上證明之。蓋先生及後生者，胚子必皆虛弱，或有病毒之遺傳。此其理由，雖未發見，大約在卵巢內部及卵管之關係，決無疑矣。

溫度之高低與孵化大有關係。卽溫高者發生概速，溫度者發生概遲。此皆人所共知，不俟重言者也。

乾濕之度數亦與孵化大有關係，而與蟻體生理上影響尤大。因將近發生之時，卵中胚子之發達極盛，水分蒸發及呼吸作用最繁，以此原理，故其時須注意乾濕之度數，若過於乾燥，則水分之蒸發必盛，胚子之體質因以衰弱；若過於濕潤，則氣中養氣欠乏，有妨呼吸作用，無有害也。究而言之，與其過乾，不如稍濕。又以實驗言之，凡乾者發生遲，濕者發生早，同一保護之中，僅分乾濕之別，有三四日之早遲，且濕者發生亦較齊一，故寧失於濕潤，不可失於乾燥也。

又 第二章《卵體生理論》第七節《人工越冬》 今又將人工越冬法之秘訣摘錄于後：

一、須待蠶卵變其固有之色，然後方可入於冷所。蠶卵變色，須在八十時以上。

二、冷室之中，溫度不可常變動，須在華氏四十五度以下方可。

三、感觸寒氣時日，在五十五日以上卽可。

四、由冷室取出，須漸次升溫，約在二星期後發生卽可。

以上四項，若不注意，卽有害於蠶卵生理之機能，必不能達人工越冬之目的，蠶業家所當注意者也。

又 第九章《運動機論》 蠶當幼蟲時代，可自由步行運動，以轉其位置。然因運動遲緩，倘在溫度有差之所，不免發育不齊之弊，必施人爲的交換。如除沙分箔，則可轉其位置矣。然蠶兒運動之時間，亦不一定。據日本蠶業講習所之試驗，謂蠶之運動，必在食前食後。運動之後，又復休止。先運動而後就食，固自然之理，所以取食者也。食後運動，又爲促助消化，且可使消化液吸收入於血液，此皆蠶兒之本能也。至其運動時間之長短，則齡愈長，運動時間愈短，幼則愈長。食桑及休止時間反之。以實驗言之，一、二齡時，須運動一時五十四分之久，五齡則僅三十一分。食桑時間，一、二齡時四十二分乃至四十四分，至五齡，則有一時四十分之多，此皆在三時内見之。至其休止時間，則除上二者，皆休止也。又食桑、運動、休止之長短，因溫度之高低而有差異。溫高則食桑時長，靜止時亦長。溫低則食桑時短，運動時長也。又結繭之中，因掛絲成繭，故運動甚繁。化蛹以後，則不運動矣。化蛾以後，在蠶之三態中爲最盛之運動，特於雄蛾交尾時尤甚。

藝文

清　黄之雋《蠶女》《蠶事統紀》卷一七

浙中盛蠶事，吾鄉無之，作此，歸示鄉里。

纏綿身上衣，辛苦千萬緒。鮮衣盛服人，聽我歌蠶女。蠶女十六七，嫁夫結鴛侶。作家甘勤劬，歲寒秉機杼。三月蠶事起，樹上黄鸝語。妝成不出遊，垂簾理筐筥。蠶生先後齊，蠶飢當啖茹。金環約皓腕，采桑往東墅。道逢遊冶郎，低鬟首不舉。還家剪緑葉，哺飼順時序。圍爐濕氣驅，密室旁風拒。颯颯食葉聲，急雨響蘆渚。忙月倩女伴，相助為黨與。嬌軀本纖弱，黽勉奮腰膂。繁紅枝上稀，不知春已去。寢食於斯寶，何暇相延佇。三俯三起時，揷簇一尺許。微蟲競効命，吐絲自藏褚。數日繭乃成，滿屋白涓涓。桑根釜下炊，繭子釜中煮。纖手抽不遲，併合五六縷。牽引上繅車，軋軋無所阻。宛轉動清響，家家弄新暑。新絲皎于雪，十倍麻與紵。蛾蛹為夫妻，拍拍相狎處。産子實蕃息，浴種藏善所。促織鳴東廂，流黄照秋炬。織帛已成匹，寒來不愁禦。西鄰養蠶婦，衣裙敝縈苧。借問何為爾，蠶月運齟齬。苦繅一筐絲，賤價售商旅。本以完官税，豪右責逋稰。公私償不足，且用飽吏胥。一絲不到身，奚望篋笥貯。同力蠶桑務，脉脉受酸楚。霜風遠相尋，淚下不及杼。

清　沈炳震《蠶桑樂府》

生蛾

大眠已過蠶鋪地，揀取種蠶貯筐笥。盡教食葉不少靳，珍重特與他蠶異。果然作繭大且厚，白雪作團淨無垢。蠕蠕已知蛹欲化，栩栩又見蛾出口。雌雄對對自成雙，長身窈窕疏眉龐。霏霏翅粉點明釭，孕含但見軀膖肛。細觀物理三太息，同是春蠶何決擇。可憐薄命鼎鑊烹，爛額焦頭更誰惜。

清　葉向榮《蠶桑説》

生蛾大眠起，先擇種蠶倍與之食，故作繭亦異於他蠶。繭成，貯筐笥中，越五六日，乃破繭而出，是為蛾，兩翅栩栩然。

大眠已過蠶鋪地，揀取種蠶貯筐笥。儘教食葉不少靳種蠶食葉倍多，珍重特與他蠶異。果然作繭大且厚，白雪作團浄無垢。蠕蠕已知蛹欲化，栩栩又見蛾出口。雌雄對對自成雙，長身窈窕疎眉龐。霏霏翅粉點明釭，孕含但見軀膖肛。細觀物理三太息，同是春蠶何決擇。可憐薄命鼎鑊烹，爛額焦頭更誰惜。

雜録

清　黄毅《蠶體解剖論》第一章《總論》《蠶業叢書》第三編

第八圖

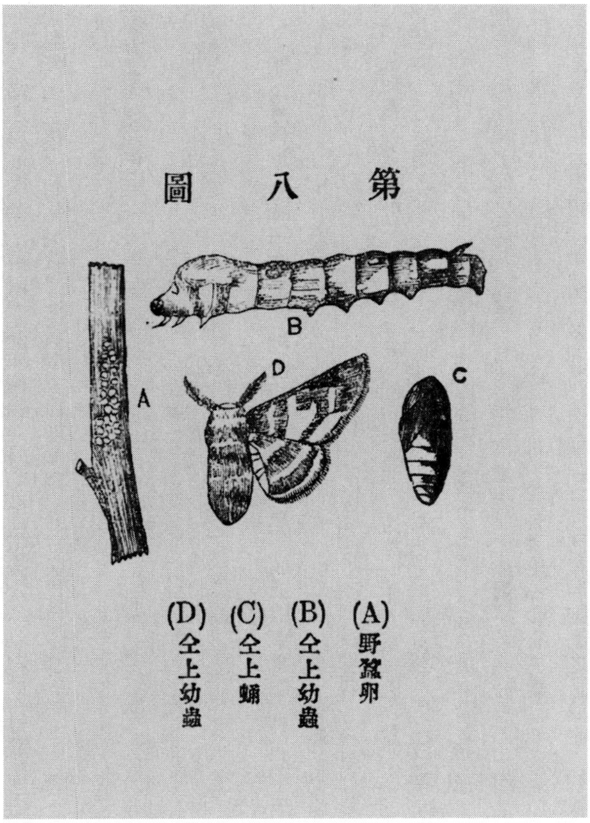

第九圖

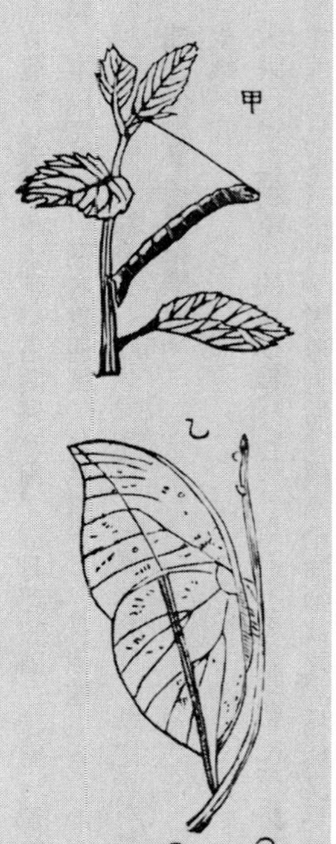

（甲）尺蠖幼蟲之枝狀 （乙）卡利馬蝶成蟲之葉狀

幼蟲亦與蠶同，由頭及十二環節而成。胸足三對，腹足五對生焉。體色黑褐，斑紋與蠶相同。第二環節之背面有眼狀斑紋一對。第五及第八環節有馬蹄形斑紋及點狀斑紋一對。初出之時，亦生毛叢，頭色黑而硬。第一環節色稍淡，二三環節體畧濶，二四六七八各節，均有淡色之斑紋。幼蟲成長極度之時，長有五十一米厘米突，頭稍小，色帶綠黄。自第一次脫皮之後，其皮膚之斑紋各齡皆相似。其大體之形態與家蠶之幼蟲雖無大異，然體小胸大，尾部狹小，體色濃厚，少有異耳。其體色所以濃厚者，乃由自然淘汰而生成，所以防禦外界者也。吾人手能握刀劍，足能供奔走，與牛之角、犬之牙、猫之利鋭尖爪，皆爲捕食上、護身上，刻不容離之要具。惟下等動物昆蟲類，獨欠此等器官，其身體帶種種彩色，用以起外界之恐怖也。或使其體之形色與草木相似，而外界不能識别。或擬似木葉枯枝以防敵之來襲。如尺蠖蟲在冬期，卽疑爲桑樹之枯枝，而越安全之冬季。又如蝶中一種名卡利馬者，形極類似木葉，此皆護衛身上必要者也。然其所以如此者，自己亦並不知覺，乃自然而然者也。野蠶亦相同，恃其胸部之膨大，有眼狀之斑紋，使他動物見之，有若膨頭而巨目者，不替怪物，因以生恐怖念也。又以皮色濃褐，紋形如波如環如點，或旋卷，或羅列，酷似桑樹皮膚之斑紋，因賴以隱匿其體，而防外敵之襲來，此其所以保護己體之具也。至於家蠶，則飼之室內，有人保衛，不須防禦外敵，故此具亦漸退却，或斑紋淡薄，或白色無紋，其現象也。今將其野蠶與家蠶斑紋之異點重述明之。

清　余宗農《桑樹蟲害論》第四章《桑之蛄蟖》《蠶業叢書》第五編　經過習性　每年一回發生，卵子越冬，翌年春，如家蠶卵變色而孵化，經四次脫皮，結灰白或灰黄之薄繭，亦與家蠶無異。惟棲止野外，成長之日數無定。大約六七日後，始化爲蛾，性活潑，而能飛翔，此外習性無異家蠶。

家蠶身體構造

題解

明　譚貞默《譚子雕蟲》卷上　蠶禾呼天蠶，謂成敗衣食憑之，關乎天命，因有以天虫，作蠶字，《太平御覽》板刻亦然，此誤也。蠶，音腆，乃蚯蚓名，不可以代蠶字。其形扁、唇高、額短、脰身有九節，前四小足，後六大足，尖尾矗立，有烏色、白色、斑色；不見有眼，市語呼肥人爲無眼。蠶禾俗：清明朝，婦女以蠶卵貼于胸前，煖則活出，謂之護蚪，以毛帚之，古記所稱初拂，曰蚝也；既出，以炭火煖之，謂之蠶炭。畏鼠盜食，家必畜猫，謂之蠶猫；楗戶拒人往來，謂之蠶月；蠶事官府爲停兩造，謂之放蠶，忙其時有雨，謂之蠶車。水能壞春，熟其器大小以竹爲之，謂之蠶踏，亦名蠶箔、蠶筐；餵葉必明温之室，拭水濕痕而灑之，必匀厚，毋間斷，遲薄稍饑則謂之斷絲腸。初眠曰出火，頭眠與剪葉，二眠後與完葉，三眠與連枝叢葉。其食葉如風雨聲，口捲立盡，是曰蠶食；時昂首不食，曰登；蜕皮曰眠頭，有胎生，驟長益多者，曰長娘；眠起食葉，曰起娘；又有四眠，曰大眠；大眠後食葉愈亟，至脰節間，明徹無葉色，乃移置作繭處，謂之上山。山以稻草爲帚，立于閫燥之所，取蠶置其頂，太光則不作，太闇則不厚，三日内使明闇兩番，乃成繭。將作繭時，先自凈去其腹積，謂之登屎溺。有兩蠶合作而大者，謂之唐公繭，古記所稱同功繭也；有中細者，謂之束腰繭；小而堅者，謂之石繭。收成，謂之採繭；暴日中三日，謂之亮繭；入鍋煮抽，謂之動絲車；精者爲絲，粗者爲綿。其中所化蛹，如軟棗，有黄殼，能屈申，不死不生，謂之蠶女。絲綿既窮，則炙食之，越六七日，繭不暴不繰，則繭頂唾濕，嚙破而出，曰蠶娥，色白，翼頻鼓扇，體重不飛，出繭卽相覓交搆，腹先有卵。越日，解卽遺卵紙上成行，翼漸變花色，似蝶，終不能飛，或復媾至枯槁乃已，其卵易活，出，用灰醃置土壁，來春種也。原蠶禾呼二蠶，另一種繼蠶，而育食桑重葉，繭薄，成繭卽澡中蛹大半化爲蛆，不可食，成蛾者，十不一二，蛆卽蠁子、蠅乳于蠶背者也，其病死不朽者，曰白殭蠶。蠶所蛻皮，曰退，有馬明退、佛退等名；其屎曰沙，其紙曰連。《豳風》云：蠶月條桑。《爾雅》云：蟓，桑繭；雔音讐由，樗繭、棘繭、欒繭；蚢音杭蕭繭。又云蜆蛹，又云蛾羅。邢疏：蟓等，皆蠶類作繭者，因所食葉而異其名也。食桑葉作繭者，名蟓，卽今蠶；食樗葉、棘葉、欒葉者，名雔由；食蕭葉者，名蚢也；蜆蛹，卽蠶所變者，一名蜆，一名蛹；蛾羅，卽蠶蛹所變者。《家語》云：食桑者有緒而蛾。孫炎《正義》云：蜆是雄，蛹是雌；羅是雄，蛾是雌。《本草圖經》云：卵亦曰蛻音兌，卵出爲蚰，蚰爲蠶，蠶而蛹，蛹而蛾，蛾而卵，卵而復蚰。《說文》云：蠶名孕絲蟲，亦名吐絲蟲。《山海經》云：宣山，其上有桑，大五十尺，其枝四衢，其葉大尺餘，名曰帝女之桑。《易林》云：饑蠶作室，緒多亂纆，端不可得。又云：秋蠶不成，冬種不生。《禮記・祭義》云：大昕之朝，君皮弁素幘，卜三宮之夫人、世婦之吉者。使入蠶于蠶室，奉種浴于川，桑于公桑，風戾而食之，歲既單矣。世婦獻繭于夫人，夫人副幃而受之，及良日，夫人繅三盆手，遂布于三宮夫人、世婦之吉者，使繅。《月令》云：季春，具曲植籧筐，后妃親東嚮躬桑。分繭稱絲，受功以供郊廟之服。《春秋文耀鉤》云：商絃絕，蠶含絲。《古今輿服雜事》云：蠶始生，后食之三灑而止。又云：蠶所吐爲忽，十忽爲絲，五絲爲繿，十絲爲升，二十絲爲緎，四十絲爲紀，八十絲爲總。《列女傳》云，魯敬姜曰：持而不出入不絕者，梱也；推而往引而來者，綜也。荀子《蠶賦》云：身女好而頭馬首，屢化而不壽，善壯而拙老，有父母而無牝牡。冬伏而夏游，食桑而吐絲，夏生而惡暑，喜濕而惡雨，蛹以爲母，蛾以爲父。三俯三起，事乃大已，夫是之謂蠶理。《東方朔別傳》云，朔對武帝曰：蠶喙呥呥類馬，色斑斑類虎。《太玄》云：紅蠶緣于枯桑，其繭不黄。《淮南子》云：黄帝元妃西陵氏始蠶，二十七日而化。嵇叔夜云：火蠶十八日，寒蠶三十餘日。《埤雅》云：蠶，陽物也，食而不飲，三十六日而化。《尸子》云：繭合而弗治，則腐蠹而棄。《漢舊儀》云：蠶神曰花窳婦人、寓氏公主。《雅翼》云：古者后妃享先蠶，先蠶，天駟也，一云卽西陵氏。《周禮》云：馬質，掌質馬，禁原蠶。原亦作蝡，再也。《廣志》名夏蠶，《本草》名晚蠶，《方言》名魏蠶，魏，細也。《淮南子》云：原蠶一載再登，非不利也；王法禁之者，爲其殘桑也。《蠶書》云：蠶爲龍精，與馬同氣，物不能兩大，禁原蠶，惡傷馬也。今以殭蠶擦馬齒，馬不復食，其驗也。《唐書》云：武德中，梁州野蠶成繭，百姓採用。又云：大曆中，清源人韓景輝養冬蠶成繭，詔給復終身。《永嘉記》云：郡蠶自三月至十月有八輩，有蚢珍、愛珍、寒珍等名。《林邑記》云：南陽郡、九眞郡蠶，一歲皆八績。左思《吳都賦》云：國稅再熟之稻，鄉貢八蠶之綿。《司馬徽別傳》云：人有臨蠶求徽簇者，徽便以與之，自棄其蠶。蛾先孕而後交，其眉，句曲如畫。《衛風》云：螓首蛾眉，非拂燈之蛾。埽案《爾雅》蜆蛹一條，上有『蜉螪何』三字。郭注云：未詳，愚謂，卽蠶蛹之別名。蜆者，鬼也；蛹者，草俑也；蜉螪何者，捋之、摘之則動，而不死不生，不知爲何物，合蜉螪何蜆蛹五字，乃盡蠶女之情狀。晉閔鳴、唐楊泉俱有《蠶賦》。

蠋禾呼桑蟲，大如指，似蠶；《豳風》云：蜎蜎者蠋，蒸在桑野。《爾雅》云：蚅，烏蠋。邢疏：蚅，一名烏蠋。《韓非子》曰：蟺似蛇，蠶似蠋。人見蛇則驚駭，見蠋則毛起；然而婦人拾蠶，漁者握蟺，利之所在，皆賁育也。《埤雅》云：蠋以桑自裹。《雅翼》云：蠶致養于人，萬千爲族；蠋則獨行，故比獨宿。《管子》云：龍欲小則化爲蠶蠋。埽案《大雅》云：鞗音革。革金厄。韓奕注：金厄，轡首，金環如蚅，今婦人臂上金鐲，亦卽烏蠋之象，故曰蚅，曰鐲也。

《搜神記》云：高辛氏時，有蜀女，父被掠，母誓曰：得父歸者，妻以女。馬聞，躍去數日，父乘馬歸，馬鳴不已，母道其故，父乃殺馬，暴皮于庭，皮忽起，捲女飛去，掛于桑樹，女化爲蠶，食葉成繭。後人塑女像，祈蠶號馬頭娘，因尊養蠶婦，曰蠶娘。

（乾隆）《安肅縣志》卷四 蠶。時珍曰：蠶，孕絲蟲也。有大小、白烏斑色之異。其蟲屬陽，喜燥惡濕，食而不飲，三眠三起，二十七日而老。自卵出而爲蚰，自蚰蛻而爲蠶，蠶而繭，繭而蛹，蛹而蛾，蛾而卵，卵而復蚰。亦有胎生者，與母同老，蓋神蟲也。

清 方大湜《桑蠶提要》卷二《蠶事四十條・蠶種四則》 釋名 蠶，神物也屢化如神，其卵曰子，子初生曰蟻亦曰烏，又曰蠶花，又曰蝸兒，子之首先出者曰蚰音苗，亦曰報頭，蟻漸大曰蠶亦曰蟓，又曰絲蟲，蠶老吐絲自裹曰繭亦曰甕，又曰蠶衣，繭成化而爲蛹亦曰蜆，又曰繭蟲，又曰蠶女，蛹化爲蛾亦曰羅，蛾穿繭而出，又復生卵。蠶屎曰砂，蠶皮曰殼亦曰衣，又曰蛻，繭外浮絲，曰繭繞亦曰窠，又曰外衣，蠶卧曰眠亦曰俯，眠後脫殼曰起；初眠曰頭眠，二眠曰停眠，三眠曰出火，四眠曰大眠；將眠曰紅嬾思亦曰青嬾思，他蠶盡眠，而此猶食葉，曰食娘，眠者曰眠娘，起者曰起娘；將老而口中吐絲，繚繞至脰，曰繚娘；老者色微紅，絲喉漸亮，曰老娘亦曰紅蠶。

清 吴鴻望、袁俊德《蠶政萃編·蠶始類》 貴辨化

蠶作繭成，化而爲蛹，亦曰蜺，曰繭蟲，曰蠶女；蛹化爲蛾，亦曰羅蛾；穿繭而成，又復生卵。蠶屎曰沙；蠶皮曰殼，亦曰衣，曰蜕；繭外浮絲，曰繭繞，亦曰窠，曰外衣。

論説

北魏 賈思勰《齊民要術》卷五《種桑柘第四十五》 《春秋考異郵》曰：蠶，陽物，大惡水，故蠶食而不飲。陽立於三春，故蠶三變而後消死於七，三七二十一，故二十一日而繭。

元 司農司《農桑輯要》卷四《養蠶》 《齊民要術》：《春秋考異郵》曰：蠶，陽物，大惡水，故蠶食而不飲。

清 李光地等《御定月令輯要》卷三《每月令》 物候 蠶化蟬蜕。原《淮南子》：蠶，食而不飲，二十二日而化；蟬，飲而不食，三十日而蜕。

清 顧元交《本草彙箋》卷九 蠶蟲屬陽，喜燥惡濕，食而不飲，故殭蠶又兼能燥濕也。殭則其色自白，其長而直者爲雄。

清 周凱《種桑詩説》《皇朝經世文編》卷三七 襄之民，果從余種桑矣，三年而桑茂，十年而桑大茂，而余又慮其飼蠶之未善也。附飼蠶法：按《蠶經》，蠶之性，喜靜而惡喧，故宜靜室；喜煖而惡溼，故宜板室。室靜可避人聲之喧鬧，室板可辟地氣之蒸鬱，尤宜密，以避風火，以助煖。又《蠶書》：飼蠶弗以雨露溼葉。《禮·祭義》：三宫夫人桑于公桑，風戾以食之，是也。《淮南子》曰：蠶食而不飲，二十七日而化。夫竭二十七日之力而得繭，何其工之省且易乎？蠶具以箔以簇，竹葦所為，聞襄之飼蠶者，以席置諸地，廠其屋，不加火，宜咎蠶之難養也。余將延浙之善蠶者，以教爾蠶，然桑未茂，其事有待。姑就余家人所素習者分為十二詠，附種桑之末以示之，其成絲而後，為織不一，爾襄民當自求之也，且勿之載。

清 許鵬翊《橡蠶新編·橡蠶雜考》 蠶，陽物，屬火，惡水，故食而不飲。《周禮》有原蠶之禁，謂蠶盛妨馬，以蠶馬屬也。然山蠶宜有雨露以潤之。大旱之年，橡葉枯槁，蠶亦饑死。宜用水澆其樹根，復用噴筒沃其橡葉，蠶得濕氣，可保無虞。

清 黄毅《蠶體生理論》第十章《生物對于人性之關係》《蠶業叢書》第六編 各論 概觀動物界中，凡複細胞動物，皆于桑椹期以上發達；空腸動物，皆于原腸期以上發達，如蠶兒即在原腸期以上發達者也，雖然，必皆經過卵、桑椹、囊狀、原腸之四期。特高等動物，惟能于四期之中形成個體。如蠶卵于卵期造胚基，于桑椹期由胚子之胚盤造成陷入部，而分上、下二層。于原腸期則發達而造成中胚葉，此後上胚葉生皮膚、食道、腸、神經及其他各種之腺，內胚葉造成胃之全部，中胚葉造成背脈管、筋肉、脂肪、生殖內器等，此乃蠶卵形成個體之現象也。至于人類，其始亦必由微粒時代，經億萬年之進化，然後得有今日。於母體之內，十月懷胎，其在卵期，形如蟲；桑椹之期，如水母；原腸之期，遂有脊索而爲完全人形，成一個體。此其奇妙，固在天功，而人莫之能測。以理言之，則亦生存競爭之結果也。

又 第九章《運動機論》 生物體中，發現運動，約分數種，如分子運動、胞體運動、顫毛運動及筋肉運動等是也。吾人所見之運動，皆爲筋肉運動。蠶體不借外力而能動其全體或一部分，此種機能稱爲運動之機能。運動機能可分二種：一稱隨意運動；一稱不隨意運動。凡進退往還，尋桑食葉，皆隨意運動也；消化管之運動及背脈管之鼓動，皆不隨意之運動也。

綜述

清 方大湜《桑蠶提要》卷二《蠶事四十條**·蠶種**四則**》** 審形 蠶之爲狀，無牝無牡，或白或烏，或偏體斑爛；長約二寸，粗如小指，頭高而皮縐，喙呐呐似馬蠶食葉之狀與馬食草料相似，身儽儽似蠋儽與倮同，赤體也，腹方背圓，頭尾之外，中凡七節，每節各有青紋爲界；第二節之内，有黑瘢二，形曲如月老則黑瘢漸隱，第五節亦如之。腹之兩旁，每節各有黑點一，共十四點，左右各七臨老時，黑點如故；腹下八足，左右各四在三四五六節之内，項下六足，左右各三蠶之吐絲結繭，全恃此六足踐踏而成。尾上有肉筍筍尖向後，尾顛有小缺。蠶化爲蛹，形略似蠶，但身短無足耳；蛹化爲蛾，形如蝶而小，其色粉白，眉旁張如兩角，句曲如畫，頭小尾禿，其身圓以粗雌者身更粗，頭尾而外，中分六節，項

下有六足，左右各三；肩上左右各二翼，一內一外，內翼之前，高於外翼，自其高處斜下以至於後，乃與外翼之後相平，四翼皆有紋理，紋形略如蒲扇；有雌有雄，先孕後交，不交者亦產子，但所產之子，自蟻至老，雖具蠶形，卻無眉目且易傷損，結繭亦薄，與交而產者不同。

清 陳啟沅《蠶桑譜》卷一《養蠶贊育篇》 養蠶之業，此廣東第一要務也。耕禾種果是以本地之物而易本處之財，得失仍歸我國。惟養蠶繅絲是以我國之物而易他國之財，豈非大有益之事業乎？況蠶絲是製衣之物，非獨外國可用，即我國亦必所需之物也。孟子曰：五畝之宅，樹墻下以桑，匹婦蠶之，老者可以衣帛矣。若此非天下之要務耶，常讀世間之書，教人為聖為賢，學文學武，習藝習術者，汗牛充棟，即如曲本、演義、小說、彈詞，坊肆皆有板藏，何農桑蠶繅各法，是衣食之本原，竟無一人詳述耶？豈人人皆明其理耶？抑無人深明其法耶？大約習慣成自然，不深考究，至有得失之患耳。雖然深知其性，未必百不失一，苟精其術，斷無大弊之虞，茲特將其所以然法而略言之。

養蠶之道有十法：一曰知性，二曰辨色，三曰掣風，四曰避熱，五曰掣雨，六曰審症，七曰防蠅，八曰掣蟻，九曰護繭，十曰繅絲。十法之外，俱小得失耳。湖、浙土人養蠶之法：初出飼桑之時，先將桑樹連枝葉齊斬，洗以淨水風爽之，然後切幼如髮等，以飼蠶。蓋恐其葉有雀屎等鹹味，蠶誤食之，症重則死，症輕則傷，是湖、浙人初飼蠶之精細也。明知此法之妙，而廣東則不能照此法，何也？固廣東之桑，身嫩葉薄，一受風熱，葉盡乾枯而不能食，故略變其法則可。故先於樹上灑水洗之，候其桑爽而後採擇，此法異功同；又忌種桑之地太肥，亦沾鹹味，蠶食之，必出黑頭之症，俗名曰青鬃，即受鹹味之弊也。

蠶初出殼之日，喜天涼，喜東風，隔日則散毛，若毛散不清者，乃實症也，俗謂之曠，又曰痠不滑之謂。若染此症，能食多桑，臨成熟而無絲，養蠶之最忌也。蠶出三日而退殼，若與蛇退皮相似，名曰蛾眠，因其不食桑一日，如人之入睡，故名之曰眠。其將眠之初，轉黃蜡色，觀其色水明潤，身體壯結，頭尾大細相等，眠如乙字形而有力，又百千萬条，皆無大細者為上等好蠶；再觀其桑渣有無數小絲，名曰絲床，約一個對時即一日也，漸變微黑色而退殼，名曰起眠，皆同一時，半時而齊起者更佳，或遲二時零而盡起者常也，不得謂之劣品。內中有身帶青色而不眠者，此受濕症也；又有身帶暗黃色而不眠者，是受濕鹹兩症也。將來成熟，或擦或浮皆有之矣，些少有之，尚飼之無妨。若以百条計，而有五六条，則不宜養矣。又臨眠之時，間或有一種細一皮者，名曰蠶脚，看眞其色水青結光潤者，此非劣種，不過初落窝時有散鬋混集，而遲半天出，故趕不及齊眠耳，倘其身色黃老乾枯，將來成熟，必出白症。白症臨熟，無絲吐，井不能成夢而化腐者。又或散毛不清，而皮肉有蟧勒之形者，將來各症皆有，是多養而少收者也。更有一種僵蠶，俗名之曰硬，又名禾雀屎，此症乃天氣流行，非關人事，亦養蠶家之大忌也。下造必要用茨莨磨擦其蠶窩，方能止其不傳染，或不用擦窩亦無傳染者有之。考其實症、痠症，略因泡水之時，冷水多些，煖氣不透之弊，故曰陰陽和而後萬物生。若夫白症，皆因屋細閉風，或逢晝雨外感遂受暑氣，故凢晝雨將臨，即散桑以飼之，是使其飽食，而暑氣不侵耳。若染浮症，是受淤水之桑，或桑房太窑，其桑有到汗水潮，蠶屢食之，至有此弊，故必先將其桑崧開，去其潮氣，飼一次，復崧一次，方免浮症之虞。及其起眠之時，斷不可使其偶受暑氣風吹，方無變症。倘起眠後有退壳不清者，曰籥音攝尾，此痠症之重者，亦或有濕尾，此浮症之重者，有此二症，將來成熟，十不存二矣。當其食桑之時，蠶身必要長寬，而皮肉又宜結實，食桑要精神開胃，若下桑飼之，即見其頻走開窩邊者，必係曾經受了暑濕二氣傷身，故畏桑，蠶眾氣之熏蒸，走而避之耳，此乃變症之端倪也。當其臨眠之時，身要短束，眾蠶爭聚窩心，或十數成團，百數成團，頭尾相襯，又有三二条踏起而眠者，名曰騎馬眠。在下之蠶固有力，在上之蠶更有力，方能如是之眠也，此皆蠶之好者。即二眠、三眠、大眠亦同是觀耳，獨二眠則隔兩日便眠，色水畧好些，故名曰水眠。三眠則隔三日而入眠，凢養蠶在此眠而定去留，蓋因自初出至此時，謹飼九日，以壹幅蠶紙，計用蛾八兩，而食桑至是時，亦不過三百五十斤，此時倒之，虧銀有限，若待大眠而定去留，則多食百餘斤，未免虧本畧多矣。

自大眠起而至成熟，連蠶即輪月蠶則五天，大蠶即大造蠶則六天，約計所食之桑，每蛾一兩，約食桑兩担餘，好蠶可得絲斤半有多。次蠶略無定式，好醜固有分別，仍視成熟之時天氣如何，蠶絲之霉爛否，方有把握。繭之厚薄，得絲之多寡，詳繅絲章。故成熟之日，喜天色之晴明，惡狂風而暴雨，湖、浙人俗名曰上山，廣東俗名曰上箔；上箔時或遇雨色纏綿，蠶吐之絲多霉爛，因新吐之絲略有鹹氣，不能即乾耳，例以炭火焙之，令其即吐即乾也。間有一兩造，雖照焙火之例，而仍霉爛，何也？考舊法，蠶熟之初，必將蠶箔燒去舊絲毛，而又洗淨之，以防其前造所沾蠶屎尿，有發潮之虞，倘或晒之不乾，卽犯霉絲之弊。或常放在泥地之處，該箔發潮而不知；一遇天雨淋漓，繭已霉而不覺。故予新設一法，蠶將上箔之日，將近天明，或五鼓時候，覺天色陰曀有下雨之勢，先將蠶箔如炕繭之法炕之炕繭法詳下，使蠶箔焦乾，然後捉蠶上箔，再用炭火暗暗焙之，一則絲吐出便乾，二則蠶身喜煖，固無隱絲之患。卽有蠶屎尿沾之卽乾，何至令繭絲之霉爛乎？近有知者，用之百不失一。二三造時，天氣酷暑幷未下雨，而絲繭竟至霉爛不堪者何也？夫天將下雨之初，地氣必先上騰，更兼酷暑熏蒸，如滚水之泡煉，焉有不霉者耶？人自不覺耳。倘移其箔于陰林之下，或用微火以散其潮，亦斷無霉絲之患；所最忌者，放在當空之際，又用篙笪以遮其頂，又無風以散其濕氣，苟幸不霉，亦出絲必多花泡，因蠶身受熏蒸之氣太重，幾至於死，故吐絲不成紋理，將來繅絲，豈得光滑乎？凢入夜時，要將蠶箔砌成如紗燈樣，背面相依，頂亦用箔蓋之，中心放一火盆，每盆用炭三斤，面上炭火灼透，仍用爐灰遮蓋，只留一大吼，如碗口之濶，入夜之初，煖氣便足，因是時繭絲尚薄，火太猛，有炕死之虞；及至夜半，繭絲漸厚，火盆之吼，宜開大些，火亦漸猛；及至五鼓，火盆宜盡撥開，如寒天之圍爐相似，因此時結繭已厚。火氣若緩，繭裏透不到火氣，絲亦霉矣；更恐風大吹散火氣，要用草蓆等圍密外邊，更為得法。明午吐絲已盡，火盆無容設也，來夜四鼓時候，蠶漸縮細而又退皮，成一崧子形，又如胆形，而黃色有紋，俗名曰蠶夢，謂其不食不知，此蠶形之一變也；再變方始成蛾，若非留種，三日後便可繅絲繅絲法，詳下繅絲章。廣東俱用炕繭之法而後繅絲，其法將蠶箔架成如人字形，每邊三箔，砌成類似篷寮一式，兩頭尾亦用萡掩之，週圍以布帳或㡙皮封固，中心炕之以炭火；每蠶六萡，用炭火三斤，炕至一時之久，布帳上面，必有煙霧騰起，此卽是蠶繭、蠶萡等潮氣也。當卽於頭尾頂上放開二吼，如碗口大，令潮氣從此出，方無蒸霉絲之虞。觀其潮氣將盡，封固如前，但用炭，切勿用生炭，一則潮煙難辨，二則有失火之要，再炕至二時之久，開其封，將蠶萡上下背面反轉，再加炭二斤零，封如故，再炕二三時，其蠶蟲死而蕉，可貯久而繅絲矣。

湖、浙不炕繭而繅絲，何廣東獨不然？蓋廣東天氣卑濕，蠅蚋太多，每寄生於蠶身，蟲出繭壞，非用炕法不能。蠶初出如毛髮大之時，大蠅則食之，及長至二三眠時，蠅則將㲉寄於蠶身，受害重堵卽死，受傷輕者雖無大碍，但成熟時吐絲既盡，而蠶不能退壳成夢遂腐矣。更所患者，蠶腐而蠅蟲不腐，蟲則鑽穿繭壳而入於地，數日又變成蠅，為下造之患。該繭遂不能繅絲，故不待其成夢而用火炕之，以保全其繭耳。考其寄生之初，大蠅以口啣傷蠶之皮，遂放㲉於傷口之處，半日間蠶傷愈，其身便有黑子一点，所謂蠅口也。故養蠶家，凢房門窓口俱以疏帳封固，卽防蠅之故耳，成全一物，其艱辛何可勝言。柏盧先生格言云：『半絲半縷，恒念物力為艱。』豈虚語哉。

清 黄祖徽《蠶桑淺説・養蠶篇第二》第一章《總論》第十節《眠起》

眠起　蠶之眠起，最宜留心，非養蠶數年不能辨别。大抵蠶將眠，其體漸次膨脹而帶青黄色，運動不活潑；蠶既眠，則具三角形而不運動；脱皮後，全身帶灰色，由灰色漸轉青色者，是即漸次，成長之形狀也。

清 江志伊《飼蠶法》

辨種　蠶之因飼育時期而異者，大别之爲三種：一曰春蠶；二曰夏蠶；三曰秋蠶。春蠶繭有黄、白二種，今日本所飼者曰赤熟，曰青熟。赤熟爲大巢繭，一舛容二百二三十顆，繅絲十三四匁，惟絲縷不甚細，絲縷細而量多者又不易飼。青熟爲中巢繭，一舛容二百五六十顆，繅絲十一二匁，其色鮮美，生長速而飼育亦易，惟形狀縐縮不齊，外觀不美。其爲小巢者曰小石丸，絲質良好，繭一舛容二百六七十顆，繅絲十二三匁。又絲質最良者曰鬼縮，爲中巢，縮縐粗大，繭一舛容二百六七十顆，繅絲十一二匁，絲縷最細，惜多同宫繭。曰角又繭，兩端尖鋭，形狀不佳，唯絲質頗良。曰青白，有數種，以金生撰一種爲良繭，中巢，色澤稍濃。曰姬蠶，亦有數種，繭薄而大，絲量甚小，惟飼育甚易。姬蠶中有一種曰絲良，小巢，緊密，絲量多而質良。曰掛合，以夏蠶之雄蛾與春蠶之雌蛾搆合之種也，繭質不良，而飼育甚易。又有取黄、白二蛾搆合而成者，繭淡黄色，俗稱沙繭。曰純白種，其卵色至踰年催青期始變色，而孵化蛾目珠純白，故名，是可珍也，繭似小石丸而稍長，色澤最善。曰金黄種，法國産，繭皆大巢，而長短不一，但絲縷細匀，足稱良種。曰朝鮮種，爲小巢，然蠶體、繭形大小、修短不一，惟絲縷頗纖細可用。曰支那種，爲小巢，繭一舛容三百二三十顆，繅絲八九匁，繭質鮮美，舒解最易，較小石丸先三四日而熟，食葉少而利息多。

清 任蘭生《蠶桑摘要・繅絲法十六條》

絲竈之左，須設一木盆，用物架高，使與竈齊，以盛蛹即蠶所變也，成繭後，一變而蛹，再變而蛾與繅不上絲之熟繭，歇車後擇繭之尚厚者，併入陰繭治之，餘則盡置鍋中，以原湯煑之，煑透後，以絲箒撥之，擺之，則蛹皆離絲，而絲亦牽連成片矣。於明晨取出，儲以蒲包，用重物壓乾，提起牽連成片之絲，擺落其蛹而曬之，俗謂之絲搭頭。俟抽絲既畢後，以桑枝灰和煑扯開，勻鋪篩底，用軟竹枝於淺澗中疊疊敲去蠶嘴，而曬之使極乾，以手抽之，用與陰繭略同，於冬時披之肩背間裏衣之外，絮襖之內，尤足以禦寒。

清　沈練《廣蠶桑説・培養桑樹法二十條》　蠶之眠者，隔一日視之，而其色微黃，其嘴微闊，則起矣。然不宜急於布葉，必視其灰下無一眠者起者必脱灰而上，方可布葉。布葉一兩次，便須以前法易器，眠一次，則嘴闊一次，衣皮也寬一次，蓋其嘴、其衣皆於眠時潛換也。布葉太早，恐嘴已闊而衣未盡脱者亦食之，食之則腹大，而未脱之衣，脱不下矣。

清　吴鴻望校，袁俊德輯《蠶政萃編・蠶始類》　貴觀變　蠶化爲蛹，形略似蠶，但身短無足；蛹化爲蛾，形似蝶而小，其色粉白，眉旁張如兩角，句曲如畫，頭小尾禿。其身長腹細者雄也，身圓腹大者雌也，雌大而雄小。頭尾而外，中分六節，項下有六足，左右各三；肩上左右各二翼，一內一外，內翼高於外翼，四翼皆有紋理，形如蒲葉。分雌分雄，先孕後交，不交亦產子，但所產之子，自蟻至老，雖具蠶形，卻無眉目，不能成繭。

清　吴詒善《蠶桑驗要・蠶篇・辨別蠶病第九》

健蠶圖

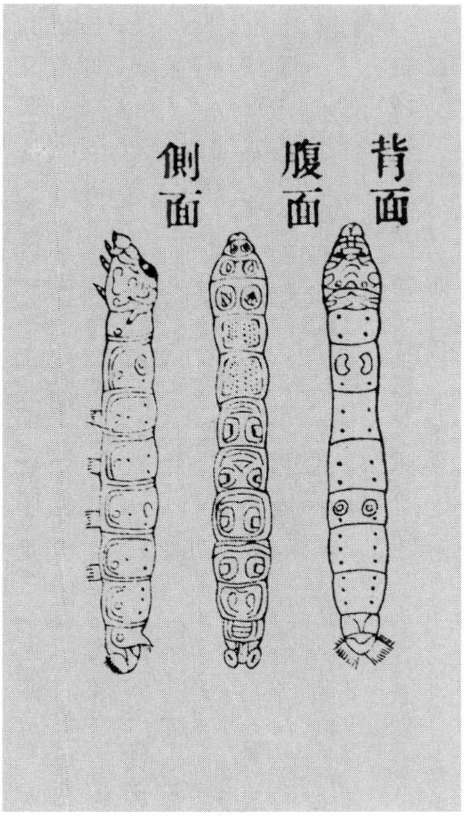

健蠶背腹及側身俱有斑點，其色或黑或褐，必左右行列齊正，此蠶身之固有，慎勿誤認爲病。各種病蠶，形狀繪畫，最難明晰，故不附圖。

清　吴作鎮、倪紹雯、劉安欽《蠶桑速成捷法・蠶絲業普及捷法》第三章《製絲捷法》　繭之品質，關係蠶兒種類、飼育方法、氣候、風土等。今避煩就簡，專就繭之品質影響于製絲上之結果一項述之。

（甲）色澤：大別爲黃、白二種，白繭性純白，適于白色及薄色之織物，少練減。黃繭性光澤優美，適于黑色及濃色之織物，雖纖度優于白色繭，而强伸力則遜之。

（乙）形狀：氣候、風土、種類，各地不同，故繭之形狀亦有區別。佛國種、伊國種，多楕圓形。日本種兩端開張，中央緊縮，爲一種特別之瓢形。我國種有楕圓形、圓形、長形數種。

（丙）大小：同一飼育，同一種類，同一蠶室，繭形大者比之小者，絲量恒多，小者反之。大者纖維大，小者細，且于繰絲時添緒頻繁，尤爲繭形小者之缺點。

（丁）縮皺：蠶兒結繭，固無縮皺可見。稍經時日，則水分發散，絲縷乾燥，繭形縮小，故生無數縮皺。此等縮皺，名目不一。大抵縮皺密者解舒惡，粗者解舒良；密者纖維細，粗者纖維大；春繭多密，秋繭多粗，蓋由氣候之關係故也。

（戊）絲量：繭之輕重，因種類大小有差異，經過日多，則減量日甚，至化蛾之前一日，比之初結之繭，減至一成二分六厘左右。自結繭日至第十五日間，減量較少，自十六日以後至于蛾化，減量加大，蛹體達于老熟，發散水分，故有此現象。近時市場評價，以重量爲標準，買繭者不可不要熟練經驗，以檢定蛹體經過之日數。

（己）絲長、絲量、纖度：絲之長短，量之多寡，于製絲經濟有關係；纖度齊否，于生絲品位有關係。其主因，皆由繭之種類而生差異之結果也。

清　余銑《山蠶講義》第二章《烘種類》第三十五節《撲卵二》

蠶卵之形狀，色黑微扁，如老蘿蔔子，然入筐約十日而卵盡，下卵約十五日而蠶出。卵之善者，必堅附筐；不附者，敗不可蠶。然蛾翅上所粘之卵則異，是若輕掃而下，用皮紙包之，與常卵同；蛾產卵時，或將筐移於屋外，亦可產畢，雌蛾則自枯，雄蛾亦鰥死。

又 第三章《養蠶類》第七十二節《蠶眼及足》 蠶眼謂之單眼，左右各六，總數十二，在頭部顱項之前端，觸肢之基部，四個一列，稍有彎曲，餘二個散在上下兩方，其形圓，周圍暗色為環狀；至蛾眼球稱複眼，呈半球狀突出，頭前兩側，色黑有光。蠶足則生纖毛，末端現有似鈎之爪，前足專司取葉入口之作用；腹足司匍匐，吐絲時前足四面撩繞，使絲附着適宜之處而作繭。至化蛹時，隱而不現；化蛾，則僅存痕跡。

清 莊景仲《養蠶必讀》卷下第五章《軟化病》 縮蠶又云起蠶。脱皮後週時，蠶體尚不能生長，其大小及色澤與其初無異；而臀部細小，背部凹陷，背脈管動鼓甚著；而軀體衰弱，遂致斃死，而且腐敗，蓋微粒子寄生蠶體，因發此病也。

清 陳浡《制種法》第三章《蠶種之選擇》第二《肉眼檢查》 形狀

蠶卵之形狀，因種類而有差異。非得多年之經驗者，不能辨也。但無論何種蠶卵，必具固有之形狀。固有之形狀者，卽扁平而略帶楕圓，且一端爲方圓形，一端則爲尖圓形是也尖圓形之一端，卽精孔所在之處，胚子之頭部，亦在此處，具固有之形狀者佳，不具固有之形狀者爲不佳。而尤要者，更須鑑别紙上之卵形，全面一例，無大小、長短之不同，乃爲佳種；若同一種類之中而卵粒大小、長短、參差不一者，決非佳種，不可飼育。

又 第五章《蠶種之組成》第二《蠶卵之受孕及胚子之形成》

蠶爲卵生動物，受孕之情形與胎生動物不相同。其受孕也，由雌蛾生殖器卵管内之卵細胞漸次成長，由卵管下入於輸卵管；後受其管壁細胞所分泌之强韌質包被而形成卵殼，是時卵子生有兩重被膜，外被卽卵殼，内被卽所謂卵黄膜，此卵黄膜直包被卵子之内容物。卵子内容物者，卽所謂原形質、卵黄珠、脂肪球及細胞核而已。細胞核近於卵子成熟之期，次第移向卵之前端，至精孔附近之處分裂爲二，其一移出於卵黄膜之下，名曰第一極體；其一更分裂爲二，如前放出，名曰第二極體。此等極體，後均消失。當放出第一極體將生第二極體時，卵子已成熟，精蟲遂得由其卵門進入而與卵核相近。迨至第二極體放出時，精蟲卽與卵中遺剩之核結合而生分裂核，由是始可形成胚子也。

蠶卵受精作用已畢，其受精之核旣爲分裂核後，於是移於卵之中部，屢次分裂，增加其數，此數多之分裂核，附近於卵之周圍一一排列。外有原形質及細胞膜包被而成多數完全細胞，於卵黄膜之内面形成一種組織，名曰胚盤。其遺於卵内之核，名卵黄核，漸次液化爲卵黄球以供胚子之營養。次於胚盤一部，卽卵子之右側，其細胞特爲生長，比他部增加其厚，形成腹板。腹板表面爲楕圓，卽發育而爲胚子之部分，後於腹板周圍胚盤處復成褶狀而突出，名曰羊膜突起。此羊膜突起係由四方次第伸長而來，至此遂相附着而爲兩層之膜，包覆腹板，因而腹板與胚盤分離，遂陷入於卵黄之中而成獨立之胚子。其時内膜覆於胚子表面，稱爲羊膜外膜，後漸堆積色素，卽成所謂漿液膜者是也。

通州蠶學館《蠶桑簡明圖説》

收蟻後之養法一二日卽成小蠶形矣

收下小蠶俗謂之蠶花，當使稀匀得所，用桑葉切極細末飼之；剩下蠶矢、殘桑，須間日淨去一次，否則濕氣上蒸，蠶必受病。其法：於飼葉時，看小蠶盡附葉上，卽用竹筷輕輕箝過他筐，仔細看過有無遺矢。每日飼葉，當看天氣，如晴和乾燥，日飼葉八次；陰雨寒濕，日飼葉六七次，不必過多，總宜匀，可矣。約過四日，蠶身發亮，乃將眠之兆。此時蠶之食量已減，飼葉尤不宜多；至五日，其嘴尖凸，是屆初眠，可將蠶□起鬆置靜處，倘有未眠者，箝出另養，俟其眠併入，約過一天半而日起矣。方眠之時，切忌見風；若見風必多生病，□期就時，□宜防避。

清 黄毅《蠶體解剖論》第一章《總論》《蠶業叢書》第三編 成蟲 由蛹成蛾，最後之變態也。一至此期，只生脚六，翅二或四，其翅如鞘翅類，則蒙堅厚之甲；脉翅類與膜翅類，其翅由半透明之膜質而成；鱗翅類則覆以鱗毛，故體不生長，亦不能增大，所以生存之目的，惟交尾產卵，以延其統系耳。其成蟲壽命之短長，由於境遇之難易，不採食物者，時間概短，極短者不過四五時，長者竟達十年以上云。

蠶之成蟲 通常稱爲蠶蛾，體之全面覆以白色鱗毛。以手少觸，卽有紛末狀之物分散，卽蠶蛾之毛也。

蛾當羽化之時，其脱却蛹皮，先由口中吐阿爾加利性之液，以濕其繭層，賴其作用，以使强韌之絲層溶解，得由此開孔而出。其時刻雖不能一定，然在午前六七時最盛，先出者爲雄蛾，後出者爲雌蛾。初出之時，體軀尚濕，兩翅卷縮，不能十分開展，脚亦不能自由，故其舉動甚不活潑，愈時少許，翅方振動，漸能活潑，交尾之際，雄先求雌，每雌蛾所有之卵數大約五六百粒，產卵之後，不日卽死，雌蛾生存之期比雄蛾尤覺加長。

第七圖

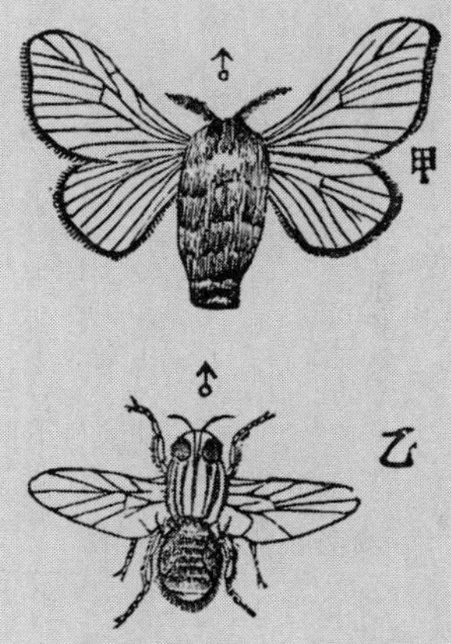

（甲）家蠶雄蛾
（乙）蠁蠅

又《皮膚》　皮膚之構造　蠶之體軀，不問爲蠶、爲蛹、爲蛾，凡由薄皮膜以圍繞者，皆稱曰皮膚。高等動物之皮膚，由數層之細胞層而成；蠶之皮膚，則爲一列之細胞而成，稱之爲體皮組織，其表面堅硬者，稱爲克親質，乃由此組織所分泌者也。

第二十四圖

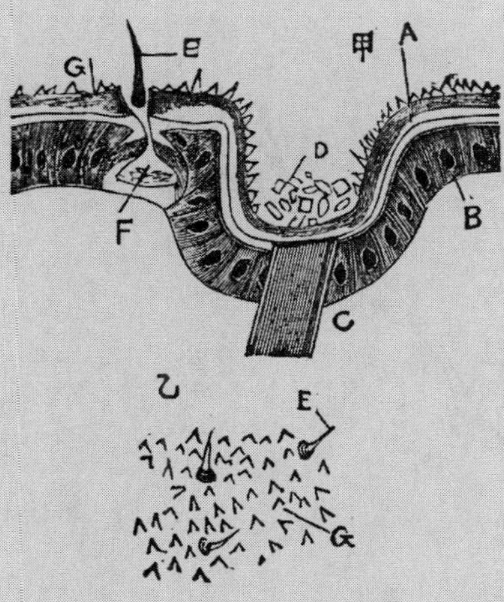

（甲）皮膚橫斷面
（乙）表面
（A）表皮
（B）體皮細胞
（C）附於表皮之筋肉
（D）蓚酸石灰結晶
（E）毛
（F）毛線
（G）表皮上小突起

又　皮膚之腺　蠶之皮膚，存於小毛之基部者。毛腺而外，尚有一種背皮腺，位於背脈管之兩側，每環節各有一對，左右而生，其形如二十五圖之乙，由一列細胞層而成，爲楕圓形之囊狀物；其內部有不規則之小房，由導管開口於皮膚，此腺之作用雖未詳，想亦爲排泄之用。其他存於胸肢之基部，有肢腺；氣門之下部有浮孫氏氣門下腺。

第二十五圖

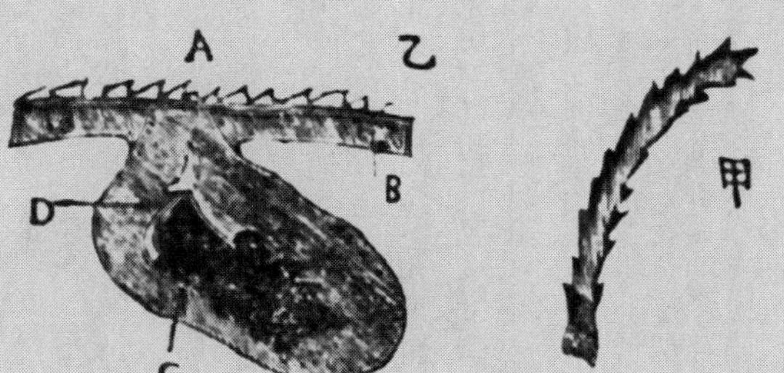

（甲）蛾之強毛
（乙）背皮腺
（A）表皮
（B）體皮細胞
（C）腺室
（D）導管

又　又此細胞，當蠶一齡、二齡之際，食桑之量甚少，并列成排，而現平面。若至五齡之時，食桑正多，其細胞之數亦增，則不能并列成平面，而有多數之襞褶生焉，蓋爲吸收食物消化之營養分，面積較大故也。胃液有亞爾加里性，使桑葉中成分消化之量以蛋白質爲最；而纖維則全無消化之力，故成殘滓，排出於體外。當胃之腹面，有十字形之筋肉附着，由二條遊離之筋而成，起源之處，適當二三兩節之界限；由胃之兩側，各生一遊離之筋，各以先端交於蠶之腹面，成十字形，而末端延長，附着於胃之下面。

第三十七圖

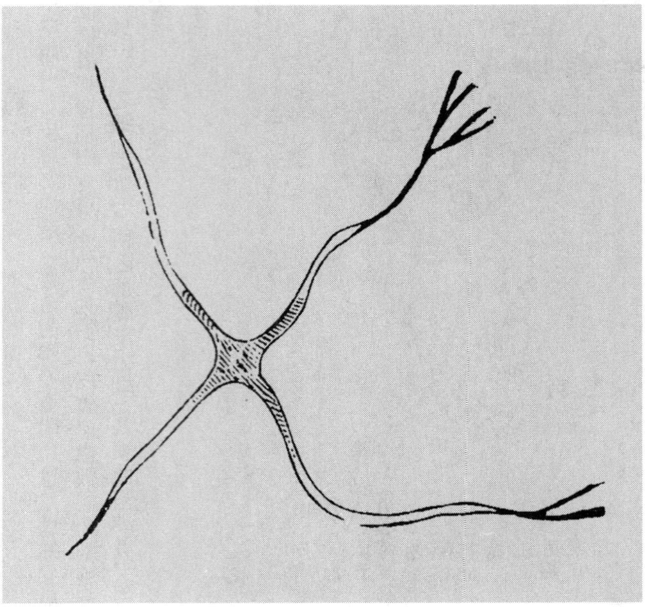

又《血管》　位置　蠶體血系營於血管，又稱背脈管。由薄膜而成，縱走於背面細長之管也，起自頭部，終於尾角，當第三環節背面正中皮膚之下，見有透明之管，作皷動狀，卽此管也。因入第二環節，卽稍向腹部；至第一環節，則沿食道之上部，入於頭內，故在頭胸之部，不能外見也。

構造　血管在蠶體第三環節以上者，爲圓形之管狀，其下則有扇骨狀之筋肉以支之，形少扁平，與各環節相對，成爲各房室。此部側面有一種之瓣，構造稍形複雜。其狀如四十三圖甲（A）所示，而血房之側面則有扇骨狀之筋肉附着。此筋肉之一端，又附着於皮膚之內面，因其縮脹，同時使瓣口開閉，卽起血管之皷動，且有固定血管位置之作用。血管之上部細小部分，稱爲大動脈，此部直徑〇、二三米厘米突，其下方扁平之處，寬有〇、七五米厘米突也。

第四十三圖

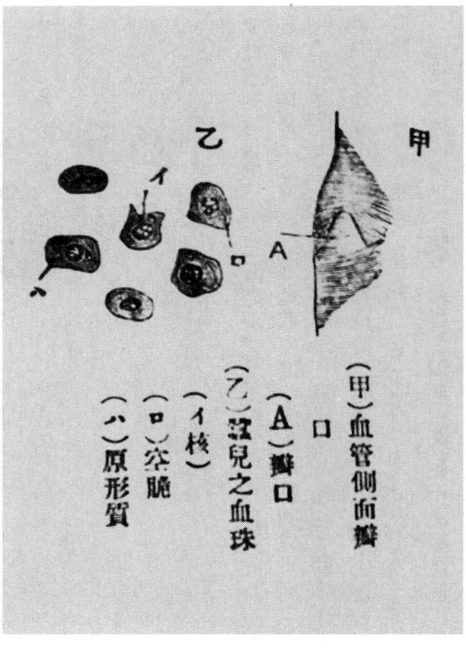

又《絹絲腺》　位置及形態　絲腺之長因蠶體而異。蠶體小者亦小，長者亦長，夏蠶之絲腺尤小。絲腺在初齡之時形態甚爲簡單，不甚彎曲，僅爲一條之腺，其長不過七乃至八米厘米突；而至五齡之時，則全部之長達二百七十米厘米突，吐出之絲，達八百米厘米突。

又第三章《蠶蛾解剖論》第一節《外部》　蠶蛾之體軀與蝶蛾類相同，由頭、胸、腹三部而成。頭部甚小，位於體之前端；胸部由三環節而成，可分爲前胸、中胸、後胸之三部。腹部由八環節而成，故總有十一環節，比幼蟲時期減少一節。雌蛾腹部末端之二節，連絡於生殖器之附屬器，視之如七環節構成者也。蛾體之長，雖由種類而異，然一般之白繭種，雄者長十八米厘米突，雌者長二十二米厘米突；闊以翅之開展爲準，雄者四十五米厘米突，雌者四十七米厘米突。蛾體全面，密生無數鱗毛，呈淡白色。

又　口器

口器在頭部先端之下方，因蛾不採食物，故口器大爲退化，僅留其痕跡而已。然當自繭發蛾之時，則能吐出亞爾加里性之液，以破壞其繭之一端，而爲其出路云。

蠶蛾口器，如六十七圖所示，由上唇、上顋、下唇、下顋而成，與蠶兒有異。

上顎退化爲三角形之小突起；上唇爲克親質板，呈梯形；下顎在上顎之下部，變形甚大，如囊狀物，乃柔軟之膜質，生有多數小毛，如乙圖所示，此物正與蝶蛾類之吸管相當，大有一米厘米突；下唇位於最下部，亦由克親質板而成，由此部生有多數棍棒狀之毛，且生一對下唇鬚。下顎及下唇皆主感觸之作用。

第六十七圖

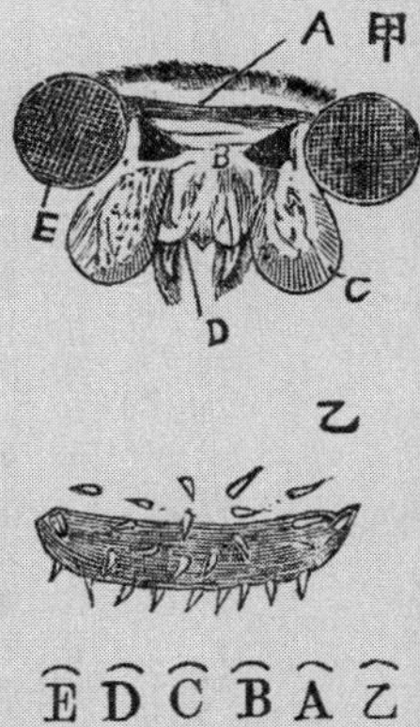

（甲）蠶蛾口器
（乙）下顎變形物
（A）上唇
（B）上顎
（C）下顎變形物
（D）下唇
（E）眼

又 眼

蠶蛾眼球，稱爲複眼，呈半球狀，突出於頭部前端之兩側；色黑而有光澤，惟純白種則帶淡黃色。

複眼由六角鏡集合而成，仔細視之，頗具美觀。直徑約百分之二米厘米突，內部構造與單眼相同。表面體皮克親質甚厚，稱爲角膜靈視；靈視之下，有大核細長之細胞，互相抱合，排列成環狀，稱爲結晶球細胞；其中央空處成透明體，即結晶球也，蓋由結晶球細胞所分泌者也。其細胞下部伸長甚細，集合而成細胞羣，此細胞由六個以上集合而成，與單眼之網膜細胞相類，稱爲雷其尼由拉。其下部界於薄膜連絡於神經細胞，更由神經系而連通於腦，即視神經是也。

複眼之視覺作用與單眼相同。光線通過角膜，由結晶球集合屈折，其物影即印於雷其尼由拉傳入神經，而感之於腦也。凡昆蟲之視覺作用原有二說：一即複眼有多數六角鏡，每鏡僅能見物體之一部分，彼此集合，方能見完全之物體也；一即六角鏡各鏡均能見物體之全部，恰如吾人之由兩眼見一物也，感於腦者，僅一物影耳。

第六十九圖

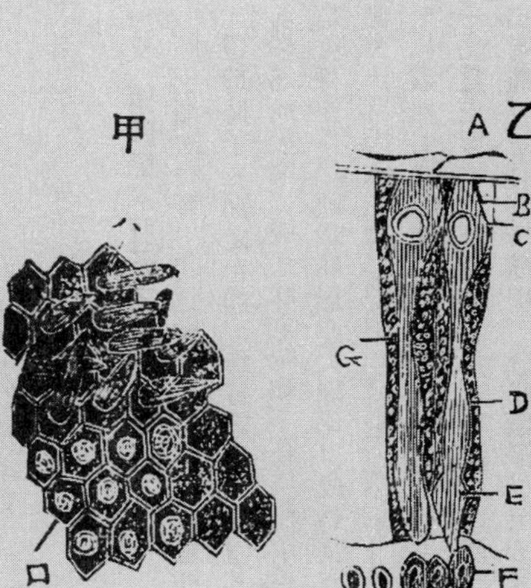

（甲）複眼表面圖
（イ）角膜
（ロ）結晶球細胞
（ハ）結晶球細胞集合體之側面
（乙）複眼縱斷圖
（A）角膜
（B）結晶球細胞
（C）結晶球
（D）雷其尼由拉
（E）神經
（F）神經細胞
（G）色素細胞

又 第二節《內部》 血管　蠶蛾血管，構造與蠶兒相同，縱走於背面正中線皮膚之下。細長之管，由薄膜而成，前端開口，後端爲盲管，且於腹部形成各房室。左右皆有瓣口，房室兩側附有扇骨狀之筋肉，與蠶兒無所異也。惟至腹部之背面，大作彎曲，有數多之筋肉層通過，於胸背之部附着於皮膚內面之筋肉；更屈折向下，與食道并行，走入頭部筋肉層中，如第七十四圖所示：

第七十四圖

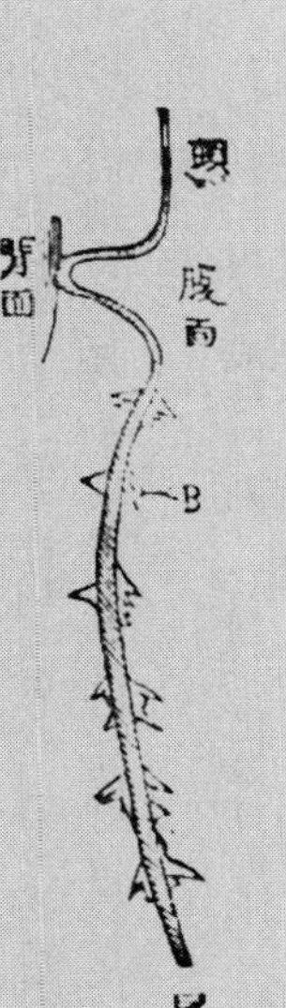

蠶蛾血管
（A）胸背部
（B）扇骨狀筋肉

又 筋肉

蠶蛾之頭部，充滿神經球及眼球等，故筋肉分布者少；而在胸部，則筋肉發達，異常壯大，全部縱橫，實佔多數。凡脚、翅之運動，莫不依賴於此，故又稱爲蠶蛾運動器官也。至其腹部，則較蠶兒之筋肉畧簡單，但末端生殖器之部分，其筋肉亦頗發達云。

第七十七圖

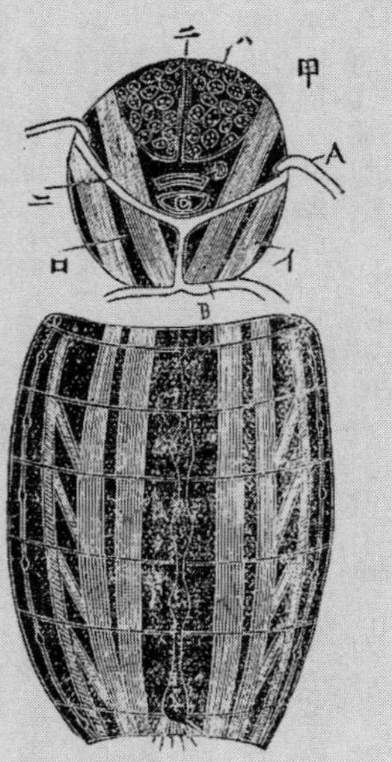

(甲)蠶蛾中胸部横斷筋肉之配合
(乙)腹部筋肉配列之狀
(イ)翅動筋肉
(ロ)脚動筋肉
(ハ)縱筋肉斷面
(ニ)骨格
(A)翅
(B)脚
(C)食道
(D)血管

又 氣管 蠶蛾氣管與蠶相同。外面由細軟胞層圍繞，內面由克親質之螺旋層而成。外見氣管之色，呈銀灰色，不似蠶時爲黑色也。氣管之排列，左右本管，縱走於體側，連通各氣門；於氣門之內面有數之分岐，恰如房狀，分布體中，以連着於各器官；其排列之狀態，并營呼吸之作用，皆與蠶兒無異也。

又 生殖器

蠶蛾之生殖器較之幼蟲時代非常發達。其構造甚爲複雜，殆佔腹部全部，蓋蠶蛾生存之要務，以交尾產卵繼續子孫爲主，故他種器官皆比幼蟲退化，而生殖器則特別發達焉。生殖器分有二種：一爲生殖本部，乃腹部內面長大之器官也，雌雄異形；一爲交尾器，突出於腹部末端外面之器官也，雌雄亦異形。今俱述之。

又 雄蛾生殖本部 蠶在結繭化蛹之間，其雄者之睪丸大爲發達。睪丸增大，輸精管亦增長；當其末端成爲膨大之囊狀物，形如心臟，與睪丸略似。外面見之，係由二房而成，即稱爲貯精囊也，所有精液悉貯於此。囊上兩端有輸精管連絡，當其上面，出有一腺，望之恰如二腺合成者；其表面有縱線，至於末端，則分離成爲二個，即稱爲副腺，乃分泌粘液之所也。貯精囊之下端，有數多屈曲細長之管，末端連於陰莖，即射精管也，其接陰莖之部稍膨大，用以助射精之用。

其授精作用造成於睪丸。其精子由睪丸而下，過輸精管而達於貯精囊，此處有由副腺分泌之粘液混合於精液之內，由射精管射出於陰莖。

第八十圖

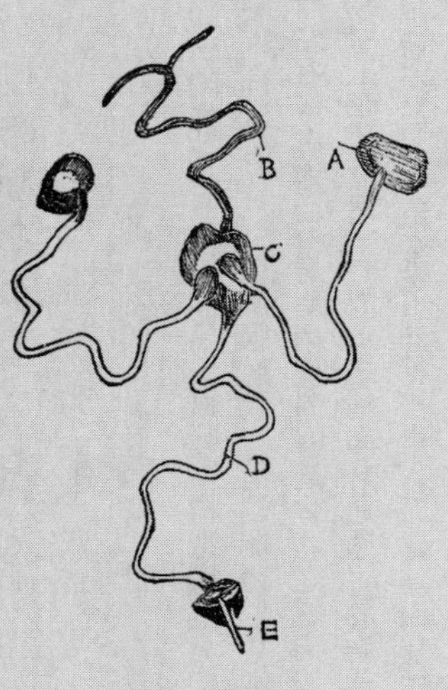

雄生殖本部
(A)睪丸
(B)副腺
(C)貯精囊
(D)射精管
(E)陰莖

又 第四節《胚子之發達》

胚子漸次發育，其腹板初分上下二層之細胞，上層爲上胚葉，又稱外胚葉，覆於胚子表面之全體，後成蠶之皮膚；其下層爲下胚葉，又稱內胚葉，由前端連於後端，成紐狀之組織，存於胚子之內部。後成蠶胃及內臟各器官，如是發育伸長，同時外形亦大變化，成爲長方形；前後兩端稍見膨大，前端兩側突出有頭狀之物，稱爲頭褶；後端膨大，稱爲尾褶。凡胚子變成如此形態，在一化蠶須七日內外，多化蠶須二日內外也。此外胚子漸次發達，遂成蠶形，惟一化蠶先皆休止；至春二月方再發達，體忽增二倍，頭褶增大，體軀則背面稍彎曲，生有數多横線，分成環節；至三月初，前後兩節中央稍作凹陷，各成一孔，即口與肛門。同時各節腹面又生一對突起，而由第一至第四各節，所生四對突起，一爲觸肢，他三對皆爲口器上顎、下顎、下唇；以下胸部三環節亦生三對突起；腹部四對突起成爲腹脚。

第八十五圖

胚子發達初期模型圖
(A)卵黃膜
(B)胚盤
(C)羊膜
(D)胚基
(E)卵黃核
(F)內容營養物

又 動物發生學上均稱三胚葉。蠶之皮膚、口、肛門、食道、腸、氣管、絲腺與唾腺之導管等，皆由外胚葉而成者也；胃、絲腺與唾腺之全部，皆由內胚葉而成者也；背脈管、筋肉、脂肪組織、生殖器等，皆由中胚葉而成者也。

第八十七圖

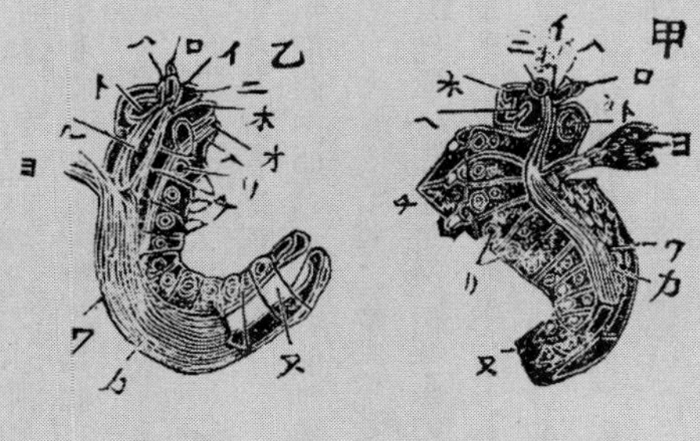

(甲)四月四日胚子
(乙)四月十八日胚子
(イ)口　(ロ)觸肢
(ハ)上唇　(ニ)上顎
(ホ)顋下　(ヘ)下唇
(ト)腦　(チ)胸脚
(リ)神經球(ヌ)腸
(ル)前胃　(オ)吐糸口
(ワ)內胃胚葉之
(カ)胃中卵黃球
(ヨ)胃與體外卵黃球連絡之所

清 黃毅《蠶體生理論・各論》第一章《生殖機論》第一節《卵及精子之生成》《蠶業叢書》第六編　雌蠶之生殖內器及卵之生成

幼蟲之生殖器，本部稍作三角形，位於第八環節之背部，心臟之兩邊；另於三角形之頂，向外分出導管一條，合第六氣門分來之氣管及脂肪組織，均橫於體壁之內面，同向後走，至第十二環節之腹面，各相併列，成爲盲管，於體壁附著。其本部作三角形者，稱爲卵巢，其導管稱爲輸卵管。卵巢之內部由四個卵囊而成，周圍由共同被膜爲之被繞；至其卵囊，則由一列之細胞，成爲膜狀之囊，末端有一大細胞核，附有數多小細胞，此小細胞即稱爲原卵細胞，日後成卵者也。此種卵囊，隨蠶體而次第伸長，至壯蠶之期，於卵巢內屈折數回，原卵細胞亦次第增大，成爲數群，降於下方。每群之中必有一細胞增大，至蠶蛾之期，即成爲卵，故稱爲卵細胞。其餘各小細胞乃供給卵細胞之吸收者，故稱爲營養細胞。其卵囊既已伸長，被膜亦厚，至蠶蛹之時，已不能容于卵巢之內，遂破裂共同被膜，成爲四卵囊管，彌漫于體腔之中。尚漸次增長，至成蛾之期，遂成完全之卵管；惟以前之導管，反短縮減其長度，另於輸卵管之下部造成受精囊，然後生貯精囊及粘液膜，以成完全之生殖器也。

又 第二節《血液循環》　高等動物血液循環中心之部爲心臟，位於胸腔之腹面。蠶兒循環系之位置恰與之反對，位於背面之正中。高等動物之心臟由筋肉而組成，爲一洞狀之器，恰在兩肺陷凹面之中間，周圍有心囊膜覆繞，得以側動回轉。凡由一孔容受血液，必他一孔射出。而哺乳類之心臟，中隔爲左右二部，此二部又各有辨膜，分爲上、下二部，在上者爲心房，在下者爲心室，且以左右別其名。此心臟專以動脈毛細血管靜脈而使血液循環，通常循環亦有二種，一爲大循環，又曰普通循環。其血液由左心房及左心室而發，入大動脈，再分配其分歧之小枝，經毛細管而入靜脈，通大靜脈，以抵於右心房。一爲小循環，又曰肺循環。其血液由右心房及右心室而發，入肺動脈，周流於毛細血管，依肺靜脈而入左心室。今將其運行之順序記之，靜脈血在右心室，由肺動脈孔之辨膜開時，方通過而主於肺臟，於肺臟之毛細血管又與炭酸氣及養氣交換，方變成動脈血，通肺靜脈，入左心房；因左心房之收縮而入左心室；因左心室之收縮，注流於大動脈，分布於全體。由動脈之毛細血管營養體中各部，靜脈血集於靜脈之毛細血管，出大靜脈，入右心房；

因收縮又入右心室，再受收縮之力由肺動脈以抵於肺臟，此其循環次序之大略也。至於下等動物如蠶者，則不類此。蠶無心臟，有背脈管，乃單小之小管也。因其張弛之力，以使血液循環。凡動脈、靜脈、毛細血管等，均不存在，僅一背脈管已耳。其構造作用已詳拙譯《蠶體解剖論》，茲不重載。

又 第三節《背脈管之鼓動》

賴循環系中部筋肉伸縮之力以使血液循環。其伸縮之力卽稱爲鼓動。凡動物之有心臟者，可稱爲心臟之鼓動。若蠶則稱爲背脈管之鼓動。考其原因，係由血液運動之間歇性而生，又得其壓力，以及於全管，但其壓力必須平均。

背脈管鼓動數之多寡，由溫度高低、蠶齡老幼、體質强弱等而異。凡溫高、蠶壯、食葉運動均得宜者，其鼓動數必多，反之則少。又蠶蛾雌雄之鼓動數又有分別。據日本考驗，雌蛾一分間鼓動五十八，雄蛾則四十二。又查出蠶兒食桑盛時鼓動數多；蛹期鼓動數減。

又 第八章《皮膚之機能》第一節《皮膚之構造及効用》

蠶之皮膚與前大不相同。形如煉瓦之排列，由扁平多角形之細胞而成，稱爲體皮組織者也；此細胞能分泌一種淡質，覆於體皮組織之表面，稱爲克親質皮，表面有數多之突起；克親皮者，被於體之外部，凡由外胚葉之陷落而生者，皆具此皮。

蠶之皮膚又生有斑紋。吾人所常目見，蓋由體皮細胞中色素之沈澱而生者也。其先一部自血液運來，色素堆積，然後卽爲沉澱。又孔皮之中，生有粗毛，乃由毛腺內所生，有鋸齒狀之小枝，第一次脫皮之後，皆爲短小圓錐形。蠶蛾所生之鱗毛，同於幼蟲，幹部爲扁平團扇狀，且其邊緣如手，生有裂刻。毛之効用，乃調和體溫及外來之寒暖乾濕者也，其他且能防禦外界之刺戟。

次爲蠶體之爪，係由表皮細胞分泌而成，爲角質透明性。雖不能步行，而脫皮及成繭之時則有大用。

皮膚之効用乃護衛蠶體，防禦外界之刺戟者也；又能營排泄、吸收、呼吸等作用。刺戟有有形、無形二者，有形之刺戟，人皆知之；無形之刺戟，則人不覺。如光線、空氣、溫度之三者，皆無形刺戟也。又皮膚有發汗之作用，且能通透空氣，以調和體溫。此外，修飾體形，附着筋肉以代骨格，皆皮之特別効用也。

雜録

明 王圻、王思義編集《三才圖會》卷六《鳥獸》 蠶，陽物也，惡水，食而不飲。蠶之狀，喙呐呐類馬，色斑斑類虎。再蠶謂之原蠶，一名魏蠶，按，《方言》：魏，細也。《吳録》曰：南陽郡，一歲蠶八績。《林邑記》曰：九真郡，蠶年八熟。《永嘉郡記》曰：永嘉有八輩蠶：蚖珍蠶，三月績；柘蠶，四月初績；蚖蠶，四月績；愛珍，五月績；愛蠶，六月末績；寒珍，七月末績；四出蠶，九月初績；寒蠶，十月績。其說云：凡蠶再養者，前輩謂之珍；又有野蠶不養於人，就桑食葉作繭。

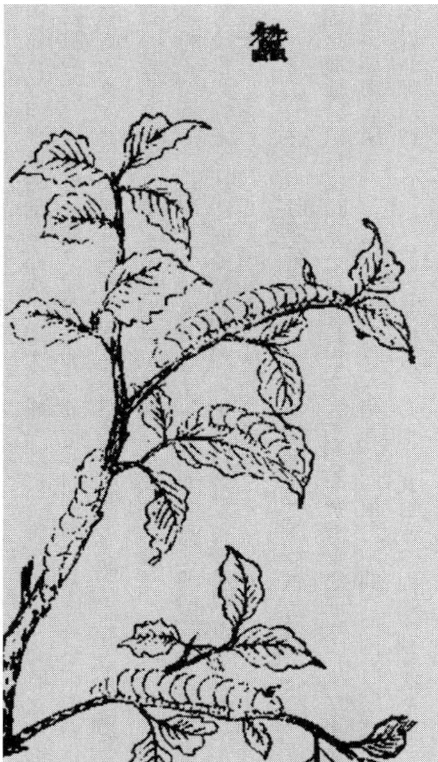

清 郝懿行《寶訓》卷三《蠶桑》 《通典》：周制，享先蠶。先蠶，天駟也，蠶與馬同氣。漢制，祭蠶神，曰苑窳婦人、寓氏公主。案，《爾雅翼》：苑窳婦人、寓氏公主，凡二神。北齊，先蠶祠黄帝軒轅氏，如先農禮。後周，祭先蠶西陵氏。案，《圖經》：蜀人祠蠶神馬頭娘，其事不經，故削之。

《説文》：蠶任絲也。

《春秋考異郵》：蠶，陽物，大惡水，故蠶食而不飲。

《山海經》：諸天之野，有女子跪樹歐絲。注：蠶類也。

《淮南子》：蠶珥絲而商弦絕。注：珥絲，謂弄絲。于口商音清，弦細而急，故先絕。

家蠶習性

論説

元 司農司《農桑輯要》卷四《養蠶》 論蠶性 《齊民要術》：《春秋考異郵》曰：蠶，陽物，大惡水，故蠶食而不飲。《士農必用》：蠶之性子，在連則宜極寒，成蛾則宜極暖，停眠起宜温，大眠後宜涼，臨老宜漸暖，入簇則宜極暖。

清 韓夢周《蠶桑實濟》卷四《育蠶急務》

論蠶

蠶乃天駟之精，孕絲蟲也，衣帛所出，功與穀對，非他蟲可得而比。形乃氣化，性屬純陽喜燥惡溼，食而不飲，陽立於三春，故蠶生於三春，陽息於陰生，故蠶死於夏至之後，種類甚繁，一種四卧一生蠶南蠶多四眠四起，一種四卧再生蠶四眠四起一歲兩生，一種柘蠶即棘繭也，生於柘上，一種雔由蠶食樗作繭者，一種蚢蠶食蕭葉作繭者，一種槲蠶食槲橡作繭者，三種皆山蠶，一歲再生，樹放而織繭紬者。秦中一種三卧一生蠶北蠶皆三眠三起，南方亦有養之者，有大小、白烏、斑色之異，繭有青黄白綠之殊，自卵生爲蟻，蟻脱爲蚒，蚒脱爲蠶，蠶脱爲蛹，蛹脱爲蛾，蛾脱繭復卵，蠶屎名爲蠶沙。蠶皮爲蠶蜕，蠶紙爲連蠶，卧曰眠。蠶已脱殼曰起蠶，卧之蓐曰沙燠。不論南北之異，四眠、三眠之殊，總之，一七而變，四變而老，七變而死，蓋氣化神物也。資生要理，安可不知。

清 沈練，仲學輅輯補，章震福校訂《廣蠶桑説輯補校訂》卷四 工作之家，宜識蠶桑，蓋蠶性宜静，比戶養蠶時候，凡土木金石諸工，大都停止，緣造作之聲，恐驚鄰舍之蠶也。斯時，工匠不若趁蠶忙之際幫人采桑、養蠶，所得工資正可抵償本業，習熟之後，且可教其兒女。然則既操本業，帶課蠶桑，有何不利。

清 葉向榮《蠶桑説·告示條規》 江南地土鬆柔，天氣和暖，與蠶性為近，即如郡屬四邑，惟溧陽最號蕃阜，其民亦以蠶絲為業，富冠一郡。蓋以天地自然之利，為斯民大富之源，婦職舉而家道昌，用力少而成功倍，吾民亦何憚而不為乎。

清 趙敬如《蠶桑説》 論蠶性 蠶喜静惡喧聞洪聲巨響，必作驚狀，喜燥惡濕，喜高惡下臨眠必擇高燥處栖止，臨老必擇高燥處作繭，喜明惡暗試置筐蠶於暗室，近光邊漸密，遠光邊漸稀。經夜亦然，近粉壁尤驗。觀蠶性，常養蠶家，或想得一法，使臨眠、臨老之蠶自行與食蠶分開，則省工十倍，且免病耗。

又 論蠶欲三齊 子齊，蟻齊，下葉齊，則蠶齊。『齊』之一字，爲養蠶家第一要義。蠶本驕嫩之蟲，喜燥惡濕，其性向高避溼也。蠶醒時，密葉遮蓋，自能緣葉而上，不至受溼。惟眠時如人酣睡，則蠢然一物，偃卧葉中。溼熱悶鬱，病自此生。【略】好蠶外層皮肉，内層肚腹，肚腹、皮肉之閒，有絲料一層，其色晶白，蠶口吐絲，即此料也。料多者，蠶身肥輭如綿，病蠶則無絲料，雖有亦不多，想受溼熱而化水也，而要皆不齊之弊。蠶若同時眠得八九分，則食蠶只有一二分，可用網提出，而眠蠶露面透風，自不受病，其蠶必佳。若蠶須一二日眠齊，同時只眠得一二分，照常上葉，眠蠶漸爲葉蓋，是置之死地，未有能生者也。若欲蠶佳，安得不著意求齊。

清 曹倜《蠶桑速效編·養蠶説》 蠶喜温而惡寒，喜燥而惡濕，喜潔而惡穢，喜静而惡喧，喜吉而惡凶，喜和而惡戾，此其性然也。而其種則有三眠四眠之别，三眠繭薄絲少，四眠繭厚絲多。育蠶者必須四眠，而四眠之中又有金種、花種、烏種、蓮子種、金橘種、束腰種、平頭種等名，此外尚不勝枚舉。金種蠶身甚小，花種偏體斕斑，烏種滿身灰黑，蓮子種繭之小者，金橘種繭之大者，束腰則腰有束痕，平頭則兩頭平滿，而要之種類雖多，總以繭之堅結而厚，平圓緊小者爲良。其鬆浮薄大之繭，絲少而難抽。又一繭兩蠶，謂之雙繭，又謂之同宫繭，絲頭多亂，皆不堪作種。至哺養繅絲諸法，必先學習諳練，方可育蠶。

綜述

明 黄省曾《蠶經》 蠶之性，喜静而惡喧，故宜静室；喜煖而惡濕，故宜版室。室静可以辟人聲之喧鬧，室密可以辟南風之吹襲，室版可以辟地氣之蒸鬱。

明 徐光啓《農政全書》卷三一《蠶桑》 養蠶法 元孟祺《農桑輯要·論蠶性》曰：蠶之性，在連則宜極寒，成蟻則宜極煖，停眠起宜温，大眠後宜凉，臨老宜漸煖，入簇則宜極煖。黄省曾曰：蠶之性，喜静而惡喧，故宜静室；喜煖而惡濕，故宜版室。室静可以避人聲之喧閙，室密可以避南風之吹襲，室版可以辟地氣之蒸鬱。

明 朱國禎《農蠶》 凡蠶之性，喜溫和與惡寒熱。太寒則閟而加火，太熱則疏而受風。蠶房宜卑，卑則溫。蠶簇宜高，高則爽。又其收種時須在清明後穀雨前。大起須在立夏前，過此不宜也。至於桑葉，尤宜乾而忌濕。少則布挹之，多則箔晞之，能節其寒煖，時其饑飽，調其氣息，常使先不踰時，後不失期，而舉得其宜。一時任事諸女僕又相興起率勵，咸精其能。故所收率倍常數，傳者始而驚，中而疑，終而信也。其後益加講求，爲法愈密，所産益良。前後幾二十年，歲無敗者。時謂得養蠶術焉。

清 韓夢周《蠶桑實濟》卷四《育蠶急務》 蠶食裕，蠶具備，蠶性諳，迺立蠶母事蠶宜矣。然其先有擇種、浴種、醃種諸法，自下蟻至上簇飼養之法，又因時變易及後分繭、繅絲，仍不可苟。蠶事以祀神起，謝神終，中間約計一月，稍不如法，絲利頓減，可不慎歟？故統之以育蠶急務。

清 李拔《蠶説》《蠶事統紀》一六 黄帝妃西陵氏始蠶，蠶者，天之所生，人之所養，冠裳衣被之所從出也。古者天子親耕，后妃親桑，視事盖綦重也。我皇上加意農桑，每歲親蠶，收入供御。蠶桑之利，遍于天下，閩中天氣和暖，理宜蠶桑，徒以難于創始，大利遂秘。拔歴守二郡，曾經試養，良絲厚繭，俱有成效，信乎閩之宜蠶也。養蠶之法：每立春日，取蠶種置地上或草間，使受春氣，隨置温暖處，日以為常。越十餘日，自出小蠶如蛾，視其多寡，或日一二次，用雞翎掃下，每次各為一處，以免参差。初生盛以筐，藉以紙，先用柘葉食之，無柘用桑亦可，每日喂三次。天氣晴暖，約七日，即當初眠，則蠶不食，漸藏葉底，視眠者過半，即暫停食，伺蠶皮退大半至盡起而後食之。初放食不可多，多則傷食，病死如螺，名為螺節。蠶漸長漸多，筐不能容，移于曲箔，蜀中呼為簟。二三日一次，攤開令稀，掃去蠶糞，以利其氣。蠶性喜温暖，宜置向陽潔净處，毋使近陰暗及惡臭物，犯則死過半，若瘟疫然。故蠶婦不近喪門，不食蒜韭，良有由也。初眠約七日，當二眠，二眠後七日，當三眠，停食俱如初眠時。三眠蠶長寸許，蜀中呼為大眠，謂過此則不復眠也。

清 崔應榴彙纂，錢馥補輯《蠶事統紀》卷八 生蟻下蟻 蠶已出齊，慎勿以雞鷀翎掃之。夫以微渺如絲髮之弱，其能禁帚刷之傷哉？必細切葉，别布白紙上，務令匀薄，却以出苗紙覆其上，蠶喜葉香，自然下矣。

又 初飼擘黑 《爾雅翼》：初拂謂之蚝，以毛掃之。蠶尚小，不欲見露氣，桑葉著懷中，令暖，然後切之，得人氣，則衆惡除也。古者三宫夫人桑於公桑，風戾以食之，謂及早凉，脆采之，風戾之，使露氣燥，乃以飼蠶，蠶性惡濕故也。

又 性情宜忌 《春秋考異郵》：蠶，陽者大火，火惡水，故食不飲。桑者，土之液，木生火，故蠶以三月食葉，類會精合，則相食也。

蠶陽物，陽立於三春，故蠶三變，而消死于七，三七二十一，故二十一日而繭。《淮南子・説林訓》：蠶食而不飲，二十二日而化。《本草綱目》：蠶屬陽，喜燥惡濕，三眠三起，二十七日而老。稽康《養生論》：火蠶十八日，寒蠶三十餘日。《爾雅翼》：三十六日而化。《齊民要術》：調火，令冷熱得所熱則焦燥，冷則長遲。《務本新書》：自蟻初生，相次兩眠，蠶屋内正要温暖，至大眠後，蠶長十分，葉增十倍，蓐廣沙多，自然發熱，加之天氣炎熱，蠶屋内全要風凉。倘遇猛風暴雨，或夜氣太凉，却将簾帷放下。《士農必用》：蠶子在連，宜極寒，成蟻則宜極暖，停眠起宜温，大眠後宜凉，臨老宜漸暖，入簇宜極暖。《致富奇書》：去寒濕之氣，則蠶體快而無疾。《韓氏直説》：方眠時宜暗，眠起以後宜明，蠶小并向眠宜暖宜暗，蠶大并起時宜明宜凉，向食宜有風，宜加葉緊飼，新起時怕風，宜薄葉慢飼。蠶之所宜，不可不知。《務本新書》：忌食濕葉熱葉，蠶初生，屋内忌掃塵，忌煎煿魚肉，忌烟火紙，忌側近舂擣，忌敲擊門窗槌箔及有聲之物，忌哭泣叫唤，穢語淫詞。夜間無令燈火光忽射窗孔。未滿月産婦不宜作蠶母，蠶母不得頻换顔色衣服，洗手長要潔净，忌帶酒人切桑飼蠶及擡解布蠶。忌烟薰，不得放刀於竈上箔上，竈前忌熱湯潑灰，忌産婦孝子入家，忌燒皮毛亂髮，忌酒醋、五辛、羶腥、麝香等物。《士農必用》：忌當日迎風窗，忌西照日，忌正熱著猛風驟寒，忌正寒陡令過熱，忌不潔净人入蠶室，忌近臭穢。東坡《物類相感志》：蠶畏鼓聲，則伏而不起，亦畏雷故也。《月令廣義》：如外來生人所衝，及狐臭人，及婦人月事所厭者，蠶則延亂不食，重則死，輕則折。如知之，急焚香楓箬葉之類解救之。《致富奇書》：忌油鑊氣、煤氣，尤忌零陵香。蠶室不可容生人入内，蠶母不可食薑食蠶豆。《湧幢小品》：凡蠶之性，喜温和惡寒熱，太寒則閟而加火；太熱則踈而受風。蠶房宜卑，卑則温，蠶簇宜高，高則爽。又其收種時，湏在清明後穀雨前，大起湏在立夏前，過此不宜也。桑葉宜乹而忌濕，少則布挹之，多則箔晞之，能節其寒暖，時其饑飽，調其氣息，常使先不踰時，後不失期，而舉無不宜，一時任事諸女僕。又相興起率勵，咸精其能，故所收常倍而優。《月令廣義》：忌暗賊風，忌露水濕葉，舊乹葉。忌蠅嘬蠶，則繭内生蛆。忌鼠穴處，須安頓蠶貓出入之路。

清 方大湜《桑蠶提要》卷二《蠶事四十條·蠶種四則》

釋名　蠶，神物也屢化如神，其卵曰子，子初生曰蟻亦曰烏，又曰蠶花，又曰蝸兒，子之首先出者曰𧊅音苗，亦曰報頭，蟻漸大曰蠶亦曰蟓，又曰絲蟲，蠶老吐絲自裹曰繭亦曰甕，又曰蠶衣，繭成化而爲蛹亦曰螝，又曰繭蟲，又曰蠶女，蛹化爲蛾亦曰羅，蛾穿繭而出，又復生卵，蠶屎曰砂，蠶皮曰殼亦曰衣，又曰蛻，繭外浮絲曰繭絖亦曰窠，又曰外衣，蠶卧曰眠亦曰俯，眠後脱殼曰起，初眠曰頭眠，二眠曰停眠，三眠曰出火，四眠曰大眠，將眠曰紅嬾思亦曰青嬾思，他蠶盡眠，而此猶食葉曰食娘，眠者曰眠娘，起者曰起娘。將老而口中吐絲繚繞至脰曰繚娘，老者色微紅，絲喉漸亮曰老娘亦曰紅蠶。

別類　初次養蠶，必先問人買種，然種類不同。鹹種浴以鹽滷，繭小而絲重，勝於淡種，然上山時見亮則遊山，比淡種稍覺費時，淡種浴以石灰水，不用鹽，繭大而絲輕，雖見亮，不甚遊山，重絲種亦淡種之類，其繭堅小，似鹹種絲，亦輕重相仿，三眠種有鹹有淡，下連後七日初眠，又七日二眠，又七日三眠，又五六日或七八日而老，四眠種有鹹有淡，下連後七日初眠，又四五日二眠，又四五日三眠，又四五日大眠，又四五日而老，比三眠蠶多一眠，然自下連至老，總計時日與三眠蠶亦不甚參差，白絲種，黄絲種白勝於黄，各有其類，不可紊亂，須問明爲要。

審形　蠶之爲狀，無牝無牡，或白或烏，或偏體斑爛，長約二寸，粗如小指，頭高而皮縐，喙呐呐似馬蠶食葉之狀，與馬食草料相似，身儽儽似蠋儽與倮同，赤體也，腹方背圓。頭尾之外，中凡七節，每節各有青紋爲界，第二節之内有黑瘢二，形曲如月老則黑瘢漸隱，第五節亦如之。腹之兩旁，每節各有黑點一，共十四點，左右各七臨老時黑點如故，腹下八足，左右各四在三、四、五、六節之内，項下六足，左右各三蠶之吐絲結繭，全恃此六足踐踏而成，尾上有肉筍筍尖向後，尾顛有小缺。蠶化爲蛹，形略似蠶，但身短無足耳。蛹化爲蛾，形如蝶而小，其色粉白，眉旁張如兩角，句曲如畫，頭小尾禿，其身圓以粗雌者身更粗，頭尾而外，中分六節，項下有六足，左右各三。肩上左右各二翼，一内一外，内翼之前，高於外翼，自其高處斜下以至於後，乃與外翼之後相平，四翼皆有紋理，紋形略如蒲扇。有雌有雄，先孕後交，不交者亦產子，但所產之子，自蟻至老，雖具蠶形，卻無眉目且易傷損，結繭亦薄，與交而產者不同。

辨色　蠶子初下色黄，次轉青色，過六七日又轉黑色，將出變綠色，又變灰色，變灰色則不日卽出矣。初出色黑，三日後漸變白色，又變青色，復變白色，又變黄色，則頭眠矣將眠色白，眠定色黄。頭眠起後微黄色，又由黄而白，由白而青，復由青而白，由白而黄，則二眠矣，三眠大眠色亦如之。臨老微黄色，已老微紅色

又《蠶性二則》

好惡　蠶，陽物也，食而不飲，屎而不尿自初生至老，均不尿，惟上山做繭時先撒尿耳，聚而不散，守而不走未老之先有遊走者，病蠶也。既老之後有遊走者，欲作繭也，喜潔惡穢蠶聞穢臭氣則結縮，青白好蠶頃刻變成黄色，不復食葉，三日後輒死，故養蠶人身手皆宜潔淨。蠶房内不可放便桶、溺壺及一切臭穢不潔之物，喜静惡喧蠶房内忌哭泣、叫喚、怒駡，忌敲擊門窗、棹幾及蠶架、蠶盤，院内忌餧養雞犬鵝鴨，喜燥惡溼傷溼則生白蝶貼沙之病，蝶、酒上白也，喜陽氣惡陰氣蠶爲陰氣所蒸損，必多白殭，晴煖時須開窗以通陽氣，喜通風惡迎風不通風則溼鬱不除。天氣晴明時，遇南風須捲北窗，遇北風須捲南窗，若迎風開窗則傷風，傷風者節長口禁。又蠶屋倉卒開門，風由門口暗射蠶身，謂之賊風，後多紅殭。子在連喜極寒，蟻初生喜極煖，眠時喜溫，頭眠二眠三眠起後喜煖大眠以前若受寒冷，老時必爲殭蠶，不作繭，大眠起後喜涼三眠蠶只有三眠，無大眠，則三眠起後宜涼，以第三次眠卽大眠也，臨老喜漸煖，上山喜極煖。大致如此，養蠶者總在冷煖得宜，不可傷冷，傷冷則亮頭；不可傷熱，傷熱則腫腳；不可傷火，傷火則焦尾。又正當寒時，不可令其驟熱，正當熱時，不可令其驟涼，驟熱驟涼均易生病。初生時喜暗，大時喜明。方眠喜暗，眠起喜明。初上山喜暗，成窠後喜明。

雜忌　忌香氣蠶屬氣化，香能散氣，故聞香氣則焦黄而死。凡麝檀等香及一切辛香之物，皆不可入蠶屋，忌油腥氣蠶屋内及近蠶屋處均不可煎炒，忌酒醋氣帶酒人不可切葉，不可餧蠶、體蠶，忌葱、韭、蒜、薤、薑、椒、苦藚氣食葱、韭、蒜、薤等物者，不可入蠶屋，以臭氣自口出也，手有苦藚氣，令蠶青爛。食苦藚者，亦不可入蠶屋，忌硫磺煤炭氣，忌燒皮毛骨頭，忌漆飼蠶處勿油漆器具，忌煙熏不特不可熏柴草煙，卽將油捻子紙煤子在蠶屋内吹滅亦不可，吸煙者向蠶吐之，蠶口立流黄水，忌沾灰塵，忌沾燈油無論燭油、菜油、麻油、桐油，均不可沾著蠶身，又桑葉沾油，蠶食一口立死，忌蠅蠅集蠶身則生蛆，忌鼠鼠喜食蠶，故養蠶家不可無貓，忌穢語淫辭，忌生人及凶服人入蠶屋生人進門及在門外叫喚，蠶卽變壞，或沿篩遊走，或不食葉。凶服人入屋，蠶多暴死。

又《蠶母四則》

潔淨　蠶母養蠶，手宜潔淨，勿飲酒，勿食葱蒜等物，

勿佩香囊，均詳蠶性第一、二則。勿頻換顔色衣服。

精細　蠶自初生至結繭，或眠或起，或小或老，各有其狀。詳蠶種第二、三則，老蠶第二則及頭眠、二眠、三眠、大眠並眠起各則。或宜煖，或宜涼，或宜明，或宜暗詳蠶性第一則。各有其時。切葉詳飼葉第一則、餧葉詳飼葉第三、四、五、六、七則、體蠶、分蠶詳易器第一、二、三、四則各有其法。蠶屋、蠶食避忌尤多詳蠶性第二則，蠶食第二、三則，蠶母須事事用心，時時留意。

清　高銓《蠶桑輯要》卷上

避風

蠶不可以風，東南風尤忌。凡田内禾稻遇西北風則生蟲，東南則否，是風來東南者，能殺蟲，慎不可受。蠶房首貴邃密，使風無隙可乘，古人處腐刑之室，謂之蠶室，正取其室之密也。

避日

蠶宜温，蠶房宜承太陽，然不可使日光洞照。《務本新書》云：大眠時，南簷外搭棚，以隔臨檐熻熱，西山墻外亦搭棚，以避滿墻西照，此可爲法。蓋暵太陽則暖，見日光則熱，不得不爲之掩蔽也。

避潮濕

蠶喜燥惡濕，蠶房中宜附地鋪板，以隔地之濕氣，不鋪板，植下必用板襯。昔人治蠶室于板壁間，凑地多置風竇，令可啓閉以除潮濕，亦是一法。然總不若鋪板者之燥，如遇天時潮焫，熱氣外逼，濕氣内蒸，雖有板亦不能除，卽當洞開窗戶，四通八達，使風氣往來，所謂風以散之，不可泥于避風，閉塞而傷濕熱也。

避油烟臭穢喧雜　蠶之性，喜潔喜静。蠶房不得近厨庖，忌油烟之薰也。不得傍溷厠，忌惡臭之觸也。不得積塵埃，忌污穢之蒸也。室内不得食烟酒、韭蒜諸物，不得置辛香、腦麝諸物，亦不得任意談笑，肆情歌哭，一切生人及不潔淨人俱不得入。

又　卷下　老蠶忌熱

蠶老亦分生熟，色帶青者爲生，紅者爲熟。乘生而上，不過成繭略遲，若太熟，則蠶急于成繭，每多同宫及遺溺污繭之病。

上蠶忌稠

蠶上山棚，須疏密得宜，若失之密，其害與熟同。大約室之四尺，架丈二三尺，開濶者一架，屋止可上蠶一筐，不能多容也。

又　蠶忌風雷

蠶口吐絲，遇風則縮，山棚之上，宜四面圍護遮風，俾得縈絲成繭。又畏雷，上山聞雷聲卽驚，而不能成繭，俗用蠶蛻紙覆於棚上，以爲保護。故老相傳云：蠶蛻卽蠶母，有母在足以護其子之畏也。故担烏之後，蠶連紙不可擲棄。

清　高銓《吴興蠶書》卷上

避潮溼

蠶喜燥惡溼，蠶房中宜附地鋪板，以隔地之溼氣。不鋪板，植下必用板襯。昔人治蠶室于板壁間，凑地多置風竇，令可啓閉，以除潮溼，亦是一法，然總不若鋪板者之燥。如遇天時潮焫，熱氣外逼，溼氣内蒸，雖有板，亦不能除。卽當洞開窗戶，四通八達，使風氣往來，所謂風以散之，不可泥于避風，閉塞而傷溼熱也。

清　汪宗沂《蠶桑輯要・樹桑養蠶要略》

識蠶性　蠶食而不飲，好潔惡穢，忌一切臭氣，又忌香氣及油腥、酒、醋、硫磺、煤炭、葱、韭、薑、椒、熬油、煎藥氣，忌油漆，忌煙薰，忌沾燈油，忌溼氣。蠶屋内忌哭叫，忌蠅，忌鼠，宜畜貓。忌鷄鴨，忌西南風及北風。凡蠶初出時喜煖，眠時喜微温，眠後又喜煖，故宜常用火盆以温之，火盆用炭不用煤。忌喫酒喫煙人入蠶屋。

清　尹紹烈《蠶桑輯要合編》

養二蠶法

春蠶種，清明時將連紙捲好，掛於透風極涼處，方不出蟻。至五六月臨養時，放煖處，一日卽出，明年養二蠶，卽用此二蠶種更好。惟起底飼葉，格外要勤，二十一二日卽老。最忌大蒼蠅，亦忌大熱。春蠶宜煖，二蠶宜涼是也。

清　俞墉纂輯《蠶桑述要》

禁忌

三月三日天氣晴和，則蠶收，大熟天陰無日，不見風雨，蠶亦好養，見《五行書》，正月初八日天晴，則宜蠶。十二月十二日爲蠶生日，宜以冷水浴之。

蠶性最和平高傲，喜静惡喧，喜煖惡寒，喜高惡濕，喜爽惡悶。

新油、新漆器皿，不可以安蠶。蠶室架旁忌喧嚷、吵鬧、哭泣、詈駡。

蠶忌烟，鴉片更甚。蠶忌油，熟油更甚。忌蠶婦經水、瘡毒、穢污，未滿月之產母不宜作蠶婦。門窗板壁忌敲擊釘釘，出糞臭氣及陽溝汚濁氣，灶內燒皮骨亂髮，架旁吹燭，酒醉理蠶，洗釜刮鍋，舂米，俱宜禁忌。

吸煙之人，以煙噴之，越日即口吐黃水。煙末惹葉，食之軟死，鴉片更甚，犯之作驚悸狀，不能食葉。

（道光）《遵義府志》卷一六《農桑》　蠶之性，喜溫和，惡寒熱。太寒則悶，而加火太熱則疏而受風。蠶房宜卑，卑則溫。蠶簇宜高，高則爽。又其收種時，須在清明後穀雨前。大起須在立夏前，過此不宜也。桑葉宜乾而忌溫，少則布挹之，多則箔晞之。能節其寒暖，時其饑飽，調其氣息，常使先不逾時，後不失期，而舉無不宜。一時任事諸女仆又相興起率勵，咸精其能，故收常倍。《湧幢小品》

清　吳烜《植桑育蠶書・養蠶説》　飼蠶忌濕葉、熱葉、泥汚葉、沾沙葉、沾穢葉、沾菸沾油葉。食濕葉，則生瀉病、白殭。雨中采葉，必須晾乾。食熱葉，則頭大腹結尾尖，食葉多而不老，亦不作繭，故日中之葉與法熱之葉必須冷透。如遇大風，桑葉沾沙或沾泥土，必須洗淨晾乾，否則食之病脹。沾穢之葉與沾菸沾油之葉，食之必死。大麥田中之桑，食之病瘟，均宜戒忌，熟知諸法，即可育蠶。

又　上山之處最宜清潔，尤喜天光晴燥。風來東南，則上山必速，絲亦易繅，最忌天氣陰寒。風來東北，上山必遲，繭亦薄而難繅。湖州之法：不拘寒煖，箔下用火烘逼，當即上山，不特繭厚絲多，且易繅。吾江育蠶，上山時但須緊閉門窗，四周遮護，一二日後，有在山頂昂頭向上，未得着絲之處者，可用柳枝勻鋪山上，謂之青山，即可成繭。蓋蠶性向上，已至山頂必不肯復下，不得不於山上加山。然必俟作繭者已十分之九，方可用此，早則共上青山矣。三四日後，結繭已成，又必開敞透涼，謂之晾山。作繭早則第六日可采，遲則須至第七日吐絲始完，方可采下。

又　春蠶之後，另有夏蠶，春蠶謂之頭蠶，夏蠶謂之二蠶。二蠶即原蠶，蠶盛妨馬，《周禮》有禁，南方無馬，亦無所妨。哺養之法與春蠶不同，必須連哺兩次，第一次取其生子，第二次方可繅絲。故春蠶哺在清明以後，此則轉在清明以前，用子少許，加意煖哺，數日即出，是謂頭二蠶。迨春蠶初生，二蠶過半，春蠶上山，二蠶生子，春蠶繅絲，二蠶再哺，須視春蠶食過之後，桑葉有無存餘，有餘即將二蠶子於春繭繅絲時搭在近鍋架上，以受熱氣，數日即出。葉若無餘，必待再發。芒種後，桑葉復盛，一哺即出，謂之夏蠶。養育之法與春蠶無異，惟飼葉起底格外要勤，更忌天熱，屋宇必須清潔涼爽，不可逼近厨竈。蠶宜寬鬆，不可擁擠，所謂春蠶宜煖，夏蠶宜涼，更須用三脚架將蠶筐層層架起，用夏布作帳，週廻遮護，以避蚊蠅。料理得宜，速則十七八日，遲則二十一二日，即可上山。天涼三日采繭，天熱兩日可采，隨即繅絲。是時出蛾極速，天涼七日，天熱五日，必須繅完。

清　包世臣《郡縣農政・農一下農政・蠶桑》　蠶，陽物。其性所宜：在連今名蠶紙宜極寒，成蟻宜極暖；頭眠起宜暖，停眠起宜溫，大眠起宜涼，老宜漸暖，入簇今名上山宜極暖；蟻時及眠時宜暗，眠起以後及蠶大宜明；向食宜有風，風自架下緩入者乃佳，宜緊飼，新起時怕風，宜慢飼。冬隙廣拾牛糞，積至春暖，打破和水，築成墼子，以備烘蠶。十二月刈茅，去穗椎軟，以備蠶蓐，俱宜蠶性。秋深捋將落桑葉曝乾，俟臘月擣爲粉，以淨甕盛，收於不近烟火處。臘八日長流清水或井甜水浸綠豆、白米，每箔半斤爲度，浸一日曬乾，俱備大眠後和葉飼蠶，能消熱病，堅絲綿。正月修蠶架、蠶盤、蠶筷。架二種，古名槌，大者高六尺，三足展之，廣亦六尺，六層，下層去地八寸，以空盤隔溼，上層以空盤隔塵，中置蠶者四層，每層相去一尺，當每層高爲一梲，以便抽盤出架；小者高三尺，三足展之，廣二尺四寸，每層相去六寸；小架以架苗蠶，大架以架老蠶也。盤以竹編之，員徑五尺，邊高寸許。苗時用篩，軟茅墊之，上加薄紙，三日後去紙，惟用茅蓐。網以竹片爲骨，蒙敗網如盤而差大，如盤上葉，使蠶上葉背，以抬蠶除砂。蠶筷以毛竹，長尺三寸，削極尖，細糠炒淨，以除惡蠶。蠶室向南爲上，忌向西，受夕照、起西風，皆害蠶。屋寬者宜割一所，東、南、北三面開窗，以紙糊之，加葦箔草簾於外，靠牆根東、西、北三面各開三氣洞，以草塞之。屋狹者隨處以簾箔遮風日亦可。及蠶大眠時，埽一通風淨室，以簟鋪地。凡晨翦葉，撲去露，夕翦葉，盡日下；挑來、摘下嫩條，薄攤涼，去鬱蒸之氣，乃飼蠶。常宜備來日葉。凡葉有露及黃沙，須揩洗淨盡，鋪簟上涼過，乃可飼蠶。整箔架，備火盆。箔架以竹爲椽，去地尺許，架之上鋪蘆箔上簇。去地七尺，以繩挂大木五六根，橫鋪竹椽，加蘆箔上簇。簇以稻草，去褌瓣，中拆岔爲覆鐘樣，撒蠶其上，爲入簇。凡屋一間兩架，可上蠶十盤。火盆以銕爲鍋，或坦瓦盆亦可；以木爲架，高五六寸。修抽絲車，備絲柴；柴，栗爲上，柏次之，曝極乾，二木皆無煙故也。桑葉見青乃臥種謂以連置煖處，令生蟻，出早則蠶葉兩損，自下蟻至大眠，每盤食葉廿五斤；大眠起，每盤食葉一百斤連嫩枝秤，實淨葉七十五斤，約淨葉一百斤，飼蠶一盤，先自量葉，乃無缺乏缺多，蠶不成，缺少，絲不足。先掘一坑，以草墊之，以置蠶砂砂出即下坑，毋置蠶旁；厚潔桑皮紙以爲連；收種，桑皮索以繫連蠶畏麻，近之即不生；割地桑，厚背鋼斧，翦條大頭鋼翦；切葉薄口鋼刀，以上物皆於清明前備齊。

清 曹笙南輯《五畝居桑蠶清課》卷二《養蠶徵信篇》

養原蠶法

《蠶桑切要》：原蠶，惟春蠶失收，以補不足，桑葉尚多，養之可也。養法：起底飼葉，格外要勤，二十一二日即老。最忌大蒼蠅，亦忌大熱。春蠶宜煖，夏蠶宜涼是也。

清 曹倜《蠶桑速效編》 飼蠶忌濕葉、熱葉、泥污葉、沾沙葉、沾穢葉、沾菸、沾油葉。食濕葉則生瀉病、白殭。雨中采葉，必須晾乾。食熱葉則頭大腹結尾尖，食葉多而不老，亦不作繭，故日中之葉與發熱之葉，必須冷透。如遇大風，桑葉沾沙，或沾泥土，必須洗淨晾乾，否則食之病脹。沾穢之葉與沾菸、沾油之葉，食之必死。大麥田中之桑，食之病瘟，均宜戒忌。熟知諸法，卽可育蠶。

清 陳淳《實驗蠶桑簡要法》下篇《養蠶法》第四章《驅除濕氣之法》

蠶性喜燥而惡濕，非第濕桑不可飼蠶。如遇蠶座濕潤，空氣濕重之時，非速減葉量而增回數，并勤行除沙，固不足以驅除濕氣者。

又 蟻蠶宜暖，初眠後宜溫，大眠宜清涼，上簇宜極暖。此雖吾國舊法，亦極合蠶之生理，調溫者烏可懵然不知哉！

清 陳開沚《裨農最要》卷三

老蠶

身肥嘴小，色微紅黄，如糙米色一般。取向明處照之，絲喉漸亮，身漸軟爲老娘蠶色暗，將老則喉間先亮。蠶身硬，將老則漸軟，再薄飼如人老，多食傷脾數次俗名上馬桑，便通身明亮，通身柔軟，中有一絲跳動，且遊走不食蠶性聚而不散，守而不走，前此有遊走者，是病蠶也，宜去之。至今食足，絲成，尋簇作繭，如有游走者，是老蠶也，宜揀之，是欲作繭，宜急上山，宜微暖如人老不耐寒。

清 董開榮《育蠶要旨》

擦火

山下著火一周，用炭火甚旺上山後，卽爇炭于山棚之下，謂之炙山。按，山棚下擦火，必吹使極熾。蓋蠶喜溫和，作繭快則絲細，做絲快則光亮。又有冷種，不必用火，近日所無。

清 方旭《蟲薈》卷三《昆蟲》 《蠶經》：蠶性喜靜而惡喧，喜煖而惡濕。

清 福州試辦蠶桑公學《飼蠶淺説》

濕度

蠶喜高燥，濕度不可過七八十度。去濕之法：室外濕輕，則開窗通氣；室外濕重，則用火收濕，惟眠時不宜過燥。

清 關維震《養蠶法》第一章《蠶室》 位置 蠶性最忌陰溼，宜擇高燥之處。若尋常家屋，地勢低下，亦宜將屋旁用土填高，外更四面開溝，不可使積水渟蓄。

清 何品玉輯刊《蠶桑會粹·種桑各法》

蠶忌

忌食濕葉蠶變白殭，忌食熱葉蠶生高節，忌霧、露水葉，有毒。忌煙燻，忌酒、葷秽等味，忌不潔淨人，忌黄蟬、黄蟻、鼠食。

清 何石安輯《蠶桑圖説合編》

蠶性總説

蠶，陽物，屬火惡水，故食而不飲。蠶性喜靜惡喧，喜溫惡溼。蠶在種則宜極寒，成蟻則宜極煖，停眠起宜溫，大眠後宜涼，臨老宜漸煖，入簇則宜極煖。

蠶欲三齊：子齊，蟻齊，則蠶齊。

蠶有五宜：方眠時宜暗宜燥，眠起以後宜明，向食時宜加葉緊飼，新起時怕風，宜薄葉慢飼。

蠶有七忌：自生至老，大忌煙燻，忌酒醋五辛，忌香麝油氣，忌飼霧葉，忌飼熱葉，忌側近舂搗，忌喪服與產婦。善育蠶者，蠶生於穀雨前後，不過二十七日卽老，少病，省葉多絲。

清 許鵬翊《橡蠶新編》 橡蠶雜考 《傳》云：男女同姓，其生不繁，物類亦然。本地蠶種過二年後，卽須換種一次。如省南放蠶，換省北種；省北放蠶，換省南種，蠶始發旺少病。近奉天、山東放蠶者，皆知此法。蠶種宜換，人人知之。惟天氣有寒暖之分，水土有軟勁之別。天暖之種，換至天寒之處，蠶易生病；天寒之種，換至天暖之處，蠶多發旺；水軟之種，換至水勁之處，蠶易生病；水勁之種，換至水軟之處，蠶多發旺。換種者不可不明此理。

蠶性總論　凡蠶食葉，皆自下而上，如上葉食盡，必下行枝底，再以頭向上食之，蠶性喜高惡下故也，如有下垂之葉不食。蠶喜紅色，惡白色，紅色養血，白色傷血故也，放蠶之場與盛蠶之筐皆須掛以紅色之布，以防孝服人偶過其旁，致蠶與種受病。蠶蛾配對時短，則元氣未足，子多不出，其出者多不眠之蠶；配對時久，則受氣多濁，蠶易生病。大約子時配對，午後拆對。雌蛾產子已完，宜令其伏在蠶子上，一日夜之久，已養其氣。生蟻後，始發旺少病。蠶在繭宜溫，春蛾宜暖，夏蛾宜涼，生子宜寒，生蟻時宜暗，生蟻後宜涼，停眠宜淨，起眠宜移，窩繭宜葉。凡蠶作繭，皆以三葉自包其身。故宜有葉之樹。蠶性喜潔惡穢，凡蠶場不可堆積糞壤與腐草等物。蠶筐宜用新者，舊筐不潔故也。蠶忌香氣、酒氣、煙氣。放蠶之人，勿飲酒、勿吸煙、勿佩香囊與香水。蠶忌油漆氣，凡蠶器，不可用油漆。蠶性依人，凡大風、雨、雷、電之天，宜加意看守，時時口發聲，以招呼之。蠶聞人聲自安靜而無恐。夜間尤不可忽，以黑夜雷聲電光，最宜使蠶驚恐也。蠶食而不飲，霖雨之年，往往腐爛而死，然雨太少，亦易生病，故降雨之適均與否，關係養蠶之豐欠焉。而春季之暴風與秋季之早凍亦皆為蠶所惡雲。春蠶破蟻不可太稀，太稀則占地寬廣，難防雀害；秋蠶破蟻不可太密，太密則易受蒸熱之病。

又　春蠶　穿繭種，穿繭種，看守出蛾微火擁。盛蛾最喜用新筐，配對拆對你須懂。春分節前穿繭種，掛於暖室，烘以微火，以待出蛾。蠶性喜潔，故宜新筐。配對時少，則元氣未足，子多不出；拆對太晚，則受氣多濁。蠶易生病。

又　避忌　你莫慌，你莫慌，蠶場四圍告示張。香囊香煙並香皂，帶著一件勿入場。蠶忌香氣並忌酒氣、油氣。

清　黃世本《蠶桑簡明輯說・養蠶說》　夏蠶一條　春蠶之後，另有夏蠶。春蠶謂之頭蠶，夏蠶謂之二蠶，二蠶即原蠶。蠶盛妨馬，《周禮》有禁，南方無馬，亦無所妨。哺養之法與春蠶不同，必須連哺兩次。第一次取其生子，第二次方可繅絲，故春蠶哺在清明以後，此則轉在清明以前。用子少許，加意煖哺，數日即出，是謂頭二蠶。迨春蠶再生，二蠶過半，春蠶上山，二蠶生子。春蠶繅絲，二蠶再哺，須竢春蠶食過之後，桑葉有無存餘，有餘即將二蠶子於春繭繅絲時搭在近鍋架上，以受熱氣，數日即出。葉若無餘，必待再發。苡種後二葉復盛，一哺即出，謂之夏蠶。養育之法與春蠶無異，惟飼葉起底格外要勤。更忌天熱，屋宇必須清潔涼爽，不可逼近厨灶。蠶宜寬鬆，不可擁擠，所謂春蠶宜煖，夏蠶宜涼，更須用三脚架，將蠶筐層層架起，用夏布作帳，周迴遮護，以避蚊蠅。料理得宜，速則十七八日，遲則二十一二日，即可上山。天涼三日采繭，天熱兩日可采。隨即繅絲，是時出蛾極速，天涼七日，天熱五日，必須繅完。大約有繭百觔，須車兩架，少則不及。其烘蒸曬悶之法亦必至將出時不得已而用之。緣時近小暑，蛹死易爛，爛即有黑水映出，不能繅絲，故烘曬之後，三日必須繅完，不可稍緩。其繭之厚薄，絲之良惡，比之春蠶爲較遜耳。至留種之法，亦與春蠶不同。只須揀堅厚平頭之繭四五十個，聽其出蛾生子，空懸高爽之處，待來年春蠶之前，先行哺養。小滿生子苡種再哺，或謂何不今年多留種子，徑至來年苡種哺養，省費一番周折？予思春蠶種子，一交穀雨，不哺亦出，想夏種亦然不如，此必與春蠶并出，便奪春蠶之葉，而苡種後所發二桑，徒然無用。若將春蠶所生之子隨即再哺，予亦試過，不能再出，惟夏種則春夏皆宜。故初養取其生子，再養方可繅絲，既不奪春蠶之葉，更可食無用之桑，誠爲兩得。故二蠶取其本輕，養育得法，亦未必遠遜春蠶，惟二桑祇可剪葉，不可剪條，至煮繭、繅絲、剝綿諸法與春蠶同。

清　黃壽昌《蠶桑須知》　蠶性　蠶喜静而惡鬧，喜暖而畏寒。蠶性雖喜温暖，却又大忌濕熱。若為濕熱薰蒸，則百病百出，宜細心調護。

蠶忌　蠶忌臭穢，忌香氣及醋瓶、酒甕、藥罏、洋油等物，皆不可近。蠶婦勿佩香囊。忌生人，故嘉湖蠶大眠後，謂之蠶關門，蓋人家多不相往來，蠶小時不忌。忌喧嚷，忌炮聲，忌煙氣。若吸煙向蠶噴之，蠶口即吐黃水而死。初生蠶忌屋内掃塵。

清　黃祖徽《蠶桑淺説・養蠶篇第二》第一章《總論》第三節《蠶性》

蠶性喜溫暖，故養蠶家須知冷暖得宜。不可傷冷，傷冷則亮頭；不可傷熱，傷熱則腫脚；不可傷火，傷火則焦尾。又正當寒時，不可令其驟熱，驟熱則生黃軟等疾。正當熱時，不可令其驟涼，驟涼則變殭。此又不可不知也。

清　江志伊輯《飼蠶法》　蠶性喜靜惡喧，故宜靜室，喜煖畏寒，故宜密室，喜燥惡溼，故宜版室。蓋靜則可避人聲之喧鬧，密則可避風寒之襲吹，版則可避地氣之蒸鬱。

蠶時晝夜之間亦分四時，大概朝暮類春秋，正晝如夏，夜深如冬。蠶婦須着單衣，以爲體測，覺身寒則蠶亦寒，便宜添火；身熱則蠶亦熱，便宜開窗，南風則開北窗，北風則開南窗，放入倒溜風氣，便不傷蠶也。大抵蠶成蟻時宜極煖。若蠶欲煖，天氣尚寒，則閉窗撥火，外寒不入，和氣內生。若遇大寒，撥火尚不能禦，則外燒熟火，置屋四隅，煖氣自然散布，俟寒退而後去之。大眠後宜極涼，若蠶欲涼而天氣已暄，則撤火開窗，熱氣內消，涼氣外入。若遇大熱，開窗尚不能除，則置甕室中，頻添新水，涼氣自然透達，俟熱退而後去之。惟熱時宜漸漸開窗，不宜驟涼，熱而驟涼，則病白殭。寒時宜漸漸撥火，不宜驟煖，寒而驟煖，則病黃軟，此不可不知也。自初至終，務令蠶不知有寒熱之苦，則病少而繭成矣。

又 ⿸厂桑⿰糸夷　⿰糸夷括有方。剝去下層曰⿰糸夷，剔去上層曰括。⿰糸夷中尚有蠶在，必當搜檢淨盡，如殭爛、白肚、空頭者，則棄之。入箔則稀而勻。不稀勻，則强者飽而弱者饑，必至繞箔遊走。分替則輕而疾。手法不輕則遠擲高拋，不疾則久堆亂積，蠶身有汗，遂致損傷，上山時或成赤蛹懶翁，或作薄皮劣繭。斯盡善矣。蠶性喜温惡溼，故須勤⿸厂桑。⿸厂桑法：取糠灰摻蠶上，飼葉兩三次，俟葉已過，就糠灰間開處將蠶逐漸剝起，勻布空筐，曰剝⿸厂桑，不得匆遽損蠶。撤去原筐内沙⿰糸夷，曰出薙，設土窖儲之，浸之以水，俟其腐爛，取以糞田，糞桑極肥。一云頭眠，初次桑渣、蠶沙，俗名香⿸厂桑，烘曬令乾。凡蠶眠既起，欲布葉時，燒一撮於室內，蠶聞之即思食，是醒胃法也。

又 凡架棚，宜高低得中太高則難收火氣，太低則局促，不便人行，宜寬蠶多棚小，繭多同功，宜暗蠶在山見亮則遊走，所有窗戶悉宜遮掩，宜疏爽疏爽則氣透，以樓上爲最宜，宜懸空蠶性好高，緊靠墻壁，則近墻之蠶必成繭於屋椽瓦縫。山棚架定，然後立草帚六七排於其上。南向之室以自西至東爲一排，西向之室以自北至南爲一排，上山時自一排起至五六排，便宜添帚。

又 宜忌　二月上壬，取土泥屋四角，宜蠶埋馬齒於槌下，令宜蠶。

蠶宜三稀：一下蟻，二上箔，三入簇。

蠶宜五廣：一人、二桑、三屋、四箔、五簇。

蠶方眠時宜暗，眠起後宜明，蠶小及向眠時宜暗宜煖，蠶大及眠起時宜明宜涼，向食時宜風開背風窗，閉迎風窗，宜加葉緊飼，新起時怕風，宜薄葉慢飼。

蠶有三光：白光向食，青光厚飼，皮皺爲飢，黃光以漸住食。

蠶有十體：謂寒、熱、饑、飽、稀、密、眠、起、緊、慢。

又 飼夏秋蠶法

夏秋蠶即原蠶，一名三生蠶謂春養出夏種，夏養出秋種，秋養出來春種，不可間闕，闕則種絶。按，此另爲一種，今人多用春蠶種飼夏蠶，亦得良繭，又名晚蠶，亦稱稺蠶早熟曰植，晚熟曰稺，又名頭二蠶謂以頭蠶種飼二蠶也，俗稱二蠶，不食頭蠶葉，謂不以食頭蠶者食二蠶，恐殘桑也。大抵春蠶宜暵，夏蠶宜涼，秋蠶初宜涼，繼宜漸暵，最忌蠅蚋，亦忌大熱，當用陳稈草作薦一云蠶生前於蠶室壁下及槌底，用麥糠麥黠燒之，以除溼氣及蟲子。又大路上踐踏起乾塵土，收三四石，生蠶日於槌底攤平，可避暑溼，或用荻簾作箔，另闢一室，不令雜人出入，窗開南北，糊之以紗，遮郤蚋蠅，通透風氣。晝夜飼葉，旦暮分箔除沙，二十二日卽老。

清 蔣汝正校正，徐瀾編輯《安徽勸辦柞蠶案・柞蠶簡法・育蠶篇》 蠶宜　蠶，純陽之性，喜燥而惡濕。傷濕則不食，或身生黑點。又最喜潔，凡場中有穢物，除之務淨，育蠶者衣服亦要潔淨。

蠶忌　蠶忌香、辛、酸、辣之物，故場有雜木則去之；最忌桐油，凡烘室中有燃桐油及誤以其木烘者，所出之蠶多不旺；又忌蘿蔔，蠶筐有誤盛蘿蔔葉者，觸之則死；又食白楊葉者，亦致病。

又《柞蠶簡法補遺》 蠶性　蠶性喜燥惡濕，此似爲家蠶言之，若野蠶似有相反者。計蠶蟻下河，須五六日之久，至二眠、三眠之間，尤賴三五日一雨，蠶飲雨水氣潤，則吐絲較多，而且光澤。按，大風、大雨，亦不利於蠶，須設法遮護。若天雨不時，專恃人力，用竹筒洒水或用日本噴霧器價亦不貴，每具約十二元亦可補救，然究不若天雨之勻普也。今年汴境一春不雨，故取絲分兩較往年爲遜，絲色亦較往年爲劣。

清 李向庭輯《蠶桑述要》

忌諱

養蠶忌諱最多，但流俗所傳亦有不必過拘者，如養蠶不令人看，不準對蠶講不利言。諸所忌諱，館中均經試驗，與蠶絕不相干。此類忌諱，當因蠶忙時親朋酬應，恐荒正業，故禁往來，日久訛傳，遂成陋俗。此事雖無關緊要，而於彼此考證養法，亦最有礙，且如此將專諉諸命運，而人事恐有不盡也。惟煙酒氣近蠶，亦最忌。

清 林心北、吴書年勸刻《蠶桑輯略・養蠶節次三十五條》 蛾之出於五更前後者多，四更時，便須有人守候其旁俗謂之看蛾，出卽分儲之，否則蛾性極淫，雄雌相遇，卽於繭上配合俗謂之抱繭對，而所對之時刻不準矣。

清 林楊光、王鎮西《蠶桑條説・白河縣知縣林令楊光述呈桑蠶各説七條》 蠶房要寬厰，要潔浄，喜西南向，不喜東北向，緣東風冷北風利，蠶受之多病，故泰西各國育蠶之室以不通風爲貴。東風起則密閉東向門，北風起則密閉北向門。兩邊有大窗，使三眠後可以通氣，窗紙及門戸有破裂者，當即補塞，尤當塞絶鼠穴。蠶未生時，宜閉門窗，使有暖氣，三眠後又須稍開通風。蠶性喜煖惡寒，喜燥惡濕，喜静惡閙，忌當風當日，尤忌西照日，忌驟寒驟熱，又忌暴雨。看蠶者，或暖之或風之，宜留心參酌。忌酒氣、醋味、煙氣、葯味，及一切辛辣香臭之味。忌穢語淫辭，忌喊叫歌泣，忌生面人及孝服人闖入蠶室。蠶扁之旁，忌放便桶尿壺，飼蠶切葉忌用孕婦及醉人。夜間點燈宜明亮，尤宜小心，無論蜡油茶油，一點沾及蠶身，或滴於葉上，蠶立死，尤忌洋油。以上各條能謹避之，則繭必有十分收成。江浙穀雨後停理詞訟，宜不鳴鑼，養蠶之門題蠶目知禮四字，重蠶事也。

清 林志恂《蠶桑淺要》

蠶性

蠶性喜乾而忌溼，喜潔而忌穢，喜静而忌喧，喜寬舒而忌稠密，喜通氣而忌迎風，喜温和而忌過熱過冷，尤忌暴熱暴冷。順其性者獲豐收，逆其性者遭惡果，自然之理也。

蠶室内之冷熱，以華氏寒暑表七十度至七十五度爲最宜平均七十三度，不及七十度時，即須酌用炭火以至七十餘度爲止。若天温至八十度以上時，須開放窗戸，以通空氣，然開窗又不可迎風，如東風則開西窗，南風則開北窗可也。微風之時，可以不拘。至於正熱時，陡令過冷，及正冷時陡令過熱，爲害更甚，至要至要。故用炭火時宜漸加熱也。欲測室内溼氣之多少，則須用乾溼計，以乾溼兩表相差五度爲最適四度六度亦可，差二三度時爲過溼，差七八度時又不免過乾。然蠶沙及桑葉，係能發生溼氣之物，故溼害甚於乾害也。不能備乾溼計者，於人身之感覺，及蠶簇之燥溼，細心體會，亦不難知。若溼氣過重時，或用火力天熱時溼氣雖重，亦不宜用火，或減給桑量，或勤除沙，或用間糠以礱糠薄撒蠶上，而後飼葉，不除沙者爲之間糠，酌度而行之可也。

蠶身逐日加長上聲，則蠶座亦須逐日放寬詳飼育表。總之，以蠶身條條可數爲度，無壓疊之虞，即爲適當。過寬舒，雖有益於蠶，而桑葉則甚費也。

至於務潔浄，去穢惡，小心静肅，皆飼育者分内之事，須仔細。今略述蠶室内所當禁忌之事如左。

忌吸煙一切煙具俱不得携入，忌震動蠶室左近亦不可有舂搗等震動之聲，忌日光窗戸須用紙糊，忌迎風，忌不潔之氣酒醋及剪熥鱼肉等是，忌不潔之物鞋上着污泥者，亦不得入，忌大聲疾呼，忌燭火等於室内吹滅，纔飼葉時忌掃地恐灰塵土飛着葉也，又俗例所忌，而實則不必忌者二事，不忌生人入室，不忌不利語愈。

清 桐鄉蠶學館《育蠶淺説》《農學報》第一百七十七期 通氣 鄉間育蠶皆密閉門窗，不知蠶性最愛空氣流通，最忌濕氣與穢氣聚積。門窗閉，則室内之濕氣并葉上之濕氣，以及室内之穢氣，均不能出，而室外之清氣亦不能入。蠶受此濕毒，將來即發高節、膿烏爛等病。最好遇天氣冷時，離蠶架五六尺，用火盆置炭火暖之。遇天氣暖時，開窗以通空氣，除濕氣。蠶箔上面鋪礱糠，三眠前用磨碎者，糠面鋪葉，葉面鋪蠶。

清 吕廣文《蠶桑要言・育蠶法》 蠶忌 蠶最忌臭穢各氣，如燒漆紙、煎藥、洋油、酸醋等類，宜謹防之，弗使其氣觸蠶，致有弊病。惟農工挑糞一事，一月中在所難免，須緊閉窗戸，外灼艾把薰之，則其臭自闢，弗侵蠶矣。

又忌煙，若吸煙向蠶噴之，蠶即吐黄水而死。

又忌香氣，蠶婦不宜佩香囊。

又忌喧嚷，應禁止孩兒等吹各䏚，以蠶性喜静故也。

清 饒敦秩輯《蠶桑簡要録・養蠶法則》 飼蠶忌濕葉、熱葉、泥污葉、沾沙葉、沾穢葉、沾菸沾油葉。食濕葉則生瀉病、白殭。雨中采葉，必須晾乾。食熱葉則頭大腹結尾尖，食葉多而不老，亦不作繭，故日中之葉與發熱之葉必須冷透。如遇大風，桑葉沾沙，或沾泥土，必須洗淨晾乾，否則食之病脹。沾穢之葉與沾菸沾油之葉，食之必死。

又 揀蠶二條

每眠時，有衆蠶次第皆眠，獨有一二青頭未眠而仍食葉者，蘇俗謂之梟娘，必須用筯以竹爲之，長七寸，視日用之筯差小，尖其末，磨使光箝出，另貯一筐，以免不齊。頭二眠中之梟，照常飼葉，尚能作繭，不過眠起較遲。三四眠中之梟，食葉多而不老，可即棄去。又腹結頭大尾尖之蠶，食葉倍於他蠶，而不能上山作繭，宜去之。又二三眠時，有蠶色青亮，内若有油，雖不食葉，而在葉上掉頭不住，若有所苦者，此終不能眠，眠亦無用者也，亦宜去之。

每眠一次，必褪衣一次。最忌東北風，衣不能褪，蠶嘴偏不正，滿筐游走，擦損他蠶，亦皆致病。若此蠶宜急揀去。又大眠起後二三日，有蠶身獨短，其節高聳，不食葉而在葉上往來遊行，脚下有白水漬出者，宜急去之，不使沾染他蠶。

清 任蘭生《蠶桑摘要》 蠶，陽物，屬火惡水，故食而不飲。

蠶性喜静惡喧，喜温惡濕。

蠶在種則宜極寒，成蟻則宜極煖，停眠起宜温，大眠後宜涼，臨老宜漸煖，入簇則宜極煖。

蠶欲三齊：子齊，蟻齊，則蠶齊。

蠶有五宜：方眠時宜暗宜燥，眠起以後宜明，向食時宜加葉緊飼，新起時怕風，宜薄葉慢飼。

蠶有七忌：自生至老，大忌煙熏，忌酒醋五辛，忌香麝油氣，忌飼霧葉，忌飼熱葉，忌側近舂搗，忌喪服與産婦。善育蠶者，蠶生於穀雨前後，不過二十八日卽老，少病，省葉多絲。

清 沈練，仲學輅輯補《廣蠶桑説輯補》卷下《飼蠶法六十六條》

桑渣、蠶砂皆非棄物，設土窖儲之，而浸之以水，俟其腐爛，取以糞田極肥，糞桑亦極肥。

蠶最爲鼠所喜食，飼蠶者不可無猫。

按，無猫之家，每以泥塑假猫，外加粉飾，置蠶室中以嚇鼠，此可暫恃，久則不靈。

蠶喜静而惡鬧，勿任人喧嚷其旁。

蠶忌香，醋瓶、酒瓮、藥罏及一切有香氣之物，勿使近。蠶婦勿佩香囊。

蠶忌煙，吸煙者向蠶吐之，蠶口立流黄水。

蠶忌油漆，勿於飼蠶處油漆器具。

襯蠶慎勿以字紙。

清 沈練《蠶桑説·飼蠶法七十條》 蠶月天朗氣清，最爲相宜。設遇陰霧，必須以棉被蠶小用被或草簾蠶大用簾密密圍之，卽使已放地蠶，亦必設法遮圍，勿令霧氣侵入。蓋蠶最忌霧，受之必病，不可不慎也。

蠶性喜潔，盛蠶儲葉之器，切葉之刀與碪，夾雨葉之布，以及提老蠶所用之被單包袱，均以潔淨爲主。

蠶喜静而惡鬧，勿任人諠譁其旁將成簔時，尤忌驚擾。

蠶忌香，一切有香氣之物，以及醋瓶、酒甕、藥爐，均勿使近，蠶婦勿佩香囊。

蠶忌煙，吸煙向蠶吐之，蠶口立流黄水。

蠶忌油漆，勿於蠶室油漆器具。

襯蠶慎勿以字紙。

蠶防鼠食，育蠶者不可不畜貓。

清 盛宣懷輯《蠶桑備要》

一蠶忌熟 凡老蠶，色帶青者爲生，紅者爲熟，帶生而上不過成繭略遲，若太熟則蠶急於成繭，每多同宫及遺溺汙繭之病。

一蠶忌稠 上蠶須疏密得中，與其失之密，甯失之稀，密之害與熟同。大約四尺架之室一架，屋止可容蠶一筐。

一蠶忌風雷 蠶口吐絲，遇風卽縮，棚上宜四面圍護，不使風入。又畏雷，上山聞雷卽驚而不成繭，宜用蠶蛻紙覆於棚上。相傳以爲蠶蛻卽蠶母，母在足以護其子之畏也，故担烏之後，蛻紙不可擲棄。

一作繭紙法 蠶老不登簇，置之平案上，卽不成繭，吐絲滿案，光明如紙。吳人效其法，以製團扇，勝於紈素，卽古之繭紙也。

清 王元綎《野蠶録》卷一《育蠶》

蠶喜

蠶，純陽之物，喜燥而惡溼，傷溼則不食，或身生黑點。又最喜潔，凡場中有穢物，除之務淨。育蠶者衣服亦要潔淨，鄉俗，蠶工多於衣上、笠上拴一紅布角，以為標誌。

清 吴鴻望校，袁俊德輯《蠶政萃編·蠶性類》

蠶質

蠶，純陽之物，以氣化也。食而不飲，屎而不尿，自初生至老均不尿，惟上簇作繭時，先撒尿耳。聚而不散，守而不走，未老之先有遊走者，病蠶也。既老之後有遊走者，欲作繭也。

忌穢氣

蠶喜潔而惡穢，聞臭氣則結縮，卽青白好蠶頃刻變成黄色，不復食葉，三日後輒死。故養蠶人身手皆宜潔淨，蠶房内不可放便桶、溺壺及一切不潔之物。

忌喧嘩

蠶喜靜而惡喧，蠶房内忌哭泣、呌喚、怒罵，并忌敲門窗、棹几，動蠶架、蠶盤，院内忌餧養雞犬鵝鴨。

忌溼下

蠶喜燥而惡溼，傷溼則生白醭貼沙之病，醭洒上白也。

忌香腥

蠶屬氣化，香能散氣，聞香則焦黄而壞。凡麝檀等香及辛香之物，皆不可近，又忌油腥氣，蠶屋不可煎炒。凡燈油、蜡油、菜油、麻油、桐油，均不可沾著蠶身，又桑葉沾油，蠶食必斃。

忌酸辣苦辛

蠶忌酒、醋、葱、韭、蒜、薤、薑、椒、苦蕒等氣。凡飲酒及葷腥者，不可切葉，不可餧蠶、體蠶，以臭氣自口而出。手有苦蕒氣，沾蠶則青爛而壞。

忌硝臭煙薰

蠶忌硫磺煤炭氣，又忌燒皮毛骨頭，油漆，煙薰，灰塵，蠶受各物氣薰及吸煙氣，口流黄水，立可見殭。又桑葉沾塵，食之亦壞。

忌蠅鼠

蠶忌蠅鼠，蠅集蠶身則生蛆，鼠喜食蠶則蠶壞，宜養貓。

忌凶穢

蠶忌穢語狎褻及生人與凶服人，如不禁止，蠶即變壞，或沿箔遊走，或不食葉。凶服人入，蠶多暴壞。

分陰陽氣

蠶喜陽氣而惡陰氣，儻爲陰氣浸濡，必多白殭，晴暖時須開窗以通陽氣。

判南北風

蠶喜通風而惡迎風，不通風則溼鬱不除，天時晴明時遇南風，須捲北窗，遇北風，須捲南窗。若遇風開窗則傷風，必節長日禁。又蠶屋倉卒開門，入暗射蠶身，俗云中賊風，蠶必紅殭。

寒熱異候

子在連喜極寒，蟻初生喜極煖，眠時喜溫，頭眠二眠三眠起後喜煖。大眠以前若受寒冷，老時必爲殭蠶，即不作繭。大眠起後喜涼，三眠蠶只有三眠，無大眠，以第三次眠即大眠也。臨老喜漸暖，上簇喜極煖。

冷煖得宜

養蠶者須知冷煖得宜，不可傷冷，傷冷則亮頭；不可傷熱，傷熱則腫腳；不可傷火，傷火則焦尾。又正當寒時，不可令其驟熱，正當熱時，不可令其驟涼，驟熱驟涼均易生病。

明暗得法

蠶初生時喜暗，大時喜明，方眠喜暗，眠起喜明，初上簇喜暗，成窠後喜明。

清 吴詒善《蠶桑驗要・蠶篇》

涼暖宜忌第三

蠶性喜燥而惡濕，喜暖而惡寒。室宜南向，不嫌矮小，惟求和暖潔淨而已。室須有窗，紙糊避風。窗須有板，欲明則去板，欲暗則上板。余每以火爐四個置室内四角，以華氏寒暑表二，一置房内，一置房外。房内火候以六十八度至七十二三度爲得中，如太熱，開窗以通空氣。并置燥濕表一，濕則薰以白氣，用缾一隻，内装火硝十兩，再入硫强水八兩，立即發出白氣，能滅惡臭及濕氣，并可益蠶。太燥則用大盆盛水，能令濕氣漸生，自然滋潤。如無燥濕表，用食塩一盤代之。燥則塩乾，濕則塩潮，自當隨時消息之。所宜有五：一、避風寒如被西北風吹，多成膿蠶；二、眠時宜暗；三、起時宜明；四、上山宜暖；五、成繭宜涼。忌亦有五：一忌烟薰；二忌酒、醋、葱、韭及一切香氣，觸之，非病即死；三忌高聲大語及鑼鼓爆竹敲擊聲，犯之停食；四忌哭泣、詬詈、雞犬、産婦、凶服生人；五忌蟲鼠蚊蠅叮咬，皆要訣也。蠶畏雷，宜將蠶布縛架上，可避諸忌。

火爐

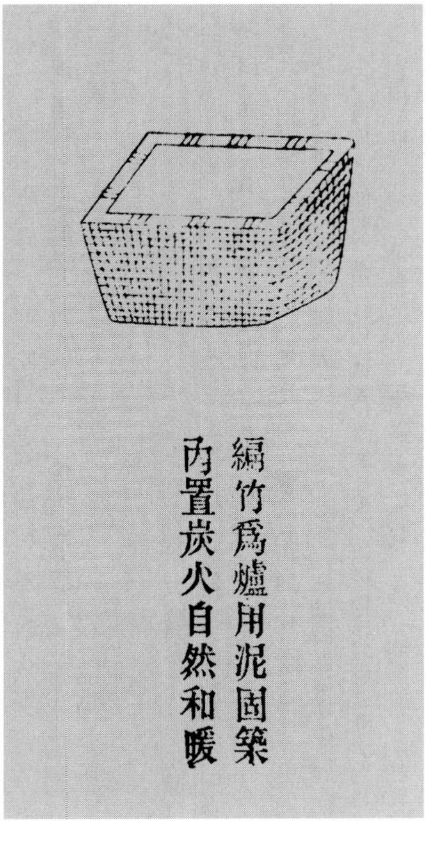

又 搭山上山第十

於有窗淨室中搭山三四尺高，上鋪亂草，山以晚稻稈爲之，用鐵鈀將草衣批淨，截齊兩頭，長尺五六寸，圍五寸許，以繩束腰，使下如覆盆，上如仰盂，次第排列，前後將老蠶捉令。上山不宜太早，早則停山；亦不宜太遲，遲則繭薄。如天氣晴和，成繭速而易繅；若遇陰寒，須用爐火，至三日後可開窗，以透風日，免繭受霉。如上山一二日，蠶在山頂昂頭上向，當以竹枝鋪山上，使之作繭，俗謂之青山，必須視成窠者十分之九，方用此法，早，恐盡擠上青山矣。

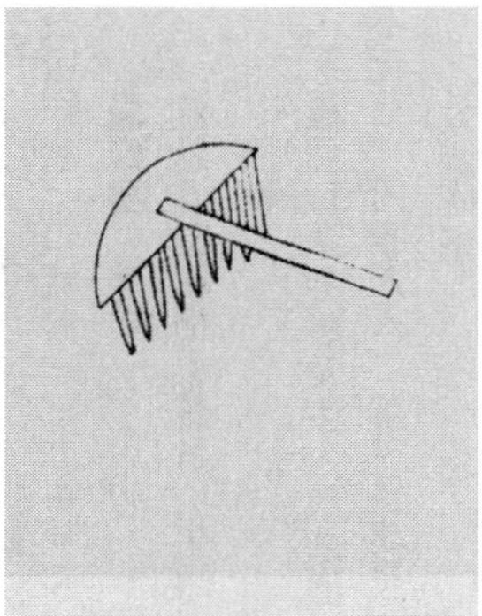
批草衣鈀

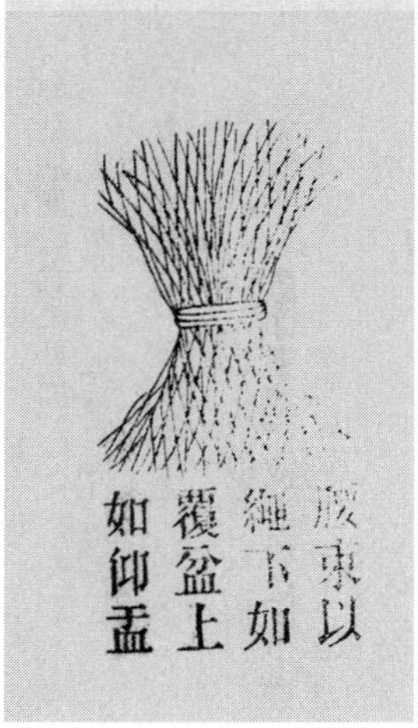

蠶山

清 徐瀾輯《柞蠶簡法》

蠶宜

蠶，純陽之性，喜燥而惡濕，傷濕則不食，或身生黑點。又最喜潔，凡場中有穢物，除之務淨，育蠶者衣服亦要潔淨。

蠶忌

蠶忌香、辛、酸、辣之物，故場有雜木則去之；最忌桐油，凡烘室中有燃桐油及誤以其木烘者，所出之蠶多不旺；又忌蘿卜葉者，觸之則死；又食白楊葉者，亦致病。

清 羊復禮《蠶桑摘要・養蠶十五則》

蠶忌

忌西北風，忌電光，忌鼠食，忌蒼蠅、蚊虫浙人均用麻布帳圍之，以避蚊虫，忌螞蟻，忌火葯氣、煎油氣、潮濕氣、酒醋氣、葱韭蒜薤椒薑氣、煙薰氣、硫磺氣，忌房事，忌分娩，忌死喪，忌霧葉，忌黄沙葉。如鎮屬有瘴氣，更宜留心，其葉不可飼蠶。吃酒、吃煙，手均宜洗净，不可沾染。

清 楊鞏《中外農學合編》卷一一《蠶類・飼育》

秋蠶

三蠶曰秋蠶亦曰原蠶，別是一種，然夏蠶亦可作秋蠶種，秋蠶亦可作來年春蠶種，形與夏蠶同。春蠶自初生至大眠，均喜煖，大眠起後喜涼。夏蠶自始至終均喜涼。秋蠶則初生喜涼以其時去三伏尚近，暑氣猶存也，與夏蠶同，與春蠶不同。初眠喜溫，再眠與春蠶同，與夏蠶不同。大眠後全要煊煖，與春蠶、夏蠶均不同。惟喜燥惡溼，則春蠶、夏蠶、秋蠶無不相同。秋天養蠶比春更穩，倘春蠶遇天災，養之可補歲計之不足，但不可多養，恐傷損來年春桑也。秋蠶初生，蠶屋尚溼潤，宜用紗糊窗，使風氣往來，以後最忌北風。漸次天寒，窗户宜用紙糊，但須留捲窗。天晴無風則捲起以通氣，天陰有風則放下以避風。飼法與春蠶同，秋露正盛，切不可用露葉。易器之法亦與春蠶同，但春蠶初生隔二三日一體，秋蠶初生一日一體，否則多生白蟻。漸漸天寒，隔一二日一體亦可。《蠶桑實際》《蠶桑輯要》

清 葉向榮《蠶桑説・蠶桑輯要・諸家雜説》

蠶性總説

蠶，陽物，屬火，惡水，故食而不飲。蠶性喜靜惡喧，喜溫惡溼。蠶在種則宜極寒，成蟻則宜極煖，停眠起宜溫，大眠後宜涼，臨老宜漸煖，入簇則宜極煖。蠶欲三齊：子齊，蟻齊，則蠶齊。蠶有五宜：方眠時宜暗宜燥，眠起以後宜明，向食時宜加葉緊飼，新起時怕風，宜薄葉慢飼。蠶有七忌：自生至老，大忌煙薰，忌酒醋五辛，忌香麝油氣，忌飼霧葉，忌飼熱葉，忌側近舂搗，忌喪服與産婦。善育蠶者，蠶生於穀雨前後，不過二十八日即老，少病，省葉多絲。

又 原蠶法

原蠶即夏蠶，又名頭二蠶，二蠶利本不取，一則時屆農忙，恐妨田務；二則蠶盛妨馬，故《周禮》有原蠶之禁；三則春蠶畢後，桑葉無多，再戕其葉，樹本受傷，來年之葉必不繁茂。惟春蠶失收，以補不足，桑葉尚多，養之可也。養二蠶法：起底飼葉，格外要勤，二十二日即老。最忌大蒼蠅，亦忌大熱，春蠶宜煖，夏蠶宜涼是也。

又 擦火 蠶喜溫和，偶天氣薄寒，用瓦盆然炭置山棚下，使煖氣上山，名曰搽火，亦曰灼山。

清　趙淵《蠶桑摘要》卷中《蠶性類》

忌穢氣

蠶喜潔而惡穢，開臭氣則結縮，卽青白好蠶頃刻變成黃色，不復食葉，三日後輒死。故養蠶人身手皆宜潔淨，蠶房內不可放便桶、溺壺及一切不潔之物。

忌喧嘩

蠶喜靜而惡喧，蠶房內忌哭泣、叫喚、怒罵，并忌敲門窗、棹几，動蠶架、蠶盤；院內忌餧養雞、犬、鵝、鴨。

忌酸辣苦辛

蠶忌酒、醋、葱、韭、蒜、薤、薑、椒、苦蕒等氣。凡飲酒及葷腥者，不可切葉，不可餧蠶、體蠶，以臭氣自口而出。手有苦蕒氣沾蠶，則青爛而壞。

忌硝臭煙薰

蠶忌硫磺、煤炭氣，又忌燒皮毛骨頭、油漆、煙薰、灰塵。蠶受各物氣薰及吸煙氣，口流黃水，立可見殭。又桑葉沾塵，食之亦壞。

忌蠅鼠

蠶忌蠅鼠。蠅集蠶身則生蛆，鼠喜食蠶則蠶壞，宜養貓。

忌兇穢

蠶忌穢語狎褻及生人與凶服人。如不禁止，蠶卽變壞或沿箔遊走，或不食葉。凶服人入，蠶多暴壞。

忌溼下

蠶喜燥而惡溼，傷溼則生白醭、貼沙之病。醭，酒上白也。

忌香腥　蠶屬氣化，香能散氣，聞香則焦黃而壞。凡麝檀等香及辛香之物，皆不可近。又忌油腥氣，蠶屋不可煎炒；凡燈油、蠟油、菜油、麻油、桐油，均不可沾著蠶身。又桑葉沾油，蠶食必斃。

又《審候類》

分蠶法

分蠶宜快，不快則箔內堆積，逾時蠶身出汗，後必損耗，雖有老時，作繭必薄。移蠶宜輕，不輕則遠擲高拋，互相擊撞，將來上簇，必多赤蛹。布蠶宜稀，不稀則強者得食，弱者受飢，必至遶盤遊走。

清　鄭珍《樗繭譜》莫友芝注

蠶忌

蠶酷忌油桐酷，最也。李時珍曰：『罌子桐，又名虎子桐，又名油桐，亦或謂之紫花桐。』案，油桐葉微似桐而小，幹率曲屈，無直上者，至三四尺，枝卽四出，長頗遲。開花微紅，子大小如石榴，而嘴尖如桃嘴。拾之去其外軟皮，中為瓣如蒜，或二或四瓣，各有硬皮。乾之，去其硬皮，肉白色，以榨油燃燈，亦可和漆。貴州是處有之，經其樹上其葉者，死，烘室中然桐油者及誤以其木烘者，後生之蠶死。李時珍謂，其子味甘而吐，又謂，桐子油氣味甘，微辛寒，有大毒，故毒蠶尤甚。山有桐除之，家有桐謹之。又，食白楊者死，亦食他褁木致病。食他木之味辛澀者，皆致病，其餘雖不病，亦瘠繭。惟嫩楓葉，蠶食之無害，薅林時亦不去之。

清　莊景仲《養蠶必讀》卷上第二章《蠶性》　元孟祺《農桑輯要·論蠶性》曰：蠶之性，在連則宜極寒，成蟻則宜極暖，停眠起宜溫，大眠後宜涼，臨老宜漸暖，入簇則宜極暖。

黃省曾曰：蠶之性，喜靜而惡喧，故宜靜室；喜暖而惡溼，故宜版室。室靜可以避人聲之喧鬧，室版可以避地氣之蒸鬱。

又第十一章《宜忌》　《韓氏直說》曰：蠶有八宜，方眠時宜暗，眠起以後宜明，蠶小幷向眠時宜暖，蠶大幷起時宜涼，向食時宜微風避迎風窗，開下風窗，宜加葉緊飼，新起時怕風，宜薄葉慢飼。蠶之所宜，不可不知，反此者爲大逆，必不成矣。

《蠶經》曰：蠶有三稀，下蟻，上箔，入簇。

《務本新書》蠶忌曰：忌食溼葉，忌食熱葉。初生時忌屋內掃塵，忌煎煿魚肉，忌烟火紙燃於蠶房內吹滅，忌側近舂擣，忌敲擊門窗槌箔及有聲之物，忌蠶房內哭泣叫喚，忌夜間燈火光忽射蠶屋窗孔，忌未滿月產婦作蠶母。蠶婦不得頻換顏色衣服，洗手要潔淨，忌帶酒氣人飼蠶及抬解布蠶。蠶生至老大忌烟薰，忌放刀於箔上，灶前忌熱湯潑灰，忌燒皮毛亂髮，忌酒醋、五辛、羶腥、麝香等物，忌當日迎風窗，忌西照日，忌正熱時猛風暴寒，忌正冷陡令過熱。蠶屋忌近臭穢，蠶不可以受油鑊之氣，不可以受煤氣，不可以焚香，亦不可以佩香，零陵香亦在所忌，否則焦黃而死。蠶室不可以食薑暨蠶豆，蠶婦不可以擷苦蕒，手有苦蕒之氣，令蠶青爛，食之者亦不可以入蠶室。

清　宗景藩《蠶桑說略》　蠶忌說　蠶喜溫而愛潔，室宜高燥，前後有窓。晴暖開窓通氣，冷則閉之，燒炭火置室中。看蠶人身手皆宜潔淨，家中不宜動鑼鼓、爆竹，不宜哭泣、怒駡，不宜生人及凶服人入室，不宜染香臭及油腥氣。又須養貓防鼠。

清 陳漙《制種法》第二章《蠶之種類》第一節《各國蠶種性質》 八造多化性出於粤省，因該省地居熱帶，一年可飼八次，故稱八造。惟欲孵化之際，須行浸湯法，始能繼續發生。蠶性强健，易於飼育。惟日數不長，繭小而絲量不多，故惟在溫暖之地行之，他處因秋後桑已落葉，無可飼蠶，故難普及。

藝文

《荀子》卷一八《賦篇第二十六》 有物於此，儳儳兮其狀，屢化如神，功被天下，為萬世文。禮樂以成，貴賤以分，養老長幼，待之焉而後存。名號不美，與暴為鄰。功立而身廢，事成而家敗，棄其耆老，收其後世，人屬所利，飛鳥所害。臣愚而不識，請占之五泰。五泰占之曰：此夫身女好而頭馬首者與？屢化而不壽者與？善壯而拙老者與？有父母而無牝牡者與？冬伏而夏游，食桑而吐絲，前亂而後治，夏生而惡暑，喜溫而惡雨，蛹以為母，蛾以為父，三俯三起，事乃大已，夫是之謂蠶理。

晉 楊泉《蠶賦》《御定歷代賦》卷七一 惟陰陽之産物，氣陶化而播流。物受氣而含生，皆纏緜而自周。伊夫蠶之為物，功巨大而弘優。成天子之衮冕，著皇后之盛服。昭五色之玄黄，作四時之單複。是以皇者貴此功焉，使皇后命三宫之夫人，又世婦之吉者，親桑於北宫。二月初吉，遂布令於天下，百辟兆民，使咸務焉。是以仲春之月，吉日庚午。既差我馬，惟蠶之祖。編浴用穀雨。爰求柔柔，切若細鏤。起止得時，燥濕是俟。逍遥偃仰，進止自如。使童男，作以童女。溫室既調，蠶母入處。陳布涚種，柔和得所。晞用清明，仰以龍騰，伏似虎趺，員身方腹，列足雙俱。昏明相推，日時不居。粤召役夫，築室於房。於房伊何？在庭之東。東愛日景，西望餘陽。既酌以酒，又挹以漿。壺餐在側，脯修在旁。我鄰我黨，我助我康。於是乎蠶事畢矣，大務時成。閣紆卷薄，灑掃宫庭。蠶母須飾，從容自寧。至於再宿，三日乃開闔啓房，是瞻是觀。方者四張，員者紆盤。縱者相屬，横者交連。分薪柴而解著，繭絲互而相攀。競以挈攫，載笑載言。惰者悦而忘解，劣者勉以增勤。是月也，天子以太牢之禮獻繭於寢廟。皇后親繰三盆，然後辨於夫人世婦。至於百辟卿士，下及兆民，咸趨繰事。爾乃絲如凝膏，其白伊雪。以為衣裳，冠冕服飾。禮神納賓，各有分職。以洽百禮，罔不斯服。夫功也起於緜緜，成於翼翼，頌之難周，論之罔極。殷斯勤斯，如何勿憶。

清 周凱《飼蠶十二詠》《清詩鐸》卷七

襄之民，從余種桑十年而大茂，余又慮飼蠶之未善也，附飼蠶法。按：《蠶經》：蠶性喜靜惡喧，故宜靜室。喜煖惡溼，故宜板室，尤宜密以避風，火以助煖。《淮南子》曰：蠶食而不飲，二十七日而化。夫竭二十七日之力而得繭，工亦省且易矣。蠶具以箔以簇，竹葦所爲。襄之事蠶者，以席置諸地，廠其屋不加火，宜其難養也。余將延浙人教之，先就余家人所素習者，分爲十二詠示之。其成絲後，爲織之事，襄民當自求之，玆弗載焉。

迎貓蠶忌鼠，迎貓以避之。元宵鬧燈火，蠶娘作糜粥。將蠶先逐鼠，背人再拜祝。裹鹽聘貍奴，加以筆一束。爾鼠雖有牙，不敢穿我屋。《歲時記》：正月十五日作粥，登屋上食之，呪曰：登高糜，挾鼠腦，欲來不來待我三蠶老，蓋爲蠶逐鼠也。陸游詩：裹鹽迎得小貍奴，杭俗聘貓加筆，借取逼鼠意。

浴蠶清明取蠶子，以桑柴灰水澄清，微溫，輕拂之，厚緜絮包置緜被中，數日生，寘人懷更速。鼓笛喧神祠，戸戸祈蠶畢。溪女各分種，昨過寒食節。厚絮密密包，灰水但輕拂。桑芽小於錢，乍看纖手擷。

初眠俗名頭眠，蠶初生蠕蠕若蟻，采極嫩桑葉，翦細飼之。四日頭微白，不食，退皮，爲頭眠。今日天氣和，蠕蠕動蠶子。知是第一眠，薄薄鋪繭紙。風從東方來，小姑色先喜。《漢書・天文志》：正月上甲，風從東方來，宜蠶。翦桑細飼之，四日頭已起。

二眠自初生七日二眠，又不食，將退皮，如頭眠狀。凡蠶四日一眠，眠一次，蠶大一次。春寒忍顔色，不復畫蛾眉。二眠蠶欲起，攀桑折柔枝。所願桑葉多，令我蠶不飢。且緩賀箔籠，邵謁詩：春蠶未成繭，已賀箔籠實。曷先具筐槌。梅堯臣《蠶槌》詩：三月將掃蠶，蠶妾具其器。

三眠最宜著意，飼葉者當晝夜無間。采桑復采柘，曉夜來相從。吳蠶已三眠，膏沐難爲容。不惜妾勞苦，但愁雨與風。殷勤課諸女，念彼寒號蟲。

大起俗名大眠，食葉愈健，脱膚而起，漸有黄光，絲在其中矣。憶自享先蠶，日已近三九。門前過客稀，助蠶倩鄰婦。況當大起時，采葉不離手。食健聽有聲，絲絲漸縈口。

分箔二眠後，蠶漸大，即宜分箔。諺云：曲植筥筐。曲，箔也。植即蠶槌，以架箔也。筥，圓器。筐，方器，竹葦皆可編。架高去地三尺許，下可炙火，自下而上五六層。蠶至大起，視其食葉稍減，中有瑩光者置一箔，以便先上簇也，俗謂起娘，以其先熟也。先蠶著箔上，相之具苦心。《漢書·藝文志》有《相蠶經》一卷昂昂青鴉背，小大毋相侵。筥圓而筐方，位置深房深。分藏待上簇，中有帛與金。

炙箔蠶宜溫，上簇時更宜加煖，微火炙之，毋太烈。大蠶已吐絲，小蠶看猶臥。恐犯春風寒，候火不敢惰。蘆簾疊疊鋪，桑柴細細剉。宜溫毋太烈，守爐忍飢餓。

上簇以稻麥稭或竹篠葦幹縛如山，將蠶通體瑩徹者置其上，俗呼上山，勿遲，遲則繭薄。蠶老色微紅，有絲何纏緜。麥稭與竹篠，縛之如山然。捉蠶上山來，所戒在遲延。不羨大於甕，作繭箇箇圓。

下簇上簇三日，皆成繭矣，宜摘繭。雲隴麥將秋，雪繭蠶已熟。鄰翁各相賀，利以三倍卜。獻繭將告功，紛紛喜下簇。寄語紈袴子，愼勿賤羅縠。

擇繭中一蛹者曰獨繭，雙蛹曰雙繭，二三蛹者曰同功繭。擇獨繭、雙繭之堅白者爲細絲，同功繭及雜而薄者爲粗絲，爲帛。其有內潰而漬溼者曰陰繭，另置一處，僅可爲帛。凡繭尖細堅而腰小者，雄也，圓慢厚而腰大者，雌也，相兼而收。以簇中者爲佳，近上絲薄，近下不生子。取雙繭，待蛾生子，承之以布，或以紙，月直大火，以鹽水沃其子，俗謂醃蠶，以待來年清明浴之。枝葉兩相當，辛勤歌采桑。不願同功繭，但願獨與雙。視腰辨雌雄，結喜簇中央。沃子待來年，甕窖宜深藏。

繅絲繅絲爲繅車以繅絲。村村煮繭香，軋軋繅車聲。探湯引其緒，入手光晶瑩。上市賣新絲，織素分粗精。歸祀馬頭娘，共慶蠶桑成。

清 吳傳沄《藝蘭要訣》 蘭蕙澆壯法 蠶性溫和桑葉涼，收砂浸水妙丹方。葉黃澆後能回綠，發葉生根最爲良。

雜録

明 夏元彝、李開鄴《禹貢古今合注》卷一 桑土既蠶是降丘宅土

兗州寡山而夾于兩大流之間，其民皆山居巢栖以避之。水害既除，民乃下高丘，居平土，就蠶桑也。《禹貢》：惟冀揚梁雍不貢繭物。兗篚織文，徐篚玄纖縞，荊篚玄纁璣組，豫篚纖纊，青篚檿絲，皆繭物也。而桑土既蠶獨言于兗，蓋濮水之上，是名桑土。《史記》曰：齊魯千畆桑，其人與千戶侯等。古稱齊人織作冰紈繡綺，號爲冠帶衣履天下。《濮州志》曰：兗之桑濮爲上，入其境蔭蔽阡陌。當蠶而治絲帛者，比鄰至不相往還，帛成可以衣舉室，其餘則貿之。《衛》稱抱布貿絲，蓋自昔而已然歟。孟子，鄒人也，故論王政曰：樹墻下以桑，亦所素習耳。夫聖王之利天下，其大者農桑而已。序成于冀曰既作，于兗曰既蠶。水土初平，率天下耕而食，織而衣，即冀兗之間，自能辨之。寧事東南之秔稻，吳越之杼軸哉。晚近燕趙齊魯之區，率事媮怠，農桑失業，而西北日貧，東南並困矣。桑葉沃，若是爲神木。《禮記》：桑于公桑，風戾以食之。鄭氏云：及早涼風戾之，使露氣濕乃以食蠶。蠶性惡濕，鄭氏曰：蠶爲龍精，月值大火，則浴其種。《月令》曰：季春無伐桑柘，愛蠶食也。孟夏既登八月載績。伏羲氏化蠶爲絲，黃帝元妃西陵氏始蠶。荀卿《蠶賦》曰：此夫身女好而頭馬首者歟？有父母而無牝牡者歟？冬伏而夏游，食桑而吐絲，喜濕而惡雨。蛹以爲母，蛾以爲父，三俯三起，事乃大已，夫是之謂蠶理。王盤《農書》曰：桑種甚多，世所名者，荊與魯也。荊桑多椹，魯桑少椹，葉薄而尖，其邊有辨者，荊桑也。凡枝幹條葉堅勁者，皆荊之類也。桑圓厚而多津者，魯桑也。凡枝幹條葉豐腴者，皆魯之類也。荊之類，根固而心實，能久遠，宜爲樹。魯之類，根不固，心不實，不能久遠，宜爲地桑。然荊之條桑，不如魯葉之盛茂，當以魯桑條接之，則能久遠而又盛茂也。魯桑宜飼大蠶，荊桑宜飼小蠶。丘形四方高，中央下。《爾雅》曰：非人爲之曰丘。天下有名丘五，其三在河南，二在河北。《廣雅》曰：小陵曰丘。《方言》曰：冢大者謂之丘。九州惟兗雍言宅者，雍最高，兗最下，故舉以包餘州也。

日 藤田豐八《賽神》《農學報》第六十三期 嘉慶四年，撫浙中丞以浙西杭嘉湖三府民重蠶桑，請建祠以答神貺，奏奉，俞允，乃建廟於東嶽宮左，曰蠶神廟。有司祭祀，鄉氓雖瞻敬惟虔，而蠶時猶不敢褻祀先蠶，是小民知禮處。第五聖之名，鄙俗不典，民間報賽，祀菀窳婦人寓氏公主，亦無不可，或祀蜀君蠶叢氏亦得。馬頭孃授爲九宮仙嬪，語本《搜神》，不免荒誕。按，身女好而頭馬首，固五帝所占蠶理也。語出荀卿，足爲典要，他說可廢。《西吳蠶畧》湖俗佞神，不指神之所屬，但事祈禱，不知享祀之道，藉以報本，非所以祈福免禍也。或曰：蠶月人力辛勤，正須勞以酒食，屢借祠神以享餕餘，是亦一道也。《吳興蠶書》

圖表

宋 樓璹《耕織圖》卷二

織第九圖炙箔

蠶性由來苦畏寒，深垂簾幕夜將闌。爐頭更爇松明火，老媼殷勤日探看。

清 愛新覺羅・玄燁《御製耕織圖》

蠶性由來苦畏寒，深垂簾幕夜將闌。爐頭更爇松明火，老媼殷勤日探看。

清 衛杰《蠶桑圖説》冊中

辨蠶種第四圖

山蠶養得滿山中，人事無須飼養功。惟有家蠶偏喜潔，先防沙漠後防風。蠶食不飲，喜潔惡穢，凡臭物皆忌之。西南風及北風均宜避，喜温煖。如寒時，祇宜用輕衣、單被等物遮蓋。蜀中蠶性與北方相近，今年蠶桑局及村民多用蜀蠶子，作繭最旺，易州山村如馬頭、主良等處，皆養山蠶。

養蠶經驗分部

十體

題解

清 楊屾《豳風廣義》卷二 《務本新書》曰：蠶有十體：寒在連宜寒、熱下蟻宜熱、饑眠起宜饑、飽向食宜飽、稀布之宜稀、密下子宜密、眠卧為眠、起脱殼為起、緊臨眠上簇宜緊飼、漫［慢］方起，宜漫［慢］飼。

綜述

清 張宗法《三農紀》卷八 八宜：方眠宜暗，眠起宜明，蠶小並向眠時宜暖，蠶大並起時宜明宜凉，向食時宜風，宜緊飼加葉，新眠起宜忌風，宜緩飼薄葉。

又 十體：天寒須温；天熱須凉；飢則皮皺，須速食；飽則皮青，須緩食；眠須分抬莫飼；起須就飼，不宜葉太稀；飼，不宜葉太稠；緊飼須未眠之間；慢飼宜既眠之初。

清 馮祖繩《救貧捷法・養性》 天寒須溫，天熱須凉。饑則皮皺，須速食；飽則皮青，須緩食。眠須分抬莫飼，起須就飼。不宜葉太稀，不宜葉太稠。緊飼須未眠之前，慢飼宜既眠之後。

（光緒）《歸安縣志》卷一一《輿地略十一・蠶桑》 《農桑通訣》云，蠶有十體：寒、熱、飢、飽、稀、密、眠、起、緊、慢。此十者，人所當體恤也。時時體恤，猶懼有失。若夜則貪眠，日復偷息，必致分𥘺不時。飼養失節，風寒不知慎，溼熱不能除，苟且之心勝，則諸病叢出矣，此懶之爲害也。至若一鄉一邑之中，比戶蠶病傳染，無或免者，此則如時行瘟疫，乃運氣使然，非人力所能爲矣。

清 羊復禮《蠶桑摘要・養蠶十五則》

蠶宜

養蠶室宜高宜暖，不宜透風。如天氣寒冷，須用衣被盖之，以免凍損。或天氣過熱，宜開廠，稍取涼快。粵東天氣極熱，故有納涼之説。浙西天寒，故以温煖爲主。鎮屬奉議稍熱，天保至夏尚寒，地氣寒煖不同，須相宜斟酌，不得拘定。又鎮屬之鄉間小屋，下畜牛豕，臭氣滿室，甚不相宜，須將牛豕另移他處，方可養蠶。草屋低小者，亦不相宜，緣育蠶不能脱火，須格外留心也。又在連宜寒；下蟻宜熱；眠後宜飢，向食宜飽，布筐宜稀不可過稀，飼葉宜密不可過密，蠶未眠時宜暗宜煖，蠶大起時宜明宜涼，臨眠上簇宜緊飼，新起宜慢飼。所謂十體也，不可不知。

清 何品玉輯刊《蠶桑會粹・附録宜忌各條》 《蠶經》曰：蠶有三光：白光向食；青光厚飼，皮皺為饑；黄光以漸住食。蠶有三稀：下蟻稀，上箔稀，上簇稀。蠶有五廣：一、桑廣，二、人廣，三、屋廣，四、箔廣，五、簇廣。

清 豫山《蠶桑輯要略編・養蠶法》 避忌 蠶有十體：在紙宜寒，下蟻宜熱，眠後宜飢，開食宜飽，下子宜密，布箔宜稀，小眠時宜暗宜暖，大眠時宜明宜涼，眠起時宜慢飼，上簇時宜緊飼。

五廣

題解

元 司農司《農桑輯要》卷四《養蠶》

十體

《務本新書》：寒、熱、飢、飽、稀、密、眠、起、緊、慢謂飼時緊慢也。

三光 《蠶經》：白光向食；青光厚飼，皮皺為飢；黄光以漸住食。

八宜 《韓氏直説》：方眠時宜暗；眠起以後宜明；蠶小並向眠，宜暖宜暗。蠶大並起時宜明宜涼。向食宜有風避迎風窗，開下風窗，宜加葉緊飼。新起時怕風，宜薄葉慢飼。蠶之所宜，不可不知。反此者必不成矣。

三稀 《蠶經》：下蟻，上箔，入簇。

五廣 《蠶經》：一、人，二、桑，三、屋，四、箔，五、簇謂苫席蒿梢等。

明 徐光啓《農政全書》卷三一《蠶桑・養蠶法》

《蠶經》曰，蠶有三稀：下蟻、上箔、入簇。

《蠶經》曰，蠶有五廣：一、人；二、桑；三、屋；四、箔；五、簇謂苫席蒿梢等。

清 韓夢周《蠶桑實濟》卷四《育桑急務》 《蠶經》曰：蠶有三光：白光向食，青光厚飼，皮皺爲饑；黄光以漸住食。蠶有三稀：下蟻稀，上箔稀，上簇稀。蠶有五廣：一、桑廣，二、人廣，三、屋廣，四、箔廣，五、簇廣。

清 張宗法《三農紀》卷八 育養先備五廣：一、人，二、屋，三、桑，四、箔，五、簇。須知三稀：下蟻宜稀，上箔宜稀，眠時宜稀。

清 曾鉌《蠶桑備要》卷三《養蠶總要》 蠶有三稀：下蟻稀，上箔稀，上簇稀。

蠶有五廣：一、桑廣，二、人廣，三、屋廣，四、箔廣，五、簇廣。

清 陳開沚《裨農最要》卷一

養蠶總要

蠶有五廣：一、桑廣，二、人廣，三、屋廣，四、箔廣，五、簇廣。

蠶有三稀：下蟻稀，上箔稀，上簇稀。

蠶有三光：白光向食，青光厚飼皮皺為飢，黄光以漸住食。

清 劉清藜《蠶桑備要》第三篇《養蠶總要》 蠶有十體：寒在連宜寒，熱下蟻宜熱，饑眠後宜饑，飽向食宜飽，稀布之宜稀，密下子宜密，眠蠶小眠時宜暗宜暖，起蠶大起時宜明宜涼，緊臨眠上簇宜緊飼，慢方起宜慢飼。

蠶有三光：白光向食，青光厚飼，皮皺為饑。黄光以漸住食。

蠶有三稀：下蟻稀，上箔稀，上簇稀。

蠶有五廣：一、桑廣，二、人廣，三、屋廣，四、箔廣，五、簇廣。

蠶有八宜：方眠時宜暗，起以後宜明。蠶小並眠時宜暖宜暗。蠶大並起時宜明宜涼。向食時通風但忌小孔賊風並西風吹入，宜加葉緊飼。新起時怕風，宜薄葉漫［慢］飼。蠶之所宜，須知。反此為逆，必無成理。

綜述

清 馮祖繩《救貧捷法》

養蠶

養法，先備五廣：一、人，二、屋，三、桑，四、箔，五、簇。又有三稀：下蟻宜稀，上箔宜稀，眠時宜稀。又有三光：白光宜飼，青光厚飼，黄光以漸住飼。再加八宜：方眠宜暗；眠起宜明；蠶小並向眠時宜暖；蠶大並起時宜明宜涼；向食宜風，宜緊飼加葉；新眠起宜忌風，宜緩飼。天寒須溫，天熱須涼。饑則皮皺，須速食；飽則皮青，須緩食。眠須分抬莫飼，起須就飼。不宜葉太稀，不宜葉太稠。緊飼須未眠之前，慢飼宜既眠之後。初生黑色，漸漸加食，三日擘分如棋子大，零落布于箔上。變白飼宜加，變青飼宜厚加。復變白又宜慢，食宜少加。變黄須減飼，純黄宜停食，謂之正眠。自黄而白，白而青，青復白，白復黄，又是一眠。每眠俱如此候。加減伺候，宜晝夜無怠。若飼得頓數多者，早老，得絲多；頓數少者，遲老，得絲少。蠶老則身亮，若頭有一二刻未亮者，老氣未至，飼忌帶露葉、雨水葉、風日干葉、采歸澳葉。葉須采歸，置淨潔處搜開，晾去熱氣，乃可飼。宜常留三日桑，以防霖雨。至三眠後，天氣晴暖，至午中用甘草、酒葉，次以緑豆粉或粳米粉糝之，令飼，每箔可用十余兩。隔一日如此一頓，不特解蠶熱毒，且收絲益多。缺桑，依此法飼之，可耐饑一日。夜選向陽簇中繭勻美者，堪作種，尖緊者雄多，圓齊者雌多。

三齊

題解

清 沈秉成《蠶桑輯要·諸家雜説》 蠶欲三齊：子齊，蟻齊，則蠶齊。

綜述

宋 陳旉《農書》卷下

育蠶之法篇第三

凡育蠶之法，須自摘種。若買種，鮮有得者，何哉？夫蠶蛾有隔一二日出者，有隔三五日出者，蛾出不齊，則放子先後亦不齊矣。其收種者取參差未齊之時，別紙摘之，及正中間放子齊時，又別作一紙摘之，及末後放子稍遲，又別作一紙摘之。凡鬻與人，皆首尾前後不齊者，而中間齊者，留以自用。始摘不齊，則苗出不齊，蠶之眠起遂分數等，有正眠者，有起而欲食者，有未眠者，放食不齊，此所以得失相半也。若自摘種，必擇繭之早晚齊者，則蛾出亦齊矣。蛾出既齊，則摘子亦齊矣。摘子既齊，則出苗亦齊矣。出苗既齊，勤勤疏撥，則食葉匀矣。食葉既匀，則再眠起等矣。三眠之後，晝三與食葉必薄，而使食盡，非唯省葉，且不罨損蠶。將飽，必勤視，去糞薙，此育蠶之法也。

元 司農司《農桑輯要》卷四《養蠶》《士農必用》：蠶事之本，惟在謹於謀始，使不為後日之患也。眠起不齊，由於變生之不一；變生之不一，由於收種之不得其法，故曰：惟在謹於謀始。

明 徐光啓《農政全書》卷三一《蠶桑・養蠶法》 若寒熱不均，後必眠起不齊。又今時蠶屋内素無禦寒熟火，止是旋燒柴薪，烟氣籠熏太甚，蠶蘊毒多成黑薨。

又《士農必用》曰：生蟻，惟在凉暖知時，開捎得法，使之莫有先後也。生蟻不齊，則其蠶眠起至老俱不能齊也。其法：變灰色已全，以兩連相合，鋪於一净箔上，緊捲了，兩頭繩束，卓立於無烟净凉房内。第三日晚，取出展箔，蟻不出為上。若有先出者，鷄翎掃去不用。名行馬蟻，留則蠶不齊。

明 佚名《便民圖纂》卷四《桑蠶類》 論飼養 蠶必晝夜飼，頓數多則易老，少則遲老。初飼蟻，宜旋切細葉，食盡即飼，不拘頓數。頭眠起，晝夜可飼六頓，次日漸加。停眠起，散葉宜薄，晝夜可飼四頓，次日漸加。大眠起，散葉又宜薄，晝夜可飼三頓，次日加至七八頓。若眠齊住食，起齊投食，眠起不齊而飼之者，亦不齊，又多損失，每飼必匀，葉薄處再摻。

清 楊屾《豳風廣義》卷二《養蠶總要》 眠起取齊法 蠶若齊眠齊起，自然上簇便齊，不惟省功省葉，且堅繭多絲。或有眠起不齊者，病原於初，今既然矣，當從此以治之。如於純黄之中間，有退白而向黄者，是與純黄不相遠，須頻飼以督之，則速其眠，猶可相及。如已見純黄，又多青白，此與純黄懸遠，雖飼之頻，則亦莫及。蓋蠶之變色爲變之小，絕食退膚爲變之大，爲蛹爲蛾，則變之尤大，而至於化也。凡至純黄，則結觜不食而眠，如人之大病，周身氣血爲之變換，一晝夜安静不擾，則眠爲得所。今以青白者尚多，飼而亂之，動而踩之，則眠而失其所矣。及其青白者變黄，向之眠者至此已起，起者如病人新愈，欲得少食，以接氣血，但後眠者不能食。若先起者先飼，則先老，上簇便不齊焉，得個個細揀。若待後眠者起而同飼，則先起者已經餓損，多病少絲，端爲可惜。故《蠶經》云『眠起不齊絲減少』，正謂此也。

又 劈蟻法

蟻既下連，用快刀切桑葉極細，以葉篩篩於蟻上，務要薄而匀。匀薄如微雨之狀。又臨下蟻時，桑須澆過二三次方好，以後旋摘旋澆，則桑多液。切葉必細者，恐蓋蠶也；必篩者，恐不匀也，不匀則食葉有偏，偏則眠起不齊，然葉槎微液，不能久存，少頃之間，即便乾枯，故須頻切而頻篩也。此時不可飼以接桑葉，飼則多病，須在大眠後用之。

清 韓夢周《蠶桑實濟》卷四《育蠶急務》

擇種下子

養蠶之法，擇種爲先。如五穀然，倘繭種薄，則蛾多病。雖生子，來春養之，其蠶必病。若收種不得其法，生子不齊，來春養之，則眠起不齊，將來上簇，必不齊，其爲患也大矣。

又 每日所出之蛾，下子爲一輩，不可將數日之蛾混在一處。下子連上，須記寫日期。來年養時，將同日所生之子生蟻爲一等，養之自然眠起皆齊。若將數日所下之子混在一處，生蟻同養，則眠起必不齊，極爲患害。

又 少間，黑蟻齊出。若有先一日生者，或末後生者，皆不可用，後必眠起不齊，不忍棄者，易作一朋養之，不可混在一處。

又 頭眠起娘 沠替一晝夜，漸漸要起起娘身上嘴上，舊完蛻盡，是名起娘，必待個個起齊，再看替子上，有絲布滿名楊花替，則起娘嘴老，可以餧葉此時切葉條子，畧可放寬。大概一眠一起，必須兩晝夜之外，方可餧葉。第二日體刮時，看來蠶身擠緊，必要分出此來，每日體刮，每日俱要分出蠶吃一餐葉，必定放身，若不分出，篩内太緊太密，有多吃葉者，必有吃葉不着者，就要受餓戒病也。

又 卷六《蠶桑補遺》

臨眠取齊

古人眠起取齊之法至周至密。擇種下子，記寫日期，以同日所下之子，次年生蟻，共爲一輩養之，此齊於收種時也。十二月蠶生日，以食鹽醃種，或用石灰去其子之無力者，此齊於浴種時也。清明浴種後懸掛蠶連，每日轉動之，令左者向右，右者向左，此齊於晾種時也。生蟻之法，用綿蓐包裹蠶連，每日夜翻轉綿包十餘次，以向下者復向上，向上者復向下。又早午晚取開棉包三次，提掇蠶連，將居中者換在兩邊，居邊者換在中間，此齊於煖種時也。種齊則蟻齊，蟻齊則眠起皆齊。如法行之，宜無不齊之理。然究未有一時盡眠，一時盡起者，古亦有抽飼斷眠一法，專飼未眠之蠶，使之速眠。而先一日眠者，終必先一日起；後一日眠者，終必後一日起。若先起者已過一日，飼葉不能再緩；後起者嘴猶未老，一律飼之，到老必至不食，則後眠者雖有抽飼之方，而先起者斷無抽飼之理。今有一法，於頭眠打裝時，箔中尚有一半旺葉之蠶，須切細葉，勻鋪網面，即將帶葉之網輕佈箔上，俟食葉之蠶盡數上網，將網抬開，另放一箔飼之。頭眠既起時，須要一律起齊，俟其嘴老，方可飼葉。蠶初起宜飢，一日夜不飼無妨。如尚有一半未起之蠶，即將一日同起者用上網抬法另移一箔飼之。二眠二起時再有不齊者，仍用上法。眠眠如是，何患難養？

清 方觀承《述本堂詩集·看蠶詞》 放食蠶逢齊起，二眠葉待加盈，正好攜筐結伴，願教夜雨朝晴。

眠經一日夜，盡蛻而起揀，俟起齊飼之，如投葉太早，則以後眠起不齊矣。

清 郝懿行《寶訓》卷三《蠶桑》 《務本新書》：蠶小時，將牛糞墼子燒令無烟。近兩眠則止。若寒熱不均，後必眠起不齊。又今時蠶屋內素無禦寒熟火，止是旋燒柴薪，烟氣熏蒸太甚，蠶蘊熱毒，多成黑蔫。

清 汪宗沂《蠶桑輯要·樹桑養蠶要略》 頭眠起後 頭眠不過一二日，俟眠蠶色微黃，嘴微闊，衣已盡褪，則起。衣即皮也，眠一次，則嘴闊一次，皮寬一次。初起，室中宜微明、微煖，禁煎炒氣衝之，必須眠蠶齊起，方可一律飼葉。

二眠 頭眠後四日，又將二眠，其見紅綠絲，與昂頭之狀，盡同頭眠。其易器飼葉之法，亦如之。正眠時，頭又向上，嘴又隱隱有尖角，不食葉。眠定篩灰，一同前法。

清 方大湜《桑蠶提要》卷二《蠶事四十條**·飼葉**七則**》**

飼葉須分別眠起

蟻出之後，同時下連。先後下連之蟻，各置一器，此齊於收蟻時也。詳收蟻第一則、第三則下連有先有後，先者減頓，後者加餐，此齊於育蟻時也。詳育蟻第二則如法行之，種齊、蟻齊，眠起自無不齊之理。然究未有一時盡眠、一時盡起者，所以昔人又有抽飼斷眠之法，抽減已眠者之葉，專飼未眠之蠶。如十分中有三分黃光，則是眠者三分，未眠者七分，即抽減桑葉三分，而以七分葉專餧未眠者；三分，即抽減桑葉七分，而以三分葉專餧未眠之蠶。

清 高銓《吳興蠶書》卷上 第一頓宜極薄，即接飼第二頓，亦宜極薄。第二頓，鄉人謂之還稅，言如稅之不可緩也。第三頓宜間半時，少加厚。蓋蠶雖起齊，其嘴有老嫩之別，第一二頓，老者搶食，嫩者猶未搶食，不可不稍緩，以俟其齊也。自頭眠至輟火，凡眠起放葉，必待十分起齊。大眠後，不必起齊，約一手掌大小之處，尚有二三眠頭，即可放葉。俗以大眠之起爲空心，放葉宜早。不知蠶之初起，無不空心者，不獨大眠爲然。惟是大眠後，蠶不再眠，未齊投食，則其老亦畧分先後。凡上山諸務，俱得次第，不致忙促乜。又大眠放葉，宜用野葉。老農云：『大眠初放葉，先以野葉飼兩三頓，其絲即光而韌。』此係閱歷之言，不可以爲無憑而忽之。

清 曾鉌《蠶桑備要》卷四

頭眠起齊

餧葉之法：箇箇起齊，灰下無一眠者。起者必脫灰而上。再看桑渣蠶屎之上，有絲布滿，則起娘鮹老，便可餧葉。蠶眠既起，欲餧葉時，先於室中燒初次育蟻起出之桑渣一撮，謂之香體，蠶聞此香，便即思食，此是醒胃之法。先起過半，一日衹餧一次，起齊第一日同，餧三次以後，每日七八次。每一晝夜，約餧四五次。頭眠起齊之後，二眠之前，中間三四日，最爲要緊。此三四日，設有小病，到老必無收成。第一、不可受餓，夜間切勿貪睡。起齊後，第一次布葉，須薄而勻。蠶眠時，器內篩有穅灰，起後，蠶器乾燥，所布之葉易枯，枯則蠶不能食，故布葉宜薄。俟食去三分之二，即再布一次。不必俟其食盡。第三次布葉，不妨稍厚。以後蠶漸大，葉亦漸厚，須食盡再布。

易器之法：天氣煖則隔一日體一次。因此時食葉漸多，桑渣蠶屎較前易厚也。天氣寒則隔兩日。所易之器，紙下仍襯以灰。

保護之法：宜煖，宜明，忌風，忌穢。

清 陳雪堂《蠶桑簡法》卷上《養蠶撮要》

眠起

蠶兒各齡生長，既達一定之度，更不能發育其體軀，於是脫舊皮以生新皮，而更爲成長地步，此脫皮準備中，俗稱曰眠，以其形似安臥而名之也。當蠶之將眠也，皮膚漸現淡黃色，不食桑葉，頭頻回旋而吐絲，以纏尾部於簇上，至昂首靜止，全體透明，口部上現灰褐色之三角形，即熟眠之徵也。此際切忌攪動，以順其生理。即有未眠者，須行引青法，另移他簏，置於蠶架上層，以使速眠。其時溫度宜降至六十七八度，過高恐眠蠶有難起之弊，濕度亦宜兩球相差在五六度之間，過燥過濕，均不相宜。故此中保護，尤宜周到。經一周時許，則蠶卽脱皮而覓食矣。惟此時給桑不可過早，亦不可過遲。過早則起蠶之口器尚嫩，消化機不強，且有眠蠶，將來發育必不齊一。過遲則蠶經一番脱皮之厄，而又受飢餓，必至困憊難堪。然則果以何時爲適？曰：自箔中有多數蠶脱皮約十之八九，約經過十二時間，見蠶口部皆呈黑褐色，活潑運動，於是給以稍嫩之桑，最爲恰當時期也。

清 陳淳《實驗蠶桑簡要法》下篇《養蠶法》第三章《調停温度之法》

春蠶時之溫，常有降至五六十度，勢必不得不籍火力以補溫。第調溫之秘訣，不於天然溫度，加至十餘度外者，保無失敗之虞，因人力所補之火溫炭氣既多，且上下不均，致蠶有眠起不齊之患。

又 第十二章《切葉之法》 切葉分數，宜依標準行之，不可任意大小。小則蠶食不淨，踏爲舖葉，蒸濕以釀蠶病，故每次葉末，必須篩去。大則葉少，散布不勻，易肇眠起不齊之弊。

又 第十九章《止桑之法》 如止桑偶遲，綠厚濕重，最足害蠶。且葉未乾枯，卽有起蠶餉食，逐齡眠起，因此愈不齊矣。

清 陳開沚《裨農最要》卷一

分蠶法

蠶大宜分不分則漸長漸大，愈大愈擠，必有積壓損傷之患。且食葉不均，必有大小不勻，眠起不齊，所損實多。大約新蟻一盤，旋長旋分，老可至三十盤。

又 另選未眠法

蠶若眠齊起齊，自然省功省葉，堅繭多絲。或有眠起不齊者，如純黄之中有由白而向黄者，是與純黄不相遠，頻飼以督之，猶可相及。如已見純黄，又多青白，則與純黄甚遠，飼雖頻，亦不能及。且蠶眠一晝夜，以安靜不擾為得所。蠶眠，乃脱殼之候也。身硬皮緊，色黄觜縮，不食不動，如人之大病，周身血氣為之變換，只宜靜睡，不可驚動擾亂。今以青白者尚多，飼而亂之，動而蹂之，則先眠者失其所矣。迨青白未眠者變而欲眠，則前之眠者已起。因後者之方眠，而停起者之食，起者既不堪其餓。如病人新愈，欲漸進食，以補血氣，饑則受傷。因前者已起，而不停起者之食，眠者又不堪其擾。如病人睡眠，驚動擾亂，則身心不安，身心不安，則病流連難起。多病少絲，實由於此。古云：『蠶起不齊絲減少。』宜於純黄之中，見有青白者，隨即選去，另置他器，仍頻飼，以督其眠。其餘眠者，置之靜室，以俟其起，則眠與未眠，兩不相妨。每眠俱如此，否則費葉損蠶。

又 卷三 餧葉之法：箇箇起齊，灰下無一眠者。起者必脱灰而上。再看桑渣蠶屎之上，有絲布滿，則起娘觜老，便可餧葉。先於室中燒香體一撮，蠶聞此香，便卽思食，此是醒胃之法。香體，即育蟻所體刮之初次桑渣也，留之正為此時之用。第一頓，布葉宜薄而勻。眠時，器内篩有糠灰，起後，蠶器乾燥，所布之葉易枯，枯則蠶不能食，故布葉宜薄而勻。又眠起，布葉勿擲，擲則蠶驚。俟食去三分之二，即再布一次，比第一頓更薄。凡蠶眠初起，與食不可太多，多則傷食病死。故飼蠶逐日頓數宜記清，後仿此。第三頓如第一頓，第二三日飼四五頓。以後蠶漸大，葉宜漸厚。第四五日飼六七頓。頭眠起齊之後，二眠之前，中間三四日，最爲要緊。此三四日，設有小病，到老必無收成。第一，不可受餓，夜間切勿貪睡，子刻宜飼一次。第六日飼之宜薄宜頻。古語：『蠶催三眠。』謂三眠俱有催時，非謂至三眠而始催也。頭二眠催者，催其眠也。三眠後催者，催其老也。易器之法：隔一日體一次。蠶眠起後，食葉漸多，桑渣蠶屎，較前易厚，如天氣寒，隔兩日亦可。

（光緒）《歸安縣志》卷一一《輿地略十一・蠶桑》 二蠶，性與春蠶迥別。春蠶之眠，無分早暮；夏蠶，晚刻不眠。故日中見眠，傍晚自能眠齊。若在申刻眠起，不過眠成一半，餘則直須至次日午刻方眠，不可不分開另貯，使眠眠如此，即不勝其分矣。故諺曰：『二蠶十八派也。』三蠶、四蠶性亦同。

《吳興蠶書》

清 林志恂《蠶桑淺要・養蠶淺要》

眠起

眠起之要，在於使蠶發育齊一，乃養蠶關係最重之事也。收成之豐歉，半在於此；疾病之發現，亦半在於此。世俗見蠶之不動，而謂之眠，實則非蠶之眠，乃蠶之過厄也。使其經過此厄，依然健康，是飼育者分內之事也。

清 劉清藜補輯《蠶桑備要》第三篇《養蠶總要》 眠起取齊法

古人眠起取齊之法至周至密，擇種下子，寫記日期，以同日所生之子為一起，連上如有空缺，即日補滿，此齊於收種時也。鹹種以鹽醃之，淡種以石灰醃之。去其子之無力者，此齊於浴種時也。生蟻之時，將蠶連置懷中者，則表裏互易。不置懷中而裹以綿花者，則以中層與上下層互換，使暖氣均勻，此齊於暖種時也。蟻出之後，同日時下連，先後下連之蟻，各置一器，此齊於收蟻時也。下連有先有後，先一日下連者，置之稍涼處，減其餧葉頓數。

後一日下連者，置煖處，日加一二頓。不過數日，自與頭一日之蟻頓數相當，再一齊餧，數日即齊眠，此齊於育蟻時也。如法行之，種齊，蟻齊，眠起自無不齊之理。然究未有一時盡眠一時盡起者。所以昔人又有抽飼斷眠之法，抽減已眠者之葉，專飼未眠之蠶。如十分中有三分黃光，則是眠者三分，未眠者七分，即抽減桑葉三分，而以七分葉專餧未眠之蠶。如十分中有黃光七分，則是眠者七分，未眠者三分，即抽減桑葉七分，而以三分葉專餧未眠之蠶。已眠未眠，同置一器，其説必不可從。眠者色黃，純黃之中，有由白而漸黃者，與純黃不甚相遠，頻飼以督之，猶可相及。若已見紅黃，又多青白，則與純黃相去遠甚，飼雖頻，亦不能及。且蠶眠一晝夜，以安靜不擾爲得所。今以青白者尚多，飼而亂之，動而擾之，則先眠者失其所矣。迫青白未眠者變而欲眠，則前之眠者已起。因後者方眠，而停起者之食，起者既不堪其餓。因前者已起，而不停起者之食，眠者又不堪其擾。多病少絲，實由於此，故抽飼斷眠之法必不可從。其餘收種、浴種、暖種、收蟻、育蟻諸法，一一照行，尚不能一時盡眠，一時盡起。若不照行，則種類亂雜，眠起之前後相去更遠。故收種、浴種、暖種、收蟻、育蟻諸法，亦不可廢。須各置一器，則未眠者便加餐，已眠者不受擾。

清　饒敦秩輯《蠶桑質説》卷下《蠶説十三則》

下蟻第三

蠶既出齊，必須下蟻，切勿以鵝毛掃下，致傷蠶體。法用篋簸一個，平鋪厚紙，再將桑葉細切成絲，勻篩紙上，然後將出蟻蛋紙翻蓋葉絲上，不過一時，蠶自下紙食葉，一日下兩次，此法甚為穩妙。如眾蠶下齊，獨有數條不下，與最先早出，最後遲出數條，均是病蠶，宜棄去，切不可餧。又每次所下之蟻，須各餧一盤，不可混在一處，免致將來眠起不齊。川俗則於頭二眠時，擇其先眠者置一處，次眠者又置一處。每致餧食不勻擇捉，又傷蠶體，所以出絲不旺，又多生病，不如擇別於下蟻時為穩妥。

清　衛杰《蠶桑萃編》卷三《蠶政・審候類》

飼須勻

每布葉後，須繞盤細看，何處葉未勻，即用蠶杓盛葉添補。若不勻，則饑飽不一，眠起必不能齊。

又　分眠起

昔人於眠起取齊之法至周且密。如能依法行之，種齊，蟻齊，眠起自無不齊之理。間有一時不盡眠不盡起者，又有抽飼斷眠之法。抽減已眠之葉，專飼未眠之蠶。如十分中有黃光三分，則是眠者三分，未眠者七分，即抽減桑葉三分，以七分葉專飼未眠之蠶。如十分中有黃光七分，則是眠者七分，未眠者三分，即抽減桑葉七分，以三分葉專飼未眠之蠶。然總不如初飼均勻，自免挹彼注茲之敝。

又《頭眠類》

頭眠起齊

餧葉之法：箇箇起齊，灰下無一眠者。再看桑渣蠶屎之上，有絲布滿，則起娘觜老，便可餧葉。先於室中焚香一撮，蠶聞香，便思食，此是醒胃之法。每一晝夜，約餧四五次。頭眠起齊之後，二眠之前，中間三四日，勿令受餓，設有小病，到老必無收成。起齊後第一次布葉，宜薄宜勻，俟食去三分之二，再布一次，不必食盡。第三次布葉，不妨稍厚。以後蠶漸大，葉亦漸厚，食盡再布。

易器之法：天氣煖，隔一日剔一次，天氣寒，則隔兩日。所易之器，紙下仍襯以灰。

保護之法：宜煖，宜明，忌風，忌穢。

清　吳鴻望校，袁俊德輯《蠶政萃編・蠶具類》

葉篩

飼蠶布葉篩也。蠶小時以手撒葉，未免厚薄不均，壓傷小蟻。用竹編小篩，徑五六寸，孔如胡椒大，將葉細切，置篩內勻篩，勿過厚，蠶食均勻，自然眠起皆齊。

清　楊鞏《中外農學合編》卷一〇《蠶類》　蠶小，布葉宜薄。蠶大，布葉宜厚。大眠以後，宜極厚。每將眠時，布葉宜頻，且宜薄。每眠起時，布葉宜薄，且宜緩。惟古人眠起取齊之法至周至密，擇種下子，寫記日期，以同日所生之子為一起，連上如有空缺，即日補滿，此齊於收種時也。鹹種以鹽醃之，淡種以石灰醃之。所以借鹽與石灰之力，去其子之無力者，此齊於浴種時也。生蟻之時，將蠶連置懷中者，則時刻須表裏互更。或不置懷中，而裹以綿花者，則以中層與上下層時常疊換，使暖氣均勻，此齊於暖種時也。各連先後出蟻，須分次第，各置一箔，此齊於收蟻時也。下連有先有後，先者稍減頓，後者略加餐，此齊於育蟻時也。如法行之，種齊，蟻齊，眠起自無不齊之理。然究未有一時盡眠，一時盡起者，所以昔人又有抽飼斷眠之法。抽減已眠之葉，專飼未眠之蠶。如十分中有三分黃光，則是已眠者三分，未眠者七分，即抽減葉三分，而以七分葉專餧未眠之蠶。如十分中有黃光七分，則是已眠者七分，未眠者三分，即抽減葉七分，而以三分葉，專餧未眠之蠶。但已眠未眠同置一器，其説必不可從。眠者色黃，純黃之中有由白而漸黃者，與純黃不甚相遠，頻飼以督之，猶可相及。若已見純黃，又多青白，則與純黃相去遠甚，飼雖頻，亦不能及。且蠶眠一晝夜，以安靜不擾爲得所。今因其青白未眠者尚多，飼而亂之，動而蹂之，則先眠者失其所矣。迨青白未眠者，將變色而欲眠，則前之眠者已起。因就後眠者方眠，而停先眠已起者之食，則起者既不堪其餓。因就已起者求食，而即開其葉，則眠者又不堪其擾。多病少絲，實由於此，故抽飼斷眠之法，必不可從。其餘收種、浴種、暖種、收蟻、育蟻諸法，一一照行，尚不能一時盡眠，一時盡起。若不照行，則種類亂雜，眠起之前後相去更遠。故收種、浴種、暖種、收蟻、育蟻諸法，亦不可廢。飼蠶者，須於已眠者之中用大葉提出未眠者，另置他器頻飼，以督其眠。已眠者，置之靜室，以俟其起。《授時通考》《士農必用》《農桑通訣》《農政全書》《蠶桑提要》。

清 宗景藩《蠶桑説略》 挑繭説 兩蠶共作一繭，名同功繭，俗呼大頭繭。又繭之薄而軟者，下山時均宜挑去，待繅絲事畢，將挑下之繭一併煮熟，水浸數日，剝開漂洗，與煮繭時剝下之外衣及繅剩繭衣一同搗爛晒乾，待暇日抽絲手撚之，浙中謂之打綿線，可織綿綢，或用以作帛。若將各繭一併繅絲，必不勻細，售必貶價。

清 帥念祖《蠶政編》

擇種下子

養蠶之法，擇種爲先。倘繭種薄，則蠶多病。若收種不得法，生子不齊，來春養之，則眠起不齊，上簇亦致不齊，爲患大矣。惟在謹於謀始，須擇簇中近上向陽，堅實好繭，雌雄相間而收雄者，緊細尖小。雌者，圓漫厚大。於通風處淨箔上單擺，不可堆聚。待七日之後，其蛾自生，若有拳翅、禿眉、焦腳、焦翅、焦尾、熏黃、赤肚、無毛、黑紋、黑身、黑頭並先一日出者，名苗蛾。末後出者，名末蛾，俱揀出不用，只用第二第三日出者。以肥好蛾子，雌雄相配，自辰至戌方析開，當日亦宜提掇，去其便尿。厥氣乃全，欵欵摘去雄蛾。將雌蛾勻稀布於連上，連須用桑構皮厚紙，若紙薄，則不便浸洗。將連鋪於無風處蠶盤内，上以盤覆之，令暗，則生子不遊散。生子數足，更令母蛾就連上覆養三五日，然後摘去。每日所出之子爲一輩，不可將數日之蛾混一處。下子連上，須記號日子。養時將同日所生子生蟻爲一等，養之自然眠起皆齊。

清 佚名《樹桑養蠶要略》 頭眠起後 頭眠不過一二日，俟眠蠶色微黃，嘴微闊，衣已盡褪，則起。衣即皮也，眠一次，則嘴闊一次，皮寬一次。初起，室中宜微明，微煖，禁煎炒氣衝之，必須眠蠶齊起，方可一律飼葉。

八宜

題解

元 司農司《農桑輯要》卷四《養蠶》 八宜 《韓氏直説》：方眠時宜暗，眠起以後宜明，蠶小並向眠宜暖宜暗，蠶大並起時宜明宜涼，向食宜有風避迎風窗，開下風窗，宜加葉緊飼，新起時怕風，宜薄葉慢飼。蠶之所宜，不可不知，反此者，必不成矣。

明 佚名《便民圖纂》卷四《蠶桑類》 八宜 《韓氏直説》云：方眠時宜暗；眠起後宜明；蠶小并向眠時宜暖宜暗；蠶大并起時宜明宜涼；向食時宜有風，宜加葉緊飼；新起時怕風，宜薄葉慢飼。蠶之所宜，不可不知。

清 楊屾《豳風廣義》卷二 《韓氏直説》曰：蠶有八宜：方眠時宜暗；起以後宜明；蠶小並眠時宜暖宜暗；蠶大並起時，宜明宜涼；向食時通風但忌小孔賊風吹入，宜加葉緊飼；新起時怕風，宜薄葉漫飼。蠶之所宜，不可不知，反此者為逆，必無成理。

清 帥念祖《蠶政編》 蠶有八宜：方眠時宜暗；起以後宜明；蠶小並眠時，宜暖、宜暗；蠶大並起時，宜明、宜涼；向食時宜通風，宜加葉緊飼；新起時怕風，宜薄葉漫飼。蠶之所宜，不可不知，反是者爲逆，必無成理，慎之慎之。

清 程岱葊《西吴蠶略》卷上 宜忌 《士農必用》：蠶之性，子在連則宜極寒，成蟻則宜極暖，停眠起宜溫，大眠後宜涼，臨老宜漸暖，入簇宜極暖。《韓氏直説》：方眠時宜暗，眠起以後宜明，蠶小並向眠宜暖宜暗，蠶大並起時宜明宜涼，向食宜有風避迎風窗，開下風窗，宜加葉緊飼，新起時怕風，宜薄葉慢飼。蠶之所宜，不可不知。

清 馮祖繩《救貧捷法》 養蠶 八宜：方眠宜暗，眠起宜明，蠶小並向眠時宜暖，蠶大並起時宜明宜涼，向食宜風宜緊飼加葉，新眠起宜忌風，宜緩飼。

清 沈秉成《蠶桑輯要·諸家雜説·蠶性總説》 蠶有五宜：方眠時宜暗宜燥；眠起以後宜明；向食時宜加葉緊飼；新起時怕風，宜薄葉慢飼。

清 包世臣《齊民四術》卷一下《農一下》 蠶，陽物。其性所宜：在連今名蠶紙宜極寒，成蟻宜極暖，頭眠起宜暖，停眠起宜溫，大眠起宜涼，老宜漸暖，入簇今名上山宜極暖，蟻時及眠時宜暗，眠起以後及蠶大宜明，向食宜有風，風自架下緩入者乃佳，宜緊飼，新起時怕風，宜慢飼。

清 陳恢吾《農學纂要》卷四《育蠶》 蠶宜 蠶之宜有五：自生至老，皆宜避風，一也；眠時宜暗，二也；起時宜明，三也；上山宜暖，四也；成繭宜涼，五也。二眠後，天氣晴暄，可移植窗前，時挹和融之氣，以暢生機，特不可見風耳。

清 陳開沚《裨農最要》卷一 蠶有八宜：將眠時宜暗，起以後宜明，蠶小並眠時宜暖宜暗，蠶大並起時宜明宜涼，向食時宜通風風自架下緩入者乃佳，忌小孔賊風吹入，及倉卒開門猛風吹入，宜加葉緊飼，新起時怕風，宜薄葉慢飼。蠶有十體：寒在連宜寒，熱下蟻宜熱，飢眠起宜飢，飽向食宜飽，稀布之宜稀，密下子宜密，眠卧為眠，起脱殼為起，緊臨眠上簇宜緊飼，慢方起宜慢飼。

清 何石安、魏默深《蠶桑合編》 蠶性總説 蠶，陽物，屬火，惡水，故食而不飲。蠶性喜靜惡喧，喜溫惡濕。蠶在種則宜極寒，成蟻則宜極暖。停眠起宜溫，大眠後宜涼，臨老宜漸暖，入簇則宜極暖。

清 黄世本《蠶桑簡明輯説·養蠶説》 論宜忌二條 蠶之所宜者甚多，而其要則有五：自生至老皆宜避風，眠時宜暗，起時宜明，上山宜暖，成繭宜涼。二眠起後，天氣晴暄，可移置牕前，時挹融和之氣，以暢生機，特不可見風耳。

清 盧燮宸《粤中蠶桑芻言·養蠶事宜條例·附録宜忌各條》 《務本新書》曰：蠶有八宜：在連時宜寒，出囝時宜暖，眠起時宜飢，向食時宜飽，分窩時宜疏，散㲲時宜密，臨眠時宜緊飼，方起時宜慢飼。

《蠶經》云：蠶有三光：向食時則白光也，厚飼時則青光也，以漸住食時則黄光也。若見皮皺者，是飢也。

《韓氏直説》亦曰：蠶有八宜：方眠時宜暗；起以後宜明；蠶幼及酣眠時宜暖；蠶大及起齊時宜涼；向食時宜通氣，宜加葉緊飼；新起時怕風，宜減葉慢飼。

清 饒敦秩輯《蠶桑簡要録·養蠶法則》

宜忌三條

蠶之所宜者甚多，而其要則有五：自生至老皆宜避風，眠時宜暗，起時宜明，上山宜暖，成繭宜涼。二眠起後，天氣晴暄，可移置牕前，時挹融和之氣，以暢生機，特不可見風耳。養蠶之室，以南向爲宜，更宜矮小緊密。若西北向，又復高大寬廠，一遇陰寒，雖用火烘，氣亦散而不聚。故此等房屋，自小蠶初出，以至二三眠中，總宜設法遮攔，上蓋下墊，使無寒氣侵逼。

清 吴詒善《蠶桑驗要·蠶篇》 所宜有五：一、避風寒，如被西比風吹，多成膿蠶。二、眠時宜暗，三、起時宜明，四、上山宜暖，五、成繭宜涼。忌亦有五：一、忌烟薰；二、忌酒醋葱韭及一切香氣，觸之非病卽死；三、忌高聲大語及鑼鼓、爆竹、敲擊聲，犯之停食；四、忌哭泣、詬詈、雞犬、產婦、凶服、生人；五、忌蟲鼠、蚊蠅叮咬，皆要訣也。蠶畏雷，宜將蠶布縛架上，可避諸忌。

清 豫山《蠶桑辑要合编》上《養蠶》 蠶有五宜：方眠時宜暗宜燥；眠起以後宜明；向食時宜加葉緊飼；新起時怕風，宜薄葉慢飼。蠶有七忌：自生至老大忌煙燻，忌酒醋五辛，忌香麝油氣，忌飼濕葉，忌飼熱葉，忌側近舂搗，忌喪服與產婦。善育蠶者，蠶生於穀雨前後，不過二十七日卽老，少病，省葉，多絲。

綜述

清 韓夢周《蠶桑實濟》卷四《育蠶急務·養蠶總要》 《韓氏（真）[直]説》曰：蠶有三宜。方眠時，宜暗；起以後，宜明；蠶小並眠時，宜暖、宜暗；蠶大並起時，宜明、宜涼；向食時，通風但忌小孔賊風吹入，宜加葉緊飼；新起時，怕風，宜薄葉漫飼。蠶之所宜，不可不知，反此者爲逆，必無成理。蠶室須知加減涼暖蟻初生時，宜極煖，蓋是時天氣尚寒。大眠後，宜涼，蓋是時天氣已暄。又風雨陰晴不測，朝暮晝夜不同，一或失宜，蠶病卽生。惟在蠶室得法，周置捲窗，中伏熟火。如蠶欲暖，而天氣寒者，閉窗門外挂簾薦，內加炭薪熟火，則外寒不入，和氣內生。若遇大寒，苦窗撥火，不能勝其寒者，則用擡爐，燒（本）[木]炭火料，置蠶室四隅，火氣自然薰蒸，覺熱則去餘火。蠶欲涼而天氣熱者，蓋閉火倉，捲起窗紙，涼氣內消，熱氣內消。若遇大熱，閉火捲窗，不能解其熱者，則去其窗紙下開風眼，窗外及槌下，俱灑潑新水，涼氣自然透達；熱退則糊補其窗，閉塞風眼，使蠶自初至終不知有寒熱之苦，病少繭成，一室之功也。然寒不可驟加熱，當漸而益火，寒而驟熱，則生黃軟等疾；熱亦不可驟通風涼，當漸而開窗，熱而驟通風涼，則變白殭，此又不可不知也。又正熱，猛著寒氣，便噤口不食，即用擡爐，盛無烟牛糞火，用扠撥火於槌箔下，往來辟去寒氣，則蠶自然食矣。

清 程岱葊《西吴蠶略》卷上

宜忌

《士農必用》：蠶之性，子在連則宜極寒，成蟻則宜極暖，停眠起宜溫，大眠後宜涼，臨老宜漸暖，入簇宜極暖。《韓氏直説》：方眠時，宜暗；眠起以後，宜明；蠶小並向眠，宜暖宜暗；蠶大並起時，宜明宜涼；向食宜有風避迎風窗，開下風窗，宜加葉緊飼；新起時怕風，宜薄葉慢飼。蠶之所宜，不可不知。

清 馮祖繩《救貧捷法・養性・養蠶》

八宜：方眠宜暗；眠起宜明；蠶小並鄉眠時宜暖；蠶大並起時宜明宜涼；向食宜風，宜緊飼加葉；新眠起宜忌風，宜緩飼。天寒須溫，天熱須涼。饑則皮皺，須速食；飽則皮青，須緩食。眠須分擡莫飼，起須就飼。不宜葉太稀，不宜葉太稠。緊飼須未眠之前，慢飼宜既眠之後。初生黑色，漸漸加食，三日擘分如棋子大，零落布於箔上。變白飼宜加，變青飼宜厚加。復變白又宜慢，食宜少加。變黃須減飼，純黃宜停食，謂之正眠。自黃而白，白而青，青復白，白復黃，又是一眠。每眠俱如此候。加減伺候，宜晝夜無怠。

清 饒敦秩輯《蠶桑簡要録・養蠶法則》

宜忌三條

蠶之所宜者甚多，而其要則有五：自生至老，皆宜避風；眠時宜暗；起時宜明；上山宜暖；成繭宜涼。二眠起後，天氣晴暄，可移置牕前，時挹融和之氣，以暢生機，特不可見風耳。養蠶之室，以南向爲宜，更宜矮小緊密。若西北向，又復高大寬敞，一遇陰寒，雖用火烘氣，亦散而不聚。故此等房屋，自小蠶初出，以至二三眠中，總宜設法遮攔，上蓋下墊，使無寒氣侵逼。

清 羊復禮《蠶桑摘要・養蠶十五則》

蠶宜

養蠶室宜高宜暖，不宜透風。如天氣寒冷，須用衣被盖之，以免凍損。或天氣過熱，宜開廠，稍取涼快。粤東天氣極熱，故有納涼之説。浙西天寒，故以温煖爲主。

鎮屬奉議稍熱，天保至夏尚寒，地氣寒煖不同，須相宜斟酌，不得拘定。又鎮屬之鄉間小屋，下畜牛豕，臭氣滿室，甚不相宜，須將牛豕另移他處，方可養蠶。草屋低小者，亦不相宜，緣育蠶不能脱火，須格外留心也。又在連宜寒，下蟻宜熱；眠後宜飢，向食宜飽；布筐宜稀不可過稀，飼葉宜密不可過密；蠶未眠時，宜暗宜煖；蠶大起時，宜明宜涼；臨眠上簇，宜緊飼；新起，宜慢飼。所謂十體也，不可不知。

清 朱祖榮《蠶桑答問》卷下

蠶宜第三

問曰：『蠶之所宜者甚多，其要有幾？』

答曰：『其要有五：自生至老，皆宜避風，一也。眠時宜暗，二也。起時宜明，三也。上山宜煖，四也。成繭宜涼，五也。二眠起後，天氣晴暄，可移置窗前，時挹和融之氣，以暢生機，特不可見風耳。』

家蠶品種部

品種

論説

清 韓夢周《蠶桑實濟》卷四《育蠶急務・論蠶》

種類甚繁，一種四卧一生蠶南蠶多四眠四起，一種四卧再生蠶四眠四起，一歲兩生，一種柘蠶即棘繭也，生於柘上，一種雒由蠶食樗作繭者，一種蚢蠶食蕭葉作繭者，一種槲蠶食槲橡作繭者，三種皆山蠶，一歲再生，樹放而織繭紬者。秦中，一種三卧一生蠶北蠶皆三眠三起，南方亦有養之者，有大小、白烏斑色之異，繭有青黃白綠之殊。

清 吴烜《植桑育蠶書・養蠶説》

蠶喜温而惡寒，喜燥而惡濕，喜潔而惡穢，喜靜而惡喧，喜吉而惡凶，喜和而惡戾，此其性然也。而其種，則有三眠、四眠之別，三眠繭薄絲少，四眠繭厚絲多。育蠶者必須四眠，而四眠之中，又有金種、花種、烏種、蓮子種、金橘種、束腰種、平頭種等名，此外尚不勝枚舉。金種蠶身甚小，花種徧體斕斑，烏種滿身灰黑。蓮子種，繭之小者；金橘種，繭之大者。束腰則腰有束痕，平頭則兩頭平滿。而要之，種類雖多，總以繭之堅結而厚，平圓緊小者爲良；其鬆浮薄大之繭，絲少而難抽。又一繭兩蠶，謂之雙繭，又謂之同宮繭，絲頭多亂，皆不堪作種。至哺養，繅絲諸法，必先學習諳練，方可育蠶。

清 江毓昌《桑蠶説·養蠶説》 喜忌。蠶喜潔淨、乾燥、向陽、通風不可迎風。子在連蠶子紙名曰連，喜極寒。若是買的種，要問明三眠、四眠，鹹種、淡種。三眠，易養，絲少；四眠，難養，絲多。鹹種，繭小絲重，結繭時，見亮，喜遊山；淡種，繭大絲輕，結繭時，不甚遊山。

清 沈練《廣蠶桑説·培養桑樹法二十條》 種之所以必須醃者，借鹹氣以殺其子之無力者耳無力者不得出，則所出皆有力者矣。不醃者，謂之淡種。淡種，易病，且蠶身較大，食葉較多，而其繭轉鬆懈而薄，不若鹹種之繭之堅厚。

清 沈練，仲學輅輯補，章震福校訂《廣蠶桑説輯補校訂》卷二《飼蠶法六十六條》 又按，醃者爲鹹種。其蠶將老，宜鋪葉愈勤；已老者，宜上山；未老者，尚須食葉，比淡種稍覺費時。詳第三十二條食葉多寡相仿，但鹹種繭小而絲則重，淡種繭大而絲較輕；鹹種見亮則游山，淡種不甚游山為異耳。姑附辨於此。聽毛，吾鄉每於担蠶時，擇鵝毛之柔而勁者，出賣，專爲担蠶之用。

清 陳啟沅《蠶桑譜》卷一

論練種法

百物皆有種也，而蠶之種，曰練，其意可知。考湖浙之蠶種有二：一曰鹽種，一曰灰種。收種俱在初夏，貯至十一月二十日，以鹽水洗之，則曰鹽種，以灰水洗之，則曰灰種。廣蠶不能用此法，地利不同也。而廣東之蠶，亦有二種：一名大造，又曰大蠶；一名輪月，又曰連蠶。大蠶內，仍分三種：一曰光身；曰明印；曰大花尾。連蠶則無大花尾，實兩種耳。大造收種於夏初，連蠶收種於七月，名曰正收。餘月所收者，皆不及也。練種之俗名，曰飼蠶花。

綜述

北魏 賈思勰《齊民要術》卷五《種桑柘第四十五附養蠶》 今世有三卧一生蠶、四卧再生蠶、白頭蠶、頡石蠶、楚蠶、黑蠶、兒蠶，有一生再生之異。灰兒蠶、秋母蠶、秋中蠶、老秋兒蠶、秋末老、獅兒蠶、錦兒蠶、同繭蠶，或二蠶、三蠶共為一繭。凡三卧、四卧，皆有絲綿之別。

清 鄭之僑《農桑易知録》卷二《桑務事宜》

煞種名石灰種，名鹽煞種

蠶種好歹不齊，必經煞過一番，始能去其無力者，而得有收成也。蓋蠶種生於厚棉紙，或舊潔淨白布上，先於頭年十二月十二為蠶生日，將種紙秤準。計種紙一兩，如係石灰種，用熟石灰三錢，化成濃石灰汁一茶鍾，候冷，燒溫水半瓦盆，不可太熱，恐傷其子。取蠶種子，平鋪水面，將石灰連渣勻鋪於種紙上，以手握水澆之。如係鹽煞種，用食鹽五六錢，和水一茶鍾，亦燒溫水半瓦盆，取種紙，平鋪水面，將鹽水勻鋪種紙上，以手握水澆之。俱候半個時辰，鋪於篩內，置簷檐上，冰凍三晝夜，收回，懸掛高燥處所。

又 一大眠蠶至大眠則止矣

出火之後，不過三晝夜，便是大眠，其旺葉、沸絲、打眠裝，與出火時同。其捉眠之法，亦與三眠時同。此時，蠶身有錢串繩粗，長有六七分，用戥再秤，石灰種六個，可重一錢，鹽煞種七個，始有一錢。每出火蠶一觔，至大眠秤之，可得四觔，或四觔半。三觔者，則平常也。

清 韓夢周《蠶桑實濟》卷四《育蠶急務》

醃種附 種子不齊，不能粒粒皆有收成，故醃之，去其無力者，使之齊也。

種生於厚綿紙或白布，亦可生種，先於頭年十二月十二，蠶生日時，將種紙用戥秤准，計種紙一兩。如本是石灰種，用熟石灰三錢，化成濃石灰汁一茶鍾許，候冷，燒溫水半瓦盆不可大熱，恐傷其子，取蠶種紙，平鋪水面，將石灰汁連渣勻鋪種紙上，以手握水澆之。本是鹽殺種，用食鹽二錢，和水研碎一酒鍾許，亦燒溫水半瓦盆，取種紙，平鋪水面，將鹽水勻鋪紙上，以手握水澆之，俱須候半個時辰，撩起貯於篩內，安放屋簷上，露三晝夜，然後收掛高燥之處用灰醃者，年年用灰；用鹽醃者，年年用鹽。

清 方大湜《桑蠶提要》卷二《蠶事四十條·浴種三則》 浴鹹種：浴鹹種，以鹽滷借鹹氣以殺子之無力者。無力者不得出，則所出皆有力者矣，其法有四。臘月八日，以鹽滷浸蠶連，今晨浸，明晨起出，泡綠茶極濃，候涼，置蠶連於茶汁中，輕輕漂淨滷氣試之以舌，絕無鹹味乃可，揀淨處懸掛，候乾，仍置箱篋，勿壓緊，勿近香氣，俟明年穀雨時收養，此一法也。臘月十二日，先將蠶連浸溼，次以桑條灰撒連上收子之後，已篩石灰於連上者，浴連時，不必再撒桑條灰，搯而浸之於鹽滷中，恐其浮起，則以磁器壓之，至是月二十四日取出，以河水滌去其灰，懸掛候乾，仍置篋中，此又一法也。臘月十二日，先將連上石灰，輕輕撲去此石灰，係收子六七日後所篩，見留種第七則，次將鹽炒熟候冷，勻鋪連上以不露蠶子爲度，隨即搯好，浸涼茶中，至是月二十四日，將連取出，用清水頻頻輕沃之必須輕沃者，恐漂去蠶子也，去其鹽氣，聽其自乾，照舊搯好，以綿衣護之置箱中，此又一法也。臘月十二日，將蠶連稱準，每蠶連紙一兩，用食鹽二錢，和水研碎，勻鋪連上，以手沃溫水澆之水不可太熱，約半箇時辰，即將連貯於篩內，安放屋簷上，露三晝夜，然後收掛高燥處，此又一法也。

清 高銓《吴興蠶書》卷上

辨種

蠶，神蟲也。有頭蠶、有二蠶、三蠶、四蠶、五蠶，種類紛紜，錯出於春夏秋三時。湖人所重在頭蠶，飼養頗廣，二蠶之生，正在插秧之候，田工甚忙，不能多育，較頭蠶不過三分之一。若三蠶、四蠶、五蠶，則更稀矣，其種既殊，性亦因之各異，不順其性，鮮有能遂其生者，故育蠶之道，當以辨種爲先，務知其種，則知其性矣。

三眠種　蠶停食曰眠。二蠶、三蠶、四蠶、五蠶，皆眠四番，惟頭蠶有四眠者，有三眠者四眠之中，亦間有變三眠者。三眠蠶有大繭、小繭兩種蠶，色白，繭形皆長，食葉與四眠者同，絲之銖兩卻不及四眠者之重四眠淨繭八觔，可成絲一觔，此則須九觔外矣，惟是少一眠，較四眠者差覺易養，其收成亦早五六日也舊惟千金、新市等處育之，今則各鄉俱育矣。

泥種　泥種，四眠蠶也，喜食泥，凡初生及每眠初放葉，皆須以泥飼兩三頓。其法：先鋪葉一層，用絹包細黄土，勻篩葉上，不必多，葉面微見泥即止，葉頭甚深凡食葉多者，爲葉頭深；少者，爲葉頭淺。蠶色白，繭形長，而大絲之分兩甚重。

石灰種　灰種，亦四眠。用石灰末飼，一如泥種法。蠶性與泥種同，繭亦類之。吴虎臣《能改齋漫録》云：『少卿章岵常官於蜀，市吴羅湖綾，至官，與川帛同染紅，後還京師，經梅潤吴湖之帛，色皆渝變，惟蜀者如故，後詢蜀人之由，云蜀之畜蠶與他邦異，當其眠將起，以桑灰餧之，故宜色。』案，此是言畜養之法，竝非蠶之種須桑灰也。與此泥、灰二種不同，惟桑灰宜色，知之者鮮，故附見於此。

嬾𧋍種　凡蠶皆須勤𧋍，惟此種四眠，每眠止須𧋍一次，雖沙𧑜生白醭，亦不爲害。蠶菌曰沙𧑜。《集韻》音替，蠶易笛也，亦作𧐼，俗呼葉屑，蠶沙之屬爲𧑜子。故曰嬾𧋍蠶，色白，葉頭不深，繭形如榧，同宫頗多二、三蠶共成一繭爲同宫，言同處一宫也；亦作同功，言同有功也，同俗音如唐。

石小罐種　石小罐以繭形名也，繭小而堅如石，故曰石小罐。亦四眠種，蠶色白，葉頭淺，同宫甚多，絲有分兩。惟繭太小，拗繭甚费功夫剝繭繞謂之拗繭。繞，《說文》音荒，絲蔓延也，即繭外蒙茸之衣也。今俗音如黄。

白皮種　白皮蠶亦四眠蠶，身肥大而白，體最嬌嫩，每易受病，繭厚而腰微束。有一種腰不束者，繭形更大，性亦相近，絲之分兩竝重。

丹杵種　丹杵係四眠種，蠶身甚大，其色白閒有灰黑者，葉頭最深，每眠起初放葉，及將老時，有騰葉之病凡葉不食而踐之，謂之騰葉，繭形長，一頭微尖，如搗藥之杵，故曰丹杵。絲之分兩，與白皮種同蠶色之灰黑者，惟此種有之。金華有一種大蠶，亦灰黑色，其繭之大與本地蠶之同宫無異。

清 汪曰楨《湖蠶述》卷二

浴種滃種

俗以臘月十二日為蠶生日，取清水一盂，向蠶室方采枯桑葉數片浸以浴種，去其蛾溺毒氣也。或加石灰，或加鹽滷，浴後，於無烟通風房内晾乾，忌挂於苧麻索上，孕婦産婦皆不得浴。《西吴蠶畧》一云種有二：一曰鹽種，繭細而堅中有細頸，名曰腰箍，一曰灰種，繭大而鬆。臘月十二日浴之，鹽用食鹽。將種布按，用紙者則曰種紙，又通名種連，置匾内，鹽糝布上，没子為度。用濃茶一盌，候冷，噴之令濕透，放屋上及庭中，經霜露七宿，始收下如遇雨雪宜早收，刷去其鹽。灰用石灰，每方尺許用糰子大一塊，盛于瓷盆，滚水泡化，待温，浸入，點綫香一枝，香盡瀝乾，放匾内，令經嚴霜凝凍，至醉司命日，用蒸糰子湯，待温，將種浸入，亦以綫香為度，輕輕瀝乾，曬燥，收藏。鹽、灰二種并同，《育蠶要旨》是名滃種。《南潯鎮志》一云，臘月取布種，露置庭中一宿，煎茶候冷，浸之，糝鹽或石灰於其上，曰殺種。至寒食，蒸粉餈祀竈，取蒸餘煐水，採蕓薹、蛾豆等花，共投其中，浴之，浴後晾乾，曰滃種。董蠡舟《南潯蠶桑樂府小序》一云醃種法：十二月十二日，取蠶布，輕輕撲去石灰，以炒熟之鹽，俟其冷，勻鋪其上，搯好，浸涼茶中，至是月二十四日，取出展開，承以米篩，用清水頻頻輕沃之，去其鹽氣。試之以舌，絕無鹹味乃可。俟其自乾，搯好，以棉衣護之，置箱中不宜壓，不宜近香氣，所以必須醃者，借鹹氣以殺其子之無力者耳。不醃者，謂之淡種，易病，且不若鹹種之繭堅厚。《廣蠶桑説》種承嚴霜者，名寒露種。他處有於二十四日，浴於川，或上元日及二月十二日，用菜花、韭花浴者，有浴至三次者，各處不同。《西吳蠶略》

清 吴烜《養蠶説》 鍊種法：臘月三、四九嚴寒時，擇吉日，或臘月十二爲蠶生日，將所留春蠶種子，攤在筐中，用石灰泡水澄清，浸半日，取起曬乾。再浸鹽滷中三晝夜，取起，放河中濯淨，置在屋上，聽其曬露，遇雪更佳。天晴曬乾，收下。如無雨雪，八日收下，仍懸高處。必欲浸鹽滷者，借鹹味以殺其子之無力者耳。不浸滷者，爲淡種。淡種易病，且蠶身較大，食葉較多，而其繭轉多鬆薄，不若鹹種堅厚。夏種不同，無需浸鍊。

清 俞墉纂輯《蠶桑述要・收蠶》 蠶有鹹、淡二種。鹹種，食葉省；淡種，食葉費。鹹種，繭堅而厚；淡種，繭鬆而薄。鹹種，於十二月間，用鹽醃過者。

清 陳恢吾《農學纂要》卷四 鍊種：鍊種必以三四九嚴寒時，擇吉日，或臘月十二日俗謂蠶生日，將春蠶種鋪筐中，用石灰泡水澄清，浸半日，取起曬乾。再浸鹽滷中三晝夜，取起，至河中濯淨，置屋上任其暴露，遇雪更佳。八日收下，則無力之子盡死，留者皆强健之種矣。此指春種而言，若夏種則無須鍊。鍊種不用鹽滷，謂之淡種。其蠶易病，且蠶身大，而食葉多，作繭反鬆薄，不若鹹種之堅厚也。

清 陳開沚《裨農最要》卷一

蠶種

三眠蠶下連後七日，初眠；又七日，二眠；又七日，三眠；又五六日，或七八日而老、四眠蠶下連後七日，初眠；又四五日，二眠；又四五日，三眠；又四五日，大眠；又或四五日而老。比三眠蠶多一眠，然自下連至老，總計時日，與三眠蠶，亦不甚參差、十眠蠶下連後十日，初眠；七日，二眠；又七日，三眠；又七八日而老。自下連至老，總計時日，比三眠蠶，多四五日，體有大小之殊十眠蠶大於三眠蠶；四眠蠶又大於十眠蠶，色有白、烏、斑爛之異，繭有黄有金黄繭，有二黄繭、白有純白繭，有草白繭、尖一頭圓，一頭尖，如筆錐形，俗呼筆杆繭、圓有大繭，有米繭，有光繭，有毛繭之分。種雖不一，以鹽滷浴，則曰鹹種；以石灰水浴，則曰灰種；以清水浸，則曰水種。各有其類，不可紊亂。業蠶者，宜分別飼養。

清 陳啟沅《蠶桑譜》卷二

頭造喜忌篇每年正造分六造，第一造名曰頭造

頭造養蠶有二種：一名大造，即大蠶；一名連蠶，即輪月，以其每月皆飼之，一連至尾造而止，故有是名。頭造養以繅絲者，莫如大蠶。因其天氣相宜，且繭身大而壳厚，但要早熟為佳。立夏以前熟者，繭略厚；立夏以後熟者，不如也。因其性畏熱，暑氣一沾則壞，故有清明仔、清明蛾之分。喜天氣凉爽，即有小小北風，亦無大碍。獨眠起之時，不可令北風吹之。若偶被北風沾之，蠶身有十數黑點，俗名曰木風嘴。將來只食桑，而無繭結，即痎症之流也。大蠶食桑，比連蠶口漫些，故要二十二日，方能成熟。早者，二十日亦有成熟，但繭必薄；有二十六日而熟者。天氣冷，北風多，非廿四五不能熟矣。若過廿六日外而熟者，其繭反薄，身略傷之過耳。上箔之時，最忌污穢。如新喪及孕婦人看過，竟有將成繭而走出外者，各造皆然，非獨頭造忌也。大蠶繭之最厚者，每繭一個，淨重五厘半。通扯十個有三分壳，是上等繭，中等則二分七八，下等二分一二耳。論頭造連蠶，俱十九二十日成熟者居多，其繭則遜於大蠶。若二分四五壳者為上等，多於留種之用。大勢多係二分壳左右耳，何以亦飼之。所望者，飼之成熟，得好蠶麪，人必來買之作種，以飼二造，便獲大利。若果中等繭，亦能繅絲。不過，大蠶中等繭，十個有二分七八厘壳。而連蠶頭造，中等則二分一二壳耳。故論繅絲不及大蠶云，埋爐炕繭，養蠶篇已詳錄，餘倣前法，無嚽錄也。

清 佚名《書汀漳龍道申報蠶務詳文後》《皇朝經世文四編》卷二三 按，蠶種本有兩項，出自湖州者，為淡種，蠶子未經醃過；出自杭州者，為鹹種，蠶子經鹽水漬過。此亦各以其土之所宜，非醃種之果遜於淡種也。移至該處，似乎淡種為宜，故淡種食葉二十餘擔，得繭九十六斤，繅出淨絲八斤八兩。其杭州醃種，先食野桑十餘擔，大眠後，接食家桑百數十斤，僅得繭二十八斤，繅出淨絲二斤十四兩。此非由於鹹種之不佳，實以土宜之有所區別。觀於甯、紹等處，養蠶之家，悉用鹹種。若用淡種，即不能出，即出，亦無力，易病，是即可知地氣之有不同。

清 何石安輯《蠶桑圖説合編・説蠶十條》 浴蠶說 春間所留蠶種，至臘月八日，其鹹種用鹽滷浸之，今晨浸，明晨取出，泡綠茶極濃，候涼，取子在茶汁中，輕輕漂浄滷氣，揀浄處懸挂，候乾，仍置箱篋，俟明春穀雨時收養。其淡種用石灰泡水浸，約一日取起，餘與鹹種同。二者，鹹種為佳。

清 江毓昌《桑蠶説・養蠶説》 把連用竿掛在浄室通風處，到六七天，子變黑色，用羅篩篩陳石灰在子上把子蓋住不要太厚，隨即摺好，用小帶縛住蠶怕麻，莫用麻繩，掛在浄室高處莫近溼氣，莫靠墻，莫見香臭氣及烟子，莫被風磨損。若連上撒有蛾尿，十八天後，天氣晴明，日出時，用新水把連泡一頓飯時，取出，懸掛。三伏天，照樣再泡一回連上無尿，不必泡，到臘月十二日，把連取下，稱準。若本來是鹹種，每連一兩，用鹽二錢，和水研細，匀鋪連上，再用手沃温水偏澆水不可太熱，手要輕，不可沖落了子，約半個時候，舌舐紙上，無鹹味爲度名叫浴種。把連放在篩内，安屋簷上，晒露三晝夜見雪不妨，收回，掛在高處。若本來是淡種，不用鹽，每連一兩，用石灰三錢，化濃汁，匀鋪連上，照樣澆水、晒露。

清 江志伊《飼蠶法》 辨種 蠶種甚繁，有三眠一生蠶即今之三眠蠶也。古稱蠶三眠三起，今人飼者多四眠，俗以第三眠爲出火，不謂之眠，而以末眠並頭二眠爲三眠，故云三眠三起，實則四眠四起也。一云四眠蠶，雌蛾生子後，更以雄蛾再對而生子，即成三眠，然則三眠蠶乃四眠之變種矣，有四眠再生蠶即今之頭二蠶也，凡蠶食頭葉者曰頭蠶，食二葉者曰二蠶，又有黑蠶、白頭蠶、同繭蠶有二蠶、三蠶同爲一繭者，一名同功繭，此皆習見者。他如頡石蠶、楚蠶、灰兒蠶、秋母蠶、秋中蠶、老秋兒蠶、秋末老蟹兒蠶、錦兒蠶，今人皆不能辨矣。永嘉有八輩蠶，曰蚖珍，三月績《本草》有晚蠶沙，晚殭蠶。晚蠶即蚖珍，其繭殼、繭黄、蠶沙、蠶蜕紙，皆入藥，殭者尤不易得，治痘尤良。蓋時方春杪，蠶得清淑之氣，故堪治疾，俗悮以頭蠶再出之夏蠶當之。此種蠶自眠至老，皆值黄梅時節，性偏熱，有毒，何堪入藥，如無八輩蠶種，可取本年二蠶蛾生子，次年清明後養之，其眠老甚速，兩旬即收繭，則蚖珍也；曰柘蠶，四月初績；曰蚖蠶，亦四月初績；曰愛珍，五月績；曰愛蠶，六月末績；曰寒珍，七月末績；曰四出蠶，九月初績；曰寒蠶，十月績。凡蠶之再熟者，皆謂之珍饕，珍者宜少養之。愛珍者，故蚖蠶種也，蚖珍三月既績，出蛾生卵七八日，便剖卵而蠶生，是爲蚖蠶，宜多養之。欲作愛者，取蚖珍之卵，藏納甕中，以紙蓋覆甕口，安硎泉冷水中，使冷氣折其出勢，得三七日，然後剖生養之，是爲愛珍，亦呼愛子。出蛾生卵七日，又剖卵而成蠶，此則愛蠶也，可多養之。藏卵時勿令人見，應用赤豆二七，安甕底。臘月桑柴二七枝，以麻卵紙。甕外之水，當令與甕中卵紙高下相齊，若外水高則卵死不出，外水下則冷氣少不能折其出勢，即不能恰合三七日，非三七日，則雖出亦不成。不成者，謂既績成繭，出蛾生卵，不能七日，復剖生，須至明年方生耳，然亦有以泥器置陰樹下三七日而成者。 **八造蠶**疑即永嘉之八輩蠶，亦稱輪月蠶謂每月一輪，月餘即完一造。左思《吴都賦》『鄉貢八蠶之綿』注引《交州記》曰『一歲八蠶，繭出日南』，又《唐書・地理志》『吴郡土貢有八蠶絲』今粤東、順德、南海、香山諸邑，歲產絲十二萬俵每俵英權八十斤，輸出外洋者約四萬俵，皆八蠶絲也。飼法附後

清 蔣斧《粤東飼八蠶法・蠶篇》

辨種第三

八造之種，亦稱輪月。輪月者，謂每月一輪，月餘即完一造也。地暖者，每年可養七八造；地寒者，可養五六造。大致連平養八造，順德養六造。有金銀兩種，金種粗大易養；銀種畧小，不甚宜於夏，春、秋爲佳。若江南之種，則稱大造，蠶體與繭，倍大於輪月，約二十日方熟，宜於春、秋二季。若夏季養之，則作繭反薄於輪月，故蠶家於春初頭造，養大造一次，收留蠶種，續養輪月，俟秋深末造，復養大造一次。

又 出蟻第六

頭造蠶紙買回，天氣方寒，其紙用窩裝好，上蓋紙被。若輪月種，約臘月二十邊出蟻；大造種，約正月出蟻。

清 賴逸甫《嶺南蠶桑要則・飼蠶須知》 又從蠶種起而再説，頭造養者，向有兩種之分，一名大蠶，一名連蠶。連蠶，又名輪月，因其每月一箇輪廻，連至尾造，故有是名。然而大蠶之中，仍分三種：一曰明印，一曰光身，一曰大花尾。連蠶只有明印、光身兩種，而無大花尾。大蠶則繉大而殻厚，早熟者佳。凡有熟於立夏以前者，其繉多厚，立夏熟者次之，因其性畏炎熱而喜和煦。蠶眠之時，又忌北風。若被侵之，蠶身則有十數黑點，俗名木蝨嘴，有此則徒然食桑，而無繉結。但大蠶食葉，則比連蠶畧慢。故以二十二三日，與二十四五日而熟者，爲當度。若於二十日熟者，其繉必薄。倘出二十六日之外，則又因蠶受病所致，其繉亦薄。如養連蠶，則十九、二十日者居多，其繉皆遜於大蠶，人亦喜養，因其但得結有二鳌零重之繉殻者，則有蠶種客，向其買，將以爲二造之種，其利則可勝於養大蠶之將繉繅絲者一籌故也。

清 盧燮宸《粤中蠶桑芻言》第二篇《養蠶事宜條列》

辨別蠶種

蠶有金銀兩種。金種者，粗生易養。俗所云大青，即此種也。惟近年洋人辨銀繭絲多，故人多養銀種的，有名爲大造者，其蠶性貪涼，故只頭造可養，

入夏不甚相宜，蓋恐不免爲蒼蠅所蛀也。大造亦有數種，一名黃蠶，其絲黃色，又有黃蠶而絲白色者。更有名烏貓公者，其蠶皮色花斑，數種皆多食兩日桑，至二十日方熟。另有名潭州種者，大眠後食桑四日乃熟。凡大造蠶繭，倍大於輪月種。輪月者，謂每月一輪，月餘卽完一造也，天熱時，養十八日卽熟。大率養蠶家於頭造多養大造，其餘各造，多養輪月，此種類所宜辨也。

凡造中桑葉茂盛，該造蠶必好絲圍，此乃造化使然也。

又 留蠶連

欲留下來年種者，其大造種，在頭造留之。輪月種，則在七月造留之，謂之蠶連，俗名為歸穚者是也其七月所留者，謂之正收。此紙不浴水，自不出囝。俟大寒交春時，彼自應時而出，是為蠶種。或於大寒日，畧用桑蔸泡水候温，以水浴之，令其含住水氣，方能齊出也。此時天寒，養之者，宜在向南密室，蠶架用布圍之。蠶篙上用篙覆蓋，周圍用紙被包裹，蠶用紙墊，日夜喂葉六七次，替屎二次，不可近火，亦不可使受寒濕。桑要隔日摘定，方可與食。養四十日而始熟者，大造也。若輪月，更要出四十日之外，此造蠶難養難成。倘連天嚴寒，則更難成。到得熟時，隨執上箔結繭，留種如前法。至十餘日，可出蛾生穚。此時，當令其蠶紙不用浴水，俟十日之譜，彼自出囝，是為頭造蠶。計其時，將近清明，天氣漸暖也。以後造造留種，俱要浴水，不浴則不出囝也。

再者，春月如遇天色晴明，該蠶室窗戶，宜放開通氣，不宜封密，令其屎底常爽為妥。蓋養蠶種時，遇嚴寒，固是難成。就令南風過多，地氣發潮，則下造亦難翻也。

清 姚紹《南海縣蠶業調查報告》《農學報》第二百五十期 蠶種收藏法及催青法。大造蠶熟後，蠶繭不用火焙，蛾出，下種於紙。隔日將紙懸高處，至大寒取下，約兩月蠶出，名曰冷種；用火，則一月蠶出，名曰火種。冷種易飼，火種難飼。近人貪快，多用火種。至催青之法，自七月四造起，收種不試水，每種百張，收四張。到大寒，蠶出，俗名七月仔。

清 盛宣懷輯《蠶桑備要》 收蠶 蠶出率以穀雨爲期，故諺云：穀雨不藏蟲，看布種戰色，其子飽綻，卽有蠶數十箇，名爲横布。三朝當將種鋪開在向陽處，如陰雨或在牀上，或在竈上，以暖處爲佳。或以桃葉火炙之，待其蛻殻，采花葉少許，卽野薔薇葉俗名做絲花，目爲花葉者，別於桑也，去梗刺，熇燥研末，其香無比。用麻布篩，篩在種上，蠶得此則腳鬆易刷，候一箇時辰，蠶得葉香，蟄者盡出。用食鍋抹乾金漆大盤亦可，將鵝毛輕輕刷籠，收於鍋內，更用小圓竹器用新油新漆者鋪礱糠灰一層，雜以石灰亦可，或用秈稻草，灰上襯以紙，卽放蠶之器中，謂之攤烏。上用切細㜸葉，薄糁，蠶卽能食。凡收下未曾食葉，卽一二日不飼，不致餓壞。倘喫葉些些，以後稍飢，卽斷絲腸矣。葉稀卽補之，烏密處以細竹箸撥勻，放在暖處，謂之冷看蠶筐宖置帳內，謹避風寒，復以潔淨棉被，架空覆之，須六七周初眠。倘用火較速，謂之三日三夜趕頭眠，熾炭於筐之下，并其四周，上下抽番，晝夜巡視，大不可烈，葉不可缺，然不可太緩，緩則有漫滮不齊之患矣。編經曰：蠶薦以圍火恐其氣之散也，是為着火非無速效，而後日往往生病不若冷看之妥。惟遇春寒用火，可免畔䠒亦作䠒𨅚，或借用薙替屜字，蠶畏冷藏葉底，不宜向上食葉，謂畔䠒。燒炭墼一箇用灰蓋好，置架下不得遇熱。蠶初脱，轂曰烏《爾雅翼》曰蚢餘諸書曰蟻。細如髮，色黑，㜸桑葉切極細飼之，微有聲，遇雷聲則以故種連卽種布護之，奉馬頭孃於室，布桃茢於門，以祓除不祥。烏每重壹錢十六兩戥子可得火一斤，大眠四斤竝廿四兩秤，為中平之率。

清 楊鞏《中外農學合編》卷一〇《蠶類・飼育・春蠶》 別類 種類不同，不鹹種浴以滷，繭小而絲重，勝於淡種、淡種浴以石灰水不用鹽滷，繭大而絲輕，重絲種亦淡種之類，其繭堅小似鹹種，絲亦輕重相仿、三眠種有鹹有淡，下連後七日初眠，又有七日二眠，又七日三眠，又五六日或七八日而老、四眠種有鹹有淡，下連後七日初眠，又四五日二眠，又四五日三眠，又四五日大眠，又四五日老，比三眠蠶多一眠。然自下連至老總計時日與三眠蠶亦不甚參差、白絲種、黃絲種白勝於黃，各有其類不可紊乱。《雜五行志》《飼蠶詩說》

清 佚名《樹桑養蠶要略》 別蠶種：南中所賣蠶種，名曰蠶連，有鹹種、淡種。鹹種，至冬浴以鹽滷，繭小而絲重，性又耐寒；淡種，浴以石灰水，繭大而絲輕，不及鹹種之耐苦。

圖表

清 衛杰《蠶桑萃編》卷一一《蠶器圖類》

浴蠶種圖說

浴種有鹹、淡二法。浴鹹種者，借滷氣以去病毒；浴淡種者，借水氣以益生機，浴至三次即佳。

化性

題解

宋 陸佃《埤雅》卷一一《釋蟲》 蠶，陽物也，惡水，食而不飲。《淮南子》曰：『蠶食而不飲，蟬飲而不食，蜉蝣不食不飲。』再蠶，謂之原蠶，一名魏蠶。今以晚葉養之，先王之法禁焉。《淮南子》曰：『原蠶再登，非不利也。然王者之法禁之，爲其殘桑也。』鄭云：蠶爲龍精，月直大火，則浴其種。是蠶與馬同氣，物莫能兩大，禁原蠶者，爲害馬歟。然則原蠶有禁，非特欲以護桑，又以害馬故也。今蠶負馬迹，亦其驗歟？里俗謂之夏蠶，亦曰熱蠶，亦曰晚蠶。自世衰道微，先王之禁不行，而民間一歲至有三蠶者矣。是以桑弱而馬耗也。

宋 羅願《爾雅翼》卷二四《釋蟲》

蠠

蠠，再蠶也。原，即再之義。或曰：蠶不交而生者，往往為原蠶。原蠶，一名魏蠶，莫知其說。按，《方言》：『魏，細也。自關而西，秦晉之間，凡細而有容，謂之魏。』又，古者魏地狹隘，其君民有儉嗇趨利之譏，以葛屨而至於履霜，以女手而至於縫裳，豈原蠶亦魏之俗耶？今人又謂之二蠶，音之轉爾。《周禮》：養馬禁原蠶者，說者以為，天文，辰為馬。而《蠶書》：蠶為龍精，月直大火，浴其種。是蠶與馬同氣，物莫能兩大，禁原蠶者，為傷馬也。今農家下種以原蠶，矢雜禾種之，以辟蝗，否則鬻馬骨汁，和蠶矢溲之。又蠶殭者，塗馬齒，則馬不食草，以桑葉拭去，乃還食，此則蠶為馬類明矣。《淮南》曰：『螈蠶，一歲再收，非不利也。然而王法禁之者，為其殘桑也。離先稻熟，而農夫耨之，不以小利傷大獲也。』至於後世國稅再熟之稻，鄉貢八蠶之綿，呉人且以為美談。《呉録》曰：『南陽郡，一歲蠶八績。』《林邑記》曰：『九真郡，蠶年八熟，繭小輕薄，絲弱綿細。』《荆楚歲時記》曰：『八蠶繭，出日南，至秋猶飼以柘，荆楚則早晚二蠶，則五月而已。』《永嘉郡記》曰：『永嘉有八輩蠶：蚖珍蠶，三月績。柘蠶，四月初績。蚖蠶，四月績。愛珍，五月績。愛蠶，六月末績。寒珍，七月末績。四出蠶，九月初績。寒蠶，十月績。』其說云：凡蠶再養者，前輩皆謂之珍，少養之。而蚖蠶與愛珍二色，候蚖珍三月既績，出蛾取卵，七八月便割蠶生，多養之，是為蚖蠶。若取藏甕中，亦可十紙百紙盖覆器口，安冷水，使冷氣析其出勢。僅得三七日，然後剖生，養之，為愛珍，然則盖一類耳。《隋書》曰：『江湖之南，一年蠶四五熟。唐天寶中，益州獻三熟蠶，繭緊厚白净，與常蠶不殊。大歷中，太原府清源人唐景暉，養冬蠶成繭。詔給復終身。』而《海物異名記》乃云：『八蠶綿者，八蠶共作一大繭。』非也。

（嘉靖）《九江府志》卷四《食貨志・物産・介屬》 蠶。陽物，惡水，食而不飲。再蠶，謂之原蠶，一名晚蠶。《淮南子》曰：『原蠶再登，非不利也。王者之法禁焉，爲其殘桑而害馬也。』

《古今圖書集成・歲功典》卷四四 《埤雅》：『再蠶，謂之原蠶，一名魏蠶。今以晚蠶養之，先王之法禁焉，俗謂之夏蠶，亦曰熟蠶。』

清 郝懿行《寶訓》卷三《蠶桑》 《埤雅》：『再蠶，謂之原蠶，一名魏蠶，今以晚葉養之。」《淮南子》曰：「原蠶，一歲再登，非不利也。然王者法禁之，為其殘葉也。」

清 李光地等《御定月令輯要》卷八 禁原蠶。原《周禮》「馬質禁原蠶」注：原，再也。天文，辰為馬。《蠶書》：「蠶為龍精，龍馬同氣，禁蠶，以息馬也。」《埤雅》：「再蠶，謂之原蠶，一名魏蠶。今以晚蠶養之，先王之法禁焉，俗謂之夏蠶，亦曰熱蠶。」

清 厲荃原輯，關槐增纂《事物異名録》卷三九《昆蟲部上》 原蠶、魏蠶。《埤雅》：「再蠶，謂之原蠶，一名魏蠶。」又，《本草綱目》有晚蠶、夏蠶之名。

論說

《續資治通鑒長編》卷二八《太宗》 國子司業孔維上書，請禁原蠶，以利國馬。直史館樂史駁奏曰：「《管子》云：『倉廩實知禮節，衣食足知榮辱。』是以古先哲王厚農桑之業，以為衣食之原耳。一夫不耕，天下有受其饑者。一婦不蠶，天下有受其寒者。故天子親耕，后妃親蠶，屈身以化下者，邦國之重務也。《吳都賦》曰：『國賦再熟之稻，鄉貢八蠶之綿。』則蠶之有原，其來舊矣。今維請禁原蠶，以利國馬，徒引前經物類同氣之文，不究時事確實之理夫。所市國馬，來自外方，涉遠馳驅，虧其秣飼，失於善視，遂至玄黃。致斃之由，鮮不陷此。今乃禁其蠶事，甚無謂也。唐朝畜馬，具存監牧之制，詳觀本書，亦無禁蠶之文。況近降明詔，來年春有事於籍田，是則勸農之典方行，而禁蠶之制又下，事相違戾，恐非所宜。臣嘗歷職州縣，粗知利病，編民之內，貧寠者多，春蠶所成，正充賦調之備，晚蠶薄利，始及卒歲之資。今若禁其後圖，必有因緣為弊，滋彰撓亂，民豈遑寧！渙汗絲綸，所宜重慎。」上覽之，遂寢原蠶之禁。維復抗疏論辨，且言：「臣少親耕桑之務，長歷州縣之職，物之利害，盡知之矣。蚩蚩之氓知其利，而不知其害，故有早蠶之後，重養晚蠶。且晚蠶之繭，出絲甚少，再采之葉，來歲不茂，豈止傷及於馬，而桑亦損矣。」上雖不用維言，嘉其援引經據，以章付史館。

清 崔應榴彙纂，錢馥補輯《蠶事統紀》卷七《名類》 案《吳都賦》注，引劉欣期《交州記》曰：一歲八蠶，繭出日南。《永嘉郡記》所言，今亦僅見《要術》所引。《齊民要術》又引《俞益期箋》曰：日南蠶八熟，繭軟而薄。張文昌《桂州詩》曰：有地多生桂，無時不養蠶，正以其地和暖，霜雪不侵，桑柘之屬隆冬猶然鬱茂，故十月亦可蠶也。葛灃《錢塘賦》曰：俗享再稔之稻，婦蠶八育之綿，此特本《吳都賦》而夸言之，吳蠶五熟則有之，八蠶則未之前聞也。又晉安海《物異名記》云：八蠶綿者，乃八蠶共作一繭。《代醉編》《丹鉛總録》則謂：一蠶之收，直當八繭，皆恐未必然。《代醉編》及《西溪蕞话》又引李商隐《烧香曲》云：八蠶繭绵小分炷，獸焰微红隔雲母。言養蠶至第八次不中為絲，只可作綿，故曰八蠶之綿。

清 高銓《蠶桑輯要》卷上

辨種

蠶，神蟲也，有頭蠶，有二蠶、三蠶、四蠶、五蠶，種類紛紜，錯出於春、夏、秋三時，湖人所重在頭蠶，飼養頗廣。二蠶之生，正在插秧之候，田工甚忙，不能多育，較頭蠶不過三之一。若三蠶、四蠶、五蠶，則更稀矣。其種既殊，性亦因之各異，不順其性，鮮有能遂其生者。故育蠶之道，當以辨種爲先務，知其種，則知其性矣。

清 羊復禮《蠶桑摘要・序》 沈中丞頒《蠶桑輯要》，馬中丞頒《篤勸蠶桑歌》及《教民四法》等書，人始知種桑育蠶之法。現復奉檄辨理蠶桑機坊，誠欲使邊荒瘠壤，皆習種藝織紝之勞，與斯民同登樂利也。第鎮屬風土異宜，天時地利與浙粵不同，民情質陋，耕而不蠶，亦未知寒温燥濕之宜，曲植籧筐之器，且所植皆粵桑，與浙桑迥異，所育皆粵蠶，即所謂鄉貢八綿者，每年收四造、五造之利。與《蠶桑輯要》所載者，互有異同。因就粵人所習者，纂輯其要，加以成法而論，次之以示吾民。俾覽者，有條而不紊，用者，有序而易循，且曉然於委曲，纖悉具有良規，朝夕勤勞，非可慵惰，而民之利用厚生在乎是，卽民之飲和食德亦在乎是矣。男耕女織，農桑廣興，不將變磽瘠爲富庶哉。若由是推而行之，知尙無不知而作與，不適於用之弊焉，爰書數語而爲之序。光緒十有六年歲次，庚寅十二月朔日，海昌羊復禮撰於郡廨之實濟室。

綜述

宋 陳承、裴宗元、陳師文《增廣太平惠民和劑局方・用藥總論》卷

下《蟲魚部中品》　原蠶蛾雄者，有小毒，主益精氣，強陰道，交接不倦，亦止精。《日華》云：晚蠶蛾，壯陽事，止泄精尿血，暖水藏。又治暴風金瘡，凍瘡，湯火瘡。又蠶布紙，平，治吐血鼻洪，腸風瀉血，崩中帶下，赤白痢，傅丁腫瘡。又云：蠶沙治風痺，頑疾不仁，腸鳴。

宋　戴侗《六書故》卷六《地理三》　又引之為原宥，人借義為再。原箴，再箴也。原蠶，再畜之蠶也。

明　徐光啓《農政全書》卷三一《蠶桑・養蠶法》　《士農必用》曰：夏蠶此別是一等，俗謂三生蠶。春養出夏種，夏養出秋種，秋養出來春種，不可間闕，闕則絶其種。玄扈先生曰：『今人呼二蠶種甚細，然余家用春蠶種，夏月養之，仍得良繭也。』，自蟻至老，俱宜涼，忌蠅蟲。先於蠶生前，用麥糠擁於蠶房壁脚下燒之去濕氣，及諸蟲子，擗黑後，須一日早晨一擡，其餘并與養春蠶同。此蠶不可多養，止欲收秋蠶種，多則損葉，然只可科采桑中穴條取葉也。秋蠶一名原蠶，采葉不無傷桑。春蠶，不幸遇天灾，不得已養之，以補歲計，然不宜稙，宜稚也，初宜涼，漸漸宜暖，與養春蠶正相反。其間體候，須欲得所。初可摘葉，蠶大則捋葉。初欲紗糊窓，漸漸天寒，上復用紙糊，留捲窗簇，與繰絲法如前。《要旨》：『熱蠶槌底，亦宜用麥糠麥䅌燒之。』又大路上踏踐，起乾塵土，收三四石。生蠶日，于槌底攤平，可辟暑濕。簇秋蠶，多于簇必用熟火，或致焚燒，不若止於映北風處為簇，簇底用麥䅌均鋪。簇則用乾桑柴為梢，新乾麥䅌為草，得自然温暖之氣，不須用火矣，經雨則倒簇。玄扈先生曰：『今人不養秋蠶，止以夏蠶作來春種，亦生。』又云：『秋蠶，以補歲計，此言甚妙。秋時多晴，更比春蠶為穩。』今人先言：『二蠶不食頭葉，致味秋蠶補歲計之理，不知二蠶何故不食頭葉，夏、秋蠶俱要計算除蚊蠅。』

明　屈大均《廣東新語》卷二四《蟲語・八蠶》　廣蠶歲七熟，閏則八熟。《記》曰：『一歲八繭出日南。』是也。【略】

李商隱《詩》云：『八蠶蠒綿小分炷。』又云：『小炷八蠶綿。』左思《賦》：『鄉貢八蠶之綿。』皆言綿，而不言絲。蓋以蠶養至第八次，不中爲絲，但可作綿。然吾廣第八蠶，皆可爲絲，所謂珍蠶也。凡蠶再熟者，謂之珍。況於八輩蠶乎？《本艸》言：『南粵蠶有三眠、四眠、兩生、七出、八出者。』蓋蠶屬陽，喜燥惡溼。南粵火之所房，炎精盛實，故蠶至于八輩也。

清　顧元交《本草彙箋》卷九《蟲部依舊本分卵化濕三類・白殭蠶》

原蠶，茅二蠶也。用二蠶蛾，取其敏于生育也。蠶蛾性淫，出繭卽媾，至於枯槁乃已。故強陰益精者，用雄原蠶蛾。然觀其後來枯槁之狀，人亦如是，可爲惕然。

清　方觀承《述本堂詩集・看蠶詞》　永嘉人謂再蠶為珍，育至八輩，有蚖珍、愛珍、寒珍之名。嘉湖至五六蠶，杭至二蠶而止。二蠶之早者，為頭二蠶，即原蠶也，芒種時出蠶，忌香穢觸變，畏聲響。二蠶則否，人謂：『二蠶，實聾瞽也。』其絲多纇綿，氣微不潔，所生之種，又為明年頭二蠶矣。

清　楊屾《豳風廣義》卷二　原蠶原者，再也。一歲再養者，一名夏蠶，一名熱蠶，廣人呼為細蠶。一名二蠶，原子為珍，珍子為愛。三月至十月，能生八輩，此另是一種，出自廣東。秦中桑少，人不知養，余曾托人在廣東帶來，養之得良繭。

清　韓夢周《蠶桑實濟》卷五《蠶桑雜附・養熱蠶法》　原蠶原者，再也。一歲再養者，一名夏蠶，一名熱蠶，一歲再登，非不利也。然王者法禁之，爲其殘桑也。倘春蠶，不幸偶遇天災，夏秋養之，以補歲計。其法於立夏前三四日，將蠶連卽原蠶種以棉花包裹，置溫處，一二日卽生蟻。

清　鄂爾泰《授時通考》卷七二《蠶事・浴種》　《士農必用》：夏蠶，別是一等，俗謂三蠶。春養出夏種，夏養出秋種，秋養出來春種，不可間缺，缺則絶其種。

又　秋蠶，一名原蠶，采葉不無傷桑。春蠶，不幸遇天災，不得已養之，以補歲計，然不宜稙，宜穉也。

徐光啓曰：『今人不養秋蠶，止以夏蠶作來春種，亦生。』又云：『秋蠶，以補歲計，此言甚妙。秋時多晴，更比春蠶為穩。』今人先言：『二蠶不食頭葉，致味秋蠶補歲計之理，不知二蠶何故不食頭葉，夏、秋蠶俱要計算除蚊蠅。』

清　李拔《蠶桑説》《牧令書》卷一〇　聞湖州蠶皆火絲，每年桑重生，復養蠶，故有頭蠶、二蠶之別，此蜀中所無也。蜀中墻下樹桑，宅内養蠶，以爲常業。

清　崔應榴彙纂，錢馥補輯《蠶事統紀》卷七《名類》　《齊民要術》注，今世有三卧一生蠶、四卧再生蠶、白頭蠶、頡石蠶、楚蠶、黑蠶，有一生再生之異，灰兒蠶、秋母蠶、秋中蠶、老秋兒蠶、秋末蠶、蛃兒蠶、錦兒蠶、同繭蠶，或二蠶、三蠶共為一繭，凡三卧、四卧皆有絲綿之別。

案，一生頭蠶也，再生原蠶也。原，再也。秋母，秋中，老秋兒，秋末諸種，即所謂七出八出者，皆原蠶之別也。

又　案，原蠶尚非二蠶，而二蠶之繁育，實原於此，故曰原也。陶宏景《名醫別録》云：原蠶是重養者。《寇宗奭衍義》云：有原，復敏速之義，此是第番蠶。《爾雅翼》：或蠶不交而生者，往往為原蠶，原一作螈，又一作蝷。《集韻》作蠶。《廣雅》又謂：一名蝩，是晚蠶所生者，似未詳。攷《埤雅》云：以晚葉養之，皆误，以今之二三蠶為原蠶也。

又《務本新書》：凡養夏蠶，止須些小，以度秋種，慮恐损壞萌條，有悮明年春蠶桑葉。《士農必用》：夏蠶自蟻至老，俱宜凉，忌蠅蟲。《代醉編》：今之養晚蠶者，蒼蠅亦寄卵於蠶之身，久之其卵為蠅，穴繭而去。《成化湖州府志》：食頭葉者謂之頭蠶，食二葉者謂之二蠶。《農桑通诀》：南方夏蠶不中繅絲，惟堪線纊。《開天遺事》：天寶中益州獻三熟蠶，其繭緊厚白净，與常蠶不殊。李石《續博物志》：一歲三蠶，則桑弱。馬耗《施宿會稽志》：先王之禁不行，而民一歲至有三蠶者，是以桑弱而馬耗也。

又 案，二蠶三蠶總谓之夏蠶。《本草綱目》一名熱蠶，以其當五六月時也。有一種真二蠶，其母即所谓頭二蠶者，本年成繭，生子後，更不復出。須俟来年，與頭蠶相先後出。此即《齊民要術》注稱為四卧再生蠶者也。一種二蠶出子，即為三蠶。三蠶出子，即為四蠶。继為五蠶，相續不绝。此乃《士農必用》称為三生蠶者。

又《永嘉郡記》：永嘉有八輩蠶，一曰蚖珍蠶，三月績；二曰柘蠶，四月初績；三曰蚖蠶，四月績；四曰愛珍蠶，五月績；五曰愛蠶，六月末績；六曰寒珍蠶，七月末績；七曰四出蠶，九月初績；八曰寒蠶，十月績。又曰凡蠶再熟者，前輩皆谓之珍養，珍者少養之，愛蠶者，故蚖蠶種也。蚖珍三月既績，出蛾取卵，七八日便剖卵蠶生，多養之，是為蚖蠶。欲作愛者，取蚖珍之卵藏内罋中，隨器大小，亦可拾紙盖覆器口，安硎泉冷水中，使冷氣折其出勢，得三七日，然後剖生養之，谓之愛珍，亦呼愛子。績成繭，出蛾卵，卵七日，又剖成蠶，多養之，此則愛蠶也。藏卵時，勿令人見，應用二七赤豆安器底。臘月桑柴二七枚，以麻卵紙，當令水高下與種相齊，若外水高，則卵死不復出。若外水下卵，則冷氣少，不能折其出勢。不能折其出勢，則不得三七日，雖出不成也。不成者谓徒績。成繭出蛾生卵，七日不復剖生，至明年方生耳。欲得陰樹下，亦有泥器，三七日亦有成者，《本草綱目》：蠶種為蚖，再養為珍，珍子為愛。《荆楚歲時記》：八蠶出，日南至，秋猶飼以柘，荆楚則早晚二蠶五月而已。《林邑記》：九真郡蠶一年八熟，繭小輕薄，絲弱綿細。《留青日札・僞越外紀》曰：一年再稻，一歲八蠶，今安南也。《西溪蕞话・雲南志》曰：風土多暖，至有八蠶。《新唐書・地理志》：蘇州吴郡土貢，有八蠶絲。

又卷一〇《民俗祈禳》 《農政全書》：二蠶初出，變化得多，主水。《田家五行》：十二月初一日浴蠶連，桑柴灰淋，冷水掛。浴蠶連，除夕用馬齒莧同桃符水查，以水煎放冷，至元日，五更浴之，闢諸惡壓魅，大宜。蠶浴畢，如三月浴法，懸掛静室當風處，如無桃板柤，即桃枝亦可。十二月刈茅草乹蒿，晒乹收積，勿令兩泥，來歲作蠶蓐，則宜蠶簇，蠶大巳凉而繭厚。

又卷一五《雜繫下》 《通志・昆蟲草木略》：《周禮》禁原蠶，注云：為其傷馬。今以蠶為末，塗馬齒，即不能食草，以桑葉拭去，乃還食，此明蠶馬類也。

又《氾勝之書》：取雪汁，以漬原蠶矢，漬之五六日，待釋，因摩之雜穀種，能禦旱。

又卷一六《藝文一》 聞湖州蠶皆火絲，每年蠶重生復養，故有頭蠶二蠶之別，此蜀中所無也。蜀中墻下樹桑宅内養蠶，以為常業。

清 高銓《蠶桑輯要》卷上 三眠種 蠶停食曰眠，二蠶、三蠶、四蠶、五蠶，皆眠四番，惟頭蠶有四眠者，有三眠者四眠之中，亦間有變三眠者。三眠蠶，有大繭、小繭兩種，蠶色白，繭形皆長，食葉與四眠者同，絲之銖兩，却不及四眠者之重。四眠，净繭八觔，可成絲一觔，此則須九觔外矣。惟是少一眠，較四眠者差覺易養，其收成，亦早五六日也。舊惟千金新市等處育之，今則各鄉俱育矣。

又 三四五蠶種 《永嘉郡記》云：永嘉有八輩蠶：一曰蚖珍蠶，三月績；二曰柘蠶，四月初績；三曰蚖蠶，四月績；四曰愛珍蠶，五月績；五曰愛蠶，六月末績；六曰寒珍蠶，七月績；七曰四出蠶，九月初績；八曰寒蠶，十月績。又云：凡蠶再熟者，謂之珍，養珍者少養之。愛蠶者，故蚖蠶種也。蚖珍，三月既績，出蛾取卵，七八日便剖卵蠶生，多養之，是為蚖蠶。欲作愛者，取蚖珍之卵，藏内甕中，紙覆器口，安硎泉冷水中，使冷氣折其出勢，得三七日，然後剖生，養之，謂為愛珍，亦呼愛子。績成繭，出蛾卵，卵七日，又剖成蠶，多養之，此則愛蠶也。藏卵時，當令水高下與種相齊。若外水高，則卵死不復出。若外水下卵，則冷氣少，不能折其出勢。不能折其出勢，則不得三七日。不得三七日，雖出不成也。不成者，謂徒績，成繭出蛾生卵，七日不得剖生，至明年方生耳。案，所謂蚖珍者，即秋蠶第一番之蠶也。今人不知別自有種，乃謂即原蠶第二番之蛾所生。原者，再也。一歲止育兩番，豈能化生至三四。或謂，第二番之蛾，交淺則生卵即出，交深則不出。或又謂，須天未明剖繭之蛾，淺交則出，否則交雖淺，亦不出。余嘗試之，皆不驗。惟是今秋蠶之子，不能全出，往往止出三之二，未解其故。以永嘉作愛法觀之，豈亦須水折其出勢乎？古人云：春蠶不熟，養之以補歲計，是種亦資生之一助也。

又　蠶房

蓋蠶之爲物，風寒暑濕，觸之卽傷，惟蠶室布置得宜，可以祛諸病。湖俗稱蠶室曰蠶房，往往因陋就簡，草率從事，不知蠶爲春夏之寶湖人稱頭蠶為春寶，二蠶為夏寶。

又　飼養　遲疾之間，懸絶若此，故老相傳，以為蠶食春葉多，則絲多，食夏葉多，則絲少，二蠶之絲較薄，於頭蠶者，以不得春氣也。

又　卷下　二蠶眠起

二蠶性與頭蠶迥別。頭蠶之眠，無分蚤暮；二蠶，晚刻不眠。凡日中見眠頭，傍晚自能眠齊，或在申刻見，至晚不過眠成一半，餘則直須至次日午刻方眠，不可不分開另貯。若每眠如此，卽不勝其分矣。諺故曰：『二蠶十八派也！』三蠶、四蠶等，性亦同。

又　做絲

煮繭抽絲，古曰繅，今曰做。頭蠶，絲光而韌。二蠶，絲鬆而多類。各鄉所出，有麤有細。麤者兩緒做，細者三緒做。

清　高銓《吴興蠶書》卷上　二蠶種　二蠶，夏蠶也，其種亦出於春，較頭蠶早數日，謂之頭二蠶，即《周禮》之原蠶也。頭二蠶所生者，為二蠶，一歲育兩番。頭二蠶，繭小而薄。二蠶，繭大而厚。有純白者，有純黑者，有花斑花節者，有多瘰者，性却不甚相遠，絲之分兩，皆不及頭蠶之重。

又　三、四、五蠶種　二蠶，爲夏蠶。三、四、五蠶，爲秋蠶，種出於春。第一番出者，與頭蠶同時。第二番出者，與夏二蠶同時。第三番，在六月。第四番，在七月。第五番，在八月。生育之勤且敏，無如此種。絲之分兩，較輕於夏二蠶。

又　卷下　喜紅子　頭二蠶生子，皆圜轉如錢，不與諸蠶同。中有一種帶紅色者，俗以爲吉祥之兆，名之曰喜紅子，亦婦人女子之見也。

清　周春溶《蠶桑寶要》第一説《栽桑法則五條**》**

修桑條

頭蠶採葉時，全採其葉，不翦其枝，待生二葉，又餧二蠶。南方頭蠶畢，又養二蠶，然亦不多，三蠶四蠶則更少。至二蠶採葉時，桑條帶葉翦下，然亦須留一尺及二尺許不翦，並擇其粗壯者一二枝，全留其葉。如不養二蠶，則頭蠶採葉時，先將繁枝芟去，或於來年正月內修翦一次，每枝除翦去外，宜留一尺及二尺許不翦。

清　程岱葊《西吴蠶略》卷下

婦功

自頭蠶始生，迄二蠶成絲，首尾六十餘日，婦女勞苦特甚。其飼之也，篝燈徹曙，夜必六七起，葉帶露則宜蠶，故採必凌晨。

又　頭二蠶

卽蚢珍也，《周禮》夏官司馬職『禁原蠶』注云：『原，再也。』《字書》作『螈』。《本草》有晚蠶、沙晚殭蠶等目，皆未詳辨，遂悞以初蠶再出，為晚蠶、原蠶矣，不知其種迥別。凡二蠶繭蛾生種，謂之頭二蠶種。次年清明後，即担而養之。名頭二蠶時，頭蠶尚未出也。共眠其老，甚速，纔兩旬，即收繭時，頭蠶甫大眠也，出蛾生子，是為二蠶種。凡養頭二蠶，皆甚少無繅絲者，其繭殻、繭黄、蠶沙，皆入藥。其殭者，尤不可得，治痘有回生之功。蓋時方春杪，蠶亦得清淑之氣，故堪治疾，蚢珍之名所由起歟？《本草》所載，專指此。卽《周禮》『原』字之義，未必不指此，請質諸博雅。二蠶始稱晚蠶，出於頭蠶登簇之際，飼以二葉。自眠至老，皆值黄梅時候，蒸鬱日甚，蠅蚋咕嘬，臭穢生蛆，性偏熱有毒。其繭其絲，價亦較廉。凡所棄餘，僅以肥田，從未入藥，《本草》之注未詳，故特表之。

又　三蠶

頭蠶種，當年本不再出，間有種連收藏不慎，夏月輒生小蠶。好事者，担取養之，是為三蠶。再出而曰三者，所以別二蠶也。飼以三葉，繭成抽絲，宜作琴弦。

清　沈炳震《樂府二十首》沈秉成《蠶桑輯要》　采桑桑之種不一，凡穉桑初種，胥謂之桑秧，種三年，則可采矣。然必以家桑枝接之，不接則為野桑，不中采飼也。蠶有頭蠶、二蠶，故亦目葉曰頭葉二葉云。二葉，須老農善采者，留其條為來歲生葉之地，若頭葉，則盡采乃已耳。

蠶時多禁忌，雖比戶不相往來，宋范成大詩云『采桑時節暫相逢』，蓋其風俗由來久矣。

又 繅絲先取繭暴日中三日，曰晾繭，然後入鍋。動絲車有頭蠶絲、二蠶絲，頭蠶為上，細而白者，謂之合羅，稍粗者謂之串五，又粗者謂之肥光。見宋雷《西吳里語》

清 沈秉成《蠶桑輯要・諸家雜説》

原蠶法

原蠶，卽夏蠶，又名頭二蠶。二蠶利本不取，一則時屆農忙，恐妨田務；二則蠶盛妨馬，故《周禮》有原蠶之禁；三則春蠶畢後，桑葉無多，再戕伐其葉，樹本受傷，來年之葉，必不繁茂。惟春蠶失收，以補不足，桑葉尚多，養之可也。養二蠶法，起底飼葉，格外要勤，二十二日卽老，最忌大蒼蠅，亦忌大熱。春蠶宜煖，二蠶宜凉是也。

（道光）《遵義府志》卷一六《農桑・栽桑》 頭蠶采葉時，全采其葉，不剪其枝，待生二葉，又喂二蠶。南方頭蠶畢，又養二蠶，然亦不多。三蠶、四蠶，則更少。

清 俞墉纂輯《蠶桑述要》 蠶種不一，大約以頭蠶、二蠶爲準。江浙之蘇、松、嘉、湖等府，風俗相同，所養不過頭蠶、二蠶，杭屬之餘杭、富陽等縣，有三蠶、四蠶種，絲性燥烈，宜製琴絃，並樂器所需。嘉湖諸郡，無育三蠶、四蠶者。

又 養二蠶法，大致與頭蠶同。惟天時暄熱，眠起皆迅速，不過二十日，卽可上山，繭較頭蠶輕薄。如遇二蠶豐收，竟有勝過頭蠶。大都蠶信望衡對字，並無一定。其豐歉之不同，亦視養蠶者家運之盛衰爾。

又 頭蠶繭所做綿絲，潔白而有玉色，中含活潤之光。二蠶綿絲，却白於頭蠶，然多呆滯之色，優劣以此分之。

又 二蠶，非隔年種也。頭蠶蛾生子十餘日，其子卽出二蠶。俟二蠶蛾生子，又爲明年之頭蠶。

又 二蠶宜多替，三眠後，日替二次。大眠後，日替三次。務使筐內蠶身，一律潔淨，不使穢𤇾之氣傷蠶。

清 何品玉輯刊《蠶桑會粹・種桑養蠶格式》

辨蠶種

蠶有金、銀兩種。金種粗生，易養。銀種，不甚宜於夏，春秋為佳。有曰大造傳自江南，亦有金、銀二種，多食兩日葉，至二十日方熟。春時，多養之，其蠶與繭倍大於輪月。輪月者，謂每月一輪，月餘即完一造也。天氣炎熱時，十八日即熟，繭較大造而厚。故順德養蠶家，於頭造盡養大造後，少留種，其餘各造，均養輪月。此種類，所宜先辨也。

又《種桑各法》

辨蠶說

蠶有金、銀兩種。金種粗大，易養。銀種畧小。地暖者，每年可養七八造。地寒者，可養五六造。又有一種大造蠶，聞係江南所產，每年但可養二造，宜在春、秋二季養之。夏季雖屬可養，則繭反薄於輪月。故順德養蠶家，春初頭造，養大造蠶一次，少留蠶種，接續輪月蠶。俟秋深末造，復養大造蠶一次。

又 蓄蠶花法

養蠶之要，以蓄蠶花為先。大造蠶，在頭季留種三月間。輪月蠶，在四季留種七月間。擇其春色青者為歸春，可留白春不可。其春紙，晾燥，懸於風處。輪月種，約臘月內廿邊出蟻。大造種，約來春正月出蟻。當蟻將出之時，春色轉成翠綠，急宜將春紙包好，佩帶身邊，逐日看之。如一日出蟻甚少，仍包好，未食葉，餓二三日不妨四五日不可。其餘改日再計。彼時天氣甚寒，蠶之眠起，或六七日，或十餘日不等。約五六十日始能成熟上山，四日成蛹，遲至十四日出蛾。輪月蛾，宜取頭兩朝先出者為上。大造蛾，即取二三朝後出者為佳。雌雄配對，須一日夜之久，其氣乃全。生春二日，方能生盡，與六造留種，迥然不同。此造蠶花胎教之始，尤宜擇温煖地方飼之。蠶房切勿用火烘，如用火，所出之蠶春，謂之火種。不用火，謂之冷到。最好冷到種傳下，造造容易養成，不致有差錯之虞。

清 黄世本《蠶桑簡明輯說・養蠶說》

夏蠶一條

春蠶之後，另有夏蠶。春蠶，謂之頭蠶。夏蠶，謂之二蠶。二蠶，即原蠶。蠶盛妨馬，《周禮》有禁。南方無馬，亦無所妨。哺養之法，與春蠶不同，必須連哺兩次。第一次取其生子，第二次方可繅絲。故春蠶，哺在清明以後，此則轉在清明以前，用子少許，加意煖哺，數日即出，是謂頭二蠶。

清 汪曰楨《湖蠶述》卷一

總論

勞鉞《湖州府志》：蠶食頭葉者，謂之頭蠶。食二葉者，謂之二蠶。食柘葉者，謂之柘蠶，又名三眠蠶按，今三眠蠶，亦食桑葉。【略】就《齊民要術》言之，有三卧一生蠶，即今三眠種。四卧再生蠶，即今頭二蠶。又黑蠶、白頭蠶、同繭蠶，皆習見，不足異。他如頡石蠶、楚蠶、灰兒蠶、秋母蠶、秋中蠶、老秋兒蠶、秋末老蝦兒蠶、錦兒蠶，今人皆不能辨。又頭二蠶，即蚖珍也。鄭緝之《永嘉記》：『永嘉有八輩蠶，一曰蚖珍，三月初績。』《周禮》夏官司馬職『禁原蠶』注云：『原，再也。』《字書》作『螈』。《本草》有晚蠶、沙晚殭蠶等目，皆未詳辨，遂誤以初蠶再出，為晚蠶、原蠶矣，不知其種迥別。凡二蠶繭蛾生種，謂之頭二蠶種按，《烏程劉志》誤分二蠶、頭二蠶為兩種。次年清明後，即担而養之担，上聲。《玉篇》云：『拂也』。名頭二蠶時，頭蠶尚未出也。其眠、其老甚速，纔兩旬即收繭時，頭蠶甫大眠也，出蛾生子，是為二蠶種。凡養頭二蠶，皆甚少無繅絲者，其繭殼、繭黄、蠶沙，皆入藥。按，蠶蛻紙，亦入藥。其殭者，尤不可得，治痘有回生之功。蓋時方春杪，蠶亦得清淑之氣，故堪治疾，殆珍之名所由起歟？《本草》所載，專指此。按，今藥肆所用，皆頭蠶之白殭，其功稍減，亦能治疾，以頭二蠶殭者，難得也。若頭蠶之紅殭，及二蠶殭者，俱不可用。鄉人諱殭醫者，改稱佳蠶，亦稱天蟲。即《周禮》『原』字之義，亦未必不指此。二蠶始稱晚蠶，出於頭蠶登簇之際，飼以二葉。自眠至老，皆值黄梅時候，蒸鬱日甚，蠅蚋咕嘬，臭穢生蛆，性偏熱有毒。其繭其絲，價亦較廉。凡所棄餘，僅以肥田，從未入藥，《本草》之注未詳，故特表之。

又卷四 作緜

絲有頭蠶、二蠶之別，以頭蠶為善緜，亦如之緜之上者。同功繭所作，謂之純緜，推出次之，蛾口又次之。繭已出蛾者。按，俗稱紅口繭。

又 淡子。不交而生者，為淡子。蛾若雌多於雄，無與為偶，至晚即生淡子矣。淡子，色不變，久之自癟，不能成蠶。《吳興蠶書》

新定子。生子後，取蛾之有氣力者，再配之則復生矣，是為新定子。子少之年，亦有取以為種者，究不如前所生者之佳。《廣蠶桑說》按，雌蛾再對生子，變三眠種，唯雄蛾可再對。

喜紅子。原蠶生子，皆圜轉如錢，不與諸蠶同。中有一種帶紅色者，俗以為吉祥之徵，名曰喜紅子。至夏蠶之子，則又散布，而不成圈矣。《吳興蠶書》

清 吳烜《植桑育蠶書・種桑説》 二桑之條，即明春放葉之條，若養二蠶，只可剪葉，不可剪條。盛夏時陰翳不宜太密，即不養二蠶，二葉亦宜剪去，勿傷其條。一則免引桑牛，二則留其生氣，來年必倍茂也。

又《養蠶説》 春蠶之後，另有夏蠶。春蠶謂之頭蠶，夏蠶謂之二蠶，二蠶即原蠶，蠶盛妨馬。《周禮》有禁，南方無馬，亦無所妨。哺養之法與春蠶不同，必須連哺兩次，第一次取其生子，第二次方可繅絲。故春蠶哺在清明以後，此則轉在清明以前。用子少許，加意煖哺，數日即出，是謂頭二蠶。迨春蠶初生，二蠶過半，春蠶上山，二蠶生子，春蠶繅絲，二蠶再哺，須視春蠶食過之後，桑葉有無存餘。有餘，即將二蠶子於春繭繅絲時，搭在近鍋架上，以受熱氣，數日即出。葉若無餘，必待再發芒種後，桑葉復盛，一哺即出，謂之夏蠶。養育之法與春蠶無異，惟飼葉起底格外要勤，更忌天熱，屋宇必須清潔涼爽，不可逼近厨竈，蠶宜寬鬆，不可擁擠。所謂春蠶宜煖，夏蠶宜涼，更須用三脚架，將蠶筐層層架起，用夏布作帳，週廻遮護，以避蚊蠅，料理得宜，速則十七八日，遲則二十一二日，即可上山。天涼三日采繭，天熱兩日可采，隨即繅絲。是時出蛾極速，天涼七日，天熱五日，必須繅完。大約有繭百觔，須車兩步，少則不及。其烘蒸曬悶之法，亦必至將出時，不得已而用之。緣時近小暑，蛹死易爛，爛即有黑水映出，不能繅絲，故烘曬之後三日，必須繅完，不可稍緩。其繭之厚薄，絲之良惡，比之春蠶，爲較遜耳。至留種之法，亦與春蠶不同，只須揀堅厚平頭之繭，四五十個，聽其出蛾生子，空懸高爽之處，待來年春蠶之前，先行哺養，小滿生子，芒種再哺。或謂何不今年多留種子，逕至來年芒種哺養，省費一番周折，子思春蠶種子一交，穀雨不哺亦出，想夏種亦然，不如此必與春蠶並出，便奪春蠶之葉，而芒種後所發二桑徒然無用。若將春蠶所生之子隨即再哺，子亦試過，不能再出。惟夏種則春夏皆宜，故初養取其生子，再養方可，繅絲既不奪春蠶之葉，更可食無用之桑，誠爲兩得。故二蠶取其本輕，養育得法，亦未必遠遜春蠶。惟二桑祇可剪葉，不可剪條，至煮繭、繅絲、剝綿諸法，與春蠶同。

清 董開榮《育蠶要旨》

作綿

剝綿有環綿、手綿之分，手綿剝在手上，環綿則有竹環。按絲有頭蠶、二蠶之別，以頭蠶為善，綿亦如之。綿之上者曰功繭，所作謂之純綿，推出次之，蛾口又次之，烏頭軟繭為下，作綿須晴日，陰雨則綿不連乾而縷脆。

清 高其垣《試行蠶桑說・序》 素聞浙省之桑，有草桑、接桑、望海桑之別。草桑，則葉小而老；接桑與望海桑，則葉大而嫩。其蠶又有頭蠶、二蠶、三蠶之分。如頭蠶，因食葉肥嫩，則繭大而絲佳。二蠶、三蠶，食葉瘦老，則繭小而絲硬。倘由浙省採其佳秧，運以種植，取其蠶子，教以養法，或冀與江浙之成繭收絲無異也，可否仰乞。

清　廣東省農林試驗場《農工商部農事試驗場第一期報告・例言》

本場初次育蠶，先就一化性蠶種只春季發生者種類，按法試驗。若二化性蠶春、夏兩季皆發生者及多化性蠶春、夏、秋皆發生者，暫未飼養，故本報告所列育蠶成績表，均載一化性種類。

清　江志伊《飼蠶法》　自頭蠶始生至二蠶成絲，首尾六十餘日，為時促而用力勞，婦功十居其九。其飼之也，篝燈徹曙，假寐不遑。

清　江志伊《種桑法》　桑之萌芽於二三月間者，謂之初桑，以飼頭蠶。雖蠶食不盡，亦必去之，不去則明春葉薄不旺。既翦後，旋復抽條放葉者，謂之二桑，以飼二蠶。須於枝之過密處，長枝之少力者，酌量刪下，如無可刪之枝，則於各枝上刪葉飼蠶，每枝於近拳處刪下三分之一。二桑則不必去矣若拳下及桑丫雜生之枝葉，即二蠶，過時亦宜一概刪去，俗謂之刪莓丫。經霜後，采以飼羊，易肥，惟采時毋傷其條，以此即明春放葉之條也。

清　賴逸甫《嶺南蠶桑要則・羅陽蠶桑實習紀始》　嶺南桑蠶，自出卵至成熟，無乃三十天工夫，輒有繭絲可賣，此則養蠶家稱之為一造。凡乃勤該實業者，蠶桑兩利，每歲皆可收成六七八造之多。湖絲雖亦桑蠶，惟其每年僅養三造，收成則又頭造居其七八。二三兩造，僅有一二成耳，此其造數之不能媲美於嶺南。若論百穀，則皆草本。田種尚有旱患，且必開花結子，百日之久，方得收成。

又《飼蠶須知》　近來人多畏，乃冷蔟難養，因而舍氣用火，以練大蠶之種。其法即照寒造之以火盤安於密房，使房内煖氣常得七十度為準，此則三十餘日，允可成熟。正造時，即遇春雨連綿，潮溼多者，其亦無碍。所怕者，立夏前後，天气熱至八十五度外者，有此三日暴熱，其則歸諸烏有。因其練種時，曾受火氣薰蒸，所以一逢暴熱，其則力難再任。至若連蠶，乃屬周歲六造之種。練時，必須用氣，而不用火，方免害人。雖用之者，亦間有頭造未見其害，但交下造，則每每無藥可救。市上更有託名冷蔟之火上火者，其之害人尤慘，選種而購，不可不慎。

清　劉清藜補輯《蠶桑備要》卷四《養蠶程式》　附養二蠶法　原蠶原者，再也。一歲再養者，一名夏蠶，一名熱蠶，廣人呼為細蠶。一名二蠶，原子為珍，珍子為愛。三月至十月，能生八輩，此另是一種，出自廣東。

清　盧燮宸《粵中蠶桑芻言・養蠶事宜條列》

安置蠶室

蠶初出時，蠶室以通爽為最，勿令有潮溼氣。及稍長，室内預要收風放氣。收風之法，在上風處遮密，在下風處開窗放氣。頭造，最忌東風，如天寒，則宜密蔽東邊，放西邊氣。三三四五造，最忌西風，及暑氣。又宜密蔽西邊放東邊氣。

又　辨別蠶種

蠶有金、銀兩種。金種者，粗生易養。俗所云大青，即此種也。惟近年洋人辦銀繭絲多，故人多養銀種的。有名為大造者，其蠶性貪涼，故只頭造可養，入夏不甚相宜。蓋恐不免為蒼蠅所蛀也。大造亦有數種，一名黃蠶，其絲黃色，又有黃蠶而絲白色者。更有名烏貓公者，其蠶皮色花斑。數種皆多食兩日桑，至二十日方熟。另有名潭州種者，大眠後，食桑四日乃熟。凡大造蠶繭，倍大於輪月種。輪月者，謂每月一輪，月餘即完一造也。天熱時，養十八日即熟。大率養蠶家，於頭造多養大造，其餘各造，多養輪月。此種類，所宜辨也。凡造中桑葉茂盛，該造蠶必好絲圍，此乃造化使然也。

又　留蠶連

欲留下來年種者，其大造種，在頭造留之。輪月種，則在七月造留之，謂之蠶連，俗名為歸耧者是也。其七月所留者，謂之正收。此紙不浴水，自不出囝，俟大寒交春時，彼自應時而出，是為蠶種。或於大寒日，畧用桑蓮泡水候温，以水浴之，令其含住水氣，方能齊出也。

又　附養寒造蠶法

每年自清明至霜降前後，止共得六造，謂之正造。其九十月間，再養第七造，謂之寒造。此時，以比風有雨無霧為宜，室内一些風絲不許吹入。然天氣漸寒，須畧用火烘，而桑葉亦少，將護較難。倘遇天暖桑多，亦有大熟而獲利者。其禦寒將護之法，畧與養蠶種同，餘法照正造行之便妥。此造合正造與蠶種統計之，則一年實八造也。

清　呂道象《廣州番禺縣呂道象大令調查境内蠶業報告》《農學報》第

二百四十四期 本邑桑田，頭造至六造，每畝每造，出葉五百餘斤。七造，出葉二百餘斤。以近年中等葉價而論，合七造計之，每百斤可值銀一兩有奇。每畝每年用租銀、肥料、人工等項，銀二十餘兩，每畝可得利銀十餘兩，此專指賣葉者言。如飼蠶之家種桑，有蠶屎可作肥料，獲利較豐。又近年前三造葉價，每百斤價銀約一兩。後三造，每百斤價銀一兩四五錢。然市價不一，仍隨時增減。最貴時，每百斤五六兩。最平時，有每百斤減至一錢數分不等，總以銷數旺否爲準。

又 養蠶期及氣候。頭造，氣候尚冷，由出蟻至成熟，約二十天。二造至五造，約十八天成熟。六造，氣候稍寒，亦須二十天成熟。尚有七造，名爲寒造，氣候更寒，蠶室四圍用紙封固，內置火盤，約十八天亦可成熟。

清 饒敦秩輯《蠶桑簡要録・養蠶法則》

夏蠶

春蠶之後，另有夏蠶。春蠶，謂之頭蠶。夏蠶，謂之二蠶。二蠶，即原蠶。蠶盛妨馬，《周禮》有禁。南方無馬，亦無所妨。哺養之法，與春蠶不同，必須連哺兩次。第一次取其生子，第二次方可繅絲。故春蠶，哺在清明以後，此則轉在清明以前，用子少許，加意煖哺，數日即出，是謂頭二蠶。迨春蠶再生，二蠶過半，春蠶上山，二蠶生子，春蠶繅絲，二蠶再哺。須竢春蠶食過之後，桑葉有無存餘，有餘，即將二蠶子於春繭繅絲時，搭在近鍋架上，以受熱氣，數日即出。葉若無餘，必待再發芒種後，二葉復盛，一哺即出，謂之夏蠶。養育之法，與春蠶無異。惟飼葉起底，格外要勤，更忌天熱，屋宇必須清潔涼爽，不可逼近厨竈，蠶宜寬鬆，不可擁擠。

清 任蘭生《蠶桑摘要・蠶桑雜説三則》 原蠶法。原蠶，即夏蠶，又名頭二蠶。二蠶所以不常出者，一則時屆農忙，恐妨田務；二則蠶盛妨馬，故《周禮》有原蠶之禁。惟春蠶失收，以補不足，桑葉尚多，養之可也。養二蠶法，起底飼葉，格外要勤，二十二日即老，最忌大蒼蠅，亦忌大熱。所謂春蠶宜煖，二蠶宜涼是也。

清 沈練，仲學輅輯補，章震福校訂《廣蠶桑説輯補校訂》卷一《培養桑樹法十九條・初桑二桑説一條》 震按，湖屬育蠶，大宗有三種：一爲頭兒蠶，頭兒蠶不多育，大率每家至多育四五斤；一爲頭蠶，育者最多，此書所論育蠶，皆育頭蠶之法也；一名二蠶，其育法與頭蠶相同。育頭蠶最爲精心，頭兒蠶與二蠶，不若頭蠶之十分鄭重也。

又 卷二 頭兒蠶

此種蠶，是上年二蠶所生之子。於桑葉出芽時，護種而生，係四眠，育與頭蠶同時，而微見早，成繭甚薄，絲亦不佳。吾湖每家不多育，約計至大眠有三四五斤便了。所以必育此者，爲生二蠶種計也。

又 頭蠶

此種蠶，是上年頭蠶所生之子。於桑葉出芽時，護種而生，種類甚多，有三眠者，有四眠者。吾湖每育四眠蠶，因繭厚而絲亦佳。三眠，蓋僅有育者。又有鹽鹵種，石管種，冷種，鰕種等項名目，皆頭蠶也。頭蠶生種極多，各家俱留至明年護種，以便仍育頭蠶。

又 二蠶

此種蠶，是當年頭兒蠶所生之子。於頭蠶將畢之時，護種而生，亦四眠，成繭絲料亦多。惟較頭蠶絲色爲次，繅成粗絲爲宜粗絲，亦名肥絲。亦有繅絲手藝好，竟抽成細絲，與頭蠶絲如一色者。生種不多，足敷明年頭兒蠶之用而已。

又 三蠶

此種蠶，即用當年頭蠶種護之而生，吾湖多不喜育。蓋育二蠶，已不若頭蠶之盛，何論三蠶。且三蠶育時，已當盛夏。論時候，甚不相宜。在二蠶時，尚防蠅著生蛆。三蠶，則蠅集更多，生蛆更易，是不相宜者一。二蠶已當田忙，三蠶正値田事極要，是不宜者二。二蠶食桑，或當頭蠶桑葉，尚有留存。或者頭蠶初次採葉後，從新生出，已見長成，儘可採飼。三蠶，則桑葉雖不乏重生，宜養其精神，以待明年茁葉茂盛。倘又採伐，是桑之精神受傷太多，譬人之精神，用之太多，無有不成病者，是不宜者三。有三不宜，湖人所以不育也。或謂：將二蠶雌蛾配野蠶雄蛾，生子爲三蠶。

清 盛宣懷輯《蠶桑備要》 二蠶 二蠶，於芒種時始生亦曰夏蠶，十八日即成繭。夏蠶，性與春蠶迥別。春蠶之眠，無分早暮；夏蠶，晚刻不眠。故日中見眠，傍晚自能眠齊。若在申刻眠起，不過眠成一半，餘則直須至次日午刻方眠，不可不分開另貯，使眠眠如此，即不勝其分矣。故諺云：『二蠶十八派也。』三蠶、四蠶性亦同。二蠶時，方農忙，故養者十纔二三。養法雖同，然天氣漸暑，隄防蠅蚋之類，尤勞心力。且沙矢蠶蛹，臭穢熏人，最易致病，蠶家作苦，殊可矜也。

又 凡蠶之老，性與眠同。頭蠶，早暮皆眠，亦早暮皆老，可以齊捉上山。二蠶、三蠶等，至晚即不眠，亦即不老，須隨老隨上，不能齊壹也。一云：見老蠶後，已鋪葉六七次，可以盡上山矣。

又 凡蠶之老，性與眠同。頭蠶，早暮皆眠，亦早暮皆老，可以齊捉上山。二蠶、三蠶等，至晚即不眠，亦即不老，須隨老隨上，不能齊壹也。

又 頭蠶絲光而韌，二蠶絲鬆而多纇。

清 衛杰《蠶桑萃編》卷二《桑政·修翦類》

時令

臘月桑枝津液未行，正月桑枝萌芽未出，宜及時修翦，四月飼頭蠶，採葉不翦枝。五、六月飼二蠶，將應去之條，連枝葉并翦，須留一尺或二尺。擇粗壯者一二枝，全留之。如不養二蠶，則頭蠶採葉時，并翦繁枝。今年修翦不過時，則條長肥美，次年桑葉必早發。

清 徐樹銘《桑政邇言》 春時所生桑葉及伏雨所生桑葉，皆可飼蠶。《南陽記》所載：南陽八蠶。《日南》所載：日南八蠶。現在廣東高州八蠶。又各省有一二三次養蠶者，皆不止一次、二次已也。惟初養之年，從一次起或二次均可，每蠶不過用三九二十七天卽成，繭可取絲矣。連二次算，不過兩個月工夫，可以收一畝田數倍之利，較之嚳粟更厚。又可兼種豆黍以備糧食，實爲大利之所在。初次、二次所飼之葉，卽用春時之所生，抑或天氣稍寒，遲十許日浴種，按節氣兼天氣寒熱，定早晚。不能不兼用伏葉，若用之不盡，又有收藏伏葉之法，就伏後所生之葉，可及霜未降、葉未乾黄之先，一律摘下陰乾，以甕貯之，或入甎窖土窖，藏之避塵土。來年三蠶時，如葉有不足，可將所藏之葉取出，以淡鹽水灑之令潤攙，入飼盤中，使飽食，多絲而繭大且厚。

清 楊鞏《中外農學合編》卷一一《蠶類》

夏蠶

頭蠶，曰春蠶。二蠶，曰夏蠶一名熱蠶，一名原蠶，一名再蠶，一名晚蠶，一名魏蠶，夏蠶，别是一種。然春蠶亦可作夏蠶種，夏蠶亦可作來年春蠶種，其形與春蠶同，但較小耳。故曰魏蠶，魏，細也，性惡溼喜凉，獲利甚速。夏蠶屎，熏臭蟲神效，浸穀種，則不生蟲。但不可多養，養多則用葉必多，未免傷損萌條，有誤來年春蠶桑葉。《務本新書》、《蠶桑輯要》

又 養法大致與春蠶同，須參看春蠶各條

煖種 夏至前數日，以棉花包裹蠶連，置温煖處，一二日即生蟻。夏蠶生蟻後，十八日而老，上山六七日而摘繭，七日而蛾生卵。夏蠶未生之前，蠶屋壁脚下，須燒麥糠，以除溼氣。夏蠶自蟻至老，俱宜凉，須用茅草搗軟作薦，陳稻草亦可勿用麥草。蠶屋内，多用水缸，以貯清水每日一换。畏蚊畏蠅，蠶屋内毋令蚊蠅飛入。宜南北窗，但用紙糊窗。雖可以避蚊蠅，却不能通風，天晴則罨熱生病，天陰則淫蒸生白醭，陰晴均覺不便，須以紗糊之紗邊貼紙，以貼窗上，蠶畢揭下，明年仍可再用，無紗則用夏布亦可，既可遮蔽蚊蠅，又可透達風氣。天氣漸熱，體刮不勤，則蠶受蒸鬱之苦，須每日早晨體一次，體法與春蠶同。夜間天氣較凉，上葉宜勤。養夏蠶者，切勿貪睡，飼法與春蠶同。惟三眠後，須用綠豆麵，拌葉餧三四頓，以解熱毒。夏蠶，即原蠶之别名也原，再也。古人禁原蠶，恐其殘桑也。春蠶葉已採盡，復將二次所生之葉，餧養夏蠶，未免犯原蠶之禁。養夏蠶者，採摘二三葉，務必斟酌去留，每杈約留三四條，餘均攀下，摘葉飼蠶。所留之條，任其落葉。此法妙處，全在每杈留三四條。餧養夏蠶之葉，均係應去之條。其應留者，仍不採葉，聽其自落。既得夏蠶之利，又不損明年之葉。如無可去之枝條，即於各枝條上摘葉，以餧夏蠶。每枝祇可摘採三分之一，切莫多摘。《蠶桑寳要》《蠶桑提要》

又 秋蠶

三蠶，曰秋蠶亦曰原蠶，别是一種。然夏蠶亦可作秋蠶種，秋蠶亦可作來年春蠶種，形與夏蠶同。春蠶，自初生至大眠，均喜煖。大眠起後，喜凉。夏蠶，自始至終均喜凉。秋蠶，則初生喜凉以其時去三伏尚近，暑氣猶存也，與夏蠶同，與春蠶不同。初眠，喜温。再眠，與春蠶同，與夏蠶不同。大眠後，全要煊煖，與春蠶、夏蠶均不同。惟喜燥惡溼，則春蠶、夏蠶、秋蠶，無不相同。秋天養蠶，比春要穩。倘春蠶遇天災，養之可補歲計之不足。但不可多養，恐傷損來年春桑也。秋蠶初生，蠶屋尚溼潤，宜用紗糊窗，使風氣往來。以後，最忌北風，漸次天寒，窗户宜用紙糊，但須留捲窗。天晴無風，則捲起，以通氣。天陰有風，則放下，以避風。飼法，與春蠶同。秋露正盛，切不可用露葉。易器之法，亦與春蠶同。但春蠶初生，隔二三日一體。秋蠶初生，一日一體，否則多生白醭。漸漸天寒，隔一二日一體，亦可。《蠶桑實際》《蠶桑輯要》

清 姚紹《南海縣蠶業調查報告·蠶部》 十二蠶之種類，大造種，一年一造。連蠶種，一年六造。

（光緒）《石門縣志》卷三《食貨志·物産》 有原蠶，其種獨早，不必浴，不必護，飼法大略相同，而成繭、出蛾、生子，如作圈狀，不逾月卽又出烏，收育之爲二蠶。繭成出蛾，雌雄交者，次年然後出烏。其略交者，生子不逾月又出烏，收育之爲三蠶。仍如是法，可育至四蠶、五蠶。冬初則天寒桑落，不可復蠶。《吴都賦》稱：『鄉貢八蠶之緜。』蓋郊廣地煖，桑葉淩冬不凋，故雖八蠶可育耳！

清 豫山《蠶桑輯要合編》上

原蠶養二蠶三蠶法

原蠶，卽夏蠶也，亦名二蠶。二蠶利本不取，一則時屆農忙，恐妨田務；二則蠶盛妨馬，生馬不繁息，故《周禮》有原蠶之禁；三則春蠶畢後，桑葉無多，再戕伐其葉，樹本受傷，來年之葉，必不繁茂。惟春蠶失利，以補不足，桑葉尚多，養之可也。清明時，將春蠶種連紙捲好，掛於通風極凉處，方不出蟻。立夏前三四日，將蠶種以棉花包裹，放煖處，一日卽出。明年養二蠶，卽用此二蠶種更好，養法與春蠶無異。惟起底飼葉，格外要勤，一十八日卽老上簇，六日而摘繭，七日而蛾出生子，又七日而子生蟻，是爲原蠶。但夏月天氣大熱，蠶室務要通風凉屋，南北開窗，糊之以紗，或用密孝絹布麻之類，總要透風，門窗俱掛細密竹簾，或荻葦簾亦可。務使通透風凉，無令蚊蠅入内。室中多用水缸，日换新水滿，切不可令雜人出入。繭成收種，秋月養之，比春更穩。但秋蠶初宜凉，漸漸宜煖，正與春蠶相反。上簇之時，天氣更寒，室中亦可用火。二蠶宜凉，三蠶宜煖是也。至於上簇繅絲，其法與春蠶皆同。

清 張行孚《蠶事要略》

二蠶

二蠶，當年生種，其生育在頭蠶後。其育法，與頭蠶大約相同，亦有作絲、作緜二種。其所食之桑葉，頭葉未采過者，為頭葉、二葉俱可。若夫鄉邨有育三蠶、四蠶、五蠶者，其利甚薄，而損傷桑樹甚大，古人所以有原蠶之禁矣。按，《周禮》：『禁原蠶。』鄭注謂：『辰為馬。』《蠶書》：『蠶為龍精，蠶與馬同祖，物莫能兩大，禁原蠶者，為傷馬也。』夫蠶、馬同祖天駟。天駟，房星也，以馬病食殭蠶即愈，驗之，蠶盛傷馬，容有此理。然愚謂『禁原蠶』之大指，尚不在此。蓋育蠶必采桑，桑樹一年數采，則滋液竭，而根本傷，來年桑葉，必不茂，而頭蠶不能多育矣。則原蠶雖有薄利，而所以損蠶桑之利甚大，此古人所以禁原蠶也。《淮南子》曰：『原蠶一歲再登，非不利也。然王者法禁之，為其殘桑也。』此説得之矣！

清 鄭文同《蠶桑輯要·蠶桑雜説四條》 別類 另有一種，三眠子蠶，祇眠三次，起後即不再眠，食葉約六七天，卽熟，而能吐絲作繭。其養法，亦皆如四眠子。惟以其繭衣不厚，抽絲分兩較短。故嘉湖地方，飼蠶之家，養者甚少。夏蠶，謂之二蠶。另有一種，名頭二蠶者，生時較早，亦四眠。作繭出蛾，亦皆早。其所生之子，當時轉色，及夏至邊，卽出烏，是名二蠶。其所遺之種，卽是次年之頭二蠶也。蠶繭甚薄，不堪繅絲。若二蠶，則亦出絲不少也。

清 朱祖榮《蠶桑答問》卷下

哺法第一

問曰：『春蠶之後，另有夏蠶，其哺法如何？』

答曰：『欲養夏蠶，必須連哺兩次。第一次，在清明以前，取舊年所留夏蠶子少許，加意煖哺，數日卽出，是謂頭二蠶。迨春蠶初生，頭二蠶已過半，春蠶上山，頭二蠶已生子，卽以此子再哺，謂之夏蠶，亦謂之二蠶。故春蠶，哺在清明以後，此則轉在清明以前也。』

清 蔣斧《粤東飼八蠶法·桑篇》

移栽第四

移栽須於大寒前後此時移者，不生蟲，將桑芽斬去，幼根約留頭與根寸許，枝身四寸許，以塘泥養其頭，置天井中，待抽蕊乃種，種後隔日澆水，澆十餘日必發椏。天旱三五日一澆之，雨則否，大寒時種者，發椏當在立春前，三造蠶時當六月節，卽可摘葉矣。正、二月種者，須四造七月間，方可摘也。肥地每行相距一尺七寸，瘠地尺五六寸，直行正對，橫行斜對，每畝約植四千株橫六丈，直十丈爲一畝，秧價約值銀八九錢。連平移栽法，則以二株作一株，將二株相距二三寸分植之，使斜靠，如人字形。

又 每摘一造，卽除草下肥一次。地肥者，或少下一二次。至冬至鉤榦後，卽下足肥，待來年三造摘畢，復下肥一次，則可至六造矣。若地太瘠者不能。

又 選種第四

育蠶之要，選種爲先。大造蠶，在頭造留種。輪月蠶，在四造留種。此指留為來年之種而言。若當年所用，則一造傳一造，不預留也。飼留種之，蠶須擇温和之室，不可用火烘，火烘者謂之火種，不用火者謂之冷到，冷到之種易育而無病，火種則否。

又《蠶篇》 頭造，最忌東風及寒氣，宜密閉東邊，放西邊氣。二、三、四、五造，最忌西風及暑氣，宜密蔽西邊，放東邊氣。六造，最忌北風及霧，宜密蔽北邊，放南邊氣。要之，頭末兩造，宜和暖，勿使寒凍。中四造，宜陰涼，勿使炎熱。秋末冬初二造，可用火盆烘之。上五造蠶，留種不宜用火熏壞。室中忌蟻，忌鼠，忌蠅，門口宜施青羅幙，以護之。

清 陳淳《製種法》第六章《蠶種之生理》《蠶業叢書》第十二編

人工越冬蠶種法

今使蠶種受一度之低溫，則雖不達一定之時節，亦不能發生，前已述之，應用此理。以人工使蠶種感低溫，經一定之時日，再移於高溫之處，而使發生者，是曰人工越冬蠶種法。

此法之所以不違覼縷，而述其巔末者，誠以人工越冬所採之蠶種，其結果每遠不及普通春蠶種之故。然案此越冬種之原蠶，飼育之期節，秋氣漸深，葉質硬化，因而滋養減退，使蠶體之營養不足，故卵質不免虛弱。更由生理上觀測之，以一年一化者，強使之二化，實悖彼本來固有之性質。故雖能營養發蛾產卵，終不能如普通春蠶種之優善。況生物有因季節，而移易其形質之本能哉。又如一化性有夏季經過酷暑，冬季凌禦嚴寒之習慣即應化力，是暑氣與嚴寒，皆彼一生中所屬望者也。此人工越冬種，必脫却普通一化性，遭過暑氣之時期即產卵於秋季，不過夏而即遇冬，使缺此應化之一慣性，則始製越冬種者，成績不良，固其宜也。然此暑氣，亦非一化性卵生理上必要不可缺者也。故人工越冬種之複製，累年而進，則其遺傳力漸次固定，遂不遇暑氣，亦無甚妨碍，此即生物變異之通性也。夫生物既能因其發生之時期，而變異性質，則人工越冬之蠶，常傾陷於多化性蠶之性質即退化如野生者，在所不免。故絲質之粗劣，絲量之減少，亦悉與多化性之蠶同。

法 白爾辣《摘刊蠶瘟說略》 中國絲歲減之故，皆由粒瘟白殭所致，不能盡諉天時。惟蠶有粒瘟、白殭二症，或種傳，或染及蔓延日甚，故今年二蠶適值初蠶，新瘟之後，室未除盡，氣猶新染，其毫無收成者，良有以也。或云蠶生後，風雨暴至，而蠶死過半，其未死者，亦抽繭不佳。

清 曹笙南輯《五畝居桑蠶清課》卷二《育蠶徵信篇》

養原蠶法

《蠶桑切要》：原蠶惟春蠶失收，以補不足。桑葉尚多，養之可也。養法：起底飼葉，格外要勤，二十一二日即老。最忌大蒼蠅，亦忌大熱。春蠶宜煖，夏蠶宜涼是也。

清 陳啟沅《蠶桑譜》卷二

頭造喜忌篇每年正造分六造，第一造名曰頭造

頭造養蠶有二種：一名大造，即大蠶；一名連蠶，即輪月，以其每月皆飼之，一連至尾造而止，故有是名。

又 三造宜忌篇

三造連蠶，出於夏至前後為正造，其成熟略早於二造半天，食桑多有橫枝，桑葉略老於二造，其桑膠亦勝於二造。

又 四造宜忌篇

四造連蠶，出於大暑後數天爲正造，其成熟在立秋左右。當造之時，桑枝恰得壯大，而桑葉亦長足之時。故是造蠶繭必厚而結，繅絲成數亦高。是造蠶繭如梳形而長，蠶之身亦堅而長且有力。

又 第五造宜忌篇

五造連蠶，當出於處暑前數天，成熟在白露後為正造，週年而計。養蠶天氣，以此造為最好，桑亦最多。

紀事

宋 樂史《原蠶駁議》《蠶事統紀》卷一六 雍熙三年，維擢國子司業，會將有事於藉田，維起《周禮》，至于《唐書》，凡沿革制度，並録之以獻，觀者稱其博。又上書請禁原蠶，以利國焉。直史館樂史駁之曰：『管子云：倉廩實知禮節，衣食足知榮辱，是以古先哲王厚農桑之業，以其為衣食之原耳。一夫不耕，天下有受其饑者，一婦不蠶，天下有受其寒者，故天子親耕，后妃親蠶，屈身以化下者，邦國之重務也。《吴都賦》曰：國賦再熟之稻，鄉貢八蠶之綿，則蠶之有原其來舊矣。今孔維請禁原蠶，以利國馬，徒引前經物類同氣之文，不究時事確實之理。夫所市國馬，來自外方，涉遠馳驅，虧其秣飼，失於善視，遂至元黄，致斃之由，鮮不由此。今乃欲

禁其蠶事，甚無謂也。唐朝畜馬具存監牧之制，詳觀本書，亦無禁蠶之文。況近降明詔，來年春有事于藉田，是則勸農之典方行，而禁蠶之制又下，事相違戾，恐非所宜。臣嘗歷職州縣，粗知利病，編民之内貧窶者多，春蠶所□止充賦調之備，晚蠶薄利，始及卒歲之資，今若禁其後圖，必有因緑為弊，滋章□亂，民豈遑寧，渙汗絲綸，所宜重慎。」上覽之，遂寢晚蠶之禁。維復抗疏曰：『按《周禮》夏官司馬職言，禁原蠶者為傷馬也，原，再也，天文辰為馬。《蠶書》：蠶為龍精，月直大火，則浴其種，是蠶與馬同氣，物莫能兩大，故禁再蠶以益馬也。又郭璞云：重蠶為原，今晚蠶也。臣少親耕桑之務，長歷州縣之職，物之利害盡知之矣，蚩蚩之氓知其利而不知其害，故有早蠶之後，重養晚蠶之繭，出絲甚少，再採之葉，來歲不茂，豈止傷及于馬，而桑亦損矣。臣自縣歷官，路見坰野之地，官馬多死，若非明援典據助其畜牧，安敢妄有舉陳哉。按《本草注》以僵蠶塗馬齒，則不能食草，物類相感如此。《月令》仲春祭馬祖，季春享先蠶，皆謂天駟房星也。為馬祈福謂之馬祖，為蠶祈福謂之先蠶，是蠶與馬同其類爾。蠶重則馬損，氣感之而然也。臣謂，依《周禮》禁原蠶為當。」上雖不用維言，而嘉其援引據經，以其章付史館。

藝文

清 曹爾堪《養蠶詞》《蠶事統紀》卷一八 清明洗箔出蠶子，細小如鍼黑如蟻。緑鬢不理剪嫩桑，半月辛苦一寸長。二眠起後筠筐滿，羅敷陌頭愁日短。不寒不燠四月天，薪炭何曾費一錢。銀釵換魚衫換肉，清還直待頭蠶熟。頭蠶已熟繭蛾蚤，今年郭外繅車少。戰鼓頻驚成亂絲，養蠶那得如往時。

雜録

北魏 酈道元《水經注》卷三六 桑蠶年八熟繭，《三都賦》所謂「八蠶之綿者」矣。其崖小水冪歷案，崖字，近刻訛在「小水」下。

《太平御覽》卷一七一《州郡部十七・江南道下》 《郡國志》曰：『永嘉爲東甌，鬱林爲西越，斯地蠶一年八熟。』

又 卷八二五《資産部五》 《夏官・馬質》曰：『馬質掌質馬，禁原蠶者。』原，再也。天文，辰爲馬。《蠶書》：『蠶爲龍精，月直大火，則浴其種。』是蠶與馬同氣也，物莫能兩大，禁再蠶者，爲傷馬也。

又 《林邑記》曰：『九眞郡，蠶年八熟，繭小輕薄，絲弱綿細。』

《永嘉郡記》曰：『永嘉有八輩蠶：蚖珍蠶三月績，柘蠶四月初績，蚖蠶四月初績，愛珍五月績，愛蠶六月末績，寒珍七月末績，四出蠶九月初績，寒蠶十月績。凡蠶再養者，前輩皆謂之珍，少養之。愛蠶者，故蚖蠶種也。蚖珍，三月既績，出蛾取卵，七月八月便剖蠶生，多養之，是爲蚖蠶。欲作愛者，取蚖珍之卵，藏内瓮器中，隨器大小，亦可十紙百紙盖覆器口，安冷水，使冷氣折其出勢。僅得三七日，然後剖生，養之，謂爲愛珍，亦愛子，績成繭蛾生卵，卵七日又剖成蠶，多養之，此則愛蠶也。』

宋 王楙《野客叢書》卷八《種田養蠶》 《吳都賦》曰：『國稅再熟之稻，鄉貢八蠶之綿。』注謂：『有蠶一歲八育。』僕按，《廣記》：『日南一歲八蠶，以其地暖故爾。』俞益期《牋》曰：『日南蠶八熟。』張文昌《桂州詩》曰：『有地多生桂，無時不養蠶。』此言可驗矣。而《海物異名記》乃謂：『八蠶共作一繭。』與前説異。

宋 佚名《錦繡萬花谷・前集》卷五

溫州

《郡國志》又為東甌，《十道志》：『永嘉郡，會稽之東境也，漢永建四年置永寧縣。』《郡國志》：『永嘉為東甌，鬱林為西越，斯地蠶一年八熟。』

明 徐光啓《農政全書》卷三一《蠶桑・養蠶法》 俞益期《牋》曰：『日南蠶八熟，繭軟而薄，椹採少多。』

清 方以智《物理小識》卷一一《鳥獸類》 蠶法 《交州記》：『桑蠶一年八熟。』《三都賦》：『所謂八蠶之綿，吳下養蠶，畏見生人，親戚皆不來往，謂之歇蠶，而延平養家不忌也。』暄曰：『本處養者，一切無禁，而蠶亦盛熟。』

清 方旭《蟲薈》卷三 《雜五行書》：『三月三日，天陰無日而不雨，蠶必佳。』

《本草綱目》：『蠶死而不朽，故曰殭蠶。再養曰原蠶，又曰晚蠶，曰魏蠶，曰夏蠶，曰熱蠶。蠶屎曰蠶沙。』

（嘉慶）《桐鄉縣志》卷四《物産》 貨屬絲有頭蠶、二蠶、三蠶、四蠶、五蠶、早晚之別。

清 沈練、仲學輅、章震福《廣蠶桑説輯補校訂》卷四 震按湖屬謂之看蠶貓，蠶家無不育之，且有頭蠶貓、二蠶貓之分。蓋分之於所生時候也，或謂頭蠶貓比二蠶貓爲逼鼠云。

清 汪曰楨《湖蠶述》卷一 《齊民要術》言之，有三卧一生蠶，即今三眠種。四卧再生蠶，即今頭二蠶。又黑蠶、白頭蠶、同繭蠶，皆習見，不足異。他如頡石蠶、楚蠶、灰兒蠶、秋母蠶、秋中蠶、老秋兒蠶、秋末老蝦兒蠶、錦兒蠶，今人皆不能辨。又頭二蠶，即蚖珍也。鄭緝之《永嘉記》：『永嘉有八輩蠶，一曰蚖珍，三月初績。』《周禮》夏官司馬職『禁原蠶』注云：『原，再也。』《字書》作『𧔠』。《本草》有晚蠶、沙晚殭蠶等目，皆未詳辨，遂誤以初蠶再出，為晚蠶、原蠶矣，不知其種迥别。凡二蠶繭蛾生種，謂之頭二蠶種按，《烏程劉志》誤分二蠶、頭二蠶為兩種。次年清明後，即担而養之担，上聲。《玉篇》云：『拂也』。名頭二蠶時，頭蠶尚未出也。其眠、其老，甚速，纔兩旬，即收繭時，頭蠶甫大眠也，出蛾生子，是為二蠶種。凡養頭二蠶，皆甚少無繅絲者，其繭殼、繭黄、蠶沙，皆入藥。按，蠶蜕紙，亦入藥。其殭者，尤不可得，治痘有回生之功。蓋時方春杪，蠶亦得清淑之氣，故堪治疾，殆珍之名所由起歟？《本草》所載，專指此。按，今藥肆所用，皆頭蠶之白殭，其功稍減，亦能治疾，以頭二蠶殭者，難得也。若頭蠶之紅殭，及二蠶殭者，俱不可用。鄉人諱殭醫者，改稱佳蠶，亦稱天蟲。即《周禮》『原』字之義，亦未必不指此。二蠶始稱晚蠶，出於頭蠶登簇之際，飼以二葉。自眠至老，皆值黄梅時候，蒸鬱日甚，蠅蚋姑嘬，臭穢生蛆，性偏熱有毒。其繭其絲，價亦較廉。凡所棄餘，僅以肥田，從未入藥，《本草》之注未詳，故特表之。

（光緒）《石門縣志》卷三《食貨志·貨類》 絲有頭蠶、二蠶、三蠶、四蠶、五蠶、黄絲、七繭絲、同功絲之別。

圖表

清 李鴻章撰，袁俊德輯《蠶桑紡織器圖詠·蠶圖詠類》

留子第十二圖

蛾兒分別配雄雌，蟻子新生粟聚奇。更怕原蠶依舊出，留添艾葉製尤宜。

眠性

題解

清 方大湜《桑蠶提要》卷二《蠶事四十條》

蠶種四則

《釋名》：蠶，神物也屢化如神。其卵曰子，子初生曰蟻亦曰烏，又曰蠶花，又曰蝸兒，子之首先出者，曰蚍音苗，亦曰報頭，蟻漸大曰蠶亦曰蟓，又曰絲蟲，蠶老吐絲自裹，曰繭亦曰䙌，又蠶衣，繭成化而爲蛹亦曰螝，又曰繭蟲，又曰蠶女，蛹化爲蛾亦曰羅，蛾穿繭而出，又復生卵。蠶屎曰砂，蠶皮曰殼亦曰衣，又曰蜕，繭外浮絲曰繭縹亦曰窠，又曰外衣，蠶卧曰眠亦曰俯，眠後脱殼曰起。初眠曰頭眠，二眠曰停眠，三眠曰出火，四眠曰大眠。將眠曰紅嬾思亦曰青嬾思，他蠶盡眠，而此猶食葉曰食娘。眠者曰眠娘，起者曰起娘。將老而口中吐絲，繚繞至脰，曰繚娘。老者，色微紅，絲喉漸亮，曰老娘亦曰紅蠶。

清 豫山《蠶桑輯要略編・養蠶法》 蠶種：蠶本天駟之精，氣化神物。卵生為蟻，蟻脱為蚪音苗，蚪脱為蠶，蠶脱為蛹，蛹脱為蛾，蛾脱繭復卵。蠶紙為連，皮為蜕，屎為沙，蓐曰沙燠，卧曰眠，脱殻曰起。南蠶多四眠，北蠶多三眠。總之，一七而變，四變而老，七變而死。蠶種曰連，蠶出曰蟻。清明節，用净水，將蠶連潤濕取起，名曰浴蠶。

論説

清 吴錫璋《蠶桑新論》

論收蟻之利害第三

蟻者，即烏娘也。中國收蟻以前，雖有包紙一法，而究未盡協宜。且收蟻之時，并不秤其分兩，及至二、三眠時，始按秤，而略定筐數。然究嫌其朦混，不論有病無病，而一律飼之，非特桑葉虧耗，即病亦易傳染，而蠶亦暗消。華民育蠶，往往種多而蠶不多者，職是之故，考日本收蟻法，見蠶卵有黑點，并有一二條出者，即掃而去之，將蠶種用白洋紙包好，鋪於籚内。皮紙四隅，稍寛一分，此際合華氏七十三度至七十五度而止。翼日上午十一點鐘，蟻已盡出，可以悉收，惟先秤其坪紙分兩若干，按紙寫明，各立標記。然後輕輕將包紙拆開，四隅之蟻，用鵝毛輕輕掃下，中央之蟻，須兩人對持，離紙一二寸，用鵝毛輕敲其背面，而蟻自落，即有未落者，再用鵝毛掃之可耳。遂將坪紙統秤之，定其輕重，按蠶之分兩，飼以桑葉。

清 沈秉成《蠶桑輯要・諸家雜説》 南蠶多四眠，北蠶多三眠。總之，一七而變，四變而老，七變而死，蓋氣化神物。

清 王忠清《東南蠶事論》《蠶事統紀》附 夫田為糧食之本，蠶為財用之源。而蠶有寒熱之分，有緊緩之飼，有晝夜供食不倦之勞，有温和合時之序，勤視當心，乃全獲，怠惰失理，則薄收。惟有法有序，方得財用之源不竭。穀雨左右，蠶蟻將出殻，務向喜神吉方，將種攤於暖處，俟其出齊，將野薔薇葉炒燥為末，摻勻蟻上。再俟其立定脚頭，然後用鵞毛輕抹做一處，細細撥勻，將嫩葉貼平餵食。天暖涼之，天寒暖之，蠶房内須種火缸，替須要薄，看蠶身定，即是頭眠。有未定不眠者，用竹筯取出，眠者用手拆替，安於温暖之處。天暖勤飼，天寒緩飼。頭眠、二眠看視一體，蠶將三眠，飼葉更緊，名為旺葉。旺葉之際，宜晝夜供飼無缺，蠶身不動，口嘴尖凸，名為三眠。最要當心，將蠶净捉，稱蠶一觔，俗呼一筐，放於籚内，擇温和之房间，稀放，倘蠶身眾密，受暑熱蒸，老蠶必焦尾無收。如遭風受冷，蠶必殭挺。凡看蠶失手，多在三眠之際，尤當留心。凡到三眠，飼葉太旺，或食雨露之葉，必為白肚；如食氣水之葉，蠶必萎爛；為食肥葉，大眠不肯眠，變為青蠶；為食烟地之葉，蠶吐青涎而斃；如食熱氣之葉，蠶必身紅而倒。其蠶脱殻，名曰起娘。

清 李君鳳《蠶桑説・救飼蠶弊説》 諮詢川俗，飼蠶，恆蹈二巨弊。一、買桑葉飼蠶。鄉農亦知飼蠶之利，奈自栽桑樹不多栽桑家不自種桑秧，買秧遠方。秧從遠來，離土日久，栽植十株，僅活三四，遂謂桑樹難栽，飼蠶必買桑葉，除卻人工，葉本獲利甚微，窮人乏葉本，即不敢下蠶種。明知飼蠶有利，而不得食利，豈知自采桑葚，種桑秧。葚老各處早遲不同，總在四月尾五月内，芒種夏至前後。自行多栽桑樹桑秧離土即栽，無株不活，止於空閒時，舉手足之勞栽種，並不費一錢。桑樹長成，即爲數世之利。飼蠶原是女工，婦女、孩童在自業内采葉飼蠶，既不須男工，買葉亦不費一錢葉本，即獲新絲，其利自厚數倍。一、下蠶種，不分先後。川俗，當收蠶種時，將數日蛾子所下之卵蠶蛋爲卵混在一處，及次年小蠶初生時，又將數日所生之小蠶混在一處，以致眠起不齊。迨二、三眠起眠醒爲起時，有大蠶，復有小蠶，妄謂蠶子下兒，用人工分别蠶之大小，逐條捉置箔上飼蠶席子爲箔，不知小蠶是後出卵，蠶眠時，食葉未足，未眠未長大之蠶，非蠶子所下之兒也。至蠶老作繭時，有已老之蠶，又有未老尚要食葉之蠶，一箔蠶作數日老，遂至每老蠶一條。又用人工捉置簇上蠶上繭之竹枝、稻草等物爲簇，紛紛匆忙，費工不少，山農遂畏飼蠶難。法於收蠶種時，每日所出之蠶蛾各一連蠶紙爲連，下卵記號連上，次年小蠶初生，每日所生小蠶，各置一處飼養。小蠶初生一日，不食葉無妨，定要每日蠶生齊，同時與葉食。分箔時切記勿混便，每箔眠一齊眠，起一齊起，老一齊老。二、三眠時，條條一樣大，不用人工分别。大小蠶老時，止須將簇置箔上，老蠶自行上簇作繭，不須每蠶費人工捉來上簇，一家即飼數百箔，亦不難經理。向讀川人論蠶桑書，有舉家忙之語，謂是課桑佳話，今乃知蹈此弊也，爰爲是說以救之。尚有飼蠶細弊，散見《蠶桑說》各條中。

清　徐樹銘《桑政邇言》　養蠶之鄉，第一，要葉足。是以浙江有不必養蠶，專種樹摘葉以供飼養之家者，統計獲利，亦復不少。緣蠶至三眠後，必須多飼葉，然後繭厚絲多；若桑葉欠缺，繭薄絲少，所損多矣。故多養桑樹爲第一要義。

綜述

元　司農司《農桑輯要》卷四《養蠶》

養四眠蠶

《蠶桑直說》：『此蠶別是一種，與養春蠶同。但第三眠，止擡開十五箔，擡飽食二十箔；大眠，擡三十箔。』

明　屈大均《廣東新語》卷二四《蟲語》

八蠶

廣蠶歲七熟，閏則八熟。《記》曰『一歲八繭出日南』，是也。廣自三月至九月，月一熟蠶，以三十二日爲度，歲當立春，桑穀生，蠶駒始出。凡蠶初出曰䖢，而曰蠶駒者，蠶與馬同神，本龍精而首類馬，故曰蠶駒。蠶駒既出，以桑芽餵之。二眠、三眠，食葉漸有聲，至四眠而蠶熟矣。凡蠶三日一蛻，蛻則不食，是謂一眠。眠至四而繭成，然眠必齊，眠乃良，齊眠曰大眠。若九蠶眠，一不眠，則九爲一所累，而俱敗矣。繭既成，時當正月，是曰大蠶。大蠶，一歲一熟，熟至八日而出蛾，配其雌雄。又至八日而蛾卵，卵則蛾死，以紙裹卵，藏之至立春，蠶駒復出，故曰大蠶。其二蠶、三蠶，曰小蠶，亦曰連蠶，言相連不絶，月月熟也。繭既成，大蠶繭四千，小者六千，可獲絲一斤，大蠶絲光滑，而細小者不及。計一婦之力，歲可得絲四十餘斤。桑葉一月一摘，摘已復生。計地一畝，月可得葉五百斤。蠶食之，得絲四斤。家有十畝之地，以桑以蠶，亦可充八口之食矣。坡山之絲線良，龍江之線綢良，然龍江蠶種，率購之於九江，而爲絲及線乃獨良，非女手之不同也，水色異也。然李商隱《詩》云：『八蠶蠒綿小分炷。』又云：『小炷八蠶綿。』左思《賦》：『鄉貢八蠶之綿。』皆言綿，而不言絲。蓋以蠶養至第八次，不中爲絲，但可作綿。然吾廣第八蠶，皆可爲綿，所謂珍蠶也。凡蠶再熟者，謂之珍。況於八輩蠶乎？《本艸》言：『南粵蠶有三眠、四眠、兩生、七出、八出者。蓋蠶屬陽，喜燥惡溼。南粵火之所房，炎精盛實，故蠶至于八輩也。』

清　張宗法《三農紀》卷八《篇二·蠶》　有三眠、四眠者，有再出、復出者。《博物志》云：『蠶，神物也，亦有胎生者，與母同老。蠶三化，先孕後交，不交者亦産子，子復爲繭，皆無眉目。』

清　方觀承《述本堂詩集·看蠶詞》　越蠶四眠。有一種，二眠後即大眠者，名曰三眠，子期早，收薄絲亦麤，南中不嘗畜之。桑飼頭蠶而葉盡，新條復生者，爲二葉。五六月間，以飼二蠶，採而不剪。桑葚釀酒，枯葉飼羊不羶，皆桑之利也。

清　韓夢周《養蠶成法·繭綢始末》

蠶繭種類

山蠶黃白色，大者如鴨卵，其蛾米色，下子大如高粱米，其色稍赤，形扁。初成蠶黑色，漸變青色，約長三寸許，大如指。椿繭灰色，大如棗，其蛾黑花，子色白。蠶初出黑色，至二眠後色黃白，三眠後色白。身有肉翅，狀如海參，尾底有兩叉，長二寸許。

清　韓夢周《蠶桑實濟》卷四《育蠶急務》　飼四眠四起蠶。附前說以三眠爲大眠，三起之後，即不復眠，北蠶種也。南蠶則於三眠即起後，更有一大眠，合計之，乃四眠四起。蜀地蠶皆北種，宜遵前法飼養。然此說亦有可參用處，故附誌之。

清　程岱葊《西吳蠶略》卷上

出火

古書稱：『蠶三眠三起。』《農桑直説》謂：『四眠蠶，別是一種。今湖蠶多養四眠者，轉謂三眠者為別種矣。』湖蠶之第三眠，名爲出火，過二眠後，三四周時，長約三分，映光照之，頭作碧色，乃出火之候，即停葉捉而秤之。

又　見繚孃

鋪地飼六七周時，映光照之，其體透明，謂之通忌言亮，通則老矣，不食葉，身亦漸縮，吐絲繚繞，謂之繚孃。

《埤雅》云：『蠶足於葉，三俯三眠，二十七日而老，老則紅，故謂之紅蠶。』今湖蠶皆四眠，其三眠種，老亦不紅。

清 方大湜《桑蠶提要》卷二《蠶事四十條**・蠶種**四則**》** 別類：初次養蠶，必先問人買種，然種類不同。鹹種浴以鹽滷，繭小而絲重，勝於淡種。然上山時，見亮則遊山，比淡種稍覺費時、淡種浴以石灰水，不用鹽，繭大而絲輕，雖見亮，不甚遊山、重絲種亦淡種之類，其繭堅小似鹹種，絲亦輕重相仿、三眠種有鹹有淡。下連後七日，初眠；又七日，二眠；又七日，三眠；又五六日，或七八日而老、四眠種有鹹有淡。下連後，七日，初眠；又四五日，二眠；又四五日，三眠；又四五日，大眠；又四五日而老，比三眠蠶多一眠。然自下連至老，總計時日，與三眠蠶亦不甚參差、白絲種、黃絲種白勝於黃，各有其類，不可紊亂，須問明爲要。

清 高銓《蠶桑輯要》卷上

泥種

泥種，四眠蠶也，喜食泥。凡初生及每眠初，放葉皆須以泥飼兩三頓。其法：先鋪葉一層，用絹包細黃土，勻篩葉上，不必多，葉面微見泥即止。葉頭甚深凡食葉多者，為葉頭深；少者，為葉頭淺，蠶色白，繭形長而大，絲之分兩甚重。

又 嬾𧃈種

凡蠶皆須勤𧃈，惟此種四眠，每眠止須𧃈一次。雖沙䅉生白醭亦不爲害蠶菌曰沙䅉。《集韻》：音替，蠶易箔也，亦作䅉，俗呼葉屑。蠶沙之屬爲䅉子，故曰嬾𧃈。蠶色白，葉頭不深，繭形如榧，同宮頗多二三蠶共成一繭，爲同宮，言同處一宮也，亦作同功，言同有功也。同，俗音如唐。

又 分先後

凡種不論三眠、四眠，皆當分先後護之。護分先後，則蠶有遲早。凡餵飼、分𧃈諸務，俱可次第施功，不致忙促遺誤。且下地上山，屋宇逼窄者，又可先後會通，無室滿之患，一事而數善備者，此也。

清 高銓《吴興蠶書》卷上 石小罐種

石小罐，以繭形名也，繭小而堅如石，故曰石小罐，亦四眠種。蠶色白，葉頭淺，同宮甚多，絲有分兩。惟繭太小，拗繭甚費功夫剝繭絖謂之拗繭。絖，《說文》：『音荒，絲蔓延也』，即繭外蒙茸之衣也。今俗音如黃。

又 丹杵種

丹杵係四眠種，蠶身甚大，其色白間有灰黑者，葉頭最深。每眠起，初放葉，及將老時，有騰葉之病凡葉不食而踐之，謂之騰葉。繭形長，一頭微尖，如搗藥之杵，故曰丹杵。絲之分兩，與白皮種同。蠶色之灰黑者，惟此種有之。金華有一種大蠶，亦灰黑色，其繭之大，與本地蠶之同宮無異。

又 柘蠶種

柘蠶，係四眠種，不食桑而食柘，五色斑駁，繭亦堅大，其絲甚有分兩。

又 灼火

《物類相感志》云：蠶過小滿則無絲，故育蠶以早爲貴。然物生有時，欲使之先時而成，非以人力濟之不可。蠶之用火，全是人功，化遲爲早，端在於此。蓋蠶性喜煖，蓄火以養之，則易長。不論三眠種、四眠種，皆可用。自初生至三眠，始輟。是以蠶至三眠，不曰三眠，而曰輟火也亦作出火，言出火房也。湖地育蠶，灼火者少。千金、新市諸處，以賣小蠶為業，蠶皆尚早，無不用火者，餘惟近菱湖鎮各鄉用之。一畏其難，一憚其勞，人情樂趨簡便耳。不知用火之蠶，其成較速，其收亦較厚。凡事勤則有功，逸則無獲，欲享其利焉，得自愛其力哉。

又 卷下 派老底

蠶之眠貴齊，眠齊，起亦齊。若飼葉不勻，則食足者眠早，不足者眠遲。一筐之中，眠頭與食葉之蠶糾紛雜沓，飼之，則䅉益厚，而罨損眠頭；不飼則缺食，而愈不能眠矣。亟須𧃈開面上食葉者，飼之，而以底中之眠頭，另貯，謂之派老底。面上之蠶，雖非青蠶可比，然收成終不如老底之豐。

又 二蠶眠起

二蠶性與頭蠶迴別，頭蠶之眠無分蚤暮，二蠶晚刻不眠。凡日中見眠頭，傍晚自能眠齊，或在申刻見；至晚不過眠成一半，餘則直須至次日午刻方眠，不可不分開另貯。若每眠如此，即不勝其分矣。諺故曰：『二蠶十八派也，三蠶、四蠶等性亦同。』

清 沈秉成《蠶桑輯要・諸家雜說》

蠶桑雜記

鎮江從前雖有蠶事，講求未精。即如蠶老上山，蘆簾架下，必用極熱火炕，為熱蠶絲。一則烘去蠶溲之水，使山燥爽；二則蠶口吐絲快利，膠粘不致粘實，繅絲性純，蛻蛹不斷。上機設有絲斷，可以扯接。織紬光彩，異於他絲。他處之蠶上山，不用火炕，為冷蠶絲。吐絲口緩，膠粘著實，繅絲不純易斷。火炕之繭，瘟蠶與餓蠶繭，不可留種。此種育之，不收蠶種。三眠易育，絲少；四眠難育，絲多。

又 養蠶法

總說，蠶本天駟之精，黃帝元妃西陵氏始蠶，卵生為蟻，蟻脫為蚄音苗，脱為蠶，蠶脱為蛹音勇，蛹脱為蛾，蛾脱繭復卵。蠶紙為連，皮為蜕，屎為沙，蓐曰沙燠，卧曰眠，脱殼曰起。南蠶多四眠，北蠶多三眠。總之，一七而變，四變而老，七變而死，蓋氣化神物。蠶室高潔處，供奉先蠶神位。下蟻之日，用牲醴祭之。

【略】

二眠後起齊，切葉宜稍粗，即是三眠，出火，去筐底草簾。若三眠種三眠後，不用切葉，飼以連枝葉。四眠種三眠，還是切葉，三眠四眠如前。摻糠去食，蠶起鬆，此時要住食三日，方能起齊。

清 俞墉纂輯《蠶桑述要》 蠶種有三眠、四眠之分。三眠者，自烏螘起，至蠶老上山止，更衣三次俗呼蜕殼。四眠，則更衣四次。蠶至眠竣，不復再眠，其起也，名爲出火又名火眠。秤量蠶花分數，卽在此時。如一錢烏螘，四眠種秤，重六觔有零，三眠種秤，重四斤有零十六兩官秤。蠶花大茂，急須添備桑葉。

清 温忠翰《蠶桑問答》

問：留蠶種法？

答曰：留種先要揀無病壯大的蠶。大眠後，每日取極肥桑葉餵之，蠶老後，另搭一山，常用微火烘煖，使速成繭。拗繭時，要辨雌雄，尖而腰小的是雄，圓而腰大的是雌。分爲兩筐，不可堆積。收在透風屋内，不可搖動，須避老鼠咬傷。約半月卽出蛾，出後揀去拳翅、秃眉、焦尾、赤肚諸様病蛾，分别雄雌，各收一處。須用稻草先鋪器内，使蛾可存身，候出蛾既多，將雌雄併在一處，蛾數相當，聽其自相配合，俗名爲對。既對後，提入空筐，勿令見風，見風恐致散亂。大約蛾對四個時辰，便須分開，俗名拆對，拆對太早不得，早則來年多不眠之蠶；太遲不得，遲則來年大眠後，多拖白水之蠶。總以四個時辰爲度。拆對之後，鋪蠶布於筐中，不拘新舊，須用方塊，取雌蛾放布上，四面用木尺攔住，再用他物蓋好，使透氣，不見日光，過半日而蠶子滿布矣。再用竿懸布淨室中，六七日顔色變黑，用陳石灰研細，取絹篩篩在蠶布上，要勻不要厚，輕輕摺好，懸在屋中，待隆冬時取下醃之。

清 吴烜《養蠶説》 蠶喜溫而惡寒，喜燥而惡濕，喜潔而惡穢，喜静而惡喧，喜吉而惡凶，喜和而惡戾，此其性然也。而其種則有三眠、四眠之别。三眠，繭薄絲少；四眠，繭厚絲多。育蠶者必須四眠，而四眠之中，又有金種、花種、烏種、蓮子種、金橘種、束腰種、平頭種等名，此外尚不勝枚舉。金種，蠶身甚小；花種，遍體斕斑；烏種，滿身灰黑；蓮子種，繭之小者；金橘種，繭之大者；束腰，則腰有束痕；平頭，則兩頭平満。而要之，種類雖多，總以繭之堅結而厚，平圓緊小者為良，其鬆浮薄大之繭，絲少而難抽。又一繭兩蠶，謂之雙繭，又謂之同宫繭，絲頭多亂，皆不堪作種。至哺養、繅絲諸法，必先學習諳練，方可育蠶。

又 育蠶必先量葉，量葉必先秤蠶，方有把握。小蠶初出，連蠶秤紙，記明分兩，收下後，再秤空紙，便知小蠶分兩。明日再收再秤，每小蠶一兩，食浄葉約二十担，可得絲一百五六十兩。三眠時，併在一筐，秤蠶一斤，可得絲一斤。四眠謂之大眠，每蠶一斤，除以前食葉不算外，以後再食二十餘斤，約可收繭二斤。每繭一斤，多則繅絲二兩，少則一兩二三錢，多寡不齊，大約總以十分繅一爲常，而食葉之多寡，亦可預定矣。

法 白爾辣《摘刊蠶瘟説略》 中國絲歲減之故，皆由粒瘟白殭所致，不能盡諉天時。惟蠶有粒瘟、白殭二症，或種傳或染及，蔓延日甚。故今年二蠶，適值初蠶新瘟之後，室未除盡氣猶新染，其毫無收成者，良有以也。或云，蠶生後風雨暴至，而蠶死過半，其未死者亦抽繭不佳，此蓋指四眠之後，天時驟變，易生白殭之病，而種染白殭更易猝發，蔓延無已，死者過半，未死者亦無力抽繭。

（光緒）《石門縣志》卷三《食貨志·物産·蟲類》 蠶 原蠶為二蠶所從出，在頭蠶之前，亦四眠，其成繭畧薄，舊以繅絲多纇，故稍輕之。今則盛種，幾於頭蠶矣。

清 董開榮《育蠶要旨》

鋉括

蠶性喜溫，而又惡溼熱，故必鋉括。鋉則剝去底下一層，不使溼熱薰蒸；括則取其面上一層。而鋉中猶有蠶在内，必當搜剔淨盡。倘有殭爛、白肚、空頭、蓐蠶，棄之無遺。故無論寒暖，每日宜鋉括一回，而出火及大眠時為尤要，更有救逆之法，如爛肚傷熱之故、吐水、白肚二種氣水葉、空頭小蠶失葉飢傷、布漆身有黑班點生種之故，必須勤鋉，方不傳染，如殭蠶傷冷之故、瘪孃不上葉生。種時對不深，可噴燒酒，或甘草水。又法：以馬毛鋪在蠶器内，可免諸病，倘大眠後，放地蠶不必鋉括。

又 生種藏種

種為來歲之計，最宜講究。種蠶當另行看開，必頻頻飼之，不令稍餓。上山時不可用火，采繭後安放靜處，十八周後如天熱不到此候有蛾餂出。其繭口金門為上黃色，銀門次之白色。出蛾後總在五鼓，飯後即有之亦稀少即對對，交媾也。淺交不可，過交亦不可。如未對，即將雌雄捉成對腰小者雄，腰大者雌，相兼而收。如雌多雄少，雄蛾可復對，解開時，須深黃昏方可，約申刻解開，將布一方掛在空中，捉蛾放上亦有用厚紙者，自能抱布，須臾卽生子矣。出蛾當分三朝，初朝不過數十隻，第二朝極盛，三朝又少，以後不可用矣。收藏布種之法：生種後其色必戰紫，戰色後可用石炭篩在上面，交夏時必須用綿薄包，外面用紙裹好，恐有蠹魚傷子，待欲種時，再打開。浴後，仍必包裹，來歲方得無礙。

按，大眠起，擇蠶之健食者，別置之，倍與之食，作繭與他繭異。俟蛾破繭出，取紙一方，引蛾布子其上，謂之蠶布種。

清　何品玉輯刊《蠶桑會粹・種桑各法》

飼蠶辯眠起法

蠶有三眠、四眠二種。惟粵東之蠶，多屬四眠，尋常約三日一眠。凡蠶之將眠，其頭光亮，結嘴昂頭，不思食葉，即係將眠時也。

清　黃壽昌《蠶桑須知》

蠶眠

頭眠　蠶自初生至頭眠，約五六日，多至七日天時之寒暖，為之也為率，俗有以火助之將火盆置在蠶簿之下，蠶得暖氣，則三日三夜人工為之也，即可見眠頭，謂之趕頭眠。然非其所宜，恐火氣傷蠶，致後多患病，不若順其自然為妥。

二眠　自頭眠開葉至二眠，為時較速，約隔三日三夜，可見眠頭。

出火三眠也：養蠶之家，往往以火助暖，欲其速眠。至三眠時，不宜用火，故謂之出火。若天時過冷，亦有以火相助者。自三眠開葉至出火，約亦三日三夜見眠頭。

大眠四眠也：出火開葉至大眠，約亦三日三夜見眠頭。考古昔育蠶，類多三眠蠶種，故書籍中，恒以三眠三起為詞。若近代，則以四眠種為尚，以繭性堅厚，出絲分兩較多也。

凡蠶眠後，即替出替法，已詳前條，換放他簿，每眠皆然。蠶大，則用手捉之，故出火謂之捉出火，大眠謂之捉大眠。

凡眠頭，或替或捉，皆宜小心。若觸傷蠶嘴，嘴上衣不能脫，俗謂之多嘴娘，不能食葉，隔數日即死。倘乘其口嫩之時，用手輕輕剥去其衣，亦可無礙。

又眠時，須用石灰或龍糠灰一名班糠灰，台屬無此灰，專用石灰可也灑在蠶身之上，取其乾燥，則卸衣脫去蠶衣一重也，較易。

又出火及大眠時，以石灰，再用稻草殼須預為曬燥，或菜子莢，斷作寸許，同灑蠶上，一取乾燥，一取蠶有憑依，則卸衣容易也。

蠶至大眠，無病，能一晝夜時，盡皆眠齊者，已有大半功程。故俗每以大眠之齊與不齊，卜蠶花之旺與不旺。若至二三日，而眠猶未齊者，勢必不佳矣。

大眠時，大忌受風，西北風為尤忌。若一受風，則嘴必縮緊而難吐，須不觸動，以待其徐吐，方可無礙。

又大眠時，即不受風，但聞風聲，蠶即遲遲不肯齊眠，易致患病。二三眠時，亦非所宜。故多風之年，蠶花往往減色。

清　江志伊輯《飼蠶法》

總論　天文，辰爲龍，蠶生辰，爲龍精，故月大火則浴蠶種。蠶神，天駟也。蠶與馬同氣，物莫能兩大，故《周禮》馬質禁原蠶，爲傷馬也。原，再也。《淮南子》云：『原蠶一歲再登，非不利也。然王者法禁之，爲其殘桑也。』　蠶食而不飲，二十七日而化。此言三眠蠶也。四眠蠶則二十八日。若緊飼葉，亦有二十四五日而繭者。

又　辨種　蠶種甚繁，有三眠一生蠶即今之三眠蠶也，古稱蠶三眠三起，今人飼者多四眠，俗以第三眠爲出火，不謂之眠，而以末眠並頭二眠爲三眠，故云三眠三起，實則四眠四起也。一云四眠蠶，雌蛾生子後，更以雄蛾再對而生子，即成三眠，然則三眠蠶乃四眠之變種矣，有四眠再生蠶即今之頭二蠶也。凡蠶食頭葉者，曰頭蠶；食二葉者，曰二蠶。

又　第二日飼至三十頓，葉微加厚；第三日飼至二十餘頓，葉又稍加厚。室中宜極煖極暗凡蟻初生宜暗，眠時宜暗，將眠及眠起宜微明，向食時宜明。三日後黑者，漸變白則向食葉宜少加，變青則正食葉宜益加，復變白則慢食葉宜少減，變黃則短食葉宜愈減，純黃則停食，謂之正眠。眠起，自黃而白，自白而青，自青復白，自白而黃，又一眠矣。每眠須如此，候之以加減食葉。蠶食葉之疾徐，不盡關乎冷煖。初起必不甚疾，將眠將老亦不甚疾，最疾者中間二三日耳。此時上葉宜勤，二眠、三眠起後，餉食飼葉尤不宜緩。蓋初次受餓，則二次當眠不眠，俗名青蠶；二、三眠受餓，病見於大眠；大眠受餓，則起後雖食葉，而頭漸空，俗名亮頭，棄物也。

大抵頭眠起，一復時可六頓，次日可漸加。中眠起頭頓宜薄，一復時可四頓，次日亦漸加。大眠起，一復時可三頓，第一頓宜薄但可覆白，第二頓比前又薄不覆白矣，第三頓如第一頓亦覆白也。此三頓食如不短，則其蠶至老食慢，次日可漸加葉。

清 林心北、吴書年勸刻《蠶桑輯略・養蠶節次三十五條》

養種蠶

養蠶必先留種，留種先宜擇蠶，蓋必蠶無病，種方無病也。先於二眠時擇蠶之整齊强健者，分出另飼，日以蕻頭葉飼之蕻，胡貢切，音閧，枝頂最茂處也。蕻頭力旺，蠶食之其力自旺。

清 林楊光、王鎮西《蠶桑條説・白河縣知縣林令楊光述呈桑蠶各説七條》

擇種說第三條

飼蠶貴於擇種，當上箔時，擇其蠶身油潤壯旺者，另置一箔，繫以紙籤，記明時日，靜放廳内，使近日光，易於出蛾；勿近火，近火則所出之蠶多發癡。上箔五六日，將繭輕輕摘下，辨其雌雄，雌者形圓，雄者形尖而腰有折痕。去其浮絲，雌雄分放，勿移動。約十四五日而蛾出，天暖只需十一二日。蛾出多在五更前後，天亮所出謂之天亮蛾，其種甚劣。此時看蛾最爲辛苦，要預設兩簸箕，取稻草翦盈寸長，亂撒其上，擇蛾之形體完全肥美者，分雌雄各置一簸箕上，聽其配合，蛾尾無力者去之。禁婦女，勿近，恐感陰氣，所放多空子也。天暖天晴約四時辰，半天寒天雨約五時辰，即要輕手分開，去其雄者，將雌蛾小停，俟放數子後，携置蠶紙上。蓋蛾之相對，必須四五時辰，其氣乃全分之，太早則氣不足，蠶多不眠，大眠後有白軟，不能上山者；分之太遲，則又生濕，大眠後亦多白軟及高節脚、拖白水諸病。蠶紙鋪於簸箕，紙用厚甲或浄布均可，先秤紙之輕重，以火烘之，然後匀蛾紙上。四面用木界尺欄住，更以簸箕蓋之，忌見日光，逾二三時辰而子滿矣。復秤子之輕重，記於蠶紙上，并記時日晴雨，以便分别先後，則明年出不參差，亦可以定食葉之數。若桑葉不敷食，不妨分先後數次出，以舒其力，此又善於參酌者。

清 呂廣文《蠶桑要言・育蠶法》

選種

種類不一，有大圓頭、小圓頭、中水段頭、小水段頭，又有兩頭尖形如榧之榧種，大體圓形如梅之梅種，極小而堅之小石罐種，此外尚難備舉，而其蠶要均有四眠。第四眠，新、嵊間謂蠶幽婦女不知音義，讀幽爲幼，作仄聲。嘉湖有以四眠爲大眠者，其種均好，均能多生絲謂所繅之絲，分兩多也，故均合養。蓋種以出新、嵊者爲最佳，嘉、湖所養有土種，有太湖種，有餘杭種。以新、嵊人往賣之種爲最上，而新種又較勝於嵊。近日上海絲廠進繭，定新昌繭爲第一，以同一燥繭百斤，新則比嵊繅絲加多也。嘉、湖得嵊之種，而不能自傳其種，則以新、嵊往賣之種，皆淡子，僅可暫養一年，不堪出種再養也。或云，嘉、湖亦將淡子醃過，但用石灰、用食塩法，不及新、嵊之良耳。按，書中說，蠶三眠三起。今亦有一種號三眠種，僅三眠，無四眠，蠶身較短小，食葉亦較少。但繭體亦稍薄，繅絲亦少分兩，故不合養，但其種别處有之，新嵊則無。

清 馬丕瑶《蠶桑簡易法・養蠶法》

蠶有三眠種，有四眠種三眠種，三眠即大眠；四眠種，四眠始謂之大眠，言至此眠即老，故曰大眠，以三眠種為上三眠種，繭厚而大，故就三眠蠶言之。若養四眠蠶，三眠時飼法如二眠仍用切葉，不用整葉，餘法悉同。

清 饒敦秩輯《蠶桑質説》

餧蠶第四

餧蠶最怕冷熱不匀，莫若以寒暑表限定度数，如無寒暑表，餧蠶之人儘可少穿衣服，穿衣少自知寒暖。人覺冷，蠶必冷，人覺熱，蠶必熱。或開窗以納涼風，或生火以禦寒氣，各隨天時，以調匀之。至於餧葉須要撒得薄，頡数要餧得勤，頡数勤，食葉多，蠶老早；頡数稀，食葉少，蠶老遲。布蠶宜鬆，臨眠宜緊，正眠宜暗宜熱，眠起宜明宜爽。蠶有五眠、四眠種。川蠶，僅三眠。今就川蠶論，自下蟻、白頭、初眠、二眠、三眠以至於老，要分得均免致擁擠，擦傷蠶老。將作繭時，體身長大，尤要疏佈，擁擠則成瘟，體得勤免致鬱蒸生病，餧得匀不致忽飢忽飽，病蠶去得盡免致傳染。總之，宜勤不宜惰，宜潔不宜穢，宜暖不宜寒，照此料理，自然收成旺相，不致耗折。至其每眠初起時，須少餧漫餧，放食時，須多餧飽餧，眠已齊方不餧，眠盡起方可餧。眠起，色轉白，多餧，轉青，更多餧，又轉白，即少餧，漸轉黄，更少餧，盡轉黄，則又將眠，而停餧矣。此其飼育之大要也。

清　衛杰《蠶桑萃編》卷三《蠶政・蠶始類》

分三眠

種有鹹有淡。下連後，七日，初眠；又七日，二眠；又七日，三眠；又五六日，或七八日而老。

分四眠

種亦有鹹、淡。下連後，七日，初眠；又四五日，二眠；又四五日，三眠；又四五日，大眠；又四五日而老，比三眠蠶多一眠。然自下連至老，總計時日，與三眠蠶相等。

清　楊鞏《中外農學合編》卷一〇《蠶類・春蠶》　別類：種類不同，有鹹種浴以鹽滷，繭小而絲重，勝於淡種、淡種浴以石灰水，不用鹽，繭大而絲輕、重絲種亦淡種之類，其繭堅小似鹹種，絲亦輕重相仿、三眠種有鹹有淡。下連後，七日，初眠；又七日，二眠；又七日，三眠；又五六日，或七八日而老、四眠種有鹹有淡。下連後，七日，初眠；又四五日，二眠；又四五日，三眠；又四五日，大眠；又四五日而老，比三眠蠶多一眠。然自下連至老，總計時日，與三眠蠶亦不甚參差、白絲種、黃絲種白勝於黃，各有其類，不可紊亂。《雜五行志》《飼蠶詩説》

清　豫山《蠶桑輯要合編・養蠶》　二眠後起齊，切葉宜稍麤。卽是三眠，出火去筐底草簾。若二眠種，三眠後，不用切葉，飼以連枝葉；四眠種，三眠，還是切葉。三眠、四眠，如前摻糠去食蠶起鬆，此時要住食三日，方能起齊。初飼，切葉二頓，食盡復布純葉一層。辰巳時，取臘綠豆磨麪，用清水少許潤葉上，每一大筐拌半升於葉上，飼一頓，此時方擡網。明日辰巳時，復如上法，潤水，拌白米麪半升，飼一頓，再擡網，飼純葉五頓，再拌臘製桑葉麪，飼一頓。如葉缺，間飼四五頓無妨。食盡三日後，又用新水噴葉，令微溼，再飼一頓，擡網。如天雨過多，不食水葉。每日擡網去沙葉，食盡卽飼，不論頓數。若天氣暴熱，開窗。暴寒，又宜關閉。致身肥嘴小，喉絲漸亮，老之時也，飼之宜勤，宜溫煖。不過二三時，便全上簇。

又　養蠶雜記

蠶事講求宜精，如蠶老上山，蘆簾架下，必用極熱火阬，為熱蠶絲。一則烘去蠶溲之水，使山燥爽；二則蠶口吐絲快利，膠粘不致粘實，繅絲性純，蛻蛹不斷。上機設有絲斷，可以扯接。織細光彩，異於他絲。他處之蠶上山，不用火炕，為冷蠶絲。吐絲口緩，膠粘著實，繅絲不純易斷。火炕之繭，瘟蠶與餓蠶繭，不可留種。此種育之不收。蠶種三眠易育，絲少；四眠難育，絲多。

春蠶可分兩次育。先一次在穀雨前後出；後一次藏於罎內，置之冷地，罎頭蓋閉，不透風熱，遲至十日後取出，一見熱風，蠶蟻盡出，繅絲分功。

蠶頭二眠時，葉薄易萎，用葉不多，采回之葉，收於小缸之內，缸底用筲箕，缸上覆布。葉要放空，實則生熱。缸底易於生水，墊以筲箕，不致溼水粘葉。蠶純陽惡水，又不可無水。葉乾生火，火甚蠶紅則瘟。

蠶到三四眠後，食葉日多，葉可置於無風屋內，地鋪蘆席，將葉打成壟子，不致生熱。晨采日飼，晚采夜飼。大眠後飼葉要堆至四寸許，蠶頭要密，食葉快，食葉鮮，食盡再飼。更鼓時飼一頓，可以臥寐；二時復起，再飼。蠶不受餓，人亦省功。

清　張行孚《蠶事要略》

論蠶種

凡蠶種不一，據湖俗，盛行者有二種：一名四眠子；一名三眠子。四眠子者，四眠四起也；三眠子者，三眠者三起者也。四眠子，繭小宜作絲；三眠子，繭大宜作緜。故湖俗育蠶，大抵育四眠子者為多，其育三眠子者，甚寥寥也。又有一種食柘葉者，謂之柘蠶。柘蠶，亦止宜作緜，不能作絲，故湖俗育者更少，其眠起，與桑蠶之三眠子同也。

清　朱祖榮《蠶桑答問》卷下

蠶種第一

問曰：『蠶種有三眠者，有四眠者，何種爲優？』

答曰：『三眠者，繭薄絲少；四眠者，繭厚絲多。育蠶者必須四眠，而四眠之中，又有金種、花種、烏種、蓮子種、金橘種、束腰種、平頭種等名，此外尚不勝枚舉。金種，蠶身甚小；花種，偏體斕斑；烏種，滿身灰黑；蓮子種，繭之小者；金橘種，繭之大者；束腰種，則腰如束痕；平頭種，則兩頭平滿。要之，種類雖多，總以繭之堅結而厚，平圓緊小者為良，其浮鬆薄大之繭，絲少而難抽。又一繭兩蠶，謂之同宮繭，絲頭多亂，皆不堪作種。』

清　蔣斧《粵東飼八蠶法》

眠起第九

蠶有三眠、四眠二種。粵蠶多四眠，約三日一眠。自眠齊至起齊，約十個時。起時忌摇動，忌烟薰，薰則多黑死。俟起齊，然後下葉，下葉三次約三時，方可換簇去沙。

清 莊景仲《養蠶必讀》卷上

選種

《士農必用》曰：蠶事之本，惟在謹於謀始，使不爲後日之患。蠶眠起不齊，由於變生之不一，變生之不一，由於收種之不得其法，故曰『謹於謀始』。

紀事

清 王元綖《野蠶録》 道光三年，知府袁開第，闢公桑園諭：郡人購種河南，歸養黑洞，頭二眠，約三十萬，三眠，以雨雹損。十五年，知府俞渭慨然於大利中輟，捐廉銀二百兩，購種河南魯山，札委紳士周文郁、謝文謨等，經理其事，通禀在案。十六年，三眠成繭抽絲，織絹滑澤有光，不亞遵郡，復籌銀二百兩助養。從此，地利將興，倘順以天時，助以人力，不且駸駸乎，與吴越、豫晋争繅織之富哉！

藝文

清 王時翔《養蠶謠》《清詩鐸》卷七 蒿葉青，桑葉緑，吴蠶蠕蠕動萑薄。小婦攜筐襪雀飛，鵓鳩亂啼紫椹熟。温風密雨遮深房，地爐熾炭融冷光。三眠常忌醉人見，村巷家家斷酒漿。櫻桃紅過杏子黄，茶旗盡展麥垂芒。眼前百事俱屏卻，但望雪色新絲長。簇山高，高似屋，捉蠶上山去，花貓捕鼠慎勿觸。老媪拂布裳，拜向馬頭娘。暗祝今年多做繭，要抵舊債充官糧。繅車絡絡杼札札，織成綾錦空羨殺。君不見采桑貧女凍欲死，富女裁衣疊箱裏。

清 朱奕曾《蠶婦謡》《清詩鐸》卷七 三月三日天氣清，苕溪女兒逐隊行。提筐攜筥不厭重，爲言采桑育蠶種。初生細如絲，薄刀切葉聲差差。一眠二眠蠶上架，桑葉漸與黄金亞。衣釵質錢買桑葉，只論有葉不論價。大姑鬔髮鬆不梳，小姑辛苦脣不朱。老婦椎髻飼蠶食，衣裳不解體不舒。日間防蠶飢，夜間防鼠齩。保蠶如保嬰，刻刻難離抱。三眠之後蠶始壯，燒紙祈神祝蠶旺。買牲市酒皆貸錢，一家羅拜求神貺。時交小滿蠶上山，昂頭纍纍絲如蟠。瓦盆烈烈然炭火，雌雄結繭何斑斕。繅車轣轆轉銀牀，飛濤滚滚百沸湯。大姑纖手把絲緒，一莖抽出萬丈長。纔喜新絲初出釜，硃牌粉票來官府。完糧刻日不許遲，胥吏下鄉猛如虎。蠶娘授絲與主公，主公接絲賣城中。賣絲得銀納官税，可憐今歲蠶事空。蠶娘痛哭陳詞說，辛苦看蠶枉勞力。未贖酬神買葉錢，寸絲尺縞留不得。主公涕泣告蠶娘，賣絲未足淸官糧。上司行文又催促，儘拚五月賣新穀。

清 董恂《南潯蠶桑樂府》

捉眠

三眠四眠種各異，欲眠不眠攬絲未。小姑纔向筐薄看，道是今番不須飼。紛紛多見紅嬾思，只在黄昏眠可遲。縱有食孃也不多，綠枝求葉無三四。囑姑慎勿貪戲頑，晚餐端整飲疏食。大家飯飽腹不飽，捉眠好盡今宵事。已眠未眠一一分，曲植籧筐忙位置。手中碌碌猶不閒，早見朝曦小窗至。

清 沈炳震《樂府二十首》沈秉成《蠶桑輯要》 鋪地蠶既以初下種，重八分為一筐矣。歷出火、大眠，則蠶欲老，而筐不勝盛，於是掃地，用碎石灰糝之，藉以蘆簾，置蠶其上，飼以連枝葉，大約六七週時，便老，不復食，欲上山矣。

大眠蠶身長似指，攢頭一簇壓不起。儂家無簿更無筐，掃地鋪蠶勢難已。獨憐室中如席大，假饒著蠶無可坐。婦姑勃谿屋欲破，偪塞相看嗟無奈。前楹今歲作學堂，抱書來讀鄰家郎。先生據堂日高坐，環列弟子分兩行。若使堂空散學徒，那愁無地可平鋪。蠶多屋少無著處，傳語先生暫歸去。

又 生蛾大眠起先擇種蠶，倍與之食，故作繭亦異於他蠶。繭成貯筐笥中，越五六日乃破繭而出，是為蛾，兩翅栩栩然。

大眠已過蠶鋪地，揀取種蠶貯筐笥。儘教食葉不少靳種蠶食葉倍多，珍重特與他蠶異。果然作繭大且厚，白雪作團净無垢。蠕蠕已知蛹欲化，栩栩又見蛾出口。雌雄對對自成雙，長身窈窕疎䆓龐。霏霏翅粉點明釭，孕含但見軀胮肛。細觀物理三太息，同是春蠶何決擇。可憐薄命鼎鑊烹，爛額焦頭更誰惜。

雜録

清　崔應榴彙纂，錢馥補輯《蠶事統紀》卷七　莊綽《雞肋編》：鄜陵蠶出獨早，常以端午充貢。

案，今浙西蠶最盛，而餘杭獨早，嘉興為遲。餘杭小滿，定有新絲，嘉興纔大眠耳。

清　沈秉成《蠶桑輯要・諸家雜説》　培桑有十法　辨桑種。桑本箕星之精，種類不一。甚少葉圓大而豐厚者，皆魯桑之類；甚多葉小，邊有鋸齒者，皆荆桑之類，荆桑宜飼初生之蠶，魯桑宜飼三眠以後之蠶，魯桑枝大葉厚最宜老蠶。

清　李君鳳《蠶桑説》

栽桑法

辨桑類。桑類不一，一名女桑，即小桑，俗又乎藤桑此桑發葉最早，宜飼初生之蠶，蠶三眠以前，食葉甚少，多種此桑，飼至三眠後，大桑葉長圓，足一株可當二株。〇此桑樹小，蔭薄，種田畔園邊不妨農。

清　曹笙南《五畝居桑蠶清課》卷二《育蠶徵信篇》

養種收種法

《西山農書》：育蠶之法，須自摘種，若買種，鮮有得者。凡鬻與人，皆首尾、前後不齊者，而中間齊者，留以自用。始摘不齊，則苗出不齊，蠶之眠起遂分數等，此所以得失相半也。《蠶桑寶要》：養種蠶，須於二眠時，分出另養，比大眾蠶尤須勤飼，更加小心愛護。《種樹書》：養蠶法，收取繭種，必取居簇中者，近上則絲薄，近下則子不生。《蠶經》：繭之尖細緊而腰小者，雄也；圓慢厚而腰大者，雌也，相兼而收，以簇中間者爲佳。

圖表

清　宗景藩説略，吴嘉猷繪圖《蠶桑圖説》

蠶種

蠶有鹹種、淡種、金種、花蠶，有三眠者，有四眠者。三眠種，三眠三起；四眠種，多一眠，時亦相同。金種，身小而繭實；花蠶，徧體斑斕。鹹、淡各隨其本質。育之者有頭蠶、二蠶、三蠶之別。頭蠶，即春蠶；二蠶，即夏蠶。吾浙多養頭蠶，而二、三蠶絶少。蠶之或鹹或淡，各有其種，不可紊亂。

顏色

論説

清 楊屾《豳風廣義》卷二《論蠶》 廣東一種八輩原蠶原者，再也，謂一歲再養者。原子為珍，珍子為愛，三月至十月，能生八輩，又有白頭蠶、頡石蠶、楚蠶、黑蠶、灰兒蠶、老秋兒蠶、錦兒蠶、秋末老蝦兒蠶、同繭蠶，不可盡述。我秦中，一種三卧一生蠶北蠶，皆三眠三起，南方亦有養之者，有大小、白烏斑色之異，繭有青黄白緑之殊。自卵生為蟻，蟻脱為眇，眇脱為蠶，蠶脱為蛹，蛹脱為蛾，蛾脱繭復卵。蠶屎名為蠶沙，蠶皮為蠶蜕，蠶紙爲連，蠶卧曰眠，蠶已脱殻曰起，蠶卧之蓐曰沙燠。不論南北之異，四眠、三眠之殊。總之，一七而變，四變而老，七變而死，蓋氣化神物也。乃資生要理，安可不知哉？

清 吴烜《養蠶説》 蠶喜温而惡寒，喜燥而惡濕，喜潔而惡穢，喜静而惡喧，喜吉而惡凶，喜和而惡戾，此其性然也。而其種，則有三眠、四眠之别，三眠繭薄絲少，四眠繭厚絲多。育蠶者必須四眠，而四眠之中，又有金種、花種、烏種、蓮子種、金橘種、束腰種、平頭種等名，此外尚不勝枚舉。金種蠶身甚小；花種偏體斕斑；烏種滿身灰黑。蓮子種，繭之小者；金橘種，繭之大者。束腰則腰有束痕，平頭則兩頭平滿。而要之，種類雖多，總以繭之堅結而厚、平圓緊小者爲良，其鬆浮薄大之繭，絲少而難抽。又一繭兩蠶，謂之雙繭，又謂之同宫繭，絲頭多亂，皆不堪作種。至哺養、繅絲諸法，必先學習諳練，方可育蠶。

綜述

北魏 賈思勰《齊民要術》卷五 今世有三卧一生蠶、四卧再生蠶、白頭蠶、頡石蠶、楚蠶、黑蠶、兒蠶，有一生再生之異。灰兒蠶、秋母蠶、秋中蠶、老秋兒蠶、秋末老、獬兒蠶、錦兒蠶、同繭蠶，或二蠶、三蠶共為一繭。凡三卧、四卧，皆有絲綿之别。

清 程岱葊《西吴蠶略》卷下

種類

蠶之種類甚繁。湖鄉業於此，亦僅識其常養者耳，餘皆不識也。就《齊民要術》言之，有三卧一生蠶，即今三眠種；四卧再生蠶，即今頭二蠶。又黑蠶、白頭蠶、同繭蠶，皆習見，不足異。他如頡石蠶、楚蠶、灰兒蠶、秋母蠶、秋中蠶、老秋兒蠶、秋末老蝦兒蠶、錦兒蠶，今人皆不能辨。左太沖《吴都賦》：『鄉貢八蠶之繭。』注云：日南一歲八蠶，地暖故耳，似中土所無。然鄭緝之《永嘉記》曰：『永嘉有八輩蠶。一曰蚖珍，三月初績即湖之頭二蠶；二曰柘蠶，四月初績；三曰蚖蠶，四月末績即湖之二蠶；四曰愛珍，五月績；五曰愛蠶，六月末績；六曰寒珍，七月末績；七曰四出蠶，九月初績；八曰寒蠶，十月績。』凡蠶再熟者，皆謂之珍，養者少養之，此中土八蠶之證也。張文昌《桂州》詩云：『有地多生桂，無時不養蠶。』蓋桂州地近日南故也。

清 高銓《蠶桑輯要》卷上

丹杵種

丹杵，係四眠種，蠶身甚大，其色白，間有灰黑者，葉頭最深。每眠起初放葉，及將老時，有騰葉之病凡葉不食而踐之，謂之騰葉。繭形長，一頭微尖如擣藥之杵，故曰丹杵。絲之分兩，與白皮種同。蠶色之灰黑者，惟此種有之。金華有一種大蠶，亦灰黑色，其繭之大，與本地蠶之同宫無異。

清 高銓《吴興蠶書》卷上 白皮種 白皮蠶，亦四眠蠶，身肥大而白，體最嬌嫩，每易受病，繭厚而腰微束。有一種腰不束者，繭形更大，性亦相近，絲之分兩竝重。

清 汪曰楨《湖蠶述》卷一《總論》 蠶之種類甚繁，湖鄉業于此，亦僅識其常養者耳，餘皆不識也。就《齊民要術》言之，有三卧一生蠶，即今三眠種；四卧再生蠶，即今頭二蠶。又黑蠶、白頭蠶、同繭蠶，皆習見，不足異。他如頡石蠶、楚蠶、灰兒蠶、秋母蠶、秋中蠶、老秋兒蠶、秋末老蝦兒蠶、錦兒蠶，今人皆不能辨。又頭二蠶，即蚖珍也。鄭緝之《永嘉記》：『永嘉有八輩蠶。一曰蚖珍，三月初績。』《周禮》夏官司馬職『禁原蠶』注云：原，再也。字書作𧏙。《本草》有晚蠶、沙晚殭蠶等目，皆未詳辨，遂誤以初蠶再出為晚蠶、原蠶矣，不知其種迥别。凡二蠶，繭蛾生種，謂之頭二蠶種。按，《烏程劉志》誤分二蠶、頭二蠶為兩種。

季節

題解

明 姚可成《食物本草》卷一一《介部·蟲類》 雪蠶 一名雪蛆。按，葉子奇《草木子》云：雪蠶，生陰山以北，及峨嵋山北，人謂之雪蛆。二山積雪，歷世不消，其中生此，大如瓠，味極甘美。又王子年《拾遺記》云：員嶠之山，有冰蠶，長六七寸，黑色，有鱗角。以霜雪覆之則作繭，長一尺，抽五色絲，織為文錦，入水不濡，投火不燎。堯時海人獻之，其質輕暖柔滑。按此亦雪蠶之類也。

雪蠶 味甘寒，無毒。主内熱渴疾。退一切火邪，狂走□□毒諸疾。

清 厲荃原輯，關槐增纂《事物異名録》卷三九《昆蟲部上·蠶》 原蠶、魏蠶。《埤雅》：『再蠶，謂之原蠶，一名魏蠶。』又，《本草綱目》有晚蠶、夏蠶之名。

清 李光地等《御定月令輯要》卷八 禁原蠶。原《周禮》：『馬質禁原蠶。』

註：原，再也。天文，辰為馬。《蠶書》：『蠶為龍精，龍馬同氣，禁蠶，以息馬也。』《埤雅》：『再蠶，謂之原蠶，一名魏蠶。今以晚蠶養之，先王之法禁焉，俗謂之夏蠶，亦曰熱蠶。』

論說

《續資治通鑑長編》卷二八《太宗》 唐朝畜馬，具存監牧之制，詳觀本書，亦無禁蠶之文。况近降明詔，來年春有事於籍田，是則勸農之典方行，而禁蠶之制又下，事相違戾，恐非所宜。臣嘗歷職州縣，粗知利病，編民之内，貧寠者多，春蠶所成，正充賦調之備；晚蠶薄利，始及卒歲之資。今若禁其後圖，必有因緣為弊，滋彰撓亂，民豈遑寧！涣汗絲綸，所宜重慎。上覽之，遂寢原蠶之禁，維復抗疏論辨，且言：『臣少親耕桑之務，長歷州縣之職，物之利害，盡知之矣。蚩蚩之氓知其利，而不知其害，故有早蠶之後，重養晚蠶。且晚蠶之繭，出絲甚少，再采之葉，來歲不茂，豈止傷及於馬，而桑亦損矣。』上雖不用維言，嘉其援引經據，以章付史館。

清 李元《蠕範》卷七《物偏第十三》 人不見風，魚不見水，龍不見石，鬼不見地，處而化也；冰蠶不知寒，火鼠不知熱，蓼蟲不知苦，蝍蛆不知臭，習而化也。

清 崔應榴彙纂，錢馥補輯《蠶事統紀》卷一四 焦氏《易林》：兑之坎曰：『饑蠶作室，緒多亂纏，端不可得。』震之兑曰：『秋蠶不成，冬種不生。』

清 徐灝輯《柞蠶簡法·秋蠶》

下繭

秋蠶成熟最早者，在七月中旬至八月中旬始收齊，其收貯之法，與春蠶同。

秋蠶遇暴風淫雨，往往歉收，而趨之者如騖，以其工省而利倍也。但豐歉之數，亦不盡關於天時。場之美惡，工之勤惰，亦居其大半。蓋土厚樹茂之場，旱澇皆不致成灾，而愛惜、保護、人工又可以挽回之。聞之，春蠶絲少，秋蠶絲多。春蠶，値農忙之時，飼蠶者少，不過出蛾，以備秋種。秋蠶，豐收之年，盈千累萬，市廛之上，堆積如山。故繅絲者，實多資秋蠶云。

清 林心北、吴書年勸刻《蠶桑輯略·養蠶節次》三十五條 《務本新書》：春蠶時分，一晝夜之間，比類言之，大概亦分四時，朝暮天氣，頗類春、秋，正晝如夏，深夜如冬，既是寒暄不一，雖有熱火，各合斟量多寡，不宜一體。自蟻初生，相次兩眠，蠶屋内正要温煖，蠶母須著單衣，以身體較之，若自身覺寒，其蠶必寒，便添熟火；若自身覺熱，其蠶亦熱，約量去火。一眠之後，但天氣晴明，巳午未之間，暫捲起門上簾薦以通風日，免致大眠起後，飼罷三頓投食，翦開窗紙時，陡見風日，乍則必驚，後多生病。古人云：『貧家悟得養子法，蓋是多在露地，慣見風日之故。』蠶亦如此，至大眠後蠶長十分，葉增十倍，蓐廣沙多，自然發熱。加之天氣炎熱，蠶屋内全要風涼，三頓投食罷，宜捲起簾薦，翦開窗紙，門口置甕，旋添新水，以生涼氣。儻遇猛風暴雨，或夜氣太涼，卻將簾薦，暫時放下。

綜述

元 司農司《農桑輯要》卷四《養蠶》 《務本新書》：凡養夏蠶，

止須些小，以度秋種，慮恐損壞萌條，有誤明年春蠶桑葉。今時養熱蠶，以紙糊窗，因避飛蠅，遮盡往來風氣，天晴罨熱，病生，陰則濕，生白醭，陰晴俱不便，當以紗糊窗，陳稈草作薦，紙條先貼紗邊，餘紙就糊窗上，中間以線繫紗在窗櫺上，蠶罷，以水潤紙揭下，明年再用。或用荻簾麤麻線繫織，當窗繫定，遮蔽飛蠅，透脱風氣，另闢一房不令雜人出入決安南北窓。以剪翦葉，旦暮擡分，兼夜頻飼。

秋蠶初生時，去三伏猶近，暑氣仍存，蠶屋多生濕潤，正要四通八達，風氣往來。蓋初生却要凉快，以陳稈草作薦，勿用麥稭，一日一擡，失擡，多生白醭。一眠宜温，再眠如春，門窗俱挂薦簾，屋内須用無烟熟火，大眠全要暄暖，大忌北風寒氣，勿飼雨露冷葉。春、秋蠶法，首尾顛倒，深宜體測。簇蠶時，相次秋高，恐值夜寒風冷，不能作繭，可于簇西北，埋柱繫椽箔，遮禦北風寒氣，三兩夜之間，便可作繭。

《士農必用》：夏蠶此别是一等，俗謂三生蠶。春養出夏種，夏養出秋種，秋養出來春種，不可間闕，闕則絶其種，自蛾至老，俱宜凉，忌蠅蟲。先於蠶生前，用麥糠擁於蠶房壁脚下燒之去濕氣及諸蟲子。擘黑後，須一日早晨一擡，其餘并與養春蠶同。此蠶不可多養，止欲收秋蠶種，多則損葉，然只可科采桑中冗條取葉也。

秋蠶一名原蠶，捋葉不無傷桑。春蠶，不幸遇天災，不得已養之，以補歲計，然不宜稙，宜穉也，初宜凉，漸漸宜暖，與養春蠶正相反。其間體候，須欲得所。初可摘葉，蠶大則捋葉；初用紗糊窗，漸漸天寒，上復用紙糊，留捲窗。簇與繅絲法如前。《要旨》：熱蠶槌底，亦宜用麥糠、麥䴸燒之，又大路上踏踐起乾塵土，收三四石；生蠶日于槌底攤平，可避暑濕。簇秋蠶，多于簇心用熟火，或致焚燒，不若止于映北風處為簇，簇底用麥䴸均鋪，簇則用乾桑柴為梢，新乾黍䴸為草，得自然温暖之氣，不須用火矣，經雨則倒簇。

元 王禎《農書》卷六《蠶繅篇第十五》 北蠶多是三眠，南蠶俱是四眠。見有老者，量分數減飼，候十蠶九老，方可入簇，值雨則壞繭。南方例皆屋簇，北方例皆外簇。然南簇在屋，以其蠶少易辦，多則不任；北方蠶多露簇，率多損壓壅閼。南北簇法，俱未得中。今有善蠶者一説，南北之間，蠶少，踈開牕户，屋簇之，則可；蠶多，選於院内，搆長脊草厦，内制蠶簇，週以木架，平鋪蒿梢，布蠶於上，用蓆箔圍護，自無蠶病，實良策也。蠶簇見《農器譜》又有夏蠶、秋蠶。夏蠶自蟻至老，俱宜凉，惟忌蠅蟲；秋蠶初宜凉，漸漸宜暖，亦因天時漸凉故也。簇於繅絲法，同春蠶。南方夏蠶不中繅絲，惟堪線纊而已。《周禮》忌原蠶，歲再登，非不利也，然王者法禁之，謂其殘桑也。然則夏蠶最不宜多育。《務本新書》云：『凡繭宜併手忙，擇凉處薄攤，蛾自遲出，免使抽繅相逼，恐有不及，則有瓮浥籠蒸之法瓮浥籠蒸見《農器譜》。』《士農必用》云：『繅絲之訣，惟在細圓匀緊，使無褊慢節核，麤惡不匀也。』

明 宋應星《天工開物》卷上《乃服第二卷》

種類

凡蠶有早、晚二種。晚種，每年先早種五六日出用中者不同，結繭亦在先，其繭較輕三分之一。若早蠶結繭時，彼已出蛾、生卵，以便再養矣。晚蛹戒，不宜食。

明 徐光啓《農政全書》卷三一《蠶桑・養蠶法》 《桑蠶直説》曰：『四眠蠶，别是一種，與養春蠶同。但第三眠，止擡開十五箔，擡飽食二十箔；大眠，擡三十箔。』

又 《士農必用》曰：夏蠶此别是一等，俗謂三生蠶。春養出夏種，夏養出秋種，秋養出來春種，不可間闕，闕則絶其種。玄扈先生曰：『今人呼二蠶種甚細，然余家用春蠶種，夏月養之，仍得良繭也。』，自蟻至老，俱宜凉，忌蠅蟲。先於蠶生前，用麥糠擁於蠶房壁脚下燒之去濕氣，及諸蟲子，擘黑後，須一日早晨一擡，其餘並與養春蠶同。此蠶不可多養，止欲收秋蠶種，多則損葉，然只可科採桑中冗條取葉也。秋蠶一名原蠶，採葉不無傷桑。春蠶不幸遇天灾，不得已養之，以補歲計，然不宜稙，宜穉也初宜凉，漸漸宜暖，與養春蠶正相反。其間體候，須欲得所。初可摘葉，蠶大則捋葉。初欲紗糊窓，漸漸天寒，上復用紙糊，留捲窗，簇與繅絲法如前。《要旨》：熱蠶槌底，亦宜用麥糠、麥䴸燒之。又大路上踏踐，起乾塵土，墊三四寸。生蠶日，于槌底攤平，可辟暑濕。簇秋蠶，多于簇必用熟火，或致焚燒，不若止於映北風處為簇，簇底用麥䴸均鋪。簇則用乾桑柴為梢，新乾麥䴸為草，得自然温暖之氣，不須用火矣，經雨則倒簇。玄扈先生曰：『今人不養秋蠶，止以夏蠶作來春種，亦生。』又云：『秋蠶以補歲計，此言甚妙。秋時多晴，更比春蠶為穩。』今人先言：『二蠶不食頭葉，致昧秋蠶補歲計之理，不知二蠶何故不食頭葉，夏、秋蠶俱要計算除蚊蠅。』

又 卷三二《蠶桑・栽桑法》 《博聞録》曰：『柘葉多叢生，幹疏而直，葉豐而厚，春蠶食之，其絲以冷水繅之，謂之冷水絲。柘蠶先出，先起而先繭蠒。柘葉，隔年不採者，春再生必毒蠶；如不採，夏月皆要打落，方無毒。』

清 李光地等《御定月令輯要》卷一三《秋令》 秋蠶增《農桑輯要》：秋蠶，初宜涼，漸漸宜暖，亦因天時漸涼故也。簇與繰絲法，同春蠶。

《古今圖書集成・歲功典》卷六一《秋部雜録》 秋蠶，初宜涼，漸漸宜暖，亦因天時漸涼故也。簇與繰絲法，同春蠶。

清 韓夢周《養蠶成法》 秋種：春蠶卽成，便揀秋種，其法如山繭。懸掛屋内，不用水潤。七月初旬，卽出蛾下子，喂養收成，亦如春蠶。

清 韓夢周《蠶桑實濟》卷五

養熱蠶法

原蠶原者，再也。一歲再養者，一名夏蠶，一名熱蠶，一歲再登，非不利也，然王者法禁之，爲其殘桑也。倘春蠶不幸偶遇天災，夏秋養之，以補歲計。其法：於立夏前三四日，將蠶連卽原蠶種以棉花包裹，置溫處一二日，卽生蟻。其養法，與春蠶無異，一十八日而老上簇，六日而摘繭，七日而蛾出、生卵，又七日而卵自生蟻，是爲原蠶。其飼法，必勤而無間葉盡卽添，毋使饑，呑火氣而病。但夏月天氣大熱，蠶室務要通風涼房，南北開窗，糊之以紗，或用密孝絹麻布糊之；或門窗俱掛細密竹簾，或荻葦簾亦可，務使通透風涼，不令蚊蠅入内蠅於蠶身生蛆，蚊能啄傷蠶膚，最易壞蠶，始終不可捲起門簾並窗扇，致令鑽入，愼之。蠶沙，每日早晨擡除，勿令濕生受病。秋蠶，亦宜如此。三眠後，常飼以菉豆麵，以解熱毒。將菉豆用濕水浸生芽，晒乾，磨爲麵，用葉一筐，切碎，洒新汲水，并菉豆麵五六兩，三眠後，間飼三四頓，又飼水葉一頓。室内多用水缸，日換新水，不可令雜人出入。其蠶最小，一十八日而老，見利甚速。夏蠶，亦不可多養，只須些少，以度秋種。秋月養之比春更穩，但秋蠶初宜涼，漸漸宜暖，正與春蠶相反。春蠶，初宜暖，後宜涼；秋蠶，初宜涼，後宜暖，因天氣故也。但夏、秋蠶蓐草，須用陳稻草，搗令軟爛爲之，勿用麥菅。初糊窓以紗，漸漸天寒，復用紙糊之。及至臨老上簇之時，天氣更寒，室中亦可用火。至於上簇、繰絲，其法與春蠶皆同。

清 鄂爾泰《授時通考》卷七二《蠶事門・浴種》 《士農必用》夏蠶，别是一等，俗謂三蠶。春養出夏種，夏養出秋種，秋養出來春種，不可間缺，缺則絶其種。

又 秋蠶，一名原蠶，採葉不無傷桑。春蠶，不幸遇天災，不得已養之，以補歲計，然不宜植，宜穉也。

徐光啓曰：『今人不養秋蠶，止以夏蠶作來春種亦生。』又云：『秋蠶以補歲計，此言甚妙。秋時多晴，更比春蠶為穩。』今人先言：『二蠶不食頭葉，致昧秋蠶補歲計之理，不知二蠶何故不食頭葉。夏、秋蠶俱要計算除蚊蠅。』

清 高銓《蠶桑輯要》卷上

三四五蠶種

二蠶，為夏蠶。三、四、五蠶，爲秋蠶，種出於春。第一番出者，與頭蠶同時；第二番出者，與夏二蠶同時；第三番，在六月；第四番，在七月；第五番，在八月；生育之勤且敏，無如此種。絲之分兩，較輕於夏二蠶。《永嘉郡記》云：『永嘉有八輩蠶：一曰蚖珍蠶，三月績；二曰柘蠶，四月初績；三曰蚖蠶，四月績；四曰愛珍蠶，五月績；五曰愛蠶，六月末績；六曰寒珍蠶，七月績；七曰四出蠶，九月初績；八曰寒蠶，十月績。』又云：『凡蠶再熟者，謂之珍，養珍者，少養之；愛蠶者，故蚖蠶種也。蚖珍，三月既績，出蛾取卵，七八日便剖卵蠶生，多養之，是為蚖蠶。欲作愛者，取蚖珍之卵，藏内甕中，紙覆器口，安硎泉冷水中，使冷氣折其出勢，得三七日，然後剖生，養之，謂為愛珍，亦呼愛子，績成繭出蛾卵，卵七日又剖成蠶，多養之，此則愛蠶也。藏卵時，當令水高下與種相齊。若外水高，則卵死，不復出；若外水下卵，則冷氣少，不能折其出勢，不能折其出勢，則不得三七日，不得三七日，雖出不成也。不成者，謂徒績，成繭、出蛾、生卵，七日不得剖生，至明年方生耳。』案，所謂蚖珍者，即秋蠶第一番之蠶也。今人不知别自有種，乃謂即原蠶第二番之蛾所生。原者，再也。一歲止育兩番，豈能化生至三四？或謂第二番之蛾，交淺則生卵即出，交深則不出；或又謂，須天未明剖繭之蛾，淺交則出，否則交雖淺，亦不出。余嘗試之，皆不驗。惟是今秋蠶之子，不能全出，往往止出三之二，未解其故。以永嘉作愛法觀之，豈亦須水折其出勢乎？古人云『春蠶不熟，養之以補歲計』，是種亦資生之一助也。

清 劉祖憲《橡繭圖説》卷下 大熟之年，每繭種殻一萬，值銀三四兩；歉歲則可值七八兩或十兩。秋蠶難育，故繭種亦貴。若尋常作絲之繭，不過二兩或二兩有餘，故繭種必須多備。凡春蠶之種，只宜儲放秋蠶，春種則均用秋繭。繭蛹之生者為種，在繭初熟時，生死莫辨，兼以陽月必出蛾數個。相傳嘉慶年間，小陽月陽氣過甚，蛾出過半，是年春種大歉。故藏種者，於十月內，須加意風晾，而擇種買種者，亦均在十月以後。

清 温忠翰《蠶桑問答》

問：『桑有幾種？』

答曰：『以荷葉桑、黃頭桑、木竹青為上。又有火桑，發葉較早，可餵早蠶。富陽、望海等種亦佳。』

清 吴烜《植桑育蠶書・種桑説》 湖桑之中另有一種火桑，視他桑較早，可飼早蠶，其葉雨過即乾，須購富陽、望海等種栽之。

又《養蠶説》 哺春蠶法 清明日，將蠶紙摺疊，夾以葱、韭、蒜葉養蠶時，便少避忌，用紙包之，外更包以新棉，須氣血壯旺之人，無分男女，夜則覆在被上，清晨人起，盖在被中，以沾暖氣。視桑葉已大如錢，晝則縛在胸背，夜則覆在被中，須防壓壞，更宜表裏互易，使暖氣均勻，三日可出。須逐日開看，見子色轉綠，漸轉青黑，蠶將出矣。蠶出巳午時居多，見有一二成出者，即以燈草心四五寸長者數十莖，勻鋪紙上架空，依舊摺疊，鬆包煖好。先出之蠶，餓一日無妨。預將有眼之筐，攤棉鋪紙，紙宜光滑，以待收蠶。明日再看，見出至五六成，然後將經霜乾桑曬脆搓末，微焙亦可，薄糝蠶紙。俟小蠶盡附，以雞翎輕輕掃在筐內，并輕輕聚攏，謂之收蠶。大約蠶重一兩，

攤如七寸盤大，此蘇人法也。浙人則用鮮桑切絲勻糝，俟小蠶附上，用尖筯箝置筐中，若有遺蠶，將雞翎輕輕掃下。一法：俟小蠶附葉，以紙覆之，兩人執角，將蠶紙合轉，小蠶隨葉盡下，既可省力，更無損傷，此法尤善。既收之後，尚有未出之子，仍將蠶紙煖哺，明日巳午時，攤在筐中，架在空鍋，以受煖氣。蠶即盡出，如法再收，另貯一筐，切不可與初次所收，同置一處，致有不齊之病。收過兩次，尚有未出者，皆劣子也，即使再出，亦多病蠶，不能作繭，作繭亦薄，可即棄之。

又 鍊種法。臘月三、四九嚴寒時，擇吉日，或臘月十二爲蠶生日，將所留春蠶種子攤在筐中，用石灰泡水澄清，浸半日，取起曬乾，再浸鹽滷中三晝夜，取起放河中濯淨，置在屋上，聽其曬露，遇雪更佳。天晴曬乾收下，如無雨雪，八日收下，仍懸高處，必欲浸鹽滷者，借鹹味以殺其子之無力者耳。不浸滷者爲淡種，淡種易病且蠶身較大，食葉較多，而其繭轉多鬆薄，不若鹹種堅厚，夏種不同無需浸鍊。

清 沈秉成《蠶桑輯要・諸家雜説》 上簇蠶。只要半身明，不食游走，急宜上簇宜極煖，一二時内上完最好。先將草山擰開，竪於箔上，勻布草內，兩晝夜則繭成矣。

摘繭。四晝夜，蠶盡成蛹，即摘繭。長而瑩白者，絲細；大而同宫晦色者，絲粗。兩蠶結為同宫。各放一器，攤於涼筐，厚二三寸，遲至十四日則蛾生。古法育蠶，拘以日期，如夏蠶天氣極熱，十八日或二十二日老，春蠶二十四日老，遲二十八日老。

清 黄世本《蠶桑簡明輯説・養蠶説》

夏蠶一條

春蠶之後，另有夏蠶。春蠶，謂之頭蠶；夏蠶，謂之二蠶。二蠶，即原蠶。蠶盛妨馬，《周禮》有禁，南方無馬，亦無所妨。哺養之法，與春蠶不同，必須連哺兩次。第一次，取其生子；第二次，方可繅絲。故春蠶哺在清明以後，此則轉在清明以前，用子少許，加意煖哺，數日即出，是謂頭二蠶。迨春蠶再生，二蠶過半；春蠶上山，二蠶生子；春蠶繅絲，二蠶再哺。須俟春蠶食過之後，桑葉有無存餘。有餘，即將二蠶子於春繭繅絲時，搭在近鍋架上，以受熱氣，數日即出；葉若無餘，必待再發，芒種後，二葉復盛，一哺即出，謂之夏蠶。養育之法，與春蠶無異。【略】其繭之厚薄，絲之良惡，比之春蠶，為較遜耳。至留種之法，亦與春蠶不同。只須揀堅厚平頭之繭四五十個，聽其出蛾生子，

空懸高爽之處，待來年春蠶之前，先行哺養，小滿生子，芒種再哺。或謂：何不今年多留種子，徑至來年芒種哺養，省費一番周折？予思春蠶種子，一交穀雨，不哺亦出，想夏種亦然，不如此，必與春蠶並出，便奪春蠶之葉，而芒種後所發二桑，徒然無用。若將春蠶所生之子，隨即再哺，予亦試過，不能再出。惟夏種則春夏皆宜，故初養取其生子，再養方可繅絲。既不奪春蠶之葉，更可食無用之桑，誠為兩得。故二蠶取其本輕，養育得法，亦未必遠遜春蠶。惟二桑衹可剪葉，不可剪條。至煮繭、繅絲、剝綿諸法，與春蠶同。

清　吴榮光《勸種橡養蠶示》　查種育之法，其樹有二：一名青棡，葉薄；一名槲櫟，葉厚。其子俱房生，實如小棗。植法：於秋末冬初收子，不令近火，冬月將子窖於土內，常澆水滋潤，逢春發芽。無論地之肥瘠，均可種植，三年卽可養蠶。春季，葉經蠶食，次年仍養春蠶，或養秋蠶亦可，須隔一季。四五年後，可伐其本，新芽叢發，又可養蠶。其春、秋二季，養蠶及取絲之法，各有不同。一得其法，殊不爲難，端在地方官首爲之勸諭也。

清　尹紹烈《蠶桑輯要合編・蠶桑輯要合編》

養二蠶法

春蠶種，清明時將連紙捲好，掛於透風極涼處，方不出蟻。至五六月臨養時，放煖處，一日卽出。明年養二蠶，卽用此。二蠶種更好，惟起底、飼葉，格外要勤，二十一二日卽老，最忌大蒼蠅，亦忌大熱。春蠶宜煖，二蠶宜涼是也。

清　汪曰楨《湖蠶述》卷四

二蠶

二蠶，於芒種時始生按，亦曰夏蠶，十八日即成蠶。《西吴蠶畧》夏蠶，性與春蠶迥別。春蠶之眠，無分早暮；夏蠶，晚刻不眠，故日中見眠，傍晚自能眠齊。若在申刻眠起，不過眠成一半，餘則直須至次日午刻方眠，不可不分開另貯，使眠眠如此，即不勝其分矣。故諺曰：『二蠶十八派也。』三蠶、四蠶性亦同。《吴興蠶書》二蠶時，方農忙，故養者十纔二三。養法雖同，然天氣漸暑，隄防蠅蚋之類，尤勞心力。且沙矢蠶蛹，臭穢熏人，最易致病，蠶家作苦，殊可矜也。《西吴蠶畧》〇按，二蠶之後，有三蠶、四蠶，并有五蠶，其絲宜作琴弦，及彈棉絮之弓弦。當别有取種之法，近地育者殊少，無從訪求。《西吴蠶畧》謂：『三蠶乃頭蠶，種紙收藏不慎，夏月輒生小蠶，扫取養之，再出而曰三者，所以别二蠶也。』其説疑誤，此乃梅蠶，非三蠶也。果如費説，則四蠶、五蠶，又何從得種乎？

清　曾鉌《蠶桑備要》卷四《養蠶程式》　附養二蠶法。原蠶原者，再也。一歲再養者，一名夏蠶，一名㸐蠶，廣人呼爲細蠶，一名二蠶。原子爲珍，珍子爲愛。三月至十月，能生八輩，此另是一種，出自廣東。【略】春養出夏種，夏養出秋種，秋養出來春種，不可有闕，闕則絶種。秦中春蠶亦偶爾有夏生者，雙山家一歲四臥一生蠶，忽生原蠶甚多，養之亦得良繭，但出無定時，不限多少，又非人力所能，不可爲常。一歲再登，非不利也。然王者法禁之，爲其殘桑也。有言蠶與馬同氣，物莫能兩大，故禁再蠶者，爲傷馬與，此見理不明，乃謬言也。特以桑不宜斬伐太過，太過則次年葉便遲生，恐誤春蠶，故禁之。倘春蠶不幸偶遇天災，夏秋養之，以補歲計。其法於立夏前三四日，將蠶連卽原蠶種。以棉花包裹，置温處，一二日卽生蟻。養法與春蠶無異，一十八日而老上簇，六日而摘繭，七日而蛾出、生卵，又七日而卵自生蟻，是爲原蠶。其飼法，必勤而無閒葉盡卽添，毋使饑，呑火氣而病。但夏月天氣大熱，蠶室務要通風涼房，南北開窗，糊之以紗，或用密孝帽麻布糊之，或門窗俱掛細密竹簾，或荻葦簾亦可，務使通透風涼，不令蚊蠅入内。蠅於蠶身生蛆，蚊能叮傷蠶膚，最能壞蠶，始終不可捲起門簾，並窗扇，致令鑽入，慎之。蠶沙，每日早晨擡除，勿令溼生白醭。秋蠶，亦宜如此。三眠後，常飼以菉豆麪，以解熱毒。將菉豆用温水浸生芽，曬乾，磨爲麪，用葉一筐，切碎，灑以新水，秤菉豆麪五六兩，三眠後，閒飼三四頓，又飼水葉一頓。室内多用水缸，日換新水，不可令雜人出入。其蠶最小，一十八日而老，見利甚速。夏蠶，亦不可多養，只須些少，以度秋種。秋月養之，比春更穩。但秋蠶，初宜涼漸漸宜煖，正與春蠶相反。春蠶，初宜煖，後宜涼。秋蠶，初宜涼，後宜煖，因天氣故也。但夏、秋蠶蓐草，須用陳稻草，搗令軟爛爲之，勿用麥菅。初糊窗以紗，漸漸天寒，復用紙糊之。及至臨老上簇之時，天氣更寒，室中亦可用火。至於上簇、繅絲，其法與春蠶皆同。

清　陳恢吾《農學纂要》卷四　留種　留種之法，與春蠶異。只須揀堅厚平圓之繭四五十個，聽其出蛾生子，空懸高爽之處，待來年春蠶之前，先行哺養，約至小滿生子，芒種再哺。種交穀雨，不哺自出，故必哺二次。

春蠶之子，一歲不再出。惟夏種則春夏皆宜，故初養取其生子，再養方可繅絲。既不奪春蠶之葉，更可食無用之葉，誠為兩得。故二蠶取其本輕，養育得法，亦未必遠遜春蠶。惟二桑衹可剪葉，不可剪條，二桑之條，即明年放葉之枝也。

秋蠶

秋蠶絲多而佳，且在八九月農事畢後，其利甚多。惟傷明歲之桑耳，宜於春桑外，另培養秋蠶桑園。

清 崔應榴彙纂，錢馥補輯《蠶事統紀》卷七《名類》 《本草綱目》：『蠶有大小、白烏、斑色之異。粵有三眠、四眠、兩生、七出、八出者，其繭有黄、白二色。』《農桑通訣》：『北蠶多是三眠，南蠶俱是四眠。』施宿《會稽志》：『春蠶多四眠，餘蠶皆三眠。越人謂蠶眠為幼，謂之幼一、幼二、幼三、幼大。蠶死則謂之眠熟，故諱而謂之幼。』《事物紺珠》：『起娘，頭眠蠶；巧娘，最先熟蠶。』

又 案，原蠶，尚非二蠶，而二蠶之繁育，實原於此，故曰原也。陶宏景《名醫別録》云：『原蠶是重養者。』寇宗奭《衍義》云：『有原，復敏速之義，此是第番蠶。』《爾雅翼》云：『或蠶不交而生者，往往為原蠶。原，一作螈，又一作蝁。』《集韻》：作蠶。《廣雅》又謂：『一名蟫，是晚蠶所生者，似未詳攷。』《埤雅》云：『以晚葉養之，皆誤以今之二、三蠶為原蠶也。』

又 《務本新書》：凡養夏蠶，止須些小，以度秋種，慮恐損壞萌條，有悞明年春蠶桑葉。《士農必用》：夏蠶自蟻至老，俱宜涼，忌蠅蟲。《代醉編》：今之養晚蠶者，蒼蠅亦寄卵於蠶之身，久之，其卵為蠅，穴繭而去。《成化湖州府志》：食頭葉者，謂之頭蠶，食二葉者，謂之二蠶。《農桑通訣》：南方夏蠶，不中繅絲，惟堪線纊。《開天遺事》：天寶中，益州獻三熟蠶，其繭緊厚白净，與常蠶不殊。《李石續博物志》：一歲三蠶，則桑弱馬耗。《施宿會稽志》：先王之禁不行，而民一歲至有三蠶者，是以桑弱而馬耗也。

案，二蠶、三蠶，總謂之夏蠶。《本草綱目》：一名熱蠶，以其當五六月時也。有一種真二蠶，其母即所謂頭二蠶者，本年成繭，生子後，更不復出，須俟來年，與頭蠶相先後出，此即《齊民要術》注稱為四卧再生蠶者也。一種二蠶出子，即為三蠶，三蠶出子，即為四蠶，继為五蠶，相續不绝，此乃《士農必用》稱為三生蠶者。

清 董元亮《柞蠶彙誌·護繭法》

留種

若欲自留種，當知春種出於秋繭，擇種者宜於秋蠶時，留心察看，蠶之佳者，另樹飼養。蠶熟時，諸繭皆下，將此繭仍留於樹，並留人看守。俟冬令雨雪時，乃連枝折下，挂諸清凉室中，最忌煙火熏蒸。一經傷熱，則種必不育。如養蠶時，不及留種，則於下繭後，擇繭之堅實者，收儲之。至若秋種，則出於春繭。秋蠶留種之法，與春蠶畧異。春蠶下繭後，擇其繭之佳者，攤於葦箔，置清凉室中。攤繭之法，宜疏不宜密，尤宜隨時察看，其有油爛及臭氣者，剔出之。蓋春蠶成繭，欲作秋種之際，已交夏令，暑氣正盛，繭與繭相蒸，一經傳染，種必受病，故與秋留春種，大不同也。

清 何石安、魏默深《蠶桑合編》

原蠶法

原蠶即夏蠶也，亦名二蠶。二蠶利本不取，一則時届農忙，恐妨田務；二則蠶盛妨馬，種不繁息，故《周禮》有原蠶之禁；三則春蠶畢後，桑葉無多，再戕伐其葉，樹本受傷，來年之葉，必不繁茂。惟春蠶失收，以補不足，桑葉尚多，養之可也。養二蠶法，起底飼葉，格外要勤，二十一二日即老，最忌大蒼蠅，亦忌大熱。春蠶宜煖，二蠶宜涼是也。

清 許鵬翊《橡蠶新編》 《蠶桑輯要》云：『春蠶出蛾在辰巳時，令雌雄相配，申時摘出雄蛾。』又云：『秋蠶蛾出寅卯時，令雌雄相配，午後摘去雄蛾。』

又 春蠶、秋蠶之比較。

春蠶由涼而暖，眠起皆速；秋蠶由熱而寒，眠起皆遲。秋蠶比春蠶約多半月之工。然春蠶形小，絲量少；秋繭（蠶）形大，絲量多。而春繭之絲稍白，纖且細而軟，則春繭絲質較優於秋繭絲質也。

又 秋蠶

快摘繭，快摘繭，放秋季蠶不可晚。挪移眠起同春蠶，秋蠶勝於春蠶遠。

春蠶豐收不過三十千繭；秋蠶豐收可得一百三四十千繭。

清 江志伊輯《飼蠶法》 蠶之因飼育時期而異者，大別之爲三種。一曰春蠶；二曰夏蠶；三曰秋蠶。春蠶繭有黄、白二種。今日本所飼者曰赤熟、曰青熟。赤熟爲大巢繭，一舛容二百二三十顆，繅絲十三四匁，惟絲縷不甚細，絲縷細而量多者又不易飼；青熟爲中巢繭，一舛容二百五六十顆，繅絲十一二匁，其色鮮美，生長速而飼育亦易，惟形狀緺縮不齊，外觀不美。其爲小巢者曰小石丸，絲質良好，繭一舛容二百六七十顆，繅絲十二三匁。又絲質最良者曰鬼縮，爲中巢，縮緺粗大，繭一舛容二百六七十顆，繅絲十一二匁，絲縷最細，惜多同宮繭。曰角又繭，兩端尖鋭，形狀不佳，唯絲質頗良。曰青白，有數種，以金生撰一種爲良繭，中巢，色澤稍濃。曰姬蠶，亦有數種，繭薄而大，絲量甚小，惟飼育甚易。姬蠶中有一種，曰絲良，小巢，緊密，絲量多而質良。曰掛合，以夏蠶之雄蛾與春蠶之雌蛾搆合之種也，繭質不良，而飼育甚易。又有取黄、白二蛾搆合而成者，繭淡黄色，俗稱沙繭。曰純白種，其卵色至踰年催青期始變色，而孵化蛾目珠純白，故名，是可珍也，繭似小石丸而稍長，色澤最善。曰金黄種，法國產，繭皆大巢，而長短不一，但絲縷細匀，足稱良種。曰朝鮮種，爲小巢，然蠶體、繭形，大小、修短不一，惟絲縷頗纖細，可用。曰支那種，爲小巢，繭一舛容三百二三十顆，繅絲八九匁，繭質鮮美，舒解最易，較小石丸，先三四日而熟，食葉少而利息多。

夏蠶即春蠶之卵第二次發生者。種類不一，大都絲質弱，而節纇多，難繅良絲。秋蠶分三種，一、藏春蠶種於冷室，抑止其發生，七月上旬以三伏節爲最宜出之冷室，而育之，即成秋蠶。種若太晚，則其蠶虛弱，易於罹病。二、藏夏蠶種於冷室，抑止其發生。飼育之法：須於六月中旬，令子出卵，取爲種，則發生者多；至七月中旬出卵，取爲種，則發生者少。又可取未經貯藏，應天候而發生者，以爲種，於地氣不甚寒處，飼之，最宜三四化蠶種每年四次發生者，在煖地尚不止四次。此蠶第四次生時，正飼育秋蠶之候，不必如春夏二種，先須抑止其發生，故飼育甚易。然既至三化以後，卵之發生者，亦僅十之七八，或五六，且作繭甚小，絲量不饒，不爲良繭。飼夏、秋蠶法附後。

又 春蠶多四眠，餘皆三眠，蠶眠如人大病。不食不動，其形如睡，故謂之眠，其實爲艱危之候，蓋自蟻至老，加大二百倍，勢非換皮不可。其不食者，因身大皮滿，不能容葉；其不動者，因皮漲身硬，欲行不得，故曰如人之大病也。必一晝夜，靜安不擾，則眠爲得所，如青白尚多，飼而亂之，動而蹂之，則眠而失其所矣。比青白者變黄而向眠，則前者已過眠而起，欲得少食以接氣力，而後者方眠不便投葉，勢令先起者困餓以待，多病少絲，端由於此。《蠶經》所謂，起不齊絲減少者，此也。法：宜於純黄之中純黄，則結嘴不食而眠矣。雜見其退白而向黄者，與純黄不甚懸遠，則頻飼，以速其眠。如已見純黄又多青白，此與純黄懸遠，雖頻飼，亦莫及，宜以蠶網蒙箔，布葉其上，青白者自沿網而上，然後移別箔飼之，以免眠起不齊之弊。凡初眠向黄時，室中溫度宜極煖，眠定宜煖，起齊宜微煖，中眠向黄時，室中溫度宜煖，眠定宜微煖，起齊宜溫，大眠向黄時，室中溫度宜微煖，眠定宜溫，起齊宜涼。

清 江志伊輯《種桑法》 辨種 桑之因地而殊者，曰魯桑，即東桑，少椹，葉圓厚而多津。凡枝榦條葉豐腴者，皆魯之類也，宜爲地桑，然亦有養成樹桑者，柔嫩與湖桑相若，宜飼大蠶。曰荊桑，【略】曰火桑，別爲一種，其葉青赤，雨過即乾，發芽獨早，宜飼早蠶。

清 徐瀾輯《柞蠶簡法・種柞篇》 種類 柞樹卽橡樹，一名櫟樹，非柘樹也。其種有三，一名尖柞，其葉光澤，尖而長，狀類栗樹，有黄櫟、灰櫟、紅柞、白柞、拷柞五種。所放之蠶，其繭小而堅實。一名青棡柳，其葉尾窄頭寬，較尖柞葉約大兩倍，厚薄相同，有大小二種。所放之蠶，繭大而匀。一名槲裸，又名槲樹，其葉怒生，較青棡葉尚大一倍，色濃厚而質堅硬，亦有大小二種。所放之蠶，其繭尤大。但春蠶喜青棡槲樹，秋蠶喜尖柞，一山之中，宜兼栽數種。

又 巡視

蠶進場後，每日必巡視二次，密者疏之，墜者升之。又秋蠶多懶，天氣漸寒，墜地卽不復升，故秋蠶巡視較春蠶宜勤，大風大雨之中，尤宜多巡幾次。

又《春蠶・收種》 春種出於秋繭，擇種者於秋蠶，卽留心查看，另樹飼養。繭熟時，諸繭皆下而此繭仍留於樹，並留人看守。俟冬冷雨雪時，乃連枝斫下，挂諸清涼室，最忌煙火薰蒸，一經傷熱，則種必不育。或飼蠶時未及留種，則於下繭後，擇其繭之堅實者收儲之。

又《秋蠶・收種》 秋種出於春繭，擇種者於春蠶，卽留心查看，另樹飼養。下繭後攤於葦箔上，置清涼室中。攤繭之法宜疏不宜密，並隨時檢閲，其有油爛及帶臭氣者，剔而去之。蓋時當夏令，天氣炎熱，繭與繭相蒸，稍一傳染，種全受病矣。箔上繭不時以手拍之，使微驚，否則多不出。將出蛾時，慎勿驚，若有大聲震動，所出蛾全身皆血點，不可用。

又 下繭

春蠶收成，較秋蠶爲有把握。春日天氣清明，少大風淫雨，蠶之生育易旺。惟春蠶烘種爲緊要關頭，習其事者，更番守之，數十日夜無少懈；宜用寒暑表，使熱度漸進，若忽降忽昇，則胎先受病，蠶必不旺矣。

又 作繭

大眠起後，蠶食葉日急，至八九日，天寒或十餘日，卽將作繭之時。其作繭之狀，下繭之時與春蠶同。

下繭

秋蠶成熟最早者，在七月中旬至八月中旬，始收齊。其收貯之法與春蠶同。

清　徐瀾《柞蠶簡法補遺》　魯山有春、秋二蠶。三十年前，秋蠶收成較春蠶爲優；近三十年，所養蠶種，相傳從關東購來。春蠶收繭後，一月內，有自能出蛾者，可育秋蠶；有不出蛾者，俗名悶子，可作次年春蠶種。【略】其養者亦不過十分之一，且蠶繭蠶種此言秋繭作春種用，皆不及春蠶費力多而獲利少也。按，山東奉天，春蠶出於秋種，秋蠶出於秋種，與河南不同，俟柞蠶傳習所試驗後再行報告。然近時柞蠶絲以河南爲佳，似宜用河南之法。又按，山東奉天，春種在春分前後始穿繭烘之，而河南在立春前，即穿繭烘之。大約因地氣不同，橡樹發葉有早晚故也。他省試育宜因地制宜，未可拘執。

清　李有棻《桑麻水利族學彙存》卷一《植桑》

採葉

芒種後要將桑葉採完，雖蠶食有餘亦必去之，後再長者謂之二桑。如養夏蠶，須斟酌去留，不可多採。

（光緒）《歸安縣志》卷一一《輿地略十一・蠶桑》　二蠶　二蠶於芒種時始生，十八日即成繭。《西吳蠶略》夏蠶，性與春蠶迥別。春蠶之眠無分早暮，夏蠶晚刻不眠，故日中見眠，傍晚自能眠齊。若在申刻眠起，不過眠成一半，餘則直須至次日午刻方眠，不可不分開另貯，使眠眠如此，即不勝其分矣。故諺曰：『二蠶十八派也。』三蠶、四蠶，性亦同。《吳興蠶書》

清　林紹年《蠶桑白話・丁振鐸序》　春蠶，每蟻一兩，收繭二百二十觔；夏蠶，每蟻一兩，收繭二百六十觔。繭身堅厚潔白，絲質光麗精良，足與江、浙等省相頡頏，而收繭之多，實有過之而無不及。

清　林楊光、王鎮西《蠶桑條説・繅絲器具説》　蠶放於柞樹之上，自食自長，殊易易也。然亦須視其樹之大小，以判放蠶之多寡。大抵樹高三尺以上者，可放春蠶五十條，秋蠶三十條；三尺以下者，春、秋兩種皆以放至二十條爲止。故柞樹六百株，每株可放春、秋蠶共八十條，可收蠶繭四千八百顆。

清　盛宣懷《蠶桑備要》　喜紅子：原蠶生子，皆圜轉如錢，不與諸蠶同。中有一種帶紅色者，俗以為吉祥之徵，名曰喜紅子。至夏蠶之子，則又散布，而不成圈矣。

清　孫鐘亶《山蠶輯略》第十四課《眠蠶》　春秋共計九眠，按每眠七日之數，合計共六十三天。春蠶五眠，秋蠶即四眠作繭，即謂之早蠶；春蠶四眠，秋蠶即五眠作繭，即謂之遲蠶。繭之遲早，在乎四眠、五眠，無分乎蠶之高矮也高矮即大小也。然此説理或有之，亦未必盡然。

清　吴作鎮、倪紹雯、劉安欽《蠶桑速成捷法・蠶絲業普及捷法》第二章《養蠶捷法》　蠶室。宜在寬廠高燥地，南北向，其遊廊之內一層，宜造左右可推竝、可上下之活窓門四，就中最便于鬱熱時，可以開放，而流通新鮮之空氣；外一層亦宜作活板戶，以防雨之衝擊。開間宜一丈五尺，以連三間爲佳，間壁亦宜作活窓門。西側宜有牆壁，或連別室，以避夕照而起蒸熱；東側不拘，廊間宜寬四五尺，以便種種操作。地床板宜距地二三尺，周園宜通風，以防濕鬱之害。板宜密合無縫，一以防春蠶時冷氣侵上，一以防蠁蛆逃遁，入于地板泥土，以延害。地板距樓板，宜九尺或八尺，樓板中央宜作方二尺五六寸之活板，以便鬱熱時啓之，而通天窓之空氣，疎冷時則閉之，以保溫度。屋脊當此之處，宜作天窓聳于上，南北兩向，宜作活板，用滑車承繩爲啓閉之機關，以便調和冷熱，流通空氣。床板之中間，宜順南北線，平均作二火爐，底與周圍宜用磚砌，方二尺六七寸深二尺，面與地板平。又作板蓋及格式蓋二件，若用火補溫禦寒時，則用格式板，一可以通火氣，二不碍于人之行動，不用時則用蓋板閉火，樓上可以備上簇等用。

又　空氣作用。空氣之寒暖乾濕，本屬無常，若聽天然，不知作用，養蠶必無萬全之效。按，蠶兒本冷血動物，畏寒惡濕。春蠶時，空氣中溫度常降至華氏五十餘度及六十度內外，大不適于蠶兒之發育，故當此寒候，務必于蠶室中焚燒炭火無特製火爐者，用尋常大火盆亦可，補溫度于七十度內外，又補溫之數，只于天然溫度外，加至十度而止。如天然溫度在五十八度，只可補至六十八度；又天然溫度在六十五度，只可補至七十度或七十一度，是也。不然，炭氣太多，亦有碍衞生，且人力所補溫度，下層稍低，上層稍高，中層在高低之間，不似天然溫度之平均。故每日各蠶箔，務必于給桑時，上下互換二次，若有發育稍遲者，可儘置于上層，則發育必能齊一。而南北向窓戶，亦須時啓，以免炭氣之沉鬱，惟不使冷風陰襲蠶兒而已，除濕、補濕之法，已述于前，不贅。

又　採繭。春蠶在上簇後七八日，夏、秋蠶在上簇後五六日，若欲用種繭者，則擇其絲量多、形蠶正、色澤美者，別置一處，用檢繭器置于暗室中此器以一尺餘之平方木，平均劃爲若干長方式之區，每區就繭之形狀，鑿爲深穴，穴底空明，置繭于中，下有反射鏡一面，射上光亮，從空底透入于繭中。繭中之蛹若受有蛆害，則繭層中現出青綠色，無蛆害者，皆現淡肉紅色，可購一具仿製，別其無蛆害者而用之，有蛆害者，須從速燥殺之。其他同功繭爲一類，汙繭、薄繭、不正形繭、着簇繭、天蠶絨繭爲一類，均以供製絲之用。若概用病爲製繭者，亦須分別上中下等級採之，而爲共同殺蛹之組織，則販賣于人，亦有良好之結果。

清 楊鞏《中外農學合編》卷九《林類・樹桑》 一說，謂春蠶宜飼之以背日之柞，秋蠶宜飼之以向日之柞，此説殊難確信。要之，乾燥之土，所植之柞，常得日光者，無不宜於此蠶者也。

又 卷一一《蠶類・飼育》

夏蠶

頭蠶，曰春蠶；二蠶，曰夏蠶一名熱蠶，一名原蠶，一名再蠶，一名晚蠶，一名魏蠶。夏蠶，別是一種。然春蠶亦可作夏蠶種，夏蠶亦可作來年春蠶種，其形與春蠶同，但較小耳，故曰魏蠶，魏，細也，性惡溼喜涼，獲利甚速。夏蠶屎，熏臭蟲神效，浸穀種則不生蟲。但不可多養，養多則用葉必多，未免傷損萌條，有誤來年春蠶桑葉。《務本新書》、《蠶桑輯要》

又 秋蠶

三蠶，曰秋蠶亦曰原蠶，別是一種。然夏蠶亦可作秋蠶種，秋蠶亦可作來年春蠶種，形與夏蠶同。春蠶，自初生至大眠，均喜煖，大眠起後，喜涼；夏蠶，自始至終，均喜涼。秋蠶則初生喜涼以其時去三伏尚近，暑氣猶存也，與夏蠶同，與春蠶不同；初眠喜溫，再眠與春蠶同，與夏蠶不同；大眠後，全要煊煖，與春蠶、夏蠶均不同。惟喜燥惡溼，則春蠶、夏蠶、秋蠶，無不相同。秋天養蠶，比春要穩。倘春蠶遇天災，養之可補歲計之不足。但不可多養，恐傷損來年春桑也。秋蠶初生，蠶屋尚溼潤，宜用紗糊窗，使風氣往來。以後，最忌北風，漸次天寒，窗户宜用紙糊，但須留捲窗。天晴無風，則捲起以通氣；天陰有風，則放下以避風。飼法與春蠶同。秋露正盛，切不可用露葉。易器之法，亦與春蠶同。但春蠶初生，隔二三日一體；秋蠶初生，一日一體，否則多生白膜，漸漸天寒，隔一二日一體，亦可。《蠶桑實際》《蠶桑輯要》

又 柞蠶

柞蠶，每年發生二次。第一次柞蠶，春蠶發生於四月中旬，成熟於六月下旬，乃吐絲於葉間而成繭，至七月上旬，化為蛾，交尾而産卵。七月下旬，孵化而為秋蠶，再食柞葉，八月下旬成熟，吐絲成繭。而此繭內之蛹，久蟄不出，經冬至明年四月上旬，始化為蛾，交尾産卵，卵子孵化於四月中旬而成春蠶。鄉民之飼春蠶少於秋蠶者，非秋蠶之絲優於春蠶也，春時農家事繁故所飼者寡，秋時間暇故育者多耳。《山蠶簡編》、《廣行山蠶檄》

清 楊蔚本《養蠶説》《皇朝蓄艾文編》卷二〇 夏蠶止可少養，以度秋種，以紗糊窗，透風氣避飛蠅；陳草作蓐。自蟻至老宜涼，飼如春蠶。

秋蠶初宜涼，陳稈草作蓐，紗糊窗透風；大眠宜暖，用紙作捲窗，遇北風夜寒，不能作繭，可於簇西北用祿箔遮禦北風寒氣，簇繰皆如前法。

清 余銑《山蠶講義》第二章《烘種類》第一節《留種一》 蠶之為物，化生不已。春蠶秋種，秋蠶春種是也。然欲為製種之預備者，必權其去留。凡種之優劣，以收繭之成分而定，尤必察其無病，而後可收繭多。而無病者，俗謂之曰紅棚。種之類有三：購自河南者曰河種；本地自有者曰土種；居二者之間曰二季種。其分別在玉頂之正否，與紫色之多寡焉。

清 豫山《蠶桑輯要合編・養蠶・原蠶養二蠶三蠶法》 原蠶，即夏蠶也，亦名二蠶。二蠶利本不取，一則時屆農忙，恐妨田務；二則蠶盛妨馬，生馬不繁息，故《周禮》有原蠶之禁；三則春蠶畢後，桑葉無多，再戕伐其葉，樹本受傷，來年之葉，必不繁茂。惟春蠶失利，以補不足，桑葉尚多，養之可也。清明時，將春蠶種連紙捲好，掛於通風極涼處，方不出蟻；立夏前三四日，將蠶種以棉花包裹，放煖處，一日卽出。明年養二蠶，卽用此二蠶種更好，養法與春蠶無異。惟起底飼葉，格外要勤，一十八日卽老上簇，六日而摘繭，七日而蛾出生子，又七日而子生蟻，是爲原蠶。但夏月天氣大熱，蠶室務要通風涼屋，南北開窗，糊之以紗，或用密孝絹布麻之類，總要透風；門窗俱掛細密竹簾，或荻葦簾亦可，務使通透風涼，無令蚊蠅入內。室中多用水缸，日換新水滿，切不可令雜人出入。繭成收種，秋月養之，比春更穩。但秋蠶初宜涼，漸漸宜煖，正與春蠶相反。上簇之時，天氣更寒，室中亦可用火。二蠶宜涼，三蠶宜煖是也。至於上簇繰絲，其法與春蠶皆同。

又《養蠶雜記》 春蠶可分兩次育。先一次，在穀雨前後出；後一次，藏於罎內，置之冷地，罎頭蓋閉，不透風熱，遲至十日後取出，一見熱風，蠶蟻盡出，繅絲分功。

清 莊景仲《養蠶必讀》卷上第十二章《雜記》 《務本新書》曰：臘八日新水浸綠豆每箔約半升，薄攤晒乾，又淨淘白米每箔亦約半升，晒乾。以上二物，皆於陰次收頓，以備大眠起後拌葉飼蠶。

又曰，深秋桑葉未黄，多廣收拾曝乾搗碎，於無煙火处收頓。春蠶大眠後，拌新葉飼蠶，以備蠶盛桑少之用。

又 《韓氏直說》曰：稙蠶，疾老少病，省葉多絲，不惟收却今年蠶，又成就來年桑。稙蠶生於穀雨前，不過二十四日老。方是時，桑葉發生，津液上行，其桑斫去，比及夏至夏至一陰生，津液不上行，可長月餘。其條葉長盛，過於往歲，至來年春，葉生又早矣。積年既久，其桑愈盛，蠶自早生。

又曰，晚蠶遲老多病，費葉少絲，不惟晚却今年蠶，又損却來年桑。世人惟知貪多爲利，不知趨早之爲大利，其蠶既晚明年之桑，其生也尤晚矣。

又 卷下第四章《硬化病》 硬化病概至五齡期始發，然受病菌寄生，則雖初眠之時，已有爲白殭蠶、綠殭蠶而斃者。蠶受此病菌寄生，至結胞子於體外，從蠶體大小與溫度高低而有差異，溫度高則病速，低則病緩，而綠殭蠶比之白殭蠶則更須長時日矣。硬化病春蠶少，夏秋蠶多，因溫度高低而病菌發芽有遲速，故蠶速老，無此病。

清 陳淳《製種法》第二章《蠶之種類》第一節《各國蠶種之性質》 《蠶桑叢書》第十二編

現今我國通行各省之蠶種，其數不下數百，名稱雜出，不得細詳，而其特性之最顯著者，則有一化性、二化性、多化性之三種。一化性者，一年僅一回之孵化即俗謂春蠶種是。二化性者，一年得二回之孵化俗稱夏蠶種。多化性者，一年得三回以上之孵化俗謂秋蠶種。浙江通行孵化五回，日本通行孵化四回，廣東孵化六回至八回，雲南孵化可四回。以繭質而論，則一化性者，不及二化、多化之强健。惟各處氣候不同，風土各異，養蠶者，總當體察何種飼育爲合宜，即取何種飼育之，不必計較化數之多少也。大概江浙等處，春季氣候平和，而夏秋烈熱，故人多注重春蠶，而以夏秋蠶爲副產物；廣東春、夏氣候蒸熱，而秋季乾燥，故人多注重秋蠶；雲南冬季無大冷，春季過於乾燥，故春蠶頗難調護，而夏、秋兩期氣候溫和，故夏蠶、秋蠶實爲各省所不及。惟夏、秋蠶之繭質，終不及春蠶之佳，此則種類使然，非人力所能爲也。若能覓得一風穴，留春蠶之種，飼育於夏期，庶完全無缺點矣。

又 第五章《蠶種之組成》

蠶蛾產卵之情形

蠶蛾卵巢中受精之卵，其數雖多，然其產時，通常不能全數產出，必有七分之一，留存於內。其他夏、秋蠶蛾殘留之數，更比春蠶爲多。此因存於卵巢末端之卵子，其發育往往有不完全，或受精有不充足之故。

通州蠶學館《蠶桑簡明圖說》

桑秧單槍樣

此係桑子種出，移接培成已三年矣，產出浙江石門之天花蕩，紅皮大種最佳，未經剪過，一枝獨長，名爲單槍。

本館今由浙產移來原樣

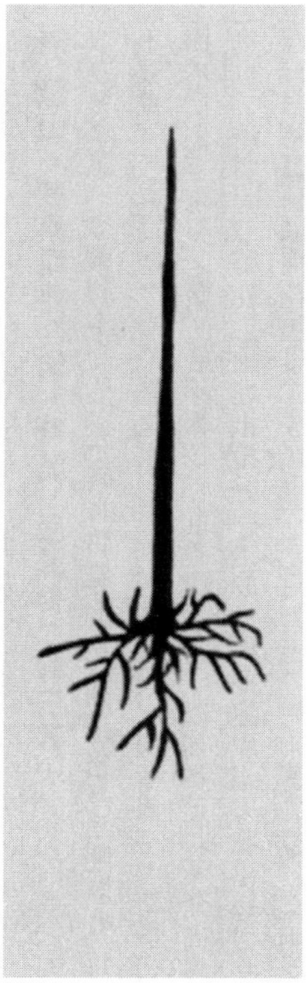

單槍分栽樣當在清明節前後數日

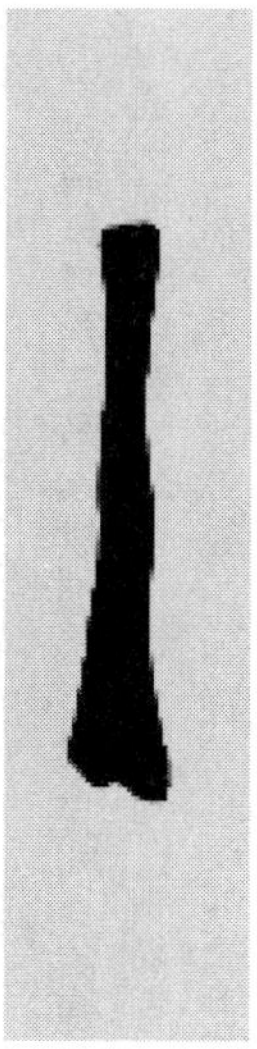

此即單槍剪去上苗栽下，自地面起至上剪處約留秧本一尺五六寸，每株相離五六尺，不可過密，致碍日後成林地步。

栽法

即將單槍桑秧先剪直，下釘根只留四面根株，再將上苗剪去，約留秧本一尺五六寸，以便發條。無拘田頭、地角、墻下、河邊，挖一泥潭，將泥挖鬆，隨將剪好秧本栽下，根株理直，壅上碎泥，澆以輕肥水。如遇天陰，不必澆水，天晴乾燥，三五日澆水一次，數日即放青矣。有植乾燥地，放青較遲，至過二三個月者始放青發枝，不可誤認不活，拔去。

第二年發條樣

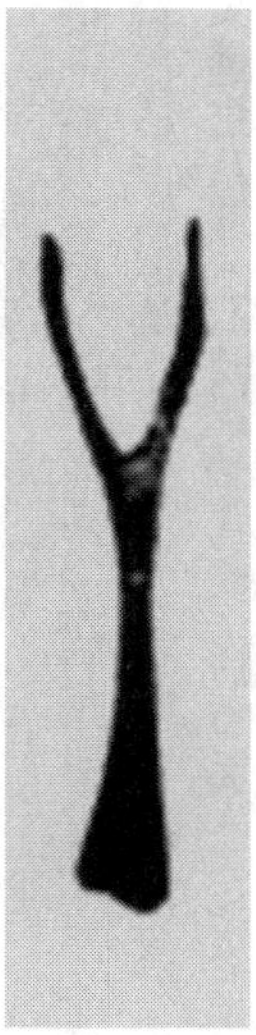

清明節候出芽即成兩條，宜將旁芽剝去，以免旁生岔枝，只留兩條頂上二三芽，多留一芽，備或損折。是年至夏蠶畢後，宜澆濃糞，宜壅河泥，可期樹本厚固，將來枝葉蕃生。

第三年發條樣

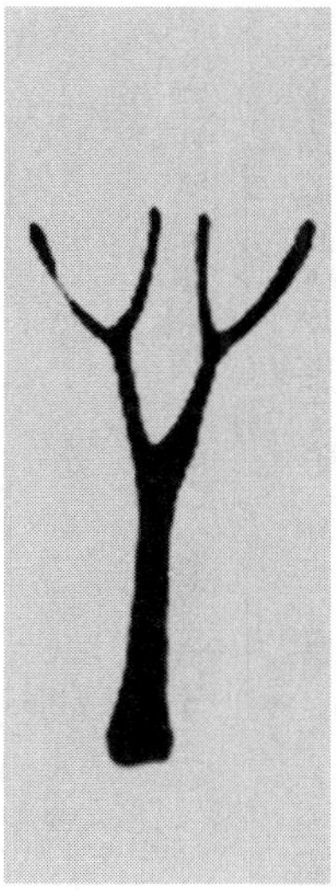

清明節候，又發新芽，仍於每條頂上，各留二三芽，即成四條。至夏蠶畢後，培壅謹如上法，是年育蠶時，即有葉可採矣。

第四年發條樣

清明節候，又復生芽，仍於每條頂上各留二三芽，至立夏後即可將新條連枝帶葉剪下，並採下枝下附葉飼蠶，又將樹本附芽剝盡，無生岔枝，即成此樣。

是年須要隨時捉蟲，勿任食傷頂上之芽，致損發條。夏蠶畢後，培壅得力，至育蠶時，每樹約可得葉三四觔矣。

第五年成拳樣

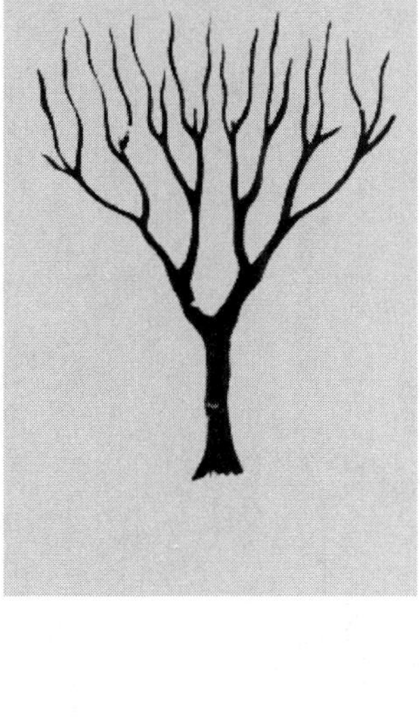

總論剪法：第一年本段空一尺五六寸高，第二、三、四年，榦段皆空一尺三四寸高，盡成丫叉，樹身共有五六尺高爲定。立夏後在頂上平剪，並採附葉育蠶，再發繁條生葉，可採育夏蠶。此後年年平剪，即成拳形，樹已發有十六榦枝，剪成拳形，樹亦成林，生葉日多，是年育蠶時，可得葉五六斤矣。向後年年夏蠶後，澆壅得力，修枝驅蟲不懈，樹愈大葉愈多，每樹可得葉七八斤、十數斤不等。

紀事

清 崔應榴彙纂，錢馥補輯《蠶事統紀》卷一一《祥異》 《太平御覧》：代宗大歷中，太原府清源縣人韓景暉，養冬蠶成繭，詔給復終身。

又 《文獻通考》：元宗天寶五年九月，太原奏文水縣，冬蠶成繭。

藝文

清 吴之振《吴之振詩集・課蠶詞》 三起三眠日夜忙，早蠶將熟恰清涼。争傳葉價俄騰貴，兩漿如飛去采桑。

清 李光地等《御定月令輯要》卷四《春令・物候》 春蠶。增沈約詩：『寧憶春蠶起，日暮桑欲萎。』王筠詩：『春蠶方曳緒，新燕銜正泥。』李白詩：『昔視秋蛾飛，今見春蠶生。』

清　崔應榴彙纂，錢馥補輯《蠶事統紀》卷一九《藝文四》　桑葉團團蠶二眠，暄涼飢飽要心堅。白頭巫嫗談休咎，消息今年勝舊年。芹菜泥乹燕乳兒，鯉魚風動柳飛絲。交皆遶屋啼桑扈，正是吳蠶出火時蠶三眠須涼爽，去火盆，俗名三眠為出火。

清　沈炳震《蠶桑樂府》

山棚

春蠶將老先縛棚，蘆簾結束如砥平。周遭倚墻架巨木，縱橫更列花格竹。不留餘地通往來，盡教大小依依屋。地下鋪蠶上作山，棚底抱葉嗟彎環。朝來蠶食更攢攢，簾空加葉無餘閑。東鄰蠶早故多暇，隔籬問訊相慰藉。儂蠶明早見繚娘，辛苦還拚是今夜。

清　沈秉成《蠶桑輯要·樂府二十首》　大眠已過蠶鋪地，揀取種蠶貯筐筥。儘教食葉不少靳種蠶食葉倍多，珍重特與他蠶異。果然作繭大且厚，白雪作團浄無垢。蠕蠕已知蛹欲化，栩栩又見蛾出口。雌雄對對自成雙，長身窈窕疎眉龎。霏霏翅粉點明釭，孕含但見軀膖肛。細觀物理三太息，同是春蠶何決擇。可憐薄命鼎鑊烹，爛額焦頭更誰惜。

雜録

唐　白居易《白氏六帖事類集》卷二一《錦第六十三》　冰蠶。《拾遺記》：『東海有冰蠶，其繭五色，織爲文錦，入水不濕。』

唐　段安節《樂府雜録·康老子》　康老子者，本長安富家子。案者本二字舊譌，即依《御覽》五百六十八改。酷好聲樂，案舊脫此四字，依《御覽》補。落魄不事生計，常與國樂游處，一旦家産蕩盡，因詣西廊，遇一老嫗，案《御覽》作遇一娼。持舊錦褥貨鬻，乃以半千獲之。尋有波斯見大驚，謂康曰：何處得此至寶？案舊脫此三千字，依《御覽》補。此是冰蠶絲所織，若暑月陳於座，可致一室清涼，即酬價千萬。

宋　葉夢得《避暑録話》　毒熱連二十日，泉旁林下，平日目爲勝處亦覺相薰灼，忽自訶曰：『冰蠶、火鼠，此本何物，習其所安，猶不知異。』

明　高濂《遵生八箋·四時調攝箋》　唐有老人，遇老嫗持舊裀，以半千售之，有波斯國人見之，曰『此是冰蠶所織，暑月置之座傍，滿座皆涼』，酬以千萬。

清　李光地等《御定月令輯要》卷一一　冰蠶絲錦。增《樂府雜録》：康老子以半千獲一舊錦褥，有波斯見，大驚，謂康曰『此是冰蠶絲所織，若暑月陳於座，可致一室清涼』，即酬千萬。

清　崔應榴彙纂，錢馥補輯《蠶事統紀》卷一〇《民俗》　案，趙抃《成都古今記》：蠶蓛氏，每春勸民蠶桑，俱鬻蠶具，設之蠶市。蠶市在府城大慈寺前，唐韋元康有記，宋太守田況有詩，《范忠宣公集》亦有《和吳仲庶暮春蠶市詩》。又眉州亦有蠶市，《四川總志》云：在眉州城内，州民習俗重蠶事，歲二月望日，相聚鬻蠶器於此，因作樂縱觀，洎暮而散。東坡、潁濵皆有詩，並見鎦孟熙《霏雪録》。馥案，《茅亭客話》：蜀有蠶市，每正月至三月，州城及屬縣一十五處。耆舊傳聞，古蠶蓛氏為蜀主，民無定居，隨蠶蓛所在致市居，此其遺風也。

圖表

清　吳作鏌、倪绍雯、劉安欽《蠶桑速成捷法·速成桑園種植法》第九章《栽植法》第三節《栽植之株數》

第一表　春蠶專用桑園粗密試驗

收葉年月日	第一區 畦間三尺 株間二尺	第二區 畦間三尺 株間三尺	第三區 畦間六尺 株間三尺
明治三十九年六月二日	二九、五二〇兩	一八、三六〇兩	一三、〇八〇兩
明治四十年五月三十日	二九、七〇〇	二六、〇四〇	一六、一四〇
共計	五九、二二〇	四四、四〇〇	二九、一二〇

又　第二表　秋蠶專用園密植試驗

收葉年月日	第一區 畦間三尺 株間三尺	第二區 畦間三尺 株間一尺	第三區 畦間三尺 株間一尺	第四區 畦間六三 株間五寸
明治卅八年八月十九日	一六、五六〇兩	二七、三六〇兩	三九、〇六〇兩	二八、八〇〇兩
同　卅九年八月十八日	二四、〇〇〇	二六、一〇〇	二八、四四〇	三〇、九六〇
同　四十年八月十八日	二三、〇七六	三八、四四八	三八、四四八	四四、七一二
合計	六三、六三六	九七、八四八	九七、八四八	一〇四、四七二

清 宗景藩説略，吴嘉猷繪圖《蠶桑圖説》

蠶種

蠶有鹹種、淡種、金種、花蠶，有三眠者，有四眠者。三眠種，三眠三起；四眠種，多一眠，時亦相同；金種，身小而繭實；花蠶，偏體斑斕。鹹、淡各隨其本質。育之者有頭蠶、二蠶、三蠶之別。頭蠶，即春蠶；二蠶，即夏蠶。吾浙多養頭蠶，而二、三蠶絶少。蠶之或鹹或淡，各有其種，不可紊亂。

其他

綜述

清 吴烜《植桑育蠶書・養蠶説》 初二眠中食葉甚少，可以隨飼隨采，三眠起後食葉日多，必須儲備。晝間所食之葉，於清晨采之；夜間及明晨所食之葉，於今日傍晚采之。若連枝剪下者，須將枝竪直，使可透氣，堆積不可過厚，并宜時時翻掉，否則發熱，葉黑，蠶不欲食。且桑葉易枯，枯則不食，非但不可見日，并不可見風，燥風一吹，最易枯槁，必須時時噴水，不使太乾。收貯得法，可儲兩日，過此則不堪食矣。

蠶種保護部

概説

題解

清 李光地等《御定月令輯要》卷五《正月令・雜紀》 帝女桑原《廣異記》：南方赤帝女，學道得僊，居高陽崿山桑樹上。正月一日，銜柴作巢，至十五日成。或作白鵲，或作女人。赤帝焚之，女即升天，因名帝女桑。今人至十五日，焚鵲巢作灰汁，浴蠶子招絲，象此也。增元《萬頃春日詩》：『花輕蝶亂僊人杏，葉密鶯啼帝女桑。』

又 卷七《三月令・節序》 裹蠶子增《海寧縣志》：『清明夜，育蠶之家各裹蠶子於綿衣中，卧身下，謂蠶得人氣始生。』

清 方觀承《述本堂詩集・看蠶詞》 雄繭尖而小，雌繭圓而大，均擇堅白厚重者收之，七八日後化蛾，齧繭而出。視其拳翅、秃眉、焦尾、赤肚者，初出與最後出者去之，留美好者交合。周一晝夜，解之，以小筐鋪甚厚桑皮紙，雌蛾布種其上，仍令覆養三五日，而後摘去。《海物異名記》：蠶卵，曰蚢眇，如半芥而扁，黄漸變黑，點點匀布，無一重累。唐李郢詩云『漠漠蠶生紙』。隱去蛛絲匝匝，幻來蛾翼蓬蓬。不學蛛牽蛾撲，龍精本是天虫蟲字省文。

清 汪曰楨《湖蠶述》卷四《布子》 淡子。不交而生者，為淡子。蛾

若雌多於雄，無與為偶，至晚即生淡子矣。淡子色不變，久之自癟，不能成蠶。《吳興蠶書》

新定子。生子後，取蛾之有氣力者再配之，則復生矣，是為新定子。子少之年，亦有取以為種者，究不如前所生者之佳。《廣蠶桑說》按，雌蛾再對生子，變三眠種，唯雄蛾可再對。

清　高銓《蠶桑輯要》卷下

淡子

蛾晨出繭，晚即生子，不交而生者為淡子。一朝所出之蛾，未必能雌雄各半，配合無餘。如雄多于雌，雄者猶可留配于次日。若雌多于雄者，無與為偶，至晚即生淡子矣。淡子色不變，久之自癟，不能成蠶。

又　喜紅子

頭二蠶生子，皆圜轉如錢，不與諸蠶同。中有一種帶紅色者，俗以爲吉祥之兆，名之曰喜紅子，亦婦人女子之見也。

清　許鵬翊《橡蠶新編》

子筐

以荊條為之，俗名梢條。用榆、楊條亦可。平底，陡沿，上有平蓋，形圜，高尺許，圜徑三四尺許，外用紙糊以免漏子。用新條編之，內帶潮濕氣，蠶子始無損，舊筐不潔且損子。

清　黃祖徽《蠶桑淺說·養蠶篇第二》第四節《蠶病》

原病

一、本病。本病有二，如自父精母卵，遺傳之病，謂之先天病。如儲藏蠶種不得法，蠶出時不注意，蠶卵發生太遲，營養不得宜，所致之病，謂之後天病。此皆謂之本病。

二、標病。如溫度太過或不及，空氣不潔，濕氣過多，氣候劇變，眠中劇動，除沙怠慢，蠶座不潔，蠶室構造不得宜，以及蒸熱冷濕，太陽光綫太過或不及等，均謂之標病。

三、中毒。如桑葉中含有煙草、食鹽、鉛粉、香氣、污穢等物，蠶食之，即病。他若炭火燒紅時，往往有硫化炭酸發生，最害蠶體，故蠶室內所用炭火，在室外燃燒，俟燒紅後方運入室內。此外採桑、儲桑、切桑、養蠶者之身體衣服及攜帶器具等，均宜清潔。

四、寄生。蠶體寄生物分動物性寄生與植物性寄生二種。動物性寄生，如蠶蛆黑痣病亦曰微粒子等是。植物性寄生，如白殭蠶軟化病茵等是。

清　江毓昌《桑蠶說·養蠶說》　喜忌　子在連蠶子纍名叫連，喜極寒。

論說

宋　秦觀《蠶書·戎治》　《唐史》載：『于闐初無桑，匃鄰國不肯出，其王即求置婚，許之。將迎，乃告曰：「國無帛，可持蠶自為衣。」女聞，置蠶帽絮中，關守不敢驗，自是始有蠶。女刻石，約無殺蠶蛾，蠶蛾飛盡，乃得治繭。言蠶為衣，則治繭可為絲矣。』世傳繭之未蛾而窺者，不可為絲。頃見鄰家，誤以竅繭雜全繭治之，皆成系焉，疑蛾蛻之繭也。欲以為絲，而其中空，不復可治。嗚呼！世有知于闐治絲法者，肯以教人，則貸蠶之死，可勝計哉！予作《蠶書》，哀蠶有功而不免。故錄《唐史》所載，以俟博物者。

宋　陳旉《農書》卷下　又有一種原蠶，謂之兩生，言放子後隨即再出也。切不可育，既損壞葉條，且狼籍作踐，其絲且不耐衣著，所損多而為利少，育之何益也？

明　宋應星《天工開物》卷上《乃服第二卷》

病症

凡蠶卵中受病，已詳前款。出後，濕熱積壓，妨忌在人初眠騰時，用漆合者，不可蓋掩，逼出炁水。凡蠶將病，則腦上放光，通身黃色，頭漸大而尾漸小。併及眠之時，遊走不眠，食葉又不多者，皆病作也，急擇而去之，勿使敗羣。凡蠶强美者，必眠。葉面壓在下者，或力弱或性懶，作繭亦薄。其作繭不知收法，妄吐絲成闊窩者，乃蠢蠶，非懶蠶也。

清　鄒祖堂《蠶桑事宜·建平紳耆公擬蠶桑規條》　曠土悉行栽桑，居家務學養蠶。蠶子一錢，頭二三大眠，約有蠶百兩，食葉二擔餘。辛苦三十餘日，蠶作繭而絲成，約賣錢四五千。本少利多，莫過蠶絲。湖州人每年養三番蠶，至養蠶之法，鄒司廉自印蠶桑書散給，可以查考。

清　陳熾《續富國策》卷一《農書·種桑育蠶》　向疑中國自有蠶桑垂五千載，雖天時人事偶有歉收，然從未有絕種之時，亦無轉購他國蠶子之說。後訪之江浙養蠶之戶，始知中國自有火試、雪試、鹵試三法，即所以防病蠶之子也。火試者，以蠶紙置之灶上極熱之處烘之，蠶子之無病者不傷，有病者不復出矣；雪試者，置之雪中；鹵試者，濾以鹽水。皆以殺病蠶之子而留無病之蠶。然後知中國數千年來自有秘法流傳，足以保茲美利。而西國防病之法，防之於受病之始，亦宜博採兼收，而不容稍有偏廢者也。此養蠶之應考求者，一也。

清　陳啟沅《蠶桑譜》卷一《論放蛾泡水要法》　蠶原由卵生，然其生卵之初，則必變蛾而後生卵，俗人謂之生蠘。蛾有優劣之分，觀其翅長大生猛精神者爲上等，其翅短細攣縮者爲劣種，俗名之曰胎生翼。出蛾之日，喜天煖，宜西風。其交媾曰對蛾，仍以對蛾之有力、無力，驗下造之好醜。對蛾略有定時，對蛾足，其放蠘便足。天稍涼，則對四個時辰；天炎熱，則對三時。練種之時，天氣更寒，以六時方足。倘對不足，慮有隱蠘之患。每蛾一隻，得蠘約三百六十餘粒。想物性亦與天數暗合。其蛾之細少者，均係三百二三而已。最後所生之蠘，在三二十粒者，俗名謂之推肚蠘。雖最好蛾，亦嫌其弱。大共總計，每蛾只得三百一二十而已。自落格放蠘時凡放蠘者，必有木格爲之限制，故曰落格，至蠘盡之候，仍有定式。何以遇造之不同者，亦皆天氣之冷煖不同故耳。計頭造自出蛾日，至來朝天將明而盡。若二三四五造，至半夜二点鐘而盡，六造則夜四打鐘而盡。惟練種之蛾，必要日半有餘而後盡。總之，視天氣之寒煖，定泡水之早遲可也。泡水各法，詳解於後。即放蛾亦各造皆不同其法詳後，况頭造有大蠶、連蠶之分。練種房舍黑暗，所生之蠘，自然而出。倘房舍光，亦要泡水方出。練種成繭後，約半月而出蛾。天略寒，延至二十日出蛾亦有。若天時不就，過二十日外，其蟲則僵而不出矣。故成熟之繭，亦當放在乾煖之處為佳。生蠘後，約十二三日而出仔，是為頭造。頭造大蠶成熟，俱係繅絲之用。問有留回作種者，每家不過一千幾百蛾而已。連蠶則耑飼爲放蛾，以作二造之種。凡頭造蠶，皆家常自練，戚友有知其飼得好，聞風而來定取，名曰號帋。若二造，三四五六造，皆歸舖家買賣，其名曰蠶蠘舖。何以家常不自飼之，蓋泡水之法難，而買種亦難也。因看蠶有無受症，方可作種。倘其種受了各症，下造則不佳矣，故有蠶師之稱。買種則遇造皆同，而泡水則視天時寒熱爲定。歷來泡水之法，俱用滾水一半，和冷水一半，較匀冲在蠶蠘帋面，順流而過者二次。然後，吊於當風處，候其帋爽透，六時之久，而色漸變，自黃色而變微紅。來朝，則變爲蝦肉紅。三朝，則變爲墨水烏。五朝，其烏色之外，有白微粉，俗名曰上粉。六朝，其壳裏有黑子一點，此蠶仔初成之頭也，俗名曰點嘴。七朝，則變為全烏。八朝，則頻頻俱出矣。若泡水不得法，滾水多則蠘死，冷水多蠶亦不出，名曰水生。或天雨淋漓，又或遇大東風，又或無風曀熱，則其水帋透濕，至六個時辰，而尚不乾者，亦即變為水生。内中有出有不出者，即是參差不齊，將來斷未有全數成熟者。或無結繭，或成繭而稍薄，無比，此變症之所由生也。各症若何，詳解於養蠶篇。所謂陰陽和而萬物生，雖用滾冷水各半，仍視天氣之寒熱，用水之多少，始能有準也。故必要分某造，而定水色。假如是夜寅時初，寒暑針在六十五度，較水則用一百一十三四度之熱，是為合法。試水尺形，與寒暑針大同小異，香港、上海，俱有零沽發賣。若寒暑針在七十度，較水則用一百二十二度。若在七十五度，較水則用一百二十四度。如在八十度，較水則用一百二十六度。如在八十五度，較水則用一百二十八度。如在九十度，較水則用一百二十九度可也。較水既有定式，仍視有無風雨，變通為之。倘在丑初泡水，則用凍半度。若在卯初泡水，轉用熱半度。蓋因泡水早，其蠘壳嫩；泡水晏，其蠘壳老。若過午時始泡水，則其蠘壳太老，便不出矣。泡水之時，將水冲在帋面，必要四角中心，所沾之水，多少如一。茍或冲水不匀，或生或死，變症多端，勞而無功耳。業斯道者，可不細哉！泡水故為緊要之法，即對蛾落格，亦當知時。對蛾足，蠶身壯，而蛾又無隱蠘之弊。天氣和平，自天亮而對至兩点鐘便足。天氣涼，對久些。但觀其蛾乸十隻内，有一二隻身變鞠躬，即是對足，而思放蠘時候。用帋格亦有定式，若用福帋全張，可落蛾半斤。寍可使其疏，不可令其太密。倘太密，生蠘至三四層，泡水之時，在底者水氣不足，便有生死之虞。各法所用度數，雖未得謂之盡善，但譜其意再加考訂，便可精益求精云。

清　關維震《養蠶法》第十一章《製種》　留置雄蛾　雌蛾多雄蛾少時，可將拆開雄蛾，擇其仍活潑強健者，另易雌蛾再交。強健雄蛾，一蛾可交配三次，於受精蠶卵之發生，無甚關係。惟再多則不宜。雄蛾幷可延至次日，宜静置青葉上，放於稍暗低温之處，使之静止，不可令鼓翅疲勞。

清　佚名《論中國整頓蠶桑宜先設養蠶學堂》《皇朝經世文四編》卷二三

環地球蠶桑之利，向推亞洲，而亞洲蠶桑之利，向推中國。中國開風氣為最先，《禮經》所載，按籍可稽。周制：仲春，天官内宰，詔后帥内外命婦，治蠶於北郊，以為祭服。天子公侯，必有公桑蠶室，近川而為之，築宮棘牆而外閉之。后妃齋戒，享先蠶必躬桑，以勤蠶事。及大昕之朝，君皮弁素幘，卜夫人世婦之吉者，使入於蠶宜，奉種浴於川，桑於公桑，風戾以俟之。又命野虞無伐桑柘，鳴鳩拂羽，戴勝降桑，具曲、植、籧、筐。后妃齋戒，親東向躬桑，禁婦女毋觀，省婦事，勸蠶事。蠶事既登，分繭稱事效功，以供郊廟之服，無有敢惰，所以為天下蠶事勸也。降及後世，古禮雖廢，而民間蠶桑之利，日盛一日。然當閉關自守之時，亦不知為盛衰。自通商以來，外邦競銷中國之絲，中國始知蠶桑之利冠於五洲，藉此以收外洋之利□，以抵進口之貨物。乃近年來中國之絲猶是也，中國之蠶桑猶昔也，而絲市日衰，絲商日困。推原其故，皆外邦種蠶，以分其利。且種桑養蠶之法較精於中國，中國若仍墨守舊法，將日復一日，年復一年，絲市之衰，不知伊於胡底。雖現在絲廠迭建，購用外洋機器，繅絲之法一如外洋。誠以外洋皆用細絲，中國手繅之絲，不能勻細如一。為銷售起見，自當合西人之本可望易於銷售，而通盤籌算，出絲之多寡，則機繅之絲，仍與手繅之絲等耳。若欲出絲之多，非廣植桑、廣養蠶不可，且桑亦有盛衰之年，蠶亦有衰旺之候，是亦不可以不講。各省大憲，咸知蠶桑為務本之圖，課民種桑，孜孜不倦。如昨報紀直隸蠶桑紡織總局，自光緒十八年奉前督憲興辦後，於今六年頗有成效。現又奉督憲王夔帥札飭，該局總辦會同藩臬兩司，經理一切。並札飭各州縣，凡已經種桑者，務加倍培養護惜，禁止樵牧毀傷。未經種桑者，急宜設法開導，務於霜降後至封凍後，至清明前，來局請領桑苗。苗長不過二尺，萬株一車可載，散給民間。俾廣為栽植，並發《出種養桑蠶簡明捷要法》十本，照刻廣印，散給於民。務使各村家喻户曉，云云。大憲為裕國養民之計，可謂無微不至矣。惟所發之書，未經目覩，未知仍守中國舊有之法，抑參西法。竊謂近年西人講求蠶桑，日精一日，中國欲講求蠶桑，非盡法西法不可。前聞杭州府林太守，禀請籌欵，創設養蠶學堂，可謂絶大見識。禀稱東方蠶業，日本進步最猛，由其采取外洋養蠶成法。查三十年前，法國蠶子多瘟，蠶種將絶，因創設養蠶學堂，用六百倍顯微鏡，考驗種種瘟病，並講求養蠶各法，日人一一仿行，遂奪中國蠶利，蓋西人養蠶之法至備。卽配種一節，亦有神效，西方格致家言：『凡物一雌一雄，取其兩地相隔最遠者，為之配合，其生必旺。猶化學之愛力，電氣之攝力，同氣相合，其生不旺，在人亦然。』故格致考驗同姓為婚，生子多病癲癎，由其血脈相通，不宜配為夫婦。所謂男女同姓，其生不蕃，中國亦未嘗無此講究也。法國驗中國蠶子，重八兩者，收絲只二十五斤，自擇種後，可收至七十斤，最多者收至百斤，日本尤明其效。可知外國亦用中國蠶子，惟能自擇種，能自驗病耳。現雖各省廣飭植桑養蠶，將來絲數固可望。其日旺，然未知擇種驗病之法，終難保蠶桑之利，有盛而無衰。《禹貢·袞州》言：『桑土既蠶，此外若絲、若經、若纖縞，皆散見於各州。』今吳越以外，蠶事久廢，安知千百年以來，不知驗病、擇種，漸漸消磨耶！棠意宜設學堂，專心講究，經費雖大，亦一勞永逸之法。林太守既有此禀，志在必成，然卽能成，亦不過浙江一省，一時安能廣傳，俾家喻而户曉？苟各省能設立學堂，則所傳愈廣，不數年後，蠶桑之利，猶不能駕東、西洋而上之，吾不信也。

清　佚名《書汀漳龍道申報蠶務詳文後》《皇朝經世文四編》卷二三

國家致富之道，大要總以農桑為第一。蓋中國之為治，與泰西不同。泰西重商，中國之所重，固不專在商也，顧重農之道，中國亦既知之。而蠶桑之務，或有未盡知者，非真有所不知也。或以為土地異宜，風俗異趣，故江浙兩省，雖云蠶桑出產之區，要亦惟向業蠶桑之數處，最為講求。此外亦不甚鄭重，外省更無論矣。前者曾聞，皇太后諭飭，杭州織造招募浙江蠶婦至京，以備顧問蠶桑之事，不禁喜形於色。知深宮有重蠶之意，則蠶務必更益加講究。但且育蠶、種桑、繅絲、分繭諸務，可以自南而北，風氣漸開，利賴無窮。乃目未知曾招募得幾人，究竟北京曾否開辦蠶織之事，此中耿耿莫釋所懷。乃目前覩於福建汀漳龍道劉璞堂觀察，申報閩浙督憲詳文一紙，而歎有志者事竟成，固有不以地限，不以俗囿者也。查此舉創，自去年春間，劉觀察、田延平卸篆馳抵汀漳龍道本任，卽奉督憲檄，飭汀漳龍三屬，舉辦蠶桑，觀察乃卽自指鶴俸，先刊《蠶桑說》一千二百本，分給各屬，俾知蠶桑之利。人人心中皆知此事之可裕利源，則自然羣相鼓舞，是卽所謂探原扼要之道。繼而又知桑種須及時採買，一經過時，無可購辦。因設法先赴廣東順德購辦桑秧，又派員遄赴浙江湖州採辦桑秧。桑樹須以接過為佳，不論單權雙權，但經接過卽易生活。而且葉較肥大，觀察深知其理，故飭委員辦到湖州佳種，所辦桑秧一萬餘株，均係接過。大單雙權者，分給種植，飭令勤加培植。至今春二月間，居然發芽開葉，其枝榦剪斷之處，側生旁挺，盡見新芽，葉厚而圓潤，蓬蓬勃勃，一望青葱。凡經發給秧株，種於公地及南山守園等處者，無不一律茁壯。統計去年所頒之數，未活者不過二三十株，則該處土地之宜桑，已可概見。惜乎前此未經計及於此，今得劉觀察實力舉行，而其效已如此。猶憶七八年前，高麗曾向中國購辦桑秧，捆載以去，其數不下數百萬株，迄今未聞高麗出絲旺相，可知卽使地土相宜，仍須辦理得人，督率有方，庶幾行有實效，否則終無所濟也。今汀漳龍三屬，則其效已見矣，桑既勃發，蠶事自必有成。前此由湖州雇去蠶匠二名，携帶繅車、桑砧、刀前各器，藉資教道，此事本不難於傳授，一經指點，卽易領會。而蠶種又復精選，按蠶種本有兩項，出自湖州者，為淡種，蠶子未經醃過；出自杭州者，為鹹種，蠶子經鹽水漬過，此亦各以其土之所宜，非醃種之果遜於淡種也。移至該處，似乎淡種為宜，故淡種食葉二十餘擔，得繭九十六斤，繅出淨絲八斤八兩。其杭州醃種，先食野桑十餘擔，大眠後接食家桑百數十斤，僅得繭二十八斤，繅出淨絲二斤十四兩，此非由於鹹種之不佳，實以土宜之有所區別。觀於甯紹等處養蠶之家，悉用鹹種，若用淡種卽不能出，卽出亦無力易病，是卽可知地氣之有不同。今姑無論種之鹹淡，而自去年開辦，於今一年，其所種之桑，豐茂如此；其所育之蠶，興旺若彼。雖曰：所繅出之絲，通共不過九十餘斤。而由此逐漸推廣，民間既知其利，自將趨之如鶩，將見四野桑陰，萬家蠶織，以人之利其利者，不啻上之有以利之而民富，則國不至獨貧。吾故曰：蠶務之興隆，未始非富國之上策也。

清　江志伊《飼蠶法》　餘論　地球各國蠶絲之利，向推亞洲育蠶之地，必在距赤道南北各三十度之間，方能繁殖。若過冷過熱之地，均不相宜，西人稱爲東方蠶業者也。通商以來，中國出口之貨，絲、茶並重，江浙等省，尤以絲爲大宗。自意大利、法蘭西購買中國蠶種，加意講求數十年前，法國蠶子病瘟，蠶種將絶，因剏立養蠶學堂，用顯微鏡考驗蠶種，而蠶業始興，推陳出新，絲業遂日出亞洲之上。日本采歐洲成法，一一仿行，東方蠶業，遂稱巨擘。近來，中國出口之數，年減一年，推原其故，一由於選種之未諳。西士有言，嘗考驗中國蠶子，亦有瘟病，以致出絲不旺，將來病蠶生子，病種流傳，蠶種必有絶滅之一日。中國蠶業，古時盛於西北，今則盛於東南，是西北蠶種絶滅之證也。法人驗中國蠶子，重八兩者，收絲只二十五觔。選種後，可收絲七十觔至百觔。凡物一雌一雄，取兩地相隔最遠者，爲之配合，其生必旺。在人亦然，同姓爲婚，生子多病癲癇，由其血脉相通，不宜配合也。

清　蔣汝正、徐瀾《安徽勸辦柞蠶案·烘蛾説》　放養柞蠶，以烘蛾爲必要，亦以烘蛾爲較難。凡春蠶選蛾製種，非先期烘繭，不能出蛾。皖省風氣初開，現擬設製種局購繭烘蛾，聽民間價領子筐。簡便之法，無踰此矣。顧或謂，因其難而代謀之，是民間無由諳烘蛾法也。不知倡始者，必躬爲其難，斯仿傚者，無所疑畏，而大利由是興，利興則衣食於斯者日以衆，必將窮究其所以然，分其功，精其業，營其利，而難者易矣。况未必果難耶？且柞蠶以豫省爲最盛，請更以魯山已然之事證之。魯山全邑，民恃蠶業以生，比戶皆知養蠶。然能烘子成蟻者，十之五六；而能烘蛾者，則十之一二耳。其民間慣習，有專開蛾房者，每年冬收繭烘蛾，來春生子計筐出售每對筐價錢五六千文不等。養蠶之家有繭種者，屆時備荊筐並繭，交蛾房代烘，給以炭價工貲每烘千繭約給錢五六百文。蠶子生齊後，連筐取回，烘蟻放養。其無繭種者，則向蛾房預訂子筐若干，至期購取。

清　吕廣文《蠶桑要言·種桑法》

要言

近來英商來新邑買繭，或包新嵊繭竈，代買頂繭，每斤計價洋四角有零。夫前此每斤衹值錢三伯文左右，猶以此爲大利，今價加三股之一，獲利益厚矣。核計養蠶用桑，照立夏前後，桑葉大足而論，約估斤兩。若有一千五百斤可摘儘，可養蠶子一兩，自一眠飼至三眠及大眠，新邑謂大眠，爲蠶幽。可用桑芽飼起，須照數十倍合算，漸減至一二倍而止，約需大葉五百斤。所飼之摘之園摘飼，謂之小口葉，此後蠶出火，以蠶大天煖，可無用火也。所飼之葉，謂之大口葉，約須桑一千斤。除小口葉不計外，大口之葉，可按葉算繭。以每葉十斤，可收繭一斤；用葉千斤，可收繭百斤，卽可賣洋四十元有零。以一千五百斤之桑計價，則是種桑一斤，卽值錢三十文之。則以地一畝，仿新昌近法，種密桑，約可三百株。每株摘五斤，卽一千五百斤矣，可收花息三十千。卽作二十千論，獲利亦厚，所謂『因時規利』，桑更數倍於農也。有此致富良法，伏願有心桑梓者，首種以爲倡，多方以同勸。俾合邑皆收大利，切弗狃於常見，畏難先沮。

俄　佚名《中國蠶務情形記》《皇朝經世文統編》卷六〇　中國蠶種，雖或有製種家售其所種之蠶紙，然以自製為多，亦未盡善。蠶紙形式不一律，多用舊布為底，或方一尺，或二尺餘，留蠶子於其上。唯製種家所賣之蠶紙，稍稍一律整齊，其蠶紙之大，殆三倍於日本。又貯藏蚕種之法，以吾人觀之，亦殊堪驚訝。試語其概，或撒布石灰於蠶種上，藏至冬至之日，用盐水洗滌之。又或以石灰水及熱茶，取蠶種浸漬其中。又或冬至日，撒開燒鹽於蠶種上，晒暴屋外，使受寒氣者三四日，乃洗除盐質。以上所述，皆是中國積年所行之舊法，頗自謂盡善矣。然在吾人觀之，則可為驚異也。又發生蠶種之法，亦不似日本按寒暑表以七十度或七十五度為準度，假火力以煖其蠶種。中國則假人體之温，以發生蠶子也。或負於背脊，使之得受身體之温。又或夜置於寢床，以發生之。可謂奇矣！蠶子既生之後，即以鳥羽掃落之，猶似日本所行。又蠶子入第一眠，置粃糠於其上，以除溼氣，皆良法也。日本亦實行之此法，不謀而合，豈偶然乎？抑學之乎？

清 衛杰《蠶桑淺説》 中堂示直省土厚地寒，屢購湖桑，來直栽種難成。川北地高土實，與北方相近，可在川購運桑秧蠶子，並鄰省就近地方採辦，勸民間種桑養蠶，以爲根本。至計春初，發散蠶子，民間聞風鼓舞，風氣漸開，事機得手，彼此勸勉。就有桑之家，爲養蠶之計。其浴子較南方緩二十多日，食葉較南蠶日少，各處得繭六七十萬斤，相率織窗紗繭綢。局中更收繭抽絲，色澤光亮，條理細匀，可織貢緞、湖縐、巴緞、大綢等項。清苑南關外水源爲一畝泉、大清河，水甜淨不亞湖水。錦江水土既佳，蠶繭自旺。易州山北，繭黄而粗；贊皇、束鹿，繭毛而實；任邱、阜城，繭柔而滑；遷安、昌黎，繭粗而亮；深州、安平、饒陽，繭肥而澤；清苑、滿城、完縣，繭大而堅。至條理之粗細，則視工匠之高低。謹就蠶桑局目前所辦者，著爲論。若逐漸推廣，力求實效，無論平原高阜，近山近水，皆可栽種，庶美利日興，而從前未有之利源，從此開矣！

清 葉向榮《農林蠶説・蠶桑圖説・育蠶出蛾》

出烏太早之害

出烏太早，其害有二。一則人心不古，婦女養蠶圖利，而自家不種一桑，專偷他人之桑葉。清明節時，見桑芽開時，尚未有如錢大，即將蠶子育出。小則偷採他人之嫩葉，大則食葉既多，不顧他人之桑葉成熟不成熟、桑拳不桑拳，能偷代到手，即以為能幹。此出烏故早，以害他人灰心不種，及己種而掘起者有之。一則無知之徒，其家雖種有桑，均係不培植之草桑，葉本無幾。清明時見條芽一萌，亦驟以蠶子多多育出，未至立夏，即伐盡其條枝，桑雖多種，而葉猶五穀之未成熟也雖多奚益，蠶食之無力且繭薄絲少，遂以為桑無多利，此不願種桑養蠶者亦有之。

清 鄭愷《飼蠶新法》

普通檢查法

一曰：色澤。卵面之色，以紫藤色而有光澤者為佳，否則一連蠶卵之色，一齊不雜者，亦佳。二曰：形狀。大小齊一，椭圓扁平，其中凹陷正者為上。若形狀甚雜，或歪斜長圓，面生縱皺，及凹陷不正者，此等虚弱之卵，盡不佳也。三曰：産附。卵數之排列，疎密均一，及膠質强粘者為上。其他如重堆一處，或流産不規，或膠質少粘，或卵數過少者，皆宜去之。若一留種，盡多病蠶，製種者宜鑒諸。

又 贮藏保護法

贮藏器之構造甚多，不能盡贅。最易之法，造二層木箱，周圍充滿礱糠，并鑿内外、上下、斜對小孔，以通空氣，不使外氣直接為佳。夫蠶卵，宜天氣巖寒之候藏入之，再擇寒冷不變動之處安置。贮藏器，切不可受不時之暖氣，以動其生機也。又木箱外懸一華氏寒暖表，以察其温度之高低，宜注意焉。

英 康發達《蠶務條陳・三品銜前浙海關税務司康發達謹將中國蠶務亟宜設局講求整頓以保利源事宜開摺》 故中國蠶務亟宜整頓，萬不可緩。如以上所擬之法最妥善，其事不過便民興利，並不强民遵從，但由國家俯准開辦勸導，民之聽信與否，悉隨民意。其聽信者，定獲利益，利益漸廣，信者必衆。按麻里阿寄來飼養中國蠶種情形，書内所載，照西國養蠶之道，及巴姓選擇之法，飼養中國送來之蠶子。其種卽本關所養未成者，麻里阿竟能養成，且次年復養，較上年尤佳，請實證之。查所送蠶種，共三十三種，内以十種而論。光緒十三年、十四年成繭數斤兩，以若干繭成一吉羅計。一種，第一年七百五十繭爲一吉羅，次年七百十四繭卽爲一吉羅；一種，第一年一千六百八十繭爲一吉羅，次年一千二十五繭卽爲一吉羅；一種，第一年一千九十五繭爲一吉羅，次年八百六十九繭卽爲一吉羅；一種，第一年一千六百十八繭爲一吉羅，次年八百三十三繭卽爲一吉羅；一種，第一年一千六百繭爲一吉羅，次年一千二百五十二繭卽爲一吉羅；一種，第一年一千一百繭爲一吉羅，次年九百五十二繭卽爲一吉羅；一種，第一年一千一百繭爲一吉羅，次年八百六十九繭卽爲一吉羅；一種，第一年一千九十繭爲一吉羅，次年七百四十七繭卽爲一吉羅；一種，第一年八百五十五繭爲一吉羅，次年七百六十九繭卽爲一吉羅；一種，第一年八百四十繭爲一吉羅，次年七百十四繭卽爲一吉羅。可見內有一千六百十八繭爲一吉羅之蠶種，其子次年所出之蠶，僅須八百三十三繭，卽爲一吉羅，是每繭較第一年加重一倍。該種蠶不過身體較壯，其病仍未去盡。如以上十種蠶，合而計之，則十萬蠶，於第一年成繭，重八千五百二十吉羅；至次年所成之繭，可重一萬一千四百八十吉羅，約每百斤中加重二十六七斤也。又倪恩投函覆所擬設立養蠶局章程，云：閱所擬各章程，均甚妥當，惟似稍有不合。夫今日中國，欲整頓蠶務，與舊年印度開辦整頓蠶務相同。且印度整頓之法想，亦與中國相宜。如在甯波所查各事，雖有裨益，然不過浙省一地之蠶，他省各種家蠶、半家半野之蠶及野蠶，除牛莊一口外，尚無實在查出之事。照前訪查各節，宜再從首開辦，而以有人深知巴姓選擇之法，爲第一要義。設一公院，以蓄無病蠶之子，務剔盡有病蠶之子，以免病蠶復生子。並比較各種蠶，有何佳處，其人須熟悉養蠶各事。譬如養蠶房屋，飼養之法，以及料理器具各事，何者最宜，始有益利可獲，均須一一明晰。但照巴姓之書，及他書所載之法，猶不足恃。凡飼蠶各工作，亦甚關緊要，蓋西國各樣新巧之法，尚未載於書中也。如以顯微鏡，窺視蠶之病狀，人皆知用。然宜細明其理，否則不能查明伯撇靈之病因，鏡面所顯，除伯撇靈之克拍司格外，尚有他狀甚多。如小五方形、質血輪形質、小腐質、小水蟲等質，宜知其分別之處。舊年，印度國家派來之工頭，係在養蠶公院，已經做工二年。其人二三月間來法，七八月回印。此數月內，先入法國棠伯葉城國家養蠶公院內之塾房，後至里昂城考察絲院，學習考察絲質。又往巴土呀城義國國家養蠶公院，並往養蠶最盛各處，及選擇蠶子處、繅絲處閱視。該工頭頗能用心，雖不通法語，藉人傳達，學習亦甚易。故印度現已有人在養蠶公院，深知各法，並知西國所用各器具，何者與印度相宜。今中國亦宜設法聘此一人，是爲設立養蠶公院最先之事。鄙意莫如速派一二人來法，尚及見本年養蠶各事，否則又遲誤一年。夫欲整頓蠶務，總以實有裨益爲尚。故中國整頓，祇須就中國之蠶治之，應由中國自行設法，始得長享其利。此策爲最善，而亦最便。故余不勸中國購用外國蠶院之子，雖法、義等國，售買蠶子之處甚多，其子亦佳而無病。若中國購用，仍不免遲誤中國之事。余意中國今日莫妙於在湖州或太湖一帶，先設試辦養蠶公院，在內仍沿中國舊法飼養，不過房屋、器具、工人，均須潔淨小心，並設法購齊浙江、江蘇、四川、山東、直隸、山西各省，所産蠶子，愈多愈妙。在院飼養查驗各種優劣，不但養無病之蠶，兼須養佳種之蠶。蓋佳蠶費用，仍與他蠶等。余亦不勸中國先行購用法國養蠶各器具，俟派人來法學習蠶務，親試何等器具合用，並爲中國所難得者，方可購用。惟考察絲質之粗細、柔脆、輕重，以定各種蠶之優劣。宜設一考察絲院，該院內用應用各器具之價值，照現時送印度者計，僅五六千法藍，卽約銀一千五百兩也。考察絲質各器具運用，雖頗易，仍宜先在西國學習，以便回國傳習。並宜在該院內，設繅絲之處。此院設立數年之後，且中國人既皆知巴姓之良法，則公院便可裁撤。不過今日先須示以則效，開其風氣耳。如中國不及早設法除此蠶瘟，則中國何處蠶染此病，其處蠶必盡壞，與昔時法、義、日、斯巴尼亞、葡萄牙各國相同，此定理也。昔時，中國之絲與義國之絲相敵，並可使義絲價賤，今則情形相反，義絲轉能使中國之絲價賤。義、法等國絲市日興，無非善於講求之道。由上各節，以觀中國今日最急最要之事。一、係選一中國或西國年幼之人，已熟悉中國養蠶各事，派往法國學習，與去歲印度派來之工頭同。二、如前查訪蠶務各事，須再推而廣之，使無遺漏。三、宜購齊各省各種蠶子，一半存在貴處，一半寄來法國，倘於本年養蠶之先到法尤妙。夫法國里昂城，爲西國貿易絲市之巨鎮，該地每年所需絲斤以造絲貨，其數頗巨甚，願他國歲出之絲能旺，亦與有利益。況法國所出之絲少不足用，其絲質頗佳於中國，何畏中國之絲往銷。余非商賈者流，絲之賣買，尤不與余相涉，但樂考察絲質一事耳。按倪恩投來信之言，與本稅務司所擬章程意見，頗爲相同。然本稅務司已早計，及中國整頓蠶務，欲求實在裨利，必先細爲查驗，並逐漸講求工作功用之道。倪恩投爲本稅務司深所佩服，惟其中不能不與其意見稍異者，除派人前往法國學習一法，則無疑議外。若中國設立蠶務局，應先就近查明日本如何辦有成效各節，再行仿照開辦。蓋日本與中國最近，情形亦相同也。故仍冀親往日本，查視一切。今特請

又《三品銜前浙海關稅務司康發達謹將光緒十五年帶往法國養蠶公院所養各處蠶子收成數目及蠶病情形開摺》 按，一年養一次蠶子，本帶去十九種，因一種子內常有二三種者，共分爲二十八種。該二十八種內，按所養之子應收繭數以計，至多者爲百分之三十七分餘，至少者爲千分之九分餘。合計繭之收數，不過爲百分之七分餘也。以上二十八種，所收之繭內，

有十八種之繭，因病太甚，均不能做子。其餘十種之繭，尚未全病，仍可做子。然所做之子，不過爲百分之十分也。

又 按，一年養二次蠶子，本帶去六種，因一種子內常有兩樣者，共分爲十種。該一種內，按所養之子應收繭數以計，第一次至多者爲百分之三十一分，至少者爲百分之四分。合計繭之收數，不過爲百分之十一分。第二次至多者爲百分之五十二分，至少者爲百分之八分，合計繭之之收數，爲百分之三十六分餘。可見第一次蠶病甚重，養至第二次，病已減去十分之二矣。但第二次所收之繭，雖較第一次爲多，其繭能做子，仍不過爲百分之二分餘也。統計一年養一次蠶子，及一年養二次蠶子，共三十八種，固無一種無病者。中國蠶病之甚，豈非明徵耶？

又《三品銜前浙海關稅務司康發達謹將擬設整頓蠶務總局試辦章程及試辦專章開摺》 此等創開之局，頗難使民人相信。然該局不獨□取信於民，兼□取信於國家非有明白之實益顯出，何能致此？故本稅務司於數年之前，即開辦試行，講求之有道，雖未深遠，亦未預籌大辦之法。然所著之益則不小。因已確行查明中國江、浙二省絲業日壞之故，且查明易於設法杜絕此故，無所疑惑之據。其法則近二十年來，各外國有蠶務之處行之，已著實效，且初不料其益如此之大也。所以按此法行，不惟將中國從前絲業盛處挽回，並可定較盛於從前。但向來試行講求，雖大有益處，並未深究，不過膚淺講求，尚未議及通行整頓之事。苟欲通行整頓，仍先宜細爲講求，如試辦專章內之第一、二節內所開各事。先爲選擇各省蠶種做子，且須使各處養蠶之人，與本局聯爲一氣，能多養成無甚重病之蠶，可以爲做子之用。否則多至二三年後，恐仍無足用之佳子。故局內除講求各事外，一面應照試辦章程第二、三條，分方做子之法，即在從前講求江浙各省蠶子內，查出幾種最佳之子，在局內飼養，作爲種子之用。再試辦之時，以准人來局學習，按照新法合宜之理養蠶爲要。局中所養之蠶，即將去年帶往法國留下幾種蠶之子做子，按章便益售與民人，令其試養，使其信服本局之有益也。一面設一小式機器按試辦專章之第八條試用，以開民人之眼，隨時並刊出明白說畧，陳明本局一切講求之事，是爲至要。夫欲開民間風氣，僅用此法爲要，斷不可張貼示諭。

綜述

唐 郭橐駝《種樹書》卷上 收蠶種 揀簇上硬繭，尖細緊小者是雄，圓慢厚大者是雌。收同時出者，卵時放對，未時摘放。子如環如堆者，不可留。母蛾在上覆子者，三五日則氣足，方用桑皮穿挂凉處，忌麻苧線。挂煙熏日炙之，若收種不仔細，徒費力養蠶。

《太平廣記》卷八一《異人一・梁四公》 杰公嘗與諸儒語及方域，云：東至扶桑，扶桑之蠶，長七尺，圍七寸，色如金，四時不死。五月八日，嘔黄絲，布於條枝，而不爲繭，脆如綖。燒扶桑木灰汁煮之，其絲堅韌，四絲爲係，足勝一鈞。蠶卵大如鷰雀，卵産於扶桑下，齎卵至句麗國，蠶變小如中國蠶耳。

元 司農司《農桑輯要》卷四《養蠶・變色》《士農必用》：蠶子變色，惟在遲速由己，不致損傷自變。視桑葉之生，以定變子之日，須治之三日，以色齊為准。

元 王禎《農書》卷六《農桑通訣六・蠶繅篇第十五》 生子數足，更就連上，令覆養三五日。挂時，須蠶子向外，恐有風磨損其子。【略】蠶子變色，要在遲速由己，勿致損傷自變。桑葉已生，自辰巳間，將甕內取出，舒卷提掇，亦無度數。但要第一日變三分，第二日變七分，卻要紙密糊封了，還甕內收藏。至第三日午時，又出連舒卷，須要變至十分。

又 卷二〇《農器圖譜十六・蠶繅門》 蠶連，蠶種紙也。舊用連二大紙，蛾生卵後，又用線長綴，通作一連，故因曰連。匠者嘗別抄以鬻之。《務本新書》云：蠶連，紙厚為上，薄紙不禁浸浴，如用小灰紙更妙。連須以時浴之，浴畢挂時，令蠶子向外，恐有風磨損。冬至日及臘月八日，浴時，無令水極深，浸浴取出。比及月望，數連一卷，桑皮索繫定。《務本新書》云：蠶連不得用麻繩繫挂，如或不忌，後多乾死不生。《本草》陳藏器云：以苧麻近蠶種，則不生，當遠之。

清 蒲松齡《農桑經・蠶經》

變色

蠶子變色，惟在遲速由己。視葉之生，以定子之變日，須治之三日，以色齊為准。所云『舒卷提掇』者，先左卷者右之，右卷者左之；先卷向外者卻卷向裏，向裏者卻卷向外；横者豎之，豎者横之。舒卷時，連背向日，曬令微温。舒卷無度數，只要第三日變至十分，方收之。第三日出，必待午后，恐第一日先變者先生也。凡蟻生，皆在巳午之前，午后，便不生矣。

清 韓夢周《養蠶成法・春季養山蠶法》

出蠶

每日寅、卯、辰三時，出蠶子，筐下先要鋪席，如有蠶蛾落地，仍取入筐內。

清 韓夢周《蠶桑實濟》卷四《育蠶急務》

體蠶

蠶吃一餐葉，有一層替子葉渣子連蠶屎名曰替子。收蠶第三日，必要體刮一番，抽出替子曰體刮，將替子抽出，方無潮溼之病。以後一日一體刮，不可間斷。自頭眠以至大眠，俱要日日體刮。若一日不體刮，替子必厚，厚則必蒸，蠶即受病。長大時，必然發出或身上黃糙，或頭上、頸上，多生黑斑、黑點，甚有遍身均生黑斑黑點者。一般吃葉，不生絲腸，到老必不做繭，故體刮最要緊也。

清 朱斌《蠶桑指要・養蠶》

熩蠶

清明日取下蠶連，以十二種野草花，及桃頭、葱韭諸物，同攤布連上，更以黃酒微噴一二口，則日後不忌諸般氣味。隨同花捲起，裹以草紙薄綿，安放牀中六七日，以取人身煖氣。看種子有糙米色，更桑葉已報雀口，大約在穀雨前七八日，便為熩蠶之期。日則置被中，夜則置衣被之間，謂之熩蠶。三五日後，熩於女人胸臆間，若見蠶種發綠，則將出矣。須頻頻取看，見有先出者，謂之付標。速將燈草数十莖，置於連上，楞空捲熩。候有一半出殼，取於日色內照之。倘因過燥，蠶子散落，將温水於反面略噴，必全出矣。萬一熩蠶之時，天氣太寒，桑葉不長，恐出時乏食，不得已暫置凉處，即可□下一二日。大要在穀雨前三日間，必要收烏矣。

又 先於繅絲湯中，連泡七次聽用。大約小布一方，木尺為百寸，每寸置一蛾，生子可滿矣。故布連二尺，可生種子十斤。生子總在申酉二時，必須留心守視，若一叚已滿，即移蛾空處以補之，務令匀足。又不可令有叠子，方易估数有准。其蛾一日生下者，謂之頭子；次曰再生，謂之瀝子，無力不足用也。盖蠶之好醜，大半在對蛾之際，故慎不可疎略。

清 崔應榴彙纂，錢馥補輯《蠶事統紀》卷八《飼蠶》 生蟻下蟻

《農桑要旨》：『清明後，種初變，紅和肥滿，再變尖圓微低，如春柳色，再變，蟻周盤其中，如遠山色，此必收之種也。若頂平焦乹，及蒼黄赤色，便不可養，此不收之種也。』《士農必用》：蠶子變色，惟在遲速由己，不致損傷自變。桑葉已生，自辰巳間，將甕內連紙取出，卷舒提掇，亦無度數。但要第一日，十分中灰色者，變至三分。次二日，變至七分，仍用紙容糊封了，還甕內收藏。至第三日午時後，出連舒卷提掇，須要變至十分。黄諫《月令通纂》：蠶生一月之前，預將蠶房泥補乹浄。墻壁潮濕，則多傷蠶。蟻生三五日之前，先將蠶房薰煖，仍多準備乹牛糞。蠶變色已全，於無煙屋內捲收。至蠶生，候東方白時，將連鋪箔上。候黑蟻全生，和蟻稱連，記寫分兩多少。下蟻既足，匀鋪細軟蓐草，將切細桑葉，糝於蓐上，隨將蠶連翻搭葉上，蟻自下連。若不下者，輕輕振下，卻稱空連，便知分兩多少。《月令廣義》：三兩蟻，可布一箔，老可三十箔。

清 高其垣《試行蠶桑説・飼蠶法六十條》 蠶子之出，大勢已齊，於室中無風處，鋪紙於棹上，紙宜白，宜光滑，宜比蠶布大些，其下宜襯以棉被。使兩人牽開蠶布，以正面向棹有蠶子之面即正面，離紙三寸許。一人以尺餘小竹片，於背面輕輕細敲，俟所出之蠶俱已落紙，有未出者，仍用前法煖之，至明日再取，另置一處。用雞毛輕輕聚之，盛以竹器柳條者亦可，新油新漆者忌用，以蠶鋤以竹爲之，長七寸，比日用之筯差小，上下俱圓，尖其末而磨之，使極光輕輕撥開，不可稍有疎密，有疎密，則眠不得齊。

清 高銓《蠶桑輯要》卷上

子轉轉，俗從去聲

蠶卵中本是一點清水，其色紫。保護四五日，紫者變而為緑，為藍，是之謂轉。轉則水化為蠶矣。轉以齊為貴，轉齊則出亦齊。若護之不匀，即有偏煖偏寒處，必不能齊也。

清 方大湜《桑蠶提要》卷二《蠶事四十條・留種七則》 收子 拆對之後，以母蛾提置空筐，以蠶連另鋪一處。蠶連即蠶種紙，懸挂時，以兩紙相連，故謂之連。詳蠶具第一則。俟母蛾撒尿後，再匀置蠶連之上尿以粉紅及微黄者為上，白色者次之，黑色者揀去勿用，不可疏，亦不可密疏則子有空缺處，密則子有堆積處，宜頻頻檢點，遇有疏密，即須移密補疏。四面用木界尺攔住恐其生子於連外也，再以他物架空蓋好，使透風而不見日光見光，則其子游散，過半日，蠶子便滿連矣連上寫記日期，以同日所生之子為一起。如有空缺，須即日補滿，否則明年蟻出不齊。大約母蛾一隻，可下子三百，肥大者，可下子三百餘。十母蛾下子三千餘，明年可收蟻一錢，百母蛾下子三萬餘，明年可收蟻一兩。母

蛾生子之後，就連上覆養三五日，再令下連，則氣更完固。下連之後，可置屋內柴草上，俟十八日後，掘浄土為坑，將母蛾、雄蛾、苗蛾、末蛾，一并掩埋，免為禽鳥所食。有功於人，理宜如此。

清 汪宗沂《樹桑養蠶要略》 初生蠶子 以蠶種紙置人懷中，謂之煖子。以清明後，桑葉如錢大，爲煖子之時。晝置懷中，夜置被邊，勿離身。蠶種變綠色，將出。變青黑灰色，次日卽出。出時，細如人髮，蠕蠕欲動，先以燈草數十莖，勻鋪蠶種紙上，以防壓損。三日出齊，擇和煖之時，用快刀切細葉，散放盆中紙上，以蠶種紙覆之，蟻聞葉香，自均就葉。若純用鷄鵞翎掃撥，及桃柳枝敲打紙背，慮有損傷。

預稱蠶子 蠶子一錢，三眠時可得蠶一斤。每三眠蠶一斤，前後食葉約一百四五十斤，大眠時可得蠶五六斤，前後食葉一百三四十斤。收子時，必須先稱，以便計算食葉多少。家多桑葉，則有把握，否則須多方購買，以免蠶多葉少。

育蟻飼葉 蠶子，南方名曰蟻，蟻初下時，只食葉之津液，葉宜現摘，刀宜新磨，切宜極細，篩葉宜勻而薄。天晴，每日可飼五六次。陰寒，蟻不甚食葉，須用潔淨棉被，將盛蟻之器四面包裹，用竹箸及他物架空，以免被壓蟻身，蟻得煖氣，便食葉矣。

清 温忠翰《蠶桑問答》

問：『留蠶種法？』

答曰：『留種先要揀無病壯大的蠶，大眠後，每日取極肥桑葉餵之。蠶老後，另搭一山，常用微火烘煖，使速成繭。拗繭時，要辨雌雄，尖而腰小的是雄，圓而腰大的是雌，分爲兩筐，不可堆積，收在透風屋內，不可搖動，須避老鼠咬傷，約半月卽出蛾。出後，揀去拳翅、禿眉、焦尾、赤肚諸樣病蛾，分別雄雌，各收一處，須用稻草先鋪器內，使蛾可存身。候出蛾既多，將雌雄併在一處，蛾數相當，聽其自相配合，俗名爲對。既對後，提入空筐，勿令見風，見風恐致散亂。大約蛾對四個時辰，便須分開，俗名拆對。拆對太早不得，早則來年多不眠之蠶；太遲不得，遲則來年大眠後，多拖白水之蠶，總以四個時辰爲度。拆對之後，鋪蠶布於筐中，不拘新舊，須用方塊，取雌蛾放布上，四面用木尺攔住，再用他物蓋好，使透氣，不見日光，過半日，而蠶子滿布矣。再用竿懸布淨室中，六七日，顏色變黑，用陳石灰研細，取絹篩篩在蠶布上，要勻不要厚，輕輕摺好，懸在屋中，待隆冬時，取下醃之。』

又 問：『蠶子養成，其數如何？』

答曰：『初生者名曰蠶花，大約蠶花一錢，可得大眠五六斤，計須食葉一百三四十斤，蠶家須自量力，不可貪多。』

清 吴烜《養蠶説》 春蠶之後，另有夏蠶，春蠶謂之頭蠶，夏蠶謂之二蠶。二蠶卽原蠶，蠶盛妨馬，《周禮》有禁，南方無馬，亦無所妨。哺養之法與春蠶不同，必須連哺兩次：第一次取其生子，第二次方可繅絲，故春蠶哺在清明以後，此則轉在清明以前，用子少許，加意煖哺，數日卽出，是謂頭二蠶。迨春蠶初生，二蠶過半；春蠶上山，二蠶生子；春蠶繅絲，二蠶再哺。須視春蠶食過之後，桑葉有無存餘。有餘，卽將二蠶子於春繭繅絲時，搭在近鍋架上，以受熱氣，數日卽出；葉若無餘，必待再發，芒種後二葉復盛，一哺卽出，謂之夏蠶。養育之法與春蠶無異，惟飼葉、起底，格外要勤，更忌天熱，屋宇必須清潔涼爽，不可逼近厨竈。蠶宜寬鬆，不可擁擠。所謂春蠶宜煖，夏蠶宜涼，更須用三脚架，將蠶筐層層架起，用夏布作帳，週迴遮護，以避蚊蠅。料理得宜，速則十七八日，遲則二十一二日，卽可上山，天涼三日采繭，天熱兩日可採。隨卽繅絲，是時出蛾極速，天涼七日，天熱五日，必須繅完。大約有繭百觔，須車兩步，少則不及。其烘蒸曬悶之法，亦必至將出時，不得已而用之。緣時近小暑，蛹死易爛，爛卽有黑水映出，不能繅絲。故烘曬之後，三日必須繅完，不可稍緩。其繭之厚薄，絲之良惡，比之春蠶爲較遜耳。至留種之法，亦與春蠶不同。只須揀堅厚平頭之繭四五十個，聽其出蛾生子，空懸高爽之處，待來年春蠶之前，先行哺養。小滿生子，芒種再哺。或謂何不今年多留種子，逕至來年芒種哺養，省費一番周折。予思春蠶種子，一交穀雨，不哺亦出，想夏種亦然。不如此，必與春蠶並出，便奪春蠶之葉。而芒種後所發二桑，徒然無用，若將春蠶所生之子，隨卽再哺，予亦試過，不能再出。惟夏種則春夏皆宜，故初養取其生子，再養方可繅絲。既不奪春蠶之葉，更可食無用之桑，誠爲兩得。故二蠶取其本輕，養育得法，亦未必遠遜春蠶。惟二桑衹可剪葉，不可剪條，至煮繭、繅絲、剝綿諸法，與春蠶同。

清 夏與賡《山蠶圖説・附刊白話告示》 養蠶之時，只消把蠶子放在樹上，隨時命人照料便能成繭，豈不比取桑餵蠶，更為簡便。且蠶子既成，葉子食盡，樹子根株原在，仍然可以變錢。若不願賣，明年發出新葉，又可餵蠶。

清 俞墉彙纂《蠶桑述要·留種》 蛾放子時，須時時相之，恐其堆生。及於簾外平放，謂之蠶種紙，懸放謂之蠶簾。用漂白砑光洋布，或用厚紙，雙層裱好，然粘合緊密，布不如紙。

（光緒）《新會鄉土志輯稿》卷一四《物産志》 蠶爲廣東特有之種類，常供飼育者，爲大造、輪月兩種，均於大寒前後孵化。採不割枝先發芽之桑耳飼之桑耳，俗名桑穀，名曰渡蠶種。用火補助溫度，以溫度之高下，伸縮其齡期，令下次發生合於蠶造。蠶造之早晚，因桑葉發生遲速爲差，約自三月起至九月止，凡六造。用湯浴法，令蠶卵發生。蠶期之中，晝與夜之溫度，相差不遠，極適於蠶兒之發育。惟濕度頗高，須用法補救耳。

清 曹笙南輯《五畝居桑蠶清課》卷二《育蠶徵信篇》

養種收種

蠶種為蠶家正本清源之要務，須於二眠時提好蠶蟻，另桑養之，飼養調護，更宜加勤。如眠起飼老，有太早太遲者，揀出不用。將一齊老者，另備山簇上之，不可用煖山法。如實寒冷，微火稍煖足矣，因過炕則種不育也。既成繭，摘瑩白居簇中間者為佳。近上絲薄，近下子不生，皆不取。繭之尖細者雄也，圓大者雌也，相兼而收，去其繭外浮絲，以鍼線靠邊淺穿成串，勿使傷蛹，挂於靜處，勿使驚動，亦勿靠牆柱招鼠。越十餘日，蛾自出。然蛾出五更時者居多，須留人守候。待出，即將雄雌分置兩處。若有拳翅、秃眉、焦毛、赤肚、無毛，先出後出者，皆去不用。蛾出多，始約定時辰，將好蛾揀配成對。如零獨雌獨雄，留之待稍遲者配之，過遲不用。約已配對四箇時辰，則氣已足，可分之。不可分早，早則此種不眠者多。不可分遲，遲則此種高節拖白水者多。故時辰必須約定，不可任其旋出旋對，而遲早難以計也。分後，即將雄蛾，另置他處，免其復對。將雌蛾驚拍去溲，用預先裱過厚皮紙，或用繅絲水泡過淨布，懸於板壁上，將雌蛾匀擺其上，任其灑子。初灑子，亦宜酌定時辰，以初灑三箇時辰者，氣足有力，可用。即將雌鵝取放別紙，以後再灑之子，力薄易病，不用。蠶連灑滿，擇室內潔淨通風處懸之。其無用之雄雌蛾，養五日後，窖於東南方，免蟲禽傷食，以助生氣。過六七日，其種子變黑成胎，不用石灰制之，則霉風時或有破殼而出者，且遇霉亦易受溼，宜先汲井水浴之，以去蛾之溲溺毒氣，旋用陳石灰以絹篩篩摻蠶連之上，匀薄，以不露蠶子為度。隨即摺好，擘絲綿裹之，以防飛蝶棉蟲，挂於高處，勿置衣箱，以致蒸壞。交秋，將石灰輕輕撲去，或臘月八日再去。如此收種，不惟來年苗齊蟻齊，眠起飼老，無一不齊。且胎源已清，病患去其大半，自有十分收成。若買客種，鮮有得者，因賣種者未必周知此法，即知亦未必肯如此而為也。

清 陳雪堂《蠶桑簡法》卷上《養蠶撮要》

二、選種

養蠶以選種爲第一要事，種苟不良，受累殊多。本所特於製種一事，不嫌煩瑣，精密遴選，以應養蠶家之取求。故本所發售之種，無須複選，至如自行留種，務須細爲選擇，選擇之法分爲二種：

（一）肉眼選擇。此法須注意蠶卵之産附、色澤、形狀三事。産附卵生於紙，曰産附以排列整齊，無疏散重積者爲佳。色澤以同一種類，純一不雜者爲佳。形狀以卵面中凹處，無偏倚深淺之大差，且卵粒無大小、長短及畸形等之混雜者爲佳。

（二）用鏡選擇。此法分考蛾、考卵二法。考蛾法者，乃以框製種法詳製種節之蛾袋，取出其蛾，去其蛾，去其頭翅，置乳缽中此缽與常用者不同，一缽僅置一蛾，各分號數照蛾袋號數分置之，滴以清水，用乳棒碾爛蛾腹，滴其液於載玻璃上，覆蓋玻璃照號分滴，不得混雜，置於六百倍顯微鏡之載物台上，自鏡視之，見有淡湖色橢圓形之小體，卽微粒子病也。須挖去是號之卵，以燒化之無毒者留養。考卵者，將平附種全紙平産，不分□數之卵，以指摩落數十粒，分置十乳缽，如前法考之。若十區中有二區病毒者，尚可留養，若三區有毒，卽棄其卵。此法雖未盡善，苟嚴密行之，亦有大效。

清 陳淳《實驗蠶桑簡要法》篇上《附種椿及養椿蠶法》 飼蠶之法。每年可飼二次，春季自三月杪，至四月間，天氣已煖，椿葉漸生，將去年所藏留種之生繭，無論多寡，用線穿挂房中向陽稍煖處，再用溫水噴潤，繭中之蛹旋卽出蛾。其腹較大者爲雌蛾，挑出以線輕穿蛾腰，繫於去皮之稭把上，取雄蛾來把上配偶。歷四小時許，卽將雄蛾摘開，勿令再犯，遂生蠶子於稭把上，十數日卽出小蠶。但四月間，天氣燠寒，尚有不齊。俟小蠶將出時，以椿葉覆蓋，見其蠶出食葉，隨時更換新葉，再折帶葉椿樹小枝，插入瓶罐甕等內，注水或溼土，令葉不乾枯，蠶附葉自食，稍長便可移到樹上，自食自眠，自卽樹上結繭。至六月間成繭摘下，此爲春繭。除取絲不計外，仍留生蔴若干，穿繫房中，令出蛾生子，照前處理。此時天氣甚煖，一出小蠶，即可移至樹上。九月成繭，此爲秋繭。收藏至明年四月間，再令出蛾生子，復爲春蠶。如欲蠶子速出，以溫水多噴潤數次，置之煖處，則出蠶可速數日也。

清　福州試辦蠶桑公學《飼蠶淺説》

數蠶

飼蠶須先知蠶數，然後給葉，容扁方有準則。計蠶子一錢，約六千。蠶蟻一錢，約一萬。稱子稱蟻，均從其便。惟稱蟻爲較準耳。若能於每齡中，一一數之，尤好。

清　許鵬翊《橡蠶新編》

蠶性總論

凡蠶食葉，皆自下而上，如上葉食盡，必下行枝底，再以頭向上食之，蠶性喜高惡下故也，如有下垂之葉不食。蠶喜紅色，惡白色，紅色養血，白色傷血故也，放蠶之場與盛蠶之筐，皆須挂以紅色之布，以防孝服人偶過其旁，致蠶與種受病。蠶蛾配對時短，則元氣未足，子多不出，其出者多不眠之蠶；配對時久，則受氣多濁，蠶易生病。大約子時配對，午後拆對。雌蛾產子已完，宜令其伏在蠶子上，一日夜之久，已養其氣。生蟻後，始發旺少病。蠶在繭宜溫，春蛾宜煖，夏蛾宜涼，生子宜寒，生蟻時宜暗，生蟻後宜涼，停眠宜淨，起眠宜移，窩繭宜葉

又　放春蠶法

春分節前，將去歲秋蠶所留之種，用線繩穿成大串，但只可穿其外面浮絲，挂於暖室，天寒加火，天暖減火。清明節前，繭中之蛹化蛾，口吐一種酸液，將繭之一端濕透溶解，蛾即穿穴而出，蛾之出也。大約在日沒時分。夜半時，使其雌雄相配，入於筐內，名曰配對。來日午後開筐，將雄蛾取出，名曰拆對。留雌蛾於筐中，令其下子畢摘下，雌蛾棄之，蠶子置於涼處，勿使受熱，以待橡葉發生之時，再置於暖處，令其生蟻。雌蛾之體肥大，雄蛾之體瘦細，故一見易識別云。配對時，筐蓋不可輕揭，輕揭蛾便拆開不交，次早開筐看視，如有不交之蛾，將雌雄蛾擇出合在一處，唾之以津，復之以盆，則自復成對。《蠶桑輯要》云：春蠶出蛾在辰巳時，令雌雄相配，申時摘出雄蛾。又云：秋蠶蛾出寅卯時，令雌雄相配，午後摘去雄蛾。按今山蠶繭出蛾，皆在申、酉、戌、亥時分，明日午後摘去雄蛾，使其下子，大約配對八九個時之久方足。無有寅卯、辰巳時出蛾者，此説非是。穀雨節後，視橡樹芽嘴已萌，尚未破苞，用剪將枝剪下，使繩捆成小把，插於向陽水溝之內，立夏節前後，即能放葉，可比山坡上樹早發三四日。近奉省放蠶家，多用此法，以取其早放早收。

出蟻，各省節氣不同，只看橡葉如貓之耳大，即是蟻生之候。將盛蠶子之筐，放於煖室，勿令寒冷，二三日，黑蟻齊生矣。

清　黄世本《蠶桑簡明輯説·養蠶説》

哺蠶三條

哺春蠶法：清明日，將蠶紙摺疊，夾以葱韭蒜葉養蠶時便須避忌，用紙包之。外更包以新棉，須氣血壯旺之人，無分男女，夜則覆在被上，清晨人起，盖在被中，以沾煖氣。視桑葉已大如錢時，晝則縛在胸背，夜則覆在被中，須防厭壞。更宜表裏互易，使煖氣均勻，三日可出。須逐曰開看，見子色轉綠，漸轉青黑，蠶將出矣。蠶出巳午時居多，見有一二成出者，即以燈草心四五寸長者數十莖，勻鋪紙上，架空依舊摺疊鬆包煖好。先出之蠶餓一日無妨。預將有眼之筐，攤棉鋪紙，紙宜光滑，以侍收蠶。明日再看，見出至五六成，然後將經霜乾葉曬脆搓末，微焙亦可，薄糝蠶紙，俟小蠶盡附，以雞翎輕輕掃在筐內，并輕輕聚攏，謂之收蠶。大約蠶重一兩，攤如七寸盤大，此蘇人法也。浙人則用鮮葉切絲勻糝，俟小蠶附上，用尖筯箝置筐中，若有遺蠶，將雞翎輕輕掃下。

另法：俟小蠶附葉，以紙覆之，兩人執角，將蠶紙合轉，小蠶隨葉盡下，既可省力，更無損傷，此法尤善。既收之後，尚有未出之子，仍將蠶紙煖哺，明日巳午時，攤在筐中，架在空鍋，以受煖氣，蠶即盡出。如法再收，另貯一筐，切不可與初次所收同置一處，致有不齊之病。收過兩次，尚有未出者，皆劣子也。即使再出，亦多病蠶，不可作繭，作繭亦薄，可即棄之。

又法：蠶子之出，大勢已齊，於室中無風處，鋪紙於棹上，紙宜白，宜光滑，宜比蠶布大些，其下襯以棉被。使兩人牽開蠶布，以有蠶之面向棹，離紙三寸許。一人以尺餘小竹片，於背面輕輕細敲，俟所出之蠶俱已落紙，有未出者，仍用前法煖之，至明日再取，另置一處。用鷄毛輕輕聚之，盛以竹器柳條者亦可，用新油者忌用，以蠶箸以竹為之，長七寸，比日用之箸差小，上下俱圓尖，其末而磨之使光輕輕撥開，不可稍有疏密。有疏密，則眠得不齊。此事宜於巳午時行之，蓋小蠶最畏寒，巳午以前，恐其尚有餘寒也。盛蠶之器，先實以草灰半寸收其濕氣也，更以紙

平鋪灰上，然後以鷄毛所聚之蠶，置其正中，四面皆留有餘，為後來漸漸撥開地步。

又 夏蠶一條

春蠶之後，另有夏蠶，春蠶謂之頭蠶，夏蠶謂之二蠶。二蠶卽原蠶，蠶盛妨馬，《周禮》有禁，南方無馬，亦無所妨。哺養之法與春蠶不同，必須連哺兩次：第一次取其生子，第二次方可繅絲。故春蠶哺在清明以後，此則轉在清明以前，用子少許，加意煖哺，數日即出，是謂頭二蠶。迨春蠶再生，二蠶過半；春蠶上山，二蠶生子；春蠶繅絲，二蠶再哺。須竢春蠶食過之後，桑葉有無存餘。有餘，即將二蠶子於春繭繅絲時，搭在近鍋架上，以受熱氣，數日即出。葉若無餘，必待再發，芒種後二葉復盛，一哺即出，謂之夏蠶。養育之法與春蠶無異，惟飼葉、起底，格外要勤，更忌天熱，屋宇必須清潔涼爽，不可逼近厨灶。蠶宜寬鬆，不可擁擠。所謂春蠶宜煖，夏蠶宜涼。更須用三脚架，將蠶筐層層架起，用夏布作帳，周迴遮護，以避蚊蠅。料理得宜，速則十七八日，遲則二十一二日，即可上山。天涼三日採繭，天熱兩日可採。隨即繅絲。是時出蛾極速，天涼七日，天熱五日，必須繅完。大約有繭百斤，須車兩架，少則不及。其烘蒸曬悶之法，亦必至將出時，不得已而用之。緣時近小暑，蛹死易爛，爛即有黑水映出，不能繅絲。故烘曬之後，三日必須繅完，不可稍緩。其繭之厚薄，絲之良惡，比之春蠶為較遜耳。

清 黄祖徽《蠶桑淺説・養蠶篇》第三章《育蠶法》第一節《數蠶》

養蠶須先知蠶數，然後給葉。容器方有準則，計蠶子一錢，約有四千。蠶蟻一錢，約有九千。稱子、稱蟻均可，惟稱蟻最準。

清 江志伊輯《飼蠶法・眠起》

蠶子所出之蟻，應貯以二方尺之扁一首，歲中食葉，約五六啓羅格一啓羅格，合漕平二十七兩二錢八分八釐。寒暑表可十九度，眠時十八度。燥溼表七八十度。自初眠起至二眠，爲第二歲。初眠起齊。將孔紙輕罩蠶上，薄飼葉絲一次，蠶多穿孔而上。少頃，再飼一次，將紙並蠶移置他扁，其在溼底未起者，則棄去之。前歲貯一扁者，此歲分為兩扁。

清 蔣斧《粤東飼八蠶法・蠶篇》

器具第二

凡育蠶紙一張者出蟻一兩二錢，須備小簸數隻，大簸四十隻三尺徑，活木架二座架以四木柱爲之，約高六尺，長七尺。上下四面，用小横木扃定，四柱中間離五六寸鑿一圓孔，約□孔爲度。以小竹竿放入兩頭孔内，作爲十層，以便層層放簸，不致阻佔地方。逐層放葉換簸，周而復始，不致吝亂。蠶事畢時，可將架拆下，捆成一束，安置空閒處，蠶箔八十餘隻上山用，火盆十餘隻，紙被十餘張大火炕繭用，繭鉗四五枚滴繭用，蠶牀一亦名蠶子格。蛾生，春用以木板爲之，兩頭有界限，中空，約長尺六寸，寬尺一寸。另用四方格合下界内，防其生春紙外，木防一二井，葵衣十餘領儲桑葉用，桑忌燥濕，用木防離地三寸許，架起活桑枱一座，鋪放桑葉，不致生濕。外加葵衣遮住，不致風燥。蠶事既畢，亦可將枱柝下，收貯空室。

清 賴逸甫《嶺南蠶桑要則・飼蠶須知》

但凡初携蠶種回時，勿被雨淋曕曬，勿近茶煙煤泊，與諸香殞氣物。回到蠶莊，須將該種攤放箕上，再以一箕罨面，免被風吹。安置蠶架之上，毋令鼠蟻侵害。再就湯浴之種而論，順德所稱湯浴之名爲熇水，蠶紙爽後，約六時之久，其色漸變。自黄色而變微紅；次朝，則變蝦肉紅；三朝，則變墨水烏；五朝，其烏色之外，則有微白粉色，名曰上粉；六朝，其殼内則見黑子一點，名曰點嘴；第七朝，則名大烏；第八朝，則出蠶苗。二、三、四、五、六，該幾造均皆如是。出蠶之日，宜東風，喜和煦。若值天氣太熱，七日出蠶，間亦有之。惟是春冬之頭尾兩造，時當天寒氣冷，亦有延至十三四朝乃出。蠶屬龍精馬氣，故凡出蠶、熟蠶，皆於辰午兩時居多。蠶苗初出，如僅些少，其數未及一成者，可用鵝毛將該蠶苗掃去，俟其再出多數，方可養之。如出二三成者，亦可毋庸卽引，庶免將來眠熟参差之弊。設如今晚僅出三四成者，仍須將該蠶種罨密，毋被風吹，准可等至明朝，出有七八成時方引，未爲遲也。所賸二三成後出者，宜歸後引。所謂引蠶者，乃將桑葉切成菸絲模樣，排於蠶紙之上，養該蠶苗也。引蠶後一點零鐘，俟該蠶苗蜎齊上桑，則以一箕蓋於蠶苗箕面，將該底箕翻爲面箕，使該面箕翻而在底。拮開面箕，抽去蠶紙，留該蠶苗在箕。又以一箕蓋於蠶苗，再將底箕翻回上面，遂卽拗去該箕，此則蠶苗皆居桑面，隨以鵝毛將該蠶苗掃至齊整。或單用鵝毛向於蠶紙連桑掃，該蠶苗落箕，於此兩法任從，是但宗一。引蠶落箕之後，約延一點零鐘，則須再切桑絲養其第二次。由引蠶起，養至第六次，俟該蠶蜎齊上桑，則將有蠶該層，剢其過箕，名曰粿蠶。或將蠶所蚛桑該層，做捲蓆法。上則將蠶捲歸一邊，下則將該蠶渣搋去，復將所捲之蠶，照原攤開，此亦粿蠶之一法也。蓋凡蠶苗出齊之次日，其必散毛。苟有散毛不清，其色則必烏黴，因染實症所致，名曰痊蠶。其雖能食多桑，熟時則無絲吐。如有此蠶，等至蛾眠，則當舍而之他。但從引蠶起計，養至第十三口，則宜豨其第二次；養至十七八口，則豨第三次，以待其初眠。

蛾眠者，乃因蠶出三日，則必眠一晝夜，而蛻其衣，此卽初眠之謂也。其意誠如人之睡而不食，故名曰眠。凡蠶眠時，審其神色、情形、勢力，則可知其美惡。無論其身大細，首貴一律而無參差。身短而壯，精神有勢，色澤明潤，齊眠齊起，又貴頭尾粗幼相等，及有眠成乙字形，且有勢力，或有爭聚箕心者，此皆上等蠶也。如有或百條，或幾十條，聚集成堆，或有兩三條豁起眠者，俗曰騎馬眠。乃由勢力雄壯而致，此乃蠶之佳兆。倘若將眠之際，見其有等蠶條畧細者，雖名蠶脚，如其精神有勢，皮肉豎硈，而色青潤者，此亦好蠶，乃因引蠶。

清 李鴻章撰，袁俊德輯《蠶桑紡織器圖詠·蠶圖詠類》 蠶食不飲，喜潔惡穢，凡臭物皆忌之。西南風及北風，均宜避。喜溫煖，如寒時，衹宜用輕衣單被等物遮蓋。蜀中蠶性與北方相近，今年蠶桑局及村民，多用蜀蠶子，作繭最旺。易州山村，如馬頭、主良等處，皆養山蠶。

又 繭子摘下，於耳旁搖試，擇堅實光大者，留作蠶子。俟成蛾破繭而出，引置紙上。雄者腹長而窄，雌者腹寬而肥。俟生子後，送舊蛾於溪邊，或埋之土中。留新蟻於陰涼處，勿使近日近火，致出原蠶。

清 李有棻《桑麻水利族學彙存》卷一《植桑》

留種

蠶做繭後，於蠶山上半截，擇繭之堅硬潔白者，留作種。腰小的是公，腰大者是母。出蛾時，公母各置一處。出齊後，聽其自配，四個時辰卽拆開。俟母蛾撒屎後，置布上，母蛾生子，就布上覆養三五日，然後捉下。六七日後，用絹篩陳石灰於布上，不可過厚，不見蠶子便是，懸挂高處。

清 林楊光、王鎮西《蠶桑條説·平利縣王學官鎮西述呈蠶桑簡易説十九條》 收拾蠶子之法：將紙疊折包好，用線繫之，懸挂房外通風避煙之處，雖隆冬極寒，亦無妨礙，切不可向煖處，反致將來蠶生受病。蓋蠶爲化生之物，逢熱則生，遇寒則固，所以必要通風之地，並不怕寒。待桑苗發芽，方可取下，於貼身衣内煖之。

清 劉清藜補輯《蠶桑備要·養蠶總要》 眠起取齊法：古人眠起取齊之法，至周至密，擇種下子，寫記日期，以同日所生之子爲一起，連上如有空缺，卽日補滿，此齊於收種時也。鹹種以鹽醃之，淡種以石灰醃之。去其子之無力者，此齊於浴種時也。生蟻之時，將蠶連置懷中者，則表裏互易。不置懷中而裹以棉花者，則以中層與上下層互換，使暖氣均勻，此齊於暖種時也。

清 呂廣文《蠶桑要言·育蠶法》 蓋種以出新嵊者爲最佳，嘉湖所養有土種、有太湖種、有餘杭種。以新嵊人往賣之種爲最上，而新種又較勝於嵊。近日上海絲廠進繭，定新昌繭爲第一。以同一燥繭百斤，新則比嵊繅絲加多也。嘉湖得嵊之種，而不能自傳其種，則以新嵊往賣之種，皆淡子，僅可暫養一年，不堪出種再養也。或云嘉湖亦將淡子醃過，但用石灰，用食塩法，不及新嵊之良耳。 按書中説，蠶三眠三起，今亦有一種，號三眠種，僅三眠，無四眠。蠶身較短小，食葉亦較少，但繭體亦稍薄，繅絲亦少分兩，故不合養。但其種別處有之，新嵊則無。

清 饒敦秩輯《蠶桑質説》卷上《桑説十則》

量葉第九

餧蠶須先量葉。蠶子若干，需葉多少，必預為算定，免致臨時缺食。其法：先將剛下紙之小蠶稱準蠶出齊時，連紙並稱，下紙後再稱其紙，則知蚕重若干矣，每小蠶一錢，約食淨葉一百六十斤每中等桒一科，約出葉三十斤。蚕種一錢，需樹五株，宜多不宜少若以新法飽餧，每蠶種一錢，須净葉三百斤，以此約計，自有把握。每蚕蟻一錢，可出蚕一萬條，收繭二十斤，取絲四十兩，此新法所餧。若用舊法，餧葉可減半，絲則少三分之二。如向外间買葉，當早日定齊，不可希冀後來價賤，不為預備。更有不宜買之葉數種：一、金桑葉；二、毛桑葉；三、雞爪葉；四、大麥、胡豆地内葉；五、桃子、苦練子樹旁葉；六、各種籐纏之葉；七、遠地搬來之葉。以上各種，皆不可用。論葉質之美惡，則厚葉不如薄葉，嫩樹不如老樹。葉厚則水質多，補質少，蠶食難化，易生黄軟、瘟粒子等病。老樹則水質少，補質多，蠶食易化，不致生病。

清 沈練《蠶桑説·飼蠶法七十條》 蠶布子已布滿，擇室中潔淨通暢處仍不可靠墻靠柱，懸之竹竿，以收其溼。過六七日，而其色變黑初下之子色黄，次轉青，後乃轉黑。至轉黑，則子中已成蠶矣，則用陳石灰碾細，以絹篩篩在蠶布之上但要勻，不要厚，以不露蠶子爲度，隨卽摺好，以小綿紗帶勿用苧麻縛之懸靜室中勿受霉溼，尤忌煙薰，待隆冬時，取下醃之。色已變黑，而不以石灰制之，則梅風一起，卽破殻而出，不能留及來春矣。

清 沈練《廣蠶桑説·飼蠶法六十六條》 拆對之後，鋪蠶布不拘新舊，以方爲貴於筐中於一筐鋪許多蠶布者，須配搭得好，勿露筐底，而勻置雌蛾於布上疎則子有空缺處，密則子有堆積處，須頻頻檢點，遇有疎密，即宜移密補疎，四面用水界尺攔住恐其生子於布外也，更以他物架空蓋好，使透氣而不見日光。過半日，而蠶子滿布矣有空缺處，須即日補之，越宿再補，則來年蠶出不齊矣。

又 蠶布既滿，擇室中潔淨通暢處仍不可靠牆靠柱，以竿懸之，收其濕。過六七日，而其色變黑初下之子色黃，次轉青，後乃轉黑。至轉黑，則子中已成蠶矣，則用陳石灰研細，以絹篩篩在蠶布之上但要勻，不要厚，以不露蠶子爲度。隨即摺好，以小帶縛之，懸靜室，待隆冬時，取下醃之。

又 蠶子之出，大勢已齊，於巳午間小蠶畏寒，前此恐尚有餘寒，日已西則煖氣又退矣擇室中無風處，鋪紙於桌上，紙宜白宜光滑，宜比蠶布大些，其下宜襯以棉被。使兩人執蠶布之四角，以有子一面向桌，離紙三寸許。一人以尺餘小竹片，於布背輕輕細敲，俟所出之蠶，俱已落紙，用雞毛輕輕聚之，盛以竹器柳條者亦可，忌用新油新漆者。器內先實以秈稻草灰半寸，更以紙平鋪灰上，而以雞毛所聚之蠶，置其正中，四面皆留有餘，爲此後漸漸撥開地步，以蠶筯以竹爲之，長七寸，比日用之筯差小，上下俱圓，尖其末而磨之使極光輕輕撥開，不可稍有疎密。有疎密，則眠得不齊矣。其未出者，仍用前法煖之，至明日再敲下，另置一處。

清 孫鐘亶《山蠶輯略》第一二課《蠶種之原因》 育蠶最要之事，在選善良種子。按蠶子如高粱粒大，其色如嫩高粱粒，淡水紅者佳，過紅帶黑紫色者，多半傷熱。而其要總在選蠶，選蠶時，要蠶身健強，大小均勻，色澤新鮮。移入繭場，吐絲作繭而成蛹，然後採下，留其卷葉繭初摘時，俱帶卷葉，至出售時，將繭葉剥去，入于通風之處，而藏儲之。通例：雄繭細小而蒂正；雌繭粒大而蒂偏。故繭之雌雄，可自外形大略分别之。及既羽化而出，則擇其健全者配偶之，使之交尾，旋溺，提置於蠶筐上，令之産卵。將風蛾即棄而不用，不令再交，若再交精氣不足，雌蛾産卵必不能善。一蛾産卵之數，平均計之，約得七八十粒，並百餘粒。雌蛾産卵二三日，即將雌蛾提出，若再多幾日，蠶即參差不齊。按母蛾腹大者不佳，産卵後一二日即死；腹小而健强者佳，産卵後十餘日才死。以是知蛾之壽命延長，即可知蛾之精明强幹。吾前言選種，固以選蠶爲主，又當以選蛾爲要。揀選雌蛾，必須環節帶淡绿色而光明者佳，若帶黑點或黑色，必出黑皮。或有黄綫，亦出黄爛。風蛾亦如此揀法。至如拳翅、禿眉、焦尾、黑頭並沿筐游走而不交者，或交時拍拍作聲及亂交者，此皆蛾病之顯然者耳。

清 衛杰《蠶桑萃編》卷三《蠶政·蠶始類》

貴審色

蠶子初下色黃，次轉青。過六七日，又轉黑。將出變綠，又變灰色，不日即出。初出色黑，三日後漸變白，又變青，復變白，又變黃，是爲頭眠。將眠色白，眠定色黃，頭眠起後微黃，又由黃而白，由白而青，復由青而白，由白而黃，是爲二眠。至三眠、大眠，亦如之。將老微黃，已老微紅而亮。

清 衛杰《蠶桑淺説》

拂蟻

蠶子將出，先變五色，或黑，或灰，或黃，或白，或發紅亮。看蠶紙上蟻子蠕動，用雞翎掃下。如二三日內，子未出齊，可灑麥麪，四五日內可飼榆葉。因此時桑葉未發，祇含小蕊，待蟻出齊，盛以條箕等器，桑葉亦漸發芽，可以摘飼。

又 熱蠶

再生蠶，俗呼爲熱蠶，乃新蠶子近日近火而復出者，是也。食葉甚少，獲利甚倍，不及四十日即作繭。古禁原蠶，恐桑力來年不旺，若民間偶養，亦屬無妨。

清 吳宗周、陳幹材、徐謙山《蠶桑白話》卷二《養蠶白話》

買子

凡買子的好歹，第一件要看種子的顏色，頂好是那紙上一圈一圈的，都是黑褐色且帶有粉光。倘青黑不同，與一切雜色，總不是好種。第二件要看形狀，蠶子形狀頂好是都像鴨蛋形的，不偏不歪，每粒中間有一點陷下去的，這就是頂好的了。倘中間那陷下去的不端正，或不陷下去，到要高一點兒，這種都是不好。第三件要看蠶子粘在種紙面上，堅固不堅固，這子由母蛾肚裏生出來的時候，帶許多粘質。所以生在紙上，就粘住在紙上了。買子時用手在種紙上畧摩幾摩，看蠶子落不落下來。如不落下來，就是母蛾強壯，粘質格外多，故種子粘在紙上十分堅固。若一摩即落，這種子就不必買他的了。種子買好以後，若要寄到幾十里幾百里地方，就要包好，萬勿放潮濕地方，也不要晒着太陽光，送寄之時愈快愈好。怕的是兩地相隔太遠，彼此天氣又不同，這蠶在路上受冷煖不一，將來就容易出病了。

又　賣繭

繭成之後，採他下來，第二天就要向繭行趕快賣去，爲甚麼哩？太遲那蠶蛹身上所帶水氣，都要消化盡了，那蠶蛹水氣消化以後，分量必定減輕。譬如起先一斤繭子，大約要四百顆，遲一兩天，就要四百五十顆繭，一斤多五十顆，十斤就多五百顆了。還有一層，若躭擱太久不賣，那蠶蛹化蛾鑽破繭殼，那時更不得了。所以蠶子既做了繭，就要先採下幾斤，付給繭行裏議價，這項繭就留在他行內做樣子。倘上山的繭，都照前樣，將來就好交付了。若此行中價不相宜，這時候還可以找別行商議，若等到將出蛾時，就來不及與各行議價了。他們做生意的，你越急迫，他越不肯出價。當這個時候，只好用火爐把蠶蛹都烘死了，他就不能變蛾，隨你何時，都可以售賣。但是烘時要極小心，有二件頂要緊的。第一件，一定要等蠶子上山後七八天，採下來烘，方纔無害。若太早那蠶在繭內，尚未變成蛹，繅絲時轉動不靈。若太遲防變蛾咬破了，不能繅絲。總之要在成繭以後七八天，那蠶蛹剛結實，顔色都焦黃了，這時候烘他，是毫莫有毛病的。第二件，烘繭的火，不可太大，也不可太小，火大那繭就要烘焦，火小那蠶還未曾烘死，爲害眞正不淺哩！大約烘繭要格外造一木箱，分作三層，下層用一個大火盆，架起炭火。中層擱一個有空眼的籃，籃上放繭，上面再用一個蓋蓋好。這烘繭的時候，要有人時時在旁伺候，防着繭焦。還要時時把繭上下翻掉，約過一點鐘，這蠶蛹一定烘死了。這個烘法，不過把繭烘死，可以多過幾日。若欲把他藏在箱子裏，那個一定要烘乾方好。何以曉得他乾哩？可把那烘的繭中，揀幾個同宫繭出來，用剪刀剪開，捻他的蛹就曉得了。倘一捻就粉碎，這是已乾了，須要把他攤冷了。然後收藏在箱子裏。倘捻不碎，那是還莫有乾透，須要烘乾纔好。

養蠶的事，大概已說完全了。今把本學堂今年試養的，浙江蠶種，告訴你們。一兩小蠶，可以收到一百九十斤繭子。一斤繭子，可以抽到一兩六錢絲，多且可至一兩八錢。一百九十斤可以抽到三百零四兩絲，一兩絲以貴州賤價可賣一錢五分銀子。三百零四兩絲，一總可賣四十五兩六錢銀子。將來大家養蠶，把絲運到漢口那邊去賣，還可多賣二三十兩銀子。你們一家人家，養一兩小蠶，是極容易的，只一個月工夫便得這些銀子。再種三百株桑樹，桑葉就吃不完了，這樣有銀子稱的事不做，眞是可惜。以後切不要錯過了。今把養蠶賣絲得利的表，開在後面，你們看了這個表，自然曉得蠶桑的利息了。

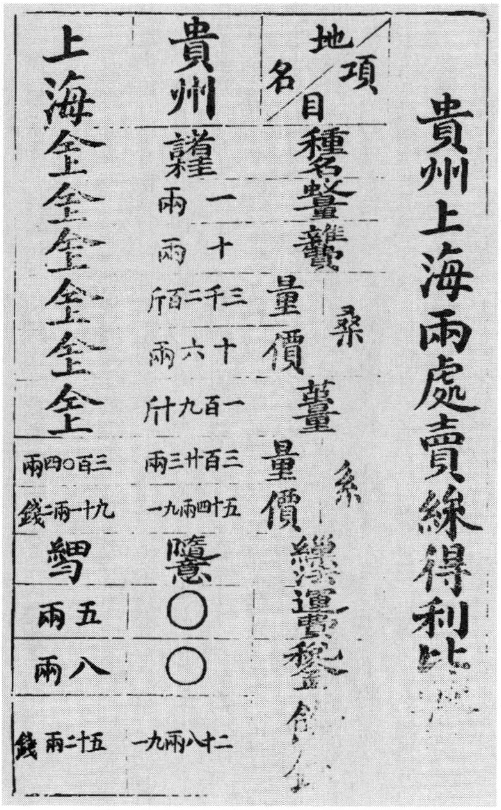

貴州上海兩處賣絲得利比較表

項目／地名	蠶種		桑量價		蠶	絲量價		繅運費			餘銀
貴州	一兩	十兩	三千二百斤	十六兩	一百九十斤	三百卅三兩	五十四兩九一	[illegible]	○	○	二十八兩九一
上海	仝上	仝上	仝上	仝上	仝上	三百〇四兩	九十一兩二錢	[illegible]	五兩	八兩	五十二兩錢

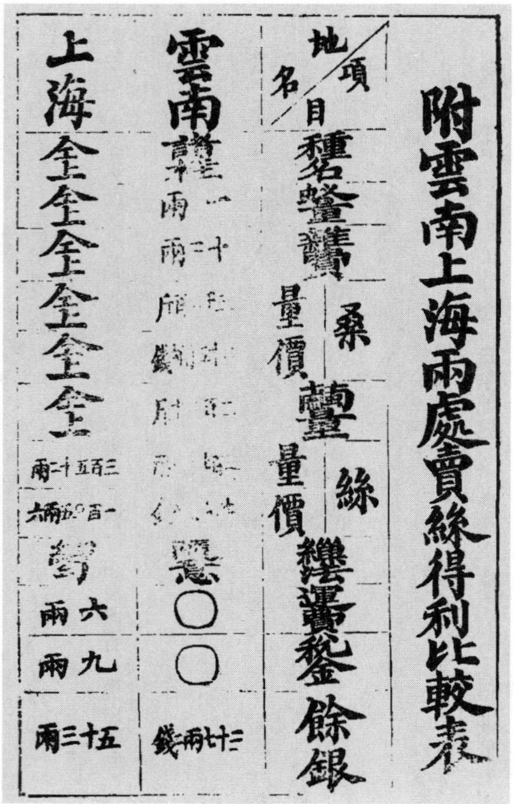

附雲南上海兩處賣絲得利比較表

項目／地名	蠶種		桑量價		蠶	絲量價		繅運費			餘銀
雲南	一兩	十二兩	[illegible]	[illegible]	[illegible]	[illegible]	[illegible]	[illegible]	○	○	二十七兩二錢
上海	仝上	仝上	仝上	仝上	仝上	三百五十二兩	一百〇五兩六	[illegible]	六兩	九兩	五十三兩

這表上所說的利，是分內的利。還有一種分外的利，告訴你門，蠶屎可以做肥料，培壅桑樹，是極合宜的。做絲的時，蠶蛹做肥料，亦極合宜的。

還有那做絲剩的繭衣與屑絲，亦可以賣錢。在江浙地方，值五錢銀子一斤。倘若生種，更有餘剩的繭殼，可以做絲綿。若賣與人，值七錢銀子一斤。這個都是養蠶家分外的利，更有一種不費的好事，蠶子可以做湯火藥，蠶屎可以做明目藥，煮繭湯可以治惡瘡，均極靈驗。這都是惠而不費的事，你們想蠶身上的好處，多也不多？

清　徐瀾輯《柞蠶簡法・種柞篇》

購種

育蠶，莫要於擇種，種不佳則蠶不旺。創辦之初，可向河南魯山、舞陽等縣購種。其種有論筐賣者，有論繭個賣者。每一對筐，貴時值錢七八千文，或十餘千文；賤時值錢三四千文不等。每繭百個，約需錢一百五六十文至七八十文。總之，買繭不如買筐，蓋筐乃已成之蠶卵也。又，蠶種宜二三年一換水土，由此移彼，互相購買，愈換愈盛，至近亦須四五十里，水土不同，蠶始易旺。

清　楊鞏《中外農學合編》卷一〇《蠶類・飼育》　辨色　蠶子初下色黃，次轉青色，過五六日又轉黑色，將出變綠色，又變灰色。至變灰色，則不日即出矣。初出色黑，三日後漸變白色，又變青色，復變白色，又變黃色，則頭眠矣。將眠色白，眠定色黃。頭眠起後微黃色，又由黃而白，由白而青，復由青而白，由白而黃，則二眠矣。三眠、大眠，色亦如之。臨老微黃色，已老微紅色。《蠶桑輯要》《蠶書》

清　楊蔚本《養蠶説》《皇朝蓄艾文編》卷二〇　擇種養蠶之法　擇種爲先，取繭之居蔟上者，光堅細小者雄，圓慢厚大者雌，相間收之，置於溫燥處，守以貓，七日蛾出。其拳翅、禿眉、焦尾、赤肚、先出後出者，皆去之，留同時出者相配。至晚摘去雄蛾，將母蛾均布連上，其生子咸堆者不用，其餘生子數足，卽於連上合覆，養三五日，移蛾下連，挂之通風凉屋内。挂時，蠶子向外。蠶連，厚紙爲上。於十八日後，將母蛾及雄蛾，掘坑埋之，勿爲蟲蛾所食。

清　姚紹《南海縣蠶業調查報告・蠶部》　每匾中貯蠶數目　每匾貯蠶頭數，大約通常蠶紙，每張蠶卵五兩，雙紙共十兩。初眠之蠶，未滿二尺大之小匾。二眠，則分爲二尺八寸之匾二具。三眠，則分爲三尺六寸之匾三具。四眠，則須三尺六寸之匾十六具，四眠乃分爲六十四匾。

清　葉向榮《農林蠶説・蠶桑圖説》　養蠶須知食葉若干。每蠶子密者，約一手掌或週圍四寸，即有蠶子一錢稀者照倍，出烏八折。今改良估法，惟無病好雌蛾一只，有蠶子七厘，出烏八折，有烏毛五厘六毛。照此核算，有雌蛾十八只，即有烏毛一錢，食葉至頭眠，計葉板約半斤。頭眠蠶一斤，食至二眠，計葉板一斤。二眠蠶一斤，食至三眠，計葉板約六七斤。三眠蠶一斤，食至大眠四眠，計葉板約十四五斤，此時未過立夏，只可摘葉，不可伐條。以嫩條之葉，日大日厚也。每三蠶一斤，歲豐及養得法，可有大眠蠶六七斤，次五斤、四斤、三斤無定。葉板七折，草桑照前法估。龍蠶及長繭大蠶，每大眠一斤，須加葉二斤。另有一種三眠即老之蠶名三眠蠶，二十三四天即老，食葉少，其繭薄，而絲又少。知此，則養蠶方有把握。

又　春蠶分育

春蠶可分兩次育，先一次在穀雨前後出，後一次將蠶子藏於罎内，置之冷地，罎頭盖閉，不透風熱，或包挂於冷處。至十日後取出，一見風熱，蠶蟻盡出，繅絲分功，器具亦可轉運。

清　余銑《山蠶講習所講義》第二章《烘種類・辨筐》　蛾筐與蓋，均必以生黄荊條為之者，取其性澁，蠶卵易於粘固也。筐必用新条，必用生，使蠶卵受生氣，乃易於生長。若以舊筐布卵，不但不粘，尤且一子不出。蛾産卵時，筐底及其下半，須用白皮紙糊之，恐漏子耳。假如黄荊條不便，則桑柘木條亦可，惟楊柳、竹木，則不相宜。

又　配蛾一

將欲蠶卵無抛棄，必先研究蛾配之理。蛾雖微物，生理則同。若三日不配，即為棄蛾。蛾之健者，於圓翅後，即能自配。其法：將配就者，列於筐内，雌者居上，雄者居下，每筐約置蛾二百五十名，曰站筧。若筐未滿，可由別筐提入，上扣其蓋，毋使過不及。如今日何時置筐中，對時折對，否則將雌蛾脹死。

又　撲卵二

蠶卵之形狀，色黑微扁，如老蘿蔔子然。入筐約十日而卵盡下，卵約十五日而蠶出。卵之善者，必堅附筐，不附者敗不可蠶。然蛾翅上所粘之卵則異，是若輕掃而下，用皮紙包之，與常卵同。蛾産卵時，或將筐移於屋外亦可。産畢，雌蛾則自枯，雄蛾亦鯨死。

又　第三章《養蠶類》

驗卵

蠶卵容積，大致要分為四層。其在外之硬殼，曰外膜；其次又有薄膜，曰内膜；再其次，則為卵黄膜；卵黄膜中包含一核，名胚球。受精蟲後，遂吸取卵黄脂肪營養而成蟻體。其關於内部各處，有無數細孔，專管呼吸之作用，當產卵並孵化之時，其作用尤甚。一端又有小孔，曰卵門，乃精蟲通入之路也。

清 增韞《柞蠶彙誌·秋蠶飼育法》

飼葉

蠶子既出，此時天氣向和，各種柞樹已漸發芽，不落樹葉發芽尤早，故於飼養春蠶，最爲合宜。可取嫩葉置於筐内，其蠶自能上葉就食，即將葉蠶移置樹上，如法保護。如偶因天寒，柞未萌芽，而蠶已出，可將柞樹嫩枝折下，泡水發芽。用雞翎將小蠶掃置芽上，亦能就食，旬日之後，再放樹上。

清 張瀛《柳蠶發明輯要》 拆對後，另盛一筐，令其育生蠶子，仍置涼處。至小滿節，蠶子繁生，用蒿柳嫩芽密佈筐外，令小蠶聞蒿柳之香，群附於芽上，然後，將蒿柳芽並小蠶輕輕移入洋鐵盆内，上佈柳芽，使其向上尋食，視蠶食葉過半，即移之於蒿柳枝上，聽其自食，尤覺省事。

清 趙淵《蠶桑摘要》卷中《蠶政·留子類》

挂連

蠶子既滿布連上，擇室中潔淨通風處，以竿懸敞，除溼氣。隨即摺好，縛以小帶，掛空高潔淨處。如恐梅風一起，蠶子破殻。俟敞六七日後，子色變黑，用絹篩篩陳石灰於連上以制之，以不露蠶子爲度，再行懸掛，便不出矣。掛連之處，勿靠牆壁，勿用麻繩子，近麻則不生，勿被風磨損。須以兩連背相靠，令蠶子向外，方免損傷。忌腥香臭氣，及煙煤薰蒸，恐胎氣藴熱，以後必生病。掛至初冬，摺置箱篋，早收則蠶不旺，待時而浴可也。

清 鄭文同《蠶桑輯要·生種剥綿共八則》 生蠶子須預備種布，或方或長，均可。亦有用紙裱厚者，須微糙，勿太光，使易以著子。上角兩邊，各穿細綫，套於竹桁，勻排懸挂，以待上蛾。若蛾無力者，必不能從事而墜下矣。是較用紙布平鋪箴内生子者，為尤愈。

英 康發達《蠶務條陳·三品銜前浙海關税務局康發達謹將光緒十五年帶往法國養蠶公院所養各處蠶子收成數目及蠶病情形開摺》 第十八號：黑花皮柘蠶子出餘杭，重七十二桑的克蘭約一千八粒，應收繭重一千四百四十克蘭，因蠶有粒瘟及黄軟病，養成繭十個，重十克蘭又八桑的克蘭。按本號收成，入第二十八號内合算。該繭内無佳蛾，生子未留。藥水浸有蠶二條。

清 朱祖榮《蠶桑答問》卷下

問曰：『春蠶之後，另有夏蠶，其哺法如何？』

答曰：『欲養夏蠶，必須連哺兩次。第一次在清明以前，取舊年所留夏蠶子少許，加意煖哺，數日即出，是謂頭二蠶。迨春蠶初生，頭二蠶已過半；春蠶上山，頭二蠶已生子。即以此子再哺，謂之夏蠶，亦謂之二蠶。故春蠶哺在清明以後，此則轉在清明以前也。』

清 莊景仲《養蠶必讀》卷上

下蟻

《要旨》云：清明後，種初變紅和肥滿，再變尖圓，其中如春柳色。再變，蟻周盤，其中如遠山色，此必收之種也。若頂平焦乾，及蒼黄赤色，便不可養，此不收之種也。

《士農必用》曰：蠶子變色，要在遲速由己，不致損傷自變。其法：桑葉已生，自辰巳間，於風日中，將箱内之連取出，舒卷提掇舒時，連背向日，晒至溫，不可至熱，竪者横卷，横者竪卷，以至兩頭卷來，中間相合，舒卷無度數。但要第一次十分中變灰色者，變至三分收了。次二日，變至七分收了。此二日收後，必須用紙密糊封了，如法還箱内收藏。至第三日午時，出連舒卷提掇半日數遍，須要變至十分。第三次必須午後出連者，恐第一次先變者先生蟻也。蟻生在巳午之前，過午時便不生矣。下蟻不得前後，下蟻不齊，則其蠶眠起至老，俱不齊也。若有先出者，掃去不用名行馬蟻，留之則蠶不齊。候黑蟻齊生無一先一後，和蟻秤連，記寫分兩。

清 宗星藩《蠶桑説略·説蠶十條》

一蠶種説　蠶有鹹種、淡種、金種、花蠶，有三眠者、有四眠者。三眠種三眠三起，四眠種多一眠，時亦相同。金種身小而繭實，花蠶徧體斑斕，鹹淡各隨其本質。育之者有頭蠶二蠶三蠶之别，頭蠶即春蠶，二蠶即夏蠶，吾浙多養頭蠶而二三蠶絶少。蠶之或鹹或淡各有其種，不可紊亂。

二收子説　春蠶作繭，取大而堅者留之，約八九日蛾將出，五更時揀其雌雄配成對，俗名鬥蛾。俟鬥至午未後，將兩蛾拆開，用布一方，取蛾數十置其上，將布挂於壁間，其蛾即生子，密粘於布。俟滿，取下擇臥室中懸挂，以防鼠囓，不可有香臭氣及煙煤熏蒸。挂至初冬，摺置箱篋，待時而浴。

三浴蠶說　春間所留蠶種，至臘月八日，其鹹種用鹽滷浸之。今晨浸，明晨取出。泡綠茶極濃，候涼，取子在茶汁中輕輕漂淨滷氣，揀淨處懸挂候乾，仍置箱篋。俟明春穀雨時收養。其淡種用石灰泡水，浸約一日取起，餘與鹹種同，二者鹹種爲佳。

四收蠶說　穀雨前，蠶子盡變綠色，不時取閲，見其又變青黑色，內有一二細如髮，蠕蠕欲動，是秧將出矣。仍密藏之，待桑枝抽有嫩葉，乃取出，溫於懷中。一半日，攤開暖處晾之。又半日，俟其出齊，用鷄毛輕輕掃下，是謂收蠶。桑葉未發，切勿早溫。既收後，即採嫩葉，用快刀切成細絲，洒蠶上，蠶漸能食。四五日後，蠶漸大，切葉可稍粗。天寒，用棉衣或絮被覆蓋。

清　佚名《蠶桑録要・養蠶法》　收子　蠶布鋪滿，揀静室懸空挂起，六七日後，用陳石灰研細，以絹篩篩在蠶子布上以不露蠶子爲度，隨卽摺好，用小帶縛之，懸於静室。

清　吉林蠶桑局《養蠶簡明法・養蠶白話》　吉林雖向無蠶業，想養蠶的利益，也都是大家聽聞說過的。近來本局開辦，年年結繭成絲，即附近人家，也多有學習養蠶的了。此事風氣一開，豈不是吉林省一大利源哪！但是，養蠶還是要種好，我們局裡養蠶，是在浙江蠶學館取來的種子，每年照法制好這種，原可把與你們去養，大家得點利息，然也要照我們的養法才好。譬如一個孩子，身體狠[很]强壯的，這種算好了，你冷暖不去管他，到後發出病來，這個病還是種子不好的緣故麼？所以一半也要靠著養法的。我們的養法，也沒有十分繁難，後頭所講的十六條便是。

一、蠶種到冬天時候，總要洗去蠶子上的污毒。本局的種子，已用清水洗過，不必再洗。

一、蠶種自十二月到明年開育的時節，要藏在冷的地方，亦要乾燥的，看寒暑度，在四十五度以下的最好。寒暑表要用華氏的度數。以後所說的也是用華氏的。

紀事

明　謝肇淛《麈餘》卷四　嘉靖二十七年，滇中昆陽州訓導任鉞家養蠶，生子布箔上，成『不仁水火，拜告天地』八字。次日，又成『一州之大，可不慎之』八字。【略】至秋，滇池汎溢，蕩析州中民居千餘所。

英　康發達《蠶務條陳・三品銜前浙海關税務司康發達謹將派江生金、金炳生兩人往法國國家在蒙伯葉域所設養蠶公院學習巴斯陡防備蠶病之法及一切情形開摺》

計開

一、江生金一名即係，光緒十三、四兩年禀報在寧坡設一養蠶小院，內之工頭查江生金雖為工人，其意智則非工人之類，本税務司實見其心地純正，既屬可靠所派之事，亦復經心性情頗巧，且自欲急行增長見識，為上等之人，而其人實可受栽培，故遵倪恩投所勸，需人往法學習之事，本税務司即行派伊前往，絕無絲毫疑惑。該工頭往蒙伯業養蠶公院內學習，雖無他人未往院學習，以前所有之學習，然知其於分內應學之事，不致遺誤。因該工頭不通法語，須派一傳達法語之人同往襄助，且傳語之人莫要於年幼，其中又多益也。當派上海人金炳生同往，係由工部局首事，轉請該局學堂總教習，在堂中最優之學生內選出。

二、該兩人派往法國學習之時均立有切結存案，今將結中緊要之事開列於下：一、在法國時遵照倪恩投所定各節學習。二、宜專心學習養蠶各事。【略】

三、該二人往法國之時，曾具報一面購有各種蠶，隨時同往。內有家蠶一年養一次蠶子十九種，一年養二次蠶子六種，以便在蒙伯葉公院內放照巴斯陡新法，飼養收繭做子，并使該二人面覩其式，愈為經意。

四、該二人於光緒十五年二月十五日，自上海起程前往，於三月十八日抵法。其時已由倪恩投申請法國，准該二人入蒙伯葉養蠶公院內學習，并經農部大臣核准該公院，代養各種蠶子，所有房屋、器具、人工各費均不須繳，但蠶食之葉價，須照值償還，遂於三月二十五日，江金生、金炳生二人為入院學習之始，由教習麻里阿教習之。【略】

七、該二人在蒙伯葉公院學習時，固在麻里阿屬下，至往他處學看蠶務各事，復由倪恩投請派其第一幫辦郎培而克同往照料。七月初，該二人在蒙伯葉學習已畢，前往巴黎。在巴黎公會，游視與蠶務有關各物，如繅機器，各種生絲，各種絲貨，是并由倪恩投照料一切，及與該二人講明蠶繭生絲之好壞，倪恩投可謂屈己，以相教該二人也。又造繅絲機器廠，造有至新繅絲之機器，在公會內試用，由倪恩投商令江生金前往學習繅絲之用數日。七月二十六日，該二人自巴黎往里昂城，考察絲質院內學用，考查蠶繭生絲之器具。并在里昂附近，上所言造至新機器廠內，學習裝卸動用機器之法，後回蒙伯葉時，路途所經幾處繅絲廠，亦復進內看視。江生金回蒙伯葉之後，復將麻里阿從前所教各事，由郎培而克遵麻里阿所囑，一一復為考明。蓋其時麻里阿已經染病，惜未幾已故矣。江生金考驗已畢，郎培而克具報倪恩投云，按現在余所可報江生金學習之：一、粗能知巴斯陡新法用顯微鏡選子之事，現在該工人帶回中國之子，當余面前選擇，均臻妥當。二、該工人深知分方法之理及其原故，并如何仿照也。三、該工人能分別蠶常所有之病。四、可使稍明將蠶子妥當收藏有何利益。五、可使稍知養蠶不可太密，并房屋宜多透生氣。六、該工人現帶去詳細說略，係麻里阿所與講明蠶之各病原由。

八、江生金、金炳生，於光緒十五年十一月十七日回至上海。該二人所派往之事，均已辦完。往來多日，該二人並無難處，殊可欣慰，然皆倪恩投首先之照料，次則麻里阿之維持，本稅務司欽佩無涯，似必有以酬其勞績方可也。

九、帶往蒙伯葉公院，所養蠶子如何情形，月行開單呈明。

又《**蠶務條陳・三品銜前浙海關稅務司康發達謹將擬設整頓蠶務總局試辦章程及試辦事章開摺**》

一、現查得日本整頓蠶務章程，係本之奧國成法，今擬在上海設立整頓蠶務總局，亦倣照在日本所查整頓蠶務情形。摺中第四條內奧國之法，先行試辦。

一、設局以倣照法人巴斯陡，選擇無病蛾子之法爲首務，局內養蠶蓄留最佳之子。如有向業售賣蠶子之人，先二三年內，未能如法養子，准其來局購子轉賣，俾無失業，且售以極賤之價，藉以稍補經費。不願購者，決不勉強。若養子之家，送子至局，請代檢查，則不收分文經費。

清 吴士鎔校，袁俊德輯《**泰西蠶事書・蠶事類・英人康發達整頓蠶務法**》 三、如某省內，或幾處，或全境無好用之蠶種，可查明用何種蠶子，帶往其地，以整頓其地之蠶，使其成繭多出佳絲，並傳爲種子之用。四、凡查明中國蠶繭生絲，絲貨運往西國，及美國者，有何弊病，即用何法整頓之，便加增價植，而挽回逾格擠落之行情。

又 六、應查明，如中國日後，蠶子運往外國，宜用何法防備，經手弊端有害，做蠶子及收買蠶子之人，抑或另有妨礙之處。

清 河南蠶桑織務局《**蠶桑織務紀要・轉詳歸德府李廷簫報捐湖桑稟批文**》 現蒙撫憲再三誥誡，申明嚴禁，凡有人心者，自當切實懔遵。卑府渥荷栟幪，承乏茲土，求所以厚民生而固民心。期征收之有起色，罌粟之能禁絕，思維再四，農田而外，無有大於蠶桑者。是以屢經率同勸課，上年各屬所種土桑，僅十三萬餘株，不足以言興起。幸賴設局敦勸，委購湖桑，其爲質最肥，而成功較速，此實高出卑府勸種土桑之策，不啻十倍。惟此間民情急於向利，而倦於習勞，若衹聽其自爲，則庀縣不過備員，且相率而歸於無用。前次捐廉率屬，稟請購買湖桑，爲數無多，其時未知土性之是否合宜，暫爲試種。本年郡城所種湖桑三千二百株，已活二千五百餘株，足見遷地亦可爲良，非湖桑之不宜於斯土也。茲奉再爲酌定價值每株二分，具見所以實心爲民者，無微不至。卑府竊思夫天下之爲功較遠者，其爲事必更難，遽期其效，則權無可操，而欲任其難，則心有宜盡。卑府處至瘠之地，守淡泊之常，將身家食用力求節省，除前次捐廉外，悉索所餘，竭盡棉力，猶可再捐廉銀一千兩，懇請飭委代購湖桑五萬株，如屆時尚有贏餘，即希儘數採買並購粗細絲車全副各一架，蠶子若干張。於購運到亳時，先期知照，以便飭屬雇車運回，庶免遲滯。至所屬各縣，除署商邱松令、署永城劉令，考城趙令尚未到任，即懇就近先行勸諭，慷慨捐購外，所有現在各州縣，由卑府即飭竭力捐欵，趕早稟請代購，報明數目，徑請覈辦，又單稟稱本月初三日，奉到札開。

藝文

宋 梅堯臣《**宛陵集**》**卷三七**《**春日拜壠經田家**》 田家春作日日近，丹杏破額場圃頭。南嶺禽過北嶺叫，高田水入低田流。桑牙將綻霧露裛，蠶子未浴箱筐收。今我還朝固不遠，紫宸已夢瞻珠旒。

元 趙復《**覃懷春日**》《元文類》卷八 江南江北半浮生，蹤跡居然水上萍。竹雞啼罷山雨黑，蠶子生時桑柘青。

清 曹爾堪《**養蠶詞**》《蠶事統紀》卷一八 清明洗箔出蠶子，細小如鍼黑如蟻。綠鬢不理剪嫩桑，半月辛苦一寸長。二眠起後筠筐滿，羅敷陌頭愁日短。不寒不煥四月天，薪炭何曾費一錢。銀釵換魚衫換肉，清還直待頭蠶熟。頭蠶已熟繭蛾蚤，今年郭外繅車少。戰鼓頻驚成亂絲，養蠶那得如往時。

清 蔣廷錫《六荒詩・蠶荒》《清詩鐸》卷一四　吳民事蠶絲，燥溼惟時候。今年三月前，霢霂潤土厚。蠶婦欣相告，可保蠶有收。有綿白如雪，有絲細如縷。曛風護蠶子，蠶子衆且驟。一線黑如針，初眠已昂首。誰知連旬雨，桑枝爛若蹂。重陰固微陽，葉葉皮縮皺。水氣毒中蠶，蠶死首相湊。蠶婦長歎泣，相約毀絲扣。

清 沈炳震《蠶桑樂府・相種》　蛾生蠶子鋪重重，縱横紛錯尋無踪。誰能於此辨疏密，何况從之定吉凶。前村老嫗口懸河，家家相種工揣摩。强尋形似相髣髴，約畧推求多荒忽。斜行如葉復如花，圓轉成錢更成月。就中一幅勢如龍，蜿蜒夭矯下碧空。誠哉天造非人工，此圖最吉餘難同。無端蠶紙成卦繇，世俗荒唐那可究。不聞相馬與相士，猶或失之肥與瘦。

清 錢枚《蠶生日辭》《清詩鐸》卷七

蠶生日辭山家以十二月十二日為蠶生日炊南瓜和秫作餈。拜袷甚虔，為作此辭

炊新瓜，潔瓦缶。翁上香，兒進酒。阿婆拜前婦拜後，春爲蠶忙冬祝壽。蠶神喜，蠶子肥。蠶神怒，桑葉稀。不願餘錢易新穀，不願兒女易冬衣。齊叩頭，告神聖，惟願桑多蠶不病。來年官糧早端正，多賣新絲來續命。

清 許鵬翊《橡蠶新編・放蠶俚歌十八章・出蟻》　編蠶筐，編蠶筐，筐盛蠶子莫傷涼，守著蠶筐幾晝夜，蟻子一出黑油光。蟻初出，純黑色，過頭眠，則變青色。

雜録

宋 莊綽《雞肋編》卷上　河間老卒云：蠶子最耐寒熱，臘月八日或二十三日，以新水浴過。至三月間，雖熱而桑未可採，則以綿絮褁置深窖處，則不生。欲令生，則出置風日中。每掐間，用生地黄四两研汁，洒桑葉飼之，則取絲多於其它。白樂天地黄詩云：與君啖老馬，可使照地光。二者當俱可信也。漢水魚者，取蠶腸以作釣絲，云雖挂千斤亦不斷。長只數寸，盖皆未吐之絲耳。南人養蠶室中，以熾火逼之，欲其早老而省食，此其絲細弱，不逮於北方也。《本草》謂，蠶婦不可食苦蕒，令蠶爛壞。處州人言此菜，家家養蠶，不聞有損。方書有治蠶𧏙藥，亦未嘗聞見被傷者。

（隆慶）《豐潤縣志》卷三《風俗志》　季冬朔日以井水飲蠶子，八日食臘粥，童男女剃頭，童女黔耳。

明 李蘇《見物》卷五　食桑葉，曰蠶。子初生曰蚪，曰蟻。二眠曰蠬。自死曰殭。秋生曰蝩螈。繭中，曰蜺蛹。蜕，曰蛾公，曰蝠。繭作絲，嚙桑曰蠰，似天牛，白蠟蟲食葉，遺作蠟。槐蠹蜕，曰斑貓。食葉蟲蜕，曰粉蝶。秋後，則黄檑棗蠹，曰蛓，曰蛒，曰螺蛄蟖，曰蝤，曰蛕蛃同，曰蚝，曰蠣繭，曰棘剛，又曰雀甕，蜕曰花蜂，椿蠹曰蝎蛣蝠，蜕曰天牛。食葉蟲蜕，曰皁蝶。食椒葉蟲蜕，曰花蝶。榆葉蟲蜕，曰蠓。杏枝泥蜕，曰蜢。栗橘皁莢，皆有蟲，蜕曰赤甲。凡枯木蠹，曰蝤，蜕曰木蜂。大者喜葵藥，小者嗜樗膠。又長吻蛾，似蜂無刺，採花迅飛，一云偷蜜蛾。

清 顧元交《本草彙箋》卷九　蠶蜕，今人多用初出蠶子殼在紙上者，古方惟用老蠶眼起所退皮，功用相近，當以蜕皮爲正，入藥微炒用。

（康熙）《永平府志》卷五《風俗》　季月朔日，忌大寒，有虎災；喜小寒，爲瑞。是日，以井水洗蠶子，曰飲蠶。通稱是月爲臘月，臘前雨雪，宜菜麥，且卜來歲稔。【略】下旬四日，名交年，或曰小年，掃室宇，暮設餅糖果菜，祀竈。俗以糖丸粘竈門，云毋得言家長短，以祈福庇。鄉人秉高炬，照田間，修整門户，更造服飾，整辦酒餚，備具符帖。僧道作疏送檀越，醫士作辟瘟丹、屠蘇袋，送往來者。

（乾隆）《海寧縣志》卷一《方域志・風俗》　清明夜，育蠶之家，各褁蠶子於綿衣中，卧諸身下，謂蠶得人氣始生。

又　臘月十二日，養蠶之家，各以鹽滷茄灰薫揉蠶子，藏之穀殼中，至廿四日，則出之，浴於川中，以待春至。

（同治）《孝豐縣志》卷一《方輿志・風俗》　穀雨，撒穀種、燠蠶子、祀竈、采茶。清明後數日爲蠶月，禁往來省視，閱月繭成治絲。

清 許鵬翊《橡蠶新編・橡蠶雜攷》　黄帝元妃西陵氏，始蠶卵生為蟻，蟻脱為蚪音苗，蚪脱為蠶，蠶脱為蛹，蛹脱為蛾，蛾脱繭復卵。

清 江志伊輯《飼蠶法・制居》　凡蠶子將出蟻時，須將蠶室掃除潔淨。其法有四：一、墻壁刷以濃厚灰水；二、地枰洗以濃厚草水；三、每十方尺面積之蠶房，緊閉各孔，薰燒硫黄一啓羅格合漕平二十七兩二錢八分八釐，至二十四小時；四、蠶具均置室内，使磺氣薰透，薰畢，開出外向小窗，使天氣通入，久之，人方可入室。　附日本搆蠶室法。凡蠶室以木構之，上無樓，

南向，縱二十四尺，橫十八尺，以瓦葺之。屋上開窗，縱六尺，橫三尺，高一尺。室表有廊，廣三尺，裏廊廣六尺，均以障子隔之。其東南糊土壁以白紙，天花板距床約八尺五寸許，四隅中央，開六窗，以通風氣。床上附以有目板，以防床下風溼來侵，且二分其室，用板隔之。每室縱九尺，橫十五尺，東室爲煖室，西室爲冷室。於東室則設蠶架於西側，於西室則設蠶架於東側。又在煖室設石製火爐，廣一尺五寸，長二尺，距蠶架約三尺五寸，遇天冷，則焚薪炭以煖之。

清 蔣汝正校正，徐瀾編輯《安徽勸辦柞蠶案·柞蠶簡法補遺》

收繭

一、養蠶之人，鄉人呼為蠶倌。小戶人家全是自己放養，其有蠶場而不能自養者，則雇蠶倌。計蠶倌一人可養蠶子四筐，每筐五百雌蛾，每雌蛾生百子，應得五萬蠶；蟻即遇大風驟雨、鳥啄蟲食，至少可收繭一萬枚，一人養四筐，可得四萬之繭。其蠶倌每月工價甚廉，僅一二千文，所收之繭，蠶倌，分十分之一作為紅利。若雇蠶倌至皖，每月約給薪工錢五六千文，紅利照分，川資另給。

清 汪曰楨《湖蠶述》卷四《賽神》 俗呼蠶神曰蠶姑，其占為一姑把蠶則葉賤，二姑把蠶則葉貴，三姑把蠶則倏貴倏賤。按，俗以寅、申、巳、亥年，一姑把蠶；子、午、卯、酉年，二姑；辰、戌、丑、未年，三姑。而《吳興掌故集》引《蜀郡圖經》曰：九宮仙嬪者，蓋本之列仙。通記所稱馬頭孃，今佛寺中亦有塑像。婦飾而乘馬，稱馬鳴周密《癸辛雜識》作名。王菩薩鄉，人多祀之。《胡府志》下蠶後，室中即奉馬頭孃。遇眠，以粉繭香花供奉，蠶畢，送之。出火後，始祭神。大眠、上山、回山、繅絲，皆祭之神稱蠶花五聖。《西吳蠶略》謂之拜蠶花利市。董蠡舟《樂府小序》考《通典》，周制，享先蠶。先蠶，天駟，蓋蠶與馬同氣也。按今俗稱蠶王天子。漢制，祭蠶神，曰菀窳婦人、寓氏公主。北齊，乃祠黃帝軒轅氏。湖州向奉先蠶，黃帝元妃西陵氏嫘祖神位，于照磨故署，乃折衷後周法耳，不知始于何時。嘉慶四年撫浙，中丞以浙西杭、嘉、湖三府，民重蠶桑，請建祠以答神貺，奏奉。俞允，乃建廟於東嶽宮左，曰蠶神廟。

清 吳汝綸《深州風土記》記二一《物產·蟲之類》 蠶，安平有。《荀子·蠶賦》：三俯三起，事乃大已。《別錄》：有原蠶蛾。陶云：是重養者。蘇頌《圖經》：北方不堪復養，惡其損桑。《周禮》：禁原蠶。《淮南子》曰：原蠶一歲再登，非不利也。然王法禁之者，爲其殘桑也。今案，吾國絲利，往時獨行五洲，近年外國蠶桑大興，繅絲、織絲皆用機器。吾國但用人功，又不自整理，利入日微。蠶又多病，蠶病始於蠶子，子之病者，必有微細黑點，人目不能察視。應用加六百倍之顯微鏡，遍察蠶子，乃可一覽瞭然，遇有黑點之子，則剔除不用，蠶病由此可除。否則病蠶益多，其不病之蠶，亦且傳染而病，數年而後，中國蠶利殆必全無。甚哉，格物之學，不可不汲汲求也。《羣芳譜》云：桑木將稿，蠶食必病，然則欲除蠶病，又宜於養桑時求之。

圖表

清 衛杰《蠶桑萃編》卷一二《蠶圖詠類》

辨蠶種第四圖

山蠶養得滿山中，人事無須飼養功。惟有家蠶偏喜潔，先防沙漠後防風。

蠶食不飲，喜潔惡穢，凡臭物皆忌之。西南風及北風均宜避，喜溫煖，如寒時祇宜用輕衣單被等物遮蓋。蜀中蠶性與北方相近，今年蠶桑局及村民多用蜀蠶子，作繭最旺。易州山村，如馬頭、主良等處，皆養山蠶。

清　衛杰《蠶桑圖説》册中

留子第十二圖

蛾兒分别配雄雌，蟻子新生粟聚奇。更怕原蠶依舊出，留添艾葉製尤宜。

繭子摘下，於耳旁摇試，擇堅實光大者，留作蠶子。俟成蛾破繭而出，引置紙上，雄者腹長而窄，雌者腹寬而肥。俟生子後，送舊蛾於溪邊，或埋之土中，留新蟻於陰涼處，勿使近日近火，致出原蠶。

清　宗景藩説略，吴嘉猷繪圖《蠶桑圖説》

收蠶

穀雨前，蠶子盡變綠色，不時取閲，見其又變青墨色，内有一二細如髮，蠕蠕欲動，是秧將出矣，仍密藏之。待桑枝抽有嫩葉，乃取出，温於懷中。一半日，攤開煖處晾之。又半日，俟其出齊，用雞毛輕輕掃下，是謂收蠶。桑葉未發，切勿早温。既收後，即採嫩葉，用快刀切成細絲，洒蠶上。蠶漸能食，四五日後，蠶漸大，切葉可稍粗。天寒，用棉衣或絮被覆蓋。

護蠶

論説

清 許鵬翊《橡蠶新編・收藏繭種法》 病蠶所作繭，亦能出蛾下子，用以作種蠶不發旺，且易傳染生病，須細心選擇。凡繭外蒙茸之絲，抽而長之，其絲光明潔淨者，無病之蠶也；其絲黑暗，帶雜色點者，有病之蠶也。凡熟習放蠶之人，用手一握其繭即能知之，此亦我國蠶師之能事。外洋養蠶者，皆用顯微鏡照蠶子，以驗其有病與否，亦當採用。蠶將作繭，先吐絲一縷，長寸許，挂於小枝兩葉之間，以繫繭之上端，其絲縷正中為公蛾，歪者為母蛾，絲縷細長而露光，其繭如土色，或如肉紅色者，最宜作種，鏽蠶最宜預防。三眠後，視其脊背有一條微紅色者，留作繭種，放一次尚無礙，若連放兩次，便成鏽蠶，視起青後，蠶身皺紋内有極小黑點者，即鏽蠶也。

清 孫尚質《橡蠶芻言》卷二《蠶具預備》

預造蠶房

蠶之病疫有二一由收繭不得其法，一由藏子不得其地，其關係均在乎蠶房。故欲蠶之不患疫，莫如擇高爽清涼之地，修茅屋一大間，基址三級避地潮也，四面築土牆，各開一窗，間以木格，糊以紙，門戶用布簾覆遮，外以草簾護之，梁上多懸桑皮索。俟蠶子散畢，懸其連蠶子在紙曰連於桑皮索上，勿合鼠嚙，且不可摺疊包裹，致悶壞不出。今之農家房舍，湫隘煙氣薰蒸，蠶子先蘊熱毒，故乘春而病發也。室之四隅，各挖一火坑，坑面築土，圈中央亦然，預備異日烘繭之用。

綜述

元 司農司《農桑輯要》卷四《養蠶》 《士農必用》：蠶子變色，惟在遲速由己，不致損傷自變。視桑葉之生，以定變子之日。須治之三日，以色齊為准。農語云：蠶欲三齊，子齊、蟻齊、蠶齊，是也。其法：桒葉已生，自辰巳間，于風日中，將甕中連取出，舒卷提掇。舒時連背向日，曬至温，不可熱。凡一舒一捲時，將元捲向外者，卻捲向裏；元向裏者，卻捲向外；橫者竪捲，竪者橫捲，以至兩頭捲來中間相合。舒捲無度數，但要第一日十分中變灰色者，變至三分，收了。次二日變至七分，收了。此二日收了後，必須用紙密糊封了，如法還甕内收藏。至第三日，於午時後，出連舒卷提掇展連手提之，凡半日，十数徧，須要變十分。第三次，必須至午時後出連者，恐第一次先變者，先生蝗也。螘生在巳午時之前，過午時便不生。

明 朱國禎《湧幢小品》卷二《農蠶》 湖絲惟七里者尤佳，較常價每兩必多一分，蘇人入手即識，用織帽緞，紫光可鑑。其地去余鎮僅七里，故以名。有即其地載水作絲者，亦只如常，蓋地氣使然。其初收也，以衣衾覆之，晝夜程其寒煖之節，不使有過，過則有傷，是爲護種。

（乾隆）《烏青鎮志》卷二《農桑志》 蠶事始于清明節，此日雖男之遠適、女之歸寧者，亦必聚于家室。越十餘日，收上年所布紙上之子，以帕裹之，置熏籠一宿，隨貼胸取暖，謂之護種，率以穀雨爲期。諺云：『穀雨勿藏蠶。』

清 包世臣《齊民四術》卷一下《農一下・蠶桑》 護種之法：蛾下連，即于晴日侵晨日未出時，汲新水浴連一頓飯時，浸去蛾遺便溺毒氣。以桑皮索繫兩角，平單空挂。孕婦、産婦不得浴連，三伏時再浴一徧，挂如初。至十月收連，卷如軸，桑皮索紮而挂之，冬至日、臘八日皆展之。先沃以牛溲，乃以新水浴之。遇大雪，可鋪連于雪中，令壓一日。或無雪年，至臘月望，以高竿挂連軸，夜立于階，令出屋牆以受寒氣，并受星月精華。正月十五，以研細硃砂，調不冷不熱溫水浴之或用端午重九所採馬齒莧桃枝，晾乾，以極熟細木棒慢捲，一棒三連，桑皮索紮定，以淨甕鋪乾茅草爲底，貯黑豆斗許，將棒空插沒甕口，以紗布覆之。每十餘日及雨雪後，待日影已高，取出甕中連展開，使暑見風日，即捲插甕内如初。凡貯連、挂連皆宜于無煙處，值煙薰者多不生，生亦多病。及清明即出甕中，連展開，繫角于無風温室内，去地七尺空掛，及穀雨桑葉已生，于辰巳間取連出，以背鋪日中晒至溫，即于廠下舒捲之，四角順反互卷。到第一日以變灰色者十分三分，即收甕中；次日又舒卷，變至七分收甕，此二日收，皆須以紙密蓋甕口。第三日于午後，出舒卷提掇以變十分爲度，乃以兩連相合，或一連對摺，緊卷紮定，以盆盛黑豆，置無煙涼房内，棒虛插盆中。凡子色初變紅和肥滿，再變尖員做低，如春柳色，再變蟻，周盤其中如遠山色，是爲好種。若頂平焦乾，及蒼黃赤色者，弃之可也。三日晚開展，以不出蟻爲上。其先出者，以雞翎埽去不用。

清 崔應榴彙纂，錢馥補輯《蠶事統紀》卷八《飼養》 案，擇種繭，必先擇種蠶。於三眠後，擇蠶之明浄肥澤者，另箔居之，另葉飼之。稀布以匀其食，勤𩦺以生其涼。上簇時，另為一簇，一一擇而登之，不為風雨侵，亦不用火炙，務全其天，其生自厚，此護種之道也。

清 高銓《吴興蠶書》卷上《護種》 蠶出，率以穀雨爲期。諺云：『穀雨不藏蟲。』言蠶至此自出也。然俟其自出，則嫌其遲。田家忌三小，小滿蠶，小暑田，小雪麥，其收較薄遲故也。蠶子在紙護之，則其出也早，不護卽遲。護之爲言助也，借人之暖氣，以助物之生氣也。湖地育蠶之家，節屆清明，輒用石灰畫彎弓之狀於門前，相傳以爲祛蠶祟。此非蠶有祟也，誠以清明爲護種之期，畫此以自警其出入閒蕩耳。夫清明距穀雨，有半月之隔，老農有言『穀雨撞頭眠。』能於半月中擁護得法，使蠶速出，至穀雨卽眠，則蠶早而收成自厚。大率冷看者宜早護，熱看者不妨稍遲。湖人以育蠶爲看蠶，用火者爲熱看，不用者爲冷看。如清明前，桑芽未展，突遇天氣驟熱，須將種紙包裹，安放清涼處，不可使熱風吹襲，熱風一吹，子卽自變而出，既無葉可飼。或天氣驟轉寒冷，卽遭凍損，靡有孑遺矣。在昔嘉慶九年，合郡蠶子損傷，政坐此病，此亦護種之一端。育蠶之家，不可不留意也。

又 護藏　蠶以桑爲食，候桑下蠶，古之成法。凡桑芽舒展如錢大，不數日卽可摘，而種宜護矣。用烘罩或簍筥一具湖人名火籠爲烘罩，又名烘藍。烘，從去聲，取種包疊置其中，藏於牀內，凌晨以所蓋之暖被覆之，向晚以所服之煖衣蓋之，子得人氣，生發自速。或慮紙包未煖，用緜絮重疊裹之，而後護以衣被。不知衣被之煖氣爲緜絮所隔，不能遽透，子變反遲，所謂欲速則不達也。

又 解包　種紙包護，最忌罨鬱。每日午刻，必從衣被中取出開包，以舒鬱氣。又須移表爲裏，左摺者刦右摺，右摺者刦左摺，交互摺疊，然後藏護，庶寒暖調匀。《農桑直說》云：『欲疾生者，頻舒卷；欲遲生者，少舒卷。』考古人安頓蠶連，惟在甕中，故生之遲疾，在舒卷。今既藏牀幃暖處，則子之化生正不關連之舒卷也。

又 忌擁種而臥，須體察天時之寒暄，以樽節蠶子之冷暖，要使卵在紙裏中，融和舒暢，自然無病。

（道光）《清澗縣志》卷四《田賦志·物産》 蠶，南方一歲有七出八出者。北方地寒，桑葉遲生，蠶成亦晚。人家治蠶，各有節目。其初收也，以衣衾覆之晝夜，程其寒煖之節，謂之護種。

清 温忠翰《蠶桑問答》

問：『醃種法？』

答曰：『每年十二月十二日，取蠶布輕輕撲去石灰，用炒鹽候冷，匀鋪布上，以不露蠶子爲度，隨卽摺好，常常浸涼茶中。至十二月二十四日，將蠶布取出，展開，下託米篩，清水時時洒上，去其鹽氣，至無鹹味乃可。待布乾後，照舊摺好，用棉衣護之，收入箱内。若收布不用陳石灰，恐蠶子不待時而出。藏子不用鹽醃，次年之蠶多病，二者缺一不可也。』

清 汪曰楨《湖蠶述》卷二《護種》 清明後穀雨前，用舊絮包種六七日《育蠶要旨》，或以帕裹之，置熏籠一宿，謂之打包。天暝則置之牀上，天寒則抱于胸前，宜老翁老婦任之，取其温和適中也。《西吴蠶略》其子變綠，謂之戰色，俟全綠卽可收蠶。倘桑葉萌芽，未曾暢茂，天忽驟熱，宜將種放涼處，使不戰色。《育蠶要旨》蠶子先出者，謂之破蚐彌遙切。有破蚐，須以燈草心數十莖，匀鋪布上而摺之，以防壓損。《廣蠶桑説》

又 卷四《藏種》 貫以桑皮，忌麻苧之綫，懸于涼處，忌煙熏日炙。《烏青文獻》其色必戰紫，戰色後，可用石灰篩在上面。《育蠶要旨》但要匀，不要厚，以不露蠶子為度。不以石灰制之，則梅風一起，卽破殼而出，不能留至來春矣。隨卽摺好，以小帶縛之，懸靜室。《廣蠶桑説》交夏時，必須用緜薄包，外面用紙裹好，恐有蠹魚傷子。待浴種時，再打開，浴後仍必包裹，來歲方得無礙。《育蠶要旨》

清 闞維震《養蠶法》第一一章《製種·選繭》 保護種繭　選擇既畢，宜將種繭分別雌雄，排列清潔籚中，不可堆壓，不宜振動，室内室氣，宜清爽流通。蓋斯時蠶在繭内，由蛹化蛾，内部器官正在改變。故處理種繭，務得其宜，所出之蛾，方可健全。

又《護種》 卵爲蠶之胚基，具有生活機能，越年方始發生，爲時甚久。若隨意置放，不加護惜，焉能遂其生理。保護之法，約分三期，宜注意之點如左：

第一期保護法　卵子產出後十日以内，卵色未變以前，須將種紙平攤籚上，切不可重疊，尤以不可振動爲最要。安置種紙，移放蠶籚，皆宜格外留意。

第二期保護法　卵子十日後，歷炎夏至冬初爲第二期。是時卵色變定，雖較前易於保護，惟呼吸尚旺，常須清潔空氣，以資營養。宜擇空氣流通，高燥清涼之室，用竿懸之，惟重壓及摩擦，仍宜避忌。

第三期保護法　卵子至冬初，爲休眠期。保護之旨，愈冷愈妙，最忌冷時忽逢驟熱，或驟熱後忽遇劇冷。蓋冷熱忽變，卵子内部之生機，必受促發與抑止之患，變成虚弱。欲避其害，宜於浴種後用適當嚴密之器貯藏之。

清　吴宗周、陳幹材、徐謙山《蠶桑白話》卷二《養蠶白話》

藏子

藏子的事，是養蠶第一要緊的事，平常都爲藏子不好，往往將好子變成歹子。大凡養蠶家買子必在正月二月，但這是春氣發動的時候，忽冷忽熱。所以買子的，都要小心些，爲甚麼哩？蠶子莫出世時，最怕是感溫不齊，這感溫不齊，就是受天氣冷暖不一定的話。天氣熱，蠶子生機，就格外快些；過冷了，蠶子生機就要慢些。忽冷忽熱。那生機豈不是忽快忽慢。生機不順，將來出世，就都變做頂弱頂多病的蠶了。所以必要將蠶子，藏放在頂高燥緊密的房子裏。若自己留種，最好在十二月間天氣頂冷的時候，把蠶子移挂在極緊密的木箱子裏，每張離開大約四分，那空氣蠶子就夠吃了，將此箱放在寒冷朝北的地方。總不要使他忽然受大熱，因他受了大熱，恐怕要早出世，這時並無桑葉，拏甚麼與他吃呢？這是一層。倘他受熱氣已多，剛剛要出世，那天忽然又冷起來，豈不是阻止他不能出嗎？這是二層。這個樣子出來的蠶，身體必不强壯，容易生病，吐絲不多，一定要虧本了，這藏子豈不是頂要緊的事嗎？

清　盧燮宸《粤中蠶桑芻言・養蠶事宜條例》

護蠶紙

頭造時值寒凍，其紙用窩裝好，上面蓋以紙被，再用一窩蓋覆，待十餘天，其蠶便出。若二造，須看天時，天暖則不用蓋，其餘造用窩攤紙。待七八天蠶出齊時，即取嫩桑葉，切幼如烟絲様，撒匀紙上，蠶見桑則走食，漸上桑面，即將此紙反轉，覆於窩上，則蠶與桑一齊過窩矣。若未淨盡，再以鵝翎掃之。桑葉要在舊枝摘取，新發蘧者水氣大，不合用也。

清　沈練《蠶桑説・飼蠶法七十條》　蠶子得人身煖氣而生俗謂之護種，清明後，視桑已放葉如錢大若猶未也，便須略遲，取蠶布摺好，以桑皮紙包之其包不宜太厚，太厚則煖氣有達不到處，且須表裏互易。如今日以這一面著裏衣，明日便以那一而著裏衣。使所受之氣無不匀，其出乃齊，晝則置不做粗活做粗活，則恐其出汗，而蒸壞蠶子者胸背間須在絮襖之内，裏衣之外，夜則置之被絮絮宜新者，舊則不復煖矣間不宜壓。若天氣和煖，而又無不做粗活之人，則晝亦置之被絮間可也。如是者五六日，而蠶子出矣。

清　吴錫璋《蠶桑新論・論保護種之關係第二十》　一年一化之蠶卵，必經七日後，其内形始成，其外色始變。此時不可震動他，否則枯死無疑。考卵面有孔，吸空氣以營養，及酸素，排出炭酸瓦斯即炭養二。若不遇隆冬，雖感至高之溫度，而孵終不化。夏天外溫一百餘度，而蟻不出。又考呼吸之力，冬天最緩，春天最急。若不小心保護，則寒暑往來，任其迭受溫度之高低不一，即蠶萬不能有十分之收成，健者變弱，弱者變死。

（光緒）《石門縣志》卷三《食貨志・物産》　勞翀霄曰：蠶事興于清明節，是夕獻蠶花神，製粉圓若繭形，同三牲供奉。越十餘日，將去年所收蠶種紙放卧席下，以身煖之，謂之護種。

清　余銑《山蠶講義》第二章《烘種類・烘筐一》　烘筐之舉，非獨發汗時然也，烘卵亦如之。卵既産畢，毋令受冷，其筐仍附入烘房，須過六日方成蠶胎，或以運遠，始可出房。如未過六日，蠶胎未成，冷則害其生機。故於此十餘日中，將卵筐排列竹簾上，由簾口而外受火一日，次第移易，周而復始，使火力平均，至清明前後，則陸續出矣。

清　俞墉《蠶桑述要・留種》　蠶子初生，必須展開，挂起涼透。數天，然後摺疊捲攏，須小心照看，防蜈蚣、蜒蚰、黄蜂、髒蜋一名搔蛺子等，皆喜食之。摺捲之後，再用大紙總包，或加以絹布，勿使蟲蟻等鑽入，藏之潔淨甕中。

清　張文藝《養蠶秘訣》　培種　平日將蠶子布，懸掛當風處，一切燒紙錢、煎藥、熬油、煙臘，香氣直冲者，宜避，偏者無妨。待冬至後三九内，用板刷將蠶子布上灰塵刷去，然後置屋上，任其風雨雪霜暴露，以七日為度，露好仍置原處。至明年清明前後數日，仍用板刷刷去灰塵，將舊棉絮薄薄包好。約在穀雨前數日，再加厚絮，日間置衣被中。如人着棉衣，子布放於被下；人着夾衣，子布放於被上。夜間置衣團下，被頭上，最宜用心，不可重壓。天時寒熱不同，以此為度。五六日後，子已轉色，滿十日，纔出報頭。蠶早出，恐其不佳，視蠶出四五成，俟天日晴明，拿出攤在近日光處一照，則一齊俱出矣。至陰雨寒重日，雖出蠶四五成，即緩兩三日不妨。但不可仍放被頭上，衣團下，只宜薄薄包好。在未出數日前，預採野栗花葉子，曬乾碾細。至收蠶日，將碎葉糝在子布上，俟蠶到對栗花葉子上，用鷄毛長翎刷下。可用大蒜葉一根置其旁，以經鍊其鼻，以後不至聞臭而壞。再收蠶，必看桑樹放葉早晚，如桑葉有洋錢大，發青緑色，方可收蠶。倘過早，則葉色尚黄，葉味必苦，小蠶吃之，必多病變。倘桑芽為霜打去，即將子布舊棉包裹，安放凉處，待桑樹再發青葉，如前法催出可也。

清 趙淵《蠶桑摘要》卷中 臘月十二日，先將收子後所篩連上石灰輕輕撲去，次以炒熟鹽擣碎，匀鋪連上，以不露蠶子爲度。隨即摺好，浸凉茶中，至二十四日將連取出，以清水頻輕沃之，勿漂去蠶子，除淨鹽氣，任其自乾。照舊摺好，以緜衣護之，置箱中，此三法也。

清 鄭文同《蠶桑輯要・育蠶十二則》 蠶子生六七日後，以風化陳石灰撒於布上，即懸挂高處。過伏後，可摺而藏之。至臘月十二日取出，將布上石灰輕輕撲去，次將食鹽炒熱候冷，匀撒布上，即摺好，浸凉茶中。至本月二十四日，將布取出，用清水沃之，去其鹹氣，聽其自乾。又法撒鹽後，即以種布攤竹簾上，任其暴露，不顧霜雪欺凌，亦至二十四日，收而沃之，向陽曬乾。藏待明春桑葉發生時，將蠶種布置於懷中，夜置被内。三五日，即破蚢而出矣蚢音笛，字典訓蠶初生也。

英 康發達《蠶務條陳・三品銜前浙海關税務司康發達謹將拟設整頓蠶務總局定章開摺》 蠶子性宜冷，且冷性宜一律。故凡蠶子經過冬令，或想巧法，設立棧房存留，或置往高地藏放。以便蠶子有力，日後在熱地方飼養，即不易受天氣及菲西巴拉西德等之害。

清 朱祖榮、蔣斧《蠶桑答問續編・原病第一》

問曰：『今之育蠶者多患瘟病，何也？』

答曰：『種不善也。其故有三：一由於收繭不得其法；二由於藏子不得其地；三由於浴連不得其時蠶子在紙曰連，此皆致病之源也。』

藝文

清 沈炳震《蠶桑樂府・護種》

取舊年所布紙上子，以帕裹之，置熏籠中一宿，謂之打包，繼取貼于胸前，暖則活出。

林間春鳥啼布穀，穀雨纔過蠶事促。蠶房紙牕照眼明，當戶春光快晴燠。堂前老翁負朝陽，室中新婦罷曉粧。旋向牀頭理蠶種，拂拭塵埃手自奉。東家昨夜已打包，西隣擇吉聞今朝。香羅包裹更重重，束成置之熏籠中。晏温暖氣正融融，阿翁晚睡抱當胸。非關新婦好安眠，哺兒時復開胸前。阿翁慎莫辭辛苦，繅絲織絹先奉父。

清 李宗昉《蠶事二十詠》《清詩鐸》卷七 初過穀雨打包期，帕裹籠熏好護持。生怕當風翻面壁，東家新婦哺兒時。一、護種：取紙上所布子以帕裹之，置熏籠一宿，謂之打包，乃取貼于胸前，暖則活出。

妝罷從容問小姑，明朝日出好攤烏。春葱細掃蠶如線，不辨鵝翎與玉膚。二、下蠶：既出，以鵝毛掃於筐中，謂之攤烏。

清 董蠡舟《南潯蠶桑樂府・護種》 深林曉聞布穀語，屋角鳴鳩拂其羽。微禽解報蠶候臨，剛是今朝逢穀雨。穀雨已過蟲難藏，城中戶戶打包忙。牀頭布種亟檢理，護來趁此春宵長。一層只隔香羅帕，勝傍熏籠取餘熱。明晨生意定全蘇，温磨氣借酥胸熨。袒服頻番掩復開，嬌兒索乳數投懷。枕邊低喚教郎醒，今夜憑君抱護來。

清 董恂《南潯蠶桑樂府・護種》 東風吹破桑眼青，穀雨已近天氣晴。囑郎早詣日者室，遴選吉日宜收成。儂家蠶種已浴過，須令温燠滋初生。只愁夫婿正年少，心熱無乃多薰蒸。不如阿翁齒衰邁，微和微暖纔相應。老人深夜醒尤易，那須少睡煩叮嚀。况自阿翁護種後，年年花税多豐盈。他時酬神酒先貰，任翁一醉翁無憎。

雜録

元 司農司《農桑輯要》卷四《養蠶》

擇繭出種者

取簇中腰東南明淨厚實繭蛾，第一日出者，名苗蛾，不可用。屋中置柴草，上放不用蛾。次日以後出者，可用。每一日所出，爲一等輩各于連上寫記，下蛾時，各爲一等輩。不則將來成蠶，眠起不能齊。末後出者，名末蛾，亦不可用。鋪連于槌箔上，雄雌相配。當日可提掇連三五次去其尿也，至未時後，款摘去雄蛾放在苗蛾一處，將母蛾于連上匀布稀稠得所。所生子如環成堆者，其蛾與子皆不用。其餘者，生子數足，更當就連上，令覆養三五日不覆養，則氣不足，然後將母蛾亦置在雄蛾、苗蛾、末蛾處，十八日後埋之。

清 孫尚質《橡蠶芻言》卷二《蠶具預備・預造蠶房》 蠶之病疫有二一由收繭不得其法，一由藏子不得其地，其關係均在乎蠶房。故欲蠶之不患疫，莫如擇高爽清涼之地，修茅屋一大間，基址三級避地潮也，四面築土牆，各開一窗，間以木格，糊以紙，門戶用布簾覆遮，外以草簾護之，梁上多懸桑皮索。俟蠶子散畢，懸其連蠶子在紙曰連於桑皮索上，勿令鼠嚙，且不可摺疊包裹，致悶壞不出。今之農家房舍，湫隘烟氣薰蒸，蠶子先蘊熱毒，故乘春而病發也。室之四隅，各挖一火坑，坑面築土，圈中央亦然，顶備異日烘繭之用。

清 余銑《山蠶講義》第二章《烘種類》

候蠶

凡蠶卵之孵化也，必破衣而出，衣者何則，近卵之薄膜是。夫蠶胎既成，卵中之水漸乾，如鼻涕然，由次而化。若欲知其將出否，即以針挑之法驗之，否則用襟包而嚼之亦可。如破開而色白者，三日可蠶，色青者次日必出。其將出時，卵炸響如春蠶食葉聲，養蠶者當急若置郵也。

清 俞墉纂輯《蠶桑述要》 江浙地寒，必須護種。閩廣地暖，可不須護。江西各府，地氣亦有不同，總宜度量天時地氣，與節候之遲早。

清 張行孚《蠶事要略・興蠶桑條議》 興蠶桑當因地制宜也。蠶桑誠隨地可興，然或地氣極寒，至三四月猶衣皮裘，而草木不發生者，其地必不能興蠶桑。蓋蠶桑皆喜温和，懼寒溼，若地氣極寒之處，當其天日晴明，猶可無礙，一朝頓冷，則其蠶盡壞矣。故吳地育蠶當三眠、大眠之時，若天氣頓寒，其蠶必不甚利，況西北極寒之地乎？然中原地氣，皆寒暖適中，不必慮此。即有地氣稍寒者，其護種生蠶，較他處稍遲數日，或十數日可爾。

清 趙敬如《蠶桑説・防蠶暗傷》 護種貼身太暖，蟻多槁死。撮黃烟之手偶沾葉，蠶食其葉，口吐緑水而死。人家未開剪桑樹，防人偷扯，暗灑桐油、石灰水或百部水，誤食其葉，蠶必死。蠶食大麥地中桑多死。如此之類，皆養蠶家所宜防。

圖表

清 衛杰《蠶桑圖説》册中

護蠶子第二圖

蠕蠕轉動細如絲，薄葉微鋪飼最宜。每日更番動護惜，七天近是始眠時。

清明後，桑葉初挺，為煖子時。以蠶紙晝置懷中，夜置被邊，不離温煖氣。初變緑色，次變青黑灰色，乃蠕蠕欲動而出，先以燈草數十莖，匀鋪紙上。

出齊時，切細葉置盤中，預防損傷。

浴種

論説

清 高銓《吳興蠶書》卷上《浴種》 蠶卵在紙，以水沃之，謂之浴。《禮・祭義》云：大昕之朝，夫人浴種于川。鄭註：大昕，季春朔日之朝。

孔疏曰：初於仲春已浴之，至此更浴之，可見古人浴種非是一次。今湖人皆于十二月十二及二月十二日浴之。俗傳十二月十二為蠶生日，二月十二為百花生日，浴種最吉，雖屬無稽之説，然藉此以洗滌蠶連，亦是趨時應候之道。

清　黄世本《蠶桑簡明輯説・養蠶説》

留種三條【略】

醃蠶之法，於十二月十二日，取蠶布輕輕撲去石灰，以炒熟之鹽，俟其冷，勻鋪其上以不露子為度，隨即摺好，浸涼茶中，至是月之二十四日，將蠶布取出展開，承之以米篩，用清水頻頻輕沃之重則恐漂去蠶子，去其鹽氣試之以舌，絶無鹽味乃可，俟其自乾，照舊摺好，以棉衣護之，置厢中，不宜壓，不宜近香氣。待來年清明後取出，使受人氣而出之。不醃者，謂之淡種。淡種易病，且其身較大，食葉較多，而其繭轉鬆懈而薄，不若鹽種之繭堅厚。

清　王忠清《東南蠶事論》《蠶事統紀》附　至於生種之蠶，須要另餵，比大槩蠶，更加勤飼，必須頓頓要新採葉，到老時，擇其無疾礙者取之。採繭時，選其在柴中间者留之。生蛾有忌，鍋不可刮，醬不可喫，糞不可動。巳午對蛾，未申折蛾。雌蛾，擇其肥口粉白者，生子有力，來年蠶必無疾。第三日，將蛾抹下，子生布上，將石灰滲之，然後收拾於乹净之所，蠶子堅硬粗圓，來春，蠶出必佳。總之，蠶以温和為貴，葉以新鮮為貴，餵以周到為貴，蠶房以潔浄為貴，停葉以抖鬆為貴。各得其法，勤慎則倍收，懶忽則減息。

清　江志伊《飼蠶法・占驗》　浴蠶吉日，爲甲子、丁卯、庚午、壬午、戊午五日。出蠶吉日，爲甲子、甲寅、甲午、乙巳、乙未、乙酉、丙午、丁未、戊午、戊申、庚午、壬午、癸卯、癸酉十四日。繅絲吉日，爲子寅、午申、酉亥日及成、收、開日。庚午爲蠶父生日，尤吉。庚戌爲蠶姑死日，忌鋪蠶房及繅絲。

綜述

唐　郭槖馳《種樹書》卷上　浴蠶種：臘八日，以桑柴灰淋汁，以蠶種浸一日，却以雪水浸掛，收，或掛桑木上，從雨雪凍一二宿，收，庶幾耐養。

宋　陳元靚《歲時廣記》卷八《浴蠶種》　《博聞録》：閩俗，以立春日，採五果枝，并桑柘枝，燒灰淋水，候冷，以浴蠶種藏之。或只以五果，置灰汁中亦得，但取其成實之義也。

又　卷一一《變蠶種》　《集正歷》：正月十五日，浴蠶種了，絣小繩子掛搭一七日，令春氣少改變色，卻收於清涼處，著一瓮盛，須去瓮底一寸，以草蓋覆，貴得清凉處，令生遲也。

又　卷二三《浴蠶種》　《博聞録》：閩俗，端午日，以渫粽汁浴蠶種，續以蒲、艾、桃、柳葉挼井花水，澄清再浴，懸浄處。

又　卷三九《浴蠶種》　《集正歷》：臘日，取蠶種籠掛桑中，任霜霰雨雪飄凍，至立春日收，謂之天浴。蓋蛾子生有實有妄，妄者經寒凍後不復生；唯實者生蠶，則强健有收成也。

元　魯明善《農桑衣食撮要》卷上

五月

午日，浸蠶種。

以蒲、艾揉井水，畧浸去尿，收掛，勿令烟薰損。

又　卷下　浴蠶連

臘月八日，以水浴之，遇雪水尤佳。歲除夜，用五方草即馬齒菜也，同桃符木柤，以水煎之，放冷，於元日五更浴之，辟諸惡厭魅，則宜蠶。

元　司農司《農桑輯要》卷四《養蠶・浴連收貯蠶連附**》**

《歲時廣記》：《集正曆》凡浴蠶種了，小繩子搭掛。上元日，浴畢，掛一七日，却收於清涼處，著一瓮盛，貴得清涼，令生遲也。又，臘日取蠶種籠掛桑中，任霜霰雨雪飄凍，至立春收，謂之天浴。蓋蠶蛾生子，有實有妄者，經寒凍後，不復狂生。唯實者生蠶，則强健有成也。

《務本新書》：農家自蛾在連，直至臘月内三八日，浴連三次太過不及，前倨後恭，比及此時，蛾溺毒氣，先熏污，八九月甚違胎養之方。今後，自蟻在連，即于無煙通風凉房内桑皮索上單掛，不得見日。若遇天氣炎熱，于午、未間，將連鋪在凉房净地上，申時卻掛起。至十八日後，遇天色晴明，日未出時，汲深井甜水浴連，約一頓飯間，浸去便溺、毒氣，依上單掛。孕婦、并未滿月産婦，不得浴連。勿用厚衣、綿絮包裹，勿近銅、鐵、鹽、灰。不得用麻繩繫掛，如或不忌，後多乾死不生。《本草》：陳藏器云：「苧麻近蠶種，則蠶不生，當遠之。」三伏内，再浴。至秋高時，兩連用線長綴，通作一連，索上搭掛，庶免秋風磨擦。七、八月，不宜收起。早收，蠶子不旺。至十月，天晴收卷，桑皮索繫懸之。冬至日、臘八日，依前浴掛長流水為上，井花水次之。比及月望，數連一卷，桑皮索繫定，庭前立竿高掛，以受臘天寒氣，又採辰精月華。至歲除夜，用五方草同桃符木柤，以水同煎，放冷。元日五更浴連，辟諸惡解厭魅，宜蠶。五方草者，馬齒莧是也。五月五日，于墻頭并屋上，或人迹少到處採者佳。若春早遲生，至天社日、重九日採，亦同。立春後，無煙屋內，置浄甕一隻，細切乾茅草襯底。另貯黑豆一二斗，上立一絲籰，慢卷蠶連三紙，桑皮繫之，遶籰竪立，以紗蓋甕。每十數日，將連取出，略見風日。又，蛾連大忌煙熏，農家少有避煙房舍，審日值煙氣熏蒸，胎先蕴熱，乘春必變，為見桑葉未生，多以土豆埋壓，蟻遭困苦，後必消耗。審此病源，决合多方救護，謂如一村十數家，蠶連各自封記，社長斂集于無煙處寄放，庶免熏、埋之苦。《士農必用》：浴畢掛時，須蠶子向外，恐有風相磨損其子。冬節日及臘八日浴時，無令水極凍，浸二日，取出水極凍則不能出連。年節後，瓮内竪連，須使玲瓏。每十數日，須日高時一出。每陰雨後，即便曬曝恐傷濕潤，然見風亦不可多時。

元　王禎《農書》卷六《農桑通訣六·蠶繅篇第十五》　生子數足，更就連上，令覆養三五日。挂時，須蠶子向外，恐有風，磨損其子。冬節及臘八日，浴時，無令水極凍。浸二日，取出復掛。年節後，甕內竪連，須使玲瓏。每十數日，日高時一出。每陰雨上節，便曬暴。蠶子變色，要在遲速由己，勿致損傷自變。桑葉已生，自辰巳間，將甕取出，舒捲提掇，亦無度數。但要第一日變三分，第二日變七分，卻用紙密糊封了，還甕內收藏。

明　黃省曾《蠶經》

四之種連

其子之如環如堆者，棄之。貫之以桑皮，忌麻苧之線，懸之於涼處，忌煙薰日炙之所。至端午也，以蒲以艾以栁和井水，而浸少時焉，去其尿，以懸其晼。蠒十斤也，可以得三眠之蠶四十斤焉。至臘之十二，浸之於鹽之滷，至二十四出焉，則利於繅絲。或曰：臘之八日，以桑柴之灰，或草之灰，淋之汁，以蠶連浸焉。一日而出，繼以雪之水浸之，懸而乾之。或懸桑木之上，以冒雨雪，二宿而收之，則耐養。二月十二，浴焉。清明之曉，則綿紙裹之藏於廚之內，俟桑之芽如茶匙之大，則綿絮裹之。暮也，覆以所服之煖衣；晨也，覆以所蓋之煖被。既出也，溫以火；未出也，禁以火焙。其浸也，用桑條之灰，濕其連而後摻之。摺而浸之於滷中，即鹽化之水有分兩，恐其浮也，以磁器壓之。其至二十四出也，用河水滌去其灰或置之扁中而沃之，而後涼之挂之，則至春也者生。否者，陰不至於費葉。至二月十二浴也，以菜之花、野菜之花、韭之花、桃之花、白豆之花，揉之水中而浴之。蛾之放子也，一夜而止，否則生蟻也不齊。

明　徐光啓《農政全書》卷三一《蠶桑·養蠶法》　生子數足，更就連上，令覆養三五日。黃省曾曰：覆三五日，則氣乃固。挂時，須蠶子向外，恐有風，磨損其子。黃省曾曰：貫連須用桑皮，忌紵麻之線，懸于涼處，忌煙薰日炙之所。冬節及臘八日，浴時無令水極凍，浸二日，取出復掛。年節後，甕內竪連，須使玲瓏。每十數日，日高時一出。每陰雨止，即便曬暴。黃省曾曰：臘月十二浸之於鹽滷，至二十四而出，則利於繅絲。或曰：臘八日，以桑柴灰或草灰淋汁，以蠶連浸焉，一日而出，繼以雪水浸之，懸乾。或懸桑木之上，以冒雨雪，三宿而收之，則耐養。二月十二，浴清明之曉，則綿紙裹之，藏於廚內。俟桑芽如茶匙大，則綿絮裹之。暮也，覆以所服之煖衣；晨也，覆以所蓋之煖被。既出也，溫以火；未出也，禁以火焙。其浸也，用桑條之灰，濕其連而後摻之。摺而浸之於滷中，即鹽化之水有分兩，恐其浮也，以磁器壓之。其至二十四出也，用河水滌去其灰，或置之扁中而沃，而後涼之掛之，則至春生。否者，陰不至於費葉。至二月十二，浴以菜花、野菜花、韭花、桃花、白豆花，揉之水中而浴之。蛾之放子也，一夜而止，否則生蟻不齊。

清　蒲松齡《農桑經·蠶經》

浴連

連必沃以絲湯，則子不落。貫以桑皮，懸涼處。忌烟熏日炙之所。以子向外，勿使風動磨損。至冬至日、腊八日或元旦五更浴之。先於除夕，煎馬齒莧水，冷定用之；雪水尤佳。浴時，勿令水極凍，浸二日出之。竿掛庭前，以受寒氣，或冒雨雪，始耐養。

甕內豎蠶連，須使玲瓏。每十數日，候日高時一出。每陰雨，恐傷濕潤，略出一見日色，即收之。

少游《蠶書》云：腊三八日，浴三次，沃以牛溲，浴於川，勿傷其藉，除夜用五方草同桃符木煎水放冷，元旦五更浴之，藏之。

清　李光地等《御定月令輯要》卷六　浴蠶。增《農政全書》：『二月十二日，浴蠶，以菜花、野菜花、韭花、桃花、白豆花，揉之水中而浴之。』

又　浴蠶種。增《周禮·夏官》馬質疏：《蠶書》：『蠶為龍精。月值大火，則浴其種。』

謂二月則浴其種也。

又 卷二〇 浴蠶。原《蠶書》：『臘之日，聚蠶種，沃以牛溲，浴於川，毋傷其藉，乃縣之。』《農政全書》：『臘八日，以桑柴灰或草灰淋汁，以蠶連浸焉，一日而出，繼以雪水浸之，懸乾。或懸桑木之上，以冒雨雪三宿而收之，則耐養。』

又 藏蠶子。增《海寧縣志》：『臘月十二日，養蠶之家，各以鹽滷、茄灰，薫揉蠶子，藏之瀫瀫中。至廿四日則出之，浴於川，以待春至。』

清 韓夢周《蠶桑實濟》卷四《育蠶急務》

蠶種法

浴蠶子自初生至一十八日後，取下蠶連，用井華水乃清晨初汲者浸洗去便溺、毒氣，仍復掛起。待十二月初八日，仍用井華水浸一二時。南方有一法，於臘八日將蠶種以鹽水浸三日夜，即出，懸院中高竿上三晝夜，仍懸室中，次年耐養。依法試之，與水浸者無異，似不必用鹽。取出懸乾，再用長竿懸蠶連於上，置院中，日曬月照一晝夜，使受日精月華之氣，則耐養，復懸室中。立春日，用新瓮一個大小不拘，如蠶連數張，或新瓦罐一個亦可，多者用大瓦瓮或大磁瓮，將蠶連豎立其中，須室虛鬆玲瓏。每十數日，於巳午時間，取出瓮中蠶連，展一二時，復收豎瓮中。如有雨，待雨止後，亦宜取出，少通風日，仍入瓮中。至清明日，取出，用韮葉、柳葉、桃葉、並菜子花揉碎，於井華水內浸浴之，懸乾不可見日，移於温室中懸掛，此浴種法也。

清 郝懿行《寶訓》卷三 《歲時廣記》：浴連法凡浴蠶種了，小繩子搭掛。上元日，浴畢，掛一七日，却收于清凉處，著一瓮盛，貴得清凉，令生遲也。臘日取蠶種籠掛桑中，任霜露雨雪飄凍，至立春收，謂之天浴。蓋蠶蛾生子，有實有妄者，經寒凍後，不復狂生。唯實者生蠶，則强健有成也。

清 楊屾《豳風廣義》卷二《浴蠶種法》

蠶子自初生至一十八日後，取下蠶連，用井華水乃清晨初汲者浸洗去便溺、毒氣，仍復掛起。待十二月初八日，仍用井華水浸一二時。南方有一法，於臘八日，將蠶種以鹽水浸三日夜，取出懸院中高竿上三晝夜，仍縣室中，次年耐養。予初得其法，疑子被鹽漬，恐不能出蟻。後依法試之，亦能生活，但後來繭成，與水浸者無異，似不必用鹽。取出懸乾，再用長竿懸蠶連於上，置院中日曬月照，一晝夜，使受日精月華之氣，則耐養，復懸室中。立春日，用新瓮一個大小不拘，如蠶連數張，或新瓦罐一個亦可。多者，用大瓦瓮或大磁瓮。將蠶連豎立其中，須使虛鬆玲瓏。每十數日，於巳午時間，取出瓮中蠶連，展開一二時，復收豎立瓮中。如有雨，待雨止後，亦宜取出，少通風日，仍入瓮中。至清明日，取出，用韮葉、柳葉、桃花并菜子花，揉碎於井華水内，浸浴之，懸乾不可見日。移於温室中，懸掛，此浴種法也。

浴蠶種圖

歌曰

蠶種三浴殼易脱，明年絲纊自然多。莫惜手指怯寒凍，不日盈箱五袴歌。

清 朱斌《蠶桑指要·養蠶》

芟種

蠶蛾生子已畢，十八日後，汲井花水，擺去連上毒溺，謂之浴蠶。浴畢，掛透風無煙處，切忌臭氣、薫氣及鼠耗虫傷。倘蠶子欲出，急攤田溝邊，以稻田水沃之則止。十月中，捲藏箱内。至臘月八日，又當浴蠶之期，依前浴畢，然後各從其法，以芟之。蓋虛澆無力之子，出蠶多不成材，故必芟浄，以存美種也。其法浴蠶後，即以高竿挑掛庭心，任濃霜烈日曬露，即冰雪不忌。至臘月二十四日，收之，謂之天芟種。一法於臘月十二日，以石灰水浸透，陰乾，謂之灰芟種。一法凡布連一兩，用炒盐四兩，於臘月十二，匀連上三制錢厚，拍實捲緊，納瓦盆中，隨泡濃岕茶傾入，浸没布連，至臘月二十四日，取起，以清水淋洗二十四遍，照舊掛起，謂之蘊芟種。俗多用之，芟過後，估看芟去幾分，便知存種幾分，缺則覔種補之。

（乾隆）《海寧縣志》卷一《方域志·風俗》 清明，遍插柳于門簷或戴道，各祀祖先，掃塋墓。是夜，育蠶之家，各褁蠶子于綿衣中，卧身下，謂蠶得人氣始生。

臘月十二日，養蠶之家，各以鹽鹵、茄灰，薰揉蠶子，藏之穀殼中，至二十四日，則出之，浴于川，以待春至。

（嘉慶）《桐鄉縣志》卷四《風俗志》 十二月冬甲子，宜晴。初八日，寺院設粥供齋，名臘八粥。大寒日後，逢戊立臘，動土無忌。十二日，養蠶家各以鹽滷、茄灰，薰揉蠶子，藏穀殼中。至二十四日出之，浴於川，以待春至。

清 程岱葊《西吴蠶略》卷上

浴種

《天文書》：『月值大火，則浴其種。』今湖俗，則以臘月十二日，為蠶生日，取清水一盂，向蠶室方採枯桑葉數片，浸以浴種，去其蛾溺、毒氣也。或加石灰，或加鹽滷，各視其種之所宜。有將種連置瓦上承嚴霜者，名寒露種。浴後，於無烟通風房内晾乾，忌挂於苧麻索上。孕婦産婦，皆不得浴。他處有於二十四日浴於川，或上元日及二月十二日，用菜花、韭花浴者，有浴至三次者，各處不同。

清 尹紹烈《蠶桑輯要合編》

浴種生蟻法

蠶種曰連，卽上年舊蠶所生子也。清明節，用淨水將蠶連浸一刻，取起，名曰浴蠶。攤於風處，候乾，用紙包裹，再包以棉花，放於淨密處。七日，取出一看，俟顔色轉成翠綠，逐日看之。有三五先出者，用雞翎掃去不用，此名行馬蟻，留之致蠶不齊。至十分中蟻出二三分，仍包好，未食葉，餓一日無防。來日取出，温處攤開，卽可齊出。蟻出，總在巳午居多。

清 高銓《蠶桑輯要》卷上《浴種》 蠶卵在紙，以水沃之，謂之浴。《禮·祭義》云：大昕之朝，夫人浴種于川。鄭註：大昕，季春朔日之朝。孔疏曰：初于仲春已浴之，至此更浴之，可見古人浴種非是一次。今湖人皆于十二月十二及二月十二日浴之。俗傳十二月十二為蠶生日，二月十二為百花生日，浴種最吉，雖屬無稽之説，然藉此以洗滌蠶連，亦是趨時應候之道。

清水浴

凡蛾生卵既齊，或間旬日，或間半月，須取種紙浴之。不論天泉、河水，總以清潔為要。蓋蛾之性淫，出繭卽交，遺溺在連，實蘊熱毒，浴之所以化其熱毒之氣也。浴時不可損傷連紙，惟頻頻搖蕩，滌盡蛾溺。約一時許，方取出懸乾，微摻石灰末於紙上，以杜綿蟲侵食。用線穿貫，懸于浄室，不使日光映照。若近板壁，須以紙背着板壁，俾蠶子向外，恐有風吹動，磨損蠶子也。

霜雪浴

臘月中，以篩盛種紙，置屋簷上，使霜雪凝凍，交春始收藏入室，謂之天浴。良由蠶蛾生子，有實有虚，一經寒凍，則實者成蠶，虚者即不復生，故昔人以為耐養也。今杭州浴種，猶遵此法，湖俗鮮有行者。【略】

灰水浴

十二月，用温水一盆（不可熱，須如人身温和），以石灰成塊者投入。俟化，取蠶連浸焉，約一時辰，提起，鋪於篩中，令乾。灰不可多，多則損子；復不可少，少則不足以殺子之無力者。斗水約用四五錢，湖地各鄉通行此法，每於十二月十二日，爲之。

百花水浴

二月十二日，取清水一盆，採各草木花，揉水浴之。蓋湖俗以蠶為蠶花，是日謂之百花生日，用花浴蠶，即是物以類聚之意。又此時離穀雨不遠，蠶將生發，百花皆具生氣，故乘其氣以浴之。

清 方大湜《桑蠶提要》卷二《蠶事（四十條）·浴蠶（三則）》

浴鹹種　浴鹹種以鹽滷（借鹹氣以殺子之無力者，無力者不得出，則所出皆有力者矣），其法有四。臘月八日，以鹽滷浸蠶連，今晨浸，明晨起出，泡綠茶極濃，候涼，置蠶連於茶汁中，輕輕漂浄滷氣（試之以舌，絶無鹹味乃可），揀浄處懸掛，候乾，仍置箱篋，勿壓緊，勿近香氣，俟明年穀雨時收養，此一法也。臘月十二日，先將蠶連浸溼，次以桑條灰撒連上（收子之後，已篩石灰於連上者，浴連時，不必再撒桑條灰），摺而浸之於鹽滷中，恐其浮起，則以磁器壓之。至是月二十四日取出，以河水滌去其灰，懸掛候乾，仍置篋中，此又一法也。臘月十二日，先將連上石灰輕輕撲去此石灰，係收子六七日後所篩，見留種第七則，次將鹽炒熟候冷，勻鋪連上以不露蠶子為度，隨即摺好，浸涼茶中。至是月二十四日，將連取出，用清水頻頻輕沃之必須輕沃者，恐漂去蠶子也，去其鹽氣，聽其自乾，照舊摺好，以綿衣護之，置箱中，此又一法也。臘月十二日，將蠶連稱準，每蠶連紙一兩，用食鹽二錢，和水研碎，勻鋪連上，以手沃温水澆之水不可太熱，約半箇時辰，即將連貯於篩內，安放屋簷上，露三晝夜，然後收掛高燥處，此又一法也。

浴淡種　浴淡種以石灰，其法有三。臘月八日，以石灰泡水，浸蠶連一日，取出，再浸於冷茶汁內，輕輕漂去石灰末，懸挂候乾，仍置箱篋，此一法也。臘月十二日，用風化石灰置盆內，以沸湯冲之，候手指可浸，即將蠶連對摺子在裏面，浸於盆底，以手掌連按數周按宜不輕不重，按後以雙手托起，離水為度水中之熱氣尚在，不可久浸，故暫令出水，以疏其氣，旋又入水，照樣浴之，如是者三次。浴畢，泡極濃茶，亦候至手指可探時，將蠶連粘定之灰末，輕輕洗去，以竿懸之如此則子之氣機通暢，來年易生易育，此又一法也。臘月十二日，稱蠶種，每蠶連紙一兩，用石灰三錢，化濃汁，勻鋪連上，以手沃温水澆之，約半個時辰，取貯篩內，置屋上，露三晝夜，然後收掛高燥處，此又一法也。

鹹淡種尿毒均須早去　以上各法，均係臘月浴連，乃為母蛾上連時，已經撒尿者而言。若上連時，蛾未撒尿，則尿遺連上，自初生至臘月，便溺毒氣，已熏污八九月之久，甚違胎養之方。須於生子十八日後，遇天氣晴明，日未出時，汲新水浴連，約一頓飯時，浸去尿毒，仍取出懸掛。三伏內，再以新汲水浴一次。至臘月八日或十二日，仍照舊法，鹹種以鹽浴之，淡種以石灰浴之。

清 周凱《飼蠶十二詠・浴蠶》《清詩鐸》卷七

浴蠶清明取蠶子，以桑柴灰水澄清，微溫，輕拂之，厚緜絮包置緜被中，數日生，寘人懷更速

鼓笛喧神祠，户户祈蠶畢。溪女各分種，昨過寒食節。厚絮密密包，灰水但輕拂。桑芽小於錢，乍看纖手擷。

（道光）《遵義府志》卷一六《農桑・蠶事》　醃種：種生于厚綿紙，或白布亦可生種。先于頭年十二月十二，蠶生日時，將種紙用戥秤準，計種紙一兩，如本是石灰種，用熱石灰三錢化成濃石灰汁一茶盅許，候冷，燒溫水半瓦盆不可太熱，恐傷其子，取蠶種紙平鋪水面，將石灰汁連渣勻鋪於種紙上，以手握水澆之。本是鹽殺種，用食鹽二錢，和水研碎一酒盅許，亦燒溫水半瓦盆，取種紙平鋪水面，將鹽水勻鋪紙上，以手握水澆之，俱須候半個時辰，撩起，貯於篩內，安放屋簷上露三晝夜，然後收掛高燥之處。

清 鄒祖堂《蠶桑事宜・飼蠶法六十條》　蠶布既滿，擇室中潔淨通暢處仍不可靠牆靠柱，以竿懸之，收其溼。過六七日，而其色變黑初下之子色黄，次轉青，後乃轉黑，至轉黑，則子中已成蠶矣，則用陳石灰研細，以絹篩篩在蠶布之上但要勻，不要厚，以不露蠶子爲度，隨卽摺好，以小帶縛之，懸之靜處，待隆冬時，取下醃之。

清 温忠翰《蠶桑問答》

問：『醃種法？』

答曰：『每年十二月十二日，取蠶布輕輕撲去石灰，用炒鹽候冷，勻鋪布上，以不露蠶子爲度。隨卽摺好，常常浸涼茶中。至十二月二十四日，將蠶布取出，展開，下託米篩，清水時時洒上，去其鹽氣，至無鹹味乃可。待布乾後，照舊摺好，用棉衣護之，收入箱內。若收布不用陳石灰，恐蠶子不待時而出，藏子不用鹽醃，次年之蠶多病，二者缺一不可也。』

清 吴烜《植桑育蠶書・養蠶説》　錬種法：臘月三四九嚴寒時，擇吉日，或臘月十二爲蠶生日，將所留春蠶種子，攤在筐中，用石灰泡水澄清，浸半日，取起曬乾，再浸鹽滷中三晝夜，取起放河中濯淨，置在屋上，聽其曬露，遇雪更佳，天晴曬乾收下。如無雨雪，八日收下，仍懸高處，必欲浸鹽滷者，借鹹味以殺其子之無力者耳。不浸滷者，爲淡種。淡種易病，且蠶身較大，食葉較多，而其繭轉多鬆薄，不若鹹種堅厚。夏種不同，無需浸錬。

清 汪曰楨《湖蠶述》卷二《浴種滃種》　俗以臘月十二日，爲蠶生日，取清水一盂，向蠶室方采枯桑葉數片，浸以浴種，去其蛾溺、毒氣也。或加石灰，或加鹽滷。浴後，於無煙通風房内晾乾，忌挂於苧麻索上，孕婦産婦，皆不得浴。《西吴蠶畧》一云種有二：一曰鹽種，繭細而堅中有細頸名曰腰箍；一曰灰種，繭大而鬆。臘月十二日浴之，鹽用食鹽，將種布按用紙者則曰種紙，又通名種連置匾內，鹽糝布上，没子爲度。用濃茶一盌，候冷噴之，令溼透，放屋上及庭中，經霜露七宿，始收下如遇雨雪宜早收。刷去其鹽，灰用石灰，每方尺許，用糰子大一塊，盛于瓷盆，滚水泡化，待温浸入，點綫香一枝，香盡瀝乾，放匾內，令經嚴霜凝凍。至醉司命日，用蒸糰子湯，待温，將種浸入，亦以綫香爲度，輕輕瀝乾，曬燥收藏，鹽、灰二種並同，《育蠶要旨》是名滃種。《南潯鎮志》一云：

臘月取布種，露置庭中一宿，煎茶，候冷浸之，糝鹽，或石灰於其上，曰殺種。至寒食，蒸粉餈祀竈，取蒸餘煖水，采蕓薹、蛾豆等花，共投其中浴之。浴後，晾乾，曰滃種。董蠡舟《南潯蠶桑樂府小序》一云：醃種法。十二月十二日，取蠶布，輕輕撲去石灰，以炒熟之鹽，俟其冷，勻鋪其上，摺好，浸涼茶中。至是月二十四日，取出展開，承以米篩，用清水頻頻輕沃之，去其鹽氣試之以舌，絶無鹹味乃可。俟其自乾，摺好，以棉衣護之，置箱中不宜壓，不宜近香氣。所以必須醃者，借鹹氣以殺其子無力者耳。不醃者，謂之淡種，易病，且不若鹹種之繭堅厚。《廣蠶桑說》種承嚴霜者，名寒露種。他處有於二十四日，浴於川。或上元日及二月十二日，用菜花、韭花浴者，有浴至三次者，各處不同。《西吳蠶畧》俗於臘月十二日、二月十二日，禮拜經懺，謂之蠶花懺。僧人亦以五色紙花施送，謂之送蠶花。《吳興蠶書》寒食節，具牲醴，禳白虎，以祛蠶祟。《西吳蠶畧》設酒餌，以禱棟柱，謂可祛鼠耗。《吳興蠶書》是日，市門神貼之，以石灰畫地，爲弓弩形，以祛祟。董蠡舟《樂府小序》清明食螺，謂之挑青。按蠶忌青條多以此禳之。以殼撒屋上，謂之趕白虎。《湖錄》招村巫，禳蠶室。《西吳蠶畧》

清 曹笙南輯《五畝居桑蠶清課》卷二《齊種法》 《蠶桑寶要》：『醃種者，種之不齊，不能粒粒皆有收成，故醃之，去其無力者，使之齊也。用鹽者，年年用鹽。用石灰者，年年用石灰。』《蠶桑說畧》：『蠶種，臘月八日，其鹽種，用鹽滷浸，今晨浸，明晨取出，泡綠茶極濃，候涼取種在茶汁中，輕輕漂浄滷氣，揀浄處，懸挂候乾。其淡種，用石灰泡水浸漂，與鹹種同。二者，鹹種爲佳，鹹淡各隨本質，不可紊亂。』《癸辛雜識》：『今人以鹽水沃其種，謂之醃蠶，其蠶爲上。不浴者，名火蠶，其蠶次之。』《蠶桑說》：『不醃者，謂之淡種，易病，且蠶身較大，食葉較多，而其繭轉鬆懈不厚。』《蠶書》：『臘之日，聚蠶種，沃以牛溲，浴于川，毋傷其藉。』西山《農書》：『收種，待臘月大雪，即鋪蠶種於雪中，令雪壓一日。』

又《浴種煖種法》 西山《農書》：『至春，候其欲生未生之間，細研硃砂，調溫水浴之，以辟其不祥也。次治明密之室，不可漏風，以糠火溫之，如春三月，然後置種其中，以無塵白紙籍之。』

清 陳恢吾《農學纂要》卷四《哺春蠶法》 浴種生蟻 節交清明，先用浄水將蠶種浸一刻取出，名曰浴蠶。一法，用火酒噴一過，能免黃輭、瀉病。攤於風處，候乾，然後將蠶子摺疊，夾以葱韭蒜葉養蠶時便少避忌。用紙包之，外更裹以新棉，須血氣壯旺者，無論男女。晝則懷在胸中，夜則覆在被上，清晨人起，蓋在被中，以沾暖氣。宜表裏互易，使暖氣均勻，三日可出。須逐日開看，見子色轉綠，漸漸青黑，蠶將出矣。如有三五先出者，用鷄翎掃去不用，留之致蠶不齊。蠶出在巳午時居多，見有一二成出者，即以燈草心四五寸，長者數十莖，勻鋪紙上，架空，依舊摺疊，鬆包煖好。蓋先出者，餓一日無妨。明日再看，見出至五六成，然後收下。

又《收蠶種法》 浴連 散子十八日後，擇天氣晴明，日未出時，以長流水浴連，約一頓飯時，浸去便溺、毒氣，仍懸原處。至三伏日及臘八日，再如前法浴之。或臘月取連籠挂桑中，俾經風雪。至立春乃收，謂之天浴。今之農家，絶不浴連，即或於臘月三八日，隨俗一浴者，蠶子爲便溺氣薰蒸。已八九月，蘊毒甚深，雖浴無益矣。

清 陳開沚《裨農最要》卷一《蠶種》 三眠蠶下連後七日初眠，又七日二眠，又七日三眠，又五六日或七八日而老、四眠蠶下連後七日初眠，又四五日二眠，又四五日三眠，又四五日大眠，又或四五日而老，比三眠蠶多一眠，然自下連至老，總計時日與三眠蠶亦不甚參差、十眠蠶下連後十日初眠，七日二眠，又七日三眠，又七八日而老，自下連至老，總計時日比三眠蠶多四五日，體有大小之殊十眠蠶大於三眠蠶，四眠蠶又大於十眠蠶，色有白烏、斑爛之異，繭有黃有金黃繭，有二黃繭、白有純白繭，有草白繭，尖一頭圓，一頭尖，如筆錐形，俗呼筆杆繭、圓有大繭，有米繭，有光繭，有毛繭之分。種雖不一，以鹽滷浴，則曰鹹種；以石灰水浴，則曰灰種；以清水浸，則曰水種；各有其類，不可紊亂。業蠶者，宜分別飼養。

又 卷三《冬浴》 十二月初八日，清晨汲井新水，浸連一二時，取出置院中，日曬月照一晝夜，使受日精月華之氣，則耐養，收懸室中。又是日以鹽滷浸連鹽滷即鹽化之水也，對日取出，泡極濃茶，洗盡鹽氣，懸挂俟乾。又是日以石灰泡水，浸連一日，取出，再浸於冷茶汁內，漂去石灰，懸挂候乾。又是日用穀草、桑柴、茄杆，燒灰淋汁，兼食鹽、牛尿、冰水、雪水，共合攪勻，俟溫凡浴連，水不可太熱，太熱則損子；亦不可太冷，太冷則無氣。如人體溫暖，斯可矣，以解其不祥也浸連，置風處吹乾。次日汲井水或河水，洗盡灰鹽氣，宜頻頻輕沃，恐漂去蠶子。仍置風處吹乾，用長竿高懸空中，或挂桑樹上，令霜雪壓三五夜，收挂。浸鹽滷中，則利繅絲。壓霜雪中，則耐養。十二月十二日，蠶生日初八日未浴者，蠶生日，亦可浴。如初八日已浴者，是日不必再浴矣，以井水吹連，令溼，次以桑柴灰撒上，摺浸鹽滷中。至二十四日取出，用河水滌去灰鹽，風乾。又是日鹽滷、茄灰，薰揉蠶子上，藏穀殼中。至二十四日出之，浴於川，以待春至。又是日用風化石灰，置盆中，以開水冲之，候手指可探，將連對摺，子在裏面，浸於盆底，以手按連數周，雙手擡起，離水為度。水中熱氣尚在，不可久浸，故暫令出水，以疏其氣。旋又入水，照樣浴之，如是三次。泡極濃茶，亦候手指可探時，輕輕洗盡石灰，以竿懸之。如此則子之氣機通暢，來年易生易育。正月十五日，以研細硃砂，調不冷不熱温水，浴之晾乾。以上浴連諸法，皆蠶書所載，始而見疑，謂鷄鴨蛋之大，灰鹽包裹，七日而熟，便可開食。蠶子甚細，灰鹽等物浴之，詎不傷損。既而思之，人之目，一塵不可入，偶有風火，食鹽揉洗，暫覺不安。即用净水洗去食鹽，爽快異常，乃知古法用鹽灰浴連，自有深意，未可以淺見寡聞測也。予如法浴之，歷有成效，較前未浴時更盛。蓋蠶，火物也。不浴者，為火蠶；浴者，為水蠶。以灰鹽、牛尿等物浸之，攻其毒也。沃水洗盡灰鹽、牛尿，復其本也。置霜雪風露中，去其燥而平其性也。浴者易育，不浴者難育，以氣未舒而病未除也。且子不皆有力，借灰鹽以殺其子之無力者，使不得出，則所出者皆有力。故出無不齊，育無不盛也。試觀野蠶生蛋，寄於光天化日之下，風雨霜露，無所不受。及至次年，以生以長，仍然有成，此物理之顯然可見者也。略採諸書浴法，使人知連不難於浴，浴不窮於法，隨其所取，實皆可用。但食鹽浴者，每年宜用鹽，是謂鹽種。石灰浴者，每年宜用灰，是為淡種。鹽種繭小而絲重，勝於淡種。上山時，見亮則游山，比淡種稍覺費時。淡種繭大而絲輕，上山時，見亮不甚游山，較鹽種覺稍速耳。

清 陳啟沅《蠶桑譜》卷一《論放蛾泡水要法》 蓋泡水之法難，而買種亦難也。因看蠶有無受症，方可作種。倘其種受了各症，下造則不佳矣，故有蠶師之稱。買種則遇造皆同，而泡水則視天時寒熱爲定。歷來泡水之法，俱用滚水一半，和冷水一半，較匀冲在蠶蝥帋面，順流而過者二次。然後吊於當風處，候其帋爽透。六時之久，而色漸變，自黃色而變微紅。來朝，則變爲蝦肉紅。三朝，則變爲墨水烏。五朝，其烏色之外，有白微粉，俗名曰上粉。六朝，其壳裏有黑子一點，此蠶仔初成之頭也，俗名曰點嘴。七朝，則變為全烏。八朝，則頻頻俱出矣。若泡水不得法，滚水多則蝥死，冷水多蠶亦不出，名曰水生。或天雨淋漓，又或遇大東風，又或無風曀熱，則其水帋透濕，至六個時辰，而尚不乾者，亦卽變為水生。內中有出有不出者，卽是參差不齊，將來斷未有全數成熟者。或無結繭，或成繭而稍薄，無比，此變症之所由生也。各症若何，詳解於養蠶篇。所謂陰陽和而萬物生，雖用滚冷水各半，仍視天氣之寒熱，用水之多少，始能有準也。故必要分某造，而定水色。假如是夜寅時初，寒暑針在六十五度，較水則用一百一十三四度之熱，是為合法。試水尺，形與寒暑針大同小異，香港、上海俱有零沽發賣。若寒暑針在七十度，較水則用一百二十二度。若在七十五度，較水則用一百二十四度。如在八十度，較水則用一百二十六度。如在八十五度，較水則用一百二十八度。如在九十度，較水則用一百二十九度可也。較水既有定式，仍視有無風雨，變通為之。倘在丑初泡水，則用凍半度。若在卯初泡水，轉用熱半度。蓋因泡水早，其蝥壳嫩；泡水晏，其蝥壳老。若過午時始泡水，則其蝥壳太老，便不出矣。泡水之時，將水冲在帋面，必要四角中心，所沾之水，多少如一。苟或冲水不匀，或生或死，變症多端，勞而無功耳。業斯道者，可不細哉！泡水故為緊要之法，卽對蛾落格，亦當知時。對蛾足，蠶身壯，而蛾又無隱蝥之弊。天氣和平，自天亮而對至兩点鐘便足。天氣凉，對久些。但觀其蛾乪十隻內，有一二隻身變鞠躬，卽是對足，而思放蝥時候。用帋格亦有定式，若用福帋全張，可落蛾半斤。宖可使其疏，不可令其太密。倘太密，生蝥至三四層，泡水之時，在底者水氣不足，便有生死之虞。各法所用度數，雖未得謂之盡善，但譜其意再加考訂，便可精益求精云。

清 董開榮《育蠶要旨》

擦火

山下著火一周，用炭火甚旺。上山後，卽爇炭于山棚之下，謂之炙山。

按，山棚下擦火，必吹使極熾。蓋蠶喜温和，作繭快則絲細，做絲快則光亮。又有冷種，不必用火，近日所無。

又 生種藏種

種為來歲之計，最宜講究。種蠶當另行看開，必頻頻飼之，不令稍餓。上山時，不可用火。采繭後，安放靜處。十八周後如天熱，不到此候，有蛾餂出其繭口，金門為上黃色，銀門次之白色。出蛾後總在五鼓飯復卽有之，亦稀少卽對。對，交媾也。淺交不可，過交亦不可。如未對，卽將雌雄捉成對腰小者雄，腰大者雌，相兼而收。如雌多雄少，雄蛾可復對。解開時，須深黃昏方可，約申刻解開。將布一方，掛在空中，捉蛾放上（亦有用厚紙者），自能抱布，須臾卽生子矣。出蛾當分三朝，初朝不過數十隻，第二朝極盛，三朝又少，以後不可用矣。收藏布種之法：生種後，其色必戰紫，戰色後，可用石灰篩在上面。交夏時，必須用綿薄包，外面用紙裹好，恐有蠹魚傷子。待浴種時，再打開。浴後，仍必包裹，來歲方得無礙。

按，大眠起，擇蠶之健食者別置之，倍與之食，作繭與他繭異。俟蛾破繭出，取紙一方，引蛾布子其上，謂之蠶布種。

清　何品玉輯刊《蠶桑會粹・種桑養蠶格式》

浴蠶蛋

當蠶熟時，擇其色光潤結實者，置於箔上。（即上山之謂，勿近火氣。）至六日，即輕輕鉗下，攤置簸內。繭薄者，棄之。十日內，則出蛾（蛾出在早朝）。拳翼黄黑色者，不要；潔白翼長者，為佳。彼自能對，如未對者，至巳刻（看其身乾，）將已對者，捉歸一簸。未對者，捉回一簸。俟其對，捉歸對處。（單公則棄，單母留，將已對之公再對。）《農政全書》云：『以雙公對母蠶尤佳。』至未刻，脱蛾去公，將簸擊動，使其尿淨，取置蛋格，墊以厚紙，使生蛋成幅（不散易浴）。至來早黎明，以鐵鍋盛滾水一半，凍水一半和勻，將蛋浴於水內。天凍，水畧凍（天凍則蛾畏縮，散蛋常遲，遲則皮薄，故水不宜太熱）。天熱，水畧熱（天熱，則蛾散蛋速，而皮厚，故水不宜太凍）。若水太熱，則浴熟不出蟻；水太凍，則蟻出不齊。浴時，以手拍三四下，即取起，搭竹竿風乾。（若遇風雨天時，將紙置方磚上，使去水，取回攤紙上。）浴至八幅，又須另換水，此處最宜留心。至未時取驗，如起淡紅色者妥當（起紅早則生，不起紅則熟）。第二日，通紅色。第三日，斑（紅黑）。四日，凹窩。五日，上粉。六日，點嘴（每蛋黑一點）。七日，通烏。至晚，用簸蓋住。第八朝辰卯刻，概出蟻矣。（蠶蛋格如托盤樣，上以薄板蓋，黑不通光，彼即生蟻。）至留下來年種者，大造。在初造，留蠶連。（順德人所謂歸春者，即指此。）輪月在四造，留蠶連。（此時得秋氣，蠶極結，前後不如。）不浴，不出蟻。年底大寒後，及明年立春間，桑萌芽，彼則應候而出。此時天寒，養蠶處需密室，架用帳圍，簸面用簸蓋，簸週圍用紙被包裹，蠶用紙墊，日夜飼葉二次，換屎二次，不可近火，亦不可使受濕。桑摘，隔日方可與食，養四十日，方熟。（以大造言。）隨捉上箔，結繭，十八日出蛾。生蛋時，當令不用浴，十六日，彼自能出蟻，是為頭造蠶。（以後不浴，彼則不出。）計其時，將在清明天氣暖矣。《農政全書》云：『頭造蠶蛋不怕遲，為暖故也。』

又《養蠶秘訣》　醃蠶之法：於十二月十二日，取蠶布，輕輕撲去石灰，以炒熟之鹽，俟其冷，勻鋪其上（以不露蠶子為度），隨即摺好，浸涼茶中。至是月之二十四日，將蠶布取出展開，承之以米篩，用清水頻頻輕沃之（重則恐漂去蠶子），去其鹽氣（試之以舌，絶無鹹味乃可），俟其自乾，照舊摺好，以棉衣護之，置箱中（不宜壓，不宜近香氣）。待來年清明後，取出，使受人身煖氣而出之。

清　何石安、魏默深《蠶桑合編》

浴種生蟻法

蠶種曰連，即上年舊蠶繭紙也。清明節，用净水將蠶連浸一刻取起，名曰浴蠶。攤於風處候乾，用紙包裹，再包以棉花，放於净密處。七日取出一看，俟顔色轉成翠綠，逐日看之。有三五先出者，用鷄翎掃去不用，此名行馬蟻。留之致蠶不齊。至十分中，蟻出二三分，仍包好，未食葉，餓一日無妨。來日取出，温處攤開，即可齊出，蟻出總在巳午居多。

清　黄壽昌《蠶桑須知・浴蠶》　浴蚕之法不同，有塩種、灰種之别。俗以十二月十二日，為蚕生日，即於此日浴之（或前或後，亦屬無妨，捴要擇天晴為妙）。

鹽種　將蚕紙鋪在匾内，用食塩糝於子上，沒子為度，用濃茶一盌，候冷噴之，令濕透，或放屋上，或置庭中，經霜露七宿，始行收下（如遇下雨當早收）。刷去其塩，用清水漂净（試之以舌，以無塩味乃可），晒乾或候其自乾亦可。一法，於十二月十二日，將蚕紙撲去石灰（即端午所洒之石灰），以炒熟鹽，俟其冷，勻鋪紙上，摺好，浸涼茶中，至是月卄四日，取出展開，用清水輕輕漂沃數次，亦以鹹味絶無為度。（此法必子生布上者方可，若在紙上，恐其浸爛。）一法，以鹽内瀝出之滷，亦於十二月十二日（前後亦可），將蚕紙浸入，經七日七夜取出，亦用清水，漂至無鹹味，晒乾或陰乾俱可。

灰種　蚕子每方尺許，用糲子大石灰一塊，盛於盆内，滾水泡化，待温，入食鹽一撮（不用亦可），點線香一枝，香盡瀝乾，或亦令飽經霜露七八夜，用清水漂净，或不經霜露，即用清水漂净亦可。總之，用鹽用灰，無非欲殺其子之無力者耳。是以不浴之蚕子，謂之淡種，往往易於患病也。浴畢，須以棉衣裹好，置諸箱内，不宜以重物壓上，亦不可近多香氣之處。

清　江毓昌《桑蠶説・留種》　若連上撒有蛾尿，十八天後，天氣晴明日出時，用新水把連泡一頓飯時，取出縣掛，三伏天照様再泡一回（連上無尿，不必泡），到臘月十二日，把連取下稱準。若本來是鹹種，每連一兩，用鹽二錢，和水研細，勻鋪連上。再用手沃温水偏澆（水不可太灰，手要輕，不可沖落了子），約半個時候，舌舐紙上無鹹味爲度名曰浴種。把連放在篩內，安屋簷上，晒露三晝夜見雪不妨，收回，掛在高處。若本來是淡種，不用鹽，每連一兩，用石灰三錢，化膿汁，勻鋪連上，照樣澆水晒露。

清　江志伊輯《飼蠶法・粵東飼八造蠶法》　選種。凡留大造種，宜頭造；輪月種，宜在四造。此指留來年之種而言，若本年所收，則一造傳一造，不預留也。飼留種之蠶，宜溫和之室，不可火烘。烘者曰火種；不用火者曰冷種。冷種無病，易育，火種則否。飼老，擇蠶之堅實、同時上簇、繭之潔白厚實者，留以爲種。每繭一簇，約九百餘枚，重一觔五六兩，可出雌蛾六兩，布子一紙。大抵繭一觔，得雌蛾四兩左右也。出蛾多在寅卯時輪月蛾取頭兩朝先出者，大造蛾取二三朝後出者，剔去禿眉、焦尾、赤肚、無毛、拳翅諸劣蛾，選翼長潔白者，令其配合。自辰至未，其氣已全或云須配一日夜其氣乃全，摘去雄蛾，將雌蛾驚拍去溲，秤準六兩，捉上蠶牀，勻布紙上，上蓋木板，外加布被以禦風寒，越宿，即滿紙生春矣粵人呼□爲春，故蠶卵亦名春。色青者曰歸春，可留。色白者，不可留。自七月四造起，收種不試水。每種百張，收四張，俗名七月種。

又　浴春。頭造蠶當春自出，可不用浴，餘造必浴之乃出。浴法：於春生之明日黎明，以鐵鍋盛滾水一半、冷水一半，攪勻，以容手爲度。天冷則水略冷天冷蛾散子遲而皮薄，故水不宜太熱，天熱則水略熱天熱蛾散子速而皮厚，故水不宜太冷宜冷而熱，則子熟不出；宜熱而冷，則蟻出不齊。浴時斜置蠶牀，用小木杓倒水淋二次浴至八幅，另易清水，即取起，掛竹竿上晾乾遇風雨，則置紙方甎上，令去水，乾後收入室內，仍晾通風處，不可閉氣，尤忌日曬。

清　賴逸甫《嶺南蠶桑要則・飼蠶須知》　熇水者，乃將生熟水各半，和勻而浴蠶䗈之紙也。凡有留爲正造蠶種之䗈，如今晚將蛾離格者，該䗈明朝必須熇水，遲則不及。熇水之法：先將蠶紙攤在箕內，乃將煎至沸騰之熟水一半，和新汲之冷水一半，挍勻，用勺舀該生熟水淋落蠶紙面上，即就該箕，使令該水順流而過紙面兩勻，必要四維中央所沾煖力，咸皆均勻，隨將該水潑去，將該紙搭於當風處，以俟其乾，則可交客攜回，各自調理。但熇䗈所用煎至沸騰之熟水，養蠶家稱其爲滚水。用水之大畧雖云滚冷各半，但其精一工夫，尚在因天氣之寒熱，以挍其水之煖力爲首務，是故必以寒暑針而驗天氣，與試水尺而審煖力，必此方有準則。譬如是，早寅時天氣，寒暑針在於六十五度，其水煖力，則宜校至一百一十三四度；針在七十度，尺則宜校一百二十二度；針在七十五度，尺則宜校一百二十四度；針在八十，尺則宜校一百二十六；針在八十五，尺宜一百二十八；針在九十，尺宜一百二十九。天氣煖力，既有準則，仍須再因其䗈之見天，曾幾何時而調劑之。倘於丑初熇水，其䗈見天未久，水可用凍半度。若至卯初熇水，又宜比於寅初加熱半度。蓋熇水早者，該䗈皮殼尚嫩，故可凍些；熇水遲者，該䗈皮殼稍老，故宜熱些。若以大勢而論，寧可熱重二三分而不可輕，所因輕則痓多，太重則白，所謂生痓，死白者此也。如果延至午時方始熇者，其時殼已太老，雖熇亦無蠶出，但凡用水太熱，壯弱諸䗈，皆被熇死，則無蠶出。用水稍凍，煖力不足，名曰水生，蠶亦不出，即出其亦病證多端，因乃元氣薄者，尚未熇死，該蠶因而弊病叢生。熇水之日，如值天陰雨溼，或值□熱無風，以致該紙熇後，六箇時辰猶未乾者，熇水雖最合度，其亦變爲水生。此則蠶出固屬參差，眠時則亦眠眠變低。養至成熟，不徒結綑輕薄，即全無綑結者，亦不勝其數。凡有人事不能補天事所不足者，則必病證多端，或見沉疴殭蠶，或見痓蠶，或見浮腫，或見黑頭，或見白蠶，於此五證，是但染一，則利權難保其不失矣。

清　林心北、吴書年勸刻《蠶桑輯略・養蠶節次三十五條》

浴連

蠶種自初生，直至臘月，須浴連三次。自種子在連，即於無煙通風涼房內桑皮索上單挂，不得見日。若遇天氣炎熱，於午未間，將連鋪在涼房淨地上，申時卻挂起。至初生十八日後，遇天氣晴明，日未出時，汲深井甜水浴連。將蠶連平鋪水面，以手握水澆之，約一頓飯時，浸去連上便溺毒氣，依前單掛，孕婦並未滿月產婦，不得浴連，勿用厚衣緜絮包裹，勿近銅鐵鹽灰，不得用麻繩繫掛。如或不忌，後多乾死不生。苧麻近蠶種，則不生，當遠之。三伏內，再浴一次。至秋高時，兩連用線長綴，通作一連，竹竿上搭掛，須蠶子向外，恐有風相搧磨損其子。至十月天晴收捲，桑皮索繫，懸之。臘月十二，爲蠶生日，依前浴掛長流水爲上，井花水次之。比及月望，數連一捲，桑皮索繫定，庭前立長竿，高掛院中一晝夜，以收日精月華之氣。立春日，於無煙屋內，置淨甕，細切茅草襯底，另儲黑豆一二斗，立一絲籰，慢捲蠶連三紙，桑皮繫之，繞籰豎立，以紗蓋甕。每十數日，將連取出，展開一次，略見風日。年節後，甕內豎連，須使玲瓏。每陰雨後，即便曬曝。恐傷溼潤，然見風亦不可多時。清明日，用韭葉、柳葉、桃花、菜花，揉井水内浸浴，晾乾，移掛溫室。

清 林楊光、王鎮西《蠶桑條説・平利縣王學官鎮西述呈蠶桑簡易説十九條》

浴蠶種之時

於臘月初八日午時，將蠶子放入水中，浴去糞尿之濁穢，則蠶生必好。然必先將紙背作両三層，方可入水，否則紙爛矣。

清 盧燮宸《粤中蠶桑芻言・養蠶事宜條例》

浴蠶䗹

蛾既生䗹，粘於紙上。次早黎明，以鐵鍋盛滚水五成，冲凍水五成和勻，隨手持水壳兜撞，便將䗹紙浴於水内。天凍，水要略熱。天熱，水要畧凍。總在人之靈變，因天時風色而酌量之，并關乎其手之快慢。若水太熱，則恐將䗹浴熟而不出蠶囝；水太凍，則浴未透而囝出不齊。其法，先用手試水，蘸指於熱水内，默計一二三四五之數，手指可耐熱者，其水便是恰好。倘不能耐，是水太熱也。此為第一要着。浴時，以蠶紙拖於水面，用手拍三四下，即取起，搭於滑竹竿上晾之。亦有用大桶盛水，凉熱各半撞勻，將蠶紙攤於板上，用壳兜水，淋紙三四次，便如前搭晾者。若遇雨天，則將紙置方磚上，使之去水陰乾，乾透均收回，攤於窩上可也。每一鑊水，浴至八幅，又須另換如法，此刻最宜留心。浴後，於是日未時取驗，如䗹皮起淡紅色者便妥起紅早則是浴未透，不起紅則是浴熟。第二日再驗，宜蝦肉紅色。第三日，宜飽滿。第四日，䗹上起凹窩。第五日，深黑色，上粉。第六日，每䗹結有黑點，謂之點嘴。第七日，起靛彩色，謂之大烏。是晚，用簸箕蓋好，至第八朝辰刻，則盡出蠶囝矣。其䗹皮之有厚薄，因造中遇天氣熱，其蠶蛾胎氣盛，故生䗹皮厚，而受得熱水。若造中天凉，其䗹多是色白皮薄，謂之花歸。故以七月造受過暑熱者為正收也。

清 饒敦秩《蠶桑質説》卷下《蠶説十三則》

浴種第十三

南人浴種，有用盐水者，有用石灰水者。雖是古法，皆與川蠶種不宜。總之，浴蠶之意，無非為洗滌蛋紙上母蛾所遺尿毒。法當於收種日，與本年冬寒日，明年春初日，各用清亮井水，浸洗一次，懸掛高燥處。待紙乾透，照法收貯，較為稳妥，不必定用盐與石灰水洗也。

清 任蘭生《蠶桑摘要・蠶性總説》

醃種法：於十二月十二日，取蠶布，輕輕撲去石灰，以炒熟之鹽，俟其冷，勻鋪其上以不露蠶子為度，隨即摺好，浸涼茶中。至是月之二十四日，將蠶布取出展開，承之以米篩，用清水頻頻輕沃之重則恐漂去蠶子，去其鹽氣試之以舌，絶無鹹味乃可，俟其自乾，照舊摺好，以棉衣護之，置箱中，不宜壓，不宜近香氣。待來年清明後，取出，使受人身煖氣而出之。

種之所以必須醃者，借鹹氣以殺其子之無力者耳無力者不得出，則所出皆有力者矣。不醃者，謂之淡種，淡種易病，且蠶身較大，食葉較多，而其繭轉鬆懈而薄，不若鹹種之繭之堅厚。

蠶子得人身煖氣而生，清明後，視桑已放葉如錢大若葉未發，便須畧遲，取蠶布摺好，以桑皮紙包之其包不宜太厚，太厚則煖氣有達不到處，且須表裏互易，如今日以這一面著裏衣，明日便以那一面著裏衣，使所受之氣無不勻，其出乃齊。晝則置不做粗活做粗活，則恐其多出汗，蒸壞蠶子者胸背間須在絮襖之内，裏衣之外，夜則置之被絮絮宜新，舊則不煖間不宜壓。若天氣和煖，而又無不做粗活之人，則晝亦置之被絮間可也。如是者六七日，而蠶子出矣。

又浴種生蟻法：蠶種曰連，取密密相連之意。蠶出曰蟻。清明節，用净水，將蠶連潤濕，取起，名曰浴蠶。攤於風處，候乾，用紙包裹，再包以棉花，放於净密處。七日，取出一看，俟顏色轉成翠綠，逐日看之。有三五先出者，用鷄翎埽去不用，此名行馬蟻，留之致蠶不齊。至十分中蟻出五六分，仍包好，不與食葉，餓一日無妨。來日取出，溫處攤開，即可齊出。蟻出總在巳午時居多。

清 沈練《蠶桑説・飼蠶法七十條》 醃種法 於十二月十二日俗以是日爲蠶生日，取蠶布輕輕撲去石灰，以炒熟冷透之鹽，勻鋪其上亦以不露蠶子爲度，隨卽摺好，浸涼茶中。至是月之二十四日，將蠶布取出展開，承以米篩，用清水頻頻輕沃之重則恐漂去蠶子，去其鹽氣試之以舌，絶無鹹味乃可，俟其自乾不宜日曬，照舊摺好，以棉衣護之置箱中，不宜壓，不宜近香氣。待來年清明後取出，使受人身煖氣而出之。種之所以必須醃者，借鹹氣以殺其子之無力者耳無力者不得出，則所出皆有力者矣。不醃者，謂之淡種。淡種易病，且蠶身較大，食葉較多，而其繭轉鬆懈而薄，不若鹹種之繭之堅厚。

清 沈練，仲學輅輯補《廣蠶桑説輯補》卷下《醃種説一條》

按，淡種不用鹽，衹將風化石灰，沖入沸湯，置盆内，候手指可探，即將蠶布浸在盆底，以手掌連捘邱禁切，欽，去聲，按也數周，但布須對摺。子在裏面，捘宜不重不輕。捘後，以雙手托起，離水為度。緣水中之熱氣尚在，不可久浸，暫令出水，以疏其氣也。旋又入水，照樣浴之。如是三次，則子之氣機通暢，來年易生易育。且十二月十二日，為蠶生日，故於此日浴之。浴畢，去盆内之水，盛以極濃熱茶，亦候至手指可探，將蠶布粘定之灰末，輕輕洗去，以竿懸之。設遇冰凍，亦無礙矣。《蠶桑輯要》：『以裱過厚皮紙收種，取其耐浴，與用布同意。』

又按，另有重絲種，亦淡種之類，近時浙右盛行。其繭堅小，確似鹹種，絲亦輕重相當，得此一種，則鹹種可勿備矣。

清 沈練，仲學輅輯補，章震福校訂《廣蠶桑説輯補校訂》卷二《飼蠶六十六條》 震按，吾鄉於護種之後，每置之屋頂瓦上，任被霜雪欺凌，天冷雪厚更妙，無非欲去其子之脆弱，而留其堅强也。故每於歲底，占其氣候，以知下年蠶之豐歉。倘歲底極冷，則次年蠶信必佳。

又 又按，醃者爲鹹種。其蠶將老，宜鋪葉愈勤。已老者，宜上山。未老者，尚須食葉，比淡種稍覺費時詳第三十二條。食葉多寡相仿，但鹹種繭小而絲則重，淡種繭大而絲較輕。鹹種見亮則游山，淡種不甚游山為異耳，姑附辨於此。聽毛，吾鄉每於担蠶時，擇鵝毛之柔而勁者，出賣，專爲担蠶之用。

清 盛宣懷《蠶桑備要》 所以必須醃者，借鹽氣以殺其子之無花者耳。不醃者，謂之淡種，易病，且不若鹹種之繭堅厚。種承嚴霜者，名寒露種。他處有於二十四日，浴於川。或上元日及二月十二日，用菜花、韭花浴者，有浴至三次者，各處不同。

清 孫尚質《橡蠶芻言》卷三《育蠶要務》

浴連溫卵

散卵至十八日，擇天氣晴明，日未出時，以長流水浴其連，約一頓飯時，浸去便溺毒氣，仍懸原處。至三伏日及臘八日，再如前法浴之。又或於臘月十二日浴謂蠶生日，將春蠶種鋪筐中，用石灰泡水澄清，浸半日，取起曬乾，再浸鹽滷中，三晝夜，取起，至河中濯浄，置風頭上住。其暴露八日，收下，則無力之卵盡死，留者皆強健之種矣。若欲卵生爲蟻，蟻變爲蠶，須將室之火坑内，燃以炭薪勿令過灰，起窗簾，放出浮烟，以所浴之連，仍懸桑皮索上，即行掩閉門窗，不教寒氣内侵。不十日，蠶卵孵化矣。

清 衛杰《蠶桑萃編》卷三《蠶政・浴子類》

鹹浴

浴鹹種以鹽滷，借鹹氣以斂子之無力者，使不得出，則所出者皆有力矣。其法有四：

鹹浴

臘月八日，以鹽滷泡水浸蠶連，今晨浸，次晨起出。泡緑茶極濃，候涼，置蠶連於茶汁中，輕輕漂淨滷氣。以舌試之，無鹹味乃可。揀淨處懸掛，候乾，仍置箱篋，勿壓緊，勿近香氣，俟明年穀雨時收養。此一法也。

鹹浴

臘月十二日，先將蠶連浸溼，次以桑條灰撒連上。如收子後，已篩石灰於連上者，浴連時，不必再撒桑條灰。摺之浸於鹽滷中，如浮起，以磁器壓之。至二十四日取出，以河水滌去其灰，懸掛候乾，仍置篋中。此二法也。

鹹浴

臘月十二日，先將收子後所篩連上石灰輕輕撲去，次以炒熟鹽擣碎，勻鋪連上，以不露蠶子為度。隨即摺好，浸涼茶中，至二十四日，將連取出，以清水頻輕沃之，勿漂去蠶子。除净鹽氣，任其自乾，照舊摺好，以緜衣護之，置箱中。此三法也。

鹹浴

臘月十二日，將蠶連稱準，每蠶連紙一兩，用食鹽二錢，和水研碎，勻鋪連上。以手沃温水澆之，約半時辰，將連貯於篩内，安放屋上。露三晝夜，然後收掛高燥處。此四法也。

淡浴

鹹浴之外，又有淡浴之法。浴鹹以鹽滷，使劣蠶不得出，浴淡以石灰，亦使劣者不出，理則同而法不同，其法有三：

淡浴

臘月八日，以石灰泡水浸蠶連，一日取出，再浸於冷茶汁内，漂去石灰性，懸掛候乾，仍置箱篋，此一法也。

淡浴

臘月十二日，用風化石灰置盤内，以沸湯沖之，候手指可浸，將蠶連對摺，令子在裏面，浸於盆底，以手掌連按數周，勿太重。按後以雙手托起，離水爲度。如水有熱氣，不可久浸，暫出水以疏其氣，旋又入水，照樣浴之，如是者三次。浴畢，泡極濃茶，亦候至手指可探時，將蠶連黏定之灰洗去，以竿懸之，則子之氣機通暢，來年易生易育，此二法也。

淡浴

臘月十二日，稱蠶種。每蠶連紙一兩，用石灰三錢，化濃汁勻鋪連上，以手沃温水澆之，約半時辰，取貯篩內，置屋上，露三晝夜，然後收掛高燥處。此三法也。

早去尿毒

前論鹹淡各法，均係臘月浴連，乃為雌蛾上連時，已經撒尿而言。若上連時，蛾未撒尿，則尿遺連上，自初生至臘月，溺毒薰污至八九月，甚違胎養之方。生子十八日後，遇天氣晴明，日未出時，汲新水浴連，約一頓飯時，浸去尿毒，仍取出懸掛。三伏內，再以新汲水，浴一次。至臘月八日或十二日，仍照舊法，鹹種以鹽浴之，淡種以石灰浴之。

清 衛杰《蠶桑淺説》

浴子

浴子節候，北方與南方較，約緩二十餘日。南人養蠶家云『驚蟄前後包，清明前後掃，穀雨前後養，小滿前後老。不吃五月桑，蠶娘牢記曉』。北方則視桑葉之挺生，爲蠶子之將浴。今年蠶桑局導民養蠶之法，約清明節後五六日暖子，穀雨節後五六日掃蟻，其吃葉較南方日淺，至小滿節老。

清 吴錫璋《蠶桑新論・論浴種之關係第十九》 中國浴種，概在臘月初八日或十二日，而十二日較初八日爲多，緣蠶有十二環節，故俗名十二日爲蠶生日。浴蠶之法不一，有用鹹水，有用石灰水，有用鹵水，有用茶湯，有用柴灰湯，暴露三日，始藏於内，以爲飽歷風霜，有毒虚弱者，可以斃死。洵如是，則强壯者变爲虚弱，非徒無益，更有害焉。豈知浴種，不過洗其塵埃及蛾屎灰毛等項。故日本浴種，必當寒肅之候，如中歷十一月下旬，天氣清朗，冰點爲度，用清水盛於缸内，將蠶紙浸於水中，約八點鐘之久，架起蠶紙，用乾淨筆洗其蠶卵，濯去蛾屎污物。然後將蠶紙放於籠内，俟其陰乾，愼無日晒火烘，乾後糊褁，懸於竹竿，越兩日即貯於箱。俟候屆催青，再行胠篋。

清 吴詒善《蠶桑驗要・蠶篇》

浴種收藏第二

遺子十八日後，清晨汲井水浴一次，浸去蛾之便溺毒氣，將布懸通暢無烟室內，以去濕氣。至臘月十二日，用炒鹽調隔夜濃茶浸之。余純用鹽滷浸，至期取出，用濃茶沃之，後沃清水，蠶且佳而無病，湖人名鹽滷種。或用生石灰放盆内，傾水令沸。候冷，將布浸入，一時後取出，沃以清水，湖人名石灰種。至廿四日取布，以清水沃之，去盡鹽氣。候乾，夾以葱韭蒜葉，包藏罈內。至穀雨前後，取出煖哺，數日，其蟻即出也。

清 羊復禮《蠶桑摘要・養蠶十五則》

浴蠶

欲養蠶，宜先購蠶種浙人謂蠶種爲連，值晴窗天暖，用沸水一半，冷水一半，名陰陽水，將簸箕平攤蠶紙一張，用水輕澆一過，或將紙在水面輕拖亦可，隨即安放暗處。數日後，即成黑點，名曰點嘴。七日後，即破卵出烏浙人名烏，粤人名蟻，嫩細可辨。

清 楊鞏《中外農學合編》卷一〇《蠶類・飼育・飼葉》 鹹種以鹽醃之，淡種以石灰醃之，所以借鹽與石灰之力，去其子之無力者，此齊於浴種時也。生蟻之時，將蠶連置懷中者，則時刻須表裏互更。或不置懷中，而裹以綿花者，則以中層與上、下層時常叠換，使暖氣均勻，此齊於暖種時也。

清 豫山《蠶桑辑要合编・補遺》

醃種種子不齊，不能粒粒皆有收成，故醃之，去其無力者，使之齊也

種生於厚綿紙或白布亦可生種，先於頭年十二月十二蠶生日時，將種紙用戥秤准。計種紙一兩，如本是石灰種，用熱石灰三錢，化成濃石灰汁一茶鍾許，候冷，燒溫水半瓦盆不可大熱，恐傷其子，取蠶種紙平鋪水面，將石灰汁連渣勻鋪種紙上，以手握水澆之。本是鹽殺種，用食鹽二錢，和水研碎一酒鍾許，亦燒溫水半瓦盆，取種紙平鋪水面，將鹽水勻鋪紙上，以手握水澆之，俱須候半個時辰，撩起貯於篩內，安放屋簷上，露三晝夜，然後收掛高燥之處。用灰醃者，年年用灰。用鹽醃者，年年用鹽。

清 豫山《蠶桑輯要略編・養蠶法》 清明節，用净水將蠶連潤濕取起，

名曰浴蠶。攤於風處，候乾，用紙包裹，再包以棉，或藏懷内，切勿見風。各省節氣不同，只看桑葉如茶匙大，不久卽生小蟲。

清 張行孚《蠶事要略》

浴蠶種按，育蠶必以收種為始，然無蠶之地，其種必自他處買去，故以浴種為始

凡浴蠶種，須於臘日，用長流水煎温，放在極净磁器内，水中洒石灰少許，將蠶種在水中浴半頓飯時。浴訖，在無煙之風凉房内，將蠶種挂在繩上。至清明節前，再如前浴，水中可加芳草花卉。若遇天氣炎熱，於午未間，將蠶種鋪在凉房净地上，申時仍掛起。

按，《輯要》又謂：『元日、上元、三伏、冬至，俱宜浴。浴罷，宜盛甕内。』今湖俗不如此。

清 朱祖榮《蠶桑答問》卷下《哺春蠶法》

浴種生蟻第一

問曰：『浴種生蟻，其法何如？』

答曰：『節交清明，先用净水，將蠶連浸一刻取起蠶種曰連，卽上年舊蠶所生子也，名曰浴蠶。攤於風處候乾，然後將蠶紙摺叠，夾以葱韭蒜葉。養蠶時便少避忌。用紙包之，外更裹以新棉。須血氣壯旺者，無分男女，晝則懷在胸中，夜則覆在被上，淸晨人起，蓋在被中，以沾暖氣。宜表裏互易，使暖氣均匀，三日可出。須逐日開看，見子色轉緑，漸漸青黑，蠶將出矣。如有三五先出者，用雞翎掃去不用，此名行馬蟻，畱之致蠶不齊。蠶出在巳午時居多，見有一二成出者，卽以燈草心四五寸長者數十莖，匀鋪紙上架空，依舊摺叠，鬆包煖好。蓋先出者，餓一日無妨。明日再看，見出至五六成，然後收下。

清 宗星藩《蠶桑説略·説蠶十條》

一、蠶種説　蠶有鹹種、淡種、金種、花蠶，有三眠者、有四眠者。三眠種，三眠三起。四眠種，多一眠，時亦相同。金種，身小而繭實。花蠶偏體斑斕。鹹淡各隨其本質。育之者有頭蠶、二蠶、三蠶之别。頭蠶，卽春蠶。二蠶，卽夏蠶。吾浙多養頭蠶，而二、三蠶絶少。蠶之或鹹或淡，各有其種，不可紊亂。【略】

三、浴蠶説　春間所留蠶種，至臘月八日，其鹹種用鹽滷浸之，今晨浸，明晨取出，泡緑茶極濃，候凉，取子在茶汁中輕輕漂淨滷氣，揀淨處懸挂，候乾，仍置箱篋。俟明春穀雨時收養。其淡種用石灰泡水浸，約一日取起，餘與鹹種同，二者鹹種爲佳。

清 佚名《樹桑養蠶要略·養蠶三十二條》　别蠶種　南中所賣蠶種，名曰蠶連，有鹹種、淡種。鹹種，至冬浴以鹽滷，繭小而絲重，性又耐寒；淡種，浴以石灰水，繭大而絲輕，不及鹹種之耐苦。

清 佚名《蠶桑録要·養蠶法》　出蠶　淸明節，用淨水，將蠶紙潤溼取起名曰浴蠶，攤有風處吹乾，用紙包裹，再包以棉，或藏懷内，切勿見風。但看桑葉如茶匙大，卽蠶將出之時。宜先燒蠶室，令熱。待蠶子出時初出如蟻，將蠶紙鋪於煖炕，取細柴，密編爲箔，寬五尺，長一丈。每蠶子一錢，需用一箔屋大者平地用木板架起，屋小者用竹木搭架，層層叠起，不可着地，以防潮溼寒氣。箔底鋪蓐草，上加棉紙，用雞翎細細掃在紙上，先用嫩桑葉，翦成細絲餵之，要薄而匀，每日兩三次。或隔年枯葉研末亦可喂。

又　醃種　十二月十二日，取蠶布輕輕撲去石灰，以炒熟之鹽冷透，匀鋪其上以不露蠶子爲度，隨卽摺好，浸凉茶中。至二十四日，將布取出展開，承以米篩，以淸水沃之，去其鹽氣。待乾，摺好，以棉衣護之，置箱内。不可壓，不可近香氣。

藝文

宋 樓璹《耕織圖詩·浴蠶》　農桑將有事，時節過禁烟。輕風歸燕日，小雨浴蠶天。春衫卷縞袂，盆池弄清泉。深宫想齋戒，躬桑率民先。

清 愛新覺羅·玄燁《御製耕織圖·浴蠶》　豳風曾著授衣篇，蠶事初興穀雨天。更考公桑傳禮制，先宜浴種向晴川。

清 愛新覺羅·胤禛《世宗憲皇帝御製文集》卷二七《浴蠶》　門多楊柳風，溪漲桃花水。村酒醖羊羔，春閨浴蠶子。纖纖弄翠盆，戢戢蠕香紙。雪繭與冰絲，婦功從此始。

清 愛新覺羅·弘曆《樂善堂全集》卷二五《浴蠶》　曾讀豳風七月篇，遲遲日景麗光天。新蠶未起先宜浴，盆滿明波人滿川。

清 陳梓《刪後詩存》卷二《養蠶詞》　田家養蠶極苦辛，蠶大費力小費心。臘月十二蠶生朝，炒鹽獻竈家家勞。清明夫婦莫走動，隔夜採花浴蠶種。蠶種不一分炎涼，熱看冷看須忖量。屈指來朝穀雨近，出城買紙

糊蠶筐。轉緣變藍蠶子出蠶子始出時綠色，繼藍色，鵝毛撣落房中藏。先以嫩葉如乳哺，一眠三日魚鱗鋪。二眠兩日連桱枝，三眠插替勞何辭每眠三日，換出老桑葉，謂之替蠶。今年二姑把蠶穩，不如頭姑昏昏小姑狠。出火一錢二百倍，大眠一斤五斤外。如此收成定十分，割肉先獻蠶將軍。掘筍勿叫筍，叫筍蠶要損。喫薑勿喚薑，喚薑蠶要殭。況今天時頗温和，微風拂拂雨不多。雷驚沙脹更何慮，人力到時天豈誤。大眠以後廣送葉，老翁提籃小兒挈。不愁葉貴只求飽，四十二餐一齊考蠶熱，腹通亮，曰考。山棚灼火眞小心，起望山頭白皜皜。三日齊封門，五日始採繭。一斤採十斤，合家開笑臉。前村後村絲車鳴，咿咿啞啞聲相聞。或歎白肚孃，上山一半殭。或恨出火早，蠶了葉又了。四鄉各比並，只有我家好。我家雖好勿喜歡，地丁昨夜來催完。豪家復要蠶罷米，今早撐船泊村裏。官糧不抵私債苦，一石冬春須石五。賣絲分完兩手光，一月替汝空奔忙。落得繭黃績緜綫，織得緜綢一丈半。去年無褲今有袴，畢竟蠶桑是長算。不恨官私兩迫促，但願年年如此十分足，放膽且喫豪家粟。

清 莊綸渭《紀吴興蠶事六首》《清詩鐸》卷七　浴種先籌暖種時，蠕蠕將出故風之。蠶種夜露爲天浴，又有茄根灰、水鹽汗等浴法。暖種，置茵褥下，嫗育以氣，十日始化生。將出，先一二日，懸於風前，取風以動之之義。筐翻玉羽輕蒙紙，葉淬銀刀細切絲。帶雨摘來常怕溼，長晴攤處更須滋。辛勤三飼何曾間，初眠三日，再眠、三眠皆兩日。起而飼之，謂之餇。輕重頻權阿母知。始權其種，初生乃權其子，三眠、大眠又權之，以知蠶之消長。

清 周凱《飼蠶二十詠・浴蠶》《清詩鐸》卷七

浴蠶清明，取蠶子，以桑柴灰水澄清，微溫，輕拂之，厚緜絮包置緜被中，數日生，寘人懷更速

鼓笛喧神祠，戶戶祈蠶畢。溪女各分種，昨過寒食節。厚絮密密包，灰水但輕拂。桑芽小于錢，乍看纖手擷。

清 董蠡舟《南潯蠶桑樂府・浴蠶》　隔歲招搖指星紀，農事告登蠶事始。盡携布種置中庭，一宵露置冰霜裏。取潤還須茗汁淹，灑以蜃灰糝以鹽。田家一例鋤非種，先事全將醜類殲。轉眼已過百五日，老婦瓶盆羅滿室。粉餈祀竈為祈蠶，蒸來翠釜湯餘熱。油薹豆莢花叢叢，摘取一握投湯中。挹湯滃種令霑浥，更借茅檐薄日烘。摒擋匆匆日過午，何暇挑青禳白虎。呼兒換郤舊門神，還待布灰畫作弩。

清 董恂《南潯蠶桑樂府・滃種》　嘉平二七良日逢，以水浴種當去冬。今年又到清明夜，浴蠶例與殘年同。門神競向白板貼，以灰畫地如彎弓。祈禳白虎辟蠶祟，欲趨其吉先祛凶。婦姑忙忙不得暇，磨米作團虔且恭。蒸團水香滃布上，采摘花片攙其中。一年蠶計此初事，能慎厥始斯有終。深閨努力促針黹，拮據忙月無餘功。

又《生種》　種蠶食葉一倍多，作繭別貯留生蛾。輪囷密緻厚且白，持比他繭難同科。閉置笥中過旬日，栩栩齊看破口出。龐軀粉翅兩眉彎，雌雄相對排成列。赫蹏裁來一尺長，將蛾引著紙上方。少焉生子已布滿，如芥如粟紛難量。鳥盡良弓藏不用，一時齊向東流送。贏得兒童喜欲顛，祝伊去了來明年。

清 衛杰《蠶桑萃編》卷一二《圖詠・辨時第二圖**》**

春風紫陌日遲遲，節屆清明浴子宜。但看桑株芽漸吐，恰當紙上蟻生時。

養蠶須辨節候，其最準不易者，以桑葉挺生之時，為浴蠶紙之日。北方氣候較遲，視南方浴子，須緩二十餘日。其眠起，則比南方速。小滿節老，上山作繭，與南同。今年蠶桑局試辦，親驗乃知。

雜録

《周禮注疏》卷三〇 禁原蠶者。原，再也。天文，辰為馬。《蠶書》，蠶爲龍精。月直大火，則浴其種，是蠶與馬同氣。物莫能兩大，禁再蠶者，爲傷馬與？直，音值。爲傷，于僞反。疏 注「原再」至「馬與」。釋曰：云「天文，辰爲馬」者，辰則大火，房爲天駟，故云辰爲馬。云「《蠶書》，蠶爲龍精。月值大火，則浴其種」者，月值大火，謂二月則浴其種，則《內宰》云「仲春，詔后帥外內命婦始蠶於北郊」是也。若然，《祭義》云「大昕之朝，奉種浴於川」，注云「大昕，季春朔日之朝」，是建辰之月又浴之者，蓋蠶將生重浴之，故彼下文即云「桑於公桑之事」是也。云「是蠶與馬同氣」者，以其俱取大火，是同氣也。云「物莫能兩大」者，此莊二十二年《左傳》文。按，彼陳敬仲奔齊，齊侯使敬仲爲卿。敬仲，其少也，周史有以《周易》見陳侯者，陳侯使筮之，遇《觀》之《否》，曰：「是謂觀國之光，利用賓于王，此其代陳有國乎？不在此，其在異國乎？」下云：「若在異國，必姜姓也。姜，大岳之後也。山岳則配天，物莫能兩大，陳衰，此其昌乎？」引此者，是無並大之義也。云「禁再蠶者，爲傷馬與」者，二者既同氣，不可兩大，而禁再蠶，明恐傷馬，無正文，故云「與」以疑之也。

《太平御覽》卷九二一《羽族部八》 《廣異記》曰：「南方赤帝女，學道得仙，居南陽愕山桑樹上。正月一日，銜柴作巢，至十五日成，或作白鵲，或女人。赤帝見之悲慟，誘之不得，以火焚之，女即昇天，因名帝女桑。今人至十五日，焚鵲巢，作灰汁，浴蠶子招絲，象此也。」

清 范家相《詩瀋》卷一〇《豳·七月》 柔桑以飼新蠶，采蘩以浴蠶子，蠶事之先後各有宜也。因采桑而悲，與公子同歸。以遠父母為悲，女子之孝也。八月載績，婦功之要。先言萑葦而後言載績者，蠶以奉公而養老。布則少壯所常服，故以績次蠶，且績必于八月，不先蠶而廢，曲薄之功也。

圖表

明 徐光啓《農政全書》卷三三《蠶桑·蠶事圖譜》 蠶連，蠶種紙也。舊用連二大紙。蛾生卵後，又用線長綴，通作一連，故因曰「連」。匠者嘗別抄以鬻之。《務本新書》云：蠶連，厚紙為上，薄紙不禁浸浴，如用小灰紙更妙。連須以時浴之。浴畢挂時，令蠶子向外，恐有風磨損。冬至日及臘八日浴時，無令水極深，浸浴畢取出。比及月望，數連一卷，桑皮索繫定，《務本新書》云：蠶連不得用麻繩繫挂，如或不忌，後多乾死不生。《本草》陳藏器云：「以苧麻近種則不生。當遠之。」庭前立竿高挂，以受臘天寒氣。年節後甕内竪連，須使玲瓏。安十數日，候日高時一出；每陰雨後，即便晒曝。恐傷濕潤，見風亦不可多時。此蠶連浴養之法，直至煖種而生。

清 衛杰《蠶桑萃編》卷一一《蠶器圖類》

挂連圖説

蠶子自初生，至一十八日後，取下蠶連，用井華水浸洗，去便溺氣，復掛起。十二月初八日，仍用井華水浸，一二時取出，懸乾再立。春日用新甕一箇，將蠶連豎立其中，須使虛鬆玲瓏。每十數日，於己午時間取出，甕中蠶連展開，一二時復收，豎立甕中，至清明日取出。用韭葉、柳葉、桃花並菜子花揉碎，於井華水内浸浴之，懸乾，移於温室中懸掛。

又 浴蠶種圖説

浴種有鹹、淡二法。浴鹹種者，借滷氣以去病毒。浴淡種者，借水氣以益生機，浴至三次即佳。

清 宗景藩説略，吴嘉猷繪圖《蠶桑圖説》

浴蠶

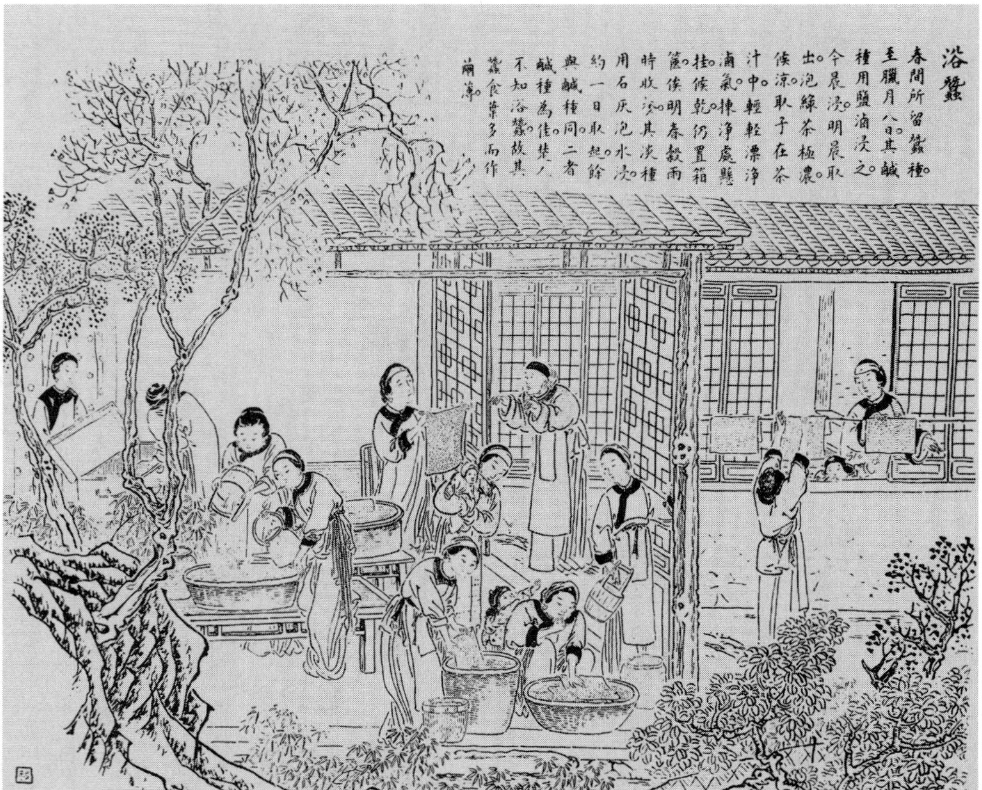

春間所留蠶種，至臘月八日，其鹹種用鹽滷浸之，今晨浸，明晨取出，泡綠茶極濃，候涼，取子在茶汁中，輕輕漂浄滷氣，揀浄處懸挂，候乾，仍置箱篋，俟明春穀雨時收養。其淡種用石灰泡水浸，約一日取起，餘與鹹種同。二者鹹種為佳。楚人不知浴蠶，故其蠶食葉多而作繭薄。

催青

題解

清 闕維震《養蠶法》第三章《催青》 蠶卵將近孵化，漸轉青色，故用人工調節空氣之温度、溼度，以促蠶卵之孵化者，名曰催青。

論説

清 崔應榴彙纂，錢馥補輯《蠶事統紀》卷一〇《民俗祈禳占候宜忌附**》**

何孟春《餘冬序錄》：『蠶與馬同氣，蠶為龍精，其首類馬，星屬天駟。月值大火，則浴其種。《周禮》：馬質禁原蠶者，為其傷馬，物不能兩大也。今術家末殭蠶，塗傅馬口，即不能齧草，盖其氣類自然相感。舊祀先蠶為馬祖，事本如此。《月令》：仲春祭馬祖，季春享先蠶，皆天駟房星也。為馬祈福，謂之馬祖；爲蠶祈福，謂之先蠶，是蠶與馬同其類爾。荀子《蠶賦》：此夫身女好而頭馬首者欤？是又以其形言之，有相似者，而後世遂有蠶女兒之説，有馬鳴菩薩之説，有馬頭娘之説，見於《中華古今注》及《搜神記》《乘異集》之所云者，何其妄也。』

清 江志伊輯《飼蠶法·飼夏秋蠶法》 原蠶之事，何害農功？况原蠶之桑，不難專植，即使二蠶，復食頭葉，明年葉量，亦不過減十分之二，勤加培植，桑復何傷？又或春初霜冷，葉未盛生，或偶值天災，春蠶歉薄，欲補歲計，正宜飼育原蠶。夫固利多，而害少也。

清 吴錫璋《蠶桑新論·論催青之要點第二》 催青者，抱化之謂也。中國催青，有用縣護，有用胸抱。考人身溫度，約合華氏九十五度內外，於蠶卵衛生之道，甚非所宜。日本催青，不過遲，亦不過早，見桑葉如瓢大，然後檢一密室，掃除清潔。預將蠶具器用，以硫黄火硝薰之，使毒氣消盡。室間容積，約六尺立方，再用硫黄五兩四錢，火硝五錢四分，研末和勻，盛於瓦缸，用冷灰平鋪。四面窗戶，均須閉密，不使有氣可通。煙薰足日，大開窗戶，約二日之久，使室間惡氣，蕩然無存，然後移蠶連入室。催青之溫度，由六十度起，每日升高二度，至七十五度止，而蠶卵於是發生。但未移蠶連以前，若天氣過寒，萬不可遽爾啟箱取種，宜於原處，用火烘之，將溫度逐漸升高，必使內溫與外溫平均，始移蠶連入室。內溫高低，不得有十度之差。室內溼度，以七十五度爲準，不宜過於乾燥，否則蠶卵有枯死之虞。至蠶連環聳，不便催青，可用水噴布鋪於篇，或布於窗板均可。孵化前一日，宜用桑花敲碎，平鋪連上。由是蠶蟻發生，靡不整齊。既無先出晚出之殊，亦無多寡强弱之異。欲圖後效，先慎始基，此亦育蠶一大關鍵也。

清 鄭愷《飼蠶新法》

催青注意

催青者，即催蠶卵之孵化也。將孵化時，卵面必有現出黑點，俗云謂之青。此時最宜注意，必先定其下蟻之期，不可失於過早過遲。早則桑芽尚小，日後遞算桑量必多；遲則桑芽過大，桑量雖減，恐葉硬，不利於小蠶。必芽放三四葉為最宜。故在下蟻前十四日或二十日，由貯藏器內取出種紙，移入催青室，漸次昇高溫度。前一週日之第一日，以五十五度為始，每日昇高一度。後一週日之第一日，以六十二度為始，每日昇高二度。合前後二週日，溫度經過九百度內外，蠶卵始發生也。蠶室及一切器具，未移蠶種之前一二日，須先用火烘之，次開窗户，以散室內之惡嗅，使外氣流通交換。種紙平鋪篇上，每日上下轉換二次，則上下種紙，感温平均，後發生齊一矣。

又 溼連法

催青至將孵化之際，用火必盛，恐蠶卵水分易散，過於乾燥，往往有枯死者，故必用水以溼之，謂之溼連。其法有二：曰直接，曰間接。現日本最行間接之法：用桑花搓碎之，當收蟻之前一日，午後五六時間，平鋪桑花於種紙背面，約高三分，其上又蓋以白皮紙，復用桑花淹沒之。如種紙多，桑花不足，種紙可以重疊，然不宜過三張。如此約一點半鐘之久，將桑花除去，即用白皮紙包之，靜放於篇上。初次置蠶架下層，經過二時，可移高二層。若經過三四時後，若種紙過於乾燥，仍用前之桑花散布之。

清 陳淳《製種法》第五章《蠶種之組成》《蠶業叢書》第十二編

第三　蠶卵變色及胚子之休眠

不越年蠶卵之漿液膜，雖至孵化而無變化。然越年蠶卵之漿液膜，經時則生一種色素，是謂卵之變色。此變色之時期，普通春蠶卵始于產生後之二十時間至三十時間，終于七十時間至八十時間也。

至究蠶卵變色之必要，由越年蠶卵變色，不越年蠶卵不變色之理推之，蓋越年蠶卵漿液膜中之含有色素者，冬季以之抵禦外來之寒冷，春季以之吸收溫熱，而便于發生。其不越年之卵，發生甚速，本忌發生多量之熱。若有色素，不特於卵無益，且有害於生理，此造物所以不與其有色素之機能。

蠶卵於漿液膜形成之後，斯時陷入卵黄中獨立之胚子，漸漸發育。先後背面中央之部分，生一縱溝，稱曰背溝。此背溝爲卵子之細胞層，漸次陷入而生，迨背溝全行塞閉，遂分細胞層爲上下兩層。在上層者，曰外胚葉；在下層者，曰内胚葉。同時外面亦伸長，不爲橢圓，而爲長方形。胚子之兩端，亦稍膨大。其前端膨大之部，稱曰頭褶；後端膨大之部，稱曰尾褶。通例越年蠶卵，呈此現象，約在產出後之一週内外。此後變化極緩，至春期始得見爲十八個之體節。此時胚子占卵周四分之三，稱爲最延長期之胚子。胚子自成長方形，至此時期，所謂胚子之休眠也。但不越年之卵子，此時不獨不停止其發育，即其形成胚子，亦較越年之卵爲速，不過產出後之一二日，即成如此之形也。

綜述

北魏 賈思勰《齊民要術》卷五

《俞益期箋》曰：『日南蠶八熟，繭軟而薄，椹採少多。』

《永嘉記》曰：『永嘉有八輩蠶：蚖珎蠶三月績、柘蠶四月初績、蚖蠶四月初績、愛珎五月績、愛蠶六月末績、寒珎七月末績、四出蠶九月初績、寒蠶十月績。凡蠶再熟者，前輩皆謂之珍，養珍者少，養之愛蠶者，故蚖蠶種也。蚖珍三月既績，出蛾取卵，七八日便剖卵蠶生，多養之，是為蚖蠶。欲作愛者，取蚖珍之卵，藏内甖中，隨器大小，亦可十紙蓋覆器口，安硎喜耕反泉冷水中，使冷氣折其出勢，得三七日，然後剖生養之，謂為愛珍，亦呼愛子。績成繭出蛾生卵，卵七日又剖成蠶，多養之此，則愛蠶也。藏卵時，勿令見人，應用二七赤豆安器底，臘月桑柴二七枚，以麻卵紙，當令水高下與重卵相齊。若外水高，則卵死不復出。若外水下卵，則冷氣少，不能折其出勢，不能折其出勢，則不得三七日，不得三七日，雖出不成也。不成者謂徒績，成繭出蛾，生卵七日，不復剖生，至明年方生耳。欲得陰樹下，亦有泥器口，三七日亦有成者。

元 王禎《農書》卷六《蠶繅篇第十五》

《周禮》：『忌原蠶，歲再登，非不利也，然王者法禁之，謂其殘桑也，然則夏蠶最不宜多育。』《務本新書》云：『凡繭宜併手忙，擇涼處薄攤，蛾自遲出，免使抽繰相逼。恐有不及，則有瓮浥籠蒸之法。』

明 黄省曾《蠶經》

歲歲剪條，則盛。禁原蠶之飼，飼則來年枝纖而葉薄。

清 方觀承《述本堂詩集·看蠶詞》

清明前期，裹蠶連以重棉，置煖地，視桑葉大如錢時，擇滿收成，建日懷之，夜卧亦令近身，視種放綠色，則蠶出如蟻。《海物異名記》：蠶初出曰蚾，越人呼為烏兒。又以最先出者為報頭，二眠後，間有形化者，呼為長孃，以其育自牝蠶也。然亦不得而跡之，有之為蠶旺，方其初生，小大迴異。既大眠即差，若及其上簇，不復可辨。越俗以臘月十二為蠶生日。

清 李元《蠕範》卷一《物理第一》

蠶，蝝也，蟻也，女兒也，龍精也。三月始生，有大小白烏斑各色，食而不飲，喙呥呥似馬，色斑斑似虎。初拂謂之蚝。三俯三起，二十七日而老，吐絲爲繭，自處其中，久則化爲䗂蛾，破繭而出，狀如小蝶，眉曲如畫，先孕後交，不交亦產子，無眉目，收采亦薄。交州、永嘉、日南、南鄉諸處歲八蠶，三月蚖珍，四月柘蠶、蚖蠶，五月愛珍，六月愛蠶，七月寒珍，九月四出，十月寒蠶。凡蠶再養爲珍，珍子爲愛也。蠶性畏溼惡水，其蜕爲蠶皮，爲馬明退爲佛退，爲金牛兒。其蛹爲䗂，其神爲宛窳，爲馬頭娘，爲馬明菩薩。其別種曰蝝食桑葉。曰雔由食樗葉。曰蚢食艾葉。曰棘蠶食棘葉。曰欒蠶食欒葉。曰山蠶食槲葉。曰楓蠶食楓葉。曰冰蠶長七寸，黑色，有角鱗，霜雪覆之，然後作繭，長一尺，織錦不濡不燎，出員嶠山。曰風蠶出横州。曰火蠶出炎洲曰水蠶出軫國。曰海蠶出南海。

清 崔應榴彙纂，錢馥補輯《蠶事統紀》卷七 案，一生，頭蠶也。再生，原蠶也。原，再也。秋母、秋中、老秋兒、秋末諸種，即所謂七出、八出者，皆原蠶之別也。

【略】

案，原蠶尚非二蠶，而二蠶之繁育，實原於此，故曰原也。陶宏景《名醫別録》云：『原蠶是重養者。』寇宗奭《衍義》云：『有原復敏速之義，此是第番蠶。』《爾雅翼》云：『或蠶不交而生者，往往為原蠶。原，一作蝡，又一作蝱。』《集韻》作『蠶』。《廣雅》又謂：『一名蝩，是晚蠶所生者。』似未详攷。《埤雅》云：『以晚葉養之。』皆误以今之二、三蠶為原蠶也。

【略】

《永嘉郡記》：『永嘉有八輩蠶：一曰蚖珍蠶，三月績；二曰柘蠶，四月初績；三曰蚖蠶，四月績；四曰愛珍蠶，五月績；五曰愛蠶，六月末績；六曰寒珍蠶，七月末績；七曰四出蠶，九月初績；八曰寒蠶，十月績。』又曰：『凡蠶再熟者，前輩皆谓之珍，養珍者少養之。愛蠶者，故蚖蠶種也。蚖珍，三月既績，出蛾取卵，七八日便剖卵蠶生，多養之，是為蚖蠶。欲作愛者，取蚖珍之卵，藏内罋中，隨器大小，亦可拾紙盖覆器口，安硎泉冷水中，使冷氣折其出勢，得三七日，然後剖生，養之，谓之愛珍，亦呼愛子，績成繭，出蛾卵，卵七日，又剖成蠶，多養之，此則愛蠶也。藏卵時，勿令人見，應用二七赤豆，安器底。臘月，桑柴二七枝，以麻卵紙，當令水高下與種相齊。若外水高，則卵死不復出。若外水下卵，則冷氣少，不能折其出勢。不能折其出勢，則不淂。三七日雖出，不成也。不成者谓徒績，成繭、出蛾、生卵，七日不復剖生，至明年方生耳。欲得陰樹下，亦有泥器。三七日，亦有成者。』《本草綱目》：『蠶種為蚖，再養為珍，珍子為愛。』《荆楚歲時記》：『八蠶出日南，至秋，猶飼以柘。荆楚則早晚二蠶，五月而已。』《林邑記》：『九真郡蠶，一年八熟，繭小輕薄，絲弱綿細。』《留青日札》：『《僞越外紀》曰：「一年再稻，一歲八蠶。」今安南也。』《西溪藂话》：『《雲南志》曰：「風土多暖，至有八蠶。」』《新唐書·地理志》：『蘇州吴郡土貢，有八蠶絲。』

又 卷八 蠶，陽物，陽立於三春，故蠶三變，而消死于七。三七二十一，故二十一日而繭。《淮南子·説林訓》：『蠶食而不飲，二十二日而化。』《本草綱目》：『蠶屬陽，喜燥惡濕，三眠三起，二十七日而老。』《稽康養生論》：『火蠶十八日，寒蠶三十餘日。』《爾雅翼》：『三十六日而化。』《齊民要術》：『調火令冷熱得所。』熱則焦燥，冷則長遲。

又 卷一二 《蠶書》曰：『月當大火，則浴其種。』是蠶與馬同氣也。《周禮》：『教人職疑當馬質掌禁原蠶者。』而注云：『物莫能兩大，禁原蠶者，為其傷馬也。』

又 卷一五 《代醉編》：『有負脾中創，血如箭出，醫者以炒原蠶蛾末傅之，立止。』

清 程岱葊《西吴蠶略》卷下 左太冲《吴都賦》『鄉貢八蠶之繭』，注云：『日南一歲八蠶，地暖故耳，似中土所無。』然鄭緝之《永嘉記》曰：『永嘉有八輩蠶：一曰蚖珍，三月初績即湖之頭二蠶；二曰柘蠶，四月初績；三曰蚖蠶，四月末績即湖之二蠶。；四曰愛珍，五月績；五曰愛蠶，六月末績；六曰寒珍，七月末績；七曰四出蠶，九月初績；八口寒蠶，十月績。凡蠶再熟者，皆謂之珍，養者少養之，此中土八蠶之證也。』張文昌《桂州詩》云『有地多生桂，無時不養蠶』，蓋桂州地近日南故也。

清 高其垣《試行蠶桑説·飼蠶法六十條》 考《切問齋文鈔》内，郭公復齋論蠶桑之利。浙江永嘉有八種蠶：一曰蚖珍，三月績；二曰柘蠶，四月初績；三曰蚖蠶，四月績；四曰愛珍，五月績；五曰愛蠶，六月績；六曰寒珍，七月末績；七曰四出蠶，九月初績；八曰寒蠶，十月績。夫農家四時有暇，而蠶繭八種可成，計至便也。

清 高銓《蠶桑輯要》卷上

揚揚，亦從去聲

兒出卵，大約三朝始齊，方其破杪，不可頻開包裹，俟出十之三四，方展開種紙，向明暖處安放，謂之揚蠶。見亮光未出者，同時齊出矣。若揚之太早，必出不齊。

清 高銓《吴興蠶書》卷上

三四五蠶種

二蠶爲夏蠶，三四五蠶爲秋蠶種。出於春第一番出者，與頭蠶同時；第二番出者，與夏二蠶同時；第三番在六月，第四番在七月，第五番在八月，生育之勤且敏，無如此種絲之分兩，較輕於夏二蠶。《永嘉郡記》云：『永嘉有八輩蠶：一曰蚖珍蠶，三月績；二曰柘蠶，四月初績；三曰蚖蠶，四月績；四曰愛珍蠶，五月績；五曰愛蠶，六月末績；六月寒珍蠶，七月績；七曰四出蠶，九月初績；八曰寒蠶，十月績。』又云：『凡蠶再熟者謂之珍，養珍者少養之愛蠶者，故蚖蠶種也。蚖珍三月既績，出蛾取卵，七八日便剖卵，蠶生多養之，是爲蚖蠶。欲作愛者，取蚖珍之卵，藏內甕中，紙覆器口，安硎泉冷水中，使冷氣折其出勢，得三七日，然後剖生養之，謂爲愛珍，亦呼愛子。績成繭出蛾卵，卵七日又剖成蠶，多養之，此則愛蠶也。藏卵時，當令水高下與種相齊。若外水高，則卵死不復出。若外水下卵，則冷氣小，不能折其出勢，不能折其出勢，則不得三七日，不得三七日，雖出不成也。不成者，謂徒績，成繭出蛾生卵，七日不得剖生，至明年方生耳。案，所謂蚖珍者，即秋蠶第一番之蠶也，今人不知，別自有種，乃謂即原蠶。第二番之蛾所生原者再也，一歲止育兩番，豈能化生至三四。或謂第二番之蛾，交淺則生卵即出，交深則不出。或又謂須天未明剖繭之蛾，淺交則出，否則交雖淺亦不出。余嘗試之，皆不驗。惟是今秋蠶之子，不能全出，往往止出三之二，未解其故。以永嘉作愛法觀之，豈亦須水折其出勢乎？古人云：春蠶不熟，養之以補，歲計是種，亦資生之一助也。

清 方大湜《桑蠶提要》卷二《蠶事四十條**・生議**五則**》**

煖子法則。蠶子將出之時，先變綠色種子只是清水，顔色帶紫，迨紫變爲綠，則水化爲蠶矣。煖子之法，有在未變綠色之先者，有在已變綠色之後者。桑樹放葉如錢大時，取蠶連摺好，以桑皮紙包之包不宜太厚，恐煖氣達不到也，晝則置於懷中宜置緊襖之內，裏衣之外，以蠶種得人身煖氣，則子易出也，夜則置於被絮內近身處不可壓，只看通連碧綠，便是轉勻之候，再用綿花包好，以待其出由綠色變灰色，次日即出矣。自煖子至子出，約六七日，此煖在未變綠色之先也。蠶子變綠色，不時取閱，見其又變青黑色，內有一二細如頭髮，蠕蠕欲動，是蠶秧將出之候，仍密藏之，待桑枝抽有嫩葉，乃取出蠶連，溫於懷中一半日，攤開煖處，又半日即出，此煖在已變綠色之後也。如不置於懷中，則以二連相合爲一層連背向外，層層平鋪，用綿花包裹約厚三四寸，綿花之外，再裹以潔淨綿襖，綿襖之外，仍覆以潔淨衣被，置溫室牀上，時常用手試探，以被底有溫和之氣爲妙。如因留種太多，恐將來繅絲過於忙迫，即分作兩次生蟻亦可。後一次生蟻，比前一次可遲十日，須藏蠶子於罎內，置之冷處，封閉罎口，勿令風熱透入，十日後，取出蠶子，一見熱風，蟻自破殼而出。

清 吴烜《植桑育蠶書・養蠶説》

春蠶之後，另有夏蠶。春蠶謂之頭蠶，夏蠶謂之二蠶。二蠶，即原蠶。

清 曹笙南輯《五畝居桑蠶清課》卷二《育蠶徵信篇》

養原蠶法

《蠶桑切要》：『原蠶，惟春蠶失收，以補不足，桑葉尚多，養之可也。養法，起底飼葉，格外要勤，二十一二日即老，最忌大蒼蠅，亦忌大熱。春蠶宜煖，夏蠶宜涼是也。』

清 曹倜《蠶桑速效編》

考蠶有八種，績不一時。一曰蚖珍，三月績；二曰柘蠶，四月初績；三曰蚖蠶，四月績；四曰愛珍，五月績；五曰愛蠶，六月績；六曰寒珍，七月末績；七月四出蠶，九月初績；八曰寒蠶，十月績。

清 闞維震《養蠶法》第三章《催青》

催青前之準備。催青室不必大，室大則不易調溫。著手之前，凡蠶室、蠶具及一切應用物，概須掃拭潔淨。室中宜消毒，或用石灰水粉飾板壁。門窗如有空隙，須用紙糊之。若用消毒藥水，須於掃蟻二星期前行之，恐有臭氣，宜使發散乾燥。

催青之方法。舊法將蠶種煖於人身，溫度始終如一，不適發生之順序，且卵之孵化，衹須溫度七十五度至八十度已足，人體之溫，通常皆在九十度之上，溫度過高，水分蒸發太甚，每易致枯斃不出。又卵子當孵化時，吸呼力甚大，空氣不通，殊不合蠶之生理。新法改用火力，於催青前一日，先調適室內溫度，次日將種子取出，移置催青室中。將種紙平攤簏上，時常轉換各面，逐漸增溫，約兩星期，即可孵化。

催青之時期。催青之期，通常皆在清明後穀雨前著手，然宜視天時寒暖、桑芽開綻情形而定，最好以桑樹方開頭葉爲斷。桑樹第一葉開綻後，大率經十三四日，則三四葉次第開放，斯時蠶種出蟻最爲適當。

催青時之溫度。催青時逐日增溫，應有一定標準。大率前一星期開始，由五十五度內外，每日增加一度。後一星期，每日增加二度，不可隨意高低。然宜察天氣有無變動，如有時外溫已超過本日所定度數，則宜閉熄爐火，開通窗戶，使溫度低降，且宜隨時留意桑芽開綻之情形，以定催青日期之長短。

催青期內，如天氣太冷，則桑芽開綻必遲，温度卽宜從緩增加，每日應增一度者，可兩日增一度，或三日增兩度。若天氣驟熱，則桑發必速，收蟻亦當從早，温度應增一度者，可增度半，應增兩度者，可增三度。庶一星期內外，卽可孵化，以免葉質堅硬，不適稚蠶。惟未發蟻之前，每日温度變通，增加則可，驟較前低下，則不可。蓋温度驟低，胚子發育驟然中止，受病非淺。若發生時，桑葉尚少，寧可任其出蟻後，再將温度低至六十四五度，不使乾燥，稍餓一二日，尚無大害。

催青時之溼度。催青溼度，以乾溼表乾溼兩球相差三四度爲適當，若過於乾燥，則卵子發生不齊，且多死卵，故視兩球超過五六度時，卽宜於室內或灑清水，或用溼巾、溼薦等物，置於蠶箔近處，最妥適者，於爐上置水壺，常使蒸發水汽，卽可調和溼度。至催青末後數日，溼度當以七十五度內外爲標準，此時用火必盛，若見種紙乾燥，可用溼連法直接於種紙背面微噴温水，或時揉碎桑花撒布箔上，二三分厚。將種紙鋪於其上，再覆桑花，以不見種紙爲度。倘種多花少，不妨重疊，但不可過三重以上。經一二小時，視種紙溼潤卽可將桑花撤去，仍將種紙安置箔上，俟其孵化。種紙既溼以後，此時温度切不可低降至七十度以下，種紙亦不可再使乾燥。若種紙仍乾，可將溼過桑花再行堆置紙旁。

催青時卵子之外觀。催青開始前一星期，卵面漸次膨脹，至八日，卵面似附白粉，九日漸成淡藤色，卵子側面稍凸，表面漸凹。十一日，藤色更濃，卵面見小黑點，是卽胚子發達，將內膜嚙破，業已孵化之證。

清 江志伊輯《飼蠶法・粤東飼八造蠶法》 浴春。頭造蠶，當春自出，可不用浴，餘造必浴之乃出。浴法：於春生之明日黎明，以鐵鍋盛滚水一半冷水一半，攪勻，以容手爲度。天冷則水略冷天冷，蛾散子遲而皮薄，故水不宜太熱。天熱則水略熱天熱，蛾散子速而皮厚，故水不宜太冷。宜冷而熱，則子熟不出。宜熱而冷，則蟻出不齊。浴時，斜置蠶牀，用小木杓倒水淋二次浴至八幅，另易清水。卽取起，挂竹竿上晾乾遇風雨，則置紙方甎上，令去水。乾後，收入室內，仍晾通風處，不可閉氣，尤忌日曬。

又 附飼八造蠶時日表。一日黎明，浴春，下午起淡紅色。二日通紅色。三日現紅黑斑。四日絳色凹窩。五日赤色上粉。六日深赤色點嘴。七日銀灰色。八日卯辰時出蟻，巳刻下葉，移蟻下簸。九日辰刻換簸、去沙。十日未申刻欲眠，卽換簸子，丑刻住食。十一日申酉刻起。十二日飼葉。十三日巳午刻欲眠，卽換簸，申酉刻住食。十四日巳午刻起。十五日飼葉。十六日寅卯刻欲眠，卽換簸，午未刻住食。十七日寅卯刻起。十八日飼葉。十九日巳午刻欲眠，卽換簸，申酉刻住食。二十日午未刻起。二十一、二十二、二十三日飼葉。二十四日半身黃亮。二十五日丑刻住食，卯刻上簇。二十六日午刻蠶吐絲盡。二十七日成蛹。二十八日在簇。二十九日采繭，炕燥，臨晚撤火。其留種之繭，於三十三日寅卯時出蛾，臨晚生春。三十四日黎明又浴春。

清 林志恂《蠶桑淺要・養蠶淺要》

催青俗名燻子

行催青法者，須先備催青室，不必過大取其調停温度容易也，以深廣各一丈六尺，高一丈爲得中。四邊門窗及天花板等處，凡有空隙，俱用厚紙裱糊。室內排列蠶架兩三個，每架挿蠶箔五六個，以足攤蠶種紙爲度。催青之前數日，室之中央，置一炭火缸，以驅除濕氣火缸離蠶架須二三尺，壁間掛華氏寒暑表一個，以測定温度。能有乾濕計更好。

清 吕道象《廣州番禺吕大令道象調查境內蠶業報告》《農學報》第二百四十四期 蠶種及催青法。縣屬不善製種，皆徃順邑買來。至催青法，頭造當春自生，輪月則用開水一拖，自然生發。其色初粉紅，次青色，繼則紅色，由紅而轉黑，不日蠶蟻出矣。

清 陳敬彭《廣東蠶業研客社春蠶飼育試驗表附說》《農學報》第二百七十四期 粤東地近熱帶，温度較他省增進，氣候因而早煖。例如外省三月桑芽發，始催青，迄五月初而產卵。粤則于大寒前後，桑已抽芽，蠶卵亦應時出蟻，比外省及東洋天氣早温一兩月。他省出蟻時，而粤已育二化蠶矣。故粤東春蠶，至大寒後出蟻，卽須飼育。下年正二月，便可結繭。非如他省，三月始掃立也。前本社奉到督帥所頒浙種，於去臘二十七始掃立，社員初不知此事，皆回家度歲，暫付工人，用土法飼養。且當時蠶種於途中已出蟻逾半，悉捐棄之。其未出者，又送發各處農人飼育，只取蟻量一錢五分而已。此次自大寒至上元前，氣候晴煖，純用天然温度，於蠶之發達最宜。十五以後，連值陰雨，温度忽降。自大眠中二月三日，始稍用火，以補温度。故遲至四十日乃成熟。當時濕度，日高百分中增至八十五度或九十度。本社特置灰於盤，布糠於箔，且藉火力以排除濕氣。農家不解此，致所領之種，輒不成繭。此防濕方法，爲粤地之必須者。結繭成數，比較頗高，其中有斃蛹者，實緣受濕所致。

上簇悉用日本法，上繭厚靱光潔，殊勝粤繭。餘亦堅緻少纇，節不易斷，且易舒解，絲量較常繭爲多。若飼育得法，輸入浙種以圖改良，則粤絲利權，定可日益發達也。

清　孫尚質《橡蠶芻言》卷三《育蠶要務》

補養蝢蠶

蠶不交而生者，爲蝢蠶。蝢蠶，一歲再收，非不利也，然而王法禁之者，爲其殘桑也。今橡樹暢茂，何妨再蠶。大凡天氣融和，其蛹蛾必有破繭而出者，安放涼箔之上。俟受養氣足，拆去雄蛾，將雌蛾匀布於橡樹叢密之處，一二日自能產卵於枝葉上，卵化爲蛾，便能食葉。看守餵養，悉如前法，不日卽成蠶矣。惟此蠶六日一眠起，間有四眠者。總之，至二十六日而老，近白露節結繭，其收成，較春蠶占八九分之數。選其堅靱者儲作來年種繭。

又　造器藏種

蝢蠶選留之種繭，非造器貯藏不能避潮霉，絕鼠患，供來歲之用。造器之法：削指寬篾塊編成疏密孔眼作方圓形式之簍子，另加柱篾撐持，避鼠嚙而透空氣。中空，寬二尺，深三尺四寸，另加三寸之蓋。內安架格，每格三寸一分，讓出格篾地位合上下計空十格。按格貯繭，安置高燥房中，或憑空懸掛亦可。至於門窗，須不時開啟，引風入戶，以收潮氣，此爲最要。

清　楊鞏《中外農學合編》卷一〇《蠶類・飼育》

煖子

清明後穀雨前，取蠶種置懷中養少則可，多則不行，或裹以綿花，謂之煖子。然清明穀雨亦是就大概而言，其實各省節氣寒煖不同，煖子遲早自不一律。大約不論何省，不論何節氣，祇看桑樹上生葉大如茶匙，便是煖子時候，以此爲準，既不失之過遲，亦不失之過早桑葉未生，切勿早煖。蠶子將出之時，先變綠色。種子祇是清水，顏色帶紫，迨紫變爲綠，則水化爲蠶矣。暖子之法，有在未變綠色之先者，有在已變綠色之後者，桑樹放葉如錢大時，取蠶連摺好，以桑皮紙包之包不宜太厚，恐煖氣達不到也，晝則置於懷中宜置絮襖之內，裹衣之外，蠶種得人身煖氣，則易出子，夜則置於被絮內近身處不可壓，只看通連碧綠，便是轉匀之候。再用棉花包好，以待其出由綠色變灰色，次日卽出矣。自煖子至子出約六七日，此煖在未變綠色之先也。蠶子變綠色，不時取閱，見其又變青黑色，內有一二細如頭髮，蠕蠕欲動，是蠶秧將出之候，仍密藏之，待桑枝抽有嫩葉乃取出蠶連，溫於懷中一半日，攤開煖處，又半日卽出。此煖在已變綠色之後也。如不置於懷中，則以二連相合爲一層連背向外，層層平鋪，用棉花包裹約厚三四寸，棉花之上再裹以潔淨棉襖，棉襖之外仍覆以潔淨衣被，置溫室床上，時常用手試探，以被底有溫和之氣爲妙。如因留種太多，恐將來繅絲過於忙迫，卽分作兩次生蟻亦可。後一次生蟻比前一次可遲十日，須藏蠶連於罎內，置於冷處，封閉罎口，勿令風熱透入，十日後取出。蠶子一見熱風，蟻自破殼而出。同上

煖子禁忌。忌熱太熱則蟻死不出，出亦枯焦不旺，忌寒寒則出遲，且先後不齊，忌乍熱乍寒乍熱乍寒，子必傷損。勿置產婦身上不潔淨也，勿置做粗活人身上做粗活者多出汗，恐蒸壞蠶子。如天氣和煖，而家無不做粗活之人，則日間亦可置被下，勿只煖一面置懷中者，蠶連摺好數疊，這一面摺在外，那一面卽摺在內，必須表裏互易，如今日以這一面靠裏衣，明日卽以那一面靠裏衣，裹棉花者蠶連不止一層，每日早午晚三次解開棉包，將中層之連移置上下層，上下層之連移置中層，庶煖氣均匀，出乃齊整，勿當風看視恐殼乾難出也。《士農必用》

《齊民要術》《蠶桑輯要》

又　出蟻

蟻之初出者名報頭，須以燈草長四五寸者數十莖匀鋪連上，再行摺好，以防壓損，蟻之生也有先有後蟻生在午時之前，過午則不生，然不過三日卽當出齊。第三日摘野薔薇葉放鍋內炒燥，揉爲細末，將蠶連平鋪篩內，安放明亮之處，將薔薇末匀撒連上，蠶在殼內得此香氣，一箇時辰盡出矣。或用隔年枯桑葉炒燥揉末亦可。過三日後而出者棄之。

《蠶桑寶要》

清　葉向榮《蠶桑説・蠶桑輯要・諸家雜説》

原蠶法

原蠶卽夏蠶，又名頭二蠶。二蠶利本不取，一則時屆農忙，恐妨田務。二則蠶盛妨馬，故《周禮》有原蠶之禁。三則春蠶畢後，桑葉無多，再戕伐其葉，樹本受傷，來年之葉必不繁茂。惟春蠶失收，以補不足，桑葉尚多，養之可也。養二蠶法，起底飼葉，格外要勤，二十二日卽老，最忌大蒼蠅，亦忌大熱。春蠶宜煖，夏蠶宜涼，是也。

清　余銑《山蠶講義》第三章《養蠶類》第二十五節《出蠶》　浴春者，卽初生之蠶子也。每日寅卯辰三刻出蠶，其多如小毛蟲，又如蟻，故謂之曰蟻。蠶約長二三分，頭紅身黑。初出卵時，旋食其殼之半，如馬之食胞。

然其未出之前，子筐下須鋪席，如有蠶蟻落地及散走筐席間者，宜仍取入筐内，或掃以羽翎，或掃以蠶刷。蠶刷者，束茅穗為之，長六七寸。掃已，用笋籜撮入筐中。

清 張行孚《蠶事要略》

蠶初生《輯要》謂之生蛾，湖俗謂之烏兒

清明節後，桑葉已生，將變色蠶種取出，挂在温和房内，如色未變黑，須厚護令變。待烏兒齊出時，將鵝翎輕輕掃在蠶箔内小蠶箔，其式如篩而薄其邊，箔内須以白紙糊好，令其光潔，湖人謂之蠶大，掃訖采桑葉，用薄刀切細，洒在蠶上，務要匀薄。又法：蛾既齊出古書蠶初生謂之蛾，采桑葉用薄刀切細，將葉洒在蠶箔上，令其匀薄，將蠶連古書蠶種紙謂之連合於葉上，蛾自附葉上，或多時不下連，及附上連背，反覆不下者，此殘病蠶，並連去之可也。此古法揆之，於理當通，但湖俗少如此者大凡清明後，種初變時，肥綻而極黑，再變時烏兒齊出，此嘉種也。若初變時，不甚綻黑，生出早晚不齊，此下種也。《輯要》云：『蠶要三齊，子齊、蛾齊、眠齊是也。』

清 張文藝《養蠶秘訣》

培種　平日將蠶子布懸挂當風處，一切燒紙錢、煎藥、熬油、烟臘、香氣直冲者宜避，偏者無妨。待冬至後三九内，用板刷將蠶子布上灰塵刷去，然後置屋上，任其風雨雪霜暴露，以七日為度。露好仍置原處，至明年清明前後數日，仍用板刷刷去灰塵，將舊棉絮薄薄包好。約在穀雨前數日再加厚絮，日間置衣被中，如人着棉衣，子布放於被下，人着夾衣，子布放於被上，夜間置衣團下被頭上，最宜用心，不可重壓。天時寒熱不同，以此為度。五六日後，子已轉色，滿十日纔出報頭。蠶早出，恐其不佳，視蠶出四五成，俟天日晴明拿出，攤在近日光處一照，則一齊俱出矣。

清 鄭愷《飼蠶新法》

催青注意

催青者，即催蠶卵之孵化也。將孵化時卵面必有現出黑點，俗云謂之青。此時最宜注意，必先定其下蟻之期，不可失於過早過遲。早則桑芽尚小，日後遞算，桑量必多遲則桑芽過大，桑量雖減，恐葉硬不利於小蠶，必芽放三四葉為最宜。故在下蟻前十四日或二十日，由貯藏器内取出種紙，移入催青室，漸次昇高温度，前一週日之第一日，以五十五度為始，每日昇高一度。後一週日之第一日，以六十二度為始，每日昇高二度，合前後二週日温度，經過九百度内外，蠶卵始發生也。蠶室及一切器具，未移蠶種之前一二日，須先用火烘之。次開窗户，以散室内之惡嗅，使外氣流通。交換種紙，平鋪篇上，每日上下轉換二次，則上下種紙感温平均後，發生齊一矣。

又 溼連法

催青至將孵化之際，用火必盛，恐蠶卵水分易散，過於乾燥，往往有枯死者，故必用水以溼之，謂之溼連。其法有二：曰直接，曰間接。現日本最行間接之法，用桑花搓碎之，當收蟻之前一日午後五六時間，平鋪桑花於種紙背面，約高三分，其上又蓋以白皮紙，復用桑花淹没之。如種紙多，桑花不足，種紙可以重叠，然不宜過三張。如此，約一點半鐘之久，將桑花除去，即用白皮紙包之，静放於篇上。初次置蠶架下層，經過二時，可移高二層。若經過三四時後，若種紙過於乾燥，仍用前之桑花散布之。

又 溫濕注意凡飼蠶之家，欲使溫濕適宜，須先購華氏溫濕二表

温度在催青之始日，以最高六十度為限，最低五十度為限，每日高一度。至第八日，每日高二度，以十四日為催青之期。温度尤宜注意，殆至蟻蠶出後，每日須最高七十五度，最低六十八度，以平均七十一度左右為宗旨。然亦不可拘依標準之温，不覩外温之昇降，而盡用火力，以至室内密閉，外氣沮滯不通，則蠶受害非淺，亦可以稍依外温之昇降而高低之。然内温與外温不可差至二十度。當蠶眠之際，以温度六十九度為適宜。

濕度以七十度至八十度為最適即乾濕兩球，差五六度也。若差度在一二度，或無差度之際，蠶室溼氣必重，宜用糠或火力，及減其給桑量，方能使濕度下降也。

清 陳淳《製種法》第五章《蠶種之組成》《蠶桑叢書》第十二編

第三　蠶卵變色及胚子之休眠

不越年蠶卵之漿液膜，雖至孵化而無變化。然越年蠶卵之漿液膜，經時則生一種色素，是謂卵之變色。此變色之時期，普通春蠶卵始于產生後之二十時間至三十時間，終于七十時間至八十時間也。

至究蠶卵變色之必要，由越年蠶卵變色，不越年蠶卵不變色之理推之，蓋越年蠶卵漿液膜中之含有色素者，冬季以之抵禦外來之寒冷，春季以之吸收溫熱，而便于發生。其不越年之卵，發生甚速，本忌發生多量之熱。若有

色素，不特於卵無益，且有害於生理，此造物所以不與其有色素之機能。

蠶卵於漿液膜形成之後，斯時陷入卵黃中獨立之胚子，漸漸發育。先後背面中央之部份，生一縱溝，稱曰背溝。此背溝爲卵子之細胞層，漸次陷入而生，迨背溝全行塞閉，遂分細胞層爲上下兩層。在上層者曰外胚葉，在下層者曰內胚葉。同時外面亦伸長，不爲楕圓，而爲長方形。胚子之兩端，亦稍膨大。其前端膨大之部稱曰頭褶，後端膨大之部稱曰尾褶。通例越年蠶卵，呈此現象，約在產出後之一週內外。此後變化極緩，至春期始得見爲十八個之體節。此時胚子占卵周四分之三，稱爲最延長期之胚子。胚子自成長方形，至此時期，所謂胚子之休眠也。但不越年之卵子，此時不獨不停止其發育，即其形成胚子，亦較越年之卵爲速，不過產出後之一二日，即成如此之形也。

又 第八 人工孵化蠶種法

因人爲而使蠶種孵化者，是曰人工孵化法。此法有數種，即摩擦法、浸湯法、浸酸法是也。茲披露於左，藉資攷證。

（一）摩擦法。蠶卵產出後，經若干時日，用刷毛以五分間或十五分間激烈摩擦一分間須摩擦百回以上，或於水中摩擦之，如是約十日乃至十五日，可得發生。而產卵後經過時日少，即行摩擦，則發生之日數短，且發生多。此係漿液膜未形成以前，感外部之刺激銳敏，故奏效大。雖然由卵子生理上觀之，因摩擦奪去卵子之溼勢，使卵內容受冷，宛如越冬同一之經過，且如斯突然行激烈之刺激，未必無害，其生理機能可稽決也。但由事實上觀之，則飼育此等蠶兒，尚能普通結繭而已。

（二）浸湯法。此法中國古來亦行之，名曰瀹種法，用微溫湯浸以少時間。廣東飼育多化蠶者，一般行之，其湯溫在華氏百三十度內外，時間約一分或二分可也。

（三）浸酸法。浸漬蠶卵於酸類，亦能使其發生。法：以卵產後，經十一時間乃至二十四時間，浸於鹽酸中，五分間後取出，自此經十一日始發生。其發生日數須九日，發生之數約全卵十分之九。硝硫酸亦能使發生，但不及鹽酸之善耳。此法日本屢行試驗，頗有效力。

右三法中，前後兩法歐洲地方爲鑑定蠶種之强弱，臨時間或行之，而實地上尚不可名應用。蓋其有害於生理否，尚無精確調查，且施術亦甚困難。獨浸湯法可得良好之結果，日本現時欲應用於多化蠶時，屢行試驗，亦得成績，但於生理上如何關係，其調查尚未明瞭，未敢決言也。

清 吉林蠶桑局《養蠶簡明法・養蠶白話》 中國的燰種燰音烏煖也，多燰在胸中的，不知胸中的溫度有九十五六度，種子只到七十三四度，就會出蟻，一時加多二十幾度，豈不要焦死的麼？我們的燰種，叫做催青，要另備房屋一間，四面的板縫，用紙糊好，大約一丈二尺見方的房屋一間，可擺蠶架兩個，火缸一隻，要像三角形的擺法，最近亦要離開三尺，把蠶種平攤簾內，放在架上，各簾要時常上下調換，前後轉移，使種子受一樣暖氣，其第一日用六十度，以後一日加一度，加到七十三四度的時候，就出蟻了。

清 黄毅《養蠶新論》第三章《蠶種之保護》《蠶業叢書》第二編

第二節 催青法

此即第三期之保護法也，卵於此期內漸次發育，由胚子而成蟻體，任其自然，不加理會，於高溫之際，亦自能發育出蟻。然老幼不齊，飼育不便，故須用催青之法也。我國向以人溫催青，法於清明之夕，用棉花包蠶卵，日藏於胸，夜覆於被，實不知卵當孵化之時，呼吸甚大，空氣不通，其害一。人體之溫，平均爲九十六度之强，而卵之孵化只需溫七十餘度，溫高而體炙傷，其害二。願我國人留意改良焉。

又 火爐用炭最宜留心，須將木炭在外預先燃燒，使其炭養氣已盡，再行埋入火爐，其後雖有炭養二氣，其害則較小也。若直以初燃之炭，放於室中，則所放之炭養氣，大有害於蠶卵也。

清 黄毅《蠶體生理論》第一章《生殖機論》《蠶業叢書》第六編

第四節 胚子之發達

受精之卵，變化頗多。試取成熟之蠶卵一枚，檢其外面，則有硬固之被殼，即稱爲卵殼。卵膜之內，又有透明薄膜，稱爲卵黃膜，專爲包被卵內原形質、卵黃球、脂肪等物之作用。此等含有各物，常充滿於卵中，其亦有一核，名爲胚球。產卵後經過一定時間，胚球始行分裂，初於分裂之部，生一種三膜，此膜係由扁平大形一層之細胞而成。其中含有楕圓形之核及多量之色素，此膜即爲漿液膜，乃與卵黃膜，共爲保護蠶卵內部之含有物者也。俗稱蠶卵之變色，生於漿液膜，係由色素堆積而成。然黄繭種卵呈綠色，若在二化第一期，則無色，是亦因色素種類之有無者也。今以蠶卵變色之現象觀之，越年卵與不越年卵，大有別異。如越年卵春冬皆須吸收溫熱，因其漿液膜中含有色素，春冬氣寒，均受外界之影響，故須吸熱，以爲發生之調和。至於不越年者，既無色素，若吸收溫熱，反害生理。所以變色不變色，由此而分也。

又 第六節　人工孵化

用人爲之法，使蠶卵隨時可以孵化，稱爲人工孵化法。此法亦有數種，卽摩擦法、通電法、浸酸法、浸湯法等是也。

清　陳洊《製種法》第四章《蠶種之運寄》《蠶業叢書》第十二編　越年蠶種之運寄，以十月十一月爲最好之時期。若至十二月以後，蠶卵之呼吸，雖比十與十一兩月更微弱，但途間偶遇暖氣，則卵内胚子，卽有發育之性，爲害實非淺鮮。故十二月之間，寄蠶種於近處則可，若運寄遠處，爲時較久，須防意外之虞。

紀事

宋　樂史《原蠶駁議》《蠶事統紀》卷一六　雍熙三年，維擢國子司業，會將有事於藉田，維起《周禮》，至于《唐書》。凡沿革制度，並録之以獻，觀者稱其博。又上書請禁原蠶，以利國馬，直史館樂史駁之曰：『《管子》云：倉廩實，知禮節。衣食足，知榮辱。是以古先哲王，厚農桑之業，以其為衣食之原耳。一夫不耕，天下有受其饑者。一婦不蠶，天下有受其寒者。故天子親耕，后妃親蠶，屈身以化下者，邦國之重務也。』《吴都賦》曰：『國賦再熟之稻，鄉貢八蠶之綿。』則蠶之有原，其來舊矣。今孔維請禁原蠶，以利國馬，徒引前經物類同氣之文，不究時事確實之理。夫所市國馬來自外方，涉遠馳驅，虧其秣飼，失於善視，遂至元黃，致斃之由，鮮不由此。今乃欲禁其蠶事，甚無謂也。唐朝畜馬，具存監牧之制，詳觀本書，亦無禁蠶之文。況近降明詔，來年春有事于藉田，是則勸農之典方行，而禁蠶之制又下，事相違戾，恐非所宜。臣嘗歷職州縣，粗知利病，編民之内，貧窶者多，春蠶所成，止充賦調之備，晚蠶薄利，始及卒歲之資。今若禁其後圖，必有因緣為弊，滋章撓亂，民豈遑寧。渙汗綍綸，所宜重慎。上覽之，遂寢晚蠶之禁。維復抗疏曰：『按《周禮·夏官·司馬職》言：禁原蠶者，為傷馬也。原，再也。天文，辰為馬。《蠶書》：蠶為龍精，月直大火，則浴其種。是蠶與馬同氣，物莫能兩大，故禁再蠶，以益馬也。又郭璞云：重蠶為原，今晚蠶也。臣少親耕桑之務，長歷州縣之職，物之利害，盡知之矣。蚩蚩之氓，知其利而不知其害，故有早蠶之後，重養晚蠶之繭，出絲甚少，再採之葉，來歲不茂，豈止傷及於馬，而桑亦損矣。臣自縣歷官，路見坰野之地官馬多死，若非明援典據，助其畜牧，安敢妄有舉陳哉。按，《本草》注：以僵蠶塗馬齒，則不能食草。物類相感如此。《月令》：仲春祭馬祖，季春享先蠶，皆謂天駟房星也。為馬祈福謂之馬祖，為蠶祈福謂之先蠶，是蠶與馬同其類爾。蠶重則馬損，氣感之而然也。臣謂依《周禮》禁原蠶為當。』上雖不用維言，而嘉其援引經據，以其章付史館。

雜録

《太平御覽》卷八二五《資産部五》　《永嘉郡記》曰：『永嘉有八輩蠶：蚖珍蠶三月績，柘蠶四月初績，蚖蠶四月初績，愛珍五月績，愛蠶六月末績，寒珍七月末績，四出蠶九月初績，寒蠶十月績。凡蠶再養者，前輩皆謂之珍，少養之愛蠶者，故蚖蠶種也。蚖珍三月既績，出蛾取卵，七月八月便割蠶生，多養之，是爲蚖蠶。欲作愛者，取蚖珍之卵藏内瓮器中，隨器大小亦可，十紙百紙盖覆器口，安冷水，使冷氣折其出勢，僅得三七日，然後剖生，養之謂爲愛珍，亦愛子。績成繭蛾生卵，卵七日又剖成蠶，多養之，此則愛蠶也。』

又　嵇康《養生論》曰：『火蠶十八日，寒蠶三十餘日。』

宋　羅願《爾雅翼》卷二四《釋蟲一》　鄉貢八蠶之綿，吳人且以為美談。《吳録》曰：『南陽郡一歲蠶八績。』《林邑記》曰：『九真郡蠶年八熟，繭小輕薄，絲弱綿細。』《荆楚歲時記》曰：『八蠶繭出日南，至秋猶飼以柘。荆楚則早晚二蠶，則五月而已。』《永嘉郡記》曰：『永嘉有八輩蠶：蚖珍蠶三月績，柘蠶四月初績，蚖蠶四月績，愛珍五月績，愛蠶六月末績，寒珍七月末績，四出蠶九月初績，寒蠶十月績。』其説云：『凡蠶再養者，前輩皆謂之珍，少養之，而蚖蠶與愛珍二色，候蚖珍三月既績，出蛾取卵，七八月便割蠶生，多養之，是為蚖蠶。若取藏甕中，亦可十紙百紙盖覆器口，安冷水，使冷氣析其出勢，僅得三七日，然後剖生，養之為愛珍，然則盖一類耳。」

圖表

清 楊鞏《中外農學合編》卷一一《蠶類・飼育・附外洋法》

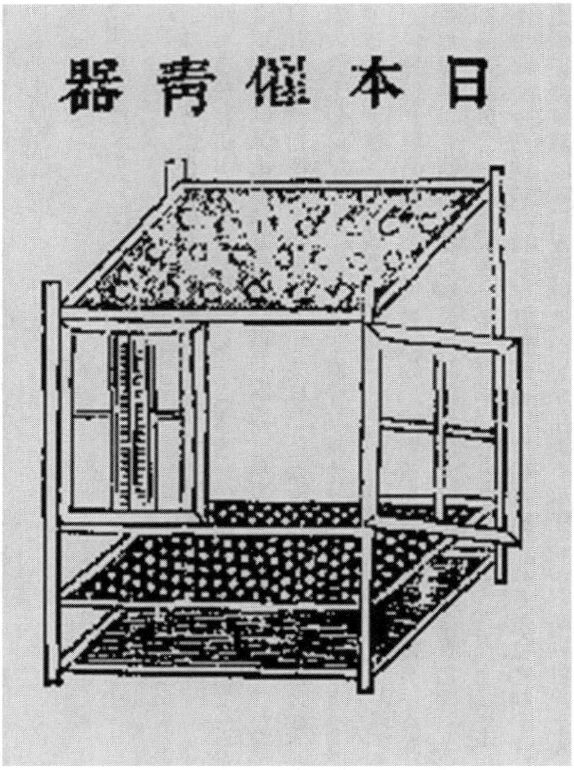

上式為日本近今平常所用之催青器，木製長方空架，形如箱櫃，最下部裝木底板，板上置火燈。燈以上四五寸，張以鐵板，鑽多數細孔，如米篩。以水器盛水，置鐵板上，以防過燥。上部將種紙一一懸掛櫃頂。櫃頂上裝封木板，鑿數排氣孔，以便流通空氣。前面設開合門，門上嵌寒暑表一支，隨時觀看熱度高低。周圍四方皆糊以紙。至其效用之妙，由火燈熱氣自鐵板細孔傳過，於器中之水，發散少許濕潤之氣，使種子感受燻蒸，漸次孵化而出蟻矣。其尺寸大小不一定，然須量一燈之熱氣，所能傳達周到而為之。總之，種子與鐵板，上下距離不可太近。近則熱氣觸接，恐卵受病；亦不可太遠，遠則熱氣散漫，出蟻必遲。欲其適中，約在五寸以上六寸以下得之矣。至其催青室之温度，自六十度逐日加升一二度，待升至七十二三度時，卵内孵化已成蟻體。但此時室內温度甚高，又恐卵殼乾枯，蟻不能出。即當撿視室中乾溼兩表，有差至五度以外者，須將器内種紙取去，鋪篚内，用溼連法以潤之，助其生機。譬之畜養家禽，孵雛將出時，必置之水盆中以試之者，所以助其生機也。故蟻蠶之出，每於夜間溼重之時最多。由此觀之，溼連洵無害也。蓋其法不一，有於種紙背面微噴以水者，有用桑花搗碎撒布篚内，鋪種紙於其上，而再掩以桑花者。一者謂之直接溼連法。又有用間接法者，或洒清水於室之四圍，或懸溼布於室之四壁，均溼連也。而究之以堆桑花溼連為最妥，何者？桑為蠶之食料，順其性之所好，縱失之水分過重，尚屬蠶之養液，無甚大害。日本近來常用此法，然經時不可過久，只須半點鐘，卵子吸收水分已足，紙必柔軟，於是去其桑花，仍置篚内安放架上。先放最下一格，後漸升高，因上下格温度有高低之殊也。初溼之連，不宜驟熱，當使温度照常，經三四時，其連自必仍燥，此為最宜留心之處。否則其害反比不溼者大。按，用溼連，原欲使蟻蠶孵化齊，生機順。與其用之不當，以致弄巧反拙，則不如不用之為妙也。況中國地屬温帶，氣候和煖，春陽發動最早，萬物自然發生，而於養蠶催青一法，既不易用，即可以不必用。湘省蠶業，風氣初開，其中學問，尚待講求精深，方能妙用。常考湘中氣候，最利蠶桑，每值清明前後，桑葉開綻，靡不繁茂；蠶卵孵化，靡不齊一。從未見有桑不隨蠶發葉，蠶不隨桑出蟻者。有此天然之順機，而催青法之所以無須乎用也。《日本蠶書》

暖種

題解

清 韓夢周《養蠶成法》

煖子

將近穀雨時節，簇蘿葉漸次發芽，將蠶子筐挪入煖屋裏，六七日便出蠶如蟻，名爲蠶蟻。

論説

清 陳啟沅《蠶桑譜》卷一《論練種法》 大眠起後，斷不可用煖器，故世人畏冷輳之難飼，常用火輳。其法：用炭火載在盆上，以爐灰蓋其邊，貯於養蠶之窓房，使房內煖氣，常得七十度定可得三十餘日便能成熟，名曰火紙。倘正造天時，春雨纏綿，潮濕居多，亦可能收成獲利者。若交立夏左右，天氣炎熱，至八十五度之外，三日皆如此其熱，則盡化爲烏有矣。只因練種之時，已受火氣熏蒸，故一沾暑氣，焉有不死者乎？既知有此等弊端，何以明知故犯，皆因冷輳練種艱難，徒知賣種獲利，不計其買者之收成，亦偶然騙人一次而已。亦望天氣之寒濕，未常無儌幸成功也。但連蠶是年中六造之種，決不得用火帋，卽偶然飼得頭造，下造亦必敗。更有一種，名曰火上火，此最弊之法。因是年大寒前後，天氣太煖，蠶仔頻出，欲其遲出而不能，既出之後，忽遇風雨纏綿十餘天，故人皆用火帋之法。而火種計期成熟，必在雨水左右，未到春分，頭造蠶仔又出，天氣其寒如故，算度作正造則太早。作蠶花冷輳，又太遲矣，遂用八十二三度之煖火，使其十七八日成熟，恰在清明後三兩天，騙人作冷輳換錢。此等蠶種害人不淺矣。沅因知練種之難，故特詳述其法，以公諸業斯法者。寒造尚用火盆之法，詳寒造篇次。

清 沈練、仲學輅《廣蠶桑説輯補》卷下《飼蠶法六十六條》

煖子令出說三條

蠶子得人身煖氣而生，淸明後，視桑已放葉如錢大若猶未也，便須略遲，取蠶布摺好，以桑皮紙包好其包不宜太厚，太厚則煖氣有達不到處矣。且須表裏互易，如今日以這一面著裏衣，明日便以那面著裏衣，使所受之氣無不勻，其出乃齊整，晝則置不做粗活做粗活，則恐其多出汗，而蒸壞蠶子者胸背間須在絮褁之內，裏衣之外，夜則置之被絮絮宜新，舊則不復煖矣間不可壓。若天氣和煖，而又無不做粗活之人，則晝亦置之被絮間可也。如是者六七日，而蠶子出矣。

蠶子之先出者，謂之破蚙彌遙切。有破蚙，即須以燈草心長四五寸者數十莖，勻鋪布上而摺之，以防壓損。

按，冬時桑葉須收拾潔净處，當子出未齊時，可燒一撮於房內，子聞葉香則出矣。是導引法。

蠶子之出，大勢已齊，於巳午間小蠶畏寒，恐前此尚有餘寒。日已西，則煖氣又退矣，擇室中無風處，鋪紙於桌上，紙宜白，宜光滑，宜比蠶布大些，其下宜襯以棉被。使兩人執蠶布之四角，以有子一面向桌，離紙三寸許。一人以尺餘小竹片於布背輕輕細敲，俟所出之蠶，均已落紙，用鷄毛輕輕聚之，盛以竹器柳條者亦可，忌用新油漆者。器內先實以筋稻草灰半寸，更以紙平鋪灰上，而以鷄毛所聚之蠶置之正中，四面皆留有餘，為後此漸漸撥開地步，以蠶筯以竹為之，長七寸，比日用之筯差小，上下俱圓，尖其末而磨之，使極光輕輕撥開，不可稍有疏密。有疏密，則眠 得不齊矣。其未出者，仍用前法煖之，至明日，再敲之，另置一處。

一法，先勻鋪細切之葉於紙上，而以蠶布有子一面向下覆之。蠶聞葉香，自離布就葉，較用竹片敲下之法，更穩更簡便。

按，蠶子之出，不過三日當齊。既齊，然後布葉，過三日而出者，棄之。

又按，子之初出者名蠶花，亦名蟻，又名烏。本條所謂竹器，是筐、籚之類。器之小者盛小蠶，大者盛大蠶。蠶花稱法及量葉下蟻，詳見第五十條。

清 吳錫璋《蠶桑新論·論保護種之關係第二十》

一年一化之蠶卵，必經七日後，其內形始成，其外色始變。此時不可震動他，否則枯死無疑。考卵面有孔，吸空氣以營養，及酸素排出炭酸瓦斯卽炭養二。若不遇隆冬，雖感至高之溫度，而孵終不化。夏天外溫一百餘度，而蟻不出。又考呼吸之力，冬天最緩，春天最急。若不小心保護，則寒暑往來，任其迭受溫度之高低不一，卽蠶萬不能有十分之收成，健者變弱，弱者變死。所以日本保護之法，共有五期，詳列於左：

第一期：自產卵經八日間變色

第二期：自變色至九月下旬

第三期：自九月下旬至十一月下旬

第四期：自十一月下旬至二月下旬

第五期：自二月下旬至催青

此五期保護得宜，不外空氣流通，除其塵埃，而使外溫有準，乾燥得度，寒暖均勻，無使鼠傷，無使污染。如執玉然，拭之磨之；如捧盈然，維之護之。則發軔之始，實爲南轅北轍所關；播核之初，永定苦李甘瓜之種。蠶雖小道，隱與格致相貫通，若規規於古法，則誤矣。

綜述

元 王禎《農書》卷二〇《農器圖譜十六・蠶繰門》 蠶連，蠶種紙也，舊用連二大紙。蛾生卵後，又用線長綴，通作一連，故因曰連。匠者嘗別抄以鬻之。《務本新書》云：『蠶連，厚紙為上，薄紙不禁浸浴，如用小灰紙更妙。』連須以時浴之，浴畢，掛時令蠶子向外，恐有風磨損。冬至日及臘八日浴時，無令水極深。浸浴畢取出，比及月望，數連一卷，桑皮索繫定。《務本新書》云：『蠶連不得用麻繩繫掛，如或不忌，後多乾死，不生本草。』陳藏器云：『以苧麻近種，則不生，當遠之。』庭前立竿高掛，以受臘天寒氣。年節後，甕內竪連，須使玲瓏。安十數日，候日高時一出。每陰雨後，即便曬曝。恐傷濕潤，見風亦不可多時。此蠶連育養之法，直至暖種而生。前文間取諸蠶書。詩云：『前朝繭如山，今朝卵如粟。如山今歲謀，如粟來歲足。來歲一何神，生化楮一幅。丁寧語荆婦，依時勤曬沐。』

（乾隆）《烏青鎮志》卷二《農桑》 于穀雨前後，取蠶連包而護之，以衣衾覆之，置腹背以暖之。候蟻全生，和蟻秤連，記分兩多少，是爲生蟻。

清 崔應榴、錢馥《蠶事統紀》卷八 案，擇種繭，必先擇種蠶。於三眠後，擇蠶之明浄肥澤者，另箔居之，另葉飼之。稀布以匀其食，勤繇以生其涼。上簇時，另為一簇，一一擇而登之，不為風雨侵，亦不用火炙，務全其天，其生自厚，此護種之道也。

清 韓夢周《養蠶成法・春季養山蠶法》

煖子

將近穀雨時節，簸籮葉漸次發芽，將蠶子筐挪入煖屋裏，六七日便出蠶如蛾，名爲蠶蛾。

清 包世臣《齊民四術》卷一下《農一下・農政》 護種之法：蛾下連，即於晴日侵晨日未出時，汲新水浴連一頓飯時，浸去蛾遺便溺毒氣。以桑皮索繫兩角，平單空掛。孕婦產婦不得浴連。三伏時再浴一遍，掛如初。至十月收連，卷如軸，桑皮索紮而掛之。冬至日、臘八日皆展之。先沃以牛溲，乃以新水浴之。遇大雪，可鋪連於雪中，令壓一日。或無雪年、至臘月望，以高竿掛連軸，夜立於階，令出屋墻以受寒氣，并受星月精華。正月十五，以研細硃砂，調不冷不熱溫水浴之。或用端午、重九所採馬齒莧、桃枝。沐浴浄衣入蠶室，焚香祀先。蠶忌生人及穿孝人、內外人哭泣聲。雞犬皆遠驅之。毋舂米、築墻、埽塵，酒氣、臭氣、穢言及諸忌言蟲鼠之類。凡蠶室內必畜一貓。

凡蠶畏冷，然亦不可傷熱。一日內各分四時：寅、卯、辰如春，巳、午、未如夏，申、酉、戌如秋，亥、子、丑如冬。又陰晴風雨，即分寒熱，須以進退熟火，調劑如一。蠶蟻宜極熱時，天氣猶寒，以盆燒牛資墼，令煙浄，燒熟送入蠶房，旁置火鍤一具，多留熟灰，以便撥覆。火盆不宜太近，宜以苦席圍其暖氣，使上下四面溫和如一。以人身試，稍涼即添火去灰，稍暖即聚灰覆火。務令順時。

又《生蟻五則》 煖子法則。蠶子將出之時，先變綠色。種子祗是清水，顏色帶紫，迨紫變為綠，則水化為蠶矣。煖子之法，有在未變綠色之先者，有在已變綠色之後者。桑樹放葉如錢大時，取蠶連摺好，以桑皮紙包之。包不宜太厚，恐煖氣達不到也。晝則置於懷中宜置絮襖之內，裹衣之外，蠶種得人身煖氣，則子易出也，夜則置於被絮內近身處不可壓，只看通連碧綠，便是轉匀之候，再用綿花包，好以待其出由綠色變灰色，次日即出矣。自煖子至子出，約六七日，此煖在未變綠色之先也。蠶子變綠色，不時取閲，見其又變青黑色，內有一二細如頭髮，蠕蠕欲動，是蠶秧將出之候。仍密藏之，待桑枝抽出嫩葉，乃取出蠶連，溫於懷中一半日，攤開煖處，又半日卽出。此煖在已變綠色之後也。如不置於懷中，則以二連相合爲一層連背向外，層層平鋪，用綿花包裹約厚三四寸，綿花之外，再裹以潔淨綿襖；綿襖之外，仍覆以潔淨衣被。置溫室牀上，時常用手試探，以被底有溫和之氣爲妙。如因留種太多，恐將來繅絲過於忙迫，卽分作兩次生蟻亦可。後一次生蟻比前一次可遲十日，須藏蠶子於罎內，置之冷處，封閉罎口，勿令風熱透入。十日後取出，蠶子一見熱風，蟻自皮殼而出。

煖子禁忌。忌熱太熱，則蟻死不出，出亦枯焦不旺，忌寒寒則出遲，且先後不齊，忌乍熱乍寒乍熱乍寒，子必傷壞，勿置産婦身上不潔净也，勿置做粗活人身上做粗活者，多出汗，恐蒸壞蠶子。如天氣和煖，而家又無做粗活之人，則日間亦置之被絮下可也，勿只煖一面置懷中者，蠶連摺好數疊，這一面摺在外，那一面卽摺在內。必須表裏互易，如今日以這一面靠裏衣，明日便以那一面靠裏衣。裹綿花者，蠶連不止一層，每日早午晚三次，解開綿包，將中層之連移置上下層；上下屋之連移置中層。庶煖氣均匀，其出乃齊整，勿當風看視恐殼乾難出也。

清 方大湜《桑蠶提要》卷二《蠶事四十條**・飼葉**七則**》**

飼葉須斟酌厚薄。蠶小布葉宜薄，蠶大布葉宜厚。大眠以後，蠶老以前，布葉宜極厚。每將眠時，布葉宜頻且宜薄。每眠起時，布葉宜薄且宜緩。

飼葉須分別眠起。古人眠起取齊之法，至周至密。擇種下子，寫記日期，以同日所生之子為一起，連上如有空缺，卽日補滿，此齊於收種時也。詳留種第五則。鹹種以鹽醃之，淡種以石灰醃之。去其子之無力者，此齊於浴種時也。詳浴種第一、二則。生蟻之時，將蠶連置懷中者，則表裏互易。不置懷中，而裹以綿花者，則以中層與上下層互換，使煖氣均匀，此齊於煖種時也。詳生蟻第三則。蟻出之後，同時下連。先後下連之蟻，各置一器，此齊於收蟻時也。詳收蟻第一則、第三則。下連有先有後，先者減頓，後者加餐，此齊於育蟻時也。詳育蟻第二則。如法行之，種齊、蟻齊，眠起自無不齊之理。然究未有一時盡眠，一時盡起者。所以昔人又有抽飼斷眠之法，抽減已眠者之葉，專飼未眠之蠶。如十分中有三分黃光，則是眠者三分，未眠者七分，卽抽減桑葉三分，而以七分葉專餧未眠之蠶。如十分中有黃光七分，則是眠者七分，未眠者三分，卽抽減桑葉七分，而以三分葉專餧未眠之蠶。已眠、未眠，同置一器，其説必不可從。眠者色黃，純黃之中，有由白而漸黃者，與純黃不甚相遠，頻飼以督之，猶可相及。若已見純黃，又多青白，則與純黃相去遠甚。飼雖頻，亦不能及。且蠶眠一晝夜，以安靜不擾為得所。今以青白者尚多，飼而亂之，動而蹂之，則先眠者失其所矣。迨青白未眠者，變而欲眠，則前之眠者已起，因後者方眠，而停起者之食，起者既不堪其餓。因前者已起，而不停起者之食，眠者又不堪其擾，多病少絲，實由於此。故抽飼斷眠之法，必不可從。其餘收種、浴種、煖種、收蟻、育蟻諸法，一一照行，尚不能一時盡眠，一時盡起。若不照行，則種類亂雜，眠起之前後，相去更遠。故收種、浴種、煖種、收蟻、育蟻諸法，亦不可廢。飼蠶者須分別眠與未眠。未眠者另置他器，頻飼以督其眠。已眠者置之靜室，以俟其起。詳頭眠、二眠、三眠、大眠各條。

又《附録八條》

養夏蠶法九則。養夏蠶大致與春蠶同，須參看春蠶各條

煖種。夏至前數日，以綿花包裹蠶連置溫煖處，一二日卽生蟻。

清 高銓《吴興蠶書》卷上 忌太熱：《士農必用》云『蠶種罨損，浙人謂之蒸布』，言在卵布中已成病也。蒸布之病，多在護種，切不可太熱，熱則未有不蒸者子蒸損，蠶出必黃匧而斃，故將護之道，一忌貼連於胸前，一忌擁種而臥。須體察天時之寒暄，以樽節蠶子之冷暖，要使卵在紙裹中融和舒暢，自然無病。

又 進火：凡蠶用火，室中豎立蠶植，折去植下兩層橫檔，以貯火甌。横檔須預做活脱者。收蠶前兩日，先發火令旺，俾熱氣薫蒸四壁竝筐植皆暖。烏兒收齊，先飼葉四五頓，方移置植上烘之，無分晝夜，直至眠而後已。其火宜旺，旺則沙鷞皆燥，不傷溼熱。蠶少者，可用砂盆貯火，取竹簟三尺高者，圍繞火盆，架筐於簟上烘之。

試寒熱：以火灼蠶，是以人馭天之法。天之氣候不齊，朝與暮殊，陰與晴別，以火調劑之，能使天有寒燠之時，而蠶不知有炎涼之變。蠶房中惟以單衣爲準。單衣覺寒則蠶亦寒，卽添火。單衣覺熱則蠶亦熱，卽減火。此中消息，身試之，乃得其平。

清 李有棻《桑麻水利族學彙存》卷一《植桑》

煖子

桑葉大如茶匙時，將蠶子置懷中，夜置絮被中，三日卽出，切細桑葉飼之，三日後者不要。

清 楊蔚本《養蠶説》《皇朝蓄艾文編》卷二〇 生蟻。清明後蠶始轉色漸黑，或曰當浴蠶時，摺而浸以鹽水，名曰殺種，使其子之弱者不轉，其轉者皆爲良蠶。候桑葉如匙大，取出懸之下風，使聞葉香，仍返之甕。如欲其出，取

連頻頻舒捲提掇，或以帛裹納懷中，或夜覆以所服煖衣，晨覆以所蓋煖被。趁未出時，稱連記重輕於紙背。既出齊，勿以鷄鵞翎掃，細切桑葉，白紙布勻，以蠶連覆其上，蠶聞葉香自下，如過時不下，及緣上連背者棄之。仍秤過空連，知蠶分兩。三兩蟻可布一箔，老可布三十箔。量葉放蟻，慎勿貪多。稈草搗細鋪勻爲蓐，白紙鋪蓐上安蠶。

清 鄒祖堂《蠶桑事宜·飼蠶法六十條》 蠶子得煖氣而生，然亦不宜過煖。清明後，視桑已放葉若猶未放，便須略遲，取蠶布薄薄摺好布小者，一摺；大者，亦止可再摺。蓋再摺，則已四層，層數太多，恐煖氣有達不到處，再以桑皮紙包之，晝則置不做粗活者胸背間須在裏衣之外，絮襖之內。做粗活者，恐其多出汗，蒸壞蠶子，夜則置之被絮間不宜壓。若天氣如煖，而又無不做粗活之人，則晝亦置之被絮間可也。如是者六七日，而蠶子出矣。被絮宜擇其新者，舊則不復煖矣。

清 顧禄《吴趨風土録》 四月 【略】環太湖諸山鄉人比戶蠶桑爲務。三四月爲蠶月，紅紙黏門，不相往來，多所禁忌。治其事者，自陌上桑柔，提籠采葉，至村中繭賣、分箔、繅絲，歷一月而後弛諸禁。俗目育蠶者，曰蠶黨。或有畏護種出火辛苦，往往於立夏後，買現成三眠蠶於湖以南之諸鄉村。諺云：『立夏三朝開蠶黨。』

清 何品玉輯刊《蠶桑會粹·種桑各法》

蓄蠶花法

養蠶之要，以蓄蠶花為先。大造蠶在頭季留種三月間，輪月蠶在四季留種七月間。擇其春色青者為歸春，可留。白春不可。其春紙晾燥，懸於風處。輪月種約臘月內廿邊出蟻。大造種約來春正月出蟻。當蟻將出之時，春色轉成翠綠，急宜將春紙包好，佩帶身邊，逐日看之。如一日出蟻甚少，仍包好。未食葉，餓二三日不妨四五日不可。如蟻出有四五成，下葉起開另飼，其餘改日再計。彼時天氣甚寒，蠶之眠起或六七日或十餘日不等，約五六十日始能成熟。上山四日成蛹，遲至十四日出蛾。輪月蛾宜取頭兩朝先出者為上，大造蛾即取二三朝後出者為佳。雌雄配對，須一日夜之久，其氣乃全。生春二日，方能生盡，與六造留種，迥然不同。此造蠶花，胎教之始，尤宜擇温煖地方飼之。蠶房切勿用火烘。如用火，所出之蠶春謂之火種。不用火謂之冷到。最好冷到種傳下造，造容易養成，不致有差錯之虞。

清 宗景藩《蠶桑説略·説桑五條》 收蠶說。穀雨前，蠶子盡變綠色，不時取閱，見其又變青黑色，內有一二細如髮，蠕蠕欲動，是秧將出矣，仍密藏之。待桑枝抽有嫩葉，乃取出，温於懷中，一半日攤開，暖處晾之。又半日，俟其出齊，用鷄毛輕輕掃下，是謂收蠶。桑葉未發，切勿早温。既收後，即採嫩葉，用快刀切成細絲，洒蠶上，蠶漸能食。四五日後，蠶漸大，切葉可稍粗，天寒用棉衣或絮被覆蓋。

清 許鵬翊《柳蠶新編》卷下

放夏季柳蠶法

橡蠶暖種、出蛾、産子，皆在春季，雖生蟻、上山以及摘繭在於夏季，而事始於春，故曰春蠶。柳蠶，出蛾、産子，已交夏季，故曰夏蠶。小满後，柳樹枝葉已長大，就吉省天氣言之。將去秋所藏繭種用線繩穿成大串，於住人室中，横挑長桿順次懸掛，免去烟火，非蠶室，則蛾出不齊。有煙火，則蛾出受病。使之自然出蛾，以翼之長短、腹之粗細辨蛾之雌雄，分置兩筐。每日夜半，將雌雄均入筐中配對。歷七八個時之久，開筐拆對，棄雄蛾使飛去，將雌蛾提出，以兩指輕捻蛾腹，去净其溺。然後拴掛樹上，使自産子，一日夜，摘下，置諸場外，樹茁間聽其自斃。夫蠶蛾有功於人匪細，而蠶工每於其産子後，即煎食之，亦何忍乎？令有功者抱恨於無窮矣。况養其子而煎其母，以氣類相感言，亦大有損，不可不禁。若框絲之繭，不在此列。

清 江志伊輯《飼蠶法·粤東飼八造蠶法》 選種。凡留大造種，宜頭造。輪月種，宜在四造此指留來年之種而言，若本年所收，則一造傳一造，不預留也。飼留種之蠶，宜溫和之室，不可火烘。烘者曰火種；不用火者曰冷種。冷種無病，易育，火種則否。飼老，擇蠶之堅實同時上簇，繭之潔白厚實者，留以爲種，每繭一簇，約九百餘枚，重一觔五六兩，可出雌蛾六兩，布子一紙。大抵繭一觔，得雌蛾四兩左右也。出蛾多在寅卯時輪月蛾取頭兩朝先出者，大造蛾取二三朝後出者，剔去秃眉、焦尾、赤肚、無毛、拳翅諸劣蛾，選翼長潔白者，令其配合。自辰至未，其氣已全或云須配一日夜，其氣乃全，摘去雄蛾，將雌蛾驚拍去溲，秤準六兩，捉上蠶牀，勻布紙上，上蓋木板，外加布被以禦風寒，越宿即滿紙生春矣粤人呼□爲春，故蠶卵亦名春。色青者曰歸春，可留；色白者，不可留。自七月四造起，收種不試水。每種百張，收四張，俗名七月種。

（光緒）《歸安縣志》卷一一《輿地略十一·蠶桑》 護種 清明後穀雨前，用舊絮包種六七日，《育蠶要旨》或以帕裹之，置熏籠一宿，謂之打包。

天暵則置之牀上，天寒則抱於胷前，宜老翁、老婦任之，取其溫和適中也。《西吳蠶略》

清 林心北、吳書年勸刻《蠶桑輯略・蠶室器用二十條》

收牛糞

冬月，多收牛糞堆聚春月旋拾，恐臨時闕少，春暖，用水拌勻，杵築爲墼，曬乾苦起，燒時其氣宜蠶。夫蠶，火種也，宜用火養之。但畏煙熏，用牛糞然火，煖而宜蠶。

清 姚紹《南海縣蠶業調查報告》《農學報》第二百五十期 蠶種收藏法及催青法：大造蠶熟後，蠶繭不用火焙。蛾出下種於紙，隔日將紙懸高處，至大寒取下，約兩月蠶出，名曰冷種。用火則一月蠶出，名曰火種。冷種易飼，火種難飼。近人貪快，多用火種。至催青之法，自七月四造起，收種不試水。每種百張，收四張。到大寒蠶出，俗名七月仔。

清 呂廣文《蠶桑要言・育蠶法》

哺蠶亦曰塢蠶，謂以蠶子包帶胸腹間，如人在山塢一般，或即哺字之誤讀

哺蠶遲早以放葉爲度，葉如小錢樣，可哺矣。用皮紙一張，將蠶子長形包好，再包紙一張，使蠶出時，不致游行在外，再用肚兜一個，以上口之繩束中間，即以兩頭之帶，繫在胸間，小緊身之外，使不太熱，而受人身之煖氣。夜則放在被上衣下，至四日，宜開看色，若極藍而潤澤，俗稱轉色，蠶將出矣。此後，每日早晚須開看一次。若見有零星出殼之蠶，俗稱掉花。如早晨掉花，哺至日晚再開看，如所出仍祇三四五成，不必以餓爲憂，仍哺至明早開看，若出有七八成，可不必再哺矣。但掉花之後不易時，而蠶羣出哺。若太熱，則傷熱而乾，謂乾之花蠶，無用矣。故掉花後之哺蠶，最宜小心，但帶外邊衣上袋中，可也。

又 担蠶謂用鵞翎掃下也。嘉湖間謂收烏

開看時，見有七八成出殼，即用桑芽三四個，滾水泡之，將桑芽水畧灑蠶子紙之下面，使潤，則未出者亦易於出。可將蠶子攤在米篩之上，以米篩放於米籮上面，下用火龍温之，火須幽旋，剪極細葉絲，散飼蠶上，則未出之蠶，聞葉香而亦出。飼下一兩刻許，用鵝翎輕輕刷下，比開看時，其出較多，如尚多藍色之子，可再哺一日夜，如前法刷下，謂之二担。不可和入頭次蠶內，致日後眠有遲早，參差不齊，若嫌其出遲無力，且難合并一處，不復再哺，而棄之亦可。

清 馬丕瑶《教民種桑養蠶繅絲織綢四法》 即值三伏天，火小，不可缺。這蠶，是火種，另有水蠶諸種。得火，絲方潔。若是斷火氣，蠶凍，氣不足。五更無火，蠶必凍。

清 饒敦秩輯《蠶桑質說》卷下《蠶說十三則》

抱蠶第二

抱蠶無定時，但看桑葉發有一寸大，便是抱蠶之候。中國抱蠶，都是藏於人身，川省亦用此法，卻甚簡便。或言熱度太大，有害於蠶子之生發，實不盡然。惟抱蠶之人，行止坐卧，不可失常。宜少着衣，不力作，則熱度自不至太過。近今新法，用木架，四圍糊紙，滿穿針眼，置蛋紙其中，懸挂帳內，外用火籠薰蒸，以寒暑表六十度為率。日加一度，不可忽多忽少，忽寒忽熱，否則必致蠶病。其法雖好，但繁難瑣細，鄉人粗率，何能耐此？倘一處不能如法，反將蠶子抱壞，不如舊法為鄉人習慣之俗，穩而且便。

清 沈練《蠶桑説・飼蠶法七十條》 蠶子得人身煖氣而生，俗謂之護種。清明後，視桑已放葉如錢大若猶未也，便須略遲，取蠶布摺好，以桑皮紙包之其包不宜太厚，太厚則煖氣有達不到處，且須表裏互易，如今日以這一面著裏衣，明日便以那一面著裏衣，使所受之氣不勻，其出乃齊，晝則置不做粗活做粗活則恐其出汗而蒸壞蠶子者胸背間須在絮襖之內裏衣之外，夜則置之被絮絮宜新者，舊則不復煖矣間，不宜壓。若天氣和煖，而又無不做粗活之人，則晝亦置之被絮間可也。如是者五六日是而蠶子出矣。

清 沈練，仲學輅補輯《廣蠶桑説輯補》卷下《飼蠶法六十六條》

蠶老上山說四條

所捉所提之蠶，均以盤盛至搭山處，依搭山之層數，次第上之。上滿第一層，再上第二層。有凌亂，便恐有上不到處。每山一箒，約可上六七十蠶。

按，上山時，可將盈握老蠶於山帚上勻洒之。若山帚稍遠之處，每舉半握，輕輕拋去，使山之中央與邊際多寡悉稱。

《蠶桑輯要》曰：『蠶老上山，蘆簾架下，必用極熱火坑，為熱蠶絲。一則烘去蠶溲之水，使山燥爽；二則蠶口吐絲快利，不致粘實，繅絲性純，蛻蛹不斷。上機設有絲斷，可以扯接，織紬光彩。上山不用火坑，為冷蠶絲。吐絲口緩，膠粘著實，繅絲不純，易斷。』冷蠶絲，即冷火種。

清 沈練，仲學輅補輯，章震福校訂《廣蠶桑説輯補校訂》卷二《飼蠶法六十六條》

蠶將老搭山説三條

蠶將老，便須於有窗靜室中，初上山時，宜避風避日。既成窠，則又宜透亮，故以有窗之室爲便。如無有窗之室，則於上山畢後，用竹席，或蘆席，密密圍好，而於成窠後撤去之。打掃潔淨，以亂草平鋪地面如其地低濕，便須去地數寸，架作板房，而鋪草於板面。如無板可架，則於鋪草前，以碎石灰收其濕，搭山六七層以俟層，猶排也。南向之室，則以自西至東爲一層；西向之室，則以自北至南爲一層。上山者，自第一層上起，至第五六層，便須添搭數層以俟，不宜上盡再添，有樓者於樓上搭之最妙。

按，本條所言，山下脚不用火，俗名冷火種，留做肥絲，免費火料。若肥細兩可之蠶種，其山下用火，亦無鋪草、架板等法。詳後搭山二條下。

又 蠶子之出，大勢已齊，於巳午間小蠶畏寒，前此恐尚有餘寒，日已西則暖氣又退矣，擇室中無風處，鋪紙於桌上，紙宜白宜光滑，宜比蠶布大些，其下宜襯以棉被。使兩人執蠶布之四角，以有子一面向桌，離紙三寸許。一人以尺餘小竹片，於布背輕輕細敲，俟所出之蠶，俱已落紙，用雞毛輕輕聚之，盛以竹器柳條者亦可，忌用新油新漆者。器内先實以秈稻草灰半寸，更以紙平鋪灰上，而以雞毛所聚之蠶，置之正中，四面皆留有餘，爲此後漸漸撥開地步，以蠶筯以竹爲之，長七寸，比日用之筯差小，上下俱圓，尖其末而磨之，使極光輕輕撥開，不可稍有疏密。有疏密，則眠得不齊矣。其未出者，仍用前法煖之，至明日，再敲下，另置一處。

又 《蠶桑輯要》曰：『蠶老上山，蘆簾架下，必用極熱火坑，爲熱蠶絲。一則烘去蠶溲之水，使山燥爽；二則蠶口吐絲快利，不致黏實，繅絲性純，蛻蛹不斷。上機設有絲斷，可以扯接，織紬光彩。上山不用火坑，爲冷蠶絲。吐絲口緩，膠黏著實，繅絲不純，易斷冷蠶絲，即冷火種。』

震按，吾鄉俱用火烘。有育冷種者，較火烘多費幾天。

清 沈練《廣蠶桑説·培養桑樹法二十條》 蠶子得人身煖氣而生。清明後，視桑已放葉如錢大若猶未也，便須畧遲，取蠶布摺好，以桑皮紙包之其包不宜太厚，太厚則煖氣有達不到處矣，且須表裏互易，如今日以這一面着裏衣，明日便以那一面着裏衣，使所受之氣無不匀，其出乃齊，晝則置不做粗活做粗活，則恐其多出汗，而蒸壞蠶子者胸背間須在絮襖之内，裏衣之外，夜則置之被絮絮宜新，舊則不復煖矣間不宜壓。若天氣和煖，而又無不做粗活之人，則晝亦置之被絮間可也，如是者六七日，而蠶子出矣。

清 盛宣懷輯《蠶桑備要》 藏種　貫以桑皮，忌麻苧之綫懸於涼處；忌煙熏日炙，其色必轉紫。轉色後，可用石灰篩在上面，但要匀不要厚，以不露蠶子為度。不以石灰制之，則梅風一起，即破殼而出，不能留至來春矣。隨即摺好，以小帶縛之，懸靜室。交夏時，必須用緜薄包外面，用紙裹好，恐有蠹魚傷子。待浴種時再打開，浴後仍必包裹，來歲方淂無礙。

清 衛杰《蠶桑萃編》卷三《蠶政·生蟻類》

煖子法

蠶子將出之時，先變緑色，卵中皆清水。次顔色帶紫，次紫變為緑，則水化為蠶矣。或煖在未變緑色之先，或煖在已變緑色之後，或分作兩次生蟻，其法約有三。

煖子

桑樹放葉如錢大時，取蠶連摺好，以桑皮紙一重包之，切勿過厚，恐煖氣不到。晝置於懷内裏衣外，沾人身煖氣，則子易出。夜置被絮内近身處，不可壓。只看通連碧緑，便是轉匀之候，再用緜花包好，由緑色變灰色，次日卽出矣。自煖子至子出約六七日，此煖在未變緑色之先也。

煖子

蠶子變緑色，不時取閱，見變青黑色，内有一二細如頭髮，蠕蠕欲動，是蠶子將出，仍密藏之。俟桑抽嫩葉，取出蠶連，温於懷中半日，攤開置煖處，又半日卽出，此煖在已變緑色之後也。

煖子

如不置於懷中，以二連相合爲一層，連背向外，層層平鋪，以綿花包裹，厚三四寸，再裹以潔淨綿襖，外覆衣被，置温室牀上，常用手試探，以被底有温和之氣爲妙。如恐留種太多，日後繅絲太忙，卽分作兩次生蟻亦可。後一次比前一次遲十日，須藏蠶子於罎内，置冷處，封罎口，勿令風熱透入，十日後取出，蠶子一見熱風，蟻自破殼而出。

清 楊鞏《中外農學合編》卷一一《蠶類·飼育》

煖子

清明後，穀雨前，取蠶種置懷中養少則可，多則不行，或裹以綿花，謂之煖子。然清明穀雨，亦是就大概而言，其實各省節氣寒煖不同，煖子遲早，自不一律。大約不論何省，不論何節氣，祇看桑樹上生葉大如茶匙，便是煖子時候。以此為准，既不失之過遲，亦不失之過早桑葉未生，切勿早煖。蠶子將出之時，先變綠色。種子祇是清水，顏色帶紫，迨紫變為綠，則水化為蠶矣。煖子之法，有在未變綠色之先者，有在已變綠色之後者。桑樹放葉如錢大時，取蠶連摺好，以桑皮紙包之包不宜太厚，恐煖氣達不到也，晝則置於懷中宜置絮襖之内，裏衣之外，蠶種得人身煖氣，則易出子，夜則置於被絮内近身處不可壓，只看通連碧綠，便是轉勻之候，再用棉花包好，以待其出由綠色變灰色，次日即出矣。自煖子至子出，約六七日，此煖在未變綠色之先也。蠶子變綠色，不時取閱，見其又變青黑色，内有一二細如頭髮，蠕蠕欲動，是蠶秧將出之候。仍密藏之，待桑枝抽有嫩葉，乃取出蠶連，温於懷中一半日，攤開煖處，又半日即出。此煖在已變綠色之後也。如不置於懷中，則以二連相合為一層連背向外，層層平鋪，用棉花包裹約厚三四寸，棉花之上，再裹以潔净棉襖，棉襖之外，仍覆以潔净衣被。置温室床上，時常用手試探，以被底有温和之氣為妙。如因留種太多，恐將來繅絲過於忙迫，即分作兩次生蟻，亦可。後一次生蟻，比前一次可遲十日，須藏蠶連於罎内，置於冷處，封閉罎口，勿令風熱透入。十日後取出，蠶子一見熱風，蟻自破殼而出。同上

煖子禁忌　忌熱太熱則蟻死不出，出亦枯焦不旺，忌寒寒則出遲且先後不齊，忌乍熱乍寒乍熱乍寒子必傷損，勿置產婦身上不潔净也，勿置做粗活人身上做粗活者多出汗，恐蒸壞蠶子。如天氣和煖，而家無不做粗活之人，則日間亦可置被下，勿只煖一面置懷中者，蠶連摺好數疊，這一面摺在外，那一面即摺在内。必須表裏互易，如今日以這一面靠裏衣，明日即以那一面靠裏衣。裹棉花者，蠶連不止一層，每日早午晚三次解開棉包，將中層之連移置上下層，上下層之連移置中層。庶煖氣均勻，出乃齊整，勿當風看視恐殼乾難出也。《士農必用》《齊民要術》《蠶桑輯要》

又　養法大致與春蠶同，須參看春蠶各條

暖種　夏至前數日，以棉花包裹蠶連，置温煖處，一二日即生蟻。夏蠶生蟻後，十八日而老，上山六七日而摘繭，七日而蛾生卵。夏蠶未生之前，蠶屋壁脚下，須燒麥糠以除濕氣。夏蠶自蟻至老，俱宜涼，須用茅草搗軟作薦，陳稻草亦可勿用麥草。蠶屋内多用水缸，以貯清水每日一換。畏蚊畏蠅，蠶屋内毋令蚊蠅飛入。宜南北窗，但用紙糊窗，雖可以避蚊蠅，却不能通風。天晴則罨熱生病，天陰則淫蒸生白蠂。陰晴均覺不便，須以紗糊之紗邊貼紙，以貼窗上，蠶畢揭下，明年仍可再用。無紗則用夏布亦可，既可遮蔽蚊蠅，又可透達風氣。天氣漸熱，體刮不勤，則蠶受蒸鬱之苦，須每日早晨體一次，體法與春蠶同。夜間天氣較涼，上葉宜勤。養夏蠶者，切勿貪睡。飼法與春蠶同，惟三眠後，須用綠豆麵拌葉餧三四頓，以解熱毒。夏蠶即原蠶之別名也原，再也。古人禁原蠶，恐其殘葉也。春蠶葉已採盡，復將二次所生之葉，餧養夏蠶，未免犯原蠶之禁。養夏蠶者，採摘二三葉，務必斟酌去留。每杈約留三四條，餘均攀下摘葉飼蠶。所留之條，任其落葉。此法妙處，全在每杈留三四條，餧養夏蠶之葉，均係應去之條。其應留者，仍不採葉，聽其自落。既得夏蠶之利，又不損明年之葉。如無可去之枝條，即於各枝條上，摘葉以餧夏蠶。每枝祇可摘採三分之一，切莫多摘。《蠶桑寶要》《蠶桑提要》

清　陳開沚《裨農最要》卷三

煖子

煖子不可太早，太早則時尚寒，蟻生受寒，桑尚未發，蟻又受飢，飢寒交迫，易致損傷。卽使善爲保護，後亦多病難成。小蠶受飢寒，終不能成絲。又不可太遲，遲則蠶過小滿，卽少絲，作繭多不封頭，又恐葉缺，無處覓買。惟春分、社日前後，見桑已發葉，各省氣候不同，蜀地則在春分社日前後。將連對摺，用棉花包好，外用净衣裹之，放綿絮上面。朝起則覆以所蓋之温被，夜睡則覆以所服之煖衣。至十餘日，子變綠色，又變灰色，不日將出，若出有報頭蠶，提連拋下，另置飼養。切燈草，長四五寸者數十莖，勻鋪連上，依舊摺好，以防壓損。置懷中，上半日以一面靠裏衣，下半日又以一面靠裏衣，包内亦須中層移至上下層，上下層移至中層，庶煖氣均勻，時常用手探試，總要有温和之氣，如鷄抱卵之温和爲妙，其出乃齊。蓋子之變色，要在遲速由他，不可稍有勉强。如婦人懷胎必時日既足，瓜熟蒂落，自然而生，易養成人。今人煖子，不論桑葉發與未發，定於驚蟄、社日取連著懷中，以速其出。若數日不出，則加以火焙，及其既出，則以鴨鵝羽掃跌驚傷，不知凡幾。種種俗弊何可勝言？詎知天地生物，必有自然之理存乎其中，非人力所能爲也。如因留種太多，恐後來過於忙迫，分作兩次，生蟻亦可。前一次生蟻比後一次相去十日爲度，忌熱太熱則蟻不出，出亦枯焦不旺，忌寒寒則其出必遲，出亦先後不齊，忌乍熱乍寒乍熱乍寒，子必損壞，勿置產婦、孕婦、不潔净婦人身上恐穢氣觸蠶，勿置做粗活路人身上做粗活路多出汗，恐蒸壞蠶子，勿當風開視恐殼乾難出。

清　費烈傳口述《寧郡蠶桑要言》

養小蠶俗名烏毛

清明後十日，將蠶子放在身上，夜則蓋在衣下，得熱氣自生。至二三日後，見大半已出，用鵞毛刷於紙上。至次日出齊，另用紙一張，仍將鵞毛刷於紙上，分爲先後兩種。餘蠶子如有粒而遲出者，因子無力之故，後必多病，且不能作繭，皆宜棄之。又烏毛紙下，必須放糠灰，得其燥暖氣。葉宜切絲飼之，蠶替不可過厚，恐傷濕熱。須將謄葉并無力小蠶一概去之。

清　葉向榮《農林蠶説・蠶桑圖説》

育蠶出烏

育蠶出烏，有其候也。清明節前，用淨水將蠶連潤溼，取起風乾，包裹，放於淨處。至穀雨前後各省氣候不同，視桑葉有如洋錢大者，將蠶子日放在身，夜置被中。如此三四日，蠶子已轉綠色，即是將出之候，仍包好育之。來日開視，見十分中烏出五六分，再包好，未飼葉，餓一日無妨。次日取出溫處冷則用火，有七十二度之暖氣方可攤開，即可齊出。烏出總在巳午之間，故善養蠶者，出烏以穀雨為期。此時天氣漸煖，貧家無力購炭者尤宜，而桑葉亦得以成熟，蠶食之，其絲格外增益也。

清　佚名《樹桑養蠶要略・養蠶三十二條》　審蠶屋。養蠶之屋，宜潔淨明亮。蠶未生前，先於屋中，用牛糞煨火薰之。薰時，須緊閉門窗，不令煖氣外出。屋舊，宜先泥補，薰乾。至蠶子將出，方開門出煙，煙盡，仍閉以留煖氣。

又　初生蠶子。以蠶種紙置人懷中，謂之煖子。以清明後，桑葉如錢大，爲煖子之時。晝置懷中，夜置被邊，勿離身。蠶種變綠色，將出變青黑灰色，次日卽出。出時，細如人髮，蠕蠕欲動，先以燈草數十莖，勻鋪蠶種紙上，以防壓損。三日出齊，擇和煖之時，用快刀切細葉，散放盆中紙上，以蠶種紙覆之，蟻聞葉香，自均就葉。若純用鷄鵞翎掃撥，及桃柳枝敲打紙背，慮有損傷。

（光緒）《石門縣志》卷三《食貨志・物産》

蟲類

蠶沈如封：『吳中蠶法有頭蠶、二蠶之别。又有原蠶爲二蠶所從，出在頭蠶之前。頭蠶之利甚溥，其種頗多。歲以清明下種，凡四眠而始上箔、成繭、繅絲。種蠶時，婦女極艱辛，無暇膏沐寢食，大都理葉餧蠶。用火用曬，俱有節候，頃刻不可失調，月餘始熟。二蠶亦有四眠者，其繭畧薄。』

勞翀霄曰：『蠶事興于清明節，是夕獻蠶花神，製粉圓，若繭形，同三牲供奉。越十餘日，將去年所收蠶種紙，放卧席下，以身煖之，謂之護種。至穀雨種出，蠕蠕微動，謂之蠶烏。細如髮末，取鵝翎收下，用戥稱其銖兩，每烏一分，到出火時，約蠶一大筐矣。』

清　董元亮《柞蠶彙志・育蠶飼育法》

出蟻

蠶蛾產子後，將蠶子移入溫室，置筐中。數日，其子由微黃漸變成淺黑色，三四日後，卽出小蠶，是名曰蟻。其不變淺黑色者，其子卽蝦，不能成蠶，俗所謂『寡蛋』者是也。蠶生之初，必先自食其殼，能食淨盡者爲佳。

清　蔣斧《粵東飼八蠶法・蠶篇》

選種第四

育蠶之要，選種爲先。大造蠶在頭造留種，輪月蠶在四造留種。此指留爲來年之種而言。若當年所用，則一造傳一造，不預留也。飼留種之蠶，須擇溫和之室，不可用火烘。火烘者，謂之火種，不用火者，謂之冷到。冷到之種，易育而無病，火種則否。擇蠶之堅實、同時上山者，繭之潔白厚實者爲種。每繭一箔，約九百餘枚，重一觔五六兩，可出雌蛾六兩，生春一紙，大抵繭重一觔，可出雌蛾四兩左右也。出蛾多在寅卯時，輪月蛾宜取頭兩朝先出者；大造蛾宜取二三朝後出者。剔去禿眉、焦尾、拳翼、赤肚、無毛諸劣蛾，取雌雄潔白翼長者，令其相對，自辰至未，其氣乃全。或曰須對一日夜，其氣乃全。摘去雄蛾，將雌蛾驚拍去溲，秤準六兩，然後捉下蠶牀，勻布紙上，上蓋木板，外加布被，以禦風寒，越宿卽生春滿紙矣。春，卽子也。粵人呼蛋爲春，故蠶蛋亦曰春。春色青者謂之歸春，可留，白春不可留。

藝文

清　沈炳震《蠶桑樂府・護種》　林間春鳥啼布穀，穀雨纔過蠶事促。房紙牕照眼明，當戶春光快晴燠。堂前老翁負朝陽，室中新婦罷曉粧。旋向牀頭理蠶種，拂拭塵埃手自奉。東家昨夜已打包，西隣擇吉聞今朝。香羅包裹更重重，東成置之薰籠中。晏溫暖氣正融融，阿翁晚睡抱當胸。非闕新婦好安眠，哺兒時復開胸前。阿翁慎莫辭辛苦，繅絲織絹先奉父。

清　莊綸渭《紀吳興蠶事六首》《清詩鐸》卷七　沈沈簾影靜煙村家垂蘆簾，不許往來省視，謂之蠶禁，怒吏追呼不到門。遲速火蠶分冷熱始生烈火熨之，凡三日夜而眠，曰熱火蠶。六日八日而眠，寒燠惟其時，寒則稍加溫焉，火僅微烈，曰冷火蠶，舊新筐葉替朝昏俗謂換葉爲替。眠過漸覺烏兒長蠶初出名烏兒，食旺全無白大存初餇不過二餐，夜如之。繼加數曰旺食，蠶能食而不繭者，俗名白大蠶。今日上山天氣好，催絲還有炭盈盆三眠起餇，五日夜而四眠，謂之大眠。眠三日乃大食葉，凡七日而上山，兩日而成繭，必用炭火催之，名曰蠶炭。

清 董蠡舟《南潯蠶桑樂府・護種》 深林曉聞布穀語，屋角鳴鳩拂其羽。微禽解根蠶候臨，剛是今朝逢穀雨。穀雨已過蟲難藏，城中戶戶打包忙。床頭布種亟檢理，護來趁此春宵長。一層只隔香羅帕，勝傍薰籠取餘熱。明晨生意定全蘇，溫馨氣借酥胸熨。祖眼頻番掩復開，嬌兒索乳數投懷。枕邊低喚教郎醒，今夜憑君搶護來。

清 董恂《南潯蠶桑樂府・護種》 東風吹破桑眼青，穀雨已近天氣晴。囑郎早詣日者室，遴選吉日宜收成。儂家蠶種已浴過，須令溫燠滋初生。只愁夫婿正年少，心熱無乃多薰蒸。不如阿翁齒衰邁，微和微暖才相應。老人深夜醒尤易，那須少睡煩叮嚀。況自阿翁護種後，年年花稅多豐盈。他時酬神酒先貫，任翁一醉翁無憎。

又《糊篷》 烏兒初收門未閉，蠶具安排事非細。先期一一要檢點，善事從來在利器。已買桑籠更結蘆，還教糊篷逢晴霽。兒夫昨日趁墟回，買得光明紙如繝。更喜聰明小女娃，剪紙成花作如意。調就銀漿細意糊，但祝今年倍吉利。去歲東鄰作道場，僧家符籙多眞諦。阿儂幸喜收藏來，廿四分收定有冀。

清 李宗昉《蠶事二十詠》《清詩鐸》卷七 初過穀雨打包期，帕裹籠熏好護持。生怕當風翻面壁，東家新婦哺兒時。一、護種。取紙上所布子以帕裹之，置熏籠一宿，謂之打包，乃取貼于胸前，暖則活出。

妝罷從容問小姑，明朝日出好攤烏。春葱細掃蠶如線，不辨鵝翎與玉膚。二、下蠶。既出，以鵝毛掃於筐中，謂之攤烏。

雜録

清 高銓《吴興蠶書》卷上

担烏

蠶之初生，古謂之蟻，湖人則名之爲烏兒，貴其色黑也有病則黃，無病則黑。凡烏兒重一錢，則爲一筐。若個個長成，即八分，亦成一筐。先於蠶未收時稱連，記寫輕重於紙背，及收齊，卻再稱空連，便知蠶之分兩矣。

又 飼烏 烏兒初生，微如毛髮，葉必縷切成條，方能個個上葉就食。凡切葉，運刀貴速，速則葉不熟而多液，須用篩勻篩於蠶上，愼不可厚，厚則反足以致飢。何則？烏兒止食葉之脂液，葉既細切，微液不能久存，轉瞬乾癟，即不食而踐踏成綈。人見青翠盈筐，輒以爲葉未過，而不加飼，孰知蠶已不食而忍飢乎？不獨此也，厚則重疊覆壓，氣不疏通，蠶又苦悶，飢悶交加，無不病之理。每飼後，當繞筐閱視，凡葉有堆積處，撥之使平，有斑黎處，補之使滿。蓋小蠶食葉，惟近其身者食之，不能東西游衍，稍不勻，則葉多處多食，少處少食。食多者，身大而強；食少者，身小而弱。大小不齊，後日之眠起，亦由此不齊矣。《士農必用》云：『飼蟻之法，第一日可至四十九頓，第二日三十頓，第三日二十餘頓。』蠶漸大，葉可稍厚，故日數增，則葉數減。今不必拘日數，亦不必拘頓數，但見筐有白處，頻篩葉補之，謂之貼白。竟日通夜，無使一刻住嘴，烏不受飢，則長成易。所謂事貴謹於謀始也。

（道光）《清澗縣志》卷二《田賦志・物産・蟲魚類》 蠶，南方一歲有七出八出者；北方地寒，桑葉遲生，蠶成亦晚。人家治蠶，各有節目。其初收也，以衣衾覆之，晝夜程其寒煖之節，謂之護種；其初生也，以火炙之，候其蠕蠕而動，然後以鵝羽拂之，謂之攤烏。其既食也，熾炭於筐下，並其四圍，剉桑葉如縷以詞之，又上下抽翻，晝夜巡視，謂之看火。食三四日而眠，眠一二日而起，謂之出眠。自初而之二，自二而之三，謂之出火。自是蠶維於火，葉亦不待剉矣。又四五日，謂之大起。大起則薙，薙則分箔。又六七日，謂之熟巧，亦謂登簇巧。以葉蓋曰貼巧，驗其猶食者也。簇以藁覆，曰冐山，濟其不及者也。風雨而寒，則貯火其下，曰炙山，晴暖則否。三日而闢户，曰亮山。五日而去藉，曰除托。七日而采繭，曰落山。方其初收也，親賓俱絶往來，及落山，乃具牲醴饗神，而速親賓以觀之，名落山酒。邑惟東鄉為多，他鄉不及也。邑舉人賀□有詩以紀其事，曰：『東家西家罷來往，□日□窗風雨響。三眠□起食葉多，陌頭桑樹空枝柯。新婦守箔女挑筐，頭髮不梳一月忙。三姑祭後今年好，滿簇如雲繭成早。簷前織車紡作絲，又是夏稅相催時。』

清 汪曰楨《湖蠶述》卷二《收蠶》

蠶出率以穀雨為期，故諺云：『穀雨不藏蟲。』《胡府志》看布種戰色，其子飽綻，即有蠶數十箇，名為橫布。三朝當將種鋪開在向陽處。如陰雨，或在牀上，或在竈上，以㬉處為佳。《育蠶要旨》或以桃葉火炙之，《胡府志》待其脫殼，採花葉少許，即野薔薇葉俗名做絲花，《育蠶要旨》目為花葉者，別於桑也。董蠡舟《樂府小序》去梗刺，焫燥研末，其香無比，用麻布篩篩在種上，蠶得此，則脚鬆易刷。候一個時辰，《育蠶要旨》蠶得葉香，蟄者盡出。董蠡舟《樂府小序》用食鍋抹乾，金漆大盤亦可。將鵝毛輕輕刷籠，收於鍋內，更用小圓竹器，《育蠶要旨》柳條者亦可忌用新油新漆者。《廣蠶桑説》鋪礱糠灰一層，雜以石灰亦可。《育蠶要旨》或用籼稻草灰，《廣蠶桑説》上襯以紙，即放蠶于器中，《育蠶要旨》謂之攤烏。《胡府志》上用切細嫩葉薄糝，蠶即能食。凡收下未曾食葉，即一二日不飼，不致餓壞。倘喫葉些些以後，稍飢即斷絲腸矣。《育蠶要旨》葉稀即補之，烏密處，以細竹箸撥勻。《烏青鎮志》放在㬉處，謂之冷看，須六七周初眠。倘用火較速，謂之三日三夜趕頭眠。《育蠶要旨》熾炭於筐之下，并其四周，上下抽番，晝夜巡視，火不可烈，葉不可缺。然又不可太緩，緩則有漫滮不齊之患矣。編經白蠶，薦以圍火，恐其氣之散也，是為看火。《涌幢小品》非無速效，而後日往往生病，《廣蠶桑説》不若冷看之妥。唯遇春寒用火，可免畔䴔亦作䴔鶆，或借用薙替屜字，蠶畏冷，藏葉底，不肯向上食葉，謂之畔䴔。燒炭墼一箇，用灰蓋好，置架下，不得過熱。《育蠶要旨》蠶初脫殼曰烏《爾雅翼》曰蚝，餘諸書曰蟻。細如髮，色黑，嫩桑葉切極細飼之，微有聲，遇雷聲，則以故種連即種布護之。奉馬頭孃於室，布桃茢於門，戴桃茢於首，以祓除不祥。《西吳蠶略》初生之蠶，俗名烏兒。每重一錢十六兩戥子，可得出火一斤，大眠四斤并廿四兩秤為中平之率。《遺聞瑣記》

清 何剛德《撫郡農產考略・木類一・桑》

附養蠶説

蠶有鹹種、淡種、金種、花蠶、大造、輪月諸種。有三眠三起、四眠四起之別。金種身小而繭實；花蠶遍體斑爛；鹹、淡各隨本質育之。鹹種，繭小絲重；淡蠶，繭大絲輕。大造、輪月，俱粵蠶。粵人謂之火種，疑即金種也。大造，春夏間可養一二造。輪月四季皆有，月月可養，繭小而絲多，成繭一斤，視湖蠶絲加二三。蠶性潔，宜靜宜溫，宜向陽通風。蠶子在紙謂之連，宜極寒。蠶初生謂之蟻，宜極煖極暗。蠶眠時，宜溫宜暗。眠後宜煖。大眠起後，宜涼宜明。臨老宜漸暖。上山宜極煖極暗。成繭窩，宜明宜透風。蠶室宜可煖可涼。處天寒，不宜驟加煖，宜漸益火；天煖不宜驟加風涼，宜漸開窗。收子宜擇身長體實，頭小而色顯之雌雄蛾，守候配合，未對對之，待時而浴之，量葉而養之。浴鹹種宜鹽滷，浴淡種宜石灰汁。蠶先出者為行馬蟻，後出者為殘病蟻，皆棄不取。取其接續齊出者，齊出而齊飼之，則眠之時同，上山之時亦同。飼蠶之葉，初時切之細於絲頭；二眠切葉如指大；三眠不切，扯爛入之；大眠後，翦條去枝甚而已。天煖飼葉多，天寒宜少減。採桑宜日初出，候葉乾，或日初入，候熱氣退。飼濕葉，蠶病泄；飼熱葉，腹結，不能作繭。天欲雨，宜預采葉，葉蒙霧雨霑塵沙，宜拭宜洗，宜攤乾。病蠶宜別出。蠶有滓穢，宜體刮。縛糯稻草為山，紐下五寸，紐上尺許，宜潔挺分張，下如覆碗，上如仰盂。宜挨次錯列，疏密得宜。宜通猫路。忌孤立，忌倚墻壁，忌蠶多山少。摘繭宜晾乾，宜分別美惡。繅絲水，宜清薪，宜乾鐺，宜潔净。大約蟻一錢，二十五日而蠶老，得絲二十四五兩，遲則絲減。養蠶之法，至細至密，兹撮舉宜忌大要，著之於此。臨川生員喻懷佑輯有《蠶桑便易》一書，采録甚詳。崇仁縣丞粵東胡廷鑠有《蠶桑韻語》，便於習讀，皆宜家置一册，以當南針。

清 鄭文同《蠶桑輯要・蠶桑雜説四條》

別類　另有一種三眠子蠶，祇眠三次，起後即不再眠。食葉約六七天，即熟而能吐絲作繭。其養法亦皆如四眠子，惟以其繭衣不厚，抽絲分兩較短，故嘉、湖地方，飼蠶之家，養者甚少。夏蠶謂之二蠶，另有一種名頭二蠶者，生時較早，亦四眠，作繭出蛾亦皆早。其所生之子，當時轉色，及夏至邊，即出烏，是名二蠶。其所遺之種，即是次年之頭二蠶也。蠶繭甚薄，不堪繅絲。若二蠶，則亦出絲不少也。

其他

論説

清 董開榮《育蠶要旨》

䴔括

蠶性喜溫，而又惡溼熱，故必䴔括。䴔則剝去底下一層，不使溼熱薰蒸。括則取其面上一層。而䴔中猶有蠶在內，必當搜剔淨盡。倘有殭爛、白肚、空頭、蕁蠶，棄之無遺。故無論寒暖，每日宜𥿄括一回，而出火及大眠時為尤要。更有救逆之法，如爛肚傷熱之故、吐水、白肚二種氣水葉、空頭小蠶失葉飢傷、布漆身有黑斑點，生種之故，必須勤𥿄，方不傳染。如殭蠶傷冷之故、瘪孃不上葉，生種時對不深，可噴燒酒或甘草水。又法，以馬毛鋪在蠶器內，可免諸病。倘大眠後，放地蠶，不必𥿄括。

清 江志伊輯《飼蠶法》 總論 天文，辰爲龍，蠶生辰，爲龍精，故月大火則浴蠶種。蠶神，天駟也，蠶與馬同氣，物莫能兩大，故《周禮》：馬質，禁原蠶，爲傷馬也。原，再也。《淮南子》云：『原蠶一歲再登，非不利也。然王者法禁之，爲其殘桑也。』蠶食而不飲二十七日而化。此言三眠蠶也。四眠蠶則二十八日，若緊飼葉，亦有二十四五日而繭者。

英 康發達《蠶務圖説》 竊自中外通商以來，彼此以有易無，互相爲市，固勢均而力敵。奈外洋之貨入中國者，不但貨色漸廣，即各貨數目，亦年盛一年。中國運出之貨，不能與之爭勝，以致洋貨所值，漸易以銀，而利源遂流入外洋。中國本有可以挽回之策，惜無人陳說利害，因循未辦，今試以絲務一項論之。夫絲爲中國民生之大本，通商後，尤爲互市之大宗。其在數十年之前，較之各國最爲興旺。而自近十餘年，以至今日，則日見減色。查泰西各國於各項工作之事，講求其理，不遺餘力，而以格致之學爲最要，有一事必請專門名家，稽查各務，集天下之深知此事本源功用者，不厭煩瑣，一一考究詳察，以盡其利。譬如種田，則必究其未種之先，何等種籽宜於何土，燥濕何宜。既種之後，必究其何以長茂，何以蕃實，必使業此者，毫無遺利而後止。故於蠶桑一事，亦設有公院，凡蠶產情形，必專心考究。此公院設有年所，其於蠶之如何生長，宜食何葉，何以肥壯，何以有病，如何醫治，何以必到其時，不食而眠，每次眠時是何形狀，何以必到其時乃上山結繭，其繭是何色樣，何以繭有大小，何以必到其時乃出蛾，其蛾是何色樣，有無疾病，何以必到其時蠶乃生。又何以一年內再生至五六生，如何使其不再生，而留其子使次年始生，所吐之絲何以有粗細、脆韌，何以光潔，何以暗滯。何者爲得天氣之宜，地土之宜，究應如何蓄養，始無遺憾。所種之桑，何桑宜何地土，何以茂密，何以蟲生，如何止蟲，何葉宜何蠶。又有各種野蠶，各種半家半野之蠶，何以爲野，何以爲半家半野，何者產何處，何者生何樹，食何葉，何者可取回蓄養，何者不宜取歸。其蠶及蠶繭、蠶蛾、蠶子，如何收取，如何功用，歷年講究，早得竅奧，隨時薈萃出書，布散天下，使各人增長學問，有所仿效，俾無遺利。故於國計民生，關繫甚大，凡此等費用，皆由各國公款所出，誠重其事也。中國蠶桑之法，講求者原不乏人，特忽略者衆，祇知其當然，而不知其所以然，沿舊蓄養，衰旺委之運氣，年產不能遞增，或且減少，要皆講求，不得其道耳。至各種野蠶，則更無人過問，任其自生自減，實則亦正有用處。光緒六年，各口海關稅務司，奉總稅務司通札，因法國曾充會院蠶務，總考察司里昂城商會首領倪恩，投請將中國蠶務各節查訪。經總稅務司札飭，本稅務司詳加查察，並准將各項費用，入本關經費報銷。光緒十二年，本稅務司復任浙海，見以前所查各法，仍未盡善，無實在裨益之處。緣在浙省，雖查有野蠶兩種，將繭送往法國，察其絲質頗美，恐日後大有用處。而家養各蠶，未曾逐細驗其功用，非在各省查明，不能定其孰優孰劣。因刊布訪求《養蠶各節》一書分散浙省產蠶各區，使年終彙將蠶子繭絲，同送來關，以憑查驗。並購買蠶子，雇用熟悉養蠶之人，就本關設立小院飼蓄，試照書中各節查記。而將最後之一眠蠶，取十條浸入藥水瓶內，並取各蠶乾繭半斤，絲二錢，雌雄蛾五對，活子五分，包固，送往法國，請其考察，其中總以活子爲最要。各種活子，雖送往法國，其餘剩未送者，留在本關，至次年試養，以便兩相比較，考其利弊。按光緒十二年，本關試養家蠶，共二十三種，均送法國，惟惜分散之書，除送到蠶子外，均未如式寄關，想因未明此理，遂不經意。故又經總稅務司准，將所用訪求養蠶各節之書，再送各關，照式訪查。至光緒十三年，復將上年所留之子，並他處送來之子試養，計有頭蠶子十八種，二蠶子十種，三蠶子六種，三蠶以上各蠶子八種。初養之事，天氣頗宜，出蠶亦佳。至第四眠，蠶病尚未大見，迨上山時，蠶病乃顯，或一種全死，或一種留有一半左右，計存三十二種蠶，內僅有十二種，尚有力作繭，然收成不過十分之五，其餘二十一種，全歸烏有。第二次所養之蠶，不十日間，幾已千壞，至第四眠時，所餘之蠶，僅足爲浸入藥水之用。第三次所養之蠶，僅存兩種，嗣遂停養，然可由此驗知其病，以期設法防備，故皆如上年之式包固，並將同時自杭州一帶，及甯波、鄞江橋，如式送來，蠶絲乾繭及蛾子，計共三十三種，彙送法國，請同十二年所送之子，一一考察，當經申明總稅務司，並函致法國，來年本關暫停飼養訪求，俟其考察，明悉究應如何整頓，再行開辦。及十四年五六月間，接倪恩投函，稱送來蠶絲、乾繭、蛾子，均已收到，俟考察明悉，即行函覆。今先請陳其大略，中國之蠶，受病已久，特未深信此理者多，今則可實證之。如甯波之蠶，所見病瘟情形，他要亦復如是，則中國各該處蠶種，必有斷絕之時。查得送來各種蠶，身內具微粒，西語曰：『克柏司格』。從未見有如此之多，其微粒之病，曰『椒末瘟。』西語曰：『伯撇靈。』凡蠶及蛾繭與子，均經沾染此病，且於各種蛾各繭內，並查有他種病狀，譬如黄軟病，西語曰：『法拉斯利。』特其一耳。中國各蠶其病，既如是之巨，何以尚不及早料理。然應加何料理，容說于後，大抵宜以印度爲法，中國蠶病雖深，所幸者既明此病，尚可爲防備之計。如送來各種子內，有微粒者甚多，倘係西國之蠶，染此病狀，斷難生子，即生子亦未必能成蠶，而送來之子，竟能養出，且能經屢次挑揀得無病之蠶，成蛾成子，至次年養出，比先一年尤佳，可見中國之蠶，其力較他國爲大。其中又查得二理：一、係中國之蠶，患此粒瘟，爲時已久，恐有絶種之時，而與昔時西國蠶瘟之患相同。一、係中國蠶種內，有力大者，雖患此粒瘟，醫治尚易，送來之奉天省蠶蛾等，已經查其內有兩樣新種，俟在里昂城考察絲院，考察其絲，即可知其絲質有何分別，並其優劣如何。然今已經查明者，如在中國温和之地，一蠶養至數次，未必能佳，因遞次所收之絲，一次不如一次，譬第一次收絲有八分，至第六次則不過五十分。總之，中國所出之絲式可定，其一年不如一年，而日本所出之絲式，則一年佳似一年。日本之絲，不但年年加增，其蠶繭及絲質，驟然稱美，各西國及美國，均樂以重價購之。其故甚易知也，蓋日本國家，曾經講求此事，前有農部尚書，將蠶蛾等件，選擇精美，送至西國考察，復派人往法國及義大利國，學習養蠶各事，故今日本深知養蠶之法，雖用種不過十餘，其繭其子，均爲極佳之品，並能明何種宜養於何地。是向來爲日本考察蠶繭之理，其人雖產自法國，至今日獲收養蠶之利則在日本，而不在法人。予觀今日中國蠶務情形，頗與印度相同。溯印度數年以來，蠶亦多病，絲色日減。雖印度國家，干民生各事，向不過問，然因蠶務所關繫于民生甚巨，亦遂改絃更張，由其國家函請，代爲設法挽救，俾印人養蠶無害，並託予聘一熟悉養蠶各事之人往印，須深明巴斯陡選擇無病蠶之法，而願與以重聘，以期易於延覓無如，爲予所深信而不疑者，頗難其人。故印度派養蠶公院之工頭一名來法，該工頭在其國院內，管理已經兩載，明悉養蠶各事。到法後，法國國家，准其入黌伯葉城養蠶公院塾房，在該院內巴姓，及提雨克樂兩人名下學習數月。該工頭回印，遂深知西國養蠶各務，並防備粒瘟之患。嗣印度國家，擬設立養蠶公院數所，專爲挑選佳種，無病蠶子，售與民人。並設立一查考院，令年幼之人來院學習，分往內地教習飼養，每年所出蠶絲繭子，仍送至法國，以備查考。但印度整頓蠶務，較中國爲難，其蠶繭甚小，絲力亦弱，其質亦次。而中國地土宜于養蠶，最爲利便，縱蠶有病，予逆料其易于醫治，更能壯蠶之力，成絲使多，將倍佳于現，寄來之絲辦理，如是之易。倘有幹練之人，經理中國養蠶事務，日本國所能爲者，中國亦無不能爲，並無所難，此一定之理也。以上皆倪恩投與本税務司之函，當于光緒十四年六月十八日，抄呈總税務司，並具漢文，詳論蠶務情形，及所有整頓之法，兼申明商之。本關監督甯紹台道，亦甚關心，願爲籌捐襄辦，旋于八月十九日，奉總税務司札，覆以訪求蠶務各節，既深有關于國計民生，擬呈請。

又　總理衙門有何主見，再行札知，當擬辦理章程，申送總税務司，並函寄法國倪恩，投請其核覆。於十二月間，接其兩函：一、係送督辦法國國家養蠶公院總教習麻里阿所報，在院飼養中國蠶種，實在情形，書數本；一、係覆知所擬開辦養蠶公院各章程，當將麻里阿所報之書，送呈總税務司。嗣於十五年正月十七日，復將倪恩投所致兩函，抄錄申送，並呈明以前所論各事，既有真確憑據，爲蠶病之證。即就浙江一省之蠶而言，無不有微粒，患椒末瘟之症，倘不亟行整頓，恐蠶務之壞，與二十五年前法國之害相同。夫蠶漸長，而病因之漸重，別無良法療治。惟有選擇無病蠶子之法，一面防有病之蠶，不使生子。但浙江之蠶，染患椒末瘟，恐他處蠶病大概相同，惟中國蠶病雖深，蠶力本大，蠶力究如何大，俟詳於後。較之昔時西國蠶病，設法尚易爲力。故中國苟欲整頓蠶務，惟師各西國近二十年，日本近十年，所設各養蠶公院之法而已。若蠶爲何種，歸於何類，在格致家語之甚詳，似無關養蠶之事，然必格致家分蠶爲何種，種有何繭，而後養蠶家，始知何種蠶生何種絲，並知養何種蠶，爲有利益，及何種蠶宜養於何地。至巴姓醫治蠶病之法，知之甚易，倣之無不見效，法國各處養蠶之人，無不知曉。查官册所載，法國每年所出蠶繭之數計，咸豐三年爲二千六百萬吉羅，每吉羅約重一斤十一兩。四年爲二千一百五十萬吉羅，五年爲一千九百八十萬吉羅，六年爲七百五十萬吉羅，以後年減一年，至同治四年，僅歲出四百萬吉羅，皆由蠶患椒末瘟所致也。其時百出其計，遍覓各國蠶子飼養，而日本之子尤多，迄無所效。其年，巴姓得選擇無病蠶子之法，其患始息。其法：將蠶患椒末瘟者，去除淨盡，養蠶之人，復加意飼養，其患黃輭病者，亦漸自止。方法：國蠶瘟盛傳之時，計子重二十五克蘭，每一克蘭，約重六錢餘。生繭二十五吉羅後，則子重二十五克蘭，生繭四、五、六十吉羅不等。光緒四年，法京衒奇會所出官册，載近五年各國約出繭數，當時法國每年出繭九百萬吉羅，是法國自止蠶瘟之後，不十年而所產，已加倍矣。且查此五年之前，卽同治四年以後，法國每歲所出繭數，有多至一千四百萬吉羅者，或一千一百萬吉羅者，而此五年中，僅歲出繭九百萬吉羅，非因蠶復有病，實由人工昂貴，外來之絲，價較賤。故光緒十二年，法國所出絲數，雖爲八十萬吉羅，而較之前數年所出之數，已較多。又查中國各口通商貿易總册，所有絲及亂絲頭，由上海運往外國之數，自光緒五年至十四年，此十年中計，惟光緒五、六兩年，自上海出口之絲牽計，每年爲六百四十一萬七千斤，其餘之八年，出口牽計，每年爲四百四十三萬一千七百斤，是後八年，每歲出口絲數減少二百萬斤，約百斤中，少三十斤也。其運往外國亂絲頭之數，此十年中前兩年，牽計每年爲八十九萬二千五百斤，後八年牽計每年則爲二百五十萬一千五百斤，是每年加增一百六十一萬斤，每百斤中，加七十斤也。合上二數以觀，則知中國蠶之病日深，但絲斤減少，而亂絲頭，應隨之俱減，何以反加增？蓋由養蠶日見其多，而成功者少，故亂絲頭日加，而絲斤日減。今就上海、廣東運往美國之絲數，與日本運往美國之絲數而論，中國則年見其少，日本則年見其多，甚至大相懸殊，故合上海、廣東、日本，各出口絲數計之，譬百分中當。光緒四、五兩年，上海出口絲數，約居百分中之五十二分，至六、七兩年，則約居八十四分，嗣後年年見減，至前兩年，則僅居十五分。查前數十年作經之絲，由上海運往美國者，名『七里絲』，卽細絲，俱由南潯新市、菱湖湖州、雙林烏鎮而來；大蠶絲，卽粗絲，產自該數處之外一帶，產細絲之處在浙之北，其地不大，所種桑樹稠密，近二十年，復年多一年，蠶屋稠疊，過爲擠密，或卽因此蠶病盛行，該地之絲，遂收成日少。卽本處所需絲斤以織絲貨，亦不足用，遂越太湖，往無錫買粗絲之蠶繭，以補其缺，約每年至數百萬斤之多。卽上海所設兩繅絲行，亦每年往無錫、溧陽等處，購買絲斤備用。產粗絲之處，其數本少，其地甚大，數年來，雖種桑之區日多，較之前時甚廣，而蠶病亦與之俱廣，絲則不能多收。若日本出口之絲數，當光緒四年，不能過一千四百十包，及前兩年已加至一萬四百包，是皆由日本仿用巴姓選擇無病蠶子之法，產絲驟盛，而人皆知其絲質尤佳。故中國蠶務，亟宜整頓，萬不可緩。如以上所擬各法，最爲妥善，其事不過便民興利，並不強民遵從，民之聽信與否，悉隨民意。其聽信者，定獲利益，利益漸廣，信者必衆。按麻里阿寄來飼養中國蠶種情形，書內所載，照西國養蠶之道，及巴姓選擇之法，飼蓄中國送來之蠶子，其種卽本關所養未成者，麻里阿竟能養成，且次年復養，較上年尤佳，請實證之。查所送蠶種，共三十三種，內以十種而論。光緒十三年、十四年所成繭數斤兩，以若干繭成一吉羅計，一種，第一年七百五十繭爲一吉羅，次年七百十四繭卽爲一吉羅；一種，第一年一千六百八十繭爲一吉羅，次年一千二十五繭卽爲一吉羅；一種，第一年一千九十五繭爲一吉羅，次年八百六十九繭卽爲一吉羅；一種，第一年一千六百十八繭爲一吉羅，次年八百三十三繭卽爲一吉羅；一種，第一年一千六百繭爲一吉羅，次年一千二百五十二繭卽爲一吉羅；一種，第一年一千一百繭爲一吉羅，次年九百五十二繭卽爲一吉羅；一種，第一年一千一百繭爲一吉羅，次年八百六十九繭卽爲一吉羅；一種，第一年一千九十繭爲一吉羅，次年七百四十七繭卽爲一吉羅；一種，第一年八百五十五繭爲一吉羅，次年七百六十九繭即爲一吉羅；一種，第一年八百四十繭爲一吉羅，次年七百十四繭即爲一吉羅，可見內有一千六百十八繭爲一吉羅之蠶種，其子次年所出之蠶，僅須八百三十三繭，即爲一吉羅，是每繭較第一年加重一倍，該種蠶不過身體較壯，其病仍未去盡。如以上十種蠶，合而計之，則十萬蠶，於第一年成繭，重八千五百三十吉羅，至次年所成之繭，可重一萬一千四百八十吉羅，約每百斤中，加重二十六七斤也。又倪恩投函覆所，擬設立養蠶局章程云：『閱所擬各章，均甚妥當，惟似稍有不合。』夫今日中國，欲整頓蠶務，與舊年印度開辦整頓蠶務相同，且印度整頓之法想，亦與中國相宜。如在甯波所查各事，雖有裨益，然不過浙省一地之蠶，他省各種家蠶、半家半野之蠶及野蠶，除牛庄一口外，尚無實在查出之事。照前訪查各節，宜再從首開辦，而以有人深知巴姓選擇之法爲第一要義。設一公院，以蓄無病蠶之子，務剔盡有病蠶之子，以免病蠶復生子。並比較各種蠶，有何佳處，其人須熟悉養蠶之事。譬如養蠶房屋，飼蠶之法，以及料理器具各事，何者最宜，始有利益可獲，均須一一明晰。但照巴姓之書，及他書所載之法，猶不足恃。凡飼蠶各工作，亦甚關緊要，蓋西國各樣新巧之法，尚未載於書中也。如以顯微鏡，窺視蠶之病狀，人皆知用，然宜細明其理，否則不能查明伯撇靈之病因，鏡面所顯，除伯撇靈之格拍司格外，尚有他狀甚多，如小五方形，如血輪形質、小腐質、小水蟲等質，宜知其分別之處。舊年，印度國家派來之工頭，係在養蠶公院，已經做工二年，其人二、三月間來法，七八月間回印，此數月內，先入法國蒙伯葉城國家養蠶公院內之塾房，後至里昂城考察絲院，學習考察絲質，又往巴士呀城義國國家養蠶公院，並養蠶最盛各處，及選擇蠶子處、繅絲處、造經處閱視。該工頭頗能用心，雖不通法語，藉人傳達，學習亦甚易。故印度現已有人在養蠶公院，深知各法，並知西國所用各器具，何者與印度相宜。今中國亦宜設法聘此一人，是爲設立養蠶公院，最先之事，鄙意莫如速派一、二人來法，尚及見本年養蠶各事，否則又須遲誤一年。夫欲整頓蠶務，總以實有裨益爲尚。故中國整頓，衹汨就中國之蠶治之，應由中國自行設法，始得長享其利，此策爲最善，而亦最便。故余不勸中國購用外國蠶院之子，雖法、義等國，售賣蠶子之處甚多，其子亦佳而無病，若中國購用，仍不免遲誤。中國之事，余意中國今日最宜先行試辦，仍沿中國舊法飼養，不過房屋、器具、工人，俱須潔淨小心，並設法購齊浙江、江蘇、四川、山東、直隸、山西各省所產蠶子，愈多愈妙，查驗各種優劣，不但養無病之蠶，兼須養佳種之蠶，蓋佳蠶費用，仍與他蠶等。余考察絲質之粗細、柔脆、輕重，以定各種蠶之優劣，各器具運用頗易，並宜設一繅絲之處，數年之後，中國人既皆知巴姓之良法，則公院便可裁撤。不過今日先須示以成傚，開以風氣耳。如中國不及早設法除此蠶瘟，則中國何處蠶染此病，其處蠶必盡壞，與昔時法、義、日、斯巴尼亞、葡萄牙各國相同，此定理也。昔時，中國之絲與義國之絲相敵，並可使義絲價賤，今則情形相反，義絲轉能使中國之絲價賤。義、法等國，絲市日興，無非善於講求之道。由上各節，以觀中國今日最急最要之事，一、係選一中國或西國年幼之人，已熟悉中國養蠶各事，派往法國學習，與去歲印度派來之工頭同。二、如前查訪蠶務各事，須再推而廣之，使無遺漏。三、宜購齊各省各種蠶子，一半存在貴處，一半寄來法國，倘於本年養蠶之先到法尤妙。夫法國里昂城，爲西國貿易絲市之巨鎮，該地每年所需絲斤以造絲貨，其數頗巨甚，願他國歲出之絲能旺，則亦與有利益。况法國所出之絲少不足用，其絲質頗佳於中國，何畏中國之絲往銷。余非商賈者流，絲之買賣，尤不與余相涉，但樂考察絲質一事耳。按倪恩投來信之言，與本稅務司所擬章程意見，頗爲相同。然本稅務司已早計，及中國整頓蠶務，欲求實在裨益，必先細爲查驗，並逐漸講求工作功用之道。倪恩投爲本稅務司，深所佩服，除派人前往法國學習一法，則無疑議外。若中國設立蠶務局，應先就近查明，日本如何辦有成效各節，再行仿照開辦，蓋日本與中國最近情形亦相同也。故仍冀親往日本，查視一切。今特請總稅務司申明。

又 總稅務司申明

總理衙門允准本稅務司，督辦講求各省蠶務事宜，查前載八年之內，除亂絲頭糜費之値不計外，上海運往外國絲斤，每年總數減少二百萬斤，則商人之估價，歲短五百八十萬兩。海關之出口正稅，歲短二十萬兩。藩庫之厘金，短五十萬兩。共計每年短少六百五十萬兩。若以現在所需經費較之，爲數亦甚微矣。蓋每歲虧短六百五十萬，倘僅以由上海運往外國者計之，爲江浙兩省十分中之數分。如合兩省總計，則虧短之數，必不止此。如令各省總計，則虧短之數，不知凡幾。想各地方，應知其每歲絲之歉收實數爲何如也。一彼一此，利害分明，衹須靜候核奪，無庸本稅務司再三瀆陳。惟今日最急之務，莫如預防再誤一年，故已雇用前在本關兩年養蠶之工人，並令購買各種蠶子，派其偕同在上海通法語之華人一名，前往法國，尚及見本年法國養蠶之事。茲特刊印說略，以期家喻戶曉，共保利源。並將訪求養蠶各節之書，再爲分散，請照書內各條，分別登記答覆，秋季寄還，以憑查考。

清 呂廣文《蠶桑要言・育蠶法》

雷忌

雷忌之說，新嵊及嘉湖均有之。然養蠶之月，雷已發聲，多則四五次，少則兩三次，未有養蠶月內，絶不一聞雷聲。然從未聞所養之蠶，有因雷而致壞事者。若致壞事，則震驚百里，一縣之蠶盡聞之，必且盡壞之矣。何以自昔至今，一縣中蠶花參差不一，未嘗有一縣之蠶，盡致驚壞者。則雷忌之說，可不拘也。舊說相傳，當蠶上山後，初做起外層殼絡，天震重雷，蠶要脫絡透出。然余年已五十有餘，聞其說，郤未見有其事也。新嵊間，將蠶殼紙（即蠶子所生之紙，蠶出留殼，故謂蠶殼紙）懸於蠶室，上山後，換置蠶山。蓋謂殼是母胎，母在，則子可以無恐，蓋禳雷也。聞台屬之黃巖，多有惑於此說，且言海濱多雷，而不敢從事於蠶桑者。余故專論之，且詳言之，以解其惑。

清 鄭愷《飼蠶新法・顯微鏡攷種法》 將蛾袋中之蛾，去其頭、翅、足，入於乳盂中，滴以清水一點，用乳錘磨漿，滴於載玻璃片上面，覆以小蓋玻璃，輕輕移於六百倍之顯微鏡下攷之，見有腰圓如米粒者，名曰微粒子，即有病毒之証，無此者留之。其外病毒甚多，不能盡述矣。是法創自歐洲バスゾル氏漢文巴斯陡。又攷蠶卵之法，始於ェルナリヤ苦路那利耶氏，用苛性加里及蒸溜水，和合用之清水亦可。其配合之量，攷蛾用百二十倍即藥水一分，水百二十分，攷蠶卵用七十倍即藥水一分，水七十分。然顯微鏡攷病之法甚繁，非實習者，不能知也，故畧之。

清 黄湄西《蠶體病理論》下編第一章《微粒子病》第八節《微粒子病豫防法》《蠶業叢書》第七編　蠶卵之選擇　欲除滅有毒蠶卵，非行框製蠶種不可。其法選擇强健之蛾，分別產卵，復以顯微鏡考其母體，見有毒之卵，急爲棄去，無毒者方可留養。故普通蠶家，苟無力購置顯微鏡者，宜不惜重資，向確實可靠之製種專門家購求良種，是爲第一要着。

又　蠶種之洗滌　蠶卵外面，多有微粒子附着，若不洗去，則當孵化之際，必致與卵殼片同被嚥下，致發疾病，是洗滌亦爲豫防本病之一要點。

清 姚志强、賴昌《蠶病豫防法》第十章《蠶種與蠶病之關係》《蠶業叢書》第七編　水引　蠶卵經日，其表面之中央生一凹陷，是爲水引。檢視此水引，總以所凹之程度，滿框一致者爲良種。若其凹狀深淺不一，而表面呈皺狀者，則皆爲不良之徵狀，即須棄之爲是。

綜述

明 徐光啓《農政全書》卷三一《蠶桑・養蠶法》　《士農必用》曰：蠶事之本，惟在謹於謀始，使不為後日之患。蠶眠起不齊，由於變生之不一，變生之不一，由於收種之不得其法，故曰惟在謹於謀始。

清 王忠清《東南蠶事論》《蠶事統紀》附　第三日，將蛾抹下，子生布上，將石灰滲之，然後收拾於乾净之所。蠶子堅硬粗圓，來春蠶出必佳。總之，蠶以温和為貴，葉以新鮮為貴，餵以周到為貴，蠶房以潔净為貴，停葉以抖鬆為貴。各得其法，勤慎則倍收，懶忽則減息。

清 黄世本《蠶桑簡明輯說・養蠶說》

留種三條【略】

蠶布既滿，擇室中潔净通暢處，不可靠墻柱，以竿懸之，收其濕。過六七日，而其色變黑子初下色黄，次轉青，次轉黑，轉黑後，則子中已成蠶矣，則用陳石灰研細，以絹篩篩在蠶布之上要篩得匀，以不露蠶子為度，隨即摺好。以小帶縛之，懸之静處，待隆冬時取下醃之。色已轉黑而不以石灰制之，則梅風一起，即破殼而出，不能留及來春矣。

（道光）《遵義府志》卷一六《農桑・蠶事》　蛾之生也約半月，交五月節，梅風吹之則生，取其同時者擇而對焉，自辰而亥乃拆，厥氣乃全。其放子也，必覆而暗之；見光，則其子游散。蛾之放子也，一夜而止；否則生蟻也不齊。其為連，必桑皮紙，或以布。母蛾之覆，四五日，厥氣乃固。沃以絲之湯，則子不落。貫以桑皮，忌麻苧之線；懸于凉處，忌煙熏日炙。端午，以蒲、艾和井水浸少時焉，去其尿也。大約留種繭十斤，可得三眠之蠶四十斤。擇繭之尖細堅厚者，腰小者雄也，腰大者雌也，相兼而收。至臘月十二日，浸之于鹽鹵，則利于繅絲。或于是日用桑柴灰，或草灰，或石灰覆于連上，而露于天，以冒雨雪，而后收之，則耐養，并至二十四日而出。用河水滌去其灰，二月十二日又浴焉；以菜花、韭花、桃花、白豆花挼其中而浴之。留種之法于是全矣。《蠶經》

清 汪曰楨《湖蠶述》卷四《藏種》　貫以桑皮，忌麻苧之綫，懸於凉處，忌煙熏日炙。《烏青文獻》其色必戰紫，戰色後用石灰篩在上面，《育蠶要旨》但要匀，不要厚，以不露蠶子爲度。不以石灰制之，則梅風一起，即破殼而出，不能留至來春矣。隨即摺好，以小帶縛之，懸靜室。《廣蠶桑說》交夏時必須用緜薄包，外面用紙裹好，恐有蠹魚傷子，待浴種時再打開。浴後仍必包裹，來歲方得無礙。《育蠶要旨》

清 姚紹《南海縣蠶業調查報告・蠶部》《農學報》第二百五十期　蠶種收藏法及催青法　大造蠶熟後，蠶繭不用火焙，蛾出下種於紙，隔日將紙懸高處。至大寒取下，約兩月蠶出，名曰冷種。用火則一月蠶出，名曰火種。冷種易飼，火種難飼。近人貪快，多用火種。至催青之法，自七月四造起，收種不試水，每種百張，收四張。到大寒，蠶出，俗名七月仔。

清 福州試辦蠶桑公學《飼蠶淺説》

滌器

蠶具先洗以清水，再洗以石灰水，然後用清水浴之。若近河塘之地，以蠶具置水中，浸少頃，尤好。

清 佚名《兖沂曹濟農桑會簡明章程》第四章《規則》 《農學報》第二百六十期

一、各會公舉會長會員，皆須端謹公正有產業者充之，其作僞荒謬者，有多人指摘，即當斥退。

二、凡舉會長，由農工商務總局札委，任事二年，分別功過，以定去留。有實效者，詳請奬勵職銜，其開荒山興水利異常出力者，應請奏奬。

三、各會就舊日書院或廟宇開辦，以省建置。

四、蠶桑學堂課程分二種：一、研究蠶絲業之實理；二、練習蠶絲業之實事。

五、監督管束學生，稽查功課。

六、出入銀錢，收發文籍、器物，由司事分管，坐辦稽查。

七、考取學生須品行端正，文理通順，年二十左右，有妥保者。

八、學生二年卒業，考試列上等者，由農工商局發給文憑，准充各處教習，並造賣蠶子紙。中等，准其再學；下等，黜退。

俄 佚名《中國蠶務情形記》 《皇朝經世文統編》卷六〇 日本某君抵中國視察蠶業情形，歸而語人曰：余以四月十四日抵上海，先往蘇州、無錫二地。中國蠶事之盛，莫如江蘇浙江兩省，無錫屬江蘇省，為育蠶要地。時適當蠶子三眠之際，得親視其中情形。中國育蠶之家不似日本以男子執蠶桑之業，乃婦女親當其任，男子不過取桑於圃中，以助女子之勞而已。中國風俗多拘吉凶避忌，既屬婦女專心之事，甚至雖為夫者，或不得知育蠶之實情。矧余欲以一異國人，查視情形，豈不難乎？余乃力請一見蠶情，或先酬以洋圓，又或開誠來意，然後乃得以視察一切矣。其中亦或有育蠶之家博通事理，不拒余請者，余即欣然縱觀之。然如此人蓋不多見，不過雞鶩羣中之一孤鶴耳。以余所見中國育蠶法，似未盡善，如以寒暑之度，驗空氣之乾溼，則中人所不顧也。中國育蠶一任自然，中國書籍嘗見有天氣冷時，用火力助天候之語。然蠶家所為，則不然，豈失傳耶？惟天雨過冷，則或用藁席包蠶子，或用棉布包蠶架，然仍未免有隙漏。且又不設蠶房，凡育蠶子，多在住房之內。所謂住房，亦頗不潔，多係土壁瓦壁，無地板，且多無樓，窗户亦不多，故不能疏通空氣。欲使室中乾燥，亦大難焉。育蠶之法既不盡善，然有時亦能出好繭，果由何理耶？曰中國雖未曾為大育蠶之業，然家家從事，或六七人，或二三人，一視居屋之大小，人口之多寡，計人力以舉事，而不出於力所不及之外。蠶業，專視人之精粗疏密，以為得失之本。倘有懈怠，則易招大損。日本育蠶多大其規模，亦卻易招敗也。中國則小其規模，易加精密，故雖未盡美而輒生好繭也。大育蠶家收繭約三百斤，平常之家不過百斤，或多至百五十斤而已。蓋一人之力，能收繭約五十斤，必一家六人，乃能收三百斤。一家六人，則家屋亦必大，能不稱之為大育蠶家乎？

清 盛宣懷輯《蠶桑備要》 藏種 貫以桑皮，忌麻苎之綫，懸於涼處，忌煙熏日炙，其色必轉紫。轉色後可用石灰篩在上面，但要勻不要厚，以不露蠶子爲度。不以石灰制之，則梅風一起，即破殼而出，不能留至來春矣。隨即摺好，以小帶縛之，懸靜室。交夏時必須用緜薄包，外面用紙裹好，恐有蠹魚傷子，待浴種時再打開，浴後仍必包裹，來歲方得無礙。

英 康發達《蠶務條陳·三品銜前浙海關税務司康發達謹將中國蠶務亟宜設局講求整頓以保利源事宜開摺》 當將麻里阿所報之書送呈總税務司。嗣於十五年正月十七日，復將倪恩投所致兩函，抄錄申送，並呈明以前所論各事，既有真確憑據，爲蠶病之證。即就浙江一省之蠶而言，無不有微粒，患椒末瘟之症。倘不亟行整頓，恐蠶務之壞，與二十五年前法國之害相同。夫蠶漸長，而病因之漸重，別無良法療治。惟有選擇無病蠶子之法，一面防有病之蠶，不使生子。但浙江之蠶，染患椒末瘟，恐他處蠶病，大概相同。惟中國蠶病雖深，蠶力本大蠶力究如何大，俟詳於後，較之昔時西國蠶病，設法尚易爲力。故中國苟欲整頓蠶務，惟師各西國近二十年，日本近十年，所設各養蠶公院之法而已。若蠶爲何種，歸於何類，在格物家論之甚詳，似無關養蠶之事。然必格致家分蠶爲何種，種有何繭。而後養蠶家始知何種蠶生何種絲，並知養何種蠶爲有利益，及何種蠶宜養於何地。至巴姓醫治蠶病之法，知之甚易，仿之無不見效，法國各處養蠶之人，無不知曉。查官册所載，法國每年所出蠶繭之數計，咸豐三年爲二千六百萬吉羅每吉羅約重一斤十一兩，四年爲二千一百五十萬吉羅，五年爲一千九百八十萬吉羅，六年爲七百五十萬吉羅。以後年減一年，至同治四年，僅歲出四百萬吉羅，皆由蠶患椒末瘟所致也。前時百出其計，遍覓各國蠶子飼養，而日本之子尤多，迄無所效。其年，巴姓得選擇無病蠶子之法，其患始息。其法，將蠶患椒末瘟者，去除浄盡。養蠶之人，復加意飼養，其患黄軟病者，亦漸自止。方法國蠶瘟盛傳之時，計子重二十五克蘭每一克蘭約重六錢餘，生繭二十五吉羅，後則子重二十五克蘭，生繭四、五、六十吉羅不等。光緒四年，法京衙奇會所出官册，載近五年各國約出繭數，當時法國每年出繭九百萬吉羅。是法國自止蠶瘟之後，不十年，而所産已加倍矣。且查此五年之前，卽同治四年之後，法國每歲所出繭數，有多至義千四百萬吉羅者，或一千一百萬吉羅者。而此五年中，僅歲出繭九百萬吉羅，非因蠶復有病，實由人工昂貴，外來之絲，價較賤。故光緒十二年，法國所出絲數，雖爲八十萬吉羅，而較之前數年所出之數，實已加多。又查中國各口通商貿易總册，所有絲及亂絲頭，由上海運往外國之數，自光緒五年至十四年，此十年中，計惟光緒五、六兩年，自上海出口之絲牽計，每年爲六百四十一萬七千斤。其餘之八年出口牽計，每年爲四百四十三萬一千七百斤。是後八年，每歲出口絲數減少二百萬斤，約百斤中少三十斤也。其運往外國亂絲頭之數，此十年中前兩年牽計，每年爲八十九萬二千五百斤，後八年牽計，每年則爲二百五十萬一千五百斤。是每歲加增一百六十一萬斤，每百斤中，加七十斤也。合上二數以觀，則知中國蠶之病日深，但絲斤減少，似亂絲頭，應隨之俱減，何以反有加增？蓋由養蠶日見其多，而成功者少，故亂絲頭日加，而絲斤日減。今就上海、廣東運往美國之絲數而論，中國則年見其少，日本則年見其多，甚至大相懸殊故。合上海、廣東、日本，各出口絲數計之，譬百分中當光緒四、五兩年，上海出口絲數，約居百分中之五十二分。至六、七兩年，約居八十四分。嗣後年年見減，至前兩年，則僅居十五分。查前數十年作經之絲，由上海運往美國者，名七里絲，卽細絲，俱由南潯、新市、菱湖、湖州、雙林、烏鎮而來。大蠶絲，卽粗絲，産自該數處之外一帶，産細絲之處在浙省之北，其地不大，所種桑樹稠密。近二十年，復年多一年，蠶屋稠叠，過爲擠密。或卽因此蠶病盛行，該地之絲，遂收成日少。卽本處所需絲斤以織絲貨，亦不足用，遂越太湖，往無錫買粗絲之蠶繭，以補其缺，約每年至數百萬斤之多。卽上海所設兩繅絲行，亦每歲往無湖、錫溧陽等處，購買絲斤備用。産粗絲之處，其數本少，其地甚大。數年來，維種桑之區日多，較之前時甚廣，而蠶病亦與之俱廣，絲則不能多收也。若日本出口之絲數，當光緒四年，不能過一千四百十包。及前兩年，已加至一萬四百包。是皆由日本仿用巴姓選擇無病蠶子之法，産絲驟盛，而人皆知其絲質尤佳。故中國蠶務，亟宜整頓，萬不可緩。如以上所擬之法，最爲妥善，其事不過便民興利，並不强民遵從。但由國家俯准開辦勸導，民之聽信與否，悉隨民意。其聽信者，定獲利益，利益漸廣，信者必衆。

清　蔣斧《蠶桑答問續編》

問曰：『檢查子粒之法可得聞乎？』

答曰：『將蠶子紙全面直條，取下蠶子百粒，分爲兩分。再取一分，分爲十分，每分爲五粒，卽以五粒盛之小乳鉢，加藥水一滴，細爲研碎。用五百倍以上之顯微鏡，於四圍中間詳細察閲，如見汁内有微粒形，卽爲該蠶子百分中有二分病之據，是爲第一回檢查。如檢查十回，每回皆有微粒，卽爲該蠶子百分中有二十分病之據。凡病在百分之五以内，準其爲種蠶子之用。如病在百分之十五以内，準其爲製絲子之用。均分别蓋以準用印據。過此分數，卽蓋以不準用印據。』

清　莊景仲《養蠶必讀》卷上　按，下蟻須疏密得宜，其坪數不得過小，以致蠶體重疊，爲害不淺。大約下蟻擴坪，以多三倍爲適。蓋蠶卵與蟻校，已長一倍矣。又宜微留間隙，以爲蟻運動食桑地步。若蠶種一方尺，卽當擴坪三方尺，否則疊牀架屋，在面者得食飼桑，在下者壓抑已甚，無從得食，致後日眠起不齊，而生種種病症，其害可勝言哉。今養蠶家多不知此，故特表之。

清　佚名《杭州蠶學館章程》

章程綱領第一

第一條　本館之設，考究樹桑飼蠶驗蛾考種，用中國之老法，參東西洋之新理，互相考證，期以兼擅衆長，保中國固有之利權，開閭閻無窮之生計。現擇杭州城外西湖金沙港地方建造館舍，照後列款項試辦三年，俟有成效，再行推廣。

一項教授蠶絲業功課，分爲二種。

一、研究蠶絲業之學理；二、練習蠶絲業之實地。

二項考試蠶絲業之法，分爲四種。

一、桑樹　曰種類，曰栽培，曰疾病，曰害蟲。

二、蠶　曰蠶種，曰飼育，曰蠶病。

三、繭絲　曰殺蛹，曰貯繭，曰繅絲。

四、器具　曰蠶具，曰殺蛹器，曰貯藏蠶種器。

三項分派蠶種。

四項蠶絲業答問。

五項查考蠶絲業。

第二條　教習及辦公人員名數如左：

一總教習　人　一教習　人　一副教習　人

一館正　人　一館副　人　一通事　人

第三條　總教習受總辦之節制，掌理教授一切事務，並提調屬下人員。

第四條　總教習可以稟明總辦，訂立教授課程及派員任事，並釐訂第一條各項方法。

第五條　凡學生因事歸省或遷地療病，須總教習允准放行，如請假至一個月以外，須稟請總辦定奪。

第六條　總教習查考學生之功課勤惰，年分四次稟報總辦。

第七條　總教習可以署名於學生畢業執照之上。

第八條　總教習如因有事未到館，可使教習代理，並申明應得幾分總教習之權責。

第九條　各教習受總教習之節制，分掌各務。

第十條　各教習考試蠶絲業之成蹟，於考試後兩個月以内報明總教習。

第十一條　總教習審查編纂試驗成蹟，每年稟報總辦一次。

第十二條　蠶絲業答問無論遠地近地，有以書來問者，答書上應署答者之姓名。

第十三條　通事聽教習之命，從事館務。

第十四條　館正及館副受總辦之節制，掌理館中一切事務。

第十五條　館正可以約束學生，並採用辭退傭人，遇有重要，稟明總辦定奪。

第十六條　館正於辦理事務，可以稟明總辦訂立辦事細規。

第十七條　館正如因有事未到館，可使館副代理，並申明應得幾分館正之權責。

第十八條　館中每期製就蠶種若干張，館正須稟明總辦，並訂立分派次序。

第十九條　館副除幫助館正之事務外，仍各分權責，一人專管收支銀錢伙食雜費，一人專管檢點儀器及收藏蠶繭蠶種，各事仍責成館正隨時稽查，遇有重事稟明辦理。

第二十條　凡館中人等，欲攜取蠶繭蠶子帶回考驗者，應告明教習，由教習酌給，並知會館副發簿，應俟出館時領出，不得預先私攜入室，至教習館正館副，攜取蠶繭，亦互相知照，登簿備查。

第二十一條　驗蛾辨種，成效既著，製就蠶子紙發售，其民間蠶子，願託本館查驗者，酌收代驗經費。一切價目，隨時另定章程。

第二十二條　教習與館正副，各辦分掌公務，如有事相關連者，互相籌議，妥當施行。

課程表第二

本館各學課，限定二年，分爲四期，每期授業時數預定開列於左：

第一年前期自七月一日至十二月十五日，約一百六十三日，合二十三週星期按月房虛星昴爲星期，每七日一期。每星期授業三十五時，約八百零五時，如左表所記。

第一年前期學課授業時數

課目／時期	第二年前期時數	每星期分計時數	兩年總計時數
化學	四六	二	
養蠶法	四六	二	
蠶體生理	六九	三	
氣象學	四六	二	七六
肥料論	四六	二	八六
桑樹栽培法	四六	二	七六
繅絲法	四六	二	
土壤論	四六	二	七六
器械學	四六	二	
蠶體病理	六九	三	一一九
桑樹除害論	四六	二	四六
實習	二五三	一一	
計	八〇五	三五	

此外飼蠶實習約六十五日，每日定二十時，合得一千三百時。

第二年前期學課授業時數，與第一年前期同，約計八百零五時，如左表所記。

第二年前期學課授業時數

課目＼時期	第二年前期時數	每星期分計時數	兩年總計時數
化學	四六	二	
養蠶法	四六	二	
蠶體生理	六九	三	
氣象學	四六	二	七六
肥料論	四六	二	八六
桑樹栽培法	四六	二	七六
繅絲法	四六	二	
土壤論	四六	二	七六
器械學	四六	二	
蠶體病理	六九	三	一一九
桑樹除害論	四六	二	四六
實習	二五三	一一	
計	八〇五	三五	

第二年後期學課授業時數，與第一年後期同，約計三百五十時，如左表所記。

第二年後期學課授業時數

課目＼時期	第二年後期時數	每星期分計時數	兩年總計時數
養蠶法	三〇	三	
氣象學	三〇	三	
肥料論	四〇	四	
桑樹栽培法	四六	二	一三五
蠶體生理	二五三	一一	七二六
實習	二五三	一一	
計	八〇五	三五	

此外，飼蠶實習約六十五日，每日定二十時，合得一千三百時。

第一年後期自正月二十六日至六月十日，約一百三十五日。但適當春夏育蠶時候，故教授學課之日爲數甚少。今豫算自正月二十六日起，至四月初六日止，爲講授之期，其餘準備春夏蠶事務，計授業日數祇得七十日，合十週星期。每星期授業三十五時，約三百五十時，如左表所記。

第一年後期學課授業時數

課目＼時期	第一年後期時數	每星期分計時數	兩年總計時數
理學	三〇	三	
化學	二〇	二	
數學	三〇	三	
蠶體解剖	三〇	三	
顯微鏡使用法	二〇	二	
養蠶法	三〇	三	一〇六
土壤論	三〇	三	
蠶體病理	四〇	四	
害菌論	四〇	四	四〇
實習	一一〇	一一	
計	三五〇	三五	

此外，飼蠶實習約六十五日，每日定二十時，合得一千三百時。

辦事細則第三

第一條　本館置三部，曰教授部，曰試驗部，曰事務部。每部置部長一人，受總辦之節制分掌各務。

第二條　教授部掌後列事。

一、照章程綱領所載第一條第一項教授各事。

第三條　試驗部掌後列各事。

一、照章程綱領所載第一條第二項各種試驗事。

二、編纂試驗成蹟各事。

三、答問事。

第四條　事務部掌後列各事。

一、收支銀錢；二、地基房屋及收支物件；三、收發公文信件；四、收藏館中一切編纂；五、收藏館中戳記；六、蠶種事；七、監督學生請假住宿各事；八、伙食等事；九、傭人事。

第五條　本館須備後列各種簿冊。

一、招募學生簿；二、學生籍貫簿；三、功課簿；四、勤惰簿；五、學生畢業簿；六、講堂聽講簿；七、各班到班簿；八、試驗底簿；九、試驗成蹟簿；十、號簿；十一、假簿；十二、館員履歷簿；十三、館員出入簿；十四、學生出入簿；十五、來觀人簿；十六、發信簿；十七、經費出入簿；十八、物品底簿；十九、物品收付簿；二十、傭人簿；二十一、伙食簿。

第六條　司閽聽差長工厨役等額數如左。

一司閽一名，一聽差二名，一館僮二名，一廚役二名，一水火夫一名，一更夫一名，一長工三名，一臨時傭人　名。

第七條　司閽專司啟閉，記館中諸人出入，並按日打埽大門內外。聽差，專供公廨打埽，及飯廳內外伺應一切雜差。館僮專供東西齋打埽，及一切雜差。水火夫專供茶水及照料油燈。更夫專供支更，並收送文件。廚役專供飯膳及飯廳、廚房、柴房內外打埽。長工專供館內外芟草打埽，及種桑、採葉、挑葉、洗刷蠶品諸務。

第八條　教授部長，於每學期試驗，須將其成蹟優劣稟報總辦。

第九條　教授部長，可照章程第一條第一項範圍訂立教授時刻。

第十條　蠶業試驗各項，定於每年二月中，如須隨時試驗，由部長酌量舉行。

第十一條　蠶業試驗，每項定一主試，臨時選館生幫助。

第十二條　試驗部長，每年於正月內，將前一年所有試驗各事稟報總辦。

館生規條第四

第一條　館生畢業期以二年，今定爲額內三十名，額外二十名。額內生由館供給伙食外，每月另給月費三元。額外生每月自備伙食洋二元四角。

第二條　無論舉貢生童，年在二十左右，文理通順，體壯氣靜，覓有妥保者，許自備伙食作爲額外生，但每年入館，自正月至五月爲限，過期不收，即未過期，名額已滿，亦不收。遠地欲來學者，須先函問本館館正有無名額。凡額內額外入學後同一資格，所有應得利益亦一律從同。

第三條　額外生有才質可造者、勤於功課者、考試優等者，由總辦隨時察看，或給予伙食，免其出費，或升補額內，照給月費，或拔充級長，加增薪水，祇以學業爲憑，並不因額內額外有所分別，考試獎賞亦從同。

第四條　凡館生皆須遵守一切館規，並從執事之指示及其命令，如有犯規，即分別記過除名。

第五條　凡館生無論在館之內外，均嚴禁洋烟。

第六條　凡衣服身體均當清潔，並須留心衛生，以免疾病。

第七條　凡館生不得倡議罷歇功課。

第八條　凡借用之物件，俱當鄭重留心，萬一粗率以致損毁，按其實情，即著賠償。

第九條　在講堂及蠶所內不得吸烟、發高聲，並粗暴之舉動。

第十條　凡親朋來望，如未經執事允准，不得引入蠶所講堂。

第十一條　在講堂須安靜，遵守規矩，如無教習允許，不得擅自出入。

第十二條　凡講藝均定有時刻，該時擊號，諸生須一律到堂聽講，如臨時不到及遲到者，由執事謄簿，每月稟報總辦一次，以候酌奪。

第十三條　館生中應選一人爲正級長，一人爲副級長，至練習實地時各班置班長、班副。

第十四條　凡執事者之命，或級中班中之意見，均由級長爲之上下傳達。

第十五條　凡館生按日應記日記，月終由館正呈繳總辦。

第十六條　凡因有事請假，必將情由申明，請執事者允許。

第十七條　凡疾病不能習功課，須先陳明教授部，違者照臨期不到班例。

第十八條　凡館生除問功課外，所有上遞文件，須經級長及班長之允，方可遞於教授部長。

第十九條　凡館生有品行不端，或怠惰及屢屢請假者，均即除名。

第二十條　館生考試分爲三種：曰臨時考試，曰按期考試，曰畢業考試。

第二十一條　臨時考試，月考一次。按期考試，前後期期滿，各考一次。畢業考試，兩年四期課畢，大考一次。

第二十二條　凡館生畢業考試列上等者，館中當給執照，准其充爲各處教習，並造賣蠶子紙。列中等者，如願留館，准其再學。列下等者，即令退學。

第二十三條　館生考試不得臨時規避，其因病或不得已事，須預先稟准請假，方許另行補考。

第二十四條　額內生畢業後二年之內，或留館幫助教授各事，或派往各處，須聽館中調度，不得任意告退，違者著保人追繳館費。其額外生升補額內，及免貼伙食者，亦照此例。但此二年中應得利益應加給月費，均隨時酌量辦理。

住宿規條第五

第一條　凡館生在舍，須肅靜，不得任意喧譁，尤不准吹彈歌唱。

第二條　凡衣服臥具及一切物件，須各自整理，不可散亂。

第三條　火燭切宜謹慎，舍內尤以清潔爲主，切勿怠於打埽。

第四條　凡館生或因有事，或因疾病出宿於外，皆須詳說情由，稟請執事允許。

第五條　兩生同住一房，每房臥榻、箱架、桌椅等物各編本房號數，不得擅佔及任意污損、私自移取。

第六條　各教習館正副親友來館，偶有留飯住宿者，飯食一切均由自給。館生人數較多，親友來望，不得留飯住宿。遇上班時，該生不得擅離、見客。丁、工人等親友，祇准在門房會話，不得擅入公局。

停課請假規條第六

第一條　館生非蠶忙期內，按房虛星昴四星期給予例假，星期外逐日皆有課程，一律不准請假，或遇有要事，經館正副察知屬實，核准，方可另行給假。假期內仍按日扣費，至多以四日爲限，每逾四日，記過一次，並不准以星期餘假抵銷。其逾至一月者，即稟請除名，追繳館費。全月不請假者，記功二次。

第二條　館中上午十二下鐘，擊號，用午飯；下午六下鐘，擊號，用晚飯，俱准定時刻。其不在星期之日，准予請假者，如午飯前出館，次日亦應午飯前到館。晚飯前出館，次日亦應晚飯前到館。逾限者均作兩假，至星期給假，均定前一日下午五下鐘以後出館，應盡星期之日到館。封門後不到者，亦作兩假。假簿放在公廨上，歸館正專管，所有假期時刻，均由本人親到當面蓋戳，俾得共見共聞。

第三條　館生蠶忙期內，由教習派班實習，不能按定星期請假，遇有緊要事件，須告明教習館正副會同核准，請同班代理，方能暫行給假，至多不得逾四日，違者按日扣費，每逾三日，記過一次。全月不請假者，記功三次。

第四條　三年喪給假兩月，期喪十日，功喪兩日，免扣薪費，婚姻准告假一月，仍扣薪費。遇疾病，應由執事察知屬實，方准給予病假，仍按日扣費，過久不銷者，稟明除名另補。

第五條　館正副例假，不能按定星期，每月亦以四日爲限，逾限即各照薪水項下按日勻扣。其因公外出，經稟明核准者，免扣薪銀。

第六條　館正館副在假，須互相代理，以重公務。

第七條　例假四日按月結算，不得移至下月並算。

第八條　館生在館，晚膳前，非請假不得擅自出館。違者記過一次，罰月費一日。晚膳後非上班之學生，准其在湖上左近遊息一點鐘，過晚不歸者，記過二次，罰月費三日。

第九條　各生扣假之費，即以給獎餘假之人，按月核算，如星期均不請假，星期之外別有請假一日者，亦不得給獎。

第十條　每月星期停課外，暑天停課二十日，年終四十日十二月十五日散館，正月二十五日上館，萬壽節以及清明、端午、中秋、冬至，蠶學館開學日各一日。

第十一條　凡停課日期，如遇蠶忙時候，應移前移後，應由教習館正稟明總辦，隨時酌量變動。

第十二條　丁役例不給假，遇有要事，須稟明館正副覓人代當。如在一日以內，照扣工資，免覓替人。擅自離館者剔退。

右章程，杭州蠶學館所訂，自林迪臣太守刱設此館，於今歲餘，成效頗著。中國商務大端，厥爲絲茶，自錫蘭植茶，日本務蠶，大利皆爲所奪，今欲挽回利權，非改良養蠶及製茶製絲之術及減輕稅釐，別無他法。今杭州得賢守留心民瘼，苦志經營，蠶事轉機，將在於是。又海州分轉徐星槎觀督紹垣近出私財，於雲臺山麓植茶八百萬株，仍欲增植，將來並擬購買機器照新法試製，風氣之開，權輿於此，兩公並當今循良領袖也。著其姓名以風民牧，有繼是而起者，馨香祝之矣。己亥三月上虞羅振玉記。

紀事

英　康發達《蠶務條陳·三品銜前浙海關稅務司康發達謹將中國蠶務亟宜設局講求整頓以保利源事宜開摺》竊自中外通商以來，彼此有易，無互相爲市，固勢均而力敵，奈外洋之貨入中國者，不但貨色漸廣，即各貨數目亦年盛一年，中國運出之貨，不能與之爭勝，以致洋貨所值漸易以銀，而利源遂流入外洋，中國本有可以挽回之策，惜無人陳說利害，因循未辦，今試以絲務一項論之。夫絲爲中國民生之大本，通商後尤爲互市之大宗，其在數十年之前較之各國最爲興旺，而自近十餘年以至今日，則日見減色，查泰西各國於各項工作之事講求其理不遺餘力，而以格致之學爲最要，有一事必設一公院，内請專門名家稽查各務，集天下之深知此事本源功用者，不厭煩瑣，一一攷究詳察，以盡其利。譬如種田，則必究其未種之先，何等種籽宜於何土，燥濕何宜，既種之後，必究何以長茂，何以蕃實，必使學此者毫無遺利而後止。故於蠶桑一事，亦設有公院，凡蠶産情形，必專心考究。此公院設有年所，其於蠶之如何生長，宜食何葉，何以肥壯，何以有病，如何醫治，何三年復將上年所留之子並他處送來之子試養，計有頭蠶子十八種、二蠶子十種、三蠶子六種、三蠶子以上各蠶子八種。初養之時天氣頗宜，出蠶亦佳。至第四眠，蠶病尚未大見，迨上山時，其病乃顯，或一種全死，或一種留有一半左右，計存三十三種蠶，内僅有十二種尚有力作繭，然收成不過十分之五，其餘二十一種全歸烏有。第二次所養之蠶，不十日間幾已全壞。至第四眠時所餘之蠶，僅足爲浸入藥水之用。第三次所養之蠶，僅存兩種，嗣遂停養，此年養蠶雖不興旺，然可由此驗知其病，以期設法防備。故如上年之式包固，並將同時自杭州一帶及甯波、鄞江橋如式送來蠶絲、乾繭及蛾子計共三十三種，彙送倪恩投處，請同十二年所送之子一一考察各通商口，如福州、厦門、温州、漢口、宜昌，雖有送來各件均未如式，惟牛庄一口尚稱如式，其送來之野蠶及半家半野數種，亦均寄往法國，當經申明總税務司，並函致倪恩投來年本關暫停飼養，訪求，俟其考察明悉，究應如何整頓，擬於光緒十五年間再行開辦。及十四年五六月間接倪恩投函稱送來蠶絲、乾繭、蛾子均已收到，俟考察明悉，即行函復。今先請陳其大畧，中國之蠶受病已久，特未深信此理者多，今則可實證之，如甯波之蠶所見病瘟情形，他處亦復如是，則中國各該處蠶種必有斷絶之時。查得送來各種蠶身内具微粒西語曰克拍司格，從未見有如此之多，其微粒之病曰椒末瘟西語曰伯擻靈，凡蠶及蛾繭與子均沾染此病，且於各種蛾各繭内並查有他種病狀，譬如黄軟病西語曰法拉斯利，特其一耳。中國各蠶其病既如是之巨，何中國國家尚不及早料理，然應如何料理，容詳於後。大抵宜以印度爲法，中國蠶病雖深，所幸者既明此病，尚可爲防備之計。如送來各種子内有微粒者甚多，倘係西國之蠶染此病狀，斷難生子，即生子亦未必能成蠶，而送來之子竟能養出，且能經屢次挑揀，得無病之蠶成蛾成子，至次年養出，比先一年尤佳，可見中國之蠶，其力較他國爲大。其中又查得二理，一係中國之蠶患此粒瘟爲時已久，恐有絶種之時，而與昔時西國蠶瘟之患相同；一係中國蠶種内有力大者，雖患此粒瘟，醫治尚易，送來之奉天省蠶蛾等，已經英國倫敦最著名之格致家木爾查其内有兩樣新種，俟在里昂考察絲院，考察其絲，即可知其絲質有何分别，並其優劣如何。然今已經查明者，如在中國温和之地，一蠶養至數次，未必能佳，因遞次所收之絲一次不如一次。譬第一次收絲有百分，至第六次則不過五十分。總之，中國所出之絲式可定其一年不如一年，而日本所出之絲式則一年佳似一年。日本之絲，不但年年加增，其蠶繭及絲質驟然稱美，各西國及美國均樂以重價購之，其故甚易知也。蓋日本國家曾經講求此事前，有農部尚書將蠶蛾等件選擇精美送至西國考察，復派人往法國及義大利國學習養蠶各事，故今日本深知養蠶之法，雖用種不過十餘，其繭其子均爲極佳之品，並能明何種宜養於何地，是向來爲日本考察繭絲之理。其人雖産自法國，至今日獲收養蠶之利，則在日本而不在法人。予觀今日中國蠶務情形，頗與印度相同，溯印度數年以來，蠶亦多病，絲色日減，雖印度國家於民生各事向不過問，然因蠶務所關繫於民生者甚巨，亦遂改絃更張，由其國家致函請予代爲設法俛救。俾印人養蠶無害，並託予聘一熟悉養蠶各事之人往印，並深明巴斯陡選擇無病蠶之法，而願與以重聘，以期易於延覓，無如爲予所深信而不疑者頗難，其人故勸印度派養蠶公院之工頭來法學習，適印度養蠶公院中有工頭一名，在院管理已經兩載，明悉養蠶各事，頗爲用心，現已來法一月，由予請法國國家准其入蒙伯葉城養蠶公院塾房，在該院内巴姓及提雨克樂兩人名下學習，該工頭不能法語，傳以通事，學藝頗佳，歷二三月後回印，遂深知西國養蠶各務，並防備粒瘟之患，嗣印度國家擬設立養蠶公院數所，專爲挑選佳種無病蠶子，售與人民，並在公院設立一查考院，令年幼之人來院學習，分往内地教習飼養，每年所出蠶絲繭子仍送往法國里昂城及義國考絲院或英國倫敦水爾處，以備查考。但印度整頓蠶務較中國爲難，其蠶繭甚小，絲力亦弱，其質亦次，而中國地土宜於養蠶最爲利便，縱蠶有病，予逆料其易於醫治，更能壯蠶之力，成絲使多，將倍佳於現寄來之絲也。辦理如是之易，倘有幹練之人經理中國養蠶事務，日本國所能爲者，中國亦無不能爲，並無所難，此一定之理也。以上皆倪恩投與本税務司之函，當於光緒十四年六月十八日抄呈總稅務司，並具漢文詳論蠶務情形及所有整頓之法，申明商經本關監督亦甚關心，願爲籌捐襄辦，復申請准假三月，前往日本親查其養蠶各務，究因如何有此成效，旋於八月十九日奉總務司札覆以訪求蠶務各節，既深有關於國計民生，擬呈請總理衙門，俟總理衙門有何主見，再行札知。又札覆請假一事，礙難允准，各在案。

本稅務司奉札後深冀總理衙門允准，當卽擬定辦理章程，備函申送，内載：一、擬設立中國國家養蠶局在浙江產蠶適中之地，大約就湖州及太湖一帶，而將甯波試辦各事移至其處，按照西國養蠶各事最新之法，逐細講求，與法國、奥國、義國各西國及日本國之養蠶公院一律辦理。二、所設之養蠶局，固以細究養蠶各事爲重，更須按照巴姓選擇無病蠶之法蓄留其子，賤價售與内地養蠶之人，如内地民人，試用一次後，必知其子甚佳，利益較大。局中有此進欵，則嗣後每歲所需經費無虞不足。三、養蠶局須設立最新最靈繅絲之機器，或繅本局所收之繭，或繅購來之繭，或代繅民人之繭。凡繅絲時，宜設法准民人來局者看視，使風氣漸開，可使各人自備機器繅絲，以期匀净。四、内地適中之區，雖設有養蠶局，每歲在局專爲養蠶及繅絲各事，更宜設總局於上海爲查考各事之地，並由總局如前向各口訪求，及將蠶繭各件仍舊送往法國查考。五、凡在總局隨習養蠶之人於蠶務逐細講求其理均已明晰，選其誠實者分往各省產絲之區設立養蠶局，如法經理。

以上章程除申送總稅務司外，並函寄法國倪恩，投請其核覆，旋於十二月間接其兩函，一係送督辦法國國家養蠶公院總教習麻里阿所報在院飼養中國蠶種實在情形書數本，一係覆知所擬開辦養蠶公院各章程。當將麻里阿所報之書送呈總稅務司，嗣於十五年正月十七日，復將倪恩投所致兩函抄錄申送，並呈明以前所論各事，既有真確憑據爲蠶病之證，卽就浙江一省之蠶而言，無不有微粒患椒末瘟之症，倘不亟行整頓，恐蠶務之壞，與二十五年前法國之害相同。夫蠶漸長，而病因之漸重，别無良法療治，惟有選擇無病蠶子之法，一面防有病之蠶，不使生子，但浙江之蠶染患椒末瘟，恐他處蠶病大概相同，惟中國蠶病雖深，蠶力本大蠶力究如何大，俟詳於後，較之昔時西國蠶病，設法尚易爲力，故中國苟欲整頓蠶務，惟師各西國近二十年，日本近十年所設各養蠶公院之法而已。若蠶爲何種，歸於何類，在格物家論之甚詳，似無關養蠶之事，然必格致家分蠶爲何種，種有何繭，而後養蠶家始知何種蠶生何種絲，並知養何種蠶爲有利益，及何種蠶宜養於何地。至巴姓醫治蠶病之法，知之甚易，仿之無不見效，法國各處養蠶之人無不知曉。查官册所載，法國每年所出蠶繭之數，計咸豐三年爲二千六百萬吉羅每吉羅約重一斤十二兩，四年爲二千一百五十萬吉羅，五年爲一千九百八十萬吉羅，六年爲七百五十萬吉羅，以後年減一年，至同治四年，僅歲出四百萬吉羅，皆由蠶患椒末瘟所致也。前時百出其計，遍覓各國蠶子飼養，而日本之子尤多，迄無所效。其年巴姓得選擇無病蠶子之法，其患始息。其法：將蠶患椒末瘟者去除浄盡，養蠶之人復加意飼養，其患黄軟病者，亦漸自止。方法國蠶瘟盛傳之時，計子重二十五克蘭每一克蘭約重六錢餘，生繭二十五吉羅，後則子重二十五克蘭，生繭四五六十吉羅不等。光緒四年，法京衒奇會所出官册載近五年各國約出繭數，當時法國每年出繭九百萬吉羅，是法國自止蠶瘟之後不十年，而所産已加倍矣。且查此五年之前，卽同治四年之後，法國每歲所出繭數有多至一千四百萬吉羅者，或一千一百萬吉羅者，而此五年中，僅歲出繭九百萬吉羅，非因蠶復有病，實由人工昂貴，外來之絲價較賤，故光緒十二年，法國所出絲數雖爲八十萬吉羅，而較之前數年所出之數，實已加多。又查中國各口通商貿易總册所有絲及亂絲頭由上海運往外國之數，自光緒五年至十四年，此十年中，計惟光緒五、六兩年自上海出口之絲，牽計每年爲六百四十一萬七千斤，其餘之八年出口牽計每年爲四百四十三萬一千七百斤，是後八年，每歲出口絲數減少二百萬斤，約百斤中少三十斤也。其運往外國亂絲頭之數，此十年中，前兩年牽計每年爲八十九萬二千五百斤，後八年牽計每年則爲二百五十萬一千五百斤，是每歲加增一百六十一萬斤，每百斤中加七十斤也。合上二數以觀，則知中國蠶之病日深，但絲斤減少，似亂絲頭應隨之俱減，何以反有加增，蓋由養蠶日見其多，而成功者少，故亂絲頭日加而絲斤日減。今就上海廣東運往美國之絲數而論，中國則年見其少，日本則年見其多，甚至大相懸殊，故合上海、廣東、日本各出口絲數計之，譬百分中，當光緒四、五兩年，上海出口絲數約居百分中之五十二分，至六、七兩年，約居八十四分，嗣後年年見減，至前兩年則僅居十五分。查前數十年作經之絲，由上海運往美國者，名七里絲，卽細絲，俱由南潯、新市、菱湖、湖州、雙林、烏鎮而來。大蠶絲，卽粗絲，產自該數處之外一帶。產細絲之處，在浙省之北，其地不大，所種桑樹稠密，近二十年復年多一年，蠶屋稠疊，過爲擠密，或卽因此，蠶病盛行，該地之絲遂收成日少，卽本處所需絲斤以織絲貨，亦不足用，遂越太湖往無錫買粗絲之蠶繭，以補其缺，約每年至數百萬斤之多，卽上海所設兩繅絲行，亦每歲往無錫、溧陽等處購買絲斤備用。産粗絲之處，其數本少，其地甚大，數年來維種桑之區日多，較之前時甚廣，而蠶病亦與之俱廣，絲則不能多收也。若日本出口之絲數，當光緒四年不能過一千四百十包，及前兩年已加至一萬四百包，是皆由日本仿用巴姓選擇無病蠶子之法，産絲驟盛，而人皆知其絲質尤佳，故中國蠶務亟宜整頓，萬不可緩。如以上所擬之法，最爲妥善，其事不過便民興利，並不强民遵從，但由國家俯准開辦勸導，民之聽信與否，悉隨民意，其聽信者，定獲利益，利益漸廣，信者必衆。按麻里阿寄來飼養中國蠶種情形書內所載，照西國養蠶之道，及巴姓選擇之法飼養中國送來之蠶子，其種卽本關所養未成者，麻里阿竟能養成，且次年復養較上年尤佳，請實證之。查所送蠶種共三十三種內，以十種而論，光緒十三年、十四年成繭數，斤兩以若干繭成一吉羅計，一種第一年七百五十繭爲一吉羅，次年七百十四繭卽爲一吉羅；一種第一年一千六百八十繭爲一吉羅，次年一千二十五繭卽爲一吉羅；一種第一年一千九十五繭爲一吉羅，次年八百六十九繭卽爲一吉羅；一種第一年一千六百十八繭爲一吉羅，次年八百三十三繭卽爲一吉羅；一種第一年一千六百繭爲一吉羅，次年一千二百五十二繭卽爲一吉羅；一種第一年一千一百繭爲一吉羅，次年九百五十二繭卽爲一吉羅；一種第一年一千一百繭爲一吉羅，次年八百六十九繭卽爲一吉羅；一種第一年一千九十繭爲一吉羅，次年七百四十七繭卽爲一吉羅；一種第一年八百五十五繭爲一吉羅，次年七百六十九繭卽爲一吉羅；一種第一年八百四十繭爲一吉羅，次年七百十四繭卽爲一吉羅。可見內有一千六百十八繭爲一吉羅之蠶種，其子次年所出之蠶，僅須八百三十三繭卽爲一吉羅，是每繭較第一年加重一倍，該種蠶不過身體較壯，其病仍未去盡。如以上十種蠶合而計之，則十萬蠶於第一年成繭重八千五百二十吉羅，至次年所成之繭可重一萬一千四百八十吉羅，約每百斤中加重二十六七斤也。又倪恩投函覆所擬設立養蠶局章程，云閱所擬各章程均甚妥當，惟似稍有不合。夫今日中國欲整頓蠶務，與舊年印度開辦整頓蠶務相同，且印度整頓之法想亦與中國相宜。如在甯波所查各事，雖有裨益，然不過浙省一地之蠶，他省各種家蠶、半家半野之蠶及野蠶，除牛莊一口外，尚無實在查出之事。照前訪查各節，宜再從首開辦，而以有人深知巴姓選擇之法爲第一要義，設一公院以蓄無病蠶之子，務剔盡有病蠶之子，以免病蠶復生子，並比較各種蠶有何佳處。其人須熟悉養蠶各事，譬如養蠶房屋、飼養之法以及料理器具各事，何者最宜，始有益利可獲，均須一一明晰。但照巴姓之書及他書所載之法，猶不足恃。凡飼蠶各工作亦甚關緊要，蓋西國各樣新巧之法尚未載於書中也。如以顯微鏡窺視蠶之病狀，人皆知用，然宜細明其理，否則不能查明伯撇靈之病因，鏡面所顯除伯撇靈之克拍言格外，尚有他狀甚多，如小五方形質、血輪形質、小腐質小水蟲等質，宜知其分別之處。舊年印度國家派來之工頭，係在養蠶公院已經做工二年，其人二三月間來法，七八月回印，此數月內，先入法國蒙伯葉城國家養蠶公院內之塾房，後至里昂城考察絲院學習考察絲質，又往巴土呀城義國國家養蠶公院，並往養蠶最盛各處及選擇蠶子處、繅絲處閱視。該工頭頗能用心，雖不通法語，藉人傳達學習，亦甚易，故印度現已有人在養蠶公院深知各法，並知西國所用各器具何者與印度相宜。今中國亦宜設法聘此一人，是爲設立養蠶公院最先之事，鄙意莫如速派一二人來法，尚及見本年養蠶各事，否則又遲誤一年。夫欲整頓蠶務，總以實有裨益爲尚，故中國整頓祇須就中國之蠶治之，應由中國自行設法，始得長享其利，此策爲最善，而亦最便，故余不勸中國購用外國蠶院之子，雖法、義等國售買蠶子之處甚多，其子亦佳而無病，若中國購用，仍不免遲誤。中國之事，余意中國今日莫妙於在湖州或太湖一帶先設試辦養蠶公院，在內仍沿中國舊法飼養，不過房屋、器具、工人均須潔淨小心，並設法購齊浙江、江蘇、四川、山東、直隸、山西各省所産蠶子，愈多愈妙，在院飼養查驗各種優劣，不但養無病之蠶，兼須養佳種之蠶，蓋佳蠶費用仍與他蠶等。余亦不勸中國先行購用法國養蠶各器具，俟派人來法學習蠶務，親試何等器具合用，並爲中國所難得者，方可購用。惟考察絲質之粗細、柔脆、輕重，以定各種蠶之優劣，宜設一考察絲院。該院內用應用各器具之價值，照現時送印度者，計僅五六千法藍，卽約銀一千五百兩也。考察絲質各器具運用雖頗易，仍宜先在西國學習，以便回國傳習，並宜在該院內設繅絲之處。此院設立數年之後，且中國人既皆知巴姓之良法，則公院便可裁撤。不過今日先須示以則效開其風氣耳。如中國不及早設法，除此蠶瘟，則中國何處蠶染此病，其處蠶必盡壞，與昔時法、義、日、斯巴尼亞、葡萄牙各國相同，此定理也。昔時中國之絲與義國之絲相敵，並可使義絲價賤，今則情形相反，義絲轉能使中國之絲價賤，義、法等國絲市日興，無非善於講求之道。由上各節，以觀中國今日最急最要之事，一、係選一中國或西國年幼之人，已熟悉中國養蠶各事，派往法國學習，與去歲印度派來之工頭同。二、如前查訪蠶務各事，須再推而廣之，使無遺漏。三、宜購齊各省各種蠶子，一半存在貴處，一半寄來法國，倘於本年養蠶之先到法尤妙。夫法國里昂城爲西國貿易絲市之巨鎮，該地每年所需絲斤以造絲貨，其數頗巨，甚願他國歲出之絲能旺，亦與有利益。況法國所出之絲少不足用，其絲質頗佳，於中國何畏。中國之絲往銷，余非商賈者流，絲之賣買尤不與余相涉，但樂考察絲質一事耳。按倪恩投來信之言，與本稅務司所擬章程意見頗爲相同，然本稅務司已早計及中國整頓蠶務，欲求實在裨利，必先細爲查驗，並逐漸講求工作功用之道。倪恩投爲本稅務司深所佩服，惟其中不能不與其意見稍異者，除派人前往法國學習一法，則無疑議外，若中國設立蠶務局，應先就近查明日本如何辦有成效各節，再行仿照開辦，蓋日本與中國最近情形亦相同也。故仍冀親往日本查視一切，今特請總稅務司准照後開各條辦理。一、擬設立督辦各省講求蠶務總局，應請總理衙門允准，並先在湖州或太湖開局試辦。二、請准撥三年經費，每年三萬餘兩，共計十萬兩，以爲設局之費及三年内各項費用，其期則自本年西歷四月初一日起。三、請總理衙門准總稅務司派出本稅務司督辦講求，各省蠶務總局事宜移知各省大憲轉飭各屬地方官遵照，如須襄理之處，隨時照辦。四、准本稅務司督辦此局，事可必成，三年限滿，如國家另派大員管理，本稅務司可將總局各事並局内應用各項器具備齊移交後任。五、此局開辦後，亟當設法妥籌進欵，以補出欵，或較出欵有餘，但所擬之法須大憲准行，方能有效。查前載八年之内，除亂絲頭縻費之值不計外，上海運往外國絲斤，每年總數減少二百萬斤，則商人之估價歲短五百八十萬兩，海關之出口正稅歲短二十萬兩，藩庫之釐金短五十萬兩，共計每□短少六百五十萬兩，若以現在擬請設局經費較之，爲數亦甚微矣。蓋□此不過費一次之十萬兩，如彼則歲短六百五十萬兩，況所計之數猶□大異，所擬設局費用當不過十萬，或且毋須十萬，所言每歲虧短六百□十萬，尚僅以由上海運往外國者計之，爲江浙兩省十分中之數分。如□兩省總計，則虧短之數必不止此，如合各省總計，則虧短之數不知凡幾，想各地方官應知，其每歲絲之歉收實數爲何如也。一彼一此，利害分明，祇須靜候核奪，無庸本稅務司再三瀆陳，惟今日最急之務，莫如預防再誤一年。故已雇用前在本關兩年養蠶之工人，並令購買各種蠶子，派其偕同在上海遍法語之華人一名，前往法國，尚及見本年法國養蠶之事。約計秋季回關，所有費用，仍擬在本關經費項下發給。按照挪借之款，暫行入帳。俟奉上憲酌定如何辦理，再行照辦。本稅務司所深冀者，如蒙允准往籌設局一切事宜，則明春諸事齊備，即可開局辦理也。

又《三品銜前浙海關稅務司康發達謹將派江生金、金炳生兩人往法國國家在蒙伯業城所設養蠶公院學習巴斯陡防備蠶病之法及一切情形開摺》 七、該二人在蒙伯葉公院學習時，固在麻里阿屬下，至往他處學看蠶務各事，復由倪恩投請派其第一幫辦郎培而克同往照料。七月初，該二人在蒙伯葉學習已畢，前往巴黎，在巴黎公會，游視與蠶務有關各物，如繅機器，各種生絲，各種絲貨，是並由倪恩投照料一切，及與該二人講明蠶繭生絲之好壞，倪恩投可謂屈己以相教該二人也。又造繅絲機器廠，造有至新繅絲之機器，在公會内試用，□倪恩投商，令江生金前人往學習繅絲之用。數日，七月二十六日，該二人自巴黎，往里昂城考察絲質院内，學用考查蠶繭生絲之器具，並在里昂附近，上所言造至新機器廠内，學習裝卸動用機器之法，後回蒙伯葉時，路途所經幾處繅絲廠，亦復進内看視。江生金回蒙伯葉之後，復將麻里阿從前所教各事，由郎培而克遵麻里阿所囑，一一復爲考明。蓋其時麻里阿已經染病，惜未幾已故矣。江生金考驗已畢，郎培而克具報倪恩投云，按現在余所可報江生金學習之事。一、粗能知巴斯陡新法，用顯微鏡選子之事，現在該工人帶回中國之子，當余面前選擇，均臻妥當。二、該工人深知分方法之理及其原，故並如何仿照也。三、該工人能分別蠶常所有之病。四、可使稍明將蠶子妥當收藏，有何利益。五、可使稍知養蠶不可太密，並房屋宜多透生氣。六、該工人現帶去詳細說畧，係麻里阿所與講明蠶之各病原由。

又《三品銜前浙海關稅務司康發達謹將光緒十五年帶往法國養蠶公院所養各處蠶子收成數目及蠶病情形開摺》

計開一年養一次蠶子。按，法國重一吉羅克蘭，合中重二十八兩。每一吉羅克蘭，分爲一千克蘭。每一克蘭，分爲十代西克蘭。每一代西克蘭，分爲十桑的克蘭。每一桑的克蘭，分爲十密理克蘭。若養蠶子重二十五克蘭，約爲三萬五千粒。故重一克蘭子，約爲一千四百粒。每重一桑的克蘭子，爲十四粒矣。又重二十五克蘭子，養成繭，至少重五十吉羅克蘭。故重一克蘭子，約成繭二羅克蘭。重一桑的克蘭子，約爲十四粒，成繭二十克蘭也

第一號：白皮蠶子出湖州，重七十二桑的克蘭約一千八粒，應收繭重一千四百四十克蘭，因蠶有粒瘟西語曰：克拍司格及黃軟西語曰：福爾拉沙爾利病，養成繭四十八個，重五十四克蘭，是約爲百分之四分也。該繭內無佳蛾，生子未留。藥水浸有蠶七條。

第二號：白皮蠶子出甯波，重五十四桑的克蘭約七百五十六粒，應收繭重一千八十克蘭，因蠶有粒瘟及黃軟病，養成繭八十五個，重一百四克蘭又四代西克蘭，是約爲百分之十也。該繭內無佳蛾，生子未留。藥水浸有蠶四條。

第三號：白皮蠶子出嘉興，重七十二桑的克蘭約一千八粒，應收繭重一千四百四十克蘭，因蠶有粒瘟、黃軟、無眠西語曰：格爾拉沙爾利病，養成繭三十六個，重五十四克蘭，是約爲百分之四分也。該繭內無佳蛾，生子未留。藥水浸有蠶十四條。

第四號：小種白皮蠶子出餘杭，重七十二桑的克蘭約一千八粒，應收繭重一千四百四十克蘭，因蠶有粒瘟及黃軟病，養成繭一百十二個，重一百十八克蘭又八代西克蘭，是爲約百分之八分餘也。該繭內無佳蛾，生子未留。藥水浸有蠶八條。

第五號：中種白皮蠶子出餘杭，重七十二桑的克蘭約一千八粒，應收繭重一千四百四十克蘭，因蠶有粒瘟及黃軟病，養成繭三十八個，重五十四克蘭，是約爲百分之四分也。該繭內收得無病，蛾子九隻約重三克蘭又二代西克蘭，藥水浸有蠶四條。

第六號：大種白皮蠶子出餘杭，重七十二桑的克蘭約一千八粒，應收繭重一千四百四十克蘭，因蠶有粒瘟及黃軟無眠病，養成繭九個，重十二克蘭又九十六桑的克蘭，是約爲千分之九分也。該繭內無佳蛾，子未留。藥水浸有蠶八條。

第七號：白皮蠶子出奉化，重七十二桑的克蘭約一千八粒，應收繭重一千四百四十克蘭，因蠶有粒瘟及黃軟病，養成繭一百五十四個，重二百十六克蘭按本號子收成入第二十號內合算。該繭內無佳蛾，生子未留。藥水浸有蠶五條。

第八號：龍角蠶子出奉化，重五十四桑的克蘭約七百五十六粒，應收繭重一千八十克蘭，因蠶有粒瘟及黃軟病，養成繭二十四個，重三十六克蘭按本號子，收入二十一號合算。該繭內無佳蛾，生子未留。藥水浸有蠶五條。

第九號：白皮蠶子出湖州，重五十四桑的克蘭約七百五十六粒，應收繭重一千八十克蘭，因蠶有粒瘟及黃軟病，養成繭四十個，重五十七蘭又六代西克蘭，是約爲百分之五分餘也。該繭內無佳蛾，生子未留。

第十號：白皮蠶子出奉化，重五十四桑的克蘭約七百五十六粒，應收繭重一千八十克蘭，因蠶有粒瘟及黃軟病，養成繭二百六十六個，重三百三十一克蘭按本號子收入第二十二三號內合算。該繭內無佳蛾，生子未留。藥水浸有蠶八條。

第十一號：白皮三眠蠶子出南潯，重七十二桑的克蘭約一千八粒，應收繭重一千四百四十克蘭，因蠶有粒瘟及黃軟無眠病，養成繭十四個，重十二克蘭又六代西克蘭，是約爲千分之九分也。該繭內無佳蛾，生子未留。藥水浸有蠶八條。

第十二號：黑花皮三眠蠶子出吳淒，重七十二桑的克蘭約一千八粒，應收繭重一千四百四十克蘭，因蠶有粒瘟及黃軟病，養成繭九十個，重九十克蘭按本號子收成入第二十四號內合算。該繭內收得無病，蛾子八隻，約重二克蘭又九代西克蘭。藥水浸有蠶四條。

第十三號：白皮蠶子出諸暨，因到法國公院，即出子重若干，先未查明該蠶有粒瘟及黃軟病，養成繭五十六個，重七十二克蘭，該繭內收得無病蛾子五隻，約重一克蘭又八代西克蘭。藥水浸有蠶三條。

第十四號：白皮蠶子出嵊縣，重七十二桑的克蘭約一千八粒，應收繭重一千四百四十克蘭，因蠶有粒瘟及黃軟病，養成繭八十六個，重一百二十三克蘭又四代西克蘭按本號子收成入第二十五六號內合算。該繭內無佳蛾，生子未留。藥水浸有蠶四條。

第十五號：白皮蠶子出諸暨，重七十二桑的克蘭約一千八粒，應收繭重一千四百四十克蘭，因蠶有粒瘟及黃軟病，養成繭一百五十九個，重二百五十克蘭又二代西克蘭按本號子收成入第二十七號內合算。該繭內無佳蛾，生子未留。藥水浸有蠶四條。

第十六號：白皮蠶子出諸暨，重七十二桑的克蘭約一千八粒，應收繭重一千四百四十克蘭，因蠶有粒瘟及黃軟病，養成繭二百二十四個，重三百九十八克蘭又八代西克蘭，是約爲百分之二十一也。該繭內收得無病蛾

子十二隻，約重三克蘭又八代西克蘭。

第十七號：白皮蠶子出諸暨，因到法國公院，即出子重若干，先未查明該蠶有粒瘟及黃軟病，養成繭五十六個，重六十八克蘭又四代西克蘭，該繭內無佳蛾，生子未留。藥水浸有蠶三條。

第十八號：黑花皮柘蠶子出餘杭，重七十二桑的克蘭約一千八粒，應收繭重一千四百四十克蘭，因蠶有粒瘟及黃軟病，養成繭十個重十克蘭又八桑的克蘭按本號收成入第二十八號內合算。該繭內無佳蛾，生子未留，藥水浸有蠶二條。

第十九號：白皮蠶子出南潯，重七十二桑的克蘭約一千八粒，應收繭重一千四百四十克蘭，因蠶有粒瘟及黃軟病無眠病，養成繭六十五個，重三十克蘭又六桑的克蘭，是約爲百分之二分餘也。該繭內無佳蛾，生子未留。藥水浸有蠶七條。

第二十號：肉皮蠶，由第七號內分出，亦有粒瘟及黃軟病，養成繭二十七個，重五十七克蘭又六代西克蘭，合之第七號所收繭數，是約爲百分之十九分也。該繭內無佳蛾，生子未留。

第二十一號：白皮蠶，由第八號內分出，亦有粒瘟及黃軟病。養成繭一百十個，重一百六十九克蘭，又二代西克蘭合之第八號收數是約爲百分之十九分也。該繭內收得無病蛾子二隻，約重七代西克蘭，餘藥水浸，有蠶四條。

第二十二號：白皮四點蠶，由第十號內分出，亦有粒瘟及黃軟病。養成繭三十六個重五十七克蘭又六代西克蘭按本號收成亦入第二十三號內合算。該繭內無佳蛾，生子未留。

第二十三號：斑點白皮蠶，由第十號內分出，亦有粒瘟及黃軟病。養成繭十五個，重十八克蘭，合之第十號及第二十二號收數，是約爲百分之三十七分也。該繭內無佳蛾，生子未留。

第二十四號：白皮三眠蠶，由第十二號內分出，亦有粒瘟及黃軟病。養成繭一百十六個重九十七克蘭又二代西克蘭，合之第十二號收數，是約爲百分之十三分也。該繭內收得無病蛾子五隻，約重一克蘭又八代西克蘭，藥水浸有蠶三條。

第二十五號：白皮四點蠶，由第十四號內分出，亦有粒瘟及黃軟病。養成繭六十四個，重七十九克蘭又二代西克蘭按本號收成亦入第二十六號內合算。該繭內收得無病蛾子十隻，約重三克蘭又六代西克蘭。

第二十六號：黑皮蠶，由第十四號內分出，亦有粒瘟及黃軟病。養成繭四十七個，重六十四克蘭又八代西克蘭，合之第十四號、第二十五號收數，是約爲百分之十八分餘也。該繭內收得無病蛾子四隻，約重一克蘭又四代西克蘭。藥水浸有蠶四條。

第二十七號：白皮四點蠶，由第十五號內分出，亦有粒瘟及黃軟病。養成繭一百五個，重一百四十七克蘭又六代西克蘭，合之第十五號收數，是約爲百分之二十八分也。該繭內收得無病蛾子十二隻，約重三克蘭又九代西克蘭。藥水浸有蠶四條。

第二十八號：白皮蠶，由第十八號內分出，亦有粒瘟及黃軟病。養成繭六十五個，重三十九克蘭又七代西克蘭，合之第十八號收數，是約爲百分之三分餘也。該繭內無佳蛾，生子未留。藥水浸有蠶二條。

按一年養一次蠶子，本帶去十九種，因一種子內常有二三種者，共分爲二十八種。該二十八種內按所養之子，應收繭數以計至多者爲百分之三十七分餘，至少者爲千分之九分餘，合計繭之收數不過爲百分之七分餘也。以上二十八種所收之繭內，有十八種之繭因病太甚，均不能做子，其餘十種之繭尚未全病，仍可做子，然所做之子，不過爲百分之十分也。

又《三品銜前浙海關税務司康發達謹將擬設整頓蠶務總局定章按此定章係言局中一切應辦之定事也**開摺》** 大人深明蠶事，講求有年，並悉耑派工人，遠赴法國，學習養蠶新法。擬將設局，整頓辦理，俾中國絲務有興無敗，誠裕國便商之碩畫，而我華民之大幸也。乃遲至今，不見局設何處，未知是否開辦，商等心欽日久，盼念時深。爰見本年養蠶之期已屆，不辭固陋，特就上海徐家滙地方，自賃清净洋房一所，購齊各種蠶子，及桑葉、器具、經費，一切均經妥辦，以備試行。第恐養不得法，而仍如往年，虧折被累，爲亟瀝情稟請。

法 白爾辣《摘刊蠶瘟説略》 浙省釐捐總局爲刊行事。光緒九年十一月二十八日，奉撫憲劉 札准，欽差大臣李 咨據候選道馬建忠等稟，洋商白爾辣將本年各處蠶繭，以顯微鏡逐一測驗，詳記各蠶受病深淺。又慮人不之信，復將粒瘟病，由自蠶蟻，以至化蛾、生種，分條縷晰，逐加論說。函達，譯呈咨會，查核酌辦等因到院。摘其明白確著者，抄發數條，飭局排印，分發養蠶各縣等，因奉此，合將奉發摘鈔數條，刊刷成本，俾衆咸知。

清 佚名《福州蠶桑公學庚子年擬辦情形説略》《農學報》第一百一十九期

本公學自己亥試辦蠶事，頗有成效，故於舊冬募集捐貲，爲置蠶具、購桑秧及一切飼蠶種桑之用，以期廣開風氣，承同志厚意，三閱月間，已得開辦經費千餘金，常年經費五百金，自應開局興辦，以副諸君子誘掖獎勸之高義。惟桑秧新種，不可採葉，外間購桑，又甚爲難，勢不能多飼蠶，加以經費未充，局所未定，若勉强興辦，則用力多而收效少，耗費鉅而持久難。今擬再行試辦一年，務使費用節省，不至虚擲，一面籌欵項覓局所，明年桑秧漸長，桑葉漸多，然後延聘教習，開局興辦。茲將本年擬辦情形，畧爲條列如下。

飼蠶。一、教習未聘，暫以舊年學友，料理蠶事。其新來學友，暫緩入學。一、局所未定，暫借九彩園方氏園屋爲公學，不出賃租，所有修理蠶房各費，由方氏自籌，不糜公學之欵。一、用顯微鏡製春夏秋蠶子，分售同志，以開風氣。一、有志蠶事者，儘可來公學觀看，并考究飼法。一、同志蠶繭，欲託公學繅絲者，當爲代辦，所有細章，臨時酌定。

種桑。一、僱浙江桑工一人，料理桑園，并教授接桑種桑等事。一、舊年所購桑秧，或由公學自種，或照原價發售，所有辦法，計有四項，茲分爲甲、乙、丙、丁附表於下。

甲、地價、桑種及培植看管等費，均由公學籌備，以後出葉，均歸公學之用。乙、公學備桑種，寄種他人之地，培植看管，均由地主經理，以後出葉，儘數先售公學，照時價八折核給。丙、公學同志所種之桑，資本費用，均由本人自籌，以後出葉，或爲公學之用，或以開設分局。丁、外間同志所種之桑，貲本費用，由本人自備，利息亦歸本人。桑種，甲、扒接大種二千六百十四株，廣秧四千五百三十八株，共計七千一百五十二株；乙、扒接大種四千五百株，廣秧一萬四千一百二十五株，共計一萬八千六百二十五株；丙、扒接大種七千六百五十株，廣秧二萬二千五百二十五株，共計三萬一百七十五株；丁、扒接大種一萬一千二百十四株，廣秧二萬一百五十六株，共計三萬一千三百七十株。扒接大種共計二萬五千九百七十八株，廣秧共計六萬一千三百四十四株，統計八萬七千三百二十二株。一本年秋冬，仍往浙江購辦各種桑秧，運來閩中，或由公學覓地自種，或照價分售各同志，所有細章，屆時酌定。

清 衛杰《蠶桑圖説・蠶桑織紡圖説序》 傅相訓誨，諄諄昕夕，以思始將桑政、蠶政、織紡事宜，各著爲編會圖立説，分給鄉民，並著《蠶桑淺説》，課晴雨以審天時，辨旱潦以廣地利，勤培養以盡人力。十九年得桑百萬有奇，二十及二十一年共得桑千萬有奇。同事王君協力以謀，員司奮勉日益，鄉民漸知其利，請領桑樹、蠶子，陸續不絶。更各屬開機織者，相繼起製，巴緞、浣花、湖縐、大綢如式，或織帶絹以發綢行，織薄絹以發扇行，織綾花以發裱行，製緯纓以發帽行。其銷路廣者，粗綢大羅最多，而絲綿、絲網之作漸起。意再擇嫩桑皮以益紙莊，選冬桑葉以濟藥店，取弱桑條以佐器用，並桑田之外，試播稻田，使農民觀感。斯數年後，種桑産絲以千萬億兆計，利源日廣，土物日增，易瘠苦爲腴饒，無負。

清 衛杰《蠶桑淺説・蠶桑總説》 中堂於津門蒙諭以直省蠶政，前此累歲經營，亟宜踵事興辦，以竟其緒。因籌及辦法並三輔民風土性，暨由江南齊蜀，雇匠運桑，道理遠近，孰良孰否，靡不周至。杰私心竊計，大憲之軫念民，依勤求周密若此，自維智識短淺，曷足以副委任之。重迫返省時，謀之。裕籌泉方伯，周玉山廉訪所見悉同，始敢毅然自任。於是派人回川購桑秧、覓蠶子，募丁匠，約以今春正月至預相宅，於省城南門外濱河之區爲織紡所，度地於城西之三里莊爲桑園，購備農器，並講求絲車、織機各成式。授梓人之慧者，倣而造之。洎蜀中丁匠、桑蠶如期至，則栽桑、育蠶、織紡諸務以次畢，興然創辦方始，猶慮北地風勁，而氣候較遲。且非務農者所素習，縱已艱難締造而成之，遲速猶未敢期，乃一二年間以言桑，則移根、壓條、接枝諸法並舉，成活以數十萬計。而種甚所生約百萬株，尤青葱可喜。以言蠶，則本局飼養五十餘箔，爲之倡率，兼散蠶子於民間，使轉相傳習而籌款以收其絲繭。有赴局呈交者，按時價給之，俾免滯銷之患。以言織紡，則各路工匠咸集，兼擇附近村童之聰穎者數十人相從學習，咸欣欣焉，爭能競智，併力合作，共獻技於一堂之下。月成綢絹、羅綾若干疋，各如式絲性綿軟，花樣亦燦然可觀。而各邑士民之承領蠶子、捐種桑株、請設機坊者，相屬也。此其效，豈一朝一夕之所能？驟幾夫非我。

清 梁啟超《飲冰室文集》第一集《蠶務條陳叙》 蠶務條陳一卷，英國康發達撰。發達，官浙江關税務司。初，光緒四年，巴黎設衙奇會，會中蠶務首領致函我邦，請查華蠶總署下榷署，榷署通札各關具報。浙者，中國産蠶最盛地也。發達既取杭州、甯波、鄞江之蠶絲蛾繭寄巴黎，復自請假之日本察日蠶，又派學生學蠶術於法。既歸，乃於光緒十五年，請在上海設整頓蠶務總局。此書乃其前後呈榷署各公牘也，書凡八篇，【略】前二篇嘗印入格致彙編中，又抽印爲單行本，名《蠶務圖説》，附日本蠶圖四。光緒二十三年，張季直殿撰賫以足本寄時務報館，無圖，乃卽日上石更名《蠶務條陳》，從其質也。敍曰土貨出口絲爲大宗，二十年來絲市日減，蠶種將絶，可恥一：既已衰敗，不思所由，法會函詢，始知考察；可恥二：不自加意委權榷署；可恥三：康氏苦口請設蠶局，至今不行；可恥四：此書著成，久不流通，海内志士希見全本；可恥五：嗚呼！其第五恥吾黨之責也，其前四恥非吾黨之責也。嗚呼！丁酉三月梁啟超叙。

藝文

清 高士奇《歸田集》卷三《繅絲行》 浙西民力勤，種桑無閒土。家家養吴蠶，筐籃滿廊廡。當春蠶子生，日夜守復覷。陌上女盈盈，採桑出庭戶。但憂蠶偶飢，那顧兒啼乳。計日蠶上簇，占時慮風雨。相看結繭成，堅勻白且膴。清和早夏時，茅檐置瓦釜。竹裏聲啞啞，繅車類輕櫓。持絲付機娘，織成縠與黼。侯家尚新奇，窮工綰花譜。千疋輕翦裁，那識蠶孃苦。所喜年歲豐，南北通商賈。巨舶販海洋，連鑣賣城府。婦子樂餘閒，時節到重午。刈蒲縛綵糉，食罷作繭虎。

清 周凱《飼蠶十二詠・初眠》《清詩鐸》卷七

初眠俗名頭眠。蠶初生蠕蠕若蟻，采極嫩桑葉，翦細飼之，四日，頭微白，不食，退皮，爲頭眠

今日天氣和，蠕蠕動蠶子。知是第一眠，薄薄鋪繭紙。風從東方來，小姑色先喜。《漢書・天文志》：正月上甲，風從東方來，宜蠶。翦桑細飼之，四日頭已起。

圖表

清 衛杰《蠶桑圖説》冊中

辨蠶種第四圖

山蠶養得滿山中，人事無須飼養功。惟有家蠶偏喜潔，先防沙漠後防風。

蠶食不飲，喜潔惡穢，凡臭物皆忌之。西南風及北風均宜，避喜温暖，如寒時祇宜用輕衣單被等物遮蓋。蜀中蠶性與北方相近，今年蠶桑局及村民多用蜀蠶子，作繭最旺。易州山村，如馬頭、主良等處，皆養山蠶。

家蠶飼養部

概説

題解

宋 羅願《爾雅翼》卷二四《蠶蟲一・蠶》 蠶，倉庚鳴則生，故《詩》曰『倉庚喈喈，采蘩祁祁』。蘩，白蒿也，所以生蠶。《夏小正》曰『三月，妾子始蠶』，蠶之狀，喙呥呥，類馬；色斑斑，似虎。初拂謂之『蚝』，以

毛掃之。蠶尚小，不欲見露氣，桑葉著懷中，令暖，然後切之。得人氣，則衆惡除也。古者，三宮夫人，桑于公桑，風戾以食之。謂及早涼，脆采之，風戾之，使露氣燥，乃以飼蠶。蠶生惡濕故也。比至再眠，常須三箔，虛上下二箔，以隔土氣，障塵埃也。飼必卷窻褰幃，飼訖，還下。蓋蠶，昆蟲之類。昆者，明也。

（乾隆）《烏青鎮志》卷二《農桑》　凡畜蠶者，或自家桑葉，不足則預定別姓之桑，俗曰梢葉。

清　楊鞏《中外農學合編》卷一〇《蠶類·春蠶》　辨食　蠶可食者，一曰桑，一曰柘柘葉堅硬，非小蠶所能食。惟三眠起後，及大眠起後，可先喂柘葉，後餧桑葉，所以先餧柘葉者，以柘葉不如桑葉之美，既已食過桑葉，必不肯再食柘葉也。桑葉有蠶不食者，一曰茅嘴萌芽初出，其味苦澀，一曰毛背毛背葉黨澀而毛，蠶不食，一曰金葉葉上有黃斑者，其樹將槁，不特蠶不食也，一曰油葉色黑，若有油者，此因筐内貯葉，過於緊實所致。桑葉有不可令蠶食者，一曰雨葉，一曰露葉雨露未乾時摘下者，食之多生瀉病，一曰霧葉霧中摘下者，有毒，一曰黄沙葉遇大風時，塵沙四起，桑葉沾沙，食之病脹，一曰臭葉大眠之後，桑可澆糞，甫經澆糞，即便摘下，食之當眠不眠，一曰熟葉烈日中摘下者，食之腹結頭大尾焦，一曰枯葉摘下之葉，被風吹乾者，全無津液，食之病與熟葉同，一曰氣水葉摘下桑葉，堆積過久，一發蒸熱，便生氣水，食之成白肚蠶，一曰大麥地内桑葉食之即壤，故桑樹之下，不可栽種大麥，宜牢記。《蠶桑提要》《蠶桑實際》《蠶桑須知》

論説

宋　陸佃《埤雅》卷一一《釋蟲·蠶》　《蠶書》曰：『飼蠶，勿用雨露濕葉。』蓋蠶性惡濕。故《禮》云：『桑于公桑，風戾以食之也。』今俗飼蠶以葉洒之，欲其匀厚。故古者王親耕，三推而止；王后親蠶，三洒而止。

明　徐光啓《農政全書》卷三一《蠶桑·養蠶法》　元孟祺《農桑輯要》論蠶性曰：蠶之性，在連則宜極寒，成蟻則宜極暖，停眠起宜温，大眠後宜凉，臨老宜漸暖，入簇則宜極暖。黄省曾曰：蠶之性，喜静而惡喧，故宜静室；喜暖而惡濕，故宜版室。室静可以避人聲之喧鬧，室密可以避南風之襲吹，室版可以辟地氣之蒸鬱。

又　《務本新書》曰：蠶必晝夜飼，若頓數多者，蠶必疾老，少者遲老。二十五日老，一箔可得絲二十五兩。二十八日老，得絲二十兩。若月餘或四十日老，一箔止得絲十餘兩。飼蠶者慎勿貪眠，以懶為累，每飼蠶後，再宜繞箔看一遍，飼蠶葉要均匀。若值陰雨天寒，比及飼蠶，先用乾桑柴，或去葉秆草一把，點火繞箔照過，熇出寒濕之氣，然後飼之，則蠶不生病。一眠候十分眠，纔可住食；至十分起，方可投食，若八九分起，便投葉飼之，直到老，决都不齊，又多損失。停眠至大眠，蠶欲向眠時，見黄光，便住食擡解。直候起齊，慢飼。葉宜薄摻，厚則多傷慢食之病。蓋因生蠶得食力，須勤飼。最忌露水濕葉，并雨濕葉，飼之，則多生病。

清　韓夢周《蠶桑實濟》卷六《蠶桑補遺》

蟻葉核計

蟻爲蠶種，葉爲蠶食，飼蠶而不知其數，從何下手。葉多而蟻少，一歲少收，其害猶小。倘葉少而蟻多，初下蟻時，猶能飼養。到三眠後，葉不接繼，前功盡廢，一歲無收，其害實大。至於損傷物命，更有不忍言者。古人有量葉下蟻之法，每蟻三兩，需桑五畝。但就蟻之輕重而言，未説出蟻數多寡，且桑以畝計葉數，亦難確定，終令閱者茫然。請以平日試驗之法，詳述之。擇繭下子時，雄雌蛾相配，每雌蛾一隻，可下子三百。肥大者，可下子三百餘。十雌蛾，可下子三千餘，即可收蟻一錢。百雌蛾，可下子三萬餘，即可收蟻一兩。每蟻一錢，自小至老，約飼葉八九十觔，近地稱葉之秤，皆二十兩爲一斤。善飼者可得絲十二兩，不善飼者亦可絲十兩。每蟻一兩，自小至老，約飼葉八九百觔，善飼者可得絲百二十兩，不善飼者亦可得絲百兩。以葉數多寡，定蟻數多寡，此要法也。然蟻未下連時，其數何由而知。葉未下樹時，其數又何由而知。茲有一法焉，欲知在連之蟻數者，當於下子時，先將空連紙一稱，記號紙背。子已下齊，合子又一稱，即知子數，仍記號連背上。來春，蟻下畢時，將空紙退除，即知蟻之確數。俟摘繭時，稱繭一觔，計數若干，合而算之，即知蠶數。約計子連一錢者，可收蟻七分；子連一兩者，可收蟻七錢。在連蟻數，總以七成爲差。其欲知在樹之葉數者，當於先一年桑葉正茂時，取一全樹之葉，稱準觔數若干，他樹自可類推。即可因樹之衰旺須分新樹、老樹，沃土、瘠土之樹。預定來年所出葉數。大約肥大桑樹，一株歲可採葉三四十觔，有桑三根，可得葉九十餘觔。即可飼蟻一錢，得絲十兩之譜。有桑三十株，可得葉九百餘觔，即可飼蟻一兩，得絲百兩之譜。以此推算，百不失一，倘以僥倖之見，多養蟻一二分，未有不失誤者。此蠶事十分要緊關頭也。慎之！慎之！

清 李拔《蠶桑説》《牧令書》卷一〇　聞湖州蠶皆火絲，每年蠶重生復養，故有頭蠶二蠶之别，此蜀中所無也。蜀中墻下樹桑、宅内養蠶，以為常業。每蠶初生，稱重二錢，長大可滿一簟，簟長丈二，寛五尺，编竹為之。屋中立四柱，柱下有十齒，作架承簟，可容掛五簟。養蠶多者二百簟，少亦十餘簟。每簟可得絲一斤，若得絲二百斤，則小康之家也。又蠶初生，至成絲時，僅四十日，獲利最速。其糞可飼猪，水可肥田，柴可炊爨，故人皆為之，甘辛勤而無倦。每蠶熟，置酒相賀，又擇其繭之佳者，為種出蛾，分雌雄配對，半日分開，承以綿紙，令下子滿紙，收貯為來歲計。其遺繭可製綿紬，並無棄物，以女红助男耕，心無外用，風俗淳美，豈不休哉。然蠶婦歲歲拮据，有終身不得衣帛者，而富室大賈，目不睹耕桑艱苦，反被服錦繡綵繪，而厭珍羞、或以覆窗屋，可念也。

清 高銓《蠶桑輯要》卷上《飼養》　蠶食而不飲，隨食隨消，計蠶一筐五觔者，約食葉八個。火前一，火後一，大眠至老八。六觔者，十個。自初生至老，飼之各有節次。其大綱有三，一曰匀，左宜右有，使無偏陂，則食之均，而蠶齊；一曰薄，稀摻平鋪，使無堆砌，則食之過而葉省葉食盡謂之過。一曰勤，晝喂夜飼，使無間斷，則食之多而長遠。《務本新書》云：飼蠶二十五日老，一箔可得絲二十五兩；二十八日老，得絲二十兩；若月餘或四十日老，止得絲十餘兩。昔人計蠶以箔，今人計蠶以筐。案，《士農必用》云：一箔蓐上，下蟻三兩，至老可分三十箔。是一錢蟻，至老為一箔。正今之一錢蟻，至老為一筐也。箔與筐，名異而實同。遲疾之間，懸絶若此，故老相傳，以為蠶食春葉多，則絲多；食夏葉多，則絲少。二蠶之絲，較薄於頭蠶者，以不得春氣也。夫蠶自穀雨邊出，至立夏，已閲十五六日。若能於二十四五日中，加緊趕成，蠶之食夏葉，不過七八日。遲至月餘或四十日，則夏葉已過半矣，得絲多寡，宜其判若天淵也。今人飼養不及古人，一筐蠶僅得絲十五六兩，良由蠶不速老，大都遲至四十日，所以諺有『四十日，繭子白』之説。誠能自始迄終，毋怠毋忽，俾蠶皆化遲為疾，何患不豐收哉？

清 佚名《論育蠶之利》《皇朝經世文四編》卷二三　公子曰：『蠶之利如可？』主人曰：『蠶必以桑為本。一畝之地，可栽桑百餘株，歲沃以糞，三年而可得葉。一株之葉，可得三十觔。一畝之桑，可得葉三十石，可育蠶花二兩。大眠之後，可得蠶百十餘觔。作繭之後，可成絲四百兩，可賣洋七八十元。如不欲育蠶而種桑，桑葉貴時，恒須二三千文一石，賤時或僅數百文，以中價論，當以千文一石為準。是一畝之入，可得錢三十千文。如不種桑而育蠶，但須於未飼蠶之先，預向有桑之家，以平價買定，亦以千文一石為準。十石之葉，可得大眠蠶三十餘觔，可成絲百餘兩，是亦可穫倍蓰之利。』

清 何品玉輯刊《蠶桑會粹・種桑各法》

量桑養蠶法

飼蠶以桑為首務，如有桑一百六十斤，可養蠶蟻壹錢在出蟻時定奪，此量桑養蠶法也。未養蠶，先量桑。量桑又以蠶為準則，以養蠶一簸三尺空，宜預桑五十斤每簸蠶自生至老，約食葉五十斤，蠶到大眠起半簸，上山必有一簸，在起蠶多少定奪，此養蠶量桑法也。又有大號簸三尺六空，每簸蠶約食葉七十斤。蓋簸大蠶多，故食葉亦多，非有二法。暑天之蠶，食葉減少一二分天時熱，蠶之眠起較早，成熟亦早，故食葉減少，其出絲較重，此造飼蠶家無妨飼多一腆，如尋常飼十簸，儘可飼十一二簸。

清 周凱《勸襄民種桑説三則》《皇朝經世文编》卷三七　夫桑以飼蠶，無桑則無蠶矣。農之於耕，竭終歲之勞，一熟再熟，所入可計，而有水旱之慮。蠶則數月之工，婦女之事，無水旱之虞，利與稼穡等。且農按畝計税，有什一之征，而桑無征爾。襄民何憚而不為也？栽桑之地，不妨稼穡，牆角畦棱，道旁場圃，閒隙之地，皆可栽。一家栽十五桑，計得葉若干，飼蠶若干，獲繭若干，以絲以帛，以供一家之需，餘可以易財粟。桑宜野，亦宜山。桑之葉，可以蠶；桑之實，可以酒；桑之木，可以為薪；桑之皮，可以為紙。

清 曾國荃《曾忠襄公批牘》卷五《定安縣令稟批》　竊謂一畝之地，種稻不過收穀二三石，豐年值銀一兩有奇。種桑飼蠶，即可得絲八九觔，值賤亦易銀十餘兩。且樹穀必需終歲勤勞，猶有催科之擾。樹桑祇用三餘農隙，兼無賦税之繁，功孰易而孰難，利孰多而孰寡？況天時和暖，長養尤蕃；地脉温潤，滋生更易。莫謂無地可種，道傍宅畔，盡屬良疇。莫謂土性不宜，下隰高原，均堪種植。莫謂不識養蠶種桑何益，試思織女豈盡天生？《蠶經》原可共讀，天下無不能耕之匹夫，安有不能織之匹婦？

清 梁章鉅《農候雜占》卷四《蠶桑宜忌》　湖之畜蠶者，多自栽桑，不則豫租别姓之桑，俗曰秒桑。凡蠶一斤，用葉百六十斤，秒者先期約用銀四錢，既收而償者約用五錢，再加雜費五分。蠶佳者用二十日辛苦，收絲可收銀一兩餘，為棉為線，矢可糞田，皆資民家切用。此農桑為國之根本，民之命脉也。湖郡在在有之，德清尤多。本地葉不足，又販于桐鄉、洞庭，價隨時高下，倏忽懸絶。故諺云云，惟自栽與秒最為穩當，不則謂之看空頭蠶。有天幸者，往往趣之。

清 汪曰楨《湖蠶述》卷一《總論》 沈鍊《廣蠶桑說》【略】蠶最為鼠所喜食，育蠶者不可無猫。高銓《吳興蠶書》：蠶自小至老，須刻刻防其致病。俗稱蠶為『憂蟲』，受一分病，則歉收一分。人之飼蠶，未有不期其無病者，而蠶之病，每中于忽微，為人所不及覺。故必加意調護，以杜其病。調護之道，一戒貪，一戒懶。夫蠶之所需者，人工、桑葉、屋宇、器具，四者備，而後可以成功。若不量己之有無，一味貪多，務得按，俗稱養空頭蠶必致餧飼缺葉。

清 董開榮《育蠶要旨·飼蠶》 大約每蠶一斤指出火言，自收下至上山，喫葉一百五十斤，此上上蠶也。稍平者，不到此數。

清 江志伊輯《飼蠶法》 計利 凡下蟻一錢，得蠶九千餘頭，飼葉四百觔而老，除去消耗，約得繭八千餘，顆量三斗二升。每繭一升，重十一兩五錢，可繅絲一兩三斗。二升之繭，約得絲三十二兩。畝積弓二百四十一弓，植桑一株，一畝得桑二百四十株，五年採葉，每株至少采葉五觔，應得葉一千二百觔。飼蟻三錢，可得絲九十六兩。若每株采葉十觔，即得絲一百九十二兩。諺有之『十歲之兒，不能養老』。若值桑十畝，十年之後，其獲利何如耶？平陵沈清渠《廣蠶桑說》云：『農家治田百畝，除去錢粮雜費，已少贏餘。倘遇水旱偏災，秋收歉薄，一家數口，迫於飢寒。每見鄉村廬舍，墻陰屋角，隙地甚寬，若能悉以栽桑，勤加培植。數年之後，綠陰如蓋，景致天然。二三月間，天氣融和，田疇未事，丁男子婦相率采桑飼蠶。不過三四旬之勞，而絲登市矣。』語云：『一季蠶可抵半年糧，其利豈小補哉！』

清 江志伊輯《種桑法·總論》 桑爲箕星之精，分大葉、小葉二種。大葉桑條柔，津多，色青靛，隱有黑紋，味濃而力少減。小葉桑條勁，液實，色青淺，微有碧紋，力厚而味較淡。以大葉飼蠶，其體肥而粉，其繭圓而闊，其絲柔而滑，其綢細而亮。以小葉飼蠶，其體昂而長，其繭尖而毛，其絲勁而緊，其綢實而堅。然原其始，則椹一也，種居中之子，則葉大。種兩頭之子則葉小。土一也，畦極平者葉大，畦高低者葉小。時一也，雨水足者葉大，雨水歉者葉小。小葉宜飼小蠶、老蠶，大葉宜飼眠起大食蠶。大葉多產自條桑，條愈柔則葉愈旺。小葉多産自樹桑，樹愈大則葉愈佳。是在種桑者，察天時，辨土宜，審物性，竭人力，以濟造物之窮而已。

又《計利》 栽桑一步一株，畝可植二百四十株。三年采葉，每株五觔，畝得葉一千二百觔。以平價計之，每百觔售錢千文，畝得錢十二千文。五年葉倍之，畝得錢二十四千文。十年十倍之，畝得錢一百二十千文。然以之飼蠶，其利維倍。惟植桑大利，須以十年爲期，三年祇有微利耳。

英 康發達《蠶務圖説》 比較各種蠶有何佳處，其人湏熟悉養蠶之事。譬如養蠶房屋、飼蠶之法，以及料理器具各事，何者最宜，始有利益可獲，均湏一一明晰。但照巴姓之書及他書所載之法，猶不足恃。凡飼蠶各工作，亦甚關緊要，蓋西國各樣新巧之法，尚未載於書中也。

清 李君鳳《蠶桑説·救飼蠶弊説》 諮詢川俗，飼蠶恆蹈二巨弊：一、買桑葉飼蠶。鄉農亦知飼蠶之利，奈自栽桑樹不多栽桑家不自種桑秧，買秧遠方秧從遠來，離土日久，栽植十株，僅活三四，遂謂桑樹難栽，飼蠶必買桑葉。除卻人工葉本，獲利甚微。窮人乏葉本，即不敢下蠶種。明知飼蠶有利，而不得食利。豈知自采桑葚，種桑秧。葚老各處早遲不同，總在四月尾五月内，芒種夏至前後。自行多栽桑樹，桑秧離土即栽，無株不活。止於空閒時，舉手足之勞。栽種並不費一錢，桑樹長成，即爲數世之利。飼蠶原是女工、婦女、孩童在自業内，采葉飼蠶，既不須男工，買葉亦不費一錢。葉本即獲，新絲其利自厚數倍。一、下蠶種不分先後。川俗當收蠶種時，將數日蛾子所下之卵蠶蛋爲卵混在一處。及次年小蠶初生時，又將數日所生之小蠶，混在一處，以致眠起不齊。迨二三眠起眠醒爲起，時有大蠶，復有小蠶，妄謂蠶子下兒。用人工分別蠶之大小，逐條捉置箔上飼蠶席子爲箔，不知小蠶是後出卵。蠶眠時，食葉未足。未眠未長大之蠶，非蠶子所下之兒也。至蠶老作繭時，有已老之蠶，又有未老尚要食葉之蠶，一箔蠶作數日老，遂至每老蠶一條，又用人工捉置簇上蠶上繭之竹枝稻草等物爲簇，紛紛匆忙，費工不少。山農遂畏飼蠶難。法：於收蠶種時，每日所出之蠶蛾各一連蠶紙爲連，下卵記號連上，次年小蠶初生，每日所生小蠶，各置一處飼養小蠶初生一日，不食葉無妨。定要每日蠶生齊，同時與葉食。分箔時，切記勿混便。每箔眠一齊眠，起一齊起，老一齊老。二三眠時，條條一樣大，不用人工分別大小。蠶老時，止須將簇置箔上，老蠶自行上簇作繭，不須每蠶費人工捉來上簇。一家即飼數百箔，亦不難。經理向讀川人論蠶桑書有舉家忙之語，謂是課桑佳話。今乃知蹈此弊也，爰爲是說以救之。尚有飼蠶細弊，散見《蠶桑説》各條中。

（光緒）《湖南通志》卷末之一二《雜志十二·摭談二》 四曰：采桑歌。苗俗，婦女每於二三月間，負籠執筐，采桑陌上。鄰寨少年，歡謔無禁。桑葉稍薄，飼蠶諸法，多未備。故織作不逮漢人。然匹婦效功，王政所尚，官斯土者，勤課之而化其陋習，抱布之譏，逾墻之刺，庶幾免。

（光緒）《歸安縣志》卷一一《輿地略十一·蠶桑》 吾湖則比戶養蠶，更指何者爲及第乎？唐詩云『遍身羅綺者，不是養蠶人』，旨哉斯言。高銓《吳興蠶書》：蠶自小至老，須刻刻防其致病。俗稱蠶爲『憂蟲』，受一分病，則歉收一分。人之飼蠶，未有不期其無病者，而蠶之病每中於忽微，爲人所不及覺。故必加意調護，以杜其病。調護之道，一戒貪，一戒懶。

清 林心北、吳書年勸刻《蠶桑輯略·栽桑法則十六條**》** 魯桑之葉，肥嫩多津，宜飼初生之蠶。荆桑之葉，堅硬少津，宜飼大眠以後之蠶。夫桑有美惡，不可不知。凡本粗而皮皺者，其葉必小而薄，蠶食之，結繭亦薄。若白皮而節疏芽大者，謂之柿葉桑，其葉大而厚，蠶食之，繭堅而多絲。有一種木理極粗，葉如扇面，光若沃油者，謂之烏桑，甚宜初蠶。有一種枝如紫色之蔓，高大而葉肥厚者，謂之紫籐桑，飼蠶最好。有一種柔桑，枝如籐蔓，葉若紬帛，豐厚而輭，取絲最多。有一種白桑，葉大如掌而厚，飼蠶得繭重實，絲亦倍常。白桑惟吐魯番種尤良，椹形如馬乳，色若珍珠，其味甘美異常，洵爲佳果。其葉飼蠶更好，且其子可種，其條可壓，亦能廣布。又有梜桑，頗似赤棘，樹小而條長，便於女採，故亦名女桑。此外又有檿桑，即山桑，葉尖而長，材中弓弩，絲中琴瑟，《禹貢》云『厥篚檿絲』是也，此亦荆桑之類而尤佳者。若鷄桑花桑，則葉小而薄，其背有毛，其味多澀，蠶多不食。又有桑葉忽生黄衣而皺者，木將就槁，名曰金桑，蠶亦不食。此殆蠶絲薄收之歲，乃有此兆。又有子桑，先椹而後葉者，此與鷄桑花桑，皆荆類之劣而不堪用者。當用接花果法，取魯桑枝條接之，則在善養桑者轉移而變化之耳。

清 林楊光、王鎮西《蠶桑條説·繅絲器具説》 飼蠶者須度量自家桑葉之多寡，以留蠶花。蠶花落紙時，便須以戥秤稱之。蠶花一錢，飼之得法，約可得大眠五六斤。統前後計之，須食葉百三四拾斤，不可於收花時一味貪多。假如自家桑地所生之葉，每年得有二千斤左右，則可留蠶花一兩左右。大約蠶花一錢，自小至老，須食葉二百斤，則是年蠶必豐稔，否則每錢亦須六十斤。稱蠶花之法，先將蠶布稱準，至蠶落紙後，取蠶布再稱之，則蠶花之分兩曉然矣。

清 饒敦秩輯《蠶桑簡要録·雜説十條》 栽桑原以飼蠶，然不飼蠶而栽桑，亦未始非計也。栽桑百株，成陰後，得葉二三十石，每石千文，水旱無虞，功省利長。

清 沈練《蠶桑説·種樹桑法二十一條》 栽桑原以飼蠶，然不飼蠶而栽桑，亦未始非計也。栽桑百株，成陰後可得葉二三十石，以平價計之，其所獲已不薄矣。

蠶多而桑葉不足者，須約計所缺之數，先時買定，并言明立夏後幾日翦采。早則立夏三日後，遲則立夏五日後。不先言明，恐買者欲早，賣者欲遲，易滋口舌。蓋桑之貴賤，最難逆料，先時買定，必平價也。飼蠶者不可專望其賤而不買，宜知有貴至二三千文一石時，栽桑者不可專望其貴而不賣，宜知有賤至百十文一石時。

清 河南蠶桑織務局《蠶桑織務紀要·序》 今夫飼蠶以爲繭，浴繭而爲絲，此天地之化機也，而其事則婦人女子，盡得爲之，其利則匹夫小家，皆能有之。

綜述

元 魯明善《農桑衣食撮要》卷下《十二月》 擣磨乾桑葉 臘月内製者，能消蠶熱病。擣磨成麵，入潔浄甕内收貯，飼蠶餘剩者，可做牛料，甚美食之。

元 司農司《農桑輯要》卷三《栽桑》 然魯桑所飼蠶，其絲少堅韌，可斟酌栽荆桑樹，於大眠後，取葉間飼之。

又 卷四《養蠶》 《士農必用》：桑欲落時捋葉未欲落捋，傷來年桑眼。已落者短津味泥封收囤，至臘月内擣磨成麪臘月内製者，能消蠶熱病。甕器内可多收，飼蠶餘剩，做牛料，牛甚美食。

又 《務本新書》：蠶必晝夜飼，若頓數多者蠶必疾，老少者遲老。二十五日老，一箔可得絲二十五兩，二十八日老得絲二十兩，若月餘或四十日老，一箔止得絲十餘兩。飼蠶者慎勿貪眠，以懶為累。每飼蠶後，再宜遶箔巡覷，若有薄處必再摻令匀。若值陰雨天寒，比及飼蠶先用去葉，稈草一把點火，遶箔四向照過逼去寒濕之氣，然後飼蠶，蠶不生病一眠候十分眠纔可住食，至十分起，方可投食。若八九分起便投食直到蠶老，決都不齊又多損失，停眠至大眠，蠶欲向眠。若見黄光便合擡解住食，直候起時慢慢飼葉宜輕摻。若蠶白光多是困餓，宜細細飼之猛則多傷，若蠶青光正是蠶得食力。勿令少葉急須勤飼。今時農家停眠至大眠，眠蠶大半蠶母，猶自摻葉直候都眠，或有起者纔方住食，不知先眠之蠶被葉罨盖多時，以漸不能退皮。至大眠起後多是往來遊走，直到入簇決都不齊。葉忌濕、忌熱，蠶食濕葉多生瀉病，食熱葉則腹結，頭大尾尖。當盖小屋或趄棚頓放雨露濕葉控去濕潤，然後飼蠶。

明 沈氏，清 張履祥輯補《農書》卷上《農書》卷上《蠶務六畜附》 養蠶之法以清凉乾燥爲主，以潮濕鬱蒸爲忌，以西北風爲貴，以南風爲忌。蠶房固宜邃密，尤宜疏爽，晴天北風切，宜開闢窻牖，以通風日，以舒鬱氣，下用地板者最佳，否則用蘆席墊鋪，使濕不上行，四壁用草簣圍襯，收潮濕。大寒則重幃障之，别用火缸取火氣，以解寒冷，此易易耳。惟暴熱則外逼内蒸，暑熱無所歸，則蠶身受之，或體換不時，隈飼略後，久堆亂積，遠擲高抛，致病之源，皆在乎此。古云：風以散之，則蠶室固要避風，尤不可不通風也。俗忌生人者，或帶酒男子，或經行婦人，濁氣衝之，立能致變，豈神爲祟乎？若能調其寒熱，時其飼哺，一一如法，自足豐收。農家以耕織爲業，自己育蠶，雖亂絲薄繭，均足入經緯而獲價值，所宜多養。若細細計之，蠶一筐，火前喫葉一箇，火後喫葉一箇，大眠後，喫葉六個。此外蠶炭一錢，盤費一錢，每筐收絲一觔，纔足抵本。所赢者，止仝宫繭黄，提起不彀二錢之數。若收成十分以下，便不足償葉本矣。故小民親身經歷，不算工力盤費則可。若假手下人採桑者，鼠竊狗偷，喂蠶者盃盤狼藉，多靡工力，墮落農務，此又當照自己力量，不可一例論也。

又 卷下 四月一日陰雨，見育蠶者乏乾鮮之葉，男子勞於外，婦女憂於内，蓋晝夜皇皇也。因思育蠶之家，宜預作木架，如松棚式，廣一丈四五尺，深亦如之，其高過於桑，上織竹如蓋。於蠶初收時，即張之茂桑之上，若桑樹室中。然或一日而移，或兩日、三日而移，量飼蠶之多寡而斟酌焉。朝暮可避露，晴可避日，陰可避雨。葉時時乾鮮，既省人工，又不生蠶病，至大眠後可輟大眠後葉老，越宿經日，猶鮮，且又可以加水。事易集而功用多，一架可備數年之用。余里蠶桑之利，厚於稼穡，公私賴焉。蠶不稔，則公私俱困，為苦百倍。大約蠶之生疾，半在人，半在天。人之失，恒於惰。惰則失飼而蠶饑，饑則首亮。惰則失替，而蠶熱，熱則體焦。皆不稔之徵也。天之患，恒於風雨霧露。即烈日，亦有不宜，以乾鮮之葉難得也。蠶食熱葉，則繭浮鬆不可絲，其害淺。食濕葉，則潰死；食濕熱葉，則僵死；食霧露葉，則痿死；葉染風沙，則不食；葉宿，則不食而仍饑，其害深。知戒人之失，而不知備天之患，未為全策也。若天患雖備，而人失不戒，則咎又將誰任哉？上蠶葉一則。

明 徐光啓《農政全書》卷三一《蠶桑·養蠶法》 《士農必用》曰：上下二箔，上皆鋪切碎稈草，中一箔用切碎搗軟稈草爲薅，鋪案平匀，仍須四邊留箔楂五七寸，揉淨紙粘成一段，可所鋪薅大鋪於中箔薅上揉紙極軟如綿。〇《要旨》云：底箔須鋪二領，蠶蟻生後，每日日高，捲出一領，曬至日斜，復布於生蠶箔底。明日，又將底箔徹出，曬曝如前，番覆鋪藉，使受自然陽和之氣。停眠起食，然後徹去。

又 飼蠶者慎勿貪眠，以懶為累，每飼蠶後，再宜遶箔看一遍，飼蠶葉要均匀。若值陰雨天寒，比及飼蠶，先用乾桑柴，或去葉稈草一把，點火繞箔照過，煏出寒濕之氣，然後飼之，則蠶不生病。一眠候十分眠，纔可住食；至十分起，方可投食，若八九分起，便投葉飼之，直到老，決都不齊，又多損失。停眠至大眠，蠶欲向眠時，見黄光，便住食擡解。直候起齊，慢飼。葉宜薄摻，厚則多傷慢食之病。蓋因生蠶得食力，須勤飼。最忌露水濕葉，并雨濕葉，飼之，則多生病。

又 卷三二《蠶桑·栽桑法》 野魯桑根科栽之亦可【略】然魯桑所飼蠶，其絲少堅韌，可斟酌栽荆桑樹，于大眠後，以葉間飼之。

清 鄂爾泰《授時通考》卷七三《蠶事門·飼養》 蠶忌食濕葉，忌食熱葉。蠶初生，忌煎煿魚肉，忌側近舂搗，忌敲擊有聲之物。未滿月産婦，不宜作蠶母。忌带酒人，將桑飼蠶及抬解布蠶。蠶生至老大，忌烟薰，忌放刀于竈上、箔上，竈前忌熱湯潑灰，忌産婦孝子入家，忌燒皮毛亂髮，忌酒醋、五辛、羶魚、麝香等物，忌當日迎風窗，忌西照日，忌正熱着猛風暴寒，忌正寒忽令過熱，忌不潔人入蠶室，蠶室忌臭穢。

清 楊屾《豳風廣義》卷二《養蠶總要》 蠶種備，方可言下蟻養蠶。未下蟻養蠶，先講養蠶總要。飼蠶必晝夜無間，故頓數多，蠶疾老；頓數少，蠶遲老。古人云『養蠶莫巧，食到便老』。若殷懃布葉，按時飼養，蠶室温暖。不惟繭堅多絲，亦且省葉絲韌。若怠惰因循，或饑一頓飽一頓，緊一頓漫一頓，寒一時熱一時。不惟繭薄絲少，亦且費葉，絲腐，難上机杼。若蠶二十五日而老，一箔可得絲二十五兩；二十八日而老，一箔可得絲二十兩；若月餘或四十日而老，一箔只得絲十餘兩。大約飼蠶者，慎勿貪睡，以致功廢於半途。事雖一月，其實要緊只在大眠後七日，受此七日辛苦，即獲一歲之利，可不猛醒！《務本新書》曰：蠶有十體：寒在連宜寒、熱下蟻宜熱、饑眠起宜饑、飽向食宜飽、稀布之宜稀、密下子宜密、眠卧為眠、起脱壳為起、緊臨眠上簇，宜緊飼、漫方起，宜漫飼。

《蠶經》曰：蠶有三光：白光向食，青光厚飼，皮皺為饑，黄光以漸住食。蠶有三稀：下蟻稀，上箔稀，上簇稀。蠶有五廣：一桑廣，二人廣，三屋廣，四箔廣，五簇廣。

清 韓夢周《蠶桑實濟》卷二《預收蠶食》　《務本新書》曰：深秋桑葉未黄，如有春蠶食不盡的葉，夏採者更好。若二番生者，不可夏採，須待秋採。多廣收拾，曬乾搗碎，於無烟處收頓。至獵月內，搗磨成麵，淨磁瓮收貯。俟過年春，蠶大眠後用之。臘月內製者，能消蠶熱。又十二月初八日，將菉豆用新汲水浸半日，每箔約用豆半升。薄攤曬乾。又淨淘白米，每箔約用半升，酌量次年。如養蠶十箔，當備五升。控水曬乾，與菉豆俱陰處收頓，搗磨成麵，以備大眠起後，搀葉飼蠶。

清 朱斌《蠶桑指要・上考》　大眠送食後，緩食二日，旺食三日，至第六日，蠶身發白亮色，背有絲腸兩條，閃閃吸動。又項下有三泡，若二泡透亮，是將起考之候也。急須收拾山頭齊蠶神，倩人手，送考上山。若在旺食時，間有幾個向邊行走者，是名飛考，其身軟熟，所謂冶遊郎也，一見即當棄之。若係堅實身子，是報考也，仍當捉放籃內，謂之撩考。仍送食如常，必須踏葉竟行，擡頭四望，作尋山状，或從葉底奔出，羣然向邊湧上者，方是熟考。便即逐個捉放盤中，送付山頭，謂之送考。剩下欠口，再加薄葉一層，謂之貼考。其未熟者，自會再食鮮葉。已熟者，自會踏葉竟行。若起考過半，蠶頭已稀，則并捉一籃，再飼再貼。若起考已有八九，忽遇夜深，延挪不起者，以火烘之，謂之催考。

清 王忠清《東南蠶事論》《蠶事統紀》附　穀雨左右，蠶蟻將出穀，務向喜神吉方，將種攤拎暖處，俟其出齊，將野薔薇葉炒燥為末，摻勻蟻上，再俟其立完脚頭。然洨用鵞毛輕抹做一處，細細撥勻，將嫩葉貼平餵食。天暖涼之，天寒暖之。蠶房內須種火缸，替須要薄，看蠶身完，即是頭眠有未完不眠者，用竹篛取出，眠者用手拆替，安拎温暖之處。天暖勤飼，天寒緩飼。頭眠二眠看視一體，蠶將三眠，飼葉更緊，名為旺葉。旺葉之際，宜晝夜供飼無缺。蠶身不動，口嘴尖凸，名為三眠，最要當心。將蠶净捉，稱蠶一觔，俗呼一筐，放拎篇內，擇温和之房间，稀放，倘蠶身眾密，受暑熱蒸，老蠶必焦尾無收。如遭風受冷，蠶必殭挺，凡看蠶失手，多在三眠之際，尤當留心。凡到三眠，飼葉太旺，或食雨露之葉，必為白肚，如食氣水之葉，蠶必萎爛，為食肥葉，大眠不肯眠，變為青蠶；為食烟地之葉，蠶吐青涎而斃；如食熱氣之葉，蠶必身紅而倒，其蠶脱殼，名曰起娘，空心未食，如聞香臭之氣，蠶必身倒；如食黄沙葉，眠起不能脱殼，務要抹净送餵，過夜夜葉，必要剪榆楊柘楓杪枝，鋪地作墊。然後抖葉停止，則氣水不能升。蠶過大眠，蠶身粗大，诸忌稍輕，惟飼足三天之後，掣去殘梗餘葉，名曰開替。切忌異言異服之人，卒然闖入蠶房，或聞轟聲喊振，則蠶受驚冲，恐無解救。見蠶將熟，尚須薄葉三餐，蠶及老熟，渾身光彩，速備木架，鋪設蘆簾，上插稻桿或麥草亦可。放蠶拎上，任憑做璽。如遇霧天，將枯替然烟於蠶山之左右，以解霧瘴。蠶山要開露透風，下要遮蔽，用炭烘焙，則上受風爽，下淂煖氣，吐絲成繭，光韌不斷。上山過四週時，便可採繭繅絲。天暖八日，天寒十二日，蠶不變蛾，不能繅絲，只堪作綿矣。故繭忙更比蠶忙，且做絲早則光而重，遲則晦而輕。價亦各別，不可不上緊。至拎生種之蠶，須要另餵，比大槩蠶更加勤飼，必須頓頓要新採葉，到老時，擇其無疾礙者取之。採繭時，選其在柴中间者留之，生蛾有忌，鍋不可刮，醬不可喫，糞不可動。巳午對蛾，未申折蛾，雌蛾擇其肥□粉白者，生子有力，來年蠶必無疾。第三日將蛾抹下，子生布上，將石灰滲之，然後收拾拎乹净之所，蠶子堅硬粗圓，來春蠶出必佳。總之，蠶以温和為貴，葉以新鮮為貴，餵以周到為貴，蠶房以潔净為貴，停葉以抖鬆為貴，各得其法，勤慎則倍收，懶忽則減息。

清 崔應榴彙纂，錢馥補輯《蠶事統紀》卷八《飼養》　初飼擘黑　《爾雅翼》：初拂謂之蚝，以毛掃之。蠶尚小，不欲見露氣。桑葉著懷中，令暖，然後切之，得人氣，則衆惡除也。古者三宫夫人，桑拎公桑，風戾以食之，謂及早凉，脆采之，風戾之，使露氣燥，乃以飼蠶，蠶性惡濕故也。《齊民要術》：每飼，卷窗帷。飼訖還下。蠶見明則食，食多則生長。《務本新書》：初飼蟻法，宜旋切細葉，微篩，不住頻飼。一時辰約飼四頓，一晝夜通飼四十九頓，或三十六頓。懶者頗疑煩冗。予曰：『新蟻止食桑葉脂脉，若頓數不多，譬如嬰兒小時失乳，後必羸弱病生。』蟻初生，須隔夜採東南枝肥葉，罋中另頓。旋取細切，頻飼之。《士農必用》：飼蟻之法，當宿澆其桑，旋摘其葉。宿澆則多液，旋摘則不乹。利刄以細切之，踈篩以薄布之。第一日，飼一復時，可至四十九頓。第二日，飼至三十頓，微加厚。第三日，飼至二十餘頓，又稍加厚。宜極暖極暗。大凡初蟻宜暗，眠起宜微明，向食宜明。《湧幢小品》：其既食也，乃熾炭扵筐下，并其四周，剉桑葉如縷者，而謹食之。又上下抽翻，晝夜巡視。火不可烈，葉不可缺。火烈而葉缺，則蠶飢而傷火，致病之源也。然又不可太緩，緩則有漫漶不齊之患，是為看火。《月令廣義》：蟻，一名擘黑。當慎其凉暖。《士農必用》：擘黑法，第三日巳午時間，扵別槌上安三箔，微帶燠，薄掲蟻，欸手擘如小棊子大，布扵中箔，可盈滿，可漸漸加葉。飼，早晴，可捲東窗苫，及當日背風窗。（蠶喜東照，畏風。）漸漸變色，隨色加減食。至純黃，則不飼，是謂頭眠。

又 用葉 《典術》：桑木，箕星之精。蠶食葉，為文章。王禎《農書》：桑種甚多，不可偏舉。世所名者，荆與魯也。荆桑所飼蠶，其絲堅韌，中紗羅用。《禹貢》稱『厥篚檿絲』，注云：『檿，山桑，此荆之美而尤者。』魯桑之類，宜飼大蠶，荆桑宜飼小蠶。《韓氏直説》：蠶向眠时，量黄白分數，抽減所飼之葉。十分黃光，急須擡過。擡過時住食，起齊時投食。抽減眠蠶之葉，使之速眠，不致覆壓。專飼未眠之蠶，使之速眠，不惟眠起得齊，且無葉罨燠熱之病。《農桑輯要》：蠶不可食之葉有三，一、承帶雨露者；二、為風日所薦乹者；三、浥臭者。《湧幢小品》：湖之畜蠶者，多自栽桑，不則預租別姓之桑，俗曰秒桑。凡蠶一觔，用葉一百六十觔，秒者先期，約用銀四錢，既收而償者，約用五錢，再加雜費五分。蠶佳者用二十餘日，辛苦收絲，可售銀一兩，餘為綿、為線，矢可糞田，皆資民家切用。此農桑為國根本，民之命脉也。我郡在在有之，惟德清尤多。本地葉不足，又販扵桐鄉、洞庭，價隨時高下，倏忽懸绝。諺云：『神仙難斷葉價』，故栽與秒，最為稳當。不則謂之看空頭蠶，曩有天幸者，往往趨之。施閏章《矩齋雜記》：飼蠶凡葉少時，以白米粉摻葉上餌之，絲更光白而韌。又秋葉未落時，採完好者，曬為細末，留置暖處。蠶時遇雨葉濕，則以乹葉末摻之，均其水氣，兼易飽難飢，省葉也。

清 郝懿行《寶訓》卷三《蠶桑》

前人云『學取抽飼斷眠法，年年歲計得絲蠶』。

《務本新書》（飼養法）蠶必晝夜飼，若頓數多者，蠶必疾老，少者遲老。（二十五日老，一箔可得絲二十五兩；二十八日老，得絲二十兩；若月餘或四十日老，一箔止得絲十餘兩。）葉忌濕忌熱，蠶食濕葉，多生瀉病；食熱葉，則腹結、頭大、尾尖。（當蓋小屋或趨棚，頓放雨露濕葉，控去濕潤，然後飼蠶。）

（嘉慶）《桐鄉縣志》卷一二

蓋自此蚕離于火葉，不資于刀矣。又四五日爲大起，大起則薙，薙則分箔。薙早則足傷，而絲不光瑩；薙遲則氣蒸，而蚕多溼疾。又六七日，爲熟巧，爲登簇巧。以葉蓋，曰貼巧，驗其猶食者也。簇以膏覆，曰冒山，屬其作綴之未成者也。

清 高銓《吳興蠶書》卷上《灼火》

蠶食而不飲，隨食隨消，計蠶一筐五觔者，約食葉八個。（火前一，火後一，大眠至老八。）六觔者，十個。自初生至老，飼之各有節次。其大綱有三，一曰匀，左宜右有，使無偏陂，則食之均，而蠶齊；一曰薄，稀摻平鋪，使無堆砌，則食之過而葉省（葉食盡謂之過）；一曰勤，晝餧夜飼，使無間斷，則食之多而長速。《務本新書》云：飼蠶二十五日老，一箔可得絲二十五兩；二十八日老，得絲二十兩；若月餘或四十日老，止得絲十餘兩。

清 包世臣《齊民四術》卷一下《農政・蠶桑》

隙廣拾牛糞積至春暖，打破和水，築成墼子，以備烘蠶。十二月刈茅去穗椎軟，以備蠶蓐，俱宜蠶性。秋深，捋將落桑葉曝乾，擣爲粉，以淨甕盛收于不近煙火處。臘八日，長流清水或井甜水，浸綠豆白米，每箔半斤爲度，浸一日，晒乾。俱備大眠後，和葉飼蠶，能消熱病，堅絲綿。正月，修蠶架、蠶盤、蠶筷。架二種，古名槌，大者高六尺，三足展之，廣亦六尺。六層，下層去地八寸，以空盤隔溼，上層以空盤隔塵。中置蠶者四層，每層相去一尺，當每層高爲一欓，以便抽盤出架。小者高三尺，三足展之，廣二尺四寸，每層相去六寸。小架以架苗蠶，大架以架老蠶也。盤以竹編之，員徑五尺，邊高寸許。苗時用篩，軟茅墊之，上加薄紙，三日後去紙，惟用茅蓐。綱以竹片爲骨，蒙敗綱如盤而差大，如盤上葉，使蠶上葉背，以抬蠶除砂。蠶筷以毛竹長尺三寸，削極尖，細糠炒，淨以除惡蠶。蠶室向南爲上，忌向西，受夕照，起西風，皆害蠶。屋寬者，宜割一所，東南北三面開窗，以紙糊之。加葦箔草簾于外，靠牆根東西北三面，各開三氣洞，以草塞之。屋狹者，隨處以簾箔遮風日，亦可。及蠶大眠時，埽一通風淨室，以簟鋪地。凡晨翦葉撲去露，夕翦葉晝日下，挑來摘下嫩條，薄攤涼去欝蒸之氣，乃飼蠶。常宜備來日葉，凡葉有露及黄沙，須揩洗淨，盡鋪簟上涼過，乃可飼蠶。整箔架、備火盆，箔架以竹爲椽，去地尺許，架之上，鋪蘆箔上簇，去地七尺。以繩掛大木五六根，横鋪竹椽，加蘆箔上簇，簇以稻草去褌辮，中拆岔爲覆鐘樣，撒蠶其上，爲入簇。凡屋一間兩架，可上蠶十盤，火盆以銕爲鍋，或坦瓦盆亦可。以木爲架，高五六寸，修抽絲車，備絲柴。柴栗爲上，柏次之，曝極乾，二木皆無煙故也。桑葉見青，乃臥種。謂以連置煖處，令生蟻。出早，則蠶葉兩損。自下蟻至大眠，每盤食葉廿五斤。大眠起，每盤食葉一百斤。連嫩枝秤實，淨葉七十五斤。約淨葉一百斤，飼蠶一盤，先自量葉，乃無缺乏。缺多，蠶不成；缺少，絲不足。先掘一坑，以草墊之，以置蠶砂。砂出卽下坑，毋置蠶旁。厚潔桑皮紙以爲連收種，桑皮索以繫連。蠶畏麻，近之卽不生。割地桑，厚背鋼斧；翦條，大頭鋼翦；切葉，薄口鋼刀。以上物皆于清明前備齊。

清 陸獻輯《山左蠶桑考・課桑事宜》

采葉

用初發葉爲初桑，肥嫩，倘飼蠶有餘，宜翦去，否則明春無力。次發爲二桑，不須去，葉澀，飼蠶作絲，可爲弦。葉經霜而落者，喂羊甚肥。

清 吴烜《植桑育蠶書・種桑説》 湖桑柔嫩而香，最易引蟲。五月後，間有蜘蛛、青蟲、野蠶等等，形類甚多，皆能損芽傷葉，須隨時察看去之。或以菸葉之筋，及藥中百部煎湯，用洗箒密密洒之，蟲食其葉則死。惟飼蠶時，切不可用，用則傷蠶。

又《養蠶説》 飼蠶忌濕葉，熱葉，泥污葉，沾沙葉，沾穢葉，沾菸沾油葉。食濕葉，則生瀉病白殭。雨中采葉，必須晾乾。食熱葉，則頭大腹結尾尖，食葉多而不老，亦不作繭。故日中之葉，與法熱之葉，必須冷透。如遇大風，桑葉沾沙，或沾泥土，必須洗淨晾乾，否則食之病脹。沾穢之葉，與沾菸沾油之葉，食之必死。大麥田中之桑，食之病瘟，均宜戒忌。熟知諸法，卽可育蠶。

清 徐樹銘《桑政邇言》 春時所生桑葉，及伏雨所生桑葉，皆可飼蠶。《南陽記》所載南陽八蠶，《日南》所載日南八蠶，現在廣東高州八蠶。又各省有一二三次養蠶者，皆不止一次二次已也。惟初養之年，從一次起或二次均可。每蠶不過用三九二十七天卽成繭，可取絲矣。連二次算，不過兩個月工夫，可以收一畝田數倍之利，較之罌粟更厚。又可兼種豆黍，以備糧食，實爲大利之所在。初次、二次所飼之葉，卽用春時之所生。抑或天氣稍寒，遲十許日浴種。按節氣兼天氣寒熱，定早晚。不能不兼用伏葉。若用之不盡，又有收藏伏葉之法。就伏後所生之葉，可及霜未降葉未乾黄之，先一律摘下陰乾，以甕貯之，或入甎窖土窖藏之，避塵土。來年三蠶時，如葉有不足，可將所藏之葉取出，以淡鹽水灑之令潤，攙入飼盤中，使飽食多絲，而繭大且厚。

清 楊名颺《蠶桑簡編・栽桑法》《牧令書》卷一〇 飼蠶時，枝葉全翦下，須留一二尺不翦。

清 高其垣《試行蠶桑説・飼蠶法六十條》 飼蠶者須度量自家桑葉之多寡，初生之蠶，謂之蠶花。蠶花落紙時，便須以戥秤稱之。蓋蠶花一錢，飼之得法，約可得大眠五六觔。統前後計之，須食葉百三四十觔，不可於收蠶花時，一味貪多。

清 尹紹烈《蠶桑輯要合編・蠶桑輯要圖説》 飼蠶凳以厚重爲要，面方尺餘，脚高二尺，凳面鑿一圓心，凳脚左右兩檔中，另設一横檔，上鑿淺穴，與凳面之孔相對。别用圓木爲柱，高三尺，縱横平置二檔于頂，如十字形。就凳面之孔貫下，竪于横檔之穴内，可以左旋右轉，甚使置筐飼蠶也。

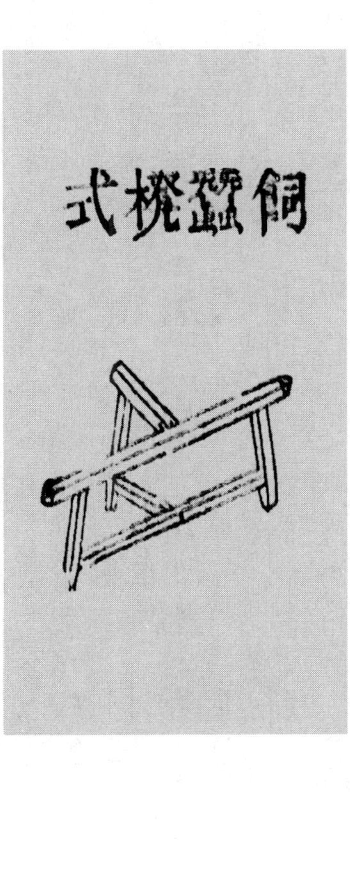

又 擔桑櫈，高二尺五寸，櫈面長四尺，上通出榫，二尺三寸，眼著參

差剪下，運葉桑條置於橙上，易於擔走，以免著地粘塵，飼蠶不潔。

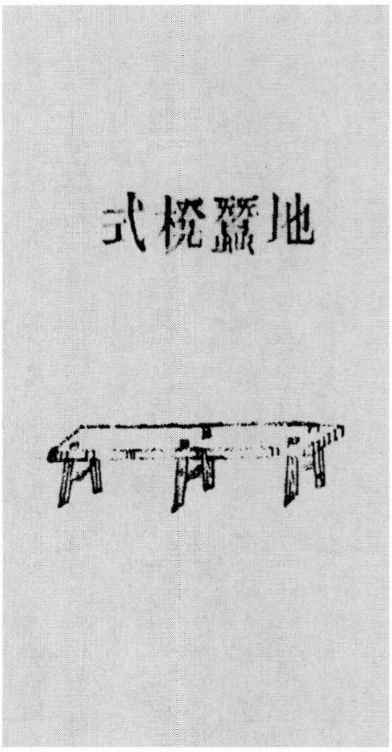

又《飼蠶自初飼至三眠各法》 初飼，切極細桑葉微篩，不住頓飼。一時辰可飼四頓，一晝夜飼四十九頓，或三十六頓。第二日，飼至三十頓。第三日飼至二十頓。凡擡飼宜煖，此初飼之法也。擡飼，一晝夜可飼六頓，次日可漸加桑葉。向黄之時，宜極煖，此頭眠之法也。擡飼起齊，投食宜薄撒葉，一晝夜只可飼四頓，次日漸漸加葉，此停眠之法也。候十分起齊，投食，一晝夜可飼三頓，次日七八頓。午後天氣晴暖，磨菉豆粉，白米粉，或黑豆粉，與切下桑葉，將溫水拌勻。一箔用粉十餘兩，御減葉三四分，隔一日再如此飼一頓，不惟解蠶熱毒，抑且絲多而堅勁有色，此大眠之法也。二眠起，每日再喫十五六頓，約四五日卽老。上山時候，以稻草成簇，布蠶於其上，令其作繭，七日可摘取。長而瑩白者絲細，大而晦色青葱者絲粗。繅絲莫精於南潯人，以蛾口爲最好，上岸次之，黄繭又次之，繭衣爲下。蛾口者，出蛾之繭也。上岸者，繅湯無緒，撈出者也。繭衣，繭外之蒙戎，蠶初作繭而營者也。自蟻而三眠，俱用切葉。三眠之後，不用切。忌油鑊氣煤氣，尤忌陵零香。蠶室不可用生人入内，蠶婦不可食薑，食蠶豆。方筐縱八尺，廣八尺。圓箔出蘇州閶門張公橋。大率三眠之後，一斤分作一筐，一筐可得繭八斤，爲一車絲，約重十五六兩。養蠶人以筐計，凡二十筐，傭金一兩。繅絲人以日計，每日傭金四分，或一車六分。 初飼蠶葉，桑宜旋摘，利刀細切。切葉一次，洗手一次。一日夜可飼葉五六次，候葉盡，再飼葉，不宜過厚，要稀勻得宜。飼後，將蟻置之帳内，以避風寒。用小蠶架將蠶扁架好，以沾煖氣，切不可蓋，遏受濕，致生病患。養蠶務要冷煖得宜，冷則長遲，熱則焦躁。天寒時，不可驟熱，當漸漸益火。寒而驟煖，則生黄軟等疾。煖不可驟加風涼，當漸開窗。煖而驟涼，則變白殭。又正煖時乍著寒，則蠶禁口不食，急用微火温之，辟去寒氣，蠶自食葉。若值陰雨天寒，先用微火避去寒氣，然後飼葉，則蠶不生病。 采桑宜在清晨及日入後，忌濕忌熱。蠶食濕葉，多生瀉病、白殭。食熱葉，則腹結頭大尾尖，食葉多而不老，亦不作繭。

又《飼蠶起底法》 蠶初生時，一日起底一次，細切青葉摻上，蠶自上食，用蠶筯將浮上一層，連蠶葉拑起，餘在葉底者，再細加尋檢，餘下宿葉蠶砂，一概棄之。二眠後，蠶日長大，起底一次，放開一次，可用手輕輕將浮上一層，連蠶揭起。飼葉切不可稍粗。三眠以後，天氣温和，可以出房，總宜避風。大眠後，起底用蠶網覆於蠶上，摻以整葉，其蠶上附。飼過兩次，二人擡過，空扁内燠砂桑筯，卽宜撤去，以免濕熱氣蒸，生病之患。蠶已大眠，用廣盤貯之，秤蠶三斤，飼葉百斤，成繭五斤，可得絲八九兩。蠶至眠後，正食時，闕一分葉，卽減一分絲。四眠天氣大煖，食葉五日卽老，涼則七日方老。先捉其老蠶上簇，捉一次，摻葉一次，謂之上馬桑。半日許，盡皆老矣。蠶有三眠、四眠者，養法同。四眠，卽大眠也。

清 汪曰楨《湖蠶述》卷一《栽桑》 《廣蠶桑説》：栽桑原以飼蠶，然不飼蠶而栽桑，亦未始非計也。栽桑百株，成陰後，可得葉二三十石，以平價計之，每石五六百文，獲利已不薄矣。按，《書城雜著》亦云『皮可為紙，枝可為薪，兼有餘利。』

又《總論》 勞鉞《湖州府志》：蠶食頭葉者謂之頭蠶，食二葉者謂之二蠶，食柘葉者謂之柘蠶，又名三眠蠶按，今三眠蠶，亦食桑葉。劉沂春《烏程縣志》：蠶，俗謂之春寶。按，今俗稱蠶寶寶。一年生意，誠重之也。胡承謀《湖州府志》：蠶事，如《禹貢・豳風》所陳，多在青、兗、岐、雍之境，後世漸盛于江南，而湖人尤以為先務。其生計所資，視田幾過之，且為時促，而用力倍勞，視慈母之護嬰兒，殆有甚焉。然且飢飽之不節，燥濕之不均，寒暖之不時，則蠶往往至于病而死。而蛇鼠之秏，蠅蚊之毒，乘間抵隙，每為人力所不及防。蓋有功敗于垂成，禍生于非望者，又不可勝數矣。徐獻忠《吳興掌故》：古人立蠶室甚密，止開南北窗，以紙窗、藁簾重蔽之。南風，則閉南窗；北風，則閉北窗。內設火坑五處，蠶姑以單衣為寒暖之節，單衣覺寒，則添火；單衣覺熱，則減火。一室之內，自地至屋，無不暖之處。故天時不能損其利也。今湖中所謂蠶室，甚草草，一不能禦風，二不能留暖氣。傷寒者則僵死，傷熱者則破囊。朱國禎《涌幢小品》：凡蠶之性，喜温和，惡寒熱。太寒，則悶而加火；太熱，則疏而受風。又其收種時，須在清明後，穀雨前。大起，須在立夏前，過此不宜也。至於桑葉，尤宜乾而忌濕，少則布浥之，多則箔晞之。能節其寒暖，時其飢飽，調其氣息，常使先不踰時，後不失期，而舉得其宜，故所收率倍常數。漣用《沈氏農書》：蠶房固宜邃密，尤宜疏爽。晴天北風，切宜開窗牖，以通風日，以舒鬱氣。下用地板者最佳，否則用蘆席墊鋪，使濕不上行。四壁用草簣圍襯，收潮濕。大寒則重幃障之，別用火缸，取火氣以解寒。唯暴熱，則外逼內蒸，暑熱無所歸，則蠶身受之。或體換不時，餧飼署後，受病之源，皆在於此。張履祥《補農書》：蠶之生疾，半在人，半在天。人之失，恒於惰，惰則失飼而蠶飢，飢則首亮失替而蠶熱，熱則體焦，皆不稔之徵也。天之患，恒於風雨霧露。即烈日，亦有不宜，以乾鮮之葉難得也。蠶食熱葉，則繭浮鬆不可絲，其害淺。食濕葉，則潰死。食濕熱葉，則僵死。食霧露葉，則瘻死。葉染風沙，則不食。葉宿，則不食而仍飢。其害深。知戒人之失，而不知備天之患，未為全策也。費南輝《西吳蠶略》：自頭蠶始生，至二蠶成絲，首尾六十餘日，婦女勞苦特甚。其飼之也，篝燈徹曙夜，必六七起。葉帶露，則宜蠶，故采必淩晨，不暇櫛沐。葉忌霧，遇陰雲四布，則乘夜采之。葉忌黄沙，遇風霾，則逐片抖刷。葉忌澆肥，必諦視地土。葉忌帶熱，必風吹待涼。飼一周時，須除沙屑，謂之替。替遲，則蠶受蒸。葉必遍筐，不遍則蠶飢。葉忌太厚，太厚則蠶熱。俟其眠，可少肖飼葉之勞。又須捉而秤之以分筐。將起，有煎煿油腥之戒。起必待齊，然後飼葉。不齊而遽飼之，則至老，早晚參差。皆一定之法，稍不經意，其病立見。富家無論，已貧家所養無多，而公家賦稅，吉凶禮節，親黨酬酢，老幼衣著，唯蠶是賴。即唯健婦是賴，顧利殊有限，豐收三五載，汔可小康。如值桑葉涌貴，典衣鬻釵，不遺餘力。蠶或不旺，輒忘餐廢寢，憔悴無人色，所係于身家者，重也。男丁唯鋪地後及繅絲，可以分勞。又值田功方興之際，不暇專力從事，故自始至終，婦功十居其九。陶穀《清異録》謂『齊魯燕趙之間，養蠶收繭訖，主蠶者簪通花銀碗，謝祠廟，村野指為「女及第」。』吾湖則比戶養蠶，更指何者為及第乎？唐詩云『偏身羅綺者，不是養蠶人』，旨哉斯言。又蠶之種類甚繁，湖鄉業于此，亦僅識其常養者耳，餘皆不識也。就《齊民要術》言之，有三卧一生蠶，即今三眠種。四卧再生蠶，即今頭二蠶。又黑蠶、白頭蠶、同繭蠶，皆習見，不足異。他如頡石蠶、楚蠶、灰兒蠶、秋母蠶、秋中蠶、老秋兒蠶、秋末老蝦兒蠶、錦兒蠶，今人皆不能辨。又頭二蠶，即蚖珍也。鄭緝之《永嘉記》：永嘉有八輩，蠶一曰：蚖珍。三月初績。《周禮・夏官・司馬》『職，禁原蠶』。注云：原，再也。字書作。《本草》有晚蠶、沙晚、僵蠶等目，皆未詳辨，遂誤以初蠶再出為晚蠶、原蠶矣，不知其種迴別。凡二蠶繭蛾生種，謂之頭二蠶種。按烏程劉志，誤分二蠶、頭二蠶為兩種。次年清明後，即担而養之，担，上聲。玉篇云拂也。名頭二蠶，時頭蠶尚未出也。其眠其老甚速，纔兩句即收繭，時頭蠶甫大眠也。出蛾生子，是為二蠶種。凡養頭二蠶，皆甚少，無繅絲者，其繭殼、繭黄、蠶沙，皆入藥。按，蠶蜕紙，亦入藥。其僵者，尤不可得。治痘有回生之功。蓋時方春杪，蠶亦得清淑之氣，故堪治疾。殆珍之名，所由起歟。《本草》所載，專指此。按，今藥肆所用，皆頭蠶之白僵，其功稍減，亦能治疾。以頭二蠶僵者難得也。若頭蠶之紅僵及二蠶僵者，俱不可用。鄉人諱僵，醫者改稱佳蠶，亦稱天蟲。即《周禮》『原』字之義，亦未必不指此。二蠶始稱晚蠶，出於頭蠶登簇之際，飼以二葉，自眠至老，皆值黄梅時候，蒸鬱日甚，蠅蚋姑嘬，臭穢生蛆，性偏熱，有毒。其繭其絲，價亦較廉。凡所棄餘，僅以肥田，從未入藥。《本草》之注，未詳，故特表之。又蠶有功於人，而留以生蛾者，祇千萬中之一二，餘皆不免湯鑊，良可憫也。《唐史》于闐國無蠶，求婚鄰國女，置蠶帽絮中，始有種。刻石須蠶蛾盡，乃得治繭。秦少游《蠶書》，欲求于闐治絲法，以貸蠶死，然至今未有得者。考和闐，即古于闐，久隸版圖，望仁人留意求之。按，今和闐，不知蠶織為何事，無從訪求矣。又古書稱，蠶三眠三起，《農桑直說》謂『四眠蠶，別是一種』。今湖蠶多養四眠，轉謂三眠者為別種矣。按老農云，四眠蠶雌蛾生子後，更以雄蛾再對而生子，即為三眠蠶種。然則三眠乃四眠之變種，不得以四眠為別種也。虞兆漋《天香樓偶得》云：俗以第三眠為出火，不列諸眠之中，因以末眠并頭二眠，為三眠三起，實則四眠四起也。董開榮《育蠶要旨》：大凡天氣寒暖調勻，收蠶至上山，一月為期。初眠七周，二眠四周，出火四周，大眠四周，上山七周。其中有餉食數周，故時候如此，但隨天氣為轉移。當七周、五周亦可，當四周、三周亦可，過月者，無是蠶也。外三眠子無出火，只有大眠其時較速。更有頭二蠶，雖是四眠，比尋常四眠稍早，其子即可育二蠶。沈煉《廣蠶桑說》：

育蠶以屋多為貴，如屋不多，便須多設曬匾，以蠶架架之。又蠶最為鼠所喜食，育蠶者不可無猫。高銓《吳興蠶書》：蠶自小至老，須刻刻防其致病。俗稱蠶為『憂蟲』，受一分病，則歉收一分。人之飼蠶，未有不期其無病者，而蠶之病，每中于忽微，為人所不及覺。故必加意調護，以杜其病。調護之道，一戒貪，一戒懶。夫蠶之所需者，人工、桑葉、屋宇、器具。四者備，而後可以成功。若不量己之有無，一味貪多務得按，俗稱養空頭蠶。必致餧飼缺葉，布置少筐，擡𧉮乏人，安放無地。人既受困，蠶仍受傷，此貪之致病也。凡事成于勞，廢于逸。《農桑通訣》云：蠶有十體：寒、熱、飢、飽、稀、密、眠、起、緊、慢。此十者，人所當體恤也。時時體恤，猶懼有失。若夜則貪眠，日復偷息，按，俗稱靠天收。必致分𧉮不時，飼養失節，風寒不知慎，濕熱不能除。苟且之心勝，則諸病叢出矣。此懶之為害也。至若一鄉一邑之中，比戶蠶病傳染，無或免者，此則如時行瘟疫，乃運氣使然，非人力所能為矣。蠶之病，一曰僵，有紅、白二種，皆屬風傷。俗每用白馬糞，燒烟薰之可治。亦猶馬病，用僵蠶，取其氣相感也。凡僵死身直者，必傳染無遺。按，俗云搭棚僵。彎者猶冀收成三之一。若臨老病僵，速捉上山，旺火灼之，亦能成薄繭。一曰花頭，蠶生黑點，或偏身，或一二處，統名花頭，亦稱癩癘頭。此分𧉮不勤，為葉𧉮蒸損故也。能食而不成繭，老則斃而已。一曰暗脰頸，蠶老則脰頸通明，若受𧉮蒸，不成花頭，即成暗脰頸，亦謂之木脰頸。其頸至老不通，食葉無絲，與花頭等。一曰亮頭，蠶食葉則首暗，葉過則亮，是為過葉亮，非病也。其食葉仍亮者，則名亮頭，沙矢不堅，尾流焦水，又謂之濕朏臀。凡小蠶旺食之候，及遇天氣炎熱，偶不飼而失葉忍飢，至輟火，或大眠，輒發為亮頭。發愈遲，則病愈重，隨飼隨斃，一無收成。大約起孃初蛻時，皮色黃而身胖者，必成亮頭。昔人謂之黃肥，今謂之著黃草布衫。放葉兩三次，即尾流淸水矣。按陳旉《農書》云：傷濕即黃肥，傷冷即亮頭而白蜇。傷火即尾焦，又傷風亦黃肥。由此觀之，致病之由，亦有數端，顧未有不由失葉者。甚矣！失葉之為害大也。一曰白肚，蠶忌濕，食雨水葉，則潰死。俗謂之㾮肚。食霧露葉，則痿死。若食氣水葉，及受沙𧉮濕熱之氣，則成白肚。有乾有濕，乾者節高身縮而無水；濕者節高而足流白水，滿筐游走無定，俗稱爬蠶，亦曰潮蠶。按，今俗有躝白肚之語。（躝，音賴，俗讀上聲。白肚，亦作白大，言長養無益也。）

又 收下後，葉宜切細，初眠後可麤，二眠後用葉片，《育蠶要旨》三眠則連枝與之。出火前，忌溼葉；大眠餉後，又惡太燥，以潔水灑葉而飼。董蠡舟《樂府小序》。按俗呼飼曰『餧』，讀如豫。每日布葉五六次。須鋪得極勻，不必過厚，黃昏時一次，須畧厚。如遇陰寒，布葉而蠶不甚食，須用棉被將盛蠶之器四面包裹，使受暖氣，則食矣。器上以他物架空，恐棉被壓及蠶身。《廣蠶桑說》僧於蠶月入夜，打鐘三次，以警蠶婦，餉葉之候。蠶畢，率酬以餘。施國祁《禮耕堂詩集》大約每蠶一斤，廿四兩秤。自收下至上山，喫葉一百八十斤十五兩三錢秤，此上上蠶也。稍平者，不到此數。《育蠶要旨》

清 曹笙南輯《五畝居桑蠶清課》卷二《育蠶徵信篇》

養種收種法

《西山農書》：育蠶之法，須自摘種，若買種，鮮有得者，凡鬻與人，皆首尾前後不齊者，而中間齊者留以自用。始摘不齊，則苗出不齊，蠶之眠起遂分數等，此所以得失相半也。《蠶桑寶要》：養種蠶須於二眠時，分出另養，比大眾蠶尤須勤飼，更加小心愛護。《種樹書》：養蠶法：收取繭種，必取居簇中者，近上則絲薄，近下則子不生。《蠶經》：繭之尖細堅而腰小者，雄也，圓慢厚而腰大者，雌也，相兼而收，以簇中間者爲佳。《致富全書》：蛾生若有拳翅、禿眉、赤肚、無毛及先出末後生者，各揀出不用。《蠶桑切要》：其蛾雌雄相配，約自辰至未，厥氣乃全。至未時摘去雄蛾，其灑子，未申酉三時子足有力，以後之子力薄不用。《蠶桑說》：蛾配約四箇時辰即分之。不可分早，早則明年多不眠之蠶，不可分遲，遲則明年多高節拖白水之蠶。《蠶桑切要》：種紙懸於風處，俟變色成胎，用淨水洗之，候乾用石灰摻上，捲好，挂於高處，遇霉不致受溼，交秋將石灰去之。《蠶桑說》：色已變黑，不用石灰制之，則霉風一起，破殼即出，不能留及來春矣。

又 初眠起飼

下蟻後七八日，必將要眠，務要勤付葉，酌分器，頻去底，防眠時受蒸也。待吐絲於葉面上，謂之沸絲。沸絲之後，頭嘴仰面朝上，蠶身不動，謂之打眠裝。色微白，嘴上隱隱有尖角，不食葉者，眠也。眠有四五分，酌減桑葉。眠有七八分，可照前法，用糠灰篩之，加付以葉。未眠者，自脫灰上葉，可另備餵灰，鋪紙净器，用箸夾入飼之。待眠，再用糠灰摻之，如隔一晝夜，尚有不眠者，謂之青頭，留之無益，鋪葉引上，夾出棄之。眠分先後者，亦不可合併，以致起飼不齊。蠶眠之器，不可驚動，動則嘴縮難吐。尤忌見風，見風則吐嘴不出。須輕輕置於暗靜溫燥之處，勿用火拱，蓋眠時，均不宜用火也。約一晝夜，色微黄，嘴微闊，脱灰而上則起也。如有未上者，宜靜候，亦不可輕動受風，蓋眠則退衣，初起皮嫩，最宜小心。即起有八九分，均不可急於付葉。恐蠶裉未清，蠶口未老，稍餓不妨。要待十分起齊，灰底已無眠者，方可切稍寬桑葉飼之。起日均宜少飼，次日漸漸加多。每晝夜飼葉，較下蟻初飼宜畧多，頓數宜畧減。每日，須用篩灰鋪葉法，去底一次。蠶漸大，酌量分器，勿使擠緊。有食不着，百餓成病者。有謂將二眠時為要候，夜間不可安睡，更宜勤飼也，天寒用火如前法。

二眠起飼

初眠起後數日，又要二眠，亦勤付葉，酌分器，頻去底如前。蠶眠之狀，亦如前而減葉，用糠灰鋪葉，分飼各法，及眠起時各法，皆如前。亦待十分盡起，方切放寬桑葉飼之，亦由少加多。每晝夜飼葉，較初眠起飼，又宜加多，頓數自可再減。食愈多，底易厚，一日須用前法去底一次。酌量分架，天寒用火如前法。如蠶種係三眠者，可將此條置之勿看。以三眠作二眠，可也。

三眠起飼

二眠起後數日，又三眠矣。亦勤付葉，酌分器，頻去底，以待其眠。蠶眠之狀如前。若另有青皮油蠶，不食葉，而在葉上掉頭不住，若有所苦，此不眠蠶也，宜即去之。而用糠灰分蠶，及眠起各法，皆如前。亦待十分起齊，用略切桑葉飼之，由少而加多。每晝夜飼葉，較二眠起飼，又要更多，頓數又可再減。如遇天寒，用火如前法。食更多，底易厚，一日須去底一二次。至此三眠後，蠶身日大，蠶架日多，將次大眠。可用完全好葉，勻鋪架中，見葉上蠶多，隨鋪一層，待上又鋪，約有二三層，再連葉和蠶，捲置別架，不必用箸，而分架去底，轉覺便捷。更有用綱分擡之法，結綱如蠶架大，二人擡綱鋪架上，灑葉綱上，蠶聞葉香，穿綱上食。二人擡置別架。每一架，備一綱或二綱，次第擡分，比之手纍葉捲，事半功倍，且不傷蠶。

大眠起飼

三眠起後數日，則大眠矣。眠之狀如前，不用糠灰矣。見有眠者，即用綱，將未眠者擡分另架，飼以待眠。俟眠齊，取十分之一，如育多，取二十分之一，輕輕捉置一器，不可稍有擦傷。用秤稱之，核其大數，便好約以後桑葉數也。約蠶一斤，除前食者不算，尚要二十斤葉之譜，約後堆之架中，每斤約分五六堆，堆邊留餘地，以待起時散開。旋用粗絹篩斫細陳石灰於堆上，以收其溼。再用預切半寸長秈稻草蓋之，不必過厚，以不露蠶身為度。不使驚動受風。待起，自脫灰草而散，亦候十分起齊，方可付葉。惟飼由少而多，更宜加勤。晝夜伺候，不可缺葉。此時少一分葉，即減一分絲。每晝夜不特飼葉宜多，即頓數亦不宜減。如有蠶身獨短，其節高聳，不食而遊，腳下有白水者，宜急去之，勿使好蠶沾染。好蠶日日見大，約日加三成。如今日十架，次日要分作十三架，再一日要分作十六七架是也。宜用綱如法分之，更宜勤勤去底，一日兩次為妙。如育多，無器可分，可設地倉於地板上，或地面上，亦可用木枋，或古甎、土甎圍好，以秈稻草切作寸許，鋪勻，以不露地面為度。中間散置厚甎，約距二三尺，上葉時，便於立腳移蠶。可用葉捲法移置地倉飼之，然地倉不能去底，未便早設，約起後二三日，方可。若移地倉後，蠶復加密，可於倉邊放開，依前法放圍添草，加立腳甎，於大密處，用葉捲分新放之處，可也。臨老更宜多飼勤飼，謂之上馬葉。如遇天寒，用火如前法。

清 陳涍《實驗蠶桑簡要法》下篇《養蠶法・驅除濕氣之法》 蠶性喜燥而惡濕，非第濕桑不可飼蠶。如遇蠶座濕潤，空氣濕重之時，非速減葉量而增回數，并勤行除沙，固不足以驅除濕氣者。

又《置辦蠶具之法》

（一）分收蟻、切葉、養蠶、製種四大項。尼父云『工欲善其事，必先利其器』，今飼蠶而望得成績之良好，於此入手之蠶具，烏可不如法置辦哉！

（二）蠶戥必須購置，以蟻蠶爲一極輕微動物，差以分釐，謬以千百。倘無此戥，既不能確權蟻量多寡，貽誤處必非淺尠矣！

（三）鵝毛爲羽毛中之最質軟而兼彈力者，他種則質概剛勁，用之大傷蟻體。然必須豫入沸湯熟洗，去其惡臭及附着之塵埃爲要。

（四）坪紙以紙上畫有坪數，故名。選紙面光滑，使蟻爪不易鉤附者爲上，大小依蠶籠而定可也。

（五）包種紙選前種之紙，於收蟻前晚，用以包種，免蟻出四散，不可收拾。

（六）坪尺，畫坪紙之尺也，以二尺餘長小竹片爲之。一端鑽一孔，以作定點，可左右畫坪者。外此穿十孔，卽可畫十坪，用法以鉛筆插入孔中至紙，左手按該定點於紙中，右手移竹尺一周，卽成一坪矣。餘倣此。

（七）坪尺度數，由定點端至彼端，逐漸減短，因面積自內達外漸寬大也。

茲將圓徑坪尺之度數，列表於左。

坪數	華裁尺數	坪數	華裁尺數
定點至第一坪	四寸、四八	一至六	六、五六
一至二	一、七六	一至七	七、四四
一至三	三、三二	一至八	八、三二
一至四	四、五二	一至九	九、一二
一至五	五、六〇	一至十	九、七六

（八）切桑刀貴薄而利，須製大小數柄。小者長八九寸，闊二寸餘。大者長二尺內外，闊三寸餘可也。

（九）刀架式似衣架，高低大小，視刀之多寡長短而定。每次用畢，即須扁平而直插之，切勿亂放，以免傷人手足也。

（十）切桑板宜選堅木爲之，厚概寸餘，其式見方長方不等，大小二三尺可也。

（十一）桑篩形似米篩，小者圓徑一尺許，大者二尺餘，深自一寸至三寸。其目大小，視切葉表中而定，統計十個是也。

（十二）簸箕形似農用者，而後須稍高。用法：兩手上下其箕口以取風，使葉隨風出，枝留箕底。因三四齡需葉既多，枝葉并切，人工雖省，不能連枝飼蠶，故用此易去枝也。

（十三）葉簍有大小兩種，大者高二尺四五寸，圓徑一尺六七寸，目二寸許；小者高一尺內外，圓徑八九寸，不可開目，以便三四齡前盛葉也。

（十四）儲桑篰係竹編成形如腰子之郎篰，長三尺四五寸，廣二尺，深七寸，底與周圍，其目皆二寸左右也。

（十五）桑梯以兩單梯合成，用於採桑之梯也。梯頂扣兩鐵圈，可任意開合，隨樹之高低而定。第此梯之遠勝單梯者，不如單梯倚樹，擦傷樹皮故也。

（十六）桑剪以採桑，斷枝既易，復無扯裂樹皮凸凹拳頂之患。

（十七）寒暑表有列氏、攝氏、華氏三種，養蠶用者，概係華氏，此表專測空氣之寒暑，爲飼蠶家萬不可省者。

（十八）乾濕表係兩寒暑表相並製成者，非但測濕度高低，並可測濕氣輕重。養蠶者置此可省彼，第其價倍前表耳。兩表之用法同，忌近火爐與陽光直射，宜懸蠶室適中與空氣流通處也。

（十九）蠶匾有方、圓兩種，以竹編之。通用之圓匾，徑四尺許，深二寸餘，三四齡前必須此等之匾。至五齡需匾多時，就市上蘆席，背夾硬竹片數條，以此代匾，便賤莫之與京。

（二十）蠶架除三脚架可倣製外，最簡便者，莫如搭架。法：於壁旁每離八尺餘，豎立二寸方之前後兩直柱，柱上鑿凹形十孔，各橫穿竹竿，即成十台之搭架。但每一台須距地一尺半，其餘每台距七寸可也。

（廿一）圓匾，架置圓匾之架也。以二尺四寸高小木柱爲中軸，上下裝碗大二圓板，上板與軸平，下板距地三寸餘，再以匹字廓形如之三木足。該足上下兩橫木活裝中軸上二板，得自由開闔是也。

（廿二）方匾，架置方匾之架也。以二尺四五寸高，一尺八九寸闊形之兩木枷，兩枷交互之中點，貫一橫木，復以二繩繫兩枷上端，使其自由高低是也。欲用蘆席匾者，此枷必不可省，但其搆造，視蘆席大小而定可也。

（廿三）礱糠須於冬令農隙時，洗除塵埃，使乾淨豫儲之，以二成磨細糠，以便收蟻及稚蠶時用可也。

（廿四）糠篩圓徑五寸餘，高三寸，底目三分許，用於三四齡時布糠，勻且便也。

（廿五）蠶筷用於稚蠶除沙分莍最良，長短方員，與常筷等，而小及半，惟一端削尖，龍須光滑，以免觸傷蠶體也。

（廿六）蠶網形似魚網，以粗蔴線結之。其徑視匾稍大，其目一寸餘，用網前後，均以石灰水及清水洗滌之爲要。

（廿七）蠶簇以機器簇者最良，外此有竹簇、草簇兩種。草簇宜春蠶，竹簇宜夏秋蠶也。

（廿八）養蠶其中又有火缸、火鉗、火鍬、搬火具、盤枰、大小秤、地箒、草席、籐簍、洋燈、燭臺等，與常用者無異，不贅。

（廿九）種紙，薦堅皮紙爲之，並厚裱薦層，備殘冬浴種時勿腐敗也。長九寸，闊五寸六分，一紙印成二十八方格，每格西南隅注明號數。此外之首行，復標　年　月　日　種　蠶　字第　號某堂某所某氏製。右留十一字空所者，以便臨時填注故也。

（三十）蛾席以粗厚紙爲之，用於出蛾之前晚，備蛾在上成對之席也。

紙上翦成距三四分闊二寸許《字形各行裂縫，使蛾由此無數裂縫，任意出席，翌早提對時，免蛾爪鉤繭而致分對也。

（三十一）鉛圈形似小酒鍾，爲製鉤必需之具，免其產卵混亂，將來易辨優劣也。高與圓徑一寸二三分，上宜稍小，防蛾外出，用後洗刮其附着之種子爲要。

（三十二）蛾袋，以厚油紙摺成三角形二寸餘長闊之袋，盛產卵後之死蛾備，秋冬時，逐一考驗其病毒有無，而後可得精良蠶種也。

（三十四）簡易儲種箱，製內外大小兩箱。外箱宜杉木，內箱宜桐板。內箱比種連四圍寬一寸許，大箱比內箱寬半尺餘。蠶連懸於內箱，每連宜距少許。內外箱中間，塡充礱糠、木層等物，但兩箱之封口處，均裝厚絨，務格外密閉，防外溫之激變爲要。

（三十五）豫算表何爲而立，朱子云宜未雨而綢繆，毋臨渴而掘井，凡事皆然。飼蠶者，烏能外此。因揭養蠶五萬頭應需蠶具及消耗品於左，使養蠶者就每年飼蠶多寡，可照此而豫置蠶具也。

收蟻具一

鼇戥一把　鵝毛二條　蠶筷二雙　包種紙五張　坪紙四張

切葉具二

桑刀二把大一尺二寸，小八寸　切桑板一塊四尺方，厚一寸五分　葉篩六個大中小各一　簸箕一隻　磨石一方　刀枷一具　盤秤一把　大小秤各一把　葉簍五個　桑篰十個

養蠶具三

寒暑表二隻　自鳴鐘一具　大篇五十個圓徑四尺　中篇五個　小篇三個　篇枷六具　蠶網百條　三脚蠶枷六具　火缸二個　搬火器一把　火鍫一把　簡易烘繭箱一具　燭臺二個　洋燈一盞

消耗品四

桑葉十五担　礱糠二百五十斤　條炭一擔半　蠟燭三斤　麥草三四百斤　皮紙十張

清　陳開沚《裨農最要》卷一《分蠶法》　移蠶宜輕不輕，則遠擲、高抛，互相撞擊，將來上山必多赤蛹，或多懶蠶，布葉宜稀不稀，則强者得食，弱者不得食，必至繞盤游走，進退蠶箔宜慢箔在架上，倘拖出太速，蠶必外厚內薄，放進太速，蠶必內厚外薄，不惟食葉不均，且使蠶受驚恐。又蠶架不可移動、敲響，并蠶室久停什物亦不得移動，恐觸犯蠶神故也。

清　福州試辦蠶桑公學《飼蠶淺説・數蠶》　飼蠶須先知蠶數，然後給葉容扁，方有準則。計蠶子一錢，約六千，蠶蟻一錢，約一萬。稱子稱蟻，均從其便，惟稱蟻爲較準耳。若能於每齡中，一一數之，尤好。

又《給桑》　每日每次應給桑葉，宜先核定，方免不均之弊，所有分量，詳列後表。惟不可太拘執，須看天氣如何，蠶食如何，以爲加減。大概前次所給桑葉，有過半乾燥者，可以再給。

又《容扁》　容扁太密則傷蠶，太疏則耗桑。今將容扁尺寸，詳列後表。惟方扁求邊，圓扁求徑，臨時推算，頗復費事。今自一方尺至二十方尺，面積求方邊圓徑各數，詳列一表。飼蠶者，計定需用若干方尺，按表求之，便知方邊圓徑之數。

清　何剛德《撫郡農產考略・桑・附養蠶説》　蠶先出者，為行馬；蟻後出者，為殘病蟻，皆棄不取。取其接續齊出者，齊出而齊飼之，則眠之時，同上山之時亦同。飼蠶之葉，初時切之細於絲；頭二眠，切葉如指大；三眠，不切，扯爛入之；大眠後，翦條去枝葚而已。天暖飼葉多，天寒宜少減。采桑宜日初出，候葉乾；或日初入，候熱氣退。飼濕葉，蠶病泄；飼熱葉，腹結不能作繭。天欲雨，宜預采葉。葉蒙霧雨，霑塵沙，宜拭，宜洗，宜攤乾。病蠶，宜別出。蠶有滓穢，宜體刮。縛糯稻草為山，紐下五寸，紐上尺許，宜潔挺分張，下如覆碗，上如仰盂。宜挨次錯列，疏密得宜。宜通猫路。忌孤立，忌倚墻壁，忌蠶多山少。摘繭宜晾乾，宜分別美惡。繅絲水宜清，薪宜乾，鐺宜潔淨。大約蟻一錢，二十五日而蠶老，得絲二十四五兩，遲則絲減。養蠶之法，至細至密，茲撮舉宜忌大要，著之於此。臨川生員喻懷佑輯有《蠶桑便易》一書，采録甚詳。崇仁縣丞粵東胡廷鑅有《蠶桑韻語》，便於習讀，皆宜家置一冊，以當南針。

清　江志伊輯《飼蠶法・制居》　日本松永伍作云，建蠶室以四面軒廠，而高燥之地爲最良。如山村海濱，無此良地，則擇風氣易通透處。若室旁樹木繁茂者，則室鬱陶而氣溼潤，致緩蠶之生長。惟西方或北方，有茂林修竹，足禦烈風，蔽返照者最佳。於此等室飼蠶，切葉宜粗，每次宜多哺。若在卑溼之地，則屋上之排氣宜稍大，繞室開溝以排水，就地開竇以通風。切葉宜

細多，其次數少哺之。室中氣鬱，則時時炙火。有夕陽直射者，不及種樹，則設天棚。若溫度高時，則開放東北窗，以引新氣入室，免致鬱滯。凡蠶子將出蟻時，須將蠶室掃除潔淨。其法有四：一、墻壁刷以濃厚灰水；二、地枰洗以濃厚草水；三、每十方尺面積之蠶房，緊閉各孔，薰燒硫黃一啓羅格合漕平二十七兩二錢八分八釐，至二十四小時；四、蠶具均置室內，使磺氣薰透。薰畢，開出外向小窗，使天氣通入。久之，人方可入室。附日本搆蠶室法：凡蠶室以木構之，上無樓，南向縱二十四尺，橫十八尺，以瓦葺之。屋上開窗，縱六尺，橫三尺，高一尺。室表有廊，廣三尺，裏廊廣六尺，均以障子隔之。其東南糊土壁以白紙，天花板距床約八尺五寸許。四隅中央開六窗，以通風氣。床上附以有目板，以防床下風溼來侵。且二分其室，用板隔之，每室縱九尺，橫十五尺，東室爲煖室，西室爲冷室。於東室則設蠶架於西側，於西室則設蠶架於東側。又在煖室設石製火爐，廣一尺五寸，長二尺，距蠶架約三尺五寸，遇天冷則焚薪炭，以煖之。附法蘭西蠶室通氣法：凡小蠶戶，無力建築蠶室，以空房或樓閣飼蠶者，必須設法改良，使通空氣。法：將房之四壁，每相距尺許，鑿一孔，用磁筒鑲入孔內，黏灰固之，以大邊向外，徑約二寸，蓋以鐵遮，以防蟲鼠。小邊向內，用布塞之，飼蠶時，將布塞揭開，天氣自然通入。若飼蠶於樓閣，照前式鑿孔外，更於瓦上開窗數箇，長五寸，闊三寸，套以活木板，可合可開。如蠶房深一丈五尺，闊四五尺者，宜開三窗。凡五寸長，三寸闊之窗，可通換天氣於五方尺之地。惟瓦上開窗，須在房之中央安置蠶簾，須依墻壁，以免蠶身受風直射。安簾之法：一曰鑿孔法，於墻面離地五寸起，每隔五寸，畫一橫行；離左右墻四五寸起，每隔一尺五寸或二尺，畫一直行。於橫直兩行相交之點鑿圓孔，取圓木棍，徑約四分者，略尖其尾，插入各空處，用小石及灰塡塞滿孔，將圓棍自轉數下拔起。俟用時，插入棍，長一尺，以前年截下之桑枝爲之，愈直愈妙。二曰定架法，取木條，長與屋齊，上倚仰板，下踏地枰。用釘或索緊箍，使不搖動。橫向相離，各一尺五寸或二尺，直向大可容簾。木條上鑲釘，安簾兩架，相□約五寸，以便付葉巡視。一云：『簾架，以木製者爲佳，耐久而易洗刷。兩架相對，以置簾式，如衣架者爲便。』製法，離地至少五寸起，上用橫棍五條作五層，上下相離各五寸，闊八寸餘，其餘離地五寸，上兩邊均鑲以洋鐵，圓錐徑約二寸，藉以防鼠。每兩架可置五簾，每蠶子一韞昔，合漕平六錢七分二釐二毫，到老須用二尺五寸長，八寸闊之簾二十五個，用架則十個也。

治具　蠶具甚夥，凡蛾之布子也，有蠶連。生卵後，以桑皮作綫，連綴之，故曰連。或以布，或以紙，紙須用桑皮製而質厚者良，薄紙不禁浸浴綴。連忌用苧綫，以苧麻近蠶種，則不生用之子，多萎死。其收蟻也，則有雞翎鵝羽蠶之初生也，微如毫髮，無從着手，以雞翎鵝羽拂，而置於篩。今人不用羽拂，切細葉覆連於上，令蟻自下，其法較良。烏滿則用篷。竹器，似筐而小，須以紙糊其縫眼。兩眠出替則用箔，或筐或簾。箔曲薄承，蠶具也，以萑葦爲之，方可四丈，棧以二椽，懸於槌上。分擡去蓐時，舒卷甚便。筐，竹器，古人以承幣帛，今人用以飼蠶者，形圓而稍長，淺而有緣。分居時用之，閣於架上，易於擡飼。『簾』，俗字讀『若』，扁較筐邊淺而底密，皆竹器之，大於篷者。架筐簾者曰蠶架，或曰槌，一曰曲植。植，三角形，用三木作柁，高八尺，中設檔九層，相距各八寸。前檔長六尺，後檔長三尺，前檔木之中，俱平鑲一短榫，各長四寸；後檔木之頭，各裁成榫口，湊於前檔木之短榫上，中穿一孔，綰以竹釘，以便轉移。摺疊小蠶，用小植，高四尺，闊如之。五、六層可置幃內。

又《飼育》　凡飼蠶，忌用帶雨帶霧葉霧有毒，須待燥飼之，忌黃沙葉黃沙來自沙漠，食之損蠶，須洗刷拭淨，而後用之，忌水葉食水葉，則絲爛，忌大麥田中葉種大麥桑田中，其葉食之損蠶、萎葉汁液已乾、金葉有黃斑者、油葉色黑若有油者，儲葉太豎，踚時則油。買葉於數十里外者，須於中途有風無日處，撥而鬆之，謂之放風，方免此病，忌浥臭葉糞後，須遲二三日始采之。小蠶食糞葉，則當眠不眠。大眠蠶則不忌，飼之，令蠶生諸病。

凡晝時所食之葉，宜采於辰刻早則尚溼，遲則易枯，夜間及次晨所食葉，宜采於申末酉初。日中采桑，葉易枯而樹受損，故采桑必於日出之初，日斜之後。采葉日中，必疏爽熱退，然後飼蠶。若連朝大霧，或疊聞鳩喚，即是雨徵，須采足一二日之葉，以爲之備。葉少，則鬆鬆儲於缸甕。多則於無風日處，鋪竹席於地，鬆堆之。若久雨不能不采溼葉，則夾以新白布，或拌以淘過乾麥，均少頃卽乾。大眠後，剪取長條，可懸於當風處，或枝枝竪起，整齊平直，淸水灑之，一周時灑三四次，可停兩三日。飼時，晾透水氣。露爲天酒，能補助好蠶。病蠶食露葉，卽軟死，力不勝也。大眠後，如天晴無霧，宜侵晨采露葉飼之，令繭絲光澤。飼蟻之法，當宿澆其桑，宿，謂前二三日，宿澆則多液。旋摘其葉旋，猶頻也。旋摘旋飼，則葉不乾，利刃以細切之非利刃則傷液，非細切則蓋蟻，疏篩以薄布之非疏篩則葉不勻，非薄布則蟻偏食。然葉楂微液，俄頃卽乾，故須旋切而頻篩也。第一日，飼一復時，可至四十九頓。一時辰約飼四頓，一晝夜通飼四十九頓，或三十六頓。蓋新蟻止食葉中脂液，若頓數不多，譬如嬰兒失乳，後必羸弱病生。故蟻生時，須隔夜取東南枝肥葉，甕中另頓，旋取細切，以飼之。第二日，飼至三十頓，葉微加厚。第三日，飼至二十餘頓，葉又稍加厚。室中宜極煖極暗。凡蟻初生宜暗，眠時宜暗，將眠及眠起宜微明，向食時宜明。三日後，黑者漸變白，則向食，葉宜少加；變青則正食，葉宜益加；復變白則慢食，葉宜少減；變黃則短食，葉宜愈減；純黃則停食，謂之正眠。眠起自黃而白，自白而青，自青復白，自白而黃，又一眠矣。每眠須如此候之，以加減食葉。蠶食葉之疾徐，不盡關乎冷煖。初起必不甚疾，將眠將老亦不甚疾，最疾者中間二三日耳，此時上葉宜勤。二眠三眠起後，餉食飼葉，尤不宜緩，蓋初次受餓，則二次當眠不眠，俗名青蠶。二、三眠受餓，病見於大眠。大眠受餓，則起後雖食葉，而頭漸空，俗名亮頭，棄物也。大抵頭眠起，一復時可六頓，次日可漸加。中眠起，頭頓宜薄，一復時可四頓，次日亦漸加。大眠起，一復時可三頓，第一頓宜薄但可覆白，第二頓比前又薄不覆白矣，第三頓如第一頓亦覆白也，此三頓食如不短，則其蠶至老食慢。次日可漸加葉。正食時，每飼後，可挾葉筐，繞槌巡之，但見箔上葉有斑黎處，即摻葉補合。此時缺一分葉，即缺一分絲。不補合斑黎，則後來多薄繭。至第七八頓食後，於巳午時間，將葉略切攤箔上，灑新水拌勻。待少時，取臘月所製成之菉豆粉以水浸菉豆，微生芽，曬乾磨粉。或用白米，蒸熟作粉，亦可，以細羅篩篩其上拌勻。每葉一筐，用新水一升，粉四兩。葉一筐，可飼蠶一箔。每箔飼一頓，可解熱毒，絲多易繰，且堅韌有澤。如葉少者，可將去秋所收桑葉，搗爲末，如前法灑新水拌勻，大眠後，間飼三五頓如蠶食葉二筐，拌此止用一筐，可省葉一半也，則蠶體充實，繭厚而絲韌也。

飼蠶者，愼勿貪眠偷懶。每飼後，宜繞箔查看一次，務極均勻。若值陰雨天寒，飼時須先用乾桑柴，或去葉稈草一把，點火繞箔照過，熰出寒溼之氣，然後飼之，則蠶不生病。凡蠶向眠時，量黃白分數，抽減所飼之葉，漸次細切，薄摻頻飼。如十分中，有三分黃光者，卽十分中減葉三分，比尋常稍宜細切薄摻，頓數亦宜稍頻。如十分中，有五分黃光者，卽減葉五分，比先次又細切薄摻，其頓數亦宜加頻。如十分中，有八分黃光者，卽減葉八分，比先次切令極細，摻令極薄，其頓數亦令極頻。候十分黃光，不問陰晴，早夜急須抬過。預備箔蓐，可無失悞。擡過時住食，起齊時投食。住食必候十分眠，投食必候十分起，且宜薄摻慢飼，厚則傷食。若起至八九分即投食，直到老不齊，且多損失。此爲抽飼斷眠之法，謂抽減眠蠶之葉，不致覆壓，專飼未眠之蠶，使之速眠。不惟眠起得齊，且無葉罨燠熱之病。前人謂『學取抽飼斷眠法，年年歲計得絲蠶，不可不知也。』

蠶自大眠後，十五六頓即老，語云：『養蠶無巧，食到便老』。得絲多少，全在此數日。蠶必晝夜飼。若頓數多者，蠶必疾老，少者遲老。二十五日老者，一箔可得絲二十五兩。二十八日老者，得絲二十兩。月餘或四十日老者，得絲止十餘兩。一云：『見有老者，依抽飼斷眠法，量分數減飼，候十蠶九老，方可入簇。如是，則無簇汗蒸熱之患蠶老，飼葉宜薄宜頻，否則食葉不淨，箔中蒸熱入簇，結繭亦溼潤，如經鹽水，名曰簇汗繭，難抽絲也，繭必早作而多絲。』奧國飼育法：給葉於就眠之外，每日六次至八次。與其次數少而給量多，不如次數多而給量少。給葉時，毋厚薄不齊。溫度低時，則食量減，飼時，必俟前葉食訖，殘桑乾縮時，乃更給葉。大約蠶種一溫斯，至於老熟，平均食葉量須六百基羅舜拉拇法衡名，每基羅舜拉拇，合中國二十六兩四錢五分三釐。蠶座之面積，自出卵至老熟，須擴至六十平方邁當法度名，當中尺七尺八寸弱以上，則蠶體得移動自由，不相摩壓。育蠶適宜之溫度，宜平均列氏十七度，自下蟻。至上簇，亞洲種須二十八日至三十日，歐洲種須三十日至三十一日。蠶一生五齡，蛻皮四次。自初生至四日半，爲第一齡。蛻皮一日又四日，爲第二齡。蛻皮一日又四日半，爲第三齡。蛻皮一日又六日半，爲第四齡。蛻皮一日半又七日，爲第五齡，老熟二日，合計三十三日，而蠶事乃畢。茲列其每齡中逐日管理法於後：第一齡，第一日宜列氏十八溫度，午前九時、十一時，午後一時、三時、五時、七時、九時，晚十一時，各飼葉一次。第二日早晨五時，於蠶座周圍布葉一次，以便分箔。分箔後，於午前七時，又飼葉一次。其餘管理法，與第一日同。第三日管理，一如第二日。第四日，宜列氏十七度。晚十一時，少飼葉一次。餘與第三日同。第五日，午前五時、八時、十一時，飼少量葉，三次後即停飼，是爲頭眠。第六日午前十二時，視第一次蛻皮竟，蠶全現淡色，爲除沙一次。午後三時、六時、九時，晚十一時，各飼葉一次。第七日爲第二齡，早晨五時，除沙分箔，飼葉一次。午前八時、十一時，午後二時、五時、八時，晚十一時，各飼葉一次。第八、第九日，其管理與第七日同。第十日，午前五時、八時、十一時，飼葉後，見有數蠶體明不食，將就二眠者，即毋除沙，午後停飼，是爲二眠。第十一日，午前十二時，見第二次蛻皮竟，始除沙。午後三時、五時、八時，晚十一時，各飼葉一次。第十二日爲第三齡，早晨五時除沙分箔，飼葉一次，如第二齡。午前八時、十一時，午後二時、五時、八時，晚十一時，各飼葉一次。第十三、十四、十五日管理，與第十二日同。第十六日爲三眠，午前五時，飼葉一次，視皮膚稍明帶光澤，即停飼。第十七日，視第三次蛻皮竟，早晨六時，除沙分箔，飼葉一次。午前九時、十一時，午後三時、六時、九時，晚十一時，各飼葉一次。第十八日爲第四齡，早晨五時，除沙箔，分飼葉一次，如第三齡。午前八時、十一時，午後二時、五時、八時，晚十一時，各飼葉一次。第十九、二十、二十一、二十二日管理，與第十八日同。第二十三日將四眠，不除沙。午前五時、八時、十一時，午後二時，各飼葉一次，即停飼。二十四日爲四眠。二十五日，第五次蛻皮竟，是爲第五齡，早晨五時，除沙分箔，飼葉一次，如第四齡。午前八時、十一時，午後三時、五時、八時，晚十一時，各飼葉一次。第二十六、二十七日管理，與第二十五日同。第二十八日早晨五時，除沙分箔，飼葉一次。午前八時、十時、十二時，午後二時、四時、六時、八時、十時，各飼葉一次。第二十九日至第三十三日管理，與第二十八日同。惟第三十一日有老熟者，即停食上簇。第三十二日，則老熟過半。第三十三日上簇全畢，宜列氏十八至十九溫度。日本飼育之法，分爲三種，猛進溫度，促蠶發育，曰溫煖育；溫度在八十度至八十三、四度，閱二十二、三日而老熟。低退溫度，使徐徐發育，曰清涼育溫度在五十七至六十度，閱四十四至四十八日而老熟；寒溫得宜，始終如一，曰折中育。溫度在六十六七至七十二三，閱三十五六日而老熟。其飼葉也，忌厚薄不均桑葉之乾燥有遲速，飼時不留意增減均一，則□溼相混。蠶有食，有不食，其殘葉溼蠶座而害蠶，硬軟不一桑種異則葉之厚薄亦異，乾燥遂異。其遲速，混葉之厚薄軟硬以飼蠶，則膏養汁有多寡，使蠶之發育不齊，其弊甚大。蓋蠶食桑葉，自有限度。溫度約華氏七十一、二度，溼氣適宜，則給桑直食之，貪食約三四十分間而休。想已滿腹也。後暫靜止，少選運動，既復靜止，斯不食葉，約五十分間至一時間時葉已消化矣，復食葉，靜止運動如前。但溫度低，則食桑與絕食時間均長，高則反是。飼法宜每三時間或四時間給葉一次。溫度高則第二時間給葉一次。一晝夜六七次，或七八次給葉，宜視氣候。氣候溫煖，乾燥太甚，則多給二三次。氣候寒冷，溼潤過度，則少給二三次，則一次所給之桑，蠶兩次食之。第三次食欲動時，恰當更給新桑之候。如此，則蠶不食污葉，發育自然健全。若省工偷懶，一晝夜僅飼三四次，每次桑量不得不多，蠶爲葉壓，葉爲糞污，至久不給新桑，乃食污葉，害其胃腑，又感溼氣，遂成瀉病矣。

又《眠起》　蠶結嘴停食曰眠，蛻膚向食曰起。時寒則遲，時溫則早，此天爲之也。冷育則遲，熱育則早，食慢則遲，食緊則早，此人爲之也。已眠者爲眠頭，俗謂頭眠頭頂珠，二眠蠶拖□，然猶不足憑。惟視蠶身放白而長大，旺葉以後，漸漸色黃，收身褪葉，嘴尖有黑殼，則眠之候也。凡眠頭，身體堅實，向明照之，色深綠者無病；疲軟紅黃者有病。捉眠頭時，葉䋺乾燥，沙矢堅結者無病；葉䋺潮潤，沙矢汙手者有病。起孃初蛻，昂首張尾，色如羊脂者無病。頭垂尾歛，身黃如陳倉米者，曰著黃衫，飼葉則尾流清水矣。飼火蠶，用新白紙一方，置筐中，起齊時，紙上無一點汙穢水迹者無病；有迹，爲傷火之徵，棄之可也。已起者爲起孃。自眠而起，約一周。時暖則較速，欲其速起，須用抄䋺法，於廊檐外，架竹木作棚，上覆蘆簾，外護草薦。太陽洞照，移蠶筐其下，頻頻釋動蠶䋺，謂之抄䋺。蠶乘暖氣，半日即起矣。先起者，名搶火孃，悉雄。蠶䋺須用箸分開，使起孃在下者，得乘鬆而上。眠起初食曰餉食，眠後看䋺上，有白絲如緜，曰楊花䋺。或看其嘴上，始白漸黃，終至稍黑，然後可以餉食，總以眠頭盡起爲度。如起孃不甚，齊不妨稍遲以俟，俗謂之熬。眠一次，則嘴闊一次，衣寬一次。將眠葉不可多采，眠則摘置他器，布葉太早，恐衣未盡脫者，亦食之則腹大，而衣不下也。凡蠶之眠，皆先吐絲著䋺，以纏其足，曰捉眠頭。頭二眠蠶不能捉，但去沙屑，謂之替。移放帷中，謂之做䋺，須停火停葉。火不停則傷蠶，葉不停則已做䋺者，復上葉而重做。勿使風襲。風吹則嘴頻縮而難吐，西北風尤忌。並忌穢氣。又不可撞動蠶筐。撞之則嘴亦縮。初候之，伸嘴向上，挺身不動，謂之打眠樁，再候之，則吐珠矣。嘴上伸一紫色圓點，如綴珠然，謂之吐珠。蠶至吐珠爲眠，成取空筐，勻糝糠灰，以眠頭帶䋺，鬆布其中，謂之派䋺。用手宜輕，勿觸傷蠶嘴。䋺中沙矢，必盡去之。復厚糝糠灰一層，安頓淨軟處，謂之種眠。令蠶䋺乾燥，眠亦易起。不眠者曰青條，一曰食孃，謂猶食葉也。定䋺，謂均眠也。後糝襲糠灰於面上。必用糠灰者，取出爽也。其灰以秈稻糠，置瓦盆中燒之。盆上不宜用蓋，使烟氣出盡。用葉剪開貼䋺上，其青自來，謂之引青。捉移他箔，其眠於䋺下者，曰老底。在面上者，雖非青蠶，然收成終不如老底之豐。

清　江志伊輯《種桑法・采桑》　桑之萌芽於二三月間者，謂之初桑，以飼頭蠶。雖蠶食不盡，亦必去之，不去則明春葉薄不旺。既翦後，旋復抽條放葉者，謂之二桑，以飼二蠶。須於枝之過密處，及枝之少力者，酌量删下，如無可删之枝，則於各枝上删葉飼蠶。每枝於近拳處，删下三分之一。二桑則不必去矣。若拳下，及桑丫雜生之枝葉，即二蠶過時，亦宜一概删去，俗謂之删莓丫。經霜後，采以飼羊，易肥。惟采時，毋傷其條，以此即明春放葉之條也。

又　日本新法謂『采葉過度，樹必受傷』，且蠶之老幼，宜隨時有相宜之葉。如樹桑千本者，蠶初生至三眠，二十日，飼以早生桑三百本。三眠至四眠，六七日，飼以中生桑二百本。四眠以後七八日，飼以晚生桑五百本。栽桑備此各種，更換接替。葉之老嫩皆宜，蓋蠶小食少，故早生、中生飼二十六七日，合五百本。大則食多，故晚生止飼七八日，亦五百本。早生桑葉嫩小，采葉不可刈枝，刈則樹傷。葉將盡時，將枝割去，使生新枝，留作明年飼蠶之用。若中生晚生桑，則連枝刈取，在家捋葉。刈桑，宜用早晚二時，日午葉乾，則蠶厭食。刈枝必齊樹本，即生枝處，一名桑拳。不可留杈，留則雨水浸入，樹必受傷。齊樹本刈之，每年所生，能包住桑痕，自然無害。若飼二化、四化、多化蠶，以春葉留至夏秋，葉必太老，蠶不喜食。若春日已刈，取其枝葉，更采新生枝葉以飼。夏秋之蠶，桑必易枯，惟於春日發芽之先，將枝刈去，使生新枝，其葉嫩而且大，適合夏秋之用也。

清　賴逸甫《嶺南蠶桑要則・種桑要則》　雖凡坭地，皆可種桑。惟獨先曾種過菸者，該地如果改爲桑園，該桑固成毒蠶之物。卽凡與菸相近之桑，飼蠶亦壞。凡屬菸地，必須改種不食之物幾年，方可將桑而種，凡墾荒曠諸地而種之。

又《飼蠶須知》　凡按桑葉而買蠶種，或因蠶種而備桑葉，每一兩蛾之蠶種，須備桑葉二百五六十斤，設如有葉千斤，則可彀養四兩蛾之蠶種。每凡將桑飼蠶一次，順德向槙爲飼蠶一口。自放蛾眠桑起計，至將熟之際，除眠而不食之外，則皆日夜均按三點鐘飼其一次，多則每一晝宵，共飼九次亦可。蓋自蠶出引上箕起，養至蛾眠，飼其十七八次，共須桑葉約八斤。又放蛾眠桑起，養至二眠，飼其十三四次，亦須桑葉約十四斤。又放二眠桑起，養至三眠，飼其十六七次，再須桑葉三十餘斤。又放三眠桑起，養至大眠，飼其十八九次，又須桑葉六十斤。又放大眠桑起，養其一晝宵，名曰一箇對，約須桑葉一百斤。養至第二箇對，又須桑葉一百五十斤。養至第三箇對，又須桑葉三百斤。養至第四箇對，而迄微有成熟之時，又共須桑葉三百五六十斤。此乃蠶照好蠶，秤照碼秤，所按四兩蛾種，共食桑葉一千斤零些。無論購種若干，皆按此數類推，雖不中，亦不遠矣。卽照中等蠶運而計，既飼千斤桑葉，成熟可得乾絸三十餘斤。蠶運佳者，所得更有加焉；蠶運否者，所得不能及此必也。但凡鹹氣未化，與夫霧水未乾之桑，傷蠶固烈。卽於籮中發炎，與夫堆内高潮等葉，將以飼蠶，亦必虧本。故凡放葉於籮，貴空其中，堆桑於地，貴開其壢，尤當再以溼蓆或簑衣遮弇桑面。不然者，風瞻逼其發炎釀潮，則壞桑損蠶，不可不慎。所以臨飼蠶時，必須將葉攤至桑氣清馨，然乃飼之。每逢攤桑，亦忌攜至蠶邊而攤，庶免蠶之感受桑中潮熱而生病也。至於菸氣菸灰，固皆蠶桑之所當忌，卽食過菸後之手，亦必洗淨爲要。又從蠶種起而再說，頭造養者，向有兩種之分，一名『大蠶』，一名『連蠶』。連蠶，又名『輪月』，因其每月一箇輪廻，連至尾造，故有是名。然而大蠶之中，仍分三種，一曰明印，一曰光身，一曰大花尾。連蠶只有明印、光身兩種，而無大花尾。大蠶則絸大而殼厚，早熟者佳。凡有熟於立夏以前者，其絸多厚，立夏熟者次之。因其性畏炎熱，而喜和煦。蠶眠之時，又忌北風，若被侵之，蠶身則有十數黑點，俗名『木蝨嘴』。有此，則徒然食桑，而無絸結。但大蠶食葉，則比連蠶畧慢，故以二十二三日與二十四五日而熟者爲當度。若於二十日熟者，其絸必薄。倘出二十六日之外，則又因蠶受病所致，其絸亦薄。如養連蠶，則十九二十日者居多，其絸皆遜於大蠶。人亦喜養，因其但得結有二鼇零重之絸殼者，則有蠶種客，向其買，將以爲二造之種，其利則可勝於養大蠶之將絸繅絲者一籌故也。

又《桑種須知》　如係留其長葉以飼蠶花者，必於小寒後，再須預備麩粉。俟至大寒前兩日，則亦灌水入地，浸其一夜，次日將水放乾，而落麩粉。此則交春時，每畝地可得桑葉八九百斤，以養蠶花。蓋練蠶種，必須先食桑囝葉，後食應斬不斬之舊根葉，其蠶乃舊。如果全食舊根桑者，其葉太嫩，蠶身則浮，所以貴夫先食桑囝葉，後食舊根葉也。但凡留餘不斬，值其長葉，以飼蠶花舊根桑，如值大寒節屆，則以麩水淋之，見有桑花，務宜摘去，其葉方多，其膠方濃。如果年已久者，此則桑花多而葉膠少。舊根桑仍貴新種方纔一兩年者，爲最佳。

清　李有棻《桑麻水利族學彙存》卷一《植桑》

大眠起

蠶大眠起後第一日，先喂柘葉五六次，再喂桑葉，絲乃有光。第二日巳午時，以綠豆粉拌桑葉喂一次，可解熱毒。第三日以桑葉麪拌葉喂三五次。有白水蠶，蠶身獨短，其節高聳，不食葉，常在葉上往來，腳下有白水；有青頭蠶，掉頭不住，似有所苦者，俱宜檢出丟之。

清　林心北、吴書年勸刻《蠶桑輯略・養蠶節次三十五條**》**

飼養總論

《務本新書》：蠶必晝夜飼，若頓數多者，蠶必疾老，少者遲老。飼蠶者慎勿貪眠，以懶爲累。每飼蠶後，再宜遶箔巡視。若有薄處，必再摻令勻。若值陰雨天寒，比及飼蠶，先用去葉稈草一把，點火遶箔四向照過，逼去寒溼之氣，然後飼蠶，蠶不生病。一眠候十分眠，纔可住食，至十分起，方可投食，若八九分起，便投食，直到蠶老，決都不齊，又多損失。停眠至大眠，蠶欲向眠，若見黃光，便合擡解住食。直候起時，慢慢飼葉，宜輕摻。若蠶白光，多是困餓，宜細細飼之，猛則多傷。若蠶青光，正是蠶得食力，勿令少葉，急須勤飼今時農家停眠至大眠，眠蠶大半，蠶母猶自摻葉，直候都眠，或有起者，纔方住食，不知先眠之蠶，被葉罨蓋多時，以漸不能退皮，至大眠起後，多是往來遊走，直到入簇，決都不齊。葉忌溼忌熱，蠶食溼葉，多生瀉病。食熱葉，則腹結頭大尾尖。常蓋小屋，或趄棚頓放雨露溼葉，控去溼潤，然後飼蠶。《士農必用》：飼養之節，惟在隨蠶所變之色，而爲之加減厚薄，使無過不及也。蟻生色黑，三日後漸變白，則向食，少加厚；變青則正食，宜益加厚，雖飽亦不傷；復變白則慢食，宜少減；變黃則短食，謂之向眠，宜愈減；純黃則住食，謂之正眠。眠起自黃而白，自白而青，自青復白，自白而黃，又一眠也。凡眠起變色，例如此時，當減食飼之，過則傷，傷則禁口不食生病而眠遲。時當正食，飼之不及則餒，餒則氣弱而生病，亦眠遲，而又繭薄也。

又 緒餘　飼蠶者宜識天時。天將雨，便須採足一兩日之葉，以爲之備。少則以缸、甕鬆鬆儲之。多則於無風日處，鋪竹席於地，而鬆鬆堆之。使食盡此葉，而雨如故，則不得不於雨中採葉。所採之葉，以布夾之新者唯白布可用，舊者則不拘顔色矣，少頃卽乾。否則以淘過未淘者，恐有灰之乾麥拌之，亦少頃卽乾。若大眠以後，需葉甚多，則翦取長條，於有風而雨點不到處懸之，亦少頃卽乾。

又《蠶室器用》二十條

收蠶食

夏閒未經摘過，並秋閒未黃桑葉桑葉已落者，短津味。未落者，亦恐捋傷來年桑眼，用翦翦下，曝乾擣碎，收頓於無煙火處，用泥封固。至臘八日搗磨成麪臘八日製者，能消蠶熱病。甕器內，可多收之，飼蠶餘剩作牛料，牛甚美食，又將菉豆新水，浸半日，令生芽，薄攤曬乾，又淨淘白秔米，亦薄攤曬乾。此二物亦於臘八日，擣磨成麪，背陰收頓，勿令發熱。野語云：『臘月造油蠶房，內點鐙，諸蟲不入。』俟三眠後用之每箔約用豆米各半升。

清　林楊光、王鎮西《蠶桑條説·白河縣知縣林令楊光述呈桑蠶各説七條》

種桑説第一條

飼蠶必先種桑，每株當隔四五尺地，分行既疎，開盤始大，切勿貪多密栽。土桑嫌其葉小而薄，可取浙桑之幹接之，便成佳樹。若浙桑少，則於夏間取浙桑椹之肥大者，洗浄陰乾，先掘地打土極細，澆以糞水，挖起寸許，將桑椹以土沙緊拌之，平鋪其上，掩以細土，澆以清水，至兩月而桑苗長矣。苗長數寸，分出另栽。但下種切不可深，深過二三寸，則種不能出。成林之後，遞年修翦，使出新條。隨時灌溉，使葉肥美。桑下之草宜鋤，桑旁之土要鬆。桑地宜平曠多風，風多則蟲不生。惟滷地燥地，種之不活。此外，地以近水爲善。每年必澆糞水一二次，澆糞之次早，必用清水解之，葉之氣味乃不過鹹。摘葉有次第，宜由下而上，勿採萌芽。其味苦澁，蠶不可食。略遲數日，便大十倍，留爲大眠後開翦。既開翦，旋復抽條放葉，謂之二桑。如地方圓十丈，可種桑四五百株。二年後，每次可摘葉四五百觔，每年可摘數次，其利何如？諸葛武侯云：『錦城外有桑八百株，足以供吾家衣食』，此言信不誣矣。

又 付葉説第二條

付葉爲飼蠶第一要。着葉有不可以飼蠶者五：曰濕葉，雨中所採之葉也，宜晾乾；曰霧葉，霧中所採之葉也，宜漂浄晾乾；曰氣水葉，所採之葉，過一日發熱，即致生氣水是也。若欲過夜，宜連枝帶葉攤開，以清水輕灑，勿使風吹，則活而不熱；曰金桑葉，葉上有黃斑者是；曰油桑葉，葉黑色，若有油者是，五者皆不可食，食則蠶必病。又有馬房左右，大麥田中，其桑有毒，蠶食立壞。至於採桑，帶露最好。晝所食，宜辰刻採之。夜所食，宜申酉刻採之。凡買桑葉於數十里外者，連枝束縛太緊，踰時則色變。約行十里，擇有風無日出，解開鬆之，則不發熱變色。蓋勤看蠶者，不使病蠶傳染。慎付葉者，不使病葉混投。嘗見人家飼蠶，不量人工，不計桑葉，以多爲貴。迨人力不到，桑葉不敷，兼以飼育失宜，無利可獲。蠶事不旺，職此之由。善養蠶者，科桑飼蠶，計蠶花一錢，約五六千蠶，除撿去病蠶、弱蠶外，及將老可得四五千。每蠶扁濶二尺八寸者，可容千餘蠶。不宜太稀，稀則桑葉多餘，遺棄可惜。亦不宜太密，密則蠶身枕壓，飢飽不均。大約每錢蠶花，可匀三扁。自初生至三眠，飼以葉絲，需葉不多。三眠起至大眠，每扁日需葉三四觔。大眠起前後數日，需葉四五觔。中間最多食者三日，每扁日需葉八九觔。每錢蠶花到老，約食葉一百六七十觔，以葉條計，則三百觔左右。若能多食更好，多吃一口葉，多吐一口絲，未有爲其事而無其功者也。

又 飼蠶説第六條

蠶得暖氣而生，不盡憑雷聲也，多在清明前後，未及時，切勿開視，恐感人氣而出，無葉可飼。當清明前後，桑已吐葉，然後開視，驗其子色變灰白者，次日必出。俟其出過半，先將桑葉切極細，攤於潔白紙上，然後用鴨毛輕輕掃下，鋪勻連紙，置於簇箕，再加葉絲一層，紙上標記，曰時種類。其後出者，另置一箕，不可混雜。初生不妨遲飼。天氣晴和，每日夜可付葉三、四次，陰雨差減。最要者五更一次付葉，宜稍厚，以下數眠皆然，其餘付葉宜薄。蠶子出至第三日，於巳午未時，將蠶叢翻一層，去其舊葉，如厚再翻一層，舊葉盡去，乃付葉絲，自此可漸加葉，日飼四五次，亦宜薄。至第五、六日，則將眠矣，付葉尤宜薄。第七、八日，視蠶頭微白，嘴有尖，不復食者，此初眠也，糝糠蠶身，眠未齊者，蓋網撒葉引之，移置他器。已眠者，將原箕安置勿動，隔一日半視之，色微黃，嘴微潤，則起矣，勿急付葉，必視無一眠者，乃糝糠，蓋網撒葉，移置他箕，此時食葉漸多，蠶糞漸厚，蠶箕須隔日一易。初眠甫起，先薄飼一次，以下每日夜可飼五、六次，每日要易箕。由初生箕至十四日，約將二眠矣。要看天氣寒暖，蠶身強弱，無一定，七日者，大約天暖蠶強，其眠起必速。天寒蠶弱，其眠起必遲。凡眠一次，則蠶嘴潤一次，皮寬一次。二眠以後，當以大蠶扁分之。扁須一日一易，一日夜只可薄飼四、五次，自此隨日加增。至十九日、二十日，每日夜可飼七八次。二十一日，復將眠矣。候其色益白，又分扁易器，以細葉頻飼。眠齊則住食。三眠有一日半之久，此後篩糠易器，須用六分眼大網蓋之。三眠齊起，先飼切葉三四次，以後但去其枝，不用切葉。惟桑椹要去，不去則蠶食必醉。此時看蠶宜勤，付葉宜緊，日間約五六次。天冷食葉稍緩，只付五次。夜則初更一次，三更一次，五更一次，天亮一次。如是四五日，則大眠矣。大眠狀，與初、二、三眠同。惟眠時身欲曲不欲直，首尾欲仰不欲垂。其未眠者，移置他扁，仍付以葉，食足自眠。已眠者，原扁安置，不可動搖。俟其起齊，付葉加勤加厚，不論次數。如是五六日，蠶已老矣。審其蠶身肥嘴小，絲明亮，此欲作繭之候也。擇其昂頭不食，走欲向外者，拾上蠶山。但上山不宜太早，太早必多停山。養蠶者，當是時晝夜輪流看守，勿惜工費。更能於眠起時，留心撿點，凡有在葉上掉頭不食，若有所苦者，其蠶皮色青，謂之青頭。蠶有光如油者，謂之油蠶，皆壞蠶也，當去之，毋使擾害他蠶。有蠶身短而節深，足下白水出者，謂之膿蠶；有蠶身腫脹，不成繭而斃者，謂之腫蠶；有蠶身小，而頭微紅者，謂之縛通蠶；有蠶身粉白，其節不能轉青者，謂之白軟蠶，皆病蠶也，當去之，毋使沾染他蠶。有蠶尾尖僵有毛者，謂之老蠶，至死不作繭；有在扁如浮雲者，謂之雲頭蠶，以及瘦身蠶、閉尾蠶、起縮蠶、空頭蠶，皆廢蠶也，當去之，毋使糜費而曠工。至於眠起易噐，有不能穿網而上者，謂之濕底蠶，此弱蠶也，當另飼之，毋使強者奪其食。以上諸蠶，須用顯微鏡照之，以蠶筋一一細撿，留其蠶身壯健易飼者，庶費廉工省，事半功倍。每四、五百蠶，可作繭一觔，每繭一觔，可抽淨絲一兩七八錢，每一人之力，可飼十扁。頭蠶三十餘日，二蠶則二十餘日，推之三、四蠶，不過數月工夫，數口之家，以兩人飼蠶，婦孺帮助，亦足以敷家計矣。

又《蠶桑條説・平利縣王學官鎮西述呈蠶桑簡易説十九條》

飼蠶避忌之法

忌寒忌風，西北風更甚。忌潮溼，及身下之糞葉。忌葱氣，忌薤蒜氣。忌油燈將滅之氣，桐油燈更甚。忌一切臭腥穢氣。忌雀，忌鼠，忌蒼蠅。

清 盧燮宸《粤中蠶桑芻言・養蠶事宜條列》 喂食忌 凡濕葉及枯葉，均不宜飼蠶。如遇連日淫雨，亦必用净布或净棉，將葉抹乾，方可與食。倘食過濕葉，老來必成氣水蠶，不結繭。食過枯葉，則頭大腹結尾尖也。如遇落霧，及落黄沙，須將門窗緊閉，是日所摘之葉，宜以水洗過晾乾，乃可用。否則食過霧葉，老來必成白肚蠶，其肚白水流出，沾在好蠶身上，亦死。食過黄沙葉，必多脹死。桑葉疊積，最易發熱而生氣水。故桑經挑回，即宜開圍，將葉抖鬆。若食過氣水葉，亦成白肚也。桑地如初澆糞，其葉必鹹，不可遽用。若食過鹹葉，必成黑頭，鹹重即死，鹹輕亦變肥青，不肯眠，故忌之。

再者，喂葉失時，蠶即受飢，做成飢病，老來必成白頭，蠶不結繭。

清 吕廣文《蠶桑要言・育蠶法》

備葉

備葉，視蠶子之多少，蠶子以於潛縣紙一張爲一兩。自初生飼至大眠，須有用老葉（立夏前後三日，桑葉大足，爲老葉。）五百斤，可摘之園，摘飼其斤兩，則須折算，飼初生之烏毛蠶。（初生之蠶，脱殼而出，蠶極小，色烏，有毛，故曰烏毛蠶。）其時葉亦甚小，核以老葉，因□數十倍算，以後葉漸大，倍數亦漸減。飼至將近大眠時候，自初生作數十倍算起，漸減至此時，作一二倍算而止。如摘飼一斤，作一倍算，則作葉二斤，作兩倍算，即作葉三斤也。如遇上等蠶花，約須積算至五百斤左右，而蠶乃大眠，此皆謂之小口葉。自大眠起，來飼至蠶熟上山。

又 飼蠶

飼蠶一回，新嵊間謂一鋪。蓋取以葉鋪上之意也，婦女誤讀鋪字爲去聲。平常天氣，日間約飼五六鋪。夜則黄昏一鋪，後半夜一鋪。亦有後半夜不起來，於二更時厚飼一鋪，寢至黎明時，始起飼者。蠶小飼葉絲，飼初生之蠶，絲須剪得極細，以半分闊爲度。以後蠶身漸長大，絲亦漸粗。至四眠起時，則將其葉剪三刀，曰：三刀葉。飼過三鋪後，則不必剪，可用原片原枝之葉飼之。飼法，無論葉絲、原葉，均須攤得極勻，無厚薄，斯不至饑飽不均，眠時及上山時，致有參差遲速之弊。又接飼不妨稍緩，不可過急，看蠶選筴中葉已食盡，爲蠶渴，渴則接飼。但渴與不渴，生手甚難辨別。蓋以葉攤飼，無多時刻，蠶羣行立葉上，其嘴向下食之，爾時筴中，已見蠶，而不見葉。生手誤爲食盡，即接飼蠶，則棄其前飼之葉而不食，復行在後飼葉上而食矣，謂之『踏青飼』。每次若使踏青葉之蹧蹋，必去其十之二三。蓋蠶即將葉食渴，稍遲一兩刻及半時辰接飼之，亦屬無害，但不過養蠶日期拖延而已，而葉則較省。要之，以繭繅絲，或台可開竈賣與商，遲早一轍，養期拖延，亦無妨也。此次勸辦蠶桑，務使多獲花利，人始欣喜而風得盛行。若使生手將葉蹧蹋，則用葉多而獲繭少，此中大有關係。故於踏青飼之蹧蹋，桑葉辨之特詳。

清 沈練，仲學輅輯補《廣蠶桑説輯補》卷下《飼蠶法六十六條》

稱蠶花説一條以下總論

飼蠶者，須度量自家桑葉之多寡。初生之蠶，謂之蠶花。蠶花落紙時，便須以戥秤稱之。蓋蠶花一錢，飼之得法，約可得大眠五六斤。統前後計之，須食葉百三四十斤，不可於收蠶花時一味貪多。

稱蠶花之法，先將蠶布稱准，至蠶落紙後，取蠶布再稱之，則蠶花之分兩曉然矣。竟以蠶花置戥秤盤中，恐其畏冷。《蠶桑輯要》曰：烏重一錢為一筐；出火以二十四兩或二十兩為一筐；大眠以六斤或五斤為一筐。

又 雜説九條

一、桑渣、蠶砂，皆非棄物，設土窖儲之，而浸之以水。俟其腐爛，取以糞田，極肥，糞桑亦極肥。

一、蠶最為鼠所喜食，飼蠶者不可無猫。

按無猫之家，每以泥塑假猫，外加粉飾，置蠶室中，以嚇鼠。此可暫恃，久則不靈。

一、蠶喜靜而惡鬧，勿任人喧嚷其旁。

一、蠶忌香，醋瓶、酒甕、藥罏，及一切有香氣之物，勿使近。蠶婦勿佩香囊。

一、蠶忌烟，吸烟者向蠶吐之，蠶口立流黄水。

一、蠶忌油漆，勿於飼蠶處，油漆器具。

一、襯蠶慎勿以字紙。

一、栽桑原以飼蠶，然不飼蠶而栽桑，亦未始非計也。栽桑百株，成陰後，可得葉二三十石，以平價計之，每石五六百文，其所獲利已不薄矣。

《蠶桑輯要》曰：植桑救窮，亦要三年方有微利。○桑之大利，總以十年為期，育蠶利倍。

一、蠶多而桑葉不足者，須約計其所缺之數，先時買定，并言明立夏後幾日剪采。早則立夏三日後，遲則立夏五日後。不先言明，恐買者欲早，賣者欲遲，易滋口舌。蓋桑之貴賤，最難逆料，先時買定，必平價也。

飼蠶者，不可專望其賤而不買，宜知有貴至二三千文一石時。栽桑者，不可專望其貴而不賣，宜知有賤至百十文一石時。

清 沈練，仲學輅輯補，章震福校訂《廣蠶桑説輯補校訂》卷一《桑老補種説一條》

按，葉上有泥點者，俗名泥葉。如忙時不及擦淨，棄之可惜，養蠶者不妨帶養泥蠶，令食泥葉。泥蠶者，蠶之一類，二種眠起皆同，依後飼蠶法飼之。

清 盛宣懷輯《蠶桑備要·原性治病》 低桑放葉較早，於采小葉者最宜。但去地近，驟雨，葉上必有泥點，須拭盡，方可飼蠶。栽桑原以飼蠶，即不飼蠶，亦未始非計。栽桑百株，成陰後，可得葉二三十石，以平價計之，每石五六百文，獲利已不薄矣。野桑雖亦可飼蠶，然葉薄而小，且易癟，不如家桑。柘亦可飼蠶，但較堅厚，小蠶不能食。桑葉缺少，可於三眠開口時，令食柘葉兩三次，大眠開口時，令食柘葉五六次，則省桑葉矣。必於開口時者，柘之味不及桑，既食桑葉，必不可再食柘也。大眠起後，先飼以柘葉，其絲乃韌而有光。凡葉少時，以白米粉糝葉上飼之，絲更光白而韌。又秋葉未落時，采完好者，曬爲細末，留置暖處。飼蠶時遇雨葉溼，則以乾葉末糝之，均其水氣，兼易飽難飢，省葉也。

清 吴錫璋《蠶桑新論·論給桑之關繫第九》

蠶兒初起時，口唇未黑色，尚嫩黄，此際切勿飼桑。須待皮膚老厚，然後放葉。惟時期不得過五十時按一日夜二十四時，且初起時，飼葉不宜過多。多則殘葉一次積厚，則次次不能薄矣。又飼蠶給葉宜均，必須處處顧到，一無厚薄之殊。庶幾至眠熟之期，罔不整齊一律，而無先後之分，此亦育蠶之要則，斷乎不能草草。

清　吴作鏌、倪紹雯、劉安欽《蠶桑速成捷法・蠶絲業普及捷法》第二章《養蠶捷法》

貯桑室　在專防桑葉之蒸熱、醱酵、萎涸等爲目的，無論春夏秋，皆有好葉飼蠶。縱使連雨二三日，亦可豫儲其葉以供給，而無濕葉飼蠶，及絕養之害。

又　給桑　蠶之不可一日無桑，猶人之不可一日無米麥也。桑外雖有他種，可以飼蠶，究不若桑葉之滋養。然給之當否，大有關于利害。因表列于左。

蠶齡	一日給桑之回數		
一齡	八回	午前四時七時十時	午後一時三時五齡八時十二時
二齡	七回	午前四時八時十一時	午後二時五時八時十一時
三齡	六回	午前五時九時十二時	午後三時七時十一時
四齡	六回	午前五時九時十二時	午後三時七時十一時
五齡	五回	午前五時十時	午後二時六時十一時

然每齡每回以若干爲宜乎？此雖依蠶之種類、氣候之乾濕，稍有差異，然有標準，以爲之加減，亦不甚遠，宜就有經驗之人作一標準表，按加減之法。（一）在天氣乾燥時，蠶兒食慾旺盛，所給葉皆食盡無餘，蠶沙亦乾硬，蠶皆揚頭瞻望，如求食狀，則日中宜加桑一回。（二）在天氣潤濕時，則食桑不盡，餘殘太多，蝀沙亦潤濕，則當延遲其給桑，而約減一回，或照標準表減其分量。如乾濕合宜以手探蝀沙，如新出絲菸様，則務必依標準表爲是，切桑分寸可以蠶體之大小爲準。但眠後初起之際，蠶兒食慾不旺，若切之過大，則生蠶座濕潤之弊，須擇嫩葉稍切細以給之。切葉有爲方形者，有爲長方形者。大抵方形者，給桑易于平均，且便于作業；長方形易于乾燥，於蠶座潤濕時爲宜。若至四齡以後，儘用全葉爲可。凡病桑、泥桑、毒桑、腐爛桑、萎桑皆宜棄之。至于桑花、雨葉，雖無害，總不用之爲宜。凡桑之葉柄，勿混于切葉之內。凡給桑須平均，無有厚薄，或依切桑分寸作桑篩給之尤便。四川嘉定府地方多以柘葉飼一、二、三齡。經日本理學博士佐佐木忠次郎研究，謂與桑葉無異。若以之飼四、五齡蠶，且可以免蛆害，云我國人勿輕視此物也。又我國魯桑滋養分最足，惟多給之，蠶兒食之不盡，致使蠶座變濕而有害，須依標準表分量，則其利甚大。

又　分箔　蠶兒由孵化之初，至五齡之終，體積約增一萬倍大，故必漸次分箔，乃能適于發育。法：先於別箔蠶席上，量定所要面積若干尺，薄鋪籾糖，即移蠶而置于此。

清　楊蔚本《養蠶説》《皇朝蓄艾文編》卷二〇　分箔　第三日微帶燠，薄揭蟻，布滿一箔，抬頭眠薄帶沙燠，揭蠶布滿二箔，次日飽食，布三箔。抬停眠布六箔，次日飽食，布十二箔。抬大眠，布二十五箔。眠齊落蓐，布三十箔。大約蟻一錢，老可一箔，箔長一丈二尺席也。蠶多宜分，沙厚須擡。分免稠疊，擡免濕蒸。故宜頻，小而分，大而擡。切不可高抛遠擲。蠶喜潔，蠶母不食葱韮，不近孝家，醉後不可擡蠶，一切污惡宜忌。臘月內將收桑葉，磨麪，拌新葉飼蠶。又臘入新水，浸菉荳，晒乾。又浄淘白米，控乾。每箔半升，均磨麪。大眠起，拌葉飼蠶。

清　姚紹《南海縣蠶業調查報告・桑部》　蠶時期桑葉調治法　飼蠶之桑用法分兩時，毛眠初出時，則切桑飼之，其細如髮。自二眠後至大眠，均用整葉。

清　葉向榮《蠶桑説・蠶桑輯要・移栽剪桑法》

約五六年，至立夏後開剪，連枝葉盡行剪下飼蠶。剪至數年，桑成拳式，八九十拳不等，謂之拳桑。拳之大者，可留三四五條不等。次年立夏，又將拳處剪下飼蠶。連枝葉剪下者，一則省工，再恐有雨溼，須倒懸於通風處，一時即乾，即可飼蠶矣。

又《蠶桑雜記》

蠶頭二眠時，葉薄易萎，用葉不多。采回之葉，收於小缸之內，缸底用筲箕，缸上覆布。葉要放空，實則生熱。缸底易於生水，墊以筲箕，不致溼水粘葉，蠶純陽惡水。又不可無水，葉乾生火，火甚蠶紅，則瘟。蠶到三四眠後，食葉日多。葉可置於無風屋內，地鋪蘆席，將葉打成壟子，不致生熱。晨采日飼，晚采夜飼。大眠後，飼葉要堆至四寸許。蠶頭要密，食葉快，食葉鮮，食盡再飼。更鼓時飼一頓，可以臥寐，二時復起再飼，蠶不受餓，人亦省功。

又　拳桑葉茂，難免偷扯，亦可剪下飼蠶。

清　葉向榮《農林蠶説・飼蠶法》

用小蠶架將蠶扁架好，以沾煖氣，切不可盖遏受溼，致生病患。養蠶務要冷煖得宜，冷則長遲，熱則焦躁。天寒時不可驟熱，當漸漸益火，寒而驟煖，則生黄輭等疾。煖不可驟加風凉，當漸漸開窗，煖而驟凉，則變白殭，又正煖時猛著寒。

又 初飼蠶葉，桑宜旋摘，利刀細切。切葉宜先洒手一次，一日夜可飼葉五六次，俟葉盡再飼，葉不宜過厚，要稀勻得宜。飼後，將蟻置之帳内，以避風寒。

清 豫山《蠶桑輯要略編・養蠶法》 飼蠶 初飼蠶桑，葉宜旋摘，細切。一日夜可飼五六次，葉盡再飼，葉要稀勻得宜。飼後將蟻置之帳内，以避風寒。用小架將蠶扁架好，以沾暖氣，切不可盖遏受濕，致生病患。天氣晴暖，蟻出七日，即當初眠。將眠之時，飼葉宜薄宜頻，一日夜可添至七八頓。眠時落後者，尤宜勤飼，令其速眠。如頭見微白，約長二分餘，昂頭不食，漸藏葉下，即暫停飼，切勿翻動。第八日，蠶脱殼盡起，或用陳土甎研極細，或用米糠煨焦存性，輕糁蠶身，最能收濕。二三眠後，亦如之。眠後初起，不可多飼，多則傷食病死，且飼宜稍緩，則眠起同時，成繭不至參前落後。二三眠後，亦如之。蠶身漸長漸多，分移曲箔，謂之『擡蠶』，二三日一次，攤開令稀，掃去蠶糞、乾葉，以利其氣。蠶身漸大，擡數愈勤，勿使受濕熱，有傷蠶性。初眠後七日而再眠，又七日而三眠，停飼俱如初眠時。三眠蠶長寸許，南中呼爲『大眠』，食葉有聲如雨，投葉立盡，不論頓數，須要急飼，不可一刻間斷。夜則然燈照之，應飼之葉，先期預備，南中謂之『催老蠶』，則舉家忙也。若二十五日而老，一箔可得絲二十五兩；二十八日而老，得絲二十兩；月餘而老，只得絲十餘兩。至身肥嘴小，絲喉漸亮，即蠶老時也。飼之宜薄宜頻，亦宜温暖，不過兩三日，便上簇矣。凡飼蠶三眠以前，用翦葉飼之；三眠以後，用條桑葉飼之，以蠶已肥大，宜透氣也。

清 張行孚《蠶事要略・換箔總括》 凡蠶初生，箔小如篩，至蠶漸大，須以圓徑四尺之箔換之此箔，湖俗謂之團匾，以竹為之。換時，蠶宜勻布，若嫌稠密，須更以箔換之蓋太稠，則熱氣致患。團匾多須以蠶具架之蠶具用木為之。至大眠後，若蠶太多，團匾不能容，即地上、樓上俱可鋪稻草，以安蠶湖俗謂之下地蠶，但房室極宜潔净，又須遮蔽，惟西南風起，將門窗簾薦放下，不宜替換。

清 鄭愷《飼蠶新法・分箔即擴座》 分箔者，使蠶座寛大之意。蓋蠶自蟻至極大時，有萬倍之成長，故擴座之法不可少。當擴座之先，須散布礱糠，將四隅集中央，用羽箒與左手攪拌，待蠶沙悉分離，再移於別箔，以擴大其坪數。在蟻蠶時，其體甚小，恐防失去，尤宜注意。各齡擴座之數，仍依前之坪數標準表。

清 朱祖榮《蠶桑答問》卷上《荆桑飼蠶第十五》 問曰：『飼蠶自以湖桑爲良，荆桑亦可間飼否？』

答曰：『湖桑飼蠶，其絲光澤而少堅韌，亦可斟酌栽荆桑樹，於大眠後取葉間飼之，其絲則韌而有光矣。或謂飼以湖桑，即不能飼以荆桑者，非。』

清 莊景仲《養蠶必讀》卷上第五章《飼養》 《務本新書》曰：『蠶必晝夜飼，頓數多者，蠶必速老，少者遲老。二十五日老，一箔可得絲二十五兩。二十八日老，得絲二十兩。若月餘或四十日者，一箔只得絲十餘兩。此係長一丈，廣二尺之箔。飼蠶者慎勿貪眠，以懶爲累。每飼蠶後，宜繞箔看一遍，飼葉要勻。若值陰雨天寒，比及飼蠶，先用乾桑葉，或去葉稈草一把，點火，繞箔照過，逼出寒溼之氣，然後飼之，則蠶不生病。至眠起程度候十分眠，纔可住食。至十分起，方可投食。若八九分起，便投葉飼之，直到老都不齊，又多損失。』

又 第七章《擡蠶法》 《務本新書》曰：『大眠起燠，宜頻除，蠶宜頻飼。或西南風起，將門窗簾薦放下，此際不宜擡解。箔上布蠶，須相去一指，布蠶一個，取臘月所藏綠豆，水浸，微生芽，晒乾，磨作細粉，第四、五頓投食，拌葉勻飼，解蠶熱毒，絲多易繰，堅韌有色。如葉少，去秋所收桑葉，擣爲末，水洒新葉微濕，摻末拌勻，接鬭飼蠶，此本食之物亦佳。』

又 第十二章《雜記》 《務本新書》曰：『臘八日，新水浸綠豆每箔約半升，薄攤晒乾，又淨淘白米每箔亦約半升，晒乾。以上二物，皆於陰次收頓，以備大眠起後，拌葉飼蠶。』

又 卷下第二章《病原》 繭之生蛆者，不問繭之品質如何，結繭後，越旬日而尚不殺蛹，皆各破繭穿孔而出，一似蛹變爲蛆者。然詳察之則否，其禍根遠在桑葉也。蓋蠅子飛翔桑樹間，產卵於葉，而人摘以飼蠶，其卵孵化於蠶體，而漸生長，及蠶化爲蛹，則破蛹及繭，匍出於外也。此蛆降蠶棚至牀板，落於地面，而入土中，以越年焉，翌春再爲蠅，產卵於桑如前。故審檢桑葉，而去除蠅蟻，則必無生蛆之虞矣。

又 預防蛆害法，選擇桑園，且飼蠶用適度之火力爲最要，無他便法焉。

清 帥念祖《蠶政編・繅絲法》 飼蠶之法，必晝夜無間，頓數多，則蠶疾老；頓數少，則蠶遲老。古人云『養蠶無巧，食到便老』。若慇懃布葉，按時飼養，蠶室溫暖，不惟繭堅多絲，亦且省葉絲韌。若一怠惰，或饑飽不勻，緊漫不齊，寒熱不均，不惟繭薄絲少，亦且費葉絲腐。若蠶二十五日而老，一箔可得絲二十五兩；二十八日而老，一箔可得絲二十兩；若月餘或四十日而老，一箔只得絲十餘兩。飼蠶者慎勿貪睡，以致功廢於半途，事雖一月，其實要緊只在大眠後七日，受此七日辛苦，即獲一歲之利矣。

紀事

清 周凱《種桑詩説》《皇朝經世文編》卷三七 襄之民果從余種桑矣，三年而桑茂，十年而桑大茂。而余又慮其飼蠶之未善也，附飼蠶法。

清 馮曉青《馮曉青大令調查順德蠶業陳粤督稟兼説帖》《農學報》第二百四十五期 竊卑職等擬赴順德考驗蠶桑，前具説帖奉 批示，所論甚是，應准前往等因。即於初一日附輪前往，至順德登岸，彌望桑田，無尺寸曠土，即屋角籬頭，亦多栽徧。行至一村落，名葛岸鄉，烟戶祗百數十家，有繅絲廠四，其牌號美綸昌、廣興綸兩廠。每廠各有五百盆，每盆用女工一人。又牌號瑞和綸、廣和成兩廠，每廠各有四百五十盆。此外，尚有脚踏機數家。此鄉豐饒之象，比戶皆是。據稱順德一屬，共計繅絲百數十廠，每廠均四五百盆，統算歲得絲價千數百萬兩，是以家給人足，富庶勝于他縣。凡自三月至九月，月可養蠶，無論男女老幼皆萃力于此。十月後，桑田又可加種菜蔬，可謂地無遺利，民無餘力矣。桑如五穀，無土不宜，而于粤省爲尤勝，此固江浙所不及，亦歐洲所未聞。考意大利講求蠶桑最精，每年亦祇于四月務蠶一次，若須養第二次，熱度尚可以，人事伸縮，而桑葉不足飼養，此粤省獨得天時之勝。惟歲養蠶八次，每有一二次遇蠶受病，致失利益。此其美中不足者，實因未考究歐洲養蠶之法。若精求西法，擇蠶子，定熱度，一切飼蠶之要，究其根原，自能百不失一，獲利更覺充裕。惟凡事先求易處起手，庶可望其樂從。聞南海、香山、東莞各屬風氣亦漸開，擬請大帥通飭未有蠶桑之各州縣，選男婦之勤而良者各數人，分班至順德地方，男則考究栽桑，不過費數日之力，婦則考究飼繅，亦不過一月之功，令其各備川資前往。此費須由地方官會同紳士籌給，幷飭順德縣向栽桑飼蠶之家及各絲廠議明盡法教道，就其隣近租屋居住，使各屬男婦均知蠶桑之利，再令購脚踏機繅絲，每張僅需洋四圓，尤民力所易爲。一二年間各屬均得蠶桑之利，然後再進以西法。又恐大利一興，民間將盡有稻田而改種桑，蓋種桑費力少而獲利多，種稻工本重而獲利輕，小民惟利是圖，罔知顧慮，水旱無常，一旦歉收，本地既無蓄積，外省又將閉糴，將何以救之。現擬先將各屬荒蕪之地儘數種桑，次及向有之稻田祗准種桑一半，其一半仍行種稻，是又在各州縣籌畫盡善，著爲法令，民間衣食之源不得不兼籌幷顧。卑職等管見所及是否有當，伏乞 鈞奪。

藝文

清 崔應榴彙纂，錢馥補輯《蠶事統紀》卷一七《分箔》 三眠三起餘，飽葉蠶局促。眾多旋分箔，早晚碓滿屋。郊原過新雨，桑柘添濃綠。竹間快活吟，慚愧麥飽熟。

又《采桑》 種桑須種儂屋邊，儂行采桑近且便。提籠早早又暮暮，不須南陌還東阡。日間飼蠶采猶易，夜行畏露另涓涓。良人爲我購竹蔀，薄暮挑取盈窗前。何待更深復外出，愛儂情重儂亦鄰。所愁蠶多葉復少，不堪無葉徧無錢。郤喜今朝蠶不食，滿筐滿箔齊三眠。拔釵付郎去秒葉，天明餉食難稽延。

又《飼蠶》 蠶飢蠶飽不可過，早起飼蠶何敢惰。只愁飢後斷絲腸，那顧女啼與兒餓。辛勤更是小時難，葉溼宜揩大宜剉。盼到今朝捉大眠，帶葉連枝滿筐籢。所恨連朝風霧深，照料稍疏又囊破。竟晝繇宵那得閒，幸是兒夫肯儂佐。葉乾葉溼要關心，與少與多莫相左。夜間飼罷且偷閒，和衣暫向牀頭臥。

清 沈炳震《蠶桑樂府》 初眠二眠蠶如毛，飼蠶切葉嗟勞勞。辛勤半月蠶出火，帶葉連枝亦已可。小時食葉葉須乾，露中采得當風懸。大眠餉後葉可濕，清泉細灑明珠圓。葉乾葉濕各有宜，第一難防侵曉時。晚來黑雲忽四布，明朝定是漫天霧。摘蔬芼羹罷晚餐，結伴提燈連夜翦。我儂辛苦自不免，隨人更復勞黃犬。

又《采桑》 舍南舍北皆栽桑，千株萬株繞屋旁。蠶多葉少行且盡，南塍一棱還蒼蒼。明朝欲眠蠶食急，屋裏空虛已無葉。還須更采早作計，莫待更深嘆無繼。盈籠采得負荷來，倏看墻角青成堆。婦姑飼蠶心手忙，縱橫重疊鋪之筐。忽聞堂前兒作鬧，葉裏悲號正難料。提燈問兒兒不言，但見紫葚盈階翻。

又《蠶桑樂府・擇繭》 堂前作竈排絲車，室中擇繭煩鄰家。同功推出各裁別，綿繭烏頭喜盡絶。更留黄繭作絲縛，餘外一色眞如雪。飼蠶哺兒日夜忙，一覺安眠寧可望。今朝擇繭方静坐，懵騰睡思正初長。不是鄰姑言語妙，那得消閒同一笑。回頭更憶少年時，倏忽風光去若馳。垂髫已有嬌痴女，偷眼還將白繭取。翦虎鏤花過端午。

清 董恂《南潯蠶桑樂府・秒葉》 樹桑墻下地不多，蠶食不足如葉何？鄰翁明日向烏戍，顧語夫婿無蹉跎。葉行早晚價不一，秒遲秒早宜猜摩。清明插柳妾曾卜，今年平穩非有他。但願初貴后時賤，彼做葉者空婆娑。當其貴時儂有葉，墻陰屋角枝猗難，待至蠶長葉已賤，葉船兩兩門前過。百斤亦只值錢百，剪刀聲里多歡歌。

清 董蠡舟《南潯蠶桑樂府・飼蠶》 終朝銼斫費摒擋，藁砧束作明月樣。絲絲青葉如牛毛，細意攝切何辭勞。浹辰之間眠過二，眠起便將完葉飼。盼到幾時纔出火，連枝喂食無不可。只愁霧雨氣鬱蒸，檐前風戾懸長繩。小蠶惡濕大宜潤，手瀹寒泉細噴噀。切飢未怨朝食遲，生怕蠶飢寧我飢。蠶飢便恐絲腸斷，未敢片時少稽緩。一宵四起黎明興，阿母年邁猶能勝。回眸一笑呼小妹，鋪筐來了垂頭睡。

又《采桑》 一片碧雲籠四野，戴鵟聲中見桑者。儂家有地十畝寬，半在陌頭半墻下。郎憐儂是新嫁娘，嬌羞尚怯遵微行。顧語小姑汝予助，同向南塍采桑去。宿葉未盡蠶未飢，偷閒偶啓白板扉。家家閉戶寂如水，拾葚畦邊嘩稚子。緑陰陰地聞翦聲，林中到處桑梯倚。須臾夫婿負蔀歸，堆來滿地青玉肥。只願吾蠶食葉速，遠采不辭勞僕僕。默思地窄葉無多，飼到上山恐不足。保得安全過大眠，典却金釵開葉船。

清 王槐《養蠶行》《清詩鐸》卷七《蠶桑》 吳興徧地皆種桑，家家四月飼蠶忙。陰陽災沴傷草木，桑樹雖多葉不足。葉不足，蠶苦飢，無力作繭抽新絲。絲少賦多難稱貸，賣絲更把桑葉賣。胥吏門前爭叫呼，翩翩春服何其都。君不見，輕紈細綺白如雪，寸寸蠶娘眼中血。

清 周凱《種桑十二詠》《清詩鐸》卷七《蠶桑》

禁再采初桑葉肥嫩，可飼蠶。二葉澀，飼蠶作絲，僅可爲絃。《周禮》『禁原蠶』：再蠶，恐妨馬也。

隰桑葉有儺，童童望如蓋。云是采後生，飼蠶亦何害。無乃味苦澀，吐絲恐不類。況復蠶與馬，應星不兩大。

又《飼蠶十二詠》《清詩鐸》卷七

分箔二眠後，蠶漸大，卽宜分箔。諺云：『曲植筥筐。』曲，箔也，植卽蠶槌，以架箔也。筥，圓器；筐，方器。竹葦皆可編，架高去地三尺許，下可炙火，自下而上，五六層。蠶至大起，視其食葉稍減，中有瑩光者，置一箔，以便先上簇也。俗謂起娘，以其先熟也。

先蠶著箔上，相之具苦心《漢書・藝文志》有《相蠶經》一卷。昂昂青鵶背，小大毋相侵。筥圓而筐方，位置深房深。分藏待上簇，中有帛與金。

清 高其垣《試行蠶桑説・勸蠶歌》 其垣爲閩令，念閩省地瘠民貧，薄於生計，思爲開無窮之利。著試行蠶桑説，上之大府。捐貲購地於井樓門外，蒔桑六千餘株，其秧由浙運至。道光末，陳中丞慶偕開藩來閩，頒其説於郡縣，令省垣設局，飼蠶勸民。其垣又於浙買運桑秧三千餘萬株，分給布種，且募浙之善飼蠶者至閩傳授，前後捐重貲，力任其事，不爲浮議動，作歌紀之。

我本浙中人，曾作閩中吏。身自田間來，且説田間事。江南二三月，牀頭蠶種發。家家皆飼蠶，正值清明節。節當春風香，女兒爭採桑。靑靑柔桑葉，恰恰連宵忙。全家夜來苦，但願蠶絲吐。二眠至大眠，上山猶閉聲。作繭方告成，堂前繅車鳴。繅車聲轆轆，賣絲錢滿橐。不畏吏催租，沽酒街前酌。女兒藏餘絲，留作嫁時衣。一月雖辛苦，一歲休愁飢。浙中利若此，閩中風土似。城外半膏腴，種桑可千株。我今買桑樹，復購繅絲具。蠶師愁無人，家鄉急覓去。轉瞬春風市上譁，偏栽桑樹如栽花。秋燈門巷鳴機杼，富擬湖州百萬家。

雜録

《太平廣記》卷五九《園客妻》 園客妻，神女也。園客者，濟陰人也，美姿貌而良，邑人多欲以女妻之，客終不娶。常種五色香草，積數十年，服食其實，忽有五色蛾集香草上，客收而薦之以布，生華蠶焉。至蠶出時，有一女自來助客養蠶，亦以香草飼之。蠶壯得繭百三十枚，繭大如甕，每一繭繰六七日乃盡。繰訖，此女與園客俱去。濟陰今有華蠶祠焉。出《女仙傳》

清 郝懿行《寶訓》卷三《蠶桑》《士農必用》：至臘月内，搗磨成麵。臘月内製者，能消蠶熱病。瓮器内可多收飼蠶，餘剩作牛料，牛甚美食。

清 全祖望《禁原蠶説》《皇朝經世文編》卷五五 《周禮·夏官》『馬質，禁原蠶』，鄭康成謂：『天駟主蠶，蠶與馬同氣，物莫能兩大。禁原蠶者，懼其傷馬。』臨川李詹事嘗語予曰：『此最漢儒不經之談，吾嘗試之矣。一院之中飼蠶於東，秣馬於西，曾不見其傷也。』

清 莊景仲《養蠶必讀》卷上第十二章《雜記》 又曰：『深秋桑葉未黄，多廣收拾，曝乾搗碎，於無烟火處收頓。春蠶大眠後，拌新葉飼蠶，以備蠶盛桑少之用。』

又曰：『臘月刈茅草作蠶薦，則宜蠶。』

圖表

清 福州試辨蠶桑公學《飼蠶淺説》

第一齡給桑容扁表以蟻一錢計

日數	四點	七點	十點	一點	三點	五點	八點	十一點	共計	切葉	容扁
一日			二錢五分	二錢	二錢	二錢	二錢	二錢五分	一兩三錢	八釐	一尺
二日	二錢五分	二錢五分	二錢五分	三錢	三錢	三錢	三錢	三錢五分	二兩三錢	八釐	一尺五寸
三日	三錢五分	三錢五分	四錢	四錢	四錢五分	五錢	五錢	五錢五分	三兩五錢	一分	二尺
四日	五錢五分	五錢五分	六錢	六錢	六錢五分	七錢	七錢	七錢五分	五兩一錢	一分	三尺
五日	七錢五分	七錢五分	七錢五分	八錢	八錢	九錢	九錢五分	一兩一錢	六兩八錢	一分五釐	四尺
六日	一兩一錢	一兩一錢	一兩二錢	一兩二錢	一兩一錢	一兩	九錢	一兩	八兩六錢	一分	四尺
七日	九錢	八錢	七錢						二兩四錢	一分	四尺

共計給桑四十九次，重三十兩折合一斤十四兩。

第二齡給桑容扁表以蟻一錢計

日數	四點	八點	十一點	二點	五點	八點	十一點	共計	切葉	容扁
一日	九錢	九錢	一兩一錢	一兩一錢	一兩二錢	一兩二錢	一兩三錢	七兩七錢	一分五釐	六尺
二日	一兩三錢	一兩三錢	一兩四錢	一兩四錢	一兩五錢	一兩六錢	一兩八錢	十兩三錢	一分五釐	六尺
三日	一兩八錢	二兩	二兩五錢	二兩六錢	二兩八錢	二兩八錢	三兩	十七兩五錢	一分五釐	九尺
四日	三兩	三兩六錢	三兩八錢	三兩三錢	三兩	二兩一錢	一兩八錢	二十兩六錢	一分五釐	九尺
五日	一兩五錢	一兩二錢	一兩二錢					三兩九錢	一分五釐	九尺

共計給桑三十一次，重六十兩折合三斤十二兩。

第三齡給桑容扁表以蟻一錢計

日數	五點	九點	十二點	二點半	五點	八點	十一點	共計	切葉	容扁
一日						二兩七錢	三兩三錢	六兩	二分五釐	九尺
二日	三兩三錢	三兩五錢	二兩五錢	四兩	四兩四錢	四兩六錢	五兩	二十八兩三錢	二分五釐	十二尺
三日	五兩	五兩四錢	五兩四錢	六兩	七兩	七兩	八兩四錢	四十四兩二錢	三分五釐	十二尺
四日	九兩	十兩	十兩	十兩	十一兩	十一兩	十二兩	七十三兩	四分五釐	二十四尺
五日	十二兩	十一兩五錢	十一兩	十兩	八兩七錢	七兩	四兩八錢	六十五兩	四分五釐	三十六尺
六日	三兩六錢	三兩六錢	三兩三錢	三兩				十三兩五錢	三分五釐	三十六尺

共給桑三十四次，重二百三十兩折合十四斤六兩。

第四齡給桑容扁表以蟻一錢計

日數	五點	九點	十二點半	四點	八點	十一點	共計	切葉	容扁
一日					九兩	十一兩	二十兩	七分	三十六尺
二日	十二兩	十三兩	十五兩	十八兩	十八兩	十九兩	九十五兩兩	一寸	五十四尺
三日	十九兩	二十兩	二十二兩	二十二兩	二十五兩	二十七兩	一百三十五兩	一寸	五十四尺
四日	二十七兩	二十七兩	三十兩	三十兩	三十兩	三十三兩	一百七十七兩	一寸五分	七十二尺
五日	三十三兩	三十五兩	三十五兩	三十七兩	三十七兩	四十兩	二百十七兩	一寸五分	七十二尺
六日	四十兩	三十八兩	三十二兩	二十八兩	二十五兩	二十兩	一百八十三兩	一寸	七十二尺
七日	十四兩	九兩					二十三兩兩	一寸	七十二尺

共計給桑三十四次，重八百五十兩折合五十三斤二兩。

第五齡給桑容扁表以蟻一錢計

日數	五點	十點	二點	六點	十一點	共計	切葉	容扁
一日				三十六兩	四十兩	七十六兩	三刀	九十尺
二日	四十兩	四十八兩	五十五兩	六十二兩	七十兩	二百七十五兩	三刀	九十尺
三日	六十五兩	六十八兩	七十兩	七十兩	七十五兩	三百四十八兩	三刀	九十尺
四日	七十五兩	七十五兩	七十八兩	八十三兩	九十五兩	四百六兩	二刀	九十尺
五日	九十五兩	一百兩	一百兩	一百十兩	一百二十兩	五百二十五兩	二刀	九十尺
六日	一百二十兩	一百二十兩	一百三十兩	一百三十兩	一百四十兩	六百四十兩	二刀	九十尺
七日	一百四十兩	一百四十兩	一百五十兩	一百六十兩	一百六十兩	七百五十兩	五刀	九十尺
八日	一百五十兩	一百二十兩	九十兩	七十兩	五十兩	四百八十兩	五刀	五刀
九日	四十兩	三十兩	二十兩	十兩		一百兩	五刀	五刀

共計給桑四十一次，重三千六百兩折合二百二十五斤。

五齡合計，給桑百八十九次，重四千七百七十兩折合二百九十八斤二兩。

右表系以萬蠶爲率，飼蠶者計定蠶數多少，照表比例加減，核給桑葉，最爲得中，惟亦不可太拘執，譬如天氣暖而燥，則給葉宜多，天氣冷而濕，則給葉宜少，即桑葉亦各不同，葉硬而水質多者，則次數宜減，葉輭而水質少者，則次數宜加。總而言之，視蠶之食量爲加減，無使不足，亦無使有餘而已。

表中所言給桑之量，系就温度七十一二度，濕度七十八九度時言之。若温濕之度有變，則給葉亦當隨之而變也。

表中尺寸用工部尺，斤兩用庫平，寒暑表度數用華氏。

面積求方邊圓徑表

面積	方邊	圓徑	面積	方邊	圓徑
一尺	一尺	一尺一寸二分	一尺半	一尺二寸二分	一尺三寸八分
二尺	一尺四寸一分	一尺五寸六分	二尺半	一尺五寸八分	一尺八寸七分
三尺	一尺七寸三分	一尺九寸五分	三尺半	一尺八寸七分	二尺一寸四分
四尺	二尺	二尺二寸五分	四尺半	二尺一寸二分	二尺四寸二分
五尺	二尺二寸三分	二尺五寸二分	五尺半	二尺三寸四分	二尺六寸三分
六尺	二尺四寸五分	二尺七寸六分	六尺半	二尺五寸五分	二尺八寸七分
七尺	二尺六寸四分	二尺九寸八分	七尺半	二尺七寸四分	三尺又九分
八尺	二尺八寸三分	三尺二寸五分	八尺半	二尺九寸一分	三尺二寸九分
九尺	三尺	三尺四寸五分	十尺	三尺一寸六分	三尺五寸六分
十一尺	三尺三寸一分	三尺七寸四分	十二尺	三尺四寸三分	三尺九寸二分
十三尺	三尺六寸	四尺又七分	十四尺	三尺七寸四分	四尺二寸二分
十五尺	三尺八寸七分	四尺三寸七分	十六尺	四尺	四尺五寸九分
十七尺	四尺一寸二分	四尺六寸五分	十八尺	四尺二寸四分	四尺七寸五分
十九尺	四尺三寸五分	四尺九寸二分	二十尺	四尺四寸七分	五尺又四分

收蟻

題解

宋 戴侗《六書故》卷一九《鶖》 《説文》曰：離黄，倉庚也。鳴則蠶生，鵹鵹黄也。

宋 陸佃《埤雅》卷九《釋鳥》 戴勝，一名戴鵀，頭上有花毛成勝，故曰戴勝也。

三月飛在桑間，蓋蠶生之候。《月令》所謂『戴勝降于桑』，是也。

清 衛杰《蠶桑萃編》卷三《蠶政・蠶始類》

貴辨名

蠶生卵曰子。子初生曰蟻，亦曰烏，曰蠶花，曰蝸兒子。先出者曰蚍，亦曰報頭。蟻漸大曰蠶，亦曰蟓，曰絲蟲。蠶老吐絲曰繭，亦曰甕，曰蠶衣。

論説

清 江志伊輯《飼蠶法》 計利 凡下蟻一錢，得蠶九千餘頭，飼葉四百觔而老，除去消耗，約得繭八千餘，顆量三斗二升。每繭一升，重十一兩五錢，可繅絲一兩三斗。二升之繭，約得絲三十二兩。畝積弓二百四十一弓，植桑一株，一畝得桑二百四十株，五年採葉，每株至少采葉五觔，應得葉一千二百觔。飼蟻三錢，可得絲九十六兩。若每株采葉十觔，即得絲一百九十二兩。諺有之『十歲之兒，不能養老』。若值桑十畝，十年之後，其獲利何如耶？平陵沈清渠《廣蠶桑說》云：『農家治田百畝，除去錢粮雜費，已少贏餘。倘遇水旱偏災，秋收歉薄，一家數口，迫於飢寒。每見鄉村廬舍，墻陰屋角，隙地甚寬，若能悉以栽桑，勤加培植。數年之後，綠陰如蓋，景致天然。二三月間，天氣融和，田疇未事，丁男子婦，相率采桑飼蠶。不過三四旬之勞，而絲登市矣。』語云：『一季蠶可抵半年糧。』其利豈小補哉！

清 吴鴻望校，袁俊德輯《蠶政萃編・收蟻類》 桑樹計斤 養蠶之家，若不知預先計算，下蟻時一味貪多，後來葉不接濟，蠶必受餓，誤事不小。或桑葉有餓，而人力不眾，房屋不寬，器具不多，則亦未便多養，此養蠶極宜計算也。

綜述

宋 秦觀《蠶書・時食》 蠶生明日，桑或柘葉，風戾以食之。寸二十分，晝夜五食。九日，不食一日一夜，謂之初眠。又七日，再眠如初，既食葉寸十分，晝夜六食，又七日，三眠如再。又七日，若五日，不食二日，謂之大眠。食半葉，晝夜八食，又三日，健食，乃食全葉。晝夜十食，不三日，遂繭。凡眠已初食，布葉勿擲，擲則蠶驚，毋食二葉。

宋 陳旉《農書》卷下《收蠶種之法篇第二》 以無灰白紙藉之，斯出齊矣。先未出時，秤種寫記輕重于紙背，及已出齊，慎勿掃。多見人纔見蠶出，便即以箒刷，或以鷄鵝翎掃之。夫以微渺如絲髮之弱，其能禁箒刷之傷哉？必細切葉，別布白紙上，務令勻薄，却以出苗和紙覆其上，蠶喜葉香，自然下矣。却再秤元種紙，見所下多少，約計自有葉看養。寧葉多而蠶少，即優裕而無窘迫之患。

元 王禎《農書》卷六《農桑通訣六》 蠶室宜高廣，牕户虚明，易辨眠起。仍上於行捧，各置照牕，每臨早暮，以助高明，下就附地，列置風竇，令可啟閉，以除濕鬱。若新泥濕壁，用熱火薰乹，窗上用浄白紙新糊，門牕各掛葦簾、稾薦。下蟻之時，勿用雞鵝翎等物掃拂。惟在詳款稀勻，不至驚傷稠疊。生齊，取葉着懷中令煖。用利刀切，極細，篵於噐內，蓐紙上勻薄。將連合於葉上，蟻聞葉香自下。或過時不速下，及緣上連背者，並葉棄之。養蠶蟻時，先辟東間一間，四角挫壘空龕，狀如三星，以均火候，謂屋小，則易收火氣也。停眠前後，則撤去。擇日安槌，上下各鋪三箔，上承塵埃，下隔濕潤。鋪砌碎稈草於上中箔，以備分擡用，細切搗軟稈草勻鋪為蓐。又揉浄紙黏成一片，鋪蓐上安蠶。

元 司農司《農桑輯要》卷三《栽桑》 《士農必用》：樹桑之病自變革之後，桑田不治，積有歲年，苟就其久荒之業，為一時之用。荒桒晚生，其蠶則稺，稺蠶老遲，則科葉亦遲。故明年之葉，其生也，又羌晚矣。積年愈多，則與蠶生之日，愈不能相及。為蠶事者，必當開墾其田，科斫其桒，使之滋長成條。其次年所生之葉，與蠶生之時，自不相遠也。

又 卷四《修治蠶室等法》 於蠶蟻生前一日，少開門，出盡烟，即閉了。恐暖氣出。其柴糞陷下，已成熟火。蠶小喜暖怕烟，不可用生火。又生火，或驟或歇，不能均勻。此火既熟，絕無煙氣，一兩月不減不動，便如無火。用柴枝剔撥，便暖氣熏騰也。上必壘高二尺者，欲使火氣上騰至空中，散布均勻，又防寅夜人行誤陷入也。其屋乾透，其壁皆暖，黑婆等諸蟲盡熏了。牛糞熏屋，大宜蠶也。蠶喜牛糞，牛喜蠶沙。糊窗，窗上故紙，却用浄白紙替換糊了。外莫捲草薦旋扯，故紙糊新紙，不使熱氣出去了。每一窗上嵌四大捲窗。宜密。

又 《士農必用》：上下二箔，上皆鋪切碎稈草，中一箔用切碎擣軟稈草為蓐，鋪案平勻，仍須四邊留箔楂五七寸，揉净紙粘成一段，可所鋪蓐大鋪於中箔蓐上揉紙極軟如棉。《要旨》云：底箔須鋪二領蠶，蟻生，後每日日高捲出一領，曬至日斜，復布於生蠶箔底。明日又將底箔撤出，晒曝如前，翻覆襯藉，使受自然陽和之氣。停眠起食，然後撤去。

又《變色生蟻下蟻等法》

變色　《務本新書》：清明將甕中所頓蠶連，遷於避風温室，酌中處懸挂太高傷風，太下傷土，穀雨日，將連取出，通見風日，那表為裏，左捲者却右捲，右捲者却左捲。每日交換捲那，捲罷，依前收頓。比及蠶生，均得温和風日，生發勻齊。《要旨》云：清明後，種初變，紅和肥滿。再變，尖圓微低，如春柳色。再變，蟻周盤其中，如遠山色。此必收之種也。若頂平焦乾，及蒼黄赤色，便不可養，此不收之種也。

《士農必用》：蠶子變色，惟在遲速由己，不致損傷自變。視桒葉之生，以定變子之日。須治之三日，以色齊為准。農語云『蠶欲三齊』，子齊、蟻齊、蠶齊，是也。

又　生蛾

《士農必用》：生蟻惟在凉暖知時，開措得法，使之莫有先後也。生蟻不齊，則其蠶眠起至老，俱不能齊也。其法變灰色已全，以兩連相合，鋪於一净箔上，緊捲了，兩頭繩束，卓立於無煙净凉房内。第三日晚，取出展箔，蟻不出為上。若有先出者，雞翎掃去不用。名行馬螘，留則蠶不齊。每三連虚捲為一卷，放在新暖蠶房内。槌匝下，隔箔上。候東方白，將連於院内一箔上單鋪。如有露，於凉房中或棚下。待半頓飯時，移連入蠶房，就地一箔上單鋪。少間，黑蟻齊生并無一先一後者，和蟻秤連，記寫分兩。

又　《務本新書》：農家下蟻，多用桃杖翻連敲打。蟻下之後，却掃聚，以紙包裹，秤見分兩。布在箔上已後，節節病生，多因此弊。今後比及蟻生，當勻鋪蓐草蓐宜擣軟，煻火内燒棗一二枚。先將蠶連秤見分兩，次將細葉摻在蓐上，續將蠶連翻搭葉上。蟻要勻稀，連必頻移。生盡之後，再秤空連，便知蠶蟻分兩。依此生蠶，百無一損。今時謂如下蟻三兩，往往止布一席，重疊密壓，不無損傷。今後下蟻三兩，决合勻布一箔若分兩多少，驗此差分。又慎莫貪多，謂如己力止合放蟻三兩，因為貪多，便放四兩，以至桒葉、房屋、椽箔、人力、柴薪，俱各不給，因而兩失。

又　《務本新書》：生蠶有小屋者，四壁挫壘空龕或八或六，頗類參星樣，一高一下，頓藏熟火，庶得火氣勻停。如大屋内生蠶，一邊難就壁龕，當於箔查外，挫壘土臺，或釘木橛，上安火盆。盆外另夾帷箔，收拾火氣。蠶小時，將牛糞墼子燒令無煙，移入龕内頓放，如無壁龕等，止于槌箔四向，約量頓火。近兩眠則止。若寒熱不均，後必眠起不齊。又今時蠶屋内，素無禦寒熟火，止是旋燒柴薪，煙氣籠熏太甚，蠶蘊熱毒，多成黑蔫。

《士農必用》：治火倉，屋當中掘一坑，闊狹深淺，量屋大小。謂如一三間四椽屋，四方一面，可闊四尺，隨屋大小加減。坑周圍塼坯接壘，高二尺，長粘泥泥了，通計深四尺。細碎乾牛糞坑底，上鋪攤一層，厚三四指。臘月所收槌碎者。帶根節麤乾柴，於糞上鋪一層。五寸以上徑者，凡桑、榆、槐等堅硬者皆可。柴上又鋪糞一層，於柴空隙處，築得極實。慎不可虚，虚則火焰起傷屋，又熟火不能長久。糞柴相間，樁坑滿，上復用糞厚蓋了。約蠶生前七八日，糞上煨熟火，黑黄煙五七日。於蠶蟻生前一日，少開門，出盡煙，即閉了。

明　陳繼儒纂輯，清　石巖增訂《陶朱公致富奇書》卷二　蠶未生之前，預净蠶室，勿令南風吹地氣蒸。蟻生四五日後，用炭火薰煖室中，蠶變白色以全，于無烟處捲放。東方白時，將連鋪箔上。候黑蟻全生，和蟻秤連，記號分兩多寡，此生蟻之法也。

明　徐光啓《農政全書》卷三一《蠶桑》　蠶子變色，要在遲速由己，勿致損傷自變。桑葉已生，自辰、巳間，甕内取出，舒捲提掇，亦無度數。但要第一日變三分，第二日變七分，却用紙密糊封了，還甕内收藏。至第三日午時，又出連舒捲，須要變至十分。其蠶屋、火倉、蠶箔，並須預備。蠶屋宜高廣，牕户虚明，易辨眠起。仍上於行棒，各置照牕，每臨早暮，以助高明，下就附地，列置風竇，令可啓閉，以除濕鬱。若新泥濕壁，用熱火薰乾。窗上用净白紙新糊，門窓各挂葦簾、藁薦。下蟻之時，勿用鷄翎等物掃拂。惟在詳款稀勻，不至驚傷稠疊。生齊，取葉著懷中令煖，用利刀切極細，篩於器内蓐紙上勻薄。將連合於葉上，蟻聞葉香自下。或過時不下連，及緣上連背者并棄。養蠶蟻時，先辟東間一間，四角挫壘空龕，狀如三星，以均火候。謂屋小，則易收火氣也。

又　《務本新書》曰：清明將甕中所頓蠶連，遷於避風温室酌中處懸挂太高傷風，太下傷土。穀雨日，將連取出，通見風日，那表為裏，左捲者却右捲，右捲者却左捲，每日交換捲那。捲罷，依前收頓，比及蠶生，均避風日，生發勻齊。

又《士農必用》曰：蠶子變色，惟在遲速由己，不致損傷自變。視桑葉之生，以定變子之日。須治之三日，以色齊為准。農語云『蠶欲三齊』，子齊、蟻齊、蠶齊，是也。其法：桑葉已生，自辰、巳間，於風日中，將蘢內連取出，舒捲提掇。舒時連背向日，曬至温，不可至熱。凡一舒一捲時，將元捲向外者，却捲向裏；元向裏者，却捲向外；横者竪捲，竪者横捲，以至兩頭捲來中間相合。舒捲無度數，但要第一日十分中變灰色者，變至三分，收了。次二日變至七分，收了。此二日收了後，必須用紙密糊封了，如法還蘢内收藏。至第三日，於午時後，出連舒捲提掇。展連手提之，凡半日，日數遍。須要變至十分。第三次，必須至午時後出連者，恐第一次先變者，先生蟻也。蟻生在巳午時之前，過午時便不生。

又《士農必用》曰：下蟻惟在詳款稀勻，使不致驚傷而稠疊。是時蠶母沐浴净衣入蠶屋，蠶屋内焚香，又將院内鷄犬孳畜逐向遠處，恐驚新蟻也。蟻生既齊，取新葉用快利刀切極細，須下蟻時旋切，則葉查上有津。若用刀預切下，則查乾無津。用篩子篩於中箔蓐紙上，務要勻薄。須用篩子能勻，不勻則食偏。篩用竹编，篩子亦可秫黍稭，亦可如小碗大，篩底方眼可穿過一小指也。將連合於葉上，蟻自緣葉上。或多時不下連，及緣上連背翻過，又不下者，並連棄了，此殘病蟻也。一箔蓐上，下蟻三兩，蠶至老可分三十箔。每蟻一錢，可老蠶一箔也。係長一丈、闊二尺之箔。如箔小，可減蟻。下蟻多，則蠶稠，為後患也。養蠶過三十箔者，可更加下蟻箔。養蠶少者，用筐可也。蓐如前法。

明　佚名《便民圖纂》卷四《桑蠶類》

下蟻

穀雨前後，熏暖蠶室，將連暖護。候蟻出齊，切細葉摻净紙上，以蠶連覆之，則蟻聞香自下。有不下者，輕輕振下，不得以鵝翎掃撥。

又　擘黑　一云分蟻，下蟻第三日，巳午時間，擘如小碁子大，布於箔中，可漸飼葉。晴則畧開東窻，及當日背風窻，漸漸變色，隨色加減。食至純黄，則不飼，是謂頭眠。

清　蒲松齡《農桑經・桑經》　下蟻時，勿以雞翎掃拂；惟在詳、審、稀、勻，不致驚傷、稠疊。候出齊，取葉納懷中令暖；切極細，攤紙上，將連合葉上，蠶自下；其久不下者，病蠶也，棄之。

又　《蠶書》云：蠶生明日，或桑或柘，風戾投之。寸二十分，晝夜五食。九日，不食一日一夜為初眠。又七日，再眠如初。既食葉，寸十分，晝夜六食。又七日，若五日不食二日，謂之大眠。食半葉，晝夜八食。又三日，健食乃食全葉，晝夜十食。不三日老矣。每蟻一兩，約老十箔。

又　候東方既白，將蠶連於院中一箔上單舖，有露則於涼房内或棚厦中。待半頓飯時，移入蠶室，就地以箔上單舖。少間，黑蟻齊出，并無先后。

又　下蟻

蠶初生，切桑細如髮，摻净紙上，却以連覆其上，蟻自下，勿以翎掃或敲擊，蠶自不傷。

清　楊屾《豳風廣義》卷二　約蠶生前七八日今我秦中只在穀雨前九日，是其然火之時，糞上煨火，必有黑黄烟起，令閉蠶室，不可令煖氣出外，凡五七日。於蠶蟻生前一日，少開門，令烟出盡，隨即閉之。其柴糞陷下，已成熟火。蠶，火畜也，甚喜暖。初生之蠶，更宜暖，但怕烟。不可用生火，又生火忽大忽小，不能均勻。此火既熟，絶無烟氣，一兩月不滅。人不起動，便如無火。若用柴枝挑撥，烟氣即起，坑上必壘高二尺者，欲使火氣上騰，散布室中。又防貪夜人行誤陷入也。

又　凡養蠶家，下蟻之日，蠶多力厚者，設三牲酒醴；蠶少力微者，割鷄設醴，點燭，焚無氣味之香。將蠶蟻之筐，置先蠶几案。蠶母率闔家奠醴，拜讀祈祝之文曰：惟蠶之原，伊駟有星。蠶事之興，聖母肇成。氣鍾孕育，惟神適從。保之佑之，有箔皆盈。尚冀終惠，用彰厥靈。簇老獻瑞，繭盆效功。敬獲吉卜，克契心盟。神其來享，爰祀惟誠。奠拜畢，將蟻筐上架飼之。此祭先蠶之章程也。

又　養時，將同日所下之子，生蟻為一等養之，自然眠起皆齊。若將數日所下之子，混在一處，生蟻同養，則眠起必不齊，極為患害。

又　初蠶下蟻法

凡各省養蠶，下蟻之時不同。自秋分之日，日行南道，極南而返故，冬至之日，日復北行。所以温和之氣，自南而漸及於北。廣東立春。廣東北極出地平二十三度半，在北道之内，故先暖。四川驚蟄。北極出地平二十九度半，故次暖於廣東。江浙清明。浙江出地平三十度，江南出地平三十二度半，又次暖於四川者。我秦中在穀雨前三四日，西安出地平三十六度，又次於江浙。至於山西三十八度、北京四十度，又次於陝西者，當在穀雨之後。至於山東三十二度半、河南三十五度、江西二十九度、湖廣三十一度、福建二十六度、廣西二十五度、雲南二十四度、貴州二十四度半，皆以廣東順序，退日養蠶，即得正時。今人不知其時，往往在清明日便暖蠶種，及其蟻出，桑葉未生，每飼以榆葉，不知蠶小受餓，終不能成絲。凡養蠶者，須在清明日，取出瓮中所收蠶連，按上法，用葉花水浴過，遷於無風温室中間懸挂。太高傷風，太下傷土。每日轉動蠶連，以左者向右，以右者向左，使受寒熱均平，變色必齊。自此以後，蠶蟻之生，遲速由人。欲遲生者，將蠶連緊捲，用紙數層包裹，收入瓮中密封，不可開看，能遲十日半月。欲早生者，須看桑上葉生如茶匙大，是蠶生之候。不論各處寒熱節氣，但以桑上葉生為準。秦中只在穀雨前後數日。將蠶連收來，以二連相合，層層平鋪，連背向外，用棉花包裹，厚三四寸。外再用被蓐或净綿襖包裹，共厚四五寸。置温室暖炕上，外再用衣被覆之。古法，有日中曬連提掇，變色生蟻之法。余屢試不善，惟此棉包暖蟻之法最好。常以手試，蓐底有温和之氣。如鷄菢卵之温和。不可熱，熱則蟻死不出；即有出者，亦終焦枯不旺。不可寒，寒則遲出不齊。亦不可乍寒乍熱，多致壞卵。每日夜，翻轉棉包十餘次，常要温和之氣不絶。以向下者復向上。又要早午晚三次，取開棉包，提掇蠶連。將中間者換在兩邊，將兩邊復換在中間，取其受氣均匀，出則必齊。仍包裹温暖，開包時忌見風日。否則殼乾燥難脱。又要看蠶種變色。蠶子水青色，將出先變灰色，潤和肥滿；再變尖圓，其中如春柳色；再變蟻蟠，其中如遠山色，此必收之種也。若頂平、焦黑、蒼黄、赤色，便不可養，此難成之種也。若暖之合時如法，不過三四日即出。不知時者，有在清明前暖至十數日，焦枯不出者；有清明暖至八九日方出者，皆謂之失時，不能成絲。若合時得法，三日出者為上；四日出者得中；五日出者為下；六七日出者，不堪養，多不能成才。蟻惟在凉暖知時，開措得法，使無先後參差之弊，自然眠起皆齊，無病多絲。若見蠶種十分皆變灰白色，次日蠶蟻必出。先將蠶室東邊一間，掃除潔净，遮蔽門窗，内添熟火，使之極暖。凡蠶室或三五間，另辟東邊一間，務要周密，不通風寒，以為養蟻之所。東間者，取其太陽先照之義。另隔一間者，取其室小，易於放火生暖，況養蟻止用一間足矣。或另修一間，在穀雨前七八日，放火生暖，專為養蟻之所。蟻生五六日後，再於大蠶室内放火，及烟息室暖，正蟻大分箔之時，移入大室，暖氣尚勝。若同在穀雨前放火，至蟻大分箔時，暖氣已微矣。候次日東方白時，將棉包取開，提掇鬆活，仍覆以輕棉。待半頓飯時，見有黑蟻出者，將蠶連單鋪室内炕下或箔上，此時要極暖，如寒者，當更加炭火。少間黑蟻齊出。若有先一日生者，或末後生者，皆不可用，後必眠起不齊。不忍棄者，另作一朋養之，不可混在一處。將連同蟻稱之，記寫分兩。如蠶連共蟻，用戥子稱得九兩，待蟻下之後，再稱空連多少，即知蟻數。先將蠶筐或箔，用前所收蓐草搗極軟綿，匀鋪筐底或箔上，再鋪厚綿紙一層。紙用桑皮或構皮者佳，用時須粘連成一片。再將柔桑葉採來，貯懷中令暖，去露濕惡氣。或葉多不便懷暖，放温蠶室内薄攤，令晾去寒濕。如露氣太盛，將葉同細白米，共入筐内摇動，令米收乾葉上露氣。筐是圓竹槃，如無，只用木槃亦可。用刀理齊，細切如髮，須用極快刀，方不傷桑葉津液。用葉篩匀，匀篩於筐内蓐紙上，却以帶蟻蠶連，以蟻向下，覆於葉上，其蟻聞葉香，自下食葉。不知此法者，往往以鷄鵝翎掃撥，或用桃條在連背上打落。又有掃聚一處，以紙包裹，稱其分兩，布在箔上者。節節疴生，多因此弊。或有多時不下緣，於連背翻過自下，又不下者，並連取去，此殘病蟻也。蠶連不可輕棄，蠶上簇時，如有雷聲，以此覆之，可免驚傷之患。待蟻下之後，將空連一稱，即知蟻之多少。如蠶連共蟻稱得九兩，今蟻下之後，空連只稱得六兩，便知下蟻三兩。三兩蟻至老，可分三十箔，每蟻一錢，可老一箔，箔長一丈，闊五尺。如箔小，可減蟻。不然蠶稠，必為後患。如養蟻過三兩者，可□加箔。如養蠶少者，用筐可也。總以三兩一箔為差。均布一箔，惟在詳款稀匀，不至稠叠驚壓。上用一箔遮塵土，下用一箔隔濕氣，中箔養蟻。是時蠶母沐浴净衣，入蠶室祀神，儀注詳前。又用炭火燒棗子一二枚，以辟邪惡之氣。又將院内鷄犬畜類，逐向遠處，恐驚新蟻。

劈蟻法

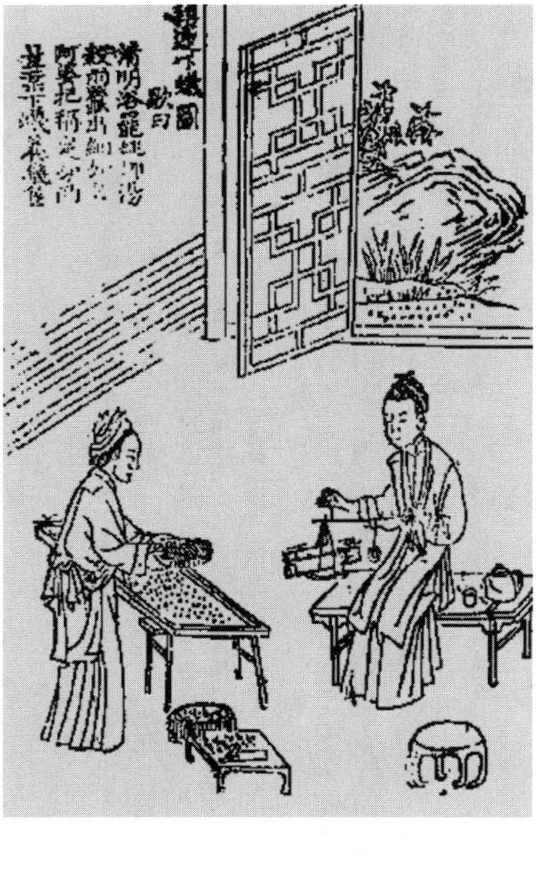

清 張宗法《三農紀》卷八《古蜀》

生蟻。到桑柘芽已吐，自辰巳間，將連取出舒展，令藏温煖處，或蚕女抱負。第三且出連舒展，若此者再色變自出。蟻未出之前，預將净室二間，卜日安定，勿令南風吹入，須開布三箔，上承塵，下隔濕，中停蟻。前三五日，以柴灰火烘室內，候蟻生停之。

下蟻　蟻浸晨乃生，生足將蟻呂約抖聚，以鷄羽輕輕拂掃箕內，箕須紙糊，育五七日，可上箔。下蟻將空連稱足，便曉分量。蟻三兩，可鋪一箔，老可三十箔。量桑着蟻。若蟻出，潤澤快爽，其蚕可收。乾枯焦凶者，其蚕難收。凉蟻初生以至起眠，全要蚕室暖凉得宜。蚕婦須着單衣試之，若身覺寒，便添火；若覺熱，量去火。一服後，逢晴明日，于巳午時，捲起窗簾，以通陽光。遇南風，則捲北；遇北風，則捲南。蚕至大眠，天氣漸炎，須得室中清凉。至起眠後，飼罷三頓葉。此時壁開窗紙，令透風日，不得頓驚生病。再後大開窗簾，門置一瓮，旋添新水，以生清凉。若逢風雨桓寒，仍將窗廉放下。

起眠。蟻巧也，黑色，漸漸加食，三日擘分，如基子大，雲落布于箔上。變白，飼宜加；變青，飼宜厚加；復變白，又宜慢食，宜少加；變黄，須減飼；純黄，宜停食，謂之正眠。自黄而白，白而青，青復白，白復黄，又是一眠。每眠俱如此候加減，禁戴露葉。

清　鄂爾泰《授時通考》卷七二　《士農必用》：蠶未出時，秤種寫記輕重于紙背。及已出齊，慎勿掃。多見人纔見蠶出，便以帚刷，或以鷄翎掃之。夫以微渺如絲髮之弱，其能禁帚刷之傷哉？必細切葉，別布白紙上，務令匀薄，却以出苗紙和紙覆其上，蠶喜葉香，自然下矣。却再秤元種紙，見所下多少，約計自有葉看養。寧葉多而蠶少，即優裕而無窘迫之患。今人不先計料，至缺葉，則典質貿鬻，無所不至，苦于蠶受飢餒，狼籍損壞，枉損物命多矣。

又　《務本新書》：農家下蟻，多用桃枝翻連敲打，蟻下之後，却掃聚以紙包裹，秤見分兩。布在箔上，已後節病生，多因此弊。今後比及蟻生，當匀鋪蓐草，糖火內燒棗一二枚，先將蠶紙秤見分兩，次將細細摻在蓐上，蟻要匀稀，連必頻移。生盡之後，再秤空連，便知蠶蟻分兩。依此生蠶，百無一損。今時謂如下蟻二兩，往往止布一蓆，重疊密壓，不無損傷。今後下蟻三兩，决合匀布一箔。慎勿貪多，如己力止合放蟻三兩，因為貪多，便放四兩，以致桑葉、房屋、椽箔、人力、柴薪，俱各不給，因而兩失。

又　《農政全書》《士農必用》曰：生蟻惟在凉暖知時，開捎得法，使之莫有先後。其法變灰色已全，以兩連相合，鋪于一净箔上，緊捲兩頭，繩束卓立于無烟净凉房內。第三日晚取出展箔，蟻不出為上，若有先出者，掃去不用。每三連虛捲為一卷，放新煖蠶室內，候東方白，將連於院內一箔上單鋪，如有露于凉房中或棚下。少頃，移連入蠶房，就地一箔上單鋪。少間，黑蟻齊生，并無一先一後。和蟻秤連，記寫分兩。

又　卷七四《蠶事・分箔》　《農桑要旨》：底箔須鋪二領，蠶蟻生後，每日高捲出一領，曬至日斜，復布於生蠶箔底。明日又將底箔撤出曬曝，如前番覆鋪。使受自然陽和之氣。停眠起食後，然後撤去。　蠶有白僵，是小時陰氣蒸損。天晴，急用簸箕三四具，轉蠶中庭，使日氣煦照。擡一箔，則復布一箔，得日氣，則盡解矣。《野語》云：蠶燠乾鬆者，其蠶無病。蠶燠成片濕潤白積者，蠶為有病，速宜擡解。如正可擡，却遇陰雨風冷，則不敢擡。用茅草細切如豆，每一箔可用一斗或二斗，匀撒蠶上，上再摻葉。移時，蠶因食葉沿上，茅草能隔燠沙，天晴再擡。如無茅草，秆草次之。

清　方觀承《述本堂詩集・看蠶詞》　清明前期，裹蠶連以重棉，置煖地，視桑葉大如錢時，擇滿收成建日懷之，夜卧亦令近身。視種放綠色，則蠶出如蟻。《海物異名記》：蠶初出曰蚲，越人呼為烏兒，又以最先出者為報頭。二眠後，間有形化者，呼為長孃。以其育自物牝蠶也。然亦不得而跡之，有之為蠶旺。方其初生，小大迥異。既大眠，即差若。及其上簇，不復可辨。越俗以臘月十二為蠶生日。

又　視蠶蟻蠕動，以鵞羽拂而匀之，為攤烏。飼二三日後，殘葉、沙矢積，為替子亟體刮之，以免蒸濕，為過替。頭眠後，日一替；三眠、大眠，日再替。每將眠之時，更須急替，遲則斑病，至老不作繭也。以竹片或桑木為匙，用以擘分初生蠶。桑杓大如杯柄，長三尺許。蠶盤空隙，或布葉不匀，則以杓挹而補之。麻綫結網為兜，蠶除沙要具，較箔稍小，漆而乾之。視沙燠已厚，以網蓋蠶，布葉令滿，蠶穿網而上，則舁網除沙。畢，連網置箔上，待有積沙，又將網一扇，如前遞用，最為省功。網目疏密，視眠之次第，三眠之後，使可容指。無其具者，率用手捉，常苦人力不給而誤。盤於上簇時用之，以竹木為框，疏簟為底，長、廣小於箔，而大於筐。

（乾隆）《烏青鎮志》卷二《農桑》　于穀雨前後，取蠶連包而護之，以衣衾覆之，置腹背以暖之。候蟻全生，和蟻秤連記分兩多少，是爲生蟻。蟻生足，以薔薇之葉，焙燥揉碎，糝之蟻上，聞香而集于上，乃以鵝翎拂之。却稱空連，便知蠶分兩多少，是爲攤烏。其既食也，乃熾炭于筐之下，并其四周，剉桑葉如縷者，而謹飼之。

又 又有黃蠒緒粗，不中織染，別繰爲絲，縛至蠒衣，合之成絮，名水絮，亦可納被中禦寒。育蠶必有其具。蠶之初生，用篩；置之烏滿，則用篷。篷必以紙糊。其縫兩眠出薙，盛之用筐或用籚，器之大者，可以容蠶之多也。蠶室中，必用簾薦以圍之。簾以蘆編，薦以草織，皆取其蔽風寒也。其采桑，有桑翦，有桑節，飼小蠶而切葉也。

清 韓夢周《養蠶成法・春季養山蠶法》

上幛

蠶出七日便一眠，要於未眠以前，將墩上枝頭的蠶，連葉剪下，挪於幛上。如此幛之葉食盡，再移到別幛上，以上山爲止。

又 出蠶

每日寅、卯、辰三時出蠶。子筐下先要鋪席，如有蠶蟻落地，仍取入筐內。

插墩

春蠶出時，籎蘿尚未出葉，其向陽處先生嫩芽，連枝斫取，約高三尺許。近河邊無土沙灘，沙內有水，沙上不見水處，掘溝寬二寸許，深亦二寸許，把芽枝密插溝內，名爲插墩，務要隨插隨卽將沙掩埋，不可露水。芽枝宜深插淺提，使其易活。蓋芽枝畏土，故宜用河灘；蠶蟻畏水，故須將水掩埋。

又《秋季養山蠶法》

開蟻

下子十一日出蠶。蠶出三日，連枝剪下，送入蟻場，名爲開蟻。

清 韓夢周《蠶桑實濟》卷四《育桑急務》 每日所出這蛾下子爲一輩，不可將數日之蛾混在一處下子，連上須記寫日期，來年養時，將同日所生之子生蟻爲一等，養之。自然眠起皆齊。若將數日所下之子，混在一處，生蟻同養，則眠起必不齊，極爲患害。

又 醃種附 種子不齊不能粒粒皆有收成，故醃之，去其無力者，使之齊也

種生於厚綿紙或白布，亦可生種，先於頭年十二月十二蠶生日時，將種紙用戥秤准，計種紙一兩。如本是石灰種，用熱石灰三錢，化成濃石灰汁一茶鍾許，候冷，燒溫水半瓦盆不可大熱，恐傷其子，取蠶種紙平鋪水面，將石灰汁連渣勻鋪種紙上，以手握水澆之。本是鹽殺種，用食鹽二錢，和水研碎，一酒鍾許，亦燒溫水半瓦盆。取種紙平鋪水面，將鹽水勻鋪紙上，以手握水澆之。俱須候半個時辰，撩起貯於篩內，安放屋簷上。露三晝夜，然後收掛高燥之處。用灰醃者，年年用灰；用鹽醃者，年年用鹽。

又 若見蠶種十分皆變灰白色，次日蠶蟻必出。先將蠶室東邊一間掃除潔淨，遮蔽門窗，內添熟火，使之極暖。凡蠶室或三五間，另辟東邊一間，務要周密，不通風寒，以爲養蟻之所。東間者，取其太陽先照之義。另隔一間者，取其室小，易於放火生暖。況養蟻止用一間足矣。或另修一間，在穀雨前七八日，放火生暖，專爲養蠶之所。蟻生五六日後，再於大蠶室內放火，及煙息室暖，正蟻大分箔之時，移入大室，暖氣尚勝。若同在穀雨前放火，至蟻大分箔時，暖氣已微矣。

候次日東方白時，將棉包取開，提掇鬆活，仍覆以輕棉。待半頓飯時，見有黑蟻出者，將蠶連單鋪室內匟上或箔上，此時要極暖，如寒者，當更加灰水。少間黑蟻齊出，若有先一日生者，或末後生者，皆不可用，後必眠起不齊。不忍棄者，易作一朋養之，不可混在一處。將連同蟻稱之，記寫分兩。如蠶連共蟻，用戥子稱得幾兩，待蟻下之後，稱得空連多少，卽知蟻數。先將蠶筐或箔，用前所收蓐草，搗極輭棉，勻鋪筐底或箔上，再鋪厚綿紙一層，紙用桑皮或構皮者佳，用時須粘連成一片。再將柔桑葉採來，貯懷中令暖，去露溼惡氣。或葉多不便懷暖，放溫蠶室內薄攤，令晾去寒溼。如露氣太盛，將葉同細白米共入籚內搖動，令米收乾葉上露氣。籚是圓竹槃，如無，只用本盤亦可。用刀理齊，細切如髮，須用極快刀，方不傷桑葉津液。用葉篩勻勻篩於筐內蓐紙上，卻取帶蟻蠶連，以蟻向下覆於葉上，其蟻聞葉香氣，自下食葉。不知此法者，往往以雞鵝翎掃撥，或用桃條在連背上打落。又有掃聚一二處，以紙包裹，稱其分兩，布在箔上者，節節病生，多因此弊。或有多時不下椽，於連背翻過自下，又不下者，並連取去，此殘病蟻也。蠶連不可輕棄，蠶上簇時，如有雷聲，以此覆之，可免驚傷之患。待蟻下之後，將空連一稱，卽知蟻之多少。如蠶連共蟻稱得九兩，今蟻下之後空連只稱得六兩，便知下蟻三兩。三兩蟻至老，可分三十箔，每蟻一錢，可老一箔，箔長一丈，濶五尺。如箔小，可減蟻種。然蠶稠，多爲後患。如養蠶過三兩者，可更加箔。如養蠶少，但用筐箍可也。總以三兩一箔爲差。均布一箔，惟在詳欵稀勻，不至稠疊驚壓。上用一箔遮塵土，下用一箔隔溼氣，中箔養蠶。是時蠶母沐浴淨衣，入蠶室祀神。儀注詳前。又用炭灰燒棗子一二枚，以辟邪惡之氣。又將院內雞犬畜類，逐向遠處，恐驚新蟻。

劈蟻法

蟻既下連，用快刀切桑葉極細，以葉篩篩於蟻上，務要薄而勻。勻薄如微雨之狀。又臨下蟻時，桑須澆過二三次方好，以後旋摘又澆，則桑多液。切葉必細者，恐蓋蠶也。

必篩者，恐不勻也，不勻則食葉有偏，偏則眠起不齊。然葉槎微液不能久存，少頃之間，即便乾枯，故須頻切而頻篩也。此時不可飼以接桑葉，飼則多病，須在大眠後用之。第一日不住頻飼，一時當飼一頓，一晝夜通飼一十二頓。甚要勻薄，勿憚煩冗。蓋新蠶惟食桑葉津液，若頓數不多，譬如寸乳嬰兒小時夫乳後，必羸弱病生。蠶室宜極暖極暗。大凡初蟻，宜暗眠。宜暗將眠及眠起宜微明，向食宜明，後倣此。第二日減飼至八頓葉微加厚，第三日又減飼至六頓，又稍加厚，此時沙燠已厚，急宜擡蠶除減，不然濕熱薰蒸，蠶必病生。擡蠶除沙者，俗呼爲歐蠶也。後皆倣此。於巳午時間，復用蓐草綿紙，另鋪一箔，先將細切桑葉篩於蟻上，較前稍厚些，待黑蟻上葉時，用蠶匙薄帶沙燠，輕輕將蟻欵手挑起，分如小圍棊子大，布於新安箔上，盈滿一箔。先下蟻時，留箔周邊，今布滿全箔。

又 卷五《蠶桑雜附》

於立夏前三四日，將蠶連即原蠶種以棉花包裹，置溫處，一二日即生蟻。養法與春蠶無異。一十八日而老，上簇六日而摘繭，七日而蛾出生卵，又七日而卵自生蟻，是爲原蠶。其飼法必勤而無間葉盡即添。

又 卷六《蠶桑補遺》 生蟻之法，用綿蓐包裹蠶連，每日夜翻轉綿包十餘次，以向下者復向上，向上者復向下。又早午晚取開棉包三次，提掇蠶連，將居中者換在兩邊，居邊者換在中間，此齊於煖種時也。

清 韓夢周《養蠶成法·春季養山蠶法》

坐敦

沙灘所插簸籮，枝下安放石頭數塊，將蠶蟻筐放在石頭上。別斫芽枝豎在筐裏，使與沙溝上所插芽枝相接連，蠶蟻自然沿行而上，名爲坐墩。

又 上幛

蠶出七日便一眠。要於未眠以前，將墩上枝頭的蠶，連葉剪下，挪於幛上。如此幛之葉食盡，再移到別幛上，以上山爲止。

清 韓夢周《蠶桑實濟》卷四《育桑急務》 事蠶者先立先蠶，木主當書先蠶神位畫像，亦可安之蠶室高潔之處，下蟻之日，蠶多力厚者，設三牲酒醴；蠶少力微者，割雞設醴點燭，焚無氣味之香，將蠶蟻之筐，置先蠶几案，蠶母率闔家奠醴拜讀，祝文曰：『惟蠶之原，伊駟有星。蠶事之興，聖母肇成。氣鍾孕育，惟神適從。保之佑之，有箔皆盈。尚冀終惠，用彰厥靈。簇老獻瑞，繭盆效功。敬獲吉卜，克契心盟。神其來享，爰祀惟誠。』奠拜畢，將蠶筐上架飼之，此祭先蠶之禮也。

又 初蠶下蟻法

凡各省養蠶下蟻之時不同，廣東立春，四川驚蟄，浙江清明，陝西在穀雨前三四日。今人不知時，每在清明日，便暖蠶種。及蟻出，桑葉未生，飼以榆葉。不知蠶小受饑，終不能成絲。凡養蠶者，須在清明日，取出甕中所收蠶連。按上法，用葉花水浴過，遷於無風溫室中懸掛太高傷風，太下傷土，每日轉動蠶連，以左者向右，以右者向左，使受寒熱均平，變色必齊。自此以後，蠶蟻之生，遲速由人。欲遲生者，將蠶連緊捲，用紙數層包裹，收入甕中密封，不可開看，能遲十日、半月。欲早生者，須看桑上葉生如茶匙大，是蠶生之候。不論各處寒熱節氣，但以桑上葉生爲準。四川只在驚蟄前後數日。將蠶連收來，以二連相合，層層平鋪，連背向外。用棉花包裹，厚三四寸。外在上被蓐或淨綿襖包裹，共厚四五寸，置溫室暖匠上。外在用衣被覆之，常以手試蓐底有溫和之氣如雞菢卵之溫和，不可熱，熱則蛾死不出；即有出者，亦終焦枯不旺。不可寒，寒則遲出不齊。亦不可乍寒乍熱，多致壞卵。每日夜翻轉棉包十餘次常要溫和之氣不絕，以向下者復向上。又要早午晚三次，取開棉包，提掇蠶連，將中間者換在兩邊，將兩邊復換在中間。取其受氣均勻，出則必齊。仍包裹溫暖。開包時忌見風日否則殼乾燥難脫，又要看蠶種色。蠶子本青色，將出先變灰色，潤和肥滿。再變尖圓，其中如春柳色。再變蟻蟠，其中如遠山色。此必收之種也。若頂平、焦黑、蒼黃、赤色，便不可養，此難成之種也。

若暖之合時如法，不過三四日即出。不知時者，有在清明前暖至十數日，焦枯不出者；有清明暖至八九日方出者，皆謂之失時，不能成絲。若合時得法，三日出者爲上；四日出者得中；五日出者爲下；五六日出者，不堪養，多不能成。生蟻惟在涼暖知時，開捲得法，使無先後參差之弊，自然眠起皆齊，無病多絲。若見蠶種十分皆變灰白色，次日蠶蟻必出。先將蠶室東邊一間，掃除潔淨，遮蔽門窗，內添熟火，使之極暖。凡蠶室或三五間，另辟東邊一間，務要周密，不通風寒，以爲養蟻之所。東間者，取其太陽先照之義。另隔一間者，取其室小，易於放火生暖。況養蟻止用一間足矣。或另修一間，在穀雨前七八日，放火生暖，專爲養蠶之所。蟻生五六日後，再於大蠶室內放火。及煙息室暖，正蟻大分箔之時，移入大室，暖氣尚勝。若同在穀雨前放火，至蟻大分箔時，暖氣已微矣。候次日東方白時，將棉包取開，提掇鬆活，仍覆以輕棉。待半頓飯時，見有黑蟻出者，將蠶連單鋪室內匠上或箔上，此時要極暖，如寒者，當更加灰水。少間黑蟻齊出。若有先一日生者，或末後生者，皆不可用，後必眠起不齊。不忍棄者，易作一朋養之，不可混在一處。將連同蟻稱之，記寫分兩。如蠶連共蟻，用戥子稱得幾兩，待蟻下之後，稱得空連多少，即知蟻數。先將天筐或箔，用前所收蓐草，搗極輭棉，匀鋪筐底或箔上。再鋪厚綿紙一層，紙用桑皮或構皮者佳，用時須粘連成一片。再將柔桑葉採來，貯懷中令暖，去露溼惡氣。或葉多不便懷暖，放溫蠶室內，薄攤，令晾去寒溼。如露氣太盛，將葉同細白米共入籠內搖動，令米收乾葉上露氣。籠是圓竹槃，如無，只用木盤亦可。用刀理齊，細切如髮。須用極快刀，方不傷桑葉津液。用葉篩匀，匀篩於筐內蓐紙上。却取帶蟻蠶連，以蟻向下，覆於葉上，其蟻聞葉香氣，自下食葉。不知此法者，往往以雞鵝翎掃撥，或用桃條在連背上打落。又有掃聚一二處，以紙包裹稱其分兩，布在箔上者。節節病生，多因此弊。或有多時不下椽，於連背翻過，自下又不下者，並連取去。此殘病蟻也。蠶連不可輕棄。蠶上簇時，如有雷聲，以此覆之，可免驚傷之患。待蟻下之後，將空連一稱，即知蟻之多少。如蠶連共蟻稱得九兩，今蟻下之後，空連只稱得六兩，便知下蟻三兩。三兩蟻至老可分三十箔，每蟻一錢，可老一箔。箔長一丈，濶五尺。如箔小，可減蟻種。然蠶稠，多爲後患。如養蠶過三兩者，可更加箔。如養蠶少，但用筐籠可也。總以三兩一箔爲差。均布一箔，惟在詳款稀匀，不至稠疊驚壓。上用一箔遮塵土，下用一箔隔溼氣，中箔養蠶。是時蠶母沐浴净衣，入蠶室祀神，儀注詳前。又用炭灰燒棗子一二枚，以辟邪惡之氣。又將院內雞犬畜類，逐向遠處，恐驚新蟻。

又 於巳午時間，復用蓐草綿紙，另鋪一箔，先將細切桑葉，篩於蟻上，較前稍厚些。待黑蟻上葉時，用蠶匙薄帶沙燠，輕輕將蟻欵手挑起，分如小圍棊子大，布於新安箔上，盈滿一箔。先下蟻時，留箔周邊，今布滿全箔。

又 卷五《蠶桑雜附》 以棉花包裹置溫處，一二日即生蟻。養法與春蠶無異。一十八日而老，上簇六日而摘繭，七日而蛾出生卵，又七日而卵自生蟻，是爲原蠶，其飼法必勤而無間。

又 卷六《蠶桑補遺》

蟻葉核計

蟻爲蠶種，葉爲蠶食，飼蠶而不知其數，從何下手。葉多而蟻少，一歲少收，其害猶小。倘葉少而蟻多，初下蟻時，猶能飼養。到三眠後，葉不接繼，前功盡廢，一歲無收，其害實大。至於損傷物命，更有不忍言者。古人有量葉下蟻之法，每蟻三兩，需桑五畝。但就蟻之輕重而言，未說出蟻數多寡，且桑以畝計葉數，亦難確定，終令閱者茫然。請以平日試驗之法，詳述之。擇繭下子時，雄雌蛾相配，每雌蛾一隻，可下子三百餘。十雌蛾，可下子三千餘，即可收蟻一錢。百雌蛾，可下子三萬餘，即可收蟻一兩。每蟻一錢，自小至老，約飼葉八九十觔，近地稱葉之秤，皆二十兩爲一斤。善飼者可得絲十二兩，不善飼者亦可絲十兩。每蟻一兩，自小至老，約飼葉八九百觔，善飼者可得絲百二十兩，不善飼者亦可得絲百兩。以葉數多寡，定蟻數多寡，此要法也。然蟻未下連時，其數何由而知。葉未下樹時，其數又何由而知。茲有一法焉，欲知在連之蟻數者，當於下子時，先將空連紙一稱，記號紙背。子巳下齊，合子又一稱，即知子數，仍記號連背上。來春，蟻下畢時，將空紙退除，即知蟻之確數。俟摘繭時，稱繭一觔，計數若干，合而算之，即知蠶數。約計子連一錢者，可收蟻七分；子連一兩者，可收蟻七錢。在連蟻數，總以七䞓爲差。其欲知在樹之葉數者，當於先一年桑葉正茂時，取一全樹之葉，稱準觔數若干，他樹自可類推。即可因樹之衰旺，須分新樹、老樹，沃土、瘠土之樹。預定來年所出葉數。大約肥大桑樹，一株歲可採葉三四十觔，有桑三根，可得葉九十餘觔，即可飼蟻一錢，得絲十兩之譜。有桑三十株，可得葉九百餘觔，即可飼蟻一兩，得絲百兩之譜。以此推算，百不失一，倘以僥倖之見，多養蟻一二分，未有不失誤者。此蠶事十分要緊關頭也。慎之慎之。

又 生蟻之法，用綿蓐包裹蠶連，每日夜翻轉綿包十餘次，以向下者復向上，向上者復向下。又早午晚取開棉包三次，提掇蠶連，將居中者換在兩邊，居邊者換在中間。此齊於煖種時也。種齊則蟻齊，蟻齊則眠起皆齊。

清 王纕堂《衛濟餘編》卷一五 蟻生足，匀鋪細軟蓐草，切細桑葉摻于蓐上，隨將蠶連翻搭葉上，蟻自下連。有不下者，以鵝毛輕輕拂下，却秤空連，便知蠶分両。三両蟻，可布一箔，老可三十箔。量葉放蟻，慎勿貪多。此下蟻之法也。

清 錢枚《蠶生日辭》 《清詩鐸》卷七 蠶生日辭山家以十二月十二日爲蠶生日，炊南瓜和秫作餈，拜禮甚虔，爲作此辭

炊新瓜，潔瓦缶，翁上香，兒進酒，阿婆拜前婦拜後，春爲蠶忙冬祝壽。蠶神喜，蠶子肥。蠶神怒，桑葉稀，不願餘錢易新穀，不願兒女易冬衣。齊叩頭，告神聖，惟願桑多蠶不病，多賣新絲來續命。

清 黃世本《蠶桑簡明輯説・養蠶説》 看見子色轉緑，漸轉青黑，蠶將出矣。蠶出巳午時居多，見有一二成出者，即以燈草心四五寸長者數十莖，

匀鋪紙上架空，依舊摺疊，鬆包煖好。先出之蠶，餓一日無妨。預將有眼之筐，攤棉鋪紙，紙宜光滑，以侍收蠶。明日再看，見出至五六成，然後將經霜乾葉曬脆搓末，微焙亦可，薄糝蠶紙。俟小蠶盡附，以雞翎輕輕掃在筐內，并輕輕聚攏，謂之收蠶。大約蠶重一兩，攤如七寸盤大，此蘇人法也。浙人則用鮮葉　切絲匀糝，俟小蠶附上，用尖筯箝置筐中。若有遺蠶，將雞翎輕輕掃下。

清　崔應榴彙纂，錢馥補輯《蠶事統紀》卷八《飼養》　初飼蟻黑　《爾雅翼》：初拂謂之蚝，以毛掃之。蠶尚小，不欲見露氣。桑葉著懷中，令暖，然後切之，得人氣，則衆惡除也。古者三宮夫人，桑於公桑，風戾以食之，謂及早涼，脆采之，風戾之，使露氣燥，乃以飼蠶，蠶性惡濕故也。《務本新書》：初飼蟻法，宜旋切細葉，微篩，不住頻飼。一時辰約飼四頓，一晝夜通飼四十九頓，或三十六頓。懶者頗疑煩冗，予曰：『新蟻止食桑葉脂脉，若頓數不多，譬如嬰兒小時失乳，後必羸弱病生。』蟻初生，須隔夜採東南枝肥葉，甕中另頓，旋取細切，頻飼之。《士農必用》：飼蟻之法，當宿澆其桑，旋摘其葉。宿澆則多液，旋摘則不乹。利刄以細切之，踈篩以薄布之。第一日，飼一復時，可至四十九頓。第二日，飼至三十頓，微加厚。第三日，飼至二十餘頓，又稍加厚，宜極暖極暗。大凡初蟻宜暗，眠起宜微明，向食宜明。《湧幢小品》：其既食也，乃熾炭於筐下，并其四周，剉桑葉如縷者，而謹食之。又上下抽翻，晝夜巡視，火不可烈，葉不可缺。火烈而葉缺，則蠶飢而傷火，致病之源也。然又不可太緩，緩則有漫漶不齊之患，是為看火。《月令廣義》：蟻，一名擘黑，當慎其涼暖。《士農必用》：擘黑法，第三日巳午時間，於別槌上安三箔，微帶燠，薄揭蟻，欵手擘如小棊子大，布於中箔，可盈滿，可漸漸加葉。飼，早晴，可捲東窗苫，及當日背風窗。蠶喜東照畏風。漸漸變色，隨色加減食，至純黃，則不飼，是謂頭眠。

又　分薄擡飼　《齊民要術》：蠶眠常須三箔，中箔上安蠶，上下空置。《農桑直説》：每槌上中下間鋪三箔，上承塵埃，下隔濕潤，中備分擡。《士農必用》：一箔蓐上，下蟻三兩，至老可分二十箔。每蟻一錢，可老蠶一箔。箔長一丈，潤二尺。如箔小，可減蟻。養蠶過三十箔者，可更加下蟻箔。少者筐可也。

又　卷九　《四時纂要》：正月修蠶屋，織蠶箔，造桑機。《齊民要術》：三月清明，令蠶妾治蠶室，塗隙穴，具槌椽箔籠。《務本新書》：蠶屋，北屋為上，南屋、西屋次之，大忌東屋。《農桑輯要》云：『為西照日色，又西風非長養之氣。』至穀雨日，先須泥補熏乹，暨槌了畢，勿透風氣。若逼蠶生旋泥者，墻壁濕潤，多生白醭貼沙之病。蠶屋正門，須重掛葦簾、草薦，簷外不必以箔攔夾，令時通風日。屋内東間，另用席箔，掛夾一間，于内生蟻。留小門出入，上掛蒲簾，盖屋小，則容易收火氣。停眠前後拆去。《農桑通訣》：養蠶蟻時，先辟東間一間，四角挫壘，狀如三星，以均火候。謂屋小，則易收火氣，眠後移出。蠶屋須要寬快潔浄，通風氣，映日陽。屋前不宜有大樹窖陰。南北屋相去宜遠。宜安南北窗，大忌西窗。南北窗上，各糊捲。一眠之後，但遇白日晴明，若是南風，却捲北窗，若有北風，却捲南窗，盖倒溜風氣，宜蠶故也。假有一家蠶屋三間，止養蠶十數箔，雖無北窗，亦不須刱開，盖為蠶少屋寬，必無太熱。若至二十箔以上，決當刱開北窗，近下安置，但是窗上須掛葦簾、草薦。南簷外，先架立搭棚檩柱，大眠時，搭盖以隔臨簷熵熱。西山墻外，另搭趄棚，以避滿墻西照。蠶屋西南角，從柱向南，高壘墻壁，四五步，或夾厚蘺籬障，以泥泥飾。防大眠之後，剪開窗紙，恐有西南風起，此風大傷蠶。陝西、河南尤甚，趙地以北頗緩。蠶屋忌近臭穢，夜間無令燈火光，忽射蠶屋窗孔，不得將烟火紙燃於蠶房内吹滅。蠶初生，忌屋内掃塵，忌蠶房内哭泣呌喚，忌穢語淫詞，忌不潔浄人入蠶室。

又　火倉　《務本新書》：生蠶有小屋者，四壁挫壘空龕，或八或六，頗類參星樣，一高一下，頓藏熟火，庶得火氣停匀。如大屋内生蠶，一邊難就壁龕，當於箔查外，挫壘土臺，或釘木橛，上安火盆。盆外另挾帷箔，收拾火氣。蠶小時，將牛糞墼子燒令無烟，移入龕内頓放。如無壁龕等，止於槌箔四向，約量頓火，近兩眠則止。若寒熱不均，後必起眠不齊。又今時蠶屋内，素無禦寒熱火，止是旋燒柴薪，烟氣薰蒸太甚，蠶蘊熱毒，多成黑薦。《士農必用》：治火倉，屋當中掘一坑。濶狹深淺，量屋大小。坑周圍，塼坯接壘高二尺，黏泥泥了，通計深四尺。細碎乹牛糞，坑底上上鋪攤一層，厚三四指。臘月所收槌碎者，帶根節麤乹柴，於糞上鋪一層，柴上又鋪糞一層。於柴空隙處，築得極實，慎不可虛，虛則火焰起，傷屋。又熱火不能久，糞柴相間，椿坑滿，上復用糞厚盖了，约蠶生前七八日，糞上煨熟火，黑黄烟五七日，於蠶蟻生前一二日，少開門，出盡烟，即閉了，久恐暖氣出，其柴糞陷下，已成熟火。蠶小，喜暖，怕烟，不可用生火。又生火或驟或歇，不能均匀。此火既熟，絕無烟氣。一兩月不減不動，便如無火。用柴枝剔撥，便暖氣重騰，而一室温和也。上必壘高二尺者，欲使火氣上升，至空中散布均匀，又防貪夜人行，誤陷入也。其屋乾透，其壁皆暖。黑婆等諸蟲盡熏了。牛糞熏屋，大宜蠶也。蠶喜牛糞，牛喜蠶沙。糊窗時，窗上故紙，却用浄白桑皮紙替換。外幕捲草薦，不使熱氣出。每一窗，嵌四大捲窗，宜密不透風。《湧幢小品》編經曰：『蠶薦，用以圍火，恐其熱氣之散也。』

又 《齊民要術》：比至再眠，常須三箔。中箔上安蠶，上下空置。下箔障土氣，上箔防塵埃。《士農必用》：上下二箔上，皆鋪切碎稈草。中一箔，用切碎擣軟稈草為蓐，鋪案平匀，仍須四邊留箔楂五七寸，揉浄紙黏成一段，可所鋪蓐。大鋪於中箔蓐上。《農桑要旨》：底箔須鋪二領，蠶蟻生後，每日日高，捲出一領，曬至日斜，復布於生蠶箔底。明日，又將底箔撤出，曬曝如前。翻覆襯籍，使受自然陽和之氣。停眠起食，然後撤去。

清 方濬頤《淮南課桑備要》 要量葉下蟻，每蟻一錢，至老約食葉一百六十觔。什物須量蠶預備，育蠶煖，頓數多，則老速；天氣寒，頓數少，則老遲。半夜要飼，慎勿貪睡。若二十五日老，蟻一錢可得絲二十五兩；二十八日老，只得絲二十兩；月餘老，只得絲十餘兩。

（道光）《來安縣志》卷五《食貨志下》

煖子

將近穀雨時節，簸籮葉漸次發芽，將蠶子筐挪入煖屋裏，六七日便出蠶如蟻，名爲蠶蟻。

又 開蟻

子下十一日出蠶，蠶出三日，連枝剪下，送入蟻塲，名爲開蟻。

清 高其垣《試行蠶桑説・飼蠶法六十條》 蠶出之後，付葉數次，便覺其密，用蠶筯輕輕撥開。再數次，再撥開。

護種

清 高銓《蠶桑輯要》卷上

蠶出率以穀雨為期，諺云『穀雨不藏蟲』，言蠶至此自出也。然俟其自出，則嫌其遲。田家忌三小：小滿蠶、小暑田、小雪麥。其收較薄遲故也。

又 約蠶生前七八日，糞上煨熟火黑黄烟五七日。于蠶蟻生前一日，少開門，出盡烟，即閉。其柴糞陷下，已成熟火。原註：蠶小喜煖怕烟，不可用生火，又生火或驟或歇，不能均匀。此火既熟絶無烟氣，一兩日不減不動，便如無火。用柴剔撥，使烟氣熏騰也。上必壘高二尺者，欲使火氣上騰，至室中散布均匀，又防貪夜人行誤陷入也。其屋乾透，其壁皆暖，諸蟲熏盡。牛糞熏屋，大宜蠶也。原注：蠶喜牛糞，牛喜蠶沙。案，《本草衍義》云：蠶飼牛，可以代穀。此牛性之喜蠶沙也。牛喜蠶沙，則牛糞宜蠶，亦是感應之至理。案，此即是野火。第掘阬壘磚，殊難為法，當以火□代之。蠶房四隅，貯火□各一，中央立植架蠶。一室之中，煖氣熏蒸，蠶皆得火之益，却不受火之傷，此最是平穩法也。

清 高銓《吳興蠶書》卷上 收烏　子既出齊，取前所備引草，用密篩匀篩連紙上，約如錢厚。蠶聞引草香氣，自緣而上，聚草末之面，足不著紙，以細竹竿挑起蠶連。鄉人皆用稱梗，取稱心之意。兩人對提，用担蠶毛輕拂之，慎勿重，亦不可速。下承漆盒，俾蠶聚於中。如出或不齊，次日必須再收，俗謂之『二担』。案，古人收烏之法，都不尚担。《士農必用》云：蠶已出齊，慎勿掃。多見人纔見蠶出，便以帚刷，或以鷄鵝翎掃之。夫以微渺如絲髮之弱，其能禁帚刷之傷哉？必細切葉，別布白紙上，務令匀薄。卻以出苗紙覆其上，蠶喜葉香，自然下矣。古人下蟻如此，今各鄉之收烏者，概用羽毛担之，護以引草，亦可無損於蠶。究不如古法之詳慎也！

又 飼烏　烏兒初生，微如毛髮，葉必縷切成條，方能個個上葉就食。凡切葉運刀貴速，速則葉不熟而多液。須用篩匀篩於蠶上，慎不可厚，厚則反足以致飢。何則？烏兒止食葉之脂液，葉既細切，微液不能久存，轉瞬乾癟，即不食而踐踏成綈。人見青翠盈筐，輒以爲葉未過，而不加飼，孰知蠶已不食而忍飢乎！不獨此也，厚則重疊覆壓，氣不疏通，蠶又苦悶、飢悶交加，無不病之理。每飼後，當繞筐閱視，凡葉有堆積處，撥之使平。有斑黎處，補之使滿。蓋小蠶食葉，惟近其身者食之，不能東西游衍。稍不匀，則葉多處多食，少處少食。食多者，身大而強；食少者，身小而弱。大小不齊，後日之眠起，亦由此不齊矣。《士農必用》云：飼蟻之法，第一日可至四十九頓，第二日三十頓，第三日二十餘頓。蠶漸大，葉可稍厚，故日數增，則葉數減。今不必拘日數，亦不必拘頓數。但見筐有白處，頻篩葉補之，謂之『貼白』。竟日通夜，無使一刻住嘴，烏不受飢，則長成易。所謂事貴謹於謀始也。

清 程岱葊《西吴蠶略》卷下

胎生蠶

蠶之卵生，夫人而知之。然亦有胎生者，出火以後，間生小蠶，其細如烏，俗名長筐蠶。隨母食葉，迨母蠶登簇，小蠶亦隨成小繭，形如梅核，極可愛。

清 宋如林《勸種橡養蠶示》《牧令書》卷一〇 置筐中，微火暖之，始能生子。在筐猶不斷火，或借陽光，旬餘蠶出大如鍼，以青槲嫩葉置筐內外，其蠶自上枝葉，即將枝上蠶置樹上。

清 楊名颺《蠶桑簡編》《牧令書》卷一〇 蠶初生，鋪柔草筐底，上加綿紙，紙上置蠶，取其溫軟。

收火料，蠶火料也，宜用火養之，但畏烟薰。冬月多收牛糞晒乾，蠶生時用以燃火，煖而宜蠶。

又 蠶生前七日，徐徐以牛糞煨火，合閉門窗，不令煖氣出外。蠶生前一日，稍開門令烟出盡，隨即閉之。墻壁須乾透，掃浄塵埃，塞絶鼠穴，須留猫洞。

又 下蟻各省節氣不同，只看桑葉如茶匙大，即是蠶生之候。以二連相合，包綿三四寸，置煖坑上。再用浄綿衣被覆之，不可寒冷，亦不可太熱。日夜翻轉十數次，開包忌風。或將綿包懷在身上，夜放身旁。三四日變灰白色，次日必出。先煖蠶室，令極熱，蟻出鋪連煖坑，出齊稱記分兩。共稱得幾兩，除連便知蟻數。先將蓐草鋪筐底，再鋪綿紙一層。切葉如絲，篩於紙上，以連覆葉上，聞香自下。用隔年桑葉揉末亦可。有不下，翻過自下，再不下，是病蟻，取去勿用。

又 總説：蠶本天駟之精，黄帝元妃西陵氏始蠶。卵生爲蟻，蟻脱爲眇音苗，眇脱爲蠶，蠶脱爲蛹音勇，蛹脱爲蛾，蛾脱繭復卵。蠶紙爲連，皮爲蛻，屎爲沙，蓐曰沙燠。臥曰眠，脱殼曰起。南蠶多四眠，北蠶多三眠。總之，一七而變，四變而老，七變而死，蓋氣化神物。蠶室高潔處，供奉先蠶神位，下蟻日，用牲醴祭之。

又 摘要量葉下蟻。蟻一錢，至老約食葉一百六十觔，可布滿一箔。什物量蠶預備。頓數多速老，頓數少遲老，愼勿貪睡。要緊尤在三眠後七日，若二十五日而老，一箔可得絲二十五兩。二十八日而老，得絲二十兩。月餘而老，只得絲十餘兩。蠶有十體：寒在連宜寒、熱下蟻宜熱、饑眠後宜饑、飽向食宜飽、稀布之宜稀、密下子宜密、眠蠶小眠時，宜暗宜暖、起蠶大起時，宜明宜涼、緊臨眠上簇，宜緊飼、慢方起宜慢飼。

收蠶食，夏間未經摘過，並秋深未黄桑葉，採來曝乾。臘八日，各磨成麪。又將菉豆浸半日，白米淘極淨，晒乾收好，俟三眠後用之。每箔約用豆米各半升。

清 包世臣《齊民四術》卷一上《農一上·農政》 穀雨。播稻種菜種、埽蠶蟻、種苧、種茄莧萵苣、築場、收榆莢、種薑稷玉黍、種山芋芽。

又 卷一下《農一下·蠶桑》 沐浴淨衣，入蠶室，焚香，祀先。蠶忌生人及穿孝人，内外人哭泣聲，雞犬皆遠驅之。毋舂米、築牆、埽塵、酒氣、臭氣、穢言及諸忌言。蟲鼠之類。凡蠶屋内，必畜一貓。

又 桑葉見青乃臥種。謂以連置暖處，令生蟻。出早則蠶、葉兩損。自下蟻至大眠，每盤食葉廿五斤，大眠起，每盤食葉一百斤。

又 蠶蟻宜極熱時，天氣猶寒，以盆燒牛資墼，令煙淨，燒熟送入蠶房，旁置火鍤一具，多留熟灰，以便拔覆。火盆不宜太近，宜以苫席圍其暖氣，使上下四面溫和如一。以人身試，稍涼即添火去灰，稍暖即聚灰覆火。務令順時。

又 蟻一箔者，頭眠則分三箔，周日食六頓；二眠分十二箱，周日食四頓；三眠分廿四箔，周日食三頓。三眠起，食六頓則落蓐，謂空箔。不用蓐草也，可分三十箔。今法皆於三眠後秤蠶四斤置一盤，尤捷。

清 汪曰楨《湖蠶述》卷二《收蠶》 蠶出率以穀雨為期，故諺云『穀雨不藏蟲』。《胡府志》看布種戰色，其子飽綻，即有蠶數十箇，名為横布。三朝當將種鋪開在向陽處。如陰雨，或在牀上，或在竈上，以暖處為佳。《育蠶要旨》或以桃葉火炙之。

又 卷四 下蠶後，室中即奉馬頭孃。遇眠，以粉繭香花供奉。蠶畢，送之。出火後，始祭神。大眠、上山、回山、繅絲，皆祭之，神稱蠶花五聖，《西吴蠶略》謂之『拜蠶花利市』。

清 沈秉成《蠶桑輯要·諸家雜説》

收種法

養蠶之法，繭種為先，留種之蠶，極宜加功培養。揀好蠶蟻另養，養至老時，取一刻上山之强梁好蠶，繭成過五日，揀簇頂上厚繭取下，撏去戎衣，雌雄各半。其尖細緊小者，雄也；圓漫厚大者，雌也。用扁將雌雄之繭，各置一處，日數既足，其蛾自生。若有拳翅、秃眉、焦尾、熏黄、赤肚、無毛，及先出末後生者，皆去之，留完全好者。此誠胎教之最先也。

又 春蠶可分兩次育，先一次在穀雨前後出，後一次藏於罎内，置之冷地，罎頭蓋閉，不透風熱，遲至十日後取出，一見熱風，蠶蟻盡出，繅絲分功。

又 蠶蟻下連，以一日、二日下齊為好蟻。初出，不飼無妨。初宜切葉如絲慢飼，但頭一日拂下之蟻，與第二日，各置一處。如頭一日之蟻多，飼葉三四頓，即將蟻置之稍凉處，以減頓。第二日之蟻，置之煖處，每日加一二頓，前後各飼葉三十五頓，即齊眠於一日，取齊省功之法。去沙在巳午時，待蟻上葉，用蠶箸輕輕挑過小筐内，稀密得匀。古用蠶匙，今用蠶箸。

清 何石安、魏默深《蠶桑合編》

浴種生蟻法

蠶種曰連，即上年舊蠶繭紙也。清明節，用浄水將蠶連浸一刻取起，名曰浴蠶。攤於風處候乾，用紙包裹，再包以棉花，放於浄密處。七日取出一看，俟顔色轉成翠緑。逐日看之，有三五先出者，用鷄翎掃去不用，此名行馬蟻。留之致蠶不齊。至十分中蟻出二三分，仍包好，未食葉餓一日無妨。來日取出，温處攤開，即可齊出，蟻出總在巳午居多。

下蟻法

蟻出齊時，用桑葉細切如絲，撒於連上，候蟻附上，用蠶箸輕輕拈過一處。不可用鵝翎掃撥，以致損傷。如蟻一次未能全出，仍包好明日如前移下，另置一處，切不可與頭次移下者，同置一處，致生不齊之害。移下稀匀得所，稀叠皆非所宜。蟻只移兩次，連上仍有未出者，置之。此殘病之蟻也，育之無益。

黑蟻齊生，和蟻秤連，寫明分兩，再秤空連，便知蠶蟻分兩多寡。一兩約得絲一百五六十兩，食葉約二十石，量葉下蟻，慎勿貪多。

清 何石安輯《蠶桑圖説合編・蠶桑合編》

飼蠶起底法

蠶初出時，一日起底一次，細切青葉摻上，蠶自上食，用蠶筯將浮上一層連蠶葉拈起，餘在葉底者，再細加尋撿。餘下宿葉、蠶砂，一概棄之。二眠後，蠶日長大，起底一次，放開一次。可用手輕輕將浮上一層，連蠶揭起，飼葉切不可稍粗。三眠以後，天氣温和，可以出房，總宜避風。大眠後起底，用蠶網覆於蠶上，摻以整葉，其蠶上附。飼過兩次，二人抬過空扁内，煥砂桑筋即宜撤去，以免溼熱氣蒸生病之患。蠶巳大眠，用廣盤貯之。秤蠶三斤，飼葉百斤，成繭五斤，可得絲八九兩。蠶至眠後正食時，闕一分葉，即減一分絲。四眠天氣大煖，食葉五日即老，凉則七日方老。先捉其老蠶上簇，捉一次摻葉一次，謂之上馬桑。半日許，盡皆老矣。蠶有三眠四眠者，養法同。四眠即大眠也。

清 吴烜《植桑育蠶書・養蠶説》 小蠶出後，逐日飼養，蠶下必有蠶矢、殘桑，須間日去淨一次。否則濕熱上蒸，蠶必致病，浙人謂之起底，蘇人謂之縣讀作體。

又 三日可出，須逐日開看，見子色轉緑，漸轉青黑，蠶將出矣。蠶出巳午時居多，見有一二成出者，即以燈草心四五寸長者數十莖，匀鋪紙上架空，依舊摺叠，鬆包煖好。先出之蠶，餓一日無妨。預將有眼之筐，攤棉鋪紙，紙宜光滑，以待收蠶。明日再看，見出至五六成，然後將經霜乾桑曬脆搓末，微焙亦可，薄糝蠶紙。俟小蠶盡附，以雞翎輕輕掃在筐内，并輕輕聚攏，謂之收蠶。大約蠶重一兩，攤如七寸盤大。此蘇人法也。

又 哺養不宜過早，早則桑葉未生，且天寒易病。亦不宜過晚，晚則必多蚊蠅。蚊叮則當有黄癍，上山作繭未半，黑爛繭中。蠅叮則成繭後，即有尖蛆鑽出，繭有小孔，下水即沉，不能繅絲，故蠶出在穀雨爲宜。時天氣已暖，可無病變。桑葉漸大，可資飼養。食葉無剩，可以省葉。節近小滿，即可上山。大約自出至老，速則二十七八日，遲則一月爲期。是時，蚊蠅未多，可無侵嚙之患。

又 育蠶必先量葉，量葉必先秤蠶，方有把握。小蠶初出，連蠶秤紙，記明分兩。收下後，再秤空紙，便知小蠶分兩。明日再收再秤，每小蠶一兩，食浄葉約二十担，可得絲一百五六十兩。三眠時，併在一筐，秤蠶一斤，可得絲一斤。四眠謂之大眠，每蠶一斤，除以前食葉不算外，以後再食二十餘斤，約可收繭二斤。每繭一斤，多則繅絲二兩，少則一兩二三錢，多寡不齊，大約總以十分繅一爲常，而食葉之多寡，亦可預定矣。

又 哺春蠶法：清明日，將蠶紙摺叠，夾以葱韭蒜葉養蠶時，便少避忌，用紙包之，外更包以新棉。須氣血壯旺之人，無分男女，夜則覆在被上，清晨人起，盖在被中，以沾暖氣。視桑葉已大如錢，晝則縛在胸背，夜則覆在被中，須防壓壞，更宜表裏互易，使暖氣均勻。三日可出。須逐日開看，見子色轉綠，漸轉青黑，蠶將出矣。蠶出巳午時居多，見有一二成出者，即以燈草心四五寸長者數十莖，勻鋪紙上架空，依舊摺叠，鬆包煖好。先出之蠶，餓一日無妨。預將有眼之筐，攤棉鋪紙，紙宜光滑，以待收蠶。明日再看，見出至五六成，然後將經霜乾桑曬脆搓末，微焙亦可，薄糝蠶紙，俟小蠶盡附，以雞翎輕輕掃在筐內，并輕輕聚攏，謂之收蠶。大約蠶重一兩，攤如七寸盤大，此蘇人法也。

清　吳宗周、陳幹材、徐謙山《蠶桑白話》卷二　一種將桑花揉碎在種紙上面鋪勻，過兩三點鐘就把桑花除去，等至第二天十點鐘蠶子出世格外多了。等差不多出完了，就把他收下來，叫做『收蟻』。這收蟻的法是把一個大匾，上面鋪一張白紙，紙上圈幾層大圈像左邊所畫的樣了就是。

清　王忠清《東南蠶事論》《蠶事統紀》附　夫田為糧食之本，蠶為財用之源。而蠶有寒熱之分，有緊緩之飼，有晝夜供食不倦之勞，有溫和合時之序。勤視當心，乃全獲。怠惰失理，則薄服。惟有法有序，方得財用之源不竭。穀雨左右，蠶蟻將出殼，務向喜神吉方，將種攤候暖處，俟其出齊，將野薔薇葉炒燥為末，摻勻蟻上。再俟其立完脚頭，然後用鵞毛輕抹做一處，細細撥勻，將嫩葉貼平餵食。天暖涼之，天寒暖之。蠶房內，須種火缸，替須要薄。看蠶身完，即是頭眠。

清　尹紹烈《蠶桑輯要合編》　蠶有七忌：自生至老，大忌煙燻，忌酒醋五辛，忌香麝油氣，忌飼濕葉，忌飼熱葉，忌側近舂搗，忌喪服與產婦。善育蠶者，蠶生於穀雨前後，不過二十七日即老，少病，省葉，多絲。

又　蠶欲三齊：子齊，蟻齊，則蠶齊。

蠶有五宜，方眠時宜暗宜燥，眠起以後宜明，向食時宜加葉緊飼，新起時怕風，宜薄葉慢飼。

又　養二蠶法

春蠶種，清明時，將連紙捲好，掛於透風極涼處，方不出蟻。至五六月臨養時，放煖處，一日即出，明年養二蠶，即用此二蠶種更好。惟起底飼葉，格外要勤。二十一二日即老。最忌大蒼蠅，亦忌大熱。春蠶宜煖，二蠶宜涼，是也。

清　俞墉纂輯《蠶桑述要》　蠶生之時，大約在清明以後，穀雨之前。遲早雖有不同，總不越此節氣。其初生之先後，須視天氣之寒暖。天暖則早，天寒則遲。如節過清明，天時寒冷，察看新茁桑葉團圓，已有一二寸大，則將蠶種用紙包好，外加絲綿裹之，置之懷中，或床上棉被皮衣之內。不過一二日，陸續齊生。

又　蠶生都在正午以前，交未申之後，生亦不多，又須遲之。次日寅夘之後，午前掃烏螘，約二時半之久，即宜放葉。

清　張壽宸彙輯《蠶桑圖説提要》

下蟻法

蟻出齊時，用桑葉將桑碪同砧上細切如絲，撒於連上，候蟻附上，用蠶箸輕輕拈過一處。切不可用鵞毛掃撥，以致損傷。如蟻一次未能全出，仍包好，明日如前法移下，另置一處。切不可與頭次移下者，同置一處，致生不齊之害。移下稀勻得所，緊叠皆非所宜。蟻只移兩次，若連上仍有未出者棄之，此殘病之蟻也，育之無益。

量葉下蟻法

黑蟻齊出，和蟻秤連，寫明分兩，再秤空連，便知蠶蟻分兩多少。每蟻一兩，至蠶大眠後，用廣盤貯而復秤之，約得蠶五十斤，收繭一百斤，收絲一百五十兩，前後食葉二十石，約一千六百觔。量葉下蟻，慎勿貪多。

清　鄒祖堂《蠶桑事宜・飼蠶法六十條》　蠶出之後，付葉數次，便覺其密，用蠶筯輕輕撥開。再數次，再撥開。

清　曹笙南輯《五畝居桑蠶清課》卷二《育蠶徵信篇》

春蠶分養法

《蠶桑續編》：春蠶可分兩次育。先一次在穀雨前後出，後一次藏於壜內。置之冷地，壜頭蓋閉，不令透風。遲至十日後取出，一見熱鼠，蠶蟻盡出，繅絲分功。

又　《三才圖會》：『筐圓而稍長，淺而有緣，適可居蟻蠶。』

清　曹倜《蠶桑速效編・禁止竊桑章程》　浙人則用鮮桑切絲勻糝，俟小蠶附上，用尖筯箝置筐中，若有遺蠶，將雞翎輕輕掃下。一法：俟小蠶附葉，以紙覆之，兩人執角，將蠶紙合轉，小蠶隨葉盡下，既可省力，更無損傷，此法尤善。既收之後，尚有未出之子，仍將蠶紙煖哺，明日巳午時，攤在筐中，架在空鍋，以受煖氣。蠶即盡出，如法再收，另貯一筐，切不可與初次所收，同置一處，致有不齊之病。收過兩次，尚有未出者，皆劣子也，卽使再出，亦多病蠶，不能作繭，作繭亦薄，可卽棄之。

清 曾鉌《蠶桑備要》卷三 生蟻之時，將蠶連置懷中者，則表裏互易。不置懷中而裏以棉花者，則以中層與上下層互換，使煖氣均勻，此齊於煖種時也。蟻出之後，同日時下連，先後下連之蟻，各置一器，此齊於收蟻時也。

又 卷四 量葉下蟻。不可貪多，反致葉缺，力絀悞事。蟻一錢至老，約食葉一百五六十觔，可布滿一箔。什物量蠶豫備。一錢淨子，須一丈長、五尺寬一箔。頓數多，速老；頓數少，遲老。養蠶莫巧，食到便老。殷勤按時餧養，蠶室溫煖，不惟繭堅多絲，亦且省葉絲韌。若怠惰因循，或飢一頓飽一頓，緊一頓慢一頓，寒一時熱一時，不惟繭薄絲少，亦且費葉絲腐，難上機杼。

又 下蟻各省節氣不同，只看桑葉如茶匙大，卽是蠶生之候。以二連相合，包綿三四寸，置煖坑上。再用淨棉衣被覆之，不可寒冷，亦不可太熱。日夜翻轉十數次，開包忌風。或將綿包懷在身上，夜放身旁。三四日變灰白色，次日必出。先煖蠶室，令極熱，蟻出鋪連煖坑，出齊稱記分兩。共稱記分兩，除連，便知蟻數。先將蓐草鋪筐底，或多鋪紙，天涼或襯棉花。再鋪綿紙一層。切葉如絲須切碎如米，篩於紙上，以連覆葉上，聞香自下。用隔年桑葉揉末亦可。有不下，翻過自下，再不下，是病蟻，取去勿用。蟻既下連，三朝出齊。不下連，不飼無妨。現采新葉，切碎如米，篩葉蟻上。要薄而勻。第一日飼三頓，第二日飼五六頓。葉微加厚。第三日飼七八頓。

撥寬 下蟻餧葉，數次之後，便覺其密，須用蠶筷子或雞翎管，輕輕一層一層往寬撥，使逐處露紙底。然後將切碎如米桑葉勻灑，再餧數次，又覺其密，又撥開，務使稀勻。

又 以棉花包裹置溫處，一二日卽生蟻，養法與春蠶無異。一十八日而老，上簇六日而摘繭，七日而蛾出生卵，又七日而卵自生蟻，是爲原蠶。其飼法必勤而無閒。

清 陳雪堂《蠶桑簡法》卷上《養蠶撮要》 附濕連之法 濕連之法甚多，就中以桑花濕連最爲妥善法。於收蟻前一日，見有二三頸孵化者，是夜可將桑花揉碎，平鋪於籚中，約二三分厚。繼以蠶種二張面合，用紙包就，平置其上。而種紙上再覆以桑花，以不見種紙爲度，約二三時而撤去，則卵得潤澤，發生卽能齊一矣。

又 收蟻

蠶兒初生如蟻，由種紙而收下者，謂之收蟻。按蟻蠶發生，約在午前八九時，至正午十二時爾。時啓其紙包，以視發生齊否，如有半未發生，仍宜將種紙包好，待來日午前八九時收下。收下之法有六，曰桑掃法、紙掃法、羽掃法、綱掃法、糠掃法、打落法。此六法中，互有良窳，欲確知蟻量，可與以適當之桑葉者，其惟打落之一法也。打落法者，乃用坪紙一張，秤其重量，記於紙之一隅。遂於紙包內取出蠶紙，以羽箒先掃下四隅蟻蠶，乃將卵面向下，距坪紙三四寸許，使二人各持種紙之兩隅，以蠶筷或羽箒之柄，突打種紙背二三下，蟻蠶卽悉落於紙上。若尚有未下者，可再打之。然後連蟻蠶與坪紙，權其輕重，減去坪紙重量，卽蟻量也。撒以細糠約蔽蟻體爲度，上給細葉少許蟻一錢用葉五分，名曰呼出桑。俟蠶盡出，糠上再加以糠蟻一錢用糠二合，用羽箒或手，仔細攪勻，定座一坪對蟻量一錢而言，每方尺曰坪，更給以三倍於蟻量之細桑，是卽收蟻之大要也。

清 陳淳《實驗蠶桑簡要法》篇下《養蠶法》第三章《調停溫度之法》 蟻蠶宜暖，初眠後宜溫，大眠宜清涼，上簇宜極暖，此雖吾國舊法，亦極合蠶之生理，調溫者烏可懵然不知哉？

又 第七章《置辦蠶具之法》 分收蟻、切葉、養蠶、製種四大項。尼父云『工欲善其事，必先利其器』，今飼蠶而望得成績之良好，於此入手之蠶具，烏可不如法置辦哉！

蠶戥必須購置，以蟻蠶爲一極輕微動物，差以分釐，謬以千百。倘無此戥，旣不能確權蟻量多寡，貽誤處必非淺尠矣！

又 礱糠須於冬令農隙時，洗除塵埃，使乾淨，豫儲之。以二成磨細糠，以便收蟻及稚蠶時用可也。

又 收蟻具一

蠶戥一把、鵝毛二條、蠶筷二雙、包種紙五張、坪紙四張。

又 第十三章《收蟻之法》

（一）催青至兩週後，連上先出數十頭者，名行馬蟻，宜棄去。是晚或翌早三四時，卽行包好。法移兩蠶連對面合放包種紙中，先摺左右兩面，再摺上下，遂翻轉標某某種三字。但包種時不以兩種合包一紙，最宜注意。

（二）翌晨十鐘許，攜收蟻具入室，先秤記坪紙。乃靜開包紙，以鵝毛掃蠶連四隅及背面之蟻，使二人對立，各堅持連角，卵面向下，距坪紙一二寸高，以蠶筷突擊連背，貴輕重適度。如有未下者，萬不可以鵝毛掃下，宜暫歇再擊。然後權坪紙，減去先記紙量，即知蟻量之輕重矣。

（三）蟻量收定後，先放細糠，約沒蠶身爲度，次放呼出葉於糠上。經二三十分鐘，俟蟻悉出糠上，乃把紙之四隅，集蟻於一處，以手輕輕攪拌，使不纏綿。行定坪法後，復仔細將蟻勻鋪，卽行餵第一次之居並桑，以後照給葉標準飼之可也。

（四）收蟻須注意蟻毛竪立則行，毛若横列，是初出未乾，可暫緩。因蟻方孵化，體膚輭嫩，藉表面叢毛護體故也。

（五）收蟻前，須豫算蠶室大小、蠶具多寡、桑葉及人工若干，而後可定收蟻之量。萬不可漫然貪多，致將來得不償失也。

（六）收蟻後，將收蟻時所用之簏，悉付烈火一烘，免蟻蠶遺留，將來有雜種之患。

清 陳恢吾《農學纂要》卷四

哺春蠶法

浴種生蟻　節交清明，先用净水將蠶種浸一刻取出，名曰浴蠶。一法用火酒噴一過，能免黄軟瀉病。攤於風處候乾，然後將蠶子摺疊，夾以葱韭蒜葉。養蠶時便少避忌。用紙包之，外要裹以新棉，須血氣壯旺者，無論男女，晝則懷在胸中，夜則覆在被上，清晨人起，蓋在被中，以沾暖氣。宜表裏互易，使暖氣均勻，三日可出。須逐日開看，見子色轉緑，漸漸青黑，蠶將出矣。如有三五先出者，用鷄翎掃去不用，留之致蠶不齊。蠶出在巳午時居多。見有一二成出者，即以燈草心四五寸長者數十莖，勻鋪紙上架空，依舊摺疊，鬆包煖好。蓋先出者，餓一日無妨。明日再看，見出至五六成，然後收下。

清 陳開沚《裨農最要》卷一　予家世業蠶，其祀蠶神，倣吴人張成故事，於正月十五夜作白粥泛膏，設香帛酒肴，依正宅蠶室方祀之。下蟻時，又命蠶母率子女於蠶室祀之。

又　進火法

凡蠶畏冷，然亦不可傷熱。一日内，分四時，寅、卯、辰如春，巳、午、未如夏，申、酉、戌如秋，亥、子、丑如冬。又陰晴風雨，卽分寒熱，須以進退火盆為調劑。如蠶蟻時宜極煖，天氣猶寒，以盆盛牛糞無烟火，送入蠶室，旁置火鏟一具，多留餘灰，以便撥覆。火盆不宜大近，宜以席圍其煖氣，使上下四旁，温和如一。

又 卷三　如因留種太多，恐後來過於忙迫，分作兩次生蟻亦可。前一次生蟻比後一次，相去十日為度，忌熱。太熱，則蟻不出，出亦枯焦不旺。

又　下蟻

先祀蠶神，後取綿布，或用灰，用茅草，俱可。鋪箔中為蓐，又揉細白紙粘蓋。然後摘桑葉，著懷中片刻令煖，用薄口快刀，刀快截葉，則津液多。截極細如絲。下蟻時方可截，旋截旋篩。若先截先篩，則津液乾。篩鋪紙上，務令勻薄。然後以連覆葉上，蟻聞葉香，自然下連就葉。倘覆多時尚不下連，或緣上連背翻過，仍不肯下者，此病蠶也。併連稱之，寫定分兩。此時棄之，則傷物命，育蠶者不宜如是毒！收之，則損好蠶，養蠶者亦豈如是愚！惟以枝敲連背，或以羽掃連面下之，另置一處，飼以劣葉。如鷄桑葉、枯葉、捲耳葉、烟薰葉、雜桃桐葉、近糞池等葉。飼好蠶所不用者，概與食之。成則尚收薄軟小繭；不成，亦全此心之仁愛。況未必無一成者！如有肥美之蠶，仍可選出，與好蠶同飼。猶之生子肥壯者養之，瘦弱者忍棄之乎？欲收蠶利，須恤蠶命，且不費好葉，何憚不為？

又　稱連

煖子時稱連分兩，下蟻時又稱空連分兩，除去空連若干，便知得蟻若干。每蟻一兩，初生至作繭，約食葉一千五六百斤，卽預備葉一千五六百斤。蠶旺者尚不足，蠶不旺者則有餘。所以他省有二眠大眠稱蠶計葉之法，宜隨時視蠶盛衰，酌葉多寡，不可拘泥。

又　飼蟻

蠶書有第一日飼三十六頓，第二日飼卅頓，以後按日遞減六頓。又有第一日飼一頓，第二日飼二頓，以後按日遞增一頓二説，有太過不及之弊，子酌其中。新蟻下連，每時飼一頓，如午初下蟻，午未申酉戌各飼一頓。篩葉要薄而勻，惟戌時一頓稍厚後倣此。蓋蟻初下連，只食葉之津液，如小兒下地飲乳。不久卽飢，飢便思食。養之之法，桑宜宿澆不宿澆，則津液少。葉宜現摘，不現摘，則津液乾。刀宜快，刀不快，則葉少津液。切宜細，切不細，則蟻難食。篩葉宜薄宜勻。不勻，則飢飽不一；不薄，則蟻未食徧，津液已乾。下蟻第一、二、三日，尤宜極薄。又須旋摘旋切旋篩。以津液易乾，不宜久停也。

清 董元亮《柞蠶彙誌・春蠶飼育法》

出蟻

蠶蛾産子後，將蠶子移入温室，置筐中。數日，其子由微黄漸變成淺黑色，三四日後，即出小蠶，是名曰蟻。其不變淺黑色者，其子即蝦，不能成蠶，俗所謂『寡蛋』者是也。蠶生之初，必先自食其殻，能食净盡者為佳。

清 方大湜《桑蠶提要》卷二《蠶事四十條·**蠶屋**七則》

蠶生前幾日，以牛糞煨火熏之，熏時須合閉門窗，不令煖氣外出。蠶生前一日，稍稍開門出煙，煙盡仍閉。若遲近蠶生之時，始行泥補，則牆壁溼潤，多生白醭、貼沙之病。

又《**生蟻**五則》

煖子時候　清明後，穀雨前，取蠶種置懷中，或裹以綿花，謂之煖子。然清明、穀雨，亦是就大概而言。其實各省節氣寒煖不同，煖子遲早自不一律。大約不論何省，不論何節氣，祇看桑上生葉大如茶匙，便是煖子之候。以此爲準，既不失之過遲，亦不失之過早。桑葉未生，切勿早煖。

煖子法則　綿花之外，再裹以潔淨綿襖。綿襖之外，仍覆以潔淨衣被。置溫室牀上，時常用手試探，以被底有溫和之氣爲妙。如因留種太多，恐將來繅絲，過於忙迫，卽分作兩次生蟻亦可。後一次生蟻比前一次可遲十日。須藏蠶子於罏內，置之冷處，封閉罏口，勿令風熱透入。十日後取出，蠶子一見熱風，蟻自皮殻而出。

又《**收蟻**五則》

下蟻之法　新蟻微渺如髮，最易損傷。下蟻者或以雞鵝翎埽撥，或以桃柳枝敲打連背，皆非善法。莫妙於出齊之後，用快刀切桑葉，細如絲髮。下蟻時方可切葉，預切則葉乾無津液。用篩子篩於盤內蠶蓐上，務要篩勻，不必過厚。然後以蠶連覆葉上，蟻聞葉香，自然下連就葉。儻覆葉多時，尚不下連，或緣上連背翻轉，仍不肯下，比病蠶也，併連棄之。

又　下蟻之多寡，應以桑葉之多寡爲準。故養蠶者，必須量葉下蟻。新蟻一錢，三眠時，約可得蠶一斤。每三眠蠶一斤，前後食葉約一百四五十斤。此湖州人算法也。新蟻一錢，大眠時，約可得蠶五斤或六斤不等。每大眠蠶一斤，前後食葉二十五斤。大眠蠶五六斤，前後食葉一百三四十斤。此杭州人算法也。

又　稱輕重　養蠶者知桑葉之多寡，而不知蟻之輕重，則把握毫無，不是蠶多葉少，便是蠶少葉多。昔人成法，有以母蛾之多寡定蟻之輕重者詳留種第五則。有以子連之輕重定蟻之輕重者詳留種第六則。此皆約畧計算，不如收蟻之時，稱其輕重，較爲的確。稱之之法：蟻未出時，子在連上，卽先將蠶連稱準，寫計分兩於連背。俟新蟻下連之后，再稱空連，除去空連分兩若干，便知蟻重若干矣。此法最穩。若待蟻生之後，將蟻埽聚一處，以紙包裹，稱其分兩，則蟻必受傷矣。留種第六則稱連法，與此法大致相同。但彼是先稱空連，後將子與連合稱；此是先將子與連合稱，後稱空連。

又《**養夏蠶法**九則》

煖種　夏至前數日，以綿花包裹蠶連，置溫煖處，一二日卽生蟻。

計日　夏蠶生蟻後，十八日而老，上山六日而摘繭，七日而蛾生卵。

又《**春季**十五則》

育蟻

蠶既出，用新折柏枝，勻鋪筐內，蠶聞柏葉氣，自然緣上柏枝。柏枝氣香，且紋理相澀，易於攀援。卽連蠶與柏枝，提置青棡樹上嫩芽中，餧養。甯羌則於蠶生之後，辰巳時將蠶筐置水渠中，筐底支以石，勿令沾水。插青棡等樹枝梢於筐之四圍水內，以免枝葉乾枯，蠶聞葉氣，卽出筐上葉。筐邊之葉，須常換新鮮者，毋令蠶餓。換葉時，須將新枝挨舊枝，俟蠶上新枝，然後拔去舊枝。筐內如有未出之蠶，午後仍取回，懸煖室中。次日蠶出，仍照上法。水邊搭草棚，日夜看守。諸城則於蠶出後，翦嫩芽初放不及麥大之柞櫟枝，細成小把，置蠶於枝上，插淺水中，晝夜看守。魯山則於蠶出後，用羽翎埽入盤內，以初發小櫟葉，切細餧之。數日後，已出之蠶，稍稍長大。未出之蠶，亦已出齊。然後翦下嫩櫟枝，約長尺許，捆成小把，如一握大。將蠶放小把上，插淺水邊，蠶得水氣，則火氣自消，免致生病，將來結繭，亦復潤。鄧州則於蠶出後，卽翦櫟樹嫩枝，捆作一束以束之，上截放蠶以束之，下截浸水盆內，食盡再換。

又　飼葉須分別眠起　古人眠起，取齊之法，至周至密，擇種下子，寫記日期，以同日所生之子為一起，連上如有空缺，即日補滿，此齊於收種時也詳留種第五則。鹹種以鹽醃之，淡種以石灰醃之，去其子之無力者，此齊於浴種時也。詳浴種第一、二則。生蟻之時，將蠶連置懷中者，則表裏互易。不置懷中，而裹以綿花者，則以中層與上下層互換，使煖氣均勻，此齊於暖種時也詳生蟻第三則。蟻出之後，同時下連，先後下連之蟻，各置一器，此齊於收蟻時也。詳收蟻第一則，第三則。下連有先有後，先者減頓，後者加餐，此齊於育蟻時也詳育蟻第二則。如法行之，種齊蟻齊，眠起自無不齊之理。然究未有一時盡眠，一時盡起者，所以昔人又有抽飼斷眠之法。抽減已眠者之葉，專飼未眠之蠶。如十分中有三分黃光，則是眠者三分，未眠者七分，即抽減桑葉三分，而以七分葉專餧未眠之蠶；如十分中有黃光七分，則是眠者七分，未眠者三分，即抽減桑葉七分，而以三分葉，專餧末眠之蠶。已眠未眠，同置一器，其說必不可從。眠者色黃，純黃之中，有由白而漸黃者，與純黃不甚相遠，頻飼以督之，猶可相及。若已見純黃，又多青白，則與純黃相去遠甚，飼雖頻，亦不能及。且蠶眠一晝夜，以安靜不擾為得所。今以青白者尚多，飼而亂之，動而蹂之，則先眠者失其所矣。迨青白未眠者，變而欲眠，則前之眠者已起，因後者方眠，而停起者之食，起者既不堪其餓，因前者已起，而不停起者之食，眠者又不堪其擾，多病少絲，實由於此。故抽飼斷眠之法，必不可從，其餘收種、浴種、煖種、收蟻、育蟻諸法，一一照行，尚不能一時盡眠，一時盡起。若不照行，則種類亂雜，眠起之前後，相去更遠，故收種、浴種、煖種、收蟻、育蟻、諸法，亦不可廢。飼蠶者須分別眠與未眠，未眠者另置他器，頻飼以督其眠；已眠者，置之靜室，以俟其起。詳頭眠、二眠、三眠、大眠各條。

清 關維震《養蠶法》第三章《催青》 若天氣驟熱，則桑發必速，收蟻亦當從早。溫度應增一度者，可增度半；應增兩度者，可增三度。庶一星期內外，即可孵化，以免葉質堅硬，不適稚蠶。惟未發蟻之前，每日溫度變通增加則可，驟較前低下則不可。蓋溫度驟低，胚子發育驟然中止，受病非淺。若發生時，桑葉尚少，寧可任其出蟻後，再將溫度低至六十四五度，不使乾燥，稍餓一二日，尚無大害。

又 第四章《掃蟻》 掃蟻之方法，宜注意左列各條：

將已出蟻蠶，移入蠶籃，不可使蠶體稍有損傷，并防散逸。

宜稱准蟻量。

配置蠶籃宜均一。

宜使蟻蠶同時就食，且同其食量。

掃下已出之蟻，不可損未出之卵。

施行宜迅速，不多費時間及手續。另將通行各各方法列後，其中不免互有長短，宜比較短處少處多者用之。於短處宜格外注意。

打落法　先將鋪於蠶籃之紙，稱准分量，記於紙背。然後將所包種紙，輕輕打開，用鵝毛先拂下四角及背面散逸之蟻，持紙角翻轉，離籃上所鋪之紙三四寸許，用筷輕擊紙背，蟻必震落。惟過輕則蟻不墜下，重則未出者難免受傷，是其缺點，宜留意不可過輕過重。打後如察視未落之蟻，可用鵝毛徐徐拂下。落盡以後，將紙連蟻捲起稱准，減去紙背所記紙量，即得蟻量。稱後鋪好，於蟻上面薄撒細碎礱糠，糠上給與蟻同量剉細之嫩桑。經過十五分或二十分時，視蟻悉出於糠，集於葉上，再撒少許之糠，和蟻稍拌，擴成適宜之座。再經三十分時，俟蟻集糠上，再給以挫細之桑。此次約需蟻量三倍，不可過少過多。

糠掃法　先將包好種紙，連包紙同稱，記其分量。將包紙打開，即撒細糠於上，糠以隱蟻爲度。給與少許嫩桑，靜候二十分時，視蟻皆由糠而上，乃將種紙提起，輕拂於蠶籃紙上，不盡者用鵝毛拂淨後，然後將種紙包紙再稱。所減前記重量，即爲蟻量。落下之蟻，再稍加糠攪拌，勻座給桑，皆與前同。此法使蟻連糠墜下，有所憑藉，且不致震動未出之蟻。與前打落法，皆爲近時所常用。惟用糠攪拌，難免有傷蟻體，尚未盡善。拌時務以輕爲要。

又 第五章《飼育》 第一次給過後，第二次則宜稍遲。須視蟻蠶皆有十分食慾之時，方可再給，庶以後易收發育齊一之效。

清 何品玉輯刊《蠶桑會粹・種桑養蠶格式》 七日通烏，至晚用簸蓋住，第八朝辰卯刻，概出蟻矣。蠶蛋格，如托盤樣，上以薄板蓋黑不通光，彼即生蟻。至留下來年，種者大造在初，造留蠶連。順德人所謂『歸春』者，即指此。

又《種桑各法》

飼蠶下蟻

蟻初生，不妨稍饑，須俟齊出，方好下葉。餓一日不妨，倘本日出有八九成，其餘殘蟻不可用。將下葉時，宜和連秤，記分兩。俟蟻下簸，除去空連，便知蟻數多少，方好量桑下葉。移蟻，宜切葉如絲，撒於簸內，取蟻紙覆於葉面，其蟻聞香自下。少頃，撤開空連，最為捷便。不必用鵞毛掃蛾。出蟻，在巳午時居多。

清 黃祖徽《蠶桑淺説・養蠶篇》第三章《育蠶法》第一節《數蠶》 養蠶須先知蠶數，然後給葉，容器方有準則，計蠶子一錢，約有四千；蠶蟻一錢，約有九千。稱子稱蟻均可，惟稱蟻最準。

清 江志伊輯《飼蠶法》 凡蠶子將出蟻時，須將蠶室掃除潔淨。其法有四：一、墻壁刷以濃厚灰水。二、地枰洗以濃厚草水。三、每十方尺面積之蠶房，緊閉各孔，薰燒硫黃一啓羅格合漕平二十七兩二錢八分八釐，至二十四小時。

四、蠶具均置室内，使磺氣薰透。薰畢，開出外向小窗，使天氣通入。久之，人方可入室。

又 收蟻，蠶子既出，大勢已齊，於己午時間，過時則尚有餘寒，過遲則煖氣已退。擇室中無風處，以秈稻草灰，鋪於飼蟻之筐内，厚半寸許，上鋪以光滑潔白之紙一張，匀鋪細切之葉於上，將蠶連有蟻一面，向葉上覆之，下蟻之法，惟在詳款稀匀，不至驚傷稠疊。向來均用雞翎掃拂，或用小竹片於連背輕敲，均不可從。蟻聞葉香，自然下矣。其過時不下連，及緣上連背者，宜棄之。既下之後，以蠶筯輕輕撥開，不可稍有疏密，否則眠起不齊。其未出者，次日如法下之別器另飼。如第一日之蟻多，飼葉三四頓，即置凉處，減頓數。將第二日之蟻，置煖處，每日加一二頓，不過數日，與第一日之蟻頓數相當。各飼葉三十頓左右，即齊眠矣，是一日取齊之法也。日本收蟻法，於前一日午後，見蟻生數十百頭，取而捨之。翌日溫度，若至七十一二度，則午前七八時，必盡發生，經三時間，收下之。先取美濃紙大等蠶籠者，稱其重量後，覆種紙於上，候蟻蠕動既息，以毛帚柄輕擊連背，則蟻落下，再稱蟻與紙之重量，除去紙量，便得蟻量矣。一法，以籾糠之細者撒連上，糠上置葉，俟蟻徐行出糠，然後帶葉移蟻於他器。飼蠶須疏密得宜，其坪以多三倍爲適。若蠶種一方尺，當擴坪三方尺，方有餘地，爲蠶運動，否則稠疊積壓，致後日眠起不齊。 法蘭西法，出蟻時，將新切之桑葉，散置紗上，俟蠶盡上葉，移置蠶籩，謂之起蟻。每日於十點、十二點時間，起一次，每次所起之蟻，以三日爲限。三日未出，非弱即病，宜去之。另飼一籩不可先後和併一處。初出之蠶，先於籩紙上撒以葉絲，然後置蠶其上，再撒以葉絲，使上下之蟻，皆可得食。蠶之口直食葉時，多由邊直下。葉絲邊多而食易，於蟻尤宜。出蟻有先後，欲使眠起齊。一法，將第一日之蟻，置架之下層得熱度少；第二日之蟻，置中層；第三日之蟻，直上層得熱度多。上層之蟻，比下層之蟻，日多飼一二次，則三四日後，前後之蟻可以同等。其飼法，下層第一日出者日飼葉絲三次，早晨五點、正午十二點、晚八點，各一次。中層第二日出者日飼葉絲四次，上午五點、十點、下午三點，晚八點，各一次。上層第三日出者每日飼葉絲五次。上午五點、九點，下午一點、五點，晚九點，各一次。但蠶在初齡，第一日出者，每日夜飼葉至少須六次，次日出者須七次，三日出者須八次。惟首日飼葉，以後每日均須照常，能付葉薄而次數匀，於蠶最爲有益。

又 凡蠶出三四日後，易以他器，又兩三日，有色微白，嘴上隱隱有尖角，而不復食葉者，初次眠也。將眠者，向亮處照之，頭帶綠色，尾似淡紅色，俗稱見紅綠絲。此時布葉漸薄，至一周，已眠齊矣。其將眠未眠時，布葉宜勤，勿令稍餓。眠未齊時，仍照常飼葉。俟眠齊，以絹篩薄篩糠灰於蠶上，而布以葉，其未眠之蠶，皆脫灰而上，以蠶筯輕輕挾葉，另置他器，布葉數次，則亦眠矣。再用前法，挾其不眠者是謂青頭，飼之無益而棄之。其眠者，以蠶筯撥之使鬆，再篩糠灰一次，置之靜室，以俟其起。兩次眠者，宜分器飼之，不宜合併。

又 忌遇風雷。蠶吐絲時，遇風則縮，宜四面圍護，不使風吹聞雷，則驚而不成繭，宜以蠶蛻紙覆之。蠶蛻爲蠶母，母在則子不驚。收蟻之後，其蛻紙切勿棄，却留以備用。忌逢寒冷寒則成繭遲，宜四周置火，以煖之。

又 蠶宜三稀，一下蟻，二上箔，三入簇。 蠶宜五廣，一人，二桑，三屋，四箔，五簇。 蠶方眠時宜暗，眠起後宜明。蠶小及向眠時，宜暗宜煖。蠶大及眠起時，宜明宜凉。向食時，宜風，開背風窗，閉迎風窗。宜加葉緊飼。新起時，怕風，宜薄葉慢飼。 蠶有三光，白光向食，青光厚飼，皮皺爲飢，黃光以漸住食。

又 采摘：蠶出四十餘日，老而退臕，始吐絲綳三四葉如甕，名曰爬甕，然後成繭。成後，自瀉白漿，漿繭三日，漿乾繭硬，始可摘。若溼採之，則繭壞。其高者，梯取之。毋搦使餒，毋按使凹。連葉摘下，其繫於葉處，曰蔕，去蔕則傷繭。絲包於繭外者，曰衫，留衫則綢之花紋美。故采繭時，蔕衫均不宜損傷。若方爬甕而未成繭者，慎勿驚，驚則四走。其未爬甕，尚食葉者，移之他樹。不移，則摘繭時，礙其食也。摘已，筐載而歸之，廠晞其葉而剝之，剝繭必順其系，逆則傷繭。系爲上，剝宜自上而下。其大而厚，不封口，當口有黑迹而溼，是曰油頭。口封而汁汙溼，曰血繭，皆口餧而敗水所積，雖善亦敗。其薄而不堅，曰二皮，繭之未完者，是皆病繭，必汰之，存則蛀。剝已，置架牀布篾箔，累繭其上下，以烈火炕之。炕法，以篾席覆繭上，中留一孔，以乾稻草掩之，其繭色始佳，爲取汁也。蛹索索有聲，如驟雨，經時聲寂則死，死繭降則生繭升。炕畢，盛於篼售，則肩於市蠶。遠者，山炕之售絲，則山繅之。

清 蔣汝正校正，徐瀾編輯《安徽勸辦柞蠶案·柞蠶簡法·春蠶》

出蟻

生子後仍不能斷火，至十餘日蟻出，大如針皮，黑色，採柞枝嫩葉置筐中，蟻聞葉香自緣附而上約一小時其不上者去之，用水微灑葉上，俟出齊，將柞枝移插河套淺水中，名曰養蟻。河南則砍伐柞樹芽成屯，以蒿引蟻上芽，移屯溪邊，以資浸灌俗名下河，一則葉可不敗，一則蠶可得潤，名曰浴蠶。蓋蟻幼小，難於挪移，亦難於防護，且山高風狂，尤多畏忌，故浴蠶亦必要之法。俟頭眠起，然後移之在山。奉天則蟻蠶上枝葉後，即將枝葉移置樹上，似未盡善。

又《柞蠶簡法補遺·育蠶篇》

蠶性

蠶性喜燥惡濕，此似爲家蠶言之。若野蠶，似有相反者。計蠶蟻下河，須五六日之久。至二眠、三眠之間，尤賴三五日一雨。蠶飲雨水氣潤，則吐絲較多，而且光澤。按大風大雨，亦不利於蠶，須設法遮護。若天雨不時，專恃人力，用竹筒洒水，或用日本噴霧器，價亦不貴，每具約十二元。亦可補救。然究不若天雨之勻普也。今年汴境一春不雨，故取絲分兩，較往年爲遜絲色，亦較往年爲劣。

清 李君鳳《蠶桑説》 設蠶室，要開架寬廠，兩頭置窗，三眠後，可通風涼。窗開糊捲紙，以便啟閉。蠶生前煨火令煖，烟須出盡。牆壁要乾透，塞絶鼠穴，須留貓洞。

又 下蟻即初生小蠶。各處氣候不同，止看桑葉如茶匙大，即是蠶生之候。出齊稱記分兩，共稱得幾兩，除連便知蟻數。筐底鋪綿紙一層，切細葉如絲，篩於紙上，以連覆葉上，聞香自下。有不下，翻過必下。再不下，是病蟻，取去勿用。川俗，用雞翎掃，傷蟻不可爲法。每次下連之蟻，各飼一筐，不可使混在一處，以致眠起不齊。量葉下蟻，蟻一錢至老，約食葉一百六十斤，可佈一箔，什物量蠶預備。頓數多速老，得絲多。頓數少遲老，得絲少。要緊尤在三眠後七日，一箔蠶，定須食葉足約一百六十斤，纔老，勿因葉稍歉，少頓數，以遲之。

又 蠶有十體，曰寒在連宜寒，曰熱下蟻宜熱，曰飢眠後宜飢，曰飽向食宜飽，曰稀布之宜稀，曰密下子宜密，曰眠蠶小眠時宜暗宜煖，曰起蠶大起時宜明宜涼，曰緊臨眠上簇宜緊飼，曰慢方起宜慢飼。

清 李向庭輯《蠶桑述要》

收蟻

收蟻之法，先將坪紙秤過鋪好，兩人分執種紙兩端，即將種紙背面掃淨，再將種紙面對坪紙，用蠶箸輕敲。俟蟻盡落後，即用坪紙將蟻包好，以戥秤之。每浮蟻一錢，分爲一坪，其包蠶之坪紙，即鋪於箔中。此法館中行之已久，最爲簡便，於蠶亦毫無損傷。如此三日，蟻可收齊。坪圖附後。

方坪圖式。左方圖係六坪中箔，即容得下。養蠶蟻多用中箔，故圖祇此。若大箔，能容十二坪，其尺寸可照此類推。

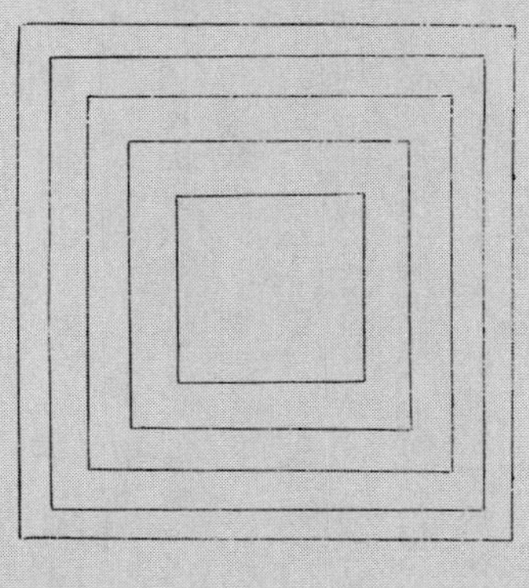

內一坪，四方邊每方邊魯尺一尺，第二坪每方邊一尺四寸二分，三坪一尺七寸三分，四坪二尺，五坪二尺二寸四分，六坪二尺四寸五分。魯尺一尺合官尺八寸。

圓坪圖式此圖亦係六坪，若箔大者，即可隨箔增坪

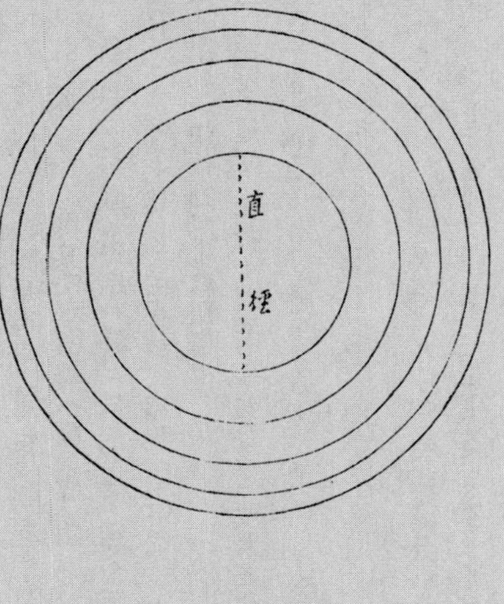

圓坪直徑須較方邊稍長，因其無四角故也。其第一坪圓徑一尺一寸二分，第二坪一尺五寸九分，三坪一尺九寸一分，四坪二尺二寸五分，五坪二尺五寸二分，六坪二尺七寸六分。湖郡養蠶有以紅紙翦成各樣花草黏貼&-taya-&紙上者，詢之，則以欲令蠶賞心悅目對，豈亦居蔡用山節藻稅之意歟？此事虛無，不如預畫蠶坪一樣費事，而此覺有益也。

又　養蠶表

收蟻之日，爲養蠶第一齡之第一日。收法，以早十點起，至十二鐘，當已收齊。蟻一錢爲一坪，用鷄鵝翎掃蟻坪内，坪上卽薄撒礱糠，隨撒桑葉。是時已至一點，卽爲開葉之始。葉須細切一分見方，其法須用刀切葉，以竹篩篩之，篩眼大一分，一篩下之葉，自不過一分。以後三四分葉，切篩之法，均可仿此，不過篩眼依次放大耳。如此製葉，撒易勻遍，又甚便捷，較用葉絲，是爲稍勝。是次葉量，飼三錢。是日溫度，最高七十五，最低七十，平均七十三。

（光緒）《歸安縣志》卷一一《輿地略十一・蠶桑》　收蠶　蠶出率以穀雨爲期，《乾隆府志》看布種戰色，其子飽綻，卽有蠶數十箇，名爲横布。三朝當將種鋪開，在向陽處。如陰雨，或在牀上，或在竈上，以燠處爲佳。《育蠶要旨》或以桃葉火炙之。《乾隆府志》待其脫殼，採花葉少許，卽野薔薇葉。

清　林心北、吴書年勸刻《蠶桑輯略・栽桑法則》十六條

科斫法

自蠶桑廢弛之後，桑田不治，積有歲年。苟就其久荒之業，爲一時之用。荒桑晚生，其蠶則穉，穉蠶老遲，則科葉亦遲，故明年之葉，其生也又差晚矣。積年愈多，則與蠶生之日，愈不相及。爲蠶事者，必當開墾其田，科斫其桑，使之滋長成條。其次年之葉，與蠶生之時，自不相遠也。

又《養蠶節次》三十五條

總説

蠶本天駟之精。黄帝元妃西陵氏始蠶。凡養蠶之家，於蠶室高潔處，供奉先蠶神位。下蟻日，用牲醴香帛祭之。每日清晨，獻清酒三杯，至蠶事完，報賽畢，方止。

夫蠶爲陽物，大惡水，故蠶食而不飮。卵生爲蟻，蟻脫爲𧊅音苗，𧊅脫爲蠶，蠶脫爲蛹音勇，蛹脫爲蛾，蛾脫繭復卵。蠶紙爲連，皮爲蛻，屎曰沙，蓐曰沙燠。卧曰眠，脫殼曰起。凡蠶一七而變，四變而老，七變而死，蓋氣化神物也。

蠶事之本，唯在謹於謀，始使不爲後日之患也。眠起不齊，由於變生之不一，變生不一，由於收種之不得其法，故曰『謹於謀始』。

凡養蠶下蟻，須量葉之多寡。每蟻一錢，自初至老，約食葉一百六十觔，可布滿一箔，箔長一丈，寬七尺。若用竹籭，須長三尺五寸，寬二尺五寸，凡八籭可抵一箔之用。一切什物，量蠶預備。

凡餧養之法，頓數多速老，頓數少遲老，愼勿貪睡。要緊尤在三眠後七日，若二十五日而老，一箔可得絲二十五兩。二十八日而老，得絲二十兩。月餘而老，止得絲十餘兩。

又　修蠶室

蠶室，北屋爲上，南屋、西屋次之。大忌東屋，爲避西照日色，又西風非長養之氣也。屋宜高廣低則鬱遏多蒸，簷宜稍平太陡則聚陰氣，通風氣，映日陽。屋前勿接縴厦，南縴隔陽氣，北縴助陰氣。又不宜有大樹密蔭。南北屋相去宜遠。每間各安木板壁更好。如壁内有通山柱者，一壁上分安爲二，力不及者，勻立直柴枝亦可。宜安南北窗，大忌西窗。南北窗上，各糊捲紙一大方，以便啓閉。外掛葦簾、草薦，一眠之後，但遇白日晴明，若是南風，卻捲北窗；若有北風，卻捲南窗，蓋倒溜風氣宜蠶故也。假如一家蠶室三間，止養蠶十數箔，雖無北窗，亦不須刱開，蓋爲蠶少屋寬，必無大熱。若至二十箔以上，決當開刱北窗，近下安置，再於檩縴之間，每一間各開三照窗長闊皆五六寸許，兩山壁窗近上，亦各如縴上開照窗，大窗先用故紙全糊，外各用草薦密封，蓋了照窗，亦糊捲窗密封。窗臺高不過二尺五寸。每一間，附地透開三風眼如貓洞，卻用甎坯蓋塞了，泥封固密。屋内隨置火倉。火倉不如擡爐之便，其法見後器具門。蠶生前七日，徐徐以牛糞煨火或用木炭亦可，合閉門窗，不令煖氣出外。蠶生前一日，稍開門，令煙出盡，隨卽閉之。牆壁須乾透，掃淨塵埃，塞絶鼠穴，須留貓洞。南簷外，先架立搭棚檩柱，大眠時，搭蓋葦荻，以隔臨簷熱氣。南方木板爲牆，西山牆外，以蜀黍稭編壁，以避滿牆西照。北方牆厚，可以不必矣。

又　拆對之後，將雄蛾另放一處，將連紙鋪於筐中。須用緜連厚，紙先於做絲湯内泡過三徧，曬乾，然後提蛾，於上灑種，方不脫落。若於一筐鋪許多蠶連者，須配搭得好，勿露筐底。而勻置雌蛾於連上，四面用木界尺攔住。恐其生子於連外也。俟雌蛾撒尿後，便做勢灑種。灑到黄昏時方止。灑種時，須將雌蛾排放均勻，勿使種

子堆積。生足，用盤覆之。有空缺處，須卽日補之。越宿再補，則來年蠶出不齊矣。某日所出之蛾，下子記號連上，不可將數日蛾子混在一處，以致眠起不齊。候蛾生足，移蛾下連。屋内一角空處，竪立柴草，散蛾於上。前所捉雄蛾，及第一日出未後出之末蛾，俱於屋中置柴草上安放。至十八日後，西南淨地，掘坑貯蛾，上用柴草搭合，以土封之，庶免禽蟲傷害。有功於人，理當如此。然埋蛾之處，往往生蟲，當以黑礬灌之。

又 窩種

桑葉有茶匙大，卽是蠶生之候。當擇開成收滿等吉日，將所包蠶連，日間拴在身上，夜間安放近身之處，使得人身溫煖之氣，則種子易轉也。

又 收蠶蠶初生爲蟻，又名蝸兒。

有報頭三日，蝸兒必得三朝出齊，初出報頭，雖不餧葉，亦不妨礙。摘取野薔薇花葉子或隔年枯桑葉亦可，放在砂鍋内炒燥，揉爲細末，勻糝於蠶連上。將蠶篩糊竹紙晾乾，勻鋪稻穅灰，更以竹紙平鋪灰上。先將蠶連秤見分兩，次將切細桑葉如絲髮，平鋪紙上，將蠶連翻搭，覆於葉上，將篩向明亮處安放，其子聞香自下。蟻要勻稀，連必頻移。生盡之後，再秤空連，便知蠶蟻分兩，便可定後來喫葉之數。蠶蟻一錢，自初至做繭止，須喫葉一百六十觔。切不可以鵝翎掃刷。蟻在篩中，用削尖竹筯，細細夾勻，勿令擠緊。蠶喫一餐葉，便放一回身，恐太擠緊，喫葉不得均勻。不可稍有疏密，有疏密則眠時不齊矣。

又 大眠蠶有三眠者，有四眠者。四眠蠶，別是一種。三眠者，名曰稙蠶。稙蠶疾老少病，省葉多絲，不唯收卻今年蠶，又成就來年桑。稙蠶生於㲉，而不過二十三四日卽老。方是時，桑葉發生，津液上行，其桑斫去枝條，比及夏至，可長月餘，其條葉長過於往歲。至來年春，其葉生又早矣。積年既久，其葉愈盛，蠶自早生矣。

又《蠶事趨避》三十九條

十體

寒在連宜寒、熱下蟻宜熱、饑眠後宜饑、飽向食宜飽、密下子宜密、稀布之宜稀、眠蠶小幷向眠時宜暗宜煖、起蠶大幷起時宜明宜涼、緊、臨眠上簇，宜加葉緊飼，宜有風，開下風窗，閉迎風窗。慢。方起時，宜薄葉慢飼，最忌風。

又《蠶室器用》二十條

蠶箔

以細葦爲之，或用荻亦可。將外面一層葦葉子削去，用細麻繩，密密編成。長一丈，寬五尺，以便蠶上簇時使用。每蟻一錢，需用一箔。古時用箔，寬七尺，長一丈。今改爲寬五尺，以便舒卷，則蠶蟻一錢，布一箔有餘矣。卽分擡去蓐時用之，亦易於舒卷。若遇蠅蟲擾蠶，用之以遮護籚架之上，甚妙。

清 林楊光、王鎮西《蠶桑條説・平利縣王學官鎮西述呈蠶桑簡易説十九條》

浴蠶種之時

於腊月初八日午時，將蠶子放入水中，浴去糞尿之濁穢，則蠶生必好。然必先將紙背作兩三層，方可入水，否則紙爛矣。

清 林志恂《蠶桑淺要・養蠶淺要》

蠶網所以除沙也。大泯以後用網，小蠶時用礱穅，另詳除沙節。以麻線織成，其孔以一寸五分方爲適，鼇戥以定收蟻之分量也。

毛刷所以收蟻也。各種羽毛皆可用，須剛柔適宜。過柔則不合用，過剛則恐傷蟻體。

又 照右列遞加溫度，至十四五日，可以出蟻。若天氣驟冷，桑葉遲發，則溫度宜緩加高，或二日加一度，或三日加一度，俱可。其第一日所出之蟻，必不甚多，每紙上約數百頭，宜以毛刷掃下，棄去之，不必留養。是日及晚間，宜行溼連法，次日出蟻必多，可以預備收蟻。濕連法者，給溼氣於蠶連之謂也。

又 鼇戥、坪紙、毛刷、鉛筆、蠶筷、細礱穅礱穅磨碎之後，又用竹節去其末屑，切細之桑葉一分平方。蟻出之時，以上午七八點鐘爲最多，可於十一點或十二點，收蟻。遲則午後一點亦可。第一日之蟻爲數不多，其收成亦不佳，不如棄去。第二日所出最多，可以收蟻。尚有未出者，第三日再收。更有未出者，可以棄去，收則又不佳也。第一日與末後所出之蟻，若飼養得法，亦有獲豐收者，但終非善全之計也。蠶事爲一家生計所關，不必爲出僥倖之事。況區區微數，棄之亦不足惜乎。

又 收蟻之時，先以鼇戥秤定坪紙之輕重，用鉛筆記其數於坪紙上備遺忘也。將坪紙平鋪籚内，卽取包紙中之蠶種紙，以毛刷先掃下其背面之蟻，次掃下正面四隅及邊上之蟻。而以兩人對握種紙，使面下背上，離坪紙約三寸，用手指突擊種紙之背面一二下，則蟻隨墜落於坪紙上。有未落者，以毛刷掃下之。包皮紙上之蟻，亦掃下之。卽將坪紙與蟻，一併秤其分量，得若千數，減去坪紙之分量，而得所收蟻之眞量。蟻既掃落紙上，卽以細礱穅撒布蟻上以蟻體半隱穅裡爲度，又以細葉撒布穅上蟻量一錢用葉五分，經一刻或兩刻鍾，振提坪紙之四隅，集蟻於中央。用毛刷或手輕輕攪勻，以蠶筷擴定坪數。此時切宜仔細，器一粗暴，蟻即受傷也。每蟻一錢，占蠶座一坪一尺平方，飼葉三錢。此時溫度須七十二三度，不可低下。

又 第一齡時，蠶體甚小，除沙時容易遺棄。故收蟻後之三四日間，不必除沙。惟至催眠時，除沙一次足矣。蠶體帶淡黃色，將欲就眠，謂之催眠期。然雖不除沙，必須每日擴座一次，使蠶體寬舒，蠶粸乾燥，方可無患。擴座時，以細礱糠和蠶體及蠶粸，攪拌之。此事須熟習，非熟習者，最易傷壞蠶體。攪拌既勻且鬆，則按標準表坪數擴定之。

又 第二期，自懸掛以後至九月底是也。五月黴天時，須用柔軟之毛刷，掃除種面之塵埃，與再出之蠶蟻，八月下旬，再掃一次。自七月至九月期內，即用顯微鏡檢查微粒子，並用目力鑑定，依其成蹟，以分別去留。

清 劉光蕡《修齊直指評・天命修齊治平定序》 下子、浴種、下蟻、劈蟻、三眠餵法，謹慎以守成規者，禮也。量葉下蟻，明於寒熱饑飽，而能抽飼斷眠者，智也。防備一切香臭之氣、驚動之物，而能繅繭成絲者，義也。勤始慎終，以至上簇結繭者，信也。如此，則育蠶之道盡矣，故蠶無不盛。

清 劉光蕡《養蠶歌括》

十體

蠶有十事人須體，在連宜寒熱下蟻。眠起宜飢向食飽，下子宜密分布稀。結嘴不食眠宜靜，脫殼忽動爲起時。臨眠上簇宜緊飼，方起之時宜漫之。

又 齊眠

養蠶最要眠起齊，即從擇種記日期。同日生子爲一起，生蟻掃蟻須同時。設有不齊用人力，飢飽寒熱加減之。眠齊起齊蠶必好，收得好繭抽好絲。

又 火倉

火倉火料牛糞柴，層層相間鋪成排。每層糞厚三四指，築實柴隙勿虛埋。倉滿築實復用糞，厚蓋倉面使成堆。蠶生之前七八日，用柴引火堆上煨。黑黃煙出緊閉戶，暖氣濃熏屋四隈。蚊蠅各蟲熏盡死，蠶生一日門始開。煙盡即須閉窗戶，窗外簾薦早安排。塗治牆壁熏鼠穴，豳民舊俗豈待催。打掃潔淨待蠶入，箔下須容貓往來。若別有屋能養蟻，生火遲早自酌裁。

又 暖蟻

蟻生遲早可由人。清明翻動左右勻，寒熱均平齊變色，捲緊收作甕頭春。欲遲十日或半月，欲早須俟桑葉新。桑葉芽生茶匙大，取連相合露其背。棉花包裹三寸餘，再用棉被包其外。置之暖炕用被覆，如雞抱卵意堪會。此中暖氣常溫溫，不寒不熱蟻自勻。日夜翻包十餘次，顛倒上下不嫌頻。早晚午間開包視，提掇須避風日曛。內換外邊邊換內，仍密包裹氣氤氳。蠶子變色灰爲先，形初肥滿再尖圓。此時中如春柳色，再變蟻蟠如遠山。頂平焦黑蒼黃赤，棄之勿養養亦難。計日不過三四五，或遲或早均不堪。若見十分灰白色，次日蟻出不遲延。清早開包更提掇，使連鬆活外覆棉。半頓飯時黑蟻出，置連溫炕候齊全。一面稱連記分明，一面鋪篩草輭綿。上鋪厚紙灑桑米，桑米之上覆蠶連。蟻聞葉香自然下，不下即爲病魔纏。此法最便勝於掃，掃斷蟻腳蠶難眠。蟻下空連又須稱，相較便知多少蠶。勻在一篩勿稠疊，上覆下隔置中閒。驅逐雞犬勿驚蟻，欲避邪惡棄火煎。此時蠶母入蠶室，沐浴禱祀拜神前。

又 如何名曰失眠症，時到當眠尚不眠。桑葉不足蠶不飽，細切緊喂一兩天。

如何名曰殭身症，由下蟻時冒風寒。不食身硬若死樣，薄荷柏葉熏即痊。

清 劉清藜補輯《蠶桑備要》第二篇《先事預備》 設蠶室要間架寬廠，兩頭各置大照窗，三眠後可通風涼。窗中間糊捲紙一大方，以便啓閉，外挂草薦，室內隨製火倉。蠶生前七日，徐徐以牛糞煨火，合閉門窗，不令暖氣出外。蠶生前一日，稍開門，令烟出盡，隨即閉之。牆壁須乾透，埽淨塵埃，塞絕鼠穴，須留貓洞。忌西南、西北風。

又 第四篇《養蠶程式》 祭先蠶。黃帝元妃西陵氏，始教民養蠶，是為先蠶。卧種之日，先立先蠶木主，書先蠶神位或畫像，設蠶室高潔處，割雞設醴點燭，焚無氣味香。將蠶蟻之筐，置先蠶几案，蠶母率闔家，奠醴拜禱。成繭取絲，仍設供拜謝。

又 量葉下蟻，不可貪多，反致葉缺，力絀悞事。蟻一錢至老，約食葉一百五六十觔，可布滿一箔。什物量蠶豫備。一錢淨子，須一丈長、五尺寬一箔。

清 盧燮宸《粵中蠶桑芻言・養蠶事宜條列》

護蠶紙

頭造時值寒凍，其紙用窩裝好，上面蓋以紙被，再用一窩蓋覆。待十餘天，其蠶便出。若二造，須看天時。天暖則不用。蓋其餘造用窩攤紙，待七八天蠶出齊時，即取嫩桑葉，切幼如烟絲樣，撒勻紙上。蠶見桑則走食，漸上桑面，即將此紙反轉，覆於窩上，則蠶與桑一齊過窩矣。若未浄盡，再以鵝翎掃之。桑葉要在舊枝摘取，新發遠者水氣大，不合用也。

清 呂廣文《蠶桑要言·育蠶法》

担蠶

開看時，見有七八成出殼，即用桑芽三四個，滾水泡之，將桑芽水畧灑蠶子紙之下面使潤，則未出者，亦易於出。可將蠶子攤在米篩之上，以米篩放於米籮上面，下用火龍温之，火須幽。旋剪極細葉絲，散飼蠶上，則未出之蠶，聞葉香，而亦出。飼下一兩刻許，用鵝翎輕輕刷下，比開看時其出較多。如尚多藍色之子，可再哺一日夜，如前法刷下，謂之二担。不可和入頭次蠶內，致日後眠有遲早，參差不齊。若嫌其出遲無力，且難合并一處，不復再哺，而棄之亦可。

又 其蠶稍生，不及通身光亮者之極熟，俗稱生蠶。做硬繭，因其絲不吐於葉替，而繭轉硬也。拾取山上，亦屬無碍。台屬風氣初開，生手爲多，目下甯先從其慎，待其熟些，拾置山上。弗過膽大，即以生蠶上山，以置山上蹧蹋。且蠶上山時，盛蠶盤須用桑葉五六片，同付山上，謂之送山葉。恐中有過生之蠶，尚要食葉數口，始能作繭也。

清 馬丕瑶《蠶桑簡易法·養蠶法》 蠶生前七日，徐徐以牛糞煨火，闔閉門窗，不令煖氣出外。蠶生前一日，稍開門窗，放煙盡，隨閉之。三眠後，又宜時開門窗，以通風凉。墻壁須乾透，埽浄塵埃，塞鼠穴，並留猫洞防鼠。貧家無閒房，擇豁亮避風之室，打埽潔浄亦可。

蓄種 留種之蠶，極要加功培養。揀好蠶蟻另飼，飼法詳後 至老時，取一刻上簇之强梁好蠶為繭種，計上簇第七日，揀簇頂上厚繭取下，摘去茸衣，雌雄各半，尖細緊小者雄也，圓漫厚大者雌也。用籃盛兩處，約六七日蛾出，若有拳翅、禿眉、焦尾、薰黃、赤肚、無毛，及先出末後生者，皆去之。留完全好者，雌雄數相等，多者不用。蛾每生於寅卯時，置一籃內，雌雄相配。自辰至未，厥氣乃全。未刻後摘厺雄蛾，將雌蛾驚拍去溲，要預先裱過厚皮紙，懸貼板上，將雌蛾勻擺紙上，聽其散子。申酉戌三時子足有力，以後之子，力薄不用。亥時將蛾取下，懸蠶連即散子之紙於透風處，其雌雄蛾，越五日自死，窖於東南方，以助生氣，且免禽蟲傷食。

又 飼蟻 先燒蠶室令極煖，用乾柔蓐草鋪籃底麥草亦可，再鋪棉紙一層於上。將蟻用前法移下，篩極細葉飼之，葉不宜過厚，要稀勻得宜。葉盡再飼，一日夜約五六次。飼後放小植上，置帷帳中以避風寒，切不可在籃上，蓋過致受濕生病。天寒宜用牛糞爇火盆中，俟煙盡擡入，令受煖氣大約養蠶，總要冷熱得宜。冷則長遲，熱則焦躁。天寒不宜驟熱，當漸漸益火；天熱不可驟加風凉，當漸漸開窗，否則生病。又正煖時，猛著寒，則禁口不食，急用微火温之，蠶自食葉。若陰雨天寒，先用微火解去寒氣，然後飼葉，蠶不生病。采桑宜清晨及日入後，忌濕忌熱。食濕葉，生瀉病；食熱葉，腹結、頭大、尾尖，老不作繭。如陰雨葉濕，須晾乾，摻以臘入所製桑葉末，便無妨。葉有黃沙，尤宜拭浄，不用更妥。值大霧，葉須拭浄。又放久乾葉，及遏壓有氣水者，皆不可食。此外香氣、臭氣、鐙油、酒醋氣，葱韭、薤蒜、阿魏、硫黄等臭，不潔浄人，皆須避忌。以上各宜忌，始終皆如是，不獨飼蟻為然。

清 饒敦秩輯《蠶桑簡要録·養蠶法則》

醃種

十二月十二日爲蠶生日，將蠶種稱準，每種紙一兩，用石灰三錢化濃汁，勻鋪於種紙上，以手沃温水澆之不可太熱，或用食鹽二錢，和水研碎，將鹽水勻鋪種紙上，亦以手沃水澆之。俱須半個時辰，撩起貯於篩內，安放屋簷上。露三晝夜，然後收掛高燥之處。用灰醃者，年年用灰；用鹽醃者，年年用鹽。

下蟻二條

桑葉放後，將所包蠶種紙，日間拴在身上，夜間安放近身之處，種得人氣，子便易轉。看通紙碧綠，則轉勻矣。只用絲綿包好，以待子出。

各省節候不同，下蟻早遲不一。如直隸局中，須在穀雨後數日。若江浙，則在清明。四川，則在驚蟄。閩粵，則在立春後。山陝，則在穀雨前。餘可類推。要以桑苞之初生，即爲下蟻之準時。以桑葉之多少，即爲養蠶之定數。

又《蠶桑質説》卷上《桑説十則》

量葉第九

餧蠶須先量葉，蠶子若干，需葉多少，必預為算，定免致臨時缺食。其法先將剛下紙之小蠶稱準，蠶出齊時，連紙並稱。蠶下紙後，再稱其紙，則知蠶重若干矣。

又 卷下《蠶説十三則》

下蟻第三

蠶既出齊，必須下蟻，切勿以鵝毛掃下，致傷蠶體。法用篾籃一個，平鋪厚紙，再將桑葉細切成絲，勻篩紙上。然後將出蟻蛋紙，翻蓋葉絲上，不過一時，蠶自下紙食葉，一日下兩次，此法甚為穩妙。如衆蠶下齊，獨有數條不下，與最先早出、最後遲出數條，均是病蠶，宜棄去，切不可餧。又每次所下之蟻，須各餧一盤，不可混在一處，免致將來眠起不齊。川俗，則於頭二眠時，擇其先眠者置一處，次眠者又置一處。每致餧食不勻，擇捉又傷蠶體。所以出絲不旺，又多生病，不如擇別於下蟻時為穩妥。

清　沈練《蠶桑說・飼蠶法七十條》　蠶出之後，布葉數次，便覺其密，用蠶筋輕輕撥開。再數次，再撥開。

清　沈練，仲學輅輯補《廣蠶桑説輯補》卷下《飼蠶法六十六條》

稱蠶花説一條以下總論

飼蠶者，須度量自家桑葉之多寡。初生之蠶，謂之蠶花。蠶花落紙時，便須以戥秤稱之。蓋蠶花一錢，飼之得法，約可得大眠五六斤，統前後計之，須食葉百三四十斤。不可於收蠶花時，一味貪多。

稱蠶花之法，先將蠶布稱准，至蠶落紙後，取蠶布再稱之，則蠶花之分兩曉然矣。竟以蠶花置戥秤盤中，恐其畏冷。《蠶桑輯要》曰：烏重一錢為一筐，出火以二十四兩或二十兩為一筐，大眠以六斤或五斤為一筐。

清　盛宣懷輯《蠶桑備要》　剝蟓筐內，蟓厚須取班糠薄糝蠶上，飼葉兩三頓，俟葉即遇。就班糠間開之處，將蠶逐漸剝起，勻布空筐。剝須詳慎，不得恩遽損蠶。徹去原蠶內沙蟓，曰『出薙』。

又　收蠶　蠶出率以穀雨爲期，故諺云『穀雨不藏蟲』。看布種戰色，其子飽綻，即有蠶數十箇，名爲橫布。三朝當將種鋪開在向陽處。如陰雨，或在牀上，或在竈上，以暖處爲佳。或以桃葉火炙之，待其蛻殼，采花葉少許，即野薔薇葉。

清　衛杰《蠶桑萃編》卷三《蠶政・蠶始類》　凡養蠶家下蟻之日，蠶多力厚者，設三牲酒醴；蠶少力微者，割雞設醴，點燭焚香，將筐置先蠶几案，蠶母率闔家，奠醴拜禱。

又《蠶室類》

宜乾燥

蠶屋內有地板甚佳，無則地下用蘆席及草薦鋪墊，四壁亦用草薦圍襯，可隔潮濕。屋舊則預先泥補薰乾，蠶生前幾日，以牛糞煨火薰之。薰時須閉門窗，勿令煖氣外出。蠶生前一日，稍開門出煙，煙盡仍閉。如屋有潮濕，蠶多生白醭、貼沙之病。如偶積塵埃，須預先打掃，收拾乾淨。

又《收蟻類》

下蟻法

新蟻微渺如髮，最易損傷。下蟻者或以雞鵝翎掃撥，或以桃柳枝敲打連背，皆非善法。其最妙者，出齊之後，用快刀切桑葉，細如絲髮，勿早切，致乾津液。用篩子篩於盤內蠶薦上，勿過厚。然後以蠶連覆葉上，蟻聞葉香，自然下連就葉。倘覆葉多時，尚不下連，或緣上連背翻轉，仍不下，此病蟻也，並連棄之。

又　酌多寡

下蟻之多寡，以桑葉之多寡為准。故養蠶者，必須量葉下蟻。新蟻一錢，三眠時約可得蠶一斤。每三眠蠶一斤，前後食葉約一百四五十斤。此湖州養蠶法也。新蟻一錢，大眠時約可得蠶五斤或六斤。每大眠蠶一斤，前後食葉二十五斤。大眠蠶五六斤，前後食葉一百三四十斤。此杭州養蠶法也。

清　吳鴻望校，袁俊德輯《蠶政萃編・蠶室類》　蠶生前幾日，以牛糞煨火薰之，薰時須閉門窗，勿令煖氣外出。蠶生前一日，稍開門出煙，煙盡仍閉。如屋有潮溼，蠶多生白醭、貼沙之病。如偶積塵埃，須預先打埽，收拾乾淨。

又《生蟻類》

煖子時

清明後，穀雨前，取蠶種置懷除，或裹以緜花，即煖子也。然清明、穀雨亦就大概而言，各省節氣寒煖不同，煖子遲早不一。大約不論何省，不論節氣，只看桑上生葉大如茶匙，便是煖子之候。以此爲準，既不失之太遲，亦不失之太早。如桑葉未生，切勿早煖。

煖子法

蠶子將出之時，先變綠色，卵中皆清水。次顏色帶紫，次紫變爲綠，則水化爲蠶矣。或煖在未變綠色之先，或煖在已變綠色之後，或分作兩次生蟻。

又　煖子

蠶子變綠色，不時取閲，見變青黑色，內有一二細如頭髮，蠕蠕欲動，是蠶子將出。仍密藏之，俟桑抽嫩葉，取出蠶連，溫於懷中，半日攤開，置煖處，又半日即出。此煖在已變綠色之後也。

如不置於懷中，以二連相合爲一層，連背向外，層層平鋪，以綿花包裹，厚三四寸。再裹以潔浄綿襖，外覆衣被，置溫室牀上。常用手試探，以被底有溫和之氣爲妙。如恐留種太多，日後繅絲太忙，即分作兩次生蟻亦可。後一次比前一次遲十日，須藏蠶子於罎內，置冷處，封罎口，勿令風熱透入。十日後取出，蠶子一見熱風，蟻自破殼而出。

又《蠶具類》

蠶匙

劈分黑蟻匙也。蠶初生三四日之間沙厚，恐溼熱薰蒸生病，宜急分劈，而用密網抬。跌落驚傷，後多不旺。法以竹片或桑木，削爲方寸杴樣，大小不等，各數張。欲分劈時，將葉厚篩蠶上，俟蠶上葉時，以匙輕挑，薄帶沙燠，分布於淨筐，相去二三分。筐滿，篩葉飼一日夜，可滿筐。俟蠶大，方用網抬。因蠶小，用網猶恐在網下見復。此匙輕便分明，決然可以無損，遠勝網抬。

又《收蟻類》

酌多寡

下蟻之多寡，以桑葉之多寡爲準。故養蠶者，必須量葉下蟻。新蟻一錢，三眠時，約可得蠶一斤。每三眠蠶一斤，前後食葉約一百四五十斤。此湖州養蠶法也。新蟻一錢，大眠時，約可得蠶五斤或六斤。每大眠蠶一斤，前後食葉二十五斤。大眠蠶五六斤，前後食葉一百三四十斤。此杭州養蠶法也。

清 吴錫璋《蠶桑新論》

論催青之要點第二

催青者，抱化之謂也。中國催青，有用緜護，有用胸抱。考人身溫度，約合華氏九十五度內外，於蠶卵衛生之道，甚非所宜。日本催青，不過遲亦不過早，見桑葉如瓢大，然後檢一密室，掃除清潔。預將蠶具器用，以硫黄火硝薰之，使毒氣消盡。室間容積，約六尺立方，再用硫黄五兩四錢，火硝五錢四分，研末和勻，盛於瓦缸，用冷灰平鋪。四面窗戶，均須閉密，不使有氣可通。烟薰足日，大開窗戶，約二日之久，使室間惡氣，蕩然無存，然後移蠶連入室。催青之溫度，由六十度起，每日升高二度，至七十五度止，而蠶卵於是發生。但未移蠶連以前，若天氣過寒，萬不可遽，爾啟箱取種，宜於原處，用火烘之，將溫度逐漸升高，必使內溫與外溫平均，始移蠶連入室，內溫高低不得有十度之差。室內溼度，以七十五度爲準，不宜過於乾燥，否則蠶卵有枯死之虞。至蠶連環聳，不便催青，可用水噴布，鋪於篇，或布於窗板均可。孵化前一日，宜用桑花敲碎，平鋪連上，由是蠶蟻發生，靡不整齊，既無先出晚出之殊，亦無多寡强弱之異。欲圖後效，先慎始基，此亦育蠶一大關鍵也。

論收蟻之利害第三

蟻者，即烏娘也。中國收蟻，以前雖有包紙一法，而究未盡協宜，且收蟻之時，并不秤其分兩，及至二三眠時，始按秤而略定筐數。然究嫌其朦混，不論有病無病，而一律飼之，非特桑葉虧耗，即病亦易傳染，而蠶亦暗消。華民育蠶，往往種多而蠶不多者，職是之。故考日本收蟻法，見蠶卵有黑點，并有一二條出者，即掃而去之。將蠶種用白洋紙包好，鋪於篇內，皮紙四隅，稍寬一分。此際合華氏七十三度，至七十五度而止，翼日上午十一點鐘，蟻已盡出，可以悉收。惟先秤其坪紙分兩若干，按紙寫明，各立標記，然後輕輕將包紙拆開，四隅之蟻，用鵝毛輕輕掃下，中央之蟻，須兩人對持，離紙一二寸，用鵝毛輕敲其背面，而蟻自落。即有未落者，再用鵝毛掃之，可耳。遂將坪紙統秤之，定其輕重，按蠶之分兩，飼以桑葉。茲將蟻量一錢，及桑之挫分，給桑之分兩，列表於後。

清 吴作鏌、倪紹雯、劉安欽《蠶桑速成捷法·蠶絲業普及捷法》第三章《養蠶捷法》 羽箒，宜用鷲、鷹、鵰、鵞、鴨等羽爲之。惟鵞鴨宜用其全翅，翅中皮骨，宜用火烘乾。他則二羽或三四羽亦足。另結以柄，而爲掃蟻蠶，及掃清邊幅之用。糠籾，即簸米所出之粗糠也，爲避濕除沙最重要之物。內地升斗，各處不一。每一錢蟻蠶，需用若干，難以預定，惟多備之，試用一回即知。又一二齡用粟糠爲宜，若無粟糠，用粗糠搗細用亦宜。又將粗糠，在鍋內煆炒，俟起青煙，用火點燃，即行取出攤于地上，而成爲糠炭。用之于一二齡蠶坐潤濕之時，最佳。

又 洗滌者，在除去蠶卵表面附着鱗毛、蛾屎、塵埃、各種病因菌等，俾蟻蠶嚙破卵殼而出之時，不至受此等之害也。

又 通常於桑綻二芽爲好時期，蓋桑初綻二芽，約二星期乃開三四葉。

蠶種自箱中取出時，亦必經二星期乃出蟻蠶。法、用紙包蠶種，平鋪于蠶席上，插入架中，以人力維持溫度。第一日，止保華氏五十五度之溫度。第二日至第七日，每日加一度。自第八日至第十四日，每日加二度，共計十四日，逐漸加溫度至七十五度止。加減溫度之多少，在焚炭火之大小。使毋驟昇驟降，以害胚胎之發育。若使催青室中，乾濕計相差至九度、十度以上，則乾燥太甚，須于蠶席及地板上噴水。不可沾濕種紙。或置水壺于火上，使發散蒸氣。或折新葉嫩草，鋪于蠶種上。或噴水于草席而掛于側，以補濕而助其發育，亦可。如此，發生齊一，蟻蠶健壯，自有好結果。若夫煨于懷中被裏，及浸于熱水中，絕不可從。

清 徐瀾輯《柞蠶簡法·春蠶》

出蟻

生子後，仍不能斷火，至十餘日，蟻出大如針，皮黑色，采柞枝嫩葉置筐中，蟻聞葉香，自緣附而上約一小時其不上者去之；用水微灑葉上。俟出齊，將柞枝移插河套淺水中，名曰養蟻。河南則砍伐柞樹芽成屯，以蒿引蟻上芽，移屯溪邊，以資浸灌俗名下河；一則葉可不敗，一則蠶可得潤，名曰浴蠶。蓋蟻幼小，難於挪移，亦難於防護，且山高風狂，尤多畏忌，故浴蠶亦必要之法。俟頭眠起，然後移之山上。奉天則蟻蠶上枝葉後，即將枝葉移置樹上，似未盡善。

清 羊復禮《蠶桑摘要·養蠶十五則》

引蠶

蠶出一兩日，蠕蠕欲動，大有覓食之意。採桑旁嫩葉，細切如粗煙絲樣，勻撒紙上，蠶聞桑氣，走入絲內，用鵞鴨毛一條，將蠶烏連桑絲掃在小簸箕內。第三日，仍有破卵而出者，名三朝青。其遲出者與早出者相較，成數較高。惟每眠必稍遲，成繭亦遲，必須分養，不可同筩。浙人名筐，粵人名筩。

清 楊鞏《中外農學合編》卷一一《蠶類·飼育》 母蛾未曾產子之先，須將空連稱准分兩，號記連背。已經産齊之後，再將連與子合而稱之，便可約計明年收蟻數目。大約子連重一錢者，即可收蟻七分。蠶子既滿布連上，擇空中潔淨通風處，以竿懸之。迨風吹乾卵子濕氣，隨即摺好，用棉綫穿連紙一端，挂於淨室高處高則不至受濕。

又 如因留種太多，恐將來繅絲過於忙迫，即分作兩次生蟻亦可。後一次生蟻，比前一次可遲十日。須藏蠶連於罎內，置於冷處，封閉罎口，勿令風熱透入。十日後取出，蠶子一見熱風，蟻自破殼而出。同上

又 故蟻蠶之出，每於夜間溼重之時最多，由此觀之，溼連洵無害也。蓋其法不一，有於種紙背面，微噴以水者；有用桑花搗碎，撒布籠內，鋪種紙於其上，而再掩以桑花者。二者謂之直接溼連法。又有用間接法者，或洒清水於室之四圍，或懸溼布於室之四壁，均溼連也。而究之，以堆桑花溼連為最妥，何者？桑為蠶之食料，順其性之所好，縱失之水分過重，尚屬蠶之養液，無甚大害。日本近來常用此法，然經時不可過久，只須半點鐘，卵子吸收水分已足，紙必柔軟，於是去其桑花，仍置籠內安放架上。先放最下一格，後漸升高，因上下格溫度有高低之殊也。初溼之連，不宜驟熱，當使溫度照常，經三四時，其連自必仍燥，此為最宜留心之處。否則其害反比不溼者大。按，用溼連，原欲使蟻蠶孵化齊，生機順。與其用之不當，以致弄巧反拙，則不如不用之為妙也。況中國地屬溫帶，氣候和暖，春陽發動最早，萬物自然發生，而於養蠶催青一法，既不易用，即可以不必用。湘省蠶業，風氣初開，其中學問，尚待講求精深，方能妙用。常考湘中氣候，最利蠶桑，每值清明前後，桑葉開綻，靡不繁茂；蠶卵孵化，靡不齊一。從未見有桑不隨蠶發葉，蠶不隨桑出蟻者。有此天然之順機，而催青法之所以無須乎用也。《日本蠶書》

又 收蟻

蟻三日出齊卽同時下連，三日之內蟻在連上，不餧葉亦無妨碍。但小蟻畏冷，須於巳午時擇無風處下之。新蟻微渺如髮，最易損傷。下蟻者或以雞鵝翎掃撥，或以桃柳枝敲打連背，然莫妙於出齊之後，用快刀切桑葉細如絲髮，下蟻時方可切葉，切早則葉乾無津液。用篩子篩於盤內蠶蓐上，務要篩勻，不必過厚。然後以蠶連覆葉上，蟻聞葉香，自然下連就葉。三日出齊之後，同時下連，係指本連之蟻而言。若此連與彼連之蟻，生有先後，則下連亦有先後。頭一日下連之蟻，第二日下連之蟻，須各置一器，切不可合併一處。下蟻之多寡，應以桑葉之多寡爲准，故養蠶者，必須量葉下蟻。新蟻一錢，三眠時約可得蠶一斤，每三眠蠶一斤，前後食葉約一百四五十斤，此湖州人算法也。新蟻一錢，大眠時，約可得蠶五斤，或六斤不等。每大眠蠶一斤，前後食葉二十五斤。大眠蠶五六斤，前後食葉一百三四十斤，此杭州人算法也。但葉在樹上，何由知其多寡，須於先一年桑葉正茂時，取一全樹之葉，稱准斤數，再合而計之，

桑樹若干株，可得葉若干斤。卽以今年桑葉之多寡，預定明年桑葉之多寡，雖不中不遠矣。養蠶之家，若不知此法，下蟻時一味貪多，後來葉不接繼，蠶必受餓，誤事非小。或桑葉有多，而人力不足，房屋不闊，器具不多，則亦未便多養，此蠶事緊要關頭也，慎之慎之。養蠶者知桑葉之多寡，不可不知蟻之輕重。收蟻之時，稱其輕重。其法，於蟻未出時，子在連上，卽將蠶連稱準，寫記分兩於連背，俟新蟻下連之後，再稱空連，除去空連分兩若干，便知蟻重若干矣。秦觀《蠶書》、《蠶桑提要》

又 育蟻

蟻初下連，只食葉之津液。餧葉之法：桑宜宿澆，葉宜現摘，刀宜快，切宜細，篩葉宜勻宜薄，又須旋摘旋切，旋切旋篩。如遇天氣晴和，每日可餧葉五六次。如遇陰寒，蟻不甚食葉，須用棉被，將盛蟻之器，四面包裹，蟻得煖氣，便食葉矣。餧葉數次之後，便覺其密，須用蠶筷子輕輕撥開。再餧葉數次，又覺其密，又撥開。或將細葉，篩於蟻上，俟蟻上葉，用蠶筷子輕輕夾起，分布別器。蟻下連已二三日，蠶屎桑渣，堆積漸厚，即須以礱糠灰薄篩蠶上，如法體刮，另易他器。所易之器，紙下須襯灰。其保護之法：新蟻宜煖宜暗，忌風忌穢。《農桑輯要》、《農桑通訣》

清 楊蔚本《養蠶説》《皇朝蓄艾文編》卷二〇 生蟻 清明後蠶始轉色漸黑，或曰當浴蠶時，摺而浸以鹽水，名曰殺種。使其子之弱者不轉，其轉者皆爲良蠶。候桑葉如匙大，取出懸之下風，使聞葉香。仍返之蠶，如欲其出，取連頻頻舒捲提掇。或以帛裹納懷中，或夜覆以所服煖衣，晨覆以所蓋煖被。趁未出時，稱連記重輕於紙背。既出齊，勿以鷄鶩翎掃，細切桑葉，白紙布勻，以蠶連覆其上，蠶聞葉香自下。如過時不下，及緣上連背者，棄之。仍秤過空連，知蠶分兩。三兩蟻可布一箔，老可布三十箔。量葉放蟻，慎勿貪多。稈草搗細鋪勻爲薜，白紙鋪薜上安蠶。

飼蟻 蠶母宜著單衣，自身覺寒，蠶亦寒，便添火；自身覺熱，蠶亦熱，便去火，涼煖得宜。初眠天氣晴明，則捲窗薦；大眠天氣炎熱，屋內宜涼。成蟻宜煖，停眠宜溫，大眠宜涼。蠶必晝夜飼，頓數多者早老，少者遲老。二十五日而老，一箔得絲得二十五兩；二十八日而老，得絲二十兩；月餘老者，衹得絲十餘兩。切不可貪眠懶惰，十分眠，方可住食；十分起，方可投食。蠶住食，則分擡去沙澳，須衆手疾擡。帶露濕葉，不可飼。宿澆其桑，清晨旋採。利刀切細，疎篩薄布，不住頻食。第一日四十九頓。第二日三十頓，葉微加厚。第三日二十餘頓，葉又加厚。至此色變白向食，宜加厚；色變青正食，益加厚；復變白慢食，宜少減；變黃色，定愈減；純黃，則停食，謂之正眠。頭眠起齊，晝夜六頓，次日加葉。二眠起齊，晝夜四頓，次日漸漸加葉。大眠起齊，一晝夜三頓，次日七八頓。初眠九日，二眠七日，三眠七日。

清 姚紹《南海縣蠶業調查報告》 大造蠶熟後，蠶繭不用火焙，蛾出下種於紙，隔日將紙懸高處，至大寒取下，約兩月蠶出，名曰冷種。用火則一月蠶出，名曰火種。冷種易飼，火種難飼。近人貪快，多用火種。至催青之法，自七月四造起，收種不試水，每種百張，收四張，到大寒蠶出，俗名七月仔。

清 葉景葵，顧廷龍編《太康物産表》 黃花地丁可充盤飧。河朔氣候寒，桑葉遲，往往采其葉細切，飼蠶蟻，邑人未聞用此法者。

清 葉向榮《蠶桑説・蠶桑輯要》 蠶已大眠，用廣盤貯之。秤蠶三斤，飼葉百斤，成繭五斤，可得絲八九兩。蠶至眠後，正食時，闕一分葉，即減一分絲。四眠天氣大煖，食葉五日即老，蠶砂亦爛。先捉其老蠶上簇，捉一次，摻葉一次。當此時葉要鬧碎，以免架空作繭，謂之上馬桑，半日許，盡皆老矣。

又 摘要量葉下蟻。每蟻一錢，至老約食葉一百六十斤。什物須量蠶預備。育蠶煖，頓數多，則老速。天氣寒，頓數少，則老遲。半夜要飼，慎勿貪睡。若二十五日老，蟻一錢可得絲二十五兩。二十八日老，只得絲二十兩。月餘老，只得絲十餘兩。蠶有十體：寒在連宜寒、熱下蟻宜熱、飢眠後宜飢、飽向食宜飽、稀布之宜稀，不可過稀、密下子宜密，不可過密、眠蠶小眠時宜暗宜煖、起蠶大起時宜明宜涼、緊臨眠上簇宜緊飼、慢方起宜慢飼。

又 收火料。蠶火料也，宜用火養之，但畏煙熏。冬月多收牛糞作塊，曬乾。蠶生時，用以然火，煖而宜蠶。

置以擡爐盆架，兩旁有柄。蠶忌煙熏，戶外將柴燒過，煙盡，以便擡入。

又 設蠶室，要開架寬敞，兩頭各置大照窗，三眠為出火。窗外掛草薦，室內隨製火倉。蠶生，徐徐以牛糞煨火，合閉門窗，不令煖氣出外，不可有煙。牆壁掃淨，塞絕鼠穴，須留貓洞。

清 葉向榮《農林蠶説》

下蟻

穀雨前後各省氣候不同蟻出，鋪連煖坑。出齊，稱記分量，亦可共稱得幾兩，除連便知蟻數。先將寸長稻草鋪筐底，再鋪厚緜紙一層。以冬桑葉末摻於連上，蠶聞香即上。停片時，將連蟻倒於筐内紙上，每筐約若干，再以極細桑葉飼之，置牀帳内。天冷，當用以火煖之為要。

又 養蠶須知鑒別，凡蠶出烏，以一日二日出齊為妙，最先出者不用，末後出者不用。又蠶出烏後，至第九日，不能眠起，即是病蠶。此蠶養亦無益。

清 佚名《樹桑養蠶要略・養蠶三十二條》 預稱蠶子。蠶子一錢，三眠時可得蠶一斤。每三眠蠶一斤，前後食葉約一百四五十斤。大眠時可得蠶五六斤，前後食葉一百三四十斤。收子時，必須先稱，以便計算食葉多少。家多桑葉，則有把握，否則須多方購買，以免蠶多葉少。

清 余鋕《山蠶講義》第三章《養蠶類》第二十五節《出蠶》 浴春者，即初生之蠶子也。每日寅卯辰三刻出蠶，其多如小毛蟲，又如蟻，故謂之曰蟻蠶。約長二三分，頭紅身黑，初出卵時，旋食其殼之半，如馬之食脆。然其未出之前，子筐下須鋪蓆，如有蠶蟻落地，及散走筐蓆間者，宜仍取入筐内。或掃以羽翎，或掃以蠶刷。蠶刷者，束茅穗為之，長六七寸，掃已用笋籜撮入筐中。

又 第二十六節《提蟻》 蟻蠶一出，即能食葉。其不伏處筐中，而蠢動四出者，求食故也。當此之時，即將柏樹枝剪成數小枝，枝頭留鈎，以便掛用。先倚放筐口，小蠶絡繹而上者多，即提之移掛於青㭎樹，蠶即舍此就彼，而又以柏枝提他蠶。一筐之蠶，照此法提放數次，雖不盡，亦無幾矣。但柏枝亦宜用新，方有生氣，稍枯即棄之。

又 第二十八節《靠筐二》 蟻蠶於衣子地上，為蠶事第一機關，故靠筐之處，其樹脚下，一切雜草，務宜耨盡。蟻蠶未頭眠以前，力不健，風震葉易墜，草不盡，不易拾。雖然地下落葉，毋須盡掃，恐蠶遇雨，落地入泥，無以保護。有於樹脚下，扳曲小樹一二枝，用木鈎釘在上面，名壓地芽，蟻即落，亦能食扳曲之葉，可漸而上。又靠筐時，筐與蓋所糊之白紙須揭去，以便蟻蠶四出，羣赴樹上食葉，而無所碍。

又 第三十節《束樹》 小蠶之養法，較驕於小兒，其體察愛護，無所不周。地宜平而斜，葉宜密而嫩，枝宜聚而小，否則地必患水，葉不肥蠶，至其枝之疎而大者，無訛其散亂鋪張，循行不便。即蟻蠶上下，亦以勞倦之故，而食葉較遲。故衣子地之樹，其腰皆束如繫帶，然既成籠，復成行，非多事也。

清 福州試辦蠶桑公學《飼蠶淺説》

數蠶

飼蠶須先知蠶數，然後給葉容扁，方有準則。計蠶子一錢，約六千，蠶蟻一錢，約一萬。稱子稱蟻，均從其便，惟稱蟻爲較準耳。若能於每齡中，一一數之，尤好。

又 分扁

分扁之法，一二三齡時，撒糠沒蠶體，俟給桑二三次後，以毛帚掃蠶及糠，移之他扁，攪勻分開，以均一爲要。四五齡後，容扁較多，宜用線網，較爲簡便。

清 豫山《蠶桑輯要合編》上編《養蠶》

收種法

養蠶之法，繭種爲先，此等之蠶，極宜加功培養。揀好蠶蟻另養，養至老時，取一刻上山之强梁好蠶，繭成過五日，揀簇頂上厚繭取下，搯去茸衣，雌雄各半。其尖細緊小者，雄也；圓漫厚大者，雌也。用扁將雌雄之繭，各置一處，日數既足，其蛾自生。若有拳翅、秃眉、焦尾、薰黄、赤肚、無毛，及先出末後生者，皆去之，留完全好者。此誠胎教之最先也。其蛾生在寅卯時候，雌雄相配，自辰至未，厥氣乃全。至未時後，摘去雄蛾，將雌蛾驚拍去溲。要預先裱過厚皮紙先於做絲湯内泡過三遍曬乾懸於板上，將蛾勻攞於紙上，聽其散子。未申酉三時子足有力，以後之子力薄不用。將雌蛾取下，蠶連懸於風處，俟變色成胎，用淨水洗候乾。用熟石膏末摻上，捲好掛高處，遇霉不致受溼，亦忌煙燻。交秋將石膏拍去。臘八日用桑葉煎水，候冷稍浸一刻，以助元氣。候乾仍包懸於高處。其無用之雌雄蛾，養五日後，窖於東南方，以助生氣，以免禽蟲傷食。

又 蠶生，徐徐以牛糞煨火，合閉門窗，不令煖氣出外。不可有煙，牆壁掃盡，塞絕鼠穴，須留貓洞。

又 清明時，將春蠶種連紙捲好，掛於通風極涼處，方不出蟻。立夏前三四日，將蠶種以棉花包裹放煖處，一日卽出。明年養二蠶，即用此。二蠶種更好，養法與春蠶無異。惟起底、飼葉，格外要勤，一十八日卽老，上簇六日而摘繭，七日而蛾出生子，又七日而子生蟻，是爲原蠶。

又 摘要量葉下蟻，每蟻一錢，至老約食葉一百餘斤。什物須量蠶預備，育蠶煖，頓數多，則老速；天氣寒，頓數少，則老遲。半夜要飼，慎勿貪睡。若二十五日老，蟻一錢可得絲二十五兩；二十八日老，只是得絲二十兩；月餘老，只得絲十餘兩。

又 下蟻各省節氣不同，只看桑葉如茶匙大，即是蠶生之候。以二連相合，紙包再包綿三四寸，置煖處，不可寒冷。每日翻轉，開包忌風。或將綿包懷在身，夜放身傍，不可太熱。七日變青白色，次日必出。宜先煖蠶室令極熱，蟻出鋪連煖阬，出齊稱記分兩。共稱得幾兩，除連，便知蟻數。先將稻草簾鋪筐底，再鋪綿紙一層，切葉篩勻紙上，以連覆葉，聞香自下，用隔年乾桑葉揉末篩簾，拂下亦可。

又 蠶蟻下連，以一日、二日下齊爲好蟻。初出，不飼無妨。初宜切葉如絲慢飼，但頭一日拂下之蟻，與第二日各置一處。如頭一日之蟻，多飼葉三四頓，即將蟻置之稍涼處，以減頓。第二日之蟻，置之煖處，每日加一二頓，前後各飼葉三十五頓，即齊眠於一日，取齊省功之法。去沙在巳午時，待蟻上葉，用蠶筯輕輕挑過小筐內，稀密得勻。古用蠶匙，今用蠶筯。

又 春蠶可分兩次育，先一次在穀雨前後出，後一次藏於罎內，置之冷地，罎頭蓋閉，不透風熱，遲至十日後取出，一見熱風，蠶蟻盡出，繅絲分功。

又下編《補遺》 提雌蛾微以手捏去溺，否則不卵。置筐中微火暖之，始能生子。在筐猶不斷火，或借陽光，旬餘蠶出大如鍼，以青桐嫩葉置筐內外，其蠶自上枝葉，即將枝上蠶置樹上。

清 豫山《蠶桑輯要合編・補遺》 約蠶生前七八日，北地約在穀雨前數日，是其然火之時。糞上煨火，必有黑黃烟起，合閉蠶室，不可令煖氣出外，凡五七日。於蠶蟻生前一日，少開門，令烟出盡，隨即閉之。其柴糞陷下，已成熟火，蠶火畜也，甚喜暖。初生之蠶，更宜暖。但怕烟，不可用生火，蓋生火或大或小，不能均勻。此火既熟，絕無烟氣，一兩月不滅，人不起動，便如無火。若用柴枝挑撥，烟氣即起。坑上必壘高二者，欲使火氣上騰，散布室中。又防夤夜人行誤陷入也。其屋乾透，其壁皆暖，黑婆蚊蠅諸蟲，盡可薰死。牛糞薰屋，大宜蠶也。牛喜食桑葉及蠶沙，並食蠶，蠶亦喜牛糞氣。大約蠶牛一氣。薰過門掛簾薦，或布簾，或氈簾，不宜捲起，須防蚊蠅入內。倘有竄入者，急宜捕殺。若留在裏面，蠶上簇時，生蛆於蠶身，後必穴繭而出，則繭不能繅絲矣。其糊窗之紙，舊黑須用白紙替換。糊窗時，外掛草薦，旋扯故紙，旋糊新紙，不使煖氣出外。蠶室務須早治，室舊者，預期宜補塞絕鼠穴。鼠食蠶咬繭，室中宜育貓捕殺。凡簇箔下，宜留貓道。若臨時修治，牆壁溼潤，非所利也。下蟻前一日，將屋上壁間及地上塵埃，務要刷掃潔淨。下蟻之後，不宜掃動矣。此係專備蠶室，費功難治。若能各於居室之中，察其寒熱，開閉窗門，進退炭火，勤謹飼蠶，自可成熟。

又 生蟻之法，用綿蓐包裹蠶連，每日夜翻轉綿包十餘次，以向下者復向上，向上者復向下。又早午晚取開棉包三次，提掇蠶連，將居中者換在兩邊，居邊者換在中間。此齊於煖種時也。種齊則蟻齊，蟻齊則眠起皆齊。如法行之，宜無不齊之理。然究未有一時盡眠，一時盡起者。

清 增韞《柞蠶彙志・秋蠶飼育法》 蟻蠶先食嫩葉，嫩葉漸盡，蠶亦漸大。必須於蠶幼時，按樹之大小，葉之多寡，勻置其間。所放之蠶，足敷所食之葉，方無葉盡不繼之患。

清 張文藝《養蠶秘訣》 倘上兩層頭山，上層宜早上半日，待蠶尿流清，再上下層，防下層蠶繭染尿，絲難抽也。見考頭後，飼葉三五次，可以一齊捉上。即稍有生蠶，亦不妨。

清 趙敬如《蠶桑説》

浴種生蟻法

清明節，取菜花麥葉揉碎，入净水，將蠶連放在水中浸溼，半頓飯時取出，名曰浴種。攤於風涼處候乾，用紙包裹，再裹以棉花，放在懷中，不時翻轉。三日取出一看，俟變翠綠色，不日即出。有三五先出者，用雞毛埽去不用。蟻出八九分，取出在温和處所攤開，少待即齊出。

下蟻法

蟻出齊時，用乾桑葉揉成末，以糠篩篩於連上。俟蟻附上，用雞毛輕輕埽在蠶箔內。小蠶箔，其式如篩而薄，其邊箔內，須以白紙糊好，令其光潔。大蠶箔，圓徑四尺許，以竹為之，俗呼為團箕，亦呼為團匾。埽訖，用薄刀細切嫩桑葉，撒於蟻上，桑葉要勻薄。如蟻一次未能全出，仍將蠶連包好，明日蟻出，如前埽下，另置一處。切不可與頭次埽下者，共置一處，致有不齊之弊。凡蟻只埽兩次，連上還有未出者棄之，此殘病之蟻也，育之無益。

秤蟻

蠶蟻齊出，和蟻秤連，俟蟻埽下，再秤空連，便知蠶蟻多寡。大約蟻一兩，食葉二十石，量葉下蟻，慎勿貪多。

清　趙淵《蠶桑摘要》卷中《蠶始類》　凡養蠶家，下蟻之日，蠶多力厚者，設三牲酒醴；蠶少力微者，割雞設醴，點燭焚香，將筐置先蠶几案，蠶母率闔家，奠醴拜禱。

又《蠶性類》　蠶生前幾日，以牛糞煨火薰之，薰時須閉門窗，勿令煖氣外出。蠶生前一日，稍開門出煙，煙盡仍閉。如屋有潮溼，蠶多生白醭、貼沙之病。如偶積塵埃，須預先打掃，收拾乾淨。

清　鄭愷《飼蠶新法・凡例》　篇中凡有一、二、三、四、五齡之稱，即初出之蟻蠶，稱為第一齡；頭眠脱皮後，為第二齡；二眠脱皮後，為第三齡；三眠脱皮後，為第四齡；大眠脱皮後，為第五齡也。

又　催青注意

先定其下蟻之期，不可失於過早、過遲。早則桑芽尚小，日後遞算桑量必多。遲則桑芽過大，桑量雖減，恐葉硬不利於小蠶。必芽放三四葉為最宜。故在下蟻前十四日或二十日，由貯藏器内取出種紙，移入催青室，漸次昇高溫度。前一週日之第一日，以五十五度為始，每日昇高一度。後一週日之第一日，以六十二度為始，每日昇高二度。合前後二週日，溫度經過九百度内外，蠶卵始發生也。

又　溼連法

催青至將孵化之際，用火必盛，恐蠶卵水分易散，過於乾燥，往往有枯死者。故必用水以溼之，謂之溼連。其法有二，曰直接；曰間接。現日本最行間接之法，用桑花搓碎之，當收蟻之前一日午後，五六時間，平鋪桑花於種紙背面，約高三分，其上又蓋以白皮紙，復用桑花掩沒之。如種紙多，桑花不足，種紙可以重疊，然不宜過三張。如此約一點半鐘之久，將桑花除去，即用白皮紙包之，靜放於簾上。初次置蠶架下層，經過二時，可移高二層。若經過三四時後，若種紙過於乾燥，仍用前之桑花散布之。

又　收蟻法

收蟻之法有四，曰紙掃，曰糠掃，曰網掃，曰孔紙掃。紙掃法，用光滑皮紙，以依簾之大小為限，先秤定紙之重量，記於紙上。又畫明坪數，再觀其紙包中蟻之舉動活潑，即可以收蟻。將右手持羽毛一枚，先掃去種紙裏面之蟻，再掃去兩端之中央，以及四隅。其紙之四隅，以手指捏之，然後二人相對靜取，蠶種離坪紙高三寸，將羽毛之柄打之，則蟻自落下矣。或有不落下者，用羽毛輕掃之，即依坪紙俱秤正其量，以坪紙之量減去，可得蟻之真量。其蟻上，散布細糠，合蟻一錢，糠二合。再面散布切細桑葉，約五分至一錢日人謂之呼出桑，所以誘蟻於糠上也。經二三十分鐘，把紙四隅集蟻於中央，用羽毛與手攪拌，擴於標準之坪數，不可過大過小。然後給與食桑，約蟻多三倍為適，此時溫度宜七十二三度。

又　糠掃法，於未歸蟻之前，先秤其種紙，及包紙之量，然後蠶種放開於簾上，其蟻之上面，散布細糠，及細桑葉。亦須先秤其重量。經暫時，蟻行糠上，用羽毛如前法掃之，以指執其兩端，向前翻覆，即依糠俱落下矣。倘有未落者，用羽毛掃下之，可以秤其重量，前所秤之紙量及糠量，減去之，恰得其蟻量之真。其擴座之法，與前法同，故畧之。孔紙掃及網掃，行於伊佛兩國，今中國不合行之，故不述及焉。

清　朱祖榮《蠶桑答問》卷下《蠶桑叢編》

哺蠶早晚第七

問曰：哺蠶有早有晚，以何時爲最宜？

答曰：蠶出在穀雨爲宜，時天氣已煖，可無病變；桑葉漸大，可資飼養。食葉無剩，可以省葉。節近小滿，即可上山。大約自出至老，速則二十七八日，遲則一月爲期。

又　稱蠶量葉第八

問曰：育蠶必先量葉，量葉必先稱蠶，方有把握。每小蠶一兩，須食葉多少？

答曰：小蠶初出，連蠶稱紙，記明分兩。收下後，再稱空紙，便知小蠶分兩。明日再收再稱，每小蠶一兩，食淨葉約二十擔，可得絲一百五十六兩。三眠時，併在一筐，稱蠶一斤，可得絲一斤。四眠謂之大眠，每蠶一斤，除以前食葉不算外，以後再食二十餘斤，約可收繭二斤。每繭一斤，多則繅絲二兩，少則一兩二三錢。多寡不齊，大約總以十分繅一爲常，而食葉之多寡，亦可預定矣。

又　浴種生蟻第一

問曰：浴種生蟻其法何如？

答曰：節交清明，先用净水將蠶連浸一刻取起，蠶種曰連，即上年舊蠶所生子也。名曰浴蠶。攤於風處候乾，然後將蠶紙摺疊，夾以葱韭蒜葉養蠶時便少避忌，用紙包之，外更裹以新棉。須血氣壯旺者，無分男女，晝則懷在胸中，夜則覆在被上，清晨人起，蓋在被中，以沾暖氣。宜表裏互易，使暖氣均勻，三日可出。須逐日開看，見子色轉綠，漸漸青黑，蠶將出矣。如有三五先出者，用雞翎掃去不用，此名行馬蟻，留之致蠶不齊。蠶出在巳午時居多，見有一二成出者，卽以燈草心四五寸長者數十莖，勻鋪紙上架空，依舊摺疊，鬆包煖好。蓋先出者，餓一日無妨。明日再看，見出至五六成，然後收下。

下蟻法第二

問曰：下蟻之法何如？

答曰：預將有眼之筐，攤棉鋪紙，紙宜光滑，以待收蠶。見子出至五六成者，用鮮葉切絲勻糝，或霜桑葉微焙搓末薄糝，亦可。俟小蠶附葉，以紙覆之，兩人執角，將蠶紙合轉，小蠶隨葉盡下。既可省力，更無損傷。既收之後，尚有未出之子，仍將蠶紙煖哺。明日巳午時，攤在筐中，架在空鍋，以受煖氣，蠶卽盡出。如法再收，切不可與初次所收，同置一處，致有不齊之病。收過兩次，尚有未出者，皆劣子也，可卽棄之。

清 蔣斧《粵東飼八蠶法・蠶篇》

計蠶備葉第七

凡蠶蟻重一錢，須備桑百六十斤。又凡蠶十簸三尺徑，須備桑五百斤，自無缺乏之虞。

清 鄭珍《樗繭譜》莫友芝注 每眠約一日，陰雨二日，眠時慎無剪移，移則傷其絆。凡蠶出卵時，旋必食其殼之半。每眠起時，旋必食其蛻之半。不令食，則蠶弱繭薄，此事頗與馬子之食胞同，似蠶馬二物，嘗相關也。方悟《搜神記》載太古時，馬皮捲女化蠶事，未盡誣。且周禮，原蠶之禁，亦掌之馬官也。

清 莊景仲《養蠶必讀》卷上第三章《選種》 又曰：『取簇之中腰明淨厚實繭蛾。第一日出者，名苗蛾，不可用。屋上置柴草，上放不用蛾。次日以後出者可用。每一日所出爲一等輩，各於連上記寫，後來下蟻時，各爲一等輩。二日相次爲一輩猶可，次三日者則不可。因將來成蠶，眠起不能齊，極爲害患，另作一輩養，則無妨也。至末後出者，名末蛾，亦不可用。雌雄相配後，當日可提掇連三五次。』去其尿也。

按，采取繭種，宜細察雌雄，各置一箔，蓋蛾性最淫，若雌雄不分箔，一出而卽交合，生子必不盡善。大約蛾之破繭而出也，多在黎明之時，迨上午七八點鐘，始可雌雄相配，至下午二三點鐘，摘去雄蛾，將雌蛾放在連上，持連提掇，以去其尿，然後可令放子。

又 第四章《下蟻》

催青至孵化之際，用火既盛，過於乾燥，恐蠶卵水分易散。故必用滋潤之物，以濕之，謂之濕連法。用桑花搓碎，於收蟻前一日，午後五六時間，平鋪桑花於種紙背面，約高二分，其上又蓋以白皮紙，再用桑花掩沒之。如種紙多，可以重疊，然不宜過三張。如此，約一點半鐘之久，將桑花除去，卽用白皮紙包之，靜放於篇上。初次置蠶架下層，經過二時，移高二層。若過三四時後，種紙過於乾燥，仍用前法濕之。

又 按，下蟻須疏密得宜。其坪數不得過小，以致蠶體重疊，爲害不淺。大約下蟻擴坪，以多三倍爲適，蓋蠶卵與蟻校已長一倍矣。又宜微留間隙，以爲蟻運動，食桑地步。若蠶種一方尺，卽當擴坪三方尺，否則疊牀架屋，在面者得食飼桑，在下者壓抑已甚，無從得食，致後日眠起不齊，而生種種病症，其害可勝言哉。今養蠶家，多不知此，故特表之。

又 又法，蠶卵孵化之期，於下蟻前十四日，由貯藏器取出種紙，移入催青室，漸次升高溫度。第一日以五十度爲始，每日升高一度。第八日以六十二度爲始，每日升高二度，合前後二星期，溫度經過九百度內外，而蠶卵始發生也。蠶室及一切器，其下種前二日，用火烘之，并開窗戶，以散室內之惡嗅。外氣流通，種紙每日上下轉換二次，則感溫平均，發生齊一矣。

又 第五章《飼養》 《要旨》云：『箔底須鋪二領軟蓐。蠶蟻生後，每日日高捲出一領，晒至日斜，復布於底箔。明日又將底箔徹去，晒曝如前。翻覆鋪藉，使受自然陽和之氣。至停眠起食，然後徹去。』

又 寒暑表分度，蟻蠶出日，每日最高七十五度，最低六十八度，以平均七十一度左右爲適宜。然不觀外溫之升降，而盡用火力，以至室內密閉，外氣阻滯不通，則蠶受害非淺。亦可依外溫之昇降，而稍高低之。內溫與外溫，不可差至二十度。當蠶眠時，以六十九度爲適宜。

溼度以七十度至八十度爲最適卽乾濕兩球差五六度也。若差度在一二度，或無差度之際，蠶室溼氣必重，宜用糠或火力，及減給桑量，方能使溼度下降也。

又 第十二章《雜記》 《韓氏直說》曰：『積蠶疾老少病，省葉多絲，不惟收却今年蠶，又成就來年桑。積蠶生於穀雨前，不過二十四日老。方是時桑葉發生，津液上行，其桑斫去，比及夏至，夏至一陰生，津液不上行，可長月餘，其條葉長盛，過於往歲。至來年春，葉生又早矣。積年既久，其桑愈盛，蠶自早生。』

又 卷下第二章《病原》 蠶病原因不一，別爲素因、誘因二者。素因又曰遠因，此病原在蠶體者，如蠶生而虛弱是也。誘因又曰近因，誘致諸病而害康健，如怠於除沙，殘葉蠶糞，堆積蠶牀，以及寒熱不齊，則爲誘諸病之原因。蠶之虛弱者，因陷疾病也。

又 第五章《軟化病》

一曰精選蠶種。

二曰勿過於保護。如初下蟻時，藏於厨内，陽氣不通，後必多病。

清 帥念祖《蠶政編》 蠶生前七八日。秦地在穀雨前九日，是其燃火之時。糞上煨火，必有黑黃烟起，閉蠶室，不可令煖氣出外，凡五七日。於蠶蟻生前一日，少開門，令烟出盡，隨卽閉之。其柴糞陷下，已成熟火。此火既熱絕無烟氣，經月不滅，大宜蠶也。下蟻前一日，將屋上壁間及地上，塵埃掃淨，下蟻後不宜掃動矣。凡麝檀零陵等諸香，並葱韭薤蒜有氣之物，皆不可入蠶室。

又 養時，將同日所生子生蟻爲一等，養之，自然眠起皆齊。

又 初蠶下蟻法

凡各省節氣不同，下蟻之時亦不同。秦中在穀雨前三四日。須看桑上葉生如茶匙大，是蠶生之候也。將蠶連收來，以二連相合，層層平鋪，連背向外，用棉花包裹。外再用被褥包好，置溫暖匟上，常以手試有溫和氣。不可熱，恐蟻死不出；亦不可冷，恐出不齊。每日夜翻轉十餘次，早午晚取開，將中間換兩旁，兩旁者放中間。若見蠶種皆變灰白色，次日蠶蟻必出。先將蠶室掃淨，添火使暖。次日極早，取開棉包，提令鬆活，覆以輕棉。少頃見有黑蟻出者，將連單鋪室内匟上或箔上，稍時黑蟻齊出，先將蠶筐或箔，用柔草搗極輭棉，勻鋪筐底或箔上。再鋪厚綿紙一層，再將桑葉採來，切如髮，用葉篩細細篩筐内蓐紙上，却以帶蟻蠶連向下覆葉上，蟻自下。或有多時不下，緣於連背翻過，自下又不下者，病蟻也，並連取去。蟻下後，將連一稱，卽知蟻之多少。如未出稱得九兩，今空連只得六兩，便知下蟻三兩。三兩蟻至老，可分三十箔，每蟻一錢，可老一箔，箔長一丈，濶五尺。

清 佚名《樹桑養蠶要略》 預稱蠶子 蠶子一錢，三眠時，可得蠶一斤。每三眠蠶一斤，前後食葉約一百四五十斤。大眠時，可得蠶五六斤，前後食葉一百三四十斤。收子時必須先稱，以便計算食葉多少。家多桑葉，則有把握，否則須多方購買，以免蠶多葉少。

育蟻飼葉 蠶子，南方名曰蟻。蟻初下時，只食葉之津液葉，宜現摘，刀宜新磨，切宜極細，篩葉宜勻而薄。天晴，每日可飼五六次。陰寒，蟻不甚食葉，須用潔淨棉被，將盛蟻之器四面包裹，用竹箸及他物架空，以免被壓蟻身。蟻得煖氣，便食葉矣。

清 吉林蠶桑局《養蠶簡明法・養蠶白話》 收蟻後天氣還冷，必要用火的，不可省這幾個錢，後來多采得兩三斤繭就在内了。但用火的法子，火缸要離蠶架四尺的遠，切勿擺在蠶架的下面。在寒暑表六十八度到七十六度，平均得七十二度為最好。

又 蠶種將出蟻的前一日，用紙包好，不把蟻蠶散了。又用水噴灑房内四壁地上，把濕氣布散，自然出得齊了。

法 白爾辣《摘刊蠶瘟説略》 浙省釐捐總局爲刋行事，光緒九年十一月二十八日，奉撫憲劉札，准欽差大臣李咨據候選道馬建忠等稟，洋商白爾辣，將本年各處蠶繭，以顯微鏡逐一測驗，詳記各蠶受病深淺。又慮人不之信，復將粒瘟病，由自蠶蟻，以至化蛾生種，分條縷晰，逐加論説。函達譯呈，咨會查核酌辦，等因到院摘其明白確著者，抄發數條，飭局排印，分發養蠶各縣等，因奉此合將奉發，摘鈔數條刋刷，居本俾衆咸知。

又 中國絲歲減之故，皆由粒瘟、白殭所致，不能盡諉天時。惟蠶有粒瘟、白殭二症，或種傳，或染及，蔓延日甚。故今年二蠶，適值初蠶新瘟之後，室未除盡，氣猶新染，其毫無收成者，良有以也。或云：『蠶生後，風雨暴至，而蠶死過半。其未死者，亦抽繭不佳。』此蓋指四眠之後，天時驟變，易生白殭之病，而種染白殭更易猝發，蔓延無已，死者過半，未死者，亦無力抽繭。

藝文

《詩・豳風・七月》 蠶月條桑，取彼斧斨，以伐遠揚，猗彼女桑。

唐 許渾《丁卯詩集》卷下《題春日韋曲席野老村舍二首》 背嶺枕南塘，數家村落長。鶯啼中一作幼婦嬾，蠶出小姑忙。煙草近溝濕，風花臨路香。自憐非楚客，春望亦心傷。

宋 梅堯臣《宛陵集》卷五六《送邵裔長洲主簿》 姑蘇城頭烏哺時，長洲草緑春袍歸。魯桑葉小蠶出遲，吳田水暖牛耕肥。里胥爭迎縣寮喜，入門先自綵衣。拜親然後及王事，簿書豈得長相羈。

宋 張弋《秋江烟草・莫春》《江湖小集》卷六八 日日雨霏霏，開門無所知。漫尋花發處，已過絮飛時。替紙蠶生遍，倘巢燕立危。但催人老去，羞作送春詩。

宋 陳造《江湖長翁集》卷九《田家謡》 麥上場，蠶出筐，此時秪有田家忙。半月天晴一夜雨，前日麥地皆青秧。陰晴隨意古難得，婦後夫先各努力。倏涼驟暖繭易蛾，大婦絡絲中婦織。中婦輟閑事鉛華，不比大婦能憂家。飯熟何曾趁時喫，辛苦僅得蠶事畢。小婦初嫁當少寬，令伴阿姑頑房謂嬉為頑過日。明年願得如今年，剩貯二麥饒絲綿。小婦莫辭擔上肩，却放大婦常姑前。

宋 范成大《石湖詩集》卷二七《四時田園雜興六十首》 柳花深巷午雞聲，桑葉尖新綠未成。坐睡覺來無一事，滿窗晴日看蠶生。

元 趙孟頫《松雪齋集》卷二《題耕織圖二十四首奉懿旨撰・織十二月》 忽忽歲將盡，人事可稍休。寒風吹桑林，日夕聲颼飀。墻南地不凍，墾掘為坑溝。砍桑埋其中，明年芽早抽。是月浴蠶種，自古相傳流。蠶出易脫殼，絲纊亦倍收。及時不努力，知有來歲不。手凍不足惜，冀免號寒憂。

清 黃之雋《蠶女》《蠶事統紀》卷一七 纚綿身上衣，辛苦千萬緒。鮮衣盛服人，聽我歌蠶女。蠶女十六七，嫁夫結鴛侶。作家甘勤劬，歲寒秉機杼。三月蠶事起，樹上黃鸝語。妝成不出遊，垂簾理筐筥。蠶生先後齊，蠶飢當啖茹。金環約皓腕，采桑往東墅。道逢遊冶郎，低鬟首不舉。還家剪綠葉，哺飼順時序。圍爐濕氣驅，密室旁風拒。颯颯食葉聲，急雨響蘆渚。忙月倩女伴，相助為黨與。嬌軀本纖弱，黽勉奮腰膂。繁紅枝上稀，不知春已去。寢食於斯寶，何暇相延佇。三俯三起時，插簇一尺許。微蟲競効命，吐絲自藏褚。數日繭乃成，滿屋白湑湑。桑根釜下炊，繭子釜中煮。纖手抽不遲，併合五六縷。牽引上繅車，軋軋無所阻。宛轉動清響，家家弄新暑。新絲皎于雪，十倍麻與紵。蛾蛹為夫妻，拍拍相狎處。産子實蕃息，浴種藏善所。促織鳴東廂，流黃照秋炬。織帛已成匹，寒來不愁禦。西鄰養蠶婦，衣裙敝綟苧。借問何為爾，蠶月運齟齬。苦繅一筐絲，賤價售商旅。本以完官稅，豪右責逋稰。公私償不足，且用飽吏胥。一絲不到身，奚望篋笥貯。同力蠶桑務，脉脉受酸楚。霜風遠相尋，淚下不及杼。

清 陳梓《養蠶詞》《清詩鐸》卷七 田家養蠶極苦辛，蠶大費力小費心。臘月十二蠶生朝，炒鹽獻竈家家勞。清明夫婦莫走動，隔夜采花浴蠶種。蠶種不一分炎涼，熱看冷看須忖量。屈指來朝穀雨近，出城買紙糊蠶筐，轉緑變藍蠶子蠶子始出時緑，繼藍色出鵝毛擔落房中藏，先以嫩嫩葉如乳哺。

清 沈炳震《蠶桑樂府・下蠶》 蠶生戢戢初如髮，隱約難窺出復没。歷頭檢取最吉方，鋪筐叠架作蠶房。鵝毛細意刷更浄，不教紙上猶留藏。小姑持稱較多少，今年定比去年好。阿翁護持寒暖宜，天公方便温和早。揮刀切葉快如風，細作絲條香氣濃。匀鋪簇面青茸茸，老翁旁觀不復語。惟見眉阿長栩栩，瓦盆有酒還可酹。既醉婆娑起獨舞。

清 董蠡舟《南潯蠶桑樂府・分替》 大起以後食倍加，須臾只剩枝槎枒。枝間遺矢更狼籍，積來箔底何紛拏。滓穢叢殘待捐棄，始可再將新葉飼。更欲移蠶置別筐，一一捃拾談何易。唯將罜麗筐上張，網中層疊敷柔桑。蠶從網下來就食，一網舉之誠善策。枯莖蕻出芻狗陳，明日晨炊可代薪。豈徒纍下供所乏，更得草人土化法。亭亭如蓋桑陰遮，得氣全賴壅蠶沙。

清 董恂《南潯蠶桑樂府・出蕻》 葉裁如縷蠶猶小，葉小無餘蕻亦少。自從出火過三眠，大葉粗枝似芻藁。須臾葉過只留枝，倘教檢取亦難了。卻將絲網置筐中，一網出之計誠好。枝空留作爨材供，細沙肥沃宜桑稻。鄉人勤苦棄物無，能供所需便堪寶。最憐竭蹶一月餘，徒說山頭如雪皎。待到絲成綿白時，唯此區區可相保。

雜録

清 崔應榴彙纂，錢馥補輯《蠶事統紀》卷一五

《淮南子・説林訓》：人食礜石而死，蠶食之而不饑。

案，《攤飯續譚》云：《山海經》皋塗之山，有白石名礜，可毒鼠。郭注云：鼠食之死，蠶食之肥。《山堂肆攷》：蠶食礜石而肥。

《務本新書》：蠶要十體，謂寒、熱、飢、飽、稀、密、眠、起、緊、慢謂飼蠶時緊慢。蠶有三光，《蠶經》白光向食、青光厚飼皮皺為飢、黃光以漸住食。

蠶要三稀，下蟻、上箔、入簇。蠶要五廣，一人、二桑、三屋、四箔、五簇。

圖表

清 劉祖憲《橡繭圖説》卷上

伏卵出蠶第十五

凡母蛾大者，約伏卵百二三十顆；小者，亦有八九十，大概以百顆爲準。其當覆卵時，兩翅必摇動有聲，又須以筐盖覆之，勿使飛出。欲卵之匀布，則以燈火引之，使就空處生卵。此十餘日内，若天氣陰寒，則蛾不飛動，覆卵成堆。至蠶出之時，卵之在中者，往往咬不出卵而死。若天氣晴暖，則群蛾栩栩，其生卵必匀，其色如膏粱，有生氣。若遇天氣寒冷，仍須以炭火微烘之。見卵半月或二十日，而蠶出，亦宜近火，以沾暖氣。其出也，總在寅卯二時，故俗以蠶出為陽。卵籮，須以黄荆嫩條編之，年必一换。若用他木，則不粘子。黄荆條，出遵義府，清鎮鴨池河亦有之。

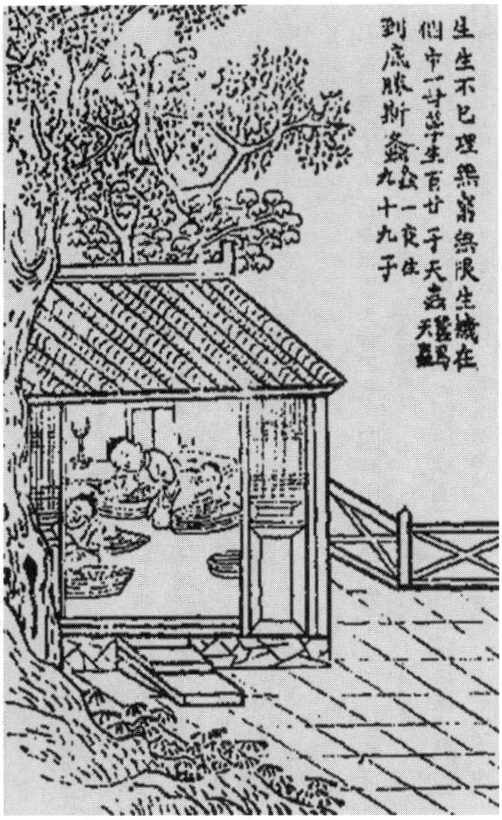

清 馬丕瑶《蠶桑簡易法・養蠶法》

置蠶具　養蠶宜預置器具，曰切桑刀，專為切桑葉之用，不宜切佗物。切桑板專為切桑之用，采桑筐，蠶二眠前，不可翦桑條，宜摘葉，以此盛之。葉篩蠶小需此篩葉飼之，担蠶毛，蠶蟻初出在連上，須撒細葉，以毛担下担至小籚。或散布，不便飼葉，以毛團聚之，免傷蟻。蠶箸為拈小蠶之用，蠶籚，所以盛蠶，小籚盛小蠶，大籚盛大蠶。養蠶多者，宜多預備。蠶植，為放蠶籚之用，小植放小籚，大植放大籚。取其透風，且不多占地方。火盆。無論銅鐵、瓦器皆可，形亦不拘方圓，取其貯火而已。冬月多收牛糞曬乾，蠶初生時，燒火盆中。俟煙盡擡入，煖而宜蠶。或以柴燒火，烟盡擡人亦可，木炭更佳。蓋蠶喜煖而惡煙也。火盆無定式，不另繪圖。

切桑刀式

鐵身鋼口，形如菜刀，已切哉，有油膩者不可用。

切桑板式

以堅木爲之，長二尺五六寸，寬一尺二三寸，厚一寸餘，刨光用。

采桑筐式

以竹篾編之，有眼，取其透風，大小隨宜，口繫繩，以便兩筐並挑。

扫蠶毛式

鵝鴨翅毛皆可，雞毛恐生風，以不用爲妥。

蠶箸式

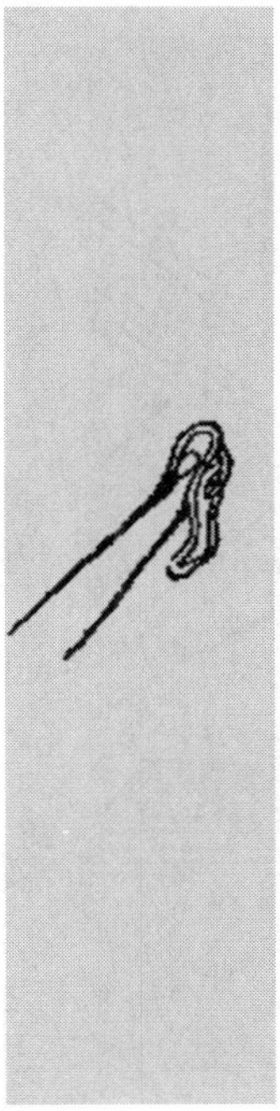

以竹爲之，長五六寸，較食箸稍細，一頭削尖，須光潤，免致傷蠶。

蠶篩式

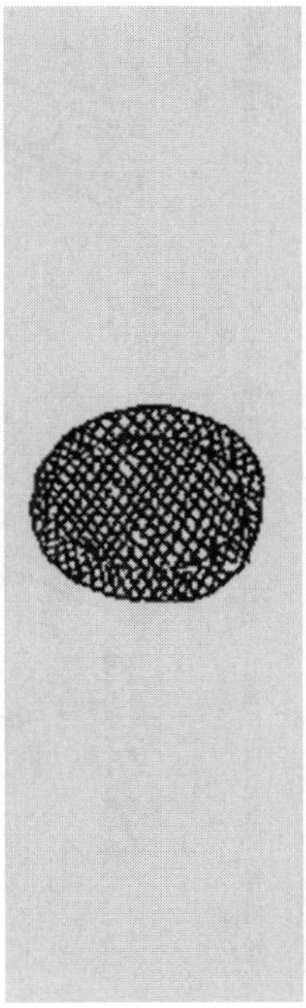

以細篾編之，圓徑八寸，邊高二寸，眼貴疎，篾須光潤，以便篩葉。

蠶簄式

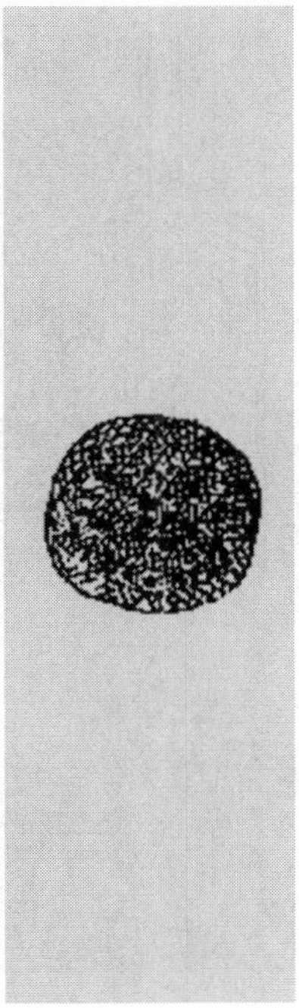

以篾編之，大者圓徑三尺七八寸，小者圓徑二尺五寸、或二尺、或尺五不等，邊高寸半，實底，不用眼，邊底皆用硬篾經緯之，庶期久用。

蠶植式

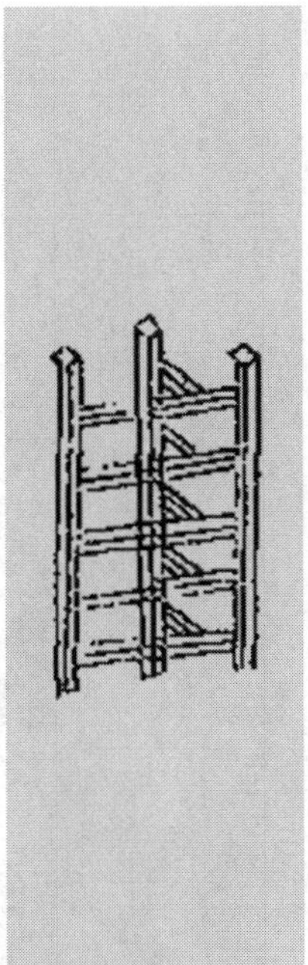

用三木作柱，大者高八尺，中設横檔八層，相懸各八寸，令可容簄，進出前擋長四尺，後擋長二尺二寸。前擋居中，俱平鑲短搼，長四寸。後擋前各裁成搼口，湊短搼上，如公母笋式，中穿一孔，綰以竹釘，令可轉移，摺疊，小植高四尺餘闊二尺六寸，擋用五六層，以便置牀帷内。

清 衛杰《蠶桑萃編》卷一一

火倉圖説

凡蠶生，室内四壁挫壘室龕，狀如三星，務要玲瓏，頓藏熟火，以通煖氣，四向勻停。

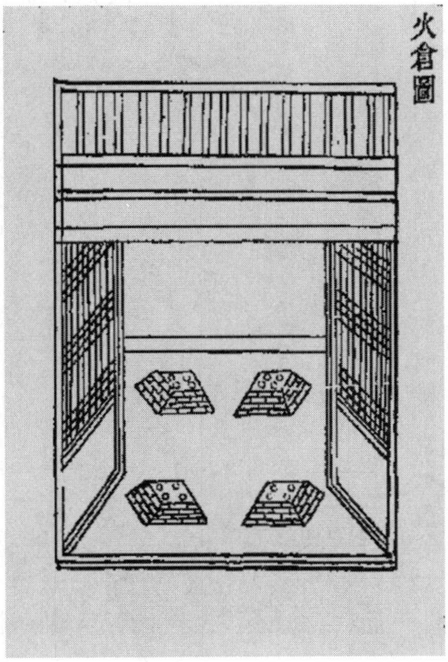

又 稱連下蟻圖説

各省節候不同，下蟻早遲不一。如直隸局中，須在穀雨後數日。若江浙，則在清明。四川，則在驚蟄。閩粵，則在立春後。山陝，則在穀雨前。餘可類推。

要以桑苞之初生，即為下蟻之准時。以桑葉之多少，即為養蠶之定數。

分蟻圖說

蟻既下連，用快刀切桑葉極細，以葉篩篩於蟻上，務要薄而匀。第一日不住頻飼，一時當飼一頓，一晝夜通飼一十二頓。蠶室宜極煖極暗。第二日減飼至八頓，第三日又減飼至六頓。於巳午時間，復用蓐草綿紙，另鋪一箔。先將細切桑葉篩於蟻上，較前稍厚些。待黑蟻上葉時，用蠶匙薄帶沙㶷，輕輕將蟻欵手挑起，分如小圍棊子大，布於新安箔上，盈滿一箔。

清　衛杰《蠶桑圖説》册中

初眠第五圖

蠶生六七日為初眠，頭微綠，尾微紅，即篩灰鋪葉。蠶全上葉，再易一處，宜煖避風。或以輭草灰薄篩蠶身上，庶後來易於脱殼。

清　余銚《山蠶講義》

提蟻蠶

清 張集賢編撰，郝子雅繪製《桑織圖》

稱連下蟻圖

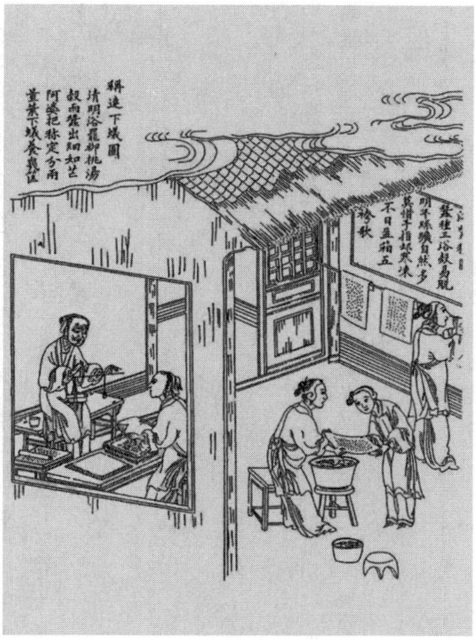

清明浴罷柳桃湯，穀雨蠶出細如芒。阿婆把稱定分兩，量葉下蟻養幾筐。

通州蠶學館《蠶桑簡明圖說》

收蟻圖 小蠶初出其形如蟻故俗謂之收蟻

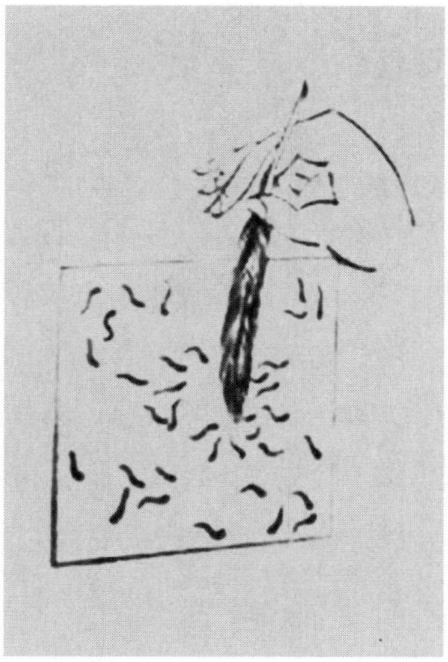

將收蟻時，先將種子連紙秤之。然後將小蠶用鵝毛輕輕掃下，再秤種紙，較前秤之數已減若干分量，便知小蠶所出分量。如一次未能全出，仍將種紙包好，至次日再收另置一處，不可與頭次收下之蟻同置一處，以防不齊。收過兩次後，尚有未出者，當棄之，再收無用。

眠起

題解

宋 秦觀《蠶書・時食》 蠶生明日，桑或柘葉，風戾以食之，寸二十分，晝夜五食，九日，不食一日一夜，謂之初眠。又七日再眠如初，既食，葉寸十分，晝夜六食。又七日三眠如再。又七日若五日，不食二日，謂之大眠。食半葉，晝夜八食。又三日，健食，乃食全葉，晝夜十食，不三日遂繭。凡眠已初食，布葉勿擲，擲則蠶驚，毋食二葉。

清 沈炳震《蠶桑樂府・餉蠶》 餉蠶凡蠶眠起初食曰餉。

清 高銓《吳興蠶書》卷下 著衣孃 起孃蛻膚至半身而止者，謂之著衣孃。此有兩種，一是種眠頭時，用石灰太重，蠶身乾燥所致，剝去其膚，蠶仍無害；一是蠶病濕尾，粘惹不能蛻，雖剝去亦斃。

青蠶 青蠶，以色名也。蠶眠則身黃，此獨青而不眠，故曰青蠶。或受沙蒸，或受風淫，竝足致病，自頭眠至大眠皆有之。有一種名壯青者，乃是食肥葉而成，蠶身較粗壯，其色深青，故曰壯青，亦不眠。

清 方大湜《桑蠶提要》卷二《蠶事四十條・蠶種四則》 蠶臥曰眠亦曰俯，眠後脫殼曰起。初眠曰頭眠，二眠曰停眠，三眠曰出火，四眠曰大眠。將眠曰紅孏思亦曰青孏思，他蠶盡眠，而此猶食葉，曰食娘，眠者曰眠娘，起者曰起娘。將老而口中吐絲，繚繞至脰，曰繚娘。老者色微紅，絲喉漸亮，曰老娘亦曰紅蠶。

清 俞墉纂輯《蠶桑述要・收蠶》 三眠蠶，謂之三眠娘。四眠蠶，謂之四眠娘。三眠娘之第二眠，四眠娘之第三眠，均謂之出火。烏螘一錢，出火應秤重一觔，此中收之數也。蠶眠曰眠娘，眠起曰起娘，及至上山，曰捉老蠶。

清 汪曰楨《湖蠶述》卷二 種眠頭 蠶至吐珠爲眠成，取空筐勻糝班糠卽礱糠灰或兼拌散石灰，以眠頭帶綈，鬆布其中，謂之派綈。用手宜輕，不得觸傷蠶背。綈中沙矢，必盡敲去，復厚糝班糠一層，安頓靜暝處，謂之種眠。

《吴興蠶書》令蠶⿰來夷乾燥，眠亦易起。《育蠶要旨》

大眠

清　蔣汝正校正，徐瀾編輯《安徽勸辦柞蠶案・柞蠶簡法・育蠶篇》

三眠起後，約二三日或三四日又眠，其狀與二三眠同，是謂大眠，起後不復眠。亦有五眠者，則以五眠爲大眠。蓋春天日暖一日，故蠶眠日早一日也。

又　眠起

秋蠶自出蟻後，約二三日或三四日，即頭眠。頭眠起後，約三四日或四五日，即二眠。二眠起後，約五六日或六七日，即三眠。三眠起後，約七八日或八九日，即大眠亦有五眠者。其狀皆與春蠶同。蓋秋天日寒一日，故蠶眠日晚一日也。

清　李君鳳《蠶桑説・飼蠶法》　蠶卵生爲蟻，蟻脱爲𧖮音苗，𧖮脱爲蠶，蠶脱爲蛹音勇，蛹化爲蛾，蛾脱繭復卵，蠶紙爲連，皮爲蛻，矢俗作屎爲沙，蓐曰沙燠，卧曰眠，脱殼曰起。

清　林心北、吴書年勸刻《蠶桑輯略・養蠶節次三十五條》　夫蠶爲陽物，大惡水，故蠶食而不飲。卵生爲蟻，蟻脱爲𧖮音苗，𧖮脱爲蠶，蠶脱爲蛹音勇，蛹脱爲蛾，蛾脱繭復卵。蠶紙爲連，皮爲蛻，屎曰沙，蓐曰沙燠。卧曰眠，脱殼曰起。凡蠶一七而變，四變而老，七變而死，蓋氣化神物也。

清　衛杰《蠶桑萃編》卷三《蠶政・蠶始類》

貴辨眠

蠶卧曰眠，亦曰俯，眠後脱殼曰起。初眠曰頭眠，二眠曰停眠，三眠曰出火，四眠曰大眠。將眠曰紅嬾思，亦曰青嬾思。他蠶盡眠，此蠶猶食葉，曰食娘。眠者曰眠娘，起者曰起娘。將老而口中吐絲，繚繞爲繭，曰繚娘。老者色微紅，絲喉漸亮，曰老娘，曰紅蠶。

又　卷一二《蠶圖詠類・初眠第五圖》　蠶生六七日爲初眠，頭微綠，尾微紅，即篩灰鋪葉，蠶全上葉，再易一處，宜煖避風。或以輭草灰薄篩蠶身上，庶後來易於脱殼。

論説

元　佟延直《務本新書》《農桑輯要》卷四　春蠶時分，一晝夜之間，比類言之，大概亦分四時。朝暮天氣，頗類春秋，正晝如夏，深夜如冬。既是寒暄不一，雖有熱火，各合斟量多寡，不宜一體。自蛾初生，相次兩眠。蠶屋内正要溫暖，蠶母須著單衣，以身體較。若自身覺寒，其蠶必寒，便添熟火。若自身覺熱，其蠶亦熱，約量去火。一眠之後，但天氣晴明，巳午未之間，暫捲起門上薦簾，以通風日，免致大眠起後，飼罷三頓投食，剪開窗紙時，陡見風日，乍則必驚，後多生病。古人云『貧家悟得養子法』，蓋是多在露地，慣見風日之故，蠶亦如此。至大眠後，蠶長十分，葉增十倍，蓐廣沙多，自然發熱，加之天氣炎熱，蠶屋内全要風涼。三頓投食罷，宜捲起簾薦，剪開窗紙，門口置甕，旋添新水，以生涼氣。倘遇猛風暴雨或夜氣太涼，卻將簾薦暫時放下。

明　徐光啓《農政全書》卷三一《蠶桑・養蠶法》　元孟祺《農桑輯要・論蠶性》曰：蠶之性，在連則宜極寒；成蟻，則宜極煖；停眠起，宜溫；大眠後，宜涼；臨老，宜漸煖；入簇，則宜極煖。黄省曾曰：蠶之性，喜靜而惡喧，故宜靜室；喜煖而惡濕，故宜版室，室靜可以避人聲之喧鬧，室密可以避南風之襲吹，室版可以辟地氣之蒸鬱。

又　《士農必用》曰：蠶事之本，惟在謹於謀始，使不爲後日之患。蠶眠起不齊，由于變生之不一，變生之不一，由于收種之不得其法，故曰：惟在謹於謀始。

明　屈大均《廣東新語》卷二四《蟲語・八蠶》　凡蠶三日一蛻，蛻則不食，是謂一眠。眠至四而繭成，然眠必齊眠乃良，齊眠曰大眠。若九蠶眠一不眠，則九爲一所累，而俱敗矣。

明　佚名《便民圖纂》卷四《桑蠶類・論飼養》　蠶必晝夜飼，頓數多則易老，少則遲老。初飼蟻，宜旋切細葉，食盡即飼，不拘頓數。頭眠起，晝夜可飼六頓，次日漸加。停眠起，散葉宜薄，晝夜可飼四頓，次日漸加。大眠起，散葉又宜薄，晝夜可飼三頓，次日加至七八頓。若眠齊住食，起齊投食，眠起不齊，而飼之者亦不齊，又多損失。每飼必勻，葉薄處再摻。倘陰雨天寒，比及飼葉，先用乾桑柴，或去葉稈草一把，點火繞箔照過，煏去寒濕之氣，然後飼之，則不生病。停眠至大眠，若見黄光，便擡起住食，候起齊慢飼，葉宜薄摻。蠶白光，多是困餓，宜細飼之，猛則多傷。如蠶青光，正是蠶得食力，急須勤飼。

清 韓夢周《蠶桑實濟》卷三《育蠶切忌・忌寒冷》 村歌云：『蠶要温和，麥要寒。』凡大眠以前，若受冷，做成寒病，到老必爲殭蠶，不做繭，故忌之。

又 卷六《蠶桑補遺・體刮須知》 古人蠶眠飼法云：候蠶變黄光，不論陰晴，急須擡過。又云：將眠之先，一定旺葉三四餐旺葉、沸絲、打裝，見三卷四眠四起条，旺葉之後，必然沸絲，沸絲之後，就要打裝，連忙體刮一番。此二說者，宜善體會。蓋蠶每一眠起，俱有三光。初起色灰，越二日夜，變青光，又一日夜，變白光，漸漸發亮，一夜卽便變黄光。當白光發亮之時，卽是將打眠裝之時，不一時，卽沸絲矣，宜速速用網擡過，體刮一番，若黄光一見，卽打眠裝，體刮已屬無及，且打裝之時，絲已沸盡。蠶眠將起時，全賴此絲，扯住腳跟，方能脱去蠶殼。至此，始行體刮，必將眠腳扯斷。將來起娘之時，其殼必難脱出，此亦至要關頭也，不可不知。

清 方大湜《桑蠶提要》卷二《蠶事四十條**・易器**六則**》** 大約初眠以前，隔兩日體一次，初眠以後，隔一日體一次，二眠以後，每一日體一次。若天氣過涼，則應隔一日二日者，多隔一日亦可。若天氣過熱，則須一日一體，不必拘隔日之法。各省地氣寒煖不同，天時冷熱遲早亦不一律，且有忽冷忽熱之時，相時體刮，不必拘泥。每次將眠之候體刮，尤爲緊要。詳頭眠第一則

蠶大宜分。以一盤之蠶分爲兩盤，謂之分蠶。初生如蟻，頭眠時，大如衣線，長約半分。二眠時，粗如綿紗線，長約一分。三眠時，粗如麻線，長約二分。大眠時，粗如錢繩，長約五六分。大眠起後，餧葉一晝夜，便可長至寸許。臨老時，約長二寸。不分則漸長漸大，愈大愈擠，必有積壓損傷之患。大約新蟻一盤，至老可分爲三十盤。蠶盤有大有小，詳蠶具第二三則。

清 董開榮《育蠶要旨》

飼蠶

大約每蠶一斤指出火言，自收下至上山，喫葉一百五十斤，此上上蠶也。稍平者，不到此數。

按，蠶須日夜謹飼，勿令稍飢，飢則有斷絲腸之患。出火至大眠一关，尤宜格外小心。出火前，忌溼葉，大眠餉後，又惡太燥，以潔水灑葉而飼。若傷于寒則殭死，鬱于熱則爛肚。風雨霧露，皆足致損，在飼之得宜耳。

清 王忠清《東南蠶事論》《蠶事統紀》附 夫田為糧食之本，蠶為財用之源。而蠶有寒熱之分，有緊緩之飼，有晝夜供食不倦之勞，有温和合時之序。勤視當心，乃全獲，怠惰失理，則薄收。惟有法有序，方得財用之源不竭。穀雨左右，蠶蟻將出殼，務向喜神吉方，將種攤於暖處，俟其出齋，將野薔薇葉炒燥為末，摻匀蟻上。再俟其立定腳頭，然後用鵞毛輕抹做一處，細細撥匀，將嫩葉貼平餵食，天暖涼之，天寒暖之。蠶房内須種火缸，替須要薄。看蠶身定，即是頭眠，有未定不眠者，用竹筯取出，眠者用手拆替，安於温暖之處。天暖勤飼，天寒緩飼。頭眠二眠，看視一體。蠶將三眠，飼葉更緊，名為旺葉，旺葉之際，宜晝夜供飼無缺。蠶身不動，口嘴尖凸，名為三眠，最要當心。將蠶净捉，稱蠶一觔，俗呼一筐。放於篇内，擇温和之房间，稀放。倘蠶身眾密，受暑熱蒸，老蠶必焦尾無收。如遭風受冷，蠶必殭挺。凡看蠶失手，多在三眠之際，尤當留心。凡到三眠，飼葉太旺，或食雨露之葉，必為白肚。如食氣水之葉，蠶必萎爛。如食肥葉，大眠不肯眠，變為青蠶。如食烟地之葉，蠶吐青涎而斃。如食熱氣之葉，蠶必身紅而倒。其蠶脱殼，名曰起娘。空心未食，如聞香臭之氣，蠶必身倒。如食黄沙葉，眠起不能脱殼，務要抹净送餵。過夜之葉，必要剪榆楊柘楓杪枝，鋪地作墊，然後抖葉停上，則氣水不能升。蠶過大眠，蠶身粗大，诸忌稍輕。惟飼足三天之後，掣去殘梗餘葉，名曰開替。切忌異言異服之人，卒然闖入蠶房，或聞轟聲喊振，則蠶受驚冲，恐無解救。

清 林楊光、王鎮西《蠶桑條説・白河縣知縣林令楊光述呈桑蠶各説七條・付葉説第二條**》** 自初生至三眠，飼以葉絲，需葉不多。三眠起至大眠，每扁日需葉三四觔。大眠起前後數日，需葉四五觔。中間最多食者三日，每扁日需葉八九觔。每錢蠶花到老，約食葉一百六七十觔，以葉條計，則三百觔左右。若能多食更好，多吃一口葉，多吐一口絲，未有爲其事而無其功者也。

清 劉清藜補輯《蠶桑備要・養蠶總要》 已眠未眠，同置一器，其説必不可從。眠者色黄，純黄之中，有由白而漸黄者，與純黄不甚相遠，頻飼以督之，猶可相及。若已見純黄，又多青白，則與純黄相去遠甚，飼雖頻，亦不及。且蠶眠一晝夜，以安靜不擾爲得所。今以青白者尚多，飼而亂之，動而擾之，則先眠者，失其所矣。迨青白未眠者變而欲眠，則前之眠者已起。因後者方眠，而停起者之食，起者既不堪其餓。因前者已起，而不停起者之食，眠者又不堪其擾。多病少絲，實由於此，故抽飼斷眠之法，必不可從。其餘收種、浴種、煖種、收蟻、

育蟻諸法，一一照行，尚不能一時盡眠，一時盡起。若不照行，則種類亂雜，眠起之前後，相去更遠。故收種、浴種、煖種、收蟻、育蟻諸法，亦不可廢。須各置一器，則未眠者便加餐，已眠者不受擾。

清　沈練，仲學輅補輯，章震福校訂《廣蠶桑説輯補校訂》卷二《飼蠶法六十六條・留蠶種説一條》　震按，吾鄉每於蠶之眠起先後，格外留意，俗呼蠶眠時曰眠關，猶人之過關，甚不易也。往往有小蠶甚好，至大蠶而出病者，則每以眠時不留神之故，俗所謂眠關内出毛病也。

清　佚名《樹桑養蠶要略・養蠶三十二條》　蠶初生如蟻，大眠時長至五六分。大眠起後，飼葉一晝夜，長至寸許，臨老長至二寸。若不隨時分筐，則愈大愈擠，必有損傷。

清　衛杰《蠶桑萃編》卷三《審候類・已眠未眠同置一器辨》　蠶之已眠未眠，同置一器，其説必不可從。眠者色黄，純黄之中有由白而漸黄者，與純黄不甚相遠，頻飼以督之，猶可相及。若已見純黄，又多青白，則與純黄相去遠甚，飼雖頻，亦不能及。且蠶眠一晝夜，以安静不擾爲得所。今以青白者尚多，飼而亂之，動而蹂之，則先眠者失所矣。迨青白未眠者變而欲眠，則前之眠者已起。因後者方眠，而停起者之食，起者既不堪其餓。因前者已起，而不停起者之食，眠者又不堪其擾。多病少絲，實由於此，故抽飼斷眠之法，必不可從。飼蠶者，須分别眠與未眠。未眠者，另置他器，頻飼以督其眠。已眠者，置之静室，以俟其起。

又《易器類・蠶大宜分》　一盤蠶分爲兩盤，蓋蠶初生如蟻，頭眠時，大如衣線，長約半分。二眠時，粗如綿沙線，長約一分。三眠時，粗如麻線，長約二分。大眠時，粗如錢繩，長約五六分。大眠起後，餵葉一晝夜，可長至寸許。臨老時，約長二寸，不分則漸長漸大，愈大愈擠，必有積壓損傷之患。大約新蟻一盤，至老可分爲三十盤。

清　吴錫璋《蠶桑新論・論飼蠶之要旨第四》　蠶動物也，其口直，其環節有十二，兩旁氣門有十八，呼吸空氣，尾如劍戟，口邊有二小孔，謂之吐絲孔，并有蛋白粘液質，至吐絲時，兩絲合而爲一。性宜潔燥，故飼蠶之室宜高燥清緻，空氣流通。飼蠶不宜過多過少，少則易於受飢，多則桑葉既費而且殘葉坌積，溼氣上蒸，醖酵易作，此百病之原因也。考日本自明治十年，佐佐木長涫氏效法於佛蘭西之巴斯陡，講究蠶學，給桑葉之次數，有表可考列於後。但外溫與内溫時有參差，須視其一定之標準，酌量而飼以葉。如天氣寒冷，外溫之度已低，内溫雖用火力補助，仍不若天然溫之旺食，故桑葉宜隨時酌給，且烏娘喜食柔桑，嫩黄者最佳。若葉色已緑，則老而且厚，小蠶未必可口，容有因不食而受餓，因餓而出病者，此不可以不慎。

清　楊鞏《中外農學合編》卷一〇《蠶類・飼葉》　但已眠未眠同置一器，其説必不可從。眠者色黄，純黄之中，有由白而漸黄者，與純黄不甚相遠，頻飼以督之，猶可相及。若已見純黄，又多青白，則與純黄相去遠甚，飼雖頻，亦不能及。且蠶眠一晝夜，以安静不擾爲得所。今因其青白未眠者尚多，飼而亂之，動而蹂之，則先眠者，失其所矣。迨青白未眠者，將變色而欲眠，則前之眠者已起。因就後眠者方眠，而停先眠已起者之食，則起者既不堪其餓。因就已起者求食，而即開其葉，則眠者又不堪其擾。多病少絲，實由於此，故抽飼斷眠之法，必不可從。其餘收種、浴種、煖種、收蟻、育蟻諸法，一一照行，尚不能一時盡眠，一時盡起。若不照行，則種類雜亂，眠起之前後，相去更遠。故收種、浴種、煖種、收蟻、育蟻諸法，亦不可廢。飼蠶者，須於已眠者之中，用大葉提出未眠者，另置他器，頻飼，以督其眠。已眠者，置之静室，以俟其起。

清　趙敬如《蠶桑説・論桑宜蠶》　荆桑葉薄，宜飼頭二眠之蠶。此時花而未實，無葚。魯桑葉厚，宜飼三四眠之蠶。大眠後專飼接桑之葉，蠶肥絲豐。壓桑則蠶自小至老皆宜，尤宜陰雨天，易晾乾也。

又《論蠶有三齊》　子齊、蟻齊、下葉齊，則蠶齊。齊之一字，爲養蠶家第一要義。蠶本驕嫩之蟲，喜燥惡濕，其性向高避溼也。蠶醒時，密葉遮蓋，自能緣葉而上，不至受溼。惟眠時如人酣睡，則蠢然一物，偃卧葉中，溼熱悶鬱，病自此生。病最重者，蛻衣不下。次重者，醒後食葉，尾即拖水病瀉也而死；病輕者，食葉二三日，身胖而發黄光，謂之黄輭。頭眠如此，不能二眠，三眠如此，不能四眠，四眠如此，不能作繭，其實皮肉内無絲料也。好蠶外層皮肉，内層肚腹，肚腹皮肉之閒，有絲料一層，其色晶白，蠶口吐絲，即此料也。料多者，蠶身肥輭如緜，病蠶則無絲料，雖有亦不多，想受溼熱而化水也，而要皆不齊之弊。蠶若同時眠得八九分，則食蠶只有一二分，可用網提出，而眠蠶露面透風，自不受病，其蠶必佳。若蠶須一二日眠齊，同時只眠得一二分，照常上葉，眠蠶漸爲葉蓋，是置之死地，未有能生者也。若欲蠶佳，安得不著意求齊。

清 曹倜《蠶桑速效編・勸諭種桑章程》 育蠶必先量葉，量葉必先秤蠶，方有把握。小蠶初出，連蠶秤紙，記明分兩。收下後，再秤空紙，便知小蠶分兩。明日再收再秤，每小蠶一兩，食浄葉約二十担，可得絲一百五六十兩。三眠時，併在一筐，秤蠶一斤，可得絲一斤。四眠謂之大眠。每蠶一斤，除以前食葉不算外，以後再食二十餘斤，約可收繭二斤。每繭一斤，多則繅絲二兩，少則一兩二三錢多寡不齊，大約總以十分繅一爲常，而食葉之多寡，亦可預定矣。

綜述

元 司農司《農桑輯要》卷四《養蠶・論蠶性》 《齊民要術》《春秋考異郵》曰：『蠶，陽物，大惡水，故蠶食而不飲。』《士農必用》：『蠶之性，子在連則宜極寒，成蛾則宜極暖，停眠起宜温，大眠後宜涼，臨老宜漸暖，入簇則宜極暖。』

又《涼暖總論》 《齊民要術》：調火令冷熱得所熱則焦燥，冷則長遲。《務本新書》：春蠶時分，一晝夜之間，比類言之，大概亦分四時。朝暮天氣，頗類春秋，正晝如夏，深夜如冬。既是寒暄不一，雖有熟火，各合斟量多寡，不宜一體。自蛾初生，相次兩眠，蠶屋内正要温暖，蠶母須著單衣，以身體較。若自身覺寒，其蠶必寒，便添熟火。若自身覺熱，其蠶亦熱，約量去火。一眠之後，但天氣晴明，巳午未之間，暫捲起門上薦簾，以通風日，免致大眠起後，飼罷三頓投食，翦開窗紙時，陡見風日，乍則必驚，後多生病。古人云：『貧家悟得養子法。』蓋是多在露地，慣見風日之故，蠶亦如此。至大眠後，蠶長十分，葉增十倍，蓐廣沙多，自然發熱。加之天氣炎熱，蠶屋内全要風涼，三頓投食罷，宜捲起簾薦，剪開窗紙，門口置甕，旋添新水，以生涼氣。儻遇猛風暴雨，或夜氣太涼，却将簾薦暫時放下。《士農必用》：加減涼暖。蠶成蛾時，宜極暖，是時，天氣尚寒。大眠後，宜涼，是時天氣已暄。又風雨陰晴之不測，朝暮晝夜之不同，一或失應，蠶病即生。

又《飼養總論》 《務本新書》：蠶必晝夜飼，若頓數多者，蠶必疾老，少者遲老。二十五日老，一箔可得絲二十五兩。二十八日老，得絲二十兩。若月餘或四十日老，一箔止得絲十餘兩。飼蠶者，慎勿貪眠，以懶爲累。每飼蠶後，再宜遶箔巡視，若有薄處必再摻令勻。若值陰雨天寒，比及飼蠶，先用去葉稈草一把，點火遶箔，四向照過，逼去寒濕之氣，然後飼蠶，蠶不生病。一眠候十分眠，纔可住食，至十分起，方可投食。若八九分起便投食，直到蠶老，決都不齊，又多損失。停眠至大眠，蠶欲向眠，若見黄光，便合擡解住食，直候起時，慢慢飼葉，宜輕摻。若蠶白光多，是困餓，宜細細飼之，猛則多傷。若蠶青光，正是蠶得食力，勿令少葉，急須勤飼。今時農家，停眠至大眠，眠蠶大半，蠶母猶自摻葉，直候都眠，或有起者，纔方住食。不知先眠之蠶，被葉罨蓋多時，以漸不能退皮。至大眠起後，多是往來遊走，直到入簇，決都不齊。

又《用葉》 《韓氏直說》：抽飼斷眠法，蠶向眠時，量黄白分數，抽減所飼之葉，漸次細切，薄摻頻飼。如十分中有三分黄光者，即十分中減葉三分，比尋常稍宜細切薄摻，頓數亦宜稍頻。如十分中有五分黄光者，即減五分葉，比先次又細切薄摻，其頓數亦宜加頻。如十分中有八分黄光者，即減去八分，比先次切令極細，摻令極薄，其頓亦令極頻。候十分黄光，不問陰晴早夜，急須擡過。預備箔蓐，可無失悮。擡過時住食，起齊時投食。此為抽飼斷眠之法，謂抽減眠蠶之葉，不致覆壓，專飼未眠之蠶，使之速眠，不惟眠起得齊，且無葉罨燠熱之病。前人謂『學取抽飼斷眠法，年年歲計得絲蠶』，不可不知也。

又《頭眠擡飼》 《士農必用》：擡頭眠蠶眠，結嘴不食，皮膚退換，蠶之一大變也，別槌上鋪四箔上下隔塵潤，中二箔安蠶，用蓐如前，薄帶沙燠，揭蠶分如大棊子大，布滿中二箔。沙燠厚則蒸，蠶生病。一復時，可六頓。次日，可漸漸加葉，可開捲窓一半。初向黄時，宜極暖。眠定，宜暖。起齊，宜微暖。擡頭眠飽食正食時擡，名擡飽食，分如小錢大，布滿三箔辨色加減食。

又《分擡總論》 蠶眠不齊，病原于初，今既然矣，當從此治之。如于純黄之中，雜見其退白而向黄者，是與純黄不相懸遠，頻飼以督之，則猶得相及。飼頻則可速其眠故爾。如已見純黄，又多青白，此與純黄既遠，雖飼之之頻，則亦莫及。蓋蠶之變色，爲變之小，其眠則絶食退膚，爲變之大也。爲蛹爲蛾，則變之尤大，而至于化也。

又《停眠擡飼》 《士農必用》：擡停眠，分如小錢，微大，布滿六箔。起齊，頭食宜薄。一復時，可四頓，次日可漸加葉辨色加減，或全開捲窗惟避當風窗。初向黄時宜暖，眠定宜微暖，起齊宜温。擡停眠飽食如前法蠶，可撥可摻，不須分揭，可布滿十二箔。然不可高抛遠擲，恐損蠶身，辨色加減食。

又《大眠擡飼》《務本新書》：大眠起，燠宜頻除，蠶宜頻飼。或西南風起，將門窗簾薦放下，此際不宜擡解。箔上布蠶，須相去一指，布蠶一箇。取臘月所藏菉豆，水浸微生芽，曬乾，磨作細麪臘月所藏白米，蒸熱作粉，亦可，第四頓投食，拌葉匀飼，解蠶熱毒，絲多易繰，堅韌有色。如葉少，去秋所收桑葉再搗爲末，水灑新葉微濕，摻末拌匀，接闕飼蠶，比食豆麪，係本食之物，又萵苣亦可接闕。蠶屋南簷外，先所架立搭棚檩柱，此時搭蓋。《士農必用》：擡大眠，分如折二錢大，布滿二十五箔，起齊投食，一復時可三頓，第一頓宜薄但可覆白，第二頓比前又薄不覆白，第三頓如第一頓覆白。此三頓食如不短，則其蠶至老食慢，次日可漸加葉辨色加減頓數，可全開捲窗照窗過熱則更劖開窗紙，但不至熱則不拘此例。初向黄時宜微暖，眠定宜温，起齊宜涼。落蓐大眠起，投食後第六七頓，可落蓐，全去沙燠蓐草也，即是擡飽食，可分至三十箔辨色加減食。正食時，每飼後可挾葉筐，遶槌巡之，但見箔上有斑黎處，即摻葉補合。蠶至大眠後，正食時，闕一分葉，即減一分絲也。但見有斑黎處，是蠶先食透葉也，即當補合，不如此則後來多有薄繭也。拌米粉臘月内成造者，至第七八頓食後，于巳午時間，將切下葉攤在葉上，新水灑拌極匀，待少時細羅白粉子，拌令極匀，每葉一筐，用新水一升，粉子四兩，如無，止用新水。一筐可飼一箔。所有之蠶，皆可飼一頓。拌葉麪令蠶體充實，爲繭堅厚，爲絲堅韌也，切葉灑拌新水極匀，羅桑麪拌匀，于大眠後間飼三五頓。假令每頓飼葉二筐，今止用一筐，減葉一半，如蠶盛葉闕，大眠後間飼之五頓，亦無妨，蠶食不闕，不可用。擡沙，于大眠後飼食第十一二頓間可擡。擡如前法，全去沙燠，不如此則不禁蒸鬱，臨老生病，難以抽繰。蠶欲老，飼之宜細薄，宜頻養老如養小，亦如人老，頓食則傷。若不如此，則食葉不淨，其葉蒸濕，帶葉入簇，所結繭亦濕潤。如經鹽水，此名簇汗，繭難抽繰，宜微暖如人老不禁寒涼，然亦可相度當如天氣涼暖消息，斟酌大意，比大眠後未老時，宜微暖也。依按其法，蠶自蛾至老，不過二十四五日，過此日數愈多，桑愈費，而絲愈少也。《韓氏直説》：蠶自大眠後，十五六頓卽老，得絲多少，全在此數日。葉足則絲多，不足則絲少。見有老者，依抽飼斷眠法飼之。候十蠶九老，方可就箔上撥蠶入簇，如是則無簇汗、蒸熱之患，繭必早作，硬而多絲。養蠶無巧，食到便老。

又《養四眠蠶》《蠶桑直説》：此蠶別是一種，與養春蠶同。但第三眠，止擡開十五箔，擡飽食二十箔，大眠擡三十箔。

又 秋蠶初生時，去三伏猶近，暑氣仍存，蠶屋多生濕潤，正要四通八達，風氣往來。蓋初生卻要涼快，以陳稈草作蓐，勿用麥稭，一日一擡，失擡多生白醭。一眠宜温，再眠如春，門窗俱挂薦簾，屋内須用無烟熟火。大眠，全要暄暖，大忌北風寒氣，勿飼雨露冷葉。春秋蠶法，首尾顛倒，深宜體測。簇蠶時，相次秋高，恐值夜寒風冷，不能作繭，可于簇西北，埋柱繫椽箔，遮禦北風寒氣，三兩夜之間便可作繭。

元 王禎《王禎農書》卷六《農桑通訣六・蠶繅篇第十五》 蠶初生色黑，漸漸加食，三日後，漸變白，則向食，宜少加厚。變青，則正食，宜益加厚。復變白，則慢食，宜少減。變黄，則短食，宜愈減。純黄，則停食，謂之正眠。眠起自黄而白，自白而青，自青復白，自白而黄，又一眠也。每眠例如此候之，以加減食。凡葉不可帶雨露，及風日所乾，或浥臭者，食之，令生諸病。常收三日葉，以備霖雨，則蠶常不食濕葉，且不失飢。採葉歸，必疎爽於室中，待熱氣退，乃與食。蠶時晝夜之間，大槩亦分四時。朝暮類春秋，正晝如夏，夜深如冬。寒暄不一，雖有熟火，各合斟量多少，不宜一例。自初生至兩眠，正要温煖，蠶母須着單衣，以為體測。自覺身寒，則蠶必寒，便添熟火。自身覺熱，蠶亦必熱，約量去火。一眠之後，但天氣晴明，巳午之間，暫揭起窗間簾薦，以通風日。南風則捲北窗，北風則捲南窗，放入倒溜風氣，則不傷蠶。大眠起後，飼罷三頓，剪開窗紙透風日，不必頓驚生病。大眠之後，捲簾薦，去窗紙。天氣炎熱，門口置瓮，旋添新水，以生涼氣。如遇風雨夜涼，却當將簾薦放下。其間自小至老，蠶滋長，則分之。沙燠厚，則擡之。失分則稠疊，失擡則蒸濕。蠶柔輭而兗切之物，不禁揉觸，小而分擡，人知愛護。大而分擡，或懶倦而不知顧惜，久堆亂積，遠擲高抛，損傷生疾，多由於此。蠶自大眠後，十五六頓即老，得絲多少，全在此數。

明 唐順之《荊川稗編》卷四五《諸家三農・蠶繅》 自初生至兩眠，正要温暖，蠶母須着單衣，以爲體測，自覺身寒則蠶必寒，便添熟火；自覺身熱，蠶亦必熱，約量去火。一眠之後，但天氣晴明，巳午之間時，暫揭起窻間簾薦以通風日，南風則捲北窻，北風則捲南窻，放入倒溜風氣，則不傷蠶。大眠起後，飼罷三頓，剪開窻紙透風日，必不頓驚生病。大眠之後，捲簾薦，去窻紙。天氣炎熱，門口置瓮，旋添新水，以生涼氣。如遇風雨夜涼，却當將簾薦放下。其間自小至老，蠶滋長則分之，沙燠厚則擡之，失分則稠疊，失擡則蒸濕。蠶柔輭而兖切之物，不禁揉觸，小而分擡，人知愛護。大而分擡，或懶倦而不知顧惜，久堆亂積，遠擲高抛，損傷生疾，多由於此。蠶自大眠後，十五六頓即老，得絲多少，全在此數。北蠶多是三眠，南蠶俱是四眠。日見有老者，量分數減飼。候十蠶九老，方可入簇，值雨則壞繭，南方例皆屋簇，北方例皆外簇。然南簇在屋，以其蠶少易辨，多則不任。北方蠶多露簇，率多損壓壅閼。

明 陳繼儒纂輯，清 石巖增訂《陶朱公致富奇書》卷二《畜牧部・養蠶》 蟻初生將次兩眠，蚕屋正要暖，蠶母須着單衣，可知凉煖，自身覺寒蠶亦寒，便添熱火，若自身覺熱，量去火。一眠之後，天氣晴明，於巳午時間，捲起窗薦，以過風日。至大眠後，天氣炎熱，却要屋內清凉，務須臨時斟酌，此凉煖之法也。蚕必晝夜飼，若頓數多者早老，少者遲老。二十五日老，一箔可得絲二十五兩。二十八日老，得絲二十兩。若月餘或四十日老，止得絲十餘兩。葉要均勻，若值陰雨天寒，用火照箔，逼出寒湿之氣，然後飼之，則蠶骵快而無疾。候十分眠，纔可住食，至十分起，方可投食，若八九分起，便投葉飼之，到老不齊，又多損失。停眠至大眠，見蠶有黃光，便住食，此養之法也。蠶住食，即分擡，去其燠沙，不然則先眠之蚕，久在燠底，濕熱薰蒸，必變爲風蠶。擡蚕時，不可將蠶推聚，若受鬱熱，必病損，作薄繭。眠初起時，值烟薰，必多黑死。食冷露溼葉，必成白殭。食舊乾熱葉，則腹結頭大尾尖。倉卒開門，暗值賊風，必多紅殭。若高撒遠撒，蚕身與箔相擊，後多不旺，俱宜防之，此分擡之法也。

又 蠶必晝夜飼，若頓數多者早老，少者遲老。二十五日老，一箔可得絲二十五兩。二十八日老，得絲二十兩。若月餘或四十日老，止得絲十餘兩。葉要均勻，若值陰雨天寒，用火照箔，逼出寒濕之氣，然後飼之，則體快無疾。候十分眠，纔可住食；至十分起，方可投食，若八九分起，便投葉飼之，到老不齊，又多損失停眠。至大眠，見蠶有黃光，便住食。此養之法也。

又 候十分起齊投食，一晝夜可飼三頓，次日七八頓。午後天氣晴煖，磨菉豆粉、白米粉，或黑野豆粉，與切下桑葉，將溫水拌勻，一箔用粉十餘兩，却減葉三四分，隔一日再如此飼一頓，不惟解蠶熱毒，抑且絲多而堅勁有色，此大眠之法也。

明 宋應星《天工開物》卷上《乃服卷二・抱養》 凡謄筐勤苦，皆視人工，怠于謄者，厚葉與糞濕蒸，多致壓死。凡眠齊時，皆吐絲而後眠，若謄過，須將舊葉些微揀淨。若粘帶絲纏葉在中，眠起之時，恐其即食一口，則其病爲脹死。三眠已過，若天氣炎熱，急宜搬出寬凉所，亦忌風吹。凡大眠後，計上葉十二餐方謄，太勤則絲糙。

又《食忌》 凡蠶大眠以後，徑食濕葉，雨天摘來者，任從鋪地加食；晴日摘來者，以水洒濕而飼之，則絲有光澤。未大眠時，雨天摘葉，用繩懸掛透風簷下，時振其繩，待風吹乾。若用手掌拍乾，則葉焦而不滋潤，他時絲亦枯色。凡食葉，眠前必令飽足而眠，眠起，即遲半日上葉無妨也。霧天濕葉，甚壞蠶。其晨有霧，切勿摘葉，待霧收時，或晴或雨，方剪伐也。露珠水亦待旰乾，而後剪摘。

明 潘游龍輯《康濟譜》卷一〇《養蠶法》 每年清明後四五日，將上年所收蠶子以衣服包之，臥於身下，取其煖氣，十餘日即出。出後三日，將鵞毛收下，置紙糊小筐中。一曰晒蠶，日出之時，先搭一棚，以布圍之，將蠶微晒不可過熱。一曰火蠶，用溫溫微火，置於缸內，將蠶烘上，稍取火氣，亦不可過熱。當此之時，蠶體甚爲細微，只宜以桑葉細細切之，及時喂養，致於七日謂之頭眠，眠則不食葉矣。及兩週時又食葉，又五日謂之二眠，眠則又不食葉矣。越兩週時又食葉，又五日謂之三眠，其名出火。出火分筐，以秤稱之，每一觔四兩爲一筐。越五日謂之大眠，大眠後五日，或六七日，蠶身黃亮，口中吐絲，則熟矣。

明 徐光啓《農政全書》卷三一《蠶桑・養蠶法》 一眠之後，但天氣晴明，巳午之間時，暫揭起窻間簾薦，以通風日，南風則捲北窗，北風則捲南窓，放入倒溜風氣，則不傷蠶。大眠起後，飼罷三頓，剪開窓紙透風日，必不頓驚生病。大眠之後，捲簾薦，去窓紙，天氣炎熱，門口置瓮，旋添新水，以生凉氣。如遇風雨夜凉，却當將簾薦放下，其間自小至老蠶滋長則分之，沙燠厚則擡之，失分則稠疊，失擡則蒸濕。蠶，柔輭之物，不禁揉觸，小而分擡，人知愛護，大而分擡，或懶倦而不知顧惜。久堆亂積，遠擲高拋，損傷生疾，多由於此。蠶自大眠後，十五六頓即老，得絲多少，全在此數。北蠶多是三眠，南蠶俱是四眠。日見有老者，量分數減飼。候十蠶九老，方可入簇，值雨則壞繭，南方例皆屋簇，北方例皆外簇。然南簇在屋，以其蠶少易辨，多則不任。北方蠶多露簇，率多損壓壅閼，南北簇法俱未得中。

又 元孟祺《農桑輯要》論蠶性曰：蠶之性，在連則宜極寒，成蟻則宜極煖，停眠起宜温，大眠後宜涼，臨老宜漸煖，入簇則宜極煖。黄省曾曰：蠶之性，喜靜而惡喧，故宜靜室。喜煖而惡濕，故宜版室。室靜可以避人聲之喧鬧，室密可以避南風之襲吹，室版可以辟地氣之蒸鬱。

又 《士農必用》曰：上下二箔，上皆鋪切碎稈草，中一箔用切碎搗軟稈草爲蓐，鋪案平匀，仍須四邊留箔楂五七寸，揉淨紙粘成一段，可所鋪蓐大鋪于中箔蓐上。揉紙極軟如綿。《要旨》云：底箔須鋪二領，蠶蟻生後，每日日高，捲出一領，曬至日斜，復布于生蠶箔底。明日又將底箔徹出，曬曝，如前番覆鋪，藉使受自然陽和之氣，停眠起食，然後徹去。

又 《士農必用》曰：加減涼煖。蠶成蟻時，宜極暖，是時天氣尚寒。大眠後，宜涼，是時天氣已暄。又風雨陰晴之不測，朝暮晝夜之不同，一或失宜，蠶病即生。

又 《務本新書》曰：蠶必晝夜飼，若頓數多者，蠶必疾老，少者遲老。二十五日老，一箔可得絲二十五兩。二十八日老，得絲二十兩。若月餘或四十日老，一箔止得絲十餘兩。飼蠶者慎勿貪眠，以懶爲累。每飼蠶後，再宜遶箔看一遍，飼蠶葉要均匀。若值陰雨天寒，比及飼蠶，先用乾桑柴，或去葉稈草一把，點火繞箔照過，煏出寒濕之氣，然後飼之，則蠶不生病。一眠候十分眠，纔可住食，至十分起，方可投食。若八九分起，便投葉飼之，直到老決都不齊，又多損失。停眠至大眠，蠶欲向眠時，見黄光，便住食擡解，直候起齊，慢飼葉，宜薄摻，厚則多傷慢食之病。蓋因生蠶得食力，須勤飼，最忌露水濕葉，并雨濕葉飼之，則多生病。

又 《士農必用》：【略】或有不齊，頻飼，以督其後者，使之相及，而各取其齊也。蠶眠不齊，病原于初，今既然矣，當從此以治之。如于純黄之中，雜見其退白而向黄者，是與純黄不相懸遠，頻飼以督之，則猶得相及。飼頻，則可速其眠故爾。如已見純黄，又多青白，此與純黄既遠，雖飼之之頻，則亦莫及。蓋蠶之變色，爲變之小；其眠則絶食退膚，爲變之大也；爲蛹爲蛾，則變之尤大，而至于化也。凡至純黄，則結嘴不食而眠，如人之大病，周身之氣血一爲變換，一晝夜爭安不大，則眠爲得所。今以青白者尚多，飼而亂之，動而蹂之，則眠而失其所矣。比其青白者變黄而向眠，則此已過眠而動起。動起之初，欲得少食，亦如人之病起，欲得少食，以接氣血也。以後者方眠，勒其食而不投，以困以餓，又必待後者動起而飼之，多病少絲，端爲可惜。故《蠶經》云『眠起不齊，絲減少』，良謂此也。

又 《務本新書》曰：凡養夏蠶，止須些小以度秋種，慮恐損壞萌條，有誤明年春蠶桑葉。今時養熱蠶，以紙糊窗，因避飛蠅，遮盡往來風氣，天晴罨熱病生，陰則濕生白醭，陰晴俱不便。當以紗糊窗，陳稈草作蓐。紙條先貼紗邊，餘紙就糊窗上，中間以線繫紗在窗欞上，蠶罷以水潤紙揭下，明年再用。或用荻簾粗麻線繫織。凡窗繫定不嵓泥之，遮蔽飛蠅，透脫風氣。另辟一房，不令雜人出入。決要南北窗。以剪剪葉，旦暮擡分，兼夜頻飼。秋蠶，初生時，去三伏猶近，暑氣仍存，蠶屋多生濕潤，正要四通八達，風氣往來。蓋初生却要涼快，以陳稈草作蓐，勿用麥秸，一日一擡，失擡多生白醭。一眠宜温，再眠如春，門窗俱掛薦簾，屋内須用無煙熟火。大眠，全要暄暖，大忌北風寒氣，勿飼雨露冷葉。春秋蠶法，首尾顛倒，深宜體測。簇蠶時，相次秋高，恐值夜寒風冷，不能作繭，可於簇西北，埋柱繫椽箔，遮禦北風寒氣，三兩夜之間，便可作繭。玄扈先生曰：斟酌用火。

明 佚名《便民圖纂》卷四《桑蠶類·擘黑》 一云分蟻。下蟻第三日，巳午時間，擘如小棊子大，布於箔中，可漸飼葉。晴則畧開東窗及當日背風窗，漸漸變色，隨色加減食，至純黄則不飼，是謂頭眠。

又《論涼暖》 蟻生將兩眠，蠶室宜濕暖，蠶母須著單衣，可知涼暖。自身覺寒，蠶必寒，便添熟火；覺熱，蠶亦熱，約量去火。一眠後，天氣晴明，於巳午時，捲起窗薦，以通風日。至大眠後，天氣炎熱，却要屋内清涼，臨時斟酌寒暖。

又《論分擡》 蠶住食，即分擡，去其蠶沙。否則，先眠之蠶，久在燠底，濕熱熏蒸，必為風蠶。擡時又宜布開，若受鬱熱，必病損，多作薄繭。又蠶眠初起，若煙熏，即為黑死，食冷露濕葉，必成白殭；食舊乾熱葉，則腹結、頭大、尾尖，倉卒開門，暗值賊風，必多紅殭。每擡後，箔上蠶宜稀布，稠則强者得食，弱者不得食，必繞箔遊走。然布蠶須手輕，不得從高摻下。如高摻，□遞相擊撞，因多不旺，簇内懶老翁赤蛹是也。白殭者收之，亦可備藥用。

清 方以智《物理小識》卷一一《鳥獸類·蠶法》 大眠後天氣熱，室宜清涼，亦勿使溼氣上蒸。凡飼葉，宜薄散，經雨露溼葉，須風戾之以飼。十分眠乃住食，十分起齊乃投食，向黄時見黄光即住。分擡之時，去其燠沙，若值熏，即多黑死。食冷露葉，必成白殭。食舊乾葉，則腹結頭大尾瘠。倉卒開門，暗風中者，必多紅殭。蠅叮蠶，則生肚蟲。凡初飼，一晝夜可四十九頓或三十六頓，次日三十頓。頭眠飼法，一晝夜可六頓，次日漸加葉。停眠時，一晝夜可四頓。大眠齊起，一晝夜可三頓，次日加葉至七八頓。午後天晴，取預磨菉豆粉，與切下葉和勻，既可省葉，又解蠶毒，仍得絲多易繰，堅韌有色。其柘葉蠶先繭，以冷水繰之，絲作琴瑟清響。

清　楊屾《豳風廣義》卷二《養蠶總要》　蠶室須知加減涼暖蟻初生時宜極暖，蓋是時天氣尚寒。大眠後，宜涼，蓋是時天氣已暄。又風雨陰晴不測，朝暮晝夜不同，一或失宜，蠶病即生。

又《頭眠飼法》　劈分盈箔之後，可漸漸加葉。早晴可捲東窓苫自此以後常宜如此。若天陰及旦暮不宜捲，每日至夜則垂薦。凡迎風草薦並西照窓薦切不可捲，後皆倣此。第四、五日，每日夜可飼五六頓葉漸加厚。第六日蠶將眠之時，身肥皮緊，飼之宜薄宜頻，一日夜可添飼至七八頓，漸變黃色，隨色加減其食。第七日蠶皆變黃，盡結嘴不食，是爲頭眠。蠶眠者，乃脫殼之候也。蠶食至此，身肥皮緊，色帶微黃，觜亦縮入。若不脫換，必不能長。故身便靜卧，如睡眠一般，一日一夜，不食不動。至於脫殼復起，食之甚急，一日之間長大數倍，乃造化自然之妙。三眠皆此理也。正眠之時，不可驚動擾亂，靜安得所，自然蠶旺。眠亦不拘之七日，若室暖飼緊，則早眠一日，室寒飼漫，遂遲眠一日。以七日而言者，蠶屬純陽，一七而變，四七而老，七七而死，是常道也。室煖飼緊，陽氣先得充盈，故二十五日而老，蠶肥絲多。室寒飼漫，陽失培助，故月餘四十日而老，蠶瘦絲少。總之，不論眠之遲速，只從眠前臨眠既起，三法飼之，自然不錯。眠有抽飼斷眠之法。謂抽減眠蠶之葉，不致覆壓。惟專飼未眠之蠶，使之速眠，不惟眠起得齊，且無葉罨㶼熱之病。古人云：『學得抽絲斷眠法，年年歲計得絲蠶。』後停眠、大眠、上簇，皆倣此，不可不知。蠶向眠時，量黃白分數，抽減所飼之葉，漸次細切薄篩，頻頻飼之。如十分中有三分黃光者，即十分中減葉三分，比平常稍宜細切薄篩，頓數亦宜稍頻。如十分中有五分黃光者，即減五分葉，比先次又細切薄篩，其頓數亦宜加頻。如十分中有八分黃光者，即減去八分葉，比先次切令極細，篩令極薄，其頓數亦宜極頻。不論陰晴早夜，急須擡過。擡時，蠶小用匙，大則用網，宜預鋪蓐紙。於別箔上分擡，如劈蟻法。但蠶漸大，分塊亦宜漸大，如大圍棋子。空亦宜漸寬，每塊各相去二三分。擡畢，急須細切頻飼，候十分，盡眠不食，方住投葉。一日一夜，不食不動，此時要極暖，暖則一日夜可脫殼。若寒，則不止一日夜，或一日半，或二日，方能脫殼。第八日，頭眠之蠶脫殼盡起。蠶眠一日夜，嘴裂蛻殼而出，身白皮皺，食葉甚速，移時而長大一倍，乃蠶之一大變也。

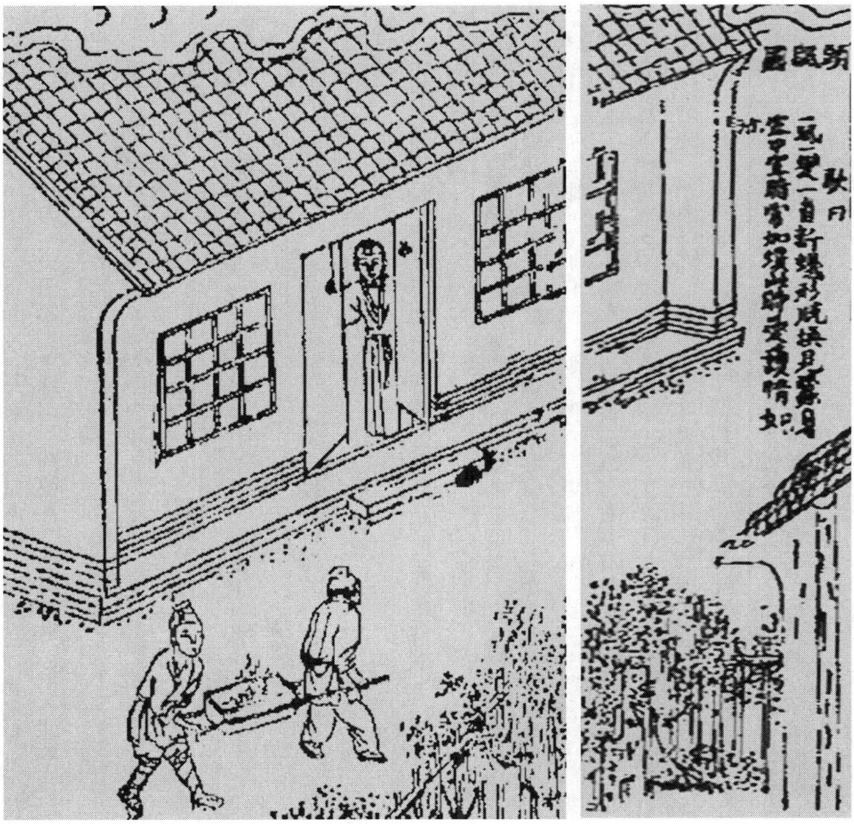

又《停眠飼法停眠即二眠》　頭眠初起，將葉細切薄篩，飼一頓亦如人之病起，欲得少食，以接元氣。若葉厚食多，必至內傷，後必食漫，一日夜飼四頓。第九日擡蠶分箔。用蓐紙另鋪二箔，辰巳時厚飼，蠶正食時，用匙薄帶沙㶼，將蠶揭起，分如象棋大，相去三四分，滿二箔，漸加葉，一日夜飼十五六頓。第十一二日，每日夜飼五六頓。十三日，分揭如上法。劈如小錢大，布滿三箔，一日夜飼二十二頓。第十四日，蠶復將眠，辨色加減其食，如上抽飼斷眠法。宜極煖。候蠶變黃色，不論陰晴，急須擡過擡如上法，布滿六箔宜類飼，候盡眠，住食，眠一日夜。十五日蠶復脫殼盡起，是爲二眠。

又《大眠飼法》　二眠初起，一日夜飼四頓宜薄。第十六日宜漸加葉，可飼至五六頓。第十七、八日，宜飼至七八頓宜厚加葉，此時宜分擡擡如上法，擡時要天氣晴明，若陰寒不宜，可布滿八箔。第十九、二十日，每日仍可飼六七頓。至二十一日，蠶復將眠，宜微煖。辨色加減其葉，如上抽飼斷眠法。候蠶變黄光，不論陰晴，急須擡過，可布滿十二箔，細葉頻飼，候蠶盡眠方住食，眠一日夜。第二十二日復脱殼盡起，是爲三眠一名大眠，北蠶皆三眠三起，自此以後不復眠矣。大眠起再飼，切葉三頓。以後不用切，連枝飼。

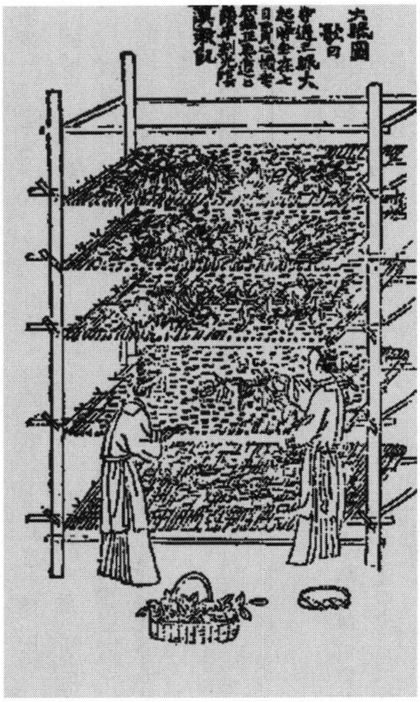

清　蒲松齡《農桑經・蠶經二十一則》　三眠，見有水腫病蠶，急揀出，或烘或曬，其病自愈。頭眠五、六日最要緊，燥、濕、寒、熱，晝夜體認，看之得法，自然無病。

又　《蠶書》云：蠶生明日，或桑或柘，風戾投之。寸二十分，晝夜五食，九日不食，一日一夜為初眠。又七日，再眠如初。既食葉，寸十分，晝夜六食。又七日，三眠如再。又七日，若五日，不食二日，謂之大眠。食半葉，晝夜八食。又三日，健食，乃食全葉，晝夜十食，不三日老矣。每蟻一兩，可老一箔。

又　齊蠶法　大眠起齊，次日午後，天氣晴暖，磨菉豆或熟黑豆末，將温水與切下桑葉拌勻。一箔用末十餘兩，却減葉三四分，隔一日又如此一頓。不惟省葉，亦可解熱毒，且得絲多。

又《補蠶經十二則》　一眠至十分眠，方可住食。至十分起，方可投食。投食太晚，當住食時已有起者；太早，則投食時尚多眠者，無論至老不齊，且眠蠶被桑久盖，以漸不能退皮，大眠後，必多遊走。

凡蠶到大眠，若見黄光，便令抬觧住食，直候起時慢飼之，又宜輕摻。若見白光，則是困餓，宜細飼之，猛則傷。若見青光，只是食少，湏急勤飼。

又　停眠　停眠，抬分如大錢；起齊，投食宜薄。一復時，四頓；次日漸加。可全開窗，惟迎風窗閉之。初黄宜煖，起齊宜温。抬停眠飽食蠶，可撥可操，不許分揭，但不可高抛遠擲耳。

大眠　大眠起，宜頻抬、頻飼。若西南風起，將門簾、捲窗放下，此時勿抬，蠶宜隔一指一個。

清　李拔《蠶桑説》《牧令書》卷一〇　蠶性喜温暖，宜向陽潔淨，毋使近陰暗，及污穢惡臭，犯則蠶瘟。故蠶婦不近喪門，不食蒜韭，良有由也。初眠後約七日而再眠，又七日而三眠，停食，俱如初眠時。三眠蠶長寸許，蜀中呼為大眠，謂過此則不復眠也。蠶既三眠，食葉有聲如雨，投之立盡，每日三食，夜則燃燈照之，蜀中名為催老蠶，則舉家忙也。約食廿三四次，蠶即老，不復食，置蔟上令作繭，漸多不勝摘，則多置葉其上，而覆以草，如鞠梗竹枝之類，蠶老者，次第而上，其前後亦不甚相遠。

清　李拔《蠶説》《蠶事統紀》卷一六　蠶性喜温暖，宜置向陽潔净處，毋使近陰暗及惡臭物，犯則死過半，若瘟疫然。故蠶婦不近喪門，不食蒜韭，良有由也。初眠約七日，當二眠，二眠後七日，當三眠，停食俱如初眠時。

三眠蠶長寸許，蜀中呼為大眠，謂過此則不復眠也。蠶既三眠，食葉甚盛，有聲如雨，投之立盡。每日三食，夜則然燈以照之，蜀中名為催老蠶，則舉家忙也。

清　方觀承《述本堂詩集·看蠶詞》　清明前期裹蠶連以重棉，置煖地，視桑葉大如錢時，擇滿收成建日，懷之夜卧，亦令近身。視種放綠色，則蠶出如蟻。《海物異名》記：蠶初出曰⿰虫少，越人呼為烏兒，又以最先出者為報頭。二眠後間有形化者，呼為長孃，以其育自牝蠶也。然亦不得而跡之，有之為蠶旺，方其初生，小大迴異，既大眠即差，若及其上簇，不復可辨。越俗以臘月十二為蠶生日。

又　視蠶蟻蠕動，以鵞羽拂而勻之，為攤烏。飼二三日後，殘葉沙矢，積為替子，亟體刮之，以免蒸濕，為過替。頭眠後曰一替，三眠大眠曰再替。每將眠之時，更須急替，遲則斑病，至老不作繭也。

又　放食蠶逢齊起，二眠葉待加盈，正好攜筐結伴，願教夜雨朝晴。眠經一日夜，盡脫而起揀。俟起齊飼之，如投葉太早，則以後眠起不齊矣。起時食葉倍加，謂之放食，復三四晝夜二眠。二眠初起，飼宜倍勤，為看蠶要候也。飼一二次後，葉不必縷切，剖之可已。大眠前食濕葉則病，不成繭，宜布拭之，箔晞之。《記》云：桑于公桑，風戾以食之。風至葉乾，乃以食也。

又　移蠶就寬為□，音宜，一作⿱彖糸。初眠後漸長，宜漸分箔，三眠大眠後為蕥。《海鹽圖經》云：蕥早則足傷，而絲不光瑩；遲則氣蒸多濕病，即分箔之謂也。二眠後約四五日三眠，眠成過替，又五六日大眠，三眠後可飼以整葉。大眠起，雨葉霧葉，皆所不忌。葉燥，並當灑水，令微潤飼之。

又　蠶大起後，吐絲以青闌為佳，紅闌則知其必歉。絲之精者為緯，三繭絲充貢，名合羅。初下之毛繭，外有浮衣，為蠓透子，剝而攤之，令通風涼。繭之帖草凹癟者，名柴坳繭，不堪治絲，祇可做綿。三眠既成，百室賽祀，謂之獻大眠。自元旦至上元，村民以竹葦束炬然之，名曰照田蠶，火光巨者為勝。

又　越蠶四眠，有一種二眠後即大眠者，名曰三眠子。期早收薄，絲亦麤，南中不嘗畜之。桑飼頭蠶而葉盡，新條復生者為二葉。五六月間，以飼二蠶，採而不剪，桑葚釀酒，枯葉飼羊不殰，皆桑之利也。

清　鄂爾泰《授時通考》卷七三《蠶事·飼養》　《會稽志》：春蠶多四眠，餘蠶皆三眠，越人謂蠶眠爲幼，謂之幼一、幼二、幼三、幼大。

又　抽飼斷眠法。蠶向眠時，量黄白分數抽減所飼之葉，漸次細切，薄摻頻飼。候十分黄光，不問陰晴早夜，急須抬過。抬時住食，起齊時投食，此爲抽飼斷眠之法，謂抽減眠蠶之葉，不致覆壓，專飼未眠之蠶，使之速眠，不惟眠起得齊，且無葉罨燠熱之病。

又　卷七四《蠶事·分箔》　《齊民要術》：蠶眠常須三箔，中箔上安蠶，上下空置下箔障土氣，上箔防塵埃。

又　《農桑要旨》：底箔須鋪二領，蠶蟻生後，每日高捲出一領，曬至日斜，復布於生蠶箔底，明日又將底箔撤出曬曝。如前番覆鋪，使受自然陽和之氣，停眠起食後，然後撤去。

又　擘黑法，第三日巳午時間，於別槌上安三箔，微帶燠，薄揭蟻，欸手擘如小碁子，布於中箔。擡頭眠，別槌上布四箔，薄帶沙燠揭蠶，分如大碁子大，布滿中二箔，飽食，分如小錢大，布滿三箔。擡停眠，分如小錢微大，布滿六箔，飽食，蠶可撥可摻，不須分揭，可布滿十二箔。擡大眠，分如折二錢大，布滿二十五箔。眠齊落蓐，可分至三十箔。分擡之便，惟在頻欸稀勻，使不致先濕損傷也。蠶滋多，必須分之，沙燠厚，必須擡之，失分則不勝稠疊，失擡則不勝蒸濕，故須頻。蠶者，柔軟之物，不禁觸弄，小而分之，猶能愛護；大而擡之，莫能顧惜，久堆亂積，遠擲高拋，生病損傷，實由於此，故宜安欸而稀勻也。

清　韓夢周《蠶桑實濟》卷二《育蠶預備》　捷便甚妙，卽養數百箔亦無難矣網用上鞋細麻繩纏在竹杖上，編如鶉網様，孔如雞子大，以熟漆漆過，陰極乾，則不腐壞，如不漆亦可用，但不能耐久耳。未頭眠時，劈分用匙。頭眠後用麻布孔如豌豆大者，橫裁與筐等，一筐當用數扇，熟漆漆過，亦以兩扇輪流擡換。二眠後用麻布孔如小指大者爲之。三眠後方可用網，如蠶在箔時。網制：長五尺，濶三尺五寸，每箔當用網二扇，擡放甚便。若大與箔等，遂難以扯擡，不可不知。漆網甚費漆，如漆難得，以猪血和石炭塗之，亦可耐久。其法：接猪血一升，以稻草揀開羅子過之，將塊子石灰爲末，和入半合，少頃，攪之漸稠，陸續入水二三盌，緩緩不住手打勻，以成稀糊爲度。塗網二三次，曬乾聽用，魚網亦如此製。

又　卷三《育蠶切忌》　若大眠以前吃過濕葉，老來必成氣水蠶，不做繭矣，故忌之。然乾枯之葉亦不可食，食則頭大腹結尾尖。

又　忌食霧葉　如遇天霧，須將門牕關閉，帶霧之葉，先將清水澆過，用潔淨紬布抹乾，方可餧蠶。大眠以前若吃霧葉，老來必成白肚蠶。肚子下有白水流出，沾在好蠶身上，好蠶亦死。

又　忌食氣水葉　如有預備一兩餐葉及過夜葉，須剪幾根桑條或幾十根桑條，養於水罎之內。又要不使風吹，則葉鮮活而不熟，永無氣水之患。若大眠以前，一食氣水葉，亦成白肚蠶矣，故忌之。

又　忌餧葉失時　蠶吃一餐葉，片刻就要再吃，或餧之久逾時刻，蠶卽受饑。大眠以前，做成饑病，老來必成亮頭蠶頭內空白謂之亮頭，不做繭矣，故忌之。

又　體蠶　收蠶第三日，必要體刮一番抽出替子，曰體刮，將蠶子抽出，方無潮溼之病，以後一日一體刮，不可間斷。自頭眠以至大眠，俱要日日體刮。若一日不體刮，替子必厚，厚則必蒸，蠶卽受病，長大時必然發出或身上黃糙，或頭上頸上發黑斑黑點，甚有遍身俱生黑斑黑點者，一般吃葉不生絲腸，到老必不做繭，故體刮最要緊也。

又　頭眠飼法　眠有抽飼斷眠之法謂抽減眠蠶之法，不致覆壓，惟專飼未眠之蠶，使之速眠，不惟眠起得齊，且無葉罨燠熱之病。古人云：『學得抽絲斷繭法，年年歲計得絲蠶。』後停眠、大眠、上簇，皆倣此，不可不知。蠶向眠時，量黃白分數，抽減所飼之葉，漸次細切薄篩，頻頻飼之。如十分中有五分黃光者，卽減去五分葉，比先次切令極細，篩令減葉，其頓數極頻。如十分中有三分黃光者，卽十分中減葉三分，比平常稍宜細切薄篩，頻數亦宜稍頻。不論陰晴早夜，急須擡過。擡時蠶小用匙，大則用網。宜預鋪蓐紙於別箔上，分揭如劈蟻法，但蠶漸大，分塊亦宜漸大，如大圍棊子，空亦宜漸寬，每塊各相去二三分。擡畢，急須細切頻飼，候十分盡眠不食，方住投葉。一日一夜不食不動，此時要極暖，暖則一日夜可脫殼。若寒則不止一日夜，或一日半，或二日方能脫殼。第八日頭眠之蠶脫殼盡起。蠶眠一日夜，嘴裂蛻殼而出，身白皮皺，食葉甚速，移時而長，乃蠶之大變也。

又　大眠飼法大眠卽三眠也　三眠初起，一日夜飼四頓宜薄。第十六日宜漸加葉，可飼至五六頓。第十七八日，宜飼至七八頓宜厚加葉，此時宜分擡擡如上法，擡時要天氣清明，若陰寒不宜，可布滿八箔。第十九二十日，每日仍可飼六七頓。至二十一日，蠶復將眠，宜微暖。辨色加減其葉，如抽飼斷眠法。候蠶變黃光，不論陰晴，急須擡過，可布滿十二箔，細葉頻飼。候蠶盡眠，方住食，是爲三眠名大眠，北蠶皆三眠三起，自此以後，不復眠矣，眠一日夜，第二十二日，蠶復脫殼盡起，後起後再飼，切葉三頓。以後不用切，連枝飼可也，每日須擡過一次爲要。

又　飼四眠四起蠶附：前說以三眠爲大眠，三起之後卽不復眠，北蠶種也。南蠶則於三眠卽起後更有一大眠，合計之乃四眠四起。蜀地蠶皆北種，宜遵前法飼養，然此說亦有可參用處，故附誌之。

三眠　二眠餧葉後，不過三晝夜又要三眠。其旺葉、沸絲、打眠裝，亦與二眠時同。其一切保護眠娘之法，亦與二眠時同。此時蠶身有麻線粗，二分長矣。如過一晝夜，尚有未眠者，只須用手指拈出不必再用竹筯。其眠成者，輕輕捉於筐內，將替子盡行理出，不可破傷其身恐蛻壳不下，亦不可擦傷其嘴恐嘴壳蛻不下，不能吃葉。捉完之後，秤其斤兩，便可定後來收繭分數。大約每一斤出火蠶，收十斤繭者爲十分，收七八斤繭者爲七八分，若更有少者，則收成薄矣。

三眠起娘　起娘亦以一晝夜爲率，亦必待起齊嘴老，然後餧葉。其體刮、分蠶之法，亦與二眠起娘時同。

又　頭眠起娘　泒替一晝夜，漸漸要起起娘身上嘴上舊完蛻盡，是名起娘，必待個個起齊，再看替子上有絲布滿，名楊花替則起娘嘴老，可以餧葉此時切葉條子，署可放寬，大概一眠一起，必須兩晝夜之外方可餧葉。第二日體刮時，看來蠶身擠緊，必要分出此來，每日體刮，每日俱要分出。蠶吃一餐葉，必定放身，若不分出，篩內太緊太密，有多吃葉者，必有吃葉不着者，就要受餓成病也。

又　大眠起娘　起娘亦以一晝夜爲率，惟放葉與前三眠時不同。臨手翻轉約一手掌，起娘內尚有三四個眠娘，就要餧葉。大眠起娘，帶嫩餧葉，臨老上簇時，不至慌忙局促。若等個個起全，嘴老餧葉，臨期一時齊老，人手少者，一定捉蠶不及也。

又　養蠶總要　《務本新書》曰：蠶有十體：寒在連宜寒、熱下蟻宜熱、饑眠起宜饑、飽向食宜飽、稀布之宜稀、密下子宜密、眠卧爲眠、起脫殼爲起、緊臨眠上簇，宜緊飼、漫方起宜漫飼。

又　眠起取齊法。蠶若齊眠齊起，自然上簇便齊，不唯省功省葉，且堅繭多絲。或有眠起不齊者，如於純黃之中間，有退白而向黃者，是與純黃不相遠，須頻飼以督之，則速其眠，猶可相及。如已純黃，又多青白，此與純黃懸殊，雖飼之頻，則亦莫及。蓋蠶之變色爲變之小，絕食退膚爲變之大，爲蛹爲蛾則變之尤大，而至於化也。凡至純黃則結觜不食，而眠如人之大病，周身氣血爲之變換，一晝夜安靜不擾，則眠爲得所。今以青白者尚多，餉而亂之，動而觸之，則眠而失其所矣。及其青白者變黃，向之眠者至此已起，起者如病人新愈，欲得少食，以接氣血，但後眠者不能食，若先起者先飼，則先老上簇，便不齊焉，得個個細揀。若待後眠者起而同飼，則先起者已經餓損，多病少絲，端爲可惜，故《蠶經》云『眠起不齊，絲減少』，正謂此也。

又卷四《育蠶急務》 劈蟻法 蟻既下連，用快刀切桑葉極細，以葉篩篩於蟻上，務要薄而勻。勻薄如微雨之狀，又臨下蟻時，桑須澆過二三次方好，以後旋摘澆，則桑多液。切葉必細者，恐蓋蠶也，必篩者，恐不勻也，不勻則食葉有偏，偏則眠起不齊。然葉槎微液，不能久存，少頃之間卽便乾枯，故須頻切而頻篩也。此時不可飼以接桑葉，飼則多病，須在大眠後用之。第一日不住頻飼，一時當飼一頓，一晝夜通飼一十二頓。甚要勻薄，勿憚煩冗。蓋新蠶惟食桑葉津液，若頓數不多，譬如寸乳嬰兒，小時失乳，後必羸弱病生。

又 上簇法 大眠卽起，一日夜可飼三頓，第一頓宜薄俱令覆白，第二頓比前更薄仍覆白，第三頓如第一頓。此三頓如不短葉，則必至老食漫。二十三日，一日夜可飼七八頓，此日早飼一頓，再至辰巳間，取臘月所製桑葉麪子一頓。如大眠後，蠶盛葉闕，間餉四五頓，不妨。不闕者，不必用。食葉盡時，又將桑葉用新汲水噴令微濕，如細雨之狀噴時用新水漱口數過，再飼一頓。不用擠麪子，蓋已往用火，今復用水者，用其陽不離陰，水火成功之意也。飼水葉時，須要天氣晴明，若陰雨不可，俟次日晴明再飼。此時，用網分抬，可布滿三十箔。蠶自大眠以後，一日一抬，除去沙燠，自然無病。自此以後，不論日期頓數，須要急飼，不可缺葉，缺則絲遂少矣。

又卷六《蠶桑補遺》 古人蠶眠飼法云：候蠶變黃光，不論陰晴，急須擡過。又云：將眠之先，一定旺葉三四餐。旺葉、沸絲、打裝，見三卷四眠四起條。旺葉之後必然沸絲，沸絲之後就要打裝，連忙體刮一番。此二說者，宜善體會。蓋蠶每一眠起俱有三光。初起色灰，越二日夜變青光，又一日夜變白光，漸漸發亮，一夜卽便變黃光。當白光發亮之時，卽是將打眠裝之時。不一時卽沸絲矣，宜速速用網擡過，體刮一番。若黃光一見，卽打眠裝，體刮已屬無及，且打裝之時絲已沸盡。蠶眠將起時，全賴此絲扯住腳跟，方能脱去蠶殼。至此始行體刮，必將眠腳扯斷。將來起娘之時，其殼必難脱出，此亦至要關頭也，不可不知。

又 臨眠取齊 古人眠起取齊之法至周至密。擇種下子，記寫日期，以同日所下之子，次年生蟻，共爲一輩養之，此齊於收種時也。十二月蠶生日，以食鹽醃種，或用石灰去其子之無力者，此齊於浴種時也。清明浴種後懸掛蠶連，每日轉動之，令左者向右，右者向左，此齊於晾種時也。生蟻之法，用綿薦包裹蠶連，每日夜翻轉綿包十餘次，以向下者復向上，向上者復向下。又早午晚取開棉包三次，提掇蠶連，將居中者換在兩邊，居邊者換在中間，此齊於煖種時也。種齊則蟻齊，蟻齊則眠起皆齊。如法行之，宜無不齊之理。然究未有一時盡眠一時盡起者，古亦有抽飼斷眠一法，專飼未眠之蠶，使之速眠。而先一日眠者，終必先一日起，後一日眠者，終必後一日起。若先起者已過一日，飼葉不能再緩，後起者嘴猶未老，一律飼之，到老必至不食，則後眠者雖有抽飼之方，而先起者斷無抽飼之理。今有一法，於頭眠打裝時，箔中尚有一半旺葉之蠶，須切細葉，勻鋪網面，卽將帶葉之網輕佈箔上，俟食葉之蠶盡數上網，將網抬開，另放一箔飼之。頭眠既起時，須要一律起齊，俟其嘴老，方可飼葉。蠶初起宜飢，一日夜不飼無妨。如尚有一半未起之蠶，卽將一日同起者，用上網抬法，另移一箔飼之。二眠二起時，再有不齊者，仍用上法。眠眠如是，何患難養？

清 張宗法《三農紀》卷八《蠶》 起眠，蟻巧也，黑色，漸漸加食，三日擘分如基子大，霅落布于箔上。變白，飼宜加；變青，飼宜厚加；復變白，又宜慢食，宜少加；變黄，須減飼；純黄，宜停食，謂之正眠。自黄而白，白而青，青復白，白復黄，又是一眠，每眠俱如此，候加減，禁戴露葉、雨水葉、風日乾葉采歸。澳葉須采葉歸置净可飼，宜常停三日桑，以防淋雨，潔處□開眼，去熱氣乃飼。候且晝夜無怠，若飼得頓數多者，早老，得絲多；頓數少者，遲老，得絲少。自蟻三眠，俱用切碎葉飼。自三眠後，可用囫葉，若遇雨陰，以灰水洪箔下，迫出濕寒氣，然後飼葉，蚕快而無恙。候十分眠，方可注飼。後十分起，方可投兩。若候不至十分，則老來不齊，反到損。

清 鄭之僑《農桑易知録》卷二《桑務事宜》 一、起娘謂初次蛻壳爲起娘 眠後一晝夜，身上嘴上舊壳蛻盡，是爲起娘。必待個個起齊，再看替子上有絲布滿者，名揚花替。新起娘身長嘴潤，彼時專忌油烟、香臭各氣息，必俟起娘嘴老，然後餧以桑葉。此時切葉條子，畧可放寬，大概一眠一起，必須兩晝夜之外，方可餧葉。第二日體刮時，看來蠶身擠緊，必須分種別篩，每日體刮，每日俱要分開。蓋蠶吃一餐葉，必定放身。若不分開，篩内太緊太密，有多吃葉者，必有吃不着葉者，將來頭空而亮，卽是餓蠶。

一、二眠二次打裝蛻壳 緊要關頭，全在二眠頭眠之後，餧葉三四晝夜便是二眠。總以天氣之寒暖定眠期之遲速。若值天冷，當微微煨以炭火，使得暖氣，暖則移棄，須要刻刻小心看餧。此三四日内，設有寒暖氣水潮葉兩面青葉相合，便成氣水，卽是濕葉以及餓損，到老必無收成。第一不可失葉。蠶在二眠內，抬起頭來就餓，至於夜間，必要二人輪流看餧，切不可大膽安眠。過此二眠一關，就不必夜間看餧矣。到將眠時，其旺葉、沸絲、打眠裝與頭眠時同。其一切保護眠娘之法亦與頭眠時同。此時蠶身如粗棉紗線大，一分長矣。

一、二眠起娘　二眠起娘，嘴潤，身長，微帶紅色，亦如頭眠起娘狀，必待起齊嘴老，然後餧葉，只須切三次葉後，便可用單張嫩葉，平平鋪上餧之。再過一晝夜，可用眼頭葉餧之。葉連嫩枝者爲眼頭葉，必須將光面向上。其體刮分蠶之法與頭眠起娘時同。

一、出火三眠不用火，故名出火　二眠之後，不過三晝夜便是三眠。其旺葉、沸絲、打眠裝，亦與二眠時同。其一切保護眠娘之法亦與二眠時同。此時蠶身有四分長，粗如燈草，每二十六個戥上可秤一錢，多則二十七個。如過一晝夜尚有未眠者，只須用手指撿出，另貯一篇，俟其眠成，收之。其不眠者，棄之，不必再用竹筯。其眠成者，輕輕捉於篇內，將替子盡行撿出，不可破傷其身，恐蛻殼不下，亦不可擦傷其嘴，恐嘴蛻殼不下，卽爲重嘴，不能吃葉。捉完之後秤其觔兩，每三觔種爲一篇，便可定後來收繭分數。大約每一觔出火蠶，收十觔繭者爲十分，收七八觔者爲七八分，再少則收成薄矣。

一、出火起娘三眠之後起娘　出火起娘亦以一晝夜爲度，必待起齊嘴老，然後餧葉。嘴老者必俟衆蠶盡行蛻殼，而後餧葉，不因先行蛻殼而遽餧以桑葉，謂之嘴老。至其體刮、分蠶之法與二眠起娘時同。

一、大眠蠶至大眠則止矣　出火之後，不過三晝夜便是大眠。其旺葉、沸絲、打眠裝與出火時同。其捉眠之法亦與三眠時同。此時蠶身有錢串繩粗，長有六七分，用戥再秤，石灰種六個，可重一錢，鹽煞種七個，始有一錢。每出火蠶一觔，至大眠秤之，可得四觔或四觔半，三觔者，則平常也。

一、大眠起娘　大眠起娘亦以一晝夜爲率，唯放葉與前三眠時不同。隨手翻轉，約一手掌起娘內尚有三四個眠娘，就要餧葉。蓋大眠起娘，帶嫩餧葉，臨老上杣時不至慌忙。若等個個起全，嘴老餧葉，臨期一時齊老，人手少者一定捉蠶不及，而沸絲到處矣。此時餧葉不拘正反面，濕葉皆可不忌，唯忌霧葉、氣水、黃沙等葉。

又《蠶有十忌》　一忌寒冷　天氣寒涼，蠶房內須種一火盆，常使房內溫暖。大眠以前，若使受冷，做成寒病，到老成爲殭蠶，無收成矣。殭則一面吃葉，而下半身已不能動矣。

又《育蠶器具》　煨斑糠卽穀皮用火煨之存性　淸明日，將穀皮煨焦存性，薄薄攤於地下，候冷，收好備用。蠶自蝸兒以至大眠，每體一番，要糝一層斑糠於篩篇內；每眠起一番，要濃糝一層斑糠於蠶身，以收潮濕之氣，宜多備之。

清　朱斌《蠶桑指要》　大約出火前三日出替，出火後二日一替，大眠後一日一替，是其常也。然天寒則食葉難過渣輕，而出替可遲；若天暖，出替務早。又食野葉者，沙渣獨重，故出替又須活看也。惟大眠送食以後，須記取送食十三轉，便出替。若蠶頭太密者，総於出替時分之。蓋太稀則食葉不浄，而籃內不煖；太密則食葉不均，而蠶身大小不齊。故養多者，最畏出替忙迫，須以蠶網擡之。

又　盤花已足，蠶口已老，而於中尚有坐定未起者，謂之娘脚，拈出棄之，然後將鮮蒔盖於蠶身，候蠶上葉，將稀密處提匀，謂之提花。隨將鮮葉補放白處，謂之點花，務極匀浄。方登諸架，謂之出火。盖謂至此，方出火箱也。出火後三四日為大眠之期，此時出火蟄一斤，當見四斤為足分，多為有餘。每籃定蠶二斤，其囂眠、捉蟄、盤花定蠶諸法，一一與三眠同。惟除頭截脚更要緊煞。

又　上山　諺云：『纔出火，先備柴；未上山，先做帚。』如捉見出火蟄一斤，須預備足斤乾稻柴三百個。如捉見大眠蟄一斤，須做就山帚五十個。盖出火蟄每個重四厘，大眠蟄每個重一分六厘。故出火蟄十斤為蠶四萬，大眠蟄四十斤亦為蠶四萬也。每一帚上蠶二十為不輕不重，故四萬蠶須帚二千也。每個柴作帚八枚，故二千帚須二百五十柴也，多五十者，寧有餘也。

又　蠶房附近不可出糞醃及燒炙葱韭、茴香、醃魚等物，大眠後尤禁，新起娘者并不得聞油鹽氣。

喫煙人不可近蠶，煙胥看蠶，必斃；煙氣觸之，亦令摇頭不食，後即遍身出水。故宜永禁，不得已必嗽口、振衣、洗手而後入。

清　帥念祖《蠶政編》　預編蠶網　此抬蠶除沙之網也，爲蠶事要具。養蠶諸事皆易，惟除沙揀蠶最苦，所以養蠶不多。惟嘉興湖州，用網擡蠶，故歲有收絲數百斤者。若效其法，以二網輪流抬換，卽養數百箔，亦無難矣。其法：於沙燠已厚時，待蠶食葉已盡，將網蓋蠶上，以桑葉撒網上，蠶自穿網而上，二人執網兩頭，連蠶抬起，一人掃除下面蠶沙，將網連蠶輕輕放下，不可移動，待沙厚時，又將網一扇蓋抬如前。

總使一綱常在蠶下，輪流替換，最爲省功。綱用上鞋細麻繩纏在竹杈上，編如鶉網樣，孔如棗子大，以熟漆漆過陰乾，則不腐壞，周圍貫以綱索，則維持多便。若未頭眠時劈分用匙。頭眠後用麻孝帽布，孔如豌豆大者，橫裁與筐等，一筐用數扇，亦漆過用。二眠後用麻布，孔如小指大爲之。三眠後方可用網。如蠶在箔，網制長五尺，濶三尺五寸，每箔當用網三扇，抬放甚便，若大與箔等，難以扯抬，不可不知。漆網，如漆難得時，以猪血和石灰塗之，亦可耐久。其法，接血以羅子過之，和入石灰末，入水二三盌，不住手，攪成稀糊，塗網一二次曬乾。

又 眠有抽飼斷眠之法謂抽減眠蠶之葉，不致覆壓，專飼未眠之蠶，使之速眠。不惟眠起得齊，且無葉罨燠熱之病，後停眠、大眠、上簇，皆用此法，不可不知。向眠時，量黃白分數抽減所飼之葉，如十分中有三分光者，即減去三分之葉；有七八光者，減七八分葉，比平時更細切頻飼，不論陰晴，急須分擡。

又 頭眠初起，切細葉薄篩，飼一頓，一日夜飼六頓。第九日抬蠶分箔。第十一二日每日夜飼二十頓。十三日又分箔。十四日蠶復將眠，宜極煖，候蠶變黃色，急須分抬，布滿六箔。候盡眠，住食，一日夜復起，是爲二眠。

又 大眠飼法 二眠初起，一日夜飼四頓。第十六日葉漸加厚，飼十三四頓。第十七八日，宜飼十七八頓，此時宜分擡須要晴明，可布滿八箔。第十九、二十日，每日可飼十八九頓。至二十一日，蠶復將眠，宜微煖。辨色加減其葉，用抽飼斷眠法。候蠶變黃光，不論陰明，急須抬過，可布滿十二箔，細葉頻飼。候蠶盡眠住食，眠一日夜復起，是爲三眠北蠶皆三眠而止。大眠起再飼切葉三頓，以後不用切，可以連枝飼矣。

（乾隆）《烏青鎮志》卷二《農桑志》 將眠時，不勤食曰紅嬾思，又有青嬾思，亦曰攬絲，言口中吐絲也，朝見則晚眠矣。初眠鄉人謂之頭眠，仍以竹著細細分開，去其殘葉，不致傷于溼熱。再一日夜，蠶口有脱殼則眠而起，飼細葉如前。又三四日而二眠，飼如前。又三四日而三眠，謂之出火。《天香樓偶得》俗以第三眠爲出火，不列諸眠之中，因以末眠并頭二眠爲三眠三起，實則四眠四起也。

清 崔應榴彙纂，錢馥補輯《蠶事統紀》卷八《飼養》 《士農必用》：擘黑法，第三日巳午時間，於別槌上安三箔，微帶燠，薄揭蟻，欵手擘如小棊子大，布於中箔，可盈滿，可漸漸加葉。飼，早晴可捲東窗苫，及當日背風窗。蠶喜東照，畏風。漸漸變色，隨色加減食。至純黃，則不飼，是谓頭眠。

一眠、二眠、三眠 《合璧事類》：蠶俯曰眠，眠時不食桑柘，經晝夜而脱殼。《月令通纂》：一眠，候十分眠，纔可住食，至十分起，方可投食。若八九分起，便投葉飼之，直到老決多不齊，又多損失停眠。《士農必用》：擡頭眠，揭蠶如大棊子大，布滿箔，一復時，可六頓。次日，可漸加葉，可開捲窗一半。初向黃時，宜極暖，眠定宜暖，起齊宜微暖。《月令通纂》：起齊投食，宜薄散葉，一晝夜只可飼四頓，次日漸漸加葉。《爾雅翼》：比至再眠，飼必捲窗褰帷，飼訖，還下。盖蠶，昆蟲之類。昆者，明也。蠶見明則食，食多則生長，其旋生駒，皆與母同老。《湧幢小品》：食三四日而眠，眠則摘眠，一二日而起，起則餧，是為初眠。自初而之二，自二而之三，其法盡同，而用力益勞，為務益廣，是謂出火。盖自此蠶離於火，而葉不資於刀矣。《類林新咏》注：吴人養蠶，必以火炙，三眠後則否，故稱出火也。《士農必用》：抽飼斷眠法，蠶向眠時，量黃白分數，抽減所飼之葉，漸次細切，薄糝頻飼。候十分黃光，不問陰晴早夜，急須擡過。擡時住食，起齊投食，此為抽飼斷眠之法，謂抽減眠蠶之葉，不致覆壓，專飼未眠之蠶，使之速眠。不惟眠起淂齊，且無葉罨燠熱之病。《農政全書》：蠶，火類也，宜用火以養之。用火之法，須別作一爐，令可擡舁出入。蠶既鋪葉餵，待其循葉而上，乃始進火，食了，即退火，鋪葉，然後進火。每每如此，則蠶無傷火之患。

大眠 《務本新書》：大眠起燠宜頻除，蠶宜頻飼。或西南風起，將門牕簾薦放下，此際不宜擡解。箔上布蠶，須相去一指布蠶一箇。取臘月所藏菉豆，水浸微生芽，曬乾，磨作細麵。第四頓投食，拌葉勻飼，解蠶熱毒，絲多易繰，堅韌有色。《月令通纂》：不惟解毒，又且省葉。《士農必用》：擡大眠，分如折二錢大，布滿箔。起齊投食，一復時可三頓，第一頓宜薄，但可覆白；第二頓比前又薄，不覆白；第三頓如第一頓，次日可漸加葉，可全開捲窗照窗。初向黃時宜微暖，眠定宜溫，起齊宜涼。正食時可挾葉筐遶槌巡之，但見箔上有斑黎處，即摻葉補合。大眠後缺一分葉，即減一分絲。拌米粉，至第七八頓食後，於巳午時間，將切下葉攤在箔上，新水灑拌極勻。待少時細羅白粉子，拌令極勻，一筐可飼一箔。拌桑葉麪，切葉灑拌新水極勻去秋所收桑葉，擣為末者，羅桑麪拌勻，於大眠後間飼三五頓。蠶食不缺，不可用。蠶欲老，飼之宜細薄，宜頻，宜微暖。或蠶有不齊，頻飼以督其後者，使之相及。如已見純黃，又多青白，此與純黃既遠，雖飼之頻，亦莫及。《韓氏直說》：蠶自大眠後，十五六頓即老，得絲多少，全在此數日。葉足則絲多，不足則絲少。見有老者，依抽飼斷眠法飼之。候十蠶九老，方可就箔上撥蠶入簇，如是則無簇汗蒸熱之患。繭必早作，硬而多絲。養蠶無巧，食足便老。《湧幢小品》：出火又四五日為大起，大起則薤，薤則分箔。薤早則足傷，而絲不光瑩；薤遲則氣蒸，而蠶多濕病。

又 分薄擡飼。《齊民要術》：蠶眠常須三箔，中箔上安蠶，上下空置。《農桑直說》：每槌上中下間鋪三箔，上承塵埃，下隔濕潤，中備分擡。《士農必用》：一箔蓐上，下蟻三兩，至老可分二十箔。每蟻一錢，可老蠶一箔。箔長一丈，濶二尺。如箔小，可減蟻。養蠶過三十箔者，可更加下蟻箔，少者用筐可也。擘黑第三日於別槌上安三箔，微帶㶳，薄揭蟻，欵手擘如小棋子，布於中箔。擡頭眠，別槌上布四箔，薄帶沙㶳，揭蠶分如大棋子。布滿中二箔，飽食，分如小錢大，布滿三箔。擡停眠，分如小錢微大，布滿六箔。飽食，蠶可撥可摻，不須分揭，可布滿十二箔。擡大眠，分如折二錢大，布滿二十五箔。眠齊落蓐，可分至三十箔。分擡之便，惟在頻欵稀勻。蠶滋多，必須分之。沙㶳厚，必須擡之。失分則稠疊，失擡則蒸濕。《務本新書》：擡蠶必須衆手疾擡，若堆聚多時，蠶身有汗，後必病損。蠶沙宜頓除，不則熱氣熏蒸，後多白殭。殭蠶得日氣，則盡解。每擡之後，箔上蠶宜稀布。稠則強者得食，弱者不得食，必遶箔遊走。又風氣不通，忽遇倉卒開門，暗值賊風，後多紅殭。《月令通纂》：擡蠶之法，住食即時分擡，去其㶳沙，不然，則先眠之蠶，久在㶳底，濕熱薰蒸，後多變為風蠶。蠶眠初起，若值烟薰，必多黑死。食冷露濕葉，必成白殭。食舊乾熱葉，則腹結頭大尾尖。擡蠶時，高撒遠撒，蠶身與箔相擊，後多不旺，多赤蛹、嬾老翁諸般之症，切宜忌之。《士農必用》：飼養之節，唯在隨蠶所變之色而為之加減厚薄，使無過不及。《務本新書》：蠶必晝夜飼，若頓數多者必疾老，少者遲老。二十五日老，一箔可得絲二十五兩，二十八日老，得絲二十兩，若月餘或四十日老，一箔止得絲十餘兩。飼蠶者慎勿貪眠，以懶為累。每飼後，宜遶箔巡視。若有薄處，必摻令勻。若值陰寒，必先用稈草點火遶箔，逼去寒濕之氣，然後飼之，則不生病。蠶欲大眠，若見黃光，便合擡解住食，直候起時，慢慢飼葉。若蠶白光，多是困餓，宜細細飼之，猛則多傷。若蠶青光，正是得食力，勿令少葉，急須勤飼。

又 卷一五《雜繫下》 《淮南子·説林訓》：人食礜石而死，蠶食之而不饑。案，《攤飯續譚》云：『《山海經》臯塗之山，有白石名礜，可毒鼠。』郭注云：『鼠食之死，蠶食之肥。』《山堂肆攷》：蠶食礜石而肥。

《務本新書》：蠶要十體，謂寒熱，飢飽，稀密，眠起，緊慢。謂飼蠶時緊慢。蠶有三光，《蠶經》：白光向食，青光厚飼皮皺為飢，黃光以漸住食。蠶要三稀，下蟻、上箔、入簇。蠶要五廣，一人，二桑，三屋，四箔，五簇。

清 郝懿行《寶訓》卷三《蠶桑》 《務本新書》大眠擡飼法大眠起，㶳宜頻除，蠶宜頻飼。取臘月所藏菉豆，水浸，微生芽，曬乾，磨作細麵。臘月所藏白米，蒸熟作粉亦可。第四頓投食，拌葉勻飼，解蠶熱毒，絲多易繰，堅韌有色。如葉少，去秋所收桑葉，再搗爲末，水灑新葉微溼，摻末拌勻，接闕飼蠶。比食豆麪，係本食之物。又萵苣亦可接闕。《士農必用》：擡大眠，分如折二錢大，布滿二十五箔，起齊投食，一復時可三頓。第一頓宜薄但可覆白，第二頓比前又薄不覆白，第三頓如第一頓。此三頓食如不短，則其蠶至老食慢。次日可漸加葉辨色加減頓數。《韓氏直說》：蠶自大眠後，十五六頓卽老，得絲多少，全在此數日。葉足則絲多，不足則絲少。見有老者，依抽飼斷眠法飼之，後十蠶九老，方可就箔上撥蠶入簇。如是，則無簇汗蒸熱之患，繭必早作，硬而多絲。

清 包世臣《齊民四術》卷一下《農一下·農政·蠶桑》 蠶，陽物，其性所宜：在連今名蠶紙宜極寒，成蟻宜極暖，頭眠起宜暖，停眠起宜溫，大眠起宜涼，老宜漸暖，入簇今名上山宜極暖，蟻時及眠時宜暗，眠起以後及蠶大宜明。向食宜有風，風自架下緩入者乃佳，宜緊飼。新起時怕風，宜慢飼。

又 臘八日長流清水或井甜水浸綠豆白米，每箔半斤為度，浸一日曬乾，俱備大眠後和葉飼蠶，能消熱病，堅絲綿。【略】屋狹者，隨處以簾箔遮風日，亦可。及蠶大眠時，埽一通風淨室，以簟鋪地。凡晨翦葉撲去露，夕翦葉盡日下，挑來摘下嫩條，薄攤涼去鬱蒸之氣，乃飼蠶。

又 自下蟻至大眠，每盤食葉廿五斤。大眠起，每盤食葉一百斤。連嫩枝秤，實淨葉七十五斤。約浮葉一百斤，飼蠶一盤，先自量葉，乃無缺乏。缺多蠶不成，缺少絲不足。

又 二眠前天氣尚涼，又蠶沙少，皆一眠一擡。二眠後三日一擡。大眠起，飼四頓一擡。凡擡蠶皆不可遠擲高抛。凡擡蠶、秤蠶，皆宜人多手速，勿令久罨致傷。凡蠶沙乾鬆則蠶無病，其成片濕潤者則有病，宜急擡解之。如正擡時遇陰雨風冷，擡過又恐蓐冷傷寒，宜切軟茅如豆大，每一箔用斗許，勻撒蠶上，再上葉，使蠶緣葉上茅，隔沙蒸，俟晴和更擡。（此謂二眠以後，前不必也。）凡蠶必欲其眠齊，如一半純黃，一半退白漸黃，是不相遠，宜薄鋪頻飼，以趕齊之。若尚是青白，則必不相及，宜以蠶筷挑出，另置一箔，頻飼，始不壓遏正眠蠶也。凡蠶向眠時，見有三分黃光者，卽減葉三分，切細三分，薄撒三分，頓數加三分，八九分例此。齊眠乃斷葉，齊起乃上葉。其亂游及食畢卽昂頭者，嬾蠶也，揀棄之。如已起九分，有一分尚眠熟，亦宜挑出。蠶大眠起則宜涼，盡退熟火，開窗下風眼，其隨處養者，撤遮障。（自三眠後漸去之，若驟去則驚蠶。）惟起西南風則以薦障之。若暴熱，則宜于房外貯清水，并以灑房外地，使透涼氣，平和則去之。凡眠起，宜薄飼一日。第一頓薄，令露白，第二頓再薄，令間露白，第三頓如第一頓（此三眠起飼法，二眠當例此差之，）次日漸厚。自蟻及老，俱辨蠶色加減其食。取臘月所浸綠豆，水浸微芽晒乾，白米蒸熟，磨成粉。於大眠起第四頓攤葉于簟，以新水細灑，以細羅絹篩綠豆粉於上，拌勻。凡粉一斤，用新水四升，每箔蠶用粉六兩，計數減葉，飼之一頓，甚益蠶。乾桑葉末，羅拌如豆粉，可間餌三四頓。桑粉一斤，可減新葉五六斤，葉再缺者，可用米粉如法拌飼一頓。凡此皆防缺葉，葉足者不必用此，惟以新水撒飼三四頓而已。凡水葉，惟巳午時可用，他時不宜。老蠶由青轉白向黃，則漸老矣，又宜微溫（漸增遮障，陰雨宜微進熟火，）宜切細，撒薄，飼頻，約大眠起十六頓卽老。抬護溫涼得法，加減適宜，廿五日可老，每盤絲至二十餘兩。日愈多則絲愈減，葉愈增，三十七八日老者，每盤絲不過七八兩。且桑葉翦遲，則新條不能及夏至前發足，條枝稀短，來年生葉更遲，常損葉誤蠶也。

清 程岱葊《西吳蠶略》卷上《宜忌》 《士農必用》：『蠶之性，子在連則宜極寒，成蟻則宜極暖，停眠起宜溫，大眠後宜涼，臨老宜漸暖，入簇則宜極暖。』《韓氏直説》：『方眠時宜暗，眠起以後宜明，蠶小并向眠宜暖宜暗，蠶大并起時宜明宜涼，向食宜有風，（避迎風窗，開下風窗。）宜加葉緊飼，新起時怕風，宜薄葉慢飼。蠶之所宜，不可不知。』

又《頭二眠》 鳥經三日，其長已倍，乃發油光，名紅嬾思。卽住葉頭眠，眠半周時許，乃退皮，是名起孃。必待起齊，然後飼葉。不齊而遽飼之，則以後眠起至老，皆早晚參差矣。飼四周時，二眠，眠七八時許，退皮如前，長二分許，黑色退而漸白，食葉聲亦稍大。凡頭眠、二眠，蠶小不能捉，但去沙屑，謂之替。

附《捉眠樂府》曰：『朝來新見紅嬾思，蠶眠應在下春時。掃除筐箔教潔淨，料理盤餐供晚炊。已看欲眠還復食，前後參差在一刻。就中一一勞揀擇，堆筐層疊密於鱗。此是儂家希世珍，分筐合計逾十分。今年蠶花勝比鄰，室中摒擋還未已。小兒索乳啼不止，小姑作勞一日忙。頻呼不應倒空牀，哺兒未畢鷄鳴厢，獨自擕燈照起孃。』

又《大眠鋪地》 出火後飼四五周時乃四眠，是爲大眠。先提筐面健蠶，別貯勤飼爲種蠶，餘皆捉而秤之。凡出火一觔半，得大眠六觔爲一筐。（其出火以觔爲筐者，則大眠亦四觔爲筐。）乘其眠，急潔掃堂宇閒房，懸草索楔桁間，設矮櫈四達，撒石灰糠灰遍四隅，將蠶盡鋪於地，其退皮而起，長可七八分，背有絲腸，閃動可覩，食葉之聲如驟雨。凡大眠，不必起齊卽可飼葉，始丁壯任之。

又《假蠶館》 凡設塾於家者，蠶至大眠，館東房屋皆須鋪蠶，而蒙師亦家盡養蠶，須自助勞，是時村塾盡輟學，謂之假蠶館。

清 高銓《蠶桑輯要》卷上《避日》 蠶宜溫，蠶房宜承太陽，然不可使日光洞照。《務本新書》云：大眠時，南簷外搭棚以隔臨簷熇熱；西山墻外亦搭棚以避滿墻西照，此可爲法。蓋暎太陽則煖，見日光則熱，不得不爲之掩蔽也。

又《飼頭眠》 頭眠放葉，蠶身漸大，葉可稍粗。《士農必用》云：擡頭眠，復時可六頓，次日可漸漸加葉。蓋蠶初起不甚搶葉，次日則旺食。故葉須漸加，然亦不可過厚，仍當用貼白法頻飼之。

又《飼二眠》 蠶過二眠，概用全葉，摘破餵之，以光面向上，單層平鋪或搭蓋半葉，疊如魚鱗。然蠶之食葉，切碎者易過，全者不易過，其長之遲速亦因之而異。故欲蠶速長，仍用切碎者爲妙，惟將眠取全葉飼數頓，以便眠齊後，檢取眠頭（俗稱已眠者爲眠頭。）

又《飼大眠》 大眠後餵葉，宜帶枝梗，過周時，葉須灑水，俗謂之胖絲腸。《韓氏直説》云『大眠後十五六頓卽老』，此却難拘。古人言：『養蠶無巧，食足便老。』實無頓數可計。惟是食足則絲多，不足則絲少。絲之多少，全在此數日，故時當旺食，較輟火前更須加緊厚飼，以足其食。

又《飼起孃》 葢蠶雖起齊，其嘴有老嫩之别，第一二頓，老者搶食，嫩者猶未搶食，不可不稍緩，以俟其齊也。自頭眠至輟火，凡眠起，放葉必待十分起齊。大眠後不必起齊，約一手掌大小之處尚有二三眠頭，即可放葉。俗以大眠之起爲空心，放葉宜早。不知蠶之初起無不空心者，不獨大眠爲然。惟是大眠後蠶不再眠，未齊投食，則其老亦略分先後。凡上山諸務，俱得次第，不致忙促也。又大眠放葉，宜用野葉。老農云『大眠初放葉，先以野葉飼兩三頓，其絲即光而韌。』此係閱歷之言，不可以爲無憑而忽之。

又《加減法》 蠶之食葉，有時宜加，有時宜減。《士農必用》云：蟻生色黑，三日後，漸變白則向食，少加厚。變青則正食，宜益加厚，雖飽亦不傷。復變白則慢食，宜少減。變黄則短食，謂之向眠，宜愈減。純黄則住食，謂之正眠。凡眠起變色例如此。時當減食，飼之過則傷，傷則禁口不食，生病而眠遲。時當正食，飼之不及則餒，餒則氣弱而生病，亦眠遲而又繭薄也。《韓氏直說》云：蠶向眠時，量黄白分數抽減所飼之葉，如十分中有三分黄光者，即減葉三分，比尋常稍薄摻，頓數亦稍頻。有五分黄光即減五分，比先次又薄摻，其頓數更加頻。有八分黄光即減八分，比先次令極薄，其頓數亦令極頻。候十分黄光住食，是爲抽飼斷眠法。謂抽減眠蠶之葉，不致覆壓，專飼末眠之蠶，使之速眠，不惟眠起得齊，且無葉罨燠熱之病，此隨蠶之色加減也。蠶之種類繁滋，食葉之性各異，有葉頭深者，有葉頭淺者，有放葉即旺食者，有放葉周時後旺食者，有見眠頭即住葉者，有見眠頭仍旺食者，須熟察各種之性，其宜深宜淺，宜旺宜住處，因乎物之自然，此隨蠶之性加減也。

又 卷下《頭眠》 蠶初生至頭眠，用火者約三日，不用者約七八日。凡蠶將眠，宜鬆除沙綵，以清穢濁。火蠶之眠，疾而且齊，如見紅嬾絲，即可鬆除。冷蠶之眠，畧分先後，須審其眠者有十之二方鬆，决不宜早，早則食葉者尚多，不能不多飼，飼多綵厚，必受鬱蒸之病。又不可遲，遲則眠于沙綵之内，不勝檢捉，此中調劑貴在恰好也。凡蠶之眠，皆先吐絲著綵，以纏其足，謂之做綵。蠶若做綵，須停火停葉不停火則傷蠶，不停葉則已做綵者復上聚葉面而重做矣，移放帷帳之中，不使風襲風吹之則嘴頻縮而難吐，西北風尤忌，亦不得撞動蠶筐撞之則嘴亦縮住。初但伸嘴向上，挺身不動，謂之打眠樁，再候之，則吐珠矣嘴上忽伸出一紫色圓點，如綴珠然，謂之吐珠。蠶至吐珠爲眠成，宜擡筐，細看或尚有游行者，青蠶也，亟檢棄之，謂之相青蠶之不眠者，其色獨青，故曰青蠶。宜用鮮葉切粗條引去，或以葉綵引亦可。隨取空筐，匀摻斑糠，以眠頭帶綵，鬆布其中，謂之派綵。綵中沙菌，必盡敔去。用手宜輕，不得觸傷蠶嘴。復厚摻斑糠一層，安頓靜暖處，謂之種眠種從去聲，言安頓如栽種也，此候眠法也。自眠而起，天寒約一周時，暖則不必周時。欲其速起，須用沙綵法，廊簷外架竹木作棚，上覆蘆簾，旁護草薦。太陽洞照，暖如火炙，移蠶筐置棚下，頻翻動蠶綵，蠶乘暖氣，半日即起矣。先起者，名搶火孃，悉屬雄蠶。起齊後，若絆滿楊花綵，須用箸分開，使起娘在下者皆得乘鬆而上，此候起法也。

又《二眠》 蠶之第二眠，疾於頭眠，大率在四五日内，其除綵、停葉諸法，仍與頭眠同。

又《大眠》 大眠與輟火同，亦稱分兩。每輟火蠶一兩，長至大眠，以重四兩爲正額，過四兩爲蠶長，不及四兩爲蠶損，恒以此卜收成之豐歉。輟火眠頭，每筐分布三觔，大眠五觔，爲疏密得中。筐内匀撒菜莢，或寸切稻草，以石灰斑糠覆之。

又《派老底》 蠶之眠貴齊，眠齊起亦齊。若飼葉不匀，則食足者眠早，不足者眠遲。一筐之中，眠頭與食葉之蠶糾紛雜沓，飼之則綵益厚而罨損眠頭，不飼則缺食而愈不能眠矣。亟須鬆開面上食葉者飼之，而以底中之眠頭另貯，謂之派老底。面上之蠶，雖非青蠶可比，然收成終不如老底之豐。

又《二蠶眠起》 二蠶性與頭蠶迥别，頭蠶之眠與分蚕暮，二蠶晚刻不眠。凡日中見眠頭，傍晚自能眠齊，或在申刻見，至晚不過眠成一半，餘則直須至次日午刻方眠，不可不分開另貯。若每眠如此，即不勝其分矣。諺故曰：『二蠶十八派也。』三蠶、四蠶等性亦同。

又《驗眠頭起孃》 眠頭身體堅實，向明照之，色深緑者爲無病，疲反紅黄則病矣。捉眠頭時，葉綵乾燥，沙菌堅結者爲無病，葉綵潮潤，沙菌污手則病矣。俗用清水一碗，取眠頭十個，除淨纏脚絲，投之皆沈者爲有十分收成，沈九爲九分，以次遞減。雖未必盡然，亦可備試驗之一法。起孃初蜕，如馬之昂首張尾，色如羊脂者爲無病，頭垂尾斂，身黄如陳倉米色，俗謂之著黄草布衫，放葉後即尾流青水矣。火蠶須用新白紙一幅，置於筐中。眠頭起齊，紙上無一點污穢水跡者良，若有跡爲傷火之徵，棄之可也。

又《下地》 蠶以居筐爲善。杭人育蠶，自初生至老，無不用筐。然大眠以後，蠶大筐多，列植分架，擡飼難，擡蘗又難，自非人眾，未有不苦拮据者。湖俗小蠶用筐，大眠後卽離筐而置之於地，謂之下地。有大眠放葉周時下者，有放葉三餐卽下者，酌量蠶之多寡及屋之廣狹，瓜分碁布，門戶井竈，幾無餘地以容人。自此不擡不蘗，惟朝暮勤飼以俟其老，亦簡便法也。

又《**布蠶**》　葢蠶身自大眠至老，當長兩倍，留此餘地，日逐可自中勻分至邊。又蠶性喜上行，室中上半間，尤宜稀布，蠶自能走勻也。

又《**較銖兩**》　凡繭須稱較觔兩，庶知蠶事之豐歉。葢蠶與繭之數，俗有常例。四眠蠶大眠一觔得繭二觔，三眠蠶大眠一觔得繭三觔，爲對花，言適如其額也。湖人以稱上所劃分兩數之星爲稱花。過則爲得利，不及則爲失利。余嘗取四眠蠶之眠頭與繭細較之，輟火蠶一兩約計二百五十五六個；大眠蠶一兩約計六十三四個。是輟火長至大眠，實增四之三。繭好者每兩計二十二三個，次者計二十六七個。是一兩蠶，個個成繭，好者應得三兩，次者應得二兩六七錢。舊例以一觔蠶採二觔繭爲對花者，猶屬八折算也。今湖濱南潯諸處，皆以輟火蠶一觔得繭十觔爲正額，與余所較之數却相符。

又《**多嘴乾口**》　起孃，膚蛻而嘴不蛻者名多嘴孃，或蛻而口不能開者名乾口孃。此眠頭之嘴爲人觸傷也。然眠頭傷風，亦有此病。昔課耕目海山莊，有隣人育蠶十餘筐，輟火起後，半成多嘴，不勝駭異。旣而見其設植，當門無簾薦圍護時，值連日有風，乃悟眠頭爲風所傷，猶之稻正吐花，突遇西北風，卽成硬口，不能結實也。二者口不能食，斃于飢餒而已。

又《**青蠶**》　青蠶，以色名也。蠶眠則身黃，此獨青而不眠，故曰青蠶。或受沙蒸，或受風濕，並足致病，自頭眠至六眠皆有之。有一種名壯青者，乃是食肥葉而成，蠶身較粗壯，其色深青，故曰壯青，亦不眠。

清　高銓《**吳興蠶書**》**卷上**《**飼養**》　自頭眠至輟火，凡眠起放葉必待十分起齊，大眠後不必起齊，約一手掌大小之處，尚有二三眠頭，卽可放葉。俗以大眠之起爲空心，放葉宜早，不知蠶之初起，無不空心者，不獨大眠爲然。惟是大眠後，蠶不再眠，未齊投食，則其老亦畧分先後。凡上山諸務，俱得次第，不致忙促也。又大眠放葉，宜用野葉。老農云：『大眠初放葉，先以野葉飼兩三頓，其絲卽光而韌。』此係閱歷之言，不可以爲無憑而忽之。

又《韓氏直說》云：蠶向眠時，量黃白分數抽減所飼之葉，如十分中有三分黃光者，卽減葉三分，比尋常稍薄摻，頓數亦稍頻。有五分黃光卽減五分，比先次又薄摻，其頓數更加頻。有八分黃光卽減八分，比先次令極薄，其頓數亦令極頻。候十分黃光住食，是爲抽飼斷眠法。謂抽減眠蠶之葉，不致覆壓，專飼末眠之蠶，使之速眠，不惟眠起得齊，且無葉罨熯熱之病，此隨蠶之色加減也。蠶之種類繁滋，食葉之性各異，有葉頭深者，有葉頭淺者，有放葉卽旺食者，有放葉周時後旺食者，有見眠頭卽住葉者，有見眠頭仍旺食者，須熟察各種之性，其宜深宜淺，宜旺宜住處，因乎物之自然，此隨蠶之性加減也。

又卷下《**眠起**》　蠶至吐珠爲眠成，宜擡筐，細看或尚有游行者，青蠶也，亟檢棄之，謂之相青。蠶之不眠者，其色獨青，故曰青蠶。宜用鮮葉切粗條引去，或以葉䔮引亦可。隨取空筐，勻摻斑糠，以眠頭帶䔮，鬆布其中，謂之派䔮。䔮中沙菌必盡敨去，用手宜輕，不得觸傷蠶嘴。復厚摻斑糠一層，安頓靜暖處，謂之種眠。種從去聲，言安頓如栽種也。此候眠法也。自眠而起，天寒約一周時，暖則不必周時。欲其速起，須用抄䔮法，廊簷外架竹木作棚，上覆蘆簾，旁護草薦。太陽洞照，暖如火炙，移蠶筐置棚下，頻翻動蠶䔮，蠶乘暖氣，半日卽起矣。先起者名搶火孃，悉屬雄蠶。起齊後，若絆滿楊花䔮，須用箸分開，使起娘在下者皆得乘鬆而上，此候起法也。

又《**分蘗**》　夏蠶宜用簾蘗。簾，卽古之箔也。古人盛蠶以箔，今惟以筐盛取，其擡蘗便易。然蠶至大眠，蠶大筐多，日逐蘗換，不勝擡運之勞。且春蠶，時序清和，大眠後，有下地一法，無庸擡蘗。夏蠶，正當炎熱，若亦下地，䔮中溼熱之氣，較甚於春，受之斷無不病。故夏蠶大眠後，須以簾盛，卽於簾上蘗之簾居室之中，架空平鋪，兩旁留數尺餘地，便人往反。先於左一半布蠶䔮，厚蘗至右一半，撤去沙䔮，右厚復蘗至左，蘆簾廣闊，不窘邊幅，蠶皆舒展，可免蒸熱之病。

又《**原病**》　舊傳，溼者由食氣水葉，乾者由沙䔮熏蒸，是殆不然。余嘗於輟火時捉眠稍遲，眠頭受蒸，至大眠多成溼白肚。是溼者亦成於䔮蒸，非盡屬氣水葉也。因念白肚成於食氣水葉者，其害小；成於沙䔮蒸者，其害大。葢一筐之中，偶雜氣水葉，蠶必有食有不食者。若沙䔮蒸，遍筐皆受，食葉者游行葉面，受病猶淺，眠頭在葉底，受病更深，故一發無遺。若此，考陳旉《農書》云：『傷風，卽節高；沙蒸，卽腳腫。』節高腳腫，皆屬白肚，而以爲一傷於風，一傷於蒸，是白肚亦有因風者，然總不若傷於鎟蒸之甚耳。凡病溼白肚，用石灰末勻篩一層於筐，俟蠶行起，以葉飼之。兩頓後，再用石灰化水，遍灑葉上，令蠶食之，病者卽死，不致遺染。俗謂：『發於大眠後三周時者，至五周時自止；發於五周時者，卽傾筐倒斃。』此說甚確。乾白肚無絲，上山後，身愈縮，節愈高，不能上帚，止集簾面，今所稱『活婆子』是也。又有一種有絲腸而不成繭者，今稱『縮婆子』，係山棚上爲風吹襲所成，與白肚有明暗之別。『縮婆子』，身明殼；乾白肚，身滯暗也。

又《留種》 留種先宜擇蠶，種蠶無病，子方無病。故大眠後，當揀取整齊强健之蠶，日以蕻頭葉飼之，蕻頭力旺，蠶食之，其力始旺。

清 俞墉纂輯《蠶桑述要》 收蠶之初，須酌量一家老少男婦人數，自揣埶用之工本。大眠以後，所需桑葉，度量地上所有，或向他人及葉行定買，預先與蠶數配定，斷不可貪多，務得貽悮於後。

又 三眠蠶上山，較之四眠蠶須早四五日，以其少眠一次也。然三眠繭輕，四眠繭重，故大眠时秤蠶，三眠娘以四觔爲一筐，四眠娘以六觔爲一筐。

又 二蠶宜多替，三眠後日替二次，大眠後日替三次。務使筐內蠶身一律潔淨，不使穢褻之氣傷蠶。

又 揀眠 烏螘放葉以後，次日頭上卽隱現白點，兩三日變青白色，天煖六七日，天冷八九日，嘴上隱有尖影，伏於食過乾葉之下，則頭眠矣。遂將集於頂上之未眠者，用蠶箸輕輕揭下，另置一旁，次將下之乾葉逐層揭開平鋪。凡放葉一次，毋論綫葉整葉，自爲一層。凡早晨見眠至週時尚有未眠者，此無力之蠶，可棄之矣。

頭眠一日夜卽起，俟其起齊，再行放葉，約四五日再眠，謂之二眠。二眠蠶較頭眠易揀，顯見尖嘴，其身青中帶紫色，揭葉之法與頭眠同。二眠期內不可失葉致蠶挨餓受病。

二眠起後約五六日又眠，是爲三眠俗名出火，須逐個揀眠，不能用揭葉替法。其時蠶身漸大，凡伏而不動，及嘴高凸處內隱有微紫色一圈俗名包頭，乃新嘴也，用糊紙之篇儲之。出火至大眠，快則三日，遲則五日，出火蠶可秤可不秤。

揀大眠法，一如出火，揀滿一篇，須過秤十六兩官秤記明觔數分兩，眠娘揀滿一器，須用糠灰研碎篩上，以收濕氣，自頭眠至大眠皆宜如此。

凡揀眠，自見眠娘後過一晝夜尚在葉底未眠，謂之青頭，宜去之。蠶縱茂盛亦不能斷青頭也，伺之無益，做繭亦不厚。否則，另備一器，置之其中，亦有偶爾受傷及小病者，旋卽愈好。

甲日揀出眠娘不能與乙日眠娘歸併一處，蓋眠有遲早則起有先後矣。

眠時蠶先吐水絲於尾足，使更衣時粘定易蛻，故眠定者不可輕易更換器具。出火後揀眠，落手宜輕，不可高擲遠抛，碰傷蠶身，嘴傷則流水而不眠，身傷則軟而不能蛻起。

蠶之好歹，揀眠時已知之矣。凡凸嘴昂頭豎立，周身青亮者，多強健。身伏於紙，其色班暗者多軟弱。側卧者爲有病無力。有濕亮光爲爛濕蠶。

敲門撞壁，大聲叫喊及金鼓之聲，最易驚眠，而大眠爲尤甚，犯則變壞，故蠶室以清靜爲主。

清 周春溶《蠶桑寶要》卷二《育蠶事宜二十七條**》** 自頭眠以至大眠，俱要日日體刮。若一日不體刮，替子必厚，厚則必蒸，蠶卽受病，長大時必然發出或身上黃糙，或頭上頸上多生黑斑黑點，甚有遍身俱生黑斑黑點者，一般吃葉不生絲腸。到老必不做繭，故體刮最要緊也。

又 頭眠 自初收之日起，餧至七八日，定要頭眠。將眠之先，一定旺葉三四餐餧上霎時捲過。旺葉之後必然沸絲吐絲於葉面上，謂之沸絲。沸絲之後就要打裝頭嘴仰面朝上，身子不動，謂之打眠裝，連忙體刮一番，薄薄再鋪一餐葉條子於上此時底下必先有幾個眠娘，一餐薄葉之後不可餧葉，不可將蠶篩驚動動則其嘴一縮，要吐出嘴來又難也，更要遮風，尤忌西北風西北風一吹，便吐嘴不出，輕輕移放帷帳之內，待其吐嘴嘴上忽有一點尖角紫蔭，則嘴已吐全，嘴吐全則爲起娘，從沸絲時算起，一晝夜方能眠成個個眠也，如過一晝夜，尚有不眠者，用竹筯逐一檢出丟棄。眠娘和替子細細分鬆，安放於乾燥紙糊篩內。名曰沠替。須將斑糠糝一層在上斑糠最燥，眠娘蛻殼起來身上潮濕，多用斑糠，以收潮濕之氣，此時蠶身如衣線粗，半分長矣。

又 二眠起娘 起娘亦以一晝夜爲率，亦必待起齊嘴老，然後餧葉，只須切葉。三餐後，可用單張葉平平鋪上餧之。再過一晝夜，可用眠頭葉餧之。葉連嫩枝者爲眠頭葉，必須將光面向上。其體刮、分蠶之法與頭眠起娘時同。

三眠 二眠餧葉後不過三晝夜又要三眠，其旺葉、沸絲、打眠裝亦與二眠時同，其一切保護眠娘之法亦與二眠時同。此時蠶身有麻線粗，二分長矣。

如過一晝夜尚有未眠者，只須用手指拈出不必再用竹筯。其眠成者輕輕捉於匾內，將替子盡行理出，不可破傷其身恐蛻殼不下，亦不可擦傷其嘴恐嘴蛻殼不下，不能吃葉。捉完之後秤其觔兩，便可定後來收繭分數大約每一觔出火蠶收十觔繭者為十分，收七八觔繭者為七八分，若更有少者，則收成薄矣。

三眠起娘　起娘亦以一晝夜為率，亦必待起齊嘴老，然後餧葉。其體刮、分蠶之法亦與二眠起娘時同。

大眠　三眠放葉後不過三晝夜又要大眠，其旺葉、沸絲、打眠裝與三眠時同，其捉眠娘之法亦要與三眠時同。此時蠶身有錢绳粗，五分長矣。

大眠起娘　起娘亦以一晝夜為率，惟放葉與前三眠時不同。隨手翻轉約一手掌，起娘內尚有三四個眠娘，就要餧葉。大眠起娘帶嫩餧葉，臨老上杣時不至慌忙局促。若等個個起全嘴老餧葉，臨期一時齊老，人手少者，一定捉蠶不及也。此時餧葉不拘正面、反面，溼葉、露葉、氣水、黄沙等葉皆可不忌。餧過七餐或九餐，蠶身必有一寸餘長，蠶篇內捱擠不去。其法莫便於下地，先將蓬鬆軟草、箒子鋪底，即將蠶匀送於上，餧葉約高一二寸為一餐，地下須留走路，以便餧葉。如養蠶少者二三觔出火蠶之類，即箒上亦可，篇內亦可。但必每日體刮自取蠶起以至上杣，日間餧葉六七餐，夜間三四餐足矣。夜間寒涼，蠶吃葉稍遲也。

蠶老　大眠起娘餧葉後至四晝夜，蠶身如小指粗，二寸長。至五晝夜要老矣，顔色本來青白，將老時如糙米色一般。取蠶向亮處照之，通身穿喉亮頸者為考娘蠶先老者，謂之考娘。既見考娘，一面將薄葉餧三餐，一面就要豫備棚架。

又 卷三《育蠶避忌十一條》　忌寒泠　如天氣寒冷，蠶房內種一火盆，常使温煖。村歌云：『蠶要温和麥要寒也。』大眠以前若受冷，做成寒病，到老必為殭蠶，不做繭，故忌之。

忌食溼葉　若大眠以前吃過溼葉，老來必成氣水蠶，不做繭矣，故忌之。

又　忌食露葉　大眠以前若吃霧葉，老來必成白肚蠶肚子下有白水流出，沾在好蠶身上，好蠶亦死，不做繭矣，故忌之。

又　忌食氣水葉　又要不使風吹，則葉鮮活而不熱，永無氣水之患。若大眠以前一食氣水葉，亦成白肚蠶矣，故忌之。

又　忌食肥葉　桑地上如初澆糞謂人糞，其葉必肥，不可餧蠶。大眠以前若吃肥葉，必有肥青蠶身分外粗肥，皮膚光亮如油漆者，謂之肥青，不肯眠矣，故忌之。若澆糞過七日之後，不忌。

又 卷四《育蠶器具十二條》　煨斑糠　每年清明日，將大米皮子煨焦存性，薄薄攤於地下，候冷，收好備用。蠶自蝸兒以至大眠，每體刮一番，要糝一層斑糠於篩篇內。每眠起一番，要穠糝一層斑糠於蠶身上，以其最能收潮故養蠶者所必需也，多寡不拘，總以多備為主。

又　南方用竹片子密密編成不必糊紙，邊高一二寸，圍圓有兩人合抱寬。蠶至出火、大眠時用之，每隻可貯大眠蠶五六觔一觔出火，到大眠時必有四觔。北方有柳條晒篇貯蠶，若大眠後下地，便可不用矣。

清 鄒祖堂《蠶桑事宜·培養桑樹法十五條》　三眠以後，食葉愈多，然尚須辨其老嫩。至大眠以後，則桑已長足，可開剪矣。

清 王纕堂《衛濟餘編》卷一五　蟻初生，將次兩眠，蠶屋正要暖，蠶母須着單衣，可知凉煖，自身覺寒，蠶亦寒，便添熱火。若自身覺熱，量去火。一眠之後，天氣晴明，於巳午時間捲起窗薦，以通風日。至大眠後天氣炎熱，卻要屋内清凉，務須臨時斟酌，此凉暖之法也。

又　若值陰雨天寒，用火照箔，逼出寒濕之氣，然後飼之，則蠶體快而無疾。候十分眠纔可住食，至十分起方可投食，若八九分起便投葉飼之，到老不齊，又多損失。停眠至大眠，見蠶有黄光便住食，此飼養之法也。

清 劉祖憲《橡繭圖説》卷下《三眠第二十四》　凡蠶初出，頭紅，身黑有毛，大如香柱，長約二分，自食卵殼，拴筐後六七日，則起眠即頭眠也。不食葉，四五日凡蠶起眠時，值雨多，大約五日不食，晴多，則四日不食，蛻去黑皮及毛，色變青黄不等，形稍大矣，此頭眠也。又食葉七八日，仍四五日不食，又蛻去青皮或黄皮，形漸大矣，此二眠也。再食葉五六日，不食如前，又蛻去青黄粗皮，形更大矣，此三眠也。又食葉五六日，復三四日不食，又蛻去青黄粗皮，形益大，亦不復大矣，此四眠也，亦謂之大眠。大眠之後，催令飽啖，名爲催葉。繭之美者，首貴催葉，葉足則繭厚。催至十日或十一日，噤口不食，盡出其尿糞，通身瑩徹，謂之退膘。退膘後，先吐亂絲爲巢，巢定，乃吐正絲成繭。閲三四日後，漿固自吐漿以膠其殼，可取摘矣。又有五眠者，此山高水冷所致，蠶衰而絲少矣。亦有六眠者，俗謂落筲粑，繭成如豆大，俗名薑疙瘩，不成繭矣。又蠶於初出時，必先自食卵殼，至每眠起時，亦必自食所蛻黑皮。身有八節，每節有黄毛數根，後身左右，各有四大脚，其近頭處，又有十二小脚分布左右。每眠時，必吐絲自裹其脚，故不慮風吹樹摇，至起眠，則蜕殼而出。

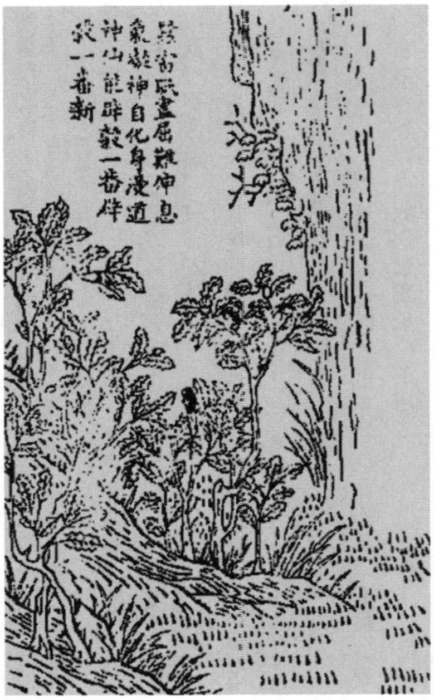

又《**蠶病第二十五治法附**》　凡三眠時有一弔膶，則四眠必有一斑狗，一曰空肚，有二種。一由於折蛾太早，元氣不足，至三眠時，噤口不食而死。一由於二三眠及大眠時，久被饑餓所致。又有觸霧氣而病者，霧起於水中，法於水邊多開土溝，深二三尺，廣尺餘，溝實乾稻草數束，俟霧將起時焚之，以散其陰氣。即蠶之已中其毒者，亦得烟氣而解，所謂以氣制氣者是也。但此法今所罕用，或未之知也。又秋時驟雨之後，炎陽暴曬，濕熱薰蒸，蠶多疾病，或瀉青痢，醫之之法，亦無過於此。

清　方大湜《**桑蠶提要**》卷二《**蠶事**四十條・**蠶種**四則》　三眠種有鹹有淡，下連後七日初眠，又七日二眠，又七日三眠，又五六日或七八日而老、四眠種有鹹有淡，下連後七日初眠，又四五日二眠，又四五日三眠，又四五日大眠，又四五日而老，比三眠蠶多一眠，然自下連至老，總計時日與三眠蠶亦不甚參差、白絲種、黃絲種白勝於黃，各有其類，不可紊亂，須問明爲要。

又　辨色。蠶子初下色黃，次轉青色，過六七日又轉黑色，將出變綠色，又變灰色，變灰色則不日卽出矣。初出色黑，三日後漸變白色，又變青色，復變白色，又變黃色，則頭眠矣。將眠色白，眠定色黃。頭眠起後微黃色，又由黃而白，由白而青，復由青而白，由白而黃，則二眠矣。三眠、大眠色亦如之。臨老微黃色，已老微紅色。

又《**蠶性**二則》　子在連喜極寒，蟻初生喜極煖，眠時喜溫，頭眠二眠三眠起後喜煖大眠以前，若受寒冷，老時必爲殭蠶，不作繭，大眠起後喜涼三眠蠶只有三眠，無大眠，則三眠起後宜涼，以第三次眠卽大眠也，臨老喜漸煖，上山喜極煖。

又《**蠶食**三則》　一曰柘柘葉堅硬，非小蠶所能食，惟三眠起後及大眠起後，可先餧柘葉，後餧桑葉。所以必先餧柘葉者，以柘葉不如桑葉之美，既已食過桑葉，必不肯再食柘葉也。詳三眠起後第二則、大眠起後第二則，一曰綠豆粉，一曰白米粉，一曰桑葉麪。豆粉、米粉、桑葉麪，均詳蠶料第一則、大眠起後第二則。

又《**採桑**五則》　三眠以後，食葉愈多，然尚須辨其老嫩。先採老者，後採嫩者。至大眠以後，則桑已長足，可開翦矣。開翦者，謂連枝帶葉一併翦下也。桑有遲早，開翦自有先後，以長足爲度可也。

又《**飼葉**七則》　蠶初生時，所布之葉宜細如絲線。初眠起後可寬一分，二眠起後可寬三分，三眠起後可寬五六分。至大眠起後，則可食整張大葉，但去其枝與葚而已。若蠶多人少之家，三眠起後，餧切葉三四次，便可停切。

又　將眠未眠之時及大眠後數日，尤爲要緊。此時勿令稍餓。大眠以前受餓，則老來頭內空白，不做繭，謂之亮頭蠶。大眠以後受餓，則絲少。

又　蠶小，布葉宜薄。蠶大，布葉宜厚。大眠以後，蠶老以前，布葉宜極厚。每將眠時，布葉宜頻且宜薄。每眠起時，布葉宜薄且宜緩。

飼葉須分別眠起　古人眠起取齊之法，至周至密，擇種下子，寫記日期，以同日所生之子爲一起，連上如有空缺，卽日補滿，此齊於收種時也。詳留種第五則。鹹種以鹽醃之，淡種以石灰醃之，去其子之無力者，此齊於浴種時也。

詳浴種第一、二則。生蟻之時，將蠶連置懷中者，則表裏互易。不置懷中而裹以綿花者，則以中層與上下層互換，使煖氣均勻，此齊於煖種時也。詳生蟻第三則。蟻出之後，同時下連，先後下連之蟻，各置一器，此齊於收蟻時也。詳收蟻第一則、第三則。下連有先有後，先者減頓，後者加餐，此齊於育蟻時也。詳育蟻第二則。如法行之，種齊蟻齊，眠起自無不齊之理。然究未有一時盡眠一時盡起者，所以昔人又有抽飼斷眠之法。抽減已眠者之葉，專飼未眠之蠶。如十分中有三分黃光，則是眠者三分，未眠者七分，卽抽減桑葉三分，而以七分葉專餧未眠之蠶；如十分中有黃光七分，則是眠者七分，未眠者三分，卽抽減桑葉七分，而以三分葉專餧未眠之蠶。已眠未眠，同置一器，其說必不可從。眠者色黃，純黃之中，有由白而漸黃者，與純黃不甚相遠，頻飼以督之，猶可相及。若已見純黃，又多青白，則與純黃相去遠甚，飼雖頻，亦不能及。且蠶眠一晝夜，以安靜不擾爲得所。今以青白者尚多，飼而亂之，動而蹂之，則先眠者失其所矣。迨青白未眠者變而欲眠，則前之眠者已起，因後者方而停起者之食，起者既不堪其餓；因前者已起，而不停起者之食，眠者又不堪其擾，多病少絲，實由於此。故抽飼斷眠之法，必不可從，其餘收種、浴種、暖種、收蟻、育蟻諸法，一一照行，尚不能一時盡眠，一時盡起。若不照行，則種類亂雜，眠起之前後，相去更遠，故收種、浴種、暖種、收蟻、育蟻諸法，亦不可廢。飼蠶者須分別眠與未眠，未眠者另置他器，頻飼以督其眠；已眠者置之靜室，以俟其起。詳頭眠、二眠、三眠、大眠各條。

又《收蟻五則》 新蟻一錢，大眠時約可得蠶五斤或六斤不等。每大眠蠶一斤，前後食葉二十五斤。大眠蠶五六斤，前後食葉一百三四十斤，此杭州人算法也。

又《頭眠三則》 體刮應在沸絲之前，不應在沸絲之後也。蠶色善變，初起色灰，越二日夜，變爲青光。又一日夜，變爲白光，漸漸發亮。又一日夜，卽變黃光。當白光發亮之時，卽是將打眠裝之時，不過一箇時辰，必定沸絲。宜趁白光發亮，將沸絲尚未沸絲之際，速速用綱擡過，體刮一番。若黃光一見，卽打眠裝，體刮已屬無及。且蠶眠將起時，全賴此絲扯住脚跟，方能脫去蠶殼。打裝之時，絲已沸盡，至此始行體刮，必將眠脚扯斷，將來起娘之殼必難脫出，此至要關頭也，不可不知。

又《頭眠起後二則》 頭眠起齊　餧葉之法，箇箇起齊，灰下無一眠者起者必脫灰而上。再看桑渣蠶屎之上有絲布滿，則起娘蛸老，便可餧葉蠶眠既起，欲餧葉時，先於室中燒香體一振，蠶聞此香，便卽思食，此是醒胃之法。香體見育蟻第四則，每一晝夜約餧四五次。頭眠起齊之後，二眠之前，中間三四日最爲要緊。此三四日設有小病，到老必無收成。第一不可受飢，夜間切勿貪睡。起齊後，第一次布葉須薄而勻蠶眠時，器內篩有糠灰，起後蠶器乾燥，所布之葉易枯，枯則蠶不能食，故布葉宜薄，俟食去三分之二，卽再布一次不必俟其食盡。第三次布葉，不妨稍厚。以後蠶漸大，葉亦漸厚，須食盡再布。易器之法，天氣煖則隔一日體一次。因此時食葉漸多，桑渣蠶屎較前易厚也。天氣寒則隔兩日。所易之器，紙下仍襯以灰。保護之法，宜煖，宜明，忌風，忌穢。

又《二眠起後三則》 二眠起齊　餧葉之法，與頭眠起齊同，此時不可使蠶受餓，每一晝夜須餧五六次。易器之法，天氣煖則一日體一次因此時桑渣蠶屎較前益厚也，天氣寒則隔一日。所易之器，紙下不必仍前襯灰，如遇天氣過冷，隔一日仍不敢體刮，則用茅草隔蒸之法法詳地蠶第四則，俟晴和再體。保護之法，與頭眠起齊同，此是緊要關頭，務必小心保護，不可使蠶受病。

又 熟眠之時，從下連後算起，至第七日或第八日，卽是頭眠時候。從沸絲算起，一晝夜方能箇箇眠成。蠶不眠則殼不脫，殼不脫則身不長。眠熟之狀，色微黃，頭向上，身子不動，謂之打眠裝。蛸縮入不食，謂之結蛸。蛸縮之後，旋又徐徐吐出，謂之吐蛸。直至蛸上隱隱有一點尖角紫蔭，方纔吐全，謂之眠娘。保護之法，宜暗，宜溫煖煖則一日夜可脫殼，寒則一日半或二日方能脫殼，宜避風尤忌西北風，西北風吹，便吐蛸不出，宜避穢，不可餧葉，不可驚動蠶器。蠶方吐蛸，驚動則蛸又縮入，若要再吐，便不容易。用礱糠灰篩於蠶身之上或用細石灰篩於蠶身之上，以收潮溼如此則眠娘易於脫殼，置之靜室，以俟其起。

又《三眠三則》 熟眠之時，從二眠起後算至第五日或第四日，卽是三眠時候。若從下連後算起，大約不過十六七日或十八日，便當三眠。眠熟之狀，與頭二眠同。惟頭二眠蛸上隱隱有尖角，三眠蛸上明明有尖角，稍不相同耳。保護之法，與頭二眠同。稱蠶之法，眠定後逐一拾出不可破損其身，亦不可擦傷其蛸，恐脫殼不下也，置光滑器內，以秤稱之。爲此後桑葉計也，三眠蠶一斤，至老時可得繭八九斤或十斤不等，前後食葉一百四五十斤，除三眠以前所食不計外，以後尚須食葉一百餘斤。稱時須人多手速人不多，手不速，則久罨致傷，稱準仍置曬篇內曬篇卽大蠶盤也，見蠶具第三則，篩灰於蠶上，以俟其起。此湖州法也。杭州人養蠶，須俟大眠眠定之時，方以秤稱之。如照杭州法，則三眠眠定之時，不必稱其斤兩，只篩灰於蠶上，以俟其起可也。杭州法詳大眠第二則。

又《大眠三則》 盤滿則以秤稱之。大眠蠶一斤，老時可得繭二斤，前後食葉約二十五斤，除大眠以前所食不計外，此後尚須食葉二十斤有零。稱時須人多手速，稱準則堆之大曬箔內，每斤分作五六堆，堆旁須留餘地，以待其散。用粗絹篩陳石灰於堆上石灰須研細，以收其溼氣。再用閘刀，將秈稻草截作半寸許與餧牛馬之草料相似，覆於石灰之上以不見蠶身爲度，不必過厚，以待其起。此杭州法也。湖州人養蠶，先於三眠眠定之時以秤稱之。如照湖州法，則三眠眠定之時已經稱過，大眠眠定之時不必再稱，只篩石灰於蠶上，以俟其起可也。湖州法詳三眠第二則。

又《大眠起後二則**》** 大眠起齊 餧葉之法，堆已散盡，無一眠者，便須餧葉。第一日先餧柘葉五六次，再餧桑葉，絲乃韌而有光韌音忍，柔而固也。無柘葉者，專餧桑葉，第二日巳午之間，以臘月所藏綠豆粉秙桑葉餧一次先攤桑葉於蠶盤內，以新水灑秙，再用細羅篩，篩綠豆粉於葉上，秙令極勻。每葉一筐，用水一升，豆粉四兩，可餧蠶五六斤，可解熱毒，且蠶絲堅韌有色，易於抽繅。或用臘月所藏熟米粉秙桑葉餧之亦可。第三日以臘月所製桑葉麪秙桑葉內，間空餧三五次灑水篩秙均，同和秙豆粉法，比豆粉米粉更好。製桑葉麪、豆粉、米粉各法詳蠶料第一則，無麪粉者，專餧桑葉。第四五日專以桑葉餧之。蠶自大眠之後，食葉愈速，布葉宜愈勤正面反面，皆可不拘。溼葉、露葉、霧葉、黃沙葉、氣水葉，皆可不忌，務須晝夜餧養，食盡卽布，不可稍饑，每一晝夜，約餧十餘次。此時多食一口葉，則上山後多吐一口絲。易器之法，莫妙於用蠶網。大眠起齊之後，食葉愈多，桑渣蠶屎較前更易厚，不體則蠶受蒸鬱，臨老多病。此時舊皮纔脫，蠶腳尚嫩，未可抛動，早體則掽動蠶腳，日後絲縷不純。惟以蠶網體之，便可免受蒸鬱，又不掽動蠶腳，且簡便省力。法詳易器第三則。如無蠶網，切勿早體，遇天煖則於起齊後二日體之，遇天寒則於起齊後三日體之，三日之後，須每日體一次。因腳漸蒼老，掽動無妨也。保護之法，與頭二三眠起齊後同。但頭二三眠起齊後宜煖，大眠起齊後宜涼耳以蠶長十分，葉增十分，渣多屎厚，易於發熱也，須捲起窗外簾薦，開窗下風竇，並翦開窗紙。

又《老蠶二則**》** 蠶老之時 大眠起娘，餧葉四五晝夜，卽老。以上葉之次數計之，大約在五十次內外。自下連至老，約二十五六日或二十七八日。

又《春季十五則**》** 上樹。提蠶出筐後，即送蠶上樹。蠶見新葉，自然緣上樹枝，先食嫩葉，以後聽其自食自老。未老之先，有時不食，乃蠶眠也，眠起卽復食。蠶眠蠶起，詳山蠶第三則。鄧州則先在水盆內餵養三四日，再送樹上。魯山則先在水邊喂養三五日，俟蠶頭帶白色再送山坡，將所細之小把連蠶分開，插櫟樹枝上。諸城則俟蠶長指許再納筐中，肩負上山，置蠶於樹。寧羌則俟陰坡葉生，始將水邊喂養之蠶連枝梢移置樹上。

清 宋如林《勸種橡養蠶示道光五年**·附養蠶事宜五條》**《皇朝經世文統編》卷六〇 每遇蠶眠時，不可翦移，俟起眠後葉盡，用銀剪連枝剪移他樹。蠶一入山，須人看禦禽鳥。其蠶筐以黃荊嫩條爲之，用蓋，其餘竹木所爲則不能粘子。次年定須新製。

清 沈秉成《蠶桑輯要·諸家雜説》 停眠起宜溫，大眠後宜涼，臨老宜漸煖，入簇則宜極煖。

又 飼蠶起底法 蠶初出時，一日起底一次，細切青葉摻上，蠶自上食。用蠶筯將浮上一層連蠶葉掛起，餘在葉底者，再細加尋檢，餘下宿葉蠶砂一概棄之。二眠後，蠶日長大，起底一次，放開一次，可用手輕輕將浮上一層連蠶揭起，飼葉切不可太粗。三眠以後，天氣溫和，可以出房，總宜避風。大眠後起底，用蠶網覆於蠶上，摻以整葉，其蠶上附。飼過兩次，二人擡過空扁，內燠砂桑筋撤去，以免溼熱氣蒸生病之患。蠶已大眠，用廣盤貯之。秤蠶三斤，飼葉百斤，成繭五斤，可得絲八九兩。蠶至眠後，正食時闕一分葉，卽減一分絲。四眠，天氣大煖，食葉五日卽老，蠶砂亦爛。先捉其老蠶上簇，捉一次，摻葉一次。當此時，葉要閘碎，以免架空作繭，謂之上馬桑，半日許盡皆老矣。蠶有三眠四眠者，養法同，四眠卽大眠也。

又 蠶頭二眠時，葉薄易萎，用葉不多，采回之葉收於小缸之內。缸底用筲箕，缸上覆布，葉要放空，實則生熱。缸底易於生水，墊以筲箕，不致溼水粘葉。蠶，純陽，惡水又不可無水，葉乾生火，火甚，蠶紅則瘟。蠶到三四眠後，食葉日多，葉可置於無風屋內，地鋪蘆蓆，將葉打成墪子，不致生熱。晨采日飼，晚采夜飼。大眠後，飼葉要堆至四寸許，蠶頭要密，食葉快，食葉鮮，食盡再飼。更鼓時飼一頓可以臥寐，二時復起再飼，蠶不受餓，人亦省功。

又 蟻拂下，室煖三日卽緊飼，五日卽變黃白色，而眠有九分，結嘴不食爲頭眠，涼則七日方眠。眠時將班糠摻一層於上，還有食蠶一分，復摻稀葉一層，食蠶上葉，此遲眠之病蠶，用蠶筯鉗而去之。眠蠶連糠起鬆放開，住食二日夜，蛻殼起齊，涼則三日。

頭眠起齊，切葉薄飼，極煖，二日後緊飼，食盡卽飼，一晝夜飼六七頓。三日復眠，變黃白色，結嘴八九分，摻班糠去食蠶，起鬆如前，爲二眠。

二眠後起齊，切葉宜稍粗，卽是三眠出火，去筐底草簾。若三眠種，三眠後不用切葉，飼以連枝葉。四眠種，三眠還是切葉，三眠四眠如前，摻糠去食蠶，起鬆。此時要住食三日，方能起齊。初飼切葉二頓，食盡復布純葉一層。辰巳時取臘緑豆磨麪，用清水少許潤葉上，每一大筐拌半升於葉上，飼一頓，此時方擡網。明日辰巳時，復如上法潤水拌白米麪半升，飼一頓，再擡網，飼純葉五頓，再拌臘製桑葉麪飼一頓。如葉缺，閒飼四五頓無妨。食盡三日後，又用新水噴葉令微溼，再飼一頓，擡網如天雨過多，不食水葉。每日擡網去沙，葉食盡卽飼，不論頓數，若天氣暴熱，開窗。暴寒又宜關閉。致身肥嘴小，喉絲漸亮，老之時也，飼之宜勤宜溫煖，不過二三時便全上簇。

清 吴烜《植桑育蠶書·種桑説》 蠶初生時，食葉甚少，只可采芽旁先放之一兩葉，謂之底板。其色較老，雖留之亦不甚長。二眠以後，食葉漸多。若底板已盡，則采瞎眼。瞎眼者，放葉數張，中無嫩芽，留之長亦無多。三眠以後，食葉愈多，須先采老葉，留其嫩者。至大眠既起，則立夏將半，葉已長足，可以剪條矣。

又《養蠶説》 養蠶之室，南向爲宜，其次莫如東向，更宜矮小緊密，方能和暖。若西向北向，又復高大寬敞，一遇陰寒，卽用火烘，氣亦散而不聚。故此等房屋，自小蠶初出以至二三眠中，總宜設法遮攔，上蓋下墊，使無寒氣侵逼，育蠶方宜。

蠶貴齊：子齊，收齊，開葉齊，眠齊，起齊，飼葉齊，如此方能上山齊。

又 育蠶必先量葉，量葉必先秤蠶，方有把握。小蠶初出，連蠶秤紙，記明分兩。收下後再秤空紙，便知小蠶分兩。明日再收再秤。每小蠶一兩，食淨葉約二十担，可得絲一百五六十兩。三眠時，併在一筐，秤蠶一斤，可得絲一斤。四眠謂之大眠，每蠶一斤，除以前食葉不算外，以後再食二十餘斤，約可收繭二斤。每繭一斤，多則繅絲二兩，少則一兩二三錢，多寡不齊，大約總以十分繅一爲常，而食葉之多寡，亦可預定矣。

又 每眠時，有衆蠶次第皆眠，獨有一二青頭未眠而仍食葉者，蘇俗謂之梟娘，必須將篩篩出，另貯一筐，以免不齊。初二眠中之梟，照常飼葉，尚能作繭，不過眠起較遲。三四眠中之梟，食葉多而不老，可卽棄云。

又 又大眠起後二三日，有蠶身獨短，其卽高聳，不食葉而在葉上往來游行，脚下有白水漬出者，宜急去之，不使沾染他蠶。

又 小蠶既收，隨卽洗手，剪葉如絲，匀糝蠶筐，不可或密或疎，謂之開葉。蠶筐宜置帳內，謹避風寒。復以潔淨衣被，架空覆之，不可逼遏受濕，致生病患。晝夜須飼葉六七次，不可間斷。每次飼葉，必先洗手，切勿沾污。小蠶漸長，須逐日撥開，間日起底。大約天煖五六日，天寒七八日，蠶頭漸白，微有黃光，嘴上隱有尖角，仰首不食，謂之頭眠。

又 大眠將起，必俟蠶堆散盡無一眠者，乃可飼葉。是時蠶身强壯，食葉益多，難於起底。少則仍置筐中，逐日匀開。多則於開口一二日，將蠶山把閘下柴梢，就地鋪平，天暖攤薄，天寒宜厚，以不露地面爲度，將蠶匀佈，謂之地蠶。不可太疎，太疎食葉不盡，則費葉。亦不可太密，太密則食葉有多少，蠶不能齊。初下一日，食葉甚少，以後日多一日。若天氣大暖，食葉更速，食至八分，卽宜添飼。若待葉盡方添，先盡之處必有餓蠶，是時少葉一分，卽少絲一分。食葉愈多，作繭愈厚。旺食兩日，漸漸食少，蠶身亦斂，其色微黃，其軟如棉，通身明亮，仍以整葉鋪之。其未老者食葉如常，其老者必起至葉上，仰首遊行，可卽於葉上一一捉之，隨置蠶山，謂之上山。葉盡再鋪，隨鋪隨捉，至老者多而捉不勝捉，則以多葉之柳枝數十條，匀排葉上，其老者卽上柳枝。取置盤中匀捧山把，大約每把可上蠶六七十條。再以柳枝移鋪他處，以提老蠶。自初見老蠶後，鋪葉三四次，約一時許，見蠶盡昂首遊行，可以盡數上山矣。蓋上山宜到恰好時，不可太早，太早則食葉未足，不能上山作繭，卽熟而未透，亦必一二日後方能上山，謂之停山，作繭必薄。亦不宜太遲，太遲則絲先吐去，不特作繭多薄且彼此糾結，佈散不開。且上山不可太密，密則蠶多擁擠，無地可容，卽有兩蠶同繭，并有三蠶同繭，絲頭多亂，不能繅繹者，故必多寡適宜，方無此病。

清 吴烜《養蠶説》 四眠謂之大眠，每蠶一斤，除以前食葉不算外，以後再食二十餘斤，約可收繭二斤。

又 小蠶出後，逐日飼養，蠶下必有蠶矢殘桑，須間日去淨一次，否則濕熱上蒸，蠶必致病，浙人謂之起底，蘇人謂之縣讀作體蠶。其法於飼葉時，蠶盡上附，將竹篩削小，頭細而圓，輕輕篩過他筐，內有遺蠶，亦須篩過。二眠後，天氣漸熱，殘桑蠶矢益多，蠶身亦大，須逐日起底，法將整葉連鋪兩次，俟蠶盡上葉，用手揭起，移過他筐，無須用篩。三眠後，將線結網，眼大如錢，攤在蠶筐，桑鋪網上，俟蠶從網眼上附，兩人將網擡過他筐，卽可起底，較爲省易。內有壓在蠶矢殘桑之下，此蠶必小而無力，不能與衆蠶同起同眠，須將蠶篩揀出，另貯一筐，以免不齊。

又 四眠謂之大眠，即可秤斤見數。秤過，將蠶捧置筐中，大筐可貯五六斤，分作數堆，以俟其起。

清 楊名颺《蠶桑簡編·養蠶法》《牧令書》卷一〇 二眠頭眠起齊，薄飼一頓，一日夜飼四頓。第九日擡蠶分箔另鋪二箔，分如象棋大。第十一二日，每日夜飼五六頓。十三日分箔，可布三箔，如錢大。飼十二頓。第十四日復將眠宜極煖，候變黄色，擡如上法可布六箔。眠一日夜，十五日復脱殼盡起，是爲二眠。

清 尹紹烈《蠶桑輯要合編》 蠶欲三齊，子齊，蟻齊，則蠶齊。蠶有五宜：方眠時宜暗宜燥，眠起以後宜明，向食時宜加葉緊飼，新起時怕風，宜薄葉慢飼。

清 張壽宸彙輯《蠶桑圖説提要》 停眠起宜溫，大眠後宜涼，臨老宜漸煖，入簇俗名上山則宜極煖。宜涼，可開窗戶以通氣。宜煖，須燒炭火置室中。

又 斷音段，上聲，絶也飼眠法 蠶將眠，頭向上不食葉，謂之眠頭。專使未眠之蠶使之速眠，如十分中有三五分黄光者，可減葉三五分，比隨常宜切細薄，摻音驂葉頓數宜加。如十分中有七八分黄光者，即減葉七八分，摻葉宜極薄，頓數宜勤。將及齊眠，尚有青白未眠之蠶，雖不多，宜揀去棄之，此是不齊之病蠶也。如此起鬆置之静處，方可住食，用石灰研細末糝蠶身，約一日蠶褪音吞去聲其衣，謂之起娘。候十分醒起，方可投食，若八九分醒起便投食，到老蠶不齊。蠶起時稍餓不妨，一則口老而殺葉，二則蠶身易去聲大。蠶初醒時不宜亂動，因其皮嫩，易於受傷，切忌見風，不比眠時皮老。既食葉後不可閒去聲斷上聲，如此守齊，決無不齊之理。

又 飼蠶起底法 蠶初出時，一日起底一次，細切青葉摻上，蠶自上食。用蠶箸將浮上一層連蠶葉拑音箝起，餘在葉底者，再細加尋檢，餘下宿葉蠶砂一概棄之。二眠後蠶日長大，起底一次，放開一次，可用手輕輕將浮上一層連蠶揭起，飼葉切不可稍粗。三眠以後天氣溫和，可以出房，總宜避風，起底可照大眠後式。大眠後起底，用蠶網覆於蠶上，摻以整葉，蠶聞葉香，穿網而上。飼過二次，連蠶擡過空筐内，輕輕放下，不可移動，燠砂桑筋即宜掃除撤去，以免溼熱氣蒸生病之患。砂厚復擡如前，省工且不傷蠶。蠶至眠後正食時，缺一分葉，即減一分絲。四眠若天氣大煖，食葉五日即老，涼則七日方老。先捉其老蠶上簇，捉一次，摻葉一次，謂之上馬桑，半日許，盡皆老矣。蠶有三眠四眠者，養法同。四眠即大眠也。

又 蠶眠之日，以清香虔祀蠶神。大眠，以香燭、素菜、供酒三杯，不拘米麥麪粉，做繭式樣以祀蠶神蠶神，尊諱馬頭娘也。

清 董開榮《育蠶要旨》 收藏布種之法：生種後，其色必戰紫。戰色後，可用石炭篩在上面，交夏時必須用綿薄包，外面用紙裹好，恐有蠹魚傷子，待欲種時，再打開，浴後仍必包裹，來歲方得無礙。按大眠起，擇蠶之健食者，別置之，倍與之食，作繭與他繭異。俟蛾破繭出，取紙一方，引蛾布子其上，謂之蠶布種。

清 方濬頤《淮南課桑備要·蠶性總説》 蠶在種則宜極寒，成蟻則宜極煖，停眠起宜溫，大眠後宜涼，臨老宜漸煖，入簇則宜極煖。

又《上簇法》 至蠶眠之日，以清香虔祀蠶神。大眠，以香燭、素菜、供酒三杯，不拘米麥麪，做繭式，以祀蠶神。

又《蠶桑雜説》 蠶頭二眠時，葉薄易萎，用葉不多，采回之葉，收於小缸之内。缸底用笴箕，缸上覆布，葉要放空，實則生熱。缸底易於生水，墊以笴箕，不致溼水粘葉。蠶，純陽，惡水又不可無水。葉乾生火，火甚，蠶紅則瘟。蠶到三四眠後，食葉日多，葉可置於無風屋内，地鋪蘆席，將葉打成壟子，不致生熱。晨采日飼，晚采夜飼。大眠後，飼葉要堆至四寸許，蠶頭要窓，食葉快，食葉鮮，食盡再飼。更鼓時，飼一頓，可以卧寐，二時復起，再飼。蠶不受餓，人亦省功。

清 高其垣《試行蠶桑説·培養桑樹法十五條》 三眠以後，食葉愈多，然尚須辨其老嫩。至大眠以後，則桑已長足，可開翦矣。桑有遲早，則開剪亦有後先，以長足爲度可也。三眠前，所採之底瓣瞎眼，俗謂之小葉。採小葉得法，則止望其採得百觔者，合先後計之，可得百二三十觔。然年年採小葉者，樹亦易敗，以隔年一採爲妙。如植桑百株，則今年採此五十株，彼五十株留至大眠後開剪，明年採彼五十株，此五十株留至大眠後開剪。

又《飼蠶法六十條》 大眠狀與初二三眠同，而所用之法則大不同。眠未齊時，仍照常付葉，大勢已齊，以正張大桑葉取其易捲，匀鋪其上不用糠灰矣。其眠者伏葉下不動，未眠者必上葉就食，連鋪數次葉上蠶多即鋪，不必俟其食盡，則未眠者與眠者，已隔數層桑葉。將桑葉捲起，則未眠者盡在桑葉間隨即匀鋪他器中，而其下則皆眠者矣。然後（食）［拾］其眠者，置平底盤不拘方圓竹木，但忌新油、新漆者中，盤滿則以秤稱之。爲此後桑葉計也。大眠五觔，除前所食不算外，尚須食葉百餘觔。稱准則堆之晒匾亦曰承筐，大者可容大眠五六觔中，每觔分作五六堆，堆旁須留餘地以待其散。用粗絹篩篩研細陳石灰於堆上，以收其濕。再以秈稻草用閘刀截作半寸許者與餵牛馬之料草相似，覆之以不見蠶身爲度，不必過厚。

又 大眠起後，占器日多。如今日十晒匾，至明日易器時，便須勻作十二三晒匾。再易器時，便須勻作十六七晒匾矣。此後如無器可易，可於地上設蠶倉以代器，俗謂之放地蠶。

又 自大眠起後至老，約須食葉五十餘次，能多食數次更好。蓋此時多食一口葉，則上山後多吐一口絲，故飼蠶者惟恐其所食之少。

又 大眠起後兩三日，有蠶身獨短，其節高聳，不食葉而常在葉上往來，脚下有白水者，宜急去之，勿使他蠶沾染。

又 蠶初生時，所付之葉宜細於絲綫。初眠起後，則可寬至半分。二眠起後，則可寬至分許。三眠起後，則可寬至二三分。至大眠以後，但去其枝與葚，以閘刀大致閘之可矣。

清 何品玉輯刊《蠶桑會粹·種桑養蠶格式》 看蠶眠 蠶自幼食桑，三日為一眠，名曰鵝眠。看其將眠，下葉一鋪，不可住食。如有眠有不眠，則再下葉，俟不眠者食上葉面，輕輕連葉曳去，不要再食桑。三日為二眠，又食桑三日為三眠，又再食桑三日為大眠，須切粗，不可太細。待食過一對時後，則用成塊桑葉食足四日，其蠶便成熟矣。初鵝眠放葉之後，必待食過三次桑葉，然後替屎。其餘二三大眠替屎照前法。每蠶眠，如熟睡一般，不可動他。至一對時，其蠶起頭覓食，待頭起齊，即以桑與食，不可失時。失時必饑，饑則壞矣。下桑須要不遲不早，若未起齊頭，便下葉飼之，到熟時定然不齊，又多損失，名曰花熟，務宜慎之。蠶將眠時，亟宜替屎，若不亟替，則先時之蠶久在窩底，濕熱薰蒸，必變為風蠶，雖熟無絲。替屎時，又不得推蠶成堆，若推成堆，則蠶受鬱熱，更多病損，作繭必薄。蠶眠初起時，切禁烟薰，薰則必多黑死。飼蠶時，不宜倉猝開門，若暗值賊風，必多紅殭。撒葉又不宜高遠，恐擊着，則變為肥蠶，無絲，而於眠初起時尤要。蠶自少至壯，要條條大細相等，若有參差，是為不好。其蠶色，食桑時要青綠，及眠時要起粉色及淡黃色，肉结而有寶光，反此則不好矣。如遇滛雨，蠶過食濕桑，必生浮弱之病。其治法，舊有用好酒微噴者，然不如用薑湯薰之噴與薰，皆就蠶言，更不如用薑湯微洒之洒就葉言，此法尤妙，但勿過多，多則反生熱病。洒後必俟其乾，方可與食。蓋薑湯能祛水滲寒氣，故較酒為尤勝也。

又《附録宜忌各條·育蠶切忌》 忌寒冷 如天氣寒冷，蠶房內置一火盤，常使温煖。村歌云：『蠶要温和麥要寒。』凡大眠以前若受冷，做成寒病，到老必為殭蠶，不做繭，故忌之。

又 忌食濕葉及乾枯葉 天將陰雨，要採乾葉預備。使連日陰雨，亦必將濕葉晾乾，方可餧蠶。或以細白綿砂晒乾，拌葉去淨砂，與食亦可。若大眠以前吃過濕葉，老來必成氣水蠶，不做繭，故忌之。然乾枯之葉亦不可食，食則頭大腹結尾尖。

又 兒蠶初飼一二三日，葉祇宜在樹上摘取，好餧幾餐，漸漸長大，亦餧葉無多。如有預備一兩餐葉及過夜葉，須剪幾根桑條或數十根桑條養於水罏之內，又要不使風吹，則葉鮮活而不熱，永無氣水之患。若大眠以前，一食氣水葉，亦成白肚蠶矣，故忌之。

又《種桑各法》 初出蟻用小簸，每簸每日約食葉六斤。初眠後用大簸三尺空，每簸每日約食葉八斤。二眠後，每簸每日約食葉十斤。三眠後，每簸每日約食葉十二斤。大眠後，每簸每日約食葉十四斤。養蠶家可使桑有餘，不可使不足，自無臨時掣肘之患。

又 切葉式 切葉粗細以蠶之大小酌之，初生如蟻之蠶，必揀摘嫩葉不可過嫩，務宜晾乾水氣，細切如絲飼之。初眠後，切葉寬至半分。二眠後，寬至分許。三眠後，寬至二三分。大眠後，隨便切之，或不切亦可。

又 飼蠶辨眠起法 蠶有三眠、四眠二種，惟粤東之蠶多屬四眠，尋常約三日一眠。凡蠶之將眠，其頭光亮，結嘴昂頭，不思食葉，即係將眠時也。如將眠有八九成，急須換簸去砂，否則不及換矣。自此計起，約二三個時辰之間，必定伏頭住食，宜用薄葉遮住，再逾五六個時辰，又下薄葉一次，倘有未眠之蠶，自然上食，用手將浮上一層連蠶葉揭起，一概棄之遲眠病蠶不要。其在底既眠者，仍遮回薄葉。又逾二三個時辰，蠶方醒起。自齊眠住食至齊起，約計十個時辰之久。其新起皮嫩，易於受傷，不宜亂動。起時，頭不光亮，嘴烏開縫，渾身新白之色。俟十分醒起，方下葉飼之仍須薄葉，至下葉三次約三個時辰之久，方好換簸去砂。

認蠶好歹説 蠶之好歹，最易認者，即在眠起時也。好蠶一眠一起，極其齊起，蠶身堅結勻稱，色亦潤澤，此乃十足之蠶，加倍收成。若歹蠶，眠起不齊整，頭大尾尖頸細，身起蓮節，亦不堅實，渾身是呆白色，此蠶費食桑葉，不可吝惜，宜早棄之。雖能成熟，亦作薄繭，無用。

清　何石安、魏默深《蠶桑合編・蠶性總説》　蠶，陽物，屬火惡水，故食而不飲。蠶性喜静惡喧，喜温惡濕。蠶在種則宜極寒，成蟻則宜極煖；停眠起宜溫，大眠後宜涼，臨老宜漸煖，入簇則宜極煖。

又《蠶桑續編・説蠶十條》　蠶眠説　蠶將眠，頭向上，不食葉，謂之眠頭。用石灰研細末糁蠶身，約一日蠶褪其衣，謂之起娘。初時口嫩，不宜餵葉，俟衣褪盡，乃飼之。三眠三褪，謂之大眠頭。用秤稱之，每蠶一觔，前後食葉約二十五觔，約可收繭二觔，每繭二觔約可收絲三兩。

清　鄭珍《樗繭譜》莫友芝注　蠶眠　蠶四眠，上樹約七日則眠，蛻厥黑而起。是爲初眠，子蠶黑色，蛻黑而褐。又約七日二眠，蛻厥褐而起。蛻褐則色青黄又約七日三眠，又約十日大眠一名四眠。凡蠶眠時，必自吐絲絆其后腳於葉，爲蛻時用力地也。若偶傷其絲，則不能蛻而死。其起也，食益力，唯勤移爲功。大眠後，蠶食愈增，至一日夜盡七葉。蠶肥甚，澤澤有光，謂之莊臕。凡十日，臕既滿，不復食，倚葉似眠，大遺屎，漸小如二眠後時，謂之退臕。臕退盡，始吐絲，綳三四葉，自裹如甕，謂之爬甕。然後於中周回往復，任絲作繭。每眠約一日，陰雨二日，眠時慎無剪移。移則傷其絆。凡蠶出卵時，旋必食其殼之半。每眠起時，旋必食其蛻之半。不令食，則蠶弱繭薄。此事頗與馬子之食胞同，似蠶、馬二物嘗相關也。方悟《搜神記》載太古時馬皮捲女化蠶。事未盡誣，且《周禮》原蠶之禁，亦掌之馬官也』。

清　曹笙南輯《五畝居桑蠶清課》卷二《育蠶徵信篇》　用糠灰法　《蠶桑寶要》：將米皮子煨焦，存性攤冷。眠時摻一層於蠶身，最能收溼，故養蠶者所必需也。《蠶桑説》：初眠齊，以蠶箸撥之使鬆，用絹篩篩糠灰於蠶身，置之静處，以待其起。二三眠同。

清　曹倜《蠶桑速效編・種桑説》　蠶初生時食葉甚少，只可采芽旁先放之一兩葉，謂之底瓣。其色較老，雖留之亦不甚長。二眠以後食葉漸多，若底瓣已盡，則采瞎眼。瞎眼者，放葉數張，中無嫩芽，留之長亦無多。三眠以後食葉愈多，須先采老葉，留其嫩者。至大眠既起，則立夏將半，葉已長足，可以剪條矣。

又《養蠶説》　蠶貴齊，子齊，收齊，開葉齊，眠齊，起齊，飼葉齊，如此方能上山齊。

又　又每眠一次必褪衣一次，最忌風來東北，衣不能褪，蠶嘴偏歪，滿筐遊走，擦損他蠶，亦皆致病。若見此蠶，急宜揀去。又大眠起後二三日，有蠶身獨短，其節高聳，不食葉而在葉上往來游行，脚下有白水漬出者，宜急去之，不使沾染他蠶。

又　小蠶既收，隨即洗手，剪葉如絲，勻糁蠶筐，不可或密或疏，謂之開葉。蠶筐宜置帳内，謹避風寒，復以潔淨衣被，架空覆之，不可逼遏受濕，致生病患。晝夜須飼葉六七次，不可間斷，每次飼葉必先洗手，切勿沾污。小蠶漸長，須逐日撥開，間日起底，大約天暖五六日，天寒七八日，蠶頭漸白，微有黄光，嘴上隱有尖角，仰首不食，謂之頭眠。眠有遲速，見有一二成不食者，即減葉一二成，以後眠者漸多，飼葉漸減，剪葉愈細，頓數愈勤，一日之久，方能眠齊。内尚有未眠而仍食葉者，如法篩出，另置一筐，然後斷葉，不可動搖，其篩出之蠶，更飼數次則亦眠矣。每眠一次必褪衣一次，至一晝夜其色微黄，其嘴微潤，蠶將起矣。浙人用石灰研末輕糁，使衣易褪。蘇人則用礱糠燒灰存性糁之，尤爲爽滑。先眠先起亦必一日之久，方能起齊。是時老皮既褪，新皮尚嫩，不可亂動，更忌見風，須再遲片刻然後飼葉，一則口老殺葉，二則蠶身易大。若起至八九分，即便投葉，則食有先後，到老不齊。是時將交夏令，天氣漸熱，蠶亦漸大，食葉漸多，每日起底一次，須勻開一次。筐宜有眼，可使濕氣下透。晝夜必飼七八次，大約天暖三四日，天寒五六日又起黄光，嘴上顯有尖角，仰首不食，謂之二眠。漸漸減葉，眠齊斷葉。内有不眠者，仍宜如法篩出，再用礱糠灰如前糁之，避風不動。起齊飼葉暖則二三日，寒則四五日，又起黄光不食，謂之三眠。依舊減葉斷葉，糁灰避風如前保護。内有未眠者，用整葉鋪上，俟蠶盡上葉，用手捲去，無須用篩。起齊飼葉，是時蠶大口硬，葉可不切，天若大暖，兩日即眠，是謂四眠。四眠謂之大眠，即可秤斤見數。秤過，將蠶捧置筐中，大筐可貯五六斤，分作數堆，以俟其起。

清　曾鉌《蠶桑備要》卷一《栽桑説》　如植桑百株，則今年採此五十株，彼五十株留至大眠後開翦，明年採彼五十株，此五十株留至大眠後開翦。

又　卷二《先事豫備總論》　三眠後，揀蠶除沙，以二網輪流擡換。先將網蓋於蠶上，以葉撒之，蠶聞葉香，穿網而上，連蠶擡起，掃除沙燠，輕輕放下，不可移動，沙厚復擡如前，省工且不傷蠶。撥蟻用蠶筷子或鷄翎管。分蟻用匙或用手薄揭。頭眠後，或以葉提，或用麻布孔如碗豆大者。二眠後，用麻布孔如小指大者，亦用漆漆過兩扇，輪流擡換。三眠後，即用網擡換。惟秦中多無蠶網，均係以新葉提換，添餧新桑葉，俟蠶均上葉，輕輕以手抓葉。至蠶大餧整葉時，俟蠶上葉，以手推新葉，帶蠶鬆鬆捲起，捧放另箔上，亦甚便易。

又 卷四《養蠶程式》

頭眠

將眠　將眠之時，自一、連日算起，至第六七日陝西省天煖七八日，天涼八九日。即是頭次將眠時候，以上葉之次數計之，大約總在三十次之外陝西四五十頓。將眠之狀，頭帶綠色，尾帶淡紅色，俗謂之見紅綠絲。身肥皮緊，色白而亮由青轉白亮，在已變白色之後未變黃色之前，口吐絲於葉上，俗謂之沸絲，此時將打裝，尚未打裝。打裝則仰面向上，身子不動，乃熟眠之狀，非將眠之狀。易器之法，眠時不可驚動，宜趁將眠未眠急體一次。蠶屎桑渣，謂之替子，或以網擡過，或即以桑葉提過，此盤之蠶移置彼盤，抽出替子，謂之體刮，亦名起底。昔人云：『蠶變黃光之時，急須體刮。』此說不可從，以黃光一見，蠶即熟眠，眠後體刮，恐不堪其擾也。又云：『將眠之先，一定旺葉三四餐。謂此三四餐食葉最旺也。旺葉之後，必然沸絲。沸絲之後，就要打裝，連忙體刮一番。此說宜善於體會，以體刮應在沸絲之前，不應在沸絲後也。蠶色善變，初起色灰，越二日夜變爲青光，又一日夜變爲白光，漸漸發亮，又一日夜即變黃光。當白光發亮之時，即是將打眠裝之時，不過一箇時辰，必定沸絲。宜白光趁發亮，將沸絲尚未沸絲之際，速速用網擡過，或用新葉提過，體刮一番。若黃光一見，即打眠裝，體刮已屬無及。且蠶眠將起時，全賴此絲扯住腳跟，方能脫去蠶殼。打裝之時，絲已沸盡，至此始行體刮，必將眠腳扯斷，將來起娘之殼必難脫出，此至要關頭也，不可不知。餧葉之法，體刮後必須餧葉，宜加勤，宜漸薄。保護之法，宜煖，宜微明，忌風，忌穢氣，比平時更要謹防。

熟眠　熟眠之時，從下連後算起，至第七八日陝西或第九日或十日，即是頭眠時候，從沸絲算起，一晝夜方能箇箇眠成。蠶不眠則殼不脫，殼不脫則身不長。眠熟之狀，色微黃，頭向上，身子不動，謂之打眠裝。觜縮入不食，謂之結觜。觜縮之後，旋又徐徐吐出，謂之吐觜。直至觜上隱隱有一點尖角紫蔭，方纔吐全，謂之眠娘。眠定時，觜長頭腫而光。保護之法，宜暗，宜溫煖煖則一日夜可脫殼，寒則一日半或二日方能脫殼，宜避風尤忌西北風，西北風一次，便吐觜不出，宜避穢，不可餧葉，不可驚動蠶器。蠶方吐觜，驚動則觜又縮入，若要再吐，則不容易。用礱糠灰篩於蠶身之上或用細石灰篩於蠶身之上，以收潮溼如此則眠娘易於脫殼，置之靜室，以俟其起。

眠未齊　易器之法，未眠之蠶與已眠之蠶不宜併在一處，先一日眠者必先一日起，後一日眠者，必後一日起，若勉強合併，則一器之內有已眠者，有未眠者，覆壓擾亂，甚不相宜。必須篩糠灰於蠶上，布桑葉於灰上，俟未眠者脫灰而出，便可移置他器。餧葉之法，易器後餧葉宜勤，切勿偷嬾，餧至數次，則未眠者亦眠矣。昔人所謂頻飼以督其眠，即指此時而言，若認定眠與未眠差時不久者，儘未眠多處添葉；未眠之蠶皆聞葉往食，多飼以督之，不易器亦可。如眠與未眠太差久者，必須易器。眠定，仍篩糠灰於蠶上，以俟其起。青頭蠶，易器、餧葉之後仍不能眠，俗謂之青頭蠶，養之無益，撿出丟棄可也。蠶雖好，亦不能絕無青頭者，或云頭眠易脫殼，無壞蠶。

頭眠初起　眠起之時，自下連後算至第八九日陝省有十日，或有十一日者。眠者即脫殼而起。以眠後計算，大約一晝夜即起。眠起之狀，眠娘色微黃，觜微闊觜闊方而短，頭皺身毛，衣已盡褪，則起矣，俗謂之起娘衣，皮也，眠一次則觜闊一次，衣寬一次。蓋其觜其衣，皆於眠時潛換也。保護之法，宜微明，宜微煖，宜禁止煎炒。一見起娘，竈上即須禁止煎炒、油腥之氣吹入蠶室，起娘嗅此氣，則登時生病也。不必急於餧葉因其口尚嫩也，且恐有觜已闊而衣未盡脫者，若食葉太早則腹大，而未脫之衣脫不下矣，必待箇箇起齊，方可餧葉。

又　二眠

將眠　將眠之時，頭眠起後，越四晝夜，即是二次將眠時候，亦有因天氣煖和，越三晝夜，即要二眠者。以上葉之次數計之，總不過二十次以內。此指四眠蠶而言，若三眠蠶，頭眠起後，越七日纔二眠。將眠之狀與頭次將眠同。易器之法，餧葉、保護諸法，均與頭次將眠同。

又　大眠

將眠　將眠之時，三眠起後，越四晝夜又將大眠，亦有早至三日者，遲至五日者。以天氣有冷煖，食葉有疾遲也。以上葉之次數計之，大約總在三十次以外。此亦指四眠蠶而言，三眠蠶只眠三次，無大眠。將眠之狀與頭二三次將眠同。易器、餧葉、保護諸法，均與頭二三次將眠同。

熟眠　熟眠之時，從三眠起後算至第五日或第四日、第六日，即是大眠時候。若從下連後算起，大約不過二十一二日內外，便當大眠。將眠之狀與三眠同。保護之法與頭二三眠同。稱蠶之法，眠定後逐一拾出，置於平底盤中不拘方圓竹木，但忌新油、新漆者。盤滿則以秤稱之大眠蠶一觔，老時可得繭二觔，前後食葉約二十五觔，除大眠以前所食不計外，此後尚須食葉二十觔有零，稱時須人多手速。稱準則堆之大曬篇內每觔分作五六堆，堆旁須留餘地，以待其散，用粗絹篩陳石灰於堆上石灰須研細，以不見蠶身爲度，不必過厚，以收其溼氣。再用閘刀將秈稻草截作半寸許與餧牛馬之草料相似，覆於石灰之上，以待其起。此杭州法也。湖州人養蠶，先於三眠眠定之時以秤稱之，如照湖州法，則三眠眠定之時已經稱過，大眠眠定之時不必再稱，只篩石灰於蠶上，以待其起可也。

又 大眠初起 眠起之時，大眠一晝夜後，蠶必脫灰脫草而散。儻天氣寒冷，則其起較遲，有遲至兩三日者，只宜靜候，斷不可促之以火。起娘之狀與頭二三眠起娘同。保護之法與三眠初起同。

大眠起齊 餧葉之法，堆已散盡，無一眠者，便須餧葉。第一日先餧柘葉五六次，再餧桑葉，絲乃韌而有光韌音忍，柔而固也。無柘葉者，專餧桑葉。第二日巳午之閒，以臘月所藏綠豆粉秤桑葉餧一次先攤桑葉於蠶盤內，以新水灑秤，再用細羅篩篩綠豆粉於葉上秤，令極勻。每葉一筐，用水一升，豆粉四兩，可餧蠶五六觔，可解熱毒，且蠶絲堅韌有色，易於抽繅。或用臘月所藏熟米粉秤桑葉餧之亦可。第三日以臘月所製桑葉麪秤桑葉內，閒空餧三五次灑水篩秤，均同和秤豆粉法，比豆粉米粉更好。製桑葉麪、豆粉米粉各法詳蠶食，無麪粉者，專餧桑葉。第四五日，專以桑葉餧之。蠶自大眠之後，食葉愈速，布葉宜愈勤正面反面，皆可不拘。溼葉、露葉、霧葉、黃沙葉、氣水葉，皆可不忌，務須晝夜餧養，食盡卽布，不可稍饑，每一晝夜約餧十餘次。此時多食一口葉，則上山後多吐一口絲。易器之法，莫妙於用蠶網。大眠起齊之後，食葉愈多，桑渣蠶屎較前更易厚，不體則蠶受蒸鬱，臨老多病。此時舊衣纔脫，蠶腳尚嫩，未可抴動，早體則抴動蠶腳，日後絲縷不純。惟以蠶網體之，便可免受蒸鬱，又不抴動蠶腳，且簡便省力。如無蠶網，切勿早體，遇天煖則於起齊後二日體之，遇天寒則於起齊後三日體之，三日之後，須每日體一次。因腳漸蒼老，不妨抴動也。保護之法與頭二三眠起齊後同，但頭二三眠起齊後宜煖，大眠起齊後宜涼耳。以蠶長十分，葉增十分，渣多屎厚，易於發熱也，天時亦煖。須捲起窗外簾薦，開窗下風竇，並翦開窗紙。蠶陡見風日，則驚而生病，須以漸爲之。惟雷電交作，則須密閉窗門，毋令電光射入，或西南風起，或夜氣太冷，亦須放下門窗簾薦。若遇天氣暴熱，則門外置甕，貯以清水，或灑水於門外地上，以透涼氣，天氣平和則不必。白水蠶，起齊後兩三日，見有蠶身獨短，其節高聳，不食葉，而常在葉上往來，腳下有白水者，宜急去，毋使沾染他蠶。

又《附三原桑園蠶婦養蠶簡易法》 夫婦二人，一幼子，夫採桑，婦育蠶，兼乳哺造飯。養蠶三架，頭二眠時，婦尚出門與人做線，聽戲，惟大眠後忙八日，添幫工一二人。每年僅需一月，成繭二百三四十觔，取絲二十觔。其蠶甚齊，一日上簇，二日卽上完，成繭皆堅厚。

【略】 俟蟻上葉時，用鷄翎帶桑渣蠶沙連蟻靠紙挑起，以手揭片子，另放一器，使兩器均勻。三日後，卽日加頓數，餧到頭眠，見眠者有二三箇，於清晨餧葉三頓，早飯後餧葉一頓。蠶上新葉後，用鷄翎管將此四頓溼葉渣，帶蠶揭起一綹，用手輕推成撮，以手撮放他器，溼葉渣帶蟻撮盡。底下乾渣有蠶，再鋪整桑葉，俟蠶上葉提埽過，將乾桑渣蠶沙再倒淨處攤開，上放些整桑葉，如有幾箇未提盡的蠶，卽自上葉，提放一處。自下連至將眠，纔起底一次。將此初次起底乾桑渣收存，至第三眠起齊餧葉時，灑新葉上，謂之投食。大約天煖七八日卽眠，天涼八九日纔眠。每一眠，天煖一日許，天涼二日。眠時不食，歇葉不餧。將眠蠶，頭光腫，背縮小，不食葉，皮緊身，帶黃光。眠定，背吐長。眠起，頭有皺，背寬方，皮鬆，身似毛。未眠食葉之蠶，頭不腫，身不亮，背小圓。十分中有二三分眠，仍照常頓數餧葉，灑葉稍薄。眠已過，半葉止添少半，一日衹餧三四頓。至有一成未眠，卽全不餧。自見眠至眠齊，不過三日。眠齊，歇不過二日，如天煖不過歇一日半皆起。其先起者，仍不餧，若有一半起者，一日先餧一頓。俟二日起齊，一日餧三頓，二日餧五六頓，三日七八頓，以後但見白見蠶不見葉就餧。至將二眠，每日八九頓或十頓。以上認眠餧法，三眠皆同。頭眠起後，切葉如麥桿細。至第三日，切葉一分寬餧至第四日清晨，連餧四頓後，起底分箔，仍以手推溼葉渣，帶蠶浮浮輕揭過。每揭一大片，揭完將底子乾葉渣蠶沙埽倒淨處攤開，以手揀取餘蠶，勿庸以整葉提，至七八日，見有一二眠者，再起底分箔，如第四日法。二眠起後，餧三眠蠶，仍切葉一指寬。至第三日，一起底分箔後，切葉漸寬，餧至六七日，見眠有一二，再起底分箔。三眠起後，桑葉切成大片，至第三日，餧至十二頓，起底，仍先添新葉。俟蠶上葉，以手推捲新葉，帶蠶鬆鬆捲過一邊，將蠶屎葉渣埽去，再攤開，一段一段捲埽後，卽餧整葉，二日一起底，稠卽分箔。此後，食盡就餧，晝夜勤餧。四五日後，卽連枝帶葉餧到七日老，八日上簇。但看脖項三條橫青筋尚有一條，仍須餧一半日，至項下紅亮，青筋全無，尖頭高仰，卽捉在簸箕或篩子，送上簇，不等週身紅亮。初老者少，先用手捉，至項下青筋些微，食不過一二頓，卽以桑條連枝帶葉放蠶箔上。蠶食葉後，均上枝條，看其項下如尚有青筋，卽將桑條一頭提住輕敲，將蠶都抖下再餧。如已無青筋，項下紅亮，卽取桑條帶蠶用簸箕盛放簇上，上過兩行簇，簇上再放樹枝，樹枝上再放穀草，穀草上再放熟蠶，蠶上再撒麥草或亂草。簇料，菜子桿、穀草夾、棉花桿、乾樹條均可用。地下鋪麥草，草上放簇。下子蠶連紙，養蠶時或鋪或苫或放箔子上。上簇時仍放簇上，可避雷電響動，不至驚蠶。至上簇，六日下繭，七日下齊，八日蒸繭，曬乾取絲。蠶繭宜早取絲，若隔年放久，則取絲不成生絲，做線織綢後，練熟則耐久。若生絲過三年，則酙朽。初下連，蟻在臥室小房內，用篩筐餧，餧至頭眠起後，又四五日，須無風天巳午時，遮蓋好，移放蠶室大房内餧。俟篩筐滿，分布蠶盤。再大，分布箔子上蠶架。其大蠶架，卽前篇預設蠶槌做法。又遇天涼時，大蠶室內，用木炭火盆。

又《附醫蠶病諸方》 失眠症 餧至七日，當頭眠而不眠，由於食葉不足，急宜切細桑葉接餧幾頓，蠶自眠矣。

清 陳淳《實驗蠶桑簡要法》上篇《栽桑法》第十一章《收採桑葉之法》 蠶初生時，食葉甚少，只可採芽旁先放之兩葉，謂之底瓣，其色較老，留之亦不甚長。二眠以後，食葉漸多，若底瓣罄，則採瞎眼。瞎眼者，放葉數張，中無嫩芽，留之長亦無多。三眠以後，食葉愈多，尚須辨其老嫩。大眠既起，則桑已長足，乃可剪條。剪條處宜近樹身，不可留嘴角，切口處宜斜向南方爲是。

又 篇下《養蠶法》第三章《調停温度之法》 蟻蠶宜暖，初眠後宜溫，大眠宜清涼，上簇宜極暖。此雖吾國舊法，亦極合蠶之生理，調溫者烏可懵然不知哉。

又 第十九章《止桑之法》 （一）最上乘者，每次給桑，務求勻徧，使全數之蠶食息一律，既不蹈食足者眠早、不足者眠遲之弊，則止桑之期與標準自不甚差異。玆因列春夏蠶止桑標準表於左，以供參攷。

春夏蠶止桑標準表

項目＼齡期	第一齡	第二齡	第三齡	第四齡
春蠶	第六日下九時	第五日下五時	第六日上八時	第七日上九時
夏蠶	第五日下四時	第五日上五時	第五日下一時半	第五日下六時

（二）止桑過早，或食葉未足，雖勉就眠，來齡不能充分發育。或欠葉一口，卽已垂眠，反思食葉而愈難止桑。

（三）如止桑偶遲，䅟厚濕重，最足害蠶，且葉未乾枯，卽有起蠶餇食，逐齡眠起，因此愈不齊矣。

（四）止桑時期，以全座之蠶均昂首安靜，不思食葉爲最適，縱有一二遊行甚慢、身已粗短者，亦不害事也。

（五）止桑前（卽眠除後），須選鮮嫩之葉，剉分寗視標準稍小也可，切忌過大，給葉法較平日尤宜格外精心，勿彼多此寡爲要。

（六）止桑後，宜不時巡視，如有少數之蠶尚須給葉者，可給長條，俟就眠後，檢出其殘葉可也。

清 陳開沚《裨農最要》卷一 蠶既大眠，葉愈加而體愈盛，精神内斂，故宜涼。及其老也，人則閱世既久，血氣雖衰，智慧益出。蠶則食葉既多，形體雖縮，經綸彌滿，其作繭也，如君子没世，人雖不見，功著兩間。而不作繭之蠶，如小人之死，身滅而名俱滅矣。彼徒食粟者，豈獨有愧於人，不亦有愧於蠶哉？余爲是説，欲人以養人之道養蠶，並冀人以爲蠶之道爲人，則謂不專爲養蠶發也，亦可。

又 蠶種

三眠蠶下連後七日初眠，又七日二眠，又七日三眠，又五六日或七八日而老、四眠蠶下連後七日初眠，又四五日二眠，又四五日三眠，又四五日大眠，又或四五日而老，比三眠蠶多一眠。然自下連至老，總計時日，與三眠蠶亦不甚參差、十眠蠶下連後十日初眠，七日二眠，又七日三眠，又七八日而老。自下連至老，總計時日，比三眠蠶多四五日。

又 蠶色

蠶蛋初下色黃，次轉青色，過五六日轉黑色，將出變綠色，又變灰色，變灰色則不日卽出矣。蟻初出色黑，三日後漸變白色，又變青色，復變白色，又變黃色，則頭眠矣。將眠色白，眠定色黃。頭眠起後微黃色，又由黃而白，由白而青，復由青而白，由白而黃，則二眠矣。三眠大眠三眠蠶，三眠卽大眠。四眠蠶，三眠後方大眠，色亦如之。臨老微黃色，已老微紅色。

又 子在連喜極寒，蟻初生喜極煖，眠時喜溫，頭二眠起後喜煖大眠以前若受寒冷，老時必爲殭蠶，不作繭，大眠起後喜涼四眠蠶，三眠後方大眠，則三眠起後仍宜煖，臨老喜漸煖，上山喜極煖。初生喜暗，大時喜明，方眠喜暗，眠起喜明，初上山喜暗，成窠後喜明。

又　禁飼

雨葉大眠以前食之則變褐色，生瀉病，卽或不病，老來必成氣水蠶，不作繭。大眠後，則不甚忌、露葉大眠以前食之生瀉病。至大眠起後，遇天晴無霧，可用帶露葉。因露爲天酒，能補助好蠶，使後來繭絲光澤也。若病蠶食之則輭死、霧葉霧有毒，大眠以前食之，則老來必成白肚蠶，肚子下有白水流出，沾在好蠶身上，好蠶亦死。如遇有霧，須將蠶房門關閉、黃沙葉蠶食之病脹、肥葉桑近糞池，桑甫澆糞，穢氣染葉，蠶食之，其身粗肥，皮膚光亮如油漆，謂之肥青，當眠不眠、熱葉澀而不潤，蠶食之則腹結頭大尾焦、枯葉全無津液，蠶不喜食。食之亦必病、氣水葉積葉過久所致，大眠以前食之，亦生白肚蠶。

又　另選未眠法

蠶若眠齊起齊，自然省功省葉，堅繭多絲。或有眠起不齊者，如純黃之中有由白而向黃者，是與純黃不相遠，頻飼以督之，猶可相及。如已見純黃，又多青白，則與純黃甚遠，飼雖頻，亦不能及。且蠶眠一晝夜，以安靜不擾爲得所。蠶眠，乃脱殼之候也。身硬皮緊，色黃觜縮，不食不動，如人之大病，周身血氣爲之變換，只宜靜睡，不可驚動擾亂。今以青白者尚多，飼而亂之，動而蹂之，則先眠者失所矣。迨青白未眠者變而欲眠，則前之眠者已起，因後者之方眠而停起者之食，起者既不堪其饑如病人新愈，欲漸進食以補血氣，饑則受傷。因前者已起而不停起者之食，眠者又不堪其擾如病人睡眠，驚動擾亂則身心不安，身心不安則病流連難起，多病少絲實由於此古云蠶起不齊絲減少。宜於純黃之中見有青白者，隨卽選去，另置他器，仍頻飼以督其眠。其餘眠者置之靜室，以俟其起，則眠與未眠兩不相妨，每眠俱如此，否則費葉損蠶。

又卷三　俟蟻上葉，用蠶筷子帶葉輕輕夾起，分布他器器內先鋪薦草，後用綿紙蓋好，或篩糠灰於器內，後蓋紙亦可，務要勻薄，再飼三頓初次體去桑渣，謂之香體，須烘曬令乾，以備蠶眠起齊後之用，第五日飼六七頓，較前稍厚。第六日飼三四頓，如前法體刮。體刮以後，摘最旺葉，頻飼以督其眠。七眠、四眠蠶在第六日。十眠蠶，在第八日。第七日，十眠蠶在第九日。飼之宜薄宜頻，視蠶頭帶綠色，尾帶淡紅色，俗謂之見紅綠。身肥皮緊，色白而亮，由青轉白亮，在已變白色之後未變黃色之前。趁此將眠未眠之時，急須體刮一次。黃光一見，蠶卽熟眠。熟眠不可驚動，若加體刮，恐不堪其擾也。體刮之後，宜頻飼薄飼，以齊其眠，必然沸絲口吐絲於葉，俗謂之沸絲。沸絲之後，就要打裝。打裝則仰面向上，身子不動，熟眠之狀。蓋蠶色善變，初起色灰，繼變爲青光，又變爲白光，漸漸發亮，一日夜卽變黃光。當白光發亮之時，卽將眠打裝之時，不過一二箇時辰，必定沸絲。宜趁白光發亮，將沸絲尚未沸絲之際，速速體刮一番。若黃光一見，卽打眠裝，體刮已屬無及。且蠶眠將起時，全賴此絲扯住脚跟，方能脱去蠶殼。打裝之時，絲已沸盡，至此始行體刮，必將眠脚扯斷，將來起娘之殼必難脱出，此至要關頭也，不可不知。此時宜極煖，宜微明，忌風，忌穢，比平時更要謹防。

熟眠

熟眠之時，從下連後算起，至第七日或第八日，十民蠶當在第九日或第十日，如應眠不眠，必過期方眠，是飼的頓數少，或天寒未以火温蠶室，便要少許多絲，切不可大意，後倣此，是頭眠時候，從沸絲算起，一晝夜方能箇箇成眠。蠶不眠則殼不脱，殼不脱則身不長。熟眠之狀，色微黃，頭向上，身子不動，謂之打眠裝。觜縮入不食，謂之結觜。觜縮之後，旋又徐徐吐出，謂之吐觜。直至觜上隱隱有一點尖角紫蔭，方纔吐全，謂之眠娘。此時宜暗，宜温煖煖則一日夜可脱殼，寒則一日半或二日方能脱殼，宜避風尤忌西北風，西北風一吹，便吐觜不出，宜避穢，不可餧葉，不可驚動蠶器。蠶方吐觜，動則觜又縮入，要再吐便不容易。篩糠灰於蠶身之上或用陳石灰篩於蠶身之上。一説頭眠二眠不必篩右灰，惟大眠可篩石灰。若遇陰雨，頭二眠亦可篩，但篩石灰宜在方眠之時。見有新起者，切不可篩石灰，恐傷嫩皮故也，以收潮溼，則眠快而無疾如此則眠娘易於脱殼，置之靜室，以俟其起。每眠脱殼盡起，再篩糠灰於蠶上。

又　頭眠初起

眠起之時，自下連後算至第八日或第九日，十眠蠶當在第十日或第十一日，眠者卽脱殼而起。以眠後計算，大約一晝夜多卽起。眠起之狀，眠娘色微黃，嘴微闊，衣已盡褪，則起矣，俗謂起娘衣，皮也，眠一次則嘴闊一次。蓋其衣其嘴皆於眠時潛换也。宜微明微煖，禁止煎炒一見起娘，竈上卽須禁止煎炒，因油腥之氣吹入蠶室，起娘嗅此氣，則登時生病也，不必急於餧葉因其口尚嫩也，且恐有嘴已闊，而衣未盡脱者，若食葉太早則腹大，而未脱之衣脱不下矣，必待箇箇起齊，方可餧葉。

頭眠起齊

餧葉之法，箇箇起齊，灰下無一眠者起者必脱灰而上。再看桑渣蠶屎之上有絲布滿，則起娘嘴老，便可餧葉。先於室中燒香體一撮，蠶聞此香，便卽思食，此是醒胃之法。香體，卽育蟻所體刮之初次桑渣也，留之正爲此時之用。第一頓，布葉宜薄而匀。眠時，器内篩有糠灰，起後，蠶器乾燥，所布之葉易枯，枯則蠶不能食，故布葉宜薄而匀。又眠起，布葉勿擲，擲則蠶驚。俟食去三分之二，卽再布一次，比第一頓更薄。凡蠶眠初起，與食不可太多，多則傷食病死。故飼蠶逐日頓數宜記清，後倣此。第三頓如第一頓，第二三日，飼四五頓，以後蠶漸大，葉宜漸厚。第四五日，飼六七頓頭眠起齊之後，二眠之前，中間三四日，最爲要緊。此三四日，設有小病，到老必無收成。第一不可受餓，夜間切勿貪睡，子刻宜飼一次。第六日，飼之宜薄宜頻。古語『蠶催三眠』，謂三眠俱有催時，非謂至三眠而始催也。頭二眠催者，催其眠也。三眠後催者，催其老也。易器之法，隔一日體一次。蠶眠起後，食葉漸多，桑渣蠶屎較前易厚，如天氣寒，隔兩日亦可。

二眠

頭眠起後越七日，即是二眠時候。亦有因天氣煖和，飼葉勤勻，越六日便要二眠者十眠蠶惟頭眠與大眠後老，比七眠蠶各多兩日，二眠大眠與七眠相似。四眠蠶，頭眠起後越四日即要二眠，如天煖飼勤，越三日即要二眠。其體刮、催眠、保護、眠狀俱與頭眠同。俟其眠定，篩糠灰於蠶上，以俟其起。眠未齊，篩灰後，以整葉剪數下布之，未眠者脱灰而出。有在葉下食葉者，不過遲眠數刻，只須餧葉，以俟其眠，不必移置他器。有在葉上食葉者，以手輕輕帶葉提置他器，仍頻飼以督其眠。及至眠定，仍篩糠灰於蠶上，以收溼氣，而俟其起。此時有青頭蠶蠶色甚青，皮上如有油，不食葉，而在葉上掉頭不住，似有所苦者，此終不能眠，眠亦無用之蠶，急宜選出，另飼劣葉。

二眠起齊

必待箇箇起齊，方可餧葉。餧葉之法、加葉次第、催眠時候，俱與頭眠起齊同。蠶至此食葉漸多，布葉亦漸厚。是時，不可使蠶受飢蠶在二眠內，擡起頭來就餓也，夜間亦必看餧，尤須斟酌寒煖，進退火盆，禁忌一切臭穢，時時留心保護。此數日內，若有些小受病，遂爲後日之累，不可不知。體刮之法，天氣煖則一日體一次，天氣寒則隔一日體一次。所易之器，紙下不必如前襯灰。

大眠

將眠之時，二眠起後越七日，即是大眠時候。四眠蠶，二眠起後越三四日，三眠，一晝夜多即起。三眠起後，越三四日方大眠。頭眠前，大眠後，與七眠蠶相近，惟中間較七眠蠶多一。三眠以時日計之，亦大略相近。催眠、保護、眠狀，俱與頭二眠同。但頭二眠嘴上隱隱有尖角，大眠嘴上明明有尖角。用羅篩篩陳石灰於蠶上，以收溼氣。或再截稻草半寸長如餧馬之草料相似，覆於蠶身以不見蠶爲度，以俟其起。如天氣溫和，不用草覆亦可。蠶眠未齊，蠶上不必篩糠灰，只用整張大葉勻鋪其上。以葉之光面向上。其已眠者，伏葉下不動，未眠者，必上葉就食。接連鋪葉數次葉上蠶多，即再鋪葉，不必俟其食盡，未眠者與已眠者，已隱隱隔數層桑葉。將葉捲起，則未眠者盡在葉間，隨即鋪他器中，仍餧整張大葉，以督其眠。至眠定，仍以灰草覆蠶上，以俟其起。

大眠起

大眠一晝夜，蠶必脱草灰而起，倘遇天氣寒冷，則其起較遲，甚有遲至兩三日者，只宜靜候，不可促之以火。大眠起齊後宜涼，若纔眠，遇天氣太冷，宜稍以火，微溫，便易於起，但不可太熱而促之使起，致後來成熱病也。至蠶起七八分，便須餧葉若俟箇箇起齊，嘴老餧葉，則臨期一時齊老，必至捉蠶不及也，第一日薄餧三次，頭頓布葉宜露白，二頓比頭頓稍薄，三頓如頭頓第一日食如不減，則蠶至老食慢，亦宜露白。眠起一二日，有亂遊及食畢即昂頭者，是爲懶蠶。又有通體青白，其頭獨亮者，是亮頭蠶。日後俱不能作繭，宜揀出，另飼劣葉。第二日早飼一頓，至辰巳之間，覆蠶網於蠶上，以臘月所藏綠豆粉，拌桑葉餧一次，可解熱毒先以盤盛葉，用新水灑拌，後用細羅篩篩綠豆粉於葉上，拌令極勻布飼，且絲堅韌有色，易於抽繅，間飼純葉一頓。又用臘月所藏熟米粉拌桑葉餧之，此時方擡網，後飼純葉數頓。第三日辰巳時，以臘月所製桑葉麪拌桑葉內如前灑水篩拌，比豆粉、米粉更好。如大眠後葉少，間飼四五頓不妨，葉足者，不必多用。蠶食畢，又取新汲水噴葉令微溼，如細雨之狀噴時用水漱口，再飼一頓。不用拌麪了，蓋已往用火，今復用水，取其陽不離陰，水火成功之意也。但飼水葉時，須天氣晴明，若陰雨不宜，俟次日晴明，再如法飼之。第四日，專以純葉飼之。蠶至此時，食葉愈多，布葉宜愈勤俗云小食三日，指此前三日言也，大食三日，指此後三日言也，正面反面，皆不可拘，溼葉、露葉、霧葉、水氣葉、黃沙等葉，皆可不忌。惟桑葚染烏葉宜選去，否則蠶食中毒，身烏而死。務要晝夜換人輪飼，食畢即布，露白即補，不論頓數，使蠶無住口。要緊全在此三四日，飼得頓數多者，早老得絲多。飼得頓數少者，遲老得絲少。此時多飼一口葉，則上山多吐一口絲。俗云催老蠶，謂蠶必待催，乃易老也。大約蠶自下連至二十五六七日老者爲上，收絲十分；三十日老者爲中，減絲二分；三十日以後老者爲下，減絲四分。十眠蠶加四日算。易器之法，莫妙於用蠶網。大眠起後，食葉愈多，桑渣蠶屎較前更易厚，不體則蠶受蒸鬱，臨老多病。此時舊皮纔脱，蠶脚尚嫩，未可搓動，早體則搓動蠶脚，日後絲縷不純。惟以蠶網體之，既可免鬱蒸之患，又不搓動蠶脚，且簡便省力。如無蠶網，切勿早體，遇天煖則於起齊後二日體之，遇天寒則於起齊後三日體之。三日之後，須每日體一次。因蠶腳蒼老，掽動無妨也。頭二眠宜煖四眠蠶，三眠亦宜煖，大眠起齊後宜涼，須捲起窗外簾薦，開窗下風竇，並剪開窗紙。蠶驟見風日則驚而生病，須以漸爲之。惟雷電交作，則宜密閉窗門，毋令電光射入，或西北風起，或夜氣太冷，須放下門窗簾薦。若遇天氣暴熱，則門外置甕，貯以淸水，并灑水於門外地上，使透涼氣，天氣平和則不必。白水蠶，起齊後兩三日見有蠶身獨短，其節高聳，不食葉而常在葉上往來，腳下有白水者，宜卽棄之，勿使沾染好蠶沾染好蠶，好蠶亦壞。

清　陳啟沅《蠶桑譜》卷一　以薄刀切至如毛髮之幼，使蠶仔舐其膠，初非食其葉也。約數日或至十日，始得蛾眠眠次遲早，與正造有差數天，何謂之蛾眠，詳養蠶法篇，繼而二眠，而三眠，而大眠，約相隔十日，而得一眠。大眠起後，亦約十一二日而成熟矣。用桑之粗幼，視蠶之漸大，而切桑亦漸粗。大眠起一個對時，則不用切桑矣。練種之例必要過四十日而成熟者爲合度，若過五十五日而後成熟者，又反爲不佳，故有曰不合時宜。是故要飼之得法耳。

又　當其臨眠之時，身要短束，眾蠶爭聚窩心，或十數成團，百數成團，頭尾相襯。又有三二条踏起而眠者，名曰騎馬眠。在下之蠶固有力，在上之蠶更有力，方能如是之眠也。此皆蠶之好者，卽二眠三眠大眠亦同是觀耳。獨二眠則隔兩日便眠，色水畧好些，故名曰水眠。三眠則隔三日而入眠。凡養蠶在此眠而定去留，蓋因自初出至此時，謹飼九日，以壹幅蠶紙，計用蛾八兩，而食桑至是時亦不過三百五十斤。此時倒之，虧銀有限。若待大眠而定去留，則多食百餘斤，未免虧本畧多矣。自大眠起而至成熟，連蠶卽輪月蠶則五天，大蠶卽大造蠶則六天，約計所食之桑，每蛾一兩，約食桑兩担餘，好蠶可得絲斤半有多，次蠶略無定式，好醜固有分別，仍視成熟之時天氣如何，蠶絲之霉爛否，方有把握。

又　卷二　二造宜忌篇

二造連蠶，出於立夏後十日者爲正造，遲早十日八日者有之，但不及正造繭之好也，何則？蓋因遲者桑老則膠散，早者桑嫩則膠希之故耳。眠次飼法，與頭造大同而小異。落桑足用者，可使十七日成熟，遲者亦十九日耳。若至二十日始見成熟，其絲繭必薄，皆因夜桑不足，有饑飽不齊之故。總宜十八日成熟爲合法，忌北風，忌食濕桑，忌破晝雨。蠶當眠起之時，必等齊起至八九成，然後方可落桑飼之，使其下次眠亦齊。眠齊起之要，但酷暑無風，忽遇破晝雨，暑氣太烈，人尚不堪，何況蟲蟻乎？前章已有掣風御雨之要，況是造成熟多於五月初左右，倘五月初一日下雨，或五月初五日下雨，俗人謂之灰水雨。若是日成熟，雖微雨亦當用炭火以散之，可保霉絲之患也。是造繭必細而薄，因桑嫩而無膠，俱二毫一二壳居多耳，埋爐炕繭同前。

三造宜忌篇

三造連蠶，出於夏至前後爲正造，其成熟略早於二造半天，食桑多有横枝，桑葉略老於二造，其桑膠亦勝於二造。故好蠶者，結繭竟有三毫五六壹個，然亦要夜桑足用，無饑飽之患，方能齊美。是造天氣略熱，最忌晝雨時行。蠶可瓦面上宜蓋葵蓬以隔暑氣。蠶架之頂，用大窩遮多一層，蠶細時尚可無用，若大眠起兩三個對時，正遇酷暑無風，固宜隔以篷窩并宜蠶房通氣，陰涼則無白症之虞，掣風御雨，遇造皆然，無容贅述。蠶當大食之時，或連天大雨，無一刻之晴。閒時貯備乾淨牙灰三五籮，以泮乾桑葉，然要去淨牙灰，方可飼之。既無受濕之患，亦無火氣之虞，其成熟必在小暑之後，大暑之前，狂風冒雨，在所不免。蠶熟時若遇陰淋大雨，必照前所言炕箔之法，使該蠶箔乾爽，然後捉蠶上箔，萬無一失。是造蠅口必多，蠶熟來夜四五鼓後，蠶絲吐盡之時，蟲必退壳成夢。天氣略熱，三點鐘後，卽要炕繭，若待至天明，蠅蟲盡出，破繭必多，故不待其成夢而炕之也。埋爐炕繭同前法。

四造宜忌篇

四造連蠶，出於大暑後數天爲正造，其成熟在立秋左右。當造之時，桑枝恰得壯大，而桑葉亦長足之時，故是造蠶繭必厚，而結纅絲成數亦高。是造蠶繭如杬形而長，蠶之身亦堅而長且有力。當其大眠起兩三對時，捉起放在人掌心，側眼觀之，其八足高豎，而身肚不墮於掌心。若別造八足，斷難豎立，此堅壯之徵驗。凡留下年作種，故以此造連蠶爲正收也。是造宜忌與三造略同。但此造大蠅更旺，掣蠅更要得法。因是造之蠅翼軟而無聲，俗人謂曰『啞蠅』。況是造天氣酷熱，大眠起後，蠶氣亦旺，若不開帳，恐受暑氣不過，必出白症。更或熱太過，竟有死於篙底者。若開帳松氣，則又受大蠅所傷，萬難兩全。故養蠶家待至大眠起後兩天，然後開帳，使蠶雖已受蠅寄生，亦不至重傷，無繭結之槳也。

又　若其蠶初出至蛾眠之候，當採桑時，可先晚用水酒濕桑葉，待來朝摘桑之前半点鐘，再以淨水灑濕桑葉，候其乾透，即採而飼之，其蠶仔必好肉好色。若二三眠遇此天氣，照前灑水，候至乾八九成，即要摘桑。摘完回家時，其桑必乾透，即飼之亦佳。如大眠起一個對時即一日也，仍照前法。若大眠起一日之外，至第三日，則不用灑水於桑樹。無論早夜，摘了桑回家，將淨水灑於桑葉，不用候乾，即帶水飼之。又不宜太濕，總宜微濕有潤氣爲上，即濕些亦無碍，爲至大眠起。第四日，用桑仍灑微水，而必要乾九幾，方可飼之，不可太濕爲要。將來成熟，繭必厚，出絲必滑，此第一要法也。若桑色不烏老，無北風又忌灑水矣。蠶成熟時，忌北風，房舍宜暖，晚上埋爐宜密，若疏風，則爛口必矣。又喜太陽晒之，若北風緊，宜用魚箔遮至花籃日影，便全美矣。

清 費烈傳口述《寧郡蠶桑要言》

頭眠

烏毛至五六日後，皆舉頭不食，見頭上有一點紅者，是正欲眠之時。即將蠶替反面拍開，上用黑糠灰薄蓋之，收其潮濕，以小蠶入糠灰內，暖則易眠。迨其眠起，名曰起孃，桑葉必須待其起齊，養其嘴老，然後飼之，使二眠無參差之别。時常宜暖不宜寒，若天過冷，傍可用火盆。

二眠

又五六日，蠶將二眠，再用紙舖好，須將賸葉并蠶沙棄之，再用黑糠灰薄蓋之，亦取暖則易眠。待起齊嘴老，方可飼葉，時常宜暖不宜寒。

三眠名出火

養三眠蠶，如二眠一式，眠後即爲出火，將蠶合而秤之。若蠶一觔，至大眠後，必得四觔。

大眠

至大眠時，將蠶合而秤之。每蠶一觔，計桑葉食至上山，約二十觔之則。蠶舉頭欲眠之時，將蠶移置空簾紙上，待其尾與紙粘住，用石灰篩而蓋之，宜薄不宜厚，待其起後，宜涼不宜熱。又必須待其起齊嘴老，方可飼葉。若不齊，則上山參差不一矣。放食兩日後，可以落地養之。但地上要鋪稻草，不可太厚，若厚，恐傷熱。四邊另用石灰或糠灰撒之，以防别蟲傷蠶。

上山

自大眠三四日後，預將稻草截去兩頭，取中約留尺餘，中用草束之，以備蠶上山之用。

又 蠶病

頭二三眠，蠶病從寒冷潮濕生，時宜和暖淨燥。大眠後，蠶病從發熱蒸壓而生，時宜清涼。

清 福州試辦蠶桑公學《飼蠶淺説》

停食

蠶眠未盡起，不可即給葉，須待起齊，始行給葉，方免參差。計蠶自起後，可以停食二十四點鐘至三十點鐘，毫無妨害。惟既經給葉，則不可再停。

清 關維震《養蠶法》第五章《飼育》 就眠時之注意 蠶自止桑後，以其腹足附著他物，口吐粗絲，纏其後部，高揚其前部，不食不動，有似乎眠，故謂之就眠。其實係分泌其新皮，脱去其舊皮。此時最易受温溼之變動，及其他外界之感觸，宜注意各項如後：

是時室內温度宜稍降，蓋温度過高，乾燥太甚，蠶之脱皮必困難，故就眠時温度宜較食桑時低二三度。食桑時如在七十一二度，就眠時宜降至六十八九度。

蠶就眠時，溼度以八十度內外爲適宜，蓋新舊皮層，必滑潤方易脱去。過燥則水分蒸發，皮層必不能潤滑。遇天氣乾燥之時，宜將就眠蠶簾移至蠶架下級，并鋪溼蓆，使稍溼潤，惟過溼則皮層黏合，亦復不易脱離，且多生膿蠶。遇過溼時，宜稍用火補温，或用生石灰等吸收溼氣之物，撒布室內。

就眠時，室內宜避風激動，蓋蠶體觸風，新皮層組織即慢，且舊皮層甫脱出時，蠶因風動，驚縮其軀，新氣門爲舊皮層所掩，必致礙其呼吸，更形困憊。

蠶之每齡就眠，長短不同，大率頭眠需二十八小時，二眠三十小時，三眠三十二小時，四眠四十小時。眠時過長則易致疲勞，過短則新皮層發育不充分，皆有害健全。蓋温高溼寡，眠時必短，反是則長，宜悉心斟酌，調節得宜。

蠶之強弱，就眠時亦可鑑別。就眠過遲，十有九病，其餘體色發青俗名青娘，身體細小俗名細身，頭部膨大發光澤者俗名和尚頭，皆宜檢出棄去。

眠起後之注意 眠起後第一回之給桑，於將來之強弱及發育之齊否，關係甚重。宜在適當之時間，給與適當之桑葉，應注意之事如後：

給桑不可過於遲早。過早則已起者爭食，未起者不能食，必有不齊之弊。

過遲則先起者忍飢受餓，又有虚弱之患。宜察視已眠起者居大多數爲準，且於脱皮後，經過六時以外二十四時以内再行給桑，最爲適當。

眠起後第一次給桑，量不可過多。蠶甫眠起，食慾極旺，如渴者就飲，飢者就食，但甫經蜕竣，消化器甚弱，故不可驟然多食。如應給十兩，第一次衹可八兩，桑葉并宜新鮮，二次以後，方可充分給與。

清　江國璋《教種山蠶譜·教種山蠶十一則》　初出頭紅而身黑，有香簽粗。越七日，坐頭眠變青黄色。前後四眠，易一眠自食，其脱去之殼，值眠時切勿動之。平時周歷巡視，葉盡則剪移他樹，毋使斷缺。四眠後，再十日，則結繭矣。此十日中，每蠶一日夜盡五葉，更宜加意飼養。

清　佚名《書汀漳龍道申報蠶務詳文後》《皇朝經世文四編》卷二三　大眠後接食家桑百數十斤，僅得繭二十八斤，繅出淨絲二斤十四兩，此非由於鹹種之不佳，實以土宜之有所區別。觀於甯紹等處，養蠶之家悉用鹹種，若用淡種，卽不能出；卽出，亦無力易病。是卽可知地氣之有不同，今姑無論種之鹹淡。

清　許鵬翊《柳蠶新編》卷下　謹按，蠶之眠起，本無一定日期。天氣陰雨之時，往往六七日始眠，三四日方起。天氣晴爽之時，四五日卽眠，一二日卽起。此言六七日一眠一起者，酌其中以言之耳。

蠶眠時，不食不動，亦不可移起。眠後，食葉甚多，晝夜不息。若葉少食缺，蠶身生黑點黑紋，一經烈日暴曬，卽多倒斃。故視葉將盡，須速移置他樹，免蠶受病。

清　許鵬翊《橡蠶新編》　老眠起後，食葉十數日卽不食葉，乃倒掛其身二三日，控淨内砂，則滿腹皆絲，卽將作繭矣，名為控砂。

清　黄世本《蠶桑簡明輯説·養蠶説》　論遲早二條　蠶貴齊，子齊，收齊，開葉齊，眠齊，起齊，飼葉齊，如此方能上山齊。上山宜到合好時，不可太早，早則食葉未足，不能上山作繭，卽熟而未透，亦必一二日後方能上山，謂之停山，作繭必薄。亦不宜太遲，遲則絲先吐去，不特作繭多薄，且彼此糾結，布散不開。

又　育蠶必先量葉，量葉必先秤蠶，方有把握。小蠶初出，連蠶秤紙，記明分量。收下後，再秤空紙，便知小蠶分兩，明日再收再秤。每小蠶一兩，食净葉約二十担，可得絲一斤。四眠謂之大眠，每蠶一斤，除以前食葉不算外，以後再食二十餘斤，約可收繭二斤。每繭一斤，多則繅絲二兩，少則一兩二三錢，多寡不齊，大約總以十分繅一爲常，而食葉之多寡，亦可預定矣。

又　論初眠至大眠六條

一、易器後兩三日，有色微白，嘴上隱隱有尖角，而不復食葉者，此初眠也。眠未齊時，仍照常飼葉，俟大勢已齊，照前法篩糠灰於其上，而飼以葉，則未眠之蠶，皆脱灰而上。以蠶篘輕輕箝之，另置他器，此未眠者也，更飼葉數次，則亦眠矣。再用前法，箝其不眠者而棄之。其眠者以蠶篘輕輕撥之使鬆，更篩糠灰一次，置之静處，以俟其起。

一、蠶之眠者，隔一日視之，而其色微黄，其嘴微潤則起矣。然不宜急於飼葉，必視其灰下無一眠者，方可飼葉。飼葉一兩次，便須以前法易器。眠一次則嘴潤一次，衣寬一次，衣即皮也。蓋其嘴其衣，皆於眠時潛换，飼葉太早，恐嘴已潤而衣未盡脱者亦食之，食之則腹大，而未脱之衣脱不下矣。此時食葉漸多，桑渣蠶砂亦較前易厚，隔一日便須易器。

一、初眠起後，隔四五日，計飼葉二十七八次，色又微白，嘴上又隱隱有尖角而不復食葉，則二眠矣。所用之法與初眠同。二眠起後，桑渣蠶砂更較前易厚，須一日一易器。三眠起後同

一、二眠起後，越四五日，計飼葉二十七八次，色益白，嘴上明明有尖角而不復食葉，則三眠矣。照前次篩糠灰於其上，而再飼以葉，俟未眠之蠶，脱灰而上，輕輕箝之此時蠶身已大，拈之以手，不必更用蠶篘矣，另置他器。此次所拈後之未眠蠶，其在葉下食葉者，不過遲眠數刻而已，須飼葉以俟其眠。

一、三眠起後，食葉較速，宜晝夜飼葉，食盡即飼，晝時約可六七次，天冷則食葉稍慢，約只飼得四五次。黄昏時飼葉一次，宜略厚，三更後再飼葉一次，宜略厚此兩次必加厚者，夜間飼葉，斷不能如晝時之勤也，如是四日，則大眠矣。自三眠起後至大眠，有早至三日者，有遲至五日者，天氣有冷煖，而食葉有疾徐也。以飼葉之數計之，大約總在三十次外。

一、大眠狀與初二三眠同，而所用之法則大不同。眠未齊時，仍照常飼葉，大勢已齊，以整張大葉勻舖其上。不用糠灰矣。其眠者伏葉下不動，未眠者必上葉就食，連舖數次葉上蠶多即舖，不必俟其食盡，則未眠與眠者已隔葉數層。然後拾將葉捲起，則未眠者盡在桑葉間隨即舖勻他器中，而其下則皆眠者矣。

其眠者置平底盤不拘方圓竹木，但忌新油、新添者中，盤滿則以秤稱之爲此後桑葉計也。大眠五斤，除前所食不算外，尚須食葉百餘斤，稱准則堆之晒匾中每斤分作五六堆，堆旁須留餘地，以待其散，用粗絹篩篩研細陳石灰於堆上，以收其濕。再以秈稻草用閘刀截作半寸許者覆之以不見蠶身爲度，不必過厚。一晝夜後，其起者必脫灰脫草而散，天寒則較遲，只宜靜候，斷不可欲速而促之以火。

蠶倉二條

大眠將起，必俟蠶堆散盡無一眠者，乃可飼葉。是時蠶身強壯，食葉益多，難於起底。少則仍置筐中，逐日勻開；多則於開口一二日，將蠶山把閘下柴稍就地舖平，天煖攤薄，天寒宜厚，以不露地面爲度，將蠶勻佈，謂之地蠶。

清 黄壽昌《蠶桑須知·養蠶各則》

稱蠶

知蠶之分兩，則桑葉可以預計。凢初收烏，以戥子洋錢戥戥準，每烏一錢，照上等蠶論之，可得出火三眠謂之出火貳斤至大眠四眠也時可得八斤。如大眠至老無病，統收烏時計之，約喫葉壹担半以壹百斤為壹担，是為上上蠶花蠶花者，蠶色也，次者不等。

又 頭眠可切粗些，二眠後，可將葉扯碎飼之。三眠後，可用原葉片。大眠後，則可帶青條而與之。出火前大忌濕葉，大眠後又惡燥葉，燥則以水灑葉，俟稍乾而飼。每日飼葉，大眠以前約三四次，大眠以後約五六次。俱要鋪得極勻。

又 替蠶

近眠時，已見搶娘即眠頭，較衆蠶搶先眠者，俗謂之搶娘頭，須急替一次每眠皆同，使其疏爽，則眠頭蠶眠，謂之眠頭可齊。搶娘頭，須先檢出，換放另簿，其餘之蠶，約食葉三四次，即可眠齊矣。此就眠之佳者言之，若次，則竟有眠至二三日而未齊者。總之，每眠一次，約替蠶兩次已可，頭眠為日較長，或多替一次亦佳。

蠶眠 頭眠

蠶自初生至頭眠約五六日，多至七日天時之寒暖為之也為率。俗有以火助之將火盆置在蠶簿之下，蠶得暖氣，則三日三夜人工為之也，即可見眠頭，謂之趕頭眠。然非其所宜，恐火氣傷蠶，致後多患病，不若順其自然為妥。二眠 自頭眠開葉至二眠，為時較速，約隔三日三夜可見眠頭。出火三眠也。養蠶之家，往往以火助暖，欲其速眠。至三眠時，不宜用火，故謂之出火。若天時過冷，亦有以火相助者。自三眠開葉至出火，約亦三日三夜見眠頭。大眠四眠也出火開葉至大眠，約亦三日三夜見眠頭。考古昔育蠶，類多三眠蚕種，故書籍中恒以三眠三起為詞。若近代，則以四眠種為尚，以繭性堅厚，出絲分兩較多也。凢蚕眠後，即替出替法已詳前條換放他簿，每眠皆然。蠶大則用手捉之，故出火謂之捉出火，大眠謂之捉大眠。凢眠頭，或替或捉，皆宜小心。若觸傷蚕嘴，嘴上衣不能脫，俗謂之多嘴娘，不能食葉，隔數日即死。倘乘其口嫩之時，用手輕輕剥去其衣，亦可無礙。又眠時，須用石灰或龍糠灰一名班糠灰，台屬無此灰，專用石灰可也，灑在蠶身之上，取其乾燥，則卸衣脫去蠶衣一重也較易。又出火及大眠時，以石灰，再用稻草殼須預為晒燥，或菜子莢，斷作寸許，同灑蠶上，一取乾燥，一取蠶有憑依，則卸衣容易也。蠶至大眠無病，能一晝夜時，盡皆眠齊者，已有大半功程。故俗每以大眠之齊與不齊，卜蠶花之旺與不旺。若至二三日，而眠猶未齊者，勢必不佳矣。大眠時，大忌受風，西北風為尤忌。若一受風，則嘴必縮緊而難吐，須不觸動，以待其徐吐，方可無礙。又大眠時，即不受風，但聞風聲，蠶即遲遲不肯齊眠，易致患病。二三眠時，亦非所宜。故多風之年，蠶花往往減色。

清 江毓昌《桑蠶説·養蠶説》 眠時喜温，眠後喜煖，大眠起後喜涼，臨老喜漸煖，上山喜極煖。

又 色變黄，添葉時不上葉，就是頭眠。宜暗，宜温，忌風，忌穢。把葉上的蠶未眠的提出，另放他盤。已眠的不必餧葉，薄薄篩糠灰一層在蠶身上，放在静處不可驚動候起。起時色微黄，嘴微潤宜微明，微煖，切忌油烟子，不要急餧餧早了不搶食，下囬眠又不齊，二三大眠都是一様，等到個個起齊宜煖，宜明，忌風，忌穢，再一齊餧葉，喫到三分之二，再添葉一回，以後隨完隨添不可太厚，又不可餓著，二眠三眠大眠若是三眠蠶，二眠後就是大眠，都是這一様。到大眠起齊宜漸涼，須把紙窻捲起透風，若遇西南風及雷電，或夜氣太冷，還要把捲窻放下，第一天先餧柘葉五六回無柘葉桑葉亦可，再餧桑葉若先餧桑葉，便不喫柘葉，第二天巳午時，每葉一筐，用新净水一升灑拌，再用細羅篩篩緑豆粉四兩頭年臘八日，用新水泡緑豆，晒乾，磨粉聽用，在葉上拌勻，餧一回解熱毒，第三天用桑葉粉頭年桑葉要落未落時採下，晒乾，磨粉聽用，蠶喫不完，餧牛羊極肥拌葉，間空餧三五回。此時喫葉極快，添葉更要勤，多喫一口葉，將來多吐一口絲，千萬不可貪懶貪睡。大眠初起，須第二天體刮，天冷第三天體刮若有繩網，還是一天一回，以後必須一天體刮一回。又剛眠時，有青色蠶皮內像有油，始終不眠。名叫青頭，每回都有。大眠起齊，有蠶身獨短，節獨高，遊走不喫葉，脚下有白水名叫白水蠶，能沾染好蠶。每回體刮，有總不肯長的小蠶，都是病蠶，赶緊捉出不要。

清 江志伊輯《飼蠶法》 第二日飼至三十頓，葉微加厚，第三日飼至二十餘頓，葉又稍加厚，室中宜極煖極暗凡蟻初生宜暗，眠時宜暗，將眠及眠起宜微明，向食時宜明。三日後黑者漸變白，則向食，葉宜少加；變青則正食，葉宜益加；復變白則慢食，葉宜少減；變黃則短食，葉宜愈減；純黃則停食，謂之正眠。眠起自黃而白，自白而青，自青復白，自白而黃，又一眠矣。每眠須如此候之，以加減食葉。蠶食葉之疾徐，不盡關乎冷煖。初起必不甚疾，將眠將老亦不甚疾，最疾者中間二三日耳，此時上葉宜勤。二眠三眠起後，餇食飼葉，尤不宜緩，蓋初次受餓，則二次當眠不眠，俗名青蠶。二三眠受餓，病見於大眠。大眠受餓，則起後雖食葉，而頭漸空，俗名亮頭，棄物也。大抵頭眠起，一復時可六頓，次日可漸加。中眠起，頭頓宜薄，一復時可四頓，次日亦漸加。大眠起，一復時可三頓，第一頓宜薄，但可覆白第二頓比前又薄，不覆白矣第三頓如第一頓。亦覆白也。此三頓食如不短，則其蠶至老食慢。次日可漸加葉。正食時，每飼後可挾葉筐繞槌巡之，但見箔上葉有斑黎處，即摻葉補合。此時缺一分葉，即缺一分絲。不補合斑黎，則後來多薄繭。至第七八頓食後，於巳午時間，將葉略切攤箔上，灑新水拌勻。待少時取臘月所製成之菉豆粉，以水浸菉豆，微生芽，曬乾磨粉。或用白米蒸熟作粉亦可。以細羅篩篩其上拌勻。每葉一筐，用新水一升，粉四兩。葉一筐，可飼蠶一箔，每箔飼一頓，可解熱毒，絲多易繰，且堅韌有澤。如葉少者，可將去秋所收桑葉搗爲末，如前法灑新水拌勻，大眠後，間飼三五頓，如蠶食葉二筐，拌此止用一筐，可省葉一半也。則蠶體充實繭厚，而絲韌也。

又 **眠起** 蠶結嘴停食曰眠，蜕膚向食曰起，時寒則遲，時溫則早，此天爲之也。冷育則遲，熱育則早，食慢則遲，食緊則早，此人爲之也。已眠者爲眠頭俗謂頭眠，頭頂珠，二眠蠶拖口，然猶不足憑，惟視蠶身放白而長大，旺葉以後，漸漸色黃，收身褪葉，嘴尖有黑殼，則眠之候也。凡眠頭身體堅實，向明照之，色深綠者，無病；疲軟紅黃者，有病。捉眠頭時葉緣乾燥，沙矢堅結者，無病；葉緣潮潤，沙矢汙手者，有病。起孃初蜕，昂首張尾，色如羊脂者，無病；頭垂尾歛，身黃如陳倉米者，曰著黃衫，飼葉則尾流清水矣。飼火蠶，用新白紙一方置筐中，起齊時紙上無一點汙穢水迹者，無病；有迹爲傷火之徵，棄之可也。已起者爲起孃自眠而起約一周時，暖則較速，欲其速起，須用抄緣法，於廊檐外架竹木作棚，上覆蘆簾，外護草薦，太陽洞照，移蠶筐其下，頻頻翻動，蠶緣謂之抄緣，蠶乘暖氣，半日即起矣。先起者名搶火孃，悉雄蠶緣，須用箸分開，使起孃在下者得乘鬆而上。眠起初食曰餇食眠後看緣上有白絲，如縣，曰楊花緣。或看其嘴上，始白漸黃，終至稍黑，然後可以餇食，總以眠頭盡起爲度。如起孃不甚齊，不妨稍遲以俟，俗謂之熬。眠一次則嘴闊一次，衣寬一次，布葉太早，恐衣未盡脱者亦食之，則腹大而衣不下也。將眠，葉不可多采，眠則摘置他器，曰捉眠頭。頭二眠蠶不能捉，但去沙屑，謂之替。凡蠶之眠，皆先吐絲著緣，以纏其足，謂之做緣，須停火停葉，火不停則傷蠶；葉不停則已做緣者復上葉而重做。移放帷中，勿使風襲，風吹則嘴頻縮而難吐，西北風尤忌，並忌穢氣。又不可撞動蠶筐。撞之則嘴亦縮。初候之，伸嘴向上，挺身不動，謂之打眠樁，再候之，則吐珠矣。嘴上伸一紫色圓點，如綴珠然，謂之吐珠。蠶至吐珠爲眠成。取空筐勻糝糠灰，以眠頭帶緣鬆布其中，謂之派緣。用手宜輕，勿觸傷蠶嘴，緣中沙矢，必盡去之。復厚糝糠灰一層，安頓淨軟處，謂之種眠。令蠶緣乾燥，眠亦易起。不眠者曰青條，一曰食孃謂猶食葉也。定緣謂均眠也後，糝襲糠灰於面上，必用糠灰者，取出爽也。其灰以秈稻糠置瓦盆中燒之，盆上不宜用蓋，使烟氣出盡。用葉剪開，貼緣上，其青自來，謂之引青，捉移他箔。其眠於緣下者曰老底。在面上者雖非青蠶，然收成終不如老底之豐。春蠶多四眠，餘皆三眠，蠶眠如人大病。不食不動，其形如睡，故謂之眠，其實爲艱危之候。蓋自蟻至老，加大二百倍，勢非换皮不可。其不食者，因身大皮滿，不能容葉，其不動者，因皮漲身硬，欲行不得，故曰如人之大病也。必一晝夜，靜安不擾，則眠爲得所。如青白尚多，飼而亂之，動而蹂之，則眠而失其所矣。比青白者變黃而向眠，則前者已過眠而起，欲得少食以接氣力，而後者方眠不便投葉，勢令先起者困餓以待，多病少絲，端由於此。《蠶經》所謂起不齊絲減少者，此也。法：宜於純黃之中純黃則結嘴不食而眠矣雜見其退白而向黃者，與純黃不甚懸遠，則頻飼，以速其眠。如已見純黃又多青白，此與純黃懸遠，雖頻飼，亦莫及，宜以蠶網蒙箔，布葉其上，青白者自沿網而上，然後移別箔飼之，以免眠起不齊之弊。凡初眠向黃時，室中溫度宜極煖，眠定宜煖，起齊宜微煖，中眠向黃時，室中溫度宜煖，眠定宜微煖，起齊宜溫，大眠向黃時，室中溫度宜微煖，眠定宜溫，起齊宜凉。

蠶遞次就眠，其減給桑量約四五次而停食，其中或有起蠶二三是遲蠶、病蠶，宜棄去之。若數多而且健，則移他箔飼育之，如此則緣桑不堆積，蠶座清潔，乾溼適度，蠶可無病。但將蜕皮時，新舊兩皮間生液汁而後蜕，若過燥而液汁蒸昇，往往有不能蜕者，斯時溫度宜降下一二度。法：於室內貯青葉，或以溼布拭床，或於室内熱清水以溼空氣，均良策也。

凡蠶出三四日後，易以他器，又兩三日，有色微白、嘴上隱隱有尖角而不復食葉者，初次眠也。將眠者向亮處照之，頭帶緑色，尾似淡紅色，俗稱見紅緑絲，此時布葉漸薄，至一周已眠齊矣。其將眠未眠時，布葉宜勤，勿令稍餓。眠未齊時，仍照常飼葉，俟眠齊以絹篩薄篩糠灰於蠶上，而布以葉。其未眠之蠶，皆脱灰而上，以蠶筯輕輕挾葉，另置他器，布葉數次，則亦眠矣。再用前法挾其不眠者是謂青頭，飼之無益而棄之，其眠者以蠶筯撥之使鬆。再篩糠灰一次，置之靜室，以俟其起。兩次眠者宜分器飼之，不宜合併。蠶之眠者，隔一日視之，色微黄嘴微闊則起矣，然不宜急布葉，必視灰下無一眠者起者必脱灰而上也，方可布葉。起齊後，蠶器乾燥，布葉易枯，故布葉須薄而匀，待食去三分之二，即宜再布，第三次可以加厚。初眠起後越四五日，計布葉二十七八次自初起至二眠布葉不過十八次，此後每起至眠，至多亦不過二十餘次，此云二十七八次，是指布葉極薄者而言，則二眠矣。其篩糠、停葉諸法與頭眠同。二眠起則黑色退而漸白，食葉聲亦稍大。二眠起後，越四五日，計飼葉二十七八次，則三眠。小蠶用火，至三眠去之，故三眠一名出火，亦作輟火。照前法篩糠灰於上，而再布以葉，俟未眠蠶脱灰而上，以手輕輕捲之，蠶筯專移小蠶，三眠則蠶大，用筯不如用手之便也。另飼他器。此時所捲之未眠蠶不過遲眠數刻，須上葉，以俟其眠。若色青，皮内若有油，不食葉而掉頭不住，若有所苦者，此種蠶終不能眠，眠亦無用，宜急去之。三眠起後映光照之，頭作碧色，起齊飼以整葉，聲如小雨，食葉較速，食盡即上，晝可六七次天冷食葉較慢，可四五次，夜則三四次，如是者四日，則大眠。自三眠至大眠，有早至三日者，有遲至五日者。天氣有冷暖，而食葉有疾徐也，大約飼葉在三十次以上。大眠狀與初二三眠同，而所用之法則大不同。視大勢已齊，以正張大桑葉不用糠灰匀鋪其上，其眠者伏葉下不動，未眠者必上葉就食。連鋪數次，則未眠者盡在葉間，卷而移於他器，然後拾其眠者，置平底盤不拘方圓竹木，但忌新油新漆者。中，以秤稱之爲起後食葉計也。大眠蠶五斤，除前已食不計，尚須食葉百斤。一云：三眠蠶一兩，以得四眠蠶四兩爲正額，過爲蠶長，不及爲蠶損，恒以此卜收成之豐歉，稱準後則堆之曬篇中。每篇約容大眠蠶二觔，餘分作五六堆，留餘地以待其散。至蠶老，雖餘地布滿，亦無須加篇也。用粗絹篩篩研細陳石灰和糠灰於堆上，以收其溼。石灰須極陳者，否則損蠶，或祇用糠灰亦可。再以秈稻草用閘刀截作半寸許者覆之。以不見蠶身爲度，不宜過厚。一晝夜後，其起者必脱灰草而散天冷則其起較遲，斷不可欲速而促之以火，必俟散盡，無一眠者，乃可上葉。眠起背有絲腸，閃動可覩，食葉聲如驟雨。大眠起後，食葉愈速，飼葉宜愈勤，食盡即飼，能一晝夜飼葉十餘次，則五晝夜即老矣。自大眠起至老，約須食葉五十餘次，此時多食一口葉，則上簇多吐一口絲，故飼蠶者惟恐其食少。法人喝茫氏云：蠶自初生至五六日而眠，爲第一歲，將眠時，頭大微黑，因頭皮聚於頂處身光潤而硬，窺以顯微鏡，能見蠶吐苦絲，纏其皮於鄰近餘蠶。俾脱皮時有所牽繫，而易落也。脱皮後，色灰白，身漸大，毛漸稀，而蠶起矣。一歲中，逐日照常付葉，旣有數蠶眠，則葉量漸減有數，蠶起即停飼，蓋初起之蠶可以停食至四十八點鐘之久，必眠者起齊而後付葉，則蠶可同等。凡一韞昔合口平六錢七分二釐二毫蠶子所出之蟻，應貯以二方尺之扁。一首歲中食葉約五六啓羅格，一啓羅格合口平二十七兩二錢八分八釐寒暑表可十九度，眠時十八度，燥溼表七八十度。自初眠起至二眠爲第二歲，初眠起齊將孔紙輕罩蠶上，薄飼葉絲一次，蠶多穿孔而上，少頃再飼一次，將紙並蠶移置他扁，其在溼底未起者，則棄去之前歲貯一扁者，此歲分爲兩扁以免踐踏傳染之患，其庋架之高下宜前後互易。如前歲置扁於最高之架，二歲則置於最下，首歲置最下者，二歲則置最高，其眠起乃同等。每次付葉後，應燒乾柴一次有火倉撞爐者，可免燒柴，以換天氣，地上澆以緑氣調水置石灰一箱於室中，化則再易，可免用緑，以收溼氣。眠時身光白皮堅硬，喉小而黑，眠起，付葉一如前法。第二歲中，每一韞昔子食葉約二三十啓羅格，寒暑表可二十度，眠時十九度，燥溼表七八十度。自二眠起至三眠爲第三歲。二眠初起，蠶身灰白，口棕色而加潤，可停食至三四十點鐘，以俟起齊。前貯兩扁者，此歲則匀貯四扁。罩孔紙、分扁時罩孔紙，兩紙要離少許。付葉、宜少留隙地，使蠶自布，換天氣、收溼氣，一如前法。不起者棄之，高下之扁如前互易。此時可辨蠶之强弱。不論仰臥、折腰，遇葉卽食者强，不甚思食，必擇至便之勢始食者弱。蠶身漸大，食葉有聲，飼葉不必細切，一韞昔子食葉約七八十啓羅格，寒暑表可二十二度，眠時二十一度，燥溼表七八十度。自三眠起至大眠爲第四歲。眠未齊，可停食三四十點鐘以俟起齊，起後後脚底白者爲白繭，黄者爲黄繭。蠶已倍大，宜匀作十二扁，食葉約百五六十啓羅格，寒暑表可二十三度，眠時二十二度，爆溼表七八十度。惟此歲溼氣較重，如熱度不定，易生軟瘟，故須防塵去濁多換。天氣過熱，則澆水於架四側，藉以生涼，易扁孔紙，相離約五分，其餘一如前法。自大眠起至成繭爲第五歲。大眠起後，蠶身色濃灰，口色棕而闊。此歲之蠶較前歲大兩倍，當匀作二十四扁。將眠前二十四點鐘，食葉較多，將上山前四十八點鐘，食葉尤多隨付隨盡，甯付以多次，不可縱其過飽，其食量較往歲增五倍。付緩太葉？則饑飽失時，太多則停滯，而生軟瘟。見有身軟色異及有椒瘟黑點者，宜急去之。一輯昔子食葉約五百五十啓羅格，自初生至上簇約三十六日或四十日，每一輯昔子須葉八百啓羅格。寒暑表可二十四度，燥溼表不得過九十度。惟此歲溼氣最多，天氣已熱，重濁之氣尤多。扁不常換，則餘葉之水氣及蠶身發出之溼氣與熱氣化合，遂成淡輕之氣，蠶觸之立斃。故此時宜先蠶後己早起晏眠，遇南風而天氣過熱，急用呢簾浸水，遮蓋窗戶，則熱度可減。遇北風而天氣較冷，則緊閉門窗，加火添熱，夜間熱度尤不宜增減。方有收成之望，然辛勤之日短，而安樂之日長，稍不留心，則得不償失也。

又　落山後首稱繭繭百觔，得絲十觔，以八觔每觔二十四兩爲一弔，兩弔做絲一車。凡四眠蠶，大眠一觔得繭二觔。三眠蠶，大眠一觔得繭三觔。過則得利，不及則失利。好蠶每兩計二十二三個，次者二十六七個。一兩大眠蠶，成好繭者應得三兩，次者二兩六七錢。采齊稱準，以較蠶事之豐歉。

又　宜忌　二月上壬，取土泥屋，四角宜蠶，埋馬齒於梱下，令宜蠶。　蠶宜三稀：一下蟻，二上箔，三入簇。　蠶宜五廣：一人，二桑，三屋，四箔，五簇。　蠶方眠時宜暗，眠起後宜明。蠶小及向眠時，宜暗宜煖；蠶大及眠起時，宜明宜涼。向食時宜風開背風窗，閉迎風窗，宜加葉緊飼；新起時怕風，宜薄葉慢飼。　蠶有三光：白光向食，青光厚飼，皮皺爲飢，黄光以漸住食。　蠶有十體，謂寒、熱、饑、飽、稀、密、眠、起、緊、慢。　深秋桑葉未黄，多廣收拾，曝乾搗碎，於無煙火處收頓，春蠶眠後，宜用之。　桑欲落時捋葉未欲落時捋之，傷來年桑眼。已落者乏津液，泥封收固，至臘月內，搗磨成麪，能消蠶熱病。可多收於甕內，以備來春飼蠶。餘者作牛料，飼牛尤美。　臘八日，新水浸菉荳，薄攤曬乾，又淨淘白米，控乾二物，於背陰處製粉收頓，以備大眠起後用以拌葉飼蠶，每箔以半升爲度。

又　附飼八造蠶時日表。一日黎明浴春，下午起淡紅色，二日通紅色，三日現紅黑斑，四日絳色凹窩，五日赤色上粉，六日深赤色點嘴，七日銀灰色，八日卯辰時出蟻，巳刻下葉，移蟻下簸。九日辰刻換簸去沙。十日未申刻欲眠，即換簸，子丑刻住食。十一日申酉刻起，十二日飼葉，十三日巳午刻欲眠，即換簸，申酉刻住食。十四日巳午刻起，十五日飼葉，十六日寅卯刻欲眠，即換簸，午未刻住食。十七日寅卯刻起，十八日飼葉，十九日巳午刻欲眠，即換簸，申酉刻住食。二十日午未刻起，二十一、二十二、二十三日飼葉，二十四日半身黄亮，二十五日丑刻住食，卯刻上簇。二十六日午刻蠶吐絲盡，二十七日成蛹，二十八日在簇，二十九日采繭炕燥，臨晚撤火。其留種之繭，於三十三日寅卯時出蛾，臨晚生春，三十四日黎明，又浴春。

清　蔣斧《粤東飼八蠶法・蠶篇》　蠶有三眠、四眠二種。粤蠶多四眠，約三日一眠。自眠齊至起齊，約十個時。起時，忌搖動，忌烟薰，薰則多黑死。俟起齊，然後下葉，下葉三次約三時，方可換簸去沙。

清　蔣汝正校正，徐瀾編輯《安徽勸辦柞蠶案・柞蠶簡法》

頭眠

春蠶自出蟻後約七八日或八九日，卽頭次將眠之候，身肥皮緊，口吐沸絲於葉上名曰絆脚絲，若將此絲誤斷，則不能蜕皮而死，頭向上不食，嘴脱復生，一晝夜，始眠起。陰雨則眠兩晝夜。黑皮脱而身驟長，色變綠，是謂頭眠。

又《安徽柞蠶傳習所試育柞蠶第一次報告書》

眠起

蠶之眠起，四五次不等，場亦須分四五處。每一眠起，則移置一場。至大眠後五六日蠶老，週身通明，另移入作繭場，即在樹上繡繭矣。

清　賴逸甫《嶺南蠶桑要則》　蠶眠之時，又忌北風。若被侵之，蠶身則有十數黑點，俗名木蝨嘴，有此則徒然食桑而無絸結。但大蠶食葉則比連蠶畧慢，故以二十二三日與二十四五日而熟者爲當度。若於二十日熟者，其絸必薄。倘出二十六日之外，則又因蠶受病所致，其絸亦薄。如養連蠶，則十九二十日者居多，其絸皆遜於大蠶。人亦喜養，因其但得結有二鼇零重之絸殼者，則有蠶種客向其買將以爲二造之種，其利則可勝於養大蠶之將絸繅絲者一籌故也。

又　凡蠶眠定，必須將些桑葉排上蠶面，爲其遮風，名曰罨頭，此猶人睡之得帳幔也。眠眠皆須照此，待其眠足一晝宵，即一箇對時也。

又　三眠既齊，亦照罨頭。凡諸養蠶家，所審蠶度桑以定去留者，皆在三眠審度。設如四兩蛾，蠶種自引蠶起，養至三眠，食去桑葉，無乃一百二十餘斤。即再養至大眠，亦不過加多幾十斤矣。惟自大眠後，養至熟時，此則須桑九百餘斤，所以應取應舍，多於三眠裁決。所裁決者乃照蛾眠驗蠶之法，審其神色勢力之如何，以決其可否也。倘若決留該蠶以作下造種者，則勿丢棄三眠所撇之面，因恐將來蛾公多而蛾乸少故也。凡經留養者等至眠起，又再放桑，每餼一次，必須等其三點鐘久，方可再餼。雖已食至通渣，亦宜畧停一息，使有餐數，其口乃爽。設若太遲，則又令其捱餓，將來結絸，則必細小而薄。餵至第三口離蔟，第八口則䊵。三眠後之第一次第十二口䊵，第二次第十六口則䊵，第三次以待大眠。由放三眠桑起，計至大眠，約須四十八九點鐘。但飼蠶之桑，貴輕忌重，凡非爽口皆忌，桑多因被蓏殘，其則發炎，審蠶食葉吐絲，兩皆有聲可聽，緩則聲微，名曰慢口；急則聲噪，名曰爽口。慢忌桑多，爽則無妨。蛾二兩眠，皆於放桑後一箇對爽食三口，然乃轉慢，若至三眠，則須一箇對零些，其方爽食兩口。惟有大眠，則須兩箇對起，一連爽食十餘口，無論用氣用火，靡不皆然。

大眠既定，亦須罨頭。譬如念二申刻醒齊，放桑亦照第三口離蔟，養至念三未刻，則於第七口䊵。大眠後之第一次，斯則稱爲大眠後一日桑。嗣後餵蠶之桑，毋庸切鈒，每凡餵㲉四口又須䊵其一次。今就三尺零大之篙，舉其大眠後每篙每次須葉輕重喻之，庶知其口爽慢之在何時。其初放桑，則宜每次十二両，養至離蔟後，則宜一斤二三両。一箇對後，則宜斤半。兩箇對後，則宜二斤。三箇對其口轉慢，如照念三未刻爲一日桑，則以念四名兩日桑，念五名三日桑，念六名四日桑。是日午間，必有報信蠶熟，順德之稱其名曰縭口者，乃言其已含生絲於口而將吐也。念七早朝則必大熟，由放大眠桑起，計至熟齊，皆須四日，零共一百二十餘點鐘。凡有用氣而養之五六造，莫不皆然。惟於年頭歲尾所舍氣而用火之兩造，每造則多幾日耳。設若蠶苗係於十一日辰時出齊，是早八九點鐘引蠶，養至十三日巳午間䊵，待蛾眠；十四日巳時醒齊放桑，養至十五日酉戌間䊵，待二眠；十六日未申間二眠起齊放桑，養至十八日午間則又䊵，待三眠；十九日巳午間起齊放桑，養至念一日巳時䊵，待大眠；念二日申刻大眠起齊放桑，養至念六日午間則見縭口報信，念七日大熟，此乃由於引蠶起至大熟，每造所須十六七晝宵之大畧也。

又 白證者，或由蠶種之白底而來，或因苟且選種而致，或因熇水之煖力太重，或因晾紙之風熱太過，或因蠶紙蠶苗被高，或因感冒火煙所傷，或因大眠後之天時太熱，西風太多，蠶房矮窩而致。蛾眠時，見其通脚多，所眠又無勢力，色肉條度俱皆不齊，而絲脚亦輕。二眠時通身多，眠難定，而色肉參差，離屎又有軟脚，此卽死兆，該蠶必然白重。如果三眠更有甚於二眠者，則恐過底白，亟宜丟棄。蓋白證亦有四種：一曰過底白，二曰過面白，三曰跟尾白，四曰浮白破。凡出過底白者，每於三眠至大眠，離屎有溼尾，有爆水，有軟口，篙底多溼。若果無此，則由放桑之不慎所致。一日桑，無粉色，蠶條雜，蠶神殩；兩日桑，食桑慢，餵一口則見一口之蠶死在篙底，如是者，死至成熟而後已。死臢之蠶頭，方有絸結。凡出過面白者，每於三眠至大眠時，多出通身映頭，眠後色肉不佳，而且無力，離屎有軟脚，有遲起，篙底溼，不然則亦由於放桑不慎所致。一日桑，色肉不佳，而且欠粉，兼有映頭，懶於食桑，其映頭失色無粉，諸蠶坴續而死。或縮身變成蠶脚，過篙時如出蠶脚不清，熟時僅蠶頭有絸結矣。凡出跟尾白者，每逢一日桑起，日日見有些少，見至成熟所存，好者六七八成矣。卽出浮白破者，亦於一日桑起見些少，兩日桑朝早脫離能發肉，喜食桑則亦無碍，此皆白證之病狀也。

又 辨蠶紙，乃以㶷滑而無紅黑尿迹者爲佳。出蠶則以安定而無蜎出篙邊，蠶色則以得如烏緞之瑩，隔日散毛宜早，蠶條宜齊。蛾眠散清毛，身無粃屎，好條度，有色肉，無烏膩蠶脚，離屎潔淨，此乃蠶苗與蛾眠時之佳象也。二眠一見，轉色同齊，發肉䊵過，放桑卽眠，眠得齊整有勢，放桑則發青，離屎則無脚，此又二眠時之佳象也。三眠將眠之際，有兩口桑極口爽，食過卽□色，䊵過落桑驟眠，眠定有色肉，頭勢高，無通脚、瘀脚，好絲脚，離屎如掃地之光潔，此卽三眠時之佳象也。三眠後一箇對，食桑口爽，將大眠亦有爽食者，兩口食過，則發藍色而起肉。其時過篙不可太密，宜落桑以待其眠。如果食去所落之桑，再落些少，該蠶則眠，色肉宜大，絲脚宜連緊，頭勢宜伸高。或有兩條黏起眠者，眠臢之青身，有色有肉，撇開亦眠，起時既快且齊，放桑則發青，離屎無溼尾、狹尾，篙底乾淨不溼，此又大眠時之佳象也。大眠後一箇對，蠶之食量將大，必須多備桑葉。一日桑，粉色好，條度齊。兩日桑，開皮發青，條度勻食桑快，兩日之下午至三日之上晝，食桑最快。三日桑，開齊青，色肉好，發絲肚，至下午日畧慢。四日桑，則發寶藍色，開盡絲肚，口亦慢。是日每篙熟百條以上者，爲最合宜。是夜二更餵後至三更尾，必須騐其桑脚如何。無桑脚者，則宜照式再餵一口，若有桑脚則餵薄些。倘或桑脚尚多，則不必餵，待至五更派些桑葉落篙，使其薦脚。收更時，則宜拾蠶上箔，熟得齊，無弊病，色美肉硈，此卽堪以選留作種之上等蠶也。

清 李鴻章撰，袁俊德輯《蠶桑紡織器圖詠·蠶圖詠類》

三眠第七圖

二眠後三四日將三眠，上葉至十多次，見紅綠絲等，狀與頭二眠同，保護法如前。眠定後，盡拾去砂子，置光滑器內，稱之。每蠶一斤，可得繭十斤，食葉一百餘斤。稱後，仍篩灰於紙上，以候其起，如時尚寒，須候大眠眠定，方可稱。

清 李君鳳《蠶桑説·飼蠶法》 頭眠：蟻既下連，篩切細葉蟻上要薄而勻，第一日飼一頓，第二日飼二頓，第三日飼三頓可分布箔上，第四五日飼五六頓，第六日將眠之時，飼之宜薄宜頻，一日夜飼七八頓，第七日變黃色，結嘴不食，是爲頭眠。迨脱殼盡起，將斑糠糝一層於蠶上。

又 三眠，二眠起齊，第一日薄飼四頓。第二日加葉，飼五六頓。第三、四、五、六日，每日夜飼七八頓可分箔，第七日宜微煖，細葉頻飼，盡眠住食，是爲三眠。眠一日夜脱殼盡起，亦糝斑糠。每眠或至八九日纔眠，是飼頓數少，食葉未足，或是天寒未以火溫蠶室，便要少得許多絲，切不可大意。凡蠶眠初起，與食不可多，多則傷食病死，故飼蠶逐日頓數宜記清。蠶室太陰暗，及犯污穢惡臭則蠶瘟。每眠蠶，糞厚卽除。

清 李向庭輯《蠶桑述要》 卽三眠蠶大，溫度稍差，尚禁得住，而遇過寒之時，亦須以火防護。其鄉人頭眠用火，此後每不著意，三眠更有撤火之説，殊爲非是。

又 按，蠶眠之時，原難限定。如溫度高，則食葉多，或早一半日卽眠。溫度低，則食葉少，或遲一半日始眠。總之，每蠶須食葉五錢，方能作繭。編中每眠均限定時日者，係以養蠶最適中之溫度而言。 若蠶齊眠，容有不眠者，撿出另飼，最爲合宜。

清 李有棻《桑麻水利族學彙存》卷一《植桑》 大眠起 蠶大眠起後第一日，先喂柘葉五六次，再喂桑葉，絲乃有光。第二日巳午時，以綠豆粉拌桑葉喂一次，可解熱毒。第三日，以桑葉麪拌葉喂三五次。有白水蠶，蠶身獨短，其節高聳，不食葉，常在葉上往來，腳下有白水。有青頭蠶，掉頭不住，似有所苦者，俱宜檢出，丢之。

（光緒）《歸安縣志》卷一一《輿地略十一·蠶桑》 眠頭 蠶將眠，不勤食曰紅嬾思又有青嬾思，亦曰攬絲，言口中吐絲也。《乾隆府志》結觜停食曰眠，蛻膚向食曰起。時寒則遲，時溫則早，此天爲之也。冷看則遲，熱看則早。食慢則遲，食緊則早，此人爲之也。初眠曰頭眠，次眠曰二眠，三曰輟火，四曰大眠。已眠者爲眠頭，已起者爲起孃。火蠶之眠，疾而且齊，如見紅攬絲，卽宜䌛除沙綈。冷蠶之眠，略分先後，須審其眠十之二方䌛，卻不可早，早則食葉者尚多，不能不多飼。飼多綈厚，又難復䌛，必受鬱蒸之病。亦不可遲，遲則眠於沙綈者多，既不勝檢捉之煩，且致沙綈罨抑之患。《吳興蠶書》

餉食 眠起初食曰餉。《乾隆府志》眠後看䖵上有白絲，謂之楊花綈，然後可以餉食。或看其觜上始白漸黃，終至稍黑，亦可餉食，總以眠頭盡起爲度。《育蠶要旨》眠一次則觜濶一次，衣寬一次。布葉太厚，恐觜已濶，而衣未盡脱者亦食之，則腹大，而未脱之衣，脱不下矣。《廣蠶桑説》食葉之疾徐，不盡關乎冷煖。初起必不甚疾，將眠將老，亦不甚疾，最疾者，中間之兩三日耳。此兩三日，上葉宜較勤。《廣蠶桑説》

又 小蠶之眠，皆派綈輟火，必除盡沙綈，淨檢眠頭，方可用秤較量，謂之捉眠頭。其臨眠䌛換之法亦異。小蠶眠十之二，卽可䌛。輟火，須俟有十之三四方䌛。蓋蠶大筐增，又欲除綈捉蠶，雖衆手疾檢，較之派綈，多費時刻。

眠頭在簇久，最易蒸損。況輟火之起較速諺云『輟火打箇滾』，言起之速也，往往有捉未齊而蠶已起者。唯俟其稍多則簇，畢卽眠，飼亦不過一兩頓。沙簇既薄，檢捉亦易，可不患其蒸損矣。捉齊後，秤準分兩，取石灰末和班糠糝於筐中，以眠頭稀布之，更用班糠糝於面上，則燥而暵。《吳興蠶書》

大眠：大眠與輟火同，亦稱分兩。每輟火蠶一兩，大眠四兩，爲正額，過爲蠶長，不及爲蠶損，恆以此卜收成之豐歉。《吳興蠶書》蠶至大眠，好歹已定一半，好者，眠中齊集，稍有青條，蠶身均勻，並無大小，其色青白。若一周外尚不眠，青條無數，布漆甚多，其面必當棄之。凡出火一斤，得大眠四斤，爲四斤捉，得五斤，則爲五斤捉，看眠頭如前法。《育蠶要旨》

又 鋪地 蠶以居筐爲善，然大眠以後，蠶大筐多，列槌分架擡飼難，擡簇尤難。《吳興蠶書》於是埽地藉蘆蔽，而散蠶其上，《乾隆府志》亦謂之下地。有大眠放葉周時後下者，有放葉三餐卽下者，酌量蠶之多寡，室之寬狹，瓜分棊布，幾無餘地以容人。自此不擡不簇，唯朝暮勤飼，以俟其老，眞簡便法也。蠶有忌下地者，一夏蠶，時屆炎暑，沙簇熏蒸，較頭蠶更甚，在地無從簇換，蠶受之卽傷而無成，不可下也。一種蠶，蠶既爲種，尤宜燥潔，地上終嫌潮潤，且蠶少，擡簇極易，不必下也。《吳興蠶書》

清 林心北、吳書年勸刻《蠶桑輯略・養蠶節次三十五條》《士農必用》：分擡之便，惟在頻款稀勻，使不致蒸溼損傷也。蠶滋多必須分之，沙燠厚必須擡之。失分則不勝稠疊，失擡則不勝蒸溼，故宜頻。蠶者，柔輭之物，不禁觸弄。小而分之，猶能愛護，大而擡之，莫能顧惜也。未免久堆亂積，遠擲高抛，生病損傷，實由於此，故宜安款而稀勻。或有不齊，頻飼以督其後者，使之相及，而各取其齊也。蠶眠不齊，病原於初，今既然矣，當從此治之。如於純黃之中雜見其退白而向黃者，是與純黃不相懸遠，頻飼以督之，則猶得相及，飼頻則可速其眠故爾。如已見純黃，又多青白，此與純黃既遠，雖飼之之頻，則亦莫及。蓋蠶之變色，爲變之小，其眠則絕食退膚，爲變之大也，爲蛹爲蛾，則變之尤大，而至於化也。凡至純黃，則結嘴不食而眠，如人之大病，周身之氣血一爲變換，一晝夜靜安不擾，則眠爲得所。今以青白者尚多，飼而亂之，動而蹂之，則眠者失其所矣。比其青白者變黃而向眠，則此已過眠而動起。動起之初，欲得少食，亦如人之病起，欲得少食，以接氣血也。以後者方眠，勤其食而不投，以困以餓，又必待後者動起而飼之，多病少絲，端爲可惜。故《蠶經》云『眠起不齊絲減半』，良謂此也。

又 二眠起娘 二眠起娘，亦以一晝夜爲率，亦必待起齊嘴老，然後餧葉。衹須切葉三餐，三餐以後，可用單張葉平鋪上餧之。再過一晝夜，可用眼頭葉餧之葉連嫩枝者爲眼頭葉，必須將光面向上，此時桑渣蠶砂較前益厚，須一日一易器，體刮分蠶與前同三眠起後同。

三眠 二眠起後，越四五日，色益白，嘴上明明有尖角而不復食葉，則三眠矣。其旺葉沸絲打眠裝，亦與二眠時同。其一切保護眠娘之法，亦與二眠時同。須照前法，篩糠灰於其上而再布以葉，俟未眠之蠶脫灰而上，輕輕捲之捲之以手，不必更用蠶筯矣。蓋蠶筯專爲小蠶而設，蠶身既大，則用筯固不若用手之爲便也，另置他器。此次所捲起之未眠，其在葉下食葉者，不過遲眠數刻耳，須上葉以俟其眠。若有其色青，皮內似有油，不食葉而在葉上掉頭不住，若有所苦者，此終不能眠，眠亦無用者，宜急去之。其眠成者，輕輕提於籃內，將替子盡行理出，不可破傷其身恐蛻殼不下，亦不可擦傷其嘴。恐嘴蛻殼不下，不能食葉。捉完之後，秤其分兩，便可定後來收繭分數。秤法：先秤其籃，捉滿再秤，便知分兩。大约每一觔出火蠶，到後來可收十觔繭，可取絲二十兩。

又 大眠 蠶有三眠者，有四眠者。四眠蠶別是一種。三眠者名曰稙蠶。稙蠶疾老少病，省葉多絲，不唯收卻今年蠶，又成就來年桑。稙蠶生於殼，而不過二十三四日卽老。方是時，桑葉發生，津液上行，其桑斫去枝條，比及夏至，可長月餘，其條葉長過於往歲。至來年春，其葉生又早矣。積年既久，其葉愈盛，蠶自早生矣。

三眠餧葉後，不過三晝夜，又要大眠。其旺葉沸絲打眠裝與前同，其捉娘之法亦與前同。所有不同者，眠未齊時，仍照常上葉，大勢已齊，以整張大葉取其易捲勻鋪其上不用糠灰矣。其眠者伏葉下不動，未眠者必上葉就食，連鋪數次葉上蠶多卽鋪，不必俟其食盡，則未眠者與眠者已隔數層桑葉。將桑葉捲起，則未眠者盡在桑葉間隨卽勻鋪他器中，而其下皆眠者矣。再用糠灰以粗絹篩篩於堆上，以收其溼。再以秈稻草用閘刀截作半寸許者覆之，以不見蠶身爲度，不必過厚。

又 緒餘 【略】葉之所以必切者，切則易勻，且較省也。切葉之粗細，以蠶之大小酌之。蠶初生時，所上之葉宜細如絲綫。初眠起後，則可寬至半分。二眠起後，則可寬至分許。三眠起後，則可寬至二三分。至大眠起後，但去其枝與葚，以閘刀大致閘之可矣。

又《蠶事趨避三十九條》

忌寒冷

如天氣寒涼，蠶房内須燒火盆，當使溫煖。俗歌云『蠶要溫和麥要寒』是也。大眠以前，若受冷氣，做成寒病，到老必爲殭蠶，不做繭矣，故忌之。

忌餧葉失時

蠶喫一餐葉，片刻就要再喫，或餧之久逾時刻，蠶卽受飢，大眠以前，做成飢病，老來必成亮頭蠶頭内空白，謂之亮頭蠶，不做繭矣，故忌之。

忌食溼葉

天將陰雨，要採乾葉預備。儻連日陰雨，亦必將溼葉晾乾，方可餧蠶。或以潔淨衣衫、紬布之類，抹乾亦可。若大眠以前喫過溼葉，老來必成氣水蠶，不做繭矣，故忌之。

忌食霧葉

如遇天霧，須將門窗關閉。帶霧之葉，先將清水澆過，用潔淨紬布抹乾，方可餧蠶。大眠以前若喫霧葉，老來必成白肚蠶肚子下有白水流出，沾在好蠶身上，好蠶亦死，不做繭矣，故忌之。

忌食氣水葉

桑葉最易發熱，一熱卽生氣水。蝸兒蠶，初收一二三日，衹在樹上摘新鮮葉，好餧幾餐，漸漸長大，亦餧葉無多。如或預備一兩餐葉，及過夜葉，須翦幾根桑條或幾十根桑條，養於水罈之内，又要不使風吹，則葉鮮活而不熱，永無氣水之患。若大眠以前一食氣水葉，亦成白肚蠶矣，故忌之。

清 林楊光、王鎮西《蠶桑條説・平利縣王學官鎮西述呈蠶桑簡易説十九條》 育蠶駒之法蠶每一眠，必生蠶駒。惟頭眠二眠所生之駒，與蠶母同老。三眠所生之駒，不能同老，必要揀出另養。

清 林志恂《蠶桑淺要・眠起》 將眠時須除沙一次，謂之眠除，在使蠶簇清潔乾燥也。眠除之時不可過遲亦不可過早，過遲則已眠者多，必遺存於簇中，過早則一時不得眠齊，勢必給桑多次，簇沙依舊堆積。養蠶者於此時當細心觀察，簏内如見全面悉變黄色，又頭部膨大之蠶，有點點散見者，卽宜入簇，再給桑二次，卽可眠除。眠除後，給葉三四次而止，桑爲得其中。入簇之時及止桑之時，要在飼育者之體察，非可以言語形容也。

又 眠中雖不可太溼，而亦不可太燥。因蠶脱皮時，須藉水分之力，過乾則成虚弱，其甚者竟至閉尾也。全簏之中，大概眠齊而尚有數十頭不眠者，卽宜檢出棄之，此等蠶，多半病蠶也。

清 劉光蕡《修齊直指評》 蠶有抽飼斷眠之法。謂抽減眠蠶之葉，不致覆壓，專餵未眠之蠶，使之速眠。不惟眠起得齊，且無葉罨燠熱之病。凡頭眠二眠三眠皆同。向眠時，量黄白分數，抽減所餵之葉。如十分中有三分光，卽減去三分之葉，有七八分光者，卽減去七八分葉。古云：『近來學得抽飼斷眠法，年年歲歲得絲蠶。』養蠶者不可不知。

清 劉清藜補輯《蠶桑備要》第三篇《養蠶總要》 蠶乃衣被之原，功與穀對，性屬純陽。喜燥惡濕，食而不飲。自卵生爲蟻，蟻脱爲蚪，蚪脱爲蠶，蠶脱爲蛹，蛹脱爲蛾，蛾脱繭復卵。紙爲連，屎爲沙，蓐曰沙燠。卧曰眠，脱殼曰起。南蠶多四眠，北蠶多三眠。總之，一七而變，四變而老二十七日，七變而死，氣化神物，爲功甚大。不過費三十日之功，辛勤不過大眠後七八日，兩夫婦可獲絲一二十觔，值價銀三四十兩。精絲造綾緞，上可完賦稅；粗絲織絹帛，下亦能衣被一家；綿可使高堂温體，絮可令妻子禦寒。益人如此，何憚不爲哉？

又 第四篇《養蠶程式》

頭眠

將眠　將眠之時，自下連日算起，至第六七日陝西省天煖七八日，天涼八九日，卽是頭次將眠時候，以上葉之次數計之，大約總在三十次之外陝西四五十頓。將眠之狀：頭帶綠色，尾帶淡紅色，俗謂之見紅綠絲，身肥皮緊，色白而亮由青轉白亮，在已變白色之後，未變黄色之前。口吐絲於葉上，俗謂之沸絲，此時將打裝尚未打裝打裝則仰面向上，身子不動，乃眠熟之狀，非將眠之狀。易器之法，眠時不可驚動，宜趁將眠未眠急體一次蠶屎桑渣，謂之替子。或以網擡過，或卽以桑葉提過，此盤之蠶移置彼盤，抽出替子，謂之體刮，亦名起底。昔人云『蠶變黄光之時，急須體刮』，此説不可從。以黄光一見，蠶卽熟眠，眠後體刮，恐不堪其擾也。又云：『將眠之先，一定旺葉三四餐謂此三四餐，食葉最旺也，旺葉之後，必然沸絲，沸絲之後，就要打裝，連忙體刮一番。』此説宜善於體會，以體刮應在沸絲之前，不應沸絲後也。蠶色善變，初起色灰，越二日夜，變爲青光，又一日夜，變爲白光，漸漸發亮，又一日夜，卽變黄光，當白光發亮之時，卽是將打眠裝之時，不過一箇時辰，必定沸絲。宜白光趁發亮，將沸絲尚未沸絲之際，速速用網擡過，或用新葉提過，體刮一番。若黄光一見，卽打眠裝，體刮已屬無及。且蠶眠將起時，全賴此絲扯住脚跟，方能脱去蠶殼。打裝之時，絲已沸盡，至此始行體刮，必將眠脚扯斷，將來起娘之殼必難脱出。此至要關頭也，不可不知。

又 二眠

將眠　將眠之時，頭眠起後，越四晝夜，卽是二次將眠時候。亦有因天氣煖和，越三晝夜卽要二眠者。以上葉之次數計之，總不過二十次以內。此指四眠蠶而言，若三眠蠶，頭眠起後，越七日纔二眠。將眠之狀與頭次將眠同，易器之法、餧葉、保護諸法，均與頭次將眠同。

熟眠　熟眠之時，從頭眠起後，算至第五日陝西有第八九日者，卽是二眠時候。若從下連後算起，大約不過十一二三日陝西有第十六七日者，便當二眠。熟眠之狀與頭眠同，保護亦與頭眠同。

眠未齊　易器、餧葉之法，均與頭眠未齊時同。

二眠初起

眠起之時，從眠後計算，一晝夜卽起。陝西有天煖一日半，天涼二日者。起娘之狀與頭眠起娘同。保護之法，亦與頭眠初起同。

二眠起齊

餧葉之法與頭眠起齊同。此時不可使蠶受餓，每一晝夜，須餧五六次。易器之法，天氣煖則一日體一次因此時桑渣蠶屎較前益厚也，天氣寒則隔一日。所易之器，紙下不必仍前襯灰。如遇天氣過冷，隔一日仍不敢體刮，則用乾茅草碾柔灑上，再布桑葉以隔濕蒸，俟晴和再體。保護之法與頭眠起齊同。此是要緊關頭，務必小心保護，不可使蠶受病。

又　大眠

將眠　將眠之時，三眠起後越四晝夜又將大眠，亦有早至三日者，遲至五日者。以天氣有冷煖，食葉有疾遲也。以上葉之次數計之，大約總在三十次以外。此亦指四眠蠶而言，三眠蠶只眠三次，無大眠。將眠之狀與頭二三次將眠同。易器、餧葉、保護諸法，均與頭二三次將眠同。

熟眠　熟眠之時，從三眠起後，算至第五日，或第四日，第六日。卽是大眠時候。若從下連後算起，大約不過二十一二日內外，便當大眠。將眠之狀與三眠同。保護之法與頭二三眠同。稱蠶之法，眠定後，逐一拾出，置於平底盤中，不拘方圓竹木，但忌新油、新漆者。盤滿則以秤稱之。大眠蠶一斤，老時可得繭二斤，前後食葉約二十五斤。除大眠以前所食不計外，此後尚須食葉二十斤有零。稱時須人多手速，稱準則堆之大曬籚內每斤分作五六堆，堆旁須留餘地，以待其散，用粗絹篩陳石灰於堆上石灰須研細，以收其溼氣。再用鍘刀將秈稻草截作半寸許與餧牛馬之草料相似，覆於石灰之上以不見蠶身爲度，不必過厚，以待其起。此杭州法也。湖州人養蠶，先於三眠眠定之時，以秤稱之。如照湖州法，則三眠眠定之時已經稱過，大眠眠定之時不必再稱，只篩石灰於蠶上，以待其起，可也。

眠未齊　易器之法，與頭二三眠未齊時不同。蠶上不必篩糠灰，只用整張大葉勻鋪其上以葉之光面向上，其已眠者伏葉下不動，未眠者必上葉就食，接連鋪葉數次葉上蠶多，卽再鋪葉，不必俟其食盡，未眠者與已眠者已隔數層桑葉，將葉捲起，則未眠者盡在葉間，隨卽勻鋪他器中。餧葉之法，易器後，仍餧整張大葉，以督其眠。稱蠶之法，未眠者眠定，仍以秤稱之，稱准後，仍以石灰覆蠶上，以俟其起。如照湖州法，則三眠時已經稱過，此時不必再稱，只篩石灰於蠶上，以收溼氣。

大眠初起　眠起之時，大眠一晝夜後，蠶必脫灰脫草而散。儻天氣寒冷，則其起較遲，有遲至兩三日者，只宜靜候，斷不可促之以火。起娘之狀與頭二三眠起娘同。保護之法與三眠初起同。

大眠起齊　餧葉之法，堆已散盡，無一眠者，便須餧葉。第一日先餧柘葉五六次，再餧桑葉，絲乃韌而有光韌音忍，柔而固也。無柘葉者，專餧桑葉，第二日巳午之間，以臘月所藏綠豆粉拌桑葉餧一次先攤桑葉於蠶盤內，以新水灑拌，再用細羅篩篩綠豆粉於葉上，拌令極勻。每葉一筐，用水一升，豆粉四兩，可餧蠶五六觔，可解熱毒，且蠶絲堅韌有色，易於抽繅。或用臘月所藏熟米粉拌桑葉餧之亦可。第三日以臘月所製桑葉麫拌桑葉內，間空餧三五次灑水篩拌，均同和拌豆粉法，比豆粉米粉更好。製桑葉麫、豆粉、米粉各法詳蠶食，無麫粉者，專餧桑葉。第四五日，專以桑葉餧之。蠶自大眠之後，食葉愈速，布葉宜愈勤正面反面皆可不拘，溼葉、露葉、霧葉、黃沙葉、氣水葉，皆可不忌，務須晝夜餧養，食盡卽布，不可稍饑，每一晝夜，約餧十餘次。此時多食一口葉，則上山後多吐一口絲。易器之法莫妙於用蠶網。大眠起齊之後，食葉愈多，桑渣蠶屎較前更易厚，不體則蠶受蒸鬱，臨老多病。此時舊衣纔脫，蠶腳尚嫩，未可撾動，早體則撾動蠶腳，日後絲縷不純。惟以蠶網體之，便可免受蒸鬱，又不撾動蠶腳，且簡便省力。如無蠶網，切勿早體，遇天煖則於起齊後二日體之，遇天寒則於起齊後三日體之，三日之後，須每日體一次。因腳漸蒼老，不妨撾動也。保護之法與頭二三眠起齊後同，但頭二三眠起齊後宜煖，大眠起齊後宜涼耳。以蠶長十分，葉增十分，渣多屎厚，易於發熱也，天時亦煖。須捲起窗外簾薦，開窗下風竇，並翦開窗紙。蠶陡見風日，則驚而生病，須以漸爲之。惟雷電交作，則須密閉窗門，毋令電光射入，或西南風起，或夜氣太冷，亦須放下門窗簾薦。若遇天氣暴熱，則門外置甕，貯以清水，或灑水於門外地上，以透涼氣，天氣平和則不必。白水蠶，起齊後兩三日，見有蠶身獨短，其節高聳，不食葉而常在葉上往來，腳下有白水者，宜急去，毋使沾染他蠶。

又 上簇法，大眠起齊後，第一日夜祇飼三頓，初飼宜薄但令覆白。二頓尤薄，三頓如第一頓。以後一日夜飼七八頓，須時時挾葉，繞箔巡視，但見箔上有空隙處，即以葉補合。大眠後，食無停止，缺一分葉，即減一分絲。故但見有空隙處，是蠶先食葉盡也，即用葉補合。晝夜巡視，全在此數日，否則繭薄。飼至身肥背小，絲喉漸亮，蠶將老時，先自喉間明亮，漸及通身，蠶肥身硬。蠶將老，身漸輭，及至通身柔輭明亮，便可上簇。蠶將老之時也，飼之宜薄且頻，養老如養小，亦如人老，多食傷脾。若不薄頻，則食不淨，葉濕薰蒸，其所結之繭，亦必濕潤，抽絲最難。宜微暖如老不耐寒，然亦須量度天氣涼暖消息斟酌，比大眠後未老時，宜微暖，不過一二日之間，便可上簇矣。得絲多少，全在此數日。按法飼養，只在二十六七日，便可上簇。若日數愈多，葉愈費，而絲愈少也。見有老者，依抽飼斷眠法，宜薄宜頻。候蠶盡皆身體透明，不食遊走蠶性聚而不散，守而不走，如有遊走者，是病蠶也，棄之。今蠶老絲成，遊走上椽，尋簇作繭，乃造化自然之妙，是作繭也，急宜撥之上簇。

又《醫蠶病方》

頭眠八症

縮身症　由初下盤時，用雞毛埽蟻，埽斷口内絲頭，則身短縮，不食而死，急以續斷爲末，捲撚熏之，可救。

傷眠症　初眠起時，上葉太多，不能翻起，故身硬頭黄而成。是症，急宜換箔，薄上細葉，再用荆芥燒煙熏之，即愈。

失眠症　餧至七日，當頭眠而不眠，由於食葉不足，急宜切細桑葉，接餧幾頓，蠶自眠矣。

殭身症　由下蟻時感冒風寒，以致身直，不食而死，急用薄荷柏葉燒煙熏之，自解。

鎖項症　謂蠶項硬，不食，過七八日不死，急取通大海煎水，噴葉上餧之，立解。

側背症　頭眠結嘴，忽然歪斜不食，急取牙皂、薄荷、甘草末，燒煙熏之，自解。

傷潮症　蠶在盤中，偶犯潮溼，其色即不鮮明，急宜翻過别盤，撒斑糠於蠶身，不過半日即愈。

觸穢症　蠶觸一切臭氣，身必發黑，急以大黄、蒼朮、甘草燒煙熏之，自解。

二三眠亦有此症，但在頭眠尤甚。

清　盧燮宸《粤中蠶桑芻言・養蠶事宜條列》

看蠶眠

蠶將眠時，急宜替屎。否則，先眠之蠶，久在窩底，濕熱薰蒸，必變爲風蠶，雖熟亦無絲。替屎時，又不可推蠶成堆，使受鬱熱，更多病損，將來結繭必薄也。又每蠶眠初起時，切禁食烟，及火烟薰之，必多黑頭而死。喂蠶時，不宜倉猝開門，以致賊風暗侵，必多紅殭。以手撒葉喂之，又不宜離蠶高遠，恐蠶被桑擊着，則變爲肥蠶，遍身白腫，熟亦無絲。此弊於眠足初起時尤忌。

又 養蠶諸忌

氣候忌　如天寒，蠶室内宜置一火盤，常使温暖爲妥。凡大眠以前，若受冷，則釀成寒病，到老必殭。又養蠶如養嬰兒，須令涼暖有節，不可過寒，亦不可過熱。若當炎熱時，猝遇風雨寒侵，或寒冷時，驟用猛火烘逼，則蠶之變相猝出，有不及救者矣。

清　姚紹《南海縣蠶業調查報告・桑部》　飼蠶之桑，用法分兩時。毛眠初出時，則切桑飼之，其細如髮。自二眠後至大眠，均用整葉。

又《蠶部》　始眠曰蛾眠，再曰二眠，曰三眠，曰大眠，即四眠也。大抵蠶耪試水後三日初眠，越日半二眠，又越兩日三眠，再越兩日四眠，每眠一對時乃起食桑。四眠後四日，蠶熟，此就上農夫言之。若四眠飼桑不匀，則熟有參差。故大眠放桑，一家男婦日夜輪飼，不敢或怠。諺有之『勤力養蠶，十八日，寒造則否。』

清　馮曉青《馮曉青大令調查順德蠶業陳粤督稟兼説帖》《農學報》第二百四十五期　初出之蠶，將桑葉十分切細，放在蠶上，俾食葉三日，名曰蛾眠。蛾眠一起，二天内名曰二眠。隔一日又起，三天内名曰三眠。隔一日又起，四天内名曰大眠。隔一日又起，此後不眠，連養四五天，則蠶成熟。

又 一兩蠶蠢出蠶後，連蛾眠、二眠、三眠、大眠至成熟後，須食桑葉五六擔。

清　吕道象《廣州番禺縣吕大令道象調查境内蠶業報告》《農學報》第二百四十四期　蠅害以第二、三、四造爲多，大眠後則無妨。若初眠二眠後，蠶身甚嫩，一沾蠅糞污點，則其腹中卽生一蟲。

又 五眠中除沙數及乾濕寒暖之變處理法 粵省之蠶，衹四眠，曰蛾眠，曰二眠，曰三眠，曰大眠。凡蛾眠至三眠，每日除屎一次，眠日不除。自大眠以後，每日視天時之寒熱爲準。如天寒日除一次，倘天熱易致蠶病，每進桑三次或四次，必須除屎一次，日夜共進桑七次。

又蠶出三天爲蛾眠，五天爲二眠，九天爲三眠，十三天爲大眠，十八天可成繭。天色或冷，則遲一二天，亦有頭造多五六天，方能成熟者，因節氣尚冷之故。養蠶總以天氣平和爲佳，每日除蠶沙，早晚一次，每日飼桑四次，每夜亦飼四次。

清 呂廣文《蠶桑要言・育蠶法》 上等之蠶，灑食一兩次，而蠶乃齊眠。稍次，或灑至一日一夜，而蠶乃齊眠。又次，則灑至一日夜加長，仍多未眠之蠶，其蠶爲食娘，以他蠶眠，而此獨食也。此等食娘，一眠二眠時，可聽之，三眠大眠時，須揀出，棄之，從此不再灑食，謂之除食。且灑食至一日二夜加長，則先眠之眠頭已眠近兩日夜之久，多有起來，謂之起娘。翻頭亦食葉矣，不能再行灑食，故須揀食娘，棄之。食娘食葉多，身較長，色較青，甚易分別。

清 馬丕瑤《蠶桑簡易法・養蠶法》 頭眠 蠶蟻至六七日，不食結觜觜漸小謂之結觜，色帶黃光者，頭眠時也。如十分已眠三五分，可減葉三五分，比尋常切細薄飼，頓數宜加。已眠七八分，減葉七八分，葉宜極薄，頓數倍勤。如有九分，餘不食，尚有青白未眠之蠶，不多，揀去棄之，此不齊之病蠶也。微微將底起鬆，置之靜處暗處，住食約二日餘，便蛻殼而起。候十分醒起眠時如殭臥狀，追走動擡頭，便是醒起時，方可投食。若八九分醒起便投食，到老蠶不齊。初醒起時，稍餓不妨稍餓則口老而殺葉，蠶身亦易大，但不宜亂動，因皮嫩易受傷也，切忌見風。此時切葉薄飼，二日後緊飼，食盡卽上葉，一晝夜飼六七頓，再三日卽二眠矣。

二眠 頭眠後六七日，結觜不食，身帶黃光，卽是二眠。如未十分眠齊，減葉如前法。俟齊眠，將底起鬆置靜暗處，住食二三日。俟十分醒起，方投食，切葉較前稍粗，此時起底可用手拈不必用蠶箸。如天煖，可去火，去簾底蓐草，換用大簾架大植上，蠶頭分擺，宜稍稀，令蠶身易長。初醒起，仍宜薄飼緩飼，但見蠶消葉甚快時卽緊飼，一晝夜以七頓爲率，再三日卽三眠矣。

又 蠶有三眠種，有四眠種三眠種，三眠卽大眠。四眠種，四眠始謂之大眠，言至此眠卽老，故曰大眠，以三眠種爲上三眠種，繭厚而大。故就三眠蠶言之，若養四眠蠶，三眠時，飼法如二眠仍用切葉，不用整葉。餘法悉同。

清 饒敦秩輯《蠶桑簡要録・養蠶法則》

揀蠶二條

每眠時，有衆蠶次第皆眠，獨有一二青頭未眠，而仍食葉者，蘇俗謂之梟娘，必須用筯以竹爲之，長七寸，視日用之筯差小，尖其末磨使光箝出，另貯一筐，以免不齊。頭二眠中之梟，照常飼葉，尚能作繭，不過眠起較遲。三四眠中之梟，食葉多而不老，可卽棄去。又腹結頭大尾尖之蠶，食葉倍於他蠶，而不能上山作繭，宜去之。又二三眠時，有蠶色青亮，內若有油，雖不食葉，而在葉上掉頭不住，若有所苦者，此終不能眠，眠亦無用者也，亦宜去之。

每眠一次，必褪衣一次，最忌東北風，衣不能褪，蠶嘴偏不正，滿筐游走，擦損他蠶，亦皆致病，若此蠶宜急揀去。又大眠起後，二三日，有蠶身獨短，其節高聳，不食葉，而在葉上往來遊行，腳下有白水漬出者，宜急去之，不使沾染他蠶。

又 頭眠三條

自初收之日起，餧至七八日，定要頭眠見旺葉謂餧上霎時喫盡，三四餐後，蠶有沸絲謂吐絲於葉面上打裝謂頭嘴仰而朝上，身子不動，色微白，嘴上隱隱有尖角，而不食葉者，此初眠也。連忙體刮一番，薄薄鋪葉條子於上，一餐之後，不可餧葉，不可將蠶篩驚動，更要遮風，待其吐嘴，一晝夜方能眠成。將眠娘和替子，細細分鬆，安放於乾燥紙糊篩內，糝班糠卽火米皮煨焦存性一層在上，則眠娘易於脫殼，一晝夜後卽見起娘，必待個個起齊，再看替子上有絲布滿，則起娘嘴老，可以餧葉矣。

又 二眠二條

頭眠起後，天氣寒，隔四五日，天氣暖，隔三四日，計飼葉二十七八次，其旺葉，沸絲，打裝，色又微白，嘴上又隱隱有尖角，而不復食葉，則二眠矣。所用之法，與頭眠同。此時，桑渣蠶砂更較前易厚，須一日一易器。三眠起後同。此是緊要關頭，須要小心看餧，不可使蠶受病。切忌受風失葉，將切葉餧三餐後，可食單張葉。

又 大眠三條

【略】大眠狀與初二三眠同，而所用之法則大不同。眠未齊時，仍照常飼葉，大勢已齊，以整張大桑葉勻鋪其上不用糠灰矣，其眠者伏葉下不動，未眠者必上葉就食。連鋪數次葉上蠶多即鋪，不必俟其食盡，則未眠與眠者已隔葉數層，將葉捲起，則未眠者盡在桑葉間隨即鋪勻他器中，而其下則皆眠者矣。然後拾其眠者，置平底盤不拘方圓竹木，但忌新油、新添者中，盤滿則以秤稱之爲此後桑葉計也。大眠五觔，除前所食不算外，尚須食葉百餘觔，稱准則堆之晒匾中每觔分作五六堆，堆旁須留餘地，以待其散開，用粗絹篩，篩研細陳石灰於堆上，以收其濕。再以秈稻草，用閘刀截作半寸許者覆之。以不見蠶身爲度，不必過厚，一晝夜後，其起者必脫灰脫草而散，天寒則較遲，只宜靜候，斷不可欲速，而促之以火。

此時蠶有五分長，其起娘亦以一晝夜爲率。惟放葉與前三眠時不同，不待個個起齊，約十停內起有九停，就要餧葉，葉之正反濕露，皆可不忌。餧過七餐或九餐，蠶身必有一寸餘長，可以下地矣。先用蓬鬆軟草薦子鋪底，即將蠶勻送於上，餧葉約高一二寸爲一餐。如養蠶少者，仍用竹匾，亦可。自取蠶至上山，日間約餧六七餐，夜間三四餐。大眠起娘餧葉後，至四晝夜，蠶身有二寸長，粗如小指，色如糙米色一般，取蠶向亮處照之，通身穿喉亮頸者爲考娘，再薄餧三餐葉，便要上山。

清 任蘭生《蠶桑摘要·培養桑樹法二十三條》 蠶大眠時，遇雨葉潮，風吹未乾者，用乾桑葉末，布在葉上拌之，其葉即乾，飽蠶無患。

清 沈練，仲學輅輯補《廣蠶桑説輯補》卷上《培養桑樹法十九條》 按，一年之內，惟小蠶食葉時，不宜壅糞。壅糞之地，物采桑葉，俗名肥葉是也。蠶食之，則當眠不眠矣。若蠶大眠後，糞始無妨，然采葉須在糞後二三日，使穢氣稍退，纔可飼蠶。

又 三眠以後，食葉愈多，然尚須辨其老嫩。至大眠以後，則桑已長足，可開剪矣。桑有遲早，則開剪亦自有後先，以長足爲度可也。

三眠前所采之底瓣瞎眼，俗謂之小葉。采小葉得法，則止望其采得百斤者，合前後計之，可得百二三十斤。然年年采小葉，樹亦易敗，以隔年一采爲妙。如植桑百株，則今年采此五十株，畱彼五十株至大眠後開剪；明年采彼五十株，此五十株畱至大眠後開剪。

又 卷下《飼蠶法六十六條》 所易之器，紙下向須襯灰，至二眠以後，則不須再襯矣。

按，初次桑渣，俗名香鬆，烘曬令乾。凡蠶眠既起，欲放葉時，可於室內先燒香鬆一撮，蠶聞此香，皆思食矣。是醒胃之法，蠶上山亦用之。

蠶初眠至起説二條

易器後兩三日，有色微白，嘴上隱隱有尖角，而不復食葉者，初次眠也。眠未齊時，仍照常布葉，俟大勢已齊，照前法篩糠灰於其上，而布之以葉，則未眠之蠶皆脫灰而上，以蠶筯輕輕捲之，另置他器。此未眠者也，再布葉數次，則亦眠矣。再用前法，捲其不眠者而棄之所棄者謂之青頭蠶，雖好，亦不能絕無。青頭者，飼之無益。其眠者，以蠶筯撥之使鬆，再篩一次糠灰，置之靜室，以俟其起兩次眠者不宜合併，蓋眠有先後，則起有先後，固不可以强合也。

按，蠶將眠者，向亮處照之，其頭帶綠色，尾似淡紅色，俗謂之見紅綠絲。此時布葉漸薄，至十二時爲一周，應已眠齊。有未眠者，少力故也，可舍去。

又，按見紅綠絲時，常昂頭，作吐絲狀，此時實有絲，但細而難見耳。凡將眠，已若吐絲，將起，已見起娘，俱忌喫風，并忌穢氣，比平時更要密防。若將眠未眠之時，布葉加勤，勿令稍餓。釋第十八條下。

蠶之眠者，隔一日視之，而其色微黃，其嘴微潤，則起矣，然不宜急於布葉，必視其灰下無一眠者起者必脫灰而上，方可布葉，布葉一兩次，便須以前法易器。眠一次，則嘴闊一次，衣皮也寬一次，蓋其嘴其衣皆於眠時潛換也。布葉太早，恐嘴已闊，而衣未盡脫者，亦食之。食之，則腹大，而未脫之衣，脫不下矣。

按，起齊之後，蠶器乾燥，所布之葉易枯。枯則蠶不能食，故布葉須薄而勻，待食去三分之二，急須再布。每起同法。第三次布葉，不妨加厚，以後蠶漸大，葉以漸厚，葉盡，再布如常。

又 二眠起後説三條

二眠起後，桑渣蠶砂較前益易厚，須一日一易器三眠起後同。

二眠起後，越四五日，計飼葉二十七八次，色益白，嘴上明明有尖角，而不復食葉，則三眠矣。照前法，篩糠灰於其上，而再布以葉，俟未眠之蠶脫灰而上，輕輕捲之捲之以手，不必更用蠶筯矣。蓋蠶筯專爲小蠶而設，蠶身既大，則用筯固不若用手之爲便也，另置他器。

此次所捲起之未眠，其在葉下食葉者，不過遲眠數刻耳，須上葉以俟其眠。其色青，皮內若有油，不食葉而在葉上掉頭不住。若有所苦者，此終不能眠，眠亦無用者也，宜急去之。

按，蠶將眠未眠之際，勿令稍餓，如第五十五條以爲中間三兩日，上葉宜較勤。其實將眠未眠之際，亦該在內，而更要緊。此時稍餓，則第二次當眠不眠，俗名青蠶是也。總之，二三眠先餓，其病每見於大眠時，大眠先餓，則起後雖能食葉，而其頭漸空，俗名亮頭，棄物也。

又 大眠説二條

大眠狀與初二三眠同，而所用之法則大不同。眠未齊時，仍照常上葉。大勢已齊，以正張大桑葉取其易捲，勻鋪其上不用糠灰矣。其眠者伏葉下不動，未眠者必上葉就食，連鋪數次葉上蠶多卽鋪，不必俟其食盡，則未眠與眠者已隔數層桑葉。將桑葉捲起，則未眠者盡在桑葉間也隨卽勻鋪他器中，而其下則皆眠者矣。然後拾其眠者，置平底盤不拘方圓竹木，但忌新油、新漆者中，盤滿則以秤稱之爲此後桑葉計也。大眠五斤，除前所食不算外，尚須食葉百餘斤，稱准則堆之晒籩字書無此字，從《湖州府志》讀若匾音，蓋筐之邊淺而底密者也。大者可容大眠五六斤中每斤分作五六堆，堆旁須留餘地，以待其散，用粗絹篩，篩研細陳石灰於堆上，以收其濕。再以秈稻草，用閘刀截作半寸許者與餵牛馬之料草相似覆之。以不見蠶身爲度，不宜過厚。

按，一曬籩，可堆大眠頭二斤有零，圓作一堆，旁留餘地，以待其散。至蠶將老，雖餘地滿布，亦無須添籩矣，不但省工而已也。詳下大眠起後第三條下。

大眠一晝夜後，其起者必脱灰脱草而散天氣熱則一晝夜卽起，寒則較遲，有遲至兩三日者，只宜靜候，斷不可欲速而促之以火，尤不可急於上葉，必堆已散盡，無一眠者，乃可上葉。

大眠起後説三條

大眠起後，先飼以柘葉兩三次，其絲乃韌而有光。

按，大眠起後布葉，如天晴無霧，可用帶露桑葉。露爲天酒，能補助好蠶，令後來繭絲光澤，病蠶食之卽軟死，力不勝也。或先布燥葉一二次，再用露葉法，亦妥。若帶霧者，仍宜待燥，霧有毒，故也。

大眠起後，食葉愈速，上葉宜愈勤，食盡卽上，能一晝夜食葉十餘次，則五晝夜卽老矣。

自大眠起後至老，約須食葉五十餘次，能多食數次更好。蓋此時多食一日葉，則上山後多吐一日絲，故飼蠶者唯恐其所食之少。

按，各條屢言食葉次數，俱就布之薄者而言，其實不應過薄，惟每眠初見紅緑絲，布葉宜頻且宜薄耳，餘詳前初眠起後條下，不贅。

大眠起後，占器日多。如今日十晒籩，至明日鬆時，便須勻作十二三晒籩。再鬆時，便須勻作十六七籩矣。此後如無器物可鬆，可於地上設蠶倉以代器，俗謂之『放地蠶』。

蠶倉制度，擇室之明亮者，打掃潔淨倉之大小，以蠶之多寡酌之，以堅厚土磚散置其中磚方尺許，彼此相距三尺餘，須安置得穩，使布葉者有立脚處。倉邊用厚木板圍好小土磚亦可。再以稈草不拘秈穤截作寸許者，勻鋪地面以不露地面爲度，而以蠶勻鋪其上，不宜過密，亦不宜過疏，過疏則費葉，過密則老得不齊。

按，大眠起後，舊皮纔脱，脚尚嫩，未可碰動，何則，蠶之吐絲，恃前六足踐踏成繭。大眠之後，接近老蠶，脚嫩則碰動便糙，而日後絲條亦不純。故此番上葉，如遇天暖，經兩周日纔鬆；天寒，經三周日纔鬆，嗣後脚漸蒼老，碰動無妨，卻當日鬆。

又按，本條添籩之法，亦非三周日内所宜，以其碰動蠶脚也，宜照大眠説首條下布置。

又按，《蠶桑輯要》大眠後鬆法，俟葉食盡，將蠶網展鋪上面，復布以桑葉。蠶聞葉香，卽脱網而出，齊上葉矣。二人持網之四角，和葉移覆他器，既不碰動蠶脚，又可省工，鬆法甚妙。

又按，本條所言，養蠶家擬做肥絲則可，若做細絲，則絲縷貴光而不貴糙，故詳辨之。

又 大眠起後兩三日説一條

大眠起後兩三日，有蠶身獨短，其節高聳，不食葉，而常在葉上往來，脚下有白水者，宜急去之，勿使他蠶沾染。

又 按，《蠶桑輯要》并忌黄沙葉，黄沙來自沙漠，蠶食之有損，或洗用，或拭淨用。若大眠起後，食葉愈多，亦不勝洗拭矣。霧葉詳前，大眠起後説第二條下。

清 沈練，仲學輅輯補，章震福校訂《廣蠶桑説輯補校訂》卷二 震按，吾湖育蠶，於三眠既起，農家男婦，晝夜不眠，實屬精力不支，則輪班歇息。蓋此時蠶事正匆忙極甚之日也。三眠又名爲出火，出火之蠶，用稱稱之，出火一斤，大眠時須有四斤；出火十斤，大眠時須有四十斤，餘類推。少則見虧，多則見贏。只要從此無病，蠶事大概已可知矣。

震按，餵蠶當二眠一二日後，卽可，無須切碎，用正張桑葉，不必竟在大眠以後也。

又 卷四 蠶網以蔴綫織成，或謂頭眠網眼方半寸，二眠一寸，三眠寸半，四眠二寸。網之大小，量蠶箔之大小爲之。每蠶箔要二具，輪流擡換，或買舊魚網，翦成塊，極便宜。然四眠蠶重，魚網又不適用，不如自織爲結實也。

清 沈練《蠶桑説・飼蠶法七十條》 蠶之眠者，隔一日視之，而其色微黄，其嘴微闊，則起矣。然不宜急於布葉，必視灰下無一眠者起者必脫灰而上，方可布葉。布葉四五次，再以前法易器。初起時蠶身尚嫩，蟁得太早，恐致損傷，故必遲至布葉四五次後，方可易器，二三大眠起時均倣此。眠一次則嘴闊一次，衣皮也寬一次，蓋其嘴其衣，皆於眠起時潛褪也。一經布葉，恐嘴已闊而衣未盡脫者亦食之，則腹膨大，而未脫之衣脫不下矣。

此時食葉漸多，桑渣蠶沙亦較前易厚，隔一日便須易器。

初眠起後越四五日，計布葉二十七八次，色又微白，嘴上又隱隱有尖角，而不復食葉，則二眠矣，所用之法與初眠同。

二眠起後，桑渣蠶沙較前益易厚，須一日一易器。三眠起後同

二眠起後越四五日，計布葉二十七八次，色益白，嘴上明明有尖角，而不復食葉，則三眠矣。照前法篩穅灰於上，而再布以葉，俟未眠之蠶脫灰而上，輕輕捲之捲之以手，不必更用蠶筯，蓋蠶筯專爲小蠶而設，蠶身既大，則用筯固不若用手之爲便也，另置他器。

此次所捲起之未眠，其在葉下食葉者，不過遲眠數刻耳，須布葉以俟其眠。其色青，皮内若有油，不食葉，而在葉上掉頭不住，若有所苦者，此終不能眠，眠亦無用者也，宜急去之。

三眠起後，食葉較速，宜晝夜布葉，食盡卽布，晝時約可六七次天冷則食葉稍慢，約布得四五次，黄昏時布葉一次宜略厚，三更後再布葉一次宜略厚此兩次必加厚者，夜間布葉，斷不能如晝時之勤也，如是者四日，則大眠矣。自三眠起後至大眠，有早至三日者，有遲至五日者，天氣有冷煖，而食葉有疾徐也，以布葉之數計之，大約總在三十次外。

大眠狀與初二三眠同，而所用之法則大不同。眠未齊時，仍照常布葉，大勢已齊，以正張大葉取其易捲匀鋪其上不用穅灰矣，其眠者伏葉下不動，未眠者必上葉就食，連鋪數次葉上蠶多卽鋪，不必俟其食盡，則未眠者與眠者已隔數層。將葉捲起，則未眠者盡在葉間隨卽匀鋪他器中，以俟其眠，而其下皆眠者矣，然後拾其眠者俗謂之捉大眠，置平底盤不拘方圓竹木，但忌新油、新漆者中，盤滿則以稱稱之爲此後桑葉計也。大眠五斤，除前所食不算外，尚須食葉百餘斤，稱準則堆之矖篇字書無此字，從《湖州府志》讀若匾音。蓋筐之邊淺而底密者也，大者可容大眠四五斤中每斤分作四五堆，堆旁須留餘地，以待其散，用粗絹篩，篩陳石灰於堆上，以收其溼。再以秈稻草，用鍘刀截作半寸許者與餵牛馬之料草相似覆之灰草均以不見蠶身爲度，不必過厚。

大眠一晝夜後，其起者必脫灰脫草而散天氣熱則一晝夜卽起，寒則較遲，有遲至兩三日者，只宜靜候，斷不可欲速而促之以火，尤不可急於布葉，必堆已散盡無一眠者，乃可布葉。

大眠起後先飼以柘葉兩三次，其絲益韌而有光。

大眠起後，食葉愈速，布葉宜愈勤，食盡卽布，能一晝夜食葉十餘次，則五晝夜卽老矣。自大眠起後至老，約須食葉五十餘次，能多食數次更好。蓋此時多食一口葉，則上山後多吐一口絲，故飼蠶者唯恐其食之少。

大眠起後，占器日多。如今日十矖篇，至明日蟁時，便須匀作十二三矖篇。再蟁時，便須匀作十六七矖篇矣。此後如無器可蟁，可於地上設蠶倉以代器，俗謂之放地蠶。蠶倉制度，擇室之明亮者打掃潔淨倉之大小，以蠶之多寡酌之，以堅厚土甎散置其中甎方尺許，彼此相距三尺餘，須安置得穩，使布葉者有立脚處或用木凳駐足，俗謂之地蠶凳，倉邊用厚木板圍好小土甎亦可。先以礱穅匀鋪地面以不露地而爲度，再以稻草不拘秈稉截作寸許者，匀鋪一層，而以蠶鋪其上，不宜過密，亦不宜過疏過。過疏則費葉，過密則老而不齊。

又 將兩蛾提置一處，以小杯覆之，則復對。對滿四箇時辰，卽分之，謂之拆對如子初對者，於卯末拆之；卯初對者，於午末拆之。不宜拆得太早，早則來年多不眠之蠶；不宜拆得太遲，遲則來年大眠後，多高節而拕白水之蠶。

又 易器後兩三日，有色微白，嘴上隱隱有尖角，而不復食葉者，此初眠也。眠未齊時，仍照常布葉，俟大勢眠齊，照前法。蟁蠶之法篩穅灰於上，而布之以葉，則未眠之蠶皆脫灰而上，以蠶筯輕輕捲之，另置他器，此未眠者也。更布葉數次，則亦眠矣，再用前法捲其不眠者而棄之。所棄者謂之青頭蠶，雖好亦不能絶無青頭，飼之無益。其眠者以蠶筯撥之使鬆，再篩一次穅灰，置之靜處，以俟其起。兩次眠者不宜合併，蓋眠有先後，則起有先後，固不可以強合也。

清 沈練《廣蠶桑説・培養桑樹法二十條》 所採之葉，以布夾之新者惟白布可用，舊則不拘顔色矣，少頃卽乾，否則以淘過未淘者，恐有灰之乾麥拌之，

亦少頃卽乾。若大眠以後，需葉甚多，則剪取長條，於有風而雨點不到處懸之，亦少頃卽乾。

清 盛宣懷輯《蠶桑備要》 又有一種有絲腸而不成繭者，今稱縮婆子，係山棚上為風吹襲所成，與白肚有明暗之別縮婆子，身明亮，乾白肚，身暗滯，一曰多觜乾口蠶。眠初起，身蜕而觜不蜕者，名多觜孃；或蜕而口不能開者，名乾口孃。此眠頭之觜，爲人觸傷也。然眠頭傷風，亦有此病，猶之稻正吐花，突遇西北風，卽成硬口，而不結實也。二者口不能開，並斃於餒。一曰著衣孃，起孃蜕膚至半身而止。有兩種，一是蠶病溼尾，黏惹不能蜕；一是種眠頭時，用石灰太重，蠶身乾燥所致，剝去其膚，蠶仍無害。若溼尾，雖剝去亦斃。一曰青蠶亦稱青條，蠶眠則身黃，此猶青而不眠，故曰青蠶。或受沙蒸，或受風溼，自頭眠至大眠皆有之。有一種名壯青者，乃食肥葉而成，蠶身分外粗壯，色深青而不眠。俗謂蠶不齧人，然亦間有被齧者。毒入內，能令人寒熱，以苎葉擣汁，塗之即愈，以蠶畏苎也。

又 飼蠶 收下後葉宜切細，初眠後可麤，二眠後用葉片，三眠則連枝與之。出火前忌溼葉，大眠餇後又惡太燥，以潔水灑葉而飼。餇蠶曰餵，湖州讀若意，常州讀若飫，皆餵聲轉也。每日布葉五六次須鋪淂極匀，不必過厚，黃昏時一次須略厚。

又 出火 小蠶用火，至三眠去之，故名出火亦作輟火。近多不用火，而出火之名仍相沿不改。蠶至輟火，與小蠶異。小蠶之眠，皆派綈輟火，必除盡沙綈，淨檢眠頭，方可用秤較量。不事竹箸，用手一一取下，謂之捉眠頭。其臨眠擡換之法亦異。小蠶眠十之二，卽可擡。輟火須俟有十之三四方擡。蓋蠶大筐增，又欲除綈捉蠶，雖眾手疾檢，較之派綈，多費時刻。眠頭在綈久，最易蒸損，況輟火之起較速。諺云『（較）〔輟〕火打箇滾』，言起之速也。往往有捉未齊而蠶已起者，唯俟其稍多，則擡畢卽眠，飼亦不過一兩頓。沙綈既薄，檢捉亦易，可不患其蒸損矣。捉齊後，秤準分兩，取石灰末和班穅糝於筐中，以眠頭稀布之，更用班穅糝於面上，則燥而暵，鄉人謂之拱。俟有起孃，卽用稊子，預先曬乾拆開，放在面上，起孃不至沸騰。如天陰，用稻柴翦斷亦可。起齊後，方可餇食，長約三分，映光照之，頭作碧色。及出火之候，起齊布葉，有十字架以承筐，取便旋轉。始飼以整葉，聲如小雨。出火一斤半為一筐，亦有以一斤作一筐者，蠶多則論斤鬻之，少則買之，買出火須擇其絲緒纏緜者為上。

又 大眠 大眠與輟火同，亦秤分兩。每輟火一兩，大眠四兩，爲正額，過爲蠶長，不及爲蠶損，恆以此卜收成之豐歉。蠶至大眠，好歹已定一半，好者，眠中齊集，稍有青條，蠶身均勻，並無大小，其色青白。若一周外尚不眠，青條無數，布漆甚多，其面必當棄之。輟火眠頭，每筐分布三斤，大眠每筐五斤。筐內勻撤菜莢，或寸切稻草，仍以石灰和班糠覆之。餇食時候，比出火可早食葉，可灑水。氣水葉，終不可喫。眠起，長可七八分，背有絲腸，閃動可覩，食葉聲如驟雨。大眠起後，食葉愈速，能一晝夜食葉十餘次，則五晝夜卽老矣，能多食數次更好。蓋此時多食一口葉，則上山後多吐一口絲，故惟恐其食之少。

又 分擡 網擡。蠶過二眠，蠶身已大，用大筐安放，大筐重笨，殊難轉運，惟以網擡之較省力，較敏疾。網之宜疏宜密，須酌量蠶之大小。擡時，取網鋪於蠶上，須平正熨貼，使蠶淂穿網眼而上升。飼葉三頓後，蠶就食而齊集網面，網之眼皆為葉蔽，不復漏蠶，隨以空筐置其旁，兩人提網四角，移放空筐中。網底或帶綈梗，亦宜摘去。網之四角，須搭入筐內，若懸挂在外，恐槌上進出，或有牽絆也。下次擡，另以網鋪，此網隨沙綈徹出，故一筐須用兩網。

簾擡。《禮》：『具曲植。』曲卽箔也，今之蘆簾是也。古人盛蠶以箔，今則惟以筐盛，取其擡擡便易。蠶過大眠，又鋪地上，無須筐箔，故簾止爲山棚上架蠶之用。然夏蠶大眠之後，時正炎熱，若鋪地上沙綈中，溼熱之氣，甚于春蠶，蠶受之斷無不損。若仍置於筐，每日擡筐擡換，又不勝擡運之苦，宜遵古法，以簾代筐，卽於簾上擡之，簾宜據室之中，架空平鋪，兩旁留數尺餘地，便人左右往返。先於簾之左一半布蠶，綈厚擡至右一半，撤去沙擡，右厚復擡至左，蘆簾廣闊，不窘邊幅，蠶皆舒展。葉屑沙矢之屬，俱從簾縫下漏，簾上止存枝梗，決不發蒸。

捉離孃。長孃擡訖，綈中尚有存留，俗謂之離孃。言其離散則上行，疾病則沈綈。處綈下，謂之沈綈。綈中之蠶，決非上品，然擡時遺賸，或有彊健者，正須子細抉擇，不淂概棄。出火以後，閒生小蠶，其細如烏，俗名長筐蠶，是為長孃，係蠶之胎生者，有此為滋長之徵，亦須檢留，隨母食葉。迨母蠶登簇，小蠶亦隨成小繭，形如梅核，極可愛。

又 回山 一較銖兩。大眠後，稱淂六斤為一筐，率收繭一斤為一分，以十二分為中平，過則淂利，不及則失利。東鄉南潯左近，則以出火一斤，淂繭一斤為一分，遞增至六七分為中平，十二分為上上。諺云：『蠶花廿四分。』乃頌禱之夸詞也。一云：『舊規四眠蠶大眠一斤，淂繭二斤，三眠蠶大眠一斤，淂繭三斤為對花。』湖人以秤上所劃斤兩之星為秤花言適如其額也。嘗取四眠蠶眠頭，與繭細較之，出火蠶一兩，約計二百五十五六箇，大眠蠶一兩，約計六十三四箇。是出火長至大眠，實增四之三。好蠶每兩計二十二三箇，次者計二十六七箇。是一兩大眠，箇箇成繭，好者應得三兩，次者應得二兩六七錢。俗以蠶一斤淂繭二斤爲對花者，猶屬八折算也。采齊秤準，庶知一歲蠶事之豐歉。

又 摘葉 三眠以後，食葉愈多，然須辨其老嫩。至大眠以後，則桑已長足，可開翦矣。三眠前所采之底瓣、瞎眼，謂之小葉，采小葉得法，則止望其采得百斤者，合前後計之，可得百二三十斤。然年年采小葉，桑亦易敗，以隔年一采，每年輪換爲妙。

又 眠頭 一種眠頭。蠶至吐珠爲眠成，取空筐，勻糁班糠即礱糠灰，或兼拌散石灰，以眠頭帶綈，鬆布其中，謂之派綈。用手宜輕，不得觸傷蠶觜。令蠶綈乾燥，綈中沙矢，必盡敂去，復厚糁班糠一層，安頓靜暵處，謂之種眠。眠亦易起。

候起孃。自眠而起，天寒約一周時，天暵較速。欲其速起，須用沙綈法，廊檐外架竹木作棚，上覆蘆簾，外護草薦。太陽洞照，移蠶筐置棚下，頻頻翻動，謂之抄綈，蠶乘暖氣，半日即起矣。先起者，名搶火孃，悉屬雄蠶。起齊後，若絆滿楊花綈，須用箸分開，使起孃在下者，皆得乘鬆而上。

又 二蠶 二蠶於芒種時始生亦曰夏蠶，十八日即成繭。夏蠶，性與春蠶迥別。春蠶之眠，無分早暮，夏蠶，晚刻不眠。故日中見眠，傍晚自能眠齊。若在申刻眠起，不過眠成一半，餘則直須至次日午刻方眠，不可不分開另貯，使眠眠如此，即不勝其分矣。故諺云：『二蠶十八派也。』三蠶、四蠶性亦同。

清 孫尚質《橡蠶芻言》卷三《育蠶要務》

上樹催食

蠶出卵，如針細而黑，即以橡枝置筐弦，聽其能自移動時，始架樹杪名曰上樹，另納橡枝於筐。遲半句鐘時，又上之，列作首班。次日出卵之蟻，仍如前法列作二班。蟻至三日，已到出完之候，列作三班，再遲者不用不用之蠶，有分置餵養者，名廢棄班，所成之繭，僅作製綿用。蠶食葉將半，用鋼翦斷其枝條，暫置筐中，轉移他樹是謂催食，天氣晴明，七日則眠，眠勿與食，經晝夜脫殼而起，謂之頭眠。初起與食，不可過多。又七日二眠，到三眠時，漸孕絲腸，皮膚恍呈五色。大約每樹之蠶，布之宜稀，移之宜勤，向食宜飽，眠後宜饑，計二十八九日而老，遲亦不過三十一二日，而養蠶之事畢矣。

又 勤愼防害

蠶在樹間，頭眠將及，防蜾蠃。眠起初壯，防蜻蜓。方二眠，防山蜂。夜間，防蝙蝠，漏盡將曙，防陽鳥。辰巳時防烏鴉喜鵲。午未時防蝦蟆。三眠後，蠶已孕絲，防山中蛇鼠。欲除其害，在搜焚螺蠃山蜂之窩房，舞長竹條以逐，蜻蜓蝙蝠聞竹枝舞聲，誤認蚊蚋飛來，趁其鼓翅就食，觸竹即斃。陽鳥、烏鴉、喜雀，畏火槍，聞爆竹聲即可遠舉。蝦蟆、蛇鼠皆穴居，以木屑石塊塡塞其孔，而害蠶之患以除。

清 孫鐘亶《山蠶輯略》第二十三課《旱年放春》 無論頭眠二眠，剪在老樹頭之密葉上，即三眠四眠亦當剪在芽棵與二芽頭之密葉上。如此放法，所做之繭不出油爛，亦可作繭種。

清 汪曰楨《湖蠶述》卷一《總論》 俗謂『爬蠶發于大眠三周時者，至五周時自止，發于五周時者，必傾筐盡變』，此説甚確，乾白肚無絲，上山後，身愈縮，節愈高，不能上帚，止集簾面，今所稱『活婆子』是也。又有一種，有絲腸而不成繭者，今稱縮婆子，係山棚上爲風吹襲所成，與白肚有明暗之別。縮婆子，身明亮，乾白肚，身暗滯。一曰多觜乾口蠶。眠初起，身蛻而觜不蛻者，名多觜孃；或蛻而口不能開者，名乾口孃。此眠頭之觜，爲人觸傷也。然眠頭傷風，亦有此病，猶之稻正吐花，突遇西北風，即成硬口，而不結實也。二者口不能開，並斃於餒。一曰著衣孃。起孃蛻膚至半身而止，謂之著衣孃。此有兩種，一是蠶病溼尾，黏惹不能蛻；一是種眠頭時，用石灰太重，蠶身乾燥所致，剝去其膚，蠶仍無害。若溼尾，雖剝去亦斃。一曰青蠶按，亦稱青條，以色名也。蠶眠則身黃，此獨青而不眠，故曰青蠶。或受沙蒸，或受風溼，並足致病。自頭眠至大眠，皆有之。有一種名壯青者，乃食肥葉而成，蠶身分外粗壯，色深青而不眠。按，俗謂蠶不螫人，然亦間有被螫者。毒入內，能令人寒熱，以芒麻葉擣汁，塗之即愈，以蠶畏芒也。至俗又以蠶咬爲吉利，則不知其何説矣。

又 卷二《飼蠶》 收下後葉宜切細，初眠後可麤，二眠後用葉片。《育蠶要旨》三眠則連枝與之。出火前忌溼葉，大眠餇後，又惡太燥，以潔水灑葉而飼。

又　頭眠　蠶將眠，不勤食，曰紅嬾思又有青嬾思，亦曰攬絲，言口中吐絲也。《胡府志》一云蠶長已倍，乃發油光，名紅嬾思。《西吳蠶畧》其曰食娘者，言他蠶盡眠，而此猶食葉也。《胡府志》按，青條亦在內。結觜停食曰眠，蛻膚向食曰起。時寒則遲，時溫則早，此天爲之也。冷看則遲，熱看則早；食慢則遲，食緊則早，此人爲之也。初眠曰頭眠，次曰二眠，三曰輟火，四曰大眠。已眠者爲眠頭；已起者爲起孃。火蠶之眠；疾而且齊。如見紅攬絲；卽宜縣除沙綈。冷蠶之眠，畧分先後。須審其眠十之二方縣，卻不可早，早則食葉者尚多，不能不多飼。飼多綈厚，又難復縣，必受鬱蒸之病。亦不可遲，遲則眠於沙綈者多，既不勝檢捉之煩，且致沙綈罨抑之患。《吳興蠶書》仍以竹箸細細分開，去其殘葉。《烏青鎮志》初眠雖係學眠，究欲其齊，朝見眠頭而夕定𦃃，夕見眠頭而朝定𦃃，其蠶必佳。眠頭，欲眠者數十個也，定𦃃，無不眠也。雖屬好蠶，終不免有青條。將眠，葉不可多采。每眠並同。《育蠶要旨》眠則擿置他器，曰捉眠頭。董蠡舟《樂府小序》頭二眠蠶小，不能捉。但去沙屑，謂之替。《西吳蠶畧》

候眠頭　凡蠶之眠，皆先吐絲著綈，以纏其足，謂之做綈，須停火停葉，火不停則傷蠶，進葉則已做綈者復上葉面而重做矣。移放帷帳之中，勿使風襲風吹之則觜頻縮而難吐，西北風尤忌，又不可撞動蠶筐撞之則觜亦縮住。初但伸觜向上，挺身不動，謂之打眠樁，再候之則吐珠矣觜上忽伸出一紫色圓點，如綴珠然，謂之吐珠。《吳興蠶書》俗謂頭眠頭頂沙，二眠蠶拕蠶，然猶不足憑，唯看其蠶身放白，蠶身長大，旺葉以後漸漸色黃，收身褪葉，觜尖有黑二殼，此眠之候也。《育蠶要旨》

又　驗眠頭起孃　眠頭身體堅實，向明照之，色深緑者爲無病，疲軟紅黃則病矣。捉眠頭時，葉綈乾燥，沙矢堅結者爲無病，葉綈潮潤，沙矢汙手則病矣。俗用清水一盌，取眠頭十箇，除淨纏脚絲，投之皆沈者爲有十分收成，沈九爲九分，以次遞減。雖未必盡然，亦可備試驗之一法。起孃初蛻，昂首張尾，色如羊脂者爲無病，頭垂尾斂，身黃如陳倉米色，俗謂之著黃草布衫。放葉後，卽尾流清水矣。火蠶須用新白紙一方，置筐中，眠頭起齊，紙上無一點汙穢水跡者良，若有跡爲傷火之徵，棄之可也。《吳興蠶書》眠起食倍于前，衡之，重亦逾倍者，里語謂之餇得起，反是曰餇不起。董蠡舟《樂府小序》

又　餇食　二眠餇食，不比頭眠及出火，不可過熬；大眠餇食，稍嫩亦不妨。《育蠶要旨》

又　出火　小蠶用火，至三眠去之，故名出火亦作輟火。近多不用火，而出火之名仍相沿不改。《遺閒瑣記》蠶至輟火與小蠶異。小蠶之眠，皆派綈輟火，必除盡沙綈，淨檢眠頭，方可用秤較量。《吳興蠶書》不事竹箸，用手一一取下，《烏青鎮志》謂之『捉眠頭』。其臨眠縣換之法，亦異。小蠶眠十之二，卽可縣。輟火，須俟有十之三四方縣。蓋蠶大筐增，又欲除綈捉蠶，雖眾手疾檢，較之派綈，多費時刻。眠頭在綈久，最易蒸損，況輟火之起較速。諺云『輟火打箇滚』，言起之速也。往往有捉未齊而蠶已起者；惟俟其稍多；則縣畢卽眠；飼亦不過一兩頓，沙綈既薄，檢捉亦易，可不患其蒸損矣。捉齊後，秤準分兩，取石灰末和班糠糝於筐中，以眠頭稀布之，更用班糠糝於面上，則燥而暵。

又　分縣　蠶性喜溫，而又惡溼熱，故必𦃃括。𦃃則剝去底下一層，括則取其面上一層，而𦃃中猶有蠶在，必當搜剔淨盡倘有殭爛、白肚、空頭等蠶，棄之無遺。每日宜𦃃括一回，而出火及大眠時爲尤要。更有救逆之法，如爛肚傷熱、吐水、白肚二種氣水葉、空頭小蠶時失葉飢傷、布漆身有黑斑點，生種之故，必須勤𦃃，方不傳染。如殭蠶傷冷、瘇娘不上葉，生種時對得不深，可噴燒酒或甘草水。又法，以馬毛鋪蠶器內，可免諸病。《育蠶要旨》

又　收蠶　蠶初脱𣪊曰烏《爾雅翼》曰蚝。餘諸書曰蟻，細如髮，色黑，嫩桑葉切極細，飼之微有聲，遇雷聲則以故種連卽種布護之。奉馬頭娘於室，布桃茢於門，戴桃茢於首，以祓除不祥。《西吳蠶略》初生之蠶，俗名烏兒，每重一錢十六兩戥子，可得出火一斤，大眠四斤並廿四兩秤爲中平之率。《遺閒瑣記》

董蠡舟《樂府小序》按，俗呼飼曰餧，讀如豫。每日布葉五六次須鋪得極勻，不必過厚，黃昏時一次須畧厚，如遇陰寒，布葉而蠶不甚食，須用棉被將盛蠶之器四面包裹，使受暵氣，則食矣。器上以他物架空，恐棉被壓及蠶身。《廣蠶桑説》僧于蠶月入夜打鐘三次，以警蠶婦餇葉之候，蠶畢，率酬以緜。施國祁《禮耕堂詩集》大約每蠶一斤廿四兩秤，自收下至上山，喫葉一百八十斤十五兩三錢秤，此上上蠶也，稍平者，不到此數。《育蠶要旨》

又　二眠　二眠疾于頭眠，其除綈停葉諸法，一切皆與頭眠同。《吳興蠶書》二眠退皮，長二分許，黑色退而漸白，食葉聲亦稍大。《西吳蠶畧》

又　簾縣　蠶過大眠，又鋪地上，無須筐箔，故簾止爲山棚上架蠶之用。然夏蠶大眠之後，時正炎熱，若鋪地上沙綈中，溼熱之氣甚于春蠶，蠶受之，斷無不損。

又 鋪地　蠶以居筐爲善，然大眠以後蠶大筐多，列槌分架，擡飼難，擡簇尤難。《吳興蠶書》於是埽地藉蘆蓆，而散蠶其上，《胡府志》以土坏闌限如筐，《吳興掌故》謂之放地蠶，《廣蠶桑說》亦謂之下地。有大眠放葉周時後下者，有放葉三餐卽下者，酌量蠶之多寡，室之寬狹，瓜分棊布，幾無餘地以容人。自此不擡不簇，唯朝暮勤飼，以俟其老，眞簡便法也。蠶有忌下地者，一夏蠶，時屆炎暑，沙綈熏蒸，較頭蠶更甚，在地無從簇換，蠶受之卽傷而無成，不可下也。一種蠶，蠶既爲種，尤宜燥潔，地上終嫌潮潤，且蠶少，擡簇極易，不必下也。《吳興蠶書》蠶既下地，居高布葉，須輕輕布之，務使均平。有手所不能到處，用細竹枝挑之使勻。《廣蠶桑說》

又 假蠶館　凡設塾于家者，蠶至大眠，房屋皆須鋪蠶，而蒙師亦家盡養蠶，須自助勞。是時村塾盡輟學，謂之假蠶館。《西吳蠶書》

清　汪宗沂《蠶桑輯要・樹桑養蠶要略》　預稱蠶子　蠶子一錢，三眠時可得蠶一斤，每三眠蠶一斤，前後食葉約一百四五十斤。大眠時可得蠶五六斤，前後食葉一百三四十斤。收子時必須先稱，以便計算食葉多少。家多桑葉，則有把握，否則，須多方購買，以免蠶多葉少。

又 頭眠　蠶初生，飼至第七日爲頭眠。將眠時，頭微綠，尾微紅，常昂頭作吐絲之狀。趁此時卽篩灰鋪葉，俟蠶全上葉，急易一器，飼葉漸勤。正眠時，蠶嘴上隱隱有尖角，頭向上，身不動，不食葉，此頭眠也。眠定後，宜溫煖避風，以輭草灰薄篩蠶身上，俾眠蠶易於脫殼，置之靜室，以俟其起。

頭眠起後　頭眠不過一二日，俟眠蠶色微黃，嘴微闊，衣已盡褪，則起。衣卽皮也，眠一次，則嘴闊一次，皮寬一次。初起，室中宜微明微煖，禁煎炒氣衝之，必須眠蠶齊起，方可一律飼葉。

二眠　頭眠後四日，又將二眠，其見紅綠絲與昂頭之狀，盡同頭眠，其易器飼葉之法，亦如之。正眠時頭又向上，嘴又隱隱有尖角，不食葉。眠定篩灰，一同前法。

又 三眠　二眠起後三四日，又將三眠，上葉次數約在二十次以外，其見紅綠絲等狀，與頭二眠同，一切保護之法均照前。眠定後，逐一拾出，置光滑器內，以秤稱之，一斤可得繭十斤，須食葉一百餘斤。秤准，仍置大蠶於盤內，仍篩灰於蠶上，以俟其起。若天氣尚寒，須俟大眠眠定時方秤之。

又 大眠　在三眠起後四日，天冷則五日，保護飼葉，尤須小心。若在大眠時用秤稱蠶，須人多手速，移定，用絹篩篩研細陳石灰，以收其溼氣。再用刀切輭草，覆於石灰之上，以待其起。又三眠時稱過，大眠時不必再入秤。

大眠起後　一晝夜後，蠶必脫灰脫草而起，天冷起稍遲，只宜靜候，不可促以火，亦不可急飼葉，須起齊方飼。大眠以後，蠶食葉愈速，布葉宜勤，不可令稍飢，此時多食一口葉，則上山後多吐一口絲。隔三日，去桑渣蠶屎一次。蠶至大眠後宜涼，宜開窗以通氣，遇西南風仍閉窗戶。

蠶老　大眠起後，飼葉四五日卽老。身肥嘴小，長二寸，粗如小指，色微黃如糙米色，絲喉漸亮。飼葉三五次，通身透明，游走不食，是欲作繭，急宜上山。

清　衛杰《蠶桑萃編》卷三《蠶政・蠶始類》

分四眠

種亦有鹹淡，下連後七日初眠，又四五日二眠，又四五日三眠，又四五日大眠，又四五日而老，比三眠蠶多一眠。然自下連至老，總計時日，與三眠蠶相等。

又《蠶性類》

寒熱異候

子在連喜極寒，蟻初生喜極煖，眠時喜溫，頭眠二眠三眠起後喜煖。大眠以前若受寒冷，老時必爲殭蠶，卽不作繭。大眠起後喜涼。三眠蠶只有三眠，無大眠，以第三次眠卽大眠也。臨老喜漸暖，上簇喜極煖。

又《蠶具類》

蠶網

蠶網者，抬蠶除沙之網也，爲蠶事要具。養蠶諸事皆易，惟除沙揀蠶甚是勞苦。揀久則手熱，沾熱則汗出，結薄繭，所以養蠶不多。惟嘉興湖州用網抬蠶，每歲收絲數百斤，其餘各省皆未有也。法以二網輪流抬換，捷便甚妙，卽養數百箔無難矣。網之寬窄，視蠶盤之大小，用新細麻織之，或塗以生漆，或塗以豬血，和石灰，仍以粗麻繩穿邊，甚足耐久。或用爛魚網，照蠶盤裁翦補綴完好，用細篾絲穿邊亦可。其除沙法，待蠶食葉已盡，將網蓋於蠶（土）[上]，以桑葉撒在網上，蠶聞葉香，穿網而上，將網抬起，可以埽除下面蠶沙、殘葉，卽將網輕放勿動。迨飼一晝夜，又將網蓋蠶上，仍如前經理。故除沙必用二網爲便，若一網則費功，尤恐傷蠶。又頭眠時劈分用匙。頭眠後用麻布，孔如大豆。二眠用麻布，孔如小指大。三眠後用網，亦無不可。

又《審候類》

飼晝夜

養蠶無巧，食足便老。故蠶必晝夜飼，頓數多者速老而絲多；頓數少者遲老而絲少，過小滿則無絲矣。將眠未眠之時及大眠後數日，尤爲要緊，勿令稍餓。大眠以前受餓，則老來頭內空白，不作繭，爲亮頭蠶。大眠以後受餓則絲少。

又　量厚薄

蠶小布葉宜薄，蠶大布葉宜厚。大眠以後蠶老以前，布葉宜極厚，每將眠時布葉宜頻且宜薄，每眠起時布葉宜薄且宜緩。

又《收蟻類》

酌多寡

下蟻之多寡，以桑葉之多寡爲準。故養蠶者必須量葉下蟻。新蟻一錢，三眠時約可得蠶一斤，每三眠蠶一斤，前後食葉約一百四五十斤，此湖州養蠶法也。新蟻一錢，大眠時約可得蠶五斤或六斤。每大眠蠶一斤，前後食葉二十五斤，大眠蠶五六斤，前後食葉一百三四十斤，此杭州養蠶法也。一就三眠時計算，一就大眠時計算，前後食葉斤數不甚參差。然葉在樹上，何由知其多寡。於先一年桑葉正茂之時，取一全樹之葉，稱準斤數，合而計之，桑樹若干株，可得若干斤。即以今年桑葉之多寡，預定明年桑葉之多寡，可以知大概也。

又《頭眠類》

將眠

蠶將眠時，自下連日算起至六日或七日，即頭次將眠之候，以上葉次數計之，約在三十次外。將眠之狀：頭帶綠色，尾帶淡紅色，俗云見紅綠絲；身肥皮緊，色白而亮，由青轉白，亮在已變白色之後未變黃色之前；口吐絲於葉上，俗云沸絲；此時將打裝尚未打裝，打裝則仰面向上，身子不動，乃熟眠之狀，非將眠之狀。易器之法：眠時，不可驚動，趁其將眠未眠，剔沙一次，如云蠶變黃光時急須剔沙，其說不可從，以黃光一見，蠶即熟眠。眠後剔沙，恐不堪其擾。又云將眠之，先三四餐食葉最旺，旺葉後必沸絲，沸絲後即打裝，急剔沙一次。此說善於體會，以剔沙應在沸絲之前，不應在沸絲之後也。蠶色善變，初起色灰，越二日夜變爲青光，又一日夜變白光漸發亮，又一日夜變黃光。

當白光發亮時，即打眠不過一時，必然沸絲。宜趁白光發亮，將沸未沸之際，速用網抬過，剔除蠶沙。若黃光一見，剔除已屬無及。且蠶眠將起時，全賴此絲扯住腳跟，方能脫去蠶殼。打眠時，絲已沸盡，至此始行剔除，必將眠腳扯斷。將來起娘之殼，必難脫出，此至要關頭也。剔沙後，必須餵葉，餵宜勤，上葉宜薄。保護之法：宜煖，宜微明，忌風，忌穢氣，比平時更要勤防。

又《二眠類》

將眠

二眠蠶將眠時，頭眠起後，越四晝夜即是二次將眠之候，亦有因天氣煖和，越三晝夜即要二眠者。以上葉次數計之，約二十次以內。此指四眠蠶而言，若三眠蠶，頭眠起後，越七日纔二眠。將眠之狀，與頭次將眠同。易器、喂葉、保護諸法，均與頭次將眠同。

熟眠

蠶熟眠時，從頭眠起後算，至五日或四日，即是二眠之候。若從下連後算起，約十一二日或十三日便當三眠。熟眠之狀與頭眠同。保護之法亦與頭眠同。

又　二眠起齊

餧蠶之法，與頭眠起齊同。此時勿使蠶受餓，每一晝夜，須餧五六次。易器之法，天氣煖一日剔一次。此時桑渣蠶屎較前益厚。天氣寒則隔一日。所易之器，紙下不必襯灰。如遇天氣過冷，隔一日仍不須剔，用茅草隔蒸之法，俟晴和再剔。保護法與頭眠起齊同，此是緊要關頭，切勿使蠶受病。

又《三眠類》

熟眠

蠶熟眠時，從二眠起後算至五日或四日，即是三眠之候。若從下連後算起，約十六七日或十八日，便當三眠。眠熟之狀與頭二眠同。惟頭二眠背上隱隱有尖角，三眠背上明明有尖角，稍不相同耳。保護之法與頭二眠同。稱蠶之法，眠定後逐一檢出，勿破損其身，勿擦傷其背，恐脫殼不下，置光滑器內，以秤稱之，爲以後桑葉計也。三眠蠶一斤，至老時可得繭八九斤或十斤不等，前後食葉一百四五十斤。除三眠以前所食不計外，以後須食葉一百餘斤。稱時須人多手速，緩則久罨致傷。稱准仍置蠶盤，篩糠灰於蠶上，以俟其起。又有俟大眠眠定時，方以秤稱之，只篩灰於蠶上，不計斤兩。蓋先後稱法，各有不同也。

清　吴鴻望校，袁俊德輯《蠶政萃編・蠶始類》

貴審色

蠶子初下色黄，次轉青，過六七日又轉黑。將出變綠，又變灰色，不日即出。初出色黑，三日後漸變白，又變青，復變白，又變黄，是爲頭眠。將眠色白，眠定色黄。頭眠起後微黄，又由黄而白，由白而青，復由青而白，由白而黄，是爲二眠，至三眠大眠亦如之。將老微黄，已老微紅而亮。

又《蠶飼類》

勿食霧葉

霧中摘葉爲霧葉，霧葉有毒，大眠以前食之，蠶老必成白肚蠶，肚下有白水流出，沾好蠶身上亦壞。若遇霧天，須將門窗關閉。

又《審候類》

粗細

切葉之粗細，視蠶之大小。切則易勻，亦較省也。蠶初生時，布葉宜細如絲綫。初眠起後，可寬一分。二眠起後，可寬三分。三眠起後，可寬五六分。至大眠起後，可食全葉，但去枝與莖耳。

又《大眠類》

將眠

大眠蠶將眠時，三眠起後越四晝夜，又將大眠，亦有早至三日，遲至五日，以天氣有冷煖，食葉有疾遲也。以上葉次數計之，約在三十次以外，此亦指四眠蠶而言。三眠蠶只眠三次，無大眠。將眠之狀，與頭二三次將眠同。易器、餵葉、保護諸法，均與頭二三次將眠同。

又　熟眠

蠶熟眠時，從三眠起後算至四五日或六日即是大眠之候。若從下連後算起，約在二十一二日内外，便當大眠。將眠之狀與三眠同。保護之法與頭二三眠同。稱蠶之法，眠定後逐一檢出，置平底盤中，不拘方圓竹木，忌新油新漆，盤滿以秤稱之。大眠蠶一斤，老時可得繭二斤，前後食葉約二十五斤。除大眠前食不計外，此後須食葉二十斤外。稱時須人多手速，稱準則置盤内。每斤分五六堆，旁留餘地，以待其散。用粗絹篩極細陳石灰於堆上，以收溼氣。再用閘刀，將秈稻草截作半寸，覆石灰之上，以不見蠶身爲度，以待其起。此杭州稱蠶法也，若湖州則先於三眠眠定時稱之，大眠眠定時不稱，只篩石灰。

又　大眠初起　眠起之時，大眠一晝夜後，蠶必脱灰脱草而出。倘天氣寒冷，則起稍遲，有遲至兩三日者，宜靜候，不可設法催促。起娘之狀，與頭二三眠起娘同。保護之法與三眠初起同。

大眠起齊

餵葉之法，視其眠起，即便餵葉。第一日先餵柘葉五六次，再餵桑葉，絲乃韌而有光，無柘則專餵桑葉。第二日巳午刻間，以臘月所藏綠豆粉拌桑葉餵一次，先攤桑葉於蠶盤内，以新水灑拌，再用細羅篩篩綠豆粉於葉上，拌令極勻。每葉一筐，用水一升，豆粉四兩，餵蠶五六斤，可解熱毒，且蠶絲堅韌有色，易於抽繅。或用臘月所藏熟米粉，拌桑葉餵之，亦可。第三日以臘月製桑葉麪拌桑葉内餵三五次，灑水篩拌，與拌豆粉同，若專餵桑葉更佳。第四五日專以桑葉餵之，蠶自大眠之後食葉愈速，布葉宜勤，不拘正反面，不忌溼沙葉，須晝夜餵養，食盡即布，勿令稍餓。每一晝夜餵約十餘次，此時多食一口葉，則上簇後多吐一口絲。易器之法，莫妙於用蠶網。大眠起齊之後，食葉愈多，桑渣蠶屎較前更厚，不剔則蠶受蒸鬱，臨老多病。此時舊皮纔脱，蠶腳尚嫩，未可挪動，早剔恐觸傷蠶腳，日後必絲縷不純。惟以蠶網剔之，可免受蒸鬱，又不觸傷動腳，且簡便省力。如無蠶網，勿早剔，俟天煖，則於起齊後二日剔之；天寒，則於起齊後三日剔之。三日後，日剔一次，緣蠶腳漸老，偶爾觸動，亦無傷也。保護之法與頭二三眠起齊後同。但頭二三眠起齊後宜煖，大眠起齊後宜涼。以蠶長十分，葉增十分，渣多屎厚，易於發熱，須捲起窗外簾薦，開窗下風兜，並剪開窗紙，漸漸透氣，恐蠶陡見風日，驚而生病。惟雷電交作時須密閉窗門，勿令電光射入，或西南風起，或夜氣太冷，須放下門窗簾薦。若天氣暴熱，門外置甕，貯以清水，或洒水於門外地上，以透冷氣，天氣平和則勿用也。白水蠶者，起齊後兩三日，見有蠶身獨立，其節高聳，不食葉，而常在葉上往來，腳下有白水，宜急去，勿使沾染他蠶，沾者即爛。

蠶老時　大眠起娘，餵葉四五晝夜即老，以上葉次數計之，約在五十次内外。自下連至老，約二十五六日或二十七八日。

又《**頭眠類**》

頭眠初起

蠶眠起時，自下連後算起至八日或九日，眠者脫殼而起。以眠後計算，約一晝夜卽起。眠起之狀，眠娘色微黃，觜微闊，衣已盡褪則起，俗云起娘。衣，皮也，眠一次則觜闊一次，衣寬一次。保護之法，宜微明微煖，禁止煎炒，一見起娘，卽禁油腥氣，恐吹入蠶室。起娘嗅氣則登時生病，不必急於餵葉，因口尚嫩，恐有觜已闊而衣未盡脫者，食葉早則腹大，未脫之衣便難脫矣，必待箇箇起齊，方可餵葉。

清　吴宗周《**蠶桑白話**》**卷二**　桑葉與蠶的關係　蠶到大眠的時候，桑葉最要留心，他的食量，比那一、二、三、四眠時候，加多至五倍。譬如這一匾桑葉已盡，過時不飼，必餓了蠶。你若不管新採的桑葉潮濕不潮濕，採到就喂他，不曉得這水氣太多的葉，蠶吃了必生病。

清　吴詒善《**蠶桑驗要・蠶篇**》　飼蠶頓數第六　蠶必晝夜兼飼，初出者勻鋪細葉，日飼五六次。至頭眠漸加，頭眠起齊，一晝夜飼四五次，逐漸加之。二三眠起至大眠時，每日飼十五六次，過四五日卽可上山。凡眠後，須待起齊，然後下葉，否則到老不齊，上山時亦費力。若有不眠而仍食葉者名曰青頭，或眠而遲起者，均當剔去。

提眠布葉第七　蠶色微白，嘴上隱有尖角而不食葉者，此初眠也。篩糠灰於上，未眠之蠶，皆脫灰而上，當提置別筐，勤飼數次，則亦眠矣。過一二週時，色微黃，嘴微潤，眠將起矣。不可卽布葉，必視無一眠者，方可飼之。二三眠皆准此。眠起遲早關乎火候得宜與否，詳下表內。三眠之後，留心勤飼，卽當大眠。大眠起後，先飼土桑二三頓，出絲韌而有光，至成繭時，約食葉五十餘次，愈多愈妙，多食一口葉，卽多吐一口絲也。

又　稱子量葉第十三　育蠶必須量葉，量葉必先稱子。放子時，將布稱過，記明分兩。下子後又稱過，卽知子之分兩。凡子每兩，約蠶四萬餘，每萬食葉三百二十觔。今湖州每方子如缸頭紙大爲一方，約蠶十八筐。每筐大眠起，約重四觔。蠶初出曰烏毛。如烏毛一兩，大眠有十筐。每方子約有烏毛一兩八錢或二兩，如烏毛一兩，至大眠起重四十觔，約食葉三百五十觔。自大眠至上山，應食葉一千二百觔，雨葉連枝不計。

清　吴作鏌、倪紹雯、劉安欽《**蠶桑速成捷法・蠶絲業普及捷法**》**第二章**《**養蠶捷法**》　眠起　蠶兒自發生至結繭，要脫皮四回三眠蠶只脫三回，概于每齡盛食期後，堆積脂肪于體內，而顯其滑澤于皮外，至帶赤褐色，則不食桑葉。頭左右旋而吐絲，固纏尾足部于蕻沙上，高昂其頭而靜止，實則脫皮之作用，以其形似安寢而命名曰眠也。其額下連口部現灰褐色之三角形，皮卽由此破裂。此際切忌攪動，卽有未眠而食葉者，須行引青法，何則？靜掩網于上，稍撒桑葉，誘不眠者上網而取之，另置飼于蠶架上層以催之是也。此時溫度亦宜七十度內外，濕球亦宜相差在六七度。若過于乾燥，則脫皮困難，而起蠶之疲勞亦甚。過于潤濕宜加火力排濕，則使起蠶虛弱而多病害。故此中之保護，尤宜周到。若生起蠶之時，雖宜給桑，然給之過早，則起蠶之口具軟，消化機不壯，且有眠蠶，使爾後發育不能齊一。給之過遲，則起蠶饑疲而不能堪，必也。自箔中有多數蠶兒脫皮，經過十二時間，卽給以稍嫩桑葉是曰餉食爲宜。

清　羊復禮《**蠶桑摘要・養蠶十五則**》

四蠶眠

蠶食桑三日，卽有一日不食，是爲蠶眠。有初眠粵人謂蛾眠，浙人謂頭眠、二眠、三眠浙人謂出火、大眠之分。眠時通身光亮，嘴尖小赤，不食葉，謂之蠶眠。替去宿葉、蠶屎，卽停放桑葉，浙人以禾草截作寸餘長，平鋪筐底，將蠶攤勻面，以細石灰煨糠斑撒之，粵人有用有不用。糠斑，卽穀殼，用火煨黑用之。眠一日夜，脫去黃色之殼，蠶頭昂起覔食，是謂『眠起』，卽放桑喂食。二眠、三眠、大眠皆如之，大眠須兩晝夜方起，亦照樣辦理。蠶種有三眠者，至三眠後卽熟，不待四眠。四眠種，須四眠方熟。領種時，須問明。

又　八換篙浙人名筐

篙分三樣，小者寬尺五寸，初眠、二眠用；中者約寬二尺，三眠用；大者約寬五尺，大眠後用。須一二日去篙底桑渣蠶屎。其器具有蠶篙，有蠶架，有蠶欖各項，皆取其便用耳。

九蠶熟

大眠後，蠶食數日，週身現黃蠟色，游走不食桑葉，昂頭吐絲，是謂蠶熟。卽取置蠶箔上，其帶青色而未熟者，照前放桑，俟通體透亮，則皆熟矣。

清　楊鞏《**中外農學合編**》**卷一〇**《**蠶類・飼育・春蠶**》　釋名　蠶，龍精也，屢化如神，因食而異。其卵曰子，子初生曰蟻亦曰蠶花，又曰蝸兒，子之首先出者曰⿰虫少亦曰報頭，蟻漸大曰蠶亦曰蟓，又曰絲蟲，蠶老吐絲自裹曰繭亦曰襲，又曰蠶衣，繭成化而爲蛹亦曰繭蟲，又曰蠶女，蛹化爲蛾亦曰羅，蛾穿繭而出，又復生卵。蠶屎曰砂，蠶皮曰殼亦曰衣，又曰蛻，繭外浮絲曰繭絖亦曰窠，又曰外衣，蠶臥曰眠亦曰俯，眠後脱殼曰起。初眠曰頭眠，二眠曰停眠，三眠曰出火，四眠曰大眠，將眠曰紅嬾思亦曰青嬾思。他蠶盡眠而此獨食葉曰食娘，眠者曰眠娘，起者曰起娘，將老而口中吐絲繚繞至脰曰繚娘。老者色微紅，絲喉漸亮，曰老娘，亦曰紅蠶。《爾雅》《農桑要旨》

又卷一一《蠶類·飼育·頭眠》 熟眠之時，從下連後算起，至第七日或第八日，卽是頭眠時候。從沸絲算起，一晝夜方能箇箇眠成。蠶不眠則殼不脱，殼不脱則身不長。眠熟之狀，色微黄，頭向上，身子不動，謂之打眠裝。嘴縮入不食，謂之結觜。嘴縮之後，旋又徐徐吐出，謂之吐嘴。直至嘴上隱隱有一點尖角紫蔭，方纔吐全，謂之眠娘。保護之法，宜暗，宜温煖煖則一日夜可脱殼，寒則一日半或二日方能脱殼，宜避風，宜避穢，不可餧葉，不可驚動蠶器。用礱糠灰篩於蠶身之上，以收潮溼如此則蠶身易於脱殼，置之淨室，以俟其起。未眠之蠶與已眠之蠶不可併在一處。先一日眠者，必先一日起，後一日眠者，必後一日起。若勉强合併，則一器之内，有已眠者，有未眠者，覆壓擾亂，甚不相宜，必須篩糠灰於蠶上，布桑葉於灰上，俟未眠者脱灰而出，便可移置他器。易器後餧葉宜勤，切勿偷懶，餧至數次，則未眠者亦眠矣。昔人所謂『頻飼，以督其眠』，卽指此時而言。眠定仍篩糠灰於蠶上，以俟其起。餵葉之後仍不能眠，俗謂之青頭蠶，養之無益，撿而去之可也。《士農必用》《蠶桑輯要》

頭眠起後　眠起之時，自下連後算至第八日或第九日，眠者卽脱殼而起。以眠後計算，大約一晝夜卽起。眠娘色微黄，嘴微闊，衣已盡褪而起矣，俗謂之起娘衣，皮也。眠一次，則嘴闊一次，衣寬一次，蓋其嘴其衣皆於眠時潛換也。保護之法：宜微明，宜微煖，宜禁止煎炒，不必急於餧葉，必待箇箇起齊方可餧葉。再看桑渣蠶屎之上有絲布滿，則起娘。嘴老，便可餧葉，每一晝夜約餧四五次頭眠起齊之後，二眠之前，中間三四日最爲要緊。如果此三四日内有小病，到老便無收成。第一，不可受餓，夜間切勿貪睡。起齊後，第一次布葉，須薄而勻。蠶眠時器内篩有糠灰，起後蠶器乾燥，所布之葉易枯，枯則蠶不能食，布葉宜薄。俟食去三分之二，再布一次不必俟其食盡，第三次布葉不妨稍厚。以後蠶漸大，葉亦漸厚，須食盡再布，隔一日體一次因此時食葉漸多，桑渣蠶屎較前易厚也。保護之法：宜煖，宜明，忌風，忌穢。《農桑通訣》《蠶桑提要》

二眠　將眠之時，頭眠起後，越四晝夜，便是二次將眠時候，亦有因天氣煖和，越三晝夜卽要二眠者。以上葉之次數計之，大約總不過二十次以内。此指四眠蠶而言，若三眠蠶，頭眠起後越七日纔二眠。其眠狀及易器、餧葉、保護各法，均與頭次將眠同。《蠶桑輯要》

又　三眠　將眠之時，二眠起後越三四晝夜，又將三眠。以上葉之次數計之，大約總在二十次内外。比亦指四眠蠶而言，若三眠蠶，則二眠起後越七ヨ方三眠。其眠之狀及易器、餧葉、保護各法，均與頭二次將眠同，熟眠及眠起、保護各法亦同。惟浙人於三眠時必稱蠶以定準則。稱蠶之法：眠定後逐一拾出不可破傷其身，亦不可擦傷其嘴，恐脱殼不下也置光滑器内，以秤稱之爲此後桑葉計也。三眠蠶一斤，至老可得蠶八九斤或十斤不等，前後食葉一百四五十斤。除三眠以前所食不計外，以後尚須食葉一百餘斤，稱時須人多手速人不多，手不速，則久罨致傷，稱準仍置籚内，篩灰於蠶上，以俟其起。此湖州法也。杭州人養蠶，須俟大眠眠定之時方以秤稱之。如照杭州法，則三眠眠定之時不必稱其斤兩，只篩灰於蠶上，以俟其起可也。杭州法詳大眠之後。此時，有蠶色甚青皮肉如有油，不食葉而在葉上掉頭不住，似有所苦者，此蠶終不能眠，眠亦無用，宜急棄之。《蠶桑備覽》《蠶桑須知》

三眠起後　眠起之時，三眠亦以一晝夜爲率。其狀及餧葉、易器、保護各法，均與頭二眠起齊後同。所不同者，甫經開口，未餧桑葉之先，可餧柘葉二三次，再餧桑葉，切過三四次後，可用整張大葉，不必再切。此時食葉較速，務須晝夜布葉，每次宜略厚。三更後再布一次，亦宜略厚。易器之法，與二眠起齊後同，與頭眠起齊後不同。保護之法與頭二眠起齊後同。惟起齊之次日，可去蓐草，謂之落蓐，與頭二眠起齊後不同耳。《蠶桑直説》《蠶桑實際》

大眠　將眠之時，三眠起後越四晝夜，又將大眠，亦有早至三日遲至五日者。以天氣有冷煖，食葉有遲速也。以上葉之次數計之，大約總在三十次以外。此亦指四眠蠶而言，三眠蠶只眠三次，無大眠。眠狀與餧葉、保護各法，均與頭、二、三次同。《蠶桑易知録》

大眠起後　眠起之時，大眠一晝夜後，蠶必脱灰脱草而出。倘天氣寒冷，則其起較遲，有遲至二三日者，只宜靜候，温度不可太高，緣蠶至大眠後喜涼也。其狀與頭、二、三眠同，易器、保護與三眠初起同。餧葉之法，起齊後便須餧葉，第一日先餧柘葉五六次，再餧桑葉，絲乃韌而有光。無柘葉卽餧桑葉。第二三日，或用臘月所製桑葉麪拌桑葉内，間空餧三四次。第四五日專以桑葉餧之，則絲更堅韌有色，易於抽繅。蠶自大眠後，食葉愈速，布葉宜勤，務須晝夜餧養，不可稍飢，每一晝夜約餧十餘次。此時多食一口葉，則上山後多吐一口絲。若遇天氣暴熱，須開窗捲簾，并開風竇，或門外置甕，貯以清水，或洒水於門外地上，以透涼氣，天氣和平則不必。如起齊後二三日見有蠶身獨短，其節高聳，不食葉而常在葉上往來，胸下有白水者宜急去之，毋使沾染他蠶。

《農政全書》《授時通考》《蠶桑提要》

又 蠶老　大眠起娘，餧葉四五晝夜卽老。以上葉之次數計之，大約在五十次内外。自下連至老，約二十五六日或二十七八日，身肥嘴小，長約二寸，粗如小指，色微黃，如糙米色一般，取向明處照之，絲喉漸亮，身漸軟，謂之老娘。

又 上樹　蠶見新葉，自然緣上樹枝，先食嫩葉，以後聽其自食自老。未老之先，有時不食，乃蠶眠也。眠起卽復食。

清　楊蔚本《養蠶説》《皇朝蓄艾文編》卷二〇　飼蟻　蠶母宜著單衣，自身覺寒，蠶亦寒，便添火，自身覺熱，蠶亦熱，便去火，涼煖得宜。初眠天氣晴明，則捲窗薦。大眠天氣炎熱，屋内宜涼。成蟻宜煖，停眠宜溫，大眠宜涼。蠶必晝夜飼，頓數多者早老，少者遲老。二十五日而老，一箔得絲得二十五兩。二十八日而老，得絲二十兩。月餘老者，衹得絲十餘兩，切不可貪眠懶惰。十分眠方可住食，十分起方可投食。蠶住食則分擡去沙澳，須衆手疾擡。帶露濕葉不可飼，宿澆其桑，清晨旋採，利刀切細，疎篩薄布，不住頻食。第一日四十九頓，第二日三十頓，第三日二十餘頓，葉微加厚，葉又加厚。至此色變白向，食宜加厚，色變青正，食益加厚，復變白慢，食宜少減，變黃色宜愈減，純黃則停食，謂之正眠。頭眠起齊，晝夜六頓，次日加葉。二眠起齊，晝夜四頓，次日漸漸加葉。大眠起齊，一晝夜三頓，次日七八頓。初眠九日，二眠七日，三眠七日。

分箔　第三日微帶燠，薄揭蟻，布滿一箔。抬頭眠，薄帶沙燠，揭蠶布滿二箔，次日飽食，布三箔。抬停眠布六箔，次日飽食，布十二箔。抬大眠布二十五箔。眠齊落蓐，布三十箔。大約蟻一錢，老可一箔，箔長一丈二尺席也。蠶多宜分，沙厚須擡，分免稠疊，擡免濕蒸，故宜頻。小而分，大而擡，切不可高拋遠擲。蠶喜潔，蠶母不食葱韭，不近孝家。醉後不可擡蠶，一切污惡宜忌。臘月内將收桑葉磨麪，拌新葉飼蠶。又臘八，新水浸菉荳晒乾，又淨淘白米控乾，每箔半升，均磨麪。大眠起，拌葉飼蠶。

又 秋蠶初宜涼　陳稈草作蓐，紗糊窗透風。大眠宜暖，用紙作捲窗，遇北風夜寒，不能作繭，可於簇西北用籙箔遮禦北風寒氣，簇繰皆如前法。

清　姚紹《南海縣蠶業調查報告・蠶部》　八養蠶之期之長短及氣候養蠶之期，視天氣寒暖，有日半眠者，有兩日眠者，有三、四、五日眠者。始眠曰蛾眠，再曰二眠，曰三眠，曰大眠，卽四眠也。大抵蠶槈試水後三日初眠，越日半二眠，又越兩日三眠，再越兩日四眠，每眠一對時乃起食桑。四眠後四日蠶熟，此就上農夫言之。若四眠飼桑不勻，則熟有參差。故大眠放桑，一家男婦，日夜輪飼，不敢或怠。諺有之：勒力養蠶十八日，寒造則否。

清　葉向榮《蠶桑説・蠶桑輯要・諸家雜説》　交冬後霜桑葉，多收潔浄者，曬乾，入臼杵末，收入罎内，來年育蠶。蠶大眠時，遇雨葉潮，風吹未乾者，用乾桑葉末摻在葉上拌之，其葉即乾，飽蠶無患。

清　葉向榮《農林蠶説》　經冬桑葉宜收存也。經霜葉落時，多取潔淨者曬乾，入臼杵末，收入罎内，來年育蠶。蠶大眠時，遇雨葉潮，風吹未乾，蠶又待食之至。先將溼葉閘破，盛於桶内，用乾桑葉末摻在葉拌之，其葉即乾，飽蠶無患。

又 下蟻　蟻下後三日，即緊飼，五日即變黃白色而眠，有九分結嘴不食，為頭眠。涼則七日方眠，至九日頭眠，間有不能眠出者，蠶已有病，養之無益。余試多年，眠時將礲糠摻一層於上，還有食葉一分復摻稀葉一層，食蠶上葉，此遲眠之病蠶，鉗而棄之，勿惜。眠蠶連糠起鬆放開，住食二日夜，脱殼起齊，涼則三日，切不可用火催逼。

頭眠起齊，切葉薄飼，極緩二日後緊飼，食一晝夜，飼六七頓。三日復眠，變黃白色，結嘴八九分，摻礲糠，去食，蠶起鬆如前，為二眠。

又 斷飼眠法　專使未眠之蠶，使之速眠。如十分中有三五分黃光者，可減葉三五分，比尋常切細飼葉，頓數宜加。如十分中有七分黃光者，即減去七八分，摻葉極薄，頓數宜勤，以其齊眠。尚有青白未眠之蠶不多，速宜揀去棄之，此是不眠之病蠶也。如此起鬆，置之靜處，方可住食。候十分醒起，方可投食。若八九分起便投食，到老蠶不齊。蠶起時稍餓無妨，一則口老而殺葉，二則蠶身易大。蠶初醒時不宜亂動，因其皮嫩易於受傷，切忌見風，不比眠時皮老。既食葉後，不可間斷，如此飼葉守齊，斷無不齊之理。

又 有雌蛾十八隻，即有烏毛一錢，食葉至頭眠，計葉板約半斤。頭眠蠶一斤食至二眠，計葉板一斤。二眠蠶一斤，食至三眠，計葉板約六七斤，三眠蠶一斤。食至大眠四眠，計葉板約十四五斤。此時未過立夏，只可摘葉，不可伐條，以嫩條之葉，日大日厚也。每三蠶一斤，歲豐，及養得法，可有大眠蠶六七斤，次五斤、四斤、三斤無定。葉板七折，草桑照前法估。龍蠶及長繭大蠶，每大眠一斤，須加葉二斤。另有一種三眠即老之蠶名三眠蠶，二十三四天即老，食葉少，其繭薄而絲又少，知此則養蠶方有把握。

又 又大眠後，見有頭大節撞之蠶，雖能食葉，不能作繭，此蠶亦宜剔出，不可存愛惜之心而令虛耗桑葉。

清 佚名《樹桑養蠶要略·養蠶三十二條》 切葉飼蠶 蠶初生時，所飼之葉宜細如絲線。初眠起後寬一分，二眠後寬三分，三眠後寬六分，至大眠起後，以整張大葉餧之，不須切。諺云：『養蠶無巧，食足便老。』故蠶必晝夜飼之，勿令稍飢。將眠未眠之時及大眠後數日，尤宜多飼。蠶小時布葉宜薄，蠶大時布葉宜厚，將眠時布葉宜頻又宜薄。

又 蠶大分筐 蠶初生如蟻，大眠時長至五六分。大眠起後飼葉一晝夜，長至寸許，臨老長至二寸。若不隨時分筐，則愈大愈擠，必有損傷。

又 預稱蠶子 蠶子一錢，三眠時可得蠶一斤，每三眠蠶一斤，前後食葉約一百四五十斤。大眠時可得蠶五六斤，前後食葉一百三四十斤。收子時必須先稱，以便計算食葉多少。家多桑葉，則有把握，否則須多方購買，以免蠶多葉少。

又 頭眠起後 頭眠不過一二日，俟眠蠶色微黄，嘴微闊，衣已盡褪，則起。衣即皮也，眠一次則嘴闊一次，皮寬一次。初起，室中宜微明微暖，禁煎炒氣衝之，必須眠蠶齊起，方可一律飼葉。

又 大眠起後 一晝夜後，蠶必脫灰脫草而起，天冷起稍遲，只宜靜候，不可促以火，亦不可急飼葉，須起齊方飼。大眠以後，蠶食葉愈速，布葉宜勤，不可令稍飢，此時多食一口葉，則上山後多吐一口絲，隔三日去桑渣蠶屎一次。蠶至大眠後宜涼，宜開窗以通氣，遇西南風，仍閉窗戶。

（光緒）《石門縣志》卷三《食貨·物產·蟲類》 蠶 蠶稍粗矣，不必用竹筯，將手一一取下，棄殘葉而分筐頭，第筐一觔八兩，用秤秤定，攤篋筐中。蠶長半寸，飼葉不用刀切。又三四日夜爲大眠，亦將殘葉取下，又用秤秤，每六觔爲一大筐，以桑葉帶嫩枝者飼之，三晝夜，將蠶翻過，謂之起薙，不使殘葉堆積，濕氣壅蒸也。

清 余銑《山蠶講義》第三章《養蠶類》第三十九節《眠起》 蠶於初眠，一日一夜脱去黑殼，名為退衣。衣退後，其口部亦除舊布新，旋即自食其殼，能將殼食盡者方為美蠶。若僅食其半者，尋常耳。未頭眠之蠶衣皆黑色。頭眠起後則脱去黑衣，而轉為褐色。初起時食益力，其身量亦因之而漸增焉。

又 第五十八節《莊臕》 蠶至大眠起後數日，體極壯而長如食指大，其食量愈增，至一日夜，能盡七八葉不等，肥甚時澤澤有光，謂之莊臕。莊臕時剪移，尤數看蠶之人耳目手足交相為用，有日不暇給之勢焉。然移蠶之筐，又切不可多載。若蠶被積壓，口吐紅水，傷損必多，是宜以靜定之，馭煩難之事，慎勿以為細故而忽之。

清 豫山《蠶桑輯要合編·養蠶》 蠶性總説 蠶，陽物，屬火惡水，故食而不飲。蠶性喜靜惡喧，喜温惡濕。蠶在種宜極寒，成蟻則宜極煖，停眠起宜溫，大眠後宜涼，臨老宜漸煖，入簇則宜極煖。蠶欲三齊：子齊，蟻齊，則蠶齊。蠶有五宜：方眠時宜暗宜燥，眠起以後宜明，向食時宜加葉緊飼，新起時怕風，宜薄葉慢飼。蠶有七忌：自生至老，大忌煙燻，忌酒醋五辛，忌香麝油氣，忌飼濕葉，忌飼熱葉，忌側近舂搗，忌喪服與產婦。善育蠶者，蠶生於穀雨前後，不過二十七日即老，少病省葉多絲。

又 擡飼起齊，投食宜薄撒葉，一晝夜只可飼四頓，次日漸漸加葉，此停眠之法也。候十分起齊，投食一晝可飼三頓，次日七八頓。午後天氣晴暖，磨菉豆粉、白米粉或黑豆粉，與切下桑葉，將溫水拌勻，一箔用粉十餘兩，卻減葉三四分，隔一日再如此飼一頓。不惟解蠶熱毒，抑且絲多，而堅勁有色，此大眠之法也。

又 大眠後飼葉要堆至四寸許，蠶頭要密，食葉快，食葉鮮，食盡再飼。更鼓時飼一頓，可以卧寐二時，復起再飼，蠶不受餓，人亦省功。

蠶眠之日，以清香虔祀蠶神。大眠，以香燭、素菜、供酒三杯，不拘米麥麪做繭式，以祀蠶神，闔家下拜，示不忘本也。

又 蟻拂下，室煖三日卽緊飼，五日卽變黄白色，而眠有九分，結嘴不食爲頭眠，涼則七日方眠。眠時將班糠摻一層於上，還有食蠶一分，復摻稀葉一層，食蠶上葉，此遲眠之病蠶，用蠶筯鉗而去之。眠蠶連糠起鬆放開，住食二日夜，脱殻起齊，涼則三日。

頭眠起齊，切葉薄飼，極煖，二日後緊飼，食盡卽飼，一晝夜飼六七頓。三日復眠，變黃白色，結嘴八九分，摻班糠去食蠶，起鬆如前爲二眠。

又下《補遺》 臨眠取齊　今有一法，於頭眠打裝時，箔中尚有一半旺葉之蠶，須切細葉，勻鋪網面，卽將帶葉之網輕佈箔上，俟食葉之蠶盡數上網，將網擡開，另放一箔飼之。頭眠既起時，須要一律起齊，俟其嘴老，方可飼葉。蠶初起宜飢，一日夜不飼無妨。如尚有一半未起之蠶，卽將一日同起者，用上網擡法另移一箔飼之。二眠三起時再有不齊者，仍用上法。眠眠如是，何患難養。

又 初眠後約七日而再眠，又七日而三眠，停食俱如初眠時。三眠蠶長寸許，蜀中呼爲大眠，謂過此則不復眠也。蠶既三眠，食葉有聲如雨，投之立盡，每日三食，夜則燃燈照之，蜀中名爲催老蠶，則舉家忙也。約食廿三四次，蠶卽老，不復食，置簇上令作繭，漸多不勝摘，則多置葉其上，而覆以草，如鞠梗竹枝之類，蠶老者次第而上，其前後亦不甚相遠。

清　豫山《蠶桑輯要略編》　飼蠶　初眠後七日而再眠。又七日而三眠，停飼俱如初眠時。三眠蠶長寸許，南中呼爲大眠，食葉有聲如雨，投葉立盡，不論頓數，須要急飼，不可一刻間斷，夜則然燈照之。應飼之葉先期預備，南中謂之『催老蠶』，則舉家忙也。若二十五日而老，一箔可得絲二十五兩；二十八日而老，得絲二十兩；月餘而老，只得絲十餘兩。至身肥嘴小，絲喉漸亮，卽蠶老時也，飼之宜薄宜頻，亦宜温暖，不過兩三日便上簇矣。凡飼蠶三眠以前，用翦葉飼之；三眠以後，用條桑葉飼之，以蠶已肥大，宜透氣也。

清　張行孚《蠶事要略》　又法，蛾既齊出古書蠶初生謂之蛾，采桑葉，用薄刀切細，將葉洒在蠶箔上，令其勻薄，將蠶連古書蠶種紙，謂之連合於葉上，蛾自附葉上，或多時不下連，及附上連背反覆不下者，此殘病蠶，并連去之可也。此古法揆之，於理當通，但湖俗少如此者。大凡清明後種初變時，肥綻而極黑，再變時烏兒齊出，此嘉種也。若初變時不甚綻黑，生出早晚不齊，此下種也。《輯要》云：『蠶要三齊：子齊，蛾齊，眠齊是也。』

又　飼蠶總括

飼蠶之法，蠶初生時須用薄刀將桑葉切極細，鋪蠶上面，用蠶箸撥得極薄極勻，俟蠶食盡，再如前飼之，雖夜間食盡，亦宜起飼。至頭眠二眠後眠說見後，切葉以次漸粗，鋪葉以次漸厚，其食盡再飼如前。至三眠後，桑葉但以手斯破，不必刀切，鋪葉更厚，其食盡再飼如前。至大眠後，但以葉鋪蠶上足已，但其始三頓尚宜薄，至後不妨厚。凡蠶益大，飼之益宜勤慎，須不分晝夜，不辭勞瘁。又所飼之葉忌汗穢，忌濕，忌熱。飼後再宜繞箔巡視，若有厚薄，必再糝令勻，此不論蠶之大小，俱宜如比也。

又　替蠶總括

凡蠶食葉至三四日，其所糞之沙菌及所遺之葉屑漸積漸厚，若不換替，則熱氣薰蒸，蠶多白殭，故閲三四日必另以一箔將上面蠶輕輕捲起，而將下面沙菌及葉屑等迅速除去。至蠶漸大，沙菌等益厚，替換益宜勤。至蠶眠時尤爲切要。若至大眠，用手一一捉起，而後換箔。大眠後食葉十二三頓，再換一回，以後不必替矣。

又　蠶眠總括

凡蠶初生至四五日，乃頭眠。既眠，不食葉，蠶嘴多向上。頭眠至大眠，皆如此。蠶初眠時，量已眠之分數，減所飼之葉，須飼未眠之蠶，使之速眠，候十分眠，不必飼矣。此時，箔中沙及葉屑等須除去，箔宜換則換之，蠶上面須以石灰少許洒之，至一日一夜，蠶乃起矣。凡蠶眠，則伏而不動，既起，則紛然動矣。然須待其十分起，方可飼葉。若八九分起卽飼，直到蠶老，不能齊也。頭眠既起，再食葉三四日乃二眠。二眠之時，其替蠶換箔，洒石灰之法，皆如頭眠，起而飼葉亦如之。再食葉二三日乃三眠。三眠之時，其替蠶換箔，洒石灰之法，皆如二眠，其起而飼葉亦如之。再食葉二三日乃大眠四眠謂之大眠。大眠之時，將蠶用手一一捉起，湖俗謂之捉眠。蠶多須多用人捉，而以洗淨木盤盛之，又以稱秤之。凡大眠蠶五斤爲一筐。秤訖，仍以蠶安箔中此時可下地蠶，而以石灰洒之，待既起，乃飼葉。飼葉至四日四夜，則蠶老矣。凡蠶漸老，則照其腹，漸空明。既老，則其腹盡空明而不食葉矣。此時可用木盤捉之。

清　張文藝《養蠶秘訣》　飼葉　初收小蠶時，約到一二時，小蠶爬在野栗花葉上面齊集，將嫩桑葉切成細絲，輕輕糝上。小蠶糝葉宜薄宜勻，宜多次數。飼一次切一次，不可多切，恐其乾也。採葉須大而嫩者，置筐中，用帶潮手巾蓋之。每日切葉，刀須每日磨一次，每切一次，須草紙擦一次。

缸盆砧頭，每用一次，須用手巾揩極乾淨。手巾每日須洗兩次，却不可用洋肥皂等物。逐漸切粗，至二眠後，可用囫圇葉，將葉撕開，單片勻攤。至三眠後并不必撕開。至大眠後，須厚攤一層，以勻爲要，最好俟食葉先白之處，以葉補之，謂之飄白。蠶蠶有稀密，密者先白，補之則勻矣。葉有四忌，一忌泥污，一忌氣水，一忌乾枯，一忌發熱，食之皆足害蠶。倘晝午乏葉，不能待晚，必擇背陰處剪之，其泥污葉，採時貼去。剪葉之法：桑剪須快，以右手執剪，左手執桑，用力趁脆一剪，不可使桑皮開損，上下高低，必一樣齊平。捋葉之法：以兩指作圓圈靠桑，稍順手捋下桑葉，不可捋碎。頭上青條另行摘下，或天落黃沙，用舊布將葉上黃沙揩淨。然揩則葉易爛熟，吃口不爽。最妙以桶水在樹上澆潑之，黃沙卽隨水流去，待乾剪下。大眠不能用此等法，飼葉□須多飼數次，隨他，亦不妨。置葉之法，如在地上，用蘆席等襯好，翻成麥□頭樣，不可當風，當風則乾枯，不可壓悶，壓悶則有氣水。置缸中與棧條中，亦須翻鬆，挖一窗，上用未糊紙之蠶箔蓋之，可免乾枯氣水之患。倘葉在別處剪，歸在担中積壓，每行五里路，擇樹陰下歇定，翻鬆一次。如逢天雨葉潮，用繩作架，將連枝桑葉架上吹乾，或竪在當風處亦可。惟大眠二三朝時不妨，潮葉飼葉時吃，水旱煙人須用水盆將手洗淨，蠶檯上必須用乾淨潮布一塊，以備揩手，以免煙屑遺入，致害乎蠶。

一起眠　蠶之變端在起眠時，其不眠者，俗所謂嚚頭。提嚚頭之法，見眠頭後，天煖五六時，天寒一晝夜，將桑葉單層攤上，其仍食葉。在葉上者，連桑葉提開，另器安置，其色淸秀，身雖小而結實者有用。待其眠，再捉可也，其身小而軟，色黃滯身浮腫者，棄之。蠶之初收時，細如螞蟻，身上有毛，三四日而頭白身光，六七日而頭眠矣。眠時不食葉，嘴上有淡紅點，小時亦可辨見。眠頭後約六七成，必先替箔桑渣。中眠蠶約三四成，先上礱糠灰，其替出之蠶，約兩三次葉，必能眠齊，亦用礱糠灰糝上，一處分爲兩處。礱糠灰先置地上，拔清火氣，篩去細者，用其粗者，天寒多糝，天熱少糝。一二朝後起身，必將桑渣折鬆，其嘴必烏，必俟無一條白嘴者，方可開葉。開葉宜晚，不宜早下，晝晚間不可開葉。既使起身齊集，緩至明日上晝，不妨本日，必須替去灰箔，二眠照前法。頭二眠時拾蠶必須細心，灰箔中宜細心搜尋，蓋小蠶無好壞也。三眠大眠時須剔盡桑渣，捉光蠶秤之，用乾淨箔安置。捉三眠，每大號箔只眠三斤。捉大眠，每大號箔只眠五斤。切忌新箔、新籃預用。桑渣曬乾，只剩桑筋，將起身之蠶圍住，防其爿散。開葉時，用稻柴心數十根橫竪放上，然後攤葉，則蠶沙、蠶壳、礱糠灰自然隔斷。倘或天時陰寒，人著重棉，必將蠶檯上遮草簾、蘆箔之類，以禦寒氣。倘或天時暴熱，必將窗户洞開，以招涼氣。眠時，起身時，食葉時，皆同，糝礱糠灰法亦同前。

又　知忌　凡天時寒熱，不能勻調，如暴寒之時，天卽晦暝多風，人著重棉，蠶卽艱於食葉。倘在頭二眠時，萬不可用棉衣等擁護，衹用賬子草簾遮之可矣。在三眠時、大眠時，萬不可用單夾被頭擁護，衹用草車簾遮之可矣。

清　趙敬如《蠶桑説》

飼眠蠶法

蠶身光黃而頭圓白昂起，嘴向上者，是爲眠蠶。眠則不食葉，視十分中有三五分眠蠶，可減葉三五分，比尋常更宜切細薄飼，頓數宜加。如十分中有七八分眠蠶，卽減葉七八分，撒葉宜極薄，頓數愈勤。半日後尚有青白未眠之蠶，此是不齊之病蠶，養之無益，急篩糠灰，以蠶網提起棄之。灰下皆是眠蠶，用蠶箸輕輕撥鬆，置之透風靜處。

又　飼大眠蠶法

蠶至大眠，蠶身大，食葉較多，而天氣亦暖，飼之宜愈加勤慎。蓋三眠起後，飼葉五六日，早起見有光黃之蠶不食，在葉上游走，是蠶將大眠。切葉宜稍細，食盡便飼，不拘偏數。見蠶身光黃嘴向上者有六七分，卽篩糠灰，用網將食蠶提出另飼，灰下眠蠶，一一揀淨，是謂眠頭淨。眠頭約秤四斤分一箔，微撒糠灰於蠶身，以收潮溼，移置蠶架上，俟盡醒方可上食。前餘下食蠶隨意併合，仍切細葉緊飼，俟眠有六七分，仍照前篩糠灰，用網提起食蠶，揀淨眠頭，分箔如式，如此屢提屢併屢分箔，所餘食蠶不多，棄之。

辨眠蠶法

蠶有七蛻，初出皮鬆嘴闊，易於加長，至身肥嘴小，不可復長則眠。蠶眠非他，將脱去舊皮嘴殼，復換新皮嘴殼也。故蠶新起，必蛻一皮，脱一嘴殼。如見蠶嘴結尖，舊殼已離，尖下嫩嘴將透，此爲眠蠶確證。

清　趙淵《蠶桑摘要》卷中《蠶性類》　眠時喜温，頭眠、二眠、三眠起後喜煖。大眠以前若受寒冷，老時必爲殭蠶，卽不作繭。大眠起後喜涼。

三眠蠶只有三眠，無大眠，以第三次眠卽大眠也。臨老，喜漸暖。上簇喜極煖。

又《易器類》

撿蠶法

先用粃糠燒灰，卽稻穀殼，俟葉已食盡，用絹篩篩糠灰於蠶上，灰宜薄勿厚，取其爽利，再布以葉，蠶皆脱灰而出。既集葉上，或以蠶筷輕夾，或以蠶匙輕挑，置於他器。但蠶身太小，最易損傷，須連葉帶蠶夾出，並略帶蠶屎桑渣。有未上葉者，布葉一次，挑夾一次。大眠以前，可用此法。若大眠以後，用抬網除之可也。

又　蠶大宜分

一盤蠶分爲兩盤，蓋蠶初生如蟻，頭眠時大如衣線，長約半分。二眠時粗如綿紗線，長約一分。三眠時粗如麻線，長約二分。大眠時粗如錢繩，長約五六分。大眠起後，餵葉一晝夜可長至寸許。臨老時約長二寸，不分則漸長漸大，愈大愈擠，必有積壓損傷之患。大約新蟻一盤，至老可分爲三十盤。

又《頭眠類》

將眠

蠶將眠時，自下連日算起，至六日或七日卽頭次將眠之候。以上葉次數計之，約在三十次外。將眠之狀：頭帶綠色，尾帶淡紅色，俗云見紅綠絲。身肥皮緊，色白而亮，由青轉白亮。在已變白色之後，未變黄色之前，口吐絲於葉上，俗云沸絲，此時將打裝，尚未打裝。打裝則仰面向上，身子不動，乃熟眠之狀，非將眠之狀。易器之法：眠時不可驚動，趁其將眠未眠，剔沙一次。如云蠶變黄光時，急須剔沙，其説不可從。以黄光一見，蠶卽熟眠，眠後剔沙，恐不堪其擾。又云，將眠之先三四餐食葉最旺，旺葉後必沸絲，沸絲後卽打裝，急剔沙一次。此説善於體會，以剔沙應在沸絲之前，不應在沸絲之後也。蠶色善變，初起色灰，越二日夜變爲青光。又一日夜變白光，漸發亮。又一日夜變黄光。當白光發亮時，卽打眠不過一時，必然沸絲。宜趁白光發亮，將沸未沸之際，速用網抬過，剔除蠶沙。若黄光一見，剔除已屬無及，且蠶眠將起時全賴此絲扯住腳跟，方能脱去蠶殼。打眠時絲已沸盡，至此始行剔除，必將眠腳扯斷，將來起娘之殼必難脱出，此至要關頭也。剔沙後，必須餓葉，餵宜勤，上葉宜薄。保護之法。宜煖，宜微明，忌風，忌穢氣，比平時更要勤防。

熟眠

蠶熟眠時，從下連後算起，至七日或八日，卽是頭眠之候。從沸絲算起，一晝夜方能箇箇眠成。蠶不眠則殼不脱，殼不脱則身不長。眠熟之狀色微黄，頭向上，身不動，爲打眠裝。觜縮入不食，爲結觜。觜縮之後，旋又徐徐吐出，爲吐觜。觜上隱隱有尖角紫蔭，至吐全，爲眠娘。保護之法：宜暗，宜温煖，煖則一日夜可脱殼，寒則一日半或二日。宜避風，忌西北風，不忌則吐觜不出。宜避穢，不可餵葉，勿驚動蠶器。蠶方吐觜，如驚則觜縮入，若再吐，便不容易。用粃糠灰篩於蠶上，或用細石灰，以收潮溼，則眠娘易於脱殼，置靜室，以俟其起。

又　頭眠起齊

餵葉之法，箇箇起齊，灰下無一眠者，再看桑渣蠶屎上有絲布滿，則起娘觜老，便可餧葉。先於室中焚香一撮，蠶聞香便思食，此是醒胃之法。每一晝夜約餵四五次。頭眠起齊之後，二眠之前，中間三四日，勿令受餓，設有小病，到老必無收成。起齊後，第一次布葉宜薄宜勻，俟食去三分之二，再布一次，不必食盡。第三次布葉不妨稍厚。以後蠶漸大，葉亦漸厚，食盡再布。易器之法：天氣煖，隔一日剔一次，天氣寒，則隔兩日。所易之器，紙下仍襯以灰。保護之法：宜煖，宜明，忌風，忌穢。

又《二眠類》　二眠蠶將眠時：頭眠起後越四晝夜，卽是二次將眠之候。亦有因天氣煖和，越三晝夜卽要二眠者，以上葉次數計之，約二十次以內，此指四眠蠶而言。若三眠蠶，頭眠起後越七日纔二眠，將眠之狀與頭次將眠同。易器、餵葉、保護諸法均與頭次將眠同。

熟眠

蠶熟眠時：從頭眠起後算至五日或四日，卽是二眠之候。若從下連後算起，約十一二日或十三日，便當三眠。一熟眠之狀與頭眠同。保護之法亦與頭眠同。

眠未齊

易器、餵葉均與頭眠未齊時同。

二眠初起

眠起之時，從眠後計算一晝夜卽起。起娘之狀與頭眠起娘同，保護之法亦與頭眠初起同。

二眠起齊

餵法與頭眠起齊同。此時勿使蠶受餓。每一晝夜須餵五六次。易器之法：天氣煖，一日剔一次。此時桑渣、蠶屎較前益厚。天氣寒則隔一日，所易之器紙下不必襯灰，如遇天氣過冷，隔一日仍不須剔，用茅草隔蒸之法，俟晴和再剔。保護法與頭眠起齊同，此最緊要，切勿使蠶受病。

清 鄭愷《飼蠶新法·凡例》 凡有一、二、三、四、五齡之稱，即初出之蟻蠶稱為第一齡，頭眠脱皮後為第二齡，二眠脱皮後為第三齡，三眠脱皮後，為第四齡大眠脱皮後為第五齡也。

清 鄭文同《蠶桑輯要·育蠶十二則》 小蠶約飼五六天，見其嘴上隱隱有尖角，而不復食葉，謂之頭眠。用礱糠灰，撒蠶身上，以收潮氣。既眠之翌日，天冷或二日，則蜕衣脱灰而出，謂之起娘。俟灰下無眠蠶，方可餵葉。又約四五天則二眠，又約五天則三眠，乃捉置他箔，法皆如初。惟所餵葉，可不必切。又約五六天則大眠，其養法亦如前。大眠起後第一日或先餵柘葉五六次，再餵桑葉，絲乃有光。第二日巳午時，或以緑豆粉拌桑葉餵一次，可解熱毒。再閱三五天，身轉稍斂，蠶糞謂之沙，視其沙色純緑，蠶體瑩徹，則知其熟。有先熟者謂之巧娘，雖餵以葉，亦不食而吐絲矣。

又 至出火時蠶至三眠為出火，以小時天冷，或籠火暖之，至是則不用，故名。，則身大可捉，用秤權之，每出火一斤，統計前後食葉約一擔，即多亦微幾。蠶始生，色黑如蟻，俗謂之烏。收時用戥平之，每烏一錢，約計出火一斤。每斤出火，約得大眠三斤，最好亦有四斤者。每斤大眠，約可採繭二斤光景，每繭一斤，可得絲一兩，最好不過生色一二成足矣。

又 慎防　蠶性本忌雷，而起娘之未食葉時者為尤甚。須預將逐時蘇出之桑渣，曬乾儲之，謂之香蘇。一聞雷聲，即取香蘇以護之，否恐驚而致傷。養蠶之家又忌生疏人客往來，凶服者為尤甚。蠶室中又須禁淫詞穢語、鬧氣高呼。蠶又忌腥香酸辣等氣，椒、薑、葱、蒜、酒、醋各物皆勿使近。又忌硫黄、煙煤、油漆及燒毛骨氣。又忌沾燈油，近時洋油盛行，務使遠離，勿令觸氣。

清 朱祖榮《蠶桑答問》卷下

稱蠶量葉第八

問曰：『育蠶必先量葉，量葉必先稱蠶，方有把握，每小蠶一兩須食葉多少？』

答曰：『小蠶初出，連蠶稱紙，記明分兩。收下後再秤空紙，便知小蠶分兩。明日再收再稱，每小蠶一兩，食浄葉約二十擔，可得絲一百五十六兩。三眠時併在一筐，稱蠶一斤，可得絲一斤。四眠謂之大眠。每蠶一斤，除以前食葉不算外，以後再食二十餘斤，約可收繭二斤。每繭一斤，多則繅絲二兩，少則一兩二三錢。多寡不齊，大約總以十分繅一爲常，而食葉之多寡亦可預定矣。』

又 初二眠中，食葉甚少，可隨飼隨采。三眠起後，食葉日多，必須儲備。晝間所食之葉於清晨采之，夜間及明晨所食之葉於今日傍晚采之。大眠既起，連枝翦下者，須將枝豎直，使可透氣，堆積不可過厚，并時時翻掉，否則發熱葉黑，蠶不欲食矣。

又 揀去廢蠶第十一

問曰：『廢蠶病蠶，均宜揀去，其形狀若何？』

答曰：『每眠時，有衆蠶次第皆眠，獨有一二青頭未眠而仍食葉者，蘇人謂之梟娘，必須將筯箝出，另置一筐，以免不齊。初、二眠中之梟，照常飼葉，尚能作繭，不過眠起較遲。三、四眠中之梟，食葉多而不老，可即棄去。』

又《哺春蠶法》

飼蠶自開葉至大眠各法第三

又起黄光不食，謂之三眠，依舊減葉斷葉，糝灰避風，如前保護，內有未眠者，用整張葉鋪上，俟蠶盡上葉，用手捲去，無須用筯，起齊飼葉。是時蠶大口硬，葉可不切。天若大暖，兩日卽眠，是謂四眠。四眠謂之大眠，卽可稱斤見數。稱過將蠶捧置筐中，大筐可盛五六斤，分作數堆，以俟其起。大眠既起，必俟蠶堆散盡，無一眠者，乃可飼葉。是時蠶身強壯，食葉益多，難於起底，少則仍置筐中，逐日勻開；多則於開口時一二日，將蠶山把閘下草梢，就地鋪平，天暖薄攤，天寒宜厚，以不露地面爲度，將蠶勻布地，謂之地蠶。

清 汪曰楨《湖蠶述》卷一 又有一種有絲腸而不成繭者，今稱縮婆子，係山棚上爲風吹襲所成，與白肚有明暗之別縮婆子身明亮，乾白肚，身暗滯，一曰多觜乾口蠶。眠初起，身蜕而觜不蜕者，名多觜孃，或蜕而口不能開者，名乾口孃。此眠頭之觜，爲人觸傷也。然眠頭傷風亦有此病，猶之稻正吐花，突遇西北風，卽成硬口而不結實也。二者口不能開，並斃於餒。一曰著衣孃。

起孃蛻膚至半身而止，謂之著衣孃。此有兩種，一是蠶病溼尾，黏惹不能蛻。一是種眠頭時，用石灰太重，蠶身乾燥所致，剝去其膚，蠶仍無害。若溼尾，雖剝去亦斃。一曰青蠶按，亦稱青條，以色名也。蠶眠則身黄，此獨青而不眠，故曰青蠶。或受沙蒸，或受風溼，並足致病，自頭眠至大眠皆有之。

又 桑葉缺少，可於三眠開口時初次布葉謂之開口，卽餇食也，令食柘葉兩三次。大眠開口時，令食柘葉五六次，則省桑葉矣。必於開口時者，柘之味不及桑，旣食桑葉，必不肯再食柘葉也。又大眠起後，先飼以柘葉，其絲乃韌而有光。

又 卷二《飼蠶》 收下後，葉宜切細，初眠後可麤，二眠後用葉片。《育蠶要旨》三眠則連枝與之，出火前忌溼葉，大眠餇後又惡太燥，以潔水灑葉而飼。董蠡舟《樂府小序》

又 初眠曰頭眠，次曰二眠，三曰輟火，四曰大眠。已眠者爲眠頭，已起者爲起孃。火蠶之眠，疾而且齊，如見紅攬絲，卽宜䌰除沙綈。冷蠶之眠，署分先後，須審其眠十之二方䌰，卻不可早，早則食葉者尚多，不能不多飼，飼多綈厚，又難復䌰，必受鬱蒸之病。亦不可遲，遲則眠於沙綈者多，旣不勝檢捉之煩，且致沙綈罨抑之患。

又《餇食》 眠起初食曰餇，《胡府志》眠後看綀上有白絲如縣，謂之楊花綀。然後可以餇食，或看其背上始白漸黄，終至稍黑，亦可餇食。總以眠頭盡起爲度，《育蠶要旨》如起孃不甚齊，不妨稍遲，以俟其齊，俗謂之熬。《遺聞瑣記》眠一次則背闊一次，衣寬一次。布葉太早，恐背已闊而衣未盡脫者亦食之，則腹大，而未脫之衣脫不下矣。食葉之疾徐，不盡關乎冷暖，初起必不甚疾，將眠將老亦不甚疾，最疾者，中間之兩三日耳，此兩三日上葉宜較勤。《廣蠶桑說》食盡曰葉過，以語忌而更也。董蠡舟《樂府小府》二眠餇食不比頭眠及出火，不可過熬。大眠餇食稍嫩亦不妨。《育蠶要旨》

又《大眠》 大眠與輟火同，亦秤分兩。每輟火蠶一兩大眠四兩爲正額，過爲蠶長，不及爲蠶損，恆以此卜收成之豐歉。《吳興蠶書》蠶至大眠，好歹已定一半，好者眠中齊集，稍有青條，蠶身均勻，並無大小，其色青白。若一周外尚不眠，青條無數，布漆甚多，其面必當棄之。凡出火一斤得大眠四斤爲四斤捉，得五斤則爲五斤捉，看眠頭如前法。《育蠶要旨》輟火眠頭每筐分布三斤，大眠每筐五斤，筐內勻撒菜莢或寸切稻草，仍以石灰和班糠覆之。《吳興蠶書》餇食時候比出火可早，食葉可灑水。氣水葉終不可喫。《育蠶要旨》眠起長可七八分，背有絲腸，閃動可覩，食葉聲如驟雨。《西吳蠶畧》大眠起後食葉愈速，能一晝夜食葉十餘次，則五晝夜卽老矣。能多食數次更好，蓋此時多食一口葉，則上山後多吐一口絲，故唯恐其食之少。《廣蠶桑說》

又 簾䌰 《禮》：『具曲植。』曲卽箔也，今之蘆簾是也。古人盛蠶以箔，今則唯以筐盛，取其擡䌰便易。蠶過大眠又鋪地上，無須筐箔，故簾止爲山棚上架蠶之用。然夏蠶大眠之後，時正炎熱，若鋪地上沙，綈中溼熱之氣甚于春蠶，蠶受之斷無不損。若仍置于筐，每日據筐䌰換，又不勝擡運之苦，宜遵古法，以簾代筐，卽于簾上䌰之，簾宜據室之中，架空平鋪，兩旁留數尺餘地，便人左右往返。先於簾之左一半布蠶，綈厚䌰至右一半，撤去沙綈，右厚復䌰至左，蘆簾廣闊，不窘邊幅，蠶皆舒展。葉屑沙矢之屬俱從簾縫下漏，簾上止存枝梗，決不發蒸。《吳興蠶書》

又 蠶以居筐爲善，然大眠以後蠶大筐多，列植分架，擡飼難，擡䌰尤難。《吳興蠶書》於是埽地藉蘆蓆而散蠶其上，《胡府志》以土坯闌限如筐，《吳興掌故》謂之放地蠶，《廣蠶桑說》亦謂之下地。有大眠放葉周時後下者，有放葉三餐卽下者，酌量蠶之多寡，室之寬狹，瓜分棊布，幾無餘地以容人。自此不擡不䌰，唯朝暮勤飼，以俟其老，眞簡便法也。

又 假蠶館 凡設塾于家者，蠶至大眠，房屋皆須鋪蠶，而蒙師亦家盡養蠶，須自助勞。是時村塾盡輟學，謂之假蠶館。《西吳蠶書》

又 卷三《回山》 較銖兩 大眠後，秤得六斤爲一筐，率收繭一斤爲一分，以十二分爲中平，過則得利，不及則失利。《胡府志》東鄉南潯左近則以出火一斤得繭一斤爲一分，遞增至六七分爲中平，十二分爲上上矣。諺云：『蠶花廿四分。』乃頌禱之夸詞也。董蠡舟《樂府小序》一云：『舊規四眠蠶大眠一斤得繭二斤。三眠蠶大眠一斤得繭三斤爲對花。』湖人以秤上所劃斤兩數之星爲秤花。言適如其額也。過則得利，不及則失利。嘗取四眠蠶之眠頭與繭細較之，出火蠶一兩，約計二百五十五六箇；大眠蠶一兩，約計共六十三四箇。是出火長至大眠實增四之三。好蠶每兩計二十二三箇，次者計二十六七箇。是一兩大眠，箇箇成繭，好者應得三兩，次者應得二兩六七錢。俗以蠶一斤得繭二斤爲對花者，猶屬八折算也。采齊稱準，庶知一歲蠶事之豐歉。《吳興蠶書》

清 莊景仲《養蠶必讀》卷上第五章《飼養》 又初生色黑，逐次加食，三日後漸變白則向食，宜少加厚。變青則正食，宜益加厚。復變白則慢食，宜稍減。變黄則短食，宜愈減。純黄則停食，謂之正眠。眠起自黄而白，自白而青，自青復白，自白復黄，又一眠也。每眠例如此以加減食量。一眠之後，但天氣晴明，巳午之間，暫揭起窗間簾薦以通風日。南風則捲北窗，北風則捲南窗，放入倒溜風氣則不傷蠶。大眠起後飼罷三頓，翦開窗紙，透風日爲要。以大眠後蠶固喜涼也。飼葉二十三四頓漸老，得絲多少，全在此數。

又《務本新書》曰：蠶必晝夜飼，頓數多者，蠶必速老，少者遲老。二十五日老，一箔可得絲二十五兩。二十八日老，得絲二十兩。若月餘或四十日者，一箔只得絲十餘兩。此係長一丈，廣二尺之箔。飼蠶者慎勿貪眠，以懶爲累。每飼蠶後宜繞箔看一遍，飼葉要勻。若值陰雨天寒，比及飼蠶，先用乾桑葉或去葉稈草一把，點火繞箔照過，逼出寒溼之氣，然後飼之，則蠶不生病。至眠起程度，候十分眠纔可住食，至十分起方可投食。若八九分起便投葉飼之，直到老都不齊，又多損失。

又 第六章《抽飼斷眠法》《韓氏直說》曰：抽斷飼眠者，蠶向眠時，量黄白分數，抽減所飼之葉，漸次細切薄摻而飼之。如十分中有三分黄光者，即十分中減葉三分，比尋常稍宜細切薄摻，頓數亦宜稍多。如十分中有五分黄光，即減五分，比前次又細切薄摻，頓數又宜加多。如十分中有八分黄光，即減去八分，比前次切令極細，摻令極薄，其頓數亦宜極多。候十分黄光，不問陰晴早夜，急宜擡過。預備箔蓐，可無失誤。擡過時住食，齊時投食，此爲抽飼斷飼之法。謂抽減眠蠶之葉，不致壓覆，專飼未眠之蠶，使之速眠，不惟眠起得齊，且無葉罨燠熱之病。前人謂『學取抽飼斷眠法，年年歲計得絲蠶』，不可不知也。

又 第七章《抬蠶法》 抬頭眠，別槌上布四箔，薄帶沙燠揭蠶，分如前眠稍大，布滿中二箔，逐日隨色加葉，開捲窗一半。初向黄時宜極暖，眠定宜暖，起齊宜微暖。

又 擡停眠，布滿二十五箔，起齊投食，一復時可三頓，第一頓宜薄但可覆白，第二頓比前又薄不覆白，第三頓如第一頓此三頓食如不短，則其蠶至老食慢，次日可漸加葉辨色加減其頓數。全開捲窗照窗，初向黄時宜微暖，眠定宜溫，齊宜涼，可落蓐大眠起投食後第六七頓可落蓐，全去沙燠，可分至三十箔。正食時，每飼後可挾葉筐繞槌巡之，但見箔上有斑黎處，即摻葉補合。蓋蠶至大眠後，正食時，闕一分葉卽減一分絲也。但見有斑黎處，是蠶先食葉透也，卽當補合。不如此，後來必多薄繭。

又 第七、八頓食後，於巳午時間，將葉攤在箔上，新水洒拌極勻，待少時，拌以細羅白米粉子極勻。每葉一筐，用新水一升，粉子四兩，一筐可飼一箔。又或拌以桑麪，於大眠後間飼三五頓。可令蠶體充實，爲繭堅厚，爲絲堅熟也。假令每頓飼葉二筐，今止用一筐可矣。如蠶盛葉闕，大眠後間飼三五頓，亦無妨。食不闕，不必用。

清 佚名《樹桑養蠶要略》 預稱蠶子　蠶子一錢，三眠時可得蠶一斤。每三眠蠶一斤，前後食葉約一百四五十斤。大眠時可得蠶五六斤，前後食葉一百三四十斤。收子時必須先稱，以便計算食葉多少。家多桑葉則有把握，否則，須多方購買，以免蠶多葉少。

又 頭眠起後　頭眠不過一二日，俟眠蠶色微黄，嘴微闊，衣已盡褪，則起，衣卽皮也，眠一次則嘴闊一次，皮寬一次。初起，室中宜微明微煖，禁煎炒氣衝之，必須眠蠶齊起，方可一律飼葉。

又 大眠起後　一晝夜後，蠶必脱灰脱草而起，天冷起稍遲，只宜靜候，不可促以火，亦不可急飼葉，須起齊方飼。大眠以後蠶食葉愈速，布葉宜勤，不可令稍飢，此時多食一口葉，則上山後多吐一口絲。隔三日，去桑渣蠶屎一次。蠶至大眠後宜涼，宜開窗以通氣，遇西南風仍閉窗戶。

蠶老　大眠起後，飼葉四五日卽老。身肥嘴小，長二寸，粗如小指，色微黄如糙米色，絲喉漸亮。飼葉三五次通身透明，游走不食，是欲作繭，急宜上山。

清 佚名《蠶桑録要・附養蠶宜忌》 宜　蠶有十體，在紙宜寒，出時宜熱，眠後宜饑，開食宜飽，下子宜密，布箔宜稀，小眠後宜暗宜煖，大眠後宜明宜涼，眠起時宜慢餵，上山時宜緊餵。

清 吉林蠶桑局《養蠶簡明法》 每日要飼幾回，總要立個定規：自出蟻到頭眠，每日夜飼葉八回；頭眠到三眠，每日夜飼葉七回；三眠到四眠，每日夜飼葉六回；四眠以後每日夜飼葉五回或六回也好的。惟濕葉切不可飼蠶。

又 鄉間的養蠶家，多有蠶沙蘱渣堆積簏［筐］內，致蠶出病，總也要立個定規：自出蟻以後，每日擴座一回就是分開些，不用除沙俗謂之出蘱，因恐連小蠶誤棄去了。到將頭眠的時候，仔細除沙一回；頭眠到四眠，每眠除沙三回；四眠以後，每日除沙一回。

清 黄毅《養蠶新論》第四章《飼育法》第四節《飼育標準》《蠶業叢書》

一、第一齡

本齡最重要之事，則蟻掃三日以內，其皮膚軟柔，易爲外界刺戟所傷，稍不留心則爲將來失敗之原因。又所與之桑水分宜少，養分宜多，溫度總須七十度以外，以養成其多食之量，而使其胃健强。且最宜注意者，剉葉務須齊一，給桑手法亦當均勻。

依標準表斟酌給桑分篇，至第二日晚十一點至十二點，蠶體之皮膚緊張，頭呈白色，此即稱爲振毛，必延二十時或十五時方能了結。此振毛最宜齊一，若過二十時以至三十時者，其蠶必虛弱也。自掃蟻以振毛爲最宜注意之時期，結果優劣實由是判。

至第四日已脱去蟻期，而入蠶之時代，恰如小兒之離乳而就食也者。十一二時必見皮膚緊張而呈青色，即貪食矣，故宜增其葉量。

至第五日篇中見有三四頭眠蠶，即須施入眠糠，俟眠除以後，給桑二三回即就眠矣。最後所給一次之桑稱爲留桑。留桑給後過八九時即挑揀遲眠蠶。凡蠶兒盛食色青，眠中變黄，眠起色白者，健全者也。

二、第二齡

止桑三十時内外，頭眠已足，頭呈黑褐，稱爲餉食，即當給桑一兩或一兩四五錢（對蟻量一錢而言，以下皆倣此）。至盛食期，給桑三兩四錢餉食。至盛食期所延時刻及給桑回數，均須記臆。溫度比一齡之初亦須畧低，須在六十七八度以下，不可昇至七十五度。

給桑量及剉葉大小，雖按標準表而行，亦須由寒暖乾濕爲之變通。若給桑量加多，則剉葉宜畧大。若減少，則宜畧小。

除沙亦三回，若過於濕潤，恐有蒸熱之患，可多一回方保安全。此齡比初齡短一日。

三、第三齡

本齡育法與一二齡無異，其溫須在七十度，給桑量初則一回，只二兩五六錢。至盛食期則須十二兩上下。至於給桑回數，比前減去一回，每日只給六回。又前此入糠後，必須給桑二回，方可除沙。自本齡至四齡入糠後，只須給桑一回，即可除沙矣。又本齡眠中時間，此前齡長約三十六時或至四十一二時。且本齡以後，飼育日數比前齡約長日半以上。又以外溫漸高，室内必須開放，以使室氣交通，然須在七十度以上方可。

四、第四齡

本齡飼法亦與前齡同。給桑之量初則十兩，至盛食期則須三十四五兩。至於齡中日數比前齡稍長，然亦無大差異。

眠中時間約四十二時或至四十八時，故稱爲大眠。本齡大抵皆用自然溫，須在六十七八度以上爲美。惟室中桑葉既多，人與蠶之呼吸又大，又有蠶糞放散臭氣，故室氣不潔，務使流通爲最要。

本齡與各齡飼法畧有不同，每日給桑比四齡減去一回，只給五回。餉食以後，只給切葉二三回，以後均用枝葉。至蠶老熟期臨，又須與以切葉所給之量，始則一回三十兩，至盛食後，達一百四十兩内外，其所占面積，初則只有一坪，繼則達九十坪，佔十五篇。至其日數，則由氣候不能一定，通常約在七日以上。

蠶至五齡，溫度漸高，低至七十二三度之時少，每高至九十度以上，加以室多陰濕，易釀蒸熱之患，室中必須焚火（可燃木刨花最好用乾桑枝束成遍照室中）以促其乾燥。幼蠶畏溫低，壯蠶畏溫高，飼育者須注意也。

本齡給桑早晨宜多，日中量少，至晚又宜多也。除沙須在午前，可用網除。又本齡延時之長短，與繭量大有關係，溫度高則早熟，食葉不多，繭量亦少。溫低則熟遲，而延時長，食葉雖多，繭量亦多，此要項也。

又 按，濕葉之害，盡人而知之。兹有極妙一法，非惟無害，而且有益。蓋蠶當大眠後，食葉既盛，倘遇久雨，藏葉欠缺，即將新采濕葉攤於箔上，用細羅白米粉洒拌極勻。每葉一筐，粉子四兩，以米粉子燥性收桑葉之濕度，燥濕已得均平，而且米粉於蠶亦極相宜。大眠後間飼三五頓，可令蠶體充實，繭質堅厚，絲性堅韌。此法奉化蠶業實驗所曾經試驗，以食粉與未食粉者較，繭絲分兩反能加多，誠妙法也。

又 眠起時鑑定蠶之强弱　欲測蠶兒之强弱，於眠起時即可鑑定之。凡强健之蠶，眠食必擡頭。其絲自體後結着，其肛門附着蠶糞，皮膚見有綠汁，頭小體短，體軀過直，（四眠時如此更有危險）脱皮不規則，就眠不齊一，起時不活潑者，均爲不良之蠶也。其不就眠者，多生膿蠶及縮蠶。其鑑定大旨，不過如是。至有特點，尚可由實驗時得之。

藝文

南朝梁 沈約《三日率爾成篇》《文苑英華》卷一五七　麗日屬元巳，年芳具在斯。開花已匝樹，流鶯復滿枝。洛陽繁華子，長安輕薄兒。東出千金堰，西臨鴈鶩陂。遊絲映空轉，高柳拂池垂。綠萍《類聚》作「唯」文照耀，紫燕光陸離。清晨戲伊水，薄暮宿蘭池。象筵鳴寶瑟，金瓶泛玉卮。仍憶蠶眠起《類聚》作『寧憶春蠶起』，日暮桑欲萎。長袂屢以拂，凋胡方自炊。愛而不可見，宿昔減容儀。早常忘情士，歎息獨何爲。

北周 庾信《庾子山集》卷二《燕歌行》　春分燕來能幾日，二月蠶眠不復久。

唐 王維《王摩詰文集》卷六《渭水田家》　斜光照墟落，窮巷牛羊歸。野老念牧童，倚杖候荊扉。雉雊麥苗秀，蠶眠桑葉稀。田夫荷鋤至，相見語依依。即此羨閑逸，悵然吟式微。

唐 包何《和程員外春東郊即事》《文苑英華》卷二四三　郎官休浣憐遲日，野老歡娛爲有年。幾度折花驚蝶夢，數家留葉待蠶眠。藤垂委地縈珠履，泉長侵階浸綠錢。直到閉關朝謁去，鶯聲不散柳含煙。

宋 梅堯臣《宛陵集》卷四一《送吴季野太博移蜀靈泉先至輦》　葦菭蠶齊老，桑林葉更生。楚禽多異響，蜀棧未堪行。客散岸傍席，馬還溪上城。過都當有問，爲語欲嵓耕。

又 卷五一《桑原》　原上種良桑，桑下種茂麥。雉雊麥秀時，蠶眠葉休摘。空條漏日多，餘椹更誰惜。會待黄落來，酒壚燒斗石。

宋 歐陽修《歐陽文忠公集》外集卷五《公子》　黄山開苑獵初回，絳樹分行舞遞來。下馬春場雞鬥距，鳴弦初日雉驚媒。犀投博齒呼成白，橋隔車音聽似雷。不問春蠶眠未起，更尋桑陌到秦臺。

宋 韓琦《安陽集》卷五《常山出郊馬上口占》　旌旗乘曉出郊原，五馬臨風一慨然。山勢似屏西限晉，地形如掌北擒燕。麥含豐澤催齊秀，蠶飽柔桑起大眠。守帥勉希廉與藺，九重高枕不憂邊。

宋 樓璹《耕織圖詩・織圖二十四首》

一眠

蠶眠白日靜，鳥語青春長。抱脛聊假寐，孰能事梳妝。水邊多麗人，羅衣蹋春陽。春陽無限思，豈知問農桑。

清 查慎行《敬業堂詩集》卷一三《初夏園居十二絶句》　頭眠已過二眠新，蠶候參差雜四鄰。一月往來渾斷絶，隔籬時見採桑人。

清 邵曾訓《蠶婦吟》《清詩鐸》卷七

姑采牆下桑，婦采陌上桑。桑葉昨嫩今日老，天氣今陰昨日好。一解

守候蠶眠不思臥，麥秋寒覺夜難過。蠶荒舅姑怒，蠶熟新婦苦。二解

今年四月少晴時，蠶病家家不出絲。新絲價長舊絲上，舊絲未贖新絲當。三解

有絲不上身，有絲不賣人。縣官徵比已赦租，家主只恐臀無膚。四解

清 陳梓《養蠶詞》《清詩鐸》卷七　田家養蠶極苦辛，蠶大費力小費心。臘月十二蠶生朝，炒鹽獻竈家家勞。清明夫婦莫走動，隔夜采花浴蠶種。蠶種不一分炎涼，熱看冷看須忖量。屈指來朝穀雨近，出城買紙糊蠶筐。轉綠變藍蠶子出蠶子始出時綠色，繼藍色，鵝毛撣落房中藏。先以嫩葉如乳哺，一眠三日魚鱗鋪。二眠兩日連梃枝，三眠插替勞何辭每眠三日，換出老桑葉，謂之替蠶。今年二姑把蠶穩，不如頭姑昏昏小姑狠。出火一錢二百倍，大眠一斤五斤外，如此收成定十分。割肉先獻蠶將軍，掘笋勿叫笋，叫笋蠶要損。喫薑勿喚薑，喚薑蠶要殭。況今天時頗温和，微風拂拂雨不多，雷驚沙脹更何慮，人力到時天豈誤。大眠以後廣送葉，老翁提籃小兒挈。不愁葉貴只求飽，四十二餐一齊考蠶熱腹通亮曰考。山棚灼火眞小心，起望山頭白皜皜。三日齊封門，五日始採繭。一斤採十斤，合家開笑臉。前村後村絲車鳴，咿咿啞啞聲相聞。或歎曰白肚孃，上山一半殭。或恨出火早，蠶了葉又了。四鄉各比並，只有我家好。我家雖好勿喜歡，地丁昨夜來催完。豪家復要蠶罷米，今早撑船泊村裏。官糧不抵私債苦，一石冬春須石五。賣絲分完兩手光，一月替汝空奔忙。落得繭黄績緜綫，織得緜綢一丈半。去年無襦今有袴，畢竟蠶桑是長算。不恨官私兩迫促，但願年年如此十分足，放膽且喫豪家粟。鄭世元曰：田家情事，銖黍具悉，可補吳風。

清 惠士奇《簇蠶詞》《清詩鐸》卷七　麥風細，蠶眠地，桑葉殘，蠶上山。蠶房漸覺侵微暑，乍暄還暖愁煞汝。朝爇熏籠夜點燈，竊脂驅雀貓捕鼠。一

日茸茸粉絮結，兩日堆堆白於雪。三日團團論斗盛，小婦量來大婦稱。繅出新絲付機杼，織成十樣花紋綾。君不見繭稅年年充國課，浴蠶孃子常衣布。

清 周煌《吴興蠶詞録七首》《清詩鐸》卷七

纔到三眠半月強，卽時懶意滿筠筐。一篝燈焰青如許，長伴香閨照繚娘。蠶將眠少食，曰紅懶思，有食娘、起娘、繚娘之名。繚娘者，將熟欲作繭者也。

清 陳景鐘《繅絲曲》《清詩鐸》卷七

三春雨足桑葉肥，家家飼蠶晝掩扉。三眠三起近小滿，桑葚垂垂葉已稀。盼得紅蠶齊上箔，更喜同功繭不薄。大婦收拾繅絲車，小婦安排湯滿鑊。銀絲抽繹比清霜，虛空堆牀生白光。啞啞軋軋聲不絕，綠陰低處新絲香。小姑回頭笑問嫂，轉眼相看織成縞。茜紅鴨綠染隨心，長翦腰裙短裁襖。嫂云小姑爾未知，阿哥正苦賣絲遲。明朝抱入城中去，已值官糧徵比時。

清 莊綸渭《紀吴興蠶事六首》《清詩鐸》卷七

臘祭牢丸繭樣饒臘月十二，俗名蠶生日，浴蠶種，搓粉作繭形，祀竈祈蠶，春回爭翦舊桑條。窗封薄薄桃花紙，戶插毶毶楊柳標清明插柳爲煥蠶種之始。少婦澣衣忙欲返，阿娘前席早相邀借助蠶事，呼曰蠶阿娘。宜蠶喜拾鞭春楮，豐兆先占遇歲朝立春日鞭紙牛，家拾碎紙歸貼蠶室，兆曰宜蠶。

浴種先籌暖種時，蠕蠕將出故風之蠶種夜露爲天浴，又有茄根灰水鹽汁等浴法。暖種，置茵褥下，嫗育以氣，十日始化生。將出，先一二日懸於風前，取風以動之之義。筐翻玉羽輕蒙紙，葉淬銀刀細切絲。帶雨摘來常怕溼，長晴攤處更須滋。辛勤三餇何會間初眠三日，再眠三眠皆兩日，起而飼之謂之餇，輕重頻權阿母知始權其種，初生乃權其子，三眠大眠又權之，以知蠶之消長。

競食條桑頓易消，晴窗潛聽雨瀟瀟。葉當四月街頭賣立夏後三日開葉市，蠶到三眠市上挑俗名出貸蠶。索價低昂傳遠近，關情冷暖話晨宵。草山簇簇如秧插，萑箔平鋪待詰朝。上山先一日架棚。

沈沈簾影靜煙村家垂蘆簾，不許往來省視，謂之蠶禁，怒吏追呼不到門。遲速火蠶分冷熱始生烈火熨之，凡三日夜而眠，曰熱火蠶。六日八日而眠，寒燠惟其時，寒則稍加溫焉，火僅微烈，曰冷火蠶，舊新筐葉替朝昏俗謂換葉爲替。眠過漸覺烏兒長蠶初出名烏兒，食旺全無白大存初餇不過二餐，夜如之，繼加數曰旺食。蠶能食而不繭者，俗名白大蠶。今日上山天氣好，催絲還有炭盈盆三眠起餇，五日夜而四眠，謂之大眠。眠三日乃大食葉，凡七日而上山，兩日而成繭，必用炭火催之，名曰蠶炭。

豆子青青喜斗量人多以蠶豆占蠶，春醪爭祝馬頭娘大眠上山必祭。蠶沙淨處絲綸富蠶沙在腹，淨一節則絲富一節，光可外照，桑葚甘時吐屬香。一縷橫空身往腹，千層團結首低昂。家家看火靈禽喚山棚下炭火不慎，輒致火患。是月有禽適至，其聲宛云家家看火，雲鬢偷梳總未遑。

積繭盈筐欲出蛾，村娃翦虎午風和。車旋響軸翻銀礫繅絲以三斗繭爲一車，手拓兜繇漾素波。促織聲中催整線，采桑歌罷漸聞梭。縣官亦仰西陵氏，輸賦由來蠶後多。

清 方觀承《述本堂詩集・看蠶詞》

蠶分一薄數薄，薙合三眠大眠。食葉聲知何似，終宵風雨燈前。

清 高其垣《試行蠶桑説・勸蠶歌》

我本浙中人，來作閩中吏。身自田間來，且説田間事。江南二三月，床頭蠶種發。家家先禳白虎神，光陰又是清明節。清明雨過春風香，女兒提籃往採桑。青青桑葉鋪之筐，一夜無眠幾夜忙。全家不惜夜眠苦，房中但願蠶絲吐。二眠三眠復大眠，陸續上山猶閉户。上山作繭繭已成，堂前轆轆繅車鳴。繅車轆轆聲交作，將絲賣錢錢滿槖。叩門不畏吏催租，老翁買酒街頭酌。女兒箱内有餘絲，叮嚀留作嫁時衣。一年辛苦無多日，終歲休愁凍餒時。浙中養蠶利如此，爾閩風土亦相似。城西城北皆膏腴，胡為不種桑千株。我今買地栽桑樹，更購桑秧與繅具。尚愁煮繭乏人教，家鄉急覓蠶師去。轉盼春風曉市譁，偏栽桑樹當栽花。秋燈門巷鳴機杼，富擬湖州百萬家。

清 沈炳震《蠶桑輯要・樂府二十首》

飼蠶東藁為砧，剉細葉如縷而謹飼之。稍飢即謂之斷絲腸。二眠後，與完葉。過三眠，與連枝葉。凡葉患其溼也，又患其燥也，又患其風而沙霧而露也，以此飼蠶，猶有傷冷則殭死，傷熱則破囊，鄉人名曰爛肚，如《掌故集》所云者。

初眠二眠蠶如毛，飼蠶切葉嗟勞勞。辛勤半月蠶出火蠶三眠曰出火，帶葉連枝亦已可。小時食葉葉須乾，露中采得當風懸。大眠餇後葉可溼出火後又眠曰大眠，此第四眠也，清泉細灑明珠圓。葉乾葉溼各有宜，第一難防侵曉時。晚來黑雲忽四布，明朝定是漫天霧蠶食霧葉則腸腐，飼蠶所最忌。擷蔬芼羹罷晚膳，結伴提燈連夜剪。我儂辛苦自不免，隨人更復勞黃犬。

又

捉眠蠶將眠，不勤食，曰紅嬾思。又有青嬾思，亦曰攬絲，言口中吐絲也，朝見則晚眠矣。自初眠二眠約半月，至三眠爲出火。出火後再眠曰大眠。其曰食娘者，言他蠶盡眠而此猶食葉也。曰起娘者，言既眠而起也。又有將熟而先欲作繭者，曰繚娘。吳人呼蠶皆曰娘朝來新見紅嬾思，蠶眠應在下春時。掃除筐簿教潔淨，料理盤餐供晚炊。已看欲眠還復食，前後參差在一刻。就中一一勞揀擇蠶眠先後不齊，擇其先眠者另置一筐，曰捉眠，堆筐層疊密於鱗。此是儂家希世珍，分筐合計逾十分。吳中育蠶以筐計，大約以初下種重八分爲一筐，至出火則得八兩。今年蠶花勝比鄰，室中摒擋還未已。小兒索乳號不止，小姑作勞一日忙。頻呼不應倒空牀，哺兒未畢鷄鳴廂，獨自携燈照起娘。

又 餉蠶凡蠶眠起，初食曰餉

卷帷看蠶蠶盡起，求食紛紜曲簿裏。青青采得新葉歸，緣枝食葉疾於飛。須臾連筐食更盡，從頭添葉寧令飢。餉蠶粗了到門前，偶值鄰姑采葉還。聞道市頭葉大貴，只論有葉不論錢。東家典衣還去買，西家新婦耳無環。歸來絮語問夫婿，細數儂家蠶葉計。不愁葉少便歡然，留得銀釵長壓髻。

又 鋪地蠶既以初下種，重八分為一筐矣。歷出火大眠，則蠶欲老而筐不勝盛。於是掃地，用碎石灰糝之，藉以蘆蓆，置蠶其上，飼以連枝葉。大約六七週時便老，不復食，欲上山矣

大眠蠶身長似指，攢頭一簇壓不起。儂家無簿更無筐，掃地鋪蠶勢難已。獨憐室中如席大，假饒著蠶無可坐。姑婦勃豀屋欲破，偪塞相看嗟無奈。前楹今歲作學堂，抱書來讀鄰家郎。先生據堂日高坐，環列弟子分兩行。若使堂空散學徒，那愁無地可平鋪。蠶多屋少無著處，傳語先生暫歸去。

又 生蛾大眠起，先擇種蠶倍與之食，故作繭亦異於他蠶。繭成，貯筐筥中，越五六日乃破繭而出，是為蛾，兩翅栩栩然

大眠已過蠶鋪地，揀取種蠶貯筐筥。儘教食葉不少靳種蠶食葉倍多，珍重特與他蠶異。果然作繭大且厚，白雪作團净無垢。蠕蠕已知蛹欲化，栩栩又見蛾出口。雌雄對對自成雙，長身窈窕疎眉龐。霏霏翅粉點明釭，孕含但見軀胮肛。細觀物理三太息，同是春蠶何決擇。可憐薄命鼎鑊烹，爛額焦頭更誰惜。

清 董恂《南潯蠶桑樂府・飼蠶》 蠶飢蠶飽不可過，早起飼蠶何敢惰。只愁飢後斷絲腸，那顧女啼與兒餓。辛勤更是小時難，葉溼宜揩大宜剉。盼到今朝捉大眠，帶葉連枝滿筐簸。所恨連朝風霧深，照料稍疏又囊破。竟晝緜宵那得閒，幸是兒夫肯儂佐。葉乾葉溼要關心，與少與多莫相左。夜間飼罷且偷閒，和衣暫向牀頭臥。

又《餉蠶》 吾鄉育蠶以斤擽，不以城中筐數論。一斤出火至大眠，稱得五斤已無恨。今歲儂家喜氣多，卻於此數更有進。蠶眠已過一晝夜，餉食須教者時趁。大婦提筐采葉歸，小姑提甕汲水潤。密堆層疊筐籧中，一色綠雲最嬌嫩。到耳欣聞切切聲，纔得須臾食已罄。傾籃倒籠從頭添，敢令遲延致飢困。

又《鋪地》 今年大眠十倍捉，蠶具翻嫌置未足。具少蠶多可奈何，幸得儂家富於屋。房軒用當箔與筐，埽除苦乏僮和僕。深賴青紅兒女多，一屋稻柴如帚縛。各自東西灑埽忙，蘆蓆平鋪卽蠶箔。只教有地可著蠶，遑計此身偏跼促。況是蠶多食亦多，堆葉還須讓屋角。臥牀亦撤挂梁間，倘要安眠待蠶熟。

清 董蠡舟《南潯蠶桑樂府・采桑》 一片碧雲籠四野，戴鵀聲中見桑者。儂家有地十畝寬，半在陌頭半牆下。郎憐儂是新嫁孃，嬌羞尚怯遵微行。顧語小姑汝予助，同向南塍采桑去。宿葉未盡蠶未飢，偷閒偶啟白板扉。家家閉戶寂如水，拾葚畦邊譁稚子。綠陰陰地聞剪聲，林中到處桑梯倚。須臾夫壻負蓆歸，堆來滿地青玉肥。只願吾蠶食葉速，遠采不辭勞僕僕。默思地窄葉無多，飼到上山恐不足。保得安全過大眠，典卻金釵開葉船。

又《捉眠》 嬾思欲眠猶未眠，青紅攬出絲纏緜。貯餘筐匾勤拂拭，一一移置當窗前。或食或眠難畫一，先後相差無半日。擿此未徧彼已眠，兩手拮据不遑息。傾耳沙沙聲漸小，知是筐中食孃少。眠頭欲靜又怯寒，捉罷更將帷帟繞。深夜捉眠多苦辛，妾容無復桃李春。三眠四眠蠶易老，鏡裏紅顏豈常好。

又《餉蠶》 眠頭捉罷夜未央，蘧蘧一覺投匡牀。筐中枕畔兩同夢，良人呼起將三商。飛蓬雙鬢久罷櫛，今朝偶到妝臺傍。梳頭未半娣姒喚，可是筐中有起孃。女兒女兒新睡起，雪色肌膚倍肥美。此時飼之勿太亟，少緩須臾乃餉食。俄頃葉過惟留莖，到耳一片風雨聲。蠶身日長篷日分，昔時一斤今五斤。

又《鋪地》 出火五日大眠過，吾家蠶具備未多。區區筐曲盛不足，籌量無計將如何。打頭賴有三間屋，几榻不妨盡庋閣。埽地平將蘆蓆鋪，暫借坤靈作蠶簇。僅餘臥室在東廂，上羅箱篋下支牀。此際已難居八口，來歲小兒又娶婦。只願蠶花收倍豐，不愁明年無處容。別築新居高百堵，華堂卽是鋪蠶所。

又《縛山棚》 大眠飼食蠶多老，料理山棚須及早。盡將家具庋梁間，慚愧儂家屋較小。架木倚竹結構牢，去地未及一仞高。布以蘆簾平似砥，草薦三面圍周遭。上轟帚頭下擦火，棚底痀僂往來可。何須更列花格竹，不致欹傾亦已足。經營拌費一宵功，切誡兒曹毋欲速。鄰家家富貪安閒，新製雙凳厚且堅。因斯結縛遂草草，棚倒覆火蠶被難。我家力不能辦此，無恃乃得常無患，山棚歲歲安如山。

清 李宗昉《蠶事十二詠》《清詩鐸》卷七 紅懶思兼青懶思，辛勤分箔下春時。繚娘何事營巢急，一寸秋心一寸絲。五捉眠，將眠不勤食者，曰紅懶思、青懶思，食者曰食娘，眠起者曰起孃，又有將熟而先作繭者曰繚娘。

雞脚槐頭減綠腴，蠶娘餇過餇蠶雛。問儂夫壻桑餘幾，留得銀釵壓髻無。六餇蠶，眠起初食曰餇。

清 周凱《種桑十二詠》《清詩鐸》卷七

去初葉初發葉爲初桑，倘飼蠶不盡，當去之，否恐明春無力。次發爲二桑，不須去。春來雨水勻，桑葉大且圓。采之飼我蠶，蠶飽已成眠。蠶眠葉自稀，葉葉不論錢。去之留餘力，長養待來年。

清 周凱《飼蠶十二詠》《清詩鐸》卷七

分箔

二眠後，蠶漸大，卽宜分箔。諺云：『曲植筥筐。』曲，箔也。植卽蠶槌，以架箔也。筥，圓器。筐，方器，竹葦皆可編。架高去地三尺許，下可炙火，自下而上五六層。蠶至大起，視其食葉稍減，中有瑩光者，置一箔以便先上簇也。俗謂起娘，以其先熟也。

先蠶著箔上，相之具苦心《漢書·藝文志》有《相蠶經》一卷。昂昂青鴉觜，小大毋相侵。筥圓而筐方，位置深房深。分藏待上簇，中有帛與金。

二眠自初生七日二眠，又不食，將退皮，如頭眠狀。凡蠶四日一眠，眠一次，蠶大一次。春寒忍顏色，不復畫蛾眉。二眠蠶欲起，攀桑折柔枝。所願桑葉多，令我蠶不飢。且緩賀箔籠邵謁詩：春蠶未成繭，已賀箔籠實，曷先具筐槌梅堯臣《蠶槌》詩：三月將掃蠶，蠶妾具其器。

清 吴衡照《看蠶詞》《清詩鐸》卷七 日防生人夜防鼠，村裏家家都閉戶。綠陰時節徧江南，屋上鳴鳩定晴雨。幾日看蠶眠，幾日看蠶熟。簇蠶上山棚，爇薪守蠶箔。小姑日討山棚信，再拜神前代娘問。大姑一月頭不梳，玫瑰花開未簪鬢。大姑稱繭小姑量，阿娘踏車煮繭香。絲成母女各歡喜，里胥打鑼催上忙。

清 劉光蕡《養蠶歌括》

總要

養蠶莫巧，食到便老。此言雖淺，能扼總要。晝夜無閒，室溫育飽。頓數既多，蠶使速老。省日省葉，繭堅絲好。倘或懶惰，貪眠忘曉。緊漫寒熱，忽飢忽飽。費葉繭薄，抽絲亦少。此等辛苦，大眠尤要。不過七日，全功便了。二十五日，爲上等好。二十八日，得絲更少。月餘四十，辛苦自討。奉勸蠶婦，醒悟須早。

又 齊眠

養蠶最要眠起齊，卽從擇種記日期。同日生子爲一起，生蟻掃蟻須同時。設有不齊用人力，飢飽寒熱加減之。眠齊起齊蠶必好，收得好繭抽好絲。

雜録

元 司農司《農桑輯要》卷三《栽桑》 《士農必用》：地桑之功，惟在治之如法，不致荒燥。無樹桑之家，純用地桑，則人力倍省。有樹桑兼地桑之家，樹葉既成，地桑可止，而勿用加澆鋤之功使之滋長。至其蠶大眠之後，或樹桑不能時至，則可就取地桑補之，蠶至終老不致闕食。

又 卷四《養蠶》 每一日所出，爲一等輩。各于連上寫記，後來下蛾時各爲一等輩，二日相次爲一輩猶可，次三日者則不可，爲將來成蠶、眠起不能齊，極爲患害。另作一輩養則可。

又 假有一家蠶屋三間，止養蠶十數箔，雖無北窗，亦不須栁開，蓋為蠶少屋寬，必無太熱。若至二十箔以上，決當栁開北窗，近下安置。但是窗上須挂葦簾草薦，南簷外先架立搭棚檁柱，大眠時搭蓋，以隔臨簷熁熱，西山牆外另搭趄棚今時多用薥黍稭壁，以避滿牆西照。蠶屋西南角，從柱向南，高壘牆壁四五步，或夾厚籬障，以泥泥飾，防大眠之後剪開窗紙，恐有西南風起，此風大傷蠶。陝西、河南尤甚，趙地以北頗緩。《要旨》云：蠶屋地基須高一尺，擇地不必以陰陽形勢為法。陳志宏云：屋基新土，填乾拎上，用泥重覆。

又 《士農必用》：上下二箔，上皆鋪切碎稈草，中一箔用切碎擣軟稈草為蓐，鋪案平勻，仍須四邊留箔楂五七寸，揉浄紙粘成一段，可所鋪蓐大鋪于中箔蓐上。揉紙極軟如綿。《要旨》云：底箔須鋪二領，蠶蟻生後，每日日高，捲出一領，曬至日斜，復布扵生蠶箔底。明日又將底箔撤出，曬曝，如前翻覆襯，藉使受自然陽和之氣，停眠起食，然後撤去。

又 生蛾 《士農必用》：生蛾惟在凉暖知時，開揹得法，使之莫有先後也。生蛾不齊，則其蠶眠起至老俱不能齊也。其法：變灰色已全，以兩連相合，鋪扵一浄箔上，緊捲了兩頭繩束，卓立扵無煙浄涼房内，第三日晚取出展箔，蛾不出為上。若有先出者，雞翎掃去不用。

又 養四眠蠶 《蠶桑直説》：此蠶别是一種，與養春蠶同，但第三眠，止擡開十五箔，擡飽食二十箔，大眠擡三十箔。

元 王禎《農書》卷二〇《農器圖譜十六·蠶繅門》 各置照牕，每臨蠶暮，以助高明，下就附地，列置風竇，令可啓閉，以除濕鬱。考之諸蠶書云：蠶室，先辟東間養蟻，停眠前後，撤去西牕，宜遮西曬，尤忌西南風起，大傷蠶氣，可外置墻壁四五步以禦之。餘備《蠶書》所有蠶神室蠶神像，宜用高空去聲處安置。凡一切忌惡之事，邪穢之氣，辟除蠲潔，夙夜齋敬，不敢褻慢。

明 夏元彝、李開鄴《禹貢古今合注》卷一 《周禮》：『典絲掌絲入而辨其物，以其賈揭之。』慌氏湅絲以涚水漚其絲，一蠶爲忽，十忽爲絲。蠶眠生繭，二繰成絲。睢渙之間，出文章，天子郊廟御服出焉。

明 徐光啓《農政全書》卷三一《蠶桑》 《士農必用》曰：蠶事之本，惟在謹於謀始，使不爲後日之患。蠶眠起不齊由於變生之不一，變生之不一由於收種之不得其法，故曰：惟在謹於謀始。

又曰：取簇中腰東南明淨厚實繭蛾，第一日出者，名苗蛾，不可用。屋中置柴草，上放不用蛾。次日以後出者可用。每一日所出爲一等輩。各于連上寫記，後來下蛾時各爲一等輩。二日相次爲一輩猶可，次三日者則不可，爲將來成蠶，眠起不能齊，極爲患害，另作一輩養則可。末後出者名末蛾，亦不可用。鋪連于槌箔上，雄雌相配，當日可提掇連三五次。去其屎也。至未時後，款摘去雄蛾放在苗蛾一處。

《務本新書》曰：『深秋桑葉未黄，多廣收拾，曝乾搗碎，於無煙火處收頓，春蠶眠後用。』

又 《士農必用》曰：生蟻惟在凉暖知時，開揹得法，使之莫有先後也。生蟻不齊，則其蠶眠起至老俱不能齊也。其法：變灰色已全，以兩連相合，鋪扵一淨箔上，緊捲了兩頭繩束，卓立扵無煙淨涼房内。第三日晚取出展箔，蟻不出爲上。若有先出者，雞翎掃去不用。名『行馬蟻』，留則蠶不齊。

又 《士農必用》曰：加減涼煖。蠶成蟻時宜極煖，是時天氣尚寒。大眠後宜涼，是時天氣已暖。又風雨陰晴之不測，朝暮晝夜之不同，一或失宜，蠶病即生。惟蠶屋得法，則可以應。

又 《桑蠶直説》曰：四眠蠶别是一種，與養春蠶同。但第三眠止擡開十五箔，擡飽食二十箔，大眠擡三十箔。

又 《務本新書》：臘八日，新水浸綠豆每箔約半升，薄攤曬乾，又淨淘白米每箔約半升控乾，以上二物，背陰處收頓，以備大眠起用，拌桑葉飼蠶。

清 蒲松齡《桑經·農桑經》 上簇 自大眠後十五六頓即老。見有老者，量數減食，候十蠶九老，方可上簇。

又 每早晴，可卷東窗，使受日暖；開背風窗，使透清氣。蠶畏風，惟大眠喜涼，亦勿開迎風窗也。

又 秋深桑葉未黄，於將落時多收曬乾，於無烟火處收頓。至臘月，擣磨成麪，待蠶大眠後用之。

清 楊屾《豳風廣義》卷二 預收蠶食 《務本新書》曰：深秋桑葉未黄，如有春蠶食不盡的葉，夏採者更好。若二番生者，不可夏採，須待秋採，多廣收拾，曝乾搗碎，於無烟處收頓。至臘月内搗磨成麪，淨磁瓮收貯，俟過年春蠶大眠後用之。臘月内製者，能消蠶熱。又十二月初八日，將菉豆用新汲水浸半日每箔約用豆半升，薄攤曬乾，又淨淘白米每箔約用半升酌量，次年如養蠶十箔，當備五升，控水曬乾，與菉豆俱陰處收頓，以備大眠起拌葉飼蠶。

又 《蠶室記》曰：古者天子諸侯皆有公桑蠶室，近川而爲之，築宫仞有三尺，棘墻而外閉之。三宫之夫人及世婦之吉者，使入蠶室，奉種浴於川，桑於公桑，此公桑蠶室也。其民間蠶室，坐北向南者爲上，向東者次之，向西者又次之。締構之制或瓦房草房，俱以泥塗材木，以防火患。其大小廣狹，任人之力，務要間架寬廠每箔長一丈，間架可寬丈一二，可容槌箔，易於轉動。每間兩頭各置大炤窓，每臨旦暮，以助高明，易辨眠起。大眠之後可通風涼，窓用紙糊周密，中糊捲紙一大方，後可啓閉，外掛草薦。若卑溼之地，須附地列置風竇每壁底門坎之下，各開一穴，大五六寸，以磚合封，以防啓閉，以除溼鬱，高燥之處，不必用此。

清 李光地等《御定月令輯要》卷四《春令》 春蠶四眠。增《會稽志》：

『春蠶多四眠，餘蠶皆三眠。』越人謂蠶眠為幼，謂之幼一、幼二、幼三、幼大。岑參詩：『調笑携筐婦，春來蠶幾眠。』

又 卷二〇《十二月令日次》 浸豆米飼蠶。增《務本新書》：臘八日，新水浸菉豆，晒乾，又淘白米控乾，以上二物收頓，以備大眠起用拌桑葉飼蠶。

清 韓夢周《養蠶成法》 繭塲喜高陽，因蠶至大眠後，天氣漸寒，非煖不能成繭。

清 韓夢周《蠶桑實濟》卷一《桑樹捷驗》 當以魯桑條接荆桑之身，則茂盛而亦久遠。魯桑，其葉肥厚，柔軟多津，宜飼初生之蠶。荆桑葉堅硬，少津，宜飼大眠以後之蠶初蠶不可多飼荆桑葉，多飼則有裂腹之患。但於大眠後與魯桑間飼，則絲頭必硬而且堅韌。

又 魯桑飼蠶，其絲不堅韌，可斟酌栽荆桑樹數株。俟蠶大眠後採葉，與魯桑相間飼之。

又 卷二《育蠶預備》 每間兩頭，各置大炤窗，每臨旦暮，以助高明，易辨眠起。大眠之後可通風涼，窗用紙糊周密，中糊捲紙一大方，後可起閉，外掛草薦。若卑溼之地，須附地列置風竇每壁底門砍之下各開一穴，大五六寸，以磚合封，以防啟閉，以除溼鬱。

又 卷三《育蠶切忌》 自下蟻至大眠，果能隨時加意，逐處留心，將來結繭必良，繅絲必利。其有散見各條不及備登者，尤當細意參酌，稍有不慎，變態百出，業蠶者幸勿淡漠置之也。

又 卷四《育蠶急務》 飼蠶者慎勿貪睡，以致功廢於半途，事雖一月，其實要緊只在大眠後七日，受此七日辛苦，卽獲一歲之利，可不猛省。

清 鄂爾泰《授時通考》卷七二《蠶事・制居》 考之諸蠶書云：蠶時先闢東間養蟻，停眠前後撤去，西窗宜遮，西曬尤忌，西南風起，大傷蠶氣，可外置墻壁四五步以禦。所有蠶神室蠶神像，宜於高空處安置。

又 卷七三《蠶事・飼養》 《農桑輯要》：深秋桑葉未黄，多廣收拾，爆乾搗碎，于無烟火處收頓，春蠶眠後用。

清 鄭之僑《農桑易知録》卷二《桑務事宜》 蠶老將做繭也 大眠起娘，餧葉至三晝夜，不論濕葉肥葉澆糞不久，謂之肥葉，皆可餧，唯忌霧葉、氣水。至四晝夜，蠶身便有二寸長，粗如小指。至五晝夜、六晝夜，蠶要老矣，顔色本來青白，將老時，色如糙米，取蠶向亮處炤之，通身明亮者爲考娘。蠶先老者謂之考娘。既見考娘，一面將葉薄餧三餐，一面卽搭山棚。

又《蠶有十忌》 忌生人 養蠶之家，門前必有禁人記號，或寫『蠶月知禮』，或寫『育蠶』二字，或寫『蠶天自揣』，貼於門上。如遇生人進門，或在門外吽喊，蠶就霎時變壞，或沿篩走，或不吃葉。故湖俗穀雨之後，停征停訟，差不下鄉，重蠶事也。

以上各項避忌，苟能自收蠶以至大眠，刻刻留意，不使稍有沾染，則將來回杣采繭，必有十二分之收成矣。

又 蠶簄不分大小，總要一樣，以便上架也。篾片密密編成，可不用糊紙，邊高二寸許，圍圓有兩人合抱大。蠶到出火大眠時用之，每隻可貯大眠四觔，若大眠後可鋪地蠶，簄不用矣。

清 崔應榴彙纂，錢馥補輯《蠶事統紀》卷九 《齊民要術》：修屋欲四面開窗，紙糊厚為籬。屋内四角著火。崔實《四民月令》：三月清明，令蠶妾治蠶室，塗隙穴，具槌椽、箔籠。《務本新書》：蠶屋北屋為上，南屋、西屋次之，大忌東屋。《農桑輯要》云：『為西照日色，又西風非長養之氣。』至穀雨日，先須泥補熏乹，豎槌了畢，勿透風氣。若逼蠶生旋泥者，墻壁濕潤，多生白醭、貼沙之病。蠶屋正門須重掛葦簾、草薦，簷外不必以箔攔夾，令時通風日。屋内東間，另用席箔，擗夾一間，于内生蟻，留小門出入，上掛蒲簾。蓋屋小則容易收火氣，停眠前後拆去。《農桑通訣》：養蠶蟻時，先辟東間一間，四角挫壘，狀如三星，以均火候。謂屋小則易收火氣，眠後移出。蠶屋須要寬快潔浄，通風氣，映日陽，屋前不宜有大樹密陰，南北屋相去宜遠，宜安南北窗，大忌西窗，南北窗上各糊捲窗。一眠之後，但遇白日晴明，若是南風，却捲北窗，若有北風，却捲南窗，盖倒溜風氣宜蠶故也。假有一家，蠶屋三間，止養蠶十數箔，雖無北窗，亦不須㧗開，盖為蠶少屋寬，必無太熱。若至二十箔以上，決當㧗開北窗，近下安置。但是窗上須掛葦簾、草薦，南簷外先架立搭棚、檩柱。大眠時，搭盖以隔臨簷熇熱。西山墻外，另搭趄棚，以避滿墻西照。蠶屋西南角從柱向南，高壘墻壁四五步，或夾厚蘺障，以泥泥飾，防大眠之後剪開窗紙，恐有西南風起。此風大傷蠶，陝西、河南尤甚，趙地以北頗緩。蠶屋忌近臭穢，夜間無令燈火光忽射蠶屋窗孔，不得將烟火紙燃於蠶房内吹滅。蠶初生，忌屋内掃塵，忌蠶房内哭泣吽喚，忌穢語淫詞，忌不潔浄人入蠶室。《士農必用》：修屋宜高廣，低則鬱遏多熱。勿接揜厦，南揜隔陽氣，北揜助陰氣。蠶生前一月泥飾，厚則耐寒熱。除正門外，每周圍可偏安窗，無西窗不妨，宜高大。標𢹇之間，每一間內，各開三照窗、兩山壁窗。近上亦各如𢹇上開照窗，大窗先用皮紙全糊，外各用草薦密封盖了，照窗亦糊，捲窗密封，窗臺高不過二尺五寸。每一間附地透開三風眼，如貓竇，却用磚坯盖塞了，泥封固密。

蠶成螘時，宜極暖，是時天氣尚寒。大眠後宜凉，是時天氣已暄，又風雨陰晴之不測，朝暮晝夜之不同，一或失宜，蠶病即生。惟蠶屋得法，則可以應。蠶屋之制，周置捲窗，中伏熱火，謂如蠶欲暖而天氣寒，閉苫窗撥火，則外寒不入，和氣内生。若遇大寒，屢撥熱火，不能勝其寒，則外燒牛糞，絕烟，置屋中回隅，和氣自然薰蒸。寒退，則撤去餘火。蠶欲凉而天氣暄，閉火而捲苫窗，則火氣内息，而凉氣外入。若遇大熱，盡捲苫窗不能解其熱，則去其窗紙，上捲照窗，下開風眼，窗外槌下，灑潑新水，凉氣自然透達，熱退則糊補其窗，閉塞風眼，使其蠶自初及終不知有寒熱之苦，病少繭成，一室之功也。然寒不可驟加煖熱，當漸漸益火，寒而驟熱，則生黄軟等疾。熱不可驟加風凉，當漸漸開窗，熱而驟風凉，則變殭，此又不可不知也。《農桑通訣》：民間蠶室，必選置蠶宅，負陰抱陽，地位平爽，正室為上，南、西為次，東又次之。若室舊，則當浄掃塵埃，預期泥補。所有蠶室蠶神像，宜於高處安置。《湧幢小品》：蠶室暖，育蠶者倦極，常有火患，時宜謹防。

北魏 賈思勰《齊民要術》卷五 比至再眠，常須三箔。中箔上安蠶，上下空置。下箔障土氣，上箔防塵埃。

清 朱斌《蠶桑指要》

上考

大眠送食後緩食二日，旺食三日，至第六日，蠶身發白亮色，背有絲腸兩條，閃閃吸動，又項下有三泡，若二泡透亮，是將起考之候也。

又 盖蠶總以青痕、白肉、頭尾三停相稱者為上乘，其油青、濁白、沾污、短檆、亮身、白尾、大頭、粗腹者，皆有病之蠶也。此等八種病蠶，若不於出火後揀去，留在大眠浚後，與好蠶無別，而將來不為飛考重莭，終作望山糖蠶。不但徒費食料，并能累及好蠶。故必時時詳看，見即棄之，所謂看蠶也。

清 帥念祖《蠶政編》 預收蠶食 春蠶食餘之桑，夏月採之。二番生者，秋日及葉未黄採之，多收曝乾搗碎，放無烟處，至臘月爲末，淨甕收貯，將來蠶大眠後用之。臘月製者，能清蠶熱，大妙。再十二月初八日，將菉豆用新汲水浸半日曬乾，又淨淘白米曬乾，與豆收一處，大眠後拌葉飼蠶。二味，每箔各半升，酌量收貯。

又 治蠶室 坐北向南者爲上，向東者次之，向西者又次之。瓦房草房，俱以泥塗材木，以防火患。務要間架寬廠，可容槌箔，易於轉動。每間兩頭各置大窓，每臨旦暮，以助高明，易辨眠起。大眠之後可通風凉，窓紙中，糊捲紙一大方，後可啓閉，外掛草薦。

（嘉慶）《會稽志》卷一七 春蠶多四眠，餘蠶皆三眠，越人謂蠶眠爲幼，謂之幼一、幼二、幼三、幼大。

清 程岱葊《西吴蠶略》卷上

收種

大眠時，先提筐面蠶，别貯爲種蠶矣。既老，亦别置小山棚。

又 卷下 凡二蠶繭，蛾生種，謂之頭二蠶種。次年清明後，即担而養之，名頭二蠶，時頭蠶尚未出也。其眠其老甚速，纔兩旬，即收繭，時頭蠶甫大眠也。

清 高其垣《試行蠶桑説·飼蠶法六十六條》 蓋蠶花一錢，飼之得法，約可得大眠五六觔。統前後計之，須食葉百三四十觔，不可於收蠶花時一味貪多。

清 高銓《蠶桑輯要》卷上

飼養

蠶食而不飲，隨食隨消，計蠶一筐五觔者，約食葉八個火前一，火後一，大眠至老八，六斤者十個。自初生至老，飼之各有節次。其大綱有三：一曰匀，左宜右有，使無偏陂，則食之均而蠶齊。一曰薄，稀摻平鋪，使無堆砌，則食之過而葉省葉食盡，謂之過。一曰勤，晝餵夜飼，使無間斷，則食之多而長遠。

又 卷下 露之濃者，不減于雨霧有毒害，甚于雨，二者非陽不晞，並須俟日照後採之。《補農書》云：育蠶之家，宜預作木架，廣一丈四五尺，深亦如之。其高過于桑，上織竹作蓋。蠶初收，即張之茂桑之上，或一日而移，或兩日三日而移，量飼蠶之多寡而斟酌焉。朝暮可避露，晴可避日，陰可避雨，葉時時乾鮮，不生蠶病。大眠後可輟，事易集而功用多，一架可備數年之用，此亦一法也。又有氣水濕葉，由于堆貯鬱蒸而成，小蠶食葉不多，不必多採屯積。

又 種蠶無病，子方無病。故大眠後當揀取整齊强健之蠶，日以蘖頭葉飼之，蘖頭力旺，蠶食之，其力始旺。一切蘖換諸務，更宜勤慎，老則另棚上之，温以微火，俾速成繭。

清 高銓《吴興蠶書》卷上 避日 蠶宜温，蠶房宜承太陽，然不可使日光洞照。《務本新書》云：大眠時，南簷外搭棚，以隔臨簷熁熱。西山牆外亦搭棚，以避滿牆西照。此可爲法，蓋映太陽則暖，見日光則熱，不得不爲之掩蔽也。

清 鄒祖堂《蠶桑事宜・建平紳耆公擬蠶桑規條》 曠土悉行栽桑，居家務學養蠶。蠶子一錢。頭、二、三、大眠，約有蠶百兩，食葉二擔餘，辛苦三十餘日，蠶作繭而絲成，約賣錢四五千，本少利多，莫過蠶絲。湖州人每年養三番蠶，至養蠶之法，鄒司廉自印蠶桑書散給，可以查考。

又《飼蠶法六十條》 初生之蠶，謂之蠶花，蠶花落紙時，便須以戥秤稱之。蓋蠶花一錢，飼之得法，約可得大眠五六斤。

又 若大眠以後，需葉甚多，則剪取長條，於有風而雨點不到處懸之，亦少頃卽乾。

清 方大湜《桑蠶提要》卷一《桑政二十三條**・澆水**四則**》** 大桑樹 樹已茂密成陰，冬月、正月兩次澆人糞，清明時又澆以人糞，謂之撮桑。四月翦桑畢，再澆人糞，謂之謝桑。謝桑尤爲要緊，切不可因循蠶大眠時，桑脂正旺，開翦之後，其脂必從翦處流出，須將土鋤鬆，澆以水糞，則桑根氣暢，且得所養，自能攝脂，使不上溢。

又 卷二《蠶事四十條**・蠶食**三則**》** 不可食 桑葉有不可令蠶食者十一：一曰雨葉。雨後摘下者，謂之雨葉。既溼且寒，大眠以前食之，則變褐色，生瀉病，卽或不病，老來必成氣水蠶，不作繭。一曰露葉。露未乾時摘下者，謂之露葉。惟大眠起後，遇天晴無霧，可用帶露葉。因露爲天酒，能補助好蠶，使後來繭絲光澤也。若病蠶食之，卽軟死。一曰霧葉。霧中摘下者，謂之霧葉，霧有毒。大眠以前食之，則老來必成白肚蠶，肚子下有白水流出，沾在好蠶身上，好蠶亦死。如遇有霧，須將門窗關閉。一曰黄沙葉。遇大風時，塵沙四起，桑葉沾沙，謂之黄沙葉。蠶食之則病脹。一曰臭葉。大眠之後，桑可澆糞，甫經澆糞，卽便摘下者，謂之臭葉，亦名肥葉。穢氣未退，大眠以前食之，則蠶身粗肥，皮膚光亮如油漆，謂之肥青，當眠時亦不肯眠矣。如澆糞過七日，則不忌。一曰熱葉。烈日中摘下者，謂之熱葉。澀而不潤，蠶食之則腹結、頭大、尾焦。一曰枯葉。摘下之葉，被風吹乾者，謂之枯葉。全無津液，蠶食之，病與熱葉同，棄而不用可也。一曰氣水葉。摘下桑葉，堆積過久，一發蒸熱，便生氣水，謂之氣水葉。大眠以前食之，亦成白肚蠶，棄而不用可也。一曰奄桑葉。小桑秧未過三年者，所生之葉，謂之奄桑葉。小蠶不可食，食則生病，大眠以後，桑葉缺少，可用奄桑餧之，葉多者不必。一曰大麥地內桑葉。蠶食之卽壞，故桑樹之下不可栽種大麥，種桑樹者，宜牢記。一曰雞腳桑葉。卽花桑葉也，其葉甚薄，邊有缺齒，以之飼蠶，便成薄繭。

又 蠶自初生至結繭，或眠或起，或小或老，各有其狀。詳蠶種第二、三則，老蠶第二則及頭眠、二眠、三眠、大眠，並眠起各則。

又 一網常在蠶下，以二網輪流替換。既可減省人力，又不傷損蠶身，體蠶之法，莫妙於比。大眠以後可用此法。大眠以前亦可用此法，但蠶大則網宜疏，蠶小則網眼宜密。因飼養小蠶葉宜細切，葉細而網眼疏，恐擡網之時蠶與葉由眼內漏出也。蠶網詳蠶具第八則。

又 選蠶之法：宜於大眠後擇蠶之整齊強健者，日以蘖頭葉飼之蘖音闑，枝頭最茂處也，蘖頭力旺，蠶食之，其力自旺，比衆蠶更加小心愛護，老則另搭一山，置蠶於山上，以火烘之火烘則繭可速成。

又 體刮 蟻下連已二三日，蠶屎桑渣堆積漸厚，卽須以礱糠灰薄篩蠶上，如法體刮。取出蠶屎桑渣，謂之體刮，法詳易器第三則。另易他器，所易之器，紙下須襯灰。初次體出之桑渣謂之香體，須烘曬令乾，以備蠶眠起齊後之用。

清 黄世本《蠶桑簡明輯説・養蠶説》 蛾出時，急須辨其雌雄，而分貯之。雄者腹小，雌者腹大。俟其出已多，將雌雄并置一處，亦須其數相當，若有多寡，留其餘以待後出之蛾。聽其自相配合，俗謂之對。既對之後，又須另置一處，約過四個時辰，則分之。不可太早，早則明年多不眠之蠶。不可太遲，遲則明年大眠後多高節而拖白水之蠶。鋪蠶布以方爲貴於米篩中，而勻置雌蛾於布上，四面用木界尺攔住，更以他物蓋好，不使見日光，過半日，子布满矣。

清 劉祖憲《橡繭圖説》卷下《移枝第二十三》 蠶眠時不可移枝，但慮起眠無食，須巡視之。善移枝者手快，橡不大傷，枝大盈寸亦一剪而落。

又《秋放蠶縛枝第二十九》 若至白露節而方起大眠，則蠶吃露水者多殭死，其已吐繭而未成者，亦爲露氣所浸，而不復吐繭矣。

清 汪曰楨《湖蠶述》卷一《總論》 一曰青蠶按，亦稱青條，以色名也。蠶眠則身黄，此獨青而不眠，故曰青蠶。或受沙蒸，或受風溼，並足致病。自頭眠至大眠皆有之。有一種名壯青者，乃食肥葉而成，蠶身分外粗壯，色深青而不眠。按，俗謂『蠶不齧人』，然亦間有被齧者。毒入内，能令人寒熱，以苧麻葉擣汁，塗之卽愈，以蠶畏苧也。至俗又以蠶咬爲吉利，則不知其何説矣。

又 卷二《收蠶》 初生之蠶，俗名烏兒，每重一錢十六兩戥子，可得出

火一斤，大眠四斤並廿四兩秤，爲中平之率。《遺閒瑣記》

又 卷四《賽神》 下蠶後，室中卽奉馬頭孃，遇眠以粉繭香花供奉，蠶畢送之，出火後始祭神。大眠、上山、回山、繅絲皆祭之，神稱蠶花五聖，《西吳蠶畧》謂之拜蠶花利市。董蠡舟《樂府小序》

清 俞墉纂輯《蠶桑述要》 初生之蠶，俗呼烏蝗，色黑而細如髮，近太陽光視之，黑中帶綠，週身有絨毛。每烏蝗一錢，諺稱：看蠶一筐，飼至揀大眠秤之，約重六斤左右，預知蠶花分數。

又 烏蝗一錢，大眠放葉以後五晝夜工夫，至上山做繭爲止，須食葉一百五六十觔。食葉愈多，則獲繭愈厚。食葉少，則成繭力薄。始食一百三四十觔爲中稔，倘食葉不及百觔，則爲歉收矣。故須於收蠶之初，先籌桑葉，甯多毋缺。設蠶信將老，桑葉短缺，無從購買，別無補救之方，爾時悔無及矣。

又 葉有黃衣黃班，名爲金桑，蠶所不食。有鳥糞污穢及濺泥灰者，皆不食。食濕葉則大眠後絲腸爛，蠶身出水，不做繭。桑樹種在大麥田地上者，食之壞蠶，賣桑買桑之家，各宜慎之。

又 蠶沙及大眠以前食剩碎葉青筋，置地蒸霉，以之壅地培田，極爲肥潤。

清 張壽宸彙輯《蠶桑圖説提要》 每蟻一兩，至蠶大眠後用廣盤貯而復秤之，約得蠶五十斤，收繭一百斤，收絲一百五十兩，前後食葉二十石，約一千六百觔。

清 周春溶《蠶桑寶要》第三説《育蠶避忌十一條》 自收蠶以至大眠，如能時時留意，則囤杣採寶必有十二分之收成矣。

又 以竹劈細篾為之，形如斗大而高，所以盛小葉蠶在大眠之前，總謂之小葉。至蠶漸大，則需葉漸多，又必用大筐子盛葉，或以竹編成，或以細柳條編成，皆可為筐備用。

清 包世臣《齊民四術》卷一下《農一下・農政》 大眠起秤，重四斤為一箔，今召一盤。樹桑陰相交，則不滋下植，先栽時可相間一丈，掘坑深三尺五寸，方二尺五寸，糞量加。畝六十科，科盛者葉四十斤，亦飼蠶廿四箔。

清 曾鉌《蠶桑備要》卷一《栽桑説》 凡椹多，枝幹條葉堅勁，其葉小而邊有鋸齒者，皆荆之類，宜飼大眠以後之蠶。椹少，枝幹條葉豐腴，葉圓大豐厚而多津者，皆魯之類，宜飼初生之蠶。初蠶不可多飼荆桑葉，恐有裂腹之患。但於大眠後，與魯桑間飼，則其絲頭必勁而堅韌。

又 有一種野魯桑，亦可移植，冬春上糞，旱則澆灌，年年茂盛【略】然魯桑飼蠶，其絲不堅韌，可斟酌栽荆桑樹數株。俟蠶大眠後採葉，與魯桑相間飼之。

清 陳開沚《裨農最要》卷一

食料

桑葉麵秋深葉欲落時，趁其未黃，卽將葉摘下，以早採則傷來年桑眼，遲則自落，少津液也。曬極乾，經霜更妙。臘月内搗磨成麵，收貯無煙火處。春蠶大眠後患熱病，以此拌葉飼之，可解熱毒。綠豆粉臘八日以新水浸綠豆，淘淨薄攤，曬乾，磨細成麵，或俟來年臨用時將綠豆浸溼，俟微發芽，曬乾磨粉亦可。蠶大眠後，拌葉餧之，可解熱毒。蠶脫肛，以此飼之立愈。米粉臘八日淨淘白米，曬乾，收藏至春，蒸熟作粉，令極細，用與綠豆同。

火料

牛糞正月收牛糞，做成餅，貼墻壁自乾；或研炭末，和牛糞做成亦好。蠶喜聞牛糞氣，每日早夜以牛糞餅燒過，擊絶煙氣，盛火盆内，置於蠶室。倘有臭穢近蠶室，卽燒牛糞餅，薰於蠶室外以避之。俟其煙盡，擡入蠶室，使蠶自初生至老皆聞牛氣，則一切避忌之物不聞矣，此最驗最美法也。又或以缽盛牛尿，置室四角攪之，以助其氣。大眠後不用火，以此法行之更妙。柴炭青崗炭最耐久。乾柴絲忌煙薰，煮繭之柴宜早備，令極乾。

又 卷二

餘桑宜采淨

凡遇桑賤，蠶食有餘，宜速盡行采之須在小滿芒種之間，不可太遲，遲則發之不茂，不留一葉。蓋春生葉不采淨，則來年桑葉不盛，所采桑葉亦非棄物，當置烈日曬乾不可沾泥，用篾籠收貯無烟處，至臘月搗細成麵，俟明年蠶大眠後拌葉飼之，葉缺多飼不妨。一斤桑麵可敵六七斤桑葉。緣夏月采者，較深秋所采精氣更完故也。

又 卷三 俟滿四個時候，拆去雄蛾如卯時配，午時拆；辰時配，未時拆放草上。如未滿四個時候，則來年多不眠之蠶，其繭亦薄。已過四個時辰，則來年大眠後多節高而拖白水之蠶。

清 陳啟沅《蠶桑譜》卷一 大眠起後，斷不可用煖器，故世人畏冷轅之難飼，常用火轅。其法：用炭火載在盆上，以爐灰蓋其邊，貯於養蠶之窖房，使房内煖氣常得七十度定，可得三十餘日，便能成熟，名曰火紙。

清 董開榮《育蠶要旨》

收蠶

看布種戰色，其子飽綻，即有蠶數十箇，名為横布。三朝後，當將種鋪開在向陽處。如陰雨，或在牀上，或在竈上，以暖處為佳。待其脱殼，採花葉少許卽野薔薇葉，俗名做絲花，去梗刺，焙燥研末，用麻布篩篩在種上。蠶得此，則脚鬆易刷。候一箇時辰，用食鍋抹乾金漆大盤亦可用，將鵞毛輕輕刷櫳，收於鍋内，更用小圓竹器鋪舊糠灰一層雜以石灰亦可上，襯以紙，即放蠶於器口。上用切細嫩葉薄糝收下後，葉宜切細，初眠後可粗，二眠後用葉片，出火後用了頭葉，蠶即能食。凡收下未曾食葉，即一二日不飼，不致餓壞。倘喫葉些些，以後稍飢即斷絲腸矣。放在暖處，謂之冷看，須六七周初眠，倘用火較速。用火者，蠶器閣架上，藏牀中，火爐燒炭墼一箇俗稱炭基，用灰蓋好，置架下，不可過熱。蠶器亦須時時移轉，葉亦頻頻糝上，謂之三日三夜趕頭眠，然不若冷看之妥。惟遇春寒用火，可免畔⿰米夷亦作⿰米弟，通作⿱⿰米弟糸，俗用薙屜替字，並非蠶畏冷，藏葉底不肯向上食葉，謂之畔⿰米夷。

按，初生之蠶，俗名烏兜。每重一錢，可得出火一斤半，大眠六斤，為中平之率。

又 ⿰米夷括

蠶性喜溫，而又惡溼熱，故必⿰米夷括。⿰米夷則剝去底下一層，不使溼熱薰蒸。括則取其面上一層，而⿰米夷中猶有蠶在内，必當搜剔净盡。倘有殭爛、白肚、空頭等蠶，棄之無遺。故無論寒暖，每日宜⿰米夷括一回。而出火及大眠時為尤要。更有救逆之法，如爛肚傷熱之故、吐水白肚二種，氣水葉、空頭小蠶失葉飢傷、布漆身有黑斑點，生種之故，必須勤⿰米夷，方不傳染。如殭蠶傷冷之故、瘡孃不上葉，生種時對不深，可噴燒酒或甘草水。又法：以馬毛鋪在蠶器内，可免諸病。倘大眠後放地蠶，不必⿰米夷括。

清 何品玉輯刊《蠶桑會粹·種桑各法》

量桑又以蠶為準，則以養蠶一箧三尺空，宜預桑五十斤每箧蠶自生至老約食葉五十斤。蠶到大眠起半箧，上山必有一箧，在起蠶多少定奪。

又 飼蠶頓數

黎明五點鐘

當朝七點鐘，換箧去砂，停一刻下葉，眠起之日斟酌而行，不必照此。

朝後九點鐘

當午十一點鐘

未刻一點鐘

申刻三點鐘，換箧去砂，停一刻下葉，眠起之日斟酌而行，不必照此。

酉刻五點鐘

起更七點鐘

二更九點鐘，宜下厚葉。

三更十二點鐘，宜下厚葉。

四更二點半鐘

右共九頓，時刻適均，次數得宜，養蠶者照此而行，方有準則。大眠後大食桑葉，加一二頓方合。

又

既對之後，又須另置一處，約過四箇時辰卽分之。如子初成對者，於卯末分之；卯初成對者，於午末分之。不可分得太早，早則明年多不眠之蠶；亦不可分得太遲，遲則明年大眠後多高節而拖白水之蠶。鋪蠶布不拘新舊，以方為貴於米篩中，而勻置雌蛾於布上，四面用木界尺攔住恐其生子於布外也，更以他物蓋好不可使見日光，過半日而蠶子滿布矣。

清 何石安輯《蠶桑圖説合編》

湖人育蠶以筐計以烏重一錢爲一筐，出火以二十四兩或二十兩爲一筐，大眠以六斤或五斤爲一筐，其名不一，或曰篩，曰筵，曰籃。蠶初生用篩，烏滿用筵，兩眠用籃。

清 黃壽昌《蠶桑須知·養蠶各則》

蠶熟

熟者，老之謂之也。大眠開葉後約食葉五六天，驗腹下三關已通關者，節也。通者，明也。蠶有數節，通三關者，通三節也。將蠶拾起，向亮照之，自見，即為熟蠶。若滿腹皆通，則蠶熟已透，宜速上山。因蠶不可過熟，熟則吐絲薄内，上山時急欲成繭，必繭性不堅且多同功。一名雙蠶繭，亦名大頭繭，且有三蠶合成一繭者。故諺云：『生蠶做硬繭。』所以蠶熟之時最要留心。

清 黃祖徽《蠶桑淺説·養蠶篇》第一章《總論》第五節《蠶室》

屋前後均宜開窓，窓臺離地不可太高二尺五寸最宜，高則屋内照暗，蠶起蠶眠難於辨別。屋頂亦宜開亮窓，一則可換空氣，一則可助光明。

清 江志伊輯《飼蠶法》

一云：蛾餂出繭金門黃色爲上，銀門白色次之。每繭二觔半，生子可滿一幅紙，紙大者需繭三觔。大約留繭十觔，可得大眠蠶四十觔。

又 食霧露葉則痿死，溼白肚，節高身縮，足流白水健蠶一沾此水，卽成白肚，故宜早治。用石灰化水灑葉上，白肚食之卽死，以免傳染，遊走滿筐，俗稱爬蠶，亦稱潮蠶，一名躔白肚。發於大眠三周時者，至五周時自止。發於五周時者，必傾筐盡變。食雨水葉則潰死，皆由内食水氣葉，外受沙綈溼蒸所致。一云：傷風則節高，沙蒸則脚腫，是白肚亦有傷風者。五曰多嘴孃。眠起時皮脱而嘴不脱。曰乾口孃，嘴脱而口不能開，此皆觸傷亦有頭眠傷風所致者，並死於餒。曰著衣孃，起時脱皮，半身而止，有兩種：一、由眠時用石灰太重，蠶身乾燥所致，可剝而去之，無害也。一、由蠶病溼尾，黏皮不脱，此雖剝之亦斃。六曰青條。凡蠶眠則黄，此獨青而不眠，故名。自頭眠至大眠，皆有之，病由沙蒸風溼。又有一種，蠶身分外粗壯，色深青而不眠，名曰壯青，由食肥葉所致。七曰焦黄，蟻時受饑、傷火所致。曰黑蔫，由室中燒薪烟薫，蠶藴熱毒所致，二者均不能食葉而斃。八曰簇病，有六種：一、簇汗，由蠶老食葉不淨，受葉溼蒸，故繭溼潤如汗；二、落簇；三、遊走；四、赤蛹；五、黑色；六、殭。此五者由地溼天寒所致，然亦有不盡然者。

清 賴逸甫《嶺南蠶桑要則》 若值寒雨連天，竟至三四十日者，是年蠶種必壞，苟非人事堪補，天事則難言矣。最好者則用人身煖氣，或放在牀裏、蚊帳之内，與其共宿，但此不能多養。其次則用瓦埕或錫器，載滿熱水，封固其口，再以舊綿絮包密四圍。將該器放在蠶筩之上一層，使其辟去寒氣。蠶眠時得免傷身，一二日卽能蛻衣而起。

清 李向庭輯《蠶桑述要》 由第一齡第一日十二點收蟻，至一點開葉，至第六日午後六點時，總計溫度平均七十一，是時蠶卽頭眠，可以止葉矣。眠須一日五時半工夫，未眠之先，由第一日一點至第六日六點，皆食葉之時，共計五日三時半，再加眠的一日五時半，共六日九時。

又 第二齡由第一齡第六日六點蠶眠止葉，眠經一日五時半，核計至第八日五點卽爲第二齡第一日開葉之始，是日溫度最高七十三，最低六十八，平均七十。

（光緒）《歸安縣志》卷一一《輿地略十一・蠶桑》 蠶性喜溫而又惡溼熱，故必薙括。薙則剝去底一層，括則取其面上一層，而薙中猶有蠶在，必當搜剔淨盡。倘有殭爛、白肚、空頭等蠶，棄之無遺。每日宜薙括一回，而出火及大眠時爲尤要。

清 林心北、吴書年勸刻《蠶桑輯略・栽桑法則十六條》 治蠹法 害桑蟲蠹不一，蠦蛛步屈麻蟲桑狗爲害者，當生發時，必須於桑根周圍封土作堆，或用蘇子油於桑根周圍塗掃，振打既下，令不得復上，卽蹉撲之，或張布幅下承以篩之。野蠶爲害者，其蟲與家蠶同眠起，小時不爲害，欲大眠時將應有五六日内飼蠶桑葉，併力收斫，連枝取回，不令日氣曬炙。其野蠶當斫時自然振落，縱有留者，亦因積壓蒸死，一二日内，桑葉萎輭，當旋旋剸下細切，以溫鹽水拌飼之。不唯其葉生新，抑鹽性涼，有益於蠶。不然，遲於收斫三日内，野蠶大眠起，桑葉必盡爲所食，家蠶又何望乎？

又《蠶室器用二十條》

蠶篇

用竹篦密密編成，長三尺五寸，寬二尺五寸，四角微曲，其角實，底不用留眼，亦不用糊紙，邊高一寸半，邊底皆用硬篦經緯之，庶期久用。蠶至出火大眠時每箇可盛大眠蠶五觔。一觔出火到大眠時必有四觔。北方有以柳條曬篇盛蠶者，亦無不可。若大眠後下地，便可不用矣。

清 林志恂《蠶桑淺要・養蠶淺要・蠶病》 起縮蠶 眠起以後，皮膚皺縮，終不長大者，爲起縮蠶，此病有因染微粒子而起者，又因有一種下等植物，稱維捕利亞者卽長形方細菌，寄生於蠶體，以致此病。又將眠時，食桑不足，亦致此病。

清 劉清藜補輯《蠶桑備要》第四篇《養蠶程式》 稱蠶之法：眠定後逐一拾出不可破損其身，亦不可擦傷其觜，恐脱殼不下也，置光滑器内，以秤稱之爲此後桑葉計也。三眠蠶一觔，至老時可得繭八九觔或十觔不等，前後食葉一百四五十觔。除三眠以前所食不計外，以後尚須食葉一百餘觔。稱時須人多手速人不多，手不速，則久罨致傷，稱准須置曬篇内曬篇卽大蠶盤也，篩灰於蠶上，以俟其起。此湖州法也。杭州人養蠶須俟大眠眠定之時方以秤稱之。如照杭州法，則三眠眠定之時不必稱其觔兩，只篩灰於蠶上，以俟其起，可也。

又 附三原桑園蠶婦養蠶簡易法婦夫婦二人，一幼子。夫採桑，婦育蠶，兼乳哺造飯。養蠶三架，頭二眠時，婦尚出門與人做線，聽戲。惟大眠後忙八日，添幫工一二人。每年僅需一月，成繭二百三四十斤，取絲二十斤。其蠶甚齊，一日上簇，二日卽上完，繭皆堅厚。

清 呂廣文《蠶桑要言・育蠶法》 嘉湖有以四眠爲大眠者，其種均好，均能多生絲。

又 又蠶雖喜煖而又大忌熱蒸。若遇暴熱之天，又復蒸悶，則粗人且爲袒裸以納凉，蠶亦不堪熱蒸，須將室中窗戶開敞，并圍護各物一概揭去，以通其氣。蠶婦若不解此，總説蠶性畏寒喜煖，概從緊閉者，蠶即受病而不可救。且此等天氣，總是大眠出火之時，偶然遇着其時，蠶已盛而且多葉，亦大半舍去。若犯此弊，甚爲可惜。故逢暴熱晦悶之天，蠶室中最要留心，當即開揭。

又 蠶至熟時新嵊間謂爲蠶繽，須拾取登山，使之作繭。蓋自大眠放食後飼至六七天，其蠶腹内均已成絲，腹下甚屬光亮，背上近尾處則兩日前已有一線痕路，不住相扇，俗名扇絲綻。

清 饒敦秩《蠶桑質説》 大眠以後桑葉已經長足，採時即連枝條剪下。若須餧二蚕，則其枝留待採二葉時再剪。

清 沈練《蠶桑説・飼蠶法七十條》 養蠶必先留種，留種先宜擇蠶。蓋必蠶無病，種方無病也。於大眠後擇蠶之整齊强健者，日以蕻胡貢切，音閧，枝頭最茂處也頭葉飼之。

又 亦有不見風而拆散者，謂之走對。將兩蛾提置一處，以小杯覆之，則復對。對滿四箇時辰即分之，謂之拆對如子初對者，於卯末拆之。卯初對者，於午末拆之。不宜拆得太早，早則來年多不眠之蠶；不宜拆得太遲，遲則來年大眠後多高節而拖白水之蠶。

又 飼蠶者須度量自家桑葉之多寡，蠶花落紙時便須以等稱稱之。蠶花一錢，飼之得法，約可得大眠五六斤。統前後計之，須食葉百三四十斤，不可於担蠶花時一味貪多。

清 沈練，仲學輅輯補《廣蠶桑説輯補》卷下《飼蠶法六十六條》《蠶桑輯要》曰：『蠶初生用篩，烏滿用篷，兩眠用籃，取臘月竹編者不蛀。』

按，本條貴屋多者，爲蠶倉計也。究之篇若不足，纔設蠶倉。見前大眠起後説第三條。

清 沈練，仲學輅輯補，章震福校訂《廣蠶桑説輯補校訂》卷一《培養桑樹法十九條》 又按，一年之内，惟小蠶食葉時不宜壅糞。壅糞之地勿采桑葉，俗名肥葉是也。蠶食之，則當眠不眠矣。若蠶大眠後糞始無妨。然采葉須在糞後二三日，使穢氣稍退纔可飼蠶。

又 卷二《飼蠶法六十六條》 按，本條之火爐，不得已而用之，非言熱蠶絲做法也。若熱絲做法，須用向缸，其缸口大而底小，高尺餘，大如尋常飯鍋者合用，缸或不足，可以破鍋代之。如大眠頭十一二斤，約用向缸五隻。

又 卷三《繅絲器具説五條》 飼蠶者須度量自家桑葉之多寡。初生之蠶，謂之蠶花。蠶花落紙時便須以戥秤稱之。蓋蠶花一錢，飼之得法，約可得大眠五六斤。統前後計之，須食葉百三四十斤，不可於收花時一味貪多。

又 《蠶桑輯要》曰：『烏重一錢爲一筐，出火以二十四兩或二十兩爲一筐，大眠以六斤或五斤爲一筐。』

蛾之出於五更前後者須有人守候其旁俗謂之『看蛾』，出即分儲之。否則，蛾性極淫，雌雄相遇，即於繭上配合俗謂之『抱繭對』，而所對之時刻不準矣。

清 盛宣懷輯《蠶桑備要》 蠶無病，子方無病。大眠後當擇取整齊彊健之蠶，日以蕻頭葉飼之。蕻，胡貢切，枝頂最茂處也。

清 孫鏜亶《山蠶輯略》第七課《育蠶苗》 及穀雨前後，柞葉發生，則蠶苗出矣，即折柞枝四五枚一束，置筐中引蠶於其上，即將此枝插於河邊有水處，水生柞葉不槁，蠶苗得食。有待頭眠起者，始分散柞枝於蟻場，有二三日分散蟻場者，名爲破蟻子，亦視乎蟻場如何耳，此春日育苗之法也。放於秋者爲秋蠶，大概小暑前後蛾出，初伏蠶生。

又 第二十一課《放春概言》 按柞葉之疏密、樹之大小，自破蟻之始，必須食至頭眠綽綽有餘方可。若頭眠起時，必須停一日始可分破，如此六七日即能見眠，總要眠于密葉上。

清 衛杰《蠶桑萃編》卷三《蠶政・蠶料類》 食料 預備蠶食之料，其要有三：曰桑葉麪。深秋桑葉欲落，趁未黄摘下，早採則來年傷桑眼，遲採則自落少津液。臘月内擣磨成麪，收存無煙火處。春蠶大眠後患熱病，以桑麪治之，此料並可肥牛羊。曰綠豆粉。臘八日以新水浸綠豆，薄攤晒乾，磨細成粉。或臨時將綠豆浸溼，俟生芽晒乾磨粉亦可。蠶大眠後拌葉餵之，可解熱毒。曰米粉。淨淘白米，蒸熟作粉，用與綠豆粉同。

又 卷一四《西學蠶絲類・英人康發達查看蠶病法》

計開

第一號：徐順方寄來灰殺蠶種十二條内，查得無病二條，粒瘟病四條，黄轉病六條。

第二號：羅帶橋張政芳寄來青皮鹽殺種蠶十一條內，查得無病二條、粒瘟病一條、黃輭病八條。

第三號：新市俞石林寄來三眠蠶八條、四眠蠶八條、花皮蠶八條、白繭二十七箇，查得三眠蠶內無病三條，粒瘟病二條、黃輭病三條，四眠蠶內無病三條、黃軟病五條，花皮蠶內無病三條、粒瘟病一條、黃軟病四條，白繭僅查三箇內均有粒瘟病。

第四號：菱湖楊萬豐代寄三眠蠶二十條、四眠蠶十條、白繭一百二十六箇、蛾九隻，查得三眠蠶內無病十一條，粒瘟病七條、黃軟病二條，四眠蠶內無病六條、粒瘟病一條、黃軟病三條，白繭僅查得四箇內無病二箇、粒瘟病二箇，蛾九隻內無病六隻、粒瘟病三隻。

第五號：長安寄來無字號蠶十條、白繭二十一箇，查得無字號蠶內無病五條、黃軟病一條、無眠病四條，白繭僅查得十二箇無病七箇、粒瘟病四箇、無眠病一箇。

第六號：楓涇寄來大眠二蠶十四條、白繭一百十四箇，查得大眠二蠶內無病二條、粒瘟病十條、黃軟病二條，白繭僅查六箇內粒瘟病一箇、黃輭病五箇。

第七號：楓涇寄來四眠蠶五條、白繭二百五十四箇，又四眠蠶五條、雙蠶繭九十六箇，又四眠蠶五箇、無字號蠶蛾十二隻，查得四眠蠶內無病一條、粒瘟病一條、黃軟病三條，白繭僅查六箇內無病三箇、粒瘟病二箇、無眠病一箇，又四眠蠶內粒瘟病三條、黃軟病二條，雙蠶繭僅查六箇內無病四箇、粒瘟病二箇，又四眠蠶內粒瘟病四條、黃軟病一條，無字號蛾內無病七隻、粒瘟病五隻。

第八號：沈杏山寄來二蠶十條、無字號蠶四十條、無字號蛾十四隻，查得二蠶內無病八條、粒瘟病一條、黃軟病一條，無字號蠶內無病二十五條、粒瘟病八條、黃軟病七條，無字號蛾內無病十隻、粒瘟病四隻。

第九號：寄來白繭二十五箇、蠶蛾十四隻，僅查得白繭五箇內粒瘟病四箇、黃軟病一箇蛾，內無病九隻、粒瘟病五隻。

第十號：菱湖楊萬豐代寄朱鳳山三眠蠶九條、蛾三隻，蔣三壽四眠蠶五條、蛾二隻，包白肚四眠蠶五條、蛾一隻，姜位先三眠蠶五條、蛾二隻，曾發財三眠蠶五條、蛾五隻，無字號蠶十三條、繭二十箇、蛾八隻，查得朱鳳山三眠蠶內無病五條、粒瘟病二條、黃軟病二條，蛾三隻均係粒瘟病；蔣三壽四眠蠶內無病三條、粒瘟病一條，蛾二隻無病；包白肚四眠蠶內無病四條、粒瘟病一條，蛾一隻係粒瘟病；姜位先三眠蠶內無病四條、黃軟病一條，蛾二隻係粒瘟病；曾發財三眠蠶內粒瘟病一條、黃軟病四條，蛾無病二隻，粒瘟病三隻；無字號蠶內無病三條、粒瘟病二條、黃軟病六條、無眠二條；又白繭僅查四箇無病一箇、粒瘟病二箇、黃軟病一箇，又蛾無病三隻、粒瘟病五隻。

按查得蠶二百零八條內，無病九十條，粒瘟病五十條，黃軟病六十二條，無眠病六條，蠶繭四十五箇，無病十七箇，粒瘟病十九箇，黃軟病七箇，無眠病二箇，蠶蛾七十隻，無病三十九隻，粒瘟病三十一隻。

清 温忠翰《蠶桑問答》

問：『採桑法？』

答曰：『先採老葉，留著嫩葉，尤不可傷芽嘴，十數天後葉必大發。嫩葉味苦，不宜餵蠶，至蠶大眠後桑亦長足，可以開剪。』

又 問：『留蠶種法？』

答曰：『留種先要揀無病壯大的蠶，大眠後每日取極肥桑葉餵之。蠶老後另搭一山，常用微火烘煖，使速成繭。拗繭時要辨雌雄。尖而腰小的是雄，圓而腰大的是雌，分爲兩筐，不可堆積，收在透風屋內，不可搖動，須避老鼠咬傷，約半月卽出蛾。出後揀去拳翅、禿眉、焦尾、赤肚諸樣病蛾。分別雄雌，各收一處。須用稻草先鋪器內，使蛾可存身，候出蛾既多，將雌雄併在一處，蛾數相當，聽其自相配合，俗名爲對。既對後，提入空筐，勿令見風，見風恐致散亂。大約蛾對四個時辰，便須分開，俗名拆對。拆對太早不得，早則來年多不眠之蠶。太遲不得，遲則來年大眠後多拖白水之蠶，總以四個時辰爲度。拆對之後，鋪蠶布於筐中，不拘新舊，須用方塊，取雌蛾放布上。四面用木尺攔住，再用他物蓋好，使透氣不見日光，過半日而蠶子滿布矣。再用竿懸布淨室中，六七日顏色變黑，用陳石灰研細，取絹篩篩在蠶布上，要匀不要厚，輕輕摺好，懸在屋中，待降冬時，取下醃之。』

又 問：『蠶倉制度如何？』

答曰：『大眠起後，蠶身已大，用篇太多，此時可用蠶倉。須揀明亮之屋，打掃潔淨，用堅厚土磚安放屋內，以備人上葉時有立脚處。倉邊用厚木板圍好，須防老鼠。再用寸斷稻草鋪在地面。將蠶排匀草上，不疏不密。然後上葉，輕輕用手攤匀，隨食隨上，總以蠶老爲度。此時不可惜葉，多食一葉，即多做一絲也。』

又　問：『蠶上山後情形如何？』

答曰：『大眠後之蠶，在桑葉上昂頭不住，又不食葉，此便是老了。一一取出，盛盤中，至搭山處，依山之層數安放。每一山可上六七十蠶，待安放停妥，用蘆席將屋遮掩，使不透風日。上山後，天氣晴和，是蠶家之大幸。如遇陰寒，四旁須用火爐烘煖。待成窠後，又宜透明，須將前連蘆席撤去。上山一兩日後，有在山頂昂頭不作繭者，用竹枝柳條等匀鋪山上，便可成繭，俗名青山。』

又　問：『蠶子養成其數如何？』

答曰：『初生者名曰蠶花。大約蠶花一錢，可得大眠五六斤。計須食葉一百三四十斤，蠶家須自量力，不可貪多。』

清　吴鴻望校，袁俊德輯《蠶政萃編·留子類》　大眠後擇蠶之整齊强健者，日以蘖頭葉飼之，即枝頭最茂葉也，食之則蠶力壯，比衆蠶更加小心愛護。老則另搭一簇，置蠶於簇，以火烘之，繭可速成。

又　拆對早遲不可太過，早拆則來年多不眠之蠶，遲拆則來年大眠後多高節而拖白水之病。

又　蟻下連二三日，蠶屎桑渣堆積漸厚，以粃糠灰薄篩蠶上，如法剔除，另易他器，紙下須襯灰。初次剔出桑渣，須烘晒令乾，以備蠶眠起齊後之用。

清　吴烜《植桑育蠶書·補遺》　養蠶之家，如屋少蠶多，必須用三脚架。一架可作十層，將筐層層架起，可以不佔地方。山架可搭兩層，連地下三層，一間可作三間之用。屋少之家，亦可多養。惟大眠起後，無地可下，起底甚忙耳。

清　吴詒善《蠶桑驗要·蠶篇》　青頭蠶即西名不眠蠶，他蠶眠，此獨不眠，行動不靈，食量減少，頭部較健質甚小，全身硬而不脱皮。

又　凡蠶大眠後，以四觔作一筐，如收繭十觔爲十分豐收。每收若干繭，即爲若干收成。若收繭六七分爲中數，每繭十觔，約繅絲一觔，大約以十分繅一爲常也。

清　徐瀾輯《柞蠶簡法·種柞篇·春蠶法》　作繭　大眠起後，蠶食葉日急，約四五日或五六日，即將作繭之時，蠶沙泄淨，喉間色發亮，內外通明，以後足攀枝，以前足牽引，兩葉相合，或以一大葉相合而吐絲其中。一日繭成，三日漿固，然後下繭。

又　大眠起後，蠶食葉日急，至八九日天寒或十餘日，即將作繭之時，其作繭之狀、下繭之時與春蠶同。

清　羊復禮《蠶桑摘要·圖説》

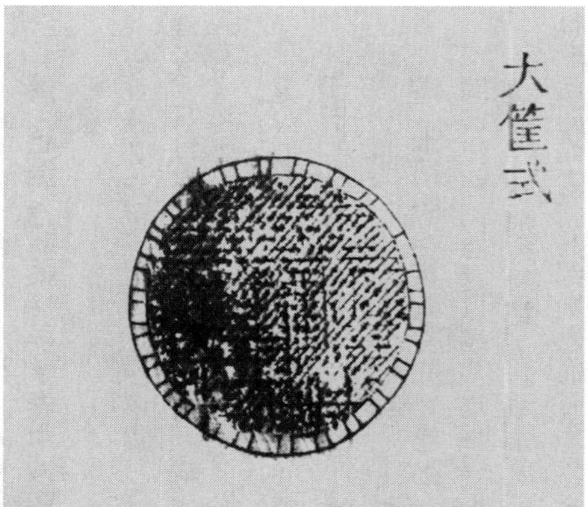

蠶筐，以竹爲之，筐有大小不等，小蠶用小筐，浙人謂之簩。或尺半，或二尺，或二尺半，邊高三寸，底眼宜疎，以紙糊之，使蠶光潔而暖。至二眠、三眠，換次號筐，至大眠，用大筐，直長約三尺餘，邊高寸半，不使蠶出外爲佳。

又《種桑十二則》

九計葉

每葉百株，可得葉百餘觔至七八十觔不等。凡蠶烏一錢爲一筐，三眠以二十四兩或二十兩爲一筐，大眠以六觔或五觔爲一筐，合十筐爲一植。即《禮記》『曲植籧筐』之類。

清　楊蔚本《養蠶説》《皇朝蓄艾文編》卷二〇　又野蠶爲害，其蠶與家蠶同眠起，小時無害。蠶大眠時，將五六日內飼蠶桑葉併力收斫，連枝堆積，勿令日晒。其野蠶當斫時自然振落，縱未落者，亦因堆積蒸斃。一二日桑葉萎輭，摘下細切，以溫鹽水拌飼之，葉轉新而鹽性涼，於蠶有益，倘不知此法，桑盡爲野蠶所食。

清　佚名《樹桑養蠶要略》　分蠶有法　小蠶養至數日後，分盤之時，先用輭草燒灰，須冷透數日者，用絹篩篩灰於蠶身上，灰宜薄不宜厚，再布葉於灰上，蠶皆脱灰而出。初蠶太小，不能用筷子夾，則連葉帶蠶移置他器，有未上者再布葉一次以取之，其再不出者棄之。大眠以前用此法，以後蠶大，則易分筐。

清　余鋐《山蠶講義》第三章《養蠶類》第二十八節《蠶筐二》　蟻蠶未頭眠以前，力不健，風震葉易墜，草不盡不易拾。雖然地下落葉，毋須盡掃，恐蠶遇雨，落地入泥，無以保護。有於樹脚下扳曲小樹一二枝，用木鈎釘在上面，名壓地芽，蟻即落，亦能食扳曲之業，可漸而上。又靠筐時，筐與蓋所糊之白紙須揭去，以便蟻蠶四出，羣赴樹上食葉而無所碍。

清　豫山《蠶桑輯要合・補遺》　魯桑之根不固，心不實，不能久遠，宜爲地桑。地桑稱栽地上，每年割取，不令成樹。然荊之條葉，不如魯之長葉茂盛。當以魯桑條接荊桑之身，則茂盛而亦久遠。魯桑其葉肥厚，柔軟多津，宜飼初生之蠶。荊桑葉堅硬少津，宜飼大眠以後之蠶。初蠶不可多飼荊桑葉，多飼則有裂腹之患，但於大眠後與魯桑間飼，則絲頭必硬而且堅韌。

又　蠶室坐北向南者爲上，向東者次之，向西者又次之。締構之制：或瓦房草房，俱以泥塗材木，以防火患。其大小廣狹，任人之力，務要間架寬敞每箔長一丈，間架可寬丈一二，可容槌箔，易於轉動。每間兩頭各置大炤窗，每臨旦暮，以助高明，易辨眠起。大眠之後可通風涼，窗用紙糊周密，中糊捲紙一大方，後可起閉，外掛草薦。若卑溼之地，須附地列置風竇每壁底門坎之下各開一穴，大五六寸，以磚合封，以防啟閉，以除濕鬱。高燥之處不必用。

又　每遇蠶眠時，不可翦移，俟起眠後葉盡，用利翦連枝翦移他樹。蠶一入山，須人看禦禽鳥。其蠶筐以黄荊嫩條爲之，用蓋，其餘竹木所爲，則不能粘子。次年定須新製。

清　張行孚《蠶事要略》　興蠶桑當因地制宜也。蠶桑誠隨地可興，然或地氣極寒，至三四月，猶衣皮裘而艸木不發生者，其地必不能興蠶桑。蓋蠶桑皆喜温和，懼寒溼。若地氣極寒之處，當其天日晴明，猶可無礙，一朝頓冷，則其蠶盡壞矣。故吳地育蠶，當三眠大眠之時，若天氣頓寒，其蠶必不甚利，況西北極寒之地乎！然中原地氣皆寒暖適中，不必慮此，即有地氣稍寒者，其護種生蠶較他處稍遲數日，或十數日可爾。

又　凡蠶初生，箔小如篩，至蠶漸大，須以圓徑四尺之箔換之此箔，湖俗謂之團匾，以竹爲之。換時，蠶宜勻布，若嫌稠密，須更以箔換之。蓋太稠則熱氣致患。團匾多，須以蠶具架之。蠶具用木爲之。至大眠後，若蠶太多，團匾不能容，即地上樓上俱可鋪稻艸以安蠶。湖俗謂之下地蠶。但房室極宜潔淨，又須遮蔽，惟西南風起，將門窗簾薦放下，不宜替換。

清　趙敬如《蠶桑説》　大眠起，食葉二三日，俟蠶身青白分明，揀活潑光淨徧身毫無點迹之蠶，共置一器另養，飼以肥厚桑葉，食盡即飼，不可使飢，以兩網輪流換底，不可使砂屑堆積，臨老再行提揀。

又　編蠶網法　以細麻線照織網法織平，網眼視蠶之大小。頭眠網眼方半寸，二眠一寸，三眠寸半，四眠二寸。網之大小，量蠶箔織成，每蠶箔要二具，輪流擡換。或買舊魚網剪成塊，極便宜。頭眠用絲網，二三眠用石斑及凍魚網，四眠用塘魚網。然四眠蠶重，魚網綫細，不甚適用，不及自織網之受拉力也。

清　趙淵《蠶桑摘要》卷中《留子類》

選蠶

養蠶必先留子種，重在選蠶，蠶無病，種乃無病。大眠後擇蠶之整齊强健者，日以蕻頭葉飼之，即枝頭最茂葉也，食之則蠶力壯，比衆蠶更加小心愛護。老則另搭一簇，置蠶於簇，以火烘之，繭可速成。

又　新蟻一錢，大眠時約可得蠶五斤或六斤。每大眠蠶一斤，前後食葉二十五斤。大眠蠶五六斤，前後食葉一百三四十斤。此杭州養蠶法也。一就三眠時計算，一就大眠時計算，前後食葉斤數不甚參差。

清　朱祖榮《蠶桑答問》卷上

問曰：『飼蠶自以湖桑爲良，荆桑亦可間飼否？』

答曰：『湖桑飼蠶，其絲光澤，而少堅韌，亦可斟酌栽荆桑樹，於大眠後取葉間飼之，其絲則韌而有光矣。或謂飼以湖桑，即不能飼以荆桑者非。』

又　卷下　問曰：『養蠶之家，如室少蠶多，奈何？』

答曰：『屋少蠶多，養育可分兩次。先一次，清明後七八日出，立夏後十日上山，時天氣尚寒，須三十二三日告竣。後一次，將種緊盖罈中蠶種一交穀雨，不哺亦出，故必緊蓋罈中，方能抽後，置之冷地，不使進風，遲至穀雨後七八日取出，一見熱風，蠶即盡出。時天氣已煖，二十七八日可以上山，先後半月，初次之繭，亦可以繅完，如此則屋不嫌少，人力亦舒。又法，屋少蠶多者，必須用三脚架，一架可作十層。將筐層層架起，可以不占地方，山架亦可搭兩層，連地下三層，一間可作三間之用。屋少之家，亦可多養。惟大眠起後無地可下，起底甚忙耳。』

清 莊景仲《養蠶必讀》卷上第五章《飼養》 《要旨》云：『箔底須鋪二領軟蓐，蠶蟻生後，每日日高捲出一領，曬至日斜，復布於底箔。明日又將底箔徹去，曬曝如前，翻覆鋪藉，使受自然陽和之氣。至停眠起食，然後徹去。』

又 《務本新書》曰：大眠起熯宜頻除，蠶宜頻飼。或西南風起，將門窗簾薦放下，此際不宜擡解。箔上布蠶，須相去一指布蠶一個。取臘月所藏綠豆，水浸微生芽，晒乾，磨作細粉，第四五頓投食，拌葉勻飼，解蠶熱毒，絲多易繰，堅韌有色。如葉少，去秋所收桑葉搗爲末，水洒新葉微濕，摻末拌勻，接鬪飼蠶，此本食之物亦佳。

又 擡蠶於大眠後，飼食第十一二頓間可擡。蠶欲老，飼葉宜細薄，頓數宜頻。蓋養老如養少，不如此，則食葉不淨，其葉蒸溼，帶葉入簇，所結繭亦溼潤，絲必難繰。老時熱度宜微加，如人老不禁寒凉，宜微溫也。依按其法，蠶自蛾至老不過二十七八日。若日數愈多，桑愈費而絲愈少也。

又 《務木新書》曰：『臘八日，新水浸綠豆每箔約半升，薄攤晒乾，又淨淘白米每箔亦約半升，晒乾，以上二物，皆於陰次收頓，以備大眠起後拌葉飼蠶。』

又曰：『深秋桑葉未黃，多廣收拾，曝乾搗碎，於無烟火处收頓。春蠶大眠後拌新葉飼蠶，以備蠶盛桑少之用。』

又 卷下第五章《軟化病》 又蠶蛻皮後多時不給桑葉，則蠶漸疲勞，（筋）［筋］肉失緊張力而收縮。若忽然豐給桑葉，胃腑消化力既減，不能攝取滋养，蠶體益收缩，而終至斃死。至球狀细菌於眠期中繁殖盛，則眠蠶不能蛻皮而死。若蛻皮尚不能生育，必至起縮而斃也。故軟化病菌，當蠶之盛食期蔓延，則爲多列蠶或空頭蠶。眠期或蛻皮時繁殖，則爲起縮蠶。

清 佚名《樹桑養蠶要略》 初蠶太小，不能用筷子夾，則連葉帶蠶移置他器，有未上者，再布葉一次以取之。其再不出者棄之。大眠以前用此法，以後蠶大則易分筐。

圖表

清 曾鉌《蠶桑備要・補編》 蠶筐 湖人育蠶以筐以烏重一錢爲一筐，出火以二十四兩或二十兩爲一筐，大眠以六斤或五斤爲一筐。

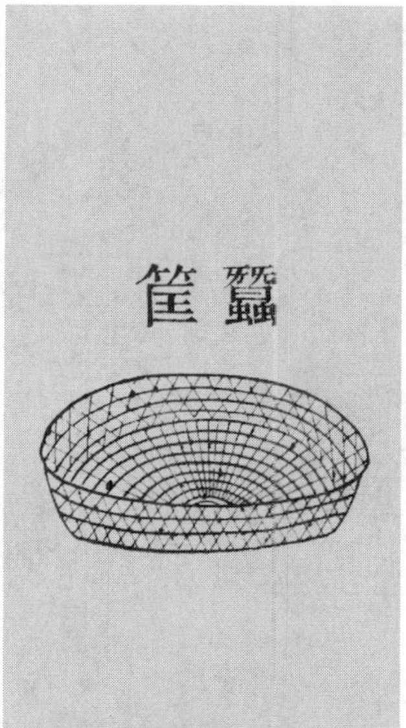

清 衛杰《蠶桑萃編》卷一一《圖譜・蠶器圖類》

頭眠圖説

劈分蟻子。盈箔之後第六日，蠶將眠，身肥皮緊，漸變黃色，至第七日，蠶皆變黃，結嘴不食，曰頭眠。第八日頭眠，蠶脫殼盡起。

又 二眠圖説

頭眠初起，第九日擡蠶分箔。十三日蠶復將眠。十四日變黄色，曰二眠。十五日蠶又脱殻盡起。

又 大眠圖説

二眠初起，十六日宜分擡，二十日蠶又將眠，二十一日變黄色，曰三眠，二十二日，又脱殻盡起。

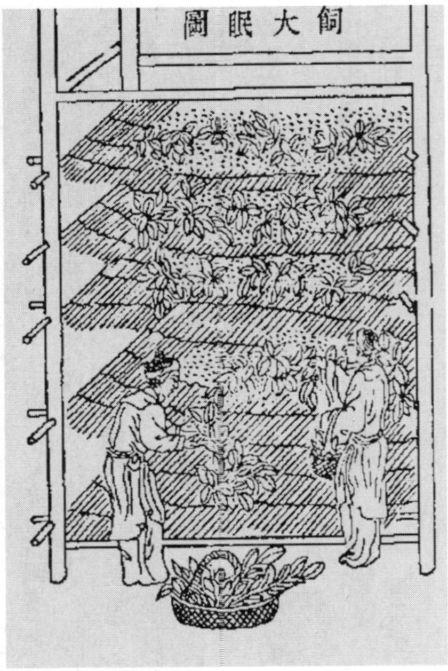

又 上簇圖説

大眠既起，一日一分擡，時時飼葉，飼至身肥嘴小，絲喉漸亮。其蠶將老，遊走不食，遍體透明。其蠶將作繭，撥之上簇，不拘方簇、團簇、長簇，均可。

又卷一二《圖詠・桑圖詠類》

選種第四圖

小小條桑葉似錢，魯桑味厚大而圓，荆粗性苦宜初飼，分出頭眠與二眠。

荆桑葉小薄而有力，宜飼頭眠之蠶。魯桑葉厚大而有力，宜飼二三眠之蠶。初出之蠶，宜用女桑，魯愈於荆，宜多種之。蜀中桑葉圓大味甜者尤佳。

清 衛杰《蠶桑圖説》册中

初眠第五圖

蠶頭輕綠尾輕紅，正是初眠造化工。脱得輕灰齊上葉，莫教簾隙透微風。

蠶生六七日爲初眠，頭微綠，尾微紅，即篩灰鋪葉，蠶全上葉，再易一處，宜煖，避風。或以輭草灰薄篩蠶身上，庶後來易於脱殼。

又

三眠第七圖

飼到三眠飼要勤，頻將葉子布紛紜。蠶娘莫惜殘更起，指日絲成不負君。

二眠後三四日將三眠，上葉至十多次，見紅綠絲等狀，與頭二眠同，保護法如前。眠定後盡拾去砂子，置光滑器内，稱之，每蠶一斤可得繭十斤，食葉一百餘斤。稱後仍篩灰於紙上，以俟其起，如時尚寒，須俟大眠眠定方可稱。

清 張集賢編撰，郝子雅繪製《桑織圖》

頭眠

一眠一變一番新，蛾形脱换見蠶身。室中宜暗常加煖，此時愛護惜如珎。

二眠

一番眠罷又一番，眠過兩次蠶氣全。食力旺時頻上葉，除去宿葉換新鮮。

清　宗景藩説略，吴嘉猷繪圖《蠶桑圖説》

蠶眠

蠶將眠，頭向上，不食葉，謂之眠頭。用石灰研細末，糝蠶身，約一日，蠶褪其衣，謂之起娘。初時口嫩，不宜餵葉，俟衣褪盡，乃飼之。三眠三褪，謂之大眠頭，用秤稱之，每蠶一觔，前後食葉約二十五觔，約可收繭二觔，每繭二觔，約可收絲三兩。楚人採繭十觔，收絲不過四五兩，其飼養之不如法，概可知矣。

采桑

綜述

清　韓夢周《蠶桑實濟》卷三《育蠶切忌》

忌食肥葉

桑地上如初澆糞謂人糞，其葉必肥，不可餧蠶。大眠以前，若吃肥葉，必有肥青蠶身分外粗肥，皮膚光亮如油漆者，謂之肥青，不肯眠矣，故忌之。若澆糞過七日之後，不忌。

又　卷六《蠶桑補遺》

編篗貯葉

飼蠶之葉，原以新鮮者爲佳，今日採者，即於今日飼之，豈不甚便？但早起所飼之葉須於先一日採下預備。至天陰將雨時，尤不得不乘時多採，以備不虞。收葉愈多，存葉愈久。古人以竹筐盛葉，慮其久而生濕，於是有攤晾之法，此盡人而知者也。但屋廣地寬者，攤晾原易，倘屋小而地又甚狹，欲鋪薄些，不惟葉無放處，且易焦枯；欲堆厚些，則潮熱薰蒸，濕氣罨鬱，蠶食之必生病，到老必不吐絲。茲擬一存放之法，以粗篾片織篗，如小兒搖床樣，寬四尺，長六尺，邊高六寸，周身通亮，孔如指頭大。桑葉採回，鬆鬆放在篗內，厚四五寸許，一日夜翻轉四五次，令下面之葉轉而在上，中間之葉轉而在邊。即存二三日，可無潮熱之虞，亦可無焦枯之患。自地面起層層重放上去，可積十餘篗。篗形四面玲瓏，中通風涼，擡之飼蠶，亦甚便易。

清　高其垣《試行蠶桑説·培養桑樹法十五條》　桑老而枯或中空，此年代久遠，不能不敗者也。於其前後左右空缺處補植一株，兩三年後，將已敗者伐去，而養其新者，則土不曠矣。如不補植，則將已敗之樹離地六七寸截去，而留其老樁，以肥土堆積其上，俟明春另發嫩條，養成低桑，亦一善法也。低桑之放葉較早，於採小葉者最宜。但去地無多，遇有驟雨，其葉上或有泥點，須擦浄，方可飼蠶。

又《飼蠶法六十條》 飼蠶者宜識天時，天將雨，便須採之一兩日之葉，以爲之備。少則以缸甕鬆鬆貯之，多則於無風日處鋪竹席於地而鬆之堆之，使食盡此葉而雨如故，則不得不於雨中採葉。所採之葉，以布夾之新者惟白布可用，舊者則不拘顏色矣，少頃即乾，否則以淘過未淘者，恐有灰之乾麥拌之，亦少頃即乾。若大眠以後需葉甚多，則剪取長條，於有風而雨點不到處懸之，亦少頃即乾。

清 高銓《蠶桑輯要》卷上 捎葉 湖地采桑，不以斧戕而以翦，不曰采而曰扎，買與賣通謂之捎。先輸值而後札葉，曰現捎。先札葉俟蠶畢償價，曰賒捎。各處皆有牙行，葉稱每觔止十五兩，是為發葉，稱每二十觔為一個。有帶梗賣者，每百觔除梗二十觔。其價倏貴倏賤，朝更幕改，俗以為仙人難斷。凡桑，宜隨時價采賣，不可嫌賤貪貴，留養在樹，嫩桑猶可，老桑留一年，頭葉根本衰壞，後雖培壅，總歸朽敗。如或終無人買，不得已而留，蠶畢仍舊翦光，清糞連澆兩次，自然嫩枝長茂，明春加厚壅之，葉仍不少。萬不可留養老條，致桑朽壞，此屢試明驗，斷在勿疑。二葉不可多采，多采則新條軟折。如遇葉貴之年，防人偷竊攀損，不得已而勻至頂，亦必用翦修取，留蒂在條，方無損害。霜降後勒取老葉曬燥，用稻草包裹，以備羊食。

清 高銓《吴興蠶書》卷下 肥葉 桑壅糞則葉肥，蠶食之即成壯青。蠶身粗壯，色深青而不眠。故桑地新澆糞者，不可採。過七日不忌。

清 周凱《種桑詩説》《皇朝經世文編》卷三七 一曰采摘采桑宜摘葉，不可攀折枝條。一曰去初桑初發葉為初桑，倘飼蠶有餘，當翦去之。否則明春無力，次發為二桑，不須去。一曰伐遠條桑條之遠出而細長者，宜伐去，俟明春另長嫩條，否恐成雞桑。《豳風》『取彼斧斨，以伐遠揚』是也。亦宜相度其勢，可留為壓條用。一曰禁再採初桑葉肥嫩，可飼蠶。二桑葉澁，飼蠶作絲，僅可為弦。《周禮》『禁原蠶』，蠶與馬同象，再蠶，恐妨馬。一曰收霜葉葉經霜而落，可治疾，兼以餵羊，甚肥。一曰剔枯皮桑老而枯，或中空，葉黃，蠶不食。先剔其皮，可以為紙，世所謂桑皮紙是也。然後伐其木為器用。一曰兼種柘柘亦可以飼蠶，繭色黃。

清 周凱《種桑十二詠》《清詩鐸》卷七 禁再采初桑葉肥嫩，可飼蠶。二葉澀，飼蠶作絲，僅可爲絃。《周禮》：『禁原蠶』，再蠶，恐妨馬也。

清 黄祖徽《蠶桑淺説・栽桑篇》第五章《培養》第二節《施肥》 桑宜肥，肥則葉厚而光潤。冬春必須沃之以糞，或用菜餅、豆餅，或用蠶沙穅皆可。每年以三次爲足。惟採葉時不可見肥，肥葉害蠶。

清 周春溶《蠶桑寳要》卷三《育蠶避忌十一條》 忌食黄沙葉 如遇黄沙天氣，將葉翦下，用清水洗過晾乾，亦可餧蠶。若竟以黄沙葉餧之，蠶必不長，且要脹死，故忌之。

清 汪曰楨《湖蠶述》卷一《栽桑》 一云，歲於清明時糞其四圍，謂之撮桑。剪畢即灌之，謂之謝桑。《烏青鎮志》按，采葉時不可見肥，肥葉害蠶。

又 卷二《采桑》 桑葉稱爲鮮貨，不可多采，恐其乾而蠶不欲食則暴殄矣。又不可少采，恐遇霧雨黄沙也。倘逢大雨，用繩經於檐前，將桑葉挂上，風乾水漬，或用扇揮之。《育蠶要旨》或以布夾之，新者唯白布可用，舊則不拘顏色矣。或以淘過乾小麥拌之未淘者，恐有灰。宜先時預備，少頃即乾。晝時所食之葉宜辰刻采之；夜間及明日清晨所食之葉宜申末酉初采之。日色正盛時所采必易枯。蠶有不食之葉二：金葉有黄斑者、油葉色黑若有油者。儲之太堅，踰時則油矣。如買葉數十里外，儲之不得不堅，則須於中道放風。放風者，擇有風無日之處發而鬆之也。約行二十餘里，便須放風一次，是也。《廣蠶桑說》小蠶時，只采葉片，出火然後開剪。如蠶多則二眠即開剪。《育蠶要旨》

清 方大湜《桑蠶提要》卷二《蠶事四十條・採桑五則》 採桑有次第 擇其色之較老者先採之，而留其嫩者，以待其長，切不可傷其芽觜。芽觜方長，略遲旬日，葉便長足，較之此時有數十倍之多。蠶初生時食葉甚少，只可採其底瓣。底瓣者，芽觜旁邊先放之一兩葉也。其色較老，雖留之亦不甚長。二眠以後，食葉漸多，仍採底瓣，底瓣已盡，則採瞎眼。瞎眼者，芽觜只放兩三葉，而其中心已無未放之芽，雖留之長，亦不多，宜採去。底瓣、瞎眼俗謂之『小葉』。三眠以後，食葉愈多，然尚須辨其老嫩。先採老者，後採嫩者。至大眠以後，則桑已長足，可開翦矣。開翦者謂『連枝帶葉一併翦下也』。桑有遲早，開翦自有先後，以長足為度，可也。

採桑有時候 採葉之時宜晴明，遇雨、遇霧、遇黄沙勿採。宜辰刻，宜申酉刻晝時所食之葉，宜於辰刻採之；夜間及明日清晨所食之葉，宜於申酉間採之，黎明、中午勿採。黎明露水未乾，嫌濕；中午日色正盛，易枯。宜糞後二三日，甫經澆糞，勿採。

清 曾鉌《蠶桑備要》卷一 又修翦舊大桑樹法。原有之大桑樹太高，幹老葉少，且採葉上樹躭險。須冬臘月將樹身鋸斷，離地只留三尺，是爲第一層。第二年春天，新條自然抽出，俟四月翦桑飼蠶時，只擇肥旺者留五枝，其餘旁出枝條概行刪去。刪去之枝，可摘葉飼蠶。所留五枝暫不翦梢，俟本年冬臘月或明年養蠶時，再將此五枝各留一尺，翦去梢子，是爲第二層。第三年春天又復抽條，俟四月翦桑飼蠶時，將所留五枝之上又各留五枝，共二十五枝，其餘旁出枝條概行刪去。刪去之枝，可摘葉飼蠶。所留二十五枝暫不翦梢，俟本年冬臘月或明年養蠶時，再將此二十五枝各留一尺，翦去梢子，是爲第三層。以後再不留杈，年年將二十五枝上所生嫩條連枝帶葉一併翦下，摘葉、飼蠶、翦條，均齊老瘢。

清 陳恢吾《農學纂要》卷四 第二年立夏後，將所留之條，離叉長則一尺四五，短則尺許，再將上段翦去，摘去下芽，上留三四芽，發三四枝，可采葉一二斤。第三年立夏後，離叉四五寸，再翦去，摘葉盡，可得四五斤，隨即培壅，旬日又長芽，每枝摘去下芽，上留四五芽，發成四五枝。第四年立夏采葉，再將留枝，離叉四五寸翦去，每枝再留四五芽，餘皆摘去，通計所留之枝，已有四層。第五年立夏采葉，將枝頂新條逐叉翦去，不必留叉，以後逐年翦取，枝頂如拳，謂之『拳桑』。每株可數十拳，每拳五六條。數年後，根柢盤深，净葉可得數十斤，年久愈佳。留意捉蟲，勿使鑽空樹本。一畝之地，計二百四十弓，留采桑路二十弓，可種一百八十株，樹高不過六尺。枝葉橫斜，以繩束之，使上如拳曲，則以竹縛之使直。下垂之條、向內之條、并生之條、煩冗之條，皆可去也。去條腊月為宜，正月次之。立夏翦條後，近根鋤開，厚壅一次，蓋好。腊正修斫後，復如前壅之。惟采葉之前半月不可壅糞。

採葉翦條法　蠶初生時，只可採芽旁所放之兩底板葉，二眠後採瞎眼枝葉中無嫩芽者，三眠後先採老葉，留嫩葉，大眠後則立夏已半，葉已長足，可以翦條矣。採桑用高梯、高杌，數人一樹，還條復枝，務要净盡，時宜旦暮而避日中陰天不妨。桑之二三月間名初條。立夏後翦條復放，謂之『二葉』。凡初條，雖蠶食不盡，亦必翦之。二葉，如養二蠶，只可翦葉，不可翦條，即不養二蠶，亦宜翦去其葉。晾乾為末，可飼畜。採葉必留其眼，而後枝能生。

蠶大眠時，務於五六日將葉斫下，連枝積儲，不令日氣曬炙。如一二日斫下，桑葉漸萎，當細切，以溫鹽水拌飼，則蠶喜食且有益。

清 陳開沚《裨農最要》卷二 采葉宜量樹　凡所栽所接之桑，俱要樹至把大，方可采葉。如采葉太早，則其長倍遲，且桑未三年，謂之奄桑葉俗呼毛葉，蠶食之招損。萬一葉缺桑貴，大眠後亦可采飼。但不宜盡采，致傷樹本。如采大枝葉，留小枝葉，小枝便長一樣大。或采枝中葉，留枝尖葉，枝尖亦易於抽長。

又 采葉有時刻　晝時所食之葉，宜於辰刻采之黎明卽起，視有露無露，如無露，宜速采；有露，則俟露將乾未乾采之，夜間及明晨所食之葉，宜申酉刻采之如無日可早采，有日則宜俟日落熱退方采，中午不宜采日色正盛，熱蒸易枯，蠶食生病，將雨宜多采不論何時，急宜雇人，多采儲之於洞，以爲之備，雨過宜速采如時多雨，雨過卽采，遲則恐雨又來。采之不及，若已向晴，則不必多采，雨中宜翦條，置風處令乾倘雨久而葉食畢，則不得不於雨中采葉。所采之葉以净布夾之，少頃卽乾。以淘過之白米拌之，亦少頃卽乾。皆不若翦取長條，擺去雨點，置有風而雨點不到處懸之，俟乾摘葉，較爲簡便。大眠後以濕葉拌桑麵，不特可收濕氣，而且有益於蠶，尤爲妙法。

清 陳啟沅《蠶桑譜》卷一 廣東則冬至節前後盡斬其樹，只留其頭，待來年發蘧。四十餘天後，卽採以飼蠶，故其葉不結，所以出絲亦不如也。廣東桑倘長至六十日外而採之，則又枯碎失膠，飼蠶反無絲吐，所謂易地不良也。每年除練種外，仍分六造，四月中旬為頭造，相隔三十日又為二造，計至九月尾而六造全矣。十月間有用火房而養者，曰寒造其養法詳錄《寒造》篇。此等飼之者，十不一二。卽桑亦無多，連練種通計，每年共得八造，果能勤力其中，何患無謀生之路耶？

又 湖浙土人養蠶之法：初出飼桑之時，先將桑樹連枝葉齊斬，洗以淨水，風爽之，然後切幼如髮等以飼蠶。蓋恐其葉有雀屎等鹹味，蠶誤食之，症重則死，症輕則傷。是湖浙人初飼蠶之精細也。明知此法之妙，而廣東則不能照此法，何也？固廣東之桑，身嫩葉薄，一受風熱，葉盡乾枯而不能食。故略變其法則可，故先於樹上灑水洗之，候其桑爽而後採擇。此法異功同。又忌種桑之地太肥，亦沾鹹味，蠶食之必出黑頭之症，俗名曰『青鬃』，卽受鹹味之弊也。

清 方濬頤《淮南課桑備要・諸家雜説》 約五六年，至立夏後開翦，連枝葉盡行翦下飼蠶。翦至數年，桑成拳式，八、九、十拳不等，謂之拳桑。

拳之大者可留三、四、五條不等。次年立夏，又將拳處翦下飼蠶。連枝葉翦下者，一則省工，再則恐有雨溼，須倒懸於通風處，一時即乾，即可飼蠶矣。

又 蠶頭二眠時，葉薄易萎，用葉不多。采回之葉收於小缸之内，缸底用笤箕，缸上覆布。葉要放空，實則生熱，缸底易於生水，墊以笤箕，不致溼水粘葉。蠶純陽，惡水，又不可無水。葉乾生火，火甚蠶紅，則瘟蠶。到三四眠後，食葉日多，葉可置於無風屋内，地鋪蘆蓆，將葉扌成壟子，不致生熱。晨采日飼，晚采夜飼。大眠後飼葉要堆至四寸許，蠶頭要密，食葉快，食葉鮮，食盡再飼。更鼓時飼一頓，可以卧寐，二時復起再飼，蠶不受餓，人亦省功。

清 何剛德《撫郡農産考略》 天時 夏初蓄種，芒種前後種之為上時，夏至後為下時。萌芽時忌大北風。第二年春，移栽為小桑秧，第三年春，始移栽為大桑秧。栽後一年可接，四五年可采葉飼蠶。粤桑春間移栽，夏秋之交即可飼蠶。桑每年四月結實。

清 何品玉輯刊《蠶桑會粹・附録宜忌各條》 忌餧葉失時 蠶吃一餐葉片時，就要再吃，或餧之久逾時刻，蠶即受餓，大眠做成餓病，老來必成亮頭蠶頭内空白，謂之亮頭。不做繭矣，故忌之。

清 李應珏《蠶桑説略》卷一 摘桑葉法 桑接過後，高已數尺，次年始可摘葉，須用大剪刀，并其小枝剪之，使遞作拳形。二次所出之葉，聽其自落，勿剪，所以惜樹力也。葉生而黄皺者，木將枯，名曰金桑，蠶所不食。葉乾則蚕不食。雨露、黄沙、帶氣水，則蠶生病。葉濕必須擦乾。日食之葉宜辰時採；夜食之葉宜申時採。自出烏以至頭眠，皆食切細之葉。烏一錢，至老須葉百六十斤，宜量葉養蠶。

清 林志恂《蠶桑淺要・種桑淺要》 蠶至大眠以後，齊拳剪下，不留一枝。小蠶時，須片片採摘。過十餘日或二十日，拳上又發新芽，是爲二葉。二葉既盛，每拳留强壯者一二枝，餘俱齊拳剪去，可飼二蠶。即使不養二蠶，亦須剪去餘枝，否則次年之葉不盛。其留存之一二枝，亦可採摘其葉，以飼秋蠶，但每枝上半段之葉切不可摘。

清 陸獻輯《山左蠶桑考・課桑事宜》 采葉 《種桑詩説》：『采桑宜摘葉，不可攀折枝條。』惟桑條之遠出而細長者，宜伐去，俟明春另長嫩條，否則成雞桑。《豳風》『取彼斧斨，以伐遠揚』是也。然亦宜相度，或留爲壓條用。初發葉爲初桑，肥嫩，倘飼蠶有餘，宜翦去，否則明春無力。次發爲二桑，不須去，葉澀，飼蠶作絲，可爲弦。葉經霜而落者，喂羊甚肥。

清 馬丕瑶《蠶桑簡易法・養蠶法》 采桑筐。蠶二眠前不可翦桑條，宜摘葉，以此盛之。葉篩。蠶小，需此篩葉飼之。

又 采桑宜清晨及日入後，忌濕忌熱。食濕葉生瀉病，食熱葉腹結，頭大尾尖，老不作繭。如陰雨葉濕，須晾乾，摻以臘入所製桑葉末便無妨。葉有黄沙，尤宜拭凈，不用更妥。值大霧，葉須拭凈。又放久乾葉及遏壓有氣水者，皆不可食。

清 沈練，仲學輅輯補，章震福校訂《廣蠶桑説輯補校訂》卷一《培養桑樹法十九條》 又按一年之内，惟小蠶食葉時不宜壅糞。壅糞之地，勿采桑葉，俗名『肥葉』是也。蠶食之，則當眠不眠矣。若蠶大眠後糞始無妨。然采葉須在糞後二三日，使穢氣稍退纔可飼蠶。

又 按，初桑之葉飼頭蠶，二桑之葉飼二蠶。但飼二蠶須於枝之過密處及枝之少力者，酌量删下，抹葉飼蠶。如無可删之枝，則於各枝上删葉飼蠶。每枝祇删三分之一，於近拳處删下。若拳下及桑丫雜生之枝葉，即二蠶過時，亦宜一概剪去，俗謂之删莓丫。

清 盛宣懷輯《蠶桑備要》 摘葉 桑通謂之葉，采通謂之摘俗讀如札。采桑湏有次第，擇其色之老者先采之，留其嫩者，以俟其長。尤不可傷其芽觜，蓋芽觜方長，略遲旬日便數十倍於此時，且其味苦澀，非蠶所宜食也。蠶初生時食葉甚少，只可采其底瓣底瓣者，芽觜之旁先放之一兩葉也。其色較老，雖留之亦不甚長。二眠以後食葉漸多，若底瓣已盡，則采瞎眼瞎眼者，芽觜已放只兩三葉，而其中心已無未放之芽，雖留之，長亦不多。三眠以後食葉愈多，然湏辨其老嫩。至大眠以後則桑已長足，可開翦矣。三眠前所采之底瓣、瞎眼，謂之小葉。采小葉淂法，則止望其采淂百斤者，合前後計之，可淂百二三十斤。然年年采小葉，桑亦易敗，以隔年一采，每年輪換為妙。

又 小蠶時只采葉片，出火然後開翦，如蠶多，則二眠即開翦。停葉之法亦稱住葉：葉來時先向陰地上鋪蘆蓆或竹簾，葉放其上，不可鬆，亦不可過緊，須將每帖俗以一枝爲一帖豎起，齊正平直，清水灑之，謂之封好。一周時宜灑三四次。可停三日或兩日，臨飼蠶時，將葉放鬆涼透停處必熱，不則有氣水葉，蠶食即壞。

清　湯聘珍輯《種桑成法·種桑簡明成法十六條》　採桑葉　凡桑歲翦條則盛，必於枝葉交湊之處悉數翦除，則來年條滋而葉厚。初發葉為初桑，即飼蠶有餘，亦須翦去。至二桑，則不妨。然不可再采，再采則來年必枝纖而力薄。采桑須有次第，蠶初生時食葉甚少，擇其色較老者先采之，名曰底瓣底瓣者，芽嘴旁先放之一兩葉。留其嫩者，以俟其長，斷不可傷其芽嘴。蓋芽嘴略遲旬日，葉便十倍於此時，且味苦澀，非蠶所宜食。二眠以後則采芽嘴所放之葉。三眠以後則桑已長足，可開翦矣。開翦將小枝翦去成八字頭，愈翦愈旺。久之，八字頭成拳式，為拳桑，則不枯而易茂。

清　衛杰《蠶桑萃編》卷三《蠶政·採葉類》

雨中採葉

雨前採葉不過備二三日之用，儻葉不足用，雨仍如故，不得不於雨中採葉，以布夾之，少頃即乾。新布宜白，舊布不拘色。以清水洗净，或用乾麥白米拌之，亦少頃即乾。未淘者，恐有灰。大眠後需葉甚多，則翦取長條，於有風不飄雨處懸之，亦少頃即乾。若以隔年臘月所製桑葉麪拌濕葉内，可收濕氣且有益於蠶，尤妙。桑葉經霜，并可解熱毒。

清　楊鞏《中外農學合編》卷一〇《蠶類》

採桑

採桑有次第，須擇其色之較老者先采之，而留其嫩者以待其長，切不可傷其芽嘴。芽嘴方長，略遲旬日，葉便長足，較之此時有數十倍之多。蠶初生時食葉甚少，只可採其底瓣。底瓣者，芽嘴旁邊先放之葉也。二眠以後食葉漸多，仍採底瓣，底瓣已盡，則採瞎眼。瞎眼者，芽嘴只放二三葉，而其中心已無未放之芽，雖留之，長亦不多。三眠以後食葉愈多，然尚須辨其老嫩。先採老者，後採嫩者。至大眠以後則桑葉已長足，可開剪矣。開剪者，謂『連枝帶葉一併剪下也』。桑有遲早，開剪自有先後，以長足為度可也。採葉之時宜晴明，遇雨、遇霧、遇黃沙勿採。宜辰刻，宜申酉刻，晝時所食之葉宜於辰刻採之；夜間及明日清晨所食之葉宜於申酉刻採之。黎明中午勿採。黎明露水未乾，嫌濕；中午日色正盛，易枯。宜下糞後三五日始採。天時難識，晴雨却有常理。大約育蟻時候，或聞鳩喚，或見群蟻出穴，或家鷄上籠過遲，或連朝大霧，或天氣悶熱，都是將雨之徵，便須採足二三日之葉，以為之備。葉少則以缸瓮鬆鬆儲之；葉多則於無風日之處鋪竹席於地，鬆鬆堆之。但屋小地狹者攤葉於地，太薄則葉無放處，且易枯焦；太厚則濕氣熏蒸，蠶食之必病，不如貯以篾簍較為穩妥。將葉鬆貯簍内，厚四五寸，一日夜翻轉四五次，令下面之葉轉而在上，中間之葉轉而在旁，即存二三日亦可免潮濕之虞，且無枯焦之患。簍上加簍，自地面至頂可堆積十餘簍。雨前採葉不過預備二三日之用，倘食盡預備之葉而雨仍如故，則不得不於雨中採葉。所採之葉以粗綿布轉之，少頃，葉上之水為布所吸收而葉即乾。新布惟白者可用。舊布則不拘顏色。以清水淘過曬乾之穀殼拌之，亦少頃即乾。未淘過，恐有灰。大眠以後需葉甚多，則剪取長條，於當風而雨點不到處懸之，亦少頃即乾。蠶惡水濕，故乾而食之，凡不得已而採霧葉、露葉、黃沙葉者，均宜洗净拭乾，方可餧蠶。倘蠶多而桑葉不足，須約計所少之數，預先買定。葉價貴賤難以逆料，預先買定，必平價也。并言明夏至後幾日剪採。早則夏至後三日，遲則夏至後五日，不先言明，恐買者欲早，賣者欲遲，易滋口舌。勿買金桑葉，勿買毛背桑葉，勿買大麥地土所種桑葉，勿買遠道桑葉。如不得已而買自遠處，須行二十餘里即翻動放風一次，以防發燒。買來之葉須用筐挑，運路太遠，不能不緊按筐内，惟按之過緊，故易發燒。須於中途，擇有風無日之處翻而鬆之，名曰放風。《齊民要術》《農桑輯要》《蠶書》《養蠶總論》《廣蠶桑説》

清　張行孚《蠶事要略》　采桑　采桑須乘旦暮而避日午炎熱，又須乘晴燥而避雨濕。采荷葉桑者，須摘葉而留條。樹高者，須用長梯，枝遠者須用長鈎，采剪者須用桑剪。在年年剪處剪其條，而後摘下條上之葉。其條上之皮剝而藏之，可以搗紙。其采桑之多寡視蠶之大小為節。蠶小時以籃采之；蠶大時以長竹籃采之，或肩挑，或船載。湖俗：蠶至三眠、大眠時，各處多有桑葉行，其桑葉之價，賤或每擔每百斤為擔錢二三百，貴或每擔錢二三千，雖朝夕之間，其價貴賤懸殊也。湖俗所謂『仙人難斷葉價也』。至桑梯、桑剪、竹籃等物，皆須預為置備。

清　張壽宸彙輯《蠶桑圖説提要》　飼蠶采桑法　采桑宜在清晨及日入後，忌溼忌熱。蠶食溼葉，多生瀉病白殭。食熱葉則腹結，頭大尾尖，食葉多而不老，亦不作繭。

清　朱祖榮《蠶桑答問》卷下

采葉飼蠶法第九

問曰：『采葉宜於何時？』

答曰：『采葉宜於清晨薄暮，不宜在烈日中，恐易枯萎。若有陰雲覆護，晝間采之亦無不可。初二眠中，食葉甚少，可隨飼隨采。三眠起後食葉日多，必須儲備。晝間所食之葉，於清晨采之；夜間及明晨所食之葉，於今日傍晚采之。大眠既起，連枝剪下者，須將枝豎直，使可透氣，堆積不可過厚，并時時翻掉，否則發熱葉黑，蠶不欲食矣。』

藝文

元 趙孟頫《松雪齋集》卷二《題耕織圖二十四首奉懿旨撰》

三月

三月蠶始生，纖細如牛毛。婉孌閨中女，素手握金刀。切葉以飼之，擁紙散周遭。庭樹鳴黄鳥，發聲和且嬌。蠶飢當采桑，何暇事游遨。田時人力少，丈夫方種苗。相將挽長條，盈筐不終朝。數口望無寒，敢辭終歲勞。

四月

四月夏氣清，蠶大已屬眠。高首便昂昂，蛾眉復娟娟。不憂桑葉少，遍野如緑烟。相呼携筐去，迢遞立遠阡。梯空伐條枝，葉上露未乾。蠶飢當早歸，秉心静以專。飭躬修婦事，僶勉當盛年。救忙多女伴，笑語方喧然。

給桑

題解

元 王禎《農書》二一《農器圖譜十七・蠶桑門》

桑碪

《爾雅》曰：『碪謂之榩音虔。』郭璞曰：『碪，木礩也。碪從石，榩從木，即木碪也。』碪截木為碢，圓形竪理，切物乃不拒刃，此北方蠶小時用刀切葉碪上，或用几，或用夾。南方蠶無大小切桑俱用碪也。《詩》云：『團團几上碪，尋常閒月魄。蠶月切柔桑，纖纖雲縷積。飼養槃簁多，收去净無迹。不必在庖厨，鼓刀刃聲割。』案，原本割訛作割，謹改正。

明 徐光啓《農政全書》卷三四《蠶桑・桑事圖譜》 桑碪 《爾雅》曰：『碪謂之榩。』郭璞注曰：『碪，木礩也。碪从石，榩从木，即木碪也。』碪截木為碢，圓形竪理，切物乃不拒刃，此北方蠶小時用刀切葉碪上，或用几，或用夾。南方蠶無大小，切桑俱用碪也。玄扈先生曰『木碪傷葉』，吳中用麥秸造者為佳。

清 汪曰楨《湖蠶述》卷二 空頭小蠶時，失葉飢傷。

清 曾鉌《蠶桑備要・補編》 飼蠶凳以厚重爲要，面方尺餘，脚高二尺，凳面鑿一圓心，凳脚左右兩檔中，另設一横檔，上鑿淺穴，與凳面之孔相對。別用圓木爲柱，高三尺，縱横平置二檔於頂，如十字形，就凳面之孔貫下竪於横檔之穴内，可以左旋右轉，甚便置筐飼蠶也。

清 劉安欽《蠶桑速成捷法・蠶絲業普及捷法》第二章《養蠶捷法》 貯桑室 在專防桑葉之蒸熱、醱酵、萎涸等爲目的，無論春夏秋皆有好葉飼蠶。縱使連雨二三日，亦可豫儲其葉以供給，而無濕葉飼蠶及絶養之害。法：宜築五六尺深之地室，周圍用土墻壁。門戶宜北向，又不宜直接當風，竝于日光不透射處，稍通光線及空氣。底下多鋪沙石，亦有通流水于其中者。上横木鋪板，周圍設架，插入多數之貯桑箔可也。若小農家不能作此，亦宜仿此目的，從單簡作一土墻壁室，周圍栽樹亦可。

清 鄭愷《飼蠶新法》 間糠 間糠者，因給桑過多，或蠶座濕潤，此時因不能除沙，故用糠少量散布之，以微隱蜹子為度，名曰間糠，所以使蠶與溼蜹相隔間也。

清 黄穀《養蠶新論》第二章《蠶具》第二節《掃蟻用器具》《蠶業叢編》第二編 戥子 戥子爲掃蟻之時測定蟻量之用，預爲給桑分箇之標準，通常所用戥子亦可應用，惟其輕重準確者方可。

又 第四節《調桑器》 桑簸 四齡之時，切葉較多，既不能疊葉，只好連梗而切。故切後須籤去其梗。有用篠造者，有蔴皮與篾絲兩相編成者，亦有盡用竹篾造之者。當量地而定，亦隨人所習慣也。

論説

元 司農司《農桑輯要》卷四《養蠶》

飼養總論

《務本新書》：蠶必晝夜飼，若頓數多者，蠶必疾老，少者遲老。二十五日老，一箔可得絲二十五兩；二十八日老，得絲二十兩；若月餘或四十日老，一箔止得絲十餘兩。飼蠶者慎勿貪眠，以懶為累，每飼蠶後再宜繞箔巡視，若有薄處，必再摻令匀。若值陰雨天寒，比及飼蠶，先用去葉秆草一把，點火繞箔，四向照過，逼去寒濕之氣，然後飼蠶，蠶不生病。一眠候十分眠，纔可住食；至十分起，方可投食。若八九分起便投食，直到蠶老，決都不齊，又多損失。停眠至大眠，蠶欲向眠，若見黃光，便合擡解，住食。直候起時，慢慢飼葉宜輕摻。若蠶白光，多是困餓，宜細細飼之，猛則多傷。若蠶青光，正是蠶得食力，勿令少葉，急須勤飼。今時農家停眠至大眠，眠蠶大半，蠶母猶自摻葉。直候都眠或有起者，纔方住食。不知先眠之蠶，被葉罨蓋多時，以漸不能退皮。至大眠起後，多是往來游走，直到入簇，決都不齊。葉忌濕，忌熱。蠶食濕葉，多生瀉病；食熱葉，則腹結、頭大、尾尖。當蓋小屋或趄棚，頓放雨露濕葉，控去濕潤，然後飼蠶。

《士農必用》：飼養之節，惟在隨蠶所變之色而為之加減厚薄。後『擘黑』及『三眠』條内『隨色加減食法』具此條注内。使無過不及也。蛾生色黑。三日後漸變白，則向食，少加厚。變青，則正食，宜益加厚，雖飽亦不傷。復變白，則慢食，宜少減。變黃，則短食，謂之向眠，宜愈減。純黃，則住食，謂之正眠。眠起，自黃而白，自白而青，自青復白，自白而黃，又一眠也。凡眠起、變色，例如此時，當減食飼之，過則傷，傷則禁口不食，生病而眠遲。時當正食，飼之不及則餒，餒則氣弱而生病，亦眠遲，而又繭薄也。

用葉。蠶不可食之葉有三：一、承帶雨露，既濕又寒，食則變褐色，生水瀉。臨老則浸破絲囊，不可抽繰。製之之法：芟葉實積，苫席覆之。少時内發蒸熱，審其得所，啓苫覆而攤之，濕氣□化，葉亦不寒，即可飼之也。二、為風日所蔫乾者，生腹結。三、浥臭者，即生諸疾。斯二者無可製之法，棄之可也。

《韓氏直説》抽飼斷眠法：蠶向眠時，量黃白分數，抽減所飼之葉，漸次細切，薄摻，頻飼。如十分中有三分黃光者，即十分中減葉三分，比尋常稍宜細切，薄摻，頓數亦宜稍頻。如十分中有五分黃光，即減五分，比先次又細切，薄摻，其頓數更宜加頻。如十分中有八分黃光，即減去八分，比先次切令極細，摻令極薄，其頓亦令極頻。候十分黃光，不問陰晴早夜，急須擡過。豫備箔蓐，可無失悮。擡過時住食；起齊時投食。此為抽飼斷眠之法。謂抽減眠蠶之葉，不致覆壓。專飼未眠之蠶，使之速眠，不惟眠起得齊，且無葉罨燠熱之病。前人謂：『學取抽飼斷眠法，年年歲計得絲蠶。』不可不知也。

明 吕坤《實政録》卷二《明務》

民不樹桑，何以飼蠶？古者天子后妃、諸侯夫人，皆親蠶繅而曆日年神方位，屬蠶者三。太原地方飼蠶甚少。州縣衛所衙門先出告示，責令所屬軍民，五月半催畦桑椹，六月半催壓桑條，仍先期示以親查，不奉令者重責。又正當栽種時，掌印官挈籤，親自帶二三人下鄉查驗是否全活，量行賞勸。抽查責治一二次，則衆自知警而爭相栽種矣！甚不可委甲長及佐貳首領查看，以致煩擾。

清 帥念祖《蠶政編》

飼蠶之法，必晝夜無間，頓數多則蠶疾老，頓數少則蠶遲老。古人云『養蠶無巧，食到便老』。若慇懃布葉，按時飼養，蠶室溫煖，不惟繭堅多絲，亦且省葉絲韌。若一怠惰，或饑飽不匀，緊漫不齊，寒熱不均，不惟繭薄絲少，亦且費葉絲腐。若蠶二十五日而老，一箔可得絲二十五兩；二十八日而老，一箔可得絲二十兩；若月餘或四十日而老，一箔只得絲十餘兩。飼蠶者慎勿貪睡，以致功廢於半途，事雖一月，其實要緊只在大眠後七日，受此七日辛苦，即獲一歲之利矣。

清 鄭之僑《農桑易知録》卷二《桑務事宜》

大眠起娘 大眠起孃亦以一晝夜為率，唯放葉與前三眠時不同，隨手翻轉，約一手掌起孃内尚有三四箇眠孃，就要餧葉。蓋大眠起孃帶嫩餧葉，臨老上杣時不至慌忙。若等箇箇起全，嘴老餧葉，臨期一時齊老，人手少者，一定捉蠶不及而沸絲到處矣。此時餧葉，不拘正反面，濕葉皆可不忌，唯忌霧葉、氣水、黃沙等葉。餧過七餐或九餐，蠶身必有一寸餘長，蠶篇内捱擠不去。其法莫便於鋪地蠶，先將蓬鬆軟草葉子南方俱用稻草鋪底，即將蠶分送於上，餧葉約高一二寸為一餐，地下須留走路，以便餧蠶。如養蠶少者一二觔出火之類，即席上亦可，筐内亦可。自收蠶起以至上杣，日間餧葉六七餐，夜間三四餐足矣。蓋夜間寒涼，蠶吃葉稍遲也。

清 韓夢周《蠶桑實濟》卷六《蠶桑補遺》

糁葉除濕

桑葉自樹採下，即用切以飼蠶，但須晴日方可。若遇陰雨之時，葉經雨洗，惡露實重，飼蠶多者取葉必多，豈能一一用手揩淨？古法：以薄攤晾乾，晾之不及者，將葉同細白米入圓竹筐內如今背簍、簸箕、籮筐之類，輕輕摇動，令米收乾葉上露氣。其法甚善，但葉多則需米亦多，無力者不能猝辦。今人有將葉連枝砍下者，用手握砍下之枝，盡力揮之，令濕露洒地，然後懸掛高處，霎時間即可晾乾，比米揜者更爲便捷。但此法用之地桑則可，若樹桑枝砍，傷損實多。茲有一簡便之法：於先一年十月，將桑樹上經霜之葉採取晾乾六、七、八月採者，其味多辛，蠶不喜食。搗成細末，用磁甕收貯。來年取揜濕葉，葉得乾末揜過，露氣盡行收乾。乾末得濕露和勻，蠶亦可適口。古人用此法飼大眠以後之蠶，因師其意推用之，屢試屢驗，有益無損。此去濕最穩最妙法也，飼蠶者不可不知。

又 對時飼葉

古人按時飼葉，立法最詳，日或三四頓、五六頓、七八頓不等。大率初起時宜緩飼，漸宜加緊。將眠及三眠後宜極緊。此就下蟻至上簇時分別言之，不知每日飼養，亦須對時。如今日巳刻飼一餐，明日巳刻必飼，不可捱至午刻。勿以間故遂先一時，勿以忙故竟後一時，勿因葉多而飼厚且緊，勿因葉少而飼薄且緩。總要一律均勻，不可任意勤惰。至每日飼蠶頓數，如初蟻時，日三四頓。以後蟻漸長大，仍衹日飼三四頓，亦可不飢，可不必拘古人五六頓、七八頓之說。但須日日如常，倘平日四頓，偶因今日葉多，加飼至五頓，明日仍飼四頓，蠶必受飢，有可增無可減，一定之理。如人之飲食，然有一日兩餐者，有一日三餐者，但令持之有常，均足自養。若一頓早一頓晏，一頓飽一頓飢，勢必受病。物與人同，可例視也。至若每眠初起時宜薄飼、緩飼，將眠時宜薄飼、頻飼，三眠後至老時宜極厚、極頻。又各因時制宜，不在對時飼養之例。

清　楊屾《豳風廣義》卷二

劈蟻法

蟻既下連，用快刀切桑葉極細，以葉篩篩於蟻上，務要薄而勻勻薄如微雨之狀。又臨下蟻時，桑須澆過二三次方好，以後旋摘旋澆，則桑多液。切葉必細者，恐蓋蠶也。必篩者，恐不勻也。不勻則食葉有偏，偏則眠起不齊，然葉槎微液，不能久存，少頃之間即便乾枯。故須頻切而頻篩也。此時不可飼以接桑葉，飼則多病。須在大眠後用之。第一日不住頻飼，一時當飼一頓，一晝夜通飼一十二頓甚要勻薄，勿憚煩冗。蓋新蟻惟食桑葉津液，若頓數不多，饑如寸乳，嬰兒小時失乳，後必羸弱病生。蠶室宜極暖、極暗大凡初蟻宜暗，眠宜暗，將眠及眠起宜微明。向食宜明，後倣此。第二日減飼至八頓葉微加厚；第三日又減飼至六頓又稍如厚。此時沙燠已厚，急宜擡蠶除沙，不然濕熱薰蒸，蠶必病生。擡蠶除沙者，俗呼爲□蠶也。後皆倣此。於巳午時間，復用蓐草綿紙另鋪一箔，先將細切桑葉篩於蟻上，較前稍厚些，待黑蟻上葉時，用蠶匙薄帶沙燠，輕輕將蟻欹手挑起，分如小圍棊子大，布於新安箔上，盈滿一箔。先下蟻，留箔周邊，今布滿全箔。分蟻圖歌曰：蟻至三日宜劈分，勿使沙蒸熱氣薰。燠應頻除葉頻上，時時用意要殷懃。

清　程岱葊《西吳蠶略》卷下

飼蠶

凡葉少時，以白米粉摻葉上，餌之，絲更光白而紉。又秋葉未落時，採完好者，晒為細末，留置煖處。蠶時遇雨葉濕，則以乾葉末摻之，均其水氣，兼易飽難飢，省葉也。見施愚山《矩齋雜説》。然米粉之説未敢信，且湖蠶多非米粉所克濟，姑録備驗。

清　方大湜《桑蠶提要》卷二《蠶事四十條·蠶食三則》　不可食　桑葉有不可令蠶食者十一：一曰雨葉。雨後摘下者謂之雨葉。既溼且寒，大眠以前食之則變褐色，生瀉病。即或不病，老來必成氣水蠶，不作繭。一曰露葉。露未乾時摘下者謂之露葉。惟大眠起後，過天晴無霧，可用帶露葉。因露爲天酒，能補助好蠶，使後來繭絲光澤也。若病蠶食之，卽軟死。大眠以前食之，亦生瀉病。一曰霧葉。霧中摘下者謂之霧葉。霧有毒，大眠以前食之，則老來必成白肚蠶，肚子下有白水流出，沾在好蠶身上，好蠶亦死。如遇有霧，須將門窗關閉。一曰黃沙葉。遇大風時塵沙四起，桑葉沾沙，謂之黃沙葉。蠶食之則病脹，一曰臭葉。大眠之後桑可澆糞，甫經澆糞卽使摘下者，謂之臭葉，亦名肥葉。穢氣未退，大眠以前食之，則蠶身粗肥，皮膚光亮如油漆，謂之肥青。當眠時亦不肯眠矣。若澆糞過七日，則不忌。一曰熱葉。烈日中摘下者謂之熱葉。澀而不潤，蠶食之則腹結，頭大尾焦。一曰枯葉。摘下之葉，被風吹乾者，謂之枯葉。全無津液。蠶食之，病與熱葉同，棄而不用可也。一曰氣水葉。摘下桑葉，堆積過久，一發蒸熱，便生氣水，謂之氣水葉。大眠以前食之，亦成白肚蠶，棄而不用可也。一曰奄桑葉。小桑秧未過三年者，所生之葉，謂之奄桑葉。小蠶不可食，食則生病。大眠以後桑葉缺少，可用奄桑餧之，葉多者不必。一曰大麥地內桑葉。蠶食之卽壞。故桑樹之下不可栽種大麥。種桑樹者宜牢記。一曰雞腳桑葉。卽花桑葉也，其葉甚薄，邊有缺齒，以之飼蠶，便成薄繭。

清 方濬頤《淮南課桑備要・諸家雜説》 飼蠶起底法 蠶初出時一日起底一次，細切青葉摻上，蠶自上食。用蠶筯將浮上一層，連蠶葉拑起，餘在葉底者再細加尋檢，餘下宿葉蠶砂，一概棄之。二眠後蠶日長大，起底一次，放開一次，可用手輕輕將浮上一層，連蠶揭起，飼葉切不可太粗。三眠以後天氣溫和，可以出房，總宜避風。大眠後起底，用蠶網覆於蠶上，摻以整葉，其蠶上附飼過兩次，二人擡過空扁內，燠砂桑筋撤去，以免溼熱氣蒸，生病之患。蠶已大眠，用廣盤貯之，秤蠶三斤，飼葉百觔，成繭五觔，可得絲八九兩。蠶至眠後正食時，闕一分葉卽減一分絲。四眠天氣大煖，食葉五日卽老，蠶砂亦爛。先捉其老蠶上簇，捉一次，摻葉一次。當此時，葉要閘碎，以免架空作繭，謂之上馬桑。半日許，盡皆老矣。蠶有三眠四眠者，養法同。四眠卽大眠也。

清 何石安、魏默深《蠶桑合編・飼蠶法》 初飼蠶葉，桑宜旋摘，利刀細切。切葉一次，洗手一次。一日夜可飼葉五六次，候葉盡再飼。葉不宜過厚，要稀勻得宜。飼後將蟻置之帳內，以避風寒。用小蠶架將蠶扁架好，以沾煖氣，切不可蓋遏受濕，致生病患。養蠶務要冷煖得宜，冷則長遲，熱則焦燥。天寒時不可驟熱，當漸漸益火，寒而驟煖則生黃軟等疾。煖不可驟加風凉，當漸開窗，煖而驟凉則變白僵。又正煖時猛著寒，則蠶禁口不食，急用微火温之，辟去寒氣，蠶自食葉。若值陰雨天寒，先用微火辟去寒氣，然後飼葉，則蠶不生病。採桑宜在清晨及日入後，忌濕忌熱，蠶食濕葉多生瀉病、白僵，食熱葉則腹結，頭大，尾尖，食葉多而不老，亦不作繭。

清 汪曰楨《湖蠶述》卷二《飼蠶》 收下後，葉宜切細，初眠後可麤，二眠後用葉片，《育蠶要旨》三眠則連枝與之。出火前忌濕葉，大眠餇後又惡太燥，以潔水灑葉而飼。董蠡舟《樂府小序》。按，俗呼飼曰餧，讀如『豫』。每日布葉五六次。須鋪得極勻，不必過厚，黃昏時一次須略厚。如遇陰寒，布葉而蠶不甚食，須用棉被將盛蠶之器四面包裹，使受暝氣，則食矣。器上以他物架空，恐棉被壓及蠶身。《廣蠶桑説》僧于蠶月入夜打鐘三次，以警蠶婦餇葉之候。蠶畢率酬以緜。施國祁《禮耕堂詩集》大約每蠶一斤廿四兩秤，自收下至上山，喫葉一百八十斤十五兩三錢秤，此上上蠶也，稍平者不到此數。《育蠶要旨》

清 張壽宸彙輯《蠶桑圖説提要》

飼蠶法

初飼蠶葉，桑宜旋摘用手將桑條旋轉摘下，切勿單面摘，利刀細切。切葉一次，洗手一次。一日夜可飼葉五六次，候葉盡再飼，葉不宜過厚，要稀勻得宜。飼後將蟻置之帳內，以避風寒。用小蠶植卽小蠶架也將蠶筐架好，以沾煖氣。切不可蓋遏受蒸，致生病患。養蠶務要冷煖得宜，冷則長遲，熱則焦燥。天寒時不可驟熱，當漸漸益火，寒而驟熱則生黃軟等病。煖不可驟加風凉，當漸漸開窗，煖而驟凉則變白殭音薑，死不朽也。一曰蠶白也，今蠶死而白，謂殭蠶。又正煖時猛著寒，則蠶禁口不食，急用微火温之，辟入聲去寒氣，蠶自食葉。若值陰雨天寒，先用微火辟入聲去寒氣，然後飼葉，則蠶不生病。

清 陳恢吾《農學纂要》卷四《育蠶》 採葉飼蠶 採葉宜於清晨薄暮，不宜烈日中。若陰雲覆蓋，晝採無防。初二眠中，食葉甚多，可隨食隨採。三眠起後食葉日多，必須儲備。晝食之葉清晨採之，夜間及明晨所食之葉於今日傍晚採之。大眠既起，連枝翦下者，須將枝竪直，使可透氣，堆積不可過厚，並時時翻掉，否則發熱葉黑，蠶不欲食矣。飼蠶之葉：小蠶初飼，桑葉宜鮮，切絲宜細。二眠以後不妨稍粗。三眠起身，即飼整葉。飼蠶忌濕葉，食之生瀉病白僵。故雨中採葉必須曬乾。葉濕可和以乾桑葉末。一忌熱葉，食之頭大腹結尾尖，食葉多而不老，不作繭。故日中發熱之葉必須冷透。一忌沾泥、沾沙之葉，食之病脹。故遇大風，吹砂沾葉，必須洗净晾乾。一忌沾穢、沾菸、沾油之葉，食之必死。一忌大麥田中之葉，食之必瘟。給葉每日七八次，與其減次數增給量，不如少與葉多飼數次。

清 福州試辦蠶桑公學《飼蠶淺說》

第一齡給桑容扁表以蟻一錢計

日數	四點	七點	十點	一點	三點	五點	八點	十一點	共計	切葉	容扁
一日			二錢五分	二錢	二錢	二錢	二錢	二錢五分	一兩三錢	八釐	一尺
二日	二錢五分	二錢五分	二錢五分	三錢	三錢	三錢	三錢	三錢五分	二兩三錢	八釐	一尺五寸
三日	三錢五分	三錢五分	四錢	四錢	四錢五分	五錢	五錢	五錢五分	三兩五錢	一分	二尺
四日	五錢五分	五錢五分	六錢	六錢	六錢五分	七錢	七錢	七錢五分	五兩一錢	一分	三尺
五日	七錢五分	七錢五分	七錢五分	八錢	八錢	九錢	九錢五分	一兩一錢	六兩八錢	一分五釐	四尺
六日	一兩一錢	一兩一錢	一兩二錢	一兩二錢	一兩一錢	一兩	九錢	一兩	八兩六錢	一分	四尺
七日	九錢	八錢	七錢						二兩四錢	一分	四尺

共計給桑四十九次，重三十兩折合一斤十四兩

第二齡給桑容扁表以蟻一錢計

日數	四點	八點	十二點	二點	五點	八點	十一點	共計	切葉	容扁
一日	九錢	九錢	一兩一錢	一兩一錢	一兩二錢	一兩二錢	一兩三錢	七兩七錢	一分五釐	六尺
二日	一兩三錢	一兩三錢	一兩四錢	一兩四錢	一兩五錢	一兩六錢	一兩八錢	十兩三錢	一分五釐	六尺
三日	一兩八錢	二兩	二兩五錢	二兩六錢	二兩八錢	二兩八錢	三兩	十七兩五錢	一分五釐	九尺
四日	三兩	三兩六錢	三兩八錢	三兩三錢	三兩	二兩一錢	一兩八錢	二十兩六錢	一分五釐	九尺
五日	一兩五錢	一兩二錢	一兩二錢					三兩九錢	一分五釐	九尺

共計給桑三十一次，重六十兩折合三斤十二兩

第三齡給桑容扁表以蟻一錢計

日數	五點	九點	十二點	二點半	五點	八點	十一點	共計	切葉	容扁
一日						二兩七錢	三兩三錢	六兩	二分五釐	九尺
二日	三兩三錢	三兩五錢	二兩五錢	四兩	四兩四錢	四兩六錢	五兩	二十八兩三錢	二分五釐	十二尺
三日	五兩	五兩四錢	五兩四錢	六兩	七兩	七兩	八兩四錢	四十四兩二錢	三分五釐	十二尺
四日	九兩	十兩	十兩	十兩	十一兩	十一兩	十二兩	七十三兩	四分五釐	二十四尺
五日	十二兩	十一兩五錢	十一兩	十兩	八兩七錢	七兩	四兩八錢	六十五兩	四分五釐	三十六尺
六日	三兩六錢	三兩六錢	三兩三錢	三兩				十三兩五錢	三分五釐	三十六尺

共給桑三十四次，重二百三十兩折合十四斤六兩

第四齡給桑容扁表以蟻一錢計

日數	五點	九點	十二點半	四點	八點	十一點	共計	切葉	容扁
一日					九兩	十一兩	二十兩	七分	三十六尺
二日	十二兩	十三兩	十五兩	十八兩	十八兩	十九兩	九十五两兩	一寸	五十四尺
三日	十九兩	二十兩	二十二兩	二十二兩	二十五兩	二十七兩	一百三十五兩	一寸	五十四尺
四日	二十七兩	二十七兩	三十兩	三十兩	三十兩	三十三兩	一百七十七兩	一寸五分	七十二尺
五日	三十三兩	三十五兩	三十五兩	三十七兩	三十七兩	四十兩	二百十七兩	一寸五分	七十二尺
六日	四十兩	三十八兩	三十二兩	二十八兩	二十五兩	二十兩	一百八十三兩	一寸	七十二尺
七日	十四兩	九兩					二十三兩兩	一寸	七十二尺

共計給桑三十四次，重八百五十兩折合五十三斤二兩

第五齡給桑容扁表以蟻一錢計

日數	五點	十點	二點	六點	十一點	共計	切葉	容扁
一日				三十六兩	四十兩	七十六兩	三刀	九十尺
二日	四十兩	四十八兩	五十五兩	六十二兩	七十兩	二百七十五兩	三刀	九十尺
三日	六十五兩	六十八兩	七十兩	七十兩	七十五兩	三百四十八兩	三刀	九十尺
四日	七十五兩	七十五兩	七十八兩	八十三兩	九十五兩	四百六兩	二刀	九十尺
五日	九十五兩	一百兩	一百兩	一百十兩	一百二十兩	五百二十五兩	二刀	九十尺
六日	一百二十兩	一百二十兩	一百三十兩	一百三十兩	一百四十兩	六百四十兩	二刀	九十尺
七日	一百四十兩	一百四十兩	一百五十兩	一百六十兩	一百六十兩	七百五十兩	五刀	九十尺
八日	一百五十兩	一百二十兩	九十兩	七十兩	五十兩	四百八十兩		五刀
九日	四十兩	三十兩	二兩	十兩			一百兩	五刀
共計給桑四十一次，重三千六百兩折合二百二十五斤								

五齡合計給桑百八十九次，重四千七百七十兩折合二百九十八斤二兩

右表係以萬蠶爲率，飼蠶者計定蠶數多少，照表比例加減，核給桑葉，最爲得中。惟亦不可太拘執，譬如天氣煖而燥則給葉宜多，天氣冷而濕則給葉宜少。卽桑葉亦各不同，葉硬而水質多者，則次數宜減；葉輭而水質少者，則次數宜加。總而言之，視蠶之食量爲加減，無使不足，亦無使有餘而已。

表中所言給桑之量，係就溫度七十三度濕度七十八九度時言之。若溫濕之度有變，則給葉亦當隨之而變也。

表中尺寸用工部尺，斤兩用庫平，寒暑表度數用華氏。

面積求方邊圓徑表

面積	方邊	圓徑	面積	方邊	圓徑
一尺	一尺	一尺一寸二分	一尺半	一尺二寸二分	一尺三寸八分
二尺	一尺四寸一分	一尺五寸六分	二尺半	一尺五寸八分	一尺八寸七分
三尺	一尺七寸三分	一尺九寸五分	三尺半	一尺八寸七分	二尺一寸四分
四尺	二尺	二尺二寸五分	四尺半	二尺一寸二分	二尺四寸二分
五尺	二尺二寸三分	二尺五寸二分	五尺半	二尺三寸四分	二尺六寸三分
六尺	二尺四寸五分	二尺七寸六分	六尺半	二尺五寸五分	二尺八寸七分
七尺	二尺六寸四分	二尺九寸八分	七尺半	二尺七寸四分	三尺又九分
八尺	二尺八寸三分	三尺二寸五分	八尺半	二尺九寸一分	三尺二寸九分
九尺	三尺	三尺四寸五分	十尺	三尺一寸六分	三尺五寸六分
十一尺	三尺三寸一分	三尺七寸四分	十二尺	三尺四寸三分	三尺九寸二分
十三尺	三尺六寸	四尺又七分	十四尺	三尺七寸四分	四尺二寸二分
十五尺	三尺八寸七分	四尺三寸七分	十六尺	四尺	四尺五寸九分
十七尺	四尺一寸二分	四尺六寸五分	十八尺	四尺二寸四分	四尺七寸五分
十九尺	四尺三寸五分	四尺九寸二分	二十尺	四尺四寸七分	五尺又四分

清 何品玉輯刊《蠶桑會粹》 飼蠶辯眠起法　蠶有三眠、四眠二種，惟粵東之蠶多屬四眠，尋常約三日一眠。凡蠶之將眠，其頭光亮，結嘴昂頭，不思食葉，即係將眠時也。如將眠有八九成，急須換簸去砂，否則不及換矣。自此計起，約二三箇時辰之間，必定伏頭住食，宜用薄葉遮住，再逾五六箇時辰，又下薄葉一次。倘有未眠之蠶，自然上食，用手將浮上一層連蠶葉揭起，一概棄之。遲眠病蠶不要。其在底既眠者，仍遮回薄葉。又逾二三箇時辰，蠶方醒起。自齊眠住食至齊起，約計十箇時辰之久。其新起皮嫩，易於受傷，不宜亂動。起時頭不光亮，嘴烏開縫，渾身新白之色。俟十分醒起，方下葉飼之仍須薄葉，至下葉三次約三箇時辰之久，方好換簸去砂。

清 江志伊輯《飼蠶法》 附飼八造蠶時日表一日黎明浴春，下午起淡紅色，二日通紅色，三日現紅黑斑，四日絳色凹窩，五日赤色上粉，六日深赤色點嘴，七日銀灰色。八日卯辰時出蟻，巳刻下葉，移蟻下簸。九日辰刻換簸去沙。十日未申刻欲眠，卽換簸子，丑刻住食。十一日申酉刻起，十二日飼葉，十三日巳午刻欲眠，卽換簸，申酉刻住食。十四日巳午刻起，十五日飼葉，十六日寅卯刻欲眠，卽換簸，午未刻住食。十七日寅卯刻起，十八日飼葉，十九日巳午刻欲眠，卽換簸，申酉刻住食。二十日午未刻起，二十一、二十二、二十三日飼葉，二十四日半身黃亮，二十五日丑刻住食，卯刻上簇。二十六日午刻蠶吐絲盡，二十七日成蛹，二十八日在簇，二十九日採繭炕燥，臨晚撤火。其留種之繭於三十三日寅卯時出蛾，臨晚生春。三十四日黎明又浴春。

清 江志伊輯《種桑法》 計利　栽桑一步一株，畝可植二百四十株。三年採葉，每株五觔，畝得葉一千二百觔。以平價計之，每百觔售錢千文，畝得錢十二千文。五年葉倍之，畝得錢二十四千文。十年十倍之，畝得錢一百二十千文。然以之飼蠶，其利維倍。惟植桑大利，須以十年爲期，三年祇有微利耳。

清 賴逸甫《嶺南蠶桑要則》

飼蠶須知

凡按桑葉而買蠶種，或因蠶種而備桑葉，每一両蛾之蠶種，須備桑葉二百五六十斤；設如有葉千斤，則可彀養四両蛾之蠶種。每凡將桑飼蠶一次，順德向槙爲饌蠶一口。自放蛾眠桑起計，至將熟之際，除眠而不食之外，則皆日夜均按三點鐘饌其一次，多則每一晝宵共饌九次亦可。葢自蠶出引上箕起，養至蛾眠，飼其十七八次，共須桑葉約八斤。又放蛾眠桑起，養至二眠，飼其十三四次，亦須桑葉約十四斤。又放二眠桑起，養至三眠，飼其十六七次，再須桑葉三十餘斤。又放三眠桑起，養至大眠，飼其十八九次，又須桑葉六十斤。又放大眠桑起，養其一晝宵，名曰一箇對，約須桑葉一百斤。養至第二箇對，又須桑葉一百五十斤。養至第三箇對，又須桑葉三百斤。養至第四箇對，而迄微有成熟之時，又共須桑葉三百五六十斤。此乃蠶照好蠶秤照碼秤，所按四両蛾種，共食桑葉一千斤零些。無論購種若干，皆按此數類推，雖不中，亦不遠矣。卽照中等蠶運而計，既飼千斤桑葉，成熟可得乾絸三十餘斤。蠶運佳者，所得更有加焉；蠶運否者，所得不能及此必也。但凡鹹氣未化，與夫霧水未乾之桑，傷蠶固烈。卽於籮中發炎，與夫堆內扃潮等葉，將以飼蠶，亦必虧本。故凡放葉於籮，貴空其中，堆桑於地，貴開其壢，尤當再以溼蓆或簑衣遮弇桑面。不然者，風瞻逼其發炎釀潮，則壞桑損蠶，不可不慎。所以臨飼蠶時必須將葉攆至桑氣清馨，然乃飼之。每逢攆桑，亦忌攜至蠶邊而攆，庶免蠶之感受桑中潮熱而生病也。至於菸氣菸灰，固皆蠶桑之所當忌，卽食過菸後之手，亦必洗淨爲要。

清 李君鳳《蠶桑説・救飼蠶弊説》

諮詢川俗，飼蠶恆蹈二巨弊：一、買桑葉飼蠶。鄉農亦知飼蠶之利，奈自栽桑樹不多，栽桑家不自種桑秧，買秧遠方，秧從遠來，離土日久，栽植十株，僅活三四，遂謂桑樹難栽。飼蠶必買桑葉。除卻人工葉本，獲利甚微。窮人乏葉本，卽不敢下蠶種。明知飼蠶有利而不得食利。豈知自採桑葚種桑秧。葚老各處早遲不同，總在四月尾五月内，芒種夏至前後。自行多栽桑樹，桑秧離土卽栽，無株不活。止於空閒時舉手足之勞。栽種並不費一錢，桑樹長成，卽爲數世之利。飼蠶原是女工、婦女、孩童在自業内採葉飼蠶，既不須男工，買葉亦不費一錢。葉本卽獲新絲，其利自厚數倍。一、下蠶種不分先後。川俗：當收蠶種時將數日蛾子所下之卵蠶蛋爲卵混在一處，及次年小蠶初生時，又將數日所生之小蠶混在一處，以致眠起不齊。迨二三眠起眠醒爲起時，有大蠶復有小蠶，妄謂蠶子下兒。用人工分別蠶之大小，逐條捉置箔上飼蠶席子爲箔，不知小蠶是後出卵蠶，眠時食葉未足未眠未長大之蠶，非蠶子所下之兒也。至蠶老作繭時有已老之蠶，又有未老尚要食葉之蠶，一箔蠶作數日老，遂至每老蠶一條，又用人工捉置簇上。蠶上繭之竹枝稻草等物爲簇紛紛匆忙，費工不少。山農遂畏飼蠶難。法：於收蠶種時，每日所出之蠶蛾各一連，蠶紙爲連下卵記號連上。次年小蠶初生，每日所生小蠶各置一處飼養。小蠶初生一日，不食葉無妨。定要每日蠶生齊，同時與葉食。分箔時切記勿混，便每箔眠一齊眠，起一齊起，老一齊老。二三眠時條條一樣大，不用人工分別大小。蠶老時止須將簇置箔上，老蠶自行上簇作繭，不須每蠶費人工捉來上簇。一家卽飼數百箔，亦不難經理。向讀川人論蠶桑書，有舉家忙之語，謂是課桑佳話。今乃知蹈此弊也，爰爲是説以救之。

又《蠶桑管見》

衣食之計，曰農，曰桑。邇時人知務農，惟桑務廢弛。力穡專以療飢，今則兼給禦寒，是以財源細而民日貧。川俗爲元妃始蠶之地，素以產絲著聞。究之食桑巨利，不過嘉定等數處。其餘飼蠶之家甚少，且有數百里無一家飼蠶之區。向亦多實心愛民牧令，以蠶桑事宜剴切勸諭，利卒莫興，告示僅涉空談，無補。推原其故，止因保甲未行，督率無從下手。蠶桑久廢，民欲飼蠶而無桑。一二有桑之家又以不知飼蠶之方，兼飼蠶人少，獲繭獲絲，偏隅無從易錢，繭絲終是廢物，遂置蠶桑漠不關心。欲興蠶桑利，宜輯栽桑飼蠶之法，捐廉刋刷，照保甲冊戶給一帙，勸家家務蠶桑，自有收繭絲商販入境。貧民無論飼蠶獲繭絲多寡，均可賣錢，民自樂從。蠶桑之政以樹桑爲要，亦以勸樹桑爲難。樹桑須三四五年，始漸獲利。窮檐朝不謀夕，不暇計遠，兼蠶事全廢之鄉，欲栽桑而無處覓種。且桑葚既老，不過一二十日卽落盡，縱有覓種處，稍不經意，仍採不獲。非司牧者實心勸課，蠶利無由而興。勸課欲能收效，宜於保甲册每戶之下令註明無桑、有桑、多桑字樣，以備查考，指示民採桑種處。桑葚將熟前一月，指定某保某甲於某日期内可在某處採桑葚，特下札示，責成保正督率，甲長、牌長徧告民戶，務令每家採葚。種桑秧一幅或二三家夥種一幅，於保甲册每戶下註明巳自種桑秧或已與某戶夥種桑秧，以備抽查。地方官於近城之地或捐廉或籌款佃山土，種官桑秧數幅。抽查貽誤、未種桑秧之家，近城者罰令出一日工，來灌糞官桑秧。

距城遠者，予以嚴飭免罰。官桑秧長成，飭領官桑秧栽植。又或飭差多採熟桑葚，淘淨陰乾，抽查得誤，未種桑秧者，給與淘淨桑種一酒杯，飭令補種。種桑秧一關最要緊，倘一貽誤未種，即須下年方能勸辦。牧令宜於採種期內詣鄉認眞督率，一身耐十餘日之勞，即爲萬民興數十世之利。桑秧種偏灌糞勤密，次年可擇其大株者移栽，又次年盡可移栽。仍於保甲册每戶之下註已栽桑若干株備查。桑樹種偏課，飼蠶甚易。惟繅絲諸蠶書言之鑿鑿，山農恐未能遽解其法。牧令宜招繅絲匠入境，聽民自行僱繅。或招收繭商販在境繅絲。令每保選伶俐數人往學，互相傳授。一二年，境内會繅人多，漸令婦女學繅。桑樹偏種，長成一年，每州縣可獲數十萬金，蠶利十年以外，黎民殷富可期，至桑土川農巨利。在稻田山土，長薪木獲利甚微，以樹桑較之，利之厚薄不啻什伯。其平原植桑空處仍可種雜糧，決不占農地。况山麓、河邊、路旁、牆下，夙長荆棘，荒地闢出，亦宜桑。膏腴在司，牧者耐煩勸墾耳。若夫飼蠶之期在插秧以前，而蠶事本女紅婦孺優爲之，亦不妨農務。卑職夙輯《栽桑飼蠶之法》一帙，謹附陳。

清 林楊光、王鎮西《蠶桑條説·白河縣知縣林令楊光述呈桑蠶各説七條》

付葉説第二條

付葉爲飼蠶第一要着，葉有不可以飼蠶者五：曰濕葉，雨中所採之葉也，宜晾乾。曰霧葉，霧中所採之葉也，宜漂浄晾乾。曰氣水葉，所採之葉過一日發熱即致生氣水是也，若欲過夜，宜連枝帶葉攤開，以清水輕灑，勿使風吹，則活而不熱。曰金桑葉，葉上有黄斑者是。曰油桑葉，葉黑色若有油者。是五者，皆不可食，食則蠶必病。又有馬房左右大麥田中其桑有毒，蠶食立壞。至於採桑，帶露最好，晝所食宜辰刻採之，夜所食宜申酉刻採之。凡買桑葉於數十里外者，連枝束縛太緊，踰時則色變，約行十里，擇有風無日出解開鬆之，則不發熱變色。蓋勤看蠶者，不使病蠶傳染，愼付葉者，不使病葉混投。嘗見人家飼蠶，不量人工，不計桑葉，以多爲貴，迨人力不到，桑葉不敷，兼以飼育失宜，無利可獲。蠶事不旺，職此之由。善養蠶者，科桑飼蠶，計蠶花一錢約五六千蠶，除撿去病蠶、弱蠶外，及將老可得四五千。每蠶扁濶二尺八寸者，可容千餘蠶，不宜太稀，稀則桑葉多餘遺棄可惜。亦不宜太密，密則蠶身枕壓，飢飽不均，大約每錢蠶花可勻三扁。自初生至三眠，飼以葉絲，需葉不多，三眠起至大眠，每扁日需葉三四觔，大眠起前後數日需葉四五觔，中間最多食者三日每扁日需葉八九觔。每錢蠶花到老約食葉一百六七十觔，以葉條計則三百觔左右。若能多食更好，多吃一口葉，多吐一口絲，未有爲其事而無其功者也。

擇種説第三條

飼蠶貴於擇種，當上箔時擇其蠶身油潤壯旺者另置一箔，繫以紙籖，記明時日，静放廳内，使近日光，易於出蛾。勿近火，近火則所出之蠶多發癍。上箔五六日將繭輕輕摘下，辨其雌雄。雌者形圓，雄者形尖而腰有折痕。去其浮絲，雌雄分放，勿移動。約十四五日而蛾出，天煖只需十一二日。蛾出多在五更前後，天亮所出謂之『天亮蛾』，其種甚劣。此時看蛾最爲辛苦。要預設兩簸箕，取稻草翦盈寸長，亂撒其上。擇蛾之形體完全肥美者，分雌雄各置一簸箕上，聽其配合。蛾尾無力者去之，禁婦女，勿近，恐感陰氣，所放多空子也。天煖天晴約四時辰半，天寒天雨約五時辰即要輕手分開，去其雄者。將雌蛾小停，俟放數子後携置蠶紙上，蓋蛾之相對必須四五時辰，其氣乃全。分之太早則氣不足，蠶多不眠，大眠後有白軟不能上山者。分之太遲則又生濕，大眠後亦多白軟及高節脚拖白水諸病。蠶紙鋪於簸箕，紙用厚甲或浄布均可。先秤紙之輕重，以火烘之，然後勻蛾紙上，四面用木界尺欄住，更以簸箕蓋之，忌見日光，逾二三時辰而子滿矣。復秤子之輕重，記於蠶紙上，并記時日、晴雨，以便分别先後，則明年出不參差，亦可以定食葉之數。若桑葉不敷食，不妨分先後數次出，以舒其力，此又善於參酌者。

清 盧燮宸《粤中蠶桑芻言·養蠶事宜條列》

餧葉分窩替屎法

過窩之後，每日餧桑四次：清晨一次，午刻一次，申刻一次，酉刻一次。因午後天熱，餧桑次數宜速，使蠶常飽食，不至吸受暑氣以生病也。每夜餧桑四次：初更一次，二更後一次，四更初一次，五更一次。如天熱蠶食得快，則多餧一次，日夜皆然。其蠶漸大，須要分窩。每日要替屎二次：清早一次，申刻一次。其法：用手將蠶爬捲，移過别窩，所剩屎底尚有蠶在，再執清楚，乃去其蠶屎，用以培桑基、餧塘魚均合。

清 饒敦秩《蠶桑質説·桑説十則》

量葉第九

餧蠶須先量葉。蠶子若干，需葉多少，必預為算定，免致臨時缺食。其法：先將剛下紙之小蠶稱準，蠶出齊時，連紙並稱，下紙後再稱其紙，則知蚕重若干矣。每小蠶一錢，約食淨葉一百六十斤，每中等桒一科，約出葉三十斤。蚕種一錢，需樹五株。宜多不宜少。若以新法飽餧，每蠶種一錢，須浄葉三百斤。以此約計，自有把握。每蚕蟻一錢，可出蚕一萬條，收繭二十斤，取絲四十兩，此新法所餧。若用舊法，餧葉可減半，絲則少三分之二。如向外间買葉，當早日定齊，不可希冀後來價賤，不為預備。更有不宜買之葉數種：一、金桑葉，二、毛桑葉，三、雞爪葉，四、大麥、胡豆地內葉，五、桃子、苦練子樹旁葉，六、各種籐纏之葉，七、遠地搬來之葉，以上各種，皆不可用。論桒質之美惡，則厚葉不如薄葉，嫩樹不如老樹。葉厚則水質多，補質少，蠶食難化，易生黃輭、瘟粒子等病。老樹則水質少，補質多，蠶食易化，不致生病。

清 衛杰《蠶桑萃編》卷三《蠶政·收蟻類》

下蟻法

新蟻微渺如髮，最易損傷。下蟻者或以鷄鵝翎帚撥，或以桃柳枝敲打連背，皆非善法。其最妙者，出齊之後，用快刀切桑葉，細如絲髮，勿早切，致乾津液。用篩子篩於盤內蠶蓐上，勿過厚。然後以蠶連覆葉上。蟻聞葉香，自然下連就葉。倘覆葉多時尚不下連，或緣止連背翻轉，仍不下，此病蟻也，并連棄之。

清 吴錫璋《蠶桑新論·論盛食之關係第七》 盛食者，即中國所謂旺食也。蠶兒每齡之中，將眠以前，皆盛食其葉。庶至眠時，以備胃腑之榮養。若不充量以給桑，則眠熟時內胃腑空虛。此時營養新陳未接，起時多成起縮虛弱之病，即老熟而上山者，亦不能做繭，即能做繭而不厚。是以收成之時，不甚十分滿意者，職此之由。

又《論給桑之關係第九》 蠶兒初起時口唇未黑，色尚嫩黃，此際切勿飼桑。須待皮膚老厚，然後放葉。惟時期不得過五十時按一日、夜二十四時，且初起時飼葉不宜過多，多則殘葉一次積厚，則次次不能薄矣。又飼蠶給葉宜均，必須處處顧到，一無厚薄之殊。庶幾至眠熟之期罔不整齊一律，而無先後之分，此亦育蠶之要則，斷乎不能草草。

又《論桑質之關係第十》 蠶兒食葉，小時宜食嫩葉，大時宜食老葉，前已論之詳矣。無如中華農家，蠶學不甚講求。不論熱葉溼葉，概以飼蠶，及至蠶之病發，或諉之天時，或諉之命運，懵然於病之起原，致使唾手可得之利益棄於半途，可惜孰甚。蓋蠶食熱葉，必生微粒瘟之病，往往上山而不做繭，即做繭而不堅。蠶食溼葉，必生黃軟、烏爛、膿痢之疾，其驗已歷試之而不爽也。考中國之桑有二種：一曰魯桑，一曰荊桑。荊桑葉小而多甚，滋味甚薄。魯桑葉大而稍薄，滋味頗厚，最能營養蠶身。又考桑葉內之質有五：一曰絲紋質，二曰松香質，三曰綠葉質，四曰甜味質，五曰水質。絲紋及水質毫無補益。甜味質及綠葉質，蠶食之身漸肥大。松香質，蠶食之藉此成爲黏液，質存於胃腑，而後存於吐絲腺，是以吐絲。本係兩孔，至吐時二絲抱合爲一，可知絲質之美非松香質不爲功也。若夫繭之堅厚、絲之純美，半在於溫度之得宜，機器之巧捷，繅手之純熟，水質之清潔，未嘗全恃乎桑質之佳。

又《論蠶種與飼育之關係第十二》 華民五年以前事事守舊，比來已稍變通，而養蠶則依然如故。自謂養蠶係中國之本業，歷萬禩而不變，無事效法外人。噫！何頑固一至於此歟？抑知欲收繭，必須飼蠶，必須求種。種不佳則蠶不佳，蠶不佳而望繭之多者，無是理也，然種既佳矣，而蠶仍不佳者，實飼育不得其法，以致功敗垂成。故種子與飼育，二者如雙輪兩翼之對峙，相輔而行，缺一則永無進步。今華民留種祇如多多益善，既不問種子之良否，又不諳飼育之得法。一遇蠶或有病，求神祀鬼，虛擲青蚨，鑄成大錯而不悟。譬如盲人騎瞎馬，一遭失足，往往呼天怨地，或嫌道路之不平，或咎旁人之摧陷，絕不自惡其目眹之無者。養蠶家得毋類是。

清 吴詒善《蠶桑驗要·蠶篇·飼蠶頓數第六》 蠶必晝夜兼飼，初出者勻鋪細葉，日飼五六次，至頭眠漸加。頭眠起齊，一晝夜飼四五次，逐漸加之。二三眠起至大眠時，每日飼十五六次，過四五日，即可上山。凡眠後，須待起齊，然後下葉。否則到老不齊，上山時亦費力。若有不眠而仍食葉者名曰青頭或眠而遲起者，均當剔去。

清 吴作鏌、倪绍雯、劉安欽《蠶桑速成捷法·蠶絲業普及捷法》第二章《養蠶捷法》 （十二）空氣作用 空氣之寒煖乾濕，本屬無常。若聽天然，不知作用，養蠶必無萬全之效。按，蠶兒本冷血動物，畏寒惡濕。春蠶時，空氣中溫度常降至華氏五十餘度及六十度內外，大不適于蠶兒之發育。故當此寒候，務必于蠶室中焚燒炭火，無特製火爐者，用尋常大火盆亦可。補溫度于七十度內外。又補溫之數，只于天然溫度外，加至十度而止。如天然溫度在五十八度，只可補至六十八度。又天然溫度在六十五度，只可補至七十度或七十一度是也。不然，炭氣太多，亦有碍衛生，且人力所補溫度下層稍低，上層稍高，中層在高低之間，不似天然溫度之平均。故每日各蠶箔務必于給桑時上下互換二次。若有發育稍遲者，可儘置于上層，則發育必能齊一。而南北向窓戶亦須時啓，以免炭氣之沈鬱。惟不使冷風陰襲蠶兒而已，除濕補濕之法已述于前，不贅。

（十三）夏秋蠶飼育　此行于農閑之時，飼育日數短，少用炭火。溫度高發育速，惟蠶病之蔓延甚易。若淫雨連綿，則屢遭凶作。又蠶種稍有微粒子病毒，卽顆粒無收，殊可危也。然飼育得宜，獲利亦豐。按，蠶室以陰涼爲要，蠶種宜藏于冷風穴，或藏于冷藏庫。掘地爲深穴，貯藏蠶種，用鹽與氷混合，而置于其旁。至時則由此取出，使之漸漸觸于天氣之溫度而孵化。桑葉宜用葉肉厚，水分多，如魯桑者爲宜。切桑宜稍大，給桑量及回數、時刻皆有標準。惟空氣潤濕時，每日須除沙一回或二回，大有禦防蠶病之效。凡採葉，須依蠶齡稚壯。由嫩葉採至老葉。夏蠶可以伐條，秋蠶不惟不可伐條，而採嫩葉後，顛頂之葉萬不宜採。以外之葉，尤當留其近于葉柄之一部用折桑器及桑剪爲宜，或間留一葉不採，使桑樹不至于萎縮，而久享其利。撒布籾糠亦切不可在日中炎熱時。

清　楊鞏《中外農學合編》卷一〇《蠶類·飼育·春蠶》　辨食　蠶可食者，一曰桑，一曰柘柘葉堅硬，非小蠶所能食。惟三眠起後及大眠起後可先餧柘葉，後餧桑葉，所以先餧柘葉者，以柘葉不如桑葉之美，既已食過桑葉，必不肯再食柘葉也，桑葉有蠶不食者，一曰茅嘴萌芽初出，其味苦澀，一曰毛背毛背葉澀而毛，蠶不食，一曰金葉葉上有黃斑者，其樹將槁，不特蠶不食也，一曰油葉色黑，若有油者，此因筐內貯葉過於緊實所致。桑葉有不可令蠶食者，一曰雨葉，一曰露葉雨露未乾時摘下者，食之多生瀉病，一曰霧葉霧中摘下者有毒，一曰黃沙葉遇大風時，塵沙四起，桑葉沾沙，食之病脹，一曰臭葉大眠之後，桑可澆糞，甫經澆糞，即便摘下，食之當眠不眠，一曰熟葉烈日中摘下者，食之腹結頭大尾焦，一曰枯葉摘下之葉被風吹乾者，全無津液，食之病與熟葉同，一曰氣水葉摘下桑葉，堆積過久，一發蒸熱，便生氣水，食之成白肚蠶，一曰大麥地內桑葉食之即壞，故桑樹之下不可栽種大麥，宜牢記。《蠶桑提要》《蠶桑實際》《蠶桑須知》。

又　飼葉　切葉之粗細以蠶之大小酌之。葉之所以必切者，以撒布易匀且供蠶兒齒切之便也。蠶初生時宜切一分見方之細塊而布之，或細如絲綫。初眠起後可加寬半分，二眠起後可用三分，三眠起後可用五六分，至大眠起後一二日，可食整張大葉。再過一二日後，即可連枝給食。但去桑葚，以免助䕸沙蒸熱而已。若蠶多人少之家，三眠起後，餧切葉三四次，亦可漸給枝葉。食葉之疾徐不盡關乎冷煖。初起時食不甚疾，將眠將老時亦不甚疾，其最疾者，中間之二三日耳。諺云：養蠶無巧，食足便老。故蠶必晝夜飼。頓數多者速老，頓數少者遲老，老速者絲多，老遲者絲少。若過小滿，則無絲矣。將眠未眠之時及大眠後數日，尤為要緊，此時勿令稍餓。每布葉後須要繞盤細看，何處葉未布到，即行添補。不均匀，則飽餓不一，眠起必不能齊。蠶有三光：白光向食，青光恣食，皮皺為飢。黃光則漸住食。故飼蠶之節，必視蠶所變之色為加減，不可過，亦不可不及。當減而加則失之太過，太過則傷，傷則禁口不食，生病而眠遲；當加而減則失之不及，不及則餧，餧則氣弱生病，亦眠遲而繭薄。蠶小布葉宜薄，蠶大布葉宜厚，大眠以後宜極厚。每將眠時布葉宜頻且宜薄，每眠起時布葉宜薄且宜緩。惟古人眠起取齊之法，至周至密，擇種下子，寫記日期，以同日所生之子為一起，連上如有空缺，即日補滿，此齊於收種時也。鹹種以鹽腌之，淡種以石灰腌之，所以借鹽與石灰之力，去其子之無力者，此齊於浴種時也。生蟻之時，將蠶連置懷中者，則時刻須表裏互更。或不置懷中，而裹以綿花者，則以中層與上下層時常叠換，使煖氣均匀，此齊於煖種時也。各連先後出蟻，須分次第，各置一箔，此齊於收蟻時也。下連有先有後，先者稍減頓，後者略加餐，此齊於育蟻時也。如法行之，種齊，蟻齊，眠起自無不齊之理。然究未有一時盡眠，一時盡起者，所以昔人又有抽飼斷眠之法。抽減已眠之葉，專飼未眠之蠶。如十分中有三分黃光，則是已眠者三分，未眠者七分，即抽減葉三分，而以七分葉專餧未眠之蠶；如十分中有黃光七分，則是已眠者七分，未眠者三分，即抽減葉七分，而以三分葉專餧未眠之蠶。但已眠未眠，同置一器，其說必不可從。眠者色黃，純黃之中有由白而漸黃者，與純黃不甚相遠，頻飼以督之，猶可相及。若已見純黃，又多青白，則與純黃相去甚遠，飼葉雖頻，亦不能及。且蠶眠一晝夜，以安靜不擾為得所。今因其青白未眠者尚多，飼而亂之，動而蹂之，則先眠者失其所矣。迨青白未眠者將變色而欲眠，則前之眠者已起，因就後眠者方眠而停先眠已起者之食，則起者既不堪其餓，因就已起者求食而即開其葉，則眠者又不堪其擾，多病少絲實由於此。故抽飼斷眠之法必不可從。其餘收種、浴種、煖種、收蟻、育蟻諸法一一照行，尚不能一時盡眠，一時盡起。若不照行，則種類雜亂，眠起之前後相去更遠，故收種、浴種、煖種、收蟻、育蟻諸法亦不可廢。飼蠶者須於已眠者之中用大葉提出未眠者，另置他器，頻飼以督其眠。已眠者置之靜室，以俟其起。《授時通考》

《士農必用》《農桑通訣》《農政全書》《蠶桑提要》

清 葉向榮《蠶桑説・蠶桑輯要・諸家雜説》 蠶頭二眠時，葉薄易萎，用葉不多。採回之葉，收於小缸之內，缸底用筲箕，缸上覆布。葉要放空，實則生熱，缸底易於生水，墊以筲箕，不致溼水粘葉。蠶純陽惡水，又不可無水，葉乾生火，火甚蠶紅，則瘟。蠶到三四眠後食葉日多。葉可置於無風屋內，地鋪蘆蓆，將葉打成壟子，不致生熱。晨採日飼，晚採夜飼。大眠後飼葉要堆至四寸許。蠶頭要密，食葉快，食葉鮮，食盡再飼。更鼓時飼一頓，可以臥寐，二時復起再飼，蠶不受餓，人亦省功。

清 尹紹烈《蠶桑輯要合編》 斷飼眠法 專使未眠之蠶，使之速眠。如十分中有三五分黃光者，可減葉三五分，比尋常宜切細薄葉摻，頓數宜加。如十分中有七分黃者，即減去七八分，摻葉宜極薄，頓數宜勤，以其齊眠。尚有青白未齊之蠶不多，速宜揀去，棄之，此是不齊之病蠶也。如此起鬆置之靜處，方可住食。候十分醒起，方可投食。若八九分起便投食，到老蠶不齊。蠶起時稍餓不妨。一則口老而殺葉，二則蠶身易大。蠶初醒時不宜亂動，因其皮嫩易於受傷，切忌見風。不比眠時皮老，既食葉後，不可間斷。如此飼葉守齊，斷無不齊之理。

清 豫山《蠶桑輯要合編・養蠶・飼蠶自初飼至三眠各法》 初飼，切極細桑葉微篩，不住頓飼，一時辰可飼四頓，一晝夜飼四十九頓或三十六頓。第二日飼至三十頓，第三日飼至二十頓。宜對時飼。凡擡飼宜煖，此初飼之法也。擡飼一晝夜，可飼六頓，次日可漸加桑葉。向黃之時宜極煖。此頭眠之法也。擡飼起齊，投食宜薄撒葉，一晝夜只是可飼四頓，次日漸漸加葉，此停眠之法也。候十分起齊，投食一晝夜可飼三頓，次日七八頓。午後天氣晴煖，磨菉豆粉、白米粉或黑豆粉，與切下桑葉，將溫水拌勻。一箔用粉十餘兩，卻減葉三四分。隔一日再如此飼一頓，不惟解蠶熱毒，抑且絲多而堅勁有色。此大眠之法也。二眠起，每日再喫十五六頓，約四五日即老。上山時候。以稻草成簇，布蠶於其上，令其作繭，七日可摘取。長而瑩白者絲細，大而晦色青蔥者絲麤。繅絲莫精於南潯人，以蛾口爲最好，上岸次之，黃繭又次之，繭衣爲下。蛾口者，出蛾之繭也。上岸者，繅湯無緒撈出者也。繭衣繭外之蒙戎，蠶初作繭而營者也。自蟻而三眠，俱用切葉，三眠之後不用切。忌油鑊氣煤氣，尤忌陵零香。蠶室不可用生人入內，蠶婦不可食薑，食蠶豆。

大率三眠之後一斤分作一筐，一筐可得繭八斤，爲一車絲，約重十五六兩。養蠶人以筐計，凡二十筐，傭金一兩。繅絲人以日計，每日傭金四分，或一車六分。初飼蠶葉，桑宜旋摘，利刀細切。切葉一次，洗手一次，一日夜可飼葉五六次。候葉盡，再飼。葉不宜過厚，要稀勻得宜。飼後將蟻置之帳內，以避風寒。用小蠶架將蠶扁架好，以沾煖氣，切不可蓋遏受溼，致生病患。養蠶務要冷煖得宜，冷則長遲，熱則焦燥。天寒時不可驟熱，當漸漸益火，寒而驟煖，則生黃輭等疾，煖不可驟加風凉，當漸開窗，煖而驟凉則變白殭。又正煖時乍著寒，則蠶禁口不食，急用微火溫之，避去寒氣，蠶自食葉。若值陰雨天寒，先用微火避去寒氣，然後飼葉，則蠶不生病。採桑宜在清晨及日入後，忌溼，忌熱。蠶食溼葉，多生瀉病、白殭；食熱葉，則腹結頭大尾尖，食葉多而不老，亦不作繭。

清 朱祖榮《蠶桑答問》卷下

哺蠶早晚第七

問曰：『哺蠶有早有晚，以何時爲最宜？』

答曰：『蠶出在穀雨爲宜，時天氣已煖，可無病變；桑葉漸大，可資飼養。食葉無剩，可以省葉。節近小滿，即可上山。大約自出至老，速則二十七八日，遲則一月爲期。斯時蚊蠅未多，可無侵嚙之患。若過早，則桑葉未生，天寒易病；過晚則必多蚊蠅，蚊叮則當有黃癍，上山作繭，未半即黑爛繭中。蠅叮則成繭後即有尖蛆鑽出，繭有小孔，下水即沉，不能繅絲。』

清 莊景仲《養蠶必讀》卷上第五章《飼養》 《務本新書》曰：蠶必晝夜飼，頓數多者，蠶必速老，少者遲老。二十五日老，一箔可得絲十五兩。二十八日老，得絲二十兩。若月餘或四十日者，一箔只得絲十餘兩。此係長一丈，廣二尺之箔。飼蠶者慎勿貪眠，以懶爲累。每飼蠶後宜繞箔看一遍，飼葉要勻。若值陰雨天寒，比及飼蠶，先用乾桑葉，或去葉稈草一把，點火繞箔照過，逼出寒溼之氣，然後飼之，則蠶不生病。至眠起程度候十分眠纔可住食。至十分起方可投食。若八九分起便投葉飼之，直到老都不齊，又多損失。

又 《務本新書》曰：大眠起，燠宜頻除，蠶宜頻飼。或西南風起，將門窗簾薦放下，此際不宜擡解。箔上布蠶須相去一指布蠶一箇。取臘月所藏綠豆，水浸，微生芽，晒乾，磨作細粉。第四、五頓投食，拌葉勻飼，解蠶熱毒。絲多易繰，堅韌有色。如葉少，去秋所收桑葉擣爲末，水洒新葉微濕，摻末拌勻，接闕飼蠶，此本食之物，亦佳。

又 間糠之法　因給桑過多，蠶座濕潤，此時不能除沙，故用糠少量，散布之，以微隱麩子爲度，名曰間糠，所以使蠶與濕麩相間隔也。

鋪糠之法　行於除沙前給桑二三次時。糠之量比間糠較多。在稚蠶時用細糠；大蠶時用粗糠，以沒麩沙爲度，所以便於除沙也。至除沙，用絲網尤爲便捷。今西人仿中國之法通行之。

通州蠶學館《蠶桑簡明圖説・附録宜忌》 忌孕婦産婦以及酒醉齷齪之人入蠶室。故飼蠶者要潔淨，凡鋪葉、捧蠶、移扁，先須洗手。

又《附録蠶病》 有蠶之尾下出水者，是謂瀉病，此病多受濕氣所致。濕葉飼蠶，每發此病，見之即剔去。

綜述

亢倉子《農道篇》《荆川稗編》卷四五　凡葉，不可帶雨露及風日所乾或浥臭者，食之，令生諸病。常收三日葉以備霖雨，則蠶常不食濕葉，且不失飢。採葉歸，必疎爽於室中，待熱氣退，乃與食。蠶時晝夜之間大槩亦分四時，朝暮類春秋，正晝如夏，夜深如冬，寒暄不一，雖有熱火，合各斟量多少，不宜一例。

唐　郭橐駝《種樹書》卷中　桑葉生黄衣而皺者，號曰金桑，非特蠶不食，而木亦將就槁矣。

宋　陳旉《農書》卷下　蠶常不食濕葉，且不失飢矣。外採葉歸，必疏爽于葉室中，以待其熱氣退，乃可與食。若便與食，則上為葉熱，下為沙濕，蠶居其中，遂成葉蒸矣。蒸而黄，雖救之亦失半。

元　司農司《農桑輯要》卷四《養蠶》　《士農必用》：飼養之節，惟在隨蠶所變之色而為之加減厚薄後擘黑及三眠條内隨色加減食法，具此條註内，使無過不及也。蠶生色黑，三日後漸變白則向食，少加厚；變青則正食，宜益加厚，雖飽亦不傷；復變白則慢食，宜少減；變黄則短食，謂之向眠，宜愈減；純黄則住食，謂之正眠。眠起，自黄而白，自白而青，自青復白，自白而黄，又一眠也。凡眠起變色，例如此時，當減食飼之，過則傷，傷則禁口不食，生病而眠遲。時當正食，飼之不及則餒，餒則氣弱而生病，亦眠遲而又繭薄也。

又　擡過時住食，起齊時投食，此為抽飼斷眠之法。謂抽減眠蠶之葉，不致覆壓，專飼未眠之蠶，使之速眠。不惟眠起得齊，且無葉罨燠熱之病。前人謂『學取抽飼斷眠法，年年歲計得絲蠶』，不可不知也。

又　《蠶經》：『白光向食，青光厚飼，皮皺為飢，黄光以漸住食。』

又　蠶欲老，可簇地盤，燒令極乾，除掃灰浮于上置簇。《韓氏直説》：安圓簇于阜高處，打成簇脚，一簇可六箔。蠶十分中有九分老者，宜少摻葉名上馬桑，就箔上用籤箕般去，宜款手摻于簇上自東南起頭，不令落地，務令稀匀。上復覆蒿梢或豆藉復摻蠶如前；至三箔復梢倒根在上如此則簇圓又穩。

元　佚名《居家必用事類全集・戊集・農桑類》　養蠶百忌　忌濕葉，忌熱葉。蠶初生時忌屋内掃塵，忌煎煿魚肉，忌蠶屋内哭泣叫喚。未滿月産婦不宜作蠶母。忌帶酒人切桑飼蠶及擡解布蠶。蠶生至老，忌烟熏，忌孝子産婦不浄潔人入蠶屋。忌近臭穢，忌酒、醋、五辛、鱣魚、麝香等物。

明　朱權《臞仙神隱》卷四　至大眠蠶欲向眠時，見黄光，便住食擡觧，直候起齊，慢飼葉，宜薄摻，厚則多傷。慢食之病，蓋因生蠶得食力，須勤飼。最忌露水濕葉并雨濕葉，飼之，則多生病。

明　朱國禎《農蠶》　剉桑葉如縷者而謹食之。又上下抽番，晝夜巡視。火不可烈，葉不可缺，火烈而葉缺，則蠶饑而傷火，致病之源也。

明　黄省曾《蠶經》　勿用雞脚之桑，其葉薄，是薄繭而少絲。其葉之生黄衣而皺者，木將就槁，名曰金桑，蠶則不食。先椹而後葉者，其葉必少。

又　五之育飼　其蠶之自蟻而三眠也，俱用切葉。其替擡也，用糠籠之灰糁焉，則蠶體快而無疾，或布網而擡替。其飼火蠶也，必勤，葉盡即飼，毋使飢，吞火氣而病。

明　陳繼儒纂輯，清　石巖增訂《陶朱公致富奇書》卷二　至大眠後，天氣炎熱，却要屋内清凉，務須臨時斟酌，此凉煖之法也。蠶必晝夜飼，若頓數多者早老，少者遲老，二十五日老，一箔可得絲二十五兩，二十八日老，得絲二十兩。若月餘或四十日老，止得絲十餘兩。葉要均匀。若值陰雨天寒，用火照箔，逼出寒濕之氣，然後飼之，則蠶體快而無疾。候十分眠，纔可住食。至十分起，方可投食。若八九分起便投葉飼之，到老不齊，又多損失。停眠至大眠，見蠶有黄光，便住食，此養之法也。蠶住食，即分擡，去其燠沙，不然則先眠之蠶久在燠底，濕熱薰蒸，必變為風蠶。擡蠶時不可將蠶推聚，若受鬱熱，必病損作薄繭。眠初起時值烟薰，必多黑死。食冷露濕葉，必成白僵。食舊乾熱葉，則腹結，頭大尾尖。倉卒開門，暗值賊風，必多紅僵。若高撒遠撒，蠶身與箔相擊後多不旺，俱宜防之。此分擡之法也。

明 沈氏，清 張履祥輯補《農書》卷上 此外蠶炭一錢，盤費一錢，每筐收絲一觔，纔足抵本，所贏者止仝宫，繭黄提起不穀二錢之數。若收成十分以下，便不足償葉本矣。故小民親身經歷，不算工力、盤費則可。若假手下人，採桑者鼠竊狗偷，餧蠶者杯盤狼藉，多靡工力墮落農務。此又當照自己力量，不可一例論也。

又 遇葉賤之年，餧蠶或少，便四分五分一箇，只該採賣，斷不可嫌賤貪貴，留養在桑。嫩桑猶可，老桑留一年，頭葉根本衰壞，後雖培壅，終歸朽敗，萬萬不宜留養。餧蠶之家須早晚留心，審時度勢，多買出火蠶，不拘一熟、兩熟，消磨桑葉，雖薄薄收成，亦勝養葉多矣。

又 卷下 四月一日陰雨，見育蠶者乏乾鮮之葉，男子勞於外，婦女憂於內，蓋晝夜皇皇也。因思育蠶之家，宜預作木架，如松棚式，廣一丈四五尺，深亦如之，其高過於桑，上織竹如蓋，於蠶初收時即張之茂桑之上，若桑樹室中然。或一日而移，或兩日三日而移，量飼蠶之多寡而斟酌焉。朝暮可避露，晴可避日，陰可避雨，葉時時乾鮮，既省人工，又不生蠶病，至大眠後可輟。大眠後葉老，越宿經日猶鮮且又可以加水。事易集而功用多，一架可備數年之用。余里蠶桑之利，厚於稼穡，公私賴焉。蠶不稔則公私俱困，爲苦百倍。大約蠶之生疾，半在人，半在天。人之失，恆於惰，惰則失飼而蠶饑，饑則首亮；惰則失替而蠶熱，熱則體焦，皆不稔之徵也。天之患，恆於風雨霧露，即烈日亦有不宜，以乾鮮之葉難得也。蠶食熱葉則繭浮鬆，不可絲，其害淺，食濕葉則潰死，食濕熱葉則僵死，食霧露葉則瘘死。葉染風沙則不食，葉宿則不食，而仍饑，其害深。知戒人之失而不知備天之患，未爲全策也。若天患雖備而人失不戒，則咎又將誰任哉？

明 徐光啓《農政全書》卷三一《蠶桑》 養蠶法 《務本新書》曰：臘八日，新水浸緑豆每箔約半升，薄攤晒乾。又净淘白米每箔約半升，控乾。以上二物，背陰處收頓，以備大眠起，用拌葉飼蠶。

又 黄省曾曰：切桑之刀宜闊而利。其方筐之制：縱八尺，廣六尺。其圓箔之造，在盤門張公橋。有火箱，蠶自蟻而三眠，用之。

又 《務本新書》曰：蠶必晝夜飼，若頓數多者，蠶必疾老，少者遲老。二十五日老，一箔可得絲二十五兩。二十八日老，得絲二十兩。若月餘或四十日老，一箔止得絲十餘兩。飼蠶者慎勿貪眠，以懶為累，每飼蠶後再宜繞箔看一遍，飼蠶葉要均匀。若值陰雨天寒，比及飼蠶，先用乾桑柴或去葉稈发草一把，點火繞箔照過，熇出寒濕之氣，然後飼之，則蠶不生病。一眠候十分眠纔可住食，至十分起方可投食，若八九分起便投葉飼之，直到老，決都不齊，又多損失。停眠至大眠，蠶欲向眠時，見黄光便住食擡解。直候起齊，慢飼。葉宜薄摻，厚則多傷，慢食之病蓋因生蠶得食力，須勤飼。最忌露水濕葉并雨濕葉，飼之，則多生病。

又 《務本新書》曰：大眠起，燠宜頻除，蠶宜頻飼。或西南風起，將門窗簾薦放下，此際不宜擡解。箔上布蠶，須相去一指布蠶一箇。取臘月所藏菉豆，水浸，微生芽，曬乾磨作細麪。臘月所藏白米蒸熟作粉亦可。第四頓收食拌葉匀飼，解蠶熱毒，絲多易繰，堅韌有色。如葉少，去秋所收桑葉再搗為末，水灑新葉微濕，摻末拌匀，接闕飼蠶。比食豆麪，係本食之物，又萵苣亦可接。蠶屋南檐外，先所架立搭棚檁柱，此時搭蓋。

又 蠶十分中有九分老者，宜少摻葉名上馬桑，就箔上用簸箕般去，宜款手摻於簇上自東南起頭，不令落地，務令稀匀。

明 佚名《便民圖纂》卷四《蠶桑類》 論飼養 蠶必晝夜飼，頓數多則易老，少則遲老。初飼蟻，宜旋切細葉，食盡即飼，不拘頓數。頭眠起，晝夜可飼六頓，次日漸加。停眠起，散葉宜薄，晝夜可飼四頓，次日漸加。大眠起，散葉又宜薄，晝夜可飼三頓，次日加至七八頓。若眠齊住食，起齊投食，眠起不齊而飼之者，亦不齊，又多損失。每飼必匀，葉薄處再摻。倘陰雨天寒，比及飼葉，先用乾桑柴，或去葉稈草一把，點火繞箔照過，熇去寒濕之氣，然後飼之，則不生病。停眠至大眠，若見黄光，便擡起住食。候起齊，慢飼葉，宜薄摻。蠶白光，多是困餓，宜細飼之，猛則多傷。如蠶青光，正是蠶得食力，急須勤飼。

論分擡 蠶住食，即分擡。去其蠶沙，否則先眠之蠶久在燠底，濕熱熏蒸，必為風蠶。擡時又宜布開，若受鬱熱，必病損多作薄繭。又蠶眠初起，若煙熏，即為黑死。食冷露濕葉，必成白僵。食舊乾熱葉，則腹結，頭大，尾尖。倉卒開門，暗值賊風，必多紅僵。每擡後，箔上蠶宜稀，布稠則强者得食，弱者不得食，必繞箔遊走。然布蠶須手輕，不得從高摻下。如高摻口遞相擊撞，因多不旺，簇内懶老翁、赤蛹是也。自僵者收之，亦可備藥用。

又 其三之器具　其切桑之刀，宜闊而利。其方筐之制：縱八尺，廣六尺。其圓箔之造，在盤門張公之橋，價以十五文。有火箱，蠶之自蟻而三眠也用之。

清　蒲松齡《日用俗字·養蠶章第三》 初時切桑極要細，隨時多少漸加添。風中晾涼晾桑方冷。懷里衩揣衩葉不寒。

清　蒲松齡《農桑經·蠶經二十一則》

餧蠶

一日至五日，須快刀細切，撒得鬆匀。有瓜子大片，即盖數蠶，易致悶壞。重病者，一二眠即發。輕者，三眠上簇始發，為害更大。蟻有堆擠者，急撥之。

又《補蠶經十二則》

下蠶

蠶初生，切桑細如髮，摻净紙上，却以連覆其上，蟻自下；勿以翎掃或敲擊，蠶自不傷。

又 飼養

晝夜勤飼，則疾老而絲多。每飼後必繞箔尋視，有薄處即操之。一眠至十分眠，方可住食。至十分起，方可投食。投食太晚，當住食時已有起者；太早，則投食時尚多眠者。無論至老不齊，且眠蠶被桑久盖，以漸不能退皮，大眠後，必多遊走。凡蠶到大眠，若見黄光，便令抬解住食，直候起時慢飼之。又宜輕摻，若見白光，則是困餓；宜細飼之，猛則傷。若見青光，只是食少，湏急勤飼之。

又 蠶生色黑，三日變白，則食宜少厚；又變青，宜益厚；復變白，則宜少減；變黄，則益減；純黄，則住食，此一眠也。眠起，自黄而白，白而青，青而復白，白而復黄，又一眠也。宜相色以為食之加減。幾分黄，則減幾分葉；切極細，摻之。若十分黄，則急抬，乃住食。惟抽減眠蠶之葉，不致覆壓；專飼未眠之蠶，使之速眠，此大要也。

葉細則不壓，頻飼則不飢。

清　方以智《物理小識》卷一一《鳥獸類下》 大眠後，天氣熱，室宜清凉，亦勿使溼氣上蒸。凡飼葉宜薄散，經雨露溼葉，須風戾之以飼。十分眠乃住食，十分起齊乃投食。向黄時見黄光，即住分擡之時，去其燠沙。若值熏，即多黑死。食冷露葉必成白殭。食舊乾葉則腹結，頭大，尾瘠。倉卒開門，暗風中者，必多紅殭。蠅叮蠶則生肚蟲。凡初飼，一晝夜可四十九頓或三十六頓。次日三十頓。

清　李光地等《御定月令輯要》卷二〇《十二月令》 浸豆米飼蠶。增《務本新書》：臘八日，新水浸菉豆，晒乾。又淘白米控乾。以上二物收頓，以備大眠起，用拌桑葉飼蠶。

又卷二四《時刻令》 飼蠶增《務本新書》：初飼蟻法，宜旋切細葉微篩，不住頻飼，一時辰約飼四頓，一晝夜通飼四十八頓。

清　楊屾《豳風廣義》卷二

預收蠶食

《務本新書》曰：深秋桑葉未黄，如有春蠶食不盡的葉，夏採者更好。若二番生者，不可夏採，須待秋採。多廣收拾，曝乾搗碎，於無烟處收頓。至臘月内，搗磨成麪，净磁瓮收貯。俟過年，春蠶大眠後用之臘月内製者能消蠶熱。又十二月初八日，將菉豆用新汲水浸半日每箔約用豆半升，薄攤晒乾。又净淘白米每箔約用半升酌量，次年如養蠶十箔，當備五升，控水曬乾，與菉豆俱陰處收頓，以備大眠起，拌葉飼蠶。

又 忌飼冷露濕葉，及乾葉食則必頭大腹結尾尖。

又 飼蠶必晝夜無間，故頓數多，蠶疾老；頓數少，蠶遲老。古人云：『養蠶莫巧，食到便老。』若殷懃布葉，按時飼養，蠶室温煖。不惟繭堅多絲，亦且省葉絲韌。若怠惰因循，或饑一頓飽一頓，緊一頓漫一頓，寒一時熱一時。不惟繭薄絲少，亦且費葉，絲腐，難上机杼。若蠶二十五日而老，一箔可得絲二十五兩；二十八日而老，一箔可得絲二十兩；若月餘或四十日而老，一箔只得絲十餘兩。大約飼蠶者，慎勿貪睡，以致功廢於半途。事雖一月，其實要緊只在大眠後七日，受此七日辛苦，即獲一歲之利，可不猛醒！

又 停眠飼法停眠即二眠

頭眠初起，將葉細切薄篩，飼一頓。亦如人之病起，欲得少食，以接元氣。若葉厚食多，必至内傷，後必食漫。一日夜飼四頓。第九日，擡蠶分箔。用蓐紙另鋪二箔，辰巳時厚飼。蠶正食時，用匙薄帶沙燠，將蠶揭起，分如象棋大，相去三四分，滿二箔，漸加葉，一日夜飼十五六頓。第十一二日，每日夜飼五六頓。十三日，分揭如上法。劈如小錢大，布滿三箔，一日夜飼二十二頓。第十四日，蠶復將眠辨色加減其食，如上抽飼斷眠法，宜極煖。候蠶變黄色，不論陰晴，急須擡過擡如上法，布滿六箔宜頻飼，候盡眠，住食，眠一日夜，十五日蠶復脫殼盡起，是為二眠。

又 秋蠶亦宜如此。三眠後，常飼以綠豆麪，以解熱毒。將綠豆用溫水浸，生芽曬乾，磨為麪。用葉一筐切碎，灑以新水，拌綠豆麪五六兩。三眠後，間飼三四頓，又飼水葉一頓。

清 鄭之僑《農桑易知録》卷二《桑務事宜》 至霜降後，始將枯葉曬乾以餧羊。若樹上有蟲蠹，急須閒時尋看。深入者，用鐵鑿鑿取；淺者，用鐵絲插入殺之，其桑必茂。

又 起孃謂初次蛻殼為起孃

眠後一晝夜，身上嘴上，舊殼蛻盡，是為起孃。必待箇箇起齊，再看替子上，有絲布滿者，名『揚花替』。新起孃身長嘴闊，彼時專忌油烟、香臭各氣息。必俟起孃嘴老，然後餧以桑葉，此時切葉條子，略可放寬。大概一眠一起，必須兩晝夜之外，方可餧葉。第二日體刮時，看來蠶身擠緊，必須分種別篩。每日體刮，每日俱要分開，蓋蠶吃一餐葉，必定放身，若不分開，篩内太緊太密。有多吃葉者，必有吃不着葉者，將來頭空而亮，即是餓蠶。

又 二眠二次打裝蛻殼

緊要關頭，全在二眠。頭眠之後，餧葉三四晝夜，便是二眠。總以天氣之寒煖，定眠期之遲速。若值天冷，當微微煨以炭火，使得煖氣，煖則移棄，須要刻刻小心看餧。此三四日内，設有寒煖、氣水、潮葉兩面青葉相合，便成氣水，即是濕葉以及餓損，到老必無收成。第一，不可失葉，蠶在二眠内，抬起頭來就餓，至於夜間，必要二人輪流看餧，切不可大膽安眠。過此二眠一關，就不必夜間看餧矣。到將眠時，其旺葉沸絲，打眠裝，與頭眠時同。其一切保護眠孃之法，亦與頭眠時同。此時蠶身如粗棉紗線大，一分長矣。

又 二眠起孃，嘴闊身長，微帶紅色，亦如頭眠起孃狀。必待起齊嘴老，然後餧葉。只須切三次葉後，便可用單張嫩葉，平平鋪上餧之。再過一晝夜，可用眼頭葉餧之。葉連嫩枝者，為眼頭葉，必須將光面向上。其體刮、分蠶之法，與頭眠起孃時同。

又 出火起孃三眠之後起孃

出火起孃，亦以一晝夜為度。必待起齊嘴老，然後餧葉。嘴老者，必俟衆蠶盡行蛻殼，而後餧葉。不因先行蛻殼，而遽餧以桑葉，謂之嘴老。至其體刮分蠶之法，與二眠起孃時同。

又 蠶老將做繭也

大眠起孃，餧葉至三晝夜，不論濕葉肥葉澆糞不久，謂之肥葉，皆可餧，唯忌霧葉氣水。至四晝夜，蠶身便有二寸長，粗如小指。至五晝夜，六晝夜，蠶要老矣。顔色本來青白，將老時，色如糙米。取蠶向亮處炤之，通身明亮者，為考孃。蠶先老者，謂之考孃。既見考孃，一面將葉薄餧三餐，一面即搭山棚。

又 卷二《蠶有十忌》

忌食濕葉

天時將雨，便要採乾葉預備，即使連日陰雨，亦必將濕葉用繩晾起，將葵扇扇乾，纔可餧蠶。尚有濕迹，亦必以平時洗净白布抹乾方可。若大眠以前吃過濕葉，老來必成氣水蠶，爛死不做繭矣俗名節高、糖罐頭，皆爛死之別名也。

忌食霧葉

晨起迷霧，須將門牕關閉。帶霧之葉，先將清水洗過，再用潔净細布片抹乾，方可餧蠶。大眠以前，若吃霧葉，老來必成白肚蠶，肚下有白水流出，沾在好蠶身上，好蠶亦似此流水而死，無收成矣。凡蠶食霧葉，到老必在篩沿飛跑，肚下有白水流出，俗名拖板子是也。

忌食氣水葉

夜間桑葉不打鬆停好，便烝熱，熱即生氣水。蠶當蝸兒時，只在樹上摘取幾眼葉便好，餧幾餐，及其漸漸長大，亦餧葉無多。如防陰雨及過夜葉，只須剪幾根桑條，或幾十根桑條，養於水□之內，不使風吹，則葉鮮活而不瘺，永無氣水之患。若大眠以前，或食氣水葉，老來亦成爲白肚蠶矣。蠶食氣水葉，□白肚流水而死，即成爛死，其色黑故名糖罐頭。

忌食黄沙葉

仲春天氣，黄沙漫天，桑葉遇之則不長。如遇黄沙天，將葉剪下，用清水洗過晾乾，方可餧蠶。若以黄沙葉餧之，蠶必不長且要脹死。黄沙乃黄河灘上之飛沙，其細如麪。

忌食肥葉

凡地上初澆人糞者，其葉必肥，不可餧蠶，必得過七晝夜之後方可。大眠以前，若吃肥葉，凡遇眠時，必有肥青者，蠶身分外粗肥，皮膚光亮如油漆，然不肯眠矣。

忌餧葉失時

蠶食桑葉，原無休歇，或餧之久逾時刻，蠶即受饑。大眠以前，吃葉不到，做成餓病，老來必成亮頭蠶俗名謂之蘇空頭，到老不做繭，亦不死也俗名謂之活婆子。

清　韓夢周《蠶桑實濟》卷一《樹桑捷驗》　然荆之條葉，不如魯之條葉茂盛。當以魯桑條，接荆桑之身，則茂盛而亦久遠。魯桑其葉肥厚，柔軟多津，宜飼初生之蠶；荆桑葉堅硬少津，宜飼大眠以後之蠶。

又　卷二《育蠶預備》　又十二月初八日，將菉豆用新汲水浸半日每箔約用豆半升，薄攤曬乾。又淨淘白米每箔約用半升酌量，次年如養蠶十箔，當備五升，控水曬乾。與菉豆俱陰處收頓，搗磨成麪，以備大眠起後，擠葉飼蠶。

又　卷三《育蠶切忌》

忌食氣水葉

桑葉最易發熱，一熱即生氣水蝸兒。蠶初收一、二、三日，只在樹上摘幾眼葉，好餧幾餐，漸漸長大，亦餧葉無多。如有豫備一兩餐葉，及過夜葉，須剪幾根桑條，或幾十根桑條，養於水罎之內，又要不使風吹，則葉鮮活而不熱，永無氣水之患。若大眠以前，一食氣水葉，亦成白肚蠶矣。故忌之。

又　卷四《育蠶急務》

養蠶總要

養蠶必晝夜無間，故頓數多，蠶速老；頓數少，蠶遲老。古人云：『養蠶莫巧，食到便老。』若慇懃布葉，按時飼養，蠶室温暖，不惟繭堅多絲，亦且省葉，絲韌。若怠惰因循，饑一頓飽一頓，緊一頓漫一頓，寒一時熱一時，不惟繭薄絲少，亦且費葉，絲腐，難上機杼。

又　白光向食，青光厚飼，皮皺爲饑，黄光以漸住食。

又　向食時通風但忌小孔賊風欲入，宜加葉緊飼。新起時，怕風，宜薄葉漫飼。蠶之所宜，不可不知，反此者爲逆，必無成理。

又　劈蟻法　蟻既下連，用快刀切桑葉極細，以葉篩篩於蟻上，務要薄而勻。勻薄如微雨之狀。又臨下蟻時，桑須澆過二三次方好，以後旋摘又澆，則桑多液。切葉必細者，恐蓋蠶也。必篩者，恐不勻也。不勻則食葉有偏，偏則眠起不齊。然葉槎微液，不能久存，少頃之間，即便乾枯，故須頻切而頻篩也。此時，不可飼以接桑葉，飼則多病，須在大眠後用之。第一日不住頻飼，一時當飼一頓，一晝夜通飼一十二頓。甚要勻薄，勿憚煩冗。蓋新蠶惟食桑葉津液，若頓數不多，譬如寸乳嬰兒小時失乳後，必羸弱病生。蠶室宜極煖極暗。大凡初蟻宜暗，眠宜暗。將眠及眠起宜微明，向食宜明，後倣此。第二日減飼至八頓葉微加厚，第三日又減飼至六頓。又稍加厚。此時沙燠已厚，急宜擡蠶除減，不然濕熱薰蒸，蠶必病生。擡蠶除沙者，俗呼爲敨蠶也，後皆倣此。於巳午時間，復用蓐草綿紙，另鋪一箔。先將細切桑葉，篩於蟻上，較前稍厚些，待黑蟻上葉時，用蠶匙薄帶沙燠，輕輕將蟻欹手挑起，分如小圍棊子大，布於新安箔上，盈滿一箔先下蟻時，留箔周邊，今布滿全箔。

停眠飼法停眠即二眠也

頭眠初起，將葉細切，薄篩，飼一頓亦如人之病起，欲得少食，以接元氣。若葉厚食多，必至内傷，後必食慢，一日夜飼四頓。第九日，擡蠶分箔。用蓐紙另鋪二箔，辰巳食厚飼，蠶正食時，用匙薄帶沙燠，將蠶揭起，分塊如象棊大，相去三四分。滿二箔，漸加葉，一日夜飼十五六頓。第十一二日，每日夜飼五六頓。十三日，分揭如上法。劈如小錢大，布滿三箔，一日夜飼二十二頓。第十四日，蠶復將眠辨色加減其食，如上抽飼斷眠法，宜極煖。候蠶變黄色，不論陰晴，急須擡過擡如上法，布滿六箔宜頻飼，候盡眠，住食，是爲二眠。眠一日夜，第十五日，蠶復脱殼盡起。

又　大眠飼法大眠即三眠也

三眠初起，一日夜飼四頓宜薄。第十六日宜漸加葉，可飼至五六頓。第十七八日，宜飼至七八頓宜厚加葉，此時宜分擡擡如上法。擡時要天氣清明，若陰寒不宜，可布滿八箔。第十九三十日，每日仍可飼六七頓。至二十一日，蠶復將眠，宜微煖辨色加減其葉如抽飼斷眠法，候蠶變黄光，不論陰晴，急須擡過，可布滿十二箔，細葉頻飼。候蠶盡眠，方住食，是爲三眠名大眠，北蠶皆三眠三起，自此以後，不復眠矣，眠一日夜。第二十二日，蠶復脱殼盡起後，起後再飼切葉三頓。以後不用切，連枝飼可也。每日須擡過一次爲要。

又 上簇法

大眠卽起，一日夜可飼三頓，第一頓宜薄俱令覆白，第二頓比前更薄仍覆白，第三頓如第一頓。此三頓如不短葉則必至老食漫。二十三日，一日夜可飼七八頓，此巳旱飼一頓，再至辰巳間取臘目所製桑葉麪子一頓。如大眠後蠶盛葉闕，間飼四五頓不妨，不闕者不必用。食葉盡時，又將桑葉用新汲水，噴令微濕，如細雨之狀。噴時用新水，漱口數過。再飼一頓不用搾麪子，蓋已往用火，今復用水者，用其陽不離陰，水火成功之意也。飼水葉時，須要天氣晴明，若陰雨不可，俟次日晴明再飼。

又 二眠　二眠之內，最是緊要關頭。頭眠起娘放葉，過四晝夜，又要二眠。若天氣煖熱，亦有三晝夜眠者。須要刻刻小心看餧，此三四日內，設有些小受病，到老必無收成。第一，不可失葉蠶在二眠內，抬起頭來就餧也，至於夜間，必要三人輪流看餧，切不可大膽安睡。過此二眠一關，就不必夜間看餧矣。到將眠時，其旺葉沸絲打眠裝，與頭眠時同。其一切保護眠娘之法，亦與頭眠時同。此時蠶身如粗綿紗綿大一分長矣。

又 卷五《蠶桑雜附》　三眠後，常飼以菉豆麪，以解熱毒。將菉豆用濕水浸，生芽晒乾，磨爲麪。用葉一筐切碎，洒新汲水，并菉豆麪五六兩。三眠後，間飼三四頓，又飼水葉一頓。室内多用水缸，日換新水，不可令雜人出入。其蠶最小一十八日而老，見利甚速。夏蠶亦不可多養，只須些少，以度秋種。秋月養之，比春更稳。

又 卷六《蠶桑補遺》

糝葉除濕

桑葉自樹採下，卽用切以飼蠶，但須晴日方可。若遇陰雨之時，葉經雨洗，惡露實重，飼蠶多者，取葉必多，豈能一一用手揩淨？古法以薄攤晾乾，晾之不及者，將葉同細白米，入圓竹筐内如今背簍、籔箕、籮筐之類，輕輕搖動，令米收乾葉上露氣。其法甚善，但葉多，則需米亦多，無力者不能猝辦。今人有將葉連枝砍下者，用手握砍下之枝，盡力揮之，令濕露洒地，然後懸掛高處，霎時間卽可晾乾，比米搾者，更爲便捷。但此法用之地桑則可，若樹桑枝砍，傷損實多。茲有一簡便之法，於先一年十月，將桑樹上經霜之葉，採取晾乾六七八月採者，其味多辛，蠶不喜食，搗成細末，用磁甕收貯。來年取搾濕葉，葉得乾末搾過，露氣盡行收乾。乾末得濕露和勻，蠶亦可適口。古人用此法飼大眠以後之蠶，因師其意推用之，屢試屢驗，有益無損。此去濕最穩最妙法也。飼蠶者不可不知。

清 郝懿行《寶訓》卷三《蠶桑》《士農必用》：至臘月内，搗磨成麪。臘月内製者，能消蠶熱病。甕器内可多收飼蠶，餘剩作牛料，牛甚美食。

又 前人云：學取抽飼斷眠法，年年歲計得絲蠶。

《務本新書》飼養法蠶必晝夜飼，若頓數多者，蠶必疾老，少者遲老。二十五日老，一箔可得絲二十五兩；二十八日老，得絲二十兩；若月餘或四十日老，一箔止得絲十餘兩。葉忌濕忌熱，蠶食濕葉，多生瀉病；食熱葉，則腹結、頭大、尾尖。當蓋小屋或趄棚，頓放雨露濕葉，控去濕潤，然後飼蠶。

清 方觀承《述本堂詩集・看蠶詞》　放食：蠶逢齊起二眠，葉待加盈。正好攜筐結伴，願教夜雨朝晴。

眠經一日夜，盡蛻而起揀。俟起齊，飼之。如投葉太早，則以後眠起不齊矣。起時食葉倍加，謂之放食。復三四晝夜二眠。二眠初起，飼宜倍勤，為看蠶要候也。飼一二次後，葉不必縷切剖之可已。大眠前食濕葉，則病不成繭，宜布拭之，箔晞之。《記》云：桑于公桑，風戾以食之。風至葉乾，乃以食也。

又 越蠶四眠。有一種二眠後卽大眠者，名曰三眠子，期早收薄絲。亦矗南中不嘗畜之。桑飼頭蠶而葉盡新條復生者為二葉，五六月間以飼二蠶，採而不剪，桑葚釀酒，枯葉飼羊不羶，皆桑之利也。

《古今圖書集成・歲功典》卷九四《臘日部雜録》　《務本新書》：臘八日，新水浸綠豆曬乾，又淘白米控乾，以上二物收頓，以備大眠起，用拌桑葉飼蠶。

清 朱斌《蠶桑指要・養蠶》

送食

烏兒捓食後一時許，看蠶頭結面全不露青，謂之喫過，便須再上細葉。稀稠調勻，以恰好一層為度，謂之送食。飼蠶，本以一時一次為常，惟烏兒柔嫩，上葉宜薄宜勤，一周時十五六次更妙。捓食後五六日，為頭眠之期，蠶身微現玉色，篤嘴昂頭不食者，謂之眠頭，謂之嚚頭，於八九時中眠足者，上也。過時猶食者，連葉撥出，另置別籃飼食。其嚚過浄眠頭，以別籃舖黑礱糠灰，厚二三分，用蠶筯連替子，拈置灰上，其稀稠亦以恰好一層為度，謂之撥替。撥替後二三時，再將頭蠶内續眠者，另撥一籃内。又過二三時，再將二蠶内續眠者，又撥一次，謂之轉手眠。此番蠶出者，連葉棄去，謂之除頭。撥替後七八時，其蠶脱去外皮，動身尋食者，謂之起孃。三四時當起齊，齊後再停一二時，方為送食，謂之熬口。口老，則食葉净，又不大小参差，故有『送食早，不如熬口老』之語。再隔四五日為二眠之期，其蠶眠、撥替、除頭、送食，一一與頭眠同。惟切葉可以稍大，二眠送食尚切柳條葉，出替後，可以飼整葉矣。盖蠶小時，葉不剪，則食不净也。

又 肥葉不可飼蠶，桑樹新澆糞，則有毒，謂之肥葉。必待十日後，或遇雨兩三次，方可飼之。食肥葉者，有肥青之病，比衆獨大而色青，久後必成癡婆子，但能食葉，眠考俱遲，做繭多不就。

發熱葉不可飼蠶，必挑颺凉透，方可食。食熱葉者，多有大頭之病。其頭特大而頸縮，久後必成嬾老翁，不肯行動，并怕食葉，極難起考，常作爛頭薄繭。

清 帥念祖《蠶政編》

預收蠶食

春蠶食餘之桑，夏月採之。二番生者，秋日及葉未黄採之，多收曝乾搗碎，放無烟處。至臘月爲末，淨甕收貯，將來蠶大眠後用之。臘月製者，能清蠶熱，大妙。再十二月初八日，將菉豆用新汲水，浸半日，曬乾。又淨淘白米，曬乾。與豆收一處，大眠後拌葉飼蠶。二味，每箔各半升，酌量收貯。

又 頭眠初起，切細葉薄篩，飼一頓，一日夜飼六頓。第九日抬蠶分箔。第十一、二日，每日夜飼二十頓。十三日又分箔。十四日蠶復將眠，宜極煖。候蠶變黄色，急須分擡，布滿六箔，候盡眠住食，一日夜復起，是爲二眠。

大眠飼法

二眠初起，一日夜飼四頓，第十六日葉漸加厚，飼十三四頓；第十七、八日，宜飼十七八頓。此時宜分擡須要晴明，可布滿八箔。第十九、二十日，每日可飼十八九頓。至二十一日，蠶復將眠，宜微煖。辨色加減其葉，用抽飼斷眠法。候蠶變黄光，不論陰明，急須擡過，可布滿十二箔。細葉頻飼，候蠶盡眠住食。眠一日夜復起，是爲三眠。北蠶皆三眠而止。大眠起，再飼切葉三頓，以後不用切，可以連枝飼矣。

清 崔應榴彙纂，錢馥補輯《蠶事統紀》卷八 一眠、二眠、三眠 《合璧事類》：蠶俯曰眠。眠時不食桑柘，經晝夜而脱殼。《月令通纂》：一眠，候十分眠纔可住食，至十分起方可投食。若八九分起，便投葉飼之，直到老決多不齊，又多損失停眠。《士農必用》：擡頭眠，揭蠶如大棊子布大，布滿箔，一復時，可六頓。次日可漸加葉。可開捲窗一半。初向黄時，宜極煖。眠定宜煖，起齊宜微煖。《月令通纂》：起齊投食宜薄散葉，一晝夜只可飼四頓，次日漸漸加葉。《爾雅翼》：比至再眠，飼必捲窗褰帷。飼訖還下。盖蠶昆蟲之類，昆者，明也。蠶見明則食，食多則生長。其旋生駒，皆與母同老。《湧幢小品》：食三四日而眠，眠則摘眠。一二日而起，起則餧，是為初眠。自初而之二，自二而之三，其法盡同，而用力益勞，為務益廣，是謂出火。盖自此蠶離於火，而葉不資於刀矣。《類林新咏》注：吴人養蠶，必以火炙。三眠後則否，故稱出火也。《士農必用》：抽飼斷眠法，蠶向眠時，量黄白分數抽減所飼之葉，漸次細切，薄糝頻飼。候十分黄光，不問陰晴早夜，急須擡過。擡時住食，起齊投食，此為抽飼斷眠之法，謂抽減眠蠶之葉，不致覆壓，專飼未眠之蠶，使之速眠。不惟眠起㝵齊，且無葉罨燠熱之病。《農政全書》：蠶，火類也，宜用火以養之。用火之法：須別作一爐，令可擡舁出入。蠶既鋪葉餧，待其循葉而上，乃始進火，食了即退火。鋪葉然後進火。每每如此，則蠶無傷火之患。

（乾隆）《烏青鎮志》卷二《農桑》 乃熾炭于筐之下，并其四周剉桑葉如縷者而謹飼之。又上下抽翻，晝夜巡視，火不可烈，葉不可缺。如火烈葉缺，則蠶飢而傷火，致病之原也。又不可太緩，緩則有漫漶不齊之患。勿食水葉，食則放白水而死。雨中所採，必拭而乾之，或風戾之。編蘆曰蠶薦，用以圍火，恐其氣散也。

又 蠶自二眠後餧完葉，過三眠餧連枝葉。凡葉患其溼，又患其燥，又患其風而沙露而霧也，犯此非傷冷殭死即傷熱破囊。鄉人謂之爛肚。楊園《補農書》：蠶食熱葉，則蠒浮鬆，不可絲，其害淺。食溼葉，則潰死。食濕熱葉，則殭死。食霧露葉，則瘘死。葉染風沙，則不食葉，宿則不食而仍飢，其害深。出火後不事竹箸，用手一一取下秤定，一一分攤筐中。閱四五夜爲大眠，復手取秤過分筐，其曰食孃者，言他蠶盡眠而此猶食葉也。曰起孃者，言既眠而起也。起而初食曰『餉』，又有復生小蠶者為長孃。至是，蠶益粗而筐不勝盛。

清 鄂爾泰《授時通考》卷七三《蠶事·飼養》 《農桑輯要》：深秋桑葉未黄，多廣收拾，爆乾搗碎，于無烟火處收頓，春蠶眠後用。

又臘八日，新水浸菉豆，薄攤曬乾。又浄淘白米控乾。以上二物，皆陰處收頓，以備大眠起，用拌葉飼蠶。

又初飼蠶法，宜旋切細葉，微篩不住頻飼。一時辰，約飼四頓。一晝夜，通飼四十八頓。

又蠶必晝夜飼　若頓數多者，蠶必疾老，少者遲老。二十五日老，一箔可得絲二十五兩。二十八日老，得絲二十兩。若月餘或四十日老，一箔止得絲十餘兩。飼蠶者慎勿貪眠，以懶為累。每飼蠶後，再宜繞箔看，葉要均匀。若值陰雨天寒，比及飼蠶，先用乾桑柴，或去葉稈草一把，點火繞箔照過，逼出寒濕之氣，然後飼之，則蠶不生病。一眠候十分眠纔可住食，至十分起纔可投食。若八九分起便投葉飼之，直到老不齊，又多損失。停眠至大眠，蠶欲向眠時，見黃光便住食擡解，直候起齊，慢飼。葉宜薄摻，厚則多傷慢食之病。蓋因生蠶得食力，須勤飼。最忌露水濕葉并雨濕葉，飼之則多生病。

又大眠起，㸐宜頻除，蠶宜頻飼。或正南風起，將門窗簾薦放下，此際不宜擡解。箔上布蠶，須相去一指布蠶一箇。取臘月所藏菉豆，水微浸生芽，曬乾磨作細麵。臘月所藏白米，蒸熟作粉亦可。第四頓收食拌葉匀飼，解蠶熱毒，絲多易繰，堅韌有色。如葉少，去秋所收桑葉，再搗為末，水灑新葉微濕，摻末拌匀，接鬭飼蠶。又萵苣亦可接。

又　又抽飼斷眠法　蠶向眠時，量黃白分數抽減。所飼之葉，漸次細切，薄摻頻飼。候十分黃光，不問陰晴早夜，急須擡過。擡時住食，起齊時投食，此為抽飼斷眠之法。謂抽減眠蠶之葉，不致覆壓，專飼未眠之蠶，使之速眠。不惟眠起得齊，且無葉罨㸐熱之病。

又卷七六《桑政門・種類》　又白桑，葉大如掌而厚，得繭厚而堅，絲每倍常桑。葉生黃衣而皺者，號曰「金桑」，非特蠶不食，而木亦將槁腐矣。

清　方大湜《桑蠶提要》卷一《桑政二十三條》　第五年春天，又長新條，應於立夏後將第四年所留八枝之上各留兩枝，共十六枝，餘皆刪去。並將十六枝各留一尺，翦去梢子，是爲第五層。以後不再杈。每年立夏後將十六枝上所生嫩條連枝帶葉一併翦下，摘葉飼蠶。

又　第三年春天，又復抽條，俟四月翦桑飼蠶時，將所留五枝之上又各留五枝，共二十五枝，其餘旁出枝條概行刪去。刪去之枝，可摘葉飼蠶。所留二十五枝暫不翦梢。俟本年冬臘月或明年清明前，再將此二十五枝各留一尺，翦去梢子，是爲第三層。以後再不留杈，年年立夏後將二十五枝上所生嫩條，連枝帶葉一併翦下，摘葉飼蠶。

又　剪地桑　地桑與樹桑不同。樹桑去梢留杈，修翦樹桑，須齊杈上老瘢。地桑不去梢，修翦地桑必須靠土。移栽地桑之後，俟桑芽出土四五指時，每一科只留一二條，餘皆靠土翦去。次年靠土割條葉飼蠶，割過之後，每一根盤又出數芽，亦只留四五條，餘皆靠土翦去。以後根漸旺，留條亦可漸多。

又卷二《蠶事四十條》　大眠以後需葉甚多，則翦取長條，於有風而雨點不到處懸之，亦少頃卽乾。蠶惡水溼，故乾而食之。凡不得已而採露葉、霧葉、黃沙葉者，均宜拭乾洗淨纔可餧蠶。若以隔年臘月所製桑麪秤溼葉內，不特可收乾溼氣，而且有益於蠶，尤爲妙法。桑葉經霜可解熱毒。六、七、八月採者，其味多辛，蠶不多食。製桑葉麪法詳蠶料第一則。

又　買葉飼蠶　蠶多而桑葉不足，須約計所少之數，預先買定，葉價貴賤難以逆料，預先買定，必平價也。併須言明夏至後幾日翦採。早則夏至後三日，遲則夏至後五日。不先言明，恐買者欲早，賣者欲遲，易滋口舌。勿買金桑葉，勿買毛背桑葉，詳蠶食第二則。勿買鷄脚桑葉，勿買大麥地內桑葉，詳蠶食第三則。勿買遠道桑葉，如不得已而買，自遠處行二十餘里，即須放風一次。買來之葉，須用筐挑運，路太遙遠，不能不緊按筐內。按之過於緊實，逾時即油，須於中途擇有風無日之處發而鬆之，名曰放風。油葉詳蠶食第二則。

又　飼葉七則

切葉有粗有細　切葉之粗細以蠶之大小酌之。葉之所以必切者，以切則易匀，且較省也。蠶初生時所布之葉，宜細如絲線。初眠起後可寬一分，二眠起後可寬三分，三眠起後可寬五六分，至大眠起後則可食整張大葉，但去其枝與莖而已。若蠶多人少之家，三眠起後餧切葉三四次便可停切。

食葉有疾有徐　食葉之疾徐不盡關乎冷煖。初起時食不甚疾，將眠將老時亦不甚疾，其最疾者中間之三兩日耳。

飼葉勿間晝夜　養蠶無巧，食足便老，故蠶必晝夜飼。頓數多者速老，頓數少者遲老。老速者絲多，老遲者絲少。若過小滿，則無絲矣。將眠未眠之時及大眠後數日尤為要緊，此時勿令稍餓。大眠以前受餓則老來頭内空白，不做繭，謂之亮頭蠶。大眠以後受餓則絲少。

飼葉務要均匀　每布葉後須再繞盤細看，何處葉未布到，即用蠶杓盛葉將何處添補。不均勻則饑飽不一，眠起必不能齊。蠶杓詳蠶具第七則。

飼葉須酌量加減　蠶有三光，白光向食，青光恣食，皮皺為飢。黃光以漸住食。故飼蠶之節，必視蠶所變之色為加減，不可過，亦不可不及。當減而加，則失之太過，太過則傷，傷則禁口不食，生病而眠遲；當加而減，則失之不及，不及則餒，餒則氣弱生病，亦眠遲而繭薄。

飼葉須斟酌厚薄　蠶小布葉宜薄，蠶大布葉宜厚，大眠以後蠶老以前布葉宜極厚，每將眠時布葉宜頻且宜薄，每眠起時布葉宜薄且宜緩。

飼葉須分別眠起　古人眠起取齊之法至周至密，擇種下子，寫記日期，以同日所生之子為一起，連上如有空缺，即日補滿，此齊於收種時也。詳留種第五則。鹹種以鹽腌之，淡種以石灰腌之，去其子之無力者，此齊於浴種時也。詳浴種第一、二則。生蟻之時，將蠶連置懷中者，則表裏互易。不置懷中而裹以綿花者，則以中層與上下層互換，使煖氣均勻，此齊於煖種時也。詳生蟻第三則。蟻出之後同時下連，先後下連之蟻各置一器，此齊於收蟻時也。詳收蟻第一則，第三則。下連有先有後，先者減頓，後者加餐，此齊於育蟻時也。詳育蟻第二則。如法行之，種齊蟻齊，眠起自無不齊之理。然究未有一時盡眠一時盡起者，所以昔人又有抽飼斷眠之法。抽減已眠者之葉，專飼未眠之蠶。如十分中有三分黃光，則是眠者三分，未眠者七分，即抽減桑葉三分，而以七分葉專餧未眠之蠶；如十分中有黃光七分，則是眠者七分，未眠者三分，即抽減桑葉七分，而以三分葉專餧未眠之蠶。已眠未眠同置一器，其說必不可從。眠者色黃，純黃之中有由白而漸黃者，與純黃不甚相遠，頻飼以督之，猶可相及。若已見純黃，又多青白，則與純黃相去遠甚，飼雖頻，亦不能及。且蠶眠一晝夜，以安靜不擾為得所。今以青白者尚多，飼而亂之，動而蹂之，則先眠者失其所矣。迨青白未眠者變而欲眠，則前之眠者已起，因後者方眠而停起者之食，起者既不堪其餓，因前者已起而不停起者之食，眠者又不堪其擾，多病少絲，實由於此。故抽飼斷眠之法，必不可從，其餘收種、浴種、煖種、收蟻、育蟻諸法，一一照行，尚不能一時盡眠一時盡起。若不照行，則種類亂雜，眠起之前後相去更遠，故收種、浴種、煖種、收蟻、育蟻諸法，亦不可廢。飼蠶者須分別眠與未眠，未眠者另置他器，頻飼以督其眠；已眠者置之靜室，以俟其起。詳頭眠、二眠、三眠、大眠各條。

清　周凱《種桑十二詠·禁再採》《清詩鐸》卷七　禁再採初桑葉肥嫩，可飼蠶。二葉澀，飼蠶作絲，僅可爲絃。《周禮》禁原蠶再蠶，恐妨馬也。

（道光）《清澗縣志》卷二《田賦志·物產》　蠶，南方一歲有七出八出者，北方地寒，桑葉遲生，蠶成亦晚。人家治蠶，各有節目。其初收也，以衣衾覆之，晝夜程其寒煖之節，謂之護種。其初生也，以火炙之，候其蠕蠕而動，然後以鵝羽拂之，謂之攤烏。其既食也，熾炭於筐下，並其四圍，剉桑葉如縷以（詞）［飼］之。又上下抽翻，晝夜巡視，謂之看火。食三四日而眠，眠一二日而起，謂之出眠。自初而之二，自二而之三，謂之出火。自是蠶維於火葉，亦不待剉矣。又四五日，謂之大起，大起則薙，薙則分箔。又六七日，謂之熟巧，亦謂登簇巧，以葉蓋曰貼巧，驗其猶食者也。

清　高其垣《試行蠶桑說》　桑老而枯，或中空，此年代久遠，不能不敗者也。於其前後左右空缺處補植一株，兩三年後，將已敗者伐去，而養其新者，則土不曠矣。如不補植，則將已敗之樹離地六七寸截去，而留其老樁，以肥土堆積其上。俟明春另發嫩條，養成低桑，亦一善法也。低桑之放葉較早，於採小葉者最宜。但去地無多，遇有驟雨，其葉上或有泥點，須擦淨，方可飼蠶。

又　自大眠起後至老，約須食葉五十餘次，能多食數次更好。蓋此時多食一口葉，則上山後多吐一口絲。故飼蠶者惟恐其所食之少。

又　飼蠶者須度量自家桑葉之多寡，初生之蠶，謂之蠶花。蠶花落紙時便須以戥秤稱之。蓋蠶花一錢，飼之得法，約可得大眠五六觔。統前後計之，須食葉百三四十觔，不可於收蠶花時一味貪多。

又　蠶有不食之葉二：金桑有黃班者、油桑色黑，若有油，貯之太堅，踰時則油矣。如買葉於數十里外而貯之，不得不堅，則須於中道放風。放風者，擇有風無日之處發而鬆之也，約行二十餘里，便是放風一次是也。有不可使食之葉二：水葉食之葉，則絲爛及桑樹在大麥田中者食之壞蠶，種桑買桑者均宜牢記是也。

又　飼蠶者宜識天時，天將雨，便須採之一兩日之葉，以爲之備。少則以缸甕鬆鬆貯之，多則於無風日處鋪竹席於地，而鬆之堆之。使食盡此葉而雨如故，則不得不於雨中採葉。所採之葉以布夾之新者惟白布可用，舊者則不拘顏色，少頃卽乾。否則以淘過未淘者，恐有灰之乾麥拌之，亦少頃卽乾。若大眠以後需葉甚多，則剪取長條，於有風而雨點不到處懸之，亦少頃卽乾。

清　高銓《蠶桑輯要》卷上

飼烏

烏兒初生，微如毛髮，葉必縷切成條，方能個個上葉就食。凡切葉，運刀貴速，速則葉不熟而多液，須用篩勻篩於蠶上，慎不可厚，厚則反足以致飢。何則？烏兒止食葉之脂液，葉既細切，微液不能久存，轉瞬乾癟，卽不食而踐踏成緌。人見青翠盈筐，輒以爲葉未過而不加飼，孰知蠶已不食而忍飢乎？不獨此也，厚則重疊覆壓，氣不疏通，蠶又苦悶飢悶交加，無不病之理。每飼後，當繞筐閲視，凡葉有堆積處，撥之使平；有斑黎處，補之使滿。蓋小蠶食葉，惟近其身者食之，不能東西游衍，稍不勻則葉多處多食，少處少食。食多者身大而强，食少者身小而弱，大小不齊，後日之眠起亦由此不齊矣。《士農必用》云：飼蟻之法，第一日可至四十九頓，第二日三十頓，第三日二十餘頓。蠶漸大葉可稍厚，故日數增則葉數減。今不必拘日數，亦不必拘頓數，但見筐有白處，頻篩葉補之，謂之貼白，竟日通夜，無使一刻住嘴，烏不受飢則長成易，所謂事貴謹於謀始也。

又 飼二眠

蠶過二眠，概用全葉，摘破餧之，以光面向上，單層平鋪，或搭蓋半葉，疊如魚鱗。然蠶之食葉切碎者易過，全者不易過，其長之遲速，亦因之而異。故欲蠶速長，仍用切碎者為妙。惟將眠，取全葉飼數頓，以便眠齊後檢取眠頭俗稱已眠者為眠頭。

又 飼大眠

大眠後餧葉，宜帶枝梗，過周時，葉須灑水，俗謂之胖絲腸。《韓氏直説》云『大眠後十五六頓即老』，此却難拘。古人言：『養蠶無巧，食足便老，實無頓數可計。』惟是食足則絲多，不足則絲少，絲之多少，全在此數日，故時當旺食，較輟火前，更須加緊厚飼，以足其食。

又 飼老蠶

蠶將老，飼之與小蠶同。頓數宜頻，葉亦宜薄。蓋老蠶如老人，易飢易飽，正須勤飼之，而少與之也。

又 晚飼

晚間飼蠶，比日中宜略加厚。蓋蠶之飢飽，日中皆能照應，晚間息偃在牀，鮮有不失寤而貽誤者。厚則可以稍延時刻也。凡天氣涼，蠶之食葉緩，向晦不妨晏息。若遇炎熱，蠶皆搶葉，决不得高卧，尤宜留心燈油。無骨之蟲，見油則死，設有一點沾着蠶身及葉上，蠶食之立斃。

又 失葉

蠶失飼，俗謂之失葉。蠶之失葉，只爭遲早之間，不必竟缺一頓也。其最緊要處，在旺食之候與暴熱之時，蠶廣筐多，一時不能遍給，雖耽延俄頃，亦足致病。

又 卷下

濕葉

蠶忌濕，不可以濕葉飼。濕葉有數種：雨也，露也，霧也。《農桑輯要》註云：承帶雨露，既濕又寒，食則變褐色，生水瀉，臨老則浸破絲囊，不可抽繰。其害若此，故蠶月天陰，須多採乾者備用。設遇連朝霪雨，葉不能乾，簷前當風處，宜多經繩索，翦取長條，順懸索上，乘風鼓扇，濕即易除倒懸不易乾。《禮》所謂『風戾，以食之也』。露之濃者，不減于雨霧，有毒害甚于雨。二者非陽不晞，并須俟日照後採之。《補農書》云：育蠶之家，宜預作木架，廣一丈四五尺，深亦如之，其高過于桑，上織竹作蓋。蠶初收，即張之茂桑之上，或一日而移，或兩日三日而移，量飼蠶之多寡而斟酌焉。朝暮可避露，晴可避日，陰可避雨。葉時時乾鮮，不生蠶病。大眠後可輟，事易集而功用多，一架可備數年之用，此亦一法也。又有氣水濕葉，由于堆貯鬱蒸而成。小蠶食葉不多，不必多採屯積，如備葉過夜，宜用小缸或木桶須内無油漆者鬆貯之，空其中以透氣，上冒濕布，勿使著葉時時翻動，既不易癟，亦不致蒸。蠶既大，蠶房左右，宜擇空室為屯葉之所。地上鋪蘆蓆一層，取葉分行鬆布，毋高堆厚積，謂之『綜葉』。蓋錯綜其葉，不使之蒸也，不蒸即無熱氣而成水矣。凡葉有氣水，當風敨之即乾。

又 臭葉

桑葉發蒸，久則色黑而臭。《農桑輯要》云：葉浥臭者，即生諸疾，蠶决不可食。凡遠處採葉，用船承載，最易蒸熱。至半途，須擇清涼處，取葉敨鬆，再復上船，謂之出烘烘，從胡貢切，言葉蒸如烘，出之使涼也。否則黑而臭矣。

又 凡起孃初蛻皮，色黃而身胖者，必成亮頭。昔人謂之黄肥，今謂之著黄，草布衫放葉兩三頓，即尾流緑水矣。按陳旉《農書》云：『傷濕即黄肥，傷冷即亮頭。』而曰：『蚕傷火即尾焦，又傷風亦黄肥。』由此觀之，致病之由，亦有數端，顧未有不由失葉者。余昔育蠶二十餘筐，輟火放葉後，晚間少飼一頓，大眠後，悉頭空尾濕，腥穢不堪，繆邇甚矣。失葉之為害大也。

清 高銓《吴興蠶書》卷上《飼養》 飼烏 **【略】**《士農必用》云：『飼蟻之法，第一日可至四十九頓，第二日三十頓，第三日二十餘頓。』蠶漸大，葉可稍厚，故日數增，則葉數減。今不必拘日數，亦不必拘頓數，但見筐有白處，頻篩葉補之，謂之貼白，竟日通夜，無使一刻住嘴。烏不受飢，則長成易。

所謂事貴謹於謀始也。

又　飼頭眠　頭眠放葉，蠶身漸大，葉可稍粗。《士農必用》云：『擡頭眠復時可六頓，次日可漸漸加葉。』蓋蠶初起，不甚搶葉，次日則旺食，故葉須漸加。然亦不可過厚，仍當用貼白法頻飼之。

又　飼火蠶　蠶用火烘，惟藉葉之脂液，以勝火氣，進葉稍遲，即冰不勝火而斃，是爲吃火，言缺葉而僅吞火氣也。故烘蠶，須多人共事，採葉、切葉分任厥功，晝夜不住手飼也，不容一息間斷，蓋火氣熏灼，蠶皆望葉面上升，絕無片刻停止，葉若間斷，蠶必有露白處。蠶露白，鄉人謂之蜆子塊，爲吃火之徵，決無收成。

又　加減法　蠶之食葉，有時宜加，有時宜減。《士農必用》云：蟻生色黑，三日後漸變白，則向食，少加厚；變青則正食，宜益加厚，雖飽亦不傷；復變白則慢食，宜少減；變黄則短食，謂之向眠，宜愈減；純黄則住食，謂之正眠。凡眠起變色，例如此時，當減食飼之，過則傷，傷則禁口不食，生病而眠遲。時當正食，飼之不及則餒，餒則氣弱而生病，亦眠遲而又繭薄也。《韓氏直説》云：蠶向眠時，量黄白分數，抽減所飼之葉，如十分中有三分黄光者，即減葉三分，比尋常稍薄摻，頓數亦稍頻；有五分黄光，即減五分，比先次又薄摻，其頓數更加頻；有八分黄光，即減八分，比先次令極薄，其頓數亦令極頻；候十分黄光住食，是爲抽飼斷眠法。謂抽減眠蠶之葉，不致覆壓，專飼未眠之蠶，使之速眠。不惟眠起得齊，且無葉罨燠熱之病，此隨蠶之色加減也。

又　卷下《擇葉》　瘸葉　蠶宜鮮葉，葉隔宿則脂枯，風吹蔫則液涸，蠶竝不食，宜棄之。《農桑輯要》云：『爲風日所蔫乾者，生腹結。』

清　楊名颺《蠶桑簡編・養蠶法》《牧令書》卷一〇　三眠二眠起齊，一日夜薄飼四頓。第十六日，架葉飼五六頓。第十七八日，每日夜飼七八頓，此時宜分擡可布八箔。第十九二十日，每日夜飼六七頓。第二十一日，復將眠宜微煖，候變黄色，急須擡過可布十二箔，細葉頻飼，盡眠住食。眠一日夜，第二十二日，復脱殼盡起，是爲三眠。

清　程岱葊《西吴蠶略》卷上　宜忌　《士農必用》：蠶之性，子在連則宜極寒，成蟻則宜極煖，停眠起宜溫，大眠後宜涼，臨老宜漸煖，入簇宜極煖。《韓氏直説》：方眠時宜暗，眠起以後宜明。蠶小并向眠宜煖宜暗，蠶大并起時宜明宜涼，向食宜有風避迎風窗，開下風窗，宜加葉緊飼，新起時怕風，宜薄葉慢飼。蠶之所宜，不可不知。

《務本新書》：蠶忌食濕葉，忌食熱葉。蠶初生時忌屋内掃塵，忌煎煿魚肉，忌油火紙撚於蠶屋内吹滅，忌側近舂搗，忌敲擊門窗、搥箔，忌蠶屋内哭泣、叫喚，忌穢語淫辭，忌未滿月産婦作蠶母，忌帶酒人切葉飼蠶，忌一切烟熏，忌竈前熱湯潑灰，忌産婦孝子入家，忌燒皮毛亂髮，忌酒醋、五辛、膻腥、麝香等物。

清　沈炳震《蠶桑樂府》　飼蠶東藁為砧，剉細葉如縷而謹飼之，稍飢即謂之斷絲腸。二眠後與完葉，過三眠與連枝葉。凡葉患其溼也，又患其燥也，又患其風也，而沙霾而霧也。以此飼蠶，猶有傷冷則殭死，傷熱則破囊，鄉人名曰爛肚，如《掌故集》所云者。

清　俞墉纂輯《蠶桑述要》　古時採桑皆婦工，《詩》云：『女執懿筐，遵彼微行，爰求柔桑。』此蠶小時在於家園附近處，至三眠以後食葉漸多，非婦工所能勝。他省須蠶戶赴地剪採，蠶忙，工宜多雇蠶忙時，雇來之幫工，謂之蠶忙工一人剪葉，每日不過二百觔。江浙城鄉村鎮，俱開葉市。桑已剪下，裝就葉簖，只須挑運，不煩剪折，故人工較省，且物聚於市，急需則隨時可以秤購也。湖州葉市，每十觔爲一箇，十箇爲一擔。《金鈴集》中《蠶詞》云『青青論箇』，不論觔者是也。

又　頭眠一日夜卽起，俟其起齊，再行放葉，約四五日再眠，謂之二眠。二眠蠶較頭眠易揀，顯見尖嘴，其身青中帶紫色，揭葉之法與頭眠同。二眠期內，不可失葉，致蠶挨餓受病。

二眠起後，約五六日又眠，是爲三眠俗名出火，須逐箇揀眠，不能用揭葉替法。其時蠶身漸大，凡伏而不動，及嘴高凸處，內隱有微紫色一圈俗名包頭，乃新嘴也。用糊紙之簏儲之。出火至大眠，快則三日，遲則五日。出火蠶可秤，可不秤。

清　汪曰楨《湖蠶述》卷二　買葉當用十擔，先買五擔，恐蠶或不佳，不至餘葉。又停葉之法，亦稱住葉。葉來之時，先向陰地上鋪蘆蓆或竹簾，葉放其上，不可鬆，亦不可過緊，須將每帖俗以一枝爲一帖豎起，整齊平直，清水灑之，謂之封好。一周時，宜灑三四次。可停三日或兩日，臨飼蠶時，將葉放鬆涼透停處必熱，否則有氣水葉，蠶食卽壞。《育蠶要旨》

清　包世臣《齊民四術》卷一下　凡飼蟻葉，宜宿澆其樹，使液出，現摘現切，薄篩，頓數宜頻。第一周日可三十六頓，第二周日可三十頓，第三周日可廿四頓。第一日切極細，篩極薄，第二日切極細，篩次薄，第三日切細，篩又次薄，三日後切稍大。周日十七八頓，篩稍厚，以後遞增減之。凡蟻生色黑，三日後漸白，則向食，葉加厚。變青則正食，宜益厚，飽亦不傷。復變白，則慢食，宜減薄。變黃則短食，蠶向眠也，宜益薄。純黃則住食，爲正眠。一日一夜起，是爲頭眠。眠起自黃而白，白而青，青而復白，白而黃，又一眠，是爲停眠。再一眠是爲大眠。

又 凡晨翦葉撲去露，夕翦葉盡日下，挑來擿下嫩條，薄攤涼去鬱蒸之氣，乃飼蠶。常宜備來日葉。凡葉有露及黃沙，須揩洗淨盡，鋪簟上涼過，乃可飼蠶。

（光緒）《新會鄉土志輯稿》卷一四《物産·動物》 飼蠶家手術極敏，但昧於蠶之生理、病理，又乏補救之思想。若陰雨連續或西風偶吹，則蠶兒多斃。飼蠶家不知撲滅疫菌，僅委諸命運，長歎奈何而已。且蠶室多是密蔽，空氣絕不流通，蠶具多不完備，給桑不按時刻，亦不準定重量，無飼育標準表及養蠶日誌，墨守舊習慣，無試驗改良之思想。幸值天氣晴燥，收繭僅得五六成，能得八九成者者罕見。據荷塘人稱，『三月頭造無蠶蛆之弊』，則待蠶蟲變蛹，而後烘繭。若四月以後，每患蠶蛆，蠶未變蛹，即以火烘之，蓋遲則蠶蛆發作也。

清 曾鉌《蠶桑備要》卷一《栽桑説》 辨桑種　桑乃箕星之精，東方生氣，蠶食葉之神木，爲世大寶，種類甚多，總名之曰荆桑、魯桑。凡椹多，枝幹條葉堅勁，其葉小而邊有鋸齒者，皆荆之類，宜飼大眠以後之蠶；椹少，枝幹條葉豐腴，葉圓大豐厚而多津者，皆魯之類，宜飼初生之蠶。初蠶不可多飼荆桑葉，恐有裂腹之患。但於大眠後與魯桑間飼，則其絲頭必勁而堅韌。以魯桑條接荆桑身，茂盛亦久遠。桑種宜擇，凡本粗皮皺者，其葉小而薄，白皮而節疎芽大者爲柿葉桑。其葉大而厚堅，繭而多絲，枝如藤蔓，葉如綢帛，謂之『柔桑』，飼蠶多絲而堅韌。有一種木理極粗，葉如扇面，光如沃油，謂之『烏桑』，甚宜初蠶。有一種紫藤之桑，枝如紫色之蔓，高大而葉肥厚，飼蠶最好。或謂絲勝接桑。有一種白桑，其葉厚大，得繭重實。白桑種有自土魯番來者，椹形如馬乳，如珍珠，其味甘美，兼可充佳果。惟雞腳花桑葉、毛背桑葉不可用。

又 卷三《養蠶總要》 向食時通風但忌小孔賊風並西風吹入，宜加葉緊飼；新起時怕風，宜薄葉漫飼。蠶之所宜須知，反此爲逆，必無成理。

又 蠶有三光：白光向食，青光厚飼，皮皺爲饑，黃光以漸住食。

又 卷四《養蠶程式》 三眠後，常飼以菉豆麪，以解熱毒。將菉豆用温水浸，生芽曬乾，磨爲麪。用葉一筐切碎，灑以新水，科菉豆麪五六兩。三眠後，間飼三四頓，又飼水葉一頓。室内多用水缸，日換新水，不可令雜人出入。其蠶最小一十八日而老，見利甚速。夏蠶亦不可多養，只須些少，以度秋種。秋月養之比春更穩。

清 陳雪堂《蠶桑簡法》卷上《蠶桑撮要》

蠶齡	一日給桑之回數		
一齡	八回：	午前四時七時十時	午後一時三時五時八時十二時
二齡	七回：	午前四時八時十一時	午後二時五時八時十一時
三齡	六回：	午前五時九時十二時	午後三時七時十一時
四齡	六回：	同上	
五齡	五回：	午前五時、十時	午後二時、六時、十一時

又 每齡給桑回數及給桑量雖以上表爲憑，然亦當依蠶之種類：氣候之乾濕以爲加減。若夫天氣乾燥，蠶食旺盛，所給桑葉皆食盡無餘，蛦沙亦乾，蠶皆昂頭求食，斯時則宜加給一回，或增其桑量。天氣潤濕時則食桑不盡，蛦沙冷濕，則當少給一回，或減其分量。如乾濕合宜，務依上表爲要。總之，無論如何，均宜給與適當，散布平匀，使蠶兒發育齊一，爲給桑第一之目的也。

清 陳涥《實驗蠶桑簡要法》上篇《栽桑法·附種椿及養椿蠶法》 飼蠶之法　每年可飼二次，春季自三月杪至四月間，天氣已煖，椿葉漸生。將去年所藏留種之生繭，無論多寡，用線穿掛房中向陽稍煖處，再用濕水噴潤，繭中之蛹旋即出蛾。其腹較大者爲雌蛾，挑出以線輕穿蛾腰，繫於去皮之稭把上，取雄蛾來把上配偶。歷四小時許，即將雄蛾摘開，勿令再犯。遂生蠶子於稭把上，十數日即出小蠶。但四月間天氣熯寒，尚有不齊。俟小蠶將出時以椿葉覆蓋，見蠶出食葉，隨時更換新葉。再折帶葉椿樹小枝，插入瓶罐甕等内，注水或溼土，令葉不乾枯，蠶附葉自食，稍長便可移到樹上。自食自眠，自即樹上結繭，至六月間成繭摘下，此爲春繭。除取絲不計外，仍留生繭若干，穿繫房中，令出蛾生子。照前處理，此時天氣甚煖，一出小蠶，即可移至樹上，九月成繭，此爲秋繭。收藏至明年四月間，再令出蛾生子，復爲春蠶。如欲蠶子速出，以溫水多噴潤數次，置之煖處，則出蠶可速數日也。

又 下篇《養蠶法》第四章《驅除濕氣之法》 每次給桑，不可過多。

多則遺葉堆積，蒸發濕氣，必釀烏爛、瀉蠶等病。

又 膿蠶病之豫防　此病雖多起於空氣不通、呼吸不暢所致，豫防之法究亦多端：（甲）室内空氣勿使停滯，四五齡之際，尤當注意換氣。（乙）眠中靜謐，乾濕得宜，溫度亦不可劇變。（丙）給桑宜厚薄均勻，切不可一時過量。（丁）見有罹此病之蠶，宜卽除去，勿使膿液傳染他蠶。（戊）内溫不可急降，蠶座宜乾燥，地上宜時常灑掃清潔。（己）眠起未齊，勿遽給桑。若加桑葉於眠蠶，則蠶座濕潤，且驚撼眠蠶，脫皮必致困滯也。（庚）眠中蠶籚不可動搖，使將脫皮者舊皮下新皮體軀稍前進而中止，致新舊氣門相牴牾，以閉塞呼吸者。（辛）稚蠶時給桑宜薄而勻，勿使其體隱沒葉下。（壬）切葉分數宜從標準中行之，不可過大。（癸）室内不可冷濕，黴腐桑葉不可飼蠶。

又 第九章《應用簿票之式》　採切桑葉之預備　需與桑量之多寡，毋誤飼蠶之時刻，非置此種簿票，豫算準備，不第臨時迫促，貽誤其事，將來成績優劣，實關密切之利害。茲故臚列其式於左，以供人實地應用。

貯桑收付簿式

宣統　年　月　日

時刻	地方	收採入量	昨存量	時刻	付調理班量	消耗量
合計				合計		
除收付實存				本值日長		

調理收付簿式

宣統　年　月　日

時刻	收儲桑班量	前剩量	時刻	付各班飼育量	本時剩量	消耗量
合計				合計		
除收付實存				本值日長		

又 第十二章《切葉之法》　（一）切葉分數宜依標準行之，不可任意大小，小則蠶食不淨，踏爲舖葉，蒸濕以釀蠶病，故每次葉末必須篩去，大則葉少，散布不勻，易肇眠起不齊之弊。茲故列春夏蠶切方葉之剉分表於左，以資人遵守。

春蠶切葉標準表

齡＼日順	一日	二日	三日	四日	五日	六日
一齡	一分	一分	二分半	三分	三分	二分半
二齡	二、三分半	三分	四分	三、四分	三分	
三齡	三、四分	四分	五分	五分	四分	四分
四齡	七分	七、八分	八分	一寸	一寸	一寸八分
五齡	切片枝葉	枝葉	枝葉	枝葉	枝葉	枝葉翌日切片

夏蠶切葉標準表

齡＼日順	一日	二日	三日	四日	五日
一齡	一分	一、二分半	二分	一、二分半	止桑
二齡	二分	二、三分	三、四分	三、四分	止桑
三齡	三分	三、四分	四、五分	五、四分	四分
四齡	五、七分	七、八分	八分一寸	一寸七分	七分
五齡	一寸	枝葉	枝葉	枝葉	枝葉翌日切片

（二）右表中一日欄内分數兩見者，該日必逢起中眠各種除沙。除沙之時，詳後分箔表中。惟起中除後之葉，其剉分必較前加大。眠除後之葉必小於前，此其常也。

（三）每次切葉，須先算應需葉量，以定時刻。早則葉津乾燥，遲則臨事迫促。

（四）值日班長值調理時，須先算應需桑量，酌加二成，開明取桑票，令儲桑班隨量給葉，並注其量於調理收付簿爲要。

（五）每日各回應需及實與量，當先由班長核計，登記調理逐日需與簿中，以便準備。

（六）凡飼育班每次飼育畢，須注某班分兩剉分需與若干等字樣於給桑票，置於調理場桌上，以便調理班預先剉切及臨時按班給葉。給葉後須塡其量於收付簿中。

（七）切葉之時，貴目力精細，手法純熟，如此次切葉，應需一分半或三分大，務使切後與篩過者等方可。

（八）每次切後，宜以布拭刀，勿使刀上葉苔積成黑色。然未切之先，尤須洗手爲要。

（九）切葉前，遇有濕露黴菌及泥沙沾染者，須剔除乾淨，不使良莠混入。

（十）切葉有方形、長形兩法。方葉爲春、夏、秋蠶各齡中最便利者。長葉惟於止桑後，間有小數蠶食葉及濕重時用之可也。

（十一）止桑後，如給長葉，幅五釐，長三分；長六分，幅一分。總之一與六爲比例最爲適當。

又 第十四章《給葉之法》

（一）不遵標準任意給之，非第饑飽不時，必肇種種病因。但蠶有春、夏、秋三季之分，標準亦各異。其量茲限於篇幅，僅揭春夏蠶飼育一萬頭給葉標準表於左。無論飼蠶多寡者，均可照此表推出之。然尤貴酌氣候寒煖，空氣乾濕，桑葉厚薄，臨機應變爲要。

春蠶給葉標準表

令期	時數	一日量	二日量	三日量	四日量	五日量	六日量	七日量
第一令 午前	四		三錢	四錢	五錢半	一兩	九錢	
	七		同	同	同	同	同	
	十	呼出居並桑一、三錢	三錢半	四錢半	八錢	一兩三	八錢	
午後	一		同	五錢	同	同	七錢	
	三	二錢半	同	同	同	同	六錢	
	六	同	同	四錢半	同	五錢		
	九	同	三錢	同	七錢	一兩二	止桑	
	十二	三錢	四錢	五錢半	一兩	同		
合計四十三回		一兩四錢半	二兩七錢	三兩七錢	六兩	九兩六錢	四兩四錢	二十七兩八錢五分

令期	時數	一日量	二日量	三日量	四日量	五日量	六日量	七日量
第二令 午前	四	飼食一兩一	一兩六	二兩	二兩九	二兩半		
	八	同	同	二兩四	三兩	二兩		
	十一	一兩二	一兩八	同	三兩三	一兩七		
午後	二	同	同	二兩半	同	一兩三		
	五	一兩半	同	同	三兩	止桑		
	八半	一兩四	一兩七	二兩四	同			
	十二	一兩半	二兩	二兩八	二兩半			
合計三十二回		九兩	十二兩三錢	十七兩	廿一兩	十一兩五錢		七十兩八錢

令期	時數	一日量	二日量	三日量	四日量	五日量	六日量	七日量
第三令 午前	四	三兩八	四兩半	八兩	十兩	三兩		
	八	同	五兩	八兩半	同	止桑		
	十一	飼食二兩半	四兩二	同	九兩	八兩		
午後	二	二兩八	同	七兩	同	六兩		
	五	三兩	同	八兩	同	五兩		
	八半	三兩六	四兩	七兩	八兩半	同		
	十二	三兩八	四兩五	八兩	十兩	同		
合計三十四回		十五兩七錢	六兩七錢	四四兩五錢	六十二兩	四十九兩	三兩	二百零二兩九

令期	時數	一日量	二日量	三日量	四日量	五日量	六日量	七日量
第四令 午前	五	十二兩	十七兩	廿一兩	廿八兩	三十三兩	八兩	
	九	十四兩	十九兩	同	同	同	止桑	
	十二	同	同	廿四兩	三十兩	三十兩		
午後	三	十六兩	二十二兩	同	三十三兩	六兩		
	七	飼食十兩	十五兩	二十兩	廿七兩	三十兩	二十兩	
	十一	十二兩	十七兩	廿一兩	廿八兩	三十三兩	十六兩	
合計三十三回		二十二兩	八十八兩	一百四十五兩	一百八十一兩	一百六十兩		七百二十二兩

第五令 午前	五	飼食三五兩	五八兩	七五兩	九十兩	一百一十兩	一百四十兩	一百三十兩
	十	三六兩	六五兩	八五兩	九五兩	一百二十兩	一百五十兩	一百一十兩
午後	二	二九兩	七十兩	同	一百兩	一百三十兩	一百六十兩	九十兩
	六	五六兩	同	八十兩	同	一百廿五兩	同	六十兩
	十一	五八兩	七五兩	九十兩	一百一十兩	一百四十兩	一百六五兩	二十兩又□□十兩終
合計三十六回		二百廿四兩	三百二八兩	四百一五兩	四百九五兩	六百廿五兩	七百七五兩	三千三百零二兩

夏蠶給葉標準表

給葉	第一令									合計三十三回
	午前				午後					
時數	四	七	十	十二	二	四	六	九	十二	
一日量			呼出居並桑一、三錢		二錢半	同	三錢半	同	五錢	二兩一錢
二日量	四錢	同	六錢	同	同	七錢	同	六錢半	八錢	五兩四錢半
三日量	七錢	同	一兩	同	一兩一錢	同	同	同	一兩三錢	九兩一錢
四日量	一兩三錢	同	一兩二	同	同	八錢	同	六錢	同	九兩
五日量	止桑									
六日量										四十五兩六錢五分

給葉	第二令							合計二十五回
	午前			午後				
時數	五	八	十一	一半	六	九	十二	
一日量	二兩	一兩四	同	二兩	同	同	一兩八	一兩
二日量	同	二兩三	二兩半	三兩	同	六錢半		十四兩一錢
三日量		二兩	三兩二	同	二兩	同	同	廿二兩八錢
四日量						六錢	一兩	十八兩一錢
五日量								
六日量								五十六兩

給葉	第三令							合計三十回
	午前			午後				
時數	五	八	十一	四	六	九	十二	
一日量				同	餉食三兩二	同	四兩	十兩四錢
二日量	四兩	同	五兩	同	同	四兩半	五兩	三七兩四錢
三日量	五兩	五兩半	同	同	同	六兩	七兩	四八兩五錢
四日量	七兩	同	七兩半	同	同	八兩半	十兩	六十二兩
五日量	六兩	四兩	三兩		八兩半	八兩	同	十三兩
六日量								一百七十一兩四錢

給葉	第四令							合計三十回
	午前			午後				
時數	五	八	十一	三	六	九	十二	
一日量			餉食七兩五	同	同	八五兩	十一兩	四十三兩
二日量	十二兩	十三兩	同	十四兩	同	十六兩	十八兩	一百兩
三日量	十八兩	二十兩	十二兩	同	二六兩	二四兩	三十兩	百六二兩
四日量	三十兩	三二兩	同	三五兩	同	同	同	二百三四兩
五日量	二六兩	二十兩	一五兩	一十兩	止桑			七十一兩
六日量								六百一十兩

給葉	第五令							合計三十回
	午前			午後				
時數	五	九	十二	三	六	九	十二	
一日量						餉食三十兩	三五兩	六十五兩
二日量	三五兩	四十兩	五十兩	同	同	同	六十兩	三百三五兩
三日量	六十兩	七十兩	同	同	同	同	八十兩	四百九十兩
四日量	八十兩	九十兩	九五兩	一百兩	同	同	百二十兩	六百八五兩
五日量	一百二十兩	同	八十兩	同	五十兩	同	同	五百五十兩
六日量	三十兩	二十兩	十兩	終齡				二千一百八十五兩

（二）乾濕適度時，依右標準給葉爲是，如所給之葉皆食盡無餘，宜多其葉量，或增其回數。如蕠沙濕潤，殘葉又多，非照右表中，減其分量，或延其給葉，酌減次數，不可加減之法，大略如此。尤在神而明之者，臨時增減，不可過泥標準也。

（三）給葉時，不可堅握手底，使葉起熱，使下時宜如微雨狀，勿使彼厚此薄，致蠶發育不齊。

（四）凡蠶之各環節發青光色者，謂盛食期。無論春夏秋蠶，各齡中均有此期。此期中給葉，須照標準葉量酌加二三成爲要。

（五）合厚薄硬軟不一之葉給之，非第乾燥異時，膏養質實，異其量給以此葉，蠶必發育不齊，其弊且甚於給乾濕不匀之葉也。

（六）蠶之發育，概由溫度高低而定，故溫高食慾浩大，給葉宜厚；溫低發育緩慢，給葉宜薄。不可拘泥標準，當因時制宜爲妙。

（七）無論春夏秋蠶，至五齡時必飼枝葉者，網除既便，空氣又流通，故雖有二尺長，四五分粗之枝，亦可飼之。萬勿去枝而專飼淨葉也。

又 第十六章《分箔之法》

（一）分箔亦擴座之一法也。但擴座僅行於第一齡中，就原座擴而大之；

分箔則各齡中蠶座不足，分置於別箔也。法：先放少量細糠於蠶上，從坪紙四隅用鵝毛掃集中央，以手輕輕攪拌，俟蠶與桑蕻分離，移置他箔，擴以若干坪是也。今將春夏蠶各齡中逐日何時之除沙分箔標準表列左：

春蠶分箔標準表

日順＼項目	第一齡 時數	第一齡 除沙	第一齡 坪數	第二齡 時數	第二齡 除沙	第二齡 坪數	第三齡 時數	第三齡 除沙	第三齡 坪數	第四齡 時數	第四齡 除沙	第四齡 坪數	第五齡 時數	第五齡 除沙	第五齡 坪數
一日	下八時半	定座	一、	下五時半	起	九、	下八半	起	二〇、				下六時	起	七〇、
二日	上十時	擴座	一半、							下九時	起	四〇、	同	用網	七五
三日	同	同	二、	下二時	中	一二、	下五半	中	二四、				同	同	八〇、
四日	同	同	三、	下五半	眠	一六、				下七半	中	五〇、	同	同	九〇、
五日	同	同	四、				上十一半	眠	三二、				同	同	九六、
六日	上七時	眠除	六、							下七半	眠	六〇、	同	同	九六、
七日													上十一	去網	并箔

夏蠶分箔標準表

日順＼項目	第一令 時數	第一令 除沙	第一令 坪數	第二令 時數	第二令 除沙	第二令 坪數	第三令 時數	第三令 除沙	第三令 坪數	第四令 時數	第四令 除沙	第四令 坪數	第五令 時數	第五令 除沙	第五令 坪數
一日	上十一時	定座	一、							下十二	起	三六、			
二日	上十時	擴座	二、	下一半	起	九	上十一	起	二〇	下九時	中	四〇、	下三時	起	七〇、
三日	上十二	同	四、	同	中	一二、	下一半	中	二五、	下三時	中	四五	同	用網	八〇、
四日	下二時	眠	六、	同	眠	一五、	下二十	眠	三〇、	下二十	眠	六〇、	同	同	九〇、
五日													同	同	九六、
六日													同	去網	并箔

（二）分箔過稀，雖無害其生長，耗桑釀濕足誘蠶病。過稠雖無前患，有大妨其發育之害。故不可過於疏密，約擴蠶體面積三倍至五倍爲適。

（三）分箔手法貴輕而疾，但輕易失遲緩，則蠶久埋蕻內，必受壓傷，疾易失鹵莽。則從高墜下，遞相撞擊，亦受驚損。故輕而能疾，疾而能輕，二者得兼斯爲善矣。

又 第十九章《止桑之法》

（一）最上乘者，每次給桑，務求匀徧，使全數之蠶食息一律。既不蹈食足者眠早，不足者眠遲之弊，則止桑之期與標準自不甚差異。兹因列春夏蠶止桑標準表於左，以供參攷。

春夏蠶止桑標準表

項目＼齡期	第一齡	第二齡	第三齡	第四齡
春蠶	第六日下九時	第五日下五時	第六日上八時	第七日上九時
夏蠶	第五日上四時	第五日上五時	第五日下一時半	第五日下六時

（二）止桑過早或食葉未足，雖勉就眠，來齡不能充分發育。或欠葉一口，即已垂眠，反思食葉而愈難止桑。

（三）如止桑偶遲，蕻厚濕重，最足害蠶。且葉未乾枯，即有起蠶餉食，逐齡眠起，因此愈不齊矣。

（四）止桑時期，以全座之蠶均昂首安靜不思食葉爲最適。縱有一二遊行甚慢，身已粗短者，亦不害事也。

（五）止桑前即眠除後，須選鮮嫩之葉，剉分窜視標準，稍小也可，切忌過大給葉，法輙平日，尤宜格外精心，勿彼多此寡爲要。

（六）止桑後，宜不時巡視，如有少數之蠶，尚須給葉者可給長條，俟就眠後檢出其殘葉可也。

清 陳恢吾《農學纂要》卷四《育蠶》 採葉飼蠶　採葉宜於清晨薄暮，不宜烈日中。若陰雲覆蓋，晝採無防。初二眠中食葉甚多，可隨食隨採。三眠起後食葉日多，必須儲備。晝食之葉清晨採之，夜間及明晨所食之葉於今日傍晚採之。大眠既起，連枝翦下者，須將枝竪直，使可透氣，堆積不可過厚，并時時翻掉，否則發熱葉黑，蠶不欲食矣。

飼蠶之葉　小蠶初飼，桑葉宜鮮，切絲宜細。二眠以後不妨稍粗。三眠起身，即飼整葉。飼蠶忌濕葉，食之生瀉病白殭。故雨中採葉，必須晒乾。葉濕可和以乾桑葉末。一忌熱葉，食之頭大、腹結、尾尖，食葉多而不老，不作繭。故日中發熱之葉必須冷透。一忌沾泥沾沙之葉，食之病脹。故遇大風吹砂沾葉，必須洗淨晾乾。一忌沾穢沾菸、沾油之葉，食之必死。一忌大麥田中之葉，食之必瘟。給葉每日七八次，與其減次數，增給量，不如少與葉，多飼數次。

清　陳開沚《裨農最要》卷一

鑿洞儲桑説

養蠶之道，必先儲桑。儲桑之法，莫如鑿洞。夫蠶之資桑，如人之賴穀飯，必新烹而味乃鮮，食方有益。葉必新摘而汁乃厚，飼纔見功。況初夏之時，雨暘無定，熱葉傷蠶，當日既難採取，水葉敗蠶，未雨尤宜綢繆。昔人以木架覆樹，未免過勞。或以篋籠貯桑，仍難耐久。至如埽室洒水，布席堆桑，縱無潮熱，難免枯焦，欲圖萬全，戛戛難之。竊思庶物發生，皆資地氣，人功培養，可補天工。間嘗傍宅，尋岩鑿石爲洞，類唐花於窨室，倣上古之穴居。其大小、數目可以不拘，而燥濕温凉庶幾適當。蓋其四壁皆潤，風日莫侵，一門緊閉，塵坌不入。晨露方乾，採之可存津液；斜日初落，摘之可免薰蒸。葉積尺許，只要摻鬆通氣，便覺寬舒。日當正中，無須灑水，回潮偏饒匀潤，縱停數日，猶似新翦之枝。取飼衆蠶，何殊旋采之桑經零雨？人皆浩歎，我則蓄之有餘，遇暴風，樹盡含沙，此獨出之無恙。是故較棚覆、籠貯而彌佳；比鋪席、堆屋而更善矣。若夫采葉，當及乎時，用命尤資乎衆。微行遵彼，宜荷擔以偕來，居人豈無可聞呼而畢至。或童或壯，以筥以筐，按斤數以給工貲。俾鄰里亦霑瑣利，彼此兩益，人已不勞。由是歸置洞中，以便取携之用。較之買從市上，不有美惡之殊哉？予夙務耕桑，頗諳利弊，偶得妙訣，不敢自私。雖屬管窺，願公同好試仿而行之，當信予言之不謬也。

又　禁飼

雨葉大眠以前食之，則變褐色，生瀉病，即或不病，老來必成氣水蠶，不作繭。大眠後，則不甚忌、露葉大眠以前食之，生瀉病。至大眠起後遇天晴無霧，可用帶露葉。因露為天酒，能補助好蠶，使後來繭絲光澤也。若病蠶食之，則軟死、霧葉霧有毒。大眠以前食之，則老來必成白肚蠶，肚子下有白水流出，沾在好蠶身上，好蠶亦死。如遇有霧，須將蠶房門關閉、黄沙葉蠶食之病脹、肥葉桑近糞池，桑甫澆糞，穢氣染葉，蠶食之，其身粗肥，皮膚光亮如油漆，謂之肥青，當眠不眠、熱葉澀而不潤，蠶食之則腹結頭大尾焦、枯葉全無津液，蠶不喜食。食之亦必病、氣水葉積葉過久所致，大眠以前食之，亦生白肚蠶、烏葉桑椹染烏者，蠶食之通體變烏而死、油葉筐内貯葉過於緊實，變成黑色，若有油者蠶多不食、苦葉其味苦，蠶食之多青硬而死、雜桃桐葉桑雜桃、桐、椒、椿有氣味等，樹根鬚相連，枝葉交錯，不免沾染氣味。蠶食其葉，多□死、蘆花葉桑葉背有蟲，如蘆花樣，蠶多不食、捲耳葉多乾燥，蠶不喜食、毛背葉葉澀而毛，蠶多不食、鷄脚葉葉缺而薄，蠶食之便成薄繭、金葉葉上有黄斑者，其樹將槁，不但蠶不食也、奄桑葉小桑秧未過三年者，所生之葉謂之奄桑葉。小蠶不可食。食則生病。大眠以後，桑葉缺少，可用奄桑葉餧之。若桑價賤，另買葉飼可也、芽觜萌芽初出，謂之芽觜，俗名眼頭。其味苦澀，今人生蟻太早，桑未出葉，遂挑芽觜飼蟻，後多無成。養蠶者戒之。

又　催眠減葉法

蠶向眠時，量黄白分數已眠者色黄，未眠者色白抽減已眠者之葉不致覆壓，專飼未眠之蠶。細切，薄篩，頻飼，以督其眠。如十分中有三分黄光，則是眠者三分，未眠者七分，即十分中抽減三分葉，而以七分葉較前切稍細，篩稍薄，頓數亦稍頻，以飼未眠之蠶，而速其眠。如十分中有五分黄光，則是眠者五分，未眠者五分，即十分中抽減五分葉，以五分葉較前又細切薄篩，頓數更加頻，以飼未眠之蠶，而速其眠。六、七、八、九分準此，俟十分眠盡，方可住食。

又　卷三　惟以枝敲連背，或以羽掃連面下之，另置一處，飼以劣葉如鷄桑葉、枯葉、捲耳葉、烟薰葉、雜桃桐葉、近糞池等葉，飼好蠶所不用者，概與食之。成則尚收薄輭小繭，不成亦全此心之仁愛。況未必無一成者，如有肥美之蠶，仍可選出，與好蠶同飼。猶之生子，肥壯者養之，瘦弱者忍棄之乎？欲收蠶利，須恤蠶命，且不費好葉，何憚不為？

又　眠未齊

易器之法，未眠之蠶與已眠之蠶不宜併在一處，先一日眠者必先一日起，後一日眠者必後一日起。若强勉合併，則一器之内有已眠者，有未眠者，覆壓擾亂，甚不相宜。必須篩糠灰於蠶上，布桑葉於灰上，俟未眠者脱灰而出，便可移置他器。飼葉宜勤，勿偷懶，餧至數次則眠矣。昔人所謂『頻飼以督其眠』，即指此時而言。眠定仍篩糠灰於蠶上，以俟其起。有青頭蠶，易器餧葉之後仍不能眠，俗謂之青頭蠶，養之無益，揀出另置一處，以劣葉飼之。蠶雖好，亦不能絶無青頭者。

又　一見起孃竈上，即須禁止煎炒。因油腥之氣吹入蠶室，起孃嗅此氣則登時生病也。不必急於餧葉，因其口尚嫩也，且恐有嘴已闊而衣未盡脱者。若食葉太早，則腹大而未脱之衣脱不下矣。必待箇箇起齊，方可餧葉。

又 二眠　頭眠起後，越七日卽是二眠時候，亦有因天氣煖和，飼葉勤勻，越六日便要二眠者。十眠蠶，惟頭眠與大眠後老，比七眠蠶各多兩日。二眠大眠與七眠相似。四眠蠶，頭眠起後越四日即要二眠，如天煖飼勤，越三日即要二眠。其體刮催眠，保護眠狀，俱與頭眠同。俟其眠定，篩糠灰於蠶上，以俟其起。眠未齊，篩灰後，以整葉剪數下布之。未眠者脱灰而出，有在葉下食葉者，不過遲眠數刻，只須餧葉以俟其眠，不必移置他器。有在葉上食葉者，以手輕輕帶葉提置他器，仍頻飼，以督其眠。及至眠定，仍篩糠灰於蠶上，以收濕氣，而俟其起，此時有青頭蠶蠶色甚青，皮上如有油，不食葉而在葉上掉頭不住，似有所苦者，此終不能眠，眠亦無用之蠶，急宜選出，另飼劣葉。

又 二眠起齊

必待箇箇起齊，方可餧葉。餧葉之法、加葉次第、催眠時候俱與頭眠起齊同。蠶至此食葉漸多，布葉亦漸厚，是時不可使蠶受飢。蠶在二眠內，擡起頭來就餓也。夜間亦必看餧。

又 至蠶起七八分，便須餧葉。若俟箇箇起齊，嘴老餧葉，則臨期一時齊老，必至捉蠶不及也。第一日薄餧三次，頭頓布葉宜露白，二頓比頭頓稍薄，三頓如頭頓，第一日食如不減，則蠶至老食慢。亦宜露白。眠起一二日，有亂游及食畢卽昂頭者，是爲懶蠶。又有通體青白，其頭獨亮者，是亮頭蠶。日後俱不能作繭，宜揀出另飼劣葉。第二日早飼一頓，至辰巳之間，覆蠶網於蠶上，以臘月所藏緑豆粉拌桑葉餧一次，可解熱毒，先以盤盛葉，用新水灑拌後，用細羅篩篩緑豆粉於葉上，拌令極勻布飼。且絲堅韌有色，易於抽繅，間飼純葉一頓。又用臘月所藏熟米粉拌桑葉餧之。此時方擡網，後飼純葉數頓。第三日辰巳時，以臘月所製桑葉麵拌桑葉内如前灑水篩拌，比豆粉米粉更好。如大眠後葉少，間飼四五頓不妨。葉足者不必多用。蠶食畢，又取新汲水噴葉，令微濕，如細雨之狀。噴時用水漱口。再飼一頓。不用拌麵了，蓋已往用火，今復用水，取其陽不離陰，水火成功之意也。但飼水葉時，須天氣晴明，若陰雨，不宜，俟次日晴明，再如法飼之。第四日專以純葉飼之。蠶至此時，食葉愈多，布葉宜愈勤。俗云『小食三日』，指此前三日言也；『大食三日』，指此後三日言也。正面反面皆不可拘。濕葉、露葉、霧葉、水氣葉、黄沙等葉，皆可不忌。惟桑葚染烏葉宜選去，否則蠶食中毒，身烏而死。務要晝夜換人輪飼，食畢卽布。露白卽補，不論頓數，使蠶無住口。要緊全在此三四日，飼得頓數多者，早老得絲多；飼得頓數少者，遲老得絲少。此時多飼一口葉則上山多吐一口絲。俗云催老蠶，謂蠶必待催乃易老也。大約蠶自下連至二十五六七日老者爲上，收絲十分。三十日老者爲中，減絲二分。三十日以後老者爲下，減絲四分。十眠蠶加四日算。

又 老蠶

身肥嘴小，色微紅，黄如糙米色一般。取向明處照之，絲喉漸亮，身漸軟，為老娘。蠶色暗，將老則喉間先亮；蠶身硬，將老則漸軟。再薄飼如人老多食傷脾數次俗名上馬桑，便通身明亮，通身柔軟，中有一絲跳動，且游走不食，蠶性聚而不散，守而不走。前此有遊走者，是病蠶也，宜去之。至今食足絲成，尋簇作繭。如有遊走者，是老蠶也，宜揀之。是欲作繭，宜急上山，宜微煖。如人老，不耐寒。

又 下蟻之法　新蟻微渺如髮，最易損傷。下蟻者或以雞鵝翎埽撥，或以桃柳枝敲打連背，皆非善法，莫妙於出齊之後用快刀切桑葉，細如絲髮，下蟻時方可切葉，預切，則葉乾，無津液。用篩子篩於盤内蠶褥上，務要篩勻，不必過厚。然後以蠶連覆葉上，蟻聞葉香，自然下連就葉。儻覆葉多時尚不下連，或緣上連背翻轉仍不肯下，此病蟻也，併連棄之。

又 蠶自大眠之後，食葉愈速，布葉宜愈勤。正面反面皆可不拘，溼葉、露葉、霧葉、黄沙葉、氣水葉皆可不忌。務須晝夜餧養，食盡卽布，不可稍饑。每一晝夜約餧十餘次。此時多食一口葉，則上山後多吐一口絲。

又 蠶老之狀　身肥觜小，長約二寸，粗如小指，色微黄，如糙米色一般。取向明處照之，絲喉漸亮，身漸輭，謂之老娘，蠶色暗，將老則喉間先亮；蠶身硬，將老則漸輭。再薄餧三五次俗名上馬桑，便通身透明，通身柔輭，中有一絲跳動，且遊走不食，是欲作繭，急宜上山。

清　方濬頤《淮南課桑備要》　春翦發枝為春條，切不可折，此為養樹條。最惡者偷竊亂扯，連葉根之眼拔去，樹必損壞。要保護枝條，葉茂之時速用石灰、桐油與巴豆研碎，和水撒於葉上，飼蠶必損，人多不取。護桑要法。

又 交冬後，霜葉葉多。收潔淨者曬乾，入臼杵末，收入罈内，來年育蠶。蠶大眠時遇雨葉潮，風吹未乾者，用乾桑葉末摻在葉上拌之，其葉即乾，飼蠶無患。

清　福州試辦蠶桑公學《飼蠶淺説》

分扁

分扁之法：一、二、三齡時，撒糠沒蠶體。俟給桑二三次後，以毛帚掃蠶及糠，移之他扁。攪勻分開，以均一爲要。四、五齡後，容扁較多，宜用線網，較爲簡便。

又 以上均指春蠶而言，至夏秋蠶飼法畧同。但天氣較熱，濕氣較重，給桑宜加頻，除沙加勤，薰繭宜加速而已。

清 闕維震《養蠶法》第四章《掃蟻》 桑掃法 此法直接於種紙上撒布剉細桑葉。俟蟻集於葉上，即移於簞。最不致有傷蟻體。惟一次不能移盡，須給桑二三次方可。與同時就食，同其食量，稍有不合。

又 第五章《飼育》 養蠶之法，全視飼育能否得宜。飼育之良否，實惟於寒煖燥溼，以及給桑多寡，并時期關係，細心體察，試詳述如下：

飼育之方法 研究養蠶方法甚多，有所謂高温育或改良育者，大率盛用烈火使温度常在八九十度以上，飼育日數可少，二十餘日即可上簇。其弊易致軟化病菌之害，不適蠶體衛生。又有名清涼育或天然育者，純任氣候之自然，絕不補温。其弊遇无氣寒燠不時，即招失敗。又有稱經濟育者，專爲減省桑葉，營養既不充分，收成必致減色。惟折衷育最完善，天冷則補温，熱則熄火，使温度常在七十度內外，以人工調節天時，通常三十二三日上簇。

第一次給桑之注意 蟻掃至簞上，勻座以後，第一回之給桑，宜注意之事如後：

此時蟻尚與糠相混。即有在糠上者，食慾亦尚未甚，若即給桑，發育易致不齊，故宜稍遲。靜置三十分鐘後，視蟻悉登糠上，方可給桑。

此時室內如温度太低，宜用火力增加温度，至七十分內外爲適當。

桑葉粗硬，或經久採，初出之蟻更難消化，故必須最新鮮且柔軟者。

所給之桑，既極柔嫩又經細切，更易乾燥。其量太少，蟻食必不滿足，故以較多爲宜。

第一次給過後，第二次則宜稍遲，須視蟻蠶皆有十分食慾之時方可再給，庶以後易收發育齊一之效。

少食期之注意 蟻初孵化，全體色黑，食桑至第三日，體色漸淡，頭呈白色，俗名振毛，以及此後自二齡至五齡，每次眠起脫皮之初，皆爲少食期。此際體最軟弱，易受器物損傷，且對於外界氣候之變動無抵抗力，稍一不慎，即遭失敗，將來結果優劣全由此判，務宜注意各事如後：

桑葉宜檢最易消化者，粗硬之葉及前一日所殘留者，皆不可用。惟新摘之葉，水分過多，蠶食易致軟弱，宜稍攤晾片時，再行給食。

此時蠶之食桑頗形活潑，故往往易失之過多。惟甫經振毛及眠起，口器及消化力皆尚弱，過多殊非所宜。但是日若温度過高，殘葉既盡，亦即宜再給。

是日給桑回數比他日宜略少一二次，因蠶於是時食慾不多，且最忌蠶座溼潤，此期與其不使飢餓，毋寧不使溼潤爲要。

蠶沙堆積，亦最易溼潤，故眠起以後，即須除沙。

是日室內空氣務宜清潔乾燥。若温度太低，宜稍昇火增温，以免發育不齊，且可排除溼氣。除沙、分箔等手續，切宜格外仔細，不可稍傷蠶體。

盛食期之注意 蠶至盛食期，體色光白，皮膚緊張，體軀漸肥大，舉動極活潑，又復食慾大增，宜注意之事如後：

盛食期之給桑量，除温度低時食慾不甚暢外，每次皆宜逐漸增加，使得十分飽食。第一次殘葉略盡，第二次即宜再給。

室內室氣宜流通，窗門及氣窗皆宜開放。

除温度太低及多溼外，是時不宜使用火力。若溼太甚，必須用火。室內氣窗，亦宜全開。

催眠期之注意 蠶至盛食期後，軀體肥滿，第一、二、三各環節更膨大，尾部較細，食慾漸減退，是爲催眠期。宜於蠶座撒糠或覆網，再給桑一二回，即可行眠除。是時要點，宜設法使眠起齊一。處理得當，則不齊者可使之齊。若不得當，一度貽誤，以後再令齊一，更屬困難，宜注意各項如後：

撒糠必周視簞中大多數之蠶，確皆有前所言之狀態，大半擡起前半身，且每平方面積中已有數頭就眠，方爲入糠適當時間。不可太遲太早。惟蠶若發育不齊，則宜多給桑一二次，再行撒糠。天氣寒冷溼潤時，亦宜略遲爲要。反之，如天晴温度高時，則宜略早。

撒糠後第一回之給桑宜略多，第二回之給桑宜視眠蠶之多寡，逐漸減少。

撒糠後給過一二回之桑，行眠除之遲早，宜視蠶之發育齊否，以及温度高低，溼氣多少爲定。如發育齊一，就眠迅速，且温高溼寡，則眠除宜早。

撒糠後若殘葉多時，除沙之際，并宜分箔。

已行眠除後，蠶若休眠不齊，仍須再行繼續給桑。宜選柔軟之葉，且宜細剉，以免蠶沙堆積。眠除後通常須再給桑四五回，方可止桑。不宜過遲過早。

止桑過遲，給桑之回數太多，𪌉沙必厚，遇天時不順，必致蒸發，有害已眠之蠶。然止桑過早，未眠之蠶食桑尚未充分，勉強就眠，至眠起後必失其固有之健康。故眠除後給桑回數或多或少，總宜視眠蠶之多寡爲增減。

眠除後温度宜稍高，比通常宜高二三度。否則温度太低，蠶之就眠愈遲緩，溼度則以六十二三度爲適。

蠶之就眠，若適在夜中，於除沙等手續不便，可用火力增温，促其就眠稍早。反之亦可將室內温度低降，延至次日再行眠除亦可。

蠶之就眠，設太不齊一，早眠者已起，遲眠者猶未眠，宜區別檢出。將遲眠者另置他箔，稍加温度，以速其休眠，庶可兩不相妨。

就眠時之注意　蠶自止桑後，以其腹足附著他物，口吐粗絲，纏其後部，高揚其前部，不食不動，有似乎眠，故謂之就眠。其實係分泌其新皮，脱去其舊皮。此時最易受温溼之變動，及其他外界之感觸，宜注意各項如後：

是時室內温度宜稍降。蓋温度過高，乾燥太甚，蠶之脱皮必困難。故就眠時温度宜較食桑時低二三度。食桑時如在七十一二度，就眠時宜降至六十八九度。

蠶就眠時溼度以八十度內外爲適宜。蓋新舊皮層必滑潤，方易脱去。過燥則水分蒸發，皮層必不能潤滑。遇天氣乾燥之時，宜將就眠蠶箔移至蠶架下級，并鋪溼席，使稍溼潤。惟過溼則皮層黏合，亦復不易脱離，且多生膿蠶。遇過溼時宜稍用火補温，或用生石灰等吸收溼氣之物，撒布室內。

就眠時室內宜避風激動，蓋蠶體觸風，新皮層組織卽慢，且舊皮層甫脱出時，蠶因風動驚縮其軀，新氣門爲舊皮層所掩，必致礙其呼吸，更形困憊。

蠶之每齡就眠，長短不同。大率頭眠需二十八小時，二眠三十小時，三眠三十二小時，四眠四十小時。眠時過長則易致疲勞，過短則新皮層發育不充分，皆有害健全。蓋温高溼寡眠時必短，反是則長，宜悉心斟酌，調節得宜。

蠶之強弱，就眠時亦可鑑別。就眠過遲，十有九病，其餘體色發青俗名青娘，身體細小俗名細身，頭部膨大發光澤者俗名和尚頭，皆宜檢出棄去。

眠起後之注意　眠起後第一回之給桑，於將來之強弱及發育之齊否，關係甚重，宜在適當之時間，給與適當之桑葉，應注意之事如後：

給桑不可過於遲早。過早則已起者爭食，未起者不能食，必有不齊之弊。過遲則先起者忍飢受餓，又有虛弱之患。宜察視已眠起者居大多數爲準。且於脱皮後經過六時以外二十四時以內再行給桑，最爲適當。

眠起後第一次給桑量不可過多。蠶甫眠起，食慾極旺，如渴者就飲，飢者就食。但甫經蛻竣，消化器甚弱，故不可驟然多食。如應給十兩，第一次祇可八兩。桑葉并宜新鮮，二次以後，方可充分給與。

又 第六章《給桑》

蠶之發育成長，全恃給桑之能否得宜。故採桑儲桑剉桑以及給桑量并回數，實爲養蠶法中最重要之事。試詳述如左：

採葉之方法　桑葉開綻之先後，分葉質之老嫩。嫩葉宜於稚蠶，不宜於壯蠶。老葉宜於壯蠶，不宜於稚蠶。採葉方法：宜按蠶齡依次採摘，一齡摘梢頭一二葉，二齡摘二三葉，三齡摘三四葉，四齡摘五六葉，五齡摘七葉以下。以之飼蠶，老嫩適合。採梢頭嫩葉時，宜從葉柄摘下，不可滿把搔取，傷及梢皮。採老葉雖可連枝折下，然亦不可將嫩枝盡行攀折，有害桑之發育。

採桑之時刻　桑葉所含水分養分依時刻而異。日中所採者水分皆已蒸發，養分亦因之減少。清晨所採者含滋養分最多，惟朝露未晞，水分較重。而晚所採者日已西沉，可耐久儲。故採葉時刻以清晨及向晚爲宜。

儲桑之場所　光線過於透射，水分易發散，不宜久儲，故儲桑室光線宜稍暗。又温度太高卽易蒸熱，最爲儲桑所忌，故室內尤宜清涼。

儲桑之區別　早晚所採者可久儲，日中所採者不可久儲。如葉厚色濃，爲陰天溼潤時所採者可久儲，葉薄且軟，又爲高温乾燥時所採者，不可久儲。

儲桑之方法　小葉易枯萎，宜用缸儲。缸內墊竹襯，離缸底約五六寸，將葉鬆放，不可太滿。中挖成孔，上以有孔之蓋蓋之，至中葉、大葉，缸儲不足，有束儲，鱗儲，筐儲，簣儲各法，大率蔣新採之葉先攤篾簟上片時，俟熱氣散去，然後或束置，或排列，或用筐堆放，或連席捲起，總以擴散抖鬆，不使擠緊，空氣流通，不致蒸發爲要。

剉桑之要義　欲使蠶體發育整齊及蠶座乾燥，撒布桑葉務與蠶齡大小適宜，且厚薄均勻。若不得當，葉大者，蠶食有餘，踏成廢物。小者嵌入𪌉下，徒增冷溼，葉多廢棄，不獨於經濟不利，并易釀蒸熱。剉桑手續實飼育之要務。

剉小葉法　先將葉梗摘去，葉背向上，逐張鋪疊。先切分爲二，或爲三，再順次相疊成爲一幢。高低以所切分寸爲準。剉一分方，則高二寸，每加一分，則加高一寸。再將參差一面先切一刀，切下散亂之葉，墊於葉底，方按適宜分寸切成直條。若剉方形，再行橫切。剉成後，先用細孔篩篩去粉碎之葉，然後再用相當之篩篩之。篩中如剩有超過所定分寸之葉，可再改刀。惟改刀之葉業經散亂，難得整齊，初切時宜留意也。

剉大葉法　先將葉鬆鬆堆高約三四尺，上壓以板。次將四周亂葉切去，堆放葉面，再以板壓之。然後開成數塊，分二種切法：一用薄板覆葉面，先切成直條，再橫斷之成方塊，用於三齡盛食時及四齡之初；一以竹籤插葉之中央，周圍輪轉切之，成爲片葉，用於四齡盛食期及五齡之初。切後均皺去其梗，然後用適當之篩篩之，各齡剉切之標準如後：

平方形之標準

日順╲齡期	一齡	二齡	三齡	四齡	五齡
一日	一分	分半	二分半	五分	寸半
二日	一分	二分	三分	五分	枝葉
三日	分半	二分半	四分	七分	枝葉
四日	分半	三分	五分	一寸	枝葉
五日	二分	二分	五分	一寸	枝葉
六日	二分		四分	七分	枝葉
七日	分半				片葉

長條形之標準

日順╲齡期	一齡	二齡	三齡	四齡	五齡
一日	長二寸寬五釐	長九分寬一分	長一寸二分寬二分	長寸半寬五分	片切
二日	長三分寬六釐	長一寸寬一分	長一寸二分寬一分	長寸半寬六分	枝葉
三日	長五分寬七釐	長一寸寬一分半	長一寸半寬四分	長一寸七分寬七分	枝葉
四日	長六分寬七釐	長一寸二分寬二分	長一寸半寬五分	長二寸半寬八分	枝葉
五日	長八分寬九釐	長一寸一分寬一分半	長一寸半寬五分	長二寸半寬八分	枝葉
六日	長八分寬九釐		長一寸二分寬三分	長一寸半寬四分	枝葉
七日	長八分寬七釐				片切

給桑量并回數　桑爲養蠶成繭之原料，宜隨蠶體之成長給與適當之食餌及適當之時間，所給桑量并逐日回數應有一定之標準。惟給桑之分量與給桑之回數適如反比例：分量少時回數宜多，分量多時回數宜少。茲將養蟻一錢，五齡中逐日宜給桑量及回數并除沙分箔擴座之標準列表於後：

第一齡	一回之給桑量	一日之量	給桑回數	除沙分箔	蠶座面積
一日	一錢至三錢五分	一兩五錢	六回		一（平方尺）
二日	二錢至四錢	二兩八錢	八回	分箔	二
三日	四錢至六錢	四兩二錢	八回	分箔	三
四日	六錢至八錢	五兩八錢	八回		三
五日	九錢至一兩四錢	九兩三錢	八回	除沙分箔	五
六日	一兩二錢至四兩五錢	五兩三錢五分	六回	眠除	五

第二齡	一回之量	一日之量	給桑回數	除沙分箔	蠶座面積
一日	一兩至一兩八錢	八兩六錢	六回	起眠分箔	九（平方尺）
二日	一兩八錢至二兩一錢	十三兩五錢	七回		九
三日	二兩一錢至二兩六錢	十六兩四錢	七回	中除分箔	十二
四日	二兩六錢至三兩四錢	二十兩六錢	七回	眠除	十二
五日	二兩四錢至一兩八錢	六兩二錢	三回	十二	

第三齡	一回之量	一日之量	給桑回數	除沙分箔	蠶座面積
一日	二兩六錢	二兩六錢	一回		十二（平方尺）
二日	二兩八錢至四兩八錢	二十二兩六錢	六回	起除分箔	十八
三日	四兩八錢至五兩四錢	三十兩	六回		十八
四日	五兩四錢至九兩	四十三兩三錢	六回	中除分箔	三〇
五日	九兩至十一兩五錢	六十兩	六回		三〇
六日	十一兩五錢至十二兩	六十七兩	六回	眠除	三〇
七日	九兩至五兩	二十二兩	三回		三〇

第四齡	一回之量	一日之量	給桑回數	除沙分箔	蠶座面積
一日	十兩至十六兩一錢	七十七兩二錢	六回	起除分箔	四二（平方尺）
二日	十六兩一錢至二十一兩	一百〇六兩四錢	六回		四二
三日	二十一兩至二十八兩	一百四十七兩二錢	六回	中除分箔	六〇
四日	二十六兩至三十四兩	一百八十兩	六回		六〇
五日	三十二兩至二十八兩	一百九十二兩	六回	眠除	六〇
六日	二十二兩至十三兩	六十八兩	四回		六〇

第五齡	一回之量	一日之量	給桑回數	除沙分箔	蠶座面積
一日	三十兩至四十兩	一百〇五兩	三回		六〇（平方尺）
二日	四十兩至六十七兩	二百六十七兩五錢	五回	起除分箔	九〇
三日	中除	九〇	五回	三百六十七兩五錢	三百六十七兩五錢
四日	五回	中除	九〇	八十二兩五錢至一百〇五兩	四百五十七兩五錢
五日	五百八十五兩 五回	中除	九〇	一百〇五兩至一百二十七兩五錢	
六日	五回 中除	九〇		一百二十七兩五錢至一百四十二兩五錢 六百五十八兩五錢	
七日	五回	中除	九〇	一百四十二兩五錢至一百五十兩 七百二十兩	
八日	三百三十五兩	五回 除沙	九〇	一百二十兩至二十兩	
九日	四兩	八兩	二回	六〇	

以上逐日給桑標準，係按華氏表温度在七十度内外所定，惟蠶食慾之進退，每視温度之高低，給桑分量以及回數，亦宜察天時之寒煖爲增減。又每日第一回給桑，如天尚未明，温度不高，所給之桑即宜稍減；午後温高，蠶食甚健，即宜增多；夜間末次給桑，温雖不高，惟距次日爲遠，又宜稍稍多給。此皆宜斟酌變通也。

清 佚名《論育蠶之利》《皇朝經世文四編》卷二三 如不欲育蠶而種桑，桑葉貴時，恒須二三千文一石，賤時或僅數百文，以中價論，當以千文一石為準，是一畝之入，可得錢三十千文。如不種桑而育蠶，但須於未飼蠶之先，預向有桑之家，以平價買定，亦以千文一石為準，十石之葉，可得大眠蠶三十餘觔，可成絲百餘兩，是亦可穫倍蓰之利。

清 何品玉輯刊《蠶桑會粹·種桑養蠶格式》 蠶眠初起時，切禁烟薰，薰則必多黑死。飼蠶時，不宜倉猝開門，若暗值賊風，必多紅殭。撒葉又不宜高遠，恐擊着，則變為肥蠶，無絲。而於眠初起時，尤要。蠶自少至壯，要條條大細相等，若有參差，是為不好。其蠶色，食桑時要青綠，及眠時，要起粉色及淡黄色，肉结而有寶光，反此則不好矣。

又《附録宜忌各條》

忌餧葉失時

蠶吃一餐葉，片時就要再吃，或餧之久逾時刻，蠶即受饑。大眠做成饑病，老來必成亮頭蠶頭内空白謂之亮頭，不做繭矣。故忌之。

又《種桑各法》

飼蠶用桑法

大凡用桑，自本日辰刻起，至明日當午，止作一日計。該桑若干，酌量摘好，倘遇連日雨，須預桑二日，方能晾乾飼蠶。初出蟻用小簸，每簸每日約食葉六斤。初眠後用大簸三尺空，每簸每日約食葉八斤。二眠後，每簸每日約食葉十斤。三眠後，每簸每日約食葉十二斤。大眠後，每簸每日約食葉十四斤。養蠶家可使桑有餘，不可使不足，自無臨時掣肘之患。

又 飼蠶下蟻

蟻初生，不妨稍饑，須俟齊出，方好下葉。餓一日不妨，倘本日出有八九成，其餘殘蟻不可用。將下葉時，宜和連秤，記分兩。俟蟻下簸，除去空連，便知蟻數多少，方好量桑下葉。移蟻，宜切葉如絲，撒於簸内，取蟻紙覆於葉面，其蟻聞香自下。少頃，撤開空連，最為捷便。不必用鵞毛掃蛾。出蟻，在巳、午時居多。

清 黄世本《蠶桑簡明輯説·養蠶説》

論遲早二條

蠶貴齊，子齊、收齊、開葉齊、眠齊、起齊、飼葉齊，如此方能上山齊。上山宜到恰好時，不可太早，早則食葉未足，不能上山作繭，即熟而未透，亦必一二日後，方能上山，謂之停山，作繭必薄。亦不宜太遲，遲則絲先吐去，不特作繭多薄，且彼此糾結，布散不開。

清 黃壽昌《蠶桑須知・養蠶各則》

飼蠶

初收蠶烏，宜切極細葉以飼之，須勻糝其上，庶免饑飽不均。不可太厚，厚則蠶小不能上葉而食。頭眠可切粗些。二眠後，可將葉扯碎飼之。三眠後，可用原葉片。大眠後，則可帶青條而與之。出火前大忌濕葉，大眠後又惡燥葉，燥則以水灑葉，俟稍乾而飼。每日飼葉，大眠以前約三四次，大眠以後約五六次俱要鋪得極勻。總之，俟蠶簿內葉盡，即當接飼為佳。入夜時，黃昏一次，須畧厚。至三四更時，再飼一次已彀。緣夜間氣冷，蠶食與日間不同，天煖宜多飼一次。如遇天氣陰寒，蠶不旺食。蠶小時，須用棉被或衣服覆蓋。簿上須用物架空，恐衣被壓及蠶身。蠶大時，則用布疋、草薦等物，遮攔其簿，使受煖氣，則旺食矣俗多以火助之。

又 替蠶

簿中蚕沙蚕糞也與食餘之葉經粘和者謂之替，替蚕者替蚕又謂之掌蚕連蚕用手揭取替中之上一層，換放他簿是也。替後見替中尚有存蚕，須細心撿之，出火前用蚕筯扱之扱取也，出火後即可用手拾之。其有痿黃縮頸焦尾等無用之蚕及在替中無力上行者，謂之沉替，概棄勿拾，檢畢將替棄之。有云替蚕須每日一次，然亦不可拘泥，蓋少替恐患熱蒸因替即蚕沙其性甚熱也，多替又恐傷蚕足恐傷足上之芒也，傷足則絲不光瑩。須視天時爲出入，天時熱則每日一次不爲過，天時冷即二日或三日三日不可再遲亦無害，大率蚕眠開葉吃葉也後約一週時一晝夜也宜替一次必不可少。眠時已見搶娘即眠頭較眾蚕搶先眠者俗謂之搶娘頭須急替一次。

又 自頭眠開葉至二眠，為時較速，約隔三日三夜，可見眠頭。出火三眠也養蠶之家，往往以火助暖，欲其速眠。至三眠時，不宜用火，故謂之出火。若天時過冷，亦有以火相助者。自三眠開葉至出火，約亦三日三夜見眠頭。

又 大眠開葉後，約食葉五六天，驗腹下三關已通關者，節也。通者，明也。蠶有數節，通三關者，通三節也。將蠶拾起，向亮照之自見，即為熟蠶。若滿腹皆通，則蠶熟已透，宜速上山。因蠶不可過熟，熟則吐絲簿內，上山時急欲成繭，必繭性不堅，且多同功一名雙蠶繭，亦名大頭繭，且有三蠶合成一繭者。故諺云：『生蠶做硬繭。』所以蠶熟之時，最要留心。

清 黃祖徽《蠶桑淺説・養蠶篇》第一章《總論》

如桑葉中含有煙草、食鹽、鉛粉、香氣、汚穢等物，蠶食之即病。他若炭火燒紅時，往往有硫化炭酸發生，最害蠶體，故蠶室內所用炭火，在室外燃燒，俟燒紅後，方運入室內。此外，採桑儲桑，切桑養蠶者之身體、衣服及攜帶器具等，均宜清潔。

又 第三章《育蠶法》

給桑

每日每次，應給多少桑葉，宜先算定，方免不齊之弊，所有分量詳列後表。但後表所列桑量，雖可作爲準則，惟不可拘執，須看天氣如何，以爲加減。

又 剉桑

蠶自一齡至四齡，所食桑葉，均切成方塊。未眠時，切四方形；就眠時，切長方形，且有分寸，但宜視蠶體之大小，及氣候之寒暖而定分寸。詳後表。不宜使葉壓蠶體，有碍空流氣通。

又 停食

蠶初生色黑，漸漸加食；三日後漸變白，則回食桑葉，宜稍加厚；變靑色，則正食，宜益加厚；復變白色，則慢食，宜少減；變黃色則短食，宜愈減；各齡給桑表詳後。純黃色則停食，謂之正眠。計蠶自眠後，可以停食，三十六點鐘至四十點鐘，毫無妨害，惟既經給葉，則不可再停。

又 餉食

眠起初食桑葉，謂之餉，眠後看𥠻餘桑曰𥠻上，有白絲如綿，謂之揚花𥠻，然後可以餉食。或看嘴上，始爲白色，漸變黃色，終至稍變黑色，亦可以餉食。總之，眠蠶盡起，方可餉食。如眠起不齊，不妨稍遲，俗謂之熬。眠一次，則嘴闊一次，衣寬一次。如布葉太早，恐嘴已闊，而衣未盡脫者食之，則腹大，而未脫之衣脫不下矣。食葉之疾徐，不盡關乎冷暖。初起必不甚疾，將眠將老亦不甚疾，最疾者，中間兩三日耳。此兩日上葉宜較勤。

又 育蠶標準表

第一齡標準表以蠶量一錢計

日數	一日	二日	三日	四日	五日	六日	七日
四點		二錢五分	三錢五分	五錢五分	七錢五分	一兩一錢	九錢
七點		二錢五分	三錢五分	五錢五分	七錢五分	一兩一錢	八錢
十點	二錢五分	二錢五分	四錢	六錢	七錢五分	一兩二錢	七錢
一點	二錢	三錢	四錢	六錢	八錢	一兩二錢	
三點	二錢	三錢	四錢五分	六錢五分	八錢	一兩一錢	
五點	二錢	三錢	五錢	七錢	九錢	一兩	
八點	二錢	三錢	五錢	七錢	九錢五分	九錢	
十一點	二錢五分	三錢五分	五錢五分	七錢五分	一兩一錢	一兩	
共計	一兩三錢	二兩三錢	三兩五錢	五兩一錢	六兩八錢	八兩六錢	二兩四錢
切葉	八釐	八釐	一分	一分	一分五釐	一分	一分
容扁	一尺	一尺五寸	二尺	三尺	四尺	四尺	四尺

共計給桑四十九次，重三十兩折合一斤十四兩

第二齡標準表以蟻量一錢計

日數	一日	二日	三日	四日	五日
四點	九錢	一兩三錢	一兩八錢	三兩	一兩五錢
八點	九錢	一兩三錢	二兩	三兩六錢	一兩二錢
十一點	一兩一錢	一兩四錢	二兩五錢	三兩八錢	一兩二錢
二點	一兩一錢	一兩四錢	二兩六錢	三兩三錢	
五點	一兩二錢	一兩五錢	二兩八錢	三兩	
八點	一兩二錢	一兩六錢	二兩八錢	二兩一錢	
十一點	一兩三錢	一兩八錢	三兩	一兩八錢	
共計	七兩七錢	十兩三錢	十七兩五錢	二十兩六錢	三兩九錢
切葉	一分五釐	一分五釐	一分五釐	一分五釐	一分五釐
容扁	六尺	六尺	九尺	九尺	九尺

共計給桑三十一次，重六十兩折合三斤十二兩

第三齡標準表以蟻量一錢計

日數	一日	二日	三日	四日	五日	六日
五點		三兩三錢	五兩	九兩	十二兩	三兩六錢
九點		三兩五錢	五兩四錢	十兩	十二兩五錢	三兩六錢
十二點		二兩五錢	五兩四錢	十兩	十二兩	三兩三錢
二點半		四兩	六兩	十兩	十兩	三兩
五點		四兩四錢	七兩	十一兩	八兩七錢	
八點	二兩七錢	四兩六錢	七兩	十一兩	七兩	
十一點	三兩三錢	五兩	八兩四錢	十二兩	四兩八錢	
共計	六兩	二十八兩三錢	四十四兩二錢	七十三兩	六十五兩	十三兩五錢
切葉	二分五釐	二分五釐	三分五釐	四分五釐	四分五釐	三分五釐
容扁	九尺	十二尺	十二尺	二十四尺	三十六尺	三十六尺

共給桑三十四次，重二百三十兩折合十四斤六兩

第四齡標準表以蟻量一錢計

日數	一日	二日	三日	四日	五日	六日	七日
五點		十二兩	十九兩	二十七兩	三十三兩	四十兩	十四兩
九點		十三兩	二十兩	二十七兩	三十五兩	三十八兩	九兩
十二點半		十五兩	二十二兩	三十兩	三十五兩	三十二兩	
四點		十八兩	二十二兩	三十兩	三十七兩	二十八兩	
八點	九兩	十八兩	二十五兩	三十兩	三十七兩	二十五兩	
十一點	十一兩	十九兩	二十七兩	三十三兩	四十兩	二十兩	
共計	二十兩	九十五两兩	一百三十五兩	一百七十七兩	二百十七兩	一百八十三兩	二十三兩兩
切葉	七分	一寸	一寸	一寸五分	一寸五分	一寸	一寸
容扁	三十六尺	五十四尺	五十四尺	七十二尺	七十二尺	七十二尺	七十二尺

共計給桑三十四次，重八百五十兩折合五十三斤二兩

第五齡標準表以蟻量一錢計

日數	五點	十點	二點	六點	十一點	共計	切葉	容匾
一日				三十六兩	四十兩	七十六兩	三刀	九十尺
二日	四十兩	四十八兩	五十五兩	六十二兩	七十兩	二百七十五兩	三刀	九十尺
三日	六十五兩	六十八兩	七十兩	七十兩	七十五兩	三百四十八兩	三刀	九十尺
四日	七十五兩	七十五兩	七十八兩	八十三兩	九十五兩	四百六兩	二刀	九十尺
五日	九十五兩	一百兩	一百兩	一百十兩	一百二十兩	五百二十五兩	二刀	九十尺
六日	一百二十兩	一百二十兩	一百三十兩	一百三十兩	一百四十兩	六百四十兩	二刀	九十尺
七日	一百四十兩	一百四十兩	一百五十兩	一百六十兩	一百六十兩	七百五十兩	五刀	九十尺
八日	一百五十兩	一百二十兩	九十兩	七十兩	五十兩	四百八十兩		五刀
九日	四十兩	三十兩	二兩	十兩			一百兩	五刀
共計給桑四十一次，重三千六百兩折合二百二十五斤								

五齡合計給桑百八十九次，重四千七百七十兩折合二百九十八斤二兩。

右表係以蟻量一錢爲準，飼蠶者計定蟻量多少，照表比例加減，核給桑葉，最爲得中，但不可太拘執。譬如天氣暖而燥，則給葉宜多；天氣冷而濕，則給葉宜少。卽桑葉亦各不同，葉硬而水汁多者，則次數宜減；葉軟而水汁少者，則次數宜加。總之，視蠶之食量爲加減，無使不足，亦無使有餘而已。

表中所言給桑之量，係就溫度七十一二度，濕度七十八九度時言之。若溫濕之度有變，則給葉亦當隨之增減也。

表中尺寸用工部尺，斤兩月庫平，寒暑表度數用華氏。

面積求方邊圓徑表

面積	方邊	圓徑	面積	方邊	圓徑
一尺	一尺	一尺一寸二分	一尺半	一尺二寸二分	一尺三寸八分
二尺	一尺四寸一分	一尺五寸六分	二尺半	一尺五寸八分	一尺八寸七分
三尺	一尺七寸三分	一尺九寸五分	三尺半	一尺八寸七分	二尺一寸四分
四尺	二尺	二尺二寸五分	四尺半	二尺一寸二分	二尺四寸二分
五尺	二尺二寸三分	二尺五寸二分	五尺半	二尺三寸四分	二尺六寸三分
六尺	二尺四寸五分	二尺七寸六分	六尺半	二尺五寸五分	二尺八寸七分
七尺	二尺六寸四分	二尺九寸八分	七尺半	二尺七寸四分	三尺又九分
八尺	二尺八寸三分	三尺二寸五分	八尺半	二尺九寸一分	三尺二寸九分
九尺	三尺	三尺四寸五分	十尺	三尺一寸六分	三尺五寸六分
十一尺	三尺三寸一分	三尺七寸四分	十二尺	三尺四寸三分	三尺九寸二分
十三尺	三尺六寸	四尺又七分	十四尺	三尺七寸四分	四尺二寸二分
十五尺	三尺八寸七分	四尺三寸七分	十六尺	四尺	四尺五寸九分
十七尺	四尺一寸二分	四尺六寸五分	十八尺	四尺二寸四分	四尺七寸五分
十九尺	四尺三寸五分	四尺九寸二分	二十尺	四尺四寸七分	五尺又四分

清　江毓昌《桑蠶說・養蠶說》　用桑葉粉拌過，可以收溼。至剛澆糞的葉，晒熱及堆久發熱的葉，枯葉，大麥地內的葉，都不可餧。若遇陰寒，用綿被包盤四圍上面支空，放在暗處宜煖宜暗，忌風忌穢。如天氣大冷，可用無烟火盆，上面灰蓋厚些，遠遠放著，逼除寒氣。牛糞作塊，晒乾燒著，候烟出净，放在蠶房拎蠶最宜。蟻長得最快，覺得密了，添新葉時，等蟻上了新葉，連蟻帶葉輕輕分出，另做一盤。

清　江志伊輯《飼蠶法》　飼育　凡飼蠶，忌用帶雨帶霧葉霧有毒，須待燥飼之，忌黃沙葉黃沙來自沙漠，食之損蠶，須洗刷拭淨，而後用之，忌水葉食水葉則絲爛，忌大麥田中葉種大麥桑田中，其葉食之損蠶，萎葉汁液已乾，金葉有黃斑者，油葉色黑若有油者，儲葉太堅，踰時則油。買葉於數十里外者，須於中途有風無日處，撥而鬆之，謂之放風，方免此病，忌浥臭葉糞後須遲二三日始採之，小蠶食糞葉，則當眠不眠，大眠蠶則不忌，飼之令蠶生諸病。

凡晝時所食之葉，宜採於辰刻早則尚溼，遲則易枯。夜間及次晨所食葉，宜採於申末酉初。日中採桑葉易枯，而樹受損。故採桑必於日出之初，日斜之後。採葉日中，必疏爽熱退，然後飼蠶。若連朝大霧，或疊聞鳩喚，即是雨徵，須採足一二日之葉，以爲之備。葉少則鬆鬆儲於缸甏，多則於無風日處，鋪竹席於地，鬆堆之。若久雨不能不采溼葉，則夾以新白布，或拌以淘過乾麥，均少頃卽乾。大眠後剪取長條，可懸於當風處。或枝枝竪起，整齊平直，淸水灑之，一周時灑三四次，可停兩三日，飼時晾透水氣。露爲天酒，能補助好蠶。病蠶食露葉卽軟死，力不勝也。大眠後如天晴無霧，宜侵晨采露葉飼之，令繭絲光澤。

又　蠶遞次就眠，其減給桑量，約四五次而停食。其中或有起蠶二三，是遲蠶、病蠶，宜棄去之。若數多而且健，則移他箔飼育之。如此，則穢桑不堆積，蠶座淸潔，乾溼適度，蠶可無病。但將蜕皮時，新舊兩皮間，生液汁而後蜕。若過燥而液汁蒸昇，往往有不能蜕者。斯時溫度宜降下一二度，法於室内貯青葉，或以溼布拭床，或於室内熱清水，以溼空氣，均良策也。

又 日本松永伍作云：飼蠶所以除沙者，以蠶沙堆積，非冷溼即蒸熱，勿論直爲蠶害，即其惡氣蒸上，汚物浮游，蠶吸收之，亦足致病。若久雨之時，溼氣陰鬱；乾燥之候，風熱鬱蒸，尤宜迅速除沙，方免患害。大抵一齡之蠶，自孵化至催眠，應除沙一次。以後一日兩日，欲擴蠶座，緣沙少停，自乾燥無害。至五齡之蠶，食葉多而緣沙盛，座多冷溼。起後四日，每日宜除沙兩次。除沙之法：先撒籾糠，以沒緣沙。給桑三兩次，以毛箒掃集於一隅，乃移於他蠶座分布之。然不如以網覆蠶，撒以桑葉，蠶聞葉香，齊集網上，移網除沙，較爲簡便。分箔多寡，必須準蠶。過密則蠶礙發生，過稀則葉多浪費。查驗蠶體，蟻時長約一分，廣約三釐弱。一齡中，長約三分强，廣約六釐弱。至二齡，長約三分八釐，廣約八釐强。至三齡，則長約七分五釐，廣約一分一釐。至四齡，則長一寸四分五釐，廣約二分弱。至五齡，則長二寸四分，廣四分弱。蟻四萬頭，爲量約四匁，駢列之充一坪，及其十分之一，擴於蠶箔爲六坪，是五倍於蠶體之面積。五齡之蠶，每箔長三尺五寸，寬二尺五寸，重量約百二十匁至百五十匁，蠶數約五百五十至六百頭，如此分箔，是爲適度矣。

又 蠶方眠時宜暗，眠起後宜明。蠶小及向眠時，宜暗宜煖；蠶大及眠起時，宜明宜凉。向食時宜風開背風窗，閉迎風窗，宜加葉緊飼；新起時怕風，宜薄葉慢飼。蠶有三光，白光向食，青光厚飼，皮皺爲飢，黄光以漸住食。蠶有十體，謂寒、熱、饑、飽、稀、密、眠、起、緊、慢。深秋桑葉未黄，多廣收拾，曝乾搗碎，於無煙火處收頓。春蠶眠後，宜用之。桑欲落時捋葉未欲落時捋之，傷來年桑眼，已落者乏津液，泥封收固。至臘月内，搗磨成麵，能消蠶熱病。可多收於甕内，以備來春飼蠶。餘者作牛料，飼牛尤美。臘八日，新水浸菉荳，薄攤曬乾，又淨淘白米控乾，二物於背陰處，製粉收頓，以備大眠起後，用以拌葉飼蠶。每箔以半升爲度。臘月收牛糞，曝乾堆聚，春碾搥碎，一半用水拌勻，杵築爲墼一半，收起焚之蠶室，其氣宜蠶。臘月刈茅草作蠶薦，亦宜蠶。刈穀草黄野草，可治苫薦一頭截齊一頭留稍者爲苫，兩頭齊截者爲荐，但必令緊密。苫用茅草上簇，輕快且不蒸熱。黄蒿荳稭桑稍亦可。

清 江志伊輯《種桑法》 日本新法謂采葉過度，樹必受傷，且蠶之老幼，宜隨時有相宜之葉。如樹桑千本者，蠶初生至三眠二十日，飼以早生桑三百本。三眠至四眠六七日，飼以中生桑二百本。四眠以後七八日，飼以晚生桑五百本。栽桑備此各種，更換接替，葉之老嫩皆宜。蓋蠶小食少，故早生、中生飼二十六七日，合五百本。大則食多，故晚生止飼七八日，亦五百本。早生桑葉嫩小，採葉不可刈枝，刈則樹傷。葉將盡時，將枝割去，使生新枝，留作明年飼蠶之用。若中生、晚生桑，則連枝刈取，在家捋葉。刈桑，宜用早晚二時，日午葉乾，則蠶厭食。刈枝必齊樹本即生枝處，一名桑拳，不可留杈，留則雨水浸入，樹必受傷。齊樹本刈之，每年所生，能包住桑痕，自然無害。若飼二化、四化、多化蠶，以春葉留至夏秋，葉必太老，蠶不喜食。若春日已刈取其枝葉，更采新生枝葉以飼夏秋之蠶，桑必易枯，惟於春日發芽之先，將枝刈去，使生新枝，其葉嫩而且大，適合夏秋之用也。

清 賴逸甫《嶺南蠶桑要則》 二眠既定，亦須罨頭。種桑養蠶，人用之力，就於天氣以調融者，十居五六。因於地利而酌劑者，十僅二三。凡於蠶幼桑少，而蠶氣和時，准可五六口一緣。蠶既漸長，則切桑漸粗，而蠶氣則亦漸盛。斯則宜於四口一緣，所緣蠶者，一則去其穢濁，免使發炎；一則令其走動一翻，庶可增其食量；一則蠶身漸大，則宜分疏，俾其得以食息自娱。所以幾口必須緣其一次，至於用繒一宗，最宜撇面。如果離荴緣用繒而搬者，雖似比之以手而搲，畧覺簡易。

清 李君鳳《蠶桑説・飼蠶法》 凡蠶眠初起，與食不可多，多則傷食病死，故飼蠶逐日頓數宜記清。蠶室太陰暗，及犯汚穢惡臭則蠶瘟。

清 李向庭輯《蠶桑述要・養蠶表》

收蟻之日，爲養蠶第一齡之第一日。收法：以早十點起至十二鐘，當已收齊。蟻一錢爲一坪，用鷄鵝翎掃蟻坪内，坪上卽簿撒糯糠，隨撒桑葉，是時已至一點，卽爲開葉之始。葉須細切一分見方，其法須用刀切葉，以竹篩篩之。篩眼大一分，一篩下之葉，自不過一分，以後三四分葉，切篩之法均可仿此，不過篩眼依次放大耳。如此製葉，撒易勻遍，又甚便捷，較用葉絲，是爲稍勝。是次葉量飼三錢，是日温度最高七十五，最低七十，平均七十三。

第二次，三點半，飼葉二錢。

第三次六點，第四次九點，各二錢。

第五次，十二點，二錢五分二、三、四次葉量反少於初次者，以初次飼葉不能不寬備些，須至二、三、四次，篚中必有初次食餘之葉，故少用一錢，所以惜小葉之艱，亦足以敷蟻之用，而積葉不多，蠶蟻並可免受葉蒸之患。

第一齡第二日，温度最高七十三，最低六十九，平均七十二。

第一次五點，第二次八點，飼葉各二錢五分。

第三次，十點半，三錢。

第四次，一點，三錢五分擴座。擴座者，分坪也，卽以一坪之蟻分占兩坪地方，以後凡言擴座，均仿此。此次擴一坪五。

第五次三點半，第六次六點，各三錢。

第七次九點，第八次十二點，各四錢。

第一齡第三日，飼葉時刻同上，温度同上葉切分半。

第一次、第二次飼葉各四錢。

第三次四錢五分擴座二坪。

第四次、第五次各五錢。

第六次、第七次各四錢五分。

第八次五錢五分。

第一齡第四日，飼葉時刻同上，温度最高七十二，最低六十八，平均七十。

第一次、第二次飼葉各五錢五分葉切二分。

第三次六錢擴座三坪。

第四次七錢，第五次八錢。

第六次、第七次各七錢。

第八次九錢。

第一齡第五日，飼葉時刻同上，温度同上。

第一次飼葉九錢，第二次飼葉一兩葉切二分半。

第三次、第四次各一兩三錢。

第五次、第六次各一兩三錢。

第七次、第八次各一兩二錢。

是日正蠶將眠未眠之際，食量最大，飼葉必須充足，否則餓傷胃腑，將來恐起空頭之病。以後凡遇將眠未眠之際，均宜著意。

第一齡第六日，飼葉時刻同上，温度同上。

第一次、第二次飼葉各九錢第二次眠除擴座四坪。眠除者，因蠶將眠，爲除沙也，後言眠除仿此。

第三次八錢。

第四次七錢，第五次六錢。

第六次五錢止葉。是日葉量較前漸少者，以蠶近眠時食葉逐漸減少故耳。

以上六日爲第一齡。由第一齡第一日十二點收蟻，至一點開葉，至第六日午後六點時，總計温度平均七十一。是時蠶卽頭眠，可以止葉矣。眠須一日五時半工夫。未眠之先，由第一日一點，至第六日六點，皆食葉之時，共計五日三時半，再加眠的一日五時半，共六日九時。此一齡中蠶坪擴座四回，食葉二十六兩八錢，每日給桑八回，剉桑一分至二分半，共給桑四十三回。

第二齡，由第一齡第六日六點蠶眠止葉，眠經一日五時半，核計至第八日五點，卽爲第二齡。第一日開葉之始，是日温度最高七十三，最低六十八，平均七十。

第一次五點，第二次八點半，飼葉各一兩一錢葉切二分半。

第三次十一點半，第四次二點，各一兩二錢入穅。

第五次五點半，一兩五錢，第六次八點半，一兩四錢第五次起除，擴座六坪，葉切三分。

第七次十二點，一兩六錢。

第二齡第二日，飼葉時刻同上，温度同上。

第一次、第二次飼葉各一兩六錢葉切三分。

第三次一兩七錢。

第四次、第五次各一兩八錢。

第六次一兩七錢，第七次一兩九錢。

第二齡第三日，飼葉時刻同上，温度同上。

第一次飼葉一兩九錢。

第二次、第三次各二兩一錢。

第四次、第五次各二兩五錢第四次中除。

第六次二兩四錢，第七次二兩八錢。

第二齡第四日，飼葉時刻同上，温度同上。

第一次飼葉二兩九錢。

第二次、第三次各三兩。

第四次二兩九錢，第五次二兩七錢第五次眠除，擴座九坪，葉切四分。

第六次二兩五錢，第七次二兩四錢。

第二齡第五日，飼葉時刻同上，温度同上。

第一次飼葉一兩七錢，第二次飼葉一兩四錢，第三次飼葉一兩三錢。

第四次一兩止葉。

以上爲第二齡，共五日四時，食葉四日五時半，眠中十時半，共給桑三十二回，葉量六十二兩三錢，蠶席四坪至九坪，除沙三回，每日給桑七回，温度平均七十一，剉葉二分半至四分。

按，蠶眠之時，原難限定，如温度高，則食葉多，或早一半日卽眠。温度低，則食葉少，或遲一半日始眠。總之，每蠶須食葉五錢，方能作繭，編中每眠均限定時日者，係以養蠶最適中之温度而言。若蠶齊眠，容有不眠者撿出另飼，最爲合宜。

第三齡，由第一齡第一日推計至十三日，卽爲第三齡。眠盡之日，亦卽第三齡之第一日。是日午前十一點半，初次飼葉二兩五錢，温度最高七十三，最低六十八，平均七十葉切三分。

第二次二點半，飼葉二兩八錢入糠。

第三次五點半，三兩，第四次八點半，三兩六錢。第四次起除，擴座十二坪。

第五次十二點，三兩八錢。

第三齡第二日，温度同上葉切四分。

第一次五點，飼葉三兩八錢。

第二次八點半，三兩八錢，第三次十一點半，三兩九錢。

第四次二點半，第五次五點半，各四兩二錢。

第六次八點半，四兩。

第七次十二點，四兩五錢。

第三齡第三日，飼葉時刻同上，温度同上。

第一次飼葉四兩五錢。

第二次、第三次、第四次各五兩第二次入糠，第四次中除，擴座二十坪，葉切五分。

第五次、第六次各七兩。

第七次八兩。

第三齡第四日，飼葉時刻同上，温度同上。

第一次飼葉八兩，第二次飼葉八兩五錢。

第三次、第四次、第五次各九兩。

第六次八兩五錢，第七次十兩。

第三齡第五日，飼葉時刻同上，温度同上葉切五分。

第一次、第二次飼葉各十兩第二次入糠。

第三次八兩，第四次六兩第四次眠除，擴座三十六坪，葉切四分。

第五次、第六次、第七次各五兩。

第三齡第六日，温度同上。

第一次五點，飼葉三兩止葉。

以上第三齡，共六日七時半，食葉四日九時半，眠中一日九時半，給桑三十四回，桑量二百一兩六錢，蠶席九坪至三十六坪，剉桑三分至五分，除沙三回，每日給桑七回，温度平均同前。

第四齡，由第一齡推計至十九日，卽爲第四齡。第一日，是日午後八點半，飼葉九兩，温度同前，以下温度皆同葉切七分。

第二次十二點，飼葉十一兩五錢。

第四齡第二日。

第一次五點，飼葉十一兩五錢。

第二次九點，第三次十二點半，各十二兩第二次入糠。

第四次四點，第五次七點半，各十四兩五錢第四次起除，擴座五十坪，葉切八分。

第六次十二點，十六兩五錢。

第四齡第三日，飼葉時刻同上。

第一次飼葉十六兩五錢，第二次飼葉十七兩。

第三次、第四次各十七兩五錢。

第五次十八兩，第六次十八兩五錢。

第四齡四日，飼葉時刻同上。

第一次飼葉十八兩五錢，第二次飼葉十九兩。

第三次二十四兩入糠。

第四次、第五次各二十五兩第五次中除，擴座六十五坪，葉切一寸。

第六次二十七兩。

第四齡第五日，飼葉時刻同上。

第一次飼葉二十七兩，第二次飼葉二十八兩，第三次飼葉二十九兩。

第四次、第五次、第六次各三十兩。

第四齡第六日，飼葉時刻同上。

第一次飼葉三十兩。

第二次二十八兩，第三次二十六兩，第四次二十四兩第三次入糠。

第五次二十一兩眠除，擴座七十五坪。

第六次十七兩。

第四齡第七日五點，飼葉八兩止葉。

本齡中共七日五時，眠中二日，食葉五日五時，給桑三十四回，桑量六百七十四兩六錢，蠶席三十六坪至七十五坪，剉桑七分至一寸，除沙三回，每日給桑六回。

第五齡，由第一齡推計至二十七日，卽爲第五齡。第一日，本齡温度同前。

第一次五點，飼葉三十五兩，第二次十點，飼葉三十六兩葉片切。

第三次二鐘三十九兩入糠。

第四次六鐘五十六兩，第五次十一鐘五十八兩第四次起除，擴坐九十坪，葉帶枝葉。

第五齡第二日，飼葉時刻同上。

第一次飼葉五十八兩，第二次飼葉六十五兩第二次入糠鋪網。

第三次、第四次各七十兩第四次除沙。

第五次七十五兩。

第五齡第三日，飼葉時刻同上。

第一次飼葉七十五兩以下每日用網除沙一次，如天氣晴爽，此後稻糠可不用。若天氣潮溼，每日可除沙二次。

第二次、第三次各八十五兩。

第五次二十一兩眠除，擴座七十五坪。

第六次十七兩。

第四齡第七日五點，飼葉八兩止葉。

本齡中共七日五時，眠中二日，食葉五日五時，給桑三十四回，桑量六百七十四兩六錢，蠶席三十六坪至七十五坪，剉桑七分至一寸，除沙三回，每日給桑六回。

第五齡，由第一齡推計至二十七日，卽爲第五齡。第一日，本齡温度同前。

第一次五點，飼葉三十五兩，第二次十點，飼葉三十六兩葉片切。

第三次二鐘三十九兩入糠。

第四次六鐘五十六兩，第五次十一鐘五十八兩第四次起除，擴坐九十坪，葉帶枝葉。

第五齡第二日，飼葉時刻同上。

第一次飼葉五十八兩，第二次飼葉六十五兩第二次入糠鋪網。

第三次、第四次各七十兩第四次除沙。

第五次七十五兩。

第五齡第三日，飼葉時刻同上。

第一次飼葉七十五兩以下每日用網除沙一次，如天氣晴爽，此後稻糠可不用。若天氣潮溼，每日可除沙二次。

第二次、第三次各八十五兩。

第四次八十兩，第五次九十兩。

第五齡第四日，飼葉時刻同上。

第一次飼葉九十兩，第二次飼葉九十五兩。

第三次、第四次、第五次各一百兩。

第五齡第五日，飼葉時刻同上。

第一次飼葉一百一十兩，第二次飼葉一百二十兩，第三次飼葉一百三十兩。

第四次一百二十五兩。

第五次一百三十兩。

第五齡第六日，飼葉時刻同上。

第一次飼葉一百四十兩，第二次飼葉一百五十兩。

第三次、第四次各一百六十兩。

第五次一百六十五兩。

第五齡第七日，飼葉時刻同上。

第一次飼葉一百三十兩，第二次飼葉一百一十兩。

第三次九十兩，第四次六十兩，第五次三十兩。

第五齡第八日午前五點，飼葉十兩止葉。

以上第五齡，共七日，給桑三十六回，蠶席七十五坪至九十六坪，剉桑片切至枝葉，每日除沙二回，每日給桑五回，由第一齡推計至第五齡眠起上山，共計三十五日，桑量共計四千二百六十九兩三錢。

清 李有棻《桑麻水利族學彙存》卷一《植桑》 蠶眠時，既篩糠灰，起時必脱灰而出。俟灰下無一蠶，方可餧葉。

（光緒）《歸安縣志》卷一一《輿地略十一·蠶桑》 飼蠶 收下後，葉宜切細，初眠後可麤，二眠後用葉片。《育蠶要旨》每日布葉五六次，如遇陰寒，布葉而蠶不甚食，須用棉被將盛蠶之器，四面包裹，使受暝氣，則食矣。《廣蠶桑説》大約每蠶一斤廿四兩秤，自收下至上山，喫葉一百八十斤十五兩三錢秤，此上上蠶也。稍平者，不到此數。《育蠶要旨》

又 餉食 眠起初食，曰餉。《乾隆府志》眠後看頰上，有白絲，謂之『楊花綈』，然後可以餉食。或看其背上，始白漸黄，終至稍黑，亦可餉食。總以眠頭盡起爲度。《育蠶要旨》眠一次，則背濶一次，衣寬一次。布葉太厚，恐背已闊，而衣未盡脱者亦食之，則腹大，而未脱之衣，脱不下矣。《廣蠶桑説》食葉之疾徐，不盡關乎冷暝。初起必不甚疾，將眠將老亦不甚疾，最疾者，中間之兩三日耳。此兩三日，上葉宜較勤。《廣蠶桑説》

清 吴宗周、陳幹材、徐謙山《蠶桑白話》卷二《養蠶白話》 那喂葉的回數，大畧纔出時，一天喂九次。一眠後一天八次，二眠後一天七次，三眠後一天六次，四眠後五次就够了。又小蠶不便吃大片之葉，故纔出時，葉要切得很細，等蠶漸漸大了，葉亦漸漸切大。如頭回的葉他吃了，剩的殘葉還多，那二回的葉就少喂點；頭回葉吃完了，二回就多喂點。到四眠後那蠶體很大，那葉就可連桑枝放在裏面喂他了。倘遇落雨葉濕，不如遲些飼，譬如往時五點給葉，今天五點半給葉亦不妨。天氣有太陽葉子易乾，給葉就要早些。譬如一錢蠶子收下，第一天放在當中那一圈就夠了，第二天就要匀做一圈半，第三天匀做二圈，第四天匀做三圈，總要那蠶在匾上寬舒自然無病。第五天匀做四圈，即不要再匀開了。到了第二齡開葉以後，再漸漸的匀開來。到了將眠的時候，三尺二寸圓徑的匾，要匀做一匾了；到了第三齡將眠的時候，要匀做三匾了；到了第四齡將眠的時候，要匀做七匾了；到了第五齡，要匀做十一匾了。那糞務要除得乾淨，那蠶纔不受穢氣自然康强。到吐絲時利錢就要到手了。

又 桑葉與蠶的關係

這蠶業一門是最發財的事業。並且本錢又輕，利息又非常的大，豈可不講究麽？我們中國，自古各國都稱爲絲國，這蠶豈不是我們辛苦養成的麽？你看他們各國，都因蠶業獲大利，所以費多少工夫，花多少銀錢，纔把這養蠶的法，漸漸考究出來，使他們養蠶的都發大財。我且將這發財的法子告訴你們，好叫你們安穩發大財。但是這蠶業失利的原故，都是因養得不得法，把他養壞了。蠶到大眠的時候，桑葉最要留心，他的食量，比那一、二、三、四眠時候，加多至五倍。譬如這一回桑葉已盡，過時不飼，必饑餓了蠶。你若不管新採的桑葉潮濕不潮濕，採到就餧他，不曉得這水氣太多的葉，蠶吃了必生病；或買的太多，存一小房子裏亂疊做一堆，理也不去理，過久了，那葉就同火一樣，都發熱了。把這桑去餧他，蠶餓了也只得勉强吃下去，到生病不能做絲，豈不大可惜麽？又或因這蠶吃量很大，人懶不願陸續餧他，因把數頓的葉量，重疊作一頓餧，不曉得他是喜歡吃新鮮乾淨的葉，到放久了，他就要在葉上撒糞，那葉被穢氣薰蒸，蠶吃此葉還能好麽？養蠶人能改去這些壞處，然後便可一層一層的講究了。蠶多少配着葉多少，預先算好，再按他的齡數分開，收蟻到頭眠叫一齡，頭眠起到二眠叫二齡，二眠起到三眠叫三齡，三眠起到四眠叫四齡，四眠起到老熟叫五齡。每齡該餧多少葉，都要一定的分量不可亂來。把葉切好給他，切葉的分寸，也要一定。一齡的一分至分半大，二齡的一分半至二分半，三齡的三分一四分，四齡的六分至一寸，五齡的一寸至二寸，五齡後餧他四五回切過的葉，以後便可不切，不妨連枝餧他。蠶愈大愈要小心，他吃剩的殘葉同他的糞，都要打掃乾淨，不教他出種種的病，那纔可以安安穩穩獲利了。到四眠後，七天或八天的時，蠶身漸漸縮小周身發亮，那時他頭向上昂，游走不定，就像覓甚麽的樣子。這時候因他身内濁物已盡，要吐絲作繭了。

清 林心北、吴書年勸刻《蠶桑輯略·養蠶節次》三十五條 《韓氏直説》：抽飼斷眠法，蠶向眠時，量黄白分數，抽減所飼之葉，漸次細切，薄摻頻飼。如十分中有三分黄光者，即十分中減葉三分，比尋常稍宜細切薄摻，頓數亦宜稍頻。如十分中有五分黄光，即減五分，比先次又細切薄摻，其頓數更宜加頻。如十分中有八分黄光，即減去八分，比先次切令極細，摻令極薄，其頓亦令極頻。候十分黄光，不問陰晴早夜，急須擡過。預備箔薦，可無失誤。擡過時住食，起齊時投食，此爲抽飼斷眠之法。謂抽減眠蠶之葉，不致覆壓，專飼未眠之蠶，使之速眠。不惟眠起得齊，且無葉罨燠熱之病。前人謂『學取抽飼斷眠法，年年歲計得絲蠶』，不可不知也。

又　二眠起孃

二眠起孃，亦以一晝夜爲率，亦必待起齊嘴老，然後餧葉。祇須切葉三餐，三餐以後，可用單張葉，平平鋪上餧之。再過一晝夜，可用眼頭葉餧之。葉連嫩枝者爲眼頭葉，必須將光面向上。此時桑渣蠶砂，較前益厚，須一日一易器，體刮分蠶與前同。三眠起後同。

又《蠶事趨避三十九條》

忌食肥葉

桑地上如初澆糞謂人糞，其葉必肥，不可餧蠶。大眠以前，若喫肥葉，必有肥青蠶身分外粗肥，皮膚光亮，如油漆者，謂之肥青，不肯眠矣，故忌之。若澆糞過七日之後，不忌。

又《蠶室器用二十條》

收蠶食

夏閒未經摘過，並秋閒未黃桑葉桑葉已落者，短津味。未落者，亦恐捋傷來年桑眼，用翦翦下，曝乾擣碎，收頓於無煙火處，用泥封固。至臘八日，擣磨成麪臘八日製者，能消蠶熱病。甕器內，可多收之，飼蠶餘剩作牛料，牛甚美食。又將菉豆新水浸半日，令生芽，薄攤曬乾，又淨淘白秔米，亦薄攤曬乾。此二物亦於臘八日，擣磨成麪，背陰收頓，勿令發熱。野語云：『臘月造油蠶房，内點鐙，諸蟲不入。』俟三眠後用之每箔用豆米各半升。

清　林楊光、王鎮西《蠶桑條説・白河縣知縣林令楊光述呈桑蠶各説七條》

蠶房要寬廠，要潔浄。喜西南向，不喜東北向。緣東風冷北風利，蠶受之多病。故泰西各國，育蠶之室，以不通風爲貴。東風起，則密閉東向門；北風起，則密閉北向門。兩邊有大窗，使三眠後可以通氣。窗紙及門戶有破裂者，當即補塞，尤當塞絶鼠穴。蠶未生時，宜閉門窗，使有暖氣。三眠後，又須稍開通風。蠶性喜暖惡寒，喜燥惡濕，喜静惡鬧。忌當風當日，尤忌西照日，忌驟寒驟熱。又忌暴雨。看蠶者，或暖之，或風之，宜留心参酌。忌酒氣、醋味、煙氣、葯味，及一切辛辣香臭之味。忌穢語淫辭，忌喊叫歌泣，忌生面人及孝服人闖入蠶室。蠶扁之旁，忌放便桶、尿壺。飼蠶切葉，忌用孕婦及醉人。夜間點燈，宜明亮，尤宜小心。無論蜡油、茶油，一點沾及蠶身或滴於葉上，蠶立死，尤忌洋油。以上各條，能謹避之，則繭必有十分收成。江浙穀雨後，停理詞訟，官不鳴鑼。養蠶之門，題『蠶目知禮』四字，重蠶事也。

又《平利縣王學官鎮西述呈蠶桑簡易説十九條》

飼蠶緩急之法

每將眠之時，宜急喂，令其腹中不虚，生子必多。每眠初起，蠶嘴不和，卻宜緩半時再喂。

又　飼蠶避忌之法

忌寒忌風，西北風更甚。忌潮溼及身下之糞葉，忌葱氣，忌薤蒜氣，忌油燈將滅之氣，桐油燈更甚。忌一切臭腥穢氣。忌雀，忌鼠，忌蒼蠅。

又《飼蠶説》　飼蠶者須度量自家桑葉之多寡，以留蠶花。蠶花落紙時，便須以戥秤稱之。蠶花一錢，飼之得法，約可得大眠五六斤。統前後計之，須食葉百三四拾斤，不可於收花時一味貪多。假如自家桑地所生之葉，每年得有二千斤左右，則可留蠶花一兩左右。大約蠶花一錢，自小至老，須食葉二百斤，則是年蠶必豐稔，否則每錢亦須六十斤。稱蠶花之法，先將蠶布稱準，至蠶落紙後，取蠶布再稱之，則蠶花之分兩曉然矣。

清　林志恂《蠶桑淺要・養蠶淺要》

勿給溼葉，勿給熱葉，勿給汚泥葉，勿給乾枯葉，剉分勿過大過小，更忌或大或小分數詳下標準表。一篇之中，給桑宜四面匀一，篇數多者，宜篇篇匀一，勿此多彼少，致發育不齊也。

今揭各齡飼育標準表如左，以定給桑大約之數，宜加宜減，隨時變通，仍在飼育者，慎勿拘泥於此數也。

第一齡自收蟻至初眠飼育標準表表中桑葉分量及坪數大小，俱以錢量，一錢爲例。温度以最高七五，最低七十，平均七十三度爲準。濕度以與温度相差五度爲率，後不復贅

日順／項目	午前後	給桑時刻	給桑回次	每回給桑之量	桑之剉分	全日之桑量	除沙分箔坪數
第一日	午前	十一點	第一回	三錢	一分平方	一兩六錢	一坪
	午後	一、	二	二錢			
		三、卅分	三	二錢			
		六、	四	三錢			
		九、	五	三錢			
		十二、	六	三錢			

日順	午前後	給桑時刻	給桑回次	每回給桑之量	桑之剉分	全日之桑量	除沙分箔坪數
第二日	午前	五、	七	三錢		三兩一錢	
		八、	八	三錢			
		十、卅分	九	四錢			擴座不除沙一坪半
	午後	一、	十	四錢			
		三、卅分	十一	四錢			
		六、	十二	四錢			
		九、	十三	四錢			
		十二、	十四	五錢			
第三日	午前	五、	十五	四錢		三兩六錢	
		八、	十六	四錢			
		十、卅分	十七	五錢	一分半平方		擴座不除沙二坪
	午後	一、	十八	五錢			
		三、卅分	十九	五錢			
		六、	二十	五錢			
		九、	二十一	五錢			
		十二、	二十二	五錢			
第四日	午前	五、	二十三	五錢		五兩七錢	
		八、	二十四	五錢			
		六、卅分	二十五	七錢	一分半平方		擴座不除沙二坪
	午後	一、	二十六	七錢			
		三、卅分	二十七	七錢			
		六、	二十八	八錢			
		九、	二十九	八錢			
		十二、	三十	一兩			
第五日	午前	五、	三十一	一兩三錢		九兩七錢	
		八、	三十二	一兩五錢			
		十、卅分	三十三	一兩五錢			
	午後	一、	三十四	一兩五錢	一分半平方		入糠
		三、卅分	三十五	一兩三錢			
		六、	三十六	一兩一錢			眠除 四坪
		九、	三十七	九錢			
		十二、	三十八	六錢			
第六日	午前	三、	三十九	五錢止桑		五錢	

第一齡共歷六日又十八點鐘，其間食桑四日又十八點鐘，眠中兩日，給桑三十九回，共桑量二十四兩二錢，最廣蠶座四坪。

第二齡自初眠起至二眠飼育標準表

日順	午前後	給桑時刻	給桑回次	每回給桑之量	桑之剉分	全日之桑量	除沙分箔坪數
第一日	午前	五點	第一回	一兩	二分平方	九兩八錢	四坪
		八、	二	一兩			
		十一、	三	一兩三錢	入糠		
	午後	二、	四	一兩三錢			
		五、	五	一兩八錢	二分半平方		除沙分箔 六坪
		八、	六	一兩六錢			
		十二、	七	一兩八錢			
第二日	午前	五、	八	一兩八錢		十五兩六錢	
		八、	九	一兩八錢			
		十一、	十	二兩			入糠
	午後	二、	十一	二兩			
		五、	十二	二兩五錢	三分平方		除沙分箔 八坪
		八、	十三	二兩五錢			
		十二、	十四	三兩			
第三日	午前	五、	十五	三兩		二十一兩六錢	
		八、	十六	三兩			
		十一、	十七	三兩四錢			入糠
	午後	二、	十八	三兩四錢			
		五、	十九	三兩四錢	二分半平方		眠除不分箔 八坪
		八、	二十	三兩			
		十二、	二十一	三兩四錢			
第四日	午前	五、	二十二	二兩四錢		四兩	
		八、	二十三	二兩六錢止桑			
		十一、					
	午後	二、					
		五、					
		八、					
		十二、					

第二齡共歷五日，其間食桑三日又三點鐘，眠中一日又二十一點鐘，給桑二十三回，共桑量五十一兩，最廣蠶座八坪。

第三齡自二眠起至三眠飼育標準表

日順	午前後	給桑時刻	給桑回次	每回給桑之量	桑之剉分	全日之桑量	除沙分箔坪數
第一日	午前	五點	第一回	三兩八錢		二十八兩六錢	八坪
		八、	二	三兩			
		十一、	三	三兩六錢			入糠
	午後	二、	四	三兩八錢			
		五、	五	五兩	四分平方		除沙分箔十二坪
		八、	六	五兩			
		十二、	七	五兩四錢			
第二日	午前	五、	八	五兩六錢		四十九兩四錢	
		八、	九	五兩六錢			
		十一、	十	六兩			入糠
	午後	二、	十一	六兩二錢			
		五、	十二	八兩五錢	五分平方		除沙分箔二十坪
		八、	十三	八兩五錢			
		十二、	十四	九兩			
第三日	午前	五、	十五	九兩		八十七兩	
		八、	十六	十兩			
		十一、	十七	十二兩			
	午後	二、	十八	十三兩			
		五、	十九	十三兩	四分平方		入糠
		八、	二十	十五兩			
		十二、	二十一	十五兩			
第四日	午前	五、	二十二	十三兩	四分平方	四十六兩	眠除分箔二十六坪
		八、	二十三	十三兩			
		十一、	二十四	十兩			
	午後	二、	二十五	六兩			
		五、	二十六	四兩止桑			
		八、					
		十二、					

第三齡共歷五日又十二點鐘，其間食桑三日又十二點鐘，眠中二日給桑二十六回，共桑量二百十一兩，最廣蠶座二十六坪。

第四齡自三眠起至四眠飼育標準表

日順	午前後	給桑時刻	給桑回次	每回給桑之量	桑之剉分	全日之桑量	除沙分箔坪數
第一日						三十四兩	
	午後	五點	第一回	十兩	七分平方		
		八、	二	十一兩			
		十二、	三	十三兩			
第二日	午前	五、	四	十三兩		一百十一兩	
		九、	五	十三兩			入糠
	午後	、卅分	六	二十兩	八分平方		
		四、	七	二十兩			除沙分箔八坪
		八、	八	二十三兩			
		十二、	九	二十三兩			
第三日	午前	五、	十	二十二兩		一百七十四兩	
		九、	十一	二十四兩			入糠
	午後	、卅分	十二	二十四兩			
		四、	十三	二十四兩	二分半平方		眠除不分箔八坪
		八、	十四	三十四兩			
		十二、	十五	三十六兩			
第四日	午前	五、	十六	四十兩		二百五十二兩	
		九、	十七	四十兩			
	午後	、卅分	十八	四十兩			
		四、	十九	四十四兩			
		八、	二十	四十四兩			入糠
		十二、	二十一	四十四兩			
第六日	午前	五、	二十二	四十兩		九十兩	除沙分箔五十四坪
		九、	二十三	三十兩			
	午後	一點	二十四	二十兩止桑			

第四齡共歷六日又一點鐘，其間食桑三日又二十點鐘，眠中二日又五點鐘，給桑二十四回，共桑量六百六十一兩，最廣蠶座五十四坪。

第五齡自四眠起，至上山畢飼育標準表第五齡温度不可太高，以最高七三，最低六七，平均得七十度爲適當

日順／項目	午前後	給桑時刻	給桑回次	每回給桑之量	桑之剉分	全日之桑量	除沙分箔	坪數
第一日	午後	六點	第一回	三十六兩	片切	七十四兩		
		十一、	二	三十八兩				
第二日	午前	五、	三	四十四兩		二百六十兩	入糠	
		十、	四	四十四兩				
	午後	二、	五	五十六兩	枝葉		除沙分箔	七十坪
		六、	六	五十六兩				
		十一、	七	六十兩				
第三日	午前	五、	八	六十兩		三百四十兩	用網	
		十、	九	六十兩				
	午後	二、	十	七十五兩	枝葉		除沙不分箔	
		六、	十一	七十兩				
		十一、	十二	七十五兩				
第四日	午前	五、	十三	七十五兩		四百三十兩	用網	
		十、	十四	七十五兩				
	午後	二、	十五	九十兩	枝葉		除沙分箔	八十坪
		六、	十六	九十兩				
		十一、	十七	一百兩				
第五日	午前	五、	十八	一百兩		五百七十兩	用網	
		十、	十九	一百兩				
	午後	二、	二十	二百二十兩	枝葉		除沙分箔	九十一坪
		六、	二十一	二百二十兩				
		十一、	二十二	二百三十兩				
第六日	午前	五、	二十三	二百三十兩		七百四十兩	用網	
		十、	二十四	二百五十兩				
	午後	二、	二十五	二百五十兩	枝葉		除沙不分箔	
		六、	二十六	二百五十兩				
		十一、	二十七	二百六十兩				
第七日	午前	五、	二十八	二百七十兩		七百三十兩	用網	
		十、	二十九	二百七十兩				
	午後	二、	三十	二百七十兩	枝葉		除沙不分箔	
		六、	三十一	二百二十兩	片切			
		十一、	三十二	一百兩	片切			
第八日	午前	五、	三十三	七十兩	片切	一百七十兩	減坪併匾	
		十、	三十四	五十兩				
	午後	二、	三十五	三十兩			減坪	
		六、	三十六	二十兩				
		十一、		上山畢				

第五齡共歷七日又五點鐘，給桑三十六回，共桑量三千三百十四兩，最廣鐘座九十坪。

統計自收蟻至上山畢，共歷三十日又十二點鐘，其間食桑二十二日又十點鐘，眠中八日又二點鐘，給桑一百四十八回，共桑量四千二百六十□□□□。

又 脫皮以後，體軀活潑，則謂之起。其第一次給桑，謂之餉食。餉食之時期，亦有遲早之差。天氣熱而乾，則宜早；天氣冷而溼，則宜遲。若就平常七十一二度之温而論，則竣蛻以後全數脫皮謂之竣蛻，又經十二點鐘，而餉食爲得宜。

脫皮以後，蠶體虛弱如人之疾病初愈也，餉食之際，桑量不可多，然亦不可太少。恐或得食，或不得食，致發育不齊也。

餉食之桑葉，須較尋常格外留意。溼者、熱者、乾燥者，其不佳，固不待論。即新鮮採摘之葉，亦不適宜。水分太多，不合蠶性之營養。最好，則先一日所採之葉也。

清 劉清藜補輯《蠶桑備要》第三篇《養蠶總要》 蟻出之後，同日時下連，先後下連之蟻，各置一器，此齊於收蟻時也。下連有先有後，先一日下連者，置之稍涼處，減其餧葉頓數；後一日下連者，置煖處，日加一二頓，不過數日，自與頭一日之蟻頓數相當，再一齊餧數日，即齊眠，此齊於育蟻時也。

又 第四篇《養蠶程式》 撥寬：下蟻餧葉數次之後，便覺其密，須用蠶筷子，或鷄翎管，輕輕連蟻帶渣往寬撥，使逐處露出紙底。然後將切碎如米桑葉勻灑。再餧數次，又覺其密，又撥開，務使稀勻。

又 分蟻：餧數日，將一篩筐撥滿，蟻又密宜分。或桑渣、蠶屎厚，宜分。分時先將切碎桑葉灑於蟻上，俟蟻上葉，用雞翎管帶沙燠挑起，以手揭如匙大小片子，分布另器，撥勻餧之。至六七日後，見有一二眠者，即赶緊起底，於六日清晨餧三頓，飯後餧一頓，共四頓後，蠶盡上新葉。用蠶筷或鷄翎管，將四頓濕葉渣挑起，鬆鬆推捲，新葉溼渣帶蠶捲起，鋪他篩筐。俟起完有不盡者，再放整桑葉，提埽後，將乾葉渣，另倒净處攤開，再放整桑葉，一提即盡。舊法：將新葉絲篩稍厚，俟蟻上葉，用蠶匙薄帶沙燠挑起，或用蠶筷子挑起。

又 餧葉之法，體刮後必須餧葉，宜加勤，宜漸薄。保護之法，宜煖宜微明，忌風忌穢氣，比平時更要謹防。

熟眠 熟眠之時，從下連後算起，至第七八日陝西或第九日或十日即是頭眠

時候。從沸絲算起，一晝夜方能箇箇眠成。蠶不眠，則殼不脫，殼不脫，則身不長。眠熟之狀：色微黃，頭向上，身子不動，謂之『打眠裝』。觜縮入不食，謂之『結觜』。觜縮之後，旋又徐徐吐出，謂之『吐觜』。直至觜上，隱隱有一點尖角紫蔭，方纔吐全，謂之『眠孃』。眠定時，觜長頭腫而光。保護之法，宜暗宜溫煖煖則一日夜可脫殼，寒則一日半或二日方能脫殼，宜避風尤忌西北風，西北風一吹，便吐觜不出，宜避穢，不可餧葉，不可驚動蠶器。蠶方吐觜，驚動則觜又縮入。若要再吐，則不容易。用礱糠灰，篩於蠶身之上或用細石灰篩於蠶身之上，以收潮濕。如此，則眠孃易於脫殼。置之靜室，以俟其起。

眠未齊　易器之法，未眠之蠶與已眠之蠶，不宜併在一處。先一日眠者，必先一日起；後一日眠者，必後一日起。若勉强合併，則一器之內，有已眠者，有未眠者，覆壓擾亂，甚不相宜。必須篩糠灰於蠶上，布桑葉於灰上，俟未眠者脫灰而出，便可移置他器。餧葉之法：易器後，餧葉宜勤，切勿偷懶。餧至數次，則未眠者亦眠矣。昔人所謂『頻飼以督其眠』，即指此時而言。若認定眠與未眠差時不久者，儘未眠多處添葉，未眠之蠶，皆聞葉往食，多飼以督之，不易器亦可。如眠與未眠太差久者，必須易器。眠定仍篩糠灰於蠶上，以俟其起。青頭蠶：易器餧葉之後，仍不能眠，俗謂之『青頭蠶』，養之無益，檢出丟棄可也。蠶雖好，亦不能絕無青頭者。或云頭眠易脫殼，無壞蠶。

頭眠初起　眠起之時，自下連後算至第八九日陝省有十日或十一日者，眠者即脫殼而起。以眠後計算，大約一晝夜即起。眠起之狀：眠孃色微黃，觜微闊觜闊方而短，頭皺身毛，衣已盡褪，則起矣，俗謂之『起孃』。衣，皮也。眠一次，則觜闊一次，衣寬一次，蓋其觜其衣，皆於眠時潛換也。保護之法，宜微明，宜微煖，宜禁止煎炒。一見起孃，竈上即須禁止煎炒，油腥之氣，吹入蠶室，起孃嗅此氣，則登時生病也。不必急於餧葉因其口尚嫩也，且恐有觜已闊，而衣未盡脫者，若食葉太早，則腹大，而未脫之衣，脫不下矣，必待箇箇起齊，方可餧葉。

頭眠起齊　餧葉之法，箇箇起齊，灰下無一眠者起者必脫灰而上，再看桑渣蠶屎之上，有絲布滿，則起孃觜老，便可餧葉。蠶眠既起，欲餧葉時，先於室中燒初次育蟻起出之桑渣一撮，謂之『香體』。蠶聞此香，便即思食，此是醒胃之法。先起過半，一日祇餧一次。起齊第一日，同餧三次，以後每日七八次。每一晝夜，約餧四五次。頭眠起齊之後，二眠之前，中間三四日，最為要緊。此三四日，設有小病，到老必無收成。第一，不可受餓，夜間不可貪睡。起齊後第一次布葉，須薄而勻。蠶眠時，器內篩有糠灰。起後，蠶器乾燥，所布之葉易枯，枯則蠶不能食，故布葉宜薄。

又　二眠

將眠　將眠之時，頭眠起後，越四晝夜，即是二次將眠時候。亦有因天氣煖和，越三晝夜，即要二眠者。以上葉之次數計之，總不過二十次以內。此指四眠蠶而言，若三眠蠶，頭眠起後，越七日纔二眠。將眠之狀與頭次將眠同。易器之法，餧葉、保護諸法，均與頭次將眠同。

熟眠　熟眠之時，從頭眠起後，算至第五日陝西有第八九日者，即是二眠時候。若從下連後算起，大約不過十一二三日陝西有第十六七日者，便當二眠。熟眠之狀與頭眠同。保護亦與頭眠同。

眠未齊　易器、餧葉之法，均與頭眠未齊時同。

又　眠未齊　易器之法，篩灰布葉，與頭、二眠未齊時同。所不同者，惟篩灰布葉之後，未眠蠶脫灰而出，有在葉下食葉者，不過遲眠數刻，只須餧葉，以俟其起，不必移置他器。有在葉上食葉者，用手指輕輕拈出，另置他器，不必用蠶筷子耳。若以蠶網擡置他器，則不特不用蠶筷子，併不用手拈。餧葉之法，易器後仍餧葉，以督其眠，與頭、二眠未齊時同。

又　大眠起齊　餧葉之法，堆已散盡，無一眠者，便須餧葉。第一日，先餧柘葉五六次，再餧桑葉，絲乃韌而有光。韌音忍，柔而固也。無柘葉者，專餧桑葉。第二日，巳午之間，以臘月所藏綠豆粉，拌桑葉餧一次先攤桑葉於蠶盤內，以新水灑拌，再用細羅篩篩綠豆粉於葉上，拌令極勻，每葉一筐，用水一升，豆粉四兩，可餧蠶五六斤，可解熱毒，且蠶絲堅韌有色，易於抽繅。或用臘月所藏熟米粉，拌桑葉餧之，亦可。第三日，以臘月所製桑葉麵，拌桑葉內，間空餧三五次灑水篩拌均同和拌豆粉法，比豆粉米粉更好。製桑葉麪、豆粉、米粉各法詳蠶食，無麪粉者，專餧桑葉。第四、五日，專以桑葉餧之。蠶自大眠之後，食葉愈速，布葉宜愈勤。正面反面皆可不拘，溼葉、露葉、霧葉、黃沙葉、氣水葉，皆可不忌。務須晝夜餧養，食盡卽布，不可稍饑。每一晝夜，約餧十餘次。此時多食一口葉，則上山後多吐一口絲。

又《附三原桑園蠶婦養蠶簡易法》　初下連，將現採桑葉切碎如米勻灑，一日餧三頓，二日四五頓，三日七八頓。每日於餧時，卽用雞翎管將蟻連蠶沙、桑渣往寬撥一次，層層撥寬攤薄，使處處露出紙底，然後勻灑切碎如米桑葉於上餧之，蟻卽自行上葉。俟一篩鋪滿蟻密食葉不均，蠶便不齊，卽於撥開灑切碎新葉。俟蟻上葉時，用雞翎帶桑渣、蠶沙連蟻靠紙挑起，以手揭片子，另放一器，使兩器均勻。三日後，即日加頓數，餧到頭眠。見眠者有二三箇，於清晨餧葉三頓，早飯後餧葉一頓。蠶上新葉後，用雞翎管將此四頓濕葉渣帶蠶揭起一綹，用手輕推成撮，以手撮放他器。濕葉渣帶蟻撮盡，底下乾渣有蠶，再鋪整桑葉，俟蠶上葉，提埽過，將乾桑渣蠶沙再倒淨處攤開，上放些整桑葉。如有幾箇未提盡的蠶，即自上葉提放一處，自下連至將眠，纔起底一次將此初次起底乾桑渣收存，至第三眠起齊餧葉時，灑新葉上，謂之投食。大約天煖七八日即眠，天涼八九日纔眠。每一眠，天煖一日許，天涼二日，眠時不食，歇葉不餧。將眠蠶，頭光腫，觜縮小，不食葉，皮緊，身帶黃光。眠定，觜吐長；眠起，頭有皺，觜寬方，皮鬆，身似毛。未眠食葉之蠶，頭不腫，身不亮，觜小圓，十分中有二三分眠。仍照常頓數餧葉，灑葉稍薄。眠已過半，葉止添少半，一日衹餧三四頓。至有一成未眠，即全不餧，自見眠至眠齊，不過三日。

清 盧燮宸《粵中蠶桑芻言・養蠶事宜條列》 蠶將眠時，急宜替屎，否則先眠之蠶，久在窩底，濕熱薰蒸，必變為風蠶，雖熟亦無絲。替屎時，又不可推蠶成堆，使受鬱熱，更多病損，將來結繭必薄也。又每蠶眠初起時，切禁食烟，及火烟薰之，必多黑頭而死。餧蠶時不宜倉猝開門，以致賊風暗侵，必多紅僵，以手撒葉餧之，又不宜離蠶高遠，恐蠶被桑擊着，則變為肥蠶，遍身白腫，熟亦無絲，此弊於眠足初起時尤忌。

又 《蠶經》云：蠶有三光，向食時則白光也；厚飼時則青光也；以漸住食時，則黃光也。若見皮皺者，是飢也。

又 餧食忌　凡濕葉及枯葉，均不宜飼蠶。如遇連日淫雨，亦必用净布或净棉將葉抹乾，方可與食。倘食過濕葉，老來必成氣水蠶，不結繭。食過枯葉，則頭大、腹結、尾尖也。如遇落霧及落黃沙，須將門窗緊閉，是日所摘之葉，宜以水洗過晾乾，乃可用。否則食過霧葉，老來必成白肚蠶，其肚白水流出，沾在好蠶身上，亦死。食過黃沙葉，必多脹死。桑葉叠積，最易發熱而生氣水。故桑經挑回，即宜開圍，將葉抖鬆。若食過氣水葉，亦成白肚也。桑地如初澆糞，其葉必鹹，不可遽用。若食過鹹葉，必成黑頭，鹹重即死，鹹輕亦變肥青，不肯眠，故忌之。

再者，餧葉失時，蠶即受飢，做成飢病，老來必成白頭蠶，不結繭。

清 姚紹《南海縣蠶業調查報告・桑部》 飼蠶之桑，用法分兩時。毛眠初出時，則切桑飼之，其細如髮。自二眠後至大眠，均用整葉。

又《蠶部》 每家飼蠶數及用桑數　縣屬養蠶，男女并作，五口之家約飼五兩種紙二張，每張紙價一元五毫，雙紙卽十兩種。初眠食桑五六斤，二眠十餘斤，三眠三十餘斤。三眠一起至四眠，每日桑六百斤，共兩日一千二百斤。由大眠起至成熟，每日四百斤，共四日三千二百斤。都計四千五百斤。故桑與蠶相依，農民早出耕桑，夜歸飼蠶，已無暇晷，雖欲多飼，無處求桑矣。

清 呂道象《廣州番禺縣呂大令道象**調查境内蠶業報告》**《農學報》第二百四十四期　桑葉處理法　飼蠶之桑，必須乾潔，一有水氣，蠶食濕葉，則將熟時，蠶身浮腫，雖置簇上，亦不結繭。如遇雨天，覓通風潔浄之室，將葉攤薄，使桑葉吹爽，然後飼之。卽天晴，亦須於將進桑時，先一刻將所貯之桑撈勻，以免潮濕。

清 佚名《武昌農務學堂報告・實修新圓種試驗諸桂種五齡總論》《農學報》第二百三十六期　至五齡餇食後，陡起大風，飛黃沙，有四時之久，始止。幸貯葉尚多，不至缺乏。五齡原不用火，今因濕氣甚重，故仍用火除濕氣，且極寒冷，雨量之多。至五齡八日，始有老熟之蠶，二十八日上簇完盡，上簇之後，仍用火以促其作繭。如不用火，則作繭遲，至生他害。

清 呂廣文《蠶桑要言・育蠶法》

備葉

備葉視蠶子之多少。蠶子以於潛緜紙一張爲一兩。自初生飼至大眠，須有用老葉立夏前後三日桑葉大足爲老葉五百斤。可摘之園摘飼，其斤兩則須折算。飼初生之烏毛蠶初生之蠶脱殼而出，蠶極小，色烏，有毛，故曰烏毛蠶，其時葉亦甚小，核以老葉，因□數十倍算。以後葉漸大，倍數亦漸減。飼至將近大眠時候，自初生作數十倍算起，漸減至此時，作一二倍算而止。如摘飼一斤，作一倍算，則作葉二斤，作兩倍算卽作葉三斤也。如遇上等蠶花，約須積算至五百斤左右，而蠶乃大眠，此皆謂之『小口葉』。自大眠起來，飼至蠶熟上山蠶熟須用糯晚稻稈，或小麥稈爲簇，使蠶立之以作繭，爲蠶山，此七八日中，須飼葉壹千斤，謂之『大口葉』。所飼大口之葉，可計葉以算繭。如飼葉千斤，卽可得繭百斤。連小口葉算入，是以葉十五斤，易葉一斤也。此蓋就上等蠶花言之，若蠶花稍次，不能準此法，以一概論也。故養蠶子一兩，必須備葉千斤以上，則備已過半，蠶旺則添買，蠶衰則賣去，適中則不買不賣，適如其數，以飼之可也。若能備至一千二三百斤，養子一兩，則更穩當，葉雖貴不憂。附録每眠算葉法：如養蠶子一兩，初生至一眠，摘飼之葉，每次秤□，共計一百兩。則自一眠起來飼至二眠，用葉三百兩，則蠶三開如一眠之蠶一米篩，二眠則開有三米篩矣。若用葉四百兩，則蠶四開矣。自二眠至四眠，法皆準此，可以類推。然自一眠至於四眠，最上者能四開。四眠至上山，最好不過三開。適中者或對開，謂以一開作兩也。或對開稍零，亦有之。

又　飼蠶

飼蠶一回，新嵊間謂一鋪蓋取以葉鋪上之意也，婦女誤讀鋪字爲去聲。平常天氣，日間約飼五六鋪。夜則黄昏一鋪，後半夜一鋪。亦有後半夜不起來，於二更時厚飼一鋪，寢至黎明時，始起飼者。蠶小飼葉絲，飼初生之蠶，絲須剪得極細，以半分闊爲度。以後蠶身漸長大，絲亦漸粗。至四眠起時，則將其葉剪三刀，曰三刀葉。飼過三鋪後，則不必剪，可用原片原枝之葉飼之。飼法，無論葉絲、原葉，均須攤得極勻，無厚薄，斯不至饑飽不均，眠時及上山時，致有參差遲速之弊。又接飼不妨稍緩，不可過急，看蠶筅中葉已食盡，爲蠶渴，渴則接飼。但渴與不渴，生手甚難辨別。蓋以葉攤飼，無多時刻，蠶羣行立葉上，其嘴向下食之，爾時筅中，已見蠶，而不見葉。生手誤爲食盡，即接飼蠶，則棄其前飼之葉而不食，復行在後飼葉上而食矣，謂之踏青飼。每次若使踏青葉之蹧蹋，必去其十之二三。蓋蠶卽將葉食渴，稍遲一兩刻及半時辰接飼之，亦屬無害，但不過養蠶日期拖延而已，而葉則較省。要之，以繭繅絲或台可開竈，賣與商，遲早一轍，養期拖延，亦無妨也。此次勸辦蠶桑，務使多獲花利，人始欣喜而風得盛行。若使生手將葉蹧蹋，則用葉多而獲繭少，此中大有關係。故於踏青飼之蹧蹋桑葉辨之特詳。

又　放食

蠶於眠後，起來頭一次飼葉，爲放食，嘉湖則謂之開葉。自一眠至四眠，起來共四次，每次放食，不可太早，蓋蠶係逐漸起來，未能一齊畢起。若未起之蠶，徊看之，尚有兩蠶相連一處者，則看似羣起，而實則未起之蠶尚多。雖已起者，既歷多時，大有求食甚緊之狀，然未曾放食之蠶卽多，遲一兩個時辰，亦屬無妨。至筅中，雖看有未起之蠶，但無兩蠶相並，則未起者，固已不多，可放食矣。亦不必待至蠶蠶畢起，始放食也。若不解此法，但見上面蠶已羣起，而於下面不加細看，卽行放食，則其蠶易致不齊，亦在所忌。

清　馬丕瑶《蠶桑簡易法・養蠶法》　收蠶食　夏間未經摘過，並秋深未黄之桑葉，採來曝乾，臘八日磨成麪。來歲飼蠶時，如遇溼葉，拌食，蠶不生病。三眠後，亦可閒食之。又法將菉豆浸半日，白米淘極淨收存。蠶三眠後，磨麪，拌葉飼之亦佳。

又　頭眠　蠶蟻至六七日不食，結觜觜漸小，謂之結觜，色帶黄光者，頭眠時也。如十分已眠三五分，可減葉三五分，比尋常切細薄飼，頓數宜加；已眠七八分，減葉七八分，葉宜極薄，頓數倍勤；如有九分，餘不食，尚有青白未眠之蠶不多，揀去棄之，此不齊之病蠶也。微微將底起鬆，置之靜處、暗處，住食約二日餘，便蛻殼而起。候十分醒起眠時如殭卧狀，迨走動擡頭，便是醒起時，方可投食。若八九分醒起便投食，到老蠶不齊。初醒起時，稍餓不妨稍餓則口老而殺葉，蠶身亦易大，但不宜亂動，因皮嫩易受傷也。切忌見風。此時切葉薄飼，二日後緊飼，食盡即上葉，一晝夜飼六七頓，再三日即二眠矣。

又　三眠　將三眠時，減葉住食，將底起鬆如上法。但須置稍亮稍涼處，三日起齊。初飼切葉二頓，隨上連條整葉。古法：辰巳時，取臘緑豆磨麪，用清水少許，潤葉上，每一大筐，拌麪半升，飼一頓。明日辰巳時，復如上潤水，拌白米麪半升，飼一頓。又明日再拌臘製桑葉麪，飼一頓。按此法，如養馬之上料，豆甚宜蠶。如無米豆麪，不用亦可。

又　上簇　【略】蠶大眠後，緊飼數日，但見皮老觜小，半身明亮，不食游走，便可拈之上簇。飼蠶須以日計，從埽蟻至上簇，不過二十四五日，繭厚而出絲多，至二十七八日者次之，如遲至月餘，則繭劣絲少，而利薄矣。不宜過遲，遲恐吐絲多而繭薄。夜分，須時時鐙照，其有未老者，趕為飼葉，隨拈隨飼，不久自全上簇矣。

清　饒敦秩輯《蠶桑簡要録・養蠶法則》

二眠二條

頭眠起後，天氣寒，隔四五日，天氣暖，隔三四日，計飼葉二十七八次。其旺葉、沸絲、打裝，色又微白，嘴上又隱隱有尖角，而不復食葉，則二眠矣。所用之法，與頭眠同此。

此是緊要關頭，須要小心看餧，不可使蠶受病。切忌受風失葉，將切葉餧三餐後，可食單張葉。

清　沈秉成《蠶桑輯要·諸家雜説》

斷飼眠法

專使未眠之蠶，使之速眠。如十分中有三五分黄光者，可減葉三五分，比尋常宜切細飼薄，頓數宜加。如十分中有七分黄者，即減去七八分，摻葉宜極薄，頓數宜勤，以其齊眠。尚有青白未眠之蠶不多，速宜揀去棄之，此是不齊之病蠶也。如此起鬆，置之静處，方可住食。候十分醒起，方可投食。若八九分起便投食，到老蠶不齊。蠶起時，稍餓不妨。一則口老而殺葉，二則蠶身易大。蠶初醒時，不宜亂動，因其皮嫩，易於受傷，切忌見風。不比眠時皮老，既食葉後，不可間斷。如此飼葉守齊，斷無不齊之理。

又《養蠶法》

蟻拂下，室煖三日即緊飼，五日即變黄白色，而眠有九分，結嘴不食，為頭眠，凉則七日方眠。眠時，將班糠摻一層於上，還有食蠶一分，復摻稀葉一層，食蠶上葉，此遲眠之病蠶。用蠶箸鉗而去之。眠蠶連糠起鬆放開。住食二日夜，蛻殼起齊，凉則三日。

頭眠起齊，切葉薄飼。極煖，二日後緊飼，食盡即飼。一晝夜飼六七頓，三日復眠。變黄白色，結嘴八九分，摻班糠去食蠶。起鬆如前，為二眠。

二眠後起齊，切葉宜稍粗，即是三眠出火，去筐底草簾。若三眠種，三眠後不用切葉，飼以連枝葉。四眠種，三眠還是切葉，三眠、四眠如前摻糠去食蠶起鬆。此時要住食三日，方能起齊。初飼切葉二頓，食盡復布純葉一層。辰巳時，取臘緑豆磨麵，用清水少許，潤葉上，每一大筐，拌半升於葉上，飼一頓，此時方擡網。明日辰巳時，復如上法，潤水拌白米麵半升，飼一頓，再擡網。飼純葉五頓，再拌臘製桑葉麵，飼一頓。如葉缺，間飼四五頓無妨。食盡三日後，又用新水噴葉，令微溼，再飼一頓擡網。如天雨過多，不食水葉。每日擡網去沙，葉食盡即飼，不論頓數。若天氣暴熱，開窗暴寒又宜關閉致身肥嘴小，喉絲漸亮，老之時也，飼之宜勤宜温煖，不過二三時，便全上簇。

清　沈練《蠶桑説·飼蠶法七十條》

大眠起後，先飼以柘葉兩三次，其絲益韌而有光。

大眠起後，食葉愈速，布葉宜愈勤，食盡卽布，能一晝夜食葉十餘次，則五晝夜卽老矣。自大眠起後至老，約須食葉五十餘次，能多食數次更好。蓋此時多食一口葉，則上山後多吐一口絲。故飼蠶者，唯恐其食之少。

又　飼蠶者宜識天時，天將雨，便須采一兩日之葉，儲足以備。少則以缸甕箴鬆鬆儲之，多則鋪竹席於地，而鬆鬆堆之。使食盡此葉，而雨如故，則不得不於雨中采葉。所采之葉，以布夾之新者惟白布可用，舊則不拘顔色矣，少頃即乾。否則，以水淘過未淘者恐有灰之乾麥拌之，亦少頃即乾。若大眠以後，需葉甚多，則剪取長條，於有風而雨點不到處，懸之，可也。

清　沈練《廣蠶桑説·飼蠶法六十六條》　飼蠶者須度量自家桑葉之多寡，初生之蠶，謂之蠶花。蠶花落紙時，便須以戥秤稱之。蓋蠶花一錢，飼之得法，約可得大眠五六斤。統前後計之，須食葉百三四十斤，不可於收蠶花時，一味貪多。以下總論。

稱蠶花之法，先將蠶布稱準，至蠶花落紙後，取蠶布再稱之，則蠶花之分兩曉然矣。竟以蠶花置戥稱盤中，恐其畏冷。

清　沈練，仲學輅輯補《廣蠶桑説輯補》卷下《飼蠶法六十六條》

葉有宜忌説二條

【略】

按《蠶桑輯要》：并忌黄沙葉，黄沙來自沙漠，蠶食之有損。或洗用，或拭淨用。若大眠起後，食葉愈多，亦不勝洗拭矣。霧葉詳前大眠起後説第二條下。

又卷四《雜説九條》　蠶食熱葉，非竟不能成繭也。蓋成繭之後，不能化蛾，每在繭内腐爛，印出繭外，以致不能繅絲，所以餧蠶大忌。

清　沈練，仲學輅輯補，章震福校訂《廣蠶桑説輯補校訂》卷一《培養桑樹法十九條》　又按，一年之内，惟小蠶食葉時，不宜壅糞。壅糞之地，勿采桑葉，俗名『肥葉』是也。蠶食之，則當眠不眠矣。若蠶大眠後，糞始無妨。然采葉須在糞後二三日，使穢氣稍退，纔可飼蠶。

又　按，葉上有泥點者，俗名泥葉。如忙時不及擦淨，棄之可惜，養蠶者不妨帶養泥蠶，令食泥葉泥蠶者，蠶之一類，二種眠起皆同，依後飼蠶法飼之。

又卷二《飼蠶法六十六條》　按，大眠起後布葉，如天晴無霧，可用帶霧桑葉，露爲天酒，能補助好蠶，令後來繭絲光澤。病蠶食之，卽軟死，力不勝也。或先布燥葉一二次，再用露葉法，亦妥。若帶霧者，仍宜待燥，霧有毒故也。

清　盛宣懷輯《蠶桑備要》　一曰亮頭蠶，食葉則暗，葉過則亮，是為過葉亮非病也。其食葉仍亮者，則名亮頭。沙矢不堅，尾流焦水，又謂之溼胐臀。凡小蠶旺食之候，及遇天氣炎熱，偶不飼而失葉忍飢，至輟火或大眠，輒發為亮頭，發愈遲則病愈重，隨飼隨斃，一無收成。大約起孃初蛻時，皮色黃而身胖者，必成亮頭。昔人謂之黃肥，今謂之著黃草布衫，放葉兩三次，即尾流清水矣。

又 蠶初生時，食葉甚少，只可采其底瓣底瓣者，芽觜之旁先放之一兩葉也，其色較老，雖留之亦不甚長。二眠以後，食葉漸多。若底瓣已盡，則采瞎眼瞎眼者，芽觜已放只兩三葉，而其中心已無未放之芽，雖留之長亦不多。三眠以後，食葉愈多，然須辨其老嫩。至大眠以後，則桑已長足，可開剪矣。三眠前所采之底瓣瞎眼，謂之小葉。采小葉得法，則止望其采得百斤者，合前後計之，可得百二三十斤。然年年采小葉，桑亦樹上，亦可采取。然飼蠶總不敵二葉之翠嫩也。頭葉不去，則明春葉薄，雖蠶食不盡，亦必去之，二葉則不須去。采二葉後，其條復生芽，是爲三葉，不盡采矣。

又 低桑放葉較早，於采小葉者最宜。但去地近，驟雨，葉上必有泥點，須拭盡，方可飼蠶。栽桑原以飼蠶，即不飼蠶，亦未始非。計栽桑百株，成陰後，可得葉二三十石，以平價計之，每石五六百文，獲利已不薄矣。野桑雖亦可飼蠶，然葉薄而小，且易癟，不如家桑。柘亦可飼蠶，但較堅厚，小蠶不能食。桑葉缺少，可於三眠開口時，令食柘葉兩三次，大眠開口時，令食柘葉五六次，則省桑葉矣。必於開口時者，柘之味不及桑，既食桑葉，必不可再食柘也。大眠起後，先飼以柘葉，其絲乃韌而有光。凡葉少時，以白米粉糝葉上飼之，絲更光白而韌。又秋葉未落時，採完好者，曬爲細末，畱置暵處。飼蠶時遇雨葉溼，則以乾葉末糝之，均其水氣，兼易飽難飢，省葉也。

又 飼蠶 收下後，葉宜切細，初眠後可麤，二眠後用葉片，三眠則連枝與之。出火前，忌溼葉；大眠餉後，又惡太燥，以潔水灑葉而飼餉蠶曰餧，湖州讀若意，常州讀若飫，皆餧聲轉也，每日布葉五六次須鋪得極勻，不必過厚，黃昏時一次須略厚。如遇陰寒，布葉而蠶不甚食，須用棉被，將盛蠶之器四面包裹，使受暵氣，則食矣。器上以他物架空，恐棉被壓及蠶身。大約每蠶一斤廿四兩秤自收下至上山，喫葉一百八十斤十五兩三錢秤，此上上蠶也。

又 空頭小蠶時失葉飢傷、布漆身有黑斑點生種之故，必須勤耪，方不傳染。如殭蠶傷冷、癟孃不上葉，生種時，對淂不深，可噴燒酒或甘草水。

又 鋪地 蠶以居筐爲善，然大眠以後，蠶大筐多，列槌分架，擡飼難，擡舁尤難，於是埽地，藉蘆蔴而散蠶其上，以土坯闌限如筐，謂之放地蠶，亦謂之下地。有大眠放葉周時後下者，有放葉三餐即下者，酌量蠶之多寡，室之寬狹，瓜分棋布，幾無餘地以容人。自此不擡不舁，惟朝暮勤飼，以俟其老，眞簡便法也。

又 上山 蠶將熟，脰節瑩徹，謂之通。【略】周身通明與欲眠異。【略】小蠶不可失葉，直至上山，始見悔之已晚。或曰蠶沙入水浮，亦欲上山也。

清 汪曰楨《湖蠶述》卷二《飼蠶》

收下後，葉宜切細，初眠後可粗，二眠後用葉片，《育蠶要旨》三眠則連枝與之。出火前，忌濕葉；大眠餉後，又惡太燥，以潔水瀝葉而飼。董蠡舟《樂府小序》。按，俗呼飼曰『餧』，讀如『豫』。每日布葉五六次。須鋪得極勻，不必過厚，黃昏時一次，須畧厚。如遇陰寒，布葉而蠶不甚食，須用棉被將盛蠶之器，四面包裹，使受暵氣，則食矣。器上以他物架空，恐棉被壓及蠶身。《廣蠶桑說》僧于蠶月，入夜打鐘三次，以警蠶婦餉葉之候。蠶畢，率酬以綿。施國祁《禮耕堂詩集》大約每蠶一斤廿四兩秤，自收下至上山，喫葉一百八十斤十五兩三錢秤，此上上蠶也。稍平者不到此數。《育蠶要旨》

沈炳震《樂府・飼蠶》：初眠二眠蠶如毛，飼蠶切葉嗟勞勞。辛勤半月蠶出火，帶葉連枝亦已可。小時食葉葉須乾，露中采得當風懸。大眠餉後葉可溼，清泉細灑明珠圓。葉乾葉溼各有宜，第一難防侵曉時。晚來黑雲忽四布，明朝定是漫天霧。擷蔬芼羹罷晚膳，結伴提燈連夜剪。我儂辛苦自不免，隨人更復勞黃犬。

董蠡舟《樂府・飼蠶》：終朝剉斫費摒擋，藁砧束作明月樣。絲絲青葉如牛毛，細意聶切何辭勞。浹辰之間眠過二，眠起便將完葉飼。盼到幾時纔出火，連枝喂食無不可。只愁霧雨氣鬱蒸，檐前風戾懸長繩。小蠶惡溼大宜潤，手瀹寒泉細噴潠。調飢未怨朝食遲，生怕蠶飢寧我飢。蠶飢便恐絲腸斷，未敢片時少稽緩。一宵四起黎明興，阿母年邁猶能勝。回眸一笑呼小妹，鋪筐未了垂頭睡。

董恂《樂府・飼蠶》：蠶飢蠶飽不可過，早起飼蠶何敢惰。只愁飢後斷絲腸，那顧女啼與兒餓。辛勤更是小時難，葉溼宜揩大宜剉。盼到今朝捉大眠，帶葉連枝滿筐簸。所恨連朝風霧深，照料稍疏又囊破。竟晝綿宵那得閒，幸是兒夫肯儂佐。葉乾葉溼要關心，與少與多莫相左。夜間飼罷且偷閒，和衣暫向床頭卧。

又 餉食

眠起初食，曰餉。《胡府志》眠後看蕛上，有白絲如綿，謂之『楊花蕛』，然後可以餉食。或看其觜上，始白漸黄，終至稍黑，亦可餉食。總以眠頭盡起為度。《育蠶要旨》如起孃不甚齊，不妨稍遲，以俟其齊，俗謂之『熬』。《遺閒瑣記》眠一次，則觜闊一次，衣寬一次。布葉太早，恐觜已闊，而衣未盡脫者亦食之，則腹大，而未脫之衣，脫不下矣。食葉之疾徐，不盡關乎冷煖。初起必不甚疾，將眠將老亦不甚疾，最疾者中間之兩三日耳。此兩三日，上葉宜較勤。《廣蠶桑説》食盡曰葉過，以語忌而更也。董蠡舟《樂府小序》二眠餉食，不比頭眠，及出火，不可過熬。大眠餉食，稍嫩亦不妨。《育蠶要旨》

又 餉食時候，比出火可早食葉，可灑水氣水葉，終不可吃。《育蠶要旨》眠起長可七八分，背有絲腸，閃動可睹，食葉聲如驟雨。《西吳蠶畧》大眠起後，食葉愈速，能一晝夜食葉十餘次。則五晝夜即老矣。能多食數次更好，蓋此時多食一口葉，則上山多吐一口絲，唯恐其食之少。《廣蠶桑説》

又 卷三 上山

蠶將熟，腹節瑩徹，董蠡舟《樂府小序》謂之通忌言亮。通則老矣，吐絲繚繞，謂之繚孃。《西吳蠶略》亦名考孃，考即老之轉音《吳興蠶書》。按『考』或作『巧』。倘通明而無絲腸，又是空頭，由于小蠶時餓也。小蠶不可失葉，直至上山，始見悔之已晚。或云蠶沙入水浮，亦欲上山也。《育蠶要旨》

清 佚名《樹桑養蠶要略・養蠶三十二條》 大眠起後 一晝夜後，蠶必脫灰脫草而起，天冷起稍遲，只宜靜候，不可促以火，亦不可急飼葉，須起齊方飼。大眠以後，蠶食葉愈速，布葉宜勤，不可令稍飢。此時多食一口葉，則上山後多吐一口絲。隔三日，去桑渣蠶屎一次。蠶至大眠後，宜涼，宜開窗以通氣。遇西南風，仍閉窗戶。

清 衛杰《蠶桑萃編》卷三《蠶政・蠶性類》 凡飲酒及葷腥者，不可切葉，不可餧蠶。體蠶以臭氣自口而出，手有苦葷氣，沾蠶則青爛而壞。

又《蠶飼類》

不食

桑葉有蠶不食者四：曰芽觜，萌芽初出也，俗名眼頭，其味苦澀；曰毛背桑，葉澀而帶毛，蠶不食；曰金葉，葉上有黄斑者，亦名金桑，其樹將槁；曰油葉，色黑如油也，因筐内貯葉過於緊實所致。

又 戒食熱葉

當烈日中摘桑為熱葉，澀而不潤，蠶食之則腹結、頭大、尾焦。

又《採葉類》

買葉

蠶多而桑葉不足，須約計所少之數，預先買定。勿買金桑葉、毛桑葉、鷄脚桑葉、大麥地内桑葉，又勿買遠道桑。如不得已，買自遠處，行二十餘里，須放風一次。恐挑運太遠，下墜緊實，逾時即油，於中途擇有風無日處，發而鬆之，俗云放風。

又《易器類》

蠶大宜分

一盤蠶分為兩盤，蓋蠶初生如蟻，頭眠時，大如衣線，長約半分；二眠時，粗如綿紗綫，長約一分；三眠時，粗如麻綫，長約二分；大眠時，粗如錢繩，長約五六分。大眠起後餧葉，一晝夜可長至寸許，臨老時約長二寸。不分則漸長漸大，愈大愈擠，必有積壓損傷之患。大約新蟻一盤，至老可分為三十盤。

又《育蟻類》

分開

餵葉數次之後，便覺其密，用蠶箸輕撥。再餵葉數次，又覺其密，又撥開。或將細葉，篩於蟻上，俟蟻上葉，用蠶箸輕夾，分布別器。或用蠶匙輕挑，亦可。

又《頭眠類》

將眠

蠶眠起時，自下連後算起，至八日或九日，眠者脫殼而起。以眠後計算，約一晝夜即起。眠起之狀，眠娘色微黄，觜微闊，衣已盡褪則起，俗云起娘衣皮也。眠一次，則觜闊一次，衣寬一次。保護之法，宜微明微煖，禁止煎炒。一見起娘，即禁油腥氣，恐吹入蠶室，起娘嗅氣，則登時生病。不必急於餵葉，因口尚嫩，恐有觜已闊，而衣未盡脫者。食葉早，則腹大，未脫之衣，便難脫矣。必待箇箇起齊，方可餵葉。

又 頭眠起齊

餵葉之法，箇箇起齊，灰下無一眠者，再看桑渣蠶屎上有絲布滿，則起娘觜老，便可餵葉。先於室中焚香一撮，蠶聞香便思食，此是醒胃之法。每一晝夜，約餧四五次。頭眠起齊之後，二眠之前，中間三四日，勿令受餓。設有小病，到老必無收成。起齊後，第一次布葉，宜薄宜勻，俟食去三分之二，再布一次，不必食盡。第三次布葉，不妨稍厚。以後蠶漸大，葉亦漸厚，食盡再布。易器之法，天氣煖，隔一日剔一次；天氣寒，則隔兩日。所易之器，紙下仍襯以灰。保護之法，宜煖宜明，忌風忌穢。

又《二眠類》

將眠

二眠蠶將眠時，頭眠起後，越四晝夜，即是二次將眠之候。亦有因天氣煖和，越三晝夜即要二眠者。以上葉次數計之，約二十次以內，此指四眠蠶而言。若三眠蠶，頭眠起後，越七日纔二眠。將眠之狀，與頭次將眠同。易器、餵葉、保護諸法，均與頭次將眠同。

又 二眠起齊

餵蠶之法，與頭眠起齊同。此時勿使蠶受餓，每一晝夜須餵五六次。易器之法，天氣煖，一日剔一次，此時桑渣蠶屎較前益厚，天氣寒則隔一日。所易之器，紙下不必襯灰。如遇天氣過冷，隔一日仍不須剔，用茅草隔蒸之法，俟晴和再剔。保護法與頭眠起齊同，此是緊要關頭，切勿使蠶受病。

又《三眠類》

將眠

三眠蠶將眠時，二眠起後，越三四晝夜，又將三眠。以上葉次數計之，約在二十次內外，此亦指四眠蠶而言。若三眠蠶，則二眠起後，越七日纔三眠。將眠之狀，與頭二次將眠同。易器、餵葉、保護諸法，均與頭二次將眠同。

又 眠未起

易器之法，篩灰布葉與頭二眠未齊時同。所不同者，惟篩灰布葉之後，未眠蠶脫灰而出，有在葉下食葉者，不過遲眠數刻，須餵葉以俟其起，不必移置他器。有在葉上食者，用手輕拈，另置他器，不用蠶箸，若以蠶網抬之，亦甚便。餵葉之法，易器後，仍餵葉，以督其眠，與頭二眠未齊時同。稱蠶之法：未眠者眠定，仍以秤稱之。稱準後，仍篩糠灰於蠶上，以俟其起。如此時不稱，祇篩灰以收溼氣。青色蠶者，色甚青，皮內如油，不食葉而在葉上掉頭不住，似有所苦，終不能眠，眠亦無用，宜急棄之。

又《大眠類》

將眠

大眠蠶將眠時，三眠起後，越四晝夜又將大眠。亦有早至三日、遲至五日，以天氣有冷煖，食葉有疾遲也。以上葉次數計之，約在三十次以外，此亦指四眠蠶而言。三眠蠶只眠三次，無大眠將眠之狀，與頭、二、三次將眠同。易器、餵葉、保護諸法，均與頭二三次將眠同。

又 眠未齊

易器之法，與頭、二、三眠未齊時不同。蠶上不篩糠灰，只用整張大葉，勻鋪其上，以葉之光面向上。其已眠者，伏葉下不動；未眠者，必上葉就食。連鋪葉數次，葉上蠶多，即再鋪葉。未眠與已眠，已隔數層桑葉，將葉捲起，則未眠者盡在葉間，隨即勻鋪他器。餵葉之法，易器後，仍餵整張大葉，以督其眠。稱蠶之法，未眠者眠定，仍以秤稱之。稱準後，仍以石灰覆蠶上，以俟其起。

又 大眠起齊

餵葉之法，視其眠起，即便餵葉。第一日，先餵柘葉五六次，再餵桑葉，絲乃韌而有光。無柘則專餵桑葉。第二日，巳午刻間，以臘月所藏綠豆粉，拌桑葉餵一次。先攤桑葉於蠶盤內，以新水洒拌，再用細羅篩篩綠豆粉於葉上，拌令極勻。每葉一筐，用水一升，豆粉四兩，餵蠶五六斤。可解熱毒，且蠶絲堅韌有色，易於抽繅。或用臘月所藏熟米粉，拌桑葉餵之，亦可。第三日，以臘月所製桑葉麪，拌桑葉內，餵三五次。洒水篩拌，與拌豆粉同。若專餵桑葉更佳。第四、五日，專以桑葉餵之。蠶子大眠之後，食葉愈速，布葉宜勤。不拘正反面、不忌溼沙葉，須晝夜餵養，食盡即布，勿令稍餓。每一晝夜，約餵十餘次。此時多食一口葉，則上簇後多吐一口絲。

又 蠶老時

大眠起孃，餵葉四五晝夜即老，以上葉次數計之，約在五十次內外。自下連至老，約二十五六日或二十七八日。

清　衛杰《蠶桑淺説》

飼葉

蠶出齊後，日間飼細葉三次，夜間飼細葉四次，俗名爲退刀。心背發亮絲一線，是始眠。每眠三日，每起三日，三眠三起，共一十八日，蠶即大起。分箔之後，再飼十餘日，每日十多次，迨昂頭尋走，便是要上山作繭。時俗云：『不飼五月桑。』今年蠶桑局及民間養之信然。

清 吴鴻望校，袁俊德輯《蠶政萃編·番候類》

詳加減

蠶有三光，白光向食，青光恣食，皮皺爲饑，黄光以漸住食。故飼蠶之節，必視蠶所變之色爲加減，不可過，亦不可不及。當減而加，失之太過，亦傷，則禁口不食，生病，而眠遲。當加而減，失之不及，必餒，則氣弱生病，亦眠遲而繭薄。

量厚薄

蠶小，布葉宜薄。蠶大，布葉宜厚。大眠以後，蠶老以前，布葉宜極厚。每將眠時，布葉宜頻且宜薄。每眠起時，布葉宜薄且宜緩。

又《收蟻類》

下蟻法

新蟻微渺如髮，最易損傷。下蟻者，或以雞鵝翎埽撥，或以桃柳枝，敲打連背，皆非善法。其最妙者，出齊之後，用快刀切桑葉，細如絲髮，勿早切，致乾津液。用篩子篩於盤内蠶蓐上，勿過厚，然後以蠶連覆葉上，蟻聞葉香，自然下連就葉。倘覆葉多時，尚不下連，或緣上連背翻轉，仍不下，此病蟻也，並連棄之。

又《大眠類》

蠶老狀

身肥觜小，長約二寸，粗如小指，色微黄，如糙米色。取向光處照之，絲喉漸亮，身漸輭，爲老娘。蠶色暗將老，則喉間先亮，蠶身硬將老，則漸輭。再薄餵三五次，俗云上馬桑，使通身透明，通身柔輭，中有一絲跳動，遊走不食，是欲作繭，急宜上簇。

清 吴宗周、陳幹材、徐謙山《蠶桑白話》卷二《養蠶白話·養蠶的新法子》 又小蠶不便吃大片之葉，故纔出時，葉要切得很細，等蠶漸漸大了，葉亦漸漸切大。如頭回的葉他吃了，剩的殘葉還多，那二回的葉就少喂點。頭回葉吃完了，二回就多喂點。到四眠後，那蠶體很大，那葉就可連桑枝放在裏面喂他了。

清 吴烜《養蠶説》 蠶貴齊，子齊、收齊、開葉齊、眠齊、起齊、飼葉齊，如此方能上山齊。

又 初二眠中，食葉甚少，可以隨飼隨采。三眠起後，食葉日多，必須儲備。晝間所食之葉，於清晨采之；夜間及明晨所食之葉，於今日傍晚采之。若連枝剪下者，須將枝竪直，使可透氣。堆積不可過厚，并宜時時翻掉，否則發熱葉黑，蠶不欲食。且桑葉易枯，枯則不食。非但不可見日，并不可見風。燥風一吹，最易枯槁，必須時時噴水，不使太乾。收貯得法，可儲兩日，過此則不堪食矣。

又 飼蠶忌濕葉、熱葉、泥汚葉、沾沙葉、沾穢葉、沾菸沾油葉。食濕葉，則生瀉病白殭。雨中采葉，必須晾乾。食熱葉，則頭大腹結尾尖，食葉多而不老，亦不作繭。故日中之葉，與（法）［發］熱之葉，必須冷透。如遇大風，桑葉沾沙，或沾泥土，必須洗淨晾乾，否則食之病脹。沾穢之葉，與沾菸沾油之葉，食之必死。大麥田中之桑，食之病瘟。均宜戒忌，熟知諸法，即可育蠶。

又 小蠶既收，隨即洗手，剪葉如絲，勻糝蠶筐，不可或密或疎，謂之開葉。蠶筐宜置帳内，謹避風寒，復以潔淨衣被，架空覆之，不可逼遏受濕，致生病患。晝夜須飼葉六、七次，不可間斷。每次飼葉，必先洗手，切勿沾汚。小蠶漸長，須逐日撥開，間日起底。

清 吴作鏌、倪紹雯、劉安欽《蠶桑速成捷法·蠶絲業普及捷法》第二章《養蠶捷法》 給桑 蠶之不可一日無桑，猶人之不可一日無米麥也。桑外雖有他種，可以飼蠶，究不若桑葉之滋養。然給之當否，大有關于利害。因表列于左：

蠶齡	一日給桑之回數		
一齡	八回	午前四時七時十時	午後一時三時五齡八時十二時
二齡	七回	午前四時八時十一時	午後二時五時八時十一時
三齡	六回	午前五時九時十二時	午後三時七時十一時
四齡	六回	午前五時九時十二時	午後三時七時十一時
五齡	五回	午前五時十時	午後二時六時十一時

然每齡每回以若干爲宜乎，此雖依蠶之種類，氣候之乾濕，稍有差異，然有標準以爲之加減，亦不甚遠。宜就有經驗之人，作一標準表，按加減之法。（一）在天氣乾燥時，蠶兒食慾旺盛，所給葉皆食盡無餘。蠶沙亦乾硬，

蠶皆揚頭瞻望，如求食狀，則日中宜加桑一回。（二）在天氣潤濕時，則食桑不盡，餘殘太多，蔯沙亦潤濕，則當延遲其給桑而約減一回，或照標準表，減其分量。如乾濕合宜以手探蔯沙，如新出絲菸樣，則務必依標準表爲是。切桑分寸，可以蠶體之大小爲準。但眠後初起之際，蠶兒食慾不旺，若切之過大，則生蠶座濕潤之弊，須擇嫩葉稍切細以給之。切葉有爲方形者，有爲長方形者。大抵方形者，給桑易于平均，且便于作業。長方形易于乾燥，於蠶座潤濕時爲宜。若至四齡以後，儘用全葉爲可。凡病桑、泥桑、毒桑、腐爛桑、萎桑，皆宜棄之。至于桑花雨葉，雖無害，總不用之爲宜。凡桑之葉柄，勿混于切葉之內。凡給桑須平均，無有厚薄。或依切桑分寸，作桑篩給之尤便。四川嘉定府地方，多以柘葉飼一、二、三齡。經日本理學博士佐佐木忠次郎研究，謂與桑葉無異，若以之飼四、五齡蠶，且可以免蛆害云。我國人勿輕視此物也。又我國魯桑，滋養分最足，惟多給之，蠶兒食之不盡，致使蠶座變濕而有害。須依標準表分量，則其利甚大。

清 徐樹銘《桑政邇言》 春時所生桑葉，及伏雨所生桑葉，皆可飼蠶。《南陽記》所載南陽八蠶，《日南》所載日南八蠶，現在廣東高州八蠶，又各省有一、二、三次養蠶者，皆不止一次二次已也。惟初養之年，從一次起或二次均可。每蠶不過用三九二十七天，即成繭，可取絲矣。連二次算，不過兩個月工夫，可以收一畝田數倍之利，較之罌粟更厚。又可兼種豆黍，以備糧食，實爲大利之所在。初次、二次所飼之葉，即用春時之所生。抑或天氣稍寒，遲十許日浴種按節氣兼天氣寒熱定早晚，不能不兼用伏葉，若用之不盡，又有收藏伏葉之法。就伏後所生之葉，可及霜未降，葉未乾黃之先，一律摘下陰乾，以甕貯之，或入甀窖土窖藏之，避塵土。來年三蠶時，如葉有不足，可將所藏之葉取出，以淡鹽水灑之，令潤。攙入飼盤中使飽食，多絲而繭大且厚。

清 羊復禮《蠶桑摘要·養蠶十五則》

放桑

引蠶切桑絲，一日約放桑三四次，夜放桑三次。蠶不可餓，如餓片時，將來出絲亦少。初眠後，仍切細絲，較引蠶時稍粗。二眠後切一分寬，三眠後切三四分寬，大眠後用大塊葉，不用切絲。

清 楊鞏《中外農學合編》卷一〇《蠶類·飼育》 大眠以後，需葉甚多，則剪取長條，於當風而雨點不到處懸之，亦少頃即乾。蠶惡水濕，故乾而食之。凡不得已而採霧葉、露葉、黃沙葉者，均宜洗淨拭乾，方可餧蠶。倘蠶多而桑葉不足，須約計所少之數，預先買定。

又 卷一一《蠶類·飼育》

收蟻

蟻三日出齊，即同時下連三日之內，蟻在連上，不餧葉亦無妨礙。但小蟻畏冷，須於巳午時，擇無風處下之。新蟻微渺如髮，最易損傷，下蟻者或以鷄鵝翎掃撥，或以桃柳枝敲打連背，然莫妙於出齊之後，用快刀切桑葉，細如絲髮下蟻時方可切葉，切早則葉無津液。用篩子篩於盤內蠶尊上務要篩勻，不宜過厚，然後以蠶連覆葉上，蟻聞葉香，自然下連就葉。

又 一器之內，有已眠者，有未眠者，覆壓擾亂，甚不相宜。必須篩糠灰於蠶上，布桑葉於灰上，俟未眠者脫灰而出，便可移置他器。易器後，餧葉宜勤，切勿偷懶。餧至數次，則未眠者亦眠矣。昔人所謂『頻飼以督其眠』，即指此時而言。眠定，仍篩糠灰於蠶上，以俟其起。餧葉之後，仍不能眠，俗謂之『青頭蠶』，養之無益，撿而去之，可也。《士農必用》《蠶桑輯要》

又 保護之法，宜微明，宜微煖，宜禁止煎炒。不必急於餧葉，必待箇箇起齊，方可餧葉。再看桑渣蠶屎之上，有絲布滿，則起娘嘴老，便可餧葉。每一晝夜，約餧四五次。頭眠起齊之後二眠之前中間三四日最爲要緊。如果此三四日內有小病，到老便無收成。第一不可受餓，夜間切勿貪睡。起齊後，第一次布葉，須薄而勻。蠶眠時，器内篩有糠灰，起後蠶器乾燥，所布之葉易枯，枯則蠶不能食，布葉宜薄。俟食去三分之二，再布一次不必俟其食盡。第三次布葉，不妨稍厚，以後蠶漸大，葉亦漸厚，須食盡再布，隔一日體一次因此時食葉漸多，桑渣、蠶屎較前易厚也。

又 二眠

將眠之時，頭眠起後，越四晝夜，便是二次將眠時候。亦有因天氣煖和，越三晝夜即要二眠者。以上葉之次數計之，大約總不過二十次以內。此指四眠蠶而言。若三眠蠶，頭眠起後，越七日纔二眠。其眠狀及易器、餧葉、保護各法，均與頭次將眠同。《蠶桑輯要》

又 二眠起後

將眠之時，二眠起後越三四晝夜，又將三眠。以上葉之次數計之，大約總在二十次内外。此亦指四眠蠶而言。若三眠蠶，則二眠起後，越七日方三眠。其眠之狀及易器、餧葉、保護各法，均與頭、二次將眠同。熟眠及眠起保護各法亦同。惟浙人於三眠時，必稱蠶以定準則。稱蠶之法，眠定後逐一拾出不可破傷其身，亦不可擦傷其嘴，恐脱殻不下也，置光滑器內以秤稱之。為此後桑葉計也。三眠蠶一斤，只老可得蠶八九斤或十斤不等；前後食葉一百四五十斤。除三眠以前所食不計外，以後尚須食葉一百餘斤。

又 三眠起後

眠起之時，三眠亦以一晝夜為率。其狀及餧葉、易器、保護各法，均與頭、二眠起齊後同。所不同者，甫經開口，未餧桑葉之先，可餧柘葉二三次，再餧桑葉。切過三四次後，可用整張大葉，不必再切。此時食葉較速，務須晝夜布葉，每次宜略厚。三更後再布一次，亦宜略厚。易器之法，與二眠起齊後同，與頭眠起齊後不同。保護之法，與頭、二眠起齊後同。惟起齊之次日，可去蓐草，謂之落蓐，與頭、二眠起齊後不同耳。《蠶桑直説》《蠶桑實際》

又 大眠

將眠之時，三眠起後越四晝夜，又將大眠，亦有早至三日，遲至五日者以天氣有冷煖，食葉有遲速也。以上葉之次數計之，大約總在三十次以外。此亦指四眠蠶而言，三眠蠶只眠三次，無大眠。眠狀與餧葉、保護各法，均與頭、二、三次同。《蠶桑易知録》

清　楊蔚本《養蠶説》《皇朝蓄艾文編》卷二〇　飼蟻。蠶母宜著單衣，自身覺寒，蠶亦寒，便添火；自身覺熱，蠶亦熱，便去火，涼煖得宜。初眠天氣晴明，則捲窗薦；大眠天氣炎熱，屋內宜涼。成蟻宜煖，停眠宜溫，大眠宜涼。蠶必晝夜飼，頓數多者早老，少者遲老。二十五日而老，一箔得絲得二十五兩。二十八日而老，得絲二十兩。月餘老者，祇得絲十餘兩。切不可貪眠懶惰。十分眠方可住食，十分起方可投食。蠶住食則分擡去沙澳，須衆手疾擡，帶露濕葉不可飼。宿澆其桑，清晨旋採，利刀切細，疎篩薄布，不住頻食。第一日四十九頓；第二日三十頓，葉微加厚；第三日二十餘頓，葉又加厚。至此，色變白向，食宜加厚；色變青正，食益加厚；復變白慢，食宜少減；變黃色宜愈減；純黃則停食，謂之正眠。頭眠起齊，晝夜六頓，次日加葉。二眠起齊，晝夜四頓，次日漸漸加葉。大眠起齊，一晝夜三頓，次日七八頓。初眠九日，二眠七日，三眠七日。

又 分箔。【略】蠶多宜分，沙厚須擡，分免稠疊，擡免濕蒸。故宜頻，小而分，大而擡，切不可高抛遠擲。蠶喜潔，蠶母不食葱、韭，不近孝家，醉後不可擡蠶，一切污惡宜忌。臘月內，將收桑葉磨麪，拌新葉飼蠶。又臘八新水浸蕓荳晒乾。又淨淘白米控乾，每箔半升，均磨麪，大眠起，拌葉飼蠶。

清　姚紹《南海縣蠶業調查報告・桑部》　蠶時期桑葉調治法　飼蠶之桑用法分兩時，毛眠初出時，則切桑飼之，其細如髮；自二眠後至大眠，均用整葉。

清　佚名《樹桑養蠶要略・養蠶三十二條》　切葉飼蠶　蠶初生時，所飼之葉，宜細如絲線。初眠起後，寬一分。二眠後，寬三分。三眠後，寬六分。至大眠起後，以整張大葉餧之，不須切。諺云：養蠶無巧，食足便老。故蠶必晝夜飼之，勿令稍飢。將眠未眠之時，及大眠後數日，尤宜多飼。蠶小時，布葉宜薄；蠶大時，布葉宜厚；將眠時，布葉宜頻，又宜薄。

又 大眠起後　一晝夜後，蠶必脱灰脱草而起，天冷起稍遲，只宜靜候，不可促以火，亦不可急飼葉，須起齊方飼。大眠以後，蠶食葉愈速，布葉宜勤，不可令稍飢。此時多食一口葉，則上山後多吐一口絲。隔三日，去桑渣蠶屎一次。蠶至大眠後，宜涼，宜開窗以通氣。遇西南風，仍閉窗戶。

清　豫山《蠶桑輯要合編・種桑・移栽接桑剪成拳桑法》　約五六年，至立夏後開翦，連枝葉盡行翦下飼蠶。翦至數年，桑卽成拳式，十六七拳不等，謂之拳桑。拳之大者，可留三四五條不等。次年立夏，又將拳處翦下飼蠶，連枝葉翦下者，一則省工，再則恐有雨溼，須倒懸於通風處，一時卽乾，卽可飼蠶矣。

又《培桑法》　修桑樹，長至六七尺，臘正月間，斫去中心之枝，餘榦便向外長，如大傘之狀，枝不繁而葉自大，春冬翦之最好。飼蠶時，枝葉全翦下，須留一二尺不翦。

又《養蠶・斷飼眠法》　專使未眠之蠶，使之速眠。如十分中有三五分黃光者，可減葉三五分，比尋常宜切細薄葉摻，頓數宜加。如十分中有七分黃者，卽減去七八分，摻葉宜極薄，頓數宜勤，以其齊眠。尚有青白未齊之蠶不多，速宜揀去棄之，此是不齊之病蠶也。如此起鬆，置之靜處，方可住食。候十分醒起，方可投食。若八九分起便投食，到老蠶不齊。蠶起時，稍餓不妨。一則口老而殺葉，二則蠶身易大。蠶初醒時，不宜亂動，因其皮嫩，易於受傷，切忌見風。不比眠時皮老，既食葉後，不可間斷。如此飼葉守齊，斷無不齊之理。

又《養蠶法》 忌溼葉遇雨晾乾、霧葉霧有毒，宜用清水澆過，潔浄細布抹乾，方可飼蠶、乾葉、黄沙葉用清水洗過晾乾，亦可飼蠶、氣水葉積久發熱，即生氣水，須用新鮮、香氣、臭氣、不潔浄人、燈油氣沾吃均死、酒醋氣，葱、韭、蒜、阿魏、硫磺等臭，忌西南風風來大傷蠶氣，宜急閉戶下薦，勿令風入。

又 蟻拂下，室煖三日即緊飼，五日即變黄白色，而眠有九分，結嘴不食，為頭眠。凉則七日方眠。眠時，將班糠摻一層於上，還有食蠶一分，復摻稀葉一層，食蠶上葉，此遲眠之病蠶。用蠶筯鉗而去之。眠蠶連糠起鬆放開。住食二日夜，蜕殼起齊，凉則三日。

二眠後起齊，切葉宜稍麤，即是三眠，出火去筐底草簾。若三眠種，三眠後不用切葉，飼以連枝葉。四眠種，三眠還是切葉，三眠、四眠，如前摻糠去食蠶起鬆。此時要住食三日，方能起齊。初飼切葉二頓，食盡復布純葉一層。辰巳時，取臘緑豆磨麵，用清水少許，潤葉上，每一大筐，拌半升於葉上，飼一頓，此時方擡網。明日辰巳時，復如上法，潤水拌白米麵半升，飼一頓。再擡網飼純葉五頓。再拌臘製桑葉麵，飼一頓。如葉缺，間飼四五頓無妨。食盡三日後，又用新水噴葉，令微濕，再飼一頓擡網。如天雨過多，不食水葉。每日擡網去沙，葉食盡即飼，不論頓數。若天氣暴熱開窗暴寒又宜關閉，致身肥嘴小，喉絲漸亮，老之時也，飼之宜勤宜温煖，不過二三時，便全上簇。

又《養蠶雜記》 蠶頭二眠時，葉薄易萎，用葉不多。采回之葉，收於小缸之内。缸底用筲箕，缸上覆布，葉要放空，實則生熱。缸底易於生水，墊以筲箕，不致溼水粘葉。蠶純陽，惡水。又不可無水，葉乾生火，火甚，蠶紅則瘟。蠶到三四眠後，食葉日多，葉可置於無風屋内，地鋪蘆蓆，將葉打成壟子，不致生熱。晨采日飼，晚采夜飼。大眠後，飼葉要堆至四寸許，蠶頭要密，食葉快，食葉鮮，食盡再飼。更鼓時，飼一頓，可以卧寐。二時復起，再飼。蠶不受餓，人亦省功。

清 豫山《蠶桑輯要合編·補遺·種桑子法》 荊桑葉堅硬少津，宜飼大眠以後之蠶。初蠶不可多飼荊桑葉，多飼則有裂腹之患。但於大眠後，與魯桑間飼，則絲頭必硬而且堅韌。

清 豫山《蠶桑輯要略編》 飼蠶 初飼蠶，桑葉宜旋摘，細切。一日夜可飼五六次，葉盡再飼，葉要稀勻得宜。飼後將蟻置之帳内，以避風寒。用小架將蠶扁架好，以沾暖氣，切不可蓋遏受濕，致生病患。天氣晴暖，蟻出七日，即當初眠。將眠之時，飼葉宜薄，宜頻，一日夜可添至七八頓。眠時落後者，尤宜勤飼，令其速眠。如頭見微白，約長二分餘，昂頭不食，漸藏葉下，即暫停飼，切勿翻動。第八日，蠶脱殻盡起，或用陳土甎研極細，或用米糠煨焦存性，輕糝蠶身，最能收濕。二三眠後，亦如之。眠後初起，不可多飼，多則傷食病死，且飼宜稍緩，則眠起同時，成蘸不至參前落後。二三眠後，亦如之。蠶身漸長漸多，分移曲箔，謂之擡蠶。二三日一次，攤開令稀，掃去蠶糞、乾葉，以利其氣。蠶身漸大，擡數愈勤，勿使受濕熱，有傷蠶性。初眠後七日而再眠，又七日而三眠，停飼俱如初眠時。三眠蠶長寸許，南中呼爲大眠，食葉有聲如雨，投葉立盡，不論頓數，須要急飼，不可一刻間斷。夜則然燈照之，應飼之葉，先期預備，南中謂之催老蠶，則舉家忙也。若二十五日而老，一箔可得絲二十五兩；二十八日而老，得絲二十兩；月餘而老，只得絲十餘兩。至身肥嘴小，絲喉漸亮，即蠶老時也。飼之宜薄宜頻，亦宜温暖，不過兩三日，便上簇矣。凡飼蠶三眠以前，用翦葉飼之；三眠以後，用條桑葉飼之，以蠶已肥大，宜透氣也。

上簇 蠶已大眠，天氣甚暖，食葉五日即老，蠶沙亦爛。先捉其老蠶上簇，捉一次糝葉一次。當此時葉要鍘碎，以免架空作繭，謂之上馬桑，半日許盡皆老矣。

又 眠起時宜慢飼，上簇時宜緊飼，飼桑忌濕葉遇陰雨必晾乾，忌霧葉遇天霧須擦浄，忌乾葉。

清 張行孚《蠶事要略》

飼蠶總括

飼蠶之法，蠶初生時，須用薄刀，將桑葉切極細，鋪蠶上面，用蠶箸撥得極薄極勻。俟蠶食盡，再如前飼之。雖夜間食盡，亦宜起飼。至頭眠、二眠後眠説見後，切葉以次漸粗，鋪葉以次漸厚，其食盡再飼，如前。至三眠後，桑葉但以手斯破，不必刀切。鋪葉更厚，其食盡再飼，如前。至大眠後，但以葉鋪蠶上足已。但其始三頓，尚宜薄，至後不妨厚。凡蠶益大，飼之益宜勤，慎須不分晝夜，不辭勞瘁。又所飼之葉，忌污穢，忌溼，忌熱。飼後，再宜繞箔巡視，若有厚薄，必再糝令勻。此不論蠶之大小，俱宜如此也。

清 張壽宸彙輯《蠶桑圖説提要》

揩溼葉法

蠶多之家，雨中采桑，不能逐瓣揩拭。其法將桑葉放大盤籃內，以淘净曬乾音干，平聲小麥拌音盤，上聲之，溼葉頃刻即燥，最為便捷。若熱葉，須於通風處晾之，以透其氣可也。

斷音段，上聲，絶也飼眠法

蠶將眠，頭向上不食葉，謂之眠頭。專使未眠之蠶，使之速眠。如十分中有三五分黃光者，可減葉三五分，比隨常宜切細薄摻音驂葉，頓數宜加。如十分中有七八分黃光者，即減葉七八分，摻葉宜極薄，頓數宜勤。將及齊眠，尚有青白未眠之蠶，雖不多，宜揀去棄之，此是不齊之病蠶也。如此起鬆，置之静處，方可住食。用石灰研細末，糝蠶身，約一日蠶褪音吞，去聲其衣，謂之起孃。候十分醒起，方可投食。若八九分醒起便投食，到老蠶不齊。蠶起時稍餓不妨，一則口老而殺葉，二則蠶身易去聲大。蠶初醒時，不宜亂動，因其皮嫩，易於受傷，切忌見風。不比眠時皮老，既食葉後，不可閒去聲斷上聲，如此守齊，決無不齊之理。

清 張文藝《養蠶秘訣》 選種 預於本年大眠開葉時，揀蠶之身長體實頭小，色顯，食葉在葉底打洞者，挑選若干，另行養開，上山亦另行上開，其繭必好。【略】切記：倘或本年自己蠶不好，不能留種，須要向他人購換者，須看其一路無走失，簃底乾净，無甚水漬，桑渣内無脚。蠶上山後，無白僵爛溏之蠶者，方可選種。再者，約大眠開葉至上山對中時，或兩朝，或三朝，蠶發肥顯之色，方可留種。倘有灰黯色者，其種必無可揀矣。

又 桑渣中眼蠶約三四成，先上礱糠灰。其替出之蠶，約兩三次葉，必能眠齊，亦用礱糠灰糝上一處，分爲兩處。礱糠灰先置地上，拨清火氣，篩去細者，用其粗者。天寒多糝，天熱少糝。一二朝後起身，必將桑渣折鬆，其嘴必烏，必俟無一條白嘴者，方可開葉。開葉宜晚不宜早，下晝晚間不可開葉，即使起身齊集，緩至明日上晝不妨，本日必須替去灰簃。二眠照前法。頭、二眠時，拾蠶必須細心，灰簃中，宜細心搜尋，蓋小蠶無好壞也。三眠、大眠時，須剔盡桑渣，捉光蠶秤之，用乾净簃安置。捉三眠每大號簃，只眠三斤；捉大眠每大號簃，只眠五斤，切忌新簃新籃。預用桑渣曬乾，只剩桑筋，將起身之蠶圍住，防其爿散。開葉時，用稻柴心數十根，横竪放上，然後攤葉，則蠶沙、蠶壳、礱糠灰自然隔斷。倘或天時陰寒，人著重棉，必將蠶檯上遮草簾、蘆箔之類，以禦寒氣。倘或天時暴熱，必將窗户洞開，以招涼氣。眠時起身時、食葉時，皆同，糝礱糠灰法，亦同前。

又 開葉早，則落小。早起身者，口已老而食葉快，故長大；晚起身者，口尚嫩而食葉遲，故落小。以及食氣水葉，則軟斃。食發熱葉，則出水，并黄班、青頭、大頭蠶，諸病不一。其治傷熱之法：亦用冬桑葉，搓細糝之，或煎湯灑葉上。其治高節出白水者，空簃中，預篩石灰一薄層，以蠶替下，稍停片時，再飼以葉。後用石灰化水，灑葉上，食之，病者即死，不致傳染。其治傷冷之法：或用燒酒噴之。此兩法甚險，不可輕用。其傷於濕熱，蠶身發紅、黄、灰三色，用绿豆粉與黑豆粉，同桑葉拌和飼之。《蠶桑合編》謂：『不惟解熱毒，抑且絲多而堅勁有色。』至於傷飢脱力、早開葉等，須另置别器，頻以鮮嫩之葉調養之，亦能作繭。凡看蠶身青白者無病，灰黄則病矣。堅實者無病，疲軟則病矣。

清 趙敬如《蠶桑説》

飼蠶總説

初飼蠶桑，葉宜旋摘旋飼。雨露濡溼，用新布摺乾。利刀細切，切葉麤細，略如蠶身長之半。二三眠，皆以此為度。四眠初起，先切柘葉飼之，次飼桑葉。此後桑葉可不切，或連枝飼之。凡遇天煖，一日夜可飼葉六七次。天凉，晝三次，夜一次，即可。天煖夜飼，最不可忽。點燈時飼一次，稍薄不妨。二鼓，飼一次略厚，少睡。夜中起，又飼一次。鋪葉須高四寸，巡視蠶箔，見薄處，取葉鋪平。如此至天曉，再飼。每飼葉，要疏密得宜。頭二眠飼後，將蠶箔置之帳内，用小蠶架架好，以沾煖氣。但不可蓋遏受濕，致生病患。三眠後，則不必置帳内矣。

又 飼蠶換底法

飼蠶，須一二日，换底一次，自小至老，皆可用網，但網眼有大小。每逢换底之日，飼第二徧葉時，先將網蓋蠶身，然後布葉網上，蠶聞葉香上網。俟再飼葉，蠶盡上網，兩人將網抬過别箔，網底之蠶，細加尋檢。餘下葉屑、蠶砂，盡行除去可用以糞桑樹。若不换底，則葉屑、蠶砂，漸積漸厚，熱氣熏蒸，蠶必致病。

飼大眠蠶法

蠶至大眠，蠶身大，食葉較多，而天氣亦煖，飼之宜愈加勤慎。蓋三眠起後，飼葉五六日，早起，見有光黄之蠶不食，在葉上游走，是蠶將大眠。切葉宜稍細，食盡便飼，不拘遍數。見蠶身光黄，嘴向上者，有六七分，即篩糠灰，用網將食蠶提出另飼，灰下眠蠶，一一揀净，是謂『眠頭净』。眠頭約秤四斤分一箔，微撒糠灰於蠶身，以收潮濕。移置蠶架上，俟盡醒，方可上食，前餘下食蠶隨意并合，仍切細葉緊飼。俟眠有六七分，仍照前篩糠灰，用網提起食蠶揀净眠頭。分箔如式，如此屢提、屢并、屢分箔，所餘食蠶不多，棄之。

又 收蠶食

秋深桑葉采來，曝乾，杵成麪。三四眠，葉少葉濕，以此麪拌葉飼蠶，省葉收濕。

清 趙淵《蠶桑摘要》卷中《蠶具類》 飼蠶布葉篩也，蠶小時以手撒葉，未免厚薄不均，壓傷小蟻。用竹編小篩，徑五六寸，孔如胡椒大，將葉細切，置篩内匀篩，勿過厚。蠶食均匀，自然眠起皆齊。

又《蠶飼類》

戒食臭葉

大眠之後，桑可澆糞，甫澆即便摘葉，爲臭葉，亦云肥葉。穢氣未退，大眠前食之，則蠶身粗肥，皮膚光亮，如油漆，謂之肥青，當眠不眠。如澆糞過七日，則不忌矣。

戒食熱葉

當烈日中摘桑爲熱葉，澀而不潤，蠶食之，則腹結、頭大、尾焦。

又 戒食氣水葉

桑葉堆積過久，一經熱蒸，便生氣水，爲氣水葉。大眠前食之，即成白肚蠶。

戒食奄桑葉

小桑未滿三年爲奄桑。小蠶不可食，食則生病。大眠後，桑葉缺少，無妨兼用。

清 鄭愷《飼蠶新法》

剉桑關係

剉桑之要旨，在便於蠶食，大小得宜。過小，蠶不能食，蹈為鋪桑即底桑也，或嵌入蠶座間隙，必至蒸熱，害蠶不淺。過大，蠶不盡食，多積之時，蠶座必致濕潤，誘起各病。且散布不能均一，故必使適中。今法、日最普行之法有二：曰方形切，曰長方切。方形切，利於小蠶，因散布能均一也。長方切，能容易乾燥，此法惟夏秋蠶，或多濕氣之時，用之最佳。

清 鄭文同《蠶桑輯要・育蠶十二則》 小蠶約飼五六天，見其嘴上隱隱有尖角，而不復食葉，謂之頭眠，用礱糠灰，撒蠶身上，以收潮氣。既眠之翌日，天冷或二日，則蜕衣脱灰而出，謂之起孃。俟灰下無眠蠶，方可餧葉。又約四五天則二眠，又約五天則三眠。乃捉置他箔，法皆如初。性所餧葉，可不必切。又約五六天則大眠，其養法亦如前。大眠起後，第一日或先餧柘葉五六次，再餧桑葉，絲乃有光。第二日巳午時，或以緑豆粉，拌桑葉餧一次，可解熱毒。再閲三五天，身轉稍斂。蠶糞謂之沙，視其沙色純緑，蠶體瑩徹，則知其熟。有先熟者謂之巧孃，雖餧以葉，亦不食而吐絲矣。

又《生種剥綿共八則》 飼種蠶，初收時，即天氣寒冷，亦不宜烘火。須用綿絮衣被，覆蓋蠶箔，中須架空，勿使閉氣。其餧葉務勤，弗可失時，另箔養開，熟時亦另上山帚。

清 周春溶《蠶桑寶要》第三説《育蠶避忌十一條》

忌食黄沙葉

如遇黄沙天氣，將葉翦下，用清水洗過晾乾，亦可餧蠶。若竟以黄沙葉餧之，蠶必不長，且要脹死，故忌之。

清 朱祖榮《蠶桑答問》卷下

問曰：『飼蠶之葉，所宜維何？』

答曰：『小蠶初飼，桑葉宜鮮，切絲宜細。二眠以後，不妨稍粗。三眠起身，即飼整葉，可以省工。』

問曰：『飼蠶之葉，所忌維何？』

答曰：『一忌濕葉，食之則生瀉病白殭，故雨中采葉，必須晾乾。一忌熱葉，食之則頭大、腹結、尾尖，食葉多而不老，亦不作繭。故日中之葉與發熱之葉，必須冷透。一忌沾沙沾泥之葉，食之病脹。故遇大風，吹沙沾葉，或沾泥土，必須洗净晾乾。一忌沾穢、沾菸沾油之葉，食之必死。一忌大麥田中之葉，食之必瘟。均宜戒忌。』

清 蔣斧《粤東飼八蠶法・蠶篇》

出蟻第六

頭造蠶紙買回，天氣方寒，其紙用窩裝好，上蓋紙被。若輪月種，約臘月二十邊出蟻，大造種約正月出蟻，蟻將出時，春色轉綠，急包好，佩帶身邊，逐日看之。如一日出蟻甚少，仍包好，餓二三日不妨。如出有四五成，即切桑開飼。

清　董開榮《育蠶要旨》　餉食時候，比出火可早食葉，可灑水氣水葉終不可食。

清　莊景仲《養蠶必讀》卷上　《務本新書》曰：初飼蟻，宜切細葉頻飼。一時辰約飼一頓，一（畫）［晝］夜通飼八九頓。懶者頗疑煩冗，余曰：新蟻只食桑葉脂脈，若頓數不多，譬如寸乳嬰兒少時失乳，後必羸弱病生。蟻初生，須隔夜採東南枝肥葉，瓮中另頓，旋取切飼。

又　剉桑須大小得宜。過小蠶不能食，蹈爲鋪桑，或嵌入蠶座間隙，必至蒸熱。過大蠶不盡食，積久，蠶座溼潤，誘起各病。今法、日通行之法有二：曰方形切，曰長方切。方切利於小蠶，因散布均一，且可以四方食也。長方切容易乾燥，惟夏秋蠶及多溼氣時用之。

又　又曰：深秋桑葉未黄，多廣收拾，曝乾搗碎，於無烟火处收頓。春蠶大眠後，拌新葉飼蠶，以備蠶盛桑少之用。

又曰：臘月刈茅草作蠶蓐，則宜蠶。

又　《蠶經》曰：蠶有三光，白光向食，青光厚飼，黄光以漸住食，皮皺爲饑。

又　卷下　《蠶桑直說》曰：初出之蟻，若熾焉或餓焉，則傷於火。其長也，焦黄不食而死。勿食水葉，食則放白水而死。雨中之所採，必拭乾之，或風吹之。

又　繭之生蛆者，不問繭之品質如何，結繭後，越旬日而尚不殺蛹，皆各破繭穿孔而出，一似蛹變爲蛆者。然詳察之則否，其禍根遠在桑葉也。蓋蠅子飛翔桑樹間，產卵於葉，而人摘以飼蠶，其卵孵化於蠶體，而漸生長。及蠶化爲蛹，則破蛹及繭，匍出於外也。此蛆降蠶棚至牀板，落於地面，而入土中，以越年焉，翌春再爲蠅，產卵於桑如前。故審檢桑葉，而去除蠅蟻，則必無生蛆之虞矣。

又　蠶蛻皮後，多時不給桑葉，則蠶漸疲勞，筋肉失緊張力而收縮。若忽然豐給桑葉，胃腑消化力既減，不能攝取滋养，蠶體益收缩，而終至斃死。至球狀細菌，於眠期中繁殖盛，則眠蠶不能蛻皮而死。若蛻皮尚不能生育，必至起縮而斃也。故軟化病菌，當蠶之盛食期蔓延，則爲多列蠶，或空頭蠶。眠期或蛻皮時繁殖，則爲起縮蠶。

又　給桑於穉蠶，多次而少量，勿使蠶體埋沒桑葉中，且剉桑從蠶體長短定之，不可過大。若天氣乾燥，桑葉或有先乾者，則宜細且長者與之。

清　佚名《樹桑養蠶要略・養蠶三十二條》　切葉飼蠶　蠶初生時，所飼之葉，宜細如絲線。初眠起後，寬一分；二眠後，寬三分；三眠後，寬六分；至大眠起後，以整張大葉餧之，不須切。諺云『養蠶無巧，食足便老』，故蠶必晝夜飼之，勿令稍飢。將眠未眠之時，及大眠後數日，尤宜多飼。蠶小時，布葉宜薄；蠶大時，布葉宜厚；將眠時，布葉宜頻，又宜薄。

又　大眠起後　一晝夜後，蠶必脱灰脱草而起，天冷起稍遲，只宜靜候，不可促以火，亦不可急飼葉，須起齊方飼。大眠以後，蠶食葉愈速，布葉宜勤，不可令稍飢。此時多食一口葉，則上山後多吐一口絲。隔三日，去桑渣蠶屎一次。蠶至大眠後，宜涼，宜開窗以通氣。遇西南風，仍閉窗戶。

清　佚名《蠶桑録要・養蠶法》　眠後初起，不可多飼，多則傷食病死，且飼宜稍緩，則眠起同時，成繭不至參前落後。二、三眠後同。

附二眠後，宜以粗切桑葉飼之。三眠後，宜用整條桑葉飼之。

又　採桑宜在清晨，及日入後。溼葉、熱葉，不可餧蠶。

清　吉林蠶桑局《養蠶簡明法・養蠶白話》　飼葉要（簿）［薄］要勤，半夜的時候一定要飼一回，切不可貪懶，又要切成方塊，可以布散得勻。每日要飼幾回，總要立箇定規：自出蟻到頭眠，每日夜飼葉八回；頭眠到三眠，每日夜飼葉七回；三眠到四眠，每日夜飼葉六回；四眠以後，每日夜飼葉五回，或六回也好的。惟濕葉切不可飼蠶。

清　黄穀《養蠶新論》第二章《蠶具》第四節《調桑器》　《蠶業叢書》第二編　桑篩　切桑大小不均，必賴桑篩篩之，方能大小一勻，故篩目之大小，須由蠶期而定。

又　第五節《給桑及除沙器》　給桑有用小入桑盆者，於幼蠶之時，最爲利便。日本上武地方，有用桑篩以給桑者，其篩之大小，恰與前同，而因蠶齡更變，但熟練者或無妨害，否則不能平均也，故尤以手散爲美。

又　第四章《飼育法》第二節《貯桑法》

貯桑之法，雖有數種，然係由葉之大小而分，今分述之。

（一）貯小葉法　幼蠶用葉不多，不必多費周折，故採來之葉，先舖散于簟上，俟其熱氣消散，即入貯桑缸中。預于缸底，用竹襯墊起，約離底五六寸許，使之懸空，然後將葉鬆放于內，不可過滿，約十分之七足已。又于中間挖成一孔，以有孔之蓋蓋之，或置于貯桑室，或置于陰冷之地亦可。

（二）貯中桑法　蠶至三齡以後，需葉漸多，缸貯不足，必用貯桑室。室中舖以竹連以細竹編成者，將採來之桑，先行舖散，亦俟熱散，然後鬆個成堆，闊約二尺，厚只尺半，每經四五點鐘，均須上下翻撥，若此貯法二三日後，尚可用之。

（三）貯大葉法　蠶至五齡，用葉更多。採來之葉，又有條葉與枝葉之別，故其貯法亦有數種。

（甲）束貯法　將採來條葉鬆鬆結成一束，順次立于室之四隅，或直立易于乾燥、或倒立易于蒸發均可。

（乙）鱗貯法　將採來枝葉，先舖散于竹連。數時以後，將葉抖鬆，隨抖隨理，使成鱗狀，而直立于竹連。其中腰須留空隙，使空氣流通。此法貯葉甚多，且可不須翻撥，又無蒸發之患，誠上法也。

（丙）筐貯法　將舖散之葉輕舖筐之周圍，中留一孔，推列于架每筐只舖十二三斤爲限，雖貯桑尚多，而須備筐架，故經費上有不宜也。

（丁）簣貯法　無論片葉、枝葉，均可舖於簣上。簣以蘆爲之，約五尺方、厚二三寸貯片葉者或四五寸貯枝葉者不等。將簣鬆鬆捲起，斜立於室之一隅，亦室小多貯之法也。

貯桑之主旨，爲預備天時之不順，及蒸發其水分者也。當天雨之際，若不早貯，必食濕葉。且新採之葉，百分中含有七十分至七十五分之水，而百分中含六十分以內之水分者，最適於蠶之衛生。故使水分略爲發散，即可以用之。且貯法完全與否，其成蹟亦大有分別。今將其實驗述之。

貯桑日數		置穴中者	置普通室中者
一晝夜	百分中減	二、八	八、三
二晝夜		五、五	一六、六
三晝夜		一〇、七	二三、〇
四晝夜		一四、二	三一、七

又　第四節《飼育標準》

飼育標準總表

齡期＼項目	給桑回數	給桑總量	面積	各齡日數	每日給桑回數	切葉分數	分匾	除沙	溫度	濕度
一	四十四回	二十九兩一錢五分	自一坪至五坪	六日二十一時	八回	自一分至二分	三次	一次	七〇、一	七五、四
二	三十回	六十五兩三錢	自五坪至十二坪	五日十五時	七回	二分	二次	三次	七〇、二	七五、五
三	三十四回	二百四十七兩五錢	自十二坪至三十坪	七日六時	六回	自二分半至四分	二次	三次	七〇、〇	七五、四
四	三十四回	七百七十兩八錢	自三十坪至六十坪	七日九時	六回	自五分至七分	二次	三次	七〇、〇	七五、四
五	四十回	三千五百〇四兩	九十坪	七日二十時	五回	一寸枝葉	一次	七次	七〇、〇	七五、〇
合計	一百八十二回	四千六百十七兩七錢半	九十坪	三十四日二十三時		自一分至一寸	十次	十七次	七一、	七五、三

一、第一齡

本齡最重要之事，則蟻掃三日以內，其皮膚軟柔，易爲外界刺戟所傷，稍不留心，則爲將來失敗之原因。又所與之桑，水分宜少，養分宜多，溫度總須七十度以外，以養成其多食之量，而使其胃健强。且最宜注意者，剉葉務須齊一，給桑手法亦當均勻。

依標準表斟酌給桑分籠，至第二日晚十一點至十二點，蠶體之皮膚緊張，頭呈白色，此即稱爲振毛，必延二十時或十五時方能了結。此振毛最宜齊一，若過二十時以至三十時者，其蠶必虛弱也。自掃蟻以振毛，爲最宜注意之時期，結果優劣，實由是判。

至第四日，已脱去蟻期，而入蠶之時代，恰如小兒之離乳而就食也者。十一二時，必見皮膚緊張，而呈青色，即貪食矣，故宜增其葉量。至第五日籠中見有三四頭眠蠶，即須施入眠糠，俟眠除以後，給桑二三回，即就眠矣。最後所給一次之桑，稱爲留桑。留桑給後過八九時，即挑揀遲眠蠶，凡蠶兒盛食色青，眠中變黄，眠起色白者，健全者也。

二、第二齡

止桑三十時內外，頭眠已足，頭呈黑褐，稱爲餉食，卽當給桑一兩或一兩四五錢。對蟻量一錢而言，以下皆倣此。至盛食期，給桑三兩四錢，餉食至盛食期，所延時刻及給桑回數，均須記臆，溫度比一齡之初，亦須畧低，須在六十七八度以下，不可昇至七十五度。

給桑量及剉葉大小，雖按標準表而行，亦須由寒暖乾濕爲之變通。若給桑量加多，則剉葉宜畧大；若減少，則宜畧小。

除沙亦三回，若過於濕潤，恐有蒸熱之患，可多一回，方保安全。此齡比初齡短一日。

三、第三齡

本齡育法，與一、二齡無異，其溫須在七十度，給桑量，初則一回只二兩五六錢，至盛食期則須十二兩上下。至於給桑回數，比前減去一回，每日只給六回。又前此入糠後，必須給桑二回，方可除沙。自本齡至四齡，入糠後只須給桑一回，卽可除沙矣。又本齡眠中時間，此前齡長約三十六時或至四十一二時，且本齡以後，飼育日數，比前齡約長日半以上，又以外溫漸高，室內必須開放，以使室氣交通，然須在七十度以上方可。

四、第四齡

本齡飼法，亦與前齡同。給桑之量，初則十兩，至盛食期，則須三十四五兩。至於齡中日數，比前齡稍長，然亦無大差異。眠中時間，約四十二時，或至四十八時，故稱爲大眠。本齡大抵皆用自然溫，須在六十七八度以上爲美。惟室中桑葉既多，人與蠶之呼吸又大，又有蠶糞放散臭氣，故室氣不潔，務使流通爲最要。本齡與各齡飼法，畧有不同，每日給桑，比四齡減去一回，只給五回，餉食以後，只給切葉二三回，以後均用枝葉，至蠶老熟期臨，又須與以切葉所給之量，始則一回三十兩，至盛食後，達一百四十兩內外。其所占面積，初則只有一坪，繼則達九十坪，佔十五箔。至其日數，則由氣候不能一定，通常約在七日以上。

蠶至五齡，溫度漸高，低至七十二三度之時少，每高至九十度以上，加以室多陰濕，易釀蒸熱之患，室中必須焚火可燃木刨花最好用乾桑枝束成遍照室中，以促其乾燥。幼蠶畏溫低，壯蠶畏溫高，飼育者須注意也。

本齡給桑，早晨宜多，日中量少，至晚又宜多也。除沙須在午前，可用網除。又本齡延時之長短，與繭量大有關係。溫度高則早熟，食葉不多，繭量亦少；溫低則熟遲而延時長，食葉雖多，繭量亦多，此要項也。

又 第五節《剉桑》

剉桑之適否，與蠶體發育齊否，蠶座乾燥之遲速，大有關係。若所剉之葉大小不同，則撒布必難均一；其大者，蠶食有餘，踏成廢葉；其小者，流入蠶座下面，易成冷濕之患。廢葉既多，於經濟不利，又能釀成蒸熱，妨害蠶之衛生。故剉桑一事，爲飼育中最宜注意者也。

故剉桑之後，須用篩篩過，去其上面之大葉，而用篩落之葉。然其中尚有小葉，又須用小孔之篩。如給三分之桑，必用三分孔之篩先篩，既篩之後，又須用一分孔之篩，去其小葉。至於剉桑之大小，雖由標準而定，然概與蠶體同長。至於催眠之時，若蠶長八分，則剉葉六分可也。

剉桑之法，有方形與長方形之別。我國蠶家，多用長方形。比較兩者，均有得失。方形之葉，撒布易於均勻，則蠶之發育，自能齊一，然堆聚甚密，濕氣必多，故亦有害。長方形，雖可免却濕氣，然撒布難均，蠶之發育，早遲不一。惟眠期與濕多之時，及夏秋蠶用之爲善。平時則以方形爲合也。今將切法詳述於後。

（甲）剉小葉法　先將葉梗摘去，逐張鋪疊成一長方形葉背宜向上，可將其葉切分爲二，或分爲三，順次相疊成爲一幢，高低由所剉分寸而定。如剉一分，則高二寸，以後每加一分，則加高一寸。否則有大小不勻之患。鋪疊而後，再將參差一面先切一刀，切下散亂之葉，可墊於葉底，方按適宜分寸，先剉成直條，若剉方形，再行橫剉，剉成之後，先將粉葉用小孔篩或細孔鉄絲篩篩去，再以相當之篩篩之，其篩中所餘大葉，可行改刀之法，惟改刀之葉已散亂，無紀雖留心改切，亦難得整齊。故尤須注意於初切時也。

（乙）切大葉法　凡切大葉之難易，由於堆垛之拙巧，堆垛勻鬆剉切自易，此至理也。其堆垛之法，先將桑葉堆高三四尺，以平板壓迫，使其密切。將四圍亂葉切去，堆於葉面，再以平板壓之，然後開成數塊或四或六，量桑刀長短而定，用刀切之，惟切法亦有兩種：

一、四齡切法。四齡切，用於三齡盛食，及四齡之初者也。法以薄板覆於葉片，先以刀尖切成直形，然後横斷成爲方塊，其大小由標準而定。

二、五齡切法。五齡切，用於四齡盛食，及五齡之初者也。法以木板或竹籤壓於中心，周圍輪轉切之，成爲片葉，或成三角之形。

然無論用何切法，切後均須簸去其梗，然後以適當之篩篩之，今將各齡剉切之標準列之以供查考：

方形剉葉標準表

日次＼齡期	一	二	三	四	五
一	一分方	一分半方	二分半方	五分方	一寸半方
二	同前	二分方	三分方	同前	同前
三	一分半方	二分半方	四分方	七分方	枝葉
四	同前	三分方	五分方	一寸方	同前
五	二分方	二分方	同前	同前	同前
六	同前		四分方	七分方	同前
七			四分方		片切

長條形剉葉標準表

日次＼齡期	一	二	三	四	五
一	長二分寬五厘	長九分寬一分	長一寸二分寬二分	長一寸五分寬五分	片切
二	長三分寬六厘	長一寸寬一分	長一寸三分寬三分	長一寸五分寬六分	枝葉
三	長五分寬七厘	長一寸寬一分半	長一寸五分寬四分	長一寸七分寬七分	同前
四	長六分寬七厘	長一寸二分寬二分	長一寸五分寬五分	長二寸五分寬八分	同前
五	長八分寬九厘	長一寸一分寬一分半	同前	同前	同前
六	同前		長一寸二分寬三分	長一寸五分寬四分	同前
七			同前		片切

又 第六節《給桑》

蠶兒發育之齊否，雖關於蠶種之優劣，然最關給法之得失，今將其要點述之：

第一，給葉不可不均勻齊一。給葉不勻，則分薄厚。薄處易乾，蠶欲多食；厚處常濕，蠶不欲食，發育因是不齊。且蠶座冷濕，於衛生更有大害。故養蠶家務須注意於給葉，必使撒布均勻，厚薄齊一也。

第二，葉質不可有軟硬之差。葉肉有厚薄，則軟硬不同，混合飼蠶，其乾燥時期亦不同。與給葉不均同一結果。且葉質既有軟硬，消化必亦不同，發育不齊比前尤甚也。

凡野桑與早生桑，其葉概硬，所含纖維甚多，養分則少。故蠶食之，則發育緩慢，且又不齊。比軟葉育成之蠶體較小，結繭亦薄，不過飼育容易，蠶不生病，且絲細而有光，比軟葉所育者則優。故巴司託爾氏曾廢去刈桑，而用天然所生之桑，亦因此也。然絲量甚少，爲其缺點。軟葉多爲晚生桑所生，或霜後再發之芽與枝梢末端所生者。其飼育之情形與結果，殆與前者相反。因四齡以後每生下痢病，上簇以後多生烏爛之蠶，故用軟葉者，須於給葉以前，撒布礱糠，最宜注意者也。由此而言，則軟硬兩者混用，更爲養蠶最忌之事，今將軟硬二者飼育之成蹟列之，以供參考。

表中對於一錢蟻量而言

一、用硬葉飼育者

蠶齡＼項目	齡中日數	給桑量	眠蠶百頭之量	斃蠶數
第二齡	五日四時四十分	六二一、錢	○、八四錢	二○
第三齡	六日四時	二○四一、	四、七七	二七
第四齡	六日十一時	七一四八、	二七、○○	一三
第五齡	十日	二七五○七、	九二、○○	九八
共計	二十七日十九時四十分	三七三一七、		一五八

二、用軟葉飼育者

蠶齡＼項目	齡中日數	給桑量	眠蠶百頭之量	斃蠶數
第二齡	五日四十五分	六三七、錢	○、八五錢	一三九
第三齡	五日十八時	二○六五、	五、二一	三
第四齡	六日十一時	七二九○、	二九、七○	八一
第五齡	九日十三時	三一九五四、	九八、○○	一五四
共計	二十六日十八時四十五分	四一九四五、		三七七

由上兩表觀之，知軟葉飼育者，日數較短，而給桑量反較多，因其乾燥甚速故也。其蠶體較重，而斃死亦較多。至其平均能結繭之蠶，硬葉飼育者，約六千六百頭；軟葉飼育者，約六千零七十二頭。至其繭絲之長，軟葉飼育者，平均八百五十回；硬葉者，則八百二十回。一升之繭數，軟葉飼育者，爲二百七十七，其絲量爲一兩三錢半；硬葉飼育者，爲二百四十四，其絲量爲一兩三錢二分。葉肉厚薄，桑樹之種類參《栽桑新論》。

第三，除沙分箔之時，不可卽行給桑。除沙分箔，必須以礱糠攪拌蠶兒。若此時卽行給桑，則下面之蠶尚未齊上，上面之蠶則爭先相食，發育卽因之不齊。故除沙分箔之後，務須消停二十分鐘，俟下面所伏之蠶齊上，方可給桑，四齡以後，則無礙矣。

以上三大要項，果能注意，則蠶兒決無不齊之患，養蠶家最宜注意者也。

又雨葉最有害於蠶之衛生，用之則蠶座冷濕，多生軟化病及膿蠶。而蒸熱之桑，尤易起軟化病。飼育時日既長，收繭絲量均少。若在盛食期食之，其害尤大云。今示其試驗之成蹟於左：

按濕葉之害，盡人而知之。茲有極妙一法，非惟無害，而且有益。蓋蠶當大眠後，食葉既盛，倘遇久雨，藏葉欠缺，卽將新采濕葉攤於箔上，用細羅白米粉洒拌極勻，每葉一筐粉子四兩，以米粉子燥性收桑葉之濕度，燥濕已得均平，而且米粉於蠶亦極相宜。大眠後，間飼三五頓，可令蠶體充實、繭質堅厚、絲性堅韌。此法奉化蠶業實驗所曾經試驗。以食粉與未食粉者較，繭絲分兩反能加多，誠妙法也。莊景仲識

四齡餉食以前，撰五百頭，而給以二十一回之雨葉，將其減少之蠶數與普通蠶之比較如左：

飼育之別	膿蠶	軟化病	縮病	遲病	失遺病	合計	上簇蠶	結繭蠶
普通育者	五	二五	三〇	五	一〇	七五	四二五	三九〇
雨葉育者	一一二	一二三	六〇	二一	〇	二二五	二七五	一七〇

又撰出千頭，始終食以蒸熱之葉，將其蠶與尋常蠶之比較，列之如左：

飼育之別	軟化病（除空頭蠶）	空頭蠶	縮病	膿蠶	摘要
普通育者	二二五	二四	八七	四	以後試驗成績皆同
蒸熱葉育者	二九六	六八	九七	一五	若乾之，則膿蠶略少

給桑量及給桑回數，由蠶兒之成長，與溫度之高低，及空氣之乾燥，隨時爲之加減。夫蠶之食量，概不相同，其小者若與以多量，則殘廢之葉，堆積蠶座，冷濕既甚，則衛生與經濟，兩受害矣，故比標準表宜少。若在溫高氣乾之時，又須比標準表加多，大抵總須酌視前回餘葉之多寡，變通而行之，此皆由實驗得來，不得以毫素達其精義，實行家自能知之。

又給桑量及回數，亦依蠶室之位置而異。其蠶室高燥者，可照前表。若低濕之地，或近河流，濕氣常多，桑葉乾燥則慢，給桑量及回數，亦須稍減，若以前者飼育之法，施於後者，則大有危險，不可不經意也。

又 第八節《眠起》 吾人之於眠蠶，當如醫生與看護婦之於病者，須盡心以調養之。最重要者，須使齊一，否則先眠者已眠，未眠者尚食，先起者忍飢，未起者一起卽食，其害甚大。若遇不齊之時，亦須善爲揀出，不可任其受害。蠶至盛食期，由白色而變，必呈青色，後漸成爲黃色。青色因桑葉充滿於胃，白色因脂肪蓄積於體內，黃色因胃中桑葉，已經排泄。此後，頭部膨大，皮膚緊張，引多數絲，掛於蔟沙之上，擡頭不食，實爲脫皮之準備，卽所謂就眠也。

二、將眠時之處置。箔中一有眠蠶，卽須撒入眠糠，而行眠除，此爲最要之事，不可畧早畧遲。早則尚須飼葉，必致堆積陰濕，遲則眠蠶於下面就眠，不能除出，且在脫皮之時，更不宜受振動，兩者均有害也。要當於盛食期過，食量已減，色呈黃赤，箔中見有眠蠶之時，卽可入糠，入後給桑二回，卽可眠除矣。若發育齊一，溫度昇高，則入糠後只須給桑一回，卽可除之。因溫高則眠速，不可不急除也。既除以後，尚有未盡眠者，須切長條形細葉，畧給數條，溫度若在七十度以外，只須三四次，卽可止桑。

又 第九節《飼食及盛食期》 蠶兒竣脫以後，卽爲餉食之期。其開葉之適否，與蠶之發育，飼育之難易，有至大之關係，故須特別注意。若開葉過早，未起者不能食葉，已起者爭而食之，必有不齊之弊。若開葉過遲，則先起者受餓，又有虛弱之憂。按日本蠶業試驗場之試驗，最適宜之時期，以脫皮後，經過十二時者爲優等。蓋彼曾以七等早遲，詳再考驗，卽六時、十二時、二十四時、三十六時、四十八時、六十時、七十二時，七等也。其最後之結果，以十二時者爲最優，六時與二十四時者次之，三十六時以後，均爲最劣。夫發育者，固須倣其最優之時間。苟有不齊，亦須變通其法。大約脫皮後，經過六時以外廿四時以內，爲最好之時期也。

餉食期又有宜注意者，因蠶當餉食，食慾極盛。如渴者就飲，飢者就食。但以消食器未强，不可遽與多食，否則易起胃病，成爲虛弱之蠶。且開葉時，

又須給以軟葉爲要。

盛食期，乃齡中貪食極盛之時期也。一至此期，皮膚緊張，呈青白光澤之色，以胃中食桑充滿之故。此時蠶糞若見柔軟，即爲虛弱之證，至五齡時，必發病也。蠶兒入盛食期，體色先白，然後漸次轉青，給葉之量，即可依體色加減。且當盛食之際，室內桑葉必多，水分亦多蒸發，於蠶之呼吸，恐有妨害，故以通氣爲宜。

又 第五章《上簇》 上簇注意與否，於絲量之多少、繭質之優劣，均有至大致影響。見篋中已有熟蠶之時，即須略減桑量，否則殘葉堆積，必使未熟者，遲遲不熟，且使遊蠶甚多，不能結繭。故上簇之注意，以減桑爲第一要事。

清 黄湄西、賴昌《蠶體病理論》下編《各論》第二章《軟化病》第四節《軟化病豫防法》 飼育 强健之蠶，率有抵抗病原菌之力，其染病也自較少。若虛弱之蠶，則反之。而究此所以虛弱與强健之原因，雖不一端，然飼育實一大關鍵也。今將飼育中應注意之事述之。（一）精選蠶種。（二）收蟻適宜。（三）流通空氣。（四）調停溫度及濕度。（五）講究貯桑。（六）酌量給桑。（七）除沙宜勤。（八）蠶坐宜寬。（九）餇食宜用柔桑。（十）飼育告終，上簇後仍宜交換空氣，并須調停温度。

又 第四章《膿病》第四節《膿病豫防法》 給桑之量宜薄，而回數則不妨加多。若遇劇熱或多濕之時，尤當注意之。

又 第十一章《蠶兒本體與蠶病之關係》 誠以稚蠶體質，甚爲虛弱，抵抗力薄，易蒙諸種之障害，是以稚蠶期中，若發育不良，則爾後保護，雖甚懇切，終不能恢復其固有之健康力。由是而言，則稚蠶期中諸般之保護及處置，是固最宜注意者矣。雖然，所謂應注意者，果安在乎？就其最要最簡者言之，則曰給桑之良否，與乾濕之適否是。

稚蠶期之桑葉，葉質軟硬，恒不均勻，常從水分與滋養分之多寡，而有多少之差異，即幼弱嫩葉，富有水分，而滋養分殊少，若以此等桑葉，給與蠶食，則於蠶之生理上，甚不妥善。而以老硬之桑葉充飼料者，則無論其不適於稚蠶之食慾。且摘採以後，貯藏之法，稍一不得其宜，即乾枯凋萎，以之飼育蠶兒，必將因營養不良，致害其發育，以漸至於虛弱，因屢誘起軟化病，或膿病之蔓延者。若夏秋蠶之稚蠶期中，以食桑之粗硬，及過於乾枯者，亦往往有害於發育。以故摘桑之際，於葉質之選擇，必當十分注意者也。抑施完全貯桑時，於桑葉之乾枯一事，亦宜時時預防。而室內指蠶室濕度之調和，與給桑後防過度水分之發散，以及食桑時中，保有適度之水分等事，要亦不可不用意調停也。即如遇室內乾燥之時，欲防過乾之虞，則剉桑亦宜稍爲加大，是亦豫防之一法。自餘於稚蠶期中分箔均一，蠶座中勿使有不平均之狀態，給桑時亦宜一致，勿誤其時間與重量爲要則，以稚蠶之運動，甚爲遲緩，其遠處之桑葉，率勿能就食，而其體質亦極懦弱，踰時勿給，易受飢餓也。

又 起蠶絕食太久，則體力大衰，對於病原體之抵抗力，恐亦因之而減少。故七十度內外之溫時，於竣脫後十二時，或至十八時間，始行開葉，爲最適當。若開葉過早，則新皮尚嫩，咀嚼上易於受傷，亦有所妨害也。

又 第十二章《桑葉與蠶病之關係》 濡桑 當養蠶期中，連日降雨之際，取入桑葉，既無乾燥之場所，又乏乾燥之時間，勢不得不以雨桑，給與蠶食。但以此雨桑給與之際，蠶座必濕潤，蠶兒發育必遲延，蠶病則尤以膿蠶之生出爲特多，且因其結繭少而絲量多，絲質乃不免劣等，惟給與雨桑之際，爲減少一回之給桑量，則被害之程度，乃稍得減輕。

世人往往於夏秋蠶期，特行給與濡桑，欲防桑葉之乾燥，以爲無害於蠶兒，而桑葉且得經濟也。殊不知此皆未省明蠶體之衛生，而在蠶病之豫防上，所當避却者。夫夏日之炎天，因給與一二回之露桑，尚不免有大害。日本池田榮太郎氏對於此事，曾設爲試驗，以觀其被害之程度。就秋蠶黑種青熟種，自三齡餇食以至上簇，極端始終的給與濡桑，雨天給與雨桑，晴天則給以撒布清水之桑。當在三齡中，尚未見有甚大之害，但一至四齡四日，乃生急病蠶六十頭，由是續續生出遲病蠶。至五齡中，比前齡約生出四倍之病蠶。由是觀之，濡桑於蠶兒之衛生上，生理上，固甚有害者，此亦不可不注意者也。

又 乾燥葉 春蠶期乾燥之葉少，夏秋蠶期則因高溫，往往致桑之乾燥。凡此等桑葉，凋枯甚速。蠶兒恒不能充分食盡，致生出殘葉甚多，因之堆積葉質，亦起多少之變化，終以營養不及，有害於衛生，且漸次衰弱，生出多數之病蠶，收繭少，而繭質亦居於劣等。

又 第十三章《有害物》 凡養蠶家，對於蠶室、蠶具，有煙草附着否，極宜注意，而桑園中切不可間栽煙草。又如養蠶家吸煙者，當養蠶期中，宜廢止吸煙，否則於給桑之前，務須將手洗淨，而後給桑。

傳記

明 史鑑《西村集》卷八《繼母朱孺人行狀》 繼母姓朱氏，諱淑清，嘉興秀水縣思賢鄉人也。大父達，父忠，母張氏。正統十二年，繼母年三十二矣，歸先君為繼室。先君家故營蠶事，然不能歲盡善，門一二歲輒有敗者。繼母業善蠶，其初收也，以衣衾覆之，晝夜程其寒煖之節，不使有過，過則有傷，是為護種。其初生也，則以桃葉火炙之，散其上，候其蠕蠕而動，濈濈而食，然後以鵝羽拂之，是為攤烏。其既食也，乃熾炭于筐之下，并其四周，剉桑葉如縷者，而謹食之。又上下抽番，晝夜巡視，火不可烈，葉不可缺。火烈而葉缺，則蠶飢而傷火，致病之源也。然又不可太緩，緩則有漫漶不齊之病矣。

著録

清 福州試辦蠶桑公學《飼蠶淺説・序》 中國講求蠶學，由來已久。古今《蠶書》，流行於世者，頗復不少。近年上海農學會，杭州蠶學館，新譯東西洋《蠶書》不下數十種，尤爲精博切用。惟卷帙繁多，非尋常蠶戶所能盡致。本公學近得《飼蠶淺說》一册，是書不著作者名氏，所論飼法，採取各《蠶書》，頗得要領，簡明淺備，較便初學。特用付刊，以餉同志。

又《飼蠶淺説》 蠶雖小道，非通格致之理，明生物之性，又加實驗之功，不足以言蠶學也。余素不習蠶事，近乃稍讀江浙及東西洋《蠶書》，又與習蠶之人，往返譚論，見聞所及，輒筆而記之，删煩就簡，輯爲《淺說二十一條》，附以六表，畧言實際。於蠶性、蠶體、蠶理，匀未之及。錄而存之，以爲婦孺初習蠶者之助。究竟抄胥之說，耳食之譚，萬萬不足以言蠶學也。

藝文

晉 傅玄《陽春賦》《藝文類聚》卷三　睹戴勝之止桑，聆布穀之晨鳴。

明 于謙《忠肅集》卷一一《採桑婦》 低樹採桑易，高樹採桑難。日出採桑去，日暮採桑還。歸來喂葉上蠶箔，誰問花開與花落。二眠纔起近三眠，此際祇愁風雨惡。割雞裂紙祀蠶神，蠶若成時忘苦辛。但願公家租賦給，一絲不望上儂身。丁男幸免官府責，脂粉何須事顏色。收蠶猶未是閒時，郤共兒夫勤稼穡。

明 姚可成《救荒野譜》

桑椹

采桑采桑復采桑，葉飼蠶兮椹濟荒。朝來洒淚濕蠶筐，怨悵西郊游冶郎。綺羅裳，厭膏粱，金鞍玉勒恣尋芳。

清 愛新覺羅・胤禛《世宗憲皇帝御製文集》卷二五《田家四時詩六言**・夏》** 帶露葉盈蠶箔，翻雲麥熟田家。白水千塍秧馬，綠陰幾戶繅車。日午鳴蟬遠近，風薰飛燕橫斜。男女適均勞逸，相逢只說桑麻。

清 沈炳震《蠶桑樂府・采桑》 舍南舍北皆栽桑，千株萬株繞屋旁。蠶多葉少行且盡，南塍一棱還蒼蒼。明朝欲眠蠶食急，屋裏空虛更無葉。還須更採早作計，莫待更深嘆無繼。盈籠採得負荷來，倏看墻角青成堆。婦姑飼蠶心手忙，縱横重叠鋪之筐。忽聞堂前兒作鬧，葉裏悲號正難料。提燈問兒兒不言，但見紫葚盈階翻。

又《飼蠶》 初眠二眠蠶如毛，飼蠶切葉嗟勞勞。辛勤半月蠶出火，帶葉連枝亦已可。小時食葉葉須乾，露中采得當風懸。大眠餉後葉可濕，清泉細灑明珠圓。葉乾葉濕各有宜，第一難防侵曉時。晚來黑雲忽四布，明朝定是漫天霧。擷蔬毛羹罷晚膳，結伴提燈連夜翦。我儂辛苦自不免，隨人更復勞黃犬。

又《擇繭》 堂前作竈排絲車，室中擇繭煩鄰家。同功推出各裁別，綿繭烏頭喜盡絕。更留黃繭作絲縛，餘外一色真如雪。飼蠶哺兒日夜忙，一覺安眠寧可望。今朝擇繭方靜坐，懵騰睡思正初長。不是鄰姑言語妙，那得消閑同一笑。回頭更憶少年時，倏忽風光去若馳。垂髫已有嬌癡女，偷眼還將白繭取，剪虎鏤花過端午。

清 朱奕曾《蠶婦謠》《清詩鐸》卷七　三月三日天氣清，苕溪女兒逐隊行。提筐攜筥不厭重，爲言采桑育蠶種。初生細如絲，薄刀切葉聲差差。一眠二眠蠶上架，桑葉漸與黃金亞。衣釵質錢買桑葉，只論有葉不論價。大姑鬔髮鬆不梳，小姑辛苦脣不朱。老婦椎髻飼蠶食，衣裳不解體不舒。日間防蠶飢，夜間防鼠齧。保蠶如保嬰，刻刻難離抱。三眠之後蠶始壯，燒紙祈神祝蠶旺。

買牲市酒皆貸錢，一家羅拜求神貺。時交小滿蠶上山，昂頭纍纍絲如蟠。瓦盆烈烈然炭火，雌雄結繭何斑斕。繅車轣轆轉銀牀，飛濤滾滾百沸湯。大姑纖手把絲緒，一莖抽出萬丈長。纔喜新絲初出釜，硃牌紛票來官府。完糧刻日不許遲，胥吏下鄉猛如虎。蠶娘授絲與主公，主公接絲賣城中。賣絲得銀納官稅，可憐今歲蠶事空。蠶娘痛哭陳詞說，辛苦看蠶枉勞力。未贖酬神買葉錢，寸絲尺縞留不得。主公涕泣告蠶娘，賣絲未足清官糧。上司行文又催促，儘拚五月賣新穀。

清 陳景鐘《繅絲曲》《清詩鐸》卷七 三春雨足桑葉肥，家家飼蠶晝掩扉。三眠三起近小滿，桑甚垂垂葉已稀。盼得紅蠶齊上箔，更喜同功繭不薄。大婦收拾繅絲車，小婦安排湯滿鑊。銀絲抽繹比清霜，虛空堆牀生白光。啞啞軋軋聲不絕，綠陰低處新絲香。小姑回頭笑問嫂，轉眼相看織成縞。茜紅鴨綠染隨心，長翦腰裙短裁襖。嫂云小姑爾未知，阿哥正苦賣絲遲。明朝抱入城中去，已值官糧徵比時。

清 李宗昉《蠶事二十詠》《清詩鐸》卷七 溼痕侵曉露盈筐，風戾槐陰送午涼。獨對藁砧無語坐，最堪腸斷斷絲腸。四、飼蠶，束藁爲砧，剉細葉如縷，飤之，稍飢，即謂之斷絲腸。

清 周凱《種桑十二詠》《清譯譯》卷七

禁再采初桑葉肥嫩，可飼蠶。二葉澀，僅可為絃。《周禮》禁原蠶再蠶，恐妨馬也、

隰桑葉有儺，童童望如蓋。云是采後生，飼蠶亦何害。無乃味苦澀，吐絲恐不類。況復蠶與馬，應星不兩大。

清 周凱《飼蠶十二詠》《清詩鐸》卷七 襄之民，從余種桑十年而大茂。余又慮飼蠶之未善也，附飼蠶法。按《蠶經》，蠶性喜靜惡喧，故宜靜室。喜煖惡溼，故宜板室。尤宜密以避風，火以助煖。《淮南子》曰：『蠶食而不飲，二十七日而化。』夫竭二十七日之力而得繭，工亦省且易矣。蠶具以箔以簇，竹葦所爲。襄之事蠶者，以席置諸地，廠其屋不加火，宜其難養也。余將延浙人教之，先就余家人所素習者，分爲十二詠示之。其成絲後，爲織之事，襄民當自求之，茲弗載焉。

迎貓蠶忌鼠，迎貓以避之

元宵鬧燈火，蠶娘作糜粥。將蠶先逐鼠，背人再拜祝。裹鹽聘貍奴，加以筆一束。爾鼠雖有牙，不敢穿我屋。《歲記時》：正月十五日作粥。登屋上食之，呪曰：『登高糜，挾風腦，欲來不來待我三蠶老。』蓋為蠶逐鼠也。陸遊詩『裹鹽迎得小貍奴』，杭俗聘貓加筆，借取逼鼠意。【略】

初眠俗名頭眠。蠶初生，蠕蠕若蟻，采極嫩桑葉，翦細飼之，四日頭微白，不食，退皮爲頭眠

今日天氣和，蠕蠕動蠶子。知是第一眠，薄薄鋪繭紙。風從東方來，小姑色先喜。《漢書·天文志》：正月上甲，風從東方來，宜蠶。翦桑細飼之，四日頭已起。

清 王槐《養蠶行》《清詩鐸》卷七 吳興徧地皆種桑，家家四月飼蠶忙。陰陽災沴傷草木，桑樹雖多葉不足。葉不足，蠶苦飢，無力作繭抽新絲。絲少賦多難稱貸，賣絲更把桑葉賣。胥吏門前爭叫呼，翩翩春服何其都。君不見輕紈細綺白如雪，寸寸蠶娘眼中血。

清 董恂《南潯蠶桑樂府·飼蠶》 蠶飢蠶飽不可過，早起飼蠶何敢惰。只愁飢後斷絲腸，那顧女啼與兒餓。辛勤更是小時難，葉溼宜揩大宜剉。盼到今朝捉大眠，帶葉連枝滿筐簸。所恨連朝風霧深，照料稍疏又囊破。竟晝繇宵那得閒，幸是兒夫肯儂佐。葉乾葉溼要關心，與少與多莫相左。夜間飼罷且偷閒，和衣暫向牀頭臥。

清 董蠡舟《南潯蠶桑樂府·飼蠶》 終朝銼斫費摒擋，藁砧東作明月樣。絲絲青葉如牛毛，細意聶切何辭勞。浹辰之間眠過二，眠起便將完葉飼。盼到幾時纔出火，連枝餧食無不可。只愁霧雨氣鬱蒸，檐前風戾懸長繩。小蠶惡濕大宜潤，手瀹寒泉細噴噀。調飢未怨朝食遲，生怕蠶飢寧我飢。蠶飢便恐絲腸斷，未敢片時稍稽緩。一宵四起黎明興，阿母年邁猶能勝。回眸一笑呼小妹，鋪筐未了垂頭睡。

又《搭山棚》

大眠餉食蠶多老，料理山棚須及早。盡將家具庋梁間，慚愧儂家屋較小。架木倚竹結構牢，去地未及一仞高。布以蘆簾平似砥，草薦三面圍周遭。上矗帚頭下爇火，棚底痀僂往來可。何須更列花格竹，不致欹傾亦已足。經營拌費一宵功，切誡兒曹毋欲速。鄰家家富貪安閒，新製雙凳厚且堅。因斯結縛遂草草，棚倒覆火蠶被爇。我家力不能辦此，無恃乃得常無患，山棚歲歲安如山。

清 劉光蕡《養蠶歌括》

頭眠

盈篩飼葉漸漸加，簾捲東窗受日華。四五日須五六頓，六日將眠期勿差。

此時身肥皮又緊，薄飼添至七八頓。加減七日使盡眠，色黄嘴縮眠須穩。養蠶先須識眠狀，頭帶綠色尾紅映。旺葉已見三四餐，口有沸絲色白亮。仰面向上不動搖，是爲打裝眠熟像。嘴先縮入後吐長，隱有紫蔭現嘴上。室宜溫暖宜避風，不宜污穢或驚撞。眠多或有未眠者，須灑糠灰俟其上。未眠脱灰置他器，勤飼催眠復一樣。微黄嘴闊方而短，頭皺身毛眠起狀。口嫩不必急喂葉，必待起齊方無恙。眠亦不拘七日期，室暖飼緊早爲宜。室寒飼漫陽失助，眠過七日起亦遲。故有抽飼斷眠法，白色之處葉催齊。此時須早除沙燠，頻飼盡眠方住之。八日蠶盡脱殼起，身白皮皺正苦飢。

又　看像無病患結肛，惟有吃葉慢於常。菉豆麪同大黄水，飼蠶立愈眞奇方。蠶性最惡不潔氣，縮頸不食命卽斃。馬糞晒乾拌柴燒，箔下略烘片刻愈。

雜録

元　司農司《農桑輯要》卷四《養蠶》　《務本新書》：忌食濕葉，忌食熱葉。

又　《韓氏直説》曰：安圓簇於阜高處，打成簇脚，一簇可六箔。蠶十分中有九分老者，宜少摻葉名上馬桑，就箔上用簸箕般去，宜款手摻於簇上自東南起頭，不令落地，務令稀勻。上復覆蒿梢或豆䕸，復摻蠶如前。至三箔覆梢倒根在上如此，則簇圓又穩。

明　黄省曾《蠶經》

五之飼育

其蠶之自蟻而三眠也，俱用切葉。其替擡也，用糠籠之灰糝焉，則蠶體快而無疾。或布網而擡替。其飼火蠶也，必勤，葉盡即飼，毋使飢，吞火氣而病。

清　鄂爾泰《授時通考》卷七三《蠶事門・飼養》

桑碪圖説

《爾雅》曰：『碪，謂之榩。』郭璞曰：『碪，木礩也。碪從石，榩從木，即木碪也。』碪截木為碣，圓形竪理，切物乃不拒刃。此北方蠶小時，用刀切葉碪上，或用几，或用夾。南方蠶無大小，切桑俱用碪也。

徐光啓曰：『木碪傷葉，吴中用麥秸造者為佳。』

清　方觀承《述本堂詩集・看蠶詞》　蠶婦常著單衣，以節寒煖。寒則進火，煖則減徹。采采筐盈幾過，分番沃葉頻輸。信約黄金桑下，不同魯國秋胡。

清　鄭之僑《農桑易知録》卷二《桑務事宜》

養種蠶揀出好者，另行餧養，以爲蠶種

蠶到二眠時，揀取强旺者，分出另餧。每一晝夜，比衆蠶多餧二三餐不等，桑葉吃完，即要餧葉，防種餓也。故必加意小心愛護，採繭後，即將幪透子剝去，薄薄攤於篩內。仍揀不老不嫩好桑葉覆於繭上。俟至十二晝夜，蛾頭必轉蛹化為蛾矣。

又　栽種　至霜降後，始將枯葉晒乾，以餧羊。若樹上有蟲蠹，急須問時尋看。深入者，用鐵鑿鑿取；淺者用鐵絲挿入，殺之。其桑必茂。

清　崔應榴彙纂，錢馥補輯《蠶事統紀》卷八《飼養》　大凡初蟻宜暗，眠起宜微明，向食宜明。《湧幢小品》：其既食也，乃熾炭於筐下，并其四周，剉桑葉如縷者，而謹食之。又上下抽翻，晝夜巡視。火不可烈，葉不可缺。火烈而葉缺，則蠶飢而傷火，致病之源也。然又不可太緩，緩則有漫滯不齊之患，是為看火。《月令廣義》：蟻，一名擘黑。當慎其涼煖。《士農必用》：擘黑法，第三日巳午時間，於別槌上安三箔，微帶燠，薄揭蟻，欹手擘如小綦子大，布於中箔，可盈滿，可漸漸加葉。飼，早晴，可捲東窗苫及當日背風窗。蠶喜東照，畏風。漸漸變色，隨色加減。食至純黄，則不飼，是謂頭眠。

（嘉慶）《桐鄉縣志》卷二《農桑志》　穀雨前後，取蠶連包而護之，以衣衾覆之，置腹背以暖之。候蟻全生，和蟻秤連記分兩多少，是爲生蟻。蟻生足，以薔薇之葉，焙燥挼碎之，糝之蟻上，聞香而集於上。乃以鵝翎拂之，卻稱空連，便知蠶分兩多少，是爲攤烏。其既食也，乃熾炭于筐之下，并其四周，剉桑葉如縷者，而謹食之。又上下抽畨，晝夜巡視，火不可烈，葉不可缺。火烈而葉缺，則蠶饑而傷火，致病之源也。

清　高銓《吴興蠶書》卷下

原病

蠶自小至老，須刻刻防其致病，俗稱蠶爲憂蟲，受一分病，則歉收一分。人之飼養，未有不期其無病者。而蠶之病，每中於忽微，爲人所不及覺，故必加意調護，以杜其病。調護之道：一、戒貪；一、戒懶。夫蠶之所需者，人工、桑葉、屋宇、器具，四者備而後可以成功。若不量已之有無，一味貪多務得，必致餧飼缺葉，分布少筐，擡豨乏人，安放無人，人既受困，蠶仍受傷，此貪之致病也。

清 周凱《種桑詩説》《皇朝經世文編》卷三七 按《蠶經》，蠶之性喜靜而惡喧，故宜靜室。喜煖而惡溼，故宜板室。室靜可避人聲之喧鬧，室板可辟地氣之蒸鬱。尤宜密以避風，火以助煖。又《蠶書》：『飼蠶弗以雨露溼葉。』《淮南子》曰：『蠶食而不飲，二十七日而化。』《禮祭義》：『三宮夫人桑于公桑，風戾以食之是也。』

清 周凱《種桑十二詠・禁再采》《清詩鐸》卷七 禁再采初桑葉肥嫩，可飼蠶。二葉澀，飼蠶作絲，僅可爲絃。《周禮》『禁原蠶再蠶』，恐妨馬也。

清 林心北、吴書年勸刻《蠶桑輯略・養蠶節次三十五條》

養種蠶

養蠶必先留種，留種先宜擇蠶。蓋必蠶無病，種方無病也。先於二眠時，擇蠶之整齊强健者，分出另飼，日以葻頭葉飼之葻，胡貢切，音閧。枝頂最茂處也。葻頭力旺，蠶食之，其力自旺。每一晝夜，比大衆蠶，必須多飼一二餐。葉未喫完，就要飼也。

又 二眠

二眠之内，最是緊要關頭。頭眠起娘，飼葉過四晝夜，又要二眠。色又微白，嘴上又隱隱有尖角，而不復食葉，則二眠矣。所用之法，與初眠同。若天氣煖熱，亦有三晝夜卽眠者，須要刻刻小心看餧。此數日内，設有些小受病，到老必減收成。第一不可失葉，蠶在二眠内，擡起頭來，就餓也。至於夜閒，必要二人輪流看餧，切不可大膽安眠。過此二眠一關，就不必如此勤勞矣。到將眠時，其旺葉沸絲打眠裝，與頭眠時同。其一切保護眠娘之法，亦與頭眠時同。

清 汪曰楨《湖蠶述》卷三《上山》 蠶將熟，脰節瑩徹，董蠡舟《樂府小序》謂之通忌言亮，通則老矣。吐絲繚繞，謂之繚孃，《西吴蠶畧》亦名考孃，考，即老之轉音。《吴興蠶書》按考或作巧。色黄收身，不食葉，與欲眠同；而沸騰不已，周身通明，與欲眠異。倘通明而無絲腸，又是空頭，由于小蠶時餓也。小蠶不可失葉，直至上山，始見悔之已晚。或云蠶沙入水浮，亦欲上山也。《育蠶要旨》

清 温忠翰《蠶桑問答》

問：『栽桑之法何如？』

答曰：『桑樹宜十一二月時栽種。春天種，易生蟲。不宜低溼之地，高平近水處，栽之必活。須隔六七尺栽一株。栽時將桑根用水洗淨，舒根土中。坑深一尺五六寸，寬三尺，用糞和泥水攪匀，栽上桑秧，再加好土，搗築結實。到冬至以後，驚蟄以前，在樹旁掘一小坑，裝糞坑内，糞氣下行，桑根自然暢茂，出葉亦必肥大。蠶食肥葉，自然吐出美絲。近河之地，只要河泥培桑，功同糞土。』

清 吴烜《植桑育蠶書・養蠶説》 蠶貴齊，子齊，收齊，開葉齊，眠齊，起齊，飼葉齊，如此，方能上山齊。

清 俞墉纂輯《蠶桑述要》 切桑之刀，宜濶而薄。葉小宜用剪刀，較爲靈便。

清 何品玉輯刊《蠶桑會粹・種桑各法》

蠶熟上山打火法

蠶將熟上山，是日半身黄亮，食葉較少。約三更候不食葉，用薄葉遮住，黎明再用薄葉，以蓄蠶身。少頃，揀挑熟蠶上山。揀挑一次，下葉一次，謂之上馬桑。上午用蠶山人字架起，宜將倒轉二三次，以棄桑尿，不致污壞蠶繭。臨晚用蠶山四方，架起打火。倘遇雨涼，須早二三個時辰取絲繭。每架用火盆一隻，炭三斤。放火盆時，用糠灰遮住。是晚二更候，火盆開心如碗面大，三更候開心如碟面大，五更初開心如盤面大。留種繭，每架用火盆壹隻，炭壹斤半。其火盆始終用糠灰遮住，不得露出明火。蠶之吐絲：天時暖，約二日；寒則三日，方能吐盡，總要聽其繭内無響為度，即可拆架撤火。

清 馬丕瑶《蠶桑簡易法・養蠶法》 養蠶宜預置器具，曰切桑刀專為切桑葉之用，不宜切佗物、切桑板專為切桑之用。

清 沈練，仲學輅輯補，章震福校訂《廣蠶桑説輯補校訂》卷一《培養桑樹法十九條》 震按，蠶食肥葉，身上卽起油光而成病，故肥葉切忘。

清 曾鉌《蠶桑備要》卷一《栽桑説》

九十月，揀連枝好柔條，盤作圓圈，掘坑一二尺，和以糞土，緊緊埋築，少露梢尖，冬蓋腐草，春月摟去，正二月亦可。盤須常時澆水，地皮勿乾。夏月亦須搭涼棚，遮烈日，條長數尺，卽是地桑。次年卽可割條葉飼蠶。三年後，亦可移栽。

又 修翦舊大桑樹法：原有之大桑樹太高，幹老葉少，且採葉上樹躭險。須冬臘月，將樹身鋸斷，離地只留三尺，是爲第一層。第二年春天，新條自然抽出，俟四月翦桑飼蠶時，只擇肥旺者留五枝，其餘旁出枝條，概行刪去。

刪去之枝，可摘葉飼蠶。所留五枝，暫不翦梢，俟本年冬臘月，或明年養蠶時，再將此五枝，各留一尺，翦去梢子，是爲第二層。第三年春天，又復抽條，俟四月翦桑飼蠶時，將所留五枝之上，又各留五枝，共二十五枝，其餘旁出枝條，概行刪去。刪去之枝，可摘葉飼蠶。所留二十五枝，暫不翦梢，俟本年冬臘月，或明年養蠶時，再將此二十五枝，各留一尺，翦去梢子，是爲第三層。以後再不留杈，年年將二十五枝上所生嫩條，連枝帶葉，一併翦下。摘葉、飼蠶、翦條，均齊老瘢。

清 陳浡《實驗蠶桑簡要法》下篇《養蠶法》 軟化病之豫防，此病亦由菌類寄生而發。如空頭蠶起縮蠶、烏爛蠶、瀉蠶等，皆屬此病之中。欲豫防之，非遵左列各條之注意不可：（甲）精選蠶種，不誤保護。（乙）流通空氣，平均溫度。（丙）貯藏桑葉，勿使乾枯。（丁）給桑適量，勿怠除沙。（戊）蠶席宜疏，萬勿密飼。（己）眠中之時，最宜注意。（庚）餉食之葉，不可過鮮。（辛）健全蠶蛾，方可製種。（壬）眠起未食，不可被風。（癸）早晚給桑，不可偶忘。（子）室內空氣，不可鬱滯。（丑）糞液沾葉，速宜檢出。

又 如止桑偶遲，蕵厚濕重，最足害蠶。且葉未乾枯，即有起蠶餉食，逐齡眠起，因此愈不齊矣。

清 福州試辦蠶桑公學《飼蠶淺説》

薰磺

房屋器具，曾經飼蠶者，往往遺傳舊病，非設法淨除，雖得良種，亦易受病。宜於每次飼蠶之先，將房屋洗淨，置蠶具其中，以硝磺薰之。蠶房每立方尺，用磺五分，硝五釐，磨碎調勻。

清 關維震《養蠶法》第二章《蠶具》 採桑具爲桑梯、桑翦、桑鉤、桑鐮。桑梯宜用雙梯，以便當空擺放。儲桑具爲竹籠、篋篳。小葉時可用缸儲，缸內宜放竹襯，離缸底約五六寸，以便水氣發洩。飼桑具爲桑刀、桑篩、簸箕、葉簍、簾架、踏櫈。桑刀背宜稍薄，以免切桑時勢重，致將津液擠出。桑篩按蠶齡稱長，分葉片大小，篩眼由一分大至一寸大者，皆宜具備。簸箕，爲四齡以後，桑葉連梗切時，簸去其綆之用。葉簍，盛切好之葉。簾架，擺放蠶簾，以能隨意高低，可撐之架爲便。

又 第四章《掃蟻》 糠掃法 先將包好種紙，連包紙同稱，記其分量。將包紙打開，即撒細糠於上，糠以隱蟻爲度。給與少許嫩桑，靜候二十分時，視蟻皆由糠而上，乃將種紙提起，輕拂於蠶簾紙上，不盡者用鵝毛拂淨後，然後將種紙包紙再稱。所減前記重量，即爲蟻量。落下之蟻，再稍加糠攪拌，勻座給桑，皆與前同。此法使蟻連糠墜下，有所憑藉，且不致震動未出之蟻。與前打落法，皆爲近時所常用。惟用糠攪拌，難免有傷蟻體，尚未盡善。拌時務以輕爲要。

又 第九章《上簇》 蠶至五齡盛食期後，室內務宜清涼，庶經過時間可久，使食桑得十分飽足。又蠶之上簇，若適在夜間，手續不便，可開放門簾、門窗等，導入外氣，使室內清涼，庶可延至翌日再拾上簇。惟外溫若高，蠶又老熟急速，時逸出簾之四旁，隨處吐絲，則上簇又不可延緩矣。

清 江志伊輯《飼蠶法》 若天暑升至八十度以上，則人工難施，惟有開窗通氣，他無良策。繭室之燥溼，亦有關係。如下架飼蠶，上架置簇，則桑葉水分蒸發，足以損光澤而難舒解。飼蠶與上簇，必須異室。蓋蠶絲因有護謨質，故能成繭。

清 賴逸甫《嶺南蠶桑要則・飼蠶須知》 出蠶之日，宜東風，喜和煦。若值天氣太熱，七日出蠶，間亦有之。惟是春冬之頭尾兩造時，當天寒氣冷，亦有延至十三四朝乃出。蠶屬龍精馬氣，故凡出蠶、熟蠶，皆於辰午兩時居多。蠶苗初出，如僅些少，其數未及一成者，可用鵝毛將該蠶苗掃去，俟其再出多數，方可養之。如出二三成者亦可，毋庸即引，庶免將來眠熟參差之弊。設如今晚僅出三四成者，仍須將該蠶穜罨密，毋被風吹，准可等至明朝，出有七八成時，方引未爲遲也。所賸二三成後出者，宜歸後引。所謂引蠶者，乃將桑葉切成菸絲模樣，排於蠶紙之上，養該蠶苗也。引蠶後一點零鐘，俟該蠶苗蛸齊上桑，則以一箕蓋於蠶苗箕面，將該底箕翻爲面箕，使該面箕翻而在底，搠開面箕，抽去蠶紙，留該蠶苗在箕。又以一箕蓋於蠶苗，再將底箕翻回上面，遂即搠去該箕，此則蠶苗皆居桑面，隨以鵝毛將該蠶苗掃至齊整。或單用鵝毛，向於蠶紙連桑掃，該蠶苗落箕於此。兩法任從，是但宗一。引蠶落箕之後，約延一點零鐘，則須再切桑絲，養其第二次。由引蠶起，養至第六次，俟該蠶蛸齊上桑，則將有蠶該層，剢其過箕，名曰𧎚蠶。或將蠶所蚺桑該層，做捲蓆法，上則將蠶捲歸一邊，下則將該蠶渣掠去，復將所捲之蠶，照原攤開，此亦𧎚蠶之一法也。

清　林楊光、王鎮西《蠶桑條説・平利縣王學官鎮西述呈蠶桑簡易説十九條》

蠶架法

每架用立木四根，隨房高低作二立架。中用横桄，隔十餘層。另用紙編筐，深二寸許，量木架大小安横桄上。喂蠶之時，上下轉换，則不費地方，養蠶便多。

又　去蠶糞法

蠶身下敗葉、糞尿，不免溼蒸。古人有蠶網，用蔴織成，塗以猪血石灰，然必平日預偹方好。不若於喂蠶之時，稍緩片刻，令其微餓，以葉加於身上，蠶必盡上於葉，即執葉連蠶，放於他筐之内。蠶未盡者，再如前法。

清　林志恂《蠶桑淺要・養蠶淺要》　欲測室内溼氣之多少，則須用乾溼計。以乾溼兩表相差五度爲最適四度六度亦可。差二三度時，爲過溼。差七八度時，又不免過乾。然蠶沙及桑葉，係能發生溼氣之物，故溼害甚於乾害也。不能備乾溼計者，於人身之感覺，及蠶蓐之燥溼，細心體會，亦不難知。若溼氣過重時，或用火力天熱時，溼氣雖重，亦不宜用火，或減給桑量，或勤除沙，或用間糠以礱糠薄撒蠶上，而後飼葉。不除沙者，爲之間糠，酌度而行之，可也。

日　佚名《清國養蠶概況》《農學報》第一百六十五期　飼育株守舊法，無所改良，空氣宜通，濕氣宜過，温度宜平，此理無解悟者。近年無鍋，試以炭火平室内之温度，而法不得宜，温度過高，轉阻空氣之流通，無益有損。收蠶時，多將可收之小蠶誤剔去者，飼至四齡，積過厚，二倍日本分箔之法，不隨發育之度，故各眠每生食進之蠶，或爲他蠶所壓，而不得充分發充者，終歸抛棄。飼至四眠，以二斤爲一箔，俗例謂四斤蠶而產十斤繭者，爲十分收；產八斤繭者爲八分收，以定其年之豐歉。給桑亦多寡不拘，及成熟以藁作簇，於室中設棚，高數尺，上張葦簾，置藁簇，棚下通人行，設火盆，上簇後經六日收繭。

清　吕道象《廣州番禺縣吕大令道象**調查境内蠶業報告》**《農學報》第二百四十四期　切桑具　以竹織之名爲桑籮，可貯桑四十餘斤。至切桑飼蠶，其蠶初生時，將桑葉用剪刀，剪細如髮。飼之稍長，則用刀切。及長大成熟時，則不切矣。

清　黄炳言、陶樹馨《武昌農務學堂報告・光緒二十九年實修總論》《農學報》第二百三十六期　蘇杭一帶，蠶况亦不甚佳。遍揣各地養蠶，所以致結果不良者，大都由於所飼非良種，不辨蠶種之有毒與否，不審天氣之理，不識温濕度之高低，不知氣壓之忽高忽低，採貯桑葉，以及消毒滌器，分室出蟻，給桑之回數與剉分，蠶座之乾濕與容扁，各齡之除沙回數與入糠回數，通氣除病，停食餉食諸法，未能心有所得，法有所長，以至如此也。

清　衛杰《蠶桑淺説》

上簇

置朶之法，用桑條、柏枝、芝蔴桿最佳，其餘柳絛、榆枝、秫稭均可。鋪蠶於上，畧加桑葉數張以飼，蠶之食上馬桑者，繭成摘下。

清　吴鴻望校，袁俊德輯《蠶政萃編・收蟻類》

下蟻法

新蟻微渺如髮，最易損傷。下蟻者，或以雞鵝翎埽撥，或以桃柳枝，敲打連背，皆非善法。其最妙者，出齊之後，用快刀切桑葉，細如絲髮，勿早切，致乾津液。用篩子篩於盤内蠶蓐上，勿過厚，然後以蠶連覆葉上，蟻聞葉香，自然下連就葉。倘覆葉多時，尚不下連，或緣上連背翻轉仍不下，此病蟻也，並連棄之。

清　吴錫璋《蠶桑新論・論入糠之關係第六》　糠者，即穀之殼，俗謂礱糠是也。鋪於蠶箔，非特乾燥，即空氣亦易流通。但小蠶宜用細礱糠，以石磨碎之。至三齡後，可用大礱糠，惟眠中不宜入糠，以免重壓。蠶初起皮膚尚嫩，亦不宜入糠，給桑四五次方可。眠入糠期，見蠶有一二條眞眠者，始可入糠。太早蓐厚，太遲蠶壓，均不宜矣。

清　吴作鏌、劉安欽《蠶桑速成捷法・蠶絲業普及捷法》第二章《養蠶捷法》　糠掃法者，先秤種紙及包紙，記其重量于紙上，乃用粟糠若無粟糠，用粗糠舂細代，撒播于種紙上，以恰遮蟻爲度。若糠太厚，恐蟻蠶不能上。乃給細桑葉于其上切桑葉爲一分平方形，名之曰呼出桑。待蟻蠶悉出食桑，即以羽箒掃下，再秤其種紙，即可知蟻量之多少。再加以糠蟻一錢，糠二合，用羽箒或手，叮嚀攪勻，移于蠶座。于蠶席上鋪以紙，爲一二齡之座。每蟻量一錢，占面積一平方尺，更給以三倍于蟻量之切細桑葉。

又　眠起　蠶兒自發生至結繭，要脱皮四回三眠蠶只脱三回，概于每齡盛食期後，堆積脂肪于體内，而顯其滑澤于皮外，至帶赤褐色，則不食桑葉。頭左右旋而吐絲，固纏尾足部于蓐沙上，高昂其頭而静止，實則脱皮之作用，以其形似安寢，而命名曰眠也。其額下連口部，現灰褐色之三角形，皮即由此破裂。此際，切忌攪動，即有未眠而食葉者，須行引青法。何則？靜掩網于上，稍撒桑葉，誘不眠者上網而取之，另置飼于蠶架上層，以催之，是也。此時溫度，亦宜七十度内外。濕球亦宜相差在六七度。若過于乾燥，則脱皮困難，而起蠶之疲勞亦甚。過于潤濕宜加火力排濕，則使起蠶虚弱而多病害。故此中之保護，尤宜周到。若生起蠶之時，雖宜給桑，然給之過早，則起蠶之口具軟，消化機不壯，且有眠蠶，使爾後發育，不能齊一。給之過遲，則起蠶饑疲而不能堪，必也。自箔中有多數蠶兒脱皮，經過十二時間，即給以稍嫩桑葉是曰餉食爲宜。

清 楊蔚本《養蠶説》《皇朝蓄艾文編》卷二〇 生蟻清明後，蠶始轉色漸黑，或曰當浴蠶時，摺而浸以鹽水，名曰殺種，使其子之弱者不轉，其轉者皆爲良蠶。候桑葉如匙大，取出懸之下風，使聞葉香。仍返之蠶，如欲其出，取連頻頻舒捲提掇，或以帛裹納懷中，或夜覆以所服煖衣，晨覆以所蓋煖被。趁未出時，稱連記重輕於紙背。既出齊，勿以鷄鵞翎掃，細切桑葉，白紙布匀，以蠶連覆其上，蠶聞葉香自下。如過時不下，及緣上連背者葉之。仍秤過空連，知蠶分兩。三兩蟻可布一箔，老可布三十箔。量葉放蟻，慎勿貪多。稈草搗細鋪匀，爲蓐白紙，鋪蓐上安蠶。

清 葉向榮《蠶桑説・諸家雜説》

移栽剪桑法

條桑栽法，宜五尺許，一本如品字樣，不可對植。待次年正月，天氣清和，離地二尺，剪去上條。候芽出時，只留二芽，秋後條成，又五六尺許。待次年正月，離了尺許，復剪去，如叉樣式，再留頂上各兩芽，餘芽抹去。來年又剪新枝，總留尺許，仿前法，再剪再留，而枝條又增倍矣。約五六年，至立夏後開剪，連枝葉盡行剪下飼蠶。剪至數年，桑成拳式，八、九、十拳不等，謂之拳桑。拳之大者，可留三四五條不等。次年立夏，又將拳處剪下飼蠶。連枝葉剪下者，一則省工，再恐有雨溼，須倒懸於通風處，一時即乾，即可飼蠶矣。

清 鄭愷《飼蠶新法》

溫溼注意凡飼蠶之家，欲使溫溼適宜，必須先購華氏溫溼二表。溫度在催青之始日，以最高六十度為限，最低五十度為限，每日高一度，至第八日，每日高二度，以十四日為催青之期。溫度尤宜注意，殆至蟻蠶出後，每日須最高七十五度，最低六十八度，以平均七十一度左右為宗旨。然亦不可拘依標準之溫，不觀外溫之昇降，而盡用火力，以至室内密閉，外氣沮滯不通，則蠶受害非淺，亦可以稍依外溫之昇降而高低之。然内溫與外溫不可差至二十度。當蠶眠之際，以溫度六十九度為適宜，一濕度以七十度至八十度為最適。即乾濕兩球差五六度也。若差度在一二度，或無差度之際，蠶室溼氣必重，宜用糠或火力，及減其給桑量，方能使濕度下降也。

又 入糠

入糠者，行於除沙前，給桑二三次時。用糠之量，比間糠較多，在稚蠶時，用細糠，糠殆沒沙為度，所以便於除沙也。

又 在二、三齡，稚蠶之時，欲除沙，必先散布礱糠用細糠，其量以沒糠沙為度。撒布均一，再給桑二三次，後以羽毛箒掃集一隅，移於他座，用手指及羽箒之尖，仔細攪拌鬆匀，而擴於適當之坪數也。至於大蠶之時，中國除沙用網，亦甚迅速。今法人仿中國之法，自稚蠶至四齡時，亦用細絲網，較糠除為甚便。

清 蔣斧《粤東飼八蠶法・蠶篇》

上山第十一

蠶將上山，半身黃亮，食葉較少。約三更候不食葉，可用薄葉遮之，黎明再用薄葉，以蔽蠶身。少頃，揀挑熟蠶上山。揀挑一次，下葉一次，謂之上馬桑。上午用蠶箔二張，架起如人字形。宜倒轉二三次，以棄矢溺免汙繭上。每箔約容蠶一千四五百條。

清 莊景仲《養蠶必讀》卷下第七章《膿病》 眠起未齊，勿給桑。若加桑葉於眠蠶，則令蠶座溼潤，且驚眠。

清 黄毅《養蠶新論・總論》《蠶業叢書》第二編 改良育：于給桑以前，密閉蠶室，亦將氣窓畧開，撥旺炭火，須使溫在九十度以上，給桑之後，任火之自熄，以後每次給桑，均依此法。當將眠之時，亦須如此，溫度昇而多給桑，以催其眠。按此法乃由高溫育改良而成，飢餓之時，與以高溫，既食之後，溫度復低，皆有害也。

又 溫煖育：亦密閉蠶室，借助于火力，常保七十度以上之溫，室内亦設氣窓，以通空氣，給桑亦多少相宜，若用此法，較前固善，但始終以人爲之氣候而飼育之，費用既大，亦不甚相宜，製種家用之則可，取絲家用之則不可也。

又 高溫育：密閉蠶室，盡用火力，常保八十度以上之溫，室上開窗，以流通空氣，給桑回數甚多，延日則短，人工費用皆大，又易招軟化病菌，不適蠶體之衛生，故用爲試驗則可，若言經濟則不可也。

又 天然育：開放蠶室，而以天然氣候飼育者也。飼育時，日雖長，每日給桑回數亦少，既不調停氣候，又不耗費木炭，農家用爲副業，洵爲適宜。然恐遇氣候有變時，亦須以人力爲之補助，方盡善也。

又 第四章《飼育法》第三節《收蟻法》 此種掃法，有宜注意者二：一爲蟻量須秤準確，否則給桑量及分箔，均屬不便，標準未定，衛生不宜，其害不一而足；二爲掃下之時，擊落之强弱，有於種紙裏面突然强擊者，有先輕掃不落，掃之既久，忽用强力以掃者，凡此情形，皆有害蠶體，故不可不注意也。

又 孔紙掃法

此法卽以孔紙代前法之網，用厚西洋紙一張，上穿小孔，當蟻發生，卽覆於種紙之上，其下亦將剉成長方形之桑葉，給與二回，蟻卽由小孔而上，由是定座，給桑照常飼育，凡秤蟻之法，均與前同。

又 第七節《除沙及分箔》 除沙乃除去蠶座中所堆積廢葉及蠶糞，使蠶座清潔，無冷濕與醱酵之患。一齡催眠之時，盛食已過，箔中見有少數眠蠶，卽須撒入眠糠，經二回給桑，卽可除沙，此稱爲眠除。至二、三、四齡餉食後，給桑四五回，亦行除沙，此稱爲起除。將眠之際，亦行眠除，惟因給桑多，而糞亦多，故比一齡較濕。又須隔日行之，或見蓐多濕甚，亦不妨日日除之，此稱爲中除。五齡以後，必須日日除之，若至五日後，日須除兩次也。

又 第五章《上簇》 大約盛食期後經過一日，爲普通上簇之期，可以得量繭。若製種家，則須稍遲，在老熟之時，若遇高溫，則必急於上簇，可將熟蠶自箔中揀出，置之簇上。

清 黃渭西、賴昌《蠶體病理論》下編《各論》第一章《微粒子病》第八節《微粒子病豫防法》《蠶業叢書》第七編 飼育之方法：蠶病傳染之多少，由於蠶之體質而差異。因蠶體之對於病原物，本具一種之抵抗力，抵抗力强，卽病原物一旦侵入蠶體，亦能殺滅而除其害。而欲使其抵抗力增强者，則飼育方法，自宜處處合乎蠶之生理衛生。如溫度濕氣之調停，空氣之流通，以及給桑之良否，與桑量之多寡等是也。

又 第三章《軟化病》第三節《軟化病各論》 病原菌：從來研究軟化病者，謂縮小病之病原，非起于寄生物，乃因飼育中給桑過燥，當盛食時，給桑不足，以及眠前止桑過早，眠後給桑太遲，與夫空氣不潔等所致。括言之，蓋因爲害于蠶體之生理，因而引起此疾病者也。

圖表

明 徐光啓《農政全書》卷三四《蠶桑・桑事圖譜》 桑夾，挾桑具也。用木礩上，仰置叉股，高可二三尺，於上順置鍘刃，左手茹葉，右手按刃，切之，此夾之小者。若蠶多之家，乃用長椽，二莖駢竪壁前，中寬尺許，乃實納桑葉，高可及丈，人則躡梯上之兩足，後踏屋壁，以胸前向壓住兩手，緊按長刃向下裁切，此桑夾之大者。南方切桑，唯用刀碪，不識此等桑具，故特歷説，庶倣用之，以廣其利。今人自三眠以後，食切葉二頓，即食帶枝全葉矣。

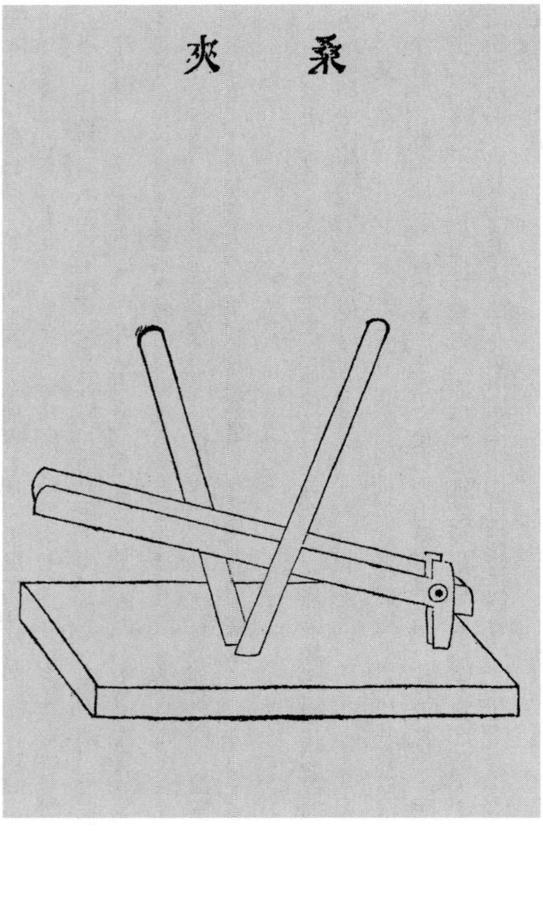

清 尹紹烈《蠶桑輯要合編·蠶桑輯要圖説》 飼蠶凳，以厚重爲要。面方尺餘，脚高二尺，凳面鑿一圓心，凳脚左右兩檔中，另設一横檔，上鑿淺穴，與凳面之孔相對，别用圓木爲柱，高三尺，縱横平置兩檔於頂，如十字形就凳面之孔貫下竪於横檔之穴内，可以左旋右轉，甚便置筐飼蠶也。地蠶凳，高一尺，長七八尺，面濶八寸，以壯實爲主，蠶鋪於地，人無從駐足，須登此以飼葉。

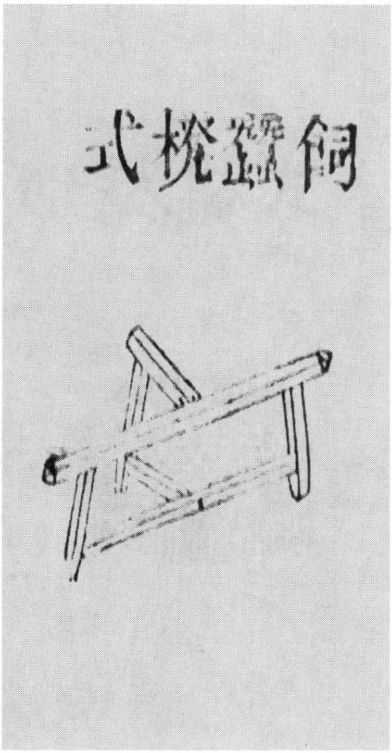

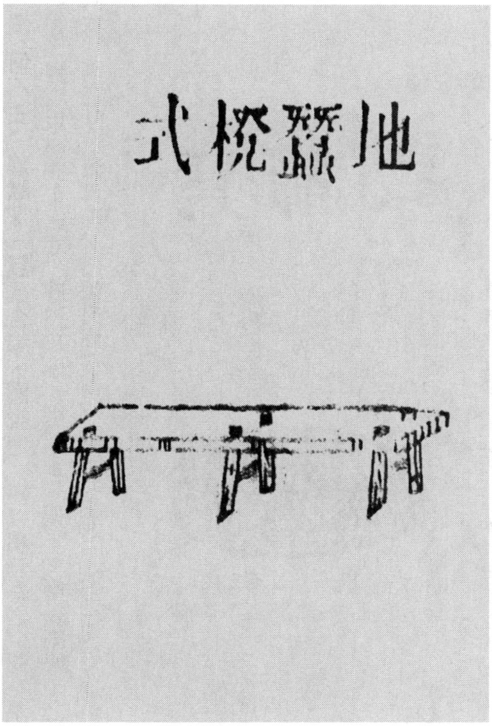

清 宗景藩説略，吴嘉猷繪圖《蠶桑圖説》 收蠶之後，日夜採桑餵養，不可間斷。採桑宜早晚，不宜烈日中。宜燥不宜濕。如雨中採桑，須晾乾。若食濕葉，蠶必病。如遇大風，塵沙四起，桑葉沾沙，蠶食之，亦必病脹，以洗净為宜。

清 何石安、魏默深《蠶桑合編・圖説》 碪以稻草為之，芟淨藁葉，用篾箍三層緊束，高可四寸，圓徑尺餘，兩面皆須截平。篩以細篾編之，圓徑八寸，高三寸，眼貴疏，篾須光潤，飼小蠶用此盛葉，篩之則勻。

清 衛杰《蠶桑萃編》卷一一《圖譜・蠶器圖類》

分蟻圖説

蟻既下連，用快刀切桑葉極細，以葉篩篩於蟻上，務要薄而勻。第一日不住頻飼，一時當飼一頓，一晝夜通飼一十二頓。蠶室宜極煖極暗，第二日減飼至八頓，第三日又減飼至六頓。於己午時間，復用蓐草綿紙，另鋪一箔，先將細切桑葉，篩於蟻上，較前稍厚些。待黑蟻上葉時，用蠶匙薄帶沙燠，輕輕將蟻欵手挑起，分如小圍棊子大，布於新安箔上，盈滿一箔。

清 吴作鎮、倪紹雯《蠶桑速成捷法・速成桑圓種植法附録・蠶病消毒法》（福爾買令）蒸發器

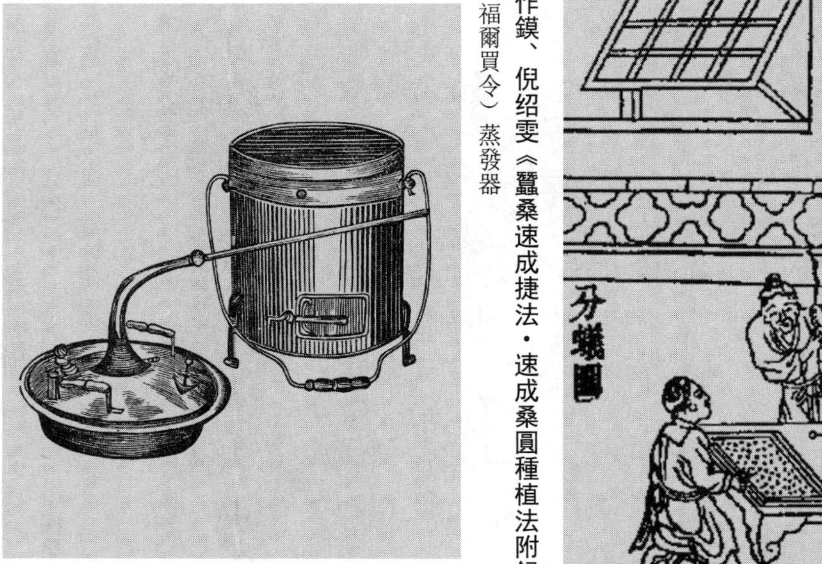

第三蠶室之消毒　蠶室及其附屬舍，即飼育室之全部，上簇室、貯桑室、剉桑室等，病原物多潛伏其間。故飼育之前，須先大掃除。室之周圍若有間隙，宜善貼塞，而後着手消毒。其『福爾買令』之應用分量，對於室之平面積百方尺，以『福爾買令』原液原液大約百分之三十五十二㐌㐌爲立方粴算出其室應用之總量，再對於是，約混和三十四倍量之清水稀薄之，用噴霧器撒布可也。今舉其例於左以資參攷：

蠶室	福爾買令原液量	同上稀薄液量
（一）濶九尺，深一丈二尺，高九尺。總平面積五百九十四平方尺。	七十二㐌	二千五百二十㐌
（二）濶一丈二尺，深一丈二尺，高九尺。總平面積七百二十八平方尺。	八十七㐌	三千〇四十五㐌
（三）濶一丈五尺，深一丈二尺，高九尺。總平面積八百四十六平方尺。	百〇二㐌	三千五百七十㐌

清　楊鞏《中外農學合編》卷一〇《蠶類・飼育》

養蠶逐日簡明表

眠期	日次	蠶身	蠶色	切葉式	飼順	換盤起底	摻糠布網	分盤	眠老	熱度
出蟻	第一日	長約半分	黑色	葉絲 葉塊	每下□薄飼一次 夜一時一次			凡分盤視盤稀密 密則分		六十六度
	第二日	長分半	青黑色	葉絲	晝飼八次 夜飼四次			稀則否		
	第三日	長約半分	□□	葉	同上			推寬		
	第四日	長二半分	青黃色	葉	同上		夜半薄摻 網□一層	同上		
	第五日		黃色	葉	同上	巳刻起底		同上		同上
頭眠	第六日	長不足三分	黃白色	葉[illegible]	□飼 薄飼	眠齊將蠶 內□□	眠後□□ □□□中		抬頭結嘴 頭眠	六十七度
	第七日				停飼				漸起眠	
起	第八日		灰色		每三下□ 薄飼一次		夜半摻□於 蠶身飼葉			
	第九日	長三分餘	灰青色	葉用絲	晝飼六次 夜飼四次	巳刻起底	夜半□□ 一層再飼	密則分盤		
	第十日	長四分餘	青黃色		同上	同上				
二眠	十一日	長五六分	黃白色		勤飼薄飼 催眠	□眠齊□ □	□□如頭 眠		抬頭結嘴 二眠	六十八度
	十二日				停飼				漸起眠	
起	十三日	長六分餘	灰色		每三下□ 薄飼一次		夜半布糠 一層再飼		齊起眠	
	十四日		灰青色	葉寬四分	晝飼六次 夜飼四次	巳刻起底		起底時分 盤		
	十五日		青黃色	同上	同上		眠後布糠 一層再飼	密則分盤		同上
三眠	十六日	長約九分	黃白色		勤飼薄飼 催眠	清晨起底	眠後□鬆 布□如□		抬頭結嘴 三眠	六十九度
	十七日				停飼				漸起眠	
起	十八日	長九分餘	灰白色	葉寬五分	每三下□ 飼一次		起齊布網 施葉		齊起眠	
	十九日	長寸許	灰青色	葉用連枝	晝飼六次 夜飼四次	巳刻擡網 □□	夜半布網 施葉	分盤		
	二十日		青黃色	以下均用 連枝葉	同上	巳刻擡網	起齊布網	同上		同上
大眠	二十一日	長約寸二三分	黃白色		勤飼薄飼 催眠	同上	起齊布糠		結嘴 大眠	七十度
	二十二日				停飼				眠	七十一二
	二十三日				同上		眠起齊四布網 飼三次即擡網		漸起眠	七十度
起	二十四日	長寸三四分	嫩白色		每三下□ 薄飼一次		清晨布□		齊起眠	
	二十五日	長寸四五分	純白色		□□□□ □□	午刻擡網		眠後宜每日 分盤一次		
	二十六日				□□飼不 拘□□	同上				
	二十七日	長約二寸				同上				同上
	二十八日	長約寸二三分	色白光滑 如玉			同上				七十二三
老	二十九日	□□□□ □	色黃白體 內明亮		□□□飼	先夜布網			捉老上簇	七十三四
	三十日									七十四度

右表係就寒熱合度言之。若天氣過熱則食葉速而眠起早。天氣遇寒則食葉緩。而眠起遲，未可拘爲定期也。然能依法用火，以寒暑表計之則相去不

遠矣。《蠶桑提要》《蠶桑須知》

清　葉向榮《農林蠶説・蠶桑圖説》

飼蠶凳式

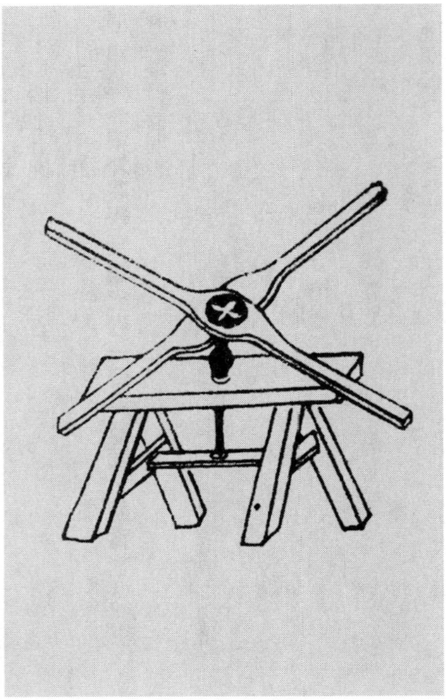

地蠶凳式

飼蠶凳以厚重為要，面方尺餘，脚高二尺。凳面鑿一圓孔，凳脚左右兩檔中，另設一横檔，上鑿淺穴，與凳面之孔相對。别用圓木為柱，高三尺，縱横平置兩横於頂，如十字形，就凳面之孔貫下，豎於横檔之穴内，可以左旋右轉，甚便置筐飼蠶也。

地蠶凳高一尺，長七八尺，面濶八寸，以壯實為主，蠶鋪於地，人無從駐足，須登此以飼葉。

清　山西農桑總局《蠶桑淺説》第二編《養蠶》

蠶具

放蠶的器具，名叫蠶簏，用柳條或竹條編造的都好。放蠶簏的架，名叫蠶架，有三角形和梯形二種，均是用木材製造的。還有給桑架，係每次給桑暫放蠶簏的器具。

蠶架

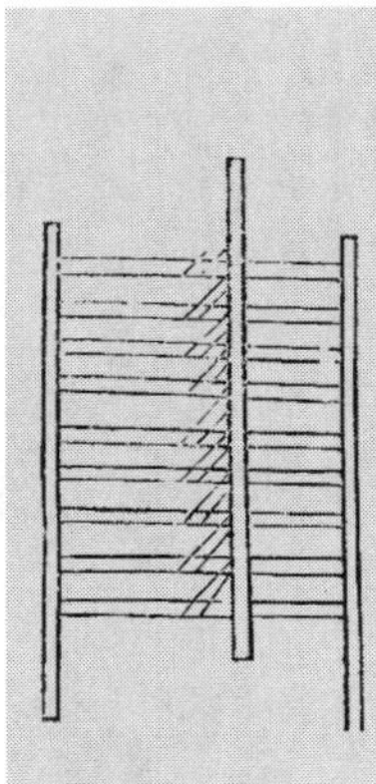

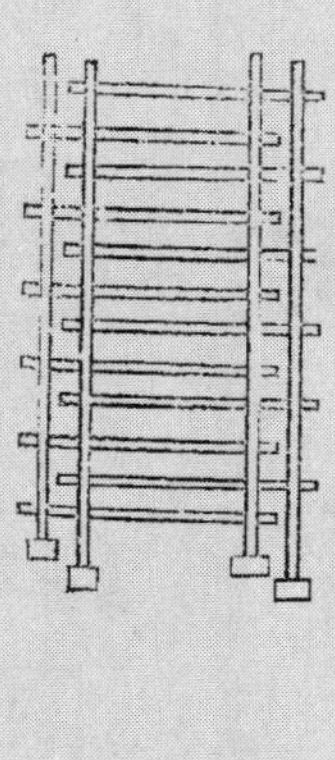

蠶架搭架

圓蠶簏

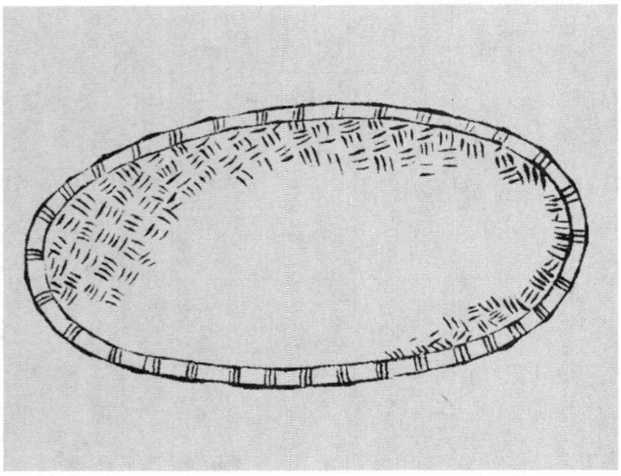

長方蠶簏

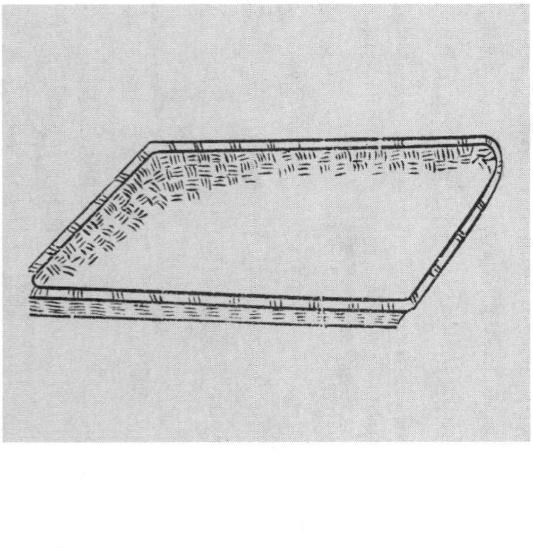

又　餉食

第一齡中，只有給桑。此後各齡中的第一次喂桑，通呌餉食。餉食宜在蠶脫皮完後，隔半天的時候。此時桑葉宜軟不宜硬，分量宜少不宜多，切桑宜小不宜大。

下

除沙

題解

清 韓夢周《蠶桑實濟》卷二《育蠶預備》 預織蠶篩：貯音著，積也，藏也。體刮刮，音括。除去蠶屎及葉渣子，名曰體刮。

又 卷四《育蠶急務》

體蠶

蠶吃一餐葉，有一層替子葉渣子連蠶屎，名曰替子。收蠶第三日，必要體刮一番抽出替子曰體刮，將蠶子抽出，方無潮溼之病。以後一日一體刮，不可間斷。自頭眠以至大眠，俱要日日體刮。若一日不體刮，替子必厚，厚則必蒸，蠶卽受病，長大時，必然發出或身上黃糙，或頭上、頸上發黑斑、黑點，甚有遍身俱生黑斑黑點者，一般吃葉不生絲腸，到老必不做繭，故體刮最要緊也。

清 楊屾《豳風廣義》卷二《蠶論》 蠶屎名為蠶沙，蠶皮為蠶蛻，蠶紙為連，蠶卧曰眠，蠶已脫殼曰起，蠶卧之蓐曰沙燠。

論說

清 林心北、吴書年勸刻《蠶桑輯略・養蠶節次三十五條》 蠶喫一餐葉，有一層替子葉渣子連蠶屎，名曰替子。收蠶第三日，必要體刮一番抽出替子曰體刮。將替子抽出，方無潮溼之病。其法：俟前次所布之葉已食盡，用絹篩篩薄薄斑糠於蠶上必用糠灰者，取其爽也。其灰以稻殼置瓦盆中，燒之，盆上不宜用蓋，再布以葉，則蠶皆脫灰而上。以蠶筯輕輕捲之，置之他器。有未上者，再布葉一次，再捲一次，則所遺必無幾矣，棄之可也。以蠶筯輕輕取出，另放一器亦可也。所易之器，紙下尚須襯糠灰。至二眠以後，則不消更襯矣，以後一日一體刮，不可間斷。自頭眠以至大眠，俱要日日體刮。若一日不體刮，替子必厚，厚則必蒸，蠶卽受病，長大時必然發出或身黃糙，或頭上、頸上多生黑斑、黑點，甚有徧身俱生黑斑、黑點者，一般喫葉，不生絲腸，到老必不做繭，故體刮最要緊也。

清 黄毅《養蠶新論・總論》《蠶業叢書》第二編 我國蠶家素有儉於蠶具而致起不良之結果者，如省去蠶簄而用地養之法。究其根由，一因地位不足，一因儉於經費。殊不知預做蠶架，所佔地位較地養者尤少。且於除沙出蕤亦甚相宜，溫濕調停更爲利便。

又 第四章《飼育法》第十節《空氣及温度》 歐洲、日本之蠶室，均注重於空氣之流通。實以蠶室之內，桑葉、蠶體、蠶糞及炭火中之炭氣，人與蠶之呼吸等，皆足污染空氣，最有害於蠶之衛生，故須使其交換流通，深宜注意。

綜述

元 司農司《農桑輯要》卷四《養蠶・分擡總論》《務本新書》：擡蠶須要衆手疾擡。若箕內堆聚多時，蠶身有汗後必病損，漸漸隨擡減耗，縱有老者，簇內多作薄皮。蠶沙宜頓除，不除則久而發熱，熱氣熏蒸後，多白殭。每擡之後，箔上蠶宜稀，布稠則强者得食，弱者不得食，必遶箔遊走。又風氣不通，忽遇倉卒開門，暗值賊風後，多紅殭。布蠶須要手輕，不得從高摻下，如或高摻，其蠶身遞相擊撞，因而蠶多不旺，已後簇內懶老翁、赤蛹是也。

又《士農必用》：分擡之便，惟在頻款稀匀，使不致先濕損傷也。蠶滋多，必須分之；沙燠厚，必須擡之。失分則不勝稠疊，失擡則不勝蒸濕，故宜頻。蠶者，柔軟之物，不禁觸弄，小而分之，猶能愛護，大而擡之，莫能顧惜也。未免久堆亂積，遠擲高抛，生病損傷，實由于此，故宜安款而稀匀。

又《士農必用》：擡頭眠蠶眠，結嘴不食，皮膚退換，蠶之一變也，别槌上鋪四箔上下隔塵潤，中二箔安蠶，用蓐如前，薄帶沙燠，揭蠶分如大棊子大，布滿中二箔沙燠厚則蒸，蠶生病，一復時，可六頓。次日，可漸漸加葉，可開捲窗一半。初向黄時，宜極暖。眠定，宜暖。起齊，宜微暖。擡頭眠飽食正食時擡，名擡飽食，分如小錢大，布滿三箔辨色加減食。

又 擡沙：于大眠後飼食第十一二頓間可擡。擡如前法，全夫沙燠，不如此，則不禁蒸鬱，臨老生病，難以抽繰。

元 王禎《農書》卷六《農桑通訣六・蠶繅篇第十五》 蠶大眠起後，飼罷三頓，剪開窗紙，透風日，必不頓驚生病。大眠之後，捲簾薦，去窗紙。

天氣炎熱，門口置瓮，旋添新水，以生涼氣。如遇風雨夜涼，却當將簾薦放下。其間自小至老，蠶滋長，則分之；沙燠厚，則擡之。失分則稠疊，失擡則蒸濕。蠶，柔軟而兖切之物，不禁揉觸。小而分擡，人知愛護，大而分擡，或懶倦，而不知顧惜，久堆亂積，遠擲高抛，損傷生疾，多由於此。

明 黄省曾《蠶經》 凡蠶矢之青也，為考之候，其在簇而有雷，則以退紙覆之，以護其畏。

明 陳繼儒纂輯，清 石巖增訂《陶朱公致富奇書》卷二《畜牧部・養蠶》 蠶住食，即分擡，去其燠沙，不然則先眠之蠶久在燠底，濕熱薰蒸，必變為風蠶。擡蠶時，不可將蠶推聚，若受鬱熱，必病損，作薄繭。眠初起時，值烟薰必多黑死，食冷露濕葉必成白殭，食舊乾熱葉則腹結、頭大、尾尖，倉卒開門，暗值賊風，必多紅殭，若高撒遠撒，蠶身與箔相擊，後多不旺，俱宜防之，此分擡之法也。

明 徐光啓《農政全書》卷三一《蠶桑・養蠶法》 《士農必用》曰：【略】初向黄時宜微暖，眠定宜溫，齊宜涼。可落蓐大眠起，投食後第六七頓，可落蓐，全去沙燠蓐草息，即是擡飽食。可分至三十箔辨色加減食。【略】擡沙于大眠後，飼食第十一二頓間可擡。擡如前法，全去沙燠，不如此，則不禁蒸鬱，臨老生病，難以抽絲。

又 黄省曾曰：蠶之自蟻而三眠也，俱用切葉。其替擡也，用糠龍之灰糝焉，則蠶體快而無疾，或布網而擡替。其飼火蠶也，必勤，葉盡即飼，毋使飢，吞火氣而病。其替蠶也，食半而替，則功省而蠶不勞。

明 佚名《便民圖纂》卷四《桑蠶類》 論分擡 蠶住食，即分擡，去其蠶沙。否則先眠之蠶久在燠底，濕熱熏蒸，必為風蠶。擡時又宜布開，若受鬱熱，必病損，多作薄繭。

清 方觀承《述本堂詩集・看蠶詞》 視蠶蟻蠕動，以鵞羽拂而勻之，為攤烏。飼二三日後，殘葉、沙矢積為替子，亟體刮之，以免蒸濕為過。替頭眠後日一替，三眠大眠日再替。每將眠之時，更須急替，遲則斑病，至老不作繭也。以竹片或桑木為匙，用以擘分初生蠶。桑杓大如杯，柄長三尺許。蠶盤空隙或布葉不勻，則以杓挹而補之。麻綫結網，為兜蠶除沙要具。較箔稍小，漆而乾之，視沙燠已厚，以網蓋蠶，布葉令滿。蠶穿網而上，則舁網除沙畢，連網置箔上，待有積沙，又將網一扇如前遞用，最為省功。網目疎密，視眠之次第。三眠之後，使可容指。無其具者，率用手捉，常苦人力不給，而誤盤於上簇時。用之以竹木為框，疎簟為底，長廣小於箔而大於筐。

糝粉斑糠早具，香楓細箬均攜。桑分家町野町，炭採梅溪晝溪。

又 移蠶就寬為□，音宜，一作彝。初眠後漸長，宜漸分箔，三眠大眠後為薙。《海鹽圖經》云：薙早則足傷，而絲不光瑩；遲則氣蒸多濕病，即分箔之謂也。二眠後，約四五日三眠，眠成過替。

清 李拔《蠶桑説》《牧令書》卷一〇 養蠶之法：立春日，取蠶種置地上或草間，使受春氣，隨置溫暖處，日以爲常。越十餘日，自出小蠶，如蟻蠕動，視其多寡，用鷄翎掃下，每日一次，各爲一處，以免參差。初生盛以筐，藉以紙，先用柘葉食之，如無柘，用桑亦可，每日喂三次，天氣晴暖，約七日卽當初眠，眠則蠶不食，漸藏葉下，視眠者過半卽暫停，無與食，伺蠶蛻大半起而後食之，初與食不可多，多則傷食病死。漸長漸多，筐不能容，移於曲箔，蜀中呼為簟。二三日一次，攤開令稀，掃去蠶糞，以利其氣。蠶性喜温暖，宜向陽潔淨，毋使近陰暗及污穢惡臭，犯則蠶瘟。

清 楊屾《豳風廣義》卷二

劈蟻法

蟻既下連，【略】蠶室宜極暖極暗，大凡初蟻宜暗，眠宜暗，將眠及眠起宜微明，向食宜明，後倣此。第二日，減飼至八頓。葉微加厚。第三日，又減飼至六頓。又稍加厚，此時沙燠已厚，急宜擡蠶除沙，不然濕熱薰蒸，蠶必病生。擡蠶除沙者，俗呼爲歐蠶也，後皆倣此。於巳午時間，復用蓐草綿紙另鋪一箔，先將細切桑葉篩於蟻上，較前稍厚些。待黑蟻上葉時，用蠶匙薄帶沙燠，輕輕將蟻欵手挑起，分如小圍棊子大，布於新安箔上，盈滿一箔。先下蟻留箔周邊，今布滿全箔。

又 停眠飼法停眠即二眠

頭眠初起，將葉紐切薄篩飼一頓。亦如人之病起，欲得少食，以妥元氣。若葉厚食多，必至內傷，後必食漫。一日夜飼四頓。第九日，擡蠶分箔。用蓐紙另鋪二箔，辰巳時厚飼蠶，正食時，用匙薄帶沙燠，將蠶揭起，分如象棋大，相去三四分，滿二箔，漸加葉，一日夜飼十五六頓。第十一二日，每日夜飼五六頓。十三日，分揭如上法。劈如小錢大，布滿三箔，一日夜飼二十二頓。

又 夏月，天氣大熱，蠶室務要通風涼房。南北開窓，糊之以紗，或用密孝帽麻布糊之，或門窓俱挂細密竹簾，或荻葦簾亦可。務使通透風涼，不令蚊蠅入内。【略】蠶沙每日早晨擡除，勿令濕生白醭，秋蠶亦宜如此。

清　張宗法《三農紀》卷八

蠶

拾者何去？其箔間之殘葉㷋天也，不去則先眠之蠶次在㷋底，濕熱蒸薰，化為風蠶。

清　鄭之僑《農桑易知録》卷二《桑務事宜》

體蠶去其蠶屎葉渣

餧蠶一次，即有一層替子。所謂替子者，即葉渣子、蠶屎等類是也。是以蠶婦收蠶，到第三日，恐其氣烝，必須體刮一次。所謂體刮者，將篩面之蠶帶葉提出，種於别篩，尚有遺剩零星小蠶，用竹筯子夾入别篩另喂。將替子曬乾，留備香臭氣息，燒烟以辟之。嗣後一日體一次，不可間斷。自頭眠以迄上杣，俱要日日體刮。若一日不體，替子即厚，厚則必烝，一有氣水，蠶即受病，及到長大，其病必發。或身上發黄糙色，或頭上、頸上多黑班黑點，俗名暗瞪脯，甚有遍身俱黑班黑點，狀如烟煤所染者。一般吃葉，總不生絲腸，到老亦不做繭。故體刮為要務也。

清　韓夢周《蠶桑實濟》卷二《育蠶預備》

預造蠶匙

此劈分黑蟻匙也。蠶初生三四日，沙㷋漸厚，恐溼熱薰蒸生病，宜急分劈。若用綱擡之，則跌落驚傷，後多不旺。宜用竹片或桑木，削爲方寸杴樣，大小不等各數張。欲分劈時，將葉厚篩蠶上，片時，待蠶已上葉，用匙輕輕挑起，須薄帶沙㷋，分布於淨筐内，相去二三分許置一匙。布滿時，篩葉飼之，一日夜，卽可滿筐。待蠶大，方用網，擡入家。蠶小時，亦有用綱擡者，然往往見傷，不如此匙之輕便勿損也。

蠶匙式

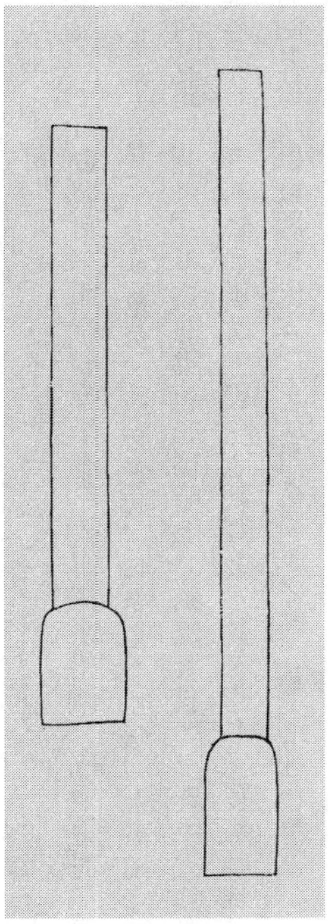

又　預編蠶網

蠶網者，擡蠶除沙之網也，爲蠶事要具。養蠶諸事皆易，惟除沙揀蠶甚是勞苦，往往婦女以手捉蠶頭，跧時久則面目皆腫，且蠶堆聚一處，熱蒸汗出後，結薄繭。所以養蠶不多。惟嘉興、湖州用網擡蠶，故歲有收絲數百觔者，其餘諸省皆不知也。其法：以二網輪流擡换。於沙㷋已厚當除時，待蠶食葉已盡，將網蓋於蠶上，以桑葉撒在網上，蠶聞葉香，自穿網而上。二人執網兩頭，連蠶擡起，一人掃除下面蠶沙、殘葉，卽將網連蠶輕輕放下，不可移動。迨飼一晝夜，沙㷋厚時，又將網一扇蓋蠶上，撒葉如前，待蠶上網仍擡起，一人方撤下面網，並掃去沙㷋，將網連蠶輕輕放下如前。總之，一網常在蠶下，共用二網，輪流替换。若只用一網擡者，蠶足據網，以手摘取，不惟費功，亦且傷蠶。捷便甚妙，卽養數百箔，亦無難矣。

又　卷三《育蠶切忌》

忌高抛遠擲

蠶性喜安恬，换桑葉除沙㷋，最宜小心。倘或高抛遠擲，致蠶與箔相擊，必多傷損不旺，故忌之。並忌放刀箔上及宅近舂搗驚傷。

又　卷四《育蠶急務》　蟻既下連【略】第三日，又減飼至六頓。又稍加厚，此時沙㷋已厚，急宜擡蠶除滅，不然濕熱薰蒸，蠶必病生。擡蠶除沙者，俗呼爲歐蠶也，後皆倣此。於巳午時間，復用蓐草綿紙另鋪一箔，先將細切桑葉，篩於蟻上，較前稍厚些。待黑蟻上葉時，用蠶匙薄帶沙㷋，輕輕將蟻欵手挑起，分如小圍棊子大，布於新安箔上，盈滿一箔。先下蟻時，留箔周邊，今布滿全箔。

又

體蠶

蠶吃一餐葉，有一層替子葉渣子連蠶屎，名曰替子。收蠶第三日，必要體刮一番，抽出替子曰體刮，將蠶子抽出，方無潮溼之病。以後一日一體刮，不可間斷。自頭眠以至大眠，俱要日日體刮。若一日不體刮，替子必厚，厚則必蒸，蠶卽受病，長大時，必然發出。或身上黄糙，或頭上頸上發黑斑黑點，甚有遍身俱生黑斑黑點者，一般吃葉不生絲腸。到老必不做繭，故體刮最要緊也。

又　卷六《蠶桑補遺》

體刮須知

飼蠶必用體刮者，所以掃除葉渣、蠶屎，使蠶不受濕熱之毒致生他病。古人體刮之法，有用匙分綱擡者，自下蟻至大眠間，數日一擡，體刮一次，各有定期。三眠既起後，始一日一擡，此一說也。有謂自收蠶第三日起以後一日一體刮，不可間斷者，此又一説也。總之，蠶飼一番葉，即有一番葉渣、一便蠶屎。一日數餐葉，即有數番葉渣、數便蠶屎。倘一日不體刮，替子層層厚積葉渣蠶屎名替子，濕熱薰蒸，蠶必受病，到老必不吐絲。人多拘守前説，小時體刮必間三五日，不知前説起於楊雙山《豳風廣義》：秦中天熱較遲，初下蟻時，一二日不體刮無妨。我夔地氣較煖，蠶在蓐中，發熱最易，安可憚是體刮之勞，以致因小失大。至於每次將眠之時，體刮尤爲緊要。

清 帥念祖《蠶政編》

預編蠶網

此抬蠶除沙之網也，爲蠶事要具。養蠶諸事皆易，惟除沙揀蠶最苦，所以養蠶不多。惟嘉興、湖州，用網擡蠶，故歲有收絲數百斤者。若效其法，以二網輪流抬換，即養數百箔，亦無難矣。其法：於沙燠已厚時，待蠶食葉已盡，將網蓋蠶上，以桑葉撒網上，蠶自穿網而上。二人執網兩頭，連蠶抬起，一人掃除下面蠶沙，將網連蠶輕放下，不可移動。待沙厚時，又將網一扇蓋抬如前，總使一網常在蠶下，輪流替換，最爲省功。

清 崔應榴彙纂，錢馥補輯《蠶事統紀》卷八《飼育》 大眠 《務本新書》：大眠起燠，宜頻除，蠶宜頻飼。或西南風起，將門牕簾薦放下，此際不宜擡解。【略】《湧幢小品》：出火又四五日為大起，大起則薙，薙則分箔。薙早則足傷，而絲不光瑩。薙遲則氣蒸，而蠶多濕病。

又 分擡之便，惟在頻欵稀匀。蠶滋多，必須分之。沙燠厚，必須擡之。失分則稠叠，失擡則蒸濕。《務本新書》：擡蠶必須衆疾擡，若堆聚多時，蠶身有汗，後必病損。蠶沙宜頓除，不則熱氣熏蒸，後多白殭殭，蠶得日氣則盡解。每擡之後，箔上蠶宜稀布。稠則強者得食，弱者不得食，必遶箔遊走。又風氣不通，忽遇倉卒開門，暗值賊風，後多紅殭。《月令通纂》：擡蠶之法，住食即時分擡，去其燠沙，不然則先眠之蠶久在燠底，濕熱薰蒸，後多變為風蠶。

清 郝懿行《寶訓》卷三《蠶桑》 《務本新書》：大眠擡飼法大眠起燠宜頻除，蠶宜頻飼。【略】《士農必用》：擡大眠。分如折二錢大，布滿二十五箔，起齊投食，一復時可三頓。

清 李拔《蠶桑説》《牧令書》卷一〇 天氣晴暖，約七日即當初眠，眠則蠶不食，漸藏葉下，視眠者過半，即暫停，無與食。伺蠶蛻大半起，而後食之，初與食，不可多，多則傷食病死。漸長漸多，筐不能容，移於曲箔，蜀中呼爲『簟』，二三日一次，攤開令稀，掃去蠶糞，以利其氣。

清 程岱葊《西吴蠶略》卷下

婦功

自頭蠶始生，迄二蠶成絲，首尾六十餘日，婦女勞苦特甚。其飼之也，篝燈徹曙，夜必六七起。葉帶露，則宜蠶，故採必淩晨。不暇櫛沐，葉忌霧，遇陰雲四布，則乘夜採之。葉忌黄沙，遇風霾，則逐片抖刷。葉忌澆肥，必審視地土。葉忌帶熱，必風吹待涼。飼一周時，須除沙屑，謂之替。替遲則蠶受蒸。

清 周春溶《蠶桑寶要》卷二《育蠶事宜二十七條》

體蠶

蠶吃一餐葉，有一層替子葉渣子連蠶屎，名曰替子。收蠶第三日，必要體刮一番。抽出替子曰體刮。將替子抽出，方無潮溼之病。以後一日一體刮，不可間斷。自頭眠以至大眠，俱要日日體刮。若一日不體刮，替子必厚，厚則必蒸，蠶即受病，長大時，必然發出。或身上黄糙，或頭上、頸上多生黑斑、黑點，甚有遍身均生黑斑黑點者，一般吃葉，不生絲腸，到老必不做繭，故體刮最要緊也。

清 鄒祖堂《蠶桑事宜·飼蠶法六十條》 桑渣、蠶砂不宜厚積，厚積則溼熱上侵，非蠶所能受。蠶出之後至四五日，桑渣、蠶砂之積已厚，即須以他器易之。易器之法，俟前次所付之葉已食盡，用絹篩篩薄糠灰於蠶上，必用糠灰者，取其爽也。其灰以釉稻糠置瓦盆中燒之，盆上不宜用蓋。再付以葉，則蠶皆脱灰而上，以蠶筯輕輕捲之，置之他器。有未上者，再付葉一次，再捲一次，則所遺必無幾矣，棄之可，以蠶筯輕輕取出亦可。

又 此時食葉漸多，桑渣、蠶砂亦較前易厚，隔一日便須易器。

又 二眠起後，桑渣、蠶砂，更較前易厚，須一日一易器。三眠起後同。

二眠起後，越四五日，計付葉二十七八次，色益白，嘴上明明有尖角，而不復食葉，則三眠矣。照前法篩糠灰於其上，而再付以葉，俟未眠之蠶脱灰而上，輕輕捲之。捲之以手，不必更用蠶筯矣。蓋蠶筯事爲小蠶而設，蠶身既大，則用筯固不若用手之爲便也。另置他器。

清 高其垣《試行蠶桑説·飼蠶法六十條》 此時食葉漸多，桑渣、蠶砂亦較前易厚，隔一日便須易器。

清　高銓《蠶桑輯要》卷下

採繭

山棚用花格竹者，先除去蘆簾，使死蠶、沙菌悉墜於地，然後採繭。

清　高銓《吴興蠶書》卷上　嬾繅種：凡蠶皆須勤繅，惟此種四眠，每眠止須繅一次，雖沙稊生白醭，亦不爲害。蠶菌曰沙稊。《集韻》音替，蠶易笛也，亦作䗖。俗呼葉屑、蠶沙之屬爲稊子。故曰嬾繅。蠶色白，葉頭不深，繭形如榧，同宫頗多。二三蠶共成一繭，爲同宫，言同處一宫也。亦作同功，言同有功也。同俗，音如唐。

又　卷下　繭成後，除去下横楞蘆簾，謂之除托。一切死蠶、沙菌盡墜於地，此先立後上法。郡城東南各鄉鎮用之習俗，所成制度各異，其爲用一也。

清　高銓《吴興蠶書》卷下　派老底　蠶之眠貴齊，眠齊起亦齊。若飼葉不勻，則食足者眠早，不足者眠遲。一筐之中，眠頭與食葉之蠶糾紛雜沓，飼之則稊益厚，而罨損眠頭，不飼則缺食，而愈不能眠矣。亟須繅開面上食葉者飼之，而以底中之眠頭另貯，謂之派老底。面上之蠶，雖非青蠶可比，然收成終不如老底之豐。

清　陳開沚《裨農最要》卷一

蠶網

蠶網者，擡蠶除沙之網也，爲蠶事要具。養蠶諸事皆易，惟除沙揀蠶甚是勞苦。婦女以手揀蠶，其頭必垂，日久則面目皆腫。且蠶堆積一處，熱蒸汗出，即不生病，後亦結薄繭，所以養蠶不能過多。惟用網擡蠶，捷便甚妙，即養數百箔，亦不難矣。用細麻繩織網，長短闊狹，視箔之大小。箔長，宜做兩節網，方便擡放。眼之疏密，視蠶之大小。頭眠眼可容豆大，二三眠眼可容大指大，及大眠眼可容雞子大。如葢網後，多餧兩頓葉，擡大蠶網，可擡二三眠蠶。以粗麻繩穿邊四角結圈，以便手提，用豬血塗。接豬血一盆，以稻草換開，羅篩過之，入水二三盌，緩緩打勻，如稀糊樣，塗網二三次，曬乾聽用，甚是耐久。若貧家力不能辦，可購取爛魚網，照蠶盤裁剪，補綴完好，亦可適用。以二網輪流擡換。於沙煥已厚，待蠶食葉盡時，葢網於蠶上，撒葉於網上，蠶卽穿網而上，二人執網兩頭，連蠶擡起，另放一箔。迨飼一晝夜，沙煥厚時，又以一網葢蠶上，撒葉擡放如前。總之，一網常在蠶下，共用二網輪流替換。如飼一百箔蠶，置一百廿網，卽可適用。

又　勤體法

初眠以前，隔兩日一體；初眠以後，隔一日一體；二眠以後，一日一體。若天氣過涼，則應隔一日兩日者，多隔一日亦可。若天氣過熱，定宜如法，不可過限。不體，則桑渣蠶屎，堆積太厚，溼熱熏蒸，無病者亦必生病，後多白殭，或身上黃糙，或項上發黑點、黑斑，甚有周身生黑點、黑斑者。一樣吃葉，不生絲腸，到老必不作繭。每次將眠之候，體刮尤為要緊。

又　卷三

飼蟻

《蠶書》有第一日飼三十六頓，第二日飼卅頓，以後按日遞減六頓。又有第一日飼一頓，第二日飼二頓，以後按日遞增一頓，二說有太過不及之弊子。酌其中，新蟻下連，每時飼一頓。如午初下蟻，午未申酉戌各飼一頓。篩葉要薄而勻，惟戌時一頓稍厚。後做此。蓋蟻初下連，只食葉之津液，如小兒下地，飲乳不久卽飢，飢便思食。養之之法：桑宜宿澆不宿澆則津液少，葉宜現摘不現摘則津液乾，刀宜快刀不快則葉少津液，切宜細切不細則蟻難食，篩葉宜薄宜勻不勻則飢飽不一，不薄則蟻未食遍，津液已乾。下蟻第一二三日，尤宜極薄，又須旋摘旋切旋篩以津液易乾，不宜久停也，遇天氣晴和，多飼一二頓。如遇陰寒，蟻不甚食，少飼一二頓。須用綿被將蠶器四面包裹，蟻得煖氣，便思食矣。倘甚寒，再用牛糞無煙火盆置屋四角不可近蠶器恐傷火受症，使微有溫氣，斯可矣。第二日飼六七頓，凡言頓數，不必過拘。天熱可加，天寒可損。第三日飼二三頓，至巳午時，用蠶筷子輕輕撥開。又飼三四頓，第四日飼三頓，至午一頓稍厚。俟蟻上葉，用蠶筷子帶葉輕輕夾起，分布他器，器内先鋪蓐草，後用綿紙葢好，或節糠灰於器内後葢紙亦可。務要勻薄。再飼三頓，初次體去桑渣，謂之香體，須烘曬令乾，以備蠶眠起齊後之用。第五日飼六七頓，較前稍厚。第六日飼三四頓，如前法體刮。體刮以後，摘最旺葉頻飼，以督其眠。七眠、四眠蠶在第六日，十眠蠶在第八日。第七日十眠蠶在第九日飼之宜薄宜頻。視蠶頭帶綠色，尾帶淡紅色，俗謂之見紅綠，身肥皮緊，色白而亮由青轉白亮，在已變白色之後未變黃色之前，趁此將眠未眠之時，急須體刮一次。黃光一見蠶卽熟眠，熟眠不可驚動，若加體刮，恐不堪其擾也。體刮之後，宜頻飼薄飼以齊其眠，必然沸絲口吐絲於葉，俗謂之沸絲。沸絲之後，就要打裝。打裝則仰面向上，身子不動，熟眠之狀。蓋蠶色善變，初起色灰，繼變爲青光，又變爲白光，漸漸發亮，一日夜卽變黃光。當白光發亮之時，即將眠。打裝之時，不過一二箇時辰必定沸絲，宜趁白光發亮將沸絲尚未沸絲之際，速速體刮一番。若黄光一見卽打眠裝，體刮已屬無及。且蠶眠將起時，全賴此絲扯住脚跟，方能脱去蠶殼。打裝之時，絲已沸盡，至此始行體刮，必將眠脚扯斷，將來起娘之殼必難脱出。此至要關頭也，不可不知。此時宜極煖宜微明，忌風忌穢，比平時更要謹防。

又 頭眠起齊

餧葉之法，箇箇起齊，灰下無一眠者。起者，必脱灰而上。再看桑渣、桑屎之上有絲布滿，則起娘嘴老，便可餧葉。先於室中燒香體一撮，蠶聞此香，便即思食，此是醒胃之法。香體，即育蟻所體刮之初次桑渣也，留之，正為此時之用。【略】三眠後催者，催其老也。易器之法：隔一日體一次。蠶眠起後，食葉漸多，桑渣、蠶屎較前易厚，如天氣寒，隔兩日亦可。

清 董開榮《育蠶要旨》

籸括

蠶性喜溫，而又惡溼熱，故必籸括。籸，則剝去底下一層，不使溼熱薰蒸。括，則取其面上一層，而籸中猶有蠶在內，必當搜剔淨盡。倘有殭爛、白肚、空頭尋蠶，棄之無遺。故無論寒暖，每日宜籸括一回，而出火及大眠時為尤要。更有救逆之法，如爛肚傷熱之故，吐水、白肚二種氣水葉，空頭小蠶失葉飢傷，布漆身有黑斑點，生種之故，必須勤籸，方不傳染。如殭蠶傷冷之故、瘋孃不上葉生種時對不深，可噴燒酒或甘草水。又法，以馬毛鋪在蠶器內，可免諸病，倘大眠後放地蠶，不必籸括。

按，葉過後，枝莖雜蠶矢，充積筐中，蠶棲其上，久則氣蒸。於是置網於筐，鋪桑於網，蠶就食，集於葉上。乃舉網而出之，移置他器，曰出籸。筐中之枝莖及蠶矢，謂之籸子，又曰蠶沙。用以壅地，則桑倍肥。

清 方大湜《桑蠶提要》卷二《蠶事四十條・易器六則》 替子宜體

蠶屎、桑渣，謂之替子。以此盤之蠶，移置彼盤，抽出替子，謂之體刮。亦謂之擡體出。蠶屎、桑渣浸土窖內，俟其腐爛，取以糞田極肥，糞桑亦極肥，並非棄物。蠶屎乾鬆者無病，溼潤成片者有病。有病宜體，無病亦宜體。不體，則桑渣既厚，蠶屎又多，溼熱熏蒸，無病者亦必生病，後多白殭或身上黄糙，或頭上、頸上發黑點、黑斑，甚有徧身俱生黑點黑斑者。雖一樣吃葉，卻不生絲腸，到老必不做繭。大約初眠以前，隔兩日體一次。初眠以後，隔一日體一次。二眠以後，每一日體一次。若天氣過涼，則應隔一日二日者，多隔一日亦可。若天氣過熱，則須一日一體，不必拘隔日之法。各省地氣寒煖不同，天時冷熱遲早亦不一律，且有忽冷忽熱之時，相時體刮，不必拘泥。每次將眠之候體刮，尤爲緊要。詳頭眠第一則。

又 體蠶法 先用礱糠燒灰礱糠，即稻穀殼，俟葉已食盡之後，用絹篩篩糠灰於蠶上，灰宜薄不宜厚。必用糠灰者，取其爽利也。再布以葉，則蠶皆脱灰而出。俟其既集葉上，或以蠶筷子輕輕夾出，或以蠶匙輕輕挑出，置他器内。但蠶身太少，最易損傷，如用蠶筷子夾小蠶，須逭葉帶蠶一併夾出。如用蠶匙挑小蠶，須略帶蠶屎、桑渣，一併挑出，庶免傷損蠶身。有未上葉者，再布葉一次，再挑夾一次，所遺者必無幾矣，棄之可也。大眠以前，可用此法。蠶筷子、蠶匙，詳蠶具第五、六則。此器專為小蠶而設。蠶大則用匙與筷子，不如用手之便。

又法：結繩為網，先以網覆蠶，次鋪葉於網，蠶聞葉香，自穿網眼而上。俟蠶皆上葉，即提網之四角，移置他盤。下次再體時，又將網覆蠶上，葉鋪網上，待蠶上網，再提起後覆之網，連蠶帶葉，移置他盤，然後撤去先覆之網，埽除蠶屎、桑渣。如不移置他盤，俟蠶上網，以二人執網兩頭，連蠶擡起，以一人埽除下面蠶屎、桑渣，然後連網帶蠶，輕輕放下。下次再體時，仍照此行之，亦是一法。一網常在蠶下，以二網輪流替換。既可減省人力，又不傷損蠶身。體蠶之法，莫妙於此。大眠以後，可用此法。大眠以前，亦可用此法。但蠶大，則網眼宜疏；蠶小則網眼宜密。因飼養小蠶，葉宜細切，葉細而網眼疏，恐擡網之時，蠶與葉由眼内漏出也。蠶網詳蠶具第八則。

又《育蟻五則》 體刮 蟻下連已二三日，蠶屎、桑渣堆積漸厚，即須以礱糠灰薄篩蠶上，如法體刮，取出蠶屎、桑渣，謂之體刮。法詳易器第三則。另易他器。所易之器，紙下須襯灰。初次體出之桑渣，謂之香體，須烘曬令乾，以備蠶眠起齊後之用。

又《頭眠起後二則》 頭眠起齊 餧葉之法：箇箇起齊，灰下無一眠者。蠶起者，必脱灰而上。再看桑渣、蠶屎之上有絲布滿，則起娘觜老，便可餧葉。蠶眠既起，欲餧葉時，先於室中燒香體一撮，蠶聞此香，便即思食，此是醒胃之法。香體，見育蟻第四則。每一晝夜，約餧四五次。頭眠起齊之後，二眠之前，中間三四日，最為要緊。此三四日，設有小病，到老必無收成。第一，不可受飢，夜間切勿貪睡。起齊後，第一次布葉，須薄而勻。蠶眠時，器内篩有糠灰，起後蠶器乾燥，所布之葉易枯，枯則蠶不能食，故布葉宜薄。俟食去三分之二，即再布一次。不必俟其食盡。第三次布葉，不妨稍厚。以後蠶漸大，葉亦漸厚，須食盡再布。易器之法：天氣煖則隔一日體一次，因此時食葉漸多，桑渣、蠶屎較前易厚也。天氣寒則隔兩日。所易之器，紙下仍襯以灰。保護之法：宜煖宜明，忌風忌穢。

又《**二眠起後**二則》 二眠起齊 餧葉之法，與頭眠起齊同。此時不可使蠶受餓，每一晝夜，須餧五六次。易器之法：天氣煖則一日體一次，因此時桑渣、蠶屎較前益厚也。天氣寒則隔一日。所易之器，紙下不必仍前襯灰。如遇天氣過冷，隔一日仍不敢體刮，則用茅草隔蒸之法，法詳地蠶第四則。俟晴和再體。保護之法，與頭眠起齊同。此是緊要關頭，務必小心保護，不可使蠶受病。

又《**大眠起後**二則》 易器之法，莫妙於用蠶網。大眠起齊之後，食葉愈多，桑渣、蠶屎較前更易厚，不體則蠶受蒸鬱，臨老多病。此時舊皮纔脱，蠶腳尚嫩，未可摋動，早體則摋動蠶腳，口後絲縷不純，惟以蠶網體之，便可免受蒸鬱，又不摋動蠶腳，且簡便省力。法詳易器第三則。如無蠶網，切勿早體。遇天煖則於起齊後二日體之，遇天寒則於起齊後三日體之。三日之後，須每日體一次。因腳漸蒼老，摋動無妨也。

又 隔蒸 蠶放地下，雖為日無多，桑渣、蠶屎不致堆積太厚。然遇天氣溼熱，氣即上騰，總不免蒸鬱之患。須取乾茅草切細，勻撒蠶倉，再布葉於茅草上，則蠶聞葉香，緣茅而上。所撒茅草，均在蠶身之下，可隔溼熱氣，此亦救急之一法也。

又《**地蠶**五則》 此法乃蠶多器少者不得已而爲之，蠶若不多，不必用此法。

設倉

大眠起後，蠶身愈大，用器愈多，如無器物可分，只好於地下設蠶倉，以代蠶器，俗謂之放地蠶，但不宜早放，放太早，則摋動蠶腳，且蠶既下地，桑渣、蠶屎堆積太厚，亦無法可去。須俟開口兩三日，乃放倉内。蠶腳已老，無妨摋動。又為日無多，桑渣、蠶屎不至堆積太厚。

清 顧禄《**吴趨風土録**》 環太湖諸山，鄉人比戶，蠶桑爲務，三四月爲蠶月，紅紙黏門，不相往來，多所禁忌。治其事者，自陌上桑柔，提籠采葉，至村中繭煑，分箔繅絲，歷一月，而後弛諸禁。俗目育蠶者曰蠶黨，或有畏護種出火辛苦，往往於立夏後買現成三眠蠶於湖以南之諸鄉。村諺云：『立夏三朝開蠶黨。』

清 黄世本《**蠶桑簡明輯説・養蠶説**》 蠶出之後，飼葉數次，便覺其密，即用蠶筯輕輕撥開，再數次，再撥開。至四五日，桑渣、蠶砂之積已厚，即須以他器易之。易器之法：俟前次所飼之葉已食盡，用絹篩篩薄薄糠灰於蠶上。必用糠灰者，取其爽也。其灰以秈稻糠置瓦盆中燒之，盆上不宜用蓋。再飼以葉，則蠶皆脱灰而上。以蠶筯輕輕箝之，置之他器。有未上者，再飼葉一次，再箝一次，則所遺必無幾，棄之可以，蠶筯輕輕取出亦可。所易之器，紙下尚須襯灰。至二眠以後，則不消更襯矣。

又 眠一次，則嘴潤一次，衣寬一次。衣即皮也，蓋其嘴其衣，皆於眠時潛换。飼葉太早，恐嘴已潤，而衣未盡脱者亦食之，食之則腹大，而未脱之衣，脱不下矣。此時食葉漸多，桑渣、蠶砂亦較前易厚，隔一日便須易器。【略】

又 地蠶放地蠶不宜太早，恐葉渣、蠶砂積多爲患。二眠起後，桑渣、蠶砂更較前易厚，須一日一易器。三眠起後同。

清 林心北、吴書年勸刻《**蠶桑輯略・養蠶節次**三十五條》

分擡總論

《務本新書》：擡蠶須要眾手疾擡，若箕内堆聚多時，蠶身有汗，後必病損，漸漸隨擡減耗。縱有老者，簇内多作薄皮。蠶沙宜頓除，不除則久而發熱，熱氣熏蒸，後多白殭。每擡之後，箔上蠶宜稀布，稠則强者得食，弱者不得食，必遶箔遊走。又風氣不通，忽遇倉卒開門，暗值賊風，後多紅殭。布蠶須要手輕，不得從高摻下，如或高摻，其蠶身遞相擊撞，因而蠶多不旺，已後簇内懶老翁赤蛹是也。《要旨》云：蠶有白殭，是小時陰氣蒸損，天晴，急用簸箕三四具，轉蠶中庭，使日氣煦照，擡一箔則復布一箔，得日氣，則盡解矣。《野語》云：蠶燠乾鬆者，其蠶無病，蠶燠成片溼潤白積者，蠶爲有病，速宜擡解。如正可擡，卻遇陰雨風冷，則不敢擡。用茅草細切如豆，每一箔可用一斗或二斗，勻撒蠶上，上再摻葉，移時蠶因食葉，沿上其茅草，能隔燠熱。天晴再擡，如無茅草，稈草次之。

又 體刮體，本作騄，楮几切，音『提』，移蠶就寬也。浙人讀作體音刮者，蠶砂淨盡也，實要名曰體刮，今仍之。桑渣、蠶砂不宜厚積，厚積則溼熱上侵。古法分擡去蓐，即謂此也

蠶喫一餐葉，有一層替子葉渣子連蠶屎名曰替子。收蠶第三日，必要體刮一番。抽出替子曰體刮，將替子抽出，方無潮溼之病。其法：俟前次所布之葉已食盡，用絹篩篩薄薄斑糠於蠶上，必用糠灰者，取其爽也。其灰以稻殼置瓦盆中燒之，盆上不宜用蓋。再布以葉，則蠶皆脱灰而上，以蠶筯輕輕捲之，置之他器，有未上者，再布葉一次，再捲一次，則所遺必無幾矣，棄之可也。以蠶筯輕輕取出，另放一器，亦可也。所易之器，紙下尚須襯糠灰，至二眠以後，則不消更襯矣。

以後一日一體刮，不可間斷。自頭眠以至大眠，俱要日日體刮，若一日不體刮，替子必厚，厚則必蒸，蠶卽受病，長大時必然發出，或身黃糙，或頭上、頸上多生黑斑黑點，甚有偏身俱生黑斑黑點者，一般喫葉不生絲腸。到老必不做繭，故體刮最要緊也。

頭眠

分箔後可漸加葉，一日可添至七八頓。再兩三日，其色微白，嘴上隱隱有尖角，而不復食葉，此初眠也。將眠之先，一定旺葉三四餐餧上霎時捲過。旺葉之後，必然沸絲吐絲於葉面上，謂之沸絲。沸絲之後，就要打眠裝頭嘴仰面朝上，身子不動，謂之打眠裝。連忙體刮一番，照前法篩穅灰於其上，而布之以葉，則未眠者，皆脫灰而上，以蠶筯輕輕捲之，另置他器。此未眠者也，更布葉數次，則亦眠矣。再用前法，捲其不眠者而棄之。所棄者，謂之青頭。蠶雖好，亦不能絶無青頭也，飼之無益。將眠娘和替子以蠶筯撥之使鬆，安放於乾燥紙糊篩內名曰派替，更篩一次穅灰在上，穅灰最燥，眠娘脫殼起來，身上潮溼，多用穅灰以收潮溼之氣。置之淨處，以俟其起。兩次眠者，不宜合併。蓋眠有先後，則起有先後，固不可以强合也。不可將蠶篩驚動，動則其嘴一縮。要吐出嘴來，又難也。更要遮風，尤忌西北風，西北風一吹，便吐嘴不出。輕輕移放帷帳之內，待其吐嘴，嘴上忽有一點尖角紫蔭，則嘴已吐全。嘴吐全，則爲眠娘。從沸絲時算起，一晝夜方能眠成箇箇眠也。

又　頭眠起娘

蠶之眠者，隔一日視之而其色微黃，其嘴微闊，則起矣。身上、嘴上舊殼蜕盡，名爲起娘。然不宜急於布葉，必視其灰下無一眠者起者必脫灰而上，再看替子上，有絲布滿名楊花替，則起娘嘴老，可以飼葉。此時切葉條子，略可放寬。大概一眠一起，必須兩晝夜之後方可飼葉。布葉一兩次，便須以前法易器。眠一次則嘴闊一次，衣皮也寬一次，蓋其嘴、其衣皆於眠時潛換也。布葉太早，恐嘴已闊而衣未盡脫者亦食之，食之則腹大，而未脫之衣脫不下矣。此後食葉漸多，桑渣、蠶砂亦較前漸厚，看來蠶身擠緊，必要易器，分出些來，每日體刮，每日俱要分出。蠶喫一餐葉，必要放身。若不分出，篩內太緊太密，有多喫葉者，必有喫葉不著者，就要受餓成病。

又　二眠起娘

二眠起娘，亦以一晝夜爲率，亦必待起齊嘴老，然後餧葉。衹須切葉三餐，三餐以後，可用單張葉平平鋪上餧之。再過一晝夜，可用眼頭葉餧之，葉連嫩枝者爲眼頭葉，必須將光面向上。此時桑渣蠶砂較前益厚，須一日一易器，體刮分蠶與前同。三眠起後同。

又　地蠶不宜放得太早，蓋既放地蠶，則桑渣、蠶砂之類無法可以去之。俟開口兩三日乃放，庶所積不至太厚，而無溼熱上侵之患。蠶倉之所積既厚，遇天時溼熱，氣卽上騰，取乾茅草細切，勻撒蠶倉，再布以葉，則蠶皆就食上升，而下有茅草，可隔溼熱氣矣，亦救急之一法也。

清　汪宗沂《蠶桑輯要·樹桑養蠶要略》　取蠶屎桑渣　育蟻三四日後，蠶屎、桑渣漸積，須以輭草灰薄篩蠶上，再布葉，俟蠶皆脫灰而出，方另易他器，取去渣滓。所易之器，紙下須襯灰，以新蟻宜煖而忌穢也。

又　二眠起後　二眠一晝夜卽起，起齊方可飼葉，不必過急。每一晝夜，須飼五六次。易器之法：天煖則一日換一次，因此時桑渣、蠶屎較前益厚也；天氣寒則二日換一次。陰雨過冷，不可易，少俟晴和。

又　大眠起後　一晝夜後，蠶必脫灰脫草而起，天冷起稍遲，只宜靜候，不可促以火，亦不可急飼葉，須起齊方飼。大眠以後，蠶食葉愈速，布葉宜勤，不可令稍飢。此時多食一口葉，則上山後多吐一口絲。隔三日，去桑渣、蠶屎一次。蠶至大眠後，宜涼，宜開窗以通氣，遇西南風，仍閉窗戶。

清　温忠翰《蠶桑問答》

問：二眠既起，三眠如何？

答曰：二眠起後，桑渣、蠶砂更厚，須一日一換器。四五日內餵葉，亦須二十七八次。蠶色更白，嘴上顯露尖角，不食葉，此名三眠。照前法篩用糠灰，再餵桑葉，候未眠之蠶出灰上，輕輕用手提出，另入他器餵葉，以待其眠。如蠶色青，皮內如有油，在葉上掉頭不住，此乃有病，終不能眠，宜急去之。

又　問：桑渣、蠶砂尚有用否蠶砂卽蠶糞？

答曰：浸水中待腐爛後，用此培桑最佳，蠶砂兼治病，可賣與藥店。

清　吴烜《養蠶説》　小蠶出後，逐日飼養，蠶下必有蠶矢、殘桑，須間日去淨一次，否則濕熱上蒸，蠶必致病，浙人謂之起底，蘇人謂之蠡讀作體蠶。其法：於飼葉時，蠶盡上附，將竹筯削小，頭細而圓，輕輕箝過他筐，內有遺蠶，亦須箝過。二眠後，天氣漸熱，殘桑、蠶矢益多，蠶身亦大，須逐日起底。法：將整葉連鋪兩次，俟蠶盡上葉，用手揭起，移過他筐，無須用筯。三眠後，將線結網，眼大如錢，攤在蠶筐，桑鋪網上，俟蠶從網眼上附，兩人將網擡過他筐，卽可起底，較爲省易。內有壓在蠶矢、殘桑之下，此蠶必小而無力，不能與衆蠶同起同眠，須將蠶笳揀出，另貯一筐，以免不齊。

清 鄭文同《蠶桑輯要・育蠶十二則》 蠶屎、桑渣不可太厚。天冷隔日𧕿諸几切，讀若體音，字典訓，移蠶也一次，天暖日𧕿一次。𧕿時，將大眼繩網覆蠶箔上，次將葉鋪網上，俟蠶穿網而上，即提網之四角，移置他箔，然後去先覆之網，掃除蠶屎、桑渣，一網常在蠶下，以二網替換，下次亦如之。

又《蠶桑雜説四條》 慎防 蠶性本忌雷，而起娘之未食葉時者為尤甚。須預將逐時𧕿出之桑渣曬乾儲之，謂之香𧕿。一聞雷聲，即取香𧕿以護之，否恐驚而致傷。

（道光）《遵義府志》卷一六《農桑》

蠶事

自初眠而之二、之三，其法盡同，而用力益勞，為務益廣，是為出火。蓋自此，蠶離于火，而葉不資于刀矣。又四五日，為大起，大起則薙，薙則分箔。薙早，則足傷，而絲不光瑩。薙遲，則氣蒸，而蠶多溫疾。

（道光）《清澗縣志》卷二《田賦志・物産・獸類》 又四五日，謂之大起。大起則薙，薙則分箔。

清 汪曰楨《湖蠶述》卷二《頭眠》

蠶之眠疾而且齊，如見紅攬絲，卽宜𧕿除沙𧕿。冷蠶之眠，略分先後。須審其眠十之二，方𧕿，卻不可早，早則食葉者尚多，不能不多飼。飼多𧕿厚，又難復𧕿，必受鬱蒸之病。亦不可遲，遲則眠於沙𧕿者多，既不勝檢捉之煩，且致沙𧕿罨抑之患。《吳興蠶書》

又《分𧕿》

蠶長則稠疊，沙𧕿厚則發蒸，鮮有不致病者。分𧕿之法，所以疏繁除穢也。分無定期，視蠶之稀密爲之。𧕿亦無定時，或日中一𧕿，或早暮各一𧕿，視天之寒暖爲之。《吳興蠶書》薙早則足傷，而絲不光瑩；薙遲則氣蒸，而蠶多溼疾。《湧幢小品》蠶性喜温而又惡溼熱，故必𧕿括。𧕿則剝去底下一層，括則取其面上一層。而𧕿中猶有蠶在，必當搜剔淨盡。倘有殭爛、白肚、空頭等蠶，棄之無遺。每日宜𧕿括一回，而出火及大眠時爲尤要，更有救逆之法。如爛肚傷熱，吐水、白肚二種氣水葉，空頭小蠶時失葉飢傷，布漆身有黑斑點，生種之故，必須勤𧕿，方不傳染。如殭蠶傷冷，瘪孃不上葉，生種時對得不深，可噴燒酒或甘草水。又法：以馬毛鋪蠶器內，可免諸病。《育蠶要旨》《務本新書》云：擡蠶要衆手疾擡，若箕內堆聚多時，蠶身有汗，後必病損。漸漸隨擡減耗，縱有老者，簇內多作薄皮繭。布蠶要手輕，不得從高糝下，遞相撞擊，因而蠶多不旺，已後簇內成嬾老翁、赤蛹。『輕』『疾』二字，最是分𧕿良法，顧輕易失之，遲緩而不疾，疾易失之鹵莽而不輕，二者能兼，斯盡善矣。至將眠一𧕿，尤爲緊要關鍵。《吳興蠶書》葉過後，枝莖雜蠶矢，謂之薙子，俗呼蠶沙、垃圾。董蠡舟《樂府小序》設土窖儲之，浸之以水，俟其腐爛，取以糞田、糞桑極肥。《廣蠶桑説》

又卷三《回山》

采繭 用花格竹者，先除去蘆簾，使死蠶沙矢悉墜于地，然後采繭。

清 楊名颺《蠶桑簡編・養蠶法》《牧令書》卷一〇 編蠶網 以細麻線纏竹杖上，編如鶉網形，孔如雞子大，長五尺，濶三尺五寸，每箔當用三扇，以熟漆漆過，或以猪血和石灰塗之，如制漁網法。三眠後，揀蠶除沙，以二網輪流擡換。先將網蓋於蠶上，以葉撒之，蠶聞葉香，穿網而上，連蠶擡起，掃除沙燠，輕輕放下，不可移動，沙厚，復擡如前，省功且不傷蠶。

又 劈蟻 蠶既下連，三朝出齊初出，不飼無妨，篩葉蟻上要薄而勻。第一日，飼一頓。第二日，飼二頓葉微加厚。第三日，飼三頓沙厚速除，巳午時，另鋪一箔，先將細葉篩於蟻上，待蟻上葉，用匙薄帶沙燠輕輕挑起，分布箔上。

又 二眠頭眠起齊，薄飼一頓，一日夜飼四頓。第九日，擡蠶分箔另鋪二箔，分如象棋大。第十一二日，每日夜飼五六頓。十三日，分箔可布三箔，如錢大，飼十二頓。第十四日，復將眠宜極煖，候變黃色，擡如上法可布六箔，眠一日夜。十五日，復脫殼盡起，是爲二眠。

清 沈秉成《蠶桑輯要・諸家雜説・養蠶説》 收班糠 將粗米糠煨成白色，自初至三四眠，除沙燠一番，要糝一層於筐內。每眠一番，濃糝一層於蠶身收潮。

又 編蠶網 以細麻綫，照織網法織平，孔如雞子大。量蠶器織成，每筐簸要二扇，以熟漆漆過，或以豬血和石灰，或以槲皮，如制漁網法。三、四眠後除沙，以二網輪流掇換。先將網蓋於蠶上，以葉撒之，蠶聞葉香，穿網而上，連蠶擡起，輕輕放下，除沙省工，且不傷蠶。

又 飼蠶起底法　蠶初出時，一日起底一次。細切青葉摻上，蠶自上食，用蠶筯將浮上一層連蠶葉拑起。餘在葉底者，再細加尋檢。餘下宿葉蠶砂一概棄之。二眠後，蠶日長大，起底一次，放開一次。可用手輕輕將浮上一層，連蠶揭起，飼葉切不可太粗。三眠以後，天氣溫和，可以出房，總宜避風。大眠後起底，用蠶網覆於蠶上，摻以整葉，其蠶上附。飼過兩次，二人擡過空扁內，燠砂桑筋撤去，以免溼熱氣蒸生病之患。蠶已大眠，用廣盤貯之。秤蠶三斤，飼葉百斤，成繭五斤，可得絲八九兩。蠶至眠後，正食時闕一分葉，即減一分絲。四眠天氣大煖，食葉五日即老，蠶砂亦爛，先捉其老蠶上簇。捉一次，摻葉一次，當此時葉要閘碎，以免架空作繭，謂之上馬桑，半日許，盡皆老矣。蠶有三眠、四眠者，養法同。四眠，即大眠也。

又 原蠶法　原蠶，即夏蠶，又名頭二蠶。二蠶利本不取，一則時屆農忙，恐妨田務；二則蠶盛妨馬，故《周禮》有原蠶之禁；三則春蠶畢後，桑葉無多，再戕伐其葉，樹本受傷，來年之葉必不繁茂。惟春蠶失收，以補不足，桑葉尚多，養之可也。養二蠶法，起底飼葉，格外要勤，二十二日即老，最忌大蒼蠅，亦忌大熱。春蠶宜煖，二蠶宜涼是也。

清 俞墉纂輯《蠶桑述要》　如屋宇極寬，於兩旁及上首傍壁處，加用五六寸高長條板櫈，更便於替蠶。

又 替地蠶法　屋內界成十字，分爲田蠶茂盛四座（茂蠶盛田）。用大晾篇，先將田字蠶提放篇內，掃淨渣沙；次將蠶字蠶提入田字界內，掃淨渣沙；再將茂字蠶提入蠶字界內，如前法；又將盛字蠶提入茂字界內，掃淨，方將田字蠶補入盛字界內，不過經一時之久，滿屋地蠶，即可輪替。周遭替時，最忌高擲遠抛，致傷蠶身。委任於蠶忙工，還須主人督防之，託付不當，波景匪淺。

又 蠶食後，即叢聚於上，其下食殘葉梗，每日宜翻理一次，謂之替（猶言更替也）。小蠶時，即用蠶箸，輕輕將最上一層揭下其底，另置於旁，逾時看有小蠶在上，挑併一處，殘葉另用空篇堆儲，積多可肥田地。三眠以後替蠶，旁置一篇，將梗葉上有蠶者，提入空篇，務要疏密相間，安置勻襯，不可大擠。過一日，或兩篇勻分三篇。

清 何品玉輯刊《蠶桑會粹・種桑養蠶格式》

過蠶窩

過窩之後，每日進桑四次，清晨一次，午刻一次，申刻一次，酉刻一次。（進桑之法：午後宜速，因午後天氣炎熱，不速進，恐蠶吸食風熱，易生疾病。速進則蠶飽食而無碍。）夜進三次：初更一次，三更一次，五更一次。如遇天熱，食得快，則進多一次，日夜皆然。其蠶漸大，須要分窩。每日必要替屎。替屎之法：清晨一次，申刻一次。其法：用手將蠶移過別窩，剩其屎底，再執乾淨，然後去其蠶屎，乃合。

又 蠶將眠時，亟宜替屎，若不亟替，則先時之蠶久在窩底，濕熱薰蒸，必變為風蠶，雖熟無絲。替屎時，又不得推蠶成堆，若推成堆，則蠶受鬱熱，更多病損，作繭必薄。

又《附録・宜忌各條》

忌沙燠不除

沙乃蠶屎，燠乃沙葉相連粘成一片者。久而不除，多生白殭，故忌之。

忌高抛遠擲

蠶性喜安靜，換桑葉除沙燠，最要小心。倘或高抛遠擲，致蠶與箔相擊，必多損傷不旺，故忌之。並忌放刀箔上及近舂搗驚傷。

又《種桑各法》

換簸去砂法

凡換簸去砂，宜先下厚葉，俟蠶上食，將浮上一層用手連蠶葉揭起，餘在葉底者再細加尋撿，餘下宿葉、蠶砂一概棄之。每日限二次，約辰、申二時至遇眠起之日，斟酌而行，不可拘此。

清 江毓昌《桑蠶説・養蠶説》　如天氣大冷，可用無烟火盆，上面灰蓋厚些，遠遠放著，逼除寒氣。（牛糞作塊，晒乾燒著，候烟出净，放在蠶房，拎蠶最宜。）等蟻上了新葉，連蟻帶葉輕輕分出，另做一盤，盤放在木架上，（架用两根横木，做丁字樣，尖上安直柱三根，高六尺。每架可做七八層。）添新葉時，蟻長得最快，覺得密了，添新葉時，等蟻上了新葉，連蟻帶葉輕輕分出，另做一盤，以後見密就分。（若添蠶房，先用牛糞火烘過，去溼氣。）第一，要手輕。（大約蟻一盤到老，可分至二三十盤。）到両三天，蠶屎、桑渣漸厚，用糠灰薄薄篩一層在蠶身上，再篩新切葉在灰上，候蟻上新葉，連蟻帶葉，輕輕移放他盤，（盤要照前法鋪好。）好掃除這盤的渣屎。（名叫體刮。體刮的渣屎，倒在糞窖，作爛最肥。）從此到蠶老，天煖一天體刮一回，天冷隔一天，再冷隔両三天，不可大意。到六七天，喫葉最旺，身肥皮緊，色白而亮，就要頭眠，赶緊體刮一囬。這時蠶身漸大，可用細繩結網，比盤大些，蓋在蠶上。再把新葉勻鋪網上，蠶聞葉香，從網眼緣上新葉，用兩人輕輕提網四角，連蠶帶葉移放他盤，蠶不受傷，又覺省事。一盤要兩個網，這回這個在蠶下，下回那個在蠶下。蠶小網要密些，蠶大網要稀些。

清 馬丕瑤《蠶桑簡易法・養蠶法》 第二日即須起底。從此篇移布彼篇，去蠶沙、宿葉，謂之起底。

清 饒敦秩輯《蠶桑簡要録・養蠶法則》

體蠶二條

蠶吃一餐，葉有一層替子葉渣子連蠶屎，名替子。收蠶第三日，必要體刮取出替子，曰體刮一番。以後一日一體刮，不可間斷。

又 頭眠起後，天氣寒隔四五日，天氣暖隔三四日，計飼葉二十七八次。其旺葉，沸絲，打裝，色又微白，嘴上又隱隱有尖角，而不復食葉，則二眠矣。所用之法與頭眠同。此時桑渣、蠶砂更較前易厚，須一日一易器。三眠起後同。

清 饒敦秩《蠶桑質説・體蠶第五》 蠶宜勤體體蚕，即除去盤中之穢汙也，方免桑渣、蠶屎蒸欝生病。其法：俟蠶食葉畢，先用炒焦米糠遍撒蠶身，俟蠶冒糠出，再用體蠶紙或網輕蓋蠶身，篩葉其上大蠶則鋪葉，蠶聞葉香，必從眼孔鑽上食葉，然後另用潔盤平撒焦糠，兩人輕抬紙網，移擱其上，又將原盤掃净，如法別體，切忌用手拈捉，致蠶觸汗，如此則蠶身潔而無病，蠶必旺盛。川俗多不用網，並不用筯，體時每每以手拈捉，取其便宜，致蠶染汗生病，切忌切忌。

清 沈練《蠶桑説・飼蠶法七十條》 桑渣蠶食不盡之葉，與葉中之筋、蠶沙矢也不宜厚積，厚積則溼熱上侵，非所宜受。蠶出之後，至三四日，桑渣、蠶沙之積已厚，即須以他器易之，俗謂之⿸尸桑褚几切，俗讀若體音。⿸尸桑法：俟前次所布之葉已食盡，用絹篩篩薄薄糠灰於蠶上，必用糠灰者，取其爽也。其灰以秈稻糠，置瓦盆中，燒之盆上，不宜用蓋，且須隔年燒好，現燒者不可用。再布以葉，則蠶皆脱灰而上，以蠶筯輕輕捲之，置之他器。有未上者，再布葉一次，再捲一次，則所遺必無幾矣，棄之可，以蠶筯輕輕取出，亦可。

所易之器，紙下尚須襯灰。二眠以後，則無須再襯矣。

二眠起後，桑渣、蠶沙較前益易厚，須一日一易器。三眠起後同。

清 沈練，仲學輅輯補《廣蠶桑説輯補》卷下《飼蠶法六十六條》

桑渣蠶砂説一條

桑渣、蠶砂不宜厚積，厚積則濕熱上侵，非蠶所能受。蠶出之後至三四日，桑渣、蠶砂之積已厚，即須以他器易之，俗謂之⿸尸桑褚几切，讀若體音。⿸尸桑法：俟前後所布之葉已食盡，用絹篩篩薄薄糠灰於蠶上，必用糠灰者，取出爽也。其灰以秈稻糠，置瓦盆中燒之，盆上不宜用蓋。再布以葉，則蠶皆脱灰而上，以桑箸輕輕捲之，置之他器。有未上者，再布葉一次，再捲一次，則所遺必無幾矣，棄之可以，蠶箸輕輕取出亦可。

所易之器，紙下向須襯灰，至二眠以後，則不須再襯矣。

按，初次桑渣，俗名香⿸尸桑，烘曬令乾。凡蠶眠既起，欲放葉時，可於室内先燒香⿸尸桑一撮，蠶聞此香，皆思食矣，是醒胃之法，蠶上山亦用之。見第三十五條下。

又 再去桑渣蠶砂説一條

此時食葉漸多，桑渣、蠶砂亦較前易厚，隔一日便須易器。

按，此後桑渣蠶砂可肥桑土。然桑渣本不肥，經蠶蹂躪則肥也，或儲土窖，水浸使爛，作糞用。見第五十八條。

又按，隔一日一易器，與下條一日一易器，就天氣煖時而言。煖則食葉較勤，所積易厚故也。若天氣尚寒，無須執一。大眠起後⿸尸桑法，詳第二十四條下。

又 放地蠶説三條

蠶不宜放得太早，蓋既放地蠶，則桑渣、蠶砂之積，無法可以去之。俟開口兩三日乃放，庶所積不致太厚，而無濕熱上侵之患。

蠶倉之所積既厚，遇天時濕熱，氣即上騰，取乾茅草細切，勻撒蠶倉，再布以葉，則蠶皆就食上升，而下有茅草可隔濕熱氣矣，亦救急之一法也。

按，放地蠶，為無器具而設，不得已也。蓋地面多濕氣，非蠶所宜。須下鋪板片，然後照上大眠起後第三條之法行之。倘無板片，則下勻鋪礱糠，再施稻草，令稍厚，此不獨避地面之濕氣，且以泄桑渣、蠶砂之濕氣也。但稻草、礱糠，須用極燥者。

清 沈練《廣蠶桑説・飼蠶法六十六條・培養桑樹法二十條》 桑渣、蠶砂不宜厚積，厚積則濕熱上侵，非蠶所能受。蠶出之後至三四日，桑渣、蠶砂之積已厚，即須以他器易之，俗謂之⿸尸桑褚几切，讀若體音。⿸尸桑法：俟前次所布之葉已食盡，用絹篩篩薄薄糠灰於蠶上，必用糠灰者，取其爽也。其灰以秈稻糠置瓦盆中燒之，盆上不宜用蓋。再布以葉，則蠶皆脱灰而上，以蠶筯輕輕捲之，置之他器，有未上者，再布葉一次，再捲一次，則所遺必無幾矣，棄之可，以蠶筯輕輕取出亦可。

所易之器，紙下尚須襯灰，至二眠以後，則不消更襯矣。

又 地蠶不宜放得太早，蓋既放地蠶，則桑渣、蠶砂之積無法可以去之。俟開口兩三日乃放，庶所積不至太厚，而無濕熱上侵之患。

清 沈練，仲學輅輯補，章震福校訂《廣蠶桑説輯補校訂》卷二

桑渣蠶砂説一條

按，初次桑渣，俗名香𥽇，烘曬令乾。凡蠶眠既起，欲放葉時，可於室内先燒香𥽇一撮，蠶聞此香，皆思食矣，是醒胃之法。蠶上山亦用之。

又 放地蠶説二條

按，放地蠶，爲無器具而設，不得已也。蓋地面多濕氣，非蠶所宜，須下鋪板片，然後照上大眠起後第三條之法行之。倘無板片，則下勻鋪礱糠，再施稻草令稍厚，此不獨避地面之濕氣，且以泄桑渣、蠶砂之濕氣也，但稻草礱糠須用極燥者。

清 羊復禮《蠶桑摘要·序》 蠶網，績麻爲之，如魚網之制，長短廣狹，視筐之大小爲度。眼有疏密，蠶小宜密眼，大宜疏眼，用以擡蠶沙、葉替等物。

又《養蠶十五則》

蠶眠

蠶食桑三日，卽有一日不食，是爲蠶眠。有初眠粵人謂蛾眠，浙人謂頭眠、二眠、三眠浙人謂出火、大眠之分。眠時通身光亮、嘴尖小赤，不食葉謂之蠶眠。替去宿葉蠶屎，卽停放桑葉，浙人以禾草截作寸餘長，平鋪筐底，將蠶攤勻，面以細石灰煨糠斑撒之。粵人有用，有不用。糠斑，卽穀殼，用火煨黑，用之。

又 篙分三様：小者寬尺五寸，初眠、二眠用；中者約寬二尺，三眠用；大者約寬五尺，大眠後用。須一二日去篙底桑渣、蠶屎。其器具，有蠶篙，有蠶架，有蠶櫈，各項皆取其便用耳。

清 張行孚《蠶事要略》

替蠶總括《輯要》謂之擡蠶

凡蠶食桑葉至三四日，其所糞之沙菌及所遺之葉屑漸積漸厚，若不換替，則熱氣薰蒸，蠶多白殭。故閲三四日，必另以一箔，將上面蠶輕輕捲起，而將下面沙菌及葉屑等迅速除去。至蠶漸大，沙菌等益厚，替換益宜勤。至蠶眠時，尤爲切要。若至大眠，用手一一捉起，而後換箔。大眠後，食葉十二三頓，再換一回，以後不必替矣。

又 蠶眠總括

蠶初眠時，量已眠之分數，減所飼之葉，須飼未眠之蠶，使之速眠。候十分眠，不必飼矣。此時，箔中沙菌及葉屑等須除去，箔宜換則換之，蠶上面須以石灰少許灑之，至一日一夜，蠶乃起矣。凡蠶眠，則伏而不動，既起，則紛然動矣。然須待其十分起，方可飼葉。若八九分起卽飼，直到蠶老，不能齊也。頭眠既起，再食葉三四日，乃二眠。二眠之時，其替蠶換箔，灑石灰之法，皆如頭眠，起而飼葉，亦如之。再食葉二三日，乃三眠。三眠之時，其替蠶換箔灑石灰之法，皆如二眠，其起而飼葉，亦如之。再食葉二三日，乃大眠四眠，謂之大眠。大眠之時，將蠶用手一一捉起，湖俗謂之捉眠。蠶多，須多用人捉，而以洗净木盤盛之。又以稱秤之，凡大眠蠶，五斤為一筐。秤訖，仍以蠶安箔中此時，可下地蠶，而以石灰洒之，待既起，乃飼葉。飼葉至四日四夜，則蠶老矣。凡蠶漸老，則照其腹，漸空明。既老，則其腹盡空明，而不食葉矣。此時，可用木盤捉之，上山棚。

清 包世臣《齊民四術》卷一下《蠶桑·農下》 網以竹片爲骨，蒙敗網如盤而差大，如盤上葉，使蠶上葉背，以抬蠶除砂。蠶筷，以毛竹長尺三寸，削極尖，捆糠炒淨，以除惡蠶。

又 二眠前，天氣尚涼，又蠶沙少，皆一眠一抬。二眠後，三日一抬。大眠起，飼四頓一抬。凡抬蠶，皆不可遠擲高抛。凡抬蠶、秤蠶，皆宜人多手速，勿令久罨致傷。凡蠶沙乾鬆，則蠶無病；其成片濕潤者，則有病，宜急抬解之。如正抬時遇陰雨風冷，抬過又恐蓐冷傷寒，宜切軟茅如豆大，每一箔用斗許，勻撒蠶上，再上葉，使蠶綠葉上茅，隔沙蒸，俟晴和更抬。此謂二眠以後，前不必也。

清 曾鉌《蠶桑備要》卷二《先事預備總論》 製蠶匙：以竹片或桑木削爲方枚様，大小各數張，用以分蟻。蠶初生三四日之間，沙厚溼蒸，或蟻稠器滿，急宜分布。網擡恐漏跌，須將碎葉厚篩蠶上，片時蠶盡上葉，用匙輕輕挑起，須薄帶桑渣、蠶屎，揭成小片分布另筐內，相去二三分許，置一匙。

又 **卷四《養蠶程式》** 分蟻：餧數日，將一篩筐撥滿，蟻又密宜分，或桑渣、蠶屎厚宜分。分時，先將切碎桑葉灑於蟻上，俟蟻上葉，用雞翎管帶沙㷮挑起，以手揭如匙大小片子，分布另器，撥勻餧之。

又 易器之法：眠時不可驚動，宜趁將眠未眠，急體一次。蠶屎、桑渣，謂之替子。或以網擡過，或卽以桑葉提過。此盤之蠶，移置彼盤，抽出替子，謂之體刮，亦名起底。

又 頭眠起齊：餧葉之法，箇箇起齊，灰下無一眠者，起者，必脫灰而上。再看桑渣、蠶屎之上，有絲布滿，則起娘觜老，便可餧葉。蠶眠既起，欲餧葉時，先於室中燒初次育蟻起出之桑渣一撮，謂之香體，蠶聞此香，便卽思食，此是醒胃之法。先起過半，一日祇餧一次；起齊第一日，同餧三次，以後每日七八次。每一晝夜，約餧四五次。頭眠起齊之後，二眠之前，中間三四日，最爲要緊。此三四日，設有小病，到老必無收成。第一，不可受餓，夜間切勿貪睡。起齊後，第一次布葉，須薄而勻。蠶眠時，器內篩有糠灰，起後蠶器乾燥，所布之葉易枯，枯則蠶不能食，故布葉宜薄。俟食去三分之二，卽再布一次不必俟其食盡，第三次布葉，不妨稍厚。以後蠶漸大，葉亦漸厚，須食盡再布。易器之法：天氣煖，則隔一日體一次，因此時食葉漸多，桑渣、蠶屎較前易厚也。天氣寒，則隔兩日。所易之器，紙下仍襯以灰。保護之法：宜煖宜明，忌風忌穢。

又 易器之法莫妙於用蠶網。大眠起齊之後，食葉愈多，桑渣、蠶屎較前更易厚，不體則蠶受蒸鬱，臨老多病。此時舊衣纔脫，蠶腳尚嫩，未可掽動。早體則掽動蠶腳，日後絲縷不純。惟以蠶網體之，便可免受蒸鬱，又不掽動蠶腳，且簡便省力。如無蠶網，切勿早體。遇天煖，則於起齊後二日體之；遇天寒，則於起齊後三日體之。三日之後，須每日體一次。因腳漸蒼老，不妨掽動也。

又 隔蒸：蠶放地下，雖爲日無多，桑渣、蠶屎不致推積太厚。然遇天氣溼熱，氣卽上騰，總不免蒸鬱之患。須取乾茅草，切細勻撒蠶倉，再布葉於茅草上，則蠶聞葉香，緣茅而上，所撒茅草，均在蠶身之下，可隔溼熱氣，此亦救急之一法也。

又《附三原桑園蠶婦養蠶簡易法》 其連上未出齊之蟻，俟二日出齊，月下一器初下連，將現采桑葉切碎如米，勻灑，一日餧三頓，二日四五頓，三日七八頓，每日於餧時卽用鷄翎管將蟻連蠶沙、桑渣，往寬撥一次，層層撥寬攤薄，使處處露出紙底，然後勻灑，切碎如米桑葉於上餧之，蟻卽自行上葉。俟一篩鋪滿，蟻密食葉不均，蠶便不齊卽於撥開，灑切碎新葉，俟蟻上葉時，用鷄翎，帶桑渣、蠶沙連蟻靠紙挑起，以手揭片子，另放一器，使兩器均勻。三日後，卽日加頓數，餧到頭眠。見眠者有二三箇，於清晨餧葉三頓，早飯後餧葉一頓。蠶上新葉後，用鷄翎管將此四頓溼葉渣帶蠶揭起一綹，用手輕推成撮，以手撮放他器。溼葉渣帶蟻撮盡，底下乾渣有蠶，再鋪整桑葉，俟蠶上葉，提埽過，將乾桑渣、蠶沙再倒淨處攤開，上放些整桑葉。如有幾箇未提盡的蠶，卽自上葉，提放一處。自下連至將眠，纔起底一次。將此初次起底乾桑渣收存，至第三眠起齊餧葉時，灑新葉上，謂之投食。

又《附醫蠶病諸方》 麻肚症　蠶肚上見麻點，不食，因箔內沙蓐積熱而起，急以網抬換箔，除淨沙蓐，以芭蕉葉隔於箔中，自愈。

又《蠶桑備要補編》 初下連餧法　先切葉如米，蠶變白，卽切細如絲而短。至起底，切葉稍寬，如麥幹，亦稍長，以便帶蠶。起底前一日，卽不須撥寬，使乾渣稍厚，且有絲牽連，與新葉溼渣，自成兩層，推捲新葉帶溼渣，不至帶起乾渣，舊法：將新葉絲篩稍厚，俟蟻上葉，用蠶匙薄帶沙㷮挑起，或用蠶筷子挑起。

清　陳雪堂《蠶桑簡法》卷上《養蠶撮要》 蠶網，爲除沙之要具，以蔴結成方形。與魚網結法不同，蠶網之編繩，先作十字形。網目大小，由蠶齡而異。五齡時用者，約爲寸許大。

又 除沙

除沙者，撤去座上蠶糞、殘桑，以圖清潔，而預防蠶病也。法：以給桑前，撒糠於蠶座，恰掩蠶體爲度。迨給桑二三回後，由糠上捲起桑葉與蠶，移於他篇而擴座。惟第一齡中，蠶小蕦少，易於遺失，只能擴座，迨至將眠時，除沙一次而已。自第二齡至第四齡，於各齡飼食後卽起除、盛食期卽中除、催眠時卽眠除等行之。至五齡時，每日除沙一次或二次。但此時蠶大，用網較爲便捷。用網之法，與前撒糠畧同。總之，除沙於蠶兒衛生有關，宜勤勿怠。蓋溫高蕦厚，易起蒸發，溫低沙積，必致冷濕，皆誘起蠶病之原因也。飼育者，當隨時體察之。

分箔

蠶兒初生，至五齡，體積約有萬倍之增，故必漸次擴大其座席，是爲分箔法。法：以除沙前，先於別箔中量定所要之面積，薄鋪籾糠，卽移蠶兒置其上，配置均勻。在一齡時，行三回。二三四齡中，則行二三回不等。蠶體漸大，蠶席亦循次增加。如蟻一錢，一齡中，一坪至四坪。二齡，九坪。三齡，三十六坪。四齡，七十五坪。至五齡，則有九十六坪矣。

清 陳淳《實驗蠶桑簡要法》下篇《養蠶法》 如遇蠶座濕潤、空氣濕重之時，非速減葉量，而增回數，并勤行除沙，固不足以驅除濕氣者。

又 蠶期中，連遭霪雨，貯桑不及，萬不獲已，勢不得不給雨葉者，須於食桑後即行除沙，注意排除濕氣，使蠶座清潔乾燥，庶不至釀成大患也。

又 若夫溫度激度，空氣污滯，除沙怠惰，濕氣過甚，飼育鹵莽，皆足誘引各種疾病者，故謂之誘因也。

微粒子病之豫防　此病爲蠶病中之最猖獗者，往往有全數之蠶，陡斃而無一孑遺者。欲免此患，除購本堂以六百倍顯微鏡驗無此病之精良蠶種外，並須注意左列之各項。（甲）發生過早過遲之蟻蠶，切勿留養。（乙）發育遲鈍及眠起俱遲者宜棄去，不可顧惜。（丙）除沙、擴座，萬勿怠惰，見有疑爲病蠶者，亟去之，或別飼可。（丁）飼育得法，務使蠶兒非常强健，即有該病，亦勿蔓延。（戊）當養蠶前後，蠶室、蠶具等，務須消毒，並滌以石灰水及清水。

硬化病之豫防　此病由菌類異同分爲白殭蠶、綠殭蠶諸種，欲防此病，其法如下：（甲）蠶室、蠶具乾燥清潔，又勤除沙，不使桑蔟堆積。（乙）禁蠶具貸借，免芽胞附着，傳染健蠶。（丙）於未成芽胞前檢出，投沸湯或埋地下，勿使病菌觸接空氣，並焚其蔟沙爲妙。（丁）倘遲至體被白粉，其芽胞已飛散四處，雖檢盡其屍體，亦毫無效。（戊）如有此病，蠶室、蠶具必有病菌遺留，非行完全消毒法不可。（己）此病蔓延時，蠶蔟、蠶沙必有芽胞混和，未經消毒，不可遽施桑田。

又 蠶筷用於稚蠶除沙、分蔟最良，長短方員，與常筷等，而小及半，惟一端削尖，龍須光滑，以免觸傷蠶體也。

又 擴座之法

（一）最良者不必翻抖蠶蔟，預放糠蠶上，約沒蠶身爲度。俟數分鐘，悉匍糠上，以手與蠶筷，先從外周擴出若干坪，漸及中心，復輕輕平勻，務使全座無凸凹疎密之處。再放薄糠一層，即行餵葉。如是擴座，非第省工，且蠶身不受翻壓之害矣。

又 分箔之法

（一）分箔亦擴座之一法也，但擴座僅行於第一齡中，就原座擴而大之。分箔則各齡中，蠶座不足，分置於別箔也。法：先放少量細糠於蠶上，從坪紙四隅用鵝毛掃集中央，以手輕輕攪拌。俟蠶與桑蔟分離，移置他箔，擴以若干坪是也。今將春夏蠶各齡中逐日何時之除沙分箔標準表列左。

春蠶分箔標準表

項目	第一令			第二令			第三令			第四令			第五令		
日順	時數	除沙	坪數	時數	除沙	坪數	時數	除沙	坪數	時數	除沙	坪數	時數	除沙	坪數
一日	下八時半	定座	一、	下五時半	起	九、	下八半	起	二〇、				下六時	起	七〇、
二日	上十時	擴座	一半、							下九時	起	四〇、	同	用網	七五
三日	同	同	二、	下二時	中	一二、	下五半	中	二四、				同	同	八〇、
四日	同	同	三	下五時	眠	一六、				下七半	中	五〇、	同	同	九〇、
五日	同	同	四				上十一半	眠	三二、				同	同	九六、
六日	上七時	眠除	六、							下七半	眠	六〇、	同	同	九六、
七日													上十一	去網	并箔

夏蠶分箔標準表

項目	第一齡			第二齡			第三齡			第四齡			第五齡		
日順	時數	除沙	坪數	時數	除沙	坪數	時數	除沙	坪數	時數	除沙	坪數	時數	除沙	坪數
一日	上十一時	定座	一、							下十二	起	三六、			
二日	上十時	擴座	二、	下一半	起	九	上十一	起	二〇	下九時	中	四〇、	下三時	起	七〇、
三日	上十二	同	四、	同	中	一二、	下一半	中	二五、	下三時	中	四五	同	用網	八〇、
四日	下二時	眠	六、	同	眠	一五、	上十二	眠	三〇、	下十二	眠	六〇、	同	同	九〇、
五日	上七時												同	同	九六、
六日													同	去網	并箔

（二）分箔過稀，雖無害其生長，耗桑釀濕，足誘蠶病。過稠雖無前患，有大妨其發育之害。故不可過於疏密，約擴蠶體面積三倍至五倍爲適。

（三）分箔手法，貴輕而疾。但輕易失遲緩，則蠶久埋蕪內，必受壓傷；疾易失鹵莽，則從高墜下，遞相撞擊，亦受驚損。故輕而能疾，疾而能輕，二者得兼，斯爲善矣。

又 入糠之法

（一）有起除糠、中除糠、眠除糠及間糠諸種，前三種行於除沙第二次前，使蠶匍糠上，便於除沙。後種於濕重時任意行之，非如前種之定有標準。茲將春夏蠶入糠標準表，列左以供應用。

春夏蠶入糠標準表

齡	糠	蠶	日	午	時
初齡	眠糠	春夏蠶	第五四日	午後前	九十時
第二齡	起糠	春夏蠶	第一二日	午前前	十一八時
	中糠	春夏蠶	第三三日	午前後	十一八時
	眠糠	春夏蠶	第四四日	午前前	十一十二時
第三齡	起糠	春夏蠶	第一二日	午後前	二五時
	中糠	春夏蠶	第三三日	午前前	十一八時
	眠糠	春夏蠶	第五四日	午前後	十一六時
第四齡	起糠	春夏蠶	第二一日	午前後	九六時
	中糠	春夏蠶	第四二日	午前後	十二九時
	眠糠	春夏蠶	第六四日	午前後	十六二時
終齡	起糠	春夏蠶	第一二日	午後前	二九時

（二）起除糠在飼食二三回後行之爲適，遲則眠蕪發酵，必放臭氣，故此糠視諸糠稍厚也可。

（三）中除糠行於各齡盛食前，標準所定，逐齡無二。蠶蕪若厚，可入二三次，慎勿行於盛食之時。

（四）眠除糠爲飼蠶術中之最宜注意者。萬一偶遲，眠於糠下必多，不除熱所不能，除沙極形棘手，往往因此眠起不齊，釀百病之基。

（五）諸糠中惟此糠最難入手，非閱歷數載者鮮能操劵，須時審，其口體灰黃、頭部腫亮、舉動呆滯、環節退青，有十之四五者爲最適時，萬勿錯過爲要。

（六）蠶兒有似眠狀入糠猶嫌太早者，入間糠一次，須俟復有前述狀態及皮膚緊縮顯欲眠之象也可。

（七）眠糠貴厚薄適度。厚則將眠之蠶稍受遮壓，即眠糠下，薄則新給之葉與舊蕪未隔絶，眠除甚覺不便。

（八）如欲入眠，糠適給葉未久，尚多可食者，此時不可入糠，因蠶仍戀葉而怠匍糠上也。

（九）眠糠萬不可輕率妄入，故遇各齡中將入眠糠時，務格外細察前述等之狀態，而後慎重入之爲要。

（十）如入糠不適，蠶已眠入蕪子，可將上面之蠶先除別箔。此箔蕪糠之蠶，蕪若不厚不可振動。放最低處，俟眠醒餉食一次，移置他箔之旁，一律入糠，以便起除。

（十一）眠糠不可在午後十二時行之，時刻既長，葉量又寡，常有過燥之虞，非第眠入糠不可行於此時。任入何種之糠，皆以此時及午前四五時爲最忌也。

（十二）無論春夏秋之蠶，惟第二齡就眠最速，入糠稍早，亦不誤事。第四齡反是，故入眠糠不妨稍遲。

（十三）間糠以約沒蠶身爲度，爲諸糠中之最薄者，非如前種之必須稍厚者，比故此糠於濕重時，雖日行數次可也。

又 除沙之法

（一）無論何種，俱先入糠，使蠶上糠，給桑兩三次，將甲箔糠上之蠶分移乙箔，除其糠下之蕪沙。其主旨，圖蠶座清潔，免誘蠶病。故蕪沙厚濕，不論何時，即宜除去，防蒸穢之患，可不泥標準也。

（二）除沙有起除、中除、眠除、網除諸種，前三種行於春夏秋蠶前四齡之中，後種如各齡中均行此法，固屬便利，惜現僅通行於五齡者也。

（三）起除者，各齡中初次除其眠中之沙蕪也。早則蠶初脱皮，體膚軟嫩，難受搬壓之傷，故必在餉食後給葉四五次爲適。

（四）除沙之行於逐齡中者謂中除。雖可舉行二三次，然總以行於盛食前爲上，萬不可行於盛食將過之時。

（五）何謂眠除？除其蕻沙，催蠶速於就眠。但不可過早，早則蕻沙必厚，釀濕害蠶，須擇有多半身軀粗短、昂首安謐、首部呈三角形時行之，並除後給四五次止桑爲適。

（六）眠除手法，非如起中除可攪拌搬運也。固將眠之蠶，藉尾足固綞蠶座，以助脱皮之用，須兩手同時仰内倒插蠶蕻下，將眠蠶輕輕成批分移，勿驚易原位，務使已除乙箔與未除甲箔之狀態，無稍差異爲上。

（七）凡將眠除時，須視天氣乾濕而定。如氣候乾暖，眠齊而速，除過眠蕻稍厚亦可。除沙偶遲，必多眠於蕻下，陰濕之時，就眠緩而不齊，漫除沙則眠蕻可薄。

（八）如眠除偶早，蠶蕻尚厚，食葉大半，祇好再入薄糠一層，給葉一次，輕行除過，亦一法也。

（九）如眠除偶遲，有眠在蕻下者，當時亦可連其近旁固着之葉檢出。若閲十餘時久，萬不可翻檢，因脱皮多時，中忽振動，必礙其生理也。

（十）以網除沙，名曰網除。此法每簾須鋪甲乙兩網，如甲網鋪後給二三次葉，以二人對立移置别箔，遂鋪乙網，再給葉二三次於乙網上，如前法將乙網移箔，復鋪甲網，如是輪換不已，雖日除數十百簾而無難。

（十一）網除法之最宜注意者移網。過渡之際，貴極敏捷，不可使蠶墜地，方下網時，尤不可獨拉一隅及再放置，以致中傷蠶體也。

又 揀選熟蠶時，往往有終宵不枕者，愼勿貪眠，虧功一簣。又每箔揀熟後，宜隨時給葉，勤行除沙并簾爲要。

清 陳恢吾《農學纂要》卷一《用肥》 即如蠶糞一千兩中，有窒素十兩，燐酸二兩，加里五兩，餘倣此。

又 卷四《育蠶》 起底法 小蠶之蠶矢、殘葉閒日去浄一次。其法：於飼葉時，蠶盡上附，將竹筯削小，頭細而圓，輕輕箝過他筐，内有遺蠶，亦須箝過。二眠後逐日起底，將整葉連鋪兩次，俟蠶盡上葉，用手揭起，移過他筐，無須用筯。三眠後將綫結網，眼大如錢，攤在蠶筐，桑鋪網上。俟蠶從眼上附，兩人將網抬過他筐，即可起底，較為省易。内有壓在蠶矢、蠶桑之下者，此蠶必小而無力，不能同起同眠，須將蠶筯撿出，另置一筐，以免不齊之病。

清 陳啟沅《蠶桑譜》卷一《論練種法》 練種之房舍，宜黑窖。一則使其不受風寒，二則房舍光，將來成熟生虋，必歸而不出。何謂之歸，蓋其虋不即出蚕，而轉紫色，待至大寒節始出耳，故曰歸。然又不可閉氣，若閉氣，其蠶必受濕而生浮症。何謂之浮症，詳下眠次節。故蛾二眠，蠶細之時，用火絨紙即極粗之紙，俗人多用作寶帛以填筒底。每日替換二次或一次，曬乾相替易，并出蠶屎、桑渣，每日一次，至成熟而止，名曰冷螓螓，音閏，即冷種之謂也。

清 費烈傳口述《寧郡蠶桑要言》

二眠

又五六日，蠶將二眠，再用紙鋪好，須將賸葉并蠶沙棄之，再用黑糠灰薄蓋之，亦取暖則易眠。待起齊嘴老，方可飼葉。時常宜暖不宜寒。

清 福州試辦蠶桑公學《飼蠶淺説》

入糠

入糠最便除沙，且能解濕通氣，極爲有益。宜將粈糠，先期洗浄晒乾。一二齡中，將糠搗碎爲二三片。三齡後，可用全糠。惟入糠最要留心，蓋既眠入糠，則壓蠶體；甫起入糠，則傷蠶膚。宜於每方尺内有一二蠶眞眠時，然後入糠爲妥。

又 至夏秋蠶飼法畧同。但天氣較熱，濕氣較重，給桑宜加頻，除沙宜加勤，薰藴宜加速而已。

清 關維震《養蠶法》第二章《器具》 除沙具 除沙所用者，惟糠與網。糠用於三齡以前。網用於三齡以後。糠宜碎細，洗浄晒乾再用。網有線網、草網、蔴網三種。線製太軟，除沙時，易爲蠶爪抓住，難於振落。草製太硬，鋪放難平。惟蔴製軟硬適中，最爲合用。蠶網宜與所用蠶簾大小相同，網面宜塗柿澀，庶可耐用。

又 第五章《飼育》 蠶沙堆積，亦最易溼潤，故眠起以後，即須除沙。是日室内空氣務宜清潔乾燥，若温度太低，宜稍昇火增温，以免發育不齊，且可排除溼氣。除沙分箔等手續，切宜格外仔細，不可稍傷蠶體。

又 蠶之就眠，若適在夜中，於除沙等手續不便，可用火力增温，促其就眠稍早。反之亦可將室内温度低降，延至次日再行眠除亦可。

又 第七章《除沙》 關於蠶之健康，注意給桑及温溼度外，尤以清潔爲最要。蓋蠶沙若一經堆積，天寒則適招冷溼，天熱則易釀鬱蒸，且所發炭酸氣，尤爲致病之原。是除沙一事，誠不可怠忽也。

除沙之時期　行於催眠之際者曰眠除，行於眠起之後者曰起除，行於眠除起除之中者曰中除。中除五齡前每齡一回，至五齡則需每日行之。蠶沙䕬桑若堆積，更宜多行一二次。起除不可過早，因蠶初脱皮，體甚柔弱，易受外界刺戟，宜眠起後給桑四五回，再行除沙。眠除更不可過遲過早，關係甚鉅，已詳於前，尤宜注意。

除沙之方法　稚蠶之時，用糠爲便，且可保蠶座乾燥。撒糠厚薄，以䕬沙隱沒爲度。過厚則蠶多遺失，過薄則除沙困難。撒糠後給桑二回，自一方捲起，集於一處，再加糠稍拌，速移别簏。糠如甫經曝乾，切宜俟冷透再用。至四齡五齡，桑量既多，蠶之排洩亦甚，除沙更不可緩慢，自以用網較爲便利，且可迅速。此外有用粗切桑葉及用筷除沙者。勞力既多，幷易傷蠶體，務宜慎之。

又 第八章《分箔》　分箔之方法　分箔如兼除沙者，於分箔前一回給桑時，先行撒糠，然後用羽帚將蠶捲起，提至他簏。再入糠稍拌，用蠶筷撥弄平均，靜置片時，方可給桑。惟眠除時，如察視蠶太密接，亦須分箔，惟不宜用糠，祇須隨捲隨攤。蠶身大時，亦不必用糠，竟由此簏分至他簏可也。

清 黃壽昌《蠶桑須知・養蠶各則》

替蠶

簿中蠶沙蠶糞也與食餘之葉經粘和者，謂之替。替蠶者替蠶又謂之掌蠶連蠶用手揭取替中之上一層，換放他箔是也。替後見替中尚有存蠶，須細心撿之。出火前，用蚕筯扱之扱，取也。出火後，即可用手拾之。其有痿黄、縮頸、焦尾等無用之蠶，及在替中無力上行者，謂之沉替，概棄勿拾。檢畢，將替棄之。有云『替蠶，須每日一次』，然亦不可拘泥。蓋少替恐患熱蒸，因替即蠶沙，其性甚熱也。多替又恐傷蠶足恐傷足上之芒也，傷足則絲不光瑩。須視天時為出入，天時熱，則每日一次，不為過。天時冷，即二日或三日三日不可再遲亦無害。大率蠶眠開葉吃葉也後，約一週時一晝夜也宜替一次必不可少。近眠時，已見搶娘即眠頭，較衆蠶搶先眠者，俗謂之搶娘頭，須急替一次每眠皆同，使其疏爽，則眠頭蠶眠，謂之眠頭可齊。搶娘頭，須先檢出，換放另箔。其餘之蠶，約食葉三四次，即可眠齊矣。此就眠之佳者言之，若次則竟有眠至二三日，而未齊者。總之，每眠一次，約替蠶兩次已可。頭眠為日較長，或多替一次亦佳。

清 黃祖徽《蠶桑淺説・養蠶篇》第一章《總論》第四節《蠶病》　如溫度太過或不及，空氣不潔，濕氣過多，氣候劇變，眠中劇動，除沙怠慢，蠶座不潔，蠶室構造不得宜，以及蒸熱冷濕，太陽光綫太過或不及等，均謂之標病。

又 第三章《育蠶法》第六節《除沙》　蠶食餘葉及蠶沙，堆積過厚，便足致病，故宜除沙。第一齡中，蠶體軟小，最易丟葉，宜於將眠時小心除沙一次。二齡至四齡，則於初起時、盛食時、將眠時除沙各一次。五齡後，每日除沙一次，如遇濕氣過重，殘葉過多，無論何齡，宜隨時加除沙數次。

又 第七節《分箔》　蠶體漸大，則宜分箔，以免彼此堆積。一二三齡，撒糠以遮蔽蠶體爲度，不可太厚，俟給桑二三次後，用羽帚掃蠶及糠，移到他箔，鋪勻分開。四五齡後，宜用線網，或草網，較用糠之法爲便。

又 第八節《用糠》　將粗糠用水洗淨，置於太陽下晒乾。一二齡所用之糠，宜用臼舂碎。三齡後，即可以用全糠。蓋用糠最便除沙，且能除濕通氣，極爲有益。惟蠶既眠，用糠除沙，恐壓蠶體。蠶甫起，用糠除沙，恐傷皮膚，都爲致病之原。此育蠶時，最宜留心者。

清 江志伊輯《飼蠶法》　𧄼䕬𧄼音憤，分蠶也，䕬音替，易曲也，即分箔除沙也。蠶長則稠疊，燠厚則鬱蒸，鮮有不致病者。燠乾鬆者無病，白積溼潤成片者有病。除穢疏繁法宜𧄼䕬，然𧄼無定候，蠶大則𧄼密，出火及大眠時尤宜密，每日一次或二次。蠶小則𧄼稀。蠶小有用合𧄼者，法將穅灰摻後俟飼葉已過，以新紙一幅鋪於蠶面上，蓋空筐兩人對掇，共按緊上下兩筐，覆使翻身，揭起原筐，沙䕬盡在蠶上，即依穅灰間隔處卷去沙䕬，摻灰一層，如前蓋筐翻轉，去筐與紙，紙上有蠶時，以鵝翎刷下之，較剝𧄼爲便捷也。䕬無定時，天寒則䕬於日中，天暵則䕬於朝暮，必早遲適度。早則足傷而絲不光瑩，遲則氣蒸而蠶多溼疾，將眠一𧄼，尤爲緊要關鍵。䕬括有方，剝去下層曰䕬，剔去上層曰括。䕬中尚有蠶在，必當搜檢淨盡，如殭爛、白肚、空頭者，則棄之。入箔則稀而勻，不稀勻則强者飽而弱者饑，必至繞箔遊走。分替則輕而疾，手法不輕，則遠擲高抛，不疾則久堆亂積，蠶身有汗，遂致損傷，上山時或成赤蛹懶翁，或作薄皮劣繭。斯盡善矣。蠶性喜温惡溼，故須勤𧄼𧄼，法：取穅灰摻蠶上，飼葉兩三次，俟葉已過，就穅灰間開處將蠶逐漸剝起，勻布空筐，曰剝𧄼，不得匆遽損蠶。撤去原筐内沙䕬，曰出薙。設土窖儲之，浸之以水，俟其腐爛，取以糞田糞桑，極肥。一云頭眠初次桑渣、蠶沙，俗名香𧄼。烘曬令乾，凡蠶眠既起，欲布葉時燒一撮於室内，蠶聞之即思食，是醒胃法也。蠶過二眠，則身軀已大，合𧄼、剝𧄼均不相宜，唯以網𧄼之，則省力而敏捷。網之疏密，量蠶大小。𧄼時鋪網筐上，須平正熨貼，飼葉三頓，則齊集網面，眼爲葉蔽，不復漏蠶，隨以兩人提網移置空筐，網底燠沙可撤去之。下次⿰馬桑時，另以網鋪此，網隨沙䊵撤出，故一筐需用二網。亦有用簾⿰馬桑者，簾以蘆爲之，古稱曲，亦名箔。法：宜置簾於室之中央，架宜平鋪兩旁，留數尺餘地便人來往，先於簾之左半布蠶，䊵厚則⿰馬桑。於右半撤去沙䊵，右厚又⿰馬桑於左半，葉屑、沙矢俱從簾縫下漏。蘆簾廣闊，蠶得舒展，決不發蒸也。⿰馬桑訖有沈滯䊵中者，曰離□，決非上品，間有强健者，須仔細抉擇之。可棄去之。出火以後，有細如烏蟻之小蠶，曰長孃亦稱長筐蠶，爲滋長之徵，係蠶之胎生者，宜隨母食，同眠同老，另飼他器則斃。迨母蠶盡簇，長孃亦成小繭，形如梅核，可愛也。初次⿰馬桑曰擘黑。蟻生之第三四日，巳午時間，於別槌上安三箔，微帶燠，薄揭蟻，款手擘如小棋子大，布於中箔，可盈滿。上下空置，以隔塵溼。中箔鋪紙，襯以糠灰，二眠起則已。二次⿰馬桑曰抬頭眠。凡抬眠，均宜正食時，曰抬飽食。別槌上布四箔，薄帶沙燠揭蠶，分如大棋子大，布滿中二箔或云三箔，用蓐易糠灰以蓐，截秈稻草五分許，襯之紙下鋪紙如法。此時食葉漸多，桑渣、蠶沙較前易厚，須兩日⿰馬桑一次。三次⿰馬桑曰抬停眠謂中停之二三眠也，分如小錢微大，此時蠶大，可撥可摻，不須分揭。布滿六箔。一云十二箔。二眠後，桑渣、蠶沙較前益易厚，須一日一⿰馬桑。四次⿰馬桑曰抬大眠。眠初起時，不宜抬，蓋蠶之吐絲，恃前六脚踐踏成繭。大眠起後，蠶脚尚嫩，抬則碰動而粗糙，吐絲不純，必俟起後兩周三周日，抬之爲當。若用蠶網⿰馬桑䊵者，不損蠶脚，固無妨也。分如折二錢大，布滿二十五箔或曰三十箔，可落蓐，全去沙燠。每日宜⿰馬桑二次，否則鬱蒸，臨老生病。惟大眠起後，占器日多，若無筐箔可⿰馬桑者，可於地上設蠶倉以代，名曰放地蠶。其制：擇室之明亮者，打掃潔淨，有蟲豸藏匿者，以石灰徧撒，杜絶之。以方尺許堅厚土磚或用長矮凳兩條，相離約八尺。凳上橫鋪三板，便飼葉時，行其上散布其中，彼此相距三尺餘，俾布葉者有所駐足。然後用厚木板或小磚圍好，圍之大小，視蠶之多寡。內鋪木板，或下鋪礱糠，上施稻草，以不露地面爲度，是名蠶倉。俟大眠開口兩三日後，布蠶其中布時不宜太密，密則老熟不齊。又不宜太疏，疏則費葉。上下左右，須留餘地尺許，以便展拓。飼葉時，須躋磚上輕布之，最忌拋擲。如值天時溼熱，蒸氣上騰，急取細切乾茅草，勻撒倉中，再布以葉，蠶皆就食上升。下有茅草，可禦溼熱，亦救急之一法也。日本松永伍作云：飼蠶所以除沙者，以蠶沙堆積，非冷溼即蒸熱，勿論直爲蠶害，即其惡氣蒸上，污物浮游，蠶吸收之，亦足致病。若久雨之時，溼氣陰鬱乾燥之候，風熱鬱蒸，尤宜迅速，除沙方免患害。大抵一齡之蠶，自孵化至催眠，應除沙一次。以後一日兩日，欲擴蠶座，䊵沙少停，自乾燥無害。至五齡之蠶，食葉多而䊵沙盛，座多冷溼。起後四日，每日宜除沙兩次。除沙之法：先撒籾糠，以沒䊵沙。給桑三兩次，以毛箒掃集於一隅，乃移於他蠶座分布之，然不如以網覆蠶，撒以桑葉，蠶聞葉香，齊集網上，移網除沙，較爲簡便。查驗蠶體蟻時，分箔多寡，必須準蠶。過密則蠶礙發生，過稀則葉多浪費。查驗蠶體蟻時，長約一分，廣約三釐，弱一齡中，長約三分强，廣約六釐弱。至二齡，長約三分八釐，廣約八釐强。至三齡，則長約七分五釐，廣約一分一釐。至四齡，則長一寸四分五釐，廣約二分弱。至五齡，則長二寸四分，廣四分弱。蟻四萬頭，爲量約四匁，駢列之充一坪，及其十分之一，擴於蠶箔爲六坪，是五倍於蠶體之面積。五齡之蠶，每箔長三尺五寸，寬二尺五寸，重量約百二十匁至百五十匁，蠶數約五百五十至六百頭，如此分箔，是爲適度矣。

又　一云：三日而闢戶曰亮山，繭已做厚，須撤去簾幙，使之通風。蓋火盆已熄，繭恐復潮，須藉風以扇之。五日而去藉曰除托，用花格竹者，除去蘆簾，使死蠶沙矢，悉墜於地。七日而采繭曰落山。用火者三周，不用火者四周。如做絲人少，則遲一日。

又　附澼絮法　凡絲釜中撈出之着衣繭薄者，一名滯頭，以清水入釜中沸煮，俟半熟，翻轉再煮，俟極熟取出，敲去蠶蛹，自成片段。隨於河中汰去污濁，置蘆簾或篩上。用細竹竿就河中擊之，至絲緒颺開，潔白如玉，取起曬燥，入衣被中，禦寒最佳。繭統拗出曬燥，敲去蠶沙葉屑，用清水煮熟。溪中先淨堆置檐下陰處五六日，每日以清水淋洗。不淋則色不白。

又　附飼八造蠶時日表。一日黎明，浴春，下午起淡紅色。二日，通紅色。三日，現紅黑斑。四日，絳色凹窩。五日，赤色上粉。六日，深赤色點嘴。七日，銀灰色。八日，卯辰時出蟻，巳刻下葉，移蟻下籔。九日，辰刻換籔、去沙。十日，未申刻欲眠，即換籔子，丑刻住食。十一日，申酉刻起。十二日，飼葉。十三日，巳午刻欲眠，即換籔，申酉刻住食。十四日，巳午刻起。十五日，飼葉。十六日，寅卯刻欲眠，即換籔，午未刻住食。十七日，寅卯刻起。十八日，飼葉。十九日，巳午刻欲眠，即換籔，申酉刻住食。二十日，午未刻起。二十一、二十二、二十三日，飼葉。二十四日，半身黃亮。二十五日，丑刻住食，卯刻上簇。二十六日，午刻蠶吐絲盡。二十七日，成蛹。二十八日，在簇。二十九日，采繭，炕燥，臨晚撤火。其留種之繭，於三十三日，寅卯時出蛾，臨晚生春。三十四日黎明，又浴春。

清　蔣斧《粵東飼八蠶法・蠶篇》

飼葉分窩去沙第八

飼葉之法：日間約四五次，夜間約三四次，午後宜速飼。因午後天氣炎熱，不速進，恐蠶吸食風熱，易生疾病。速飼，則蠶飽無碍。蠶體漸大，須隨時分窩，勿令擠壓。又每日須去沙二次，茲將日夜飼葉、去沙次數列表如左。

五點鐘	七點鐘	九點鐘	十一點鐘	一點鐘	三點鐘	五點鐘	七點鐘	九點鐘	十二點鐘
下葉一次	換簸去沙停一刻下葉	下葉一次	下葉一次	下葉一次	換簸去沙停一刻下葉	下葉一次	下葉一次	下厚葉一次	下厚葉一次

清 徐瀾輯《柞蠶簡法・春蠶》

作繭

大眠起後，蠶食葉日急，約四五日或五六日，即將作繭之時，蠶沙泄淨，喉間色發亮，内外通明，以後足攀枝，以前足牽引，兩葉相合，或以一大葉相合，而吐絲其中。一日繭成，三日漿固，然後下繭。

清 賴逸甫《嶺南蠶桑要則・飼蠶須知》 箔花之向上者逆也，垂下者順也。先須選將潔淨之箔，背地面天，放平䯨於地面。將箔分爲上下兩頭，將蠶派上箔面，每頭皆派四行，派妥就照面天背地，將該蠶扶起逆花斜凭，以俟該蠶經營結緄。照此隨凭隨上，上齊凭穩，則向箔花之上，將其蠶屎絲渣撿去，撿至潔淨，蠶亦自行走匀。先之將蠶派於箔面者，是因蠶所結緄，悉皆背疏面密，每每背則公多，面則乸眾。大氐陰喜陽位，陽喜陰位，與夫公疏乸密之陽一陰二，所自然而然之理也。是以搢緄時，亦必先從箔面搢其密者，乃圖蠶渣、蠶屎悉由箔背之疏處拒出，免致墶污蠶緄起見。其初扶起蠶箔，必先面天背地而逆花斜凭者，一免立脚未穩之蠶墜地養蟻；一免蠶屎遺污鄰緄。蠶之脚跟稍定，又宜將該逆凭蠶箔，使其背天面地，順花凭於通氣地方，或兩箔一架，凭成人字模樣，所因蠶熟必先散盡屎尿，然乃結緄。此又背天面地而順花斜凭者，圖其兩面兩頭之屎尿，盡皆落地，而免染壞緄絲也。蠶屬午火，無論綑口，花熟、大熟、結緄時，亦皆最忌水氣所剋。水氣稍重，緄絲必湈，名曰爛口，而無客買，斯則失利且必折本。故凡結緄之蠶，皆宜將箔架於太陽邊之通氣地方，使其緄絲隨吐隨乾爲美。

又 練種之房，宜黑暗、忌光、忌閉氣。光則恐其成熟後生穦，轉成紫色，則歸大寒節時，方有蠶出。該穦養蠶家則稱其爲歸穦，房若閉氣，則恐該蠶感冒潮溼，而多浮症之患。所以練種家每於蠶細時，即用元寶紙，以薦筒底。每日抽換兩次或一次，曬乾相替換，并掠出蠶屎、桑渣，每日一次，至成熟爲度，此則名曰冷蒺。

又 黑頭證亦有兩種：蠶頭有一黑點者，名曰黑頭。蠶背有一黑條者，名曰黑線。兩皆多於三四日桑受病，或因誤食發葉未攁，與霧水未乾及鹹料未化之葉所致；或因蠶房氣不通天，釀成潮溼；或因感受不正之殠[illegible]氣味而致。該蠶實因糞門閉塞，屎尿不通，所見其黑者，蠶屎也。成熟時見此，執去，曬其片刻，得其屙出該屎，亦可結緄，此則十條之中，可以救回幾條。

清 李君鳳《蠶桑說・飼蠶法》 收斑糠：將米糠煨焦存性，自蠶初出至三眠，除沙一番，糝一層於筐内。每眠起，濃糝一層於蠶身，最能收潮。

又 每眠蠶糞厚即除。

清 李向庭輯《蠶桑述要》

礱糠

礱糠者，稻殼也，用以養蠶，美難殫述。既可以隔絕溼氣，換箔時，又省人工。蠶戶以換箔爲難，以沙、蠶混雜，易傷蠶體，拾撿又難淨盡，用糠者可無慮此。灑糠之時，並可活動蠶體，使增食量。且蠶爲蟲類，性喜近枝葉，稻糠疏疏落落，彷彿枒杈，蠶棲最便，較舊用石灰、稻糠灰獨勝。新法中，此最宜學步也。用時不拘次數，以天之燥溼爲斷。厚薄以沒蠶體爲得中。收蟻一二日，可用手薄撒，以後用竹篰篗匀灑亦可。欲除沙，則於先兩次飼葉厚灑礱糠較平時須加厚，再行飼葉之後，再飼一次，此後於第三次飼葉之先，方行除沙。其時，下層沙已被礱糠隔斷，除之實在容易，偶有蠶伏糠下者，必係病蠶，可棄之。惟蠶小時礱糠須當磨過，淘淨曬乾方好。至三四齡後，蠶身已大，不必磨碎。五齡後，天氣清爽，不用礱糠亦可。

又 養蠶表

第一齡第六日飼葉時刻同上，温度同上。

第一、二次飼葉，各九錢。第二次眠除，擴座四坪。眠除者，因蠶將眠，爲除沙也，後言眠除仿此。

又 第二齡共五日四時，食葉四日五時半，眠中十時半，共給桑三十二回，葉量六十二兩三錢，蠶席四坪至九坪，除沙三回，每日給桑七回，温度平均七十一，剉葉二分半至四分。

又 第三齡共六日七時半，食葉四日九時半，眠中一日九時半，給桑三十四回，桑量二百一兩六錢，蠶席九坪至三十六坪，剉桑三分至五分，除沙三回，每日給桑七回，温度平均同前。

又 第四齡第七日五點飼葉八兩止葉。

本齡中共七日五時。眠中二日，食葉五日五時，給桑三十四回，桑量六百七十四兩六錢，蠶席三十六坪至七十五坪，剉桑七分至一寸，除沙三回，每日給桑六回。

又 第五齡共七日，給桑三十六回，蠶席七十五坪，至九十六坪。剉桑片，切至枝葉。每日除沙二回，每日給桑五回。

（光緒）《歸安縣志》卷一一《輿地略十一·蠶桑》 飼一周時，須除沙屑，謂之替，替遲則蠶受蒸。

又 分𧊈 蠶長則稠疊，沙𧉰厚則發蒸，鮮有不致病者。分𧊈之法，所以疏繁除穢也。分無定期，視蠶之稀密爲之。𧊈亦無定時，或日中一𧊈，或早暮各一𧊈，視天之寒暝爲之。《吴興蠶書》蠶性喜漚，而又惡溼熱，故必𧉰括。𧉰則剝去底一層，括則取其面上一層。而𧉰中猶有蠶在，必當搜剔淨盡。倘有殭爛白肚空頭等蠶，棄之無遺。每日宜𧉰括一回，而出火及大眠時爲尤要。更有救逆之法，如爛肚傷熱，吐水、白肚二種氣水葉，空頭小蠶失葉飢傷，布漆身有黑斑點，生種之故，必須勤𧉰，方不傳染。如殭蠶傷冷、瘪孃不上葉，生種時對得不深，可噴燒酒或甘草水。又法，以馬毛鋪蠶器内，可免諸病。《育蠶要旨》《務本新書》云：擡蠶要衆手疾擡，若箕内堆聚多時，蠶身有汗，後必病損，漸漸隨擡減秏，縱有老者，簇内多作薄皮繭。布蠶要手輕，不得從高摻下遞相撞擊，因而蠶多不旺，已後簇内成嬾老翁、赤蛹。輕疾二字最是分𧊈良法，顧輕易失之遲緩而不疾，疾易失之鹵莽而不輕，二者能兼，斯盡善矣。至將眠一𧊈，尤爲緊要關鍵。《吴興蠶書》葉過後枝莖雜蠶矢，謂之薙子，俗呼蠶垃圾。董蠡舟《樂府小序》

清 林楊光、王鎮西《蠶桑條説·白河縣知縣林令楊光述呈桑蠶各説七條》 蠶身眠未齊者，蓋網撒葉引之，移置他器。已眠者，將原箕安置勿動，隔一日半，視之色微黄，嘴微潤，則起矣。勿急付葉，必視無一眠者，乃糝糠，蓋網撒葉，移置他箕。此時食葉漸多，蠶糞漸厚，蠶箕須隔日一易。

又《平利縣王學官鎮西述呈蠶桑簡易説十九條》

去蠶糞法

蠶身下敗葉、糞、尿，不免溼蒸。古人有蠶網，用蔴織成，塗以猪血石灰，然必平日預備方好。不若於喂蠶之時，稍緩片刻，令其微餓，以葉加於身上，蠶必盡上於葉，即執葉連蠶放於他筐之内，蠶未盡者，再如前法。

清 林志恂《蠶桑淺要》 蠶網，所以除沙也，大眠以後用網，小蠶時用礱糠，另詳除沙節。以麻線織成，其孔以一寸五分方爲適。

又 蠶室内【略】若溼氣過重時，或用火力，天熱時，溼氣雖重，亦不宜用火。或減給桑量，或勤除沙，或用間糠，以礱糠薄撒蠶上，而後飼葉。不除沙者，爲之間糠。酌度而行之可也。

又 除沙

除沙之時刻，已詳飼育標準表。今惟言除沙之法，給桑至多次以後，殘葉及蠶糞堆積，謂之𧉰沙亦稱蠶𧉰。𧉰沙厚者，或致冷溼，或釀蒸熱，且發生一種惡臭之氣，最足害蠶。故除沙者，使蠶座清潔，免蠶之疾病也。蠶體漸大，座不能容，則須分箔，於除沙之時帶行分箔最便。

第一齡時，蠶體甚小，除沙時容易遺棄，故收蟻後之三四日間不必除沙，惟至催眠時除沙一次足矣。蠶體帶淡黄色，將欲就眠，謂之催眠期。然雖不除沙，必須每日擴座一次，使蠶體寬舒，蠶𧉰乾燥方可無患。擴座時，以細礱糠和蠶體及蠶𧉰攪拌之，此事須熟習，非熟習者最易傷壞蠶體。攪拌既匀且鬆，則按標準表坪數擴定之。

至於除沙之時，先以細礱糠撒布蠶上，以蠶身半掩糠裹爲度。二眠前，宜用磨碎之糠。二眠以後，不必磨碎，但用竹篩，去糠之末屑可也。而後飼葉，則蠶自上糠食葉，此時蠶與𧉰沙之間已隔一層礱糠矣。過二三點鐘又飼葉一次，再過二點鐘可將糠上之蠶並葉輕輕撮取，別置一箔。尚有遺存者，以蠶筷檢取之。自初眠至四眠除沙皆用此法。四眠以後，用網代糠，爲力更省。或問：小蠶時，亦可用網乎？答之曰：小蠶時用網甚不便，必須用糠，用過者自知。

又 將眠時，須除沙一次，謂之眠除，在使蠶𧉰清潔乾燥也。眠除之時，不可過遲，亦不可過早。過遲則已眠者多，必遺存於𧉰中；過早則一時不得眠齊，勢必給桑多次，𧉰沙依舊堆積。養蠶者於此時當細心觀察箔内，如見全面悉變黄色，又頭部膨大之蠶，有點點散見者，即宜入糠，再給桑二次，即可眠除。眠除後，給葉三四次而止桑，爲得其中。入糠之時及止桑之時，要在飼育者之體察，非可以言語形容也。

清 劉清藜補輯《蠶桑備要》第二章《先事預備》 製蠶匙 以竹片

或桑木，削為方枕様，大小各數張，用以分蟻。蠶初生三四日之間，沙厚溼蒸，或蟻稠器滿，急宜分布。網抬恐漏跌，須將碎葉厚篩蠶上，片時蠶盡上葉，用匙輕輕挑起，須薄帶桑渣、蠶屎，揭成小片分布。另筐内相去二三分許，置一匙。

又 三眠後，揀蠶除沙，以二網輪流擡換。先將網蓋於蠶上，以葉撒之，蠶聞葉香，穿網而上，連蠶擡起，埽除沙㷮，輕輕放下，不可移動，沙厚，復擡如前，省功且不傷蠶。撥蟻，用蠶筷子或雞翎管。分蟻，用匙或用手薄揭。頭眠後，以葉提，或用麻布，孔如豌豆大者。二眠後，用麻布，孔如小指大者，亦用漆，漆過兩扇，輪流擡換。三眠後，即用網擡換。惟秦中多無蠶網，均係以新葉提換，添餧新桑葉，俟蠶均上葉，輕輕以手抓葉。至蠶大餧整葉時，俟蠶上葉時，以手推新葉，帶蠶鬆鬆捲起，捧放另箔上，亦甚便易。

又 第四章《養蠶程式》 分蟻 餧數日，將一篩筐撥滿，蟻又密，宜分。或桑渣、蠶屎厚，宜分。分時，先將切碎桑葉灑於蟻上，俟蟻上葉，用雞翎管帶沙㷮挑起，以手揭如匙大小片子，分布另器，撥匀餧之。至六七日後，見有一二眠者，即赶緊起底。於六日清晨餧三頓，飯後餧一頓，共四頓後，蠶盡上新葉，用蠶筷或雞翎管將四頓濕葉渣挑起，鬆鬆推捲，新葉溼渣帶蠶捲起，鋪他篩筐。俟起完，有不盡者，再放整桑葉，提埽後，將乾葉渣另倒净處攤開，再放整桑葉，一提即盡。舊法：將新葉絲篩稍厚，俟蟻上葉，用蠶匙薄帶沙㷮挑起，或用蠶筷子挑起。

又 頭眠起齊 餧葉之法，箇箇起齊，灰下無一眠者起者，必脫灰而上，再看桑渣蠶屎之上有絲布滿，則起娘觜老，便可餧葉。蠶眠既起，欲餧葉時，先於室中，燒初次育蟻起出之桑渣一撮，謂之香體。蠶聞此香，便即思食，此是醒胃之法。【略】易器之法：天氣煖則隔一日體一次，因此時食葉漸多，桑渣、蠶屎較前易厚也。天氣寒則隔兩日。所易之器，紙下仍襯以灰。保護之法：宜煖宜明，忌風忌穢。

又 二眠起齊 餧葉之法與頭眠起齊同。此時不可使蠶受餓，每一晝夜，須餧五六次。易器之法：天氣煖則一日體一次，因此時桑渣、蠶屎較前益厚也。天氣寒則隔一日。所易之器，紙下不必仍前襯灰。如遇天氣過冷，隔一日仍不敢體刮，則用乾茅草碾柔灑上，再布桑葉，以隔濕蒸，俟晴和再體。保護之法與頭眠起齊同。此是要緊關頭，務必小心保護，不可使蠶受病。

又 易器之法，莫妙於用蠶網。大眠起齊之後，食葉愈多，桑渣、蠶屎較前更易厚，不體則蠶受蒸鬱，臨老多病。此時舊衣纔脫，蠶腳尚嫩，未可摝動，早體則摝動蠶腳，日後絲縷不純。惟以蠶網體之，便可免受蒸鬱，又不摝動蠶腳，且簡便省力。如無蠶網，切勿早體。遇天煖，則於起齊後二日體之。遇天寒，則於起齊後三日體之。三日之後，須每日體一次。因腳漸蒼老，不妨摝動也。

又 夏月天氣大熱，蠶室務要通風涼，房南北開窗，糊之以紗，或用密孝帽麻布糊之，或門窗俱掛細密竹簾或荻葦簾，亦可務使通透風涼，不令蚊蠅入内。蠅於蠶身生蛆，蚊能叮傷蠶膚，最能壞蠶，始終不可捲起門簾並窗扇，致令鑽入，慎之。蠶沙每日早晨擡除，勿令濕生白醭。秋蠶亦宜如此。三眠後常飼以菉豆麩以解熱毒，將菉豆用温水浸生芽，曬乾磨爲麩，用葉一筐切碎，灑以新水，拌菉豆麩五六兩，三眠後間飼三四頓，又飼水葉一頓。

又 初下連，將現採桑葉切碎如米勻灑。一日餧三頓，二日四五頓，三日七八頓。每日於餧時即用雞翎管將蟻連蠶沙、桑渣往寬撥一次，層層撥寬攤薄，使處處露出紙底。然後勻灑切碎如米桑葉於上餧之，蟻即自行上葉。俟一篩鋪滿，蟻密食葉不均，蠶便不齊即於撥開，灑切碎新葉，俟蟻上葉時用雞翎帶桑渣、蠶沙連蟻靠紙挑起，以手揭片子，另放一器，使兩器均勻。三日後，即日加頓數，餧到頭眠。見眠者有二三箇，於清晨餧葉三頓，早飯後餧葉一頓。蠶上新葉後，用雞翎管將此四頓濕葉渣帶蠶揭起一綹，用手輕推成撮，以手撮放他器。濕葉渣帶蟻撮盡，底下乾渣有蠶，再鋪整桑葉，俟蠶上葉提埽過，將乾桑渣、蠶沙再倒净處攤開，上放些整桑葉，如有幾個未提盡的蠶，即自上葉，提放一處。自下連至將眠纔起底一次。將此初次起底乾桑渣收存，至第三眠起齊喂葉時，灑新葉上，謂之投食。

清 盧燮宸《粵中蠶桑芻言・養蠶事宜條列》

喂葉分窩替屎法

過窩之後，每日喂桑四次：清晨一次，午刻一次，申刻一次，酉刻一次。因午後天熱，喂桑次數宜速，使蠶常飽食，不至吸受暑氣以生病也。每夜喂桑四次：初更一次，二更後一次，四更初一次，五更一次。如天熱，蠶食得快，則多喂一次，日夜皆然。其蠶漸大，須要分窩。每日要替屎二次，清早一次，申刻一次。其法：用手將蠶爬捲，移過別窩，所剩屎底尚有蠶在，再執清楚，乃去其蠶屎，用以培桑基、喂塘魚，均合。

又 蠶將眠時，急宜替屎，否則先眠之蠶久在窩底，濕熱薰蒸，必變為風蠶，雖熟亦無絲。替屎時，又不可推蠶成堆，使受鬱熱，更多病損，將來結繭必薄也。

又 其初次眠起喂葉之後，必待喂過三次桑，然後替屎。其餘每眠起替屎，俱照前法。

又 養蠶諸忌

將護疎忽忌　蠶屎與桑渣相粘成片，謂之沙燠。沙燠不除，多生白殭，故替屎要勤，又要替得乾净。再者，當喂葉及替屎時，若將桑葉與蠶高抛遠擲，致相碰擊，必多損傷。

日　日本農學會《清國養蠶概況》《農學報》第一百六十五期　收蠶时，多將可收之小蠶誤剔去者。飼至四齡，積過厚，二倍日本分箔之法，不隨發育之度。故各眠每生食進之蠶，或爲他蠶所壓，而不得充分發充者，終歸抛棄。飼至四眠，以二斤爲一箔。

清　呂道象《廣州番禺縣呂大令道象**調查境内蠶業報告》**《農學報》第二百四十四期　二十七、五眠中除沙數及乾濕寒暖三變處理法　又蠶出三天爲蛾，眠五天爲二眠，九天爲三眠，十三天爲大眠，十八天可成繭，天色或冷，則遲一二天。亦有頭造多五六天，方能成熟者，因節氣尚冷之，故養蠶總以天氣平和爲佳。每日除蠶沙，早晚一次。

又　粤省之蠶，祇四眠：曰蛾眠，曰二眠，曰三眠，曰大眠。凡蛾眠至三眠，每日除屎一次，眠日不除。自大眠以後每日視天時之寒熱爲準。如天寒，日除一次。倘天熱，易致蠶病，每進桑三次或四次，必須除屎一次，日夜共進桑七次。

清　胡會昌、呂瑞庭《武昌農務學堂報告・實修飼育經過總論》　蘇杭一帶，蠶況亦不甚佳，遍揣各地養蠶，所以致結果不良者，大都由於所飼非良種，不辨蠶種之有毒與否，不審天氣之理，不識温濕度之高低，不知氣壓之忽高忽低，採貯桑葉，以及消毒滌器，分室出蟻，給桑之回數與剉分，蠶座之乾濕與容扁，各齡之除沙回數與入糠回數，通氣、除病、停食、餉食諸法，未能心有所得，法有所長，以至如此也。

清　呂廣文《蠶桑要言・育蠶法》

替蠶

蠶有糞，圓形如沙，故曰蠶沙。蠶不能將葉畢食，其棄而不食之剩葉曰葉替，與蠶沙相和，爲日多，恐有氣上蒸，蠶觸之而成病。因將筽中之蠶并蠶所食餘之上一層葉替，輕輕揭起，換放他筽，曰替蠶。小蠶用蠶箸并手替之，大蠶但用手替，可無須蠶箸。具有痿黄、縮頸、焦尾、身輭而無力上行者，謂之沈替，并入蠶沙、葉替棄之，可也。

清　任蘭生《蠶桑摘要・育蠶收繭法四十三條》　收班糠　將粗米糠煨成白色，自初眠至三四眠，每除沙燠一番，要糝一層于筐内。每眠一番，濃糝一層于蠶身收潮。

清　盛宣懷輯《蠶桑備要》　采繭用花格竹者，先除去蘆簾，使死蠶沙矢悉墜於地，然後采繭。

又　煮繭繞絲筋　繭繞拗出，須曬燥，敨去蠶沙葉屑，用清水煮熟，溪中洗净，堆置檐下陰處五六日。

又　眠頭　初眠曰頭眠，次曰二眠，三曰輟火，四曰大眠。已眠者為眠頭，已起者為起孃。火蠶之眠，疾而且齊，如見紅攬絲，卽宜鬆除沙蕻。冷蠶之眠，略分先後，須審其眠十之二方鬆，卻不可早，早則食葉者尚多，不能不多飼，飼多簗厚，又難復鬆，必受鬱蒸之病。亦不可遲，遲則眠於沙簗者多，既不勝檢捉之煩，且致沙簗罨抑之患，仍以竹箸細細分開，去其殘葉。初眠雖係學眠，究欲其齊，朝見眠頭而夕定蕻，夕見眠頭而朝定蕻，其蠶必佳。每眠竝同。眠頭欲眠者數十箇也，定蕻無不眠也。雖然好蠶，終不免有青條。將眠葉不可多采。眠則擿置他器，曰捉眠頭。頭二眠蠶小，不能捉，但去沙屑，謂之替。

候眠頭　凡蠶之眠，皆先吐絲著簗以纏其足，謂之做簗，須停火停葉，火不停則傷蠶，進葉則已做蕻者復上聚葉面而重做矣。移放帷帳之中，勿使風襲，風吹之則觜頻縮而難吐，西北風尤忌。又不可撞動蠶筐。撞之則觜亦縮住。初但伸觜向上挺身不動，謂之打眠樁。再候之，則吐珠矣。觜上忽伸出一紫色圓點，如綴珠然，謂之吐珠。

引青　不眠者，謂之青條。定簗後用礱糠灰糝於面上，用葉片翦開貼在蕻上，其青自來，謂之引青。捉之自盡，亦名相青。或以葉簗引亦可。

派老底　蠶之眠貴齊，眠齊起亦齊。若飼葉不均，則食足者眠早，不足則眠遲，一筐之中眠頭與食葉之蠶糾紛雜沓。飼之則簗益厚而罨損眠頭，不飼則缺食而愈不能眠矣。須簗開面上食葉者飼之，而以底中之眠頭另貯，謂之派老底。面上之蠶雖非青蠶，收成終不及老底之豐。

種眠　頭蠶至吐珠爲眠成，取空筐勻糝班糠卽礱糠灰，或兼拌散石灰，以眠頭帶簗鬆布其中，謂之派簗。用手宜輕，不淂觸傷蠶觜。簗中沙矢必盡敨去，復厚糝班糠一層，安頓靜暝處，謂之種眠。令蠶簗乾燥，眠亦易起。

候起孃　自眠而起，天寒約一周時，天暝較速，欲其速起，須用抄簗法。

廊檐外架竹木作棚上覆蘆簾，外護草薦，太陽洞照，移蠶筐置棚下，頻頻翻動，謂之抄𧋊。蠶乘喫氣半日即起矣，先起者名搶火孃，悉屬雄蠶，起齊後若絆滿楊花𧋊，須用箸分開，使起孃在下者皆㝵乘鬆而上。

驗眠頭　起孃眠頭身體堅寔，向明照之，色深綠者爲無病，疲輭紅黃則病矣。捉眠頭時葉𧋊乾燥沙、矢堅結者爲無病，葉𧋊潮潤、沙矢汙手則病矣。起孃初蛻，昂首張尾、色如羊脂者爲無病，頭垂尾斂、身黃如陳倉米色，俗謂之著黃草布衫，放葉後則尾流清水矣。火蠶須用新白紙一方置筐中，眠頭起齊，紙上無一點汙穢水迹者良，若有迹爲傷火之徵，棄之可也。

清　衛杰《蠶桑萃編》卷三《蠶政・蠶具類》　蠶初生，三四日之間，沙厚，恐濕熱薰蒸生病，宜急分劈，而用密網抬，跌落驚傷後，多不旺。法以竹片或桑木，削為方寸枕樣，大小不等各數張。欲分劈時，將葉厚篩蠶上，俟蠶上葉時以匙輕挑，薄帶沙燠，分布於净筐，相去二三分，筐滿篩葉，飼一日夜，可滿筐。俟蠶大，方用網抬。因蠶小用網，猶恐在網下見傷，此匙輕便分明，決然可以無損，遠勝網抬。

又《易器類》

揀蠶法

先用粃糠燒灰，即稻穀殼，俟葉已食盡，用絹篩篩糠灰於蠶上，灰宜薄勿厚，取其爽利。再布以葉，蠶皆脫灰而出，既集葉上，或以蠶筷輕夾，或以蠶匙輕挑，置於他器。但蠶身太小，最易損傷，須連葉帶蠶夾出，並略帶蠶屎、桑渣。有未上葉者，布葉一次，挑夾一次。大眠以前，可用此法。若大眠以後，用抬網除之，可也。

又　勤除蠶沙

蠶沙者，蠶屎渣也。以此盤之蠶移置彼盤，除去蠶沙，謂之體剖。蠶屎乾鬆者無病，濕沾成片者有病。有病宜除，無病亦宜除。不除則桑渣既厚，蠶屎又多，濕熱薰蒸，無病者亦生病。後多白殭，或身上黃糙，或頭上、頸上發黑點、黑斑，甚有遍身生黑斑點者。雖一樣食葉，不生絲腸，到老不作繭。初眠以前，隔兩日除一次；初眠以後，一日除一次；二眠以後，一日除一次。天氣過熱，一日一除；天氣過凉，一二日一除。各省地氣寒煖不同，天時冷熱遲早不等，且有忽冷忽熱之時，相時揀除，不必拘泥。每次將眠之候，尤為緊要。

又《育蟻類》

剔蠶沙

蟻下連二三日，蠶屎、桑渣堆積漸厚。以粃糠灰薄篩蠶上，如法剔除，另易他器，紙下須襯灰。初次剔出桑渣，須烘晒令乾，以備蠶眠起齊後之用。

又《頭眠類》

頭眠起齊

餵葉之法：箇箇起齊，灰下無一眠者。再看桑渣、蠶屎上有絲布滿，則起娘犕老，便可喂葉。先於室中焚香一撮，蠶聞香便思食，此是醒胃之法。每一晝夜，約喂四五次。頭眠起齊之後，二眠之前，中間三四日，勿令受餓，設有小病，到老必無收成。起齊後，第一次布葉，宜薄宜匀。俟食去三分之二，再布一次，不必食盡。第三次布葉，不妨稍厚。以後蠶漸大，葉亦漸厚，食盡再布。易器之法：天氣煖，隔一日剔一次；天氣寒，則隔兩日。所易之器，紙下仍襯以灰。保護之法：宜煖宜明，忌風忌穢。

又《二眠類》

二眠起齊

餵蠶之法與頭眠起齊同。此時勿使蠶受餓，每一晝夜，須喂五六次。易器之法：天氣煖，一日剔一次。此時桑蠶屎較前益厚，天氣寒，則隔一日。所易之器，紙下不必襯灰。如遇天氣過冷，隔一日仍不須剔，用茅草隔蒸之法，俟晴和再剔。保護法與頭眠起齊同。此是緊要關頭，切勿使蠶受病。

清　吴鴻望校，袁俊德輯《蠶政萃編・頭眠類》

將眠

易器之法：眠時不可驚動，趁其將眠未眠，剔沙一次。如云：『蠶變黃光時，急須剔沙。』其說不可從，以黃光一見，蠶即熟眠，眠後剔沙，恐不堪其擾。又云『將眠之先三四餐，食葉最旺，旺葉後必沸絲，沸絲後即打裝，急剔沙一次。』此說善於體會，以剔沙應在沸絲之前，不應在沸絲之後也。蠶色善變，初起色灰。越二日夜，變爲青光。又一日夜，變白光，漸發亮。又一日夜，變黃光。當白光發亮時，即打眠，不過一時，必然沸絲，宜趁白光發亮，將沸未沸之際，速用網抬過，剔除蠶沙。若黃光一見，剔除已屬無及。且蠶眠將起時，全賴此絲，扯住脚跟，方能脫去蠶殼，打眠時，絲已沸盡，至此始行剔除，必將眠脚扯斷，將來起娘之殼必難脫出，此至要關頭也。剔沙後，必須餵葉，餵宜勤，上葉宜薄。保護之法，宜煖宜微明，忌風忌穢氣，比平時更要勤防。

清 吴宗周、陳幹材、徐謙山《蠶桑白話》卷二《養蠶白話》

除沙即去蚕糞屎也

初出的時候，蠶體狠小，不甚看得清楚，除沙時恐有存落的蠶，所以初出的幾日，不如不除沙爲是，祗教照所畫的圈子，每日鋪大些就好。到了將要頭眠的時候，這時已畧有些看得清楚了，便要除沙。若看他皮膚有緊張的樣子，且畧帶點油光，這個時候，可在上面薄薄的撒糠一層，然後飼葉。大約飼過三回桑葉，可用鵝毛把糠上的蠶連桑葉一總掃下，另鋪在一篇上，這箇就叫做『除沙』。到了第二齡，頭一日飼得三回桑葉以後，照前的樣子撒薄糠一層，再飼三回葉，仍照前所說的樣子除沙。譬如這一回要除沙，前三回定要撒糠。四齡以前除沙，通是這箇樣子。第二日可不必除沙，第三日照樣除沙一次。以後要到將要眠的時候，再除沙一次。三齡同，四齡同，到了第五齡開葉，天天要除沙了。頭一日仍照第二齡頭一日的樣子除沙一次，以後可用網，不必再用糠了。譬如這回要除沙，前三回把網鋪在蠶篇上，網上飼桑葉。到了飼桑葉過三回，蠶都鑽在網上了，那時用兩人，扯住網的四角，移在別一篇上。這是除沙最容易的法子，你門如沒有網，可把篇面上有蠶的桑葉，連幹都拿過去，亦是容易的。

又 桑葉與蠶的關係

蠶愈大愈要小心，他吃剩的殘葉同他的糞都要打埽乾淨，不教他出種種的病，那纔可以安安穩穩獲利了。到五齡後，十天或九天的時，蠶身漸縮小，周身發亮，那時他走到外邊來，就像覔甚麼的樣子，這時候因他身內濁物已盡，要吐絲作繭了。

清 吴詒善《蠶桑驗要·蠶篇》

起底除沙第八

逐日飼葉，桑渣蠶矢每致厚積，必須除沙，方免濕熱上蒸，蠶砂發酵，即成黄軟病，如被壓叠，成風蠶。當以綫結網，眼如錢大，攤於筐上，網上先布葉一二次，蠶皆從網眼上附，將網擡過別筐。如蠶大分筐，亦用此法，似至便而至穩也。

清 吴作鏌、倪紹雯、劉安欽《蠶桑速成捷法·蠶絲業普及捷法》第二章《養蠶捷法》

蠶具

蠶網，除沙之要具也。用棉麻線織之，其網孔應于蠶齡而異。如一二齡則用二分孔，三四齡用三四分孔，五齡用五分孔。網之兩端，以竹片夾之，以紙黏之，槪以柿油塗之。長與蠶箔之寬相等，寬約一尺八寸。然四五齡時之網，又有用竹絲爲經，用棉麻線爲緯而織成者，亦有用稻草及藺草爲繩，結而爲網。其孔爲一寸餘之長方形者皆適當，但比席多備二三倍。

又 糠籾，即簸米所出之粗糠也，爲避濕除沙最重要之物。內地升斗，各處不一。每一錢蟻蠶，需用若干，難以預定，惟多備之，試用一回即知。又一二齡用粟糠爲宜，若無粟糠，用粗糠搗細用亦宜。又將粗糠在鍋內煆炒，俟起青煙，用火點燃，即行取出攤于地上，而成爲糠炭。用之于一二齡蠶坐潤濕之時，最佳。【略】座中若有蕀沙堆積，勢必潤濕，有害蠶兒，急宜入糠除沙換席以避之。

又 分箔 蠶兒由孵化之初至五齡之終，體積約增一萬倍大，故必漸次分箔，乃能適于發育。法先於別箔蠶席上量定所要面積若干尺，薄鋪籾糠，即移蠶而置于此又稱爲擴座。務要配置均勻，不可有疎有密。據標準表，則收蟻時之蠶座爲一坪一尺平方也。翌日分箔，擴爲二坪，此際又名闢黑，乃用竹箸分開黑蟻蠶，而挑置于二坪中也。第三日擴爲三坪。第五日入粟糠或碎炭糠，於除沙後擴爲五坪。此際除沙，要不遺失蠶兒爲可。越至第二齡，于第一日起除時擴爲九坪。第三日盛食期中，除時擴爲十二坪。越至第三齡，於第二日起除時擴爲十八坪。第四日中除時，擴爲三十坪。越至第四齡，於第一日起除時擴爲四十二坪。第三日中除時，擴爲六十坪。越至第五齡，於第二日起除時擴爲九十坪。蠶體增長，此後即此分箔亦終。分箔亦曰擴座。若用面每六坪之蠶箔，則蟻蠶一錢，至五齡須備十五枚蠶箔，乃足用。其中分配坪數于蠶箔，在臨時計算可也。

又 夏秋蠶飼育

惟空氣潤濕時，每日須除沙一回或二回，大有禦防蠶病之效。

清 楊鞏《中外農學合編》卷一〇《蠶類·飼育》

易器

蠶屎蠶渣，謂之蕀子。以此盤之蠶移置彼盤，除去蕀子，謂之體刮亦謂之擡。體出蠶屎、桑渣，浸土窖內，俟其腐爛，取以糞田極肥，糞桑亦極肥，并非棄物。蠶屎乾鬆者無病，濕潤成片者有病，然總宜勤體。不體則桑蠶既厚，蠶屎又多，濕熱熏蒸，無病者亦必生病，或身上黃糙，或頭上、頸上下發黑點黑斑，甚至遍身俱生黑點黑斑。雖一樣吃葉，却不生絲，到老必不做繭。大約初眠以前，隔二日體一次；初眠以後，隔一日體一次；二眠以後，每一日體一次。每次將眠之後，體刮尤為要緊。《蠶桑寶要》《蠶桑輯要》

體法　先用礱糠燒灰礱糠，即稻穀殼，俟葉已食盡之候，用絹篩篩糠灰於蠶上，灰宜薄不宜厚。必用糠灰者，取其爽利也。再布以葉，則蠶皆脫灰而出，齊集葉上。俟布葉三次，用柔軟羽毛連葉刮層轉起，以手輕輕搬出，置他器內。恐有遺棄未轉盡者，用蠶筷輕輕夾出。但蠶身極小，最易損傷，用筷夾時，須連葉帶蠶一併夾出。如用蠶匙，尤須略帶桑渣，庶免損傷蠶身。有未上葉者，再布葉一次，再挑夾一次，所遺者必無幾矣，棄之可也。三眠以前用此法。《務本新書》《蠶桑提要》

又法　三眠以後，結繩為網，先以網覆蠶身，次布葉於網上，蠶聞葉香，自穿網眼而上，俟蠶皆上葉，即提網之四角，連網平抬，移置他盤。下次再體時，又將網覆蠶身，葉布網上，待蠶上網，再提起後覆之網，連蠶帶葉，移置他盤，然後撤去先覆之網，掃除蠶屎、桑渣。如不移置他盤，俟蠶上網，以二人執網兩頭，連蠶抬起，以一入掃除蠶屎、桑渣，然後連網帶蠶，輕輕放下，亦是一法也。一網常在蠶下，以二網輪流替換。既可減省人力，又不傷損蠶身。體蠶之法，莫妙於此。但三眠後用小眼網，大眠後用大眼網。蠶大則網眼宜疏，蠶小則網眼宜密。因飼養小蠶，葉宜細切，葉細而網眼疏，恐抬蠶之時，蠶與葉由網眼漏出。《農桑要旨》《蠶桑簡編》《蠶桑備覽》

又卷一一《蠶類・飼育》

頭眠起後

眠起之時，自下連後算至第八日或第九日，眠者即脫殼而起，以眠後計算，大約一晝夜即起。眠娘色微黃，嘴微闊，衣已盡褪而起矣，俗謂之起娘。衣，皮也。眠一次，則嘴闊一次，衣寬一次。蓋其嘴其衣皆於眠時潛換也。保護之法：宜微明，宜微暖，宜禁止煎炒。不必急於餧葉，必待箇箇起齊，方可餧葉。再看桑渣、蠶屎之上，有絲布滿，則起娘嘴老，便可餧葉。每一晝夜，約餧四五次。頭眠起齊之後，二眠之前，中間三四日，最為要緊。如果此三四日內，有小病，到老便無收成。第一，不可受餓，夜間切勿貪睡。起齊後，第一次布葉，須薄而勻，眠時，器內篩有糠灰，起後蠶器乾燥，所布之葉易枯，枯則蠶不能食，布葉宜薄。俟食去三分之二，再布一次不必俟其食盡。第三次布葉，不妨稍厚。以後蠶漸大，葉亦漸厚，須食盡再布。隔一日體一次。因此時食葉漸多，桑渣蠶屎較前易厚也。保護之法：宜煖宜明，忌風忌穢。《農桑通訣》《蠶桑提要》

又　地蠶

大眠起後，蠶身愈大，用器愈多，如無器具可分，只好於地下安設蠶倉，以代蠶器，俗謂之放地蠶，但不宜早放，放太早，則碰動蠶脚，且蠶既下地，桑渣蠶屎，堆積太厚，亦無法可去。須俟大眠起後開口二三日，乃放倉內。蠶脚已老，無妨碰動，又為日無多，桑渣、蠶屎不至堆積過厚。設倉之法：須擇明亮有地板房子，打掃潔净；次以稻草搗軟，截作寸許，勻鋪地板上；再置地蠶凳於稻草內，或用厚磚，散置其中。磚彼此相距約二尺許，須安置穩當，使布葉者，有立脚處。倉邊四圍，用木板圍住，或用土磚圍住亦可。倉之大小，以蠶之多少酌之。然後以蠶勻布草上。如無地板，則先鋪石灰，再加厚鋪稻草、粗糠，以防潮濕。地面多濕氣，非蠶所宜。石灰、稻草、粗糠，須用極燥者。布蠶於地，不宜過稀過稀費葉，不宜過密過密，則老得不齊，不宜遠擲高拋擲拋均傷蠶身。蠶既下地，居高放葉，須蹲踞凳上或磚上，輕輕布之，務使均平。如有手不能到之處，則用細竹枝挑之使勻。蠶放地下，雖為日無多，桑渣、蠶屎不至堆積過厚。然遇天氣濕熱，氣即上騰，總不免蒸鬱之患。須取乾茅草切細，勻撒倉內，再布葉於茅草上，蠶聞葉香，緣茅而上。所撒茅草均在蠶身之下，可隔濕熱之氣，此亦救急一法也。倉旁須留餘地。蠶如太密，則將倉之邊際漸漸放開，添設立脚凳磚，再切稻草，勻鋪地面，而以密處之蠶移置放開之處，俗謂之放倉。《會稽志》《廣蠶桑説輯補》

清　姚紹《南海縣蠶業調查報告・蠶部》　眠中除沙數。粵蠶祗四眠，除沙視乎節候。天氣温和，日除一次；天熱，則日除二次。

清　葉向榮《農林蠶説・培桑法》　收礱糠，將糠洗淘晒燥收存，自初至三四眠，除沙煥一番，要摻一層於筐內。每眠一番，濃摻一層於蠶身，燥溼易眠。

（光緒）《石門縣志》卷三《食貨志・物産・蟲類》　蠶　然烏有兩種，一爲火種，以紙糊小筐攤勻，下用微炭火烘暖；一爲曬種，不用火，天晴將蘆簾遮掩日色，亦以紙筐盛烏曬簾。下二種，皆取利刀切桑葉如絲者飼之。須時時察看，葉稀卽補，烏有密處，用細竹筯撥勻。如是三四日夜，見蠶定不食，謂之眠。初眠將竹筯細細分開，去其殘葉，恐濕熱傷之也。又一日夜，看蠶嘴有脫殼，則眠而起矣，再用刀切細葉，飼之如前。又三四日而二眠，亦如前法飼之。又三四日而三眠，謂之出火，蠶稍粗矣，不必用竹筯，將手一一取下，棄殘葉而分筐頭。每筐一觔八兩，用秤秤定，攤箆筐中。蠶長半寸，飼葉不用刀切。又三四日夜爲大眠，亦將殘葉取下，又用秤秤，每六觔爲一大筐，以桑葉帶嫩枝者飼之，三晝夜將蠶翻過，謂之起蓰，不使殘葉堆積，濕氣壅蒸也。

清 豫山《蠶桑輯要合編・養蠶》 收班糠，將麤米糠煨成白色，自初至三四眠，除沙澳一番，要糝一層於筐內。每眠一番，濃糝一層於蠶身，收潮。

清 豫山《蠶桑輯要略編・養蠶法》 蠶身漸長漸多，分移曲箔，謂之擡蠶。二三日一次，攤開令稀，掃去蠶糞、乾葉，以利其氣。蠶身漸大，擡數愈勤，勿使受濕熱，有傷蠶性。

清 張文藝《養蠶秘訣》 眠頭後約六七成，必先替篣桑渣。中眠蠶約三四成，先上礱糠灰。其替出之蠶，約兩三次葉，必能眠齊。亦用礱糠灰糝上，一處分爲兩處。礱糠灰先□地上，拔清火氣，篩去細者，用其粗者。天寒多糝，天熱少糝。一二朝後起身，必將桑渣折鬆，其嘴必烏。必俟無一條白嘴者，方可開葉。開葉宜晚不宜早，下晝、晚間不可開葉。即使起身齊集，緩至明日上晝不妨，本日必須替去灰篣，二眠照前法。頭、二眠時拾蠶必須細心，灰篣中宜細心搜尋，蓋小蠶無好壞也。三眠大眠時，須剔盡桑渣，捉光蠶秤之，用乾净篣安置。捉三眠，每大號篣，只眠三斤；捉大眠，每大號篣，只眠五斤，切忌新篣新籃。預用桑渣曬乾，只剩桑筋，將起身之蠶圍住，防其爿散。開葉時，用稻柴心數十根，横竪放上，然後攤葉，則蠶沙、蠶殼、礱糠灰自然隔斷。倘或天時陰寒，人著重棉，必將蠶檯上遮草簾、蘆箔之類，以禦寒氣。倘或天時暴熱，必將窗戶洞開，以招涼氣。眠時、起身時、食葉時皆同，糝礱糠灰法亦同前。

又 替篣 蠶自出後，每日須將桑渣出去，謂之替篣，又謂之出脚。蠶小時用竹筷一雙，將其兩頭削尖，須磨光滑。蠶筷切忌插在頭上，每日天熱於午前，天寒於午後。天熱蠶身宜稀，天寒蠶身宜密，將上一層蠶，用筷捲過，另置一器中，仍舊攤平。其圍圓處，每替一次，宜放大些。蠶身日大，其處亦宜稍寬，其遺落於桑渣中者，用切碎桑葉糝上，待其爿上，連桑葉用筷拾過。再有遺落，必年輕眼明人細細搜尋。小蠶替篣時，切忌以鼻氣吹蠶身，宜稍避，或用手遮之。至三眠時，可不必用筷，以手捲之。至大眠時，少養者仍用手，指甲宜剪去，恐傷蠶身。多養者另用蠶網，網以苧線結成，眼方寸餘，四角用粗線作提，大與蠶篣同。用時，待蠶篣中葉已吃白，先將蠶網曳直，攤平於蠶上，其線頭必挂篣下，用葉飼之。飼葉二三次，蠶盡在網上，另用空篣一只，兩人各提兩頭粗線，四手齊力曳緊提平，置在空篣中，其疎密不勻處，須捉均勻。再有遺落，仍用手捉。桑渣須反覆搜尋，方可丢去。其已提之蠶網線頭，須納入篣中，防與下次之提網線頭混也。其替下之篣，置當風處透爽。其水漬多者，洗去再糊。替下之蠶網，亦宜挂置當風處吹乾。

又 知忌 凡天時寒熱，不能勻調。如暴寒之時，天即晦暝多風，人著重棉，蠶即艱於食葉。倘在頭二眠時，萬不可用棉衣等擁護，衹用帳子草簾遮之可矣。在三眠時、大眠時，萬不可用單夾被頭擁護，衹用草車簾遮之可矣。天寒風大，門已關閉，倘再用厚重之物擁閉之，氣不通而蠶病矣，最妙避風得煖，而仍氣通。如暴熱之時，天必無風鬱勃，人著單衣，蠶即快於食葉。斯時最易生變，正宜小心，看篣中蠶之挨擠者勻之，蠶沙、桑渣之厚重者替之。蠶身挨擠，桑渣厚重，易於發熱。凡蠶沙、桑渣之在地上者，宜挑清，不宜堆積，此事始終皆宜如此。

又 識病 《蠶桑合编》謂『熱而暴凉則殭』，大約由小時飼葉失宜，暴風得而中之，口吐青水，先軟後殭，其所吐之水，互相傳染，遂無蠶不僵。一見此病，在大眠時，宜即刻替篣，將桑渣剝净，如捉眠之法，另用新鮮之葉飼之。其替下之桑渣，即刻挑去，不可存留。其在見考頭時，無論生熟，即捉山上，方不致全丢。治之之法：《蠶桑輯要》謂：蠶與馬同氣相應。以馬毛襯篣，或用馬糞和蒼朮焚之，或用冬桑葉搓極細糝葉上，或用緑豆、黑豆粉糝葉上，以收其吐出之青水，防其傳染也。其餘，如傷飢則病空頭，蠶飢則氣虚而頭亮。小時失飼，大時始見。傷熱則高節，蠶為熱鬱，而身腫且流白水，游行不食。傷冷，則頭大尾細，蠶畏寒，寒則尾縮，尾愈縮愈小，而頭獨大矣。脱力則焦脚焦刺，蠶大擠，則下者為上者壓住，極力掙出，而力傷。魚勞則尾頳，蠶勞則刺焦，其理一也。開葉早則落小，早起身者，口已老而食葉快，故長大；晚起身者，口尚嫩而食葉遲，故落小，以及食氣水葉，則軟斃。食發熱葉，則出水，并黄班、青頭、大頭蠶，諸病不一。其治傷熱之法，亦用冬桑葉搓細糝之，或煎湯灑葉上。其治高節出白水者，空篣中預篩石灰一薄層，以蠶替下，稍停片時，再飼以葉後，用石灰化水，灑葉上，食之病者即死，不致傳染。其治傷冷之法，或用燒酒噴之。此兩法甚險，不可輕用。其傷於濕熱，蠶身發紅、黃、灰三色，用綠豆粉與黑豆粉同桑葉拌和飼之。《蠶桑合編》謂：不惟解熱毒，抑且絲多而堅勁有色。至於傷飢、脫力、早開葉等，須另置別器，頻以鮮嫩之葉調養之，亦能作繭。凡看蠶身青白者無病，灰黃則病矣。堅實者無病，疲軟則病矣。捉眠時，桑渣乾燥者無病，潮濕則病矣。起身時，昂頭張尾者無病，垂頭縮尾則病矣。上山時，長身細頸，色如白冰者無病；短身粗頸，色如黃水則病矣。箔底無水漬則無病，有水漬則病矣。凡替箔之時，如見病蠶，切記不可混在一處，須另行捉出，有用者養之，無用者棄之。混在一處，不惟有病者以挨擠而愈病，抑且無病者，以傳染而亦病矣。以上治蠶病諸方，皆穩當可用。即使無功，亦必無害。惟噴燒酒、糝石灰兩法，雖載《蠶桑輯要》，然拚丟者可暫用之。如世俗以大蒜汁治白殭，不過同備一法而已也。

清 趙敬如《蠶桑説》

飼蠶換底法

飼蠶，須一二日換底一次，自小至老，皆可用網，但網眼有大小。每逢換底之日，飼第二偏葉時，先將網蓋蠶身，然後布葉網上，蠶聞葉香上網。俟再飼葉，蠶盡上網，兩人將網抬過別箔，網底之蠶，細加尋檢。餘下葉屑、蠶砂，盡行除去可用以糞桑樹。若不換底，則葉屑、蠶砂漸積漸厚，熱氣熏蒸，蠶必致病。

清 趙淵《蠶桑摘要》卷中《蠶具類》

蠶網

蠶網者，抬蠶除沙之網也，爲蠶事要具。養蠶諸事皆易，惟除沙、揀蠶，甚是勞苦。揀久則手熱，沾熱則汗出，結薄繭，所以養蠶不多。惟嘉興湖州用網抬蠶，每歲收絲數百斤，其餘各省皆未有也。法以二網輪流抬換，捷便甚妙，即養數百箔無難矣。網之寬窄，視蠶盤之大小，用新細麻織之，或塗以生漆，或塗以豬血和石灰，仍以粗麻繩穿邊，甚足耐久。或用爛魚網，照蠶盤裁翦補綴完好，用細篾絲穿邊亦可。其除沙法，待蠶食葉已盡，將網蓋於蠶上，以桑葉撒在網上，蠶聞葉香，穿網而上，將網抬起，可以埽除下面蠶沙、殘葉，即將網輕放勿動。迨飼一晝夜，又將網蓋蠶上，仍如前經理。故除沙必用二網爲便，若一網則費功，尤恐傷蠶。又頭眠時，劈分用匙，頭眠後用麻布，孔如大豆。二眠用麻布，孔如小指大。三眠後用網，亦無不可。

又《易器類》

撿蠶法

先用秕糠燒灰，即稻穀殼，俟葉已食盡，用絹篩篩糠灰於蠶上，灰宜薄勿厚，取其爽利，再布以葉，蠶皆脫灰而出。既集葉上，或以蠶筷輕夾，或以蠶匙輕挑，置於他器。但蠶身太小，最易損傷，須連葉帶蠶夾出，並略帶蠶屎、桑渣。有未上葉者，布葉一次，挑夾一次。大眠以前，可用此法。若大眠以後用抬網除之，可也。

蠶沙者，蠶屎渣也。以此盤之蠶移置彼盤，除去蠶沙，謂之體剖。蠶屎乾鬆者無病，溼沾成片者有病。有病宜除，無病亦宜除。不除則桑渣既厚，蠶屎又多，溼熱薰蒸，無病者亦生病。後多白殭，或身上黃糙，或頭上、頸上發黑點、黑斑，甚有偏身生黑斑點者，雖一樣食葉，不生絲腸，到老不作繭。初眠以前，隔兩日除一次。初眠以後，一日除一次。二眠以後，一日除一次。天氣過熱，一日一除。天氣過涼，一二日一除。各省地氣寒煖不同，天時冷熱遲早不等，且有忽冷忽熱之時，相時撿除，不必拘泥。每次將眠之候，尤爲緊要。

又《育蟻類》 易器之法　天氣煖，一日剔一次。此時桑渣、蠶屎較前益厚。天氣寒，則隔一日。所易之器，紙下不必襯灰。如遇天氣遇冷，隔一日，仍不須剔，用茅草隔蒸之法，俟晴和再剔。保護法與頭眠起齊同，此最緊要，切勿使蠶受病。

清 鄭愷《飼蠶新法》 間糠者，因給桑過多，或蠶座濕潤，此時因不能除沙，故用糠少量散布之，以微隱稊子為度，名曰間糠，所以使蠶與溼稊相隔間也。

又 入糠

入糠者，行於除沙前，給桑二三次時，用糠之量比間糠較多。在稚蠶時，用細糠殆沒稊沙為度，所以便於除沙也。

又 除沙

除沙有三，曰起除、中除、眠除是也。其旨要在使蠶座清潔，除去殘桑、蠶糞。若蠶座濕潤，除之便能乾燥。故遇天常雨時，以多除沙為宜。在二三齡稚蠶之時，欲除沙，必先散布礱糠用細糠，其量以沒稊沙為度，撒布均一，再給桑二三次後，以羽毛箒掃集一隅，移於他座，用手指及羽箒之尖，仔細攪拌鬆勻，而擴於適當之坪數也。至於大蠶之時，中國除沙用網，亦甚迅速。今法人仿中國之法，自稚蠶至四齡時，亦用細絲網，較穅除為甚便。

又 分箔即擴座

分箔者，使蠶座寬大之意，蓋蠶自蟻至極大時，有萬倍之成長，故擴座之法不可少。當擴座之先，須散布礱穅，將四隅集中央，用羽箒與左手攪拌，待蠶沙悉分離，再移於別箔，以擴大其坪數。在蟻蠶時，其體甚小，恐防失去，尤宜注意。各齡擴座之數，仍依前之坪數標準表。

清 朱祖榮《蠶桑答問》卷下

起底法第十

問曰：飼蠶何以必須起底，其法何如？

答曰：小蠶出後，逐日飼養，蠶下必有蠶矢、残葉，須間日去淨一次，否則濕熱上蒸，蠶必致病。其法：於飼葉時，蠶盡上附，將竹筯削小，頭細而圓，輕輕箝過他筐，內有遺蠶，亦須箝過。二眠後，天氣漸熱，殘桑、蠶矢益多，蠶身亦大，須逐日起底。法：將整葉連鋪兩次，俟蠶盡上葉，用手揭起，移過他筐，無須用筯。三眠後，將綫結網，眼大如錢，攤在蠶筐，桑鋪網上，俟蠶從眼上附，兩人將網擡過他筐卽可，起底較爲省易。內有壓在蠶矢、殘桑之下者，此蠶必小而無力，不能與衆蠶同起同眠，須將蠶筯揀出，另置一筐，以免不齊。

清 莊景仲《養蠶必讀》卷上第七章《抬蠶法》 擡頭眠 別槌上布四箔，薄帶沙燠，揭蠶，分如前眠，稍大布滿中二箔。逐日隨色加葉，開捲窗一半。初向黃時，宜極暖；眠定宜暖，起齊宜微暖。

又 擡停眠 布滿二十五箔，起齊投食，一復時可三頓，第一頓宜薄但可覆白，第二頓比前又薄不覆白，第三頓如第一頓。此三頓食如不短，則其蠶至老食慢。次日可漸加葉辨色加減其頓數。全開捲窗照窗。初向黃時宜微暖，眠定宜溫，齊宜凉，可落薅。大眠起，投食後第六七頓可落薅，全去沙燠。

又 間糠之法 因給桑過多，蠶座濕潤，此時不能除沙。故用糠少量，散布之，以微隱籸子爲度，名曰間糠。所以使蠶與濕籸相間隔也。

又 鋪糠之法 行於除沙前，給桑二三次時。糠之量比間糠較多。在稚蠶時，用細糠；大蠶時，用粗糠，以沒籸沙爲度。所以便於除沙也。至除沙，用絲網尤爲便捷。今西人仿中國之法通行之。

又 卷下第四章《硬化病》 至硬化病蠶，雖發見一頭，則直可投之熱湯，或埋地中，或入堆肥中。而蠶沙盡消除，則無殘留病毒之恐。若置蠶室近傍，甚危險也。

又 第五章《軟化病》 多列蠶，一名多列和蠶。蠶罹此病，則前部數節腫起，而稍現淡赤色，食量漸減，舉動不敏。或行蠶座周圍，或口吐黃褐色之粘液，或肛门泄軟糞，若粘液如此者，謂之瀉蠶。經時體漸衰弱，腹脚漸失支持之力，背部中央凹陷，而尾角傾於後方。其末端變爲褐色，背脈管鼓動，急迫不勝苦悶，遂伸張全體而斃。斃後胃壁帶黑褐色，其皮膚尚不易破裂。再經數時，以他物觸之，皮膚即破，而流黑褐色液汁，放惡臭，如此者，謂之烏爛蠶。其病原由連鎖狀細菌寄生，此細菌大抵和蠶室塵埃中，或浮游空中，或附著蠶座，因而移於桑葉，爲蠶所食而入胃府，攝收胃液，始分裂繁殖。且侵入胃之細胞中，妨其消化作用，蔓延於周圍筋肉，而失其收縮力，使頭部數環節腫起，遂侵小腸盲腸，令蠶不能吸食桑之水分。此病蠶之糞，含有此病菌，與多量水分，故頗柔軟。此病一侵蠶體，不數時而即斃。若有病而不速斃，則此病毒之糞，混蠶沙而傳染他蠶。

清 吉林蠶桑局《養蠶簡明法·養蠶白話》 鄉間的養蠶家，多有蠶沙籸渣堆積籚內，致蠶出病，總也要立個定規：自出蟻以後，每日擴座一回就是分開些，不用除沙俗謂之出籸，因恐連小蠶誤棄去了；到將頭眠的時候，仔細除沙一回；頭眠到四眠，每眠除沙三回；四眠以後，每日除沙一回。

又 除沙有狠容易的法子，用篩淨的礱糠自出蟻至二眠，要用碎礱糠，到二眠以後，就可用粗礱糠散在蠶上，要蓋滿了蠶體，然後飼葉，蠶到礱糠上吃葉，便已分作兩層了，再飼葉一回或二回，就可把礱糠上的蠶，順手拿去，攤在別個籚內，到四眠以後，蠶籚較多，用蠶網還要容易。

山西農桑總局《蠶桑淺説·培桑》

除沙

剩桑與蠶糞混在一處，名叫蠶沙。若積聚不除，則蒸熱潮濕，蠶易生病。故須除去，使其清潔。除沙的方法分糠除、網除二法。蠶小時，除沙要用糠除法。就是先撒糠，埋沒蠶身，再撒桑葉一二回，蠶就都上來吃桑。糠底下都是沙，於是將糠上的蠶移到別處，將糠下的沙悉行掃去。蠶大時，除沙要用網除法。就是先把蠶網鋪在籚內，再撒桑葉一二回於網上，待蠶都上網吃桑時，用手提起蠶網，移在他籚，隨將網下的沙盡行除去。蠶小時，隔兩三日除一次；蠶大時，要每日除一次。蠶有五齡大小不一，因之蠶網孔目有一分目，三分目，四分目，五分目五種。

又《蠶病預防》

皮膚病傳染預防法

蠶病由皮膚傳染的，全因飼育不能合法。欲免此害，要勤行除沙，勿使蠶糞和食餘桑葉堆積；再詳細檢查，如有不精神及患病的蠶，均可立刻棄去，以免傳染。

通州蠶學館《蠶桑簡明圖説》

蟻後之養法二三日即成小蠶形矣

收下小蠶俗謂之蠶花，當使稀勻得所，用桑葉切極細末飼之。剩下蠶矢、殘桑，須間日淨去一次，否則濕氣上蒸，蠶必受病。其法：於飼葉時，看小蠶盡附葉上，即用竹筷輕輕箝過他筐，仔細看過，有無遺矢。每日飼葉，當看天氣。如晴和乾燥，日飼葉八次。陰雨寒濕，日飼葉六七次，不必過多，總宜勻可矣。約過四日，蠶身發亮，乃將眠之兆。此時蠶之食量已減，飼葉尤不宜多。至五日，其嘴尖凸，是屆初眠，可將蠶蕤起鬆，置靜處。倘有未眠者，箝出另養，俟其眠併入，約過一天半而日起矣。方眠之時，切忌見風，若見風必多生病。蕤期就時□宜防避。

又 初眠後之養法

初起之蠶，稍餓不妨，必俟其起齊，然後開葉，不可參差。每齊，飼葉次數照上。惟此時，蠶之食量漸加，蠶矢亦多，須要逐日起底一次。

清 黄穀《養蠶新論》第二章《蠶具》第五節《給桑及除沙器》《蠶業叢書》第二編 除沙所用，惟糠與網。礱糠用於三齡以前，蠶網用於三齡以後。礱糠在一二齡時，須如前所言，先行磨碎，并須洗淨晒乾，方利於用蠶。網有線製、蔴製、草製三種。線網太軟，蠶爪易於鈎牢，而難振落，故不相宜，且價亦最貴。草網太硬，鋪放難平，飼葉不均，均有害也。惟蔴網則剛柔得宜，價亦居兩者之中，故最合宜。

又 第四章《飼育法》第六節《給桑》 除沙分籚之時，不可即行給桑。除沙分籚，必須以礱糠攪拌蠶兒。若此時即行給桑，則下面之蠶尚未齊上，上面之蠶則爭先相食，發育即因之不齊。故除沙分籚之後，務須消停二十分鐘，俟下面所伏之蠶齊上，方可給桑。四齡以後，則無礙矣。

又 第七節《除沙及分籚》 小蠶除沙用糠，大蠶除沙用網。因小蠶運動不遠，位置難移，籚之中心與四周恐有不同，則發育必不能齊一。若用礱糠攪拌，位置變換，可使全籚均勻，自無不齊之弊矣。至四五齡之際，運動力已強，故可用網除之。

又 用糠除沙，先將礱糠撒布其上，給桑二回以後，可由其糠之上面，和葉與蠶移入他籚，其下面所餘之廢葉、蕤沙，悉行除去。當幼蠶入糠，不可過厚，因其運行力弱，不能上達，往往遺失糠下。每見三齡之蠶，身雖健強，而蠶數頓減者，亦多由一二齡除沙不注意之故。且入糠之際，尤須注意前回所給餘桑之乾燥。若其餘過濕，率然入之以糠，則蠶戀其生葉而不上昇，亦遺失之大原因也。

又 蠶兒齡次漸增，其體亦由之漸大。若不勤於分籚，必致密積，甚有害也；而於幼蠶尤甚，可使蠶座冷濕，呼吸困難，蠶不欲食，病毒傳播，其害不一而足。若於擴之面積過大，則浪費桑葉，又有關於經濟。故除沙分籚，須有適當之面積，不可過大過小，是爲最要。

清 佚名《樹桑養蠶要略》 大眠起後 一晝夜後，蠶必脫灰脫草而起，天冷起稍遲，只宜靜候，不可促以火，亦不可急飼葉，須起齊方飼。大眠以後，蠶食葉愈速，布葉宜勤，不可令稍飢。此時多食一口葉，則上山後多吐一口絲。隔三日，去桑渣、蠶屎一次。蠶至大眠後，宜涼，宜開窗以通氣。遇西南風，仍閉窗戶。

藝文

清 陳梓《養蠶詞》《清詩鐸》卷七 二眠兩日連桱枝，三眠插替勞何辭每眠三日，換出老桑葉，謂之替蠶。

清 鄂爾泰《授時通考》卷五三《勸課門·本朝重農·織第六》

分箔

聖祖仁皇帝御製：愛逢晴日映疏簾，新緑如雲葉漸添。天氣晴和蠶事廣，移筐分箔徧茅檐。

世宗憲皇帝御製：新燕掠風輕，新蠶偕日長。分箔天氣暄，食葉雨聲響。少婦採林間，倦歸歇陌上。門前桑騷騷，黃雲接青壤。

皇帝御製，恭和聖祖仁皇帝原韻：柳絮飛時畫下簾，桑柔蘩細食徐添。却憑纖手為分箔，未暇朝餐日過檐。

清 莊綸渭《紀吳興蠶事六首**》**《清詩鐸》卷七 豆子青青喜斗量，人多以蠶豆占蠶。春醪爭祝馬頭娘。大眠上山必祭。蠶沙淨處絲綸富，蠶沙在腹，淨一節則絲富一節，光可外照。桑葚甘時吐屬香。一縷橫空身往復，千層團結首低昂。家家看火靈禽喚，山棚下炭火不慎，輒致火患。是月有禽適至，其聲宛云家家看火。雲髻偷梳總未遑。

雜録

清 郝懿行《寶訓》卷三《蠶桑》 《埤雅》：再蠶謂之原蠶，一名魏蠶。今以晚葉養之。《淮南子》曰：原蠶一歲再登，非不利也。然王者法禁之，為其殘桑也。

清 程岱葊《西吳蠶略》卷下 《周禮·夏官·司馬》：職禁原蠶。注云：原，再也，字書作蠠。《本草》有晚蠶沙、晚僵蠶等目，皆未詳辨，遂悮以初蠶再出為晚蠶、原蠶矣，不知其種迥別。凡二蠶繭蛾生種，謂之頭二蠶種，次年清明後即担而養之，名頭二蠶，時頭蠶尚未出也。其眠其老甚速，纔兩旬即收繭，時頭蠶甫大眠也。出蛾生子，是為二蠶種，凡養頭二蠶皆甚少，無繅絲者，其繭殼、繭黃、蠶沙皆入藥，其僵者尤不可得，治痘有回生之功。蓋時方春，杪蠶亦得清淑之氣，故堪治疾，殆珍之名所由起歟？《本草》所載專指此，即《周禮》原字之義，未必不指此，請質諸博雅。二蠶始稱晚蠶，出於頭蠶登簇之際，飼以二葉，自眠至老，皆值黃梅時候，蒸鬱日甚，蠅蚋咕嘬，臭穢生蛆，性偏熱有毒，其繭其絲，價亦較廉。凡所棄餘，僅以肥田，從未入藥，《本草》之注未詳，故特表之。

圖表

清 爱新覺羅·玄燁《御製耕織圖》 爱逢晴日映疎簾，新綠如雲葉漸添。天氣晴和蠶事廣，移筐分箔遍茅檐。

清 王文韶撰，袁俊德輯《蠶桑紡織器圖說·蠶器圖類》 二眠圖說 頭眠初起，第九日，擡蠶分箔。十三日，蠶復將眠。十四日，變黃色，曰二眠。十五日，蠶又脫殼盡起。

清　衛杰《蠶桑圖説》冊中

大食第八圖

食葉聲從隔戶聞，今年蠶事太辛勤。簾疎晝捲清和節，檢點筐承又箔分。

三眠之後，是為大起，蠶即大食，唼唼有聲，須勤加分箔，毋使擁擠，亦毋使蠶砂太多，約每日食葉十多次。至十一二日，即昂頭遊走，便是作繭時。

提青

題解

清　高銓《蠶桑輯要》卷下

青蠶

青蠶以色名也，蠶眠則身黄，此獨青而不眠，故曰青蠶。或受沙蒸，或受風濕，并足致病，自頭眠至六眠皆有之。有一種名壯青者，乃是食肥葉而成，蠶身較粗壯，其色深青，故曰壯青，亦不眠。

清　汪曰楨《湖蠶述》卷一《總論》　青蠶按，亦稱青條，以色名也，蠶眠則身黄，此獨青而不眠，故曰青蠶。

清　盛宣懷輯《蠶桑備要》　青蠶亦稱青條　蠶眠則身黄，此猶青而不眠，故曰青蠶。或受沙蒸，或受風溼，自頭眠至大眠皆有之。有一種名壯青者，乃食肥葉而成，蠶身分外粗壯，色深青而不眠。

清　吴詒善《蠶桑驗要·蠶篇》

辨別蠶病第九

青頭蠶即西名不眠蠶　他蠶眠，此獨不眠，行動不靈，食量減少，頭部較健質甚小，全身硬而不脱皮。

綜述

清　崔應榴彙纂，錢馥補輯《蠶事統紀》卷八《飼養》　分擡之便，惟在頻欸稀匀。蠶滋多，必須分之。沙燠厚，必須擡之。失分則稠疊，失擡則蒸濕。《務本新書》：擡蠶必須衆手疾擡，若堆聚多時，蠶身有汗，後必病損。蠶沙宜頓除，不則熱氣熏蒸，後多白殭。殭蠶得日氣，則盡解。每擡之後，箔上蠶宜稀布。稠則強者得食，弱者不得食，必遶箔遊走。又風氣不通，忽遇倉卒開門，暗值賊風，後多紅殭。《月令通纂》：擡蠶之法：住食即時分擡，去其燠沙，不然則先眠之蠶久在燠底，濕熱薰蒸，後多變為風蠶。

清　高銓《蠶桑輯要》卷下

頭眠

蠶至吐珠為眠成，宜擡筐細看，或尚有游行者，青蠶也，亟檢棄之，謂之相青。蠶之不眠者，其色獨青，故曰青蠶。宜用鮮葉切粗條引去，或以葉絣引亦可。

清　陳開沚《裨農最要》卷三

眠未齊

易器之法：未眠之蠶與已眠之蠶不宜併在一處，先一日眠者必先一日起，後一日眠者必後一日起，若強勉合併，則一器之内有已眠者，有未眠者，覆壓擾亂，甚不相宜。必須篩糠灰於蠶上，布桑葉於灰上，俟未眠者脱灰而出，便可移置他器。飼葉宜勤，勿偷懶，餧至數次則眠矣。昔人所謂頻飼以督其眠，即指此時而言。眠定，仍篩糠灰於蠶上，以俟其起。有青頭蠶易器餧葉之後，仍不能眠，俗謂之青頭蠶，養之無益，揀出另置一處，以劣葉飼之。蠶雖好，亦不能絶無青頭者。

又 宜露白。眠起一二日，有亂遊及食畢即昂頭者，是為懶蠶，又有通體青白、其頭獨亮者，是亮頭蠶，日後俱不能作繭，宜揀出另飼劣葉。第二日早飼一頓，至辰巳之間，覆蠶網於蠶上，以臘月所藏緑豆粉拌桑葉餧一次，可解熱毒。

清 汪曰楨《湖蠶述》卷二《頭眠》 派老底蠶之眠貴齊，眠齊起亦齊，若飼葉不勻，則食足者眠早，不足者眠遲，一筐之中，眠頭與食葉之蠶糾紛雜沓，飼之則緑益厚，而罨損眠頭，不飼則缺食，而愈不能眠矣。須緑開面上食葉者飼之，而以底中之眠頭另貯，謂之派老底。面上之蠶雖非青蠶，收成終不及老底之豐。《吳興蠶書》

又《分緑》 捉離娘、長娘 緑訖，緑中尚有存留，俗謂之離娘，言其離散則上行，疾病則沈緑處緑下謂之沈緑。緑中之蠶决非上品，然緑時遺剩，或有强健者，正須子細抉擇，不得槩棄。《吳興蠶書》出火以後，間生小蠶，其細如烏，俗名長筐蠶《西吳蠶略》，是為長娘，係蠶之胎生者，有此為滋長之徵，亦須檢留。

清 吴烜《植桑育蠶書·養蠶説》 哺春蠶法 清明日，將蠶紙摺疊，夾以葱韭蒜葉，養蠶時，便少避忌。用紙包之，外更包以新棉。須氣血壯旺之人，無分男女，夜則覆在被上，清晨人起，盖在被中，以沾暖氣。視桑葉已大如錢，晝則縛在胸背，夜則覆在被中，須防壓壞，更宜表裏互易，使暖氣均勻。三日可出。須逐日開看，見子色轉緑，漸轉青黑，蠶將出矣。蠶出巳午時居多，見有一二成出者，即以燈草心四五寸長者數十莖，勻鋪紙上架空，依舊摺疊，鬆包煖好。先出之蠶，餓一日無妨。預將有眼之筐攤棉鋪紙，紙宜光滑，以待收蠶。明日再看，見出至五六成，然後將經霜乾桑曬脆搓末，微焙亦可，薄糝蠶紙，俟小蠶盡附，以雞翎輕輕掃在筐內，并輕輕聚攏，謂之收蠶。大約蠶重一兩，攤如七寸盤大，此蘇人法也。浙人則用鮮桑，切絲勻糝，俟小蠶附上，用尖筯箝置筐中。若有遺蠶，將雞翎輕輕掃下。一法：俟小蠶附葉，以紙覆之，兩人執角，將蠶紙合轉，小蠶隨葉盡下，既可省力，更無損傷，此法尤善。既收之後，尚有未出之子，仍將蠶紙煖哺。明日巳午時，攤在筐中，架在空鍋，以受煖氣。蠶即盡出。如法再收，另貯一筐。切不可與初次所收，同置一處，致有不齊之病。收過兩次，尚有未出者，皆劣子也，即使再出，亦多病蠶，不能作繭，作繭亦薄，可即棄之。

清 吴烜《養蠶説》 既收之後，尚有未出之子，仍將蠶紙煖哺，明日巳午時，攤在筐中，架在空鍋，以受煖氣。蠶即盡出，如法再收，另貯一筐，切不可與初次所收同置一處，致有不齊之病。收過兩次，尚有未出者，皆劣子也，即使再出，亦多病蠶，不能作繭，作繭亦薄，可即棄之。

清 高其垣《試行蠶桑説·飼蠶法六十條》 易器後兩三日，有色微白，嘴上隱隱有尖角，而不復食葉者，此初眠也。眠未齊時，仍照常付葉，俟大勢已齊，照前法篩糠灰於其上，而付以葉，則未眠之蠶皆脱灰而上，以蠶筯輕輕捲之，另置他器，此未眠者也。更付葉數次，則亦眠矣。再用前法，捲其不眠者而棄之。所棄者謂之青頭蠶，雖好，亦不能絶無青頭也，飼之無益。其眠者，以蠶筯撥之使鬆，更篩一次糠灰，置之静處，以俟其起。兩次眠者不宜合併，蓋眠有先後，則起有先後，固不可以强合也。

清 黄壽昌《蠶桑須知》

眠青俗謂之眠青頭

眠青者，眾蚕皆眠，而彼仍食葉，遲遲不眠，大則用手捉之，小則用石灰灑簿，以桑葉鋪上引之。眠者在下，不眠者自上行食葉，即連葉取出，此乃無用之蚕，棄之為是，謂之捉眠青，亦謂之認眠青，若頭眠則不必捉認也。如不抛棄，亦當另置他簿，切勿與好蚕同養一處。

清 沈練，仲學輅輯補《廣蠶桑説輯補》卷下《飼蠶法六十六條》 篩糠灰於其上，而布之以葉，則未眠之蠶皆脱灰而上。以蠶筯輕輕捲之，另置他器，此未眠者也，再布葉數次，則亦眠矣。再用前法，捲其不眠者而棄之。所棄者謂之青頭蠶，雖好亦不能絶無青頭者，飼之無益。其眠者以蠶筯撥之使鬆，再篩一次糠灰，置之静室以俟其起。兩次眠者不宜合併，蓋眠有先後，則起有先後，固不可以强合也。

清 曾鉌《蠶桑備要》卷四《養蠶程式》 眠定，仍篩糠灰於蠶上，以俟其起。青頭蠶：易器餧葉之後，仍不能眠，俗謂之青頭蠶，養之無益，撿出丢棄可也。蠶雖好，亦不能絕無青頭者，或云頭眠易脱殼，無壞蠶。

清 陳淳《實驗蠶桑簡要法》下篇第二十章《檢别遲蠶之法》 止桑雖如何適時，如何處理，飼數萬或數十萬頭蠶兒，安能無一遲眠者？矧此等之蠶，非性本虛弱，即含有微粒子病，不早檢別，傳染健蠶，求救治之法而已晚，且泰東西研究蠶病家，何病治以何藥尚待發明，然苟能盡預防之道，保無失敗之虞，此是預防蠶病之一法，飼蠶者焉可忽諸？

清 王忠清《東南蠶事論》《蠶事統紀》附 凡到三眠，飼葉太旺，或食雨露之葉，必為白肚。如食氣水之葉，蠶必萎爛。為食肥葉，大眠不肯眠，變為青蠶。為食烟地之葉，蠶吐青涎而斃。如食热气之葉，蠶必身紅，而倒其蠶脫殼，名曰起娘。空心未食，如聞香臭之氣，蠶必身倒。

清 江志伊輯《飼蠶法》 眠起 蠶遞次就眠，其減給桑量，約四五次而停食。其中或有起蠶二三，是遲蠶、病蠶，宜棄去之。若數多而且健，則移他箔飼育之，如此則綿桑不堆積，蠶座清潔，乾溼適度，蠶可無病。但將蛻皮時，新舊兩皮間生液汁而後蛻。若過燥而液汁蒸昇，往往有不能蛻者，斯時溫度宜降下一二度。法：於室內貯青葉，或以溼布拭床，或於室內熱清水，以溼空氣，均良策也。

清 江志伊輯《種桑法》 修剪 凡修剪，以移栽之年爲第一年，此言已接博之桑。若椹種之桑秧，今年移栽，次年接博，即以接年爲第一年，壓條以移栽爲第一年，揷條以揷年爲第一年也。每年留一層，留五層爲五年。第一年，將本年移栽之桑離地一尺翦去稍子，翦後即抽新條，俟葉大如錢，留好條兩枝，餘枝概行刪去，所留枝，暫不翦梢，是爲一層。第二年春，又長新條，立夏後，除所留兩枝外，餘皆刪去。

清 李有棻《桑麻水利族學彙存》卷一《植桑》 蠶大眠起後，第一日先喂柘葉五六次，再喂桑葉，絲乃有光。第二日巳午時，以綠豆粉拌桑葉喂一次，可解熱毒。第三日，以桑葉麪拌葉喂三五次。有白水蠶，蠶身獨短，其節高聳，不食葉，常在葉上往來，腳下有白水；有青頭蠶，掉頭不住，似有所苦者，俱宜檢出，丟之。

清 林楊光、王鎮西《蠶桑條説・白河縣知縣林令楊光述呈桑蠶各説七條》 養蠶者，當是時晝夜輪流看守，勿惜工費。更能於眠起時留心撿點，凡有在葉上掉頭不食，若有所苦者，其蠶皮色青，謂之青頭。蠶有光如油者，謂之油蠶，皆壞蠶也，當去之，毋使擾害他蠶。

清 劉清藜補輯《蠶桑備要・養蠶程式》

頭眠

眠未齊 易器之法：未眠之蠶與已眠之蠶不宜併在一處，先一日眠者必先一日起，後一日眠者必後一日起，若勉强合併，則一器之内有已眠者，有未眠者，覆壓擾亂，甚不相宜。必須篩糠灰於蠶上，布桑葉於灰上，俟未眠者脫灰而出，便可移置他器。餧葉之法：易器後餧葉宜勤，切勿偷懶。餧至數次，則未眠者亦眠矣。昔人所謂頻飼以督其眠，即指此時而言。若認定眠與未眠差時不久者，儘未眠多處添葉，未眠之蠶皆聞葉往食，多飼以督之，不易器亦可。如眠與未眠太差久者，必須易器。眠定，仍篩糠灰於蠶上，以俟其起。青頭蠶：易器餧葉之後，仍不能眠，俗謂之青頭蠶，養之無益，檢出丟棄可也。蠶雖好，亦不能絕無青頭者，或云頭眠易脫殼，無壞蠶。

清 盛宣懷輯《蠶桑備要》 蠶桑總論 眠頭傷風亦有此病，猶之稻正吐花，突遇西北風，即成硬口而不結實也，二者口不能開，竝斃於餒。一曰著衣孃，起孃蛻膚至半身而止，有兩種：一是蠶病溼尾，黏惹不能蛻；一是種眠頭时，用石灰太重，蠶身乾燥所致。剝去其膚，蠶仍無害，若溼尾，雖剝去亦斃。一曰青蠶亦稱青條，蠶眠則身黃，此猶青而不眠，故曰青蠶。或受沙蒸，或受風溼，自頭眠至大眠皆有之。有一種名壯青者，乃食肥葉而成，蠶身分外粗壯，色深青而不眠。俗謂蠶不螫人，然亦間有被螫者，毒入內能令人寒熱，以苎葉擣汁塗之卽愈，以蠶畏苎也。

清 楊鞏《中外農學合編》卷一一《蠶類・飼育》

頭眠

未眠之蠶與已眠之蠶不可併在一處，先一日眠者必先一日起，後一日眠者必後一日起，若勉强合併，則一器之內有已眠者，有未眠者，覆壓擾亂，甚不相宜。必須篩糠灰於蠶上，布桑葉於灰上，俟未眠者脫灰而出，便可移置他器。易器後餧葉宜勤，切勿偷懶，餧至數次，則未眠者亦眠矣。昔人所謂頻飼以督其眠，即指此時而言。眠定，仍篩糠灰於蠶上，以俟其起。餧葉之後仍不能眠，俗謂之青頭蠶，養之無益，撿而去之可也。《士農必用》《蠶桑輯要》

清 莊景仲《養蠶必讀》卷下第一章《蠶病》《要旨》云：蠶有白殭，是少時陰氣蒸損所致。擇無風晴天，急用簸箕三四具，轉蠶中庭，使陽光暄照。抬一箔復布一箔，得陽光則陰氣解，而蠶病除矣。

又 第三章《微粒子病》 蠶若蒙微粒子之蔓延，則食量漸減，生長遲緩，蓋吸收滋養，於食桑爲微粒子所奪，或消化器細胞爲微粒子所害，則發育遲緩，即爲遲蠶或細蠶。眠期中，病勢增進，即令脫舊皮，亦不能免死。或微粒子繁殖，則筋肉之伸張不全，成爲縮蠶，生起縮而斃。其屍體初現淡赤褐色，經時變黑褐色，終則乾固。此病蠶糞中，含楕圓微粒子不尠，故若以健蠶與病蠶相混，則微粒子伏病蠶糞中，附著桑葉傳染，健蠶入其胃中，而發爲亞密哈狀，破胃壁細包，而侵入蠶體之各部。

清 黄毅《養蠶新論》第四章《飼育法》第四節《飼育標準》《蠶業叢書》第二編

第一齡

見有三四頭眠蠶，即須施入眠糠，俟眠除以後，給桑二三回，即就眠矣。最後所給一次之桑稱爲留桑，留桑給後過八九時，即挑揀遲眠蠶，凡蠶兒盛食色青、眠中變黄、眠起色白者，健全者也。

雜録

《太平御覽》卷八二五《資産部五・蠶》 郭子横《洞冥記》曰：寒青之國，其國人皆以鳥爲衣，其地多霜雪、陰翳，忽見日從南方出，則百獸皆鳴，國俗以爲祥異。有蠶，色青，長一丈，亦曰青蠶，績其絲大如指，一絲可羈絆牛馬，國人常以十丈充黄門之厩，以拘馬也，巨象、師子，帝令以此一絲繫之。

清 沈練，仲學輅輯補《廣蠶桑説輯補》卷下《飼蠶法六十六條》 按，蠶將眠未眠之際，勿令稍餓，如第五十五條，以為中間三兩日。上葉宜較勤，其實將眠未眠之際，亦該在内，而更要緊。此時稍餓，則第二次當眠不眠，俗名青蠶是也。總之，二、三眠先餓，其病每見於大眠時，大眠先餓，則起後雖能食葉，而其頭漸空，俗名亮頭，棄物也。

飼夏秋蠶

題解

清 李光地等《御定月令輯要》卷八《夏令・政典》 禁原蠶 原《周禮》：馬質禁原蠶，注：原，再也。天文，辰為馬。《蠶書》：蠶為龍精，龍馬同氣，禁蠶以息馬也。《埤雅》：再蠶謂之原蠶，一名魏蠶，今以晚蠶養之，先王之法禁焉，俗謂之夏蠶，亦曰熱蠶。

《古今圖書集成》卷四四《歲功典・夏部雜録》 《埤雅》：再蠶謂之原蠶，一名魏蠶，今以晚蠶養之，先王之法禁焉，俗謂之夏蠶，亦曰熱蠶。

清 郝懿行《寶訓》卷三《蠶桑》 《埤雅》：再蠶謂之原蠶，一名魏蠶，今以晚葉養之。《淮南子》曰：原蠶一歲再登，非不利也，然王者法禁之，為其殘桑也。又紅蠶，蠶足於葉三俯三起，二十七日而蠶已老，則紅，故謂之紅蠶

清 方大湜《桑蠶提要》卷二《蠶事四十條**・夏蠶**四則**》** 蠶種 頭蠶曰春蠶，二蠶曰夏蠶一名熱蠶，一名原蠶，一名再蠶，一名晚蠶，一名魏蠶。夏蠶別是一種，然春蠶亦可作夏蠶種，夏蠶亦可作來歲春蠶種。

又 蠶形 其形與春蠶同，但較小耳，故曰魏蠶、魏細也。

清 厲荃原輯，關槐增纂《事物異名録》卷三九《昆蟲部上・蠶》 原蠶 魏蠶 《埤雅》：再蠶謂之原蠶，一名魏蠶。又《本草綱目》有晚蠶、夏蠶之名。

清 何石安、魏默深《蠶桑合編》

原蠶法

原蠶，即夏蠶也，亦名二蠶。二蠶利本不取，一則時屆農忙，恐妨田務；二則蠶盛妨馬種不繁息，故《周禮》有原蠶之禁三則。春蠶畢後，桑葉無多，再戕伐其葉，樹本受傷，來年之葉必不繁茂。惟春蠶失收，以補不足，桑葉尚多，養之可也。養二蠶法：起底、飼葉格外要勤，二十一二日即老，最忌大蒼蠅，亦忌大熱，春蠶宜煖，二蠶宜凉是也。

論説

清 吴錫璋《蠶桑新論》

論春夏蠶區別之關係第十三

春蠶與夏蠶均宜乾燥清潔，性質不甚逕庭，其間稍有紕繆者，外溫之度差池耳。春間外溫最高七十度外，最低四十度外。夏間之外溫最高九十度外，最低七十度外。是以春季內溫，宜用火力補助。若夏季內外俱臻最高頂，室內之溫，宜清涼爲是。毋須用火，即遇天雨微涼，火亦不宜多用，總以

七十五度爲準。如過此度以上，宜開窗戶通空氣。若低至六十八度以下，方可用火，此較中國養蠶古法視身上衣服之單夾試天時之冷熱者，較爲便捷。是以春蠶上山，內溫以七十三度爲平均。華種一月可上山，日本種一月另三日方可上山。可知外溫之度，頗費周章，失之毫釐，繆以千里，此際不容註誤。至食葉之量，夏蠶較春蠶差强，給葉似不宜靳。

又 論上山之關係第十四

製種者，上山老蠶，愈熟愈好。稍有未熟者，仍宜切片葉輪飼，靜候其熟。未至其時，切莫鹵莽，免致生熟不勻。此際蔴子，宜薄宜燥。若稍受溼氣，必至上山烏爛。若製絲者，不宜過熟，亦不宜過生。蠶體透明，終尾環節，有二三排泄之物，最適當上山之時。至於上山之箔，有用草山，有用竹箔。而最易於採繭者，莫如草山，通國用此者甚夥。此時溫度，須由七十六度升高至八十五度，始宜製絲。蠶上草山宜疏朗，不宜密布，否則必多同宮，且多尿繭。山上不宜搖動，動則絲多節類，不能光潔。兩日之後，溫度毋須升高，否則繅絲必致轇轕。至於春蠶採繭，須五日爲期，方稱美善。早則蛹未盡成，恐傷絲質。若夏蠶三日已足，毋用多延，以防蛆鑽之害。

清 吳作鎮、倪紹雯、劉安欽《蠶桑速成捷法·速成桑園種植法》第一章《速成桑園之利害》第一節《速成桑園之利》

（一）集約經營之利 比較的地積狹隘，費用輕廉，而收穫之量，多於通例。且施肥、耕耘、採葉及一切事情，亦較便利。

（二）兼用桑園之利 春蠶適值農家多忙之際，無暇及此。又氣候寒冷之地，被霜凍害，無葉可摘。至秋蠶之時，則無論何地，桑葉繁茂。且農家閑暇，得利用此餘力，故晚近飼育秋蠶。年增歲加，幾有凌駕春蠶之勢。然飼育回數既多，則桑葉亂採，桑園未免因之荒蕪。講救濟策者，均主張另設秋蠶專用桑園。策固萬全也，然據從來種植法，地積既廣，資本亦大，彼農家者流，究難語此。若速成桑園，地積狹而收入大，資本輕而穫效速，整理肥培，亦較周到，且時可補種。故桑樹勢力，常呈旺盛。雖年中數回採摘，實少衰弱之虞，故爲兼用桑園，最稱合宜。

又 （三）速收多穫之利 若速成桑園，則於種植年之秋季，每畝已可收八十餘斤。至第二年，春蠶一齡末，可收五六十斤。秋蠶五齡期，可收一百二十餘斤。至第三、四年，則可得多量之本收穫。以上成績，據日本京都蠶業講習所所試驗者。

山西農桑總局編《蠶桑淺説》

附蠶桑利益之計算

一人可養五萬頭，八口之家，可栽桑五畝，養蠶四十萬頭，淨可獲利一百五十多元，所忙的日子，不過三十多天，就能完事，決不躭誤別項的工作。若春蠶之外，再養一次夏蠶，又能多得幾十元，這是確實計算來的，並沒有含糊的地方。

綜述

元 司農司《農桑輯要》卷四

夏秋蠶法

《齊民要術》：《淮南子》曰：原蠶一歲再登，非不利也，然王者法禁之，為其殘桑也。《務本新書》：凡養夏蠶，止須些小以度秋種，慮恐損壞萌條，有悞明年春蠶桑葉。今時養熱蠶，以紙糊窗，因避飛蠅，遮盡往來風氣。天晴罨熱病生，陰則濕生白䗪，陰晴俱不便當。以紗糊窗，陳稈草作薦。紙條先貼紗邊，餘紙就糊窗上，中間以綫繫紗在窗櫺上。蠶罷，以水潤紙揭下，明年再用。或用荻簾，粗麻綫繫織。當窗繫定，遮蔽飛蠅，透脱風氣，另闢一房，不令雜人出入。決安南北窗。以剪剪葉，旦暮擡分，兼夜頻飼。秋蠶初生時，去三伏猶近，暑氣仍存，蠶屋多生濕潤，正要四通八達，風氣往來，蓋初生却要涼快。以陳稈草作薦，勿用麥秸，一日一擡，失擡多生白䗪，一眠宜溫，再眠如春。門窗俱挂薦簾，屋內須用無烟熟火，大眠全要暄暖，大忌北風寒氣，勿飼雨露冷葉。春秋蠶法首尾顛倒，深宜體測。簇蠶時，相次秋高，恐值夜寒風冷，不能作繭，可于簇西北埋柱繫椽箔，遮禦北風寒氣，三兩夜之間，便可作繭。《士農必用》：夏蠶，此別是一等，俗謂三生蠶，春養出夏種，夏養出秋種，秋養出來春種，不可間闕，闕則絶其種。自蛾至老俱宜涼，忌蠅蟲，先于蠶生前，用麥糠擁于蠶房壁脚燒之。去濕氣及諸蟲子。擘黑後，須一日早晨一擡，其餘并與養春蠶同。此蠶不可多養，止欲收秋蠶種，多則損葉，然只可科采桑中冗條取葉也。秋蠶，一名原蠶，捋葉不無傷桑，春蠶不幸遇天災，不得已養之，以補歲計，然不宜稙，宜稚也。初宜涼，漸漸宜暖，與養春蠶正相反。其間體候須欲得所。初可摘葉，蠶大則捋葉，初用紗糊窗，漸漸天寒，上復用紙糊，留捲窗。簇與繰絲法如前。《要旨》：熱蠶：槌底，亦宜用麥糠、麥藍燒之。又大路上踏踐，起乾塵土，收三四石。生蠶日，于槌底攤平，可避暑濕。簇秋蠶，多于簇心用熟火，或致焚燒，不若止于映北風處為簇，簇底用麥藍均鋪，簇則月乾桑柴為梢，新乾黍藍為草，得自然温暖之氣，不須用火矣。經雨則倒簇。

元 王禎《農書》卷六《蠶繅篇第十五》 又有夏蠶、秋蠶。夏蠶自蟻至老俱宜凉，惟忌蠅蟲；秋蠶初宜凉，漸漸宜暖，亦因天時漸凉故也。簇與繰絲法同春蠶。南方夏蠶，不中繰絲，惟堪線纊而已。《周禮》忌原蠶歲再登，非不利也，然王者法禁之，謂其殘桑也，然則夏蠶最不宜多育。《務本新書》云：凡繭宜併手忙擇，凉處薄攤，蛾自遲出，免使抽繰相逼。恐有不及，則有瓮浥、籠蒸之法。瓮浥、籠蒸，并見《農器譜》。

明 唐順之《荆川稗編》卷四五《種植》 今有善蠶者一説：南北之間，蠶少，踈開牕户，屋簇之則可；蠶多，選於院内，搆長春草廈，内制蠶簇，週以木架，平鋪蒿稍，布蠶於上，用蓆箔圍護，自無簇病，實良策也。又有夏蠶、秋蠶。夏蠶自蟻至老俱宜凉，惟忌蠅蟲；秋蠶初宜凉，漸漸宜煖，亦因天時漸凉故也。簇與繰絲法同春蠶。南方夏蠶，不中繰絲，惟堪絲纊而已，《周禮》忌原蠶歲再登，非不利也，然王者法禁之，謂其殘桑也，然則夏蠶最不宜多育。

明 徐光啓《農政全書》卷三一《蠶桑·養蠶法》 《務本新書》曰：凡養夏蠶，止須些小以度秋種，慮恐損壞萌條，有誤明年春蠶桑葉。今時養熱蠶，以紙糊窗，因避飛蠅，遮盡往來風氣。天晴罨熱病生，陰則濕生白䗶，陰晴俱不便。當以紗糊窗，陳稈草作薅。紙條先貼紗邊，餘紙就糊窗上，中間以綫繫紗在窗櫺上。蠶罷，以水潤紙揭下，明年再用。或用荻簾。粗麻綫繫織。凡窗繫定不岩泥之，遮蔽飛蠅，透脱風氣，另搿一房，不令雜人出入。決要南北窗。以剪剪葉，旦暮擡分，兼夜頻飼。秋蠶初生時，去三伏猶近，暑氣仍存，蠶屋多生濕潤，正要四通八達，風氣往來，蓋初生却要凉快。以陳秆草作薅，勿用麥秸，一日一擡，失擡多生白䗶，一眠宜温，再眠如春。門窗俱挂薦簾，屋内須用無烟熟火，大眠全要喧暖，大忌北風寒氣，勿飼雨露冷葉。春秋蠶法首尾顛倒，深宜體測。簇蠶時，相次秋高，恐值夜寒風冷，不能作繭，可於簇西北埋柱繫椽箔，遮禦北風寒氣，三兩夜之間，便可作繭。玄扈先生曰：斟酌用火。

又 《士農必用》曰：夏蠶此别是一等，俗謂三生蠶，春養出夏種，夏養出秋種，秋養出來春種，不可間闕，闕則絶其種。玄扈先生曰：今人呼二蠶種甚細，然余家用春蠶種，夏月養之，仍得良繭也自蟻至老俱宜凉，忌蠅蟲，先於蠶生前用麥糠擁於蠶房壁脚下燒之。去濕氣及諸蟲子。擘黑後，須一日早晨一擡，其餘并與養春蠶同。秋蠶一名原蠶，采葉不無傷桑，此蠶不可多養，止欲收秋蠶種，多則損葉，然只可科采桑中冗條取葉也。秋蠶一名原蠶，采葉不無傷桑，此蠶春蠶不幸遇天灾，不得已養之，以補歲計，然不宜稙，宜稚也初宜凉，漸漸宜暖，與養春蠶正相反。其間體候須欲得所。初可摘葉，蠶大則捋葉，初欲紗糊窗，漸漸天寒，上復用紙糊，留捲窗。簇與繰絲法如前。《要旨》：熱蠶：槌底，亦宜月麥糠、麥藍燒之。又大路上踏踐，起乾塵土，收三四石。生蠶日，于槌底攤平，可辟暑濕。簇秋蠶，多于簇心用熟火，或致焚燒，不若止於映北風處為簇，簇底用麥藍均鋪，簇則用乾桑柴為梢，新乾麥藍為草，得自然温暖之氣，不須用火矣。經雨則倒簇。玄扈先生曰：今人不養秋蠶，止以夏蠶作來春種，亦生。又云：秋蠶以補歲計，此言甚妙。秋時多晴，更比春蠶為穩。今人先言二蠶不食頭葉，致昧秋蠶補歲計之理，不知二蠶何故不食頭葉，夏秋蠶俱要計算，除蚊蠅。

又 卷三二《蠶桑·栽桑法》 《士農必用》曰：地桑之功，惟在治之如法，不致荒燥。無樹桑之家，純用地桑，則人力倍省；有樹桑兼地桑之家，樹桑既成，地桑可止而勿用，加澆三之功，使之滋長。至其蠶大眠之後，或樹桑不能時至，則可就取地桑，使晚蠶至終老，不致闕食。

明 宋應星《天工開物》卷上《乃服第二卷》

葉料

凡再生條葉，仲夏以養晚蠶，則止摘葉而不剪條。二葉摘後，秋來，三葉復茂，浙人聽其經霜自落，片片掃拾，以飼綿羊，大獲絨氈之利。

清 楊屾《豳風廣義》卷二

附養熱蠶法

原蠶原者再也，一歲再養者，一名夏蠶，一名熱蠶，廣人呼為細蠶，一名二蠶，原子為珍，珍子為愛。三月至十月，能生八輩，此另是一種，出自廣東。秦中桑少，人不知養，余曾托人在廣東帶來養之，得良繭，惜桑少，不能月月養之，遂失其種。若桑盛之時，何難於廣東再帶，彼處有一歲三生、四生、八生者，我處只取得三生者佳，春養出夏種，夏養出秋種，秋養出來春種，不可有闕，闕則絶種。我處春蠶亦偶爾有夏生者，余家庚申歲四卧一生蠶，忽生原蠶甚多，養之亦得良繭，但出無定時，不限多少，又非人力所能，不可為常一歲再登，非不利也，然王者法禁之，為其殘桑也。有言蠶與馬同氣，物莫能兩大，故禁再蠶者，為傷馬，與此見理不明，乃謬言也。特以桑不宜斬伐太過，太過則次年葉便遲生，恐悮春蠶，故禁之。倘春蠶不幸，偶遇天災，夏秋養之，以補歲計，其法，於立夏前三四日將蠶連即原蠶種以綿花包裹，置温處，一二日即生蟻。養法與春蠶無異。一十八日而老，上簇六日而摘繭，七日而蛾出生卵，又七日而卵自生蟻，是為原蠶。其飼法必勤而無間葉盡即添，毋使饑。呑火氣而病，但夏月天氣大熱，蠶室務要通風涼房，南北開窓，糊之以紗，或用密孝帽麻布糊之，或門窓俱挂細密竹簾，或荻葦簾亦可，務使通透風涼，不令蚊蠅入內。蠅於蠶身生蛆，蚊能傷蠶膚，最能壞蠶，始終不可捲起門簾并窓扇，致令鑽入，慎之。蠶沙每日早晨擡除，勿令濕生自醭，秋蠶亦宜如此。三眠後，常飼以菉豆麪以解熱毒，將菉豆用温水浸生芽，曬乾磨為麪，用葉一筐，切碎，灑以新水，拌菉豆麪五六兩，三眠後，間飼三四頓，又飼水葉一頓。室內多用水缸，日換新水，不可令雜人出入。其蠶最小，一十八日而老，見利甚速，夏蠶亦不可多養，只須些少，以度秋種，秋月養之，比春更穩。但秋蠶初宜涼，漸漸宜暖，正與春蠶相反。春蠶初宜暖，後宜涼，秋蠶初宜涼，後宜暖，因天氣故也。但夏秋蠶蓐草須用陳稻草，搗令軟爛為之，勿用麥菅。初糊窓以紗，漸漸天寒，復用紙糊之，及至臨老上簇之時，天氣更寒，室中亦可用火，至於上簇、繰絲，其法與春蠶皆同。

清 鄂爾泰《授時通考》卷七二《蠶事門・彙考》 《田家五行》：清明午前晴，早蠶熟；午後晴，晚蠶熟。

又 《士農必用》：夏蠶別是一等，俗謂三蠶，春養出夏種，夏養出秋種，秋養出來春種，不可間缺，缺則絶其種。

又，秋蠶一名原蠶，採葉不無傷桑，春蠶不幸遇天災，不得已養之，以補歲計，然不宜稙，宜穉也。

徐光啓曰：今人不養秋蠶，止以夏蠶作來春種，亦生。又云：秋蠶以補歲計，此言甚妙。秋時多晴，更比春蠶為穩。今人先言二蠶不食頭葉，致昧秋蠶補歲計之理，不知二蠶何故不食頭葉，夏秋蠶俱要計算，除蚊蠅。

清 高銓《蠶桑輯要》卷上

烘夏蠶

火以禦寒，夏蠶概不用火，爲其時已炎熱也。然夏蠶之生，適届黄梅時候，陰雨寒濕，往往病殭，亦宜烘至頭眠，以杜其病。

又 飼夏蠶

育蠶之道，不論春夏，以勤飼為主，况夏蠶時届炎暑，食葉較速于頭蠶，尤須晝夜喂養，以期速成。今人以夏蠶為鼓二蠶，謂其晚不求食，可不必飼，不知天晚氣涼，蠶之食葉不過稍緩于晝，未有不求食者，正不得執此説以自誤。

又 飼秋蠶

秋蠶亦不異春蠶，其第一、二番出者，與頭蠶、二蠶同時採葉，頗易；第三番者桑已採盡，須摘取新發三葉飼之；第四、五番者，桑葉已老，惟科採蔭下冗條飼之，其晝夜勤餵，與春蠶等。

清 崔應榴彙纂，錢馥補輯《蠶事統紀》卷七《名類》 《齊民要術注》：今世有三卧一生蠶，四卧再生蠶，白頭蠶，頡后蠶，楚蠶，黑蠶，有一生再生之異。灰兒蠶，秋母蠶，秋中蠶，老秋兒蠶，秋末蠶，蠏兒蠶，錦兒蠶，同繭蠶，或二蠶三蠶共為一繭。凡三卧四卧，皆有絲綿之別。

又 《務本新書》：凡養夏蠶，止須些小，以度秋種，慮恐損壞萌條，有悞明年春蠶桑葉。《士農必用》：夏蠶自蟻至老，俱宜涼，忌蠅蟲。《代醉編》：今之養晚蠶者，蒼蠅亦寄卵於蠶之身。久之，其卵為蠅，穴繭而去。《成化湖州府志》：食頭葉者，謂之頭蠶；食二葉者，謂之二蠶。《農桑通诀》：南方夏蠶，不中繅絲，惟堪線纊。《開天遺事》：天寶中，益州獻三熟蠶。其繭緊厚白净，與常蠶不殊。李石《續博物志》：一歲三蠶，則桑弱馬耗。施宿《會稽志》：先王之禁不行，而民一歲至有三蠶者，是以桑弱而馬耗也。

清 鄭文同《蠶桑輯要・栽桑十二則》 芒種後，宜將桑條剪完，雖蠶食有餘，亦必去之。再生者謂之二葉，如養夏蠶，則折以飼之，不宜多採，須於蒙茸處疏通停勻，餘條則任其長大，即為次年發葉之榦。雖不養夏蠶，亦須如法耘之。秋後，則以草繩逐樹箍其所長之枝，以防烈風摧折欹斜。

又《蠶桑雜説四條》 別類另有一種三眠子蠶，祇眠三次，起後即不再眠，食葉約六七天，即熟而能吐絲作繭。其養法亦皆如四眠子，惟以其繭衣不厚，抽絲分兩較短，故嘉湖地方，飼蠶之家，養者甚少。夏蠶謂之二蠶，另有一種名頭二蠶者，生時較早，亦四眠，作繭出蛾亦皆早，其所生之子，當時轉色，及夏至邊，即出烏，是名二蠶。其所遺之種，即是次年之頭二蠶也，蠶繭甚薄，不堪繅絲，若二蠶，則亦出絲不少也。

清 常恩《放養山蠶法》

秋蠶

秋蠶出自春繭，春繭成於端陽節前後，收畢天方暑，種不用烘，急擇之穿成串，懸而涼之，蛾約二十日而畢出，其雌雄配媾，亦如春蠶。既媾拚配，棄去雄蛾，仍搦去雌蛾尾後汁漿，以麻縷四寸，將雌蛾大翅內之小翅縷住一翅，縷之兩頭各繫一雌，掛之衣子地火芽間，其卵即布於樹，而蠶自出。七月底結繭，中秋前即可收竣。凡放蠶，春蠶嘴軟腳硬，宜稠散樹上，葉方嫩，利速食，便剪移，易肥蠶也；秋蠶嘴硬腳軟，宜稀散樹間，時正熱，俾緩食，省剪移，免勞蠶也，養蠶者知之。

清　方大湜《桑蠶提要》卷一《桑政二十三條**・採葉**四則**》**　二桑宜少採

夏至前後，已採之桑又復抽條長葉，謂之二桑。以二桑葉餧夏蠶，務須斟酌去留，切莫多採，恐傷損過甚，明年春桑不旺也。詳《蠶事・養夏蠶法第九則》。地桑宜靠地割條，須用厚背鋼鐮，將地面上條葉靠地割下。若用鈍鐮，不能一割即斷，則條樁不齊，必致雨浸傷根。

又　卷二《蠶事四十條**・夏蠶**四則**》**

蠶種　頭蠶曰春蠶，二蠶曰夏蠶一名熱蠶，一名原蠶，一名再蠶，一名晚蠶，一名魏蠶。夏蠶別是一種，然春蠶亦可作夏蠶種，夏蠶亦可作來歲春蠶種。

蠶形　其形與春蠶同，但較小耳，故曰魏蠶、魏細也。

蠶性　惡濕喜涼。

勿多養　夏蠶獲利甚速，夏蠶屎熏臭蟲神效，浸穀種則不生蟲。但不可多養，養多則用葉必多，未免傷損萌條，有誤來年春蠶桑葉。

又《養夏蠶法九則**》**　養夏蠶大致與春蠶同，須參看春蠶各條。

暖種　夏至前數日，以綿花包裹蠶連置溫煖處，一二日即生蟻。

計日　夏蠶生蟻後，十八日而老，上山六日而摘繭，七日而蛾生卵。

除濕　夏蠶未生之前，蠶屋壁脚下須燒麥稭，以除濕氣。

解熱　夏蠶自蟻至老俱宜涼，須用茅草搗輭作薦，陳稻草亦可。勿用麥草。蠶屋內多用水缸，以貯清水。每日一换。

避蠅　夏蠶畏蚊，畏蠅，蠶屋內毋令蚊蠅飛入。

通風　養夏蠶宜南北窗，但用紙糊窗，雖可以避蚊蠅，却不能通風，天晴則罨熱生病，天陰則淫蒸生白醭，陰晴俱覺不便，須以紗糊之。紗邊貼紙，以貼窗上。蠶畢揭下，明年仍可再用。無紗，則用夏布亦可。既可遮蔽蚊蠅，又可透達風氣。

易器　天氣漸熱，體刮不勤，則蠶受蒸鬱之苦，須每日早晨體一次，體法與春蠶同。

飼葉　夜間天氣較涼，上葉宜勤，養夏蠶者，切勿貪睡，飼法與春蠶同。惟三眠後，須用綠豆麵秤葉，餧三四頓，以解熱毒。製豆麵法，詳《蠶料第一則》；秤豆麵法，詳《大眠起後第二則》。

採桑　夏蠶即原蠶之別名原，再也，古人禁原蠶，恐其殘桑也，春桑葉已採盡，復將二次所生之葉餧養夏蠶，未免犯原蠶之禁。養夏蠶者採摘二桑葉，務必斟酌去留，每杈約留三四條，餘均攀下摘葉餧蠶，所留之條任其落葉。此法妙處，全在每杈留三四條，餧養夏蠶之葉，均係應去之條，其應留者仍不採葉，聽其自落，既得夏蠶之利，又不損明年之葉。如無可去之枝條，即於各枝條上摘葉，以餧夏蠶，每枝只可摘葉三分之一，切莫多摘。

又《秋蠶四則**》**

蠶種　三蠶曰秋蠶亦名原蠶，秋蠶別是一種，然夏蠶亦可作秋蠶種，秋蠶亦可作來年春蠶種。

蠶形　與夏蠶同。

蠶性　春蠶自初生至大眠均喜煖，大眠起後喜涼。夏蠶自始至終均喜涼。秋蠶則初生喜涼，以其時去三伏尚近，暑氣猶存也。與夏蠶同，與春蠶不同；初眠喜溫，再眠如春，與春蠶同，與夏蠶不同；大眠後全要煊煖，與春蠶、夏蠶均不同，惟喜燥惡濕，則春蠶、夏蠶、秋蠶無不相同。

（道光）《來安縣志》卷五《食貨志下・物産》

挪蠶

凡蠶頭身都腫，不食葉，名爲眠。退皮、腫消、食葉，名爲起。春蠶四眠，一眠一起，一起一挪，挪要勤，葉要嫩。蠶小時，連葉剪取，蠶大，便可手摘，如有葉多蠶少、蠶多葉少之處，務均分使勻，秋蠶亦照此法。

清　黃世本《蠶桑簡明輯説・養蠶説》

夏蠶一條

一、春蠶之後，另有夏蠶，春蠶謂之頭蠶，夏蠶謂之二蠶。二蠶即原蠶，蠶盛妨馬，《周禮》有禁，南方無馬，亦無所妨。哺養之法與春蠶不同，必須連哺兩次，第一次取其生子，第二次方可繅絲。故春蠶哺在清明以後，此則轉在清明以前。用子少許，加意煖哺，數日即出，是謂頭二蠶。迨春蠶再生，二蠶過半；春蠶上山，二蠶生子；春蠶繅絲，二蠶再哺。須俟春蠶食過之後，桑葉有無存餘，有餘即將二蠶子於春繭繅絲時搭在近鍋架上，以受熱氣，數日即出；葉若無餘，必待再發，種後二葉復盛，一哺即出，謂之夏蠶。養育之法與春蠶無異，惟飼葉、起底格外要勤，更忌天熱，屋宇必須清潔涼爽，不可逼近厨灶。蠶宜寬鬆，不可擁擠，所謂春蠶宜煖，夏蠶宜涼，更須用三脚架將蠶筐層層架起，用夏布作帳週迴遮護，以避蚊蠅。料理得宜，速則十七八日，遲則二十一二日，即可上山。天涼，三日采繭，天熱，兩日可采。

清　汪曰楨《湖蠶述》卷二《鋪地》　蠶有忌下地者：一、夏蠶，時屆炎暑，沙雜重蒸，較頭蠶更甚，在地無從鬆換，蠶受之即傷而無成，不可下也；一、種蠶，蠶既為種，尤宜燥潔，地上終嫌潮潤，且蠶少撞鬆極易，不必下也。《吴興蠶書》蠶既下地，居高布葉，須輕輕布之，務使均平。有手所不能到處，用細竹枝挑之使勻。《廣蠶桑説》

又　卷三《回山》　夏蠶須早采一日，蓋夏蠶之時多蠅，蠅子寄生蠶身，入腹化蛆，能穴繭而出，早采早繅，庶蛆不及鑽穴，而繭無病也。

清　吴烜《植桑育蠶書・養蠶説》　春蠶之後，另有夏蠶。春蠶謂之頭蠶，夏蠶謂之二蠶。二蠶卽原蠶，蠶盛妨馬，《周禮》有禁。南方無馬，亦無所妨。哺養之法，與春蠶不同，必須連哺兩次。第一次取其生子，第二次方可繅絲。故春蠶哺在清明以後，此則轉在清明以前。用子少許，加意煖哺，數日卽出，是謂頭二蠶。迨春蠶初生，二蠶過半。春蠶上山，二蠶生子。春蠶繅絲，二蠶再哺。須視春蠶食過之後，桑葉有無存餘。有餘卽將二蠶子於春繭繅絲時搭在近鍋架上，以受熱氣，數日卽出。葉若無餘，必待再發。芒種後，桑葉復盛，一哺卽出，謂之夏蠶。養育之法與春蠶無異，惟飼葉、起底格外要勤，更忌天熱。屋宇必須清潔涼爽，不可逼近厨竈。蠶宜寬鬆，不可擁擠。所謂春蠶宜煖，夏蠶宜涼。更須用三脚架將蠶筐層層架起。用夏布作帳週迴遮護，以避蚊蠅。料理得宜，速則十七八日，遲則二十一二日，卽可上山。天涼三日采繭，天熱兩日可采，隨卽繅絲，是時出蛾極速。天涼七日，天熱五日，必須繅完。大約有繭百觔，須車兩步，少則不及。其烘蒸曬悶之法亦必至將出時不得已而用之。緣時近小暑，蛹死易爛，爛卽有黑水映出，不能繅絲。故烘曬之後，三日必須繅完，不可稍緩。其繭之厚薄，絲之良惡，比之春蠶爲較遜耳。至留種之法亦與春蠶不同。只須揀堅厚平頭之繭四五十個，聽其出蛾生子，空懸高爽之處，待來年春蠶之前先行哺養。小滿生子，芒種再哺。或謂何不今年多留種子，逕至來年芒種哺養，省費一番周折。子思春蠶種子，一交穀雨不哺亦出，想夏種亦然，不如此，必與春蠶並出，便奪春蠶之葉，而芒種後所發二桑徒然無用。若將春蠶所生之子隨卽再哺，子亦試過不能再出。惟夏種則春夏皆宜，故初養取其生子，再養方可繅絲，既不奪春蠶之葉，更可食無用之桑，誠爲兩得。故二蠶取其本輕，養育得法，亦未必遠遜春蠶。惟二桑衹可剪葉，不可剪條。至煮繭、繅絲、剝綿諸法，與春蠶同。

清　沈秉成《蠶桑輯要・諸家雜説》

原蠶法

原蠶即夏蠶，又名頭二蠶。二蠶利本不取，一則時屆農忙，恐妨田務；二則蠶盛妨馬，故《周禮》有原蠶之禁；三則春蠶畢後，桑葉無多，再戕伐其葉，樹本受傷，來年之葉必不繁茂。惟春蠶失收，以補不足桑葉尚多，養之可也。養二蠶法：起底、飼葉格外要勤，二十二日即老。最忌大蒼蠅，亦忌大熱。春蠶宜煖，夏蠶宜涼是也。

清　張壽宸彙輯《蠶桑圖説提要》　育之者有頭蠶、二蠶、三蠶之別，頭蠶即春蠶，二蠶即夏蠶，吾浙多養頭蠶，而二、三蠶絶少，蠶之或鹹或淡，各有其種，不可紊亂。

（道光）《遵義府志》卷一六《農桑・蠶事》　蠶期　春蠶，二月始，五月畢。清明後十日上樹，夏至畢，遲者繭不封口。秋蠶五月始，八月畢。夏至前後上樹，白露畢，遲者繭不封口。春蠶自上樹至畢繭約七十五日，秋蠶自上樹至畢繭約七十日。

蠶山　山必謹其陰陽。蠶，陽物，蠶之出卵，自子至午，未以後則否，盡十日而出畢，皆如之。惡濕喜燥，山陽耐日，其蠶美大，繭成亦如之。陰則否，可移作繭，食蠶宜向陽，陰處但可作繭，此謂春蠶。唯秋蠶宜山之陰者，為可避秋陽之烈。凡當西曬之山，秋蠶最忌。又蠶最畏霧，著之甚者死，不甚亦病斑，不能作繭。山有空穴，雨欲晴、晴欲雨時，霧最甚，相蠶山者謹避之，故有煙瘴之處，斷不可蠶。

蠶地　相地之法：泥為上，挾沙次之，紅沙、火石地為下。沙石者，所樹葉細且瘦，繭成如之。且葉盡時，蠶或四下，值日烈地熱，更善死也，秋蠶尤忌。蠶初上山，更宜向陽，略平泥地。

清　黄壽昌《蠶桑須知・養蠶各則》

夏蠶二蠶也

春蠶養畢，又有夏蠶，蓋另有一種，頭蠶成繭、出蛾、生子，約隔二十日左右，而出蠶烏，謂之二蠶，其種謂之頭二蠶種。養法與頭蠶相同，不過不宜多養，因桑樹當頭蠶時已將桑條翦盡，所萌新條乃來春所藉以生葉者，不可再翦，亦不可捋葉，只可看樹上新生無用之條。

清 曹笠南輯《五畝居桑蠶清課》卷二《育蠶徵信篇》

春蠶分養法

《蠶桑續編》：春蠶可分兩次育。先一次在穀雨前後出，後一次藏於壜內。置之冷地，壜頭蓋閉，不令透風。遲至十日後取出，一見熱鼠，蠶蟻盡出，繅絲分功。

又 養原蠶法

《蠶桑切要》：原蠶惟春蠶失收，以補不足，桑葉尚多，養之可也。養法：起底飼葉，格外要勤，二十一二日即老。最忌大蒼蠅，亦忌大熱。春蠶宜煖，夏蠶宜涼，是也。

又 育蠶總説

蠶類有大蠶、小蠶、白蠶、烏蠶、斑蠶之不同。蠶種有三眠者，有四眠者。三眠易育絲少，四眠難育絲多。又有鹹種、淡種之不同。鹹種用鹽水醃，少病；淡種用石灰水制，多病。二者鹹種為佳。育之者又分頭蠶、二蠶、三蠶、四蠶。今所育者，頭蠶而已，即春蠶也。間有育二蠶者，三四蠶甚少。春蠶繭厚宜育，三蠶即夏蠶，繭薄不宜多育。

又 附夏蠶法

夏蠶有四不宜：妨馬一也，殘桑二也，荒農三也，一歲于致湯鑊，有所不忍，四也。其種，據《埤雅》云，蠶不交而生者爲螈蠶，據《農書》及《齊民要術》，皆以種先於春蠶時養之，出蛾取卵，隨即再出，養法與春蠶同，惟宜涼爽，忌大熱。不宜如春蠶之煖，起底飼葉格外要勤。畏蠅畏鼠，宜用幃帳護之。二十一二日即老，繭薄絲少。惟春蠶失收之家，桑葉又難售賣，育之可也。

清 曹倜《蠶桑速效編》 春蠶之後，另有夏蠶，春蠶謂之頭蠶，夏蠶謂之二蠶。二蠶卽原蠶，哺養之法與春蠶不同，必須連哺兩次：第一次取其生子，第二次方可繅絲，故春蠶哺在清明以後，此則轉在清明以前，用子少許，加意煖哺，數日卽出，是謂頭二蠶。迨春蠶初生，二蠶過半；春蠶上山，二蠶生子；春蠶繅絲，二蠶再哺。須視春蠶食過之後，桑葉有無存餘，有餘，卽將二蠶子於春繭繅絲時搭在近鍋架上，以受熱氣，數日卽出；葉若無餘，必待再發，芒種後二葉復盛，一哺卽出，謂之夏蠶。養育之法與春蠶無異，惟飼葉、起底格外要勤，更忌天熱，屋宇必須清潔涼爽，不可逼近厨竈。蠶宜寬鬆，不可擁擠，所謂春蠶宜煖，夏蠶宜涼，更須用三脚架將蠶筐層層架起，用夏布作帳，週迴遮護，以避蚊蠅。料理得宜，速則十七八日，遲則二十一二日，卽可上山。

清 陳雪堂《蠶桑簡法》卷上《養蠶撮要》 茸之益，首在不導熱，養夏秋蠶尤爲適用。其築法：先宜塡高地平，室高七尺自天花至地平，深一丈五尺，闌每間一丈二尺，三間連之，四圍皆以藁葺。南面兩側開格子門闊四尺，以便出入。中間離地四尺高開窗，闊與室等，高二尺。北面兩側亦有戶夏秋蠶時用之，與南面等。東西兩面開三尺方窗洞，以透光線。屋頂人字脊處，裝小百葉窗，以通空氣。屋頂下橫列竹竿，上鋪篾簟，可以捲舒名曰天花板。每室隔壁，亦以藁爲之，地平鋪礱糠，上覆草荐。室之兩傍，安置蠶架，中央用二尺方火盆，室外南面留三尺闊之走廊，是法建造簡易，最合養蠶，眞輕而易舉也。他如尋常住室，稍爲改良亦可，惟天花板氣窗爲必不可少之件，務須勉力添置，至室之清潔，尤爲養蠶上之第一要著也。

清 陳淳《實驗蠶桑簡要法》下篇《養蠶法》第十二章《切葉之法》 切葉有方形、長形兩法。方葉爲春、夏、秋蠶各齡中最便利者，長葉惟於止桑後，間有小數蠶食葉及濕重時用之可也。

又 第十四章《給葉之法》 凡蠶之各環節發青光色者，謂盛食期。無論春、夏、秋蠶各齡中，均有此期，此期中給葉須照標準葉量，酌加二三成爲要。

又 無論春、夏、秋蠶，至五齡時必飼枝葉者，綱除既便，空氣又流通，故雖有二尺長，四五分粗之枝，亦可飼之，萬勿去枝面，專飼淨葉也。

清 陳恢吾《農學纂要》卷四

哺夏蠶法

哺法：春蠶之後，另有夏蠶，欲養夏蠶，必須連哺兩次：第一次在清明以前，取舊年所留夏蠶子少許，加意暖哺數日卽出，是謂頭二蠶；迨春蠶初生，頭二蠶已過半，春蠶上山，頭二蠶已生子，即以此子再哺，謂之夏蠶，亦謂之二蠶，故春蠶哺在清明以後，此則轉在清明以前也。再哺之法：第二次哺子，必須視春蠶食過之桑葉有無存餘，有餘，即將頭二蠶所生之子即清明前所哺於春蠶繅絲時搭在近鍋架上，以受熱氣，數日即出。葉若無餘，必待芒種後二桑再發時方可哺子，此時天氣已暖，一哺即出。

又 養育　養育之法與春蠶無異，惟飼葉起底格外要勤，更忌天熱，屋宇器具俱須清潔凉爽，不可逼近厨竈。蠶宜寬鬆，不可擁擠，所謂春蠶宜暖，夏蠶宜凉也。此時蚊蠅已多，可作三足架，將蠶層層架起，夏布作帳，週迴遮護，以避蚊蠅。料理得宜，速則十七八日，遲則二十一二日，即可上山。

清　江志伊輯《飼蠶法》　蠶之因飼育時期而異者，大別之爲三種，一曰春蠶，二曰夏蠶，三曰秋蠶。春蠶繭有黄白二種，今日本所飼者曰赤熟，曰青熟。赤熟爲大巢繭，一舛容二百二三十顆，繅絲十三四匁，惟絲縷不甚細。絲縷細而量多者，又不易飼。青熟爲中巢繭，一舛容二百五六十顆，繅絲十一二匁，其色鮮美，生長速而飼育亦易。惟形狀縐縮不齊，外觀不美。其爲小巢者曰小石丸，絲質良好，繭一舛容二百六七十顆，繅絲十二三匁。又絲質最良者曰鬼縮，爲中巢，縮縐粗大，繭一舛容二百六七十顆，繅絲十一二匁，絲縷最細，惜多同宫繭。曰角又繭，兩端尖鋭，形狀不佳，唯絲質頗良。曰青白，有數種，以金生撰一種爲良繭，中巢色澤稍濃。曰姬蠶，亦有數種，繭薄而大，絲量甚小，惟飼育甚易。姬蠶中有一種曰絲良，小巢緊密，絲量多而質良。曰掛合，以夏蠶之雄蛾與春蠶之雌蛾搆合之種也，繭質不良，而飼育甚易。又有取黄白二蛾搆合而成者，繭淡黄色，俗稱沙繭。曰純白種，其卵色至踰年催青期始變色而孵化，蛾目珠純白，故名，是可珍也。繭似小石丸而稍長，色澤最善。曰金黄種，法國產繭皆大巢，而長短不一，但絲縷細匀，足稱良種。曰朝鮮種，爲小巢，然蠶體、繭形、大小，修短不一，惟絲縷頗纖細可用。曰支那種，爲小巢，繭一舛容三百二三十顆，繅絲八九匁，繭質鮮美，舒解最易，較小石丸先三四日而熟，食葉少而利息多。夏蠶，即春蠶之卵。第二次發生者，種類不一，大都絲質弱而節纇多，難繅良絲。秋蠶分三種：一、藏春蠶，種於冷室，抑止其發生，七月上旬以三伏節爲最宜，出之冷室而育之，即成秋蠶種。若太晚則其蠶虚弱，易於罹病。二、藏夏蠶種於冷室，抑止其發生。飼育之法：須於六月中旬令子出卵，取爲種，則發生者多。至七月中旬出卵，取爲種，則發生者少。又可取未經貯藏應天候而發生者以爲種，於地氣不甚寒處，飼之最宜。三、四化蠶種。每年四次發生者，在煖地，尚不止四次。此蠶第四次生時，正飼育秋蠶之候，不必如春夏二種，先須抑止其發生，故飼育甚易。然既至三化以後，卵之發生者，亦僅十之七八或五六，且作繭甚小，絲量不饒，不爲良繭。飼夏秋蠶法附後。

又 上簇　夏秋蠶，繭多不齊不緊，約者，以酷暑時温度太高故也。若天暑升至八十度以上，則人工難施，惟有開窗通氣，他無良策。繭室之燥溼亦有關係。如下架飼蠶，上架置簇，則桑葉水分蒸發，足以損光澤而難舒解。飼蠶與上簇必須異室。蓋蠶絲因有護謨質，故能成繭。室中乾燥，絲亦漸漸乾燥，光澤與舒解並良。若室多溼氣，成繭後，移他室乾燥之，則自内層至外層，絲固着於護謨質，舒解時，生輪節形且損光澤。室中光綫又宜均一。若或明或暗，則繭有厚薄。蓋蠶之成繭，防外物來襲，保護其體，爲蕃殖子孫之計，故向明之側惟恐其薄，多吐絲，以固防之。

又 采繭　上山過五日，蠶已化蛹，華氏七十六七度結繭，經二晝夜而化蛹。自結繭至此四晝夜至五晝夜，蛹尚軟弱，不宜動搖。必化蛹後，經二三晝夜□體堅固，則收繭適度矣，繭始可采。夏蠶須早采一日，以夏時多蠅，蠅子寄生，則穴繭而出。早采早繅，庶蛆不及穴繭。

又 飼夏秋蠶法

夏秋蠶，即原蠶，一名三生蠶，謂春養出夏種，夏養出秋種，秋養出來春種，不可間闕，闕則種絶。按，此另爲一種，今人多用春蠶種飼夏蠶，亦得良繭。又名晚蠶，亦稱稺蠶早熟曰植，晚熟曰稺，又名頭二蠶。謂以頭蠶種飼二蠶也，俗稱二蠶，不食頭蠶葉，謂不以食頭蠶者食二蠶，恐殘桑也。大抵春蠶宜暝，夏蠶宜凉。秋蠶初宜凉，繼宜漸暝。最忌蠅蚋，亦忌大熱，當用陳稈草作蓐，一云：『蠶生前，於蠶室壁下及槌底用麥穅麥黠燒之，以除溼氣及蟲子。』又大路上踐踏，起乾塵土，收三四石，生蠶日，於槌底攤平，可避暑溼。或用荻簾作箔。另闢一室，不令雜人出入。窗開南北，糊之以紗遮卻蚋蠅，通透風氣。晝夜飼葉，旦暮分箔除沙，二十二日即老。夏蠶擘黑後，須每日早晨分箔一次，餘與春蠶同。秋蠶初生時，去三伏近，暑氣尚存，蠶室多生溼潤，正要四通八達，風氣往來，初生宜凉。以陳稈草作蓐，勿用麥稭。每日分箔，一眠宜溫，再眠如春，門窗俱掛簾薦，屋内須用無煙熟火。大眠全要暄暖。大忌北風寒氣。蠶室初用紗窗，嗣宜用紙窗。勿飼雨露冷葉。初可摘葉，大則捋葉。上簇時，相次秋高，恐值夜寒風冷，不能作繭。可於簇西北埋柱，繫椽箔，遮禦北風寒氣，三兩夜間，便可作繭，人多於簇心用熱火，或致焚燒。不若止於映北風處爲簇，簇底用麥藍勻鋪，簇則用乾桑柴爲梢，新乾麥藍爲草，得自然溫煖之氣，不須用火矣。春秋飼法，首尾顛倒，深宜體測也。《蠶桑實驗說》云：飼夏秋蠶，須蠶牀蠶室清潔，風氣疏通。炎熱甚時，洞開窗戶。又恐有溼氣過度，熱風侵入之虞，須於熱風乾燥太盛時，注清水於竹樹枝頭，令其下滴，俾蠶室空氣稍潤，以減炎威。若霖雨多溼，須時炙以火，俾蠶室乾潔，方合度也。飼法：第一齡中，蟻量以四五匁爲一箔，漸次分爲四五箔，一晝夜飼九次或十次。每箔桑量，初八九匁，自第三日午後至第四日盛食時，增爲十二三匁，至將眠則減其量，五日而眠。此齡中食桑量計一貫四百匁。第二齡，漸分爲八箔至十箔，一晝夜飼八九次。桑量初十匁至十二匁，自第三日迄盛食時，增爲十六七匁，至將眠則減其量。此齡中，凡四日間，食桑量計二貫五百匁。第三齡，漸分爲十二箔至十六箔，一晝夜飼八次。每箔桑量，初十五六匁，自第三日迄盛食時，增爲二十四五匁，四日而眠。此齡中食桑量計八貫目。第四齡，漸分三十五六箔至四十箔，一晝夜飼七八次。每箔桑量初二十匁，第四日盛食時，增爲三十匁，經四五日而眠。此齡中食桑量，計二十七八貫目。第五齡，除沙之際，分爲六十箔，一晝夜飼六七次。每箔桑量，初三四十匁，盛食時增爲六七十匁，至第五日而老熟。此齡中食桑量計百二三十貫目。右飼育日數約二十三四日，飼葉自百八十五至百九十次，桑量百六十貫。《秋蠶祕書》云：『秋蠶者，乃夏蠶種貯藏於冷室，以抑其發生，至秋而使之孵化者也。如貯藏室中多溼氣，則蠶種陷於軟弱，上簇時不健康。留種時，宜選良繭。以形小而齊者爲良。更宜破繭驗蛹，蛹之頭部膨大，切斷之，環節縮小且堅硬多脂肪有光澤者，斯爲佳種。若中央膨大，兩端尖小，環節緩軟，無光澤者，不宜留種。蠶子以子粒齊一，凹窪適宜，緊着紙上，色淡黃不雜者爲佳。蠶室之構造，宜縱橫俱長之平屋。東西約二丈，南北約一丈八尺，外加廊四尺。太陽直射處，宜作涼棚掩蔽之。室中空氣，須令新陳代謝。北方窗幃宜開放，南方則宜密閉。溫度以七十七度爲適，天氣過燥則增溼度。或用溼布拭其蠶座，或布於周圍，或用濡溼籾糠。每方六坪，布四合。若天雨溼冷，則用火力以補之。夜間，蠶室之戶須俟日中熱氣消散始可密閉。秋期桑葉堅硬少水氣，蠶食之，胃難消化，妨其發育，宜專培養桑樹，以飼秋蠶。於三月中旬，斫去桑條，充分施肥，至秋則桑葉繁茂肥美，足供飼育。采葉須在午前五時至十時，午後四時至八時。眠起時，除沙分箔，給葉宜速宜勤，緩則蠶饑而易病。飼夏秋蠶之利害言人人殊。以爲利者，謂養蠶器具，備於春時，不須另置，利一；天氣既暖，自幼至老，需日無多，省薪炭之費，利二；春蠶既畢，桑葉盛生，夏秋飼蠶，免致暴棄，利三；秋葉蒼勁，大能益蠶。食葉少而得絲良，利四；煮繭作絲，舒解頗易，繭雖薄而得絲多，利五；秋蠶在八九月間，正當農隙收穫既畢，耕耨亦閑，欲耕桑園，猶未黃落。乘此暇日，采葉飼蠶，使無棄物，利六。以爲害者，謂一歲之中，二三次採葉伐條，桑實受損，害一；時屆農忙，有妨田務，害二；時當溽暑，蠅蚋叢生。天晴則罨熱病生，天陰則溼生白殭，害三；蠶之成繭，寒冷則細密，暑熱則粗鬆。夏秋蠶絲，遠遜春繭，輸之海外，混入春絲，有礙商業，害四。然飼蠶得法，則蠅蚋溼熱之害，均可不生。絲質優劣，織造各有所宜。或謂絲縷之細，光澤之美，夏秋有勝於春蠶者，即未盡然，使春與夏秋區分，不混以供輸出，何損聲名？男耕女織，各有專司。且四民之中，不耕而蠶者，十居八九，原蠶之事，何害農功？況原蠶之桑，不難專植。即使二蠶復食頭葉，明年葉量亦不過減十分之二，勤加培植，桑復何傷？又或春初霜冷，葉未盛生，或偶值天災，春蠶歉薄，欲補歲計，正宜飼育原蠶。夫固利多而害少也！

清 李有棻《桑麻水利族學彙存》卷一《種桑》

採葉

芒種後，要將桑葉採完。雖蠶食有餘，亦必去之。後再長者，謂之二桑。如養夏蠶，須斟酌去留，不可多採。

清 呂廣文《蠶桑要言·育蠶法》

夏蠶

亦謂二春蠶，此蠶養之極難，而利實不多。一養夏蠶則有害於明年春葉，且須公禁，然後四月間抽起之，葉條無人偷竊，乃無害於明年飼蠶之葉。嘉湖人往往於四月間抽起之條，擇其不能條達者采之，以養夏蠶。然夏蠶公養，安保人不於樹間之應行留樣者，一概偷以去也，況自養之夏蠶，其獲利又甚微，故以一并禁養爲是。

清 盛宣懷輯《蠶桑備要》 鋪地 蠶有忌下地者：一、夏蠶：時屆炎暑，沙綈熏蒸，較頭蠶更甚，在地無從纍換，蠶受之即傷而無成，不可下也；一、種蠶。蠶既為種，尤宜燥潔，地上終嫌潮潤，且蠶少擡纍極易，不必下也。

蠶既下地，居高布葉，須輕輕布之，務使均平。手所不能到處，用細竹枝挑之使匀。

又　二蠶　二蠶於芒種時始生亦曰夏蠶，十八日卽成繭。夏蠶性與春蠶迥別，春蠶之眠無分早暮，夏蠶晚刻不眠，故日中見眠，傍晚自能眠齊，若在申刻眠起，不過眠成一半，餘則直須至次日午刻方眠，不可不分開另貯使眠，眠如此卽不勝其分矣，故諺云：二蠶十八派也。三蠶、四蠶性亦同。二蠶時，方農忙，故養者十纔二三，養法雖同，然天氣漸暑，隄防蠅蚋之類尤勞心力，且沙矢、蠶蛹臭穢熏人，最易致病，蠶家作苦殊可矜也。

清　衛杰《蠶桑萃編》卷三《蠶政・採葉類》

二桑少採

夏至前後，已採之桑又抽條長葉，為二桑，以二桑葉餵夏蠶，須斟酌去留，勿多採，恐傷損過甚，春桑不旺。

清　吴作鎮、倪紹雯、劉安欽《蠶桑速成捷法・速成桑園種植法》第一章《速成桑園之利害》第二節《速成桑園之害》　多霜雪地之害　以樹質強健之實生苗，雖無懼於霜雪，然多霜雪之地，春回煦谷，桑葉尚未發芽，故難以飼育春蠶。然當春期發芽前，將桑條盡行刈伐，爲秋蠶專用桑園，則甚相宜。

清　吴作鎮、倪紹雯、劉安欽《蠶桑速成捷法・蠶絲業普及捷法》第二章《養蠶捷法》　蠶之種類　專飼春蠶者，可用一化蠶。兼飼秋蠶者，可用二化蠶及三化蠶之絲質良好者。若有風穴及冷藏庫，亦可貯一化蠶而用之。

又　夏秋蠶飼育　此行于農閑之時，飼育日數短，少用炭火，溫度高，發育速。惟蠶病之蔓延甚易，若淫雨連綿，則屢遭凶作。又蠶種稍有微粒子病毒，卽顆粒無收，殊可危也。然飼育得宜，獲利亦豐。按蠶室以陰涼爲要，蠶種宜藏于冷風穴，或藏于冷藏庫。掘地爲深穴，貯藏蠶種，用鹽與水混合，而置于其旁。至時則由此取出，使之漸漸觸于天氣之溫度而孵化，桑葉宜用葉肉厚水分多如魯桑者爲宜。切桑宜稍大，給桑量及回數時刻皆有標準，惟空氣潤濕時每日須除沙一回或二回，大有禦防蠶病之效。凡採葉，須依蠶齡稚壯，由嫩葉採至老葉。夏蠶可以伐條，秋蠶不惟不可伐條，而採嫩葉後，顛頂之葉萬不宜採，以外之葉尤當留其近于葉柄之一部，用折桑器及桑剪爲宜。或間留一葉不採，使桑樹不至于萎縮而久享其利。撒布籾糠亦切不可在日中炎熱時。

又　上簇　夏秋蠶時，天氣鬱熱，夜間宜放開窓戶，使之涼爽。春繭二晝夜營繭卽畢，更二晝夜乃化爲蛹，更一二晝夜蛹體卽健。夏秋蠶一晝夜半而營繭畢，其化蛹亦稍速。又結繭畢後，宜却去蠶席，流通空氣，以防鬱熱。如氣候寒濕，儘置其處亦可。若用他簇，總宜作成排列，使結繭地多，便于加減溫度，是爲至要。

清　楊鞏《中外農學合編》卷一一《蠶類・附外詳法》

夏蠶

頭蠶曰春蠶，二蠶曰夏蠶一名熱蠶，一名原蠶，一名再蠶，一名晚蠶，一名魏蠶。夏蠶別是一種，然春蠶亦可作夏蠶種，夏蠶亦可作來年春蠶種，其形與春蠶同，但較小耳，故曰魏蠶魏細也，性惡濕喜涼，獲利甚速。夏蠶屎熏臭蟲神效，浸穀種則不生蟲。但不可多養，養多則用葉必多，未免傷損萌條，有誤來年春蠶桑葉。《務本新書》《蠶桑輯要》

又　養法大致與春蠶同，須參看春蠶各條

暖種　夏至前數日，以棉花包裹蠶連置溫暖處一二日，即生蟻。夏蠶生蟻後十八日而老，上山六七日而摘繭，七日而蛾生卵。夏蠶未生之前，蠶屋壁脚下須燒麥糠以除濕氣。夏蠶自蟻至老俱宜涼，須用茅草搗輭作薦，陳稻草亦可勿用麥草。蠶屋內多用水缸以貯清水每日一換。畏蚊畏蠅，蠶屋內毋令蚊蠅飛入，宜南北窗，但用紙糊窗，雖可以避蚊蠅，却不能通風，天晴則罨熱生病，天陰則淫蒸生白醭，陰晴均覺不便。須以紗糊之，紗邊貼紙，以貼窗上。蠶畢揭下，明年仍可再用。無紗，則用夏布亦可。既可遮蔽蚊蠅，又可透達風氣。天氣漸熱，體刮不勤則蠶受蒸鬱之苦，須每日早晨體一次，體法與春蠶同。夜間天氣較涼，上葉宜勤，養夏蠶者，切勿貪睡，飼法與春蠶同。惟三眠後須用緑豆麵拌葉，餧三四頓，以解熱毒。夏蠶即原蠶之別名也原，再也。古人禁原蠶，恐其殘葉也，春蠶葉已採盡，復將二次所生之葉餧養夏蠶，未免犯原蠶之禁。養夏蠶者，採摘二三葉，務必斟酌去留，每杈約留三四條，餘均攀下摘葉飼蠶，所留之條任其落葉。此法妙處，全在每杈留三四條，餧養夏蠶之葉均係應去之條，其應留者，仍不採葉，聽其自落，既得夏蠶之利，又不損明年之葉。如無可去之枝條，即於各枝條上摘葉，以餧夏蠶，每枝祇可摘採三分之一，切莫多摘。《蠶桑寶要》《蠶桑提要》

又　秋蠶

三蠶曰秋蠶亦曰原蠶，別是一種，然夏蠶亦可作秋蠶種，秋蠶亦可作來年春蠶種，形與夏蠶同。春蠶自初生至大眠，均喜煖，大眠起後，喜涼。夏蠶自始至終均喜涼。秋蠶則初生喜涼，以其時去三伏尚近，暑氣猶存也。與夏蠶同，與春蠶不同。初眠喜温，再眠與春蠶同，與夏蠶不同。大眠後，全要煊煖，與春蠶夏蠶均不同。惟喜燥惡溼，則春蠶、夏蠶、秋蠶無不相同。秋天養蠶，比春要穩。倘春蠶遇天災，養之可補歲計之不足，但不可多養，恐傷損來年春桑也。秋蠶初生，蠶屋尚溼潤，宜用紗糊窗，使風氣往來。以後最忌北風，漸次天寒，窗户宜用紙糊，但須留捲窗，天晴無風，則捲起以通氣。天陰有風則放下，以避風。飼法與春蠶同。秋露正盛，切不可用露葉。易器之法亦與春蠶同。但春蠶初生，隔二三日一體，秋蠶初生，一日一體，否則多生白醭，漸漸天寒，隔一二日一體亦可。《蠶桑實際》《蠶桑輯要》

清 豫山《蠶桑辑要合编》下編《集文・附養蠶事宜五條》 秋季養蠶之法 於端午節前後收入春繭時，將繭穿串，晾于竿上，不使罨壞，旬餘成蛹出蛾，拾入篋箋，雌雄配對。次日午後，只將母蛾去溺，以四寸長線兩頭各繫一蛾，搭于青棡樹上。葉盡翦易，秋蠶宜少撒樹巔，由嫩食老，秋天林中多油蚱蜢，宜夜間伺聲以捕。

通州蠶學館《蠶桑簡明圖說・栽法》

是年至夏蠶畢後，宜澆濃糞，宜壅河泥，可期樹本厚固，將來枝葉蕃生。

第三年發條様 至夏蠶畢後，培壅謹如上法，是年育蠶時即有葉可採矣。

第四年發條様 夏蠶畢後，培壅得力。至育蠶時，每樹约可得葉三四觔矣。

又 樹身共有五六尺高爲定，立夏後，在頂上平剪，並採附葉育蠶。再發繁條生葉，可採育夏蠶。此後，年年平剪，即成拳形。樹已發有十六榦枝，剪成拳形，樹亦成林。生葉日多，是年育蠶時，可得葉五六斤矣。向後年年夏蠶後澆壅得力，修枝驅蟲不懈。樹愈大，葉愈多，每樹可得葉七八斤，十數斤不等。

藝文

宋 王應麟《玉海》卷七七《禮儀・親蠶》

魏蠶北郊

《宋志》：魏黄初七年正月，命中宫蠶於北郊。韋誕《親蠶頌》曰：嘉柔桑之肇敷，思郊廟之至敬；命皇后以親蠶，俾躬桑於外坰。爾乃皇英參乘，塗山奉輿。摠姜任於後陳，載樊衛於貳車；千乘隱其雷動，萬騎粲以星敷。登崇壇以正位，覿休氣於朝陽。步雕輦而下降，手柔條於公桑；嬪妾肅以莅事，各奉職而承箱。供副禕之六服，昭孝敬於烝嘗。《初學記》《隋・禮志》：呉韋昭製《西蠶頌》，則孫氏亦有其禮。

雜録

清 程岱葊《西吴蠶略》卷下

頭二蠶

即蚖珍也。《周禮》：夏官司馬，職禁原蠶，注云：原，再也，字書作蝹。《本草》有晚蠶沙、晚僵蠶等目，皆未詳辨，遂悞以初蠶再出為晚蠶、原蠶矣，不知其種迥別。凡二蠶繭蛾生種，謂之頭二蠶種，次年清明後即担而養之，名頭二蠶，時頭蠶尚未出也。其眠、其老甚速，纔兩旬即收繭，時頭蠶甫大眠也。出蛾生子，是為二蠶種。凡養頭二蠶皆甚少，無繅絲者，其繭殼、繭黄、蠶沙皆入藥，其僵者尤不可得，治痘有回生之功。蓋時方春杪，蠶亦得清淑之氣，故堪治疾，殆珍之名所由起歟？《本草》所載專指此，即《周禮》原字之義，未必不指此。請質諸《博雅》，二蠶始稱晚蠶，出於頭蠶登簇之際，飼以二葉，自眠至老，皆值黄梅時候，蒸鬱日甚，蠅蚋咕嘬，臭穢生蛆，性偏熱有毒，其繭、其絲價亦較廉，凡所棄餘，僅以肥田，從未入藥。《本草》之注未詳，故特表之。

清 宋如林《勸種橡養蠶示》《皇朝經世文编》卷三七 照得本司等洊任以來，訪察黔省地固瘠薄，民多拮据，推原其故，由於素不講求養生之道，則地利不能盡收，而民情又耽安逸，無怪乎日給不暇者多矣。

清 吴通帛《廣廣事類賦》卷三一《蟲豸部・蠶》 遍滿籧篨，《月令》：具曲植籧筐。爲蚝爲魏，上音毛，下音魏。廖文英《正字通》：蠶初拂謂之蚝，以毛拂而名。陸佃《埤雅》：再蠶謂之原蠶，一名魏蠶。《方言》：秦晉謂之魏蠶。爲蚢爲蚢，上音允，下音杭。《本草》：蠶曰蚢。《爾雅》：蟓桑繭、雔由樗繭、棘繭、欒繭，蚢蕭繭，注：食蕭葉作繭者，蠶類。怪志歐同區絲之女，《山海經》：歐絲之野在跂踵國東，一女子據樹歐絲。注：噉桑吐絲，蠶類也。奇傳食葉之王。段柯古《酉陽襍俎》：旁㐌，新羅國人，有弟甚富，旁㐌因分居求蠶種于其弟，弟蒸而與之，㐌不知也。後生一蠶，大如斗，食葉數樹不足，四方百里蠶飛入其家，謂之蠶王，四隣共繰之不供。香草飛蛾，園裡有繰絲之客。葛洪《神仙傳》：園客者，濟陰人。常種五色香草，服食其實，忽有五色蛾集草上，客收而荐之，以布生華蠶焉。至蠶時，有一女自來助客養蠶，得繭大如瓮，繰訖，與客俱仙去。

放地蠶

題解

清 鄭之僑《農桑易知録》卷二《育蠶器具》 蠶匾不分大小，總要一樣，以便上架也

篾片密密編成，可不用糊紙，邊高二寸許，團圓有兩人合抱大。蠶到出火大眠時用之，每隻可貯大眠四觔，若大眠後，可鋪地蠶，匾不用矣。

清 汪曰楨《湖蠶述》卷二《鋪地》 蠶以居筐爲善，然大眠以後，蠶大筐多，列槌分架，擡飼難，擡蠡尤難。《吳興蠶書》於是埽地藉蘆蓆，而散蠶其上《胡府志》，以土坏闌限如筐《吳興掌故》，謂之放地蠶《廣蠶桑說》，亦謂之下地。

又 卷三《縛山棚》 蠶老作繭，架棚以處之，謂之山棚。須因地制宜，牢固平穩。需用竹木、簾帚、繩索諸物，宜先時一一整頓。屋多，棚與地蠶各據一室，屋少者，即于地蠶上架之。《吳興蠶書》

清 曾鉌《蠶桑備要》卷四《養蠶程式》 放倉　蠶倉之旁須留餘地，倉內蠶如太密，則將倉之邊際漸漸放開，添設立腳土塼，再切稻草勻鋪地面，而以密處之蠶移置放開之處，俗謂之放倉。

清 沈練，仲學輅輯補《廣蠶桑説輯補》卷下《飼蠶法六十六條》

飼蠶凳式飼蠶架，一名三脚架，更輕便。飼蠶凳改註三脚架，地蠶凳附註。飼蠶架，三角式，高三尺，脚三柱，如鼎足勢。檔兩層，相懸一尺八寸，其鑲榫及穿孔之法與蠶植同，但上層之前檔長四尺餘，後檔減半，俱冒出柱外各五寸，以便架蠶匾，飼蠶下層之檔俱稍短，取其撐開三柱，不令傾欹而已。地蠶凳高一尺，長七八尺，面闊八寸，以壯實為主。蠶鋪於地，人無從駐足，須登此飼蠶。

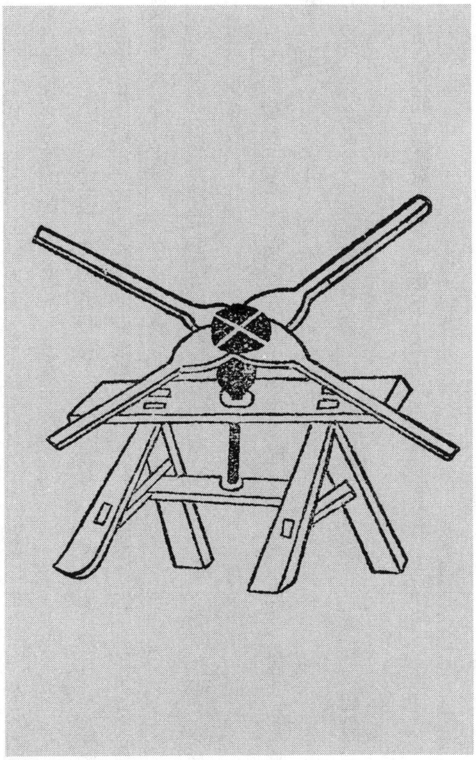

論説

清 汪曰楨《湖蠶述》卷二《鋪地》 蠶以居筐為善，然大眠以後，蠶大筐多，列槌分架，擡飼難，擡蠡尤難。《吳興蠶書》於是埽地藉蘆蓆，而散蠶其上。《胡府志》以土坏闌限如筐《吳興掌故》，謂之放地蠶《廣蠶桑說》。亦謂之下地。有大眠放葉，周時後下者，有放葉三餐即下者，酌量蠶之多寡、室之寬狹，瓜分碁布，幾無餘地以容人，自此不擡不蠡，唯朝暮勤飼，以俟其老，眞簡便法也。蠶有忌下地者：一、夏蠶。時届炎暑，沙蠡重蒸，較頭蠶更甚，在地無從蠡換，蠶受之即傷而無成，不可下也。一、種蠶。蠶既為種，尤宜燥潔，地上終嫌潮潤，且蠶少擡蠡極易，不必下也。《吳興蠶書》蠶既下地，居高布葉，須輕輕布之，務使均平。有手所不能到處，用細竹枝挑之使勻。《廣蠶桑説》

清 沈練，仲學輅輯補《廣蠶桑説輯補》卷下《飼蠶法六十六條》

放地蠶說三條

一、蠶既下地，居高布葉，最忌抛擲致損。須蹲踞土磚上，輕輕布之，

務使均平。有手所不能到處，用細竹枝挑之使勻。

一、蠶不宜放得太早，蓋既放地蠶，則桑渣、蠶砂之積，無法可以去之。俟開口兩三日乃放，庶所積不致太厚，而無濕熱上侵之患。

蠶倉之所積既厚，遇天時濕熱，氣即上騰。取乾茅草細切，勻撒蠶倉，再布以葉，則蠶皆就食上升，而下有茅草可隔濕熱氣矣，亦救急之一法也。

按，放地蠶為無器具而設，不得已也，蓋地面多濕氣，非蠶所宜，須下鋪板片，然後照上大眠起後第三條之法行之。倘無板片，則下勻鋪礱糠，再施稻草，令稍厚，此不獨避地面之濕氣，且以泄桑渣、蠶砂之濕氣也，但稻草、礱糠須用極燥者。

一、蠶倉須旁有餘地，可以展拓得開。蓋倉中之蠶有疏有密，則移密就疏。若有密無疏，便須倉之邊際，漸漸放開。添設立脚土磚，再以稻草截作寸許者，勻鋪地面。而以密處之蠶移置之，俗謂之放倉。

綜述

宋 羅願《爾雅翼》卷二四《釋蟲》 蠶，倉庚鳴則生，故詩曰：倉庚喈喈，采蘩祁祁。蘩，白蒿也。

清 鄭之僑《農桑易知録》卷二《桑務事宜》 餧過七餐或九餐，蠶身必有一寸餘長，蠶箔内捱擠不去，其法莫便於鋪地蠶。先將蓬鬆軟草葉子南方俱用稻草鋪底，即將蠶分送於上，餧葉約高一二寸為一餐，地下須留走路，以便餧蠶。如養蠶少者二三觔出火之類，即蓆上亦可，箔内亦可。自收蠶起以至上柵，日間餧葉六七餐，夜間三四餐足矣，蓋夜間寒涼，蠶吃葉稍遲也。

清 程岱葊《西吴蠶略》卷上

大眠鋪地

出火後，飼四五周時，乃四眠，是為大眠。先提筐面健蠶，別貯勤飼，為種蠶，餘皆捉而秤之。凡出火一觔半，得大眠六觔，為一筐。其出火以觔為筐者，則大眠亦四觔為筐。乘其眠，急潔掃堂宇閒房，懸草索梁桁間，設矮凳四達，撒石灰糠灰，遍四隅，將蠶盡鋪於地，其退皮而起，長可七八分，背有絲腸，閃動可覩，食葉之聲如驟雨。凡大眠，不必起齊，即可飼葉，始丁壯任之。

附鋪地 《樂府》曰：大眠蠶身長似指，攢頭一簇壓不起。農家無箔更無筐，掃地鋪蠶勢難已。獨憐室中如席大，假饒著蠶無可坐。婦姑勃谿屋欲破，偪塞相看嗟無奈。前楹今歲作學堂，抱書來讀鄰家郎。先生據堂日高坐，環列弟子分兩行。若使堂空散學徒，那愁無地可平鋪。蠶多屋少無著處，傳語先生暫歸去。

清 方大湜《桑蠶提要》卷二《蠶事四十條·地蠶五則》 設倉 大眠起後，蠶身愈大，用器愈多。如無器物可分，只好於地下設蠶倉，以代蠶器，俗謂之放地蠶。但不宜早放。放太早則撥動蠶脚，且蠶既下地，桑渣蠶屎堆積太厚，亦無法可去，須俟開口兩三日，乃放倉內。蠶脚已老，無妨撥動，又爲日無多，桑渣蠶屎不至堆積太厚。

又 隔蒸 蠶放地下，雖爲日無多，桑渣、蠶屎不致堆積太厚，然遇天氣溼熱，氣即上騰，總不免蒸鬱之患。須取乾茅草切細，勻撒蠶倉，再布葉於茅草上，則蠶聞葉香，緣茅而上，所撒茅草均在蠶身之下，可隔溼熱氣，此亦救急之一法也。

清 高其垣《試行蠶桑說·飼蠶法六十條》 蠶倉制度 擇室之明亮者，打掃潔淨，倉之大小，以蠶之多寡酌之。以堅厚土磚散置其中，磚方尺許，彼此相拒三尺餘，須安置得穩。使付葉者有立脚處，倉邊用厚木板圍好，小土磚亦可。再以稻草不拘秈糯截作寸許者，勻鋪地面，以不露地面爲度。而以蠶勻鋪其上，不必過密，亦不宜過疎，過疎則費葉，過密則老得不齊。

一、大眠一昼夜後，其起者必脱灰脱草而散。天气熱則一晝夜即起。寒則較遲，有遲至兩三日者，只宜靜候，斷不可欲速而促之以火。尤不可急於付葉，必堆已散盡無一眠者，乃可付葉。

一、大眠起後，食葉愈速，付葉宜愈勤，食盡即付。能一晝夜食葉十餘次，則五晝夜即老矣。

自大眠起後至老，約須食葉五十餘次。能多食數次更好。蓋此時多食一口葉，則上山後多吐一口絲。故飼蠶者惟恐其所食之少。

又 糠灰山箒絲柴即燒絲鍋之硬柴也，以少烟者爲貴及淘過之乾麥、蠶倉所用之土磚，皆宜先時豫備。

清 高銓《蠶桑輯要》卷上

飼大眠

大眠後，餵葉宜帶枝梗，過周時，葉須灑水，俗謂之胖絲腸。《韓氏直説》云：大眠後，十五六頓即老，此却難拘。古人言：養蠶無巧，食足便老，實無頓數可計，惟是食足則絲多，不足則絲少，絲之多少，全在此數日。故時當旺食，較輟火前更須加緊厚飼，以足其食。

又　飼地蠶

蠶既下地，居高餵飼，最忌抛擲，致損物命。須蹲踞蠶凳，輕手分布，務期均平，或手不能遠及，則用細竹枝挑之使勻。

清　高銓《吴興蠶書》卷下　布蠶　地蠶以稀勻爲主，密則老蠶擁擠，其氣甚熱，蠶受此氣，一時催老、食葉不足，遂致繭薄而絲減。故室中不得先布滿，上下、左右當離尺許，爲鬆蠶地步，蓋蠶身自大眠至老，當長兩倍，留此餘地，日逐，可自中勻分至邊。又蠶性喜上行，室中上半間尤宜稀布，蠶自能走勻也。

又　上山上山架棚屋多者，棚與地蠶各據一室，屋少者，即於地蠶上架之。

清　任蘭生《蠶桑摘要》　地蠶不宜放得太早，盖既放地蠶，則桑渣、蠶砂之積，無法可以去之。俟開口兩三日乃放，庶所積不致太厚，而無濕熱上侵之患。

清　温忠翰《蠶桑問答》

問：蠶倉制度如何？

答曰：大眠起後，蠶身已大，用簾太多，此時可用蠶倉。須揀明亮之屋，打掃潔淨，用堅厚土磚，安放屋内，以備人上葉時有立脚處。倉邊用厚木板圍好，須防老鼠。再用寸斷稻草鋪在地面。將蠶排勻草上，不疏不密。然後上葉，輕輕用手攤勻，隨食隨上，總以蠶老爲度。此時不可惜葉，多食一葉，即多做一絲也。

清　吴烜《植桑育蠶書・養蠶説》　大眠將起，必俟蠶堆散盡，無一眠者，乃可飼葉。是時，蠶身强壯，食葉益多，難於起底。少則仍置筐中，逐日勻開。多則於開口一二日，將蠶山把閘下柴梢就地鋪平。天暖攤薄，天寒宜厚，以不露地面爲度。將蠶佈謂之地蠶。不可太疎，太疎食葉不盡，則費葉。亦不可太密，太密則食葉有多少，蠶不能齊。初下一日，食葉甚少，以後日多一日。若天氣大暖，食葉更速。食至八分，即宜添飼。若待葉盡方添，先盡之處，必有餓蠶。

清　俞墉纂輯《蠶桑述要・收蠶》　替地蠶法　屋内界成十字，分爲田、蠶、茂、盛四座，用大晾簾，先將田字蠶提放簾内，掃淨渣沙；次將蠶字蠶提入田字界内，掃淨渣沙；再將茂字蠶提入蠶字界内，如前法；又將盛字蠶提入茂字界内，掃淨。方將田字蠶補入盛字界内，不過經一時之久，滿屋地蠶即可輪替，周遭替時。最忌高擲遠抛，致傷蠶身，委任於蠶忙工，還須主人督防之，託付不當，波累匪淺。

又　地蠶及晾簾中，放葉宜輕，勻鋪放，不宜抛擲，致粗梗打傷蠶嘴、蠶身。向節中取葉，須畧爲抖擻，防有蜈蚣、蟲蛇躲在葉中。

清　鄒祖堂《蠶桑事宜・飼蠶法六十條》　蠶倉須旁有餘地，可以展拓得開。蓋倉中之蠶有疎有密，則移密就疎；若有密無疎，便須於倉之邊際漸漸放開。添設立脚土磚，再以稻草截作寸許者，勻鋪地面，而以密處之蠶移置之，俗謂之放倉。

清　沈練《蠶桑説・飼蠶法七十條》　大眠起後，占器日多，如今日十曬簾，至明日驗時，便須勻作十二三曬簾，再驗時，便須勻作十六七曬簾矣。此後如無器可驗，可於地上設蠶倉以代器，俗謂之放地蠶。蠶倉制度：擇室之明亮者，打掃潔淨，倉之大小，以蠶之多寡酌之。以堅厚土甎散置其中，甎方尺許，彼此相距三尺餘，須安置得穩。使布葉者有立脚處。或用木凳駐足，俗謂之地蠶凳。倉邊用厚木板圍好小土甎亦可，先以礱糠勻鋪地面以不露地面爲度，再以稻草不拘秈稉截作寸許者，勻鋪一層，而以蠶鋪其上，不宜過密，亦不宜過疏，過疏則費葉，過密則老而不齊。

又　蠶倉之旁須留有餘地，可以展拓得開。蓋倉中之蠶有疏有密，則移密就疏；若有密無疏，便須於倉之邊際漸漸放開，添設立腳土甎，再以礱糠、稻草勻鋪地面較前略厚，而以密處之蠶移置之，俗謂之放倉。

又　蠶月天朗氣清，最為和宜。設遇陰霧，必須以棉被蠶小用被或草簾蠶大用簾密密圍之，即使已放地蠶，亦必設法遮圍，勿令霧氣侵入，蓋蠶最忌霧，受之必病，不可不慎也。

又　穅灰山帚絲柴即燒絲鍋之硬柴也。栗柴爲上，桑柴次之，雜柴又次之，香樟斷不可用及淘過之乾麥、蠶倉所用之土甎，皆宜先時預備。

清　沈練《廣蠶桑説・飼蠶法六十六條》　地蠶不宜放得太早，蓋既放地蠶，則桑渣、蠶砂之積無法可以去之。俟開口兩三日乃放，庶所積不至太厚，而無濕熱上侵之患。蠶倉之所積既厚，遇天時濕熱，氣即上騰，取乾茅草細切，勻撒蠶倉，再布以葉，則蠶皆就食上升，而下有茅草可隔濕熱氣矣，亦救急之一法也。

清 沈練，仲學輅輯補《廣蠶桑説輯補》卷下《飼蠶法六十六條》

大眠起後説三條

大眠起後，占器日多，如今日十晒篇，至明日鬆時，便須勻作十二三晒篇，再鬆時，便須勻作十六七篇矣。此後如無器物可鬆，可於地上設蠶倉以代器，俗謂之放地蠶。

又 按，放地蠶，爲無器具而設，不得已也。蓋地面多濕氣，非蠶所宜，須下鋪板片，然後照上大眠起後第三條之法行之。倘無板片，則下勻鋪礱糠，再施稻草，令稍厚，此不獨避地面之濕氣，且以泄桑渣、蠶砂之濕氣也，但稻草礱糠，須用極燥者。

又 蠶屋説一條

飼蠶以屋多為貴，如屋不多，便須多設晒篇，以蠶架架之。《蠶桑輯要》曰：蠶初生用篩，烏滿用箋，兩眠用篇，取臘月竹編者，不蛀。

按，本條貴屋多者，為蠶倉計也。究之，篇若不足，纔設蠶倉。見前《大眠起後》説第三條。

清 沈練，仲學輅輯補，章震福校訂《廣蠶桑説輯補校訂》卷二《飼蠶法六十六條》 震按，吾鄉謂之鋪地蠶。農人房屋窄小，器具不多，殆無家不鋪地蠶者，除庖湢之外，其餘滿地全鋪，不論樓上、樓下，殆無容足之所。竊謂蠶鋪地上，究有溼氣蒸鬱，似不相宜，能設法架起，下用地楞襯高，上鋪蘆席，使其平如地，全屋滿鋪，似更有益。

又 震按，吾鄉於鋪地蠶，另製地蠶凳，高不及尺，闊五六寸，長如其室。於將鋪蠶時，先將此凳擺好，視兩傍俱可喂蠶，而後以蠶徧地鋪之，雖凳底亦是。

又 震按，鋪地蠶宜防此弊。湖屬大率先撒散石灰於地，近牆處尤宜多撒，此收燥妙法。石灰有益於蠶，法國《喝茫蠶書》暨《日本蠶書》亦常言之。

又 放地蠶説三條

蠶倉之所積既厚，遇天時濕熱，氣卽上騰。取乾茅草，細切，勻撒蠶倉，再布以葉，則蠶皆就食上升，而下有茅草，可隔濕熱氣矣，亦救急之一法也。

又 卷三 蠶屋説一條

飼蠶以屋多為貴，如屋不多，便需多設晒篇，以蠶架架之。

按，本條貴屋多者，爲蠶倉計也。究之，篇若不足，纔設蠶倉。見前《大眠起後》説第三條。

清 董開榮《育蠶要旨》

鋪地

大眠飼食一周，可放地蠶，但著地必鋪石灰及革柴柴不可多方免寒溼及蛇蟲。育蠶多，而盛蠶器具少，大眠後鋪蘆席于地，置蠶其上，謂之下地蠶。

清 陳恢吾《農學纂要》卷四 大眠既起，必俟蠶堆散盡，無一眠者，乃可飼葉。是時蠶身强壯，食葉益多，難於起底，少則仍置筐中，逐日勻開；多則於開口時一二日將蠶山把閘下草梢就地鋪平。天暖薄攤，天寒宜厚，以不露地面為度，將蠶勻布地，謂之地蠶。不可太疏，太疏食葉不盡，則費葉；亦不可太密，太密則食葉有多少，蠶不能齊。初下一日，食葉甚少，以後日多一日，若天氣太暖，食葉更速，食至八分，即宜添飼，若待葉盡方添，先盡之處，必有餓蠶，是時少葉一分，即少絲一分，食葉愈多，作繭愈厚。旺食兩日，漸漸食少，蠶身亦斂，其色微黃，其輭如綿，通身透亮，仍以整葉鋪之，其未老者食葉如常，其老者必起至葉上，仰首游行，可即於葉上捉之，隨置蠶山，謂之上山。葉盡再鋪，隨鋪隨捉，至老者多而捉不勝捉，則以多葉之柳枝數十條勻排葉上，其老者即上柳枝，取置盤中，勻捧上山，大約每把可上蠶六七十條。再以柳枝移鋪他處，以提老蠶。自初見老蠶後，鋪葉三四次，約一許時，見蠶盡昂首游行，可以盡數上山矣。

清 劉清藜補輯《蠶桑備要》第四編《養蠶程式》

地蠶五則。此法乃蠶多器少者，不得已而為之。蠶若不多，不必用此法。

設倉 大眠起後，蠶身愈大，用器愈多，如無器物可分，只好於地下設蠶倉，以代蠶器，俗謂之放地蠶。但不宜早放，放太早則摧動蠶脚，且蠶既下地，桑渣、蠶屎堆積太厚，亦無法可去。須俟開口兩三日乃放倉內。蠶脚已老，無妨摧動，又為日無多，桑渣、蠶屎不至堆積太厚。設倉之法：先擇屋內明亮、有地板者，打掃潔浄，次以稻草搗軟，截作寸許，鋪勻地板上。再置地蠶凳於稻草內，無凳，則以厚磚散置其中。塼彼此相距二尺，須安置穩當，使布葉者有立脚處。倉邊四圍用厚木板圍住，或用小土塼圍住亦可。倉之大小，以蠶之多寡酌之。然後以蠶勻布草上，如無地板，則先鋪石灰，再鋪稻草；如無石灰，則先鋪粗糠，再鋪稻草。地面多濕氣，非蠶所宜，粗糠、稻草須用極燥者。

清 盛宣懷輯《蠶桑備要》 鋪地　蠶以居筐爲善，然大眠以後，蠶大筐多，列槌分架，擡飼難，擡𧎡尤難，於是埽地藉蘆蓆，而散蠶其上，以土坯闌限如筐，謂之放地蠶，亦謂之下地。有大眠放葉，周時後下者，有放葉三餐卽下者，酌量蠶之多寡、室之寬狹，瓜分棋布，幾無餘地以容人，自此不擡不𧎡，惟朝暮勤飼，以俟其老，眞簡便法也。蠶有忌下地者：一、夏蠶。時屆炎暑，沙𧎡熏蒸，較頭蠶更甚，在地無從𧎡換，蠶受之卽傷而無成，不可下也。一、種蠶。蠶旣爲種，尤宜燥潔，地上終嫌潮潤，且蠶少擡𧎡極易，不必下也。蠶旣下地，居高布葉，須輕輕布之，務使均平。手所不能到處，用細竹枝挑之使匀。

一、除蟲豸　蠶下地，易爲蟲豸所傷，室中先須淨埽塵埃，塗塞隙穴，四壁之下蟲豸得以藏匿者，悉取石灰末偏撒，以杜絕之。俗以是日祀馬頭孃，云能祛馬蠕。

一、排蠶凳　蠶偏一室，人無所駐足，飼葉極難周布，須直排狹長矮凳二條，凳離開約八尺，凳上横鋪三板，以備飼蠶行之。

一、鋪草蓐　蠶身不可著地，須用稻草葉厚鋪一層，謂之草蓐，以禦潮溼，然後布蠶。

一、布蠶　地蠶以稀匀爲主，室中上下、左右當留尺許，以爲鬆蠶地步，蠶身自大眠至老，須長一倍，故四圍留餘地以俟其長。又蠶性喜上行，上半間尤宜稀布，自能走匀。

一、隔潮溼　自下地至老，約五六日，飼久𧎡厚，遇天時溼悶，卽有溼熱之氣上騰，宜取乾茅草，細切二三斗，匀撒蠶面上，飼以葉，下有茅草可以隔其熏蒸也。無茅草，以稻草代之。

清 楊鞏《中外農學合編》卷一一《蠶類・飼育》

地蠶此法乃蠶多器少，地方高燥者，不得已而為之。若蠶不多，地稍卑濕，不可輕用，慎之。大眠起後，蠶身愈大，用器愈多，如無器具可分，只好於地下安設蠶倉，以代蠶器，俗謂之放地蠶。但不宜早放。放太早，則掽動蠶脚，且蠶既下地，桑渣、蠶屎堆積太厚，亦無法可去。須俟大眠起後開口二三日，乃放倉内。蠶脚已老，無妨碰動，又為日無多，桑渣、蠶屎不至堆積過厚。設倉之法：須擇明亮、有地板房子，打掃潔净，次以稻草搗軟，截作寸許，匀鋪地板上。再置地蠶凳於稻草内，或用厚磚散置其中。磚彼此相距約二尺許，須安置穩當，使布葉者有立脚處。倉邊四圍用木板圍住，或用土磚圍住亦可。倉之大小以蠶之多少酌之。然後以蠶匀布草上，如無地板，則先鋪石灰，再加厚鋪稻草、粗糠，以防潮濕。地面多濕氣，非蠶所宜，石灰、稻草、粗糠須用極燥者。布蠶於地不宜過稀過稀費葉，不宜過密過密則老得不齊，不宜遠擲高抛擲抛均傷蠶身。蠶既下地，居高放葉，須蹲踞凳上或磚上輕輕布之，務使均平，如有手不能到之處，則用細竹枝挑之使匀。蠶放地下，雖為日無多，桑渣、蠶屎不至堆積過厚，然遇天氣濕熱，氣即上騰，總不免蒸鬱之患，須取乾茅草切細匀撒倉内。再布葉於茅草上，蠶聞葉香，緣茅而上，所撒茅草均在蠶身之下，可隔濕熱之氣，此亦救急一法也。倉旁須留餘地，蠶如太密，則將倉之邊際漸漸放開，添設立脚凳磚，再切稻草匀鋪地面，而以密處之蠶移置放開之處，俗謂之放倉。《會稽志》《廣蠶桑説輯補》

藝文

清 周凱《飼蠶十二詠・分箔》《清詩鐸》卷七

分箔二眠後，蠶漸大，卽宜分箔。諺云：『曲植筥筐。』曲，箔也。植卽蠶槌，以架箔也。筥，圓器。筐，方器，竹葦皆可編。架高去地三尺許，下可炙火，自下而上五六層。蠶至大起，視其食葉稍減，中有瑩光者，置一箔以便先上簇也。俗謂起娘，以其先熟也。

先蠶著箔上，相之具苦心。《漢書・藝文志》有《相蠶經》一卷。昂昂青鴉觜，小大毋相侵。筥圓而筐方，位置深房深。分藏待上簇，中有帛與金。

雜録

清 何品玉輯刊《蠶桑會粹・種桑各法》 蠶竈，宜子寅、申酉日，收日、成日、開日忌破耗。蠶倉，土鬼、天瘟、荒蕪、四廢等日安蠶神位：九天仙嬪馬頭娘娘。蠶姑實誕日期：正月初八，大姑誕；二月十五，二姑誕；三月十八，三姑誕。

清 沈練，仲學輅輯補，章震福校訂《廣蠶桑説輯補校訂》卷三 按，蠶事器用不一而足，其最著者則切葉砧也，葉篩也，蠶筐也，𧎡蠶網也，大小蠶植也，攩蠶毛也，蠶箸也，飼蠶架也，地蠶凳也。

圖表

清 豫山《蠶桑輯要合編》上《種橡養山蠶》 飼蠶凳，以厚重爲要，面方尺餘，腳高二尺。凳面鑿一圓心，凳腳左右兩檔中另設一橫檔，上鑿淺穴，與凳面之孔相對，別用圓木爲柱，高三尺，縱橫平置二檔於頂，如十字形，就凳面之孔貫下，豎於橫檔之穴內，可以左旋右轉，甚便置筐飼蠶也。

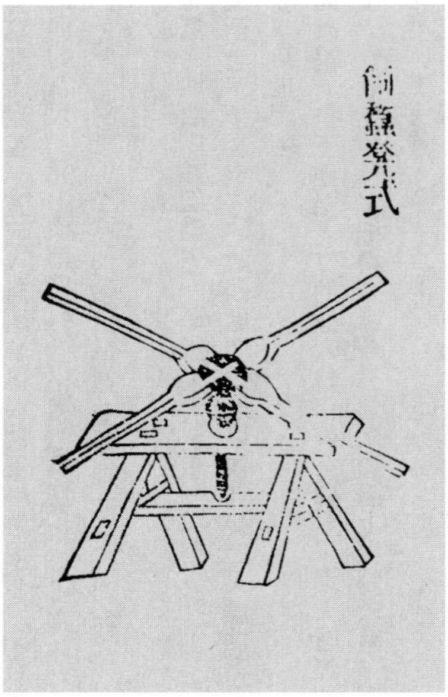

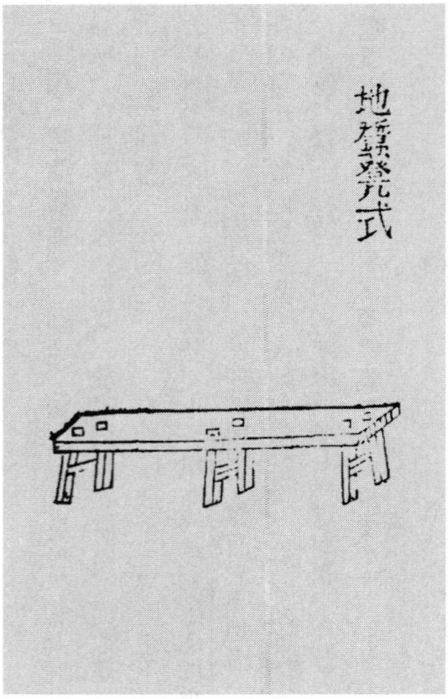

地蠶凳，高一尺長七八尺，面濶八寸，以壯實為主，蠶鋪於地，人無從駐足，須登此以飼葉。

上簇結繭殺蛹部

上簇

論說

清 韓夢周《蠶桑實濟》卷四《育蠶急務》 蠶食裕，蠶具備，蠶性諳，迺立蠶母，事蠶宜矣。然其先有擇種、浴種、醃種諸法，自下蟻至上簇，飼養之法又因時變易，及後分繭、繅絲仍不可苟。蠶事以祀神起，謝神終，中間約計一月，稍不如法，絲利頓減，可不愼歟？故統之以育蠶急務。

綜述

元 司農司《農桑輯要》卷四《養蠶》 蠶欲老，飼之宜細薄，宜頻。養老如養小，亦如人老頓食則傷。若不如此，則食葉不凈，其葉蒸濕，帶葉入簇，所結繭亦濕潤，如經鹽水，此名簇汗，繭難抽繅。

又 《韓氏直説》：蠶自大眠後十五六頓即老。得絲多少，全在此數日。葉足，則絲多；不足，則絲少。見有老者，依抽飼斷眠法飼之，候十蠶九老，方可就箔上撥蠶入簇，如是則無簇汗蒸熱之患，繭必早作硬而多絲。養蠶無巧，食到便老。

又 簇蠶

《齊民要術》：蠶老時值雨者，則壞繭，宜于屋内簇之。薄布薪于箔上，散蠶訖，又薄以薪覆之。一槌得安十箔。

《務本新書》：簇蠶地宜高平，内宜通風，匀布柴草。布蠶宜稀，密則熱，熱則繭難成，絲亦難繅。東北位并養六畜處、樹下、坑上、糞惡流水之地，不得簇。野語：如天氣晅熱，不宜日午簇蠶。蠶老，不禁日氣曬暴故也。

又 《士農必用》：治簇之方，惟在乾暖，使内無寒濕。簇中繭病有六：一簇汗，二落簇，三遊走，四變赤蛹，五變殭，六黑色。簇汗之病，蠶老食葉不凈，其葉蒸濕，帶葉入簇，故繭亦濕潤，此為簇汗。其餘五病，皆地濕天寒所致。蠶欲老，可簇地盤，燒令極乾，除掃灰浮，于上置簇。

又 《韓氏直說》：安圓簇：于阜高處，打成簇脚；一簇可六箔蠶。十分中有九分老者，宜少摻葉名上馬桑。就箔上用篋箕般去，宜款手摻于簇上。自東南起頭，不令落地。務令稀匀，上復覆蒿梢或豆稭，復摻蠶如前。至三箔，復梢倒根在上。如此則簇圓又穩。自後蠶可近上摻，至六箔覆蒿令簇圓；上用箔圍苫繳，簇頂如亭子樣。防雨。至晚，又用苫，將簇從下繳至上苫相接。日出高時，捲去；至晚，復繳。三日外，繭成不用。馬頭簇亦依上苫繳。柴薪要廣，簇又玲瓏，中間宜架杆。蠶多，宜馬頭簇，簇脚宜南北。曬簇：上蠶後第三日，辰巳時間，開苫箔日曬；至未時，復苫蓋如前。如當日過熱，上揞單箔遮日色。翻簇：上蠶時，被雨霑濕，雨纔止纔晴，即選一簇地盤。如雨濕了，則取乾墻土厚覆，治簇之法如前。不以成繭不成繭翻騰遷移別簇，封苫如前。小雨則不須，但可曬曝。又有一法：臨簇有雨，只于蠶屋中本槌下地面上安簇；開了門窗，使透風氣，早夜或陰雨變寒，則閉門窗，添牛糞火，比翻簇之法又為妙也。又一法：槌箔上虛撒蒿，槌周圍簇稍與蒿箔苫圍之，蠶自作繭，猶勝于雨中簇也。『揞』音支。

又 簇蠶時，相次秋高，恐值夜寒風冷，不能作繭。可於簇西北埋柱，繫椽箔，遮禦北風寒氣，三兩夜之間，便可作繭。

又 初可摘葉，蠶大則捋葉。初用紗糊窓，漸漸天寒，上復用紙糊，留捲窗簇與繰絲法如前。要旨：熱蠶槌底亦宜用麥糠、麥稭燒之。又大路上踏踐起乾塵土，收三四石，生蠶日于槌底攤平，可避暑濕。簇秋蠶，多于簇心用熟火，或致焚燒，不若止于映北風處為簇。簇底用麦稭均鋪，簇則月乾桑柴為梢，新乾黍稭為草，得自然温暖之氣，不須用火矣。經雨，則倒簇。

明 徐光啓《農政全書》卷三一《蠶桑・養蠶法》 簇以稻草為之，殺疏之，必潔，則不牽絲。乃握而束之，厚藉以所殺疏之草殼，可以禦地濕，可以承墜蠶，乃以握許登之，勿覆以紙。至次日，少以稻稈糝焉，以屬其作綴之未成者，勿用菜箕善絆擾而薄繭。七日而摘，半月而蛾生。交五月節，梅風吹之則生。凡蠶色之青也，為老之。候其在簇，而有雷則以退紙覆之，以護其畏。

又 蠶不可以受油鑊之氣，不可以受煤氣，不可以焚香，亦不可以佩香，零陵香亦在所忌，否則焦黃而死。不可以入生人，否則遊走而不安箔。蠶室不可以食薑暨蠶豆。養之人，後高為善，以筐計，凡二十筐，庸金一兩。看繰絲之人，南潯為善，以日計，每日庸金四分，一車也六分。其上簇也而無火，則繰之也必不净。蠶婦之手不可以擷苦蕒，手有苦蕒之氣，令蠶青爛；食之者，亦不可以入蠶之室。

又 《務本新書》曰：簇蠶地宜高平，內宜通風，勻布柴草。布蠶宜稀，密則熱，熱則繭難成，絲亦難繰。東北位，并養六畜處、樹下、坑上、糞惡流水之地不得簇。野語：如天氣暄熱，不宜日午簇蠶。蠶老，不禁日氣曬暴故也。

又 《士農必用》曰：治簇之方，惟在乾暖，使內無寒濕。簇中繭病有六：一簇汚，二落簇，三遊走，四變赤蛹，五變殭，六黑色。簇汚之病，蠶老食葉不净，其葉蒸濕，帶葉入簇，故繭亦濕潤，此為簇汗。其餘五病，皆地濕天寒所致。玄扈先生曰：『亦不止為地濕天寒，自擇種至上簇，無時不可得病也。』蠶欲老，可簇地盤，燒令極乾，除掃灰净，於上置簇。玄扈先生曰：『此是北法，南方正值梅天，萬難作此。所以皆須屋內簇，定須著火。』

又 春秋蠶法，首尾顛倒，深宜體測。簇蠶時，相次秋高，恐值夜寒風冷，不能作繭。可於簇西北埋柱繫椽箔，遮禦北風寒氣，三兩夜之間，便可作繭。玄扈先生曰：『斟酌用火。』

清 蒲松齡《養蠶》 老到十分方上簇，繭成多日始開苫。

清 蒲松齡《農桑經》

上簇

自大眠後十五六頓即老。見有老者，量數減食，候十蠶九老，方可上簇。簇以禾萁爲之，梳之必潔，潔則不多牽絲。乃握而束之。厚藉以所梳之草殼，可禦地濕，可承墜蠶。

乃以握許登之，勿覆以紙。次日，少以禾稈摻之，以屬其作綴之未成者。

布蠶不可太厚，厚則轉舒無地。

兩蠶並作一繭，是爲雙公，俗名爲呼雷。

又 上簇

值雨則壞繭，宜於屋內簇之，薄布薪於箔上，散蠶訖，又薄以薪覆之，一槌可安十箔。

此篇尤為易行，尤甚确實。擇種浴連之法，前篇已載，故略之。

清 方觀承《述本堂詩集・看蠶詞》 大起後六七日，視蠶身喉足俱明，必嬾食，昂頭緣筐遶走，是老熟將繭之候，俗呼為考娘，亟須上簇矣。越俗呼竹燈檠為繕婦，上簇時用以照夜，而不可使蠶見之，繭成輒如其狀。

又 稻草去衣，截長三尺許，束而陳之火炙薄下，蠶皆緣草而上，吐絲作繭，自衛為上簇，俗呼上山。

清 楊屾《豳風廣義》卷二

上簇法

大眠既起，一日夜可飼三頓，第一頓宜薄。但令覆白。第二頓比前更薄。仍覆白。第三頓如第一頓。此三頓如不短葉，則必至老食漫。二十三日，一日夜可飼七八頓，此日早飼一頓，再至辰巳間，取臘月所藏菉豆，預先温水浸生芽，晒乾，磨作細麪，將桑葉切碎，攤在筐内，新水灑拌極勻。每箔以菉豆麪半升，拌於葉上，令極勻，以蠶網覆於蠶上，將所拌之葉布於網上，蠶上網食葉殆盡，復布純桑葉一層。至第四頓，復如上法，切葉拌白粳米麪子半升，又飼一頓，此時方擡網。要衆手疾擡，若堆積多時，蠶身有汗，後必病損，漸漸隨擡減耗，總有老者多作薄繭。布滿二十五箔，要稀，每蠶相去各二三分。此時方去蓐草。至第五六七八頓，皆飼純葉。至第二十四日辰巳時，復如上法，拌臘月所製桑葉麪子一頓。如大眠後蠶盛葉闕，間飼四五頓不妨，不闕者不必用。食葉盡時，又將桑葉用新汲水噴，令微濕，如細雨之狀，噴時用新水漱口數遍。再飼一頓，不用拌麪子，蓋已往用火，今復用水者，取其陽不離陰，水火成功之意也。飼水葉時，須要天氣晴明，若陰雨不可，俟次日晴明再飼。此時用網分擡，可布滿三十箔。蠶自大眠以後，一日一擡，除去沙㶿，自然無病。自此以後，不論日期頓數，須要急飼，不可缺葉，缺則絲遂少矣。此時漸暄，蠶室覺熱者，可全開捲窻，外挂竹簾。以防蠅虫入内，生蛆蠶身，後必咬孔而出，夜則宜閉窻門，以防蚊虫入内傷蠶。若熱甚，則更劃開窻紙，室内再用水缸。但有猛風暴寒，又宜閉窻薦門戶，畧用微火。若有雷鳴，須密閉窻門，勿使電光射入，周置水盆炭火，以解其畏。過後取去。時時挾葉，遶箔巡視，但見箔上有空隙處，即以葉補合。大眠後食無停止，缺一分葉，即減一分絲。故但見有空隙處，是蠶先食葉盡也，即用葉補合，晝夜巡視，全在此數日，否則繭薄。飼至身肥嘴小，絲喉漸亮，蠶將老時，先自喉間明亮，漸及通身，蠶肥身硬。蠶將老，身漸軟，及至通身柔軟明亮，便可上簇。蠶將老之時也，飼之宜薄且頻。養老如養小，亦如人老，多食傷脾。若不薄頻，則食不淨，葉溼薰蒸，其所結之繭亦必溼潤，抽絲最難。宜微煖。如老不耐寒，然亦須量度天氣涼煖消息斟酌，比大眠後未老時宜微煖。不過一二日之間，便可上簇矣。得絲多少，全在此數日。按法飼養，只在二十六七日便可上簇，若日數愈多，桑愈費，而絲愈少也。見有老者，依抽飼斷眠法，宜薄宜頻。候蠶盡皆身體透明，不食遊走，蠶性聚而不散，守而不走，如有遊走者，是病蠶也，棄之。今蠶老絲成，遊走上椽，尋簇作繭，乃造化自然之妙。是作繭也，急宜撥之上簇。

清 韓夢周《蠶桑實濟》卷二《育蠶預備》

預收簇科

《士農必用》曰：預收黃蒿、豆稭、桑梢、穀草、黃野草、蓬蒿、稻草，其餘梢勁不臭氣者，亦可用。余嘗試之，以上諸簇，皆不甚善，惟有地膚子作簇甚妙一名千頭子，俗名鐵掃箒，其枝幹玲瓏，内空生涼，無鬱浥之患。死蠶旋墜，無污繭之憂；沙汗不住，無瘢痕之疵，乃天生簇蠶之物。夏月田間多種，或家庭多藝多收，次年簇蠶，大勝諸物。

又 卷四《育蠶總務》

造簇之法：用千頭掃竹子即地膚子，用時須將上面葉蒂摔極淨以椽作層架，縛掃竹子於上。每掃竹子心内分開，實以稻草或以軟草，内可盛蠶。其下周圍布以稻草，以承墜蠶，將老蠶用盤擡來，一把一把另放於掃竹子心内，自能散而結繭。如無者，用稻草縛如鐘口大，分如傘樣，用椽板作層架竪立其上，布蠶甚好。或蘆草、乾竹梢皆可爲之。如蠶多者，將稍草疏摔潔淨，截一尺二三寸長，將上梢縛住，約五六十根爲一束，分如傘樣，竪立於老蠶箔上。又每一空處仰立一束，上復薄徹亂稻草一層，不可厚了，一箔上可簇兩箔之蠶。上簇之蠶不可稠了，稠則二三蠶合結一繭，絲混不利，雖繰，甚則積累厚壓，薰蒸罨熱，蠶死繭朽，俗呼爲頓簇，即作綿亦不堪用。此時宜極煖。房大簇大者，用炭火八盆，房簇俱小者，用火六盆。日間天煖，火宜小些，夜間氣寒，火宜大些，務要簇室晝夜有人，以防火患。若上簇蠶寒，不惟作繭遲，而且少絲，又難於燥。如上簇時遇雷，須密閉門窻，覆以蠶蛻紙，周圍用水盆，以止其畏。用火要兩晝夜，則繭成矣。繭成之後，大開門窻，以通風涼，七日而摘。

又法：用結實杆上紮臺式，離地三尺許，處處要用粗麻繩牢牢懸掛於屋梁或椽子上。取葦箔平鋪，一面將草把子豫備，以便將蠶送上。

又 上簇六七日之間方可摘繭。

又 卷六《蠶桑補遺》

量蟻備簇

蠶乃食而不飲，屎而不尿之物，惟上簇時有尿，一便，若簇梗不乾，濕氣停蓄於中，蠶必受病；若簇料不廣，上簇不得不密，勢必積累厚壓，濕氣薰蒸，及至四五日後，摘繭之時，其絲已在簇上腐壞。此時倘遇陰雨綿延，爲害尤鉅。古有預收簇料法，其料以地膚苗爲上，稻草、竹梢次之，俱於先一年收採晒乾備用，濕氣停蓄之弊，既可無虞矣。第其備簇多寡，未有成數，能使之乾，不能使之廣，在蠶少者，尚無妨碍，若飼蠶多而簇料少，措辦不及，貽害曷可勝言？茲有量蟻計簇之法：大凡養蟻一錢者，約備地膚苗五挑；養蟻一兩者，約備地膚苗五十挑。以此遞推，雖養數十兩蟻，無難預定也。夔地多菜子梢，作簇亦佳。然亦須先一年如前數採存，方可足用。

清　帥念祖《蠶政編》

上簇法

大眠起，一日夜可飼三頓，第一頓宜薄（但令覆白），第二頓比前開，實以稻草（或以軟草），內可盛蠶，其下周圍布以軟草，以承墜蠶，將老蠶以盤抬來，一把一把另放於掃竹子心內，自能散而結繭。如無者，用稻草縛如鐘口大，分如傘樣，用蠶板作層架，豎立其上，布蠶甚好，或穀草乾竹稍皆可爲之。此時宜急煖。（房大簇大者，火八盆，房簇小者，火六盆，日間火宜小，夜火須大，步時防之。）若上簇蠶寒，不惟作繭遲，而且少絲，又難於繅。若遇雷，閉室覆以蛻紙，周列水盆，以止其畏，用火須兩晝夜，則繭成矣，繭成，大開門窗以通風凉，七日而摘。

清　鄂爾泰《授時通考》卷七四《蠶事門》

入簇

《農書》：簇箔，宜以杉木解枋，長六尺，闊三尺；以箭竹作馬眼槅。插茅疎密得中，復以無葉竹篠縱横搭之。又簇背鋪以蘆箔，而以篾透背面縛之，即蠶可駐足，無跌墜之患。且其中深穩稠密，旋旋放蠶其上，初略欹斜，以俟其糞盡，微以熟灰火温之，待入網，漸漸加火，不宜中輟。稍冷即游絲亦止，繅之即斷絶。多煮爛，作絮不能一緒抽盡矣。

又　《韓氏直説》：安圓簇：於高阜處打成簇脚，一簇可六箔蠶。十分中有九分老者，宜少摻葉，就箔上用簸箕般去，宜欵手摻於簇上，務令稀匀。上復覆梢蒿，或豆藍，復摻蠶如前。至三箔，覆梢倒根在上。自後蠶可近上。摻至六箔，覆蒿令簇圓。上用箔圍苫繳，簇頂如亭子樣。至晚，又用苫，將簇從下繳至上苫相接。日出高時，捲去；至晚，復繳。三日外，繭成不用。馬頭簇亦依上苫繳。柴薪要廣，簇又玲瓏，中間宜架起。蠶多者，宜馬頭簇，放脚宜南北。

又曬簇：上蠶後第三日，辰巳時間，開苫箔日曬；至未時，復苫蓋如前。如當日過熱，上楮單箔遮日色。

又翻簇：上蠶時，被雨霑濕，雨纔止纔晴，即選一簇地盤。不以成繭不成繭翻騰遷移别簇，封苫如前。小雨則不須，但可曝曬。又一法：臨簇有雨，只於蠶屋中木槌下地面上安簇；開門窓，使透風氣。早夜或陰雨變寒，則閉門窓，添牛糞火，比翻簇之法又為妙也。又一法：槌箔上虛撒蒿，槌周圍簇梢與蒿箔苫圍之，蠶自作繭，猶勝於雨中簇也。

又十蠶九老，方可就箔上撥蠶入簇，如是，則無簇污蒸熱之患，繭必早作而多絲。

黄省曾曰：簇以稻草為之，殺疏之必潔，則不牽絲。乃握而束之，厚籍以所殺疏之草殼，可以禦地濕，可以承墜蠶，乃以握許登之，勿覆以紙。至次日，少以稻稈摻焉，以屬其作綴之未成者。勿用菜萁，善絆擾而薄。繭七日而摘，半月而蛾生。凡蠶色之青也，為老之候，其在簇而有雷，則以退紙覆之，以護其畏。

又　馬頭簇圖説

馬頭長簇，兩頭植柱，中架横梁，兩傍以細椽相搭為簇心，餘如常法。此横簇，皆北方蠶簇法也。嘗見南方蠶簇，止就屋内，蠶盤上布短草簇之，人既省力，蠶亦無損。又按，《南方蠶書》云：簇箔以杉木解枋，長六尺，闊三尺，以箭竹作馬眼槅，插茅疎密得中。復以竹篠縱横搭之，簇背鋪以蘆箔，而竹篾透背面縛之。此皆南簇，較之上文北簇，則蠶有多少，故簇有大小難易之不同也。然嘗論之南北簇法，俱未得中，何哉？夫南簇蠶少，規制狹小，殆若戲技，故獲利亦薄。北簇雖大，其弊頗多，蒿薪積叠，不無覆壓之患，風雨浸浥，亦有翻倒之虞。復外内寒燠之不匀，或高下稀密之易所，以致簇病内生，繭少，皆出此故。習俗既久，未能遽革，今聞善蠶者，約量本家育蠶多少，選於院内空地，就添椽木苫草等物，作連脊厦屋，尋常别用。至蠶老時，置簇于内，隨其短長，先構簇心，空直如洞，就地握成長槽，隨宜闊狹。旁可人行，以備火患。外則用以層架，隨層卧布蒿梢，以均蠶居。既畢，用重箔圍之，若蠶少屋多，疏開窓戶，就内簇之亦可。如此，則上有覆庇，下無濕潤，架既寬平，蠶乃自若，又摠簇用火，便于照料。南北之間，去短就長，制此良法，宜皆用之，則始終無慊矣。

清 郝懿行《寶訓》卷三《蠶桑》 《韓氏直説》：蠶自大眠後十五六頓即老，得絲多少全在此數日。葉足，則絲多；不足，則絲少。見有老者，依抽飼斷眠法飼之，後十蠶九老，方可就箔上撥蠶入簇。如是則無簇汗蒸熱之患，繭必早作硬而多絲。

清 包世臣《齊民四術》卷一下《農一下·農政》 蠶桑 鋪蘆箔上簇，去地七尺，以繩掛大木五六根，橫鋪竹椽，加蘆箔上簇，簇以稻草去褲辮，中拆岔爲覆鐘樣，撒蠶其上，爲入簇。凡屋一間兩架，可上蠶十盤。火盆以鋏爲鍋，或坦瓦盆亦可，以木爲架，高五六寸。

又 蠶老齊乃上簇，宜輕撒疏布；簇外以葦薦蔽風，進火盆暖之。約屋三間，火四角并中央五盆。盆各以席圍之，使火氣向上反下，則勻而不燥。結網成胎，火尤宜暖，晝夜不可斷，繭成，即剝去皮薄攤，毋令蒸罨。居簇中央，向東南方，明淨員厚之繭，留為種，餘繅之。繅不及者，曬繭令燥，地上埋大甕，甕底鋪竹簟，次覆桐葉，乃下繭十斤，灑鹽二兩，又鋪桐葉，重重隔開，滿甕密蓋之，蛾不出而絲不損。惟繅時宜頻換水耳。

清 程岱葊《西吳蠶略》卷上

架草

蠶家於暇日預取稻藁，疏截整潔，俗名殺蠶茅。《務本新書》『臘月刈茅，作蠶蓐』即此。臨用中折而盤旋之，如蓋如笠，插於棚上，俗名山帚，古書皆言上簇。

附架草 《樂府》曰：去年田好多收稻，有米冬春尚餘藁。平頭剪截一例齊，留待今年作蠶草。山棚堅牢已搭就，次第棚間謀結構。不疎不密整復斜，不縱不横還交叉。短長錯綜如犬牙，離披拉雜何紛拏。自從蠶長不復閒，前村後村斷往還。鄰翁杖頭挂青錢，攜杖入門笑且言。君家稻堆如屋高，應有留餘待索綯。我家無田那得此，有買豈復論錢刀。阿翁相須徑相取，何必區區分爾女。呼兒負送到翁家，蠶忙未暇留翁茶。

清 高銓《蠶桑輯要》卷下

老蠶忌熟

蠶老亦分生熟，色帶青者為生，紅者為熟。乘生而上，不過成繭略遲；若太熟，則蠶急于成繭，每多同宮，及遺溺污繭之病。

清 高銓《吳興蠶書》卷上《器具》 蘆簾，卽古之薄也，以蘆葦織成，障風蔽日，用無不宜，而於蠶爲尤要。山棚之上，非此無以簇蠶，長短闊狹，無一定之制，須視室之大小爲之。大約一室之中宜四簾或六簾，鋪滿必須自織，始可扣準，買來者斷難湊合也。蘆葦中有一種細而端直者，名箬蘆，以之織簾最佳。繩亦尚細，繩細則簾密，無漏蠶之患。織用木作框，長七八尺、闊尺餘，框檔上每間四寸，各用竹釘交叉釘定。織時先治淨蘆之籜葉，翦去其梢，以几凳之屬平架木框，每竹釘交叉處各夾一長繩，以蘆一根橫置繩上，取繩逐條交互織之。

又 草帚，山棚上所以簇蠶也，宜秈稻草。若秈稉稻，其質皆弱，不能勝任矣。帚之縛法有二：一用草一握，長二尺，中腰縛緊，兩頭螺旋散開，是爲墩頭帚；一用草一小把，長三尺，就中腰絞緊，折轉卽成兩股，隨於兩股中搦住數莖，從總絞處盤旋，復絞數轉，使其末散開如傘，是爲折頭帚。縛法雖異，其用實一也。

清 陳開沚《裨農最要》卷三

捉種

若未先期養種，定將臨老時捉種，須於蠶正老時擇中間之最旺者。先捉則不齊，末後則衰弱。辰時上簇作種，不必一一分別，自然雌雄各半。簇下薄輭劣繭，亦宜選去，蛾出乃壯。

又 蠶連不可輕棄，蠶上簇時，如有雷聲，以此覆之，可免驚傷之患。

清 林心北、吳書年勸刻《蠶桑輯略·養蠶節次》三十五條

上杣俗名棚架爲杣

蠶至通身透明，不食遊走，是欲作繭，急須上杣。諺云：『蠶老一時，必須一二時辰內，上完爲妙。』恐蠶在地下替子内做繭，則繭亦無用也。蠶杣以穤稻草爲之。秔稻草亦可，麥稈亦可。秈稻草，斷不可用。用四齒鐵耙，仰縛他物上，持稻梢，於耙齒上批去其葉之散亂者。散亂者必輭而毛，輭則載蠶不起，毛則多浮絲，故去之。以草紐鬆鬆縛之，而截齊其兩頭。如洗箒狀，長尺五六寸，紐以上長尺許，紐以下則五六寸足矣。圍五寸許，以隻手握之，滿握則五寸許矣。俗謂之杣箒。搭杣時，以左手持紐所縛處，以右手持其下之五六寸，以草紐之兩頭，分置左右手間，而扣之使轉，則隨扭隨緊，隨扭隨開，下如覆碗，而上若仰盂矣。

清 沈秉成《蠶桑輯要·諸家雜説》

上簇法

簇用糯晚稻草，梳去草殼，中間緊扎，長一尺六寸，兩頭用刀截齊。做簇之地，宜乾燥透風，用竹木架蘆簾，簾上載草山，列置於上。將老蠶盛於廣漆盤内，盥手布於簇上，要稀密得宜。倘遇雨冷，簾下用火極熱烘之，熱則繭易成，絲易繅。過五日後摘繭，尋去蒙戎之衣即可。繅絲切不可受濕，受濕則難成絲矣。至蠶眠之日，以淸香虔祀蠶神。大眠以香燭素菜供酒三杯，不拘米麥麪，做繭式，以祀蠶神。

清 汪曰楨《湖蠶述》卷三《架草》

蠶之成繭，不能無所倚傍，故棚上須立草帚。《吴興蠶書》名曰帚頭。董蠡舟《樂府小序》散布登蠶，其上有至二三重者。《湧幢小品》墩帚、折帚各隨鄉之所習。按，東鄉多用墩帚，西鄉多用折帚。總以密簇為主，有就簾上立者，鋪一節蘆簾即立一節草帚。隨上一節，蠶四圍著邊處，用草一束。搚私盍切，《中州集》有《咏搚子》詩。緊，謂之搚邊草，此隨立隨上法。有離簾面尺許用細長竹縱橫搭成方格按，《胡府志》云：方孔各尺許。以繩縛住，絡于梁間，謂之花格竹，却簇帚於格内。按，湖濱及南潯左近并不用花格竹，故帚頭時患眠山。棚上另設横楞，架板登之，取蠶從高糁下，繭成後除去。下横楞蘆簾，謂之除托，此先立後上法，習俗各異，然其用則一也。《吴興蠶書》

一、折帚　中折而盤旋之，如蓋如笠。《西吴蠶略》兩頭向下，其形下大上小。《遺聞瑣記》

一、墩帚　以草紐鬆鬆縛之，截齊其兩頭，如洗帚狀，長尺五六寸。紐以上長尺許，紐以下五六寸。圍五寸許，以雙手握之，滿握。左手持紐縛處，右手持其下之五六寸，扭之使轉，則隨扭隨緊，隨扭隨開，下如覆盌，上若仰盂。《廣蠶桑説》一頭向上，一頭向下，其形上大下小。《遺聞瑣記》要灑得開，立得穩，不至眠山。《育蠶要旨》

一、殺蠶茅　草帚宜預備，置高燥處，庶臨用不致忙迫。《吴興蠶書》暇日預取稻藁，疏截整潔。《西吴蠶畧》用四齒鐵杷，仰縛凳上，持草帚于杷齒上，批去其散亂者。《廣蠶桑説》俗名殺蠶茅。《務本新書》『臘月刈茅，作蠶蓐』即此。古書皆言上簇。《西吴蠶畧》亦謂之斫蠶忙柴，有惰者，至以高價購諸鄰人云。董蠡舟《樂府小序》

又　上山

蠶將熟，脰節瑩徹董蠡舟《樂府小序》，謂之通忌言亮。通則老矣，吐絲繚繞，謂之繚孃《西吴蠶略》，亦名考孃，考即老之轉音。《吴興蠶書》按，考，或作巧。色黃，收身不食葉，與欲眠同；而沸騰不已，周身通明，與欲眠異。倘通明而無絲腸，又是空頭，由于小蠶時餓也。小蠶不可失葉，直至上山始見，悔之已晚。或云蠶沙入水浮，亦欲上山也。《育蠶要旨》若見考孃，須先撩上帚頭，謂之撩考。撩用楊條帶葉者，平鋪蠶面，蠶老性輒昂首上升，遇楊條即緣而上。楊條蠶滿，提起敂于漆盤内，次第匀撒。草帚上其未老者，四圍檢捉集于中央，薄飼葉一層，謂之貼考。若十蠶九老，不必再撩，宜衆手疾作上山，遲則有作繭于綈者矣。凡蠶之老，性與眠同。頭蠶早暮皆眠，亦早暮皆老，可以齊捉上山。二蠶三蠶等，至晚即不眠，亦即不老，須隨老隨上，不能齊壹也。《吴興蠶書》一云見老蠶後，已鋪葉六七次，可以盡上山矣。不可太遲，遲則繭薄；亦不宜太早，早則停山停山者，上山一兩日始作繭也。每一帚約可上六七十蠶。《廣蠶桑説》上號好蠶上山後，卽作半周，卽如白雪，謂之裹身。一周有聲，兩周無聲，在内細作，人不可動，四周做好，方可採取。如上山不作繭，必是爛死，殭蠶及白肚見。兩周後尚不作者，卽當輕輕拾去，不可使其壞在帚，有礙好繭也。《育蠶要旨》

一、蠶忌熟　凡老蠶，色帶青者為生，紅者為熟。帶生而上，不過成繭畧遲，若太熟則蠶急于成繭，每多同功及遺溺汙繭之病。《吴興蠶書》

一、蠶忌稠　上蠶須疏密得中，與其失之密，甯失之稀。密之害與熟同。大約四尺架之室，一架屋止可容蠶一筐。《吴興蠶書》

一、蠶忌風雷　蠶口吐絲，遇風卽縮，棚上宜四面圍護，不使風入。又畏雷，上山聞雷即驚而不成繭，宜用蠶蛻紙覆于棚上。相傳以為蠶蛻，卽蠶母。有母在，足以護其子之畏也。故担烏之後，蛻紙不可擲棄。《吴興蠶書》

一、作繭紙法　蠶老不登簇，置之平案上，卽不成繭，吐絲滿案，光明如砥。吴人效其法以製團扇，勝于紈素，卽古之繭紙也。《宋史》景祐四年，靈河縣民黃慶家蠶自成被，見《五行志》。由今觀之，自成被之説，得非人力為之耶！《西吴蠶略》

清 吴烜《植桑育蠶書》

上山之處，最宜淸潔，尤喜天光晴燥，風來東南，則上山必速，絲亦易繅。最忌天氣陰寒，風來東北，上山必遲，繭亦薄而難繅。湖州之法：不拘寒煖，箔下用火烘逼，當卽上山，不特繭厚絲多且易繅。吾江育蠶，上山時但須緊閉門窗，四周遮護。一二日後，有在山頂昂頭向上，未得着絲之處者，可用柳枝勻鋪山上，謂之青山，即可成繭。蓋蠶性向上，已至山頂，必不肯復下，不得不於山上加山。然必俟作繭者，已十分之九，方可用此，早則共上青山矣。三四日後，結繭已成，又必開敞透涼，謂之晾山。作繭早，則第六日可采，遲則須至第七日吐絲始完，方可采下。

清　楊名颺《蠶桑簡編・養蠶法》《牧令書》卷一〇　收簇料　冬間將稻穀草截去頭尾，束成一把，上簇時用力一擰，兩頭撒開，接連直豎箔上。老蠶一觔，約用五十把。地膚子更妙一名子頭子。

又　上簇　蠶至通身透明，不食遊走，是欲作繭，急宜上簇宜極煖。必須一二時內上完方妙，先將稻草擰開，豎於箔上，勻撒草內，兩晝夜則繭成矣。

清　張壽宸彙輯《蠶桑圖説提要》

上簇法俗名上山

蠶老則身明亮，中有一絲跳動，即要上簇。簇用糯晚稻草，梳去草殼，中間緊紮，長一尺六寸，兩頭用刀截齊。做簇之地宜乾音干燥透風，用竹木架蘆簾，簾上載草山，列置於上，將老蠶盛平聲，音成於廣漆盤內，盥音貫，洗也手布於簇上，要稀密得宜。倘遇雨寒，簾下用炭火極熱烘之。又須將炭盆隨時移動，使滿簇熱氣勻和，熱則繭易成，絲易繅。過五日後摘繭，尋去蒙戎之衣繭外衣也，即可繅絲。切不可受溼，受溼則難成絲矣。

清　曾鉌《蠶桑備要》　附三原桑園蠶婦養蠶簡易法。夫婦二人一幼子，夫採桑，婦育蠶，兼乳哺造飯。養蠶三架，頭二眠時，婦尚出門與人做線聽戲，惟大眠後忙，入日添幫工一二人，每年僅需一月，成繭二百三四十觔，取絲二十觔。其蠶甚齊，一日上簇，二日即上完，成繭皆堅厚。

清　陳雪堂《蠶桑簡法》卷上《養蠶撮要》

上簇

蠶至上簇之時，尚有諸般注意，茲述於下：一遴選熟蠶，宜擇始行絕食，胸部瑩澈，尾端三環節尚未透明之蠶。否則未熟者上山，往往不能作繭。太熟者，絲量不免廢棄。一簇上置蠶，宜疏密得中，如傘簇，每帚上約放二十頭。撚簇，每坪上約放五六十頭。否則，過密每多同宮之繭，過疏不免耗廢簇料、多佔房屋。一簇室溫度，宜於繭基俗名成□。未成之前昇至八十度以上，繭基既成之後，漸降至七十五六度之間。否則過高必害其呼吸，過低吐絲力必弱。一簇室空氣，在上山之初，欲保溫度，不得不行密閉。若繭基成後，如無強風，不妨開放氣窻，流通空氣，發散水分，否則，上山之初，即開氣窻，蠶體觸風，吐絲停止。若繭基成後，氣窻仍行密閉，蠶體之多量水分，無地發洩，勢必浸淫繭層，固有色澤必由此而損矣。此外，繭室之内不宜偏明，亦不宜振動。偏明則繭有厚薄，振動則止吐不做，雖逾時復吐，而絲頭已斷矣。

清　陳渟《實驗蠶桑簡要法・蠶桑簡要法下篇》第二十三章《揀選熟蠶之法》　雖五齡之蠶，養至四日後，皆可上簇。殊不知未熟之蠶，薄繭甚多，若成熟者，絲量豐滿，大有天淵之別，故五齡期愈長愈佳者此耳。

清　方濬頤《淮南課桑備要》　簇用糯晚稻草，梳去草殼，中間緊札，長一尺六寸，兩頭用刀截齊。做簇之地宜乾燥透風，用竹木架蘆簾，簾上載草山，列置於上，將老蠶盛於廣漆盤內，盥手布於簇上，要稀密得宜。倘遇雨，冷簾下用火極熱烘之，熱則繭易成，絲易繅。過五日後摘繭，尋去蒙戎之衣，即可繅絲。切不可受溼，受溼則難成絲矣。至蠶眠之日，以清香虔祀蠶神。大眠，以香燭素菜供酒三杯，不拘米麥麪，做繭式，以祀蠶神。

清　關維震《養蠶法》第九章《上簇》

從來養蠶家於蠶已上簇，遂以爲蠶事告成，每易疏忽，不知上簇時其間處置及保護適當與否於收成之多寡及繭質之美惡尚有極大關係。茲將應注意之事列後：

簇之材料　材料不拘稻草、麥稈，或細竹枝、小樹枝皆可，惟最宜軟硬適中。蓋蠶之營繭，每自將簇枝牽引使近，或強之使開，以求適宜造繭之處所。過硬則蠶不能運用，過軟又不能勝蠶體之重量，且構造亦不易堅牢。材料尤以清潔且乾燥爲要，不可稍沾塵土汙穢以及容易吸收溼氣之物。

簇之構造　簇之造法不一，已於前上簇具中說明。大率每枝之距離，以相隔六七分至八九分爲最適。蠶每喜於簇之上方營繭，以稍高爲貴。互相非列宜勻整。上部宜稍密，以便蠶之結繭上方。下部宜稍疏，則支持穩固，不致傾側。

上簇之時期　蠶次第脫皮既畢，更過七八日，體軀縮小，排洩鮮綠色軟糞，第四五環節以上，半身已現透明，食慾全絕，此時即爲拾使上簇好時間。若至全身透明，頻頻運動吐絲，掉頭四覓營繭之處所，則已過熟。蓋蠶未熟上簇，則不速營繭，常迴轉於簇內，絲量必因之減耗。且排洩糞尿，尤易損絲之品質。

若上簇過熟，先已隨處吐絲，絲縷既已耗費，繭量亦必減薄。故拾使上簇時，務宜注意適當時期，不可過遲過早爲要。

上簇之準備　蠶至五齡盛食期後，室内務宜清涼，庶經過時間可久，使食桑得十分飽足，又蠶之上簇，若適在夜間，手續不便，可開放門簾、門窗等，導入外氣，使室内清涼，庶可延至翌日再拾上簇。惟外温若高，蠶又老熟急速，時逸出簏之四旁，隨處吐絲，則上簇又不可延緩矣。

上簇之疏密　簇之面積，每方尺約四十頭内外爲適當。若過密則多數之蠶擠於一處，無適當營繭之處所，必多生同宫繭。且多汙穢，繭之光澤及解舒，亦必減損。

上簇之温度　上簇中温度之高低關係甚重。過低則吐絲紆緩而縷細。過高又急劇而縷粗。高低不一，更時緩時急，一繭之絲縷粗細不勻，品質大損，故上簇中温度宜均，以華氏表七十五六度爲最適。如遇天氣陰溼，或日間温高，夜間低冷時，仍宜用火力補温，以避急激之變化。

上簇室之空氣　蠶吐絲時呼吸甚盛，空氣最宜流通，且上簇中最忌溼氣。一經傷溼，繭之解舒及光澤必不良，并多甇蠶。故上簇後必須空氣流通，排除溼氣，務令室内乾燥。如使用火力時，所有天花板及屋頂氣窗等均宜開放。

上簇室之光線　光線既多且明之室，所結之繭品質良好，絲量亦多。光線不平均之室，或一面明一面暗者，蠶之吐絲，每易偏集一方，致繭之厚薄不勻。故宜設備屏風，以保光線之平均，以免吐絲之偏集。

上簇室宜寧静　上簇時或爲大聲所震，或振動其蠶簇，皆足使蠶驚縮中輟，致由絲腺分泌之絲質，偶爾凝滯，即生纇節，故簇室内尤以寧静爲要。

清 廣東省農林試驗場《農工商部農事試驗場第一期報告》

六、本場育蠶試驗成績表

每蟻蠶一錢，從掃烏起至上簇止，平均食葉計二百九十二斤二兩。

清 何石安輯《蠶桑圖説合編・蠶桑合編》　簾以蘆葦織成，山棚之上非此無以簇蠶，長短濶狹無定制，視室之大小爲之。一室之中，約四簾或六簾，鋪滿草帚，宜秔稻草。縛法有二：一、用草一握，長二尺，中腰縛緊，兩頭螺旋散開，是爲墩頭帚。一、用草一小把，長三尺，就中腰絞緊，折轉即成兩股，隨於兩股中搦住數莖，從總絞處盤旋。復絞數轉，使其末散開如傘，是爲折頭帚。

清 黄祖徽《蠶桑淺説・養蠶篇第二》第四章《上簇即上山》　蠶將熟時，脰節明亮，謂之通，通則老矣。蠶老頭即喜擡起向上，遇桑條即緣而上。其色微紅，柔軟如綿，通身明亮，即是蠶老之候。未老即上簇，失之太早；既老不上簇，失之太遲。必須隨老隨上，方爲得法。如有老蠶用大桑葉鋪之，未老必食葉如常，已老必起至葉上，頭向上如有所求，即於葉上一一取之，置於簇上，半周即如白雪，謂之裹身。一周有聲，兩周無聲，人切不可搖動，四周做後方可採取。如上山不作繭，必是爛死，殭蠶及白肚見。兩周後尚不作繭者，即當輕輕拾去，不可使其壞在簇上，有碍好繭。

又第一節《上簇室》　上簇室宜暖，光線要均一，温度以七十五度爲宜。天寒宜用火，天熱火宜小，天潮悶，雖極熱，火仍宜旺，蓋熱氣上升，老蠶即縈絲作繭，將腹中所有之絲盡行吐出，繭易做成，而且繅絲時絲不斷，極省事，色又亮而有力，本學堂多用此法。又有冷種，不必用火，約四五日方能成繭，其絲縷終不及用火之佳。

清 江志伊輯《飼蠶法》　上簇　蠶將老時，先宜架棚安簇，依室廣狹，用竹或木截爲横楞，室六架者，用三楞；八架者，用五楞。懸繩梁上，離地五尺，縛楞兩頭，使牢固平穩。有於柱上釘四五寸小木以托横楞者，較懸繩爲便。更便室淺深，截直楞四枝，匀架於横楞上，用繩緊繫，是曰山棚。上覆蘆簾，湊滿一室，毋少空缺。各楞及繩並宜堅固，庶免傾側覆壓。一法，度室之廣狹，削木爲四足凳，厚二寸，廣尺餘，以搭山棚，可省架木之勞。凡架棚宜高低得中，太高則難收火氣，太低則局促不便人行。宜寬，蠶多棚小，繭多同功。宜暗，蠶在山見亮則遊走，所有窗戶悉宜遮掩。宜疏爽，疏爽則氣透，以樓上爲最宜。宜懸空。蠶性好高，緊靠墻壁，則近墻之蠶必成繭於屋椽瓦縫。山棚架定，然後立草帚六七排於其上。南向之室以自西至東爲一排，西向之室以自北至南爲一排。上山時自一排起至五六排，便宜添帚。墩帚、以草紐鬆縛之，截濟兩頭，如洗帚狀，一頭向上，一頭向下，上大下小要灑得開、立得穩，方不眠山。折帚中折而盤旋之如蓋如笠，兩頭向下，其形上大下小。各隨習俗，總以彼此交錯相依緊密爲宜。有鋪一節蘆簾，即立一節草帚，隨上一節蠶者，四圍著邊處以草一束塞緊，謂之塞邊草。此隨立隨上法也。有離簾面尺許，用細長竹縱横搭成方格格各尺許，以繩縛之，絡於梁間，謂之花格。竹郤簇帚格内以免眠山，棚上另設横楞，架板登之，上蠶時從上糁下，繭成除去横楞蘆簾，謂之除托。此先立後上法也。簇之制：

南方屋簇，北方露簇。屋簇蠶少爲宜，多則不任。露簇率多損壓壅閼，且遇雨則損繭，是宜折中南北。蠶少，則簇於屋中，疏開窗戶。蠶多，則簇於院内，構長脊草厦以覆之，周置木架，平鋪蒿梢，布蠶於上，以薦帕圍護之，自無簇，病實良策也。一法，以大蓬蒿爲簇，偏懸於棟梁椽柱，繩垂鈎弋，鴞爪龍牙，上下數層，所在皆得懸訖，散蠶於上，下微生炭火以暖之，則成繭可速。數數候看熱，則去之，蓋蓬蒿生凉，無鬱浥之憂。死蠶旋墮，無汙繭之患。沙筞不住，無瘢痕之疵。此蓬蒿簇之爲益也。蠶之老者，身收色黄，胆節瑩徹，昂首吐絲，謂之老孃，是上山之候也。用帶葉柳條數枝平鋪箔上，老蠶緣條而上，以次提起搖落，以二人持布單四角承之，然後以盤盛蠶分上山。上每一帚，約可上六七十蠶。上後不可驚動，四五日繭成變蛹，搖之有聲，方可採取。有兩周不能作繭，卽爲白肚、爛殭等蠶，宜除去之，勿使在帚汚繭。又有一種色黄身縮、老而不能成繭者，俗稱嬾蠶。可以紙平鋪案上，令其吐絲，光明如砥，以製團扇，勝於紈素，卽古之繭紙也。凡上山不宜太遲，遲則繭薄。且急於成繭，每多同功，又有遠溺汚繭之病。不宜太早，早則遊山。謂遲一二日始成繭。忌遇風雷，蠶吐絲時，遇風則縮，宜四面圍護，不使風吹。聞雷則驚而不成繭，宜以蠶蜕紙覆之。蠶蜕爲蠶母，母在則子不驚。收蟻之後，其蜕紙切勿棄，却留以備用。忌逢寒冷。寒則成繭遲，宜四周置火以煖之。上山一二日後，有在山頂昂頭向上未得着絲處者，以竹枝或柳條間七八寸鋪一枝於山上，曰青山，蠶即成繭。蓋蠶已上山頂，不肯復下，故必須山上加山，然必俟成窠者有十之九而後用之，否則多上青山矣。蠶山之下宜布火盆，凡上山用火者曰熱蠶絲，一則烘去蠶溺，使山燥爽；二則蠶口吐絲快利，不致黏實，繅絲性純，繅絲不斷，織綢有光。不用火者曰冷蠶絲，吐絲口緩，膠黏著實，繅絲不純，易斷。名曰擦火，亦名灼山。宜灼蠶，不宜灼繭。蠶初上山，尚未升帚，驟進火則損蠶，須燒曬乾沙藭，以烟薰之，蠶畏烟，即上帚成繭。且得烟卽溺，免溺帚上，致良繭受汚也。蠶得火灼，旺火宜灼一日夜，周時減炭，兩日則熄火。則乘熱攤花言絆繞也，蠶溺皆燥，繭成即不颺緒繅時絲斷繭颺，不能併緒，曰颺緒。若成繭時火旺，以簾上常熱爲度，不宜過旺。則吐絲繚亂，成繭厚薄不均。擦火之法，宜柴炭相間，砂盆貯火，盆底鋪灰，用四寸長堅硬乾柴，塡實半盆，然後鋪炭，發火煨之，乾柴煨，旺火力耐久，最爲省炭。高下合宜，火盆宜墊高，距棚約二尺許。四圍用簾遮護，使熱氣上升，滿簇皆□過。下則火力微矣，多寡適度。火盆多寡，準屋之大小，炭不生餤。盆宜密排，室大則二十盆，小則十八盆。生餤之炭盆宜稀布，室大者十六盆，小者十四盆。宜晝夜看瞭，既均火力，且防火患。欲絲細則火宜旺，欲絲肥則火宜柔。更察天時，以爲增減，天寒宜熾，天熱宜微。天燥宜緩，天潮悶雖熱，亦宜極旺。則繭可豐收矣。

《廣蠶桑說》云：做熱蠶絲，須用向缸。口大底小，其高尺餘。缸不足者，以鍋代之。老蠶十一二觔，約用缸五隻。將極燥柴頭桑栗柞柿等柴均可，有香臭多烟者不宜。每頭破分四片，於缸底直竪八九枚，上鋪礱糠共高八分，次加木炭共九分，復蓋茅灰共十分，須中高邊低，中留碗大一處不蓋灰，以便煨火。俟炭紅如有漏烟，即宜蓋灰。移缸，匀擺山下。缸下或用架，或襯以塼，或竟放地上。無缸者於地面置火堆，作圓拱勢，下大上小，旁用茅灰厚護之，名曰火坑。山外用稻草簾圍護之，既可蔽風，且使熱氣不散，俗謂之閉火門。斯時燒香驟一二撮於山下，可引蠶吐絲。惟室中須開一二窗戶，以通空氣。否則成繭曰悶頭繭，繅絲不爽利。大約二丈深，一丈寬之屋，可上蠶四十八觔，向缸須二十隻。蠶上山後，三日以内，切勿碰動蘆簾山帚。蠶受驚則棄，將成之窠而另結。夜間不宜令燈光上射。犯此則蠶口一縮，蠶頭一昂，其絲卽斷，繅時累手也。缸内火力不宜過大過小，忽減忽增。火力微時，於中央撥之使醒，吹之使旺。切忌大吹大撥，致令烟動灰飛。第一日，使蘆簾草帚，處處溫煖，便是恰好火候。第二日，蠶已成窠窠者，繭外之浮絲，卽繭㼐也。火力漸衰，不宜添助，祇須輕撥，稍令回陽。過兩周日，聽其消滅。用火合法，則日後繅絲省力，肥細均宜。

清 李君鳳《蠶桑說·救飼蠶弊說》 下蠶種不分先後，川俗當收蠶種時，將數日蛾子所下之卵蠶蛋爲卵混在一處，及次年小蠶初生時，又將數日所生之小蠶混在一處，以致眠起不齊。迨二三眠起眠醒爲起時有大蠶，復有小蠶，妄謂蠶子下兒。用人工分别蠶之大小，逐條捉置箔上飼蠶席子爲箔，不知小蠶是後出卵。蠶眠時食葉未足，未眠未長大之蠶，非蠶子所下之兒也。至蠶老作繭時，有已老之蠶，又有未老尚要食葉之蠶，一箔蠶作數日老，遂至每老蠶一條，又用人工捉置簇上蠶上繭之竹枝、稻草等物爲簇，紛紛匆忙，費工不少，山農遂畏飼蠶雜。法：於收蠶種時，每日所出之蠶蛾各一連蠶紙爲連，下卵記號連上。次年小蠶初生，每日所生小蠶各置一處飼養。小蠶初生一日，不食葉無妨。定要每日蠶生齊，同時與葉食。分箔時，切記勿混便。每箔眠一齊眠，起一齊起，老一齊老。二三眠時，條條一樣大，不用人工分别大小。蠶老時，止須將簇置箔上，老蠶自行上簇作繭，不須每蠶費人工捉來上簇。一家卽飼數百箔，亦不難經理。向讀川人論蠶桑書有舉家忙之語，謂是課桑佳話。今乃知蹈此弊也，爰爲是説以救之。尚有飼蠶細弊，散見《蠶桑説》各條中。

清 林楊光、王鎮西《蠶桑條説・平利縣王學官鎮西述呈蠶桑簡易説十九條》 上簇法

或竹稍，或冗柴皆可。惟蠶初上，必先遊走，且多糞尿，必於箔旁燃以無煙之火，遠遠烘乾糞尿之穢，出絲必佳，且蠶吐絲亦利。

清 劉清藜補輯《蠶桑備要》第四篇《養蠶程式》 上簇法 大眠起齊後，第一日夜，祇飼三頓，初飼宜薄但令覆白。二頓尤薄，三頓如第一頓，以後一日夜飼七八頓，須時時挾葉繞箔巡視，但見箔上有空隙處，即以葉補合。大眠後食無停止，缺一分葉，即減一分絲，故但見有空隙處，是蠶先食葉盡也，即用葉補合，晝夜巡視，全在此數日，否則繭薄。飼至身肥嘴小，絲喉漸亮，蠶將老時先自喉間明亮，漸及通身。蠶肥身硬，蠶將老，身漸輭及至通身柔輭明亮，便可上簇。蠶將老之時也，飼之宜薄且頻，養老如養小，亦如人老多食傷脾，若不薄頻，則食不淨。葉溼薰蒸，其所結之繭亦必溼潤，抽絲最難。宜微煖，如老不耐寒，然亦須量度天氣涼煖，消息酙酌，比大眠後未老時宜微煖。不過一二日之間，便可上簇矣。得絲多少，全在此數日。按法飼養，只在二十六七日，便可上簇。若日數愈多，葉愈費而絲愈少也。見有老者，依抽飼斷眠法，宜薄宜頻，候蠶盡皆身體透明，不食遊走，蠶性聚而不散，守而不走，如有遊走者，是病蠶也，棄之。今蠶老絲成，遊走上椽，尋簇作繭，乃造化自然之妙。是作繭也，急宜撥之上簇。

又 附三原桑園蠶婦養蠶簡易法

但看項頸三條横青筋，尚有一條，仍須餧一半日。至項下紅亮，青筋全無，尖頭高仰，即捉在籔箕或篩子，送上簇，不等遍身紅亮。初老者少，先用手捉，至項下青筋些微，食不過一二頓，即以桑條連枝帶葉放蠶箔上。蠶食葉後，均上枝條，看其項下如尚有青筋，即將桑條一頭提住輕敲，將蠶都抖下再喂；如已無青筋，項下紅亮，即取桑條帶蠶，用籔箕盛放簇上。上過兩行簇，簇上再放樹枝，樹枝上再放穀草，穀草上再放熟蠶，蠶上再撒麥草或亂草。簇料、菜子幹穀草夾棉花幹乾樹條，均可用，地下鋪麥草，草上放簇。下子蠶連紙，養蠶時，或鋪，或苫，或放箔子上。上簇時，仍放簇上，可避雷電響動，不至驚蠶。至上簇六日下繭，七日下齊，八日蒸繭，曬乾取絲。蠶繭宜早取絲，若隔年放久，則取絲不成。生絲做線織紬後，練熟則耐久；若生絲過三年則朽。初下連蟻，在卧室小房内用篩筐餧，餧至頭眠起後，又四五日，須無風天巳午時遮蓋好，移放蠶室大房内餧，俟篩筐滿，分布蠶盤，再大分布箔子，上蠶架。其大蠶架，即前篇預設蠶槌做法。又遇天涼時，大蠶室内用木炭火盆。

清 盧燮宸《粤中蠶桑芻言・養蠶事宜條列》

蠶熟上箔法

大眠後，食桑四日而先熟者，謂之標口；至六日而後熟者，謂之孰剩，大率以食足五日桑而熟者爲衆。熟時請人執起，用小窩載住，擕去上箔，每箔約上八手。上時將箔横放，叠置於地，以手撮蠶，分上下左右中間各行泒開，該蠶自能走匀箔上，各自吐絲結繭也。每箔繭約計壹千五百個左右，便焉得中。

清 吕廣文《蠶桑要言・育蠶法》

上山

蠶至熟時新嵊間謂爲蠶績須拾取登山，使之作繭。蓋自大眠放食後，飼至六七天，其蠶腹内均已成絲，腹下甚屬光亮。背上近尾處則兩日前已有一線痕路，不住相扇，俗名扇絲綻。一筷中若見有通身光亮之蠶數十條，俗稱起績花。若遇天煖，不兩三時卽績矣。可將績花先行拾收山上，若待其條條通身明亮，則俗稱麥老。一日蠶老，一時必致婦女手有不逮。此等急欲吐絲，不免絲吐葉替之中，山上成繭轉，不免於稍薄。蓋蠶之頭下有六鬚，若其亮由腹及鬚，而且到嘴，則絲已及嘴，已能絲做繭。雖其蠶稍生，不及通身光亮者之極熟，俗稱生蠶。做硬繭，因其絲不吐於葉，替而繭轉硬也。拾取山上，亦屬無碍。台屬風氣初開，生手爲多，目下甯先從其慎，待其熟些，拾置山上，弗過膽大，卽以生蠶上山，以置山上蹧蹉。且蠶上山時，盛蠶盤須用桑葉五六片同付山上，謂之送山葉。恐中有過生之蠶，尚要食葉數口，始能作繭也。

清 馬丕瑶《蠶桑簡易法・養蠶法》 上簇 古法用稻草爲簇，此處無稻用地膚子或菜子科，棉花科，竪竹筐内，如無竹筐，只要設法竪起，或用繩牽絆，竪起亦可。放木案上，下面置微火，藉受煖氣，蠶得煖則吐絲快利，將來繅絲、織絹，絲不斷而光彩，名熱蠶絲。中間必隔木案者，恐蠶墜地墮入火中也，惟蓄種之繭，不可置火。蠶大眠後，緊飼數日，但見皮老背小，半身明亮，不食游走，便可拈之上簇。飼蠶須以日計，從埽蟻至上簇，不過二十四五日，繭厚而出絲多。至二十七八日者次之，如遲至月餘，則繭劣絲少，而利薄矣。

清 盛宣懷輯《蠶桑備要》 架草 蠶之成繭，不能無所倚傍，故棚上須立草帚，名曰帚頭，散布登蠶，其上有至二三重者。墩帚、折帚各隨鄉之所習，總以密簇爲主。 一折帚中折而盤旋之，如蓋如笠，兩頭向下，其形下大上小。 一墩帚以草紐鬆鬆縛之，截齊其兩頭，如洗帚狀，長尺五六寸。

紐以上長尺許，紐以下五六寸。圍五寸許以雙手握之滿手。左手持紐縛處，右手持其下之五六寸，扭之使轉，則隨扭隨緊，隨紐隨開，下如覆盌，上若仰盂，其形上大下小，要灑得開，立得穩不至眠山。一、殺蠶茅，草帚宜預備，置高燥處，庶臨用不致忙迫，暇日預取稻稾，疏截整潔，用四齒鐵杷，仰縛凳上，持草梢於杷齒上，批去其散亂者，俗名殺蠶茅。《務本新書》『臘月刈茅，作蠶蓐』，即此。古書皆言上簇。

清　衛杰《蠶桑萃編》卷三《蠶政・大眠類》

蠶老狀

身肥背小，長約二寸，粗如小指，色微黄，如糙米色。取向光處照之，絲喉漸亮，身漸輭，為老娘。蠶色暗將老，則喉間先亮；蠶身硬將老，則漸輭。再薄餵三五次，俗云上馬桑，使通身透明，通身柔輭，中有一絲跳動，遊走不食，是欲作繭，急宜上簇。

又《上簇類》

屋宜通氣

蠶將老，則洒埽屋內，束草為簇。無樓板者佳，因瓦縫參差，可以通氣。若在樓下安簇，須先揭起正中樓板一二塊，否則日後繅絲，恐不爽利，俗云悶頭繭。

又《上簇類》

蠶簇均勻

上簇之蠶，不宜太密，密則二蠶合結一繭，其絲淆混難繅。簇之多少，以蠶為准，約每簇一帚，可上蠶七八十枝。屋寬一丈，深二丈，安簇可上蠶五六十斤。

又　簇上加簇

蠶上簇一兩日後，有未結繭而昂頭向上者，以竹枝或柳條勻插簇上，相隔七八寸，可令結繭，俗云山上加山。俟已成窠過十分之九，始用此法，如太早則不必矣。

避風日

蠶初上簇，宜避風避日。

又　時啓閉

蠶老上簇，先成窠後結繭。未成窠以前，宜暗不宜明，須將窗門關閉，無窗門者，以蘆席遮掩；既成窠以後，宜明不宜暗，須開窗門，揭蘆席，令屋內透亮。

又　熱蠶絲

蠶上簇，架下用火，約兩晝夜即可成繭，為熱蠶絲。蠶簇温爽，吐絲快利，法以炭火置簾下，仍將炭盆頻移，以手探之，使滿簾温和，即是恰好之候。簇外以稻草簾圍之，既可避風，又免熱氣分散，俗云關火門。或焚香一撮，引蠶吐絲。上簇第一日最為要緊；第二日火力比第一日稍微。惟上簇時勿早用火。熱蠶絲繅時不斷，亦極省事，且色亮而有力，江浙間多用之。

清　衛杰《蠶桑淺説》

上簇

置朶之法　用桑條、柏枝、芝蔴桿最佳，其餘柳條、榆枝、秫稭均可。鋪蠶於上，畧加桑葉數張，以飼蠶之食上馬桑者，繭成摘下。

清　吴鴻望校，袁俊德輯《蠶政萃編・上簇類》

冷蠶絲

蠶老上簇，蘆簾架下不用火爐，約四五日方能成繭，爲冷蠶絲，繅時易斷，亦費功夫，各省皆用此法，少知改變，惟杭湖不用其絲獨佳。

清　楊鞏《中外農學合編》卷一一《蠶類》

上山

上山一二日後，有未得結繭之蠶，而在山頂昂頭向上者，以竹枝、柳條勻插山上，隔七八寸插一枝，不必太密。即便結繭，俗謂之青山。已在山頂者，必不肯復下，故不能不於山上加山。然必俟成窠者已過十分之九，乃可用此法。用之太早，則未成窠者無不擠上青山矣。蠶初上山，宜避風、避日。將成窠時，不宜摇動蘆簾架子。若一碰動，則蠶口一縮，如受驚狀，往往棄將成之窠，而另結一窠。大約三日內切勿摇動。夜間看火，勿令燈光上射，須戴笠以進，或遮以扇。因蠶見燈光則頭昂，頭昂則絲斷，日後繅絲添些疵累也。蠶老上山，先成窠，後結繭。繭在窠內。未成以前，宜暗不宜明，須將窗門關閉，無窗門則用蘆席遮掩；既成窠後，宜明不宜暗，便當打開窗門，令屋內透亮。蘆簾架下不用火者，約四五日方能成繭，謂之冷蠶絲；用火者，兩晝夜即可成繭，謂之熱蠶絲。用火則蠶山燥爽，吐絲自然快利。冷蠶絲繅時易斷，不如熱蠶絲之省力。用火之法：以炭火置簾下，仍將炭盆頻頻移動，滿簾煖氣，務使勻和。不可過大過小，亦不可忽大忽小。以手按簾，處處温煖，便是恰好之候。

山外以稻草簾圍之，既可避風，又免熱氣外散。俗謂之關火門。關火門之時，或燒香體一撮，引蠶吐絲亦可。上山第一日最為要緊；第二日火力比第一日火力稍微亦可。火炙之法，惟上山時可用。熱蠶絲兩晝夜後繭已做完，聽之無聲，即將火盆及遮圍之稻簾，一併除去，謂之晾棚。《蠶桑須知》《蠶桑提要》

清 楊蔚本《養蠶説》《皇朝蓄艾文編》卷二〇 入簇 治簇之方，惟在乾煖，十蠶九老，始可入簇。蠶少宜屋內作簇，疎開窗戶，內宜通風，勻布柴草，布蠶稀，則絲易繰。又法：以大蓬蒿捆一頭如箒，以繩繫樑柱，布蠶令遍，上下數重，下微生炭火以煖之，煖作繭遲。天熱去火，蓬高性涼最妙。若蠶多則於院內作簇，搆長脊草廈，內遇以木架平鋪蒿稍，或竹篠穀草，布蠶其上，外席箔圍護，此良法也。

清 葉向榮《農林蠶説》

上簇法

簇用糯晚稻草，梳去草衣，兩頭用刀鬧斷，長約一尺六寸。取草二十餘莖，用兩手扭做排列於簾上，或箔內、板上均可。再將老蠶盛於廣漆盤內，盥手布於簇上，要稀密得宜。蠶絲相連，務必扯開布上，否則做成雙繭。倘遇天雨寒冷，週圍遮護，用火極熱烘之，約有八九十度之煖氣，熱則繭易成，絲易繰。但烘過之繭，千萬不能留種。過五日後摘繭，多則用烘繭法烘之，至蠶眠之日，以清香虔祀蠶神。蠶神安於高潔處。大眠以香燭、素菜供酒三杯，不拘米麥麪，做成繭式祀之。

清 豫山《蠶桑輯要合編》上編《養蠶》

收種法

上簇蠶。只要半身明，不食游走，急宜上簇宜極煖，一二時內上完最好。先將草山擰開，豎於箔上，勻布草內，兩晝夜則繭成矣。

清 豫山《蠶桑輯要略編·養蠶法》 上簇 蠶已大眠，天氣甚暖，食葉五日即老，蠶沙亦爛。先捉其老蠶上簇，捉一次糝葉一次。當此時葉要鍘碎，以免架空作繭，謂之上馬桑，半日許盡皆老矣。

清 張文藝《養蠶秘訣》 上山 大眠三朝後，蠶必放身；四五朝後，蠶必收身。收身後，其色漸熟，先見考頭蠶，頭向上撩撥，頸下通亮者，此上山時也。先用乾稻柴若干，將柴殼扒盡，扎如碗口大，將其稍頭用料刀截去，剩一尺七八寸長，在三七分處，用柴扶束緊，防其柴帚歪斜，隨手拉直，謂之山帚。備用上山時，須搭山檯，檯之高低不等，約離地尺餘，愈高愈妙。在屋中用木架起橫木，上再架竪木，每根相離約二尺，用繩扎好，必須牢固。竪木上用蘆箔攤上，蘆箔上先將截下之柴心薄薄攤上，倘架木高，低處亦用柴心墊平，然後用山帚右向旋開放上，其山帚必先互相聯絡，方免坍倒。再於兩帚相聯處用手向上一超，便柴帚脫而復合，則柴莖無拳曲之弊。其靠壁一行，不放山帚，可以出風，初上北面一行，空去半個，身邊一行，有兩行空帚方可，上一行將上山蠶，捉出放盤中，隨捉隨上，不可停歇，恐絲頭絞成結塊。每帚用兩大超，手心朝上，在手指中漏下爲勻。山帚不可有低窅，帚之四面不可有輕重，如蠶身稍次，上山術中，每帚亦兩超，見考頭後，一面飼葉，一面在葉上捉蠶，其不食葉而遊行於葉上者，皆是也。倘上兩層頭山，上層宜早上半日，待蠶尿流清再上下層，防下層蠶繭染尿，絲難抽也。見考頭後，飼葉三五次，可以一齊捉上，即稍有生蠶亦不妨，俗稱生蠶熟繭。至留種之蠶，須條條熟透，方可上山，且帚上宜稍稀。至上山一晝夜，蠶已遮身，倘山頭太擠處，可用細竹梢架上收下，看其能做繭者，另帚再上，其已死者，至兩日後，用針插在竹竿上挑去。天暖三週日，天寒四週日，可以採繭。採繭從先上之第一行帚採起，一行歸一行，倘有爛蠶溏繭，務必輕輕用剪刀連柴剪下，免得污染好繭。每秤十斤，用無紙之竅安置，將繭衣剝光，以備抽絲。

清 趙敬如《蠶桑説》

捉老蠶法

蠶至將老，身長有二寸半，喉下絲亮，食葉甚速。已老，身轉縮小，長不過寸半，全身明亮，其輭如綿。然捉老蠶不可使其過老，以不食游走，半身明亮為度，過老則絲減，諺曰：『蠶捉九，麥割十。』若蠶齊老，捉不及，宜取帶葉柳枝二條，握向蠶箔。老蠶緣柳枝上，使二人牽一單被，提柳枝向被一搖，蠶落被中，以盤盛去上蔟。上蔟大半，所餘之蠶，切細葉撒蓋其身，未老之蠶見葉即食，不食游走者多是老蠶，即用手捉之上蔟。

上蔟法上蔟俗呼為上山

安蔟之地，以高燥有窗戶處為佳。蠶初上蔟，宜閉窗戶，使黑暗無一處通光，則繭坏易成。蓋蠶性好高光亮之處，雖行至山頂，猶昂首欲向高行，游走上下，耗絲甚多。試看早晨上山之蠶，必經夜而繭坏始成，因黑暗之中，不辨高下，隨所遇而作繭也。繭成之後，又宜開窗戶，透風使繭不悶爛。若用火繭，其法以竹木架簾，外間皆用蘆簾，太邑不得，即用苦竹編之。簾上以草帚植之，將老蠶勻布其上，要稀密得宜。倘遇雨冷，簾下用火，極熱烘之，熱則繭易成，絲易繅。

清　趙淵《蠶桑摘要》卷中《大眠類》

蠶老狀

身肥嘴小，長約二寸，粗如小指，色微黃，取向光處照之，絲喉漸亮，身漸輭爲老娘。蠶色暗，將老則喉間先亮，蠶身硬，將老則漸輭，再薄餵三五次，俗云上馬桑，使通身透明，柔輭中有一絲跳動，遊走不食，是欲作繭，急宜上簇。

又《上簇類》

隨老上簇

其色微紅，其輭如綿，通身明亮，卽蠶老之候。未老上簇，失之早，上簇一兩日始作繭，俗云停山。既老不上簇，失之遲，盤內吐絲，上簇結繭必薄。須隨老隨上爲得法。如有老蠶，以大桑葉鋪之，未老則食葉如常，已老必起至葉上，昂頭，如有所求，卽於葉上一一取之，俗云捉老蠶。葉盡再鋪，隨捉隨鋪，至老蠶太多，以柳枝提之，將枝勻鋪葉上，俟老蠶上枝，使兩人執包袱，四角微凹，中一人將柳枝提出，略一搖擺，則老蠶卽下。所提之蠶，均用盤置簇上，此上簇法也。

清　佚名《蠶桑錄要》　催老　蠶至三眠初出至七日爲初眠，又七日爲二眠，又七日爲三眠，長約寸許南方呼爲大眠，食葉有聲，投葉立盡，不論頓數，須要急喂，不可一刻停留，夜則點燈照之。應喂之葉，先期預備，南中謂之催老蠶。看其身肥嘴小，絲喉發亮，卽蠶老時也。餵之宜薄宜頻，亦宜温煖，不過兩三日便上簇矣。俗謂之上山。初二三眠，有隔七日者，有隔三四日者，但停口不食，卽是眠矣，不必拘七日也。

上山　蠶已大眠，天氣甚煖，食葉五日卽老，蠶沙亦爛，先捉其老蠶上山，捉一次，糝葉一次。當此時，葉要撕碎，以免架空作繭，半日許盡老矣。看其起至葉上，通身透明，不食遊走，是欲作繭，急於上山。山用稻草截去頭尾，束成一把，長一尺五六寸。上山時，將稻草把一揿，令其兩頭散開，約蠶十觔，用五十把。將上山時，逐個捉出，用天平稱其觔兩，以知將來出絲收成之多少。

山西農桑總局編《蠶桑淺説》

上簇一名上山

簇上放蠶，要不疏不密，簇室中要溫煖。最忌明暗不勻。

清　黄穀《養蠶新論》第二章《蠶器》第六節《上簇器》《蠶業叢書》第二編　簇之製法，各有不同，而所製原料亦有種種，總當就其地而擇用之，然最要之處，須使價廉而適用，空氣流通者。故我國杭州蠶學館專用湖紹所用之折簇。又以折之過慢，不能供養多蠶，故又用日本撚簇。折簇乃以稻草數莖對折，於中腰用手旋扭，使其四散，而呈傘形，此種簇空氣最爲流通。撚簇以草索爲心，而撚以短草，形如百足，此種簇原料甚爲減省，但須購一撚簇器又稱百足簇器。

又　第五章《上簇》

蠶至老熟，有結繭之能。於五齡之末，呈一種狀態，卽老熟之證，取之上簇，卽結繭也。但其所呈之狀態如何，爲養蠶家所應知之事，今概舉之。

一、體之前半透明，只後二三環有糞形者。

二、食量漸絶，糞塊柔軟者。

三、體漸縮小而行之速者。

四、頭部延長呈探索結繭所之狀者。

以上四者備具，則爲老熟之期。然蠶至五齡方半之時，食量尚未減少，若使之上簇，亦可結繭。惟以上簇過早，難得良繭，且延時甚長，故須撰其適宜老熟者。今將上簇應注意之事述之。上簇注意與否，於絲量之多少，繭質之優劣，均有至大之影響。見篇中已有熟蠶之時，卽須略減桑量，否則殘葉堆積，必使未熟者遲遲不熟。且使遊蠶甚多，不能結繭，故上簇之注意，以減桑爲第一要事。

且蠶之上簇，未熟有害。然過熟，亦有害也。因過老之蠶上簇，絲量必減，繭形亦不規則，尿繭且多，有損繭之光澤，故亦須注意。不可過遲，大約盛食期後經過一日，爲普通上簇之期，可以得量繭。若製種家則須稍遲，在老熟之時，若遇高溫，則必急於上簇，可將熟蠶自篇中揀出，置之簇上。簇之造法見第二章。簇中容蠶之多寡，由簇之種類及其高低而定。大約一平方尺以四十頭至五十頭爲極度，三十頭內外，爲最適宜。過密，則空氣不通。凡蠶之排泄物及死蠶等之汚氣，均有害於繭之色澤。

以上所述，乃關於上簇之要領。今又將結繭中所宜注意者述之。

一、空氣之流通。結繭時與飼育時相同，以交換空氣爲最要。雖在吐絲之時，蠶之呼吸不盛，然簇中水分甚多，汚氣亦盛，考空氣不通則不獨有害蠶體衛生，抑且有害於繭之光澤。

二、溫度之高低。溫度高低，亦爲結繭中重大之事。概以七十五度內外爲最適宜，若溫高在八十度以上，則吐絲甚急，結繭延時雖短，其絲則粗大不均。若溫低在七十度以下，則結繭過於遲慢，其絲亦過細。且在六十度以下之溫，蠶之氣力必弱，每無力吐絲，不能做繭，故溫度不可不注意也。倘室中溫低，須加火力，溫高，則開放門戶，必使溫度適宜，方能達其目的。至其結繭中時間與溫度之關係，則六十八度至七十度者三晝夜，七十五六度者二晝夜，八十二三度者一晝夜。

三、適度之乾濕。結繭中又須注意於乾濕，乾濕過甚，均有妨礙。然濕氣過甚，吐出之絲不易乾燥，又有損於光澤，故尤以乾燥爲宜。且上簇與飼育，不可混同一室。是爲最要。

四、光線之明暗。上簇室之明暗，於結繭大有關係，總宜使四方配置平均爲當。若使其一方稍明，則對此方之絲必厚，而他方皆薄。煮繭時生熟不均，繅絲時亦多斷續，故室之明暗，可以不計，惟須平均而已。

五、靜肅之注意。結繭之時，務須靜肅，不可振動，一振動，則蠶必驚縮，停止吐絲，雖延時再吐，而絲頭已斷，不能接續，製絲時即有害也。

又 第七章《製種》 凡蠶自上簇以至發蛾，其延時之長短，由溫度之高低而異。若在七十六度乃至八十度時，則須十八九日。若在七十度乃至七十三度時，則須二十一二日也。此數日若遇氣候不良，須由人工爲調理。且安置之時，最不可重積，須平列一層爲善。

藝文

唐 白居易《白氏長慶集》卷五《效陶潛體詩十六首》 東家采桑婦，雨來苦愁悲。蔟蠶北堂前，雨冷不成絲。西家荷鋤叟，雨來亦怨咨。種豆南山下，雨多落為萁。而我獨何幸，醖酒本無期。及此多雨日，正遇新熟時。開瓶瀉罇中，玉液黃金卮。持翫已可悅，歡嘗有餘滋。一酌發好容，再酌開愁眉。連延四五酌，酣暢入四肢。忽然遺物我，誰復分是非。是時連夕雨，酩酊所無知。人心苦顛倒，反為憂者嗤。

宋 陳允平《西麓詩稿・採桑行》《江湖小集》卷一七

妾本秦羅敷，家住曲江曲。門前楊柳青，春風啼布穀。樹頭桑初芽，家家蠶始浴。相呼出採桑，採桑如採玉。屈曲迴高枝，攀條剪柔綠。朝晴採桑南，暮雨採桑北。採得桑歸遲，小姑怨相促。陌上綺羅人，問妾眉何蹙。妾恨妾自知，問妾何所欲。消磨三十春，漸喜蠶上簇。七日收得繭百斤，十日繅成絲兩束。一絲一線工，織成羅與縠。百人共辛勤，一人衣不足。舉頭忽見桑葉黃，低頭垂淚羞布裳。

宋 樓璹《耕織圖》卷二《織・第八圖上簇》

東鄰催早耕，西舍呼浸穀。花殘蜀鳥啼，春老吳蠶熟。蚑蚑鞠雪腰，盈盈皤絲腹。剪草架初齊，女郎看上簇。

宋 樓璹《耕織圖詩・織圖二十四首》

上簇

采采綠葉空，翦翦白茅短。撒簇輕放手，蠶老絲腸娛。山市浮晴嵐，風日作妍煗。會看繭如甕，纍纍光眩眼。

明 李開先《李開先集》上册

蠶婦

少婦采柔桑，養蠶日夜忙。葉須防浥臭，椹恐汚衣裳。九老方歸簇王氏《農書》云：『卜蠶九老，方可入簇。』，三眠色正黃。繭絲組織後，温暖卻寒涼。

夏旱旱

春殘雨不足，夏至麥無餘。難應維魚夢，有孤大有書。五年三遇歉，十室九常虛。謾道閒居好，閒居乃索居。

清 王士禎《漁洋精華集詮》上《蠶詞四首》 鳩鳴屋角桑葉低，三眠四眠蠶始齊。小姑嬌小好閒事，簇蠶學罷學添梯。

清 惠士奇《簇蠶詞》《清詩鐸》卷七 麥風細，蠶眠地。桑葉殘，蠶上山。蠶房漸覺侵微暑，乍暄還暖愁煞汝。朝爇熏籠夜點燈，竊脂驅雀貓捕鼠。一日茸茸粉絮結，兩日堆堆白於雪。三日團團論斗盛，小婦量來大婦稱。繅出新絲付機杼，織成十樣花紋綾。君不見繭稅年年充國課，浴蠶孃子常衣布。

清 沈炳震《蠶桑樂府》

架草截禾稈如帚，長尺許，倒植于簾上竹間，所以便蚕作繭也

去年田好多收稻，有米冬舂尚餘藁。平頭翦截一例齊，留待今年作蚕草。山棚堅牢已搭就，次第棚間謀結構。不疏不密整復斜，不縱不横還交叉。短長錯綜如犬牙，離披拉雜何紛拏。自從蚕長不復閒，前村後村斷往還。鄰翁杖頭掛青錢，携杖入門笑且言。君家稻堆如屋高，應有留餘待索綯。我家無田那得此，有買豈復論錢刀。阿翁相須徑相取，何必區區分尔女。呼兒負到翁家，吞忙宂暇留翁茶。

又 上山繚孃不眠不食，口中吐絲，繚孃至脰節間，瑩徹無葉色，乃移置山棚一二日，皆上山矣。

吐絲繚繞蚕已熟，群呼兒女就地捉。兒男上山據巨木，蚕盛于盤運陸續。先周四角後中央，高低分布皆成行。山頭矗矗蚕草密，撲緣已見輸毫芒。今年蚕好十倍過，山棚逼仄可奈何。不愁今日相攢緊聚，但恐采繭同功多。上蠶好未了日在山，門前人語忽囂喧。敲鉦擊鼓聲闐闐，轟轟爆竹飛青烟。兒童訴誶齊爭先，出門四望新月懸。弁山白鬣還當天。

清 吴衡照《看蠶詞》《清詩鐸》卷七 日防生人夜防鼠，村裏家家都閉戶。綠陰時節徧江南，屋上鳴鳩定晴雨。幾日看蠶眠，幾日看蠶熟。簇蠶上山棚，爇薪守蠶箔。小姑日討山棚信，再拜神前代娘問。大姑一月頭不梳，玫瑰花開未簪鬢。大姑稱繭小姑量，阿娘踏車煮繭香。絲成母女各歡喜，里胥打鑼催上忙。

清 周凱《飼蠶十二詠》《清詩鐸》卷七 分箔二眠後，蠶漸大，即宜分箔。禱云：曲植筥筐。曲，箔也。植即蠶槌，以架箔也。筥，圓器。筐，方器。竹葦皆可編。架高去地三尺許，下可炙火。自下而上五六層。蠶至大起，視其食葉稍減，中有瑩光者，置一箔以便先上簇也，俗謂起娘，以其先熟也。

先蠶著箔上，相之具苦心。《漢書藝文志》有相蠶經一卷。昂昂青鴉觜，小大毋相侵。筥圓而筐方，位置深房深。分藏待上簇，中有帛與金。

又 上簇以稻麥稭或竹篠葦幹，縛如山，將蠶通體瑩徹者置其上，俗呼上山。勿遲，遲則繭薄。

蠶老色微紅，有絲何纏緜。麥稭與竹篠，縛之如山然。捉蠶上山來，所戒在遲延。不羨大於甕，作繭箇箇圓。

又 炙箔蠶宜溫，上簇時更宜加煖。微火炙之，毋太烈

大蠶已吐絲，小蠶看猶臥。恐犯春風寒，候火不敢惰。蘆簾疊疊鋪，桑柴細細剉。宜溫毋太烈，守爐忍饑餓。

清 吴振棫《迎梅送梅曲》《清詩鐸》卷一 四月麥黃，五月梅黃，新蠶入簇雨氣涼。

清 董恂《南潯蠶桑樂府》

架草

去年田熟多收稻，淸白枝枝不枯槁。先留今歲蠶忙柴，幸是藏多不嫌少。須教平截一樣齊，二尺許長乃正好。每草一握中束之，散其兩頭計亦巧。不疏不密置山頭，不高不低互相繞。簾上先教次第排，那容欹側愁傾倒。日來寢食竟無閒，架草搭棚事難了。聞說鄰家繭已成，來歲收蠶也宜早。

又 上山

縛棚初就蠶初熟，已見繚娘滿蠶箔。合家飽食趁朝閒，摒擋今朝蠶上簇。小兒捉蠶盛向盤，大兒上蠶據山角。取蠶散布蠶草間，疏疏密密山頭矗。今年蠶好勝往年，卻苦山棚限于屋。上山已罷暫休息，棚底相偕坐瑟縮。小姑

作勞倦不支，看山即向山旁宿。關心忽憶嫁衣裳，軋軋聲驚眠不足。

清　董蠡舟《南潯蠶桑樂府》

架草

禾稈一握二尺高，縛作帚狀繩束腰。兩頭銼切平若砥，矗立豈復愁傾搖。架構山棚已就緒，左右前後排以序。斜斜整整密于林，犬牙出入相撑拄。去歲豐收饒稻稭，結來草堵如高崖。冬舂白米已上囤，乘閒先斫蠶忙柴。不憚勞勞到深夜，閒時肯忙忙得暇。今朝用去尚未餘，賣向鄰村博高價。

清　沈秉成《蠶桑輯要・樂府二十首》

上山繚娘不眠不食，口中吐絲，繚繞至胘節間，瑩徹無葉色，乃移置山棚上，名曰上山。

吐絲繚繞蠶已熟，羣呼兒女就地捉。男兒上山據巨木，蠶盛於盤運陸續。今先周四角後中央，高低分布皆成行。山頭矗矗蠶草窰，撲緣已見輸毫芒。今年蠶好十倍過，山棚傴仄可奈何。不愁今日相攢聚，但恐采繭同功多。同功者，兩蠶共作一繭，緒亂而不堪為絲也。棚隘蠶密，則同功多矣。上蠶未了日在山，門前人語忽囂喧。敲鉦擊鼓聲闐闐，轟轟爆竹飛青煙。兒童詬誶齊爭先，出門四望新月懸。弁山白鷖還當天。俗傳弁山有神，能攝取蠶稻。每春秋之際，蠶稻將熟，薄暮，有白氣横亙天半，曰白鷖，見者減收。里俗鳴鼓噪而逐之，小兒連手詬詈，殊不可解，然亦載《烏程志》，又可異也。

清　宋昆田《采桑女》《清詩鐸》卷七

采桑女，淸且妍。盈盈纔十五，鬢髮初覆肩。生長村舍中，不識黛與鉛。新春買得流年圖，把蠶最好惟小姑。吳蠶三眠復三起，紮山看火屋角呼。采桑女，采桑宜及時。采多畏葉乾，采少憂蠶飢。蠶不飢齊上簇，三日山頭繭如犢。小繭作絲光比銀，大繭作緜軟勝茵。城中美人學歌舞，羅綺成堆視如土。霜雨獵獵十月寒，采桑女兒衣仍單。

雜録

宋　吴曾《能改齋漫録》卷一八《神仙鬼怪》

蠶吐絲成段

宣和間，新喻博侯初為蘄春蔡氏婿。登第之歲，婦家簇蠶不繭，緣屋吐絲，自然成段，長丈餘，廣數尺，奕奕正黄，厚薄若一，如有邊幅。然鄉人以為祥，賦詩盈軸，有一聯云：『園客有絲難比甕，鮫人無杼自成綃。』號為絶出。洪駒父亦有一篇云：『公子青衫得意朝，閨門異事喜成謡。星河牛女支機石，泉室蛟人暗織綃。園客憑虚誇獨繭，氷蠶志怪豈同條。細看霞綺驚羣眼，詎減霓裳下九霄。』

清　葉向榮《農林蠶説・下蟻》

一二眠後起齊，切葉宜稍粗，即是三眠出火，去筐底寸草。若三眠種，三眠後，食葉五六日即上簇，此蠶繭薄絲少，不宜養。四眠種，三眠後仍是切葉，即四眠後，以桑葉大致開破飼之，蠶易得食，不阻尋咬之功。功候較速，眠時如前摻礱糠、去食。蠶起鬆，此時要住食三日，方能起齊。辰巳時取臘緑豆磨麫，用滾水攤涼，少許潤葉，每一大筐，拌半升於葉上飼一頓，此時方抬網。明日辰巳時，復如上法，潤水拌白米麫半升於上，飼一頓，再抬網。飼開破葉，五頓，再拌臘製桑葉麫飼一頓。如葉缺間，飼四五頓無妨。每日抬網去沙，葉食盡即飼，不論頓數。若天氣暴熱，開窗；暴寒，又宜闔閉。致身肥嘴小，喉絲漸亮，老之時也，飼之宜勤。宜温煖。不過三二時，便全上簇。

圖表

明　徐光啓《農政全書》卷三三《蠶桑》

蠶簇　《農桑直説》云：簇用蒿稍、叢柴、苫席等也。凡作簇，先立簇心，用長椽五莖，上撮一處繫定，外以蘆箔繳合，是為簇心。仍周圍勻竪蒿梢，布蠶簇訖，復用箔圍及苫繳。簇頂如圓亭者，此團簇也。又有馬頭長簇：兩頭植柱，中架横梁，兩傍以細椽相搭為簇心，餘如常法。此横簇，皆北方蠶簇法也。嘗見南方蠶簇，止就屋内蠶槃上，布短草簇之，人既省力，蠶亦無損。又按，南方《蠶書》云：簇箔以杉木解枋，長六尺，闊三尺，以箭竹作馬眼槅，插茅疏密得中，復以無葉竹條，從横搭之。簇背鋪以蘆箔，而竹篾透背面縛之，即蠶可駐足，無跌墜之患。此皆南簇，較之上文北簇，則蠶有多少，故簇有大小難易之不同也。然嘗論之南北簇法，俱未得中，何哉？夫南簇蠶少，規制狹小，殆若戲技，故獲利亦薄；北簇雖大，其弊頗多：蒿薪積叠，不無覆壓之害；風雨侵浥，亦有翻倒之虞。謂經雨倒簇也。《蠶桑直説》云：簇蠶時，雨被沾濕，纔晴，不以成繭不成繭，翻倒別簇。如雨少，則曝乾。復外内寒燠之不勻，或高下稀密之易，所以致簇病内生，繭少皆由此故。習俗既久，未能遽革。今聞善蠶者一法，約量本家育蠶多少，選於院内空地，就添椽木、苫草等物，作連脊厦屋，尋常别用，至蠶老時，置簇於内，隨其長短，先構簇心，空直如洞，就地掘成長槽，隨宜闊狹，旁可人行，以備火患。謂用火法也，《蠶書》云：已入簇，微用熟炭火温之；待入網，漸漸加火，不宜中輟。稍冷，游絲亦止，繰之即斷。多煮爛作絮，不能一緒扣盡矣。外則用以層架，隨層卧布蒿梢，以均蠶居。既畢，用重箔圍之。若蠶少屋多，疏開牕户，就内簇之亦可。如此，則上有芘覆，下無濕潤，架既寬平，蠶乃自若。又總簇用火，便於炤料，南北之間，去短就長，制此良法，宜皆用之，則始終無慊矣。

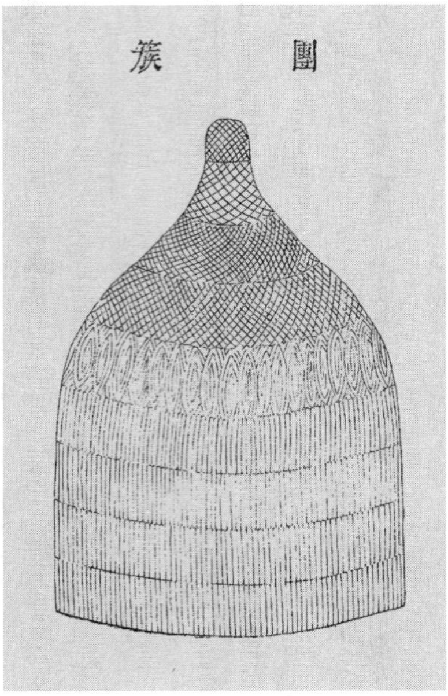

清 衛杰《蠶桑萃編》卷一一《圖譜》

上簇圖説

大眠既起，一日一分擡。時時飼葉，飼至身肥嘴小，絲喉漸亮。其蠶將老，遊走不食，遍體透明；其蠶將作繭，撥之上簇，不拘方簇、團簇、長簇均可。

清 羊復禮《蠶桑摘要·圖説》

山棚總圖式

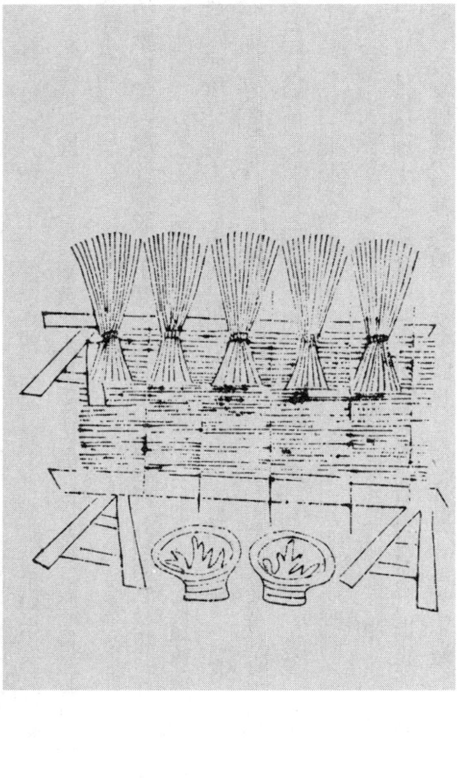

此浙人上蔟式，俗謂上蔟爲上山，採繭爲開山，故名山棚。《許氏說文》：蔟行蠶蓐。陸放翁詩曰：永吳蠶上蔟時。其由來舊矣。其法：下立山欓，中鋪蘆簾即葦箔，上竪草帚，長短闊狹無定，視室之大小爲之。或鋪四簾，或鋪六簾均可。蘆簾下設火盆烘之，與粵人用竹箔不同。竹箔價貴，而拙草帚價廉而易，且隨處皆有，不必倣造。鎭屬初興蠶事，當擇而用之，併繪各圖於後。

清 張集賢編撰，郝子雅繪製《桑織圖》

上簇

蠶上簇時透體明，吐絲結繭自經營。老蠶畏寒室宜煖，時添炭火加烘籠。

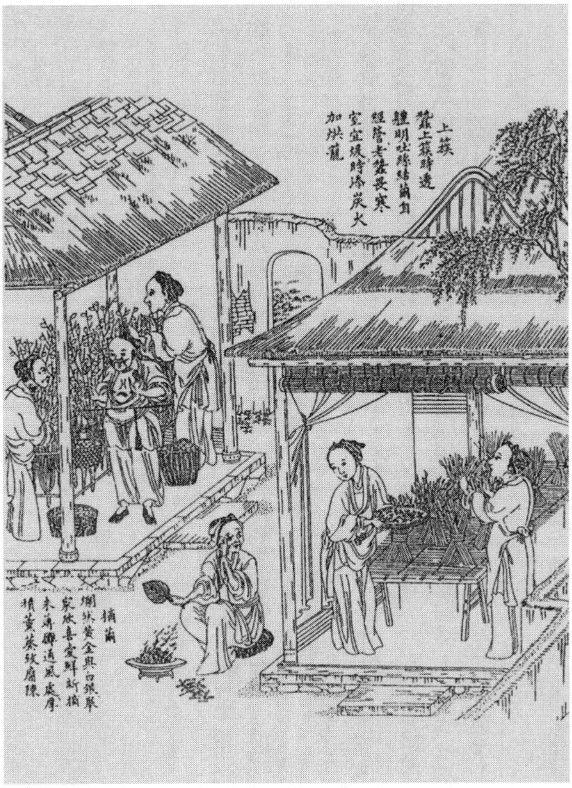

結繭

題解

清 鄂爾泰《授時通考》卷七四《蠶事門》 簇中繭病有六：一、簇污，二、落簇，三、游走，四、變赤蛹，五、變殭，六、黑色。污簇之病，蠶老食葉不净，其葉蒸濕，帶葉入簇，故繭亦濕潤，此為簇污。其餘五病，皆地濕天寒所致。

論説

清 陳淳《實驗蠶桑簡要法》下篇第二十五章《上簇之法》 上簇當以塊二三粒本脱盡若爲適。早期本熟，流失頗多，遲必過熟，同功不鮮，故俱屬不利。

綜述

元 司農司《農桑輯要》卷四《養蠶》

大眠擡飼

《韓氏直説》：蠶自大眠後，十五六頓即老，得絲多少，全在此數日。葉足則絲多，不足則絲少。見有老者，依抽飼斷眠法飼之，候十蠶九老，方可就箔上撥蠶入簇。如是則無簇汗、蒸熱之患，繭必早作，硬而多絲。養蠶無巧，食到便老。

又 簇蠶

《齊民要術》：蠶老時，值雨者則壞繭，宜于屋内簇之薄布薪于箔上，散蠶訖，又薄以薪覆之，一槌得安十箔。

《務本新書》：簇蠶地宜高平，内宜通風，匀布柴草，布蠶宜稀。密則熱，熱則繭難成，絲亦難繰。東北位，并養六畜處，樹下、坑上，糞惡流水之地，不得簇。野語：『如天氣暄熱，不宜日午簇蠶。』蠶老不禁日氣曬暴故也。

又 《韓氏直説》：安圓簇，阜高處打成簇脚，一簇可六箔。蠶十分中有九分老者，宜少摻葉名上馬桑，就箔上，用籰箕般去，宜款手摻於簇上自東南起頭，不令落地。務令稀匀，上復覆蒿梢或豆藍，摻蠶如前。至三箔，復梢倒根在上，如此，則簇圓又穩。自後，蠶可近上。摻至六箔，覆蒿令簇圓，上用箔圍苫繳簇，頂如亭子様防雨。至晚，又用苫将簇從下繳至上，苫相接，日出高時捲去，至晚復繳。三日外，繭成不用。馬頭簇，亦依上苫繳，柴薪要廣，簇又玲瓏，中間宜架杆。蠶多，宜馬頭簇，簇脚宜南北。曬簇：上蠶後第三日辰巳時間，開苫箔，日曬至未時，復苫盖如前。如當日過熱，上楮單箔，遮日色。翻簇：上蠶時被雨霑濕，雨纔止纔晴，即選一簇地盤，如雨濕了，則取乾墻土厚覆，治簇之法如前。不以成繭不成繭，翻騰遷移別簇，封苫如前。小雨則不須，但可曬曝。又有一法：臨簇有雨，只于蠶屋中、木槌下、地面上安簇，開了門窓，使透風氣。早夜或陰雨變寒，則閉門窓，添牛糞火，旦翻簇之法又為妙也。又一法：槌箔上虛撒蒿，槌周圍簇稍與蒿箔苫圍之，蠶自作繭，猶勝于雨中簇也。楮音支。

清 蒲松齡《農桑經・桑經》

上簇

自大眠後十五六頓即老。見有老者，量數減食，候十蠶九老，方可上簇。

又 蠶老遇雨

值霪雨，宜簇屋內。薄布薪於箔上。散蠶訖，又以薪薄覆之。

又 上簇

值雨則壞繭，宜於屋內簇之，薄布薪於箔上，散蠶訖，又薄以薪覆之，一槌可安十箔。此篇尤為易行，尤甚确實。擇種浴連之法前篇已載，故略之。

清 鄂爾泰《授時通考》卷七四《蠶事門》

入簇

《農書》：簇箔，宜以杉木解枋，長六尺，闊三尺，以箭竹作馬眼槅，插茅疏密得中，復以無葉竹篠，縱横搭之。又簇背鋪以蘆箔，而以篾透背面縛之，即蠶可駐足，無跌墜之患。且其中深穩稠密，旋旋放蠶其上，初略欹斜，以俟其糞盡，微以熟灰火温之。待入網，漸漸加火，不宜中輟，稍冷即游絲亦止，繰之即斷絶。多煮爛，作絮不能一緒抽盡矣。

《齊民要術》：蠶老，值雨則壞繭，宜於屋裏簇之，薄布薪於箔上，散蠶訖，又薄以薪覆之，一槌得安十箔。又法：以大蓬蒿為薪，散蠶令遍，懸之於梁柱，或垂繩鈎戈，鶚爪龍牙，上下數重，所在皆得懸訖。薪下微生炭火以暖之，得暖則作速，傷寒則作遲。數入候看，熱則去火，蓬蒿生涼，無鬱浥之憂。死蠶旋墜，無污繭之患。沙策不住，無瘢痕之疵。鬱浥則難練，繭污則絲散，瘢痕則無用。蓬嵩簇亦良，其外簇者，晚遇天寒，則全不作繭。用火易練而絲明白，曝死者雖白而漕，脆膁練長，衣著幾將倍矣。甚者虛實失歲功，堅脆懸絶，資生要理，安可不知哉！

《務本新書》：簇蠶地宜高平，内宜通風，勻布柴草，布蠶宜稀。密則熱，熱則絲難成，絲亦難繰。東北位，并養六畜處，樹下、坑上，糞惡流水之地，并不得簇。

《士農必用》：治簇之方，惟在乾暖，使内無寒濕，蠶欲老，可簇地盤，燒令極乾，除埽灰净，於上置簇。

又 簇中繭病有六：一、簇污，二、落簇，三、游走，四、變赤蛹，五、變僵，六、黑色。污簇之病，蠶老食葉不净，其葉蒸濕，帶葉入簇，故繭亦濕潤，此為簇污。其餘五病，皆地濕天寒所致。

《韓氏直説》：安圓簇。於高阜處打成簇脚，一簇可六箔蠶，十分中有九分老者，宜少摻葉，就箔上用簸箕般去，宜款手摻於簇上，務令稀勻，上復覆梢蒿或豆藉，復摻蠶如前。至三箔覆梢，倒根在上，自後蠶可近上。摻至六箔，覆蒿令簇圓上，用箔圍苫繳簇頂，如亭子樣。至晚，又用苫將簇從下繳至上，苫相接，日出高時捲去，至晚復繳。三日外，繭成不用。馬頭簇亦依上苫繳，柴薪要廣，簇又玲瓏，中間宜架起。蠶多者宜馬頭簇，放脚宜南北。

又 曬簇上蠶後第三日辰巳時間，開苫箔，日曬至未時，復苫蓋如前，如當日過熱，上楮單箔遮日色。

又 翻簇上蠶時，被雨霑濕，雨纔止纔晴，即選一簇地盤，不以成繭不成繭，翻騰遷移別簇，封苫如前。小雨則不須，但可曝曬。又一法：臨簇有雨，只於蠶屋中，木槌下，地面上，安簇，開門窗使透風氣。早夜或陰雨變寒，則閉門窗，添牛糞火，比翻簇之法又為妙也。又一法：槌箔上虛撒蒿，槌周圍簇梢與蒿箔苫圍之，蠶自作繭，猶勝於雨中簇也。

又 十蠶九老，方可就箔上撥蠶入簇，如是，則無簇污蒸熱之患，繭必早作而多絲。

黄省曾曰：簇以稻草為之，殺疏之必潔，則不牽絲，乃握而束之，厚藉以所殺疏之草殼，可以禦地濕，可以承墜蠶，乃以握許登之，勿覆以紙，至次日，少以稻稈摻焉。以屬其作綴之未成者，勿用菜萁，善絆擾而薄，繭七日而摘，半月而蛾生。凡蠶色之青也，為老之候，其在簇而有雷，則以退紙覆之，以護其畏。

清 方觀承《述本堂詩集・看蠶詞》 稻草去衣，截長三尺許，束而陳之，火炙薄下，蠶皆緣草而上，吐絲作繭自衛，為上簇，俗呼上山。乃祝之云『絲須白，繭須重』，諵諵不已。勤視兩晝夜而繭成矣。

又　蠶大起後，吐絲以青闌為佳，紅闌則知其必歉。絲之精者為緯，三繭絲充貢，名合羅。初下之毛繭，外有浮衣，為蠓透子，剝而攤之，令通風涼。繭之帖草凹瘪者，名柴坳。繭不堪治絲，祇可做綿。三眠既成，百室賽祀，謂之獻。大眠自元旦至上元，村民以竹葦束炬然之，名曰照田蠶，火光巨者為勝。

清　包世臣《齊民四術》卷一下《農一下·農政》　蠶桑　蠶老齊乃上簇，宜輕撒疏布；簇外以葦薦蔽風，進火盆暖之。約屋三間，火四角并中央五盆。盆各以席圍之，使火氣向上反下，則勻而不燥。結網成胎，火尤宜暖，晝夜不可斷，繭成，即剝去皮薄攤，毋令蒸罨。

清　高銓《蠶桑輯要》卷下

灼蠶不灼繭

山棚用火，宜乘蠶未裹身時灼之。不宜灼繭，蓋蠶未裹身，旺火熏灼，則乘熱攤花，遺溺皆燥，繭成即不颺緒。蠶絆絖，謂之攤花。纍絲時，絲斷繭颺不能歸緒，謂之颺緒。攤，呂支切。《太元經》云：『張也。』若旺于成繭之時，則吐絲繚亂不及，盤旋縈繞，而厚薄不均矣。故蠶方露身，用火宜旺，既裹身不得太旺，以簾上常熱為度。

清　高銓《吳興蠶書》卷下《上山》

蠶忌風雷　蠶口吐絲，遇風則縮。山棚之上，宜四面圍護遮風，俾得縈絲成繭。又畏雷，上山聞雷聲卽驚，而不能成繭。俗用蠶蛻紙覆於棚上，以為保護，故老相傳云：『蠶蛻卽蠶母，有母在，足以護其子之畏也。』故担烏之後，蠶連紙不可擲棄。

灼山

小蠶宜煖，老蠶亦宜煖，煖則易於成繭。故上山畢，須以炭火灼之。況老蠶多溺著，繭卽潮，不得火不燥。室中應用火盆，隨屋大小加減，盆離棚約二尺，不可過高，亦不可過低。棚下宜貯水一桶，以爲厝火不虞之備。凡蠶作繭，以灼山爲第一要著，少不得宜，蠶雖豐收，繭卻多病，做絲無分兩矣。

又　排火盆　火盆之多寡，須視屋之大小，亦當酌量炭之大小。若用江炭屑，或川炭屑，火雖旺，卻不生焰。盆宜墊高，令稍近棚。又宜密布，室大者二十盆，小者十八盆。火稍微，卽撤開面上之灰，使火長旺。如用近地之大炭，其火生焰，盆宜稀。排室大者十六，小者十四，離棚須稍遠，晝夜在棚下照瞭，一看火力微旺，加減柴炭，一防火星飛爆，預爲撲滅。沈炳震《蠶桑樂府》云：看火春禽鳴，屋山是時有。鳥啼曰灼山，看火意似相警者，然亦物類之相感也。

清　沈炳震《蠶桑樂府·撩火》　山頭作繭聲唧唧，棚底瓦盆火烈烈。積薪投炭當風爇，掀騰暖氣如炎熱。抽毫布繭絲不絕，羅列輝輝萬點星。隨風飛焰舞流螢，茅檐打頭絕低小。且為汲水高建瓴，今年葉貴錢不足。絮被典盡更質褥，三春餘寒風破肉。趁暖還來棚下宿，欠伸睡思未全刪。看火春禽叫屋山，滿山如雪昨夜添，鬖髿一望盡埋尖。

清　董蠡舟《南潯蠶桑樂府·撩火》　棚底輝輝熠火爛，老瓦盆中熾新炭。更番守視不遑安，自明至昏又達旦。性愛溫和怯寒沍，要得微陽相嫗煦。暖氣掀騰舉體熱，乙乙抽毫絲不絕。靜中似聽唧唧聲，山頭作繭半已成。去年連旬不開霽，市中炭值頓翔貴。今年天氣獨暄和，差喜所用猶無多。祇恐周防稍怠慢，祝融回祿能為患。東家峨峨好堂宇，可憐一炬成焦土。樹杪禽言如警我，請君灼山須看火。

清　方大湜《桑蠶提要》卷二《蠶事四十條·上山七則》　置火爐　蠶老上山，蘆簾架下，不用火者，約四五日方能成繭，謂之冷蠶絲。用火者，約兩晝夜卽可成繭，謂之熱蠶絲。用火則蠶山燥爽，吐絲自然快利。冷蠶絲纍時易斷，不如熱蠶絲之省力。用火之法：以炭火置簾下，仍將炭盆頻頻移動，滿簾煖氣，務使勻和，不可過大過小，亦不可忽大忽小。以手按簾，處處溫煖，便是恰好之候。山外以稻草簾圍之既可避風，又免熱氣外散，俗謂之關火門。關火門之時，或燒香燈一撮，引蠶吐絲亦可。上山第一日最爲要緊，第二日火力比第一日火力稍微亦可。火炙之法惟上山時可用。

又　《春季十五則》　結繭　四眠後食葉旬日，噤口退臕，卽令在樹上吐絲成繭。自蠶出至結繭，約兩箇月。魯山蠶少之家，亦令在圍上結繭。若蠶多繭多，則於避風處另設繭廠，上搭茅棚，下堆樹枝荒草，將老蠶送到廠內樹枝荒草上聽其結繭。因樹上結繭過多，一時難於偏摘，恐遭陰雨損壞也。

清　程岱葊《西吳蠶略》卷上

見繚孃

鋪地飼六七周時，映光照之，其體透明，謂之通，忌言亮，通則老矣，不食葉，身亦漸縮，吐絲繚繞，謂之繚孃。《埤雅》云：蠶足於葉三俯三眠，二十七日而老，老則紅，故謂之紅蠶。今湖蠶皆四眠，其三眠種，老亦不紅。

清　周凱《詠蠶十二詠・分箔》《淸詩鐸》卷七　先蠶著箔上，相之具苦心。《漢書・藝文志》有相蠶經一卷。昂昂青鴉觜，小大毋相侵。筥圓而筐方，位置深房深。分藏待上簇，中有帛與金。

炙箔。蠶宜溫，上簇時更宜加煖，微火炙之，毋太烈。

清　鄭文同《蠶桑輯要・育蠶十二則》　蠶熟將欲吐絲，即先搭山棚，約高四五尺，架以木桁竹竿，上鋪蘆簾，預儲堅淨稻幹，束把如帚，至是排列簾面，將熟蠶捉上，天暖則頃刻成繭。若多不勝捉，以柳枝十數條排於箔面，蠶即緣枝而上，使兩人執包袱角，將柳枝向袱上一摇，則蠶下如雨，便易捉矣。做繭之處，宜爽氣透風，又須遮蔽其亮光。若天氣寒冷，或以微火炭盆，置山棚下，以助蠶力。惟欲留種者，終不宜用火。成繭功有遲速，約三四日，即可采繭矣。

清　汪曰禎《湖蠶述》卷三　作繭紙法　蠶老不登簇，置之平案上，即不成繭吐絲，滿案光明如砥。吳人效其法，以製團扇勝于紈素，即古之繭紙也。《宋史》：景祐四年，靈河縣民黄慶家蠶自成被，見《五行志》。由今觀之，自成被之説，得非人力為之耶！《西吳蠶畧》

又　擦火

山棚下著火一周，用炭火極旺《育蠶要旨》，曰擦火，《廣韻》：擦桑，割七曷二切。《烏青鎮志》亦曰灼山《胡府志》，亦曰炙山《烏程劉志》。小蠶宜暖，老蠶亦宜暖，暖則易于成繭。况老蠶多溺著，繭即潮，不得火，焉能使燥。火盆離棚約二尺，不可過高，亦不可過低。《吳興蠶書》使熱上升，則乘此縈絲，作繭不停口，而盡出腹中所有矣。《烏青鎮志》城中必蓋以灰，不欲其過熱，南潯則必吹，使極熾蓋，肥絲細絲，各有所宜也。《遺聞瑣記》先是有鳥鳴如曰葉貴了，至是又有鳴者曰灼山看火，意似相警者然。《胡府志》育者倦，極常有火患。《涌幢小品》棚下宜貯水一桶，以為不虞之備。凡蠶作繭，以灼火為第一要著，少不得宜，繭雖豐收，決多病繭，做絲無分兩矣。《吳興蠶書》又有冷種，不必用火。《遺聞瑣記》凡不用火者，絲縷終不如著火之光。《吳興掌故》

一、打悶烟　蠶初上山，皆聚簾面，未升于帚，驟進火即損蠶。須燒草，以烟熏之，按，即用曬燥之蠶蕻。謂之打悶烟。蠶畏烟，即上帚頭尖。《吳興蠶書》

按，蠶得烟即遺溺，可免上帚後遺溺污繭。

一、火宜柴炭相兼　砂盆貯火，盆底先以灰護之，用四寸長堅硬乾柴，填實半盆，再鋪炭一層，上加炭一層，發火煨之。樹柴煨旺，火力耐久，最省炭。《吳興蠶書》

一、排火盆　火盆多寡，須視屋之大小，亦當酌量炭之大小。若用江炭屑，或川炭屑，火雖旺却不生焰。盆宜墊高，令稍近棚，又宜密布。室大者二十盆，小者十八盆。火稍微，即撤開面上之灰，使火長旺。如用近地之大炭，其火生焰，盆宜稀排。室大者十六，小者十四，離棚須稍遠，晝夜在棚下照瞭。一看火力微旺，加減柴炭；一防火星飛爆，預為撲滅。《吳興蠶書》

一、灼蠶不灼繭　用火宜乘蠶未裹身時，旺灼之。不宜灼繭，旺灼蠶身，則乘熱攡花，蠶溺皆燥，繭成即不颺緒。蠶絆旒，謂之攡花。繅絲時，絲斷繭颺，不能并緒，謂之颺緒。攡，呂支切。《太元經》云：『張也。』若旺于成繭之時，則吐絲繚亂不及，盤旋縈繞，繭成厚薄不均。故蠶既裹身，不得太旺，以簾上常熱為度。《吳興蠶書》

一、闢火氣　棚下不可使火氣散漫，四圍用簾席遮蔽，務令熱氣上騰，簾帚皆暖，則蠶即攡花而裹身矣。《吳興蠶書》

一、均火力　用火第一要勻。若或驟或熄，則成繭繅絲必至躝頭颺緒，諸病百出矣。繅絲時，其繭跳躍上撞，謂之躝頭。躝，丑犯切，跂足也。俗以跳躍為躝，讀平聲。旺火宜灼一日夜周時後，減炭兩日後，可熄火。《吳興蠶書》

一、察天時　天寒火宜旺，天熱火宜微。天燥火宜緩，天潮悶，雖極熱，亦宜旺。《吳興蠶書》

清　曹笙南輯《五畝居桑蠶清課》卷二《育蠶徵信篇》

熱蠶絲法

《西山農書》：放蠶簇上，以熟灰火溫之，待成綱，漸漸加大，不宜中輟。稍冷，即游絲，亦止繅之，即繼絕者多煑爛作絮，不能一緒抽盡矣。《蠶桑寶要》：蠶初上山時，棚架下勻排火盆幾箇，晝夜加炭。兩晝夜後，繭已做完，聽無聲響，即將火盆除去。《蠶桑續編》：嘉湖蠶桑甲於天下，即如蠶老上山，簾架下必用極熱火坑，爲熱蠶絲，一則烘去蠶溲之水，使山燥爽；二則蠶口吐絲快，利繅，絲性純，纖細光彩，異於他絲。他處之蠶上山，不用火坑，為冷蠶絲，吐絲口緩，膠黏着實纏，絲不純易斷。惟火坑之繭，不可留種，育之不收。

清 曾鉌《蠶桑備要》卷二 收簇料 南人用稻穀草，截去頭尾，束成一把。上簇時一擰兩頭撒開接連，直豎箔上，千頭子更妙。即鐵掃箒，到處有。北人以菜子桿、棉花桿、粟穀草、茅竹梢等，均可束成把子用。以板凳兩條，横擔竹竿三四根，上架箔子，箔子上接連豎簇行子，排滿，再挨搭箔子再豎。如無箔子，即以麥草鋪地上，豎簇把，凡簇上仍可鋪麥草、亂草。

清 陳滓《實驗蠶桑簡要法》下篇《養蠶法》第二十三章《揀選熟蠶三法》 雖五齡之蠶，養至四日後，皆可上簇，殊不知未熟之蠶，薄繭甚多。若成熟者，絲量豐滿，大有天淵之別。故五齡期愈長，愈佳者此耳。

又 第二十五章《上簇之法》 放蠶時，貴疏密得中，疏期耗簇，密則繭多同功，約每一平方尺放熟蠶五十頭爲適。

又 春蠶用火補溫，不可暴升暴降，致繭厚薄不均，且多頹節。又須時給以新鮮空氣。若夏秋蠶至八十度以上者，空氣更宜流通，屢啟窗戶，萬勿鬱閉而悶繭也。

又 第二十六章《豫防繭病之法》 或上簇時，用火過旺，悤遽吐絲，不及周徧環繞，其繭一頭穿破者，曰穿頭繭；或限於地，黏簾附簇，結成深印者，曰着簇繭，亦曰草凹繭、棱角繭；或上簇過稠，二三蠶共營一繭者，曰同功繭；或蠶溺霑染，漬成黄瘢者，曰尿暈繭，亦曰推出繭。

蠶之作繭，本藉其護膜質而成。若簇室中濕重，則繭帶濕氣，護膜質固着，妨解舒損光澤。

簇中萬一進風，蠶即停其營作而不成繭，且繭多纇節，難於製絲。

上簇後宜不時巡視，如有遊行簇上未造繭者，易其地以處之，並嚴防鼠害爲要。

清 陳開沚《裨農最要》卷三

置火盆

蠶老上山，遇天氣寒冷，定宜用火。若不用火，約四五日，方能成繭，間有畏寒懶作繭，即作繭，亦薄軟。謂之冷蠶絲。用火者約兩晝夜，即可成繭，謂之熱蠶絲。用火則蠶山燥爽，吐絲自然快利。冷蠶絲縷時易斷，不如熱蠶絲之省力。用火之法：緊閉門窗，不使外寒侵入，內熱走散，以無煙炭火盆置屋中，頻頻移動，務令滿室温煖，不可過大過小，亦不可忽大忽小，覺處處温煖勻和，便是恰好之候。俗謂關火門。關火門之時，或燒香體一撮，引蠶吐絲亦可。上山第一日最為要緊，第二日火力稍微亦可。蠶吐之絲，置水土中，歷久不敗。若在蠶腹，未經吐出，即化而為水。故天寒定宜用火，方能吐盡腹中絲，結繭圓硬，不用火者反是。但火性最烈，太大既恐傷蠶，又恐引燃蠶山。里人某因熱蠶焚宅，故用火必須使細心人，晝夜時時檢點。若天氣温暖，不用火亦可。

清 關維震《養蠶法》第九章《上簇》 簇之構造 簇之造法不一，已於前上簇具中説明。大率每枝之距離以相隔六七分至八九分爲最適。蠶每喜於簇之上方營繭，以稍高爲貴。互相排列，宜勻整。上部宜稍密，以便蠶之結繭上方。下部宜稍疏，則支持穩固，不致傾側。

上簇之時期 蠶次第脱皮既畢，更過七八日，體軀縮小，排洩鮮綠色軟糞，第四五環節以上半身已現透明，食慾全絶，此時卽爲拾使上簇好時間。若至全身透明，頻頻運動吐絲，掉頭四覓營繭之處所，則已過熟。蓋蠶未熟上簇，則不速營繭，常迴轉於簇內，絲量必因之減耗。且排洩糞尿，尤易損絲之品質。若上簇過熟，先已隨處吐絲，絲縷既已耗費，繭量亦必減薄。故拾使上簇時，務宜注意適當時期，不可過遲過早爲要。

上簇之疏密 簇之面積，每方尺約四十頭内外爲適當。若過密則多數之蠶擠於一處，無適當營繭之處所，必多生同宮繭。且多汙穢，繭之光澤及解舒，亦必減損。

上簇時之温度 上簇中温度之高低關係甚重。過低則吐絲紆緩而縷細；過高又急劇而縷粗；高低不一，更時緩時急，一繭之絲縷粗細不勻；品質大損。故上簇中温度宜均，以華氏表七十五六度爲最適。如遇天氣陰溼，或日間温高，夜間低冷時，仍宜用火力補温，以避急激之變化。

上簇室宜寧靜 上簇時，或爲大聲所震，或振動其蠶簇，皆足使蠶驚縮中輟。致由絲腺分泌之絲質，偶爾凝滯，卽生纇節，故簇室內，尤以寧靜爲要。

上簇室之空氣 蠶吐絲時呼吸甚盛，空氣最宜流通。且上簇中最忌溼氣，一經傷溼，繭之解舒及光澤必不良，并多斃蠶。故上簇後必須空氣流通，排除溼氣，務令室內乾燥。如使用火力時，所有天花板及屋頂氣窗等均宜開放。

又 上簇室之光線 光線既多且明之室，所結之繭，品質良好，絲量亦多。光線不平均之室，或一面明一面暗者，蠶之吐絲，每易偏集一方，致繭之厚薄不勻。故宜設備屏風，以保光線之平均，以免吐絲之偏集。

清 黃壽昌《蠶桑須知・養蠶各則》

雷忌

蚕自出火後，如遇雷聲，必驚惶無定。登簇簇，柴簇，俗名蠶山。登簇，即上山也後為尤忌。須以蚕殼紙收烏後之蠶紙，不可遺棄挂於蠶房，上山後，挂於山棚。蓋蠶殼即蠶母，有母在，則子可恃以無恐。

又 做山山，即柴簇也

用稻草預為晒乾，斫去外殼，以刀截去草梢，約存尺半長，把紮成帚，謂之蠶山。臨用捻開，竪置匾中，或蘿簾麥墊之上，俟蠶熟登上，謂之登山，亦謂之上山。此物必當預備，台屬以松毛柴代山，似屬未善。

清 賴逸甫《嶺南蠶桑要則・飼蠶須知》 蠶熟之色，則與未熟者不同。凡届四日桑期，見其皮肉黃明，頭則四維探望，春梁皮内，則有絲料一條，頻頻而濕，且多蜎歸光處，此卽蠶熟，所覓茾而吐絲也。若果時係綑口與花熟者，則須將該熟蠶選出，派於箔上，俾其得茾結緦。如見大熟，則須急將桑葉每箔幾両，派於蠶面，引其蜎上，則名薦脚，圖易執掂。一見該蠶蜎上，亟宜執其過箕，拈去上箔。蠶之上箔，亦忌穢氣。倘遇外來之新產、新喪及孕婦，看過該蠶，則每躝出茾外，而不結緦，宜用薑糖以解其穢。掂蠶上箔，雖云小事，如果不諳順物之宜，緦色則必晦昧，人皆疑其爛口，不徒其緦難賣，卽如賣得，其價勢必被減，蓋因商家買緦，最怕爛口，所稱爛口者，乃言絲之難攪也。凡有難攪之緦色皆晦昧，所以色澤之不光潔者，雖好口易攪，亦難沽價。若圖緦色光潔，須兼講求箔上之工，所因箔有背面順逆之分，如中間之横竹屬覆，兩頭之横竹屬仰者，此卽面也。如中間仰，兩頭覆者，此卽背也。又如箔花之向上者逆也，垂下者順也。先須選將潔淨之箔，背地面天，放平轄於地面。將箔分爲上下兩頭，將蠶派上箔面，每頭皆派四行，派妥就照面天背地，將該蠶扶起逆花斜凭，以俟該蠶經營結緦。照此隨凭隨上，上齊凭穩，則向箔花之上，將其蠶屎絲渣撿去，撿至潔淨，蠶亦自行走勻。先之將蠶派於箔面者，是因蠶所結緦，悉皆背疏面密，每每背則公多，面則乸眾。大氐陰喜陽位，陽喜陰位，與夫公疏乸密之陽一陰二，所自然而然之理也。是以揩緦時，亦必先從箔面揩其密者，乃圖蠶渣蠶屎，悉由箔背之疏處拒出，免致墶汚蠶緦起見。其初扶起蠶箔，必先面天背地而逆花斜凭者，一免立脚未穩之蠶，墜地養蟻；一免蠶屎蠶尿遭汚鄰緦。蠶之脚跟稍定，又宜將該逆凭蠶箔，使其背天面地，順花凭於通氣地方，或兩箔一架，凭成人字模樣，所因蠶熟必光散盡屎尿，然乃結緦。此又背天面地而順花斜凭者，圖其兩面兩頭之屎尿，盡皆落地，而免染壞緦絲也。蠶屬午火，無論綑口，花熟、大熟、結緦時，亦皆最忌水氣所尅。水氣稍重，緦絲必殜，名曰爛口，而無客買，斯則失利且必折本。故凡結緦之蠶，皆宜將箔架於太陽邊之通氣地方，使其緦絲隨吐隨乾爲美。蠶若熟於雨天，非火則無可救。火救之法，則當將蠶六箔，在於莊内，架成六角宮燈模樣，中放灰罨、炭火一盤，使蠶得免水剋之患，是爲火救。焢至申初，則宜改歸小焙矣。

清 吴宗周、陳幹材、徐謙山《蠶桑白話》卷二

搭山

搭山的法是甚麼樣呢？是把稻草或樹枝相搭，如同山樣，因爲蠶到吐絲時必走出來，覔所憑藉，纔能吐絲作繭。這山就是憑藉了，是要人想法預先把山做好，順他的生機。湖州的鄉人做的草山，最便當省錢。此外有用樹枝的，用竹片的，那些法，不便當不省錢，我且不說。只說湖州人的草山法子：他把那收下的稻草，把草衣理得乾乾淨淨，晒乾收起，到春天養蠶時候，就挪出來，截成二尺長的，一把一把交相扭好，勻勻的鋪地下或匾上，就把那通身發亮的蠶放在山上，讓他做起繭來。如天尚冷，必要用火爐去暖和他。但這蠶放在山上，不可太密，太密他就要做同宫繭，不好做絲，又不能賣好價錢。大約每一尺見方的地方，上一百四五十個蠶就好了。到上山的時候，切不可常去移動他，使他做的繭變壞了樣子。這都是上山前後最要緊的事體哩！

清 林志恂《蠶桑淺要》

成熟附上山採繭

四眠起，餉食後，約經六週時亦因天氣冷熱而有早遲。食量漸衰，體量漸減。既而胸部瑩澈，昂首繚繞，作吐絲狀，是蠶已老熟，須上山之候也。上山有適當之期，如蠶體惟尾部二三節不透明，餘俱透明者，最爲適當之時。全部透明者過遲，半身透明者過早。過早者絲量少，遺失蠶多；過遲者，繭層薄，同宫繭多。

清 盧燮宸《粵中蠶桑芻言・養蠶事宜條列》

蠶熟上箔法

大眠後，食桑四日而先熟者，謂之標口，至六日而後熟者，謂之孰剩，大率以食足五日桑而熟者為衆。熟時請人執起，用小窩載住，攜去上箔。每箔約上八手，上時將箔横放，叠置於地，以手撮蠶，分上下、左右、中間各行泒開，該蠶自能走匀箔上各自吐絲結繭也。每箔繭約計壹千五百個左右，便為得中。

卡箔袪雀蟻法　將已上蠶之箔兩張左右，如人字樣卡起，挨次分行，置於當風日處，約一個時，將箔倒轉一二次。另着小孩穿入箔底下，看有熟蠶跌在地上者，即拾置於箔，并要頻巡箔脚，遇有蟻上，即宜除之。箔外另用一童，手持竹竿梭巡，見有雀來食蠶，即大聲麾竿驅之。并用木板裱净水符一張，掛於箔頭，以辟穢惡。

遮陽法　日將交巳，炎氣漸烈，蠶箔頂宜架横竹，上攤疏魚箔以遮太陽。其箔旁當日處，亦宜遮之。

避雨法　蠶箔必卡在空曠之處，倘霎時遇雨，收箔不及，則蠶被雨淋，便不吐絲矣。其法：宜預尋有上蓋之地一所，如祠廟社亭閒屋之類，但見黑雲湧起，熱風暴吹，即用多人，先將蠶箔快快移置屋内避之。再者，上箔之夜，不論有雨無雨，均宜用小火盆，略熾碎炭，用灰蓋邊，將盆置於箔底，微微烘之，使蠶在繭内沾着火氣，則吐絲不濕。其法：每一個火盆以箔四張圍住，另以二張蓋頂上，密圍使煖。以煖足一個對時為度，交四更後，用刀插火盆三四次。務令火匀勿冷，則蠶在繭内絲可匀吐，將來繅絲，不至斷口太多也。若將熟繭發賣，其價亦高。每盆約用碎炭觔餘陸續添上，用柴灰蓋邊，中通火紅，如茶盅口闊，便合。

日 日本農會報，清 農學會譯《清國養蠶概況》《農學報》第一百六十五期

收蠶至上簇時有遲速，隨晴雨寒暖而異。紹興一帶，大率二十八日至三十日。蘇杭及無錫一帶，大率二十八日至三十二日。葢清國春季温度比日本高，故桑樹之發芽、蠶兒之發育，皆比日本早十日内外也。

清 吕道象《廣州番禺縣吕大令道象**調查境内蠶業報告》**《農學報》第二百四十四期

蠶簇：粵俗名爲蠶簿，以竹爲之。其式如日字狀，長約五尺，寬約二尺，内有篾圈百餘箇。將蠶放入，則吐絲結繭。

清 吕廣文《蠶桑要言・育蠶法》

接山

蠶上山兩日後，蠶之得占步位者，俱成繭。其有平立上面者，緣口中之絲，四面無可罥繫，勢難作繭。將此等拾下，轉付别籮頭小山以籮立簇，名籮頭山，謂之轉山。或疎疎落落，横稻麥稈數根於其上，則其蠶卽便作繭，謂之接山。

朗山

蠶上山後三日三夜，吐絲已盡，而繭乃成。然其絲由腹中抽出，繭之裏面尚潮，卽將護山各物盡行撤去，則氣爽朗而繭燥，過繅絲較易，謂之朗山。

清 馬丕瑶《蠶桑簡易法・養蠶法》

上簇　古法用稻草為簇。此處無稻，用地膚子或菜子科、棉花科，豎竹筐内，如無竹筐，只要設法豎起，或用繩牽絆，豎起亦可。放木案上，下面置微火，藉受煖氣，蠶得煖則吐絲快利，將來繅絲織絹，絲不斷而光彩，名熱蠶絲。中間必隔木案者，恐蠶墜地，墮入火中也。惟蓄種之繭，不可置火。蠶大眠後，緊飼數日，但見皮老觜小，半身明亮，不食游走，便可拈之上簇。飼蠶須以日計，從埽蟻至上簇，不過二十四五日，繭厚而出絲多。至二十七八日者，次之；如遲至月餘，則繭劣絲少而利薄矣。不宜過遲，遲恐吐絲多而繭薄。夜分須時時鐙照，其有未老者，趕為飼葉，隨拈隨飼，不久，自全上簇矣。

清 任蘭生《蠶桑摘要・蠶性部説》

上簇法　做簇之地，宜乾燥透風，用竹木架蘆簾，簾上載草山，列置于上，將老蠶盛于光潔盆内，盥手布于簇上，要稀密得宜。倘遇雨遇冷，簾下用火，極熱烘之，熱則繭易成，絲易繅。過五日後摘繭，尋去蒙戎之衣，即可繅絲。切不可受濕，受濕則難成絲矣。至蠶眠之日，以清香虔祀蠶神，大眠以香燭、素菜，供酒三杯，不拘米麥麫，做繭式，以祀蠶神。

又　上山至第五日，則絲已吐盡，而繭可落矣。落繭之法：先上者先落，每落一簇，視其簇之中心無腐黑之蠶，即輕輕摘下用力太猛，則圓者扁矣。如有腐黑者，須先以簇向下去之，而後摘，勿令污及他繭。腐黑者，觸手即破皮，破皮則必污及他繭矣。

清 沈秉成《蠶桑輯要・諸家雜説》

蠶桑雜記

一、鎮江從前雖有蠶事，講求未精。即如蠶老上山，蘆簾架下，必用極熱火炕，為熱蠶絲。一則烘去蠶溲之水，使山燥爽；二則蠶口吐絲快利，膠

粘不致粘實，繅絲性純，蛻蛹不斷，上機設有絲斷，可以扯接，織紬光彩，異於他絲。他處之蠶上山，不用火炕，為冷蠶絲。吐絲口緩，膠粘著實，繅絲不純易斷。火炕之繭，瘟蠶與餓蠶繭，不可留種，此種育之不收。蠶種三眠，易育絲少，四眠難育絲多。

清　沈練《蠶桑説·飼蠶法七十條》

上山後，勿令燈光射入蠶室。正在吐絲營窠之際，瞥見燈光，必至驚昂停頓，甚者斷緒。

一、上山至第五日，則絲已吐盡，而繭可落矣湖人謂之回山。落繭之法：先上者先落，落下一帚，視其帚之中心無腐黑之蠶，即將繭輕輕摘下。用力太猛，則圓者匾矣。如有腐黑者，便須以帚向下，先去之而後摘，勿令汙及他繭。腐黑者，觸手即破皮，破皮則必汙及他繭。

清　沈練《廣蠶桑説·培養桑樹法二十條》

搭山不宜緊靠牆壁，蓋蠶性好高，必至無可高處乃止。緊靠牆壁，則近牆之山之蠶將有成繭於瓦縫間者。

蠶山以穤稻草爲之。秔稻草亦可，麥稈亦可。秈稻草，斷不合用。用四齒鐵耙，仰縛他物上，持稻梢於耙齒上，批去其葉之散亂者，散亂者必軟而毛，軟則載蠶不起，毛則多浮絲，故去之。以草紐鬆鬆縛之，而截齊其兩頭，如洗箒狀。長尺五六寸紐以上長尺許，紐以下則五六寸足矣。圍五寸許，以隻手握之，滿握，則五寸許矣。俗謂之山帚。搭山時，以左手持紐所縛處，以右手持其下之五六寸，以草紐之兩頭，分置左右手間而扭之使轉，則隨扭隨緊，隨扭隨開，下如覆碗，而上若仰盂矣。

清　沈練，仲學輅輯補《廣蠶桑説輯補》卷下《飼蠶法六十六條》

蠶老上山説四條

一、蠶之老者，其色微黄如用熟之牙筋，其軟如綿，而通體明亮。見有老蠶，即以整張桑葉薄薄鋪之。其未老者，食葉如常；其老者，必起至葉上昂頭，若有所求，可即於葉上一一取之，俗謂之『捉老蠶』。葉盡再鋪，隨捉隨鋪。至老者多，捉之不勝捉，則以柳枝提之。

提之之法：以多葉之柳枝數十條勻排葉上。其老者即上柳枝，以次提之，承之以布。被單可，衣包亦可。使兩人執其四角而微凹其中，一人以所提之條向凹處略一搖擺，則其下如雨矣。隨即以擺净之條移鋪他處，以遍為度。

一、所捉所提之蠶均以盤盛至搭山處，依搭山之層數次第上之。上滿第一層，再上第二層。有凌亂，便恐有上不到處。每山一箒，約可上六七十蠶。

按　上山時，可將盈握老蠶於山箒上勻洒之。若山帚稍遠之處，每舉半握輕輕抛去，使山之中央與邊際多寡悉稱。《蠶桑輯要》曰：蠶老上山，蘆簾架下，必用極熱火坑，為熱蠶絲。一則烘去蠶溲之水，使山燥爽；二則蠶口吐絲快利，不致粘實，繅絲性純，蛻蛹不斷，上機設有絲斷，可以扯接，織紬光彩。上山不用火坑，為冷蠶絲，吐絲口緩，膠粘著實，繅絲不純易斷。冷蠶絲，即冷火種。

一、見老蠶後，已鋪葉五六次，則可以盡上山矣。不宜太遲，遲則繭薄；亦不宜太早，早則停山停山者，上山一兩日，始作繭也。

一、上山時，天氣晴和，蠶家之大幸也。其成繭必速，其絲必易繅。如遇陰寒，可於四旁置火爐前後左右，皆引火之物也，宜用有蓋者以暖之，火炙之法，惟此時可用。否則停山。

按，本條之火爐，不得已而用之，非言熱蠶絲做法也。若熱蠶做法，須用向缸，其缸口大而底小，高尺餘，大如尋常飯鍋者合用，缸或不足，可以破鍋代之。如大眠頭十一二斤，約用向缸五隻。將極燥柴頭桑柴、栗柴、青柴、柿柴俱可，其煙有香臭氣，與多煙之柴頭不宜夾入。每個破作四刃左右，各缸底直竪八九枚，上鋪礱糠，高至八分，再加窑炭，共九分半，上蓋茅灰，共十分。其礱糠窑炭，均須中央稍高，邊際稍底，留中央碗大一塊，不蓋茅灰。待蠶上山時，置火屑於中央，吹使炭紅為度，即將向缸勻擺山下。缸面無蓋，缸下或用架，或襯磚，或竟放地面。其無向缸者，應於地面置火堆，亦名火坑，高如膝，下大而上漸小，作圓拱勢挨排火料，悉照向缸，雖名火坑，實無須用土也，但旁護之茅灰較厚耳。山外用稻草簾或大晒簟竪圍之，不獨藉以蔽風，且使向缸熱氣不致外散，俗謂之關火門。關火門後，或燒香綈一二撮於山下，引蠶吐絲。

又按，山在平屋者，上頭瓦縫參差，本能通氣。若在樓下，須先揭起正中樓板一二塊，否則日後繅絲恐不爽利，謂之悶頭繭。大約屋有二丈零之深，一丈零之闊，以大眠頭計之，可上四十七八斤，向缸廿隻左右。

又按，蠶上山後，缸內如見漏煙，仍宜茅灰蓋護，夜間看火，勿令燈光上射，須戴笠而進，或遮以扇。緣蠶見燈光，則頭一昂，絲亦一斷，日後繅絲，添些疵累也。

又按，向缸之數，以蠶與屋為準，上已明言，無庸贅述。然撥火之法，亦不可不講也。大凡火勢，不宜過大過小，亦不得忽小忽大。撥火者於蠶上山後見缸内火力漸微，仍於中央撥之使醒，吹之使旺。切忌大撥大吹，致令灰飛烟動。第一日，以手按蘆簾架子，處處温煖，便是恰好火候。至第二日，蠶已入窠，火力雖衰，不宜更助火力，祇須缸内輕撥，稍令回陽足矣。過兩周日，聽之可也。總之，用火得訣，日後繅絲省力，肥細均宜。窠者，繭外之浮絲，即繭旒也。義説下落繭首條。

又按，蠶將成窠時，不宜碰動蘆簾架子。若一碰動，則蠶口一縮，如受驚狀，往往棄將成之窠而另結一窠。大約三日内，切勿碰動。緣蠶口一縮，與上所言頭一昂之病相同故也。

又按，上山時，各事一一調置得宜，不但日後出絲容易，而且絲美價高。故《蠶桑輯要》側重熱蠶絲，其説已見於蠶老上山説第二條下，兹特詳用火之法，以補本條所未言。

清 沈練，仲學輅輯補，章震福校訂《廣蠶桑説輯補校訂》卷二《飼蠶法六十六條》

留蠶種説一條 震按，蠶之能躋於簇之頂上者，必其身體結實，如人之上山，必强有力，始能躋山之顛也。故擇繭以上半截爲佳，然亦有竟在山底，而繭仍堅硬者，惟不多耳。

又 蠶老上山説四條 《蠶桑輯要》曰：蠶老上山，蘆簾架下，必用極熱火坑，爲熱蠶絲。一則烘去蠶溲之水，使山燥爽；二則蠶口吐絲快利，不致黏實，繅絲性純，蛻蛹不斷，上機設有絲斷，可以扯接，織紬光彩。上山不用火坑，爲冷蠶絲，吐絲口緩，膠黏著實，繅絲不純易斷。冷蠶絲即冷火種。

清 盛宣懷輯《蠶桑備要》

上山

關火氣 棚下不可使火氣散漫，四圍用簾席遮蔽，務令熱氣上騰，簾帚皆煖，則蠶卽攤花而裹身矣。

均火力 用火第一要勻，若或驟或熄，則成繭繅絲，必至躝頭颺緒，諸病百出矣。繅絲時，其繭跳躍上撞，謂之躝頭。躝，丑犯切，跋足也。俗以跳躍爲躝，讀平聲。旺火宜灼一周夜，周時後減炭，兩日後可熄火。

清 孫鐘亶《山蠶輯略》第十七課《繭》 茌子繭最早，做在處暑前後，或因數墩間有一二枚者，故名稀繭，此繭多在蟻場。至二剪子以後，將蠶盡移於窩繭場中作繭，是中次末次之繭。天熱，晝夜吐絲，凡三日，繭卽成矣。天寒住五六日繭内始脱皮成蛹，夜冷則不吐絲。初，蠶挂網於柞葉上，先做細蒂，如小繩繫柞枝上，然後吐絲。自細蒂至尾，上下輪環吐絲，留一小口，曰封頭，在細蒂下，略有絲封閉，以待異日化蛾而出。

清 王元綎《野蠶録》卷一《秋蠶》

作繭

大眠起後，蠶食葉日急，至八九日，天寒或至十餘日，即將作繭之時，口吐沙净，喉間色發亮，内外通明。以後六足攀樹枝，以前六足牽引兩葉相合，或以一大葉相合，而吐絲其中。一日繭成，三日漿固，然後下繭。

清 衛杰《蠶桑萃編》卷三《蠶政・上簇類》

帚宜扭開

南方之油菜桿，北方之鐵埽帚，作簇最佳，俗云山帚。如無山帚，以稻草爲之，惜草梢散亂，必輭而毛，輭則載蠶不起，毛則多浮絲。豎簇時，先去散亂葉，次將草把中間以繩紮縛而齊切兩頭，再將草把扭開，立於蘆箔，使下如覆椀，上如仰盂。草把空處，薄撒亂草，以承墜蠶。

又 簇勿孤立

蠶簇分層排立，必使枝幹交錯，互相支柱，其簇乃穩。

又 簇勿靠墻

蠶簇不可緊靠墻壁，恐緣墻而上，將有作繭於瓦縫間者，并游至極邊，不免失足墜地。於蘆箔近墻處，以草把塞之，使游簇之蠶，不能遠走。

又 蠶簇均勻

上簇之蠶，不宜太密，密則二蠶合結一繭，其絲淆混難繅。簇之多少，以蠶為准，約每簇一帚，可上蠶七八十枝。屋寬一丈，深二丈，安簇可上蠶五六十斤。

又 時啓閉

蠶老上簇，先成窠，後結繭，未成窠以前，宜暗不宜明，須將窗門關閉。無窗門者，以蘆席遮掩。既成窠以後，宜明不宜暗，須開窗門，揭蘆席，令屋内透亮。

又 冷蠶絲

蠶老上簇，蘆簾架下不用火爐，約四五日，方能成繭，為冷蠶絲。繅時易斷，亦費功夫，各省皆用此法，少知改變，惟杭湖不用，其絲獨佳。

又　熱蠶絲

蠶上簇，架下用火，約兩晝夜，即可成繭，為熱蠶絲。蠶簇温爽，吐絲快利。法：以炭火置簾下，仍將炭盆頻移，以手探之，使滿簾温和，即是恰好之候。簇外以稻草簾圍之，既可避風，又免熱氣分散，俗云關火門。或焚香一撮，引蠶吐絲。上簇第一日最為要緊，第二日火力比第一日稍微。惟上簇時，勿早用火，熱蠶絲繅時不斷，亦極省事，且色亮而有力。江浙間多用之。

清　吴鴻望校，袁俊德輯《蠶政萃編·大眠類》

蠶老狀

身肥觜小，長約二寸，粗如小指，色微黄，如糙米色。取向光處照之，絲喉漸亮，身漸輭，爲老娘。蠶色暗，將老，則喉間先亮。蠶身硬，將老則漸輭。再薄餵三五次，俗云上馬桑。使通身透明，通身柔輭，中有一絲跳動，遊走不食，是欲作繭，急宜上簇。

又《上簇類》

屋宜通氣

蠶將老，則洒埽屋内，束草爲簇。無樓板者佳，因瓦縫參差，可以通氣。若在樓下安簇，須先揭起正中樓板一二塊，否則日後繅絲，恐不爽利，俗云悶頭繭。

又　窗宜明亮

安簇之屋，必有窗戶，乃可透亮，但須遮蔽風日，以免傷損。

又　架宜平穩

先用高板櫈兩條，安置兩頭，次用竹竿三四根，横置櫈上，務須平正穩固，再將蘆箔鋪竹竿上，然後豎簇於箔。

又　簇上加簇

蠶上簇一兩日後，有未結繭而昂頭向上者，以竹枝或柳條匀插簇上，相隔七八寸，可令結繭，俗云山上加山，俟已成窠過十分之九，始用此法，如太早，則不必矣。

又　時啟閉

蠶老上簇，先成窠後結繭。未成窠以前，宜暗不宜明，須將窗門關閉。無窗門者，以蘆席遮掩。既成窠以後，宜明不宜暗，須開窗門，揭蘆席，令屋内透亮。

又　冷蠶絲

蠶老上簇，蘆簾架下不用火爐，約四五日，方能成繭，爲冷蠶絲，繅時易斷，亦費功夫。各省皆用此法，少知改變，惟杭湖不用，其絲獨佳。

又《易器類》

分蠶法

分蠶宜快，不快則箔内堆積，逾時蠶身出汗，後必損耗，雖有老時作繭，必薄。移蠶宜輕，不輕則遠擲高抛，互相擊撞，將來上簇，必多赤蛹。布蠶宜稀，不稀則强者得食，弱者受餓，必至遶盤遊走。

清　吴士鎔校，袁俊德輯《繅政萃編·繅具類》

火盆

火盆有大小兩種。結繭時，簇架之下，熏灼蠶身，用大火盆，則盛炭多而耐久。繅絲時，車軸之後烘炙溼絲，令色光亮，則用小火盆，便於移動。

清　楊鞏《中外農學合編》卷一〇《蠶類·飼育》　蠶事　蠶自初生至結繭，或眠或起，或小或老，各有其狀。或宜煖，或宜凉，或宜明，或宜暗，各有其時。切葉、餧葉、體蠶、分蠶，各有其法。蠶屋蠶室，避忌尤多。蠶母須事事留心，時時注意。養蠶時，合家大小，無不忙迫，蠶母尤不可躲懶，夜間切勿貪眠。《務本新書》《農桑通訣》《蠶桑易知録》《桑蠶直説》

清　楊名颺《蠶桑簡編·養蠶説》《牧令書》卷一〇　上簇　蠶至通身透明，不食遊走，是欲作繭，急宜上簇，宜極煖。必須一二時内上完方妙。先將稻草擰開，豎於箔上，匀撒草内，兩晝夜則繭成矣。

清　楊蔚本《養蠶説》《皇朝蓄艾文編》卷二〇　入簇　治簇之方，惟在乾煖。十蠶九老，始可入簇。蠶少宜屋内作簇，疎開窗戶，内宜通風，匀布柴草，布蠶稀則絲易繅。又法：以大蓬蒿捆一頭如箒，以繩繫樑柱，布蠶令遍，上下數重，下微生炭火以煖之。煖作繭遲，天熱去火，蓬蒿性凉最妙。若蠶多，則於院内作簇，搆長脊草廈，内遇以木架平鋪蒿稍，或竹篠穀草，布蠶其上，外席箔圍護，此良法也。

又　秋蠶　初宜凉，陳稈草作蓐，紗糊窗透風。大眠宜暖，用紙作捲窗，遇北風夜寒，不能作繭，可於簇西北用祿箔遮，禦北風寒氣，簇繰皆如前法。

清　豫山《蠶桑輯要合编》上編《養蠶法》　摘繭　四晝夜蠶盡成蛹，卽摘繭。長而瑩白者絲細，大而同宮晦色者絲，麤兩蠶結，爲同宮。各放一器，攤於涼筐，厚二三寸。遲至十四日，則蛾生。古法育蠶，拘以日期。如夏蠶天氣極熱，十八日或二十二日老。春蠶二十四日老，遲二十八日老。

又《養蠶雜記》　蠶事講求宜精　如蠶老上山，蘆簾架下，必用極熱火阬，爲熱蠶絲。一則烘去蠶溲之水，使山燥爽；二則蠶口吐絲快利，膠粘不致粘實。繅絲性純，蛻蛹不斷，上機設有絲斷，可以扯接，織紬光彩，異於他絲。他處之蠶上山，不用火炕，爲冷蠶絲。吐絲口緩，膠粘著實，繅絲不純易斷。火炕之繭、瘟蠶與餓蠶繭不可留種，此種育之不收。蠶種三眠易育絲少，四眠難育絲多。

清　豫山《蠶桑輯要略編・養蠶法》　上簇　蠶已大眠，天氣甚暖，食葉五日卽老。蠶沙亦爛，先捉其老蠶上簇，捉一次糁葉一次，當此時葉要鍘碎，以免架空作繭，謂之上馬桑，半日許盡皆老矣。蓋蠶至通身透明，不食游走，是欲作繭，急宜上簇，簇用稻草梳去草殼，截去頭尾，束成一把，長一尺五六寸，上簇時用力一擰，兩頭撒開，約蠶十觔，用五十把，量蠶多寡，務使行動寬展。若過於稠密，則堆積不暢，不能作繭，先用木板層層叠架，每架空二尺許，將草把矗竪架中，俗名蠶山，盥手拈蠶，勻撒簇上，兩晝夜則成黃白繭矣。倘蠶有不甚老者，簇頂須著條桑數枝，蠶食之便自成繭，做簇之地，宜乾燥透風，如遇天冷，簇架下置火溫之，不可有烟氣。北地如無稻草，預備楊柳帶葉乾枝，外用簿圍亦可，蠶上簇並忌生人。凡蠶過老，則游絲吐盡，繭不厚實，不老則蠶不做繭，卽做亦是輕頭空繭，蠶老上山，蘆簾架下，必用極熱火炕，爲熱蠶絲。一則烘去蠶溲之水，使山燥爽，二則蠶口吐絲快利，膠粘不實，繅絲性純不斷，上山不用火炕爲冷蠶絲。吐絲口緩，膠粘著實，繅絲不純易斷，上簇三晝夜，蠶盡成蛹，六七日方可摘繭，長而瑩白者絲細，大而同宮兩繭結爲同宮色晦者絲粗，各放一器，攤於涼箔，摘繭後三日卽須繅絲，故繭須一日盡蒸，乃不出蛾，但不可過於爛熟，其繭外有浮絲一層，剝去撚成絲經，可織綿紬。

清　趙淵《蠶桑摘要》卷中《蠶性類》

明暗得法

蠶初生時，喜暗，大時喜明。方眠喜暗，眠起喜明。初上簇喜暗，成窠後喜明。

又《上簇類》

勿阻貓路

繭怕鼠咬，箔下須留貓路。

隨老上簇

其色微紅，其軟如綿，通身明亮，卽蠶老之候。未老上簇，失之早，上簇一兩日始作繭，俗云停山，既老不上簇，失之遲。盤內吐絲，上簇結繭必薄，須隨老隨上爲得法。如有老蠶，以大桑葉鋪之，未老則食葉如常，已老必起至葉上，昂頭如有所求，卽於葉上一一取之，俗云捉老蠶。葉盡再鋪，隨捉隨鋪。至老蠶太多，以柳枝提之，將枝勻鋪葉上，俟老蠶上枝，使兩人執包袱，四角微凹，中一人將柳枝提出，略一搖擺，則老蠶卽下。所捉所提之蠶，均用盤置簇上，此上簇法也。

又　冷蠶絲

蠶老上簇，蘆簾架下不用火爐，約四五日，方能成繭，爲冷蠶絲，繅時易斷，亦費工夫。各省皆用此法，少知改變，惟杭湖不用，其絲獨佳。

熱蠶絲

蠶上簇，架下用火，約兩晝夜卽可成繭，爲熱蠶絲。蠶簇溫爽，吐絲快利。法：以炭火置簾下，仍將炭盆頻移，以手探之，使滿簾溫和，卽是恰好之候。簇外以稻草簾圍之，既可避風，又免熱氣分散，俗云關火門。或焚香一撮，引蠶吐絲。上簇第一日最爲要緊，第二日火力比第一日稍微。惟上簇時勿早用火。熱蠶絲繅時不斷，亦極省事，且色亮而有力。江浙間多用之。

清　莊景仲《養蠶必讀》卷下第六章《蛆蠅》　蠶若被蛆害，則舉動不敏，一二環節縊迫而軀體屈曲，或一部或全部腫起，稱之曰節高，或曰節蠶。但蠶遇微粒子寄生，或爲膿蠶，亦現此徵。受蛆寄生之時早，或寄生之數多，則蠶身漸次現赤褐色而斃，否則其結繭扁平，恰如蜘蛛巢，而自附其上爲裸蛹。或結繭不異於常蠶，而既受苦痛，吐絲屢中止，或吐絲不均，其結繭厚薄不同，或解舒至難。熟蠶結繭後不能化蛹，而成所謂死籠焉。雖多原於他病，然由於蛆寄生者，亦不少。故無論爲蠶爲蛹，凡氣門周現黑褐色者，皆爲罹蛆寄生之徵也。又結繭期遲者，亦由於蛆害爲多。

清　黃毅、莊景仲《養蠶新論》第五章《上簇》《蠶業叢書》第二編　蠶至五齡方半之時，食量尚未減少，若使之上簇，亦可結繭。惟以上簇過早，難得良繭，且延時甚長，故須擇其適宜老熟者。今將上簇應注意之事述之。上簇注意與否，於絲量之多少、繭質之優劣均有至大之影響。見簾中已有熟蠶之時，卽須略減桑量，否則殘葉堆積，必使未熟者遲遲不熟，且使遊蠶甚多，不能結繭。故上簇之注意以減桑爲第一要事。

且蠶之上簇，未熟有害，然過熟亦有害也。因過老之蠶上簇，絲量必減，繭形亦不規則，尿繭且多，有損繭之光澤，故亦須注意，不可過遲。大約盛食期後，經過一日，爲普通上簇之期，可以得量繭。若製種家則須稍遲，在老熟之時。若遇高溫，則必急於上簇。可將熟蠶自簾中揀出，置之簇上。簇之造法，見第二章。簇中容蠶之多寡，由簇之種類及其高低而定。大約一平方尺以四十頭至五十頭爲極度。三十頭內外爲最適宜。過密則空氣不通。凡蠶之排泄物及死蠶等之汚氣，均有害於繭之色澤。

以上所述，乃關於上簇之要領。今又將結繭中所宜注意者述之。

一、空氣之流通　結繭時與飼育時相同，以交換空氣爲最要。雖在吐絲之時，蠶之呼吸不盛，然簇中水分甚多，汚氣亦盛。考空氣不通，則不獨有害蠶體衛生，抑且有害於繭之光澤。

二、溫度之高低　溫度高低，亦爲結繭中重大之事，概以七十五度內外爲最適宜。若溫高在八十度以上，則吐絲甚急，結繭延時雖短，其絲則粗大不均。若溫低在七十度以下，則結繭過於遲慢，其絲亦過細。且在六十度以下之溫，蠶之氣力必弱，每無力吐絲，不能做繭，故溫度不可不注意也。倘室中溫低，須加火力；溫高則開放門戶，必使溫度適宜，方能達其目的。至其結繭中時間與溫度之關係，則六十八度至七十度者三晝夜。七十五六度者二晝夜，八十二三度者一晝夜。

三、適度之乾濕　結繭中又須注意於乾濕。乾濕過甚，均有妨礙。然濕氣過甚，吐出之絲，不易乾燥，又有損於光澤，故尤以乾燥爲宜。且上簇與飼育不可混同一室，是爲最要。

四、光線之明暗　上簇室之明暗於結繭大有關係。總宜使四方配置平均爲當。若使其一方稍明，則對此方之絲必厚，而他方皆薄，煮繭時生熟不均，繅絲時亦多斷續。故室之明暗可以不計，惟須平均而已。

五、靜肅之注意　結繭之時，務須靜肅，不可振動。一振動，則蠶必驚縮，停止吐絲，雖延時再吐，而絲頭已斷，不能接續，製絲時，卽有害也。

又 第七章《製種》第一節《製種之準備》

四選繭　鬆緊：繭層之各部，有厚薄軟硬之差者，務須除去，而擇其鬆緊均勻者，以爲種繭。因不均勻者，必不健康，或上簇時受害也。且選繭又須用檢尺器，以檢其長短。大約取繭十顆，平均有四百回以上之長，卽可入選矣。若諸桂有七百回，新圓有六百回，亦由種有異。

五種繭之保護　凡蠶自上簇以至發蛾，其延時之長短由溫度之高低而異。若在七十六度乃至八十度時，則須十八九日。若在七十度乃至七十三度時，則須二十一二日也。此數日，若遇氣候不良，須由人工爲調理。且安置之時最不可重積，須平列一層爲善。

清 陳淳《烘繭法・總論》《蠶業叢書》第十一編　由於人爲所及者　由於人爲者，如蠶期中之飼育，上簇室之乾濕明暗，及殺蛹乾繭、貯繭等事，凡自人爲之動作影響及於繭之品質者。

清 佚名《武昌農務學堂報告》《農學報》第二百三十六期　試驗育至三十六日上簇，實修育至三十四日上簇。上簇之時，亦用火力，以催蠶吐絲之整齊。上簇後七日，繭分上、中、下、仝功繭等外，選種繭、標本繭。所賣之繭，價亦較尋常家爲多。聞地方養蠶家每繭一斤價自二百六七十文至三百四五十文，最上者三百七八十文。本學堂每一斤繭得價四百四十文。若除下繭、中繭、仝功繭等買之，則得價尤不止乎此也。

清 佚名《廣東蠶業兼研客社春蠶飼育試驗表》《農學報》第二百七十四期

結繭成數，比較頗高，其中有斃蛹者，實緣受濕所致。上簇悉用日本法，上繭厚觳光潔，殊勝粵繭，餘亦堅緻少纇，節不易斷，且易舒解，絲量較常繭爲多。若飼育得法，輸入浙種以圖改良，則粵絲利權，定可日益發達也。

紀事

宋 吴曾《能改齋漫録》卷一八《神仙鬼怪》

蠶吐絲成段

宣和間，新喻博侯初為蘄春蔡氏婿，登第之歲，婦家簇蠶不繭，緣屋吐絲，自然成段，長丈餘，廣數尺，奕奕正黃，厚薄若一，如有邊幅然，鄉人以為祥。賦詩盈軸，有一聯云：『園客有絲難比甕，鮫人無杼自成綃。』號為絕出。洪駒父亦有一篇云：『公子青衫得意朝，閨門異事喜成謠。星河牛女支機石，泉室鮫人暗織綃。園客憑虛詩獨繭，氷蠶志怪豈同條。細看霞綺驚羣眼，詎減霓裳下九霄。』

藝文

宋 梅堯臣《宛陵集》卷一《新繭》 露柘林初靜，煙梯不復收。春蠶吐絲足，工女忌寒休。翠薄時方獻，清泉緒未抽。閨中能自巧，綉作玉釵頭。

宋 蘇轍《欒城集》卷一一《陰晴不定簡唐觀秘校并敖吴二君五首》 蠶眠初上簇，麥熟正磨鐮。雲氣重重合，江流夜夜添。荐飢人甚困，多病我仍兼。欲就橋南宿，單衣莫雨霑。

宋 陳允平《西麓詩稿·採桑行》《江湖小集》卷一七 妾本秦羅敷，家住曲江曲。門前楊柳青，春風啼布穀。樹頭桑初芽，家家蠶始浴。相呼出採桑，採桑如採玉。屈曲迴高枝，攀條剪柔綠。朝晴採桑南，暮雨採桑北。採得桑歸遲，小姑怨相促。陌上綺羅人，問妾眉何蹙，妾恨妾自知。問妾何所欲，消磨三十春，漸喜蠶上簇。七日收得繭百斤，十日繅成絲兩束。一絲一線工，織成羅與縠。百人共辛勤，一人衣不足。舉頭忽見桑葉黃，低頭垂淚羞布裳。

清 董恂《樂府·撩火》《湖蠶述》卷三 山前山後聞鳥聲，灼山看火作意鳴。蠶性愛暖要火力，紛紛薪炭盆中盛。山頭繭密白似雪，山下火烈同光明。繭聲唧唧響不絕，祇覺暖氣周掀騰，全家聚坐共閒話，門外忽爾喧囂生，東家撩火失防檢，不幸飛燄延柴荊。四鄰奔救咸歎息，可憐一炬無餘贏。歸來舉室更相戒，慎勿貪睡當兢兢。

清 朱昆田《笛漁小稿》卷八《采桑女》 采桑女，清且妍。盈盈纔十五，鬢髮初覆肩。生長村舍中，不識黛與鉛。新春買得流年圖，把蠶最好惟小姑。吴蠶三眠復三起，紫山看火屋角呼。采桑女，采桑宜及時。采多畏葉乾，采少憂蠶飢。蠶不飢，齊上簇。三日山頭繭如犢，小繭作絲光比銀，大繭作緜軟勝茵。城中美人學歌舞，羅綺成堆視如土。霜雨獵獵十月寒，采桑女兒衣仍單。

清 愛新覺羅·玄燁《聖祖仁皇帝御製文集》第二集卷四五《上簇》 頻執纖筐不厭疲，久忘膏沐與調飢。今朝士女歡顏色，看我氷蠶作繭時。

清 愛新報覺羅·胤禛《世宗憲皇帝御製文集》卷二七《雍邸集·織圖二十三首·上簇》 東鄰催早耕，西舍呼浸穀。花殘蜀鳥啼，春老吴蠶熟。蚑蚑鞠雪腰，盈盈皤絲腹。剪草架初齊，女郎看上簇。皇帝御製恭和。

清 愛新覺羅·弘曆《御製樂善堂全集定本》卷二五《上簇》 覓樹尋枝手足疲，柔桑采采飼蠶飢。今朝報道新抽繭，老幼群欣上簇時。

清 吴衡照《看蠶詞》《清詩鐸》卷七 日防生人夜防鼠，村裏家家都閉戶。綠陰時節徧江南，屋上鳴鳩定晴雨。幾日看蠶眠，幾日看蠶熟。簇蠶上山棚，爇薪守蠶箔。小姑日討山棚信，再拜神前代娘問。大姑一月頭不梳，玫瑰花開未簪鬢。大姑稱繭小姑量，阿娘踏車煮繭香。絲成母女各歡喜，里胥打鑼催上忙。

清 沈炳震《蠶桑樂府·下蠶》 蠶生戢戢初出發，隱約難窺出復沒。歷頭撿取最吉方，鋪筐疊架作蠶房。鵝毛細意刷更淨，不教紙上猶留藏。小姑持種較多少，今年定比去年好。阿翁護持寒暖宜，天公方便溫和早。揮刀切葉快如風，架作絲條香氣濃，匀鋪簇面青茸茸。老翁旁觀不復語。唯見眉阿長栩栩，瓦盆有酒還可酾，既醉婆娑起獨舞。

又《上山》 吐絲繚繞蠶已熟，群呼兒女就地捉。男兒上山據巨木，蠶盛于盤運陸續。先周四角後中央，高低分布皆成行。山頭矗矗蠶草密，撲緣已見輪毫芒。今年蠶好十倍過，山棚偪仄可奈何。不愁今日相攢聚，但恐采繭同功多。上簇未了日在山，門前人語忽囂喧。敲鉦擊鼓聲闐闐，轟轟爆竹飛青煙，兒童詬誶齊爭先。出門四望新月懸，弁山白當還當天。

清 周凱《飼蠶十二詠·下簇》《清詩鐸》卷七 雲隴麥將秋，雪繭蠶已熟。鄰翁各相賀，利以三倍卜。獻繭將告功，紛紛喜下簇。寄語紈袴子，慎勿賤羅縠。

清 周凱《飼蠶十二詠·炙箔》《清詩鐸》卷七 大蠶已吐絲，小蠶看猶臥。

恐犯春風寒，候火不敢惰。蘆簾疊疊鋪，桑柴細細剉。宜温毋太烈，守爐忍飢餓。

（道光）《清澗縣志》卷二《田賦志・物産》 蠶，南方一歲有七出八出者，北方地寒，桑葉遲生，蠶成亦晚。人家治蠶，各有節目，其初收也，以衣衾覆之晝夜，程其寒煖之節，謂之護種。其初生也，以火炙之，候其蠕蠕而動，然後以鵝羽拂之，謂之攤烏。其既食也，熾炭於筐下，並其四圍，剉桑葉如縷以飼之，又上下拙翻，晝夜巡視，謂之看火。食三四日而眠，眠一二日而起，謂之出眠。自初而之二，自二而之三，謂之出火，自是蠶維於火葉，亦不待剉矣。又四五日，謂之大起，大起則薙，薙則分箔。又六七日，謂之熟巧，亦謂登巧，以葉蓋曰貼巧。驗其猶食者也，族以藁覆曰冒山，濟其不及者也。風雨而寒，則貯火其下，曰炙山，晴暖則否。三日而闢户，曰亮山。五日而去藉，曰除托。七日而繭，曰落山。方其初收也，親賓俱絶往來，及落山乃具牲醴饗神，而速親賓以觀之，名落山酒邑。惟東鄉為多，他鄉不及也。邑舉人賀 有詩以紀其事，曰：『東家西家罷來往，晴日深窗風雨響。三眠蠶起食葉多，陌頭桑樹空枝柯。新婦守箔女挑筐，頭髮不梳一月忙。三姑祭後今年好，滿簇如雲繭成早。簷前織車紡作絲，又是夏稅相催時。』

雜録

漢 崔寔《四民月令・上時》 四月蠶入簇，時雨降，可種黍禾，謂之上時。夏至先後各二日，可種黍。

宋 朱南杰《學吟・延陵道中即興三絶》 人家客簇近溪旁，舊袂青裙競採桑。相唤相呼相歎息，絲歲歲為官忙。

圖表

清 愛新覺羅・玄燁、焦秉貞《御製耕織圖》卷二

織第八圖上簇

頻執織筐不厭疲，久忘膏沐與調饑。今朝士女歡顏色，看我冰蠶作繭時。

東鄰催早耕，西舍呼浸穀。花殘蜀鳥啼，春老吳蠶熟。蚑蚑鞠雪腰，盈盈皤絲腹。剪草架初齊，女郎看上簇。

覓樹尋枝手足疲，柔桑采采飼蠶飢。今朝報道新抽繭，老幼羣欣上簇時。

清 衛杰《蠶桑萃編》卷一一

上簇圖説

大眠既起，一日一分擡，時時飼葉。飼至身肥嘴小，絲喉漸亮，其蠶將老，游走不食，遍體透明，其蠶將作繭，撥之上簇。不拘方簇、團簇、長簇均可。

又卷一二

加簇第十圖

滿腹絲綸欲吐奇，安排次第上山宜。須知簇土還加簇，繭作冰蠶快意時。

凡蠶上山，移置温室中，須一二時上完。用稻草心，截去頭尾，束把，長一尺四五寸。老蠶一斤，約用五十把。簇宜寬展，置數層木架上，每架空二尺。北地少稻草，楊柳榆樹帶葉乾枝，及秫秸秆均可。候成繭畢，乃摘下蒸之。

又卷一三

五月

夏半蠶已老，蟠腹吐絲綸。簇山營錦爛，繭然似金銀。擇之盈筐筥，聚觀來四鄰。養蠶功至此，足補終年貧。先擇來歲種，化蛾足稱神。連懸通風處，愛護保如珍。

園中即事

五月摘繭新，繅來匀又匀。絲盡蠶成蛹，捨身總爲人。古來多志士，報國裕經綸。賦性貞如，此合祀馬頭神。

清 張集賢編撰，郝子雅繪製《桑織圖》 蠶上簇時透體明，吐絲結繭自經營。老蠶畏寒室宜煖，時添炭火加烘籠。

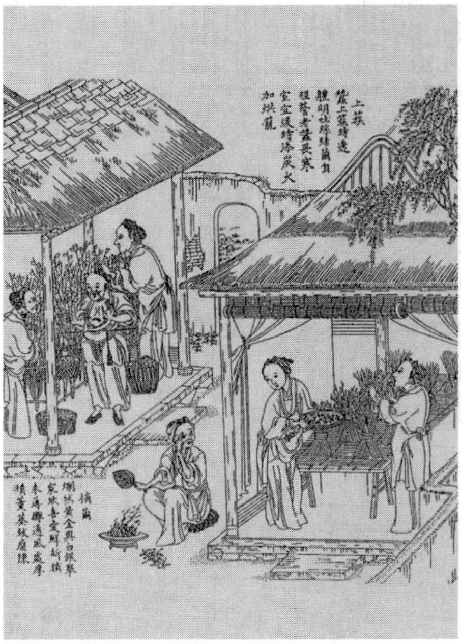

簇中保護

題解

清 呂廣文《蠶桑要言·育蠶法》 接山

蠶上山兩日後，蠶之得占步位者，俱成繭。其有平立上面者，緣口中之絲，四面無可罥繫，勢難作繭。將此等拾下，轉付別籬頭小山（以籬立簇，名籬頭山），謂之轉山。或疎疎落落，橫稻麥稈數根於其上，則其蠶即便作繭，謂之接山。

綜述

清 沈炳震《蠶桑樂府·采繭》 山棚白繭重布濩，高下紛紛綴無數，舉頭一望成雪山。下箔仰窺成玉樹，光明潔净堅且圓，如珠纍纍相駢聯。漫誇園客繭同瓮，但願蠶好還年年。婦姑兒女齊共采，一餉筐間色璀璀，大筐小薄無弗盈，堆床叠架環如城。老翁抱孫閒相評，從頭一一計重輕，少焉采盡上權衡，與翁所揣銖兩爭，拍手自詫老眼明。

清 董蠡舟《樂府·回山》（《湖蠶述》卷三） 西鄰傷冷蠶則僵，東鄰過熱蠶破囊。功敗垂成自古有，奇變難防上山後。山前百遍行徘徊，七宵魂夢常驚猜。凌晨一眺喜過望，滿山雪壓光皚皚。蹋壁大聲呼起起，吾家今日回山矣。繭多還恐器難盛，檢點瓶罍及筐篚。匀圓萬顆明珠垂，間以黄碧光陸離。堆來高與山棚齊，不須如瓮誇神奇。持衡細把分數計，何敢痴心望廿四。却嗤老媪太貪愚，還祝明年勝今歲。

清 董恂《樂府·回山》（《湖蠶述》卷三） 屈指上山已七日，山頭璀璨堆如雪。層層密壓滿四圍，蠶簇不分只一白。明珠纍纍相貫聯，不須如瓮誇園客。今朝已届回山期，相呼并力全家集。男兒取高還取低，婦女采疏復采密。只愁繭多無處盛，草簖桑籃盡堆積。去年記得十分收，何幸今年一倍得。爭把權衡度重輕，婦姑兒女齊歡悦。

清 汪曰楨《湖蠶述》卷三《回山》

山棚上采繭，曰回山。上山過五日，蠶已化蛹，始可采繭。（蛹，音愚。《搜神記》：南方有蟲，名蠍蝺，形如蟬子，著草葉上，如蠶種，湖人呼蠶蛹。如愚，有音無字，今借用此字。亦有作女者，見譚貞默《著作堂集》。）夏蠶須早采一日，蓋夏蠶之時多蠅，蠅子寄生蠶身，入腹化蛆，能穴繭而出，早采早繅，庶蛆不及鑽穴，而繭無病也。（《吳興蠶書》）一云：三日而闢戶曰亮山；五日而去藉曰除托；七日而采繭為落山。（《湧幢小品》）一云：如用火三周回山，不用火四周回山。（不動不易出蛾，如少人做絲，可遲一日回也。）稱繭，廿四兩秤。或八斤，或七斤為一吊，（不可再少，恐做絲單薄，無神氣也。）兩吊可做絲一車。必須安放匾內，令其凉爽，毛繭易蒸，恐其出蛾也。（《育蠶要旨》）若繭多，天暖則以瓮罨之，以免出蛾。（《西吳蠶略》）

一、凉山：上山後三日，繭已做厚，須洞開窗戶，一切攔護之物皆撤去，使風氣往來，謂之凉山，亦曰亮山。蓋火盆已熄，繭恐復潮，必藉風以扇之，俾之常燥。（《吳興蠶書》）易于繅絲，否則纇多難繅，而虧折寡斤兩矣。（《烏青鎮志》）

一、采繭：用花格竹者，先除去蘆簾，使死蠶沙矢，悉墜于地，然後采繭。不用竹格者，即就簾上采之。采時不貴速而貴净，蓋老蠶之中，難免無一病

蠶，草帚上必自斃而烏殎，鹵莽采摘，決致觸破殎蠶，污及浄繭，惟緩緩拆去，有則摘出，庶免遺染。《吳興蠶書》

一、較銖兩：大眠後，秤得六斤為一筐，率，收繭一斤為一分，以十二分為中平，過則得利，不及則失利。《胡府志》東鄉南潯左近則以出火一斤，得繭一斤為一分，遞增至六七分為中平，十二分為上上矣。諺云『蠶花廿四分』，乃頌禱之夸詞也。董蠡舟《樂府小序》一云：舊規四眠蠶，大眠一斤，得繭二斤；三眠蠶，大眠一斤，得繭三斤，為對花，湖人以秤上所劃斤兩數之星為秤花。言適如其額也。過則得利，不及則失利。嘗取四眠蠶之眠頭，與繭細較之，出火蠶一兩，約計二百五十五六個，大眠蠶一兩，約計六十三四個，是出火至大眠，實增四之三。好蠶每兩計二十二三個，次者計二十六七個。是一兩大眠，個個成繭，好者應得三兩，次者應得二兩六七錢，俗以蠶一斤，得繭二斤為對花者，猶屬八折算也。采齊稱准，庶知一歲蠶事之豐歉。《吳興蠶書》

一、安頓毛繭：新采之繭，有旒纏裹，謂之毛繭，最易蒸損，即難做絲，故以浄筐貯之，安頓清涼處，庶不發蒸。《吳興蠶書》

清 沈練《蠶桑説・飼蠶法》七十條 上山一兩日後，有在山頂簇之頂，曰山頂，昂頭上向，而未得著絲之處者，以竹枝柳條亦可匀鋪山上不必密鋪，隔七八寸，鋪一枝可也，即成繭於竹枝間，俗謂之青山已至山頂者，必不肯復下，故不得不山上加山。然必俟成窠者，已過十分之九，乃可用此法。若用之太早，則未成窠者，無不擠上青山矣。

清 盛宣懷輯《蠶桑備要》 上山 蠶將熟，脰節瑩徹，謂之通忌言亮，通則老矣。吐絲繚繞，謂之繚孃，亦名考孃，即老之轉音，老或作巧。色黄收身，不食葉，與欲眠同，而沸騰不已，周身通明，與欲眠異。倘通明而無絲腸，又是空繭，由於小蠶時餓也。小蠶不可失葉，直至上山始見，悔之已晚。或曰：蠶沙入水浮，亦欲上山也。若見考孃，須先撩上帚頭，謂之撩考。撩用楊條帶葉者，平鋪蠶面，蠶老性輒昂首上升，遇楊條卽緣而上，楊條蠶滿，提起敨於漆盤內。次第匀撒草帚上，其未老者，四圍檢捉，集於中央，薄飼葉一層，謂之貼考。若十蠶九老，不必再撩。宂眾手疾捉上山，遲則有作繭於簗者矣。凡蠶之老，性與眠同，頭蠶早暮皆眠，亦早暮皆老，可以齊捉上山。二蠶、三蠶等至晚，卽不眠，亦卽不老，須隨老隨上，不能齊壹也。一云：見老蠶後，已鋪葉六七次，可以盡上山矣。不可太遲，遲則繭薄，亦不宜太早，早則停山停山者：上山一兩日，始出繭也。每一帚，約可上六七十蠶，上號好，蠶上山後，即作半周，即如白雪，謂之裹身。一周有聲，兩周無聲，在內細作，人不可動，四周做好，方可採取。如上山不作，繭必是爛死，殭蠶及白肚見，兩周後尚不作者，即當輕輕拾去，不可使其壞在帚，有礙好繭也。

一、蠶忌熟，凡老蠶，色帶青者為生，紅者為熟。帶生而上，不過成繭略遲。若太熟，則蠶急於成繭，每多同宮及遺溺汙繭之病。

一、蠶忌稠，上蠶須疏密淂中，與其失之密，甯失之稀，密之害與熟同，大約四尺架之室。一架屋，止可容蠶一筐。

一、蠶忌風雷，蠶口吐絲，遇風即縮，棚上宜四面圍護，不使風入。又畏雷，上山聞雷，即驚而不成繭，宜用蠶蛻紙，覆於棚上。相傳以為蠶蛻，即蠶母，母在，足以護其子之畏也。故担烏之後，蛻紙不可擲棄。

一、作繭紙法，蠶老不登簇，置之平案上，即不成繭，吐絲滿案，光明如紙。吳人效其法，以製團扇，勝於紈素，即古之繭紙也。擦火，山棚下著火一周，用炭火極旺，曰擦火擦，同撒，亦曰灼火，亦曰炙火。蠶宜暵，暵則易於成繭，況老蠶多溺，著繭即潮，淂火乃燥。火盆離棚約二尺，不可過高，亦不可過低，使熱上升，乘此縈絲作繭，不停口矣。或蓋以灰，不欲其過熱，或吹使極熾，蓋肥絲、細絲，各有所宜也。棚下宜貯水一桶，以為不虞之備。凡蠶作繭，以灼山為第一要，著少不得，宜雖豊收，決多病繭，做絲無分兩矣。又有冷種，不必用火，然不用火者，絲縷終不如著火之光。

一、排火盆，火盆多寡，須視屋之大小，亦當酌量炭之大小。若用江炭屑，或川炭屑，火雖旺，郤不生燄，盆宜墊高，令稍近棚。又宜密布室，大者二十盆，小者十八盆，火稍微，即撥開面上之灰，使火長旺。如用近地之大炭，其火生燄，盆宜稀排，室大者十六，小者十四，離棚須稍遠，晝夜在棚下瞭看，一看火力微旺，加減柴炭，一防火星飛爆，預為撲滅。

清 衛杰《蠶桑萃編》卷三《蠶性類》

明暗得法

蠶初生時喜暗，大時喜明，方眠喜暗，眠起喜明，初上簇喜暗，成窠後喜明。

又《上簇類》

時啟閉

蠶老上簇，先成窠，後結繭。未成窠以前，宜暗不宜明，須將窗門關閉。

無窗門者，以蘆席遮掩，既成窠。以後宜明亮而不宜暗，須開窗門，揭蘆席，令屋內透亮。

清 吳鴻望校，袁俊德輯《蠶政萃編・上簇類》

冷蠶絲

蠶老上簇，蘆簾架下，不用火爐，約四五日，方能成繭，爲冷蠶絲。纔時易斷，亦費功夫，各省皆用此法，少知改變，惟杭湖不用，其絲獨佳。

清 楊鞏《中外農學合編》卷一一《蠶類・飼育》

上山

蠶初上山，宜避風避日。將成窠時，不宜碰動蘆簾架子若一碰動，則蠶口一縮，如受驚狀，往往棄將成之窠，而另結一窠，大約三日內，切勿碰動。夜間看火，勿令燈光上射，須戴笠以進，或遮以扇。因蠶見燈光，則頭昂，頭昂則絲斷，日後繅絲，添些疵累也。蠶老上山，先成窠，後結繭繭在窠內。未成以前，宜暗不宜明，須將窗門關閉，無窗門則用蘆□遮掩。既成窠後，宜明不宜暗，便當打開窗門，令屋內透亮。蘆簾架下，不用火者，約四五日方能成繭，謂之冷蠶絲。用火者，兩晝夜即可成繭，謂之熱蠶絲用火，則蠶山燥爽，吐絲自然快利。冷蠶絲，纔時易斷，不如熱蠶絲之省力。用火之法，以炭火置簾下，仍將炭盆頻頻移動，滿簾暖氣，務使勻和，不可過大過小，亦不可忽大忽小以手按簾，處處温暖，便是恰好之候。山外以稻草簾圍之既可避風，又免熱氣外散，俗謂之關火門關火門之時，或燒香體一撮，引蠶吐絲亦可。上山第一日最為要緊，第二日火力比第一日火力稍微亦可火炙之法，惟上山時可用。熱蠶絲兩晝夜後繭已做完，聽之無聲，即將火盆及遮圍之稻簾一併除去，謂之晾棚。《蠶桑須知》《蠶桑提要》

清 趙淵《蠶桑摘要》卷中《上簇類》

簇上加簇

蠶上簇一兩日後，有未結繭而昂頭向上者，以竹枝或柳條，勻插簇上，相隔七八寸，可令結繭，俗云山上加山。俟已成窠，過十分之九，始用此法，如太早，則不必矣。

藝文

清 沈炳震《蠶桑樂・上山》 吐絲繚繞蠶已熟，群呼兒女就地捉。兒男上山據巨木，蠶盛于盤運陸續。先周四角後中央，高低分布皆成行。山頭矗矗蠶草密，僕緣已見輸毫芒。今年蠶好十倍過，山棚逼仄可奈何。不愁今日相攢聚，但恐采繭同功多。上蠶未了日在山，門前人語忽囂喧。敲鉦擊鼓聲闐闐，轟轟爆竹飛青烟，兒童詬誶齊爭先。出門四望新月懸，弁山白巤還當天。

清 董蠡舟《樂府・上山》《湖蠶述》卷三 繚娘不眠亦不食，脰節通明無葉色。撒向帚頭俾作繭，早晚不過一二日。盤盂一一各分盛，盡喚家人來并力。儼似回風舞六花，飛空盡向山頭擲。日未過晡事已竣，久勞得逸翻欠伸。棚邊席地聊假寐，瞢騰睡思濃于雲。何事鄰人競奔走，伐鼓撥金疑逐寇。婦女駭詫兒童藏，共説弁山來白巤。聞言瞿然遽驚起，浸階明月涼如水。夢想顛倒乃若是，一笑吾鄉本無此。按，相傳弁山白巤不至東鄉，唯道光中年曾見一次。

清 董恂《樂府・上山》《湖蠶述》卷三 縛棚初就蠶初熟，已見繚娘滿蠶箔。合家飽食趁朝閒，摒擋今朝蠶上簇。小兒捉蠶盛向盤，大兒上蠶據山角。取蠶散布蠶草間，疏疏密密山頭矗。今年蠶好勝往年，却苦山棚限于屋。上山已罷暫休息，棚底相偕坐瑟縮。小姑作勞倦不支，看山即向山旁宿。闌心忽憶嫁衣裳，軋軋聲驚眠不足。

采繭

題解

元 佟延直《務本新書・擇繭》《授時通考》卷七四 繭宜併手忙擇，涼處薄攤，蛾自遲出，免使抽繅相逼。黄省曾曰：繭長而瑩白者細絲之繭，大而晦色青葱者麤絲之繭，皆撏去其蒙戎之衣，其內漬而漬濕者，謂之陰繭。及薄而雜者，綿之繭。可為麤絲，不可以經日，經日則絲爛而難抽。不可以焚香，焚香則蛆穴而難抽，大者謂之麤工。

論説

清 方大湜《桑蠶提要》卷二《蠶事四十條・秋季七則》

結繭摘繭，均與春季山蠶同。

扯線做綿，秋繭不能繅絲，只可扯線做綿，扯法做法與春繭同。

清 沈炳震《蠶桑樂府・采繭》 《湧幢小品》：七日而采繭，曰落山。大眠後，稱得六觔為一筐，率收繭一觔為一分，以十二分中平，遇則利，不及則失利。

清 沈練《廣蠶桑説・培養桑樹法二十條》 所落之繭，有內潰而漬濕者，謂之陰繭。摘繭時，便須提出，慎勿雜入好繭中繅之。雜入其中，則絲湯易濁，併好繭之絲，亦不能發亮矣。

清 衛杰《蠶桑萃編》卷三《蠶政・摘繭類》

摘時

摘繭不宜過遲，冷蠶絲上簇後，六七日可摘，熱蠶絲上簇後，三四日可摘。

摘法

先上簇者先摘，後上簇者後摘。如帚內有黑腐之繭，宜速去之。將好繭摘下用手宜輕。

清 趙淵《蠶桑摘要》卷中《摘繭類》

摘時

摘繭不宜過遲，冷蠶絲，上簇後六七日可摘，熱蠶絲，上簇後三四日可摘。

又 稱輕重

摘繭之後，先須過稱，知繭之斤兩，即知絲之多寡。杭州養蟻一兩，約得繭百斤，得絲一百五六十兩。湖絲比杭絲更細，養蟻一兩，約得繭百斤，得絲一百兩零，直絲約得繭百斤，得絲八九十兩。知絲之斤兩，則繅絲須若干日，可以屈指而計。

清 蔣斧《粵東飼八蠶法・蠶篇》

收繭

炕繭一日後，即可摘繭。如遇天晴，仍須曬晾，收貯通風處，隔三四十日，又宜曬晾一次，以防霉壞，若即繅者不必曬。

清 黄毅《養蠶新論》第六章《收繭》《蠶業叢書》第二編 收繭之時，又須選擇。凡同功繭、綿繭、開孔繭及死籠繭等，均須選出。

又 第七章《製種》第一節《製種之準備》

蠶兒之熟期及收繭量 收繭量之多寡，亦須注意。收繭少者，必因飼育中斃死者多，即爲虚弱之證，虚弱有遺傳之性，故不可用以製種。大約每錢蟻量，可收繭十八斤者，即可用爲種繭也。

在飼育中，雖宜選健强之蠶，而當上簇之際，又須注意於熟期之早遲。可將早熟及晚熟者除去，而選其適中熟期。因早熟之蠶雖强，其體格必不齊，繭形即大小不正，且多生雄蛾。若熟之過晚者，體格雖齊，而多虚弱且多受病毒之遺傳。故爲製種用者不可過早過晚，須使適中云。

清 闕維震《養蠶法》第十章《收繭》

收繭之方法 收繭時宜預備數個筐籃，將上繭、中繭、下繭，採收時細心察看，分别置放。蓋下等繭，薄皮繭等，往往漏出汙液，致損及良繭。若供製種用者，收繭時亦即宜區别選擇。凡懸於簇枝疏網之中央，位置形狀中正者，概屬健全良繭。沈於簇之下底，或浮於上面者，皆不完善，收畢即宜薄攤籃內，安置架上。每籃所放之繭，切不可厚積重壓，以免發熱致損繭質。

收繭之計算 繭量多寡，雖因蠶之種類不同。大率蟻量一錢，除遺棄所剩餘。約得繭八千頭。每頭約重四分六釐，可得繭十五斤至二十斤。普通尚未必及此，飼育得法，突過此數，亦所恆有。

清 佚名《樹桑養蠶要略・養蠶》三十二條

摘繭

先上山者先摘，後上山者後摘。摘繭不宜過遲，摘時手宜輕不宜重。

綜述

清 朱昆田《笛漁小稿》卷八《采桑女》 下簇上簇三日皆成繭矣，宜摘繭。

清 韓夢周《養蠶成法・春季養山蠶法》

摘繭

蠶出四十餘日便成繭，在樹連葉摘下，仍要去葉，其繫於葉處，名爲蒂。若去蒂，恐傷繭絲，包於繭外，名爲衫。必留衫，纖綢始有花紋，所以蒂衫都不可傷損。

清 韓夢周《蠶桑實濟》卷四《育蠶急務》

摘繭法

上簇六七日之間，方可摘繭。摘時，將堅實良繭另放一器，將薄繭，兩頭薄的繭，有孔的繭、二三蠶相合的繭、血蠶繭擇出，另放一器，製作綿用。良繭繰絲最利，而且勻雜。以病繭不惟繰絲絆扯，而且麄惡不勻，若惜病繭，則反壞良繭，求多絲而反少絲。凡繭長而瑩白者細絲之繭，大而晦色青蔥者麄絲之繭，絲以白者爲上，黄者次之，摘下攤於通風涼房内箔上，厚二三寸，不可過厚，厚則發熱，絲腐難繰，五六日之間方可繰絲。若早繰，則繭嫩不利，若白繭，更遲一日。遲至七日後，則蛾生若繰之不及，有蒸餾之法。

清　韓夢周《蠶桑實濟》卷四《育蠶急務》

剝繭

下簇後就要剝繭將繭子外一層蠔透子剝去，蠔透子煮熟，打成綿線，可織綿細。語云：蠶忙不如繭忙，毛繭最易發蒸，一蒸不好，做絲須一二日，剝完薄攤。

清　帥念祖《蠶政編》

摘繭法

上簇六七日之間方可摘繭，摘時，將堅實良繭另放一器，將薄繭有孔者，二三蠶相合者，并血蠶繭擇出，另放一器，製作綿用。摘下攤於通風涼房内箔上，厚二三寸，不可過厚，恐發熱腐絲，五六日之間，或蒸或繰，遲至七日後，則蛾生。

（道光）《遵義府志》卷一六《農桑·蠶事》　下繭：繭成，有未繭者未爬甕而尚食葉者。如已爬甕，則聽之。方爬甕，若驚之，則四走，妄吐絲，不作繭移之他樹不移，恐摘繭時礙食，次第候其韌，摘之。繭成后，蠶自泄白漿漿其繭。必三日，漿始干。繭韌，始可摘，若濕擴之，繭必壞。已高，梯之，凳之，毋搦使餒，毋按使凹。筐載而歸之廠，晞其葉葉，爬甕時自裹之葉。剝繭，晞已，剝其葉，必須其系，逆則傷繭。必汰其病，存則疰繭。近山者，畢而歸之家。繭病：繭病三：大而厚，特不封口，值口有黑跡而濕，是曰油頭。口封而汁汁濕，是曰血繭。二者蛹皆餒。為敗水所漬，則善亦敗。其薄而不堅，曰二皮，繭之未完者也。油頭，血繭，蠶之斑病未發者所為。二皮，蠶食不足，及作繭時為人偶搦者所為。

清　陳開沚《裨農最要》卷三

摘繭

摘繭不宜過遲，冷蠶絲上山後，六七日可摘繭，熱蠶絲上山後，四五日可摘繭。先將繭摘數個，摇之聽是蛹聲，更是可摘之候。如簇内有黑腐之繭，即先去其黑者俗呼為血繭，然後將好繭摘下繭黑者觸手即破皮，流黑赤水必污及他繭，故先去之。摘時手宜輕不宜重下手太重則圓者捻匾矣。

又　曬繭

摘繭時如遇烈日，薄鋪箔上，置烈日中，連曬三四日，每日三翻其繭，以繭乾蛹枯為度。

又　收繭

籠蒸炕曬見蛹已枯，然後薄攤箔内，置透風涼屋，一日一翻，使蛹在内換動不沾繭也。倘經陰雨日久，亦宜出曬。久雨，則枯蛹回潮，故須暫曬以除潤氣。

清　方大湜《桑蠶提要》卷二《蠶事四十條·摘繭六則》

摘繭之時　摘繭不宜過遲，冷蠶絲上山後六七日可摘繭，熱蠶絲上山後三四日可摘繭，俗謂之落山亦曰同山。

摘繭之法　先上山者先摘，後上山者後摘。如帚内有黑腐之繭，即先去其黑者，然後將好繭摘下，繭黑者，觸手即破皮，皮破必污入他繭，故先去之。摘時手宜輕不宜重下手太重，則圓者捻匾矣。

別好醜　繭以堅實爲佳，然絲有粗細之分，堅實而瑩白者絲細，堅實而晦色青蔥者絲粗，須儲兩處。若綿繭蠶觜受傷，吐絲遲緩，其繭輭而鬆、陰繭内潰而漬溼、映頭繭已成繭而不化，蛹斃爛繭中，穢汁潤映，又名烏頭繭、草凹繭緊靠草把上做繭，繭上定有紫色印痕、尿緒繭蠶尿沾染，漬成黄瘢、蛆鑽繭蠅集蠶身，蛆生腹上，成繭後穿穴而出、穿頭繭山下用火太旺，匆遽吐絲，不及周徧，環繞其繭，一頭穿破、凹赤繭薄緒纏身，赤蛹外露、同功繭兩三蠶共作一繭，俗呼大頭繭，皆繭之醜者，只可做綿，不可做絲。摘繭時，遇有此等繭，即須挑出，另儲一處，切不可與好繭同繰好醜同巢，則好者亦變而爲醜。挑出之繭，以清水浸之，留作綿之用，並非棄物。詳《做綿》第一則。

稱輕重　摘繭之後，必須置籃内過秤，籃不光滑，則以紙鋪籃内，以繭置紙上稱之。繭籃詳《蠶具》第十四則。知繭之斤兩，則知絲之斤兩，杭州人養蟻一兩，約得繭百斤，得絲一百五六十兩。湖絲比杭絲更細，養蟻一兩，約得繭百斤，得絲一百兩零。知絲之斤兩，則繰絲須若干日方能畢事，可以屈指而計詳《繰絲》第五則。

攤置涼室　蛾穿繭而出者，其繭不可繰絲。蛹變爲蛾，雖未出來絲，亦難繰。自摘繭至蛾出，不過十餘日，其變蛾約在十日以内，所摘之繭尚須剝去外衣見本條第六則，斷不能即日便繰，故繰絲只可以七八日爲限，過限則蛹變爲蛾矣。摘繭後，須薄薄攤於箔上太厚則發熱，置涼室中，並貯井水於箔下，使受涼氣如此則蛹之變蛾，可遲一二日，繰絲者乃略從容。

剝去外衣 摘繭之後，須將外衣剝去外衣即繭絲，乃繭外之浮絲也，務須迅速，不可太遲遲則發熱。剝後仍攤於涼處，以待繅外衣可留作抽線之用，並非棄物。詳《抽線》

第一則

清 黄世本《蠶桑簡明輯説》第二篇《養蠶説》

落繭四條

一、上山至第六、七日，則絲吐盡，而繭可落矣。落繭之法：先上者先落，落下一箒，視其箒之中心無腐黑之蠶，即輕輕摘下使其有之，便須以箒向下，先去其腐黑者，而後摘，勿令污及他繭。

一、落繭後即須於涼室中，以曬匾薄薄攤之自落繭至出蛾，不過十餘日耳。其变蛾約在十日內，蛾已变成，雖未出絲，已難抽。而落繭之後，尚須剝繭，斷不能即日便抽，則抽絲止可以七八日为限，極其匆促，置之涼室，其變蛾可略遲。一兩日抽絲者，較從容，而剝去其外面浮絲以待抽，已剝後，仍復攤好，天氣炎熱，無論已剝未剝，皆宜貯涼水於匾下，使受涼氣。有防其出蛾，而以火焙之，使不能變者，似亦近理。不知一經火焙，非惟絲難抽，即抽出，亦斷難明亮。

一、落繭後須過秤，知蠶之觔兩，則知絲之觔兩，而抽絲之日數可屈指計矣。繭百觔約可得絲十觔。善抽者以雙錢眼抽之，一日亦只抽得觔半，須七日乃畢。若不能抽雙錢眼而以单錢眼，抽之一日只抽得一觔，則必十日乃畢。故抽雙錢眠者，繭過百觔，便須添設絲車。抽单錢眼者，繭過八十觔，便須添設絲車。

一、所落之繭有內漬，而漬濕者謂之陰繭。摘繭時，便須提出，慎勿雜入好繭中抽之雜入其中，則絲湯易濁，併好繭之絲，亦不能發亮矣。提出之陰繭，以清水浸之，日易水兩三次，俟抽絲既畢抽絲時無暇及此，且本以多浸幾日爲妙，搗去其污以絞不出汙水爲度，而曬之使乾，則極潔極鬆，知弹熟之棉花矣。以手抽之但欲其勻，不必過細，可織綿綢。以手抽絲之法，一見便曉然，必見而後曉，非筆所能述也。

清 沈秉成《蠶桑輯要》第二篇《樂府二十首》 采繭上山三日而采繭爲落山，一曰回山。大眠後，秤得六斤爲一筐，率收繭一斤爲一分，以十分爲中平，過則得利，不及則失利。

清 汪宗沂《蠶桑輯要・樹桑養蠶要略》 稱繭 自摘繭至繅絲，不得過七八日，過限則內蛹變爲蛾。摘後薄攤簾箔上，置涼室中，使受涼氣，再以紙鋪籃內，盛好繭稱之。大約繭一斤，可得絲一兩，百斤可得百兩。每日一人繅絲，車上單絲眼，只能繅絲四兩，雙絲眼六兩，三絲眼八兩，須預計人工，絲車足用否，以便早日繅畢。

清 鄭珍《樗繭譜》莫友芝注

下繭

繭成，有未繭者，未爬甕，而尚食葉者，如已爬甕，則聽之，方爬甕，若驚之，則四走，妄吐絲不作繭。移之他樹。不移，恐摘繭時，礙食。次第，候其韌，摘之。韌，音刃，堅也。繭成後，蠶自瀉白漿，漿其繭，必三日，漿始乾，繭韌始可摘。若濕摘之，則其繭必壞。已高，梯之，橙之橙，音鄧，毋搦使餒中敗曰：餒，毋按使凹音垤外，不圓滿也，筐載而歸之，厰晞其葉葉爬甕時，自裹之葉。

清 楊名颺《蠶桑簡編・養蠶法》《牧令书》卷一〇

摘繭

上簇三晝夜，蠶皆化蛹，六七日方可摘繭。長而瑩白者絲細，大而晦色者絲粗，各放一器，攤於涼箔，厚二三寸，遲至七日後，則蛾生。

清 沈練《蠶桑説・飼養法七十條》 所落之繭，有內潰而漬溼者，謂之陰繭較映頭繭尤穢。摘繭時，便須提出，慎勿雜入好繭中繅之雜入其中，則絲湯易濁，并好繭之絲，亦不能發亮矣。提出之陰繭，以清水浸之，日易水兩三次，俟繅絲事畢繅絲時，無暇及此，且水以多浸幾日爲妙，擣去其汙以絞不出汙水爲度，用桑枝灰和寰復以清水漂浄而曬之使乾，則極潔極鬆，如彈熟之棉花矣。以手抽之但欲其勻，不必過細，可織綿綢，以手抽絲之法，一見便曉。然必見而後曉，非筆所能述也。

清 沈練，仲學輅輯補《廣蠶桑説輯補》卷下

落繭説四條

落繭後，即須於涼室中，以曬匾薄薄攤之，自落繭至出蛾，不過十餘日耳。其變蛾約在十日內，蛾已變成，雖未出絲，已難抽。而所落之繭，尚須剝繭，斷不能即日便抽，則抽絲只可以七八日為限，極其匆促。置之涼室，其變蛾可略遲一兩日，抽絲者較從容。而剝去繭巟呼光切，音荒，俗讀若黄音，繭之外面浮絲也，以待繅已剝後，仍復攤好，天氣炎熱，無論已剝未剝，皆宜貯井水於匾中，使受涼氣。

有防其出蛾，而以火焙之，使不能變者，實在繅不及時，則不得不用此法矣。然其絲究不若未經火焙者之光潤。

按繭之難繅者，除病繭之外，或嫌火大，或嫌火小，苟非向火失法即是天時使然。凡火大之繭，其絲過眼上軸時，繭即牽連至眼，阻塞去路。法須將繭攤在匾内，以熱水勻噴如細雨濕衣狀，即取置潔凈甕内，封蓋半時許，然後取出繅絲。若火小之繭，則絲過眼上軸，忽細極而斷，應接不暇，當以燒酒勻噴，無封蓋諸法。其繅絲之水火大者，不宜太熱，火小者不宜稍涼。如一家之繭，有火大火小兩等，則火小者先繅，而火大者後繅。

落繭後須過秤知繭之斤兩，則知絲之斤兩，而繅絲之日數，可屈指計矣。繭百斤，約可得絲一斤。善繅者，以雙錢眼繅之，一日亦止繅得斤半，須七日乃畢。若不能用雙錢眼者，而以單錢眼繅之，一日止繅得一斤，則必十日乃畢。故用雙錢眼者，繭過百斤，便須添設絲車。用單錢眼繅者，繭過八十斤，便須添設絲車。

按本條繅法每眼之，下繭應有三四十枚絲已甚肥。可充粗料，若細料必求細絲，以三錢眼繅之。送絲鈎亦三枝，每眼之下，繭約六七枚，多則八九枚，每日可消繭八斤，此謂之七繭絲。貨最高繭十餘枚者，謂之中勻絲。每日可消繭十斤，有零貨較次。如消繭至二十斤，無論絲之肥細，俱可落車矣。

又按三錢眼之細絲，及中勻絲，較單錢眼之肥絲，其工之多寡，絲之分兩，相去無幾，而貨高則過之。故業蠶之户，往往肥細兩兼。

又按錢眼者，以錢鑽眼度絲也。而《蠶桑輯要》則用銅鐵條三寸，一頭椎鑽眼，眼須光潤，不令剮斷絲緒。然不如將粗壯銅絲一頭，折作小眼，如螺旋狀，絲一挽即入，無庸細篾粘穿，法更簡便。

落繭時，遇有綿繭、蛆鑽繭、映頭繭、凹赤繭、穿頭繭、草凹繭、尿緒繭、同宫繭，蠶嘴受傷，縈絲寬慢，其繭軟而鬆者，曰棉繭。蠅集蠶身，蛆生腹上，成繭後穿穴而出者，曰蛆鑽繭。老不化蛹，斃爛繭中，穢汁潤映者，曰映頭繭。薄緒纏身，赤蛹外露者，曰凹赤繭。山火太旺，匆處吐絲，不及周遍環繞，其繭一頭穿破者，曰穿頭繭。粘簾附帚，結成深印者，曰草凹繭。蠶溺沾染成漬黄瘢者，曰尿緒繭。上山太密，兩三蠶共成一繭者，曰同宫繭，皆宜提出另儲。其不可繅者，或為棉，或為絮。其略可繅者，或另繅作醜絲。慎勿雜入好繭中繅之，致使好者亦醜。

所落之繭，有内潰而漬濕者，謂之陰繭。摘繭時，便須提出，慎勿雜入好繭中繅之雜入其中，則絲湯易濁，并好繭之絲，亦不能發亮矣。

所提出之陰繭，以清水浸之，日易水兩三次，俟繅絲既畢繅絲時無暇及此，且本以多浸幾日為妙，搗去其污以絞不出污水為度，用桑枝灰和煮，復以清水漂净，而曬之使乾，則極潔極鬆，如彈熟之棉花矣，以手抽之但欲其勻，不必過細，可織棉綢。以手抽絲之法，一見便曉，然必見而後曉，非筆所能述也。

清 馬丕瑶《蠶桑簡易法·養蠶法》

摘繭

上簇兩晝夜則繭成，又四晝夜，蠶盡成蛹。計上簇六七日，試搖之，蛹在内撞動有聲，亟摘下。長而光瑩者絲細，大而同宫晦色者絲粗兩蠶合繭為同宫，各放一器，扯去蒙茸之衣，即日蒸之，切不可遲，遲至十餘日，則蛾生。蒸後仍分兩等，勻攤篇中，須時翻動，勿令壓遏。繅絲時分別取之，庶細絲不為粗者所累繭有黄白二種，白者尤良繅，絲時亦宜分別。

清 江毓昌《桑蠶説·養蠶説》

摘繭

先上山的先摘，後上山的後摘。下手要輕，先把黑繭摘去不要挨著就破，恐污好繭，再把結實瑩白的摘在一處絲細另繅，把結實色暗的摘在一處絲粗另繅，把綿繭繭軟而鬆、陰繭内潰漬溼、烏頭繭蛹死繭中，穢汁潤映、草凹繭靠草做的，颜色不潔、尿緒繭蠶尿沾染、蛆鑽繭蠶被蠅咬，生蛆鑽出、穿頭繭烘火太大，繭未做全、凹赤繭繭薄蛹露、同功繭兩三蠶共做一繭，摘在一處，都叫醜繭，不能繅絲。把醜繭用清水泡著，留做絲線，好繭各歸各類，薄薄攤在涼處煖就出蛾，一面赶快剝繭衣繭外浮絲留著抽線，一面赶快繅，能不蒸更好。

清 何品玉輯刊《蠶桑會粹·種桑各法》

摘繭下山法

炕繭一日後，可將繭摘下。如有日色，仍須曬過，收拾通風處，至三四十日，又宜曬一次，其繭不致霉壞。

清 張行孚《蠶事要略》

摘繭

凡蠶上山至四五日，則繭成而堅厚矣，此時須聚人摘繭，而以器盛之摘訖，繭之可以繅絲者，須剝净繭外浮絲浮絲湖俗謂之繭黄。其不可繅絲者，揀出拓綿，拓綿者不必剝净，凡繭小而堅者宜繅絲，大而鬆者宜拓綿。

清 陳涥《實驗蠶桑簡要法》下篇《養蠶法》

第二十七章採繭之法

卸簇時，宜先去其烏爛死蠶等類，至摘繭時，可細別良繭，同功繭，薄繭，污繭，不正形繭，着簇繭，爲數區，不可混在一處。

又　採繭期，春蠶六七日，夏秋蠶四五日，若製種之繭，無論春夏秋蠶俱遲一二日爲宜。

清　關維震《養蠶法》第十章《收繭》　收繭之時期　收繭之時，宜察温度之高低。温度在七十度至七十三四度，須上簇後七日收繭；若在七十五六度以上，則上族後五六日可收。不宜太早，早則蛹之皮膚尚軟弱，每易傷損，汙穢繭層，且多含水分，容易發熱。若爲製種用繭，宜更遲一二日，俟其體軀既固，尾部能活潑轉動再收。

清　黄祖徽《蠶桑淺説·養蠶篇》第五章《收繭》

摘時

採繭不宜過遲，冷蠶絲，上簇後六七日可摘，熱蠶絲，上簇後三四日可摘。本學堂每年試驗，以七日收繭爲最妥。五日以前，不可摇動，致傷蛹體。

又　摘法

摘繭時，宜分上繭、中繭薄繭、下繭汚繭、同功繭二蠶同作，各置一箔，秤其重量，知有若干斤兩，則繅絲若干，方可以屈指而計。

清　蔣斧《粤東飼八蠶法·蠶篇》

收繭

炕繭一日後，即可摘繭。如遇天晴，仍須曬晾，收貯通風處。隔三四十日，又宜曬晾一次，以防霉壞，若即繅者不必曬。

清　吴宗周、陳幹材、徐謙山《蠶桑白話》卷二《養蠶白話》

摘繭

上山後六七天，大約各蠶已在繭内化蛹了。譬如要看這繭做好没有，就採幾個繭子輕輕摇幾下，如有聲音，像兩個東西相觸的樣子，那蠶繭就已經做完了。如摇起没聲音，那要再過一天纔好採，這採繭的法，極要小心，防着那汚死的蠶，汚汁染在别的繭上，最好是由下面採到上面，免得那挂在山上之腐爛蠶汚了好繭，採好了繭子趕緊鋪平，大約以二寸至二寸五分厚，是最適當的了。

清　林楊光、王鎮西《蠶桑條説·白河縣知縣林令楊光述呈桑蠶各説第七條》

摘繭烘繭説第七條

上山至四五日，絲已吐盡，蠶皆化蛹，繭可摘矣。先上者先摘，以蠶扁薄攤之，先去其浮絲，謂之剝繭。然自摘繭至出蛾，不過十餘日，其變蛾約在十日内，蛾若變成，雖未咬出，絲已難抽。且繭落後要晾一二日，絲方好抽。是抽絲之期，不過七八日爲限。每一人日夜抽絲二十両左右，計時甚促，當以火焙之，使不能變蛾。或向烈日晒四五天，蛹亦死，否則蒸之。用鹽與茶油和湯，炊半柱香蒸透，取出晾之。焙火之法，用繭頓加火盆之上，如焙茶法，中隔以米篩，距火尺餘，四圍障蔽，使火氣不洩，火微即熄。如是者，両三日以手撚之，蛹隨手碎乃已。若竹箔則上滿可烘，不待落繭。然要遲抽，亦須焙之。

清　吕廣文《蠶桑要言·育蠶法》

收繭

凡蠶上山，三日絲盡，六日變蝸，至第七日，先以酒脯酬先蠶婦女，謂請蠶姑娘。請後，將蠶收下，謂之落山，亦曰轉繭。再隔一日，須將繭薄薄攤晒，連晒五六日，則蝸晒斃。否則，自上山數起，數至十六日，蝸復化蛾，破繭而出，其繭無可繅絲矣。若遇連日陰雨，須以火烘燥，且火須畧猛，其蝸方死。否則，日期一到，仍要出蛾。如繭多之家，可用蒸籠畧蒸，後用火焙，較爲穩當。

清　饒敦秩《蠶桑質説·蠶説十三則》

摘繭

蠶繭既成，宜急摘下，不可遲延。摘下時，先將外面浮絲剝去，裝以密眼，簍筐頓放陰涼之地。或自繅，或賣與人繅，皆不可至七日，否則繭敗蛾出。天熱尤速，如有同功繭，尿繭，柴凹繭此類，衹可作綿。皆須提開，不可混在一處。如繭多，七日内繅不及，古人有塩藏法。法，蛾乃不出，且絲柔韌潤澤，其法將繭先晒，令燥，置大瓮地上，底鋪竹簀，再鋪桐葉，乃鋪繭一重，約十斤摻塩二両，上又平鋪桐葉，如此重重隔之，然後密蓋，以泥封之。繅時頻頻換水，隨以火焙乾，絲不黯黮，色且明快。

清　衛杰《蠶桑淺説》

摘繭

上山三晝夜，蠶皆化蛹，六七日繭成摘下。繭長而瑩亮者絲細，繭大而晦暗者絲粗。雪白淺黄最上，金黄次之，土紅又次之，各置一器，分攤涼箔，厚一二寸，不可過厚，恐發熱繭壞，再一日即蒸煑，久則蛾生。

清　吴鴻望校，袁俊德輯《蠶政萃編·摘繭類》

别美惡

繭以堅實爲佳，絲有粗細之分，堅實而瑩白者絲細輕鬆，而晦闇者絲粗，須儲兩處以别之。若美惡同繅，則美者亦變而爲惡矣。

劣繭

曰綿繭，蠶背受傷，吐絲遲緩，繭輭而鬆也。曰陰繭，内潰而漬溼也。曰映頭，繭成繭而不化，蛹斃爛繭中，亦云烏頭繭也。曰草凹繭，緊靠草把做繭，繭有紫色印痕也。曰尿緒繭，蠶尿沾染漬成黄瘢也。曰蛆鑽繭，蠅集蠶身，蛆生腹上，成繭後穿穴出也。曰穿頭繭，用火太旺，匆遽吐絲，不及環繞，穿破一頭也。曰凹赤繭，薄緒纏身，赤蛹外露也。曰同功繭，兩三蠶共作一繭，大頭繭也。凡此皆繭之劣者，只可做綿，不可繅絲。

稱輕重

摘繭之後，先須過稱，知繭之斤兩，即知絲之多寡。杭州養蟻一兩，約得繭百斤，得絲一百五六十兩。湖絲比杭絲更細，養蟻一兩，約得繭百斤，得絲一百兩零。直絲，約得繭百斤，得絲八九十兩。知絲之斤兩，則繅絲須若干日，可以屈指而計。

攤涼

蛾穿繭而出，不可繅絲，蛹變爲蛾，雖未出殼，絲亦難繅。自摘繭至蛾出不過十餘日，變蛾約在十日以内，所摘之繭，須剝去外衣，不可即日便繅，故繅絲以七八日爲限，過限則變蛹爲蛾。摘繭後，須薄攤箔上，置涼室中，並貯井水於箔下，使受涼氣，則蛹之變蛾尚遲一二日，繅絲略可從容。

剝外衣

摘繭後，須將外衣剝去，即繭，乃繭外浮絲，須迅速，勿遲恐發熱。剝後仍攤涼處，以待繅，外衣可作抽綿用，非棄物也。

清 楊鞏《中外農學合編》卷一一《蠶類・飼育》

摘繭

摘繭，不宜過遲。冷蠶絲上山後，六七日可摘繭。熱蠶絲上山後，三四日可摘繭，俗謂之落山亦曰回山，須分先後摘取。如帚内有黑腐之繭，即先去其黑者，然後將好繭摘下繭黑者，觸手即破皮，皮破必污及他繭，故先去之。摘時，手宜輕不宜重下手太重，則圓者捻匾矣《蠶桑寶要》。

附外洋法

營繭既終，蠶數日即化為蛹，初化皮膚甚軟，經一二日始强固，為赤褐色，此際始可收取。如過早，必損皮膚，體液必致污繭。通例，春蠶七日，夏蠶五日，即可摘繭。所以上繭、中繭及同宫繭，收取即宜區别。所收之繭，分别置箔内，不可堆積，室宜透風。若下繭不潔者多，必惹蠓蚊叢集，且恐多發蠶蛆，須速曝十分乾燥。用以製絲者，收繭三日内，須殺蛹乾燥。惟種繭係由上繭提選，保護放置均宜注意，鼠嗜蠶藏繭，更宜防患。《蠶學叢刻》

清 葉向榮《農林蠶説・下蟻》

摘繭四晝夜，蠶盡成蛹，即摘繭。長而瑩白者絲細，大而同宫晦色者絲粗，各放一器，攤於篩箔内，厚二三寸。遲至十四日，則蛾生。古法：育蠶拘以日期，如夏蠶天氣極熱，十八日或二十二日老，春蠶二十四日老，遲則二十八日老。

清 佚名《樹桑養蠶要略》

摘繭

先上山者先摘，後上山者後摘。摘繭不宜過遲，摘時手宜輕不宜重。

清 豫山《蠶桑輯要合編》上《養蠶》

養蠶法

摘繭，四晝夜蠶盡成蛹，即摘繭。長而瑩白者絲細，大而同宫晦色者絲粗。兩蠶結爲同宫。各放一器，攤於涼筐，厚二三寸。雨遲至十四日則蛾生。古法育蠶，拘以日期。如夏蠶，天氣極熱十八日或二十二日老，春蠶二十四日老，遲二十八日老。

清 趙淵《蠶桑摘要》卷中《摘繭類》

摘時

摘繭不宜過遲，冷蠶絲，上簇後六七日可摘，熱蠶絲，上簇後三四日可摘。

又 稱輕重

摘繭之後，先須過稱，知繭之斤兩，即知絲之多寡。杭州養蟻一兩，約得繭百斤，得絲一百五六十兩。湖絲比杭絲更細，養蟻一兩，約得繭百斤，得絲一百兩零，直絲約得繭百斤，得絲八九十兩。知絲之斤兩，則繅絲須若干日，可以屈指而計。

又 攤涼

蛾穿繭而出，不可繅絲。蛹變爲蛾，雖未出殼，絲亦難繅。自摘繭至蛾出，不過十餘日，變蛾約在十日以内。所摘之繭，須剝去外衣，不可即日便繅，故繅絲以七八日爲限，過限則變蛹爲蛾。摘繭後，須薄攤箔上置涼室中，並貯井水於箔下，使受涼氣，則蛹之變蛾尚遲一二日，繅絲略可從容。

又 剥外衣

摘繭後，須將外衣剥去，即繭繞乃繭外浮絲，須迅速勿遲，恐發熱，剥後仍攤涼處，以待繅外衣，可作抽線用，非棄物也。

清 朱祖榮《蠶桑答問》卷下

收繭第二

問曰：『何謂收繭不得其法？』

答曰：『收種之繭，必擇蠶山適中處近上則絲薄，近下則子不生，選取豎而不横，兩頭平圓堅厚細結者，剥去浮綿，雌雄各半分置一筐腰細爲雄，腰胖爲雌。不可抛擲，恐蛹受傷，則不能變蛾生子。今之采繭者不然，往往繅絲不及，蛾自出繭便取爲種，或以繭堆置箔上罨壓熏蒸，因熱而出，其母先病，子安得不病乎？』

清 蔣斧《粤東飼八蠶法》

收繭

炕繭一日後，即可摘繭。如遇天晴，仍須曬晾，收貯通風處，隔三四十日，又宜曬晾一次，以防霉壞，若即繅者不必曬。

清 黄穀《養蠶新論》第六章《收繭》《蠶業叢書》第二編 上簇以後，採繭之遲早。如前所言，須依温度而異，若在七十五六度時，結繭以後二晝夜，亦經蛹化，再二晝夜，蛹體之皮膚已硬，即可採下。故最適宜之時期，在上簇後一星期也。若收繭過早，蛹體皮膚軟弱，一受摇動，則有損傷，須留意也。如前所記標準表，蟻量一錢，須費二百八十八斤有奇之桑葉，然其收繭幾何，則不能一定。大約平均蟻量一錢，可得九千三四頭，自掃蟻至結繭即減少百之一二。亦尚有八千頭可以成繭，每繭四分六厘，可得三百六十八兩。即二十三斤故可知上等收成爲二十斤至二十三斤，中等爲十八斤至二十斤，若十八斤以下則下等收成也。

清 佚名《蠶桑録要》 摘繭 上山三晝夜，蠶盡成繭，六七日方可摘下早則五日。長而瑩白者，絲細而價貴；鬆大而色晦，或兩三蠶共成一繭者，絲粗而價賤。各放一器，攤於涼箔。摘繭後三日，即繅絲，三日不及繅完，則須蒸繭繭被蛆鑚，或穢汁透出，或一頭穿破者，皆另儲另繅，不可帶累好繭。

藝文

清 愛新覺羅・玄燁《聖祖仁皇帝御製文集》第二集卷四五《下簇》

自昔蠶繅重婦功，曾聞獻繭在深宫，披圖喜見纍纍滿，茅屋清光積雪同。

清 愛新覺羅・胤禛《世宗憲皇帝御製文集》卷二七《雍邸集・織圖二十三首・下簇》 前月浴新蠶，今日摘新繭。浴蠶柳葉纖，摘繭柳綿捲。膏沐曾未施，風光覺潛轉。鄰曲慰勞來，懽情一共展。

清 愛新覺羅・弘曆《下簇》《授時通考》卷五三 獻繭由來重女功，繪圖今見列璇宫。聖人不為丹青美，玉穀珠絲此意同。

清 沈炳震《蠶桑樂府》

采繭上山三日而采繭，為落山。一日回山。大眠後稱得六斤為一筐，率收繭一斤為一分，以十分為中平，過則得利，不及則失利

山棚白繭重布濩，高下紛綴無數。舉頭一望成雪山，下薄仰窺垂玉樹。光明潔浄堅且圓，如珠纍纍相駢聯。漫誇園客繭同瓮，但願蠶好還年年。婦姑兒女齊共采，一餉筐筥色皠皠。大筐小簿無弗盈，堆床叠架環如城。老翁抱孫閒相評，從頭一一計重輕。少焉采盡上權衡，與翁所揣銖兩爭，拍手自詑老眼明。

清 衛杰《蠶桑萃編・圖詠》卷一三《豳風圖詠類・園中即事》

五月摘繭新，繅來勻又勻。絲盡蠶成蛹，捨身總爲人。古來多志士，報國裕經綸。賦性貞如此，合祀馬頭神。

圖表

清 愛新覺羅・玄燁、焦秉貞《御製耕織圖》卷二

織第十圖下簇

自昔蠶繅重婦功，曾聞獻繭在深宫。披圖喜見纍纍滿，茅屋清光積雪同。

前月浴新蠶，今月摘新繭。浴蠶柳葉纖，摘繭柳綿捲。膏沐曾未施，風光覺潛轉。鄰曲慰勞來，懽情一共展。

獻繭由來重女功，繪圖今見列璇宫。聖人不為丹青美，玉穀珠絲此意同。

清 李鴻章撰，袁俊德輯《蠶桑紡織器圖詠・蠶圖詠類》

摘繭第十一圖

今歲蠶娘力苦支，高高下下摘難遲。更看隴上鋤田後，復向村頭窖繭絲。

清 衛杰《蠶桑萃編》卷一一《蠶器圖類》

摘繭圖説

上簇六七日之間方可摘繭。摘時，將堅實良繭，另放一器。將薄繭，兩頭薄的繭，有孔的繭，二三蠶相合的繭，血蠶繭擇出，另放一器，製作綿用。凡繭長而瑩白者細絲之繭，大而晦色青蔥者麄絲之繭。摘下攤於通風凉房内箔上，厚二三寸，不可過厚，厚則發熱，絲腐難繰。南方五六日之間方可繰絲，遲至七日後，則蛾生。北方三四日卽要蒸，五日生蛾。

又卷一二《圖詠・蠶圖詠類》

摘繭第十一圖

今歲蠶娘力苦支，高高下下摘難遲。更看隴上鋤田後，復向村頭窖繭絲。

開簇先去苫席，以手輕輕將繭摘下，安放箔上，不可太厚，致有積壓，候半日後，蒸曬卽得。如田事急，則於蒸曬之後略加鹽水，置甕中，擇乾土埋之。侯農事稍暇，再繰絲亦可。

清 爱新覺羅・玄燁、焦秉貞《御製耕織圖條二十七**》** 春深處處掩茅堂，滿架吳蠶婦子忙，料到今年收繭倍，冰丝雪縷可盈筐。

清 楊屾《豳風廣義》卷二

摘繭法

上簇六七日之間，方可摘。摘時將堅實良繭，另放一器，將薄繭、兩頭薄的繭、有孔的繭、二三蠶相合的繭、血蠶繭擇出，另放一器，製作綿用。良繭繰絲最利，而且勻净，若雜以病繭，不惟繰絲絆扯，而且粗惡不勻，若惜病繭，則反壞良繭，求多絲而反少絲。凡繭長而瑩白者，細絲之繭；大而晦色青蔥者，麄絲之繭。絲以白者為上，黄者次之。摘下攤於通風凉房内箔上，厚二三寸，不可過厚，厚則發熱，絲腐難繰，五六日之間，方可繰絲。若早繰，則繭嫩不利。若白繭，更遲一日。遲至七日後則蛾生若繰之不及，有蒸餾之法。

清 張集賢編撰，郝子雅繪製《桑織圖》

摘繭

爛然黄金與白銀，舉家欣喜愛鮮新，摘未薄攤通風處，厚積薰蒸致腐陳。

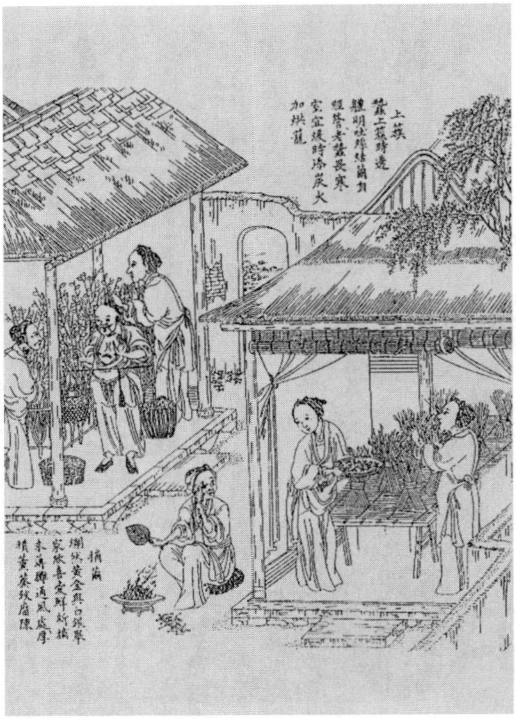

又　蒸繭

摘繭七日蛾自生，急須蒸餾莫消停。箔攤風乾猶久待，月餘繰絲利且輕。

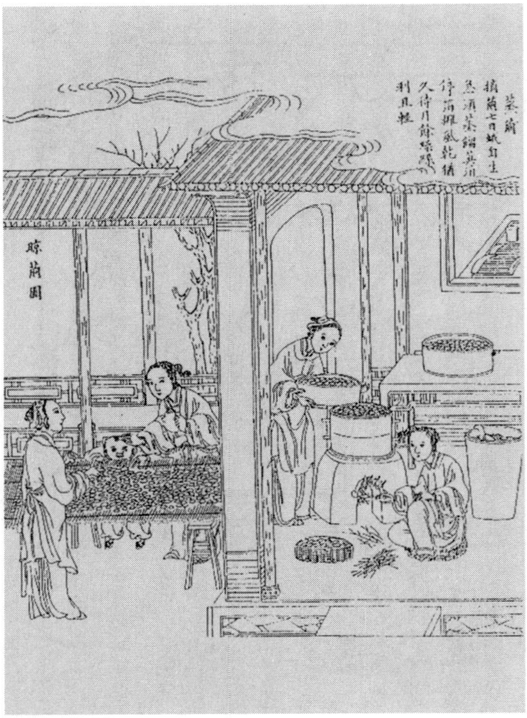

殺蛹

論説

清　黄祖徽《蠶桑淺説・養蠶篇》第五章《收繭》第三節《烘繭》

收繭後五天，可以烘繭，溫度約一百五十度，如十日能繰絲完畢者，不必烘繭。

清　林志恂《蠶桑淺要・養蠶淺要・成熟附上山採繭》

烘繭之期，以採繭後一日至四日皆可，過早過遲，俱有害於絲質。

清　陳淳《烘繭法》《蠶業叢書》第十一編

（二）由於人爲所及者

前者爲天然之感化，欲以人力驟改善其品質，頗非易事，除就生成之品質，攷究而撰擇之，無他法也。後者則全屬人爲所及之影響，如人工之巧拙，或良或惡，就使其法陋劣不堪，苟能研究而改良之，自多見效，斷不至如天然所成者之難於改變也。然而觀目下之現狀，凡自人爲上以致變化繭質之品位者，往往漠視之不加經意，坐使製絲業日益頹落，是由未爲正本清源之計也。故現今欲圖生絲之精良，耗費之節減，使經營斯業者，操券獲利，其策無他，惟講求良法，保全蠶繭，不損優美之天質。亦即講求人爲上方法之改良而已，然而人爲之方法維何，即本科所講之烘繭法是也。烘繭法中最重要之工程，復分殺蛹乾繭貯繭三大端，無論經營絲業者，首以此爲要務。即普通養蠶家，得此必獲益倍蓰。徵列邦之良法，驗已往之成蹟，實爲保全繭質擴張絲業萬不可少之工程也。茲將該三大端之情狀方法及器具，縷述於左，藉資採擇。

綜述

元　司農司《農桑輯要》卷四《養蠶》

繅絲

《士農必用》：繅絲之訣，惟在細圓匀緊，使無褊慢節核接頭為節，疙疸為核，麤惡不匀也。生繭繅為上，如人手不及，殺過繭，慢慢繅。殺繭法有三：一日晒，二鹽浥，三蒸。蒸最好，人多不會。日曬損繭，鹽浥者穩。熱釜可繰麤絲，單繳者雙繳亦可，但不如冷盆所繰者潔净光瑩也，釜要大置於竈上如蒸竈法，釜上大盆甑接口添水，至甑中八分滿，甑中用一板攔斷，可容二人對繰也。繭少者，止可用一小甑，水須熱宜旋旋下繭多下，則繰不及，煮損。

又 蒸餾繭法

《韓氏直説》：如蠶成繭硬紋理麤者，必繰快；此等繭可以蒸餾，繰冷盆絲。其繭薄紋理細者，必繰不快；不宜蒸餾，此止宜繰熱盆絲。其蒸餾之法，用籠三扇，用軟草札一圈加於釜口，以籠兩扇坐於上，其籠不以大小，籠内匀鋪繭，厚三四指許。頻於繭上以手背試之，如手不禁熱，可取去底扇，却續添一扇在上。亦不要蒸得過了，過了則軟了絲頭。亦不要蒸得不及，不及則蛾必鑽了。如手背不禁熱，恰得合宜，於蠶房槌箔上，從頭合籠内繭在上，用手微撥動，如箔上繭滿打起，更攤一箔。候冷定，上用細柳梢微覆了其繭，只於當日都要蒸盡，如蒸不盡，來日必定蛾出，如此繰絲，一月一般繰快。釜湯内用鹽一兩，油半兩，所蒸繭不致乾了絲頭如餾繭多，油鹽旋旋入。

清　蒲松齡《農桑經·桑經》

附醃繭法

醃繭之法，將繭納大甕中，每繭一斤，塩四兩，匀撒其上。黃泥塗之，勿令少隙。任何時取出繰之，色鮮易售。

清　楊屾《豳風廣義》卷二

蒸繭法

繭以生繰爲上，若繰之不及，古人有鹽醃瓮泥日晒之法。余试之未善，余家用蒸餾之法最好。其法先將繭外蒙茸之衣扯淨，用蒸籠三扇將繭鋪於籠内，厚四指許，以籠兩扇安於鍋上，蒸至熱氣透出，頻於繭上。以手背試之，如手不禁熱，即扯去底扇，卻續添一扇在上。鋪繭如上法，不要蒸得過了，過則輭了絲頭，亦不可不及，不及則蛾仍生。如手背不禁熱，方是蒸得合宜，將蒸下繭子，盡攤於通風凉房内箔上，用鐵刀撥動，厚三四寸，候冷定用細柳梢微覆之。大約一日之内，須要蒸盡，不然恐來日蛾出，不可不防也。如此蒸晾，雖繰至數月亦無妨，但蒸過之繭日久必乾。繰時須入油鹽，方得絲頭順利。如繭少者不必用籠，只用大竹篩一箇，鋪繭於内，亦厚四指許，繭上置鮮椿葉一片，以布單覆篩安鍋上，蒸至椿葉變色爲好，取下攤凉如上法。

摘繭蒸餾之法已備，方可以言繰絲矣。

清　韓夢周《蠶桑實濟》卷六《蠶桑補遺》

火炕收繭

蠶繭取絲之法，以生繰爲上，其繭多而繰之不及者。古人原有蒸餾一法，將繭入蒸籠内蒸之，其蛾自不復出，但蒸過之後，必須天氣晴明，方可曬乾。倘遇陰雨日久，繭稍鋪厚，固有發熱絲腐之患。卽令薄薄鋪之，蛹在繭中仍有濕氣停浸，取必穿頭，二者均不能取絲。蠶已作繭，絲取不出，枉費前功，豈不可惜。茲擬一炕繭之法，其炕以石條或火塼或土塼封砌如炕床樣，高一尺六七寸，寬二尺，長三四尺五六尺不拘。於炕之檔頭，齊地開一火門高一尺，餘寬祇在五六寸不可過高過寬，致令火氣不緊。齊火門下空一小窩以生炭火窩形，方寬長各四五寸，深亦不過四五寸，中聚薪炭。火門上偏安一石板，板朝内向如屋簷樣以招火氣。石板較火門畧寬一二寸，嵌在炕外塼縫内，内面與炕壁齊，無磴外陂懸一尺餘，如石板偏安不穩，兩邊用塼二塊六地封固，如竈門樣火氣更緊。炕内平火門處，横安木橋子四五根如床横檔樣，打一篾摺摺留小孔如米篩，平鋪木橋子上，盛繭於内以便翻炕摺之寬窄，要與炕心空處一般，不可窄了，恐翻炕時繭漏炕下。炕底不宜平，平則火氣不勁，須齊火窩裏邊，塡土築實，漸次斜上，直抵至對面頂頭横橋子處底心築令微窩，兩旁微高，如箕箕形以均火氣。如炕底斜上處不起微窩，火氣太直，不能散布兩邊，卽令散布兩邊，火氣亦不均匀，但窩處不可掘架，深則火氣下陷，不能直送至頂。炕高一尺七八寸，除火門一尺餘，横橋之上，還有六七寸，深可盛多繭。繭上另用篾摺蓋定以聚火氣，不時揭蓋翻弄，使其熱氣均匀，炕到極熱乾透時，卽可取出。勿令過焦，其打炕之大小，視乎取繭之多少。繭多炕大，一日可炕數百觔，此乃炕外生火，火氣自然上達，既無濕熱之患，且無焦枯之虞。則蒸繭當防陰雨，不過十有九得，炕繭不論陰晴，直可萬無一失也。但窩内必用無烟之火，宜以剛炭爲上。以上各條聞，於邑諸生劉君輔庭者。輔庭業蠶最久，故能舉身親閱歷之事，確鑿言之。此外偶有增益，亦皆經驗良方，未敢以私意妄參，致有空談而無實效也。

清　帥念祖《蠶政編》

蒸繭法

繭以生繰爲上，若繰之不及，用蒸餽之法。先將繭外蒙茸之衣扯淨收此絀衣甚好，用蒸籠鋪繭四指許，蒸至熱氣透出，頻於繭上以手背試之，如手不禁熱，是其火候也。不宜蒸過了，過則軟了絲頭。亦不宜不及，不及則蛹仍生。將蒸過之繭盡攤於通風凉房内箔上，用鐵刀撥動，厚三四寸，候冷定，用細柳稍微覆之若欲久留攪撥陰乾，大約一日之内，須要蒸盡蒸時須在六七日摘繭之時，不然恐來日蛾出。蒸晾如法，雖徐徐繰至數月，亦無妨。但日久繭繰時，須用油鹽，方得絲頭順利，或用竹篩安鍋上，覆以被單亦可蒸。

清　包世臣《齊民四術》卷一下《農政・蠶桑》　繰不及者曬繭令燥，地上埋大甕，甕底鋪竹簟，次覆桐葉，乃下繭十斤，灑鹽二兩，又鋪桐葉，重重隔開，滿甕密蓋之，蛾不出而絲不損。惟繰時宜頻換水耳。

（道光）《遵義府志》卷一六　炕繭　置架床，布篾，薄累繭其上，下烈火炕之。炕之固宜大火，亦不可過烈，恐絲脆。炕時，以篾席復繭上，中留一孔，以干稻草掩之，其繭色乃佳。為取汗。蛹索索若驟雨，候經時，無聲。死繭降，升生繭。畢，盛于筦；售則肩諸市。非強有力者，不勝三萬也。蠶遠者，山炕之；售絲，復山繰之。

清　陳開沚《裨農最要》卷三

曬繭

摘繭時如遇烈日，薄鋪箔上置烈日中，連曬三四日，每日三翻其繭，以繭乾蛹枯為度。

又　蒸繭

先用油一兩，鹽五錢，入釜湯内。次以蒸籠二格坐釜上，内鋪繭三四指厚，俟熱氣蓬勃時，用手背於蒸籠下一層頻頻試探，如手不禁熱，即取下一層蒸籠，而以上一層蒸籠坐釜上，再添一層為上層，輪流蒸換。不可蒸得太過，太過則輭了絲頭，不利於繰。亦不可蒸得不及，不及則蛾必鑽出，更不利於繰。總以蒸籠來氣，手不禁熱為恰好，如蒸太多，即於添水時，酌添油鹽。蒸好之繭傾於箔中，俟冷定後，方可用手抄散，勿驟置烈日曝曬，曬乾油氣則絲必少光瑩柔潤之色。及至水氣晾乾，則又不妨置烈日中曝曬，以蛹枯為度蛹乾繭始乾。蓋蛹内皆水，既蒸之繭，繭亦帶水，以水濟水，繭内水浸而腐。外面一層好繰，裏面一層不好繰，或不上頭，或上頭即斷，繭頭微見黑色，是其證也。故蒸繭必待天晴，所摘之繭，至未申須薄薄攤開，俟來日始蒸，如無蒸籠，以竹篩盛繭安鍋上亦可。

又　炕繭

天氣晴明，自可隨蒸隨曬，若當陰雨，又不可不用火炕之法。上繭於炕如油房炕花生形，時時翻動，務令熱氣均匀以乾為度，勿過焦，勿用有烟之柴，是為至要。

清 鄭文同《蠶桑輯要·治蠶繅絲共計十六則》 採繭後，須即過秤，以便核計繅絲日數。蓋不過十日，即欲出蛾，如不及繅，或添設絲車，或用火焙繭，皆可預圖。泰西有蒸繭法，較火焙為尤妥。

清 方大湜《桑蠶提要》卷二《蠶事四十條**·摘繭**六則**》** 火焙。繭多不及繅，恐蛾穿繭而出，以火焙之，則蛾不出矣。炕之寬大者，一日可焙繭數百斤北邊人謂煖牀爲炕。焙時須熱氣均勻時時翻動，則熱氣均勻矣，以乾透爲度，勿過焦，勿用有煙之柴是爲至要。選柴法，詳《繅絲》第二則夔州人焙繭，火氣自炕外達炕內，既無溼熱之患，又無枯焦之虞，亦善法也。詳《蠶具》第十五則但絲經火焙，總不如未焙者之光潤。

清 俞墉纂輯《蠶桑述要》

剝繭

回山剝繭豐收，或限於屋宇，或限於人工，不能多裝絲車。閱日既久，防繭出蛾，不得不用蒸繭，晒繭，烘繭之法。然所繅之絲，色澤減矣。蒸繭，用蔑籠在於灶上蒸熟，傾於籃內涼透。晒繭，則攤之晾籃於太陽中，將蛾曝死。烘則用荳眼竹篩於炭火上焙之，其留爲弸綿之繭，雖出蛾亦不妨事。

清 何品玉輯刊《蠶桑會粹·種桑各法》

大火炕繭法

取絲繭上山，五日後打大火，如蠶繭貳拾箔，宜接續裝兩個人字架左八箔，右八箔，前後各二箔，餘可類推。每個人字架，火盆壹隻，用炭三斤半，盆面用少許，糠灰罯掩以遏火勢，不致失火。架上用布被團團圍住，留脚寸許，以通火氣，不致撲滅。約三個時辰之久，宜將架裝過，內向外，上向下，概行倒轉火盆加炭，輕重如前，火色方勻。再逾三個時辰，取繭探響為度，始行撤火。

又 摘繭下山法

炕繭一日後，可將繭摘下，如有日色，仍須曬過。收拾通風處，至三四十日，又宜曬一次，其繭不致霉壞，即繅者不必照此。

清 何石安、魏默深《蠶桑合編》 蒸繭法，扯去蒙茸，用蒸籠二扇，將繭鋪於籠內，厚四指，至氣透出，取攤涼箔之上，一日須蒸盡，不然蛾出。迮常五輯繅熱絲法，嘉湖蠶桑甲於天下，即如蠶老上山，蘆簾架下必用極熱火坑，爲熱蠶絲。一則烘去蠶溲之水，使山燥爽。二則蠶口吐絲快，利繅絲，性純，纖綢光彩，異於他絲。他處之蠶上山不用火坑，爲冷蠶絲。吐絲口緩，膠粘着實，繅絲不純易斷，火坑之繭，瘟蠶與蛾蠶繭不可留種，此種育之不收。蠶種，三眠易育絲少，四眠難育絲多。沙瑟庵輯

清 江毓昌《桑蠶説》 蒸繭 連摘繭帶繅絲，總要十天內做完遲則蛾出。若繭多車少，來不及，須把浄鍋燒開水，水內放香油一兩，鹽五錢，坐上極乾浄蒸籠，四面用草作圈圍好，籠內鋪繭約三四指厚，上放新鮮椿葉，再蓋單布一層，蒸到椿葉變色爲止無椿葉用手背探試，禁不住熱爲度，取出晒乾候繅，若遇天陰用火烘乾要無烟火，不可烘壞，颜色更不可烘枯了。又法，放烈日中晒一兩天把蛹晒死，比蒸的好繅，若日光小了，微微煖氣反致出蛾，又不如蒸。

清 董元亮《柞蠶彙誌·繅絲法》

剝繭烘繭

抽絲必先剝繭，繭頭有系，須順其系而剝之。又繭之表面必包有浮絲，其色微黄，而質不堅緻，必須剝盡，方得良絲。如繭多，一時不及剝取，可用烘繭法，將蠶蛹烘乾，以防成蛾後穿孔而出，致絲斷而不能抽繹。

清 黄祖徽《蠶桑淺説·養蠶篇》第五章《收繭》第三節《烘繭》

收繭後五天，可以烘繭，溫度約一百五十度，如十日能繅絲完畢者，不必烘繭。

清 蔣斧《粤東飼八蠶法·蠶篇》

炕繭

上山之五日，用大火炕繭，以二十箔爲一架左八箔，右八箔，前後各二箔，每架用炭三斤，半盆面罯蓋糠灰，稍遏火燄，架上密蒙布被，僅留脚下寸許，以通火氣，不致遏滅。約三個時辰，將架重裝，內向外，上向下，再加炭三斤半，仍烘如前，又約三個時辰，取繭摇響爲度，始行撤火。

清 林志恂《蠶桑淺要·養蠶淺要·成熟附上山採繭**》** 烘繭之期，以採繭後一日至四日皆可，過早過遲，俱有害於絲質。

清 劉清藜補輯《蠶桑備要》第四篇《養蠶程式》 蒸繭法，繭以生繅為上，若繅之不及，古人有鹽醃瓮泥日曬之法。雙山云未善，今人用蒸餾之法最好。其法先將繭外蒙茸之衣扯浄是蠶初營繭而作者，收此絲衣甚暖，用蒸籠三扇，將繭鋪於籠內，厚四指許，以籠兩扇安於鍋上，蒸至熱氣透出，頻於繭上以手背試之。如手不禁熱，即扯去底扇，卻續添一扇，在上鋪繭如上法。不要蒸得

過了，過則輭了絲頭。亦不可不及，不及則蛾仍生。如手背不禁熱，方是蒸得合宜。將蒸下繭子盡攤於通風凉房内箔上，用鐵刀撥動，厚三四寸。候冷定，用細柳稍微覆之若欲久留，時常攪撥陰乾，大約一日之内，須要蒸盡蒸時須在繭摘六七日之間，不然恐來日蛾出。如法蒸晾，雖徐　徐繅至數月，亦無妨。但蒸過之繭，日久必乾，繅時須入油鹽，方得絲頭順利。如繭少者，不必用籠，雙山只用大竹篩一個鋪繭於内，亦厚四指許，繭上置鮮椿葉一箇，以布單覆篩安鍋上，蒸至椿葉變色為度，取下攤晾如上法。摘繭蒸餾之法已備，方可以言繅絲矣。

清　沈練，仲學輅輯補，章震福校訂《廣蠶桑説輯補校訂》卷四

成繭繅絲

收繭甚多，繅絲不及，防其生蛾，又有蒸繭之法。蒸繭者，用甑二具，迭換蒸之。甑底須離水數寸，防繭沾水，甑内盛繭不可太滿，防蓋上氣水濕繭。蒸時見頂上出氣卽好，蒸後仍須攤乾，如此則可從容就繅，竊謂蒸繭與前所述悶繭。均能防其出蛾，然只可稍緩數日，非竟能久待也。蓋蛹在繭中，又易腐爛，稍有腐爛，卽受累不堪，二者相較，似悶繭尚能待時。

近時洋人，又有烘繭之法。造屋高丈二尺，將下五尺分三尺作竈，而以釜覆蓋竈上，下焚以柴，使全釜通紅。距釜二尺以上所餘屋高，分爲五層，但有木腔，中無隔板，另以竹篩五隻篩四方形。大小如其室。置毛繭於中，每層納入一隻，若抽屜然，下層已半燥，則以上層更換之。迭相更調，外則關以板門，門上置有火表，察其熱度，大約在七十度左右。過高過低，均有不可，烘至蛹在繭中，用指揉撚，便成粉末而止。此則可以經久，然亦有回潮時候，且農家亦少此資本不甚相宜，姑附識於此，使繭行家烘繭之法，略見一班。

清　盛宣懷輯《蠶桑備要》

烘繭曬繭　繭多車少，繅絲不及，天涼滿至十二日，天熱多止八日。須防出蛾至時，剖蛹看子，子輭可緩一日，子硬明晨必出，須趕緊烘蒸曬悶以免齩穿。烘法，將繭貯筐中，隨筐大小就地回磚撞，高尺許，内貯熾炭，架筐烘之。上蓋棉衣，勿使透氣，剖看蛹死即可換烘，否則架在空鍋燒火烘之亦可。蒸法，蓋繭蒸桶貯水滿鍋，猛火蒸之，片刻即死，倒去換蒸，其蒸遇之，繭絲多潮爛必薄，攤烈日曬乾，方可煮抽。曬法，如遇烈日，將繭薄攤曬之，一二時即死。悶法，貯繭罈中，竹箬扎口，以泥封之，勿令洩氣，一晝夜即死，繭必潮溼亦須曬乾。以上四法，當以烘曬兩法為宜，蒸悶兩法必須曬乾，若遇陰天，便難乾燥，然必至將山時，不得已而為之。蓋已死之繭，天涼四五日，天熱二三日亦必抽完，遲則蛹爛出水，即不能抽。

清　吴宗周、陳幹材、徐謙山《蠶桑白話》卷二《養蠶白話》

賣繭

繭成之後，採他下來，第二天就要向繭行趕快賣去。爲甚麼哩？太遲那蠶蛹身上所帶水氣，都要消化盡了，那蠶蛹水氣消化以後，分量必定減輕。譬如起先一斤繭子，大約要四百顆，盡一兩天，就要四百五十顆繭，一斤多五十顆，十斤就多五百顆了。還有一層，若躭擱太久不賣，那蠶蛹化蛾鑽破繭殼，那時更不得了，所以蠶子既做了繭，就要先採下幾斤，付給繭行裏議價，這項繭就留在他行内做樣子。倘上山的繭，都照前樣，將來就好交付了，若此行中價不相宜，這時候還可以找别行商議，若等到將出蛾時，就來不及與各行議價了。他們做生意的，你越急迫，他越不肯出價，當這個時候，只好用火爐把蠶蛹都烘死了，他就不能變蛾，隨你何時，都可以售賣。但是烘時要極小心，有二件定要緊的。第一件，一定要等蠶子上山後七八天，採下來烘，方纔無害，若太早那蠶在繭山，尚未變成蛹，繅絲時轉動不靈，若太遲防變蛾咬破了，不能繅絲，總之要在成繭以後七八天，那蠶蛹剛剛結實，顏色都焦黄了，這時候烘他，是毫莫有毛病的。第二件，烘繭的火，不可太大也不可太小，火大那繭就要烘焦，火小那蠶還未曾烘死，爲害真正不淺哩。大約烘繭要格外造一木箱，分作三層，下層用一個大火盆，架起炭火，中層擱一個有空眼的籠，籠上放繭，上面再用一個蓋蓋好，這烘繭的時候，要有人時時在旁伺候，防着繭焦。還要時時把繭上下翻掉，約過一點鐘，這蠶蛹一定烘死了。這個烘法，不過把繭烘死，可以多過幾日，若欲把他藏在箱子裏，那個一定要烘乾方好，何以曉得他乾哩？可把那烘的繭中，揀幾個同宫繭出來，用剪刀剪開，捻他的蛹就曉得了，倘一捻就粉碎，這是已乾了。須要把他攤冷了，然後收藏在箱子裏，倘捻不碎，那是還莫有乾透，須要烘乾纔好，養蠶的事大概已説完全了。今把本學堂今年試養的，浙江蠶種，告訴你門，一兩小蠶，可以收到一百九十斤繭子，一斤繭子，可以抽到一兩六錢絲，多且可至一兩八錢，一百九十斤可以抽到三百零四兩絲，一兩絲以貴州賤價可賣一錢五分銀子，三百零四兩絲，一總可賣四十五兩六錢銀子。將來大家養蠶，把絲運到漢口那邊去賣，還可多賣二三十兩銀子，你門一家人家，養一兩小蠶，是極容易的。只一個月工夫便得這些銀子，再種三百株桑樹，桑葉就吃不完了。

這樣有銀子稱的事不做，真是可惜，以後切不要錯過了。今把養蚕賣絲得利的表，開在後面，你門看了這個表，自然曉得蚕桑的利息了。

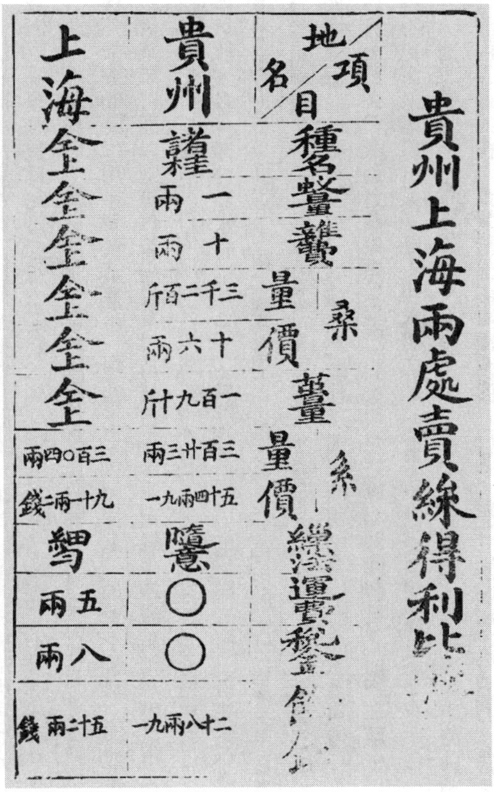

貴州上海兩處賣絲得利比［較表］

項目／地名	貴州	上海
種蠶	一兩	仝上
	十兩	仝上
桑量	三千二百斤	仝上
桑價	十六兩	仝上
繭量	一百九十斤	仝上
繭價	三百廿三兩	三百〇四兩
	五十四兩九一	九十一兩二錢
繅絲運費	蠶	絲
	〇	五兩
	〇	八兩
餘銀	二十八兩九一	五十二兩錢

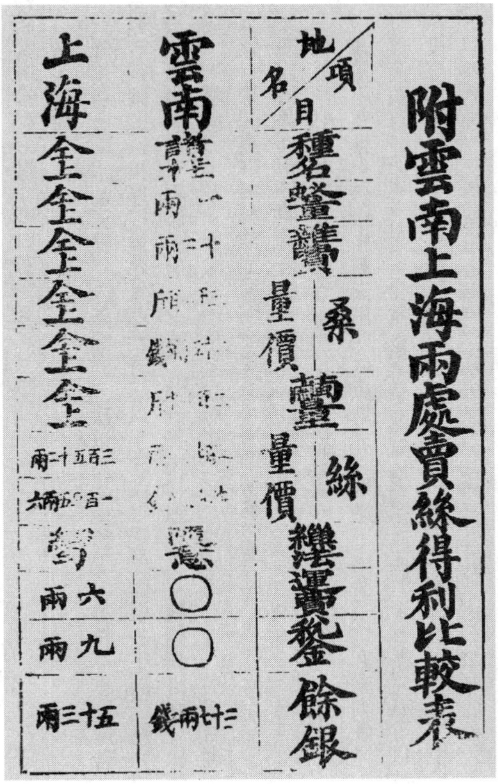

附雲南上海兩處賣絲得利比較表

項目／地名	雲南	上海
種蠶	一兩	仝上
	二十兩	仝上
桑量	[illegible]	仝上
桑價	[illegible]	仝上
繭量	[illegible]	仝上
繭價	[illegible]	三百五十一兩
	[illegible]	一百〇五兩六
繅絲運費	蠶	絲
	〇	六兩
	〇	九兩
餘銀	三十七兩錢	五十三兩

這表上所說的利，是分內的利，還有一種分外的利。告訴你門，蠶屎可以做肥料，培壅桑樹，是極合宜的。做絲的時，蠶蛹做肥料，亦極合宜的。還有那做絲剩的繭衣與屑絲，亦可以賣錢。在江浙地方，值五錢銀子一斤，倘若生種，更有餘剩的繭殼，可以做絲綿，若賣與人，值七錢銀子一斤，這個都是養蠶家分外的利。更有一種不費的好事，蠶子可以做湯火藥，蠶屎可以做明目藥，煮繭湯可以治惡瘡，均極靈驗，這都是惠而不費的事，你門想蠶身上的好處，多也不多。

清　吴士鎔校，袁俊德輯《繅政萃編·繅法類》

量日

繭摘後不待蒸炕而計日以繅者，其色鮮豔，爲絲之上品，然爲時甚迫促，不過七八日即須繅完。如湖絲每繭一斤，約繅得絲一兩；杭絲每繭一斤，約繅得絲一兩四五錢。湖細而杭肥，成都武昌兩法兼用，細則貨高價昂，肥則斤多價減，第以細絲計之。繭百斤得上細絲百兩，善繅者以三絲眼繅之，一日八兩，計煮繭八斤，十二三日乃畢。次繅者以雙絲眼繅之，一日六兩，計煮繭六斤，十六七日乃畢。又次者以單絲眼繅之，一日只繅三四兩，計煮繭三斤，須二十五六日内外乃畢。故繅多便須添車，若繅中細絲，每日可多繅半倍，是繭過若干斤，應添若干車，以此類推。否則必用蒸繭，炕繭，窖繭諸法，免致蛹變成蛾，可以緩繅，不必剋期。

又　新繭

繭分生熟二起，摘下新繭即刻繅絲爲生繅，若繭已蒸烘始取絲爲熟繅。蒸炕者爲日過久，絲頭乾燥，繅之欠利，水内須又油鹽少許，以箸攪勻，下繭至換水酌添油鹽，如未蒸未烘，或蒸炕未久不必添用。鍋内先盛極清水，俟水滾，下繭約二十箇上下，不可太多，久煮則損。法以右手執撈絲帚，輕挑繭便滾轉，再攪幾下隨手一撩，將絲頭帶出水面。無撈絲帚，則用筷子三四雙，以左手捻住絲頭於水面輕提數次，右手隨即放下。撈絲帚捻信絲頭下之清絲，左手摘出粗絲頭另放鍋前，再以清絲穿入牌坊絲眼繭五六箇或七八箇，合成清絲一縷，爲七繭絲，其絲細品高。十一二箇合成一縷，爲中勻絲，其絲肥而品略次。若以十八九箇合成一縷，則粗而下矣。

又《製繭類》

醃繭

以繭十斤置甕內，用荷葉或箬葉，包鹽一二兩置繭上爲一層，逐層平鋪，甕滿則用鹽泥密封，甕口勿令走氣，亦可緩蛾之變。

又　蒸繭

先用鹽一兩，油五錢，入釜湯內，次以蒸籠坐釜上，將輭草作圈圍釜，只籠內鋪繭三四指厚，俟熱氣蓬勃時，以手探繭，覺熱卽取去下層蒸籠，以上層蒸籠坐釜上，再添一層爲上層，輪流替換，總以手不禁熱爲恰好。如蒸太過，則輭絲頭不及，則蛾必鑽出。設蒸籠過多，卽於添水時，酌添油鹽免至蒸乾，絲頭蒸好攤於箔上，俟冷定後，用細柳梢微覆之。

清　楊鞏《中外農學合編》卷一一《蠶類・飼育》

殺繭此法為繭多繅不及者而設，繭若不多，不必用此法

繭多不及繅，恐蛾穿繭而出，以火焙之，則蛾不出矣。炕之寬大者，一日可焙繭數百斤北邊人謂暖床為炕。焙時須熱氣均勻時時翻動，則熱氣均勻矣，以乾透為度，勿過焦，勿用有烟之柴是為至要。夔州人焙繭，火氣自炕外達炕內，既無濕熱之患，又無枯焦之虞，亦善法也。但絲經火焙，總不如未焙者之光潤，法以繭十斤置瓮內，以荷葉或箬葉包鹽一二兩置繭上為一層，層層如此，瓮滿則以鹽泥密封瓮口，勿令走氣，亦可緩蛾之變。又法，先用鹽一兩，油五錢，入釜湯內，次以蒸籠坐釜上，以輭草作圈圍釜口，籠內鋪繭厚三四指，俟熱氣蓬勃時，用手背於蒸籠下一層繭上，頻頻探試。如手不禁熱，即取去下層蒸籠，而以上層蒸籠坐釜上，再續添一層為上層，輪流蒸轉，總以手不禁熱為恰好。不可蒸得太過，亦不可蒸得不及。太過則軟了絲頭，不及則蛾必鑽出。如蒸籠太多，即於添水時酌添油鹽免至蒸乾絲頭。已上蒸籠之繭，務要當日蒸好延至明日則蛾出。蒸好之繭，攤於箔上，俟冷定後，再用細柳微稍覆之。如無蒸籠，則鋪繭於大竹篩內，亦厚四指許，繭上置新鮮椿葉覆以單布安鍋上，蒸至椿葉變色為度。火焙、鹽浥、籠蒸三法，以籠蒸為最佳。天氣清明，自以隨蒸隨曬為妙，若遇天雨日久，蒸過之繭厚攤箔上，固有發熱之虞。即薄薄攤之而蛹在繭中，總不免濕氣蒸鬱，又不能不用火焙之法。《蠶桑提要》《蠶桑備覽》《農書》

清　葉向榮《農林蠶說・上簇法》　蒸繭不去蒙茸，用蒸籠兩扇將繭鋪於籠內，厚四指，至氣透出，取攤箔內，日晒，無日烘之，不然蛾爛。然蒸繭不如烘繭之易繅也。繭少之家以筱做之烘罩，烘之足矣。若繭多之家，非烘之極燥，不可以久存。烘法須仿湖俗烘繭法，其烘繭之罩，用大磚做之，鍋倒置，內間隔以鐵條，每層空約五六寸，用方匣盛繭，互相掉換輪烘。烘至幾時，擇仝宮繭剪開，取蛹，以兩指捏之蛹能成粉者，方可以備久存並可以例其時也。

清　豫山《蠶桑輯要略編・養蠶法》　蒸繭　繭以生繅爲上，若繅之不及，則用蒸餾之法最好。其法先將繭外蒙茸之衣扯淨，用蒸籠三扇，將繭鋪在籠內，厚四指許。以籠兩扇，安於鍋上，蒸至熱氣透出，頻於繭上以手背試之，如手不禁熱，即扯去底扇，卻續添一扇在上，铺繭如上法。不要蒸得過了，過則輭了絲頭。亦不可不及，不及則蛾仍生。如手背不禁熱，方是蒸得合宜。將蒸下繭子盡攤於通風涼房內箔上，用鐵刀撥動，厚三四寸。候冷定，用細柳梢微覆之，大約一日之內須要蒸盡，不然恐來日蛾出。不可不防也。如此蒸晾，雖徐徐繅至數月亦無妨，但蒸過之繭，日久必乾，繅時須入油鹽方得絲頭順利。如繭少者，不必用籠，只用大竹篩一個鋪繭於內，亦厚四指許，繭上置鮮椿葉一片，以布單覆篩安鍋上，蒸至椿葉變色爲好，取下攤晾如上法。倘陰雨日久，則宜用火炕法，炕到極熱乾透時，即可取出，勿令過焦。

清　張文藝《養蠶秘訣》　抽絲　又繭多車少，日久恐防蛾出，有烘繭、悶繭、蒸繭之法烘以毛繭。置無紙簩中，以一層為度，外用棧條圍之。內用爐子炭火，爐下墊豆餅，火旺則減數个，火微則添數个。簩上蓋單被，勿使透氣，宜頻翻之。勿使繭黃，聽之無聲，則蛾死矣。蒸用蒸籠貯毛繭，如蒸飯之法，中挖一窩，烈火蒸之。須當風吹乾，倘逢陰雨，以炭火烘乾，可以滿堆繭子，火宜稍微悶用瓮頭，外用黃泥塗好，不可有細微漏氣。蠶身好者，兩日一夜；次者，一日半方可傾出。當風吹乾，陰雨亦烘乾。

清　趙敬如《蠶桑說》

落繭揀繭蒸繭諸法

落繭法，上簇四日後，蠶已成蛹。將繭摘下，扯去蒙茸之衣，即可繅絲。揀繭法，蛀繭大麻蠅放蛆蠶身，蛆老穿繭出蛀成一孔者、同宮繭二蠶同作一繭者、污繭蠶死繭中，紅腐而繭污者、鈎繭繭一頭有尖者、薄繭繭薄如紙，能見蠶蛹者，凡此數者皆不堪繅絲，只可剝綿。蒸繭法，繭成十四日，蛾即生，十日後，蛹常在繭內擺動，擾亂絲緒，即不易繅。若繭落後，十日内繅不完竣，必須將繭內之蛹令死，方不出蛾。常法多用火烘，火不烈而蛾仍生，火太烈稍失手繭焦可惜。且繭經烈火，絲緒膠固，往往難繅。善法莫妙於蒸用甑二具，迭換蒸之，甑底須離水稍遠，防繭沾水。甑內盛繭，不可過滿，防蓋上氣水濕繭，蒸時見頂上

出氣即好。蒸後攤於箕中，置蠶架上，如此雖多繭，可以從容就繅。

清 趙淵《蠶桑摘要》卷下《製繭類》

烘繭

凡繭多不及繅者，恐蛾穿繭而出，以火炕烘之，則蛾不出矣。如炕面寬大，一日可烘繭數百斤，北方多煖炕，須熱氣均勻，隨時翻動，以乾透爲度。勿過焦，勿用有煙之柴，蜀東烘繭，火氣自炕外達炕內，既無溼熱之患，又無枯焦之虞，此善法也。但絲經火烘，不免損傷色澤。

清 鄭愷《飼蠶新法》

烘繭日期

是期，擇其蛹體已硬，蛆猶未出之時為最適宜。過早蛹體軟弱，烘之必污液染害繭內；過遲蛹將化蛾，亦有漿液，且有出蛆破繭之害。在七八日之內，罕有蛆害，故烘繭須在七八日之前。夏蠶須在五六日之前，均必先為算定日期為要。

清 鄭珍《樗繭譜》莫友芝注

炕繭

置架牀，布篾薄累繭其上，下烈火炕之。炕之固宜大火，但亦不可過烈，恐絲脆，炕時以篾席覆繭上，中留一孔，以乾稻草掩之，其繭色始佳爲取汁。蛹索索若驟雨，候經時無聲，死繭降，升生繭。撤下已炕之死繭，另上生繭炕之。畢炕畢，盛於篼盛，音成。篼，音兜。售則肩諸市，非强有力者不勝三萬也。蠶遠者，山炕之，售絲，復山繅之就山炕與繅。

清 陳涥《實驗蠶桑簡要法》下篇《養蠶法》第三十章《烘繭之法》

（一）烘繭爲殺蛹法之一，但殺蛹法極多。有燥殺，蒸殺，蒸燥殺，薰蒸殺，太陽殺諸種。最陋劣不堪者，莫甚以鹽醃繭法，因此法殺蛹，將來織成綢類，脆而易破，等於霉爛之綢。奈各處盛行此法，仍不少改，致絲質脆弱不堪，官斯土者，可不急起而謀改良乎。茲故特詳殺蛹中最良之烘繭法，及日本蠶業競進社簡易烘繭箱構造法於左，以資採用。

（二）烘繭之法，以火力均勻，保存固有繭色，及無損絲質爲唯一主旨。但此爲燥殺法，易犯熱力太過，燒損繭層膠質，將來製絲時，難解舒，減絲量。故與其溫高，不如稍低較爲安全，不過需時畧長耳。

（三）溫度高低，關時間長短，如溫在華氏一百八九十度，約四五分鐘，蛹卽斃死。若在一百六十至六十五度，則須四十至四十五分時，烘繭者宜先知之。

（四）烘繭之期，以上簇後第七八日，蛹體將老，未出蠁蛆前爲最適。早則蠶未化蛹，卽已化成，皮膚柔輭，一觸高溫，體易破裂，常出一種漿液染繭內部，製絲必減色量。遲則出蛾固屬大害，縱未出蛾，若將化成，遇熱不勝苦悶，將由口尾諸部出汁污繭，一入湯內，染液之處，輭弱而脆甚至不能製絲者。

（五）烘繭之時，忌過不及，過則失繭光澤，變爲淡緇色，膠質乾固，製絲困難，多類節，減伸强二力，不及則蛹體未斃，復有催出蛆化蛾之患。

（六）烘繭箱內空氣，宜時常交換，因空氣包含水分，有一定逾限，多則不能保持，此時若不速換新鮮空氣，則箱內繭之水分，無從發散，以致濕氣停滯，害繭色，妨解舒，其原因皆種於此。

（七）驗烘繭適度法，同時放入同功繭數枚於各筐中，烘至其時，先行取出，剖驗蛹之腹部，硬如固，體尾端二三環節縮小，成凹穴狀，此爲蛹體已斃之徵。再橫剖胸部，察其胃液乾燥，色呈淡綠，凝如飯粒狀，如此則蛹體萬無生理，否則尤宜補烘方可。

（八）如欲烘乾久貯，溫度約保華氏一百七八十度內外，經十小時許爲適。驗其適否法，以指頭揑迫蛹體成粉，以口吹之，大半飛散，尚有小許黏在指上者，再嗅以鼻，有油香氣，此時卽須取出，過此，必損其絲質。

（九）烘箱造費不過十金內外，可爲最簡便易行者，尋常養蠶家，皆可家置一具，如蠶多一具不敷用者，可備數具。搆造之法，用二寸六分方（營造尺）之木柱，作框架以成方形，高計四尺六寸四分，寬計二尺九寸二分，箱壁自底部至二尺高處裝洋鐵外，可用七八層厚紙糊裱而成。或用板與蘆席上糊紙一層。頂面亦然，頂面適中處，設二寸六分方氣孔，及四隅半寸方之四小孔，如圓（子）。均用洋鐵作蓋，可自由啟閉，箱之正面，自底部上至一尺八寸高處，開具一門，如圓（丑）。適中設五寸二分方孔，如圓（寅）。裝以玻璃，供視箱內坑火，自一尺八寸上，卽爲箱框橫木，如圓（卯）。此上復開一門，如圖（辰）。適中設八寸長寸半寬長穴，如圖（巳）。內懸烘繭表，外裝玻璃，以便觀測，箱內以卯圖橫木爲界，上下截分兩層，自底部至此橫木爲空所，備蓄熱氣。橫木上設一遮火蓋，如圖（午）。計厚一寸，亦用木框，下張洋鐵內貯清沙，蓋上作空所一寸二分，如圖（未）。再由此至箱頂，計有二尺一寸，區分十格，每格距離二寸一分，各插一寸五分高繭筐，如圖（申）。餘存六分間隙，如圖（酉）。繭筐如圖（丁），以木爲框，以簾或竹爲底，底目徑二三分許，長與寬二尺七寸，中縱斷鑿成一寸寬之長縫，如圖（戊）。俾勢氣上升，循環不絶，箱兩旁固着二三寸寬四五分厚，長與箱等之小木以置筐，如圖（戊）。用此箱時，於高燥處掘坑，坑分内外兩層，外坑見方二尺九寸，深四寸，如圖（甲）。内再掘長方形小坑，長一尺五寸，寬一尺五分，深三寸至四寸，如圖（乙）。小坑兩端，復設三寸方突口，如圖（丙）。以便空氣流入，但兩坑全體，皆用磚砌爲宜，如坑在室内，宜用格式蓋，庶不礙平日之用。

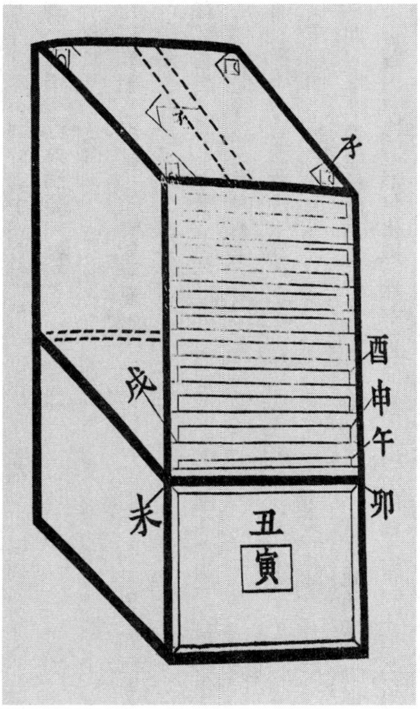

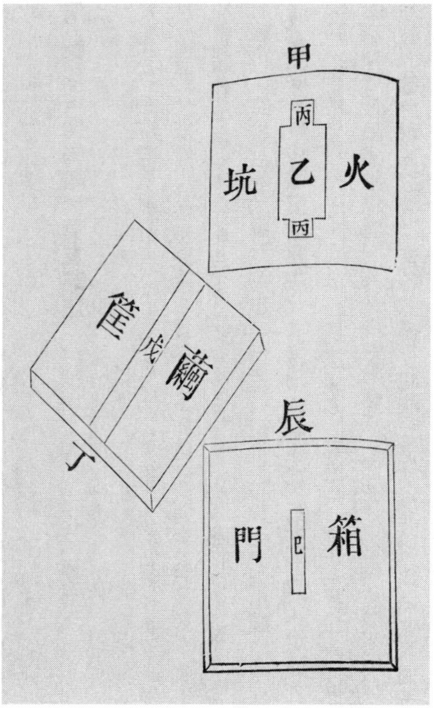

（十）燃料須用最優白炭，先在室外通紅，其量隨内坑之大，縱列積置，以沒坑口爲度。乃取燥藁紮成十餘束，徧向炭上交叉投入，俟藁燃紅，即噴水滅之。俾藁灰成黑炭狀，務必遮炭火盛焰，不使暴露爲適，即將烘繭空箱移置坑上，坑周圍以泥封箱脚，惟前後留二小孔，以通空氣爲要。

（十一）空箱移入後，宜用二三升容量瓦鐵等瓶，盛八分水，置突口近傍，經十五分或二十分鐘，盡啟窗門，放去坑内炭氣，並視瓶水沸騰若何。如熱在適度，將繭筐插入而密閉之，約華氏烘繭表一百六七十度，經半點鐘餘其蛹可斃。

（十二）此箱烘繭，每次可烘至六十斤有奇。各筐盛繭法，在最上下者最厚，中兩筐最薄，其上下至中際，遞次增減。茲再揭明其量於下，自第一筐盛七斤，至第五筐四斤，是每筐遞減半斤。復自第六筐四斤，至第十筐盛七斤，是每筐遞增半斤，然此不過依法言之。如繭果多，一時貟來不及，可視此稍厚，不然，或先殺蛹而後乾燥。但此等之繭，蛹中含有水分，不能久貯，不善處理，必蒸熱而起黴菌，宜注意也。

清　陳淳《烘繭法》第二章《中國殺蛹乾繭貯繭之現狀》《蠶業叢書》第十一編

我國蠶業，向屬於家庭之事業。以自家所得之生繭，自行繅製，恐其久而出蛆發蛾也。故粗製濫造急於成功，亦有以鹽殺蛹，及太陽殺蛹者，雖免一時之害，而減少繭質，已屬不少。殺蛹之方法，尚不知講求，乾繭貯藏，更無論矣。其稍進步者，有以木箱載於火爐，熾炭火而行燥殺法者。有用蒸籠，載於湯釜，沸鍋湯而行蒸殺法者，其不完全。可想而知，至於繭行絲廠，收繭甚多，此等工程之必要。較養蠶爲更切，然亦率循舊慣，不事改良，其所用之法，雖比養蠶家爲進步，然亦規模大小，差率殊多。大抵概以鐵鍋覆置，下燃薪柴，使其傳熱，上裝烘繭室，層插繭籠，是爲繭灶。其構造甚粗簡，而熱量易逸，發熱甚小，溫度不高不均，每生過與不及之弊，且給氣排氣之裝置，不適於理因。而繭室内濕氣充盈，或溫熱竄逸，使所發之熱量，不能有效。觀今我國繭行所用之烘繭灶，大都如此，規模雖大，蓋無一完全之繭灶也。

又　第十二章《論各項殺蛹之方法及其得失》第三節《燥殺法》　汽熱之法，於殺蛹器之下排列鐵管，迂迴屈折，通以蒸汽，鐵管受熱，因而放射於器內，而收殺蛹之效果。此法熱力和緩，不似火熱有焦損繭面，傷害絲質之憂。惟須特設汽釜及多數鐵管，要巨額之固定貲本。惜不能利行於小規模之殺蛹場，若大規模之殺蛹場，或如製絲場內。本有汽釜之設置，則採用汽熱燥殺法，其利益固甚鉅也。

又 第六節《蒸燥殺法》

蒸燥法爲烘繭法中之極簡單者，即於殺蛹器之下，設置火爐。上擱鐵鍋，鍋蓋穿多數之小孔，以噴出蒸汽，使火爐之火熱與鍋中之汽熱，同時並用。依行此法，其器內之溫度，平均百七十度，至百八十度。於十五分，至二十分鐘間即可收殺蛹之效。此法蓋欲去蒸殺法之多濕，與燥殺法之過熱之弊而設也。然遇多濕地方，終難達完全之目的，彼意法諸邦，大氣乾燥，且裝置完善，如先通蒸汽於殺蛹室內，行殺蛹後，即依煽風器之作用。通以熱氣，排除水分，如此則既防濕潤，又免過熱，事務迅速，而繭質不傷，成蹟較善。然惜要多數之貲金，方能舉辦，且多濕地方，依此法而殺蛹，仍未能獲完全之效果，而稱爲盡善盡美之法也。

以上諸法，日曬鹽醃，遺風太古，斷不能復行於今日。燻蒸之法，亦僅爲理學上之研究，尚難施行於事實。惟燥殺、蒸殺、及蒸燥殺諸法，苟因地制宜。改良器械，技術得當，則皆爲適宜之方法也。現日本所行者，以燥殺法爲最普通，且經種種之改善，害極少而利甚多，誠爲多濕之地一最適當之法也。我國東南各省，地形既等於東邦，則此法誠可推行而盡其利也。

又 第十七章《乾繭之方法及其得失》第一節《火熱與汽熱比較之得失》 人工乾繭所用之熱源有二。一爲火熱，一爲汽熱。汽熱式裝置，以蒸汽通過煖管，使傳熱於乾繭器內之空氣，藉蒸發繭內之水分，而收乾燥之效果。從來此種裝置，未甚完全，用之者少，故皆以火熱式者爲多。近日本御法川氏，研究改良，加蒸汽之壓力，使溫度昇高時間減少，頗爲當業者所讚賞。此後更加改良，則汽熱必遠勝於火熱式無疑。但火熱式裝置比汽熱式裝置，其固定貲本可以減失，此其利點也。然貲本大小，本可不論，宜以效果之大小爲衡，方爲得體。若貲本費多，所收之效果亦大，則其所投之貲本，亦爲有利。若貲本雖微，而所得之效果毫無，此其所費之貲本，自爲鮮效。今汽熱裝置，雖較火熱裝置，其貲本須三倍之多，然其效果則遠非火熱式所能及也。是蓋以汽熱式之乾繭，可以一定之時間，處理多量之生繭，其工程敏速完全，實非筆墨所能盡其長。如汽熱式所用之熱量，雖溫度昇至華氏三百度以上，其室內各部之溫度，仍保平均。火熱式則任何精密之構造，完全之注意，若昇溫達華氏二百以上，其室內之溫，即失均衡，中部之繭，尚未半乾，而下層之繭已見焦損。故火熱式之烘繭，不得不上下左右，屢行交換，因而室戶屢開溫熱易逸，時間由此而加長。今火熱式所稱爲最精巧之式，亦須費十二時間，方能乾了，汽熱式則不過五六小時，即可奏效，工程之短縮如此。非獨於經濟上獲莫大之影響，繭質佳良不損毫末，實可受直接之利益也。況火熱式之裝置，若平均保華氏二百度之溫，其放熱之煖管，必須給以一千度以上之高熱。若用三四十日之間，易致鎔蝕，而生罅隙，稍不注意，於翌年使用時，漏出煤烟，傷貴重之良繭害猶小。甚至噴出火焰，不惟繭成焦灼，家屋財產，往往被祝融席捲飛逃，化爲烏有。以火熱式而用高溫，常見有此慘劇，又因火熱式既易損壞，於乾繭期間，縱免延燒之慘劇。而此時一刻千金，苟中途因損壞而加修理，必至停止事業，直接間接，皆被莫大之損害，因此火熱式裝置其保存年限，不過五六年，而汽熱式裝置，可保二三十年。由此而觀，雖汽熱式比火熱式，其固定貲本，要多三倍之鉅額，一爲比較其結果，實有偌大之利益也。

又 第十九章《論乾繭及器具之要務》

現時人工乾繭，日益進步，乾繭器之種類，因而愈多。但完全之乾繭器，構造既煩，貲金亦鉅，一時恐難普及於社會。茲述關於乾繭上業務之要件，注意之要點，及簡易烘繭箱之構造使用法於左，藉資參攷。

又 第一節《關於乾繭業務上重要之條件》

（一）工程敏速 乾繭時生繭輻湊，業務繁雜，故處理必須簡便，時間必須短縮，務使多量之繭，於短時間完全乾了爲要。

（二）保全繭質，工程既敏速，若乾燥不完全，或繭質惡變，則所乾之繭，非惟無益，反以有損，故繭質保全，實爲切要之件。

又 第三節《簡易烘繭箱之構造及使用法》

（一）此箱造費，不過十金內外，可爲最簡便易行者，尋常養蠶家，皆可家置一具；如蠶多一具不敷用者，可備數具。構造之法，用二寸六分方（營造尺）之木柱。作框架以成方形，高計七尺六寸四分，寬計二尺九寸二分，箱壁自底部至二尺高處，裝洋鐵外，可用板與蘆蓆，上糊紙五六層，頂面亦然。頂面適中處，設二寸六分方氣孔，及四隅半寸方之四小孔，如圖（子）。均用洋鐵作蓋，可自由啟閉，箱之正面，自底部上至一尺八寸高處，開具一門，如圖（丑）。適中設五寸二分方孔，如圖（寅）。裝以玻璃。供視箱内坑火，自一尺八寸上，卽爲箱框横木，如圖（卯）。此上復開一門，如圖（辰）。適中設八寸長寸半寬長穴，如圖（巳）。内懸烘繭表，外裝玻璃，以便觀測，箱内以卯圖横木爲界，上下截分兩層，自底部至此横木爲空所，備蓄熱氣。横木上設一遮火蓋，如圖（午）。計厚一寸，亦用木框，下張洋鐵，内貯淸沙，蓋上作空所一寸二分，如圖（未）。再由此至箱頂，計有二尺一寸，區分十格，每格距離二寸一分，各插一寸五分高繭筐，如圖（申）。餘存六分間隙，如圖（酉）。繭筐，如圖（丁）。以木爲框，以籐或竹爲底，底目徑二三分許，長與寬二尺七寸，中縱斷，鑿成一寸寬之長縫，如圖（戊）。俾熱氣上升，循環不絶，箱兩旁固着二三寸寬，四五分厚，長與箱等之小木以置筐，如圖（戊）。用此箱時，於高燥處掘坑，坑分内外兩層，外坑見方二尺九寸，深四寸，如圖（甲）。内再掘長方形小坑，長一尺五寸，寬一尺五分，深三寸至四寸，如圖（乙）。小坑兩端，復設三寸方突口，如圖（丙）。以便空氣流入，但兩坑全體，皆用磚砌爲宜，如坑在室内，宜用格式蓋，庶不礙平日之用。

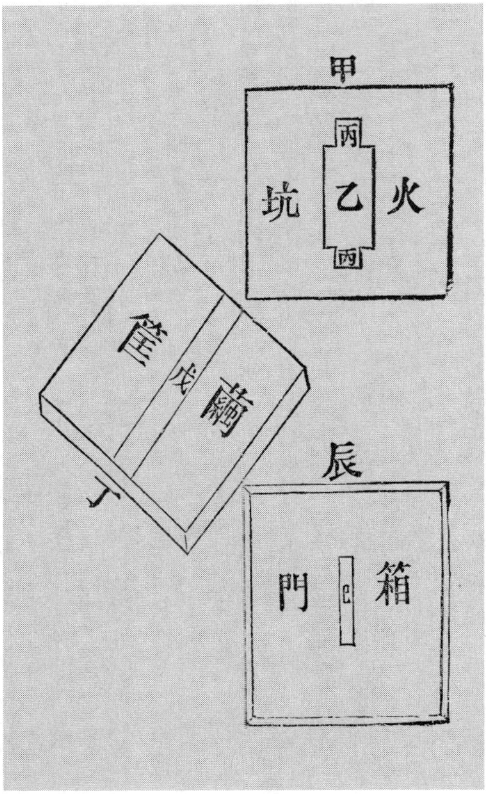

（二）此箱烘繭，每次可烘至六十斤有奇。各筐盛繭法，在最上下者最厚，中兩筐最薄，其上下至中際，遞次增減。兹再揭明其量於下，自第一筐盛七斤，至第五筐四斤，是每筐遞減半斤。復自第六筐四斤，至第十筐盛七斤，是每筐遞增半斤，然此不過依法言之。如繭果多，一時接濟不及，可視此稍厚，不然，或先殺蛹，而後乾燥。但此等之繭，蛹中含有水分，不能久貯，不善處理，必蒸熱而起黴菌，宜注意也。

（三）空箱移入後，宜用二三升容量瓦鐵等瓶，盛八分水，置突口近傍。經十五分或二十分鐘，盡啟窗門，放去坑内炭氣，並視瓶水沸騰若何。如熱在適度，將繭筐插入，而密閉之。約華氏烘繭表一百六七十度，經二點鐘餘，其蛹可斃。如欲烘乾蛹體，斯時將水瓶取出，復烘十小時許，則蛹體自乾，日久不壞。

（四）燃料須用最優白炭，先在室外通紅，其量隨内坑之大，縱列積置，以沒坑口爲度。乃取燥藁，紮成十餘束，偏向炭上交叉投入，俟藁燃紅，卽噴水滅之。俾藁灰成黑炭狀，務必遮炭火盛焰，不使暴露爲適，卽將烘繭空箱移置坑上，坑周圍以泥封箱脚，惟前後留二小孔，以通空氣爲要。

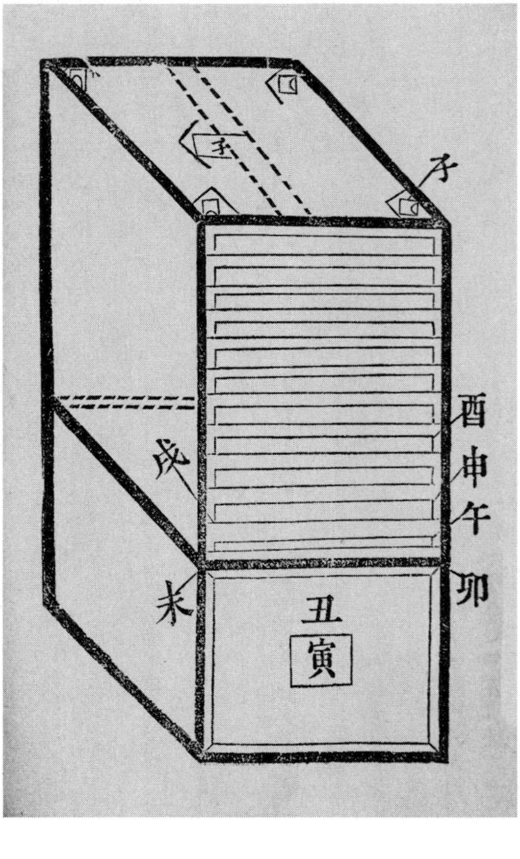

清 佚名《蠶桑録要・養蠶法》 蒸繭 先將繭外蒙耳之衣扯淨，用蒸

籠三扇，將繭鋪在籠內，厚四指許。先以籠兩扇，安於鍋上，蒸至熱氣透出，頻於繭上以手背試之，如手不禁熱，即扯去底扇，卻續添一扇在上。不要蒸得太過，過則輭了絲頭。亦不可不及，不及則蛾仍生。蒸後攤繭於通風涼房內箔上，用鐵刀撥動，候冷定，用細柳梢微覆之。大約一日之內繭要蒸完，不然恐來日蛾出。

藝文

明 楊基《眉庵集》卷八《赤山書事寄龜巢謝隱君君南蘭陵人今避兵居吳長洲之獨樹湖》 蠶屋柘烟朝焙繭。

圖表

明 徐光啓《農政全書》卷三三《蠶桑·蠶事圖譜》

繭甕，《蠶書》云：凡泥繭，列埋大甕地上，甕中先鋪竹簀，次以大桐葉覆之。乃鋪繭一重，以十斤為率，摻鹽二兩上又以桐葉平鋪，如此重重隔之，以至滿甕。然後密蓋以泥封之，七日之後，出而繰之。頻頻換水，欲絲明快，蓋為繭多不及繰，故即以鹽藏之。蛾乃不出，其絲柔韌潤澤，不得匀細，此南方淹繭法，用瓮頗多，可不預備。嘗讀北方《農桑直説》云：生繭即繰為上，如人手不及殺繭，慢慢繰者。殺繭法有三：一曰日曬，二曰鹽浥，三曰籠蒸。籠蒸最好，人多不解。日曬損繭，鹽浥甕藏者穩。玄扈先生曰：鹽著於繭到底浥濕，今人只於甕中藏繭，另用紙，或箬或荷葉包鹽一二兩，置繭上亦可，但只須甕口密封不走氣耳，此必用鹽泥乃可。

又 繭籠，蒸繭器也。《農桑直説》云：用籠三扇，以軟草扎圈加於釜口，以籠兩扇坐於其上，籠內匀鋪繭厚三指許，頻於繭上以手試之，如手不禁熱，可取去底扇，却續添一扇在上，如此登倒上下故必用籠也。不要蒸得過了，過則軟了絲頭。亦不要蒸得不及，不及則蠶必鑽了。如手不禁熱，恰得合宜，此用籠蒸繭法也。將已蒸過繭于蠶房槌箔上，從頭合籠內繭在上，用手撥動，如箔上繭滿打起，更攤一箔，候冷定，上用細柳稍微覆了，只于當日都要蒸盡，如蒸不盡來日必定蛾出。如此繰絲有一般快，釜湯內用鹽二兩，油一兩，所蒸繭不致乾了絲頭，如鍋小繭多，油鹽旋入。

清 鄂爾泰《授時通考》卷七三《蠶事門》

繭籠圖說

以鹽泥藏繭，終憂浥濕，置繭於籠蒸之，蛾自不出。有一般快釜，湯內用鹽二兩，油一兩，令所蒸繭，不致乾了絲頭。如鍋小繭多，油鹽旋入。

清 衛杰《蠶桑萃編》卷一一《圖譜・蠶器圖譜》

蒸繭圖説

繭以生繰為上，若繰之不及，有鹽腌、甕泥、日曬、火烘之法，不如蒸餾最好。先將繭外蒙衣扯净，用蒸籠三扇，將繭鋪籠內厚四指許，以籠兩扇安鍋上，蒸至熱氣透出頻於繭上，以手背試之，如手不禁熱，即扯去底扇，續添一扇在上。不要蒸得過了，過則輭絲頭，不可不及，不及則蛾仍生。如繭少，不必用籠，用大竹篩一箇，鋪繭於內，亦厚四指許，繭上置鮮椿葉一箇，以布單覆篩，安鍋上蒸，至椿葉變色為度。

又 晾繭圖説

蒸繭之後，將繭盡攤通風凉屋內箔上，用物撥動，厚三四寸，俟冷定，用柳條稍微覆之，陰乾。雖徐徐繰至數月無妨，泰西則多用火烘。

清 張集賢編撰，郝子雅繪製《桑織圖》

蒸繭

摘繭七日蛾自生，急須蒸餾莫消停。箔攤風乾猶久待，月餘繰絲利且輕。

儲繭

論説

清 陳淳《烘繭法》第一章《殺蛹乾繭貯蘭之必要》《蠶業叢書》第十一編

惟彼製絲業中，以購繭之時爲最忙，以殺蛹乾貯之手續爲最難。值最忙之時間，行最難之手續，事誠不易，何者？蓋以極促之時日，收買周年所用之原料，且經幾多之工程，而又須迅速完全而貯藏之。不然，誤殺蛹之時期，則生繭成山，蒸釀濕熱，非損繭質，或出蛆蛾，化良繭爲廢物。或乾繭過度，致繭層焦損。或乾燥不足，則將來蛹體腐敗，損絲質而耗絲量。或貯法不完全，則黴菌漫延，致損品位，甚至蟲害與鼠害交侵，其所被之損失，蓋在豫想之外。故日本三谷徹氏，謂製絲業中之尤要尤急，爲根本大計者，非在選擇蠶兒之種類，非在飼育之秘術，又非在製絲機械之精良，暨工女之靈敏，全在殺蛹乾貯之方法及手續之改良。非虛語也。

又 第五章《氣候與殺蛹乾繭貯蘭之關係》 矧蠶繭係多孔質之繭絲所組織，最易吸收大氣之水分，因而黴菌繁殖，延至蛹體腐敗，放散臭氣，即爲誘致蟲害之媒。欲防此害，則貯繭之方法及設備，豈可不求盡善而盡美哉。因而資本增加，生產費昂，必然之理勢也。氣候之關，係如此之重且大，故意法諸邦，即施簡易之工程，已可保全天賦之良繭。若日本則四面環海，終年多濕，不獨增多貲本及勞費，且經種種工程，反致繭質損傷。與意法諸邦比較，其工程之難易，實有天淵之別。現屢經改良，應用學理，研精技術，已能免氣候之制裁。我國雖爲大陸國，而土地寥廓，西北方面，雖甚乾燥，而南方一帶，濕潤之程度，殆足與日本等。倘此項工程，全未講求，無怪屢見其失敗也。

綜述

宋 陳旉《農書》卷下

簇箔藏繭之法

簇箔宜以杉木解枋，長六尺，闊三尺，以箭竹作馬眼槅插茅，疏密得中，復以無葉竹篠，縱横搭之。又簇背鋪以蘆箔，而以篾透背面縛之。即蠶可駐足，無跌墜之患，且其中深穩稠密。旋放蠶其上，初略欹斜，以俟其糞盡，微以熟灰火溫之，待入網，漸漸加火，不宜中輟，稍冷即游絲亦止，繰之即斷絶，多煮爛作絮，不能一緒抽盡矣。纔拆下箔，即急剝去繭衣，免致蒸壞。如多，即以鹽藏之，蛾乃不出，且絲柔韌潤澤也。藏繭之法，先曬令燥，埋大甕地上，瓮中先鋪竹簀，次以大桐葉覆之，乃鋪繭一重，以十斤為率，摻鹽二兩；上又以桐葉平鋪，如此重重隔之，以至滿甕；然後密蓋，以泥封之。七日之後，出而繰之，頻頻換水，即絲明快，隨以火焙乾，即不黏戰而色鮮潔也。

元 王禎《農書》卷二〇《農器圖譜十六・蠶繰門》 藏繭瓮中七日之後，出而繰之，頻頻換水，即絲明快，隨以火焙乾，即不黏戰而色鮮潔也。

明 徐光啟《農政全書》卷三三《蠶桑》

繭甕　鹽著於繭，到底浥濕。今人只於瓮中藏繭，另用紙，或箬或荷葉，包鹽一二兩置繭上亦可，但只須瓮口密封不走氣耳，此必用鹽泥乃可。

清 陳元龍《格致鏡原》卷四八《耕織器物類・治蠶具》 繭甕：《蠶書》：凡泥繭，列埋大甕地上，甕中先鋪竹簀，次以大桐葉覆之，乃鋪繭一重，以十斤為率，摻鹽二兩；上又以桐葉平鋪，如此重重隔之，以至滿甕；然後密蓋，以泥封之。七日之後，出而繰之，頻頻換水，欲絲明快，蓋為繭多不及繰，故即以鹽藏之，蛾乃不出。《農桑直説》：生繭即繰為上，如人手不及殺繭慢慢繰者。其法有三：一曰日曬，二曰鹽浥，三曰籠蒸。籠蒸最好，人多不解。日曬損繭，鹽浥甕藏者穩。籠蒸者，用籠三扇，以軟草扎圜，加於釜口，以籠兩扇，坐於其上，籠內匀鋪繭，厚三指許。頻於繭上以手試之，如手不禁熱，可取去底扇，却續添一扇在上，如此登倒上下，故必用籠也。

清 鄂爾泰《授時通考》卷七三《蠶事門・繭籠圖説》 以鹽泥藏繭，終憂浥濕。置繭於籠蒸之，蛾自不出，有一般快釜，湯内用鹽二兩，油一兩，令所蒸繭，不致乾了絲頭，如鍋小繭多，油鹽旋入。

又 卷七四《蠶事門・繭甕圖説》 繭甕，藏繭器也。為繭多繰不及，稍遲則蛾穿繭出，故藏之以緩蛾變。古詩云：盤中水晶鹽，井上梧桐葉，陶器固泥封，窖繭過旬浹。正謂此也。

清 高銓《蠶桑輯要》卷下

分貯

繭有中為絲者，有不可絲而為綿者，有絲綿均不可而成絮者，其質各殊，其用亦迥別。繅絲之繭，不計大小圓長，惟以緊厚瑩净為上。緊厚則銖兩多，瑩净則顔色鮮。每净繭八斤，可得絲一斤。綿之繭五：一、同宫，衆口共縈抽一系，即各系纏繞，有粗類不匀之病。一、尿緒，蠶溺鹹著繭，即黴不任抽繹。一、草凹，象物成印，有印處，其緒合，無論或拗或平，俱不能條分縷晰。一、穿頭，結緒茸雜，引其端，輒連繭躍起，足以撞斷繭系。一、蛆鑽，攻刺成穴，灌水即沈，無從牽掣其緒，斯皆不中為絲，而成綿料者也。絮之繭三：一、凹赤，疲軟漂薄，不堪挪輾。一、映頭，臭腐穢濁，污絲損繭，貽累滋多。一、綿繭，蓬鬆棼亂，入水翻撈，紐結成片，斯皆不中絲綿，而止成絮材者也。惟剖晰分儲，不使薰蕕同器，斯臨事無挂礙之患。

清 朱祖榮《蠶桑答問》卷下《揀剔敗繭》

問曰：悶法何如？

答曰：藏繭罈中，竹箬紮口，以泥封之。勿令洩氣，一晝夜即死，繭必潮濕，亦須曬乾。

藝文

宋 釋文珦《潛山集》卷一《蠶麥辭》 山人日無事，行行自娱嬉。竹西數家村，喜聞翁媼辭。蠶以禦我寒，麥以充我飢。二者嘗致禱，羣神将我貽。繭必大如甕，繭繭皆成絲。麥必生兩岐，粒粒皆可炊。儻得遂所願，報謝無敢遲。此意頗淳古，當見於周詩。

選繭

題解

清 方觀承《述本堂詩集・看蠶詞》 有不戒其容止者，蠶感其氣，雌雄一繭，名曰雙公蒸，亦嘗自有之名，同功繭以織，則麄作綿則純。

清 翟灝《通俗編》卷二九《禽魚》 同功繭：楊方《合歡詩》寢其織成被，絮共同功繇。按，二三蠶其成一繭，爲同功繭，俗呼頭公訛。

清 高銓《蠶桑輯要》卷上

石小罐種

石小罐，以繭形名也。繭小而堅如石，故曰石小罐，亦四眠種，蠶色白，葉頭淺，同宫甚多，絲有分兩，惟繭太小，拗繭甚費工夫剝繭，謂之拗繭。統，《説文》音荒，絲蔓延也，即繭外蒙茸之衣也。今俗音如黃。

清 衛杰《蠶桑萃編・蠶政》卷三《摘繭類》

劣繭

曰綿繭，蠶背受傷，吐絲遲緩，繭輭而鬆也。曰陰繭，内潰而潰溼也。曰映頭繭，成繭而不化蛹，斃爛繭中，亦云烏頭繭也。曰草凹繭，緊靠草把做繭，繭有紫色印痕也。曰尿緒繭，蠶尿沾染漬成黃瘢也。曰蛆鑽繭，蠅集蠶身，蛆生腹上，成繭後穿穴出也。曰穿頭繭，用火太旺，匆遽吐絲，不及環繞，穿破一頭也。曰凹赤繭，薄緒纏身，赤蛹外露也。曰同功繭，兩三蠶共作一繭，大頭繭也。凡此皆繭之劣者，只可做綿，不可繅絲。

清 朱祖榮《蠶桑答問》卷下《揀剔敗繭》

問曰：蠶有敗繭，名目甚多，以何者爲當剔？

答曰：采下之繭，内有兩三蠶共成者，爲同宫繭。一頭穿破者，爲穿頭繭。蠶溺染成黄瘢者，爲溲緒繭。蠅集生蛆，鑽繭而出者，爲蛆鑽繭。老不變蛹，斃爛繭中，穢水映出者，爲映頭繭。蠶受蝨叮，作繭未半，中間黑爛者，爲蝨叮繭。薄緒纏身，赤蛹外露者，爲赤身繭。蠶嘴受傷，吐絲寬緩，其繭輭鬆者，爲綿繭。以上諸繭，采繭時皆宜剔去。其堅厚潔白之繭，剝盡浮綿，稱見斤兩，趕緊繅絲，不可延緩。

清 陳淳《實驗蠶桑簡要法》下篇《養蠶法》第二十六章《豫防繭病之法》 營絲寬慢，其繭輭而鬆者，曰緜繭。或被麻蒼蠅所害，成繭後蠅子自蛹出繭者，曰蛆鑽繭。或薄緒纏身，赤蛹外露者，曰凹赤繭，亦曰薄繭。或老不化蛹，斃於繭内，穢汁浸繭者，曰烏頭繭，亦曰爛死繭。

又 上簇時用火過旺，悤遽吐絲，不及周徧環繞，其繭一頭穿破者，曰穿頭繭。或限於地黏簾附簇，結成深印者，曰着簇繭，亦曰草凹繭、棱角繭。或上簇過稠，二三蠶共營一繭者，曰同功繭。或蠶溺霑染，漬成黄瘢者，曰尿暈繭，亦曰推出繭。

綜述

明 黄省曾《農圃四書》卷二《蠶經》

七之擇繭

長而瑩白者，細絲之蠒；大而晦色青葱者，粗絲之蠒，皆擗去其蒙戎之衣。其内潰而漬濕者，謂之陰蠒，及薄而雜者，綿之蠒，可爲粗絲。不可以經日，經日則絲爛而難抽。不可以焚香，焚香則蛆穴而難抽。大者謂之磨工。

明 宋應星《天工開物》卷上《乃服第二卷》

種類

凡蠶有早晚二種。晚種每年先早種五六日出用中者不同，結繭亦在先，其繭較輕三分之一。若早蠶結繭時，彼已出蛾生卵，以便再養矣晚蛹戒不宜食。凡三樣浴種，皆謹視原記，如一錯誤，或將天露者投鹽浴，則盡空不出矣。凡繭色，唯黄、白二種，川、陝、晋、豫，有黄無白；嘉湖有白無黄。若將白雄配黄雌，則其嗣變成褐繭黄絲，以猪胰漂洗，亦成白色，但終不可染漂白、桃紅二色。凡繭形，亦有數種。晚繭結成亞腰葫蘆樣，天露繭尖長如榧子形。又或圓扁如核桃形，又一種不忌泥塗葉者，名爲賤蠶，得絲偏多。凡蠶形，亦有純白、虎斑、純黑、花紋數種，吐絲則同。今寒家有將早雄配晚雌者，幼出嘉種一異也。野蠶自爲繭出，青州、沂水等地，樹老即自生，其絲爲衣，能禦雨及垢污，其蛾出即能飛，不傳種紙上，他處亦有，但稀少耳。

清 韓夢周《蠶桑實濟》卷四《育蠶急務》

摘繭法

上簇六七日之間，方可摘繭。摘時，將堅實良繭另放一器。將薄繭、兩頭薄的繭、有孔的繭、二三蠶相合的繭、血蠶繭擇出，另放一器，製作綿用良繭繰絲最利而且匀。雜以病繭，不惟繰絲絆扯，而且麄惡不匀。若惜病繭，則反壞良繭。求多絲而反少絲。凡繭長而瑩白者，細絲之繭；大而晦色青蔥者，麄絲之繭，絲以白者爲上，黄者次之。摘下攤於通風涼房内，箔上厚二三寸。不可過厚，厚則發熱，絲腐難繰。五六日之間方可繰絲若早繰，則繭嫩不利。若白繭更遲一日，遲至七日後則蛾生若繰之不及，有蒸餾之法。

又 卷五《蠶桑雜附》

綿繭蒸法紡法俗呼爲蛾空子

綿繭以出蛾者爲最繰之不利，盆中撈出者次之，薄繭並血蠶繭，俱不堪用。其法：將好空子扯淨蒙戎，稱足一斤，温水泡一日，握洗去濁水，盛篩中，以水四升入蒲，鹻四兩煎滚潑之数十次鹻湯仍淋鍋内，以手試扯絲開爲度，將篩安鍋内蒸之如水將乾，再添水一升，約一鍾茶時如蒸之不及，則生而難紡。如蒸之太過，則腐而無筋取出，翻於箸頭上每箸可套二十個，温水中手握，洗去黄水，乘濕紡之。其法：以葦筒帶節，安於鐵定上，令緊露出定尖二三分，右腳踏轉攪版，腳梢向下一踏，輪自轉動。又腳根在版後一踏，自然一上一下，其快如風，習之三五日自熟。左手執繭箸，右手輕輕横扯絲頭紡之，指縫夾一箸以上線。如女人腳小，須兩腳踏版，右腳在前，左腳在後，亦甚順便。紡成繀子，約重一兩可卸。如蒸之太多，紡之不及，或在夏月恐腐壞者，可將空子曬乾收藏，臨翻然後濕之。如翻在箸上太多，紡之不及者，亦可曬乾收藏，紡時再以温水泡洗更好。又煮成張綿亦可，乾紡其法：將好蛾空温水浸濕，翻在箸頭上口小難翻者，剪破，厚者二三箇一套，稍薄者三四箇一套，随翻随卸，浸温水盆中，數日换水，數次揉洗令淨。每斤用蒲鹻四兩，滚水三四升，化開煮之。兩種茶時取出，再用清水淋去鹻氣，懸乾收貯，臨紡逐箇揉扯，令薄如紙張，於綿竿上左手執之，右手扯紡。凡欲作綿紬衣者不必翻，只將繭子入鍋内煮，如上法取出，用清水淋去鹻氣，曬乾搥過用凡血蠶繭及最薄繭，俱不堪紡，只宜作綿紬衣。欲織綿紬者，如以生絲作經，以所紡者緯之，既省功，且光平亦更耐久。煉法：每生絲經綿紬一斤，用蒲鹻三兩，水五大碗，化開入綿紬，在内提掇。煮兩鍾茶時，以紬柔軟色變爲度，取出，將猪胰子用稻草裹揉成膩汁，將紬浸入胰汁内一半時，但看紬上發光明亮，卽取出，再用清水洗數次，上捲軸輕碾，卸下卽光平堅韌。

又 卷六《蠶桑補遺》

擇種防誤

蠶繭下簇時，須將大繭一名同功，俗謂之大白，繭如鴿子蛋樣，較大、薄繭、兩頭薄的繭、血蠶繭、蠶尿繭、柴凹繭詳見四卷，摘繭、分繭二条、胡豆繭如胡豆大及兩三蠶合做之繭、有孔之繭，擇出做綿，不令與長白堅實之繭，混在一處，此古法也。惟有孔之繭，乃蠶身生蛆，咬斷絲頭而出者，當初下繭時，蛆宋及出，趕緊擇出蒸之，可得完繭，以之繰絲，仍可與常繭同。然蛆藏繭内，何由而知。其法：將摘下之繭，一一以手拈過，試輕摇之，繭中圓轉活動者，卽是良蛹；其沈滯偏重者，卽是敗蛹，不急治之，蛆必咬孔而出。故摘繭一二日，急須擇完，勿以遲，遲滋誤也。此法爲繭少者設，若繭多人少，亦可不拘。惟留種下子，無論多寡，須如上法擇之，萬萬不可草率。

清 鄭之僑《農桑易知録》卷二《桑務事宜》

分繭分別細繭，同功、穿頭以便取絲

分出細繭，以便繰絲。其大繭，俗名同功，或兩蠶合做一繭，或三蠶同做一繭，其緒紊亂，只可抽取粗絲，不能取細絲。且粗絲價賤，不如撿出，用草把燒灰淋水，煮熟，做綿。又有穿頭繭，不能取絲，亦可做綿。又有蠶尿繭，蠶於做繭時，先撒一泡尿，如尿沾在别繭上，絲緒便抽不出。又有柴痕繭，蠶於做繭時，緊靠草把子上做繭者，定有一個柴蔭子，俱不可做絲，止可做綿。故剝繭時，須分出另貯。其細繭剝光，每十二觔，做絲一車，一觔光繭，抽取二兩絲，謂之對花。取絲一兩七八錢，只算中平。若每觔止取絲一兩五六錢，或一兩二、三錢，則分兩不堪矣。

清 帥念祖《蠶政編》

摘繭法

上簇六七日之間，方可摘繭。摘時，將堅實良繭另放一器，將薄繭、有孔者、二三蠶相合者，并血蠶繭擇出，另放一器，製作綿用。摘下攤於通風凉房内箔上，厚二三寸，不可過厚，恐發熱腐絲。五六日之間，或蒸或繰，遲至七日後，則蛾生。

清 朱斌《蠶桑指要》

落山

上山第一日，止能去腹中宿垢、牽山頭、亂絲，謂之起蓬。二日、三日、四日，正吐絲作繭之候。第五日吐盡，餘絲方成繭子，故必待六日，乃可落山。上山有先後，落山亦要依次採之。其時取早上山者，如法留種，最為緊要，稱繭已足，方可隨意採下，攤於涼筐中，勿令發熱。衆手逐個在木椿上戴下繭黄，取黄不亂擘綿省手，謂之剝繭，湏分好醜，各自放開。圓緊獨做者為細繭，上乘也。特大者為同宫繭，係兩蠶合做；有柴痕者為夾葉，并染污者，總名粗繭，僅可做粗絲。至於蓬頭、薄繭、血繭、綿繭，及蛹子、鑚空等繭，只可做綿，下乘也。此不筭数，剝繭時，不可重手去丟，并不可多翻動，恐傷繭内蠶兒致繭有印頭，剝完取細繭稱之。出火蠶一斤，當見細繭十斤，收繭十斤，當見净絲十斤，即為十分收成。如見十二斤，即所謂十二分收成也。

清 鄒祖堂《蠶桑事宜・飼蠶法六十條》

落繭後，卽須於凉室中，以晒匾薄薄攤之。自落繭至出蛾，不過十餘日耳，其變蛾約在十日内，蛾以變成，雖未出，絲已難抽，而落繭之後，尚須剝繭，斷不能卽日便抽，則抽絲止可以七八日爲限，極其匆促。置之凉室，其變蛾可略遲一兩日，抽絲者較從容。

又

所提出之陰繭，以清水浸之，日易水兩三次。俟抽絲既畢抽絲時無暇及此，且本以多浸幾日爲妙，搗去其污，以絞不出汙水爲度。而曬之使乾，則極潔極鬆，如彈熟之棉花矣。以手抽之但欲其匀，不必過細，可織綿綢。以手抽絲之法，一見便曉。然必見而後曉，非筆所能述也。

清 程岱葊《西吴蠶略》卷上

擇繭

毛繭之蒙茸者，名繭黄，急剝去之，謂之拗繭。擇圓整堅白者，貯以待繅。

其不中繅者，皆別貯之。

又 作綿

同功繭，絲性不光。蠶口傷者，繭不硬，為綿繭。與蛾口、蟲口、穿頭、疤迹、傷損等類，皆煮熟作綿。

清 高銓《蠶桑輯要》卷下

安頓毛繭

新採之繭有繞纏裹，謂之毛繭。毛繭最易蒸損，繭受蒸，即難做絲。故採齊稱整，每十斤以净筐貯之，安頓清涼處，庶不發蒸。

又 擇繭

《務本新書》云：繭宜併工忙擇，免使抽繰相逼，蓋繭之品類不齊，不容無所區別。有誤食熱葉及嘴傷，縈絲寬慢，其繭軟而鬆者，是為綿繭；有蛆生蠶腹，繭成穿穴而出者，是為蛆鑽繭；有老不化蛹，斃殐繭內，穢汁浸潤者，是為映頭繭；有薄緒纏身，赤蛹外露者，是為凹赤繭；有山火太旺，匆遽吐絲，不及周遍環繞，其繭一頭穿破者，是為穿頭繭；有粘簾附帚，結成深印者，是為草凹繭；有蠶溺沾染，漬成黃瘢者，是為尿緒繭；有上山太稠，或二蠶或三四蠶共成一繭者，是為同宮繭。大率蠶豐收則繭皆整齊，蠶歉收則繭多參錯。拗時，逐一從手上經過，須即逐一簡擇。若待拗齊清鳌，又多費一番忙工夫矣。

又 分貯

繭有中為絲者，有不可絲而為綿者，有絲綿均不可而成絮者，其質各殊，其用亦迥別。繅絲之繭，不計大小圓長，惟以緊厚瑩净為上。緊厚則銖兩多，瑩净則顏色鮮。每净繭八斤，可得絲一斤。綿之繭五：一、同宮，衆口共縈抽一系，即各系纏繞，有粗類不勻之病；一、尿緒，蠶溺鹹著，繭即黴不任抽繹；一、草凹，象物成印，有印處，其緒合無論，或拗或平，俱不能條分縷晰；一、穿頭，結緒茸雜，引其端，輒連繭躍起，足以撞斷繭系；一、蛆鑽，攻刺成穴，灌水即沈，無從牽掣其緒，斯皆不中為絲而成綿料者也。絮之繭三：一、凹赤，疲軟漂薄，不堪挪輾；一、映頭，臭腐穢濁，污絲損繭，貽累滋多；一、綿繭，蓬鬆棼亂，入水翻撈，紐結成片，斯皆不中絲綿而止成絮材者也。惟剖晰分儲，不使薰蕕同器，斯臨事無挂礙之患。

清 陳開沚《裨農最要》卷三

別繭

繭以堅實為佳，然絲有粗細之分。堅實而瑩白者絲細，堅實而晦色青葱者絲粗，須分儲兩處。至若綿繭蠶觜受傷，吐絲遲緩，其繭輭而鬆、陰繭內潰而漬濕、映頭繭已成繭而不化蛹，斃闌繭中，穢汁潤映，又名烏頭繭、草凹繭緊靠草把上做繭，繭上定有紫色印痕、尿緒繭蠶尿沾染，漬成黃瘢、蛆鑽繭蠅集蠶身，蛆生腹上，成繭後穿穴而出、穿頭繭山下用火太旺，吐絲未及周遍環繞，其繭一頭穿破、凹赤繭薄緒纏身，亦蛹外露、同功繭兩三蠶共作一繭，俗呼大頭繭，皆繭之劣者。摘繭時，遇有此等繭，另儲一處。選差可者，抽粗絲作綫，不可與好繭同繅。若與好繭同繅，不惟好者變而為醜，且起泡當車斷頭，反將好絲扯去，宜以清水浸之，留作做綿之用。

清 方大湜《桑蠶提要》卷二《蠶事四十條**・摘繭**六則**》**

摘繭之時　摘繭不宜過遲。冷蠶絲，上山後六七日可摘繭，熱蠶絲，上山後三四日可摘繭，俗謂之落山亦曰回山。

摘繭之法　先上山者先摘，後上山者後摘。如帚內有黑腐之繭，即先去其黑者，然後將好繭摘下。繭黑者，觸手即破皮，皮破必污及他繭，故先去之。摘時手宜輕，不宜重。下手太重，則圓者捻匾矣。

別好醜　繭以堅實為佳，然絲有粗細之分。堅實而瑩白者絲細，堅實而晦色青葱者絲粗，須儲兩處。若綿繭蠶觜受傷，吐絲遲緩，其繭輭而鬆、陰繭內潰而漬濕、映頭繭已成繭而不化蛹，斃爛繭中，穢汁潤映，又名烏頭繭、草凹繭緊靠草把上做繭，繭上定有紫色印痕、尿緒繭蠶尿沾染，漬成黃瘢、蛆鑽繭蠅集蠶身，蛆生腹上，成繭後穿穴而出、穿頭繭山下用火太旺，匆遽吐絲，不及周遍環繞，其繭一頭穿破、凹赤繭薄緒纏身，赤蛹外露、同功繭兩三蠶共作一繭，俗呼大頭繭，皆繭之醜者，只可做綿，不可做絲。摘繭時，遇有此等繭，即須挑出，另儲一處，切不可與好繭同繅好醜同繅，則好者亦變而為醜。挑出之繭，以清水浸之，留作做綿之用，并非棄物。詳《做綿》第一則。

稱輕重　摘繭之後，必須置籃內過秤籃不光滑，則以紙鋪籃內，以繭置紙上稱之。繭籃，詳蠶具第十四則，知繭之斤兩，則知絲之斤兩。杭州人養蟻一兩，約得繭百斤，得絲一百五六十兩。湖絲比杭絲更細，養蟻一兩，約得繭百斤，得絲一百兩零。知絲之斤兩，則繅絲須若干日，方能畢事，可以屈指而計。詳《繅絲》第五則。

攤置涼室　蛾穿繭而出者，其繭不可繅絲。蛹變為蛾，雖未出來，絲亦難繅。自摘繭至蛾出不過十餘日，其變蛾，約在十日以内。所摘之繭，尚須剝去外衣。見本條第六則。斷不能即日便繅，故繅絲只可以七八日為限，過限則蛹變為蛾矣。摘繭後，須薄薄攤於箔上太厚則發熱，置涼室中，并貯井水於箔下，使受涼氣。如此則蛹之變蛾，可遲一二日，繅絲者乃略從容。

剝去外衣　摘繭之後，須將外衣剝去外衣，即繭旒，乃繭外之浮絲也，務須迅速，不可太遲遲則發熱，剝後仍攤於涼處以待繅外衣可留作抽綫之用，并非棄物。詳抽綫第一則。

又《做綿四則》

各樣醜繭：摘繭時，挑出各樣醜繭，亦可做綿。挑出之後，即以清水浸之，每日須換水二三次，且須多浸幾日，以去其污。

蛾口繭：出蛾時，留下蛾口繭，亦可做綿。其污較少，只須水浸一兩日，不必久浸。

水繭：繅絲時，撈出不上絲頭之水繭，亦可做綿。歇車後，將水繭置鍋中，以原湯煮之。煮透後，以絲帚撥之擺之，則蛹皆離絲，而絲亦牽連成片，明晨取出，貯以蒲包，用重物壓乾，提起牽連成片之絲，擺落蠶蛹，置日中曬之，俗謂之絲搭頭。

做綿法：杭州做綿之法：先去污水浸各項醜繭，以絞不出污水為度，次煮熟繅絲已畢，先以桑枝或稻草燒灰，瀝汁入鍋。再以大碗盛香油一杯，用灰水冲入碗内，俟鍋中灰汁煎滚時，即將已經浸去污水之各樣醜繭，及蛾口繭、絲搭頭，并投於鍋，隨以碗内油灰水一半，匀澆鍋内。數滚之後，將繭翻轉，復以所餘一半油灰水，入鍋再煮，務期煮熟，次漂净煮熟之後，乘熱取置篩内，放水中淘洗潔净，次剝開漂净之後，放水盆中，挨個剝開，次做手透子剝開之後，以繭套於左手之上，以右手摘去蠶蛹，將繭徐徐拉扯，一邊扯至手掌，一邊扯至手背，謂之剝手綉，亦謂之做手透子。約計大繭五六個，或小繭十餘個，可做一個手透子，次做綿兜做成手透子之後，即將手透子蒙於綿豁之上，將綿扯寬扯長，然後逐層加增，逐層拉扯。約計手透子四個，可成一個綿兜。次曬乾做成綿兜之後，隨時曬乾，便是絲綿。湖州做綿之法，與杭州大同小異去污之後，杭州以香油一杯煮繭；湖州則以木臘燭油二三兩同煮。煮熟之後，杭州乘熱淘洗；湖州則以清水漂浸四五日，換水三次。剝開之後，杭州以繭數個，或十數個，做成手透子，然後將手透子蒙於綿豁之上，做成綿兜；湖州則以繭四五十個，套於左手上，將綿拉至手掌手背，再以右手插入綿内，徐徐拉長，徐徐拉寬，即成綿兜，隨時曬乾，不再蒙於綿豁之上。

清　高其垣《試行蠶桑説・飼蠶法六十條》　上山至第五日，則絲已吐盡，而繭可落矣。落繭之法，先上者先落。落下一箒，視其箒之中心無腐黑之蠶，即輕輕摘下用力太猛，則圓者扁矣，使其有之，便須以箒向下，先去其腐黑者而後摘，勿令汙及他繭。腐黑者，觸手即破皮，破皮則必汙及他繭矣。

又　落繭後，即須於涼室中，以晒匾薄薄攤之，自落繭至出蛾，不過十餘日耳，其變蛾約在十日内，蛾已變成，雖未出，絲已難抽，而落繭之後，尚須剥繭，斷不能即日便抽，則抽絲止可以七八日爲限，極其匆促。置之涼室，其變蛾可畧遲一兩日，抽絲者較從容。而剥去其外面浮絲以待抽已剥後，仍復攤好。天氣炎熱，無論已剥未剥，皆宜貯井水於匾下，使受涼氣。有防其出蛾，而以火焙之，使不能變者，似亦近理，不知一經火焙，非惟其絲難抽，即抽出亦斷難明亮。

清　黄世本《蠶桑簡明輯説・養蠶説》

落繭四条

一、上山至第六、七日則絲吐盡，而繭可落矣。落繭之法，先上者先落。落下一帚，視其帚之中心無腐黑之蠶，即輕輕摘下；使其有之，便須以帚向下，先去其腐黑者，而後摘，勿今污及他繭。

一、落繭後，即須於涼室中，以曬匾薄薄攤之，自落繭至出蛾，不過十餘日耳，其变蛾約在十日内，蛾已变成，雖未出，絲已難抽。而落繭之後，尚須剝繭，斷不能即日便抽，則抽絲止可以七八日焉。限極其匆促，置之涼室，其變蛾可略遲一兩日，抽絲者較從容。而剝去其外面浮絲以待抽已剝後，仍復攤好。天氣炎熱，無論已剝未剝，皆宜貯涼水於匾下，使受涼氣，有防其出蛾，而以火焙之，使不能變者，似亦近理，不知一經火焙，非惟絲難抽，即抽出亦斷難明亮。

一、落繭後，須過秤。知蠶之觔兩，則知絲之觔兩，而抽絲之日數，可屈指計矣。繭百觔，約可得絲十觔，善抽者以雙錢眼抽之，一日亦只抽得觔半，須七日乃畢。若不能抽雙錢眼，而以單錢眼抽之，一日只抽得一觔，則必十日乃畢。故抽雙錢眼者，繭過百觔，便須添設絲車；抽單錢眼者，繭過八十觔，便須添設絲車。

一、所落之繭，有内漬而漬濕者，謂之陰繭。摘繭時，便須提出，慎勿雜入好繭中抽之雜入其中，則絲湯易濁，併好繭之絲，亦不能發亮矣。提出之陰繭，以清水浸之，日易水兩三次，俟抽絲既畢，抽絲時無暇及此，且本以多浸幾日為妙。搗去其污以絞不出汙水為度，而曬之使乾，則極潔極鬆，如弹熟之棉花矣。以手抽之但欲其匀，不必過細，可織綿紬。以手抽絲之法，一見便曉。然必見而後曉，非筆所能述也。

又　剔繭三條

一、蛆鑽繭，上山第七日采下，天氣若凉，原可出在三日之外。若繭少車多，於三日内赶緊繅完，使蛆鑽不及，以免穿破。緣破繭只可剝綿，不能繅絲，絲昂綿賤，其價何止倍蓰也。

一、所剔之繭，内有同宫、蛆鑽兩種。同宫繭，絲頭多亂，只可繅粗絲；蛆鑽繭，絲頭多斷，只可繅一半，繅至一半，繭即灌水沉下，不能繅矣。繅此兩種，粗細難勻，更多支節，切勿與好繭同繅，致累好絲。

一、留種之繭，蛾已盡出，俗謂之蛾口繭。即以清水浸一兩日，其污較少，且在外不在内，故無須久浸。浸净後，濯去其污，而曬之，餘與治陰繭之法略同，其用亦略同。

清　汪曰楨《湖蠶述》卷三

擇繭

諺云『蠶忙不如繭忙』，言拗繭之功忙也。蓋回山之後，即繼繅絲。毛繭堆屯，又易蒸損，須于兩三日中治净繭蔬，抉擇精粗，以為繅絲。計其時甚促，故其功較蠶為更忙。常見村巷婦女，交相援助，往往不算工食，止取繭蔬，亦古之通功易事法也。《吳興蠶書》

一、拗繭除蔬　繭外散緒曰繭衣，俗謂之繭黄，董蠡舟《樂府小序》亦作繭蔬，蔬不净，則蒙茸難繅，必逐繭翻剝，去此一層粗衣。蠶種不同，蔬亦分厚薄。丹杵種之蔬最厚，每繭一斤，約有蔬一兩。拗時須用疏眼篩盛繭，凡葉屑沙矢之夾雜蔬中者，可以隨拗隨漏。若潮軟難拗，不妨略于太陽中晾之。《吳興蠶書》

一、選擇　有誤食熱葉及觜傷，縈絲寬慢，其繭軟而鬆者，是為綿繭；有蛆生蠶腹，繭成穿穴而出者，是為蛆鑽繭，《吳興蠶書》亦曰香眼繭；大眠後為麻蒼蠅所咬，作繭後蠅子自出，而有此眼也。蠶時蒼蠅必須常拂，點綫香亦避。《育蠶要旨》有老不化蛹，斃殜繭内，穢汁浸潤者，是為映頭繭，《吳興蠶書》亦曰烏頭繭，《胡府志》又曰爛死繭；《育蠶要旨》有薄緒纏身，赤蛹外露者，是為凹赤繭，《吳興蠶書》亦曰薄繭，《育蠶要旨》四者皆屬蠶病。有山火太旺，匆遽吐絲，不及周徧環繞，其繭一頭穿破者，是為穿頭繭；有粘簾附帚，結成深印者，是為草凹繭，《吳興蠶書》亦曰梭角繭；限于地而不能舒展，故不圓。《育蠶要旨》有蠶溺沾染，漬成黄瘢者，是為尿緒繭，《吳興蠶書》亦曰推出繭，《胡府志》又曰尿暈繭；為他蠶所污。《育蠶要旨》有上山太稠，或二蠶三蠶共成一繭者，是為同宫繭，《吳興蠶書》亦作同功繭，《胡府志》又作唐公繭，聲之訛也；董蠡舟《樂府小序》四者止屬繭病。《吳興蠶書》又有黄繭、碧繭。黄者緒粗，碧者質厚。董蠡舟《樂府小序》碧繭，又名緑松繭。當一一選出，擇其圓白者，然後其絲光而且白。鄉人往往貪重，選之不净，以致其絲黑色，其實多而不精，無益也。《育蠶要旨》大率蠶豐收則繭皆整齊，歉收則繭多參錯。拗時逐一從手上經過，并須逐一簡擇。若遲至拗後清釐，又多費一番忙工夫矣。《吳興蠶書》

一、分繭：繭有中為絲者，有不可絲而為綿者，有絲綿均不可而成絮者，其質各殊，其用亦迥别。繅絲之繭，不計大小圓長，唯以緊厚瑩净為上。緊厚則絲多，瑩净則絲潔。每净繭八斤，可得絲一斤。其中不為絲者：一、同宫，衆口共縈，抽一緒。即各緒纏繞。有粗纇不勻之病；按，亦可作肥絲。俗所稱唐公絲也。一、尿緒，蠶溺鹹著，繭即黴不任抽繹；按，亦可作肥絲。一、草凹，象物成印，有印處，其緒無論，或凹或平，俱不能條分縷析；一、穿頭，亦作躥頭。結緒茸雜，引其端，輒連繭躍起，足以撞斷他繭之系；一、蛆鑽，攻刺成穴，灌水即沈，無從牽掣其緒；按此二種，并以有孔則緒斷，故不可繅。斯皆不中為絲而成綿者也。其不可為綿者：一、凹赤，疲軟飄薄，不堪挪輾；一、映頭，臭腐穢濁，污絲損繭，貽累滋多；一、綿繭，蓬鬆棼亂，入水翻撈，唯紐結成片，斯皆不中絲綿，而止成絮材者也。繅絲繭中雜一二綿絮繭，即足增净絲之疵。綿絮繭中雜一二可繅之繭，又當為良繭。惜唯拗擇之時，一一剖析分儲，不使薰蕕同器，斯繅絲無雜糅之患矣。《吳興蠶書》黄繭、緑松繭，可做經絲，亦可作緯絲。黄絲染紅色最鮮。《育蠶要旨》一云『黄繭別繅，以為絲縛』。《胡府志》按，雖志有此語，今人未見有用之者。

又　卷四　作綿

絲有頭蠶、二蠶之别，以頭蠶為善，綿亦如之。綿之上者，同功繭所作，謂之純綿，推出次之，蛾口又次之繭已出蛾者，按俗稱紅口繭，烏頭軟繭為下。俗謂作綿曰剝綿兜，董蠡舟《樂府小序》手綿剝在手上，環綿則有竹環。《育蠶要旨》須于晴日，遇陰雨則綿不速乾而縷脆。《胡府志》頭蠶之綿韌，二蠶之綿鬆。僞者以繭蔬雜之，甚有攙和白石粉，以取重者，謂之藥綿繭蔬綿易敝。當拗繭時，預為剝綿，地步每拗一繭，取蔬翻套木椎上，套至十數層取下，用草一莖環其中，以便剝時分開牽扯，攙和同功、蛾口綿中，規取善價，石粉取其色白體重。湖地之綿，以出烏鎮者為上，匀薄如紙，瑩净如玉。大要：不可使邊厚，亦不可使中厚，須層層匀展，内外如一，最忌有繭片成塊，或穿破如網。其色之潔白，雖由淘洗之功，然亦須當日曬燥，方有光彩。若遇天陰色，雖白而終滯。古者年五十始衣帛，今湖人無老無幼，俱藉此禦寒，其輕暎適體，遠勝木棉也。《吴興蠶書》

一、淋灰湯煮繭須灰水，用稻秆燒灰，入籮取水，再四淋之，其澄澈較速于樹柴灰。欲辨灰水濃淡，用碗盛香油半杯，冲以澄清，其水淡者黄，濃者白，以色如豆腐漿，無一點浮油為度。《吴興蠶書》

又 《大清一統志》：湖州府土産綿。《唐書・地理志》：湖州土貢綿，舊志各縣出，武康有鵝脂綿為最。《吴興志》、《舊圖經載舊編》云：『武康綿，號鵝脂上供，經納内藏庫，今發上供綿，歲五萬餘兩。安吉以産絹和買折納。』《烏青文獻》：大環綿，頭蠶造成，白如雪甚韌，他處不及。《湖録》：綿以頭蠶同功繭作者為上。若軟繭綿，綿之最下者也。用織綿紬，曰軟繭紬。

清 吴烜《植桑育蠶書・養蠶説》 一、繅絲之繭，内有兩三蠶共成者，爲同宫繭；一頭穿破者，爲穿頭繭；蠶溺染成黄瘢者，爲溲緒繭；蠅集生蛆，鑽繭而出者，爲蛆鑽繭；老不變蛹，斃爛繭中，穢不映出者，爲映頭繭；蠶受蚊叮，作繭未半，中間黑爛者，爲蚊叮繭；薄緒纏身，赤蛹外露者，爲赤身繭；蠶嘴受傷，吐絲寬慢，其繭軟而鬆者，爲綿繭。采繭時，皆宜剔去。其堅厚潔白之繭，剝淨浮綿，秤見觔數，赶緊繅絲，不可延緩。

清 吴烜《養蠶説》 所剔之繭，内有同宫、蛆鑽兩種。同宫繭，絲頭多亂，只可繅粗絲；蛆鑽繭，絲頭多斷，只可繅一半，繅至一半，繭即灌水沉下，不能繅矣。繅此兩種，粗細難匀，更多支節，切不可與好繭同繅，致累好絲。

清 俞墉纂輯《蠶桑述要》

剝繭

繭以堅厚緊小，兩頭匀圓，帶長式者爲上。純圓者爲梅子繭。帶長者爲花鼓繭。中有束痕者爲腰鼓繭。兩三蠶合成一繭者，爲同功繭。兩頭有孔者，爲穿口繭。頂上蓬鬆不收口者，爲蓬頭繭。一説，蠶母不梳頭，送上山者，率多此繭。入手軟癟，可照繭裡之蛹，爲薄殼繭，此最無用，并綿亦不能揤。

又 落繭後，繭繞剝盡即八九歲小女子，亦會剝，薄攤晾篚之内。仍置之蠶厨須防鼠咬，總以風凉爲主，熱則蛾必早出。

清 沈練《蠶桑説・飼蠶法七十條》 落繭之法，先上者先落。落下一帚，視其帚之中心無腐黑之蠶，即將繭輕輕摘下用力太猛，則圓者匾矣。如有腐黑者，便須以帚向下，先去之而後摘，勿令汙及他繭腐黑者，觸手即破皮，破皮則必汙及他繭。

又 落繭後，即須於涼室中，以曬篚薄薄攤之，自落繭至出蟻，不過十餘日耳，其變蛾約在十日内，蛾已變成，雖未出繭，絲已難繅，而落繭之後，尚須剝繭，斷不能即日便繅，則繅絲止可以七八日爲限，極其悤促。置之涼室，其變蛾可略遲一兩日，繅絲者較爲從容。而剝去繭篚呼光切，音荒。繭外面浮絲也，以待繅已剝後，仍復攤好。天氣炎熱，無論已剝未剝，皆宜貯井水於篚下，使受涼氣。有防其出蛾，而以火焙之，使不能變者，實在繅不及時，則不得不用此法。然其絲究不若未經火焙者之光潤。

又 所落之繭，有内潰而漬溼者，謂之陰繭。較映頭繭尤穢。摘繭時，便須提出，慎勿雜入好繭中繅之雜入其中，則絲湯易濁，并好繭之絲，亦不能發亮矣。提出之陰繭，以清水浸之，日易水兩三次，俟繅絲事畢，繅絲時無暇及此，且本以多浸幾日爲妙。擣去其汙以絞不出汙水爲度，用桑枝灰和煑，復以清水漂淨，而曬之使乾，則極潔極鬆，如彈熟之棉花矣。以手抽之但欲其匀，不必過細，可織綿綢。以手抽絲之法，一見便曉。然必見而後曉，非筆所能述也。

清 沈練《廣蠶桑説・飼蠶法六十六條》 落繭時，遇有綿繭、蛆鑽繭、映頭繭、凹赤繭、穿頭繭、草凹繭、尿緒繭、同宫繭，蠶嘴受傷，縈絲寬慢，其繭軟而鬆者，曰綿繭。蠅集蠶身，蛆生腹内，成繭後穿穴而出者，曰蛆鑽繭。老不化蛹，斃爛繭中，穢汁潤映者，曰映頭繭。薄緒纏身，赤蛹外露者，曰凹赤繭。由火太旺，匆遽吐絲，不及周遍環繞，其繭一頭穿破者，曰穿頭繭。黏簾附帚，結成深印者，曰草凹繭。蠶溺沾染，漬成黄瘢者，曰尿緒繭。土山太密，兩三蠶共成一繭者，曰同宫繭。皆宜提出另儲。其不可繅者，或爲綿，或爲絮；其畧可繅者，或另繅作醜絲。慎勿雜入好繭中繅之，致使好者亦醜。

清 沈練，仲學輅輯補《廣蠶桑説輯補》卷下《飼蠶法六十六條》

落繭説四條

一、落繭後，即須於涼室中，以曬匾薄薄攤之，自落繭至出蛾，不過十餘日耳。其變蛾約在十日内，蛾已變成，雖未出絲，已難抽。而所落之繭，尚須剝繭，斷不能即日便抽，則抽絲只可以七八日為限，極其匆促。置之涼室，其變蛾可略遲一兩日，抽絲者較從容．而剝去繭旒呼光切，音荒，俗讀若黄音，繭之外面浮絲也，以待繅。已剝後，仍復攤好，天氣炎熱，無論已剝未剝，皆宜貯井水於匾中，使受涼氣。

有防其出蛾，而以火焙之，使不能變者，實在繅不及時，則不得不用此法矣。然其絲究不若未經火焙者之光潤。

按繭之難繅者，除病繭之外，或嫌火大，或嫌火小，苟非向火失法即是天時使然。凡火大之繭，其絲過眼上軸時，繭即牽連至眼，阻塞去路。法須將繭攤在匾內，以熱水匀噴如細雨濕衣狀，即取置潔净甕内，封蓋半時許，然後取出繅絲。若火小之繭，則絲過眼上軸，忽細極而斷，應接不暇，當以燒酒匀噴，無封蓋諸法。其繅絲之水火大者，不宜太熱，火小者不宜稍涼。如一家之繭，有火大火小兩等，則火小者先繅，而火大者後繅。

一、落繭後須過秤知繭之斤兩，則知絲之斤兩，而繅絲之日數，可屈指計矣。繭百斤，約可得絲十斤。善繅者，以雙錢眼繅之，一日亦止繅得斤半，須七日乃畢。若不能用雙錢眼者，而以單錢眼繅之，一日止繅得一斤，則必十日乃畢。故用雙錢眼者，繭過百斤，便須添設絲車。用單錢眼繅者，繭過八十斤，便須添設絲車。

按本條繅法，每眼之下繭應有三四十枚絲已甚肥。可充粗料，若細料必求細絲，以三錢眼繅之。送絲鉤亦三枝，每眼之下，繭約六七枚，多則八九枚，每日可消繭八斤，此謂之七繭絲。貨最高繭十餘枚者，謂之中匀絲。每日可消繭十斤，有零貨較次。如消繭至二十斤，無論絲之肥細，俱可落車矣。

又按三錢眼之細絲，及中匀絲，較單錢眼之肥絲，其工之多寡，絲之分兩，相去無幾，而貨高則過之。故業蠶之户，往往肥細兩兼。

又按錢眼者，以錢鑽眼度絲也。而《蠶桑輯要》則用銅鐵條三寸，一頭椎匾鑽眼，眼須光潤，不令刓斷絲緒。然不如將粗壯銅絲一頭，折作小眼，如螺旋狀，絲一挽即入，無庸細篾粘穿，法更簡便。

一、落繭時，遇有綿繭、蛆鑽繭、映頭繭、凹赤繭、穿頭繭、草凹繭、尿緒繭、同宫繭，蠶嘴受傷，縈絲寬慢，其繭軟而鬆者，曰綿繭。蠅集蠶身，蛆生腹上，成繭後穿穴而出者，曰蛆鑽繭。老不化蛹，斃爛繭中，穢汁潤映者，曰映頭繭。薄緒纏身，赤蛹外露者，曰凹赤繭。山火太旺，匆處吐絲，不及周遍環繞，其繭一頭穿破者，曰穿頭繭。粘簾附帚，結成深印者，曰草凹繭。蠶溺沾染，成漬黄瘢者，曰尿緒繭。上山太密，兩三蠶共成一繭者，曰同宫繭。皆宜提出另儲。其不可繅者，或為棉，或為絮。其略可繅者，或另繅作醜絲。慎勿雜入好繭中繅之，致使好者亦醜。

一、所落之繭，有内潰而漬濕者，謂之陰繭。摘繭時，便須提出，慎勿雜入好繭中繅之雜入其中，則絲湯易濁，并好繭之絲，亦不能發亮矣。

所提出之陰繭，以清水浸之，日易水兩三次，俟繅絲既畢，繅絲時無暇及此，且本以多浸幾日為妙。搗去其污以絞不出污水為度，用桑枝灰和煮，復以清水漂净，而曬之使乾，則極潔極鬆，如彈熟之棉花矣，以手抽之但欲其匀，不必過細，可織棉綢。以手抽絲之法，一見便曉，然必見而後曉，非筆所能述也。

又 蛾出繭説一條

留種之繭，蛾已盡出俗謂之蛾口繭，即以清水浸一兩日其污較少，且在外而不在内，故無須久浸，濯去其污，煑而晒之，餘與治陰繭之法略同，其用亦略同。

按年老之人，陽氣衰弱，筋骨漸不勝任，冬衣裹綿即絲綿，取其温且軟也。陰繭、蛾口繭、繭旒、絲搭頭，成綿之後，皆可裹入。製綿法詳上，及絲竈之左條。陰繭、蛾口繭、繭旒、絲搭頭，製法相同，但煮繭旒不用桑枝灰耳。

清　沈練，仲學輅輯補，章震福校訂《廣蠶桑説輯補校訂》卷二《飼蠶法六十六條》

落繭説四條

一、落繭後，卽須於涼室中，以晒籭薄薄攤之，自落繭至出蛾，不過十餘日耳，其變蛾約在十日内，蛾已變成，雖未出，絲已難抽，而所落之繭，尚須剝繭，斷不能卽日便抽，但抽絲只可以七八日爲限，極其匆促。置之涼室，其變蛾可畧遲一兩日，抽絲者較從容。而剝去繭統呼光切，音荒，俗讀若黄，蓋繭之外面浮絲也，以待繅。已剝後，仍復攤好。天氣災熱，無論已剝未剝，皆宜貯井水於籭中，使受涼氣。

又 所落之繭有内潰而漬濕者，謂之陰繭。摘繭時，便須提出，慎勿雜入好繭中繅之雜入其中，則絲湯易濁，併好繭之絲，亦不能美。

又 蛾出繭説一條

留種之繭蛾已盡出俗謂之蛾口繭，卽以清水浸一兩日其污較少，且在外而不在内，故無須久浸，濯去其污，煮而晒之，餘與治陰繭之法略同，其用亦略同。

按年老之人，陽氣衰弱，筋骨漸不勝任，冬衣裹綿卽絲綿，取其温且軟也。陰繭、蛾口繭、繭統、絲搭頭，成綿之後，皆可裹入。製綿法詳上，及絲灶之左條。陰繭、蛾口繭、繭統、絲搭頭，製法相同，但不用桑枝灰耳。

清　曹倜《蠶桑速效編・養蠶説》　蠶喜温而惡寒，喜燥而惡濕，喜潔而惡穢，喜静而惡喧，喜吉而惡凶，喜和而惡戾，此其性然也。而其種則有三眠、四眠之別，三眠繭薄絲少，四眠繭厚絲多，育蠶者必須四眠。而四眠之中，又有金種、花種、烏種、蓮子種、金橘種、束腰種、平頭種等名，此外尚不勝枚舉。金種蠶身甚小，花種偏體斕斑，烏種滿身灰黑，蓮子種繭之小者，金橘種繭之大者，束腰則腰有束痕，平頭則兩頭平滿。而要之，種類雖多，總以繭之堅結而厚，平圓緊小者爲良。其鬆浮薄大之繭，絲少而難抽。又一繭兩蠶，謂之雙繭，又謂之同宮繭，絲頭多亂，皆不堪作種。至哺養繅絲諸法，必先學習諳練，方可育蠶。

又 歇車時，鍋中所餘之繭，謂之湯頭，繭以碗貯之，明日動車後，攙入生繭抽之。

蛆鑽繭，上山第七日采下，天氣若涼，原可出在三日之外。若繭少車多，於三日內，赶緊繅完，使蛆鑽不及，以免穿破。緣破繭衹可剝綿，不能繅絲，絲昂綿賤，其價何止倍蓰也。

清 陳雪堂《蠶桑簡法》卷上《養蠶撮要》

採繭

凡有同宮繭、綿繭、污繭、薄繭、開孔繭等，均宜類別，別置一器，庶製線製種，均能得佳良之結果矣。

清 陳渟《實驗蠶桑簡要法》下篇《養蠶法》第二十六章《豫防繭病之法》 得於蠶時者四：或誤食熱葉，致傷其胔，營絲寬慢，其繭輭而鬆者，曰緜繭；或被麻蒼蠅所害，成繭後，蠅子自蛹出繭者，曰蛆鑽繭；或薄緒纏身，赤蛹外露者，曰凹赤繭，亦曰薄繭；或老不化蛹，斃於繭內，穢汁浸繭者，曰烏頭繭，亦曰爛死繭。

又 第二十七章《採繭之法》 卸簇時，宜先去其烏爛死蠶等類。至摘繭時，可細別良繭、同功繭、薄繭、污繭、不正形繭、着簇繭，爲數區，不可混在一處。

又 採繭期，春蠶六七日，夏秋蠶四五日。若製種之繭，無論春夏秋蠶，俱遲一二日爲宜。

清 何品玉、魏默深《蠶桑會粹》

摘繭下山法

炕繭一日後，可將繭摘下。如有日色，仍須曬過，收拾通風處，至三四十日，又宜曬一次，其繭不致霉壞，即繅者不必照此。

清 何石安《蠶桑合編》

説蠶十條

挑繭説 兩蠶共作一繭，名同功繭，俗呼大頭繭。又，繭之薄而軟者，下山時均宜挑去。待繅絲事畢，將挑下之繭，一併煮熟，水浸數日，剝開漂洗，與煮繭時剝下之外衣，及繅剩繭衣，一同搗爛晒乾，待暇日，抽絲手撚之，浙中謂之打綿線，可織綿綢或用以作帛。若將各繭一併繅絲，必不勻細，售必貶價。

清 黃祖徽《蠶桑淺説・養蠶篇》第五章《收繭》第一節《摘時》

採繭不宜過遲。冷蠶絲上簇後六七日可摘，熱蠶絲上簇後三四日可摘。本學堂每年試驗，以七日收繭爲最妥。五日以前，不可搖動，致傷蛹體。

又 第二節《摘法》 摘繭時，宜分上繭、中繭薄繭、下繭污繭、同功繭二蠶同作，各置一箔，秤其重量，知有若干斤兩，則繅絲若干，方可以屈指而計。

清 江毓昌《桑蠶説》 摘繭 先上山的先摘，後上山的後摘。下手要輕，先把黑繭摘去不要挨著就破，恐污好繭，再把結實瑩白的摘在一處絲細另繅，把結實色暗的摘在一處絲粗另繅，把綿繭繭軟而鬆、陰繭內潰漬溼、烏頭繭蛹死繭中，穢汁潤映、草凹繭靠草做的，颜色不潔、尿緒繭蠶尿沾染、蛆鑽繭蠶被蠅咬，生蛆鑽出、穿頭繭烘火太大，繭未做全、凹赤繭繭薄蛹露、同功繭兩三蠶共做一繭，摘在一處都叫醜繭，不能繅絲，把醜繭用清水泡著，留做絲線。好繭各歸各類，薄薄攤在涼處煖就出蛾，一面赶快剝繭衣繭外浮絲留著抽線，一面赶快繅，能不蒸更好。

（光緒）《歸安縣志》卷一一《蠶桑》 擇繭諺云『蠶忙不如繭忙』，言拗繭之功忙也。蓋回山之後，卽繼繅絲，毛繭堆屯，又易蒸損，須於兩三日中，治淨繭絖，抉擇精粗，以爲繅絲計。其時甚促，故其功較蠶爲更忙。常見村巷婦女，交相援助，往往不算工食，止取繭絖，亦古之通工易事法也。《吳興蠶書》一、拗繭除絖：繭外散緒曰繭衣，俗謂之繭黃，董蠡舟《樂府小序》亦作繭絖。絖不淨，則蒙茸難繅，必逐繭翻剝，去此一層粗衣。蠶種不同，絖亦分厚薄。丹杵種之絖最厚，每繭一斤，約有絖一兩。拗時，須用疎眼篩盛繭，凡葉屑沙矢之夾雜絖中者，可以隨拗隨漏。若潮輭難拗，不妨略於太陽中晾之。大率蠶豐收則繭皆整齊，歉收則繭多參錯。拗時，逐一從手上經過，並須逐一

簡擇。若遲至拗後清鳖，又多費一番忙工夫矣。《吳興蠶書》

清 呂廣文《蠶桑要言・育蠶法》

選種

種類不一，有大圓頭、小圓頭、中水段頭、小水段頭，又有兩頭尖，形如榧之榧；種大體圓，形如梅之梅；種極小而堅之，小石罐種，此外，尚難備舉。而其蠶要均有四眠，第四眠新嵊間，謂蠶幽婦女不知音義，讀幽爲幼，作仄。嘉湖有以四眠爲大眠者，其種均好，均能多生絲謂所繅之絲，分兩多也，故均合養。蓋種以出新嵊者爲最佳，嘉湖所養有土種，有太湖種，有餘杭種，以新嵊人往賣之種爲最上，而新種又較勝於嵊。近日上海絲厰進繭，定新昌繭爲第一，以同一燥繭百斤，新則比嵊繅絲加多也。嘉湖得嵊之種，而不能自傳，其種則以新嵊往賣之，種皆淡子，僅可暫養一年，不堪出種再養也。或云『嘉湖亦將淡子醃過，但用石灰用食塩法，不及新嵊之良耳』。按，書中說『蠶三眠三起』，今亦有一種號三眠種，僅三眠，無四眠，蠶身較短小，食葉亦較少，但繭體亦稍薄，繅絲亦少分兩，故不合養，但其種別處有之，新嵊則無。

清 饒敦秩輯《蠶桑簡要録》

落繭

上山三晝夜足，然後採繭。採繭後，亟須將繭子外一層蠓透子剝去，謂之剝繭必要迅速，否則發蒸。剝淨後，將細繭揀在一處，以備繅絲。其同功繭、蠶尿繭、柴凹繭，皆不可做絲，只堪煑熟做綿。

又 治繭五條

落繭後，剝去浮絲，即須以晒匾薄薄攤之，貯於涼處，以防出蛾。自落繭至出蛾，不過十餘日，其變蛾約在十日內，蛾已變成，雖未出，絲亦難抽。而落繭之後，尚須剝繭，斷不能即日便抽，則抽絲只可以七八日爲限，極其匆促。置之涼處，其變蛾可畧遲一兩日，抽絲者較從容。有防其出蛾，而以烘、蒸、晒、悶四法治之者，然必將出不得已而爲之。蓋已死之繭，天涼四五日，天熱二三日，亦必抽完，遲則蛹爛出水，即不能抽。

清 王元綎《野蠶録》卷一《繅絲》

各種棄繭

凡繭之不可繅者，則為棄繭。其薄繭、油繭、及不封口繭，於摘繭時剔出。出蛾破口繭，於下蛾時剔出。不上絲眼之水繭，於繅絲時剔出，是皆不可繅者也，有打綫紡綫之法。

清 衛杰《蠶桑萃編》卷三《蠶政・摘繭類》

劣繭

曰綿繭，蠶觜受傷，吐絲遲緩，繭輭而鬆也；曰陰繭，內潰而漬濕也；曰映頭繭，成繭而不化蛹，斃爛繭中，亦云烏頭繭也；曰草凹繭，緊靠草把做繭，繭有紫色印痕也；曰尿緒繭，蠶尿沾染，漬成黄瘢也；曰蛆鑽繭，蠅集蠶身，蛆生腹上，成繭後穿穴出也；曰穿頭繭，用火太旺，匆遽吐絲，不及環繞，穿破一頭也；曰凹赤繭，薄緒纏身，赤蛹外露也；曰同功繭，兩三蠶共作一繭，大頭繭也。凡此，皆繭之劣者，只可做綿，不可繅絲。

又 卷八《綿譜・繭餘類》

無棄繭

凡繭之有頭緒者，均可煮絲。惟各樣劣繭、雙繭、血繭、輭繭、臭繭，於摘繭時檢出；蛾口破繭，於下蛾時挑出；水絲頭繭，於煮絲時撈出，此皆不上頭，分不成條理者，取以作綿繭之餘利，天地無棄物是也。

又 蛾口破繭

出蛾時留下蛾口破繭，煮絲既不上頭，做綿亦可備用。其污略少，須水浸一二日，無庸久浸。

清 吳宗周、陳幹材、徐謙山《蠶桑白话》卷二《養蠶白話》

製種的大利

我們養蠶家，若要留明年的好種，必須選那山頂上最好的繭採下來，待他變蛾配合生子出來，方好預備明年再養。繭的顏色，或黄或白，都是清清楚楚，大小也是一樣，繭壳堅厚，這種就是好繭，可預備製種了。更有那爛繭、薄繭、歪形繭、扁形繭、同宮繭、厚薄不匀的繭，這些繭斷不可選他做種的。

清 吳詒善《蠶桑驗要・蠶篇》

採繭剝繞

採繭時，當看山上有無黑腐之蠶，先行摘去，免污他繭，宜藏涼處，剝去其繞以待繅繞可作綿，用火焙過防其出蛾繭經火焙，絲色不佳。繅恐不及，必用焙法。凡繭內有名繇繭蠶嘴受傷，吐絲寬緩，其繭輭鬆、蛆繭蛆寄蠶身，鑽繭而出、映頭繭蠶不化蛹，斃爛繭中，穢水映出、穿頭繭一頭穿破、尿緒繭蠶溺染成黃瘢、同宮繭兩三蠶共一繭、蝨叮繭蠶受蝨叮，繭未半而中間黑爛、赤身繭薄緒纏身，赤蛹外露等，皆剔出，以清水浸，日換二三次，俟繅絲功畢，去其污穢，以桑枝灰淋汁和煮，剝去蛹，清水漂透，并繞用小竿抽成絲，可織綿綢。

清 楊鞏《中外農學合編》卷一一《蠶類・飼育》

選繭

繭以堅實為佳，然絲有粗細之分。堅實而瑩白者絲細，堅實而晦色青葱者絲粗，須儲兩處。若綿繭蠶嘴受傷，吐絲遲緩，其繭輭而鬆、陰繭內潰而漬濕、映頭繭已成繭而不化蛹，斃爛繭中，穢質潤映，又名烏頭繭、草凹繭緊靠草把上做繭，繭上定有柴色印痕、尿緒繭蠶尿沾染，漬成黃瘢、蛆鑽繭蠅集蠶身，蛆生腹上，成繭後穿穴而出、穿頭繭山下用火太旺，匆遽吐絲，不及周旋環繞，其繭一頭穿破、凹赤繭薄緒纏身，赤體露外、同宮繭二三蠶共作一繭，俗呼大頭繭，皆蠶之劣者，只可做綿，不可做絲。摘繭時，遇有此等繭，即須挑出，另儲一處，切不可與好繭同繅好醜同繅，則好者亦變而為醜。挑出之繭，以清水浸之，留作做綿之用，并非棄物。法，詳做綿。摘繭之後，必須置籃內過秤。知繭之斤兩，則知絲之斤兩。杭州人養蟻一兩，約得繭百斤，得絲一百五六十兩。湖絲比杭絲更細，養蟻一兩，約得繭百斤，得絲一百兩零。知絲之斤兩，則繅絲須若干日方能畢事，可以屈指而計。蛾穿繭而出者，其繭不可繅絲，蛹變為蛾，雖未出來，絲亦難繅。自摘繭至蛾出，不過十餘日，其變蛾約在十日以內，所摘之繭，尚須剝去外衣，斷不能即日便繅，故繅絲只可以七八日為限，過限則蛹變為蛾矣。摘繭後，須薄薄攤於箔上太厚則發熱，置涼室中，并貯井水於箔下，使受涼氣。如此，則蛹之變蛾可遲一二日，繅絲者乃略從容。摘繭之後，須將外衣剝去外衣，即繭□，乃繭外之浮絲也，務須迅速，不可太遲遲則發熱，剝後仍攤於涼處以待繅。外衣可留作抽綫之用，并非棄物。《蠶桑輯要》《蠶桑須知》《韓氏直說》

清 趙敬如《蠶桑說》

落繭揀繭蒸繭諸法

落繭法：上簇四日後，蠶已成蛹，將繭摘下，扯去蒙茸之衣，即可繅絲。

揀繭法：蛀繭大麻蠅放蛆蠶身，蛆老穿繭出，蛀成一孔者、同宮繭二蠶同作一繭者、污繭蠶死繭中，紅腐而繭污者、釣繭繭一頭有尖者、薄繭繭薄如紙，能見蠶蛹者，凡此數者，皆不堪繅絲，只可剝綿。

清 趙淵《蠶桑摘要》卷中《摘繭類》

別美惡

繭以堅實爲佳，絲有粗細之分。堅實而瑩白者絲細，輕鬆而晦闇者絲粗，須儲兩處以別之。若美惡同繅，則美者亦變而爲惡矣。

劣繭

曰綿繭，蠶觜受傷，吐絲遲緩，繭輭而鬆也；曰陰繭，內潰而清溼也；曰映頭繭，成繭而不化蛹，斃爛繭中，亦云烏頭繭也；曰草凹繭，緊靠草把做繭，繭有紫色印痕也；曰尿緒繭，蠶尿沾染，漬成黃瘢也；曰蛆鑽繭，蠅集蠶身，蛆生腹上，成繭後穿穴出也；曰穿頭繭，用火太旺，匆遽吐絲，不及環繞，穿破一頭也；曰凹赤繭，薄緒纏身，赤蛹外露也；曰同功繭，兩三蠶共作一繭，大頭繭也。凡此皆繭之劣者，只可做綿，不可繅絲。

清 鄭文同《蠶桑輯要・治繭繅絲共計十六則》 同功繭兩三蠶合成一繭者，絲縷較粗，繅出亦糙，賣不起價。不如另先煮熟，留待蠶事畢後，復煮透，浸清水中，剝成綿兜，以作衣被之用，較出蛾之繭殼名蛾口繭，剝綿者為尤韌剝法詳後。

清 朱祖榮《蠶桑答問》卷下

蠶種第一

問曰：蠶種有三眠者，有四眠者，何種爲優？

答曰：三眠者繭薄絲少，四眠者繭厚絲多。育蠶者必須四眠，而四眠之中，又有金種、花種、烏種、蓮子種、金橘種、束腰種、平頭種等名，此外尚不勝枚舉。金種蠶身甚小，花種偏體爛斑，烏種滿身灰黑，蓮子種繭之小者，金橘種繭之大者，束腰種則腰有束痕，平頭種則兩頭平滿。要之：種類雖多，總以繭之堅結而厚，平圓緊小者爲良。其浮鬆薄大之繭，絲少而難抽。又一繭兩蠶，謂之同宮繭，絲頭多亂，皆不堪作種。

又

敗繭繅絲

問曰：剔出敗繭，有可繅絲者否？

答曰：蛆鑽繭，上山第七日采下，天氣若涼，原可出在三日之外。如繭少車多，可於二日內趕緊繅完，使蛆鑽不及，以免穿破。若已穿破，絲頭多斷，只可繅一半，繅至一半，繭卽灌水沉下，不能繅矣。同宮繭絲頭多亂，只可繅粗絲。溲緒、映頭等繭，亦可揀出另繅，絲湯易濁，宜頻頻換水。惟均不可與好繭同繅，致累好絲。其餘之繭，或爲綿，或爲絮可也。

清 黄毅《養蠶新論》第六章《收繭》《蠶業叢書》第十一編 同功繭爲二蠶公共做成之繭，其形狀特大，形亦稍圓，繭層組織亦甚粗雜，强靭而又無光，故須選出。就同功繭之成因，雖未發明，大約因溫度過高，或上簇過熟，或簇中過密。有謂係遺傳性者，但以事實驗之。以同功繭所出之蛾，製成種子，翌年飼育，亦未必再生同功，可見此言有誤。但同功繭於繅絲有害，須注意揀出爲要。

又 收繭之時，又須撰擇。凡同功繭、綿繭、開孔繭、及死籠繭等，均須選出。

又 綿繭上層柔軟，或以綿包之，故有此稱。凡繭皆爲繭層密接而成，綿繭則層層分離，故不能繅絲。

藝文

元 趙孟頫《松雪齋集》卷二《題耕織圖二十四首懿旨撰》 織五月

五月夏已半，谷鶯先弄晨。老蠶成雪繭，吐絲亂紛紜。伐葦作薄曲，束縛齊榛榛。黄者黄如金，白者白如銀。爛然滿筐筥，愛此顔色新。欣欣舉家喜，稍慰經時勤。有客過相問，笑聲聞四鄰。論功何所歸，再拜謝蠶神。

清 陳景鐘《繅絲曲》《清詩鐸》卷七 三春雨足桑葉肥，家家飼蠶晝掩扉。三眠三起近小滿，桑甚垂垂葉已稀。盼得紅蠶齊上箔，更喜同功繭不薄。大婦收拾繅絲車，小婦安排湯滿鑊。銀絲抽繹比清霜，虛空堆牀生白光。啞啞軋軋聲不絶，綠陰低處新絲香。小姑回頭笑問嫂，轉眼相看織成縞。茜紅鴨綠染隨心，長翦腰裙短裁襖。嫂云小姑爾未知，阿哥正苦賣絲遲。明朝抱入城中去，已值官糧徵比時。

清 周凱《飼蠶十二詠·擇繭》《清詩鐸》卷七

中一蛹者曰獨繭，雙蛹曰雙繭，二三蛹者曰同功繭。擇獨繭、雙繭之堅白者爲細絲。同功繭及雜而薄者爲粗絲，爲帛。其有內潰而漬溼者曰陰繭，另置一處，僅可爲帛。凡繭尖細堅而腰小者，雄也；圓慢厚而腰大者，雌也。相兼而收，以簇中者爲佳。近上絲薄，近下不生子。取雙繭，待蛾生子，承之以布，或以紙，月直大火，以鹽水沃其子，俗謂『醃蠶』，以待來年清明浴之。

枝葉兩相當，辛勤歌采桑。不願同功繭，但願獨與雙。視腰辨雌雄，結喜簇中央。沃子待來年，甕窖宜深藏。

清 沈炳震《蠶桑樂府·作綿》 繅絲剝蛹事已了，煮繭作綿須及早。黄梅風雨鎮長有，趁此風光正晴昊，瓦盆盛水滿漬綿，竹架彎環比月圓。擘頭帶水施架上，潔浄如紙當風懸。門前櫓聲黄犬吠，隔籬知是買絲客。今年蠶好絲倍多，儂絲待價不輕擲。況復高田麥有秋，冬春未動囷如邱。莫愁糧長多科派，還有同功綿可賣。

清 沈炳震《樂府二十首》沈秉成《蠶桑輯要》

擇繭繭之名類不一。有兩蠶共成一繭而緒亂者，為同功繭。繭之被污而緒褭，故擇棄之者，為推出繭。繭垂成而蠶死者，為烏頭繭。蠶口傷而不能為絲者，為綿繭。又有黄繭，緒粗不中織染，乃别繅以為絲縛。

堂前作竈排絲車，室中擇繭煩鄰家。同功推出各裁别，綿繭烏頭喜盡絶。同功，兩蠶交錯而成，故緒亂；推出，繭被污而緒褭，故擇棄之，皆止堪為綿者。綿繭，繭未成而蠶死。烏頭，繭既成而蠶，不能化蛹，故頭褭，尤繭之不堪者。更留黄繭作絲縛，餘外一色眞如雪。飼蠶哺兒日夜忙，一覺安眠寧可望。今朝擇繭方靜坐，懵騰睡思正初長。不是鄰姑言語妙，那得消閒同一笑。回頭更憶少年時，倏忽風光去若馳。垂髫已有嬌痴女，偷眼還將白繭取，翦虎鏤花過端午。吳中女兒，細鏤繭為花草蛇虎，重午戴之以鬭巧。

清 董蠡舟《南潯蠶桑樂府·擇繭》 呼兒堂前撤山棚，命匠新造絲車成。速招鄰媪共擇繭，選來晾趁天晴明。綿繭黄繭區以别，良苦醇疵細抉擇。今年差幸少烏頭，不乏同功與推出。此類惟供煮作綿，其餘一色光瑩然。繭衣蒙戎搓作團，持贈鄰媪為傭錢。留取幾枚白勝雪，去蛹藏儂針綫帖。他時携往阿母家，倩人翦作鞋頭花。

清 董恂《南潯蠶桑樂府·選繭》 烏頭推出繭不一，更有同功繅不得。儂家幸是好蠶花，潔浄光明同一色。東鄰西鄰繭更多，碧繭黄繭不勝擇。倩儂相助遴選之，却緣晾繭無暇日。偶遣嬌女暫分忙，可笑童心猶似昔。翻將白繭幾許藏，道是明朝逢午節。鏤出新花待綉鞋，翦成飛鶴堪簪髻。排車作竈事紛紜，坐向深閨不肯出。

圖表

清 衛杰《蠶桑萃編》卷一一《圖譜・蠶器圖説》

摘繭圖説

上簇六七日之間，方可摘繭。摘時將堅實良繭，另放一器。將薄繭，兩頭薄的繭，有孔的繭，二三蠶相合的繭，血蠶繭擇出，另放一器，製作綿用。凡繭長而瑩白者，細絲之繭；大而晦色青葱者，粗絲之繭。摘下攤於通風涼房内箔上，厚二三寸，不可過厚，厚則發熱，絲腐難繰。南方五六日之間，方可繰絲，遲至七日後則蛾生。北方三四日即要蒸，五日生蛾。

清 宗景藩説略，吴嘉猷繪圖《蠶桑圖説》

挑繭

兩蠶共作一繭，名同功繭，俗呼大頭繭。又繭之薄而軟者，下山時均宜挑去。待繅絲事畢，將挑下之繭，一併煮熟，水浸數日，剝開漂洗。與煮繭時剝下之外衣，及繅剩繭衣，一同搗爛晒乾。待暇日，抽絲手撚之，浙中謂之打綿綫，可織綿綢，或用以作帛。若將各繭一併繅絲，必不勻細，售必貶價。楚人不挑繭，不先剝繭衣，皆病也。

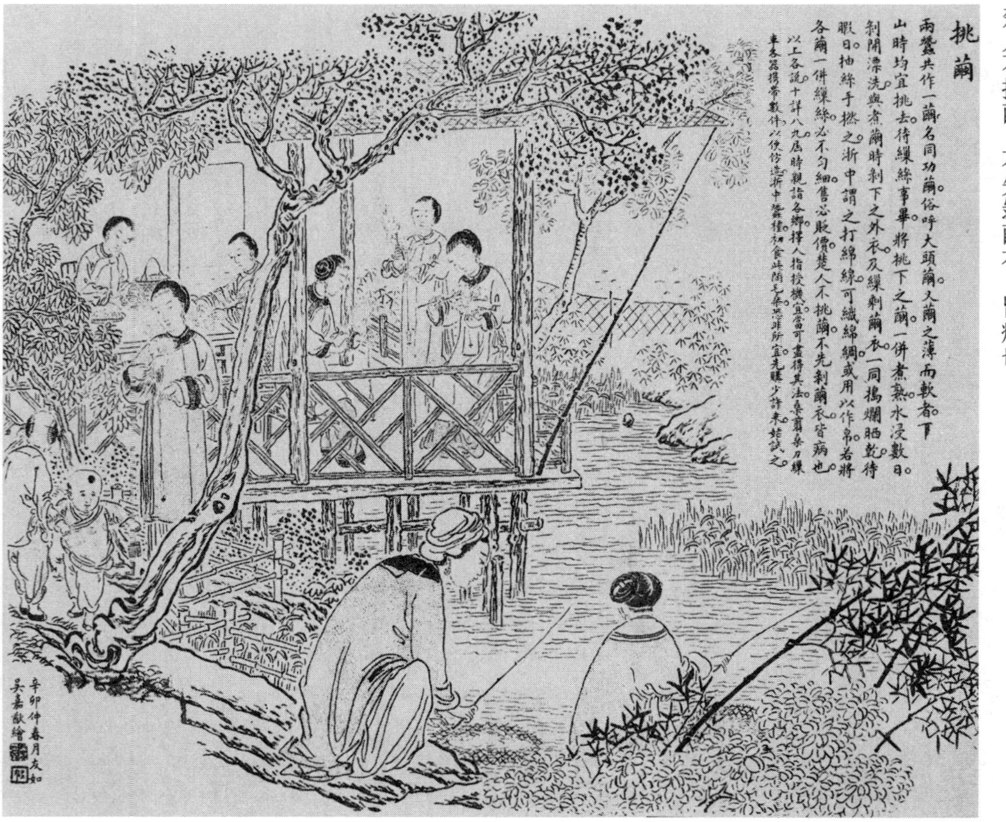

選種育種部

選種

題解

清 曹倜《蠶桑速效編・養蠶説》 而其種則有三眠、四眠之別。三眠繭薄絲少，四眠繭厚絲多。育蠶者必須四眠，而四眠之中，又有金種、花種、烏種、蓮子種、金橘種、束腰種、平頭種等名，此外尚不勝枚舉。金種蠶身甚小，花種徧體斕斑，烏種滿身灰黑，蓮子種繭之小者，金橘種繭之大者，束腰則腰有束痕，平頭則兩頭平滿。而要之，種類雖多，總以繭之堅結而厚，平圓緊小者爲良，其鬆浮薄大之繭，絲少而難抽。又一繭兩蠶謂之雙繭，又謂之同宮繭，絲頭多亂，皆不堪作種。

論説

清 高銓《蠶桑輯要》卷下

留種

蠶種不一，所出之地亦不一，丹杵種出南潯、湖濱諸處；白皮種、三眠種、泥種出千金、新市諸處，餘杭亦出白皮種；及石小罐種，各鄉俱有。以賣種為業者，其利浮於賣絲。當出蛾之侯，鄉人競向各處預購，謂之定種。每幅紙小者值千文，大者千四五百文，亦有購收諸種，向各村鎮鬻賣者，俗謂之闖路種，其價甚賤，但鬻種之家，惟利是圖，恒以不中為絲之繭生之，未有別留種蠶者。夫蠶事收成之豐歉，雖由飼養所致，然亦必須種好，方不易受病。譬之于人，先天之氣足，則風寒暑濕猝不能傷。故育蠶之家，當自留種蠶生子，不可苟且買種，致貽後悔也。

清 沈練《蠶桑説・飼養法七十條》 擇繭之堅硬、潔白者留之，蠶事收成之豐歉，雖由飼養所致，然亦須種好，方不至受病。譬之於人，先天氣足，則風霜雨露，猝不能傷。而鬻種之家，往往以繭之不可繅者留種，此最造孽，慎勿效尤。

清 陳淳《制種法》《蠶業叢書》第十二編

第二章 蠶之種類

第一節 各國蠶種性質

我國繭種，實占最優等。歐洲種形狀雖大，絲量雖多，而飼育日數甚長，桑葉人工多費，且繭質絲色，俱不及我國種之佳，是不得占最優等也。日本之種，無足取者，惟其能耐濕氣，於日地最爲合宜，而其蠶種，實不及我國之佳。日人亦自知之，故近來日人之飼育我國種者，亦年見其多也。

綜述

北魏 賈思勰《齊民要術》卷五《種桑柘茅養蠶》 收取種繭，必取居簇中者，近上則絲薄，近下則子不生。

唐 郭橐駝《種樹書》卷中 養蠶法 收取種繭，必取居簇中者，近上則絲薄，近下則子不生。按，《五行書》曰：『欲知蠶善惡，常三月三日，天陰而無日不雨，蠶大善。』

宋 陳旉《農書》卷下

育蠶之法篇

凡育蠶之法，須自摘種，若買種，鮮有得者，何哉？夫蠶蛾有隔一二日出者，有隔三五日出者，蛾出不齊，則放子先後亦不齊矣。其收種者，取參差未齊之時，別紙摘之，及正中間放子，齊時又別作一紙摘之，及末後放子稍遲，又別作一紙摘之。凡鬻與人，皆首尾前後不齊者，而中間齊者留以自用。始摘不齊，則苗出不齊，蠶之眠起遂分數等。有正眠者、有起而欲食者、有未眠者，放食不齊，此所以得失相半也。若自摘種，必擇繭之早晚齊者，則蛾出亦齊矣。蛾出既齊，則摘子亦齊矣。摘子既齊，則出苗亦齊矣。出苗既齊，勤勤疏撥，則食葉匀矣。食葉既匀，則再眠起等矣。三眠之後，晝三與，食葉必薄而使食盡，非唯省葉，且不罨損。蠶將飽，必勤視，去糞薙，此育蠶之法也。

元 司農司《農桑輯要》卷四《養蠶》

收種

《齊民要術》：收取繭種，必取居簇中者近上則絲薄，近地則子不生也。

《務本新書》：養蠶之法，繭種為先。今時摘繭，一概并堆箔上，或因繰絲不及有蛾出者，便就出種，罨壓熏蒸，因熱而生，決無完好，其母病，則子病，誠由此也。今後繭種開簇時，須擇近上向陽，或在苫草上者，此乃强良好繭。《農桑要旨》云：繭必雌雄相半，簇中在上者多雄，下者多雌。陳志宏云：『雄繭尖細緊小，雌者圓慢厚大。』另摘出，于透風凉房內净箔上，一一單排，日數既足，其蛾自生，免熏罨鑽延之苦，此誠胎教之最先。若有拳翅、秃眉、焦脚、焦尾、熏黃、赤肚、無毛、黑紋、黑身、黑頭、先出、末後生者，揀出不用，止留完全肥好者，匀稀布於連上。蠶連厚紙為上，薄紙不禁浸浴。《野語》云：連用小灰紙更妙候蛾生足，移蛾下連。屋內一角空處，竪立柴草，散蛾于上，至十八日後，西南净地掘阬貯蛾，上用柴草搭合，以土封之，庶免禽蟲傷食。蓋有功于人，理當如此。《士農必用》：蠶事之本，惟在謹于謀始，《農桑要旨》云：將蛾作三阬，埋種田地內，能使地中數年不生刺芥。使不為後日之患也眠起不齊，由于變生之不一，變生不一，由于收種之不得其法，故曰惟在謹于謀始。

又　擇繭出種者

取簇中腰東南明净厚實繭蛾，第一日出者名苗蛾，不可用，屋中置柴草上，放不用蛾。次日以後出者，可用。每一日所出為一等輩各于連上寫記，後來下蛾時各為一等輩，二日相次為一輩猶可，次三日者則不可。為將來成蠶，眠起不能齊，極為患害，另作一輩養則可，末後出者名末蛾，亦不可用。鋪連于槌箔上，雄雌相配，當日可提掇連三五次去其尿也。至未時後，款摘去雄蛾放在苗蛾一處，將母蛾于連上匀布稀稠得所，所生子如環成堆者，其蛾與子皆不用。其餘者生子數足，更當就連上，令覆養三五日不覆養則氣不足，然後將母蛾亦置在雄蛾、苗蛾、末蛾處，十八日後，埋之。

元　王禎《農書》卷六《農桑通訣六・蠶繅篇第十五》　夫育蠶之法，始於擇種、收種。繭種取簇之中向陽、明净、厚實者。蛾出第一日者名苗蛾，末後出者名末蛾，皆不可用。次日以後出者，取之鋪連於槌箔。蠶連、蠶槌見《農器譜》。

元　熊宗立《居家必用事類全集》戊集《農桑類》

擇繭種　開簇時，須擇近上向陽、或在苫草上者，此乃强梁好繭，《農桑要旨》云：『繭必雌雄相半，簇中在上者多雄，下者多雌。』陳志弘云：『雄繭尖細緊小，雌者圓慢厚大。』另摘出於通風凉房內净箔上，一一單排。日數既足，其蛾自生。若有拳翅、秃眉、焦脚、焦翅、焦尾、熏黃、赤肚、無毛、黑紋、黑身、黑頭、先出末後生者，揀出不用，止留完全肥好者。用厚藤紙為連，候蛾生足，移下連於屋內空處，竪立柴草，散蛾於上。至十八日後，西南净地，掘坑貯蛾，以土封之，庶免禽蟲傷食。有功於人，理當如此。

明　黄省曾《農圃四書》卷二

擇繭

長而瑩白者，細絲之蠒，大而晦色青葱者，粗絲之蠒，皆撏去其蒙戎之衣。其內潰而漬濕者，謂之陰蠒。及薄而雜者，綿之蠒，可爲粗絲，不可以經日，經日則絲爛而難抽。不可以焚香，焚香則蛆穴而難抽，大者謂之磨工。

又　四之種連

其在簇也，擇繭之尖細堅小者、腰小者，雄也，圓慢厚者、腰大者，雌也，相兼而收，以簇中爲佳，近上則絲薄，近下則子不生。其蛾之生也，取其同時者，擇而對焉。

明　宋應星《天工開物》卷上《乃服第二卷》

種類

凡蠶有早晚二種，晚種每年先早種五六日出，用中者不同。結繭亦在先。其繭較輕三分之一，若早蠶結繭時，彼已出蛾、生卵，以便再養矣。晚蛹戒不宜食。凡三樣浴種，皆謹視原記，如一錯誤，或將天露者投鹽浴，則盡空不出矣。凡繭色唯黄、白二種，川、陝、晉、豫有黄無白，嘉、湖有白無黄。若將白雄配黄雌，則其嗣變成褐繭、黄絲，以猪胰漂洗，亦成白色，但終不可染漂白、桃紅二色。凡繭形亦有數種，晚繭結成亞腰葫盧樣，天露繭尖長如榧子形，又或圓扁如核桃形。又一種不忌泥塗葉者，名爲賤蠶，得絲偏多。凡蠶形亦有純白、虎斑、純黑，花紋數種，吐絲則同。今寒家有將早雄配晚雌者，幼出嘉種，一異也。野蠶自爲繭，出青州、沂水等地，樹老卽自生。其絲爲衣，能禦雨及垢污，其蛾出卽能飛，不傳種紙上，他處亦有，但稀少耳。

明　唐順之《荆川稗編》卷四五

蠶繅

夫育蠶之法，始於擇種、收種。繭種取簇之中向陽、明淨、厚實者。蛾出第一日者名苗蛾，末後出者名末蛾，皆不可用。次日以後出者，取之鋪連於槌箔。

清 陳繼儒彙輯《致富全書·畜牧》

養蠶

養法有十，繭種為先。陳志弘云：繭之尖細緊小者為雄，圓慢厚大者為雌。開簇時相兼而收，七日而蛾生，若有拳翅、秃眉、焦尾、赤肚、無毛及先出、末後生者，各揀出不用，止留同時出者。雌雄相配，由辰至亥方析，厥氣乃全。

清 鄭之僑《農桑易知録》卷二《桑務事宜》

養種蠶撿出好者，另行養喂，以為種蠶

蠶到二眠時，撿取强旺者，分出另喂。每一晝夜，比衆蠶多喂二三餐不等。桑葉吃完，即要喂葉，防種餓也，故必加意小心愛護。采繭後，即將幪透子剝去，薄薄攤於篩内，仍揀不老不嫩好桑葉，覆於繭上，俟至十二晝夜，蛾頭必轉蛹，化為蛾矣。

清 韓夢周《蠶桑實濟》卷四《育蠶急務》

擇種下子

養蠶之法，擇種爲先，如五穀然。倘繭種薄，則蛾多病，雖生子，來春養之，其蠶必病。若收種不得其法，生子不齊，來春養之，則眠起不齊，將來上簇必不齊，其爲患也大矣。開簇時，須擇簇中近上向陽、堅實好繭，雌雄相間而收雄繭緊細尖小，雌繭圓漫厚大，摘出於通風涼房内淨箔上，一一單攤，不可堆聚，恐罨厭薰蒸，因熱而生，決無完好，其母病則子亦病，理固然也。待七日之後，其蛾自生。若有拳翅、秃眉、焦脚、焦翅、焦尾、薰黄、赤肚、無毛、黑紋、黑頭、黑身、並先一日出者名苗蛾、末後生者名末蛾，俱揀出不用。

清 程岱葊《西吴蠶略》卷上

收種

大眠時，先提筐面蠶，别貯為種蠶矣。既老，亦别置小山棚，繭成，擇其尤堅好者。待生蛾，乃於密室懸整幅厚桑皮紙於繩，將蛾配對，置紙上，約一時許，去雄留雌，待其生子。晝則避光，夜却留燈。俟子滿，將蛾祝而送之，種連藏陰涼處。

清 高銓《蠶桑輯要》卷下

擇蠶

留種先宜擇蠶種。蠶無病，子方無病。故大眠後，當揀取整齊强健之蠶，日以蕻頭葉飼之，蕻頭力旺，蠶食之其力始旺。一切𧍒換諸務，更宜勤慎。老則另棚上之，温以微火，俾速成繭。凡繭之尖細緊實者為雄，圓慢厚大者為雌。採時對半兼收，拗净繭繞，於通風涼房内取筐一，單排之，不宜重疊堆積，致傷鬱蒸。每繭二觔半，生子可滿紙一幅，紙大者需繭三觔。

清 周春溶《蠶桑寶要》第二説《育蠶事宜》二十七條

養種蠶

先於二眠時，分出另喂，每一晝夜比大衆蠶必須多喂一二餐葉未吃完，就要喂也，更加小心愛護。採繭後，即將蠓透子剝去，薄薄攤於篩内。自採繭之日起，十二晝夜，蛾頭必轉矣。蛹化為蛾。

清 陳開沚《裨農最要》卷三

養種

育蠶必先養種，養種尤須選蠶。二眠後，或大眠後，擇蠶之整齊强壯者，日摘枝頭茂盛葉飼之，比衆蠶多喂一二頓，方吃完，就要喂。更加小心愛護。俟老在向陽處，另搭一山，匀布其上，天寒以火烘之，則繭可速成而堅硬，出蛾肥美，生子圓滿氣旺，次年出蟻必盛。譬如孕婦强健，生子亦强健。孕婦衰弱，生子亦衰弱。以兒在母腹，先已受虧，縱使出落時哺養得宜，猶難望其肥壯，況哺養未得宜者乎？故養蠶之家，不可不先養種。

又

選繭

既未先期養種，又未臨老捉蠶，只宜於同日入簇之繭繭選同日，蛾出亦同日，選近上向陽處、堅硬圓潔好繭上半截多子，下半截少子。一説必取簇中者，近上則絲薄，近下則子不生，剝去浮絲，辨别雌雄尖而緊小者多雄，圓而厚大者多雌，分置兩筐，一一單排，不宜堆積，放透風涼屋，勿撃撞摇動，恐蛹受震驚，雖變蛾而不甚生子，俗謂之癡蛾。

又

選蛾

第一日出者名苗蛾，末後出者名末蛾，皆不可用，惟第二日、第三日出者可用。其中若有拳翅、秃眉、赤腹、薰黄、焦脚、焦尾、黑紋、黑身、黑頭諸病蛾，揀去勿用。只留完全肥美者，分别雌雄，以兩筐儲之。實以稻草，使蛾有立脚處，乃不致鼓翅盤旋，空費氣力。但蛾於五更前後出者居多，使人早起，看守，出時即將雌雄分儲，勿令蛾在繭上配合，否則時刻久暫不均，得氣有過厚過薄之弊。

清 方大湜《桑蠶提要》卷二《蠶事四十條・留種七則》

選蠶　養蠶必先留種，留種必先選蠶蠶無病，種乃無病。選蠶之法：宜於大眠後，擇蠶之整齊强健者，日以蘖頭葉飼之蘖，音閴。枝頭最茂處也，蘖頭力旺，蠶食之，其力自旺，比衆蠶更加小心愛護，老則另搭一山，置蠶於山上，以火烘之火烘則繭可速成。

擇繭　採繭後，速將繭外一層蠓透子剝去蠓透子，即繭繞也，然後辨其雌雄尖緊而腰小者為雄；圓漫而腰大者為雌，分作兩筐，一一單排不宜堆積，致傷蒸鬱，置於靜室透風處，勿搖動搖動則受驚，雖變蛾而不能生子，俗謂之癡蛾，勿緊靠墻壁避鼠也。約十餘日，而蛾出矣。若前此未能選蠶，則須於蠶山上半截，擇繭之堅硬潔白者留之。繭在蠶山之下半截者，少子。

揀蛾　第一日出者名苗蛾，最後出者名末蛾，皆不可作種，惟第二日以後出者可用。留種之繭已出蛾者，謂之蛾口繭，須以水浸之，留作做綿之用，并非棄物，詳《做綿》第二則。然雖出在第二日以後，而有拳翅、禿眉、赤肚、焦脚、焦翅、焦尾、黑紋、黑身、黑頭諸病者，仍不可作種，須一一揀出，置屋内柴草上。擇其無病者，分别雌雄，以兩器儲之先以稻草心鋪器内，使蛾有立脚處，乃不至鼓翅盤旋，空耗氣力，但蛾出於五更前後者居多五更前後，蠶蛹脱殼，向繭頭上吹氣，鑽孔而出。四更時，便須有人在旁看守，俗名看蛾。蛾出時，即將雌雄分儲，切勿稍遲遲則雌雄相遇，即於繭上配合，所對之時刻，便不能准，俗名抱繭對。

對蛾　蛾出既多，將雌雄併在一處，聽其自相配合，俗名鬬蛾，又名對蛾雌雄之數須相當，若雌多雄少，雄多雌少，則留其餘，以待未出之蛾。既對之後，一一提置空筐，關閉門戶，以稻草簾圍之，勿令見風見風則易拆散，滿筐擾亂。亦有不見風而拆散者，謂之走對。走對者，將兩蛾捉置一處，以小盃覆之，則復對，勿令見霧，勿令觸臭穢氣、油醋煎熬氣。對滿四箇時辰即拆開，雄蛾另放一處，俗名拆對。如卯初對者，於午末拆之，辰初對者，於未末拆之。不可拆得太早拆對太早，則來年多不眠之蠶，亦不可拆得太遲拆對太遲，則來年大眠後多高節而拖白水之病。

收子　拆對之後，以母蛾提置空筐，以蠶連另鋪一處蠶連即蠶種紙，懸掛時以兩紙相連，故謂之連。詳《蠶具》第一則，俟母蛾撒尿後，再勻置蠶連之上尿以粉紅及微黄者爲上，白色者次之，黑色者揀去勿用，不可疏，亦不可密疏則子有空缺處，密則子有堆積處，宜頻頻檢點，遇有疏密，即須移密補疏。四面用木界尺攔住，恐其生子於連外也。再以他物架空，蓋好，使透風而不見日光見光，則其子遊散，過半日蠶子便滿連矣。連上寫記日期，以同日所生之子爲一起，如有空缺，須卽日補滿，否則明年蟻出不齊。大約母蛾一隻可下子三百，肥大者可下子三百餘，十母蛾下子三千餘，明年可收蟻一錢，百母蛾下子三萬餘，明年可收蟻一兩。母蛾生子之後，就連上覆養三五日，再令下連，則氣更完固。下連之後，可置屋内柴草上，俟十八日後掘淨土爲坑，將母蛾、雄蛾、苗蛾、末蛾一併掩埋，免爲禽鳥所食。有功於人，理宜如此。

稱連　母蛾未曾下子之先，須將空連稱準，分兩號記連背。已經下齊之後，再將連與子合而稱之，便可約計明年收蟻數目大約子連重一錢者可收蟻七分，重一兩者可收蟻七錢。

挂連　蠶子既滿布連上，擇室中潔凈通風處，以竿懸之，去其溼氣，隨卽摺好，縛以小帶，掛淨室中高處高則不至受溼。如恐梅風一起，蠶子破殼而出，則俟竿懸六七日後子色變黑，用絹篩篩陳石灰於連上以制之，再行懸掛，便不出矣。石灰要勻，不必過厚，以不露蠶子爲度。掛連之處，勿緊靠牆壁防鼠嚙也，勿用麻繩繫掛蠶惡麻，苧麻近蠶種，則蠶不生，勿被風磨損須以此連之背靠彼連之背，令蠶子向外，否則被風磨蕩，子必損傷，勿觸香臭氣及煙煤薰蒸煙氣薰蒸，則胎先蘊熱，後必有病。掛至初冬，摺置箱篋置箱篋不可太早，太早則蠶不旺，待時而浴。

又《春季十五則》　擇種　秋蠶結繭，在白露後，欲留佳種，必先擇繭。繭有好醜，持繭輕捻，堅硬重實者，好繭也，持繭輕搖，圓轉活潑者，亦好繭也。蛹有公母，形圓者爲母，蛹形尖者爲公蛹。公母之數，務必相當，庶將來蛾出不至雌少雄多，雌多雄少雌多雄少尚可用，已經配過之公蛾，再行配對；若雌少雄多，便不能多收蠶子。十月半間，再揀選一次，然後以竹簍盛之。

清 沈秉成《蠶桑輯要・諸家雜説》

收種法

養蠶之法，繭種為先。留種之蠶，極宜加功培養，揀好蠶蟻另養。養至老時，取一刻上山之强粱好蠶，繭成過五日，揀簇頂上厚繭取下，撏去戎衣，雌雄各半。其尖細緊小者雄也，圓漫厚大者雌也。用扁將雌雄之繭，各置一處，日數既足，其蛾自生。若有拳翅、禿眉、焦尾、熏黄、赤肚、無毛及先出、末後生者，皆去之，留完全好者，此誠胎教之最先也。

清 汪曰楨《湖蠶述》卷四《生蛾》　擇種蠶　留種之要，在先擇蠶。種蠶無病，子方無病。大眠後，當揀取整齊强健之蠶，日以蘖頭葉飼之。蘖，胡貢切，枝頂最茂處也。蘖頭力旺，蠶食之，其力始旺。《吳興蠶書》稍餓必頻頻飼之，勿令稍餓。《育蠶要旨》一切繇換諸務，更宜勤慎，老則另棚上之，温以微火，俾速成繭。《吴興蠶書》一云不可用火。《育蠶要旨》按，用火無礙。凡繭之尖細緊小者雄，圓慢厚大者雌，采時對半兼收，拗盡繭繞，置于通風凉房内净筐中，一一單排，不宜重疊堆積，致傷鬱蒸。《吴興蠶書》勿摇動，摇動則受驚，蛾不能生子，俗謂之癡蛾。勿靠墻靠柱，防鼠也。若前此未及擇蠶，則於簇之上半截在下半截者，少子。擇繭之堅硬潔白者，留之。《廣蠶桑説》每繭二斤半，生子可滿一幅紙，紙大者需繭三斤。《吴興蠶書》大約留種繭十斤，可得三眠之蠶四十斤。《烏青文獻》

清　何品玉輯刊《蠶桑會粹》

揀留蠶種法

凡養本造之蠶，必留下造之種蠶。熟時，宜取蠶之雄壯，同在一時上山者為佳山，即箔也，近廣之地呼蠶箔為蠶山，至五日後，繭成，輕輕摘下，攤於涼簸，厚至二三寸。尤宜擇繭之潔白厚實者為上，繭種一箔約九百餘隻，重壹斤五六兩，可出雌蛾六兩，生春壹紙雄蛾另計。大約繭種壹斤，出雌蛾四兩左右。

清　江毓昌《桑蠶説》　留種　大眠後，選整齊强健的蠶，另放一盤，專餧枝頭長的肥葉，比衆蠶格外小心愛護。老時，另放一山，照法火烘。繭成，選山頂上的繭摘下，剝去繭衣。再選堅硬潔白的繭細看，尖緊腰小的爲雄，另放一處；圓漫腰大的爲雌，另放一處。在静室透風處，一一單排，不可摇動。莫靠墻壁，十幾天就出蛾。

清　馬丕瑶《蠶桑簡易法・養蠶法》　蓄種　留種之蠶，極要加功培養，揀好蠶蟻另飼飼法詳後，至老時，取一刻上簇之强梁好蠶為繭種，計上簇第七日，揀簇頂上厚繭取下，摘去茸衣，雌雄各半尖細緊小者雄也，圓漫厚大者雌也，用篋盛兩處，約六七日蛾出。若有拳翅、秃眉、焦尾、薫黄、赤肚、無毛及先出、末後生者，皆去之。留完好者，雌雄相等，多者不用。

清　沈練，仲學輅輯補《廣蠶桑説輯補》卷下《飼蠶法六十六條》

留蠶種説一條

養蠶必先留種，留種先宜擇蠶。蓋必蠶無病，種方無病也。於大眠後，擇蠶之整齊强健者，日以蘖頭葉飼之。蘖，胡貢切，音閧，枝頂最茂處也。蘖頭力旺，蠶食之，其力自旺。

清　高其垣《試行蠶桑説・飼蠶法六十條》　養蠶必先留種。留種之法，於蔟俗謂之蠶山之上半截，在下半截者，少子。擇繭之堅硬潔白者，雌雄各半尖而腰小者雄，圓而腰大者雌，去其外面浮絲，以線穿之着針宜淺，宜靠邊，否則傷蛾，如念珠狀懸之静室，勿使摇動摇動則受驚，雖變蛾而不能生子，俗謂之癡蛾，勿使靠牆靠柱避鼠也。

清　陳恢吾《農學纂要》卷四《育蠶》

收蠶種法

今之育蠶者，多患瘟病，皆由蠶種不善。其故有三，一由收繭不得其法，二由藏子不得其地，三由浴連不得其時，蠶子在紙曰連。皆致病之道也。

收繭　收種之繭，必擇蠶山適中處，近上則絲薄，近下則種不生。選用竪而不横、兩頭緊厚細結者，剝去浮綿，雄雌各半，腰細為雄，腰胖為雌。不可抛擲，恐蛹受傷，則不能變蛾生子。今之采繭者不然，往往繅絲不及，蛾自出繭，便取為種；或以繭堆置箔上，罨壓熏蒸，因熱而出，其母先病，子安得不病乎。若欲收方尺之子，須留繭二十兩，明年出小蠶一兩，然甯多留繭幾兩，以備選蛾時剔去病蛾。

選蛾　將作種之繭，攤置筐中，日數已足，其蛾自出。蛾出總二在寅卯時。第一日出者名苗蛾，末後出者名末蛾，皆不可用。惟中間一兩日出者，可用。若有拳翅、秃眉、焦尾、焦脚、黑身、黑頭、光背、赤肚、無毛者，皆宜剔去。

（道光）《來安縣志》卷五《食貨》

蠶繭種類

山繭黄白色，大者如鴨卵。其蛾，米色，下子大如高粱米，其色稍赤，形扁，初成蠶黑色，漸變青色，約長三寸許，大如指椿。繭，灰色，大如棗。其蛾黑花子，色白。蠶初出黑色，至二眠後色黄白，三眠後色白，身有肉翅，狀如海參，尾底有兩叉，長二寸許。

清　關維震《養蠶法》第十一章《製種》

選繭

原蠶選擇　於未孵化前，先考察原種已否經顯微鏡檢驗。成繭前，先留心飼育中經過之狀況，審察蠶體是否健全，如有左列事項，不可製種。

蠶不活潑、食慾少者；

眠起不齊，或有病蠶混雜者；

蠶體過肥大、軟弱者；

未至熟蠶之期，蠶糞先柔軟者；

在高溫度飼育者。

又 品種選擇　就著名佳種已成之繭，更擇繭之品質良好者，其要項如左：

色澤　繭之顏色，隨種類而分，宜擇一律鮮美，不雜他色者為良。色澤不佳者，多變性之劣種。

形狀　繭之形狀，有尖長凹腰、混圓橢圓、瘦小膨大之別。如新圓種爲橢圓，龍角種爲長形，以仍具種類固有之形狀，無過大過小，過長過短者爲佳。選繭時可先擇最合度者一二繭爲標準，逐一比較以定棄取。

厚薄　繭有兩端厚，中□薄；或全體厚，兩頭薄，或一面厚，一面薄者。大率非有病毒，卽屬虛弱，皆不可作種繭。常擇全□厚薄均一者爲佳。

緊緩　繭之絲路，過於□密縐縮，纖維必粗，絲必毛糙；過於緩慢疏鬆，膠質必輕，又多虛弱。宜選擇緊緩適中，手觸之而光滑，無軟硬之差者爲良。

檢查病害　選繭之要，上列四項外，更宜檢查蛆害病毒檢查之法。一、將繭剖開數顆，取蛹視其氣門，有無蛆害、黑點；二、取蛹研碎，用顯微鏡考驗其液，有無病毒。最簡單之法，持繭於耳際，將指彈之，尾端振動聲活潑者，必健全，紓緩者宜剔除。惟檢查不可太早，早則黑點尚未發現，病毒或未繁殖，宜在上山後第十一二日，再行檢查，爲最適。

分別雌雄　繭形大者多雌蛾，小者多雄蛾；重者多雌，輕者多雄。宜取大小、輕重參半，留作種繭。庶發蛾後雌雄適均，爲製種經濟上起見，不妨多留雌蛾，少留雄蛾，約可三與一之比。

剝去繭衣　繭衣不剝，每易蒸發，且難選擇。留種之繭，收採二三日後，卽宜剝去其衣。惟衣有厚薄，薄者隨意可剝，厚者須先扯鬆一端再剝，以免捏癟，有礙繭體。

保護種繭　選擇既畢，宜將種繭分別雌雄，排列清潔籠中，不可堆壓，不宜振動。室內室氣，宜清爽流通，蓋斯時蠶在繭內，由蛹化蛾，內部器官，正在改變，故處理種繭，務得其宜，所出之蛾方可健全。

又 選蛾

蛾之發生　蠶自上簇至發蛾，雖因溫度高低，間有遲速，大率經十八九日出蛾。同在一籠之繭，出蛾亦有後先，大率三四日，始發生完畢。第二、三日發生最盛，亦多完善；最先最後發生之蛾率多虛弱。每日出蛾時刻，亦隨溫度之高低，溫高則始於午前四五時，至八九時終止；溫低則始於午前六七時，至午後一二時終止。

清 黃祖徽《蠶桑淺説・養蠶篇》第六章《製種》第一節《擇繭》

製種首貴擇繭。擇繭以繭之堅硬者爲佳，又貴將繭之雌雄配合相當，不可雄多雌少，或雄少雌多。繭之雌雄，可以眼分別之，凡繭之尖細緊小者雄，圓滿厚大者雌，採繭時各取一半。一一單排，不宜重疊堆積，致使濕熱鬱蒸。此皆蠶業家最宜留心者，今將不可製種之繭列左。

（一）二蠶同作之繭

（二）繭層薄弱者

（三）形狀不正者

（四）繭殼蛆傷者

（五）原種未經顯微鏡檢查者

清 李向庭輯《蠶桑述要》

辨種製種

蠶之種類繁多，上下之分，關係最鉅。館中蠶今有十餘種，在昔蠶有三十餘種，因精益求精，逐加選剔，近今祇留得十餘種。於此十餘種中計，蠶蟻一錢，養之，有收繭十六七觔者，有收繭至二十四五觔者。絲量既有多寡之分，絲質亦有好醜之別，可見業蠶者，宜善擇佳種，不可將就。雖蠶之出繭多者，所費工業亦夥。然多食幾觔葉，多費幾日工，皆可於繭取償，不必惜也。其自家製種法，當選繭之圓大而厚者，留之，蛾翅潔白舒展，卽可傳種。諸種蠶書備載一切，儘可仿行。至用顯微鏡考種，事係實習學，筆墨難盡其奧，故不詳述。

清 林志恂《蠶桑淺要・養蠶淺要》

製種

養蠶之要，首在選種。今年所製之種，卽關係於明年之豐歉，可不慎歟。製種之要，先宜選蠶，次選繭，次選蛾。而用顯微鏡驗蛾之有無微粒子毒，以分別種之佳否。然又須憑目力觀察形狀、色澤、產附，倘三者不佳，則雖無微粒子毒，亦在宜棄之例，今爲一一述之。製種之蠶，宜選健全無病者，否則雖無微粒子毒，亦不免有虛弱性，遺傳於種子。

又 製種之繭，以體質堅固、形狀勻正者爲佳。

雖經選蠶、選繭，而出蛾時，終不免有劣形者，雜於其間，如拳翅翅不伸張者、禿背背上無毛者、赤肚、焦尾、黑身等，以及兩眉不全，或六足不完者，此等病蛾，急宜檢棄，勿令生卵。

清 盧燮宸《粵中蠶桑芻言》第二篇《養蠶事宜條例》

留蠶種

蠶到大眠後，如欲留種，先取其肉色勻而且壯大者，次取其嘴尖而且輕精者，待其成熟，上箔結繭，即留爲下造之種。晚間用輕火烘暖，結繭後五日，即用鐵繭鉗，將生繭輕手鉗下，攤放簸箕內。其繭薄者，摘出棄之，謂之晾繭，計熟後十日內，則出蛾矣。如夏熱時，九日亦可出也。

清 盛宣懷輯《蠶桑備要·生蛾》 擇種蠶 留種之要，在先擇蠶種，蠶無病，子方無病。大眠後，當擇取整齊彊健之蠶，日以蕻頭葉飼之蕻，胡貢切，枝頂最茂處也，蕻頭力旺，蠶食之，其力始旺。必頻頻飼之，勿令稍餓。一切鬆換之務，更宜勤慎。老則另棚上之，溫以微火，俾速成繭。一云不可用火。凡繭之尖細緊小者雄，圓慢厚大者雌，采時對半兼收，拗盡繭繞，置於通風涼房內淨筐中，一一單排，不宜重疊堆積，致傷鬱蒸。勿搖動，搖動則受驚，蛾不能生子，俗謂之癡蛾。勿靠牆靠柱，防鼠也。若前此未及擇蠶，則於簇之上半截，在下半截者，少子。擇繭之堅硬潔白者，留之。每繭二斤半，生子可滿一幅紙，紙大者須繭三斤，大約留種繭十斤，可得三眠之蠶四十斤。

清 衛杰《蠶桑萃編》卷三《留子類》

選蠶

養蠶必先留子種，重在選蠶。蠶無病，種乃無病。大眠後，擇蠶之整齊强健者，日以蕻頭葉飼之，即枝頭最茂葉也。食之則蠶力壯，比眾蠶更加小心愛護，老則另搭一簇，置蠶於簇，以火烘之，繭可速成。

清 吳鴻望校，袁俊德輯《蠶政萃編·留子類》

大眠後，擇蠶之整齊强健者，日以蕻頭葉飼之，即枝頭最茂葉也，食之則蠶力壯，比眾蠶更加小心愛護，老則另搭一簇，置蠶於簇，以火烘之，繭可速成。

清 吳宗周、陳幹材、徐謙山《蠶桑白話》卷二《養蠶白話·製種的大利》 選繭 我們養蠶家，若要留明年的好種，必須選那山頂上最好的繭採下來。待他變蛾配合生子出來，方好預備明年再養。繭的顏色，或黃、或白，都是清清楚楚，大小也是一樣。繭殼堅厚，這種就是好繭，可預備製種了。更有那爛繭、薄繭、歪形繭、扁形繭、同宮繭、厚薄不勻的繭，這些繭斷不可選他做種的。因這種繭已經有毛病，生子也一定有毛病的了。

清 楊鞏《中外農學合編》卷一一《蠶類·飼育》

留種

養蠶必先留種，留種必先選蠶。其法宜於大眠後，擇蠶之整齊强健者，另以蕻頭葉飼之，蕻頭葉，枝頭最茂處也。格外小心愛護。

又 選繭

繭以堅實為佳，然絲有粗細之分。堅實而瑩白者，絲細；堅實而晦色青葱者，絲粗，須儲兩處。若綿繭蠶嘴受傷吐絲遲緩，其繭輭而鬆、陰繭內潰而漬濕、映頭繭已成繭而不化蛹，斃爛繭中，穢質潤映，又名烏頭繭、草凹繭緊靠草把上做繭，繭上定有紫色印痕、尿緒繭蠶尿沾染，漬成黃瘢、蛆鑽繭蠅集蠶身，蛆生腹上，成繭後穿穴而出、穿頭繭山下用火太旺，匆遽吐絲，不及周旋環繞，其繭一頭穿破、凹赤繭薄緒纏身，赤體露外、同宮繭二三蠶共作一繭，俗呼大頭繭，皆蠶之劣者，只可做綿，不可做絲。摘繭時遇有此等繭，即須挑出，另儲一處，切不可與好繭同繅好醜同繅，則好者亦變而為醜，挑出之繭，以清水浸之，留作做綿之用，并非棄物。

又 養法

春季秋蠶結繭在白露後，欲留佳種，必先擇繭。繭有好醜，持繭輕捻堅硬重實者，好繭也，持繭輕搖圓轉活潑者，亦好繭也。蛹有公母，形圓者爲母，蛹形尖者爲公蛹。公母之數，務必相當，庶將來蛾出不至雌少雄多，雌多雄少雌多雄少尚可用，已經配過之公蛾，再行配對；若雌少雄多，便不能多收蠶子。十月半間，再揀選一次，然後以竹簍盛之。

清 佚名《樹桑養蠶要略·養蠶三十二條》 擇繭 繭以厚圓為上。凡軟而鬆者、內潰而濕者、黑者、凹者、爛者、破者、兩三蠶共作一大繭者，皆不能繅絲，只可做絲棉，須挑出另放一處。做棉之法，俟博訪之。

清 張文藝《養蠶秘訣》 選種 預於本年大眠開葉時，揀蠶之身長體實，頭小色顯，食葉在葉底打洞者，挑選若干，另行養開，上山亦另行上開，其繭必好。凡繭之堅硬緊小者，爲雄；圓滿厚大者，爲雌。揀繭須雌雄各半，否則雌多雄多，必多丟棄。用繭種草粘上，挂在當風透亮處，至十三四五日出蛾。出蛾日，務必早起，雄蛾在三更已出，一見亮光即動，易損翅毛。早起須在五更時，一人執火，一人捉之，置新糊紙簹中，蛾之腹小而善動者爲雄，腹大而不動者爲雌。又有一種油光滿身，名油蛾，开翅足不全者，貼去不用。將雌雄兩種，安置一處，待其交構巳牢，另爲提開，置空簹中，簹須另糊新紙。每三眠簹，只可放七十對，每二眠簹，只可放四十對。務必稀疏匀整，切忌挨擠。須用人看守，其交而復脫者，隨時配對，約計五個時，爲之折開，早對早拆，晚對晚拆。將雌者置舊布上，蠶子布宜用舊布，不宜新布，不宜過大，以尺方爲度。每蛾一只，約離兩指許，爲生子地步，已經生滿，將生疊子者爲捉置，布之空處，布須攤平簹中，或須貼着壁上，其蹲不牢而跌下者，必無力之蛾，生子必不佳，可貼去。再有生子，側而不平或堆疊不分者，亦無用，可隨手棄去，蛾亦丢去。布之空缺處，須補滿之。出蛾約計三朝，第一朝爲報蛾，第二朝爲最，多至三朝而完。一朝有一朝之蛾，凡隔宿之蛾，與交過之蛾，切不可用。其無對偶者，皆貼去不用。倘少雄蛾，與人交換，其種在一家養出者，可以配對，其在兩家養出者，不可配對，以蠶性不同也。蠶之好壞，第一在選種，選種不佳，以後諸病百出矣，切記切記。倘或本年自己蠶不好，不能留種，須要向他人購換者，須看其一路無走失，簹底乾淨，無甚水漬，桑渣内無脚蠶，上山後無白殭爛溏之蠶者，方可選種。再者，約大眠開葉至上山對中時，或兩朝，或三朝，蠶發肥顯之色，方可留種。倘有灰黯色者，其種必無可揀矣。

清 趙敬如《蠶桑説》

收種法

養蠶之法，繭種為先。留種之蠶，必用心提揀。大眠起，食葉二三日，俟蠶身青白分明，揀活潑光净、偏身毫無點迹之蠶，共置一器另養，飼以肥厚桑葉，食盡即飼，不可使飢。以兩網輪流換底，不可使砂屑堆積，臨老再行提揀。最妙用顯微鏡細察蠶身，稍有些毫點迹，剔開不用，防遺椒末瘟種也。擇其明净無疵之蠶，另置草山，於有風無日之處，疏落安放，聽其自行作繭。不避光亮，不用火催，蓋欲種之好，不在絲之多也。繭成五日後摘下，攤於蠶箔，用綫穿掛，胖大而薄者雌繭也，緊小而厚者雄繭也，須分開穿掛。十四日出蛾，雄蛾先出，子丑時為多，雌蛾後出，寅卯時為多，須終夜看守。每出一蛾，即行捉下，雄雌分器，器底墊以稻草，使蛾有着脚。俟天曉，見拳翅、秃眉、焦尾、熏黄、赤肚、無毛諸蛾，皆去之。取好色之蛾，雌雄相配，自辰至未，厥氣可全。交申刻摘去雄蛾，預備洗净洋布成方，以竿懸掛，免蛾尿污布。將雌蛾匀擺布上，聽其下子。自晚炊至二鼓子足有力，以後力薄不用。將雌蛾取下，蠶布懸於風處，俟變色成胎，用水洗净待乾，以預儲熟石膏粉糝上，捲好掛於有風無日處，遇霉不致受濕。明年清明取用，其無用之雌雄蛾，數日自死，埋之。

清 黄毅、莊景仲《養蠶新論》第七章《蠶蛆病豫防法》第一節《製種之准備》《蠶業叢書》第三編

選繭

繭之形質，由蠶之種類而異。雖種同而育法亦同，其成繭亦決不能得同一之形質。況地方風土，既已各有不同，養蠶與製種者，又各有異。我國各省蠶種不同，飼育亦異，欲斯業發達，務須各地同一。今將其標準示之：

第一，形狀　各種必存其固有之形狀，如新圓、短圓形。諸桂長圓形，桂元圓形，棲蒐長形，必使同種之中，形狀如一。又長形者飼育爲難，短形者飼育容易，亦不可不注意也。

第二，鬆緊　繭層之各部，有厚薄、軟硬之差者，務須除去，而擇其鬆緊均匀者，以爲種繭。因不均匀者，必不健康，或上簇時受害也。且選繭又須用檢尺器，以檢其長短，大約取繭十顆，平均有四百回以上之長，即可入選矣。若諸桂有七百回，新圓有六百回，亦由種有異。

第三，縮皺　縮皺者因過於細密之故。如新圓畧稀，諸桂、桂元則縮皺甚密。無論如此，總宜選其齊一爲要。

又 第十章《蠶種與蠶病之關係》

選蛾

蛾之將發時，須覆草紙於種繭之上，爲防污物之用。且其紙上須用剪剪成斜孔，使蛾易由孔中而出於紙上。

發蛾之時刻，亦由溫度之高低而異。氣候若溫暖，必由午前三四時至八時發出；溫低時，必由午前五時至十時發出。且其先出者多為雄蛾，後出者多為雌蛾。

蛾既發出，又須選別良否。不良者除去；全體白色，體軀無疵，舉動活潑者，必為健蛾，可以取用。今將病蛾之外狀述之：

一、體軀有黑色之斑點；

二、環節間有黑色；

三、腹部末端焦而無鱗毛者；

四、鱗毛脱落，腹部赤裸者；

五、翅不甚長者；

六、觸角卷曲，或欠損者；

七、腹部環節延緩舉動不活潑者；

八、不愛交尾者。

清 陳淳《製種法》第二章《蠶之種類》《蠶業叢書》第十二編

蠶種之選擇

蠶種之良否，直接關係於養蠶之豐凶。故當業者須先鑑於地方之氣候，及自己育術之巧拙，飼育室之美惡，而選擇適應之種類，最爲緊要。如飼育術巧，而飼育室美者，可專選繭質優美之種而飼之，雖蠶質較弱所不計也；如飼育術拙，而飼育室惡者，可專選體質强健之種而飼之，雖繭質較劣所不計也。然同一之種類，亦不能保其盡屬健全，而必無疾病也。故選擇既製之蠶種，尤須嚴密。若偶不經心，而採用不良之蠶種，則無論有如何完全之蠶室、佳良之桑葉、熟練之技術，而欲保完全豐滿之收成，亦事之未可必者。

又 於既製之蠶種，而欲鑑別其良否，事甚不易。據現今所行者，則先用顯微鏡攷驗其有無微粒子毒，再以肉眼鑑別其形狀、附着力、產附、水引、色澤之良否。精心選擇之後，而蠶種之良否，大略可決矣。因既製之蠶種，則以前之選蠶、選繭、選蛾俱難調查，故雖經檢查，僅得大略也。

又 第八章《蠶種之製造法》

擇繭

繭之優劣，關係於種之强弱甚大，此選繭之法，所由不可廢也。今舉各要項於左，以便適從。

第一項 色澤

繭之色澤，有黄色者、有白色者。黄色者繭，不宜多留。白色繭種類不一，有銀白、雪白、糙米白，或帶青、帶赤等色，選擇時宜取銀白、雪白兩種，餘色均宜淘汰。

第二項 形狀

繭之形狀有尖長凹腰、混圓楕圓、瘦小膨大之別。選取之法：宜擇其形狀一律，大小長短均適宜者，留以爲種。若形狀不正，過大與過小，或有過長與過短者，均宜棄去勿用。

第三項 厚薄

繭有兩端頗厚，而中腰極薄者；亦有一面甚薄，又一面甚厚者；亦有全體均厚，而頭端殆如有孔俗稱映頭，絲長不及四百回者。繭之回數，由種類而異。如諸桂約六七百回，新員、溧陽約五六百回，青熟、赤熟約六七百回，小石丸四百餘回，法種七百餘回。此等繭或有病蠶遺傳，或爲賦性虛弱，均不宜留作種繭。當擇其厚薄均勻，及絲長在四百回以上者，方爲合宜。

第四項 緊緩

繭之絲路，有甚緊密而縐縮者，亦有甚慢緩而疎鬆者，均屬不良之繭也。蓋過於緊密，纖維必粗，成絲呈毛糙之觀；過於慢緩，膠質必輕，蠶兒必罹虛弱之虞。故擇繭者，當選其緊緩適宜，手觸之而光滑，無粗硬之性者爲良。

除上所言四項之外，尚有蛆害檢查及病毒檢查二法，亦擇繭中宜注意之事也，兹將該法詳説於後。

第五項 蛆害檢查法

檢查蛆害之法：可將繭百顆剖開，而驗其踊，如見其氣門具有黑點，即爲有蛆寄生之徵。惟檢查時，不宜過早過遲。過早則黑點未現，過遲則蛆已鑽出。大約上山後，在七十五前後之溫度，當以第十一二日爲最適。又如蛹體氣門未現黑點，不能確知其有無蛆害寄生，可於此等繭中，選取二三十顆，剖開蛹體，即可確知。至算蛆害之多寡，即以百分率例之。如蛆害點百分之十，則發蛾當有百分之九十；蛆害點百分之二十，則發蛾當有百分之八十也。餘可類推。

第六項 病毒檢查法

檢查病毒，亦如檢查蛆害之法。於同一種類中，選出繭百顆，取其蛹體研之，以顯微鏡考驗其液，即可知其有無毒病寄生。惟考驗之蛹，必擇其體色已至老熟者，方爲有據；若體色未至老熟，則病毒或未繁殖，亦難預料。至欲蛹體速老，可置查驗之繭於高溫室中約九十二三度，經四五日，即可以供考驗。惟其毒之多少，當設一預算之法，如在蛹時罹毒爲百分之五者，至化蛾時，當增至百分之二十。倘蛹罹毒過多，即不合於製種，不如速改爲製絲可也。第蛾體受毒不多，尚不致遺傳及卵，故製絲種者，亦宜斟酌出之。

又　擇蛾

蛾之將發也，其先一日必有數蛾先鑽繭而出俗稱苗蛾，是晚可行蓋紙之法以光滑之紙爲宜。該法：將紙剪成數縫，舖放繭面，一便於提蛾，一可免污液沾染繭殼，一舉兩得之法也。至若提蛾之際，須隨手擇蛾，因多數種繭，難免不有病蛾雜居其中，故當照下列各條揀去，否則令其交尾，亦必產生虛弱與有毒之卵也。

第一、體軀有黑色之斑點者；

第二、環節間有黑色者；

第三、腹部末端焦者；

第四、鱗毛脱落，腹部赤裸者；

第五、蛾翅拳曲，不能展舒者；

第六、觸肢蛾眉拳曲，或缺其一者；

第七、腹部環節延緩，舉動不甚活潑者；

第八、有嫌忌交尾狀態者。

育種

題解

清　方旭《蟲薈》卷三《昆蟲・蠶》　《羣經字考》：蠶無牝牡，至化爲蛾，乃有雌雄。旭按，蠶之雌雄，作繭後即知。雄蠶繭尖而細，雌蠶繭員而大。又蠶繭有黄白兩色，或説又有黑色者。

清　沈練《廣蠶桑説・飼蠶法六十六條》　捉繭時，辨其雄雌尖而腰小者雄，圓而腰大者雌，分作兩筐，單排之不宜堆積，致傷鬱蒸，置之透風之靜室。勿搖動搖動則受驚，雖變蛾而不能生子，俗謂之癡蛾，勿靠牆靠柱避鼠也，約半月而蛾出矣。若前此未能擇蠶，則須於蔟俗謂之蠶山之上半截，在下半截者少子。擇繭之堅硬潔白者，留之。蠶事收成之豐歉，雖由飼養所致，然亦須種好，方不易受病。譬之於人，先天之氣足，則風霜雨露，猝不能傷。而鬻種之家，乃往往以繭之不可繅者留種，此最造孽，慎勿效尤。

清　任蘭生《蠶桑摘要・育蠶收繭法四十三條》　養蠶必須留種，留種先宜擇蠶。蓋必蠶無病，種方無病也。於大眠後，擇蠶之整齊強健者，日以蕻頭葉飼之蕻，胡貢切，音閧，枝頂最茂處也。蕻頭力旺，蠶食之，其力自旺。老則另搭一山，以上之温以微火，使速成繭，捉繭時，辨其雌雄尖而腰小者雄，圓而腰大者雌，分作兩筐，單排之不宜堆積，致傷鬱蒸，置於透風之靜室。勿摇動摇動則受驚，雖變蛾而不能生子，俗謂之癡蛾，勿靠墻靠柱避鼠也，約半月而蛾出矣。若前此未能擇蠶，則須於簇俗謂之蠶山之上半截在下半截者少子，擇繭之堅硬潔白者，留之。

清　陳洊《製種法》第五章《蠶種之組成》　《蠶業叢書》第十二編

蠶蛾發情之徵候及交尾

精子由睪丸内原精細胞形成，卵子由卵巢内原卵細胞所成，前節已述矣。而此生成多數之精子卵子，至化蛾時，始行成熟，此成熟期即發情之時也。故羽化之後，雄蛾即淫，淫曲尾，頻振其翅。雌蛾則腹部垂垂而受交尾，其發情期之速者，因彼生命之短促故也。凡百生物，當發情期，每變其舉動，即生眷戀性生殖器，血液既充其筋肉，亦運動頻繁。在高等動物，則外陰部肥大而帶赤色，且粘液之分泌增進，每漏洩於生殖器外。如蠶蛾者，雄則由副腺、雌則由粘液腺，行粘液之分泌者也。

論説

清　陳洊《制種法》第五章《蠶種之組成》　《蠶業叢書》第十二編

蠶蛾發情之徵候及交尾

動物兩性種族全異者，不能行受胎作用，惟近似種族屬之配合，亦能受胎，故蠶兒雖異，其種類若同一蠶蛾屬，亦可使其異種相配合，日本所謂掛合種是也。但掛合種之蠶兒，往往類雌蛾之性質，此蓋蠶之遺傳性，獨以雌者爲多也。生物每因種類而大異，其生卵之數高等者少，下等者多，例如牛馬通常一卵或二卵，貓則三卵或六卵，豚則六卵或十二卵。如蠶之下等動物，則有五百乃至八百内外，此因下等動物生存競爭上不適，幼時死滅之數較成長爲多，故欲種族多數生殖，勢不得不多數產出。如家蠶以吾人之保護，能得多數之生存者，實亦彼輩之幸福也。

又　攷蠶蛾交尾時間，不如高等動物之短少。若自然放任之，則非閲六七時間後，必不分離。故實業家經理學之實驗，每任其自然。實際之研究，一時間之交見已覺完受精之作用，第割愛過早，則受精後須長久之時間始行產卵，此因粘液分泌之量少也。故短時間之割愛極不相宜，若據歷來之經驗，則以四時爲適度。

綜述

宋 陸佃《埤雅》卷一〇

蛾

繭生蛾，蛾生卵。《博物志》曰：『食桑者有緒而蛾，蛾類者先孕而後交。蓋蛹者，蠶之所化，蛾者，蛹之所化。』《荀子》曰：『蛹以爲母，蛾以爲父是也。蛹，一名螝，蛾，一名羅。』孫炎《爾雅正義》以爲螝即是雄，蛹即是雌，羅即是雄，蛾即是雌。蛾似黄蝶而小，其眉句曲如畫，故《詩》以譬莊姜，《碩人》曰：『螓首蛾眉。』

宋 陳旉《農書》卷下

育蠶之法篇第三

凡育蠶之法，須自摘種。若買種鮮有得者，何哉！夫蠶蛾有隔一二日出者，有隔三五日出者，蛾出不齊，則放子先後亦不齊矣。其收種者，取參差未齊之時，別紙摘之，及正中間放子齊時，又別作一紙摘之，及末後放子稍遲，又別作一紙摘之。凡鬻與人，皆首尾前後不齊者，而中間齊者，留以自用。始摘不齊，則苗出不齊，蠶之眠起，遂分數等。有正眠者，有起而欲食者，有未眠者，放食不齊，此所以得失相半也。若自摘種，必擇繭之早晚齊者，則蛾出亦齊矣。蛾出既齊，則摘子亦齊矣。摘子既齊，則出苗亦齊矣。出苗既齊，勤勤疏撥，則食葉勻矣。食葉既勻，則再眠起等矣。三眠之後，晝三與食葉必薄，而使食盡。非唯省葉，且不罨損。蠶將飽，必勤視，去糞薙，此育蠶之法也。

元 司農司《農桑輯要》卷四《養蠶》

《務本新書》：養蠶之法，繭種為先。今時摘繭，一概併堆箔上，或因繰絲不及，有蛾出者，便就出種。罨壓熏蒸，因熱而生，决無完好，其母病，則子病，誠由此也。今後繭種開簇時，須擇近上向陽、或在苫草上者，此乃强梁好繭。《農桑要旨》云：繭必雌雄相半，簇中在上者多雄，下者多雌。陳志弘云：雄繭尖細緊小，雌者圓慢厚大。另摘出於通風凉房内净箔上，一一單排。日數既足，其蛾自生，免熏罨鑽延之苦，此誠胎教之最先。若有拳翅、禿眉、焦腳、焦尾、熏黄、赤肚、無毛、黑紋、黑身、黑頭、先出、末後生者，揀出不用，止留完全肥好者。勻稀布於連上，擇高明凉處置箔鋪連，箔下地須洒掃潔净。蠶連厚紙為上，薄紙不禁浸浴。野語云：連用小灰紙更妙。候蛾生足，移蛾下連，屋内一角空處竪立柴草，散蛾於上。至十八日後，西南净地掘坑貯蛾，上用柴草搭合，以土封之，庶免禽蟲傷食。蓋有功於人，理當如此。《農桑要旨》云：將蛾作三坑，埋種田地内，能使地中數年不生刺芥。

又 次日以後出者可用，每一日所出為一等輩，各於連上寫記，後來下蛾時各為一等輩，二日相次為一輩猶可，次三日者則不可為。將來成蠶眠起不能齊，極為患害，另作一輩養則可。末後出者名末蛾，亦不可用。鋪連於槌箔上，雄雌相配，當日可提掇連三五次，去其尿也。至未時後，款摘去雄蛾，放在苗蛾一處，將母蛾於連上勻布稀稠得所，所生子如環成堆者，其蛾與子皆不用。其餘者生子數足，更當就連上令覆養三五日，不覆養則氣不足，然後將母蛾亦置在雄蛾、苗蛾、末蛾處，十八日後埋之。

又 《士農必用》：蠶事之本，惟在謹于謀始，使不為後日之患也。眠起不齊，由于變生之不一，變生不一，由于收種之不得其法，故曰：惟在謹于謀始。

元 王禎《農書》卷六《農桑通訣六·蠶繅篇第十五》 夫育蠶之法，始於擇種、收種。繭種取簇之中向陽、明净厚實者。蛾出第一日者名苗蛾，末後出者名末蛾，皆不可用。次日以後出者，取之鋪連於搥箔蠶連、蠶搥見農器譜，雌雄相配，至暮拋去雄蛾，將母蛾於連上勻布，所生子環堆者，皆不用。生子數足，更就連上，令覆養三五日。挂時須蠶子向外，恐有風磨損其子。

元 熊宗立《居家必用事類全集》戊集《農桑類》

擇繭種

開簇時，須擇近上向陽，或在苫草上者，此乃强梁好繭。《農桑要旨》云：繭必雌雄相半，簇中在上者多雄，下者多雌。陳志弘云：雄繭尖細緊小，雌者圓慢厚大。另摘出於通風凉房内净箔上，一一單排。日數既足，其蛾自生。若有拳翅、禿眉、焦腳、焦翅、焦尾、熏黄、赤肚、無毛、黑紋、黑身、黑頭、先出、末後生者，揀出不用。止留完全肥好者，用厚藤紙為連，候蛾生足，移下連於屋内空處，竪立柴草，散蛾於上。至十八日後，西南净地，掘坑貯蛾，以土封之，庶免禽蟲傷食。有功於人，理當如此。

明 唐順之《荆川稗編》卷四五

蠶繅

次日以後出者，取之鋪連於抱箔，雄雌相配至暮。拋去雄蛾，將母蛾於連上匀布，所生子環堆者，皆不用。生子數足，更就連上令覆，養三五日。掛時須蠶子向外，恐有風磨損其子。

明 徐光啓《農政全書》卷三一《蠶桑・育蠶法》

王禎曰：育蠶之法，始於擇種收繭。取簇之中向陽明净厚實者，蛾出第一日者名苗蛾，末後出者名末蛾，皆不可用，次日以後出者，取之鋪連於抱箔，雄雌相配，至暮拋去雄蛾，將母蛾於連上匀布，所生子環堆者，皆不用。黄省曾曰：放子必覆而暗之，見光則其子游散，連必桑皮紙，出於南潯。生子數足，更就連上令覆，養三五日。黄省曾曰：覆三五日，則氣乃固。掛時須蠶子向外，恐有風磨損其子。黄省曾曰：貫連須用桑皮，忌苧麻之綫，懸于凉處，忌烟薰日炙之所。

又 止留完全肥好者匀稀布於連上。擇高明凉處，置箔鋪連，箔下地須灑掃潔净。蠶連厚紙為上，薄紙不禁浸浴。野語云：連用小灰紙更妙。候蛾生足，下連，屋内一角空處竪立柴草，散蛾於上。至十八日後，西南净地，掘坑貯蛾，上用柴草搭合，以土封之，庶免禽蟲傷食。蓋有功於人，理當如此。

又 每一日所出為一等輩，各於連上記寫，後來下蛾時，各為一等輩。二日相次為一輩猶可，次三日者則不可，為將來成蠶眠起不能齊，極為患害，另作一輩養則可。末後出者，名末蛾，亦不可用。鋪連於抱箔上，雄雌相配，當日可提掇連三五次去其尿也。至未時後，款摘去雄蛾放在苗蛾一處。

又 《韓氏直説》曰：蠶成繭硬，紋理粗者，必繅快。此等繭，可以蒸餾繅冷盆絲。其繭薄，紋理細者，必繅不快，不宜蒸餾，此止宜繅熱盆絲也。其蒸餾之法，用籠三扇，用軟草扎一圈，加於釜口，以籠兩扇坐於上。其籠不以大小，籠内匀鋪繭，厚三四指許，頻於繭上以手背試之，如手不禁熱，可取去底扇，却續添一扇在上。亦不要蒸得過了，過了則軟了絲頭，亦不要蒸得不及，不及則蛾必鑽了。如手背不禁熱，恰得合宜，於蠶房抱箔上從頭合籠内，繭在上，用手微撥動。如箔上繭滿，打起更攤一箔。候冷定，上用細柳梢微覆了。其繭只於當日却要蒸盡，如蒸不盡，來日必定蛾出。如此繅絲一月，一般繅快。釜湯内用鹽一兩、油半兩，所蒸繭不致乾了絲頭。如餾繭，多油鹽旋入。

明 陳繼儒纂輯，清 石巖增訂《陶朱公致富奇書》卷二《畜牧部》

養蠶

開簇時相兼而收，七日而蛾生，若有拳翅、秃眉、焦尾、赤肚、無毛及先出、末後生者，各揀出不用，止留同時出者，雌雄相配，自辰至亥方拆，厥氣乃全。生子既足，三日後，移蛾下連。至十八日後，清晨汲井水浴一次，浸去蛾之便溺毒氣。夏秋於通風處房内，連背相靠鈎，挂至十月内，捲收於無烟净屋内頓放。臘月八日，依法浴畢，用竿高挂于中庭，以受日精月華之氣，此擇種之法也。

明 宋應星《天工開物》卷上《乃服第二卷》

蠶種

凡蛹變蠶蛾，旬日破繭而出。雌雄均等，雌者伏而不動，雄者兩翅飛撲，遇雌卽交。交一日半日方解。解脱之後，雄者中枯而死，雌者卽時生卵，承藉卵生者，或紙或布，隨方所用。嘉湖用桑皮厚紙，來年尚可再用。一蛾計生卵二百餘粒，自然粘于紙上，粒粒匀鋪，天然無一堆積，蠶主收貯，以待來年。

明 潘游龍輯《康濟譜》卷一〇《農桑・種植》

夫育蠶之法，始於擇種收繭，繭種取簇之中向陽、明淨厚實者。蛾出第一日者名苗蛾，末後出者名末蛾，皆不可用。次日以後出者取之，鋪連於抱箔，雄雌相配至暮，拋去雄蛾，將母蛾於連上匀布，所生子環堆者，皆不用。生子數足，更就連上，令覆養三五日，掛時須蠶子向外，恐有風磨損其子。

清 楊屾《豳風廣義》卷二

擇種下子

養蠶之法，擇種爲先，如五穀然。倘繭種薄，則蛾多病，雖生子，來春養之，其蠶必病。若收種不得其法，生子不齊，來春養之，則眠起不齊，將來上簇必不齊，其爲患也大矣。惟在謹於謀始，如胎教然。開簇時，須擇簇中近上向陽堅實好繭，雌雄相間而收雄繭緊細尖小，雌繭圓漫厚大，摘出於通風凉房内淨箔上，一一單擺，不可堆聚，恐罨厭熏蒸，因熱而生，決無完好。其母病，則子亦病，理固然也。待七日之後，其蛾自生，若有拳翅、秃眉、焦脚、焦翅、焦尾、熏黄、赤肚、無毛、黑紋、黑身、黑頭，並先一日出者名苗蛾。末後生者名末蛾，俱揀出不用。在室一角空閒處，竪立柴草，將此揀出不用之蛾置於其上，不可令禽蟲傷食及人踐踏，俱爲不吉，至十八日後蛾自死擇淨地掘一坑，貯蛾其中，用原柴草蓋蔽，以土封之。蠶有功於人，理當如此。

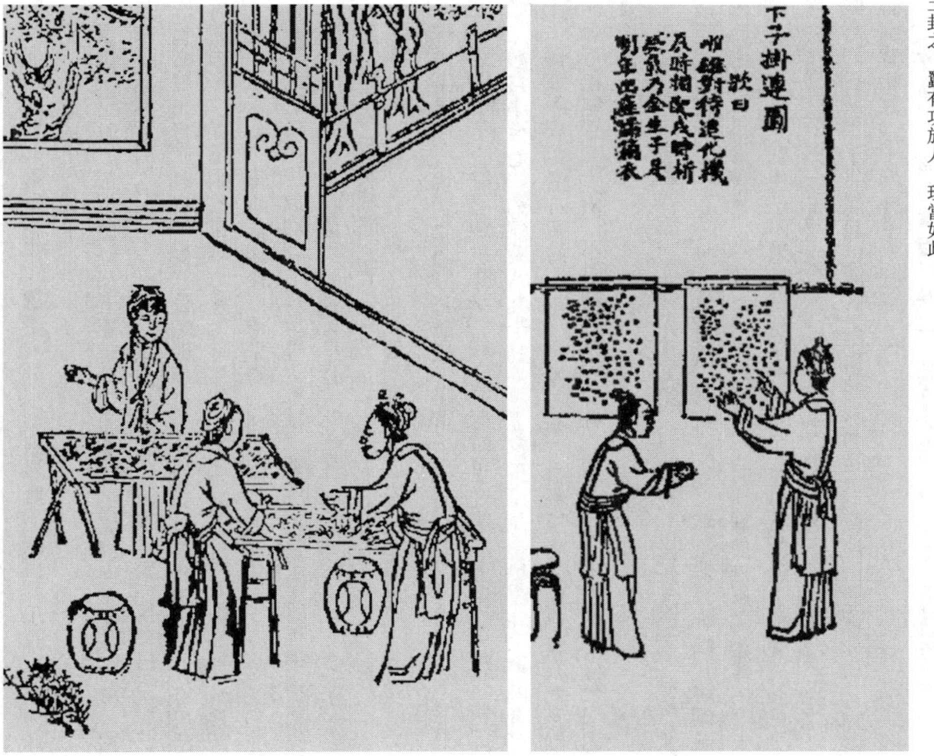

只用次日，并第三日，出的完全肥好蛾子。令雌雄相配，辰時至戌時方拆開當日亦宜提掇，去其便尿，厥氣乃全，生子氣足，款款摘去雄蛾放在揀出不用之蛾一處，將雌蛾勻稀，布於連上連須桑皮為上，構皮次之，不可用麻。連須用厚紙，若薄不耐浸洗。連取挂時二相連之義，將連鋪於無風涼房中，净蠶盤内，上再用盤覆之令暗，則生子不游散。生子數足，更令母蛾就連上覆養三五日，則氣完固，然後將母蛾摘去放在摘出不用蛾一處，待老死後，同埋之。每日所出之蛾，下子為一輩。不可將數日之蛾，混在一處下子。連上須記寫日子，來年養時，將同日所下之子，生蟻為一等養之，自然眠起皆齊。若將數日所下之子，混在一處，生蟻同養，則眠起必不齊，極為患害。蠶連懸挂於通風涼房內，忌烟薰日曬。掛時將繩子綳緊，兩背相靠，蠶子向外，勿致風磨損傷其子。

清 韓夢周《養蠶成法・春季養山蠶法》

收種

繭有雌雄：雄繭小而尖；雌繭大而平。將秋繭揀出，攤放在箄箔上，掛屋内一舉手高，不要被風燥着，以作春蠶種子。雌繭多備些，亦不可過多。

又 摘對

配蛾第二日申時，把雄蛾摘出，使兩指輕捻雌蛾腹，出溺，名爲把蛾。溺完仍放筐裏，懸掛屋中，自然下子。筐內要使紙糊，防備蛾子漏下。又要時時把筐動轉，怕蛾聚在向明處，以致下子不勻。子既下完，暫且掛在清涼屋內，因此時樹芽未發，如在暖處，怕出蠶太早，無葉喂養。

清 韓夢周《蠶桑實濟》卷四《育蠶急務》

擇種下子

養蠶之法，擇種爲先，如五穀然。倘繭種薄，則蛾多病，雖生子，來春養之，其蠶必病。若收種不得其法，生子不齊，來春養之，則眠起不齊，將來上簇必不齊，其爲患也大矣。開簇時，須擇簇中近上向陽、堅實好繭，雌雄相間而收雄繭緊細尖小，雌繭圓漫厚大，摘出於通風涼房內淨箔上，一一單擺，不可堆聚，恐罨厭薰蒸，因熱而生，決無完好。其母病，則子亦病，理固然也。待七日之後，其蛾自生，若有拳翅、禿眉、焦脚、焦翅、焦尾、薰黄、赤肚、無毛、黑紋、黑頭、黑身，並先一日出者名苗蛾，末後生者名末蛾，俱揀出不用。在室一角空間處竪立柴草，將此揀出不用之蛾置於其上，不可令禽蟲傷食，及人踐踏，俱爲不吉。至十八日後，蛾自死，擇淨地掘一坑，貯蛾其中，用原柴草蓋蔽，以土封之。蠶有功於人，理當如此也。只用次日並第三日出的、完全肥好蛾子，令雌雄相配，辰時至申時方拆開當日亦宜提掇，去其便尿，厥氣乃全，生子氣足，欵欵摘去雄蛾。放在揀出不用之蛾一處。將雌蛾勻稀布於連上連須桑皮紙爲上，構皮紙次之，不可用麻紙。連須用厚紙，若紙薄，不耐浸洗。連取掛時二紙相連之義，將連鋪於無風涼房中，淨蠶盤內，上再用盤覆之，令暗，則生子不遊散。生子數足，更令母蛾就連上覆，養三五日，則氣完固，然後將母蛾摘去放在摘出不用蛾一處，待老死後同埋之。每日所出之蛾下子爲一輩，不可將數日之蛾混在一處，下子連上，須記寫日期，來年養時，將同日所生之子生蟻爲一等養之，自然眠起皆齊。若將數日所下之子混在一處，生蟻同養，則眠起必不齊，極爲患害。蠶連懸掛通風涼房內，忌煙薰日曬。掛時將绳子綳緊，兩背相靠，蠶子向外，勿致風磨，損傷其子。

又 洒蠶種附與擇種下子條參看

蠶蛾未出时，都是蠶蛹，五更時分，脱去蠶蛹壳，向繭頭上吹氣，鑽出便爲蛾子。初朝名曰放標如一百個繭，不過先出五六隻，或十幾隻蛾子，第二日名曰旺朝，第三日必然出齊。每日清晨，公蛾卽尋母蛾成對，必俟對到申時，方可將公蛾拆開丟棄，提母蛾放在紙上須用綿連厚紙，先於做絲湯，内泡過三遍曬乾。然後提蛾子於上洒種，方不脱落，母蛾撤尿後，便做勢洒種，洒到黄昏時方止。第二、三朝洒種時，須將母蛾排放均勻，勿使種子堆積。卽用細竹竿子將種連掛在房内，以待臘月醃種，次年收蠶。白布鍋内泡過，亦可洒種。

又 卷六《蠶桑補遺》

蟻葉核計

擇繭下子時，雄雌蛾相配，每雌蛾一隻可下子三百，肥大者可下子三百餘。十雌蛾可下子三千餘，卽可收蟻一錢。百雌蛾可下子三萬餘，卽可收蟻一兩。每蟻一錢自小至老，約飼葉八九十觔近地稱葉之稱，皆二十兩爲一斤。善飼者可得絲十二兩，不善飼者亦可絲十兩。每蟻一兩，自小至老，約飼葉八九百觔，善飼者可得絲百二十兩，不善飼者亦可得絲百兩。以葉數多寡，定蟻數多寡，此要法也。

清 帥念祖《蠶政編》 只用第二第三日出者，以肥好蛾子，雌雄相配，自辰至戌方析開當日亦宜提掇，去其便尿，厥氣乃全，欵欵摘去雄蛾，將雌蛾勻稀布於連上連須用桑構皮厚紙，若紙薄，則不便浸洗，將連鋪於無風處蠶盤內，上以盤覆之，令暗，則生子不遊散。生子數足，更令母蛾就連上覆養三五日，然後摘去。每日所出之子爲一輩，不可將數日之蛾混一處下子，連上須記號日子。養時將同日所生子生蟻爲一等養之，自然眠起皆齊。蠶連掛通風凉房，忌烟薰，掛時兩背相靠，子向外。

（乾隆）《烏青镇志》卷二 其蛾之生也約半月交，五月節梅風吹之則生，取其同時者，擇而對焉。自辰而亥乃拆，厥氣乃全。其放子也，必覆而暗之，見光則其子游散。蛾之放子也，一夜而止，否則生蟻也不齊。其爲連，必桑皮之紙，或以布。母蛾之覆四五日，厥氣乃固，沃以絲之湯，則子不落，貫以桑皮、忌麻苧之線，懸于涼處，忌煙熏日炙。端午以蒲艾和井水浸少時焉，去其尿也。大約留種繭十觔，可得三眠之蠶四十觔。擇繭之尖細堅厚者，腰小者雄也，腰大者雌也，相兼而收。

清 郝懿行《寶訓》卷三《蠶桑》 《農桑要旨》：繭必雌雄相半，簇中在上者多雄，下者多雌。陳志宏云：雄繭尖細緊小，雌者圓慢厚大。《農桑輯要》出種法取簇中腰東南明净厚實繭蛾，第一日出者名苗蛾，不可用，屋中置柴草，上放不用蛾。次日以後出者可用。每一日所出為一等輩，各于連上寫記，下蛾時各為一等輩，不則將來成蠶、眠起不能齊。末後出者名末蛾，亦不可用。鋪連于槌箔上，雄雌相配，當日可提掇連三五次。去其尿也。至未時後，款摘去雄蛾，將母蛾于連上勻布。所生子如環成堆者，其蛾與子皆不用。其餘者生子數足，更當就連上令覆，養三五日。不覆養則氣不足。然後將母蛾亦置在雄蛾、苗蛾、末蛾處，十八日後埋之。《歲時廣記》浴連法凡浴蠶種了，小繩子搭挂。上元日浴畢，挂一七日，却收于清涼處，著一瓮盛，貴得清涼，令生遲也。臘日取蠶種，籠挂桑中，任霜露雨雪飄凍。至立春收，謂之天浴。蓋蠶蛾生子，有實有妄者，經寒凍後，不復狂生，唯實者生蠶，則强健有成也。

清 李拔《蠶桑説》《牧令書》卷一〇 又擇其繭之佳者為種。出蛾分雌雄，配對半日分開，承以綿紙，令下子，滿紙收貯，為來歲計。其出蛾遺繭，可裂綿綢，並無弃物。婦工女紅，以助男耕，心無外用，風俗可淳，豈不休哉。吾閔閩民之厚味利、窮生計而莫為之所也，作是説以導之。

清 朱斌《蠶桑指要・種》

留種

種為先天，旺與不旺，全在乎此，不可不慎也。落山時，逐一撿上層豎直單繭，方可留種。細腰緊硬者謂之石屑種，健旺而身小，易養而多絲，為第一，出蛾多雄。粗腰厚實者，謂之定官種，其蠶力足而身大，能食而繭厚，為第二，出蛾多雌。採繭二斤，可得種子十斤，兩種各收一筐，須要透涼，又不可重手抛擲。十日後當出蛾，出蛾有早晚，第一日不甚多，第二日最盛，第三日少減，三日之後為晏蛾，不足取矣。出蛾又有定候，子丑二時雄蛾先出，寅卯二時雌蛾繼出，辰時後即不出。雖亦用筭，至其日當出，必於子丑二時候之。將先出雄蛾提置一器，繼出雌蛾提置草紙上，勿失候不提，致令自對。自對者，謂之抱繭對，難定淺深，寧不用也，內有秃毛、焦尾、拳翅者棄之。出齊後，取端正好雄蛾同時提置草紙上，謂之捉對，記定時刻，以對滿三足時為不深不淺。淺則先天無力，芨退必多。透過三時為對深，深則先天毒甚，毛病百出，與其深也寧淺，此極大關係也。又開蛾，以小指撚雄蛾之尾，則自脱，扯則恐傷雌尾。開過雌蛾，俟其撒去毒溺，方移置布連上。布連者，預俻整幅大青布，洗浄晒乾。先於繅絲湯中連泡七次，聽用。大約小布一方，木尺為百寸，每寸置一蛾，生子可滿矣。故布連二尺，可生種子十斤。生子總在申酉二時，必須留心守視，若一叚巳滿，即移蛾空處以補之，務令匀足。又不可令有叠子，方易估數有准。其蛾一日生下者，謂之頭子，次曰再生，謂之瀝子，無力，不足用也。盖蠶之好醜，大半在對蛾之際，故慎不可疎略。

清　包世臣《齊民四術》卷一下　凡蛾出，其拳翅、秃眉、焦脚、焦尾、熏黃、赤肚、無毛、黑紋、黑身、黑頭者，皆不可用。凡蛾在連時，若遇天氣炎熱，于午未間，將連鋪涼房淨地上，至申仍上箔。十八日後，浴而平繫單挂之。亦有蛾在連時，即平繫單挂者，更透風涼，不停尿屎也。

凡繭雄者多在簇下，而尖細緊小；雌者多在簇下，而員慢厚大。摘出時疏布透風，涼房箔上。蛾出時，第一日出者名苗蛾，不可用。先於屋角置草，凡不可用蛾皆放其上。次日以後出者，每一日為一等，分清上連。末後出者名末蛾，亦不可用。以厚桑皮紙為連，鋪箔上，雄雌相配，當日提三五次，去其尿。過午後，摘去雄蛾放草上，疏布母蛾於連。其環生子成堆者，即摘其蛾，刮去子。其餘生子足者，仍令在連上伏養五日，然後將蛾母亦置草間。十八日後合埋淨地。

清　程岱葊《西吴蠶略》卷上

收種

大眠時，先提筐面，蠶別貯為種蠶矣。既老亦别置小山棚，繭成擇其尤堅好者，待生蛾，乃於密室懸整幅厚桑皮紙於繩，將蛾配對置紙上，約一時許，去雄留雌，待其生子，晝則避光，夜却留燈。俟子滿，將蛾祝而送之，種連藏陰涼處。

按，蠶有功於人，而留以生蛾者，祗千萬中之一二，餘皆不免湯鑊，良可惘也。《唐史》：于闐國無蠶，求婚鄰國女，置蠶帽絮中，始有種刻石，須蠶蛾盡，乃得治繭。秦少游《蠶書》：欲求于闐治絲法，以貸蠶死，然至今未有得者。考和闐即古于闐，久隸版圖，望仁人留意求之。

（道光）《遵義府志》卷一六《農桑·蠶事》　灑蠶種：蠶蛾未出時，都是蠶蛹。五更時分，脱去蠶蛹殼，向繭頭上吹氣，鉆出，便為蛾子。初朝名曰放標（如一百個繭，不過先出五六隻或十來隻蛾子），第二日名為旺朝，第三日必然出齊。每日清晨，公蛾即尋母蛾成對。連對提于紙（須用綿連厚紙先於做絲湯內泡過三遍，曬乾，然後提蛾子於上，灑種方不脱落。）必俟其對到晌午，方可將公蛾拆開、丢棄。母蛾撒尿後，便做勢灑種，灑到黄昏時方止。第二、三朝灑種時，須將母蛾排放均匀，勿使種子堆積。即用細竹竿子掛在房內，以待臘月醃種，次年收蠶。（白布，鍋內泡過，亦可灑種。以上《蠶桑寶要》）

蛾之生也（約半月，交五月節，梅風吹之則生），取其同時者擇而對焉，自辰而亥乃拆，厥氣乃全。其放子也，必覆而暗之；見光，則其子游散。蛾之放子也，一夜而止；否則生蟻也不齊。其為連，必桑皮紙，或以布。母蛾之覆，四五日，厥氣乃固。沃以絲之湯，則子不落。貫以桑皮，忌麻苧之線；懸於涼處，忌煙熏日炙。端午，以蒲、艾和井水浸少時焉，去其尿也。大約留種繭十斤，可得三眠之蠶四十斤。（擇繭之尖細堅厚者。腰小者雄也，腰大者雌也，相兼而收。）

清　高銓《蠶桑輯要》卷下

提蛾

俗云：十八日蛾頭轉，言蠶蛹化蛾之期也。然此正難預定，自采繭之日算起，大約至半月，當候出蛾。凡蛾之破繭，多在子丑寅三時，其性淫，出繭即交，須時時照暸。出一蛾即提一蛾，分雌雄各貯一器。（器內密竪草帚，使蛾群集帚上，不致鼓翅盤旋，游支無定。）不可任其自相配偶，任蛾自偶，則蛾出有先後，即交有遲早，不能齊壹矣。

清　周春溶《蠶桑寶要》第二説《育蠶事宜》（二十七條）

洒蠶種

蠶蛾未出時，都是蠶蛹。五更時分，蜕去蠶蛹壳，向繭頭上吹氣，鑽出，便為蛾子。初朝名曰放標（如一百個繭，不過先出五六雙，或十來雙蛾子），第二日名為旺朝，第三日必然出齊。每日清晨，公蛾即尋母蛾成對，連對提於紙上（須用綿連厚紙，先於做絲湯內，泡過三遍晒乾，然後提蛾子，於上洒種，方不脱落），必俟其對到晌午，方可將公蛾拆開丟葉。母蛾撒尿後，便做勢洒種，洒到黄昏時方止。第二、三朝洒種時，須將母蛾排放均勻，勿使種子堆積，即用細竹杆子，掛在房内，以待臘月醃種，次年收蠶。白布，鍋内泡過，亦可洒種。

清　陳開沚《裨農最要》卷三

養種

育蠶必先養種，養種尤須選蠶。二眠後或大眠後，擇蠶之整齊强壯者，日摘枝頭茂盛葉飼之，比衆蠶多喂一二頓。方吃完就要喂。更加小心愛護。俟老，在向陽處另搭一山，勻布其上。天寒以火烘之，則繭可速成而堅硬，出蛾肥美，生子圓滿氣旺。次年出蟻必盛。譬如孕婦强健，生子亦强健，孕婦衰弱，生子亦衰弱，以兒在母腹，先已受虧，縱使出落時哺養得宜，猶難望其肥壯，况哺養未得宜者乎？故養蠶之家，不可不先養種。

又　配蛾

蛾出既多，將雌雄兩筐之蛾放在一處，聽其自相配合先出者先配，後出者後配，一一提置空筐，緊閉門窗。勿令見風霧，觸油醋煎炒，穢惡諸臭氣。使人常視，有走脱者，提出另配，配又提入或以小杯覆之，則復配，俟滿四個時候，拆去雄蛾如卯時配，午時拆，辰時配，未時拆放草上。如未滿四個時候，則來年多不眠之蠶，其繭亦薄。已過四個時辰，則來年大眠後多節高而拖白水之蠶。

又　上連

蠶連以裱過厚皮紙為之，或用細洋布更好。俱宜用繅絲湯泡過泡過則柔軟，生子不脱落，且蛾聞香氣，喜生子，曬極乾，稱明分兩。平鋪箔内，四圍散灰為埂蛾見灰即止，便不出連外，俟母蛾撒尿後尿以粉紅及微黄為上，白色次之，黑色者不堪為種，揀去勿用，勻布連上。宜常檢點，有走聚者，立即提勻，以箔蓋好，使透風而不見日光暗則多生子，明則喜游散。若遇天氣炎熱太甚，巳午未時，將箔擡涼屋净地，至申擡架上。其生子環堆者，即摘提其蛾，刮去其子。生子既足，令在連覆養四五日，則氣更完固。然後將蛾置草上，俟十八日後，收雌雄蛾，並埋净土，免為鷄鴨所食。蠶有功於人，理當如此。一法：帖連墻壁，勻布母蛾於連，更透涼風，遺尿落地，不致污穢蠶連也。

清　方大湜《桑蠶提要》卷二《蠶事四十條**・春季**十五則**》**　對蛾　蛾出後，拾入筐内，雌雄配合眉細者爲雌，蛾眉粗者爲雄蛾，次日摘出雄蛾，另置一處，聽其自僵。甯羌則辰巳時對蛾，申酉時拆開，以四個時辰爲度，與家蠶配對法一樣。

又《留種七則**》**　對蛾　蛾出既多，將雌雄并在一處，聽其自相配合，俗名閂蛾，又名對蛾。雌雄之數須相當，若雌多雄少，雄多雌少，則留其餘，以待未出之蛾。既對之後，一一提置空筐，關閉門戶，以稻草簾圍之。勿令見風見風則易拆散，滿筐擾亂。亦有不見風而拆散者，謂之走對，走對者，將兩蛾捉置一處，以小杯覆之，則復對，勿令見霧，勿令觸臭穢氣，油醋煎熬氣。對滿四個時辰，即拆開雄蛾，另放一處，俗名拆對。如卯初對者，於午末拆之，辰初對者，於未末拆之。不可拆得太早拆對太早，則來年多不眠之蠶，亦不可拆得太遲拆對太遲，則來年大眠後多高節而拖白水之病。

（道光）《來安縣志》卷五《春季養山蠶法》

收種

繭有雌雄。雄繭小而尖，雌繭大而平。將秋繭揀出來，攤放在簟箔上，掛屋内，一舉手高，不要被風燥着，以作春蠶種子。雌繭多備些，亦不可過多。

又　溫種

冬月八九將盡時，把繭種穿成大串。穿時不要傷着蛹子，用杆子掛在暖屋裏，屋裏常要有火，繭種自然發暖。九九盡便陸續生蛾，切要防備雀鼠蟲蟻。

又　配蛾

每日晚上，將蠶蛾雌雄各一半，納入筐中，自然相交。筐蓋不可輕揭，輕揭蛾便拆開不交了。次早開筐看視，如有不交的，將雌雄合在一處，以津唾之，自然成對。如雄蛾少雌蛾多，清早將雌蛾筐揭了蓋，懸掛屋外，卽有雄蛾飛來覓配，名爲風蛾，蛾翅有鏡，名爲隔山照。

清　高其垣《試行蠶桑説・飼蠶法六十六條》　養蠶必先留種，留種之法：於蔟俗謂之蠶山之上半截，在下半截者少子。擇繭之堅硬潔白者雌雄各半尖而腰小者雄，圓而腰大者雌，去其外面浮絲，以線穿之着針宜淺宜靠邊，否則傷蛾，如念珠狀，懸之静室，勿使摇動摇動則受驚，雖變蛾而不能生子，俗謂之痴蛾，勿使靠牆靠柱避鼠也，越十數日則蛾出矣，蛾出時，急須辨其雌雄而分貯之。雄者腹小，雌者腹大。俟其出已多，將雌雄並置一處，亦須其數相當，若有多寡，留其餘，以待後出之蛾可也。聽其自相配合，俗謂之對。既對之後，又須另置一處，約過四個時辰卽分之。如子初成對者，於卯末分之，卯初成對者，於午末分之。不可分得太早，早則明年多不眠之蠶，亦不可分得太遲，遲則明年太眠後多高節而拖白水之蠶。以方爲貴。於米篩中，而勻置雌蛾於布上。四面用木界尺攔住，恐其生子於布外也。更以他物蓋好。不可使見日光。過半日，而蠶子滿布矣。鋪蠶布不拘新舊，

清 黃世本《蠶桑簡明輯說・養蠶說》

留種三條

一、養蠶必先留種。留種之法：於蠶山之上半截，在下半截者少子。擇繭之堅硬潔白者雌雄各半尖而腰小者雄，圓而腰大者雌，去其外面浮絲，以線穿之著針宜淺宜靠邊，否則恐傷蛾，如念珠狀，懸之靜室，勿使摇動摇動則受驚，雖变蛾，而不能生子，勿使靠牆靠柱避鼠也，越十數日則蛾出矣。蛾出時，急須辨其雌雄而分貯之雄者腹小，雌者腹大，俟其出已多，將雌雄并置一處亦須其數相當，若有多寡，留其餘，以待後出之蛾，聽其自相配合，俗謂之對。既對之後，又須另置一處，約過四個時辰則分之不可太早，早則明年多不眠之蠶，不可太遲，遲則明年大眠後多高節而拖白水之蠶，鋪蠶布以方為貴於米篩中，而勻置雌蛾於布上。四面用木界尺攔住，更以他物蓋好，不使見日光，過半日子布满矣。蛾之出，雖不問晝夜，而出於五更前後者尤多，須有人守候其旁，出即分貯之。否則蛾性極淫，雌雄相遇，即於繭上配合，而難定時之久暫矣。

一、蠶布既滿，擇室中潔净通暢處，不可靠墻柱，以竿懸之，收其濕。過六七日，而其色變黑子初下色黃，次轉青，次轉黑，轉黑後，則子中已成蠶矣，則用陳石灰研細，以絹篩篩在蠶布之上要篩得勻，以不露蠶子為度，隨即摺好，以小帶縛之，懸之静處，待隆冬時取下腌之。色已轉黑而不以石灰制之，則梅風一起，即破殼而出，不能留及來春矣。

一、留種之繭，大約每二十兩生子見方一尺，來春可哺小蠶一兩。然作種之繭，只宜多留，以備蛾出時剔選。若有拳翅、禿眉、焦尾、光背、赤肚、無毛，皆宜剔去。雌雄相對之時，宜關閉門牕，勿令見風，見風則易折散，謂之走對。若走對，可將兩蛾提置一處，以小杯覆之，則復對矣。

清 汪曰楨《湖蠶述》卷四《生蛾》

提蛾　俗云：『十八日蛾頭轉』，言蠶蛹化蛾之期也。《吳興蠶書》天暖旬餘即出，然極遲亦無過十八日者，故俗有蛾頭長、蛾頭短之語。董恂《樂府小序》蛾餂出繭口，金門黃色為上，銀門白色次之。《育蠶要旨》多在子、丑、寅三時，其性淫，出繭即交，須時時照瞭。《吳興蠶書》否則即于繭上配合，俗謂之抱繭對，而對之時刻不准矣。《廣蠶桑說》出一蛾即提一蛾，分雌雄，各貯一器。《吳興蠶書》腹小者雄，腹大者雌。《廣蠶桑說》器內密竪草帚，使蛾群集帚上，不致鼓翅盤旋，游走無定，不可任其自相配偶，任蛾自偶，則蛾出有先後，即交有遲早，不能齊壹矣。《吳興蠶書》

又　放對　蛾之出繭，天明即止，日初升，即提集雌雄各蛾，使之同時配偶，謂之放對。蛾須一一揀擇，凡拳翅、禿眉、焦尾、赤肚等，概棄不用。《吳興蠶書》如未對，即將雌雄捉成對。《育蠶要旨》須其數相當，設有多寡，留其餘，以待未出之蛾。既對之後，一一提置空筐，關閉門戶，勿令見風，見風則易拆散，滿筐擾亂矣。亦有不見風而拆散者，謂之走對。將兩蛾提置一處，以小杯覆之，則復對。《廣蠶桑說》

又　解對　蛾交須氣足，以六時為期。自辰至酉，其氣方足，其交亦鬆。即解去雄蛾，取雌蛾勻綴連紙上，每幅約三百五六十蛾，看疏密增減，連紙須緊厚。按，亦有用布者，蠶種紙出嵊縣者最佳，乃知沈氏《樂府》用剡藤字，非泛辭也。先以滚水泡過曬乾，生子方不脫落。《吳興蠶書》按《烏青文獻》云：『沃以繅絲之湯。』淺交不可，過交亦不可，如雌多雄少，雄蛾可復對，解開時須深黃昏方可。《育蠶要旨》

又　相種

蠶蛾布子，參錯不齊。村嫗以相種為業者，就種之斜整疏密，擬其形似，撰為致語，以占吉凶相，欺誑曾無中也。《胡府志》按，此風唯南鄉盛行。

清 吴烜《養蠶說》

作種之繭，攤置筐中，日數既足，其蛾自出。預將皮紙裱厚，或用洋布，繅絲鍋內浸過三次，曬乾待用。蛾出總在寅卯二時，若有拳翅、禿眉、焦尾、光背，赤肚、無毛，皆宜剔去，其完好之蛾，雌雄相配，俗謂之對。對時宜關閉門窗，勿令見風，見風則易，拆散謂之走對。可將兩蛾提置一處。以小盃覆之，則復對。須對滿四個時辰，方可分開，謂之拆對。如卯初對者，至未初拆之，辰初對者。至申初拆之。拆時不宜太早，早則明年多不眠之蠶，亦不宜太遲，遲則明年大眠後多高節而拖白水之蠶。故作種之繭，必須雌雄分貯，俟出齊後配之，方可定時之久速。若貯在一器，自相配合，則所對之時刻不準矣。雌雄若數不相當，留俟明晨出蛾再配。

清 沈秉成《蠶桑輯要・諸家雜說》

收種法

繭成過五日，揀簇頂上厚繭取下，撏去戎衣。雌雄各半，其尖細緊小者雄也，圓漫厚大者雌也。用扁將雌雄之繭各置一處，日數既足，其蛾自生。若有拳翅、禿眉、焦尾、熏黃、赤肚、無毛、及先出末後生者，皆去之，留完全好者，此誠胎教之最先也。其蛾生在寅卯時候，雌雄相配自辰至未，厥氣可全。至未時後，摘去雄蛾，將雌蛾驚拍去溲。要預先裱過厚皮紙，懸於板上，將蛾勻擺於紙上，聽其散子。申、酉、戌三時，子足有力，以後之子，力薄不用。將雌蛾取下，蠶連懸於風處，俟變色成胎，用淨水洗之，候乾。用熟石膏末摻上，捲好挂於高處，遇霉不致受濕，亦忌烟熏。交秋後，將石膏拍去，仍捲好，至臘八日，用桑葉隔夜煎水冷定，浸一時，以助元氣。候乾，仍包懸於高處。其無用之雌雄蛾，越五日後自死，窨於東南方，以助生氣，以免禽蟲傷食。

清 沈練《廣蠶桑説・飼蠶法六十六條》

對蛾收種説三條

候其出已多，將雌雄併在一處須其數相當，設有多寡，留其餘，以待未出之蛾，聽其自相配合，俗謂之對。既對之後，一一提置空筐，關閉門戶。勿令見風，見風則易拆散，滿筐擾亂矣。亦有不見風而拆散者，謂之走對。走對者，將兩蛾提置一處，以小盃覆之，則復對。對滿四個時辰，即分之，謂之拆對如子初對者，於卯末拆之，卯初對者，於午末拆之。不宜拆得太早，早則來年多不眠之蠶，亦不宜拆得太遲，遲則來年大眠後多高節而拖白水之蠶。蛾之出於五更前後者多，四更時便須有人守候其旁俗謂之看蛾。出即分儲之，否則蛾性極淫，雌雄相遇，即於繭上配合俗謂之拖繭對，而所對之時刻不準矣。

清 沈練，仲學輅輯補《廣蠶桑説輯補》卷下《飼蠶法六十六條》

對蛾收種説三條

蛾出時，揀去拳翅、禿眉、焦尾、赤肚諸病蛾，而取其無病者，判雌雄腹小者雄，腹大者雌，分儲之所儲之器，先以稻草心鋪其內，使蛾有立脚處，乃不致鼓翅盤旋，空耗氣力，候其出已多，將雌雄併在一處須其數相當，設有多寡，留其餘以待未出之蛾，聽其自相配合，俗謂之對。既對之後，一一提置空筐，關閉門戶。勿令見風，見風則易拆散，滿筐擾亂矣。亦有不見風而拆散者，謂之走對。走對者，將兩蛾提置一處，以小杯覆之，則復對。對滿四個時辰，即分之，謂之拆對如子初對者，於卯末拆之，卯初對者，於午末拆之。不宜拆得太早，早則來年多不眠之蠶，亦不宜拆得太遲，遲則來年大眠後多高節而拖白水之蠶。

蛾之出於五更前後者多，四更時便須有人守候其旁俗謂之看蛾，出即分儲之，否則蛾性極淫，雌雄相遇，即於繭上配合俗謂之拖繭對，而所對之時刻不准矣。

按，對蛾時，如遇風和日朗，生子必佳。最忌大風大霧、臭穢氣、油醋煎熬氣，須圍護如前。

清 吴詒善《蠶桑驗要・蠶篇》

取同時出者，雌雄相配湖人謂之放對，滿四個時辰分開出蛾多在五更，如卯時放對，未時拆對，勿使不足，勿使過度，其氣乃全。將雌者放布上，聽其遺子，切宜避風、避光、避臭穢爲要。

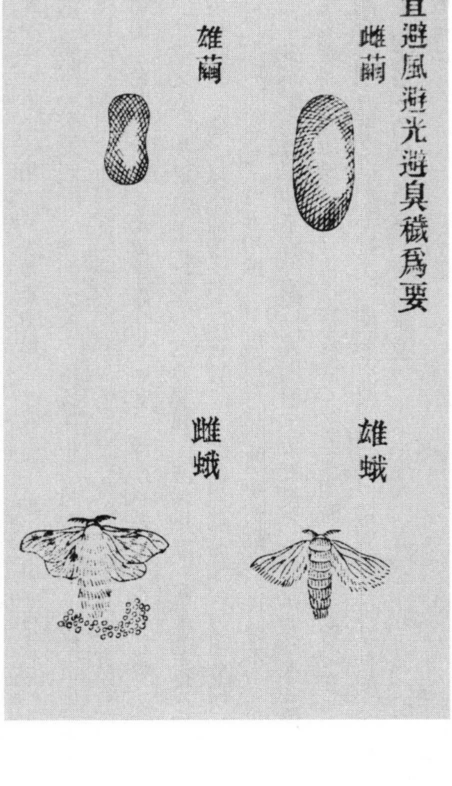

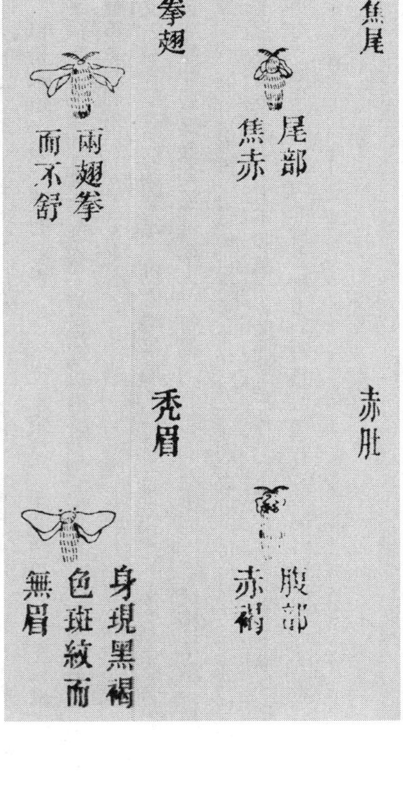

又 浴種收藏第二

遺子十八日後，清晨汲井水浴一次，浸去蛾之便溺毒氣，將布懸通暢無烟室内，以去濕氣。

清 鄭文同《蠶桑輯要・育蠶十二則》 繭式有長有圓，大抵腰束而微凹者，雄蛾也；長圓類棗者，雌蛾也。蛾出繭時，大概在晨五點鐘至八點鐘，雌雄各置一處。出齊後，聽其自配，四個時辰即拆開，將雄蛾另置一處，俟雌蛾撒屎後，捉置布上，頃刻生子。子初生色黄，不久即轉灰色，或青白、粉紅、深緑、青蓮諸色。若未經雄蛾交媾者，其黄色不變，不能出蠶。

清 俞墉纂輯《蠶桑述要》

留種

蛾生多在五更及黎明時，屆時須人守護之湖諺謂之抱蛾。種繭用徑三尺營造尺竹篇，糊以竹紙，將繭密排平鋪。俟出蛾時，另用二篇，一置雄蛾，一置雌蛾。隨出隨揀，分開兩篇，否則卽自相配合，留種參差無定時矣。雌者蛾大，雄者蛾小。蠶蛾出後約半時之久，擇雌雄相敵者，爲之配對，另置一篇上，再以篇覆之，防蜂螫雀啣。經兩時之久，卽爲拆開，雄者置之甕內，次日埋之，不能再配。雌者俟其放出黄尿之後，卽移上蠶簾，約半時之久，卽放子矣。蛾放子時，須時時相之，恐其堆生及於簾外。平放謂之蠶種紙，懸放謂之蠶簾。用漂白砑光洋布，或用厚紙雙層裱好，然粘合緊密，布不如紙。

清 何品玉輯刊《蠶桑會粹》

布子浴春法春即蛋也，龍南人呼蛋曰春，近粵亦粵語也

出蛾多屬寅卯時，揀取雌雄潔白翼長者，放其配對。禿眉焦尾拳翼、赤肚無毛，概行不要。配時自辰至未，其氣乃全。至未時後，摘去雄蛾，將雌蛾驚拍去溲。秤準六兩，然後捉下蠶床，勻攤紙上散子，此時恐風，蠶床宜用木板蓋住，外加布被包裹，過夜生春滿紙。黎明浴春，滚水一半，涼水一半，攪勻容手為度。試定後，將蠶床斜向，用小木杓倒水，淋二次，水色方勻。刻即揭起春紙，在廳上晾搭竹竿上，紙背宜向外，須晾一日夜之久，以受日精月華之氣。來日收拾室內，仍晾通風處，不可閉氣，切忌日曬。

又 蓄蠶花法

養蠶之要，以蓄蠶花為先大。造蠶在頭季留種三月間，輪月蠶在四季留種七月間。擇其春色青者為歸春，可留白春不可，其春紙晾燥，懸於風處。輪月種約臘月内廿邊出蟻，大造種約來春正月出蟻。當蟻將出之時，春色轉成翠緑，急宜將春紙包好，佩帶身邊，逐日看之。如一日出蟻甚少，仍包好，未食葉，餓二三日不妨四五日不可。如蟻出有四五成，下葉起開另飼，其餘改日再計。彼時天氣甚寒，蠶之眠起，或六七日、或十餘日不等，約五六十日始能成熟。上山四日成蛹，遲至十四日出蛾。輪月蛾宜取頭兩朝先出者為上，大造蛾即取二三朝後出者為佳。雌雄配對，須一日夜之久，其氣乃全。生春二日，方能生盡，與六造留種迥然不同。此造蠶花胎教之始，尤宜擇温暖地方飼之。蠶房切勿用火烘，如用火，所出之蠶春謂之火種，不用火，謂之冷到，最好冷到種傳下造，造容易養成，不致有差錯之虞。

清 何石安、魏默深《蠶桑合編》

收種法

其蛾生在寅卯時候，雌雄相配，自辰至未，厥氣乃全。至未時後，摘去雄蛾，將雌蛾驚拍去溲。要預先裱過厚皮紙懸於板上，將蛾勻擺於紙上，聽其散子。未、申、酉三時，子足有力，以後之子力薄不用。將雌蛾取下，蠶連懸於風處，俟變色成胎，用淨水洗之候乾，用石灰摻上捲好，挂於高處，遇霉不致受溼，亦忌煙燻。交秋將灰去之，至臘八日，用桑葉煎水候冷，稍浸一刻，以助元氣。候乾，仍包懸於高處。其無用之雌雄蛾，養五日後，窖於東南方，以助生氣，以免禽蟲傷食。從來蠶桑諸書類多，繁其節目，紛其器具，使人望而憚難。良由著書之人非即種桑養蠶之人，故言之不能親切而簡易。此書則事悉躬親，語皆心得，故無支詞、無晦語，便俗宜民，戸曉家諭，莫善于此。惟有養蠶無繅絲，于法未備，今補于後。

清 江毓昌《桑蠶説・養蠶説》 留種 出蛾多在五更，四更就要看守名叫看蛾。第一天出的叫苗蛾，若當天出的太多，只把先出的不要。最後出的叫末蛾，都不要放在間屋柴草上，只要第二天出的出蛾的繭叫蛾，泡在水内做綿，把雄的放在一盤，雌的放在一盤盤内先鋪稻草心，蛾便不旋，見有拳翅、禿眉、赤肚、焦尾、焦脚、焦翅、黑紋、黑身、黑頭的都是病蛾，捉出放在閒屋草上。候蛾出多了，專選無病的，把雄雌按對放在一盤盤内鋪紙，聽他自配名叫對蛾。關閉門戸，不要見風見霧，更不要見一切油烟氣味不論甚麼氣味都不可見，等對足四個時候若未到四個時候，自己拆開，名叫走對。把兩蛾捉在一處，用酒杯蓋住，依然復對。把雄蛾拆開名叫拆對，如卯初對，必要午末拆，辰初對，必要未末拆。太早太晚，明年都易生病，放在柴草上，單留母蛾在盤，候撒過尿尿色粉紅及微黄爲上，白色畧次，黑色的，捉出不要，把做好的蠶連用結實皮紙裱厚，放繅絲湯内泡過，晒乾聽用，或用乾淨布。不論新舊都可，只要正方，

不可斜在盤内或板上鋪平，四面用木界尺攔住或把連縣在板墻上亦可，把母蛾放在連上，要疏密合宜疏有空缺，密有堆子，把盤架空蓋好，要透風，不見日光。又要時刻看，有疏密不勻的，要移密補疏，本連蛾不足，用別的蛾補亦可定要當天補，隔日補的，將來出蟻不齊。儘三個時辰，連上子滿以後生的子便無力，把母蛾取去，在連背記明日期同日生的放在一起，候母蛾在別處把子生完，依舊放在連上，等他覆養五天，再把母蛾捉放草上，過了十八天，在東南方浄土上挖坑，把各樣蛾一併掩埋。把連用竿掛在浄室通風處，到六七天，子變黑色，用羅篩篩陳石灰在子上把子蓋住，不要太厚，隨卽摺好，用小帶縛住蠶怕麻，莫用麻繩，掛在浄室高處莫近溼氣，莫靠墻，莫見香臭氣及烟子，莫被風磨損。若連上撒有蛾尿，十八天後天氣晴明日出時，用新水把連泡一頓飯時，取出懸掛，三伏天照様再泡一回連上無尿，不必泡。到臘月十二日，把連取下稱準。若本來是鹹種，每連一兩用鹽二錢，和水研細，勻鋪連上，再用手沃温水徧澆水不可太熱，手要輕，不可沖落了子，約半個時，候舌舐紙上無鹹味爲度名曰浴種，把連放在篩内，安屋簷上晒露三晝夜見雪不妨，收回掛在高處。若本來是淡種，不用鹽，每連一兩用石灰三錢，化膿汁勻鋪連上，照様澆水晒露。

清　馬丕瑶《蠶桑簡易法・養蠶法》　蓄種　用篇盛兩處，約六七日蛾出。若有拳翅、禿眉、焦尾、薰黄、赤肚、無毛及先出末後生者，皆去之。留完全好者，雌雄數相等，多者不用。蛾每生於寅卯時，置一篇内，雌雄相配，自辰至未，厥氣乃全。未刻後，摘去雄蛾，將雌蛾驚拍去溲。要預先裱過厚皮紙，懸貼板上，將雌蛾勻擺紙上，聽其散子。申酉戌三時，子足有力，以後之子，力薄不用。亥時將蛾取下，懸蠶連卽散子之紙於透風處，其雌雄蛾越五日自死。窖於東南方，以助生氣，且免禽蟲傷食。

又《養野蠶法》　養蠶小陽旬後，揀野繭之重實有蛹者，以竹簍盛之。立春日，攤繭筐内，嚴閉門窗，燒柴火令室常暖。至春分前五日，共四旬，晝夜不可間斷，天寒加火，天暖減火，四十日則蛾出。辰巳時，令雌雄相配，申時摘去雄蛾，微以手捏去其溺。編有蓋大筐，徑三尺，深一尺，將雌蛾百餘放筐内以，蓋合定，令其下子。

又《養野蠶法》曲絲綢

一、每年按驚蟄前四十五日約在臘月中旬，將所存下子之繭放在籠中籠用紙鋪，挂到屋内。窗戶必須塞實，不要走風，用火微薰到驚蟄，方能出蛾下子。

一、每蛾一對約下子二百個。

一、將所下的蠶子按清明前十日約在二月下旬仍用火薰，趕清明卽要出蠶。此次薰時，火功要定，火大則蠶出太早，無葉可食，火小則蠶出或遲，而葉過老，不宜飼小蠶。

一、蠶出，卽放到樹上，初出，一樹可放蠶數千條。至初眠後，一樹可放蠶數百條。二眠後，一樹可放蠶數十條。至三眠後將成時，一樹只放得二三十條。一樹喫完，另移一樹，移徧，如不足，用可移到二次出葉樹上。

一、蠶放樹上，必須人看，不怕風雨，惟防鳥吃。至將成候，尤須日夜守看，恐狼狐等蟲喫，大約一人能照看二千條蠶，多則照看不過。

一、自初出至成，計得四十五日，約在四月末旬，方能成繭。

以上養春蠶法

一、四月底摘繭後，將所存下子之繭，仍須四十五日約在六月中旬方能出蛾，此時不用火薰。蛾出配對，早配夕摘，將母蛾卽放到樹上，下子十日，卽能出蠶，看養仍如前法，仍須四十五日約至八月中旬方能成繭。摘繭後，仍將次年下子之繭留下，餘俱取絲。

此養秋蠶法

一、春蠶須食新葉，秋蠶卽食老葉。

清　曾鉌《蠶桑備要・附三原桑園蠶婦養蠶簡易法》　蛾下子於暗處避風處，將蠶連紙鋪棉套子上。辰時將雌雄蛾放連上，用蠶盤蓋住，外遮以紙，或卽用紙蓋四邊，用筷子壓住。俟午後申酉間，將雄蛾摘棄，將蠶連提兩角一抖，以去屎尿。仍放棉套子上，用蠶盤或紙遮蓋，俟一連下子滿，將活雌蛾再揀放他連，將子滿之連取出晾乾。

清　曾鉌《蠶桑備要・蠶桑備要補編》　擇種法　大眠起後，擇蠶之肥健、食葉兼倍者，另置一器，每日飼以正條大桑葉。老則另簇上之，温以微火，使速成繭。摘繭分雌雄，各放一筐，單排之，置透風靜室。勿搖動，勿靠牆靠柱。蛾出，再揀去拳皺、禿眉等病蛾，而取其無病者，判雌雄，分儲之。候蛾出多，始併在一處，聽其自相配合，四個時辰後拆開。將雄蛾取過，鋪蠶布於筐中，而勻置雌蛾於布上，不疏不密。四面用木界尺攔住，更以他物架空蓋好，使透風而不見日光。過半日，而蠶子布滿矣。此法尤善。

清　陳雪堂《蠶桑簡法·養蠶撮要》

製種

約距上山十八九日，蛾即發生。按，蛾發生之初，必有一二頭苗蛾先出，是晚，可將毛紙剪縫覆於繭上，翌日蛾出。大凡蛾出之時，上午四五時至九十時。穿上紙面，即提放空籩中。第提時，宜取其形狀完全、舉動活潑、片蛾已成對者，妥放他籩。未成對者，總置一處，即以籩蓋上，以免蛾粉飛散室內。再俟一二點鍾後，又將成對者提出，其未成對者，仍置如前，不久自當成對。至配對時間，約經七八小時，受精已足，即用食指先在雌蛾尾部輕輕捺之，則雌雄分離。雄蛾隨即棄片，雌蛾置於籩內，輕輕簸動，令其放溺。然後置於有號碼此號碼準對蛾袋號碼之連紙上，預覆鉛內，令其產卵。約七八小時知下午一二時折對，至八九時殺蛾是也即可。殺蛾法：將蛾袋以紙粘成三角形，中空如袋者。號碼對準連紙號碼，順次將蛾收拾袋中，以備他日檢查病毒。但裝袋之時，務須十分注意，否則一蛾錯誤，全連不準矣。

清　陳淳《實驗蠶桑簡要法》篇上《附種椿及養椿蠶法》　飼蠶之法，每年可飼二次。春季自三月杪，至四月間，天氣已暖，椿葉漸生，將去年所藏留種之生繭，無論多寡，用線穿掛房中向陽稍暖處，再用濕水噴潤繭中之蛹，旋即出蛾。其腹較大者為雌蛾，挑出以線輕穿蛾腰，繫於去皮之稭把上，取雄蛾來把上配偶。歷四小時許，即將雄蛾摘開，勿令再犯，遂生蠶子於稭把上，十數日即出小蠶。但四月間，天氣燠寒，尚有不齊，俟小蠶將出時，以椿葉覆蓋，見蠶出食葉，隨時更換新葉，再折帶葉椿樹小枝，插入瓶罐甕等內，注水或溼土，令葉不乾枯。蠶附葉自食，稍長便可移到樹上。自食自眠，自即樹上結繭，至六月間成繭摘下，此為春繭。除取絲不計外，仍留生繭若干，穿繫房中，令出蛾生子，照前處理，此時天氣甚暖，一出小蠶，即可移至樹上，九月成繭，此為秋繭。收藏至明年四月間，再令出蛾生子，復為春蠶。如欲蠶子速出，以溫水多噴潤數次，置之暖處，則出蠶可速數日也。

清　陳恢吾《農學纂要》卷四

育蠶

蠶忙不過四十日，而可抵農田一歲所入之數。近歲外人收買蠶繭，繭成即可易銀，不待繅絲，而其利已厚。近繅絲廠處，可賣繭。

中國之蠶，仍宜沿舊法養。惟今日之蠶，多患瘟病。選驗蠶種，宜參用西法，以六百倍顯微鏡驗之。

又，對蛾宜求他處蛾配之。

清　陳啟沅《蠶桑譜》卷一

論放蛾泡水要法

蠶原由卵生，然其生卵之初，則必變蛾，而後生卵，俗人謂之生蟞。蛾有優劣之分，觀其翅，長大生猛精神者為上等，其翅短細攣縮者為劣種，俗名之曰胎生翼。出蛾之日，喜天暖，宜西風。其交媾曰對蛾，仍以對蛾之有力無力，驗下造之好醜。對蛾略有定時，對蛾足，其放蟞便足。天稍涼則對四個時辰，天炎熱則對三時。練種之時，天氣更寒，以六時方足。倘對不足慮，有隱蟞之患。每蛾一隻，得蟞約三百六十餘粒，想物性亦與天數暗合。其蛾之細少者，均係三百二三而已，最後所生之蟞，在三二十粒者，俗名謂之推肚蟞，雖最好蛾，亦嫌其弱。大共總計，每蛾只得三百一二十而已。自落格放蟞時凡放蟞者，必有木格為之限制，故曰落格，至蟞盡之候，仍有定式，何以遇造之不同者，亦皆天氣之冷暖不同故耳。計頭造自出蛾日，至來朝天將明而盡，若二三四五造，至半夜二点鐘而盡。六造則夜四打鐘而盡，惟練種之蛾，必要曰半有餘而後盡。總之，視天氣之寒暖，定泡水之早遲可也。泡水各法詳解於後。即放蛾，亦各造皆不同其法詳後，况頭造有大蠶連蠶之分，練種房舍黑暗，所生之蟞，自然而出，倘房舍光，亦要泡水方出。練種成蟞後，約半月而出蛾，天略寒延至二十日出蛾亦有。若天時不就，過二十日外，其蟲則僵而不出矣。故成熟之繭，亦當放在乾暖之處為佳，生蟞後約十二三日而出仔，是為頭造。頭造大蠶成熟俱係繅絲之用，問有留回作種者，每家不過一千幾百蛾而已。連蠶則耑飼為放蛾，以作二造之種。凡頭造蠶，皆家常，自練戚友有知，其飼得好，聞風而來定取，名曰號帋。若二造三四五六造，皆歸舖家買賣，其名曰蠶蟞舖。何以家常不自飼之，蓋泡水之法難，而買種亦難也。因看蠶有無受症，方可作種，倘其種受了各症，下造則不佳矣。故有蠶師之稱買種，則遇造皆同，而泡水則視天時寒熱為定。歷來泡水之法，俱用滾水一半，和冷水一半，較勻冲在蠶蟞帋面，順流而過者二次，然後吊於當風處，候其帋爽透六時之久，而色漸變自黃色、而變微紅，來朝則變為蝦肉紅，三朝則變為墨水烏，五朝其烏色之外有白微粉，俗名曰上粉，六朝其殼裏有黑子一點，此蠶仔初成之頭也，俗名曰點嘴。七朝則變為全烏，八朝則頻頻俱出矣。若泡水不得法，滾水多則蘙死，冷水多蠶亦不出，名曰水生。或天雨淋漓，又或遇大東風，又或無風曀熱，則其水帋透濕至六個時辰，而尚不乾者，亦卽變為水生，內中有出有不出者，卽是參差不齊，將來斷未有全數成熟者。或無結繭、或成繭而稍薄無比，此變症之所由生也。各症若何詳解於養蠶篇。所謂陰陽和而萬物生，雖用滾冷水各半，仍視天氣之寒熱，用水之多少始能有準也。故必要分某造而定水色，假如是夜寅時初，寒暑針在六十五度，較水則一百一十三四度之熱，是為合法。試水尺形與寒暑針大同小異，香港、上海俱有零沽發賣。若寒暑針在七十度，較水則用一百二十二度，若在七十五度，較水則用一百二十四度，如在八十度，較水則用一百二十六度，如在八十五度，較水則用一百二十八度，如在九十度，較水則用一百二十九度可也。較水既有定式，仍視有無風雨，變通為之。倘在丑初泡水，則用湅半度，若在卯初泡水，轉用熱半度。蓋因泡水早，其蘙殼嫩，泡水晏，其蘙殼老。若過午時始泡水，則其蘙殼太老，便不出矣。泡水之時，將水冲在帋面，必要四角中心所沾之水多少如一，苟或冲水不勻，或生或死，變症多端，勞而無功耳。業斯道者，可不細哉。泡水故為緊要之法，卽對蛾落格，亦當知。時對蛾足蠶身壯，而蛾又無隱蘙之弊，天氣和平，自天亮而對至兩点鐘便足，天氣涼，對久些。但觀其蛾𧈢十隻內有一二隻身變鞠躬，卽是對足而思放蘙時候。用帋格亦有定式，若用福帋全張，可落蛾半斤，宁可使其疏不可令其太密，倘太密，生蘙至三四層，泡水之時在底者水氣不足，便有生死之虞。各法所用度數雖未得謂之盡善，但譜其意，再加考訂，便可精益求精云。

清 關維震《養蠶法》第十一章《製種·配對》 留置雄蛾 雌蛾多雄蛾少時，可將拆開雄蛾，擇其仍活潑強健者，另易雌蛾再交。強健雄蛾一蛾可交配三次，於受精蠶卵之發生無甚關係，惟再多則不宜。雄蛾并可延至次日，宜靜置青葉上，放於稍暗低温之處，使之靜止，不可令鼓翅疲勞。

（光緒）《歸安縣志》卷一一《輿地略十一·蠶桑》 生蛾 蠶之種不一，所出之地亦不一。丹杵種出南潯、太湖諸處，白皮種、三眠種、泥種出千金、新市諸處，餘杭亦出白皮及石小罐種。有以賣種為業者，其利浮於賣絲。當出蛾之後，鄉人向各處預購，謂之定種。每幅紙小者，直錢千文，大者千四五百文。亦有購取諸種，向各村鎮鬻賣者，謂之蘭路種，其價頗賤，但鬻種之家，惟利是圖，恒以不中為絲之繭，生之未有別留種蠶者。夫蠶之淂失，雖由飼養所致，然亦必須種好，方不易受病。故育蠶者，當自留種蠶生子，不可苟且買種也。《吳興蠶書》

清 林志恂《蠶桑淺要·養蠶淺要》 雖係同日上山之蠶，其出蛾終不免有遲早。第一日出者曰苗蛾每簏不過數頭，末一日出者曰末蛾，皆不可生子。第二三日出蛾最多，若天冷出蛾遲，則第四日出者亦可用。

清 盧爕宸《粵中蠶桑芻言·養蠶事宜條例》

對蛾脫蛾法

蛾之為物，先孕而後交，其出必在清晨。除其拳翼而色黃黑者不要，以潔白翼長好粉者為上。彼能雌雄自對，每至辰巳時，看其身乾，將已對者捉歸一處，其未對者另捉置一處。俟其對齊，統歸一窩。倘公多則棄之，母多則訪鄰家所出之公多者，借來配對。或將已對之公脫出，再與未經對過之母蛾湊對，俱要放於靜密之所。直至申刻，脫去公蛾，留母蛾在窩，即將窩邊擊動，使其撒尿，隨將母蛾秤准，放置蘙格內。格底墊以長江紙，每格約放净母蛾七兩沠勻，上用薄板或蠶窩布被等蓋之，使其暗地生蘙成幅，明早浴水也。凡對蛾，遇炎天，午後雌雄必起拱，因媾時已足也。速宜脫開，放於格內，任其生蘙。若天涼，則候多一個時之久纔脫為妥。蠶紙格用杉木製造，四方樣，其寬長照紙式。四圍高約八九分，內抹以漆精。臨用時，仍以生油薄抹之，使其滑濕，則蛾不能擒上也。如欲製造與賣蠶紙家借一個為式樣，便了然矣。

又 蛾之交尾，多在夜間，其視覺極弱。他蛾之雌雄相引也以音聲，蠶蛾則無發音，聽音之器，其不能以音聲相引明矣。然雌蛾能誘同種之雄蛾，雄蛾能索同種之雌蛾。如彼野蠶，夜間籠雌蛾置屋外，則雄蛾自來與之交尾，相引之理，果安在耶！反覆攷之，而知其以香氣相引也。

清 饒敦秩輯《蠶桑簡要録·養蠶法則》 自採繭之日，十二晝夜，蛾頭必出，三日必要出齊。須用綿連厚紙，先於做絲湯內泡過晒乾，然後提蛾子於上，洒種方不脫落。公蛾母蛾清晨成對起，俟到晌午，必對足四個時辰，方可將公蛾拆開丟棄。母蛾撒尿後，便排勻洒種。勿使種子堆積，以待腊月醃種，次年收蠶。

又 夏蠶

春蠶之後，另有夏蠶。春蠶謂之頭蠶，夏蠶謂之二蠶。二蠶卽原蠶，蠶盛妨馬，《周禮》有禁，南方無馬，亦無所妨。哺養之法與春蠶不同，必須連哺兩次。第一次取其生子，第二次方可繅絲。故春蠶哺在清明以後，此則轉在清明以前。用子少許，加意暖哺，數日即出，是謂頭二蠶。迨春蠶再生，二蠶過半，春蠶上山，二蠶生子，春蠶繅絲，二蠶再哺。須俟春蠶食過之後，桑葉有無存餘，有餘即將二蠶子於春繭繅絲時，搭在近鍋架上，以受熱氣，數日即出。葉若無餘，必待再發芒種後，二葉復盛，一哺即出，謂之育蠶。養育之法與春蠶無異。惟飼葉起底格外要勤，更忌天熱，屋宇必須清潔涼爽，不可逼近厨竈。蠶宜寬鬆，不可擁擠。所謂春蠶宜暖，夏蠶宜涼。更須用三脚架，將蠶筐層層架起，用夏布作帳，週圍遮護，以避蚊蠅。料理得宜速，則十七八日，遲則二十一二日，即可上山。天涼三日采繭，天熱兩日可采，隨即繅絲。是時出蛾極速，天涼七日，天熱五日，必須繅完。大約有繭百觔，須車兩架，少則不及。其烘蒸晒悶之法，亦必至將出時不得已而用之，緣時近小暑，蛹死易爛，爛即有黑水映出，不能繅絲。故烘晒之後，三日必須繅完，不可稍緩。其繭之厚薄，絲之良惡，比之春蠶，爲較遜耳。至留種之法，亦與春蠶不同，只須揀堅厚平頭之繭四五十個，聽其出蛾生子，空懸高爽之處，待來年春蠶之前，先行哺養，小滿生子，芒種再哺。

清 饒敦秩《蠶桑質説》卷下《蠶説十三則》 取先上把、極堅硬、極厚實之繭子，公母各一半公繭形長，母繭形圓，擺置乾浄箋簸內，俟過七日，蠶蛾自出。如蛾身不全、蛾翅有摺、或週身灰色、通身黃色、半身黑色、或有黑點、或無眉毛，以及出太早、出太遲，皆為病蛾，切不可用，用必擇其完健無以上諸病者。以堅韌厚紙一張，用稱稱過，筆記分兩數目於紙背，然後提蛾紙上，聽其公母自配，一對一張。配時須用盆子輕輕覆住，俟配足四時，將公蛾分開，待母蛾下蛋。大抵母蛾一頭，下蛋不滿五六百顆者，為病種，蛋顆粘紙不緊、不圓不飽滿、頂上無窩、或有窩而偏、或稀密不勻、或顏色不正、或重疊堆積，皆係病種，都不可留。

清 盛宣懷輯《蠶桑備要》 生蛾 蠶之種不一，所出之地亦不一。丹杵種出南潯、太湖諸處，白皮種、三眠種、泥種出千金、新市諸處，餘杭亦出白皮及石小罐種。有以賣種為業者，其利浮於賣絲。當出蛾之後，鄉人向各處預購，謂之定種。每幅紙小者，直錢千文，大者千四五百文。亦有購取諸種，向各村鎮鬻賣者，謂之蘭路種，其價頗賤，但鬻種之家惟利是圖，恒以不中為絲之繭，生之未有別留種蠶者。夫蠶之得失，雖由飼養所致，然亦必須種好，方不易受病。故育蠶者，當自留種蠶生子，不可苟且買種也。 一、擇種蠶留種之要，在先擇蠶種，蠶無病，子方無病。大眠後，當擇取整齊彊健之蠶，日以葻頭葉飼之葻，胡貢切，枝頂最茂處也，葻頭力旺，蠶食之，其力始旺，必頻頻飼之，勿令稍餓。一切蘩換之務，更宜勤慎。老則另棚上之，溫以微火，俾速成繭。一云不可用火，凡繭之尖細緊小者雄，圓慢厚大者雌。采時對半，兼收拗盡，繭繞置於通風涼房內，浄筐中，一一單排，不宜重疊堆積，致傷鬱蒸。勿搖動，搖動則受驚蛾，不能生子，俗謂之癡蛾。勿靠牆靠柱，防鼠也。若前此未及擇蠶，則於簇之上半截，在下半截者，少子。擇繭之堅硬潔白者留之。每繭二斤半，生子可滿一幅紙，紙大者，湏繭三斤。大約留種繭十斤，可得三眠之蠶四十斤。 一、提蛾俗云：『十八日蛾頭轉』，言蠶蛹化蛾之期也。天暝旬餘即出，然極遲，亦無遇十八日者，蛾餂出繭口，金門為上，黃色。銀門次之。白色。多在子、丑、寅三時。其性淫出繭即交，湏時時照瞭，否則即於繭上配合，俗謂之抱繭對，而對之時刻不準矣。出一蛾，即提一蛾，分雌雄，各貯一器。腹小者雄，腹大者雌。器內密竪草帚，使蛾羣集帚上，不致鼓翅盤旋，游走無定，不可任其自相配偶。任蛾配偶，則蛾出有先後，即交有遲早，不能齊壹。 一、放對蛾之出繭，天明即止。日初升，即提集雌雄各蛾，使之同時配偶，謂之放對。蛾湏一一提擇，凡拳翅、禿眉、焦尾、赤肚等，概棄不用。如未對，即將雌雄作成對，湏其數相當。設有多寡，留其餘，以待未出之蛾。既對之後，一一提置空筐，關閉門戶，勿令見風。見風則易拆散，滿筐擾亂矣。亦有不見風而拆散者，謂之走對，將蛾提置一處，以小盃覆之，則復對。 一、解對蛾交湏氣足，以六時爲期，自辰至酉，其氣方足，其交亦鬆。即解去雄蛾，取雌蛾勻綴連紙上，每幅約三百五六十蛾。看疏密增減，連紙須緊厚。亦有用布者，蠶種紙出嵊縣者最佳。先以滚水泡過曬乾，生子方不脫落。汏以繅絲之湯。淺交不可，過交亦不可，如雌多雄少，雄蛾可復對，解開時須深黃昏方可。

清 劉清藜補輯《蠶桑備要》第四篇《養蠶程式》

附三原桑園蠶婦義蠶簡易法

蛾下子於暗處、避風處，將蠶連紙鋪棉套子上。辰時將雌雄蛾放連上，用蠶盤蓋住，外遮以紙。或即用紙蓋四邊，用筷子壓住。俟午後申酉間，將雄蛾摘棄，將蠶連提兩角一抖，以去屎尿，仍放棉套子上，用蠶盤或紙遮蓋。俟一連下子滿，將活雌蛾再揀放他連，將子滿之連取出晾乾，薄灑木炭灰於連上，即不出二蠶，過伏將灰抖去。

清 衛杰《蠶桑萃編》卷三《蠶政·留子類》

對蛾

蛾出既多，將雌雄并在一處，任自配合，俗云對蛾。既對之後，一一提置空筐，關閉門戶，以稻草簾圍之，勿令見風，見風則易拆散，滿筐擾亂。亦有不見風而拆散者，為走對。將兩蛾提置一處，以小盆覆之，則復對矣。勿令見霧，觸臭穢氣，并忌觸油醋煎熬氣。對滿四個時辰即拆開，雄蛾另放一處，俗云拆對。如卯初對者，於午末拆之；辰初對者，於未末拆之。拆對早遲，不可太過。早拆則來年多不眠之蠶，遲拆則來年大眠後多高節而拖白水之病。

清 吴鴻望校，袁俊德輯《蠶政萃編·留子類》

揀蛾

一日出者曰苗蛾，最後出者曰末蛾，皆不可作種，惟二日以後出者可用。并有拳翅、秃眉、赤肚、焦腳、焦翅、焦尾、黑紋、黑身、黑頭諸病者，仍不可作種，須揀出，置屋內柴草上。細擇無病者，分別雌雄，以兩器儲之。先以稻草心鋪器內，使蛾有立腳處，不至鼓翅盤旋，空耗氣力。但蛾出於五更前後者居多，五更前後，蠶蛹脱殼，向繭頭上吹氣，鑽孔而出。四更時須有人看守，俗云看蛾，即將雌雄分儲，勿稍遲延。

清 吴宗周、陳幹材、徐謙山《蠶桑白話·養蠶白話》

製種的大利

凡製種的利，比做絲還大幾倍，你們要得大益，必須把種子收養得好，纔能成功。我們中國養蠶，不懂製種的道理，胡亂把壞種也養，因此害了大家虧本。我今把製種的法告訴你們。

第一，選繭。我們養蠶家，若要留明年的好種，必須選那山頂上最好的繭採下來，待他變蛾配合生子出來，方好預備明年再養。繭的顏色，或黄，或白，都是清清楚楚，大小也是一樣，繭殻堅厚，這種就是好繭，可預備製種了。更有那爛繭、薄繭、歪形繭、扁形繭、同宫繭、厚薄不匀的繭，這些繭斷不可選他做種的，因這種繭已經有毛病，生子也一定有毛病的了。

第二，安繭。繭種選好以後，還要安放得好。收拾一間空房子，裏頭要十分乾淨。把這繭一顆一顆，匀放在籃上，又將這籃擱在架上。倘或天氣太悶，還要開門通通清氣，總要使他發生順適暢快方好，這是頂要緊的。自採下繭來，過了十四五天，蠶蛾都要出來了。將出繭前一兩天，一定有幾頭蛾先出世，這先出世的蛾，一定是虚弱的，請你把他丢開，不要給他配對。等到出蛾那一天早晨，五點鐘的時候，那時蛾出得頂多，預先把籃上鋪一張剪碎的紙，蛾一出世，即由碎處鑽到紙上。一則蛾尿不至污在籃上，二則捉蛾之時更覺便當。

第三，配種。到了八點鐘的時候，五點鐘所出的蛾，一對一對配好，移在空籃上。這一對蛾與那一對蛾，相離不過一寸多點，要小心招呼他。恐怕那邊雄蛾，往往高興起來，把雙翼動過不住，動的利害，連這邊蛾都被他攪動，那雌蛾就不能十分受精了。倘見雄蛾已經離開雌蛾，便趕緊把他仍就對好。大約兩蛾配合，有六七點鐘光景，就可以順手把他兩個分開，好叫雌蛾生子了。

第四，蛾袋種紙要先預備好，每張種紙畫上二十八個圈，每個圈旁邊編一個碼子，把這雌蛾一頭置在圈內，再用鉛做的圈把他圈住，不要他走在別的圈裏去，蛾自然在這個圈内生子。大約一蛾可生四百或四百五十子，生八九點鐘，差不多都生完了。把預先做好的蛾袋，寬約一寸半，長約二寸，袋嘴穿一條線，袋面編與種子一樣的號碼，把這紙上第一號圈裏的蛾，就放引一號紙袋裏面，照着號碼把蛾都放在袋裏，將火把他烘乾了，把這紙袋放在乾燥地方，這些蠶子待過了四五天，那顏色都變灰色了，然後一張一張挂起來，要挂在通風地方，常常巡着，恐怕别的虫去吃他。

第五，驗種。蠶莫出世，如何曉得他好歹呢。現有個新法，用顯微鏡把他驗出來，把以前紙袋内的蛾拿出來，將他撕做兩半，把他下半身放在磁碟子裏，放一點清水，用磁椎子把他研得粉碎，再將這水滴一滴在玻璃片上，用顯微鏡照着。倘見一顆一顆圓圓的，便是好蛾，莫有毒。這頭蛾是在第一號紙袋裏，就曉得那種子上第一號的蠶子，是無毒的，可印無毒記號。倘見玻璃片有一顆一顆像鴨蛋那樣子的，這頭蛾就是有毒的，就照前對明種子的號碼，打個的毒的記號，一頭一頭都驗好了，將種紙上所印有毒記號的種子另外剪下來，把火燒了，免留壞種害養蠶的虧本。

清 羊復禮《蠶桑摘要·養蠶十五則》 凡蠶在繭名蛹，八日後破繭而出，名蛾。其腹大而翼小者爲母蛾，不走動；腹小而翼大者爲公蛾，常作飛象。取置蠶箕內，雌雄相交，以寅、卯、辰三時爲宜。交後用手脱去雄蛾，留雌者在箕內，片時卽出蛾溺。以秤約之，重三兩可生子滿一幅。若留種爲隔年用，則蛾須交久，約過半日爲度，其子始可留至明春。

清 楊鞏《中外農學合編》卷一一《蠶類・飼育》

留種

取體軀完全者儲之，其蛾出之時多在五更前後此時蛹正脫皮，向繭頭吐液，鑽孔而出，四更時須人在旁留心看守，俗名看蛾。蛾既出，即將雌雄分儲，切勿稍遲遲則雌雄相遇，即於繭上配合，致令配對之時刻便不能准，俗名抱繭對。俟其蛾出既多，將雌雄併在一處，聽其自相配合，俗名鬬蛾，又名對蛾雌雄之數須相當，若雌多雄少，雄多雌少，則留其餘以待未出之蛾。既對之後，一一提置空筐，關閉門户，以稻草簾圍之。勿令見風見風則易拆散，滿筐擾亂。亦有不見風拆散者，謂之走對，走對者，將兩蛾提置一處，以小杯覆之，則復對矣，勿令見霧，勿令觸臭穢氣，油醋煎熬氣。對滿四個時辰，即拆開雄蛾，另放一處，俗名拆對如卯初對者，於午末拆之，辰初對者，於未末拆之。不可拆得太早太遲，太早則來年多不眠之蠶，且不久易出蟻，太遲則來年多病。

又 養法分春秋二季，飼養山蠶皆採用貴州遵義府之法他省養山蠶法亦大略相同

春季 秋蠶結繭在白露後，欲留佳種，必先擇繭。繭有好醜，持繭輕捻，堅硬重實者，好繭也。持繭輕搖圓轉活潑者，亦好繭也。蛹有公母，形圓者爲母，蛹形尖者爲公蛹。公母之數，務必相當，庶將來蛾出，不至雌少雄多，雄少雌多。雌多雄少尚可用，已經配過之公蛾，再行配對。若雌少雄多，便不能多收蠶子。十月半間，再揀選一次，然後以竹簍盛之。次年立春日，紙糊密室，將繭簍置於中央，用青棡木柴燒火，微烘之。不用雜木柴，以青棡氣味與蠶相宜也。自立春至春分前五日，凡四旬，須晝夜無間，且須漸次添火。春分前後，覺蛹微動，即用綫穿繭成串，穿綫時不可傷蛹。搭竿上，仍以火烘之，火在當中，繭竿在四圍。蛾乃穿繭而出。烘時火不可太大，火太大則蠶受熱毒，必有斑爛之患。亦不可太小。火太小則暖氣不足，必有空肚之病。火之大小，以天氣之寒暖為准。天寒則加火，天暖則減火。天氣之寒暖，以人身之涼熱為准。身涼則加火，身熱則減火。山東諸城縣，陝西寧羌州，河南魯山縣、鄧州等處，烘繭均用雜木柴。蛾出後拾入筐內，雌雄配合。眉細者為雌，蛾眉粗者為雄蛾。次日摘去雄蛾，另置一處，聽其自僵。寧羌則辰巳時對蛾，申酉時拆開，以四個時辰為度，與家蠶配合法一樣。拆開雄蛾之後，以手微捻雌蛾，去其溺。否則不生子。置筐中，微火暖之。子即出後，仍留雌蛾在筐內，覆養一二日，謂之伏子。十月盛繭於簍，立春後以火烘繭，春分後蛾乃出而生子。遵義諸城，寧羌、鄧州等處皆然，惟魯山不同。秋蠶結繭後，如天氣暖和，蛹變為蛾。蛾出即盛之以簍，令生子於簍中。俟蠶子生滿，將蛾提出，將簍藏於高暖避風處。如秋寒不能出蛾，甚至冬臘月間蛾尚不出，即以繭簍挂蛾房內，用火烘之，蛾便出而生子，以待四川貴州人販運，因彼處山蠶種一二年後卽不發旺，故必到此處販運也。每蠶種一簍以平價計之，可值銀三四兩。

清 楊蔚本《養蠶說》《皇朝蓄艾文編》卷二〇

擇種 養蠶之法，擇種爲先。取繭之居簇上者，光堅細小者雄，圓慢厚大者雌，相間收之，置於溫燥處，守以貓。七日蛾出，其拳翅、禿眉、焦尾、赤肚、先出、後出者，皆去之。留同時出者，相配至晚。摘去雄蛾，將母蛾均布連上。其生子咸堆者，不用，其餘生子數足，卽於連上合覆。養三五日，移蛾下連，掛之通風涼屋內。掛時蠶子向外。蠶連厚紙爲上，於十八日後，將母蛾及雄蛾掘坑埋之，勿爲蟲蛾所食。

清 葉向榮《農林蠶說・養蠶法》

留完全好蛾雌雄相配，約三四時之久，厥氣可全。末後摘去雄蛾，將雌蛾驚拍去溲。要預先用裱過厚皮紙，或洋布，均畫以寸大方格，攤於箔內。將雌蛾放於紙上方格內，以竹管或鉛圈罩之，聽其散子。申酉戌三時，子足有力，以後之子，力薄不用。將雌蛾取下，蠶連懸於風處，俟變色成胎。用淨水洗之，俟乾，見其子不成圈、或堆疊及顏色不佳者，此是有病之子，即刮而去之。再用石膏末或石灰摻上捲好，挂於高處，遇霉不致受溼。秋後將膏灰拍去，仍捲好。臘月八日，或十二日蠶生日，用冬桑葉煎水，攤涼，浸一時，以助元氣，仍陰乾包好，有雪壓之更佳。

清 豫山《蠶桑輯要合編・養蠶》

收種法

用扁將雌雄之繭，各置一處，日數既足，其蛾自生。若有拳翅、禿眉、焦尾、薰黃、赤肚、無毛，及先出、末後生者，皆去之，留完全好者，此誠胎教之最先也。其蛾生在寅卯時候，雌雄相配，自辰至未，厥氣乃全。至未時後，摘去雄蛾，將雌蛾驚拍去溲，要預先裱過厚皮紙先於做絲湯內，泡過三遍曬乾，懸於板上，將蛾勻擺於紙上，聽其散子。未、申、酉三時，子足有力，以後之子，力薄不用，將雌蛾取下。蠶連懸於風處，俟變色成胎，用淨水洗，候乾，用熟石膏末、摻上捲好，掛高處，遇霉不致受溼。亦忌煙燻。交秋將石膏拍去。臘八日，用桑葉煎水，候冷，稍浸一刻，以助元氣。候乾，仍包懸於高處，

其無用之雌、雄蛾，養五日後，窖於東南方，以助生氣，以免禽蟲傷食。

又《集文》

附養蠶事宜五條

至春分前後，覺蛹稍動，用線穿繭成串，搭於四圍竿上。仍以火烘，量其地之寒燠，寒則微火，緩爲出蛾，燠則甚火，急爲出蛾。隨拾入筐，雌雄配合，眉麤者雄，眉細者雌。次日摘取雄蛾另貯，數日自僵。止提雌蛾，微以手捏去溺，否則不卵。置筐中，微火暖之，始能生子在筐。猶不斷火，或借陽光，旬餘蠶出，大如鍼。以青棡嫩葉置筐内外，其蠶自上枝葉，即將枝上蠶置樹上，先食嫩葉五六日，初眠不食葉。二三日脱去黑殼，色分青黄。又五六日二眠，繼三眠四眠後，食葉旬日，噤口退膘，吐絲成繭。閲三日漿固，連葉摘下，去葉繅絲。如不即抽絲，越十餘日，遂變蛹出蛾，不堪抽絲。如留備抽絲，以火燻之，即不成蛹。每遇蠶眠時，不可翦移，俟起眠後葉盡，用利翦連枝翦移他樹。蠶一入山，須人看禦禽鳥。其蠶筐以黄荊嫩條爲之用，蓋其餘竹木所爲，則不能粘子，次年定須新製。

於端午節前後，收入春繭時，將繭穿串晾于竿上，不使罨壞，旬餘成蛹出蛾。拾入篋簍，雌雄配對，次日午後，只將母蛾去溺，以四寸長線，兩頭各繫一蛾，搭于青棡樹上。

清 豫山《蠶桑輯要略編・養蠶法》

收種

蛾生在寅卯時候，雌雄相配，自辰至未，厥氣可全。至未時後，摘去雄蛾，將雌蛾驚拍去溲。要預先裱過厚皮紙，懸於板上，將蛾匀擺於紙上，聽其散子，申酉戌三時，子足有力，以後之子，力薄不用。將雌蛾取下，蠶連懸於風處，俟變色成胎，用浄水洗之，候乾。用熟石膏末糁上捲好，挂於高處，遇霉不致受濕，亦忌烟熏。交秋後，將石膏拍去，仍捲好。至臘八日，用桑葉隔夜煎水冷定，浸一時，以助元氣，候乾，仍包懸於高處。

清 張行孚《蠶事要略》

生蠶種

凡出蠶種之法，將蠶如法育竣，待作繭後，將繭摘下，匀布箔中，置之蠶房，繭上須時加桑葉，數日後既出蛾凡蛾翼飛動，而色潔白者，良，可用。若蛾翼塌倒，而色不潔白者，不良，去之可也，將蛾別捉一箔中，待其雄雌交接。交接既已，於極暗無風之房内，案上鋪極厚桑皮紙，將雌蛾捉在紙上雄蛾無用，凡一紙須十餘蛾，生種之時，須時刻照顧。如紙上已有種處，將蛾捉開，令其到無種處再生，免致蠶種堆積。一日後生訖，將雌雄一并埋之，毋為鳥雀啄食。《輯要》謂：種堆積者不可用，此非蛾之不良，乃照料不周也。

清 張文藝《養蠶秘訣》

一選種　揀繭須雌雄各半，否則雌多雄多，必多丢棄。用繭種草粘上，挂在當風透亮處，至十三四五日出蛾。出蛾日務必早起，雄蛾在三更已出，一見亮光即動，易損翅毛。早起須在五更時，一人執火，一人捉之，置新糊紙簃中。蛾之腹小而善動者為雄，腹大而不動者為雌。又有一種，油光滿身，名油蛾，开翅足不全者，貼去不用。將雌雄兩種安置一處，待其交構已牢，另為提開置空簃中。簃須另糊新紙，每三眠簃只可放七十對，每二眠簃只可放四十對，務必稀疏匀整，切忌挨擠。須用人看守，其交而復脱者，隨時配對。約計五個時，為之折開。早對早拆，晚對晚折。將雌者置舊布上，蠶子布宜用舊布，不宜新布，不宜過大，以尺方為度。每蛾一只，約離兩指許，為生子地步。已經生滿，將生叠子者為捉置布之空處。布須攤平簃中，或須貼着壁上，其蹲不牢而跌下者，必無力之蛾，生子必不佳，可貼去。再有生子側而不平，或堆叠不分者，亦無用，可隨手☒去，蛾亦丢去。布之空缺處，須補滿之。出蛾約計三朝，第一朝為報蛾，第二朝為最多，至三朝而完。一朝有一朝之蛾，凡隔宿之蛾與交過之蛾，切不可用，其無對偶者，皆貼去不用。倘少雄蛾，與人交换，其種在一家養出者，可以配對，其在兩家養出者，不可配對。

清 趙敬如《蠶桑説・收種法》

繭成五日後摘下，攤於蠶箔，用綫穿挂，胖大而薄者雌繭也，緊小而厚者雄繭也。須分開穿掛，十四日出蛾，雄蛾先出，子丑時為多。雌蛾後出，寅卯時為多。須終夜看守，每出一蛾，即行捉下。雄雌分器，器底墊以稻草，使蛾有着脚。俟天曉，見拳翅、秃眉、焦尾、熏黄、赤肚、無毛諸蛾，皆去之。取好色之蛾，雌雄相配，自辰至未，厥氣可全，交申刻摘去雄蛾。預備洗净洋布成方，以竿懸掛，免蛾尿污布，將雌蛾匀擺布上，聽其下子。自晚炊至二鼓，子足有力，以後力薄不用。將雌蛾取下，蠶布懸於風處，俟變色成胎，用水洗净待乾，以預儲熟石膏粉糁上，捲好掛於有風無日處，遇霉不致受濕。明年清明取用。其無用之雌雄蛾，數日自死，埋之。

又《生種剥綿共八則》 蛾出繭後，放對四個時辰，卽拆開，去雄留雌。將蛾捉上紙布，令其生子，每一尺見方，約計蛾壹百六十隻，可以生滿。生子齊後，治法詳前。再蠶蛾生種，切勿使聞臭穢氣。

清 蔣斧《粵東飼八蠶法・蠶篇》 出蛾多在寅卯時輪月蛾宜取頭兩朝先出者，大造蛾宜取二三朝後出者，剔去禿眉、焦尾、拳翼、赤肚、無毛諸劣蛾，取雌雄潔白翼長者，令其相對，自辰至未，其氣乃全，或曰：須對一日夜，其氣乃全。摘去雄蛾，將雌蛾驚拍去溲，秤準六兩。然後捉下蠶床，匀布紙上，上蓋木板，外加布被，以禦風寒，越宿卽生春滿紙矣春，卽子也，粵人呼蛋爲春，故蠶蛋亦曰春。春色青者謂之歸春，可留，白春不可留。

清 陳淳《製種法》第五章《蠶種之組成》《蠶業叢書》第十二編

蠶蛾發情之徵候及交尾

精子由睪丸内原精細胞形成，卵子由卵巢内原卵細胞所成，前節已述矣。而此生成多數之精子卵子，至化蛾時，始行成熟，此成熟期卽發情之時也。故羽化之後，雄蛾卽淫淫曲尾，頻振其翅，雌蛾則腹部垂垂而受交尾。其發情期之速者，因彼生命之短促故也。凡百生物，當發情期，每變其舉動，卽生眷戀性，生殖器血液既充，其筋肉亦運動頻繁。在高等動物，則外陰部肥大而帶赤色，且粘液之分泌增進，每漏洩於生殖器外。如蠶蛾者，雄則由副腺，雌則由粘液腺，行粘液之分泌者也。

蠶蛾之將交尾也，雌蛾屢伸出其產卵器卽尾部，或名發香器，放出一種香氣，以誘雄蛾。彼雄蛾一聞此氣，必慕而接近之。於是雄蛾突出陰莖，由雌蛾交尾門而插入之，同時以尾端附屬器之交尾鈎，引掛於雌蛾尾端之キチン板，而不使脱離。其交尾至充分完滿時，雌蛾膨大灣曲其腹部，因而雌雄分離，遂終交尾。至受精之情形，當蠶蛾之交尾時，雄蛾之精子，雖先入於貯精囊，後經輸卵管而侵入於卵管内。其侵入卵管内之精子，雖不卽入卵門，亦能許久生存，故其進入之精子，割愛後亦有受胎之作用。

又 蠶蛾產卵之情形

蠶蛾之產卵，於交尾終時，先放排泄物，而後經一定時間，始行生產。產卵之情形，亦如高等動物。因卵巢被膜與腹部筋肉之收縮，卵卽因之向輸卵管，共粘液腺分泌之粘液而排出。所以產出之卵，卽能附着適宜之位而不脱落者，是因其卵已受粘液包被之故也。

蠶蛾卵巢中受精之卵，其數雖多，然其產時通常不能全數產出，必有七分之一留存於内，其他夏秋蠶蛾殘留之數，更比春蠶爲多。此因存於卵巢末端之卵子，其發育往往有不完全，或受精有不充足之故。且其產法，亦非終始無間，大約全數五分之四產下後，則須中止一時許，復於黄昏時候續產之，至前後產生之步合，約五與一之比例。惟中止前所產之卵，與中止後所產之卵，其强弱大有不同。中止以前產生者，形狀端正而健全。中止以後產生者，不惟形狀不端，且受精亦不能完足，而受病寄生之卵，亦獨多。故製種家欲得健全之蠶種，法不可使其產盡，卽使盡產，亦不可將中止後之卵子，混入於中止前之卵中也。

又 護繭

保護種繭卽留種之繭，當保護眠蠶然。蓋蠶兒當營繭已畢，由幼蟲而化蛹，由蛹而化蛾，各須脱皮一次，且當化蛾期中，内部器管均須改變，而時期又極加長，較之眠蠶脱皮一次，又須三四十少時者，更爲困厄。是以處理種繭，自選擇功竣，卽宜收繭，整齊排列，安置匾中，擺放於少振動之處，使空氣流通，寒暖不侵，乾濕適宜，是爲至要。不然，蛹體亦既疲勞，蛾體就難活潑。甚至有拳翅、禿眉及生長不完全之蛾，出乎其間，製種者其愼之。

清 陳淳《製種法》第八章《蠶種之製造法》《蠶業叢書》第十二編

割愛

交尾時間，通常以六七點鐘爲限如午前七八時配對，至午後一二時拆之。然又宜量當日之溫度如何，以定時間之長短。卽溫高宜令稍短，溫低宜令稍長也。若其受精已足，欲行割愛，當注意雌蛾陰部，不可少有損傷。因蛾相交時，雄蛾臀部，有兩個キチン質之鈎，鉗住雌蛾臀部中之キチン板，故平拆之，甚難脱開，是必先將一指，於雌蛾腹部輕輕捺之，則兩蛾卽易解散，而雌蛾之陰部，亦不致有扣傷也。至於既拆之後，雄蛾可隨手棄去，有時雄少雌多，欲行再交。可擇其活潑者，令其復對。務使雌蛾有所棲息，不致鼓翅勞神，俟後來或遇雄少雌多，卽可與之配合。雌蛾則置於粗紙之上，輕輕簸動，其放溺完畢，然後可置於蠶連上，使之產卵可也。

又 產卵

蠶蛾之產卵，其性最喜清涼。若溫度過高，往往產生甚形慢緩。又其產生時，并非一直連續而不間斷。大抵一蛾之卵數，雖因種類不同而分多寡多則七八百粒，少則四五百粒，而平均計之，約在六百餘粒。如下午二時拆對，至五六時間，亦產生四百餘粒。而暫休息，及至九十時間，再產其餘，惟後產之卵，往往不及於前產者，所以殺蛾時刻，必在後卵未產之前。若待其盡行產出，恐不免有虛弱及病毒之卵相混也。今更說製種之各法於下。

清 黃轂《蠶體解剖論》第四章《蠶卵解剖論》《蠶業叢書》第三編

第五節 單性生殖

蠶既營兩性生殖，故必經受精之現象，卵子方能成熟。然亦有不受雄精，其雌蛾產卵亦能發生者，是雖偶然而出，亦係單性生殖。某氏實驗五萬八千粒未受精之卵，僅二十九粒發達完全。又日本外山農學士實驗，一蛾不受精之卵僅一二粒發育，其他產後不變色，表面凹陷愈深，呈三角形，內容乾涸，終至變成黃褐。其胚子發達，與受精者無異。惟漿液膜不生色素，而胚子遂收縮乾涸耳。

清 黃轂《蠶體生理論》第一章《生殖機論》《蠶業叢書》第六編 蠶蛾交尾之初，雄蛾必行射精之作用，其精子先入貯精囊，經輸卵管而侵入卵管之內。其交尾之時間，不似高等動物之短少，任其自然放棄者，必經過七八時後，方能分離。有多少實業家謂不宜任其自然，須在一時以後，以人力爲之割愛者。然時間過短，分泌粘液頗少，受精作用未完，總以四五時後爲宜。

又 當雄蛾欠少之時，有行二次交尾者，須擇活潑强壯之雄蛾，將第一次交尾時間縮短，勿使疲勞。雖爲强勉而行之，覺其不注意者，亦署好也。異種兩性之物，雖不能相交受胎，若以相近相似之種屬配合之，亦有能成孕者。蠶雖種類各別，要皆同一蠶蛾屬，不過爲變種，或亞變種耳。無論如何配合，皆能受胎。惟遺傳之性，雌性最重，故謂普通生物皆有最古血統遺傳之性，而形質多似之。

又 第九章《運動機論》《蠶業叢書》第六編 結繭之中，因掛絲成繭，故運動其繁。化蛹以後，則不運動矣。化蛾以後，在蠶之三態中爲最盛之運動，特於雄蛾交尾時尤甚。

清 佚名《蠶桑録要·養蠶法》 對蛾 蛾出時，捉去拳翅、禿眉、焦尾、赤肚諸病蛾，取無病者，併雌雄在一處，聽其配合俗謂之對。既對後，輕輕提置空筐，關閉門戶，勿令見風走散。若不見風，而仍走散者，須將兩蛾提在一處，覆以小杯，則復對。對滿四箇時辰，方可拆對。子初對者，卯初拆，卯初對者，午初拆。不可太早，不可太遲。蛾性極淫，雌雄相遇，即於繭上交合，宜于四更守候，蛾出即分之，庶交合之時刻不至過度，不至不及。

藝文

清 鄂爾泰《授時通考》卷五三《勸課門·本朝重農》

織第十四 蠶哦

聖祖仁皇帝御製：蛾兒布子如金粟，水際分飛任所之。莫令繭絲遺利盡，來年留作授衣資。

世宗憲皇帝御製：鄰始通往來，暫時解忙促。出繭影翩翩，翅光膩粉沃。秧苗已抽青，桑葉再見緑。送蛾須水邊，流傳笑農俗。

皇帝御製恭和聖祖仁皇帝原韻：蠶蛾絲净方生子，送向溪頭任所之。更願明春歸舍早，今年已是去年資。

清 程岱葊《西吴蠶略》卷上 《樂府》曰：刿藤一幅潔且光，農家亦復勤收藏。引蛾著紙密生子，紛紜瑣碎何可量。眼看粒粒細於粟，咫尺應知千萬屬。莫言此貨稱易得，即使豐年勝珠玉。蛾兒生子旋棄捐，翾飛更引群兒顛。盆中盛水語喧闐，繞盆共祝轉團團。阿蛾去了來明年，拍手一哄水盆翻。

清 沈炳震《蠶桑樂府·生蛾》 大眠已過蠶鋪地，揀取種蠶貯筐笥。蠕儘教食葉不復斬，珍重特與他蠶異。果然作繭大且厚，白雪作團净無垢。蠕已知蛹欲化，栩栩又見蛾出口。雌雄對對自成雙，長身窈窕疏眉龐。霏霏翅粉點明缸，孕含但見軀膖肛。細觀物理三歎息，同是春蠶何抉擇。可憐薄命鼎鑊烹，爛額焦頭更誰惜。

雜録

清 郭柏蒼《閩産録異》卷四 《本草》：『蠶蛾出時，近之則青，爛蠶。婦亦忌食。』亦指苦蕨，非苦荬也。（按，蕨應作『簌』）

清 俞墉纂輯《蠶桑述要·留種》 雌蛾一百隻，可留蠶種五兩。湖州蠶種每兩值錢千文，蠶種茂盛之家，并不肯出賣。

製種

題解

清 高銓《吴興蠶書》卷下《留種》

喜紅子 頭二蠶生子，皆圜轉如錢，不與諸蠶同。中有一種帶紅色者，俗以爲吉祥之兆，名之曰喜紅子，亦婦人女子之見也。

清 汪曰楨《湖蠶述》卷四《布子》 新定子 生子後，取蛾之有氣力者再配之，則復生矣，是為新定子。子少之年，亦有取以為種者，究不如前所生者之佳。《廣蠶桑説》按，雌蛾再對生子，變三眠種，唯雄蛾可再對。

又 梅蠶 黄梅時出者為梅蠶，凡蛾交未久，或自解散，不復配合，其所生之子，即于黄梅時成蠶而出，化育之氣不充，雖生不長，隨飼隨斃，間有老者，亦唯作薄繭而已。《吴興蠶書》

清 沈練《廣蠶桑説・培養桑樹法二十條》 既對之後，一一提置空筐，關閉門戶，勿令見風，見風則易拆散，滿筐擾亂矣。亦有不見風而拆散者，謂之走對，走對者，將兩蛾提置一處，以小盃覆之，則復對。對滿四箇時辰，即分之，謂之拆對。如子初對者，於卯末拆之，卯初對者，於午末拆之。不宜拆得太早，早則來年多不眠之蠶，亦不宜拆得太遲，遲則來年大眠後多高節而拖白水之蠶。

蛾之出於五更前後者多，四更時便須有人守候其旁俗謂之看蛾，出即分儲之，否則蛾性極淫，雌雄相遇，即於繭上配合俗謂之抱繭對，而所對之時刻不準矣。

清 沈練，仲學輅輯補，章震福校訂《廣蠶桑説輯補校訂》卷二《飼蠶法六十六條》 對蛾收種説三條 震按，吾鄉用長方形極厚之桑皮紙，名曰蠶種紙。紙之長合工部營造尺二尺四寸，闊一尺五寸。大約用極好繭子十二兩，使之成蛾生子，滿布一張。當明年護種生蟻又名烏兒，每張可得蟻合蛾子稱或一兩或八錢，是爲正當。

清 豫山《蠶桑輯要合編》上《養蠶》

原蠶養二蠶三蠶法

原蠶即夏蠶也，亦名二蠶。

摘繭七日而蛾出生子，又七日而子生蟻，是爲原蠶。

論説

清 吴宗周、陳幹材、徐謙山《蠶桑白話》卷二《養蠶白話》

藏子

藏子的事，是養蠶第一要緊的事。平常都爲藏子不好，往往將好子變成歹子。大凡養蠶家，買子必在正月二月，但這是春氣發動的時候，忽冷忽熱，所以買子的，都要小心些。爲甚麼哩，蠶子莫也世時，最怕是感溫不齊。這感溫不齊，就是受天氣冷暖不一定的話，天氣熱，蠶子生機，就格外快些。過冷了，蠶子生機就要慢些。忽冷忽熱，那生機豈不是忽快忽慢，生機不順，將來出世，就都變做頂弱頂多病的蠶了。所以必要將蠶子，藏放在頂高燥緊密的房子裏。若自己留種，最好在十二月間天氣頂冷的時候，把蠶子移挂在極緊密的木箱子裏，每張離開大約四分，那空氣蠶子就夠吃了。將此箱放在寒冷朝北的地方，總不要使他忽然受大熱。因他受了大熱，恐怕要早出世，這時並無桑葉，拏甚麼與他吃呢，這是一層。倘也受熱氣已多，剛剛要出世，那天忽然又冷起來，豈不是阻止他不能出嗎，這是二層。這個樣子出來的蠶，身體必不强壯，容易生病，吐絲不多，一定要虧本了，這藏子豈不是頂要緊的事嗎？

又 買子

凡買子的好歹，第一件要看種子的顔色，頂好是那紙上一圈一圈的，都是黑褐色且帶有粉光。倘青黑不同，與一切雜色，總不是好種。第二件要看形狀，蠶子形狀頂好是都像鴨蛋形的，不偏不歪，每粒中間有一點陷下去的，這就是頂好的了。倘中間那陷下去的不端正，或不陷下去，到要高一點兒，這種都是不好。第三件要看蠶子粘在種紙面上堅固不堅固，這子由母蛾肚裏生出來的時候，帶許多粘質，所以生在紙上，就粘住在紙上了，買子時用手在種紙上畧摩幾摩，看蠶子落不落下來。如不落下來，就是母蛾强壯，粘質格外多，故蠶子粘在紙上十分堅固。若一摩即落，這種子就不必買他的了。種子買好以後，若要寄到幾十里幾百里地方，就要包好，萬勿放潮濕地方，也不要曬着太陽光。送寄之時愈快愈好，怕的是兩地相隔太遠，彼此天氣又不同，這蠶在路上受冷暖不一，將來就容易出病了。

綜述

元 王禎《農書》卷六《農桑通訣・蠶繅篇第十五》 育蠶之法，始于擇種收種。繭種取簇之中向陽明净厚實者，蛾出第一日者名苗蛾，末後出者名末蛾，皆不可用。次日以後出者，取之鋪連于槌箔，蠶連、蠶槌見農器譜。雄雌相配，至暮拋去雄蛾，將母蛾于連上匀布。所生子環堆者，皆不用。生子數足，更就連上令覆養三五日。掛時須蠶子向外，恐有風磨損其子。

明 徐光啓《農政全書》卷三一《蠶桑・養蠶法》 雄雌相配，至暮拋去雄蛾，將母蛾於連上匀布，所生子環堆者皆不用。黄省曾曰：放子必覆而暗之，見光則其子游散，連必桑皮紙，出於南潯。生子數足，更就連上令覆養三五日。黄省曾曰：覆三五日，則氣乃固。掛時，須蠶子向外，恐有風磨損其子。黄省曾曰：貫連須用桑皮，忌苧麻之線，懸于凉處，忌烟薰日炙之所。冬節及臘八日浴時，無令水極凍，浸二日取出，復掛年節後。瓮内竪連，須使玲瓏，每十數日日高時一出，每陰雨止，即便曬暴。黄省曾曰：臘月十二浸之於鹽滷，至二十四而出，則利於繅絲。或曰：臘八日以桑柴灰或草灰淋汁，以蠶連浸焉，一日而出，繼以雪水浸之，懸乾或懸桑木之上，以冒雨雪三宿而收之，則耐養。二月十二浴，清明之曉，則綿紙裹之藏於厨内，俟桑芽如茶匙大，則綿絮裹之，暮也覆以所服之煖衣，晨也覆以所蓋之煖被。既出也，温以火，未出也，禁以火焙。其浸也，用桑條之灰，濕其連而後摻之，摺而浸之於滷中，即鹽化之水有分兩，恐其浮也，以磁器壓之。其至二十四出也，用河水滌去其灰，或置之扁中而沃，而後凉之挂之，則至春生，否者陰，不至於費葉。至二月十二浴，以菜花、野菜花、韭花、桃花、白豆花揉之水中而浴之，蛾之放子也，一夜而止，否則生蟻不齊。

清 方以智《物理小識》卷一一《鳥獸類下》 《周禮》禁原蠶，老上薄不可驚，驚則不成繭，偶入男子履成繭，入女則否矣。蠶生子曰駒，與母同老，無先後。蠶種畏蒸，炷杉木灰，層層收之佳。蠶聞鼓聲則伏而不起，亦畏雷也。蠶三化先孕後交，不交者亦子，後生而無眉目，易傷，收亦薄。上繭時，以物置其旁，即象其物。《交州記》：桑蠶一年八熟。《三都賦》所謂八蠶之綿。吳下養蠶，畏見生人，親戚皆不來往，謂之歇蠶，而延平養家不忌也。暄曰：本處養者，一切無禁，而蠶亦盛熟。

清 帥念祖《蠶政編・擇種下子》 養蠶之法，擇種爲先。倘繭種薄，則蠶多病。若收種不得法，生子不齊，來春養之，則眠起不齊，上簇亦致不齊，爲患大矣。惟在謹於謀始，須擇簇中近上向陽堅實好繭，雌雄相間而收雄者緊細尖小，雌者圓漫厚大，於通風處淨箔上單擺，不可堆聚。待七日之後，其蛾自生。若有拳翅、禿眉、焦腳、焦翅、焦尾、熏黄、赤肚、無毛、黑紋黑身、黑頭，並先一日出者，名苗蛾。末後出者名末蛾。俱揀出不用，只用第二第三日出者。以肥好蛾子雌雄相配，自辰至戌，方拆開。當日亦宜提掇，去其便尿。厥氣乃全，欵欵摘去雄蛾，將雌蛾匀稀布於連上連須用桑構皮厚紙，若紙薄，則不便浸洗，將連鋪於無風處蠶盤內，上以盤覆之令暗，則生子不遊散。生子數足，更令母蛾就連上覆養三五日，然後摘去。每日所出之子爲一輩，不可將數日之蛾混一處下子，連上須記號日子。養時將同日所生子生蟻爲一等養之，自然眠起皆齊。蠶連掛通風凉房，忌烟薰。掛時，兩背相靠，子向外。

清 韓夢周《蠶桑實濟》卷四《育蠶急務・擇種下子》 養蠶之法，擇種爲先，如五穀然。倘繭種薄，則蛾多病，雖生子，來春養之，其蠶必病。若收種不得其法，生子不齊，來春養之，則眠起不齊，將來上簇必不齊，其爲患也大矣。開簇時須擇簇中近上向陽堅實好繭，雌雄相間而收雄繭緊細尖小，雌繭圓漫厚大，摘出於通風凉房內淨箔上一一單擺，不可堆聚，恐罨厭熏蒸。因熱而生，決無完好。其母病，則子亦病，理固然也。待七日之後，其蛾自生，若有拳翍、禿眉、焦腳、焦翍、焦尾、熏黄、赤肚、無毛、黑紋、黑頭、黑身並先一日出者，名苗蛾。末後生者名末蛾。俱揀出不用在室一角空間處堅立柴草，將此揀出不用之蛾置於其上，不可令禽蟲傷食及人踐踏，俱爲不吉。至十八日後，蛾自死，擇淨地掘一坑，貯蛾其中，用原柴草蓋蔽，以土封之，蠶有功於人，理當如此也。只用次日並第三日出的完全肥好蛾子，令雌雄相配，辰時至申時方拆開當日亦宜提掇，去其便尿，厥氣乃全，生子氣足，欵欵摘去雄蛾放在揀出不用之蛾一處，將雌蛾匀稀布於連上連須桑皮紙爲上，構皮紙次之，不可用麻紙。連須用厚紙，若紙薄不耐浸洗，連取掛時二紙相連之義，將連鋪於無風凉房中淨蠶盤內，上再用盤覆之，令暗，則生子不遊散。生子數足，更令母蛾就連上覆養三五日，則氣完固，然後將母蛾摘去放在摘出不用蛾一處，待老死後同埋之。每日所出之蛾下子爲一輩，不可將數日之蛾混在一處，下子連上須記寫日期，來年養時，將同日所生之子生蟻爲一等養之，自然眠起皆齊。若將數日所下之子混在一處生蟻同養，則眠起必不齊，極爲患害。蠶連懸掛通風凉房內，忌煙薰日曬，掛時將繩子綳緊，兩背相靠，蠶子向外，勿致風磨損傷其子。

又 卷六《蠶桑補遺・蟻葉核計》 每雌蛾一隻，可下子三百，肥大者，可下子三百餘。十雌蛾可下子三千餘，即可收蟻一錢，百雌蛾可下子三萬餘，即可收蟻一兩。每蟻一錢，自小至老，約飼葉八九十觔近地稱葉之秤，皆二十兩爲一斤。善飼者可得絲十二兩，不善飼者亦可得絲十兩。每蟻一兩，自小至老約飼葉八九百觔，善飼者可得絲百二十兩，不善飼者亦可得絲百兩。以葉數多寡，定蟻數多寡，此要法也。然蟻未下連時，其數何由而知，葉未下樹時，其數又何由而知，茲有一法焉。欲知在連之蟻數者，當於下子時，先將空連紙一稱，記號紙背，子已下齊，合子又一稱，即知子數，仍記號連背上。來春蟻下畢時，將空紙退除，即知蟻之確數。俟摘繭時，稱繭一觔，計數若干，合而算之，即知蠶數。約計子連一錢者，可收蟻七分，子連一兩者，可收蟻七錢，在連蟻數總以七𣆶爲差。其欲知在樹之葉數者，當於先一年桑葉正茂時，取一全樹之葉稱準觔數若干，他樹自可類推，即可因樹之衰旺須分新樹、老樹，沃土、瘠土之樹，預定來年所出葉數。大約肥大桑樹一株歲可採葉三四十觔，有桑三根，可得葉九十餘觔，即可飼蟻一錢，得絲十兩之譜。有桑三十株，可得葉九百餘觔，即可飼蟻一兩，得絲百兩之譜。以此推算，百不失一。倘以僥倖之見多養蟻一二分，未有不失誤者，此蠶事十分要緊關頭也，慎之慎之。

清 朱斌《蠶桑指要·養蠶》

留種

種為先天，旺與不旺，全在乎此，不可不慎也。落山時逐一撿上層竪直單繭，方可留種。細腰緊硬者謂之石屑，種健旺而身小易養而多絲，為第一。出蛾多雄，粗腰厚實者，謂之定官種。其蠶力足而身大，能食而繭厚，為第二。出蛾多雌，採繭二斤可得種子十斤，兩種各收一筐，須要透涼，又不可重手抛擲，十日後，當出蛾。出蛾有早晚，第一日不甚多，第二日最盛，第三日少減，三日之後為晏，蛾不足取矣。出蛾又有定候，子丑二時雄蛾先出，寅卯二時雌蛾繼出，辰時後即不出。雖亦用箅至其日當出，必於子丑二時候之，將先出雄蛾提置一噐，繼出雌蛾提置草紙上，勿失候。不提致令自對，自對者謂之抱繭對。難定淺深，寧不用也。內有禿毛、焦尾、拳翅者，棄之。出齊後，取端正好雄蛾同時提置草紙上，謂之捉對。記定時刻，以對滿三足時為不深不淺。淺則先天無力，芟退必多，透過三時為對深。深則先天毒甚，毛病百出，與其深也，寧淺，此極大關係也。又開蛾，以小指撚雄蛾之尾，則自脫。扯則恐傷雌尾，開過，雌蛾俟其撒去毒溺，方移置布連上。布連者，預備整幅大青布，洗淨曬乾，先於繅絲湯中連泡七次聽用。大約小布一方木尺為百寸，每寸置一蛾，生子可滿矣。故布連二尺，可生種子十斤。生子總在申酉二時，必須留心守視，若一叚已滿，即移蛾空處以補之，務令勻足。又不可令有疊子，方易估數有准。其蛾一日生下者，謂之頭子，次曰再生，謂之滙子，無力不足用也。盖蠶之好醜，大半在對蛾之際，故慎不可疎略。

清 包世臣《齊民四術》卷一下《農一下·農政》 護種之法：蛾下連，即於晴日侵晨日未出時，汲新水浴連一頓飯時，浸去蛾遺便溺毒氣。以桑皮索繫兩角，平單空掛。孕婦產婦不得浴連。三伏時再浴一遍，掛如初。至十月收連，卷如軸，桑皮索紮而掛之。冬至日、臘八日皆展之。先沃以牛溲，乃以新水浴之。遇大雪，可鋪連於雪中，令壓一日。或無雪年，至臘月望，以高竿掛連軸，夜立於階，令出屋墻以受寒氣，并受星月精華。正月十五，以研細硃砂，調不冷不熱溫水浴之或用端午、重九所採馬齒莧、桃枝，沐浴淨衣入蠶室，焚香祀先。蠶忌生人及穿孝人、內外人哭泣聲。雞犬皆遠驅之。毋舂米、築墻、埽塵，酒氣、臭氣、穢言及諸忌言。蟲鼠之類。凡蠶室內必畜一貓。

清 程岱葊《西吳蠶略》卷上《收種》 大眠時，先提筐面蠶別貯，為種蠶矣。既老，亦別置小山棚，繭成，擇其尤堅好者，待生蛾，乃於密室懸整幅厚桑皮紙於繩，將蛾配對置紙上，約一時許，去雄留雌，待其生子。晝則避光，夜却留燈，俟子滿，將蛾祝而送之，種連藏陰涼處。

按，蠶有功於人，而留以生蛾者，祇千萬中之一二，餘皆不免湯鑊，良可憫也。《唐史》：于闐國無蠶，求婚鄰國女，置蠶帽絮中，始有種。刻石：須蠶蛾盡，乃得治繭。秦少游《蠶書》：欲求于闐治絲法以貸蠶死，然至今未有得者。考和闐，即古于闐，久隸版圖，望仁人留意求之。

清 高銓《蠶桑輯要》卷下《一朝生》

蛾之出繭大約三朝始齊，第一日謂之破臕，所出不多，第二日為旺朝，第三日為末朝。提蛾生子，每紙一幅，必於旺朝一日生足，則次年蠶出亦齊，若兩日三日陸續布滿者，即不能一朝齊出，故初生及後出之蛾，皆不可用也。

又《天地氣化》 蛾之生子多寡無常，變易不定，恒隨天地之氣為轉移。當生子之時，天暖子即多，天寒子即少，此時氣之偏有以成之也。抑有不因炎涼而一歲獨多、一歲獨少者，此歲氣之偏有以中之也。至若同此種子，育之數年，或繭形變小，或絲之分兩變輕，是則地氣使然，所謂遷其地而弗能良也。蓋天只一氣，地之氣百里内亦有不同，物卽因之而變，須向原出之地易種育之。老農云：欲知種之變否，卽于做絲時驗蠶蝺，凡蝺色白者為未變，有黑翅者為已變。

清 高銓《吳興蠶書》卷下《留種》 擇蠶 留種先宜擇蠶種，蠶無病，子方無病，故大眠後，當揀取整齊強健之蠶，日以葎頭葉飼之。葎頭力旺，蠶食之其力始旺，一切繇換諸務，更宜勤慎。老則另棚上之，溫以微火，俾速成繭。凡繭之尖細緊實者爲雄，圓慢厚大者為雌。採時對半兼收，拗淨繭繞，於通風凉房内取筐一單排之，不宜重疊推積，致傷欝蒸，每繭二觔半，生子可滿紙一幅。紙大者，需繭三觔。

又 布子 子以勻爲貴，疏不留白，密不成堆，須人爲提攜左右之。連紙宜掛起，不宜平鋪，平鋪則無論蛾之强弱皆得盤旋，綴子美惡溷淆，掛起，則無力之蛾盡墜於地。其踞於連者，各精力充足，所生之子方純而不雜。晚須篝燈，庶便檢點蛾之游行紙外及生子不勻處。俗謂不用燈火，蠶卽成暗脰頸，殊屬荒謬。若依此説，則蠶之病亮頭者，又當歸咎於用燈矣。

又 淡子 蛾晨出繭，晚卽生子，不交而生者，爲淡子。一朝所出之蛾，未必能雌雄各半，配合無餘。如雄多於雌，雄者猶可留配於次日。若雌多於雄者，無與爲偶，至晚卽生淡子矣。淡子色不變，久之自癟，不能成蠶。

清 周春溶《蠶桑寶要》第二説《育蠶事宜二十七條**·養種蠶》** 先于二眠時分出另餧，每一晝夜，比大眾蠶必須多餧一二餐葉未吃完就要餧也，更加小心愛護。採繭後，卽將蠓透子剝去，薄薄攤於篩内。自採繭之日算起，十二晝夜，蛾頭必轉矣蛹化為蛾。

又《洒蠶種》 蠶蛾未出時，都是蠶蛹。五更時分，脫去蠶蛹殼，向繭頭上吹氣，鑽出，便為蛾子。初朝名曰放標如一百個繭，不過先出五六隻或十來隻蛾子，第二日名為旺朝，第三日必然出齊。每日清晨，公蛾卽尋母蛾成對連對提於紙上須用綿連厚紙先於做絲湯内泡過三遍，曬乾，然後提蛾子於上，洒種方不脫落，必俟其對到晌午，方可將公蛾拆開、丟棄。母蛾撒尿後，便做勢洒種，洒到黃昏時方止。第二、三朝洒種時，須將母蛾排放均勻，勿使種子堆積。即用細竹竿子掛在房内，以待臘月醃種，次年收蠶。白布，鍋内泡過，亦可洒種。

清 汪曰楨《湖蠶述》卷四《布子》 用桑皮紙，每方廣尺許為一幅，引蛾布種其上，鄉人謂之蠶種紙《胡府志》按，用布者曰種布，亦曰種連。子以勻為貴，疏不留白，密不成堆，須人為提携左右之，連紙宜挂起，不宜平鋪。俾無力之蛾，盡墜于地，其踞於紙者，各精力充足，所生之子方純而不雜。《吳興蠶書》有空缺處，須即日補之。越宿再補，則來年蠶出不齊矣。《廣蠶桑説》晝則避光，夜却留燈。《西吳蠶略》庶便檢點蛾之游行紙外及生子不勻處。俗謂不用燈火，暗中生者，蠶即病暗脰頸。若依此説，則病亮頭者，又當歸咎于用燈矣，殊屬荒謬。《吳興蠶書》

種有變換 當生子之時，天暖子卽多，天寒子卽少，有不因炎凉而一歲獨多，一歲獨少者。至若同此種子，育之數年，或繭形變小，或絲之分兩變輕，須仍向原出之地易種育之。老農云：欲知種之變否，卽于做絲時驗蠶蝺，凡色白者，為未變，有黑翅者，為已變，宜換種。《吳興蠶書》

新定子 生子後，取蛾之有氣力者，再配之，則復生矣，是為新定子。子少之年，亦有取以為種者，究不如前所生者之佳。《廣蠶桑説》按，雌蛾再對，生子變三眠，種唯雄蛾可再對。

送蛾 俟子滿，將蛾祝而送之。《西吳蠶略》小兒引置水盆，旋轉而游，祝曰：阿蛾轉團團，今年去了來明年。《胡府志》

清 方大湜《桑蠶提要》卷二《蠶事四十條**·蠶具**三十則**》** 蠶連用紙爲之，又名蠶種紙，以裱過厚皮紙爲上紙薄則不禁洗浴，以絲湯泡過者爲佳絲湯卽煮繭鍋内之湯，種紙不用絲湯泡過，則種在紙上易於脫落，泡過之後，須曬令極乾，用布作連更好布不拘新舊，以方爲貴，布若尖斜，則布上之蛾往往生子於布外。

又《留種七則**》** 收子 拆對之後，以母蛾提置空筐，以蠶連另鋪一處蠶連卽蠶種紙，懸掛時以兩紙相連，故謂之連，詳蠶具第一則，俟母蛾撒尿後，再勻置蠶連之上尿以粉紅及微黃者爲上，白色者次之，黑色者揀去勿用，不可疏，亦不可密疏則子有空缺處，密則子有堆積處，宜頻頻檢點，遇有疏密，卽須移密補疏，四面用木界尺攔住恐其生子於連外也，再以他物架空蓋好，使透風而不見日光見光則其子遊散，過半日，蠶子便滿連矣連上寫記日期，以同日所生之子爲一起，如有空缺，須卽日補滿，否則明年蛾出不齊。大約母蛾一隻可下子三百，肥大者可下子三百餘，十母蛾下子三千餘，明年可收蟻一錢，百母蛾下子三萬餘，明年可收蟻一兩。母蛾生子之後，就連上覆養三五日，再令下連，則氣更完固。下連之後，可置屋内柴草上，俟十八日後，掘淨土爲坑，將母蛾、雄蛾、苗蛾、末蛾一併掩埋，免爲禽鳥所食有功於人，理宜如此。【略】

掛連 蠶子既滿，布連上，擇室中潔淨通風處以竿懸之，去其溼氣，隨卽摺好，縛以小帶，掛淨室中高處高則不至受溼。如恐梅風一起，蠶子破殼而出，則俟竿懸六七日後，子色變黑，用絹篩篩陳石灰於連上以制之，再行懸掛，便不出矣石灰要勻，不必過厚，以不露蠶子爲度。掛運之處，勿緊靠牆壁防鼠嚙也，勿用麻繩繫掛蠶惡麻苧，麻近蠶種，則蠶不生，勿被風磨損。須以此連之背靠彼連之背，令蠶子向外，否則被風磨盪，子必損傷，勿觸香臭氣及煙煤薰蒸煙氣薰蒸，則胎先蘊熱，後必有病。掛至初冬，摺置箱篋摺置箱篋，不可太早，太早則蠶不旺，待時而浴。

又《春季十五則》 收子　拆開雄蛾之後，以手微捻雌蛾，去其溺否則不生子，置筐中，微火煖之，子卽出。子出後，仍留雌蛾在筐內，覆養一二日，謂之伏子。甯羌則令雌蛾伏三五日，始行提出。十月盛繭於簍，立春後，以火烘繭，春分後，蛾乃出而生子。遵義諸城、甯羌、鄧州等處皆然，惟魯山不同。秋蠶結繭後，如天氣煖和，蛹變爲蛾，蛾出卽盛之以簍，令生子於簍中，俟蠶子生滿，將蛾提出，將簍藏於高煖避風處。如秋寒不能出蛾，甚至冬臘月間蛾尚不出，卽以繭簍掛蛾房內，用火烘之，蛾便出兩生子，以待四川、貴州人販運。四彼處山種一二年後卽不發旺，故必到此處販運也。每蠶種一簍，以平價計之，可值銀三四兩。

又《秋季七則》 收子　拆對後，將母蛾微捻去溺。用線一根約長四五寸，兩頭各繫一蛾，搭於青棡樹上，聽其生子出蠶。甯羌則以線縛雌蛾一腿，繫樹上，繫蛾之多少，以樹之大小爲準。次日卽下子。入伏後五日，其蠶自出。鄧州則以線繫蛾翅，放樹上，聽其生子，秋陽暴之，蠶自出。以上各法，均與春蠶稍異，怡魯山養秋蠶，生子育蟻、上樹，一與春蠶同法。

清　高其垣《試行蠶桑説・飼蠶法六十條》　既對之後，又須另置一處，約過四個時辰，卽分之。如子初成對者，於卯末分之，卯初成對者，於午末分之。不可分得太早，早則明年多不眠之蠶，亦不可分得太遲，遲則明年大眠後多高節而拖白水之蠶。鋪蠶布不拘新舊，以方爲貴於米篩中，而勻置雌蛾於布上。四面用木界尺攔住恐其生子於布外也，更以他物蓋好不可使見日光，過半日而蠶子滿布矣。

清　陳開沚《裨農最要》卷三《上連》　蠶連以裱過厚皮紙為之，或用細洋布更好，俱宜用繅絲湯泡過泡過則柔輭，生子不脱落，且蛾聞香氣喜生子，曬極乾，稱明分兩，平鋪箔内，四圍散灰為埂蛾見灰即止，便不出連外，俟母蛾撒尿後尿以粉紅及微黄為上，白色次之，黑色者不堪為種，揀去勿用，匀布連上，宜常檢點，有走聚者，立即提匀，以箔蓋好，使透風而不見日光暗則多生子，明則喜游散。若遇天氣炎熱太甚，巳午未時，將箔擡凉屋净地，至申擡架上，其生子環堆者，卽摘提其蛾，刮去其子，生子既足，令在連覆養四五日，則氣更完固。然後將蛾置草上，俟十八日後，收雌雄蛾，並埋净土，免為鷄鴨所食。蠶有功於人，理當如此。一法：帖連墻壁，匀布母蛾於連，更透凉風，遺尿落地，不致污穢蠶連也。

又《稱連》　煖子時，稱連分兩。下蟻時，又稱空連分兩。除去空連若干，便知得蟻若干。每蟻一兩，初生至作繭，約食葉一千五六百斤，卽預備葉一千五六百斤蠶旺者尚不足，蠶不旺者則有餘，所以他省有二眠、大眠稱蠶計葉之法，宜隨時視蠶盛衰酌葉多寡，不可拘泥。今人養蠶，既不知量葉下蟻，又不知稱蟻備葉，不是蠶少葉多，便是蠶多葉少。甚有下蟻時，一味貪多，後來葉不接繼，則典質、貿鬻無所不至。苦於蠶受饑餓，狼藉傷壞，枉損物命多矣，豈不惜哉。光緒癸巳夏四月，桑貴，每斤百錢，邑人某因無力覓葉，不忍視衆蠶飢死，有自縊死者，有自溺死者，聞之不禁惻然淚下。又邑人某因桑貴難覓，將蠶傾竈内逼死，後數日，宅被火焚，人皆謂戕蠶之報，謹並議此為戒。又或桑葉有餘，而人力不足，房屋不廣，器具不多，則亦未便多養，此蠶事緊要關頭也，不可不知。

清　吴烜《養蠶説》　拆對之後，將稻草心鋪筐中，以貯雄蛾，使有立脚處，便不鼓翅耗力，以待補用。其雌蛾另置一器，將所裱皮紙凌空懸挂，捉蛾排列紙上，疎密宜匀。疎則子有空缺處，密則子有堆積處，須時時檢點。遇有疎密，卽宜移密補疎。不過半日，子已生滿，明晨將蛾取下，其紙空懸高爽清潔之處，以防鼠嚙。且不可摺叠包裹，以致悶壞不出。或有烟薰酒氣油氣，均宜避忌。兩日内所出之蛾，皆可生子作種。有遲至三日不出者，繭必受傷，可卽繅去。

又　留種之法亦與春蠶不同，只須揀堅厚平頭之繭四五十個，聽其出蛾生子，空懸高爽之處。待來年春蠶之前，先行哺養，小滿生子，芒種再哺。或謂：何不今年多留種子，逕至來年芒種哺養，省費一番周折？子思春蠶種子，一交穀雨，不哺亦出，想夏種亦然。不如此，必與春蠶並出，便奪春蠶之葉，而芒種後所發二桑，徒然無用。若將春蠶所生之子隨卽再哺，子亦試過，不能再出，惟夏種則春夏皆宜。故初養，取其生子，再養。方可繅絲。既不奪春蠶之葉，更可食無用之桑，誠爲兩得。故二蠶取其本輕，養育得法，亦未必遠遜春蠶。惟二桑衹可剪葉，不可剪條。至煮繭、繅絲、剝錦諸法，與春蠶同。

清　宗景藩《蠶桑説略・説蠶十條》　收子説　春蠶作繭，取大而堅者留之。約八九日，蛾將出，五更時，揀其雌雄配成對，俗名鬥蛾。俟鬥至午未後，將兩蛾拆開。用布一方，取蛾數十置其上，將布挂於壁間，其蛾卽生子，密粘於布。俟滿，取下，擇臥室中懸挂，以防鼠囓。不可有香臭氣及煙煤熏蒸。挂至初冬，摺置箱篋，待時而浴。

清 江毓昌《桑蠶説·養蠶説》 把雄蛾折開名叫折對，如卯初對，必要午末折，辰初對，必要未末折，太早太晚明年都易生病，放在柴草上，單留母蛾在盤，候撒過尿尿色粉紅及微黄爲上，白色畧次，黑色的捉出不要，把做好的蠶連用結實皮紙裱厚，放繅絲湯內泡過，晒乾聽用。或用乾净布，不論新舊都可，只要正方，不可斜在盤內或板上鋪平，四面用木界尺攔住或把連懸在板墻上亦可，把母蛾放在連上，要疏密合宜疏有空缺，密有堆子，把盤架空蓋好，要透風，不見日光，又要時刻看，有疏密不勻的，要移密補疏，本連蛾不足，用别的蛾補亦可定要當天補，隔日補的將來出蟻不齊。儘三個時辰，連上子滿以後生的子便無力，把母蛾取去，在連背記明日期同日生的放在一起，候母蛾在别處把子生完，依舊放在連上，等他覆養五天，再把母蛾捉放草上過了十八天，在東南方净土上挖坑，把各樣蛾一併掩埋，把連用竿掛在净室通風處，到六七天子變黑色，用羅篩篩陳石灰在子上把子蓋住不要太厚，隨卽摺好，用小帶縛住蠶怕麻，莫用麻繩，掛在净室高處莫近溼氣，莫靠墻，莫見香臭氣及烟子，莫被風磨損。若連上撒有蛾尿，十八天後，天氣晴明，日出時，用新水把連泡一頓飯時，取出懸掛，三伏天照樣再泡一回連上無尿不必泡，到臘月十二日，把連取下，稱準，若本來是鹹種，每連一兩，用鹽二錢，和水研細，勻鋪連上，再用手沃温水徧澆水不可太熱，手要輕，不可沖落了子，約半個時候，舌舐紙上無鹹味爲度名叫浴種。把連放在篩內，安屋簷上，晒露三晝夜見雪不妨，收回掛在高處。若本來是淡種，不用鹽，每連一兩，用石灰三錢化膿汁，勻鋪連上，照樣澆水晒露。

清 沈練《蠶桑説·飼蠶法七十條》 拆對之後，將雄蛾提開，掇雌蛾於空筐筐內襯以厚皮紙，以去其溲溲色粉紅及微黄者爲上，白者次之，溲色黑者，蛾已受病，須揀去勿用。另鋪蠶布湖人謂之連，不拘新舊，以方爲貴於筐中，於一筐鋪許多蠶布者，須配搭得好，勿露筐底，俟蛾溲去盡約一炊時，卽勻置於布上，不可稍有疏密疏則子有空缺處，密則子有堆積處，須頻頻檢點，遇有疏密，卽宜移密補疏，四面用木界尺攔住恐其生子於布外也。更以他物架空蓋好，使透氣而不見日光，過半日而蠶子滿布矣有空缺處，須卽日補之，越宿再補，則來年蠶出不齊。生子後，取蛾之有氣力者，再配之，則復生矣，是爲新定子，子少之年，亦有取以爲種者，然究不如前所生者之佳。

蠶布子已布滿，擇室中潔淨通暢處仍不可靠墻靠柱，懸之竹竿，以收其溼。過六七日，而其色變黑初下之子色黄，次轉青，後乃轉黑，至轉黑，則子中已成蠶矣，則用陳石灰碾細，以絹篩篩在蠶布之上但要勻，不要厚，以不露蠶子爲度，隨卽摺好，以小綿紗帶勿用苧麻縛之，懸静室中勿受霉溼，尤忌煙薰，待隆冬時，取下醃之。

清 沈練，仲學輅輯補《廣蠶桑説輯補》卷下《飼蠶法六十六條》

對蛾收種説三條

既對之後，一一提置空筐，關閉門戶，勿令見風，見風則易拆散，滿筐擾亂矣。亦有不見風而拆散者，謂之走對。走對者，將兩蛾提置一處，以小盃覆之，則復對。對滿四個時辰，卽分之，謂之拆對。如子初對者，於卯末拆之，卯初對者，於午末拆之。不宜拆得太早，早則來年多不眠之蠶，亦不宜拆得太遲，遲則來年大眠後多高節而拖白水之蠶。【略】

清 曹倜《蠶桑速效編》 作種之繭攤置筐中，日數既足，其蛾自出。預將皮紙裱厚，或用洋布，繅絲鍋內浸過三次，曬乾待用。蛾出總在寅卯二時，若有拳翅、秃眉、焦尾、光背、赤肚、無毛，皆宜剔去。其完好之蛾，雌雄相配，俗謂之對。對時宜關閉門窗，勿令見風，見風則易折散，謂之走對。可將兩蛾提置一處，以小盃覆之，則復對。須對滿四個時辰，方可分開，謂之拆對。如卯初對者，至未初拆之，辰初對者，至申初拆之。拆時不宜太早，早則明年多不眠之蠶，亦不宜太遲，遲則明年大眠後多高節而拖白水之蠶。故作種之繭，必須雌雄分貯，俟出齊後配之，方可定時之久速。若貯在一器，自相配合，則所對之時刻不準矣。雌雄若數不相當，留俟明晨出蛾再配。

清 曾鉌《蠶桑備要·附三原桑園蠶婦養蠶簡易法》 蛾下子於暗處、避風處，將蠶連紙鋪棉套子上，辰時，將雌雄蛾放連上，用蠶盤蓋住，外遮以紙，或卽用紙蓋四邊，用筷子壓住。俟午後申酉閒，將雄蛾摘棄，將蠶連提兩角，一抖，以去屎尿，仍放棉套子上，用蠶盤或紙遮蓋。俟一連下子滿，將活雌蛾再揀放他連，將子滿之連取出晾乾，薄灑木炭灰於連上，卽不出二蠶。過伏，將灰抖去，俟臘八日清晨用井華水將連潤溼，卽提起懸挂屋內晾乾，再用棉花包好懸挂不熱不冷之屋內，開年二月初漸移稍熱處，俟穀雨桑條發苞吐葉時移放熱處，仍用棉花厚包，蠶煖卽自出人身煖出者不穩。

清 陳雪堂、呂吉甫《蠶桑簡法》卷上《養蠶撮要》

製種

種強蠶亦強，種弱蠶亦弱，此探本究源之理，無古今無中外，皆不能易也。

故今欲改良蠶業，須自製種始。製種之法：將採下之繭剝去繭衣，遴其色澤瑩潔、形狀一律、長短適宜、厚薄均勻、絲路緊緩得中、觸之覺有滑澤之繭，平鋪篇內，不可重疊，擺於空氣流通、寒暖不侵、乾濕得宜、人少振動之處。約距上山十八九日，蛾卽發生。按蛾發生之初，必有一二頭苗蛾先出，是晚可將毛紙剪縫，覆於繭上，翌日蛾出大凡蛾出之時，上午四五時至九十時，穿上紙面，卽提放空篇中。第提時，宜取其形狀完全、舉動活潑之蛾已成對者，妥放他篇。未成對者，總置一處，卽以篇蓋上，以免蛾粉飛散室內。再俟一二點鐘後，又將成對者提出，其未成對者，仍置如前，不久自當成對。至配對時間，約經七八小時，受精已足。卽用食指先在雌蛾尾部輕輕捺之，則雌雄分離。雄蛾隨卽棄之，雌蛾置於篇內，輕輕簸動，令其放溺，然後置於有號碼此號碼準對蛾袋號碼之連紙上，預覆鉛內，令其產卵。約七八小時如下午一二時拆對，至八九時殺蛾是也，卽可殺蛾。法：將蛾袋以紙粘成三角形中空如袋者號碼對準連紙號碼，順次將蛾收拾袋中，以備他日檢查病毒。但裝袋之時，務須十分注意，否則一蛾錯誤，全連不準矣。

清 陳淳《實驗蠶桑簡要法》下篇《養蠶法》 蛾袋以厚油紙摺成三角形，二寸餘長闊之袋，盛產卵後之死蛾，備秋冬時逐一考驗其病毒有無，而後可得精良蠶種也。

又 殺蛾之先，宜將蛾袋以線穿二十八個爲一組每組編明號碼，其第一蛾袋上臨時對方產卵之連，標蠶之種類及班次，以備對核。殺畢之蛾袋，宜烘乾而密貯之。

又 殺蛾法：以兩指捏煞首部，務使其斃爲度。依蠶連上號數，順次裝入袋中，此時最注意者，愼勿張冠李戴。何者？如以連上第二號之蛾裝入蛾袋第一號內，依次殺至二十八號，將來以顯微鏡檢查，一經對核，全連舛錯。故殺蛾時，遇連上某號蛾逸出，或產卵甚寡者，核號蛾袋，闕而不盛，否則其弊必不勝言。

又 以蛾袋、鉛圈、種紙等名爲框製蠶種法，卽無力置顯微鏡者，可依肉眼選驗法一一嚴行選別，無玉石混淆之弊，較我國古法平附產卵者，遠勝萬萬。雖然若聯一二十家合購一鏡，易如反掌耳。（購時必須六百倍方適用，現上海所售每具約龍洋五十餘元。）

又 顯微鏡檢查者，出前盛蛾袋中斃蛾，以手摘其腹部，放乳缽內，和少許苛性加里液或清水，以乳棒研碎，滴半點載於玻璃上，掩一覆玻璃置於顯微鏡之載物臺下，對好反射鏡，並上下鏡筒，務適度後，細查其有橢圓形小球者，卽此蛾有微粒子病毒之證。蛾旣有毒，子必染病，去連上，該號之種爲要查蛾時，每號記（無）（微）（有）毒等符號於簿中，備與蠶連對核。

清 陳恢吾《農學纂要》卷四《收蠶種法》 做連 將皮紙兩層，預先裱糊，鋪於筐中，排列雌蛾於上，疏密宜勻須時時檢點，移密補疏，不過半日，子已散滿矣。明晨，將蛾取下與雄蛾俱散於草上。至十八日後，在西南浄土掘坑埋之，上蓋稻草，掩之以土，庶免禽蟲殘食。

藏子 蠶子散畢後，必擇高爽清涼無烟通風之處，懸其連於桑皮索上切忌麻索，凡蠶子近苎麻則不出，愼之，勿令鼠齧，且不可摺疊包裹，致悶壞不出。今之農家，房舍湫隘，煙氣薰蒸，蠶子先蘊熱毒，故乘春則病發也。

清 陳啟沅《蠶桑譜》卷一《論放蛾泡水要法》 蠶原由卵生，然其生卵之初，則必變蛾，而後生卵，俗人謂之生䗂。蛾有優劣之分，觀其翅長大生猛精神者爲上等，其翅短細攣縮者爲劣種，俗名之曰胎生翼。出蛾之日，喜天煖，宜西風。其交媾曰對蛾，仍以對蛾之有力無力，驗下造之好醜。對蛾略有定時，對蛾足，其放䗂便足。天稍涼則對四個時辰，天炎熱則對三時。練種之時，天氣更寒，以六時方足。倘對不足，慮有隱䗂之患。每蛾一隻，得䗂約三百六十餘粒，想物性亦與天數暗合。其蛾之細少者，均係三百二三而已，最後所生之䗂，在三二十粒者，俗名謂之推肚䗂，雖最好蛾，亦嫌其弱。大共總計每蛾只得三百一二十而已。自落格放䗂時凡放䗂者，必有木格爲之限制，故曰落格，至䗂盡之候，仍有定式，何以遇造之不同者，亦皆天氣之冷煖不同故耳。計頭造自出蛾日，至來朝天將明而盡，若二三四五造，至半夜二点鐘而盡。六造則夜四打鐘而盡，惟練種之蛾，必要曰半有餘而後盡。總之，視天氣之寒煖，定泡水之早遲可也泡水各法詳解於後。卽放蛾，亦各造皆不同其法詳後。況頭造有大蠶連蠶之分，練種房舍黑暗，所生之䗂，自然而出。倘房舍光，亦要泡水方出。練種成䗂後，約半月而出蛾，天略寒延至二十日出蛾亦有。若天時不就，過二十日外，其蟲則僵而不出矣。故成熟之繭，亦當放在乾煖之處為佳，生䗂後約十二三日而出仔，是為頭造。頭造大蠶成熟俱係繅絲之用，問有留回作種者，每家不過一千幾百蛾而已。連蠶則耑飼爲放蛾，以作二造之種。凡頭造蠶，皆家常自練，戚友有知其飼得好，聞風而來定取，名曰號䗂。

若二造三四五六造，皆歸舖家買賣，其名曰蠶𧎥舖。何以家常不自飼之？蓋泡水之法難，而買種亦難也。因看蠶有無受症，方可作種。倘其種受了各症，下造則不佳矣，故有蠶師之稱。買種則遇造皆同，而泡水則視天時寒熱爲定。歷來泡水之法，俱用滾水一半，和冷水一半，較勻冲在蠶𧎥帋面，順流而過者二次，然後吊於當風處，候其帋爽透六時之久，而色漸變，自黄色而變微紅，來朝則變爲蝦肉紅，三朝則變爲墨水烏，五朝其烏色之外有白微粉，俗名曰上粉，六朝其壳裏有黑子一點，此蠶仔初成之頭也，俗名曰點嘴。七朝則變為全烏，八朝則頻頻俱出矣。若泡水不得法，滾水多則𧎥死，冷水多蠶亦不出，名曰水生。或天雨淋漓，又或遇大東風，又或無風噎熱，則其水帋透濕至六個時辰而尚不乾者，亦即變為水生，內中有出有不出者，即是參差不齊，將來斷未有全數成熟者。或無結繭，或成繭而稍薄，無比，此變症之所由生也。各症若何，詳解於養蠶篇。所謂陰陽和而萬物生，雖用滾冷水各半，仍視天氣之寒熱，用水之多少始能有準也。故必要分某造而定水色，假如是夜寅時初，寒暑針在六十五度，較水則一百一十三四度之熱，是為合法。試水尺形與寒暑針大同小異，香港、上海俱有零沽發賣。若寒暑針在七十度，較水則用一百二十二度，若在七十五度，較水則用一百二十四度，如在八十度，較水則用一百二十六度，如在八十五度，較水則用一百二十八度，如在九十度，較水則用一百二十九度可也。較水既有定式，仍視有無風雨，變通為之。倘在丑初泡水，則用凍半度。若在卯初泡水，轉用熱半度。蓋因泡水早，其𧎥壳嫩，泡水晏，其𧎥壳老。若過午時始泡水，則其𧎥壳太老，便不出矣。泡水之時，將水冲在帋面，必要四角中心所沾之水多少如一。苟或冲水不勻，或生或死，變症多端，勞而無功耳。業斯道者，可不細哉。泡水故為緊要之法，即對蛾落格，亦當知時。對蛾足，蠶身壯，而蛾又無隱𧎥之弊。天氣和平，自天亮而對，至兩点鐘便足，天氣涼，對久些。但觀其蛾乸十隻內有一二隻身變鞠躬，即是對足，而思放𧎥時候。用帋格亦有定式，若用福帋全張，可落蛾半斤，宜可使其疏，不可令其太密，倘太密，生𧎥至三四層，泡水之時在底者水氣不足，便有生死之虞。各法所用度數，雖未得謂之盡善，但譜其意，再加考訂，便可精益求精云。

清　關維震《養蠶法》第十一章《製種》

產卵

普製法　普通製法，每張蠶紙蠶紙一稱連紙約置百蛾左右，紙之四圍用物欄之，將蛾散布其中。所欄之物，須高一寸二三分，務宜光滑，庶蛾不致緣上產卵，并越出範圍之外。

清　吴宗周、陳幹材、徐謙山《蠶桑白話》卷二《養蠶白話・製種的大利》　凡製種的利，比做絲還大幾倍，你們要得大益，必須把種子收養得好纔能成功。我們中國養蠶，不懂製種的道理，胡亂把壞種也養，因此害了大家虧本。我今把製種的法告訴你們。第一選繭。我們養蠶家，若要留明年的好種，必須選那山頂上最好的繭採下來，待他變蛾配合生子出來，方好預備明年再養。繭的顏色，或黃，或白，都是清清楚楚。大小也是一樣。繭壳堅厚，這種就是好繭，可預備製種了。更有那爛繭、薄繭、歪形繭、扁形繭、同宮繭、厚薄不勻的繭，這些繭斷不可選他做種的，因這種繭已經有毛病，生子也一定有毛病的了。第二安繭。繭種選好以後，還要安放得好。收拾一間空房子，裏頭要十分乾淨，把這繭一顆一顆勻放在篇上，又將這篇擱在架上，倘或天氣太悶，還要開門通通清氣，總要使他發生順適暢快方好，這是頂要緊的。自採下繭來，過了十四五天，蠶蛾都要出來了，將出繭前一兩天，一定有幾頭蛾先出世。這先出世的蛾，一定是虛弱的，請你把他丟開，不要給他配對。等到出蛾那一天早晨五點鐘的時候，那時蛾出得頂多，預先把篇上鋪一張剪碎的紙，蛾一出繭，即由碎處鑽到紙上，一則蛾尿不至汚在篇上，二則捉蛾之時更覺便當。第三配種。到了八點鐘的時候，五點鐘所出的蛾，一對一對配好，移在空篇上，這一對蛾與那一對蛾，相離不過一寸多點，要小心招呼他，恐怕那邊雄蛾，往往高興起來，把雙翼動過不住，動的利害，連這邊蛾都被他攪動那雌蛾就不能十分受精了。倘見雄蛾已經離開雌蛾，便趕緊把他仍就對好，大約兩蛾配合有六七點鐘光景，就可以順手把他兩個分開，好叫雌蛾生子了。第四蛾袋、種紙要先預備好。每張種紙畫上二十八個圈，每個圈旁邊編一個碼子，把這雌蛾一頭置在圈內，再用鉛做的圈把他圈住，不要他走在別的圈裏去，蛾自然在這個圈內生子。大約一蛾可生四百或四百五十子，生八九點鐘，差不多都生完了，把預先做好的蛾袋，寬約一寸半，長約二寸，袋嘴穿一條線，袋面編與種子一樣的號碼，把這紙上第一號圈裏的蛾，就放第一號紙袋裏面，照着號碼，把蛾都放在袋裏，將火把他烘乾了，把這紙袋放在乾燥地方，這些種子待過了四五天，那顏色都變灰色了，然後一張一張挂起來，要挂在通風地方，常常巡着，恐怕別的虫去吃他。第五驗種。

蠶未出世，如何曉得他好歹呢？現有個新法，用顯微鏡把他驗出來。把以前紙袋內的蛾拿出來，將他撕做兩半，把他下半身放在磁碟子裏，放一點清水用磁椎子把他研得粉碎，再將這水滴一滴在玻璃片上，用顯微鏡照着。倘見一顆一顆圓圓的，便是好蛾，莫有毒。這頭蛾是在第一號紙袋裏，就曉得那種子上第一號的蠶子是無毒的，可印無毒記號。倘見玻璃片有一顆一顆像鴨蛋那樣子的，這頭蛾就是有毒的，就照前對明種子的號碼，打個有毒的記號，一頭一頭都驗好了，將種紙上所印有毒記號的種子，另外剪下來，把火燒了，免留壞種害養蠶的虧本。

清 林志恂《蠶桑淺要・養蠶淺要》 框製者先將蠶種紙畫爲二十八區，每區編列記號自一至二十八，每紙又特編字號如某字第一號至一百號或二百號也。又預先製就蛾袋以三角形者爲便，二十八袋爲一束穿以粗線，每袋編列記號自一至二十八，每束又特編字號如某字第一號至一百號或二百號也。產卵時，每紙置雌蛾二十八頭每區一頭，每頭套鉛圈一個，勿使生子混雜鉛圈須預製，高約一寸，上口徑一寸，下口徑一寸二分，或以木框代鉛圈，亦可，至夜間十點鐘時，將雌蛾按所編記號，一一置入袋內。此時切須仔細，勿錯悞，勿遺失，務使種紙一張之字號與蛾袋一束之字號符合，又使種紙每區之記號與蛾每袋之記號符合如紙上第一區之蛾，即置入第一號袋內，第二十八區之蛾即置入第二十八號袋內。若此時一有錯誤，不但以前工力全歸無用，且使驗蛾時以佳爲劣，以劣爲佳，遺害非淺也。

將蛾置入袋中時，宜以兩指捻碎其頭，使不得外逸。又每束另用粗線紮縛，以防散亂。袋蛾既畢，於次日或日晒，或火烘，務使乾燥，慎藏之勿使腐敗。至七八月時，一一用顯微鏡考驗。因蛾之有毒無毒，以定其子之可用不可用，而後又憑目力鑑定之，是爲完全之蠶種也。

清 呂廣文《蠶桑要言・育蠶法》

選種

種類不一，有大圓頭、小圓頭、中水段頭、小水段頭。又有兩頭尖形，如榧之榧種。大體圓形，如梅之梅種。極小而堅之小石罐種。此外尚難備舉，而其蠶要均有四眠。第四眠，新嵊間謂蠶幽婦女不知音義，讀幽爲幼，作仄聲。嘉湖有以四眠爲大眠者，其種均好，均能多生絲謂所繅之絲，分兩多也，故均合養。蓋種以出新嵊者爲最佳，嘉湖所養有土種，有太湖種，有餘杭種，以新嵊人往賣之種爲最上，而新種又較勝於嵊。近日上海絲廠進繭，定新昌繭爲第一，以同一燥繭百斤，新則比嵊繅絲加多也。嘉湖得嵊之種而不能自傳其種，則以新嵊往賣之種皆淡子，僅可暫養一年，不堪出種再養也。或云：嘉湖亦將淡子醃過，但用石灰用食塩法，不及新嵊之良耳。按，書中說蠶三眠三起，今亦有一種，號三眠種，僅三眠無四眠。蠶身較短小，食葉亦較少，但繭體亦稍薄，繅絲亦少分兩，故不合養，但其種別處有之，新嵊則無。

清 盛宣懷輯《蠶桑備要・生蛾》 蠶之種不一，所出之地亦不一，丹杵種出南潯太湖諸處，白皮種、三眠種、泥種出千金新市諸處，餘杭亦出白皮及石小罐種。有以賣種為業者，其利浮於賣絲，當出蛾之後，鄉人向各處預購，謂之定種。每幅紙小者直錢千文，大者千四五百文，亦有購取諸種，向各村鎮鬻賣者，謂之蘭路種。其價頗賤，但鬻種之家惟利是圖，恒以不中為絲之繭生之，未有別留種蠶者。夫蠶之淂失，雖由飼養所致，然亦必須種好，方不易受病，故育蠶者當自留種蠶生子，不可苟且買種也。　一擇種蠶。留種之要，在先擇蠶種。蠶無病，子方無病。大眠後，當擇取整齊彊健之蠶，日以蕻頭葉飼之蕻，胡貢切。枝頂最茂處也。蕻頭力旺，蠶食之，其力始旺，必頻頻飼之，勿令稍餓。一切餧換之務，更宜勤慎。老則另棚上之，溫以微火，俾速成繭。一云不可用火。凡繭之尖細緊小者雄，圓慢厚大者雌，采時對半兼收，拗盡繭絖置於通風涼房內浄筐中，一一單排，不宜重疊堆積，致傷鬱蒸。勿搖動，搖動則受驚。蛾不能生子，俗謂之癡蛾。勿靠牆靠柱，防鼠也。若前此未及擇蠶，則於簇之上半截在下半截者少子擇繭之堅硬潔白者留之。每繭二斤半生子可滿一幅紙，紙大者須繭三斤。大約留種繭十斤，可得三眠之蠶四十斤。　一提蛾。俗云十八日蛾頭轉，言蠶蛹化蛾之期也。天暝，旬餘即出，然極遲亦無過十八日者。蛾餂出繭口，金門為上黃色，銀門次之白色。多在子丑寅三時，其性淫，出繭即交，須時時照瞭，否則即於繭上配合，俗謂之抱繭對，而對之時刻不準矣。出一蛾即提一蛾，分雌雄各貯一器，腹小者雄，腹大者雌。器內密竪草帚，使蛾羣集帚上，不致鼓翅盤旋，游走無定。不可任其自相配偶，任蛾配偶，則蛾出有先後，即交有遲早，不能齊壹。　一放對。蛾之出繭，天明即止，日初升即提集雌雄各蛾，使之同時配偶，謂之放對。蛾須一一提擇，凡拳翅、禿眉、焦尾、赤肚等，概棄不用。如未對，即將雌雄作成對，須其數相當。設有多寡，留其餘以待未出之蛾。既對之後，一一提置空筐，闔閉門戶，勿令見風，見風則易拆散，滿筐擾亂矣。亦有不見風而拆散者，謂之走對。將蛾提置一處，以小盃覆之，則復對。一觧對。蛾交須氣足，以六時為期，自辰至酉，其氣方足，其交亦鬆。即解去雄蛾，取雌蛾，勻綴連紙上，每幅約三百五六十蛾，看疏密增減，連紙須緊厚亦有用布者，蠶種紙出嵊縣者最佳，先以滾水泡過曬乾，生子方不脫落沃以繅絲之湯。淺交不可，過交亦不可，如雌多雄少，雄蛾可復對，觧開時須深黃昏方可。

清 衛杰《蠶桑萃編》卷三《蠶政・留子類》

對蛾

蛾出既多，將雌雄併在一處，任自配合，俗云對蛾。既對之後，一一提置空筐，關閉門戶，以稻草簾圍之，勿令見風，見風則易拆散，滿筐擾亂，亦有不見風而拆散者，爲走對。將兩蛾提置一處，以小盆覆之，則復對矣。勿令見霧，觸臭穢氣，并忌觸油醋煎熬氣。對滿四箇時辰，即拆開雄蛾，另放一處，俗云拆對。如卯初對者，於午未拆之；辰初對者，於未末拆之。拆對早遲，不可太過，早拆則來年多不眠之蠶，遲拆則來年大眠後，多高節而拖白水之病。

又 蠶連

連以紙為之，即蠶種紙也。以裱過厚皮紙為上，薄則不禁洗浴，用煮繭繅絲湯泡過者佳，不泡則種在紙上易於脫落，用布作連更佳。不拘新舊，以方為貴，若尖斜，則蛾每生子於布外。

清 楊蔚本《養蠶説》《皇朝蓄艾文編》卷二〇 擇種 養蠶之法，擇種爲先。取繭之居蔟上者，光堅細小者雄，圓慢厚大者雌，相間收之，置於溫燥處，守以貓。七日蛾出，其拳翅、禿眉、焦尾、赤肚、先出後出者，皆去之，留同時出者相配。至晚摘去雄蛾，將母蛾均布連上，其生子咸堆者不用。其餘生子數足，即於連上合覆，養三五日，移蛾下連，掛之通風凉屋內。掛時蠶子向外，蠶連厚紙爲上。於十八日後，將母蛾及雄蛾掘坑埋之，勿爲蟲蛾所食。

清 豫山《蠶桑辑要合编・種橡養山蠶・養野蠶説》 夏至後，結繭樹上，摘來攤於涼箔，數日蛾生。寅卯時，令雌雄相配，午後摘去雄蛾，以綫縛雌蛾一腿，拴於樹上，次日下子。伏後五日，其蠶自出。看守轉移如上法。白露後，結繭收貯。次年立春日，養如前法。此繭不能繅絲，須於蛾出後製而紡之。

清 張文藝《養蠶秘訣・選種》 預於本年大眠開葉時，揀蠶之身長體實頭小色顯食葉在葉底打洞者挑選若干，另行養開上山，亦另行上開，其繭必好。凡繭之堅硬緊小者爲雄，圓滿厚大者爲雌，揀繭須雌雄各半，否則雌多雄多，必多丢棄。用繭種草粘上掛在當風透亮處，至十三四五日出蛾。出蛾日務必早起，雄蛾在三更已出，一見亮光即動，易損翅毛。早起須在五更時，一人執火，一人捉之，置新糊紙篣中。蛾之腹小而善動者為雄，腹大而不動者為雌。又有一種，油光滿身，名油蛾，开翅足不全者，貼去不用。將雌雄兩種安置一處，待其交搆已牢，另為提開，置空篣中。篣須另糊新紙，每三眠篣只可放七十對，每二眠篣只可放四十對，務必稀疏勻整，切忌挨擠。須用人看守，其交而復脫者，隨時配對。約計五個時，為之拆開，早對早拆，晚對晚拆。將雌者置舊布上，蠶子布宜用舊布，不宜新布，不宜過大，以尺方為度。每蛾一隻，約離兩指許，為生子地步，已經生滿，將生叠子者為捉置布之空處。布須攤平篣中，或須貼着壁上，其蹲不牢而跌下者，必無力之蛾，生子必不佳，可貼去。再有生子側而不平、或堆叠不分者，亦無用，可隨手攙去，蛾亦丢去。布之空缺處，須補滿之。出蛾約計三朝，第一朝為報蛾，第二朝為最多，至三朝而完。一朝有一朝之蛾，凡隔宿之蛾與交過之蛾切不可用。其無對偶者，皆貼去不用。倘少雄蛾，與人交換其種，在一家養出者，可以配對，其在兩家養出者，不可配對，以蠶性不同也。蠶之好壞，第一在選種，選種不佳，以後諸病百出矣，切記切記。倘或本年自己蠶不好，不能留種，須要向他人購換者，須看其一路無走失、篣底乾净無甚水漬、桑渣内無脚蠶、上山後無白僵爛溏之蠶者，方可選種。再者，約大眠開葉至上山對中時，或兩朝或三朝，蠶發肥顯之色，方可留種。倘有灰黯色者，其種必無可揀矣。

清 鄭愷《飼蠶新法・顯微鏡攷種法》 將蛾袋中之蛾去其頭翅足，入於乳盃中，滴以清水一點，用乳錘磨漿，滴於載玻璃片上面，覆以小蓋玻璃，輕輕移於六百倍之顯微鏡下攷之，見有腰圓如米粒者，名曰微粒子，即有病毒之証，無此者留之。其外病毒甚多，不能盡述矣。是法創自歐洲バスツノル巴斯陡氏漢文巴斯陡。又攷蠶卵之法，始於ェルメリセ苦路那利耶氏。用苛性加里及蒸溜水和合用之漬水亦可，其配合之量，攷蛾用百二十倍即藥水一分水百二十分，攷蠶卵用七十倍即藥水一分水七十分。然顯微鏡攷病之法甚繁，非實習者不能知也，故畧之。

清　朱祖榮《蠶桑答問》卷下

留種第四

問曰：『留種之法，亦與春蠶同否？』

荅曰：『是不同。只須揀堅厚平頭之繭四五十個，聽其出蛾生子，空懸高爽之處。待來年春蠶之前，先行哺養，約在小滿生子，芒種再哺。』

問曰：『何不今年多留種子，逕至來年芒種哺養，省費一番周折乎？』

荅曰：『春蠶種子，一交穀雨，不哺，自出夏種，亦然。不如此，必與春蠶並生，便奪春蠶之葉，而芒種後所發二桑徒然無用矣。』

問曰：『若將春蠶所生之子，隨卽再哺，能再出否？』

荅曰：『春蠶之子，一歲不再出，惟夏種，則春夏皆宜。故初養取其生子，再養方可繅絲，既不奪春蠶之葉，更可食無用之葉，誠爲兩得。故二蠶取其本輕，養育得法，亦未必遠遜春蠶。惟二桑祇可剪葉，不可剪條，二桑之條，卽明春放葉之條也。』

清　陳淳《製種法》第三章《蠶種之檢查》《蠶業叢書》第十二編

第一節　器械檢查

母蛾檢查法　創始於法人巴斯陡氏，其時所創者，係用囊製法。詳見後章至日本明治十六年卽前清光緒九年，佐佐木長淳氏改爲框製法詳見後章。框製囊製法雖不同，而攷驗母蛾之體軀，因其有無病毒，以定其卵之優劣，則二法固無異也。攷驗之時，取出烘乾貯藏之母蛾，記明號數，摘去其頭與翅，而存其胸腹，逐個置入乳缽，注加一百二十倍之苛性加里水數滴或用清水亦可，以乳棒研成液汁。每蛾製成普利拍勒託一個，逐個攷驗，因其有無病毒以定其卵之取棄。攷驗之時，先察中央，再察四周，與攷驗蠶卵同。惟定病毒之等次，則以全面普利拍勒託之中不見一粒微粒子者，謂之無毒，留飼其卵，可供製種之用。見微粒子一二粒者，謂之普通，或稱微毒，留飼其卵，可供製絲之用。見微粒子至五粒以上者，謂之有毒，不可飼育，卽使勉强飼育，僥倖而得收獲者少，罹病而遭失敗者多，惜小費而招大損，甚爲養蠶家不取也。

又　第五章《蠶種之組成》

蠶卵之受孕及胚子之形成

蠶爲卵生動物，受孕之情形與胎生動物不相同。其受孕也，由雌蛾生殖器卵管內之卵細胞漸次成長，由卵管下入於輸卵管，後受其管壁細胞所分泌之强靭質包被而形成卵殼，是時卵子生有兩重被膜，外被卽卵殼，內被卽所謂卵黃膜。此卵黃膜直包被卵子之內容物，卵子內容物者，卽所謂原形質、卵黃珠、脂肪球及細胞核而已。細胞核近於卵子成熟之期，次第移向卵之前端，至精孔附近之處分裂爲二，其一移出於卵黃膜之下，名曰第一極體。其一更分裂爲二，如前放出，名曰第二極體。此等極體，後均消失。當放出第一極體，將生第二極體時，卵子已成熟，精蟲遂得由其卵門進入，而與卵核相近，迨至第二極體放出時，精蟲卽與卵中遺剩之核結合，而生分裂核，由是始可形成胚子也。

蠶卵受精作用已畢，其受精之核既爲分裂核後，於是移於卵之中部，屢次分裂，增加其數，此數多之分裂核附近於卵之周圍，一一排列。外有原形質及細胞膜包被，而成多數完全細胞，於卵黃膜之內面，形成一種組織，名曰胚盤，其遺於卵內之核名卵黃核，漸次液化爲卵黃球，以供胚子之營養，次於胚盤一部，卽卵子之右側。其細胞特爲生長，比他部增加甚厚，形成腹板。腹板表面爲楕圓，卽發育而爲胚子之部分。後於腹板周圍胚盤處復成褶狀而突出，名曰羊膜突起。此羊膜突起，係由四方次第伸長而來，至此遂相附着，而爲兩層之膜，包覆腹板，因而腹板與胚盤分離，遂陷入於卵黃之中，而成獨立之胚子。其時內膜覆於胚子表面，稱爲羊膜外膜，後漸堆積色素，卽成所謂漿液膜者是也。

又　第七章《蠶種用具之製造法》

蛾袋

蛾袋者，爲收貯產卵後之死蛾，備秋冬時逐一考驗其病毒有無，而後可得精良之種。第此袋之製法不一，現時最簡便最易行者，莫如舊新聞紙對折，粘作長條，分爲兩邊，每邊各十四蛾。摺疊之後，編號其上，次以油紙摺成三角形，二寸餘長闊之袋，有用線穿成一組，號數亦照每張蠶種紙之號而記明者，更有以馬口鐵製爲方盒形，格數仍照種紙，置蛾其中，上用蓋，蓋面寫明總號者。

又　第八章《蠶種之製造法》

產卵

蠶蛾之產卵，其性最喜清涼，若溫度過高，往往產生甚形慢緩。又其產生時，并非一直連續而不間斷，大抵一蛾之卵數，雖因種類不同而分多寡（多則七八百粒，少則四五百粒），而平均之，約在六百餘粒。如下午二時拆對，至五六時間，亦產生四百餘粒，而暫休息，及至九十時間，再產其餘。惟後產之卵，往往不及於前產者，所以殺蛾時刻，必在後卵未產之前，若待其盡行產出，恐不免有虛弱及病毒之卵相混也。今更說製種之各法於下。

第一項　平附種製法

該法母蛾無一定額數，如餘杭製法。全張約四百蛾，半張約二百蛾，新昌製法，概以二百蛾爲限，其在日本則自八九十蛾至一百一二十蛾不等，其製法於連紙之四周欄以一寸二三分高之緣木，將蛾散布其中，惟室內光綫不可偏射一方，致母蛾偏集於一處。又宜時常照拂，勉令產生平正，如經五六時後，可將母蛾撤去，勿令其產盡爲要。

第二項　框製種製法

框製法者，由係法人巴斯陡氏所發明，後由日人改良，爲近來最善之法也。惟一連上之蛾數，亦無一定，有五十蛾者，有四十蛾者。浙江西湖蠶校歷年所製，約以二十八蛾爲限，製法先將連紙蛾袋畫成號碼，次以連紙每格上預覆鉛圈後將溺畢之蛾放入圈中，令其產卵，至達所定時間後，付準連紙蛾袋號碼，順次將拾袋中，以便他日檢查，末將鉛圈撤去，而所生之卵靜置上，勿稍移動。惟裝袋之時必須十分注意，否則一蛾錯亂，全紙皆不能準也。至殺蛾之法，可於胸部捏之，因此處係吸胃存在之地。吸胃既破，母蛾自能立斃。若在他處雖捏至糜爛，終不即死。又按框製法製種，當蛾入鉛圈時，雖不必如平附法常須注視，然亦宜稍加巡察，恐有蛾懸圈上產卵之弊。

又　第九章《蠶種之糊裱法》

此法行於浴種後、貯種前，爲一去莠存良、使優劣不雜之法也。如以肉眼選驗者，分最優、優等兩種。顯微鏡檢查者，分無毒、微毒（或名普通）兩種，各依此類，糊之可也。但無毒、微毒、最優、優等等，俱以二字，刻一小木戳，便驗種時，印於該號之隅，使糊種前，易別優劣也。未糊前，將已浴驗之種，以小雕刀依連上墨線，一一裁下，問有數個微毒相連者，裁時亦可相連。惟無毒、微毒者各分貯，棄燬有毒與中下等種。但宜先裁一種，再裁他種，恐有雜種之虞。

清　黃穀《蠶體解剖論》第四章《蠶卵解剖論》《蠶業叢書》第三編

第一節　形態

蠶卵如粟粒大，楕圓而扁平，外面包以角膜（克親質），甚有光澤。一端稍尖，一端稍鈍，表面之中央稍形凹陷。其大小與形狀因種類及飼法而異，大抵長經一米厘米突，短經〇、八米厘米突，厚〇、五米厘米突。其重量在初產之時最重，經日愈久，量愈減輕，蓋因卵中水分發散，故其表面凹陷亦日大也。一卵之重，雖由大小不定，大約不過二絲，一温司重，大者三萬六千粒，小者四萬九千粒。卵之色澤亦各不同，通常白繭種呈紫藤色，黃繭種帶綠色，鈍白種一名黃雪種，呈淡黃色。然無論何種，當初產之時，皆呈淡黃色，二三日之後方漸次着色也。六七日之後，方全帶色。表面見之，如白粉散布者然。若二化蠶在一化之時，當時淡黃，隨即變色，因急須預備發生，胚子發達至急也。

又《蠶體生理論》第一章《生理機論》《蠶業叢書》第六編

第四節　胚子之發達

受精之卵變化頗多，試取成熟之蠶卵一枚，檢其外面，則有硬固之被殼，即稱爲卵殼。卵膜之內又有透明薄膜，稱爲卵黃膜，專爲包被卵內原形質、卵黃球、脂肪等物之作用。此等含有各物，常充滿於卵中，其亦有一核，名爲胚球，產卵後，經過一定時間，胚球始行分裂。初於分裂之部生一種三膜。此膜係由扁平大形一層之細胞而成，其中含有楕圓形之核及多量之色素，此膜卽爲漿液膜，乃與卵黃膜共爲保護蠶卵內部之含有物者也，俗稱蠶卵之變色，生於漿液膜，係由色素堆積而成。然黃繭種卵呈綠色，若在二化第一期則無色，是亦因色素種類之有無者也。今以蠶卵變色之現象觀之，越年卵與不越年卵，大有別異，如越年卵，春冬皆須吸收温熱，因其漿液膜中含有色素，春冬氣寒均受外界之影響，故須吸熱，以爲發生之調和。至於不越年者，既無色素，若吸收温熱，反害生理，所以變色不變色，由此而分也。

藝文

唐　白居易《白氏長慶集》卷二一《有感三首》

第宅非吾廬，逆旅暫留止。子孫非我有，委蛻而已矣。有如蠶造繭，又似花生子。子結花暗凋，繭成蠶老死。

清　沈炳震《蠶桑樂府》

生蛾大眠起，先擇種蠶倍與之食，故作繭亦異於他蠶。繭成貯筐筲中，越五六日，乃破繭而出，是爲蛾，兩翅栩栩然。

大眠已過蠶鋪地，揀取種蠶貯筐筲。儘教食葉不復斬，珍重特與他蠶異。果然作繭大且厚，白雪作團净無垢。蠕蠕已知蛹欲化，栩栩又見蛾出口。雌雄對對自成雙，長身窈窕疏眉龎。霏霏翅粉點明缸，孕含但見軀膵肛。細觀物理三太息，同是春蠶何决擇。可憐薄命鼎鑊烹，爛額焦頭更誰惜。

又 布子用桑皮紙，每方廣尺餘為一幅，引蛾布子其上，鄉人謂之蠶種紙。生子後，小兒將蛾引置水盆，旋轉而遊祝曰：阿蛾轉團團，今年去了來明年。

剡藤一幅潔且光，農家亦復勤收藏。引蛾著紙密生子，紛紜瑣碎何可量。眼看粒粒細於粟，咫尺應知千萬屬。莫言此貨稱易得，卽使豐年勝珠玉。蛾兒生子旋棄捐，翾飛更引羣兒顛。盆中盛水語喧闐，繞盆共祝轉團團。阿蛾去了來明年，拍手一哄水盆翻。

又 相種蠶蛾布子參錯不齊，村嫗以相種為業者，就種之斜整疏密，擬其形似，撰為效語，以占吉凶相欺誑焉。

蛾生蠶子鋪重重，縱横紛錯尋無蹤。誰能於此辨疎密，何况從之定吉凶。前村老嫗口懸河，家家相種工揣摩。强尋形似相髣髴，約略推求多荒忽。斜行如葉復如花，圓轉成錢更成月。就中一幅勢如龍，蜿蜒天矯下碧空。誠哉天造非人工，此圖最吉餘難同。無端蠶紙成卦繇，世俗荒唐那可究。不聞相馬與相士，猶或失之肥與瘦。

清 董恂《南潯蠶桑樂府·收蠶》 下蠶最早推我湖，昨日前日齊攤烏。歷頭日脚今又好，收蠶莫把良辰孤。鵝翎一雙早購置，細意更有垂髫姑。囑姑開包出布種，蠕蠕戢戢生意蘇。紙上拂拭置筐内，攢如絲髮無細麤。更教持戥較輕重，胥言種最今年敷。小筐紙糊潔且净，一層細葉青平鋪。操刀束砧忙復忙，何殊慈母將嬰雛。

又《生種》 種蠶食葉倍于衆，種蠶作繭大如甕。莫辨蛾頭短與長，已見蠕蠕繭破縫。須臾蛾口出紛然，粉翅修眉堪鄭重。雌雄相配各成雙，軀腹胮肛子已種。引蛾紙上密密生，紛紜散布無缺空。似此幺麼細已甚，衣被翻為世所用。一年一度轉團團，功業何人能與共。却恨蠶家太負心，佳種生成水濱送。

清 董蠡舟《南潯蠶桑樂府·生種》 種蠶食葉一倍多，作繭別貯留生蛾。輪囷密緻厚且白，持比他繭難同科。閉置筲中過旬日，栩栩齊看破口出。龎軀粉翅兩眉彎，雌雄相對排成列。赫蹏裁來一尺長，將蛾引著紙上方。少焉生子已布滿，如芥如粟紛難量。鳥盡良弓藏不用，一時齊向東流送。贏得兒童喜欲顛，祝伊去了來明年。

圖表

清 王文韶撰，袁俊德輯《蠶桑紡織器圖説·蠶器圖類》

擇種圖説

擇種之法，須將蠶繭之空輭薄及參前落後者概檢去不用，祗取中間，一時作成精實光亮，輕置手中，微搖耳旁，雄雌相配，其繭長而尖者為雄，闊而肥者為雌。擇種既佳，以後出子便無黄輭諸病，故未養蠶先擇種。

清 宗景藩説略，吴嘉猷繪圖《蠶桑圖説》

收子

春蠶作繭，取大而堅者留之。約八九日，蛾將出，五更時，揀其雌雄，配成對，俗名門蛾。俟門至午未後，將兩蛾折開，用布一方，取蛾數十，置其上，將布挂於壁間。有蛾即生子，密粘於布。俟滿取下，擇卧室中懸挂，以防鼠嚙。不可有香臭氣，及烟煤熏蒸。挂至初冬，摺置箱篋。待時而浴。

清 衛杰《蠶桑萃編》卷一二《圖詠・蠶圖詠類》

留子第十二圖

蛾兒分別配雄雌，蟻子新生粟聚奇。更怕原蠶依舊出，留添艾葉製尤宜。

繭子摘下，於耳旁搖試，擇堅實光大者留作蠶子。俟成蛾，破繭而出，引置紙上，雄者腹長而窄，雌者腹寬而肥。俟生子後，送舊蛾於溪邊，或埋之土中。留新蟻於陰涼處，勿使近日近火，致出原蠶。

蠶病害部

蠶病

題解

清 韓夢周《蠶桑實濟》第三説 殭音薑，死不朽也。一曰蠶白也，今蠶死而白謂之殭蠶。

清 厲荃原輯，關槐增纂《事物異名録》卷三〇 死氷 《淸異録》《侯寧極藥譜》：死氷，白殭蠶也。殭蠶

清 汪曰楨《湖蠶述》卷三《擇繭》 選擇 有誤食熱葉及觜傷縈絲寬慢，其繭軟而鬆者，是為鯀繭；有蛆生蠶腹，繭成穿穴而出者，是為蛆鑽繭，《吳興蠶書》亦曰香眼繭。大眠後為麻蒼蠅所齩，作繭後蠅子自出而有此眼也。蠶時蒼蠅必須常拂，點綫香亦避。《育蠶要旨》有老不化蛹，斃殜繭內，穢汁浸潤者，是為映頭繭，《吳興蠶書》亦曰烏頭繭，《胡府志》又曰爛死繭。《育蠶要旨》有薄緒纏身，赤蛹外露者，是為凹赤繭，《吳興蠶書》亦曰薄繭。《育蠶要旨》四者皆屬蠶病。有山火太旺，忽遽吐絲不及周偏環繞，其繭一頭穿破者，是為穿頭繭。有粘簾附帚，結成深印者，是為草凹繭，《吳興蠶書》亦曰棱角繭，限于地而不能舒展，故不圓。《育蠶要旨》。有蠶溺霑染漬成黃瘢者，是為尿緒繭，《吳興蠶書》亦曰推出繭，《胡府志》又曰尿暈繭，為他蠶所汙。《育蠶要旨》有上山太稠，或二蠶三蠶共成一繭者，是為同宮繭《吳興蠶書》亦作同功繭，《胡府志》又作唐公繭，聲之謁也，董蠡舟《樂府小序》四者止屬繭病。《吳興蠶書》又有黃繭、碧繭。黃者緒粗，碧者質厚。董蠡舟《樂府小序》碧繭又名綠松繭，當一一選出，擇其圓白者，然後其絲光而且白。鄉人往往貪重，選之不浄，以致其絲黑色，其實多而不精，無益也。《育蠶要旨》大率蠶豐收則繭皆整齊，歉收則繭多參錯。拗時逐一從手上經過，並須逐一簡擇，若遲至拗後清釐，又多費一番忙工夫矣。《吳興蠶書》

清 戈頌平《神農本草經指歸》卷四 釋名。自死者名白殭，蠶俗作蚕字者，非矣。蚕，音『腆』，蚯蚓之名也。蠶病風死，其色自白，故曰白殭蠶。殭死而不朽曰殭。其蠶屬陽，喜燥惡濕，食而不飲，三眠三起，二十七日而老。自卵初出為蚪，自蚪蛻而為蠶，蠶而繭，繭而蛹，蛹而蛾，蛾而卵，卵而復蚪。宗奭曰：『蠶有兩三番，惟頭番殭蠶最佳。』鹹水味辛平，秋金平和之氣也。小兒驚癇，驚屬午火之陽氣，失亥水之陰精濟之，則時時驚癇。夜為陰，陽氣居上，不藏拎下，下之陰失陽通而腹痛多啼。以白殭蠶之鹹味，水氣上濟午火之陽，以秋金辛平之氣，上固陽氣，下降內藏，戌土藏中無偏，其驚己土之陰淂陽通，而腹痛已，驚癇夜啼自解。曰白殭蠶氣味鹹，辛平無毒，主治小兒驚癇、夜啼。三，三陽也。三陽，陽氣去藏，戌土藏中，虫淂陽氣溫養而安，曰去三虫。皯面黑氣，陽氣居上，失陰濟之而明，致面生黑氣。淂水之陰上升，火之陽下降，陰淂陽明，陽淂陰明，面上黑氣除矣，面色美矣。曰滅黑皯，令人面色好。癢，揚也。其水氣在皮中欲淂发揚，使人搔发之而揚出也。陰處之水，陰淂陽氣內藏戌土藏中，其水之陰淂陽氣運行，而陰處之癢即解。曰，男子陰癢病。

清 黃祖徽《蠶桑淺説・養蠶篇第二》 病名分五種：一、黑痣病；二、軟化病凡空頭蠶、瀉蚕、縮蠶均屬此；三、硬化病凡白殭蠶、絲殭蠶屬此；四、膿蠶高節蚕屬此；五、病蛆亦曰蠁蛆。

清 徐瀾輯《柞蠶簡法》

蠶病

蠶之病不一，有弱而不食者曰軟即黃軟，有硬而不蛻者曰殭即白殭，有身出黃水者曰爛俗名黃爛，有身生黑點者曰斑即椒瘟。軟與斑，多係種內受病，或云傷濕所致。至殭與爛，則移樹時壓積所致。又有因樹葉食盡，不爲移樹，其蠶多黃黑而死俗名變老虎。又有大眠後身上逐節忽現黑纹，多不成繭，即成繭亦薄甚，每眠起一次，必剔選一次。

清 王元綎《野蠶録・育蠶》

蠶病

蠶之病不一。有沿樹游走不食者曰懶，有吐絲少許即僵者曰縊，有身生黑點者曰斑，有身出黃水者曰爛。懶與縊多係種內受病，或云傷濕之病。至斑與爛則移樹時壓積所致。又有大眠後頭忽全黑，俗名之老虎頭，多不成繭，即成繭亦薄甚。

清 黃湄西、賴昌、陳爽棠《蠶體病理論》下編第二章《軟化病》《蠶業叢書》第七編 軟化病者，乃病蠶斃後屍體軟化之總稱也。其中種類甚多，蔓延甚廣，幾多育蠶家所以破産者，皆此軟化病階之厲也。我國蠶業之進步遲緩，亦以此病猖獗特甚，因蒙其大害，致沮喪其志氣者不少。今日之現象，殆如往時法蘭西育蠶家之恐怖微粒子病，苟不鋭意研究，以期病勢之日益減退，則其害眞有不堪設想者。【略】

軟化病，歐洲稱曰夫來芝衰利（Flacerle），日名フゥツセリノ）病，日本俗稱爲他來哭（タレコ）病，即我國向稱之烏爛蠶也。蓋其死體軟化爲黑褐色，終至腐爛，放出惡臭。由其病徵及寄生細菌之不同分爲空頭病、瀉病、縮小病之三種。

論説

清 高銓《蠶桑輯要》卷下

原病

蠶自小至老，須刻刻防其致病。俗稱蠶為憂蟲，受一分病則歉收一分。人之飼養未有不期其無病者，而蠶之病每中于忽微，為人所不及覺，故必加意調護，以杜其病。調護之道：一戒貪，一戒懶。夫蠶之所需者，人工、桑葉、屋宇、器具，四者備而後可以成功。若不量己之有無，一味貪多務得，必致餧飼缺葉、分布少筐、擡緐乏人、安放無地，人既受困，蠶仍受傷，此貪之致病也。凡事成於勞，廢於逸。《農桑通訣》云蠶有十體，寒、熱、飢、飽、稀、密、眠、起、緊、慢，此十者，人所當體恤也。時時體恤，猶懼有失，若夜則貪眠，日復偷息，必致分緐不時，飼養失節，風寒不慎，溼熱不除。苟且之心勝，則諸弊叢出矣，此懶之爲害也。至若一鄉一邑之中，比戶蠶病無或免者，此則如時行疫痢，乃運氣使然，非人之所致矣。

清 汪曰楨《湖蠶述》卷一 蠶最爲鼠所喜食，育蠶者不可無貓。高銓《吳興蠶書》：蠶自小至老，須刻刻防其致病。俗稱蠶爲憂蟲，受一分病則歉收一分。人之飼蠶，未有不期其無病者，而蠶之病每中於忽微，爲人所不及覺，故必加意調護，以杜其病。調護之道：一戒貪，一戒懶。夫蠶之所需者，人工、桑葉、屋宇、器具，四者備而後可以成功，若不量己之有無，一味貪多務得，按，俗稱養空頭蠶必致餧飼缺葉、布置少筐、擡緐乏人、安放無地，人既受困，蠶仍受傷，此貪之致病也。凡事成於勞，廢於逸。《農桑通訣》云蠶有十體，寒、熱、飢、飽、稀、密、眠、起、緊、慢，此十者，人所當體恤也。時時體恤，猶懼有失，若夜則貪眠，日復偷息，按，俗稱靠天收必致分緐不時，飼養失節，風寒不知慎，溼熱不能除。苟且之心勝，則諸病叢出矣，此懶之爲害也。至若一鄉一邑之中，比戶蠶病傳染無或免者，此則如時行瘟疫，乃運氣使然，非人力所能爲矣。蠶之病：一曰殭，有紅、白二種，皆屬風傷。俗每用白馬糞燒烟薰之可治，亦猶馬病用殭蠶，取其氣相感也。凡殭死身直者，必傳染無遺，按，俗云搭棚殭。彎者猶冀收成三之一。若臨老病殭，速捉上山，旺火灼之，亦能成薄繭。一曰花頭蠶，生黑點，或偏身或一二處，統名花頭，亦稱癩癘頭。此分緐不勤，爲葉緐蒸損故也，能食而不能成繭，老則斃而已。一曰暗脰頸蠶，老則脰頸通明，若受緐蒸，不成花頭，卽成暗脰頸，亦謂之木脰頸，其頸至老不通，食葉無絲，與花頭等。一曰亮頭蠶，食葉則首暗，葉過則亮，是爲過葉亮，非病也，其食葉仍亮者則名亮頭。沙矢不堅，尾流焦水，又謂之溼朏臀。凡小蠶旺食之候及遇天氣炎熱偶不飼而失葉忍飢，至輟火或大眠輒發爲亮頭。發愈遲則病愈重，隨飼隨斃，一無收成。大約起孃初蛻時，皮色黃而身胖者必成亮頭。昔人謂之黃肥，今謂之著黃草布衫，放葉兩三次卽尾流清水矣。按《陳旉農書》云：傷溼卽黃肥，傷冷卽亮頭而白蜇，傷火卽尾焦，又傷風亦黃肥。由此觀之，致病之由亦有數端，顧未有不由失葉者。甚矣，失葉之爲害大也！一曰白肚蠶，忌溼，食雨水葉則潰死。俗謂之殜肚食霧露葉則痿死。若食氣水葉及受沙緐溼熱之氣，則成白肚，有乾有溼。乾者節高身縮而無水，溼者節高而足流白水，滿筐游走無定，俗稱爬蠶，亦曰潮蠶。按，今俗有躧白肚之語。躧，音賴，俗讀上聲。白肚亦作白大，言長養無益也。考《陳旉農書》云：傷風卽節高，沙蒸卽腳腫，節高腳腫皆屬白肚。是白肚亦間有傷於風者，然總不若傷於沙緐溼熱之氣甚也。凡病溼白肚，用石灰末匀篩一層於筐，俟蠶行起以葉飼之兩頓後，再用石灰化水徧灑葉上，令蠶食之，病者卽死，不至遺染。按，無病之蠶一霑其足流之水，立時亦成白肚，故一見卽宜早治。俗謂爬蠶，發於大眠三周時者，至五周時自止。發於五周時者必傾筐盡變。此說甚確。乾白肚無絲，上山後身愈縮，節愈高，不能上帚，止集簾面，今所稱活婆子是也。又有一種有絲腸而不成繭者，今稱縮婆子，係山棚上爲風吹襲所成，與白肚有明暗之別。縮婆子身明亮，乾白肚身暗滯。一曰多觜乾口蠶，眠初起身蛻而觜不蛻者，名多觜孃；或蛻而口不能開者，名乾口孃。此眠頭之觜，爲人觸傷也。然眠頭傷風亦有此病，猶之稻正吐花，突遇西北風卽成硬口而不結實也。二者口不能開，並斃於餒。一曰著衣孃，起孃蛻膚至半身而止，謂之著衣孃。此有兩種。一是蠶病溼尾黏惹不能蛻；一是種眠頭時用石灰太重，蠶身乾燥所致，剝去其膚，蠶仍無害。若溼尾，雖剝去亦斃。一曰青蠶按，亦稱青條，以色名也。蠶眠則身黃，此獨青而不眠，故曰青蠶。或受沙蒸，或受風溼，並足致病，自頭眠至大眠皆有之。有一種名壯青者，乃食肥葉而成，蠶身分外粗壯，色深青而不眠。按，俗謂蠶不齧人，然亦間有被齧者。毒入內能令人寒熱，以苧麻葉搗汁塗之卽愈。以蠶畏苧也。至俗又以蠶皷爲吉利，則不知其何說矣。

清　吴宗周、陳幹材、徐謙山《蠶桑白話》卷二《栽桑白話》　舊法養蠶的害處　我們中國養蠶的老法子，頭一件是不管天氣，冷就冷，熱就熱，從沒有去講究他。須知，人既曉得冷，難道蠶子不怕冷嗎？你們既要將他抽絲剝繭，賣成銀錢，就應該好好的保護他。天冷的時候，蠶房中總要用火盆方好，那火不可太大，也不可太小，要看天氣冷得利害不利害，并這間蠶房是大的小的，都要細心講究，不可苟且將就的。這話說在後，今且不表。第二件是不曉得蠶同人是一樣的，身體也有好歹，有時也會生病的，譬如有個頂會做文章的人，遇考試忽然病了，那文章如何做得成？人病了不能做文章，蠶病了自然不能吐絲，就勉強吐出的絲，那絲自是不好的，就像臨場害病做的文章，斷難望中。但是人害病可請醫生開方吃藥，蠶到害病卻沒藥吃。你門到了沒法，只好求甚麼蠶神貼、甚麼蠶符，殊不知蠶病總有個緣故，天天小心，自然蠶不病了。頭一件是房子不好。你們那些房子，裏面潮濕也隨他，太陽晒進來也沒人想法去遮蓋，有時把門打開，聽着東西南北風吹個不住，有時把窗門關得緊緊，一些兒氣都不透，這都是受病的緣由。第二件，幾千幾萬的蠶堆在一箇篇上。你想一間房子能住多少人？一床能睡多少人？人既要房子稍寬、床鋪能容纔舒服，難道那蠶子不想舒服嗎？滿千滿萬的堆在一處，可憐他又不會說話，你疊我，我壓你，一個在底下吃葉，一個在他頭上撒糞，你想他苦不苦呢？苦了便會病，病了便不能吐絲，你們養蠶的不怕虧本嗎？第三件，吃葉的時候沒有一定。人早上八点鐘吃早飯，十二下鐘吃午飯，七下鐘吃晚飯，或餓了還吃點心，那蠶吃葉也該有一定的時候了，倘他餓的時候沒葉吃，到餓壞了就不能吃葉了，到了餓壞以後，變作病蠶。你們須要曉得蠶的病是容易傳染的，一蠶病了，別蠶也病，一傳二，二傳三，傳得一般蠶都病，再過幾天就精光了。到那時貼錢虧本，白費人工，你悔也遲了。

又　養蠶的新法子　他們外國人頂講究的是蠶房。這講究兩字並不是要如何雕彩體面，不過這蠶房總要揀高燥地方，比尋常房高一兩尺，下面就可以不潮濕了。那房子方向，頂好是東南兩面，因爲東南風比西北風和暖些。蠶是頂怕冷的，所以那西北向不甚合用。房子的高下大小也有一定尺寸，高要九尺上下，濶約一丈二尺上下，深一丈五尺上下的最好，小了只得少養。房子四面都要開個小小氣窓，可以開關的，預備透氣。房子上若無瓦蓋，就是草蓋也可。房子中央開一個火坑。這個火坑要蠶房地面積十六股裏頭一股的大方好，是備天冷時燒火用的。坑面兩頭鋪木隔子，中央鋪木板，平常可以走路。倘蠶房中不開火坑，另用火爐，亦是要得。還有那養蠶的傢伙也是要小心的。今年用的傢伙，明年養蠶時，是不可胡亂用的，因蠶病傳染是頂利害的。去年病蠶雖死，那餘毒都在舊傢伙裏面，若把今年好蠶放在裏面，必定傳染生起病來。所以外國養蠶人家到養完以後便要把一切傢伙洗得乾乾淨淨，收拾起來，等到二年拿出來，再用石灰水洗過，就是那養蠶的房子四面窓戶，都要石灰水洗得乾淨。到清明節那幾天，就把蠶種放在不透風的房子裏面。爲甚麼的？因爲頭一年這蠶種存在箱子裏溫度是低的，到第二年春天，須要使他漸漸和暖，放在不透風房子裏，就是防天氣忽然熱起來的毛病。房子裏面用一個火盆，把四面窓門關緊，然後逐日斟酌加添火力，那蠶遇這樣漸漸和暖的天氣，就不害他發生的順序了。大約過十四天，就一個一個都鑽出卵袋來了。但這火不可太大，不可太小，總教溫和就好。當蠶卵受暖氣正在變蟻的時，倘一停火，溫度忽低，這就是阻止他的發生了。蠶到要出的頭一天，那張種紙外面用一張白紙包好，這時房子內到要做些濕氣，教他鑽出來格外容易。這濕氣做法有三種：一種把房內窗門、牆壁、地板，都洒些水花。一種在火盆上把開水壺泡起開水，那水氣由壺裏衝出，使蠶子受濕氣，生長亦快。一種將桑花揉碎在種紙上面鋪勻，過兩三點鐘就把桑花除去，等到第二天十點鐘，蠶子出世格外多了，等差不多出完了，就把他收下來，叫做收蟻。這收蟻的法是把一個大篇上面鋪一張白紙，紙上圈幾層大圈，像左邊所畫的樣子，就是最小的圈圓徑一尺一寸，第二圈一尺五寸，第三圈一尺九寸，第四圈二尺二寸，第五圈二尺五寸。這張紙先秤一秤多少輕重，就在紙角上用筆記清。然後用鴨毛一條，輕輕把蟻埽在紙上當中那一圈內，那種紙埽完了，再把那種紙外面包的那張紙上的蟻也埽下來，然後把這張圈過的紙連那許多蟻，再秤一秤。除前記那紙的分兩外，其餘都是蟻的分兩了。就把磨碎礱糠，輕輕撒在蟻的身上。這回撒糠有兩層意思，一、收除濕氣；二、容易埽攏。礱糠莫太厚，要薄些。撒糠後再把桑葉切極細碎，撒在糠上，等那蟻都從糠底下鑽上來吃葉子，然後把糠、桑葉、蟻一總埽攏，依所畫的最小圈子內鋪勻，一錢蟻一圈，兩錢蟻兩圈，以後要時時去伺候他，喂養他了。喂養的法：頭一層不要太薄，也不要太厚。又不可貪懶少喂。那喂葉的回數，大畧纔出時一天喂九次，一眠後一天八次，二眠後一天七次，三眠後一天六次，四眠後五次就夠了。又小蠶不便吃大片之葉，故纔出時葉要切得很細，等蠶漸漸大了，葉亦漸漸切大。如頭回的葉他吃了，剩的殘葉還多，那二回的葉，就少喂點。頭回葉吃完了，二回就多喂點。到四眠後那蠶體很大，那葉就可連桑枝放在裏面喂他了。倘遇落雨葉濕，不如遲些飼。譬如往時五點給葉，今天五點半給葉亦不妨。天氣有太陽，葉子易乾，給葉就要早些。譬如一錢蠶子收下，第一天放在當中那一圈就夠了，第二天就要勻做一圈半，第三天勻做二圈，第四天勻做三圈，總要那蠶在簾上寬舒，自然無病。第五天勻做四圈，即不要再勻開了，到了第二齡開葉以後，再漸漸的勻開來。到了將眠的時候，三尺二寸圓徑的簾，要勻做一簾了。到了第三齡將眠的時候，要勻做三簾了。到了第四齡將眠的時候，要勻做七簾了。到了第五齡，要勻做十一簾了。那糞務要除得乾淨，那蠶纔不受穢氣，自然康强。到吐絲時利錢就要到手了。

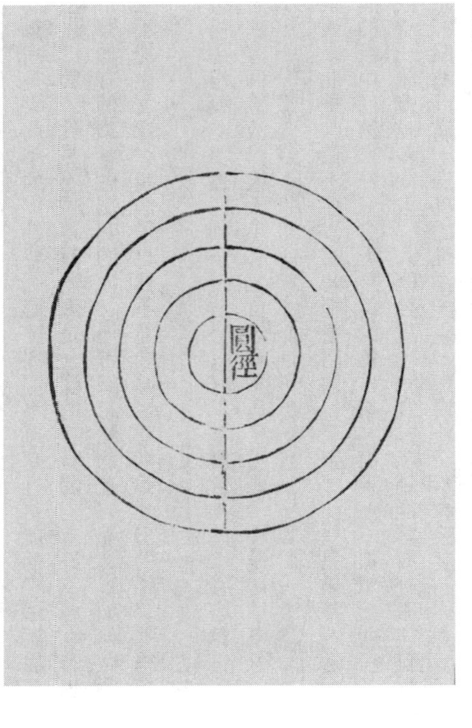

清 趙敬如《蠶桑説》 論蠶受病之原　蠶病多般。黃軟瀉病，由於濕熱鬱蒸；青殭白殭，由於忽中寒冷。欲眠不眠，節出白水；欲老不老，節鼓而殭。或言皆由於相配失宜，然此諸症，皆人所習知而可避也。其爲蠶隱慮大患者，莫如種類傳染椒末瘟之一症。其症無他病形，但見自頭眠至老，無故自斃。其甚者死傷狼藉，種類不遺。所死之蠶，細察蠶身，皆有些微黑點，最細者須顯微鏡照之始見，此椒末瘟之根原也。一蠶有之，轉相傳染；一蛾有之，放種亦然。椒末瘟之種養之不收，既受此病，無術可治，蓋病根已伏於胎前也。故前條論收蠶種，語及椒末瘟，養蠶留種之家不可疏忽視之。

按，蠶病椒末瘟，係三十餘年前，西洋法國人巴斯陡者考得此病初起時，蠶背有微微黑點，用顯微鏡照之，始知蠶身有微黑粒，形如椒末，遂名為椒末瘟。一有此病，傳染不絕，應即提出不用。巴斯陡又創做無病蠶子，而為做子分房法。其法：俟蠶蛹變蛾，雌雄相配時，用小木槅或小竹圈將每對分置於內，編號為記，則每雌雄所生之子各在一處。俟蛾既殭，即將此蛾用乳鉢磨碎，以顯微鏡查視。如某號蛾體內有椒末形，其號之子亦必有病，當棄而不用。如某號蛾體內無椒末形，其子亦必無病，即留為傳種之用。此法西洋各國皆師之。至蠶病之起於後天者，半緣於濕，故養蠶之室宜清潔爽朗，所飼之葉亦須晾乾。設蠶身現有灰黑等點，即須提置別室，另以勝濕等藥品拌置葉中，多可漸愈。或云以乾浮萍末拌置葉中，可治蠶病，試之頗效。

清 黃湄西、賴昌、陳爽棠《蠶體病理論》下編《各論》 《蠶業叢書》第七編

蠶既有種種之疾病，飼育者苟不幸而遭逢，勢必蒙甚大之損蚝。是以從事育蠶，必先預知其疾病之由來，從而預防之，并宜施以熟練精巧之飼育方法，以適於蠶之衛生，庶可以達少費多獲之望也。考蠶病之種類，已經發明者正復不少。因其遺傳或傳染之徑路而區別之，則得大別爲微粒子病、軟化病、硬化病、膿病及蛆害之五種。此五種之病蠶，就今日之日本言，則以軟化與蛆害二種爲尤甚。若就吾國言，則售種者無制定之法律，無顯微鏡之檢查，故微粒子病無地篾有。他如軟化、硬化、膿病等，在上者既無改良之方，飼育者又祇知謹守祖先傳來之陋習爲一定不變之良法，故軟化、硬化等病日益猖獗。而邇年來浙江一帶因蒙軟化病而破産失業者且時有所聞也。推原其故，雖由在上者之不知振興提創，藐焉視之，而飼者不知生理病理爲何物，預防乏策，改良無望，實一大原因也。今將各種蠶病詳述於後，以供業斯者之考究焉。

又　我國蠶種相傳數千年，鄉民製造，僅知考察繭蛾之形體，然其所據以考察者，又多不合於理，而研究微粒子病毒之舉，更無論矣，蓋基于無教育故也。至光緒二十五年，林公迪臣知杭州府，創立蠶桑學校於西湖，始以顯微鏡考察蠶種，微粒子病之研究自茲始。後此各行省之設立蠶校者相繼研究，而我國蠶種之染微粒子病較伊、法、日本爲獨多，當亦爲從事蠶業者所公認矣。獨惜農工商部尚無檢查法之規定，而素號研究新理者流，又不肯實

地製種，以供蠶業繁盛。蠶種需消多額地之應用，致使病毒日流日廣，而不能收絲毫改良之效，眞可浩歎。爲今之計，惟有亟合大團體，設立全國蠶業研究會，由調查入手，次第改良，庶可以上補農工商部之不足，下促蠶業之進行，應興應革之事正多，固不僅驅除微粒子一端已也。

又 第一 空頭病

該病有非常之傳染性，無論春蠶、夏蠶、秋蠶，莫不發生。其病原菌遇高溫過濕之氣候則非常繁殖，故尤以夏秋蠶之罹本病者爲多。至蠶室蠶具苟附着此病原菌而不施以消毒法者，能使連年所養之蠶悉染該病而死，誠軟化病中之至劇烈者也。

病徵　蠶罹空頭病則食慾減退，殘桑堆積，蠶座上呈不安之狀態，或匍匐於蠶座之周圍，體伸頭垂，而近接頭部之二三環節極爲腫脹。試於日光中照之，呈淡黃或黃綠之透明色。凡已現此病徵者，其體漸衰弱，肢脚失緊張力，脊部凹陷，脉膊頻繁，尾角向後傾倒，吐黃褐色之液汁，排洩軟糞，遂至於斃，其屍體更漸變黑褐色而腐敗。

試取此等病蠶解剖之，檢視其消食管，已現變狀，而胃腸之粘膜生潰瘍，食桑呈暗綠色，管中充以粘液。苟取此粘液以顯微鏡驗之，往往認有連瑣狀球菌之存在也。本病又因病勢之緩急分爲緩性、急性二類。緩性病勢稍緩，縱令近接頭部之二三環節已腫起，呈淡黃色而透明，然尚能生存五六日之久。若急性者，病勢猛烈，一受病原菌之寄生，往往二三日卽斃，而其腫起部則大概多呈黃綠色或稍帶赤色。此緩性空頭與急性空頭差異之點也。

病原菌　緩性空頭病菌乃連鎖狀球菌，於固體培養基上多爲二個或四個相連，於蠶體內及肉汁培養基中則每見其六個或八個相連，其直徑約一粍千分之八，無運動力，於寄魯斯（チイルス）氏液中可染色。在通常室內之溫度亦能發育，自攝氏二十五度至三十五度，其發育最良好。至於急性空頭病菌，亦係球菌通常二個或四個相連，間亦有六個相連者，故成爲短連鎖狀球菌。其直徑約〇〇〇一四乃至〇、〇〇〇九粍，無運動力。凡染色料，均可染色。通常室內之溫度得以發育，但於攝氏三十二三度時發育爲最盛。惟超至五十六度，則僅能發育於一小時之間。若在六十度，則經三十分時，其發育卽爲停止。又緩性空頭病原菌，爲斯篤來捕篤哭芝枯斯（ストレフトコックス）阿扣由篤枯篤惡沙斯（□キュトクゥト□サス） streptococcus acutokutosus 。急性空頭病原菌，爲斯篤來捕篤哭芝枯斯、枯洛尼哭苦篤惡沙斯（クロニコクゥト□サス） Streptococcus chronicokutosus。

第二 瀉病

瀉病者，卽日本所通稱之哈拉枯他希（ハョク□シ）病也。因其病徵及病原菌之差異得區爲眞性瀉病、細尻病、黑喉病之三種。

（甲）眞性瀉病

病徵　罹本病者，食慾減退，體漸軟弱，肢脚失緊張力，伸長其體而靜止不動，背脉管之脉膊頻繁，肛門排出軟糞，終至水瀉而斃。斃後屍體漸變黑褐色而腐敗。此病多發生於四眠起後，而尤以濕氣重時發生爲最多。

病原菌　試取病蠶之糞或消食管中之粘液，以顯微鏡驗視，見其中有無數之桿菌，此桿亦本病之病原菌也。其長徑約有〇、〇〇一八乃至〇、〇〇五四粍，兩端稍鈍圓。通例每二個相連結，能運動而不甚活潑。迨至老熟之時，則概不運動也。眞性瀉病之學名則爲罷幾魯斯、謝阿洛依枯斯（□□ロィクス）Bacillus giarrhoicus。

第十四圖

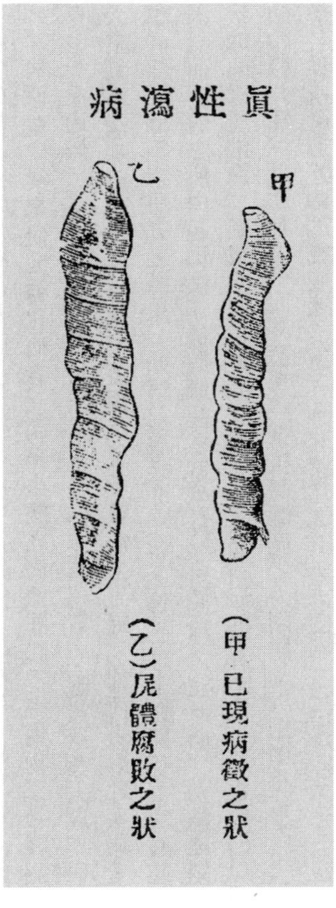

（甲）已現病徵之狀
（乙）屍體腐敗之狀

（乙）細尻病

病徵　罹此病者，體軀軟弱，排泄軟糞，與他軟化無所異。然其特異之點，在體後部瘦弱而漸細，背脉管之振動甚微弱，體後部現皺襞，間有體之前部近接頭部之四五環節處亦爲之縮小，而現皺襞者。或有病勢稍緩久不食桑者，致全體透明，與空頭蠶相似，故從來有淡赤色空頭病之稱。雖然，審察其病徵與病原菌，則較之眞空頭病固大異也。

病原菌　係球狀菌，通常二個相連結，故稱曰雙球菌。其大平均有〇、〇〇〇九粍，無運動力。凡染色料，均可染色。通常室内能發育，攝氏三十度内外之溫發育最爲良好。五十六度之溫，經一時間後入于培養液，置于三十三度之孵卵器内猶得發育。然用六十度之溫，則經過三十分時卽爲停止矣。至細尻病之學名，則爲謝捕洛哭芝枯斯、鐵奴依歌特（□フロコックステヌィカゥ□）Diplococcus tenuicauda。

（丙）黑喉病

病徵　罹本病者，食慾減退，體軀軟弱，肢脚失緊張力，肛門洩軟糞，均與他軟化病相同，惟自第一環節至第四、五環節，漸次膨脹，現略帶綠色之暗褐色，是爲本病特異之點，亦本病名稱之所由起也。當病勢激進時，倏焉卽斃，斃後于暗褐色之部分必先見其腐爛焉。

病原菌　本病原菌乃一種短小之桿菌，其桿端稍圓，通常多散列，連結者甚少。其大平均有〇、〇〇一八粍之長徑，無運動力，以阿尼林（□ニリン）色素染之，則桿之兩端均被染以色，而中部則不見其染着，故每易誤認爲雙球菌，且間有連結者，故又易于誤認爲連鎖球菌也。本病日本稱爲諾獨枯洛病（フ□クロ），而學名則曰罷幾魯斯、尼古洛謝由古剌母（ニ□ロッュ□テ□）Baccllus nigroyuglum。

第十五圖

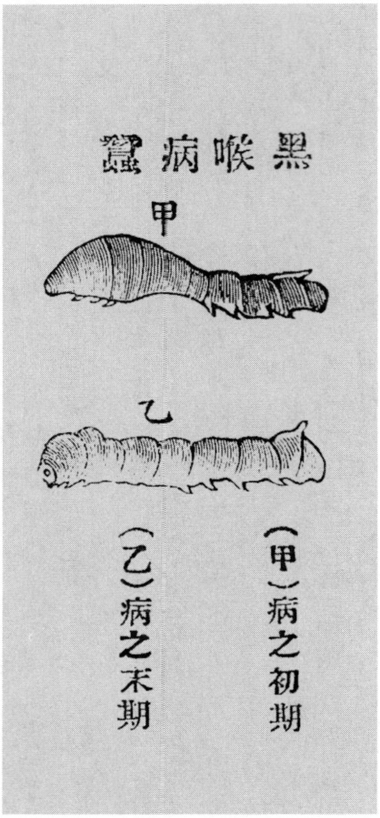

第三　縮小病

病徵　本病蠶除食慾減退，體軀軟柔，舉動呆滯，肛門洩軟糞之軟化病蠶通有病徵之外，其特異之病徵，卽病勢增進，體節縮小，且前部皺縮，後部瘦削，經時而變爲黑褐色以斃，旋卽腐爛。若蠶兒當就眠之前罹本病者，則于眠中病勢益進，往往不能脫皮，卽使勉強脫出，而食慾必爲之減退。又凡同座之蠶，如他健蠶之體已露青色而有光澤之時，而此病蠶依然呈赤褐色，且漸次縮小，遂成所謂『起縮蠶』而死。此外，如蠶兒罹微粒子病者，亦每易發生此病。

病原菌　從來研究軟化病者，謂縮小病之病原非起于寄生物，乃因飼育中給桑過燥，當盛食時給桑不足，以及眠前止桑過早，眠後給桑太遲，與夫空氣不潔等所致。括言之，蓋因爲害于蠶體之生理，因而引起此疾病者也。然經近年來研究之結果，始悟前說之非。蓋此等生理上之關係，實屬誘因，而本病之所由起仍由一種病原菌之寄生耳。考此種之病原菌，乃爲連鎖狀球菌，通常爲二個或四個相連結，間亦有六個相連結者。其大平均約〇、〇〇〇九粍，無運動力，而其發育與抵抗高溫度之力則與細尻病菌相似者也。學名爲斯篤烏芝枯篤幾幾迷枯斯（ストゥックトチチ□クス）Btruptococcus chijimicus。

第十六圖

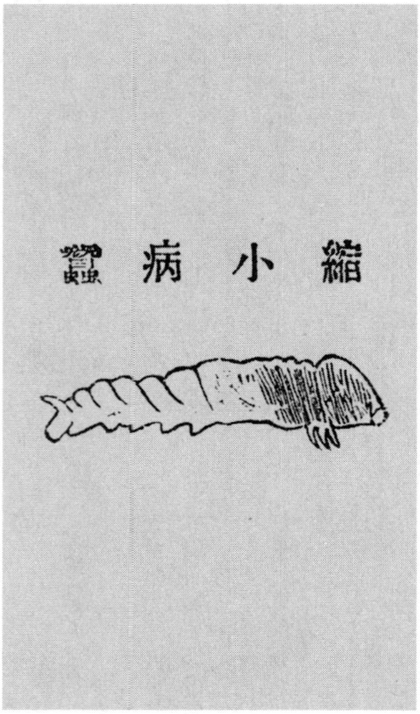

第四　卒倒病

病徵　蠶兒之罹此病者，食慾減退，舉動不活潑，呈一種衰弱之狀，或抬起頭胸部而靜止，或將頭胸部上下振動，呈苦悶不堪之狀。迨病勢益進，則背脉管鼓動頻繁，從尾角之基部成一條縱溝狀之凹陷，且泄出多量軟糞，而嘔吐其液汁。瀕死之際，體軀益形軟弱，胸脚時時微動，遂至斃死。死後屍體至爲軟弱，第四、五兩環節較爲伸長。而當將死之時之體色則無異于健蠶，故爲健蠶抑爲斃蠶，乍視之，殊不易區別。然以手指觸之，自當了然也。其屍體于死後之一來復間，第四第五第六之三環節始則變成黑褐色，更進則及于全體焉。此際屍體腐爛放出强烈之惡臭，體内悉爲液化，及其皮膚破裂，而朽汁乃卽爲之流出，致污染于周圍焉。凡蠶兒自受本病原菌寄生，至瀕死時，據上所言實不過三十分乃至一小時之時間耳。考其致死之因，非病原菌之破壞組織器官，乃病原菌分泌毒素所致。所謂中毒卒倒者是也。

病原菌　本病原菌爲大形之桿菌，通常多散列，間亦有連接者。其直徑爲〇、〇〇二五乃至〇、〇〇五五粍，有運動力，生内成芽胞，芽胞爲楕圓形，其直徑有〇、〇〇一六六粍，頗與小形之微粒子相似。

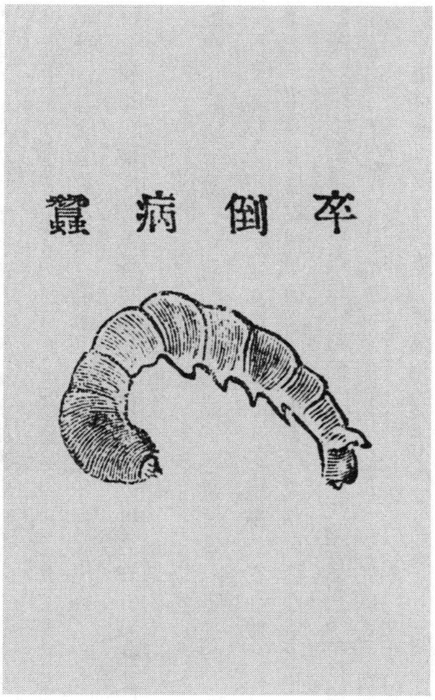

第十七圖

又　考軟化病菌之存在，多在空氣中，或附着於蠶室與蠶具，或繁殖於蠶座，當移入桑葉，給與蠶食，卽與病菌共相嚥下，及入胃中，乃攝取胃液爲養料，因以繁殖，漸進而入胃細胞，蔓延於胃筋肉，以妨其消化作用，並失却胃部筋肉之收縮力，或發生瓦斯，致前部之環節腫起，甚者乃至傷害其消食管，不能吸收桑葉中水分，致蠶糞多含水分，呈柔軟狀而排出于體外。其所排出之軟糞，不獨多含水分，且多含病原菌。他蠶若食此附着軟糞之桑葉，遂亦不免罹軟化病者也。

又　凡因軟化病菌之繁殖而斃死之蠶兒，用顯微鏡檢其胃液，可見一種桿狀菌之存在，較之眞正病原菌，其形稍大，無數蠢動，此卽所謂罷幾魯斯沙捕幾魯斯（サラチルス）是也。因其初自枯草中發見，故近來多稱爲枯草桿菌。若將蠶之胃液置於空氣中，則其中所存之枯草桿菌必自其體内生小楕圓體之芽胞。此芽胞有耐久性，能常保其生活力。枯草桿菌之芽胞常共塵埃而存於空氣中，爲數甚多，常寄生於枯草落葉等，以攝取適當之養料而發芽，成爲細菌本體，繁殖甚盛。準此，則凡摘採桑葉，不問其貯桑法如何，總不免稍有此細菌之寄生。惟其貯法得宜，則繁殖少。其法不得宜，於狹小桑器中積之多且久，則繁殖盛。如此不獨消耗桑葉中所含之滋養分，又使桑葉發熱，甚則變成黑褐色。苟蠶兒所食之桑葉有枯草桿菌之寄生，卽入胃中而爲害，故不僅病蠶有此等之細菌，卽他未呈病狀之蠶，苟一經食下，其胃中亦不免有此等之枯草桿菌也。

枯草桿菌本非軟化病之病原菌，但此等細菌繁殖之桑葉，苟給之過多，或怠於除沙，致細菌繁殖於蠶座，則既侵入於蠶胃者，必大害其蠶之消化作用，致易罹軟化病也。總之，枯草桿菌既入蠶胃，則能助病原菌之作用，而促其繁殖，令其病勢益激烈，且變病蠶爲黑褐色，而催其腐敗者也。

又　軟化病豫防法

軟化病之預防，最要者莫如撲滅病原菌。然欲撲滅其病原菌，不得不從事於種種消毒。此消毒法之所以爲養蠶家不可姑緩之要項也，雖然本病之來也，固由於病原菌之寄生，而病原菌之所以得繁殖者，其誘因固不僅一端已也。今特分爲消毒、飼育、製種三項述其梗概於後。

（一）消毒　養蠶家不幸遭軟化病之發生，則凡蠶室蠶具必有無數病原菌附着，至下次養蠶期蠶兒傳染病毒，致仍發軟化病而斃，其害更爲激烈。故宜行消毒法。其法甚多，就中最有効力而養蠶家又可執行者，以蒸汽消毒與亞爾台西特 Aldehrde 消毒爲最宜。惟其施行方法另章詳述，茲不贅及。

（二）飼育　强健之蠶，率有抵抗病原菌之力，其染病也自較少。若虛弱之蠶則反之。而究此所以虛弱與强健之原因，雖不一端，然飼育實一大關鍵也。今將飼育中應注意之事述之：（一）精選蠶種。（二）收蟻適宜。（三）

流通空氣。（四）調停溫度及濕度。（五）講究貯桑。（六）酌量給桑。（七）除沙宜勤。（八）蠶坐宜寬。（九）餉食宜用柔桑。（十）飼育告終。上簇後仍宜交換空氣，并須調停溫度。

（三）製種　蠶罹軟化病，病勢輕者，一如微粒子病，蠶之能結繭，并能化蛾產卵。但既能產卵，則不免遺傳其病原菌於卵內，既入之後，遂不易撿查。欲豫防之，宜選擇健全無病之蠶兒并繭質精美之繭，與無病之蛾。各蛾分別產卵之後，尤宜鑑定其產附形狀色澤，必求其合於留養之資格者，而留之明春飼養，以免遺傳之害。若本年所養之蠶一有軟化病之發生，則決不可再行製種，務須向他處購入佳良蠶種，切勿吝購種之費，致將來釀無窮之大害。

又　附錄　蠶病消毒　如前編各論所述，各蠶兒疾病之主因，除蛆害之外，皆因病原微生物之寄生於蠶體而起者也。此等病原微生物，常附着殘留於蠶室、蠶具，苟不豫爲殺滅而驅除，則次年或次期育蠶之時，此等病原微生物仍爲繁茂，寄生于蠶體，致釀成種種之疾病。我國育蠶家一旦蠶病發生，而連年繼續，遭逢凶歉者，執是故耳。然則消毒之對于育蠶，其關係爲何如哉？去年曾與吾友姚君編《蠶病預防法》以公於世，已將消毒上之關係約畧言之。今更擇其尤切要者記述於左，以供育蠶家之參考。

清　賴昌、姚志强《蠶病預防法·賴昌序》《蠶業叢書》第八編　予嘗攷日本蠶業，在吾國卅年以前，其程度之劣穉，恒較吾國爲尤甚，而今則何如然？試究其今日之所以有若是之效果之原因，何莫非由二三留學伊、法蠶業家之力行新法，以圖滅却各種病菌之効乎？盖一般養蠶家學力既幼穉，而欲滅却各種病菌又非有一定之資本不可，是其責不得不委諸自號攷究新法之一般志士以爲之倡。惜吾國風氣不開，在一般蠶家既土法自守而日益因循，在考究新法者亦仍坐視其因循而不悉心提倡，以致新自新、舊自舊，而終無獲效之一日。他省吾不知，即以吾浙言，則自戊戌歲林迪臣太守創辦蠶學館於杭州西湖以來，迄今已十有餘稔，而百里外之鄉民猶未食其福，他可知矣。嗚呼！予自就學蠶學館以來，已易六寒暑，其間飼育春夏秋蠶凡十餘次，以土法飼育者凡五六次。嘗謂欲改良土法以期蠶業之興盛者，必自有一定之調查及比較，始非合今日考究新法之一般蠶業家合力經營不爲功，徒以無力實行，因而中止。今退而與姚君勇忱從事編譯，以期補救於萬一。擁爐對坐，一燈熒然，事固甚微而心亦苦矣。今所編之《蠶病豫防法》僅蠶業中之一分耳，一般蠶家與研究蠶業之諸先生倘採而行之，以補我二人能說不能行之疚，而免彼蠶病之猖獗焉，是區區之意也。

又《姚志强序》　我國近年蠶病蔓延彌多彌廣，被害於硬化病，被害於軟化病，被害於微粒子病或膿病等十恒八九，歉收之聲時塡充於耳。官致雄冠全球之絲業，日益墮落，非特將此四千六百餘年之舊業我國蠶業自西陵氏創始，距今已四千六百餘年、歲進數千萬元之銀幣蠶絲出口，戊戌、己亥之交曾多至八億二兆有奇漸次損失，一般社會悉被影響，即蠶業最後發明之日本國我國蠶業於北魏時代始由盛京渡朝鮮而達於日本將超我而上之者初時日本絲產不過居我十分之三，近數年來已達十分之七八。以已過例，未來不數年後，恐後來居上，青勝於藍矣，深爲我蠶業界憂之。要皆以理處、保護未甚妥善，任彼細微渺茫之 Glugea bonbgcis the lohan Bacteria 等之寄生於蠶體爲之厲也。惟微故能爲害，惟微故被其害而不易覺其害，惟微故雖覺其害而亦難盡弭其害。區區微蟲、細菌，其爲害於蠶之能力竟若是之猛且烈，於戲怖已。春日艶陽天，而一般蠶家惟周旋於蠶室，奔走於微行，對於柳暗花明可眺可賞之無上勝景悉置焉而不顧，甯獨別具情性，故嗜勞而惡逸歟？抑以衣食之所從出，不得不爾。謂爲經濟故不其然歟？雖然，既抑情以謀利，盍殫力以研求，尋諸病之徑路，爲相當之豫防，俾良果之是穫，必如願兮相償。斯目的之克達，勿晝夜而徒勞。非然者，一般病理悉數未知，既人事之靡周，漫天命之是諉，任菌類之滋生，將蠶體兮侵蝕。吮脂吸膏，取求無厭，等貪官之善剝，似汚吏之苛征。區區昆蟲，安足爲彼所吸奪，漸漸加劇，勢必隨之而夭殤。誠以病症已現，既不能施問切諸法，復不能進滋補之方，縱令懇切調停，已成噬臍之勢矣。況乎廿紀時局正爲實業競爭之旋渦，而蠶絲貿易尤爲我國歲入之巨欵，甯可冒昧從事，惟土法之是遵，勿察病因致豫防之未得，坐視此宗利益日即淪胥？爰不自揣，漫成是帙，願我同胞精研病理，爭挽利權，勿故步之自封，保國粹兮久有。僕既禱祝而求，且爲引延而候，倘蒙俯採芻言，願進此編爲壽。

又　第一章《緒論》　考求養蠶之方法，徒研究夫飼育之起原與爾後之沿革，以及現今所行之種種飼育法之由來，以比較其得失者，猶不足以盡養蠶之能事也。蓋凡天地間之生物，各有生理，順之則生，逆之則病，病甚則死，是乃一定之理。而蠶兒之習性與生長之理法如何而助其成長，如何而妨其生活，隨時體察處置，咸宜藉防患於未然，亦唯一之要務，誠不可闕焉不講也。否則疾病叢生，死亡相繼，非特不能達求利之目的，且又徒耗桑葉，徒費人工，反因之而受虧損矣。故必於一般之飼育方法外，更注意於蠶病之豫防，以避種種之危險，庶可獲圓滿之利益焉。

蠶病之侵害，爲養蠶家所最恐怖事。以其被害之多少而收獲之凶豐亦因之而歧異，實於蠶絲業之經濟界上有重大之影響，故當注意於豫防。藉保蠶兒之健强發育，以避凶作減收之損害。雖然蠶病之發源原因甚多，即從其傳染之徑路言之，亦極爲複雜。使不爲完全之預防，僅奉行乎一二簡陋之方法，未能盡行適合，甯有濟於事乎？必也於其所傳染之徑路，預先調查清晰，先事預防，以杜絕各種病原體之侵入，庶有得也。不然，僅施行一二之方法，置缺處於不顧，使蠶病蔓延，終不獲達豫防之目的矣。今將傳染之徑路，與對於豫防之方法，列表於左：

傳染之徑路		豫防法
由母蛾傳染者	蠶種之檢查	
附著於卵面者	蠶種之洗滌	
附著於蠶室蠶具者	蠶室蠶具之消毒	
蛆害者	蠶蛆之驅除	
自野外來者	蠶種之選擇及保護並飼育上之注意	

以上所述諸項，果能一一勉行，無稍懈怠，自能達完全豫防之目的。例如微粒子病，自其母體傳染而來者，則當行蠶種之檢查，以除去其被傳染之卵。如蠶室蠶具或有病原體之附着殘留者，則次期所育之蠶勢必爲所傳染，則當行適當之消毒法，以豫爲殺滅。如有病原體之附着於卵面者，於孵化之際勢必傳染，則當行蠶種之洗滌以除去之。他若蠁蛆病之豫防，則施行蠁蛆病之驅除法。凡此各種特殊之方法，其所行之時間，所施之手段，雖互有歧異，各各不同，而核其旨趣，無非欲病原體之殺滅殆盡，弗使爲患而已。

雖將於上述各法尚有不能杜絕病原體之侵入，而依然存在，足以為患者，即自野外附着桑葉而傳來與浮游於空氣中以傳入於蠶室等是也。蓋病原體之寄生繁殖，不獨於蠶爲然也。即野生之昆蟲類，因寄生而致斃者亦非少數。故病原微生物有存於野外者亦最可恐之事也。而對於是等病原，以設施適當之特殊方法，則或行桑葉之消毒，或行蠶室內空氣之消毒等是。然專賴是等方法，要亦未盡圓滿。故須於此一方面，對於病原體之侵入，謀保蠶兒固有之康健，以防其侵害。於彼一方面，更宜考究是等病原體之由來，講明繁殖侵害之理法，以期實行驅除。而其主要之一大因，要不外改良飼育之方法及注意於豫防而已。蓋飼育法之適宜與否，對於病蠶之發生，實有密切之關係在也。是以前記之特殊豫防法與飼育上之改良，固相俟而不相離者也。亦惟如是而後始得以達完全之目的也。

又 第八章《氣候與蠶病之關係》 氣候之適否對於病蠶發生之多寡有至密切之關係。即氣候之適順者，蠶病之發生少，反之則發生必多。且因之而被多少之慘害，証之實事，無庸疑也。例如蠶種貯藏期中遭不適順之氣候，暖氣頻頻輸入，則因貯藏不完全，蠶種因之被害，概結不良之果焉。又海岸地方，因其潮流及他種之關係，於早春之際時有暖氣吹來，蠶種貯藏，稍不注意，亦每以蠶病續出而招失敗者。凡此皆因蠶種蒙氣候上之影響，以致寒暖不得其序，而致妨碍其生理者也。其他蠶兒之體質素强健者亦常因此種之原因致減却其固有之抵抗力，以漸至於虛弱。故凡貯藏不完全者，所孵化之蠶，其體質亦多不甚强健。倘飼育中之氣候極適順，保護得宜，則尚能循普通之發育，不致有不能老熟結繭之虞。雖然，此亦僥倖之結果也。蓋年年氣候適順，已屬不可必得之事。又况虛弱之蠶一旦病原體侵入體內，則必呈極大之慘狀而不可救遏。故不欲求安全之豐作則已，苟欲求之，宜使蠶種之貯藏完全與氣候之如何，務使所經過之溫度達於一定之目的爲要則。

至若飼育期中於氣候之適否亦有極大之影響。據通常所云，降雨少而空氣乾燥，與氣溫之變化少者，則收穫往往豐滿，反之則多有病蠶發生而收穫不善。是由於歷年所察知之事實以爲據者，非臆說也。準此以談，則蠶性好乾燥厭濕潤，且因氣溫變化之多少而定收作之凶豐，是又非漫不足信之說也已。如上所述，氣候之適否對於蠶體之健否，其影響所及，殊非淺鮮。故一般蠶家於貯藏蠶種一事固宜注意，而蠶室之構造安排亦當經心從事。此外，如飼育期中倘有不順之氣候襲來，則亦不免蒙其害，尤宜完全設備焉。

又 第九章《蠶室與蠶病之關係》 氣候與蠶病之關係，前節已述其大畧。然氣候之不順，欲調節而使緩和，以適於蠶之生育者，則端在蠶室也。概言之，則凡構造宏壯，房間寬廠，一似大家屋，空氣十分流通，用火力不甚適宜，而室內常有過於冷濕之患者，往往不適於春蠶之飼育。因是等房屋，在於春蠶時期易生不眠之蠶，或不免有各種硬化病之發生也。雖然，是等蠶室縱不適於春蠶，而以之飼育夏、秋蠶則甚宜。何則？以夏秋期之溫度較高。凡適於春蠶飼育之蠶室，其有碍於夏、秋蠶之衛生，而易招失敗故也。由是言之，則適於飼育春蠶之蠶室，其必不適於夏、秋蠶之飼育，誠憾事也。

大凡蠶室之位置構造均不適當，而所處之方法亦不得其宜者，則其關係，無異氣候之不適順，蓋同一妨碍乎蠶之生理衛生而虛弱其體質耳。古來當業者對於蠶室與蠶病之關係立一種確定之理論。例如，某蠶室年年生空頭病蠶，某蠶室年年生白殭病蠶，俗稱之爲『室癖者』日本人稱シックセ者。是皆睹諸已事而立說焉，非虛語也。蓋一旦既發生蠶病，蠶室、蠶具設不爲之消毒，則所有之病原體必多附着殘留，致年年發生同一之蠶病。是以欲適於蠶體之生理衛生，以免病原體之繁殖蔓延，除用消毒法外，猶以蠶室之構造爲基因。

又 第十章《蠶種與蠶病之關係》 蠶種之健否，與蠶病有最密切之關係。蓋蠶種既虛弱，則彼所孵化之蠶，當飼育之際，雖十分懇切，終不免蠶病續出，結不良之果。反是，蠶種甚强健，其孵化之蠶，雖於飼育期中遭多少氣候上之障害，彼亦能抵抗之而完全經過。是以蠶種之選擇及貯藏最宜慎重，總以保護其本來之健康爲主要。

又 第十一章《蠶兒本體與蠶病之關係》

（一）稚蠶飼育與蠶病　强健蠶種所孵化之蟻蠶，率多爲健蠶，爾後發育亦必佳良。至究其健蠶或不甚健康之蠶對於病原體之侵入，則輒因本體所有抵抗力之强弱爲標準。若蟻蠶甚强健者，當飼育之先，蠶室、蠶具皆施行完全之消毒，而飼育之方法亦甚適當，則必發育完善，得獲圓滿之效果。然徵之事實，其結果亦往往有難於預期者在，蓋蠶種健强矣，蠶室、蠶具之消毒完全矣，仍有不免蠶病之續出而屢招失敗者。揆厥原因，抑亦由於飼育中之寒煖燥濕等之調和及換氣之加減等，或有不得其當，以致減却蠶體之健康，損失其固有之抵抗力，有以致之也。誠以飼育之際，凡空氣、日光、溫度、濕度等稍一不慎，卽致病原體得適當的寄生繁殖之機會，養分被奪，日卽疲乏，雖以人爲之力殫心保護，亦終難免其害患。而此等關係，在稚蠶時尤爲密切，稍不經心，其害卽隨之而起。誠以稚蠶體質甚爲虛弱，抵抗力薄，易蒙諸種之障害。是以稚蠶期中若發育不良，則爾後保護雖甚懇切，終不能恢復其固有之健康力。由是而言，則稚蠶期中諸般之保護及處置，是固最宜注意者矣。雖然，所謂應注意者果安在乎？就其最要最簡者言之，則曰給桑之良否與乾濕之適否是。

又 （三）眠起與蠶病　凡各齡中，自催眠至竣脫，以迄餉食至給桑三四回之時間，其管理保護之適否，關係於蠶體之衛生，實甚重大。蓋蠶之脫皮，不僅脫去其外皮，卽其內部諸器管中之丁幾成分之部分，當此脫皮之際，亦必新陳代謝。對於生理上言之，殊爲重要之變動期也。假令健康之蠶，值此變動期內抵抗之力尚不免因之而銳減，是以於此期間最宜懇切周到，注意豫防溫濕之激變，並須適宜換氣。凡一般障害於蠶之衛生事項，亦皆宜嚴密豫防，以保蠶之健康經過。否則，抵抗力既減少，而一切病原體卽乘此機會以逞其侵害之力。從來蠶體內凡有潛伏病原體時，均於此時繁殖蔓延，藉爲蠶之害敵者也。綜之，蠶當眠起之際，對於病原體之抵抗力終必減少，實亦自然之勢也。故飼育者對於此種之處置，宜注意於左記諸項，以保護蠶體之衛生而免其種種之侵害焉。

又 第十二章《桑葉與蠶病之關係》 桑爲蠶兒唯一之食物，蠶賴之以生活，人賴之以獲利，關係固甚大也。然利用不得其法，則爲害亦甚大。試詳述有害之桑葉，藉爲豫防之一助。

一、濡桑　當養蠶期中，連日降雨之際取入桑葉，既無乾燥之場所，又乏乾燥之時間，勢不得不以雨桑給與蠶食。但以此雨桑給與之際，蠶座必濕潤，蠶兒發育必遲延，蠶病則尤以膿蠶之生出爲特多，且因其結繭少而絲量多，絲質乃不免劣等，惟給與雨桑之際，爲減少一回之給桑量，則被害之程度乃稍得減輕。

世人往往於夏秋蠶期，特行給與濡桑，欲防桑葉之乾燥，以爲無害於蠶兒，而桑葉且得經濟也。殊不知此皆未省明蠶體之衛生，而在蠶病之豫防上所當避却者。夫夏日之炎天，因給與一二回之露桑尚不免有大害，日本池田榮太郎氏對於此事曾設爲試驗，以觀其被害之程度。就秋蠶（黑種）青熟種自三齡餉食以至上簇，極端始終的給與濡桑，雨天給與雨桑，晴天則給以撒布清水之桑，當在三齡中，尚未見有甚大之害。但一至四齡四日，乃生急病蠶六十頭，由是續續生出遲病蠶。至五齡中，比前齡約生出四倍之病蠶。由是觀之，濡桑於蠶兒之衛生上、生理上固甚有害者，此亦不可不注意者也。

二、泥葉　河川之沿岸，概肥沃而適於栽桑。但我國因一般粗放農業組織之結果，施肥一任自然，桑樹往往因河水之漲溢致桑葉爲泥土所汚被。若以此泥桑給與蠶兒，則於蠶體之衛生發育及成繭額等均蒙其影響，此亦養蠶家所亟宜知悉者。日本西原試驗場對於此事曾施行試驗，觀其成績，凡與多量泥桑者，其成績概不良，即其繭形概小，繭層甚薄且絲量少，而居於劣等。故如有泥桑，宜洗滌乾燥之而後給與。

三、蒸桑　因貯桑不注意之結果，致桑葉釀成蒸熱，不宜與他之桑葉共爲給與。設以此等桑葉給與，則與蠶體之衛身上固甚有害者也。且釀蒸熱愈多，其葉變色，其害亦益甚。如給與之量愈多，從而其害亦益加激烈，而尤以蠶食旺盛之時被害爲最大。凡因蒸桑給與最多生之病蠶，即爲普通軟化病例如瀉蠶卒倒病等，而縮蠶、空頭蠶次之，膿蠶則甚少。此蓋與前之濡桑給與，適成反對之結果者也。濡桑食下時，咀嚼少而稀薄胃液，每致胃之收縮力衰弱，充分擴張其胃，因而適於膿病原細菌之繁殖，致起膿病。然蒸桑則與之相反，其附着桑葉之細菌因發熱而繁殖，入於蠶兒之胃中，得適度之水分，則更增一層之強勢而繁殖，致忽然斃死。又凡空頭病，在最初之期尚可施以回復之手段，即由蒸桑給與之結果，而發見空頭病之初時，可直卽施行除沙與分箔，給與新鮮之良桑，避却空氣之鬱滯，如此則其多數自得回復。然時期既遲，則其效亦不著。要之，蒸桑平時決不可給與，蓋徒惜其廢葉，致害及多數之蠶兒的衛生，反不如使之絕食爲優也。

四、病桑　桑葉之罹病害者，以之充爲蠶兒之飼料，必不適用。就中如犯赤澁、白澁或罷枯的利亞等之疾病者，絕不可食。若萎縮病，雖勉强可食，然比之普通之桑，則因滋養分之減少，虛弱蠶兒食之，每致從而發育不齊，體量減輕，又必生出多數之病蠶，其結果必致蠶數大少。故此桑園中有萎縮病之發生者，當即爲拔去，而換植之。夫萎縮病之桑葉既不可使蠶食，則其他甚於萎縮病之桑葉，亦不可給與蠶食，此理固易明也。

五、硬葉及軟葉　桑葉不問其偏於硬軟，實不得視爲普通之飼料，但亦不能直認爲完全之異狀。其失於硬者，稚蠶不能充分食下，致䅥沙堆積，而有害於蠶體之衛生，且蠶兒之發育不齊，致生出遲蠶。然在壯蠶，却不見其害。但病蠶雖少，體軀則小而繭質亦不良。反之，如在軟葉，則稚蠶之際發育良好，及至壯蠶而體軀不能肥盈，致不活潑而生病蠶，且收繭亦少，惟因繭形大，故對於成繭絲量却多。

六、乾燥葉　春蠶期乾燥之葉少，夏、秋蠶期，則因高溫，往往致桑之乾燥。凡此等桑葉，凋枯甚速，蠶兒恒不能充分食盡，致生出殘葉甚多，因之堆積葉質，亦起多少之變化。終以營養不及，有害於衛生，且漸次衰弱，生出多數之病蠶，收繭少而繭質亦居於劣等。

又 第十三章《有害物》　食下有害之物，或感觸香臭之氣，則有害於消化，致罹重病，甚者或竟致死滅，此亦常人所習知者。考蠶兒衛生上有害之物，厥有種種，就中如除蟲菊、白粉、煙草等爲害尤甚，其他尚有種種妨碍於生理衛生之物質，要亦不少，今就最主要者分述於下。

鱗毛　發生於鱗翅類成蟲之體外之毛羽也。入蠶兒之胃中，頗有害者。預防之法：當蠶種製造之時，室內務宜格外注意，不怠掃除，且宜勤行浴種，以除去卵面之鱗毛。

茶　雖無大害，然較之無茶者，其成績究較劣。

白粉　白粉中往往含有鉛質，設附着桑葉，使蠶食之，則蠶兒必蒙鉛之中毒，大有害於衛生。豫防之法：凡從事養蠶之妻女及所雇女工，宜於入蠶室之先將手洗淨，以免遺害。

香水及菜油　苟入蠶之胃中，則體量減輕，發育不齊，難望其完全結繭，甚有害也。

石灰及木灰　或有謂石灰有消毒力，於飼育中撒布之，視爲有效者，不知既入胃中，胃不能堪，必有妨其消化。惟石灰與木灰比，則石灰之被害較少，但下繭多而繭之形狀、光澤亦居於劣等。若木灰則被害甚著，蓋其發育甚不齊一，而營繭上不良好，故均宜注意避却。至石灰有吸濕之性，則指蠶室而言，非令其食下者也。

煙草　對於蠶兒爲害甚大，若嚥下少量，或吸入煙氣，則忽見其中毒，因煙草之成分中含有尼可慶Nicotin及催進眩暈與嘔吐之揮發油故也。蠶中毒後約三十分內外，即呈異狀，漸次現苦悶之狀，蠶體或伸張力，由口吐出液汁或謂爲胃液，近接頭部之第一二環節次第收縮，體軀之背部亦因之屈曲。當中毒尚淺之時，倘急撒布籾糠給與新鮮桑葉，則有時亦能回復。然稍遲延，究屬無効，故不如先爲預防之爲愈。凡養蠶家對於蠶室蠶具有煙草附着否極宜注意，而桑園中切不可間栽煙草。又如養蠶家吸煙者，當養蠶期中宜廢止吸煙，否則於給桑之前務須將手洗淨而後給桑。

食鹽　食鹽對於蠶兒亦甚有害。惟稀薄者，則害稍輕。養蠶者於調理桑葉之時，務宜十分注意，且勿使食鹽攙入爲要。

酒　酒亦有害於蠶。飼育者好飲酒，入蠶室時殊宜注意。若附著桑葉，則其害更大，宜切忌也。

澱粉類　或有唱節約桑葉之説者，以爲如麥粉者，可以代桑葉之用。據日本試驗之成績，則比之標準給麥粉者，乃大不良。誠以穀類之蛋白質，非桑葉之蛋白質可比，蛋白質不能消化，却如吾人豆腐之蛋白質，不如雞卵之蛋白質，而難於消化，正同一理。然則彼唱爲桑葉代用之説者，固無益而有害，不能採用者也。

砂糖、煤、雞糞　使附着桑葉給與蠶食，則被同樣之害，就中尤以雞糞爲最有害。以煤附着蠶體，則結繭之際必致大汚穢其繭質。

桐、桼、楠葉及蓬葉　與桐樹混植之桑葉，甚有害於蠶之衛生。楠葉則以其中含有樟腦，自亦有害。蠶兒食之，舉動概不活潑，生病蠶、斃蠶甚多。至蓬葉給與之後，每致蠶座濕潤，發育不佳而成繭不良。

福魯姆買林撒布之桑　此物對於蠶兒亦有唱爲有効之説者，不知福姆買林之中含有蟻酸亞爾台西特，一入蠶體中，必起强烈之酸化作用，一爲殺菌作用上之化學作用，遂有害於蠶體之消化器而至斃死。故飼育中因消毒之目的而使用福姆買林，決不可使用於蠶之生體，此宜切忌。

除蟲菊　除蟲菊殺蟲力甚强，桑園中不宜栽種，以免蠶兒之誤食爲要。

又 第十四章《其他動物及於蠶兒之害》

第一節　鼠害

家鼠者，人所熟知，如噬食蠶兒，因之斃死，嚙破蠶繭，致成廢物，於蠶絲業上常蒙莫大之損害。且家鼠之繁殖力，其迅速繁盛實堪驚駭，故勢不得不鋭意以計其撲滅。然彼普通所行之方法，往往不能奏驅除之効奏矣，亦有不能盡淨之勢，是以近來歐美諸邦其使用一種之驅鼠劑，名空蒙生斯愛克斯他迷耐託阿（Common sense Exterminator），以圖撲滅。其法頗爲完美，即取新鮮麵包，切成薄片，塗抹此驅鼠藥劑於其面，而撒布沙糖於其上，更包以小麥粉切成數多之小片，置於鼠時常出入之所，當初一夜宜多置其片，以後漸次減其數，如是執行勿斷，至一週間乃至十日，自得以驅除全家之鼠。此日本大森氏屢屢實行，而其効力甚顯著者也。

第二節　蟻害

許多地方往往養蠶之中蠶棚被蟻之來襲，因而蒙損害者不少，甚者往往舉室蠶兒均爲蟻所噬食，因之斃死，故養蠶家對於蟻害之處其如何驅除之法，固亦不得不爲研究者也。

蟻之嗅覺最爲敏鋭，藥品中臭氣高强者决不能近寄。吾人欲從事驅除法，宜考明其來襲之地，蟻來襲時，既已考明，乃於其通路撒布以石炭酸水，或拿夫德林粉劑，是爲良好之一法。又凡蠶架之四脚可撒布濃厚之石炭酸水，加以皿容水，浸蠶架之脚於其中，則更爲佳良。又如撒布除蟲菊之粉末，則偶一行之亦可，盖除蟲菊粉之性質爲一時的，而無永久持續之効能故也。又如來襲之蟻過多，則凡前二法均有未逮，其効尚少，全體之蠶大被蟻害時，乃可用二個之海緜，先用一個入以含砂糖之水輕輕搾之，令蟻得往來於孔道内，俟蟻已羣集，乃可投之熱湯中，而以第二個之海緜行同一之方法，如第一回之交代，如此幾度往返執行，則大蟻羣自得減少，因蟻已大起恐怖之心，必遂相率舍其故家，而避至他處者也。凡此皆可以實地施行，而其効力甚顯著者也。

又 第十五章《蠶疫防遏》

蠶之疾病，除蛆害之外，要皆由么微至細、人目不見之所謂微生物而起者，吾人之肉眼既不能認識，則其防遏之法於驅逐防制鳥獸蟲類之害自不能不異其趣。即此等之微生物者，常浮游於空氣中，或附着於居住與食物，亘侵入蠶兒之體内，吾人無論如何周到緜密注意，終難冀其絶對的防遏盡滅。但如注意於蠶種之擇擇，不誤其保護且仔細飼育，則蠶自得强壯發育，因其自然的免疫性而去其疫源，同時對於既發生者，講究其防止蔓延之手段，如此即所謂蠶疫防遏法是也。本章所記述者旨在於斯。

第一節　蠶種輸入之限制

吾人於派斯督鼠疫或虎列剌流行地遮斷其通行，得以防遏其疫病播傳。蠶病亦然。自蠶病多之地輸入蠶種，則雖在撿查十分合格之蠶種，亦或終不免有病毒傳播之危險。若不存病毒，而有易犯素質病之性質，例如現今學説上所謂之肺病及癩病之遺傳者，其子孫尚有容易感染此病之性質存焉，此其明証也。我國蠶病蔓延之地到處皆是，蠶種用鏡檢查，無毒者少，因之飼育中必有發生多量之病蠶。雖然，鏡面所窺得之病毒，有因其附着傳染者，或有遺傳者，或基於感受性之遺傳者，其結果不一。要之，對於蠶種輸入之限制，則爲豫防蠶病上必要之事項，此故不俟煩言而自明者也。

要之，在蠶病多之地方輸入蠶病少之地方之蠶種，或在飼育困難之地方，輸入飼育容易地方之蠶種，其害亦不能免。然如在相反之地方，則其害更甚。例如，寒地之蠶種輸入暖地，則因暖地之蠶病發生較多，因蠶之發育加速，從而助長其虛弱之性，致惹起蠶病。要之，蠶種之輸入爲蠶業改良上最要之事。預防蠶病之蔓延，以杜其媒介，實飼育上不可輕忽者也。

第二節　夏秋蠶飼育之限制

譯者素以夏、秋蠶飼育之奬導家自任者，但由於蠶病之一方論之，則又不得不主張飼育之限制。夫蠶業愈集約，而蠶病亦益逞其猖獗，其間殆成一正比例，已爲世人所公認。誠以高溫多濕，以夏、秋蠶飼育時期爲最甚，而實爲蠶病蕃殖最適之時也。彼日本依《蠶病豫防法》之規定，對於蠶種家曾有嚴密限制之條例。但對於一般養蠶家，蠶病消毒之聲雖喧傳於朝野，然其實行者究尚未確實，而聽之不行者，且居多數。故今日日本之蠶病消毒，終不能絶對的撲滅。夫今日苟能注意於適度之制限，則後日庶不致不可收拾而陷於不幸。往昔歐洲微粒子蔓延之時，猖獗萬狀。伊、佛之養蠶家，因家演倒產之悲境者甚多，而彼地之斯業不免遭此一大打擊。殷鑑不遠，我國一般好飼育夏、秋蠶者，幸注意之。

予輩既非夏、秋蠶之反對者，則飼育夏、秋蠶而無大害，自當益加奬勵之。夫因地方之狀態如何，或加以一定之制限，是爲持平之論。蓋由地方之氣候及經濟的狀況，固不能一定，然春蠶之飼育多量，夏、秋蠶之飼育少量，或其地方以飼育夏、秋蠶而有利者，則不妨制定特殊之法規，同時於蠶病之豫防驅除，更勵行嚴重，則兩方均不致有損耳。

第三節　生繭運搬之制限

蠁蛆之於蠶業界之損害，其害甚著。其被害最甚者竟至不能收一顆之良繭。今日養蠶隆盛之地方，殆無見其蔓延者。但在日本北海道東北之一部與他山間之處，或不限於此範圍中，或被害較少。凡如斯地方，當制限由他處搬入生繭，實爲最主要之事。此於蠶病預防法上雖未有一定之制定，然其種子固極易傳播者。蓋蛆蠅飛翔，雖越數十里之波濤，越江渡島，傳播之範圍甚廣。一旦圖目前之小利，向蛆害素感之地一度輸入生繭，即經過數年，全土即陷於蛆害之慘況。準此，則凡内地蛆害少之地方及絶無之地方，故宜大加警戒者也。

第四節　蠶種及病蠶之隔離

除蛆害之外，凡所稱爲蠶病者，悉有傳染之性。故蠶種及病蠶之隔離，實最要之一事。試取附着於蠶室之欄間或窗間之塵埃，用顯微鏡檢視，則必見有微粒子之混在，況其他之細菌。如在蠶病豫防事務所之蠶種檢查所，直可視爲微粒子之巢窟，倘以無毒之蠶種置此室内，殊甚危險。故必置於消毒之別室内，與之隔離而置之。然則欲免却病毒之增加者，自當置於普通之種屋，其他蠶種則必宜置於已消毒之室内，與病毒相離隔，是爲至要。其他對於藏庫及貯藏器，則貯藏之前必須行一回之消毒，乃爲最要。

第五節　病蠶之處理

病蠶既發見後，即當次第拾取，投於昇汞水及石灰乳中。若任其自然放任，則凡健全強壯之蠶兒皆受其傳染而致斃死。至究細菌之蕃殖，則實爲神速，於二十四時間中設平等不斷發生，則由一母菌可得四千七百垓萬億曰兆，萬兆曰京，萬京曰垓之子菌，此子菌之食料則約須十五萬瓩以上云。

故若一任其自然蕃殖之時，則世界必忽而變爲罷枯的利亞之社會。雖然，天亦有時助吾人以設成自然之防遏法，因而制其跋扈跳梁。自然之防遏法維何？一曰生存競爭之結果。凡彼等之生活要件，有時不適，則其大部分必一旦死滅。二曰彼由蕃殖而生之新陳代謝物，不達一定之量時，即足以奪彼之生命。三曰乾濕之急變及日光之射映，又能殄彼等之死命。如斯自然之防遏法，殆皆能不絶制其死命者。雖然，造化有時亦愛彼之生存，不必盡爲殄滅者。即彼遭自然之制裁，因休眠之狀態而避其害，且成良好之機會，如胞子生成是也。例如卒倒菌者生成内胞子，本菌比之他菌，外界之抵抗力必更增一層之强勢。如是之時，乃有人爲防遏之必要焉。如病蠶隔離消毒及其他之蠶沙之埋沒與燒却，皆人爲之防遏也。倘病蠶多量發生，則蠶沙尤不宜久堆積於蠶室之周圍。是因病毒有導入室内之患，故往往除後即遠棄之。又病菌之乾燥者，得由風而輸送於室内。如飛至桑園，則附着於桑葉，入蠶兒之胃中，遂惹起疾病，而生多量之蠶病。是以蠶沙宜深埋沒於土中，或堆積而燒却。燒却者，實最完全之防遏法，因其生存者均得因此而殄滅也。但蠶沙者，可供肥料之使用，故不妨埋沒而使之醱酵，以供肥料之用，是爲經濟的防遏法也。

人及家畜感染傳染病時常入避病院，或入病室，與人畜隔離，以防傳染於他之健康體。夫人類家畜之居住狀態既須如斯注意，則蠶兒於一箔中互相累接群居，如此中有病斃者，勢必忽然傳染及於四隣之蠶兒，此固甚明之事也。故如箔中發見病蠶，宜卽拾而棄之，如病蠶有多量之發生，置健蠶於同室之箔中，則如卒倒病者，實最爲可恐。又如硬化病，胞子尚未着成以前，宜早爲處理爲要。又凡蠶病之傳染，未必悉如卒倒病之卒然發生者，往往於數日或十數日以後發病，故防止發病於未然，實蠶病防遏上最主要之事也。

清 黄涓西《實驗蠶病消毒法》第一編第二章《消毒與蠶業之關係》

《蠶業叢書》第九編 如前所述，蠶絲業之關係，其重大也如是。然既如斯之重大，欲改良而增進之，果非一消毒法遂可以畢事也。然退而察其內部，對於中國今日之蠶業，而欲行改良之目的，則消毒法乃今日之不二對症藥也。誠以蠶之生活原理，雖不外溫度、食餌、空氣等，然此數者之中，而爲蠶之病毒，以釀成種種失敗者，今日中國之蠶，比比皆是。斯亦蠶業家之病毒驅除未能詳加考察，遂乃生此惡因也。閱者疑吾言乎？作者歷扶桑研究斯業有年矣，今以彼國逐年消毒之得失，詳載於書報，今摘譯一二，以告吾同胞，其亦知聞風興起乎。日本昔年蠶病未甚蔓延時，飼育蟻量四錢，時獲一石以上之成繭，且成繭一升之絲量，從未聞有降之十錢以下者。往年之技術如斯之幼稚，而其收成復如彼。今也爲病毒之災害，蟻量四錢之收繭不過四斗內外，甚有飼育若干之蟻量而不得一粒者，因此之結果，而諸學者之研究，更不遺餘力。不觀之京都府船井郡日本地名乎？以逐年蠶病蔓延，收獲遞減，乃於明治三十年，同郡中設立蠶絲業組合會，而勵行蠶病消毒。在三十年時，卵量一錢，其收繭不過七百十二錢五分，至翌年三十一年，增至一貫中六斤四兩百五十八錢七分，其卵量與三十年同也。今對於一錢之卵量，約蟻量六分，由此而在三十年時，收四錢蟻量，其所得之繭不過四斗七升五合。至三十一年，增收至七斗六升九合，幾何培之。故三十一年，全國所收繭之成蹟，高至二百零二萬七千三百四十二石，由蟻量四錢，平均以五斗計算之，則適當蠶種之掃立枚數爲四百零五萬四千六百八十四枚。以此觀之，僅據京都船井郡之例，若消毒法普及之結果，一枚蠶紙之平均，其收繭可三斗之增加，合全國計之，則增收之數可達百二十一萬六千四百零五石二斗。以現今之成繭之市價算之，爲四十二圓，則實達巨額有五千百零六萬九千零十八圓四十錢。與昔日所收之一石成繭而比較之，每年中無慮達七千餘萬圓之偉業。消毒法之結果，其偉大亦可觀矣。

又 第三章《消毒上之用語》 蠶病消毒在養蠶上既如斯之重要，故關於此之學理，經多數之碩學大儒苦心研究而得此無上之成績，乃公之於世，其功豈不偉哉？然驅除蠶病，而其方法及藥品無不本於學理的，故其中一種之用語往往使當業者不能領解，使不先說明之而遽下本論，則不解者必不少。故作者有見於此，乃先於藥品上之用語詳加說明，庶當業者無誤解之事矣。

又 第四章《微生物》 噫嘻！吾人不幸而安身於今日之蠶業界，際此最可恐之微生物，實爲吾蠶業之一大敵。一旦受其寄生，蔓延繁殖，不可收拾。或本於遺傳，或受之傳染，而其所以不經世人注意者，則以微細度小，實非當業者之意念所能料也。今使以六百倍之顯微鏡，於已染軟化病之蠶，檢其體液，則有若肉眼所能察之澱粉粒混入其中。倘增以一千二百倍之顯微鏡細細窺之，所謂此細微之澱粉粒則實如一粒之粟。斯六百等分，一千二百等分之極微至小之繁殖力，實抱有非常之勢力，更非當業者所能料。今如採病蠶之體液，試以少量入之於試驗管之培養基，處之於攝氏十七八度，而行其扁平培養法，經過一晝夜，則見有形成數多之聚落。此聚落物卽所謂微生物之團體是也。誠以一粒之細菌依分裂而繁殖，一而二，二而四，四而八，而十六，而三十二，而六十四，增進繁殖，轉瞬間不知其億萬也。是以有一粒之微生物，使寄生於蠶體，依其適當之發生，忽而行繁殖之勢，能使罹疾之蠶，其甚者經過一晝夜，純然斃死者有之。此則吾人處於蠶業界所常見之現象，而我中國則更甚焉。

微生物之繁殖，既如此之迅速激進，故今如一頭之蠶而發生病焉，此蠶兒之糞及死體或附着於桑葉、蠶座等，遂乃傳染於四鄰之健蠶，而蔓延於其蠶室，以至生失敗之結果者時有所聞。乃幾多之當業者，不留意於病源之研究，徒歸罪於氣候之變遷，或飼育之巧拙，使無辜之蠶齎恨於地下，比比皆然。吾非敢謂氣候飼育之良否與蠶之豐者毫無所關，特此非直接之病源，不過助病原菌之感染及繁殖，爲一間接之誘因耳。由此觀之，不論飼育術如何精巧，蠶種之選擇如何鄭重，以爲病蠶可以藉此全滅者未之有也。故欲達育蠶之目的，而可與撰種飼育相鼎立者，其惟實行此消毒法爲當務之急乎。

又 微生物之發育也，必先要一定之溫度。而此溫度之高低，雖由微生之種類而未能盡同，但處於最低之時則爲華氏五十度，最高時則爲一百十二三度，此中發育最適當之溫度則界乎七十度、九十度之間。若有時溫度昇至百五十度，或降至冰點以下，則亦不免於死滅。然而其胞子之抵抗外界力則亦甚強大而爲人所共知者也。且微生物之發育不僅有關於溫度，亦要一定水分。故溫潤之處較之高燥處易於發育。是以吾人養蠶，若溫度高時，復加以濕氣，必至釀成蒸熱。際此之時，病勢因之而猖獗者亦爲此也。是施行蠶病消法所不可不注意者也。

微生物與外界之關係依種類而不同，且依本體與胞子而有差別。是以從事於消毒者，不唯當依蠶病之種類，辨別其適當與否，且當依病體之附着物有如何之構造而加減之，庶乎其可。況蠶業上之消毒法，不論其如何之有效，然亦不得不顧經濟上之損害，以防當業者之力有未逮也。故後章所述，大半簡便而確實有效，是所望於實行普及者之加意也。

又 第五章《蠶病之種類》

凡有不適於發生而害其健康者，是謂之病。蠶亦然也。但其致病之原因則類別之如左：

原因：
- 素因 本於先天的遺傳以成虛弱者。
- 主因 本於後天之外界，若寄生微生物者。
- 副因 以生活之適當，而遂致發生以上之二害。

病之來也，雖根於以上之諸因，但其甚者，則亦有兼而有之。然其中或有本於外界之接觸，以致害其先天者，亦有先天本弱，外界乘間而入，復加以飼育上失其調理，因此而病更深入。是以豫防蠶病之第一因，則須嚴蠶種之選擇。在第三因則不得不講求飼育法，而其第二因則大半本於外界之寄生物。故其主治之目的亦以驅除外界之傳染物，使之無從蔓延，此消毒之所以爲驅除第二因之唯一方法也。

蠶病之種類甚多，其原因亦甚細密，是非本書所應詳明。然亦不得不述其大略，使當業者知消毒之關係，而大別蠶病，約有五種，今略述之：

一、微粒子。二、軟化病。三、硬化病。四、膿病。五、蛆害。

一、微粒子病　夫微粒子病，謂其害大乎？則亦能結繭，能發蛾，且能產卵，由此而謂其無甚害乎？則一罹此病者，或成細蠶，或爲遲眠，或成起縮，以致發育不齊，甚有因此而斃者。其病徵之主點，則蠶之腹背間往往現一種不規則之黑斑，且因此而不軟化，中央環節則少伸長，而頭尾少收縮，是皆罹本病之徵也。

此病屬於原生動物之胞子蟲，其學名則爲掰洛亞蓬白雪司 Glugeabombycis，依下等動物之寄生而起者也。

微粒子病含有遺傳及傳染之二種，欲防遺傳，則本於改良蠶種；而欲防傳染，則舍消毒法外無他道也。

二、軟化病　軟化病者，依細菌之寄生，以致蠶體軟化而死，故附以此名。但其病源甚多，今依其病徵而區別於左。

a. 卒倒病　此蠶病之發明，始於日本石渡學士。蠶體中一受本病菌之侵入，早則十數分間，遲則十數時間，必至斃死而無遺。此病菌之傳染力甚強大，且其對於消毒藥品之抵抗力亦甚烈。

b. 縮小病　縮小病者，因蠶體縮小而斃死者也。其起則本於一種球狀菌之寄生，罹此病之蠶，其食慾次第減退，背脉管之皷動頻繁，其抵抗消毒力亦甚強大。

c. 空頭病　蠶體之二三環節膨大而斃死，即此病也。亦本於一種球狀菌之寄生而起者也。

d. 瀉蠶　瀉蠶者，尾部漏軟糞以致於斃死者也。其病體中則有一種之桿狀菌及球狀菌，而傳染之力亦甚強大。

三、硬化病　所謂硬化病者，本於高等菌類之絲狀菌寄生而起，以致硬化而斃，得依其屍體之外觀，而區別其類如左。

1. 白殭病菌，其學名爲 Botrytis bassiana。
2. 綠殭病菌，其學名爲 Botrytis Pracina。
3. 黃殭病菌，其學名爲 Oospora destractor。
4. 赤殭蠶菌，其學名爲 Botrytis Teneilla。

以上之病，則以其色之異，而所生之胞子亦各以色素而不同者也。硬化病之胞子，不同於微粒子及軟化病。因其不由蠶體之胃中而發育，其受寄生之處則皆附着於胞子之體外，依皮膚之水分而發芽，是中菌絲則破皮膚而侵入於體內，吸收其養分，由此蔓延，而伸出其菌絲於體外，遂乃飛散胞子，傳染於他蠶，以逞其害。總之，此病之蕃殖及傳染，非藉水分之多則不發生。故濕氣多之年歲及夏秋之交，而此病之發生則最盛焉。

罹此病而斃者，全體硬化，少帶赤色，氣門之周圍則現黑斑，一見而知其與他病異也。

四、膿病　蠶體膨脹，內部生多量之乳汁，而斃死之蠶是也。此病之膿汁則如多角形之小體，使其添食於健蠶，則當時傳染。此微生物亦屬於原生動物，而爲其中之胞子蟲類，其學名則爲Micros Porilium Polyedricum。

五、蛆害　蛆害者，爲一種昆蟲類之雙翅族。所謂Vgimiya Sericaria之蠅，飛入於桑園，產卵於葉上，蠶則於食桑時共相咽下而發生此病也。然此則僅限於日本之蛆病，而我中國者則稍有不同，其理則非本書所應述。但日本驅除此病則惟行桑園之改良，以防蛆蠅之來襲，外此則亦無法。故本病亦不關於消毒，今略之。

清　黃祖徽《蠶桑淺説・養蠶篇第二》　預防法　蠶之病名雖多，仍不外以上各因。以本病言，如能精選蠶種，保全蠶體，使蠶兒器官無有稍稍傷害，自能豫防。以標病言，關係甚雜，豫防法亦不得不多。如營養、溫度、空氣、氣候之劇變，過在養蠶人不能留心。果能攷察蠶體生理，細心養之，自可豫防。傳染症宜用藥品滅殺傳染毒，不准病毒傳染，大抵完全。育蠶法爲蠶病預防第一策，選種次之，消毒又次之，以上三端，必須全備，若缺一端，即難成功。

綜述

宋　寇宗奭《本草衍義》卷一七　白殭蠶　然蠶有兩三番，惟頭番殭蠶最佳，大而無蛆，治小兒驚風。白殭蠶、蝎梢等分天雄尖、附子尖共一錢，微炮過為細末，每服一字或半錢，以生薑温水調灌之。其蠶蛾則第二番者，以其敏於生育。

元　司農司《農桑輯要》卷四　《士農必用》：『治簇之方，惟在乾暖，使內無寒濕。』簇中繭病有六：一、簇污；二、落簇；三、遊走；四、變赤蛹；五、變殭；六、黑色。簇污之病，蠶老食葉不净，其葉蒸濕，帶葉入簇，故繭亦濕潤，此為簇污。其餘五病，皆地濕天寒所致。蠶欲老，可簇地盤，燒令極乾，除掃灰浮，扵上置簇。

明　徐光啓《農政全書》卷三一《蠶桑・養蠶法》　《務本新書》曰：『擡蠶要衆手疾擡，若箕內堆聚多時，蠶身有汗，後必病損。漸漸隨擡減耗，縱有老者，簇內多作薄皮。蠶沙宜頻除，不除則久而發熱，熱氣熏蒸後多白殭。每擡之後，箔上蠶宜稀布，稠則强者得食，弱者不得食，必繞箔游走。又風氣不通，忽遇倉卒開門，暗值賊風，後多紅殭。布蠶須要手輕，不得從高摻下，如或高摻，其蠶身遞相擊撞，因而蠶多不旺，已後簇內懶老翁，赤蛹是也。』《要旨》云：蠶有白殭，是小時陰氣蒸損，天晴，急用籧箕三四具，轉蠶中庭，使日氣煦照，擡一箔則復布一箔，得日氣則盡解矣。野語云：蠶燠乾鬆者，其蠶無病；蠶燠成片濕潤白積者，蠶為有病，速宜擡解。如正可擡，却遇陰雨風冷，則不敢擡，用茅草細切如豆，每一箔可用一斗或二斗，勻撒蠶上，上再摻葉。移時蠶因食葉沿上，其茅草能隔燠沙，天晴再擡，如無茅草，秆草次之。

又　《士農必用》曰：『治簇之方，惟在乾暖，使內無寒濕。』簇中繭病有六：一、簇污；二、落簇；三、游走；四、變赤蛹；五、變殭；六、黑色。簇污之病，蠶老食葉不净，其葉蒸濕，帶葉入簇，故繭亦濕潤，此為簇污。其餘五病皆地濕天寒所致。玄扈先生曰：『亦不止為地濕天寒。自擇種至上簇，無時不可得病也。』蠶欲老，可簇地盤，燒令極乾，除掃灰浮，於上置簇。玄扈先生曰：『此是北法。南方正值梅天，萬難作此。所以皆須屋內簇，定須著火。』

明　鄺璠《便民圖纂》卷四《蠶桑類》　論分擡　蠶住食即分擡，去其蠶沙，否則先眠之蠶久在燠底，濕熱熏蒸，必為風蠶。擡時又宜布開，若受鬱熱，必病損，多作薄繭。又蠶眠初起，若煙熏即為黑死，食冷露濕葉必成白殭，食舊乾熱葉則腹結、頭大、尾尖。倉卒開門，暗值賊風，必多紅殭。每擡後箔上蠶宜稀布，稠則强者得食，弱者不得食，必繞箔遊走。然布蠶須手輕，不得從高摻下。如高摻□，遞相擊撞，因多不旺。簇內懶老翁、赤蛹是也。白殭者收之，亦可備藥用。

明　沈氏，清　張履祥輯補《農書》卷下　四月一日陰雨見，育蠶者乏乾鮮之葉，男子勞於外，婦女憂於內，蓋晝夜皇皇也。因思育蠶之家，宜預作木架如松棚式，廣一丈四五尺，深亦如之，其高過於桑上，織竹如蓋，於蠶初收時即張之茂桑之上，若桑樹室中然。或一日而移，或兩日、三日而移，量飼蠶之多寡而斟酌焉。朝暮可避露，晴可避日，陰可避雨，葉時時乾鮮，既省人工，又不生蠶病。至大眠後可輟，大眠後葉老，越宿經日猶鮮，且又可以加水。事易集而功用多，一架可備數年之用。余里蠶桑之利厚於稼穡，公私賴焉。蠶不稔則公私俱困，為苦百倍。大約蠶之生疾，半在人，半在天。人之失恒於惰，惰則失飼而蠶饑，饑則首亮；惰則失替而蠶熱，熱則體焦，皆不稔之徵也。天之患恒於風、雨、霧、露，即烈日亦有不宜，以乾鮮之葉難得也。蠶食熱葉則繭浮鬆不可絲，其害淺。食濕葉則潰死，食濕熱葉則僵死，食霧露葉則痿死。葉染風沙則不食，葉宿則不食，而仍饑，其害深。知戒人之失而不知備天之患，未為全策也。若天患雖備而人失不戒，則咎又將誰任哉？

上蠶葉一則

清 鄂爾泰《授時通考》卷七四《蠶事門》《務本新書》：蠶初生，即要凉快，以陳秆草作蓐，勿用麥稭。一日一擡，失擡，多生白醭。擡蠶必衆手疾擡，若箕内堆聚多時，蠶身有汗，後必病損，漸漸隨擡減耗，縱有老者，簇内多作薄皮。蠶沙宜頻除，不除則久而發熱，熱氣熏烝，後多白殭。每擡之後，箔上蠶宜稀布，稠則强者得食，弱者不得食，必繞箔游走。又風氣不通，忽遇倉卒開門，暗值賊風，後多紅殭。布蠶須要手輕，不得從高摻下，遞相擊撞，蠶多不旺。已後簇内懶老翁、赤蛹是也。

《農桑要旨》：底箔須鋪二領，蠶蟻生後，每日高捲出一領，曬至日斜，復布於生蠶箔底，明日又將底箔撤出曬曝，如前番覆鋪，使受自然陽和之氣。停眠起食後，然後撤去。蠶有白殭，是小時陰氣蒸損。天晴急用籧箕三四具，轉蠶中庭，使日氣煦照，擡一箔則復布一箔，得日氣則盡解矣。野語云：蠶燠乾鬆者，其蠶無病；蠶燠成片濕潤白積者，蠶為有病，速宜擡解。如正可擡，却遇陰雨風冷，則不敢擡，用茅草細切如豆，每一箔可用一斗或二斗，勻撒蠶上，上再摻葉，移時，蠶因食葉沿上，茅草能隔燠沙，天晴再擡。如無茅草，秆草次之。

又 簇中繭病有六：一、簇污；二、落簇；三、游走；四、變赤蛹；五、變殭；六、黑色。污簇之病，蠶老食葉不净，其葉蒸濕，帶葉入簇，故繭亦濕潤，此為簇污。其餘五病，皆地濕天寒所致。

清 郝懿行《寶訓》卷三《蠶桑》《務本新書》：分擡法擡蠶須要衆手疾擡，若箕内堆聚多時，蠶身有汗，後必病損。漸漸隨擡減耗，縱有老者，簇内多作薄皮。蠶沙宜頓除，不除則久而發熱，熱氣熏蒸，後多白殭。每擡之後，箔上蠶宜稀布，稠則强者得食，弱者不得食，必繞箔遊走。又風氣不通，忽遇倉卒開門，暗值賊風，後多紅殭。布蠶須要手輕，不得從高摻下，如或高摻，其蠶身遞相擊撞，因而蠶多不旺，已後簇内懶老翁、赤蛹是也。《農桑要旨》：蠶有白殭，是小時陰氣蒸損。天晴急用籧箕三四具，轉蠶中庭，使日氣煦照，擡一箔則復布一箔，得日氣則盡解矣。《野語》云：蠶燠乾鬆者，其蠶無病，蠶燠成片溼潤白積者，蠶為有病，速宜擡解。《蠶經》：眠起不齊，絲減半。

清 朱斌《蠶桑指要》 凡蠶不可食濕葉，雨則須拭乾。傷濕者有白肚之病，其身獨白而微腫，到後必成寬節娘，其狀一段粗一段細，觸之便有水出，一見即當棄之。

清 程岱葊《西吴蠶略》卷下《二蠶》

二蠶於芒種時始生，十八日即成繭，時方農忙，故養者十纔二三。養法雖同，然天氣漸暑，隄防蠅蚋之類，尤勞心力，且沙矢、蠶蛹，臭穢熏人，最易致病，蠶家作苦殊可矜也。

清 高銓《蠶桑輯要》卷下《士農必用》云：『簇中繭病有六：一、簇污；二、落簇；三、游走；四、變赤蛹；五、變蠦；六、黑色。簇污、落簇、游走、赤蛹、蠦蠶等采時俱無礙，惟黑色乃是蠶之自斃而烏殢者，鹵莽采摘，决致觸破殢蠶，污及净繭。惟緩緩拆去，有則摘出，庶免遺染，而繭皆瑩净無瑕矣。』

又 原病

蠶自小至老，須刻刻防其致病。俗稱蠶爲憂蟲，受一分病則歉收一分。人之飼養，未有不期其無病者，而蠶之病每中於忽微，爲人所不及覺，故必加意調護，以杜其病。調護之道：一戒貪，一戒嬾。夫蠶之所需者，人工、桑葉、屋宇、器具，四者備而後可以成功。若不量己之有無，一味貪多務得，必致餧飼缺葉，分布少筐，擡緜乏人，安放無地，人既受困，蠶仍受傷，此貪之致病也。凡事成於勞廢於逸。《農桑通訣》云：『蠶有十體：寒、熱、飢、飽、稀、密、眠、起、緊、慢。』此十者，人所當體恤也。時時體恤，猶懼有失。若夜則貪眠，日復偷息，必致分緜不時，飼養失節，風寒不慎，溼熱不除。苟且之心勝，則諸弊叢出矣。此嬾之爲害也。至若一鄉一邑之中，比戶蠶病無或免者，此則如時行疫痢，乃運氣使然，非人之所致矣。

又 蠦 《務本新書》云：『倉卒開門，暗值賊風，後多紅蠦。』《陳旉農書》云：『傷冷風即黑白紅蠦。』李時珍《本草發明》云：『蠶病風死，其色自白，曰白蠦。』蠶病蠦，有紅、白二種，皆屬風傷。俗每用白馬糞燒烟熏之，以治其蠦，此猶馬病用蠦蠶，取其氣相感也。凡蠶病蠦死，其身直者當傳染無遺，彎者猶可收成三之一。故老相傳有此論，若臨老病蠦，速捉上山，旺火灼之，亦能成薄繭。

又 白肚

蠶忌濕，食雨水葉則潰死。俗謂之殜肚。食霧露葉則痿死。若食氣水葉及受沙㷊濕熱之氣，則成乾濕白肚。乾者節高身縮而無水，濕者節高而足流白水，滿筐游走無定，俗稱『爬蠶』，亦曰『潮蠶』。舊傳濕者由食氣水葉，乾者由沙㷊熏蒸，是殆不然。余嘗於輟火時捉眠稍遲，眠頭受蒸，至大眠多成濕白肚。是濕者亦成于㷊蒸，非盡屬氣水葉也。因念白肚成于濕氣水葉者其害小，成於沙㷊蒸者其害大。蓋一筐之中偶雜氣水葉，蠶必有食有不食者，若沙㷊蒸遍筐皆受，食葉者游行葉面，受病猶淺，眠頭在葉底受病更深，故一發無遺。若此，考《陳旉農書》云：『傷風即節高，沙蒸即脚腫。』節高、脚腫皆屬白肚，而以為一傷于風，一傷於蒸。是白肚亦有因風者，然總不若傷於㷊蒸之甚耳。凡病濕白肚，用石灰末勻篩一層於筐，俟蠶行起，以葉飼之，兩頓後，再用石灰化水，遍灑葉上，令蠶食之，病者即死，不致遺染。俗謂發於大眠後三周時者至五周時自止，發于五周時者即傾筐倒斃。此説甚確。乾白肚無絲，上山後身愈縮，節愈高，不能上帚，止集簾面，今所稱『活婆子』是也。又有一種有絲腸而不成繭者，今稱『縮婆子』，係山棚上為風吹襲所成，與白肚有明暗之別。縮婆子身明亮，乾白肚身滯暗。

清 陳開沚《裨農最要》卷一《禁飼》

雨葉。大眠以前食之則變褐色，生瀉病，即或不病，老來必成氣水蠶，不作繭。大眠後則不甚忌。露葉。大眠以前食之生瀉病。至大眠起後，遇天晴無霧，可用帶露葉。因露為天酒，能補助好蠶，使後來繭絲光澤也。若病蠶食之則軟死。霧葉。霧有毒，大眠以前食之，則老來必成白肚蠶。肚子下有白水流出，沾在好蠶身上，好蠶亦死。如遇有霧，須將蠶房門關閉。黃沙葉。蠶食之病脹。肥葉。桑近糞池，桑甫澆糞，穢氣染葉，蠶食之，其身粗肥，皮膚光亮如油漆，謂之『肥青』，當眠不眠。熱葉。澀而不潤，蠶食之則腹結、頭大、尾焦。枯葉。全無津液，蠶不喜食，食之亦必病。氣水葉。積葉過久所致。大眠以前食之，亦生白肚蠶。烏葉。桑椹染烏者。蠶食之通體變烏而死。油葉。筐內貯葉過於緊實，變成黑色，若有油者，蠶多不食。苦葉。其味苦，蠶食之，多青硬而死。雜桃桐葉。桑雜桃、桐、椒、椿有氣味等樹，根鬚相連，枝葉交錯，不免沾染氣味，蠶食其葉，多悶死。蘆花葉。桑葉背有蟲，如蘆花樣，蠶多不食。捲耳葉。多乾燥，蠶不喜食。毛背葉。葉澀而毛，蠶多不食。鷄脚葉。葉缺而薄，蠶食之便成薄繭。金葉，葉上有黃斑者，其樹將槁，不但蠶不食也。奄桑葉。小桑秧未過三年者所生之葉謂之奄桑葉。小蠶不可食，食則生病。大眠以後，桑葉缺少，可用奄桑葉餧之。若桑價賤，另買葉飼可也。芽胔。萌芽初出，謂之芽胔，俗名眼頭，其味苦澀，今人生蟻太早，桑未出葉，遂挑芽胔飼蟻，後多無成，養蠶者戒之。

清 董開榮《育蠶要旨》

䕸括

蠶性喜溫，而又晉溼熱，故必䕸括。䕸則剝去底下一層，不使溼熱薰蒸。括則取其面上一層，而䕸中猶有蠶在內，必當搜剔淨盡。倘有殭爛、白肚、空頭，等蠶，棄之無遺。故無論寒煖，每日宜䕸括一回。而出火及大眠時為尤要。更有救逆之法，如爛肚傷熱之故、吐水白肚二種，氣水葉、空頭小蠶失葉飢、布漆身有黑班點，生種之故，必須勤䕸，方不傳染。如殭蠶傷冷之故、瘪孃不上葉，生種時對不深可噴燒酒或甘草水。又法以馬毛鋪在蠶器內，可免諸病。倘大眠後放地蠶，不必䕸括。

又 上山

將上山則有孜孃孜，或作巧，色黃收身，不欲食葉，與欲眠同；而沸騰不已，周身通明，與欲眠異。倘通明而無絲腸，又是空頭，由於小蠶時餓也。小蠶不可失葉，直至上山，始見悔之已晚。或云蠶沙入水浮，亦欲上山也，上號好蠶。上山後卽做，半周卽如白雪，謂之裹身。一周有聲，兩周無聲，在內細作，人不可動，四周做好，方可採取。如上山不做繭，必是爛死殭蠶及白肚。見有兩周後尚不做者，卽當輕輕拾去，不可使其壞在帚上，有礙好繭也。

清 方大湜《桑蠶提要》卷二《蠶事四十條·蠶食三則》

不可食桑葉有不可令蠶食者十一：一曰雨葉。雨後摘下者，謂之『雨葉』，既溼且寒。大眠以前食之，則變褐色，生瀉病，即或不病，老來必成氣水蠶，不作繭。一曰露葉。露未乾時摘下者，謂之『露葉』。惟大眠起後，遇天晴無霧，可用帶露葉。因露爲天酒，能補助好蠶，使後來繭絲光澤也。若病蠶食之，卽軟死。大眠以前食之，亦生瀉病。一曰霧葉。霧中摘下者，謂之『霧葉』。霧有毒，大眠以前食之，則老來必成白肚蠶。肚子下有白水流出，沾在好蠶身上，好蠶亦死。如遇有霧，須將門窗關閉。一曰黃沙葉。遇大風時，塵沙四起，桑葉沾沙，謂之『黃沙葉』。蠶食之則病脹。一曰臭葉。大眠之後，桑可澆糞，甫經澆糞，卽便摘下者，謂之『臭葉』，亦名『肥葉』。穢氣未退，大眠以前食之，則蠶身粗肥，皮膚光亮如油漆，謂之『肥青』，當眠時亦不肯眠矣。如澆糞過七日，則不忌。一曰熱葉。烈日中摘下者，謂之『熱葉』。澀而不潤，蠶食之，則腹結，頭大、尾焦。一曰枯葉。摘下之葉被風吹乾者，謂之『枯葉』。全無津液，蠶食之，病與熱葉同，棄而不用可也。一曰氣水葉。摘下桑葉，堆積過久，一發蒸發熱，便生氣水，謂之『氣水葉』。

大眠以前食之，亦成白肚蠶，棄而不用可也。一曰奄桑葉。小桑秧未過三年者所生之葉，謂之『奄桑葉』。小蠶不可食，食則生病。大眠以後，桑葉缺少，可用奄桑餧之，葉多者不必。一曰大麥地內桑葉。蠶食之卽壞，故桑樹之下不可栽種大麥，種桑樹者宜牢記。一曰雞腳桑葉。卽花桑葉也，其葉甚薄，邊有缺齒，以之飼蠶，便成薄繭。

清 汪曰楨《湖蠶述》卷一《總論》

至於桑葉，尤宜乾而忌溼，少則布浥之，多則箔晞之，能節其寒暖，時其飢飽，調其氣息。常使先不踰時，後不失期，而舉得其宜，故所收率倍常數。漣川沈氏《農書》：蠶房固宜邃密，尤宜疏爽。晴天北風，切宜開窗牖以通風日，以舒鬱氣。下用地板者最佳，否則用蘆席墊鋪，使溼不上行。四壁用草簟圍襯收潮溼。大寒則重幃障之，別用火缸，取火氣以解寒。唯暴熱則外逼內蒸，暑熱無所歸，則蠶身受之。或體換不時，餧飼署後，受病之源皆在於此。張履祥《補農書》：蠶之生疾，半在人，半在天。人之失恆於惰，惰則失飼而蠶飢，飢則首亮。失替而蠶熱，熱則體焦，皆不稔之徵也。天之患恆於風雨霧露，卽烈日亦有不宜，以乾鮮之葉難得也。蠶食熱葉，則繭浮鬆不可絲，其害淺。食溼葉則潰死，食溼熱葉則殭死，食霧露葉則瘞死。葉染風沙則不食，葉宿則不食，而仍飢，其害深。知戒人之失，而不知備天之患，未爲全策也。費南煇《西吳蠶畧》：自頭蠶始生，至二蠶成絲，首尾六十餘日，婦女勞苦特甚。其飼之也，篝燈徹曙，夜必六七起。葉帶露則宜蠶，故采必淩晨，不暇櫛沐。葉忌霧，遇陰雲四布，則乘夜采之。葉忌黃沙，遇風霾則逐片抖刷。葉忌澆肥，必審視地土。葉忌帶熱，必風吹待涼。飼一周時須除沙屑，謂之替。替遲則蠶受蒸。葉必偏筐，不偏則蠶飢。葉忌太厚，太厚則蠶熱。俟其眠，可少省飼葉之勞，又須捉而秤之以分筐，將起有煎熂油腥之戒，起必待齊，然後飼葉。不齊而遽飼之，則至老。早晚參差，皆一定之法，稍不經意，其病立見。富家無論已。貧家所養無多，而公家賦稅、吉凶禮節、親黨酬酢、老幼衣著，唯蠶是賴，卽唯健婦是賴。顧利殊有限，豐收三五載，汔可小康。如值桑葉涌貴，典衣鬻釵，不遺餘力，蠶或不旺，輒忘餐廢寢，憔悴無人色，所係于身家者重也。男丁唯鋪地後及繅絲，可以分勞，又值田功方興之際，不暇專力從事，故自始至終，婦功十居其九。陶穀《清異錄》謂：『齊、魯、燕、趙之間，養蠶收繭訖，主蠶者簪通花銀椀，謝祠廟，村野指爲女及第。』吾湖則比戶養蠶，更指何者爲及第乎？唐詩云：『偏身羅綺者，不是養蠶人。』旨哉斯言。又，蠶之種類甚繁，湖鄉業於此，亦僅識其常養者耳，餘皆不識也。就《齊民要術》言之，有三卧一生蠶，卽今三眠種。四卧再生蠶，卽今頭二蠶。又黑蠶、白頭蠶、同繭蠶皆習見，不足異。他如頡石蠶、楚蠶、灰兒蠶、秋母蠶、秋中蠶、老秋兒蠶、秋末老蝦兒蠶、錦兒蠶，今人皆不能辨。又頭二蠶，卽蚖珍也。鄭緝之《永嘉記》：永嘉有八輩蠶，一曰蚖珍，三月初績。《周禮・夏官》：司馬職，禁原蠶。注云：原，再也，字書作螈。《本草》有晚蠶、沙晚殭蠶等目，皆未詳辨，遂誤以初蠶再出爲晚蠶、原蠶矣，不知其種迥別。凡二蠶，繭蛾生種謂之頭二蠶種，按烏程劉志誤分二蠶、頭二蠶爲兩種。次年清明後，卽担而養之，担，上聲。《玉篇》云：拂也。名頭二蠶，時頭蠶尚未出也。其眠其老甚速，纔兩旬卽收繭，時頭蠶甫大眠也，出蛾生子，是爲二蠶種。凡養頭二蠶皆甚少。無繅絲者，其繭殼、繭黃、蠶沙皆入藥。按，蠶蛻，紙亦入藥。其殭者尤不可得，治痘有回生之功。蓋時方春杪，蠶亦得清淑之氣，故堪治疾，殆珍之名所由起歟。《本草》所載專指此，按，今藥肆所用，皆頭蠶之白殭，其功稍減，亦能治疾，以頭二蠶殭者難得也。若頭蠶之紅殭及二蠶殭者，俱不可用，鄉人諱殭，醫者改稱佳蠶，亦稱天蟲。卽《周禮》原字之義，亦未必不指此。二蠶始稱晚蠶，出於頭蠶登簇之際。飼以二葉，自眠至老，皆值黃梅時候，蒸鬱日甚，蠅蚋姑嘬，臭穢生蛆，性偏熱有毒，其繭其絲價亦較廉。凡所棄餘，僅以肥田，從未入藥。《本草》之注未詳，故特表之。又，蠶有功於人，而留以生蛾者，祇千萬中之一二，餘皆不免湯鑊，良可憫也。《唐史》：于闐國無蠶，求婚鄰國，女置蠶帽絮中，始有種，刻石須蠶蛾盡乃得治繭。秦少游《蠶書》欲求于闐治絲法以貸蠶死，然至今未有得者。考和闐卽古于闐，久隸版圖，望仁人留意求之。按，今和闐不知蠶織爲何事，無從訪求矣。又，古書稱蠶三眠三起，《農桑直說》謂：四眠蠶別是一種，今湖蠶多養四眠，轉謂三眠者爲別種矣。按老農云：四眠蠶，雌蛾生子後更以雄蛾再對而生子，卽爲三眠蠶種。然則三眠乃四眠之變種，不得以四眠爲別種也。虞兆漋《天香樓偶得》云：俗以第三眠爲出火，不列諸眠之中，因以末眠并頭二眠爲三眠三起，實則四眠四起也。董開榮《育蠶要旨》：大凡天氣寒暖調勻，收蠶至上山一月爲期，初眠七周，二眠四周，出火四周，大眠四周，上山七周，其中有餉食數周，故時候如此，但隨天氣爲轉移，當七周五周亦可，當四周三周亦可，過月者無是蠶也。外三眠子無出火，只有大眠，其時較速。更有頭二蠶，雖是四眠，比尋常四眠稍早，其子卽可育二蠶。沈鍊《廣蠶桑說》：育蠶以屋多爲貴，如屋不多，便須多設曬匾，以蠶架架之。又，蠶最爲鼠所喜食，育蠶者不可無貓。高銓《吴興蠶書》：蠶自小至老，須刻刻防其致病。俗稱蠶爲憂蟲，受一分病，則歉收一分。人之飼蠶，未有不期其無病者，而蠶之病，每中於忽微，爲人所不及覺，故必加意調護，以杜其病。調護之道：一戒貪，一戒懶。夫蠶之所需者，人工、桑葉、屋宇、器具，四者備而後可以成功。若不量己之有無，一味貪多務得，按，俗稱養空頭蠶。必致餒飼缺葉，布置少筐，擡𥽍乏人，安放無地，人既受困，蠶仍受傷，此貪之致病也。凡事成於勞，廢於逸。《農桑通訣》云：蠶有十體，寒、熱、飢、飽、稀、密、眠、起、緊、慢，此十者，人所當體恤也。時時體恤，猶懼有失，若夜則貪眠，日復偷息，按，俗稱靠天收。必致分𥽍不時，飼養失節，風寒不知慎，溼熱不能除。苟且之心勝，則諸病叢出矣，此懶之爲害也。至若一鄉一邑之中，比戶蠶病傳染，無或免者，此則如時行瘟疫，乃運氣使然，非人力所能爲矣。蠶之病：一曰殭，有紅白二種，皆屬風傷。俗每用白馬糞燒煙薰之可治，亦猶馬病用殭蠶，取其氣相感也。凡殭死身直者，必傳染無遺。按，俗云搭棚殭。彎者猶冀收成三之一。若臨老病殭，速捉上山，旺火灼之，亦能成薄繭。一曰花頭蠶，生黑點，或偏身，或一二處，統名花頭，亦稱癩癘頭。此分𥽍不勤，爲葉𥽍蒸損故也。能食而不能成繭，老則斃而已。一曰暗脰頸蠶，老則脰頸通明，若受𥽍蒸，不成花頭卽成暗脰頸，亦謂之木脰頸。其頸至老不通，食葉無絲，與花頭等。一曰亮頭蠶，食葉則首暗，葉過則亮，是爲過葉亮，非病也。其食葉仍亮者，則名亮頭。沙矢不堅，尾流焦水，又謂之溼朏臀。凡小蠶旺食之候，及遇天氣炎熱，偶不飼，而失葉忍飢，至輟火，或大眠，輒發爲亮頭。發愈遲，則病愈重，隨飼隨斃，一無收成。大約起孃初蛻時，皮色黃而身胖者，必成亮頭。昔人謂之黃肥，今謂之著黃草布衫。放葉兩三次，卽尾流清水矣。按《陳旉農書》云：傷溼卽黃肥，傷冷卽亮頭，而白蜇，傷火卽尾焦，又傷風亦黃肥。由此觀之，致病之由，亦有數端，顧未有不由失葉者。甚矣失葉之爲害大也！一曰白肚蠶，忌溼，食雨水葉則潰死，俗謂之殜肚。食霧露葉則痿死，若食氣水葉及受沙𥽍溼熱之氣，則成白肚。有乾有溼，乾者節高身縮而無水，溼者節高而足流白水，滿筐游走無定，俗稱爬蠶，亦曰潮蠶。按，今俗有躠白肚之語。躠，音賴，俗讀上聲。白肚亦作白大，言長養無益也。考《陳旉農書》云：傷風卽節高，沙蒸卽腳腫，節高腳腫，皆屬白肚。是白肚亦間有傷于於風者，然總不若傷于沙𥽍溼熱之氣甚也。凡病溼白肚，用石灰末勻篩一層于筐，俟蠶行起，以葉飼之兩頓後，再用石灰化水徧灑葉上，令蠶食之，病者卽死，不至遺染。按無病之蠶一霑其足流之水，立時亦成白肚，故一見卽宜早治。俗謂爬蠶發於大眠三周時者，至五周時自止。發于五周時者，必傾筐盡變。此說甚確。乾白肚無絲，上山後身愈縮，節愈高，不能上帚，止集簾面，今所稱活婆子是也。又有一種有絲腸而不成繭者，今稱縮婆子，係山棚上爲風吹襲所成，與白肚有明暗之別。縮婆子身明亮，乾白肚身暗滯。一曰多鬅乾口蠶。眠初起，身蛻而鬅不蛻者，名多鬅孃，或蛻而口不能開者，名乾口孃。此眠頭之鬅爲人觸傷也，然眠頭傷風，亦有此病。猶之稻正吐花，突遇西北風，卽成硬口，而不結實也。二者口不能開，並斃於餒。一曰著衣孃。起孃蛻膚至半身而止，謂之著衣孃。此有兩種。一是蠶病溼尾，黏惹不能蛻。一是種眠頭時，用石灰太重，蠶身乾燥所致，剝去其膚，蠶仍無害。若溼尾，雖剝去亦斃。一曰青蠶按，亦稱青條，以色名也。蠶眠則身黃，此獨青而不眠，故曰青蠶。或受沙蒸，或受風溼，並足致病，自頭眠至大眠皆有之。有一種名壯青者，乃食肥葉而成，蠶身分外粗壯，色深青而不眠。按，俗謂蠶不齧人，然亦間有被齧者。毒入內能令人寒熱，以苧麻葉搗汁塗之卽癒。以蠶畏苧也。至俗又以蠶齩爲吉利，則不知其何說矣。

又 卷三《擇繭》 選擇 有誤食熱葉及鬅傷，縈絲寬慢，其繭輭而鬆者，是爲緜繭。有蛆生蠶腹，繭成穿穴而出者，是爲蛆鑽繭，《吴興蠶書》亦曰香眼繭。大眠後，爲麻蒼蠅所齩，作繭後，蠅子自出，而有此眼也。蠶時，蒼蠅必須常拂，點綫香亦避。《育蠶要旨》

清 鄭文同《蠶桑輯要》 察有病蠶，急宜檢去，以免傳染。若絲腸抽動而頡止者、身縮而皮起黑點者、口邊有青粒而屎糞塞門者、皮薄綳緊色如牛乳且有流汁滋出者，切不可留。如檢有未盡，或感而未發，治法，於四眠起後，用好燒酒洒葉，先喂一次，再以新鮮葉喂之，無病者仍能食，有病則倒斃矣。蠶又有殭病，傳染最速，治無善法。惟殭蠶能治馬瘟，或用馬毛藏於蠶器，可解此病，以其相生相剋也。如遇殭病，其所盛大蠶之籚簩須用水浸，洗刷潔净，勿使稍留餘氣，否則卽隔年盛之，亦欲感受。

又 論蠶患椒末瘟病

蠶病多般。黃軟瀉病，由於濕熱鬱蒸。青殭白殭，由於忽中寒冷。欲眠不眠，節出白水，欲老不老，節鼓而殭，或言皆由相配失宜。然此諸症，皆人所習知避，其為蠶隱慮大患者，莫如種類傳染椒末瘟之一症。其症無他病形，但見自頭眠至老，無故自斃，其甚者，死傷狼籍，種類不遺。所死之蠶，細察蠶身，皆有些微黑點，最細者，須顯微鏡照之始見，此椒末瘟之根原也。一蠶有之，轉相傳染，一蛾有之，放種亦然。椒末瘟之種，養之不收，既受此病，無術可治，蓋病根已伏於胎前也。按蠶病椒末瘟，係三十餘年前，西洋法國人巴斯陡者，考得此病初起時，蠶背有微微黑點，用顯微鏡照之，始知蠶身有微黑粒，形如椒末，遂名為椒末瘟。一有此病，傳染不絶，應即提出不用。巴氏又創做無病蠶子，而為做子分方法。其法：俟蠶蛹變蛾，雌雄相配時，用小木槅或小竹圈，將每對分置於內，編號為記，則每雌雄所生之子，各在一處，俟蛾既殭，即將此蛾用乳鉢磨碎，以顯微鏡查視。如某號蛾體內有椒末形，其號之子，亦必有病，當棄而不用；如某號蛾體内無椒末形，其子亦必無病，即留為傳種之用。此法西洋各國皆師之。至蠶病之起於後天者，半緣於濕，故養蠶之室，宜清潔爽朗，所飼之葉，亦須晾乾。設蠶身現有灰黑等點，即須提置別室，另以勝濕等藥品，拌置葉中，多可漸愈。或云以乾浮萍末拌置葉中，可治蠶病，試之頗效。

此論係蘇邑侯從他書採來。查美國蠶務署所著《泰西育蠶新法》一書，內載巴斯陡所察班勃林病，亦名胡椒瘟，所言病狀，即前編察有病蠶條內之殭病是也。惟巴君能察其受病根源，而不詳治病妙法，未免闕如。兹既得經驗愈病良方，足徵見多識廣，益人智慧無窮已。

清 俞墉纂輯《蠶桑述要》 蠶之好歹，揀眠時已知之矣。凡凸嘴昂頭豎立，周身青亮者，多強健；身伏於紙，其色班暗者，多軟弱；側卧者爲有病；無力有濕亮光爲爛濕蠶。敲門、撞壁、大聲呌喊及金鼓之聲，最易驚眠，而大眠爲尤甚。犯則變壞，故蠶室以清静爲主。

清 沈練，仲學輅輯補，章震福校訂《廣蠶桑説輯補校訂》卷二《飼蠶法六十六條》

大眠起後兩三日説一條

大眠起後兩三日，有蠶身獨短，其節高聳，不食葉，而常在葉上往來，腳下有白水者，宜急去之，勿使他蠶沾染。

按，吴俗相傳，以爲此種病蠶，如見一二，須默除之，勿令好蠶知覺。若一聲張，則愈化愈多，不勝去矣。此説人皆信奉，未知果驗否也。

又卷四《雜説九條》

附載驗蠶病法

蠶病多般。黄軟瀉病，由於濕熱鬱蒸。青殭白殭，由於忽中寒冷，欲眠不眠，節出白水，欲老不老，節鼓而殭，或言皆由於相配失宜。然此諸症，皆人所習知而可避也。其爲蠶隱慮大患者，莫如種類傳染椒末瘟之一症，其症無他病形，但見自頭眠至老，無故自斃，其甚者死傷狼藉，種類不遺。所死之蠶，細察蠶身，皆有些微黑點，最細者須顯微鏡照之始見，此椒末瘟之根原也。一蠶有之，轉相傳染，一蛾有之，放種亦然。椒末瘟之種，養之不收，既受此病，無術可治，蓋病根已伏於胎前也，故語及椒末瘟，養蠶留種之家，不可疏忽視之。

清 羊復禮《蠶桑摘要・養蠶十五則》

蠶病

犯蠶忌，有死於窩底黑色者爲殭蠶。大眠後，食桑數日，通身如粉白爲白殭，通身黄白浮腫爲腫蠶，皆食桑而無絲，又最怕濕熱與冷風。傷濕即黄肥，傷風即節高，沙蒸即脚腫，傷冷即亮頭而白蜇，傷火即焦尾，又傷風亦黄肥，傷冷風即黑白紅殭，能避此數患，乃善。

清 曾鉌《蠶桑備要・蠶桑備要補編》 治蠶淫瘟　凡蠶室及桑葉均不宜淫，淫則蠶易生瘟。治法：以浮萍剉碎攙入桑末飼之。

急去病蠶　有蠶身獨短，其節高聳，不食葉而常在葉上往來，腳下有白水者，與黄輭、青色等病蠶，皆宜急去，勿使傳染他蠶。

又 西人除止粒病蠶種法用顯微鏡察視蠶身，有細黑點，形如椒末，因名椒末瘟。緣其病將西國蠶務壞盡，嗣查得該病情狀實係極小一點之粒，必用顯微鏡方能顯出動物形。一粒在蠶全體之內，生長頗速，迨布滿蠶體而蠶壞，且一蠶生有此病，不獨傳染於他蠶，而將來成蛾生子，其子體內亦具此粒，至次年，子出爲蟻、爲蠶，則與之俱長。此爲傳種之病，其害日增，因復查明無病之蛾，其生出之子亦無病，傳下之種但飼養周到，與有病之蠶離開，則此病之根株即絶。由此以觀，可見欲得無病之蠶，必先有無病之蛾。西人乃創做無病蠶子，而爲蠶子分方法。凡蛾相對時，用小木槅或小竹圈將每對分置於內，編號爲記，則每雌蛾所生之子各在一處。俟蛾既殭，即將此蛾用乳鉢磨碎，以顯微鏡察視。如某號蛾體內有粒形，其號之子亦必有病，當棄而不用。查某號蛾體內無此粒形者，方留爲傳種之用，其粒瘟病遂止。故養蠶家擇種爲第一要事。

清 陳雪堂《蠶桑簡法》卷上《養蠶撮要》 用鏡選擇 此法分考蛾、考卵二法。考蛾法者，乃以框製種法詳製種節之蛾袋，取出其蛾，去其頭翅，置乳鉢中，此鉢與常用者不同，一鉢僅置一蛾，各分號數，照蛾袋號數分置之。滴以清水，用乳棒碾爛蛾腹，滴其液於載玻璃，上覆蓋玻璃，照號分滴，不得混雜。置於六百倍顯微鏡之載物台上，自鏡視之，見有淡湖色橢圓形之小體，即微粒子病也。須挖去是號之卵，以燒化之。無毒者留養。考卵者將平附種全紙平產，不分圈數之卵，以指摩落數十粒，分置十乳鉢，如前法考之。若十區中有二區病毒者，尚可留養；若三區有毒，即棄其卵。此法雖未盡善，苟嚴密行之，亦有大效。

清 陳淳《實驗蠶桑簡要法》下篇《養蠶法》第二章《流通空氣之法》 （三）空氣不通，呼吸不暢，最易釀成膿蠶、空頭蠶諸病。故蠶架上下不可逼近，距牆壁約四五寸爲度，既可流通空氣，且可免壁虎等之蟲害。

又 第四章《驅除濕氣之法》 蠶之濕氣，務必竭力驅除淨盡者，以其害蠶之烈，如左列所述。（甲）空氣中本含有黴菌胞子，乾燥時不能生活繁殖，濕重時其胞子附着桑葉，食入胃中，奪其營養，非斃其蠶而不已。（乙）溫高濕重之時，蔟沙醱酵，釀成一種有毒瓦斯，害蠶最劇。（丙）蠶病非濕氣爲主因，即爲媒介，以致蠶座冷却，呼吸鈍滯，發育遲緩，空氣不潔，食慾不暢等弊，紛至沓來。

又 第五章《豫防蠶病之法》 （一）非在信祈禱而在講實際。故豫防蠶病者，宜知蠶病之生，不外素因、誘因兩大類。何謂素因？如蠶未生以前，蠶種保護不完全，催青不注意，使其體虛弱，或虛弱蠶蛾所產之種，與有微粒子寄生而遺傳者是也。若夫溫度激度、空氣污滯、除沙怠惰、濕氣過甚、飼育鹵莽，皆足誘引各種疾病者，故謂之誘因也。

（二）微粒子病之豫防。此病爲蠶病中之最猖獗者，往往有全數之蠶陡斃而無一孑遺者。欲免此患，除購本堂以六百倍顯微鏡驗無此病之精良蠶種外，並須注意左列之各項：（甲）發生過早過遲之蟻蠶，切勿留養。（乙）發育遲鈍及眠起俱遲者，宜棄去，不可顧惜。（丙）除沙擴座，萬勿怠惰，見有疑爲病蠶者亟去之，或別飼可。（丁）飼育得法，務使蠶兒非常强健，即有該病，亦勿蔓延。（戊）當養蠶前後，蠶室、蠶具等務須消毒，並滌以石灰水及清水。

（三）硬化病之豫防。此病由菌類異同分爲白殭蠶、綠殭蠶諸種，欲防此病，其法如下：（甲）蠶室、蠶具乾燥清潔，又勤除沙，不使桑蔟堆積。（乙）禁蠶具貸借，免芽胞附着，傳染健蠶。（丙）於未成芽胞前檢出，投沸湯或埋地下，勿使病菌觸接空氣，並焚其蔟沙爲妙。（丁）倘遲至體被白粉，其芽胞已飛散四處，雖檢盡其屍體亦毫無效。（戊）如有此病，蠶室、蠶具必有病菌遺留，非行完全消毒法不可。（己）此病蔓延時蠶蔟、蠶沙必有芽胞混和，未經消毒不可遽施桑田。

（四）軟化病之豫防。此病亦由菌類寄生而發，如空頭蠶、起縮蠶、烏爛蠶、瀉蠶等皆屬此病之中。欲豫防之，非遵左列各條之注意不可。（甲）精選蠶種，不誤保護。（乙）流通空氣，平均溫度。（丙）貯藏桑葉，勿使乾枯。（丁）給桑適量，勿怠除沙。（戊）蠶席宜疏，萬勿密飼。（己）眠中之時，最宜注意。（庚）餉食之葉，不可過鮮。（辛）健全蠶蛾，方可製種。（壬）眠起未食，不可被風。（癸）早晚給桑，不可偶忘。（子）室內空氣，不可鬱滯。（丑）糞液沾葉，速宜檢出。

（五）膿蠶病之豫防。此病雖多起於空氣不通、呼吸不暢所致，豫防之法，究亦多端：（甲）室內空氣，勿使停滯，四五齡之際，尤當注意換氣。（乙）眠中靜謐，乾濕得宜，溫度亦不可劇變。（丙）給桑宜厚薄均勻，切不可一時過量。（丁）見有罹此病之蠶，宜即除去，勿使膿液傳染他蠶。（戊）內溫不可急降，蠶座宜乾燥，地上宜時常灑掃清潔。（己）眠起未齊，勿遽給桑，若加桑葉於眠蠶，則蠶座濕潤，且驚撼眠蠶，脫皮必致困滯也。（庚）眠中蠶簏不可動搖，使將脫皮者舊皮下新皮體軀稍前進而中止，致新舊氣門相牴牾，以閉塞呼吸者。（辛）稚蠶時給桑宜薄而勻，勿使其體隱沒葉下。（壬）切葉分數，宜從標準中行之，不可過大。（癸）室內不可冷濕，黴腐桑葉，不可飼蠶。

（六）蠅蛆病之豫防及驅除法如左：（甲）凡蠅蛆產卵，每喜潮濕與不通空氣之處，宜擇高燥有日光照射之地樹桑，免其產卵桑葉。（乙）桑園蠶室中見該蠅飛翔，必當竭力撲殺，事雖甚勞，因滅其一雌，少卵數千，烏可憚煩哉？（丙）蛆害以鑽繭爲大。當春蠶上山後四五日，夏蠶三四日前後，宜早行烘繭，免其出蛆。（丁）無論蠶蛹，其氣門周圍有黑色斑點者，必有蛆寄生，宜速棄去。（戊）此害春蠶較少，夏秋蠶最多，宜倣蠶室外嵌玻璃內張洋紗之兩重窗戶，防蠅害而復可通氣也。（己）每年二三月之交，收蠶室內外陰濕臭穢處表土，厚二三寸，以細篩篩之，殺滅其蟄伏之蠅蛆，或直燒其土亦可。（庚）滅蛆較捕蠅爲易，張大布於蔟簾下，布中穿孔，孔下置瓶，其蛆必由布入瓶，收殺甚易也。

又 第二十章《檢別遲蠶之法》 （一）止桑雖如何適時，如何處理，飼數萬或數十萬頭蠶兒，安能無一遲眠者？矧此等之蠶，非性本虛弱，即含有微粒子病，不早檢別，傳染健蠶，求救治之法而已晚。且泰東西研究蠶病家，何病治以何藥，尚待發明。然苟能盡預防之道，保無失敗之虞。此是預防蠶病之一法，飼蠶者焉可忽諸？

又 第三十三章《選種之法》 顯微鏡檢查者，出前盛蛾袋中斃蛾，以手摘其腹部，放乳鉢內，和少許苛性加里液或清水，以乳棒研碎，滴半點載於玻璃上，掩一覆玻璃，置於顯微鏡之載物臺下，對好反射鏡並上下鏡筒，務適度後，細查其有橢圓形小球者，即此蛾有微粒子病毒之證。蛾既有毒，子必染病，去連上該號之種爲要。查蛾時，每號記「無」「微」「有」毒等符號於簿中，備與蠶蔴對核。

清 陳熾《續富國策》卷一《農書・種桑育蠶説》 光緒十四年，寧波税司康發達條陳《請設蠶桑局考察防瘟事宜》，略曰：法國之里昂城，為蠶絲會萃之區，植桑養蠶，冠於各國。前數十年，忽構蠶瘟，蠶種竟絕，乃購中國、日本蠶子以歸。嗣於此事加意考求，窺以顯微之鏡，乃知蠶病甚多，惟椒末瘟為害尤烈。一蠶有病，生子六百，子又生子，傳染無窮。無病之蠶相延而及，不至絕種不止。蠶雖受病，仍可作繭，不過食葉更少，絲細繭薄，無色無光，久則種類絕矣。法政府乃設立蠶桑局，考究防病之法，至精至詳。日本仿之，出絲益美。康君推此意，詳考浙省之蠶，有病者十居六七，深慮日久傳染，將蹈法國覆車，呈由總税務司轉請總署代奏，雖交江浙海關會議，而情形隔膜，迄未舉行。康君一片血誠，付之流水矣。

向疑中國自有蠶桑垂五千載，雖天時人事偶有歉收，然從未有絕種之時，亦無轉購他國蠶子之説。後訪之江浙養蠶之戶，始知中國自有火試、雪試、鹵試三法，即所以防病蠶之子也。火試者，以蠶紙置之灶上極熱之處烘之，蠶子之無病者不傷，有病者不復出矣。雪試者，置之雪中；鹵試者，濾以鹽水，皆以殺病蠶之子而留無病之蠶。然後知中國數千年來自有秘法流傳，足以保茲美利。而西國防病之法，防之於受病之始，亦宜博采兼收，而不容稍有偏廢者也。此養蠶之應考求者，一也。

清 費烈傳口述《寧郡蠶桑要言》 蠶病 頭二三眠，蠶病從寒冷潮濕生，時宜和暖淨燥。大眠後，蠶病從發熱、蒸壓而生，時宜清涼。若食濕葉，多生水瀉病。食壓熱葉，則生腹結、頭大、尾尖諸病。有病之蠶，身上帶紅色，急用燒酒清水各半，烹灑蠶身，約有一個時辰後，能食葉者留之，不食葉者棄之。

清 黃壽昌《蠶桑須知・養蠶各則》 蠶病 木頭蠶：頭大而木，且多黑點。此因生種時，蠶蛾對得太深之故。乾癟蠶：每挂簿上，乾癟而死。水癟蠶：口吐清水，挂簿癟死。上二種因蠶蛾對得不深之故。殭蠶：受風傷冷則殭。爛肚蠶：肚爛而死，傷熱之故。亮頭蠶：其頭甚亮，上山成薄繭後，即爛死繭中，其繭謂之爛頭繭亦有不及上山即死者，此亦因蠶蛾對得不深及失飼餓傷所致。凡遇此等病蠶，宜早揀去，遲則恐傳染他蠶，滿簿皆病。惟亮頭一種留亦無害，若過多亦宜乘早棄之。

清 黃祖徽《蠶桑淺説・養蠶篇第二》第一章《總論》第四節《蠶病》第一欵《原病》 寄生 蠶體寄生物，分動物性寄生與植物性寄生二種。動物性寄生，如蠶蛆、黑痣病亦曰微粒子等是，植物性寄生，如白殭蠶、軟化病菌等是。

清 李向庭輯《蠶桑述要》 防蠶病 蠶食雨葉、黃沙葉，並溼潮太重，飢飽不均，皆足致病。預防之法：蠶小，食葉少時，遇有雨葉、黃沙葉，先用水洗過晾乾再飼。至四五齡，食葉稍多，未雨即先採葉。如已著雨或事忙不及水洗，僅晾乾飼之亦可。黃沙如不甚重，尚無大妨礙，蠶既壯大，食之猶可作繭。欲防潮溼，莫如礱糠。陰雨纏綿時，將蠶室洒掃清淨，再勤撒礱糠，則室中霉氣自易消除。每日飼養排定準時，可無飢飽不均之患。以上統係除病大要。若蠶病已成，則無術能醫，祇可揀出病蠶，以防傳染而已。用顯微鏡考究蠶病法，鄉下蠶戶可勿庸。鏡價既昂，購辦不易，而其考究用法，非親經指授者，亦不易領會，故不具載。

（光緒）《歸安縣志》卷一一《輿地略十一・蠶桑》 高銓《吳興蠶書》：蠶自小至老，須刻刻防其致病。俗稱蠶爲憂蟲，受一分病則歉收一分。

人之飼蠶，未有不期其無病者，而蠶之病每中於忽微，爲人所不及覺，故必加意調護，以杜其病。調護之道：一戒貪；一戒懶。夫蠶之所需者，人工、桑葉、屋宇、器具，四者備而後可以成功。若不量己之有無，一味貪多務得，必致餵飼缺葉，布置少筐，擡䊸乏人，安放無地，人既受困，蠶仍受傷，此貪之致病也。凡事成於勞廢於逸。《農桑通訣》云：『蠶有十體，寒、熱、飢、飽、稀、密、眠、起、緊、慢。』此十者，人所當體恤也。時時體恤，猶懼有失，若夜則貪眠，日復偷息，必致分䊸不時、飼養失節、風寒不知慎、溼熱不能除。苟且之心勝，則諸病叢出矣，此懶之爲害也。至若一鄉一邑之中，比戶蠶病傳染無或免者，此則如時行瘟疫，乃運氣使然，非人力所能爲矣。蠶之病，一曰殭，有紅白二種，皆屬風傷。俗每用白馬糞燒煙薰之可治，亦猶馬病用殭蠶，取其氣相感也。凡殭死，身直者必傳染無遺，彎者猶冀收成三之一。若臨老病殭，速捉上山，旺火灼之，亦能成薄繭。一曰花頭蠶，生黑點或遍身或一二處，統名花頭，亦稱癩癘頭。此分䊸不勤，爲葉䊸蒸損故也。能食而不成繭，老則斃而已。一曰暗脰頸，蠶老則脰頸通明，若受䊸蒸，不成花頭卽成暗脰頸，亦謂之木脰頸。其頸至老不通，食葉無絲，與花頭等。一曰亮頭蠶，食葉則暗，葉過則亮，是爲過葉亮，非病也。其食葉仍亮者，則名亮頭。沙矢不堅，尾流焦水，又謂之溼胐臀。凡小蠶旺食之候，及遇天氣炎熱偶不飼而失葉忍飢，至輟火或大眠輒發爲亮頭，發愈遲則病愈重，隨飼隨斃，一無收成。大約起孃初蛻時，皮色黃而身胖者必成亮頭。昔人謂之黃肥，今謂之著黃草布衫，放葉兩三次卽尾流淸水矣。鄭元《慶湖錄》：蠶具，蠶之初生用鵞羽以拂之，乃置於篩，烏滿則用籧，籧必以紙糊其眼縫焉。兩眠出薙乃置於筐，或用篇筐，篇大於籧，器之大者可以容蠶之多也。蠶室之中必用簾薦以圍之，簾以蘆編，薦以草織之，皆所以蔽風寒也。其采桑也，有桑翦，有桑蔀，至飼小蠶而切葉也。有草墩用以承刀，恐其聲之著也。時或風雨而寒，則用火盆盛炭熾於筐之下而烘之。蠶將作繭，則用草帚散而登蠶其上。繅絲則用絲車，水缸、鍋竈畢具。

（光緒）《東鹿鄉土志》卷一二《動物産》 蟲類 蠶荀子《蠶賦》：『三俯三起，事乃大已。』按，中國絲利，往時獨行五洲，近來外國蠶桑大興，繅絲織絲皆用機器，中國但用人工，又不自整理，利入日微。蠶又多病，蠶病始於蠶子，子病者必有微細黑點，人目不能見，應用六百倍之顯微鏡遍察蠶子，見有黑點者剔除之，蠶病可除，否則轉相傳染，數年後蠶利必全無。近今外洋飼蠶法傳入中國，見於時務書者甚多，學而行之，亦爭利之一端也。

清 林志恂《蠶桑淺要・養蠶淺要》 蠶病形狀殊多，名目不一，約而言之，曰素因、誘因。素因者，先天之病，卽母蛾遺傳之病，如蠶病中所稱最劇烈之名曰微粒子者是也。欲免微粒子者，不可不愼於製種。詳製種節然亦有佳良之種，因貯藏不適宜之故，胚胎已成虛弱，至出蟻以後，雖有精心飼育之人，亦不能保其必得豐收，是亦不得不歸咎於素因也。貯藏蠶種，詳製種節。誘因者，後天之病，如寒暖之急變，乾溼之過度，空氣之不潔，給桑之或過或不足等，因是而起種種之現象者是也。

蠶病既發現以後，最甚者微粒子，此外又有白殭蠶、綠殭蠶、空頭蠶、不眠蠶、瘦身蠶、閉尾蠶、起宿蠶、靑白蠶、烏爛蠶、痢蠶、膿蠶等種種之名稱。如欲就各種之名稱而詳加註釋，非數千百言不能盡，今爲述其大略如左。

微粒子：係一種極小之胞子蟲，其寄生於蠶體，最易繁殖。受病重者，不久卽死；受病輕者，仍能成繭、化蛾，遺其病於種子。欲免之者，要在製種。詳蠶種節。

白殭蠶：亦係感受一種極小之胞子。蠶之罹該病者無不死，故無遺傳之患。死後其屍體堅硬，恰似塗抹石灰粉，此粉最易飛散，若他蠶感受此粉，卽罹此病。又或此粉留存於蠶室、蠶具內，至第二次養蠶時，此粉附着蠶身，亦卽罹此病。又溼氣過重，天時過冷時，易罹此病。欲免之者，蠶室、蠶具須行銷毒法。詳蠶室節。又能室內乾燥，溫度平均，蠶蓐清潔，自無此患。又或見有白殭蠶時，急宜用紙包裹，投於火內，若一留存，卽能飛散白粉，遺害他蠶也。

綠殭蠶：此病狀與白殭同。惟既死以後，能由白而轉綠，故有此名。防法亦與白殭同。

空頭蠶：蠶罹此病者，其頭部之數節腫脹透明，漸次斃死。蠶罹此病，有經五六日不死者。此病不甚繁殖，亦不甚傳染。係室內空氣鬱滯，及食桑不足之故，又收蟻時不小心者，亦足罹此病。

又 膿蠶，體軀膨大，節節高腫，皮膚現乳白色者，謂膿蠶。係室內空氣不通，溼氣太重之故。

清 劉清藜補輯《蠶桑備要》第四篇《养蠶程式》 附醫蠶病方。出湖南岳州府魯仲山家傳《蠶心悟》一册，屢試屢驗。翻刻湖北應山學署，玆檢此篇治法固佳，而所言致病之由尤要。能知其故而預防焉，則蠶可永保無病，較治已病更善。至不得已而治病，則有此良方，亦不至於束手，庶蠶無不收矣。

頭眠八症

縮身症：由初下盤時，用雞毛埽蟻埽斷口内絲頭，則身短縮，不食而死，急以續斷為末，捲撚熏之，可救。

傷眠症：初眠起時，上葉太多不能翻起，故身硬頭黄而成是症。急宜換箔，薄上細葉，再用荊芥燒煙熏之，即愈。

失眠症：餧至七日，當頭眠而不眠，由於食葉不足。急宜切細桑葉，接餧幾頓，蠶自眠矣。

殭身症：由下蟻時，感冒風寒，以致身直不食而死。急用薄荷、柏葉燒煙熏之，自解。

鎖項症：謂蠶項硬，不食，過七八日不死。急取通大海煎水，噴葉上餧之，立解。

側背症：頭眠結嘴忽然歪斜不食。急取牙皂、薄荷、甘草末，燒煙熏之，自解。

傷潮症：蠶在盤中，偶犯潮濕，其色即不鮮明。急宜翻過别盤，撒斑糠於蠶身，不過半日即愈。

觸穢症：蠶觸一切臭氣，身必發黑。急以大黄、蒼朮、甘草，燒煙熏之，自解。二三眠亦有此症，但在頭眠尤甚。

二眠八症

反汗症：蠶將眠則色潔白，既起則色晦滯。當潔白而潔白，謂之汗應，其不潔白，謂之反汗。不治則不發變。急以柏葉蟬退末，燒煙熏之，自轉潔白之色矣。

纏腰症：二眠後所脱之皮，綳於腰上，難脱而不食。即以蛇退、蟬退，燒煙熏之，可解。

大頭症：蠶頭腫大不食，由積熱感風而起。急以防風、大黄、蒼朮、炙草、緑豆芽，研末拌勻，撒葉上餧之，自解。

麻肚症：蠶肚上見麻點，不食。因箔内沙蓐積熱而起。急以網擡換箔，除浄沙蓐，以芭蕉葉隔於箔中，自愈。

焦尾症：前半截潔白光潤，後半截黄暗無色，漸次不食。速以甘草末拌緑豆芽麪，餧一二頓即愈。

腐皮症：二眠時誤觸硝磺、食鹽、葱蒜、阿魏等臭氣，則通身暗晦，皮肉潰爛不治，不過一日盡死。急換一箔，箔内平鋪艾葉，拾蠶其上，以烏梅煎水灑葉餧之，自愈。

黄疸症：遇黄沙灰瘴天氣，蠶室宜閉。時采黄沙葉宜洗浄篩乾再餧。二眠時如犯黄沙，則周身發黄，不治必盡死。速取甘草末，拌切葉條餧之，即愈。

傷食病：眠起時，頭一日喂葉不宜使飽，過飽則有堅梗朴直而死之症。此症惟二眠後最多犯者。急以甘草、香附煎水，灑葉上餧之，立愈。

三眠八症

烏風症：三眠後，蠶背盡黑不食，即此症也。諸症惟此症最惡，遲三兩時，盡死矣。速取檀香、薄荷、蒼朮、甘草，研末熏之，可救。

高風症：蠶身色如黄灰，逐節如黄絲緊繫，不能擡頭就食。急用牙皂、白朮末，燒煙熏之，一日勿令斷息，自解。

瘢痕症：蠶通身現出瘢點。速宜擡網換箔，用甘草煎水，灑葉餧之。又以蒼朮、柏葉、蛇退研末，燒煙熏之，即愈。

蚊傷症：蠶被麻蚊咬傷，毒重無解。治以藁木煎水，將箔洗浄，然後停蠶上葉，此蠶亦能多繭，不可做種。不數日蛆出繭中矣。

結肛症：周身無恙，但食葉不似平時，總由肛門閉結。速用大黄煎水，灑葉上，拌緑豆麪餧之，自愈。

縮頸症：縮頸不食，由於誤觸不潔之氣，不治必死。速取馬屎曬乾，拌柴燒燃置箔下，略烘片時，即愈。

水蟲症：上葉時誤傷水氣，則通身腫脹，口吐清水。速用蒼术、滑石、甘草研末，羅篩篩過，就蠶身撲之，撲畢換之，即止。

脱肛症：蠶將老，忽然肛門出黄泡，不治不及上簇即死。速取脏麻葉冲水噴葉上餧之，不過半日肛門自收。

以上二十四症，所需藥物無多，養蠶之家均宜預備也。蠶性忌香、忌煙、忌水，惟治病則概不必忌。有犯症者儘可依方用之。應山儒學曾試山家素飼蠶，各方皆已經驗，故刊傳之。

雜録治病防病法

治蠶溼瘟。凡蠶室及桑葉均不宜溼，溼則蠶易生瘟。治法以浮萍碰碎，攙入桑末，飼之。

急去病蠶。有蠶身獨短，其節高聳，不食葉而常在葉上往來，脚下有白水者，與黄軟青色等病蠶，皆宜急去，勿使傳染他蠶。

西人除止粒病蠶種法。用顯微鏡察視蠶身有細黑點，形如椒末，因名椒末瘟。緣其病將西國蠶務壞盡，嗣查得該病情狀，實係極小一點之粒，必用顯微鏡，方能顯出動物形一粒，在蠶全體之内，生長頗速，迨布滿蠶體而蠶壞。且一蠶生有此病，不獨傳染於他蠶，而將來成蛾生子，其子體内亦具此粒，至次年子出為蟻為蠶，則與之俱長。此謂傳種之病，其害日增。因復查明無病之蛾，其生出之子亦無病，傳下之種，但飼養周到，與有病之蠶離開，則此病之根株即絶。由此以觀，可見欲得無病之蠶，必先有無病之蛾。西人乃創做無病蠶子，而為蠶子分方法。凡蛾相對時，用小木槅或小竹圈將每對分置於内，編號為記，則每雌蛾所生之子，各在一處。俟蛾既殭，即將此蛾用乳鉢磨碎以顯微鏡查視。如某號蛾體内有此粒形，其號之子亦必有病，當棄而不用。查某號蛾體内無此粒形者，方留為傳種之用。其粒瘟病遂止，故養蠶家擇種為第一要事。

清 呂廣文《蠶桑要言·育蠶法》 蠶病 痿黄、縮頸、焦尾等病已載在前。此外，如各眠中不眠之蠶，則病之受自娘胎，蠶蛾對蛾雌雄相交爲對不及時所致也。又如蠶將老熟時，忽然短縮呆木而腫大者，名曰催績，亦病之受自娘胎，蠶蛾對過乎時所致也。故買蠶種，當擇頻年出種、著有好名之家買之，雖不能必其年年全好，較稱穩當。至若爛肚蠶，病得之傷火，亮頭蠶，病得之餓損，則因養育失手之所致也。見有各類病蠶，卽當揀棄，免害他蠶。

清 饒敦秩《蠶桑質説》卷下《蠶説十三則》 蠶病第九 蠶病必現病狀，不早提防，必致貽害。如見衆蠶眠後，獨數條不眠，或大眠後不老，或頭大尾尖，或下稀屎，或身省青亮色，或摇頭不止，或脱皮不盡以及身短節高，嘴偏不正，脚流黄水，游走無時，皆係病蠶，急用筷拈棄。更有一種名粒瘟病，傳染最速。細看蠶之尾尖變黑色，或腹上有黄黑點子，不大食葉，或後脚黑站不緊，便是此病。急速拈出，投之於火，庶免傳染之害。凡蠶之病傷溼者即黄肥，傷風者即節高，傷沙蒸即腳腫，傷冷即亮頭而白蜇，傷火即焦尾，又傷風亦黄肥，傷冷風即黑白紅僵，必預防此數患，乃善。

清 盛宣懷輯《蠶桑備要》 蠶之生疾，半在人，半在天。人之失恆於惰，惰則失飼而蠶飢，飢則首亮；失替而蠶熱，熱則體焦，皆不稔之徵也。天之患，恆於風雨霧露，卽烈日亦有不宜，以乾鮮之葉難得也。蠶食熱葉，則繭浮鬆不可絲，其害淺。食溼葉，則潰死。食溼熱葉，則殭死。食霧露葉，則痿死。葉染風沙則不食，葉宿則不食，而仍飢，其害深，知戒人之失而不知備天之患，未爲全策也。大凡天氣寒暖調匀，收蠶至上山一月爲期，初眠七周，二眠四周，出火四周，大眠四周，上山七周，其中有餉食數周，故時候如此，但隨天氣爲轉移，當七周五周亦可，當四周三周亦可，過月者無是蠶也。外三眠子無出火，只有大眠，其時較速。更有頭二蠶，雖是四眠，比尋常四眠稍早，其子卽可育二蠶。蠶自小至老，須刻刻防其致病。俗稱蠶爲憂蟲，受一分病則歉收一分。人之飼蠶，未有不期其無病者，而蠶之病每中於忽微，故必加意調護，以杜其病。調護之道：一戒貪，一戒懶。夫蠶之所需者，人工、桑葉、屋宇、器具，四者備而後可以成功。若不量己之有無，一味貪多務得，必致餵飼缺葉、布置少筐、擡緜乏人、安放無地，人既受困，蠶仍受傷，此貪之致病也。凡事成於勞，廢於逸。《農桑通訣》云：『蠶有十體，寒、熱、飢、飽、稀、密、眠、起、緊、慢。』此十者，人所當時時體恤也。若夜則貪眠，日復偷息，必致分緜不時，飼養失節，風寒溼熱苟且之心勝則諸病叢出矣，此懶之爲害也。至有比戶蠶病傳染，乃運氣使然，非人力所能爲矣。蠶之病：一曰殭，有紅白二種，皆屬風傷。俗每用白馬糞燒烟薰之可治，亦猶馬病用殭蠶，取其氣相感也。凡殭死，身直者必傳染無遺，彎者猶冀收成三分之一。若臨老病殭，速捉上山旺火灼之，亦能成薄繭。一曰花頭蠶，生黑點或偏身，或一二處，統名花頭，亦稱癩癘頭。此分緜不勤，爲葉緜蒸損故也。能食而不能成繭，老則斃而已。一曰暗脰頸蠶，老則脰頸通明，若受緜蒸，不成花頭卽成暗脰頸，亦謂之木脰頸。其頸至老不通，食葉無絲，與花頭等。一曰亮頭蠶，食葉則暗，葉過則亮，是爲過葉亮，非病也。其食葉仍亮者則名亮頭。沙矢不堅，尾流焦水，又謂之溼朏臀。凡小蠶旺食之候，及遇天氣炎熱，偶不飼而失葉忍飢，至輟火或大眠輒發爲亮頭。發愈遲則病愈重，隨飼隨斃，一無收成。大約起孃初蜕時，皮色黄而身胖者必成亮頭。昔人謂之黄肥，今謂之著黄草布衫。放葉兩三次，卽尾流清水矣。按《陳旉農書》云：傷溼卽黄肥，傷冷卽亮頭而白蜇，傷火卽尾焦，又傷風亦黄肥。由此觀之，致病之由亦有數端，顧未有不由失葉者。甚矣，失葉之爲害大也！一曰白肚蠶，忌溼，食雨水葉則潰死，俗謂之殜肚。食霧露葉則痿死，若食氣水葉及受沙緜溼熱之氣，則成白肚，有乾有溼。乾者節高身縮而無水，溼者節高而足流白水，滿筐游走無定，俗稱爬蠶，亦曰潮蠶。考《陳旉農書》云：傷風卽節高，沙蒸卽腳腫，節高腳腫皆屬白肚。是白肚亦間有傷於風者，然總不若傷於沙䊦溼熱之氣之甚也。凡病溼白肚，用石灰末勻篩一層於筐，俟蠶行起以葉飼之兩頓後，再用石灰化水偏灑葉上，令蠶食之，病者卽死，不至遺染。無病之蠶，一霑其足流之水，立時亦成白肚，故一見卽宜早治。俗謂爬蠶。發於大眠三周時者，至五周時自止。發於五周時者必傾筐盡變。此說甚確。乾白肚無絲，上山後身愈縮，節愈高，不能上帚，止集簾面，今所稱活婆子是也。又有一種有絲腸而不成繭者，今稱縮婆子。係山棚上爲風吹襲所成，與白肚有明暗之別。縮婆子身明亮，乾白肚身暗滯。一曰多觜乾口蠶。眠初起身蛻而觜不蛻者名多觜㜃，或蛻而口不能開者名乾口㜃。此眠頭之觜爲人觸傷也，然眠頭傷風亦有此病。猶之稻正吐花，突遇西北風卽成硬口，而不結實也。二者口不能開，並斃於餒。一曰著衣㜃，起㜃蛻膚至半身而止，有兩種。一是蠶病溼尾黏惹不能蛻。一是種眠頭時用石灰太重、蠶身乾燥所致，剝去其膚，蠶仍無害。若溼尾，雖剝去亦斃。一曰青蠶，按亦稱青條。蠶眠則身黃，此獨青而不眠，故曰青蠶。或受沙蒸，或受風溼，自頭眠至大眠皆有之。有一種名壯青者，乃食肥葉而成。蠶身分外粗壯，色深青而不眠。俗謂蠶不齧人，然亦間有被齧者，毒入內能令人寒熱，以苧葉擣汁塗之卽愈，以蠶畏苧也。蠶具：蠶之初生，用鵞羽以拂之，乃置於篩。烏滿則用筳，筳必以紙糊其眼縫焉。兩眼出薙，乃置於筐，或用扁筐。扁大於筳。蠶室之中必用簾薦以圍之，簾以蘆編，薦以草織之，所以蔽風寒。其采桑也，有桑翦，有桑蔀，至飼小蠶而切葉也，有草墩用以承刀，恐其聲之著也。時或風雨而寒，則用火盆熾炭於筐之下而煐之。蠶將作繭，則用草帚散而登蠶其上。繅絲則用絲車，水缸、鍋竈畢具。修桑有鋸、有斧、有鑿。治桑上蟲有刮杷、鐵絲。采桑有桑翦、有桑梯。貯桑葉有蔀。蔀字或用。停葉用竹簾、蘆簾、蘆廢。切葉有刀、有草墩。刷蠶烏用鵞翎。分䊦，小蠶用尖竹箸，俗名『蠶快』，大蠶用網。小蠶貯以竹篩，大蠶貯以筷，音『大』，或用『箉』字，或借『筳』字。或以筐、以扁。所以架扁曰『蠶栚』。音『代』，或用『槌』。《禮・月令》：『具曲植籧筐』。鄭注：『植，槌也。』释文：『值，直吏反，今呼架扁之具曰植』。粗絲之車，絲眼二，以二板為一車。細絲之車，絲眼三，以三板為一車。剝縣有竹環。

又 有蛆生蠶腹，繭成穿穴而出者，是爲蛆鑽繭，亦曰香眼繭。大眠後爲麻蒼蠅所嚙，作繭後，蠅子自出，而有此眼也。蠶時，蒼蠅必須常拂，點綫香亦避。

清 吴詒善《蠶桑驗要・蠶篇》 辨别蠶病第九　蠶自發生，經眠起四次，其中病狀不一。蠶性不離葉，葉盡必附枝，若見蠶在筐邊遊走，其蠶必病。青頭蠶：卽西名不眠蠶。他蠶眠，此獨不眠，行動不靈，食量減少，頭部較健，質甚小，全身硬而不脫皮。瘦身蠶：軀體瘦細，與尋常健蠶大小迥異。縮節蠶：全身腫而食葉少，或一二節高腫，身上必有黑點，此受蛆害所致。奶兒蠶：西名膿蠶。身亦腫脹，皮作乳色，破之流白色水，或脚拖白水，被西北風吹，多有此病。閉尾蠶：尾部狹縮，不能出糞，由眠起未脫皮時，空氣過燥，津液乾枯，新皮附於舊皮不得脫下，或卽食陳葉，糞結肛門，閉塞而死。起縮蠶：眠起後身體縮小，皮色黃褐而無光澤。瀉病蠶：西名痢蠶。身軀疲軟，尾部弛緩，出黃色糞汁，此食蒸葉及雨露濕葉之故。空頭蠶：頭部微腫，內暗綠色，由偶忘給葉受餓，或空氣鬱滯，或放子太密，或蠶布不懸通風處所致。青白蠶：眠起時身體腫脹，皮膚青白色。其蠶或大或小，或類瘦身病，大抵含微粒子毒者，或十之八九也。黃軟蠶：身軟而黃褐，中蓄黃水，係室內火候寒而驟熱，或葉與沙薰蒸，使蠶弱而不長，漸致黃軟而斃。風蠶：全身青黑，頭尖頸縮，多被殘葉遺矢所壓。黑殭蠶：由房內熱而驟寒，使蠶身瘦小，發青黑而殭死。黑蕎蠶：由烟氣薰籠，蠶蘊熱毒，使全身發黑苔如烟，必至腐爛而死。椒瘟蠶：身發黑斑如疥、如瘡，既而潰爛如癩。傳染甚速，良由寒暖失時，食帶霧之葉，釀成此病，深恐病根傳入種子，其禍尤烈。黑痣蠶：全身現暗綠色，頸及背各現灰白色斑帶一條，較健蠶稍細小，必頭部縮蹙而後斃。若以針刺之，出暗綠濃液，此液最能傳染，以顯微鏡窺之，液中有砂如撒米，卽西國所云微粒子病也。以上病蠶宜隨時細心察看，早行剔去，免致傳染，至要至要！各種病蠶，非參考西書及留心體驗，究難辨別。余屢年育蠶，必將病蠶剖視，以察受病之由來；或另養他筐，以觀病變之形狀，再經試驗精熟，自然無病變之患也。

又 余初育蠶，受病頗多，後觀西國蠶書，法甚精密，其要不外寒暖燥濕、察病練種數大端。近以中法畧參西法，於眠起時，察看病蠶形狀，隨時選剔，不使傳染。蠶體健旺，成繭堅厚，繅絲且潤澤而光韌，以上乃歷年試驗，錄之以備遺忘云爾。

清 葉向榮《農林蠶説》 養蠶須知鑒別。凡蠶出烏，以一日二日出齊為妙。最先出者不用，末後出者不用。又蠶出烏後，至第九日不能眠起，即是病蠶，此蠶養亦無益。又如拖漿吐水等症，若不剔去，即傳染好蠶，為害匪淺。又滿身發黃者，亦宜剔出。又大眠後，見有頭大節撞之蠶，雖能食葉，不能作繭，此蠶亦宜剔出，不可存愛惜之心，而令虛耗桑葉。

又 蠶禁口不食，急用微火温之，辟去寒氣，蠶自食葉。若值陰雨天寒，先用微火辟去寒氣，然後飼葉，則蠶不生病。惟采桑宜在清晨及日入後，忌溼忌熱。蠶食溼葉，多生瀉病、白殭。食熱葉，則腹結、頭大、尾尖。食葉多而不老，亦不作繭。

清 張文藝《養蠶秘訣》

一識病

蠶以火化，食而不飲；蠶號天蟲，貴而多病。近歲白殭之病，往往蠶育數十檯而無一繭可采者，雖曰天時，抑人事有未盡焉。考之《本草》，謂蠶感風而殭，故用為驅風之藥。按《蠶桑輯要》謂傷冷則殭，《蠶桑合編》謂熱而暴凉則殭。大約由小時飼葉失宜，暴風得而中之，口吐青水，先軟後殭，其所吐之水互相傳染，遂無蠶不殭。一見此病，在大眠時，宜即刻替簩，將桑渣剝浄，如捉眠之法。另用新鮮之葉飼之，其替下之桑渣，即刻挑去，不可存留。其在見考頭時，無論生熟即捉山上，方不致全丢。治之之法，《蠶桑輯要》謂蠶與馬同氣相應，以馬毛襯簩，或用馬糞和蒼朮焚之，或用冬桑葉搓極細糝葉上，或用緑豆黑豆粉糝葉上，以收其吐出之青水，防其傳染也。其餘如傷飢則病，空頭蠶飢則氣虛而頭亮，小時失飼，大時始見；傷熱則高節，蠶為熱鬱而身腫，且流白水，游行不食；傷冷則頭大尾細，蠶畏寒，寒則尾縮，尾愈縮愈小而頭獨大矣；脱力則焦脚焦刺，蠶大擠則下者為上者壓住，極力掙出而力傷。魚勞則尾䪼，蠶勞則刺焦，其理一也。開葉早則落小，早起身者，口已老而食葉快，故長大。晚起身者，口尚嫩而食葉遲，故落小。以及食氣水葉則軟斃，食發熱葉則出水，并黄班、青頭、大頭，蠶諸病不一。其治傷熱之法，亦用冬桑葉搓細糝之，或煎湯灑葉上。其治高節出白水者，空簩中預篩石灰一薄層，以蠶替下，稍停片時，再飼以葉，後用石灰化水灑葉上食之，病者即死，不致傳染。其治傷冷之法，或用燒酒噴之。此兩法甚險，不可輕用。其傷於濕熱，蠶身發紅、黄、灰三色，用緑豆粉與黑豆粉同桑葉拌和飼之，《蠶桑合編》謂不惟解熱毒，抑且絲多而堅勁有色。至於傷飢脱力、早開葉等，須另置别器，頻以鮮嫩之葉調養之，亦能作繭。凡看蠶身青白者無病，灰黄則病矣；堅實者無病，疲軟則病矣。捉眠時，桑渣乾燥者無病，潮濕則病矣。起身時，昂頭張尾者無病，垂頭縮尾則病矣。上山時，長身細頸色如白冰者無病，短身粗頸，色如黄水則病矣。簩底無水漬則無病，有水漬則病矣。凡替簩之時，如見病蠶，切記不可混在一處，須另行捉出，有用者養之，無用者棄之。混在一處不惟有病者以挨擠而愈病，抑且無病者以傳染而亦病矣。以上治蠶病諸方皆穩當可用，即使無功亦必無害，惟噴燒酒、糝石灰兩法，雖載《蠶桑輯要》，然拚丢者可暫用之，如世俗以大蒜汁治白殭，不過同備一法而已也。

清 趙敬如《蠶桑説》 青殭白殭，由於忽中寒冷，欲眠不眠，節出白水，欲老不老，節鼓而殭，或言皆由於相配失宜，然此諸症，皆人所習知而可避也。其爲蠶隱慮大患者，莫如種類傳染椒末瘟之一症，其症無他病形，但見自頭眠至老，無故自斃。

英 康發達《蠶務圖説》 總税務司嗣於十五年正月十七日，復將倪恩投所致兩函，抄錄申送，並呈明以前所論各事，既有真確憑據，爲蠶病之證。即就浙江一省之蠶而言，無不有微粒患椒末瘟之症，倘不亟行整頓，恐蠶務之壞與二十五年前法國之害相同。夫蠶漸長，而病因之漸重，别無良法療治，惟有選擇無病蠶子之法，一面防有病之蠶，不使生子。但浙江之蠶染患椒末瘟，恐他處蠶病大概相同。惟中國蠶病雖深，蠶力本大，蠶力究如何大，俟詳於後。較之昔時西國蠶病，設法尚易爲力，故中國苟欲整頓蠶務，惟師各西國近二十年、日本近十年所設各養蠶公院之法而已。若蠶爲何種，歸於何類，在格物家論之甚詳，似無關養蠶之事。然必格致家分蠶爲何種，種有何繭，而後養蠶家始知何種蠶生何種絲，並知養何種蠶爲有利益，及何種蠶宜養於何地。至巴姓醫治蠶病之法，知之甚易，仿之無不見效。法國各處養蠶之人，無不知曉。查官册所載法國每年所出蠶繭之數計，咸豐三年爲二千六百萬吉羅每吉羅約重一斤十一兩，四年爲二千一百五十萬吉羅，五年爲一千九百八十萬吉羅，六年爲七百五十萬吉羅，以後年減一年，至同治四年，僅歲出四百萬吉羅，皆由蠶患椒末瘟所致也。前時百出其計，遍覓各國蠶子飼養，而日本之子尤多，迄無所效。其年，巴姓得選擇無病蠶子之法，其患始息。其法，將蠶患椒末瘟者去除浄盡，養蠶之人復加意飼養，其患黄軟病者亦漸自止。方法國蠶瘟盛傳之時，計子重二十五克蘭每一克蘭約重六錢餘，生繭二十五吉羅，後則子重二十五克蘭，生繭四五六十吉羅不等。光緒四年，法京衒奇會所出官册，載近五年各國約出繭數，當時法國每年出繭九百萬吉羅，是法國自止蠶瘟之後不十年，而所産已加倍矣。且查此五年之前，即同治四年之後，法國每歲所出繭數有多至一千四百萬吉羅者，或一千一百萬吉羅者，而此五年中，僅歲出繭九百萬吉羅，非因蠶復有病，實由人工昂貴，外來之絲價較賤。故光緒十二年，法國所出絲數雖爲八十萬吉羅，而較之前數年所出之數，實已加多。又查中國各口通商貿易總册，所有絲及亂絲頭由上海運往外國之數，自光緒五年至十四年，此十年中計，惟光緒五六兩年，自上海出口之絲，牽計每年爲六百四十一萬七千斤，其餘之八年出口牽計每年爲四百四十三萬一千七百斤，是後八年每歲出口絲數減少二百萬斤，約百斤中少三十斤也。其運往外國亂絲頭之數，此十年中，前兩年牽計每年爲八十九萬二千五百斤，後八年牽計每年則爲二百五十萬一千五百斤，是每歲加增一百六十一萬斤，每百斤中加七十斤也。合上二數以觀，則知中國蠶之病日深。但絲斤減少，似亂絲頭應隨之俱減，何以反有加增？蓋由養蠶日見其多，而成功者少，故亂絲頭日加而絲斤日減。今就上海、廣東運往美國之絲數而論，中國則年見其少，日本則年見其多，甚至大相懸殊。故合上海、廣東、日本各出口絲數計之，譬百分中，當光緒四、五兩年，上海出口絲數約居百分中之五十二分，至六、七兩年約居八十四分，嗣後年年見減，至前兩年，則僅居十五分。查前數十年作經之絲由上海運往美國者，名七里絲，即細絲，俱由南潯、新市、菱湖、湖州、雙林、烏鎮而來。大蠶絲，即粗絲，産自該數處之外一帶。産細絲之處在浙省之北，其地不大，所種桑樹稠密，近二十年，復年多一年，蠶屋稠疊，過爲擠密，或即因此，蠶病盛行，該地之絲遂收成日少，即本處所需絲斤以織絲貨亦不足用，遂越太湖往無錫買粗絲之蠶繭，以補其缺，約每年至數百萬斤之多。即上海所設兩繅絲行，亦每歲往無錫、溧陽等處購買絲斤備用。産粗絲之處，其數本少，其地甚大，數年來維種桑之區日多，較之前時甚廣，而蠶病亦與之俱廣，絲則不能多收也。若日本出口之絲數，當光緒四年，不能過一千四百十包，及前兩年，已加至一萬四百包，是皆由日本仿用巴姓選擇無病蠶子之法，産絲驟盛，而人皆知其絲質尤佳。故中國蠶務亟宜整頓，萬不可緩。如以上所擬之法最爲妥善，其事不過便民興利，並不强民遵從，但由國家俯准開辦、勸導，民之聽信與否，悉隨民意。其聽信者定獲利益，利益漸廣，信者必衆。

清　莊景仲《養蠶必讀》卷下第二章《病原》　白殭蠶一發，則其家比年相繼罹此禍，而人往往以爲遺傳病，亦謬見耳。蓋白殭之白粉，殘留於箔座者，及他日飼蠶時，輒寄生於此，遂再生白殭，此乃病毒傳染，非遺傳也。夫蠶不能自訴其病苦，雖病徵已現，而尚未辨識。至辨識則病勢已重，此時雖有良法妙術，無奈何矣。故欲飼蠶而全其發育，多收佳繭，無若預明蠶病所由來，以防禍於未發，庶保蠶之健全也。

又　第三章《微粒子病》　微粒子繁殖，不問蠶體何部，其局部略膨起，絹絲腺爲此病毒所犯，則其局部白色不明，吐絲甚少。蠶蛾爲微粒子所犯者，腹部末端現灰色或褐色，鱗毛禿乏。發蛾後，四翅漸乾燥，伸張不全，或左右不同，雙翅縮小者，不能交合産卵，即令産卵，其數亦僅少，産卵附著多不正，往往相累積，或發蛾時期遲者，皆疑罹此病者也。

又　第七章《膿病》　今以膿病原於呼吸作用之損傷，而其副因尚有數者。譬之蠶室内空氣流通不良，溼氣多，飼蠶過密，溫度急降，是皆生病蠶之原也。因之預防之法亦不一。故養蠶者，宜用意於此多端，使勿妨其呼吸作用爲要耳。

紀事

清　沈練，仲學輅輯補，章震福校訂《廣蠶桑説輯補校訂》卷四《附載驗蠶病法》　按蠶病：椒末瘟，係三十餘年前，西洋法國人名巴斯陡者，考得此病。初起時，蠶背有微微黑點，用顯微鏡照之，始知蠶身有微黑粒，形如椒末，遂名爲『椒末瘟』。一有此病，傳染不絶，應即提出不用。巴斯陡又創做無病蠶子，而爲做子分房法。其法：俟蠶蛹變蛾，雌雄相配時，用小木槅或小竹圈，將每對分置於内，編號爲記，則每雌雄所生之子，各在一處。俟蛾既殭，即將此蛾用乳鉢磨碎，以顯微鏡查視，如某號蛾體内有椒末形，其號之子亦必有病，當棄而不用。如某號蛾體内無椒末形，其子亦必無病，即留爲傳種之用。此法西洋各國皆師之。至蠶病之起於後天者，半緣於溼。故養蠶之室，宜清潔爽朗；所飼之葉，亦須晾乾。設蠶身現有灰黑等點，即須提置别室，另以勝溼等藥品拌置葉中，多可漸愈；或云以乾浮萍末拌置葉中，可治蠶病，試之頗效。

藝文

清 邵曾訓《蠶婦吟》《清詩鐸》卷七 今年四月少晴時，蠶病家家不出絲。新絲價長舊絲上，舊絲未贖新絲當。三解

雜録

宋 寇宗奭《本草衍義》卷一七 白殭蠶 然蠶有兩三番，惟頭番殭蠶最佳，大而無蛆，治小兒驚風。白殭蠶、蝎梢等分天雄尖、附子尖，共一錢，微炮過為細末，每服一字或半錢，以生薑温水調灌之。其蠶蛾則第二番者，以其敏於生育。

清 方以智《物理小識》卷五

取白殭蠶：取直死者，曲則藥力不行。

明龜膠：龜膠多黑，用重湯收者，通明。

椅足泥：炕乾之，可以生肌。

清 徐大椿《神農本草經百種録》 白殭蠶味鹹，主小兒驚癇、夜啼風痰之病，去三蟲風氣所生之蟲，滅黑䵟令人面色好，能去皮膚之風斑，令潤澤。男子陰瘍病下體風濕。

又 蠶，食桑之蟲也。桑能治風養血，故其性亦相近。殭蠶感風而殭，凡風氣之疾，皆能治之。蓋借其氣以相感也。殭蠶因風以殭而反能治風者，何也？蓋邪之中人也，有氣而無形，穿經透絡，愈久愈深，以氣類相反之藥，投之，則拒而不入，必得與之同類者，和入諸藥，使為鄉道，則藥力至于病所，而邪與藥相從，藥性漸發，邪或從毛空出，或從二便出，不能復留矣，此即從治之法也。風寒暑濕，莫不皆然，此神而明之之道，不專恃正治奏功也。

清 高銓《蠶桑輯要》卷上

驅蠅

蠅之類不一，其子即蛆也。有一種號『麻蠅』者，巨而聲壯，飛集蠶房，即綴子于蠶身，入而成蛆，能潰蠶腹而出，蛻化成蠅，最為蠶患。且性如鬼蜮，較難防禦，春蠶時猶少，自夏徂秋，蠶之遭其害者十有六七。故夏秋蠶室，尤不可有一隙之地，使蠅得乘虛而入。宜以黄草布作帳，遮護蠶植。

清 俞墉纂輯《蠶桑述要・餘利》 殭蠶可醫馬病，入藥。蠶蛾咬出之繭，取配咬頭葯末，外科家必須之品，出過蠶之種紙，可配方藥。

清 林志恂《蠶桑淺要・養蠶淺要》 蠶病之外，又有二害，則鼠害及蠅害是也。鼠害者，以人與猫之力，尚足以防之。蠅害則防不勝防，計惟勤捉、勤驅，與謹慎窗戶而已。此蠅害，非謂細小之蠅，係能生卵之麻蠅也。

又 製種之繭，以體質堅固，形狀勻正者爲佳。雖經選蠶、選繭，而出蛾時，終不免有劣形者雜於其間。如拳翅翅不伸張者、禿背背上無毛者、赤肚、焦尾、黑身等，以及兩眉不全，或六足不完者，此等病蛾，急宜檢棄，勿令生卵。

清 盧燮宸《粤中蠶桑芻言・養蠶事宜條列》 防蒼蠅法 各蠶架宜用青麻疎帳，連頂遮密。蠶室門口，復用麻帳遮密以避之。間有飛走入内，即宜用粗葵扇撲之，蓋因此蠅蛀蠶，其蛆即附蠶身而生，蠶被蛀則繭薄。迨蠶熟結繭後，蛆從繭内鑽孔而出，穴地而蟄，下造復化為蠅，故當袪除也。

蠶忌

題解

（嘉慶）《桐鄉縣志》卷四《風俗・穀種》 四月立夏日，以百草芽操粉餅相餽遺，飲燒酒，啜新茶，啖青梅、朱櫻、蠶荳、香螄。初八日，釋迦誕，夜有雨，損小麥，小滿動三車。十四日呂祖誕，晴主歲稔。十六日，晴則水，雨則旱。二十日爲小分龍，曰『騐風』，及晴雨以卜旱潦。是月鄉邨閉戶，官府勾攝徵收，及里閈往來慶弔，俱罷，謂之『蠶禁』。

（光緒）《歸安縣志》卷一二《輿地略十二・風俗》 以四月爲『蠶月』，家家閉戶，官府勾攝徵收，及里閈往來慶吊，俱罷不行，謂之『蠶禁』。

論説

清 高銓《蠶桑輯要》卷下

摋冷飯

自古有『蠶忌生人』之説，一緣蠶性喜静惡喧，一緣蠶月人忙，客至則人事牽率，貽誤蠶工，故概以忌生人，謝絶之，非生人之能爲『蠶祟』也。今人不明此意，輒如小兒忤客，禁忌太甚。收蠶之日，即以紅紙書『育蠶』二字貼于門，或書『蠶月知禮』四字。親戚不相往來，慶弔之禮俱廢，雖官府勾攝徵收，亦罷不行，是爲『蠶禁』，亦謂之『關蠶房門』。猝遇客至，即懼爲蠶祟，晚必以酒食禱于蠶房，棄之野外，謂之『摋冷飯』，又謂之『送客人』。諺云：『引魑入蠶房。』蓋指『蠶月客至』而言也。

綜述

元 司農司《農桑輯要》卷四《養蠶》

雜忌

《務本新書》：忌食濕葉；忌食熱葉；蠶初生時，忌屋内掃塵；忌煎煿魚肉；不得將煙火紙撚於蠶房内吹滅；忌側近舂擣；忌敲擊門窗、槌箔及有聲之物；忌蠶屋内哭泣、叫喚；忌穢語淫辭；夜間無令燈火光忽射蠶屋窗孔；未滿月産婦不宜作蠶母；蠶母不得頻換顔色衣服，洗手長要潔净；忌帶酒人切桑飼蠶及擡解布蠶；蠶生至老，大忌煙熏；不得放刀於竈上、箔上；竈前忌熱湯潑灰；忌産婦孝子入家；忌燒皮毛、亂髮；忌酒醋、五辛、羶腥、麝香等物。《士農必用》：忌當日迎風窗；忌西照日；忌正熱著猛風驟寒；忌正寒陡令過熱；忌不净潔人入蠶室；蠶屋忌近臭穢。

清 鄭之僑《農桑易知録》卷二

蠶有十忌

一忌寒冷

天氣寒凉，蠶房内須種一火盆，常使房内温暖。大眠以前，若使受冷，做成寒病，到老成爲殭蠶，無收成矣。殭則一面吃葉，而下半身已不能動矣。

一忌食濕葉

天時將雨，便要採乾葉預備，即使連日陰雨，亦必將濕葉用繩晾起，將葵扇扇乾纔可餧蠶，尚有濕迹，亦必以平時洗净白布抹乾方可。若大眠以前吃過濕葉，老來必成氣水蠶，爛死不做繭矣。俗名篩節高，糖罐頭皆爛死之别名也。

一忌食霧葉

晨起迷霧，須將門牕關閉。帶霧之葉，先將清水洗過，再用潔淨細布片抹乾，方可餧蠶。大眠以前若吃霧葉，老來必成白肚蠶，肚下有白水流出，沾在好蠶身上，好蠶亦似此流水而死，無收成矣。凡蠶食霧葉，到老必在篩沿飛跑，肚下有白水流出，俗名拖板子是也。

一忌食氣水葉

夜間桑葉不打鬆停好，便烝熱，熱即生氣水。蠶當蝸兒時，只在樹上摘取幾眼葉便好，餧幾餐，及其漸漸長大，亦餧葉無多。如防陰雨及過夜葉，只須剪幾根桑條或幾十根桑條養於水缸之内，不使風吹，則葉鮮活而不癟，永無氣水之患。若大眠以前或食氣水葉，老來亦成爲白肚蠶矣。蠶食氣水葉，非白肚流水而死即成爛死，其色黑，故名糖罐頭。

一忌食黄沙葉

仲春天氣，黄沙漫天，桑葉遇之則不長。如遇黄沙天，將葉剪下，用清水洗過晾乾，方可餧蠶。若以黄沙葉餧之，蠶必不長且要脹死。黄沙乃黄河灘上之飛沙，其細如麵。

一忌食肥葉

凡地上初澆人糞者，其葉必肥，不可餧蠶，必得過七晝夜之後方可。大眠以前若吃肥葉，凡遇眠時必有肥青者，蠶身分外粗肥，皮膚光亮如油漆然，不肯眠矣。

一忌餧葉失時

蠶食桑葉原無休歇，或餧之久逾時刻，蠶即受饑。大眠以前，吃葉不到，做成餓病，老來必成亮頭蠶，俗名謂之蘇空頭。到老不做繭，亦不死也。俗名謂之活婆子。

一忌穢氣

蠶房内從不安放便桶、溺壺及一切臭惡不潔之物。蠶月禁食韭、蒜，口内出來之氣亦臭，故禁之。湖俗少年夫婦每年於清明日自母家接回，及收蠶時，媳即同姑一室，夫婦不敢同床。蓋蠶爲天蟲，其性最潔，若使穢氣觸之，青白好蠶頃刻變成黄色，不吃桑葉，一二日後俱軟死矣。

一忌香氣

臭氣固所當避，而香氣亦所當禁。蠶房之内，一切辛香之物及氷麝之藥，俱不可聞於蠶房。如香氣觸之，亦不吃葉，故平時將頭二眠替子曬乾，臨時燒之，以避香臭之氣。

一忌生人

養蠶之家，門前必有禁人記號，或寫『蠶月知禮』，或寫『育蠶』二字，或寫『蠶天自揣』貼於門上。如遇生人進門，或在門外吗喊，蠶就霎時變壞，或沿篩走，或不吃葉。故湖俗穀雨之後，停征停訟，差不下鄉，重蠶事也。

以上各項避忌，苟能自收蠶以至大眠，刻刻留意，不使稍有沾染，則將來囘杣採繭，必有十二分之收成矣。

清 鄂爾泰《授時通考》卷七二《蠶事·制居》

《務本新書》：蠶屋忌近臭穢，夜間無令燈火光忽射蠶屋窗孔，不得將烟火紙燃於蠶房內吹滅。蠶初生，忌屋内掃塵，忌蠶房内哭泣、叫喚，忌穢語淫辭，忌不潔淨人入蠶屋。

清 韓夢周《蠶桑實濟》卷三《育蠶切忌》

忌穢氣

蠶房內不可放便桶、溺壺一切臭惡不潔之物，蠶月禁食韭、蒜。人食韭蒜，口内出來之氣亦臭。蓋蠶爲天蟲，其性好潔，若使穢臭之氣一觸，青白好蠶頃刻變成黃色，不吃葉矣，一二日後軟死。故忌之。尤忌酒醋入室及室近燒硫黃即趨燈子之類、燒石灰、燒皮毛、骨頭各種腥臭之氣。

清 郝懿行《寶訓》卷三

《務本新書》：雜忌：蠶生至老大，忌煙熏，忌酒、醋、五辛、羶、腥、麝香等物，忌敲擊門窗、槌箔及有聲之物，忌産婦、孝子入家，夜間無令燈火光忽射蠶屋窗孔。蠶初生時，忌屋内埽塵，蠶母不得頻換顔色衣服，洗手長要潔净。《士農必用》：忌當日迎風窗，忌西照日，忌正熱著猛風驟寒，忌正寒陡令過熱，忌不淨潔人入蠶室，蠶屋忌近臭穢。《齊民要術》：收種法：收取繭種，必取居簇中者。近上則絲薄，近地則子不生也。

清 程岱葊《西吴蠶略》卷上

宜忌

《士農必用》：蠶之性子，在連則宜極寒，成蟻則宜極暖，停眠起宜温，大眠後宜涼，臨老宜漸暖，入簇宜極暖。《韓氏直説》：方眠時宜暗，眠起以後宜明。蠶小并向眠宜暖宜暗，蠶大并起時宜明宜涼，向食宜有風，避迎風窗，開下風窗。宜加葉緊飼，新起時怕風，宜薄葉慢飼。蠶之所宜，不可不知。

清 高銓《蠶桑輯要》卷上

避風

蠶不可以風，東南風尤忌。凡田内禾稻遇西北風則生蟲，東南則否。是風來東南者能殺蟲，慎不可受。蠶房首貴邃密，使風無隙可乘。古人處腐刑之室，謂之『蠶室』，正取其室之密也。

又 避油煙臭穢喧雜

蠶之性喜潔喜靜，蠶房不得近厨庖，忌油煙之薰也；不得傍溷厠，忌惡臭之觸也；不得積塵埃，忌污穢之蒸也。室內不得食煙、酒、韭、蒜諸物；不得置辛、香、腦麝諸物，亦不得任意談笑，肆情歌哭，一切生人及不潔淨人俱不得入。

除蛇鼠

耗蠶之物，蛇、鼠爲甚，室中所有隙穴爲蛇、鼠出入之路，先須屏塞淨盡，以待收蠶。

又 卷下

老蠶忌熟

蠶老亦分生熟，色帶青者爲生，紅者爲熟。乘生而上，不過成繭畧遲，若太熟，則蠶急于成繭，每多同宫及遺溺污繭之病。

上蠶忌稠

蠶上山棚須疎密得宜，若失之密，其害與熟同，大約室之四尺，架丈二三尺開澗者，一架屋止可，上蠶一筐不能多容也。

又 蠶忌風雷

蠶口吐絲，遇風則縮。山棚之上，宜四面圍護遮風，俾得縈絲成繭。又畏雷，上山聞雷聲卽驚，而不能成繭，俗用蠶蛻紙覆於棚上，以爲保護。故老相傳云：『蠶蛻卽蠶母。』有母在，足以護其子之畏也。故担烏之後，蠶連紙不可擲棄。

清 汪曰楨《湖蠶述》卷二

蠶禁

蠶時多禁忌，雖比戶，不相往來。宋范成大詩云：『采桑時節暫相逢。』蓋其風俗由來久矣，官府至爲罷徵，收禁勾攝，《胡府志》按，學政試士提督閲兵。按，臨湖州並避蠶時。謂之『關蠶房門』。收蠶之日，卽以紅紙書『育蠶』二字，或書『蠶月知禮』四字，貼於門，猝遇客至，卽懼爲『蠶祟』，晚必以酒食禱於蠶房之內，謂之『掇冷飯』，又謂之『送客人』。《吳興蠶書》雖屬附會，然旁人知其忌蠶，必須謹避，庶不致歸咎也。有實係當忌者，曰雨，曰霧，曰黄沙，葉有霧甚毒，雨亦不宜，黄沙必洗。曰氣水葉葉久貯氣熱蒸溼者，曰煙氣，曰油氣熬熱油尤忌，曰酒氣，曰穢濁氣。《育蠶要旨》蠶初生時，忌屋内埽塵，忌炙煿魚肉，忌油火紙於蠶屋内吹滅，忌側近舂擣，忌敲擊門窗檻箔，忌蠶屋内哭泣，忌穢語淫辭，忌未滿月産婦作蠶母，忌帶酒人切葉飼蠶，忌一切煙熏，忌竈前熱湯潑灰，忌産婦、孝子入家，忌燒皮毛亂髪，忌酒、醋、五辛、腥、羶、麝香等物，忌當日迎風窗，忌西照日，忌正熱著猛風驟寒，忌正寒陡令過熱，忌不潔淨人入蠶室，忌蠶屋近臭穢。《西吳蠶畧》蠶喜靜而惡鬧，勿任人喧嚷其旁，忌醋瓶、酒甕、藥鑪及一切有香氣之物，勿使近，蠶婦勿佩香囊。忌煙，吸煙者向蠶吐之，蠶口立流黄水。忌油漆，勿於飼蠶處油漆器具。《廣蠶桑說》苦菜蠶蛾出時，不可折取，令蛾子青爛，蠶婦亦忌食之。李時珍《本草綱目》。按，苦菜卽荼，一名苦苣，一名苦蕒。又苧，亦蠶所畏，故蠶室左近不可種苧，穿蠶種紙忌用苧綫。

清　汪曰楨《湖蠶述》卷三　老蠶忌熟　凡老蠶，色帶青者爲生，紅者爲熟。帶生而上，不過成繭畧遲，若太熟，則蠶急于成繭，每多同功及遺溺汙繭之病。

清　鄒祖堂《蠶桑事宜・飼蠶法六十條》　蠶忌香。醋瓶、酒甕、藥鑪及一切有香氣之物，勿使近。蠶婦勿佩香囊。

清　吴烜《養蠶説》　蠶之所宜者甚多，而其要則有五：自生至老，皆宜避風；眠時宜暗；起時宜明；上山宜煖；成繭宜凉。二眠起後，天氣晴暄，可移置窗前，時挹融和之氣以暢生機，特不可見風耳。

蠶之所忌者不可悉數，自生至老，大忌煙薰，忌酒、醋、油氣，忌葱、韭、蒜、薤氣菸藥氣，一切香氣、臭氣，犯之，輕則病，重則死。蠶善驚，忌暴響，忌高聲，忌鑼鼓爆竹聲、敲擊舂搗聲，犯之，停食。忌哭泣詬詈，忌喝逐雞犬，更忌見産婦與凶服，犯之不祥。尤忌有鼠，鼠能食蠶，故養猫爲至要。至養蠶之家，皆忌生人，但自小不避，便無厭忌，惟躁妄、乖戾、酒醉之人，皆不宜近。

又　飼蠶忌濕葉、熱葉、泥污葉、沾沙葉、沾穢葉、沾菸沾油葉。食濕葉則生瀉病、白殭，雨中采葉必須晾乾。食熱葉則頭大腹結尾尖，食葉多而不老，亦不作繭，故日中之葉與發熱之葉必須冷透。如遇大風，桑葉沾沙或沾泥土，必須洗淨晾乾，否則食之病脹，沾穢之葉與沾菸、沾油之葉食之必死。大麥田中之桑，食之病瘟，均宜戒忌。熟知諸法，卽可育蠶。

清　方大湜《桑蠶提要》卷二《蠶事四十條・蠶種四則》　雜忌　忌香氣。蠶屬氣化，香能散氣，故聞香氣則焦黄而死。凡麝檀等香及一切辛香之物皆不可入蠶屋。忌油腥氣。蠶屋内及近蠶屋處均不可煎炒。忌酒醋氣。帶酒人不可切葉，不可餧蠶。體蠶。忌葱、韭、蒜、薤、蕫、椒、苦蕒氣。食葱、韭、蒜、薤等物者不可入蠶屋，以臭氣自口出也，手有苦蕒氣，令蠶青爛，食苦蕒者亦不可入蠶屋。忌硫磺、煤炭氣，忌燒皮、毛、骨頭，忌漆。飼蠶處勿油漆器具。忌煙熏。不特不可熏柴草煙，卽將油撚子、紙煤子在蠶屋内吹滅亦不可，吸煙者向蠶吐之，蠶口立流黄水。忌沾灰塵，忌沾燈油。無論燭油、菜油、麻油、桐油，均不可沾著蠶身。又桑葉沾油，蠶食一口立死。忌蠅。蠅集蠶身則生蛆。忌鼠。鼠喜食蠶，故養蠶家不可無貓。忌穢語淫辭，忌生人及凶服人入蠶屋。生人進門及在門外叫喚，蠶卽變壞，或沿篩遊走，或不食葉。凶服人入屋，蠶多暴死。

又《蠶料八則》　火料　牛糞。牛喜蠶砂，蠶喜牛糞，冬月收牛糞，曬乾，春煖時槌碎秤水，杵築成餠，於蠶屋内燒之，最爲有益。

清　高其垣《試行蠶桑説・飼蠶法六十條》　忌當日迎風窓，忌西照日，忌正熱著猛風驟寒，忌正寒陡令過熱，忌不净潔人入蠶室，忌蠶屋近臭穢、哭泣、叫喚、穢語淫辭，忌産婦及帯酒人切葉飼蠶，忌蠶屋内掃塵、舂擣、敲擊門窓、搥箔、一切烟熏、香臭等類。

清　黄世本《蠶桑簡明輯説》　育蠶最忌天寒，寒則眠起皆遲，甚至噤口不食，又甚則變成白殭。故天寒時，室中須置火盆鮮去寒氣，又不可驟煖，寒而驟煖則生黄軟等病，更不可太煖，太煖則焦燥不和，亦易致病。蓋天氣之煖，愈煖愈宜，火氣之煖，當即相宜，後必多病，故火烘一法，亦不得已而用之，若非大寒，即可不必。

又　論宜忌二條

一　蠶之所宜者甚多，而其要則有五：自生至老皆宜避風；眠時宜暗；起時宜明；上山宜煖；成繭宜凉。二眠起後，天氣晴暄，可移置牕前，時挹融和之氣以暢生機，特不可見風耳。

一　蠶之所忌者不可悉数，自生至老，大忌烟薰，忌酒、醋、油氣，忌葱、韭、蒜、薤氣菸藥氣，一切香氣臭氣。犯之，輕則病，重則死。蠶善驚，忌暴響，忌高聲，忌鑼鼓、爆竹聲，敲擊舂搗聲，犯之停食，忌哭泣詬詈，忌喝逐鷄犬，更忌見産婦與凶服，犯之不祥。尤忌有鼠，鼠能食蠶，故養猫爲至要。至養蠶之家，皆忌生人，但自小不避，便無厭忌，惟躁妄、乖戾、酒醉之人，皆不宜近。

清 沈秉成《蠶桑輯要·蠶性總説》 蠶有七忌，自生至老，大忌煙熏，忌酒醋、五辛，忌香麝油氣，忌飼霧葉，忌飼熱葉，忌側近舂搗，忌喪服與産婦。善育蠶者，蠶生於穀雨前後，不過二十八日卽老，少病、省葉、多絲。

清 汪宗沂《樹桑養蠶要略》 識蠶性 蠶食而不飲，好潔惡穢，忌一切臭氣，又忌香氣及油腥、酒、醋、硫磺、煤炭、葱、韭、薑、椒、熬油、煎藥氣，忌油漆，忌煙薰，忌沾燈油，忌溼氣。蠶屋內忌哭叫，忌蠅，忌鼠，宜畜貓，忌鷄鴨，忌西南風及北風。凡蠶初出時喜煖，眠時喜微温，眠後又喜煖，故宜常用火盆以温之，火盆用炭不用煤，忌喫酒喫煙人入蠶屋。

清 鄭文同《蠶桑輯要·蠶桑雜説四條》 慎防 蠶性本忌雷，而起娘之未食葉時者為尤甚，須預將逐時出之桑渣曬乾儲之，謂之『香』。一聞雷聲，即取香以護之，否恐驚而致傷。養蠶之家，又忌生疏人客往來，凶服者為尤甚。蠶室中又須禁淫詞穢語，鬧氣高呼。蠶又忌腥、香、酸、辣等氣，椒、薑、葱、蒜、酒、醋各物皆勿使近，又忌硫黄、烟煤、油漆及燒毛骨氣，又忌沾燈油，近時洋油盛行，務使遠離，勿令觸氣。

（道光）《遵義府志》卷一六《農桑》

蠶忌

忌寒冷：如天氣寒凉，蠶房內種一火盆，常使温暖，村歌云：『蠶要温和麥要寒』也。大眠以前若受冷，做成寒病，到老必為僵蠶，不做繭，故忌之。忌食濕葉：天將陰雨，要采干葉預備。使連日陰雨，亦必將濕葉晾干，方可喂蠶，或以潔淨衣衫、綢布之類抹干亦可。若大眠以前吃過濕葉，老來必成氣水蠶，不做繭矣，故忌之。忌食霧葉：如遇天霧，須將門窗關閉。帶霧之葉，先將清水洗過，用潔淨綢布抹干，方可喂蠶。大眠以前若吃霧葉，老來必成白肚蠶肚子下有白水流出。沾在好蠶身上，好蠶亦死。不做繭矣，故忌之。忌食氣水葉：桑葉最易發熱，一熱卽生氣水。蝸兒蠶初收一二三日，只在樹上摘幾眼葉，好喂幾餐。漸漸長大，亦喂葉無多。如有預備一兩餐葉及過夜葉，須剪幾根桑條或幾十根桑條養于水罎之內，又要不使風吹，則能鮮活而不熱，永無氣水之患。若大眠以前一食氣水葉，亦成白肚蠶矣，故忌之。忌食黄沙葉：如遇黄沙天氣，將葉剪下，用清水洗過，晾干，亦可喂蠶。若竟以黄沙葉喂之，蠶必不長，且要脹死，故忌之。忌食肥葉：桑地上如初澆糞謂人糞，其葉必肥，不可喂蠶。大眠以前若吃肥葉，必有肥青蠶身分外粗肥，皮膚光亮如油漆者，謂之肥青。不肯眠矣，故忌之。若澆糞過七日之後，不忌。忌喂葉失時：蠶吃一餐葉，片刻就要再吃。或喂之久逾時刻，蠶即受饑，大眠以前做成饑病，老來必成亮頭蠶頭內空白，謂之亮頭。不做繭矣，故忌之。忌穢氣：蠶房內不可安放便桶、溺壺、一切臭惡不淨之物。蠶月禁食韭、蒜。人食韭、蒜，口內出來之氣亦臭。蓋蠶為天蟲，其性好潔，若使穢臭之氣一觸，青白好蠶頃刻變成黄色，不吃葉矣。一二日後軟死。故忌之。忌香氣：一切辛香之物，不可在蠶房內焚燒。如有香氣觸之，亦不吃葉，故忌之。忌燈油：夜間喂蠶，燈火必須明亮，然亦最要小心。無論蠟油、菜油、麻油，一點沾著蠶身，及葉上沾油，蠶吃一口，俱要立時攪死。故蠶房內點燈第一要謹慎也。忌面生人：人家養蠶，比如小兒出痘一般。故養蠶之家，門前必有禁人記號，或寫『蠶月知禮』，或寫『育蠶』二字粘于門上。如遇生人進門，或在門外叫喊，蠶就霎時變壞。或沿篩走，或不吃葉。南方穀雨之後，停徵、停訟，公差不許下鄉，重蠶也。《蠶桑寶要》

又 蠶初生，屋內忌掃塵，忌煎煿魚肉，忌煙火紙，忌側近舂搗，忌敲擊門窗、槌箔及有聲之物，忌哭泣、叫喚，未滿月産婦不宜作蠶母，忌帶酒人切桑飼蠶，忌煙熏，不得放刀灶箔上，忌産婦、孝子入家，忌燒皮毛亂發，忌酒醋、五辛、羶辛、麝香等物。《務本新書》

清 宗景藩《蠶桑説略》 蠶忌説 蠶喜温而愛潔。室宜高燥，前後有窗，晴暖開窗通氣，冷則閉之，燒炭火置室中，看蠶人身手皆宜潔淨，家中不宜動鑼鼓、爆竹，不宜哭泣、怒罵，不宜生人及凶服人入室，不宜染香臭及油腥氣，又須養貓防鼠。

清 俞墉纂輯《蠶桑述要》

禁忌

三月三日，天氣晴和，則蠶收。大熟，天陰無日，不見風雨，蠶亦好養。見《五行書》：正月初八日，天晴則宜蠶。十二月十二日爲蠶生日，宜以冷水浴之。

蠶性最和平高傲，喜靜惡喧，喜煖惡寒，喜高惡濕，喜爽惡悶。

新油、新漆器皿，不可以安蠶。蠶室架旁，忌喧嚷、吵鬧、哭泣、詈罵。蠶忌烟，鴉片更甚。蠶忌油，熟油更甚。忌蠶婦經水、瘡毒、穢污。未滿月之產母不宜作蠶婦，門窗板壁忌敲擊釘釘，出糞臭氣及陽溝污濁氣，灶內燒皮、骨、亂髮，架旁吹燭，酒醉理蠶，洗釜、刮鍋、舂米，俱宜禁忌。

吸烟之人以烟噴之，越日，即口吐黄水。烟末惹葉，食之軟死，鴉片更甚，犯之，作驚悸狀，不能食葉。

濕氣浸淫，熱氣悶蒸，或開門推窗暗，被罡風、賊風吹打，遂有白殭、紅殭之變。

蠶最忌蒼蠅，毋論大小被叮咬一口，至蠶老，成繭之後，即有蛆蟲於繭身。咬一小孔鑽出，而蠶蛹已死，不復變蛾，隔三四日蛹腐污繭矣。蠶有中毒而死，皆驅蠅不勤，被叮過久之故，死後即有蛆蟲五六個鑽出，實被蛆咬死也。

嘉湖各府鄉風，遇蠶天，官府停征養蠶之家。門前貼宜春帖，以蘆簾障大門，親戚鄰族不相往來。通問門以內，寂靜無譁，入其村落，綠陰四繞，晴晝掩門，絕少閒人聲，噤鷄犬。此境真有仙凡之隔，方知長夏江村事事幽之句，措詞熨貼，非身經其地者不知也。

蠶架不得迎風排列，風吹則受病，風狂則頭大嘴小，風惡則殭矣。

清　羊復禮《蠶桑摘要・養蠶十五則》

六蠶忌

忌西北風，忌電光，忌鼠食，忌蒼蠅、蚊虫浙人均用麻布帳圍之以避蚊虫，忌螞蟻，忌火葯氣，煎油氣，潮濕氣，酒、醋氣，葱、韭、蒜、薤、椒、薑、氣，煙薰氣，硫磺氣，忌房事，忌分娩，忌死喪，忌霧葉，忌黄沙葉。如鎮屬有瘴氣，更宜留心，其葉不可飼蠶，吃酒吃煙手均宜洗浄不可沾染。

清　黄壽昌《蠶桑須知・養蠶各則》

蠶忌

蠶忌臭穢，忌香氣及醋瓶、酒甕、藥鑪、洋油等物，皆不可近，蚕婦勿佩香囊，忌生人，故嘉湖蠶大眠後，謂之「蚕關門」，蓋人家多不相往來，蠶小時不忌。忌喧嚷，忌炮聲，忌煙氣，若吸煙向蠶噴之，蠶口即吐黄水而死。初生蠶，忌屋內掃塵。

清　黄祖徽《蠶桑淺説・養蠶篇第二》

蠶忌

蠶所忌者，即空氣閉塞，蠶室蠶具污穢、蒸熱、寒冷、陰濕、喧嚣震動、襲風、西日雨、桑熱、桑瘠、桑煙、酒、硫磺及一切臭氣、香氣等是。

清　蔣斧《粵東飼八蠶法・蠶篇・蠶室第一》　擇燥爽光明之地爲蠶室。初生時，室宜密而狹，勿令洩氣。及蠶稍長，室中宜收風放氣。收風之法，在上風邊遮蓋至密，不使一隙透風，下風邊則開窗放其氣。頭造最忌東風及寒氣，宜密閉東邊，放西邊氣。二三四五造最忌西風及暑氣，宜密蔽西邊，放東邊氣。六造最忌北風及霧，宜密蔽北邊，放南邊氣。要之，頭末兩造宜和暖，勿使寒凍，中四造宜陰涼，勿使炎熱。秋末冬初二造，可用火盆烘之，上五造蠶留種，不宜用火熏壞。室中忌蟻，忌鼠，忌蠅。門口宜施青羅幙以護之，至於火藥、串爆、煎炒及生穢、死穢等氣，悉宜禁忌。室廣十七桁，深丈有三尺者，約容三四尺，大窩五十個。廣廿一桁，深丈有五尺者，約容八十窩。餘依此類推。

清　李向庭輯《蠶桑述要》

忌諱

養蠶忌諱最多，但流俗所傳，亦有不必。過拘者，如養蠶不令人看，不準對蠶講不利言，諸所忌諱，館中均經試驗，與蠶絕不相干。此類忌諱當因蠶忙時親朋酬應，恐荒正業，故禁往來，日久訛傳，遂成陋俗。此事雖無關緊要，而於彼此考證養法亦最有礙，且如此將專諉諸命運，而人事恐有不盡也，惟煙酒氣近蠶亦最忌。

（光緒）《歸安縣志》卷一一《輿地略十一・蠶桑》　蠶禁　蠶時多禁忌，雖比戶不相往來。宋范成大詩云：『采桑時節暫相逢。』蓋其風俗由來久矣，官府至爲罷徵，收禁勾攝，《乾隆府志》謂之『關蠶房門』。收蠶之日，即以紅紙書『育蠶』二字，或書『蠶月知禮』四字，貼於門。《吳興蠶書》有實係當忌者，曰雨，曰霧，曰黄沙，曰氣水葉。蠶初生時，忌屋內掃塵，忌炙煿魚肉，忌油火紙於蠶屋內吹滅，忌側近舂擣，忌敲擊門窗、槌箔，忌蠶屋內哭泣，忌穢語淫辭，忌未滿月產婦作蠶母，忌帶酒人切葉飼蠶，忌一切烟熏，忌竈前熱湯潑灰，忌產婦、孝子入家，忌燒皮毛、亂髮，忌酒、醋、五辛、羶腥、麝香等物，忌當日迎風窗，忌西照日，忌正熱著猛風驟寒，忌正寒陡令過熱，忌不潔淨人入蠶室，忌蠶屋近臭穢。《西吳蠶略》

清　林志恂《蠶桑淺要・養蠶淺要・成熟》　上山之室宜乾燥通氣，忌迎風，忌震動，又忌鼠，鼠最喜破繭而食其蛹也。上山後，以七十五至八十度之溫，則經兩週時而成繭，又經兩週時而蠶化爲蛹，此時蛹體薄弱，現淡黄色，又經兩週時，皮膚堅固，現赤褐色。故上山以後，經過六週時而採繭爲恰當。

清 盧燮宸《粤中蠶桑芻言・養蠶事宜條列》

養蠶諸忌

氣候忌　如天寒，蠶室内宜置一火盤，常使温暖爲妥。凡大眠以前，若受冷，則釀成寒病，到老必殭。又養蠶如養嬰兒，須令涼暖有節，不可過寒，亦不可過熱，若當炎熱時，猝遇風雨寒侵，或寒冷時，驟用猛火烘逼，則蠶之變相猝出，有不及救者矣。

風息忌　風自西南來，大傷蠶氣。若遇此風，急宜閉戸關窗以避之。他如月照電照亦忌，不可不知。被月照者多變黑頭，被電照者多變紅頭。

動作忌　室内門窗，不可倉卒開閉，恐被賊風暗射，必致紅殭。西壁不宜開窗，室外燈光不可令射入窗眼。

喂食忌　凡濕葉及枯葉均不宜飼蠶，如遇連日淫雨，亦必用淨布或淨棉將葉抹乾，方可與食。倘食過濕葉，老來必成氣水蠶，不結繭。食過枯葉，則頭大腹結尾尖也。如遇落霧及落黄沙，須將門窗緊閉，是日所摘之葉宜以水洗過晾乾乃可用，否則食過霧葉，老來必成白肚蠶，其肚白水流出，沾在好蠶身上亦死。食過黄沙葉，必多脹死。桑葉叠積，最易發熱而生氣水，故桑經挑回，即宜開圍，將葉抖鬆。若食過氣水葉，亦成白肚也。桑地如初澆糞，其葉必鹹，不可遽用。若食過鹹葉，必成黑頭，鹹重即死，鹹輕亦變肥青，不肯眠，故忌之。

再者，喂葉失時，蠶即受飢，做成飢病，老來必成白頭蠶，不結繭。

將護疎忽忌　蠶屎與桑渣相粘成片，謂之沙墺。沙墺不除，多生白殭，故替屎要勤，又要替得乾净。再者，當喂葉及替屎時，若將桑葉與蠶高抛遠擲，致相碰擊，必多損傷。又蠶窩上不宜放刀，蠶室内不宜舂搗各物及敲釘擊石，蓋蠶喜安静，最怕驚動也。諸宜留心檢點爲要。

氣味薰觸忌　凡便壺、糞桶及一切穢臭之物，不可放於蠶室内。養大造蠶，并宜禁食韭、蒜，因蠶觸着此氣，則頃刻立變黄色，便不吃葉，過一二日軟死矣。又忌煮酒、醋及燒硫磺、石灰、皮毛骨角、油紙、膏藥、火藥、爆竹各種辛燥腥臭之氣。蓋蠶屬氣化，臭能結氣，香能散氣，故蠶聞臭氣則結縮，聞香氣則腐爛，即如檀麝諸香，切不可近。與煎油炒物，均在所禁也。凡油有一點沾着蠶身及桑葉上，蠶食之即攪死，所以夜間安置燈燭宜慎。

面生帶穢忌　蠶室最忌面生人入看，或大聲呌喊，該蠶即立時變壞，或沿窩邊，或不食葉，尤忌不潔人、醉酒人及親見屍棺死物人入室，室中并不宜哭駡穢褻及以水潑火。

對蛾亂種忌　近來養蠶種者，多用火烘之，但期成熟生蘙，藉以射利，謂之『火蠶』。倘不用火者，謂之『冷稠』。其火蠶之蛾與冷稠之蛾雜對，所生下造之蠶必多紅白殭。

清 姚紹《南海縣蠶業調查報告・蠶部》　蠶室　蠶忌西風，又畏燥熱。蠶室以坐北向南，不近烟火地爲宜，故開窻以通氣，以時開闔，以調冷熱，圍爐以避寒，必相節令，以和燥濕。然貧民搆造一室，生聚食宿均於是，其建造時又非爲飼蠶而設，方向不合，高下不宜，比比皆是也。

清 呂廣文《蠶桑要言・育蠶法》

蠶室

蠶最怕風。養蠶之室須將窗隙各處用紙糊好，使風無隙可入，則其室温和，而蠶不致受病。然蠶雖畏寒，卻喜軒暢，若其室潮濕陰閉不通風日者，亦於育蠶不宜，故屋之有南北窗者，養蠶最好。朝夕不宜開窗，日中天氣晴明而又温和，可開窗以爽之。遇南風則開北窗，遇北風則開南窗，然此特爲多屋之家言之，若貧家住屋無多，蠶總要養，何能揀擇，亦可不拘。　又蠶雖喜煖而又大忌熱蒸，若遇暴熱之天，又復蒸悶，則粗人且爲袒裸以納涼，蠶亦不堪熱蒸，須將室中窗戸開啟，并圍護各以晒粉者，不須糊紙，用便於筴而價較貴。

又　蠶忌

蠶最忌臭穢，各氣如燒漆紙、煎藥、洋油、酸醋等類，宜謹防之，弗使其氣觸蠶，致有弊病。惟農工挑糞一事，一月中在所難免，須緊閉窗戸，外灼艾把薰之，則其臭自闢，弗侵蠶矣。又忌煙。若吸煙，向蠶噴之，蠶即吐黄水而死。又忌香氣，蠶婦不宜佩香囊。又忌喧嚷，應禁止孩兒等吹各哵，以蠶性喜静故也。

清 饒敦秩《蠶桑簡要録》

飼蠶忌濕葉、熱葉、泥污葉、沾沙葉、沾穢葉、沾菸、沾油葉。食濕葉則生瀉病、白殭，雨中采葉，必須晾乾；食熱葉則頭大、腹結、尾尖，食葉多而不老，亦不作繭，故日中之葉與發熱之葉必須冷透。如遇大風，桑葉沾沙或沾泥土，必須洗淨晾乾，否則食之病脹。沾穢之葉與沾菸、沾油之葉，食之必死。

又 宜忌三條

蠶之所宜者甚多，而其要則有五，自生至老，皆宜避風。眠時宜暗，起時宜明，上山宜暖，成繭宜涼。二眠起後，天氣晴暄，可移置牕前，時挹融和之氣以暢生機，特不可見風耳。養蠶之室，以南向爲宜，更宜矮小緊密。若西北向，又復高大寬敞，一遇陰寒，雖用火烘，氣亦散而不聚，故此等房屋，自小蠶初出以至二三眠中，總宜設法遮攔，上蓋下墊，使無寒氣侵逼。

育蠶最忌天寒，寒則眠起皆遲，甚至噤口不食，又甚則變成白殭。故天寒時，室中須置火盆，解去寒風。又不可驟煖，寒而驟煖則生黃軟等病，更不可太煖，太煖則焦燥不和，亦易致病。蓋天氣之煖，愈煖愈易，火氣之煖，當卽相宜。過則必病，故火烘一法，亦不得已而用之，若非大寒，卽可不必。

更當避忌者：溼葉，霧葉，氣水葉葉一發熱卽生氣水，黃沙葉，肥葉謂初澆糞而葉肥者，餧葉失時，穢氣，香氣，燈油，不可沾著蠶身，生人，烟薰，酒醋氣，暴響、舂搗聲，雷聲。初出至二三眠時，如遇有雷，可以瓦盆覆之。

清 饒敦秩《蠶桑質説》

避忌第六

蠶之避忌最多，所食者忌水濕葉、霧露葉、枯乾葉、黃沙葉、氣水葉。所觸者忌臭氣、香氣、汗氣、油氣、酒醋氣、葱蒜阿魏硫磺等氣。所聞者忌炮聲、鑼聲、哭聲、吵鬧聲、敲打聲、舂撞聲、暴響聲、迅雷聲。更忌産婦、病人、喪服人，大概一切不潔、不淨、不正、不和之聲、色臭味，皆宜避忌。

清 任蘭生《蠶桑摘要・蠶性總説》 忌濕葉，遇雨晾乾。霧葉，霧有毒。乾葉，黃沙葉，氣水葉，積久發熱，即生氣水，湏用新鮮。香氣，臭氣，不潔净人，燈油氣，酒、醋氣，葱、韭、蒜、阿魏、硫磺等臭。

又 又正煖時，猛著寒，則蠶禁口不食，急用微火温之，辟去寒氣，蠶自食葉。若值陰雨天寒，先用微火辟去寒氣，然後飼葉，則蠶不生病。惟采桑，宜在清晨及日入後，忌濕，忌熱。蠶食濕葉多生瀉病，白殭；食熱葉則腹結，頭大尾尖；食葉多而不老，亦不作繭。

清 衛杰《蠶桑萃編》卷三《蠶政・蠶始類》

舉蠶母

蠶母者，主蠶室，率飼蠶也。每室必立一人以腹節飢飽，以身測寒熱，愛護珍惜，如慈母育嬰，故有母稱。男婦皆可爲之，男忌臭穢，女忌産婦。若俗云：『某婦命裏不宜蠶，某相屬不宜蠶。』乃陰陽師巫及鄉愚妄言，必不可信，又有改門換戸、詒禱神祇虛費財用，其實無益。

又《蠶政・蠶性類》

忌硝臭煙薰

蠶忌硫磺、煤炭氣，又忌燒皮、毛、骨頭、油漆，煙薰灰塵，蠶受各物氣薰及吸煙氣，口流黃水，立可見殭。又桑葉沾塵，食之亦壞。

又 忌酸辣苦辛

蠶忌酒、醋、葱、韭、蒜、薤、薑、椒、苦蕒等氣，凡飲酒及葷腥者，不可切葉，不可餧蠶、體蠶，以臭氣自口而出，手有苦蕒氣，沾蠶則青爛而壞。

又 忌蠅鼠

蠶忌蠅、鼠，蠅集蠶身則生蛆，鼠喜食蠶則蠶壞，宜養猫。

忌兇穢

蠶忌穢語、狎褻及生人與凶服人，如不禁止，蠶卽變壞，或沿箔遊走，或不食葉，凶服人入，蠶多暴壞。

清 衛杰《蠶桑淺説》

養蠶禁忌

蠶有諸忌，室忌寒冷，葉忌濕，忌霧，忌沙，忌酒醋等物，忌鼠，忌油，忌香氣，忌不潔淨人。南方婦女用布裹頭，忌散髮，忌穢手，忌各種臭氣，獨於童穉糞溺無禁忌。

清 吴詒善《蠶桑驗要・蠶篇》

涼暖宜忌第三

蠶性喜燥而惡濕，喜暖而惡寒。室宜南向，不嫌矮小，惟求和暖潔淨而已。室須有窓，紙糊避風，窗須有板，欲明則去板，欲暗則上板。余每以火爐四個置室内，四角以華氏寒暑表二，一置房内，一置房外，房内火候以六十八度至七十二三度爲得中。如太熱，開窗以通空氣。并置燥濕表一，濕則薰以白氣，用缾一隻，内裝火硝十兩，再入硫强水八兩，立卽發出白氣，能滅惡臭及濕氣，并可益蠶。太燥則用大盆盛水，能令濕氣漸生，自然滋潤。如無燥濕表，用食塩一盤代之，燥則塩乾，濕則塩潮，自當隨時消息之。所宜有五：一，避風寒；如被西北風吹，多成膿蠶。二，眠時宜暗；三，起時宜明；四，上山宜暖；五，成繭宜涼。忌亦有五：一，忌烟薰；二，忌酒、醋、葱、韭及一切香氣，觸之非病卽死；三，忌高聲大語及鑼鼓、爆竹敲擊聲，犯之停食；四，忌哭泣、詬詈、雞犬、產婦、凶服、生人；五，忌蟲、鼠、蚊、蠅叮咬。皆要訣也。蠶畏雷，宜將蠶布縛架上，可避諸忌。

清 徐灝輯《柞蠶簡法・種柞篇》

蠶忌

蠶忌香、辛、酸、辣之物，故場有雜木則去之；最忌桐油，凡烘室中有燃桐油及誤以其木烘者，所出之蠶多不旺；又忌蘿蔔葉者，觸之則死；又食白楊葉者，亦致病。

清 葉向榮《農林蠶説》 蠶忌溼葉、遇雨晒乾。霧葉霧有毒、乾葉、黄沙葉、氣水葉，積久發熱即生氣水，須用新鮮。香氣，臭氣，不潔淨人，燈油氣，酒、醋氣，葱、韭、蒜、阿魏、硫磺等臭。再至三四眠後，養蠶之家有鑼鼓會場火炮響聲，蠶聞受驚，及養蠶男婦，行過房事者，或他家之婦及披麻帶孝之人來看其蠶，則蠶必死而無收。不信且試之。

清 豫山《蠶桑輯要合編・養蠶》 蠶有七忌，自生至老，大忌煙燻，忌酒醋、五辛，忌香麝、油氣，忌飼濕葉，忌飼熱葉，忌側近舂搗，忌喪服與產婦。善育蠶者，蠶生於穀雨前後，不過二十七日卽老，少病、省葉、多絲。

又 又正煖時，乍著寒，則蠶禁口不食，急用微火溫之，避去寒氣，蠶自食葉。若值陰雨天寒，先用微火避去寒氣，然後飼葉，則蠶不生病。采桑宜在清晨及日入後，忌溼，忌熱。蠶食溼葉，多生瀉病，白殭；食熱葉，則腹結頭大尾尖；食葉多而不老，亦不作繭。

又 忌溼葉、遇雨晾乾。霧葉、霧有毒，宜用清水澆過，潔净細布抹乾，方可飼蠶。乾葉、黄沙葉、用清水洗過晾乾，亦可飼蠶。氣水葉，積久發熱，卽生氣水，須用新鮮。香氣、臭氣、不潔净人、燈油氣，沾吃均死。酒、醋氣，蔥、韭、蒜、阿魏、硫磺等臭。忌西南風。風來大傷蠶氣，宜急閉戶下薦，勿令風入。

清 豫山《蠶桑輯要略編》 避忌 蠶有十體，在紙宜寒，下蟻宜熱，眠後宜飢，開食宜飽，下子宜密，布箔宜稀，小眠時宜暗宜暖，大眠時宜明宜涼，眠起時宜慢飼，上簇時宜緊飼。飼桑忌濕葉，遇陰雨必晾乾。忌霧葉，遇天霧須擦净。忌乾葉、黄沙葉、洗净晾乾可用。氣水葉積久發熱，卽生氣水、香氣、臭氣、不潔净人、燈油氣、酒醋氣、葱、薑、薤、蒜、阿魏、硫黄等臭，忌鼠塞絶鼠穴，須留猫洞。養蠶務要冷暖得宜，冷則長遲，熱則焦燥。天寒時不可驟熱，當漸漸益火，寒而驟熱則生黄輭等疾。暖不可驟加風凉，當漸開窗，暖而驟凉則變白殭。又正暖時，猛著寒則蠶禁口不食，急用微火温之，辟去寒氣，蠶自食葉。若值陰雨天寒，先用微火辟去寒氣，然後飼葉，則蠶不生病。采桑宜在清晨及日入後，忌濕忌熱。蠶食濕葉多生瀉病，白殭，食熱葉則腹結，頭大尾尖，食葉多而不老，亦不作繭。

清 張文藝《養蠶秘訣》 知忌 凡天時寒熱不能匀調，如暴寒之時，天卽晦暝多風，人著重棉，蠶卽艱於食葉。倘在頭二眠時，萬不可用棉衣等擁護，祇用賬子草簾遮之可矣。在三眠時、大眠時，萬不可用單夾被頭擁護，祇用草車簾遮之可矣。天寒風大，門已關閉，倘再用厚重之物擁閉之，氣不通而蠶病矣，最妙避風得煖而仍氣通。如暴熱之時，天必無風，鬱勃人著單衣，蠶卽快於食葉，斯時最易生變，正宜小心，看篣中蠶之挨擠者匀之，蠶沙、桑渣之厚重者替之，蠶身挨擠、桑渣厚重易於發熱。凡蠶沙、桑渣之在地上者，宜挑清，不宜堆積，此事始終皆宜如此。凡門窗戶格宜洞開，不宜遮閉，或并探去之。至夜間稍凉，黄昏半掩，夜半全關，此天時之忌也。凡養蠶之屋，總宜酐爽乾燥，最忌低悶潮濕，其有房屋數進者，最宜於第二進將頭進之門開直以招凉爽，并可避塵沙而除熱氣。倘祇有頭進，莫妙於門前有樹陰，門前搭凉棚一个，倘遇大風，再用蘆箔等遮之，免灰沙吹入。倘屋低地濕，不能翻造，屋低則多開窗洞，地潮則務通陰溝，或用山砂乾泥以墊高之，此地利之忌也。養蠶之時，一切婚喪喜慶概不宜舉行，鼓樂喧鬧忌在聲音，烟臘葷辛忌在氣味。餘如挑灰、出糞、燒糟、做酒、大蒜、葱、韭、大辛、大臭之物概在禁例。養蠶之人務宜清潔，捉蠶飼葉時切不可吃烟、吃酒，吃烟恐有烟屑，吃酒恐有酒氣，切不可摸頭、摸脚、摸身，摸頭恐有油氣，摸脚摸身恐有臭氣、汗氣，身穿衣服潔淨爲妙。然此數事均不能動手時，在水盆中洗净，手巾上揩乾，方可。此人事之忌也。凡器用什物，最忌不潔淨，小蠶時切葉之刀，新者宜磨去黑氣，舊者宜磨去黄銹與油氣。刀與砧頭、籃與面盆必須另置，切忌以常用之物任之，并忌移作別用。凡蠶篇不如蠶篣，蠶篇舊時，天熱最易發悶，天寒最易發冷，蠶篇亦宜糊紙。蠶篣新時，必水洗之，日曬風吹，方可用。恐有霉蒸之氣，總以晚用爲妙。起身之灰，簩必洗去重糊，糊簩必須當日曬乾，出脚之空簩必當風透爽。安置蠶檯必離壁數寸，恐防蝨、豸、老鼠，頂上、底下宜各置空簩一隻。扛簩下檯切忌側轉，扛簩上檯切忌重推，山帚柴切忌潮軟，預先早曬，愈乾愈妙，山檯宜後高前低，方能出風，山下楞木宜堅固，不可傾側，此物用之忌也。

清 朱祖榮《蠶桑答問》卷下《蠶桑業編》

蠶忌第四

問曰：蠶之所忌者亦多，其要有幾？

答曰：自生至老，大忌煙薰，一也；忌酒、醋、油氣，忌葱、韭、蒜、薤氣，忌一切香氣，犯之輕則病，重則死，二也；蠶善驚，忌暴響，忌高聲，忌鑼鼓、爆竹聲，忌敲擊、舂搗聲，犯之停食，三也；忌哭泣詬詈，忌喝逐雞犬，更忌見產婦與凶服，犯之不祥，四也；尤忌有鼠，鼠能食蠶，故養貓爲至要，五也；至養蠶之家，皆忌生人，但自小不避，更無厭忌，惟燥妄、乖戾、醉酒之人，皆不宜近。

清 費烈傳口述《寧郡蠶桑要言》

蠶忌

忌食濕葉，忌食壓熱葉，忌鮮腥氣，忌燒皮、毛髮等氣，忌油烟氣，忌酒醋氣，忌香氣，忌哭泣聲，忌淫蕩語。犯之則蠶無收。

清 曾鉌《蠶桑備要》卷三 蠶有諸忌：溼葉遇陰雨必晾乾，霧葉遇大霧須擦淨，乾葉，黃沙葉須擦淨，氣水葉積久發熱卽生氣水，須用新鮮，香氣，臭氣，不潔淨人，燈油氣，酒醋氣，葱、韭、薤、蒜、阿魏、硫磺等臭，敲擊門窗、箔架，鑼鼓、爆竹、哭泣、呌喚、怒罵等聲及生人與凶服人入室。一說蟻初下連，卽將葱、蒜、酒難忌之物少擦養蠶筐盤上，以後卽不忌。

蠶室須知加減涼煖。蟻初生時宜極煖，蓋是時天氣尚寒。大眠後宜涼，蓋是時天氣已暄。又風雨陰晴不測，朝暮晝夜不同一，或失宜，蠶病卽生。惟在蠶室得法，周置捲窗，中伏爇火。如蠶欲煖而天氣寒者，閉窗門，外掛簾薦，内加炭薪爇火，則外寒不入，和氣内生。若遇大寒，苦窗撥火不能勝其寒者，則用擡爐，外燒木炭，火料置蠶室四隅，火氣自然熏蒸，覺熱則去餘火。蠶欲涼而天氣熱者，蓋閉火倉，捲起窗紙，涼氣外入，熱氣内消。若遇大熱，閉火捲窗不能解其熱者，則去其窗紙，下開風眼，窗外及槌下俱灑潑新水，涼氣自然透達，熱退則糊補其窗，閉塞風眼，使其蠶自初至終不知有寒熱之苦。病少繭成，一室之功也。然寒不可驟加熱，當漸而益火，寒而驟熱則生黃輭等疾，熱亦不可驟通風涼，當漸而開窗，熱而驟通風涼則變白殭，此又不可不知也。又正熱猛著寒氣，便噤口不食，卽用擡爐盛無烟牛糞，火用杈撥火於槌箔下，往來辟去寒氣，則蠶自然食葉。

又 觸穢症 蠶觸一切臭氣，身必發黑，急以大黃、蒼朮、甘草燒煙熏之，自解。二三眠亦有此症，但在頭眠尤甚。

清 陳啟沅《蠶桑譜》卷二

四造宜忌篇

四造連蠶，出於大暑後數天爲正造，其成熟在立秋左右。當造之時，桑枝恰得壯大而桑葉亦長足之時，故是造蠶繭必厚而結，繅絲成數亦高，是造蠶繭如杭形而長，蠶之身亦堅而長且有力。當其大眠起兩三對時，捉起放在人掌心，側眼觀之，其八足高豎而身肚不墮於掌心，若別造八足，斷難豎立，此堅壯之徵驗。凡留下年作種，故以此造連蠶爲正收也。是造宜忌，與三造略同，但此造大蝇更旺，掣蝇更要得法，因是造之蝇翼軟而無聲，俗人謂曰『啞蝇』。況是造天氣酷熱，大眠起後，蠶氣亦旺，若不開帳，恐受暑氣不過，必出白症，更或熱太過，竟有死於寤底者，若開帳崧氣，則又受大蝇所傷，萬難兩全。故養蠶家待至大眠起後兩天，然後開帳，使蠶雖已受蝇寄生，亦不至重傷無繭結之弊也。總以早些炕箔便了，最怕者蠶分兩種，有早有遲，非蠶房寬闊，斷不能以御之也。蓋蓬掣風、上箔炕繭等皆如前法。但貯繭繅絲必要早日炕焦方無變，苟或炕得七八成之乾，一遇破，晝雨三四天，繭必發熱變壞矣。貯繭之法，宜炕乾以夾實之，便可久貯五六月。一則繭絲不霉，二則蝇蟲所傷之繭必有黑囊，不發潮。若黑囊潮濕，十餘天後，便生毛蟲，此毛蟲不獨鑽穿本繭，并將好繭鑽穿，以食別繭之蠶夢，食後又變鐵蛾，蛾復生膥，生生不已，欲除去之，不亦難乎？

藝文

清 周凱《飼蠶十二詠》《清詩鐸》卷七

迎貓蠶忌鼠，迎貓以避之。

元宵鬧燈火，蠶娘作糜粥。將蠶先逐鼠，背人再拜祝。裹鹽聘貍奴，加以筆一束。爾鼠雖有牙，不敢穿我屋。《歲時記》：正月十五日作粥，登屋上食之，呪曰：

登高麋，挾鼠腦，欲來不來待我三蠶老。蓋爲蠶逐鼠也。陸游詩：裹鹽迎得小貍奴。杭俗聘貓加箸，借取逼鼠意。

雜録

清 劉清藜補輯《蠶桑備要・先事豫備》 置擡爐。如火盆架，兩旁有柄。蠶忌烟薰，戶外將柴糞燒過烟盡，以便擡入。火之大小，當隨寒熱添減，務要温和，勿忽寒忽熱。

家蠶保護部

温度

論説

清 汪曰楨《湖蠶述》卷一 古人立蠶室甚密，止開南北窗，以紙窗藁簾重蔽之。南風則閉南窗，北風則閉北窗，內設火坑五處，蠶姑以單衣為寒暖之節，單衣覺寒則添火，單衣覺熱則減火。一室之內，自地至屋無不暖之處，故天時不能損其利也。今湖中所謂蠶室甚草草，一不能禦風，二不能留暖氣。傷寒者，則僵死；傷熱者，則破囊。

清 江志伊輯《飼蠶法・製居》 蠶時晝夜之間，亦分四時。大概朝暮類春秋，正晝如夏，夜深如冬。蠶婦須着單衣，以爲體測。覺身寒則蠶亦寒，便宜添火，身熱則蠶亦熱，便宜開窗南風則開北窗，北風則開南窗，放入倒溜風氣，便不傷蠶也。大抵蠶成蟻時，宜極煖。若蠶欲煖，天氣尚寒，則閉窗撥火，外寒不入，和氣內生。若遇大寒，撥火尚不能禦，則外燒熟火，置屋四隅，煖氣自然散布，俟寒退而後去之。大眠後，宜極涼。若蠶欲涼而天氣已暄，則撤火開窗，熱氣內消，涼氣外入。若遇大熱，開窗尚不能除，則置甕室中，頻添新水，涼氣自然透達，俟熱退而後去之。惟熱時，宜漸漸開窗，不宜驟涼。熱而驟涼，則病白殭。寒時宜漸漸撥火，不宜驟煖。寒而驟煖，則病黃軟，此不可不知也。自初至終，務令蠶不知有寒熱之苦，則病少而繭成矣。

清 林志恂《蠶桑淺要・蠶性》 蠶室內之冷熱，以華氏寒暑表七十度至七十五度爲最宜平均七十三度，不及七十度時，即須酌用炭火，以至七十餘度爲止。若天温至八十度以上時，須開放窗戶，以通空氣。然開窗又不可迎風，如東風則開西窗，南風則開北窗，可也。微風之時可以不拘。至於正熱時，陡令過冷及正冷時，陡令過熱，爲害更甚，至要至要。故用炭火時，宜漸漸加熱也。欲測室內溼氣之多少，則須用乾溼計，以乾溼兩表，相差五度爲最適，四度六度亦可，差二三度時，爲過溼。差七八度時，又不免過乾。然蠶沙及桑葉，係能發生溼氣之物，故溼言甚於乾害也。不能備乾溼計者，於人身之感覺及蠶䕸之燥溼，細心體會，亦不難知。若溼氣過重時，或用火力，天熱時，溼氣雖重亦不宜用火。或減給桑量，或勤除沙，或用間糠以礱糠薄撒蠶上，而後飼葉，不除沙者，爲之間糠，酌度而行之。可也。

綜述

明 徐光啓《農政全書》卷三一《蠶桑》 《士農必用》曰：擘黑法。第三日巳午時間，于别槌上安三箔如前初安槌法，微帶煥，薄揭蟻，款手擘如小棊子矣，布于中箔，可盈滿不留植也，可漸漸加葉飼。早晴，可捲東窗苫使受東照，及當日背風窗。自此後，常日宜如此，天陰早暮且不宜，至夜則閉。凡迎風窗苫及西照窗苫，不可開，蠶畏風也，後皆倣此。雖大眠後喜涼，亦可以避其猛風也。漸漸變色，隨色加減，食至純黃則不飼，是謂頭眠，不以早晚擡過。

明 佚名《便民圖纂》卷四《桑蠶類》 論涼暖 蟻生將兩眠，蠶室宜濕暖。蠶母須著單衣，可知涼暖。自身覺寒，蠶必寒，便添熟火；覺熱，蠶亦熱，約量去火。一眠後，天氣晴明，於巳午時，捲起窗薦，以通風日。至大眠後，天氣炎熱，却要屋內清涼，臨時斟酌寒暖。

清 帥念祖《蠶政編》

預收火料

蠶室用火，以牛糞爲上。冬月多收牛糞踏成墼子，曬乾收起。時近穀雨生火，蠶室暖而宜蠶。

又 治蠶室

坐北向南者爲上，向東者次之，向西者又次之。瓦房草房，俱以泥塗材木，以防火患，務要間架寬廠，可容槌箔，易於轉動。每間兩頭各置大窗，每臨旦暮，以助高明，易辨眠起。大眠之後，可通風涼，窗紙中糊捲紙一大方後，可啓閉外掛草薦。凡蠶室之內，務要製造火倉，隨室大小，以爲加減。如三間四椽房者，四角各置一火倉，方四尺，深二尺，坑周圍用土墼接壘，高二尺長，粘泥泥了，通計深四尺。如屋小者，當中置一火倉，坑底先鋪細碎乾牛糞一層，厚四指。再將帶根節粗乾柴塊於糞上鋪一層，柴塊須徑五寸以上者，凡桑、榆、槐並無氣味之木，皆可用。但須堅硬者，方耐着。柴上又鋪糞一層，於柴空隙之處，以糞築實，糞柴相間，填坑滿，再築極實，上復用糞厚蓋一層，約蠶生前七八日，秦地在穀雨前九日，是其燃火之時。糞上煨火，必有黑黄烟起，閉蠶室不可令煖氣出外。凡五七日，於蠶蟻生前一日，少開門令烟出盡，隨即閉之，其柴糞陷下，已成熟火。此火既熱，絕無烟氣，經月不滅，大宜蠶也。

清 楊屾《豳風廣義》卷二

預收火料

蠶室用火，以牛糞為上，炭火次之。牛喜食桑葉，并蠶沙，并食蠶。蠶亦喜牛糞氣，大約蠶牛一氣。宜冬月預收牛糞，堆聚一處。恐臨時缺少，猝難收拾。春暖踏成墼子，曬乾收起。待臨近穀雨生火，蠶室暖而宜蠶。又當備牛糞乾末，以待用。冬月收拾牛糞，晒干收藏成堆，至春月聽用。如牛糞太濕，難以成墼者，亦用此乾糞末，攙攪少許。

又 每間兩頭，各置大炤窓。每臨旦暮，以助高明，易辨眠起。大眠之後，可通風涼。窓用紙糊周密，中糊捲紙一大方，後可啓閉，外挂草薦。若卑溼之地，須附地列置風竇，每壁底門坎之下，各開一穴，大五六寸，以磚合封，以防啓閉。以除溼鬱。高燥之處，不必用此。凡蠶室之內，務要製造火倉，隨室大小，以爲加減。如三間四椽房者，四角各置一火倉，方四尺，深二尺。坑周圍用土墼或磚坯接壘，高二尺，長糊泥泥了，通計深四尺。如屋小者，當中置一火倉，制如上法。坑底先鋪預收細碎乾牛糞一層，厚三四指，再將帶根節粗乾柴塊於糞上鋪一層。柴塊須徑五寸以上者。凡桑、榆、槐及山中橡木、槲樹、青剛樹之類堅硬無氣味之木，皆可用。柴上又鋪糞一層，於柴空隙之處，築得極實。不可虛，虛則火燄易起，恐傷屋。又恐熟火，不能長久。糞柴相間，填坑令滿，再築極實，上復用糞厚蓋一層。約蠶生前七八日，今我秦中只在穀雨前九日，是其然火之時。糞上煨火，必有黑黄烟起，令閉蠶室，不可令煖氣出外，凡五七日。於蠶蟻生前一日，少開門，令烟出盡，隨即閉之。其柴糞陷下已成熟火，蠶，火畜也，甚喜暖。初生之蠶，更宜暖。但怕烟，不可用生火，又生火忽大忽小，不能均匀。此火既熟，絕無烟氣，一兩月不滅，人不起動，便如無火。若用柴枝挑撥，烟氣即起坑上。必壘高二尺者，欲使火氣上騰，散布室中。又防昏夜，人行誤陷入也。其屋乾透，其壁皆暖，黑婆蚊蠅諸蟲，盡可薰死。牛糞薰屋，大宜蠶也。蠶喜牛糞氣。薰後門掛簾薦，或布簾，或氈簾，不宜捲起，須防蚊蠅入內。倘有竄入者，急宜捕殺。若留在裏面，蠶上簇時，生蛆於蠶身，後必穴繭而出，則繭不能繅絲矣。其糊窗之紙，舊黑須用白紙替換。糊窗時，外掛草薦，旋扯故紙，旋糊新紙，不使煖氣出外。蠶室務須早治，室舊者，預期泥補，塞絕鼠穴。鼠食蠶咬繭，室中宜育貓捕殺。凡簇箔下，宜留貓道。若臨時修治，牆壁溼潤，非所利也。下蟻前一日，將屋上壁間及地上塵埃，務要刷掃潔淨。下蟻之後，不宜掃動矣。蠶室一切禁忌，開列於後。蠶屬氣化，香能散氣，臭能結氣。故蠶聞香氣則腐爛，聞臭氣則結縮。凡一切麝、檀、零陵等諸香，并一切葱、韭、薤、蒜、阿魏等臭，并有氣息之物，皆不可入蠶室。此係專備蠶室，費工難治。若能名於居室之中，察其寒熱，開閉窗門，進退炭火，勤謹飼養，即可成熟。

忌西南風。大傷蠶氣，若有西南風，閉户下薦，勿令風入。或預在室西南四五步作壁以禦之。

又 《韓氏直說》曰：蠶有八宜：方眠時宜暗，起以後宜明；蠶小並眠時，宜暖宜暗；蠶大並起時，宜明宜涼。向食時通風但忌小孔賊風吹入，宜加葉緊飼；新起時怕風，宜薄葉慢飼。蠶之所宜，不可不知，反此者為逆，必無成理。

蠶室須知加減涼暖。蟻初生時，宜極暖，蓋是時天氣尚寒。大眠後宜涼，蓋是時天氣已暄。又風雨陰晴不測，朝暮晝夜不同，一或失宜，蠶病即生。惟在蠶室得法，周置捲窗，中伏熟火。如蠶欲暖而天氣寒者，閉窗門，外挂簾薦，內加炭薪熟火，則外寒不入，和氣內生若。遇大寒，苦窗撥火，不能勝其寒者，則用擡爐外燒木炭火料，置蠶室四隅，火氣自然薰蒸。覺熱則去餘火。蠶欲涼而天氣熱者，蓋閉火倉，捲起窗紙，涼氣外入，熱氣內消。若遇大熱，閉火捲窗，不能解其熱者，則去其窗紙，下開風眼。窗外及槌下，俱灑潑新水，涼氣自然透達。熱退，則糊補其窗，閉塞風眼。使其蠶自初至終，不知有寒熱之苦，病少繭成，一室之功也。然寒不可驟加熱，當漸而盛火，寒而驟熱，則生黄軟等疾。熱亦不可驟通風涼，當漸而開窗，熱而驟通風涼，則變白僵。此又不可不知也。又正熱猛着寒氣，便禁口不食，即用擡爐盛無烟牛糞火，用杈撥火，於槌箔下往來，辟去寒氣，則蠶自然食葉。

清 韓夢周《蠶桑實濟》卷四《育蠶急務》 若見蠶種十分皆變灰白色，次日蠶蟻必出，先將蠶室東邊一間，掃除潔淨，遮蔽門窗，內添熟火，使之極暖。凡蠶室或三五間，另辟東邊一間，務要周密，不通風寒，以爲養蟻之所。東間者，取其太陽先照之義。另隔一間者，取其室小易於放火生暖，況養蟻止用一間足矣，或另修一間，在穀雨前七八日放火生暖，專爲養蠶之所。蟻生五六日後，再於大蠶室內，放火及煙息室暖，正蟻大分箔之時，移入大室，暖氣尚勝。若同在穀雨前放火，至蟻大分箔時，暖氣已微矣。

清 馬丕瑶《蠶桑簡易法》 房屋寬裕之家，宜另設蠶室。間架須寬廠，兩頭各置照窗，窗中糊捲紙一大方，以便啓閉。室內置火倉用火盆亦可，蠶生前七日，徐徐以牛糞煨火，闔閉門窗，不令煖氣出外。蠶生前一日，稍開門窗放煙盡，隨閉之。三眠後，又宜時開門窗，以通風凉。墻壁須乾透，埽净塵埃，塞鼠穴，并留猫洞防鼠。貧家無閒房，擇豁亮避風之室，打埽潔浄，亦可。

（乾隆）《烏青鎮志》卷二《農桑》 遇天氣薄寒，爇炭山棚下，曰擦火《廣韻》：擦，桑割七，曷二切。使熱上升，則乘此縈絲作繭不停口，而盡出腹中所有矣。過三日撤火，開戶去蔽，令風燥透繭，易于繅絲，否則類多難繅，而虧折寡觔兩矣。

清 高銓《吴興蠶書》卷上 火蠶房 用火之蠶，尤須室小。小則易關火氣。凡窗戶板壁，尤不可留一線之隙，要使室不貯火而已，覺暖氣融融者爲上。

清 郝懿行《寶訓》卷三 《齊民要術》：火倉法。屋內四角著火。火若在一處，則冷熱不均。《務本新書》：蠶小時，將牛糞墼子燒令無烟。近兩眠則止。若寒熱不均，後必眠起不齊。又今時蠶屋內，素無禦寒熟火，止是旋燒柴薪，烟氣熏蒸太甚，蠶蘊熱毒，多成黑蔫。《士農必用》：治火倉，屋當中掘一阬，闊狹深淺，量屋大小，糞柴相間，築得極實。慎不可虚，虚則火燄起，傷屋。又，熟火不能久。牛糞熏屋，大宜蠶也。蠶喜牛糞，牛喜蠶沙。《齊民要術》安槌法。比至再眠，常須三箔。中箔上安蠶，上下空置。下箔障土氣，上箔防塵埃。《農桑要旨》：底箔須鋪二領，蠶蛾生後，每日日高，捲出一領，曬至日斜，復布于生蠶箔底，翻覆襯藉，使受自然陽和之氣。停眠起食，然後撤去。

清 何品玉輯刊《蠶桑會粹·種桑各法》

蠶室

蠶室要擇燥爽光亮之地為宜。天時熱，開窗通風；天時寒，閉窗避風。兼用火盆以煖之。秋末冬初二季，可用火盆，上五季蠶留種，不宜用火燻壞。室中最宜潔淨。

清 林志恂《蠶桑淺要·養蠶淺要·蠶室》 蠶事前十日，或十五日，須將蠶室密閉，復以厚紙，糊各窗戶之空隙，務使不透微風。乃於室之中央，置一火爐。爐內盛硫黄和硝，燃燒以薰之，硫黄和硝，俱須研爲細末。使薰烟充滿室內，約一晝夜，以除室內病毒。薰時，須先以木灰寔爐內，作小溝，如盤香形，乃以硫黄和硝填溝內，燃其一端，漸次燃盡。若滿堆燃燒，恐致焚如。蠶室廣大者，可增添火爐，及硫黄硝。大約蠶室每一立方尺，須用硫黄二分五釐，加硝二釐九毫。惟新造之室，其第一年，可以不薰。若民間不易得硫黄硝，則用最能殺蟲之藥，如辣等代之，亦可。既薰之後，開放窗戶，以出臭氣。再用清水洗滌四壁，及上下。俟其乾燥，而後可養蠶也。蠶架蠶箔，亦須薰洗，可於薰蠶室時，排置室內，一併薰之，最爲便利。

清 劉清藜補輯《蠶桑備要》第二篇《先事豫備》 設蠶室要間架寬廠，兩頭各置大照窗。三眠後，可通風凉。窗中間，糊捲紙一大方，以便啓閉。外挂草薦，室內隨製火倉。蠶生前七日，徐徐以牛糞煨火，合閉門窗，不令煖氣出外。蠶生前一日，稍開門，令烟出盡，隨即閉之。墻壁須乾透，埽净塵埃，塞絶鼠穴，須留猫洞。忌西南西北風。

清 曾鉌《蠶桑備要》卷四 立蠶母 蠶母者，乃主蠶室，率領飼蠶者。每室必立一人，以腹節飢飽，以身測寒熱，愛護珍惜如慈母育嬰，故有母稱。男婦皆可爲之。男忌臭穢，女忌産婦，務要殷勤之人最忌懶惰貪眠之輩。熟記其法，能按規程飼養者，身著裌衣不論新舊，務要潔淨，以候涼煖。己身覺熱，蠶亦熱，宜退火；己身覺寒，蠶亦寒，宜進火。務使室中温和，始終不知有寒熱之苦。不得頻換顔色衣裳，洗手要潔淨，不可手掐苦菜，食生姜、葱、蒜、香椿、大豌豆，並飲酒；又不可親身拌醋，燒石炭，衣染惡氣。慎之。

清 陳開沚《裨農最要》卷一

進火法

凡蠶畏冷，然亦不可傷熱。一日內，各分四時，寅卯辰如春，巳午未如夏，申酉戌如秋，亥子丑如冬。又陰晴風雨，即分寒熱，須以進退火盆為調劑。如蠶蟻時，宜極煖。天氣猶寒，以盆盛牛糞，無烟火，送入蠶室。旁置火鏟一具，多留餘灰，以便撥覆。火盆不宜大近，宜以席圍其煖氣，使上下四旁，温和如一。蠶母以身試，稍凉即添火，稍煖即聚灰覆火，務令順時。蓋蠶，火類也，宜用火以養之。用火養蠶，又恐用火傷蠶。蠶既鋪葉喂矣，待其循葉而上，始進火，乃無傷火之患。若饑而進火，則傷火。即纔鋪葉，蠶猶在葉下，未能循葉而上。此時遂進火，則下為糞蒸，上為葉蔽，遂有熱蒸之病。又寒不可驟加熱，當漸漸進火。寒而驟熱，則生黄輭等症。熱不可驟加凉，當漸漸開門。熱而驟凉，則變白僵諸症。此又不可不知也。又正熱，猛著寒，便禁口不食。即盛無煙牛糞火，用釵撥火，於槌箔下往來，避去寒氣，則蠶自然食葉。

清 福州試辦蠶桑公學《飼蠶淺説》

温度

飼蠶天氣，自六十六七度，至七十四五度。七十二度爲宜。過熱則開窗，過冷則用火。惟用火不宜太驟，與室外温度相差勿過七八度。眠時可略低二三度。

清 豫山《蠶桑輯要合編·補遺》

預築蠶室

蠶室坐北向南者爲上，向東者次之，向西者又次之。締構之制，或瓦房草房，俱以泥塗材木，以防火患。其大小廣狹，任人之力，務要間架寬敞。每箔長一丈，間架可寬丈一二。可容槌箔，易於轉動。每間兩頭，各置大炤窗，每臨旦暮，以助高明，易辨眠起。大眠之後，可通風凉，窗用紙糊周密，中糊捲紙一大方，後可起閉，外掛草薦。若卑溼之地須附地列置風竇，每壁底門坎之下，各開一穴，大五六寸，以磚合封，以防啟閉。以除濕鬱。高燥之處，不必用。凡蠶室之內，務要製造火倉，隨室大小，以爲加減。如三間四椽房者，四角各置一火倉，方四尺，深二尺。坑周圍用土墼或磚坯接壘，高二尺，用粘泥泥了，通計深四尺。如屋小者，當中置一火倉，制如上法。坑底須鋪預收細碎乾牛糞一層，厚三四指，再將帶根節粗乾柴塊，於糞上鋪一層。柴塊須徑五寸以上者。凡桑、榆、槐及山中橡木、槲樹、青剛樹之類槐硬穗氣味之木，皆可用。柴上又鋪糞一層，於柴空隙之處，築得極實。不可虛，虛則火燄易起，恐傷房，又恐熟火不能長久。糞柴相間，填坑令滿，再築極實，上邊用糞厚葢一層。約蠶生前七八日北地約在穀雨前數日，是其然火之時。糞上煨火，必有黑黄烟起，合閉蠶室，不可令煖氣出外，凡五七日。於蠶蟻生前一日，少開門，令烟出盡，隨卽閉之。其柴糞陷下已成熟火，蠶，火畜也，甚喜暖。初生之蠶，更宜暖。但怕烟，不可用生火，蓋生火或大或小，不能均匀。此火既熟，絕無烟氣，一兩月不滅，人不起動，便如無火。若用柴枝挑撥，烟氣卽起坑上。必壘高二者，欲欲使火氣上騰，散布室中。又防夤夜，人行誤陷入也。其屋乾透，其壁皆暖，黑婆蚊蠅諸蟲，盡可薰死。牛糞薰屋，大宜蠶也。牛喜食桑葉及蠶沙，並食蠶，蠶亦喜牛糞氣。大約蠶牛一氣。薰過門掛簾薦，或布簾，或氈簾，不宜捲起，須防蚊蠅入内。倘有竄入者，急宜捕殺。若留在裏面，蠶上簇時，生蛆於蠶身，後必穴繭而出，則繭不能繰絲矣。其糊窗之紙，舊黑須用白紙替换。糊窗時，外掛草薦，旋扯故紙，旋糊新紙，不使煖氣出外。蠶室務須早治，室舊者，預期宜補塞絕鼠穴。鼠食蠶咬繭，室中宜育貓捕殺。凡簇箔下，宜留貓道。若臨時修治，牆壁溼潤，非所利也。下蟻前一日，將屋上壁間及地上塵埃，務要刷掃潔淨。下蟻之後，不宜掃動矣。此係專備蠶室，費功難治。若能各於居室之中，察其寒熱，開閉窗門，進退炭火，勤謹飼蠶，自可成熟。

清 鄭愷《飼蠶新法·温溼注意》 温度

在催青之始，日以最高六十度為限，最低五十度為限。每日高一度，至第八日，每日高二度，以十四日為催青之期，温度尤宜注意。殆至蟻蠶出後，每日須最高七十五度，最低六十八度，以平均七十一度左右為宗旨。然亦不可拘依標準之温，不觀外温之昇降，而盡用火力，以至室内密閉，外氣沮滯不通，則蠶受害非淺。亦可以稍依外温之昇降而高低之，然内温與外温不可差至二十度。當蠶眠之際，以温度六十九度為適宜。

雜録

清 韓夢周《蠶桑實濟》卷四《育蠶急務》

立蠶母

蠶母，乃主蠶室，率領飼蠶者。每室必立一人，以腹節飢飽，以身測寒熱，愛護珍恤，如慈母育嬰故有母稱。男婦皆可為之。男忌臭穢，女忌産婦。務要殷勤之人，最忌懶惰、貪眠之輩。熟記其法，能按規程飼養者。身著裌衣，不論新舊，務要潔净。以候凉暖。己身覺熱，蠶亦熱，宜退火。己身覺寒，蠶亦寒，宜進火。務使室中温和，始終不知有寒熱之苦。不得頻換顔色衣裳，洗手要潔净，不可手搯苦采，食生薑、葱、蒜、香椿、大豌豆，并飲酒；又不可親身擠醋，燒石灰，染惡氣，慎之。

清 蒲松齡《農桑經·蠶經》

收牛糞

自冬拾牛屎，煖時踏成墼子。於蠶生前七八日，蠶室內掘一坑，鋪糞墼一層，加粗柴一層，一層一層鋪滿，煨火其上。烟出五、七日，蠶生前一日少開門；煙盡即閉，勿令煖氣出。其柴糞陷下，已成熟火。蠶小喜暖，牛糞又最宜蠶。坑內壘高二尺，使火氣上騰，尤妙。

濕度

題解

清 陳淳《實驗蠶桑簡要法》篇下　乾濕表，係兩寒暑表相並製成者，非但測濕度高低，並可測濕氣輕重。養蠶者置此可省彼，第其價倍前表耳。兩表之用法同，忌近火爐與陽光直射，宜懸蠶室適中與空氣流通處也。

論説

明 沈氏，清 張履祥輯補《農書》

蠶務六畜附

養蠶之法，以清涼乾燥為主，以潮濕鬱蒸為忌，以西北風為貴，以南風為忌。蠶房固宜邃密，尤宜疏爽。晴天北風，切宜開闢窗牖，以通風日，以舒鬱氣。下用地板者最佳，否則用蘆席墊鋪，使濕不上行。四壁用草簟圍襯收潮濕，大寒則重幃障之，別用火缸，取火氣以解寒冷，此易易耳。惟暴熱則外逼內蒸，暑熱無所歸，則蠶身受之或體換不時，喂飼略後，久堆亂積，遠鄰高抛，致病之源皆在乎此。古云：『風以散之。』則蠶室固要避風，尤不可不通風也。

清 汪曰楨《湖蠶述》卷一　立夏前，過此不宜也。至於桑葉，尤宜乾而忌溼，少則布浥之，多則箔晞之。能節其寒暖、時其飢飽、調其氣息，常使先不踰時、後不失期，而舉得其宜，故所收率倍常數。漣川《沈氏農書》：蠶房固宜邃密，尤宜疏爽。晴天北風，切宜開窗牖以通風，日以舒鬱氣。下用地板者最佳，否則用蘆席墊鋪，使溼不上行。四壁用草簟圍襯收潮溼，大寒則重幃障之，別用火缸，取火氣以解寒。唯暴熱則外逼內蒸，暑熱無所歸，則蠶身受之，或體換不時，餧飼略後，受病之源，皆在於此。

綜述

清 高銓《蠶桑輯要》卷上

避潮濕

蠶喜燥惡濕，蠶房中宜附地鋪板，以隔地之濕氣。不鋪板植，下必用板襯。昔人治蠶室，于板壁間湊地，多置風竇，令可啓閉，以除潮濕，亦是一法。然總不若鋪板者之燥。如遇天時潮焫，熱氣外逼，濕氣內蒸，雖有板亦不能除。即當洞開窗戶，四通八達，使風氣往來。所謂風以散之，不可泥于避風閉塞，而傷濕熱也。

清 黃祖徽《蠶桑淺説・養蠶篇第二》　高廣　蠶室不可太低，低則有濕氣蒸發；不可太窄，窄則難容筐架。

清 盧燮宸《粵中蠶桑芻言・養蠶事宜條列・安置蠶室》　蠶初出時，蠶室以通爽為最，勿令有潮濕氣。及稍長，室內預要收風放氣。收風之法，在上風處遮密，在下風處開窗放氣。頭造最忌東風，如天寒，則宜密蔽東邊，放西邊氣。三三四五造，最忌西風及暑氣。又宜密蔽西邊，放東邊氣。尾造最忌北風及大霧。又宜密蔽北邊，放南邊氣。總言之，頭尾兩造要和暖，中四造要陰涼，得有樹陰可避暑氣之屋，更好。否則要有風涼透到的，亦佳。

清 鄭愷《飼蠶新法》　濕度，以七十度至八十度為最適。即乾濕兩球，差五六度也。若差度在一二度或無差度之際，蠶室溼氣必重，宜用糠或火力，及減其給桑量，方能使濕度下降也。

又　蠶室構造

蠶室必擇四面開闊，土地高燥，空氣流通，無池沼之近繞，無樹木之遮閉，無大山之東立，始適宜其地焉。建造之方向，必東南面，故室內常溫暖，而育蠶始宜。蠶室之高，九尺至一丈俱日本尺，長一丈二尺至一丈五尺，幅一丈五尺至一丈八尺。室之四圍須多設兩層之窗户，其屋頂設排氣窗，地板距地須二尺二寸，其下層鑿水溝，以使地水流去，濕氣不上蒸為宜。今東西洋建造蠶室之完善，要不外以上諸法，故採記之。

清　陳淳《實驗蠶桑簡要法》篇下　蠶室內用地板者最佳，若板價過高，難以置辦。須散布礱糠，上舖蘆蓆，使濕氣不得上行可也。

風

論説

清　李光地等《御定月令輯要》卷二四　蠶室通風　增王禎《農書》：蠶一眠之後，但天氣晴明，巳午之間時，暫揭起牕間簾薦，以通風。日南風則捲北牕，北風則捲南牕，放入倒溜風氣，則不傷蠶。

清　高銓《蠶桑輯要》卷上　蓋蠶之為物，風寒暑濕觸之即傷，惟蠶室布置得宜，可以袪諸病。湖俗稱蠶室曰蠶房，往往因陋就簡，草率從事，不知蠶為春夏之寶。湖人稱頭蠶為春寶，二蠶為夏寶。一歲資以為生，豈得苟且貽悞。凡室不論新舊，以東南向者為上，高卑廣狹，雖不能不仍其舊，然其中之窗戶、板壁，自可隨時斟酌改移。收蠶前半月，當早為修葺，整理屋漏，泥補隙穴，埽除宿垢，糊換窗紙，時通風日，以燥之。若逼近收蠶，旋謀修治，則四壁濕潤，最不利蠶。

清　黃壽昌《蠶桑須知》

蠶室

養蠶之室，忌潮濕陰閉，不通風日者，因蠶性雖最畏寒，却喜軒暢，故屋有南北窗者，養蠶最為得宜。朝夕不宜開窗，日中天氣晴明，可開牕以爽之，遇南風則開北窗，遇北風則開南窗。若逢暴熱天氣，更宜開之以通風日，以舒鬱悶，恐鬱蒸成病也。

清　陳雪堂《蠶桑簡法・養蠶撮要》

十　空氣作用

蠶兒依空氣以爲生活，則必需新鮮空氣。但蠶室以保持溫度之故，密閉窗戶，則空氣窒滯。又以桑葉、蠶糞之蒸氣，炭火中之炭氣，飼育者之呼吸等，皆足以致室內空氣不潔，有害蠶之衛生。故在溫暖之際，須時啟窗戶如南風則開北窗，北風則開南窗，使空氣新陳代謝。其在濕冷之候，須開放窗戶，焚燒刨花以助空氣之交換，自無沈鬱之患也。

清　呂廣文《蠶桑要言・育蠶法》

蠶室

蠶最怕風，養蠶之室須將窗隙各處，用紙糊好，使風無隙可入，則其室溫和，而蠶不致受病。然蠶雖畏寒，卻喜軒暢，若其室潮濕陰閉，不通風日者，亦於育蠶不宜。故屋之有南北窗者，養蠶最好，朝夕不宜開窗，日中天氣晴明而又溫和，可開窗以爽之。遇南風則開北窗，遇北風則開南窗，然此特爲多屋之家言之，若貧家住屋無多，蠶總要養，何能揀擇？亦可不拘。　又蠶雖喜煖，而又大忌熱蒸。若遇暴熱之天，又復蒸悶，則粗人且爲袒裸以納涼，蠶亦不堪熱蒸，須將室中窗戶開啟并圍護，各物一概揭去，以通其氣。蠶婦若不解此，總說蠶性畏寒喜煖，概從緊閉者，蠶即受病而不可救，且此等天氣，總是大眠出火之時，偶然遇着其時，蠶已盛而且多，葉亦大半舍去，若犯此弊，甚爲可惜。故逢暴熱晦悶之天，蠶室中最要留心當即開揭。

清　豫山《蠶桑輯要合編・養蠶》　夏月天氣大熱，蠶室務要通風涼屋，南北開窗，糊之以紗，或用密孝絹布麻之類，總要透風。門窗俱掛細密竹簾，或荻葦簾亦可，務使通透風涼，無令蚊蠅入內。室中多用水缸，日換新水滿，切不可令雜人出入。繭成收種，秋月養之，比春更穩，但秋蠶初宜涼，漸漸宜煖，正與春蠶相反。上簇之時，天氣更寒，室中亦可用火，二蠶宜涼，三蠶宜煖是也。

綜述

明　佚名《便民圖纂》卷四

治蠶室

屋宜高廣、潔浄、通風、向陽，忌西照、西風。至穀雨日，須先泥補熏乾竪槌，勿透風氣。若逼蠶生旋泥墻壁，則濕潤致蠶生病。正門須重挂葦廉草薦，槌箔四向約量頓火，近兩眠則正。

清　陳淳《實驗蠶桑簡要法》篇下《養蠶法》第二章《流通空氣之法》　初入蠶室，如覺有沈悶氣味，卽空氣滯乏之鐵證，速宜洞開窗戶，使交換新陳空氣。若遇有風，則該向窗戶，萬不可啟。

又　欲換氣者，如蠶室五楹，各密閉窗戶，最東偏一間若係別用，即於此燃火，上啟氣窗，洞開其四楹連接之門，僅開西面一門，各間之空氣，必來此室，其新鮮空氣，亦即由西門入室填充，但交換後，宜注意内溫爲要。

又 窗戶多寡，關室内空氣之通滯，蠶病即由此而增減。假如有蠶室三楹，中間前後必須設雙扇門各一對，以便飼育之用。外此宜設長方窗四五處及外懸竹簾，以免蠅害而防鬱熱。但夏秋蠶時，此簾更不可省也。

清 吕道象《廣州番禺縣吕大令道象**調查境内蠶業報告》**《農學報》第二百四十四期 十一蠶室之構造 凡蠶室，無論大小，必須高廠，向南更佳。不宜近辛穢之地。又須通風，四圍多開窗櫺，俾得通氣，而蠶又忌風。若天時嚴寒，四圍遮閉，用微火熏之。若暑天炎熱，則開窗通風，使其清涼。

其他

題解

清 黄祖徽《蠶桑淺説·養蠶篇第二》 二標病 如溫度太過或不及，空氣不潔，濕氣過多，氣候劇變，眠中劇動，除沙怠慢，蠶座不潔，蠶室構造不得宜，以及蒸熱冷濕，太陽光綫太過或不及等，均謂之『標病』。

論説

元 司農司《農桑輯要》卷四

蠶室

《齊民要術》：修屋欲四面開窗，紙糊為籬。崔寔曰：『三月清明，治蠶室，塗隙穴』《務本新書》：蠶屋正屋為上，南屋西屋次之，大忌東屋。為西照日色，又西風非長養之氣。至穀雨日，先須泥補熏乾竪槌了畢，勿透風氣。若逼蠶生旋泥者，牆壁濕潤，多生白䗶貼沙之病。蠶屋正門須重挂葦簾草薦。簷外不必以箔攔夾，令時通風日故也。屋内東間，另用席箔搿夾一間，於内生蛾，留小門出入，上挂蒲簾。蓋屋小則容易收火氣，停眠前後拆去。蛾或於小屋内生之熟火，易為烘暖，停眠後移入寬快屋内。蠶屋須要寬快潔淨，通風氣，映日陽，屋前不宜有大樹密陰，南北屋相去宜遠，宜安南北窗，大忌西窗。南北窗上各糊捲窗，一眠之後，但遇白日晴明，若是南風却捲北窗，若有北風却捲南窗，蓋倒溜風氣，宜蠶故也。假有一家蠶屋三間，止養蠶十數箔，雖無北窗，亦不須㧞開，蓋為蠶少屋寬，必無太熱。若至二十箔以上，决當㧞開北窗近下安置，但是窗上須挂葦簾草薦，南簷外先架立搭棚檁柱。大眠時搭蓋，以隔臨簷熁熱，西山牆外另搭趄棚，今時多用薥黍稭壁。以避滿牆西照，蠶屋西南角，從柱向南高壘牆壁四五步，或夾厚籬障，以泥泥飾，防大眠之後，剪開窗紙，恐有西南風起，此風大傷蠶。陝西、河南尤甚，趙地以北頗緩。《要旨》云：『蠶屋地基須高一尺，擇地不必以陰陽形勢為法。』陳志宏云：『屋基新土填乾，於上用泥重覆。』《士農必用》：修屋宜高廣，低則鬱遏多熱。勿接搾厦，南搾隔陽氣，北厦助陰氣。蠶生前一月泥飾，厚則耐寒熱。除正門外，每周圍可偏安窗，無西窗不妨，宜高大。每間開壁更好，如壁内有通山柱者，一壁上分安兩座力不及者，匀立直柴枝亦可。檁搾之間，每一間内各開三照窗，長闊皆五六寸許。兩山壁窗近上，亦各如搾上開照窗。大窗先用故紙全糊，外各用草薦密封，蓋了照窗亦糊，捲窗密封。窗臺高不過二尺五寸，每一間附地透開三風眼如猫竇，却用磚坯盖塞了，泥封固密。

清 韓夢周《蠶桑實濟》卷五《蠶桑雜附》

養熱蠶法

毋使餞吞火氣而病，但夏月天氣大熱，蠶室務要通風涼。房南北開窻，糊之以紗，或用密孝絹麻布糊之，或門窻俱掛細密竹簾，或荻葦簾亦可，務使通透風涼，不令蛟蠅入内。蠅於蠶身生蛆，蚊能啄傷蠶膚，最易壞蠶。始終不可捲起門簾並窗扇，致令鑽入，慎之。蠶沙每日早晨抬除，勿令濕生，受病秋蠶亦宜如此。三眠後，常飼以菉豆麵，以解熱毒。將菉豆用濕水浸生芽，晒乾磨爲麵，用葉一筐切碎洒新汲水，并菉豆麵五六兩，三眠後，間飼三四頓，又飼水葉一頓。室内多用水缸，日換新水，不可令雜人出入。其蠶最小一十八日而老，見利甚速，夏蠶亦不可多養，只須些少以度秋種。秋月養之比春更稳，但秋蠶初宜涼，漸漸宜暖，正與春蠶相反。春蠶初宜暖，後宜涼；秋蠶初宜涼，後宜暖，因天氣故也。但夏秋蠶蓐草，須用陳稻草，搗令軟爛爲之，勿用麥菅。初糊窗以紗，漸漸天寒，復用紙糊之，及至臨老上簇之時，天氣更寒，室中亦可用火，至於上簇繰絲，其法與春蠶皆同。

清 楊屾《豳風廣義》卷二

每間兩頭各置大炤窓，每臨旦暮以助高明，易辨眠起。大眠之後，可通風涼，窗用糊周密，中糊捲一大方，後可啓閉，外挂草薦，若卑溼之地，須附地列置風竇。每壁底門坎之下各開一穴，大五六寸，以磚合封，以防啓閉。以除溼鬱高燥之處，不必用此。凡蠶室之内，務要製造火倉，隨室大小，以為加減。如三間四椽房者，四角各置一火倉，方四尺，深二尺，坑周圍用土墼或磚坯接壘，高二尺，長粘泥泥了，通計深四尺。如屋小者，當中置一火倉，制如上法，坑底先鋪預收細碎乾牛糞一層，厚三四指，再將帶根節粗乾柴塊於糞上鋪一層，柴塊須徑五寸以上者，凡桑榆槐及山中橡木槲樹青剛之類，堅硬無氣味之木皆可用。柴上又鋪糞一層，於柴空隙之處，築得極實。不可虛，虛則火焰易起，恐傷屋，又恐熟火不能長久。糞柴相間，填坑令滿，再築極實，上復用糞厚蓋一層，約蠶生前七八日，今我秦中只在穀雨前九日，是其然火之時。糞上煨火，必有黑黄烟起，令閉蠶室，不可令煖氣出外。凡五七日於蠶蟻生前一日，少開門，令烟出盡，隨即閉之。其柴糞陷下，已成熟火。蠶，火畜也，甚喜暖，初生之蠶，更宜暖，但怕烟，不可用生火。又生火忽大忽小，不能均匀，此火既熟，絶無烟氣，一兩月不減，人不起動，便如無火。若用柴枝挑撥，烟氣即起，坑上必壘高二尺者，欲使火氣上騰，散布室中，又防夤夜人行誤陷入也。其屋乾透，其壁皆暖，黑婆蚊蠅諸蟲，盡可薰死。牛糞薰屋，大宜蠶也。蠶喜牛糞氣。薰後，門挂簾薦或布簾或氈簾，不宜捲起，須防蚊蠅入内，倘有竄入者，急宜捕殺，若留在裏面，蠶上簇時，生蛆於蠶身，後必穴繭而出，則繭不能繰絲矣。其糊窓之紙，舊黑須用白替换。糊窓時，外挂草薦，旋扯故旋糊新，不使熱氣出外。蠶室務須早治，室舊者，預期泥補，塞絶鼠穴。鼠食蠶咬繭，室中宜育猫捕殺，凡簇箔之下宜留猫道。若臨時修治，墻壁溼潤，非所利也。下蟻前一日，將屋上壁間及地上塵埃，務要刷掃潔净，下蟻之後，不宜掃動矣。蠶室一切禁忌，開列於後。蠶屬氣化，香能散氣，臭能結氣，故蠶聞香氣則腐爛，聞臭氣則結縮，凡一切麝檀零陵等諸香，並一切葱韭薤蒜阿魏等臭，並有氣息之物，皆不可入蠶室。此係專備蠶室，費工難治，若能名於居室之中，察其寒熱，開閉窓門，進退炭火，勤謹飼養，即可成熟。

忌西南風。大傷蠶氣，若有西南風，閉户下薦，勿令風入，或預在室西南四五步作壁以禦之。

忌燈火，撚於室内吹滅油烟之氣。

忌擊門窓箔槌及有聲之物。

忌夜間燈火光射入蠶室窓孔。

忌酒醋入室，並帶酒入。忌炒油肉。

忌正熱忽着猛風，暴寒。忌側近舂搗。

忌蠶室内哭泣叫喚。忌穢語淫辭。

忌正寒驟用大火。忌放刀於箔上。

忌不潔净人入蠶室。忌水潑火。

忌燒皮毛諸骨臭物。忌當日迎風窓。

忌一切腥臭之氣。忌燒石炭之氣。

忌燒硫黄之氣。即趨燈子之類。

忌倉卒開門。暗值賊風多生紅殭。

忌高抛遠擲。蠶與箔相擊後，多不旺。忌溼水葉。食則生脱肛。

忌飼冷露溼葉及乾葉。食則必頭大、腹結、尾尖。

忌沙燠不除。沙乃蠶屎燠乃沙葉相合粘連一片者，久而不除，發熱薰蒸，多生白殭。

以上諸忌，須宜慎之，否則蠶不安箔，多遊走而死。

蠶室圖

清 李向庭輯《蠶桑述要》

燻洗蠶室蠶具

養蠶先期，將蠶房透風處用紙糊好，所有一切蠶具，均置房内，用火缸一具，中置微炭火，上堆木屑，一丈之屋約用木屑三四十斤，安置穩妥，將門封閉，約一晝夜工夫將四面門窗盡敞，務令煙氣出盡，空氣流通爲要。燻後蠶具用濃石灰水洗之，再用清水洗淨，養蠶最相宜。至硝磺燻法，一丈蠶房，須硫磺三兩五錢，火硝三錢五分，將蠶房閉好，納蠶具其中，亦用火缸一隻，滿盛以灰，與缸口相平，作如盤香之溝約深二寸廣二寸，將硝磺納入，點其一端，使徐徐然燒，硝磺堆聚一處，若全行點燒，恐兆焚如之禍，外洋用此法，蠶房有因之被焚者，故不可不慎。其餘與木屑燻法同，燻後，用石灰水，洗法亦與上同。

清 林志恂《蠶桑淺要》 蠶室以乾燥、通氣、明亮，又能保持溫度爲主，不論瓦屋草舍，調度得宜，無不堪用。

清 盛宣懷輯《蠶桑備要》 蠶桑總論 古人蠶室甚密，止開南北窗，以紙窗稾簾重蔽之。南風閉南窗，北風閉北窗，設火炕五處，蠶姑以单衣為節，單衣覺寒則添火，覺熱則減火。若蠶室草不能禦風，不能留煖氣，傷寒則殭死，傷熱則破囊。蠶性喜溫和惡寒熱，收種時，須在清明後穀雨前，大起須在立夏前，遇此不宜也。蠶房固宜邃密，尤宜疏爽，晴天北風宜開窗牖，以通風日。舒鬱氣下，用地板者最佳，否則用蘆席墊鋪，使溼不上行，四壁用草簟圍，槻收潮溼。大寒則重幃障之，別用火缸，取火氣以鮮寒。唯暴熱則外逼內蒸，暑熱無所歸，則蠶身受之或替換不時，餵飼略後，受病之源，皆在於此。蠶之生疾半在人，半在天。人之失，恒於惰，惰飼而蠶飢，飢則首亮失替而蠶熱，熱則體焦，皆不稔之徵也。天之患，恒於風雨霧露，即烈日亦有不宜，以乾鮮之葉難淂也。蠶食熱葉，則繭浮鬆不可絲，其害淺；食溼葉，則潰死；食溼熱葉，則殭死；食霧露葉，則瘘死。葉染風沙，則不食；葉宿，則不食而仍飢，其害深。知戒人之失，而不知備天之患，未為全策也。大凡天氣寒暖調匀，收蠶至上山一月為期，初眠七周，二眠四周，出火四周，大眠四周，上山七周，其中有餉食數周，故時候如此，但隨天氣為轉移，當七周、五周亦可，當四周、三周亦可，遇月者，無是蠶也。外三眠子無出火，只有大眠其時較速，更有頭二蠶，雖是四眠，比尋常四眠稍早，其子即可育二蠶。

清 陳雪堂《蠶桑簡法》卷上《選種》 催青前，須預將蠶具蠶室洗滌净盡，用藥消毒空氣中有微生物體，爲蠶病之原因或前年有病菌遺留，故宜用藥消除之。尋常仁消毒器及藥品，用石灰水洗滌之亦可，或燒硫黄亦可代之，此事斷不可省畧，然後從事催青。

清 林志恂《蠶桑淺要·養蠶淺要》 蠶室不宜過高，亦不宜過低，過低則空氣鬱滯，過高則溫度不易調和，大概自一丈至一丈二尺爲得中。若過高之室，可於離地丈許處，作天花板隔之，則甚好。蠶事前十日或十五日，須將蠶室密閉，復以厚紙，糊各窗戶之空隙，務使不透微風。乃於室之中央，置一火爐，爐內盛硫黄和硝燃燒以薰之，硫黄和硝俱須研爲細末。使薰烟充滿室內，約一晝夜，以除室內病毒。薰時，須先以木灰寔爐內，作小溝如盤香形，乃以硫黄和硝填溝內，燃其一端漸次燃盡。若滿堆燃燒，恐致焚如。蠶室廣大者，可增添火爐及硫黄硝。大約蠶室每一立方尺，須用硫黄二分五釐，加硝二釐九毫，惟新造之室，其第一年可以不薰。若民間不易得硫黄硝，則用最能殺蟲之藥，如辣等代之亦可。既薰之後，開放窗戶，以出臭氣，再用清水洗滌四壁及上下，俟其乾燥，而後可養蠶也。蠶架蠶簾亦須薰洗，可於薰蠶室時，排置室內，一併薰之，最爲便利。

清 饒敦秩《蠶桑質説·蠶室第七》 蠶室以向南為佳，向東亦好，惟不宜向西北。室之制度，不可太高大，亦不可太矮小。太高大，則冷氣多；太矮小，則濕氣重。室之四面，均要開窗，窗糊厚紙。天冷，則緊閉；天熱，則推開。惟天冷時，窗雖閉，仍須日推數次，以迎空氣。如鄉間小户，餧蚕不多，則室式不能仿比作，亦不必拘此方向。室之上面，如有灰塵，須要打去。室之下面，如有渣滓，須要掃除。室內更宜備石灰一桶，隔日翻攪，以收濕氣。川省春末夏初，天氣尤覺溫和，育蠶最好，較他省天時為相宜。

清 陳淳《實驗蠶桑簡要法》篇下《養蠶法》 硬化病之豫防。此病由菌類異同，分爲白殭蠶、綠殭蠶諸種，欲防此病其法如下：（甲）蠶室蠶具乾燥清潔，又勤除沙，不使桑䅘堆積。（乙）禁蠶具貸借，免芽胞附着，傳染健蠶。（丙）於未成芽胞前檢出，投沸湯或埋地下，勿使病菌觸接空氣，並焚其䅘沙爲妙。（丁）倘遲至體被白粉，其芽胞已飛散四處，雖檢盡其屍體，亦毫無效。（戊）如有此病，蠶室蠶具必有病菌遺留，非行完全消毒法不可。（己）此病蔓延時，蠶䅘蠶沙必有芽胞混和，未經消毒，不可遽施桑田。

又 蠅蛆病之豫防及驅除法如左：（甲）凡蠅蛆産卵，每喜潮濕與不通空氣之處，宜擇高燥有日光照射之地樹桑，免其産卵桑葉。（乙）桑園蠶室中，見該蠅飛翔，必當竭力撲殺，事雖甚勞，因滅其一雌，少卵數千，烏可憚煩哉？（丙）蛆害以鑽繭爲大，當春蠶上山後四五日，夏蠶三四日前後，宜早行烘繭，免其出蛆。（丁）無論蠶蛹，其氣門周圍有黑色斑點者，必有蛆寄生，宜速棄去。（戊）此害春蠶較少，夏秋蠶最多，宜倣蠶室外嵌玻璃內張洋紗之兩重窗戶，防蠅害，而復可通氣也。（己）每年二三月之交，收蠶室內外陰濕臭穢處表土，厚二三寸，以細篩篩之，殺滅其蟄伏之蠅蛆，或直燒其土亦可。（庚）滅蛆較捕蠅爲易，張大布於繭簾下，布中穿孔，孔下置瓶，其蛆必由布入瓶，收殺甚易也。

野蠶部

概説

題解

清　方旭《蟲薈》卷三《昆蟲》

野蠶

《爾雅正義》：野蠶有數種，食樗葉成繭者名雔由；食蕭葉成繭者名蚢；食棘葉成繭者卽柘蠶也，與桑蠶並育；又有食櫟葉及紫蘇葉成繭者。旭按，今山中有一種，似蠶而小帶黄色者，亦名野蠶，但能吐絲並不作繭。又《事物紺珠》載：横州楓樹上有楓蠶，其狀似蠶而色赤黑。四月吐絲，光明如琴絃，此亦野蠶類也，或又名絲蟲。

清　張瀛《柳蠶發明輯要》

野蠶類考

野蠶之名不一，其食橡柞之葉，或食薄羅葉者，名曰橡蠶。柞蠶均放於山上，故名山蠶。其餘則樗、棘、欒、蕭、椿、椒、榆、榛等樹，皆有蠶繭，或為吉省所無，或僅有而不任放蠶。其宜於吉省者，除橡槲外，厥惟柳蠶。

論説

清　韓夢周《蠶桑實濟》卷四《育蠶急務》

論蠶

蠶乃天駟之精，孕絲蟲也。衣帛所出，功與穀對，非他蟲可得。而比形乃氣化，性屬純陽。喜燥惡溼，食而不飲陽，立於三春。故蠶生於三春陽，息於陽生，故蠶死於夏至之後。種類甚繁，一種四臥一生蠶南蠶多四眠四起。一種四臥再生蠶四眠四起，一歲兩生。一種柘蠶卽繭棘也生於柘上。一種雔由蠶食樗作繭者。一種蚢蠶食蕭葉作繭者。一種槲蠶食槲橡作繭者，三種皆山蠶，一歲再生，樹放而織繭紬者。秦中一種三臥一生蠶北蠶皆三眠三起，南方亦有養之者。有大小白烏斑色之異，繭有青黄白綠之殊，自卵生爲蟻，蟻脱爲蚒，蚒脱爲蠶，蠶脱爲蛹，蛹脱爲蛾，蛾脱繭，復卵蠶。屎名爲蠶沙，蠶皮爲蠶蜕，蠶紙爲連蠶，臥曰眠蠶，己脱殼曰起蠶。臥之蓐曰沙燠，不論南北之異，四眠三眠之殊，總之一七而變，四變而老，七變而死，蓋氣化神物也，資生要理，安可不知。

清　蔣汝正校正，徐瀾編輯《安徽勸辦柞蠶案・柞蠶簡法補遺》

圖説

野蠶，産於登萊。萊有檿絲之貢，蘇氏遂以東萊之山繭當之，而後儒多沿其誤。近人詩文集、雜著中，則或誤以爲樗繭，或誤以爲柘繭，此皆不知其所出之樹也。其知者，則又柞與櫟莫辨，棡與槲不分。良以野蠶之推行未廣，在作者既未目覩，而流俗之傳聞言人人殊，其膠葛固無足異焉。南皮張孝達尚書《書目答問》中，有劉祖震《橡繭圖説》二卷。今物色之不獲，因仿其意，繪爲圖，而係以説，共計：蛾圖一，蠶圖一，繭圖一，樹圖九。雖形似麤具，而物類分明，不至混淆，或亦多識之一助也。至繅織之法，與家蠶大略相同，近人蠶書中多有繪圖者，兹不復贅。

蛾，繭蛹所化也。而野蠶蛾爲最大，兩翼，横徑四寸許，色赭黄，沿淺而中暗。每翼各具一眼，中明如鏡，外作黄圈。上有白痕一，掠如半月，小翼眼亦如之。身生細毛，觸之則簌簌落。雄者眉麤，雌者眉細，雌雄配合，生子復化爲蠶。

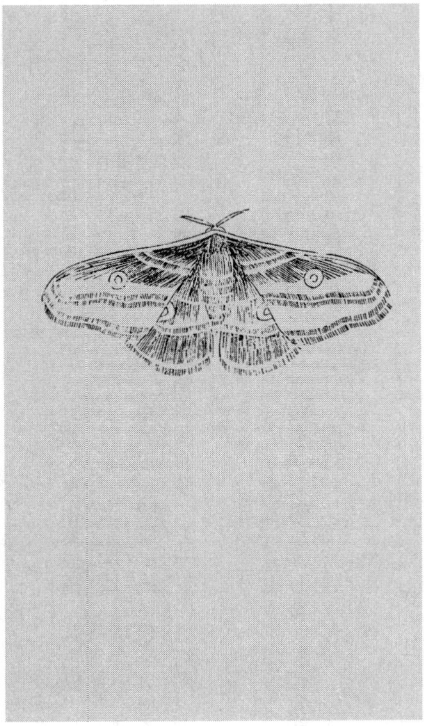

清 王元綖《野蠶録》 凡諸草木，皆有蚰蠋之屬。食葉作繭，化而為蛾，如蝶之類，不可以億計也。《事物紺珠》云：「楓葉始生，有蟲食葉如蠶，赤黑色。四月吐絲，光明如琴弦。」或言楓葉味甘，本可以飼蠶。然又有野蠶，生紫蘇上、苦參上者。大抵生而安之，如冰蠶、火蠶之類，無足異也。登萊所謂野蠶，除柞蠶外，惟樗蠶一種，間有飼者，其餘則無聞焉。嘗詢之父老，如椒蠶、荆蠶之類，何獨不可收養？據云柞樹係易生之物，且隨翦隨生，於飼蠶為最便。樗樹較柞樹少，故飼蠶者亦少，況難生之樹耶。蓋好逸惡勞，人之常情。其有柞蠶之處，以種他項樹木為煩，難而不肯為。其無柞蠶之處，亦必以種柞為煩，難而不肯為。是在牧民者倡導之耳，野蠶種類甚多，不可偏舉。苟能隨處留心，辨其絲之有用與否，而收養推廣之，其為利豈有既哉！

又 圖説

野蠶，産於登萊。萊有檿絲之貢，蘇氏遂以東萊之山繭當之，而後儒多沿其誤。近人詩文集、雜著中，則或誤以為樗繭，或誤以為柘繭，或誤以為椒繭，此皆不知其所出之樹也。其知者，則又柞與櫟莫辨，椆與槲不分。良以野蠶之流行不廣，在作者既未目睹，而道路之傳聞言人人殊，其膠葛固無足異焉。南皮張孝達尚書《書目答問》中，有劉祖震《橡繭圖説》二卷，今物色之，其書已不存。因仿其意，繪為圖，而係之以説，共計：蛾圖一，蠶圖一，樹圖九。雖形似羸具，而物類分明，不至混淆，或亦多識者之一助也。至繅織之法，則與家蠶大畧相同，近人蠶書中多有繪圖者，兹不復贅。

紀事

宋 王應麟《玉海》卷一九九《蠶》

漢野蠶成繭

《古今注》：元帝永元四年，東萊郡東牟山有野蠶為繭。《光武紀》：建武二年，野蠶成繭，被於山阜，人收其利。《吴都賦》：國税再熟之稻鄉，貢八蠶之緜。《交州記》曰：「一歲八蠶出日南。」

唐野蠶成繭　緑蠶　蠶四熟

武德五年四月，梁州野蠶成繭。貞觀十二年，滁州言野蠶成繭，徧於山阜。九月，楚州言野蠶成繭。紀貞觀二十年，是歲，滁豪二州野蠶成繭。十三年，是歲，滁州野蠶成繭。十四年六月，滁州野蠶成繭。十三年，野蠶又食槲葉成繭，其色緑，凡收六千五百七十石。十四年六月，又收八千三百石。文宗開成二年十月，陳許奏野蠶自生桑上三遍成繭，連綿九十里，百姓以為絲綿紬絹。代宗大歷五年九月，太原奏文水縣冬蠶成繭，尹思正治青州有績。蠶至歲四熟路敬，潛以為善政致祥。天寶元年九月，益州獻三熟蠶繭。

宋野蠶成繭

乾德四年八月，京兆府野蠶成繭。節度使吴廷祚緘絲以獻，纖潤可愛。開寶七年，齊州奏野蠶成繭二萬枚。五月，開封封丘民家蠶簇有繭，成被廣五尺長，倍之。七月，陽武縣野蠶成繭。九月，長葛縣桑蠶成繭。咸平二年七月庚戌，開封獻野蠶絲祥符。元年五月丙戌，内出酸棗，民程矩家蠶自成，被付朝堂示百官，輕黄密綴非人力可及。五年五月，藤州鐔津縣野蠶成繭，是州不産蠶，此食山柘而成，州緘絲以奏。六年六月，藤州山柘蠶成繭。七月，京兆野蠶成繭。八月，亳州桑蠶成繭，奉祀使丁謂繰絲并絮以奏。景祐四年五月庚申，滑州言靈河縣民家蠶自成，被長二丈五尺，廣四尺上，以為祥，賜其家茶綵。嘉祐五年十月，深州言野蠶成繭，被於原野石州嘉禾合穗紹興。二十二年五月，容州奏野蠶成繭。宋元嘉十六年，宣城宛陵野蠶成繭，彌漫林谷。大明三年五月癸巳，宛陵生野蠶三百餘里。吴黄龍三年夏，野蠶成繭。《漢志・雜占》有《相蠶》十三卷，《崇文目・農家》：淮南王《蠶經》三卷、孫氏《蠶書》二卷。至道元年五月十九日，同州馮翊民李元真獻《蠶經》一卷留春禁中。《禹貢・兖州》：桑土既蠶，青州篚檿絲。山桑，《史記》云：酓絲。禹敷《兖土》，叙文篚於既蠶，周述《豳風》，首懿筐於載績。桑壇蠶館，園客之絲。《列仙傳》：繭大如盆。冰蠶之繭。《拾遺録》東海圓嶠山有氷蠶，五色絲織為文錦。展北郊之禮，趨南陌之功，仙蠶曳繭，美稼抽芒。崔融表。扶桑貢絲。《梁四公記》：扶桑國貢黄絲三百斤。成匪婦功，不假柔桑之育。化由天造，奚煩燠室之居。或類八綿不資三灑。《周禮》馬質注《蠶書》：蠶為龍精月，直大火則浴其種。《漢書》：繭不蠶自成。荀子揚泉有賦：占之，五泰。唐張良器，海人獻氷蠶，賦：自堯年而效美，願充垂拱之裳，被阜以生漢庭，熙洽食槲而化。唐室隆平，異吴都之八蠶，侔園客之五色。

雜録

清 崔應榴彙纂，錢馥補輯《蠶事統紀》卷七 《致富奇書》：繭長而瑩白者，絲細；大而晦色青葱者，絲麤。繅絲莫精于湖州南潯。《成化湖州府志》：絲，頭蠶為上，柘蠶次之。撚絲細而白者，謂之合羅。稍麤者，謂之串五。又麤者，謂之肥光。

樗蠶

題解

清 檀萃《滇海虞衡志》卷八 末特著蠶，蠶有三種：曰蟓，曰雔由，曰蚢，皆能成繭。蟓即今蠶，食桑；雔由食樗、棘、欒；蚢食蕭。蠶類既多，食葉又兼乎桑、樗、欒、蕭，皆葉之蠹也。

清 王元綎《野蠶録》卷一

樗蠶

樗蠶生樗樹上，色白，長三寸許。身有肉刺，如海參狀。繭灰色，細而長。繭頭有系，亦長甚。蛾黑色，有紅紋翅，亦有眼，作紅圈，横四寸餘。春秋再熟，《爾雅》所謂樗繭是也。按樗繭俗名椿繭，其實生樗樹上，樗俗名臭椿，故以椿繭為名。郝氏《爾雅義疏》云：『樗即臭椿，其繭為椿紬，今之小繭紬也。』鄭氏樗繭，譜㠯遵義之槲繭，即齊之椿繭，斷為《爾雅》之樗繭，並以樗繭譜名編失之矣。

又 椒蠶

椒蠶生椒樹上，色黑有白紋，長寸許。繭白而微紅，小而堅。蛾與家蠶蛾相似，絲織為紬，有椒香，或言樗蠶。頭眠後移置椒樹上，即為椒繭，不知實另一種也。

清 鄭珍《樗繭譜》莫友芝注

定繭

《山海經》載：『歐絲之野歐，即嘔字，一女子據跪樹歐絲。』又：『𦫳民之國𦫳音至，不績不經而服，知天地既生斯人，憫其寒不知自為計，有受自然之衣被者矣。』自伏羲化蠶為繭，鹵陵氏身教之，絮帛之暖遍海内，於是蠶功盛焉。降及少昊，㠯鳥名官，而九扈為九農正扈音户，其一桑扈竊脂，為蠶驅雀。可見唐虞以前，大抵皆山蠶耳。《爾雅》云：『蟓桑繭蟓音象，雔由樗繭、棘繭、欒繭，蚢蕭繭蚢音亢』此五繭，唯食桑者成於蠶室，餘四種竝山蠶。食棘者或即今椒繭之類。椒繭，蠶食椒葉所成，今山東有之，其種同槲繭。案李時珍説：『柘曰其葉食蠶，取絲作琴瑟絃，清響勝常。』《爾雅》所謂棘繭，即此蠶也。又説：奴柘曰佀柘而小，有刺，葉亦如柞葉而小，可食蠶。簫繭當謂此兩種。今有一種野蠶，成繭於蒿艾間，蕭繭或即類此。唯欒繭不可知。今之槲繭正即古之樗繭。或曰樗，山椿也。槲与之不類，不得强㠯樗繭合之，曰：昝有言之者矣。《藥溪談》記：『案《爾雅》，雔由樗繭，即今萊陽之山繭紬。』《暑窗臆説》則云：『山繭即《禹貢》之檿絲，今之山紬。樗繭又别一種，乃今之椿紬。』樗不材木，土人嫌其名，故偺名椿。《爾雅》所云『蟓桑繭』，即今山桑檿絲；『雔由樗繭，』今樗絲借名椿繭者也。如仲威説：『今遵之槲繭種，即齊之椿繭。』其為《爾雅》樗繭明矣。樗、栩疊韻，樗、柔雙聲，特平、上之分。槲櫟類亦可名栩柔，名樗一也。詩：『采荼薪樗，』唯樗即是槲，乃中薪材堅耐火，若必指為臭椿，則腐臭特甚，今亦從未有以為薪者，何詩必取之也。且莊子言樗必兼櫟，少有單言者，其為一類明甚，合鄭君所引諸説，樗繭之名確不可易。或曰㠯槲為樗。古無是説，究不若食槲稱槲，名實相副。曰艸木之名，㠯時地變，其形狀要不可誣也。《爾雅》栲山樗，郭璞注栲佀樗，色小白，亦類漆樹。《毛詩・艸木疏》云：『山樗與下田樗略無異，葉佀差狹，方俗無名，此為栲者。』今所云栲者，葉如櫟木，皮厚數寸，可為車輻；或謂之栲櫟。如陸氏言：『是後世所謂山樗者非栲，所謂栲者不名山樗，而古名山樗也。』其稱栲之形狀，正即是今之槲，郭氏但據當時所謂山樗㠯當栲，不知名是而實非也。又孫炎《爾雅》注：『櫟佀樗之木。』今櫟與山椿，無一相佀，知所云佀樗，蓋主槲言。然則樗自是山椿。生山中與生下田，本非兩種，於古止名樗，後世增稱山樗，始與栲名相亂。栲、山樗自是槲，省稱樗，即與山椿同名。雔由樗繭，蓋食山樗葉者，非食山椿也。樗繭即槲繭，亦可呼柞繭。《御覽》引《廣志》曰：『有野蠶，有柞蠶，食柞葉，可以作綿。』即是此種蠶也。

又 定樹

蠶之樹，郘人名青棡音岡。其繭即曰青棡繭。前輩㠯為樹是櫟，櫟之子名橡音象，囙字曰橡繭，然其樹實槲也。攷：櫟一名栩，一名柔。音杼。《詩》

『集於苞栩』，陸疏曰：『栩，今柞櫟也。』徐州人謂櫟為杼，或謂之為栩。其子為皂，或言皂斗，其殼為汁可以染皂。今京洛及河内多言杼斗，或云橡斗。謂櫟為杼，五方通語也。《説文》曰：『柔，栩也。』陸疏之杼，即《説文》之柔，二字同。一名柞，一名棫。詩：『芃芃棫樸。』陸疏曰：『柞棫。』《三蒼》説：『棫即柞也。』李時珍曰：『櫟有一種不結實者，其名曰棫，其木心赤；結實者其名曰栩，其實名橡。』一名櫟，其實名草。即皂字，《説文》作草，《詩》，陸疏，作皂，下同。一名樣，音象，《説文》曰：『樣，栩實也。』一名草斗，一名象斗，其房可以染皂，故名皂房。半實似斗，故名皂斗、名象斗，象者佀也。一名芧，音余，又音序。見莊子，案昔人皆謂莊子食芧栗，即是栩實，杼芧同字，非也。《爾雅》栵栭注云：『子如細栗。』江東人亦呼：『栭栗。』今俗謂之芧栗、猴栗、柯栗，皆此類。莊子之芧正此物，即今貴筑縣之毛栗，亦呼侯栗者。族生最難長，而其花葉，其梂裹實，一梂二三實，又皆佀栗，与櫟及槲之一捄一實，且不周裹，絶異。且芧、栗并言，芧斷是栗類，亦猶樗、櫟并言，樗亦斷是櫟類。一名柞實，李時珍曰：『一名柞子，一名杼。』樣字俗別作橡，故又名橡，昔人皆㠯橡為樣之俗，愚獨謂以其實名象斗，俗人不解象字義，妄加木旁後又省斗字，單名之橡耳。槲之房亦作斗，亦可以染皂。知其名槲，猶名斗之意，古但名斛，後人加木作槲，故橡、槲二字古皆無之。其房名梂音求，謂其苞求求然，據鄭氏詩箋云：『柞之葉新將生，故乃落於地。』李時珍言：『櫟葉如櫧葉櫧音儲，櫟別也。花亦為穗，其實如槲而小，山經有之。』而文理皆斜句。鉤則俗名水青棡者，櫟也。今食蠶作繭者，即毛詩樸樕聲轉為槲樕，後又損一字為槲。槲樕，即觳觫。其子欲落時觳觫，然因㠯名之。又疑名槲者，以觳觫之義裁一字而別制槲字。古一名栲，一名山樗，一名栲櫟，皆本詩《陸疏》。一名心。《爾雅》云：『樕樸心。』樊光注：『樕樸，槲樕也，有心能濕能即耐字。江河間㠯作柱是也。』《唐書・后妃傳》載：『后封嵩山，禪少室。封壇南有大槲，赦曰置金鷄其杪，賜號金鷄樹。』故又名金鷄樹。俗以葉倍櫟大，故名大葉櫟，又名櫟橿音疆，實名櫟橿子。俱見《本艸》。其葉，蘇頌《圖經》名槲若皮，俗名赤龍皮，俱入藥。郡人呼青棡者，或橿、棡聲近，遂轉橿為棡。曾見《唐史》載：『開寶四年，資州獻梅、青棡二木，合成連理。』則知青棡為蜀地舊稱，其來已久也。槲與櫟大致相類，嘗細驗之，櫟干老猶佀栗枝。槲生二三年即甲皵音鵲，櫟皮横皺而不裂；槲皮直皴而痱瘤音匪壘，皴裂貌，櫟葉短厚光滑，半葉㠯上始出苣，短而句；槲葉長者五六寸，捫之滯手。盡葉一紋一芒，長而直。櫟之實長而細；槲實大而圓。櫟葉冬夏常青，新生而故落；槲冬零，故盡而新生。櫟四五月開花，槲三四月開花，皆為穗如栗。七、八月内結實。此其別也。自槲与櫟相類至此，言蠶樹形狀最悉辨樹者，諦之。其人歲儉皆可採食，人者，實中肉也。下槲人同。但僵澀甚，食必浸至十日㠯外，槲人倍之。二木之葉㠯食蠶，繭成一也，但櫟少。種之四倍遲於槲，始可蠶，㠯故無種者。間有之，其理堅密，器尤取材，亦不㠯食蠶也。若槲林中有一種樹，族生難長，甚類槲，惟葉粗大而色較青，俗名『扶櫟』，即郭璞《爾雅》注云：『詩所謂枹櫟者也。』李時珍曰：『槲有二種，一種叢生小者，名枹。』即此一種，即前所説槲名狀，不煩引。於毛詩為苞櫟，郭注所引出三家詩，枹音夫，夫扶聲有輕重耳。其葉不中食，蠶食之肥者亦瘠。扶櫟，俗又呼槲櫟。扶、槲二字，遵義人讀之聲畧同也。又呼為虎皮青棡。山東人謂遵義之青棡為槲櫟，而遵義又以謂葉青大一種。貴州一省乃湖南晃、沅之間，皆謂遵義青棡者櫟木；而謂遵義槲櫟者青棡，皆方言之小異也。又有一種樹，狀亦如槲，種之成林亦如槲，惟葉較槲青而稍短狹，子亦如槲而細長，皮稍白亦直皴，而痱瘤畧少於槲，幼無皴裂，老乃皴裂唯大榦然小枝否，槲則小枝亦皴裂，唯嫩薹否，為異耳。稍難長於槲。土人亦謂之扶櫟青棡，或謂之槲櫟青棡。与槲雜種，亦有專種一山者。㠯食蠶，絲最韌，幾敵桑絲，為山繭中第一。不佀難長而葉獨粗大之扶櫟瘠蠶也。不可不辨。

綜述

清 韓夢周《養蠶成法》

養椿蠶法亦分春秋二季，綢更好，利更大。

潤繭

穀雨後，將繭種用溫水潤過，或二三十枚，或四五十枚，用線穿成串，掛壁間，小滿時，蛾卽出。

拴蛾

雄蛾聽其飛去，將雌蛾用捻麻或系其左翅，或系其右翅，掛椿樹上，雄蛾自來尋對。

出蠶

成對一日，蛾卽下子樹上，八日以後，卽出小蠶，樹葉食盡，另挪一樹，其防護之法亦如山蠶，一月卽成繭。

秋種

春蠶既成，便揀秋種。其法如山繭，懸掛屋内，不用水潤，七月初旬，卽出蛾下子，餧養收成，亦如春蠶。

附椒繭

椿蠶一眠起後，移置花椒樹上作繭，名爲『椒繭』，此綢最佳，極貴。

又 人工

山蠶，一人春日可養五六百種，秋日可養一千餘種。椿蠶，一人春秋都可養千餘種。

附種皶籭椿樹法

種皶籭樹，宜在山塲。秋九月刨坑，入橡子四五粒，以土掩之，春後發芽，防火燒及牛羊踐食，五六年成林。又一法，五六九間，斫皶籭條子，埋土中，自然發生，成林更速。

又 窩舖 守場人住宿。搭蓋不拘大小，以人數多少爲率。更要多蓋數處，散佈場中，分人看守。

（道光）《來安縣志》卷五

附椒繭

椿蠶一眠起後，移置花椒樹上作繭，名爲椒繭，此繭最佳，極貴。

又 人工

山蠶，一人春日可養五、六百種，秋日可養一千餘種。椿蠶，一人春秋都可養千餘種。

清 鄭珍《樗繭譜》莫友芝注

蠶期

春蠶二月始，五月畢。清明後十日上樹，夏至畢。遲者繭不封口。秋蠶五月始，八月畢。夏至前後上樹，白露畢。遲者繭不封口。春蠶自上樹至畢繭，約七十五日；秋蠶自上樹至畢繭，約七十日。

蠶山

山必謹其陰陽。蠶，陽物，蠶之出卵，自子至午未以後則否，盡十日而出畢，皆如之。惡溼喜燥，山陽耐日，其蠶美大，繭成亦如之。陰則否，可移作繭。食蠶宜向陽，陰處但可作繭，此謂春蠶。唯秋蠶宜山之陰者，為可避秋陽之烈。凡當西晒之山，秋蠶最忌。蠶最畏霧，著之甚者死，不甚亦病斑不能作繭。山有空穴，雨欲晴，晴欲雨時，霧最甚，相蠶山者謹避之。故有烟瘴之處，斷不可蠶。

蠶地

相地之法，泥為上，挾沙次之，紅沙火石地為下。沙石者，所樹葉細且瘦，繭成如之。且葉盡時，蠶或四下，值日烈地熱，更善死也。秋蠶尤忌。蠶初上山，更宜向陽𡍼平泥地。

蠶樹

槲種二三年，及伐而蘖者蘖，伐後之芽也，曰火芽，亦曰頭芽，育子蠶宜。子蠶謂初出卵者。壯蠶不宜食，食則病瀉不能退膔而死。經蠶者曰二芽，再蠶者曰三芽凡伐後次年之蘖曰火芽，二年曰二芽，三年曰三芽，壯蠶食之。老而喬者用作繭。凡相樹，高毋過一丈，已高則苦剪移與下繭已，太也。葉以厚大而青老者良，否則力薄。良者春生時，薹葉皆小白色薹，音臺，帶赤者味辛，蠶不喜食，食亦不肥大。

蠶祥

子蠶之林蠶上樹五六日内之林，名衣子地或謂衣子林。中有香如蘭者，謂之蠶花香，此上祥也，後必大熟。眠後有一二紅黑頭者，亦兆美收。蠶率青黄色。間有色深碧，頭崢雙角，小於常蠶者，林中見一二，亦上祥也。凡蠶在此樹葉未盡，不必往食他樹。惟此蠶朝東見之，暮或西見之，但同林，雖間一二里，亦能往來，而不見其來往之迹，土人謂之神蠶。稍驚之，似有希希聲。

蠶忌

蠶酷忌油桐，酷，最也。李時珍曰：『罌子桐，又名虎子桐，又名油桐，亦或謂之紫花桐。』案，油桐葉微似桐而小，干率曲屈無直上者，至二四尺，枝即四出。長頗遲，開花微紅，子大小如石榴，而觜尖如桃觜。拾之，去其外軟皮，中為瓣如蒜，或三或四。瓣各有硬皮，乾之，去其硬皮，肉白色，以榨油燃燈，亦可和漆。貴州是處有之。經其樹上其葉者死。烘室中然桐油者及誤以其木烘者，後生之蠶死。李時珍謂其子味甘而吐，又謂桐子油氣味甘，微辛寒，有大毒。故毒蠶尤甚。山有桐除之，家有桐謹之。又食白楊者死，亦食他樑木致病。食他木之味辛澀者，皆致病，其餘雖不病亦瘠繭。惟嫩楓葉蠶食之無害，薅林時亦不去之。

蠶害

害蠶，鳥一也，將曙及薄晚力防之。時其來，驚之以蠶銃。鳥之中，惟鴉最繁又最無畏，銃所不能禁，獨畏神枝箭射之，則去可半日。蟾蜍能吸其卑枝者蟾蜍，俗謂癩蝦蟆。有則攫去之，其害猶小。唯蛇升木，野猪拔樹，玆二害特酷，善守者亦無預防術也。二者唯見則力驅之。若山蚱蜢音乍猛，形如蚱蜢而大，色微赤黑，俗名績麻婆、馬蜂山蜂之大者。二物食繫樹秋蛾，枇杷蟲似蜣螂而微長，張翼則能飛。三者食蛾與蠶，皆咂破其皮而吸其肉汁，蠶即死之屬，唯秋蠶受其害。鷄、狗亦食蠶，皆宜防。

蠶病

蠶之病二：縊與斑。縊者，自吐少絲挂樹上死。斑者，發黑點自墜地死。蠶縊原於寒，俗名黃瓜皮，初眠後始有各自受病而不傳染。斑病原於火，俗名斑狗，莊朧後始有，其傳染，一林俱為之臭。病之原三：未蛾蛹受雜木煙氣，一也；此種多病斑。一卵出時，烘之火已烈已微；已，太也。烈則卵受熱。後必斑；微則受寒，後必縊。一剪移時，率滿筐省，一一往復，蠶為所罨，致吐其沙，此種多病縊。即不病，繭成亦敗。繭亦薄不中繅。蠶當上樹後，或天氣寒熱不一，蠶值之，至三眠後，滿腹絲化為滿身毛，毛皆躍躍自動，謂之飛絲，一二日即死。此感天時不正之氣，欲避之無由也，然必主廠者運厄，始遇之。

蠶眠

蠶四眠：上樹約七日則眠，蛻厥黑而起；是為初眠。子蠶黑色，蛻黑而褐。又約七日二眠，蛻厥褐而起蛻褐則色青黃；又約七日三眠；又約十日大眠。一名四眠。凡蠶眠時，必自吐絲絆其後脚於葉，為蛻時用力地也。若偶傷其絲，則不能蛻而死。其起也，食益力，唯勤移為功。大眠後，蠶食愈增，至一日夜盡七葉，蠶肥甚，澤澤有光，謂之莊朧。凡十日，朧既滿，不復食，倚葉似眠，大遺屎，漸小如二眠後時，謂之退朧。朧退盡，始吐絲綳三四葉自裹如甕，謂之爬甕。然後於中周回往復任絲作繭。每眠約一日，陰雨二日。眠時慎無剪移。移則傷其絆。凡蠶出卵時，旋必食其殼之半，每眠起時，旋必食其蛻之半，不令食則蠶弱繭薄。此事頗與馬子之食胞同，似蠶馬二物嘗相關也。方悟《搜神記》載：太古時馬皮捲女化蠶事，未盡誣。且《周禮》原蠶之禁亦掌之馬官也。

蠶食

蠶曉不食，為露也，晞而食日出露乾曰晞。午不食，為熱也，昃而食日西下曰昃。食必十日增半葉，其極食之極多時也。朝移之，午樹冬矣冬，盡也，時日五葉夜復二葉。

居守

主廠者，蠶匠也。其傭曰蠶火，所居曰蠶廠，分駐曰蠶篷，器備曰蠶刷、曰蠶筦、曰蠶剪、曰蠶銃充去聲，即鳥鎗也。空發以驚鳥，不置子、曰薅刀即鐮刀、曰排套、曰機竿、曰響笴、曰沙撮、曰擎霹音料辟，餘如成家飲食器用，或妻兒具也。

春蠶

春蠶，秋繭出也。十月擇種收秋繭時粗擇之，十月又再擇之，取大且厚，大兼尖與圓，非揔謂大也。揀種者，當各擇均而取之。蛹雌者繭多大；雄者繭多小。若專取大者，來年蛾出無雄，皆棄蛾也。色黃而赤，指衡之重，摇之活，而耳之不悉索者悉索，繭中蛹聲。擇種當取無聲者良，有聲者為響繭，但可繅絲以為種。雄者稍尖，雌者稍圓，略可別也。皆針其後串之，毋針其系。繭兩端有系者頭，無系者脚，蛾之出，必齧系間作孔。若串其系，來年烘種，蛾無由出，皆死繭中矣。串繭為可挂，便出蛾也。亦有收種後不即串，散布之竹簾上。寒天盛以筦，置密室，將烘始串之者。有初烘時未串，散布竹簾上烘之，至蛾將出前半月，始串之者，皆可。然先串便收拾，且環室与簾挂之，亦便烘。室中先置平架，席竹簾編簾用一寸之篾以篾絲緯之，使疏而透風，始不壞蛹。若置之平實不透風處，蛹必鬱壞布繭其上，風之，或疏挂之，均無使受艸木之煙，若冬腊兩月，值大寒，又當置之複室，或室中置微火，恐蛹凍死。若受，來年育蠶必病。

烘種

烘種為蠶事利害關頭，蠶之熟否皆係乎此。必諳練者，數十日夜更守，無稍懈。烘春種，必四十五日而蛾成立春始事，春分蛾出。先設一密室，毋入風。倚四壁懸平竿，高五六尺，疏列繭串，去地尺餘。中置盆火，火以槲他木必病蠶，令其氣暖之，以變蛾。蛾以次齧繭系出，始終烘。毋失火。火力㠯漸而增，四十餘日夜無絶火。又必視天之寒燠，節薪之多少。毋已烈；烈則蛾速出，卵先槲葉生，無㠯食，且必受病。蛾之出，率自未至亥，凡十日而畢，皆如之。有出者，即捉置筐，入夜尤宜速，恐其撲燈自斃也。

蛾覯俗名配對

脩眉，腹垂垂者雌；淫淫者雄。雄者眉粗而短，雌者眉細而長。雌腹胦，雄腹瘠。縱之昏於筐昏，配也，聽自合。司昏者，擇其合，寢之他筐。其覯也，期對時覯，交搆也。對時者，如今日子時始明日子時畢，否則人為拆，毋使過不及。過則雌脹死，不及則氣不化，卵多㲉。覯已，絶夫而閉其妻，夫去㠯鰥死，妻畢産亦自枯，若歲生之雄少，則一夫可兩妻也。分兩日配之，今日配此雌，對時，又拆以配他雌。然後配之雌之卵，終多㲉，其不㲉者蠶亦瘠，父氣不足故也。昏時有貪嬲，而拍拍有聲者嬲，音擾，此為狂夫，不去必亂群合，合亦為所解。不去此等蛾，他蛾之合者皆為之解，有則立除之。昏之前，必去雄之溺去聲，否則難為雌不去則礙精路，雖覯如勿覯。然亦有無溺之雄，尾瘦不濕，不煩去也。覯之後，必去雌之溺，否則難為産。去溺，㠯兩指輕搦雄、雌之後捋之。

蛾卵卵仍無失火，若天氣温，可暫輟火

筐置蛾二百五十皆已配之雌蛾，越三日布卵，已出之盡出其蛾，復置，亦如之。一筐之蛾，極於五百；一蛾之卵，極於一百。卵約十五日而蠶出，筐約十日而出盡。除不生及生而損壞受戕者，後獲繭三萬者上，二萬者中，一萬者下。若烘不盡法烘，兼烘繭烘卵而言，則一繭不收。

售種

售蛾於烘戸蠶少者，不自烘種，皆售於烘戶。烘戸者，專烘種待售，凡村落皆有之。便人亦自便也，售卵於市卵者，已布卵之筐也，春秋皆售蛾春蛾亦在筐，但於未卵時即售之，春兼售筐。蛾價秋出者，一當春之二。秋出者，秋繭出也，春種也。一歲之蠶春為正收，秋季斑、緢尤甚，有收者堪種亦少，且多勞數十日之烘，故蛾視春繭出者為貴。售蛾待卵於烘室此下專謂春種，售卵者㠯歸，候蠶一二出，則肩之山。售蛾者，於烘室候蠶出。售卵者，如其已出，則肩之山，未出則以歸候之。急若置郵也，於是時也，夜不閉關。

辨筐專謂售卵之筐

春卵善者必堅附筐堅，固也，不附者敗，不可蠶。治種者，刷㠯薄麵糊或猪血，粘筐上俗名搭子，原蛾布卵時，即有血汁膠粘筐上，故用淡猪血粘敗卵，效之㠯惑人，麵糊但取其粘而已，詐售之，其卵不生，生亦必病。若辨之，有汁痕。凡蛾自布之卵，多積為堆，粘搭者皆散著筐上，亦其辨也。此等作僞者，先置空筐，畧㠯數蛾布卵其上。候善筐卵出畢，刷其餘不出者，簸去其半殼，㠯麵糊、猪血搭於空筐中，俟真卵一二出，售之。人之受愚在此，不可不察。

上樹

布席襯筐，搘蓋襯，音親去聲，墊也。搘，音支，撐也。蓋筐之蓋，蠶將出卵時事。以席墊筐，欲子蠶不散於地，且便掃。撐其蓋，欲便置槲枝。且蠶性向明，使其見明而出㠯待卵生，蠶出卵，針大而黑。即㠯槲嫩枝置筐弦邊也，聽自上。筐中亦置一二小枝，亦不無上者。午㠯後，子蠶有散走筐席間者，掃㠯蠶刷，撮㠯笋籜，仍置之槲枝，與自上者同架之樹。移之火芽地，架樹枒，聽散食。俗名開衣子，故謂其地為衣子地。次第盡卵出而止。

秋蠶

秋蠶出自春繭。春繭成，時暑，蛹化也速，急擇之，如春種。串其後，縣而凉之，約二十日，蛾畢出。其覸蛾視春蠶。既覸，秋蛾已覸，即盡斷其雄之翅，恐其飛入林間嬲雌，致不能産而脹死。則析椶心或麻縷，縛雌一翅，繫之衣子地火芽間，其卵即布著樹。

薅林薅，音蒿

薅林，除荆棘褋艸木也。去荆棘以便循行；去褋木使無溷蠶羞食也，唯艸不務盡，欲蠶墜不至地也。士人云，雜木之中楓亦不去。嘗見《事物紺珠》載：『有楓蠶。楓葉始生，有蟲食葉如蠶，赤黑色。四月吐絲，光明如琴絃，海上人取作釣緡。』知楓葉可以飼蠶也。薅不盡地，今日移蠶，昨日薅林矣。其材即供薪蒸。若衣子地，則薅也必務盡淨。艸亦務盡。衣子地皆未頭眠之子蠶，力不健，風震葉易墜，艸不務盡不易拾。

剪移蠶食葉盡，皆附空枝，盡捉而移，則不勝煩，且易傷蠶，故剪枝載移

剪無時，枝空為度。載以筐，已少則勞人，已多則勞蠶，載太少則多往復，太多則罨蠶，當酌中，與其勞蠶寧勞人。慎毋罨音遏，出而午之午，散布也，使忘移家，寧令暫飢，毋令去不能食。枝大者若鋠之鋠，手折枝也，音覔，傷樹且損蠶。捉之，毋驚，毋絶，蠶附大枝或干者，不可剪，捉置筐㠯移之。出不意驟捉之，即立下。若驚之或捉稍緩，則抱枝固，雖中絶為二，不下也。捉者留心。其攫也如虎謂，捉之，舍筐如鼠謂置之筐。移必依林之次，能量蠶權葉，無使有餘不足，是上火也。凡移蚕，但㠯所剪枝架樹枒，如上樹時，蠶自能緣樹食葉，不一一捉上也墜地者拾而上之。

下繭

繭成，有未繭者未爬甕而尚食葉者。如已爬瓮則聽之。方爬瓮若驚之，則四走，妄吐絲，不作繭，移之他樹不移恐摘繭時礙食。次弟候其韌摘之韌，音刃，堅也。繭成後，蠶自瀉白漿，漿其繭。必三日，漿始乾，繭韌，始可摘。若濕摘之，則其繭必壞。已高，梯之橙之橙，音鄧。毋搦使餒中敗曰餒，毋按使凹音垤，外不圓滿也。筐載而歸之廠，晞其葉葉，爬甕時自裹之葉。

剥繭

晞已，剝其葉，必順其系，逆則傷繭。繭系為上，剝必自上而下。必汰其病汰，音太，擇去也。病見下條，存則疰繭疰，音注，蟲蝕也。留之生蟲兼疰善繭也。近山者，畢而歸之家。

繭病

繭病三：大而厚，特不封口，值口有黑迹而濕，是曰油頭；口封而汁濕，是曰血繭。二者蛹皆餒，為敗水所漬謂善繭為其所漬。漬，音自，浸也，則善亦敗；其薄而不堅，曰二皮，繭之未完者也。油頭、血繭，蠶之斑病未莢者。所為二皮，蠶食不足，及作繭時為人偶搦者所為。

炕繭

置架牀，布篋薄，累繭其上，下烈火炕之。炕之固宜大火，但亦不可過烈，恐絲脆。炕時以篋席覆繭上，中留一孔，以乾稻艸掩之，其繭色始佳，為取汗。蛹索索若驟雨，候經時無聲，死繭降，升生繭。撤下已炕之死繭，另上生繭炕之。畢炕畢，盛於篼盛，音成；篼，音兜。售則肩諸市，非强有力者，不勝三萬也。蠶遠者，山炕之，售絲，復山繅之。就山炕与繅。

繅絲㠯下諸條，其有非師授不能為，非親見不能知者。雖釋之，人亦難，解即不加釋。

甃獨竈甃，音縐，置繅鬲音戈中盛莜灰水莜，音喬，候沸極，入繭，煮一二沸，

即繅。去竈右尺，置繅車。車六幅，徑四尺，必活二幅㠯脫絲。軸修五分徑之一，牀修三軸之修，去其半為高，容車半，㠯閣軸耑。耑活之，一耑菑曲柄，末繫四尺之繩，活之，斜而左，下結於絲竿。鼾之上，閣木架一，横之耑，出鼾二寸。於横之一正中，菑方柱一，高四尺，上二尺釘筦絲弓釘，筦音，頂管。弓末懸環，鐵為之。柱之顛横一木，長三寸，兩頭各植一，長二寸，令埶斜横，近耑圓鑿，㠯銜天輥音袞。輥六觚，中鍥一縫鍥，音猰，刻也。縫去聲，㠯迎送絲上下。司繅者執繳竿繳，音矯，繳其繭，和其絲，引其緒，去其繈强，上聲。司火者，節火力。足踏絲竿，竿運繩、繩運柄、柄運車、車運天輥。絲出鼾上貫弓環，又上從輥外入輥縫，繞出輥外，下縈於車。去車底五寸置盆火，火㠯炭，毋猛使絲旋乾，畢脫之糾之糾，音九。繅常二人，不能踏車則三人。

繅別

車急則絲急，緩則絲緩。急絲為水絲，織水紬；緩絲為府絲，織府紬。繅水絲合三忽，府絲倍之，緯則再倍之，緒之繭，曰餵頭餵，音畏。繅者隨盡隨續，毋絶餵，則絲均。繭舞躍湯面，能終繅無增減，是上工也。

淨絲

繅已，㠯綹張繃車綹，音栁。繃，音棚，車方趺音扶，□一柱，中置輪，輪徑如繅車，列左。右列淨車，前左者尺，車製與紡綿車等，長其筳音廷，貫簍音矍，左牽繃車之緒，謹去其纇節纇音類，右轉淨車，收淨絲於簍。車一左旋、一右旋，其行亦異遲速也。簍中積徑三寸為一筒，脫之。

道經

盛淨筒，㠯綹車收之，車如繃車，軸有柄，出於背，收訖列左。右列繀車繀，音翠，簍長淨之半，貫於筳，轉車收左之緒，謹去纇之不盡者。簍中積徑寸許，為一繀，脫之易簍。若水絲，收綹車訖，脫之，㠯米泔漚之宿之泔，音甘。漚，謳去聲。

道緯

小趺方四寸，厚半寸。中植筳，揉竹片為提。中孔之長、尺徑二分之木為道埶，中鉗牛角尖鉗，音箝，長二寸，筳貫徑筒，緒出提孔，左引之，右搦道埶中搦，音溺，顛倒收其絲，節則勻㠯脣齒。角半沒，則出而脫之，抽緒頭束之。絲之筦也活，當角者穴，㠯貫梭緒，先裏而外，如繅絲然也。水絲，經緯同繀，緯小經者半。

牽經

横經架二，上排經柱，行架如之，貫簍有柄，㠯次牽綰經柱，足篾數止篾，音扣訖，摠之，又貫篾牽之數，㠯茅刷梳之，蘸米泔光之蘸音贊，而隨㠯火晞之，自是上機，與他織同。

諸紬

曰府紬，其上也；其粗勁而皺者，曰雞皮繭，次也；毛紬，又其次也。水紬雖先於府紬，品最下，而名目獨多；其雙經單緯者，曰雙絲；單經雙緯者，曰大雙絲；單經單緯者，曰大單絲；小單絲者，但疏而狹，亦曰神紬。

紬病

售紬，權輕重為價，銖兩同，價相若。此謂府紬、水紬價㠯匹，不㠯銖兩。織戸㠯此故㠯米、粉㠯緑豆。紬下機則畢築粉，㠯膠膠之，㠯碾碾之碾，音研上聲。㠯炕輥炕之，令粉與絲化。府紬增重多者至十分匹之三。今府紬已有行禁，不為此，惟水紬仍舊。若水紬則築於染，其青色、紫色、大紅、天青、佛青、岡青者，築蜀穄音祭。其黄緑、淡緑、魚肚白、喜白、水紅、桃紅、洋藍、棕色、秋湘、玫瑰諸色者，築緑豆。各有法，惟膠者同，至增重十分匹之五。紬㠯此病，利之所在，終不能止也。然貨善速售，利與僞相得，惜不爲。

胑紬胑，音夷。

府紬韌，先入胑戸柔之，後入染戸柔㠯猪胑。

毛繭

蛾出者曰毛繭，被齧不可繅也。蛾之出，但齧繭頭一小孔，雖不盡斷，已不可繅矣。但煮之，去其蛹，用一尺之竿疊冒繭於上，别一竹籤長竿之半，底鎮鉛環。左執冒，右績之，掌摩籤令旋而墜，冒續續如抽綿筒，其旋益下，絲因急，右疾提收之，去絲節惟恃脣齒。往來在手，不廢遊談，而功自就。又有用脚車者脚車，方二尺之架為趺。左植方柱，高二尺五寸，上八寸，穿之貫長六寸徑一寸之軸，不出於外。兩輪各六輻，徑一尺六寸，輻方二寸，中穿徑一寸六十分寸之十二，上穿二寸。植一横聯之，徑六十分寸之三十六，以竹為牙，互以索，徑一尺六寸，鍇之上軸一尺一寸。貫一方橋，長六寸，廣二寸，厚一寸，不出於外。末植鐵銜，銜高二寸。上兩歧，高一寸六十分寸之十八，相去六十分寸之二十四。下以長三寸、廣半寸之鐵為趺，横鍥之。傍柱植一釘，上為環，令与御平。當環外穿柱深一寸，當輪中横鍥一木於方橋，徑六十分寸之十二，出各三寸。右趺植柱三、高五寸，上加方梁。梁如趺之長，令中一柱出梁六十分寸之三十六，為踏板，長尺五寸，廣三寸，末圓之。當中一柱鑿深六十分寸之二十四，以銜柱之出者，以一輻去牙三寸穿之，徑多踏板三之一，以受踏板之末。於方橋上設筳，中方而漸鋭至耑。紡絲時，先貫一木於筳中，使鍣銜。後去末二寸貫竹竿，使收絲。然後置一頭入銜，令竿在外，置一頭入環，出柱間。輪之中環一繩，上繞出筳。乃坐而以左手執絲竿，右抽之，以兩足踏板，使板運輪，輪運繩，繩運筳，以急絲。板可出可入也，人之坐高軸五寸，二日得可當尺竿之三日。惟其絲差緩，此絲善且急者，所織為鷄皮繭。其鬆惡者，織毛紬，麤而多纇音粗。然苦衣，且易有，勞者服之。

湯繭

忽內本而外末。繅餘衣一繭之絲為忽，五忽為系，十忽為絲。繭之忽，頭在內，繅者探其頭引之繹繹而外。凡繭，上者無餘殼，中、下繭皆有，分厚薄耳。此之謂繅餘衣，若不善繅者，雖上繭亦有餘衣及敗繭謂油、血、破口之類，其絲皆斷不中繅不引緒，並不可手絡也，名湯繭。業被絮者，賤售之，和而築之先罨之，翻去其蛹，湯洗凈，乾之，然後和築，網以為絮。欲踏裂，近亦三十年。

又　蠶筐口徑二三尺底高尺，蓋高七八寸許。

筐編以荆條或蠟條荆條為上，蠟條次之，罕有用之者，知其不佳，密而實疎，使透風，可緩卵之育。其條澀音澁，不滑也，附卵斯固筐必用新者，編筐必用生條，使卵受生氣乃易生。若以舊筐布卵，則一子不出。

蠶刷以掃出筐之子蠶

剪茅穗，捋其花，數十莖為束四五十莖，束其稈捋去花之穗尖不束，長六七寸。已大則傷蠶，已長則礙用。

繭篼

篾為篼，廣三尺，濶二尺，下殺衰去聲，高四尺。貫擔者中，其疏可出半繭，堅而實柔，滿中則合其口。若肩蛾，即緣附其外，其翼相接，不識者以為乾槲葉也。

蠶剪

剪似縫剪，短而厚，以裁枝遷蠶。

蠶笴音可。一名響篙，一名響槁。

五尺之竹，下多裂之，無傷上二尺。執而振之，互相擊而鳴也，以驚鳥。

機竿

鳥至，先栖高木，左右顧，始下食蠶。守者相厥，常置機竿當厥槶。竿長四尺橫縛一耑於樹，末繫繩。繩前尺五寸結一楔子楔，音屑，長三寸。又前結活套，末繫於樹。上竿尺，長竿尺，別伐一搭鉤，長竿三之一，上竿尺二寸如縛竿，下迤，則鉤末与縛處平也。上橫一木竿為機。長如搭鉤，不繫，一耑倚樹，一耑屈竿，令楔子倚之鉤末，上活套環機。鳥以機為枝也，踏之，機墮，楔子發，竿疾回引套，鳥足結，無脫者。

排套

用馬尾，每三四莖為活套，餘者雜以麻，續辮音辨之為綱。綱寸套一，套交如連環，長其首末，繫當杈枒間杈枒音叉牙尾細而光滑，鳥集枝不見也。視其首入套中，遽驚之，首或進退，皆結也。

沙撮

竹四五尺，析其末五六寸，篾絲編之，略如箕而小，斂本侈口。子蠶時上樹十四五日內，撮沙土，撒以驚鳥。以沙与土細墮，不傷蠶。

擎霹擎，音料，斜擿上也。蠶至二眠，後始可用擎霹，以前用沙撮。

竹長平人頭，摩節令滑。上五分之三貫三寸管，糾椶繩如指大，一頭環之，屈中以細繩經緯為篼，一頭繫管下，一頭貫竿末至管，篼与竿下齊。盛石向空擲之，石去，繩亦從竿末出也。去遠者可半里，聲鳴空中如驟雹，以驚鳥，值之則斃。有不以竹者，以繫管繩套，套於右中指，屈之，以右大指、食指搦其末擎之。擎時必弛其搦，石始脫去。去之遠稍遜於竹。擎十之三。

茅刷牽經用以刷

刷巳茅之老根為之。取其勁滑，且，芒粼不刺，腰束之，下徑四寸，中蓄竹柄。

又　種槲

槲實九月拾之，掘坑埋其內，令芽，二月出而種之。九、十月間，槲實老自落，拾其堅好者，掘溽潤處為坑，聚而土覆之，至來年二月，皆生芽，乃分種之。若不窨之潤處，則乾且蠹，乾則難生，蠹則不生也。不即種而必埋俟來年二月者，方冬土燥，仍恐其乾而不生也。行必相距三尺，毋已密。太密則得地薄，枝條不茂，且蠶時不便循行。若疎過三尺，又曠土可惜。其生也，明年耘之，三年稍殺之，四年五年可蠶也。或生二年盡伐之，俟蘖又殺之，則速成樹。凡下種能和以猪血者，易生。且他日葉美宜蠶。槲子入土，多為田鼠所食，分種時，巳猪血塗子可無此患。易生美葉，猶其餘事。槲生一二年，行間可種莜麥，三年則止。凡今年飼蠶之林，明年必不飼，謂之歇樹。不歇樹則葉不茂，蠶亦瘠。新種之樹，四五年始蠶，間年歇而蠶之，則三飼蠶之林，其樹必近十年，則已高，移下難，即伐之，留其根，次年之蘖可飼子蠶，二、三、四年皆可食壯蠶。亦間年一飼，已高，仍伐之，一種可十餘伐也。種槲一事，可謂一年之勞，百年之利。

清 陳淳《實驗蠶桑簡要法》篇上

附種椿及養椿蠶法

（一）椿樹種類頗多，除香椿外，臭椿、白椿，皆可飼蠶。查沂州一帶，常將椿樹移植成行，皆令叢生，並剪去其頂，使高不逾五尺，取其飼蠶。易於照料，冬月繭成葉落，即將樹幹砍作薪柴，以土糞擁護其根，明春仍抽條叢生，葉多而茂，至種小椿法，將秋後所結之子俗名椿榖榖。俟堅老後取下，種入畦中，用糞擁蓋，明春即出小椿也。

（二）飼蠶之法：每年可飼二次。春季自三月杪，至四月間，天氣已暖，椿葉漸生，將去年所藏留種之生繭，無論多寡，用線穿掛房中向陽稍暖處，再用温水噴潤繭中之蛹，旋即出蛾，其腹較大者爲雌蛾，挑出以線輕穿蛾腰，繫於去皮之稭把上，取雄蛾來把上配偶，歷四小時許，即將雄蛾摘開，勿令再犯，遂生蠶子於稭把上，十數日即出小蠶。但四月間，天氣燠寒，尚有不齊，俟小蠶將出時，以椿葉覆蓋，見蠶出食葉，隨時更换新葉，再折帶葉椿樹小枝，插入瓶罐甕等内，注水或溼土，令葉不乾枯，蠶附葉自食，稍長便可移到樹上，自食自眠，自即樹上結繭。至六月間成繭摘下，此爲春繭。除取絲不計外，仍留生繭若干，穿繫房中，令出蛾生子，照前處理。此時天氣甚暖，一出小蠶即可移至樹上，九月成繭，此爲秋繭。收藏至明年四月間，再令出蛾生子，復爲春蠶，如欲蠶子速出，以溫水多噴潤數次，置之暖處，則出蠶可速數日也。

（三）椿蠶、椿繭宜忌各條，及驅除害蟲法如左。（甲）日光久曬，則蛾不出。（乙）烟燻太甚，則蛾不出。（丙）宜小雨陰天，則蠶收必旺。（丁）天氣亢旱及椿葉枯瘦者，蠶必減收。（戊）人手有毒，不可捉拿，著之身即流水而死。（己）黄蜂、蒼蠅各種蟲蟻騷害。（庚）防蟲蟻騷害，每椿樹根上，用頭髮纏一二周，塗以荳油、棉油，則蟲蟻不敢上樹。（辛）防禽鳥啄食，宜於椿樹行中，每距二三丈，樹一長竿，頭釘以鐵環，用繩横貫之，繫鈴於繩，使各繩通於一繩，使無用老幼頻牽動之，鳥聞鈴聲，自當遠避，謂之護蠶鈴。以此法逐鳥，較放鎗敲鞭，簡便多矣。

（案）各省臭、白二椿偏野，天然原料，概歸廢棄，殊堪痛惜。因錄濟南報中之種椿養蠶法數則於篇末，凡有臭、白椿者，無不速放此蠶。但此蠶與桑蠶、橡蠶等均異，形大而色緑，身有軟刺，其繭尖長，其蛾□大蝴蝶。不轉瞬間。頓化無用爲有用。藉此爲療貧致富之一策。即無此樹者，今年植秧，明歲放蠶，較栽桑者成效速、工本省，誠可與柳蠶，同爲蠶絲業界之最優副業也。至柳蠶放養法，與此法稍異。已載現行《中國蠶絲會報》第四期中。不贅。

清 陳恢吾《農學纂要》卷四

椿蠶出紬尤佳，其樹即臭椿樹。春鋤鬆地，將椿子去瓣，分行散入地内。初出時，分移排列。高二尺許，掐其頭，枝椏四出，高止四、五尺。椿蠶蛾出，雄蛾聽其飛去，將雌蛾拴樹上，雄蛾自來。即生子於樹，旋出小蠶，食葉盡乃移。

煮山蠶繭，用柴灰濃汁半鍋，以槲葉壓之。食頃蛹香繭將熟，傾之席上。由繭蓄出其蛹，十繭一套，以繭絲束住，温水洗濯，以手捻之，水清為度，曬乾收貯。

清 江志伊輯《飼蠶法》

飼山蠶法椿蠶附見。

山蠶食籔籮成繭籔籮，古稱槲若，一名不落，以葉經霜雪不落得名。有大葉、小葉二種。凡櫟橡、杍栩、靑㭎、紅白柞，皆其類也，有一種專食椿葉者椿，即山椿櫟類也，曰椿蠶或於一眠起後，移飼椒葉作蠶，曰椒繭，綢最佳，價最貴，二蠶春秋均可飼。春蠶，始於二月，清明後十日，上樹，至夏至畢，約七十五日，遲者繭不封口。秋蠶始於五月，夏至後上樹，白露畢，約七十日，遲者不封口同。法微不同。春蠶宜飼山陽，以山陽耐日，則蠶美大作。繭則宜山陰。秋蠶則宜飼於山陰，以可避秋陽之烈也。繭絲分兩，織綢花色，均秋蠶勝春蠶，椿蠶又勝山蠶，其利較厚。蠶上樹五六日之林，曰衣子林，亦名衣子地。中有香如蘭者，曰□花香，上祥也。蠶必大熟眠後，有一二紅黑頭者，亦兆豐收。□率靑黄色，間有色深碧而頭崢，雙角小於常蠶者，林中見一二，亦上祥也。凡蠶在此樹食葉，葉未盡，不往他樹。惟此蠶朝見於東，暮見於西，人不見其往來之迹，土人謂之神蠶，稍驚之，似有聲希希然。一人之力，山蠶春可飼五六百種，秋可飼千餘種。椿蠶春秋均可飼千餘種。其飼法列左：

一、辨種：山蠶繭黄白色，大者如鴨卵，蛾米色，子大如高粱米，形扁，色稍赤。蟻時黑色，初眠起褐色，大則漸變青色，長三寸許，大如指。椿蠶繭灰色，大如棗，蛾黑色，子白色。蟻時，色黑，二眠後，色黄白，三眠後，色白，身有肉翅，狀如海參。尾底有兩叉，長二寸許。二、傳種：凡山蠶春飼者，於十月中旬，選大白粗厚，色黄而赤，指衡之重，搖之活，耳之不悉索者，擇種，取無聲者良。有聲悉索者，曰響繭，但可繅絲，不能留種以爲種。雌雄各半，或雌繭少多留之。雄繭小而尖，雌繭大而平，易別也。以細滑麻綫，針其下而穿之繭端有系者爲頭，無系者爲脚。蛾之出，囓系間作孔，若穿其系，則蛾不能出，死繭中矣成串爲可挂便出蛾也，縣挂屋内高約一舉手，便於摘蛾。低不及地，以防貓犬侵害。避風吹日曬，尤不可受草木烟熏，熏則來年蠶病。於八九將盡時，將繭用竹竿挂煖屋内，以火微烘火必以槲，否則病蠶，使繭受暖氣。烘繭一事，爲蠶事豐歉所關，最宜留意。須先設一密室，毋使通風，倚檻四壁，懸平竿，高五六尺，疏列繭串。去地尺餘，中置盆火。以天氣之寒煖，爲用火之多寡。晝夜四十餘日，火不可絶，亦不宜烈，否則蠶病。須使熟練蠶工十餘人，日夜司其事，毋懈。九九盡，便陸續出蛾矣。一云：『自立春始烘，春分出蛾，必四十五日，方能畢事。』欲飼秋蠶者，即選春繭作種。選法與春蠶同。有一種油繭，烘繭及繭出黑水、有臭氣者，其蛹死，不可留種。小暑後，用針引細麻綫，從繭之小頭穿成大串，懸屋外清凉處，或凉棚下。春寒，故懸處宜煖。秋熱，故懸處宜凉。宜透風避日，不可搖動驚蛾，約二十日而蛾出春繭成時暑，故蛹之化也速。椿蠶春飼者，於穀雨後，將繭種用溫水潤過二三十枚，或四五十枚，穿成串，挂壁間。小滿時，蛾自出。秋飼者，不用水潤，將種繭穿挂屋内，七月初旬，即出蛾生子，一如春蠶。三、配蛾。山蠶春蛾出時，必於申酉戌。修眉而腹垂垂者雌，淫淫游走拍拍有聲者雄。雄者眉粗而短，雌者眉細而長。雌腹腴，雄腹瘠。蛾齊出，縱而配於筐，聽自合。筐須有蓋者，蛾入則覆之，毋揭蓋，毋受烟，否則不交。蛾之媾也，必日一周，毋過不及。配之次晨，揭蓋察看。有不交者，合雌雄於一處，以津唾之，則交。媾已絶夫，而閉其妻於卵筐。以荆條爲之眼，疏而條澁，附卵斯固。筐必用新，舊筐布子，則一子不出。一云：『以紙糊其筐底，以防漏子。』夫絶以鰥死，妻產畢，亦自枯。若雄多者，未媾即先去之，毋使在筐亂羣。雌多者，則一夫兩妻，分日配合。然非父氣足者，雖配而雌終多瘕。一云：『雌蛾之無配者，清晨移貯無蓋筐中，懸之屋外，自有雄蛾飛來乍配，名曰風蛾。蓋蛾翅有鏡，曰隔山照，故雄蛾雖遠，能來也。』凡蛾未媾前，必去雄溺，不去溺，則礙精路，媾如不媾，否則難爲雌。若無溺之雄，尾瘦而不溼者，不煩去也。既媾必去雌溺，否則難爲產。一周後，摘去雄蛾，以兩指輕輕捻雌蛾之腹，即出溺，名曰把蛾。溺畢，貯卵筐中，自然生子。每筐先置已配雌蛾二百五十，越三日，產已出之，復置蛾如前數。須時時將筐察看轉動，恐蛾齊聚向明處，則下子不匀。一蛾產卵之數，極於一百枚。一筐五百蛾，除不生，及生而受戕者，收時獲繭三萬者上，二萬者中，一萬者下。烘不如法，則一卵不收也。產畢，將子筐挂清凉屋内。因此時樹芽未發，如在煖處，恐出蟻太早，無葉喂養也。若秋飼者，於雌蛾摘對把溺後，用五寸許細麻綫，拴其大翅。每綫一頭穿一蛾，一綫可拴兩蛾。揀枝葉稠密，根下無蟲蟻之簸籮樹，除淨地上柴草，將所拴蛾，分中纏搭樹上，蛾即於枝上生子。其拴蛾之數，視樹之大小，葉之多寡爲差。惟雄蛾媾已，則斷其翅，否則入林嬲雌，致雌蛾不能產子而脹死。椿蠶出蛾，雄蛾聽其飛去。將雌蛾拴翅挂椿樹上，雄蛾自能來尋對，一日後，即下子樹間矣。凡蠶少者不自烘，則售自烘戶。烘戶專烘種待售，或售卵，或售蛾。凡蛾價，秋繭春出者一，當春繭蛾之二。蓋一歲之中，以春蠶爲正收，秋蠶多斑縊收者，少堪種，且勞數十日之烘，故蛾之售價貴也。售卵者，候一二出，則肩之山急，如置郵斯時也，關夜不閉。然卵易僞，人每受愚，不可不辨。大抵春卵，善者必堅附筐，不附者敗，不可蠶。烘戶售欺，輒刷薄麵糊，或猪血，黏筐上，其卵不生，生亦必病。辨之之法，眞卵多積爲堆黏，僞者則散置筐上。刷糊者，取其黏。用猪血者，以蛾產卵時，有血汁膠黏，故也。四、出蟻。山蠶春種，於穀雨前數日，簸籮葉漸發芽，即移子筐入煖室内，布席襯筐揞蓋。襯席，欲□蟻不落地，且便掃揞蓋，便置槲枝，且使蟻向明而出也。六七日後，寅、卯、辰三時，一云：『陽物出蟻，在自子至午，未過此不出。』便出蠶如蟻。秋種，則預選蟻場即拴蛾生子處，名曰衣子地幼蠶食葉，曰開衣子，故名。除淨荆棘、雜草木，衣子地之草，尤宜去淨。以蟻落地上，易於收拾也。移蟻樹上。樹宜低小，蠶時宜葉嫩，且便巡視。地宜凹下。天氣亢旱，則時時汲水，澆樹下，灑葉上，以免炎熱傷蠶。椿蠶生子八日後，即出蟻，俟樹葉食盡，始移他樹。防護之法，一如山蠶，一月即成繭矣。凡蠶七日一眠，惟大眠則十日。其起也，食量愈增，一日夜盡七葉，蠶肥而光澤，謂之壯□。十日滿，不食，倚葉如眠，矢遺盡，則身小如二三眠，謂之退□，始吐絲綢三四。葉自裹如甕，謂之爬甕，然後於其中，周回往復，吐絲作繭。又蠶出卵時，必旋食其殼之半，每眠起，亦食其蛻之半，不令食，則蠶弱而繭薄。此事頗與馬子之食胞相似，蠶與馬同氣也。五、飼育。春間山蠶出蟻時，簸籮尚未放葉，向陽處先生嫩芽，連枝斫取，高三尺許，於近河邊，無土沙灘，芽枝畏土，故宜沙灘。沙内有水，沙上不見水處掘溝，深闊各二寸許，將芽枝密插溝内，插時須深插淺提，使芽枝易活。名曰插墩。務要隨插隨掩，沙上不可見水，以蠶蟻畏水故也。再於所插枝下，安放石頭數塊，置蟻筐於石上，名曰坐墩。別斫芽枝，竪蟻筐中，與沙溝上所插芽枝連接，蠶蟻自然沿枝而上，名曰養蟻。有散走筐席間，不上者，掃以蠶刷，撮以筍籜，置於枝上。復於沙灘上掘溝，寬尺餘，深以見水爲度，不拘長短，密插芽枝，名曰立障。蠶之眠約七日，須於未眠前，將墩内枝頭之蠶，連葉剪下，挪於幛上，名曰挪蠶。凡蠶頭身都腫，不食葉，曰眠。退皮腫消，食葉曰起。春蠶四眠四起，一起一挪，此障葉盡，則挪於別障。挪要勤，葉要懶。小時連葉剪取，大則可以手摘。如葉多蠶少，或蠶多葉少，務宜挪蠶均勻。秋蠶挪法亦同。立夏以後，樹葉長成，選葉之繁茂處，爲蠶場。連葉剪取幛上蠶，挪於樹上，名曰進場。以樹之大小，爲放蠶之多寡。場大者，放三四十千，次則二十千，或十餘千不等。凡蠶□不食葉，畏露也，露晞則食。午不食葉，畏日也，日昃則食。食十日，增半葉。食盛時，朝移之，午卽葉盡。槲種二三年，高過一丈，苦挪蠶與采□者則伐之，次年之葉，曰火芽，亦曰頭芽。經蠶二年者，曰二芽。經蠶三年者，曰三芽。火芽食子蠶，二三芽食壯蠶，老而喬者，食老□壯。蠶食火芽，則病瀉不能退□而死。葉於春生時，蠶作小，白色漸厚大而靑者良，否則力薄。帶赤者味辛，蠶不喜食，食之，亦不肥蠶。若秋蠶子下二十日，即出蟻。蟻出三日，連枝剪下，送入所選蟻場，名曰開蟻，一曰開衣子。如蠶少葉多，或蠶多葉少，務宜均勻分配，名曰勻蠶，亦即挪蠶。挪無定時，以葉盡爲度。不必如春蠶之一起一挪。挪時載蠶，以筐太少，則往返勞人；太多，則積壓勞蠶，宜酌其中數。凡枝之大者，不宜鈲以手折枝，曰鈲，鈲則傷樹而損蠶。蠶附枝榦者，不可剪，宜捉置筐中，以移之。捉蠶，宜出不意，則立下若驚走。或捉緩則蠶抱枝固，雖中絶不下。語云：『攫蠶如虎，舍筐如鼠也。』若剪移者，將剪下之枝架樹椏中，蠶自緣上。其墜地下者，則拾取上之。未挪蠶前，預將場内荆棘、草木除盡，名曰薅林。去荆棘，以便循行。去雜草，免溷蠶食。惟草不務去盡，欲繭墜不至地也。薅不盡地，明日挪蠶，則今日薅林其材卽供薪蒸。俟蠶老，則天氣漸寒，墮地者不能自上，須縛草於枝柯間，名曰打鋪。蠶墮草鋪，自能復上，且可成繭於草鋪間。六、病因。蠶之病二，曰縊曰斑。縊者，俗名黃瓜皮，自吐絲挂樹間以死。病因，於寒初眠後有之，病不傳染。斑者，俗名斑狗，身發黑點，墮地死。病因，於火壯臕後有之。其傳染，一林爲臭。因於火者，一在未蛾未蛹時，受雜樹烟氣；一在卵出時，烘火太烈，因於寒者卵出時，烘火太微，受此二因，即不病，繭成亦薄，不中繅。蠶當上樹後，感寒熱不正之氣，則滿身生毛，躍躍自動，謂之飛絲，一二日即死，此欲避無由者也。七、避忌。蠶所最忌者，曰高場，山高則多霧，蠶著之，不死則斑。凡山有空穴，雨欲晴，晴欲雨時，霧最甚。選場者，須避之。有烟瘴處，尤忌。山高則風勁寒早，使蠶眠起太遲，秋蠶尤忌西曬烈日。曰沙石，凡紅沙火石之地，產葉細而瘦，蠶食之，繭亦然。葉盡時，蠶四面受烈日，地熱多死，秋蠶尤忌。曰蟻穴，凡蟻穴中所生籔籮最肥，但有蟻則咬蠶使墮。又善緣葉而遊，使蠶終日搖頭，食葉不快。曰油桐，蠶經桐葉則死。山有桐，宜去之。烘室中，燒桐油，燒桐木者，後生之蠶亦死。食白楊者，亦死。凡雜木葉之辛酸者，食蠶皆致病。惟嫩楓葉可飼蠶成繭。曰焦葉，有一種槲樹葉，黃且薄，少汁如焦，飼蠶則愈食愈瘦。曰移眠，蠶在墩上，初次移時，在未眠以前。此外，移蠶宜在既起之後。蓋蠶將眠時，必先吐絲自絆其後脚於枝葉上，以便用力蜕皮。正眠而移，則傷其絆絲，蠶不能蜕皮而死，故必起後，方可挪移也。此外，忌產婦孝婦入場，令蠶生變。忌蠶工不和，不和則各任意見，防護不周，則蠶收歉薄。須擇老成安靜者爲工頭，便羣工聽其指揮也。八、守護。主廠者曰蠶匠，其傭曰蠶火，所居曰蠶廠，分駐曰蠶篷，害蠶者鳥爲甚。將曙薄晚，尤宜防之時，其來驚以鳥鎗。殺一鳥，則懸於樹間，鳥見之，自然遠去。蠶之在低枝者，蟾蜍則吸食之，蛇則升木，野猪則拔樹，其害尤酷。若山蚱蜢形如蚱蜢而大，色微赤黑，俗名績麻婆、馬蜂山蜂之大者、枇杷蟲似蜣蜋而微長，張翼能飛。三者食蛾與蠶，咬破其皮，吸其汁，蠶與蛾立斃及蛙蟻狸鼠之屬，無巨細，皆嗜蠶。蠶工在場，必分篷駐宿，坐臥不離。防禦疏則飽無厭之腹，以故晝則持竿張網，夜則執火鳴金，呼號叫喊之聲，盈山谷，竭其力以與異類爭，如此兩閲月，鳥獸蟲豸之所餘，十纔四五。顧猶有人力所不得爭者，旱則蠶枯，潦則蠶濡。須搭蓋涼棚，以大爲妙。下用四柱，上擔橫木，覆以有葉枝柴，爲蠶蔽日蔽雨。經歲勤動，而妻子難免饑寒。蠶工之苦，視力田加甚也。九、器具。蠶具之宜備者，曰響竿，以竹爲之，長五尺，裂其下半，毋傷其上，二尺許，執而振之，互相擊而鳴，以驚鳥。曰機竿，長四尺，横縛一端，於樹末築繩，繩前尺五寸，結一楔子，長三寸。又前結活套，末繫於樹上，於竿一尺，長於竿亦一尺，別作一搭鈎，長於竿三之一，上於竿尺二寸，如縛竿，下迤則鈎末於縛處，平上横一木竿爲機長。如搭鈎不繫一端，倚尌一端，屈竿楔子倚之，鈎末上活套，環機鳥。至先棲高木，左右顧，始下食蠶。守者置機竿，當高木鳥以機竿爲枝也。踏之，機墮楔子，發竿疾回，引套鳥足，結無脫者。曰排套，用馬尾爲之，以三小莖爲活套，餘者雜以麻織爲網。網寸則套，一套處加連環，長其首末，繫當杈枒間，尾細而光滑，鳥集枝上，不見也。視其首入套中，遽驚之。首或進或退，皆結。曰沙撮，以四五尺竹竿，折其末五六寸，蔑絲編之，略如箕而小，斂本侈口，飼子蠶時撮沙土撒以驚鳥。

曰擎霹，以長如人之竹竿，摩節令滑，上五分之三，貫三寸管糾椶繩如指大，一頭環之屈中，以細繩經緯爲箢，一頭繫管下，一頭貫竿末至管箢，與竿下齊，盛石向空擲之，石去，繩亦從竿而出去，遠者可半里，聲鳴空中如聚雹以驚鳥，值之即斃，此法於二眠時始用之。曰蠶刷，剪茅穗，捋其花數十莖爲束，束其稈長六七寸，過大則傷蠶，太長則不適用。曰茅刷，以老茅根爲之，取其勁滑且芒棱不刺，腰束之，下徑四寸，削竹爲柄。曰小斧，刃薄無頂，取其輕利，便於斫芽。曰剪刀，形如衣剪，頭齊而大，身短而厚，用以剪枝、挪蠶。曰蠶筐，以竹爲之，平底陡沿，上有平蓋，形圓，高尺許，圓圍二尺許，盛繭、盛蛾，及用以挪蠶。若以盛子，須用紙糊，以免漏子。或云子筐，宜以荆條爲之，歲易新者用舊筐，則子不出。眼疏則透風，條澁則黏子也。曰麻綫，用好苧兩批撚合爲一長丈許，須細如綫，滑如絃，以之穿繭，方免澁滯。曰繭箢，以篾編成，廣三尺，闊二尺，疏眼下殺，高四尺，貫擔其中，貯繭滿中則合，其口似堅而實柔也。十、采摘。蠶出四十餘日老而退臕，始吐絲，綳三四葉如甕，名曰爬甕，然後成繭，成後自瀉白漿漿繭，三日漿乾，繭硬，始可摘。若澀採之，則繭壞。其高者，梯取之，毋搦使餒，毋按使凹，連葉摘下，其繫於葉處曰蔕，去蔕則傷繭絲，包於繭外者曰衫，留衫則綢之花紋美，故采繭時，蔕衫均不宜損傷。若方爬甕而未成繭者，慎勿驚，驚則四走；其未爬甕尚食葉者移之他樹，不移則摘繭時礙其食也。摘已，筐載而歸之廠，晞其葉而剝之。剝繭必順其系，逆則傷繭系，爲上剝宜自上而下，其大而厚，不封口，當口有黑迹而澀是曰油頭，口封而汁汙澀曰血繭，皆口餒而敗水所積。雖善亦敗，其薄而不堅，曰二皮。繭之未完者，是皆病繭，必汰之，存則蛀。剝已，置架牀，布篾箔，累繭其上，下以烈火炕之炕法：以篾席覆繭上，中留一孔，以乾稻草掩之，其繭色始佳，爲取汁也。蛹索索有聲如驟雨，經時聲寂則死，死繭降，則生繭升，炕畢，盛於箢，售則肩於市，蠶遠者山炕之，售絲則山繅之。

清 徐瀾輯《椿蠶簡法》《柞蠶簡法》附

種樹

椿樹有二種，一曰香椿，可充食品；一曰臭椿，卽樗樹，飼蠶宜用臭椿。

種法：秋收椿樹子，藏之如藏橡子法。春時，將地鋤鬆，將椿樹子去瓣，分行散入地內。初出時，移分排列。高二尺許，摘去樹頭，使枝椏四出，止要長四五尺，勿令過高，兩年成林。

潤繭

穀雨後，將繭種或用柞蠶繭，或向山東覓椿蠶繭用溫水潤過，或二三十枚，或四五十枚，用線穿成串，掛壁間。小滿時，蛾卽出，其法與柞蠶略同。

又 椒繭

椿蠶一眠起後，移置花椒樹上作繭，名為『椒繭』，此綢最佳，極貴椿蠶、椒蠶育法、繅絲法俱同柞蠶。

清 王元綎《野蠶録》卷一《野蠶名》 野蠶種類甚多，今之柞蠶其一也。惟他項野蠶飼養者少，而野蠶之名遂專屬之柞蠶矣。攷韓公復所輯《養蠶成法》中有養椿蠶之法，知各種野蠶，無不可以收養，因為辨其種類，詳其形狀，使留心蠶事者，有所攷焉。

又 椒蠶

椒蠶生椒樹上，色黑有白紋，長寸許。繭白而微紅，小而堅，蛾與家蠶蛾相似。絲織為紬，有椒香。或言樗蠶頭眠後，移置椒樹上，即為椒繭，不知實另一種也。

清 衛杰《蠶桑萃編》卷七《養樗蠶織粗細附》

倒經法與細緞綢不同

盛浄筒，以絡車收之，車如綳車，軸有柄，出於背，收訖列左。右列繀車，籰長浄之半，貫於筳，轉車收左之緒，謹去類之不盡者。籰中積徑寸許為一繀，脫之易籰。若水絲，收絡車訖，脫之，以米泔漚之宿之。

柞蠶

種柞樹

綜述

清 韓夢周《養蠶成法》

養椿蠶法亦分春秋二季，綢更好，利更大。

潤繭

穀雨後，將繭種用溫水潤過，或二三十枚，或四五十枚，用線穿成串，掛壁間，小滿時蛾卽出。

拴蛾

雄蛾聽其飛去，將雌蛾用捻麻或系其左翅，或系其右翅，掛椿樹上，雄蛾自來尋對。

出蠶

成對一日，蛾卽下子樹上。八日以後，卽出小蠶。樹葉食盡，另挪一樹。其防護之法亦如山蠶，一月卽成繭。

秋種

春蠶既成，便揀秋種。其法如山繭，懸掛屋內，不用水潤，七月初旬，卽出蛾下子，餧養收成，亦如春蠶。

清　韓夢周《養蠶成法》

附種簸籮椿樹法

種簸籮樹，宜在山場。秋九月刨坑，入橡子四五粒，以土掩之。春後發芽，防火燒及牛羊踐食。五六年成林。又一法，五、六、九間，斫簸籮條子，埋土中，自然發生，成林更速。

種椿樹法

春時將地鋤鬆，將椿樹子去瓣，分行散入地內。初出時分移排列，高二尺許，掐去樹頭，使枝椏四出，止要長四五尺，勿令過高，兩年成林。

簸籮種類

大葉槲樹名大簸籮，小葉槲樹名小簸籮，紅柞、白柞亦名大葉簸籮，青杠亦名青杠簸籮。效成按，簸籮本名不落葉，以葉經霜雪不落得名。簸籮，卽不落訛音。古名槲若，亦與不落音近，尖葉者名櫟，又柞、栩、杼、橡，皆其名也。

清　宋如林《勸種橡養蠶示》《清經世文編》卷三七　查種育之法：其樹有二，一名青棡，葉薄；一名槲櫟，葉厚。其子俱房生，實如小棗。植法：於秋末冬初收子，不令近火，冬月將子窖於土內，常澆水滋潤，逢春發芽。無論地之肥瘠，均可種植。三年即可養蠶，春季葉經蠶食，次年仍養春蠶，或養秋蠶亦可。須隔一季，四五年後，可伐其本，新芽叢發，又可養蠶。其春、秋二季養蠶及取絲之法，各有不同，一得其法，殊不為難，端在地方官首為之勸諭也。此時種樹飼蠶大率皆知，更非從前陳守之創始者可比。惟收買橡子，必須價本，如令民間自備資斧，遠處收覓，亦勢有所難。玆本司籌辦經費，委員前赴遵義、定番一帶，采買橡子，收貯在省，各府廳州縣酌量多寡，赴省領回，散之民間。勸諭居民，無論山頭地角，廣為種植，二三年後即可成樹。俟至可以養蠶之日，由地方官查明申報，仍由省收買蠶繭，散之民間，令其蓄養於樹。凡收買橡子、蠶繭，無須民間資本，不過自食其力而已。至種橡育蠶之法，現在刊刻條款，先發各府廳州縣，隨同橡子分給居民。及將來散給蠶繭，均交各學教官，率同鄉約地保分散，絲毫不經胥吏之手，以期實惠及民。自成繭之日，務宜繅絲售賣，蓋售絲之利，倍於售繭也。為此，諭仰闔省軍民人等知悉，爾等於耕作之外，更宜盡力蠶絲，俟橡子及條款發到，該管衙門即向教官及鄉地處請領，如法照辦，凡書役人等不許經手，以副本司籌裕民食之至意。

清　蔣汝正校正，徐瀾編輯《安徽勸辦柞蠶案・安徽柞蠶傳習所試育柞蠶第一次報告書》

選場

放養柞蠶，必先選擇蠶場。場中之柞，宜小而低，不宜大而高。森泉寺左，近有柞百餘畝，皆貼地叢生，高三四尺，最便放蠶樹之種類。以尖柞爲多，而青棡次之，槲櫟較少，約可放蠶種二十筐。距森泉寺十餘里，悟道庵左，近亦有柞數十畝，高三四尺，其種類以槲櫟爲多，而青棡次之，尖柞較少，約可放蠶種十餘筐，皆租爲蠶場。攷柞樹卽橡樹，亦卽櫟樹，民間以之砍柴燒炭者也。其種有三：一名尖柞，其葉光澤，尖而長，狀類栗樹，亦類椿樹，有黃櫟、灰櫟、紅柞、白柞、拷柞五種，所放之蠶，其繭小而堅實。一名青棡柳，其葉尾窄頭寬，較尖柞葉約大一二倍，厚薄相同，有大、小二種，所放之蠶，繭大而勻。一名槲櫟，又名槲樹，其葉怒生，較青棡葉尚大一倍，色濃綠而質堅厚，亦有大、小二種，所放之蠶，其繭尤大，而鳳陽則三種均有。

清　徐瀾輯《椿蠶簡法》《柞蠶簡法》附

種樹

椿樹有二種，一曰香椿，可充食品；一曰臭椿，卽樗樹，飼蠶宜用臭椿。種法：秋收椿樹子，藏之如藏橡子法。春時，將地鋤鬆，將椿樹子去瓣，分行散入地內。初出時，移分排列，高二尺許，摘去樹頭，使枝椏四出，止要長四五尺，勿令過高，兩年成林。

潤繭

穀雨後將繭種或用柞蠶繭，或向山東覓春蠶繭用溫水潤過，或二三十枚，或四五十枚，用線穿成串，掛壁間。小滿時蛾即出，其法與柞蠶略同。

拴蛾

雄蛾聽其飛去，將雌蛾用捻麻，或系其左翅，或系其右翅，掛椿樹上。雄蛾自來尋對。

出蠶

成對六時棄去雄蛾，雌蛾即生子樹上，八日以後即出小蠶。樹葉食盡，移置他樹。其挪移及防護之法，亦同柞蠶，一月即成繭。

秋種

春蠶既成，便留秋種，其法同柞蠶懸掛屋內，不用水潤。七月初旬即出蛾下子，飼養收成，亦如春蠶。

清 徐瀾輯《柞蠶簡法・種柞篇》

種類

柞樹，即橡樹，一名櫟樹，非柘樹也。其種有三：一名尖柞，其葉光澤，尖而長，狀類栗樹，有黃櫟、灰櫟、紅柞、白柞、拷栲柞五種；所放之蠶，其繭小而堅實。一名青棡柳，其葉尾窄頭寬，較尖柞葉約大兩倍，厚薄相同，有大、小二種；所放之蠶繭大而勻。一名槲裸，又名槲樹，其葉怒生，較青棡葉尚大一倍，色濃厚而質堅硬，亦有大、小二種；所放之蠶，其繭尤大，但春蠶喜青棡、槲樹，秋蠶喜尖柞。一山之中，宜兼栽數種。

收子

橡子房生，與栗相似，殼曰橡椀，色綠，層層有鱗甲，子如蓮子，皮黃而肉微白。野生者落地自生，若欲收種，取七八月自落之子，於園圃中挖一深窖，堆積其中，埋以土，勿令見風，則既不生蟲，又不乾燥朽壞子熟自落，須隨拾隨埋，毋使見風。若散置室內，則閱日生蟲，入土不生。

下種

柞櫟宜山阜，隨地之高下，相距二三尺，排列種之。種法：於十月中用鐵钁掘土為坎，深二寸，置橡子七八顆少則不旺，和糞少許，以土覆之，築其土使平，則橡殼經冬凍裂而來春芽萌矣。或云冬月將子散置土中，如畦菜之法，頻頻用水灑之，來春生芽一二寸，於清明前後移栽之。

培植

柞櫟初種，皆先生根而後發芽。芽出二三寸，混雜草中，易被踐踏，宜妥為保護，培之以土，以為標誌。雜草雜木悉除去之，其根入土最深，與榆同。春乾無雨，須用水澆灌，以便生根。

割槎

柞櫟初生，最不易長，當年不過七八寸，次年不過尺，三年不過尺五，以力在生根也。欲使速長，春初以快橛貼地伐之，令其精神無處發洩，則先向下茁根，夏間怒生，當年即長尺餘，如此三年，則一發一叢，皆高三四尺，即可放蠶。

留椿

一二年後，枝幹已粗，擇其直者只留一本，名曰『留椿』。餘悉剪去，則生氣聚於一木，不逾年而椿成矣；椿高四五尺，即去其梢，使叢條旁生，不高不低，便於飼蠶，後可剪去叢條。蓋柞櫟固隨剪隨生者，但年年剪伐，樹力易竭，故一年只能放蠶一次；或只飼春蠶，或只飼秋蠶，其樹或一二年一剪，或三四年一剪一法放蠶三四年間，過一二年以養樹力。

剪條

野生之柞，未經剪伐，以手攀之立折，飼蠶最易受病，須連剪一二次，其性始柔而可用。

伐木

椿至十餘年後亦漸老，而所發之條不旺；八九月間葉枯後，宜先剪其枝，復貼地伐之用鐵橛兩面對劄，椿即倒地，不須斧斤也；或離地寸許若深入土中，則不復發芽，次年另生，名曰『芽裸』，旺更倍昔，便可飼蠶。

刨根

柞櫟隨剪隨生，其剪每在八九月，冬冷不復發芽，則生氣聚於下，愈聚則根愈大，年久根柢盤固，生機亦為不暢，須於四周刨其根，但勿令絕，則來春之芽愈旺。

儲材

柞櫟樹不宜高，為便於飼蠶也。若山之四周或中央，不妨略留一二株，以為蔭庇，且可以結橡子，收橡種。蓋飼蠶者，按年剪伐，新枝嫩條不能結子也。

治蟲

柞樹之蟲，與桑蟲相似，一名『水牛』。背黑色，有白點，頭兩角，如『八』字形，緣樹而飛；小滿後齧破樹皮，遺子其中，初生形如蛆，鑽穴而入及冬，粗如指，而樹空矣。此蟲每月十五前，頭向上；十五後，頭向下，天將明時，必出頭飲露；須於上半月清晨，尋枝幹有流黃水處，用小刀剔出其子，如子已成蟲，穴外必有蛀屑，淺者用刀剔出，深者以百部水及桐油灌之。一名『蟳蛓』。色綠，背有毛，能螫人，秋吐白汁如漿，凝聚如雀卵，作蛹其中，及春化為蛾，生子如蠶子，複化為蟲，黏著樹枝甚牢，須折而去之。一名『螳螂』。秋生，卵著樹枝上，如繭；及春，化為小螳螂，俗名『蟳蟭』，能食蠶，故去之務淨。

按，柞樹又名『簸蘿樹』，又名『不落葉』，飼蠶之外，尚有數則。一橡粉，以水漂橡子，去苦澀，磨成細粉，再以水漂，即可食。一橡椀，其汁可以染青，雖敝垢而不落。其法：碾碎橡椀，用水煮透，去其渣滓，取其精華，熬煉成膏，用時以水化開，略加黑礬，即可成色。一橡耳，凡砍落之樹身、樹本，鋸作二三尺，以一木矗立地上，以一木橫架其上，然後兩面挨次斜鋪之，如屋椽式，使其去地甚近，當春、夏、秋三季陰雨蒸濕之時，便生黑木耳。青棡柳於生耳尤宜，連採三年，如見銀耳，則木氣已竭，便須剔去燒炭。一橡皮，西人以此樹之皮漿煎成塊，譯名曰『橡皮』，中國呼別為『象皮』，今行用極廣，亦可仿製製皮之法，俟《續編》。

清 徐瀾輯《柞蠶簡法補遺·種柞法》

魯山放蠶之樹，向分二種：一曰尖柞樹，俗名『栗樹』栗，當作櫟。其葉狀類椿樹，頭尖而長色綠，較椿葉堅厚；一曰槲樹，花葉尾尖而頭圓，色深綠，較柞葉寬大。二種皆宜放蠶，而柞葉較槲葉爲良。另有小青棡樹一種，其葉碎小，狀若楝樹，俗名青棡子，較槲樹更劣，向不放蠶。

種樹在山阜土石夾雜不宜五穀之地，皆從根而生。按，此卽野生之柞。無需以橡子佈種，若以橡子佈種，必四五年方能放蠶。其樹年年剪伐剪伐在放蠶之後，詳見《柞蠶簡法前編》，皆貼地叢生，不令成大本，本距地僅尺餘，高者亦不逾一尺此與《柞蠶簡法前編》稍異，每年冬間，復修理一次。

清 孫鐘亶《山蠶輯略》

第三課 種柞

柞樹堅韌之木，新葉將生，故葉乃落。今棲霞、福山呼柞櫟爲朴櫨，轉呼爲薄落。沂州人名槲不落，以其葉冬不凋然不落，亦卽薄落語音之轉也。薄落，卽苞櫟之轉音，本諸《秦風》，其來遠矣。奉天人或呼爲不落，實皆一音，而略有輕重耳。又沂州、日照、棲霞俱呼薄落，既收山繭之利，兼可採樵爲薪。按柞櫟之種子，俗名『橡子』，形如栗而圓，杪秋下種，初冬亦可。查植法子秋末冬初收子，不令近火，冬月將子窖于土內，澆水滋潤，壅培厚二，勿令見風，以免蟲蠹，並免朽壞擱干之病。以至清明，掘地爲坎，以土覆之三寸來許，二十余日卽可萌芽。無論地之肥瘠，均可種植。每墩數十餘枚，待發芽後，根連叢生，可放山蠶。亦有畦苗分栽者。又有一種種法，預先掘一大坑，二三尺深，待夏日大雨施行，淤泥漸積平坦，至秋後下種五六枚，六七年後，卽可放蠶。不必多费種子，而芽發叢生，極其茂盛，因其淤泥松散，根可舒畅故也。要之宜蠶而可種者，曰黃櫟葉短而厚，上半有歧缺作鋸齒形飽蠶爲最，曰紅柞葉細而長，無歧缺，有細刺，銳如針。最發蠶，早眠早起，繭大而厚。且葉盡易生，春秋相繼。宜于頭眠後食之。曰白柞，葉微小，無歧缺，有細刺，銳如針。發蠶與紅柞同。以飼小蠶尤佳。此與黃櫟、紅柞，俱初生色微黃，味甘，種宜黃壤，曰栲柞葉似櫟而微長，有歧缺，無刺，色绿，甚光滑。以飼蠶，出絲堅韌。惟易致病，宜于大眠後食之，曰小青棡葉小而尖，有歧缺如鋸齒，甚利，色青。飼蠶亦易致病。然萌芽最早，蠶初生食之，故種者多，大青棡葉大而長，有歧缺，齒甚利，色青。其生較小青棡尤早，採其枝用水生之，可以養蟻。此與栲柞、小青棡俱味微苦。宜種黑土。有木理粗甚，小槲柞葉粗厚，頂微圓，上寬下窄，大如掌，有歧缺，齒亦微圓。蠶食之多瘠。有色青者一種，飼蠶頗肥美。叢生，干直立無旁枝，大槲柞葉较小，頂微圓，上寬下窄，有歧缺，齒亦微圓。飼蠶肥而出絲多，有色青者一種尤佳。且長成最速，木粗而多孔。此與小槲柞，俱初生色微黃，味甘。凡沙石之地，皆宜之，又有一種灰櫟亦可宜蠶葉微長，有歧缺，無刺。初生色微白，背有細茸，作灰色。味苦多汁，飼蠶易致肥。種宜白壤，此不過略舉數種，以備放蠶之人而選種耳。當年不刊爲老樹頭自下種，以至叢生，至可放蠶之時，約七八年之久，故名老樹。放蠶之年不砍，此卽所謂當年不砍爲老樹頭也，春芽最早，蠶苗初出，放于此樹之上。苗者，喻蠶之初出，極微小也。蠶初出時，多在蟻場，故用剪剪下，撒在老樹頭。留梢不砍，爲二芽頭自杪冬後，將毛枝一概砍去，只留一棡，此卽俗名留梢不砍爲二芽頭也，撒四眠之蠶，放于此等之樹。六七年後長成椿子薄落長至四五尺高，卽將樹頭砍去，形如椿子，故名。爲何砍伐？取其再發萌蘖，均向外長，成大傘狀，擱蠶便易，加以繁蔭葱蘢，蠶食得力也，大不盈握，即便採伐再發，呼爲芽棵將薄落椿子，斬伐燒炭，至來春自根再發萌芽，故呼爲芽棵。或移置吃老食之蠶吃老食之蠶，即五齡之蠶，或作窩繭場窩繭場不必盡屬芽棵，即薄落茂密亦可。吃老食之蠶，盡搬于此，以待作繭，故謂之窩繭場。

第四課　柞之歧名

柞，《爾雅・邢疏》一名杼，一名栩，又名棫。《綿詩》：『柞棫拔矣。』《説文》棫：白桵也。《陸璣疏》引《三蒼》云：『桵即柞也。』鄭樵《草木略》：『柞木曰棫、曰栩。』《陸疏》：『徐州人謂櫟爲杼，或謂之爲栩，秦人謂柞爲櫟，故《秦風》咏苞櫟。』李時珍《本草綱目》云：『櫟有二種，不結實者曰棫，結實者曰栩。』張衡《南都賦》：『楓、柙、櫨、櫪。』李善注：『櫪與櫟同。』《風土記》云：『吴越之間，名柞爲櫪。』《詩》：『芃芃棫朴。』《毛詩》：『朴，枹木。』《爾雅》郭注：『朴屬叢生者爲枹。』《詩》所謂棫朴《小雅》：朴叢也，鄭樵注：『即柞也。』枹、班交切，通作苞。又《説文》：『柃，郎丁切，木也。』《玉篇》云：『可染皂也。』是則栩、杼、棫、桵、櫟、櫪、朴、枹、柃，雖別有九，特方言稱謂不同耳。《芥隱筆記》：鍾山有五愿樹，柞木也。雲南記：廣都山櫪爲之諸葛木，此又皆其別名也。蓋柞樹有大有小，然非二種。欲放蠶則禿之使小，猗猗山阜，遂稱之爲朴爲枹；不欲放蠶，則養之使大，留其翹然秀出者，盡芟旁蘖，鬱然而起，參天蔽日，遂爲長林，因有栩、杼、棫、櫪諸名。木理粗而堅，堪任棟樑，尤耐下濕，甃井作槨者多用之。按柞樹花葉俱似栗，四五月開花，黄色。實圓鋭，磨粉及蒸食可御荒年。嫩葉可代茗飲。其木斜理，故匠石以爲不材之木，而作薪炭則它木不及。《六書》故言：『止宜薪炭，不堪器用，泥於椿子。』匠石不顧之説耳，不知曲轅之大，櫟偶不材，故匠石斥爲散木，非概言衆櫟也。凡木炭無佳於柞者，故蘇軾詩云：『櫟林斬冬炭，竹塢收夏籜。』然惟拱把者良。樹太老大，其炭反易爆而不堅。《老學庵筆記》所云：『胡麻紋、鵓鴿青，皆稚材所燒也。』又一種青棡柞，一名捲毛紅，春初先諸樹而芽，春蟻所急需也，至秋則葉微红，且生毛而硬，蠶不能嚙。棡，一作岡，周憲王《救荒本草》有青岡樹，釋云：『其木大而結橡斗者橡實初生，外壳含如斗形，故名橡斗。爲橡，櫟小而不結橡斗者爲青岡。』海北白銀蠶，即食此樹。栖地專食此樹之蠶，亦能變成白銀蠶。枝葉皆類橡櫟，但葉色頗青而少花杈。今桉青岡柞，亦有極大者，但其木理白皮青耳。《本草綱目》言不結實者曰棫。周憲王所言頗合《爾雅》，棫，白桵，《陸機疏》引《三蒼》説：『棫即柞也，其材理全白無赤心者，曰白桵。直理易破，可爲犢車輻，又可爲矛戟矜。』今人謂之白梂，或曰白柘；古人多以柞棫並言。《石鼓文》云：『柞棫其特。』《大雅》云：『柞棫拔矣。』又云：『瑟彼柞棫。』又云：『柞棫斯拔。』沈約《宋書・符瑞志》云：『周太姒夢太子發植梓樹於闕間，化爲松柏作棫。』蓋柞棫一類而有二種：柞理赤而相謬；棫理白而通直。今之青棡柞，木理正白，而葉類柞，故土人呼之爲青岡柞，詳考之即古所稱棫耳。白桵以理名之，青棡以皮名之，捲毛紅則以葉名之也。然青岡柞葉，德國至初秋時，采其葉制爲快靛、靛水、靛油等名目，比中國之藍所制之靛，色鮮而不耐久。自光緒三十年，德國愛理士、乾信二家，至烟埠與青島發售，而我國之靛幾乎斷種。今因歐洲戰事方殷，中國之靛又已暢銷。中國以橡斗染皂，外國以柞葉制靛，可見天地間未有棄物，況其燒灰可淋碱，亦可變蛋。梓炭灰三分之二，生石灰三分之一，再以竹葉與柏葉不拘多少，燒百滚鹽碱水將灰拌成，包鷄鴨蛋，外面沾以稻糠谷糠，住二十余日，即能變熟。割開儼如茶晶，内含花草，隱約有松竹形，故名松花蛋。變鴨蛋百枚，用柞炭灰三斤，生石灰一斤半，白碱半斤，白鹽半斤之數。

第五課　蠶剪

山居富有之家，動謂有幾處松嵐，有幾把剪柞嵐。蓋放一千蛾者，即謂一把剪子。放蠶之人不離蠶剪。按剪子有三要時：破蟻子爲頭剪子，自蟻場搬運爲二剪子，再搬運窩繭場爲三剪子。蓋搬移蠶時，初眠，二眠，至三眠，質小皮薄，不能任指，必用剪剪枝帶蠶；置於筐内另散他處。至於三眠、四眠後，軀大食速，視食葉將盡，即剪柞葉或枝移置他處。或有時柞葉蟲起，用剪剪去。或有蟲爲蠶害者，亦用剪剪蟲。可見放蠶無一而不用剪，此即所謂不離蠶剪也。

第六課　柞嵐

柞嵐，即柞林也。大而成樹爲林，小而沿山叢生曰嵐。山南朝陽之處，枝小葉嫩；山北向陰之地，枝繁葉老，然亦不拘，亦在其地之有肥磽耳。春日放蠶，初時天寒苗小小苗注前，莫若嵐在朝陽，若三眠後，又莫若向陰矣。蓋向陰柞葉晚發，水氣旺，故蠶食之亦旺。秋日放蠶，莫若嵐子向陰，初伏蠶，天氣正炎，向陰則蠶不傷熱。破蟻之時破，散也。蟻，謂蠶也，詳注目録。蠶初生時，即分散蟻場，故名破蟻，亦名破蠶，總要天朗氣清，若遇疾風暴雨，苗不能立，百病出焉。又要蟻場朝陽，山不陡峻，草萊辟除，如此蠶不能漏，漏，即失也。百蟲無不害蠶，因草萊辟除，百蟲皆無，蠶即不漏。可望收成大半。柞嵐大小三四十畝，可放七八百蛾，亦有放一千蛾者。約計百蛾之數，七八分收成，可望五六千枚，一人所放之蠶，统計可得五六十千枚，此爲善放蠶者。又有謂摘繭多者，時來運轉，吾曰不然，總在善放，不覩吾區以放蠶爲業者乎？

清 王元綎《野蠶録》卷一《種樹》

刨根

柞櫟隨翦隨生，其翦每在八、九月，冬冷不復發芽，則生氣聚於下，愈聚則根愈大。年久根柢盤固，生機亦為之不暢。須於四周刨其根，但勿令絶其根。大者如斗，冬置竈中燒熟後，再移置爐中，亦可以為炭，俗謂之刨火頭。根經刨後，而來春之芽又萌矣。

儲材

柞櫟樹不宜高，為飼蠶也。若山之四周或中央，不妨畧留一、二株，以為蔭庇且可以結橡子以飼蠶者，皆按年翦伐新枝，小樹不能結子也。其樹不過十年即長成。《齊民要術》曰：『柞，宜種於山阜之曲，十年中椽可雜用二十年中屋樽柴在外。』

焼炭

秋後，伐木就山坡下挖土為窑積木，其中以乾柴引火焼之三日，而炭熟取出，以土壅之，其炭一名白炭，以上有白霜故也。許渾詩：『櫟塢炭烟晴過嶺。』又蘇軾詩：『櫟林斬冬炭。』知櫟炭之由來尚矣。

治蟲一

樹無不生蟲者，《爾雅》：『蝎、蛣蝠。』郭注云：木中蠹蟲，即詩所云蝤蠐也。凡樹皆有之而生於柞者，獨大色白，麤如指長幾三寸，其種出天水牛，亦名牽牛。背黑色，有白點，頭兩角，如八字形，緣樹而飛。小滿後將樹皮齧破，遺子其中，初生形如蛆，鑽穴而入，愈入則愈深。及冬，麤如指，而樹空矣。治法尋樹身及大枝有流黄水處，用小刀剔出其子，如子已成蟲，穴外必有蛀屑，亦用小刀剔而出之，或所入太深用芫條塞其穴，則蟲立死，或用百部草水及桐油灌之。此蟲每月十五前頭向上，十五後頭向下，又蟲於天將明時必出户，飲露須於上半月清晨起而治之。

治蟲二

夏秋之交，有蟲名蛓蚝，色緑、背有毛，能螫人，間有生紅毛者，俗名八角紅或名蝎，亦名蛅蟖。《爾雅》：『蛅毛蠹。』郭注：即蛓又螺蛅蟖。郭注：蛓屬也。秋吐白汁如漿，凝聚如雀卵，以甕為繭，作蛹其中，及春化為蛾，生子如蠶子復化為蟲，其甕本草名曰雀甕，俗名蛓蚝。罐粘著樹枝甚牢，須折而去之。

治蟲三

螗蜋，亦名蟷蠰。《爾雅》：『不過蟷蠰。』郭注：螗蜋别名又莫貈、蟷蜋、蛑。郭注：蟷蜋有斧蟲，色緑長、身細、項臂有雙斧或謂之巨斧。秋生，卵著樹枝上，如繭，及春化為小螗蜋，俗名蜱蛸。《爾雅》所謂『其子蜱蛸』是也。按，蜱蛸及蛓蚝罐二物，柞樹上最多粘著樹枝，即咂樹之水氣及化為蟲，不獨食樹葉，而於蠶尤不利，故去之務净。

清 楊鞏《中外農學合編》卷九《林類·樹桑》

柞附

中國地方專飼柞蠶者，莫盛於山東、盛京兩省。山東之甯海州、棲霞縣、文登縣、日照縣、沂水縣、蒙陰縣、濰縣、昌邑縣、萊陽縣、海陽縣、福山縣等，盛京之懷仁、寬甸、大孤山、蓋平、海城、遼陽、賽馬集等地，皆飼柞蠶之地帶也。又盛京之通化、興京、鐵嶺、昌圖、復州、金州，亦間有之。《博聞録》《各省志書》

凡飼柞蠶之地，土宜乎乾燥，往往在傾斜之山地、平坦之山巔，及山谷之中段。一説，謂春蠶宜飼之以背日之柞，秋蠶宜飼之以向日之柞，此説殊難確信。要之乾燥之土，所植之柞，常得日光者，無不宜於此蠶者也。其種柞之地，宜芟草净盡，且無雜樹生乎其間。尋常種柞之田，仍以畝計，畝與畝之間約隔六尺，柞與柞之間約隔三尺。凡柞樹種經二年，當於冬季齊根刈去，明春即可於所刈之根際，放出新條，新條高三四尺許，則最宜於蠶。飼蠶之柞，以種經一二年者為最適，經三、四年以上者較為遜之，然尚可供四眠以後之蠶。蓋蠶之優劣，即以柞樹之新舊為比例。又十年前後之老樹，須於冬季齊其幹之五尺以上截去，明春即得自幹之頂部另發新條，此葉可以飼秋蠶，而不可以飼春蠶。《蠶桑提要》《養山蠶事宜》

柞樹之秧田，無論高地、平地，皆宜先於十月間，蒐集柞樹之果實，而檢查其良否、有蟲害否，選而存之。明年三月，地土解凍之時，每隔四、五尺，鑿地深五寸為一孔，每孔下種十數顆，仍覆之以土，無庸加肥。迨三星期後，萌芽出土，乃擇其弱者而拔去之，專留其壯健者三四株，則其生機愈旺，不可遏抑矣。《山蠶簡編》

清　增韞《柞蠶雜志・柞蠶問答》

問：柞樹形、色、子、葉，何似？共分幾種？

答：有三種：一種名為尖柞葉，似栗子樹；一種為青棡柳，葉子頭大尾小；一種為槲樹，葉子比前兩種尤大，奉天呼為不落樹。

問：宜何時下種？

答：立春後開凍可種，秋雨多時下種亦好，均於次年春後發芽。

問：樹出之後如何？

答：一年只長尺餘，總須人工培植。三年之後，生長已高，可以打尖，令其多生旁枝，放蠶始便。

問：將長成之樹移植他處，是否可行？

答：臨近之地，容或有之，亦只可移小樹。若移栽遠處，多不能活。就使能活，亦不如種子之便。

問：樹既分數種，宜以何種為先？

答：一山宜兼種數種。

問：何以故？

答：因一年之中，分春、秋兩季放蠶。春蠶喜食不落，秋蠶喜食尖柞，故兼有方妥。

清　董元亮《柞蠶彙志・柞樹培植法》

預備山場

養育柞蠶，必先預備山場，或擇山之本多柞樹者。平其地畝，删其草萊，使蛇虺無可匿藏，以去柞蠶之害。步履悉臻平坦，以便柞蠶之工。有此山場，復有此項柞樹，飼養野蠶，成功較易矣。

栽培柞樹

設或所有山場，本不產柞，則當購買柞苗，排勻種植。或霜降前後，挖土作坑，入橡子四五枚，以土掩之，來春抽發嫩枝。須防牛羊踐食，保護宜周。初生枝幹叢雜，留其正幹，删其旁枝，俟樹體長成，再留分枝，較易繁盛。【略】

删除蟲害

各柞皆有生蟲之患，其蟲與桑蟲相似，背黑色，有白點，頭有角，如『八』字形，緣樹而飛。小滿後齧破樹皮，遺子其中，子形如蛆，鑽穴而入。及冬，粗如指，而樹空矣。此蟲每月十五前，頭向上；十五後，頭向下，天將明時，必出頭飲露，須於上半月清晨，尋枝幹有流黃水處，用小刀剔出其子。如子已成蟲，穴外必有蛀屑，淺者剔出，深者以百部水桐油灌之，其蟲自斃。又有名『蜅蛓』者，色綠，背有毛，秋吐白汁如漿，凝聚如雀卵，作蛹其中，及春化爲蛾，生子復化爲蟲，粘於樹枝甚牢固。又有名螗螂，秋生，卵著樹枝上，如繭，及春化爲小螗螂，能食蠶，蜅蛓，螗螂之子，恒遺於樹枝，可剪去而焚之，以絶其種。

培養地力

有柞之山，一經放蠶，地土卽易瘠薄，蓋蠶糞卽名蠶沙，其性寒涼，復經人迹踐踏，遇多雨水，寒性入地，地土又經踐踏而實，樹根卽不易長。或放蠶三四年間，過一二年，以養地力。或鬆土而加以相當之肥料，方無瘠薄之慮。

助柞生長

雌柞落子卽生，最易種植，惟根本不固。當年不過尺許，三年不過尺咫。欲其速長，須於春初剷盡雜草，使地之精氣悉萃柞根，則孟夏木長之時，生機勃發，當年卽長尺餘，三年卽高三四尺，秋間卽可放蠶。再過二三年，枝幹已粗且長，擇其直者，只留一本，已足供放蠶之用。過此以後，則當爲截本留根，使另長新枝時矣。

各柞宜備

上圖柞樹八種，一山之中，悉宜俱備，或一處栽種，或按畝分種。如牝柞、雄柞、尖柞、白櫟等樹，所放之蠶，繭小而堅；如青棡柳，雖有大、小二種，所放之蠶，均繭大而勻；槲樹色濃質堅，亦有大、小二種，所放之蠶，其繭尤大。但春蠶喜食青棡、槲樹，秋蠶喜食尖柞，各柞俱備，乃能盡物之性，收效自宏。

柞樹功用

柞葉飼蠶而外，柞樹之功用尚有數端可以生利。一曰橡粉，晉庾衮傳與邑人入山拾橡，唐杜甫流離囘俗拾橡而食，均橡粉也；取粉之法：將橡子去殼水浸，與水同磨，去其苦澀，以淸水漂之，漉以布袋，晒乾成粉，卽可充食，大凡各種草根，皆可以此法作粉，郎飢、草粉，亦同此法，不獨山芋、百合等粉然也。一曰染料，取橡碗碾碎，用水煮透，去其渣滓，取其精華，熬煉成膏，用水化開，畧加皀礬，即可染青，且便於販運遠方，可獲厚利。

圖表

清 蔣汝正校正，徐瀾編輯《安徽勸辦柞蠶案・柞蠶簡法補遺・圖説》

黄櫟，葉短而厚，上半有歧缺，作鋸齒形。初生，色微黄，味甘，蠶食之無病，故飼蠶以黄櫟爲最，惟不易長成，四五年始可蠶也。其種宜黄壤，木細密，可爲器具。

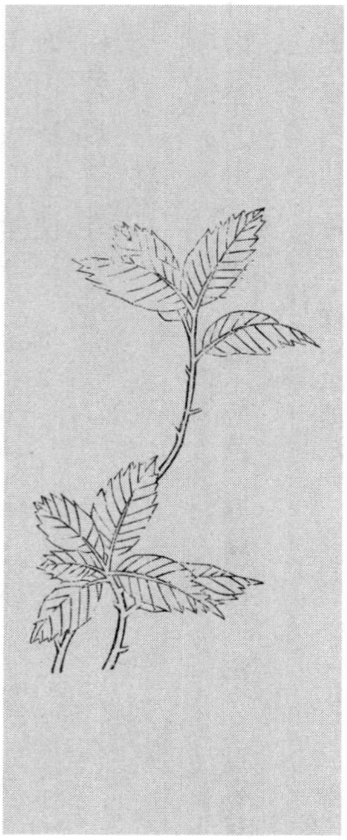

灰櫟，葉微長，無歧缺，有刺。初生，色微白，背有細茸作灰色，味苦然多汁，飼蠶易肥，且出絲堅韌。其種宜白壤，木亦堅甚。

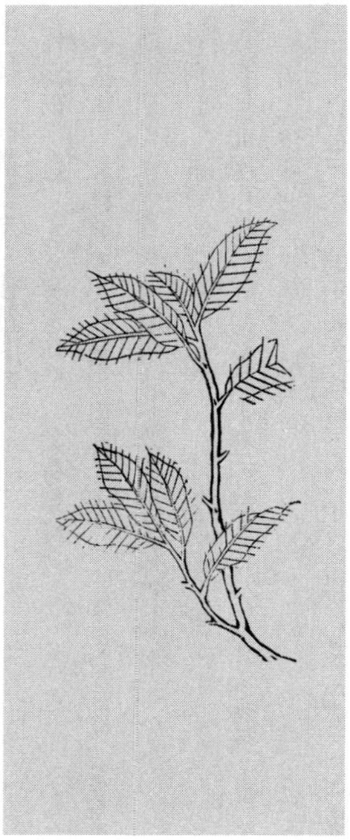

紅柞，葉細而長，無歧缺，有細刺鋭如針。初生，色微黄，味甘，最發蠶早眠早起，繭大而厚，且葉盡易生，春秋相繼，宜於頭眠後食之。其種宜黄壤，木細密色紅。

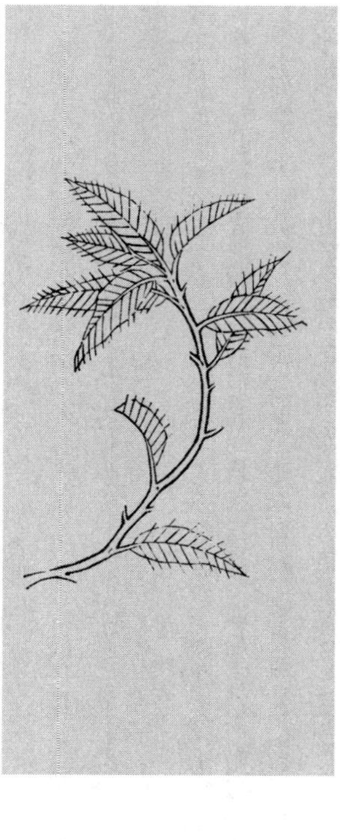

白柞，葉微小，無歧缺，有細刺鋭如針。初生，色微黄，味甘，發蠶與紅柞同，以飼小蠶尤佳。其種宜黄壤，木細密，心理皆白色。

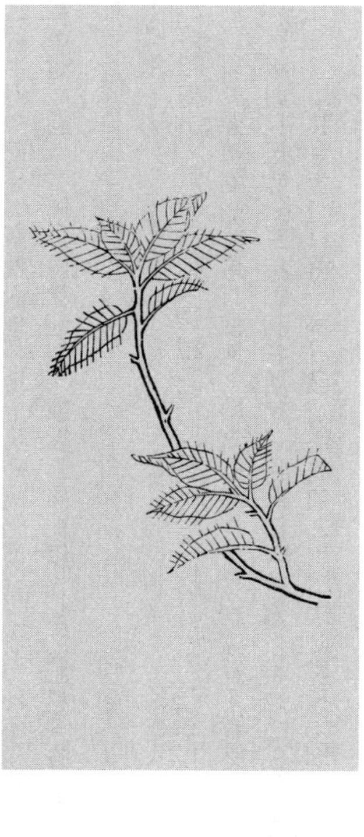

拷柞，葉似櫟而長大，無歧缺，有刺，色緑，甚光滑，味微苦，以飼蠶，出絲堅韌，惟易致病，宜於大眠後食之。其種宜黑土，木麤而勁。

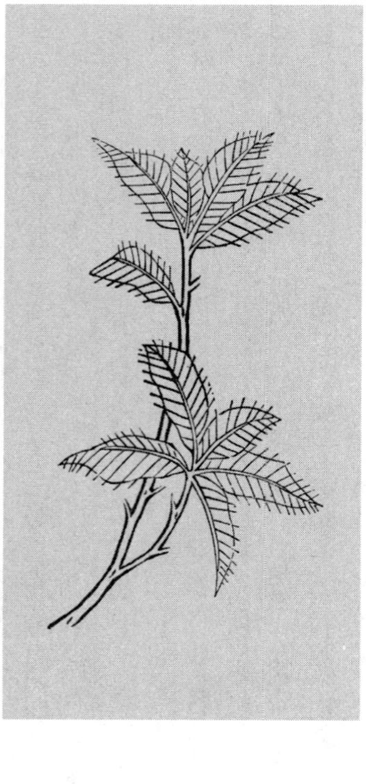

小青棡，葉小而薄，有歧缺，如鋸齒，色青，有微毛，味苦，萌櫱最早，春蠶喜食之，故種者多。其種宜黑土，木麤甚。

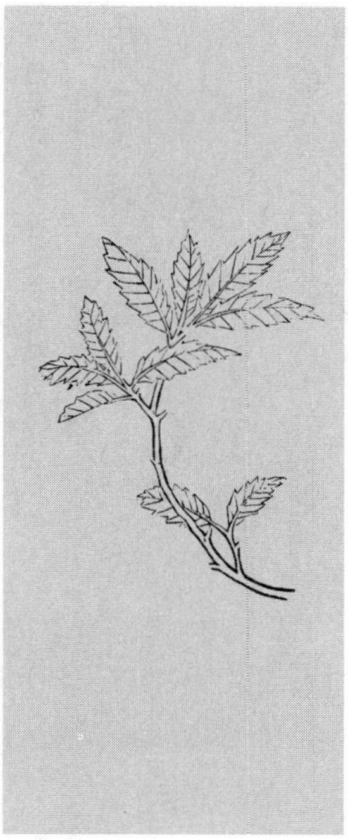

大青棡，葉大而長，有歧缺，如鋸齒，色青，有微毛，味苦，其生較小青棡尤早，採其枝，用水生之，可以養蟻。其種宜黑土，木亦麤甚。

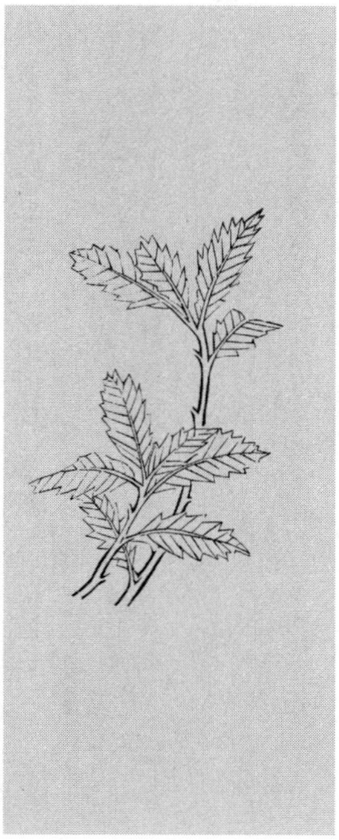

大槲柞，葉麤厚，頂微圓，上寬下窄，大如掌，有歧缺，齒亦微圓。初生，色黃，有微毛，味苦，蠶食之多瘠。有色青者一種，飼蠶頗肥美。凡沙石之地，皆宜之，叢生幹直，立無旁枝。

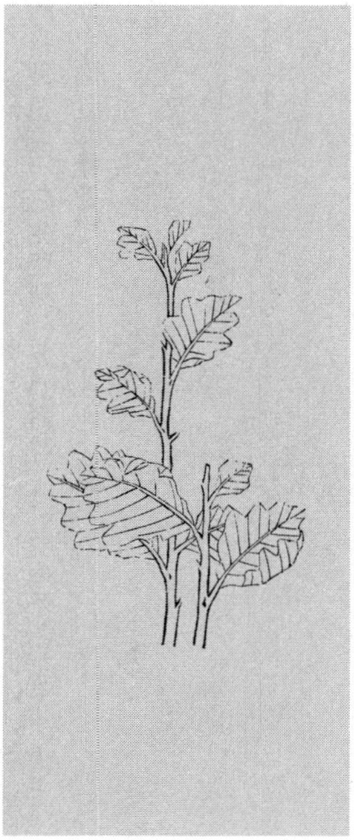

小槲柞，葉較小，頂微圓，上寬下窄，有歧缺，齒亦微圓。初生，色黃，有微毛，味苦，飼蠶肥而出絲多。有色青者一種尤佳，且長成最速。凡沙之石地，皆宜之，木麤而多孔。

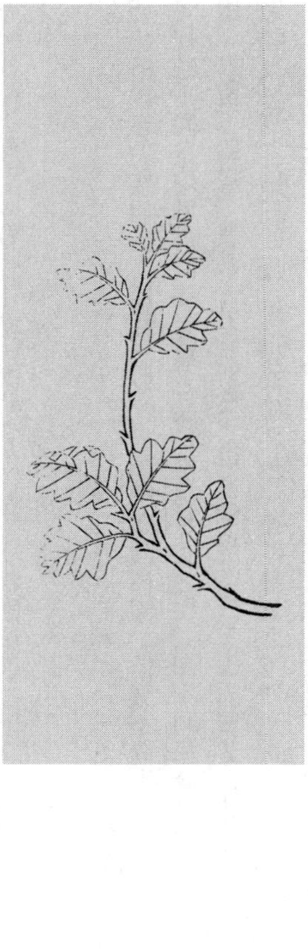

清 增韞《柞蠶彙志》

柞樹種類

《詩》：『陟彼高岡，析其柞薪』，薪之取柞，由來已舊，蓋當時猶未知有柞蠶也。至後漢光武紀，始有野蠶成繭被於山阜之文，此爲柞蠶見於經史之權輿。而柞樹種類，顯有區別，然可以飼養野蠶則一也，因取其類，圖之於左。

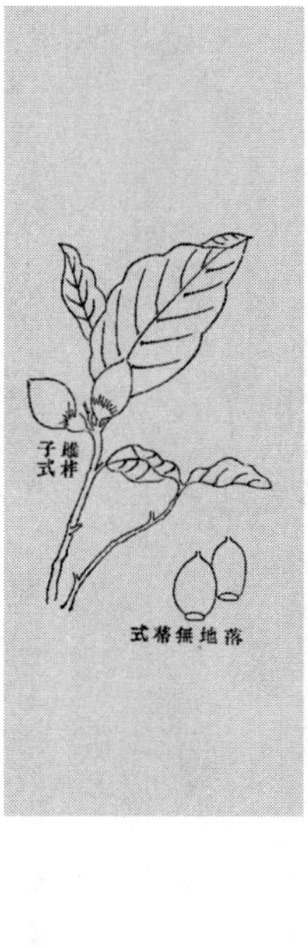

右柞於枝椏處，每生子栗，是爲牝柞子，所落處茁生新苗，長卽成樹。北地子大，南地子略小，實同種耳。

右柞於枝枒處，每生刺栗，是爲雄柞子，落處不茁新苗，與上一種乃柞樹中同類，而分雌雄者。

《詩》曰：『中原有菽，庶民采之』，《采菽篇》曰：『維柞之枝，其葉蓬蓬。』古之中原，卽今之河南地也，河南養育柞蠶，風氣盛行。今所出之繭綢等類，皆柞蠶產也。在北地曰柞，南地曰白櫟。幹與栗同，葉亦相類，有堅靭之性質，隨處皆有之。南地但伐作柴薪，殊可惜也。

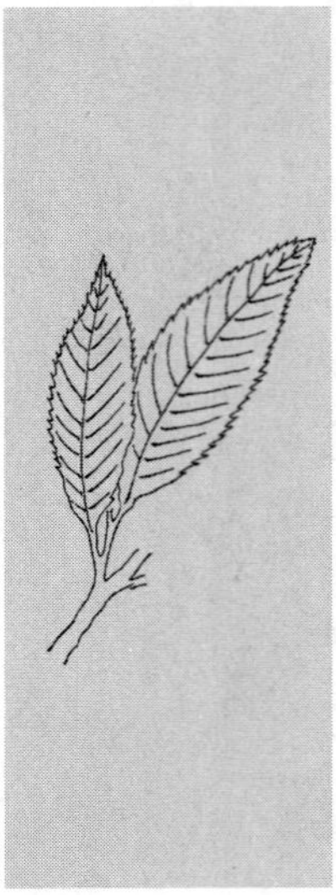

右卽南地之蔴栗樹，高數丈，大者作門料，小者伐作薪，所產不及柞樹之多，北地曰橡，曰槲。較青棡柳葉大約一倍，色濃厚，而質堅硬。與青棡柳同名爲不落葉，以其經霜不易落葉，故名不落。冬時亦仍凋謝遲，至交春新葉漸生，舊葉亦落，非果不落葉也。

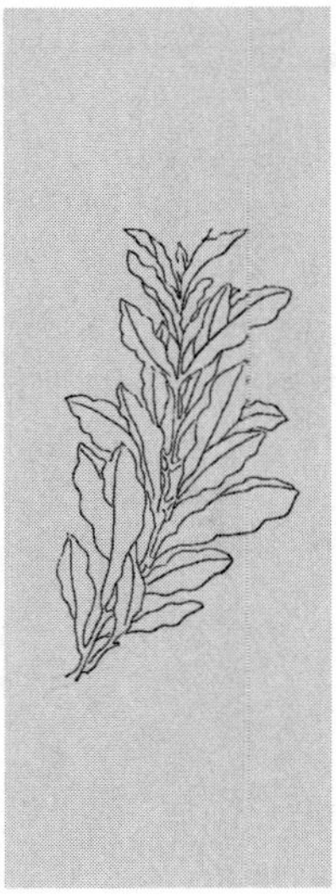

右北地曰青棡柳，南地曰青棡栗，其葉嫩而密，較尖柞葉大，而厚薄同，所放之蠶，其繭大而勻。

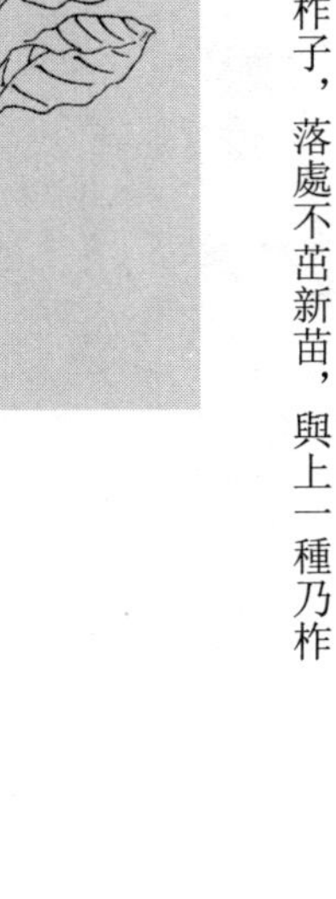

右柞卽柘，所謂『桑柘日斜春社散，家家扶得醉人歸』是也。葉之柔軟性與桑同，亦有擷其葉以飼家蠶，補桑葉之不足，俗呼曰『圓柞』，又號樗櫟，幹有棘，冬不凋，飼蠶爲絲，成絃以調琴瑟，清響遠勝凡絲。

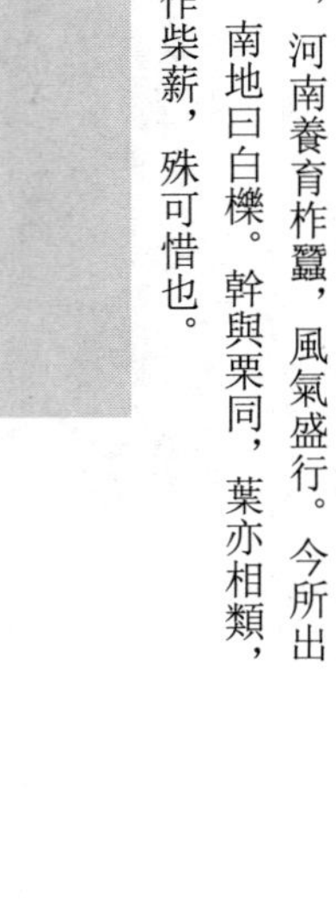

右種名曰尖柞，性質、枝幹、顔色均與圓柞同，惟葉下濶上銳耳，所放之蠶，其繭小而堅實。

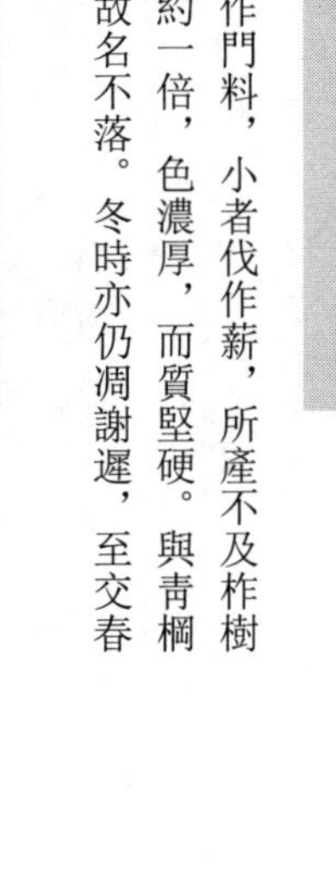

右爲花柘，亦尖柞類也，性質、枝幹、顔色與圓柞同，但葉不過大。以上八種，種雖不同，均可爲飼養野蠶之品。惟高尋丈之樹，卽不利於養蠶，須截其樹，只留三四尺，使其旁另發新枝，以便飼養。若新茁三四年之柞樹，枝葉濃嫩暢茂，高不過三四尺，既少仰攀之苦，亦便移蠶之工。七八年後，樹漸尋丈，亦當截短，使之旁發新枝，取其茂嫩，截去二三次後，卽須全行伐去，使與地平。其由根另生者，名曰芽棵，茂盛倍昔，春初伐去，秋間卽可放蠶，並無躭悞曠廢之虞。

育柞蠶

綜述

清 徐瀾輯《柞蠶簡法·種柞篇》

種類

柞樹，卽橡樹，一名櫟樹，非柘樹也。其種有三：一名尖柞，其葉光澤，尖而長，狀類栗樹，有黄櫟、灰櫟、紅柞、白柞、拷栲柞五種。所放之蠶，其繭小而堅實。一名青棡柳，其葉尾窄頭寬，較尖柞葉約大兩倍，厚薄相同，有大、小二種；所放之蠶，繭大而勻。一名槲裸，又名槲樹，其葉怒生，較青棡葉尚大一倍，色濃厚而質堅硬，亦有大、小二種；所放之蠶，其繭尤大，但春蠶喜青棡、槲樹，秋蠶喜尖柞。一山之中，宜兼栽數種。

收子

橡子房生，與栗相似，殼曰橡椀，色緑，層層有鱗甲，子如蓮子，皮黄而肉微白。野生者落地自生，若欲收種，取七八月自落之子，於園圃中挖一深窖，堆積其中，埋以土，勿令見風，則既不生蟲，又不乾燥朽壞。子熟自落，須隨拾隨埋，母使見風。若散置室内，則閲日生虫，入土不生。

下種

柞櫟宜山阜，隨地之高下，相距二三尺，排列種之。種法：於十月中用鐵钁掘土爲坎，深二寸，置橡子七八顆少則不旺，和糞少許，以土覆之，築其土使平，則橡殼經冬凍裂而來春芽萌矣。或云冬月將子散置土中，如畦菜之法，頻頻用水灑之，來春生芽一二寸，於清明前後移栽之。

培植

柞櫟初種，皆先生根而後發芽；芽出土二三寸，混雜草中，易被踐踏，宜妥爲保護，培之以土，以爲標誌。雜草雜木悉除去之，其根入土最深，與榆同。春乾無雨，須用水澆灌，以便生根。

割樣

柞櫟初生，最不易長，當年不過七八寸，次年不過尺，三年不過尺五，以力在生根也。欲使速長，春初以快橛貼地伐之，令其精氣無處發洩，則先向下茁根，夏間怒生，當年卽長尺餘，如此三年，則一發一業，皆高三四尺，卽可放蠶。

留椿

一二年後，枝幹已粗，擇其直者只留一本，名曰『留椿』。餘悉剪去，則生氣聚於一木，不逾年而椿成矣；椿高四五尺，卽去其稍，使叢條旁生，不高不低，便於飼蠶。後可剪去叢條。蓋柞櫟固隨剪隨生者，但年年剪伐，樹力易竭，故一年祇能放蠶一次；或祇飼春蠶，或祇飼秋蠶，其樹或一二年一剪，或三四年一剪。一法放蠶三四年間，過一二年以養樹力。

剪條

野生之柞，未經剪伐，以手攀之立折，飼蠶最易受病，須連剪一二次，其性始柔而可用。

伐木

椿至十餘年後亦漸老，而所發之條不旺；八九月間葉枯後，宜先剪其枝，復貼地伐之用鐵橛兩面對札，椿卽倒地，不須斧斤也；或離地寸許若深入土中，則不復發芽，次年另生，名曰『芽裸』，旺更倍昔，便可飼蠶。

刨根

柞櫟隨剪隨生，其剪每在八九月，冬冷不復發芽，則生氣聚於下，愈聚則根愈大，年久根柢盤固，生機亦爲不暢，須於四周刨其根，但勿令絶，則來春之芽愈旺。

儲材

柞櫟樹不宜高，爲便於飼蠶也。若山之四周或中央，不妨略留一二株，以爲蔭庇，且可以結橡子，收橡種。蓋飼蠶者，按年剪伐，新枝嫩條不能結子也。

治蟲

柞樹之蟲，與桑蟲相似，一名『水牛』。背黑色，有白點，頭兩角，如『八』字形，緣樹而飛；小滿後齧破樹皮，遺子其中，初生形如蛆，鑽穴而入。及冬粗如指，而樹空矣。此蟲每月十五前，頭向上；十五後，頭向下，天將明時，必出頭飲露；須於上半月淸晨，尋枝幹有流黄水處，用小刀剔出其子，如子已成蟲，穴外必有蛀屑，淺者用刀剔出，深者以百部水及桐油灌之。一名『螮蝀』，色緑，背有毛，能螫人，秋吐白汁如漿，凝聚如雀卵，作蛹其中，及春化爲蛾，生子如蠶子，復化爲蟲，黏著樹枝甚牢，須折而去之。一名『蝗螂』，秋生，卵著樹枝上，如繭；及春，化爲小螳螂，俗名『螵蛸』，能食蠶，故去之務淨。

按，柞樹又名『簸蘿樹』，又名『不落葉』，飼蠶之外，尚有數則。一橡粉，以水漂橡子，去苦澁，磨成細粉，再以水漂，即可食。一橡椀，其汁可以染青，雖敝垢而不落。其法：碾碎橡椀，用水煮透，去其渣滓，取其精華，熬煉成膏，用時以水化開，略加黑礬，即可成色。一橡耳，凡砍落之樹身、樹本，鋸作二三尺，以一木矗立地上，以一木横架其上，然後兩面挨次斜銅之，如屋椽式，使其去地甚近，當春、夏、秋三季陰雨蒸濕之時，便生黑木耳。青棡柳於生耳尤宜，連採三年，如見銀耳，則木氣已竭，便須剔去燒炭。一橡皮，西人以此樹之皮漿煎熬成塊，譯名曰『橡皮』，中國呼别爲『象皮』，今行用極廣，亦可仿製。製皮之法，俟《續編》。

清 蔣汝正校正，徐瀾編輯《安徽勸辦柞蠶案・柞蠶簡法・育蠶篇》

購種

育蠶莫要於擇種，種不佳，則蠶不旺，創辦之初，可向河南魯山、舞陽等縣購種。其種有論筐賣者，有論繭個賣者。每一對筐，貴時值錢七八千文，或十餘千文；賤時值錢三四千文不等。每繭百個，約需錢一百五六十文至七八十文。總之，買繭不如買筐，蓋筐乃已成之蠶卵也。又蠶種宜二三年一換水土，由此移彼，互相購買，愈換愈盛，至近亦須四五十里，水土不同，蠶始易旺。

製種

製種之法，於育蠶時，即擇其碩大無病者，湊置一二樹，留心飼養。下繭後，先以兩指捏之，試其厚薄。次舉而搖之，其聲大而輕者，蛹已死不復生；其無聲而重者，蛹或受病亦不復生，惟搖之在似動非動，不輕不重之間，方爲合用。有搖之不能即定，以手握之。蛹生則熱，死則凉。繭頭有系，正者雄，偏者雌。或云小而尖者雄，大而圓者雌。然手估之，雌必重於雄，大約雌者一百，雄者須一百一二，以雄者不盡交也。

蠶山

春蠶山宜向陽，向陽則暖；秋蠶宜山之陰，陰則可以避秋陽之烈。惟作繭時，天氣漸寒，亦向陽爲主。大抵春蠶上山時，宜在山之陽，作繭時，可移置山陰；秋蠶上山時，宜在山之陰，作繭時可移置山陽。凡山高而多風、多霧及當西晒者，避之。按，河南與此同，而奉天則春宜山背，秋宜向陽及窩風處。秋季蠶初食葉時，即山背亦可，惟繡繭時，非背風不可。蓋以風吹葉動，其繭不易成也，微有不同。

蠶場

場有蟻場、蠶場之分。蟻場，俗名『蟻子地』，其樹初發者爲頭芽，宜育子蠶，其二芽、三芽則壯蠶食之。凡場要平坦，若升降不平，則照料有所不周。場要齊整，若參差不齊，則防護有所不及。場之地，泥爲上，挾沙次之，沙而多石者爲下。

防守

鳥、獸、虫、豸之屬，害蠶者不可數計。日間不時防邏，夜間亦必篝火看守，至下繭乃已。鴉鵲之嘴甚利，雖蠶已繡繭，亦能啄而食之，故繡繭後，仍須看守。最爲害者，有野蝦蟇，蹲伏樹底，仰而吸之，蠶自落其口中。至蜂、蟻、螳螂及土蚱蜢之屬，秋蠶之受害尤酷，用白砒合米飯，撒置草中，蟲食之立死，俗名藥嵐子北方呼蠶場曰嵐子。近時，河南以白砒和荳餅、麻餅，撒置草中，既可殺蟲，又可肥地，較用米飯爲善。又，野蠶畏麝，一經薰襲，輒竟日不食，尤宜驅逐。

巡視

蠶進場後，每日必巡視二次。密者疏之，墮者升之。又秋蠶多懶，天氣漸寒，墮地即不復升，故秋蠶巡視較春蠶宜勤。大風大雨之中，尤宜多巡幾次。

蠶宜

蠶純陽之性，喜燥而惡濕，傷濕則不食，或身生黑點。又最喜潔，凡場中有穢物，除之務淨。育蠶者，衣服亦要潔淨。

蠶忌

蠶忌香、辛、酸、辣之物，故場有雜木，則去之。最忌桐油，凡烘室中有燃桐油及誤以其木烘者，所出之蠶多不旺。又忌蘿蔔，蠶筐有誤盛蘿蔔葉者，觸之則死。又食白楊葉者，亦致病。

蠶病

蠶之病不一：有弱而不食者，曰『軟』即黃軟；有硬而不蛻者，曰『殭』即白殭；有身出黃水者，曰『爛』俗名黃爛；有身生黑點者，曰『斑』即椒瘟；軟與斑，多係種内受病，或云傷濕所致。至殭與爛，則移樹時壓積所致。又有因樹葉食盡不爲移樹，其蠶多黃黑而死俗名變老虎。又有大眠後，身上逐節忽現黑纹，多不成繭，即成繭亦薄甚。每眠起一次，必剔選一次。

繭病

繭之病，有軟而不堅實者，爲『薄繭』；有堅實而不封口者，爲『穿頭繭』；有未化蛹而僵者，有已化蛹而僵者，有蛹已敗而繭染黑汁者，爲『籠死繭』。皆蛹之病也，宜剔出繅之。如欲選種，而剔其堅實者剖視之，頭有白點，亮如豬脂，病則昏，病甚則黑。或腰截之，其心正赤，汁作淡綠色者上也。以兩手湊合而復分之，其質微粘，若有絲相連屬者尤佳。剖視一二，則其餘可知矣。

蛾病

最後出之蛾，多弱而無力，不可作種。至於拳翅、禿眉、焦尾、光背及腹現斑點者，皆去之。其無病之蛾，以右手大食指指輕提蛾翼，以左手大指壓蛾腹之尾部，使之緊張，視其連屬，無毛處顏色明淨，方合製種之用。又有沿筐游走而不交者，或交時『拍拍』作聲及亂交者，皆蛾之病也。

春蠶

收種

春種出於秋繭，擇種者於秋蠶即留心查看，另樹飼養，繭熟時，諸繭皆下，而此繭仍留於樹，並留人看守。俟冬冷雨雪時，乃連枝斫下，挂諸清涼室。最忌煙火薰蒸，一經傷熱，則種必不育。或飼蠶時未及留種，則於下繭後，擇其繭之堅實者，收儲之。

出蛾

春分後，將繭用細繩穿之成串，須穿其小頭，大頭有系。若誤針其絲，則蛾死不出，以串搭長竿上，移暖室中。奉天以紙糊密室。微火烘之，審其節之早晚，量其地之寒暖，暖則撤火，寒則加火總計。柞樹生芽之候，以爲出蛾之候。候至，則蛾悉索有聲，穿繭而出。春蛾約在清明前後，俗云『清明蛾子，穀雨蠶』。每在申、酉、戌三時，過時則弗出。

配蛾

凡蛾，眉粗者雄，眉細者雌；腹小者雄，腹大者雌；先出者雄，後出者雌。分貯於兩筐，俟出齊，然後提置一筐，聽其自相配合，以六時爲準，過時則須人爲之解。蓋不及則子多毈蛾生子之次日，其子由微黄而變淺色，三四日即出蠶，其不變者即毈，俗名『寡蠶』，過則雌或脹而死。又雄蛾不足，或留待第二日以配他雌，所生之子亦多毈。其不毈者，蠶亦瘠，以父氣弱也。配時有不合者，取出，以盂覆之則復合。有貪嬲而『拍拍』作聲者，去之，不去則合者爲之解。凡雄蛾多不合，故留種時，必雄多於雌雄留六七，雌留三四。

生子

配蛾後，將雄蛾提出，雌蛾以兩指捏去其溺，仍置筐中，微火烘之。天暖即不用火。蛾自沿筐生子，筐用黄荊嫩條爲之嫩條有温氣出蟻肥，筐須每年新製。若用竹木製筐，則不能粘子。而紙糊其外，蛾之良者，其子必散布筐中。若堆垛不勻，即爲病證。大約一筐之蛾極於一百，一人之力，極於五百。每蛾生子二百，合計可得繭十萬。按，奉天每人育蛾四五百，約占地二十餘畝。每蛾產子百餘，約得繭五六萬。每千繭可繅絲十兩，一人所得之，絲約五六百兩。

出蟻

生子後仍不能斷火，至十餘日蟻出。大如針，皮黑色，採柞枝嫩葉置筐中，蟻聞葉香，自緣附而上約一小時，其不上者，去之。用水微灑葉上，俟出齊，將柞枝移插河套淺水中，名曰『養蟻』。河南則砍伐柞樹芽成屯，以蒿引蟻上芽，移屯溪邊，以資浸灌。俗名下河。一則葉可不敗，一則蠶可得潤，名曰『浴蠶』。蓋蟻幼小，難於挪移，亦難於防護。且山高風狂，尤多畏忌，故浴蠶亦必要之法。俟頭眠起，然後移之在山。奉天則蟻蠶上枝葉後，即將枝葉移置樹上，似未盡善。

移樹

移無定時，以葉盡爲度。用鐵剪，連枝剪下蠶尾後之足抱枝甚緊，如不連枝剪下，挪移時，須由尾上倒捉之即脱，不然，雖斷不脱也，盛於筐中，移而分擱於他樹。按樹之大小，分蠶之多寡，大約一樹祇供蠶二三日之食。蓋春蠶喜移，或間日一移，或一日一移，愈移而蠶愈旺。並有此山樹盡，而移之他山者，惟眠時切不可移動。蠶在樹上，若遇春旱，用外洋噴霧器射水於樹上，此法河南試用，已有成效。

頭眠

春蠶自出蟻後，約七八日，或八九日即頭次。將眠之候，身肥皮緊，口吐沸絲於葉上名曰『絆脚絲』，若將此絲誤斷，則不能蜕皮而死，頭向上不食，嘴脱復生，一晝夜始眠起陰雨則眠兩晝夜。黑皮脱而身驟長，色變綠，是謂頭眠。

二眠

頭眠起後，約五六日，或七八日又眠，其狀與頭眠同，起後皮脱，身長，色不變，是謂二眠。

三眠

二眠起後，約三四日，或五六日又眠，其狀皆與二眠同，是謂三眠。

大眠

三眠起後，約二三日，或三四日又眠，其狀與二三眠同，是謂大眠，起後不復眠。亦有五眠者，則以五眠爲大眠，蓋春天日暖一日，故蠶眠日早一日也。

作繭

大眠起後，蠶食葉日急，約四五日，或五六日，卽將作繭之時，蠶沙泄淨，喉間色發亮，内外通明。以後足攀樹枝，以前足牽引兩葉相合，或以一大葉相合，而吐絲其中。一日繭成，三日漿固，然後下繭。按，窩繭之樹，其葉要密，並審其蠶之多少，恐葉少蠶多繡。同宮之繭，蛹多顛倒，不但不能出蛾，亦不易繅絲，販者多剔之，以其絲係兩頭，多纏繞不解。

下繭

春繭成熟在五月，最早者五月初卽見繭。至五月杪，始收齊。連葉摘下，剔其上者，次者分而貯之。其薄繭及油爛者，又分而貯之。攤於箔上，置清涼室中，以備繅絲之用。

春蠶收成，較秋蠶爲有把握。春日天氣清明，少大風淫雨，蠶之生育易旺。惟春蠶烘種爲緊要關頭，習其事者，更番守之，數十日夜無少懈。宜用寒暑表，使熱度漸進。若忽降忽昇，則胎先受病，蠶必不旺矣。

秋蠶

收種

秋種出於春繭，擇種者於春蠶卽留心查看，另樹飼養下繭，後攤於葦箔上，置清涼室中。攤繭之法，宜疏不宜密，並隨時檢閲。其有油爛及帶臭氣者，剔而去之。蓋時當夏令，天氣炎熱，繭與繭相蒸，稍一傳染，種全受病矣。箔上繭，不時以手拍之，使微驚，否則多不出。將出蛾時，愼勿驚，若有大聲震動，所出蛾全身皆血點，不可用。

出蛾

小暑後，將繭用細繩穿其小頭成串，搭長竿上，門窗俱要開敞，令其透風，惟不可見日。秋蛾到時卽出，人不能爲之遲早，大約自下繭後，不過二十餘日卽出矣。俗云『大暑蛾子，立秋蠶』。室中繫長繩一條，隨出隨提置繩上，蛾自抓住，屋有燈火須障之，以防其飛撲。

配蛾

蛾出齊，按其雌雄，提置一筐，聽其自相配合，一切與春蠶同。

生子

配蛾後，將雄蛾提出，雌蛾以兩指捏去其溺。斫柞枝，挂清涼室中或簷下，樹下用五寸長細蔴拴蛾其上，其子卽散着枝葉間。或携至山上，徑拴於柞樹上。亦可惟雄蛾提出後，須剪其翼，否則飛至山中，嬲雌不止，致不能産而脹死。

出蟻

秋蠶自出蛾後，約十餘日則蟻出。俟出齊，然後携至山上，分樹擱之，蟻緣附而上。約一小時不上者，去之。其樹宜用初發之頭芽春後斫枝葉，至秋又發芽。若拴蛾於樹上散子，亦宜擇嫩芽之樹，使蟻易食。天旱用水灌樹，或灑其葉以涼之。

移樹

移樹之法，與春蠶略同。惟按樹之大小，分蠶之多寡，大約一樹須供蠶十五日之食。蓋秋蠶不喜移樹，屢移則蠶不復成繭。

眠起

秋蠶自出蟻後，約二三日，或三四日卽頭眠；頭眠起後，約三四日，或四五日卽二眠；二眠起後，約五六日，或六七日卽三眠；三眠起後，約七八日，或八九日卽大眠。亦有五眠者。其狀皆與春蠶同，蓋秋天日寒一日，故蠶眠日晚一日也。

作繭

大眠起後，蠶食葉日急，至八九日天寒，或十餘日卽將作繭之時，其作繭之狀、下繭之時，與春蠶同。

下繭

秋蠶成熟最早者，在七月中旬至八月中旬始收齊，其收貯之法，與春蠶同。

秋蠶遇暴風淫雨，往往歉收，而趨之者如鶩，以其工省而利倍也。但豐歉之數，亦不盡關於天時，場之美惡，工之勤惰，亦居其大半。蓋土厚樹茂之場，旱澇皆不致成灾；而愛惜保護，人工又可以挽回之。聞之春蠶絲少，秋蠶絲多，春蠶值農忙之時，飼蠶者少，不過出蛾，以備秋種。秋蠶豐收之年，盈千累萬，市廛之上，堆積如山，故繅絲者實多資秋蠶云。

又《柞蠶簡法補遺·種柞篇》

種類　魯山放蠶之樹，向分二種，一曰尖柞樹，俗名『栗樹』栗當作櫟，其葉狀類椿樹，頭尖而長，色綠，較椿葉堅厚。一曰槲樹，花葉尾尖而頭圓，色深綠，較柞葉寬大。二種皆宜放蠶，而柞葉較槲葉為良。另有小青棡樹一種，其葉碎小狀若楝樹，俗名『青棡子』，較槲樹更劣，向不放蠶。

種法　種樹在山阜土石夾雜不宜五穀之地，皆從根而生按此即野生之樹，無需以橡子佈種。若以橡子佈種，必四五年方能放蠶。其樹年年剪伐剪伐在放蠶之後，詳見『柞蠶簡法前編』，皆貼地叢生，不令成大，本距地僅尺餘，高者亦不逾一尺此與『柞蠶簡法前編』稍異，每年冬間復修理一次。

又《育蠶篇》

選種

魯山有春、秋二蠶。三十年前，秋蠶收成，較春蠶爲優。近三十年，所養蠶種，相傳從關東購來。春蠶收繭後，一月内有自能出蛾者，可育秋蠶。有不出蛾者，俗名『悶子』，可作次年春蠶種。收繭時，次第搖試，其有聲者能出蛾，其碩大堅實而若無聲者卽悶子，不出蛾。按，山東以繭之無聲而重者，誤爲蛹已受病，不復出蛾。故春蠶必用秋種，不知此卽悶子，乃蠶種之最良者，此河南絲所以勝於山東絲歟。其餘之繭放在院中晒乾繅絲，大約出蛾之繭，不過十分之一耳。從前春繭至立秋前方出蛾，此時天氣漸涼，蜂蟻已少，易於放養。近時，春繭至小暑後已出蛾，蝦蟇、蜂蟻、螳螂、蚱蜢飛食子蟻，頃刻立盡，故鄉間皆不放養，其養者亦不過十分之一，且蠶繭、蠶種此言秋繭作春種用皆不及春蠶，費力多而獲利少也。按，山東、奉天春蠶出於秋種，秋蠶出於秋種，與河南不同。然近時柞蠶絲以河南爲佳，以宜用河南之法。又按，山東、奉天春種在春分前始穿繭烘之，而河南在立春前卽穿繭烘之，大約因地氣不同，橡樹發葉有早晚故也。他省試育，宜因地制宜，未可拘執。五月杪，調查員至魯山，見已有出蛾者，其蛾大於桑蠶蛾一倍，兩翼則大於桑蠶蛾十倍，作土黄色，各翼中間各有兩鏡，儼若蛺蝶。若放養秋蠶，卽將蛾拴樹上，可以自配自育，否則置之間筐而已。按，不養秋蠶，宜用新法烘繭，使不出蛾。

烘蛾

春繭非烘之不能出蛾，名曰『烘蛾』。魯山有人專開蛾房，代人烘繭出蛾，俗呼爲『蛾倌』。鄉間家家皆能養蠶，而烘蛾則非蛾倌不可。其烘法：大寒之節後，凡養蠶之家，將春季所留悶子蠶種，自備荆筐，送入蛾房，聚數十家十餘萬繭種，線穿成串。立春前三五日，以串搭横竿上，移懸密室中，離地五六尺，室内用柞柴燃火，窻牖緊閉，不令透風，屋頂留一洞以出煙。先用微火烘之，按時酌度添火。火之鉅細，時之遲速，全在蛾倌目力。若用寒暖計、乾濕計，則較爲簡便。如不得其宜，則繭種必有早出及燒死之患。約歷四十五日，至驚蟄前後，蛹已出蛾，由蛾倌揀蛾放在筐内，每筐雌雄各五百枚，仍放烘房内，令其配對，以六時爲準，將雌雄分開，棄去雄蛾，雌蛾仍放筐内令産子。俟子産盡，各家卽將子筐取去，自行入房烘蟻。除自養外，皆入市出售。兩筐爲一對，俗呼『對筐』，約售錢二三千文。

烘蟻

一、烘蟻。各家取筐或買筐後，置室内，仍用細火烘之，名曰『烘蟻』。其烘蟻之家，必另移一室。若烘蟻仍用烘蛾之室，蟻子必至受病，俗呼爲『老娘房』。蓋烘蛾之室，熱度已達極點，再用此室，則蟻子必有乾枯之患。約歷三十日，至清明前後，蟻始出齊，用物刷下，以紙盛之。

下河

一、蟻既刷下，取柞樹發芽嫩條，捆束成囤，放在近山溪内，將蟻傾囤上，俗名『下河』。

入場

至五六日後，看柞樹嫩葉已盛，卽將蟻移入初眠場，放養樹上六七日。初眠起後，移入二眠場。二眠起後，移入三眠場。三眠起後，移入大眠場，俗乎爲『二八場』，蓋養蠶功夫至此已有八成也。入二八場，卽大眠五六日後，蠶老將作繭，另移入作繭場。其管理之法：自出蟻下河入場起，卽須勤加巡視，至二眠、三眠、大眠，每眠起後，食葉正盛，尤須時時看守。每叢食葉將盡，卽將蠶連枝剪下，移上别叢，稍緩蠶卽受病。晝則放炮，夜則執燈，巡視林叢，刻不成寐。其食葉之老嫩，各有次第，全在臨時移動得宜。若遇晴雨調和，計有十倍之利。自初眠、二眠、三眠、大眠、作繭，共須五場，約歷四十五日，始可收繭矣。

蠶性

一、蠶性喜燥惡濕，此似爲家蠶言之。若野蠶，似有相反者，計蠶蟻下河，須五、六日之久，至二眠、三眠之間，尤賴三五日一雨，蠶飲雨水，氣潤則吐絲較多，而且光澤。按，大風大雨亦不利於蠶，須設法遮護。若天雨不時，專恃人力，用竹筒灑水，或用日本噴霧器價亦不貴，每具約十二元，亦可補救，然究不若天雨之匀普也。今年汴境，一春不雨，故取絲分兩，較往年爲遜，絲色亦較往年爲劣。

收繭

一、養蠶之人，鄉人呼爲『蠶倌』。小戶人家，全是自己放養，其有蠶場而不能自養者，則雇蠶倌。計蠶倌一人，可養蠶子四筐，每筐五百雌蛾。每雌蛾生百子，應得五萬蠶蟻。即遇大風驟雨，鳥啄虫食，至少可收繭一萬枚。一人養四筐，可得四萬之繭，其蠶倌每月工價甚廉，僅一二千文。所收之繭，蠶倌分十分之一作爲紅利。若雇蠶倌至皖，每月約給薪工錢五六千文，紅利照分，川資另給。

又《繅絲篇》

繅絲

一、魯山收繭後，皆自繅絲出售。繅絲尚用土法，每鍋每次用清水煮繭千枚，隨煮隨繅，謂之『水絲』。其已出蛾之繭，用莜灰水拌匀，再入蒸籠蒸之，然後繅取，謂之『乾絲』。水絲、乾絲售價略同。

餘利

一、每千繭至少可繅絲十兩，每兩至少值錢二百五六十文。收繭四萬，約可得錢百餘千，除蠶倌紅利十千，薪工二十五千，蠶種五千，場主可得錢六十千。若遇風雨時，若可增至四五倍。

圖說

野蠶，產於登萊。萊有檿絲之貢，蘇氏遂以東萊之山繭當之，而後儒多沿其誤。近人詩文集雜著中，則或誤以爲樗繭，或誤以爲柘繭，此皆不知其所出之樹也。其知者，則又柞與櫟莫辨，檞與槲不分。良以野蠶之推行未廣，在作者既未目覩，而流俗之傳聞言人人殊，其膠葛固無足異焉。南皮張孝達尚書《書目答問》中有劉祖震《橡繭圖說》二卷。今物色之不獲，因仿其意，繪爲圖，而係以說，共計：蛾圖一，蠶圖一，繭圖一，樹圖九。雖形似麤具，而物類分明，不至混淆，或亦多識之一助也。至繅織之法，與家蠶大略相同，近人蠶書中多有，繪圖者茲不復贅。

蛾，繭蛹所化也，而野蠶蛾爲最大，兩翼橫徑四寸許，色赭黃，沿淺而中暗。每翼各具一眼，中明如鏡，外作黃圈。上有白痕一，掠如半月，小翼眼亦如之。身生細毛，觸之則簌簌落。雄者眉麤，雌者眉細，雌雄配合，生子復化爲蠶。

野蠶，色綠，長三寸，共十二節。自頂以上微赤，兩牙對列如翦，平動而不能起落。前六足爲硬殼，後八足則膜質所成，與體共爲漲縮，尾底有雙歧，甚似足，其運用亦與足同。脊上肉峯，微起雙行並列，上生細毛成簇，至近尾處，則孤峯獨立，如駝焉。脊兩旁有黃色，一線隔別上下，下有小孔九，爲氣管。氣管及肉峯上，或現金星，多寡不一，俗名『金星子』。

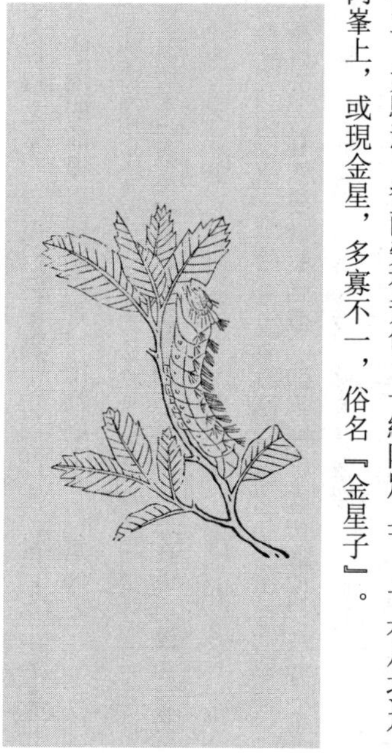

柞蠶，繭色灰黃，大於桑蠶繭一、二、三倍不等。在樹上繡繭時，以兩足捲兩葉，或捲一大葉，而繡繭於其中，向明處轉厚，而向暗處較薄。

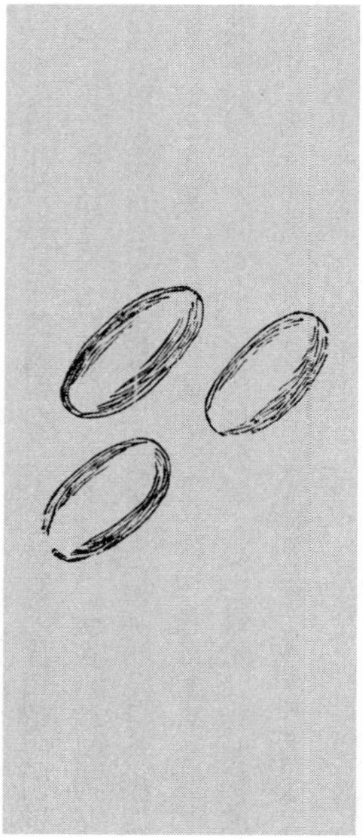

黃櫟，葉短而厚，上半有歧缺，作鋸齒形。初生，色微黃，味甘，蠶食之無病，故飼蠶以黃櫟爲最，惟不易長成，四、五年始可蠶也。其種宜黃壤，木細密，可爲器具。

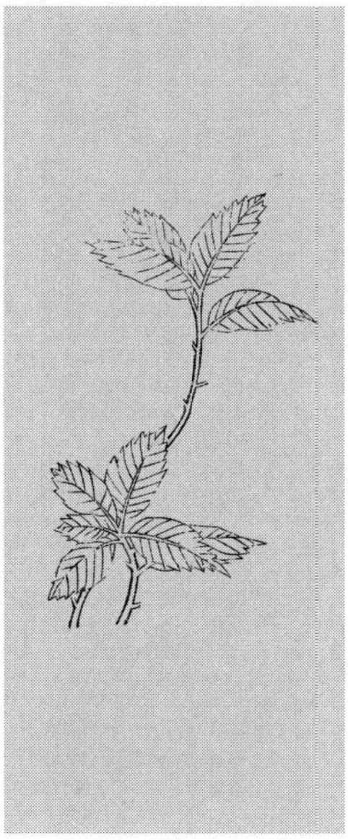

灰櫟，葉微長，無歧缺，有刺。初生，色微白，背有細茸作灰色，味苦然多汁，飼蠶易肥，且出絲堅韌。其種宜白壤，木亦堅甚。

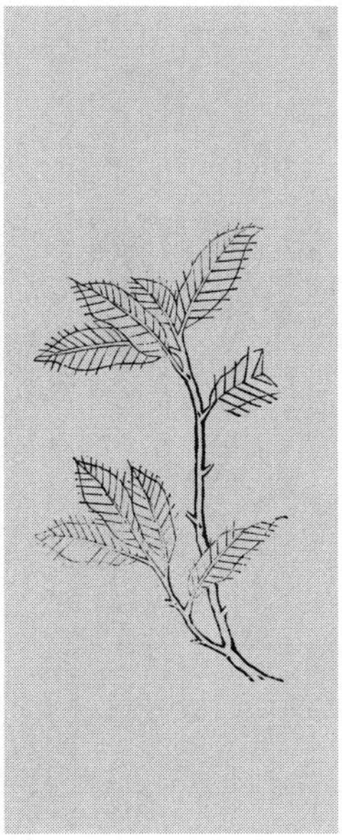

紅柞，葉細而長，無歧缺，有細刺鋭如針。初生，色微黃，味甘，最發蠶早眠早起，繭大而厚，且葉盡易生，春秋相繼，宜於頭眠後食之。其種宜黃壤，木細密色紅。

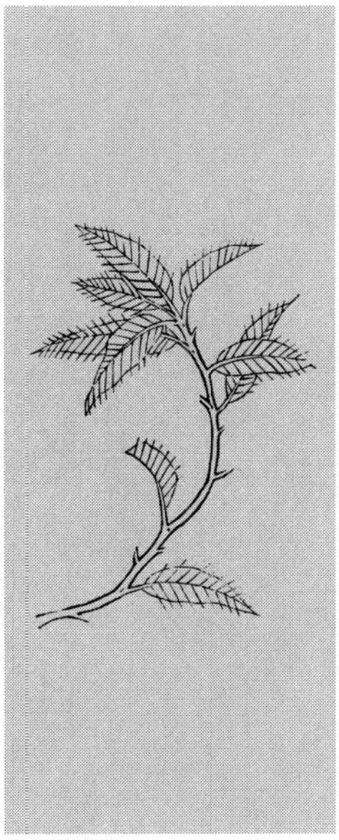

白柞，葉微小，無歧缺，有細刺鋭如針。初生，色微黃，味甘，發蠶與紅柞同，以飼小蠶尤佳。其種宜黃壤，木細密，心理皆白色。

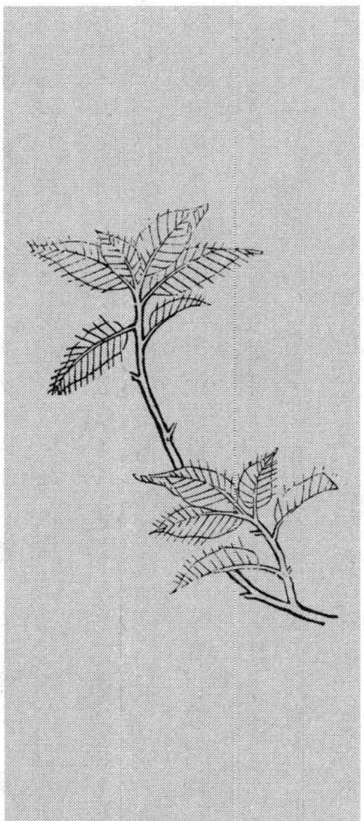

拷柞，葉似櫟而長大，無歧缺，有刺，色綠，甚光滑，味微苦，以飼蠶，出絲堅韌，惟易致病，宜於大眠後食之。其種宜黑土，木麤而勁。

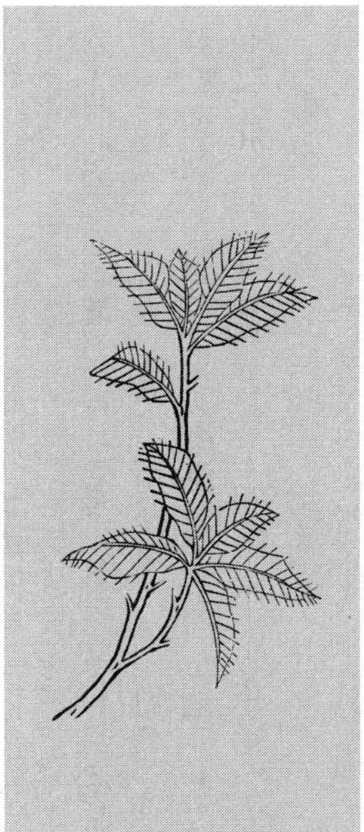

小青棡，葉小而薄，有歧缺，如鋸齒，色青，有微毛，味苦，萌櫱最早，春蠶喜食之，故種者多。其種宜黑土，木麤甚。

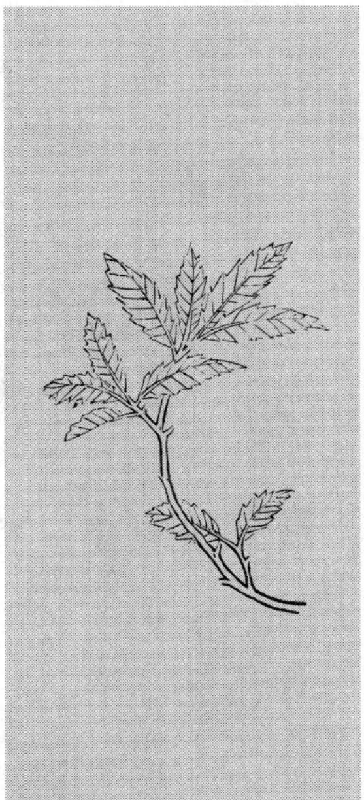

大青棡，葉大而長，有歧缺，如鋸齒，色青，有微毛，味苦，其生較小

青檲尤早，採其枝，用水生之，可以養蟻。其種宜黑土，木亦麤甚。

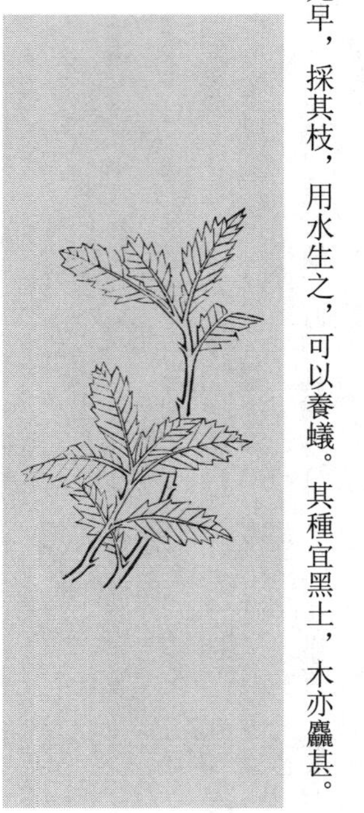

大槲柞，葉麤厚，頂微圓，上寬下窄，大如掌，有歧缺，齒亦微圓。初生，色黄，有微毛，味苦，蠶食之多瘠。有色青者一種，飼蠶頗肥美。凡沙石之地，皆宜之，叢生幹直，立無旁枝。

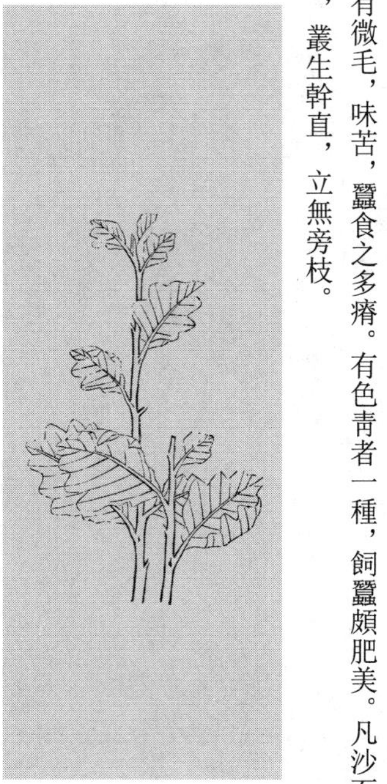

小槲柞，葉較小，頂微圓，上寬下窄，有歧缺，齒亦微圓。初生，色黄，有微毛，味苦，飼蠶肥而出絲多。有色青者一種尤佳，且長成最速。凡沙之石地，皆宜之，木麤而多孔。

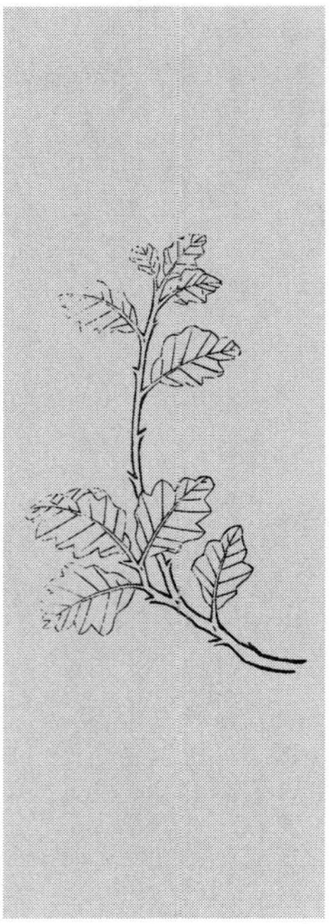

又《安徽柞蠶傳習所試育柞蠶第一次報告書》

烘蛾

春蠶繭種必烘之，而後出蛾，名曰烘蛾。山東春種出於秋蠶，秋種出於春蠶。而河南則以春蠶繭之不出蛾者，名曰悶子，留作次年春蠶種。傳習所用河南之法，於大寒節後，以魯山購來繭種，綫穿成串，至立春前五日，以串搭横竿上，懸之密室中，離地五、六尺，室内用柞柴燃火，窗牖緊閉，不令透風，屋頂留一洞以出烟。先用微火，按時酌度添火。火之鉅細，時之遲速，全在目力。明年擬用寒暖計、乾濕計。一不合宜，則有早出及燥死之患。歷四十五日至驚蟄節，蛾陸續破繭而出，選其强壯，别其雌雄，眉粗者雄，細者雌，放在筐内。筐以黄荊條製之，每筐雌雄各五百，凡三十筐，雌雄配者，凡三萬蛾，仍放烘室内，令其配合，以六時爲準，將雌雄手拆之，去雄留雌，雌散子沿於筐，其巨如黍。自此乃以三十筐，定選樹之準數，與得繭之預算矣。樹之準數，大約柞樹三十畝可育蠶種四筐，一蠶師管理之，繭之預算，大約每筐可收萬繭，三十筐應收三十萬繭，此中數也。豐歉，則視乎天時。

烘蟻

清明前十日，乃取筐環置室内中，用細火烘之，視柞芽之遲早，酌溫度之高低今年尚用目力，明年擬用寒暖、乾濕計，晝夜不息，名曰烘蟻，亦名烘子。惟烘蟻必另移一室，若仍用烘蛾之室，熱度已達極點，則蛾子必有乾枯之患。至上巳前後，子化爲蟻，蠕蠕然緣筐行，用物刷下，以紙盛之。

下河

蟻既刷下，於是掘渠引水。如有山溪者，即用山溪。取柞樹嫩芽，束之成捆，置渠中，刷蟻附之，名曰下河。七日，乃移入蠶場，置之樹上。

眠起

蠶之眠起，四五次不等。場亦須分四五處，每一眠起，則移置一場，至大眠後五六日，蠶老，週身通明，另移入作繭場，即在樹上繡繭矣。其管理之法：自出蟻下河入場起，即須勤加巡視，至二眠以後，每逢眠起，食葉正盛，尤須時時看守。每叢食葉將盡，即將蠶連枝剪下，移上别叢。稍緩，蠶即受病。晝則放炮，夜則執燈巡視林叢，刻不成寐，以防蟲鳥之害。其食葉之老嫩，各有次第，全在臨時移動得宜。此次試育，見蠶具五色，青、黄、赤、白及褐色，黄者居多，數赤者最大，粗如食指，重五錢有奇，而結繭稍遲。當夫朝露未晞，旭日初上，蠶緣枝食葉，沙沙如細雨聲，其色映日，如金、如珠、如孔翠，鄉民來觀者，無不生羡。向之以爲洋蠶，謂其不宜中土者，咸恍然於天生異品，足以利民，特前次無提倡者，故憒憒耳，至是而民智漸開矣。

收繭

山東收繭在五月，河南收繭在四月。傳習所蠶場中至四月十七日卽見繭，數日則垂垂滿樹，繭在葉下，緣白相間，觀者欣羨不置。尖柞之蠶繭小而較白，青棡、槲櫟之蠶繭大而較灰，其重量二三錢不等。據蠶師說，繭質之良實勝於魯山，當初預算本可得三十萬繭，後因四月二十一日，風災森泉寺蠶場，損失約萬繭，而悟道菴蠶場又因蠶傷熱病，損失三四萬繭，共實收繭二十五萬枚。蓋柞蠶之性，喜潤惡燥，若天時雨暘時，若收成且數倍；若久晴酷熱，則蠶患熱病，須以人力洒水。今年僅用竹筒洒之，現已購到日本噴霧器，明年擬試用之。惟烈日之下，驟下暑雨，最易染病。至大風大雨，惟適值繡繭之時，蠶半身懸空，則易墮落不復成繭，平時則蠶足緣枝甚固，雖遇大風雨，亦不致過於損失。

繅絲

河南繅絲，有水絲、乾絲二法，而水絲爲佳。傳習所之蠶師，祇能繅水絲，其法與繅桑絲之土法略同。每縷用十六繭至二十餘繭不等，故其絲質粗而纇節多。譚縣丞乃延江南蠶桑畢業生趙儒芸，以日本小車試繅之，每繅均用五繭，細而且勻，色亦較白，與土法繅者大不相同。惟柞繭較桑繭漿質膠粘數倍，必煮至一點鐘之久，繭壳方能輭熟；釜中之水須在熱表二百度，方能繅，抽核與日本屑繭繅絲論中之法相同。今年二十五萬枚之繭，除分送外，因明年擬推廣，多養留種約二十萬枚，故繅絲不多。平勻計算，每萬繭可繅絲一百十兩，若盡行繅絲，約可得三千兩。傳習所爲開通風氣，傳授學徒起見，故宜留種推廣，而不能繅絲售賣。若將來民間能自放養，不過費六七人之力，閱數月之久，以售價每兩三百文計之，應得錢八、九百千，其利亦厚矣。聞去年柞蠶絲銷洋莊者，至秋後價貴逾於桑蠶之絲。

絲質

柞蠶絲與桑蠶絲比較，其優點有三：用日本檢尺器、檢位衡、檢力器試驗之，復合以中國之度量，其繭絲之長可得裁尺二百餘丈；其五繭之絲伸度，每丈可伸二尺五寸，五繭絲之强力，可提三兩餘之重量而不斷；其纖度則與桑蠶絲相倣。缺點有二：柞蠶就樹結繭，偶爾風來，則吐絲稍停，故多纇節，不如桑蠶絲之易繅；色微黃或灰，不如桑蠶絲之潔白。現在已研究繅絲之法，及漂白染色織綢之法，聞西人現造飛行艇，須用柞蠶絲製氣球，想因其絲質之韌耳。

秋蠶

山東秋種至立秋始出蟻，天氣漸涼，害蟲漸少，故山東養秋蠶爲多。河南秋種至小暑卽出蟻，天氣甚熱，害蟲甚多，故河南養秋蠶者少，《柞蠶簡法補遺》中已說明之。此次傳習所試育秋蠶，因春蠶繭多慁子，出蛾者不及十分之一，夏至後卽出蛾產子化蟻，均聽其自然，至小暑節，一律成蟻，陸續移送上樹。查舊法，就樹拴蛾，蛾卽附葉生子，始照此辦法繫蛾六、七百，不數日俱被蟲傷，因改置筐中生子出蟻，然後移樹上，乃山係久荒，害蟲極多，其最虐者有一種金壳蟲，專食樹之嫩葉。又一種黑壳蟲，俗名臭牛，大者名天牛，日間四飛，雨中及夜間則緣枝葉食蠶，不盡不止，日夜分班看護，終難盡淨。再於日間用藥水烟熏之法，夜間用燃火誘集之法，亦竟不效。始信皖省氣候與河南相同，似不利於秋蠶。明年擬購用山東蠶種，再試育之。

推廣

民可與樂成，難與圖始，信哉！當劉令始至鳳陽租山設所，羣相疑阻，經劉令再三演說，撰貼白話告示，始得租定開辦。譚縣丞接辦之後，又竭力經營，隨處勸導，直至結繭滿山，而民間始信柞蠶之利，聞風興起。現在定遠貢生方璧等，在小寺灣杏山寺二處設立蠶場。從九王之衡等，亦在鏌鋣寺設立蠶場，均稟請借給蠶種，代售蠶師，業經批准，並飭鳳、定二縣保護在案。而霍邱縣袁令勵衡亦稟請倣辦傳習所，尚未辦定。祥熊又查滁州柞樹甚多，擬擇地分設一所，已飭由譚縣丞前往滁州租定關山邊堡陳紳景蕃家柞山一大片，該處滿山柞櫟、青棡尤多，擬明春開辦試育春蠶。又查皖省南北各屬，凡有山之處，無不有柞，民間祇知砍柴燒炭大利，之棄甚可惜也。擬在皖南、皖中再分辦數處，使數年之後，大利驟興，亦足爲皖民救貧之一法，惜財政困難，經費尚未籌定耳。

又《柞蠶簡易辦法》

柞蠶試辦之始，須先選租柞樹或青棡、槲櫟連片之山場。放蠶之樹，以旁枝側條貼地叢生，高二三尺者爲合用。約百餘畝。此就放養十六筐蠶種而論，或增或減，可以相地之宜，隨時酌定。惟第一年有招僱蠶師等費，則至少必須此數見利方厚。於秋冬農隙時，如法修剪。只去長枝，不令太高，如成本大樹，則須從根伐去，俟其叢生小枝，一年後即可放蠶。大約樹密之地，每三十畝可養蠶種四筐之譜。大寒節後，即須入房烘蛾。法詳《柞蠶簡法補遺》、《第一次報告書》及《蠶事分級表》。惟蠶事以烘蛾爲較難，即豫省相傳百餘年，習其技者亦頗少。見《烘蛾說》。皖省風氣初開，民間自行放養者，恐不免以購種匪易，或生疑阻。兹特爲籌一便利之法，如今年冬間派員赴河南魯山多購繭種，添雇烘蛾蠶師，在省城蠶業講習所及鳳陽柞蠶傳習所兩處，附設製種局。烘蛾製種，聽紳民就近到局請領，每筐一對酌收價四十文。按，繭價每個三文，對筐須二千繭已，合錢六千文。筐、炭、人工等費，尚在外。兹爲提倡起見，故特減收。如有放養者，應先擇定山場，約須用種幾筐，儘十月内預行函告，俟明年清明前一月，備價領取。惟初次試養烘蛾、下河、上山等事，如無蠶師，恐難合法，並可由製種局代僱，以便指導。蠶師工價每月六千文，道遠者須酌加一二千文，火食在外。計養蠶十六筐，有蠶師二人，再用工人二名，即能照料周備。每人約可養蠶四筐。若慮創辦之初，收繭取絲不能自謀銷路，現擬暫由製種局一律收買，估其成色，照給價值，以資提倡。今姑約算本金及獲利，數目如左：

山租以一年計　約錢四十千文

房租五個月三間　約錢六千文

蠶種十六筐　計錢三十二千文

蠶師二人，每人每月工資六千文，以五個月計算。　計錢六十千文

雇工二人，每人每月工資二千文，以五個月計算。　計錢二十千文

蠶師、僱工火食四人，每人每日一百文，以五個月計算。　計錢六十千文

蠶師來往川資　約錢三十千文

繅絲車二具　約錢十千文

繅絲鍋及修樹剪蠶筐一切雜用　約錢十千文

以上共需錢二百六十八千文。

試更以獲利計之，養蠶十六筐，每筐約收繭一萬枚據蠶師云，每筐五百雌蛾生子，實在十萬枚之外。而豫省歷年所收，以萬枚爲中數，多至一萬數千枚而止。其損失之額，幾十居八九，固由於防護不易，實亦配蛾製種，素無研究所致。若能照家蠶之法改良，其收數當不止此，共可收繭十六萬枚。每繭千枚，繅絲十一兩，約可得絲一千七八百兩。絲價每兩約售錢三百文，合計得錢五百餘千文，即以賣繭而論，每個售錢三文，亦值錢四百八十千文。除去用欵，均可餘利二百餘千文。若家有山場，兼育秋蠶，並能烘蛾、烘蟻，自行放養，不須蠶師僱工者，則其利更鉅矣。

又《烘蛾説》　放養柞蠶，以烘蛾爲必要，亦以烘蛾爲較難。凡春蠶選蛾製種，非先期烘繭，不能出蛾。皖省風氣初開，現擬設製種局，購繭烘蛾，聽民間價，領子筐簡便之法，無踰此矣。顧或謂因其難而代謀之，是民間無由諳烘蛾法，也不知倡始者必躬爲其難，斯仿傚者，無所疑畏。而大利由是興，利興，則衣食於斯者日以衆，必將窮究其所以然，分其功，精其業，營其利。而難者易矣，況未必果難耶，且柞蠶以豫省爲最盛，請更以魯山已然之事證之，魯山全邑民恃蠶業以生，比戶皆知養蠶，然能烘子成蟻者，十之五六，而能烘蛾者則十之一二耳。其民間慣習有專開蛾房者，每年冬收繭、烘蛾，來春生子計筐出售。每對筐價錢五六千文不等。養蠶之家有繭種者，屆時備荊筐並繭，交蛾房代烘，給以炭價工貲。每烘千繭，約給錢五六百文。蠶子生齊後，連筐取回烘蟻放養。其無繭種者，則向蛾房預訂子筐若干，至期購取，又有臨時購自集市者。魯山清明前一月，大鎮集上，均有出售之子筐。此外，亦有集合十數家，共雇一蠶倌烘蛾者，其民每祇習烘蟻，而習烘蛾者恒少。蓋其間，又有二原因焉：一原於風氣蔽塞，文明新理尚未輸入，不知寒暑表、乾濕計爲何物。蠶倌烘蛾，第憑一身試天氣之寒煖，默察温度之高低，而不能以言語發明其理由，指示其標準。業此者，非五、六年經驗不可。既非人人所得而學，即非人人所得而能。一原於繭多乃便烘蛾，窮簷數口之家，養蠶不過數筐，所須不過數千繭，無論未必，有適宜之烘蛾室兩間即有矣，而數千繭實不值用火。有此二因，故非由蛾房代烘，即集合十數家共烘，否則臨時購種也。然則豫省柞蠶盛行，而烘蛾者之簡少，若是吾皖紳民，即欲多僱魯山烘蛾之人，豈可必得哉？製種局之設，蓋以少數人烘蛾供多數人取求，開通風氣，斯爲最善一面。仍由傳習所教導生徒實習，烘蛾一二年後，生徒咸知其法，歸而導其鄉人，成效之昭著，當不在豫省下。況皖省四達之地，已著文明，本舊法而參以新知，由深造而至於有得，將必有製圖立說，發明其理由，指示其標準者，將必有專設蛾房，以肆應鄉民之取求者，孰謂烘蛾之果難，而不可以學而能之哉？

又《詳報柞蠶傳習所開辦稿》　爲詳報事，竊查齊、豫等省，發明一種野蠶，食柞櫟、青棡等葉，較之桑蠶，工省效速，於小民生計，最爲有益。

故近年來，日益發達，始僅供內地織綢之用，今且爲出洋大宗。查河南通年，產額值銀二千餘萬，歲收釐捐數十萬兩，直接固爲民生大利，間接亦有裨於公家財政。職道訪聞皖北等處，野生柞樹極多，久思爲因利而利之計，兼以禁種鶯粟之後，民間驟失利賴，尤不可不亟籌補助，以善其後。茲經撰發白話告示，通飭曉諭，並飭精於蠶學之員，編輯《柞蠶簡法》，成本刊印通頒，以便仿行。惟事不經實驗，不足以資提倡，擬先在鳳陽設立柞蠶傳習所，租地開辦，揀派講員，僱用蠶師，招集生徒，授以種柞放蠶之法，試辦有效，即可逐漸推廣。現在規畫經始，先派員至河南調查種柞飼蠶方法，並選僱蠶師一面，即派員赴鳳陽，查勘柞樹最盛之處，租地若干畝，作爲試驗場，靠近場地，租借祠廟一所，爲傳習所。俟由河南調查之員，到鳳即籌辦開所事宜，並以鳳陽縣知縣兼充該所提調，以便保護而資倡。率預算開辦經費，約一千一百兩，常年經費約二千五百兩，應於何項內動支，容職道與藩司商籌的欵，另文稟請撥給所有。現擬興辦柞蠶傳習所，緣由理合，開具簡章暨委員銜名，分繕清摺，並檢同《柞蠶簡法》一本，具文詳報，仰祈憲台鑒核，俯賜批示立案，實爲公便，爲此備由呈乞照詳施行。

清 孫鐘亶《山蠶輯略》

第七課 育蠶苗

蠶分春、秋二季。放於春者爲春蠶，春日清明前後，蛾出撲於筐內，筐內先以紙糊，雌雄交尾畢，雌即產卵於筐內。時時留心置筐之室，勿使過寒，勿使過熱，以温爲度。及穀雨前後，柞葉發生，則蠶苗出矣，即折柞枝四五枚一束，置筐中引蠶於其上，即將此枝插於河邊有水處，水生柞葉不槁，蠶苗得食。有待頭眠起者，始分散柞枝於蟻場，有二三日分散蟻場者，名爲破蟻子，亦視乎蟻場如何耳，此春日育苗之法也。放於秋者爲秋蠶，大概小暑前後蛾出，初伏蠶生。蛾初出，拉在蛾筐配對，再用蛾筐覆之，住二十四點鐘，即掀開蛾筐，將蛾對拉開，遂拉遂拴。拴蛾之法：預先用針剖蓑草，一名三稜草，分披如綫，長約尺餘，貼蛾之體，拴其小翅，一綫拴二蛾於兩端，繫於柞枝上，遠近相等，數枝一束，一束可繫二三十蛾，倒懸有蔭之處，即產卵於其上，否則雌蛾隨在產卵，放棄不可收拾，此拴蛾之所由來也，又一名綁蛾。產卵後十餘日，蠶即出。見有出者，即速分散於嵐中，遲恐蠶苗受困，易於生病，此秋蠶育苗之略也。秋日雄蛾，可爲供客之佳肴，拉對之時，遂去其翅，再用清水洗淨灰粉，微火炒熟，甘美異於常味。

第八課 蛾

蛾之體，分頭、胸、腹三部。頭部：有口器官一枚，細眉一對。蛾之知覺在乎眉。雄者眉粗，雌者眉細，與蝴蝶之有觸角同。舌與觸須，皆短而隱。復眼由多數小鱗片集合而成。胸部：有足三對，有翅四枚。前翅甚寬，約廣二三寸，每翅有透明二點如目，白色明如珍珠，有藍圈者，有紅圈者。又因翼眼如鏡，一名隔山照。翅面有黄黑色之毒粉，後翅無尾。當停止時，翅常舒張，其兩對之翅及軀體，俱以細鱗覆之。人若以手觸其翅，則有細粉落下，即其鱗也。其感觸肢成羽形。其棲息之際，翅平直，或如屋面之傾斜。腹部：有八環節集合而成，亦黄褐色。雄腹頗小，雌腹頗大，而不能飛。至於雄者，常乘夜飛舞。

第九課 出蛾淺説

凡蛾春秋，俱怕傷熱。傷熱多在未出之時，或天氣炎熱，或空室温度過高，以致蛾在繭中傷熱，蛾子頭上有汗，或尿红汁，俱皆傷熱。蛾子傷熱，蠶即生病。春日出蛾，室若寒冷，用火微温之。伏季出蛾，要緊擇一清涼之室，恐其傷熱。春秋出蛾，將繭用麻繩貫串四五百枚，如四棱楞與棱同形，横懸空室中。若串繭一節，串其無蒂一頭。蛾臨出時，多在下午以後。蛾之將出，若蟬之退，先吐淡绿色之流汁，按此汁帶碱性，浸潤有蒂之封頭，使濕而軟，蛾即從軟處出，歷數小時，翅展即干。初出二三日，中出二三日，末出二三日。末出多有不用者，因晚繭孵音孚，化也育也化多弱蠶。最先出者，曰始蛾；最後出者，曰末蛾，皆不可作種。二日以後出者方合用。

第十課 出蛾詳言

出春蛾，大約立春前後入室，不必用火温暖。待十餘日後，蛹漸活動，然後每朝用草燒炕即土牀也，炕不過微温而已。再住十餘日，燒炕之草漸多，而炕熱矣。上火時，蛹即摇動，聽之有聲，大約辰時後，即可倒繭。倒繭時，必須内倒外，外倒内，上倒下，下倒上，所暖之繭，方能匀稱。若上火上重，必須一天一倒，暖至四五十日，又得一天兩倒。何謂上火時？手插於繭中，其繭柔軟，若被水潤而略熱，此即上火也。大約五十餘日後，即能見蛾。若暖和匀稱，即用麻繩貫串，上下挂起。中出每千能出百餘母蛾，風蛾風蛾，即雄蛾也。雄、風同韻多寡，不在此數。

第十一課　出蛾變舊

或有謂出蛾不必用火温暖。立春一二日，即將院落之繭落者，居也。人所聚居，謂之村落、屯落、聚落。又院落，《宋晏殊詩》：『梨花院落溶溶月。』，抬入空室，將繭葉剥去，即用麻繩貫串，或三百枚，或五百枚，懸挂横杆。每十餘日，或前倒後，後倒前，左倒右，右倒左，則寒熱均平。待至谷雨，始得見蛾，較之用火温暖，略晚十餘日。如此出蛾不能傷熱，則黑皮、黎犍等病，可預卜斷绝，照此法出蛾，省便極矣。

第十二課　蠶種之原因

育蠶最要之事，在選善良種子。按蠶子如高粱粒大，其色如嫩高粱粒，淡水紅者佳，過紅帶黑紫色者，多半傷熱。而其要總在選蠶，選蠶時，要蠶身健強，大小均勻，色澤新鮮。移入繭場，吐絲作繭而成蛹，然後采下，留其卷葉繭初摘時，俱帶卷葉，至出售時，將繭葉剥去，入于通風之處，而藏儲之。通例：雄繭細小而蒂正；雌繭粒大而蒂偏。故繭之雌雄，可自外形大略分别之。及既羽化而出，則擇其健全者配偶之，使之交尾，旋溺，提置於蠶筐上，令之産卵。將風蛾即棄而不用，不令再交，若再交精氣不足，雌蛾産卵必不能善。一蛾産卵之數，平均計之，約得七八十粒，並百餘粒。雌蛾産卵二三日，即將雌蛾提出，若再多幾日，蠶即參差不齊。按母蛾腹大者不佳，産卵後一二日即死；腹小而健強者佳，産卵後十餘日才死。以是知蛾之壽命延長，即可知蛾之精明強幹。吾前言選種，固以選蠶爲主，又當以選蛾爲要。揀選雌蛾，必須環節帶淡绿色而光明者佳，若帶黑點或黑色，必出黑皮。或有黄綫，亦出黄爛。風蛾亦如此揀法。至如拳翅、秃眉、焦尾、黑頭並沿筐游走而不交者，或交時拍拍作聲及亂交者，此皆蛾病之顯然者耳。

第十三課　蠶種之交换

同一種子，年年放蠶於同一之地，數年之後，必至收量減少，品質變惡。故常放蠶者，不時選擇蛾根而交换之。又常出蛾者，或有赴北地北地，即奉天大孤山以東，出繭之地，收買繭種者，謂之關東莊；或有赴沂水沂水縣，即沂州府屬地與威海威海，即威海衛，英租界客嶺收買者，謂之沂水莊，與威海、客嶺莊。大約交换種子，無論莊口，必先至嵐子，調查蠶身之強弱，繭粒即繭個也之大小，繭皮之厚簿，絲路之粗細，骨實之硬軟，與舊種相比較，計其利益如何，而後定之。

第十四課　眠蠶

蠶自卵孵化時，爲生毛之小蟲，謂之蟻子，亦名黑孩俗名黑黑。自黑孩以至成繭，凡蜕皮蜕，讀如退，脱皮也四次，亦有五次者，皆不動不食如睡眠將眠之候，身肥皮緊，口吐沸絲於葉上，頭向上，僵而不食，縮嘴吐嘴，一晝夜始眠起一般。然自黑孩時，自眠至起凡三日，亦關天之温暖寒冷，暖則起的快，寒則起的遲。眠一次是第一齡，再住六七日眠一次是第二齡，直至第五齡。每眠一次約六七日，共計五眠之數，約三十餘日而成繭。其中水旱不齊，每眠之數不必限定七日，或有多幾日，或有少幾日。每眠一次，空沙净盡沙即屎也。養蠶之蠶姑，忌諱蠶屎，故名蠶屎爲蠶沙，因屎與死同韻，沙形六角，黑色，如绿豆大。蠶若有病，空沙泄瀉，俗謂之瀉薄屎，不能成沙，亦不能作繭。至若蠶身堅強，每眠一次，凡脱下之皮必盡食之，然後開食。茬鋤加切，音查。賈逵《國語》曰：『茬斜砍也。』柞櫟初生，最不易長，一年長至二三寸，三年尚不盈尺，以力在生根也。二三年後根固，於八九月用鐮貼地割之，俗謂之割茬。柞櫟一年只能飼養一季，如今年飼春蠶，明年則飼秋蠶，俗又謂之歇茬。俗書即作茬，《農政全書》：『楂木生閩、廣、江右山谷間，橡栗之屬也，惟斗無刺爲異耳。』今安慶土音柞櫟柞字，俗讀如乍，詢其字則書作茬，是茬即柞也。至如徐氏所謂楂者，是柞櫟之别種也子繭最早，蓋在蟻場，未經搬運，又得茂嫩柞葉食之，故成最早，四眠即吐絲作繭。春秋共計九眠，按每眠七日之數，合計共六十三天。春蠶五眠，秋蠶即四眠作繭，即謂之早蠶；春蠶四眠，秋蠶即五眠作繭，即謂之遲蠶。繭之遲早在乎四眠五眠，無分乎蠶之高矮也高矮即大小也。然此説理或有之，亦未必盡然。

第十五課　蠶之形質

蠶至老眠而蠶成矣。其近腹面之處，存一對之腺，由此分泌音祕，流也粘液音釋，汁也，此粘液經過氣管而由口吐出，遂觸空氣而固結成絲。這絲自下唇洞中出來，是兩根絲，當吐離口時，即合而爲一。身軀約長三寸許，厚而多肉。有金黄色者，有绿豆色者，有青藍色者，有白色者即白銀蠶也。自頭至尾，十三道環節。脊上兩邊每過有九小黑點，每點有刺直上，下有大點九顆，如皮色，再下仍有九小點如上。自第四道環節向後數之，每邊八點，點上成有金星六顆、七顆不等。前邊有足三對而長；後邊有足四對而短，微微漸高而色黑。頭如蟬頭而狹，頭頂上有二黑點，再下有四黑點，兩眼旁俱有一黑點。嘴黑，光潤而硬。又間有四眼者，殆不多見。

第十六課　徙蠶

放蠶最要嵐子寬敞，未有徙蠶之苦。設或嵐子不相連屬，蠶若食光，必須用移蠶之法，待朝露未晞，急連移蠶於筐，搬運他嵐，再將筐内之蠶，撒於薄落上，斟酌多寡，無庸再爲遷徙。

第十七課　繭

荏子繭最早，做在處暑前後，或因數墩間有一二枚者，故名稀繭，此繭多在蟻場。至二剪子以後，將蠶盡移於窩繭場中作繭，是中次末次之繭。天熱，晝夜吐絲，凡三日，繭卽成矣。天寒住五六日繭内始脱皮成蛹，夜冷則不吐絲。初，蠶挂網於柞葉上，先做細蒂，如小繩，系柞枝上，然後吐絲。自細蒂至尾，上下輪環吐絲，留一小口，曰封頭，在細蒂下，略有絲封閉，以待異日化蛾而出。按繭有白色、粉紅色者，粉紅多在大山，白者多在小山。再小山立紋石者，出繭粉红；或柞葉青黑而茂盛者，出繭亦粉红。余步履山中，遠視之，繭粒累累，殆不啻明珠之顆顆云爾！旱年所出之繭，干燥枯焦，不帶油氣，每千繭出絲七八兩之譜。澇年所出之繭，漿大，以手按之有烟，並油爛繭多。雨水均稱年頭，繭之骨實，以手按之如鼓皮然，色澤潤而絲路猛，每千枚出絲在十餘兩以外。若軟而不堅實者爲薄繭；堅實而不封口者爲穿頭繭。有未化蛹而僵者，有已化蛹而僵者，有蛹已敗而衣染墨汁者，此皆繭之病，亦蛹之病也。

第十八課　蠶病

蠶之疾病，雖有天時，亦有由母體遺傳者，有由同類傳染者，有由失人力不得其宜而起者。然蠶病之最可恐者，有黄爛、黎犍黎犍，一名黑老虎、黑皮、皮條、水眠、脱肛、放花等病。蠶種傷熱出黄爛，炷卽眠時壓積所致也。炷，音貯，熏也。俗稱污眠子，音韻不同眠子出黄爛，春秋蠶擱太密亦出黄爛。放花之病，初原于黄爛，終則遍身隨毛孔出無數小蛆，作網如絮棉然，蔟蔟如花，故俗人名爲放花。可見黄爛之病，皆由熱氣熏蒸所致，亦由人力不得其宜而起也。黎犍之病，形如腫症，食老食時，始見此病，遍身起黑泡，破卽出黄水，臭不可聞，臨死倒懸薄落葉上，是病若見速爲棄除，否則全嵐傳染，故諺云：『春怕黄爛，秋怕黎犍。』黑皮，全身如灑黑點，三眠始見此症，亦有四眠，作繭時方見者。黑皮、黎犍俱由母體遺傳，其病根在蛾，蛾子精選自無。餓眠子，蠶眠一二日方起，尚未開食，遇大雨，卽成餓眠子病，以及水眠其形腫脹、皮條其形枯瘦如皮條。黎犍肥大，皮條弱小，故諺云：『黎犍頭，皮條尾。』、脱肛如人之肛門露出大腸等病。又有微生物寄生蠶體，名曰：『病菌』菌有二種，有霉菌、分生菌之别，分生菌卽病菌也。霉菌之初生，如棉毛形。箱筒中之衣服，往往有此。亦有绿、黄、红、黑等之色。然皆爲如絲之菌，而出細枝，其尖端生小袋，袋中有牙孢，從風而飛散于諸方，得適宜之温與濕，遂成霉菌。梅雨時節，霉菌最多，此其征也。分生菌，卽爲傳染病之源。眼不能見，必須用顯微鏡察驗，此皆由空氣與水等而廣爲蔓延。則于物之保存及衛生，深宜注意。最可懼之傳染病者，黑死病、肺病、癩病、赤痢、疱瘡、虎痢拉等。必須用顯微鏡察驗，苟有蠶病發生，則宜檢出燒棄之，以絶其傳染之媒。又有沿樹游走不食者，曰：懶；有吐絲少許卽僵者，曰：縊。懶與縊多系種内受病，或云傷濕之病。又有大眠後頭忽全黑，俗名之老虎頭，多不成繭，卽成繭亦薄甚。

第十九課　預防患害

預防蠶害，首先不惜勤苦，宜用刀鐮排除雜草，使嵐子清潔，自無蟲類之患。蓋蟲類及病菌，皆由不潔之地產出也。

第二十課　漏蟻子漏有上漏下漏之分，並食菌之害獸

如上漏者，小苗之害，則有長脚蜂《左傳》：『蜂蠆有毒，其毒在尾，垂穎如鋒，故謂之蜂也。』《爾雅》郭注：『江東大蜂，在地中作房者，爲土蜂。』啖其子，卽馬蜂。今荆巴間呼爲蟺，音憚。燕趙之間謂之蠓螉。按蠓螉之合聲爲蜂，蜂與蠭同，出《蒼頡篇》。土蜂一名蜚零，陳藏器云：『赤色也，穴居最大，螫人至死。』按土蜂今呼戇蜂，大者斃牛，其房層累，大于十斗甕器，此卽長脚蜂之類也。郭云：啖其子，食其子者，蜂子肥白，古人珍之，故《内則》云：『爵、鷃、蜩、范。』鄭注：范，蜂也。《嶺表録異》云：『宣歙人脱蜂子鹽炒曝干，寄京洛，爲方物。』、草蜂子蜂類，甚多，草蜂于，是蜂于小者，謂之蠮螉，謂之蚴蜕，卽細腰土蜂也。天地之間，細腰純雄無子，取它蟲負之于木空中、筆筒中，七日而化爲其子。里語曰：『祝云象我，象我也。』故詩云：『螟蛉有子，蜾蠃負之。』信不誤也、地蝻子蝻，音睿，毒蟲名。《玉篇》：『含毒蛇也。』土人名爲土脚蛇，長一尺許，頭尾相等，狀類土色，人誤踐之，躍起中人，柞嵐有此，蠶幾爲他腹中物矣、鋼嘴子形似臭扳蟲，其形黑色，其味入鼻，臭不可聞。其嘴尖利，既見蠶時，將嘴吐出，如錐子形，隨蠶毛孔而入，以吸水氣，故曰鋼嘴于。按，臭扳蟲有兩三種，味辛辣而臭，漢中人食之，言下氣，名曰食蠆。一名盧蜚，一名負盤。氣如廉薑，故名蜚蠊；圓薄如盤，故名負盤。今俗人呼之臭扳蟲，其大如錢，輕薄如葉，黄色解飛，其氣臭惡。然則鋼嘴子，其形雖似，而其性則異等。又有二眠之害，如山鴉鵲一名喜鵲、一名干鵲、一名鳸鵲，又謂之飛駁鳥。鵲大如鴉，而尾長，尖嘴、黑爪、綠背、白腹。上下飛鳴，以背感而孕，以視而

抱。開户背太歲，向太乙，知來歲多風，巢必卑下。其鳴唶唶，故謂之鵲；鵲色駁雜，故謂之駁；靈能報喜，故謂之喜；性最惡濕，故謂之干鵲。陸佃曰：『傳枝受卵不墜地，故曰干鵲。』棲霞、福山俱名山鴉鵲、**老鶻子**一名鶻、一名鷝、一名隼、一名題肩、一名角鷹，善捉雀。鶻有兩種：小者曰雀鷹，大者曰鶻子。性最喜蠶，柞嵐見此，非槍彈不可。又有一種大鷹，有虎鷹、雉鷹、兔鷹之稱。北齊人呼爲凌霄君，高麗呼爲凌霄兒。大概出遼東者爲上，内地者次之。其性剛厲，不與鶻子同類、**保姑子**卽鳩也，此鳥甚拙，不能爲巢。似鶻，長尾，雌雄飛鳴，以翼相拂繫。其身灰色，翅尾末俱雜黑色。農人候此鳥鳴，播種其谷矣。江東呼爲获谷，呼爲郭公。梁宋之間，謂布谷爲鵠鵴，一名擊谷，一名桑鳩。其聲若布谷，又謂勃姑，又謂步姑。揚州人謂之卜姑，東齊及德、滄之間謂之保姑，吾棲謂之保谷、**螳螂**《禮月令》：『仲夏螳螂生。』螳螂，螵蛸母也。方言云：螳螂謂之髦，或謂之虰，或謂之蝆。《爾雅》郭注：『有斧蟲也。』江東呼爲石蜋，一名斫父，一名天馬，一名齕疣。兖州謂之拒斧，此蟲有臂如斧，故《莊子・人間世篇》云：『螳螂怒其臂，以擋車轍，不知不勝任也。』《韓詩外傳》云：『此爲天下勇蟲矣！』螳螂今呼爲刀螂，聲之轉也。秋生卵，著樹枝上，如繭，及春化爲小螳螂，俗名螄蟭，《爾雅》所謂其子蜱蛸是也。螄蟭及螄蟙罐二物，柞樹上最多，粘著樹枝，卽咂樹之水氣、**叫乖子**體青绿色，比蝗粗短，狀類蟋蟀。振翼而鳴，其聲清滑，及至晚秋，鳴聲猶壯。登萊人謂之聒子，濟南人謂之聒聒，並音如乖。順天人亦謂之聒聒，音如哥、**土乖子**體微帶黑色，比聒子略小。又一種乖子，力能跳躍，俗名二駱子。又一種乖子，尾長如針有歧，大腹，長脚，色紫绿，而形粗短，俚人名山草驢等。**至若癩蛤蟆**蹲伏樹下，無論樹之高下，仰而吸之，蠶自落其口中。蛤蟆有二種，蕭炳曰：腹下有丹書八字者，真蟾蜍也。《蘇頌》曰：『蟾蜍多在人家下處，形大，背上多痱磊。行極遲緩，不能跳躍，亦不解鳴。』蛤蟆多在坡澤間，形小，皮上多黑斑點，能跳接百蟲，舉動極急。二物雖一類，而功用稍別。又《西陽雜俎》：蛤蟆無腸、**刺蝟**《玉篇》：『蟲也。』似豪猪而小，可治胃疾。刺端分兩歧，似鼠，性獰鈍。物少犯，近則毛刺攢起如矢。蝟能跳入虎耳，見鵲便自仰腹受啄，虎饑欲食，見蝟而伏。今蝟毛，蒼白色，聲如犬嘷，大者如小豚，小者似鼠矣、**與狗子**狗，家獸也，一名犬、一名龍。犬之多毛者，卽今西洋獅猣狗也。齊人名地羊，其類有三：若守犬，短喙善吠，畜以司昏；食犬，體肥不吠，養以供饌；惟田犬，長喙細身，毛短，脚高，尾卷無毛。使之登高履險甚捷，其性比他犬尤烈，豺見之而跪，兔見之而藏。每牽之出獵，以鷹爲眼，目鷹之所向，犬卽趨而攫之。又一種高四尺名獒，毛多者名龍，狀若獅子，脚矮，身短，尾大，毛長，色黃，絨細如金絲，亦善吠，兼能捕鼠，至老不過猫大者，俗名金絲狗，又名小葩狗，又名卑脚犬。晉陸機仕洛，有犬名黃耳，能爲機寄書，七日而馳至其家，家人見之大驚，犬又索機家回書還洛，機甚愛焉，犬死葬之，名黃耳塚，**是皆老眠之受害者。**

如下漏者，夜間之害，則有蝎子蝎，音歇。《説文》：『□尾蟲也』。《本草》：一名主簿蟲，一名杜白，出青州，形緊小者良。韓文公《詩》：『昨來得京官，照壁喜見蝎。』《北史・南陽王綽傳》：『綽好取蝎。』杜工部《詩》：『每愁夜中自足蝎』、**蚰蜒蟲**此蟲象蜈蚣，黃色而細長，呼爲吐舌，長寸余，死亦卷曲如環。自關而東謂之螾衟，或謂之入耳，或謂蜧蠝。趙魏之間，或謂之蚨虷。北燕謂之蚰蚭。江東呼蛩，又名蛉窮。按，蛩，卽蛉窮之合聲，螾衟、蚰蜒聲相轉，蚰蚭、蛸蚳聲相近，入耳、螾衟，亦音轉字變也。按，此蟲青黑色，多足，能兩頭行，是卻行也。鄭注梓人云：卻行，螾衟之屬也、**茸鞋底**此蟲足長行駛，其行鬖鬖。今棲霞人呼草鞋底亦名穿錢繩，揚州人呼蓑衣蟲，順天人呼錢龍，此卽《説文》：蛷，多足蟲也。《廣雅》云：『蛷螋，蟱蛷也。』還俗文云：務求謂之跋蛷。關西呼蛷螋爲蚑蛷。蛷螋又轉爲蠷螋，《博物志》云：『蠷螋蟲，溺入影，隨所著生瘡、**臊蟻蛘**蟻有數種，大者別名蚍蜉，俗呼馬蚍蜉。小者卽名蟻，齊人呼蟻爲蛘。《方言》云：蚍蜉，齊魯之間謂之蚼蟓，西南梁益之間謂之玄蚼，燕謂之蛾蛘。其場謂之坻，或謂之垤。其大而赤色斑駁者，名蠪，一名杇。蟻有翅而飛名螱，卽飛蟻也。此臊蟻蛘，甚小沾人，色微黃，吸蠶之水脉，非食蠶也**等類。至如琵琶斬**一名黑鱉，一名黑賊，形似推車蟲，而略長二三分，嘴尖利，牙長一分，嚙蠶甚利。色極烏黑，如鱉形，故名黑鱉。其害蠶之性極猛烈、極貪狠，故曰黑賊。形類琵琶，而能斬蠶，故名琵琶斬、**刀環蟲**卽百脚蟲也。《本草》作馬陸，一名百足。《莊子・秋水篇》云：『使商蚷馳河，必不勝任矣。』司馬彪注：『商蚷，蟲名。北燕謂之馬蚿。』高誘吕覽注云：『馬蚿，幽州謂之秦渠。』唐《本草》注：『此蟲亦名刀環蟲，以其死側卧狀如刀環也。』俚人呼爲百脚蟲，以形似而得名也。紫黑色，而光潤，節間蹙起細紋，人觸之卽側卧，非必死也，**三眠受害莫甚于此。更有待蠶成繭殺蛹而食，所謂鼠**鼠，穴蟲之總名也。鼠，小獸，善爲盜。鼠爲十二屬首，所以紀歲時，故有鼭名。按，鼠，一名家兔，一名家鹿，一名松狗，一名竹豚，一名稚子，一名杜君，一名六蟲。杜工部《詩》云：『筍根稚子無人見。』是稚子言小鼠也、**貛與狐**狐，妖獸也，鬼所乘也。有三德，其色中和、小前、豐後。形似犬，黃赤色。狐性疑，疑則不可以合類，故從孤。狐，音胡，疑詞也。又狼狐博物，皆以虛繫，狐從孤，或以此故、**貉**《箋》：『貉子曰貊。』《爾雅》：『貈子貊。』注：其雌者名豾。今江東呼貉爲貅、貗。《説文》：『貈似狐，善睡獸也。』貉行數十步輒睡，以物繫竹，驚之乃起，既行復睡，借作貉。《考工記》：『貉踰坟則死。』今棲霞人呼貉爲貊，貊貉聲相轉也。其毛縟厚，繫之難斃，惟捶其鼻莖卽死。野人煎其膏，治痔甚良。尤西堂狐貉之厚以居論云。狐一羣不二雄，貉與貊同穴而異處，故狐之爲言孤也，貉之爲言各也。又言貛之將出，貉爲先導，是貉與貊雖系二物，實是一物，不過分大小異其名耳者非耶，**此皆蠶繭之大害。或用米與羊骨蒸拌信石以誘之；或砍樹爲人，荷蓑帶笠，肩負槍形以誑之；或支打石，或支夾弓系**

以大頭光形如豆蟲以擊之；或不時施放槍彈以斃之；或用人力勤苦以捉拿之。驅除之法多端，宜隨時隨地斟酌變通用之。

第二十一課　放春概言

春蠶一出，或在河崖招引，或用拉筐分破。按柞葉之疏密、樹之大小，自破蟻之始，必須食至頭眠綽綽有余方可。若頭眠起時，必須停一日始可分破，如此六七日卽能見眠，總要眠于密葉上。二眠一起，勿論天之旱澇，要日日用剪，因蠶稀密不等，故屢次分破，大約六七日可以見眠。但不可眠于半葉樹上蠶食一半，故名半葉樹上，因眠起不齊，而嫩葉均被早起食盡，而晚起者或自上下行，或自此枝適他枝，往來不停，再遇天氣炎熱，蠶未有不流流，卽覓食也。蠶不得食，卽受飢症，若流之卽久，百病皆出。故諺云：『春蠶一流，秋蠶無望。』然春蠶以三眠爲重，剪三眠三眠起者，用剪剪下，移於他處若帶眠子若有眠下未起者，故曰帶眠子，必須揀净，擱於他樹，恐炉眠也蓋二眠天氣尚寒，炉的輕；三眠正當夏熱，炉的重。斷不可不揀。三眠到四眠，亦須時時留心分破，三四日卽速撒老樹頭二芽頭、芽棵皆可撒，但不若吃老樹頭蠶有筋骨也，停一二日見眠，仍須剪下撒于二芽頭，眠于密葉上。待四眠起齊，停一二日蠶身健、蠶齒固，一起撒于芽棵上。待一二日以後，卽分破，萬不可待吃光禿。如此十日内，繭事卽可告成。又文登放春法，比棲邑、牟平拴蛾加倍有余，破蠶時每墩或五六、或七八不等，直至摘繭永未移徙，此名爲放舍蠶。如此放法，雖省人力，要必須嵐子寬廣、蛾子頭多方可。又有一種放法，初破蟻在老樹頭因老樹發芽最早，待二眠後，搬在芽棵與二芽頭因芽棵與二芽頭之葉，嫩秀茂密，蠶最喜食，待老眠起，仍撒在老樹頭因老樹頭所發之葉，日久質厚，蠶食之做繭結實。否則仍在芽棵與二芽頭，其葉柔弱，蠶老食之做繭劣，而卷葉薄且剥繭不易。

第二十二課　放秋撮要

秋天柞葉質厚而汁薄，必藉雨露頻滋以待柞葉之水分，故蠶能將柞葉吃盡而不流。破蠶又當以稀爲上，蓋稀蠶受病少。而密蠶受病極多者何？蓋蠶性喜走，必走向盡處，蠶一密，蠶皆聚于樹梢，秋天雨露連綿，樹梢之蠶所瀉之屎被雨所浸，流于下葉，而居下葉之蠶或飲或食，不免受臭糞之味，故易生病。然稀蠶如何稀法？預先調查柞葉之疏密，樹之多寡，食至老眠起，樹卽食禿，再剪盡起蟻場，以待作繭，仍以稀爲上。至若密則受病，或做薄繭，無須贅言。

第二十三課　旱年放春

自破蟻之始，直至做繭，永未見雨，當如何放法？放蠶之人當勤苦用剪，蠶一露梢，卽剪在老樹頭之密葉上，則蠶不傷熱，庶可做繭。否則蠶未有不流，蠶一流不能做繭。無論頭眠二眠，剪在老樹頭之密葉上，卽三眠四眠亦當剪在芽棵與二芽頭之密葉上。如此放法，所做之繭不出油爛，亦可作繭種。雖繭個甚小，而所出之絲，僅減常年十分之一，因旱年未有漿故也。

第二十四課　澇年放春

破蟻之時，設或陰雨連綿數日不绝，如何處置？速將蟻子，多多分破老樹頭之密葉上。再趁天氣晴爽，急速用剪子剪下再爲分破，以稀爲要。若不分破，恐蟻子混成一個，必至熱氣熏蒸，百病叢生，不但不能作繭，卽作繭亦甚劣。

第二十五課　拷蠶

預備作種，蠶初出時，不破嫩葉而破老樹頭，折其幼稚之性，故自始至終食老樹頭。此中之挫折，亦非一日，名曰拷蠶。拷蠶日久，而蠶身健固，故蛹身勝，而繭皮薄，用此繭出蛾，未有不摘繭者。若第以繭皮論，未受挫折之蠶，繭皮厚，用之作種，不耐受苦，易於生病，因其自幼食嫩葉，未受半點挫折之故。

第二十六課　柞葉之害

薄落之害，或起红蟲長二寸余，身粗如箸，毛長二三分，遍身皆毛，簇簇直上而色红，故名紅蟲。此卽《説文》：『蛅毛，蠹也。』又云：『蛓，毛蟲也。』俗呼爲毛蛓，有毒，蜇人。或起綁蟲形如綿蟲，绿色。寄跡薄落葉上，抽數絲如網，遮蔽身體，有如捆綁，故名綁蟲。並吸薄落水氣，薄落有此，多半枯死，或大頭光形如豆蟲，長三寸余，粗如大指，绿色，遍身光滑而頭大，故名大頭光。此與《莊子・庚桑楚篇》云：『藿蠋，豆藿中大青蟲。』狀相類也與金龜子形如蜣螂，而辉煌如帶金氣，故俗名金翅螂。其形似龜，又名金龜子。隨處放子于葉間，不但食薄落，亦食禾稼等。更有螞蛓《爾雅》：『螺蛅蟖。』郭注：蛓屬也。今青州人呼蛓爲蛅蟖。陶注：蛅蟖，蠔蟲也，其背毛蜇人。《陳藏器》云：蠔蟲好在果樹上，大小如蠶，背有五色斑毛，刺人有毒。欲老者，口中吐白汁，凝聚如雀卵，以甕爲繭，在中作蛹，羽化而出，作蛾放子，如蠶子于葉間。《本草》：雀甕，一名躁舍、别録。生樹枝間，蛅蟖房也。今登萊人呼蛅蟖爲螞蛓，螞螺聲相轉也。其甕呼螞蛓甕，紫白光潤如膝，其中汁黄味甘，兒童啃破其甕吸之。其甕俗名螞蛓罐，粘著樹枝甚牢，須折而去之類者：如八角紅形如小鏡面，扣而方，遍身綠色皆毛，而有八臀，其色鮮紅，故名八角紅。背毛攢簇，如起棱角，非真有八角也。毛刺聳直而長，人未有敢觸者，若觸之，直入毛孔，痛不可堪、青杠子長二寸，如杠子形，青色。青杠子之名，以形似而得名也。然其毛蜇人，仍如八角紅之嚴厲、琉璃彈形如龜鱉，而色青黑，大如指甲，身體光明如黑琉璃，四圍有毛而圓，故名琉璃彈。雖係無毛，人若偶觸，不啻蜂蠆蜇人。亦八角紅之類、刮頭篦子形長二、三分，黑色，毛在兩邊，如比櫛焉，故名刮頭篦子。其毛亦蜇人甚利、發面卷子其色青黑，毛長一二分，遍身有毛而惡，亦蜅蛓之類。其形如卷子而高起，故名發面卷子。以上五種，俱皆蜅蛓之屬，設或遺子子薄落，頃刻卽光，是蠶之不幸而遇歉年也。人亦照子捕殺之法，預防可也，皆爲柞葉之害。其余有形無名甚多，不能盡舉，或謂天數使然，要皆可以入［人］力除之。破蠶之際，當注意捕殺蛾子幼蟲。至化蛹成蛾，或用捕網，或用燈火，或用火照，以消除翌年之害。按燈火之法：用水一盆，將火漆浮于水面，再用罩子燈一盞，擱于盆上，蛾見亮光，直扑燈罩，而滑不能留，卽墮水盆，被火漆粘住。用火照者，夜間以谷稭、秫稭、燭，照北山，而南山之蛾一見亮光，真扑火中。然此殺蛾之法，較前捷便。

第二十七課　繭底之高低

棲邑所出繭綢，賽會卓卓著名巴拿馬賽會，芝罘同德成，奬給銀牌，因其絲質白底，故織出之綢，比別處加倍增光。距牙山黄公麗中修邑志，改爲聚筆峯前後左右更勝，俗呼棲邑之唐家泊、桃村所出之絲爲里山絲，其絲底之潔白爲全國之冠，惜乎地方狹隘，出處不多。至于寧邑湯上一帶，呼爲外山絲，絲底不如里山，微帶黄頭。文、榮呼爲威海莊。昌邑人呼棲爲東山，呼沂州、日照、莒州等處爲南山。今北地奉天省出繭更多，大孤山以西金金州廳、復復州、海海城縣、蓋蓋州，後改蓋平縣所出之繭，爲西山頭。大孤山以東沙河子、大東溝、黄土坎，爲東山頭。西山頭繭，放蠶有年，粒實小而色白，故絲略帶白底。東山頭新放之山，出繭粒實大而色微紅，絲底黑，不如西山頭。西山頭大北，相距千余里，東豐、西豐等處，出繭甚劣，其固有之絲皺，盤屈不伸，絲不好做，故纊工名曰『不吊絲』，是皆荒山以致此耳。

第二十八課　山繭之位置

初摘繭時，用葦箔攤開，防其傷熱，以出油爛。纊絲家收買後，或置繭樓，或置板倉。而繭摟板倉，俱要高聳直上，可以四面通風不能傷熱，又怕雨淋濕，外加雨打，並用蔣荻帘以蔽之。至清明節後，天氣漸熱，急速用殺蛹之法，防其化蛾破繭而出。殺蛹之法，或有用氣蒸、水蒸者，或有用火烘者。現在以火烘者，多用籠罩烘之。又北地多用閃法，臨出蛾時，室内窗户緊閉，熏暖過度，傍晚，際北風寒冷，速爲搬出受寒，如此二次，一暖一寒，則蛹卽閃死矣。

第二十九課　制物之變遷

山繭之用，雖自漢至明，謂之祥瑞，終未能倡行。降及清初，文明日啟，齊東一帶，鄉人間有以此制線代布者。自此以後，漸多效尤。我棲自嘉慶初年，以紡車紡線而盛行焉。至十七年，歲大凶，鄉人或紡線、或織綢，以有易無，而賴以生活者益衆。其線名曰山線，織出之綢有二種：其次者曰小綢，亦曰黑綢；高者曰大綢，亦曰白綢。山西昌邑俱到桃村安莊收買。小綢至張家口、西口，兑換羊皮、口蘑等，否則或販賣于烏蘭察布盟。大綢銷行南地並北京。其尤次者粗而黑，名曰小綢，土人所穿者是也。至咸、同年間，花旂、布打連等輸入内地，漸及于察哈爾、綏遠等處，則黑綢之銷路日漸蕭疏。至光緒中年，而小綢大綢俱以斷莊。又一種捻線綢，用錘子打線，以手捻錘子而線軫大，名錘子線。此線與孫沚亭《山蠶説》所云：『尺五之竿，削其端爲兩角，冒繭其上，重以數十，抽其緒而引之，若出一繭。』其法略同。用此線織綢，曰捻線綢，其耐穿不啻晏子一狐裘三十年，此綢間或有之，得之甚足寶貴。至道光末年，昌邑始有坐軖，每支軖三人，二人拾頭，一人摇軖，始有軖絲綢。其堅固不如白綢等，而色澤光潤勝之。光緒初年，東湯以坐軖改爲蹬軖，以一人之力可當三人，以脚蹬踏板，以手拾頭，省便之極。及光緒三四年，烟埠華豐、華泰洋行，改用汽鍋織軖，纊絲省力，而費用浩繁，雖得專利，而賠累無算。後裕豐線廠徐子泉，因華豐專利改用蹬軖，聘寧邑宋生，加木輪四具，名曰小纊。所纊之絲比華豐、華泰價廉，直至于今烟街數萬支軖仍依此式，此皆宋生所悟之力，亦以孫寶珠使之然也。自嘉慶初年，至民國五年，統計百有余年，以紡車而變坐軖，以蹬軖而變小軖，其中屢變不已，非所謂精益求精者乎！厥後繼孫寶珠與宋生以起者，苟能變而又變，是又吾所愿也。

第三十課　大小軖絲

采下之繭，以供制絲之用。小軖絲名曰灰經，創自光緒三四年。或有四頭、或有八頭，纊絲者每天纊絲八條，每條用繭一百二十餘枚之譜。每軖頭纊絲四條，每人一天纜兩軖頭。將軖頭置于烘絲屋，烘干打下，再看絲者加工挑剔。潔白光滑者，爲頭號；若有毛荒、扛條、條股不匀、色略次者，卽爲副號。三據絲者，用木樁釘一鐵鈎，將每條絲鈎上紐軫，紐軫有二：有摇把者，有擰把者。無論摇把擰把，俱用銅管轉環，如蔴花樣。將銅管撤出，卽有大孔，再將大孔破開，如冠笄形，此據絲之能事畢矣。四捆絲者，不拘條數，約六十條、七十條不等，只合六鎊重卽爲一塊。再將冠笄頭顛倒兩邊，置在絲架，不偏不倚，然後加門加扎，壓二十四點鐘，始能堅固方正。用粗挽綆兩頭捆成，卽用大高麗皮紙包裹周正，裝入箱內，以二十塊爲度，合計每箱百斤，銷售外洋。烟埠數十家繅絲者，未有如恒與德紡絲牌聲名藉甚。大軖絲，外洋收買，自同治末年，烟埠志大洋行始。小軖絲，自光绪七年，恒興德創立紡絲牌，馳名中外。執事入孫文山，爲大實業家，英、法、美俱收買，惟美國銷行極多。大軖絲帶碱灰多，故名爲灰絲。或十余頭，或二十余頭。始每塊八十兩，合曹秤稱五斤，發售都昌。繼則分量以漸而減輕至四十五兩重。迨光緒中年，里山綢銷行外洋，里山絲俱不發售都昌，外山亦有發售者，今則概不發售。每塊五十兩，或四十八兩，俱當地銷行。然此所言大小軖絲，不過言其裝修耳。

第三十一課　扣絲即蛾扣繭絲。扣當作口，習焉不察，以口作扣；相沿日久，不必改耳，知之可也

秋繭至春出蛾，往往因閒屋寒冷，而用火温暖，故出蛾之繭爲烟火扣，亦名大扣春季繭口張大，曰大扣。伏季出蛾之繭，亦名伏扣，又名小扣伏季繭口縮小，曰小扣。關東春扣，名東大扣，伏扣曰東小扣。或用紡線、或用捻線，不能制絲。至光緒甲午，中東之役威海失守，繭不值錢，始有以繭扣軖絲者，因繭扣輕，而用沙墮之。纜一二年後，多有不用墮者，較之費時，比纜大繭事半功倍，此繭扣制絲之始也。又有水軖者，以鍋水沸騰，將大繭投入鍋內，用扒子打出頭緒，拾于大軖頭上，名爲大軖水絲，一名水旱軖絲。因未用碱煉，又名生絲。依此法軖絲，絲必減少若干，故人多有不用者。

第三十二課　大二挽手

初蒸之繭剥去護毛，提至三四尺高，爲大挽手，都昌用此捻線織綢。至剥去二層護毛與軖絲之護毛，爲二挽手。近蛹無絲三皮子，前四十年擲于無用之地，現因大二挽手價昂，將三皮子摘開混衝二挽手。外洋售去，用藥水漚漬，如絮綿然。雖能紡紗織綢，與大繭、伏扣相比较，其中之精神不無懸殊。又可制紙，造爲皮靴，並金貂絨、黑虎絨等。足證繭之作用，無一而不有用。

第三十三課　織綢之原委

綢必用絲織之。而絲之織綢，必先漿擺，一用開水將碱灰擺去，再漿必先開扳，每絲一兩，用萊州粉子三錢，並豆腐湯子雜入其中，然後將絲挫擾匀均，曬干，是謂開板。再如前開扳一次不用粉子，只用豆腐湯子挫擾卽得，再用稀湯子漿出曬干，是曰開條。開條以後，用籰子絡下，名曰絡絲。絡絲以後，或作穗子填入梭內，以便作緯。再用絡絲纏縷子縷子，卽經線也，卽將湯子用刷箒刷匀，卽放機上。織綢，若抛梭緊靠，綢織縝密，形如魚籽；若抛梭輕忽，綢織松懈，形如魚網。織出以後，必須開煉。未煉以前曰生胚，用開水泡透，再入煉綢甑鍋，加碱炸透。再每匹约用猪胰子一兩有餘，用斧搗爛，摻入舊花，再用木杵搗匀，和以温水，用布將碎渣過出。再將綢子用淨出胰子水擾匀下缸，漚十二點鐘時，卽發酵取出。用一有孔之板，名曰拉板，將綢穿入孔內，牽拉一次。然後赴長流水，將漿擺去，曬干。若遇毛荒小結，卽用小剪剪去。再用未煉之綢，淹水紐干，以作沓皮。先用脚踏扁，將皱紋展開，再登平床平出。然後用油布包裹，或裝木箱，或用夾板，運送至烟，是謂發綢。再開行之家，經手入與洋行諸家交易，預定各種之綢于各商號，開一定單，至期檢驗符樣，是謂驗下驗下，卽曰賣妥。

第三十四課　山裏綢之名目

春蠶繭底甚白，出伏蛾之繭扣織綢更佳。秋蠶繭底亦白，織綢比伏扣略差一些，不如伏扣柔韌堅固。今山裏綢通行外洋，種種不一：有老寬粗寬：英寸三十四寸五，長：或二十，或三十，或五十，按斯不等。按斯卽碼也，碼二十重五磅；碼三十重七磅；碼五十重十磅、二寬粗寬：英寸二十九寸三，長分三種，亦如老寬粗。碼二十重四磅；碼三十重六磅；碼五十重八磅、老寬洋寬：英寸三十四寸五，長分二種。碼二十重三磅；碼五十重七磅、二寬洋寬英寸二十九寸三，長二十碼，重二磅。又有水紋、豆紋二種，輕重、長短、寬窄俱如老寬二寬。更有1×8 卽才尺一尺四寸五寬也窄粗寬英寸十九寸三，長二十碼，重三磅半、1×8 小洋綢寬英寸十九寸三，長二十碼，重三磅半、二寬花綢寬英寸二十九寸三，長二十碼，重五磅之别。至于都昌所織之綢，俗呼漿綢，未有定名。其人多有携綢出南北二洋兑换货物，極獲重利。雖能遍行全球，而其綢甚劣，不免欺人，較之山裏綢，大有天淵之隔。今則改良，亦有仿佛山裏，而價其廉，

因其絲底不如山裏故也。

第三十五課　附蒸繭法

蒸繭之鍋，曰甑鍋。按，甑鍋底，用鐵鍋，鍋上一截用磚盤成，捆以黄豆纖條，欲其堅固，名曰折口。内外俱用洋灰，瀰漫光潤。鍋蓋曰籠頭。按，籠頭用樗木作圈，葦席作蓋，其形尖而圓。裝繭入甑鍋者，曰蒸筐。按，蒸筐用椆條编者，如囤底形，口大底小。蒸繭分二種：一，小軖絲蒸繭法：每鍋繭十二千枚，用卜里門碱一斤下鍋燒之，以沸騰爲度，將繭入鍋中，握小木鍁拌炒均匀，用笊籬撈出，入于蒸筐。又將蒸筐擱在筐架，筐架下有大盆，接住灰湯。再將蒸筐抬入甑鍋，蒸繭半熟，卽將蒸筐抬出，用沸水一百八十斤之數，冲去碱灰。再蒸三次，仍用沸水冲淨，沸水多少如初，不須加碱。二，大軖絲亦如此蒸法，不用沸水冲鍋，亦間有冲一次者。惟油爛繭用清水泡透，榨出黑水，仍入鍋拌炒，但用碱稍多，以油爛性質堅固，不易開煉，故用碱多。蒸熟後，只用沸水冲鍋一次，不若小軖絲四次蒸冲。春冬用碱一兩，夏秋減去二錢。春繭與秋初之繭性質柔韌，所以用碱略少。若碱水沸騰過度，必先用小木鍁攪入隔撈，再將繭入鍋拌炒。否則碱水沸騰而直入之，將繭封頭頂開，蛹卽出矣，如此繅絲必減少分量。又大盆接住灰湯不可擲棄，用小缸盛之，或有時甑鍋燒干，有時碱灰略輕，卽用小缸灰湯澆去，以備不虞。

第三十六課　蒸扣法

蒸扣法有二：一，澆扣：不用炒鍋，將扣子裝入蒸筐，用沸騰碱水澆透，再抬入甑鍋蒸熟。澆貴適中，若澆過度，扣口卽拽，拽卽拖拉不斷，而絲卽損失若干。二，泡扣法：將扣子裝入缸内，缸口舖以葦席，用沸騰碱水澆葦席上，以盈爲度。泡二點鐘時，卽裝入蒸筐蒸之。初用卜里門碱一斤，燒開水，將一鍋繭扣，裝三十千之數，或澆透、或泡透，再用松木五十斤卽可蒸熟。若蒸不熟，不過筐頂僅有一二，提出不妨再蒸。蒸之過度，絲卽糜爛無所用矣。此病根在蒸繭時，或急躁，燒木不拘多少，或急放大火才有損失。否則謹小慎微，鮮有僨事。

清　徐瀾輯《椿蠶簡法》《柞蠶簡法》附

種樹

椿樹有二種，一曰香椿，可充食品；一曰臭椿，即樗樹，飼蠶宜用臭椿。

種法：秋收椿樹子，藏之如藏橡子法。春時，將地鋤鬆，將椿樹子去瓣，分行散入地内；初出時，移分排列，高二尺許，摘去樹頭，使枝椏四出，止要長四五尺，勿令過高，兩年成林。

潤繭

穀雨後，將繭種或用柞蠶繭，或向山東覓椿蠶繭用温水潤過，或二三十枚，或四五十枚，用線穿成串，掛壁間；小滿時，蛾即出，其法與柞蠶略同。

拴蛾

雄蛾聽其飛去，將雌蛾用捻麻或繫其左翅，或繫其右翅，掛椿樹上；雄蛾自來尋對。

出蠶

成對六時棄去雄蛾，雌蛾即生子樹上，八日以後即出小蠶，樹葉食盡，移置他樹，其挪移及防護之法亦同柞蠶，一月即成繭。

秋種

春蠶既成，便留秋種，其法同柞蠶，懸掛屋内，不用水潤。七月初旬，即出蛾下子，飼養收成，亦如春蠶。

椒繭

椿蠶一眠起後，移置花椒樹上作繭，名為『椒繭』，此綢最佳，極貴。椿蠶、椒蠶育法、繅絲法俱同柞蠶。

清　董元亮《柞蠶彙志·春蠶飼育法》

配蛾

淸明節後，將繭種用繩穿底成串，多少隨人自便，掛置向陽當風處，五、六日後，卽可出蛾。以翼之長短，辨蛾之雌雄，分置兩籠。俟蛾出竣，卽以牝牡爲之配合，大約以六時爲準，過時則須人代爲分解，蓋不及時則子多㲉，過時則雌蛾或脹而死。分解後，將雌蠶提出，以兩指搦去其溺。春季天寒，可用微火烘之，並令產子紙上。大約公蛾一可配母蛾二，如公蛾翅翼完全者，可留爲次日配蛾之用。

出蟻

蠶蛾產子後，將蠶子移入温室，置筐中數日，其子由微黄漸變成淺黑色，三、四日後，卽出小蠶，是名曰『蟻』。其不變淺黑色者，其子卽㲉，不能成蠶，俗所謂『寡蛋』者是也。蠶生之初，必先自食其殼，能食淨盡者爲佳。

飼葉

蠶子既出，此時天氣向和，各種柞樹已漸發芽，不落樹葉發芽尤早，故於飼養春蠶最爲合宜。可取嫩葉置於筐內，其蠶自能上葉就食，即將葉蠶移置樹上，如法保護。如偶因天寒，柞未萌芽，而蠶已出，可將柞樹嫩枝折下，泡水發芽，用雞翎將小蠶掃置芽上，亦能就食，旬日之後，再放樹上。

眠起

蠶上樹後，先食嫩葉。七、八日後初眠，頭向上，不食葉，經二、三日始起，脱去黑殼，色分青、黄。食葉五、六日，即二眠，亦經二、三日始起，繼此三、眠四眠，狀與一、二眠同。惟春蠶天氣日暖一日，蠶眠亦日早一日。四眠後食葉旬日，噤口退膘，吐絲成繭。自煖子以至成繭，所經時日，與桑蠶略同，總計不及兩月也。

移蠶

野蠶與家蠶同，除眠時不食不動外，其餘則晝夜食葉，不使蠶受飢餓，然後可望豐收。若一經失食，蠶身即現黄黑紋，經日而斃，故當此樹之葉食盡，必須將蠶移置他樹。春蠶喜移枝，愈移則愈易生長。其移枝之法：蠶幼時可連枝剪去，移置有葉之樹。惟每遇蠶眠時，不可剪移，俟眠起後葉盡，用剪刀連枝剪置他樹，方保無患。若但移蠶而不移枝，須知蠶尾部之足抱枝甚緊，用手促時，必由尾上倒提之，方易脱離，否則雖斷不脱也，而尤宜預備者。蠶將眠時，須留心察視其附近柞葉之多寡，足敷蠶之食料與否。蓋蠶眠時，雖不動不食，起眠之後，食葉必多，設附近無葉，則無從得食。若去樹較遠，則就食多勞，蠶身受病皆由於此，不可不先事預籌也。

保護

野蠶性質比家蠶爲强，尋常風雨，頗能自衛。惟蠶幼時，須加意保護，或遇烈風、暴雨、冰雹，宜先時設法遮掩，並巡視山場，見蠶之落地者，捉之上樹；死傷者，埋之他處，此人工之不可缺者。而又宜防鳥類，蓋鳥類多喜食蠶，防護不周，必受其害。防鳥之法：可於樹本繫長竹竿，緣以布旗，使隨風飄舞，則鳥類自不敢近。天將明時，鳥類出巢，尤宜格外留意，可摇鈴以驚散之。又鳥類嘴利，即蠶已成繭，亦能啄而食之，故成繭後，仍須看守。更有蛇類，亦喜食蠶。近由勸業公所派員，前赴建德縣胡宅村試養柞蠶，山多雜草，頗受其害。防蛇之法：惟有將山中雜草概行芟除，不獨蠶場潔淨，使蛇無藏身之處，則保護較易爲力。若夫多蟻之山，不適養蠶，然可以人力殲除之，除蟻之法：可於蠶未上樹之前，置羊骨於樹下，蟻聞羶就食，乃以洋油火殲之，如此數次，蟻自可盡。俟油氣悉散，再行放蠶。至各種蟲類之足爲蠶害者，已於《培柞篇》詳言驅除之法，然日間固當隨時防護，夜間亦須篝火巡視，不可忽略。山中之麝，尤爲野蠶所畏，一經熏襲，輒竟日不食，更宜加意驅逐。

宜忌

野蠶之與家蠶同，宜燥而忌濕，傷濕則病；宜潔而忌穢，遇穢則痿。凡蠶場中潮濕之氣、不潔之物，除之宜淨，即蠶工之衣服，亦須更換使潔。而蠶所最忌者，辛、香、酸、辣之氣，故桐油、白楊、蘿葡等物，皆不宜入蠶室。而其氣味之重者，更無論矣。如烘室中有燃桐油，或誤以桐木烘者，所出之蠶多不旺。蠶觸蘿葡葉即死，食白楊葉亦致病，皆不可不慎。

上山

春蠶始上山時，天氣尚寒多熱少，故放蠶宜在山之陽，以取煖氣。至成繭時，如天氣覺熱，又須移置山陰，使勿受不適宜之温度，此全在養育者之默體天時耳。

巡視

春蠶進場後，每日至少須巡視二次。布蠶太密者，疎之；有蠶墮地者，升之。分配相宜，死亡自少，且無兩蠶共繭之弊、絲量減少之患。若山場離家過遠，往返爲勞，必當於場中略蓋篷廠，輪流住宿，則巡視較易，一切蠶害，均可防之，免巡視不周、成功廢於半途也。

又《秋蠶飼育法》

出蛾

小暑節後，將繭用細繩穿底成串，挂透風處，惟此時天氣漸熱，勿使蠶繭見日，致受温度過高，反易成病。俟繭將出蛾，先備長繩，横繫室中，隨出隨時捉置繩上，蛾自抓住，惟不可使見燈火，以防飛撲。

育子

配蛾之法，一如春蠶，惟此時柞葉茂盛，不必如春寒時之育子於紙。可折柞枝，挂清涼處，用細繩拴已配過之母蛾於上，令散子枝葉間，或徑拴蛾於山場柞樹濃陰之處，緣枝散子，十餘日後，子自變蟻，即能緣附就食。

飼葉

蟻蠶先食嫩葉，嫩葉漸盡，蠶亦漸大。必須於蠶幼時，按樹之大小，葉之多寡，勻置其間，所放之蠶足敷所食之葉，方無葉盡不繼之患。

眠起

秋蠶眠起次數，及眠起時之變態與春蠶同。惟秋蠶自出蟻後，約三、四日卽頭眠；頭眠起後，約四、五日或五、六日始二眠；二眠起後，約六、七日或七、八日始三眠；三眠起後，約八、九日或九、十日始四眠。蓋秋蠶天氣日寒一日，蠶眠亦日晚一日，與春蠶正相反也。

移蠶

葉盡，移蠶之法與春蠶同。惟放蠶須比春蠶略疏，大約一樹須可供蠶十五日之食，以秋蠶不喜移樹，屢移則難於生長。又時值暑氣未退，設陽亢過甚，天久不雨，宜以水澆樹根，兼灑其葉，使樹得水而滋潤，葉得水而清涼也。

保護

保護之法，亦與春蠶同。惟蜂蟻、螗螂、蚱蜢之屬，秋時尤多，蠶之受害，亦較春時爲甚。可用鐮剷芟盡雜草，使之無所依附，自不至飛緣於樹。除蟻之法，已詳於《春蠶篇》中，茲不贅。

宜忌

蠶之宜忌，實由性成。無論春蠶、秋蠶，無不相同。觀於春蠶之宜忌，卽可以知秋蠶之宜忌矣。

上山

秋蠶上山時，陽光正烈。先時，宜放蠶於山之陰，以避熱氣；至作繭時，暑氣若退，則宜更移於山陽，以受温氣。與春蠶之先向陽，後向陰者相反，然其理則同也。

巡視

秋蠶多懶，天氣漸寒，墮地卽不能緣枝而上，必須人工捉置樹間，故秋蠶巡視較春蠶宜勤。狂風暴雨之後，當急赴山場察看，以免過時，蠶餓受病。

又《護繭法》

購種

蠶初變蛹，質極柔弱，一有微傷，出水卽死，故此時最宜留意。浙省向來習慣祇知飼養家蠶，不知柞蠶之利，現在試養之，初不得不借種於異地，

購買繭種，須用荊筐擔歸，不使搖動，方不至受病。

留種

若欲自留種，當知春種出於秋繭。擇種者，宜於秋蠶時，留心察看蠶之佳者，另樹飼養，蠶熟時，諸繭皆下，將此繭仍留於樹，並留人看守。俟冬令雨雪時，乃連枝折下，挂諸清涼室中。最忌煙火熏蒸，一經傷熱，則種必不育。如養蠶時不及留種，則於下繭後擇繭之堅實者，收儲之。至若秋種，則出於春繭。秋蠶留種之法，與春蠶畧異。春蠶下繭後，擇其繭之佳者，攤於葦箔，置清涼室中。攤繭之法，宜疏不宜密，尤宜隨時察看，其有汕爛及臭氣者，剔出之。蓋春蠶成繭，欲作秋種之際，已交夏令，暑氣正盛，繭與繭相蒸，一經傳染，種必受病，故與秋留春種大不同也。

藏種

蠶已成蛹，如遇潮濕臭穢，必至受病，出子決不佳，故當置於乾燥清潔之處，不燠不寒之地。蓋過寒則蛹殭不能出蛾，過燠則蠶期未到蛾已先出，皆非所宜。若藏繭太多，勢不能不用簍裝置，而簍之中心與四圍温度不同，必中煖而外寒，故於嚴寒之際，宜隨時變易位置，使受温皆同，則出子可期一律。

移種

繭種宜一、二年一換水土，由此與彼互相移易，愈換愈盛，至近亦須四、五十里水土不同，蠶乃易旺。勿以爲歷年繁盛，恃而無恐，致有全年歉收之患。

又《繅絲法》

剝繭烘繭

抽絲必先剝繭，繭頭有系，須順其系而剝之。又繭之表面，必包有浮絲，其色微黃，而質不堅緻，必須剝盡方得良絲。如繭多一時不及剝取，可用烘繭法，將蠶蛹烘乾，以防成蛾後穿孔而出，致絲斷而不能抽繹。

煉繭滌繭

取繭置大釜中，注以水，煮一時許。俟繭將軟，酌量繭之多寡，用莜草灰汁，或洋碱水傾入釜中，以短木鏟頻頻翻弄，視漬透爲度，是名『煉繭』。煉繭後，將絲移置筐中，滌其釜，更注清水，連筐置水中煮之，此時火力須以漸而加，使水沸上升透入筐中。然後減其火力，使水不沸，則繭中灰汁碱氣洗滌淨盡，

其絲乃有光澤，大略與桑蠶繅煉各法無甚異也。

上車抽絲

滌繭既净，斯時火候匀足，即可上車抽絲。其法：以手先捉去粗絲，以清絲頭穿入樁上絲眼，又由絲眼引上響緒，上下交互，再由響緒送入絲鉤，由絲鉤搭上車軸，下有踏腳板，將横條套於軸端，用腳踏之，車自旋轉，絲便環繞於軸上。

添絲搭頭

絲之粗細不等，有合四繭、八繭爲一緒者，謂之『細絲』；有合十二繭、十六繭爲一緒者，謂之『粗絲』。但無論粗細，總須一色到底，其有繭薄而絲先盡，或間有中斷者，須另以清絲搭入，方免粗細不匀之弊。

烘絲曬絲

新抽之絲必俟乾燥，方可收藏。或用火力烘之，或以日光曬之，惟不可使灰塵飛揚，尤不可使火出煙，致損絲色。若用曬法，則一遇陰雨，仍復還潮，不如用烘法爲宜。

總結功用

其不能抽絲者，如薄繭、油繭、破頭繭、及不上絲眼之水繭是也，然皆可供打線、紡線之用。打線之法：將繭煮熱，去其蛹，洗盡，用尺長之竿，層套於上，另用銅籤下鎮鉛墜，上扭爲螺紋，尖有小鉤，中貫蘆管，以左手執綿叉，右手大指及食指抽綿，撚而爲線，浙人謂之爲『打綿線』。凡家蠶不能抽絲之繭，均用此法。至紡線之法，與打線略同，惟成線後，用腳踏紡車紡之，較打線爲速。但打線與紡線所織之綢，不能匀淨如桑蠶所出之綿綢等類，可以類推矣。培植柞樹，較培桑樹省力；養育柞蠶，較養桑蠶節勞。桑葉貴，恆苦無購買之資；柞樹多，可斷無耗本之慮。能體天之生物，而因民之所利，致富之原，此其一端也。

紀事

清　王元綎《野蠶録》卷一《攷證》

《廣東通志》：成化二十三年，文昌縣野蠶成繭。

《管窺輯要》：雜蟲占，野蠶成繭，人君有道，其國昌大。

《廣志》：有原蠶，有冬蠶，有野蠶，有柞蠶，食柞葉可以作綿。

又 又按，《本草》有山桑、家桑之别。家桑，即今之接桑。山桑即今之野桑，其不由人種，而生於深巖之中者，則為山桑。意大利蠶書言：『野桑飼蠶，力大於接桑，況山桑不由人種而生，其力大尤屬可信。』張子中《蠶事要畧》謂：『潮俗桑樹無有不接者，不接則為野桑，椹極多而葉極少，不足以飼蠶，誤矣。自來解經者，先由不知檿為何物？故以檿絲為今之柞蠶。山繭若知檿之為桑，其是非固不待辨而明矣。』

雜録

清　蔣汝正校正，徐瀾編輯《安徽勸辦柞蠶案・安徽柞蠶傳習所試育柞蠶第一次報告書》

原始

柞蠶之名，始見於郭義恭《廣志》。其飼養之法，則肇於山東登萊諸郡。由是而奉天、河南、陝西、貴州諸省，聞風興起，轉相倣效，日盛一日。而奉、齊、豫三省最多柞絲繭綢，歲爲出口大宗，日、俄二國購者尤衆。

設所

光緒三十四年，祥熊承乏勸業道，設立勸業公所。沈方伯以王令元綎精於蠶學，薦充科員，王令呈所著《野蠶錄》一書，詳說山東柞蠶之利，及種樹、育蠶、繅絲、織綢諸法嗣，又覓得河南、奉天飼養方法，乃屬農務科長徐令瀾，攷其異同，編輯《柞蠶簡法》，刋佈流傳。祥熊前在鳳陽，見鳳境野生柞樹極多，擬設一傳習所，以開風氣，約需開辦費一千一百兩，常年費二千五百兩。沈方伯力任籌欵，遂派商務科員劉令宏達爲所長，前往河南魯山等處，詳細調查。蓋以河南之絲較勝於山東也，劉令調查回省，開呈節略。其法有與前刊《簡法》不同者，復屬徐令編次之，附以圖説，爲《柞蠶簡法補遺》，亦刊佈流傳。而劉令由河南延聘管理蠶事者一人，曰王平章，又精于飼養者四人，以充蠶師。並購到繭種四萬枚。至鳳陽，擇定森泉寺左近多柞宜蠶，擬在此處設所。而鳳民詫爲洋蠶頗多疑阻，經再三勸導，始得租定蠶場，而借用森泉寺，修造房屋，設所開辦嗣，以商科事繁，調劉令回省供差，改派譚縣丞啟桂接辦。

又《鳳陽柞蠶傳習所蠶事分級表》

第一級，自烘繭至出蛾。

元年十二月十二日	二年正月十二日	正月二十三日	正月二十五日	正月二十八日	正月二十九日
穿繭入暖房懸諸竿烘以火	雨水節自如入暖房後火以次加加至雨水節火益大	始出蛾二三枚	驚蟄節蛾出漸多	配蛾一筐每筐計雌雄蛾各五百個	配蛾一筐
二月初一日	二月初二日	二月初三日	二月初四日	二月初五日	二月初六日
配蛾一筐	配蛾一筐	配蛾五筐	配蛾四筐	配蛾二筐	配蛾四筐
二月初七日	二月初八日	二月初九日	二月初十日		
配蛾四筐	配蛾二筐	配蛾三筐	配蛾二筐		

附説

按：自河南購繭四萬枚，今配蛾三十筐，計共蛾三萬個，合七五成出蛾。

按：自十二月十二日烘蛾，至正月二十五日蛾競出，計凡四十三日。其中用火之法，蠶工但云升降視乎天時，亦且由於心計，然究不能舉其所以然者，以告人遂無所據以爲準，則擬今冬於蠶室內外置寒暑表兩具，每晝夜分五次詳記內溫外溫，則火力之進退與其高下，似可參考而知，以後乃較有把握矣。

第二級，自烘子至出蟻。蠶工呼初出卵之蠶曰『蟻』。

二月十六日	三月初三日	三月初四日	三月初五日	三月初六日	三月初十日
入暖房始烘以火（按是時在春分後五日）	始見蟻於是日開渠引泉剪樹嫩條束立水次名曰揷墩	蟻次第初用嫩柳引蟻掃之以羽移於墩上名曰上障又曰下河	蟻出益多	蟻湧出	蟻盡出每筐中有蟻未掃淨者置筐於墩旁蟻自沿緣而上名曰坐墩
二月初一日	二月初二日	二月初三日	二月初四日	二月初五日	二月初六日
配蛾一筐	配蛾一筐	配蛾五筐	配蛾四筐	配蛾二筐	配蛾四筐
二月初七日	二月初八日	二月初九日	二月初十日		
配蛾四筐	配蛾二筐	配蛾三筐	配蛾二筐		

附説

按：自二月十六日烘子，至三月初五日蟻盛出，凡二十日。其中火力之大小，蠶工云視柞發生之遲早，爲用火之緩急，所言固有至理，但用火之法，伊亦不能明言，亦應用寒暑表試之。

按：《簡法》云：蠶蛾下子，堆垛不勻者，卽爲病證。查各筐之子，均不免此病，而子已在筐迫化爲蟻，卽無法剔除之。來年應先行選蛾，以淸其受病之根

第三級，自分蟻至結繭。

三月初八日	三月初就日	三月初十日	三月十日	三月十六日	三月十七日
九筐（按分蟻移蠶係蔑筐與烘繭之筐不同）	分蟻十一筐	分蟻十三筐	蠶有頭眠者十之三	頭眠已齊	間有二眠者其餘則頭眠未起者半已起者半
三月十八日	三月二十日	三月二十一日	三月二十五日	三月二十六日	三月二十八至二十九日
移蠶至二眠場計四十筐	移蠶十九筐是日頭眠起者已齊二眠者十之五六	移蠶六筐二眠起者已數百枚	二眠已齊間有三眠者	三眠起者十之四五	移蠶入三眠場共九十筐三眠已齊。
四月初一日至初三日	四月初五日至初七日	四月十七日	四月廿三日至廿五日	四月二十八日	
移二眠蠶至悟道庵共三十二筐是日三眠齊起間有大眠者	移蠶入大眠場共二百一十筐	移蠶入二八場共二百七十筐	始見繭三枚	移蠶入繭場共三百三十五筐	本場見繭十之四五悟道庵見繭十之五六
五月初一日	五月初二日至十一日				
兩場同日摘繭本場一萬一千枚悟道庵八千五百枚	本場摘繭共十八萬兩千二百枚悟道庵六萬八七三百枚				

附説

按：春蠶二、三眠時，蠶工均言蠶爲上，上及計其結繭，祇爲中稔。其中因三月二十三、四、五等日大風大雨，四月初一、二日大霧；四月二十一日風災，致受大損，而害蟲之嚙噬，又復種種不一。至於挑蠶往悟道庵，因受熱蒸，遂致所收不能十分滿足。然初次試養，幸卽告成，故遠近來觀，莫不欣羨而思仿辦也。

又《柞蠶傳習所暫訂簡章》

一、本所宗旨，以直隸、東、豫各省現養柞蠶，爲民生大利所在，擬倣照興辦，務使各州縣百姓皆知種柞、養蠶之法，因風氣初開，先設傳習所一處，以爲提倡。

一、皖北各州縣，原有野生柞樹頗多，鳳陽尤盛，而地居皖北首要。故先於鳳陽設所一，本所暫不建造房屋，擬租本地寺廟爲校舍，或於其傍添造草屋一、二十間，俾敷居住。就近擇柞樹最盛之處，租地若干畝，以作柞蠶試驗場。租地多少，俟開辦時察看所房寬狹，暨工力所及，再行酌定。

一、本年先派員至河南延聘蠶師，並採集各種野繭及育蠶繅絲器具，以

爲傳習所標本，與實地習驗之用。

一、試驗場野生之柞，必修剪一、二次，方可育蠶。其旁生之雜木，亦須伐去。應於本年八、九月間，督飭蠶師如法剪伐，至十月收採橡子，補種新樹。

一、擬明年正月，傳習所開校，所内設所長兼文案一員，講員兼庶務収支一員如果事繁，一員不能兼顧，臨時再行添派一員，蠶師三人，雜役八名。

一、本所設正班學生五十名，住所不収膳學費，以粗通文義，勤樸耐勞者爲合格，以備養成講員、蠶師之用。另設附班學生無定額，不住所供膳，不收學費。凡本地農民，皆准每日來所學習二小時，俾能自行飼養，以求普及。

一、凡正班學生，入所肄業者，於報名時須註明籍貫，並邀請公正紳商爲保證人。

一、傳習期限：正班生以一年畢業，講習實驗並重。每年十二月起，授以烘蛾、烘蟻實驗，並上課講習。至次年三月起，授以春蠶及繅絲實驗；六月起，授以秋蠶及繅絲實驗；九月起，授以修剪舊樹、栽種新樹實驗。凡實驗期内，均仍隨時講習，至十月底畢業。附班生自三月起至十月止，以八個月畢業，隨同正班生實驗，各事並隨時口授講習，十月終考驗成績。正班生給畢業證書，附班生給修業證書。

一、蠶師多係鄉人，未必通曉文理及教授之法，故另設講演員，按照《柞蠶簡法》各節，與蠶師詳細研究，編成白話，分課講授。惟蠶師亦須隨同上堂，以備生徒質問及驗習等事。

一、民戶如自有柞樹山場，願試辦者，本所當力爲保護，應需蠶種若干，可備價請由本所代購。

又《勸養野蠶白話告示》 爲出示曉諭事：我們中國有名的大宗出產，就要算茶、絲兩種。絲的用處較茶的用處更多，所以利也更大，這是人人都曉得的。不過大家所說，都是用桑樹養的家蠶。我現在打聽得，家蠶之外更有一種野蠶，也與家蠶之利不相上下。其養法卻比家蠶格外容易，大約你們未必知道。我如今就說與你們聽聽，野蠶吃的，不是桑樹，另是一種柞樹，又叫橡樹，又叫櫟樹，又叫青棡柳，又叫槲樹。名目雖不同，樣子却差不多，都可以養得的。至於養的法子，不用人喂，把他放在樹上，任其自己吃葉，只要常常趕去鳥雀等類，休讓他在樹上傷害，不過二十餘天，就能結繭。等到繭子結成後，便可取下來抽絲賣錢，你說簡便不簡便呢？我聽見養野蠶地方的人說起，一個人可以養四五百個蠶蛾的子，一個蠶蛾生子一百多個，算起來可以得五六萬個繭子，一千個繭子出絲十兩，一人得絲五六百兩，值銀一百四五十兩，貴的時候，可以賣到一百六七十兩，這還是一季收成。野蠶春秋都可以養的，若能養兩季，那所得就更多了。這個法子，本是從山東興起，後來河南、陝西、貴州、奉天各處都學着養起來，年年進項，有幾十萬兩的，也有幾百萬兩的。奉天省，就是現今浙江增撫台做安東縣時教人辦的，到如今不過十年功夫，已經有六七百萬銀子一年出息。河南魯山縣地方，有一鎭市叫做拐河集，逢到蠶忙時，上海、漢口，都有人去坐庄收買。一年的絲價竟要值兩千多萬銀子，這都是有憑有據的，你們說這種利，大不大、厚不厚呢？如今人人所知道的，什麽山東土綢，什麽周村連機綢，什麽汴綢汴縐，什麽南陽緞，都是這野蠶絲織的，就是外國洋洋縐、洋巴緞，也都是攙用這個絲。所以俄羅斯、日本各國都爭著販運，出口的貨，一年多如一年。果然能大家做起來，非但中國不愁沒有銷場，還可以發洋財，眞是一樁極便易的事情。現在皖南北有幾處，自生的柞樹極多，滿山都是，眞算得天然的財產，頂大的利源。如今人開口就要說安徽土瘠民貧，眞眞冤枉極了，依我看來，竟徧地是黃金呢！况且這個橡樹，不止葉子可以養蠶，結的果子外殼，叫做橡椀，可以染青。南京的玄色緞子，都是拿這個染的。果子可磨粉吃，六安州有賣栗子粉的，就是這個東西。老枝粗的鋸下來，埋在潮濕地裏，可以長木耳，生過木耳之後，又能燒炭。有一種極好的炭，名叫栗炭，就是這個木頭燒的。更有一樣極大的用處，橡樹的皮，可以熬膠，洋人拿他製造各樣東西，中國人都叫做象皮，其實就是這個膠做的。這些用場，你們都不曉得，僅拿他砍做柴燒，不是把眞珠寶貝當做瓦塊看了嗎？實在可惜得狠，現在本道已把種柞樹、養野蠶的法子，打聽得淸淸楚楚，編出書來，發給各州縣。你們想看的，可以到州縣衙門裏去要。又派委員到各處細查，看看那裏這個樹頂多。再到山東、河南，找會養野蠶的人，買野蠶的種子，來教你們，帮你們興這個大利。安徽荒地荒山，眞正不少，若是到處種柞養蠶，總可以同河南魯山縣一樣，每年也有一兩千萬的進欵。你們於五穀雜糧之外，添了這些錢，還怕什麽荒年，怕什麽窮呢？我現在這個告示，編成白話，曉諭你們，也是一片苦心，無非想你們多幾個人知道。以後有柞樹的地方，千萬不可蹧踏。有識字的人，把這告示念給大家聽聽，如果能齊心辦起來，眞是子子孫孫，享不盡的利益，那不好麽？特示。

山蠶

論説

清 崔應榴彙纂，錢馥補輯《蠶事統紀》卷一三《異域土産》 案《唐西域記》：瞿薩旦那國，王城東南五六里，有鹿射僧伽藍，此國先王妃所立也。昔者此國，未知桑蠶，聞東國有也，命使以求，東國君祕而不賜，嚴勑關防，毋令桑蠶種私出也。瞿薩旦那王，乃卑辭下禮，求婚東國。國君有懷遠之意，遂允其請。瞿薩旦那王，命使迎婦，而誡曰：『爾致辭東國君女，我國素無絲綿。桑蠶之種，可以持來，自為裳服。』女聞其言，密求其種。以桑蠶之子，置帽絮中。既至關防，主者徧索。惟王女帽，不敢以檢，遂入瞿薩旦那國，止鹿射伽藍故地，方備儀禮。奉迎入宫，以桑蠶種留於此地。陽春告始，乃植其桑。蠶月既臨，復事來養，初食也。尚以雜葉飼之，自時厥後，桑樹連陰，王妃乃刻石為制，不令傷殺。蠶蛾飛盡，乃得治繭，敢有犯違，明神不祐，遂為先蠶，建此伽藍，數株枯桑，云是本種之樹也。故今此國，有蠶不殺，竊有取絲者，來年輒不宜蠶，此與新書所載，直是一事。瞿薩旦那者，特于闐之梵語耳，並列之，以証新書所本。 馥案，《西域聞見録》云：『和闐，回疆之一大城也。原蠶山繭極盛，所織紬絹繭布，極縝密光實可貴。』或曰：『和闐，即古于闐。』又曰：『喀什噶尔，土産盪緞盪紬金銀絲紬緞布。』

清 江志伊輯《飼蠶法》 《爾雅・釋蟲》：『蟓，桑繭，雔由：樗繭，棘繭，欒繭。蚢，蕭繭。』此五繭，惟欒繭不可考。桑繭，即今桑上野蠶，生桑間，形與蠶同，色黑而差小。作繭一面著桑，而平色灰褐，每年採兩次五六月與八月。繅絲可織阜綾，亦農家自然之利也。又有一種野蠶，成繭於蒿艾間，當即蕭繭，椒有刺；奴柘似柘，而小有刺，二者皆可食蠶。今之椒繭山東有之，以椿蠶一眠後，移飼於椒樹而成繭。其繝最佳最貴，柘繭，當即古之棘繭、樗山椿也。《禹貢》『萊夷作牧，厥篚檿絲』，今東萊所飼山蠶，食橡槲椿，柞以爲繒，堅韌異常，即古之樗繭也。

國朝康熙年間，陝西甯羌牧劉公，倣東萊法，教陝民飼養山蠶，所織綢，號劉公綢。乾隆中，歴城陳公守遵義，覔山東繭種，蠶師廣爲教導，期年有成，織綢與山東無異。今英、法、俄、德、奥意諸國，均覔中國山蠶種，歸而飼之，名曰伯呢，絲質甚美。可見山蠶一種，隨地皆宜，不獨東萊矣。按，少昊以鳥名官，桑扈竊脂，爲蠶驅雀。大抵唐虞以前，皆飼山蠶耳。録飼山蠶法於後。

清 孫鐘亶《山蠶輯略》第二課《蠶之利益》 山蠶爲有益于人類之昆蟲，其繭可製絲，絲可制綢，已不待言。而其蛹可食，更可作肥料，且又有説多含脂肪，可以榨油。按蠶蛹多含磷酸，但多脂肪，腐爛稍遲，宜入液肥中，俟腐熟而後用之。今之用者，未曾腐熟，直投入地，亦見奇效。又蛹之形質，仔細審視，則蛾之首、舌、角、翅與足，痕跡完然，皆緊貼于體。頭部有小白點，如绿豆大。有心色黑而堅，如半鼠糞形。其體雄小雌大，有黑色者，有黄色者，有微帶黄色者。雄者剖開粉細如帶精焉，其味香芳；雌者隱約如米粒形，似含卵焉。

清 理財政局《奉天全省財政説明書・奉天財政沿革利弊説明書》卷三《正雜各税説明・繭絲税》

改良辦法説明

繭絲爲奉天土産，乃外人所爭購者。惜桑柞之種植，絲繭之製造，均拘於舊式而不能翻陳出新，故獲利頗微，人民以無厚利可圖，遂不肯鼓舞爲之。現在，繭絲税之收入，僅限於東南瀕海一隅者，職此故耳。改良之法似宜先擴張繭場，由該地農會勸令，於已設場之處，妥爲整頓，即未設場之處，亦可因地制宜，力求拓展。迨設場既多，而彼此以各人所經驗，互相研究，不惟利益能均沾，而智識亦可以互换。夫種桑以養家蠶，種柞以養山蠶，此定理也。奉省養蠶，各地多種柞，而不種桑，已爲缺點。而種柞又不能精選種子，修理枝幹，樹不葱蘢，而蠶又何由繁殖，是蓋因農民乏蠶學知識，故不能發生新思想。現在農工商部所定蠶業講習所，爲振興蠶學，起見固法，良而意美。然除省城已設立外，其餘各屬，率皆困於款項支絀，未能成立。爲變通計，似不如先於各處農會設一蠶業研究社，招集本地飼蠶之家，性質穎悟，或歴練有得者，酌購書籍，定期研究種樹之法。已種之柞，力求改良，未種之桑，亦應試種。如是，則桑柞並植，而家蠶、山蠶均可飼養，迨成效昭著，自有的款可籌，再行設蠶業講習所，延聘專門學者，招生講習。考之理論徵之事，實則蠶業，乃有根抵矣。獨是飼蠶既已講求，而繅絲尤爲必要。查奉天繭絲，原質甚堅，最能耐久，惟製造不良，故絲質與絲色不能精潔，一經外人購去，製以機器，復用理化變其原質，遂燦然可觀，即以其物還售於我，其價值頓增數倍，利權外溢，莫此爲甚急。應於產絲各地，設立繅絲場，或官家倡辦，或官商合辦，採東西洋繅絲之法。舉凡所出之絲，盡收集入場，加以人工製造，務使絲質精，而絲色潔，如是則銷路必暢矣，而稅額亦可以增加矣。雖然蠶業既圖，其發達而養蠶之地，更宜逐漸推廣。按桑柞之生，不宜於水，而宜於山。奉省所屬各地，田嶺居多不獨，蓋復熊海等處也，此後應於近山各府、廳、州、縣，確實調查，如有未闢山荒，即飭農會。首先種植，爲一般農民倡，一面鼓舞農民，群相步武，庶幾變無用之荒爲有用，使無蠶之地而有蠶，則蠶業可日冀進步，而稅源亦日以增加矣。

清 理財政局《吉林全省財政説明書·吉林省財政利弊説明書·利弊》 至山蠶，係三十三年所舉辦，磐石、伊通、大咳狼各處，富產橡樹。其時分設蠶場，以之飼蠶，頗具成效。近又由該局發明柳蠶，倘能漸次推廣。凡產柳之區，即可坐獲蠶絲之利。惟是二項蠶絲，雖發前人所未發，如欲從事推擴、研究、種植、飼養及繅絲、機織等法，非多設學堂，廣爲傳習，亦難家喻戶曉。現在方爲投資時期，不過樹立模範，以爲之倡，固無所謂大宗收入也。

綜述

清 陳宏謀《廣行山蠶檄》《皇朝經世文統編》卷六〇

計開養蠶樹名

槲樹大者為大葉槲，小者為小葉槲。

橡樹葉稜多窪結子上圓下尖，狀如蓮子，名曰：橡子。橡子落地，以土掩之，即可發芽成樹。

青杠類橡葉而小，結子與槲樹同。

柞樹樹皮紅者名柞樹，皮白者名白柞，葉皆青色似柳葉而較寬，經霜不落，結子與青杠同而較大，以上餵養山蠶。

椿樹即臭椿。嫩芽時紅色，成葉後青色，似香椿而微臭。子結辦中，如目之有珠，名鳳眼草，餵養春蠶，全賴此種樹。

清 劉祖憲《橡繭圖説》卷上

橡利第一

橡，《爾雅》謂之櫟，山東、關中謂之槲，貴州謂之青棡。小者可養蠶，大者、老者可薪炭。其子可喂猪，其斗斗，橡子殼也可染皂。《東觀漢記》：『李恂居新安關下，拾橡實為食。』《本草綱目》言：『凶年飢歲，可作豆腐。』今湖廣、黔中往往雜黄豆為之。又或以石灰水去其苦味，乾，研成麪，亦可以供食。則樹木之利，未有過於此者。《管子》言『十年之計樹木』，而橡樹則四年，便可飼蠶。他樹必沃土易長，而橡樹則於瘠土及五穀不生之土，無不可以種植。今遵義一郡，不論肥瘠之土，均栽橡樹，其有宜於雜糧者，亦以利少而皆種橡。橡利之廣，已有明徵，吾民何憚而不為哉。或曰：遵義以一郡所出之繭，即將遍天下，設橡樹遍於黔中，不慮其聚而不銷乎！不知遵義之綢。今僅通於河南、四川、湖北、山陝、雲貴數省，而河南販客，往往於春季先出銀付織，秋始收綢，則綢之易銷可知。且今之土綢，尚不可以染紅，其用此絲者，亦惟廣東之沉香繭。雲南之通海緞，餘若四川各省衹以雜絲、線帽、緯等之用，嗣此而胰綢益熟，染水益得，則用必益多，銷必益易矣。且家蠶之絲，每兩值銀二錢，此則半減其價，縱俗尚紛華，或嫌其樸。今上崇儉去奢，苟非朝祭之服，未有不樂趨於儉者。然則數十年以後，知必有較家蠶之絲而倍銷者矣，吾民又何慮其壅而不行哉。

辨橡樹第二

橡樹之宜於蠶者，黔人名細葉青棡。有二種，一種色青，一種葉邊微紅，均葉長如鋸，房生，實如小榛子大，味甜。又有一種大葉青棡，又名厚皮青棡。

皮厚，葉微圓如掌大，青白相兼，味甜，葉粗。秋蠶嘴堅利，初眠時，即能食。若春蠶，必二三眠後，始能食之，亦房生，實小如薏苡，以之催葉尚可。又一種名胡利葉，與厚葉青檞畧同，但皮薄，不開花焉，異耳。又大葉一種，名水青檞，色微紅，葉邊如鋸，味澀，蠶食之，不甚作繭。

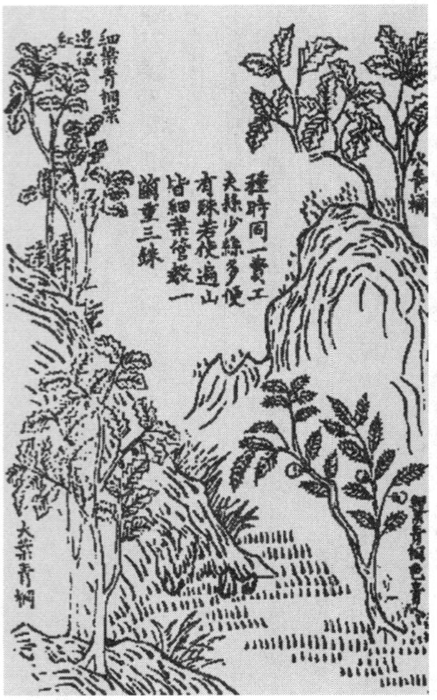

窖橡子第三

凡橡子，必生於老橡。九月間，子熟自落，收取之後，即當挖地窖之，窖大小淺深，視橡之多少。每鋪橡子，一層厚寸許，用草灰寸許蓋之，復鋪橡子一層，不論層數多寡，均如前法。埋畢，上覆以土，至春則分種之。若將橡子散置房屋，或見風日，則積濕生熱，積熱生蟲，不過半月，而橡子盡壞矣。

擇土第四

凡樹忌瘦土，橡樹則否，惟求土緊色黃，及土紋縝密者，種之，則不生蟲。凡鬆土中，生一種白蟲，其狀如三眠之蠶，色白，但差短耳，俗名土蠶。食橡根及栗根尤甚，若堅土，則皆無有。若黑，土性鬆，泥塗窪濕惡其濕也及陰土凡太陽所不照之土，皆為陰土，均非所宜，而巖山尤忌。蓋山石堅硬，蠶多跌壞，夏日炎熱，所有墜落及乘涼下地之蠶，不即為撿取往往燙死石上。巖石又多罅隙，有匿藏其中而餓死者。且山石多蛇鼠，尤須防之。

種橡第五播秧、種秧附

種橡之法。用大鐵鍬一根，圓如鴿卵大，上平下尖如錐形，長二尺許。以椎擊入土中三四寸，先入糞土一撮，隨置橡子二枚，仍以鬆土蓋之。至春發芽，芽為根荄，隨手置之。而本乎地者，自親下，此種橡之法也。若播秧，則不必窖橡，法於取橡子時，擇沃土一塊，密鋪橡子，如播穀種，上用草或草灰蓋之，再覆以土一二寸。至發生時，加糞土灌溉，年可長尺餘，既易於培植，且可免牛馬之踐。俟次年雨水節，二三日後，將大踩鍬一把踩鍬，今土工所用，踩土皮，向秧地上用力踩起，連秧和土提入箕內，往山場。又用大鐵鋤，長一尺，約重五六斤，於栽種處用力一挖，深三四寸，再用力一挖，深五六寸，將土輕為撬開切不可翻轉原土。又將橡秧順勢揷入。所撬土內，如稍有盤屈，則抽出再揷之。揷畢，又以輕手取出鐵鋤，以脚重踏原土，使無縫隙。如此，則根與土合，易於得氣。種千活千，種萬活萬。四年之間，便可放蠶。至秧之相去，每栽一秧，四面各距二三尺，亦定法也。又按每日一人，可栽橡秧三百，十人三千，若十人十日，便可栽三萬。以橡樹一株放蠶四十頭計之，三萬株即可出繭一百二十萬。橡樹之利如此，吾民又何憚而不為哉。凡附近橡林之田坎、園坎及移枝可及之處，均宜種橡，以盡地利。至民宅墻下，及園中隙地，種橡百株，可抵山橡三百株，以地肥葉美，人工易周，而蠶少拋棄故也。甲申九月，奉各憲札飭，收買橡子以備鄰縣支領，并勸諭鋪隴等十餘處民人領種橡子。將及三載，樹僅尺餘，山土稍肥者，亦不滿三尺。邑民全未知利，不肯去草澆糞，故倍難長。如果留心樹畜，四年定可放蠶，勿疑也。丙戌臘月於署中隙地，依法種秧十數萬株，半年之間，橡高二尺，最小者亦有一尺五六寸。可見人之勤惰與地之肥磽，其相去不啻數倍也。

種橡兼種雜糧第六

橡利興矣，當必有如遵義各縣，以乾土、熟土而種橡者，設或不明其法，地利未盡，亦可惜也。法宜於乾土、熟土內依法栽種橡樹，每樹四面各空二尺，而空處之地，即當兼種豆麥、紅稗，以收地利。且澆糞去草，橡樹既可易長，而春草不生，仍可免牛馬之踐。至次年、三年，橡高不過二三尺，其葉尚稀，仍宜於冬間種麥，至橡葉繁茂，而麥亦已熟矣。四年春季，已可放蠶，無庸兼種。至放過三季或四季之後，橡經斫伐，是年冬間，即當種麥。至新種於山者，亦可依此兼種，此為盡地之利，吾民亦不可不知也。

畜橡第七

畜橡者，謂橡樹初生時，生氣尚微，凡四旁之草木，皆易為害，故宜遠鋤之。橡葉味甘美，牛羊皆嗜之。一經被嚙，不獨難長，必數年乃復其舊，而羊害尤酷。語云：牛吃如澆，羊吃如燒。蓋羊為兑畜，兑屬金，金剋木，故其害為尤甚。凡橡葉落時，掃壅橡根而樹愈暢茂。何也？葉之朽也，美於糞也。

斫橡第八

橡，老葉粗，氣薄味淡，蠶多不食。即食之，而吐絲亦少。其未老之樹，屢經蠶食，枝剪殆盡，萌蘖無多，而葉亦力薄。法宜於小陽時侯是月，□□歸□□□□其本。離橡根四五寸，用刀猛力斜斫之，務使斫處多有歧線，一縫一芽，十縫便有十芽。若用利刀及鋸，則光滑無縫，不能叢生。試看人家種蠟樹者，愈斫愈繁，每本不下五六十莖。橡性之叢生，亦猶此也。故凡田畔茨草農夫必以七月斫之。七月不可斫橡，以金旺剋木，木根多壞也。

恤橡第九

橡生四年可放蠶矣，而欲其耐放，則尤當恤橡之力。假如橡樹一林，甲子年放過春，蠶則秋季便當休息，至乙丑、丙寅、丁卯三季，仍放春蠶，亦各以本秋為休息之時，至丁卯春後，四經剪削，橡禿無枝，則於是年十月如法斫伐。戊辰一年可長三尺餘，巳巳春季便可放蠶，但前放一萬者，此時只可五千耳。

擇種搖種第十

擇種之法有三：一、以手四指審之，重而殼潤者佳，輕而殼燥者否。一、向耳邊搖之，重而聲沉者佳，輕而聲鬆者否。一、看絲頭絲頭長寸許，在繭殼尖處，蛹之頭在此，絲之頭亦在此。絲頭紅潤者佳，黃燥者否。種之美者，每萬可得蛾七八千，否則只三五千不等。然又須慎辨雌雄，毋使多寡不勻。絲頭正出者為雄，偏出者為雌。雄者多瘦而長，雌者則較圓而大。

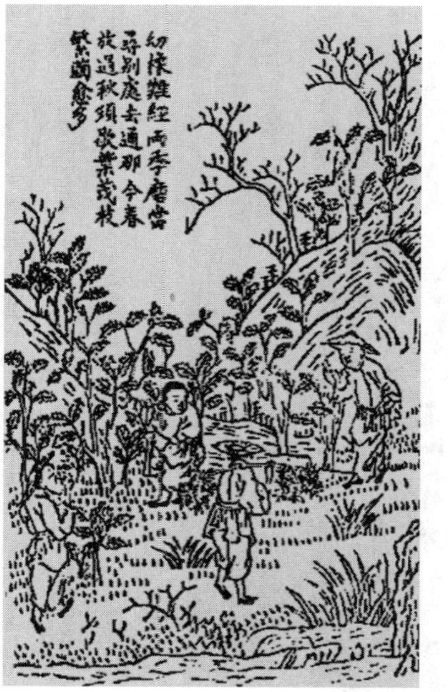

修理烘房第十一烘種、柔種附。

烘種之法：於臘末正初修整烘屋一間，紙糊四壁，不使透風。上以板蓋之，使火氣不散。周圍置木架，架高五六寸以便安頓種籠，當中置火，用篾籠盛繭種。靠四壁安頓架上時，常移動，使背面皆得暖氣。數日之後，又將籠內繭種翻轉，勿令偏熱、偏寒。如此，則十日之後，繭種柔軟，而其殼可受穿矣。

穿種上晾出蛾第十二

何謂穿種？繭有頭脚，有絲頭者曰頭，無絲頭而圓净者曰脚。用麻線淺穿其脚深則傷蠶，頓在烘房籠內，仍不時翻轉，使火氣匀滿。如此，二十日則有蛾飛出，謂之報信蛾，即取所穿之種，挂於烘房。四面竹竿上、中，仍以微火烘之，則群蛾咬繭而出矣。自烘種起十日，穿種又十日，見報信蛾，上晾竿又二十日，蛾盡出。凡出蛾，多在午時以後至戌時止，故俗以蛾出為陰。

烘房火候第十三

火宜柴，柴必橡樹。一取其味甘，氣純性平；一取其火烟繚繞，暖氣周遍。此外，惟救兵糧之根多生於道旁圍坎，其子叢生，至秋末冬初則熟。其色紫、赤，可以療饑，俗名救兵糧，或毛朵、楓香、白蠟、化稿諸樹，亦可取用。若他樹，則氣辛殺蟲，蠶蛹最忌。如蠶食桐子葉或白楊葉，必死，是其驗也。若用炭，則火性烈而不匀，煤火尤忌，此用柴之辨也。凡未出蛾之先，烘者，於鷄鳴時起火，陸續添柴，至戌時息火，以灰覆之，日日如是。若蛾既出則起火，雖亦同時謂之陽火，至巳時便以灰息火謂之陰火，否則火無陰陽，而蠶多病。要之用火之法，自烘種、軟種至穿種出蛾，前後三十日，總要停匀。若火過大，則蠶多斑；狗過小，則蠶出又遲。至蛾之出也，生氣甚微，又宜微火以養之。此用火有陰陽、大小之辨也。又須量地之寒暖，假如至高之處，冬氣常在，橡葉生遲，須微火烘之，使蛾遲出。低平之處，春氣常在，橡葉生早，宜急火烘之急火非忽大忽小之謂也，使蛾早出。此用火之緩急，以橡葉之遲早而辨之也。又有不高不低之地，春氣一般，橡葉已發生，而蠶出有遲早者，何故？蓋烘房必依村寨人家，而村寨有向陽向陰之不同。如村寨坐向東南，天陽外感，蠶出必早，須以緩火烘之；如村寨坐向西北，天陰外襲，蠶出必遲，須以急火烘之，此以村寨之陰陽，分蠶之遲早，而因以火候之緩急配之也。凡烘房欲温，若瓦房稍高，或三面均磚墻，土墻又係土地，至息火時，上下四面均有陰氣潛襲，蠶多瀉痢；若概用陽火，及火過大則不獨蠶病斑狗，而在二三眠時，亦必紛紛下地，四處逃散，多至於餓死。火候之調，莫難於此，故烘房不如草房之為妥也。今遵義概用草房，其烘壞於瓦屋磚墻者，屢經試驗，慎之，慎之。

提蛾、配蛾、折蛾、數蛾第十四

蛾出矣，大者為雌，小者為雄，雄者眉粗，雌者眉秀。無論雌雄，盡提入筐，使其自為配耦。緣筐内外，以便於折，其有不能自配者，則人為之。合其配之時候，如本日午時配者，俟來日午時折之。若配不周日，與不及時而折之早，則精氣不足，大眠之時必病空肚，有過時而折之太晚，則雌蛾亂飛，往往覆卵於別處，多所抛棄。若以已配之雄蛾，再令作配，則卵不生蠶，即生蠶，而亦多病，亦精氣不足。故也，凡折蛾必以手大指及次指撚雌蛾之肚尾，使尿水盡出，否則，腹脹而難於伏卵。折配畢，以母蛾一一數過，放入荆條籮内，各為登記數目，以便拴筐。若天氣寒凉，仍須以微火薰之。

凡雌蛾不去溺，及折蛾太遲，則雌蛾往往脹死；即或不死，其卵亦難盡出。所折雄蛾，必須另收一處，俟其自斃，否則紛紛亂飛，復與別蛾作配，致有敗卵及空肚諸病。凡烘火過大，則蛾多黑而兩翅不舒，俗謂之健翅一云：火候雖勻，凡一筐之蛾，亦必有健翅蛾十餘隻，當急去之，不令作配；若火過小，則蛾翅有黑汗一點，如粟米大，所配之卵均不育。

伏卵出蠶第十五

凡母蛾大者，約伏卵百二三十顆，小者亦有八九十，大概以百顆為准。其當覆卵時，兩翅必摇動有聲，又須以筐蓋覆之，勿使飛出。欲卵之勻布，則以燈火引之，使就空處生卵。此十餘日内，若天氣陰寒，則蛾不飛動，覆卵成堆，至蠶出之時，卵之在中者，往往咬不出卵而死。若天氣晴暖，則群蛾栩栩，其生卵必勻其色，如青梁，有生氣。若遇天氣寒冷，仍須以炭火微烘之。見卵半月或二十日而蠶出，亦宜近火，以沾暖氣。其出也，總在寅卯二時，故俗以蠶出為陽。卵籮須以黄荆嫩條編之，年必一換，若用他木，則不粘子。黄荆條出遵義府，清鎮鳴池河亦有之。

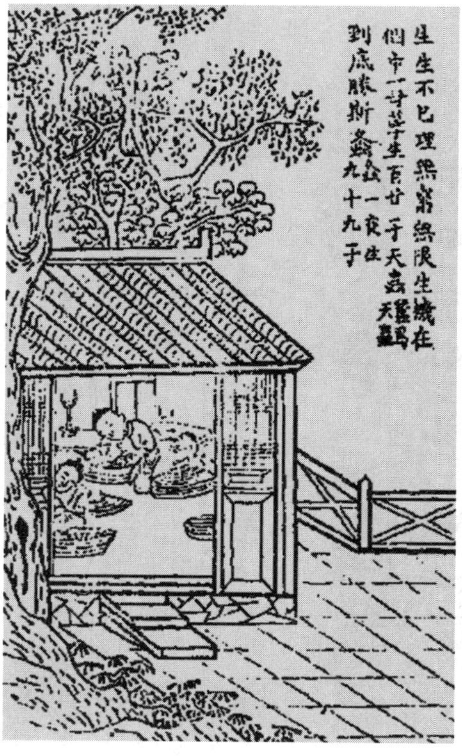

祈蠶第十六

蠶之空肚發斑，皆由人事，不藉神功。若久雨久晴，及大風雹，皆有神主之，是則不可以不祈也。或曰風雹為上天所司，蠶神豈能作主？殊不知我祈於神，神祈於天。我一念之誠，上天可以感格，况有神以為之助乎！其法：於棚之東西角上在別處，則蠶神不靈築一小臺或砌石亦可，方二尺，寬二尺，高三尺，竪四小柱，搭茅於上，如街坊土地祠狀。中用木片，高一尺三寸，寬一尺，擇神在日，書寫蠶神姓氏，及應祀諸神，安設臺上。每日焚香、設茗。每月十五日，煮油米白粥祀之。用白米煮粥，入猪油白益，以磁器盛之。如此虔誠供養，則祈禱無不應矣。又按歷代所祀蠶神有四：一、黄帝元妃西陵氏見《皇圖要覽》。一、蜀蠶女馬頭娘見《蠶經》及《搜神記》。一、菀窳婦人寓氏蠶神見《後漢書・禮儀志》注。一、新興泥塑東山蠶神羅夫人見廣東舊語，今從之。

蠶神木主牌式

本山土地之神
作繭新興羅氏之神
蠶女馬氏小姑之神
始蠶黃帝元妃之神
蠶娘菀窳寓氏之神
本縣城隍之神
遵義陳太守部壓之神

禦風雹法第十七

或曰：『蠶利固大矣，設遇雹灾，則蠶無遺類，奈之何哉？』余曰：『俗以蠶為天蟲，人果能，毋為不義，毋自暇逸，誠心事神，以祈蠶年，善待工人，毋有詬厲刻薄，則上天斷不降灾。』即或天灾難免，黔西何天爵先生謂有辟除風雹之法，云：其家有茶樹數十萬株，開花時亦最忌雹。遇異人，授禦雹之法，行之十餘年，雹災不作，且雹作而以此法，免者有二次。先見君急切為民，故不敢吝秘，務廣為傳之。其説曰：凡雹必有風，以送之，風不至，雹亦不至矣。風之神曰蜚廉，雹之神。曰：李左車能制風雹之神。曰后羿，其法：於蠶未入山之前，或二月或三月内，擇第一個丙戌日，將羅針在橡林中間定准戌方，在於何處，即於是處立一幡竿竿以小直木為之，長三丈四尺九寸必如此數，幡以黃布一幅為之，長一丈四尺九寸必如此數，幡上書日、月、木、火、土、金、水、氣、孛、羅，計十一字幡上除頭二尺，幡尾除一尺零九寸，中間一丈一尺，一尺寫一字。日硃書、月粉書、木靛書、火硃書、土黃土書、金粉書、水墨書、氣靛書、孛墨書、羅硃書，計黃土書，令道士照依齋醮立皇幡之法樹之緊幡竿绳索務要堅固，以麻紵為之，防大風摇落。不落，則雹自不來矣，幡竿下設一小棹，用潔净栗木版片，寬一尺，長二尺，做一牌位，牌分三行，一直書風主蜚大將軍之神；一書護蠶后羿大將軍之神；一書雹主李大將軍之神。棹及牌位坐辰向戌。又取年月日時，四戌方之土，各一小撮，和水為泥，塑一小狗，像安頓棹下，其尾在辰，其頭向戌。幡竿於丙戌前三日造畢，幡與牌位上字以丙戌日寫，土狗以丙戌日辰時取土為之，樹竿及牌位皆於午中刻。畢事，隨取一雄鷄祭之。洒血牌位上，設香帛、酒醴、祭品，衆蠶户整潔衣冠俯伏，讀祝文。奠獻畢，化錢畢，出泥狗於棹下，向幡下焚香，奠酒化錢，殺一小黑狗以祭之。取血塗黃幡尾上，即於此時竪幡，并取血，塗狗背上。塗畢，取泥狗，仍置棹下，剝取狗皮曬乾，亦挂於棹下。每日焚香二次，遇雹將起，即奔赴幡下，焚香拜祝，云：幸赦過，幸赦過。再割黑狗皮如掌大，走出橡林之外，向風來處，和乾草燒之，祝曰：他方顯化，他方顯化。如此，則鄰村雨雹，而養蠶之處定不受害矣。

附：取四狗土例

年狗。例□六甲年中取之。假如甲子、甲戌二旬，此二十年中，在甲方上取土；甲申旬中，十年在丙方上取土；甲午旬中，十年在亥方上取土戊寄在亥取亥土，即是取戊土；甲辰旬中，十年在庚方上取土；甲寅旬中，十年在壬方上取土。

月狗。例以五虎遁取之。假如甲巳之年，正月為丙寅，月建就丙寅；順數至九月，得甲戌，就甲方上取土；乙庚兩年，月建戊寅，就丙方上取土；丙辛兩年，月建庚寅，就亥方上取土；丁壬兩年，月建壬寅，就庚方上取土；戊癸兩年，月建甲寅，就壬方上取土。

日狗。例以其月初一日，日建取之，無論二月、三月，只要有了丙戌日。假如二月朔日，或三月朔日，就朔日；順數至上旬戌字，如朔日是庚辰。順數至初七日，為丙戌，就丙方上取土；如朔日是甲午，順數至初五日，為戊戌，就亥方上取土。餘仿此時狗例，丙戌日，年年向丙方取之。

其要在丙戌前幾日，用羅針格定戌方，之後便將羅針定准四狗土方，插土為記。要在林外。如兩狗、三狗同方，便插兩標、三標為記，以便至期取土造作泥狗，否則，臨時張皇恐有誤也。具圖於左。

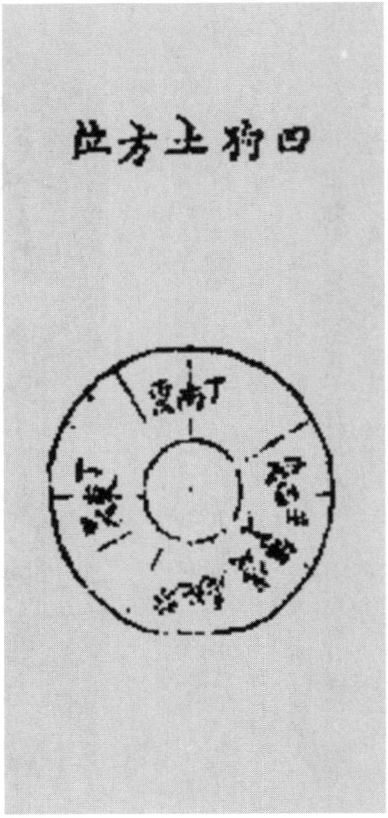

祝文式

維大清年歲次月丙戌日，下民某某敢祈祝於本縣城隍、暨本山土地之神、□□蚩大將軍之神、同雹李大將軍之神、制風雹后羿將軍之神。伏惟尊神，力屆九天，恩周萬彙，職氣機之橐籥，掌造化之權衡，生殺從心，予奪惟命。竊念下民某某等今於省、府、州、縣、里、甲、地名處培植青棡，生育蠶類，八家藉以資生，百口因而為命，雖尊神震怒，無非天顯其威，而彼蒼好生端，賴神降之福。況夫穿腸破肚，億萬蠶之糜爛，可悲。金盡囊空，千百家之饑寒堪憫。用卜今月良日，樹立幡竿，謹具香帛、果品、祭饌，不腆之儀，虔誠上獻。伏冀捍灾禦患，家家登再熟之蠶，雨順風調，户户獲千金之利。下民等無任，恭祝誠求之。至尚饗。

祝土狗文

天有四狗，以守九區。吾有四狗，以守四隅。妖風不作，冰雹是祛，我蠶再熟，實爾勤劬。幡竿等物，俟收繭後，恭具香帛、酒醴。答謝神祇畢，以此竿作梁，能避水火；幡布供奉家堂，瘟鬼不敢入室。若鄰境迎供，瘟亦立愈；若沿門痢疫，須於寨中或寨外，如法立竿掛幡，瘟神疫鬼，無不遠避。何先生云：『試驗已多，當非虛語也。』且此幡所全者大，所費無幾，為之，亦易為力，其敬行之，毋忽。

占蠶及繭之成熟第十八

凡蛾一萬，得繭六十萬為大熟，四五十萬為中熟，一二十萬為歉收。占之之法：《史記・天官書》曰：『正月上甲初旬，第一甲也，風從東方來，宜蠶。』《晋書・五行志》曰：『三月初二日，天陰無日，兼無雨，則繭大熟。』此古法也。今占有數法：凡蠶覆卵之時，此十餘天内，及拴筐之時，天氣晴明則蠶出多而易長。詳見覆卵放蠶拴筐各條。又卵色微赤如膏粱，散布筐中，則卵有生氣，蠶必盡出，或白色、綠色均為敗卵。又蠶出時，有頭紅者數頭，名曰紅頭蠶，又名為蠶王，大熟之兆。又蠶初出時，自食其殼，只留一蒂，亦主繭熟。每起眠，盡食其所蜕之殼，其絲亦多。又放蠶處，鳥雀倍多，其蠶必旺，以鳥趨旺地故也。二、三眠時，蠶多變黄色，謂之黄金蠶，繭必大熟，青色亦佳。若色淡白而皮薄，斯為下矣。凡蠶三眠，有病。吊膙者則四眠，必病，發斑如其數。若三眠無病，則大熟。又有二三蠶共成一繭，或五六蠶共一繭者，俗以為懶蠶，其絲不貴。諸多難抽故也。不知此，惟大熟時，始有之，《齊民要術》謂為同繭蠶。若風雨調和，雹災不作，則繭之大熟，更不俟占驗而知。故祈蠶貴焉。

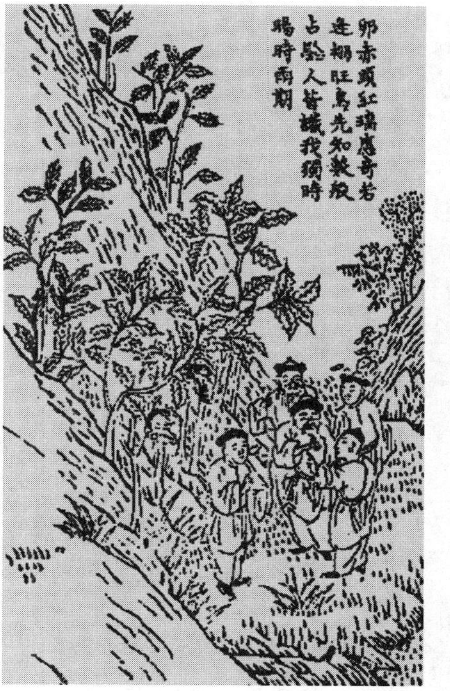

分棚第十九

分棚者，謂放蛾之時，造作草棚，住人以看守也。棚有大小，假如放蛾一萬，需長工七八人守之，短工隨時酌雇。若五千，則只需三人。余觀大棚，每千蛾得繭殼五六萬，小棚則往往可得七八萬，何也？棚小則蠶少力專，人勤工倍，蠶無依草附木，落地捱餞之害故也。是故，橡山寬廣，必須分作兩棚，毋惜棚費，而繭之大收，較分棚之小費，當不啻數倍也。橡林在平坡，則移枝易，而用工少；若山勢陡削，及橡樹高大，或不成林，則移枝難，而用工多。

計本息第二十

《周官》以本息安萬民，余以萬蛾之資本計之，每萬蛾需繭種殼三萬餘千顆，估值銀十四五兩。每烘萬蛾，不過工費銀四兩，及至放蠶，每萬蛾所育之蠶，須雇長工八人。自蠶上樹以後，四十日見繭，二十日收繭，共需長工四百八十人，每人工費銀日七分，約需銀三十三兩六錢。再加四眠後催葉十日，收繭十日，雇短工八十人，每日每人需銀五分，合銀四兩，共計每萬蛾需本銀五十六兩六錢。每萬蛾應育蠶一百萬頭，除敗卵及鳥食、病死、餓死者，四十萬可得繭殼六十萬，每萬繭殼估銀二兩二錢，共可得銀一百三十二兩，除本銀五十六兩六錢，可得利銀七十五兩四錢，此大熟之年也。若中歲，亦可得繭殼五十萬，值銀一百一十兩，除本外，亦可得銀五十三兩四錢。吾見農夫，終歲勤動，年所入穀，除牛租、穀種外，不過值銀七八兩。自烘種以至收繭，不過半年，凡以六十金放蠶者，便可得利銀七十餘兩。推之二三十兩，以及十兩八兩，皆有數倍之利，可爲俯仰之藉，致富之資。吾民又何憚而不爲哉！

又卷下

春放蠶法第二十一

凡一蠶筐，裝蛾五百，約出蠶五萬頭，而蠶之出也，只在寅卯二時。每日卯辰時，不論蠶出多少，將蠶筐置橡樹，取橡枝垂入筐內。已出之蠶，自緣枝而上，謂之拴筐。其未出者，仍收筐回廠，俟明日再拴，大約四日可畢。然必須天晴時為之，如遇雨，則不可拴，恐未出之卵，為雨所壞也。若蠶出時，連日不晴，卵殼食盡，凡蠶，初出即能白食卵殼。揀取橡枝之嫩者，置筐內外，俾蠶緣食附枝。即取附枝之蠶，移放橡樹。凡橡一株高五六尺，每次拴筐時，約上蠶萬餘頭。越一日或日餘，葉盡，則分作十餘株或二十株放之；又葉盡，則移放五六十株；又葉盡，則移放百餘栫或二百餘株，其必密布於樹，不遽作千百樹移放者，以放樹愈多，則照應愈難。且蠶多則各思爭食，其食亦勇而飽。凡蠶樹，當以則作繭必薄，凹風尤忌，如所烘蠶種，疑其火候不匀，則拴筐於山谷藏風之樹，俟報曉後，再為移放別處，亦可以少醫其病。以春蠶忌風，拴筐時尤為切戒也。春蠶五眠則□，至秋則時有之，若四眠後，蠶食過飽，往往不退膘，而吐絲稀少。或曰，蠶不退膘，由移枝不盡，食過再生橡□所長，然皆不多見也。

驅鳥驅猴第二十二

春林多鳥，而鳥最嗜蠶，當蠶二三眠後，以竹竿或木柝敲之，其要尤在。初入山時，即施放爆竹使遠去。若既食而甘，則益戀戀難舍，雖去復來。若沿河、崖壁及密林之傍，又當防猴之害。凡猴，來動輒百十頭，殘害無數，非以鳥銃駭之不可，至癩蝦蟆藏伏石崖，以氣嘘蠶，則蠶自落其口，石山往往有之。若山有野猫，則無此物也。凡鳥雀之害蠶，於每日太陽未出及日落時尤，多不可不加意也。凡鳥銃，須遵功令，呈官編號，繭熟時呈繳，俟明春再請給發。

移枝第二十三警惰附

移枝者，橡葉已盡，即將他樹柔枝，綰於葉盡之樹，使蠶自緣食，其無他枝可綰，及蠶不能自移者，則用平頭鐵剪，將附蠶之枝，剪盛筐中，移放別樹。大約自拴筐後，移枝六七次，而繭始足。蠶眠時不可移枝，但慮起眠無食。須巡視之，善移枝者手快，橡不大傷。枝大盈寸亦一剪而落。蠶饑半日或一夜，尚未大傷，若經一二晝夜，則絲減，故移枝專藉工人之力。如每棚放蛾一萬，雇工七八人，而蠶多樹密，有被鳥雀食者，有被蛇猴及各蟲所傷者，有葉盡未及移枝，因饑而墜落者，有天氣炎熱，乘凉而自下於地者，凡蠶遇天熱而下樹，謂之乘凉。有下地能復上樹，亦有愚而不能自上者，有剪動其枝，因而墜地者，有移枝不盡，竟致餓死者，有不諳移枝，而捻傷其肚者，均須時時小心照應。至三眠及大眠，更不可缺食。三眠時，一晝夜吃葉七片；至大眠催葉，則吃十二片，其聲如雨。此時又須添雇短工七八人，或十餘人，以助其移枝催葉。但雇工愈多，愈難保無懶惰之人，惟有分頭照應之一法，可以稽之。如某人照應某處，某幾人照應某幾處，計橡樹之疏密，分撥人數之多寡，各為責成，俾無諉□。主人又時時巡視，勤者賞之，惰者去之。如此，則尋常得繭四五十萬者，便可六七十萬，故勤惰雖在工人，而雇之者亦當有以固結其心，使無懈怠也。

須參看春放蠶條。凡蠶食葉，必緣至樹巔，先食嫩葉，葉盡，乃自巔次第而下，謂之下墩，故移枝者多在低枝，而高枝亦以無損。移枝貴勤，而主人居心尤宜忠厚。即以近年所見者言之，有甲與乙合夥，蠶甚旺。甲回家付銀與乙，令添雇人工，乙乾没其銀，而蠶返歉收。附近諸廠俱熟。又有甲租某山，乙欲并之，甲畏其強，自願收回蠶種銀兩。乙甚喜，及三眠，蠶俱空肚，盡虧其本。而同時試放者，又均大熟。若苗民李時亨、漢民張克孝等人，素謹愿，二年來，放蠶獲利均甲於諸廠。大約謹厚者吉，欺詐者凶，所見所聞，百不爽一。今遵義以橡蠶為天蟲，又謂之良心蟲，信不誣也。附記於此，以為欺詐者戒。

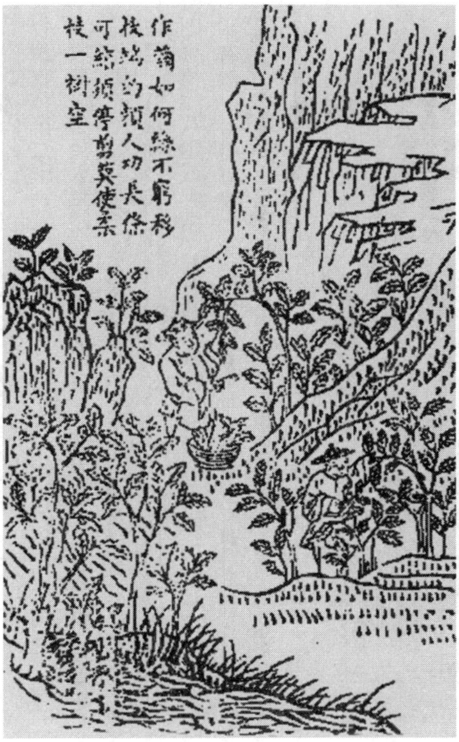

三眠第二十四

凡蠶初出，頭紅身黑，有毛，大如香柱，長約二分。自食卵殼揎筐後六七日，則起眠，即頭眠也。不食葉四五日。凡蠶起眠時，值雨多，大約五日不食，晴多則四日不食。蛻去黑皮及毛，色變青、黃不等，形稍大矣，此頭眠也。又食葉七八日，仍四五日不食，又蛻去青皮或黃皮，形漸大矣，此二眠也。再食葉五六日，不食如前，又蛻去青、黃粗皮，形更大矣，此三眠也。又食葉五六日，復三四日不食，又蛻去青、黃粗皮，形益大，亦不復大矣，此四眠也，亦謂之大眠。大眠之後，催令飽啖，名為催葉。繭之美者，首貴催葉，葉足則繭厚。催至十日或十一日，噤口不食，盡出其尿糞，通身瑩徹，謂之退膘。退膘後，先吐亂絲為巢。巢定，乃吐正絲成繭。閱三四日後，漿固，自吐漿以膠其殼。可取摘矣。

又有五眠者，此山高水冷所致，蠶衰而絲少矣。亦有六眠者，俗謂落箮粑，繭成，如豆大，俗名薑疙瘩，不成繭矣。又蠶於初出時，必先自食卵殼。至每眠起時，亦必自食所蛻黑皮，身有八節，每節有黃毛數根，後身左右各有四大脚，其近頭處又有十二小脚，分布左右。每眠時，必吐絲自裹其脚，故不慮風吹樹搖，至起眠則蛻殼而出。

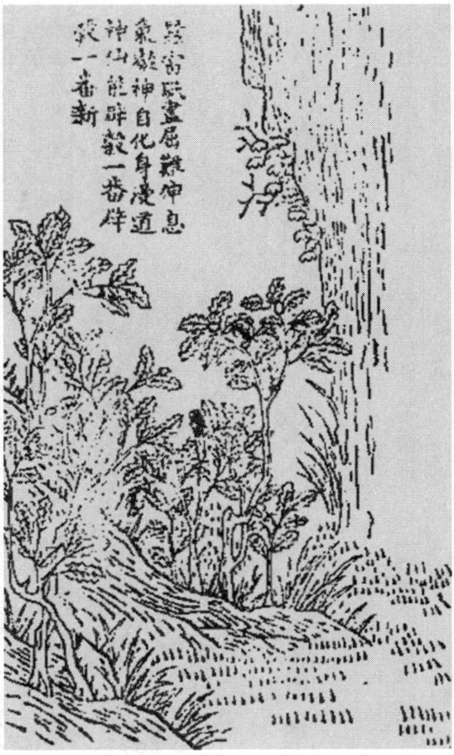

蠶病第二十五治法附

蠶病有數症，一曰斑狗，由烘種時，烘火太盛。至四眠，則通身發黑斑或黃斑，出臭黑水而死，久旱亦往往患此，在初眠、二眠則無此病。一曰油屁股，即瀉痢也。由火大小不匀所致。一曰水眠子，由久雨所致。雨五六日，尚未大傷，苦旬日以外則病，或曰配蛾得法，此病亦少。往往於三眠時，或腰，或頭脚脱殼不盡，脚挂於樹，垂頭不食而死，又名曰弔膞。凡三眠時，有一吊弔，則四眠必有一斑狗。一曰空肚，有二種：一由於折蛾太早，元氣不足，至三眠時，噤口不食而死；一由於二、三眠及大眠時，久被饑餓所致。又有觸霧氣而病者，霧起於水中，法於水邊，多開土溝，深二三尺，廣尺餘，溝實乾稻草數束，俟霧將起時焚之，以散其陰氣，即蠶之已中其毒者，亦得烟氣而解，所謂以氣制氣者是也。但此法今所罕用，或未之知也。又秋時，驟雨之後，炎陽暴曬，濕熱薰蒸，蠶多疾病，或瀉青痢，醫之法，亦無過於此。

收繭收種第二十六

凡收繭，必於天氣晴明之時，而樹上浮絲方可取用，否則，着葉難收矣。若連日不晴，又當急收。其繭收種者，視繭之可以為種者，收之也，其浮絲亦可取用。凡繭種及繭，均防鼠咬。大熟之年，每繭種殼一萬值銀三四兩，歉歲則可值七八兩或十兩。秋蠶難育，故繭種亦貴。若尋常作絲之繭，不過二兩，或二兩有餘，故繭種必須多備。凡春蠶之種，只宜儲放秋蠶，春種則均用秋繭。繭蛹之生者為種，在繭初熟時，生死莫辨，兼以陽月，必出蛾數個，相傳嘉慶年間，小陽月陽氣過甚，蛾出過半，是年春種大歉，故藏種者，於十月內，須加意風晾。而擇種買種者，亦均在十月以後。

炕繭第二十七

凡春繭下樹時，除擇留作種外，即以煤火熏之。熏繭之法：就平土掘一火竈，深尺許，置爐橋，橋上置火，火要得中，猛則焦繭，微則蛹不死。距火二尺，置篾炕。炕宜密，使繭不落。以竈之大小為度，繭之上搭茅如草屋，使火氣不洩，直至蛹死為度，否則，旬日出蛾，盡成破口繭矣。何思貴先生曰：『熏繭時，蛹負痛在繭中，跳躍有聲，熏者口中宜急念佛，號云『南無阿彌陀佛，往生西方極樂世界』。或十聲百聲，蛹死而不知痛，功德最大，亦廣仁心之一術也。

晾種第二十八

凡蠶作繭，必吐漿以糊其內，故新收之繭種，必須晾乾之，使蠶蛹無壞。晾種之法：須用晾簾，或晾筅，鋪於屋上，務要上下通風，毋少障蔽。又時常翻轉，使繭種不受霉氣，則熏種時，其生必多。若晾在樓板上，則下無通氣，上有遮壓，則上無通氣，皆能罨壞蠶蛹。故晾房之中，低處必須晾簾，高處必須晾筅。晾簾以竹為之，如竹廉，晾筅以竹，如大指者，密遍之。或以柳枝荆枝為之，亦可。要皆欲其通氣而已。十月為陽月，尤宜風晾之，毋使罨積生熱，致蛾多出也。

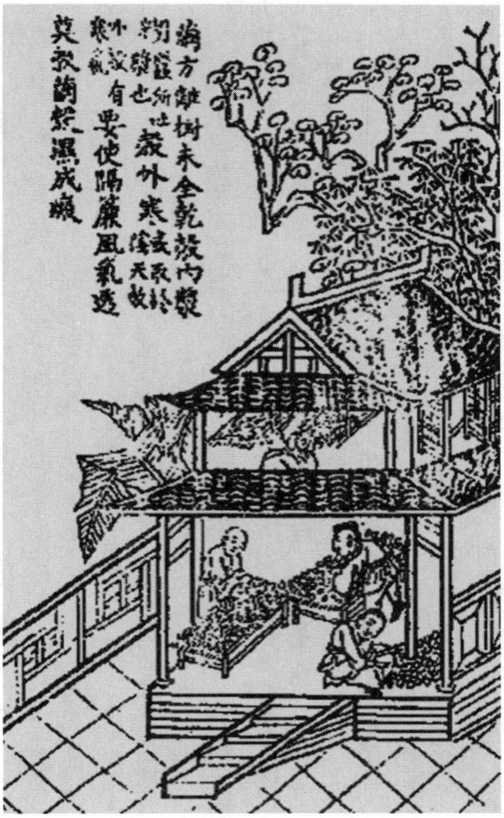

秋放蠶縛枝第二十九

夏日炎熱，不用熏種，亦不用拴筐。其法：於五月端午前後，將所收春繭，揀其種之美者，摇種如前。穿晾竿上。竿置寬朗室中，忌見風。不半月，蛾出，捉令自配。假如今日午時配者，至次日午時提出，折出雄蛾，去母蛾溺。隨以麻線，長五寸許，每線頭各繫一母蛾，繫兩小翅。搭於橡枝。每一枝約搭蛾三四對，使就枝間伏卵。十日，蠶出，便自食葉。再四日，蠶盡出，即如法移枝。第繫蛾於樹，最宜疏朗透風，否則熱氣鬱蒸，蠶多生病，故秋蠶必擇涼處，及山之向陰，可以蔽日者為貴。又按秋蠶繫蛾後，十日見蠶，又四十日見繭，又十日或半月繭盡熟，最忌露水，須於六月初中旬繫蛾，白露前數日，蠶盡成繭纔可。若至白露節，而方起大眠，則蠶吃露水者，多僵死。其已吐繭，而未成者，亦為露氣所浸，而不復吐繭矣。秋種每萬繭值銀二兩餘，較春種賤有一倍，或二三倍，人工亦半減於春。惟春只忌雹災，至秋則忌酷熱及暴雨暴日，又最忌露，故凡放春蛾一萬者，秋蠶只放三四千，而繭種之貴於凡繭，亦是故也。春蠶五眠則病，至秋，則時有之。若四眠後，蠶食過飽，往往不退膘而吐絲稀少，或曰蠶不退膘，由移枝不盡，食過再生橡□所□，然皆不多見也。

驅蚱蜢驅蜂第三十

蚱蜢，一名油麻蚱，一名油唧唧，蟲小而聲響，嘴利如刀，蠶被刺即出水而死。又有臭屁蟲二種，又名屁巴蟲，大者色斑，極臭，形如扁豆；小者色灰黃，其臭稍減，如黃豆大，均能以尖嘴錐蠶，立斃。又有馬蜂，一名長脚，老蠶被毒針，亦出水而死。其驅鳥、驅猴及蛇鼠癩蝦蟆，均與春放蠶同。凡蠶不旺廠者，尤多蚱蜢及無名諸蟲，而橡林陰翳，蟲之害蠶者亦益衆。

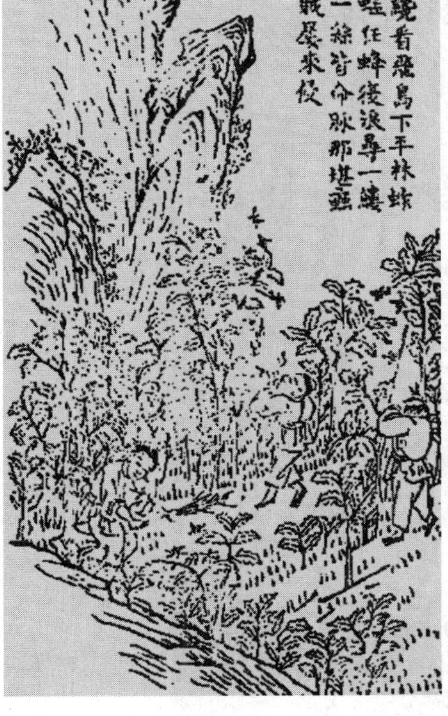

煮繭取絲第三十一

煮繭之法，以大鐵锅盛水三桶，入繭子五千枚，置火锅下。煤火、柴火俱可。煮半時許，時時攪匀之，俟繭殼將軟，入蕎灰汁一杯，再煮一二刻，以小竹棍如小指大，長一尺。攄其浮絲，浮絲，繭殼外之亂絲也。如絲頭可抽上棍，則絲可取矣，凡繭，必有絲頭，長七八分。否則，其繭尚生，再煮之。若既順而上棍，則以冷水浸手提，合四五十絲為一絡，穿入攏絲架上之攏子。攏絲架頓在鍋上，相去尺許，底用兩直木、兩横木戍井字。横木長三尺二寸五分，寬一寸五分，厚一寸八分，直木長一尺三寸，連簨在内，寬厚尺寸同上。去左横木上首六寸五分，安直木柱一根，長二尺七寸五分，寬一寸五分，厚一寸二分。又於直柱面去架底五寸，釘絲攏子，絲攏子以鐵條為之，一曲一直，直長四寸，曲長二寸四分，即於二寸四分盡處，屈小鐵條為圓孔，如小豆子大，使四五十絲皆入於此孔，而合為一絡。又由攏子而上，纏於天滾子，天滾子用直木一塊，長八寸六分，寬厚各一寸，斜貫攏絲架直柱上首，使如樞機，從直柱直下三寸五分安之。又於直木之右，鑲前後兩横木，各長六寸二分，寬廣各一寸，兩横木裏面各鋸一縫，長四寸五分，寬六分，深六分，即於兩縫相去五寸二分，中間安小竹子一根，長五寸，兩頭各出簨一寸一分，貫兩旁孔中，亦如樞機之轉，使攏子上抽之絲，至此，而益合為一絡。由天滾子而下，搭於擺竿，擺竿之下，安車籠車籠上下用二圓板，厚五分，圍圓一尺六寸六分，旁用竹片八根，長七寸八分，連簨在内，寬六七分，貫二圓，似如籠子様。又於二圓板中間各鑿一孔，圍圓三寸三分，中貫小圓木一根，高三尺二寸。又於上圓板之邊，斜出尖圓唇，長一寸二分，寬一寸。唇邊鑿小孔，安轉輪架，架高二寸，連簨在内，架上安擺竿，擺竿以竹為之，長二尺，後繫以繩，與前轉輪架平。竿縛小環，將天滾子所引之絲穿環中，以擺竿進退之所以轉絲絡，使益圓净也。車籠之右，安紡車，紡車，圍圓九尺六寸，中貫一轂，長一尺六寸，圍圓一尺二寸。轂後正中鑲鐵柄一具，其狀一曲一直，直者安架上以轉車，曲者以握手轂前正。中鑲鐵釘一條，長四寸，□木一寸八分，圍圓七分，與轂後之鐵柄俱安架上。架高二尺，兩頭均寰鐵，為半圓，只以受轂轉車。又以粗麻绳一條，長一丈。繫紡車前轂及車籠，使共相旋轉。去轂前首八分，周圍鋸一道，寬深各五分，以麻繩通繫鋸□并車籠，中間使索□中轉以上轉擺竿，以轉絲成絡，又將成络之絲，套車葉上紡之。車□以水鳥之，長一尺四寸，寬一寸六分，厚六分。兩面各六葉，下貫車轂，上用一横木，長一尺五分，厚一寸八分，裏平寬一寸，面削三棱，兩頭各鑿一孔，以綰前後兩車葉，以捲擺竿上。所轉之絲，但絲□車葉緊密難下，須於六葉之中，活安□葉。其法：用一横水如五葉，但五葉均有前後二葉，上貫横木，此則於横木之中，只用一葉，寬二寸二分，貫轂中，以木拴之，俟抽絲畢，去拴下葉，以便卸絲。車下安火一爐，烘絲使乾，若絲絡漸少，則隨取五六繭之絲頭，添上攏子，毋使大小不匀。自起抽時，至絲盡，鍋下均不可斷火，大約五千繭可抽絲二十五兩，繭佳者可得三十兩。工匠二人，一以取絲，一以轉車，一日而畢，此煮繭取絲之法也。凡取緯絲，比經絲稍大，其功亦稍速，故日取經絲五千者，緯絲則可多取一千。

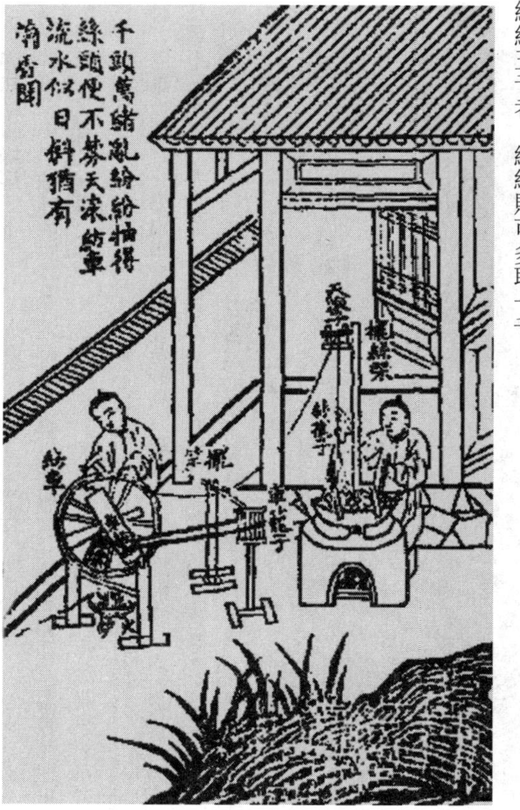

導筒第三十二

煮繭畢，即以所抽紡之絲，套在風車上，風車，俗名風鈎，以篾十二片，分縛兩面。竹皮向裏，中間各鑿一孔，以小竹緊貫其中。又於近樞處纏篾十數道，兩葉中間各安小竹一根，横撑之長一尺一寸，即於兩葉盡處，各繫以繩，相去各只八寸，使相附麗。又以一竹籤，長一尺四寸六分，貫小竹中，兩頭各露出一寸八分，安風車架上。架前後兩直柱，高二尺六寸，連簨在内，從兩直柱直下二尺，貫一横木，長一尺六寸，連簨在内，寬九分，厚六分。架底用二横木，長一尺五寸五分，寬一寸厚二寸五分，以安直柱。又用二直木，長一尺六寸，連簨在内，以綰兩横木，使成方形。又於直柱上首、周圍各鋸縫一道，深一寸三分，寬五分，以受兩頭所露之竹，□□如樞機之轉。引絲至筒。筒以小竹為之，長八寸，中空如箸，大貫於□□，以鐵為之，長一尺二寸三分，尾尖如針，貫兩皮耳中。又於兩皮耳中間，以小圓木二寸二分緊貫針，上邊高，中低。鋸縫一道，以繫線轉車。以花車紡之，名曰導筒。花車以導絲至筒者，狀如紡綿之車，故曰花車。兩面各用木片四根，長二尺九寸，中寬二寸，兩頭寬一寸三分，縛成十字，即於十字中間鑿一圓孔，圍圓二寸七分，中安小圓木為車轂，長一尺，連簨在內，以轉車。又於十字，四面空處，各縛四竹片如井字，并十字架，計之，共成十二車葉。又於兩葉相去之間，用小竹六寸，貫以索，以餘索纏繞車葉，使相附麗。另用細繩□車葉小竹上，及□上之小圓木。又於十字架正中鑲一木柄，長八寸，以使握手轉車，蓋車轉則索轉，索轉則□轉，而風車之絲亦俱轉，而□繞於筒，視筒上繞絲，約有三兩，則以別筒繞之，此導筒之法也。花車架底用一直木，長一尺二寸，連簨在內，寬一寸二分，厚二寸一分。貫入前後脚，前脚長五寸一分，寬二寸，厚一寸二分；後脚高二尺一寸，寬二寸一分，厚一寸二分。自後脚頂直下一寸三分，鑿孔以安車轂，車轂即上所謂小圓木，長一尺者是也。架底又用一横木，長二尺五寸，連簨在內，寬一寸六分，厚一寸三分。右貫架底直木，左貫□架，□架高四寸八分，寬七寸，厚一寸一分。上安二直木，長八寸八分，寬一寸五分，厚五分，兩直木相去一寸五分。兩直木之上，各鑿孔貫皮耳，皮耳長七八寸，以三四分厚，牛皮為之。去皮耳頭二寸，鑿圓孔以轉□，凡經絲、緯絲，皆用此法導之。手熟者日可導經絲一觔緯絲二觔。緯絲稍大故也。每導絲一日，可得手工錢四十文。安平女工如紡棉織屨，日只得錢八文或十文。若取絲織綢，不啻十數倍之利，其餘若套繭絡絲，攢絲絡緯，利亦與導絲等。茲即以導絲言之，如貧民一家五人，有二人導絲，足供五人之食。若繼以夜工，則日有餘積。且放蠶多用人工，織綢又十數易手，業者愈多，則閒民愈少，至因勞而生善心，尤足以美風俗，故興恒業者，莫善於此。

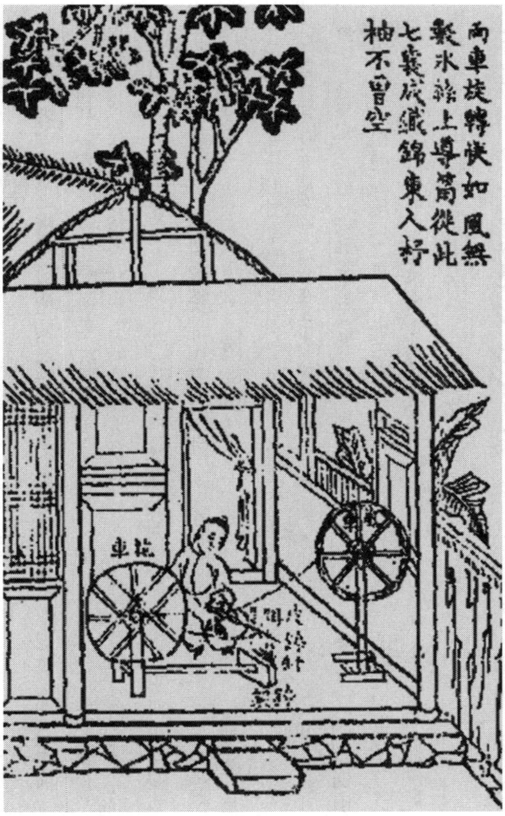

套繭第三十三破口繭、血繭、湯繭附

凡蠶蛾咬破之繭殻，謂之破口繭。作繭半成而蠶死，其膿浸繭，謂之血繭。湯鍋中取盡水絲之餘殻絲好者名曰水絲。謂之湯繭。此三繭之絲，皆不可抽，法當去其敗蛹及積穢，均用猪油少許，和水浸濕，蒸透，罨漬數日。或用蕎灰水煮熟漬數日令軟，以水洗净晾乾，逐一套在指上，若拳大，旋以手扯其絲，下繫綴子，綴子以鐵針下綴銅鐵器一小塊，要極圓者，以指撚之，旋轉不定，不論男婦老幼，或坐，或立，或行，均可以為線，故為民恒業者，亦莫善於此。使撚成線，仍照下導筒，牽絲諸法為之，名曰墜絲繭。綢其線粗緊有皺紋者，曰新繁繭，其以花車紡線為之者曰毛綢，均堅實耐久。此外，更有浮絲、爛絲，不可以抽，亦不可以套者，則絚洗晾乾之，以作絲絮，以破口繭，套如拳大，不煮不漬，乾扯成線，以之作綢，極厚實耐久且有光彩，署如羽毛緞，謂之紡綢，其以經線拴於織者腰上不用輥子及判官頭等物。而軟織者軟織故綢有皺痕。謂之新繁繭。每日只能織綢九尺或一丈，以經緯二絲，俱濇而難織也。若以水絲為經，扯線為緯，謂之平紗綢，其工較省。凡套濕繭，日可扯乾絲二兩，合手工錢四十文，套乾繭者一日扯絲八錢，工錢亦如之。

絡絲第三十四

絡絲者，俗謂之攢絲。以所紡之絲，套於風車上，風車見上導筒，即於車前。與損□者相對，安木架一具，架用二直柱，二橫枋為之。以二橫枋穿於板蹬之首，復以繩細之使不動，右直柱高一尺六寸，全直柱高一尺二寸，均寬一寸六分，厚一寸。又從左右直柱底直□一寸五分，安下橫枋又二寸，安上橫枋均長一尺二寸，連箕在內。其法於架中在左右兩直柱中間。安絡子。絡子以小圓柱四根為之，圓木柱圍圓二寸七分，高六寸二分，中間十五，各安十字，木以貫四圓柱。十字木長五寸五分，去箕則只有二寸五分，中寬一寸二分，邊寬六分，厚俱八分，中間各鑿一圓孔，圍圓一寸五分。以小竹管長二尺為車轂，由直柱方孔中活安之。貫絡子，緊貫之。及左直柱圓孔亦活安之，使竹在孔中，如機之在樞右直柱。方孔長四寸五分，寬八分，從直柱頂直下一寸鑿起。左直柱圓孔，圍圓一寸八分，深五分從，直柱頂直下二寸鑿起。又於右柱頂釘鐵釘繫，粗绳二尺以苧為之。以綰右首之竹管，使右微高，左微低，右首小竹管，須提至方孔中間，以索由後而活繞之，否則，繫索呆着，不能轉矣。使右微高，左微低者，以利轉也。以轉絡子，以收捲風車上所套之絲，此絡絲之法也。

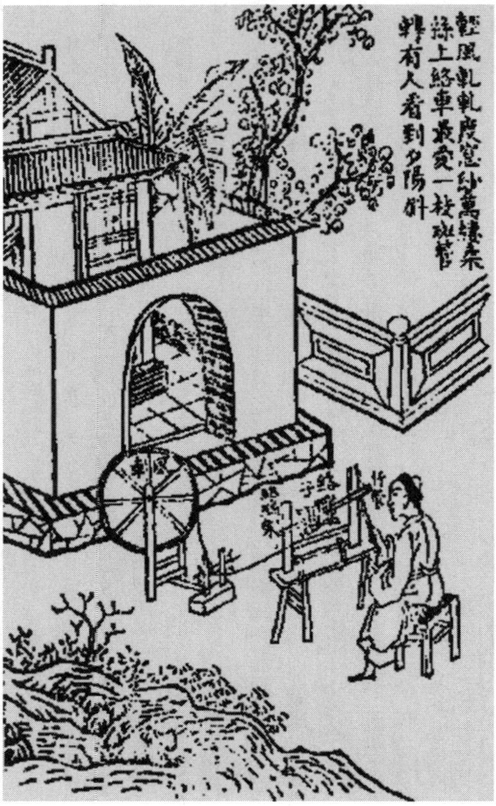

攢絲第三十五

以二絲、三絲即煮繭時所取之絲也。并合為一絲，謂之攢絲。凡為雙絲綢者，經緯皆用之，餘則否。緯絲欲粗，間亦用之，但欲律之粗須於□絲時，多提繭絲，合為一绺。若既取絲，而又□□，則未免徒費工夫耳。其法：置二絡子，謂□雙絲。或三絡子之絲，謂之三□絡子見絡絲□。於攢絲架下，與取絲□攏絲架□，惟架底橫木，長只一尺七寸五分，□木柱長□尺八寸，為異□。即取□□絲，穿入槐子，與取絲九柱子問，惟織□直長四寸，曲長□寸九分為□□。由槐子上纏於□□子，并兩一绺，以下繫於花車□上又名為紡針。之筒天滚子，花車□筒，均見煮繭。攢絲者以手轉車，則二三絲自合為一绺，□繞於導筒，此攢絲之法也。

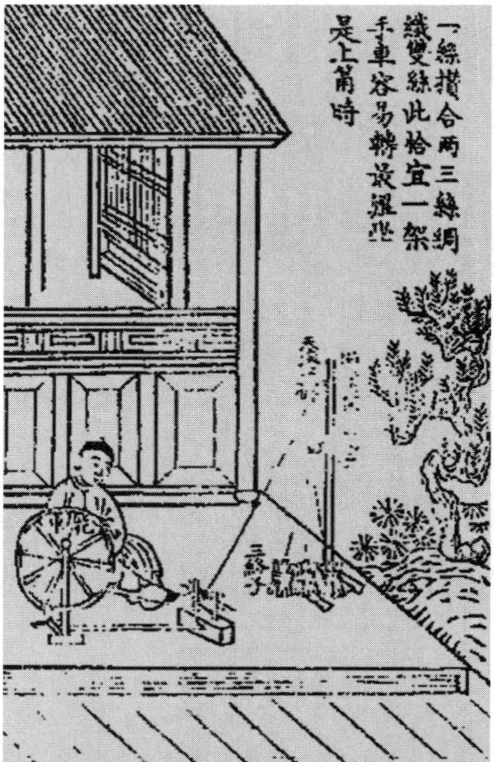

絡緯第三十六

凡所導緯絲，均有竹筒，不可以入梭，其絲橫繞筒上，亦不可以為織，故必另用絡器絡之。其絡之之法，以導筒安手絲架中，導筒又謂之筒，故手絲。架底用木板一片，長五寸，寬二寸，再用竹片二尺，餘以火柔之使上成。橫架旁垂兩柱，如燈之提手。又於架板中間□□竹□一條，以安導筒，絡者左手提架，將導筒所導之絲由梁孔中出。即上所謂橫架也。正中鑿小圓孔以出絲。又以右手引梁孔所出之絲，十字纏繞於緯竿、緯針。緯竿長八寸，□如筆管，以竹為之，中貫緯針，緯針長一寸二分，以骨為之，下尖上圓。圓處寬厚各六分，即於寬厚處鑿孔穿緯竿正中，如十字□者，以絲分繞其上。視絲繞約一兩，則先出緯竿，後出緯針。緯針既出，則繞絲處皆空，而絲從空處抽出，自井井而不亂。俟度梭時，則以絡緯浸濕，實梭槽中，此絡緯之法也。欲絲之不亂，故以水浸濕之。

凡絡緯者，左手□架，右手絡緯，不論男婦老幼，或坐，或立，或行，均可為之，手熟者日可絡緯一觔。

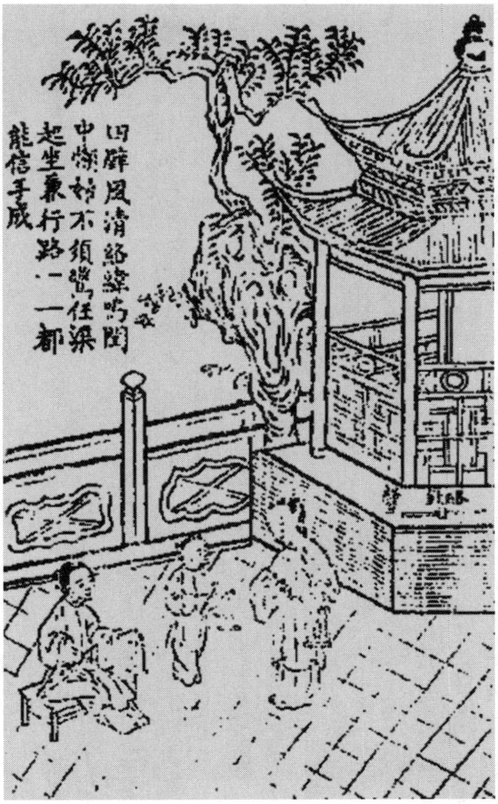

牽絲第三十七

牽絲之法，擇寬平處，先安牽竿一具，牽竿二根，以小圓木如碗大者為之，兩邊各長一丈三尺，兩頭橫木各一，俗名爬頭，長三尺五寸，寬厚各二寸五分，形方如床。爬頭上釘木樁二十處，木樁長四寸，圍圓二寸七分。將所導絲六十六筒，或五十四筒，分作兩層，掛於筒竿上之筒籤。筒竿長八尺，以小圓竹二根，如盞大者為之，分二根，為上下兩層，中鑿圓孔，各三十六安筒籤。筒籤以竹為之，長七八寸。高竿架中，用直木柱二根，長一尺二寸，連簧在內。下安於前面之牽竿上，貫筒竿兩頭，穿兩旁直柱中，各以竹針拴之。筒竿上，各安筒籤，以貫絲筒。牽者將筒上之絲，概為抽取，絲頭合繫於上。爬頭前一樁，隨以右手統握絲筒之絲，從上爬頭前一樁起，直牽挂於下爬頭之前一樁。又從下爬頭前一樁起，牽挂於上爬頭之前二樁。又從上爬頭前二樁起，牽挂於下爬頭之前二樁。又從下爬頭前二樁起，牽挂於上爬頭之前三樁，絲盡則另易筒。絲斷者續之，毋使混亂。上下二十樁，均已次第周掛，隨以牽掛。第二十樁之絲，左右交掛於交手之三樁交手以木為之，長六寸八分，厚各二三寸，鑲於牽竿上，旁上釘木樁三個。木樁大小如牽竿，樁長六七寸，三樁相去各三寸五分。作三紐，安三交輥，以分絲之上下。三紐即三交互也。交輥以小竹管為之，長二尺二寸，於牽絲既畢之後，即安三交輥於三紐之處，以分絲之上下，又謂之陰陽。交後之別絲，繫綜扣絲織絲，皆以此為關鍵，否則，上下錯亂不成梭口，不可織矣。又從上爬頭後一樁起，次第牽掛至下爬頭之前一樁，是為一交，是為一疋。經線又往復牽掛如上法，為二交，是為二疋，經線如此十交，可成綢十疋。每一交六十六絲，一陰一陽挂之，計一百三十二絲，積至十交，共計一千三百二十絲，此牽絲之法也。

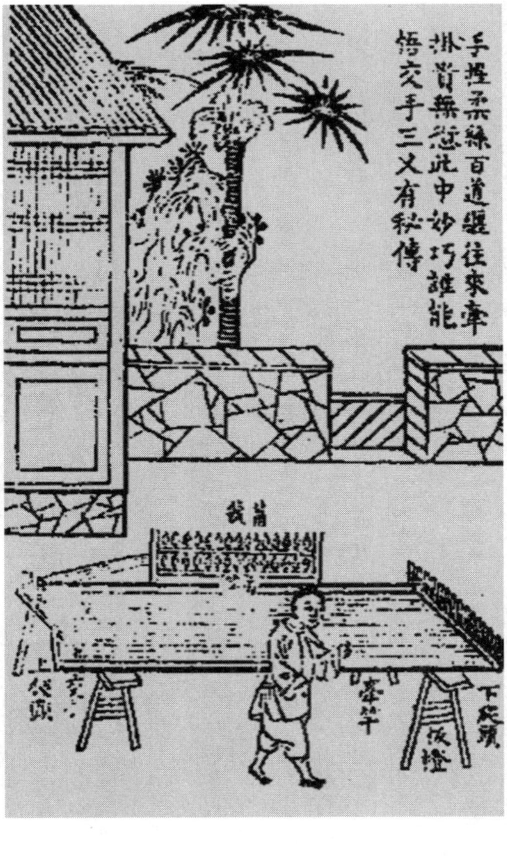

扣絲第三十八

牽絲既畢，則以竹扣和絲，置大棹上扣以竹篾為之，密者編為六百六十齒，或五百四十齒、五百齒，其形如篦，長二尺餘。視交手上所卸三紐之絲，以扣刀穿扣齒中，引絲過扣前，扣刀以竹為之，長九寸三分，刀葉上鋸縫長五分，深一分，以刀入扣齒中旋，以交手所紐之絲掛刀。□刀出，則絲隨而出，仍貫以交輥，使毋亂。挨次導引。不可混亂，若有凌□，則不可織矣。盡六百六十絲。一齒扣上下二絲六百六十齒，計一千三百二十絲，此扣絲之法也。凡織毛綢、紡綢、及新繁繭之經線，俱比府綢等為粗，其扣齒亦宜，稍疏以導之。

刷絲第三十九

扣絲既畢，仍擇晴日，將入扣之絲，套在繚絲輥上。以木為之，長二尺三寸，圍圓二寸七分。其用，凡二二穿上下經絲中，繫羊角上，一以□捆於機尾輥子上，以分繫上下經絲之末。復於交手三紐處，安三交輥，見上牽絲至織絲時，則安此輥於兩綜之前。隨將交輥及扣，推向羊角之前。又將繚絲輥并絲，緊捆羊角上。羊角見下機床。每捆二疋，經絲以竹篾十二枝間之，竹篾長二尺三寸，寬、厚一分，使絲緊而不亂者。安細絲於架上。架高二尺，餘壓以巨石，使不動。又將經絲之末，上下分繫於繚絲輥，織者，從經絲末織起刷絲，既畢，仍於此處扣絲繫綜。取絲交互作辮子，纏於拖耙，以三又木為之，兩又着地，中一又作一鉤，長二尺餘，如五十六丈之經絲，將絲末五十四丈，均交互作辮，纏於拖耙之鉤。俟刷絲既畢，捲上羊角，再舒拖耙之絲辮以刷之。壓以巨石，以二百餘觔之石，壓耙上，便與羊角壓石輕重相埒。使所舒二丈餘，或丈餘之絲，如院寬長，則舒絲二丈餘，否則，丈餘亦可。平直而緊，隨推交輥向前，以扣梳之。復用刷把蘸米湯，刷把以鐵□□草根為之，圍圓二尺四寸。頻刷其上，使絲光滑而硬，易於繫綜度梭。繫綜度梭見下。晾乾，即以乾絲捲羊角上，舒放拖耙絲辮，仍如前法梳刷之。刷畢，脫扣，由絲末出。此扣齒疏，且有漿糊齒礙絲，故必去此扣，再以別扣扣絲。即以繚絲輥，分繫絲末之上下，毋使混亂，此刷絲之法也。

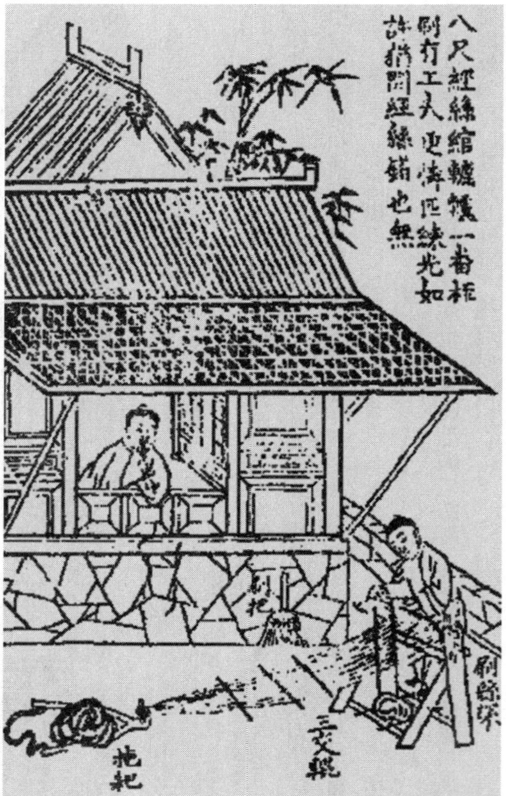

再扣絲繫綜第四十

刷絲之後，則經絲均上羊角，所剩經絲兩頭，即上所謂經絲末也。不過數尺耳，織者再取竹扣，如前法扣之。扣畢，將上下經絲，分繫於繚絲棍之上下，毋使錯亂，此係機尾之輥，詳上刷絲。謂之再扣絲綜，古謂之機縷。機有二縷，縷如絲數，所以分繫上下，二經絲使開梭口，以受織者，詳下，度梭成綢。其繫綜之法，於扣前安綜馬，綜馬以竹管為之，長二尺二寸，將竹劈開一尺三寸，以小竹鐵二寸五分拧其中，使開口。以綜線從右貫入梭口中過左，綜線以苧為之。復將綜籤安綜梁上，綜籤以小竹籤為之，寬厚各一分，長一尺四寸五分，綜梁上下二根，以繫上下二綜。以木為之，長一尺四寸五分，寬五分，厚三分半。先將右首上第一經絲套於上綜線，再將上線雙綰於綜籤，又以綜籤合綜梁捆上線成綜口。綜馬口寬二寸五分，則綜口之寬，亦如之。套第一經絲畢，再如法套第二、第三、四絲。如綜馬口溝，不可再繫，則將已繫之線左退於後。盡上經三百三十絲，是為前綜上線。上線繫畢，復以綜線穿上線中，反其扣。如前法繫下線，使上經絲在兩線之中，以便提挈上下，此繫前綜上下線之法也。前綜既畢，又如前法繫後綜上下二線。又繫畢，乃以前綜兩頭上繫於拜人前二籤，下繫於牛打脚之左右，以至於右踩板以後，綜兩頭繫於拜人後兩籤，下繫於後牛打脚之左右，以至於左踩板。拜人午打脚左右踩板，及各繫繩尺寸，均見下機床。又於前後兩綜之兩繩，即上繫於拜人之繩。各用小圓竹管，長七分，圍圓一寸二分。穿繩中，前後四绳，共用四管。又以線穿綰兩管，使前後綜兩相依附，不至參差。仍於前後綜上線之中，各貫小竹管二枝，俗謂之推輥，如箸大，長二尺二寸，前後綜上線均有兩口，一口貫一管，故有四管。以便推綜進退。凡綜線，必用米漿濯之，使稍堅紉。經絲鋒利如綜線，無漿，則往往為經絲割斷。此繫綜之法也。

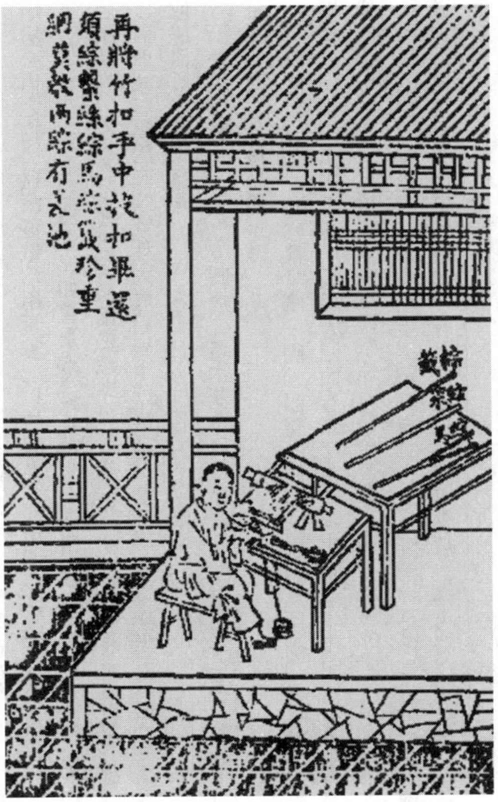

上機度梭成綢第四十一機床并各器附。

繫縱既畢，以羊角所捲經絲，安置機床前脚頂上。舒放經絲三尺餘，以經絲之末連繚絲輥，緊捆於輥子上。前以發條止羊角，後以竹籤貫雲梯，催絲平緊，謂之上機。既上機矣，織者端坐機厢，取緯絲，去筒竹，實梭槽中，以篾押之，出絲頭於梭底。梭底有一孔，取緯絲頭安槽中，以口吸之，則絲頭由孔而出。先以左足踏右踩板，使前綜下而後綜上，中開魚口，織者以右手擲梭過左，推神框一下，又以右足踏左踩板，使後綜下，而前綜上，中開魚口，織者以左手擲梭過右，又推神框一下，謂之度梭。羊角以下各器，俱見下。既度梭，視綢，巳織數寸，以扶襯襯綢，使綢口平直，神框推處為綢口。以受神框之推，如神框輕，而絲織不緊，則於撞腿之横木，縛石以助其力。又織數寸，復襯之，成綢尺餘。先以剪刀剪去毛頭及疙瘩，再以稀漿水刷綢面，以竹刀刮之。竹刀長七八寸，寬三寸，以刮綢面使光潤。刀口要平而滑，方不損綢。此時，梭口已近挨扣綜，梭不可度，則以右足踏發竿，使發條下扯轉羊角一枝，舒絲數寸，仍以發條止羊角，其已織之綢。轉輥子以捲之，復以竹籤貫輥頭孔中及雲梯，使經絲平緊易織，後皆仿此。扶襯以下各器，均見下。此上機度梭成綢之法也。凡河南裝及府綢，今河南販客，必擇最上之綢，每疋重四十兩或三十五六兩，故遂以河南名之，又名府綢。若線綢重不過二十三四兩，毛綢以血繭、口繭等為之。為經絲六百六十面，寬一尺四寸，線綢、毛綢不過五百二十絲，面寬一尺二寸，大約一機捲經絲十疋，或八疋。每疋經絲長五丈六尺，十疋共計五十六丈，每人二日可織綢一疋。

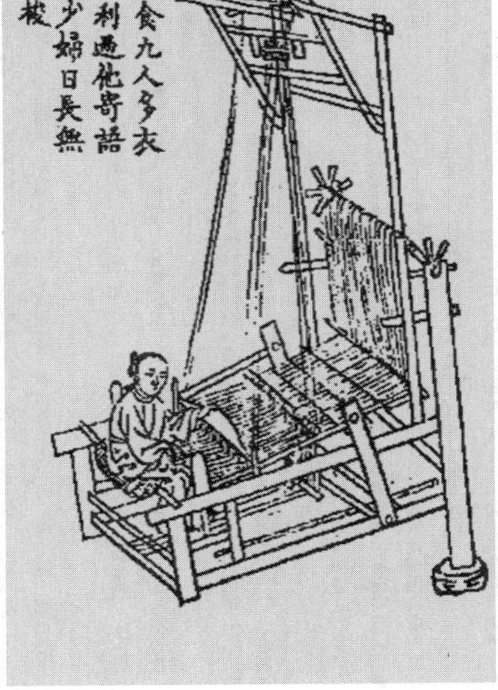

清　方大湜《桑蠶提要》卷二《蠶事四十條》

山蠶八則

蠶種　山蠶即野蠶另是一種，其始生槲樹上，今山東、貴州、河南、陝西等處皆有之。

蠶形　如家蠶而較大，初出如蟻，結繭如小鷄蛋。

蠶性　不避穢氣，不忌喧囂，不懼風寒，不畏雨雪。昔有養此蠶者，三月大雪，蠶皆僵硬，人以為凍死矣。次日雪消，蠶竟復活。但怕久雨，怕凍冰耳。久雨則蠶不旺，凍冰則葉受傷，蠶必壞。然三月凍冰，乃偶然之事，不常有也。或三眠，或四眠，與家蠶同。蠶出五六日初眠，不食葉。二三日脫去黑殼色，分青黃乃復食。又五六日二眠，又五六日三眠，又五六日四眠。眠時不食葉，起後復食，與初眠同。眠時喜安靜，不可翦移。

蠶食　橡葉、櫟葉、槲葉、青棡葉、臭椿葉皆可食，桑葉亦可食。登萊人養山蠶，於樹無所不用，惟不用楊樹耳。繭以食椒葉者為最上，謂之椒繭。食臭椿葉者為下，謂之樗繭。嶺南蠶并有食紫蘇葉作繭者。黑衣小蠶宜食火芽，二眠以後須用二芽三芽四芽。若始終食火芽，則蠶壯不能退臁。火芽二芽三芽四芽即青棡樹葉。詳桑政附録青棡第二則。以火芽二芽三芽四芽飼山蠶，須隔一季。如今年春季，以此處之葉養春蠶。今年秋季，即以彼處之葉養秋蠶。俟明年春季養蠶，再用此處之葉。如今年秋季，以此處之葉養秋蠶。明年春季，即以彼處之葉養春蠶。俟明年秋季養蠶，再用此處之葉。

蠶具　養蠶結繭雖在山坡，烘繭煖子卻在蛾房。宜裱糊牆壁，宜關閉門窗。勿令通風。竹竿以備懸掛繭串之用。火盆以備燒柴燒炭之用，無火盆卽破鍋亦可。均係蛾房必需之物，盛繭盛蛾均用簍簍。以竹爲之，或用桑條編成。高一尺六七寸，廣二尺一二寸。簍上安曲木，如筐繫式。便提攜也。簍面用蓋罩好，防飛繩也。簍內用紙裱糊，避風寒也。或以筐盛繭盛蛾亦可。筐徑三尺，深一尺，有蓋。一筐可放百餘蛾。以翦翦枝，須用齊頭寬葉大翦，須十分快利。翦不大則無力，翦不利則不能一翦卽斷。取絲器具，與家蠶同。

薅坡　蠶未上坡，先將坡上雜木茨草砍除净盡，并將樹下之土一律鏟平，庶看蠶時，無所妨礙。

除害　狐狸、狼、鼠、鷹、鴟、烏雀、蛙蟆、蟲蟻無巨細，皆嗜蠶。防禦稍疏，必飽無厭之腹。須用人四面看守，晝則持竿張網，夜則執火鳴金，或施彈弓，或放火槍，或以皮鞭擊地。務令害蠶之物一律驚散。

不費力　山蠶養在山坡樹上，聽其自食自老。除防守鳥獸昆蟲外，別無費力之處。只要送蠶到坡，便有九分收成，春可養秋，亦可養一年兩季，獲利甚厚。

又　養山蠶法以下春秋二季，飼養山蠶，皆採用貴州遵義府之法，他省養山蠶法，亦大略相同，間有不同者，仍坿注各條下方，以備參攷。

春季十五則

擇種　秋蠶結繭，在白露後，欲留佳種，必先擇繭，繭有好醜，持繭輕捻，堅硬重實者，好繭也，持繭輕搖，圓轉活潑者，亦好繭也。蛹有公母，形圓者爲母蛹，形尖者爲公蛹。公母之數務必相當，庶將來蛾出，不至雌少雄多，雌多雄少。雌多雄少，尚可用已經配過之公蛾，再行配對。若雌少雄多，便不能多收蠶子。十月半間，再揀選一次，然後以竹簍盛之。

烘繭　次年立春日，紙糊密室，將繭簍置於中央，用青棡木柴燒火微烘之。不用雜木柴，以青棡氣味，與蠶相宜也。自立春至春分前五日，凡四旬，須晝夜無間，且須漸次添火。春分前後，覺蛹微動，卽用線穿繭成串，穿線時不可傷蛹。搭竿上，仍以火烘之，火在當中，繭竿在四圍。蛾乃穿繭而出。烘時火不可太大，火太大，則蠶受熱毒，必有斑爛之患。亦不可太小，火太小，則煖氣不足，蠶有空肚之病。火之大小，以天氣之寒煖爲準，天寒則加火，天煖則減火。天氣之寒煖，以人身之涼熱爲準，身涼則加火，身熱則減火。山東諸城縣、陝西甯羌州、河南魯山縣、鄧州等處，烘繭均用雜木柴。

對蛾　蛾出後，拾入筐內，雌雄配合。眉細者爲雌蛾，眉粗者爲雄蛾。次日，摘出雄蛾，另置一處，聽其自僵。甯羌則辰巳時對蛾，申酉時拆開，以四個時辰爲度，與家蠶配對法一樣。

收子　拆開雄蛾之後，以手微捻雌蛾，去其溺。否則不生子。置筐中，微火煖之，子卽出，子出後，仍留雌蛾在筐內，覆養一二日，謂之伏子。甯羌則令雌蛾伏三五日，始行提出。十月盛繭於簍，立春後以火烘繭，春分後蛾乃出而生子。遵義諸城、甯羌、鄧州等處皆然，惟魯山不同。秋蠶結繭後，如天氣煖和，蛹變爲蛾，蛾出卽盛之以簍，令生子於簍中。俟蠶子生滿，將蛾提出，將簍藏於高暖避風處，如秋寒不能出蛾，甚至冬臘月間蛾尚不出，卽以繭簍挂蛾房內，用火烘之，蛾便出而生子，以待四川、貴州人販運。因彼處山蠶種一二年後卽不發旺，故必到此處販運也。每蠶種一簍以平價計之，可值銀三四兩。

煖子　子在筐，不可斷火，越旬日，蠶卽破殼而出。甯羌、鄧州，則以子筐懸清涼無煙處，待陽坡、青棡等樹葉長寸許，然後置子於煖室，以微火烘之，數日蠶卽出。

育蟻　蠶既出，用新折柏枝勻鋪筐內，蠶聞柏葉氣，自然緣上柏枝。柏枝氣香，且紋理粗澀，易於攀援。卽連蠶與柏枝，提置青棡樹上嫩芽中餧養。甯羌則於蠶生之後，辰巳時將蠶筐置水渠中，筐底支以石，勿令沾水。插青棡等樹枝梢，於筐之四圍水內，以免枝葉乾枯，蠶聞葉氣，卽出筐上葉，筐邊之葉，須常換新鮮者，毋令蠶餓。換葉時，須將新枝挨舊枝，俟蠶上新枝，然後拔去舊枝。筐內如有未出之蠶，午後仍取回懸煖室中，次日蠶出，仍照上法。水邊搭草棚，日夜看守。諸城則於蠶出後，翦嫩芽，初放不及麥大之柞櫟枝，綑成小把，置蠶於枝上，插淺水中，晝夜看守。魯山則於蠶出後，用羽翎埽入盤內，以初發小櫟葉，切細餧之。

數日後，已出之蠶稍稍長大；未出之蠶亦已出齊。然後翦下嫩櫟枝，約長尺許，捆成小把，如一握大，將蠶放小把上，插淺水邊，蠶得水氣，則火氣自消，免致生病，將來結繭，亦復潤澤。鄧州則於蠶出後，卽翦櫟樹嫩枝細作一束，以束之上截放蠶，以束之下截浸水盆内，食盡再换。

上樹　提蠶出筐後，即送蠶上樹，蠶見新葉自然緣上樹枝，先食嫩葉，以後聽其自食自老，未老之先有時不食乃蠶眠也，眠起即復食。蠶眠蠶起，詳山蠶第三則，鄧州則先在水盆内餧養三四日，再送樹上，魯山則先在水邊餧養三五日，俟蠶頭帶白色，再送山坡，將所細之小把連蠶分開，揷櫟樹枝上，諸城則俟蠶長指許再納筐中，肩負上山，置蠶於樹，寧羌則俟陰坡葉生，始將水邊餧養之蠶，連枝梢移置樹上。

移坡　此坡之葉已經食盡，即連枝帶蠶一并翦下，置提筐中，須斜架翦刀，趁勢翦之，則枝易斷而蠶不驚。若樹枝較大，則先屈其枝後下翦。約滿半筐，即移布彼坡樹上。筐内切勿堆積太厚，恐壓傷蠶身也。彼坡之樹枝，如或遠揚散漫，即將散漫之枝先行靠攏，然後以所翦蠶枝布新樹，當中有椏杈處謂之蠶窠。庶蠶在中心，上下左右均可就食。眠時不可翦移翦枝，移坡須在眠起之後。

防害　自上樹以至移坡、結繭，均須人防禦禽鳥。詳山蠶第七則。

結繭　四眠後，食葉旬日，噤口退臕，卽令在樹上吐絲成繭。自蠶出至結繭，約兩箇月。魯山蠶少之家，亦令在樹上結繭，若蠶多繭多，則於避風處，另設繭廠，上搭茅棚，下堆樹枝、荒草，將老蠶送到廠内樹枝、荒草上，聽其結繭，因樹上結繭過多，一時難於偏摘，恐遭陰雨損壞也。

摘繭　結繭三日，其漿已固，乃連葉摘下，去葉而繅絲。

殺繭　繭過十餘日，蛾卽鑽出，如繭多人少，一時繅絲不及，則以火熏之，庶免蛹變爲蛾。魯山不用火熏，只將地上埽除潔淨，鋪繭於地，令太陽曬之，繭中之蛹，自然曬死不能出蛾矣。但鋪繭宜薄，厚則曬不透。

煮繭　以大鍋盛冷水，下繭二三千枚，煮三四刻，將繭翻轉，再煮三四刻，再翻轉，俟繭將輭時，用菝灰淋汁，量繭多寡，酌傾鍋内，再煮一二刻卽熟，如尚未熟，再加菝灰汁略煮。

取絲　煮熟之後，用短小竹棍濾浮絲成緒，分作數提，仍存鍋内，然後照家繭法繅之，竈内不可斷火。絲若不順，便須加火，以水熱，則絲易抽也。絲之粗細，視所提絲縷之多寡，縷多則絲粗，縷少則絲細，亦與抽家絲同。

扯線　湯繭卽繅絲時所餘剩者、血繭質輕而薄、破口繭卽已經出蛾之繭，皆不堪繅絲，均用豬油少許和水，浸溼蒸透，以水洗淨晾乾扯線，以備織紬之用。所提浮絲，亦可洗淨做綿，扯法、做法與家繭同。

秋季七則

擇種　春季山蠶結繭，在夏至後。收春蠶時，穿繭成串，晾於竿上。恐罨壞也。十餘日，成蛹出蛾。甯羌州春蠶，約在夏至後結繭，將繭摘回，攤於涼箔，數日蛾生；鄧州摘下春繭，亦用火烘繭出蛾，不攤於涼處。

對蛾　秋蛾既出，配對拆對如春蛾。甯羌則寅卯時，令雌雄相配，午後拆開，比春季配對拆對均早兩個時辰。

收子　拆對後，將母蛾微捻去溺，用線一根約長四五寸。兩頭各繫一蛾，搭於青棡樹上，聽其生子出蠶。甯羌，則以線縛雌蛾一腿繫樹上，繫蛾之多少，以樹之大小爲準，次日卽下子。入伏後五日，其蠶自出；鄧州則以線繫蛾翅，放樹上，聽其生子，秋陽暴之，蠶自出。以上各法均與春蠶稍異，惟魯山養秋蠶生子、育蟻、上樹，一與春蠶同法。

移坡　蠶在樹上食葉，葉盡移坡，如春季法。

防害　與春季山蠶同。秋天林中多油蚱蜢，宜於夜間伺聲以捕。

結繭摘繭　均與春季山蠶同。

扯線做綿　秋繭不能繅絲，只可扯綫做綿，扯法、做法與春繭同。

（道光）《遵義府志》卷一六《農桑》

蠶事

蠶期：春蠶，二月始，五月畢。清明後十日上樹，夏至畢，遲者繭不封口。秋蠶，五月始，八月畢。夏至前後上樹，白露畢，遲者繭不封口。春蠶自上樹至畢繭約七十五日。秋蠶自上樹至畢繭約七十日。蠶山：山必謹其陰陽。蠶，陽物，蠶之出卵，自子至午，未以後則否，盡十日而出畢，皆如之。惡濕喜燥，山陽耐日，其蠶美大，繭成亦如之。陰則否，可移作繭。食蠶宜向陽，陰處但可作繭，此謂春蠶。唯秋蠶宜山之陰者，為可避秋陽之烈。凡當西曬之山，秋蠶最忌。又蠶最畏霧，著之，甚者死，不甚亦病斑，不能作繭。山有空穴，雨欲晴、晴欲雨時，霧最甚，相蠶山者謹避之，故有煙瘴之處，斷不可蠶。蠶地：相地之法，泥為上，挾沙次之，紅沙、火石地為下。沙石者，所樹葉細且瘦，繭成如之。且葉盡時，蠶或四下，值日烈地熱，更善死也。秋蠶尤忌。蠶初上山，更宜向陽，略平泥地。蠶樹：槲種二三年及伐而蘖者，曰火芽，亦曰頭芽，育子蠶宜。經蠶者曰二芽，再蠶者曰三芽，凡伐后，次年之蘖，曰火芽。二年曰二芽。三年曰三芽。壯蠶食之。老而喬者，用作繭。凡相樹，高毋過一丈，已高，則苦剪移與下繭。葉以厚大而青者良，否則力薄。良者，春生時苔葉皆小白色。帶赤者，味辛，蠶不喜食，食亦不肥大。蠶祥：子蠶之林蠶上樹五六日內之林，名衣子地或謂衣子林。中有香如蘭者，謂之蠶花香，此上祥也，後必大熟。眠後有一二紅黑頭者，亦兆美收。蠶率青黃色，間有色深碧、頭崢雙角，小于常蠶者，林中見一二，亦上祥也。凡蠶在此樹葉未盡，必不往食他樹。惟此蠶，朝東見之，暮或西見之。但同林雖間一二里，亦能往來，而不見其往來之跡，土人謂之神蠶。稍驚之，似有希希聲。蠶忌：蠶酷忌油桐，經其樹，上其葉者，死。烘室中燃桐油者及誤以其木烘者，後生之蠶死。山有桐，除之；家有桐，謹之。又食白楊者，死。亦食他雜木致病。食他木之味辛澀者，皆致病。其餘，雖不病，亦瘠繭。惟嫩楓葉，蠶食之無害，蕁林時亦不去之。蠶害：害蠶，鳥，一也，將暑及薄晚力防之。時其來，驚之以蠶銃。鳥之中，惟鴉最繁，又最無畏，銃所不能禁。獨畏神枝箭，射之，則去可半日。蟾蜍，能吸其卑枝者。惟蛇升木，野豬拔樹，茲二害特酷，善守者亦無預防術也。若山蚱蜢、馬蜂、枇杷蟲三者食蛾與蠶，皆咂破其皮，而吸其肉汁，蠶即死之屬，惟秋蠶受其害。雞狗亦食蠶，皆宜防。蠶病：蠶之病二：縊與斑。縊者，自吐少絲掛樹上死。斑者，發黑點，自墜地死。蠶縊原于寒，俗名黃瓜皮，初眠後始有，各自受病而不傳染。斑病原于火，俗名斑狗，莊膘後始有。其傳染，一林俱為之臭。病之原三：未蛾，蛹受雜木煙氣，一也。此種多病斑。一、卵出時，烘之火已烈已微。烈則卵受熱，後必斑。微則受寒，後必縊。一、剪移時，率滿筐，省一二往復，蠶為所罨，致吐其沙此種多病縊，即不病，繭成亦敗。繭亦薄，不中繅。蠶當上樹後，或天氣寒熱不一，蠶值之，至三眠後，滿腹絲化為滿身毛，毛皆躍躍自動，謂之飛絲，一二日即死。此天時不正之氣，欲避之無由也。然必主廠者運厄始遇之。蠶眠：蠶四眠。上樹約七日，則眠，蛻厥黑而起。是為初眠，子蠶黑色，蛻黑而褐。又約七日，二眠，蛻厥褐而起。蛻褐則色青黃。又約七日，三眠，又約十日，大眠一名四眠。凡蠶眠時，必自吐絲絆其後腳于葉，為蛻時用力地也。若偶傷其絲，則不能蛻而死。其起也，食益力。誰惟勤移為功。大眠後，蠶食愈增，至一日夜盡七葉。蠶肥甚，澤澤有光，謂之莊膘。凡十日，膘既滿，不復食，倚葉似眠，大遺屎，漸小如二眠後時，謂之退膘。膘退盡，始吐絲，綳三四葉，自裏如甕，謂之爬甕。然後于中周回往復，任絲作繭。每眠約一日，陰雨二日，眠時慎無剪移。移則傷其絆。凡蠶出卵時，旋必食其殼之半；每眠起時，旋必食其蛻之半。不令食，則蠶弱，繭薄。此事頗與馬子之食胞同，似蠶馬二物嘗相關也。方悟《搜神記》載，太古時馬皮卷女化蠶事未盡誣，且《周禮》原蠶之禁亦掌之馬官也。蠶食：蠶曉不食，為露也；晞而食。午不食，為熱也；昃而食。食必十日增半葉。其極，朝移之午樹，冬矣時日五葉。夜復二葉。居守：主廠者，蠶匠也。其傭，曰蠶火。所居，曰蠶廠。分駐，曰蠶蓬。器備：曰蠶刷，曰蠶範，曰蠶剪，曰蠶銃，曰薅刀，曰排套，曰機竿，曰響笴，曰沙撮，曰擎霹。餘如成家，或妻兒具也。春蠶：春蠶，秋繭出也。十月擇種，收秋繭時粗擇之，十月又再擇之。取大且厚，大兼尖與圓，揀種者當各擇，均而取之。蛹雌者繭多大，雄者繭多小，若專取大者，來年蛾出無雄，皆棄蛾也。色黃而赤，指衡之重，搖之活，而耳之不悉索者，擇種當取無聲者良，有聲者為響繭，但可繰絲。以為種。雄者稍尖，雌者稍圓，略可別也。皆針其後，串之，毋針其繫。繭兩端，有繫者頭，無繫者腳。娥之出，必嚙系間作孔。若串其繫，來年烘種，蛾無由出，皆死繭中矣。串繭，為可掛，便出娥也。亦有收種後不即串，散布之竹簾上，寒天盛以篼，置密室，將烘，始串之者。有初烘時未串，散布竹簾上烘之，至娥將出前半月，始串之者，皆可。然先串，便收拾，且環室與簾掛之，亦便烘。室中先置平架、席、竹簾編簾用一寸之篾，以篾絲緯之，使疏而透風，始不壞蛹。若置之平實不透風處，蛹必鬱壞，布繭其上，風之，或疏掛之，均無使受草木之煙。若冬臘兩值大寒，又當置之復室，或室中置微火，恐蛹凍死。若受，來年育蠶必病。烘種：烘春種，必四十五日而蛾成。立春始事，春分蛾出。烘種為蠶事利害關頭，蠶之熟否皆系乎此；必諳練者數十日夜更守。無稍懈。先設一密室，毋入風，倚四壁懸平竿，高五六尺，疏列繭串，去地尺餘，中置盆火，火以槲他木必病蠶，令其氣暖之以變蛾，蛾以次嚙繭繫出，始終烘，毋失火。火力以漸而增，四十餘日夜無絕火。又必視天之寒燠，節薪之多少。毋已烈，烈則蛾速出，卵先槲葉生，無以食，且必受病。蛾之出，率自未至亥，凡十日而畢，皆如之，有出者，即捉置筐，入夜尤宜速，恐其撲燈自斃也。蛾媾：修眉、腹垂垂者雌，淫淫者雄，雄者眉粗而短，雌者眉細而長；雌腹腴，雌腹瘠。縱之昏于筐，聽自合。司昏者擇其合，寢之他筐。其媾也，其對時如今日子時始，明日子時畢，否則人為拆，毋使過，不及。過則雌脹死，不及則氣不化，卵多毈。媾已，絕夫而閉其妻。夫去，以鰥死。妻畢產，亦自枯。若歲生之雄少，則一夫可兩妻也。分兩日配之，今日配此雌，對時，又拆以配他雌。然後配之雌之卵終多毈，其不毈者蠶亦瘠。昏時有貪嬲而拍拍有聲者，此為狂夫，不去必亂群合，合亦為所解。昏之前，必去雄之溺，否則難為雌。不去，則礙精路。亦有無溺之雄，尾瘦，不濕，不煩去也。媾之後，必去雌之溺，否則難為產。去溺，以兩指輕搦雄雌之後，捋之。蛾卵：筐置蛾二百五十，皆已配之雌娥。越三日，布卵已出之。盡出，其蛾卵仍無失火。若天氣溫，可暫輟火。復置，亦如之。一筐之蛾，極于五百。一蛾之卵，極于一百。卵約十五日而蠶出，筐約十日而出盡。除不生及生而損壞戕者，後獲繭三萬者上，二萬者中，一萬者下。若烘不盡法烘，兼烘繭、烘卵言，則一繭不收。售種：售蛾于烘戶，蠶少者不自烘種，皆售于烘戶。烘戶者，專烘種待售，凡村落皆有之，便人亦自便也。售卵于市已布卵之筐。春秋皆售蛾，春蛾亦在筐，但于未卵時即售之。春兼售筐。蛾價，秋出者一當春之二。一歲之蠶，春為正收。秋季斑緇尤甚，有收者堪種亦少，且多勞數十日之烘，故蛾視春繭出者為貴。售蛾，待卵于烘室；售卵者以歸，候蠶一二日出，則肩之山，售蛾者，于烘室候蠶出，售卵者，如其已出，則肩之山，未出則以歸候之。急若置郵也。于是時也，夜不閉關。辨筐：春卵善者必堅附筐；不附者敗，不可蠶。治種者刷以薄面糊或豬血，粘筐上，俗名搭子。詐售之。其卵不生，生亦必病。若辨之，有汁痕。凡蛾自布之卵，多積為堆；粘搭者皆散原蛾布卵時，即有血汁膠粘筐上。故用淡豬血粘敗卵，效之以惑人。面糊，但取其粘而已。著筐上，亦其辨也。此等作偽者，無置空筐，略以數蛾布卵其上，候善筐卵出畢，刷其餘不出者，簸去其半殼，以面糊，豬血搭于空筐中。俟真卵一二出，售之。人之受愚在此，不可不察。上樹：布席襯筐，揩蓋，以席墊筐，欲子蠶不散于地，且便掃。撐其蓋，欲便置槲枝。且蠶性向明，使其見明而出。以待卵生。蠶出卵，針大，而黑，即以槲嫩枝置筐弦，聽自上，筐中亦置一二小枝，亦不無上者。午以後，子蠶有散走筐席間者，掃以蠶刷，撮以筍籜，仍置之槲枝，與自上者同架之樹。移之火芽地，架樹椏，聽散食。俗名開衣子，故謂其地為衣子地。次第盡卵出而止。秋蠶：秋蠶出自春繭。春繭成，時暑，蛹化也速，急擇之，如春種，串其後，懸而涼之。約二十日，蛾畢出。其媾蛾，視春蠶。既媾，秋蛾已媾，即盡斷其雄之翅，恐其飛入林間嬲雌，致不能產而瞑死。則析棕心或麻縷縛雌一翅，繫之衣子地火芽間，其卵即布著樹。薅林：薅林，除荆棘雜草木也。去荆棘，以便人循行；去雜木，使無溷蠶羞；惟草不務盡，欲蠶墜不至地也。土人云，雜木之中，楓亦不去。嘗見《事物紺珠》載有楓蠶，楓葉始生，有蟲食葉，如蠶，赤黑色，四月吐絲，光明如琴弦，海上人取作釣緡。知楓葉可以飼蠶也。薅不盡地，今日移蠶，昨日薅林矣。其材即供薪蒸。若衣子地，則薅也必務盡淨。草亦務盡。衣子地皆未頭眠之子蠶，力不健，風震葉易墜，草不務盡，不易拾。剪移：剪無時，枝空為度。載以筐，已少則勞人，已多則勞蠶。慎毋罨。出而午之，使忘移家。寧令暫饑，毋令去不能食。枝大者，若鈲之，傷樹且損蠶。捉之，毋驚，毋絶。其攫也如虎，舍筐如鼠。移必依林之次。能量蠶權葉，無使有餘、不足，是上火也。凡移蠶，但以所剪枝架樹櫟，如上樹時，蠶自能緣樹食葉，不一一捉上也。墜地者，拾而上之。

清　鄭珍《樗繭譜》莫友芝注　槲與櫟大致相類，嘗細驗之。櫟，榦老，猶似栗枝。槲生二三年即甲散音鵲。櫟，皮橫皺而不裂。槲，皮直皺而痱瘤音匪。壘皺裂貌。櫟，葉短厚光滑，半以上始出芒，短而句。槲葉長者五六寸，捫之滯手盡，葉一紋一芒長而直。櫟之實長而細，槲實大而圓。櫟葉冬夏常青，新生而故落。槲冬零，故盡而新生。櫟四五月開花，槲三四月開花，皆爲穗如栗，七八月內結實。此其別也。自槲與櫟相類，至此言蠶樹形狀，最悉辨樹者審之。其人歲儉皆可採食人者，實中肉也。下槲人同，但僵澁甚。食必浸至十日以外，槲人倍之。二木之葉以食蠶，繭成一也。但櫟少，種之四倍，遲於槲，始可蠶，以故無種者，閒有之，其理堅密，器尤取材，亦不以食蠶也。若槲林中有一種樹，族生難長，甚類槲惟葉粗大而色較青，俗名扶櫟，即郭璞《爾雅》注云《詩》所謂『枹櫟者也』。李時珍曰：『槲有二種：一種叢生小者名枹。即此一種即前所說，槲名狀不煩。』引於《毛詩》爲『苞櫟』。郭注所引出《三家詩》：『枹，音夫，夫，扶聲，有輕重耳。其葉不中食，蠶食之肥者亦瘠。』扶櫟，俗又呼槲櫟。『扶槲』二字遵義人讀之『畧同』也。或又呼爲『虎皮』、『青棡』。山東人謂遵義之『青棡』爲『槲櫟』，而遵義又以謂『葉青』大一種。貴州一省及湖南晃沅之間，皆謂遵義『青棡』者『櫟木』，而謂遵義『槲櫟』者『青棡』，皆方言之小異也。又有一種樹，狀亦如槲。種之成林亦如槲。惟葉較槲青而稍短，狹子亦如槲而細長，皮稍白亦直皺而痱瘤，畧少於槲，幼無皺裂，老乃皺裂，唯大幹然，小枝否。槲則小枝亦皺裂，唯嫩橐否，爲異耳。稍難長於槲，土人亦謂之『扶櫟』、『青棡』，或謂之『槲櫟』、『青棡』與槲雜種，亦有專種一山者以食。蠶絲最韌，幾敵桑絲爲山繭中第一。不似難長，而葉獨粗大之。扶櫟瘠蠶也，不可不辨。

又　蠶樹

槲種二三年，及伐而蘖者蘖，伐後之芽也，曰火芽，亦曰頭芽，育子宜蠶。子蠶謂初出卵者，壯蠶不宜食，食則病瀉。

清　常恩《放養山蠶法》

秋蠶

秋蠶出自春繭，春繭成於端陽節前後。收畢，天方暑，種不用，烘急擇之，穿成串，懸而涼之，蛾約二十日而畢出。其雌雄配媾，亦如春蠶。既媾拚配，棄去雄蛾，仍搦去雌蛾尾後汁漿，以麻縷四寸，將雌蛾大翅内之小翅縷住，一翅縷之，兩頭各繫一雌掛之。衣子地火芽間，其卵即布於樹而蠶自出。七月底結繭，中秋前即可收竣。凡放蠶，春蠶嘴軟腳硬，宜稠散樹上。葉方嫩，利速食，便剪移，易肥蠶也。秋蠶嘴硬腳軟，宜稀散樹間，時正熱俾緩食者剪移免勞蠶也，養蠶者知之。

繭殼

出蛾之繭，絲被齧，不可繅，用荍灰水煮之。復向鍋内蒸透，翻去其蛹套如拳狀，以水洗淨曬乾，再用猪油少許，和水煮之，晾乾，套於短竿上，左手執之，右用鋁團鎮於竹籤底，以墜絲手搓籤，令旋而墜絲，即絡繹抽出。其墜益下，則提而收之，絲緊紬而匀淨者，織紬如新繁所產，名為繁繭，又名雞皮。繭若不用油煮，但以水浸濕即取。取墜絲，其絲較粗而鬆，且多纇節，可織為粗繭紬，一名毛紬。

湯繭

繅絲不盡之餘殼半多破口，曰湯繭，置於簍中，用熱水浸透罨軟罨音遏，翻去其蛹套如拳狀，以水洗淨曬乾，或用猪油煮過，扯乾絲織雞皮繭，或用水浸濕，扯水絲織粗繭，紬皆可。至若油頭、血繭，可繅絲者，則繅之。如不可繅，與湯繭同用。更有繅時，所提之浮絲及諸敗繭之爛者，不可扯絲，但翻去其蛹，以水久浸，洗净晾乾，用釘板抓散綱，以爲被絮，甚暖而耐久。

又　器具

蠶事用者，曰蠶筐布卵用之，曰蠶刷以掃出筐之子蠶，曰蠶筦以子移蠶，曰蠶剪以剪枝、移蠶，曰薅刀即鐮刀，薅林用之，曰排套，曰機竿，曰黏竿皆以捕鳥，曰火銃，曰嚮槁，曰沙撮，曰擎霹擎音料，鳥皆以驚，曰繭筦挑繭所用。絲事用者曰繅車，曰竹磨去聲，曰鍋馬，曰絲籠，曰繳竿，曰鐵鍋，曰荍灰皆繅絲所用，曰手車，曰風車，曰繀架繀音翠，曰繀心即牛角尖，曰曰車筳皆導絲所用，織事用者，曰茅刷，曰刷架，曰拖扒，曰羊角，曰牽架，曰牽杆，曰牽扒皆牽經所用，曰機牀，曰天平，曰坐板，曰踯板，曰竹筬，曰線縱，曰筬夾，曰輥心，曰梭，曰扻尺扻音别，曰幅寸，曰銅剪，曰銅鑷，曰銅鍼，曰銅鉤皆織紬所用。

又　繅絲

繅絲之法，以大鍋盛清水盛音戍，候其沸，加入荍灰汁荍音喬，調匀，乃置繭於中，約煮半時，將繭翻轉。再煮一二刻，視其繭軟，殼外浮，絲鬆散則繭熟，可繅矣。試之，如不熟，再加灰汁畧煮，司繅者執短小竹棍，謂之繳竿。先繳其浮絲成綹音柳，分作數提，仍存鍋上，置木架，名曰鍋馬。其上有絲籠上聲，又其上有天輥音衮，時以繳竿繳其繭，和其絲引緒上，從絲籠繞出，天輥外復向右下，縈於繅車，旁以一人亟轉車收之。竈内不可斷火，若絲不順，火稍加重，水熱則絲易抽。絲之粗細，視提絲縷之多寡，繭之緒曰餵頭餵音畏，繅者隨盡隨續，毋絶。餵則絲匀去車底五寸，置一炭盆火，不可猛使絲旋乾。每日一人可繅繭三四千，初時繭多，順緒取絲，較細為經絲經去聲，至後半日，繭緒多亂。

取絲稍粗爲緯絲緯去聲。又春蠶之絲，緐蜜精緻，取絲可經多緯少，秋絲性稍脃音翠。取絲則緯多經少，放秋蠶多為春種計，若取絲，總以春蠶為佳。

織紬

織紬之法：先用一車，次第以經絲、緯絲張其上，列於左旁。右置一車如紡棉式，將絲各導成經筒、緯筒，經筒之絲則用牽架，貫筒牽綰於經架上，足其筬數筬音扣，復貫入竹筬牽之，以茅刷梳之，蘸麪漿漿之蘸音贊，始上機，緯筒之絲則以小竹架植筳貫筒筳音廷，右執一小桿中鉗牛角尖鉗音黔顛倒，收其絲，導成槽運以貫梭，然後織。其法與他織同。

查遵義所織，有府紬、水紬之别。府紬之絲，繅時車緩，取絲畧粗而織紬厚實，其品上也。水紬之絲，繅時車急，取絲極細，而紬單薄，品為下而名目獨多。其雙經單緯者曰雙絲，單經雙緯者曰大雙絲，單經單緯者曰大單絲。若小單絲，更疏而窄，亦曰神紬。府紬，其質堅韌音刃，先用猪肶揉之肶音夷，使其紬柔滑，而後加染彰五色焉。

又　蠶種

山蠶春秋兩收，秋蠶成繭時，當擇大且厚者，留作來年春種。須用指上試之，覺其繭較重，復向耳邊搖之，聽其聲稍活者方佳。凡繭圓而大者多出雌蛾，瘦而長者多出雄蛾，留種時，務各留一半，庶將來配對。雌雄適均，而無抛棄，但收種須散布竹簾上，切勿堆砌過厚，使不能透風，恐蛹鬱壞。若冬臘兩月，天氣太寒，又當置之複室，或室中置微火，免蛹凍死。

查遵義蠶種，來自山東歷城，相沿放養已百餘年。近因山瘦林枯，秋蠶多無成者，即成，亦係黑蛹，留種多不堪月，故彼處每歲六七月内，必往山東、河南等處買種，冬盡春初方歸，勞費甚鉅。聞黎郡城南四十里黑洞屯地方，於道光乙巳、丙午年間曾從遵義買種，前來試放秋蠶，即獲有收，且成種皆屬紅蛹，緑黎平荒山新闢，林茂葉肥，養蠶更易成熟，由是觀之，足見此地之蠶利當興也。

摇種

收秋繭時，已將種粗為擇出；至十月，再摇而擇之；十一二月，又摇而擇之，共三次。聽其聲之圓潤有肉頭者，可為種；聲堅硬如石子者，名為響繭，但可繅絲。又蛹在繭内，其地步寬綽者佳，其地步不甚寬綽者，名為停蛹，不可為種。

烘種

烘種為蠶事第一要緊關頭，烘之善否，即蠶之成敗係之。先將擇定繭種，用粗麻線穿成串數，切勿穿其有系處，蓋有系者頭，無系者脚，蛾之出，必齧系間作孔。若穿其系，蛾無由出，皆死繭中。烘房必裱糊其縫隙，勿使透風，即將穿成之種，掛於烘房所懸平竿上。如種多者，分數層蟬聯而掛，輪遞移動，使受火匀。稱火用櫟樹柴，他木烘之，必病蠶。蛾將出繭，内必有響聲，先出之蛾，謂之報信。自立春前後數日開火，以至春分，見有信蛾之日，皆用暗火微微薰之，不可晝夜稍間。火重則蠶受熱後必病斑，火輕則蠶受寒後必病縊，火熄則空肚而殭。每日間出蛾，謂之反陽。又用柴多少，須視天氣之寒暖爲節，天暖而用柴過多，則蛾必速出，生卵太早，櫟葉未發，卵皆出，蠶無以爲食，必多餓斃。

又 出蛾

蛾之出，在未申後子時前，爲得其正，約半月，可以出畢。初出時，其翅甚小，伏於繭上，愈煽愈大，不一時即圓翅。俟其水氣乾而翅老，即捉入筐内，夜間捉之，尤宜急速，恐其撲燈自斃也。

配對

蛾之雌雄，以眉與腹爲定。眉細者雌，眉粗者雄。雌者腹大而長，雄者腹小而短。先將雌、雄提入筐内，聽其自相配，偶見有配就之蛾，即另提一筐，令其站穩，其餘或雌雄不均，無可配者，棄之。配之前，必將雄蛾之尾輕輕搦去汁漿，否則，難爲媾配。之後，必將雌蛾之尾，輕輕搦去汁漿，否則難爲產。

蛾卵

蛾之配，以周一日之時爲度，對時則拼去雄蛾。將雌蛾去汁漿後，即置入筐，必須新製，舊者不可用。每筐第一次置蛾二百五十，俟布卵畢，盡出之。其成五百之數，名為飽筐，其卵既布於筐，仍附入烘房内，毋令受冷。若天氣溫，可暫輟火，卵約十五日而蠶出筐，約十日而出盡。

又 上樹

蠶出卵即能食葉，務將出蠶之筐逆至櫟林，擇櫟樹相聯者，以三四株結成一片，將蠶筐並筐蓋分繫叢枝密葉間，蠶即羣相奔赴，自食其葉，謂之靠筐。倘不便靠筐者，則摘一二嫩櫟枝置筐中，引之使上，即以此枝架櫟樹枒間，蠶亦能緣枝赴樹。蠶之出卵，必於天曙時，過午即上，至夜間仍將蓋合筐，收入栅内，用微火薰之，以免受冷。天暖，不薰亦可。次早，仍照前，逆入櫟林。若天將雨，或用竹席，或用油紙覆筐，不可使未出蠶之卵受雨，若受雨，後出蠶必病。

剪移

蠶食葉盡，皆附空枝，即剪其所附之枝，架於别株樹枒間，蠶自能緣樹食葉。有墜地者，拾而上之。其枝榦大者，不可剪，剪則傷樹，必捉蠶置筐内，以移之筐内，不可載多，多則蠶擠壓受損。捉蠶出其不意，隨手即下，若驚之，或捉稍緩，則抱枝牢固，雖中斷爲二，亦不下也，捉者留心。

守護

蠶在樹間畏鳥雀食，養蠶之人必四面邏守，或鳴竹析，或放火銃，鳥雀聚集甚多者，更用黏竿黏之。若癩蝦蟆，則能吸蠶之在卑枝者，為害雖小，亦當防。至於秋蠶，則鳥害之外，更畏山蚱蜢形似蚱蜢而大，色微赤黑，俗名紡紗婆、馬蜂山蜂之大者、枇杷蟲似蜣螂而微長，張翼則能飛，尤當力爲驅除，守護勤蠶，乃不致受害。

又 初眠

蠶出卵時，如螻蟻狀，遍體皆黑。食葉約七日，即倚樹不食而若睡，是爲初眠。眠後蛻去黑殼，而起名爲退衣。凡蠶出卵時，旋必食其殼之半。每眠起时，亦必食其蛻之半，不令食則蠶弱繭薄。蠶每眠約一日，陰雨則二日。眠時，必自吐絲，絆其後脚，於葉為蛻時，用力地也。若偶傷其絲，則不能蛻而死。眠時慎，無剪移。

二眠

退衣後，其形稍大，變成褐色，又食葉。約七日而二眠。

三眠

二眠後，蛻去褐色，而起變成青黄二色。脊上漸有金點，其點以少者為佳，無者更好。其形漸壯，食葉更甚，又約七日而三眠。

大眠

三眠後，其色不改，其形愈壯。又食葉約七日而大眠，一名四眠。此次起眠後，其色仍前，其體極壯。至日食七八葉不等，約十日而壯，臕足不食葉漸小。如二眠後時，謂之退臕，自行去溺、去糞，通體光潤，滿腹皆絲。各在枝上，以絲牽引櫟葉數片，自裹如甕，謂之爬甕，然後於中周回往復在絲作繭。

又 下繭

蠶初成繭，必自瀉白漿，漿其繭，其殼尚軟，令其在櫟葉間固結二三日，俟殼硬，始收之。若濕摘之，其繭必壞，亦不可久留樹上。被陰雨寖壞摘繭時，蠶有未爬甕而尚食葉者，則當移之他樹，不移恐摘繭礙食。若初爬甕而驚之，其蠶必四散吐絲，不能成繭矣。摘繭後，筐載歸厰。即將爬甕時，自裹之葉剝去，務順其系繭。系為上剝，必自上而下，逆則傷繭。至若繭不封口，當口有黑迹而濕者，曰油頭；口封而黑濕浸出者，曰血繭；薄而不堅者，曰二皮。此三者，俱係壞繭，剝時，務須擇去，不可與美繭並。

炕繭

春蠶收繭後，擇其繭可為秋種者，另存一處。其餘繅絲之繭，如旬日內，即能煮而繅之，其絲更光潤柔滑。若旬日內不及，盡繅。旬日外，蛾即出矣，急以炕而藏之，為妥炕繭之法。擇平法：掘一土坑，或方，或長，不拘體式。先用竹竿數根，縱横架於坑上，鋪以竹簾，累繭其上。再以篾席覆其繭下，用大火坑之。繭一經受火，則濕氣外散，謂之出汗，即將繭四面翻撥，使受火均勻。俟其汗乾，取而搖之，其聲堅硬如石子，則水氣乾而輕，蛹內殭矣，收而藏之，以待繅絲。但炕火不可太過，亦不可不及。火太過，則蛹內焦絲燥，而損火不及，則蛹內爛取絲色暗。掌火者宜斟酌炕之。

又 種櫟

九十月之間，櫟樹子老自落，拾其堅好者，掘溽潤處為坑，聚而窖之。若不之溽潤處，恐子乾且生蟲。窖子時，塗以猪血，可免山鼠竊食。且他日葉美宜蠶，再用杉木細枝刺極蜜者，蓋於土上，更免鼠患。至來年二月，皆生芽，乃出而種之，將土鋤勻，縱横成行，行必相距二三尺，毋太蜜，蜜則枝條不茂；毋太疏，疏則曠土可惜。深約七八寸，各種櫟子三四顆，覆以鬆土。春雨及時，兩旬而芽即出土，遲則一月。雨水節至清明前，皆宜種，節候萬不可遲。又有本年窖櫟，次年不即種，越一年而秧長，至尺餘者則分其秧，亦於雨水節後，如栽雜樹法栽之。蓋種櫟子長至三年，盡伐之，今其再發新枝。又兩年，然後葉肥壯，可飼蠶。若栽櫟秧，較種櫟子更易成樹。凡種櫟，泥土為上，挾沙次之，紅沙火石地爲下。沙石之地，其樹葉痩，不能肥蠶，且葉盡時，蠶或四下值日烈，地熱，必多受損。

蠶山

山必相其陰陽，蠶性惡濕喜燥，飼蠶宜向陽處，陰處祇可作繭，惟秋蠶宜山之陰者，爲可避秋陽之烈。凡當西曬之山，秋蠶最忌。蠶尤畏霧，霧著蠶，其者死不甚亦病斑，不能作繭。山有空穴，每多霧，至晴欲雨、雨欲晴時，霧最甚，故有烟瘴之處，斷不可蠶。

蠶樹

櫟樹在黔省上游曰青㭎，在下游曰麻櫟，皮薄葉長底，而青者味甘，可飼蠶；皮厚葉矩面青底，白者味，若飼蠶不旺。二者子皆圓，白櫟則子長而細，皮光不皴裂，葉短，亦可飼蠶。總以葉厚大而青者為良，否則力薄。新種之樹，或三年或五年樹成，乃飼蠶。飼後，將此樹暫歇一季，謂之歇樹；不歇樹，則葉不茂，蠶亦不肥。樹高勿過一丈，過高則難剪移與摘繭，樹近十年則已老，即伐之為薪炭，留其根，俟來年再發。初發一年者，曰火芽，一名頭芽，飼子蠶宜。至二年曰二芽，三年皆可飼壯蠶。再老，又伐之，一種可十餘伐也。以無用之葉飼有用之蠶，而薪炭之利仍在，種櫟一事，可謂一年之勞，百年之利。

薅林薅音蒿

育蠶之林，其荆棘、雜木，必須去盡。雜木中，桐油、白楊、烏桕三種桕音九。尤不可留。白楊、烏桕之葉，蠶食必死。桐油樹則蠶經其榦上其葉者，即斃。故烘蠶種之室，亦不可用桐油。然燈惟楓葉無損於蠶，不可，必去樹下之草，勿芟夷太盡。天氣炎熱，蠶多自樹而下盤旋草上避熱氣，熱漸退，蠶自緣榦而上，有不能上者，則拾而上之。若樹根無草，地土過熱，蠶墜地即殭。又蠶在樹上，倘遇暴雨冲落，蠶抱草根可免；没有草，不但可避熱，兼可避雨。至若未頭眠之，子蠶上樹五六日曰『衣子林』，樹下之草又必鋤盡。子蠶附樹力不健，恐風震葉搖，蠶易墜地，草不鋤盡，不易拾蠶。

清 陳恢吾《農學纂要》卷四

山蠶

山蠶之樹，名槲，一名櫟，一名金鷄樹。其子為橡，與青棡同類。槲樹易生，青棡難長。種槲宜在山場，於二月和猪血種之，距三尺。明年耘之，三年殺之，一二年中，可兼種莜麥。或於九月刨坑，入橡子四五粒，以土掩之，春後發芽。防火燒及牛羊踐，五六年成林。又法，斫枝條埋土中自生。

山蠶亦分春、秋。春蠶留繭，九九盡出蛾，對後生子，穀雨煖之，即出蟻，斫槲條密揷之，蠶筐竪條，與揷條相連，蠶即上條。七日一眠，另密揷條。蠶眠時，連葉翦下。既大，則用手拈之。移之他條，防蟲鳥。四眠四起，一起一挪，四十餘日成繭，連葉翦下，勿去蕾，秋蠶絲尤佳。春繭既成，即擇秋種，雌雄俱備。雄繭小而尖，雌繭大而平。種宜涼，上樹後，天氣亢旱時，用水澆灑，配葉宜匀，不必一起一移，以葉盡為度。晚蠶易墮，於枝柯閒縛草作鋪，墮後自能復上，草上亦可作繭。蟻場樹喜低小，繭場喜高陽。

椿蠶出紬尤佳。其樹卽臭椿樹，春鋤鬆地，將椿子去瓣，分行散入地内，初出時分移排，列高二尺許，掏其頭，枝椏四出，高止四五尺。椿蠶蛾出，雄蛾聽其飛去，將雌蛾拴樹上，雄蛾自來，卽生子於樹，旋出小蠶，食葉盡，乃移。

煮山蠶繭，用柴灰濃汁半鍋，以槲葉壓之，食頃蛹香繭將熟，傾之席上，由繭蕾出其蛹，十繭一套，以繭絲束住，温水洗濯，以手捻之水清爲度，晒乾收貯。

清 江國璋《教種山蠶譜·教種山蠶十一則》

一、選樹 黔省名曰槲樹，亦曰橡樹；川中總名曰青棡。其種有二：一、枝幹色黑，其葉味甜，宜於養蠶，須五六尺高以下者，勿砍其脚葉。春初，萌芽發生，以便子蠶破衣，易於上樹。一、枝幹上微有白班，名曰虎皮青棡，其葉味苦，不宜養蠶，爲其成繭薄繅絲少故也。其種植相地之法，泥爲上，挾沙次之，紅沙火石地爲下。沙石者，所樹葉細且瘦，且葉盡時，蠶或四下值日烈，地熱，更易壞也，須密佈，勿疏遠，勿種他雜樹，最忌打油桐子樹，有者，務除去之。

一、擇種 種以大而厚，黄而赤，用指衡之而重，摇之而活，耳聽之而不悉率作聲者為良。但大之中，必尖圓相半而後可，尖者為雄，圓者為雌。繭有兩端，有系者頭，無系者脚，自其脚視之大可辨也。選定後，以麻線穿其脚後，切勿傷蛹。四個一層，層層重疊，約五六尺長，挨順排匀，掛於高朗處，不致鬱悶。如有空潤地方，攤以竹簾亦可。節屆冬寒，裝入篾筐，收於密室，以免凍壞。其有聲者為響繭，只可繅絲，不可留種。

一、烘種 烘種為蠶事第一要關頭，最宜加意。其烘之之法：於立春節後，選一吉日，供奉西陵聖母牌位，掃除淨室，毋令透風，如遇窗隙、牆縫裱糊嚴密。量室内八九尺高，横平竿如樓枕，然上鋪篾席，中留方孔，其下環列繭串。離地一尺餘高，當地中置青棡柴，然微火，視節氣之冷熱。如冷，則火宜加；熱則火宜減。四十餘日，晝夜輪班經佑，不可間斷。如冷熱失宜，蠶多病斑、病縊。班者，將結繭時，週身現黑點而死，蠶蛹受熱，用火太微故也。所烘之柴，祇宜青棡，最忌桐子樹。如燒柴之戶，其烘室須與廚房隔遠，免受他雜木、雜草煙氣。

一、蛾配 配種者，烘出之蠶蛾雌雄相配也。蠶繭上烘，歷雨水節後，必有報信蛾出，此不能做種。待驚蟄後，陸續出者，方能配對。多於每日亥未時，齧系間作孔而出，須防撲燈自斃。用生黄荆条編作平底圓筐，六尺圍圓，中徑二尺，外糊皮紙，上編合口圓蓋，以雌雄蛾置於筐内。雄者眉粗而短，雌者眉細而長；雄者腹瘦，雌者腹肥，令其自合，上扣其蓋。少刻聽之，中或有拍拍作聲者，此為狂夫，必除去之，不除必亂羣合。如今日午刻置筐中，於明日午刻，必折其對，否則將雌蛾脹死。折對時，用兩指將雌蛾肚微搦以去其溺，溺或黄色黑色不等，不去，則難産。如歲生之雄少，一雄可配兩雌，須間日一配。然後配之雌，其蛋多不育，即育蠶，亦多瘠，父氣不足故也。

一、下蛋 折對後，將雌蛾另置一筐，約計二百五十個，掩其蓋，俟三日畢産，復置，亦如之。一筐之蛾，極於五百，一蛾之蛋，極於一百。其蛋堆積，粘於筐内，色黑微扁，如老蘿蔔子。然入筐十日而蛋盡，下蛋十五日而蠶出。其筐必用生荆條者，以受其生氣也。産畢，雌蛾自枯死，其雄者亦以鰥死，將蛋筐置於烘室篾樓上。時領熱氣，至春分後，陸續出矣。

一、上樹 春分後，子蠶破衣而出，於開山時，將篾簾平鋪樹下，斜放蛋筐，摘樹上嫩枒，倚於筐沿内邊，俟子蠶蜿蜒而上。將嫩枒夾於樹梢，須穩，勿令墮地。初出，頭紅而身黑，有香簽粗。越七日，坐頭眠，變青黄色。前後四眠易，一眠自食其脱去之壳，值眠時，切勿動之。平時周歷巡視，葉盡則剪移他樹，毋使斷缺。四眠後，再十日，則結繭矣。此十日中，每蠶一日夜盡五葉，更宜加意飼養。

一、剪移　用鐵剪，與家用者不同，葉子短而寬，取其鋒利輕快，輕輕剪下，盛於黄荆條筐内，挨順放去，甯多往復，慎毋積壓，以致傷蠶。如樹挨近，不必剪下，則用草束之，以交其枝柯間。或蠶有附空枝落空地者，宜捉置有葉處，須猛捉之，使其不妨。如稍驚之則則後脚固抱，必致扯斷。斯時也，須防禽鳥，將曙及薄晚，嚇之以鎗，擊之以撇霹，驚之以響篙。撇霹者，以棕絲搓之，長六尺六寸，兩端各三尺，如純，然頭製扣，中餘六寸，編成四寸寬，篼泥沙，以頭扣中指，憑高就勢，丢尾擊之，則鳥驚云，可半日。惟蛇升木，野猪拔樹，癩蝦蟆吸卑枝，大馬蜂咂肉汁，雞犬隨在搏噬，見則宜力驅之。

一、結繭　蠶自上樹，約四十日而繭成，須次第候其硬摘之，蓋繭成後，蠶自瀉白漿漿其繭，必三日漿始乾，若不候其乾，濕摘之，則其繭必壞。用籮筐載歸晒乾，裹葉順其系，自上而下剝之，如逆剝，則傷繭。緣結繭時，各牽葉三，皮自裹作甕於中，周回往復吐絲作繭，其有大而厚，特不封口，口有黑迹而濕，是曰油頭。或口封而汁，汁濕，是曰血繭，二者必擇出，如不擇出，則壞好繭。其薄而不堅者曰二皮，因蠶食不足，及作繭時，為人偶搦故也。

一、晾繭　繭或數十萬，一時不能概取，須編竹簾晾之，就地勢，儘竹之長，每根花八皮，用麻繩排編三四路，置木架平鋪之，佈繭其上，約兩寸多厚，方透風不潮熱，如當時不取，則留響繭。其法：以烈火炕之，須四圍攔密，用篾蓆覆繭上，中留一孔，以乾谷草掩之。發汗，繭色始佳，方是時也，蛹受火逼索索，若驟雨候經時，無聲撤去死繭，另易生繭。炕畢，盛於篼，售則擺於市。

一、繅絲　此繭與桑繭微異，其性硬，須下坜，每鍋兩千個，每千下二兩。先於鍋中調勻，俟其沸，極入數繭試煮之，以水塞為度，然後兩千個全下。用繳竿先去其浮絲，挨灶右尺遠，安車架，架前高二尺五寸，後高三尺三寸，長三尺九寸，中安車，車六方，方寬一尺六寸，中徑三尺一寸，車心寬一尺二寸，穿以鐵管，曲其柄，繫四尺之純，下連竹竿，長七尺，竿頭打眼，以竹釘釘於地架，頭立小旋盤，用皮帶平繫車心，頭旋盤上斜安竹片，片上栽竹釘以管絲路。灶上安平架，架上置二天輥，俗名裕子輥，下置二鐵弓環，俗名螺蛳。就繭舞躍湯面，去其緇引其緒和其絲，上貫弓環，引入輥縫，牽出輥外；下縈於車，右足踏竹竿，竿發運純，純動運柄，柄運車，緩急相應，隨盡隨續，毋絶。餵則絲勻，天寒，置微火於車底烘之，天熱不烘。繅畢脱之、糾之，晾於空潤處。諸凡得法，與桑絲不相上下者也。

一、湯繭　一繭之絲爲忽，五忽爲系，十忽爲絲。繭之忽頭在内，繅者探其頭，引之，繹繹而外。上繭無餘壳，中下繭皆有，此之謂繅餘衣。若不善繅者，雖上繭亦有餘衣。又油血、破口之類，不中繅，不引緒，不可手絡者，名曰湯繭。翻去其蛹，水洗淨晒乾，和而築之，以鐵齒梳梳之，綳以爲絮，逐處行銷，絶無抛棄。

清　許鵬翊《橡蠶新編》

蠶病表

蠶病表

蠶病	原因	結果
水眠子脱皮出水	受水濕	眠後不生皮，遍身出水而死。
空空簡遊走	配對時少	蠶身壯旺，永不作繭，過期而死。
倒流口中吐水	雨水太多，腹中絲亂。	倒吊而死。
薄尿尿不成砂	雨水多	輕作薄繭，重不作繭。
黄亂腐臭	蠶種蠶蛾受熱，配對時久受胎毒。	四眠後見，傳染甚重，將結繭死。
斑遍身起斑點	蠶上山後大雨暴熱受地氣潮濕，蠶種受潮濕。	三眠後見，不能結繭。
銹蠶身生黑點	銹種之遺傳	初眠後卽見，輕可結繭。重則永久不長大，不能作繭。

蠶之受病，有原於種子者；有原於天時者；有原於人事者。然天時難定，育蠶者宜選好種，盡人事而已。

又　放蠶器具

蠶斧

刃薄無頂，運用便利。四年以上之樹，即須用斧修之。

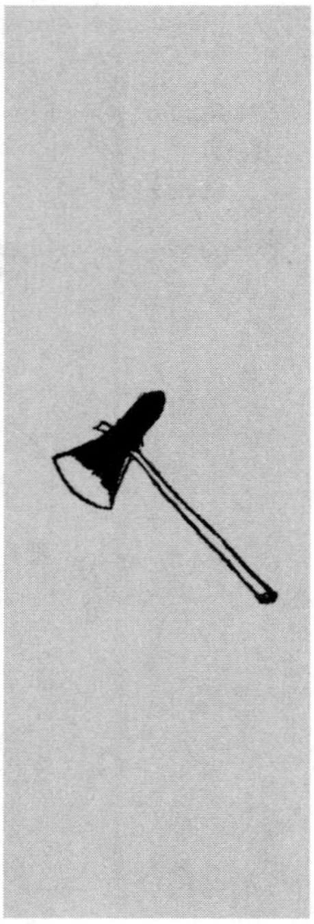

蠶鐮

較農家所用鐮刀厚而稍短，樹下之草與榛莿等，皆用鐮刀刪除之。

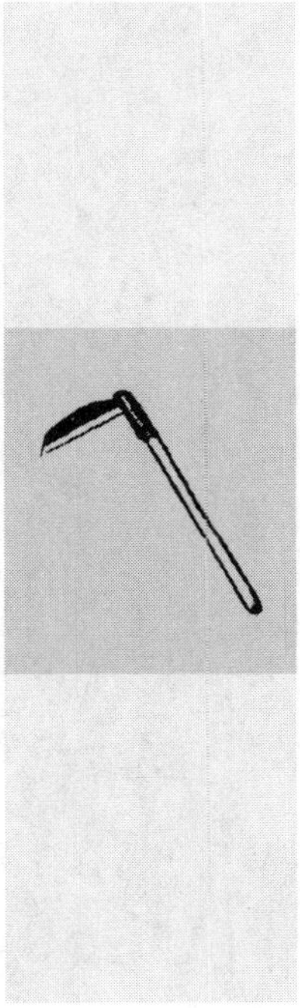

蠶剪

形如裁衣之剪，頭齊而大，移蠶時用以剪樹枝。

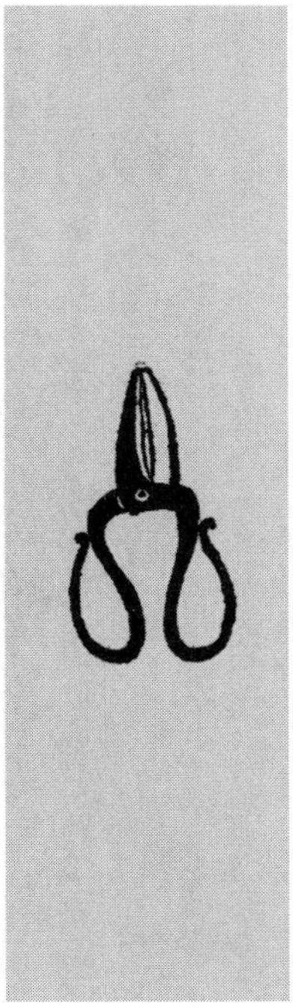

鳥槍

即農家常用之鳥槍，晝夜防護鳥雀，天初明與日落時，尤宜加意。

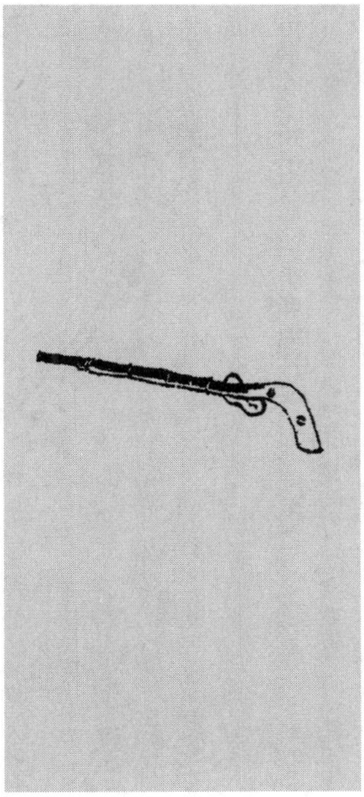

子筐

以荊條為之，俗名梢條。用榆、楊條亦可。平底，陡沿，上有平蓋，形圜，高尺許，圜徑三四尺許，外用紙糊，以免漏子。用新條編之，內帶潮濕氣，蠶子始無損；舊筐不潔，且損子。

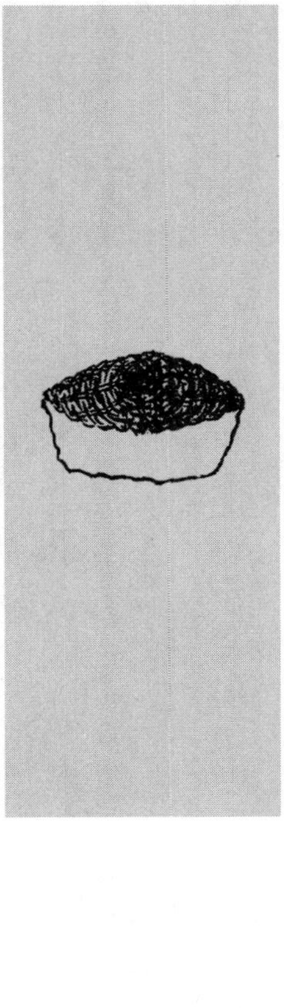

蠶筐

形如子筐，惟不用紙糊，使透風氣，移蠶用之。

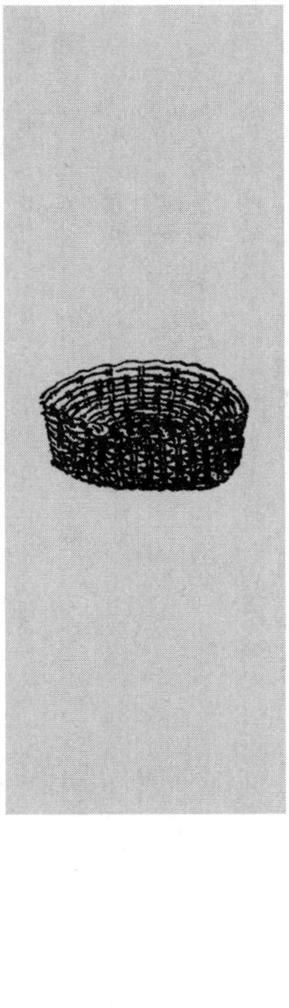

繭筐

亦用荊條為之，圜徑二三尺，高三尺餘，上有平蓋，勿用紙糊，以透風氣，用盛蠶種。

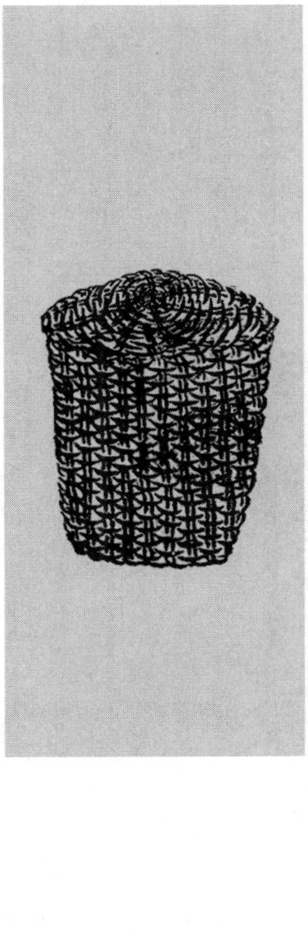

噴筒

市肆中俱有，購以備用，炎旱時以噴樹葉，或即用灑地之洋鐵噴壺，最便宜價廉。但宜於日落時噴之，若當日中恐蠶受病。

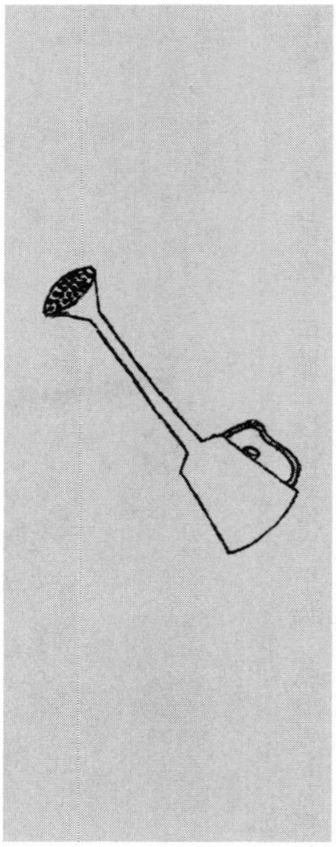

蠶箔

秫秸為之，長七八尺，用麻繩打成，晾繭用之。

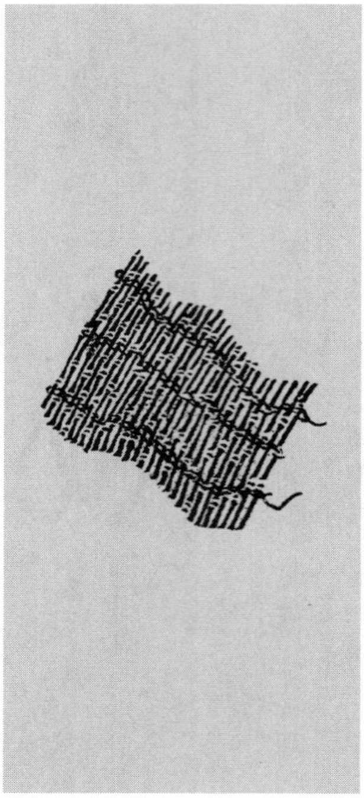

蛾草

其草細長，放秋繭拴蛾用之。將草從中劈開，稔成線，兩頭拴蛾，搭拊枝上，

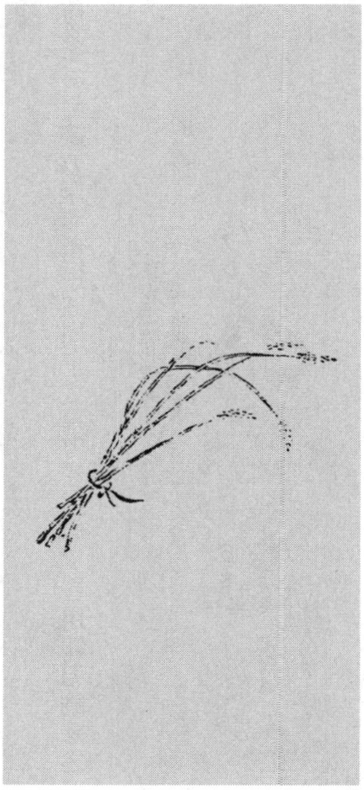

使子自下。

蠶席

即市中所肆之葦席，春蠶生蟻即須放之水邊所栽橡枝把上。夜間尚有霜氣，宜用席盖之，免蠶受寒。

放蠶器具表

蠶器	蠶事
蠶剪	移蠶時剪樹枝用。
蠶斧	修理蠶場用。
蠶鐮	刪除場中荒草用。
鳥槍	蠶上山後，防鳥雀用。
麻鞭	同上
蠶箔	晾繭種用。
蛾草	秋蠶拴蛾用。
噴筒	旱年噴樹葉用。
葦席	春蠶防霜寒用。
子筐	春蠶產子用。
蠶筐	移蠶盛於筐中用。
繭筐	盛繭種用。
紅布	掛於場邊，防孝服人偶入場用。
細繩	穿繭用。
紅礬	去蛇鼠蟾蜍草蟲等物用。

山蠶周年一覽表

節氣	蠶事
秋分前	選蠶壯旺，無病者另窩之。
寒露後	擇繭堅實肥大者，箔晾之。
霜降後	視繭絲明潤有光者，筐貯之。
立冬後	移繭種於穿堂地下。
小雪後	移繭種於暖室地下。
大雪	同上 每九日將繭種上山翻轉一次。
冬至	同上 使寒暖均一。
小寒後	置繭於暖炕下，承以木板。
大寒	同上
立春前	將繭種復移於地下。
雨水	同上
驚蟄前	將繭種攤於暖炕之上。
春分	穿繭種掛於暖室。
清明	視繭種出蛾，使雌雄相配。
谷雨	蛾產子完，置子筐於涼處。
立夏前	栽橡樹把於向陽水邊。
立夏後	生蟻置水邊橡樹把上。
小滿	頭眠起後，移置橡山樹上。二眠移蠶。
芒種前後	三四眠移蠶。
夏至	控砂。窩蠶於有葉樹上。
小暑	摘繭。
小暑後	穿繭懸掛于透風之室。
大暑	出蛾拴于樹上，使產子。
中伏	生蟻樹上。
三伏	頭眠。
立秋	二眠。
處暑	三眠。
白露前	四眠。
秋分	控砂，結繭。
寒露前	摘繭。

又

橡蠶雜考

《周禮》註云：『秋取柞楢之火』，是柞木之屬，皆金木也。雖葉有大小之分，實有長圓混圓之異，木有高大叢生之殊，斗有可染皂，不可染皂之别，皆宜放山蠶。

《禹貢・青州》，『厥篚檿絲』。檿絲即山蠶繭絲也。今山東放山蠶者尤盛，其所由來者久矣。

黃帝元妃西陵氏，始蠶卵生為蟻，蟻脫為蚢音苗，蚢脫為蠶，蠶脫為蛹，蛹脫為蛾，蛾脫繭復卵。

蠶陽物，屬火，惡水，故食而不飲。《周禮》有原蠶之禁，謂蠶盛妨馬，以蠶馬屬也。然山蠶宜有雨露以潤之。大旱之年，橡葉枯槁，蠶亦饑死。宜用水澆其樹根，復用噴筒沃其橡葉，蠶得濕氣，可保無虞。

蠶皮為蛻，屎為砂，臥曰眠，蛻殼曰起。山蠶亦三眠三起，近北方多四眠蠶。總之，十一日一變，四變而老，七變而死，蓋氣化物也。自穿繭至摘繭，須三月之工，春蠶春分後穿繭，夏至後摘繭；秋蠶小暑後穿繭，寒露後摘繭。

傳云：男女同姓，其生不繁，物類亦然。本地蠶種過二年後，即須換種一次。如省南放蠶，換省北種；省北放蠶，換省南種，蠶始發旺少病。近奉天、山東放蠶者，皆知此法。蠶種宜換，人人知之。惟天氣有寒暖之分，水土有軟勁之别。天暖之種，換至天寒之處，蠶易生病；天寒之種，換至天暖之處，蠶多發旺；水軟之種，換至水勁之處，蠶易生病；水勁之種，換至水軟之處，蠶多發旺。換種者不可不明此理。

蠶性總論

凡蠶食葉，皆自下而上，如上葉食盡，必下行枝底，再以頭向上食之，蠶性喜高惡下故也。如有下垂之葉不食。蠶喜紅色，惡白色，紅色養血，白色傷血故也，放蠶之場與盛蠶之筐，皆須掛以紅色之布，以防孝服人偶過其旁，致蠶與種受病。蠶蛾配對時短，則元氣未足，子多不出，其出者多不眠之蠶；配對時久，則受氣多濁，蠶易生病。大約子時配對，午後拆對。雌蛾產子已完，宜令其伏在蠶子上，一日夜之久，已養其氣。生蟻後，始發旺少病。蠶在繭宜溫，春蛾宜暖，夏蛾宜涼，生子宜寒，生蟻時宜暗，生蟻後宜涼，停眠宜淨，起眠宜移，窩繭宜葉。凡蠶作繭，皆以三葉自包其身。故宜有葉之樹。蠶性喜潔惡穢，凡蠶場不可堆積糞壤與腐草等物。蠶筐宜用新者，舊筐不潔故也。蠶忌香氣、酒氣、煙氣。放蠶之人，勿飲酒、勿吸煙、勿佩香囊與香水。蠶忌油漆氣，凡蠶器，不可用油漆。蠶性依人，凡大風、雨、雷、電之天，宜加意看守，時時口發聲，以招呼之。蠶聞人聲自安靜，而無恐。夜間尤不可忽，以黑夜雷聲電光，最宜使蠶驚恐也。蠶食而不飲，霖雨之年，住住（往往）腐亂（爛）而死，然雨太少，亦易生病，故降雨之適均與否，關係養蠶之豐欠焉。而春季之暴風，與秋季之早凍，亦皆為蠶所惡雲。春蠶破蟻不可太稀，太稀則占地寬廣，難防雀害；秋蠶破蟻不可太密，太密則易受蒸熱之病。

山蠶有四宜：天氣宜清明；炎熱宜小雨；樹場宜潔；聲氣宜靜。山蠶有四惡：惡酒、醋，五辛；惡香麝、油氣；惡喪服；惡倒葉。山蠶有四忌：大旱則蠶枯；久雨則蠶濡；毒霧則蠶病；早霜則蠶餓。山蠶有三害：鳥雀之類食蠶；蛇鼠之類吞蠶；飛蟲之類吸蠶血。

又　補種橡樹法

橡子皆九月間成熟，經風自落於地，使人揀收置之涼處，勿見風日。若散置房屋間，則閱日生蟲，盡成空殼，入土不生。俟地將凍，於山坡橡樹缺少之處補種之。深埋一二寸許，相隔四五尺一叢，明年立夏前後生芽，二年後即宜放蠶之用。

吉省橡樹天然物產，砍去復生，然皆獨幹直上，鮮少枝條，宜於秋蠶完時，將其枝之旁出者，用土壓之，明年春所壓之枝，叢生枝條，當年即可放秋蠶。較之獨幹者占地少，而生葉多，且易看守。

又　修理蠶場法

放春蠶之樹，須隔二三年，所砍之樹，高三四尺至五六尺者為相宜。二年者為二芽科；三年者為三芽科，皆宜春蠶。四年以上者，即宜砍去，使重生枝條。修蠶場時，將雜木連根砍去，專留橡樹，鋤盡荒草，葉自肥大。放秋蠶之樹，或先年冬，或當年春，將橡樹高六尺以上者，連本砍去，專留其根，使之重生。夏至後，可長高二三尺，謂之芽科，其葉軟嫩，最宜秋蠶。芽科不足二芽科，亦可用至三芽科，四芽科之樹，葉老不宜秋蠶。

放蠶之家，須度量自己橡樹多少，以定蠶種之多少。大約一人放蠶需四千株橡樹，占地不過一垧有餘。吉省現時橡樹，旁枝較少，非五六千株不能足用，占地約在兩垧上下，需蠶種五千個，計雌蛾不過二千個。所產之子，食葉方無缺乏，不可於上山時，一味貪多。修蠶場，原為自家放蠶而設。然不自放而租典於人，亦獲善價。近奉天一人所放之蠶場，或租錢十餘元，或租錢二三十元不等，所獲已不薄矣。最為山蠶之大障害者，惟荒火一節。吉林橡山，率皆草茅相連，一遇荒火，樹葉連枝皆燒，蠶食必缺。宜於每年秋後，將橡山四圍挖成深溝，復從中打開火道，方能免害。更宜各村協議，互相看守，以保財源。

又　收藏繭種法

寒露節後，繭已運至家中，擇其堅實肥大搖之，內蛹未死者，置之院內，晾繭箔上，盖以席棚。俟天結凍盛於筐內，移至堂屋地上；天已大凍，移於暖室；三九日置暖炕上，其下承以木板，勿使太受熱氣。大約九日內，將繭上下轉動一次，使寒暖均平，仍置於原處。俟春天稍暖，乃移於地下，春分節前，用繩或線穿之，掛於暖室，以待出蛾。山蠶之繭，有灰、白、微黃、微赭四色，灰赭者絲量重，白黃者絲量輕。然其色隨地變換，不能單放一色。蠶種不可受熱，受熱則來年蠶瘟；亦不可受凍，受凍則蛹死。寒暖之節，南北天氣不同，惟在人細心體驗，以適其宜。貯蠶種之室，宜將炕縫嚴密封閉，勿使出煙熏繭。凡藥物與不潔之物，皆宜避之，以免蠶種受傷。產婦之室尤忌。蠶事收成之豐歉，雖由人事勤惰、天時寒暖、陰晴所致，然亦須種子好，方不受病。而育蠶之家，往往不加選擇，以病蠶留作種，此最誤人，切宜戒之。病蠶所作繭，亦能出蛾下子，用以作種蠶不發旺，且易傳染生病，須細心選擇。凡繭外蒙茸之絲，抽而長之，其絲光明潔淨者，無病之蠶也；其絲黑暗，帶雜色點者，有病之蠶也。凡熟習放蠶之人，用手一握其繭即能知之，此亦我國蠶師之能事。外洋養蠶者，皆用顯微鏡照蠶子，以驗其有病與否，亦當採用。蠶將作繭，先吐絲一縷，長寸許，掛於小枝兩葉之間，以繫繭之上端，其絲縷正中為公蛾，歪者為母蛾，絲縷細長而露光，其繭如土色，或如肉紅色者，最宜作種，鏽蠶最宜預防。三眠後，視其脊背有一條微紅色者，留作繭種，放一次尚無礙，若連放兩次，便成鏽蠶，視起青後，蠶身皺紋內有極小黑點者，即鏽蠶也。

又驗繭種法，將成繭剪開視蛹之小翅，下有極小黑點者，以留作種，即成鏽蠶，色青者佳。或將成繭握於手中片時，手之熱度達於蛹身，蛹見熱而動，其動力強者，無病之蠶也；其動力弱者，有病之蠶也。

又　放春蠶法

春分節前，將去歲秋蠶所留之種，用線繩穿成大串，但只可穿其外面浮絲，掛於暖室，天寒加火，天暖減火。清明節前，繭中之蛹化蛾，口吐一種酸液，將繭之一端濕透溶解，蛾即穿穴而出，蛾之出也。大約在日沒時分。夜半時，使其雌雄相配，入於簏（筐）內，名曰配對。來日午後開筐，將雄蛾取出，名曰拆對。留雌蛾於筐中，令其下子畢摘下，雌蛾棄之，蠶子置於涼處，勿使受熱，以待橡葉發生之時，再置於暖處，令其生蟻。雌蛾之體肥大，雄蛾之體瘦細，故一見易識別云。配對時，筐蓋不可輕揭，輕揭蛾便拆開不交，次早開筐看視，如有不交之蛾，將雌雄蛾擇出合在一處，唾之以津，復之以盆，則自復成對。《蠶桑輯要》云：春蠶出蛾在辰巳時，令雌雄相配，申時摘出雄蛾。又云：秋蠶蛾出寅卯時，令雌雄相配，午後摘去雄蛾。按今山蠶繭出蛾，皆在申、酉、戌、亥時分，明日午後摘去雄蛾，使其下子，大約配對八九個時之久方足。無有寅卯、辰巳時出蛾者，此說非是。穀雨節後，視橡樹芽嘴已萌，尚未破苞，用剪將枝剪下，使繩捆成小把，插於嚮陽水溝之內，立夏節前後，即能放葉，可比山坡上樹早發三四日。近奉省放蠶家，多用此法，以取其早放早收。

出蟻，各省節氣不同，只看橡葉如貓之耳大，即是蟻生之候。將盛蠶子之筐，放於暖室，勿令寒冷，二三日，黑蟻齊生矣。蟻生大約在寅、卯時。視蟻出齊，將蠶筐置於水邊所栽之橡樹把上，以布蓋筐北面，使南面露光，蟻見光而南行，以青蒿引之使上，分置橡樹把上，蟻聞葉者，自下尋食，有未出者取回蠶筐，仍懸暖室。次日又出，仍如上法，使自食葉。蟻初出黑色，遍身有毛。食葉七八日，其頭肥大，結嘴不食，是為頭眠。二三日夜，蛻殼而起，變青綠色，謂起青。頭眠既起，山坡上之樹，亦皆放葉，此時便可上山，急將水中所栽橡樹把取出，連蠶分置樹上，使自尋食，名曰破蟻。閱七八日復眠，其衣微寬，其嘴微闊，是為二眠。蓋其嘴其衣，皆於眠時潛換也。移蠶要在既起以後，蠶眠時，必吐絲於腳下，緊粘枝上，不可即動。既起後，有力方可挪動。二眠起齊，蠶身漸長，食葉漸多，須周視蠶場葉食盡處，用利剪將枝連蠶剪下，移於有葉樹上。復七八日，眠仍如前，是為三眠。天暖二日起，天寒三日起，起後蠶身愈大，食葉愈多，視葉食盡處，仍用利剪剪下移之。七八日復眠如前，是為老眠。移蠶不論大小時，皆須用剪，連枝剪下移之。養蠶成法云：蠶小連枝剪取，蠶大便可手摘。按用手摘蠶，不獨費工，且蠶抱樹枝甚固，非久習蠶事者用手摘蠶，蠶必受傷。

老眠起後，食葉十數日，即不食葉，乃倒掛其身二三日，控淨內砂，則滿腹皆絲，即將作繭矣，名為控砂。蠶將作繭不食，而昂其頭，若有所求者，急宜移之有葉樹上，名為窩蠶。凡蠶作繭，皆用三葉自包其身，雖遇風雨，無搖落濕濡之患。若在無樹葉上作繭，則繭絖音荒，繭外面浮絲也，絲長而繭薄矣，且怕風雨。夏至節後，蠶皆結繭。視繭已作足，從樹上將繭摘下，除留秋蠶種外，趕緊繅絲，不然蛾出則繅絲費手，且絲少而多節。

又　放秋蠶法

小暑後春繭已結成，擇繭之堅大，無病者摘下，用線繩從繭之小頭穿成大串，掛於透風之屋。初伏後，五日蛾出，雌雄相配，來日午後摘去雄蛾，用蛾草線其草細長，從中破之，撚（捻）成細線。拴其一翅，放於樹上，令其下子。產後十一日，孵化生蟻，樹上能自尋葉而食，其看守、轉移、起眠如春蠶。秋分後結繭。養蠶成法云：縛雌蛾一腿，拴於樹上，次日下子，用五寸許細麻繩，拴其大翅。按拴蛾腿，其翅鼓動，往往其腿受傷，不如拴翅，使其穩立樹上，產子為善。惟今皆用草線，不用麻繩，以蠶性惡麻故也。拴大翅不如拴小翅。

吉省天氣稍寒，往往秋分後，霜落葉枯，蠶饑作繭必薄，當秋夜寒冷之天，將蠶場四圍堆積乾茅草，夜間焚之，煙火上蒸，霜氣自散。夏日天將大霧，蠶亦受病，煙氣亦能解之。

視繭皆結成，急用人將繭從樹上摘下，置之蠶筐，運於家中，剝去樹葉，以待繅絲。留種之繭，蛾已盡出，俗謂之蛾口繭，先皆為作棉與用手捻線之用。近數年來，山東等處，發明此理，亦可繅絲。蓋山繭蛾皆口吐酸液，穿穴而出，不比家蠶蛾咬斷絲緒，繅絲斷頭也。然須將蛾口繭，仍掛原處，不可散亂堆積，以致絲頭斷折或生蟲，則難繅矣。

又　放一季蠶法

山蠶皆放春秋兩季，如天寒不能放兩季之處，專放夏蠶，亦可將蠶種置之涼處，可遲月餘出蛾。俟芒種後，橡葉已長大，將蠶種穿掛之，使其自然出蛾、配對。用蛾草拴蛾於樹上，一如放秋蠶法，看守之。秋後結繭，其種可留至明年出蛾。

又　去蠶害

山蠶之害，以鳥雀吞食為最難防。放蠶之場，一經鳥雀飛集，萬難保其成收，宜用鳥槍四面輪流護守，時發聲以震驚之，使鳥雀遠避，乃可免害。鼠、蛇、蟾蜍等物，亦皆食蠶，用紅矾煮小米或合豆腐滓，散佈於蠶場地上，諸物食之立死。去螞蟻害，用油脂、肉骨等物，置之螞蟻穴旁，蟻聞香氣即盡穴而出，然後用簸箕收之，棄置他處，或用開白水澆其穴中以死之，其害自除。勿為報應之説所惑，致使微物皆得與人爭利，而不知去也。

又　防蠶病

蠶出蟻先食其殼，以淨盡為佳。然便溺之毒，殼上仍存，其受病原因亦即在此。留心蠶事者，宜於此加意防治焉。蠶食葉盡，不趕緊移之，蠶必下樹，自尋有葉之樹而食，一受勞餓，最宜生病。秋蠶出蛾，正在伏中，種蛾受熱，四眠後必生黃亂病而死。懸種之室，宜寬廠（敞），將南北窗打開，使受涼氣，如無北窗之室，亦須將後墻拆開，雖夜間亦不可關閉窗戶，此最要事。一經傷熱，蠶無遺種矣。病蠶不可用手摘拿，恐手沾毒氣，再拿好蠶，毒易傳染，為害非細。故一見病蠶，須用剪連枝剪下棄之蠶場外，方可無虞。蠶砂沾于葉上，一經雨露，全葉盡汙。蠶食之生病，宜時時留心查看，將葉上蠶砂，以手搖落之，勿使污葉。

又　春蠶、秋蠶之比較

春蠶由涼而暖，眠起皆速；秋蠶由熱而寒，眠起皆遲。秋蠶比春蠶約多半月之工。然春蠶形小，絲量少；秋繭（蠶）形大，絲量多。而春蠶之絲稍白，纖且細而軟，則春繭絲質較優於秋繭絲質也。

又　山蠶、家蠶之比較

山蠶與家蠶性質不同，形體亦異。家蠶之形小，山蠶之形大；家蠶之體柔弱，山蠶之體強壯；家蠶之性怕風寒，山蠶之性耐風寒；家蠶伏葉而食，山蠶倒葉不食；家蠶一季飼養，山蠶兩季收成；家蠶盡一人之力，不過萬繭，山蠶豐收之年，一人可得十萬餘繭；家蠶最忌濕葉，山蠶不怕雨葉；家蠶之繭絲量輕，山蠶之繭絲量重，惟家蠶之絲精細，山蠶之絲粗勁。然近年框絲者，皆效洋莊，細絲織綢後，用碱炼之，色即變白。外洋所織洋綢，即攙用此等山繭之絲，則絲經改良，幾與家繭同矣。

又　山蠶、家蠶相配合

花木一經接換，異常碩大，動物之理亦然。若將家蠶之雄蛾，配山蠶之雌蛾，用所產子放之山中，絲必精細；將山蠶之雄蛾，配家蠶之雌蛾，所產子養之家中，繭必肥大；近有以中國之蠶蛾，與外洋蠶蛾相配者，其蠶作繭大倍。尋常惜未知山蠶、家蠶之蛾，互相配合耳。留心蠶事者，宜並試之。

又　祀先蠶説

自西陵氏始蠶，數千年來，衣被萬民，功德無量。記云：有功德於民，則祀之，非為獲福，不忘本也。宜於春蠶頭眠之日，備香燭、菜果、茶酒，設位以祭之，結繭之日祭之如初。近外洋凡歿於國事及有功社會者，皆鑄銅像留為紀念。況蠶事於中國久享其利，近複遍及於全球，較之一材一藝之巧，與一時忠義所激，而為社會犧牲者，其功德為何如。若以理論，合外洋各邦，凡服綢帛之處，皆廟祀之，亦不為過，況我黃帝之子孫乎？人知報本，忠義心生。近外人譏我拜土偶為愚妄，試問其鑄銅像於通衢，開大紀念會者為奚若也？若立淫祠以邀福，此佛家言，吾儒久已辟而明之矣，復何庸外人越俎也？

又　廣橡蠶説

天道無常，隨人而變，人之所至，天氣隨之。吉林一省，考其節氣，比前二十年春樹早發半月，秋霜晚降半月，較奉天三十年之節氣，有過之無不及焉。近有人以早霜為放秋蠶慮者，是未知吉省之天氣，已非昔日比也。若新開闢之處，地中寒冷之氣未開，兩季恐不能兼得，專放夏蠶，其利亦厚。內省養家蠶者，古有原蠶之禁，專養春蠶，一季已足以衣帛，山蠶亦然，莫因兩季不成，並一季而亦不放也。惟當處處考查，時時體驗，講而明之，改而良之，持以恒心，乃終有成。至放二季蠶、放一季蠶，各從其宜，亦各任其便斯可耳。生人之道，惟食與衣，衣食並足，斯謀生得其大半矣。其他皆後焉者也。

一人放蠶，俗云一把剪子，因移蠶用剪子故云。成手放蠶，約六千個繭種，學習者可放四五千個。大約五千繭種，可得母蛾二千個。母蛾一個產子一百粒至一百五十粒不等，以二千母蛾計，可得子二十萬或三十萬粒。然其子有不出者，有病死者，有被鳥雀、蟲蟻害者，不能全數收穫。平常收成，每季約得三四萬繭，豐收約得八九萬繭，或至十餘萬繭，歉收之年或一萬二萬繭。當其豐收有俄頃致富者。大約一把剪子，兩季可得一二百元之譜，若能繅絲織染，其利更當加倍云。

繭種數目表

一人	成手放蠶種	學習放蠶種
春	五千個，雌蛾二千個	四千個，雌蛾一千六百個
秋	五千個，雌蛾二千四百個	五千個，雌蛾二千個

收繭數目表

一人	豐收	中收	歉收
春	三萬至五萬	二萬至三萬	一萬上下
秋	八萬至十三萬	五萬至七萬	一萬至三萬

春秋繭絲輕重表

種類	生繭千個	空繭千個	製絲量
春繭	六斤至七斤	一斤内外	五兩至六兩
秋繭	八斤至十斤	二斤内外	八兩至十三兩

又 橡樹餘利

橡有六利：其葉，可以飼蠶；其皮，可以熬膠；其斗，可以染皂；其子，可以飼豕作粉；其木，可以作柱、燒炭；亂木生耳，可作菜品。六利之中，惟放蠶之利為大，其次則熬膠染皂，皆當講求試驗，以開財源。

吉林全省，山林多於平壤，橡樹多於他木，以橡樹砍去復生故也。先前中國與英商劃緬界時，誤將迤西寶井膠樹之地，劃以歸英，英人狂喜，以為一日之間驟獲二寶，此樹之珍貴可知。其所謂膠樹，即中國之橡樹也。夫全球之上，惟中國橡樹為多，而中國各省，以吉林為最多，是天地自然之利，其取捨與否，亦利源消長之所繫也。

橡斗熬成皂色，少加黑矾，染絲與綢明潤有光。每年秋蠶事畢，橡斗落地，使人收取，藏於室中，勿受雨雪，經雨雪則退色。製成染料，運銷内省，當得善價。橡子已熟拾取，用水浸過，去其苦味，而曬乾之，其外皮自脱，碾成粗面，可作肥豬之料。造粉之法，與造緑豆粉同。燒炭人皆知之不贅。將橡樹砍倒，二三年中，遍身生耳，名為木耳，作菜食甚肥美。惟吉省皆黑木耳，無白色者，白色者為銀耳，土民久享其利，但伐木使腐，然後生耳，戕伐橡樹太多，恐後難繼耳。

又 橡種類考

橡樹之名，各省不同，種類亦分。或一種而數名，曰㭎、曰杍、曰柞、曰橡、曰柔，實一種也，或異種而同名。其斗，《爾雅》曰梂，又曰皂斗。而遼西統名為橡碗，其實統名為橡子，其樹統名為橡樹，其木統名為柞木。東省亦統名其木為柞，實名橡子。其大葉者，山東名槲櫟，關内外名駁櫟，一作簸籮，一作波羅，俗名不落葉。或名樕櫟，或名柞櫟。其小葉者或名青㭎，或名橡，或名柞。其葉尖者，又名尖皂，叢生者或名苞櫟，或名苞㭎，或名朴樕或名心。名雖不同，可以放蠶，則同爰，分别其名於左：

櫟

《詩・秦風》：山有苞櫟。注引《爾雅》雲：櫟，其實梂橡也。陸璣疏：秦人謂柞櫟為櫟，其子房生主梂。按，梂為盛實之房，橡謂其實。

槲

《爾雅・釋木》疏：江河間以作柱。《本草圖經》：槲本高丈餘，與櫟相類，亦有斗。按，槲亦名駁櫟，即大葉櫟，實似橡子，可食。

樕

《詩・召南》：林有朴樕。《爾雅・釋木》疏：朴樕，槲 樕也，又曰小木也。

心

朴樕，别名也。《爾雅》疏：朴樕，一名心。

㭎

《詩・唐風》：集於苞㭎。《草木》疏；今柞櫟；徐州人謂櫟為㭎，其子為皂斗。《説文》：柔也。其實皂一名樣。按，樣同橡。

柞

《詩・小雅》：維柞之枝，其葉蓬蓬。《詩集傳》：柞，堅韌之木，新葉將生，故葉乃落，附著甚固。按，春始落故葉。凡柞樹之屬，皆然不獨一柞也。

橡

《博雅》：柔也。蒂有斗可染皂。《周禮・掌染》注：謂之橡斗，實可食。又《晉書》：庾袞與邑人入山拾橡。按，古謂㭎，實為橡。今則因其實而名，其木為橡樹。且凡櫟、㭎等木之實，皆名橡子也。

棌

《玉篇》：槲也。《前漢楊雄傳》：夏卑宫室，唐虞棌椽。注：棌，柞木也。

杍

《廣韻》：羌舉切，橡也。《爾雅》疏：㭎一名杍，柞樹也。徐州人謂櫟，謂杼或謂之栩。其子為皂或言皂斗，其殼為汁，可以染皂。按，殼斗染皂，除大葉櫟外，其斗皆可染皂，不獨杼樹為然也。

柔

《說文》：栩也。按，今《爾雅》諸書，柔，栩之。柔俱書作杼，而《玉篇》註云：今作杼，則竟合為一字矣。姑存以俟考。

梂

《爾雅・釋木》：櫟，其實梂。注：有梂匯自裹。疏盛實之房也。按，今遼東西謂為橡碗，或謂橡斗。

清 夏與賡《山蠶圖說》

選樹

黔省名曰槲樹，亦曰橡樹，又曰青棡；川中總稱青棡樹。其種有三：一，枝幹色黑，其葉味甜，宜於養蠶，然須五六尺高以下者，勿砍其腳葉。春初，萌芽發生，以便子蠶，破衣易於上樹。一，枝幹微有白斑者，名曰『虎皮青棡』，其葉味苦，不宜放蠶，為其成繭薄絲少故也。又其葉赤色者，其味辛，蠶不喜食，食亦不肥大，總以厚大而青老者為佳，否則力薄。其繭名曰『青棡繭』，又名『橡繭』，種植之地，泥為上，挾沙次之，紅沙火石地為下。沙石者，樹葉細且瘦，葉盡時，蠶或四下值烈日，地熱，更易壞也，故須密佈，勿疏遠。春蠶宜向陽，其蠶美大；秋蠶宜陰，可避秋陽之烈。勿栽他種雜樹，酷忌桐油，經其樹上其葉者，蠶必死。烘室燃桐油者，及誤以其木烘者，後生之蠶死。山有桐，務除去之；家有桐，務謹慎之。又食白楊者死，食他雜木致病。

選繭

留種以大而厚，黃而赤，用指衡之而重，搖之而活，聽之而不悉率，作聲者為良。但大之中，必尖圓各半，尖者為雄，圓者為雌。繭有兩端，有系者頭，無系者腳，自其腳視之大，可辨也。選定後，以麻線穿其腳，勿傷蛹。四個為一層，層層重疊，約五六尺長，挨順排勻，掛於高朗處，不致鬱結。如有空潤地方，攤以竹簾亦可。節屆冬寒，藏於篋筐，收於密室，以免凍壞。其有聲者為響繭，只可繅絲，不可留種。

烘種

烘種為蠶事第一要緊，最宜加意。烘之之法：於立春節後，選一吉日，供奉西陵聖母牌位，掃除凈室，勿令透風，窗隙、牆縫粸糊嚴密。量室內八九尺高，橫平竿如樓杴然，上鋪篋席，中留方孔，其下環列繭串。離地一尺餘高，當地中置青棡柴，燃微火，視節氣之冷暖，定火色之大小。如冷，則火宜加；熱，則火減。四十餘日，晝夜經營，不可間斷。若冷熱失宜，蠶多病斑、病縊。斑病者，將結繭時，週身現黑點而死，蠶蛹受熱，用火太過故也。所烘之柴，祗宜青棡，最忌桐子樹。如燒柴之戶，烘室須與厨房隔遠，免受雜木、雜草烟氣。春蠶二月始，五月畢，清明後十日上樹，夏至畢繭，遲則繭不封口。秋蠶，五月始，八月畢，夏至前後上樹，白露畢繭，遲則繭不封口。春蠶自上樹至畢繭，約七十五日；秋蠶自上樹至畢繭，約七十日。

配種

配種者，將烘出之蠶蛾雌雄相配也。蠶繭上烘，歷雨水節後，必有報信蛾出，此不能做種。待驚蟄後，陸續出者，方能配對。多於每日亥未時，齧系間作孔而出，須防撲燈自斃。用生黃荊条編作平底圓筐，六尺圍圓，中徑二尺，外糊皮紙，上編合口圓蓋，以雌雄蛾置於筐內。雄者眉粗而短，雌者眉細而長；雄者腹瘦，雌者腹肥，令其自合，上扣其蓋。少頃聽之，或有拍拍作聲者，此為狂夫，務必除去，不除必亂羣合。如今日午刻置筐中，於對時，必折其對，否則將雌蛾脹死，毋使過不及。未覯時，用兩指將雄蛾微搦之，以去其溺；不去，則礙精路，覯如勿覯，然亦有無溺之雄，尾瘦，不濕不煩，去也。折對時，必去雌之溺，或黃黑色不等，不去，則難產。若歲生之雄，少一雄可配，兩雌須間日一配，然後配之雌。其蛋多不育，即育蠶，亦多瘠，父氣不足故也。

下蛋

折對後，將雌蛾另置一筐，約計二百五十個，掩其蓋，俟三日畢產，復置，亦如之。一筐之蛾，極於五百，一蛾之蛋，極於一百。其蛋堆積，粘於筐內，色黑微扁，如老蘿蔔子。然入筐十日而蛋盡，下蛋十五日而蠶出。其筐必用生黃荆條者，以受生氣也。產畢，雌蛾自枯，雄蛾亦鰥死，將筐置於烘室篋樓上。時領熱氣，至春分後，陸續出矣。

上樹

春分後，子蠶破衣而出，於開山時，將篋席平鋪樹下，斜放蛋筐，摘樹上嫩枒，倚於筐沿內邊，俟子蠶蜿蜒而上。將嫩枒夾於樹梢須穩，勿令墮地，如子蠶有散走筐簾間者，掃以蠶刷，撮以笋籜，仍置槲枝，與自上者同架之樹。

初出，頭紅身黑，有香簽粗。越七日，坐頭眠，變青黃色。前後四眠，易一眠自食其脱去之壳，值眠時，切勿動之。平時周歴巡視，葉盡則剪移他樹，毋使斷缺。四眠後，再十日，則結繭矣。此十日中，每蠶一日夜盡五葉，更宜加意飼養。

剪移

剪移者，蠶食葉盡，皆附空枝，盡捉而移，則不勝煩，且恐傷蠶，故剪枝載。移法：用鐵剪，與家用不同，葉子短而寬，取其鋒利輕快，輕輕剪下，盛於黄荊條筐内，挨順放去，寗多往復，慎毋積壓，以致傷蠶。如樹挨近，不必剪下，則用草束之，以交其枝柯間。或蠶有附空枝落地者，及附大枝或幹者，不可剪，宜捉置有葉處，須猛捉之，使其不妨。如捉遅稍驚，則後脚固抱，必致扯斷，故曰其攫也。如虎舍筐，如鼠斯時也，須防禽鳥，將曙及薄晚嚇之，以鎗擊之，以擎霹驚之，以響篙。擎霹者，以棕絲搓之，長六尺六寸，兩端各三尺，如繩，然頭製扣，中餘陸寸，編成四寸寬，筦以泥沙，以頭扣中指，憑高就勢，丢尾擊之，則鳥驚去，可半日。惟蛇升木，野猪扳樹，癞蝦蟆吸卑枝，大馬蜂咂肉汁，雞犬隨在搏噬，見則宜力驅之。

收繭

蠶自樹上，約四十日而繭成，須次第候其硬摘之，蓋繭成後，蠶自瀉白漿漿其繭，必三日漿始乾，若不候漿乾，濕摘之，則其繭必壞。用籮筐載歸晒乾，裹葉順其系，自上而下剝之，如逆剝，則傷繭。緣結繭時，各牽葉三，皮自裹作甕於中周，回往復吐絲作繭，其有大而厚，特不封口，口有黑迹而濕，是曰『油頭』。或口封而汁，汁濕，是曰『血繭』，二者蛹皆餒，為敗水所浸，不擇出，則壞好繭。其薄而不堅者曰『二皮』，因蠶食不足，及作繭時，為人偶搦故也。

又　蠶祥

子蠶上樹五六日，中有香如蘭者，謂之蠶花香，此上祥也，後必大熟。眠後有一二紅黑頭者，或青黄色間，有深碧色者，頭峥雙角，小於常蠶，亦上祥也。凡蠶，在樹葉未盡，必不往食他樹，惟此蠶朝東見之，暮或西見，但同林，雖間一二里，亦能往來，而不見其往來之迹，土人謂之神蠶，稍驚之，似有希希聲。

又　晾繭

繭或數十百萬，一時不能概取，須編竹簾晾之，就地勢，儘竹之長，每根花八皮，用蔴繩排編三四路，置木架平鋪之，佈繭其上，約兩寸多厚，方透風不潮熱，如當時不取，則留響繭。其法：以烈火炕之，須四圍攔啓，用篾蓆覆繭上，中留一孔，以乾穀草掩之。發汗，繭色始佳，方是時也，蛹受火逼索索，若驟雨候經時，無聲撤去死繭，另易生繭。炕畢，盛於筦或售於市。

繅絲

此繭與桑繭微異，其性硬，須下坹，每鍋兩千個，每千下二兩。先於鍋中調匀，俟其沸，極入數繭試煑之，以水撻為度，然後兩千個全下。用繳竿先去其浮絲，挨竈右尺遠，安車架，架前高二尺五寸，後高三尺三寸，長三尺九寸，中安車，車六方，方寬一尺六寸，中徑三尺一寸，車心寬一尺二寸，穿以鐵管，曲其柄，繫四尺之繩，下連竹竿，長七尺，竿頭打眼，以竹釘釘於地架，頭立小旋盤，用皮帶平繫，車心頭旋盤，上斜安竹片，片上栽竹釘以管絲路。竈上安車架，架上置二天輥，俗名裕子輥，下置二鐵弓，環俗名螺螄，就繭舞躍湯面，去其緅引。其緒和其絲，上貫弓環，引入輥縫，牽出輥外；下縈於車，右足踏竹竿，竿發運繩，繩動運柄，柄運車，緩急相應，隨盡隨續，毋絶。餵則絲匀，天寒，置微火於車底烘之。天熱不烘，繅畢脱之、糾之，晾於空潤處。諸凡得法，與桑絲不相上下也。

湯繭

一繭之絲為忽，五忽為系，十系為絲。繭之忽，頭在内，繅者探其頭，引之繹繹而外。上繭無餘壳，中下繭皆有，分厚薄耳，此謂之繅餘衣。若不善繅者，雖上繭亦有餘衣。又油血、破口之繭，其絲皆斷，不中繅，不引緒，不可手絡者，名曰湯繭。翻去其蛹，水洗净曬乾，和而築之，以鐵齒梳梳之，網以為絮，逐處行銷，絶無抛棄。

背籃

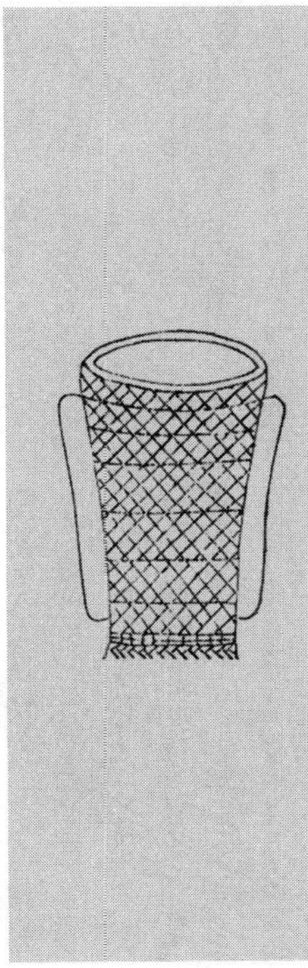

蠶種

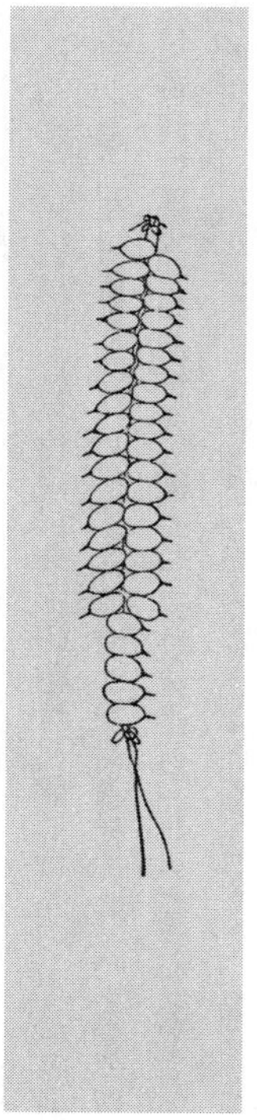

背籃，所以盛蠶種也，以篾為之，週圍、上下皆有小眼。如半繭大，使之透風，故俗名稀眼。背運負蠶種，極為輕便。

蠶筐

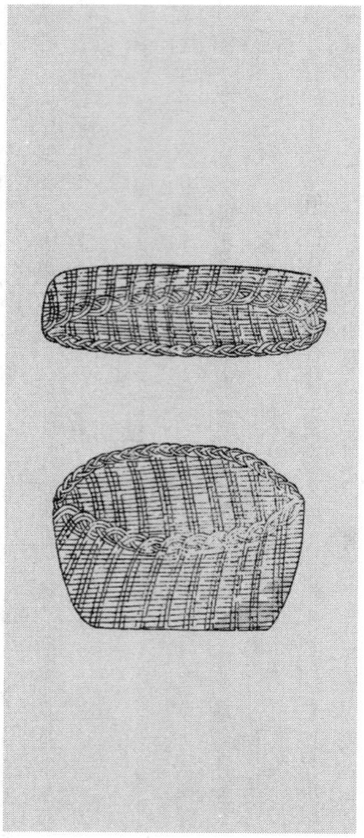

蠶筐以生黄荆條為之，取其性澁，蠶蛋易於粘固也。筐口徑二三尺，底高一尺，蓋高七八寸許，惟編筐，必須密中帶疎，使透風通氣，可以緩蛋之育。筐必用新條，必用生，使蛋受生氣，乃易於生長。若以舊筐布蛋，不但不粘，尤且一子不出。

蠶刷

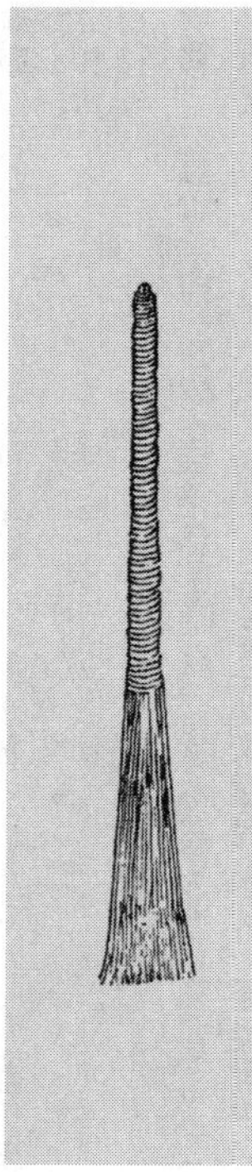

蠶刷，以掃出筐之子蠶。翦茅穗四五十莖為一束，束其稈，長七寸，過大則傷蠶，過長則礙用。

蠶刀

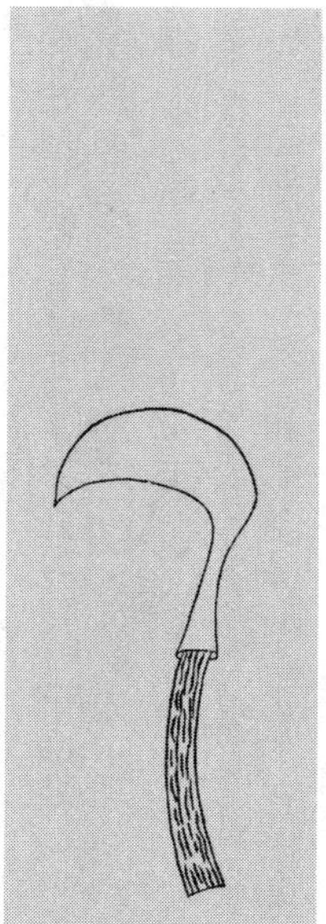

蠶刀似鐮，而長大倍之，接以木柄。凡遇青棡林中，生有野草、荆棘、雜樹，均用此刀鏟除之，以免蠶食生病。

蠶翦

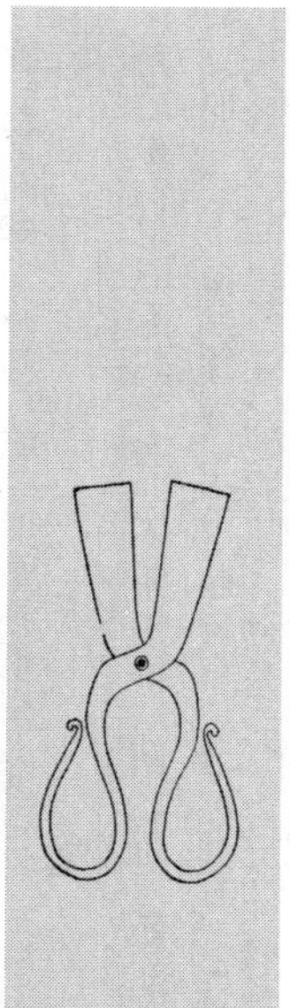

蠶翦與家用者不同，葉短而寬，取其靈便，翦枝、移蠶非此不可。

響笴

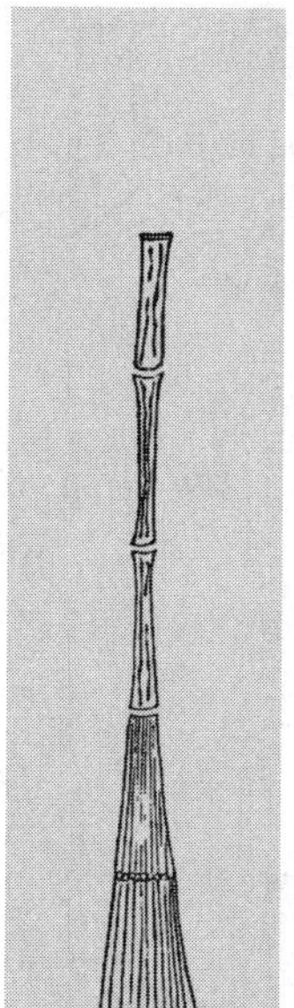

響笴音可。一名響篙，一名響稿，以五尺長之竹竿，用刀裂，其一頭析為八篾、十篾不等，長約三尺；一頭勿傷。執而振之，相擊而鳴，藉以驚鳥。

沙撮

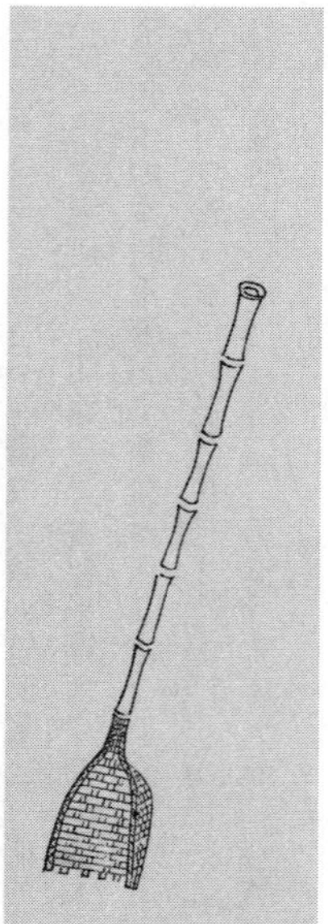

沙撮，以四五尺長之竹竿為之，破其一頭五六寸長，析而不斷，如響稿狀，用篾絲横編之，略如箕而小。子蠶上樹四五六日，執其柄，以撮沙土，向空抛撒，以驚鳥飛。沙土均細，墮不傷蠶。至二眠後，則須用擎霹為宜。

擎霹

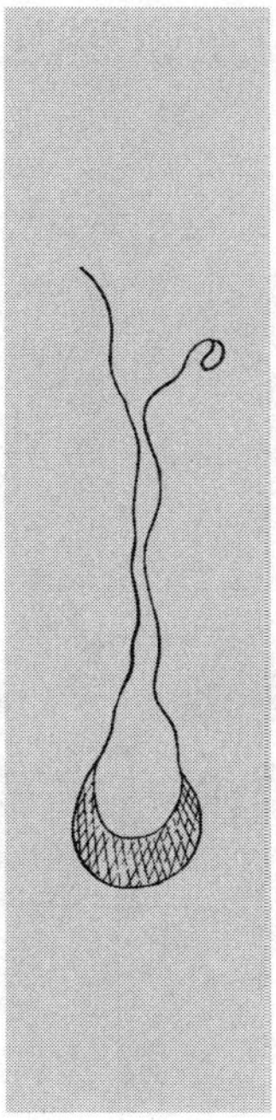

擎霹音料辟。以棕為之，長約五尺，兩頭搓之為繩，中段編之。若網，網寬三寸，長五寸，盛石其中，以繩一頭作一小套，套於右手中指，然後以大指食指搦；其一頭向空擎之石，即飛去，聲如驟雹，鳥聞之即驚飛，遇之則擊斃。其必以一頭，套於中指者，以石去而擎霹仍在手也。但須蠶至二眠後，始可用之，以前仍以用沙撮為宜。

機竿

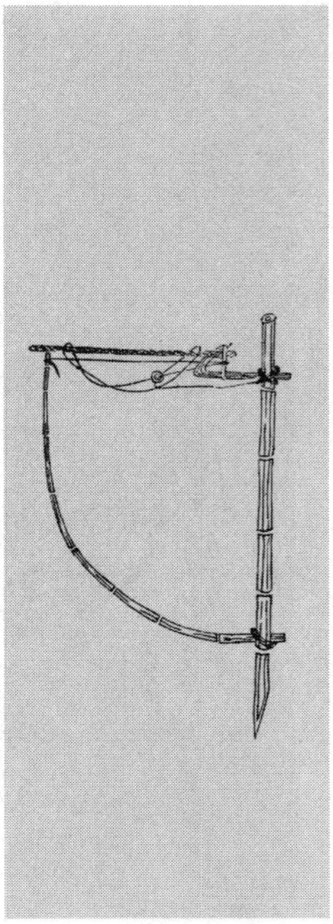

排套

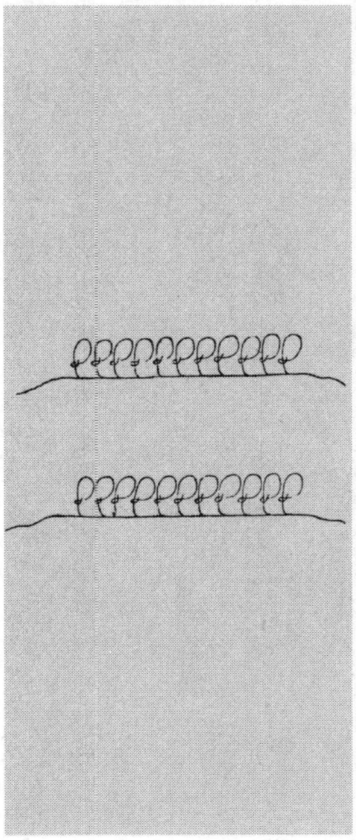

近豎竿之繩則鬆而下垂，即將垂繩拾起，結一大活套，搭於鈎前木竿上，即畢事矣。鳥棲高枝，欲下食蠶，必先左右顧，以機為枝，踏之，機墮，楔子發竿，疾囬引繩，套鳥足結，無脱者。亦有不用竹竿，就林内相宜樹枝，隨處設之亦可。

機竿亦名發竿，所以套食蠶之鳥也。其法：以五六尺長竹竿，豎於近蠶之處；又以一細竿，長短相若，一頭繫長繩，一頭縛於豎竿下節，然後，截枝為鈎，長約尺許，縛其柄於豎竿上節，即將細竿之繩，牽繫於縛鈎之處。又以一楔子，長二三寸，竹木均可，量繩距細竿一尺五六寸遠，横繫之，隨將楔子直亘於樹鈎間，另以一木竿，長一尺五六，以一頭置於鈎上，楔子輕輕倚之，即為機矣。一頭平放於細竿上，蓋以樹葉，使鳥不測。至是，則細竿曲如弓形，繩如絃緊而。

繭箢

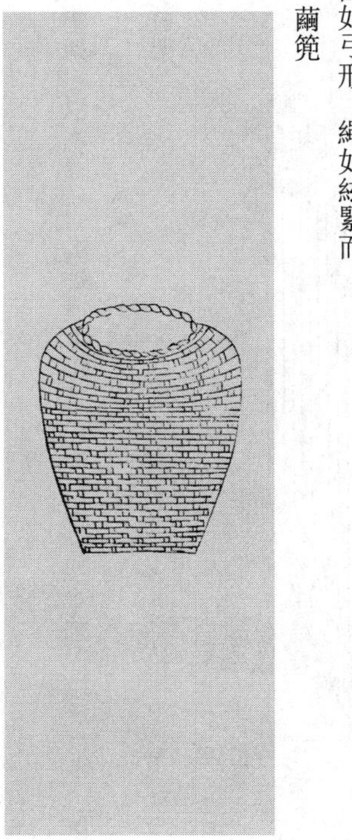

繭箢，以篾為之，廣三尺，濶二尺，高四尺。其編法，不宜過密，週圍上下必微稀小縫，以通風氣。將繭盛滿，則合其口，或負，或擔，聽人自便。

鍋馬

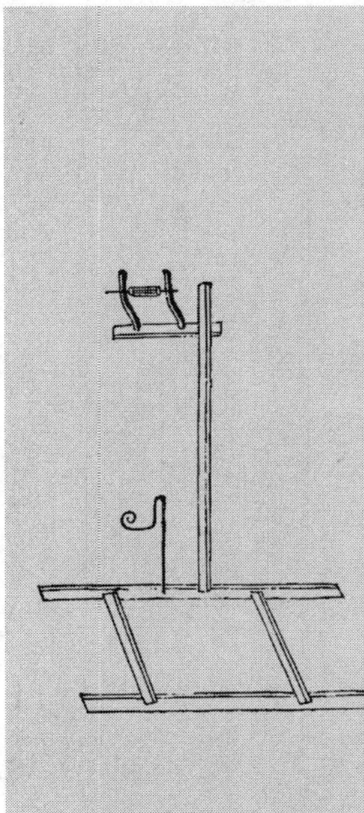

鍋馬，以木為之，繅絲時，置於鍋上，繭入鍋中，司繅之人即和其絲牽入弓環。又由環中將絲引上天輥音滾。絲即從輥縫繞出，下縈於車。

繅車

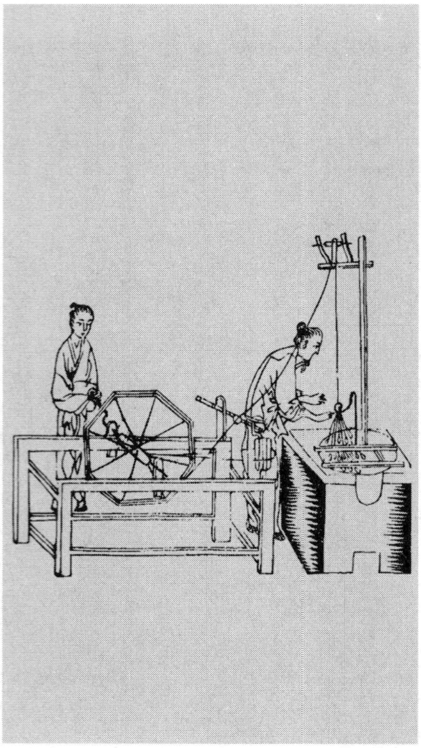

繅車六幅，徑四尺，必活二幅，方能脱絲。繭入鍋中，司繅者執繳竿，先繳其繭，去其緼後，和其絲，引其緒貫入鍋馬上之弓環中。又由環中牽上天輥，輥機極圓轉靈活絲，即從輥縫繞出輥外，下縈於車。

絲車

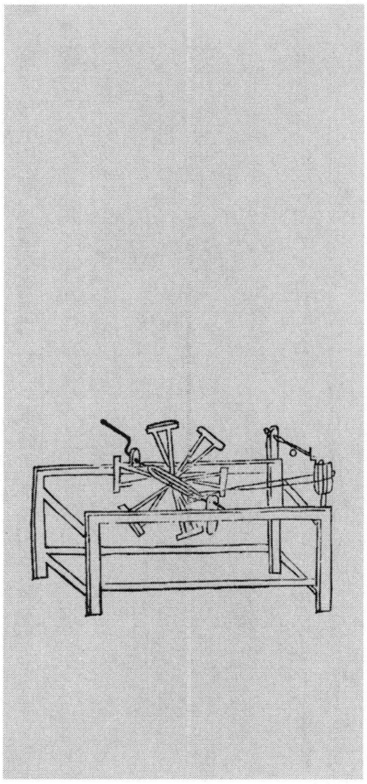

絲車即繅車也。繅絲時，置於竈右一尺，車六幅，徑四尺，必活二幅，以脱絲。

牽架

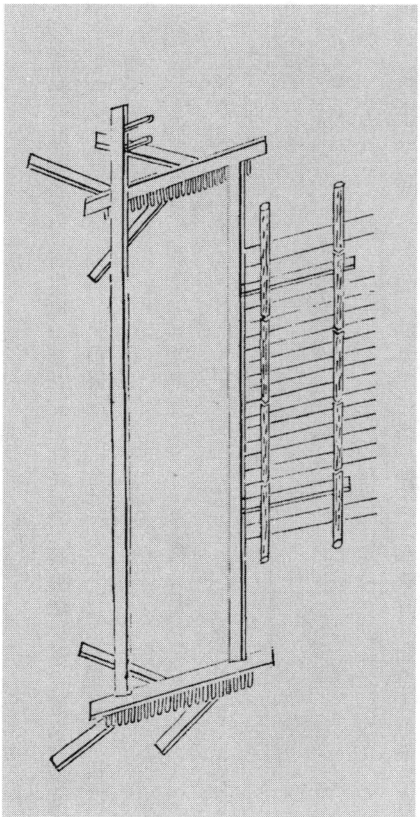

牽架，以木為之，兩端横木排列。絲柱用行架牽絲，綰於柱中，以足篋數而止，所以牽絲就緒，而便織造也。

梳架

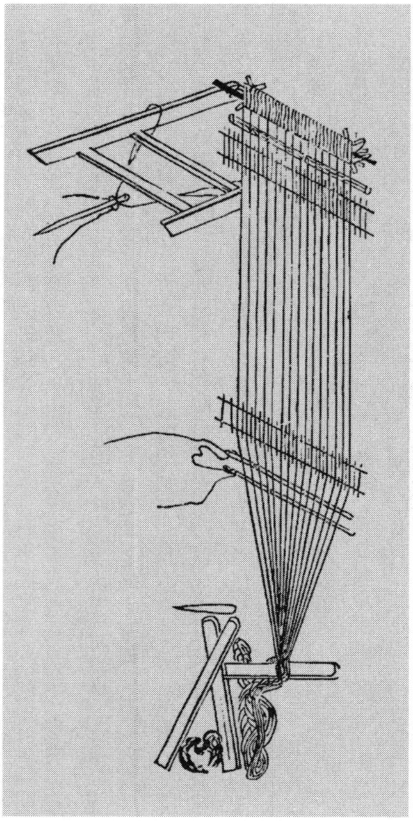

梳架，俟牽經畢後，將絲貫入篋音扣，中置於架上，以茅刷梳之，並蘸音贊，米汁以光之，用微火以烘之，然後上機，即與他織無異矣。

茅刷

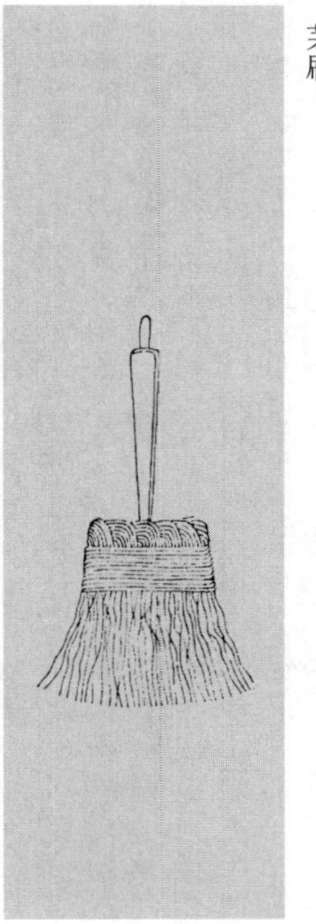

刷以茅之，老根為之，取其勁而不柔，滑而不刺，以竹為柄，腰束之下，徑長四寸。絲上梳架，必用此刷梳之，方可上機組織。織機

織機

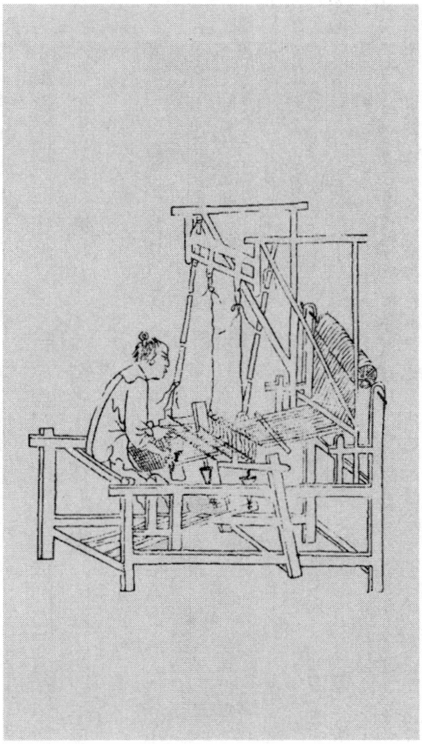

織機，與常機相等，一切均係成法，故不復贅。

又　附刊白話告示

為剴切曉諭事：本縣去年未到任時，在川東聽人説合江窮民極多，以為此話未必實在。及到任後，因公隨時下鄉，見有些百姓，喫得極淡薄，穿得極破濫，大大小小都在啼饑號寒，令人傷心慘目。説是『窮民極多』這句話，本縣親自看見，真不虛了。再三替你們想，你們受饑餓，固屬可憐可憫，但你們自己不謀生計，未免坐受困窮。本縣撫你們，不是説些仁義話便算了，要想替你們做一件大有生活、大有利益的事，使你們一家老老幼幼都喫不完，穿不完，纔對得起你們，那樣是大有生活、大有利益的事。就是現在制台、藩台告示，説要興辦蠶桑便是。蠶桑要興辦的道理，大憲告示説得十分透澈，但恐鄉間百姓，不能明白，本縣講，你們聽：桑葉餵蠶，只要四十天，就成功了，就可以賣成錢了。其事不煩，其用不費，其獲利極厚，其栽桑養蠶繅絲。

諸法，箇箇可學而能，不要把這件事看難了，況桑之利益，除餵蠶而外可餵豬羊，其實可以釀酒，其枝可以為薪，其皮可以造紙，其木可以製器皿，其餘如桑寄生桑白皮等類，皆可做藥。蠶的利益，除繅絲而外，其不能繅絲的繭子，可作湖綿，做襖子穿，比棉花還要輕巧些，彈湖棉的床被來蓋，比棉花還要經久些，即蠶渣、蠶砂、殭蠶，可充藥品，亦可肥田。下細想來，蠶桑的用處極多，無一棄物。

惜你們未講求，惜你們忽略了。本縣現在城設一農務局，開辦先從蠶桑下手，曾派人去買桑秧數萬株，分發四鄉，你們趕緊來領去栽，趁此隆冬時候，正宜栽桑。但栽桑有一箇絶好法子，你們須仿照，栽桑不宜太密，須隔七八尺栽一株，栽桑的地土，不論肥瘠，只要地土深厚，挖得一尺五六寸深，二三尺寬，窖以水糞，掩以碎土，然後取桑來栽。栽時桑的根子，務要安置得舒暢，不宜稍有拳曲，面上用土築緊，栽一株可望活一株，不須天天澆灌。自然日長成林，這栽桑的法也算是最容易的事，比種鴉片煙就簡便多了。你們只管把桑先栽起，後來請箇養蠶繅絲的良師來教你們，你們學到手，處處種桑，年年養蠶，有錢的愈有錢，無錢的亦有錢，你們何至受窮，兒女何至受冷受餓。特患你們安於游惰，囿於淺近，不聽地方官開導，不把這件事留心，坐失自然的美利，實屬可惜可歎。

聖諭書上説，重農桑以足衣食，這一條頒行日久，你們都是聞見的了，古人有一句詩『纔了蠶桑又插田』，足見蠶桑與耕田並重。事到而今，你們總要實力興辦纔好，還有山蠶一説，你們都要講究。本縣因見合邑青棡樹極多，此樹就是本縣家鄉遵義餵蠶之樹。遵義府綢，每年行銷各省，獲利甚厚，你們想必知道的。當初遵義之人，同你們一樣，只知青棡樹可作柴炭，並不知青棡樹可以餵蠶，自從乾隆七年，有一位陳太守到任，知道這青棡樹用處，便派人往河南買山蠶種子來放，一面教百姓照學，從此遵義人纔曉得此樹好處，村村種樹，處處放蠶，遵義遂變成一富饒地方。如今本縣也願你們仿照辦理，添此一種利源。現時已在遵義聘了蠶師到此，一面又派人在遵義添請工匠十餘人來縣，就在各鄉看定之青棡坡試放，成繭之後，再聘人來繅絲織綢，就令這裏的人照學，將來勸工局內，亦須製造府綢一項，特恐這裏在辦爾等遠處，未必周知，特此做成白話告示：你們富者有山林，有資本應該學習，貧者無資本無職業更該學習。放蠶之法極其容易，隨學便可隨放。況買種就在綦江一帶，尤為近便。至於山蠶好處，從出蛾之日起，七十日就可見利。養蠶之時，只消把蠶子放在樹上，隨時命人照料便能成繭，豈不比取桑餵蠶，更為簡便。且蠶子既成，葉子食盡，樹子根株原在，仍然可以變錢。

若不願賣，明年發出新葉，又可餵蠶，有此格外現成利益，棄之不取豈不可惜。你們有子弟，有山林，須及時考求，留心學習。本縣之意，總要你們本地的人，箇箇都曉得養放的法子，隨後如法辦理，得心應手，概不假手於人，即可自行養放，父傳其子，兄傳其弟，推之宗族鄉黨，人人皆知山蠶利益。養放的便易，他處聘來蠶師，即可遣歸，用省經費，果能爭相仿辦，於你們合江地方。增此利源，你們不但不受困窮，且可致富。本縣説要替你們做一件大有生活大有利益的事，使你們一家老老幼幼都喫不完，穿不完，就是這養家蠶放山蠶的事。想你們的戶口一年比一年多，用費一年比一年大，一遇偏災水旱，就喊不得了，饑寒所迫，流為盜賊。這一等人，皆由平素不謀生計，始至於此，若務本業，縱遇凶荒，家有儲積，何嘗有這些躭慮。本縣愛民如子，到任以來，所辦的事，於你們都大有益，三四年後，你們纔曉得好處。一切款項，都由公正的紳士經手，本縣毫無自私自利的心，稍有天良，稍有見識的人，諒必知道。現在時勢，與從前不同，現在辦事，與尋常不同，前任未能辦的事，衆人所願辦的事，本縣曉得利害，説辦就辦，不取巧，不躲懶，一定要辦，無非望你們好。蠶桑是你們自家的基業，獲利是你們自己受用，本縣苦口開導，願你們曉得這個事。不是哄你們的，不是害你們的，為你們開其風氣，為你們引其利源。大家舉辦，大家婉勸，務使境內多一桑株，即民間多一養家蠶的利益，多一青棡，即民間多一放山蠶的利益。不數年間，推行普徧，地無餘利，人有餘財，為你們計，身家可養，為川省計，財賦可增，為遠大計。歲出絲繭，販運出外，可以挽我中國固有的利權，上利國，下利己，一舉數善，何樂不為！你們先將這道理體會明白，俟本縣再定出詳細章程，以成此美舉焉。特諭。

清 楊鞏《中外農學合編》卷一一《蠶類·飼育》

山蠶

山蠶即野蠶，另是一種，其始生槲樹上，今山東、貴州、河南、陝西等處有之。形如家蠶而較大，初出如蟻，結繭如小鷄蛋，性不避穢氣，不忌喧囂，不懼風寒，不畏雪雨，但怕久雨，怕凍冰耳。然三月凍冰，乃偶然之事，不常有也。或三眠，或四眠，與家蠶同。蠶出五六日初眠，不食葉，二三日脱去黑殼，色分青黄，乃復食。又五六日二眠，又五六日三眠，又五六日四眠。眠時不食葉，起後復食，與初眠同。眠時喜安靜，不可剪移。橡葉、櫟葉、槲葉、青棡葉、臭椿葉，皆可食，桑葉亦可食。登萊人養山蠶，於樹無所不用，惟不用楊樹耳。繭以食椒葉者為最上，謂之椒繭，食臭椿葉者為下，謂之樗繭。嶺南并有食紫蘇葉而作繭者。黑衣小蠶宜食火芽，二眠以後須用二芽、三芽、四芽。若始終食火芽，則蠶壯，不能退膘。火芽、二芽、三芽、四芽，即青棡樹葉。詳《桑政·附録·青棡類》。以火芽、二芽、三芽、四芽飼山蠶，須隔一季。如今年春季，以此處之葉養春蠶，今年秋季，即以彼處之葉養秋蠶，俟明年春季養蠶，再用此處之葉。如今年秋季以此處之葉養秋蠶，明年春季，即以彼處之葉養春蠶，俟明年秋季，再用此處之葉。養蠶結繭，雖在山坡，烘繭煖子，却在蛾房，宜裱糊墻壁，關閉門窗勿令通風。竹竿以備懸掛繭串之用、火盆以備燒柴、燒炭之用，均係蛾房必須之物。盛繭、盛蛾均用簍，簍以竹為之，或用桑條編成，高一尺六七寸，廣二尺一二寸。簍上安曲木，如筐繫式便提携也，簍面用蓋罩好防飛蠅也，簍內用紙裱糊避風寒也，或以筐盛繭、盛蛾亦可。筐徑三尺，深一尺，有蓋。一筐可放百餘蛾。以剪剪枝，須用齊頭寛葉大剪，須十分快利。剪不大則無力，剪不利則不能一剪即斷。取絲器具與家蠶同，蠶未上坡，先將坡上雜木茨草砍除净盡，并將樹下之土，一律鏟平。庶看蠶時，無所妨礙。狐狸、狼、鼠、鷹、鴟、鳥雀、蛙蟆、蟲蟻，無巨細，皆嗜蠶，防禦稍疏，必飽無厭之腹。須用人四面看守，晝則持竿張網，夜則執火鳴金，或施彈弓，或放火槍，或以皮鞭擊地，務令害蠶之物一律驚敬，山蠶養在山坡、樹上，聽其自食、自老，除防守鳥獸、昆蟲外，別無費力之處，只要送蠶到坡，便有九分收成。春可養，秋亦可養，一年兩季，獲利甚厚。《廣行山蠶檄》、《山蠶簡編》

又 養法分春秋二季，飼養山蠶皆採用貴州遵義府之法，他省養山蠶法，亦大略相同。

春季　秋蠶結繭，在白露後，欲留佳種，必先擇繭。繭有好醜，持繭輕捻、堅硬重實者，好繭也；持繭輕搖、圓轉活潑者，亦好繭也。蛹有公母，形圓者為母，蛹形尖者為公蛹，公母之數，務必相當，庶將來蛾出，不至雌少雄多，雄少雌多。雌多雄少，尚可用已經配過之公蛾，再行配對。若雌少雄多，便不能多收蠶子。十月半間，再揀選一次，然後以竹簍盛之。次年立春日，紙糊密室，將繭簍置於中央，用青棡木柴燒火微烘之。不用雜木柴，以青棡氣味與蠶相宜也。自立春至春分前五日，凡四旬，須晝夜無間，且須漸次添火。春分前後，覺蛹微動，即用線穿繭成串，穿線時，不可傷蛹。搭竿上，仍以火烘之，火在當中，繭竿在四圍。蛾乃穿繭而出。烘時火，不可太大，火太大，則蠶受熱毒，必有斑爛之患。亦不可太小。火太小，則煖氣不足，必有空肚之病。火之大小，以天氣之寒煖為準。天寒則加火，天煖則減火。天氣之寒煖，以人身之涼熱為準。身涼則加火，身熱則減火。山東諸城縣、陝西甯羌州、河南魯山縣、鄧州等處，烘繭均用雜木柴。蛾出後，拾入筐內，雌雄配合。眉細者為雌蛾，眉粗者為雄蛾。次日，摘去雄蛾，另置一處，聽其自僵。甯羌則辰巳時對蛾，申酉時拆開，以四箇時辰為度，與家蠶配合法一樣。拆開雄蛾之後，以手微捻雌蛾，去其溺。否則不生子。置筐中，微火煖之，子即出後仍留雌蛾在筐內，覆養一二日，謂之伏子。十月盛繭於簍，立春後，以火烘繭。春分後，蛾乃出而生子。遵義諸城、甯羌、鄧州等處皆然，惟魯山不同。秋蠶結繭後，如天氣煖和，蛹變為蛾，蛾出即盛之以簍，令生子於簍中。俟蠶子生滿，將蛾提出，將簍藏於高煖避風處。如秋寒，不能出蛾，甚至冬臘月間，蛾尚不出，即以繭簍掛蛾房內，用火烘之，蛾便出而生子，以待四川、貴州人販運。因彼處山蠶種一二年後即不發旺，故必到此處販運也。每蠶種一簍，以平價計之，可值銀三四兩。子在筐，不可斷火。越旬日，蠶即破殼而出。甯羌、鄧州則以子筐懸清涼無煙處，待陽坡、青棡等樹葉長寸許，然後置子於煖室，以微火烘之，數日，蠶即出。蠶既出，用新折柏枝勻鋪筐內，蠶聞柏葉氣，自然緣上柏枝柏枝氣香，且紋理粗澀，易於攀援，即連蠶與柏枝，提置青棡樹上嫩芽中餧養。甯羌則於蠶生之後辰巳時，將蠶筐置水渠中，筐底支以石，勿令沾水。挿青棡等樹枝梢於筐之四圍水內，以免枝葉乾枯。蠶聞葉氣，即出筐上葉。筐邊之葉，須常換新鮮者，毋令蠶餓。換葉時，須將新枝挨舊枝，俟蠶上新枝，然後拔去舊枝。筐內如有未出之蠶，午後乃取回，懸煖室中，次日蠶出，仍照上法。水邊搭草棚，日夜看守。諸城則於蠶出後剪嫩芽初放之，柞櫟枝捆成小把，置蠶於枝上，挿淺水中，晝夜看守。魯山則於蠶出後，用羽翎掃入盤內，以初發小櫟葉，切細餧之。數日後，已出之蠶稍稍長大。未出之蠶，即以出齊，然後剪下嫩櫟枝，約長尺許，綑成小把，如一握大，將蠶放小把上，挿淺水邊，蠶得水氣，則火氣自消，免致生病。將來結繭，亦復潤澤。鄧州則於蠶出後，即剪櫟樹嫩枝，綑同作一束，以束之上截放蠶，以束之下截浸水盆內，食盡再換上。上樹：提蠶出筐後即送蠶上樹，蠶見新葉，自然緣上樹枝，先食嫩葉，以後聽其自食自老，未老之先，有時不食，乃蠶眠也。眠起即復食。鄧州則先在水盆內，餧養三四日，再送樹上。魯山則先在水邊餧養三五日，俟蠶頭帶白色，再送山坡，將所捆小把連蠶分開，挿櫟樹枝上，諸城則俟蠶長指許，再納筐中，肩負上山，置蠶於樹。寧羌則俟陰坡葉生，始將水邊餧養之蠶連枝梢移置樹上。此坡之葉已經食盡，即連枝帶蠶一併剪下，置提筐中。須斜架剪刀，趁勢剪之，則枝易斷而蠶不驚。若樹枝較大，則先屈其枝後下剪。約滿半筐，即移布彼坡樹上。筐內切勿堆積太厚，恐壓傷蠶身也。彼坡之樹枝，如或遠揚散漫，即將散漫之枝，先行靠攏，然後以所剪蠶枝，布新樹當中有椏杈處謂之蠶窠。庶蠶在中心、上下、左右，均可就食。眠時不可剪移。剪枝、移坡須在眠起之後。自上樹至移坡結繭，均須人防禦禽鳥。四眠後食葉旬日，嘌口退膘，即令在樹上吐絲成繭。自蠶出至結繭，約兩個月。魯山蠶少之家，亦令在樹上結繭。若蠶多繭多，則於避風處另設繭廠，上搭茅棚，下堆樹枝荒草，將老蠶送到廠內樹枝荒草上，聽其結繭。因樹上結繭過多，一時難於偏摘，恐遭陰雨損壞也。結繭三日，其漿已固，乃連葉摘下，去葉而繅絲。繭過十餘日，蛾即鑽出，如繭多人少，一時繅絲不及，則以火熏之，庶免蛹變為蛾。魯山不用火熏，只將地上掃除潔净，鋪繭於地，令太陽曬之，繭中之蛹自然晒死，不能出蛾矣。但鋪繭宜薄，厚則曬不透。煮繭法：以大鍋盛冷水，下繭二三千枚，煮三四刻，將繭翻轉，再煮三四刻，再翻轉。俟繭將軟時，用莜灰淋汁，量繭多寡，酌傾鍋內，再煮一二刻即熟。如尚未熟，再加莜灰汁略煮。煮熟之後，用短小竹棍濾浮絲成緒，分作數提，仍存鍋內，然後照家繭法繅之，竈內不可斷火。絲若不順便，須加火，以水熱則絲易抽也。絲之粗細，視所提絲縷之多寡，亦與抽家絲同其湯繭即繅絲時所剩餘繭、血繭質輕而薄、破口繭即已經出蛾之繭皆不堪繅絲，均用猪油少許和水，浸濕蒸透，以水洗净，晾乾扯線，以備織紬之用。所提浮絲，亦可洗净做線。扯法、做法均與家蠶同。《山蠶簡編》

秋季　春季山蠶結繭，在夏至後，收春蠶時，穿繭成串晾於竿上。恐罨壞也。十餘日，成蛹出蛾。甯、羌州春蠶約在夏至後結繭，將繭摘回，攤於涼箔，數日蛾生。鄧州摘下春繭，亦用火烘繭出蛾，不攤於涼處。秋蛾既出，配對拆對如春蛾。甯、羌則寅卯時令雌雄配對，午後拆開，比春季配對、拆對均早兩箇時辰。拆對後，將母蛾微捻去，溺用線一根，約長四五寸。兩頭各繫一蛾，搭於青棡樹上，聽其生子、出蠶。甯、羌則以線縛雌蛾一腿，繫樹上。繫蛾之多少，以樹之大小為準。次日即下子，入伏後五日，其蠶自出。鄧州則以線繫蛾翅，放樹上，聽其生子。秋陽曝之，蠶自出。以上各法，均與春蠶稍異，惟魯山養秋蠶生子、育蟻、上樹均與春蠶同法。蠶在樹上食葉，葉盡移坡，如春季法。秋天林中多油蚱蜢，宜於夜間伺聲以捕，其結繭、摘繭法與春季山蠶同，但秋繭不能繅絲，只可扯線做綿。扯法、做法與春蠶同。同上。

清 余銑《山蠶講義》第一章《總論》

第一節　緒言

山蠶者，對於桑蠶得名，乃貴州遵義實業之一部分也。初山東歷城人省庵陳公，名玉璺者，守土於茲，見地多橡樹，宜養山蠶。山蠶之利向盛於山東、河南兩省，公乃遣人歸歷城購種，兼聘蠶師，凡三往返。初次種，至沅湘蛹出，不就二次，乃於郡治側西小邱上，獲春繭，分之民，為秋種。民不知避秋陽，成繭甚少。至次年烘種，火候失宜，蠶病斷種。三次遣人至歷城，多致繭事，事親約白其利病，蠶乃大熟。始達其志，民爭趨之，獲利甚鉅，行銷遠近，竟爭價於吳綾、蜀錦焉，名曰遵義府綢。

第二節　界說

養山蠶之法，如慈母之育愛子，然偶一不慎，百弊叢生。蠶，善蟲也，善養蠶者，審天時，擇地利，盡人事，則功在必成。其法雖繁，而重要不過五端，曰烘，曰養，曰繅，曰織，曰染而已。如烘失宜，則蠶病。如病斑、病縊等類。養失宜，則害蠶。山之陰陽，土之溼燥，葉之圓尖、厚薄，皆有關係。其食蠶之物，如烏蛇、野豬、山蚱蜢、馬蜂類，皆宜防。繅失宜，則絲不勻，亦不盡；織失宜則毛；染失宜則晦，須分類而詳及之。

又 第二章《烘種類》

第一節　留種一

蠶之為物，化生不已。春蠶秋種，秋蠶春種是也。然欲為製種之預備者，必權其去留，凡種之優劣，以收繭之成分而定，尤必察其無病，而後可收繭多。而無病者，俗謂之曰紅棚。種之類有三：購自河南者曰河種，本地自有者曰土種，居二者之間曰二季種。其分別在玉頂之正否，與紫色之多寡焉。

第二節　留種二

將下山時，繭筐羅列，和葉收之。當此之時，最宜留意有化蛹而可留種者，有仍蠶而不可留種者，尤有壞蛹生蛆，落地仍成蛆。繭而無用者，如查其稍有不佳，三日內即當炕之，不然即壞好種。顧初留種時，若以十繭衡之，有一兩八錢重者，至八九月，即減重量。將出蛾時，始能復原。

第三節　留種三

留種之法，須去繭、葉，使透風，然後以竹為簾，而擇房屋高大處存放之，庶暑天不受炎熱，寒時不受風霜。所最忌者，海椒、煙煤、煙穀、草煙、糠殼煙，蠶繭不能耐，受必壞。其他，如穢物、死人之處，尤為大忌。

第四節　留種四

即按以上各法而留之也，宜薄而勻，勿令重壓。至十月內方搖，以筐盛之。每筐約四五千枚，過多則有壞者，移於煖室，名曰頡莬，所以調養其生機也。又有以春繭作秋種，而不出者曰悶子，可撿於陰涼透風之處，而攤放之，使不染潮溼。俟來春烘出作種，其氣甚足，其子甚多，亦為佳種。

第五節　選種一

將欲酌量種之去留，必搖擇之。其法：以大而厚，黃而赤，用指衡之而重搖之而活，聽之而不悉，率作聲者為良，兼查繭殼之光亮，及繭體之滿實與否，即後死者，亦以是法選之，但其中必尖圓各半。尖者為雄，圓者為雌，將來提蛾置配，庶幾適均而無抛棄。

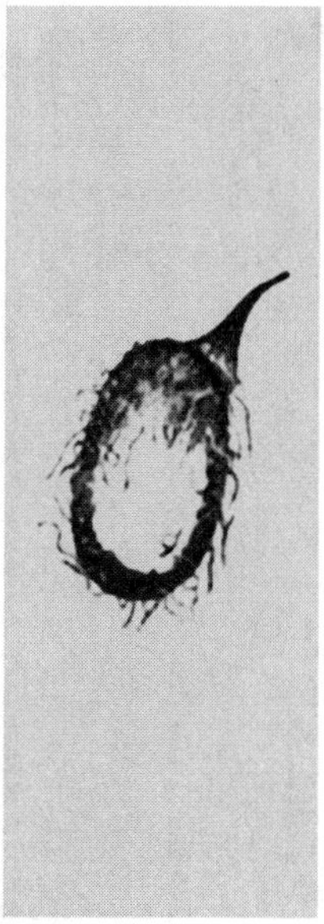

第六節　選種二

搖擇之後，又有剖解之法，但此法俟到冬時，方行之。於剖開繭皮後，查其玉頂，須光澤明潤如美玉之色，無昏黃、黑暗者，而後可。假如一百之中，只有六八枚壞者，是為九成以上之種，至美也，然不可多得。他如未經剖解，搖之有聲者，是為響繭，只可繅絲，不可留種。

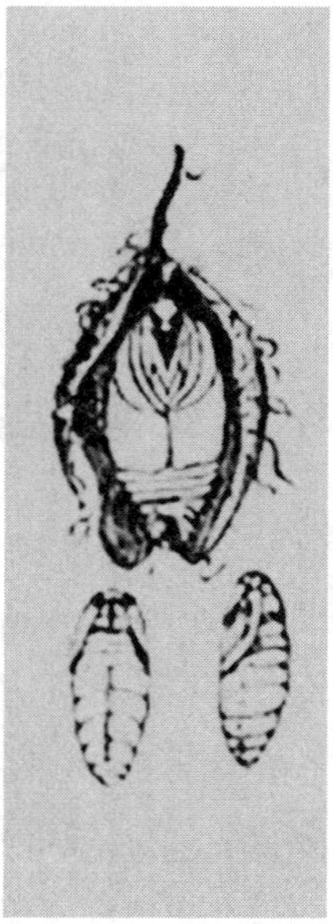

第七節　選種三

凡物之生，心為主要，選種之法，亦如是焉。蛹心有二，有長條如馬蝗狀者，曰馬蝗，心有圓尖，形如黃豆狀者，曰黃豆心。無論何心，皆宜堅實，有護心油，搦之不碎。雖然蛹自下山後，皆散心也，七月內，其心始堅，九月、十月皆然。到春，復散。如有護心油者，可仍活，蓋到春回陽故也。

第八節　選種四

其次有認水之法：將繭蛹隨手剖開，齊眉一照，而水清不渾者，是為活種。又其次曰嘗味，佳蛹之味非甜即澀，此正味也。至如味臭而酸者，則反是，然能事猶未已矣。又有認卵囊者焉，其法以蛹囊如豆渣形者為佳，不然，使剖開而水多即為水蛹，不足取也。

第九節　烘房之關係

烘房者，山蠶一事之根據地也。於叢爾一室之中，羅列若干數冥頑之物，使其鑿開混沌，作破壁飛，生存繁息變化無窮，而自行束縛，以供吾人之利者。雖屬造物之奇，而其盈虛消長之間，固自有理由在。若欲操必得之權，而為有備無患，與思患預防之作用者，則曰烘房之關係而已。

第十節　烘房之構造

每年冬十二月，擇瓦屋一間，將下段裱糊嚴密，勿使透風。上段有樓板者，挑取中幅數塊，任取空洞，以便出煙。若係竹為樓者尤佳，但竹樓上面、周圍，須鋪以篾席，中留方孔，約二三尺，使火力容易普及，又烘房位置宜於套室之中，出入之門，宜曲而不宜直，使風力不能直射故也。

第十一節　烘房之廣狹

溫度為烘室中要點。烘室之廣狹，蠶蛹化育上，影響極大。其室之狹者，便於保持溫度，然易招蒸鬱之憂，且於勞役上，亦有不便，而水蒸氣又易鬱滯。室之廣者，未保持溫度，調和為難，故烘房多用方形，周圍廣約一丈二三尺，高約八九尺至一丈之譜，四壁俱宜用寒暑表。

第十二節　烘房之避忌

烘房之地，宜遠庖廚。為其忌海椒煙、與雜木、雜草煙氣也。所烘之柴，除青棡柴烘出之蛾，肉紅色為最佳外，其次則黃楊柴，毛栗柴亦可，但所出之蛾多黃色。他如桐子柴與桐油，均為大忌，蓋以桐子油氣味甘、辛寒，有毒故也。又有云身旁攜麝香入烘房者，其蛾不配，可備一說。

第十三節　發汗

種既類筦也，於立春節後數日，以原筐盛繭，移於烘房，生微火其中，以激發其生機，名曰發汗，所以必發汗者，恐頓筦。時雨雪風霜，感於氣候，表裏未能如一，若不調和，則出蛾時，必有零星不齊之弊，發汗時，約烘三日，俗又名曰烘筦。

第十四節　翻筦

烘筦之時，先以木板四塊，四面安放，成整方形，距地約一尺餘高。將繭筦排列其上，使受微火之傳達，於此三日內，須時時將繭種翻之，或以餘筐倒換。周而復始，不可久間，名曰翻筦，其熱度方能停勻，不可忽也。翻筦時，烘房門方宜少啟閉，若令風力通透，則火力必殺，如未烘也。

第十五節　穿種一

凡穿繭種者，須先認其兩端有系者，頭無系者，足自其脚視之，大可辨也。於發汗後，用粗麻線次第穿之，但穿其脚，而不可傷其蛹，則出路無碍矣。然亦有有系而脚，無系而頭者，因成繭時，其氣不足，未能掉身，照法穿之碍其出路而不能蛾，是為倒蛹，無用物也。

第十六節　穿種二

穿種之法有二：或穿硬針，或穿浮絲。穿硬針者，繭皮雖不可繅絲，而能使蛾體强健，此法令，河南多用之。穿浮絲者，蛾體稍遜，但蛾出後，其繭皮尚可繅絲，名曰売子線。然二者之中，究以硬針為是，近人紐於小利，多穿浮絲，在蛾蛹發育上，不能無影響焉。

第十七節　穿種三

穿種所用之麻線，宜緊而勻，若其接頭處稍有外露者，必不能適用。其穿法：每四枚為一層，層層重疊，交錯而下，約五六尺而為一串。每串約三百枚左右，至多不過三百五十枚。挨順挑勻，掛於烘房，四周蟬聯不斷，名曰上晾，又曰掛種。以後烘房中始用明火焉。此種曰雷公火。

第十八節　掛種

掛種之法：先用八九尺長竹竿八柯，或用篠子，或用竹絲，繫於樓枕下，四面亦成方形。又必每方用一悄五寸長小竹枝十餘柯，横放一竹竿上，可掛繭種八九十串，每竹枝挨次，可掛四層，離地約一尺餘高。第一層受火三日，移在第四層之後，使第二層受火，如是，挨層迭換，切勿錯誤。

第十九節　穿種掛種之異同

種之所以必穿必掛，為其便於出蛾也。然二者之間，各有異同。有收種後即穿者，有收種後不即穿，而散布於竹簾上，天寒頡頏，至將烘時始穿者，亦有初烘時未穿，布散竹簾上烘之，至蛾將出之前半月始穿者，皆可。但先穿雖便於收拾，與掛、與烘，究不如至烘時穿掛之易於調和也。

第二十節　烘期

烘春種者，自立春始事，至春分出蛾，統而計之，畧費時四十日有奇。其中歷雨水、驚蟄二節，主持烘事者，貴審時計日而後可。假如氣候温和，即可預算小蠶上山之期在清明節後，否則，必待桃李花大開時，始能提蛾。此中期限，又不能無稍異焉。

第二十一節　火候一

當此四十餘日之中，有人晝夜經營，不稍間斷，而恐懈忽者，火候故耳。夫氣候寒温，天時固不可預定，而火力增減，人事在因之轉移，設不能審慎周詳。向時而動，則寒燠失宜，病根已伏，過此以往，雖耗巨資集羣力，亦莫可如何，伊誰之咎也。

第二十二節　火候二

然則火候如何乎？適中而已。視節氣之冷煖，定火色之大小。冷則火加，煖則火減，不然，火重則蠶受熱而斑，火輕則受寒而縊，火熄則空肚而殭，種種敗症，深可慮。故出蛾時，子午前後，分陰分陽，須用明火催之，不可太猛，猛則謂之反陽，如天色尚冷，畧加重亦可。

第二十三節　信蛾

凡蛹之化蛾也，多於每日之未申後子時前，為得其正。彼初齧系，間作孔而出時，其翅甚小，伏於繭上，不一時，即圓翅而乾水氣，此出蛾之大畧也。當蠶繭上烘未久，雨水節後即有早蛾出焉，俗謂之曰報信蛾。但此蛾不能做種，蓋以出非其時，而為數亦有限耳。

第二十四節　齊盤

迨驚蟄節後，蛾之陸續而出者多，其最多時，列筐皆滿，俗謂之曰齊盤蛾。盤之云者，鄉人呼筐之别名也。蛾之出，自未至亥，凡十餘日而畢。有出者，即宜捉置筐中，入夜尤宜速，恐其撲燈自斃也。齊盤時，更宜注意，故烘房之燈，皆用紙罩之，以其便於提蛾也。

第二十五節　提蛾

提蛾之法：先用生黄荊條編作平底圓筐，筐口六尺，圍圓中徑二尺，餘高一尺，邊高五六寸許，底圓徑一尺五寸，上編合口圓蓋，密中帶疎，使透風氣，以雌雄蛾置於内，此其一也。又必預備鉄絲編罩子，約高二尺，下寬上窄，如雞籠。然將火籠罩，以之護蛾。若無鉄絲，即用竹絲編之亦可。

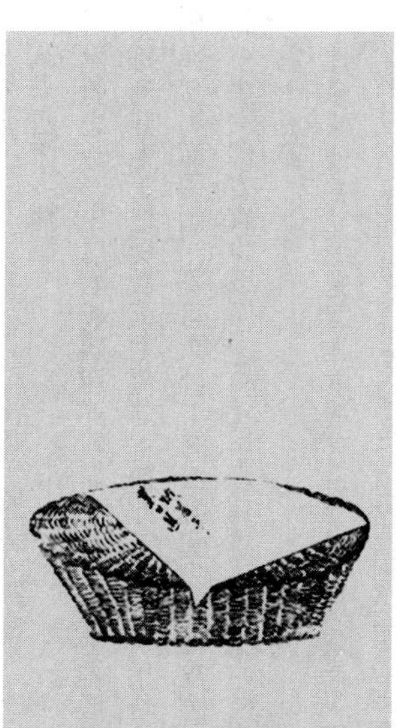

第二十六節　辨筐

蛾筐與蓋，均必以生黄荊條為之者，取其性澁，蠶卵易於粘固也。筐必用新，条必用生，使蠶卵受生氣，乃易於生長。若以舊筐布卵，不但不粘，尤且一子不出。蛾產卵時，筐底及其下半，須用白皮紙糊之，恐漏子耳。假如黄荊條不便，則桑柘木條亦可，惟楊柳竹木，則不相宜。

第二十七節　辨蛾

蛾之初生，雌雄難辨，然不辨不可，其法約有二焉。先視其眉，次視其腹。眉粗而短者雄，眉細而長者雌。雌腹腴，雄腹瘠，無混淆也。至其身，則長畧寸許，寬畧四寸，前後四翅中，有圓鏡四眼，五色俱備，亦有可觀。提蛾者隨手拈來，而不為所眩，辨之於早故矣。

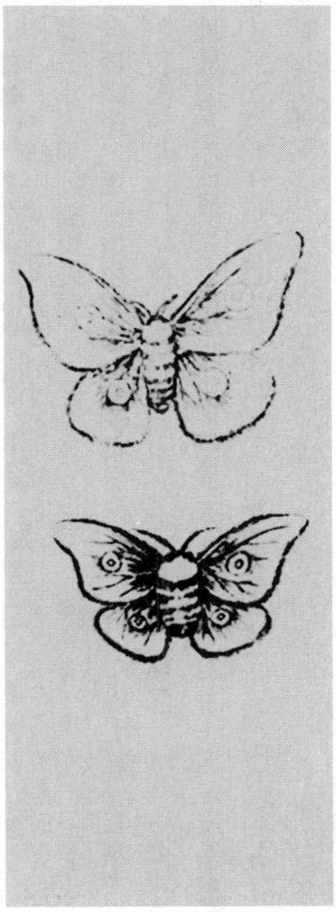

第二十八節　分火

分火者，分火之明與暗也。催蛾之出，有新法舊法之不同。舊法恐蛾出反陽，新法不忌提蛾時間：一自未至亥，一自己至申。所以殊途同歸者，在分火之權衡耳。出蛾與出卵，其時間相表裏，蓋黑夜提蛾，不如白晝之便。更於卵出時，亦稍費勞役。其法，晝用暗火，夜用明火以催之，對時迭換，省罩籠火，尤較便焉。

第二十九節　配蛾一

將欲蠶卵無拋棄，必先研究蛾配之理。蛾雖微物，生理則同。若三日不配，即為棄蛾。蛾之健者，於圓翅後，即能自配。其法：將配就者列於筐內，雌者居上，雄者居下，每筐約置蛾二百五十名，曰站莞。若筐未滿，可由別筐提入，上扣其蓋，毋使過不及。如今日何時置筐中，對時折對，否則將雌蛾脹死。

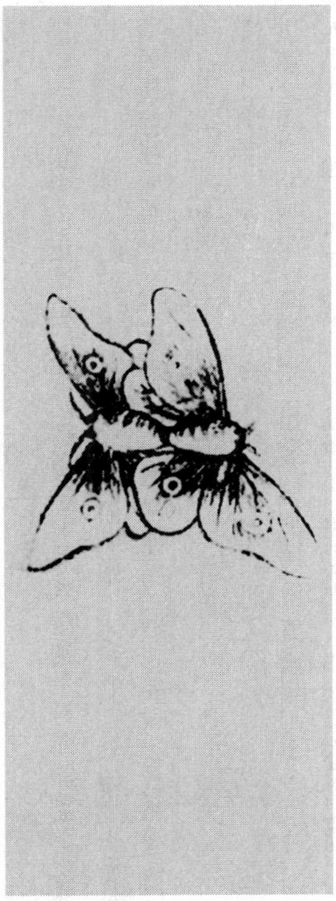

第三十節　配蛾二

蛾未配時，先用兩指捉，視雄蛾之尾脹者，微搦之，以去其溺，不去則碍精路配。如未配，然亦多有無溺之雄尾，瘦不溼不煩去也。折對時，必搦去雌之溺，或白色、黃黑色不等，不去，則難產。若歲生之雄少，一雄可配兩雌，須間日一配，然復配之雌。其卵多不育，即育蠶亦多瘠，因父氣不足故也。

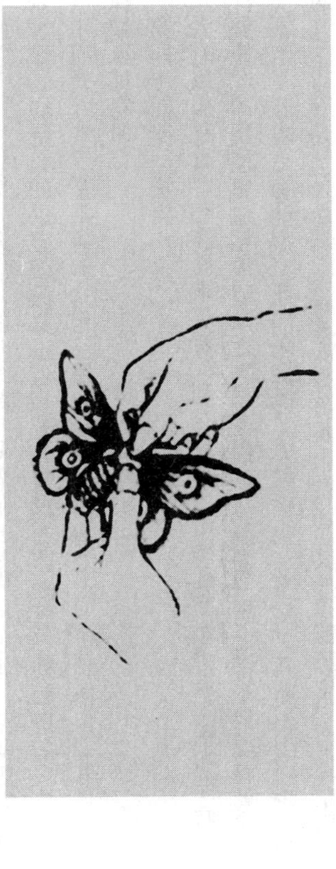

第三十一節　配蛾三

蛾固非配不可，然亦有委頡之雄，不能自配，須用人力引動之。或以單黃荊条横放筐口，捉雌蛾附其上，而以雄蛾抱雌蛾之腹，挨次列之，名曰站橋，微拍筐口則配。少頃視之，有未配者，可換一雄，擇其搖尾常動者配之。如猶未配盡，則用兩手捉蛾，以人之熱口沫吐於雄尾上，而湊之，是借以引動其興矣。

第三十二節　配蛾四

凡蛾之將配也，四翅飛揚，情致勃發，站莞後，均伏而不動。雄蛾則雙眉下垂，此時慎無動之，恐散其對，則卵出不盡。又或蛾既配對，而有未配雄蛾，贅附其雌腹，須碎捉之，恐傷雌腹，腹破水流，而卵去矣。故聽筐内有拍拍作聲者，是為狂夫，必除去之，不然必亂羣合。

第三十三節　配蛾五

河種出蛾，雄先雌後；土種出蛾，雌先雄後。若交互而配之，此生物界最發達之理由也，既不失時，又少棄蛾，於種根尤有相易，而適宜者焉，驗陰陽感召之理。若雄蛾不足，將雌蛾掛於屋外，即有雄蛾飛來覓配。其翅如鏡，名曰隔山照事，雖奇理則常耳。

第三十四節　撲卵一

折配後，去雄留雌，將雌蛾別置一筐，每筐第一次約下蛾二百五十，而掩其蓋將成數并日期註在筐面，用數寸長竹片一端削尖，插入筐邊及蓋，謂之篾針。針已用椶葉，縫而扣之，俟三日撲卵畢，復置，亦如之，共成五百之數，謂之飽筐。蓋一筐之蛾極於五百，一蛾之卵極於一百，大概然也。

第三十五節　撲卵二

蠶卵之形狀，色黑微扁，如老蘿蔔子。然入筐約十日而卵盡下，卵約十五日而蠶出。卵之善者，必堅附筐，不附者敗，不可蠶。然蛾翅上所粘之卵則異。是若輕埽而下，用皮紙包之，與常卵同。蛾產卵時，或將筐移於屋外亦可。產畢，雌蛾則自枯，雄蛾亦鰥死。

第三十六節　烘筐一

烘筐之舉，非獨發汗時然也，烘卵亦如之。卵既產畢，毋令受冷，其筐仍附入烘房，須過六日方成蠶胎。或以運遠，始可出房。如未過六日，蠶胎未成，冷則害其生機，故於此十餘日中，將卵筐排列竹簾上，由簾口而外，受火一日，次第移易，周而復始，使火力平均。至清明前後，則陸續出矣。

第三十七節　烘筐二

撲卵有先後，出蠶亦有先後，出蠶之先後，即與撲卵之先後相符。速則半月，遲則兩旬，而以天氣之寒煖決之，煖則較速，寒則較遲。主持烘卵者，雖有平烘、煙烘之別，而煙烘尤宜。至於皮紙所包之散卵，天氣若寒，可懷於人之胸際，以熱度激發之，察其稍煖，仍置筐中。

第三十八節　溫度之差一

統計烘房之事，歷時既久，其中溫度不能無差異焉。初烘之前五日，最高以四十度為準，三十七八度為低。其後五日低亦四十度，高則四十五度或五十度。由是挨次漸增，不可劇烈。至春分前八日，有開火閉火之不同，而陰陽分焉。如今日午後七鐘，至次日午前八鐘，用五十一二度之温，即為陽午前八鐘至午後七鐘，僅用五十度之溫好，為陰耳。

第三十九節　溫度之差二

見信蛾後，逐日增加，至催蛾之日，午前八鐘至午後七鐘，宜六十二三度；午後七鐘至次日午前八鐘，須高至八十度有餘。齊盤、尾盤均不外是。若烘卵時，其火亦宜分陰陽，如午前九鐘至午後七鐘，以五十二三度為最高；午後七鐘至次日午前九鐘，雖由五十餘度漸高至七十三度為適宜，日後出蠶，方分陰陽，不可忽也。

第四十節　認卵

蛾之肯上草鞋棒者，烘房竹架上，小竹枝形如草鞋，俗名草鞋棒。其卵必佳，不佳者，曰啞子，即木翅、油頭等，蛾所撲之散卵也。若多且厚，而現黑紅色者為上。撲卵後，去死蛾，掃蛾灰，俗曰洗筐。洗筐時，將筐倒置，用手拍之而少落者，最佳品也。然其中亦有限制，每千蛾卵，散子不過四兩；過之則敗，蓋以結實與否，而分優劣焉。

第四十一節　候蠶

凡蠶卵之孵化也，必破衣而出。衣者何？則近卵之薄膜。是夫蠶胎既成，卵中之水漸乾，如鼻涕然。由次而化，若欲知其將出否，即以針挑之法驗之，否則，用襟包而嚼之亦可。如破開而色白者，三日可蠶；色青者，次日必出。其將出時，卵炸響，如春蠶食葉聲，養蠶者，當急若置郵也。

第四十二節　售種一

鄉人之事蠶，不盡自烘種，蓋種少而烘，不若售於烘户。烘户者，專烘種待售。凡村落皆有之，便人亦自便也。然久為烘户者，必先為有備無患之計，既儲餱糧，復相蠶地，或與人均資本、勞役，而權子母。則盡售固佳，不售亦無碍，所謂操縱自如，而後可以言烘事矣。

第四十三節　售種二

售種有二：一曰售蛾，一曰售卵。售蛾者，訪烘户出蛾之成分，而於烘房中售之也。售種者，入烘房宜查已出蛾之口，鬆如棉花者為佳，俗名棉花口。或售蛾，或兼售筐，均待卵於烘室而候蠶出焉。若人肩已布卵之筐，列於市場，按認卵成法而售之者，是為售卵。售已以歸，候其出肩之山，毋稍懈但，其價則春種較秋種為昂。

第四十四節　辨偽

人有以偽亂真，變詐而求售者，利在故也。治偽種亦然。彼知蛾布卵時，血汁膠筐，即用淡猪血粘敗卵以效之，或刷以薄麵糊，謂之搭子，受惑者多不能不辨。若辨之有汁痕，而卵之聚散，亦懸殊也。不然，其卵不生，生亦必病。彼作偽者，方且置空筐布善卵，將不出者，簸其殼，雜於中，有一二出，則又顧而之他矣。

第四十五節　秋種附

欲養秋蠶者，於端午節收入春繭時，擇而穿之，懸掛竿上，使其透涼。

約二十日，蛾即畢出，蓋其時，暑蛹化甚速也。其配蛾，如春種。既配，則盡斷其雄之翅，恐其飛入林間嬲雌，致不能產而脹死。折配之午後，去雌蛾溺，以四寸長線，兩端各繫一蛾，或用麻縷縛雌一翅，繫之衣子地火芽間，其卵即布著樹。

又 第三章《養蠶類》

第一節　相山一

查黔省，山多田少，土瘠人稀，雖不能處處可放山蠶，而山蠶所食之樹類，所在有之。樹既多，則蠶場易，不比家蠶之必須種桑也。就天然陳列之材料，以供事蠶者之採擇，稍留意而講求之，其獲利可操左券。況未經食蠶之樹滋養，質尤富於常，相山者其審諸。

第二節　相山二

蠶有春秋，山有陰陽，各因其時，而異其地。春蠶之山，宜向陽。秋蠶之山，宜在陰。蠶之為物，好陽而惡陰，避溼而喜燥。雖宜順其性，尤必得其平。春風和則順之，秋陽烈則逆之，不利西北而利東南。陽食蠶陰，作繭向背，欲求適宜者，春秋蠶成比例焉。

第三節　相山三

相山之法，宜土厚而石埋，平多而凹少。石多則蛇與癩蝦蟆皆易潛藏，足為蠶害。且烈日當空，蠶或墜下，腹背受敵，萬無生理也。凹多則風不常到，毛蟲易生混亂食葉，而溼氣既重，害蠶尤甚。他如雜木森森，俗名站樹，必斫，除之使鳥無所棲，然過多，亦費勞役。

第四節　相山四

蠶最忌霧，着之，甚者死，不甚亦病斑，不能作繭。山有空穴，雨欲晴，晴欲雨時，霧最甚，相蠶山者謹避之。故有烟瘴之地，斷不可蠶。又避蟻穴，蟻穴中長出簸籮，葉最肥，但蟻能咬蠶，使墮。又兼蟻緣葉遊，使蠶終日搖頭，食葉不安，皆相山時所宜注意者也。

第五節　辨樹一

有所謂不落樹者，以其葉經霜雪不墮落得名，一名槲葉。大如掌，其長而尖者，名柞，總而名之，曰不落，皆山桑類，山蠶之所食也。其訛音，則為簸籮，故大葉槲名大簸籮，小葉槲名小簸籮。又有尖葉簸籮者，曰櫟，遵義人概名之曰青棡，又名橡，其中固有差別，然皆簸籮類也。

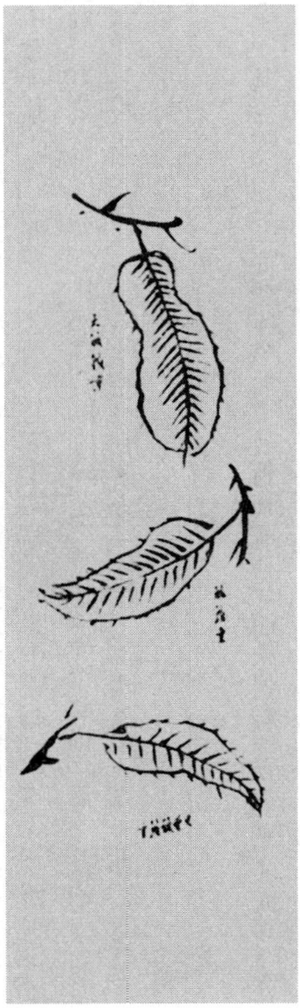

第六節　辨樹二

槲與櫟大致相類，而各有不同。櫟葉短厚光滑，食蠶可早眠早起。惟葉盡易發，而蠶則易病，不如槲葉之氣味平和。槲葉長者五六寸，捫之滯手，其所結之實，櫟長而細，槲大而圓，中有仁，均可食，開花則槲稍早於櫟。櫟葉常青，槲葉冬零，但櫟少，種之又遲於槲，故多以為材，而不以食蠶也。

第七節　辨樹三

青棡之名不一，除水青棡可為材，而不以食蠶外，又有扶櫟青棡者，亦不可食蠶。其粗大而色較青，俗又呼為槲櫟，即所謂虎皮青棡是也。然山東人謂遵義青棡為槲櫟，而遵義則指葉青且大之一種，故又有家青棡之俗名，以別之至湖南湘沅之間。又謂遵義青棡為櫟木，而謂遵義槲櫟為青棡，乃方言之小異耳。

第八節　辨樹四

青棡樹葉類橡而小結，子與槲樹同。其種有三：一、枝幹色稍黑，而葉味甜，宜於養蠶，然須五六尺高以下者，勿去其脚葉，春初發芽，則子蠶破衣，易於上樹。至枝幹有白斑者，即為虎皮青棡。葉苦，不宜食蠶，為其成繭薄而絲少故也。又有葉赤色而味早者，蠶不喜食，食亦不肥大。

第九節　辨樹五

橡樹在黔省上游名曰青棡，下游名曰麻栗，其葉多棱，結子則上圓下尖，狀如蓮子，名曰橡子。橡子落地，以土掩之，則可發芽成樹。一名象斗，其房名捄，謂之橡碗，可以染皂。然又有細皮、粗皮、圓葉、尖葉之不同。細者食蠶則絲多，粗者食蠶則絲少，圓者味甘，夫者名轉，轉栗則味苦。

第十節　辨樹六

《詩・小雅》有云：『維柞之枝，其葉蓬蓬。』據鄭氏《詩箋》知其新葉將生，故葉乃落，此大葉籔籮之名，所由來也。其種亦有分别焉，樹皮紅者名紅柞，樹皮白者曰白柞，葉皆青色，似柳葉而較寬，經霜不落，結子與青棡同而較大。蠶食柞葉，可以作緜，至其名柞，實名柞，名杼，雖小有異，而形狀要不可易也。

第十一節　辨樹七

又有一種樹，狀亦如槲種之成林，亦如檞，惟葉較槲青而稍短狹，子亦如槲而細長，皮稍白，亦直皺而扉瘤，畧少於槲。幼無皺裂，老乃皺裂，唯大幹，然小枝否。槲則小枝亦皺裂，唯嫩臺否，為異耳。稍難長於槲，土人亦謂之扶櫟青棡，或謂槲櫟青棡，與槲雜種，亦有專種一山者以食蠶，絲最韌幾敵桑絲，為山繭中第一。不似難長，而葉獨粗大之扶櫟，瘠蠶也，不可不辨。

第十二節　辨樹八

山繭除椒繭、蕭繭外，有椿繭者，與槲繭同，或謂椿，有香椿、臭椿之别，非籔籮類，宜蠶者即臭椿也。其嫩芳時紅色，成葉後青色，似香椿而皮臭。子結瓣，中如目之有珠，俗名鳳眼。餧養椿蠶，全賴此種，然據《樗繭譜》言，則樗即是槲，非謂臭椿，蓋借名椿繭，而食山樗葉者，非食山椿也。

第十三節　辨土一

育蠶之處，當辨土宜。其中，以泥為上，挾沙次之，紅沙火石地為下。沙石者，所樹葉細且瘦，繭成如之，且葉盡時，蠶或四下日蒸，善死，秋蠶尤忌。而煤山地則不然，若無現成樹而待種者，不拘山坡，挾沙土皆可。地積較深之處乾燥，空氣復易傳達，而與溼氣合宜。則不宜五穀之山，地其所護，不讓膏腴也。

第十四節　辨土二

善育蠶者，其辨土之方針有二：或欲利於留種，或欲利於繅絲。然蠶繭之優劣，除食葉外，尤隨土性為轉移，無論。黄泥挾沙，鐵鑛挾沙，凡屬沙泥，易於坐蛹而不利於繅絲。若煤山地、灰色泥油沙地，則利於繅絲，而每難坐蛹。何也？土性之燥溼，地質之肥磽，其功用各有不同耳。

第十五節　窖栗

每年九十月間，青棡樹子熟，自落，欲種者，可收買其栗，而掘二三尺深窖以埋之，使得地氣，自然潤溼，便不生蟲。其窖之廣狹，視栗之多寡為度。窖面搭以横木，鋪以蓆片，覆以沙土，勿使洩氣。至雨水節前一日起出，栗多生芽，用大桶或石缸，以水淘洗浮者，棄之。沉者可留為種

第十六節　布種

橡栗起出，用籮筐挑至山坡，將土鋤勻，縱横成行，如種菜法。每行掘小坑數百，或數十，視其地之面積為度，每坑相離二尺，餘深約七八寸，各種橡栗三四，周覆以鬆土。若畏山鼠，為害則以猪血塗子種之，春雨及時，雨旬芽出旺，遲則一月出土。雨水至清明節前。皆宜種，節候萬不可遲。

第十七節　分秧

種橡栗，須待三年，長至二尺餘，將嫩枝砍去，令發新枝。又兩年，然後葉肥壯，可飼蠶。若栽橡秧，則兩年後即可飼蠶。分橡秧之法，亦於雨水節後，如種雜樹法種之。至遵義各處，俱用大鐵鍬，長二尺許，於瘦土中用椎擊入土三四寸，少著糞土，隨置橡子一二顆，以土蓋之，即發生，其功省而易成。

第十八節　移栽

行造苗法者，初年播種，可長一尺以上，次年分栽，三年移栽。分栽時，擇無風陰日，自苗圃掘起，截斷粗根，勿傷其細，分别大小植之，相去數寸，將根部浮土蹈固，是曰床替。至第三年，亦於雨水節後，移山地而栽之，行列相距，入地宜深，根毋令燥，其生甚速。又有截去幹部，長三四寸，而惟取根株植之者，此適於不床替之苗，若床替者，則以不截幹部為宜。

第十九節　護蓄一

護蓄蠶林者，如農夫之務去草焉，而後枝葉暢茂。其法：植秧前刈除雜草、荊棘。植秧後二三年内，則於立夏前後刈之。若移栽，三四年長六尺以上者，惟於秋季落葉，春間發芽。前刈取其草，以供燃料、肥料。至移栽之次年，見有枯者，須用三四年之大秧以補栽之。

第二十節　護蓄二

本年飼蠶之林，明年必不可復飼，即飼蠶亦瘠，乃歇樹之故也。夫樹，不歇則葉不茂，即新種之樹，四五年始蠶，亦間年歇而用之。經三次飼蠶之林，其樹必近十年，則過高，移下難，即宜伐之而留其根，無論。次年之蘖，與二三四年者皆宜。間年一飼，而後樹力有餘。高毋過一丈，過即仍伐，每一種可十餘伐也。此所謂一年之勞，百年之利。

第二十一節　辨芽

凡老樹砍枝，而初年另發。及新種成林，而未經飼蠶者，謂之大芽，亦

曰頭芽，宜育子蠶，壯蠶不宜食，食則病寫，不能退臕而死。然欲便於繅絲者，於莊臕時，用以催蠶一次，亦可發。二年者曰二芽，飼蠶最旺；發三年者，曰三芽，食壯蠶，其老而喬者，用作繭。又其葉之良者，必厚大而青老。春生時，薹葉皆小，白色較赤色者，相去遠矣。

第二十二節　薅林

薅林者，俗名砍坡，乃砍除荊棘與雜草木也。不除荊棘，則循行不便，不去雜木則混亂。蠶羞，況蠶酪忌油桐，經其樹上，其葉者死。其禁忌，與烘室同。山有桐，除之；家有桐，謹之。又食白楊者死，食地雜木之味辛澀者，致病。其餘雖不病，亦瘠蠶。惟嫩楓葉，蠶食之無害。薅林時，亦不去之，故今日移蠶，昨日耨林，雖不盡地，而不可缺。其上山時，即通耨者亦一法也。

第二十三節　留護根草

橡樹下有宿草者，鋤之，而不可芟夷太盡。天氣炎熱，午正後，蠶多自樹而下，盤旋草上避熱。未申之交，熱氣漸退，蠶自緣幹而上，其不能自上者，看蠶工人隨時拾送樹上密葉間，便不受傷。若樹根無草，地土過熱，則墜下即殭矣。然尤忌暴雨，設被沖落場蠶，則有草者，尚可抱以求生；無草者，勢必為所沖没，是宿草不但可避熱，兼可避雨。

第二十四節　搭居守篷

蠶既上山，需人守護，其主持臺是者，曰蠶匠；奔走指揮者曰蠶工；居守食宿者曰蠶篷。其容人之多寡，視篷之大小為度。篷之形式，自側面視之，如鋭三角形。其法：先用兩木柱擊之，如人字，架距八九尺，遠置於地上。再用二丈餘横木，一端擊於架上，一端置於地下，兩旁用樹条或竹子與籐捆之，上覆茅草，可蔽風雨。中有床及雜具，如家焉。

第二十五節　出蠶

浴春者，即初生之蠶子也。每日寅卯辰三刻出蠶，其多如小毛蟲，又如蟻，故謂之曰蟻蠶。約長二三分，頭紅身黑，初出卵時，旋食其殼之半，如馬之食脆。然其未出之前子，筐下須鋪蓆，如有蠶蟻落地，及散走筐蓆間者，宜仍取入筐内，或掃以羽翎，或掃以蠶刷。蠶刷者，束茅穗為之，長六七寸。掃已用笋籜，撮入筐中。

第二十六節　提蟻

蟻蠶一出即能食葉，其不伏處筐中，而蠢動四出者，求食故也。當此之時，即將柏樹枝剪成數小枝，枝頭留鈎，以便掛用。先倚放筐口，小蠶絡繹而上者多，即提之，移掛於青棡樹。蠶即含此就彼，而又以柏枝提他蠶。一筐之蠶，照經法提放數次，雖不盡，亦無幾矣。但柏枝亦宜用新，方有生氣，稍枯即棄之。

第二十七節　靠筐一

筐既出蠶，而肩至蠶場也。擇樹之枝幹相聯者，以三四株結成一片，將蠶筐置在叢枝密葉間，蠶即羣相奔赴，自食其葉。至夜間，仍將筐放入篷内，用微火薰之，以免受冷。若天暖，不用火，亦可次早又送入橡林，謂之靠筐。看天色將雨，須以竹蓆或油紙覆筐，切不可受雨，以筐内未出之蛋，一經受雨，將來二、三眠時，不食而殭，謂之水眠，不可不慎。

第二十八節　靠筐二

蟻蠶於衣子地上，為蠶事第一機關，故靠筐之處，其樹脚下，一切雜草務宜薅盡。蟻蠶未頭眠以前，力不健，風震葉易墜，草不盡不易拾。雖然地下落葉，毋須盡掃，恐蠶遇雨落地入泥，無以保護，有於樹脚下，扳曲小樹一二枝，用木鈎釘在上面名壓地芽，蟻即落，亦能食，扳曲之業，可漸而上。又靠筐時，筐與蓋所糊之白紙，須揭去，以便蟻蠶四出，羣赴樹上，食葉而無所碍。

第二十九節　刷卵

靠筐二三日後，俟蟻蠶出至十分之七八，即用竹刷輕輕將筐與蓋之卵殼，及未出卵，一概刷下，用簸箕簸去卵殼。其餘未出之卵，復用小簸箕攤置篷内，如第四五日，有卵出蟻，即用簸箕盛之，置於樹脚下，近地扳小枝用石壓其面，蠶即緣枝而上。若蟻出者多，或以小簸箕夾放樹間，用籐子束繫其枝葉，亦可。

第三十節　束樹

小蠶之養法較驕於小兒，其體察愛護，無所不周。地宜平，而斜葉宜密，而嫩枝宜聚而小，否則地必患水葉，不肥蠶，至其枝之疎而大者，無論。其散亂鋪張，循行不便，即蟻蠶上下，亦以勞倦之故，而食葉較遲，故衣子地之樹，其腰皆束如繫帶，然既成籠，復成行，非多事也。

第三十一節　驅鳥一

害蠶之物，鳥其一也。小蠶時，害尤甚。天將曙，及薄暮時，其來，力防之。如稍疎忽，則瞬息之間，即去千百。須先用響笴以驚之，響笴者，以五尺長竹竿為之，一名響篙，一名響稿。法：用刀裂其首端，折為八篾、十篾不等，長約三尺，其尾端勿傷破，執而振之，相擊而鳴，藉以驚鳥。

第三十二節　驅鳥二

驚之不去，則用沙撮。沙撮者，亦四五尺長竿所為。其法：破竹一端，約五六寸，析而不斷，如響篙狀，用篾絲横編之，畧如箕而小。子蠶上樹四五六日，執其柄，以撮沙土，向空抛撒，以驚鳥飛。但沙土必匀細，使墮不傷蠶，而後可，投鼠忌器之理於此亦寓焉。

第三十三節　剪枝

子蠶既按盤數而置樹間也。樹雖密葉，食有盡時，若待其葉盡，而後食之，則枵腹者，已伏病根也。夫蠶之食葉，約十日而增半葉，曉不食為露也。晞而食竿，不食為熱也。昃而食，雖小蠶，食量稍遜，而附樹既多，盡葉亦易，須用蠶剪剪移之，蠶剪與家用者不同，葉短而寬，取其靈便剪枝，移蠶非此不可。

第三十四節　移筐

移蠶之法：先置筐於樹下，將所剪空枝放入筐內。又視其他破尖之樹，照法剪之，均以筐載，移放他樹。看樹之大小，為放蠶多寡。移要勤，連葉剪，或以手摘，如有葉多蠶少、蠶多葉少之處，務均分使匀。況小蠶時，其地亦非寥闊，其樹亦鮮，巨枝剪移較便，約計自上樹至頭眠，剪移之樹，以雨輪為合度。

第三十五節　插墩

論養小蠶，又有插墩等法。蓋春蠶出時，葉未大發，其向陽處，先生嫩芽，連枝斫取，約高三尺許。近河邊無土、沙灘，河内有水，沙上不見水處掘溝，寬深各二寸許，把芽枝密插溝内，名為插墩。隨插即將沙掩埋，不可露水。芽枝宜深插淺堤，使其易活，蓋芽枝畏土，故宜用沙灘；蠶蟻畏水，故須將水掩蓋。

第三十六節　立幛

沙溝所插枝，下安放石头数塊，將蠶蟻筐放在石頭上，别砍芽枝，豎在筐内，使與沙溝上所插芽枝相接連，蠶蟻自然沿行而上，名為坐墩。復於灘内沙中掘溝，寬尺餘，不拘長短，密插芽枝，名曰立幛，預偹移蠶之地。蠶出七日便一眠，要於大眠以前，將墩上枝頭之蠶，連葉剪下，移於幛上，是為上幛。葉盡，再移以上山，為止。

第三十七節　進場

如上法，餧養三四日後，俟蠶頭帶白色，身長至八九分，用剪斷枝，擕至山場之避風處，將蠶連枝放於有葉樹上，使之自食。然則蠶之初出，必在近水處餧養數日者，蓋以蠶由烘出，近水則不易受病，此不可不知其要訣也。但其勞役稍繁，不若出即肩山之為便，受並存其説焉。

第三十八節　初眠

凡蠶頭、身都腫，不食，變不動，捲緊六隻胸足，昂頭向上，其形如坐，謂之坐眠。其眠也慎，毋動之，動之則死。盖蠶未眠時，先必吐絲，自絆其腹足八隻，尾足二隻於枝葉間。若傷其絲絆，則起時不能用力，必死。凡蠶之將眠也，其口部必隱現痕，一望可知，盖其蜕自口始，而至口終耳。

第三十九節　眠起

蠶於初眠，一日一夜脱去黑殼，名為退衣。衣退後，其口部亦除舊布新，旋即自食其殼。能將殼食盡者，方為美；蠶若僅食其半者，尋常耳。未頭眠之蠶，衣皆黑色，頭眠起後，則脱去黑衣，而轉為褐色。初起時，食益力，其身量亦因之而漸增焉。

第四十節　候眠

凡蠶之坐眠，慎無於葉，盡之樹，使於空樹坐眠，則眠者既不可動，起者又無以為食。若無法以偹之，將來必現空症，不獨小時為。然即大蠶，亦難免矣。備之之法，須使眠者，自眠起者，自起雨無所碍，須別剪有葉小枝搭上，俟起者奔赴，即可提移於別樹焉。

第四十一節　審變

黔省氣候大抵不常雨則寒，晴則熱。有時赤日炎炎，驟增熱度，是為反常。反常則必變，其劇烈時，則泳雹横飛，或大或小，無論適當其衝者，蠶必無噍類。即幸稍遠，而陰凝之氣所觸，百病叢生，此亦事蠶者之無可如何者已。若僅一陰雨淺寒，可於四周生火，風送火煙，亦足傳熱。

第四十二節　察祥

衣子林中，有香如蘭者，謂之蠶花香，此上祥也，後必大熟。眠後有一二紅黑頭者，亦兆美收。或青黃色間有深碧色者，頭崢雙角，小於常蠶，亦上祥也。凡蠶，在樹葉禾盡，必不往食他樹，惟此蠶朝東見之，暮或西見，但同林，雖間一二里，亦能竹來，而不見其往來之迹，土人謂之神蠶，稍驚之，似有希希聲。

第四十三節　二眠

退衣以後，逐漸變成青、黃二色，其形漸長，食葉較甚，而剪枝挪移，亦宜較勤，令能館吸。又食葉七日而眠，是為二眠。其眠時，或一二晝夜，視寒暖為眠起之遲速，既起以後，其頭部、下腹、足前第五六節兩側氣門之上，現有金點二三顆不等，有時背上亦有金點，俗云一二點者，收四五點上者丟，故點以少為佳，無更妙。

第四十四節　擎霹一

二眠起後，驅鳥者始用擎霹，擎霹以棕為之，長約五天雨頭搓之，為純中段編之。若綱，綱寬三寸，長五寸，盛石其中，以純一頭。作一小套，套於右手中指，然後以大指食搦，其一頭向空擎之，石即飛去，聲如驟雹，鳥聞之，即驚飛，遇之，則擎斃。其必以一頭套於中指者，以石去而擎霹仍在手也。

第四十五節　擎霹二

又有以竹為之者，去稍遠，其絲之長，與人頭平。摩節令滑上五分之三，貫三寸，管糾棕純，如指大。一頭環之，屈中以細純經緯為兜，一頭繫管下，一頭貫竿末至管兜，與竿下齊，盛石向空擲之，石去純，亦從竿末。出也去遠者可早，里聲鳴空中如驟雹，較手套者遠十之三焉。

第四十六節　提蠶

凡移蠶者，必量蠶權葉筐，載太少則往返勞人太多，則層疊罨蠶，須散布之，使忘移家。故《譜》云：『寧令暫飢，毋令去不能食。』蠶附大枝或幹者，不可剪；若以手折枝則傷樹，且損蠶，宜捉置筐中。捉時，須驟，出其不意，即立下。若驚之，或稍緩，則抱枝固，雖中斷而不下也，故其攫也，如虎舍筐如鼠。

第四十七節　三眠

二眠後，青者仍青，黃者仍黃，其形漸壯如小指，火食葉更甚。照法剪移，七日後又眠，是為三眠。蠶眠時，不宜受雨水過多，過多必成水眠。或雨而寒，或高而霧，則蠶之眠起必遲。其眠起後，剪枝挪移，宜於晨早，及夕陽西下，不宜午止，因午正時，蠶多避熱，遊散多費收拾故也，而空枝急移不與焉。

第四十八節　辨蠶

凡蠶初、二、三眠後，如遇有不能食葉，體漸縮小，謂之空肚蠶。其眠起，不食葉，皮嫩為嫩空。其起後，食葉數日，旋又不食，皮老為老空，空肚者，即軟弱病也。考此病原有四：一、由烘種時，火忽間斷；一、由產卵後，天氣太冷；一、由出蟻時，食葉過遲；一、由挪蠶後，食葉不足所致，但此病尚無傳染。

第四十九節　原病一

蠶有自吐少絲，掛於樹上而死者，形如懸樑，俗名黃瓜皮，是為縊病。初眠後始見，各自受病，亦不傳染。其病之原起有二：一、自烘房中，火力太微，天氣過冷，而寒已伏故也。其吹則剪移時，載滿筐蠶為所罨，致吐其沙，亦必病縊，即不病繭成，一敗其繭薄，亦不中繅。

第五十節　原病二

蠶病之大有妨碍，而傳染甚速者，曰斑。斑者，身發黑點，自墜地死，俗名斑狗。莊臕後，始有之，既發現也急，將未病者，逆風遠移，尚可保存少數。若聽其傳染，則一林俱為之臭，而不可收拾。其病原亦有二焉：一、由烘時火太猛烈，熱毒既深，待時而發；一、則因經雹之後，為凝寒之氣，所觸受火，雖平和，亦激而致病。

第五十一節　蠶厄

蠶當上樹後，天氣寒熱不一，蠶值之，至三眠後，滿腹絲化為滿身毛，毛皆躍躍自動，謂之飛絲，一二日即死。此感天時不正之氣，欲避之，無由也。至於害蠶之物，除飛鳥外，蛇升木、野猪拔樹，其害尤酷，雖善守者，亦無預防術也。他如癩蝦蟆吸卑枝，大馬蜂咂肉汁，雞犬隨在搏噬，見則驅之，猶其小焉者耳。

第五十二節　蠶忌

蠶之所避忌者數端，地避高塲，恐吸霧而多疾也。樹避焦葉，恐食蠶而愈瘦也。有一種簸籮，葉黄且瘐少，漿汁似乾焦，不肥蠶。又忌孝婦、產婦，若犯之山蠶，必變至於掌廠、蠶工，須擇老成安靜之人為首，羣工聽其指揮，如各任意見，不相和好，蠶即不收，蓋養蠶如用兵也。

第五十三節　機竿上

機竿亦名發竿，所以套食蠶之鳥也。其法：以五六尺長竹竿竪於近蠶之處，又以一細竿，長短相若，一頭繫長繩，一頭縛於竪竿下節，然後截枝為鈎，長約尺許，縛其柄於竪竿上節，即將細竿之繩，牽繫於縛鈎之處。又以一楔子，長二三寸，竹木均可，量繩距細竿一尺五六寸遠，横繫之，隨將楔子直亘於樹鈎間。另以一木竿，長一尺五六，以一頭置於鈎上楔子，輕輕倚之，即為機矣。

第五十四節　機竿下

其一頭平放於細竿上，盖以樹葉使鳥不測，至是，則細竿曲如弓形，繩如絃緊，而近竪竿之繩，則鬆而下垂。即將重繩，拾起，結一大活套，搭於鈎前木竿上，即畢事矣。鳥至先棲高木，欲下食蠶，必先左右顧，以機為枝踏之。機墮，楔子發竿，即回引繩，套鳥足結，無脱者。亦有不用竹竿，就林内相宜樹枝，隨處設之亦可。

第五十五節　排套

排套，亦名漏子，以馬尾為之。其法：以馬尾三四莖，即以一頭結為活套，一頭雜麻，續辮之為綱，寸遠即結一套交，如連環套愈多，則綱愈長，套少則綱亦短。然後，以綱之首末，横繫於林内杈枒間，馬尾勁而有力，套即排列於綱上，密如綱羅。尾細光滑，鳥集枝不見也，視鳥首入套中，遽驚之，首或進退皆絓也。

第五十六節　蠶銃

蠶銃即鳥鎗也。將曙及晚，用以驚鳥，但宜空發，不置子，而鳥不敢前顧。鳥之中，惟鴉最繁，又最無畏，乃蠶銃之所不能禁者也，然獨畏神枝箭，用以射之，則去可半日。又蠶畏螽，《爾雅》名「土蠶喜員，桑蠶亦喜員，橡蠶。」驅螽之法，或竹帚，或蒲扇，或以皮裹，兩手合掌猛拍皆可。養蠶者，須看橡林附近，凡有螽房，早為殲除，自無螽患。

第五十七節　大眠

三眠後，其色不改，其形愈壯。又約十日而眠，有眠一二日者，有眠至三四日者，謂之大眠，一名四眠。此次起眠後，其色仍前，内有一種蠶，似黄而帶紅色者，謂之紅蠶；其似青而帶白色者，謂之白蠶；似青而帶黑色者，謂之絳色蠶。此三種蠶，最占少數，千頭中不過數頭而已。驗蠶眠者，或謂頭而上則佳，頭對下則敗，非定論也。

第五十八節　莊臕

蠶至大眠起後數日，體極壯，而長如食指大，其食量愈增，至一日夜，能盡七八葉不等。肥甚時，澤澤有光，謂之莊臕。莊臕時，剪移尤數，看蠶之人，耳、目、手、足，交相為用，有日不暇給之勢焉。然移蠶之筐，又切不可多載，若蠶被積壓，口吐紅水，傷損必多，是宜以靜定之馭煩難之事，慎勿以為細故而忽之。

第五十九節　退臕

莊臕之期，不過十日，臕既滿，不復食，倚葉似眠，謂之退臕。退臕之蠶，體漸縮小，畧長寸許，如二眠後時，輕則一錢五分，平均二錢一二分。自行去溺、去屎，通體光潤，青者如透水悲翠，黃者發蜜蠟，蓋蠶之所以必退臕者，因腹中廢物，非排洩淨盡，不可以作繭也。若不能退臕者，必死無疑。

第六十節　爬甕

臕既退盡，則蠶之滿腹皆絲。當是時，各在枝上先吐少絲，絆其尾足二隻，以立定脚根，復吐絲綳三四葉，自裹如甕，謂之爬甕。或跋出甕，牽引絆頭，仍退入甕，然後於中周回往復，任絲作繭，由下而上吐絲包裹。兩日內，絲即吐畢而成繭，繭將成時，蠶必掉身照應其下端，後復逆原封口，漸入定而蛹化焉。

第六十一節　結繭

蠶結繭之樹，枝不宜過高，當擇青棡枝葉叢密，而無風之處，為結繭預備。顧其事，亦因地而殊，如遵義事蠶者，每多令其樹上結繭至。若山東繭多之處，亦有於避風處，所另設繭廠，上搭茅蓬，下堆樹枝、荒草，將老蠶送到廠內，聽其結繭，蓋以樹上結繭過多，一時難摘，恐遭陰雨損壞故也。

第六十二節　候繭

蠶自上樹約四十日而繭成，有未繭者，有未爬甕而尚食葉者，如已爬甕則聽之，方爬甕若驚之，則四走，妄吐絲，不作繭。尚食葉者，移之他樹，不移，恐摘繭時碍食，盖繭之成蠶，自瀉白漿，漿其繭，必三日，漿始乾，繭硬始可摘，須次第候其韌而取之，不可以欲速也。

第六十三節　摘繭

繭既候其水乾而取之也，是名摘繭。若樹身太高者，或梯之，或橙之，慎勿搦，搦則餒，其中敗也。又勿按，按則凹，其外不圓滿也。摘已用繭筦載，歸而晞之，乾其裏葉。繭筦以篾為之，上廣三尺，下濶二尺，高四尺，其編法不宜過密，周圍上下，必漏小縫，以通空氣，將繭盛滿則合，其口或負，或擔，聽人自便。

第六十四節　剝繭

晞已剝其葉，必順其系，如逆剝，則傷繭。緣繭系在上剝者，必自上而下也。當此之時，家人、婦子皆可與力剝之。又必汰其病者，若留之，必生蟲兼疰善繭。或又謂繭之繫於葉處者，名蒂，去蒂固傷繭絲，包於繭外者，為衫，必留其衫，而織綢始有花紋，故蒂與衫俱不可傷損。

第六十五節　繭病

繭病有三：其大而厚，特不封口，口有黑迹而濕，是曰油頭；或口封而汁，汁濕是曰血繭，二者蛹皆餒，為敗水所浸，不擇出，必壞好繭。其薄而不堅者，曰二皮，繭之未完者也。因蠶食不足，作繭時，又被人偶搦，而體質受傷所致。至於油頭、血繭，由蠶受斑病，幸而未發，雖勉成繭，病即旋生，其傳染甚速。

第六十六節　晾繭

繭或數十百萬，一時既不能概取，又不可聽其積壓，須編竹簾晾之，就地勢儘。竹之長，每根裂作八皮，用麻繩排編三四路，置本架，平鋪之。佈繭其上，約兩寸許厚，方能透風，而不潮熱。如當時不取，則留響繭亦可，其蠶埸太遠者，負擔往返，恐繭為所罨，則就蠶山下炕之亦有，即於此繅者取便計也。

第六十七節　炕繭

炕繭之法：置架牀布篾簿，四圍攔密，累繭其上，以烈火炕之。炕時，又以篾蓆覆繭上，中留一孔，以乾稻草掩之。其繭始佳，名為取汗。方是時也，蛹受火逼，索索若驟雨聲，經時始息，俟其無聲，撤去死繭，另易生繭。炕畢，盛於筦或售於市。但所用之火，雖宜烈，而不可太過，恐脆其絲故也。

第六十八節　蠶之位置

蠶於動物學上，屬節肢動物門，為昆蟲類之鱗翅目，蠶蛾科。凡形態、性質，均類昆蟲，全體構造，亦皆相似。其初，本於野生，唐虞以前，大抵皆山蠶耳，其後食桑之蠶，獨成繭於蠶室，因有家蠶、山蠶之別焉。其繭之大小，絲之剛柔，及蠶體與色，並一切作用，均不能無稍異，而其所占之位置，則相同也。

第六十九節　蠶之變態

蠶之一生三變其形。所謂初生，不肖其親，而屬於昆蟲類中之完全變態者也。彼自卵中初生，柔體無翅，口適於咀嚼，以食植物之葉，則為蠶。稍長，脫皮數次，而後造繭，匿身其中，則為蛹。復逾時，破繭而出，生有翅翼，而不食物，則又為蛾。研完此物者，於幼蟲與蛹，及成蟲時，劃然分為三期。

第七十節　蠶之全體

蠶之全體，合十二環節而成。軀體細長，如圓筒狀，張縮自由，其頭部前面口齒如鋸，有二觸鬚，又名觸肢，細長而直，胸、腹、尾三部，大小足共十六隻。各環節中，除二三節及十二節外，每節脇部，左右有黑色輪，以通呼吸者，稱為氣門。逐節共十八枚，其氣門與足根有突起處，名瘤起物，然十二節雖無瘤起物，而其節部中央，另有凸起物，面有纖毛，初眠後始大，感覺甚强，形如劍，名尾角。

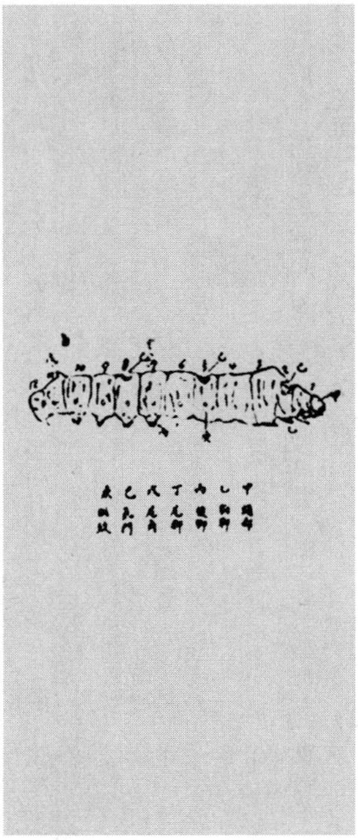

第七十一節　蠶毛及紋

蠶毛細密，與生俱來。小蠶時，最畏寒，恐空中一切物侵害，賴毛及凸起物保護其温度。毛中有節，可發小枝，至其斑紋，初亦不甚明瞭，經脱皮一次後，方能辨認。亦因種類而有異，其散布之形態，有左右成對者，有間節而生者，有參差不齊或錯落排列者，無一定形，非病體現象可比也。

第七十二節　蠶眼及足

蠶眼謂之單眼，左右各六，總數十二。在頭部顱項之前端，觸肢之基部，四個一列，稍有彎曲，餘二個散在上下兩方。其形圓，周圍暗色為環狀。至蛾，眼球稱複眼，呈半球狀突出，頭前兩側，色黑有光，蠶足則生纖毛，末端現，有似鈎之爪，前足專司取葉入口之作用，腹足司匍匐。吐絲時，前足四面撩繞，使絲附着適宜之處而作繭，至化蛹時，隱而不現，化蛾則僅存痕跡。

第七十三節　驗卵

蠶卵，容積大致可分為四層，其在外之硬殻曰外膜，其次又有薄膜曰内膜，再其次則為卵黄膜，卵黄膜中包含一核，名胚球。受精，蟲後遂吸取卵黄脂肪營養，而成蟻體。其關於内部，各處有無數細孔，專管呼吸之作用，當產卵並孵化之時，其作用尤甚。一端又有小孔曰卵門，乃精蟲通入之路也。

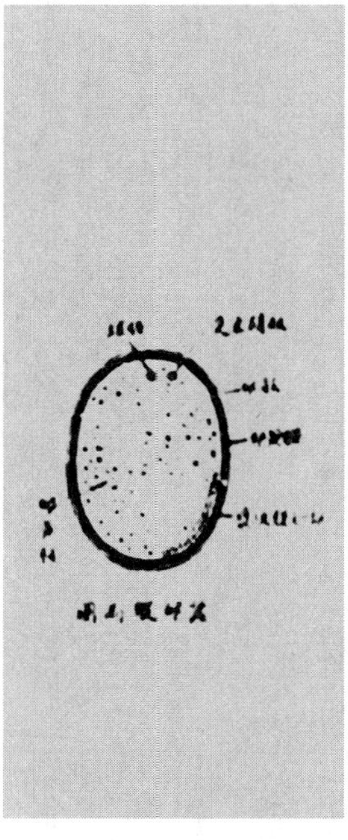

第七十四節　脱皮

蠶每眠，必脱皮，因不脱皮不足以增其發育。將眠時，頭特別大，新皮由此生。其脱皮最初之部分，先破丁字形之裂痕，於咽喉連續之處，以次而下，片刻呼吸，定使皮間細胞液汁滑雨皮。又恃腹足纒葉，始豁然出，頭部之皮，較他部堅厚，故頭部脱皮在最後之時，而其破裂在先者，因頭部富運動，力與尾足為對待者也。

第七十五節　蠶之外部

凡蠶體，無論為蠶，為蛹，為蛾，皆有薄皮膜，以圍繞之，是曰皮膚，全體皆由克親質而成。高等動物，由數層細胞層，而成蠶，則為一列之細胞，而成為體皮組織，表面堅硬，稱為克親質。而以角質色覆之，惟第一節質柔而薄，肉少而小，通身有突起及陷入處，其作用與高等動物之骨格同，亦有感覺，而能排泄。盖凡動物之生，必有自衛之具，無其具者，則種種彩色，用以起外界之恐怖，或混合草木之色，以求自全。觀於蠶及蛾之外部，可以知之矣。

第七十六節　蠶之内部

蠶之内部，中有一大長管，貫頭與尾，名消食管。後部有骨，臟管兩側之下，有二大管，透明屈折，即為絹絲腺。自口達腹，其亘於背面之正中，有一長管，謂之血管，亦貫正中腺而居。於腹面者，即神經系，專司感覺。體之兩側，與皮相近處有長管，開口於各環節之氣門，而分多數小枝者，為空氣管，以主呼吸。外則筋肉，以主運動。其第八環節之背面下，有小球二，乃未成立之生殖器也，化蛾方能發達，而雌雄焉。

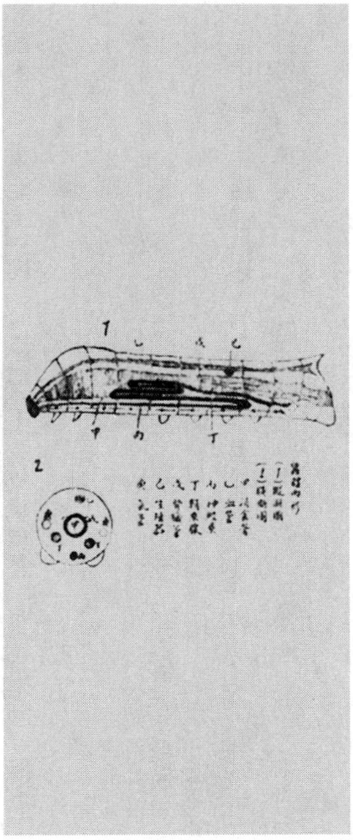

又 第四章《繅絲類》

第一節　煮繭

以蠶與桑繭微異，其性硬而燥，須甃，獨竈置繅鍋中，盛莜灰水煮之，或下鹼水亦可。每鍋下繭，視其大小，大則三千，小則四行。每千下灰二兩，先於鍋中調勻，俟其沸極，入數繭試煮之，起而試之以手，毋滑毋糙，然後數千枚全下。用鹼水者，下鹼宜緩，過多則絲葺，不中繅，所得無幾；過少則不能去浮絲，而色黄絲脆。

第二節　繅辨

繭既煮好，用盆盛之，次第而下，視絲門之粗細，粗則用一二十枚，細則用二三十枚。初繅時，用繳竿先去其浮絲，將繭蒂、浮絲提起，挽於手中，謂之提手，有生熟之别，生者販售於上海，熟者置之坑中。四十日後，俟柔軟，即取出，洗净曬乾，以木棒擊之，令鬆，可紡絲織綢，名浮絲綢消行頗遠，即大定畢節等。亦可作絮。

第三節　繅忌

繭下山，除留種外，即於三日後繅之，名下樹線，其絲最佳，次則炕者，可陸續繅，但炕之，適宜與否，於繅時，最有關係。如火過大，則傷簾而無絲，僅可作糊綿；火過小，則蠶蛹不焦，名夾黄繭，久則霉，亦無絲。此二者，雖上工無可，如何至繅絲搭繭，一手只能用二三枚，過多不勻織綢起梯。

第四節　繅具一

繅絲者，挨竈右尺遠安車架，架前高二尺五寸，後高三尺三寸，長三尺九寸，中安絲車。車六方，活其二以脱絲，方寬一尺六寸，中經三尺一寸。車心寬一尺二寸，穿以鐵管，曲其柄，繫四尺之繩，下連竹竿，長七尺，竿頭打眼，以竹竿釘釘於地架，頭立小旋盤，用皮帶平繫。車心頭旋盤上，斜安竹片，片上栽竹釘，以管絲路。

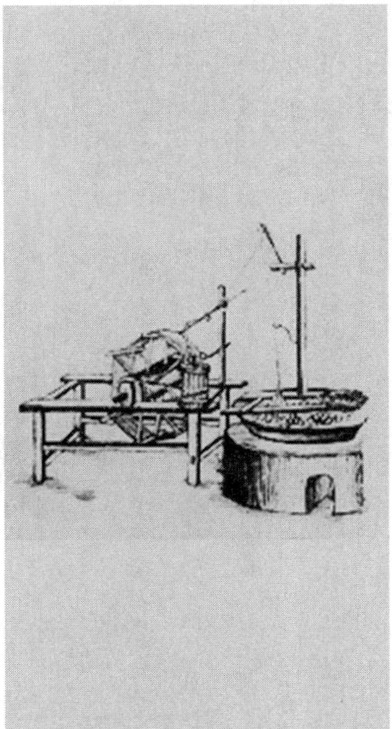

第五節　繅具二

竈上安木架，名鍋馬，上置二天輥，俗名裕子。輥下置一鐵弓環，俗名螺螄，就繭舞躍湯面，去其繩引。其緒和其絲上貫弓環，引入輥縫，牽出輥外，下縈於車、右足踏竹竿，竿發運繩，繩動運柄，柄運車，緩急相應，隨盡隨續，毋絕，餵則絲勻。天寒，置微火於車底烘之；天熱不烘，繅畢脱之、糾之，晾於空闊處。諸凡得法，與桑絲不相上下也。

第六節　繭性

繭體有大小，繭地有肥磽，皆司繅時所宜留意者也。無論堅實、勻厚與否、為繅經、繅緯之别，即煮時，亦有關焉，蓋繭自火石地，及黄泥地產出者，其性較强，而沙地及煤山地產出者，其性較弱。如地質既强，而繭體復大者，則鹼量宜增；地質既弱，而繭體復小者，則鹼量宜減，欲增則下繭，欲減則下水，非審察其性不可。

第七節　鹼力

凡繭之成也，粘液質既富，團結力亦因之以强。欲引伸而出之，非溶化其粘液質而分，解其團結力，不可用。鹼者，所以發穌繭皮也；熱水者，所以分布鹼力也。火力既至，水沸溶鹼，鹼透鬆絲，約四十五分鐘時，而力始達。如繭至三四千者，其鹼則在四兩以上，六兩以下。五鐘開火，天明，下之揭蓋省視，毋使繭滑，毋使繭糙，則鹼適中矣。

第八節　用水

繅絲作用，不可無水。初溶鹼，質繼澆繭，皮終亮，絲塘而後使繅。但繭既熟，即去火而減其熱力焉，蓋繅絲時，水不宜過沸，亦不宜過冷矣。如用新法者，扵煮繭時，另用清水一鍋，先燒沸，以聽用。俟繭熟，即置其中，陸續繅之，則所出之絲，愈形光澤。或云，煮繭之鍋，不宜用鏽，恐水助鹼力侵蝕鐵質，而絲色受其影響耳。

第九節　辨絲

辨絲者，辨其粗細而分經緯也。蠶成繭，先表層，精華畢具，其質堅韌，可扵上半日之，上半鍋繅之，用作經線；至下半鍋所繅者，則為緯線。至緯線，乃繭之裏層，其質脆弱，易於中斷者，蠶之所繼吐也，蓋緯線較粗於經，線頭亦較多，雖有斷續，亦適於用，但嫌其多蜘蛛蛋者耳。若經線，則體較細而頭較少，斷續太多，必不能勻，而難為織造之主絲也。

第十節　繅序

一繭之絲為忽，五忽為系，十系為絲。繭之忽，頭尾一線到底，繅者探其頭引之繹繹而外，以漸而盡。上繭無餘殼，中下繭皆有，分厚薄耳，此謂之繅餘衣。若不善繅者，雖上繭亦有餘衣。司繅時，用繭二三十枚者為大線，用一二十枚者為小線，各酌其粗細，而為經緯，先後有序，至將盡，即以刷把於鍋中擊之，復可絲，俟其盡而止。

第十一節　繅別

絲有水絲、乾絲之別；絲有大線、小線之分。蓋繅時，車急則絲急，車緩則絲緩，急絲為水絲，織水綢者也；緩絲為府絲，織府綢者也。繅水絲，合三忽府絲倍之，緯則再倍之。然府絲之中，又有輕莊、重莊、雲莊之別。繅輕經繭十枚，重經十三四枚，雲經十八枚緯視之，雖有不同，而上工之於餵頭，則皆有條不紊矣。

第十二節　湯繭

凡敗繭，如油頭、破口之類，其絲皆斷不中繅，不引緒，並不可手絡也，是名湯繭。業被絮者，賤售之。先罨而翻，去其蛹，用水洗净。俟其晒乾，然後和而築之，以鐵齒梳梳之，綳以為絮，頗耐用。欲踏裂，近亦三十年，故逐處行銷絶，無拋棄。至歷時而有結團不勻者，是又罨與綳之未盡善而應改良也。

第十三節　套絲

繅餘之繭，用筐盛之，每日早晚澆以熱水，四五日翻一次，至十餘日而絲鬆軟。後用女工翻成套繭，以水洗净，俟晒乾時，乃扯成線，絲亦勻細可織。乾絲綢消行打箭爐一帶，護利頗巨，但其綢係闊一尺二寸，二寸長四丈二尺，如過短狹，則不合莊。其次則毛綢，既若衣，且易，有勞者服之。

第十四節　毛繭一

毛繭者，已出蛾之繭也。蛾之出恒齧，繭頭一小孔，雖不盡斷，已不可繅矣。但煮之，去其蛹，用一尺之竿，疊冒繭扵上；別一竹籤長竿之半底，鎮鉛環，左執冒，右續之。掌摩籤，令旋而墜，冒續續，如抽綿筒，其旋絲因急右，急提收之，去絲節，惟恃唇齒，往來在手，不廢口談，百功自就。

第十五節　毛繭二

抽毛繭絲，又有用脚車者，其作用與紡車畧同。而異法，以木架為趺，左植方柱，上穿車軸。車兩輪各六輻，横聯之，以竹為牙，互以牽置。踏板設筳，輪中環繩，坐而以左手執絲竿，右抽之兩之踏板，使板運輪，輪運繩，繩運筳。以急絲，一日得可當尺竿之三日，惟其絲差，緩此絲善。且急者所織，為雞皮繭，鬆惡者織毛綢，麤而多纇。

第十六節　殼線一

繅殼子線，與繅別繭不同，此皆已出蛾之繭殼，必穿浮絲者，方能合用。其法：亦用熱鹼水，將繭殼浸過，然後用甑蒸之，俟其熱傾之，扵筐壓之，乾其鹼水，而後可。其必蒸而不煮者，因繭既被穿鹼，易通透；若令茸，則無絲。所用鹼水，每千畧一二兩，以取辣為佳色。若茶者，其性强；色若黑者，其性淡。

第十七節　殼線二

蒸已將繭面浮絲剝净，置之案上，引出其頭，或以針挑之，然後架車抽取，係横揭焉。欲抽細絲者，可用七八繭；欲抽粗絲者，可用十五六繭。近時衹用四五繭，而綢愈下，其車輪直徑，約一尺五六寸許。此種繭殼，每十能得絲七八兩，取上者則十二三兩不等，但其線鬆散，多露套痕，宜急織也。

又　第五章《織綢類》

第一節　净絲

繅已以絲緒，張綳車，車主趺，植一柱，中置輪，輪直經如絲車，列左右，列浄絲車，距繃車前約尺許。浄車之製，與紡綿車等長，其筵貫以籆，然後左牽繃車之緒，謹去其纇節；右轉浄車，收浄絲扵籆。浄絲時，一車左旋，一車右旋，其行亦異遲速也。籆中積經三寸，為壹筒脱之。

第二節　道經

絲既浄，即逐筒盛之，復收以絡車。車如繃車，軸有柄，出於背，收訖，列左右，列維車。籆長浄之半，亦貫於筵，轉右車以收右車之緒，謹去其纇之不盡者。俟籆中積經至寸許，為一維，即脱之而易籆復道。若水絲，則於收絡車後脱其籆，而以米泔漚之、宿之。

第三節　道緯

小板為趺，方四寸，厚半寸，中植筳，揉竹片為提中。孔之長尺許之木為道，執中鉗，牛角尖長二寸，筳貫經筒，緒出，提孔左，引之右，搦道執中，顛倒，收其絲節則匀，以唇齒角半没，則出而脱之，抽緒頭束之絲、之筦也。活當角者，穴以貫梭緒，先裏而外如繅絲。然也，水絲經緯同納緯，小經者半。

第四節　牽經

牽經者，所以牽絲就緒，而便織造也。法：以木為牽架，兩端横木上排經柱，行架亦如之。貫籆有柄，以次牽絲，綰於柱中，以之篾數而止。但綢有別經，亦因之。輕莊綢，每疋經線只用絲五六兩；重莊經線用七八兩；雲莊經線則以十兩為度。輕莊經頭約六百七八十股，重莊約七百六七十股，雲莊約捌百一二十股。

第五節　梳刷一

牽經畢，摠之，然後將絲貫入篾中，置於梳架上。架端支横軸，以收綰經，成平斜面，以茅刷梳之。刷乃茅之老根，所以取其勁而不柔，滑而不剌。以竹為柄腰束之，下徑長四寸，絲上梳架，用此刷梳之。但梳時必蘸去精麵末為汁，以光之，用微火以烘之。有我以米汁者，惟水絲也。此後上機，即與他織無異矣。

第六節　梳刷二

光經須避烈日，恐其易脆故也。俟將乾時，用菜油少許，扵茅刷上刷之，絲倍柔嫩。但刷漿須分節陸續，俟乾而下二三日，始能畢事，而以羊角收。但撞篾時，務宜細心，必鴛鴦成對，而後可假。如不分鴛鴦，雙股混合，則所織必有突起不匀之弊。蓋每篾係絲，不可不辨者也。

第七節　縱線

縱線者，所以上下經線，而為走梭地也。每一機，無論織綢數匹，均以六七兩之粗棉為用，一次若畢機，乃另為宜光以米汁，將乾時復，以菜油刷之，俟陰乾，收之。團以作線，繫扵小竹管，宜平。若水先，以羊角所收經線上機，乃結縱線結已，乃織至花綢，所用之縱線，則以粗絲為之而不刷，為小異也。

第八節　織機

織機與常機等，機床而外，上天平，下踏板，中坐板，前羊角，後滚心。羊角上機所收經線織若干匹，引經頭，由下而捲之，約五十根辮一綹，交乂繫於横柱。先以硬稻草三根，排編起織，至二寸許，乃以竹片為幅寸，上下各一銅釘，八顆，每端各二，以絲緊束之，隨織隨遷，以次而進。

第九節　織法

織時，用清亮酸水或淘米水一缸，置扵機側，浸緯線於中，逐糾乾，以備織取，其柔軟也。其織約至一尺五六寸，即以竹片括之，用力宜匀，括已收於滚心至成匹外，織二尺則斷之，餘頭為另織地，仍浸以酸水缸，畧四五日，晒乾摺疊。但織時，宜綳緊，始無跳紗，雨之，起落如一，則無冒股，不可忽也。

第十節　綢度

凡綢，幅篾門宜密，稀則不可。惟長、短、廣、狹，則視其莊為度，輕莊闊一尺二寸，長五丈二尺；重莊潤一尺四寸，長六丈二尺。輕莊，胰浄可二十三四兩；重莊，胰浄可三十兩；雲莊，胰浄可五十兩，方能合售。故無論織何項綢，均照交數而核算之。

第十一節　綢別

諸綢之中，府綢其上也，尤以挑絲綢為冣佳，其經緯皆節去首尾而綢之，故較韌而匀。次則雞皮繭，粗勁且皺，而毛繭尤甚焉。水綢雖先於府綢，品冣下，而名目獨多。其雙經單緯，而經頭在七百外者，曰小雙絲；經頭八百以外，單經雙緯，而用二條子線者，曰大雙絲；單經單緯者曰大單絲；小單絲者，但疏而狹，亦曰神綢，除媚神者，無所用之。

第十二節　綢病

府綢售以重，水綢售以匹，皆可作偽。今府綢雖禁，水綢仍然其法，於下機膠以米粉，以線，豆碾之、炕之，粉與絲化重增，莫辨。水綢則築，於染其青色、紫色、大紅、天青、佛青、岡青者，築蜀穄。其黃、綠、淡綠、魚肚白、喜白、水紅、桃紅、洋藍、棕色、秋湘、玫瑰諸色者，築綠豆。各有法，膠則同，雖有小利，而實病綢。若推其巧以改良，則發達可立待也。

又 第六章《染色類》

第一節　晾綢

凡物之受采，必先審其性質，以為受染之地，蓋府綢性冣韌，須柔之，且緊而厚，非酥透之，染色不入，即入，亦晦色。晦者，綢雖佳，不乏取也。織綢者於下機後，檢平坦潔净之地，而舒放之，名曰晾綢。下用草襯，上用石壓，使見日光，而不可過烈，不然綢色不光亮，亦業綢者之一問題也。

第二節　胰綢

染府。綢之法，莫重要於腰，其色之佳否，視胰法如何。胰法：先去綢漿，用清水缸漂浮净乃入鍋，用鹹水煮之。或不漂，即煮亦可，視綢之輕重，酌用净繭四五兩煮。先滑後澁，以澁為度，煮已柔，以猪胰盛於缸中，收猪胰者，掛屋壁，避石灰，用時，和水揉之。綢受胰，一日夜，乃赴溪擺洗之，然後漂以酸水。又一夜，復洗之，始染。

第三節　染料

染色之原料，皆由數種物品化合，或混合而成，司染者，酌用之。雖係成法，亦別有道焉。凡染之靛缸者，有灰缸，有靛缸。灰缸渾，渾則晦；靛缸净，净則光，理勢然也。如用膏子，須以火熱之，研碎無渣，乃和以水，傾覆以器而視之，必清亮不渾，濃淡適宜，而後可，故用染料者，毋吝毋侈。

第四節　染異

染色之法，有單級與多級兩門，各從其法而為之。用經少數手續，而成色者，如靛染之岡藍、之天青，品桃所染之桃紅，品青所染之茄色，及品藍、烏梅合染之品藍，品紅、烏梅合染之玫瑰，與先染品綠，後染靛之岡玉，皆單級染法也。至多級染法，必經多數手續而成者，則如豆沙、元青等是。

第五節　染辨一

諸色之中，又有交互，為用者，如品綠與品藍，攙合所成之色，以偏重之多少，為辨綠多，藍少則為玉色，綠少藍多則為竹青。如染紅白銀灰者，均以五棓子，稍加皂礬，染之紅者外，用桃紅少許耳。既染，入水擺之，去其礬力，乃上棚架，將乾碾之，但必以乾濕二匹，合碾方熨貼而有光。

第六節　染辨二

名相混，而其實有不同者，如蛋青、血青、茶青、蝦青等，名色、染法各異。蛋青者，底品緣靛染之，水擺一次。血青者，用其膏，否則底以淡藍蓋以桃紅。其先用白礬水加槐子，水浸一次，然後蓋以品綠者，是為茶青。先用白礬，繼以橡碗，水浸一次，而用皂礬蓋面者，是曰蝦青，皆不可不辨者也。

第七節　染辨三

近人喜白，西俗尤尚白。若欲遐邇漢，通非有胰練雪白者，不可查。山東、河南等省胰法：每綢一匹約需鹼二兩，先沸水，後入鹼一次，下綢二匹，用人擺弄歷半勾鐘，乃胰之，每付猪胰能胰十綢。法於前，半日將生胰擣茸，用時入水，外加熱鹼水少許調匀胰，過一夜，洗净晾之，半乾乃入温潤磺匱薰之，其一二鐘時，宜翻之使匀，而洗之，晒之，碾之，即白也。

第八節　染辨四

凡染岡藍者，或深藍，或二藍，視缸内靛之飽否，而權之飽者三次，輕者四五次。二藍則照減岡青，則由此而進，如品二藍，則以烏梅和品藍染之，但其法，亦如蛋青水。紅於染後入胰缸擺之，或清水洗净，務必迎風扇乾，方能光亮而匀。若晒乾，則其色不律，蓋凡膏子所成之色，其性質與缸染異，能逐色扇之，必倍鮮美。

第九節　染辨五

豆沙色，底以靛染，以棓子，蓋以礬水各一次。俟晒乾，復用棓子、礬水染而蓋之。乾已，乃以棓水、礬水合染之，乃再加洋木水，染已於洋木水中，復攙品紅合染。一次而後，晒乾畢，事初，不如硃紅、品綠、秋蔡等色之簡單也。彼硃紅底槐子，蓋硃紅及礬水、品綠，底其膏及礬，蓋以品黃。若秋葵，則淡綠，蓋品黃耳。

第十節　染辨六

青者，藍之所從出也，而元青則青之尤，非旦夕可致，須次第而進化焉。其初所受靛耳、礬耳，繼加以棓而乾之，棓不盡，復合礬再乾，而再染之、遲之。又久以為未乏，乃並棓與靛，而加以礬。又恐過猶不及也，遂肩河畔以洗之，擇善地以乾之，然後融洽之，以糊米潤色之，以菜油庶幾起色，而發一線光明也。

紀事

清　鄭珍《樗繭譜》莫友芝注

誌惠

乾隆七年春，太守省菴陳公，始以山東槲繭蠶於遵義。公山東歷城人，名玉壂音殿，字韞璞，由蔭生補光祿寺署正，出同知江西贛州贛杠去聲。乾隆三年來守遵義，日夕思所以利民，事無大小具舉，民歌樂之。郡故多槲樹槲音斛。以不中屋材、薪炭而外，無所於取。公循行往來見之，曰：『此青萊間樹也，吾得以富吾民矣。』四年冬，遣人歸歷城售山蠶種，兼以蠶師來。至沅湘間，蛹出，不克就。公志益力，六年冬，復遣歸售種，且以織師來；期歲前到，蛹得不出。明年，布子於郡治側西小邱上，春繭大獲。嘗聞鄉老言，陳公之遣人歸售山蠶種者，凡三往返，其再也。既於治側西小邱獲春繭，分之附郭之民，爲秋種。秋陽烈，民不知避，成繭十無一二。次年烘種，鄉人又不諳薪蒸之宜，火候之微烈，蠶未繭，皆病發，竟斷種。復遣人之歷城，候繭成，多致之事。事親酌之，白其利、病，蠶則大熟。乃遣蠶師四人，分教四鄉。收繭既多，又於城東三里許白田壩誅茅築廬。命織師二人，教民繅煮、絡導、牽織之事，公餘親往視之。有不解，口講指畫，雖風雨不倦。今遺址尚存，邑之人過其地，莫不思念其德，流連不能去。公遂遍諭村里，教以放、養、繅、織之法，令轉相教告。授以種，給以工作之資，經緯之具。民爭趨，若取異寶。皆乾隆七年事。八年秋，會報民間所獲繭至八百萬。是年，蠶師、織師之徒，能蠶、織者各數十人，皆能自教其鄉里。而陳公即以冬間致政歸，挽送者出貴州境不絕，莫不泣下也。唯蠶師織師仍留。自是吾郡善養蠶，迄今幾百年矣。紡織之聲相聞，槲林之陰迷道路。鄰叟村媪相遇，惟絮話春絲幾何，秋絲幾何，子弟養織之善否。而土著裨販著，入聲走都會，十十五五，駢坒而立眙坒，音比。眙，音眙，去聲遵綢之名，竟與吳綾、蜀錦爭價於中州、遠徼、界絕不鄰之區。秦晉之商，閩粵之賈，又時以繭成來墆鬻，捆載以去墆鬻，音垤育，坐買也，與桑絲相攙襍，以爲緺越紈縳之屬。『縳』即『絹』字。使遵義視全黔爲獨饒，皆先太守之大造於吾郡也故請之作誌遺愛於首。

（道光）《遵義府志》卷一六《農桑》

遵義蠶

乾隆七年春，知府陳玉壂始以山東槲繭蠶于遵義。玉壂，山東歷城人。乾隆三年來守遵義，日夕思所以利民，事無大小具舉，民歌樂之。郡故多槲樹，以不中屋材，薪炭而外，無所于取。玉壂循行，往來見之，曰：『此青萊間樹也，吾得以富吾民矣。』四年冬，遣人歸歷城售山蠶種，兼以蠶師來。至沅湘間，蛹出，不克就。志益力。六年冬，復遣歸售種，且以織師來；期歲前到，蛹得不出。明年，布子于郡治側西小丘上，春繭大獲。嘗聞鄉老言，陳公之遣人歸售山蠶種者，凡三往返，其再也，既于治側西小丘獲春繭，分之附郭之民，為秋種。秋陽烈，民不知避，成繭十無一二。次年烘種，鄉人又不諳薪蒸之宜，火侯之微烈，蠶未繭，皆病發，竟斷種。復遣人之歷城，侯繭成，多致之。事事親酌之，白其利、病，蠶則大熟。乃遣蠶師四人，分教四鄉。收繭既多，又于城東三里許白田壩誅茅筑廬。命織師二人，教人繅煮、絡導、牽織之事，公余親往視之。有不解，口講指畫，雖風雨不倦。今遺址尚存，邑之人過其地，莫不思念其德，流連不能去。遂諭村里，教以放、養、繅、織之法，令轉相教告。授以種，給以工作之資，經緯之具。民爭趨，若取異寶。皆乾隆七年事。八年秋，會報民間所獲繭至八百萬。是年，蠶師、織師之徒，能蠶、織者各數十人，皆能自教其鄉里。而陳公即以冬間致政歸，挽送者出貴州境不絕，莫不泣下也。惟蠶師織師仍留。自是郡善養蠶，迄今幾百年矣。紡織之聲相聞，槲林之陰迷道路。鄰叟村媪相遇，惟絮話春絲幾何，秋絲幾何，子弟養織之善否。而土著裨販走都會，十十五五，駢坒而立眙。遵綢之名，竟與吳綾、蜀錦爭價于中州、遠徼、界絕不鄰之區。秦晉之商，閩粵之賈，又時以繭成來墆鬻，捆載以去，與桑絲相攙雜，為緺越紈縳之屬。使遵義視全黔為獨饒，皆玉壂之力也。

藝文

清　王士禛《漁洋山人精華録》卷五《山蠶詞四首》

清溪槲葉始濛濛，樹底春蠶葉葉通。曾說蠶叢蜀道險，誰知齊道亦蠶叢。

那問蠶奩更火箱，春山到處是蠶房。槲林正緑椒園碧，閒郤猗猗陌上桑。春繭秋絲各自諳，一年三熟勝江南。柘蠶成後寒蠶續，不道吳王八繭蠶。尺五竿頭絡色絲，龍梭玉鑷動姸姿。紅閨小女生來慣，中婦流黃定未知。

雜録

清 陳宏謀《訓俗遺規補》（野蠶録・雜録） 《豳風》諸詩，蠶利始於關中，繼因桑樹漸枯，蠶織遂廢，今則獨盛於江浙矣，議者皆以北地産馬，馬蠶不能並行，其説謬甚。豈關中産馬，始於今日耶？予撫秦時，有興平楊監生屾家居，首先植桑養蠶，并以此倡，率鄉人織繭、繅絲，著有《豳風廣義》一書。予因其有益於關中蠶政，招之來省，設立蠶館，發給工本，養蠶織縑，屢經奏明。每年供進御之用，荷蒙聖主嘉納。今楊監生衰老，不能專司其事，有朱孝廉石琪，於蠶館教人繅織，廣種桑秧，鄉人知種桑養蠶繅絲，隨在皆可得利，聞俱踴躍從事。至於山蠶，别為一種，山中槲、橡、青杠、柞樹及村莊之椿樹，皆可飼養。陝省椿樹，自生自長，不須種植，郊原村野，處處有之。槲橡等樹則鳳翔之岐山、漢中之鳳縣、甯羌南北棧中，徧山皆槲，就地立為蠶廠，更不費力，久奉敕行。山東將山蠶事宜，刻送各省，令隨地效法。關中甯羌，向有劉牧養繭成紬，向稱為劉公紬，近中督理無人，不甚如法民間，以利微中止。近如鄜縣令紀君虚中，於山東覓人來鄜，立為蠶長，廣行教習。咸甯令柳君大任，試養椿蠶。通判張君文佶，倡行鳳翔，均已成繭，無論官紳，果有耐煩樂善之人。首倡養蠶，繼續推廣，設法防護家蠶、山蠶、椿蠶，均可望其有成，官斯土者，尚其加之意焉？

清 愛新覺羅・弘曆《清高宗實録》卷二〇四 上諭軍機大臣等，據四川按察使姜順龍奏稱，東省有蠶二種，食椿葉者名椿蠶，食柞葉者為山蠶。此蠶不須食桑葉，兼可散置樹枝，自然成繭。臣在蜀見有青杠樹一種，其葉類柞，堪以餧養山蠶。大邑縣知縣王雋，曾取東省繭數萬，散給民間，教以餧養。兩年以來，已有成效。仰請飭下東省撫臣，將前項椿蠶、山蠶二種，作何餧養之法，詳細移咨各省。如各省見有椿樹、青杠樹，即可如法餧養，以收蠶利等。語可寄信喀爾吉善，令其酌量。素産椿、青等樹省，分將餧養椿蠶、山蠶之法，移咨該省督撫，聽其依法餧養，以收蠶利。再，直隸與山東甚近，餧養椿蠶、山蠶，不知可行與否，並著寄信詢問高斌。

清 夏與賡《山蠶圖説・序》 《後漢・光武紀》曰：『野蠶成繭，被於山阜，是山蠶之利。』漢代已昭，乃迄今數千百年，僅河南、山東兩省舉辦於前，黔南遵義一府仿行於後，其他則闕然無聞，豈因樹畜成法未經刊布，致美利囿於方域，毋抑民間狃於創始之難，雖通其法，而猶憚於實行，斯誠守土吏，所當董率而激勸之也。予以甲辰季冬來，牢符陽太息邑民生計之艱，亟思設法以拯之，越明年春，輕騎赴鄉，因得就，詢民間疾苦，而研究其物土之宜。又縱觀於山麓嶺角，則宜蠶之橡樹，蔚然彌望，鄉民呼之為青㭎樹者是也。乃不以之飼蠶，而盡柝為薪，遂使蔥蘢佳植，僅供一爨，自然之利於焉坐失，奈之何，民不窮且盜也。予甚惜之，爰將山蠶利益，演説白話，揭諭城鄉，猶懼實效未彰，雖家置一喙，仍將怠葸遲疑，目為具文，因於是秋倡捐廉銀百兩，並籌集公款四百金，儲作經費，一面遣人赴黔，雇聘蠶師，購買蠶種，在縣試辦，以為民倡。適值奉檄設立農務局，當即札委邑紳，歸併辦理，未幾而蠶師到縣，勘定橡山十餘處，均宜放蠶，隨將一切器具陸續置備，五萬蠶種旋亦購到。本年春，又由黔雇來工匠十餘人，烘種放蠶，分為七廠。邑民素性勤敏，震於斯，舉耳目一新，於時赴山學習者，不下二十餘人。予亦不時巡行各廠，親身督勸，雖盛暑，積潦躡險陟危，未敢稍辭勞劬，誠懼上情不屬，而下情亦因之渙散也。幸一轉瞬間，繭已告成，約計百萬有奇，繅絲織綢，可獲二百疋之譜。夫本年蠶種，僅只五萬，甫逾兩月，即獲繭百萬之多，以視喂養家蠶，尤力省而效速。竊信利益之匪虚，而勸誘擴充之愈不容已也。第放養山蠶之法，有大異於家蠶者，苟不如法，必致徒勞無益。予，遵義人也，雖未嘗從事於斯，然世居於鄉，見聞較確，適讀國子達大令所著《教種山蠶譜》，内載育蠶十一則，衷以己意吻合，實多爰為摘要刊傳，並將應用器具繪圖，增説以明之，俾觀者了然於胸，舉而措之，無往不利。斯民殷富之基，將於是乎，在惟願我同志蒿目時艱，采擇推行，利濟蒼生，則是説是圖，或稍有裨補云爾。光緒丙午孟秋之月遵義夏與賡序

圖表

清 余銑《山蠶講義・附圖二十幅》

烘房內式

烘房外式

配蛾

編筐

發筐

祭山

提蟻蠶

驅鳥

移坡

摘繭

運繭

繅絲

翻絲

導絲

牽經

梳刷

織綢

染色

售綢

慶祝

樟蠶

綜述

清 屈大均《廣東新語》卷一五《貨語》 長樂亦多蕉布，所畜蠶，惟取其絲以緯蕉及葛，不爲綢也，綢則以天蠶食烏桕葉者織之。

又卷一六《器語》 凡新會，若男與女，所以資生者，半出於蒲葵焉。子初種時，沃以肥膩。俟苗生至尺，乃再蒔五年，始割下葉。八年乃割上葉，歲凡三割。既割已暴之，兼旬乃水濯之，火烘之，使皆玉瑩水柔，而隨其葉之圓長，製而爲扇緣之。以天蠶之絲嵌之，以白鱗之片柄之，以青瑯玕之牌纏之，以龍鬚藤之線、銅釘漆塗繪畫爲絢。

又卷二四《蟲語》

天蠶

天蠶出陽江，其食必樟楓葉。歲三月熟，醋浸之，抽絲長七八尺。色如金，堅韌異常，以作蒲葵扇緣名。天蠶絲亦有成繭者，大於家蠶數倍。《禹貢》：『厥篚檿絲』，或卽此類。然不可繅爲絲，入貢者齊魯之山繭也。有沙柳蟲，腹中絲亦可作緣。

清 江志伊輯《飼蠶法》 練繭：凡同宮繭、紅口繭已出蛾者、中繭、出水繭從繅絲水中剔出者、烏頭繭蠶溺汚溼，或蠶身腐爛者，均謂之家繭。練時以繭浸水中，別以鍋盛水其量視繭爲多寡煮沸，加鈉養二炭養二，乃將浸水之溼繭，投藥水鍋中，輕輕翻掉，數四，經二三十分時，煮畢。繭皮有厚薄，則煮時有遲速。須先時別擇分煮之，否則熱度不均，繅時難解。成絲後，於漂染織皆有礙。煮過速，則絲質剛，不易繅。過遲，則絲質脆，不堪織。獨習者，宜細心考驗，以求遲速之適度。從前練繭，用木灰藁灰，既費人工，且傷絲質。故不如用鈉養二炭養二，但能遲速，不偏絲質，必無小損。如用木灰□灰，須視燃料之强弱，而增減其量。鈉養二炭養二，日本名重炭酸曹達，每□重一百二十磅，售日銀五圓。按炭酸曹達製法，用硫酸曹達九分，木炭五分，炭酸、石灰百分三者，搗碎，入於乾砂鍋中燒之。燒至砂鍋通紅，諸物皆成綠色之塊，取下，用水洗之，至成白色沈澱，用蒸氣鍋蒸之，蒸至結晶，卽爲炭酸曹達。但製硫酸，須用白金鍋鉛屋，其資本絶大，殊不易耳。練家繭用藥分量，同宮繭、紅口繭，每一升用三錢至四錢；中繭一升，用二錢至三錢；出水繭一升，用三錢；烏頭繭一升，用一錢五至二錢。若練紇卽繞澼花，滯頭絲拖頭。入釜中，加水，加鈉養二炭養二。每紇一兩，用四錢至五錢，翻掉不休，經三十分時。煮畢揚起，以清水洗絞數次，日中暴乾。練緜每一兩，先以杏仁或桃仁七八枚，入鉢中，略加清水搗爛，以布漉去其渣，加沙以緜漫入。一宵取出，絞乾，繩懸日晾。野蠶繭中之天蠶繭、柞蠶繭，煮法與家繭略同。惟用藥稍多，每一升須六錢至七錢，歷時須三四十分之久，以其絲脉粗而質硬也。若野蠶巨繭，頗饒黏力，約須煮一小時。每一升，用鈉養二炭養二六錢，醋酸水八九點，以促其熟。

繅絲：繅家蠶繭時，取練過之繭一握，濡以水，如練畢卽繅，繭尙溼，則不必再濡。以小筐容之，置膝上，左手持少許，右手以指捻出絲緒，至長三四尺，結其端於壬絲卷，穿午鐵圈，掛於未玻璃鈎，右足輕踏甲桿，令徐轉。已而各部皆轉，絲卷亦轉，絲遂繞附。從旋轉之度，以左手四指載繭，拇指按其上，右手拇指與人指之中節捻且抽。視絲卷上，卷絲已至適度，乃連錘取去，換裝他錘。原料佳者，踏時可疾，劣者，踏宜徐。捻亦弗多弗少，須要手和足調，出絲方無精粗不均之病。漂之光澤，織之停勻，其原在此。繅紇時，手持一握，與繅家繭同，乾者勿濡水。以右手之拇指與人指中節，沾唾液捻之，則絲不毛。紇之絲縷，不易引伸，輪轉甯徐毋疾。捻或過度，不得細絲而得粗絲，織時可以爲緯。紇中有蛹，或塵土沾着者，除之務盡。繅緜另用一器，器下有礎，礎中植桿，高三尺，上卷練過之緜。繅時，置身左側，以左指抽，右指捻，餘與繅繭同。乾者，指沾唾液，與繅紇同。緜，昔以手引之，止得極粗之絲。今以器繅之，可得絶精之絲。織時經緯皆宜。織綢光澤耐久，稱極佳品。野蠶繭，絲質甚剛，繅時較難，其繅法亦與家蠶同。天蠶、柞蠶繭，產地滿篝滿車，不得善價，用此法以製絲織綢，利可三倍。野蠶巨繭，繅法亦同，其絲自有異色，織成以作緇衣，不須渲染。若增減其練度，可以得濃茶色或淡茶色，煋產額不如天蠶柞蠶之多，然豐年所產亦盛。乘時采集以製，一可牟厚利也。

清 王元綎《野蠶録》卷一《野蠶名》

榆蠶

榆蠶生榆樹上，色綠，長寸許，惟繭不恆見。或言其作繭亦在地中，不知確否。

（光緒）《續修浦城縣誌》卷七《物產·蟲之屬》 蠶邑皆荆桑，蠶絲多類。又別有食楓葉者曰楓蠶，食榆葉者曰榆蠶。

（光緒）《高明县志》卷二《地理志》 樟木，山原皆有，性辛辣，皮已風疾，產天蠶，作絲可爲絃線，可爲釣線。有二種，大葉蠶少，細葉蠶多。

清 林在男《屑繭紡絲論》《蠶業叢書》第四編 天蠶繭 此爲野蠶之繭，俗稱山繭，飼以柞櫟等葉。造成一種强硬異色之繭，紡製頗覺困難，然亦非下等之原料也。此原料在吾國地方，產出甚多，北方、四川、雲南、滿州諸省皆有。其用途至今尚未廣行，故收買價頗從廉。至紡繅爲絲，組織成綢，實見品格優宜，堪與絹絲並列，而且保持力强，經久不變，利益更非小焉者。

樟蠶繭 此爲野生一種蠶繭，日本稱謂白髮大夫，常于栗椎櫟等樹，造成一種帶膠色而有網目之繭，其質比天蠶繭更覺强硬，作爲綢絲紡績原料外，再無別法可製生絲者。

此原料既有特別之色，故無須用染，紡出就可織物，光澤甚是佳妙，用以做成衣服，頗有高尚雅致，若練煮嫩者，則呈濃茶色，老者則呈淡茶色，遠觀最爲有趣。誠可寶貴者，惟此原料不如野蠶繭之多，須視年中之氣候，各處之風土，產額多少不一，或能到處搜尋，收而集之，殆爲不值價錢之原料，所謂利用廢物者，此其一端也。

紀事

《清朝文獻通考》卷二六八《物異考》 十一年七月，直隶總督奏進穀穗长尺餘。

宣示廷臣

是年，浙江杭州府野蠶成繭。

十二年正月，內閣奉諭旨：浙江巡撫常安奏，杭州諸府桑間自生蠶繭，可取以織，名曰天蠶，蓋以爲瑞也，朕謂此范成大詩，所謂『野蠶可繅』而常安未之知者。然不假人力，用佐女紅，則信乎，授衣之助。

藝文

清 愛新覺羅・弘曆《御製詩初集》卷二一 浙江巡撫常安奏，杭州諸府桑間，自生蠶繭，可取以織綢，名曰『天蠶』，盖以為瑞也，朕謂此范成大詩，所謂野蠶可繅而常安未之知者。然不假人力，用佐女紅，則信乎，授衣之助。因紀以詩：

吳中蠶事由來備，九月授衣常廑意。照田然炬想遺俗，石湖樂府風人義。野繭可繅換短襦，錦繡纂組猶餘事。欣聞天蠶綴野桒，以供織紝堅且緻。馬頭祭罷有後佑，物產菁華佐衣被。可云人不假其力，將無地尚遺其利。農桒之計牧臣責，底湏艷詡明時瑞。

雜録

清 屈大均《廣東新語》卷二二《鱗語》 取鮸魚以釣，其竿五尺，繫以天蠶之絲，餌以公魚、賸鯶。取鮒，以潑生釣，以輕絲爲之，往來游颺，則不損其鱗。

安徽省博物館《明清徽州社會經濟資料叢編（第一輯）》第八类《租田地文約》 歙縣汪景雲租田批

十五都七圖五甲立租批人汪景雲，今租到二十一都二圖三甲許雪南名下，大買田一畝七分，土名鮑老甽，三面言定每年秋收之日交納時租，風車淨谷三十七斗四升整。其租挑送上門，不得欠少。倘有欠少，聽憑起業另租他人無異。恐口無憑，立此租批存照。

再批：倘有天蠶、白色、年成干旱，眼同千監割無異。又照。

圖表

清 黃毅《蠶體解剖論》第一章《總論》第四節《家蠶與野蠶》《蠶業叢書》第三編 抑猶有言者，野蠶種類中（Bombyx moor）之外，又有所謂天蠶與柞蠶者。今就大要述之，以供參考。

天蠶之學名爲（Antkeria yamamoi）。專食楢樫之葉，作豐大綠色之繭，形爲橢圓而緊括，卷於樹葉之中，其向樹葉之一部色稍淡，觸於外氣之一部色稍濃，故一見之際，難與樹葉區別。幼蟲亦爲綠色，擬似樹葉，形甚大，有無數突起，生於外部，硬毛生於其上，成毛叢焉。成蟲有四翅，形闊大而色褐，每翅之中央，顯然有環狀斑點，頗呈美觀，其卵圓形而扁平，褐色，產於樹枝，成繭之絲，纖維太多，富强伸力，然膠質過多，繰解不易，惟以自然棲息於山野，故產絲頗多，絹織物中亦多用之。

第十五圖

甲天蠶蛾
乙天蠶繭

甲、天蠶蛾乙、天蠶繭

柞蠶之學名爲（Antheria pernyi），其卵、幼蟲、成蟲、繭等，均與天蠶相似，繭呈褐色，擬似枯葉。我國及印度多產之，用途甚大，多爲織物之原料也。

第十六圖

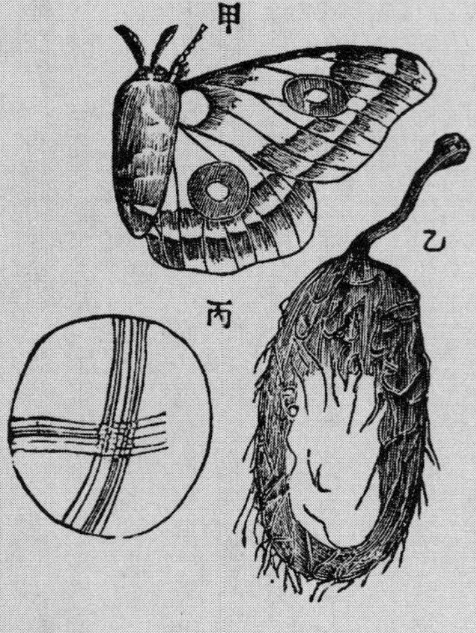

(甲)柞蠶雄蛾
(乙)仝上繭
(丙)仝上系縷鏡檢圖（擴大）
（著者原圖）

又 上唇：上唇爲鈍凹形之克親板，色呈淡褐，皆粗生小毛，蔽於口腔之上部，恰如人類之上唇。惟自由運動不若人耳，其上端由薄膜質部而連於額板，亦稍能運動。天蠶與柞蠶之上唇，凹處較深，故咬葉之際，不致外逸。

第二十九圖

(甲)上顋
(乙)上唇

其他

論說

唐 樊綽《蠻書》卷七《雲南管内物産第七》 蠻地無桑，悉養柘蠶繞樹。村邑人家，柘林多者數頃，聳榦數丈。三月初，蠶已生。三月中，繭出抽絲，法稍異中土。精者爲紡絲綾，亦織爲錦及絹。其紡絲入朱紫以爲上服，錦文頗有密緻奇采，蠻及家口，悉不許爲衣服。其絹極麁，原細入色。案原、細二字未詳。製如衾被，庶賤男女，許以披之。亦有刺繡，蠻王并清平官禮衣，悉服錦繡，皆上綴波羅。南蠻呼大蟲爲『波羅密。』俗不解織綾羅，自太和三年蠻賊寇西川，虜掠巧兒及女工非少，如今悉解織綾羅也。

清 韓夢周《蠶桑實濟》卷四《育蠶急務》

論蠶

蠶，乃天駟之精孕絲蟲也。衣帛所出，功與穀對，非他蟲可得而比。形乃氣化，性屬純陽。喜燥惡溼，食而不飲。陽立於三春，故蠶生於三春。陽息於陽生，故蠶死於夏至之後。種類甚繁，一種四卧一生蠶。南蠶多四眠四起。一種四卧再生蠶。四眠四起，一歲兩生。一種柘蠶。即棘繭也，生於柘上。一種雔由蠶。食檸作繭者。一種蚢蠶。食蕭葉作繭者。一種槲蠶。食槲橡作繭者。三種皆山蠶，一歲再生，樹放而織繭紬者。秦中，一種三卧一生蠶，北蠶皆三眠三起，南方亦有養之者。有大小白鳥斑色之異，繭有青、黄、白、緑之殊。自卵生爲蟻，蟻脱爲蚐，蚐脱爲蠶，蠶脱爲蛹，蛹脱爲蛾，蛾脱繭復卵。蠶屎名爲蠶沙，蠶皮爲蠶蜕，蠶紙爲連。蠶卧曰眠，蠶已脱殼曰起，蠶卧之蓐曰沙燠。不論南北之異，四眠、三眠之殊，總之，一七而變，四變而老，七變而死，蓋氣化神物也。資生要理，安可不知？

清 韓夢周《蠶桑實濟》卷五《蠶桑雜附》 絲利既收，蠶事以畢，所有空繭、破繭、不利繰絲之繭，須蒸紡得法，以織綿綢。其他柘樹，亦堪飼蠶。熱蠶、槲蠶，亦堪作繭。旁通其法，即可兼收其利。若木棉一種，則又近地閒家世爲業，而急宜講求者也，故終之以蠶桑雜附。

清 汪曰楨《湖蠶述》卷一《栽桑》 柘葉，亦可飼蠶按《武康縣志》云：『柘産於山野曠土，采飼柘蠶。葉貴，餘蠶亦可食，其絲次於桑蠶』，但比桑葉較堅厚，非小蠶所能食。按劉沂春《烏程縣志》謂：『蠶早，葉未抽，則柘葉可代，是小蠶亦可食也。』桑葉缺少，可於三眠開口時初次布葉，謂之開口，即餉食也，令食柘葉兩三次。大眠開口時，令食柘葉五六次，則省桑葉矣。必於開口時者，柘之味不及桑，既食桑葉，必不肯再食柘葉也。又大眠起後，先飼以柘葉，其絲乃韌而有光。《西吴蠶畧》柘與桑同功，兖蠶頗食柘。其蠶養於樹，繭殊大。又有養於椒樹，食椒葉者，繭有香氣。二者皆不中繅，唯成線織紬而已。考《爾雅注》：『食樗葉、棘葉、欒葉者名雔由，食蕭葉者名蚢，皆蠶類。』又濟陰有食香草之蠶，横州有食楓葉之蠶，伊州有食苦參之蠶。記傳所載，蠶食不必定用桑。吾鄉遇桑葉涌貴，飼以楝葉，亦能食能繭，何不采諸葉廣試之？

清 俞墉纂輯《蠶桑述要》 江浙養蠶，只用桑葉一物。如《農桑輯要》所云：『先以柘葉食之。』或川陝有此法，江浙桑葉遍地，未聞有飼以柘葉者。即使蠶肯食柘，度其絲必不能潔白光亮。聞川絹皆柘蠶絲所織，故多灰黄色。又如所云以乾桑葉爲末，及以糯米粉豆麫伴食之説，此江浙絶無之事。聞道光年間，一歲偶值桑葉買斷，間有以米粉篩於葉上，食之後，蠶多發脹，不能成繭。至他書，又有萵苣菜、蕻菜攙食之説，尤不可信。

清 佚名《河南布按兩司商務局會呈表册振興實業洋文並批》《農學報》第三百〇五期 土桑雖間有種植，然以之飼蠶，絲率粗勁，而乏光澤。其汝州、南陽一帶，全恃槲蠶、桑蠶之利，尚未普興。至沿河二十餘州縣，沙壓荒地，一望無際。其沙層之厚者，每至丈餘，未易遽施種植。腹地平原，雖皆土脈腴沃，然水利未興，施肥化土之術不講，以致歲率歉收，一畝之田，未獲得半之效。

清 孫尚質《橡蠶芻言·序》 施南介湘蜀之間，爲鄂省最西之邊郡。其地峯巒層疊，林木童然，實彼蒼諸。百千年來，陽噓陰吸之土脈，以待斯民，講樹藝之學。惜風氣未開，無竭力以提倡者耳。予涖任數月，於化民訓俗與學勸工之餘，尤以禁種罌粟，講求森林爲急務。並於本署東偏，新設廣益廳。每屆星期接見商學界諸君子，及城鄉耆老之有德望者，殷勤詢以地方宜興宜革之事。而注重者，尤在振興實業。孫紳尚質，年七旬餘，熱心公益，條陳說帖，頗有可採，而於橡蠶之學，尤有心得，以所著《橡蠶芻言》進正省中。

又 卷一《種橡最要》 施在萬山中，林木茂密，橡樹尤多。從前風氣未開，供薪樵之用而已。近世研究實業學者，謂是樹有無窮之功用。其葉尤爲山蠶食料，天若特闢此利源，以保我山鄉之富庶也。但未經種植，樹高葉瘠，不堪飼育。欲業山蠶者，宜先辨別種類，考求樹藝之法，故以種樹爲第一要義。

又 卷四《繅織宜勤》 蠶功報罷，繅織方興。纂組之精工，西人以機器代之，中國以人力成之，顯有勞逸難易之別。然古聖王山龍藻火，肇起冠裳，五色成文，七襄制錦，技藝之良，夫亦足擅勝場已。誠能不棄美利，認眞經理，則布縷日裕，利源日開。施雖巖疆，實不難媲美上國也。故終之曰繅織宜勤。

清 孫鐘亶《山蠶輯略·養蠶溯原》 蠶事始于西陵西陵氏之女嫘祖，爲黄帝之元妃。始教民育蠶，治絲繭以供衣服，後世祀爲先蠶。蠶利始于關中，繼則提倡乏人，蠶織遂廢。今則江浙獨盛，議者皆以北地産馬，馬、蠶不能並行，其説謬甚，豈關中養馬始于今日耶！關中與平有楊屾者，首先種桑養蠶，以此倡率鄉人織綢繅絲，著有《豳風廣義》一書。前清陳榕門撫秦時，因其有益于關中蠶政，招之來省，設立蠶館，發給工本，養蠶織縑，屢經奏明，荷蒙嘉納。後楊生衰老，不能專司其事。有朱孝廉石琪，于蠶館教人繅織，廣植柔桑，鄉人知種桑養蠶，隨在皆可得利，俱踴躍從事。至于山繭，別爲一種，始于山東。漢元帝永光四年，東萊郡東牟山，野蠶繭收萬余石。東萊郡，古萊夷地，戰國屬齊，秦置齊郡，漢置東萊郡，至北魏孝昌四年別置東牟郡，郡治牟平，在今寧海州城東五里，故址尚在。前漢書東萊郡領縣十七，其地在登州界者十一，内有牟平、東牟二縣。按唐如意元年，復析置東牟，始名牟州，繼改登州。登州以蓬萊爲首縣，知東牟卽今蓬萊、棲霞也。蓬萊東南境，與棲接壤，棲邑之艾山西北分脉，卽爲蓬萊、黄、招遠三縣也。艾山東南行爲鋸牙山，直達三海山，分三枝：南枝爲海陽之招虎山、七于山，直達嵩山；東枝由寧海之馬石山至海陽之鐵山，折而東南爲岠嵎山、英石山，南爲乳山；其東北一枝至大鐸山，折而北爲鵲山，又折而東直達大崑嵛，並文登之文山、榮城之成山、織杈山，皆以牙山爲鼻祖。東萊諸山，隨在出繭，而牙山之繭，光彩出衆，爲東萊之冠。《隋志》有牟山，東牟山或謂卽此牟山，非也。蓋指東牟，凡有出繭之山而言也，豈東牟一山可收繭萬余石乎？則山繭之源于東牟，由來舊矣。不知東牟卽吾棲也，此亦偶獲天然之利，故史官特志之。迨後人無研究，任其自爲生育于林谷之中，卽收穫漸減，而野史雜記不過以瑞稱之。近十余年，吾棲繭綢銷行外洋，而野人之放蠶獲利，較前倍蓰，卽謂綢行、繭行之發達，自吾棲始焉可也。槲、橡、青岡、柞樹及村間之椿樹，皆可飼蠶。陝西椿樹，自生自長，不須種植，郊村原野處處有之。槲、橡等樹，則鳳翔之岐山、漢中之鳳縣、寧羌南北棧中，遍山皆槲，就地立爲蠶廠，更不費力。關中、寧羌，向有劉牧養蠶成綢，咸稱『劉公綢』。近來督理無人，不甚如法，民間以利微中止。今能倡放如法，其利之博不亞山東。又鄜縣令紀君虛中，于山東覓人來鄜，立爲蠶長，廣行教習。咸寧令柳大任，試養椿蠶。通判張文佶，倡行鳳翔，咸效昭著。今棲霞間有以白樗放蠶者，其繭細小而色灰，堅固難煉，雖未盛行，亦可望其有成。又有一種楇繭『楇』，按新舊字典俱無此字。其木性柔韌，農人刊之，编織筐簍等物，未見有樹高丈余者。戚繼光《紀效新書》製槍之法，槍桿以楇木爲第一，可知楇木亦能拔矣而成大木，不僅叢生條干编織筐簍而已，此繭與柞繭仿佛，其蠶色绿微白，食成之後，入土尺余始能做繭。此繭比樗繭更勝，兼又耐爛，性質使然。此繭入地，大約不離楇棧左右，農人春日掘楇根者，往往掘出。此蠶必須入地做繭，不便于放。更有一種柳蠶，絲之潔白細紉雖不遜于柞繭，終未能推行，有志治世者，其亦設法而推廣乎？

綜述

清 楊屾《豳風廣義》卷二《論蠶》 一種柘蠶即棘繭也，生於柘上，一種雔由蠶食樗作繭者，一種蚢蠶食蕭葉作繭者，一種槲蠶食槲橡作繭者。三種皆山蠶，一歲再生，樹放而織繭紬者。海南横州一種風蠶，絲作釣緡。員嶠之山，一種冰蠶。長六七寸，黑色，有麟甲，以雪覆之，則作繭，長尺許，抽五色絲，織爲文錦，入水不濡，入火不燎，卽火浣紗也。堯時，海人獻之，其質輕暖柔滑，亦雪蛆之類，此尤蠶之異者也。

又 卷三《附養槲蠶法》 槲蠶，始自明末，即今之織繭紬蠶也。此蠶本生於槲樹之上，古人未有知而養之者。至明洪武中，河南確山縣野蠶成繭，群臣表賀，始知有此蠶。又至永樂十一年十一月，山東民有獻野蠶繭者，群臣奏賀瑞應。上特命，織帛製衾以薦；以為瑞降自天，未有知人力，能廣布而為之者，故古書未載此法。後明末之時，有神人在山東教民始牧養此蠶，至今率上受益。蠶雖生於槲樹，而青剛、橡葉皆食之，其結繭一也。今山東此蠶甚盛，秦中終南山亦多有槲、橡、青剛樹，但人不知養此蠶之利，鮮有留心者。余於雍正乙巳年，買得山東蠶種，并招致養蠶之人，因得其法，立春日於山根之下密室中，將繭厚攤於大筐内，閉其門窓，勿使通風，以乾硬柴然火，常令室中暖如三月。至春分前五日，共四旬，晝夜不可間斷，天寒加火，天暖減火。若室中大熱，則生子焦黑；暖氣若微，則出不及日。凡四十日則蛾出，於辰巳時，令雌雄相配，申時摘去雄蛾。以挽兒稍，或圪麥條，編成大筐幾個，徑三尺，深一尺。又編一蓋，將雌蛾百餘放筐内，以蓋合定，令其下子於筐内。三五日後，去蛾不用。將筐别懸於無烟凉房内，待山中陽坡槲、橡等樹，葉長寸許，便將前温室中，仍以硬柴燒令温暖，須閉門窓以炭火繼之，亦不可太熱，將蠶子筐懸於室中。亦不可近火。凡五六日，時時温暖，蠶自生於筐内。於辰巳時，將筐或七八筐，或十數筐，安置峪口，揀寬平處一方，在水渠中筐底支以石，勿令水濕，取槲樹枝稍，插於筐之周圍水中若非插在水中，片時葉即乾，蠶聞槲氣，自出筐上葉。餘未出者，至午後將筐取回，仍懸暖室中，次日又出，仍如上法，以筐中子皆盡出，方棄筐不用。常常插換新槲葉，勿令蠶饑。插稍時，須令新稍挨着舊稍，待蠶上新稍，然後拔去舊稍。又在蠶傍搭一草菴，日夜看守須防鳥雀、蜂虫傷害，時時換葉，待槲葉稍大，陰坡葉亦生，此時方可轉移上樹，使自食葉。移時，將蠶帶着槲稍，欵欵放在提籃簍子内或竹或樹條皆可編，徑二三尺，深三寸，上有筐繫，跨於臂上，以便提携，提至山中，有葉槲樹下，量樹大小高不過五六尺，斟酌將蠶連稍放於樹上，令其自然上葉，時常看蠶食葉將盡，又用極利大剛剪，即將蠶連枝剪下，放於簍中，移置有葉樹上。或橡樹，或青剛皆可。若此處葉盡，更移放他處。但此蠶亦三眠三起時眠，不可移動，須要晝夜看守，以防白日飛禽啄食，夜間蝙蝠傷害，彈弓鳥鎗，時常擊打。如一朝無人看守，滿坡盡為烏有矣。此蠶亦耐風寒，三月間有雪，蠶亦不至凍死。昔日養此蠶，三月大雪，蠶凍成硬冰，人皆以為死矣。次日雪消，蠶竟復活。但怕久雨，多不旺盛。到夏至後，自結繭於樹上，摘來攤於涼房内箔上。數日，蛾自生。寅卯時，令雌雄相配，午後析開，摘去雄蛾不用，將雌蛾以麻線縛一腿，拴於槲樹上線須放長，量樹之大小，以為多少。或拴數十，或拴數個，次日自下子於樹上。待入伏後五日，其蠶自生，便能食葉。至於看守、轉移，俱如前法。待白露後，自能結繭。一一結成，摘取收貯，至次年立春日，温養如前法。歲歲養之，生發不窮，其利不可勝言。此繭不能繅絲，必須於出蛾後，製而紡之。

清　韓夢周《蠶桑實濟》卷五《蠶桑雜附》

養槲蠶法

槲蠶，始自明末，生於槲樹之上，而青剛、橡葉皆食之，其結繭一也。今山東此蠶甚盛，秦蜀山中亦多有槲、橡、青剛樹，但人不知養此蠶之利，鮮有留心者。其法，以立春日於山根之下密室中，將繭厚攤於大筐内，閉其門窗，勿便通風，以乾硬柴然火，常令室中暖如三月。至春分前五日，共四旬，晝夜不可間斷，天寒加火，天暖減火。若室中大熱，則生子焦黑；暖氣若微，則出不及日。凡四十日則蛾出，於辰巳時，令雌雄相配，申時摘去雄蛾，以桅兒梢，或圪麥條，編成大筐幾個，徑三尺，深一尺，又編一蓋，將雌蛾百餘放筐内，以蓋合定，令其下子於筐内。三五日後，去蛾不用。將筐别懸於無烟涼房内，待山中陽坡槲、橡等樹葉長寸許，便將前温室中，仍以硬柴燒令温暖，須閉門窗以炭火繼之，亦不可太熱，將蠶子筐懸於室中。亦不可近火。凡五六日，時時温煖，蠶自生於筐内。於辰巳時，將筐或七八筐，或十數筐安置峪口，揀寬平處一方，在水渠中筐底支以石，勿令水濕，取槲樹枝梢，揷於筐之周圍水中若非插在水中，片時葉卽乾，蠶聞槲氣，自出筐上葉。餘未出者，至午後將筐取回，仍懸煖室中，次日又出，仍如上法，以筐中子皆盡出，方棄筐不用。常常捕換新槲葉，勿令蠶饑。揷梢時，須令新梢挨着舊梢，待蠶上新梢，然後拔去舊梢。又在蠶傍搭一草菴，日夜看守須防鳥雀、蜂蟲傷害，時時換葉，待槲葉稍大，陰坡葉亦生，此時方可轉移上樹，使自食葉。移時，將蠶帶着槲梢，欸欸放在提籃圈子内或竹或樹條皆可編，徑二三尺，深三寸，上有筐系，跨於臂上，以便提携，提至山中有葉槲樹下，量樹大小高不過五六尺，斟酌將蠶連梢放於樹上，令其自然上葉。時常看蠶，食葉將盡，又用極利大鋼剪，卽將蠶連枝剪下，放籃圈中，移置有葉樹上。或橡樹，或青剛皆可。若此處葉盡，更移放他處。但此蠶亦三眠三起，眠時不可移動，須要晝夜看守，以防白日飛禽啄食，夜間蝙蝠傷害，彈弓鳥鎗，時常擊打。如一朝無人看守，滿坡盡爲烏有矣。此蠶亦耐風寒，三月間有雪，蠶亦不致凍死。昔人養此蠶，三月大雪，蠶凍殭硬，人皆以爲死矣。次日雪消，蠶竟復活。但怕久雨，多不旺盛。到夏至後，自結繭於樹上，摘來攤於涼房内箔上。數日，蛾自生。寅卯時，令雌雄相配，午後拆開，摘去雄蛾不用，將雌蛾以線縛一腿，拴於槲樹上線須放長，量樹之大小，以爲多少。或拴數十，或拴數個，次日自下子於樹上。待入伏後五日，其蠶自生，便能食葉。至於看守、轉移，俱如前法。待白露後，自能結繭。一一結成，摘取收貯，至次年立春日，溫養如前法。歲歲養之，生發不窮，其利不可勝言。此繭不能繅絲，必須於出蛾後，製而紡之。

清　李元《蠕範》卷一

物理第一

蠶，蟓也，蟻也，女兒也，龍精也。三月始生，有大小白鳥斑各色，食而不飲。喙呥呥似馬，色斑斑似虎。初拂，謂之蚝，三俯三起，二十七日而老。先吐絲爲繭，自處其中，久則化爲蛹蛾，破繭而出。狀如小蝶，眉曲如畫。先孕後交，不交亦產子，無眉目，收采亦薄。交州、永嘉、日南、南鄉諸處，歲八蠶。三月蚖珍，四月柘蠶、蚖蠶，五月愛珍，六月愛蠶，七月寒珍，九月四出，十月寒蠶。凡蠶再養爲珍，珍子爲愛也。蠶性畏溼惡水。其蛻爲蠶皮，爲馬明。退爲佛退，爲金牛兒。其蛹爲螝。其神爲宛窳，爲馬頭娘，爲馬明菩薩。其别種曰蟓，食桑葉；曰讐由，食樗葉；曰蚍，食艾葉；曰棘蠶，食棘葉；曰欒蠶，食欒葉；曰山蠶，食槲葉；曰楓蠶，食楓葉；曰冰蠶，長七寸，黑色，有角鱗，霜雪覆之，然後作繭，長一尺，織錦不濡不燎，出員嶠山；曰鳳蠶，出横州；曰火蠶，出炎洲；曰水蠶，出軫國；曰海蠶，出南海。

清　鄭珍《樗繭譜》莫友芝注

定樹

槲與檪大致相類，嘗細驗之。檪，榦老，猶侣栗枝。槲，生二三年卽甲皵音鵲，檪，皮横皺而不裂。槲，皮直皴而痱瘰音匪。壘皴裂貌，檪，葉短厚光滑，半以上始出芒，短而句。槲葉長者五六寸，捫之滯手，盡葉一紋一芒，長而直。櫟之實長而細，槲實大而圓。櫟葉冬夏常青新生，而故落。槲冬零，故盡而新生。櫟四五月開花，槲三四月開花，皆爲穗如栗，七八月内結實。此其別也。自槲與櫟相類至此，言蠶樹形狀，最悉辨樹者審之。其人歲儉皆可採食人者，實中肉也。下槲人同，但僵澁甚，食必浸至十日以外，槲人倍之。二木之葉以食蠶，繭成一也。但櫟少，種之，四倍遲於槲，始可蠶，以故無種者，閒有之，其理堅密，器尤取材，亦不以食蠶也。若槲林中有一種樹，族生，難長，甚類槲，惟葉粗大而色較青，俗名扶櫟，即郭璞《爾雅》注云《詩》所謂枹櫟者也。李時珍曰：『槲有二種：一種叢生，小者名枹。即此一種即前所説槲名狀，不煩引。』於《毛詩》爲『苞櫟』。郭注所引出《三家詩》：『枹，音夫，夫：扶，聲有輕重耳。其葉不中食蠶，食之，肥者亦瘠。』扶櫟，俗又呼『槲櫟』。『扶、槲』二字，遵義人讀之聲署同也。又呼爲『虎皮青棡。』山東人謂遵義之『青棡』爲『槲櫟』，而遵義又以謂葉青大一種。貴州一省及湖南晃沅之間，皆謂遵義『青棡』者『櫟木』，而謂遵義『槲櫟』者『青棡』，皆方言之小異也。又有一種樹，狀亦如槲。種之成林亦如槲。惟葉較槲青而稍短狹，子亦如槲而細長，皮稍白亦直皺，而痱瘤署少於槲，幼無皺裂，老乃皺裂，唯大幹然，小枝否。槲則小枝亦皺裂，唯嫩薹否，爲異耳。稍難長於槲，土人亦謂之『扶櫟青棡』，或謂之『槲櫟青棡』，與槲雜種，亦有專種一山者以食蠶。絲最韌，幾敵桑絲：爲山繭中第一。不似難長而葉獨粗大之扶櫟瘠蠶也，不可不辨。

清 吴烜《植桑育蠶書・種桑説》

湖桑中，另有一種火桑，視他桑較早，可飼早蠶。其葉，雨過即乾，須購富陽、望海等種栽之，不必修剪，任其高大。十年後，每株可采葉數百觔，愈老愈茂，但能不令蟲蛀，不使水淹，可以久遠不敗。

桑柘皆供蠶事。但柘葉甚老，不及桑葉柔嫩。三眠開口時，可飼兩三次，四眠開口時，可飼五六次，其絲方韌而有光。若飼桑之後，再飼以柘，蠶不欲食。若盡飼以柘，則繭薄絲少。故祇可於開口時，暫飼數次，非可恃以爲常也。

清 宋如林《勸種橡養蠶示道光五年**・養蠶事宜五條》**《皇朝經世文編》卷三七

收種橡子之法：凡青棡、槲櫟二樹，至九月間，子熟自落。檢收時，必須挖窖深埋，毋使見風日。若散置房屋，則閲日生蟲，盡成空殼，入土不生。其種植之法，與種山糧異。遵義等處俱用大鐵鍬，長二尺許，於瘦土中用椎擊入土三四寸，少著糞土，隨置橡子一二顆，以土蓋之，春即發生，其工甚省而易成。

（道光）《遵義府志》卷一六《農桑》

樹名

蠶之樹，郡人名青㭎；其繭即曰青㭎繭。前輩以為樹是櫟，櫟之子名橡，因字曰橡繭。然其樹實槲也。考櫟一名栩，一名柔，一名柞，一名棫，一名櫟。其實名草，一名樣，一名草斗，一名象斗，一名芧，案，昔人皆謂莊子食芧粟。即是栩實，杼同字，非也。《爾雅》『例栭』注云：子如細栗。江東人亦呼栭栗，今俗謂之芧粟、猴粟、柯粟，皆此類。莊子之芧正此物。即今貴筑縣之毛粟，亦呼猴粟者。族生，最難長。而其花葉，其梂裹實，一梂二三實，又皆似粟。與櫟及槲之一梂一實、且不周裹絶異。且芧粟并言，芧斷是粟類；亦猶樗櫟并言，樗亦斷是櫟類。一名柞實。樣字俗別作橡，故又名橡。昔人皆以橡為樣之俗，愚獨謂以其實名象斗。俗人不解象字義，妄加木旁；後又省斗字，單名之橡耳。槲之房亦作斗，亦可以染皂，知其名槲，猶名斗之意。古但名斛，後人加木作槲。故橡槲二字，古皆無之。其房名梂。據鄭氏《詩箋》云：『柞之葉，新將生，故乃落于地。』李時珍言：『櫟葉如櫧葉，而文理皆斜句。』則俗名水青㭎者，櫟也。今食蠶作繭者，即《毛詩》樸樕聲轉為槲樕，後又損一字為槲。槲樕，即殼觫，其子欲落時，殼觫然，因以名之。又疑名槲者，以殼觫之義，裁一字，而別制槲字。古一名栲，一名山樗，一名心。《爾雅》云，樕樸心，樊光注：樕樸，槲樕也，有心，能濕，江河間以作柱是也。《唐書・后妃傳》載，后封嵩山，禪少室，封壇南有大槲，赦日置金雞其杪，賜號金雞樹，故又名金雞樹。俗以葉倍櫟大，故名大葉櫟，又名櫟橿；實名櫟橿子。其葉，蘇頌《圖經》名槲若；皮，俗號赤龍皮，俱入藥。郡人呼青㭎者，或橿、㭎聲近，遂轉橿為㭎。曾見《唐史》載，開寶四年，資州獻梅、青㭎二木合成連理。則知青㭎為蜀地舊稱，其來已久也。槲與櫟大致相類，嘗細驗之，櫟幹老，猶似栗枝；槲生二三年，即甲皺。櫟皮橫皺而不裂；槲皮直皺而痱瘤。櫟葉短、厚、光滑，半以上始出芒，短而句；槲葉長者五六寸，捫之滯手，盡葉一紋、一芒，長而直。櫟之實長而細，槲實大而圓。櫟葉冬夏常青，新生而故落；槲冬零，故盡而新生。此其別也。其仁，歲儉皆可采食，但僵澀甚，食必浸至十日以外；槲仁倍之。二木之葉以食蠶，繭成一也。但櫟少，種之，四倍遲于槲，始可蠶，以故無種者。間有之，其理堅密，器尤取材，亦不以食蠶也。若槲林中有一種樹，族生，難長，甚類槲，惟葉粗大而色較青，俗名扶櫟，即郭樸《爾雅注》云《詩》所謂枹櫟者也。李時珍曰：槲有二種，一種叢生，小者□□即此；一種即前所説槲名狀。于《毛詩》為苞櫟。郭注所引，出三家詩。枹音夫，『夫』、『扶』，聲有輕重耳。其葉不中食蠶，食之，肥者亦瘠。扶櫟，俗又呼槲櫟。扶、槲二字，遵義人讀之聲略同也。又呼為虎皮青棡。山東人謂遵義之青棡為槲櫟，而遵義又以謂葉青大一種。貴州一省及湖南晃沅之間皆謂遵義青棡者櫟木，而謂遵義槲櫟者青棡，皆方言之小異也。又有一種樹，狀亦如槲，種之成林亦如槲，惟葉較槲青而稍短狹；子亦如：櫟而細長，皮稍白，亦直皴，而痱瘤略少于槲，幼無皴裂，老乃皴裂，唯大幹然，小枝否，槲則小枝亦皴裂，唯嫩苔否為異耳。稍難長于槲，土人亦謂之扶櫟青棡，或又謂之槲櫟青楓，與槲雜種，亦有專種一山者。以食蠶，絲最韌，幾敵桑絲，為山繭中第一，不似難長而葉獨粗大之扶櫟瘠蠶也。不可不辨。

繭名

《山海經》載：歐絲之野，一女子據跪樹，歐絲。又『臷民之國，不績不經而服』。知天地既生斯人，憫其寒不知自為計，有受自然之衣被者矣。自伏羲化蠶為繭，西陵氏身教之，絮帛之暖遍海內，于是蠶功盛焉。降及少昊，以鳥名官，而九雇為九農正，其一桑雇，竊脂為蠶驅雀。可見唐虞以前，大抵皆山蠶耳。《爾雅》云：『蟓桑繭、雔由樗繭、棘繭、欒繭、蚢蕭繭。』此五繭，惟食桑者成于蠶室，餘四種并山蠶。食棘者，或即今椒繭之類。椒繭，蠶食椒葉所成，今山東有之，其種同槲繭。按李時珍說柘曰，其葉食蠶，取絲作琴瑟弦，清響勝常。《爾雅》所謂棘繭，即此蠶也。又說奴柘曰，似柘而小，有刺，葉亦如柞葉而小，可食蠶。棘繭當謂此兩種。今有一種野蠶，成繭于蒿艾間，蕭繭或即類此，唯欒繭不可知。今之槲繭，正即古之樗繭。或曰：樗，山椿也，槲與之不類，不得強以樗繭合之。曰：昔有言之者矣，《藥溪談記》按，《爾雅》雔由樗繭，即今萊陽之山繭紬。《署窗臆說》則云：山繭，即《禹貢》之檿絲。今之山繭，樗繭，又別一種，乃今之椿繭。樗、不材木，土人嫌其名，故借名椿。《爾雅》所云蟓桑繭，即今山桑檿絲；雔由樗繭，今樗絲，借名椿繭者也。如仲威說，今遵之槲繭，種即齊之椿繭，其為《爾雅》樗繭明矣。樗，栩疊韻，樗、柔雙聲，特平上之分。槲櫟類亦可名栩，柔名樗，一也。《詩》『采茶薪樗』。唯樗即是槲，乃中薪，材堅，耐火。若必指為臭椿，則腐臭特甚，今亦從未有以為薪者，何《詩》必取之也？且《莊子》言『樗』必兼『櫟』，少有單言者，其為一類明甚。或曰，以槲為樗，古無是說，究不若食槲稱槲，名實相副。曰：草木之名，以時地變，其形狀要不可誣也。《爾雅》：『栲，山樗』，郭璞注：栲，似樗，色小白，亦類漆樹。《毛詩草木疏》云山樗與下田樗略無異，葉似差狹。方俗無名此為栲者。今所云栲者，葉如櫟，木皮厚數寸，可為車輪，或謂之栲櫟。如陸氏言，是後世所謂山樗者，非栲；所謂栲者，不名山樗，而古名山樗也。其稱栲之形狀，正即是今之槲。郭氏但據當時所謂山樗、以當栲，不知名是而實非也。又孫炎《爾雅注》：櫟，似樗之木。今櫟與山椿無一相似，知所云似樗，蓋主槲言。然則樗自是山椿，生山中與生下田本非兩種，于古止名樗，後世增稱山樗，始與栲名相亂。栲，山樗，自是槲，省稱樗，即與山椿同名。雔由樗繭，蓋食山樗葉者，非食山椿也。樗繭即槲繭，亦可呼柞繭。《御覽》引《廣志》曰，有野蠶，有柞蠶，食柞葉，可以作綿，即是此種蠶也。

清 許鵬翊《柳蠶新編》卷上

柳種類考

柳非一種，其樹高大，其葉短而尖，其味苦而澀，其條短而硬者，北方處處有之，統名楊柳，《詩》云『楊柳依依』是也。其木堅硬可作器皿者，古名杞柳，《孟子》猶以『杞柳為杯棬』是也。其幹直長可作箭幹者，古名蒲柳，《傳》云『董澤之蒲』是也。其木叢生，葉寬而長，立秋前取條剝皮，用以編器者，名為箕柳。其樹高大條長，裊裊下垂，經風搖而柔軟可愛者，俗名倒垂柳，又名垂楊柳，唐詩咏為『柳線』、『柳絲』是也。然以上數種，其味皆苦，山蠶不食。又有一種檉柳，其莖赤，其葉細如松而長，多生河邊，一年三秀，又名三春柳，又名三眠柳，又名河柳，其味雖甘，枝葉軟弱，亦不任放蠶。其可用以放蠶者，惟蒿柳一種。

謹按，杞柳為杯棬，蒲柳作箭幹，箕柳編器，蒿柳放蠶，楊柳助詩人之吟咏，各有其用，而不能相通。此編於柳之狀態、性質、名稱、作用，詳考而類誌之，留心實業者，可以知所棄取焉。

蒿柳性質

蒿柳之枝幹與普通之柳無甚區別，惟葉較密，形狹而細長，葉之寬長，一如白蒿，故名蒿柳。其味甘美，葉之背面與生葉之細梢有白茸毛，若絲絨然。及葉將落，芽嘴復萌，其葉蒂結包，如棗核形，呈淡黃色。葉落後，漸次包解，茸毛敷開，明春絮飛。而葉生其他柳種，葉之背面祇有若白霜者，絕無絲絨之狀，可見蒿柳為天然飼蠶之特種也。

謹按，蒿柳之葉細長，與檉柳異。檉柳葉細碎而長，蒿柳葉細扁而長。與箕柳亦異，箕柳葉寬而長，蒿柳葉窄而長。

栽柳地宜

栽柳之地，高崗不如下濕，黑土勝於白土，沙石為下。凡宅旁溝邊，皆宜多栽。放野蠶而外，復可養家蠶，所謂一舉兩得也。

謹按，高崗、白土、沙石栽柳，非不生活，惟葉易焦黄，津液亦少，蠶食不宜，不如下濕、黑土之為上。

栽柳節氣

柳雖易於栽植，然一失其時，其生不暢。大約落葉後、結凍前為上時，以其津液内斂，栽後地凍，元氣不散，且土脉鬆活，大省工力。地凍後至解凍前為中時，津液雖亦内斂，而掘土費工，且冬雪一少，經風搖動，元氣易散。解凍後至生芽前為下時，以津液已上皮芽間，栽之雖活，其生不茂，且不任當年放蠶。

謹按，解凍後栽柳亦活，惟發生稍晚，枝葉少而多乾黄，既不任當年放夏蠶。至伏中大雨時行，生機始暢，可放秋蠶，惟為時稍晚耳。

栽柳方法

柳為易生之物，縱横顛倒，長短粗細。或移根，或木椿，或枝梢栽之，無不生活。其間有不活者，埋淺時失土乾，與牲畜踐踏耳。為放蠶計，栽木椿為上，栽枝梢次之，移根費工，且初生不茂。

栽木椿者，將如茶盅口粗之枝幹，截五尺長，以二尺半埋於土内，二尺半露於土外。縱横相距五、六尺，用土堅築之，自無不活。先冬栽柳，明春生芽，即可用放秋蠶。

栽柳條者，宜將梢條截五尺長，兩端微用火燒，使其津液不散。掘坑深一尺半，長二尺半，平置其中，用土埋之，兩頭各露少許，生活自易。縱横相距亦五、六尺一株，以便人行。然枝梢附地而生，須隔年方任放蠶。

修理樹場

栽柳，先芟浄草萊，鋤平地畝，按着行列栽之。步履坦平，往來便易，乃是絶好蠶場。場中久經踐踏，土地堅實，樹根不易遠，敷樹即不茂。每年須以鋤鋤樹根一次，壅之以糞或河泥，令土鬆活，生長乃盛，放蠶。過二、三年，樹條遠揚，不便放蠶之用，宜於冬日將枝幹悉數伐去，來春另生新條，可放秋蠶。而蠶場又須預備兩段，一作夏蠶場，一作秋蠶場。樹不受傷，則茂盛而宜蠶。

栽柳栽桑難易説

吉林一省，有食無衣，為民謀衣，除蠶事外，別無一策。《孟子》云『五畝之宅，樹之以桑』，《詩》云『蠶月條桑』，《書》云『桑土既蠶』，我國古時無不以桑蠶為重者，誠以桑為蠶食，天然美利。一婦不蠶，一家受其寒，所以不憚其難，合通國共經營之也。然古人五十衣帛，明非五十不能衣也。五十非帛不暖，未五十以前，其取給於麻縷者，被體而已；其取給於皮革者，又非貧家所多有。自棉入中國而後，朝野上下皆適於用，民間尤大享其利，以其工省而産多也。吉省天冷，素不宜棉，而栽桑須數年之功，方可成林。古人云『十年之計，莫如樹樹』是也。栽柳則不然，先冬栽植，明年即可放蠶。較之種棉，尤易為力，事之易辦，無有過於此者。且一經栽植，數世用之無窮，亦一勞而永逸也。

謹按，桑蠶之利，裏省久為大宗。所謂『數年之功，方可成林』者，望人有恒心，以植恒産也。若畏其難而中止焉，則大失此書之旨矣。

種柳種橡利益説

吉林橡樹甲於他省，勸放橡蠶又種柳放蠶，不免多事貽譏矣。豈知利貴普通，事分難易，古人云『一婦不織，或受其寒』，今既全省橡山，皆闢為蠶場，山居者足以衣帛矣。其地無橡樹，住居下濕者，聽其號寒，而無以卒歲，非計也。則欲補橡蠶之闕，實惟柳蠶，雖柳蠶之説，前此未聞。然古無而今有，亦其物之適當發見，以供人類之利用者，如旱稻、棉花，中國古時所無，今則處處有之。柳蠶一事，安知不由吉省起點，行且徧於中國，徧於全球。功用且駕棉花，而上之以其省人工，而易為力也。況其種即橡蠶之種，其法即放橡蠶之法。種不待遠取，法更無新奇。栽柳易生，當年得利，家無貧富，力皆能為。風氣一開，頓使冬暖。號寒之區，人則錦繡往還，市則繭絲充斥，將來絲銷外洋，有駕乎山東、奉天而上者，惟在發明之、提倡之，後來者有人以繼緒之。

謹按，山東、奉天久享山蠶之利，吉林雖宜蠶，豈易言過之。然以吉林土地之廣，橡樹、柳樹之多，若皆闢為蠶場，誠有非他省所可及者，則『駕乎山東、奉天以上』之言，非虚語也。

又 卷下

野蠶類考

野蠶之名不一，皆因所食之葉以為名，大葉櫟、小葉櫟、尖葉櫟、薄羅葉，皆橡柞之屬也，故曰橡蠶，一曰柞蠶，以其放於山上也，又名山蠶，以其皆在郊野也，又名野蠶。

《爾雅》：雔由，樗繭。注：食樗葉，按，樗，似椿。樗木疏，椿木實；椿葉香，樗葉臭，北人名為臭椿。棘繭。注：食棘葉。按，棘，小棗也，實似棗，小而圓，多叢生。欒繭。注：食欒葉。蚢蕭繭。注：食蕭葉。按，蕭，艾蒿也，《詩》云『采蘩祁祁』，又云『于以采蘩』，采之皆所以飼蠶。蘩，即白蒿，蕭蘩今放山蠶，引蟻亦多用蒿。可見白蒿為天然蠶食。放蠶成法，云：將椿蠶即食樗葉之蠶。一眠後，移於椒樹上作繭，絲尤精貴，名為『椒繭』。

又聞之，工人云有一種土蠶，大如桑蠶，徧體有毛，色純白，生榆樹上。老眠後下入地中作繭，形扁圓而色淺黑，絲質少暗，其外如樺樹、梨樹、刺玫等類。凡葉無苦味之樹，將山蠶種生蟻後，置於各樹上，蠶皆食之，作繭略同，而以樺樹為最。

謹按，山崗平川各樹上，多有天然野蠶，而山東、奉天諸省，獨橡蠶發達者，以橡樹最多，人易為力故也。如樗繭、棘繭、欒繭、蕭繭、椒繭，考於古書得之以見。我中國野蠶一類，實有多種，亦不自今始。榆樹、樺樹、杏樹、刺玫、梨樹等，皆可放蠶，係我父老所口傳，而山林野人多有知之且試之者。此特表而出之，以為留心蠶事者，因地而放養焉。然其樹或為吉省所無，或僅有而不任放蠶，其宜於吉省者，橡蠶外厥惟柳蠶。

柳蠶性質

柳蠶之性與形，無一不同橡蠶。蠶初生如蟻，故名生蟻。蟻生齊，即分置各樹，故名破蟻。視葉缺處，即挪之，謂之挪蠶。蟻之生也，必回食其殼。蠶始發旺，其色黑，徧身有毛。頭眠既起，變青緑色，謂之起青。一起一長，四眠起後，蠶身如手指粗。再食葉數日，乃倒掛其身，控净内砂，謂之控砂。即將作繭矣。眠起，皆速於橡蠶。以柳葉軟嫩，蠶食易足，故作繭早於橡蠶也。

柳蠶節氣

柳蠶之成也速，上山梢晚，亦能得兩季收成。大約夏蠶小满後上山，大暑前下山；秋蠶立秋前上山，秋分後下山。少費人工，且免霜雪之害。夏蠶自生蟻至成繭，約在四十日内外。秋蠶自生蟻至成繭，約在五十日内外。夏日天暖，眠起速，秋日天寒眠起遲，故也。

謹按，蠶之為物，雖不怕冷，而實冷則食葉緩，作繭遲。若既交秋分節，日入後及日出前，則伏而不食，惟日中前後食葉數小時，結繭之時亦然。天氣寒冷，往往十餘日始作成一繭，故山蠶一事，利早不利晚也。

柳蠶種子

向無專放柳蠶之種，欲放柳蠶者，即取種於橡蠶。秋蠶所結之繭留作夏種，夏蠶所結之繭即作秋種。過此一季，種子不可勝用矣。其選擇收藏之法，秋蠶於大眠後，視繭之佳者，另樹窝之。繭既成，摘下置院内晾蠶箔上。天冷將凍，盛繭於筐，移之暖室。但勿多設烟火，致使薰蒸受熱。每一旬中，將繭上下轉動一次，使筐之中心與四圍寒暖均平，則來年出子一律。凡一切不潔之物，激烈之味，皆宜慎避。貯種精良，蠶事乃旺。至秋種出於夏種，其時署氣正酷，切防種子傷熱，蠶病自少。

放夏季柳蠶法

橡蠶暖種出蛾産子皆在春季，雖生蟻上山，以及摘繭在於夏季，而事始於春，故曰春蠶。柳蠶出蛾産子，已交夏季，故曰夏蠶。小满後，柳樹枝葉已長大，就吉省天氣言之。將去秋所藏繭種，用線繩穿成大串，於住人室中横挑長杆，順次懸掛，免去烟火，非暖室則蛾出不齊，有烟火則蛾出受病。使之自然出蛾。以翼之長短，腹之粗細，辨蛾之雌雄，分置兩筐。每日夜半，將雌雄均入筐中配對。歷七、八個時之久，開筐拆對，棄雄蛾使飛去，將雌蛾提出，以兩指輕捻蛾腹，去净其溺，然後拴掛樹上，使自産子，一日夜摘下，置諸場外樹茁間，聽其自斃。夫蠶蛾有功於人匪細，而蠶工，每於其産子後，即煎食之，亦何忍乎！令有功者抱恨於無窮矣，况養其子而煎其母，以氣類相感言，亦大有損，不可不禁。若框絲之繭，不在此列。

謹按，氣類相感之言，識者知之，愚者惑焉。蓋萬物之生活也，皆大氣之流行鼓動以暢其機。其機順，則萬物之機亦順；其機逆，則萬物之機亦逆。是故月暈而風，礎潤而雨，鷄鳴知曉，龜行避南。而寒暑風雨各表，更顯而易見者也。今之放山蠶者，蛾産子完，即去蛾翅，在蠶室内用油煎而食之，其煎蛾之氣，與蠶子相遇，物雖無知，其能順乎？况上山後復怠，忽從事蠶業，安有收成？此編發而明之，於山蠶前途不無小補云。

凡拴蛾，用蛾草線拴其小翅，一線拴兩蛾，掛搭樹枝，蛾即産子枝上。其拴蛾多寡，視樹之大小，葉之稀密為準。十一、二日孵化生蟻，視蟻出齊，連枝剪下，然後送入蟻場。凡蠶，頭身癰腫不食葉，名為眠，腫消皮脱復食葉，名為起。大約六、七日一眠，一起四眠後結繭。

謹按，蠶之眠起，本無一定日期，天氣陰雨之時，往往六、七日始眠，三、四日方起。天氣晴爽之時，四、五日即眠，一、二日即起。此言六、七日一眠一起者，酌其中以言之耳。

蠶眠時不食不動，亦不可移。起眠後，食葉甚多，晝夜不息。若葉少食缺，蠶身生黑點黑紋，一經烈日暴曬，即多倒斃。故視葉將盡，須速移置他樹，免蠶受病。

繭既作成，摘下剝去樹葉，其繫繭於小枝上者，名為蒂包；於繭外之浮絲，名為衫。不可去其衫與蒂，織綢始有花紋，且多得絲。

放秋季柳蠶法

大暑前，繭已下山，擇繭之堅實肥大者，用線繩穿成大串，置之透風室中，非透風，則種受蒸熱之病。免去烟火。其出蛾、配對、拴蛾、生蟻，以及移蠶、護蠶、窩繭、摘繭，皆如夏蠶。穿掛繭種，矮不可及地，伏中雨水多，地氣上蒸，易受潮濕，且防鼠蟻偷食之患。亦不可過高，蛾出時取之費手。

謹按，鼠偷食蠶繭，自蠶上山以至穿繭，宜時時留意防守。故蠶室須有猫，蠶場宜用藥也。

柳蠶顏色

柳蠶放夏、秋兩季作繭，大小輕重略同。橡蠶，夏繭多白色，秋繭多赭色，或間有灰色。其蛾皆灰色，間有白色、紅色、花色者，其色不分優劣，惟揀出拳翅、禿頂、焦尾、熏黃、銹點諸病蛾，而取其無病者，判雌雄分筐儲之。候其出已多，將雌雄併在一處，聽其配對。若不揀去病蛾，蠶生不旺，其子如蘇子粒大，灰色或有白色者，係寡子，不出蟻。蟻生黑色，頭眠即起，變綠色，以至作繭，其色如一不變，夏秋兩季皆同。

柳蠶桑蠶之同異

桑蠶有三眠蠶、四眠蠶之分，柳蠶亦分三眠蠶、四眠蠶。三眠蠶，三眠三起；四眠蠶，四眠四起，近北方多四眠蠶。三眠蠶易育，絲少；四眠蠶難育，絲多。大約一七而變，四變而老，七變而死，一月餘結繭，與桑蠶同。惟桑蠶養原蠶者速成，柳蠶放秋蠶者緩成。桑蠶繭小，絲量輕；柳蠶繭大，絲量重。桑蠶養於家中，柳蠶放於樹上。雖柳蠶之絲不如桑蠶絲之精細，然近外洋調查，作飛行器，惟山繭絲最良。是以爭來購買，因而絲價大長。柳蠶亦山繭類也，則絲質雖稍粗暗，而有特別利用，將來絲價當不讓桑蠶絲者矣。

謹按，南省養桑蠶者多，在一月內結繭，北方養桑蠶者皆在一月外結繭，以天氣稍冷之故。至養原蠶，無論南北，皆一月內結繭，天熱也。惟原蠶繭小絲輕，秋蠶繭大絲重，故養原蠶者少，而放秋蠶者多也。

柳蠶橡蠶之同異

橡蠶放春秋兩季，柳蠶亦放兩季，且其種子即用橡蠶種子。其配對、移蠶、去病、防害等事，以及蠶剪、蠶鐮、蠶筐、蠶箔等器，無一不同橡蠶。故知放橡蠶之法，即可推之放柳蠶。惟橡蠶秋季拴蛾樹上，春季産子筐中。柳蠶夏季配對後，即栓蛾樹上，無用筐中産子。以柳蠶出蛾晚，天氣已暖，樹葉長大故也。較之在筐中産子，尚少蠶病，眠起亦速，可免春凍秋霜之害。其繭形比橡蠶稍尖長，絲之質量則同。

謹按，桑蠶、橡蠶、柳蠶皆先前吉省所無，近始發明之，試驗之。而吉林衣服之源開，然桑蠶、橡蠶皆裏省數千來久享之利，今始惠及吉林。柳蠶一出行，且由吉省起點，遍達裏省，而利被無窮，新創之利與久傳之利，事相同、功相同，其有用於世界也，亦無不同。惟望吉省紳民，分任提倡，盡力放養，吉林蠶事之盛，有非裏省所敢望者。輸出品中，又添一絶大利源，何幸如之！

柳蠶十利

利為聖賢所不言，而實天下莫能外。國無利不興，家無利不起，人無利不生。外人之事侵占者，利也，我人之宜保守者，亦利也。若不知其利之所在，何以保？又何以守？爰即在官，言官之義，推求栽柳放蠶之利，蓋有十焉。其仍事觀望而不為者，所謂坐失其利，而不顧者也，又何足與言利。

平原種五穀，高岡放橡蠶，下濕放柳蠶，庶使一省之中無有棄地，一利也。

吉省高柳處處皆生，略加補栽，即成片段，，較之遠取種秧，大省工力，二利也。

先冬栽柳，明年即可放蠶。賣絲得錢，先於五穀，三利也。

無橡樹處多放柳蠶，有橡樹處兼放柳蠶，五十衣帛，自有餘裕，四利也。

天寒之地，橡蠶恐難兩季。柳蠶速成，可以補橡蠶之不足，五利也。

蠶食柳葉，所餘枝梢，三年一砍，燒柴不可勝用，六利也。

種柳放蠶，男子之事，框絲織綢，婦女分工。一家男女，各有職司，七利也。

柳蠶絲量，一如橡蠶，加倍桑蠶。好絲織綢，薄繭作絮。衣緜衣單，皆我自有，八利也。

絲銷外洋，久為大宗，以絲易金，可以富國，可以足民，保守利權，此其為最，九利也。

栽柳一年，養蠶數世。既省人工，又盡地力。雖不宜棉，冬寒可禦，十利也。

清 許鵬翊《橡蠶新編・辨説》 橡有數種，亦有數名，曰苞櫟、曰朴嫩楸、曰柞、曰槲，皆古名也。曰青㭎柳，以其皮青故名，曰白皂子，以其皮白故名。曰駁櫟葉，以其葉大，故以葉名之。其實長，其斗不可染皂。皆今名也。然皆新葉將生，舊葉乃落，其實梂音求，盛實房也。橡句斗橡碗也，即盛實之房。可染皂。《周禮》掌染色註謂之象斗。今外洋用其皮中之液熬膠，亦曰橡皮。是樹之名不一，而其實、其斗、其皮皆以橡名。此書專以橡蠶名者，從統名也。

清 江志伊輯《種桑法・附種柘法》 柘子熟時，桑實曰葚，柘實曰佳，其狀似桑椹而圓，粒如椒目。多收，以水淘汰，令淨，曝乾。耕地令熟，耧耩作壟，散訖勞之。草生拔却，勿令荒沒。柘木裏有紋，可旋爲器。染黄赤色曰柘黄，種三年堪爲渾心扶老杖。十年，四破爲杖，任爲馬鞭、胡牀。十五年，任爲弓材，亦堪作屐。截碎中作錐刀靶。二十年，任作犢車材。欲鞍橋者，生枝長三寸許，以繩縛旁枝木，橛釘著地中，令曲如橋。十年後，便渾成柘橋。欲作快弓材者，宜於山石間背陰處種之。柘喜叢生，榦疎而直，葉豐而厚，團而有尖。春蠶食之，其絲以冷水繰，謂之冷水絲。柘蠶先出先起而先繭。柘葉柘葉隔年不采者，春再生，必毒蠶。如不采，夏月皆須打落，方無毒。柘葉較桑葉堅厚而味澀，小蠶不食，可於三眠開口時，飼二三次，大眠開口時，飼五六次，必於開口時者，以蠶已食桑葉，必不肯再食柘葉也。既省桑葉，絲亦堅韌也。

清 孫尚質《橡蠶芻言》卷三《育蠶要務》 蠶食裕、蠶器備，農家山戶飼養有資，而因時變易。自配蛾、產蟻、上樹、催食及治蠶疫、防蠶害，一切應留意之事，正宜組織完善，勿怠勿荒。計在山守四十日內外，稍涉不愼，全功頓廢。蠶業難期發達，坐此大利不興，良可惜也，因標之曰《育蠶要務》。

清 程恩澤《橡繭詩・序》 黔郡州十三，富郡二，曰黎平，曰遵義。黎平以木，遵義以繭。繭不以桑，以橡，然非刱於遵義人也。乾隆間，陳君實教之，於是食繭利凡數十年。春秋繭成，歌舞祠陳君如生。道光三年冬，澤試遵義，旋過橡林間，風策策然，葉鱗鱗然，記所歷郡皆有橡不以繭。今過平越、都匀，土益沃宜橡，因嘆曰：『處處有橡，處處可繭也，富獨遵義乎？』過鎮遠，見方伯吳、廉訪宋，須令甲勸民種橡，詞懇懇著街亭。時夕陽爛如，駐馬讀之，過思南，遻萬校官世超，韡劄出，則方伯、廉訪督使上下游，購橡子，教播種，期三年成，食繭利。嗟乎！居尊官親，為民謀百世利，思深哉，可謂君子儒矣！黔土瘠，黔民勞，勞無所獲，遂頹廢不自振，曉之曰，利在某，不信視某地，民蘧然顧墻角畦稜，有美蔭，皆金錢。其黠者又慮利與害俱且権之，曉之曰有百世利，無一日稅也。則又慮購繭、器、織具紛然，貲未入先貸，曉之曰，如購種法，皆官為。夫民，驕子弟，官，慈父母也，驕乃惰，慈乃周。以周起惰，惰乃勉，皆可學而能也。數歲，利必若遵義，富甲西南維矣。

清 王元綎《野蠶録》卷一《野蠶名》

柳蠶

柳蠶生河柳上，色緑，長三寸許，身有碧粉，墜地則簌簌然落。繭粉紅色，大如鷄卵，作繭多在樹下石罅中。蛾亦大倍常蛾。按，此柳生河套中，故俗名河柳，其實河柳一名三春柳，即檉也。今河套中所生者，乃杞柳，非河柳也。

又 棘蠶

棘蠶，生棘上，色紅緑相間，絢爛可愛。繭粉紅色，蛾黑色，有白花。《爾雅》所謂『棘繭』是也。或言《爾雅》『棘繭』即今柘繭。按《本草》云：『奴柘似柘而小，有刺，葉類柞，可以飼蠶。』或亦棘之屬也。

又 欒蠶

欒蠶，生木蘭樹上。《爾雅》：『欒繭。』《説文繫傳》云：『欒，木蘭也。其樹生吳越間，今北方無之。』

又 蕭蠶

蕭蠶生蒿上，《爾雅》：『蚢蕭繭。』《玉篇》云：『蚢蠶類，食蒿葉』，蒿即蕭也。又《詩・豳風》：『春日遲遲，采蘩祁祁。』《集傳》云：『蘩，白蒿也，所以生蠶，今人猶用之，蓋蠶未生齊，未可食桑，故以此啖之也。』是蒿亦可以飼家蠶。今草上蟲食葉作繭者甚衆，但不能詳其名，故不備紀。

凡諸草木，皆有蚅蠋之屬。食葉作繭，化而為蛾，如蝶之類，不可以億計也。《事物紺珠》云：『楓葉始生，有蟲食葉如蠶，赤黑色。四月吐絲，光明如琴絃。』或言楓葉味甘，本可以飼蠶。然又有野蠶，生紫蘇上、苦參上者。

大抵生而安之，如冰蠶、火蠶之類，無足異也。登、萊所謂野蠶，除柞蠶外，惟樗蠶一種，間有飼者，其餘則無聞焉。嘗詢之父老，如椒蠶荆蠶之類，何獨不可收養？據云柞樹係易生之物，且隨翦隨生，於飼蠶為最便。樗樹較柞樹少，故飼蠶者亦少，況難生之樹耶。蓋好逸惡勞，人之常情。其有柞蠶之處，以種他項樹木為煩，難而不肯為。其無柞蠶之處，亦必以種柞為煩，難而不肯為。是在牧民者倡導之耳，野蠶種類甚多，不可偏舉。苟能隨處留心，辨其絲之有用與否，而收養推廣之，其為利豈有既哉！

清　衛杰《蠶桑萃編》卷三《蠶政·蠶始類》

分蚢蠶種

食蕭葉作繭者，此絲可紡棉作粗綢。

分䭔出蠶種

食樗葉作繭者，名䭔由，蠶皆山蠶也。

分槲蠶種

食槲葉者，一歲再生，樹上紡而織繭綢者，種皆山蠶類，但用水以去沙泥作響，以防鳥雀而繭自可成。

清　豫山《蠶桑輯要合編》下《補遺》

論蠶

蠶種類甚繁，一種四臥一生蠶南蠶多四眠四起，一種四臥再生蠶四眠四起，一歲兩生，一種柘蠶卽棘繭也，生於柘上，一種䭔由蠶食樗作繭者，一種蚢蠶食蕭葉作繭者，一種槲蠶食槲橡作繭者，三種皆山蠶，一歲再生，樹放而織繭紬者，秦中一種三臥一生蠶北蠶皆三眠三起，南方亦有養之者，有大小、白烏、斑色之異，繭有青黃、白、綠之殊。

清　張瀛《柳蠶發明輯要》

柳種類考

柳非一種，葉短而尖，味苦而澀，條短而硬，高大而成樹者，名曰楊柳；其質堅硬可作器皿者，名曰杞柳；其枝直長，可作箭桿者，名曰蒲柳；其條叢生，葉寬而長，可以編筐者，名曰箕柳；其枝裊裊柔軟下垂者，名曰垂楊柳。以上數種，其味皆苦，山蠶不食。又有檉柳，其莖赤，其葉細，一名三眠柳，其味雖甘，枝葉軟弱，蠶亦不食。

蒿柳性質

蒿柳之枝幹與他柳無甚區別，惟性質柔軟，葉細而長，形如白蒿，故曰蒿柳。其味甘美，枝之梢葉之背有白茸毛，狀若絲絨，天然為飼蠶之特種，即取山蠶，以其葉飼之，蠶最愛食。

栽柳地宜

栽柳宜擇下濕黑土地，故河畔、溝窪處多有之，不宜於高崗、白土、沙石之區。

栽柳節氣

栽柳之時，最宜於冬初，其津液內斂，土氣堅固，至來春易於生根發葉。春栽之柳，土氣渙散，雖發葉而根不長，且難生活。

栽柳方法

蒿柳為易生之物，惟不成林，密者宜勻之，疎者宜補之，一切雜柳宜刪除之，使成排列，以便放蠶人來往其中，栽處宜擇下濕地，直以五尺栽一株，橫亦五尺成一排，此放夏蠶之法也。若放秋蠶，須七尺成一排，蓋夏時枝短，秋時枝長也。宜擇柳幹，截成木樁，粗如小茶鍾盅口者，長約五尺或四尺，以一半埋入土內為度，四周宜編柳籬，高四尺，以防牲畜踐踏，閒人催折。既成排列，每於解凍時，將根邊土脈劚鬆，培蓋新土，易得生氣，則枝葉分外茂盛。

栽柳栽桑之難易

桑本南產，取之甚遠，購運新秧尚難全活，且須培養數年，方可成樹。惟蒿柳則吉省處處皆有，取栽甚易，況今冬栽下，明年即能發葉，可放夏蠶，惜條短葉少，不能多放，若放秋蠶，即可有利。

種柳種橡之利益

吉林橡樹甲於他省，勸放橡蠶，已見明效。惟橡生山崗，柳居下濕，自今發明之後，地無遺利矣。

野蠶類考

野蠶之名不一，其食橡柞之葉，或食薄羅葉者，名曰橡蠶。柞蠶均放於山上，故名山蠶。其餘則樗、棘、欒、蕭、椿、椒、榆、榛等樹，皆有蠶繭，或為吉省所無，或僅有而不任放蠶。其宜於吉省者，除橡槲外，厥惟柳蠶。

柳蠶性質

柳蠶之性與形，與橡蠶同。惟眠起速於橡蠶，因柳葉柔嫩，蠶能易食，故柳蠶較橡蠶易於飼養。以其出蛾時，隨天地自然之氣化，故少水眠、油爛、黑斑等症。

柳蠶節氣

柳蠶眠起皆速，夏蠶芒種前上山，大暑前下山；秋蠶立秋前上山，秋分前下山，費省工倍，且免寒霜之害。

柳蠶種子

自未發明之先，並無柳蠶種子，即取橡蠶之子，於秋蠶三眠時，擇其精壯者，放于柳葉茂盛處，令結成繭，不去裹繭之葉，置之涼室中或席棚之內，使之通風透氣，不受潮濕、煙火、灰土之害。俟節近冬至，盛於筐內，至大寒節，始可藏入住室，免致凍斃，然前後尚須透風，俾得生氣，又須近日以蓄暖氣，惟不可近火，有傷養氣，入筐之後，每五六日須倒換一次。至次年清明節移入清和之室，不受暖氣，以遲其出蛾之故。至穀雨節，始能剝去裹繭之葉，用細麻繩穿繭，懸之於梁，聽其自然出蛾。至立夏節，天氣漸暖，蛾自應候而出矣。牆壁上懸以蘆席，將所出之蛾，散於席上，俟其須翅舒展，移入筐內，令其自相配對。拆對後，另盛一筐，令其育生蠶子，仍置涼處。至小滿節，蠶子繁生，用蒿柳嫩芽密佈筐外，令小蠶聞蒿柳之香，群附於芽上，然後，將蒿柳芽並小蠶輕輕移入洋鐵盆內，上佈柳芽，使其向上尋食，視蠶食葉過半，即移之於蒿柳枝上，聽其自食，尤覺省事。

放夏季柳蠶

橡蠶暖種出蛾，皆在春季，故曰春蠶；柳蠶出蛾生子，皆在夏季，故曰夏蠶。自蛾拆對後，或將雌蛾以兩指從蛾腰間輕輕捏之，使出其溺，名曰把溺，乃拴之樹上，使自下子亦可，惟須十一二日始能生蟻。若不把溺，必至遺溺滿樹，葉既受污，蠶食多病，不如照上法，俟出蟻數日後，再移於柳上為妙也。大約七日一眠一起，四眠後結繭。

放秋季柳蠶

大暑前繭已下山，擇其繭之堅實肥大者，穿成大串，置之透風室中非透風，則種受蒸熱之病，免去煙火。其出蛾、配對、拴蛾、一如夏蠶，其移蠶、護蠶、窩繭、摘繭皆如橡蠶之法。

柳繭顏色輕重分別

柳繭較橡繭分量稍重。夏繭多白色，秋繭多赭色，或間有灰色。夏繭每千個可框絲六兩至八兩；秋繭可框絲十二兩至十四五兩。

柳蠶桑蠶同異

南方桑蠶三眠三起，北方橡蠶四眠四起。惟柳蠶之絲不如桑蠶絲之精細。

柳蠶橡蠶同異

橡蠶放於春秋兩季，柳蠶放於夏秋兩季。且其種子即用橡蠶之種。其出蛾、配對、破蟻、移蠶等事，以及蠶剪、蠶鐮、蠶筐等器，無一不同橡蠶之式。故知放橡蠶之法，即可推之於柳蠶。橡蠶須秋季拴蛾於樹上，至來年春季產子於筐中；柳蠶出蛾時天氣已暖，柳葉已長。且橡蠶之種可放於蒿柳，柳蠶之種不可放於橡樹，緣橡葉性剛柳葉性柔。性柔之柳，雖誤以有病之蠶作種，放在柳葉之上，依舊結繭。性剛之橡，若誤以有病之蠶作種，放在橡葉之上，即不能結繭。柳蠶之繭出絲較多，僅可以之框絲，不必以之作種也。

保護柳蠶方法

柳內鳥雀繁多，防不勝防，宜於柳行之中，每距二三丈樹一長竿，竿頭釘一鐵環，用繩橫貫之，繫鈴於繩，使各繩通於一繩，頻使人牽動之，鳥聞鈴聲，自當遠避，謂之護蠶鈴。以此法逐鳥，較之放槍、敲鞭簡便多多。且柳間多生包蟲，宜隨時剝出殺之，又有一種紅翅蟲，每於天曉，趁其兩翅沾露，不能奮飛於葉間，尋捉甚易。蛇、蠍、蟾蜍皆喜食蠶，宜不時巡視除之。蚊蠓亦於蠶有害，柳下之草，盡行剷除，則蚊蠓自少矣。

柳蠶十利

平原種五穀，高崗放橡蠶，下濕放柳蠶，庶使一省之中無有棄地，一利也。

吉省蒿柳處處皆生，略加補栽，即成片段，較之遠取桑秧，大省工力，二利也。

先冬栽柳，明夏即可放蠶。賣絲得錢先於五穀，三利也。

無橡樹處多放柳蠶，有橡樹處兼放柳蠶，四利也。

天寒之地，橡蠶恐難兩季。柳蠶速成，可以補橡蠶之不足，五利也。

蠶食柳葉，所餘枝梢，□□□□，其餘老梗三年一砍，以作燒柴，六利也。

種柳放蠶，男子之事，框絲織綢，女紅之工。老幼男女教以編器，一家之人各有職司，七利也。

柳蠶之絲較重，橡蠶可以繅絲，又可作絮，八利也。

絲銷外洋，久為大宗，以絲易金，可以富國，可以足民，保守利權，此之為最，九利也。

一年栽柳，二年成蔭，從此養蠶，綿綿相繼，十利也。

蒿柳編器良法

蒿柳條可編器，枝發紫色者，條長葉稀；枝發青色者，條短葉密。青色者宜放春蠶；紫色者宜放秋蠶。蓋初夏枝條，尚未長成，一經蠶食，條易脆折，不合編器之用。至伏日枝條長成，雖經蠶食，秋後取以編器較良。

初栽之柳，根株未固，不可刪取枝條，二年後始可刪取，以作編器之材。柳既長成排列，每於解凍时，將根邊土脈疏鬆，培蓋新土，易得生氣，則枝葉分外茂盛。

柳根蔓延最易，於河堤甚屬相宜，既可養蠶編器，又可固堤，一舉而三利備焉。

清 陳浡《實驗蠶桑簡要法》上篇《附種椿及養椿蠶法》 案，各省臭、白二椿徧野，天然原料，概歸廢棄，殊堪痛惜。因錄濟南報中之種椿養蠶法數則於篇末，凡有臭、白椿者，無不速放此蠶。但此蠶與桑蠶、橡蠶等均異，形大而色綠，身有軟刺，其繭尖長，其蛾□大蝴蝶。不轉瞬間，頓化無用為有用，藉此為療貧致富之一策。即無此樹者，今年植秧，明歲放蠶，較栽桑者成效速、工本省，誠可與柳蠶同為蠶絲業界之最優副業也。至柳蠶放養法，與此法稍異。已載現行《中國蠶絲會報》第四期中。不贅。

紀事

清 劉祖憲《橡繭圖説·跋》

貴州之有橡繭，自遵義陳守始也。方今各大憲以前程中丞鶴樵，及方伯吳荷屋，廉訪宋仁圃，諸先生之條教，與制憲趙篴樓先生，各捐重資，遍飭州縣，教民。

清 孫尚質《橡蠶芻言·序》 大帥委員來施勸辦橡蠶時也，予閱竟喜其辦法，具有條理，雖意義未必盡，亦足為種橡飼蠶之一助。因囑陳生孝濂修飾詞句，重加潤色，許以付梓。一面提撥公款，廣購橡子，相度土質合宜之官山，以備及時栽種。並擬籌款，特設種植局，農林學堂，切實提倡，因將是編刊刷，多本分發。闔屬小學堂宣講所，認眞講演，並勸導擴充，設法獎勵，嚴禁盜伐，務使地無棄利，民有資生。行見不數年間，露葉成陰，雪絲登簍，化曠土為沃壤，游女盡禮蠶神，鬻粟之害絕。而橡蠶之利且倍蓰以償之，無負予殷殷提倡之盛心，是所望於施屬者，詎有涯耶！

又 卷二《蠶具預備》 古者農桑並重。誠以十年樹木，費在目前，利在日後。近世如陳文恭公，撫陝，廣行山蠶檄文，甯羌劉州牧、遵義陳太守皆以勸興山蠶著績。施地土脈深厚，無地不可以栽橡，亦無家不可以養蠶。有斯世斯民之責者，廣為勸導，或由公家出資本，或由民間集公司，研究實業，修理蠶具，聘精於蠶業者為之師。因民所利而利之，未始非裕民之本計也。故於種樹後，列蠶具一篇。

新器專利

清 佚名《各省事狀》《農學報》第五十二期

上海道署，接奉南洋大臣札，准兵部火票，承准總理衙門咨稱，四月中旬，總稅務司申稱，前任閩海關稅司愛格爾，請假回國，繞道至京，帶有福州人陳紫綬，並紡紗機器一具，據稱歷經格致家考驗，實為民間靈便合用之器，相應援案，給予專利執照，以杜他人冒效，為此准即給予執照，以十五年為限，並通飭各關，曉諭軍民遵照等因，蔡觀察奉文之下，遵即諭飭各屬一體遵行矣。

創興蠶務

署名山縣杜大令，黔中人也，因梓鄉橡繭之法，最利民生，命人回籍購辦蠶種，並延蠶師二人，來川教導。大令以卸任在邇，乃捐廉置費，囑後任善為舉辦云。

藝文

清 程恩澤《橡繭詩·序》 黔郡州十三，富郡二，曰黎平，曰遵義。黎平以木，遵義以繭。繭不以桑，以橡，然非刱於遵義人也。乾隆閒陳君實教之，於是食繭利。凡數十年，春秋繭成，歌舞祠陳君如生。道光三年冬，澤試遵義，旋過橡林閒，風策策然，葉鱗鱗然。記所歷郡皆有橡，不以繭，今過平越，都匀，土益沃，宜橡。因嘆曰：『處處有橡，處處可繭也，富獨遵義乎？過鎮遠，見方伯吳，廉訪宋，頒令甲勸民種橡，詞懇懇著街亭。時夕陽爛如，駐馬讀之，過思南，遲萬校官世超，韡劄出，則方伯廉訪督使巡上下游，購橡子，教播種，期三年成，食繭利。嗟乎？』居尊官親民，爲謀百世利，思深哉！可謂君子儒矣。黔土瘠，黔民勞，勞無所獲，遂頹廢不自振。曉之曰，利在某，不信視某地，民蘧然顧牆角畦稜，有美蔭，皆金錢。其黠者，又慮利與害俱，且榷之。曉之曰，有百世利，無一日稅也。則又慮購繭器織具紛然，貲未入先貸。曉之曰，如購種法，皆官爲。夫民，驕子弟，官，慈父母也。驕乃惰，慈乃周，以周起惰，惰乃勉，皆可學而能也。數歲利必若遵義，富甲西南維矣。澤職在文字詠歌之可乎，分題十，各繫四十言，附長篇一，則舊冬作也。

清　許鵬翊《橡蠶新編·放蠶俚歌弁言》　吉省地勢，山林多於平壤，橡樹甲於全球。山蠶一事，尤為將來生利之大宗，人人所宜周知，家家所當急講。惟古有成法，今鮮專書，余謬膺董勸之任，既著《橡蠶新編》一書，以資導線。復恐一時演說不能遍及，因更攝其大要，編俚歌十餘章，意在使我山林同胞，於放蠶之時，互相唱合，於炎天苦雨之中，以節其勞，而宣其氣，或亦振興蠶業之一助云。

又《放蠶俚歌十八章》

勸蠶

放蠶好，放蠶好，放蠶便可得溫飽。勸我同胞快放蠶，賣絲得錢花不了。

種橡

種橡子，種橡子，深埋二寸隔五尺。以頭芽科飼秋蠶，二芽科作春蠶食。

橡樹長四五年，便於冬間砍去，來春重發新芽為頭芽科，至二年為二芽科。

修場

修蠶場，修蠶場，蠶場最忌是草荒。砍去大樹並雜木，橡葉肥大飼蠶良。

換種

你知不，你知不，舊日蠶種不可留。南山北山互換種，蠶旺無病得上收。

傳雲：男女同姓其生不蕃，以此理推之，則換種一法，必不可忽。

春蠶

穿繭種，穿繭種，看守出蛾微火擁。盛蛾最喜用新筐，配對拆對你須懂。

春分節前穿繭種，掛於暖室，烘以微火，以待出蛾。蠶性喜潔，故宜新筐。配對時少，則元氣未足，子多不出；拆對不晚，則受氣多濁，蠶易生病。

出蟻

編蠶筐，編蠶筐，筐盛蠶子莫傷涼，守著蠶筐幾晝夜，蟻子一出黑油光。

蟻初出，純黑色，過頭眠，則變青色。

播墩

穀雨節，穀雨節，橡樹芽科苞欲裂。將枝砍下捆成把，插在嚮陽水溝內。

所插橡墩，可比山坡樹早發葉四五日，故近多用此法，取其早放早收。

引蟻

蟻出齊，蟻出齊，攜筐快到小溝西。青蒿引蟻上樹把，蟻聞葉香下食之。

祀蠶

見頭眠，見頭眠，家家設位祀先蠶。香燭菜果並茶酒，爆竹一聲跪拜虔。

每十日一眠

上山

燕子飛，燕子飛，破蟻時光橡葉肥。恰喜上山天氣好，山銜落日負筐歸。

頭眠既起，取所栽橡把，連蠶分置山坡樹上，俗名破蟻子。分置已畢，名為上山。

防鳥

鳥雀多，鳥雀多，鳥喜吞蠶可奈何。鳥槍輪放勤看守，鳥不飛來拍手歌。

避忌

你莫慌，你莫慌，蠶場四圍告示張。香囊香煙並香皂，帶著一件勿入場。

蠶忌香氣並忌酒氣、油氣。

窩繭

眾綠生，眾綠生，四眠以後喜天晴。控砂窩繭無間刻，幾日工夫結得成。

四眠後住食，乃倒掛其身二三日，名為控砂，再移置葉密樹上，名為窩繭。

秋蠶

快摘繭，快摘繭，放秋季蠶不可晚。挪移眠起同春蠶，秋蠶勝於春蠶遠。

春蠶豐收不過三十千繭；秋蠶豐收可得一百三四十千繭。

收繭

祝蒼天，祝蒼天，晚些降霜葉不乾。葉不乾兮飼蠶好，一家收繭萬萬千。

凡蠶繭皆以千計，不以萬計，用單數，忌成數也。

繅絲

繭摘下，繭摘下，繭子更比去年大。繭絖剝去快繅絲，繭大絲良得善價。

絖音荒。繭之外面浮絲也。臨繅時，須剝去淨盡。

留種

留蠶種，留蠶種，勿使受熱與受凍，不潔之物宜避之，種子精良蠶少病。不潔之物蠶最忌，産婦之室尤甚。

納課

蠶事完，蠶事完，早交國課自心安。教導兒孫守實業，我家不羡作高官。

雜録

清 吴其濬《植物名實圖考》卷三七《木類》

青岡樹

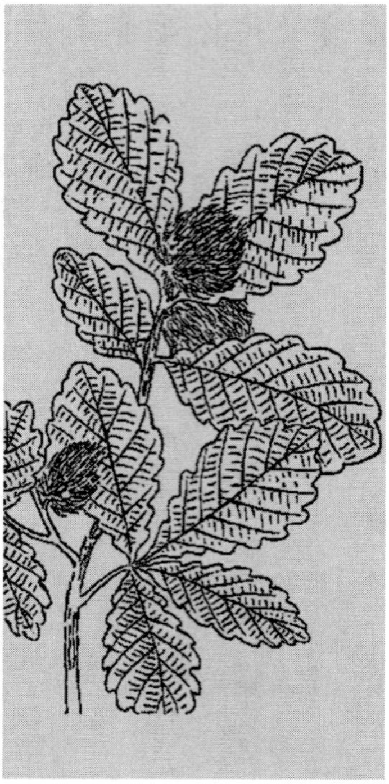

《救荒本草》：青岡樹舊不載所出州土，今處處有之。其木大而結橡斗者爲橡櫟，小而不結橡斗者爲青岡。其青岡樹枝葉條幹皆類橡櫟，但葉色頗青而少，花又味苦，性平無毒。採嫩葉煠熟，以水浸漬，作成黄色，换水淘浄，油鹽調食。按，岡樹與橡櫟雜生岡阜，蓋一類而無花實者，其梢頭往往結一緑毬，細如椶絲，頗硬。貴州土绸，卽此樹蠶繭也，其利溥矣。桑有葚，橡有栗，皆不宜蠶，一理耳。今以橡譜附於後。湖南俚醫呼爲『白栗毬』，又呼『矮脚栗』，以其絲毬至秋圓白，如去殼之栗。用治紅痢、白濁。

橡繭識語

雩婁農曰：黔山瘠民，草服不給，陳府君被以綈綺而有贏焉，俎豆報之，宜也。原標橡繭，鄭君譜之，《易》曰樗，一字之師辨矣，然非以通俗。夫蟲食樹吐絲以爲巢，必樹美者絲美。桑葉沃若，繭之上也。柘汁黄，豫之商城，荆之荆門，辰谿，其土絹皆柘汁也。贛之信豐、安遠，以烏臼飼蠶則絲暗，以蠟樹飼蠶則絲鮮。嘉應之程鄉，畦樹而蠶，食某葉者爲某繭；瓊之文章［昌］，蠶食山栗，服之不敝，新興繭亦然。楝之絲，湖人以織裹巾。楓之絲，粤人以爲緣，且絃琴瑟。樟之絲，湘人以爲釣緡。徐元扈曰：樹皆可蠶，其信然歟。然槐蠶大如蟻，榆之蛾如蚱蜢，繭皆如蛛網，弗任織。樗之蠖以少絲，糾數木葉爲穴而跧焉，摘而擲之，曳其穴以行。是蠢蠢者，烏能爲此裊裊也。橡之樹堅，其色褐，葉勁而澤，其無實者曰青岡，葉愈厚且大，柘之次乜。蠶食焉而肖，故絲勁而色亦褐。陸元恪曰：山樗與下田樗無異，不以爲栲。其釋栲也，曰似櫟，不以爲樗。若宗陸説，則宜曰栲而後可。

（道光）《遵義府志》卷一六《農桑》

附道光十九年知府黄樂之《勸民種桑示》：照得遵義橡繭，始自東萊陳公，百年之間，獲利甚溥，民實賴之。然伊古以來，盡以桑蠶作繭，蓋取諸室而有餘，不類橡繭需時，資于山而後成也。資于山，非男工不可；取諸室，則婦孺能為。其勞逸不辨而自明矣。本府涖任茲土，每思家繭之成，速于山繭；家絲之價，倍于山絲。果能行此，是子孫世世之業，其利豈有窮乎？至于種桑之地，家園野圃，并可分栽；院落墻陰，皆堪遍植。其法，或壓枝于地而生，或折枝插土而生，或以桑椹播土而生。今遵城現自有桑，本府署內，已得兩株，城鄉內外，諒必不少。可知非地土之不宜，人自不為耳。現查府屬，惟正安州家蠶頗盛，倘種桑有成，購種甚便。至栽桑節候，及飼蠶、抽絲一切事宜，《蠶桑實要》一書論之最悉。本府正在刊印，以備分給，俾得周知。有此自然之利，當與山繭并行不悖，胡不亟奉行之？惟是眾心不一，始事常難，本府擬設獎賞，以示激勸。其有活桑百株者，本城由經廳衙門報驗，各屬由該縣報驗，如果屬實，本府即賞一兩重銀牌一面，花紅一副；以次遞增，活千株者，賞二兩重銀牌五面，花紅一副；通計活至五萬株，則其勢已成，無用本府再行獎勸矣。倘有潛拔人桑株，偷摘人桑葉者，一經查出，定行嚴懲，以示明罰。各宜爭先踴躍，務使桑陰茂盛，蠶繭豐盈，用副本府愛民厚生之意。次年，《再勸種桑示》：竊照本府前因遵義所屬，止知山繭，不知家蠶，是以出示曉諭，力陳桑蠶之利；并刊刻《蠶桑實要》一書，頒發各屬，俾知種桑養蠶之法，較山繭效速而不勞又懸賞以示激勸。乃出示后，只有綏陽縣報稱種活數萬株，自行獎賞。遵義、仁懷、桐梓三屬，并無一人報驗，領賞，豈皆視若罔聞？抑種之不得其法而不活耶？現在賀中丞有《種桑捷法》刊刷分布，其大旨：每年四五月間，采熟老桑椹置水盆中，頻頻淘汰，去盡肉骨，澄出桑子，陰乾，灰拌。先尋地兩塊，順地上面刨開長溝，深約五六分，將灰拌桑子下入溝中，上面蓋土厚五六分，仍與地平。數日內得雨即出，不得雨，用噴壺以水噴之即出。每塊約可得數萬株。太密者拔去，隔三四寸留一株，大率一畝可得萬株。以後天乾澆灌，勿致草食，餘無所事。至臘月，長高二尺許。是冬，將一塊用快鐮擦地砍去桑枝，只留根本。地上鋪稻草一層，厚數寸或尺許皆可，順風縱火燒之，其灰即蓋于地上。來年萌芽怒生，至冬即長高六七尺，且極粗壯。其一塊弗砍，留為次年移栽。其法如此。爾等即自本年四月為始，照此法栽種，無有不活。俟明年四月，徑行報府查驗，如果栽活，按計株數，照前賞數，以次遞增，由府發給。爾等務須認真栽植，期于必成，莫負本府叮嚀告誡之意。逾年，《三勸種桑示》：照得本府上年四月，因屢勸栽桑，只有綏陽詳報，其遵、桐、仁三屬并無報者，是以復行示諭，并曉以《種桑捷法》，限本年四月前報驗。茲屆清明，新條漸發，爾等果有新種，即可陸續報府，候委員查驗。如係屬實，即照前賞數按株發給，以示鼓勵。除綏陽自種多株，正安久慣養蠶，無庸查辦外。其遵、桐、仁三屬，準其一體報驗，以所報先后為次，隨報隨驗，隨即領賞。核算至五萬株而止。本府所以苦勸栽桑，不惜厚賞者，實以繭成速于山繭，絲價倍于山絲；且利取諸室，婦孺皆能，不若橡繭資于山而後成也。茲定三月初一為始，至四月三十為止，限兩月報驗；如逾限，不准續報；即報，亦不往查驗矣。

蠶桑設施器具總部

[illegible]

蠶桑設施器具總部説明

蠶桑生産包括種植桑樹、飼養家蠶、治繭繅絲等環節，集種、養、加工於一體。蠶桑設施器具與蠶桑生産相伴相隨，也是蠶桑生産各個環節所必不可少的。蠶桑生産工具往往就地取材，樸實無華，巧奪天工，其形制功能描述和使用記載散落在浩如烟海的歷史文獻中。蠶桑設施器具總部按照生産工序分成桑具部、蠶器部、簇具部、繭具部、絲具部五個部，再加上貯桑、養蠶、上簇的場所，即蠶室部，共六個部。由於輯録的蠶桑器具種類繁多，爲了方便查閲，編寫時每種用具單獨設立專題。蠶桑設施器具總部下屬各部經目結構和内容如左：

桑具部有桑園管理用具、采桑用具以及切桑用具三个分部。其中，桑園管理用具包括接桑用的接桑刀等；修桑用具有桑斧、桑鋸；治桑蟲用具有刮桑鈀、鐵絲、噴筒等。采桑用具有桑梯、桑剪、桑鉤、葉籃、擔桑凳等。切桑用具有切葉刀、切葉砧、桑鈒、桑夾等。

蠶器部包括概説、收蟻用具、温濕控制設施、蠶架及蠶盤篚具、給桑工具、除沙工具六個分部。收蟻用具有鵝翎、蟻稱。收蟻時，用鵝毛把蠶蟻從蠶連上掃落到收蟻紙上，并用蟻稱進行稱量，一般一克蟻蠶，約二千條。温濕控制用具有火爐、火盆、火倉、擡爐等，春蠶以加温補濕爲主，夏秋蠶以開窗通風去濕降温爲主。蠶架及蠶盤篚具有蠶植、蠶架、蠶槌、蠶篚、蠶盤、蠶箔等，其中蠶植、蠶架、蠶槌都是承托箔、篚、盤的支架，蠶箔、蠶篚、蠶盤、蠶篩、蠶筐、曲箔、蠶匾等都是盛放家蠶并在其上進行飼養的器具。給桑用具有蘆簾、缸甓等，其中蘆簾、缸甓用於盛放桑葉或晾乾濕葉。除沙工具有蠶箸、蠶網、絹篩、蠶匙等，其中蠶網用於替蠶除沙，絹篩爲初生蠶盛放用具，蠶匙用以撥匀蠶座，蠶箸用於連葉帶蠶夾取小蠶。

簇具部輯録了山棚、蘆簾、草梳、帚類簇、蜈蚣簇、方簇、馬頭簇等用具的史料。其中蘆簾以蘆葦織成，其形如簾，其上鋪滿草帚，用於熟蠶營繭。山棚係以樹枝相交成孔，其形如山，架棚以處之，蠶可憑藉以作繭。草梳，是用來將稻草疏捽潔净的工具。

繭具部有繭籃、繭甕、繭籠，分別爲儲存蠶繭、鹽浥殺繭、籠蒸殺繭的器具。

絲具部有車床、車軸、牌坊、絲稱、牡娘鐙繩、撈絲帚、踏腳板、絲火盆等。
蠶室部有養蠶室、上簇室、貯桑室、切桑室等。

蠶桑設施器具總部

桑具部

桑園管理用具分部

桑斧　桑鋸

題解

元 王禎《農書》卷一四《農器圖譜五》

斧

斧，《釋名》曰：斧，甫始也。凡將制器，始以斧伐木，已乃制之也。《周書》曰：神農作陶冶斧，破木為耒耜，鉏耨以墾草莽，然後五穀興。其柄為柯，然樵斧、桑斧制頗不同，樵斧狹而厚，桑斧闊而薄，蓋隨所宜而制也。今農夫耕作之際，修整佃具，隨身尤不可闕者。王荊公詩云：百金聚一冶，所賦以所遭。此豈異鏌鋣，奈何獨當樵。朝出在人手，暮歸在人腰。用舍各有時，此心兩無邀。

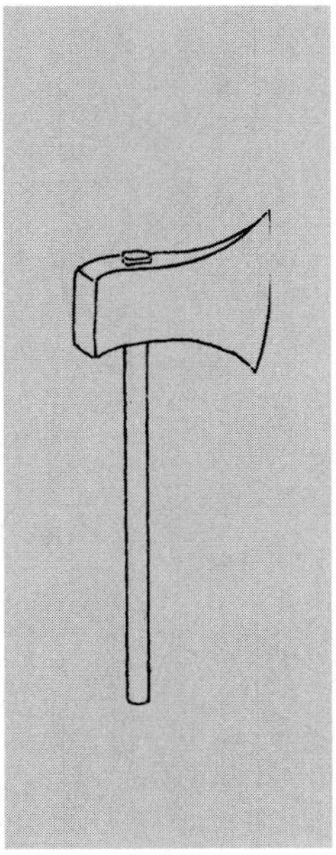

又 鋸

鋸，解截木也。《古史考》曰：孟莊子作鋸，《說文》曰：鋸，槍唐也。《莊子》曰：禮若亢鋸之柄。亢，舉也。禮有所斷，猶舉鋸之柄，以斷物也。又曰，天下好智而百姓求竭矣，於是乎釿音斤鋸制焉。《太公農器篇》云：鑊，鍤，斧，鋸，此鋸為農器尚矣，今接博桑果不可闕者。詩云：百煉出鍛工，修薄見良鐵。架木作梁橫，錯刃成齒列。直斜隨墨弦，來去霏輕屑。儻遇盤錯間，利器乃能別。

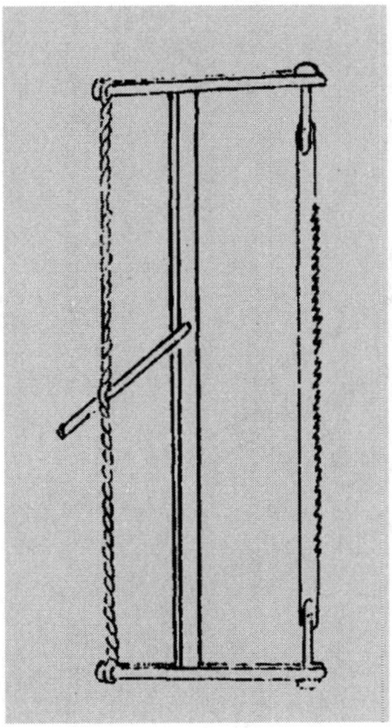

明 徐光啓《農政全書》卷二二《農器・圖譜二》 斧圖不載。《釋名》曰：斧，甫始也。凡將制器，始以斧伐木，已乃制之也。《周書》曰：神農作陶冶斧，破木為耒耜，鉏耨以墾草莽，然後五穀興。其柄為柯。然樵斧、桑斧制頗不同，樵斧狹而厚，桑斧闊而薄，蓋隨所宜而制也。今農耕作之際，修整佃具，隨身尤不可闕者。

清 高銓《蠶桑輯要》卷上 桑鋸，裁桑之鋸也。凡桑榦堅壯，翦不能取者，須用鋸裁之。以堅銅造者為上，長尺餘，闊半寸，厚半分，匀排細齒，用鐵條環屈如弓，釘住兩頭，末鑲短木為柄，齒貴銛利，分左右鉗開，則鋸時縫寬，往來不滯。

論說

明 徐光啓《農政全書》卷三四《蠶桑・桑事圖譜》

斫斧

斫斧，桑斧也。其斧銎匾而刃闊，與樵斧不同。《詩謂》：蠶月條桑，取彼斧斨，以伐遠揚。《士農必用》云：轉身運斧，條葉偃落於外，即謂『以伐遠揚』也。凡斧所剶斫，不煩再刃者為上。至遇枯枝勁節，不能拒遏，又為上。

如剛而不闕，利而不乏，尤為上也。然用斧有法，必須轉腕回刃，向上斫之。枝查既順，津脉不出，則葉必復茂。故農語云：斧頭自有一倍葉。以此知科斫之利勝，惟在夫善用斧之效也。

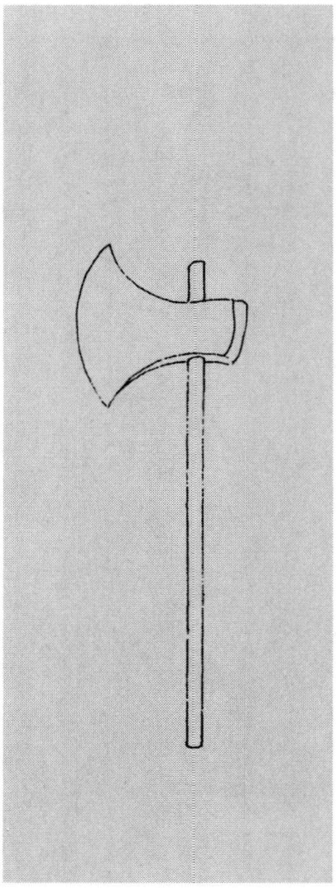

清 趙敬如《蠶桑説》

剪桑法

桑樹歲久成拳，拳上所長之條，謂之徽條。壅糞厚者，徽條有八九尺長。立夏前後，條上留一葉眼，餘皆連枝剪下飼蠶。條粗者，以桑鋸鋸之，葉眼上不可留長，留長損壞桑樹。又或剪或鋸，須細心，不可使剝傷桑皮，皮傷汁流，其桑易枯。

綜述

元 王禎《農書》卷二一《農器圖譜》

斫斧

斫斧，桑斧也。其斧銎曲容切匾而刃闊，與樵斧不同。《诗》謂：蠶月條桑，取彼斧斨，以伐遠揚。《士農必用》云：轉身運斧，條葉偃落於外，即謂『以伐遠揚』也。凡斧所剝斫，不煩再刃者為上。至遇枯枝勁節，不能拒遏，又為上。如剛而不闕，利而不乏，尤為上也。然用斧有法，必須轉腕回刃，向上斫之。枝查既順，津脉不出，則葉必復茂。故農語云：斧頭自有一倍葉。以此知科斫之利勝，惟在夫善用斧之效也。梅聖俞詩云：科桑持野斧，乳濕新磨刃。繁枿一以除，肥條更豐潤。魯葉大如掌，吳蠶食若駿。始時人謂戕，利俗今乃信。

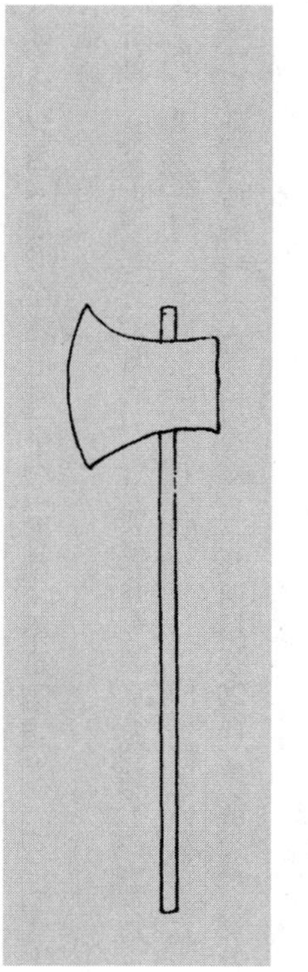

清 李聿求《桑志》卷四《桑之具》 《王禎農書》：『斫斧，桑斧也。其斧銎匾而刃闊，與樵斧不同。凡斧所劙斫，不煩再刃者為上；至遇枯枝勁節，不能拒遏，又為上；如剛而不闕，利而不乏，尤為上也。然用斧有法，必須轉腕回刃，向上斫之，枝查既盛，則津脉不出。』

案：北俗桑堅宜用斧，南俗桑柔宜用翦。桑翦頭須寸半，股六寸而直，隨意翦去，則桑條自落。余有句云：『翦刀聲裏落桑條』，言其易也。

清 沈秉成《蠶桑輯要・諸家雜説・培桑有十法》 臨接之時，取向陽好魯桑條如筯大，將荊桑鋸截成盤，以魯桑條三寸，削如馬耳式。

清 王世熙編輯《蠶桑圖説》絲編《植桑圖説》 凡桑幹堅壯，翦不能取者，須用鋸截之。長尺餘，闊半寸，厚半分，匀排細齒，用鐵條環屈如弓，釘住兩頭，末鑲短木爲柄。

清 楊鞏《中外農學合編》卷九《林類・樹桑》

桑鋸

桑幹堅壯，剪不能取者，須用鋸截之。鋸長尺餘，闊半寸，厚半分，匀排鋸齒，用鐵條環曲如弓，釘住兩頭，末鑲短木為柄。

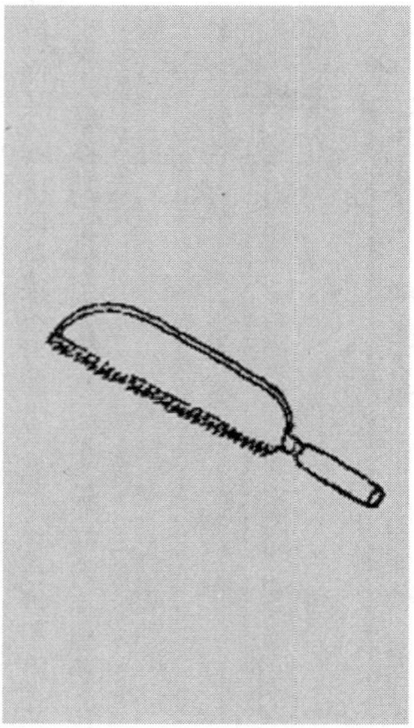

紀事

《太平廣記》卷四四二《畜獸九·狼》

正平縣村人

唐永泰末，絳州正平縣，有村間老翁，患疾數月後，不食十餘日，至夜輒失所在，人莫知其所由。他夕，村人有詣田采桑者，爲牡狼所逐，遑遽上樹，樹不甚高，狼乃立銜其衣裾。村人危急，以桑斧斫之，正中其額，狼頓卧，久之始去。村人平曙方得下樹，因尋狼跡至老翁家，入堂中，遂呼其子説始末，子省父額上斧痕，恐更傷人，因扼殺之，成一老狼，詣縣自理，縣不之罪。出《廣異記》

雜録

宋 謝維新《古今合璧事類備要前集》卷一三《時令門·季春》 蠶麥。紫椹知|老，黄雲見|秋。山谷。繭收松上雪，麥刈隴頭雲。洪龜父。桑斧。——科春色，漁歌唱夕陽。王文惠。

清 任蘭生《蠶桑摘要·圖説》 凡桑幹堅壯，翦不能取者，須用鋸截之，長尺餘，濶半寸，厚半分，匀排細齒；用鐵條環屈如弓，釘住兩頭，末鑲短木為柄。刀長五寸，濶寸半，以利為主。盖接桑之要，全在劈削，其刀正不得苟且也。

（光緒）《石門縣志》卷三《食貨志》 鐵器。張楊園《補農書》：正月置備鐵扒、鋤頭，桑鋸，須買木匠生鐵鋸，桑翦須在石門鎮置。

圖表

清 方大湜《桑蠶提要》卷一《桑政二十三條·桑具十三則》

桑鋸

桑幹堅壯，翦不能取者，須用鋸截之。鋸長尺餘，闊半寸，厚半分，匀排鋸齒，用鐵條環曲如弓，釘住兩頭，末鑲短木爲柄。

清 曾鉌《蠶桑備要·補編》

桑鋸

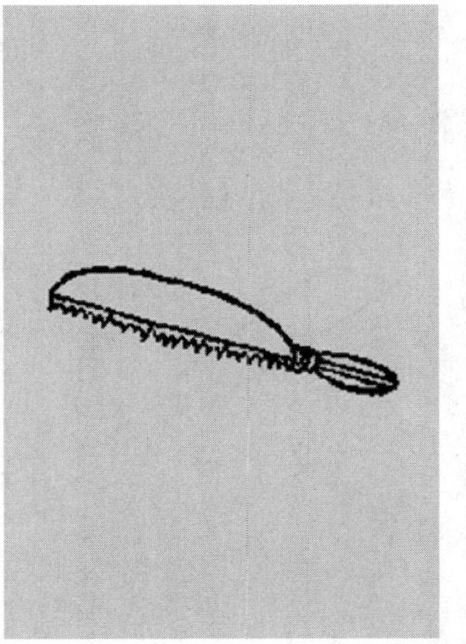

清 王世熙編輯《蠶桑圖説》絲編《植桑圖説》

桑鋸圖

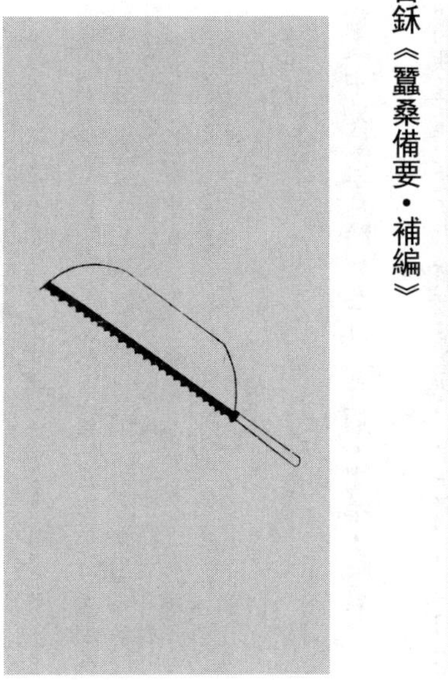

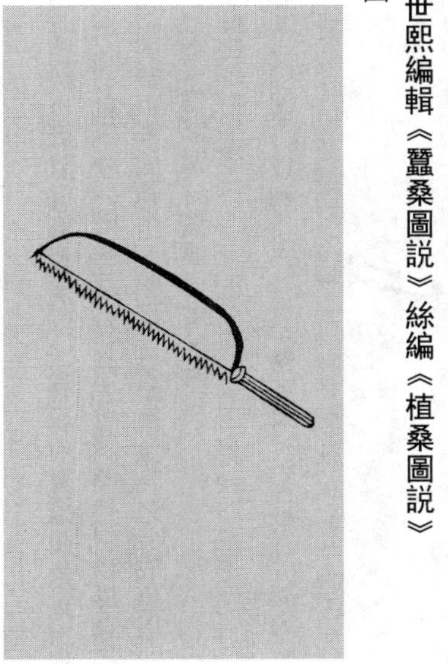

清 葉向榮《農林蠶説・蠶桑圖説》

桑鋸式

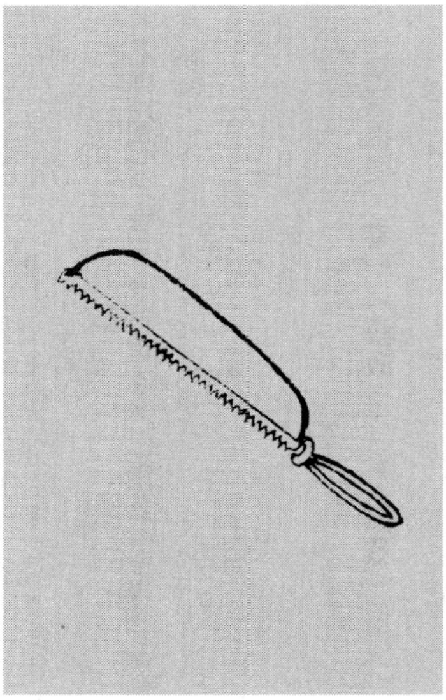

清 豫山《蠶桑辑要合编・圖説》

桑鋸式

凡桑幹堅壯，翦不能取者，須用鋸截之。長尺餘，闊半寸厚半分。匀排細齒，用鐵條環屈如弓，釘住兩頭，末鑲短木爲柄。

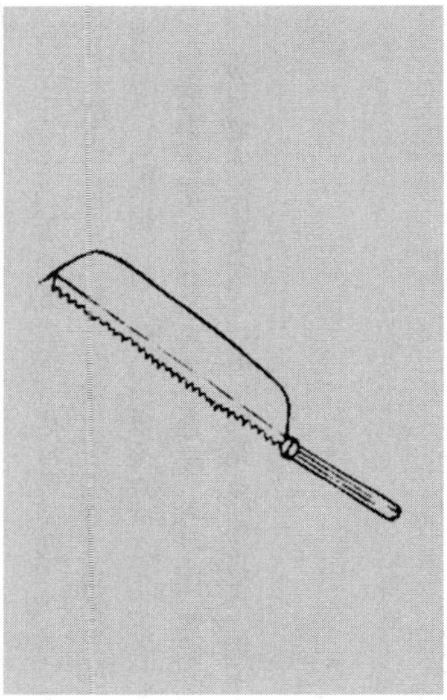

接桑刀

題解

清 曹笙南輯《五畝居桑蠶清課》卷二《育蠶徵信篇・樹桑總説・器具》 接桑刀，約長五寸，闊半寸，以利為主。桑杷，以鐵為之，口闊寸許，柄環屈，末受木柄，去桑蝨用。蝨鉤，以粗鐵絲為之，取蝨用。

清 何石安、魏默深《蠶桑合編・圖説》

接桑刀式

刀長五寸，闊寸半，以利為主。蓋接桑之要，全在劈削，其刀正不得苟且也。

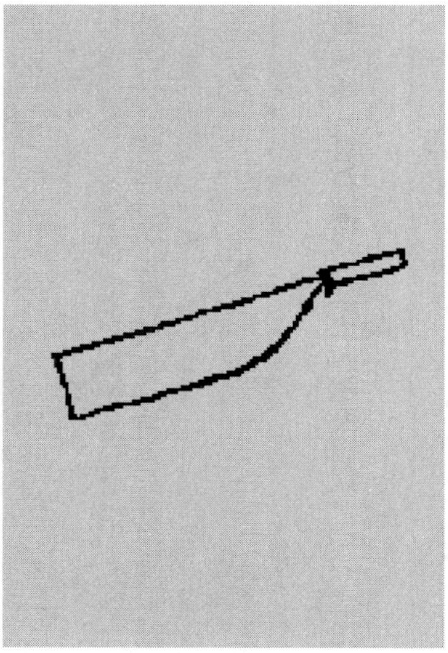

清 楊鞏《中外農學合編》卷九《林類・樹桑・桑具》

接桑刀

刀以利為佳長五寸，闊寸半。蓋接桑之要，全在劈削，其刀正不可苟且也。《蠶桑提要》

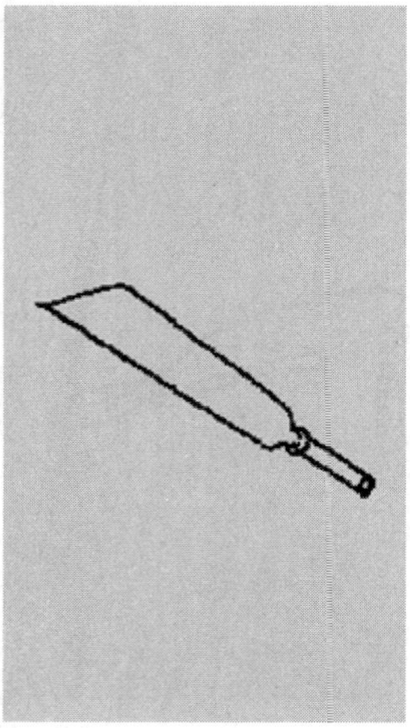

論説

清 王世熙編輯《蠶桑圖説》金編《蠶桑總論》

接桑法

桑本粗壯者可接，細弱者不可接。接法：先翦家桑枝有葉芽者，每枝約長三四寸，置筐中，以濕布覆之，勿令見風日。用小刀於野桑本上，離地半尺許劃開桑皮農器有接桑刀，又有反手鋝，皆鋒利，如圭角形，將刀畧一擺動，則皮已離骨。

綜述

清 高銓《吳興蠶書》卷上《器具》 接桑刀 長五寸、闊寸半，以鋭利爲主，須精鐵鍊成。蓋接桑之要，全在劈削，其刀正不得苟且也。

雜録

清 汪曰楨《湖蠶述》卷一

栽桑

接桑 桑本粗壯者可接；細弱者不可接。接法：先翦家桑枝有葉芽者，每枝約長三四寸，《桑譜》置筐中，以濕布覆之，勿令見風日。《廣蠶桑説》用小刀於野桑本上，離地半尺許，劃開桑皮農器有接桑刀，又有反手鍥，皆鋒利，如圭角形，《桑譜》將刀畧一擺動，則皮已離骨。

清 盛宣懷輯《蠶桑備要》

接桑

接法，先翦家桑枝有葉芽者，每枝約長三四寸，置筐中，以濕布覆之，勿令見風日。用小刀於野桑本上，離地半尺許，劃開桑皮農器有接桑刀，又有反手鋝，皆鋒利，如圭角形，將刀畧一擺動，則皮已離骨。

圖表

清 方大湜《桑蠶提要》卷一《桑政二十三條・桑具十三則》

接桑刀

刀以利爲佳長五寸，闊寸半。蓋接桑之要，全在劈削，其刀正不得苟且也。

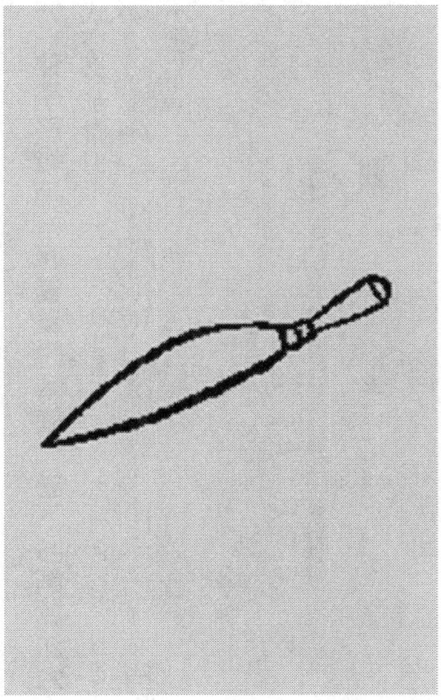

清 曾鉌《蠶桑備要・補編》

接桑刀

刀長五寸，闊寸半，以利爲主。蓋接桑之要，全在劈削，其刀正不得苟且也。

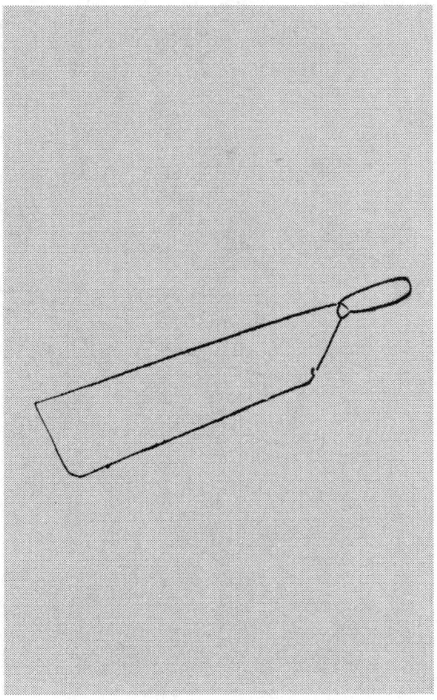

清 任蘭生《蠶桑摘要・圖説》

接桑刀式

刀長五寸，濶寸半，以利為主。盖接桑之要，全在劈削，其刀正不得苟且也。

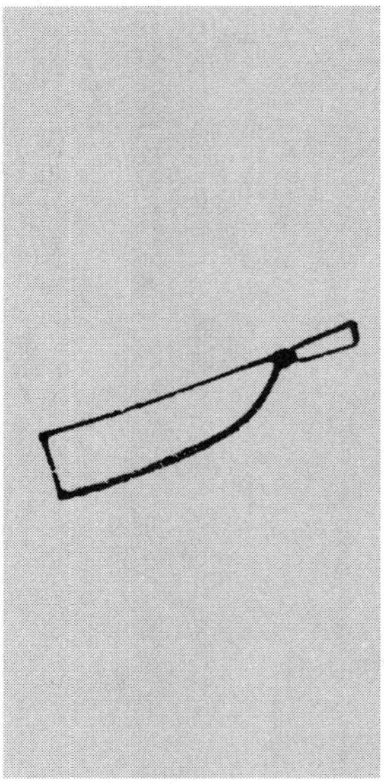

清　王世熙編輯《蠶桑圖説》絲編《植桑圖説》

接桑刀圖

刀長五寸，闊寸半，以利爲主，蓋接桑之要，全在劈削，其刀正不得苟且也。

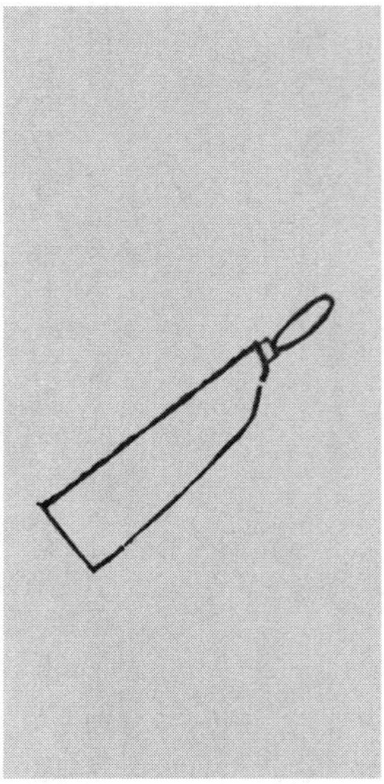

清　葉向榮《農林蠶説・蠶桑圖説》

接桑刀式

刀長五寸，濶半寸，以利為主。盖接桑之要，全在劈削，其刀正不得苟且也。

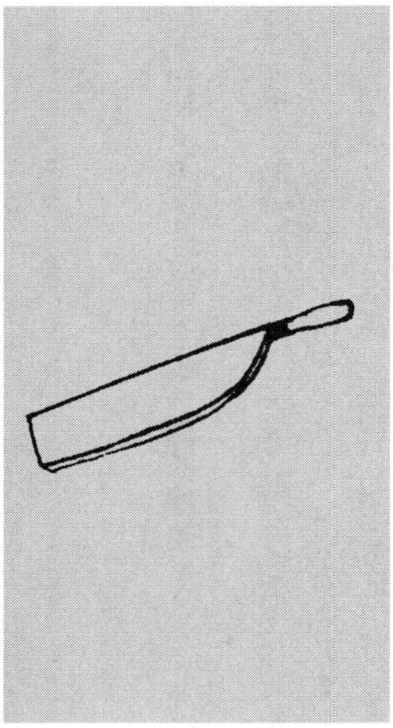

清　豫山《蠶桑輯要合編・圖説》　接桑刀式　刀長五寸，闊寸半，以利爲主。蓋接桑之要，全在劈削，其刀正不得苟且也。

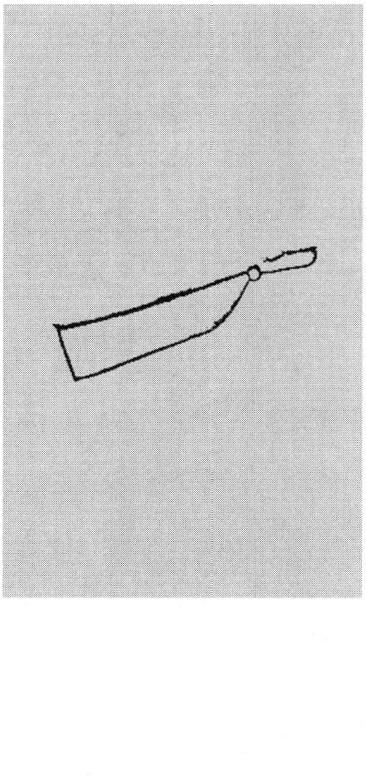

刮桑耙

題解

清　沈練，仲學輅輯補《廣蠶桑説輯補》卷下《飼蠶法六十六條》

刮桑鈀式亦名刮桑刀

鈀刮桑蟲，以鐵為之，口闊寸餘，環屈其身，長三寸，末作圓孔以受柄，柄長二三尺不等。

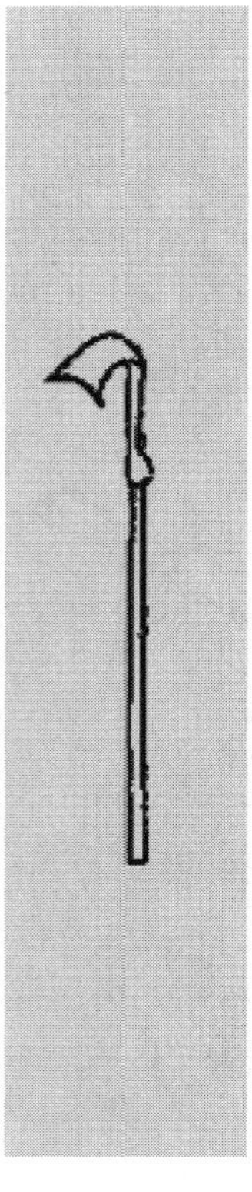

清　楊鞏《中外農學合編》卷九《林類・樹桑・桑具》

刮桑鈀

又名刮桑刀，可以鈀刮桑蟲，以鐵為之，其形環曲，末作圓孔以受柄。

口闊寸餘，身長三寸，柄長二三尺不等，同上。

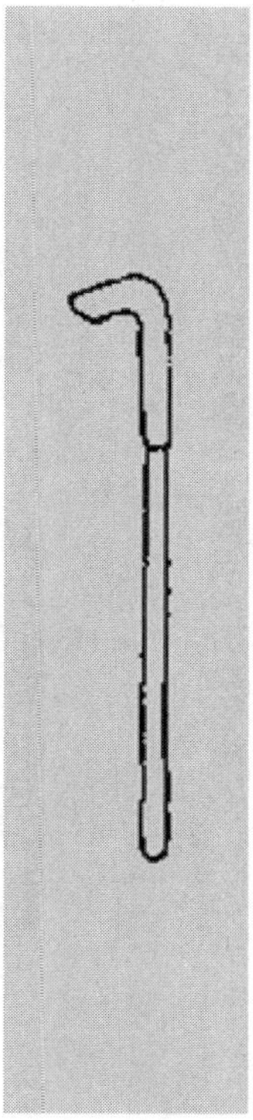

綜述

清 方大湜《桑蠶提要》卷一《桑政二十三條**·除害**五則**》**

皮怕苔生

桑皮生黑苔成塊，須用刮桑鈀刮去。若不刮去，葉卽枯槁。

又 又有桑蝨，初生如白屑，漸成細粒如蘿蔔子半大，吸飲桑皮之漿，皮漸槁，葉亦漸枯，須用刮桑鈀刮之。刮桑鈀，見桑具第四則。然治之不早，樹已受傷，不如見有白點時，卽用巴豆研細和以豆油，用椶帚醮油埽之，則白蝨盡死。

清 陳開沚《裨農最要》卷二

治蝨

又有桑虱，初生如白屑，漸成細粒如蘿蔔子一半大，吸飲桑皮之漿，皮漸槁，葉亦漸枯，須用刮桑鈀刮之。然治之不早，樹已受傷，不如見有白點時，卽用巴豆研細，和以桐油，用椶帚蘸油埽之，則白虱盡死。

清 曾鉌《蠶桑備要》卷一《栽桑説》 治桑蝨 見有蛀穴，桐油抹之卽死。深入者用鐵絲插入殺之。蝨在枝葉間者，以噴筒，或水鎗，吸巴豆水噴之。蝨在條幹外者，或用刮桑鈀刮之。鈀以鐵爲之，口闊寸餘，環屈其身，長三寸，末作圓孔以受柄，柄長二三尺不等。

清 沈秉成《蠶桑輯要·諸家雜説·培桑有十法》 桑本樹大，皮生黑苔成塊，務用刮桑鐵鈀鈀去。若不鈀去，其樹葉少而枯。

清 葉向榮《農林蠶説·蠶桑説·蠶葉·計開》 凡物有蝨，非死卽傷。桑間一種桑蝨，初生如白屑，漸成細粒，吸引皮漿，皮漸枯槁生苔，自此葉少，不久而樹卽壞。可用刮桑鈀刮之，不若見有白點時，用巴豆末和桐油，或石油劑，以棕帚醮油掃之，白蝨自盡。

又 桑蝨初生如白屑，漸成細粒，如半蘿蔔子狀，吸引皮漿，皮漸枯藁生苔，自此葉少而枯，所以用刮桑鈀刮之。不若有白點時，用巴豆研細和荳油，用棕帚醮油掃之，白蝨自盡。又有一種時蟲，立夏時遇西南風，戌酉時，從土中飛出食葉。至卯時，復又入土，捉之不能盡。黄昏時，灼以亮火，蟲盡投火而燒除之。宜遠燒於下風，葉忌烟薰。

又《培桑法》 桑本樹大，皮生黑苔成塊。務用刮桑鈀鈀去之，若不鈀去，其樹葉少而枯。

清 豫山《蠶桑輯要略編·種桑法》

去蝨

又桑蝨初生如白屑，漸成細粒，如半蘿蔔子狀，吸引桑漿，皮漸枯槁生苔，所以用刮桑鈀刮之。不如有白點時，用巴豆研細和豆油，用椶帚蘸掃，白蝨自盡。

清 趙淵《蠶桑摘要》卷上《桑政·治蟲類》

桑蝨

初生如白屑，漸成細粒，如蘿蔔子半大，吸桑皮之漿，皮漸槁，葉漸枯。用刮桑鈀刮之，治之不早，樹已受傷。如見白點時，用巴豆研細和豆油，以椶帚醮油掃之，亦可治。

雜録

清 方大湜《桑蠶提要》卷一《桑政二十三條**·除害**五則**》** 又有桑蝨，初生如白屑，漸成細粒如蘿蔔子一半大，吸飲桑皮之漿，皮漸槁，葉亦漸枯，須用刮桑鈀刮之。刮桑鈀，見桑具第四則。

清 沈秉成《蠶桑輯要·諸家雜説·蠶桑雜記》 桑虱初生如白屑，漸成細粒，如半蘿蔔子狀，吸引皮漿，皮漸枯藁生苔，自此葉少而枯，所以用刮桑鈀刮之。

清 賈振聲校，袁俊德輯《桑政萃編》卷二《治蟲類》

桑蝨

初生如白屑，漸成細粒，如蘿蔔子半大，吸桑皮之漿，皮漸稿，葉漸枯，用刮桑鈀刮之。治之不早，樹已受傷。如見白點時，用巴豆研細，和豆油，以稷帚醮油掃之，亦可治。

清 豫山《蠶桑辑要合编・種桑・種桑雜説》 桑蝨初生如白屑，漸成細粒，如半蘿蔔子狀，吸引皮漿，皮漸枯槀生苔，自此葉少而枯，所以用刮桑鈀刮之。不若有白點時，用巴豆研細和豆油，用帚尋蘸油帚之，白蝨自盡。

圖表

清 方大湜《桑蠶提要》卷一《桑政二十三條・桑具十三則》

刮桑鈀

又名刮桑刀，可以鈀刮桑蝨，以鐵爲之，其形環曲，末作圓孔以受柄。

口闊寸餘，身長三寸，柄長二三尺不等。

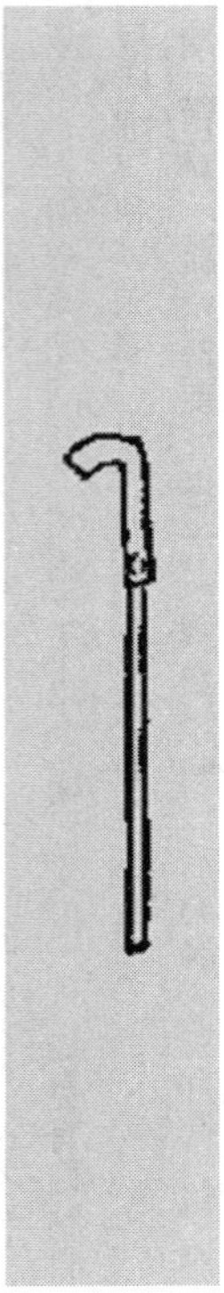

清 曾鉌《蠶桑備要・補編》

刮桑鈀

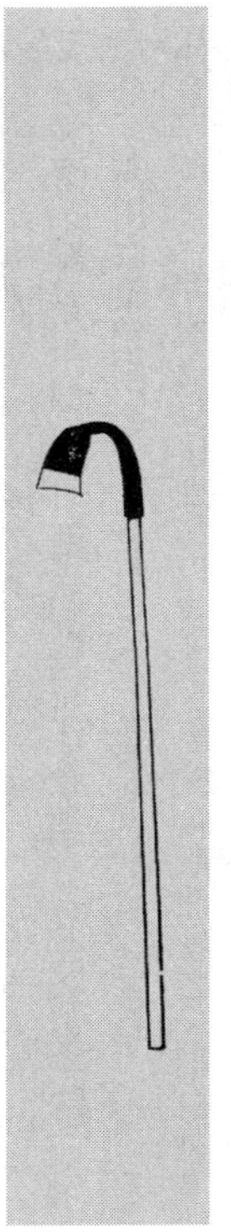

清 任蘭生《蠶桑摘要・圖説》

刮桑鈀式

鈀刮桑蝨，以鐵為之，口濶寸餘，環屈其身，長三尺，末作圓孔，以受柄，柄長二三尺不等。

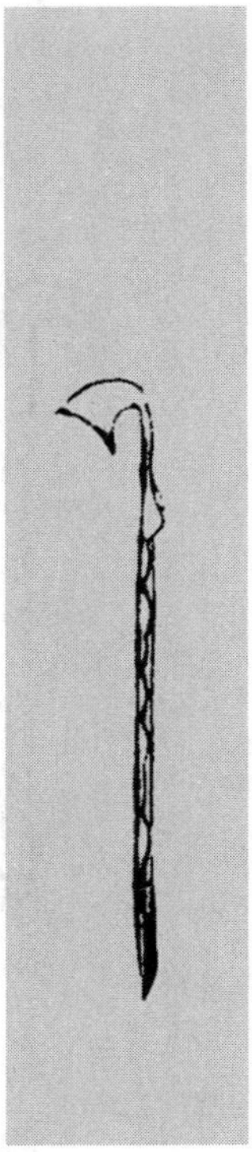

清 王世熙編輯《蠶桑圖説》絲編《植桑圖説》

刮桑鈀圖

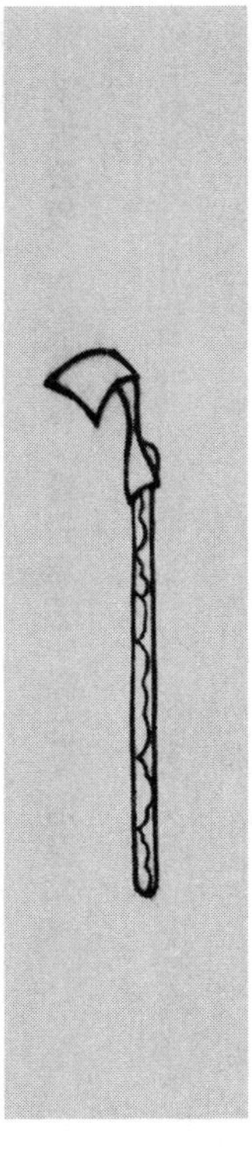

清 葉向榮《農林蠶説・蠶桑圖説》

刮桑鈀式

鈀刮桑蝨，以鐵為之，口濶寸餘，環屈其身。長三寸，末作圓孔，以受柄柄長二三尺不等。

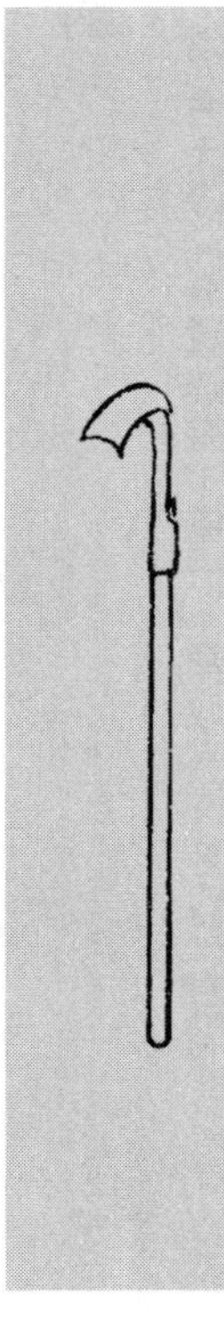

清 豫山《蠶桑輯要合編・圖説》

刮桑鈀式

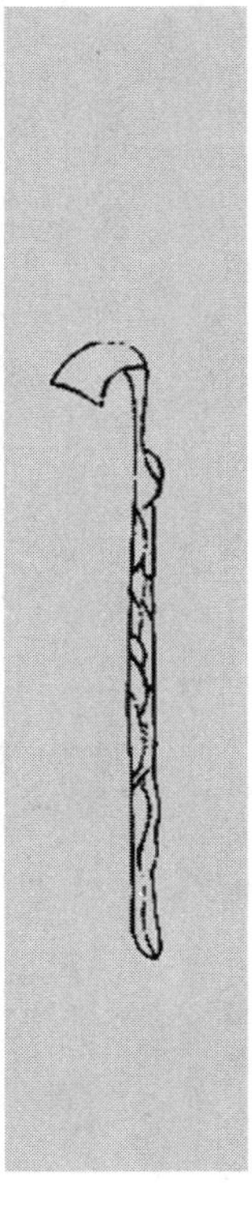

噴筒

題解

清 楊鞏《中外農學合編》卷九《林類・樹桑・桑具》

吸筒

筒以銅為之，或用竹亦可。圓徑六七分，長一尺，底鑽七孔，為水出入之處。更用細圓木一根長一尺五寸，一頭安短拐，一頭釘牛皮二三層，塞滿筒內吸藥水以

噴桑蟲。如無牛皮，即用舊布卷、圓木，塞入筒內，亦可。《蠶事圖譜》

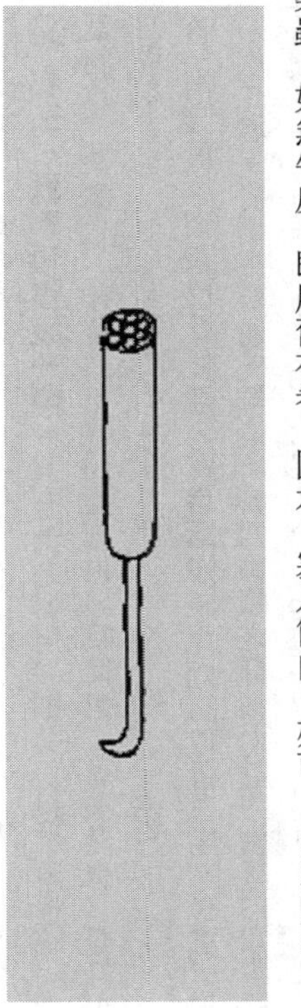

圖表

清 葉向榮《農林蠶説・蠶桑圖説》

噴筒式

筒，或銅或竹為之，圓徑六七分，長一尺，底鑽七八孔，為水出入之處。更用細圓木一根，長於筒身有半，一頭置短拐，一頭釘牛皮二三層，或用布卷亦可。如筒之大貫於筒中，用以吸巴豆水及石油劑，噴桑之蠶蟲。

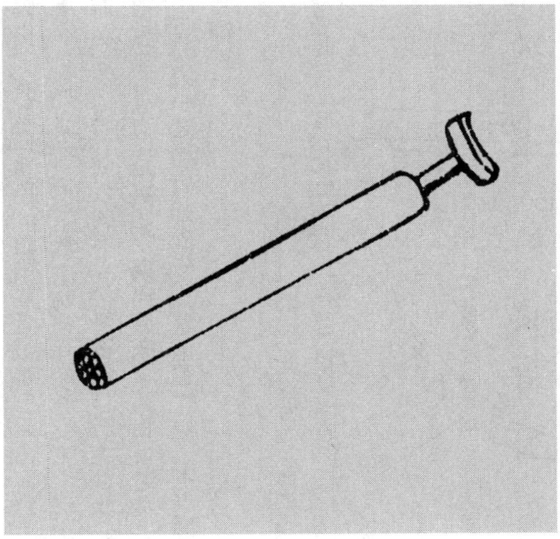

其他

題解

元 王禎《農書》卷一四

鍘

鍘查鎋切，秦云切草也，又作劗，俗作剪，非也。凡造鍘，先鍛鐵為鍘背，厚可指許，内嵌鍘刃，如半月而長，下帶鐵袴，以插木柄，截木作碪，長可三尺有餘，廣可四五寸，碪首置木簨，高可三五寸，穿其中以受鍘首。案，此條闕詩，疑軼去。

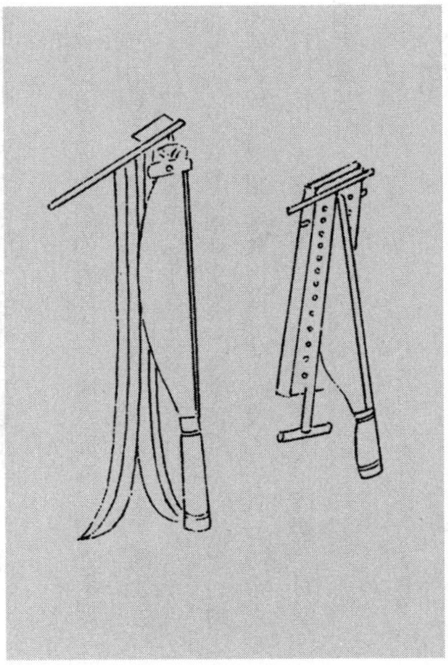

清 沈練《廣蠶桑説・培養桑事法二十條》

接桑

將刀畧一擺動，則皮已離骨，取小竹釘長二寸許者，削如馬耳樣，嵌入皮內，嘉湖人謂之桑餂。

綜述

元 王禎《農書》卷一四

礪

礪，磨刃石也。《書》曰：揚州厥貢礪砥。砥細於礪，皆磨石也。《廣志》曰：礪石出首陽山，有紫白粉色，出南昌者最善。《山海經》曰：高梁之山多砥礪，今隨處間去聲亦有之，但上數處為佳耳。《尸子》曰：鐵使於越之工，鑄之以為劍，而勿加砥礪，則以刺不入，擊不斷；磨之以礱，加之以黄砥，則刺也無前，擊也無下。自是觀之，礪與弗礪，其相去遠矣。今農器鐮斧鑺鏺之類，非礪不可，大小之家所必用也。《蔡邕銘》曰：木以繩直，金以淬剛，必須砥礪，就其鋒鋩。

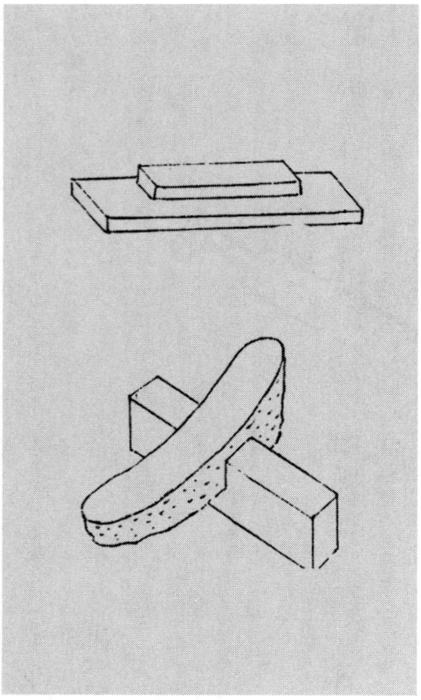

清 沈練，仲學輅輯補，章震福校訂《廣蠶桑説輯補校訂》卷一《培桑養樹法十九條・接桑説二條》 將野桑根旁浮土抓開，見有絲根，即將樹身齊土面剪斷。剪不斷者，以小鋸鋸斷之。於剪斷以下，擇光潤無傀儡處，用快刀竪劃破其皮寸半。隨將刀略一擺動，則皮已離骨，取小竹釘長二寸許者，削如馬耳樣，嵌入皮內，嘉湖人謂之桑餂。剪接條三寸，削一寸，如馬耳樣。上二寸留芽嘴二，取出桑餂，而以是條嵌入。其嵌入也，須以刀削一寸向外乃活。

又 卷三《蠶事預備説一條》 至桑之器用，則桑剪也，桑梯也，桑鉤也，葉箝也，桑鋸也，接桑刀也，刮桑鈀也，噴筒也，擔桑凳也，鑿釘也，俱隨時取用者也。他如圍蠶之稻草簾，理蔟料之草梳，都是要件。

清 賴逸甫《嶺南蠶桑要則・蠶器須知》 就諸傳習員歸家養蠶，躬爲乃鄉乃族先導，而勸課親朋。每造所養四两蛾之蠶種而計，當置四尺零闊，木柱竹横之十層蠶架四箇，二尺六寸大之蠶箕十箇，三尺五六寸大之蠶筒三十箇；鋁草所用之小竹籮兩箇，載桑所用之大竹籮十箇，箝桑箝綑所用三尺零大之疏篩一箇，簑衣十張；堆桑所用之竹圍二箇，執蠶所用之蠶箕四箇，九両花之蠶箔六十張，蠶帳布一疋，桑刀二把，桑鈒一把，柏木砧板一箇，磨刀石一塊五寸半高，一尺一寸大之瓦火盤十二箇，蠶架脚之瓦菢十六箇，時辰鐘一箇，寒暑針一枝，窩緄所用之紙被十張，緄鉗十箇，繅絲所用之脚紐二副。十口之家，有此則可衣食無憂。

清 盛宣懷輯《蠶桑備要》 接桑 取小竹釘，長二寸許，削如馬耳樣，嵌入皮內，謂之桑餂。隨將家桑枝俗謂頭層，一頭削薄，一面如鴨觜形，取出桑餂，而以是條嵌入皮中，須以刀削一面向外，乃活。

清 王世熙編輯《蠶桑圖説》金編《蠶桑總論》

接桑法

取小竹釘，長二寸許，削如馬耳樣，嵌入皮內，謂之桑餂。隨將家桑枝俗谓頓層，一頭削薄，一面如鴨觜形，取出桑餂，而以是條嵌入皮中，須以刀削一面向外，乃活。桑之膏液，皆從皮上流通，故必以接條之皮，與本樹之皮，彼此相向，乃得浹洽。若以皮貼皮，以骨貼骨，則必不活矣。以桑皮纏定，糞土包縛，令不泄氣，或用長秈稻稈縛之數轉，須寬緊相宜，汙泥護之，慎勿動摇。如天晴和暖，在清明節前十日內接。天寒陰雨，須清明節後十日內接，月餘卽活，甫接而遇驟雨，則活者寡矣。

采桑用具分部

概説

論説

清 汪曰楨《湖蠶述》卷一

蠶具

鄭元《慶湖録》：【略】其采桑也，有桑剪，有桑蔀。至飼小蠶而切葉也，有草墩，用以承刀，恐其聲之著也。時或風雨而寒，則用火盆盛炭，熾于筐之下而暖之。蠶將作繭，則用草帚散而登蠶其上，繅絲則用絲車、水缸、鍋竈、畢具。汪曰楨《南潯鎮志》：蠶具，修桑，有鋸，有斧。采桑，有桑剪，有桑梯。按《西吳蠶略》云：兩梯相對，高七八尺。又《桑譜》：種桑葚，有籮。接桑，有接桑刀，反手鍥。修桑有鑿，治桑上蟲，有刮杷、鐵絲。貯桑葉，有箬或用蔀字。停葉，用竹簾、蘆簾、蘆蓆。切葉，有刀。按《西吳蠶略》云：葉刀，方而薄。

清 沈練，仲學輅輯補，章震福校訂《廣蠶桑説輯補校訂》卷三《蠶事預備説一條》 按，蠶事器用不一而足，其最著者，則切葉砧也，葉篩也，蠶筐也，䈼蠶網也，大小蠶植也，攩蠶毛也，蠶箸也，飼蠶架也，地蠶凳也，山棚蘆簾草帚也，繭籃也，內有不能姑缺者，有不妨他代者，須隨宜變通。若繅絲之車，則車牀也，車軸也，牌坊也，絲稱也，牡孃鐙繩也，撈絲帚也，踏脚板也，及車後向絲火盆，車前絲竈烟囱，均須預備，非臨時所能猝有也。尚有綿豁與拓綿叉墜梗，於繅絲後用之，婦女專任之，非若車竈之難緩，續置可也。至桑之器用，則桑剪也，桑梯也，桑鉤也，葉箝也，桑鋸也，接桑刀也，刮桑杷也，噴筒也，擔桑凳也，鑿釘也，俱隨時取用者也。他如圍蠶之稻草簾，理蔟料之草梳，都是要件。

綜述

清 朱斌《蠶桑指要・養蠶》

器用

凡養蠶十斤者，須備烏籃二隻，大篷八隻，大籃三十隻，蠶網六十口，蠶架四個，火箱一隻，如無火箱，火缸可代，搭山頭楞木六根，直楞木八根，欄竹四根，蘆簾四條，火盆八個，木炭一簍，扎帚乾稻草二百五十個，禁鼠猫一隻，棕櫚蠅拂子兩個，桑剪兩把，桑鈎一把，手鋸一把，三分鑿一把，細鐵絲一丈，提籃挑包各一對，繩索扁擔一付，絲車全部大行竈一隻，大水缸一隻，乾木柴四五擔，繭黄椿三四個，綿圜一個，越子十個，蠶種二方。

清 方大湜《桑蠶提要》卷一《桑政二十三條・桑具十三則》

桑條不可攀折，須用翦取，翦以鋼鐵為之翦頭高五寸，肩不可太闊，太闊則不便把握，口宜犀利。

刀以利為佳長五寸，闊寸半，蓋接桑之要，全在劈削，其刀正不得苟且也。

桑幹堅壯，翦不能取者，須用鋸截之鋸長尺餘，闊半寸，厚半分，匀排鋸齒，用鐵條環曲如弓，釘住兩頭，末鑲短木為柄。

又名刮桑刀，可以鈀刮桑蟲，以鐵為之，其形環曲，末作圓孔以受柄。口闊寸餘，身長三寸，柄長二三尺不等。

筒以銅為之，或用竹亦可。圓徑六七分，長一尺，底鑽七孔，為水出入之處，更用細圓木一根長一尺五寸，一頭安短拐，一頭釘牛皮二三層，塞滿筒內，吸藥水以噴桑蟲，如無牛皮，即用舊布卷圓木塞入筒內，亦可。

桑條長者，翦取不及，必須用鈎以攀之，鈎以鐵為身，形如鷹觜，末作環孔，以受木柄。身長五六寸，柄長二三尺。

采桑必須用梯，用梯則高下隨意。梯之高低，以適中為佳約高八九尺，兩梯相並，頂側各釘鐵圈二枚，以細木聯貫之，移之則下兩開，摺之則下雙合。

桑之稺者，力不能勝梯，須登几上，乃易得葉。几狀如高凳，平穿二桄，就作登級。

箬音簿，編篾為之圓徑尺半，高二尺餘，上設横檔，以便挑運，繩絡亦可，眼之疏密隨意。

凳以杉木為之面長五尺，脚高一尺，凳之兩頭，以木為杈，翦下桑條，連枝葉架於凳上，以免著地拖泥，擔回亦便，遇雨可以覆蓋。

砧以稻草為之麥秸亦可，芟盡稿葉，用篾箍三層緊束高約四寸，圓徑尺餘，兩面皆須截平。

編細篾為篩圓徑八寸，高二三寸，眼宜疏，篾宜光潤，餧小蠶時，用此盛葉，篩於盤內則匀。

簍以粗篾為之，形如小兒搖床寬四尺，長六尺，邊高六寸，四圍皆孔大小如酒杯，以通風通氣。

清 黄世本《蠶桑簡明輯説・養蠶説・雜説十二條》

種桑必須置器，翻土須用鐵耙，削草須用鐵鋤，皮蛀須用鐵刮，捉蟲須用鐵絲，截枯條須用手鋸、斜鑿、鐵錘。采桑葉，用桑梯、桑鈎、桑剪，並糠灰、山帚、稻柴及淘過之乾麥、土磚，均宜預備。

清 俞墉纂輯《蠶桑述要・器具》

諸器

鵝翎 蠶箸 晾籩 蠶架 栲栳 笆斗 箔刀 閘刀 剪刀 桑剪 桑鉤 雙梯 葉蔀 夾杆 簑 笠 葦簾 蘆扉片 竹簟 山欖 山箒 火

盆　絲車　鐵鍋　做絲行竈　回湯盆　擠筷　弸綿架　撚綿線叉　綿綫
胎　倚柱　蘆管　鐵錐　鐵鈀　鐵線　搭鉤　擁鈀　鐵鏺頭　鐮刀　篋
簈　料桶　竹罨　杴部　撻泥船

清　趙敬如《蠶桑説》

興桑養蠶繅絲諸器

桑剪、桑鋸、桑鈎、刮桑鈀、接桑刀、切葉刀，皆取式鐵匠。桑梯、桑凳、大蠶架、小蠶架、繅絲車，皆取式木匠。葉籃、蠶箔、蠶筯、蠶簾，皆取式竹匠。平日備齊，臨時取用。至繅絲各法，非目見不知，手習不能，須從老蠶婦學之，數日便可諳悉，此書未及備載。且太邑，現已有人開設繭行，收買蠶繭。即養蠶家不知繅絲，以繭售賣，亦甚便也。

桑梯

題解

清　鄂爾泰《授時通考》卷七三《蠶事門・飼養》

桑梯圖説

梯，木階也。夫桑之稚者，用几採擇。其桑之高者，須梯剝砍。梯若不長，未免攀附勞條，不還則鳩脚多亂，樛枝折垂，則乳液旁出，必欲趁手高下，隨意去留，須梯長可也。《齊民要術》云：採桑，必須長梯。梯不長，則高枝折，正謂此也。

清　楊鞏《中外農學合編》卷九《林類・樹桑・桑具》

桑几

桑之稺者，力不能勝梯，須登几上乃易得葉。几狀如高凳，平穿二桄，就作登級。

清　黄縠《養蠶新論・蠶具・摘桑器》《蠶業叢書》第二編

桑梯

採摘高桑所用也，形如通常之梯，上部較狹，由左右兩梯連繫而成，彼此相依，可以不必倚靠他物，即能自立。

論説

清　任蘭生《蠶桑摘要・圖説》　梯之高低無定，約以九尺為適中，用兩梯相並，頂側各釘鐵圈二枚，以細木連贯之，移之則下兩開，摺之則下雙合。

綜述

元　王禎《農書》卷二一《農器圖譜十七・蠶桑門》

桑几

桑几，狀如高凳，平穿二桄，就作登級。凡柔桑不勝梯附，須登几上乃易得葉。《齊民要術》云：采桑，必須高几。《士農必用》云：擔負高几，繞樹上下。今蠶家，采彼女桑，兹為便器。梅聖俞詩云：柔桑不倚梯，摘葉賴高几。每於得葉易，曾靡憂枝披上聲。躋陞類拾級，下上異緣蟻。閒置草舍傍，鳴鷄或棲止。

又　桑梯

桑梯《説文》曰：梯，木階也。夫桑之稚者，用几采摘。其桑之高者，須梯剟丑全切，削去也。斫。梯若不長，未免攀附旁條，不還則鳩脚多亂，樛居秋切。枝折垂，則乳液旁出，必欲趁於高下，隨意去留，須梯長可也。《齊民要術》云：採桑，必須長梯。梯不長，則高枝折，正謂此也。詩云：貫木取諸漸，為梯利用晋。附彼墻下桑，如躡平地迅。女枝既不攀，遠揚亦可刃。何當展所施，摘蓮華峰峻。

清 高銓《蠶桑輯要》卷上《器具》

桑梯

桑之遠揚者，藉梯以升。梯之高低，無一定之制，約以九尺為適中。用兩梯相並，頂側各釘鐵圈二枚，以細木聯貫之，移之則下兩開，摺之則下雙合。桑林中以之登高采，遠勝于單梯倚靠矣。

清 高銓《吴興蠶書》卷上《器具》

桑梯

桑之遠揚者，藉梯以升。梯之高低，無一定之制，約以九尺爲適中。用兩梯相竝，頂側各釘鐵圈二枚，以細木聯貫之，移之則下兩開，摺之則下雙合。桑林中以之登高採，遠勝於單梯倚靠矣。

清 吴烜《養蠶説・補遺》 種桑必須置器，翻土須用鐵耙，削草須用鐵鋤，皮蚟須用鐵刮，促蟲須用鐵絲；截枯條，須用手鋸、斜鑿、鐵錘。采桑葉，須用桑梯、桑鈎、桑剪。

清 余治《得一録》卷六《蠶桑局章程・蠶桑局事宜》 養竹 局中需用桑梯，桑几，及桑箔之類，大約竹器居多。

清 俞墉纂輯《蠶桑述要・栽桑》 桑栽未久，其本尚細，不耐採桑人攀援附登，又力不任梯倚，有雙梯者又名桑梯，兩梯聯而爲一，中以鐵鈎絆定。採桑者緣而上，作騎馬勢，順手剪之、枝之，高者遠者以鈎引之，左右咸宜矣。

又《器具》 《説文》：梯，木階也。《釋名》：階梯也，如梯之有等差也。桑本小而高，度其力不勝梯倚，又爲鉤翦所不及，則用雙梯，人登梯巔，騎坐采之，故又名桑梯。其法製梯兩張，高廣及階數一律大約以六七尺爲度，上鋭下濶，頂嵌鐵小紐貫以銕條梯之中間，以銕鉤聯之，無傾覆之虞矣。

清 楊鞏《中外農學合編》卷九《林類・樹桑・桑具》

桑梯

采桑，必須用梯，用梯則高下隨意。梯之高低，以適中為佳，約高八九尺。兩梯相並，頂則各釘鐵圈二枚，以細木聯貫之，移之則下兩開，摺之則下雙合。

《蠶桑提要》

清 陳淳《實驗蠶桑簡要法》篇下《置辦蠶具之法》 桑梯，以兩單梯合成，用於採桑之梯也。梯頂扣兩鐵圈，可任意開合，隨樹之高低而定。第此梯之遠勝單梯者，不如單梯倚樹，擦傷樹皮故也。

清 豫山《蠶桑輯要合編・圖説》 梯之高低無定，約以九尺爲適中。用兩梯相並，頂側各釘鐵圈二枚，以細木連貫之，移之則下兩開，摺之則下雙合。

藝文

宋 陳景沂《全芳備祖後集》卷二二《農桑部・桑・賦詠祖》 二月人家蠶事早，屋頭先辨採桑梯。何小村。

清 吴之振《黄葉邨莊詩集》卷五《課蠶詞》 下路桑枝著地低，杭城都用採桑梯。笄來總是三吴地，物土相宜已不齊。

出繭新蛾勝粉搓，翩翾接翅門雙蛾。小姑偷向旁人問，贏得房櫳笑語多。

清 李宗昉《蠶事二十詠》《清詩鐸》卷七 頭葉纔過二葉齊，相逢多半在桑梯。投將紫葚供兒食，兒莫懷歸日未西。三采桑，頭葉盡。采二葉，須老農善采者。留其條，來歲生葉。

清 董蠡舟《南潯蠶桑樂府・采桑》 一片碧雲籠四野，戴鵀聲中見桑者。儂家有地十畝寬，半在陌頭半牆下。郎憐儂是新嫁孃，嬌羞尚怯遵微行。顧語小姑汝予助，同向南塍采桑去。宿葉未盡蠶未飢，偷閒偶啟白板扉。家家閉戶寂如水，拾葚畦邊譁稚子。綠陰陰地聞剪聲，林中到處桑梯倚。須臾夫壻負蔀歸，堆來滿地青玉肥。只願吾蠶食葉速，遠采不辭勞僕僕。默思地窄葉無多，飼到上山恐不足。保得安全過大眠，典郤金釵開葉船。

雜録

元 王禎《農書》卷二一《農器圖譜十七・蠶桑門》 桑梯，《説文》曰：『梯，木階也』。夫桑之稺者，用几采摘；其桑之高者，須梯劙丑全切，削去也斫。梯若不長，未免攀附勞條，不還則鳩脚多亂。樛居秋切枝折垂，則乳液旁出。必欲趁高下，隨意去留，須梯長可也。

圖表

明 王圻、王思義編集《三才圖會・器用九卷蠶織類》

桑几

桑几狀如高櫈，平穿二桄就作登級。几柔桑不勝梯附，須登几上乃易得葉。《齊民要術》云：『採桑必須高几。』《士農必用》云：『擔負高几，遶樹上下。今蠶家採彼女桑，茲爲便器。』梅聖俞《詩》云：『柔桑不倚梯，摘葉賴高几。每於得葉易，魯靡憂枝披上声。躋陞類抬級，下上異緣蟻。閑置草舍傍，鷄鳴或棲止。』

明 徐光啓《農政全書》卷三四《蠶桑・桑事圖譜》

桑梯

桑梯。《説文》曰：『梯，木階也。』夫桑之稺者，用几采摘；其桑之高者，須梯剝斫。梯若不長，未免攀附，勞條不還，則鳩脚多亂，樛枝折垂，則乳液旁出，必欲趁手高下，隨意去留，須梯長可也。《齊民要術》云：『采桑必須長梯，梯不長則高枝折』正謂此也。

清　方大湜《桑蠶提要》卷一《桑政二十三條·桑具十三則》

桑梯

採桑必須用梯，用梯則高下隨意。梯之高低以適中爲佳約高八九尺，兩梯相並，頂側各釘鐵圈二枚，以細木聯貫之，移之則下兩開摺之則下雙合。

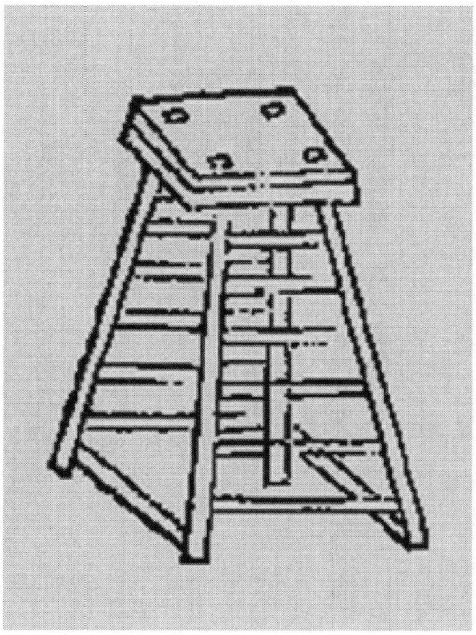

清　曾鉌《蠶桑備要·補編》

桑梯

梯之高低無定，約以九尺爲適中。用兩梯相並，頂側各釘鐵圈二枚，以細木連貫之，移之則下兩開，摺之則下雙合。

清　豫山《蠶桑輯要合編·圖説》

桑梯式

桑條不可攀折，須用翦取。翦以鋼鐵爲之，頭長寸半，身高五寸，肩不可太闊，取便把握。口宜犀利，忌夾灰、嚼鐵、輭口。

桑剪

題解

清 鄭之僑《農桑易知録》卷二《育蠶器具》

桑剪七寸長，兩旁用舊棉花裹之，以免手上起泡以鋼鐵為之，形如銀剪而長，快則桑枝不裂，發二葉亦易。

（道光）《遵義府志》卷一六《農桑》

蠶具

桑剪：亦以鋼鐵為之，形如銀剪而長。葉筐：以竹劈細篾為之，形如斗大而高，所以盛小葉。蠶在大眠之前，總謂之小葉。至蠶漸大，則需葉漸多，又必用大筐子盛葉，或以竹編成，或以細柳條編成，皆可為筐備用。

清 沈練，仲學輅輯補《廣蠶桑説輯補》卷下

桑剪式

剪以鋼鐵為之，頭長寸半，身高五寸，肩不可太闊，取便把握，口宜犀利，以桑條不當攀折，須以此剪剪之也。梯之高低無定，約以八九尺爲適中。兩梯相並，頂側各釘鐵圈二枚，以細木連貫之，移之則下兩開，摺之則下雙合。鈎以三尺長之小柄，上裝鐵鈎，鈎高颺之桑條，以便剪取。葉編篾為之，圓徑尺半，高二尺餘，上須絡繩，以便挑運。

論説

清 方大湜《桑蠶提要》卷一《桑政二十三條**・接桑**十五則**》** 精器具

鋸齒宜細，粗則損皮肉；刀斧宜鋒利，鈍則損津液。

清 韓夢周《蠶桑實濟》卷二《育蠶預備》

預製桑剪

用鋼鐵爲之，形如銀剪而長。以取地桑，若樹桑則須用斧。

又 預製葉刀

亦以鋼鐵爲之，刀口要薄，總以鋒快爲主。快則切葉最利，不致損葉津液，且葉著刀處不硬，蠶好上口吃也。

清 沈練，仲學輅輯補《廣蠶桑説輯補》卷上《培養桑樹法十九條・桑修剪説一條》 栽桑既活，於芽嘴透露後，用桑剪去頭上枯枝，餘俱留之。

清 黄世本《蠶桑簡明輯説・種桑説・種桑子法五條》 平地須種過接頭一二寸，高地必須種過三寸，方易回生。隨用桑剪，視桑大小，桑大，離地尺餘；桑小，離地五六寸，剪去上段。

清 張行孚《蠶事要略》

采桑

采桑須乘旦暮，而避日午炎熱。又須乘晴燥而避雨濕，采荷葉桑者，須摘葉而留條。樹高者須用長梯，枝遠者須用長鈎，采剪者須用桑剪。在年年剪處，剪其條，而後摘下條上之葉。其條上之皮，剝而藏之，可以搗紙。其采桑之多寡，視蠶之大小為節。蠶小時，以籃采之。蠶大時，以長竹籃采之，或肩挑、或船載。湖俗，蠶至三眠大眠時，各處多有桑葉行，其桑葉之價賤或每擔每百斤為擔錢二三百，貴或每擔錢三四千。雖朝夕之間，其價貴賤懸殊也。湖俗所謂仙人難斷葉價也。至桑梯、桑剪、竹籃等物，皆須預為置備。

清 任蘭生《蠶桑摘要・圖説》 桑條不可攀折，須用剪取。剪以鋼鐵為之，頭長寸半，身高五寸，肩不可太濶，取便把握，口宜犀利，忌夾灰，嚼鐵輭口。

清 汪曰楨《湖蠶述》卷一

栽桑

種桑秧 【略】如桑枝下本旁生細枝，以桑剪剪去修平，則本光好接也。種秧時先剪去上梢俗名攔頭，冬間再攔之，一二年可接成家桑矣。《桑譜》

又 閹野桑

如所接之條，發枝約七寸長者，將野桑本離接處二三寸，用桑剪旋剪其皮，上下兩轉，約離寸許，將寸許之皮剝去，則脂液并發，接枝上，俗謂之『閹』。閹時最要留心，防搖動。接枝閹後，即將稻稈三根，輕輕縛嫩枝于野桑本上，宜寬不宜緊，恐傷嫩枝也。

又 攔桑枝

所接家桑，順性發生，必本枝直上，不生旁枝，所以有逐年攔頭之法，即剪去上梢也。本年攔頭，如枝已粗壯，約長三尺餘，可將嫩枝直梢，用桑剪攔去數寸，待發新芽，澆糞一徧，能當兩年；如枝瘦者，不可攔，倘有發兩枝者，擇其善者養之，其不善者去之，蓋兩枝並養，其枝終覺細軟，不如一本，為壯直也。【略】四年之中逐年如法攔之，桑必枝葉茂密，第五年便可開剪將桑枝帶葉剪斷，以便采下飼蠶也。第六年養其葉于桑，勿剪勿伐。如遇葉貴之年，亦可從權采之。

又 剪桑葉

桑貴剪，初種剪其幹，獨剩根而糞之，令其發生，如是三年而後留其幹。《烏青鎮志》蠶事畢，將枝髡去，但髡時不可留觜角，及夏至開掘，根下用糞或蠶沙培壅，《書城雜著》否則葉不暢茂。其不剪者曰高桑，剪而禿者曰鼓椎桑。《烏青鎮志》剪葉宜晴時，則桑脂遇日即乾，如遇雨則桑脂隨雨而泄，本不固矣；如枝粗不宜留者，用桑剪剪下，不可徒手攀折，恐連皮而下損其本也。《桑譜》

又 修桑

春分、秋分，乃修桑、治蟲時也。用小篾籃一隻，將應用斧鑿、鋸子、鐵絲、桑剪、刮杷等器置籃内，則取携甚便。《桑譜》擇根下細條，或丫襠陰枝，及眇小不堪蔭下繁密者，老枝不成器者，悉去之；《烏青鎮志》枝已枯而不復萌芽者，亦去之；《桑譜》拳曲向下者勿留，橫斜礙道者勿留。《廣蠶桑説》粗則鋸之，細則剪之，次用鑿刬平并修光，使其皮漸自包裹；若不修平，遂成節疤，風吹易折也；桑條横在空處者，以繩絆之，則枝條整齊矣。《桑譜》

清 吴宗周、陳幹材、徐謙山《蠶桑白話》卷一《栽桑白話・接桑樹》

選擇强壯的枝條，拏桑剪去剪來，又分剪得四寸長的一段一段，留桑芽二個或三個，卽枝上要出葉的小釘子。又要用鋒快的刀子，大約濶一寸五分，長六寸許，把他下一頭削出斜面形，好像一個馬蹄形的樣子，這個就是喊他接穗。

清 張文藝《養蠶秘訣》 飼葉

初收小蠶時，約到一二時，小蠶爬在野栗花葉上面，齊集將嫩桑葉切成細絲，輕輕糝上。小蠶糝葉宜薄宜匀，宜多次數，飼一次切一次，不可多切，恐其乾也。採葉須大而嫩者置筐中，卜用帶潮手巾蓋之。每日切葉刀須每日磨一次，每切一次須草紙擦一次。缸盆砧頭每用一次，須用手巾揩極乾淨。手巾每日須洗兩次，却不可用洋肥皂等物。逐漸切粗，至二眠後可用囫圇葉，將葉撕開單片匀攤。至三眠後，并不必撕開。至大眠後，須厚攤一層，以匀爲要。最好俟食葉先白之處，以葉補之，謂之飄白蕩。蠶有稀密，密者先白，補之則匀矣。葉有四忌，一忌泥污，一忌氣水，一忌乾枯，一忌發熱，食之皆足害蠶。剪葉任早晚兩時，早在日高數丈，露水將乾。晚在日斜西嶺，熱氣退盡。倘晝午乏葉不能待晚，必擇背陰處剪之。其泥污葉，採時貼去。剪葉之法，桑剪須快，以右手執剪，左手執桑，用力趁脆一剪，不可使桑皮開損，上下高低必一樣齊平。

清 佚名《樹桑養蠶要略・樹桑十九條》

壓接本桑

八月中，以本桑枝條之嫩而長者。攀至地，壓以肥土，不令透風。數月卽生根，明春就生根處，用桑剪剪斷，移栽他處，不須更接，二年卽成樹。

種桑澆水

新種小桑，條葉未盛，宜時時澆水，以護根之土。須帶潤澤，方能發芽，土乾便應澆水。凡自南移北之小桑，種活者少，皆由澆水之功疏也。

刪枝去梢

枝少則葉自肥，所必當去之條有五。一、枯條。二、細條。三、向下垂之條。四、向裏生而刺身之條。五、駢枝并生之條，宜去一留一。新移小桑，其梢既已剪去，次年又剪去梢，不令樹高，便于採葉。且樹梢細嫩，出葉不大，去之則全力注于旁枝矣。此二事，均用浙中桑剪爲便。

綜述

清 鄒祖堂《蠶桑事宜・培養桑樹法十五條》

桑之茂者，四面匀圓，如雨蓋狀，修剪得法故也。修剪之法，删繁補缺，去舊換新而已。補缺，非另植一株以補之也，於缺處，多留幾枝嫩條，使之散布，則補矣。換新，非另植一株以換之也，舊條既去，其著剪處，自然抽出新條。栽桑既活，於芽嘴透露後，用桑剪剪去頭上枯枝，餘俱留之。第二年從芽嘴透露時算起，若從栽時算起，則第三年矣。

清 沈秉成《蠶桑輯要・圖説》

桑剪式

桑條不可攀折，須用剪取。翦以鋼鐵為之，頭長寸半，身高五寸，肩不可太闊，取便把握，口宜犀利，忌夾灰嚼鐵軟口。

清 吴烜《種桑説》 分栽剪頭法 平地須種過接頭一二寸，高地必須種過三寸，方易回生。隨用桑剪，視桑大小，桑大離地尺餘，桑小離地六七寸，剪去上段。剪下之條，可接土桑。

清 汪曰楨《湖蠶述》卷一

栽桑

種桑秧 種秧時，要晴燥乃發，大伏中仍如法澆灌，一二次。冬間或壅稻稈泥，或罱河泥皆可。如桑枝下本旁生細枝，以桑剪剪去修平，則本光好接也。種秧時先剪去上梢，俗名攔頭。冬間再攔之，一二年，可接成家桑矣。《桑譜》

又 剪桑秧

其不剪者曰高桑，剪而禿者曰鼓椎桑。《烏青鎮志》剪葉宜晴時，則桑脂遇日即乾。如遇雨則桑脂隨雨而泄，本不固矣。如枝粗不宜留者，用桑剪剪下，不可徒手攀折，恐連皮而下，損其本也。《桑譜》

清 沈練《廣蠶桑説・培養桑樹法二十條》 栽桑既活，於芽嘴透露後，用桑剪剪去頭上枯枝，餘俱留之。第二年從芽嘴透露時算起，若從栽時算起，則第三年矣。

清 饒敦秩輯《蠶桑簡要録・栽桑法則》

修枝三條

臘正月間，將頂上透高，及四面散撑枝樹，用桑剪截去稍頭。其長枝可翦去大半，短枝可翦去一半。

又《雜説十條》 種桑必須置器，翻土須用鐵耙，削草須用鐵鋤，皮蛀須用鐵刮，捉蟲須用鐵絲，截枯條須用手鋸、斜鑿、鐵鏟。采桑，須用桑梯、桑鈎、桑剪，並糠灰，山箒、稻柴及淘過之乾麥、土磚，均宜預備。

清 曹倜《蠶桑速效編・種桑説》

分栽剪頭法

平地須種過接頭一二寸，高地必須種過三寸，方易回生。隨用桑剪，視桑大小，桑大離地尺餘，桑小離地六七寸，剪去上段。剪下之條，可接土桑。

又《補遺》 種桑，必須置器，翻土須用鐵耙，削草須用鐵鋤，皮蛀須用鐵刮，促蟲須用鐵絲，截枯條須用手鋸，斜鑿鐵錘采桑葉，須用桑梯、桑鈎、桑剪。

清 陳淳《實驗蠶桑簡要法》篇下《置辦蠶具之法》 桑剪以採桑，斷枝既易，復無扯裂樹皮，凸凹拳頂之患。

清 吴宗周、陳幹材、徐謙山《蠶桑白話》卷一《栽桑白話・接桑樹》 一種喊他合接法，用那個下子的桑秧，到第三年正月底二月初的時候汁可再遲二日，都有手指這樣粗了，把他的桑秧一株一株的掘起來。然後用別的湖桑樹上，選擇强壯的枝條，拿桑剪去剪來。又分剪得四寸長的一段一段，留桑芽二個或三個，就是枝上要出葉的小釘子。又要用鋒快的刀子，大約闊一寸五分，長六寸許；把他下一頭削出斜面形，好像一個馬蹄形的樣子，這個就是喊他接穗。

又《除害蟲》 害桑的蟲【略】生子，就在化蛾的後，這種蟲子都積在樹枝上，漸漸尋他積子的枝條，拏桑剪去剪他的枝條來，用火燒灰，這種所積的子都燒死了。

清 吕廣文《蠶桑要言・種桑法》

種法

種好即將留在泥面之秧條，留出寸許，即將桑剪剪斷，不可多留。剪落之條，即插其旁，以作標記，多有活而生根者，來年可拔種別地。桑剪出嘉湖者最利，杭州大井巷剪刀店中，亦有合用者。

清 楊鞏《中外農學合編》卷九《林類・樹桑・桑具》

桑剪

桑條不可攀折，須用剪取，剪以鋼鐵為之剪頭高五寸，肩不可太闊，太闊則不便把握，口宜犀利。《蠶桑輯要》

清 黄毅《養蠶新論・蠶具・摘桑器》《蠶業叢書》第二編 桑剪 壯蠶之時，需葉量多。一葉細摘，不能敷用，必須剪其枝條，此桑剪之所以不可少也。

我國嘉湖一帶所造之剪，甚爲適用。

藝文

清 金文錦《促織經・紫色》

紅頭紫

牙齒彎尖桑剪樣，秋冬歷遍莫能當。

清 佚名《瑞繭吟》《蠶事統紀》卷一八　亟當絨封薦天子，郊廟衣服供縫紝。左右史臣自點筆，天子正鼓薰風琴。予恐遐方惜未睹，流傳譔此瑞繭吟。

又《養蠶詞》　里胥一月不下鄉，家家閉門村日長。蠶娘養蠶如養兒，性知畏寒飢有時。籬根賣炭聞盪槳，屋後鄰園桑剪響。關心兩事愁常缺，典郤頭釵嫁時物。官租不負儂不苦，猶喜端陽簪繭虎。

雜録

明 沈氏，清 張履祥輯補《農書》卷上《運田地法》　漢人頌刺史德政曰：桑無附枝，甚言修桑為重事也。桑鋸，須買木匠生鐵鋸。桑剪，須在石門鎮買，五分一把，其刮蟥也，須三番，冬春看頭蟥，清明前看二蟥，剪桑畢看三蟥，一株上百顆盡刮。若遺剩一顆，亦足蟥盡，必如此三番四覆，亦料不能凈盡。又要六月内捏頭蟥，七月内捏二蟥，而頭蟥尤宜細看，留頭蟥一，則二蟥便有百。此時田工甚忙，人每忽略不上緊，不知葉一經蟥，縱有肥壅有工力，亦不易救決，宜早早用心。

（乾隆）《烏青鎮志》卷二《農桑》　育蠶必有其具，蠶之初生，用篩置之，烏滿則用箔，箔必以紙糊其縫。兩眠出薙，盛之用筐，或用籚器之大者，可以容蠶之多也。蠶室中必用簾薦以圍之，簾以蘆編，薦以草織，皆取其蔽風寒也。其采桑有桑剪、有桑篰。飼小蠶而切葉也，有草墩。時或雨陰而寒，則用火盆，繅絲則用絲車，迨水缸鍋竈畢備而其具全矣。

清 汪曰楨《湖蠶述》卷一

栽桑

修桑　用小篾籃一隻，將應用斧鑿、鋸子、鐵絲、桑剪、刮杷等器置籃內，則取攜甚便。《桑譜》擇根下細條，或丫襠陰枝，及眇小不堪，蔭下繁密者，老枝不成器者，悉去之。《烏青鎮志》枝已枯而不復萌芽者，亦去之。

清 汪宗沂《蠶桑輯要・樹桑養蠶要略》

斫桑枝

凡樹桑，每年須斫枝三次，正月、二月、十二月皆宜，不留中心之枝，樹矮則圓葉橫生而肥大。若地桑，須年年割之。南方剪枝條，防斫枝傷皮也。今浙中桑剪，約大錢一百五十文，以布包紮其柄而用之。

又　壓接本桑

八月中，以本桑枝條之嫩而長者，攀至地，壓以肥土，不令透風，數月卽生根。明春就生根處，用桑剪剪斷，移栽他處，不須更接，二年卽成樹。

清 吴宗周、陳幹材、徐謙山《蠶桑白話》卷一《栽桑白話》

除害蟲

這種蟲子都積在樹枝上，漸漸尋他積子的枝條，拏桑剪去剪他的枝條來，用火燒灰，這種所積的子都燒死了。

清 豫山《蠶桑輯要合編・趙伯寅都轉復書》　又在湖邑覓得工人二名，每名月費六千文，並購買桑鋤、桑剪、絲車等件，在鄉教養得剪插接換種子育蠶之法。

清 陳淳《實驗蠶桑簡要法》篇上《栽桑法・修整桑枝之法》　春秋分前後，宜以小篾籃一隻，盛應用斧鑿、鋸子、鐵絲、桑剪、刮杷等物，以便取攜。乃週巡桑下，擇前述各種惡劣枝條，而修整之。粗則鋸之，細則剪之。復用鑿剗平修光，使其皮漸自包裹，否則必成節疤也。

清 佚名《樹桑養蠶要略・樹桑十九條》　删枝去梢　枝少則葉自肥，所必當去之條有五。一、枯條。二、細條。三、向下垂之條。四、向裏生而刺身之條。五、駢枝并生之條，宜去一留一。新移小桑，其梢既已剪去，次年又剪去梢，不令樹高，便于采葉。且樹梢細嫩，出葉不大，去之則全力注于旁枝矣。此二事，均用浙中桑剪為便。

圖表

清 韓夢周《蠶桑實濟》卷二《育蠶預備》

桑剪式

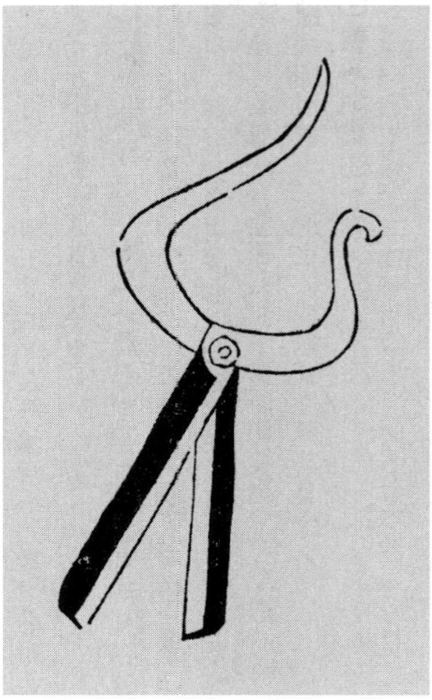

又

切葉刀式

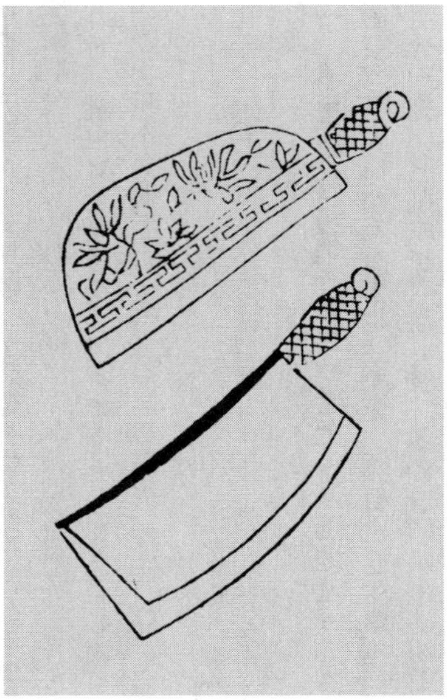

清 沈秉成《蠶桑輯要・諸家雜説・圖説》

桑剪式

清 葉向榮《農林蠶説・蠶桑圖説》

桑剪式

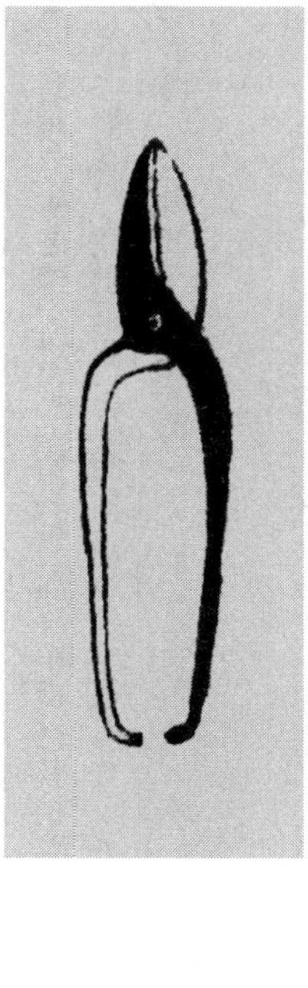

清 俞墉纂輯《蠶桑述要》

翦刀　桑翦

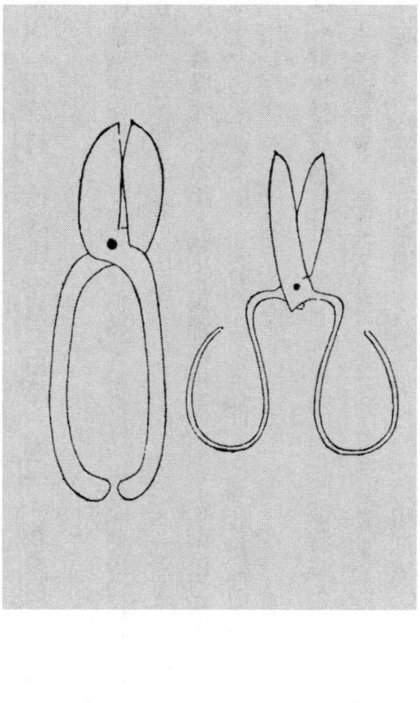

桑鉤

題解

元 王禎《農書》卷二一《農器圖譜十七・蠶桑門》 桑鉤，采桑具也。凡桑者，欲得遠揚枝葉，引近就摘，故用鉤木，以代臂指扳□班切援之勞。

清 楊鞏《中外農學合編》卷九《林類・樹桑・桑具》 桑條長者，剪取不及，必須用鉤以攀之。鉤以鐵為身，如鷹嘴，末作環孔以受木柄。身

長五六寸，柄長二三尺。《桑事圖譜》

綜述

元 王禎《農書》卷二一《農器圖譜十七・蠶桑門》

桑鉤

桑鉤，採桑具也。凡桑者欲得遠揚枝葉，引近就摘，故用鉤木，以代臂指扳普班切援之勞。昔后妃世婦以下親蠶，皆用筐鉤采桑。唐肅宗上元初，獲定國寶十三，內有采桑鉤一，以此知古之采桑，皆用鉤也。然北俗伐桑而少采，南人采桑而少伐。歲歲伐之，則樹脉易衰，久久采之，則枝條多結。欲南北隨宜，采斫互用，則桑斧、桑鉤，各有所施，故兩及之，不致偏廢。梅聖俞詩云：長鉤扳桑枝，短鉤挂桑籠。南陌露氣寒，東方日光動。少婦首且笄，幼女角已總。競用采桑歸，曾非事梳櫳。

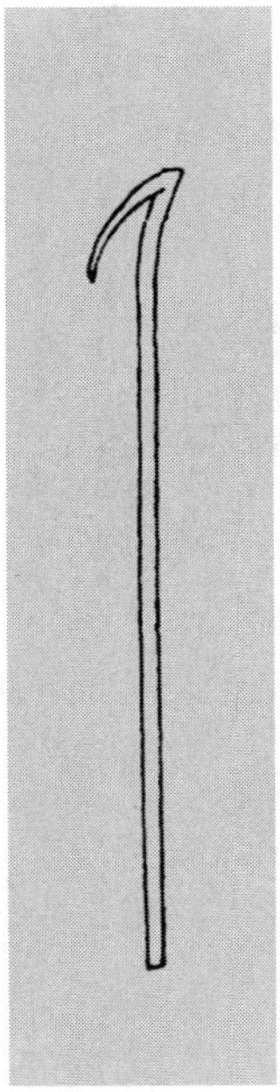

明 徐光啓《農政全書》卷三四《蠶桑・桑事圖譜》 桑鉤，采桑具也。凡桑者欲得遠揚枝葉，引近就摘，故用鉤木，以代臂指攀援之勞。昔者親蠶，皆用筐鉤采桑。唐上元初，獲定國寶十三，內有采桑鉤一，以此知古之採桑，皆用鉤也。然北俗伐桑而少採，南人採桑而少伐。歲歲伐之，則樹脉易衰，久久采之，則枝條多結。欲南北隨宜，採砍互用，則桑斧、桑鉤，各有所施，故兩及之。

清 俞墉纂輯《蠶桑述要・器具》 桑鉤，採桑具也，采桑者或上樹、或倚梯，而桑枝之遠揚者引近就採，須以鉤煆銕爲之，受以竹竿爲柄，長者不過六七尺，短者四五尺，以代指臂攀援所未及，古時親蠶，筐鉤咸備。唐上元間，得定國寶十三，中有採桑鉤一，以此知採桑用鉤由來尚矣。

清 任蘭生《蠶桑摘要・圖説》 桑鉤，凡桑條長者，剪取不及，必須用鉤以攀之。鐵身長五六寸，形如鶯嘴，末作環孔以受柄，柄長二尺八寸許。

藝文

宋 梅堯臣《宛陵集》卷五一《和孫端叟蠶具十五首・桑鉤》 長鉤扳桑枝，枝間挂桑籠。南陌露氣寒，東方日光動。少婦首且笄，幼女角已髫。競以採桑歸，曾非事梳櫳。

圖表

清 鄂爾泰《授時通考》卷七三《蠶事門・飼養》

桑鉤

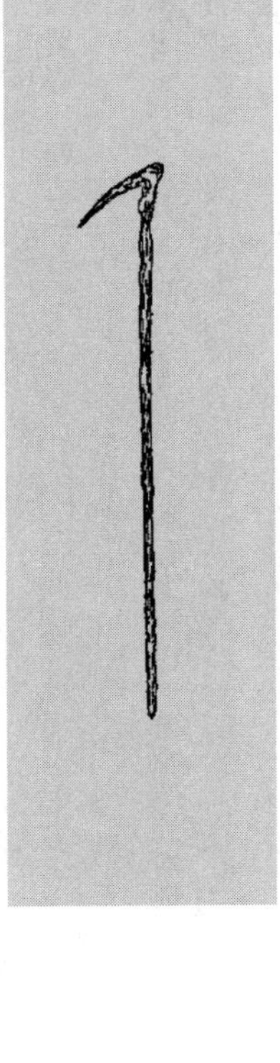

清 方大湜《桑蠶提要》卷一《桑政二十三條・桑具十三則》

桑鉤

桑條長者，翦取不及，必須用鉤以攀之。鉤以鐵爲身，形如鷹觜，末作環孔以受木柄。身長五六寸，柄長二三尺。

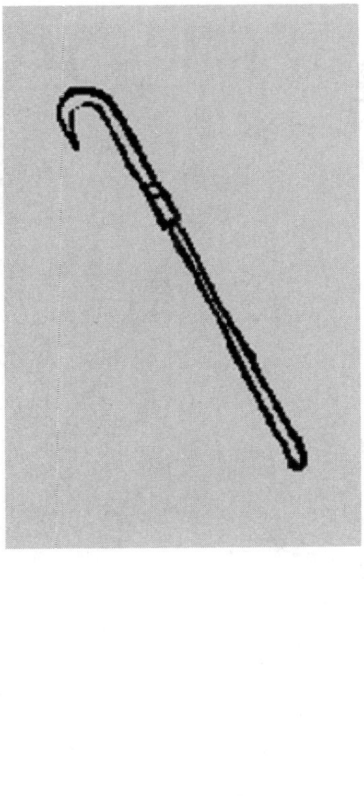

清 任蘭生《蠶桑摘要・圖説》

桑鉤式

桑鉤，凡桑條長者，剪取不及，必須用鉤以攀之。鐵身長五六寸，形如鶯嘴，末作環孔，以受柄，柄長二尺八寸許。

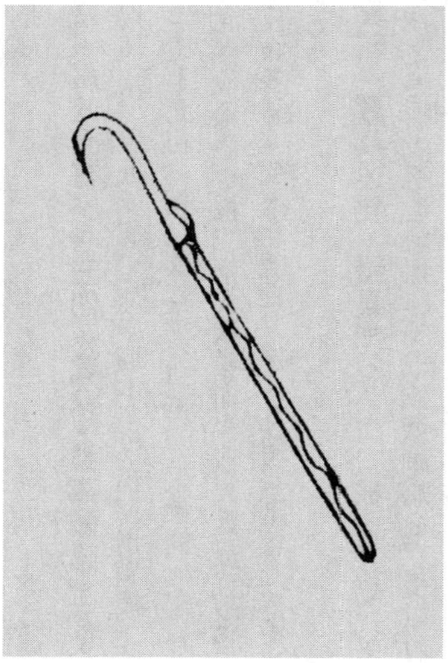

清 葉向榮《農林蠶説・蠶桑圖説》

桑鉤式

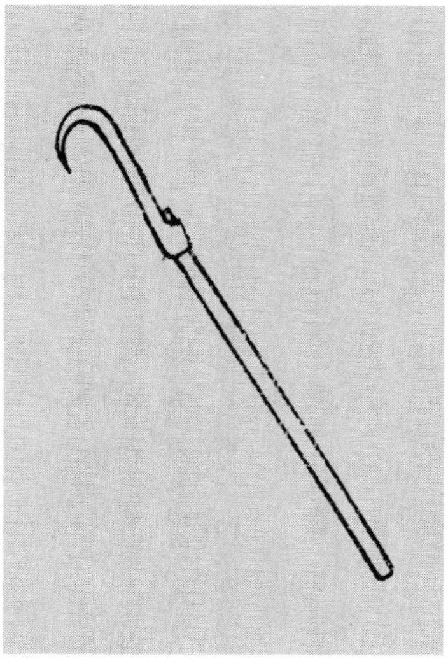

清 豫山《蠶桑辑要合编・圖説》

桑鉤式

桑鉤，凡桑條長者，翦取不及，必須用鉤以攀之。鐵身長五六寸，形如鶯嘴，末作環孔，以受柄。柄長二尺八寸許。

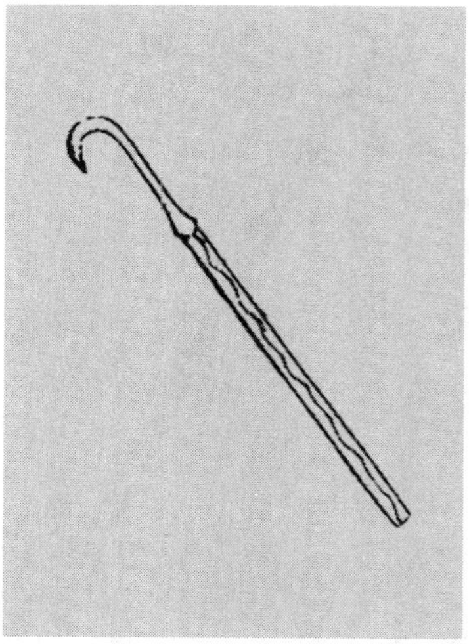

葉籃

題解

元 王禎《農書》卷二二

桑籠

桑籠。《集韻》云：籠，大篝古候切也。今謂有係筐也，桑者便於携挈。《古樂府》云：羅敷善采桑案今本作「羅敷善蠶桑。」，采桑城南隅方言，叶韻。青絲為籠繩案，今本作「青絲為籠係」，桂枝為籠鉤。今南方桑籠頗大，以擔負之，尤便於用。梅聖俞詩云：采采向桑郊，盈盈自持筥。挂鉤帶月往，稚葉和煙貯。一心恐蠶飢，搔首促儔侶。到家傾嫩緑，刀几為□咀。

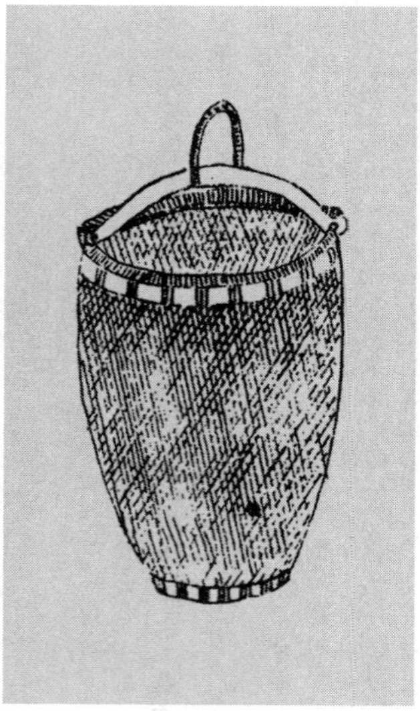

明　王圻、王思義編集《三才圖會・器用九卷蠶織類》　桑籠。《集韻》云：『籠，大篝古侯也。也。』今人謂有係筐也，桑者便於攜挈。《古樂府》云：『羅敷善採桑，採桑城南隅方言葉韻。青絲爲籠繩，桂枝為籠鉤。』今南方桑籠頗大，以擔負之，尤便於用。

清　鄭之僑《農桑易知録》卷二《育蠶器具》

葉筐

以細篾為之，形如斗大而矮小，所以盛小葉，餧蝸兒，俗名小茶籠也。蠶漸大，則需葉漸多，又用大筐子盛之，此皆摘取枝上之葉，俗名大茶籠也。至二眠後，則用桑剪連枝剪來，用大篾片編成大筐備用，俗名謂之葉蔀。

清　崔應榴彙纂，錢馥補輯《蠶事統紀》卷九《蠶室　蠶具　繅絲具》　筐鉤　《詩・七月篇》：女執懿筐，遵彼微行，爰求柔桑。《毛傳》：懿筐，深筐也。《正義》：懿者，深邃之言，故知懿筐深筐。《晋先蠶儀》：蠶將生，擇吉日，皇后乘油畫雲母安車，駕六騩馬載筐鉤從蠶。

案，懿筐，用以貯桑，即後世之篝籠，今之所謂簍與蔀是也。與貯蠶之筐甚別，古之采桑皆用鉤，以取遠揚之條，故親蠶禮亦著之。

清　李聿求《桑志》卷四《桑之具》

王禎《農書》：『桑籠，大篝也。即今謂有係筐也。桑者便于携挈。《古樂府》云：『青絲為籠繩，桂枝為籠鉤。』今南方桑籠頗大，以擔負之，尤便於用。』

案：浙西有桑筥與筐，圓而又小。宋梅堯臣《桑筥詩》云『采采向桑郊，盈盈自持筥』，言輕便也。又有桑簃，其制與籠稍異，高三四尺，徑三尺，以粗竹篛為之

清　王先謙《釋名疏證補》卷四《釋言語第十二》　懿，僾也，言奧僾也。畢沅曰：胡本作『僾奧』。蘇與曰小。《爾雅》《廣詁》，懿深也。《詩・七月》毛傳：懿筐，深筐也。孔疏：懿者，深邃之，言此奧僾，釋懿，蓋取深邃之義。本書釋天陰蔭也，氣在内奧蔭也，奧蔭卽深邃之旨。《說文》：僾，彷佛也。《禮・祭義》釋文，僾，音愛，微見兒。《正義》，僾，髣髴見也。《爾雅》釋言，薆，隱也。僾薆字同，竝與深邃義合。

清　楊鞏《中外農學合編》卷九《林類・樹桑・桑具》

葉簍

簍，以粗篾為之，形如小兒搖床。寬四尺，長六尺，邊高六寸，四圍皆孔大小如酒杯，以通風通氣。《蠶事圖譜》

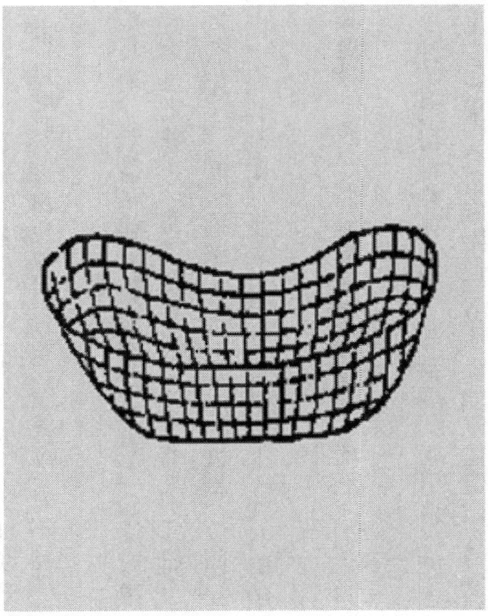

综述

清　鄭之僑《農桑易知録》卷二《育蠶器具》

葉筐

以細篾爲之，形如斗大而矮小，所以盛小葉，餧蝸兒，俗名小茶籠也。蠶漸大，則需葉漸多，又用大筐子盛之。此皆摘取枝上之葉，俗名大茶籠也。至二眠後，則用桑剪，連枝剪來，用大篾片，編成大筐備用，俗名謂之葉蔀。

（道光）《遵義府志》卷一六《農桑・蠶具》　葉筐：以竹劈細篾為之，形如斗大而高，所以盛小葉。蠶在大眠之前，總謂之小葉。至蠶漸大，則需葉漸多，又必用大筐子盛葉，或以竹編成，或以細柳條編成，皆可為筐備用。

清　豫山《蠶桑輯要合編・圖説》　篰，編篾爲之，圓徑尺半，高二尺餘。上設橫檔，以便有挑，繩絡亦可，眼之疏密隨意。

清　陳淳《實驗蠶桑簡要法》篇下《養蠶法・置辨蠶具之法》　葉簍有大小兩種，大者高二尺四五寸，圓徑一尺六七寸，目二寸許。小者高一尺内外，圓徑八九寸，不可開目，以便三四齡前盛葉也。

藝文

《詩經・豳風・七月》 春日載陽，有鳴倉庚。女執懿筐，遵彼微行，爰求柔桑。春日遲遲，采蘩祁祁。

唐 張鷟《皇后親蠶諸侯之小君古者亦有蠶室今廢其事不可以率下親蠶條》《全唐文》卷一七四 懿筐是執，柔桑是攀。

唐 張何《授衣賦》《文苑英華》卷一一三 惟改歲之宏典，爰授衣於肅霜。稽《月令》之前制，得《豳詩》之首章。夫其損益從時，取其觀古人象，玄黃既績，可以爲公子裳。促機上之寒杼，發桑間之懿筐。

唐 李君房《獻繭賦以將以給宗廟之服爲韻**》**《文苑英華》卷一二〇 冠六宮六職者，公桑而已矣。既卒蠶於世婦，乃奠繭於天子。稽諸祭典實可重，考諸女工斯爲美。信率土而在茲，亦奉先而是以。當其令布明堂，時更青陽。蠶事既卒，女工式臧。然後衣禮服，出棘墻。奉茲珍繭，盈彼懿筐。纍纍乎如將薦卵，皎皎乎有類凝霜。既依於一作乎后，亦獻于王。所以申課績之勞止，展威儀之孔將。遂繅三盆，俻六服。或黼或黻，或朱或緑。期有事於王公，庶無勞於杼柚。侯其禕而實足。尚之享廟之容，克備展敬之禮，允釐斯盖夫人之畏慎，王者之肅祇。不然者，賦有織紝之筐，貢有畎岱之絲。海人奉氷蠶至止，園客將絲緒來茲。冠冕之服可成，祭祀之儀可輯。可以重其珍美，可以揚其裼襲。何必桑壇而世婦斯復，繭館而夫人乃入，俾來者既單，恒日不暇給。蓋欲輸於勤苦，表我敬恭。厚禮奉於先祖，躬勤勸乃農功。使三官之有序，斯百代之攸宗。是以獻繭之道，治國之要，將取媲於三推，明至誠於九廟。清《濟貫濁河賦》以『與濁同流，清源自別』爲韻。

唐 白居易《白氏六帖事類集》卷二三 採桑五十五 十畝之閒，桑柘閑閑。女執懿筐，遵彼微行，爰求柔桑微行，墻下徑也。蠶月條桑，取自斧斨。以伐遠揚，猗彼女桑。《詩》

宋 張九成《孟子傳》卷二 其詩曰：穫之挃挃，積之栗栗。其崇如墉，其比如櫛。以開百室，百室盈止，婦子寧止。殺時犉牡，有捄其角是也。又為之言，陽氣方亨，淑鳥應候。宜執桑器，以圖蠶事。其詩曰：春日載陽，有鳴倉庚。女執懿筐，遵彼微行，爰求柔桑是也。又為之言：陰氣已應，鵙鳥已鳴，宜務組績，以為衣裳之用。其詩曰：七月鳴鵙，八月載績。載玄載黃，我朱孔揚，為公子裳是也。

元 陸文圭《墻東類稿》卷四《農桑》 桑土既蠶，而織文絲，臬納于貢篚之中，于耜舉趾，饁婦同於南畝，十月納禾之張本也。采蘩猗桑筐，女遵於微行，九月授衣之收功也。

《大明會典》卷七三《禮部三十一》 熙春陽，化日長，執懿筐，采柔桑。拾繭繅絲有萬箱，染紅黃孔陽，為公子製衣裳。

明 廖道南《楚紀》卷二四《昭文外紀後篇》 攀柔條之遠揚，取彼曲植，執此懿筐，儉勤取則乎邠女。莊恪遺戒於魯姜。其飼蠶之室，則于彼殿庭之陰，屈鳳輦于嘉月，集蠶婦之如雲。叢箔班班，密葉蓁蓁。帝純服之所自出，后鞠衣之所由，成其繅璽之館，則于彼蠶室之區。含天駟之眞精，監織女之靈輝。七襄成章，三盆就絲。西陵氏創其緒業，宛窳氏淑其範規，是故坤儀靜專，以亮乾元之化陰。

明 潘游龍輯《康濟譜・農桑》卷一〇《種植・蠶論》 《豳風》之詩曰：女執懿筐，遵彼微行。爰求柔桑，則豳可蠶。《將仲子》之詩曰：無折我樹桑，則鄭可蠶。《車鄰》之詩曰：阪有桑，隰有楊，則秦可蠶。《氓》之詩曰：桑之未落，其葉沃若。桑之落矣，其黃而隕。《桑中》之詩曰：期我乎。

清 李世恪《采桑詞》《蠶事統紀》卷一八 沿畦桑葉長，蠶飢待桑急。少婦携懿筐，稚子桑顛立。日夕少餘閒，蠶成繭霱霱。未得上寒機，抱絲貿通邑。官家催稅錢，豈敢遲呼吸。春事已無求，俯視空筐泣。君不見凍老曾無衣帛時，滿城兒女綺縠歸。

清 崔應榴彙纂，錢馥補輯《蠶事統紀》卷二〇《蠶事書籍及兼言蠶事類**》** 《詩》有七月之陳，《書》有無逸之作，七月之詩曰：三之日於耜，四之日舉趾。同我婦子，饁彼南畝。又曰：十月獲稻。又曰：十月滌場。皆農之事也。其曰：女執懿筐，爰求柔桑。蠶月條桑，八月載績，載元載黃，皆婦工之事也。

清 張集賢編撰，郝子雅繪製《桑織圖》

種桑歌

種桑好種桑好，要務蠶桑莫潦草。無論墻下與田邊，處處栽培不宜少。君不見《幽風・七月》篇，春日載陽便起早。女執懿筐遵微行，取彼柔桑直到抄。八月萑葦作曲箔，來年蠶具今日討。繅絲織組漸盈箱，黼黻文章兼繢藻。本來婦織尚殷勤，豈但經營本能巧。老衣帛，幼製襖，一家大小偕溫飽。春作秋成冬退藏，闔戶垂簾樂熙皞。更得餘息完課糧，免得催科省煩惱。天生美利人不識，枉費奔馳徒擾擾。我勸世人勸務桑，務得桑成無價寶。若肯世世教兒孫，管取喫著用不了。各書一通曉鄉邻，方信種桑真箇好。

雜録

宋 吴淑《事類賦注》卷二五《木部・桑》 又若《詩》稱猗彼《詩》曰：猗彼女桑。《易》著其亡《易》曰：其亡其亡，繫于苞桑。條之蠶月《詩》曰：蠶月條桑。執以懿筐。《詩》曰：女執懿筐，爰求柔桑。

宋 王與之《周禮訂義》卷一二 季春之月，鳴鳩拂其羽，戴勝降于桑。后妃齊戒，親東鄉躬桑，而先儒於《祭義》《大昕》之注，亦以爲季春朔日。今此仲春，詔后何也。然以《七月》之詩攷之，春日載陽，有鳴倉庚。女執懿筐，爰求柔桑，謂仲春也。倉庚，以仲春鳴記，禮者乃言季春。豈季春者，蠶事之始歟，謂之始蠶，意可知矣。

宋 戴侗《六書故》卷一三《人六》 懿，乙器切。《書》曰：徽柔懿共。詩云：好是懿德，曰女執懿筐，曰懿厥哲婦。

明 徐光啓《農政全書》卷三一《蠶桑・總論》 郭子章《蠶論》曰：木各有所宜土，惟桑亡不宜，桑亡不宜，故蠶無不可事。《豳風》之詩曰：女執懿筐，遵彼微行，爰求柔桑。

清 李光地等《御定月令輯要》卷四《春令》 民用

柔桑增《詩》：女執懿筐，遵彼微行，爰求柔桑。《箋》，柔桑，穉桑也。蠶始生，宜穉桑。《傳》，休奕秋胡行，百草揚春華，攘腕採柔桑。杜牧詩，春半南陽西，柔桑偏村塢。

清 崔應榴彙纂，錢馥補輯《蠶事統紀》卷九《蠶室 蠶具 繅絲具》 筐鉤

《詩・七月》篇：女執懿筐，遵彼微行，爰求柔桑。《毛傳》：懿筐，深筐也。《正義》：懿者，深邃之言。故知懿筐，深筐。《晉先蠶儀》：蠶將生，擇吉日，皇后乘油畫雲母安車，駕六騩馬，載筐鉤，從蠶。

清 朱斌《蠶桑指要・叙》 蠶桑一事，素無從事於此者。桃花水上祓禊，人多載勝，塍閒懿筐莫執此，風俗之所以日偷，民財之所以日匱也。

清 李聿求《桑志》卷四《桑之具》 物以利用，器各攸殊。求桑不僅以懿筐躬桑，必嚴其車服，類而叙之，昭慎重也。志桑之具第四。

《詩・豳風》：『女執懿筐，遵彼微行，爰求柔桑。』

《詩・豳風》：『取彼斧斨，以伐遠揚，《傳》斨方銎也。』

《周禮・天官》：『内司服鞠衣。』注：『鞠衣，黄桑服也，色如鞠塵，象桑葉始生。』

《周禮・春官》：『巾車，翟車，貝面總有握。』注：『翟車不重不厭，以羽飾車之側，后乘以出桑者。貝面，謂以貝飾之當面，其總以繒而以緣其上，則有幄而無蓋焉。』

《禮記・月令》：『季春之月，天子乃薦鞠衣于先帝。』鄭元注：『鞠衣，黄桑之服。』

《禮記・月令》：『季春之月，命野虞毋伐桑柘。鳴鳩拂其羽，戴勝降于桑，具曲植籧筐。』

《呂氏春秋・月令》高誘注：曲，三輔謂之，楸，關東謂之枵，青徐謂　之曲。圓底曰蒙，方底曰筐，皆受桑器。』

《阮諶禮圖》：『乘輅，后法駕乘之以親桑。』

《晉書・天文志》：『扶筐，盛桑之器，主勸蠶也。』

《晉書・禮志》：『皇后著十二笄步搖，衣青衣，乘油蓋雲母車，駕六騩馬。女尚書著貂蟬佩璽陪乘，載筐鉤。』

案，《輿服志》云：『雲母車，以雲母飾犢車，犢車駕牛。』

《北齊書》：『后因親桑，服鞠衣，乘重翟。』

《隋書》：『皇后采桑，衣島衣，乘翟輅。命婦采桑齋及還，衣黄衣。』

《孔帖》：『后翟車采桑。』

《大唐開元禮》：『尚功執鉤，司制執筐。』

《唐書》：『上元二年，楚州獻寶玉，曰：「皇后桑鉤如箸屈其末」。』

《明史》：『洪武十三年，令天下人民，每村置一鼓，凡遇農桑時，月晨起擊鼓。』

《齊民要術》：『春采桑，必須長梯高机。案，《王禎農書》：机，作几。』

必欲趁高下，隨意去留，須梯長可也。』

《王禎農書》：『桑几，狀如高杌，平穿二桄，就作登級。凡柔枝未免攀附，須登几上，乃易得葉。今蠶家采彼女桑，兹為便器。』

《類篇》：『㓟，治桑刀。』

《蠶經》：『切葉之刀，宜闊而利。』

圖表

元 王禎《農書》卷一五《農器圖譜八・蓧蕢門》

筐

筐，竹器之方者。詩注云，筐，篚屬，可以行幣帛及盛物。《三禮圖》曰：大筐以竹受五斛，以盛米，致饋於聘賓。小筐以竹受五升，以盛米。又曰：筐以盛熬穀。《詩》曰：采采卷耳，不盈頃音傾。筐。又曰：女執懿筐，爰求柔桑。筐之制，其來已久，今用於農家者多矣。案筐筥亦一類，故亦併作一詩，繫于筥一條之下。

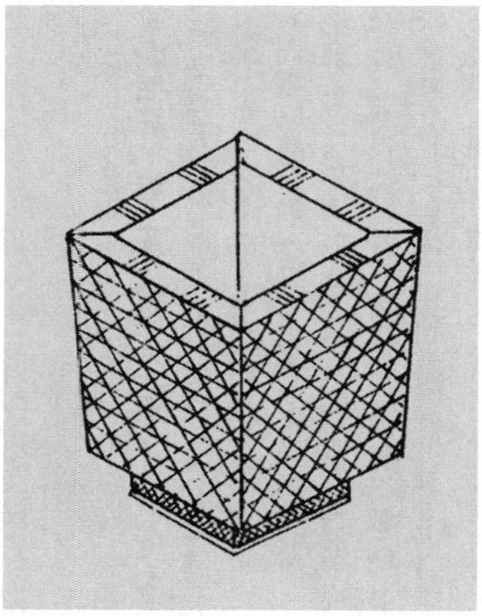

明 徐光啓《農政全書》卷三四《蠶桑・桑事圖譜》

桑籠

桑籠。《集韻》云：『籠，大篝也。』即今謂有繫筐也，桑者便於提挈。《古樂府》云：『羅敷善采桑，采桑城南頭。青絲為籠繩，桂枝為籠鉤。』今南方桑籠頗大，以擔負之，尤便於用。

清 鄂爾泰《授時通考》卷七三《蠶事門・飼養》

桑龍

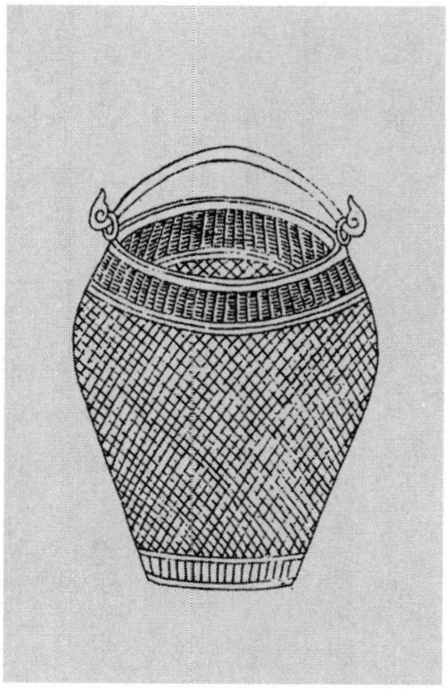

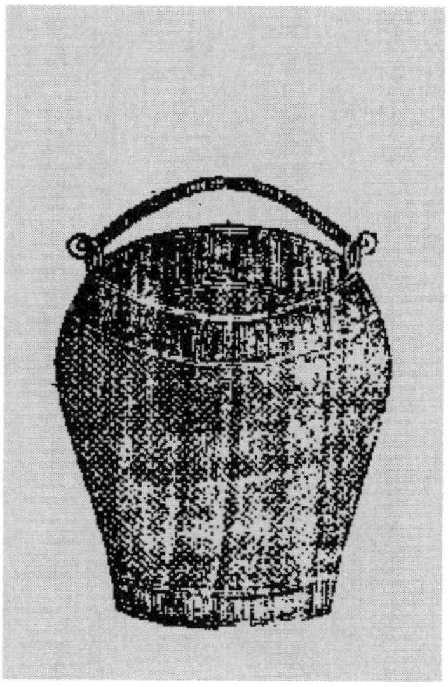

桑籠圖説

籠，大篝也，即今謂有係筐也，桑者便於携挈。《古樂府》云：羅敷善採桑，採桑城南頭。青絲為籠繩，桂枝為籠鉤。今南方桑籠頗大，以擔負之，尤便於用。

清 方大湜《桑蠶提要》卷一《桑政二十三條・桑具十三則》

葉簍

簍以粗篾爲之，形如小兒搖牀寬四尺，長六尺，邊高六寸，四圍皆孔大小如酒杯，以通風通氣。

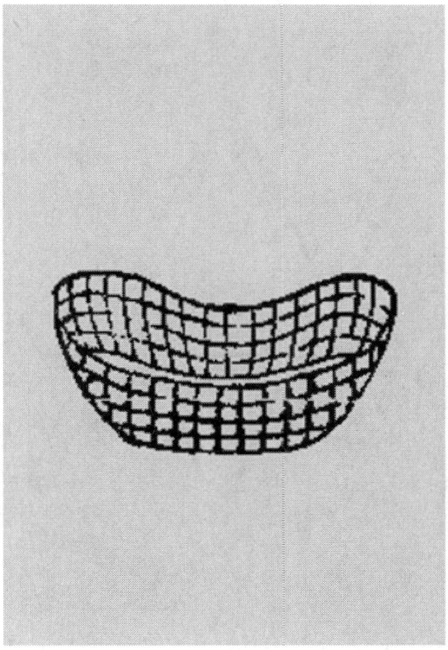

清 王文韶校，袁俊德輯《蠶桑紡織器圖説·桑器圖類》

桑籠圖説

桑籠。《集韻》云：『籠，大篝也。』即今謂有係筐也，桑者便於攜挈。《古樂府》云：『羅敷善採桑，採桑城南頭。青絲為籠繩，桂枝為籠鈎。』今南方桑籠頗大，以擔負之，尤便於用。

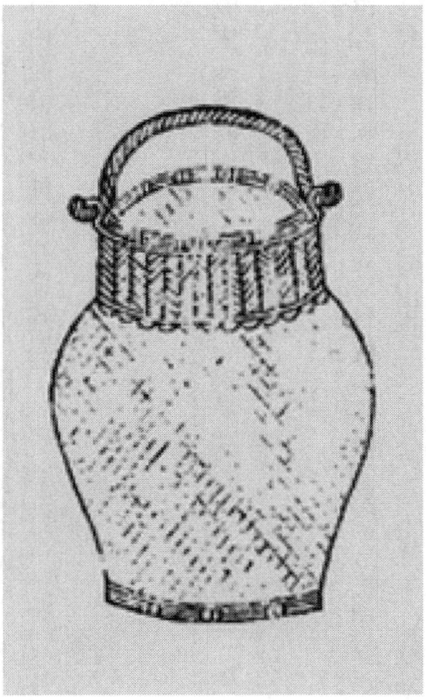

清 衛杰《蠶桑萃編》卷一一《圖譜·桑器圖類》

桑籠圖説

桑籠。《集韻》云：『籠，大篝也。』即今謂有係筐也，桑者便於提挈。《古樂府》云：『羅敷善采桑，采桑城南頭。青絲為籠繩，桂枝為籠鈎。』今南方桑籠頗大，以擔負之，尤便於用。

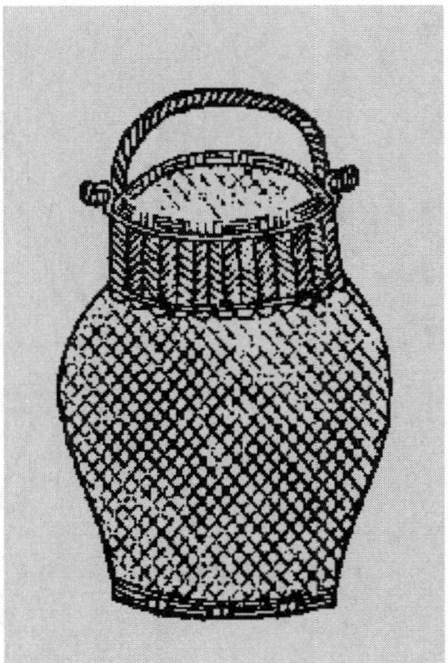

清 豫山《蠶桑輯要合編·圖説》

葉篰式

篰，編篾爲之，圓徑尺半，高二尺餘，上設橫檔，以便肩挑，繩絡亦可。眼之疏密隨意。

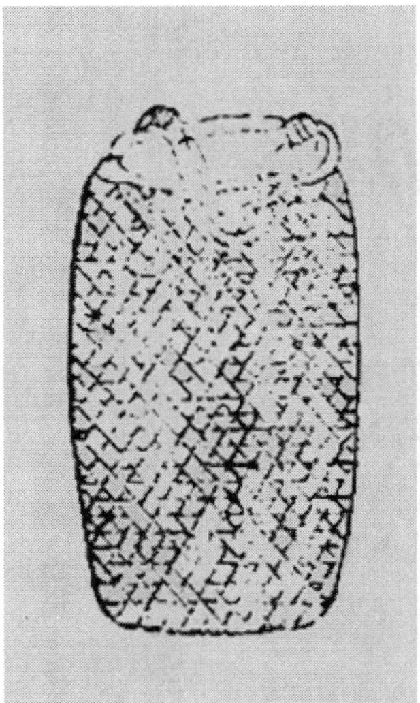

擔桑凳

題解

清 沈練，仲學輅輯補《廣蠶桑説輯補》卷下《飼蠶法六十六條·蠶

桑輯要器用式》

擔桑凳式鑿釘附注

擔桑凳，以杉木為之。凳面長五尺，脚高二尺五寸，其餘制度如式。剪下桑條，連枝葉架於凳上，以免着地拖泥，擔回亦便，遇雨可以覆蓋。鑿釘，以鐵打成，本身四寸長，口用鋼斧口一寸五分，鋤口一寸，中置堅木柄。桑本内生蛀蟲，用此鑿取，以免蛀空之患。

綜述

清 任蘭生《蠶桑摘要・圖説》 擔桑凳，用杉木為之，凳面長五尺，凳脚高二尺五寸，斜出榫，高二尺。翦下條桑，連枝葉架于凳上，以免著地拖泥，擔回亦便，遇雨可以覆盖。

清 王世熙編輯《蠶桑圖説》竹編《採桑圖説》 擔桑凳，用杉木爲之，凳面長五尺，凳腳高二尺五寸，斜出榫，高二尺。翦下條桑，連枝葉架於凳上，以免著地拖泥，擔回亦便，遇雨可以蓋覆。

清 楊鞏《中外農學合編》卷九《林類・樹桑・桑具》

擔桑凳

凳以木為之面長五尺，脚高一尺，兩頭以木為杈。剪下桑條，連枝葉架於凳上，以免著地拖泥，擔回亦便，遇雨可以覆蓋。

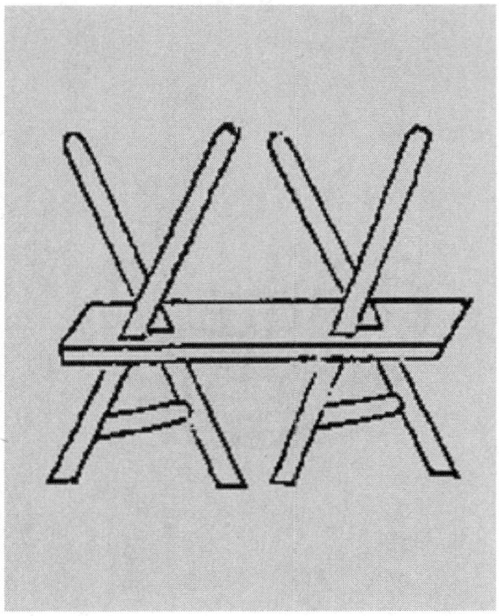

清 葉向榮《農林蠶説・蠶桑圖説》 擔桑凳 用杉木為之，凳面長五尺，凳脚高二尺五寸，斜出準，高二尺。剪下條桑，連枝葉架於凳上，以免著地拖泥，擔回亦便，可以復盖，遇雨無妨。鑿釘，以鐵打成，本身四寸長，口用鋼斧口一寸五分，鋤口一寸，中置堅木柄。桑本内生蛀蟲，用此鑿取，以免蛀空之患。

圖表

清 方大湜《桑蠶提要》卷一《桑政二十三條・桑具十三則》

擔桑凳

凳，以杉木爲之面長五尺，腳高一尺。凳之兩頭，以木爲杈。翦下桑條，連枝葉架於凳上，以免著地拖泥，擔回亦便，遇雨可以覆蓋。

清 曾鉌《蠶桑備要・圖説》

擔桑凳

擔桑凳，用杉木爲之，凳面長五尺，凳腳高二尺五寸，斜出榫，高二尺。翦下條桑，連枝葉架於凳上，以免著地拖泥，擔回亦便，遇雨可以覆蓋。

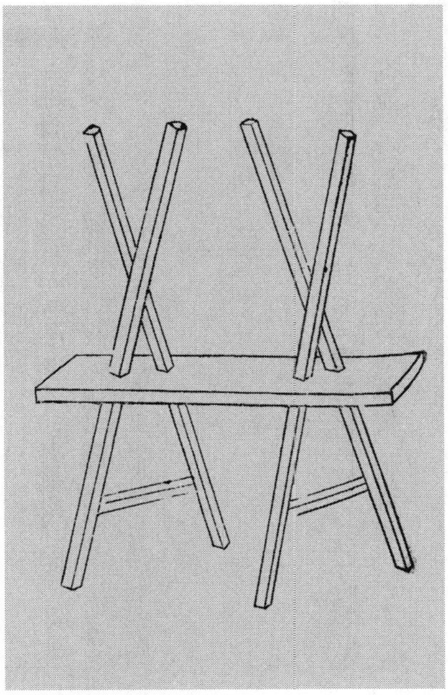

清 葉向榮《農林蠶説・蠶桑圖説》

擔桑凳式

擔桑凳，用杉木為之，凳面長五尺，凳脚高二尺五寸，斜出準，扁二尺。剪下條桑，連枝葉架於凳上，以免著地拖泥，擔回亦便。可以復盖，遇雨無妨。

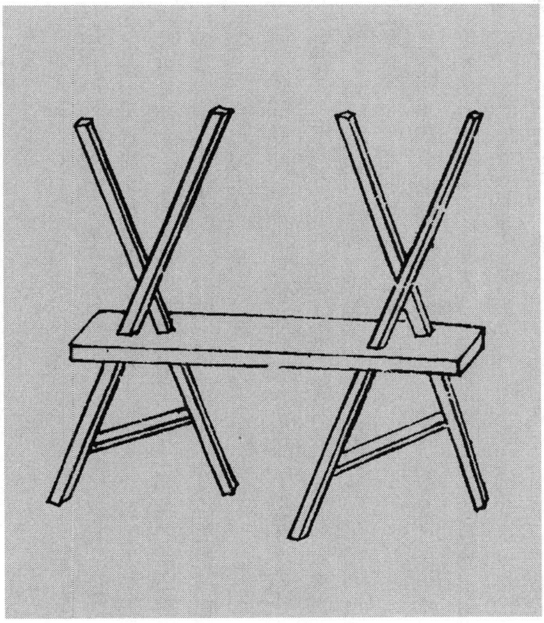

其他

題解

元 王禎《農書》卷二一《農器圖譜十七・蠶桑門》 夫蠶之用桑，必有鈎筐等器，以供其事。然遠近之間，習俗不通，故其制度巧拙絶異，彼有併力而不及此，或一工而兼倍。今特采輯，去短從長，使知所擇。夫桑具，蠶之用也，故次於蠶事之後。

又 桑網，盛葉繩兜也。先作圈木，緣圈繩結網眼，圓垂三尺有餘，下用一繩紀為網底。桑者挈之，納葉于内，網腹既滿，歸則解底繩傾之。或人挑負，或用畜力馱送，比之筐盤，甚為輕便。北方蠶家，多置之。

清 林志恂《蠶桑淺要・種桑淺要》

蠶具

桑梯、桑剪、桑節，採葉之用也。

扛秤、提秤，定葉之輕重多少者也。

論説

清 方大湜《桑蠶提要》卷一《桑政二十三條**・耘鋤**二則**》**

去石

桑下有石，則礙根生機，未免不暢。宜用四齒鐵桑鈀，鋤去之，根自遠行。

又《接桑十五則**》**

接小桑樹法

又法，不必先用竹籤，釘入砧盤，只用快刀子，將砧盤旁邊開一小孔，剔出孔内肌肉，深一寸半，下尖上闊上闊一指。接頭下截，左右各削一刀，亦下尖上闊，以接頭嵌入孔内，務須緊密。砧盤兩旁，可開兩孔嵌兩枝，此亦根接法也。

綜述

清 程岱葊《西吴蠶略》卷上 采桑

桑通謂之葉，采通謂之摘音扎。實則摘者止供小蠶，蠶既大必連條剪取。有桑剪，本高者梯而剪之。有桑梯兩梯相對，高七八尺，盛葉之器曰篰。初剪者為頭葉，飼頭蠶，剪後復生者，為二葉，飼二蠶，二葉不剪長其條，但采其旁生者，謂之勾；其條復生芽，是為三葉，不盡采矣。

清 沈練，仲學輅輯補《廣蠶桑説輯補》卷下《飼蠶法六十六條・蠶事預備説一條》 至桑之器用，則桑剪也，桑梯也，桑鈎也，葉箬也，桑鋸也，接桑刀也，刮桑鈀也，噴筒也，擔桑凳也，鑿釘也，俱隨時取用者也。他如圍蠶之稻草簾，理蔟料之草梳，都是要件。

清 盛宣懷輯《蠶桑備要・蠶桑總論》 修桑：有鋸，有斧，有鑿。治桑上蟲：有刮杷鐵絲。采桑：有桑翦，有桑梯。貯桑葉，有蓓蔀字或用。停葉：用竹簾、蘆簾、蘆菠。切葉：有刀，有草墩。

清 朱祖榮《蠶桑答問》卷上 翻土須用鐵杷，削草須用鐵鋤，皮蛀須用鐵刮，捉蟲須用鐵絲；截枯條，須用手鋸、斜鑿、鐵錘。采桑葉，須用桑梯、桑鈎、桑剪。

藝文

清 孫顔《經腴類纂》卷上《農桑》 求柔桑，而邠可蠶。折樹桑，而鄭可蠶。桑沃若，而衛可蠶。桑侯旬，而周可蠶。集苞桑，而晉魏可蠶。《詩》筐織文，而魯可蠶。筐檿絲，而齊可蠶。筐玄纁，而楚可蠶。筐織縞，而宋可蠶。筐織貝，而吴越可蠶。《書》

雜録

元 司農司《農桑輯要》卷七《歲用雜事》 《四時類要》：正月豎籬落，糞田，開荒，修蠶屋，織蠶箔，造桑機，造麻鞋，舂米。

圖表

明 徐光啓《農政全書》卷三四《蠶桑・桑事圖譜》

桑網

桑網，盛葉繩兜也。先作圈木，緣圈繩結網眼，圓垂三尺有餘，下用一繩紀為網底。桑者挈之，納葉於內，網腹既滿，歸則解底繩傾之。或人挑負，或用畜力馱送，比之筐盤，甚為輕便，北方蠶家多置之。

切桑用具分部

概説

題解

清 沈練，仲學輅輯補《廣蠶桑説輯補》卷下《蠶桑輯要器用式》 葉箬，編篾爲之。圓徑尺半，高二尺餘，上須絡繩，以便挑運。

清　楊鞏《中外農學合編》卷九《林類・樹桑・桑具》

桑箬

箬音布，編篾為之圓徑尺半，高二尺餘，上設橫檔，以便挑運，繩絡亦可，眼之疏密隨意。《桑事圖譜》

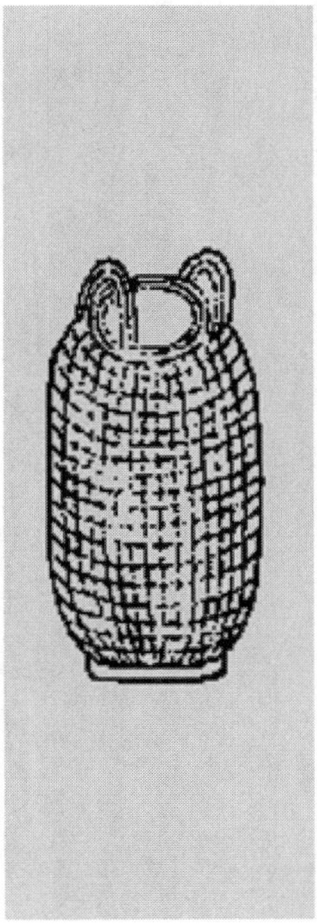

綜述

清　林志恂《蠶桑淺要》　篩子以竹爲之，所以篩已切過之桑葉，使大小勻一也。其孔自一分半至二分、三分、四分、五分、七分一寸，凡七等。

清　楊鞏《中外農學合編》卷九《林類・樹桑・桑具》

葉篩

編細篾為篩圓徑八寸，高二三寸，眼宜疏，篾宜光潤。餧小蠶時，用此盛葉，篩於盤內則勻。《桑事圖譜》

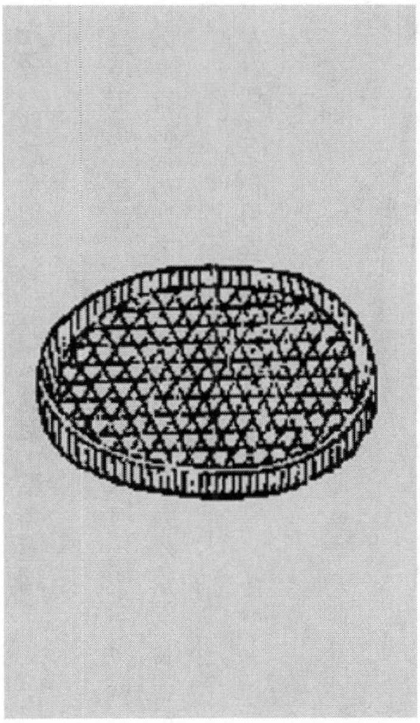

清　趙敬如《蠶桑説》

興桑養蠶繅絲諸器

桑剪、桑鋸、桑鉤、刮桑鈀、接桑刀、切葉刀，皆取式鐵匠。桑梯、桑凳、大蠶架、小蠶架、繅絲車，皆取式木匠。葉籃、蠶箔、蠶篩、蠶簾，皆取式竹匠。平日備齊，臨時取用。至繅絲各法，非目見不知，手習不能，須從老蠶婦學之，數日便可諳悉。此書未及備載。且大邑現已有人開設繭行，收買蠶繭。即養蠶家不知繅絲，以繭售賣，亦甚便也。

切葉刀

題解

元　王禎《農書》卷二二

劖刀　切刀

劖士咸切刀，剗桑刃也。刀長尺餘，闊約二寸，木柄一握。南人斫桑剗桑，俱用此刃。北人斫桑用斧，劖桑用鐮。鐮刃雖利，終非本器，不若劖刀之輕且順也。若南人斫桑用斧，北人劖葉用刀，去短就長，兩為便也。詩云：晶熒一尺鐵，煆以赫連鋼。剗斫有餘用，功最在蠶桑。樛附日以戕，新枝日以長。胡為豳人歌，獨取斧與斨。切刀，斷桑刃也。蠶蟻時，用小刀。蠶漸大時，用大刀，或用漫鍘。蠶多者，又用兩端有柄長刃切之，名曰懶刀。懶刀，如皮匠刮刀，長三尺許，兩端有短木柄，以手按刀，半裁半切，斷葉雲積，可供十筐。先於長凳上鋪葉勻厚，人於其上，俯按此刀，左右切之，一刃之利，可桑百箔。詩云：鍛金作懶刀，形制半圭璧。一食飫十筐，雙柲便兩搤。切之復裁之，斷桑如雲積。刀作千握絲，功成在三尺。鍘，查鎋切，秦云切也，又作剪。

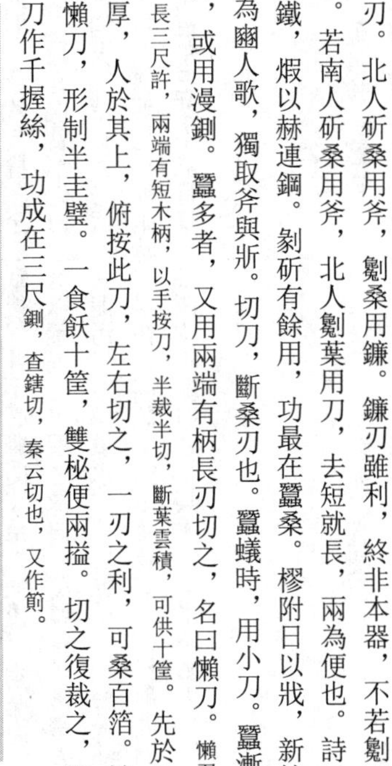

明 徐光啓《農政全書》卷三四《蠶桑・桑事圖譜》

切刀

切刀，斷桑刃也。蠶蟻時，用小刀。蠶漸大時，用大刀，或用漫鍘。蠶多者，又用兩端有柄長刃切之，名曰懶刀。懶刀，如皮匠刮刀，長三尺許，兩端有短木柄，以手按刀，半裁半切，斷葉雲積，可供十筐。先於長凳上，鋪葉匀厚，人於其上，俯按此刀，左右切之，一刃之利，可桑百箔。

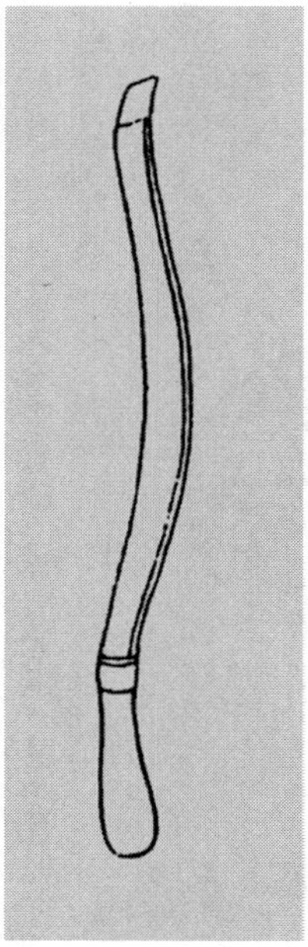

劖刀

劖刀，剗桑刃也。刀長尺餘，闊約二寸，木柄一握。南人斫桑剗桑，俱用此刃。北人斫桑用斧，劖桑用鐮。鐮刃雖利，終非本器，殆不若劖刀之輕且順也。若南人斫桑用斧，北人劖葉用刀，去短就長，兩為便也。

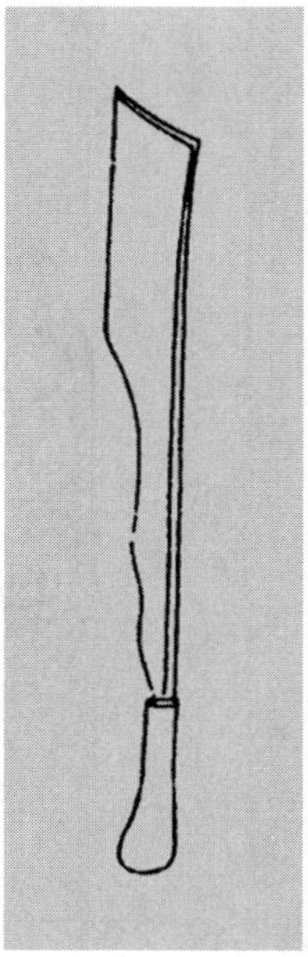

論説

（道光）《遵義府志》卷六《農桑》

蠶具

切葉刀：以鋼鐵為之，刀口要薄，總以鋒快為主快則用以切葉，葉著刀處不硬，蠶好上口吃也。

清 張文藝《養蠶秘訣》

飼葉

初收小蠶時，約到一二時，小蠶爬在野栗花葉上面齊集，將嫩桑葉切成細絲，輕輕糁上，小蠶糁葉宜薄宜匀，宜多次數飼，一次切一次不可多切，恐其乾也。采葉須大而嫩者，置筐中，上用帶潮手巾蓋之。每日切葉刀須每日磨一次，每切一次須草紙擦一次，缸盆砧頭每用一次，須用手巾揩極乾净，手巾每日須洗兩次，却不可用洋肥皂等物。逐漸切粗，至二眠後，可用囫圇葉，將葉撕開，單片匀攤。至三眠後，并不必撕開，至大眠後，須厚攤一層，以匀為要，最好俟食葉先白之處以葉補之，謂之飄白。蕩蠶有稀密密者，先白補之則匀矣。葉有四忌，一忌泥污、一忌氣水、一忌乾枯、一忌發熱，食之皆足害蠶。剪葉任早晚兩時，早在日高數丈露水將乾，晚在日斜西嶺熱氣退盡。倘晝午乏葉不能待晚，必擇背陰處剪之，其泥污葉采時貼去。

綜述

明 黃省曾《蠶經》 三之器具 切桑之刀，宜闊而利。

清 鄭之僑《農桑易知録》卷二《育蠶器具》

切葉刀長六寸木柄

以鋼鐵爲之，刀口要薄，總以快爲主，薄則桑葉不連，蠶亦好上口吃也。

清 李聿求《桑志》卷四《桑之具》

《類篇》：『刉，治桑刀。』

《蠶經》：『切葉之刀，宜闊而利。』

王楨《農書》：『切刀，斷桑刃也。蠶蟻時用小刀；蠶漸大時用大刀，或用漫鍘。蠶多者，又用兩端有柄長刃切之，名曰：「懶刀」。懶刀如皮匠刮刀，長三尺許，兩端有短木柄。以手按刀，半裁半切，斷葉雲積，可供十筐。先于長凳上，鋪葉匀厚，人于其上，俯案此刀，左右切之，一刃之利，可桑百箔。』

又 王禎《農書》：『劖刀，剗桑刃也。刀長尺餘，闊約二尺，木柄一握。南人斫桑、剗桑，俱用此刃。北人斫桑用斧，劖桑用鐮。鐮刃雖利，終非本器，殆不若劖刀之輕且順也。若南人斫桑用斧，北人劖桑用刀，去短就長，兩為便也。』

清 周春溶《蠶桑寶要》第四説《育蠶器具》十二條

切葉刀

以鋼鐵為之，刀口要薄，總以鋒快為主。快則用以切葉，葉著刀處不硬，蠶好上口吃也。

清 羊復禮《蠶桑摘要·種桑十二則》

置器

切葉刀宜薄而銳，切葉墩用禾草爲之。

清 呂廣文《蠶桑要言·育蠶法》 桑剪，備以剪取樹上桑條。 葉剪，即婦女平時剪裁布帛之剪。剪紅葉絲，用大號剪刀較易。小刀絞刀，蠶至三眠以後，則所齊之葉葉之剪絲，須先將葉每片摘開，即將短梗整得畢齊，俾得裁去，曰齊葉，其把握甚大，用剪易於傷手，不如以小刀切之，絞刀絞之，較爲甚便。

清 張文藝《養蠶秘訣·飼葉》 採葉須大而嫩者，置筐中，上用帶潮手巾蓋之。每日切葉刀須每日磨一次，每切一次須草紙擦一次，缸盆砧頭每用一次，須用手巾揩極乾净，手巾每日須洗兩次，却不可用洋肥皂等物。

清 陳淳《實驗蠶桑簡要法》篇下《養蠶法·置辦蠶具之法》

切葉具二

桑刀二把大一尺二寸，小八寸，切桑板一塊四尺方，厚一寸五分，葉篩六個大、中、小各一，簸箕一隻，磨石一方，刀枷一具，盤秤一把，大小秤各一把，葉簍五個，桑節十個。

切葉砧

題解

元 王禎《農書》卷二一《農器圖譜十七·蠶桑門》 桑碪。《爾雅》曰：砧，謂之椹音虔。郭璞曰：碪，木礩也。碪從石，椹從木，即木碪也。砧，截木為碢圓形，竪理切物，乃不拒刃。此北方蠶小時，用刀切葉碪上，或用几，或用夾。南方蠶無大小，切桑俱用碪也。詩云：團團几上碪，尋常閒月魄。蠶月切柔桑，纖纖雲縷積。飼養槃筐多，收去浄無迹。不必在庖厨，鼓刀刃聲割案原本割訛作割，謹改正。

明 徐光啓《農政全書》卷三四《蠶桑·桑事圖譜》 桑碪 《爾雅》曰：碪，謂之椹。郭璞注曰：碪，木礩也。碪从石，椹从木，即木碪也。碪，截木為碢，圓形竪理，切物乃不拒刃。此北方蠶小時，用刀切葉碪上，或用几，或用夾。南方蠶無大小，切桑俱用碪也。玄扈先生曰：木碪傷葉，吳中用麥秸造者為佳。

清 方大湜《桑蠶提要》卷一《桑政二十三條·桑具十三則》

切葉砧

砧以稻草爲之麥秸亦可，芟盡稾葉，用篾箍三層緊束高約四寸，圓徑尺餘，兩面皆須截平。

清 沈練，仲學輅輯補《廣蠶桑説輯補》卷下《蠶桑輯要器用式》

切葉砧式一名切葉鐙

砧以稻草為之，芟盡稾葉，用篾箍三層緊束，高可四寸，圓徑尺餘，兩面皆須截平。

综述

明 朱國禎《湧幢小品》卷二《農蠶》 剉桑葉如縷者而謹食之。又上下抽番，晝夜巡視。火不可烈，葉不可缺，火烈而葉缺，則蠶饑而傷火，致病之源也。然亦不可太緩，緩則有漫滮不齊之患矣。編經曰蠶薦，用以圍火，恐其氣之散也。束秸曰葉墩，用承刀，惡其聲之著也，是爲看火，食三四日而眠。

清 李聿求《桑志》卷四《桑之具》

王禎《農書》：『桑碪。《爾雅》曰：「碪，謂之榩」，郭璞曰：碪，木礩也。碪從「石」，榩從「木」，即木砧也。砧，截木為碢，圓形竪理，切物乃不拒刃。此北方蠶小時，用刀切葉碪上，或用几，或用夾。南方蠶無大小，切桑俱用碪也。』

案：吾鹽桑碪，皆用稻柴為之，狀如打紙。碪用木，恐傷葉，其制頗佳。

清 陳開沚《裨農最要》卷一

切葉砧

砧，以稻草為之。芟盡浮葉，用篾箍三層緊束高約四寸，圓徑一尺，兩面皆須切平。切葉既易斷絲無牽連之弊，篩之易漏，又不損刀鋒以草柔軟故也，較木砧更好。若以木為砧，桑木亦好，其餘須擇無氣味陳木，方可用。

清 馬丕瑶《蠶桑簡易法・養蠶法》 置蠶具 養蠶宜預置器具，曰切桑刀專為切桑葉之用，不宜切佗物，切桑板專為切桑之用。采桑筐蠶二眠前不可翦桑條宜摘葉以此盛之，葉篩蠶小需此篩葉飼之，担蠶毛蠶蟻初出在連上，須撒細葉以毛担下，担至小匾或散布不便飼葉，以毛團聚之，免傷蟻，蠶箸爲拈小蠶之用，蠶簏所以盛蠶，小簏盛小蠶，大簏盛大蠶，養蠶多者宜多預備，蠶植爲放蠶簏之用，小植放小簏，大植放大簏，取其透風且不多占地方，火盆無論銅鐵瓦器皆可，形亦不拘方圓，取其貯火而已。

清 沈練，仲學輅輯補《廣蠶桑説輯補》卷下《蠶桑輯要器用式》

切葉砧式一名切葉鐙，葉篩附注

砧，以稻草為之。芟盡藁葉，用篾箍三層緊束，高可四寸，圓徑尺餘，兩面皆須截平。篩以細篾編之，飼小蠶，用此盛葉，篩之則勻。

清 林志恂《蠶桑淺要・種桑淺要・蠶具》 切桑板，四尺平方，厚五分，高二寸。

圖表

元 王禎《農書》卷二一《農器圖譜十七・蠶桑門》

桑碪

清 鄂爾泰《授時通考》卷七三《蠶事門・飼養》

桑碪

清 方大湜《桑蠶提要》卷一《桑政二十三條·桑具十三則》

切葉砧

砧以稻草爲之麥秸亦可，芟盡稾葉，用篾箍三層緊束高約四寸，圓徑尺餘，兩面皆須截平。

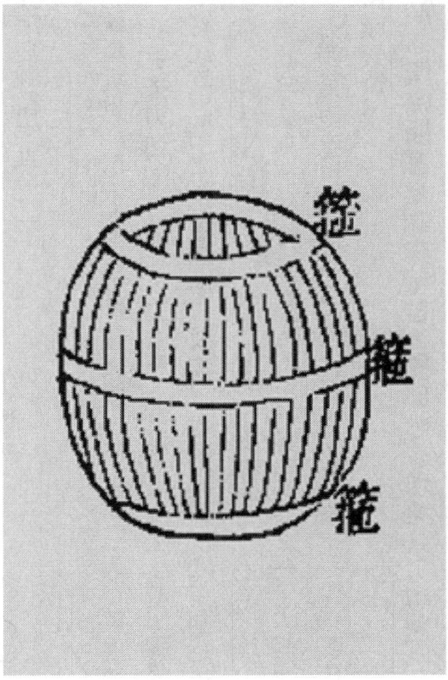

清 任蘭生《蠶桑摘要》

切桑砧式

砧以稻草為之，芟淨槀葉，用篾箍三層緊束，高可四寸，圓徑尺餘，兩面皆須截平。

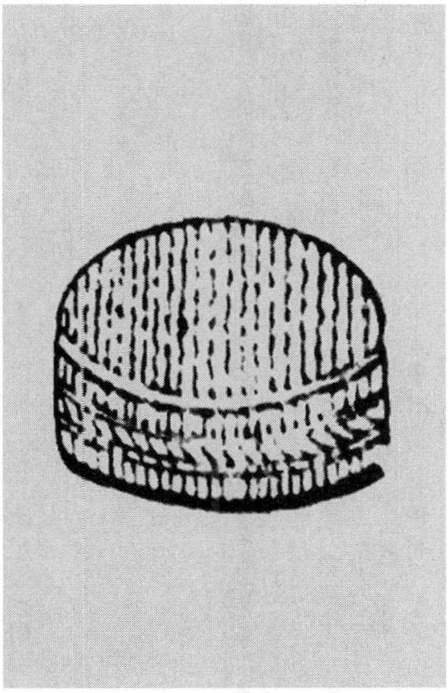

清 衛杰《蠶桑萃編》卷一一《圖譜·桑器圖類》

桑碪圖說

桑碪。《爾雅》曰：碪，謂之榩。郭璞注曰：碪，木櫍也。砧從石，榩從木，即木碪也。砧，截木為碢，圓形竪理，切物乃不拒刃。此北方蠶小時，用刀切葉碪上，或用几，或用夾。南方蠶無大小，切桑俱用碪也。元扈先生曰：木砧傷葉，吳中用麥秸造者為佳。

桑鈒 桑夾

題解

元 王禎《農書》卷二二《農器圖譜十七·蠶桑門》

桑夾

桑夾，挾桑具也。用木櫍，上仰置叉股，高可二三尺，於上順置鍘刃，左手茹葉，右手按刃切之，此夾之小者。若蠶多之家，乃用長椽二莖，駢竪壁前，中寬尺許，乃實納桑葉高可及丈，人則躡梯上之，兩足後踏屋壁，以胸前向壓住，兩手緊按長刃，向下裁切，此桑夾之大者。

論説

清 賴逸甫《嶺南蠶桑要則・勸業芻言》 將來蠶桑風氣開通，則有桑種市、桑葉市、炭市、絸市、絲市、絲皮市、絲骨市、水結市、絸殼市、桑籮市、桑園市、蠶篙蠶箔市、蠶帳蠶被市、手笠脚笠市、桑刀桑鉸市、火盤絸爐市。與夫銅鐵竹木所造，諸般蠶器之工商，則日以加多。地方既有許多農工商利可樂，尚何患乎物力之艱，尚何患乎謀生計拙？若再將乃蠶絲所造諸物之工商而計，如緝線錦綉、綾羅綢緞。此等工資商利，則更不勝枚舉。順德民生之得，比他邑允裕者，皆由蠶桑之利而致。

綜述

元 王禎《農書》卷二一

桑夾

桑夾，挾桑具也。用木礩，上仰置叉股，高可二三尺，於上順置鍘刃，左手茹葉，右手按刃切之，此夾之小者。若蠶多之家，乃用長椽二莖，駢竪壁前，中寬尺許，乃實納桑葉高可及丈，人則躡梯上之，兩足後踏屋壁，以胸前向壓住，兩手緊按長刃，向下裁切，此桑夾之大者。南方切桑，唯用刀砧，不識此等桑具。故特歷説之，以廣其利。詩云：沃葉緑雲多，吐出掌握內。刃頭風雨聲，紛然落呀喙。材良用有餘，力小功輒倍。春蠶食急時，籧筐誠有待。

清 姚紹《南海縣蠶業調查報告・蠶部》 切桑具 切桑之砧，宜用木棉與戇木，其質堅鬆合度。蓋堅則傷刀，鬆則切不爽快。刀以薄利爲適，宜三眠後用桑鉸。

雜録

清 汪曰楨《湖蠶述》卷一

蠶具

鄭元《慶湖録》：蠶具。蠶之初生，用鵝羽以拂之，乃置于篩，烏滿則用篷，篷必以紙糊其眼縫焉。兩眠出薙乃置于筐，或用篇。筐篇大于口器之大者，可以容蠶之多也。蠶室之中必用簾薦以圍之，簾以蘆編，薦以草織之，皆所以蔽風寒也。其采桑也，有桑剪，有桑蔀。至飼小蠶而切葉也，有草墩，用以承刀，恐其聲之著也。時或風雨而寒，則用火盆盛炭，熾于筐之下而暖之。蠶將作繭，則用草帚散而登蠶其上，繅絲則用絲車、水缸、鍋竈，畢具。汪曰楨《南潯鎮志》：蠶具。修桑，有鋸，有斧。采桑，有桑剪，有桑梯。按《西吳蠶略》云：兩梯相對，高七八尺。又《桑譜》種桑葚有籮。接桑有接桑刀，反手鍥。修桑，有鑿。治桑上蟲，有刮杷鐵絲。貯桑葉，有箁或用蔀字，停葉，用竹簾、蘆簾、蘆蓆。切葉，有刀。按《西吳蠶略》云：葉刀，方而薄。

圖表

元 王禎《農書》卷二一

桑夾

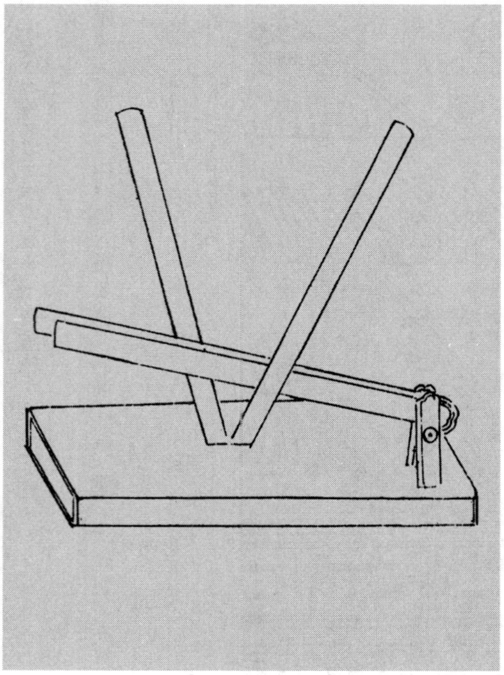

明 王圻、王思義編集《三才圖會・器用九卷》

桑夾

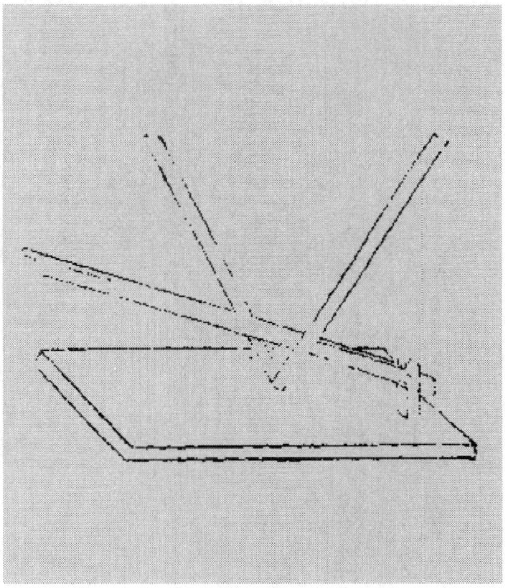

清 衛杰《蠶桑萃編》卷一一《圖譜・桑器圖類》

桑夾

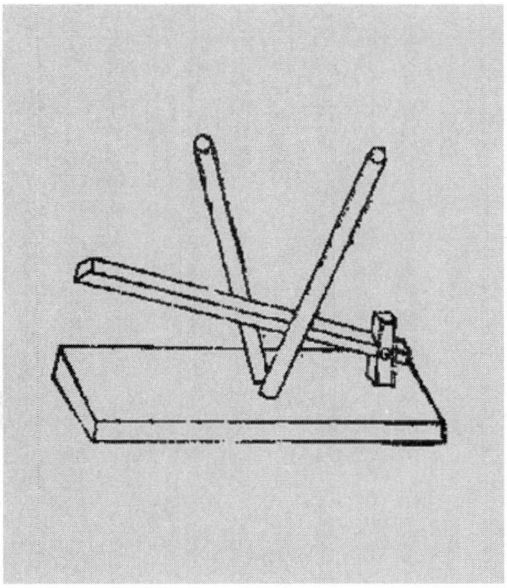

桑夾圖說

此桑夾之大者，南方切桑，惟用刀碪，今用桑夾，以廣其用。按：自三眠以後，食切葉二頓，即食帶之全葉矣。

蠶器部

概說分部

題解

元 王禎《農書》卷二〇《農器圖譜十六・蠶繅門》

蠶室，《記》曰：古者天子諸侯，皆有公桑蠶室，近川而爲之。築宮，仞有三尺，棘牆而外閉之。三宮之夫人、世婦之吉者，使入蠶室，奉種浴於川，桑於公桑。此公桑蠶室也。其民間蠶室，必選置蠶宅，負陰抱陽，地位平爽，正室爲上，南西爲次，東又次之。若室舊，則當净掃塵埃，預期泥補。若逼近臨時，墻壁濕潤，非所利也。夫締構之制，或草或瓦，須内外泥飾材木，以防火患。復要間架寬敞，可容槌箔，牕户虚明，易辨眠起。仍上於行棒，口練切。各置照牕。每臨蠶暮，以助高明，下就附地，列置風竇，令可啓閉，以除濕鬱。考之諸蠶書云：蠶室先辟東間養蟻，停眠前後撤去。西牕宜遮西曬。尤忌西南風起，大傷蠶氣，可外置墻壁四五步以禦之。《餘倫蠶書》所有蠶神室、蠶神像，宜用高空去聲處安置，凡一切忌惡之事，邪穢之氣，辟除蠲潔，夙夜齋敬，不敢褻慢。余觀《蠶書》云：毋治堰，毋誅草，毋沃灰，毋室入外人，四者神實惡之。如能依上法，自然宜蠶，不必泥去聲於陰陽家，拘忌巫覡胡的切，女巫也等誘惑。至使回換門户，謟禱神祇，虚費財用，實無所益。故表而出之，以爲業蠶者之戒。銘曰：『世業農桑，既興我室。比臨蠶月，復事塗飾。桃茢祓除，神主斯立。曲植既具，籧筐乃集。連蟻方生，苦不厭密。婦以母名，育有慈德。爰求柔桑，入此飼食。寒燠身先，是為體測。上無疏薄，下無濕浥。簾箔垂門，龕火在壁。夜牕或遮，風竇時窒。頗忌北風，空障西日。他工莫興，外人勿人。庇護攸安，漸至捉績蠶欲老時，取以視絲明也。《耕織圖》有《捉績篇》。祈祀以時，願獲終吉。神實相之，簇如雪積。分繭稱絲，來告功畢。』

火倉，蠶室火龕也。凡蠶生室内，四壁挫壘空龕，狀如三星，務要玲瓏，頓藏熟火，以通煖氣，四向匀停。蠶家或用旋燒柴薪，煙氣薰籠，蠶蘊熱毒，多成黑蔫。今制爲擡爐，先自外燒過薪糞牛糞舁入室内。各龕約量頓火，隨寒熱添減，若寒熱不均，後必眠起不齊。已上出諸《蠶書》。《農書》云：『蠶，火類也，宜用火以養之。用火之法，須别作一爐，令可擡舁出入，火須在外燒熱，以穀灰蓋之，即不暴烈生燄。』夫擡爐之制，一如矮床，内嵌燒爐，兩旁出柄，兩人舁之，以送熟火。《火倉詩》云：『朝陽一室虚窓明，今朝喜見蠶初生。四壁已令得熟火，空龕挫壘如三星。阿母體測衣絹單，添減火候隨寒暄。誰識貴家歡飲處，紅爐畫閣簇嬋媛。』《擡爐詩》云：『誰創擡爐由智者，出入凉温蠶屋下。搏以水土貫以木，不假昆吾鼓爐冶。出生入熟覆穀灰，攟拾糞薪猶土苴。功成四海袴襦完，又餉春醪奏豳雅。』

蠶槌音墜，《禮》：『季春之月，具曲植。』植，即槌也。《務本直言》云：穀雨日，竪槌。夫槌立木四莖，各過梁柱之高，隨屋每間竪之。其立木外，旁刻如鋸齒而深。各每莖挂桑皮圜繩蠶不宜麻。四角按二長椽，椽上平鋪葦箔，稍下縋馳僞切之。凡槌下懸中離九寸，以居箔。擡飼之間，皆可移之上下。《農桑直説》云：『每槌上中下間鋪三箔，上承塵埃，下隔濕潤，中備分擡。』梅聖俞詩云：『三月將掃蠶，蠶妾具其器。立植先搘音摘括，室内亦塗塈。衆材疎以成，多箔所得寄。拾老歸簇時，應無慚棄置。』

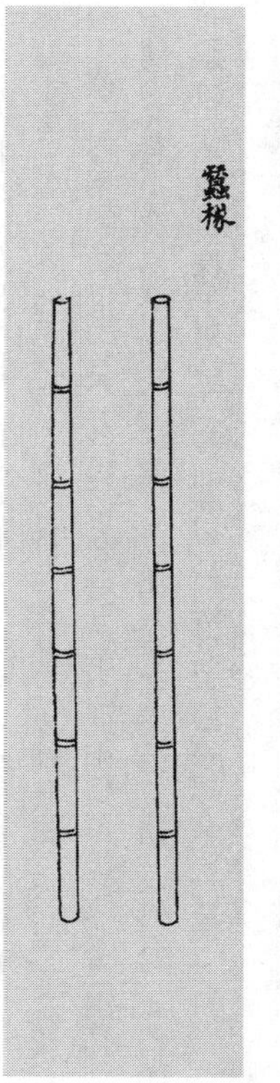

蠶椽，架蠶箔木也。或用竹長一丈二尺，皆以二莖爲偶，控于槌上，以架蠶箔。須直而輕者爲上，久不蠹者又爲上。爲蠶因食葉，上緣之蠹屑，不能透砂，事見《農桑要旨》。詩云：『椽欲直而輕，不貴曲而蠹。輕則與人宜，蠹以病蠶故。鉤繩可移懸，蓐箔乃平布。桑餘掛新絲，功誰推此具。』

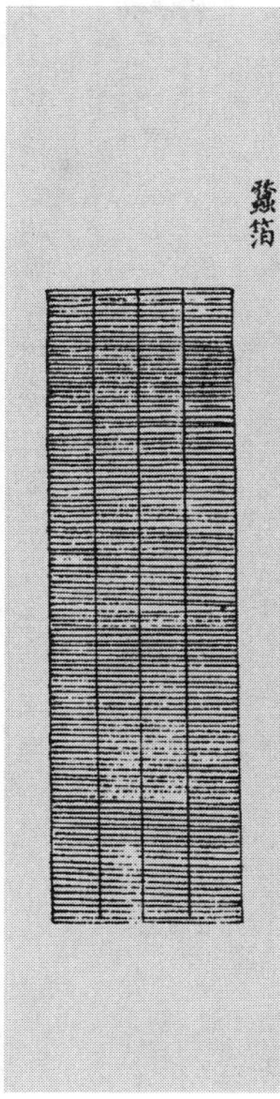

蠶箔，曲簿承蠶具也。《禮》：『具曲植。』曲，即箔也。周勃以織簿曲爲生，顔師古注云：葦簿爲曲，北方養蠶者多農家，宅院後或園圃間，多種萑胡官切。葦以爲箔材，秋後芟取，皆能自織。方可四丈，以二椽棧之，懸于槌上，至蠶分擡去蓐時，取其卷舒易用。南方萑葦甚多，農家尤宜用之，以廣蠶事。梅聖俞詩云：『河上緯蕭人，女歸又織葦。相與為蠶曲，還殊作筠筐。入用此何多，往售獲能幾。願豐天下衣，不嘆貧服卉。』

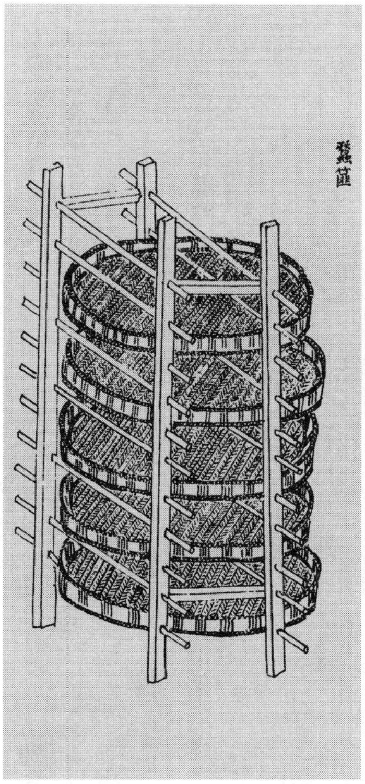

蠶筐，古盛幣帛竹器，今用育蠶，其名亦同。蓋形制相類，圓而稍長，淺而有緣去聲。適可居蠶，蠶蟻及分居時用之，閣以竹架，易於擡飼。梅聖俞《前蠶箔詩》云：『相與爲蠶曲，還殊作筠筐。』北箔、南筐，皆爲蠶具。然彼此論之，若南蠶大時用箔，北蠶小時用筐，庶得其宜，兩不偏也。詩云：『古筐嘗奉幣，爰憑禮意將。今猶同制度，還取飼蠶桑。養視勝居箔，分擡欲擬筐。始終俱可備，仍得薦元黄。』

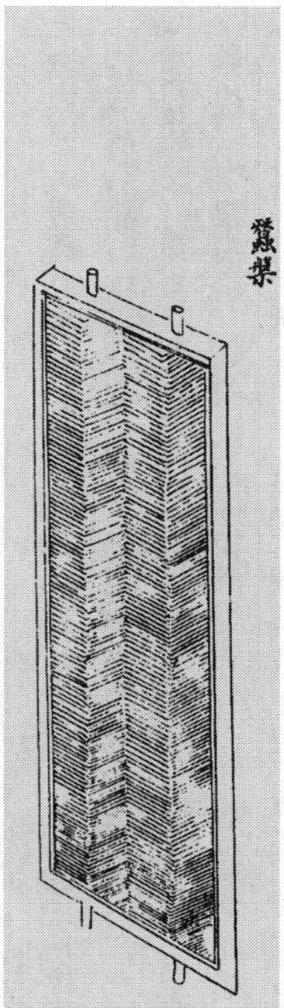

蠶槃，盛蠶器也。秦觀《蠶書》云：『種變方尺，及乎將繭，乃方四丈，織萑葦，範以蒼莨來唐切。竹長七尺，廣五尺，以爲筐。懸筐中間九寸，凡槌下懸，以居食蠶。』今呼筐爲槃，又有以木爲框，以疎簟爲底，架以木槌，用與上同。詩云：『範竹作蠶槃，眠起用當倍。寬平一席多，方正四維在。擡替不妨勤，餘閑知有待。拾老或未多，就簇即無悔。』

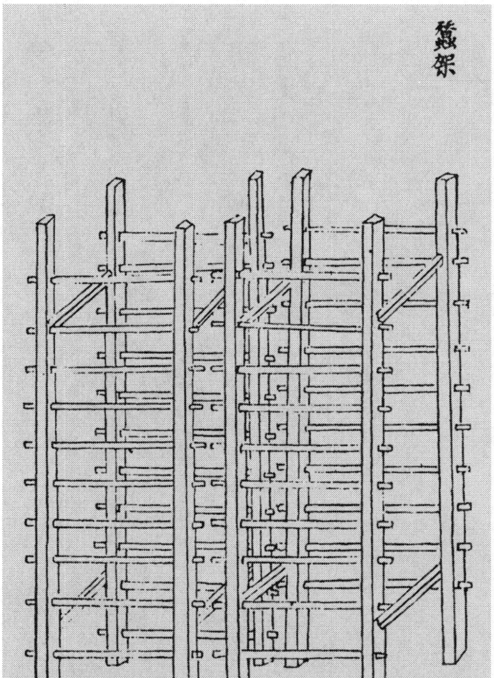

蠶架，閣蠶架箔具也。以細枋四莖竪之，高可八九尺。上下以竹通作横桄十層，每層皆閣養蠶架箔，隨其大小。盖箔用小架，槃用大架。此南方槃箔有架，猶北方椽箔之有槌也。詩云：『育蠶必有槃，置槃須用架。竹木互維持，層級限高下。規模等箔槌，習用足桑柘。那知富貴家，羅綺簇朱榭。』

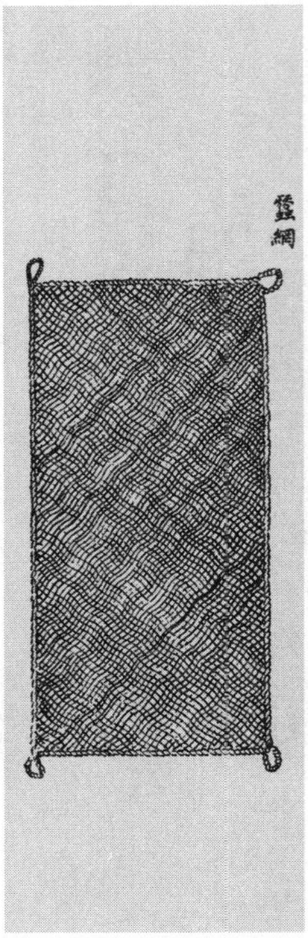

蠶網，擡蠶具也。結繩爲之，如魚網之制。其長短廣狹，視蠶槃大小制之。沃以漆油，則光緊難壞；貫以網索，則維持多便。至蠶可替時，先布網於上，然後灑桑，蠶聞葉香，皆穿網眼上食。候蠶上葉齊，共手提網，移置別槃，遺餘拾去。比之手替，省力過倍。南蠶多用此法，北方蠶小時，亦宜用之。詩云：『聖人制網罟，因彼川澤漁。誰知取魚具，觧使移蠶居。紀綱用非異，水陸功有餘。兩端誠可喆，生殺意何如。』

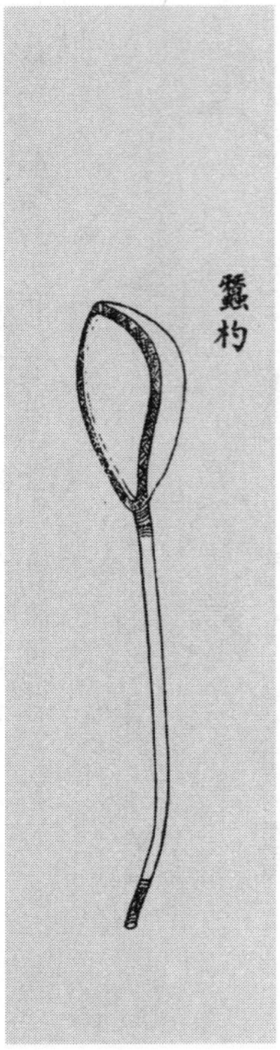

蠶杓，《集韻》：『杓』作『勺』，量器也。《周禮》『勺容一升』，所以 ju（左奭右斗）舉朱切，挹也，酌也酒。《説文》曰：杓，音摽。今云酌物爲杓，以勺從木，姑與今同。此作蠶杓，斵木刳之，首大如杯，柄長三尺許，如槃蠶空去聲隙，或飼葉偏疎，則必持此送之，以補其處。至蠶老歸簇，或稀密不倫，亦用均布。倘有不及，復以竹接其柄，此南俗蠶法。北方箔簇頗大，臂指間去聲有不能周遍，亦宜假此，以便其事，幸毋忽諸。詩云：『杓頭斟酌布蠶時，杓尾長摽手屢持。嘗向太平村落見，田家嫁女作奩儀。』

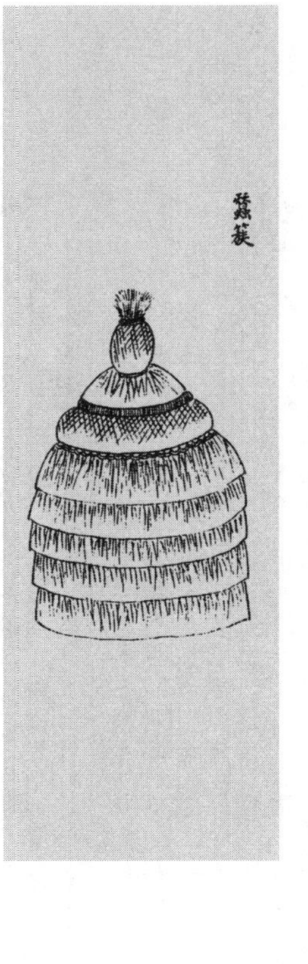

蠶簇，《農桑直説》云：簇用蒿梢、叢柴、苫席等也。凡作簇，先立簇心。用長椽五莖，上撮一處繫定，外以蘆箔繳合，是爲簇心。仍周圍匀竪蒿梢，布蠶簇訖，復用箔圍及苫繳，簇頂如圓亭者，此團簇也。又有馬頭長簇，兩頭植柱，中架横梁，兩傍以細椽相搭爲簇心，餘如常法。此横簇，皆北方蠶簇法也。嘗見南方蠶簇，止就屋内蠶槃上布短草簇之，人既省力，蠶亦無損。又按《南方蠶書》云：簇箔以杉木觧枋，長六尺，闊三尺，以箭竹作馬眼槅插茅，疎密得中，復以無葉竹篠，縱横搭之。簇背鋪蘆箔，而以竹篾透背面縛之，即蠶可駐足，無跌墜之患。此皆南簇，較之上文北簇，則蠶有多少，故簇有大小、難易之不同也。然嘗論之，南北簇法，俱未得中。何哉？夫南簇蠶少，規制狹小，殆若戲技，故獲利亦薄。北簇雖大，其獘頗多，蒿薪積叠，不無覆壓之害。風雨浸浥於立切，濕潤也，亦有翻倒之虞。謂經雨倒簇也，《蠶桑直説》

云：『簇蠶時，雨被沾濕，纔晴不以成繭，不成繭，翻倒別簇，如雨少，則曝乾。復内外寒燠之不均，或高下稀密之易所，以致簇内病生繭少，皆由此故。習俗既久，未能遽革。今聞善蠶者一法，約量本家育蠶多少，選於院内空去聲。地，就添椽木苫草等物，作連脊厦屋，尋常別用，至蠶老時，置簇於内，隨其長短，先構簇心，空直如洞。就地掘成長槽，隨宜闊狹，旁可人行，以備火候。謂用火法也。《蠶書》云：已入簇，微用熱灰火温之，待入網，漸漸加火，不宜中輟。稍冷，游絲亦止，繅之即斷，多煮爛作絮，不能一緒扣盡矣。』外則周以層架，隨層卧布蒿梢，以均蠶居。既畢，用重箔圍之，若蠶少屋多，疏開窓户，就内簇之亦可。如此則上有芘覆，下無濕潤，架既寬平，蠶乃自若。又總簇用火，便於照料。南北之間，去短就長，制此良法，皆宜用之，則始終無慊矣。故梅聖俞《蠶簇詩》云：『競畏風雨寒，露置未如屋。』正謂此也。梅聖俞詩云：『冰蠶三眠休，作繭富其簇。漢北取蓬蒿，江南藉茅竹。蒿踈無鬱泥，竹净亦森束』云云，前二句。歌云：捲去緑雲桑已少，箔頭有絲蠶欲老。月餘辛苦見成功，作簇不應從草草。南北習俗久不同，彼此更須論拙巧。北簇多露置，積叠仍憂風雨至。南簇俱在屋，施之北蠶良未足。南北簇法當約中，別搆長厦方能容。外周層架蒿草平，内備火候通人行。飼却神桑絲已吐，女灑桃漿男打鼓，作繭直須三日許，開簇團團不勝數。我家多蠶方自慶，得法于今還可證，免似向來多簇病。

繭甕，《蠶書》云：『凡浥於立切繭，列埋大甕地上。甕中先鋪竹簣，次以大桐葉覆之。乃鋪繭一重，以十斤爲率，摻鹽二兩，上又以桐葉平鋪。如此重重隔之，以至滿甕。然後密盖，以泥封之。七日之後，出而繅之，頻頻换水，即絲明快。盖爲繭多不及繅，取即以鹽藏之，蛾乃不出。其絲柔韌如斉切潤澤，又得匀細。此南方淹繭法。用甕頗多，可不預備。嘗讀北方《農桑直説》云：生繭即繅爲上，如人手不及，殺繭慢慢繅者。殺繭法有三：一曰日曬，二曰鹽浥，三曰籠蒸。籠蒸最好，人多不觧，日曬損繭，鹽浥甕蔵者穩。前人《織圖詩》云：『盤中水晶鹽，井上梧桐葉。陶器固封閉，窨繭近旬浹。門前春水生，布穀催畚臿。明朝踏繅車，車輪纏白氎徒叶切。』

繭籠，蒸繭器也。《農桑直説》云：『用籠三扇，以軟草扎圈，加於釜口。以籠兩扇，坐於其上。籠内匀鋪繭，厚三指許。頻於繭上以手試之，如手不禁熱，可取去底扇，却續添一扇在上。如此登倒上下，故必用籠也。不要蒸得過了，過則軟了絲頭；亦不要蒸得不及，不及則蠶必鑽了。如手不禁熱，恰得合宜，此用籠蒸繭法也。將已蒸過繭，於蠶房槌箔上，後頭合籠内繭在上，用手撥動。如箔上繭滿，打起，更攤一箔。候冷定，上用細柳梢微覆了，其繭只於當日都要蒸盡，如蒸不盡，來日定要蛾出。如此，繅絲有一般快。釜湯内用鹽二兩，油一兩，所蒸繭不致乾了絲頭。如鍋小繭多，油鹽旋入。詩云：『蠶家有繭如山積，日恐蛾穿繅不得。鹽浥誠佳能幾何，只有籠蒸人未識。釜湯少沸積繭籠，熱不能禁手爲則。旋抽底扇加上層，走曬中庭趁風日。人在軖車氣少舒，緒縷均停堪絡織。作計何人智者心，濟物不妨聊假力。回看籠也豈筌蹄，依舊人間炊餅食。』

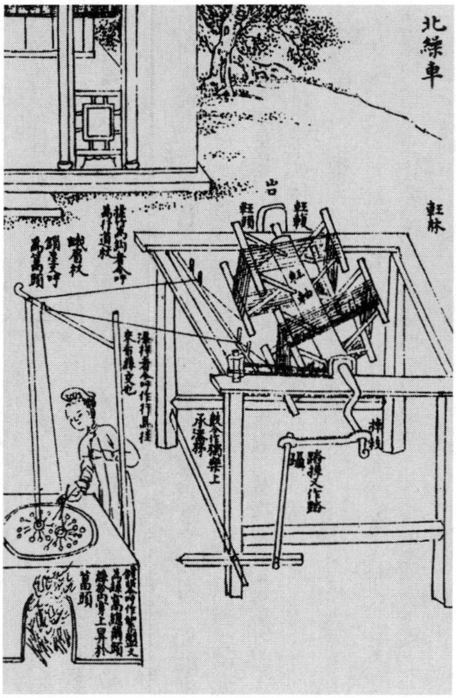

繅車，繅絲自鼎面引絲，以貫錢眼，升於鏁星，星應車動，以過添梯，乃至於軖去王切，繅輪也，方成繅車。秦觀《蠶書》：『繅車之制，錢眼為版，長過鼎面，廣三寸，厚九黍。中其厚，插大錢一，出其端，横之鼎耳，後鎮以石。鏁星爲三蘆管，管長四寸，樞以圓木。建兩竹，夾鼎耳縛樞於竹。中管之轉以車，下直錢眼，謂之鏁星。星應車動，以過添梯。《農桑直説》云：『竹筒子宜細，鉄條子串筒，兩捲子，亦須鉄也。』添梯車之左端，置環繩。其前尺有五寸，當床左足之上建柄，長寸有半。匼柄爲鼓，鼓生其寅，以受環繩，繩應車運，如環無端，鼓因以旋。鼓上爲魚，魚半出鼓，其出之中，建柄半寸。上承添梯者，二尺五寸，片竹也。其上揉竹爲鈎，以防絲竅，左端以應柄，對鼓爲耳，方其穿以閉添梯。故車運以牽環繩，繩簇鼓，鼓以舞魚，魚振添梯，故絲不過偏。制車如轆轤，必添兩軸，以利脱絲。竊謂上文云車者，今呼為軖。軖必以床《農桑直説》云：軖床下鼎一尺，軸長二尺，中徑四寸，兩頭三寸。用榆槐木，四角或六角，輻通長三尺五寸，六角不如四角，軖小則絲易解。以承軖軸。軸之一端，以鐵爲梟掉，復用曲木擐作活軸，左足踏動，軖即隨轉，自下引絲上軖，總名曰繅車。咏曰：『人家育蠶憂不得，今歲蠶收繭如積。滿家兒女喜欲狂，走送車頭趁繅緝。南州誇冷盆，冷盆細繳何輕勻。北俗尚熱釜，熱釜絲圓儘多緒。即今南北均所長，熱釜冷盆俱此軖。軖頭轉機須足踏，錢眼添梯絲度滑。非弦非管聲咿嗚，村北村南響相答。婦姑此時還對語，準備吾家好機杼。豈知縣吏已催科，不時揭去無餘紵，迫索仍憂宿負多，車乎車乎將奈何。』

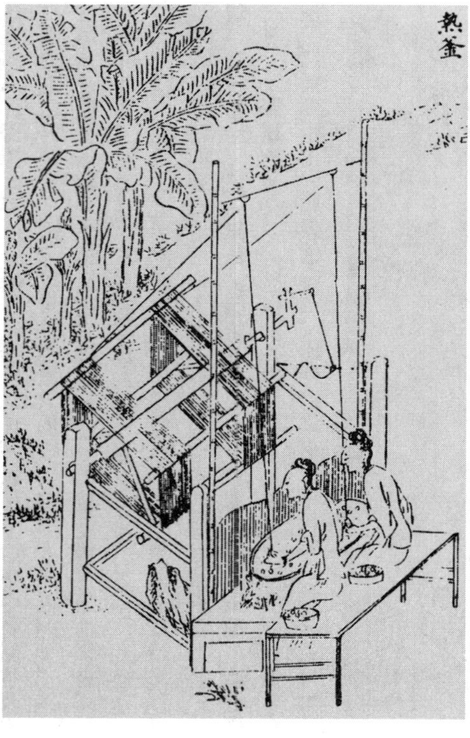

熱釜，秦觀《蠶書》云：『繰絲自鼎面引絲直錢眼。』此繰絲必用鼎也。今農家象其深大，以槃甑接釜，亦可代鼎。故《農桑直説》云：釜要大，置于竈上如蒸竈法。可繰粗絲單徼者，雙徼者亦可，釜上天槃甑接口，添水至甑中八分滿。可容二人對繰。水須常熱。宜旋旋下繭繰之，多則煮損。凡繭多者，宜用此釜，以趨速效。詩云：『蠶家熱釜趁繅忙，火候長存蟹眼湯。多繭不須愁不辦，時時頻見脱絲軠。』

冷盆，《農桑直説》：冷盆可繅全繳細絲；中等繭，可繰下繳。比熱釜者有精神，又堅韌也。雖曰冷盆，亦是火温之。盆要小，先泥其外。口徑可二尺之上者，預先翻過，用長黏泥底，并四圍至唇，泥厚四指，將至唇漸薄，日曬乾，名爲冷盆，用時添水八九分滿繰之。水宜温煖常勻，無令乍寒乍熱不勻也。詩云：『瓦盆添水火微然，繭緒抽來細繳全。不似貴家華屋底，空教纖手弄清泉。』

蠶連，蠶種紙也。舊用連二大紙。蛾生卵後，又用線長綴，通作一連，故因曰連。匠者嘗別抄以鬻之。《務本新書》云：蠶連，厚紙爲上，薄紙不禁浸浴，如用小灰紙更妙。連須以時浴之。浴畢挂時，令蠶子向外，恐有風磨損。冬至日及臘八日浴時，無令水極深，浸浴畢，取出。比及月望，數連一卷，桑皮索繫定《務本新書》云：蠶連不得用麻繩繋挂，如或不忌，後多乱死不生。《本草》陳藏器云：『以苧麻近種則不生。』當遠之，庭前立竿高挂，以受臘天寒氣。年節後甕內豎連，須使玲瓏。安十數日，候日高時一出；每陰雨後，即便曬曝。恐傷濕潤，見風亦不可多時。此蠶連育養之法，直至暖種而生。前文間取諸蠶書《詩》云：『前朝繭如山，今朝卵如粟。如山今歲謀，如粟來歲足。來歲一何神，生化楮一幅。丁寧語荆婦，依時勤曬沐。』

明 徐光啓《農政全書》卷三三《蠶桑・蠶事圖譜》

蠶盤，盛蠶器也。秦觀《蠶書》云：『種變方尺，及乎將繭，乃方尺四，織萑葦。範以蒼筤竹，長七尺，廣五尺，以為筐。懸筐中間九寸，凡槌十懸，以居食蠶，今呼筐為槃。又有以木為框，以疏簟為底，架以木槌，用與上同。

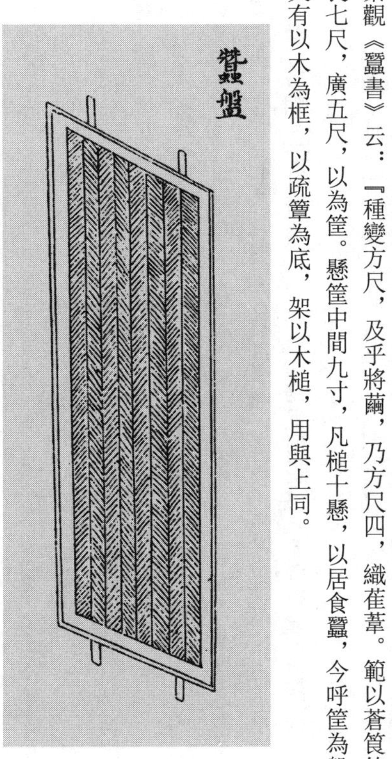

清 方大湜《桑蠶提要》卷二《蠶事四十條・蠶具三十則》

盤，盛蠶器也，

一名蠶筐。襄陽人謂之『淺子』，湖南人謂之『盤箕』，浙江人謂之『篇』，亦謂之『曬篇』，以竹編之。圓徑三四尺，邊高一寸五分。淺子、盤箕、曬篇，即筐之邊淺而底密者，擱於架上，以盛大蠶。

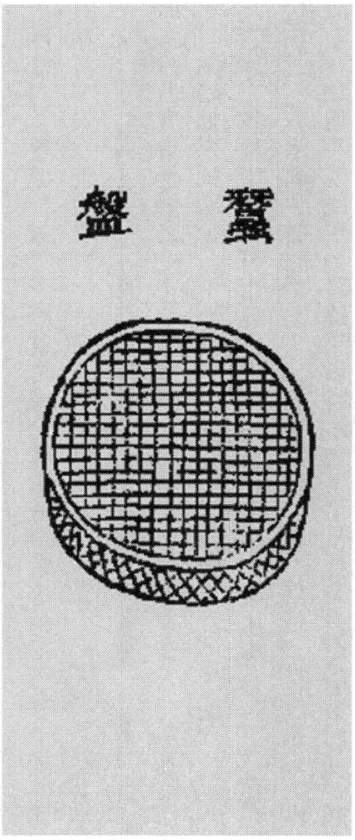

清 王文韶校，袁俊德輯《蠶桑紡織器圖説·蠶器圖類》

蠶盤圖説

蠶盤，盛蠶器也。移蠶上簇，皆可用之。或以竹編，或用木框，以疎簟爲底，長七尺，廣五尺，出入擡便用。

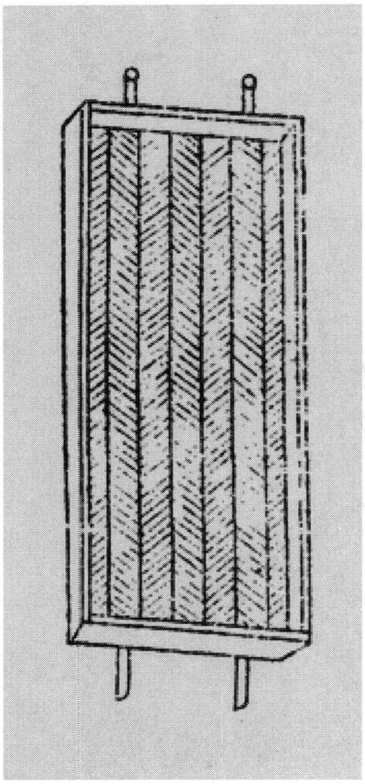

論説

元 佟延直《務本新書》《農桑輯要》卷四 忌食濕葉；忌食熱葉；蠶初生時，忌屋内掃塵；忌煎煿魚肉；不得將煙火紙，撚於蠶房内吹滅；忌側近舂擣；忌敲擊門窗、槌箔及有聲之物；忌蠶屋内哭泣、叫喚；忌穢語淫辭；夜間無令燈火光，忽射蠶屋窗孔；未滿月産婦，不宜作蠶母；蠶母不得頻換顔色衣服，洗手長要潔净；忌帶酒人切桑飼蠶，及擡解布蠶；蠶生至老，大忌煙熏；不得放刀於竈上箔上；竈前忌熱湯潑灰；忌産婦孝子入家；忌燒皮毛亂髮；忌酒醋五辛羶腥麝香等物。

明 徐光啓《農政全書》卷三一《蠶桑·養蠶法》《士農必用》曰：蠶具及繰絲器皿，務要寬廣。槌、箔、椽、切刀、鐮、斧、軖、釜等。熱絲則釜宜大，冷絲則釜宜小，盆欲大。其竈，臨時治之。春磨米麵。蠶忙時，不及也。

清 楊屾《豳風廣義》卷二《什物宜預説》 欲事蠶者，須於秋冬農隙之時，預置蠶具什物，自不至臨時忙迫失措。凡蠶食、簇料、火料、蓐草、火具、藁薦、曲、筐、盤、槌、蠶架、砧刀、擡網、葉篩、椽、杓、蠶室，必先精製習熟，而後可望其獲利。今條列各件，一一備述，使世之繒纊其身者，皆知其所自出云。

清 郝懿行《寶訓》卷三《蠶桑》

《野語》云：如天氣暄熱，不宜日午簇蠶。蠶老，不禁日氣曬暴，故也。

《士農必用》：治簇之方，惟在乾暖，使内無寒濕。蠶欲老，可簇地盤，燒令極乾，除埽灰浮，于上置簇。

《韓氏直説》：安圓簇于阜高處，打成簇脚，一簇可六箔。上覆蒿梢或豆秸，摻蠶至三箔，復梢。倒根在上如此則簇圓又穩，自後蠶可近，上摻至六箔，覆蒿令簇圓，上用箔圍苫繳，簇頂如亭子樣防雨。日高時捲去，至晚復繳，三日外繭成不用。馬頭簇亦依上苫繳，蠶多宜馬頭簇，簇脚宜南北。

《務本新書》：擇繭法繭宜併手忙，擇涼處薄攤，蛾自遲出，免使抽繰相逼。

《士農必用》：繰絲法繰絲之訣，惟在細圓勻緊，使無褊慢節核接頭為節，疙疸為核，粗惡不勻也。生繭繰為上，如人手不及，殺過繭，慢慢繰。殺繭法有三，一、日曬；二、鹽浥；三、蒸。蒸最好，人多不會，日曬損繭，鹽浥者穩。

熱釜可繰粗絲單繳者，雙繳亦可，但不如冷盆所繰者潔净光瑩也，釜要大，置于竈上，釜上大盆甑接口。添水至甑中，八分滿。甑中用一板攔斷，可容二人對繰也。水須熱，宜旋旋下繭。多下，則繰不及煮損。

冷盆可繰全繳細絲，中等繭可繰雙繳，雖曰冷盆，亦是大温也。全繳絲，上等也，中作紗羅。

雙繳絲，中等也，中中等緞匹。單繳絲，又名歇口絲，編慢有大疙疸，只中絹帛，亦不堅壯。歇口絲，多是熱釜中繅也，盆要大，必須先泥其外。口徑二尺五寸之上者，名為串盆。用時添水八九分滿水宜温暖常勻，無令乍寒乍暖。釜要小口徑一尺以下者，突竈半破磚坯，圓壘一遭，中空直桶子樣。其高比繅絲人身一半，當中壘一小臺徑比盆底小。坐串盆于小臺上，其盆要比圓壘高，一唇靠圓壘，安打絲頭。小釜竈比圓壘低一半，撺火透圓壘竈子後，火煙過處，名撺火。與撺火相對，圓壘匝近上開烟突口，做一卧突，長七八尺已上，先于安突一面壘一臺。比突口微低，又相去七八尺，外安一臺，高五尺。用長一丈椽二條，斜磴在二臺上，二椽相去，闊一磚坯許。用磚坯泥成一卧突。須與竈口相背，既得盆水常温，又得煙火與繅盆相遠。其繅絲人不為煙火所逼。

軖音狂，紡車，車牀高與盆齊，軸長二尺，中徑四寸，兩頭三寸。四角或六角，臂通長一尺五寸。六角不如四角，軖角少，則絲易解。臂者，輻條也，雙輻者穩。須脚踏。又繅車竹筒子宜細，細似織絹穗筒子。鐵條子串筒，兩樁子，亦須鐵也。

打絲頭用一人，小釜内添水九分滿，竈下燃粗乾柴，候火大熱，下繭于熱水内。下繭宜少，多則煮過，繅絲少。用筯輕剔撥，令繭滚轉蕩勻。挑惹起囊頭粗絲頭，名『囊頭』，手捻住，于水面上，輕提掇數度，復提起。其下即是清絲，摘去囊頭輕手剔撥起囊頭，長不過一尺也。一手撮捻清絲，一手用漏杓綽繭，款送入温水盆内，將清絲挂在盆外邊絲老翁上盆邊釘插一橛子，名『絲老翁』。

繅絲用一人，將絲老翁上清絲，約十五絲之上黄絲粗減繭數，總為一處，穿過錢眼錢下繭攢聚，名『絲窩』，又名『絮盤』，繳過篖音福頭蛾眉，杖子上兩繳，杖子下兩繳，挂于軖上。又取絲老翁上清絲，如前挂于軖上兩個絲窩，其頭齊行。右脚踏軖右轉，長切照覰撥掠，兩絲窩于内。有繭絲先盡，蛹子沈了者；繭絲斷了，繭浮出絲窩者，其絲窩減小，即取清絲，約量添加，務要兩絲窩大小長均。添絲搭在絲窩上，便有接頭，將清絲用指面喂在絲窩内，自然帶上去。

《韓氏直説》蒸餾繭法，如蠶成繭，硬紋理粗者，必繅快，此等繭可蒸餾。繅冷盆絲，其繭薄紋理細者，必繅不快，不宜蒸餾。此止宜繅熱盆絲。其蒸餾之法，用籠三扇，用軟草札一圈加于釜口。以籠兩扇坐于上，籠内匀鋪繭，厚三四指許，頻于繭上以手背試之，如手不禁熱，可取去底扇，却續添一扇在上。蒸得過了，則軟了絲頭；不及，則蛾必鑽了。如手背不禁熱，恰得合宜。于蠶房槌箔上，從頭合籠内，繭在上，用手微撥動，如箔上繭滿打起，更攤一箔。候冷定，上用細柳梢微覆了。其繭只于當日都要蒸盡，如蒸不盡，來日必定蛾出。釜湯内用鹽一兩，油半兩，所蒸繭不致乾了絲頭。如餾繭多，油鹽旋旋入。

清　方大湜《桑蠶提要》卷二《蠶事四十條**・蠶性**二則**》**

喜潔惡穢。蠶聞穢臭氣，則結縮。青白好蠶頃刻變成黄色，不復食葉，三日後輒死。故養蠶人，身手皆宜潔净，蠶房内不可放便桶溺壺，及一切臭穢不潔之物。喜静惡喧。蠶房内忌哭泣、叫喚、怒駡，忌敲擊門窗、棹几及蠶架、蠶盤，院内忌喂養鷄犬鵝鴨。喜燥惡濕。傷濕，則生白醭貼沙之病，醭、酒上白也。喜陽氣，惡陰氣。蠶為陰氣所蒸損，必多白僵，晴暖時，須開窗以通陽氣。喜通風，惡迎風。不通風，則濕鬱不除。天氣晴明時，遇南風，須捲北窗；遇北風，須捲南窗。若迎風開窗，則傷風。傷風者，節長口禁。又蠶屋倉卒開門，風由門口暗射蠶身，謂之賊風，後多紅殭。子在連，喜極寒；蟻初生，喜極暖。眠時喜温，頭眠二眠三眠起後，喜暖。大眠以前，若受寒冷，老時必為僵蠶，不作繭。大眠起後，喜凉。三眠蠶，只有三眠，無大眠，則三眠起後宜凉。以第三次眠，即大眠也。臨老喜漸暖，上山喜極暖。大致如此，養蠶者總在冷暖得宜，不可傷冷，傷冷則亮頭；不可傷熱，傷熱則腫脚；不可傷火，傷火則焦尾。又正當寒時，不可令其驟熱；正當熱時，不可令其驟凉。驟熱驟凉，均易生病。初生時喜暗，大時喜明，方眠喜暗，眠起喜明，初上山喜暗，成窠後喜明。

又《蠶料八則**》**

箔料

蘆葦秋冬間，收蘆葦織而為箔，箔上可安置蠶山。

簇料

鐵埽帚一名千頭子，即地膚苗也，作蠶山最佳。菜子梢作蠶山亦佳。稻草可作蠶山。麥草亦可作山。

薦料

稻草、黄野草皆可作草薦。

盤料

竹取臘月砍伐者，編為蠶盤，則不生蟲。

又《蠶具三十則**》**

蠶連用紙為之，又名蠶種紙，以裱過厚皮紙為上紙薄，則不禁洗浴，以絲湯泡過者為佳，絲湯，即煮繭鍋内之湯，種紙不用絲湯泡過，則種在紙上，易於脱落。泡過之後，須曬令極乾，用布作連更好，布不拘新舊，以方為貴，布若尖斜，則布上之蛾，往往生子於布外。

篩以細篾編成圓徑一尺，餘邊高一寸，底如胡椒眼，即米篩也篩底眼疏，裏面須用竹紙糊好，以盛小蠶，浙江人謂之篷。

盤，盛蠶器也，一名蠶筐。襄陽人謂之淺子，湖南人謂之盤箕，浙江人謂之筐，亦謂之曬篇，以竹編之圓徑三四尺，邊高一寸五分。淺子、盤箕、曬篇，即筐之邊淺而底密者，擱於架上，以盛大蠶。

架以承盤，一名蠶植，又名蠶槌，大小架皆三角式。大架用直柱三根，前二後一高八尺，每柱各開八孔，每孔相去各八寸。必相去八寸，乃可容蠶盤進出。中設横檔八層，每層用前檔木一根長六尺，一頭嵌前左柱孔内，一頭嵌前右柱孔内。每層前檔木之中間，俱平鑲一短榫榫長四寸，後檔木一根長三尺。一頭嵌後柱孔内，一頭裁成榫口，銜於前檔木之中間短榫上。短榫及榫口對穿一孔，用竹釘綰住，以便轉移摺疊。小蠶用小架高四五尺，闊四尺，餘與大蠶架同。

無力之家，不能備木架者，可用粗椶繩三根麻繩亦可，從屋梁檩子上穿過，垂下至地，為直柱前二後一，與木架直柱同。木棍拴繩上為横檔竹棍亦可，每横檔相去各空七八寸，另釘一粗木樁於地，將垂下繩尾緊拴樁上，不令動摇。繩動摇，則盤内之蠶驚動不安，眠起時尤為誤事。每一架，亦可安蠶盤七八層，候蠶事畢，將繩棍收束，置空閑處，來年仍可取用，此亦簡便方法也。

筷以竹為之長八寸，比常用筷子略細些，一頭削尖，磨令極光，為夾取小蠶之用。

匙以桑木為之，或竹片亦可，大小不等，總以光滑為佳，以備分開小蠶之用。

杓以桑木為之，或無氣味之木亦可。其首大如酒杯，其柄微曲柄長二三尺。如蠶盤内布葉不勻，則用此杓盛葉以補其處。

網之長短闊狹，視蠶盤之大小，此擡蠶要物也。古法用新細麻繩織網，或塗以生漆，或塗以猪血，仍以粗麻繩穿邊，甚足耐久。若貧家力不能辦，可購取爛魚網，照蠶盤裁翦補綴完好，用細篾絲穿邊，亦可適用。網眼有疏有密，擡小蠶宜密。

又《易器六則》

蠶大宜分

以一盤之蠶，分為兩盤，謂之分。蠶初生如蟻，頭眠時大如衣綫，長約半分。二眠時，粗如綿紗綫，長約一分。三眠時，粗如麻綫，長約二分。大眠時，粗如錢繩，長約五六分。大眠起後，喂葉一晝夜，便可長至寸許。臨老時，約長二寸。不分，則漸長漸大，愈大愈擠，必有積壓損傷之患。大約新蟻一盤，至老，可分為三十盤。蠶盤有大有小，詳蠶具第二三則。【略】

蠶架宜留空盤

架上蠶盤，無論多少，上層下層，均應空留一盤。上可以防塵埃，下可以隔濕潤，有地板者，架之下層，不留空盤亦可。蠶架，詳蠶具第四則。

蠶盤宜安草薦

盤上用茅草為薦，草須切細，須搗軟，須平鋪。薦上鋪乾净紙，紙須揉軟如綿，以數張粘連為一張。

綜述

唐 柳宗元《五百家注柳先生集》卷三《时令论上》 季春利堤防，達溝瀆音『讀』，止田獵，備蠶器，合牛馬，百工無悖于時。

《太平御覽》卷一八《時序部三·春上》 《禮》【略】又曰：三月中氣日在胃穀雨爲三月中氣，昏張中曉，南斗、中斗建辰位之中。穀雨之日，萍始生；後五日，鳴鳩拂其羽；後五日，戴勝降于桑，命有司無伐桑柘受蠶食，乃修蠶器蠶器謂薄捶、鈎筐之類。

又卷八二五《資産部五》 《禮記·月令·季春》曰：是月也，【略】乃修蠶器蚕器，謂簿槌、鉤筐之類。

明 焦竑《國朝獻徵録》卷八三《南直隸·知府·太平府知府李習傳》 李習，字伯羽，習【略】文章如萊所評，漁于峨溪，吟咏歌行，有《峨漁小藳》，樵于湯沙；稽考制度，有《沙樵雜鈔》，家人用之糊飾蠶器。

清 李光地等《御定月令輯要》卷七《三月令·民用》 具蠶器原：《禮》『具曲植籧筐』注：『時所以養蠶器也。曲，簿也。植，槌也。』增：《齊民要術》：『三月令，蠶妾具槌，持箔籠。』

清 張宗法《三農紀》卷二《仲春》

田忌：天火在卯，地火在酉，九焦在丑，糞忌在戌，荒蕪在亥。

農時修蠶室，耕秧田，造布，治糞，春米，浣氣衣，製夏衣，收柴炭，暖蚕紙，栽花果，接花木，揷技柳，種蕎子，壓諸木枝，易活。

月計：農人以青囊盛百穀種相遺，名獻生子。釀酒為宜春酒。二日為中和節。十五日百花競放，老少游賞，為花朝。蜀人鬻蠶器于市，因作樂縱觀，謂之蚕市。雨水節雨，盂盛之，夫婦其飲合有子。春社酒，小兒飲之，能速言。十二日，百花生日，無雨，百果實。上五日，泥蚕室。

清　鄭之僑《農桑易知録》卷二《育蠶器類》

草把子俗名□頭

正月内，將稻草剝去外面穀葉子，以小釘鈀梳之，則穀葉去盡，用鍘刀，鍘去頭尾，約長一尺五寸。每手握一小把，做一草把，將截下稻草稍七八根，在下五寸許束縛。等到上秈時，取草把子，用力一擰，則上下兩頭撒開，遂可接連。直竪於葦薄之上。一個草把子上，可上老蠶一大捧，按一觔出火蠶，五十個草把，亦足敷用。

清　韓夢周輯，王效成録《養蠶成法・養蠶器具》

小斧

刃薄無頂，取其輕利，便於斫芽。

剪刀

形如衣剪，頭齊而大，用以剪枝挪蠶。

鳥槍

塲内傷蠶之物，如蜂、蟻、蛙鼠等類，可以手捉。若鳥獸之屬，非響鎗，則不知避。至於防狼、虎、警、盜賊，更不可少。效成按，狐狸、狼、鼠、鷶、鴟、鳥、雀、蛙、螟、蟲、蟻，無巨細，皆嗜蠶。守護之法，晝更持竿張網，夜更執火鳴金，助以號叫，如今守果園法。

子筐

以竹爲之，平底陡沿，上有平蓋，形圓，高尺許，圓圍二尺許，紙糊底，免漏子。秋則勿糊，秋只用盛蛾，糊則恐閉風。

麻蟻

用好麻兩批，撚合爲一，長丈許，細如線，滑如絃，以之穿種，省齒滯。

涼篷

下用四柱，上擔横木，覆以有葉柴枝，篷要大些爲妙。

窩鋪

守塲人住宿，搭蓋不拘大小，以人數多少爲率。更要多蓋數處，散布塲中，分人看守。

清　韓夢周《蠶桑實濟》卷二《育蠶預備》

預編蠶盤

蠶盤，盛蠶器也。移蠶及上簇時，皆用之。或以竹編，或用木框，以疎簟爲底，長七尺，廣五尺，出入擡蠶便用。

清　朱斌《蠶桑指要・養蠶》

器用

凡養蠶十斤者，須備烏籃二隻，大篷八隻，大籃三十隻，蠶網六十口，蠶架四個，火箱一隻。

（乾隆）《烏青鎮志》卷二《農桑》　蠶事始于清明節，此日雖男之遠適女之歸寧者，亦必聚于家室。越十餘日，收上年所布紙上之子，以帕裹之，置熏籠一宿，隨貼胸取暖，謂之護種。率以穀雨爲期。諺云：穀雨勿藏蠶。

清　包世臣《齊民四術》卷一下《農一下・蠶桑》　隙廣拾牛糞積至春暖，打破和水，築成墼子，以備烘蠶。十二月刈茅去穗，椎軟以備蠶蓐，俱宜蠶性。秋深，捋將落桑葉曝乾，俟臘月，擣爲粉，以淨甕盛收于不近煙火處。臘八日，長流清水或井甜水，浸緑豆白米，每箔半斤爲度，浸一日晒乾，俱備大眠後，和葉飼蠶，能消熱病，堅絲綿。正月，修蠶架、蠶盤、蠶筷。架二種，古名槌，大者高六尺，三足展之，廣亦六尺。六層，下層去地八寸，以空盤隔溼，上層以空盤隔塵。中置蠶者四層，每層相去一尺，當每層高爲一欖，以便抽盤出架。小者高三尺，三足展之，廣二尺四寸，每層相去六寸。小架以架苗蠶，大架以架老蠶也。盤以竹編之，員徑五尺，邊高寸許。苗時用篩，軟茅墊之，上架薄紙，三日後去紙，惟用茅蓐。綱以竹片爲骨，蒙敗綱如盤而差大，如盤上葉，使蠶上葉背，以抬蠶除砂。蠶筷以毛竹長尺三寸，削極尖，捆糠炒淨，以除惡蠶。蠶室向南爲上，忌向西，受夕照，起西風，皆害蠶。屋寛者，宜融一所，東南北三面開窗，以紙糊之。加葦箔草簾于外，靠牆根東西北三面，各開三氣洞，以草塞之。屋狹者，隨處以簾箔遮風日，亦可。及蠶大眠時，埽一通風淨室，以簟鋪地。凡晨翦葉撲去露，夕翦葉盡日下，挑來摘下嫩條，薄攤涼去欝蒸之氣，乃飼蠶。常宜備來日葉，凡葉有露及黄沙，須揩洗淨盡，鋪簟上涼過，乃可飼蠶。整箔架，備火盆：箔架以竹爲椽，去地尺許，架之上，鋪蘆箔上簇，去地七尺。以繩掛大木五六根，横鋪竹椽，加蘆箔上簇，簇以稻草去褲瓣，中拆岔爲覆鐘樣，撒蠶其上，爲入簇。凡屋一間兩架，可上蠶十盤，火盆以鉄爲鍋，或坦瓦盆亦可。以木爲架，高五六寸。修抽絲車，備絲柴：柴栗爲上，柏次之，曝極乾，二木皆無煙故也。桑葉見青，乃臥種。

清 汪曰楨《湖蠶述》卷一《蠶具》 鄭元《慶湖録》：【略】其采桑也，有桑剪，有桑蔀。至飼小蠶而切葉也，有草墩，用以承刀，恐其聲之著也。時或風雨而寒，則用火盆盛炭，熾于筐之下而暖之。蠶將作繭，則用草帚散而登蠶其上，繅絲則用絲車、水缸、鍋竈、畢具。汪曰楨《南潯鎮志蠶具》，修桑，有鋸，有斧。采桑，有桑剪，有桑梯。按《西吳蠶略》云：兩梯相對，高七八尺。又《桑譜》種桑葚，有籮。接桑，有接桑刀，反手鍥。修桑，有鑿。治桑上蟲，有刮杷鐵絲。貯桑葉，有篰或用蔀字。停葉，用竹簾、蘆簾、蘆蓆。切葉，有刀按《西吳蠶略》云：葉刀，方而薄，有草墩。刷蠶烏，用鵝翎。分𥽉小蠶，用尖竹箸，俗名蠶快。大蠶用網，小蠶貯以蒲篗按柳條所編、以竹篩。大蠶貯以筬音大，或用簩字，亦借用籧字或以筐，以匾。所以架匾曰蠶栥音代。按或用槌字。《西吳蠶略》云：俗名持子。持當作栫，見《方言》，音摘，俗讀如持。此即《月令》曲植之『植』，音治，值、栫槌，栥，并一聲之轉。禦風，以蘆簾，以草薦。架山棚，有凳，有草帚。按《蠶書》有花格竹，東鄉不用。又盛蠶有盤，稱小蠶有戥子，稱大蠶及稱葉有秤。禦寒，用火盆。撩山棚火，及車頭火，亦用火盆。繅絲用絲車及水缸、鍋竈。竈有烟囱，車上有方輪，有軸，頭有竹豁，有旋鈎，有踏板。按又有絲快，以竹為之，如四箸平列之形，亦名絲叉，打緒及撩蛹用之。

清 方大湜《桑蠶提要》卷二《蠶事四十條・**頭眠**三則**》** 熟眠 【略】宜避風尤忌西北風，西北風吹，便吐㴩不出，宜避穢，不可餧葉，不可驚動蠶器。

又《育蟻五則**》** 保護 新蟻宜暖房内如置火缽，切不可貼近蠶器，恐熱氣熏蒸，致貽後患也，宜暗，忌風、忌穢。

又《地蠶五則**》** 此法乃蠶多器少者，不得已而為之，蠶若不多，不必用此法。

設倉 大眠起後，蠶身愈大，用器愈多，如無器物可分，只好於地下設蠶倉，以代蠶器，俗謂之『放地蠶』。但不宜早放放太早，則挫動蠶脚，且蠶既下地，桑渣蠶屎堆積太厚，亦無法可去。須俟開口兩三日，乃放倉内。蠶脚已老，無妨挫動，又為日無多，桑渣蠶屎不至堆積太厚。設倉之法，先擇屋内明亮，有地板者，打埽潔净。次以稻草搗軟，截作寸許，鋪勻地板上。再置地蠶凳於稻草内，地蠶凳，詳蠶具第十則。無凳，則以厚磚散置其中。磚彼此相距二尺，須安置穩當，使布葉者，有立脚處。倉邊四圍，用厚木板圍住，或用小土磚圍作亦可，倉之大小，以蠶之多寡酌之。然後以蠶勻布草上。如無地板，則先鋪石灰，再鋪稻草。如無石灰，則先鋪粗糠，再鋪稻草。地面多濕氣，非蠶所宜，粗糠稻草，須用極燥者。

布蠶 布蠶於地，不宜過稀過稀，則費葉。不宜過密過密，則老得不齊。不宜遠擲高拋。遠擲高拋，則蠶身傷損。

鋪葉 蠶既下地，居高放葉，切莫拋擲，須蹲踞凳上或磚上，輕輕布之。務使均平，如有手不能到處，則用細竹枝，挑之使勻。

隔蒸 蠶放地下，雖為日無多，桑渣蠶屎不致堆積太厚。然遇天氣濕熱，氣即上騰，總不免蒸鬱之患。須取乾茅草切細，勻撒蠶倉，再布葉於茅草上。則蠶聞葉香，緣茅而上，所撒茅草，均在蠶身之下，可隔濕熱氣，此亦救急之一法也。

放倉 蠶倉之旁，須留餘地，倉内蠶如太密，則將倉之邊際，漸漸放開，添設立脚土磚，再切稻草，勻鋪地面。而以密處之蠶，移置放開之處，俗謂之『放倉』。

又《老蠶二則**》**

蠶老之時 大眠起娘，喂葉四五晝夜，即老。以上葉之次數計之，大約在五十次内外，自下連至老，約二十五六日或二十七八日。

蠶老之狀 身肥𦡊小，長約二寸，粗如小指，色微黄如糙米色一般。取向明處照之，絲喉漸亮，身漸軟，謂之『老娘』。蠶色暗，將老，則喉間先亮；蠶身硬，將老，則漸軟。再薄喂三五次俗名『上馬桑』，便通身透明，通身柔軟，中有一絲跳動，且游走不食，是欲作繭，急宜上山。

清 沈秉成《蠶桑輯要・諸家雜説・養蠶法》

置以擡爐盆架，兩旁有柄，蠶忌煙熏，户外將柴燒過煙盡，以便擡入。

造蠶盤，古以木作筐，筐邊高二三寸，以疏簟為底，底鋪蘆簾，育蠶器名曰箔。箔有大小，今人用筐篋，取其輕便。

編蠶網，以細麻綫，照織網法織平，孔如鷄子大，量蠶器織成，每筐篋要二扇，以熟漆漆過，或以猪血和，或以槲皮，如制漁網法。三四眠後除沙，以二網輪流掇換。先將網蓋於蠶上，以葉撒之，蠶聞葉香，穿網而上，連蠶擡起，輕輕放下，除沙省工，且不傷蠶。

設蠶，室要閒架寬敞，兩頭各置大照窗。三眠為出火，窗外挂草薦，室内隨製火倉，蠶生，徐徐以牛糞煨火，合閉門窗，不令暖氣出外，不可有烟。墻壁掃盡，塞絶鼠穴，須留貓洞。

忌濕葉遇雨晾乾，霧葉霧有毒，乾葉，黄沙葉，氣水葉積久發熱，即生氣水，須用新鮮。香氣，臭氣，不潔净人，燈油氣，酒醋氣，葱，韭，蒜，阿魏，硫磺等臭。

浴種，種生十八日後，清晨用井水，浸去連上便溺，臘月八日或十二，蠶生日，依法浴畢，用長竿挂院中一晝夜，受日精月華之氣。連宜極寒，霜雪壓之更好，來年蠶生必繁。清明，用麥葉、柳葉、桃花、蠶豆花，揉井水内浸浴，移挂温室，晾乾。

下蟻，各省節氣不同，只看桑葉如茶匙大，即是蠶生之候。以二連相合紙包，再包綿三四寸，置暖處，不可寒冷，每日翻轉開包。忌風，或將綿包懷在身，夜放身旁，不可太熱。七日變青白色，次日必出，宜先暖蠶室令極熱，蟻出鋪連暖坑，出齊，稱記分兩。共稱得幾兩，除連便知蟻數。先將稻草簾鋪筐底，再鋪綿紙一層，切葉篩勻紙上，以連覆葉，聞香自下，用隔年乾桑葉揉末，篩簾拂下，亦可。

蠶蟻下連，以一日二日下齊為好蟻。初出不飼無妨。初宜切葉如絲慢飼，但頭一日拂下之蟻，與第二日各置一處。如頭一日之蟻，多飼葉三四頓，即將蟻置之稍凉處，以減頓。第二日之蟻，置之暖處，每日加一二頓，前後各飼葉三十五頓，即齊眠於一日，取齊省功之法。去沙在巳、午時，待蟻上葉，用蠶筯輕輕挑過小筐内，稀密得勻。古用蠶匙，今用蠶筯。

蟻拂下室暖三日，即緊飼五日，即變黄白色，而眠有九分，結嘴不食為頭眠，凉則七日方眠。眠時將班糠摻一層於上，還有食蠶一分，復摻稀葉一層，食蠶上葉，此遲眠之病蠶，用蠶筯鉗而去之。眠蠶連糠起鬆，放開住食二日夜，蛻殼起齊，凉則三日。

清 沈練，仲學輅輯補《廣蠶桑説輯補》卷下《培養桑樹法十九條・蠶事預備説一條》 按蠶事，器用不一而足。其最著者，則切葉砧也，葉篩也，蠶筐也，騄蠶網也，大小蠶植也，攩蠶毛也，蠶箸也，飼蠶架也，地蠶凳也，山棚蘆簾草帚也，繭籃也。内有不能姑缺者，有不妨他代者，須隨宜變通。若繅絲之車，則車牀也，車軸也，牌坊也，絲稱也，牡孃鐙繩也，撈絲帚也，踏脚板也。及車後向絲火盆，車前絲竈烟囱，均須預備，非臨時所能猝有也。尚有綿豁與拓綿叉墜梗，於繅絲後用之，婦女專任之，非若車竈之難緩，續置可也。

又《布葉説二條》 按：天寒，蠶小時，須於大牀帳内，架以板片，安置蠶器。夜則沾人暖氣，晝則置火鉢於房内，藉以辟寒。但火鉢不可貼近蠶器，恐熱氣熏蒸，致貽後患。如本條所慮是也，或有貪其速眠，架上向缸者，直行險以徼幸而已。見後蠶筐式註。

清 何品玉輯刊《蠶桑會粹・種桑各法》

蠶器

凡養蠶，宜預置各項器具，臨時方有應用。如養蠶蟻壹兩貳錢即係一張春紙所出，須小簸數隻，大簸四十隻三尺空簸。蠶初生如蟻，用小簸飼之，便於携取，初眠後，換用大簸，漸次添簸，至三十五六簸之多。如用三尺簸，多至二十六七簸，尤為省便。另做活木架二座，以便放簸，其架以四木柱為之，約六尺高，七尺長，上下四面，用小横木扃定，四柱中間，離五六寸鑿一圓孔，約十孔為度，以小竹竿放入兩頭孔内，作為十層，以便層層放簸，不致阻佔地方，逐層放葉換簸，週而復始，不致紊亂。蠶事畢時，可將架拆下，捆成一束，置安空間處。蠶上山，宜置蠶箔八十餘隻，火盆十餘隻，紙被十餘張，大火炕繭用。繭鉗四五枝摘繭用。蛾生春，宜用床，以木板為之，兩頭有界限，中空，約尺六長，尺一濶。另用四方格，合下界内，防其生春紙外。保護桑葉，宜置木防一二井，葵衣十餘領。桑葉最忌燥濕，用木防，離地三寸許，架起活桑柗一座，鋪放桑葉，不致生濕。外加葵衣遮住，不致風燥。蠶事既畢，亦可將柗拆下，收拾空間處。凡此所載蠶器，舉其大概，為飼一張春紙之用，至飼蠶多少，可以類推。

清 曾鉌《蠶桑備要・序・經始事宜章程十二條》 桑務廢弛已久，應用各具，無處購買，擬用匠工一人，造作蠶器，以便民間買用。所成蠶具，按工本加息二分，所得息錢，即爲該工口食之需，不足再行酌添。

又 卷四《養蠶程式》 頭眠起齊【略】起齊後，第一次布葉，須薄而勻。蠶眠時，器内篩有糠灰，起後蠶器乾燥，所布之葉易枯，枯則蠶不能食，故布葉宜薄。

又 設倉 大眠起後，蠶身愈大，用器愈多，如無器物可分，只好於地下設蠶倉，以代蠶器，俗謂之『放地蠶』。但不宜早放，放太早，則挼動蠶腳，且蠶既下地，桑渣蠶屎堆積太厚，亦無法可去，須俟開口兩三日，乃放倉内。蠶腳已老，無妨挼動。又爲日無多，桑渣蠶屎，不至堆積太厚。設倉之法，先擇屋内明亮有地板者，打掃潔淨。次以稻草搗輭，截作寸許，鋪勻地板上。再置地蠶凳於稻草内，無凳則以厚塼，散置其中。塼彼此相距二尺，須安置穩當，使布葉者，有立腳處。倉邊四圍，用厚木板圍住。或用小土塼圍住亦可，倉之大小，以蠶之多寡酌之。然後以蠶勻布草上，如無地板，則先鋪石灰，再鋪稻草。如無石灰，則先鋪粗糠，再鋪稻草。地面多溼氣，非蠶所宜，粗糠、稻草，須用極燥者。

清 沈秉成《蠶桑輯要・諸家雜説・養蠶説》 造蠶盤，古以木作筐，筐邊高二三寸，以疎簟為底，底鋪蘆簾，育蠶器名曰箔。箔有大小，今人用筐籔，取其輕便。

清 闞維震《養蠶法》第二章《蠶具》

養蠶器具不備，固非所宜，器具備而不得當，亦不適於養蠶。

又 養蟻量一兩需備各物如左

蠶架 二組 大篇 百卅個 中篇 八個 小篇 四個

草蓆如篇數 桑梯 一步 桑翦 二把 竹籠 六對

篾簟 二十張 桑刀大小 二把 桑砧 二塊 刀磚 一方

桑篩 一分 分半 二分 三分 四分 五分 七分 一寸 各一面 籔箕 二隻 葉簍 六隻

篇架 四個 踏櫈 二個 蠶網 二百張 寒煖計乾溼表 二個

鑱草刀 一把 火筷 二副 火鍘 一個 糞箕 一隻

大秤 一管 釐秤 一管 洋燈 二盞 燭台 二個

蠶筷 四雙 鵝毛 四柄 筆硯 一副 算盤 一架

風扇 一把 草衣 二件 箬帽 二頂 浴種桶 一隻

排筆 二支 貯種箱 一組 竹竿 四十支 自鳴鐘 一個

消耗品

桑葉 三十擔 木炭 五擔 礱糠 四百斤 人工 六十工

燭 五斤 洋油 一箱 稻草 二百束 製種紙 六百張

毛紙 一捆 皮紙 五十張 蛾袋一萬六千八百個 繩索 二斤

蔴線 四兩 燈籠 二管 草鞋 十雙 掃帚 四把

筆墨 一副 帳簿 一本

清 許鵬翊《柳蠶新編》卷下《柳蠶橡蠶之同異》 橡蠶，放春秋兩季，柳蠶亦放兩季。且其種子即用橡蠶種子，其配對、移蠶、去病、防害等事，以及蠶剪、蠶鐮、蠶筐、蠶箔等器，無一不同。

清 賴逸甫《嶺南蠶桑要則・勸業芻言》 將來蠶桑風氣開通，則有桑種市，桑葉市，炭市，絸市，絲市，絲皮市，絲骨市，水結市，絸殼市，桑籮市，桑園市，蠶篙蠶箔市，蠶帳蠶被市，手笠脚笠市，桑刀桑鈒市，火盤絸爐市，與夫銅鐵竹木，所造諸般蠶器之工商，則日以加多。

又《蠶器須知》 就緒傳習員歸家養蠶，躬爲乃鄉乃族先導，而勸課親朋。每造所養四両蛾之蠶種而計，當置四尺零闊，木柱竹横之十層蠶架四箇，二尺六寸大之蠶箕十箇，三尺五六寸大之蠶篙三十箇，鋁草所用之小竹籮兩箇，載桑所用之大竹籮十箇，箳桑箳絸所用三尺零大之疏篩一箇，簑衣十張，堆桑所用之竹圍二箇，執蠶所用之蠶箕四箇，九両花之蠶箔六十張，蠶帳布一疋，桑刀二把，桑鈒一把，柏木砧板一箇，磨刀石一塊，五寸半高，一尺一寸大之瓦火盤十二箇，蠶架脚之瓦⿱豈瓦十六箇，時辰鐘一箇，寒暑針一枝，高絸所用之紙被十張，絸鉗十箇，繅絲所用之脚絸二副，十口之家有此，則可衣食無憂。

清 劉清藜補輯《蠶桑備要》第二篇《先事預備》 欲蠶事者，於秋冬農隙，預置蠶具什物，自不至臨時忙迫失措。凡蠶食料、簇料、火料、蓐草、火具、藁薦、曲、筐、盤、槌、蠶架、砧刀、擡網、葉篩、椽、杓、蠶室，必先精製習熟，蠶種亦必先年如法收存，則獲利自如操券而取。今條列各件於左。

又 第四篇《養蠶程式・地蠶五則》

設倉

大眠起後，蠶身愈大，用器愈多，如無器物可分，只好於地下設蠶倉，以代蠶器，俗謂之『放地蠶』。但不宜早放放太早，則拙動蠶脚，且蠶既下地，桑渣蠶屎堆積太厚，亦無法可去。須俟開口兩三日，乃放倉内。蠶脚已老，無妨拙動。又為日無多，桑渣蠶屎，不至堆積太厚。設倉之法，先擇屋内明亮有地板者，打掃潔净，次以稻草搗軟，截作寸許，鋪勻地板上。再置地蠶凳於稻草内，無凳則以厚磚，散置其中。磚彼此相距二尺，須安置穩當，使布葉者有立脚處。倉邊四圍，用厚木板圍住，或用小土磚圍住，亦可。倉之大小，以蠶之多寡酌之。然後以蠶勻布草上，如無地板，則先鋪石灰，再鋪稻草。如無石灰，則先鋪粗糠，再鋪稻草。地面多濕氣，非蠶所宜，粗糠、稻草，須用極燥者。

清 佚名《兖沂曹濟農桑會簡明章程》《農學報》第二百六十期 ［農桑會］

由日本購到新式犁鋤、鈀鎌，并育蠶器具，以及手搖繅絲紡花等機器，均以一分發給兗州總會，試驗某器合用，即仿造出售。

清　呂廣文《蠶桑要言・育蠶法》

蠶器

蠶箸，製如燭店中之燭籤，其小頭宜更削尖細，方合用。以初生之烏毛蠶，及一眠、二眠時，蠶小不能用手也。米篩、糠篩、小簏、小笩，均烏毛蠶，及一眠、二眠時所盛之器，皆須以紙襯之。大笩，即香乾店中所用以盛腐乾者，是製須稍大，方合用。乃二眠後至上山時，盛蠶之器，當以紙糊之。晒箕，即人家平日所用以晒粉者，不須糊紙，用便於笩，而價較貴。蠶聚，以木爲之柱，三檔十如丁字形，香乾店中亦用此，以擱笩。蠶薦，以草爲之，高與蠶聚齊，圍於其外，使煖者。桑剪，備以剪取樹上桑條。葉剪，即婦女平時剪裁布帛之剪，剪紅葉絲，用大號剪刀較易。小刀、絞刀，蠶至三眠以後，則所齊之葉葉之剪絲，須先將葉每片摘開，即將短梗，整得畢齊，俾得裁去，曰齊葉。其把握甚大，用剪易於傷手。不如以小刀切之，絞刀絞之，較爲甚便。

清　任蘭生《蠶桑摘要・育蠶收繭法四十三條》　編蠶網，以細麻線，照織網法織平，孔如雞子大，量蠶器織成，以熟漆漆過，或以豬血和，或以槲皮，如制漁網法。三四眠後除沙，有一筐，以二網輪流擡換。先將網蓋於蠶上，以葉撒之，蠶聞葉香，穿網而上，連蠶擡起，輕輕放下，除沙省工，且不傷蠶。

清　衛杰《蠶桑淺説》　蠶器，用竹最良，凡柳葦草蒲蘆席均可。初出蟻子，以木盤盛之；漸多，以蒲席盛之。大眠後，以草席、秫稭聯子盛之，餘無他需。

清　楊鞏《中外農學合編》卷一〇《蠶類・飼育・器具圖説》

蠶連，用紙為之，又名蠶種紙，以裱過厚皮紙為上，紙薄，則不便洗浴。以絲湯泡過者為佳，絲湯，即煮繭鍋內之湯。種紙不用絲湯泡過，則種在紙上，易於脱落，泡過之後，須曬令極乾，用布作連更好。布不拘新舊，以方為貴，布若尖斜，則布上之蛾，往往生子於布外。外洋名普通種，亦同，惟喜用絲綿耳。《蠶桑提要》

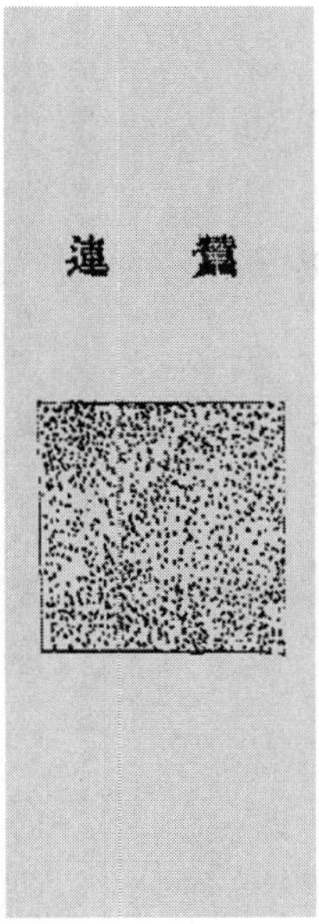

篩以細篾編成圓徑一尺餘，邊高一寸，底如胡椒眼。即米篩也篩眼略疏，裏面須用竹紙糊好，以盛小蠶，浙人謂之篷。《蠶桑輯要》

外洋於大小最為注意，所製蠶篩，自一尺至二三尺，視蠶身大小更換。《養蠶法》

盤，盛蠶器也。一名蠶筐，鄂謂之淺子，湘謂之盤箕，浙謂之篇，亦謂之曬篇，以竹編之。方圓、長短、大小，均無定式，用木為之亦可，大約圓徑三四尺，邊高一寸五分。淺子、盤箕、曬篇，即筐之邊淺而底密者，擱於架上，以盛大蠶。《授時通考》

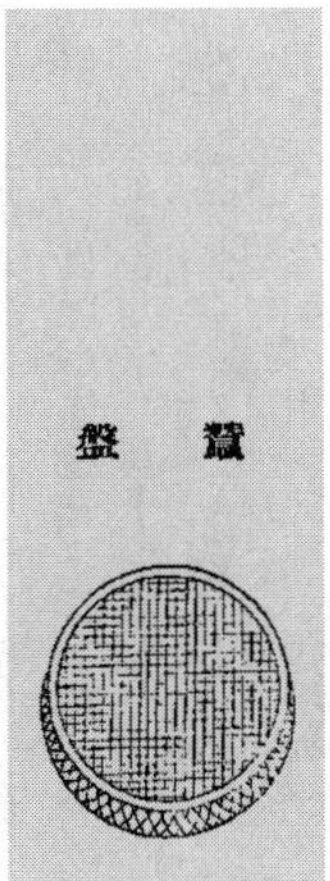

其底用粗篾片，編過徑一寸五分六方孔，俗名『胡椒眼』。其邊用細篾絲，編高二寸，盤長四尺，寬二尺五寸，內盛草席，席上盛蠶，可使空氣由底孔流通，則鰊砂乾燥，而蠶無濕熱熏蒸之患矣。《喝茫蠶書》

此席以粗麻綫編潔淨草而成，其草之排列，宜均勻而稍密，不宜層疊而

過厚，密則小蠶不至漏落，薄則空氣不至閉塞。每除砂一次，即更換一席，恐蓆含溼氣，可將此蓆晒乾，以待互相更換。《意大利蠶書》

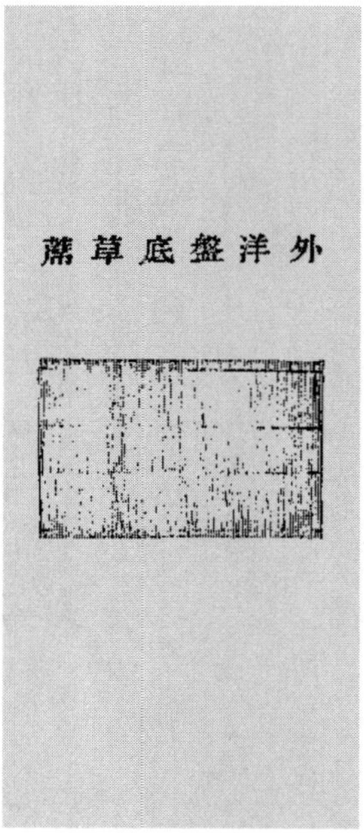

架以盛盤，一名蠶植，又名蠶槌。大小架皆三角式，大架用直柱三根，前二後一高八尺，每柱各開八孔，每孔相去各八寸必相去八寸，乃可容蠶盤進出，中設橫檔梯升八層，每層用前檔木一根長六尺，一頭嵌前左柱孔內，一頭嵌前右柱孔內，每層前檔木之中間，俱平鑲一短榫，榫長四寸。後檔木一根長三尺，一頭嵌後柱孔內，一頭裁成榫口，銜於前檔木之中間短榫上，兩相銜合為一，對穿一孔，用竹釘綰住，以便轉移收摺，小蠶用小架高四五尺，闊四尺，餘與大蠶架同。《蠶事圖譜》

無力之家，不能備木架者，可用粗棕繩三根麻繩亦可，從屋樑檁子上穿過，垂下至地為直柱前二後一，與木架直柱同。用木棍拴繩上為橫檔竹棍亦可，每橫檔相去各空七八寸，隨繩直垂下於地，另釘粗木樁將垂下繩尾，緊束樁上，不令動搖繩動搖，則盤內之蠶，驚動不安，眠起時，尤為誤事。每一架亦可安蠶盤七八層，候蠶事畢，將繩棍收束，置空閑處，來年仍可取用，此亦簡便方法也。或用竹桿緊束，橫直如式亦佳。然總不如木架之穩。《授時通考》

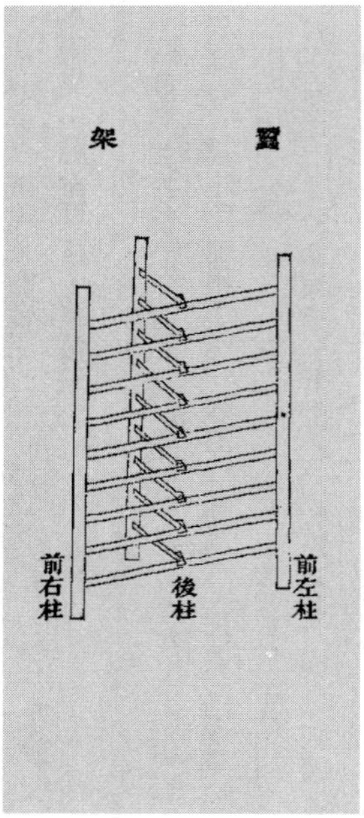

附外洋法

架以細枋四莖竪之，高可八九尺，上下以竹通橫桄十層，每層皆擱養蠶盤筐，隨其大小，蓋筐用小架，盤用大架。此外洋盤筐有架，猶中國椽箔之有槌也。《養蠶法》

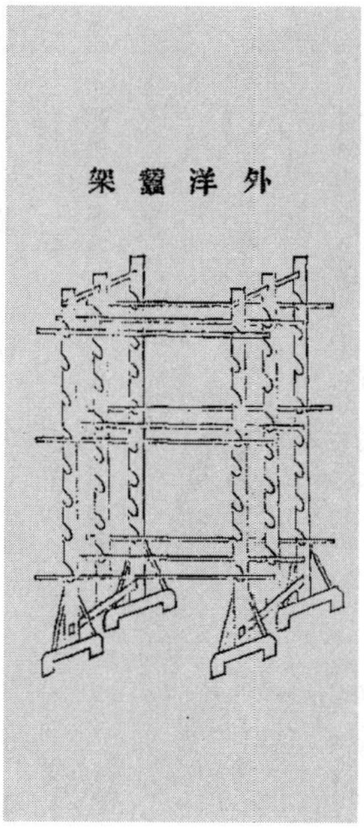

此式造三柱牌坊架數箇，高八尺，寬三尺五寸，柱寬四寸，厚二寸，三柱上端盡頭處，穿孔貫以木條成牌，其下端以前後柱銼貫脚榫，各貫一尺長之橫木為脚，離貫脚榫以上二寸對面銼孔，以梁木兩端貫嵌而承中柱，使三柱牌立，各柱向前一面，離地一尺二寸，以上每隔八寸，斜銼一口，各銼八口，共作八層。如欲置蠶一架，用兩牌坊平對排列，其距離以能容蠶盤為度，每層橫列小竹桿三根，兩端擱牌柱斜口內，以盛蠶盤，竹桿長者，一根可連三牌坊為兩架，置牌坊多者，可連續擺列，而成數架矣，此式最簡便，且便收拾。《日本蠶書》

筷，以竹為之，長八寸，比常用筷子略細些。一頭削尖，磨令極光，為夾取小蠶之用，一頭穿孔，貫以細繩，以防兩相失配。《蠶事圖譜》

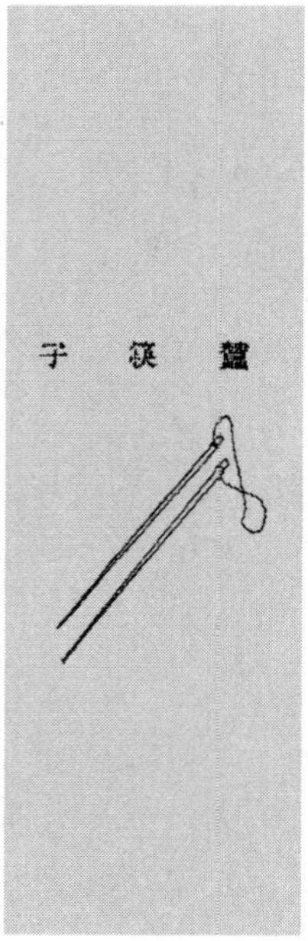

匙，以桑木為之，或竹片亦可，大小不等，總以光滑為佳，以備分開小蠶之用。《蠶桑須知》

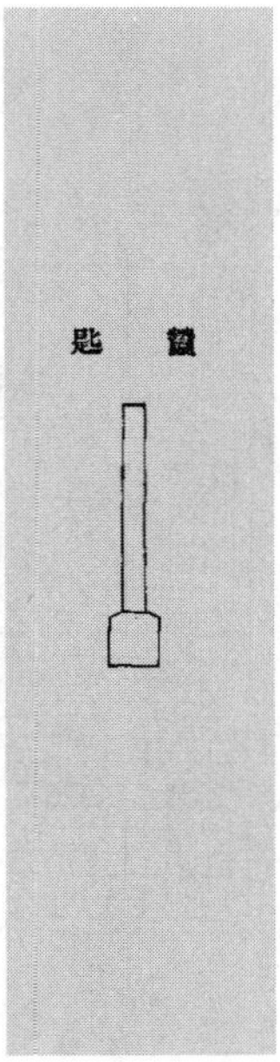

杓，以桑木為之，或無氣味之木亦可，其首大如酒杯，其柄微曲，柄長二三尺。如蠶盤內布葉不勻，用此盛葉，以補缺處。《授時通考》

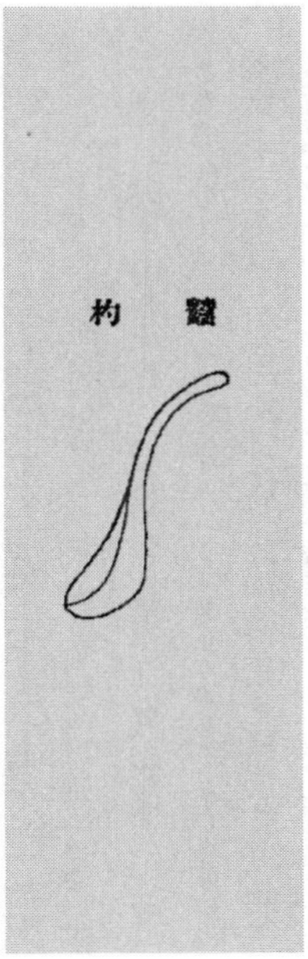

網之長短闊狹，視蠶盤之大小，此抬蠶要物也。古法用新細麻綫織網，或塗生漆，或塗猪血，仍以粗麻繩穿邊，甚足耐久。若貧家力不能辦，可購取爛魚網，漂盡腥氣，照蠶盤裁翦，補綴完好，用細篾絲穿邊，亦可適用。網眼有疏有密，抬小蠶宜密，抬大蠶宜疏。同上

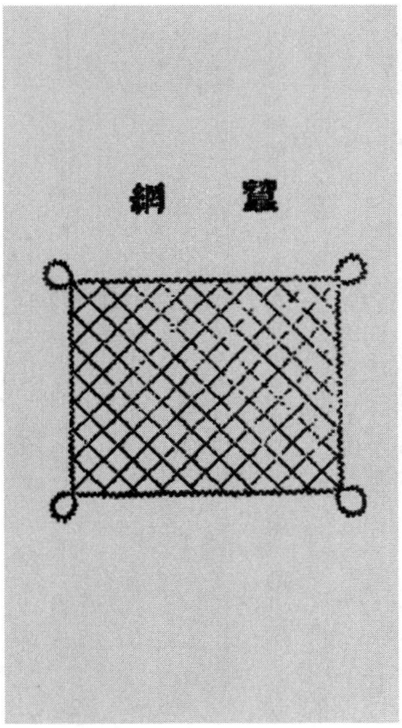

西人以一、二齡蠶小，除砂不便用網，於是以潔净紙張，視蠶身之大小，平均錯孔。初齡則用小孔，二齡則用大孔，其質柔軟，其孔圓滑，而且輕便，不傷蠶足，不壓蠶身，但須用極厚皮紙造成，方可耐久。《喝茫蠶書》

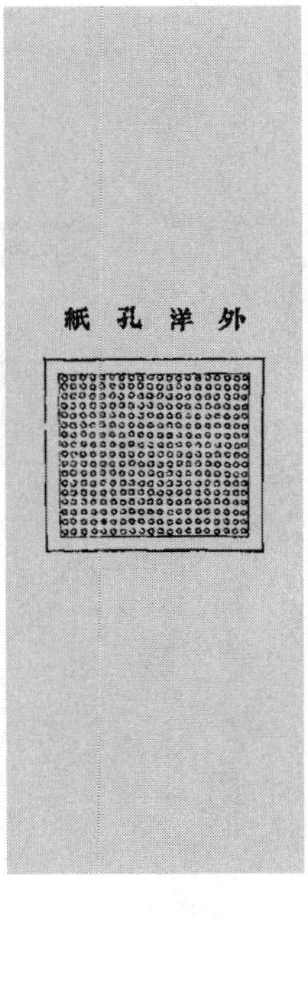

此網用薦草，按蠶盤大小織成，其眼孔亦隨蠶身，以酌大小。自三齡用至上山，蠶身漸大，網孔亦與之漸大，因其草强勁，而能耐久，且光滑不傷蠶足，織造最易，價值亦廉，蠶業家之共相競尚者也。《日本蠶書》

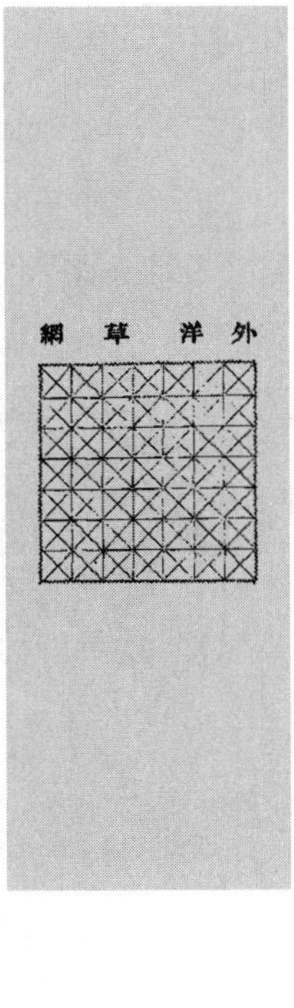

凳以厚重為要高二尺，凳面正中鑿一圓孔，凳脚左右兩檔橫木中，另安一橫板厚二寸餘，橫板中間鑿一圓窩莫鑿穿，與凳面之孔相對，別用圓木為柱高三尺，柱頂安如十字形，平架插入凳面孔內，直貫橫板上之圓窩。飼蠶時以此十字架盛蠶盤，左旋右轉，無不如意。《蠶書》

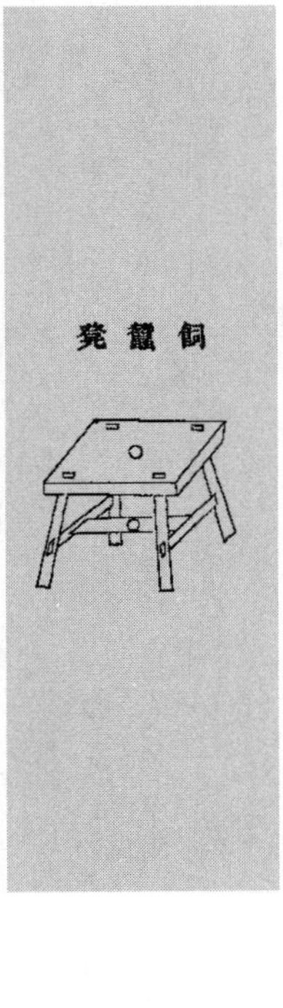

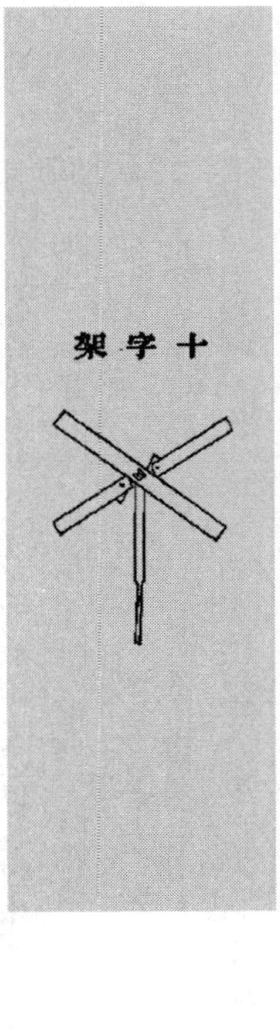

此式用直木四根，長三尺五寸，寬一寸三分，厚一寸；又橫木四根，長二尺，寬厚均一寸三分，造二箇長方架，其一架內空，橫徑一尺八寸，一架內空，橫徑一尺六寸，以一尺八寸者套一尺六寸外，十字交义逢中，貫粗鐵絲，使之活動收放自在，其一頭橫檔繫繩二根，以定開放之度。《日本蠶書》

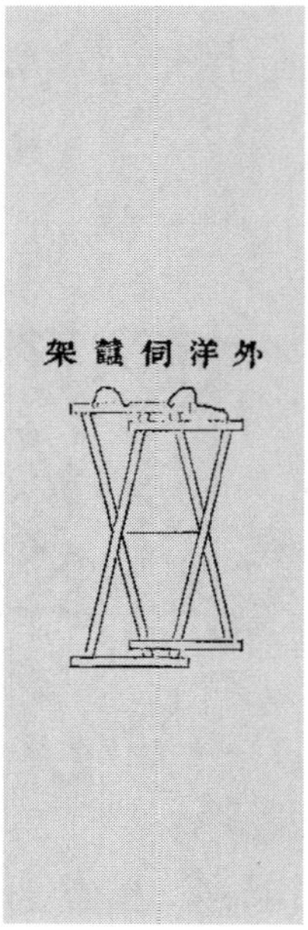

箔，以蘆葦織成，長短寬狹無定制，其形如簾，故又謂之蘆簾，非此則蠶山無從位置。無力之家，不能備辦，即用木板、門片、竹摺，均可。《授時通考》

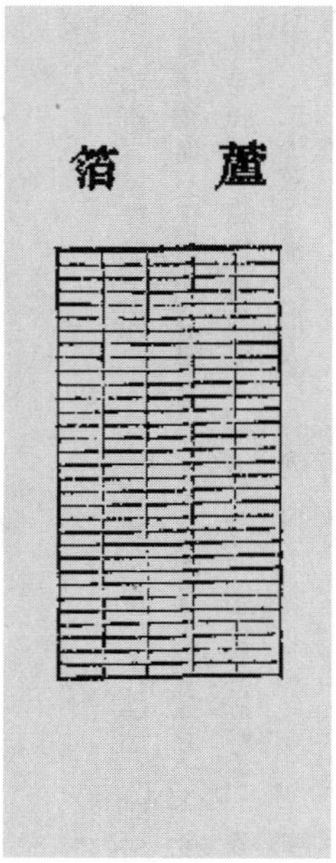

此用大一寸三分四方杉木條，造長方形框子。其長四尺，寬二尺五寸，以光滑青篾片篾寬三分，織四方孔摺子孔大視老蠶倍半為准，大如木框，周圍四方以寬篾片，壓摺子於木框上，用釘釘住，以作箔底。蠶老時以此箔盛蜈蚣簇，加蠶盤上，聽老蠶由底孔匍匐而上，俟簇上蠶滿，將此箔拾開，另換一箔。《養蠶法》

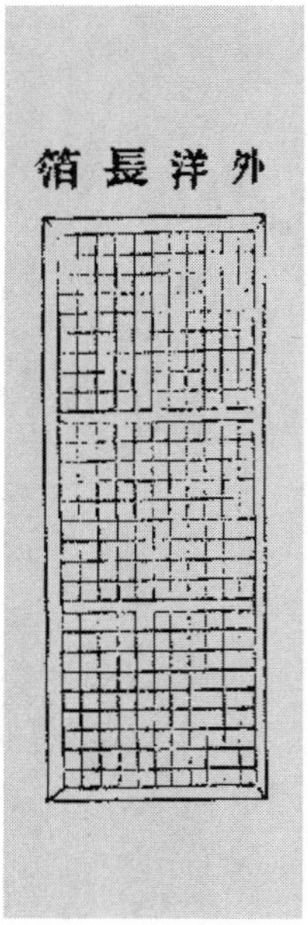

所謂搭山者，係取樹幹小枝，晒乾刮光，安放扁上，以各枝相交成孔，蠶可憑藉以作繭，其形如山，故謂之山。或插於扁之前向，或搭於扁之後向，約長六寸，其枝梢彼此交扨於上層之扁下，如此各枝相交之孔，皆在扁之內向，即有一二蠶墜下，仍在扁中。蠶性喜高，若不將校梢扨之使下，則彼登諸極高之處，墜下必多。但枝梢交扨，不可過密，密則空氣不通，蠶多悶斃，且容繭地位不多，每多同宮之繭，宜處處留心。搭好後，須布葉一次，迫近山下，使蠶易於上山，圍繞扁旁，布乾軟草，以防蠶偶墜於地，此時溼氣極多，因蠶將作繭，或由溺管，或由呼吸孔，或由吐絲孔，發出净水少許，然燥溼表不得過九十度。上山後三四日，將各扁之餘底取去，恐發熱蒸氣，致繭受濕，絲縷脆弱，難以解舒，尤不可搖動蠶山，有礙未完之繭。《喝茳蠶書》

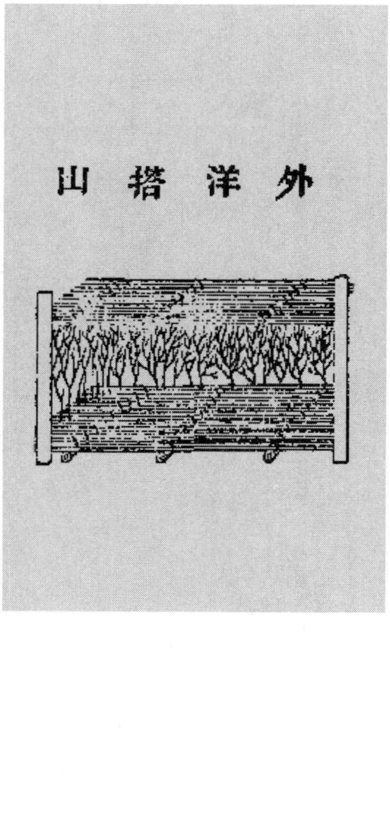

梳，以堅木為橫梁，用鐵釘四五枚，排釘橫梁上橫梁長七寸，鐵釘長四寸，兩頭皆尖，橫梁之旁，安一木柄柄長五寸，紮山之時，以梳草之散亂者。《蠶事圖譜》

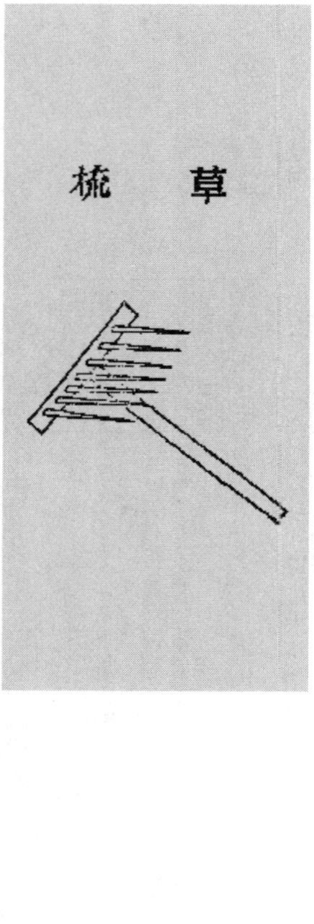

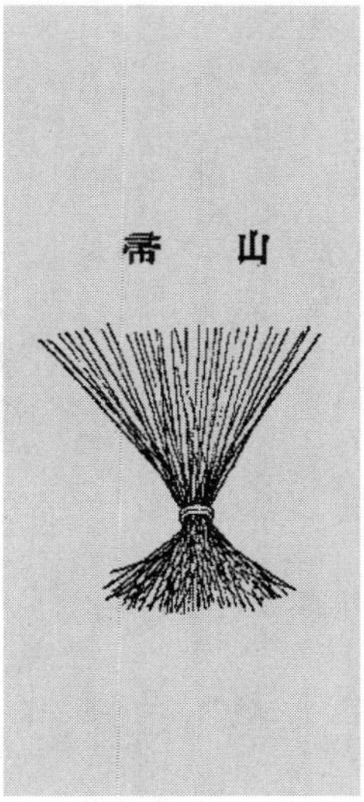

即蠶山也。鐵掃帚最佳，糯稻草次之，麥稭亦可。高二尺餘，圍五六寸。《蠶桑輯要》

用潔淨稻草，去盡浮穰，從中間紐絞而轉，使首尾相交而成一端，用刀切齊，蠶老時，以此簇數把，罩立箔內，將此簇草頭交插彼簇，彼簇草頭交插此簇，務使內面凌空，以容作繭地位，且通空氣為要。《日本蠶書》

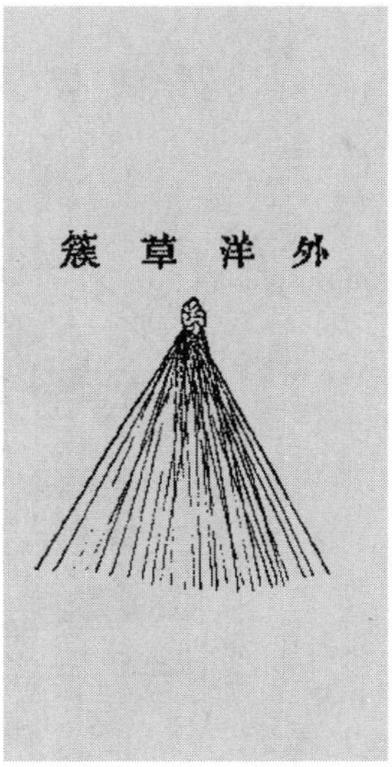

此簇以強勁稻草，去盡尾穗與浮穰，切五寸長草莖，用草繩二根，互相紐絞順次紐含草莖，以成蜈蚣形之長條。其用法詳長箔圖説內，但造此簇，另有機器，若用人力不合算。《意大利蠶書》

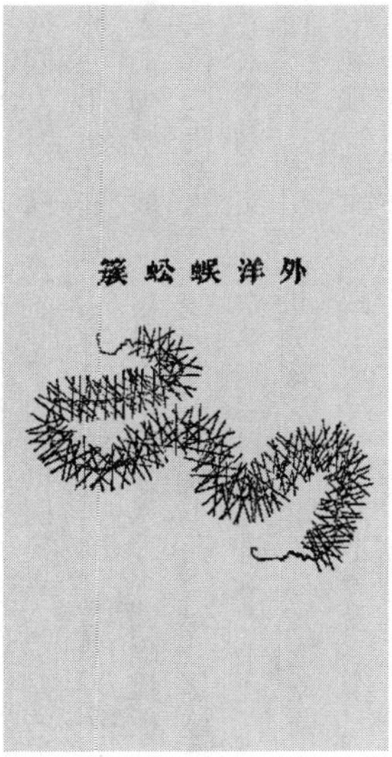

盛繭於籃，以稱斤兩，編細篾為之，大小不等，總以光滑為佳。《蠶事圖譜》

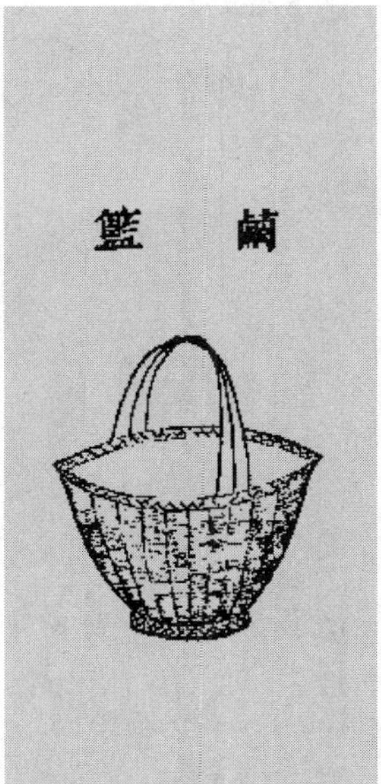

炕之四圍，以火磚砌墻或土磚亦可，形如炕床。高一尺六七寸，寬二尺，長三四五六尺，不拘。炕之檔頭，開一火門從平地開起。高一尺餘，寬五六寸，不可過高過寬，恐火氣不緊也。火門外邊平地，挖一火窩，以盛薪炭此窩緊靠火門，方寬長各四五寸，深亦不過四五寸。緊靠火門之上，偏安石板一塊，內高外低，形如屋簷，以罩火窩。窩內火氣上衝，即被外邊低簷關住，自然折入炕內，石板較火門略寬一二寸，安在炕墻磚縫內，如恐偏安不穩，即於火門兩邊，用磚直砌，托住石板，形如竈門，火氣更緊。緊靠石板之上，安橫木四五根一頭在石板上，一頭在對面墻上，形如牀之橫檔，以承篾摺，自火窩裏邊起，用土築實，漸次斜上，直抵對面盡頭安橫檔處，以達火氣。炕內不築斜坡，則火氣不勁。斜坡之中，開一微窩，兩旁略高，形如筲箕，以均火氣。斜坡上不開微窩，則火氣太直，不能散布兩邊，即或散布兩邊，火氣亦不均勻。但窩不宜深，深則火氣下陷，不能直送到頂。檔上篾摺密留小孔，形如米篩，以透火氣。篾摺長短寬窄，須與炕內空處一樣，切不可短窄，恐翻動時，漏出繭也。摺上盛繭摺上空六七寸，可盛多數之繭，繭上另用篾摺蓋好，以聚火氣。《授時通考》

此器以木造四方架，高六尺五寸，周圍以四尺見方，左右後三方，糊以堅厚皮紙。內設四格，每格距離一尺，依其架之內容，造四方木框，嵌以篾摺，盛繭於上，插入如抽屜一般。四格以下，約離六寸，間隔鐵板一層，上鑽多數小孔，形如米篩，下置火盆，使火氣由鐵板小孔透過，傳達繭內。前面設開合門，左門嵌寒暑表一支，以定熱度，封頂開排氣數小孔，令繭中水分，由此孔排泄發散。則殺蛹後，亦可便於乾繭，即不必另置乾繭器。此西人之簡便法，但上下層宜時轉換，否則下層受熱多，上層受熱少，有上下乾溼不勻之患。《日本蠶書》

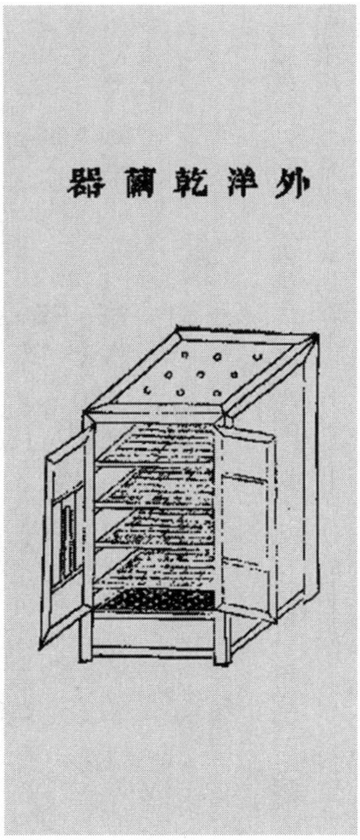

一名做絲手，以帶節竹一片為之寬二寸，長八寸，竹節須留在六寸之間，節上劈粗縷七八條，形如手指，近節之處，貫以銅絲，務使縷析條分，以便撈繭出緒。《蠶事圖譜》

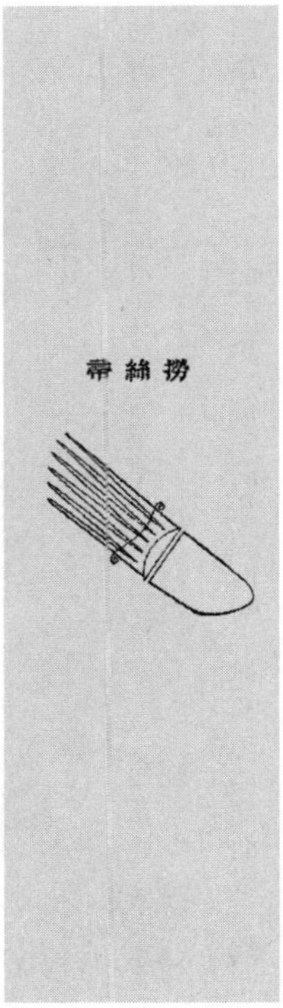

此帚係集稻草穗紮束而成掃把形，煮繭時，用以輕輕挑剔繭面，令絲緒粘附其上，向上提伸，衆緒皆不費力而得。然用此帚撈緒、繅洋、裝絲，則可因洋裝絲，煮繭另置鍋竈，煮繭不多，蒸氣不大，不甚熱手，若中國繅法，鍋大繭多，不甚合用。《日本蠶書》

竈宜上寬下窄，或用缸竈，或用磚砌，內外須以石灰和泥厚塗之。鍋口之四圍，亦以泥護之，不可漏煙漏火。煙窗用薄篾條環繞編成，上口比下口略小，高出屋簷下口圓徑六七寸，高丈餘，內外均用灰泥厚塗，竈門兩邊，將磚砌起，以煙窗置其上，則煙出竈門，即直衝煙窗而出矣。《蠶事圖譜》

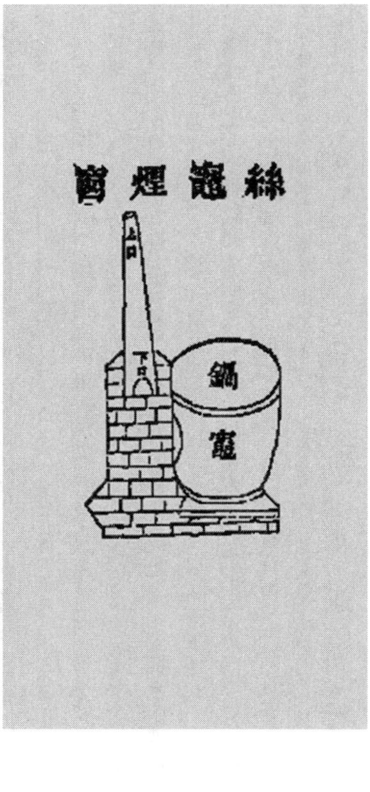

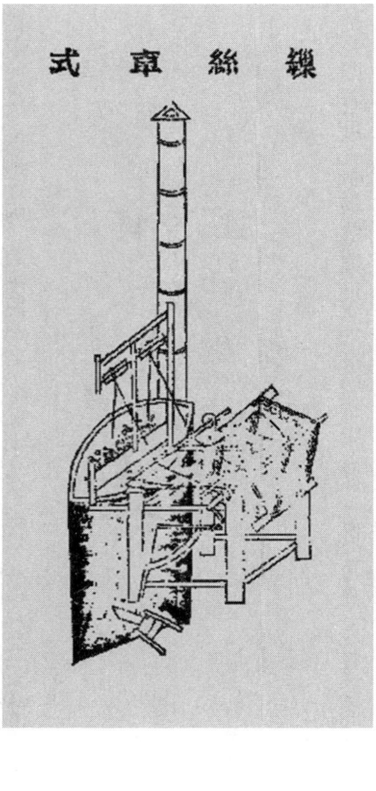

後二柱安軸，前二柱安絲秤，前二柱之前面横梁短柱，安牌坊。同上

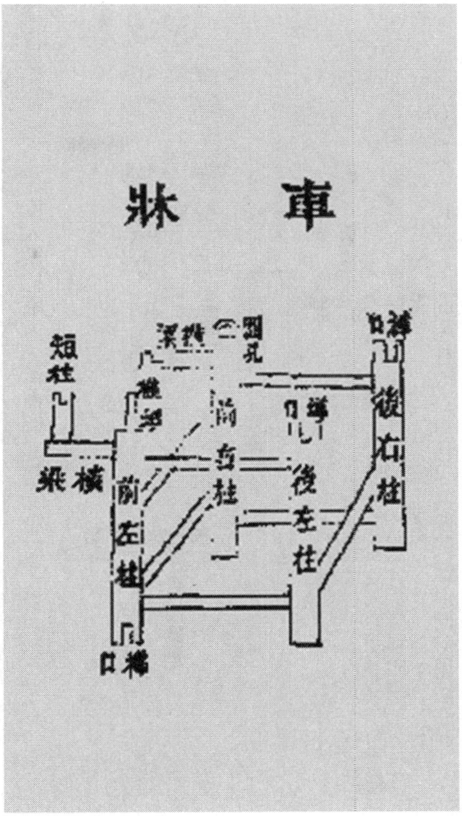

車牀形方，床之四角各安一柱，四面各安横檔二層，檔之兩頭，各有方榫，嵌入柱内。前檔後檔，均横長一尺三寸六分；左檔右檔，均横長一尺零六分。嵌入柱内之榫頭，均在一尺三寸六分，一尺零六分之外。左右上下檔，與前後上下檔，高低不一。左右下檔，各去地一寸八分。左右上檔，各去地一尺四寸二分。前後下檔，各去地三寸。前上檔去地一尺五寸，後上檔去地九寸。後上檔去地尺寸，所以較前左右上檔獨低者，因車軸架在後二柱之頂，此處上檔低，則上檔之上，地步空闊，可容貫脚轉旋也。後左角後右角各一柱，柱頂各開榫口，以承車軸。柱高二尺零五分，寬三寸，厚一寸四分。榫口寬一寸，深一寸五分。前左角一柱，柱頂裁成直榫，以貫牡娘墩。柱高二尺零八分，寬二寸八分，厚一寸四分。榫頭徑九分，圍圓二寸七分，高一寸七分。此一寸七分，即在二尺零八分之内。柱脚裁成榫口，以套脚踏底板之工字榫頭。榫口靠地，寬八分，長一寸四分。前右角一柱，柱頂横鑿一孔，以套絲秤。在高二尺一寸五分，寬二寸八分，厚一寸四分。孔寬一寸，高五分。前左、前右二柱之前面，各安一小横梁。前左柱横梁之上，安一短柱。短柱之頂，裁成榫口，以嵌牌坊下横梁之左邊榫頭。前右柱横梁，不安短柱，只於横梁盡頭處，鑿一方孔，以承牌坊右邊長柱之下截榫頭。横梁長五寸，寬一寸，厚一寸，去地一尺六寸。短柱高二寸五分，寬窄與横梁同，榫口長一寸，寬六分，深八分。二柱之前面下截靠地處，各安一小横梁，以木板擱横梁之上，以磚石壓木板之上，庶免車牀移動。

《蠶事圖譜》《蠶桑提要》

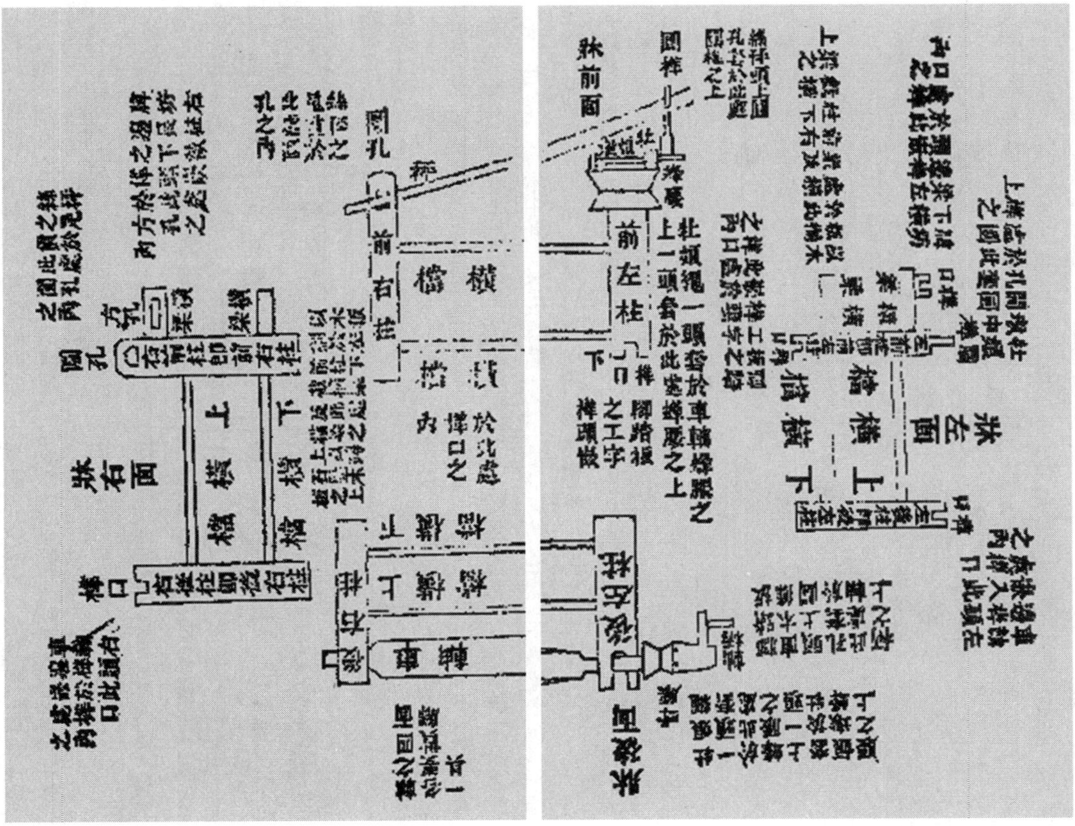

牌坊上下横梁各一，下横梁左右兩頭，均裁成方榫下横梁長一尺三寸八分，榫頭在外。右邊榫頭，嵌入右邊長柱之下截横孔内；左邊榫頭，嵌入車牀前左柱之前面横梁短柱榫口内；下横梁中間，直開一孔；上横梁中間，及左右兩頭，亦各直開一孔上横梁長一尺五寸五分。右邊長柱，一上下兩頭，均各裁成方榫柱長一尺五寸八分，榫頭在外。上截榫頭，嵌入上横梁右邊直孔内；下截榫頭，嵌入車牀前右柱之前面横梁直孔内；下截榫頭之上，横開一孔，以承下横梁右邊榫頭；中間長柱一，上下兩頭，均裁成方榫柱長一尺三寸五分，榫頭在外，嵌入上下横梁中間直孔内。響緒在中柱之兩旁。左邊短柱一，上截裁成方榫，嵌入上横梁左邊孔内。短柱倒懸於上横梁之下，長二寸五分，粗細與長柱同。短柱、長柱，均平穿一孔，用細篾一條鐵絲亦好，横貫孔内，以綴響緒，下横梁之前面，開二孔此孔與彼孔，相去四寸五分。另用小方木二段長二寸四分，寬六七分，一頭平鑲下横梁孔内，一頭破一小口，以安做絲眼。《蠶事圖譜》

做絲眼一名絲窩，以銅條為之，長三寸，一頭槌匾，插於下横梁短木之横凹内；一頭槌匾，鑽眼鍋内之絲，從此眼内度出。搭上響緒眼須光滑，庶免斷斷絲縷，如屈銅絲為鈎，絲縷一挽即入，無庸穿度，較之用絲眼者，更為簡便。同上

響緒用小竹為之，長四寸，圍圓約四寸，兩頭留節，中刻條縷節上穿孔，貫篾條上，鍋内撈起之絲，先度入做絲眼内，再由絲眼搭上響緒。同上

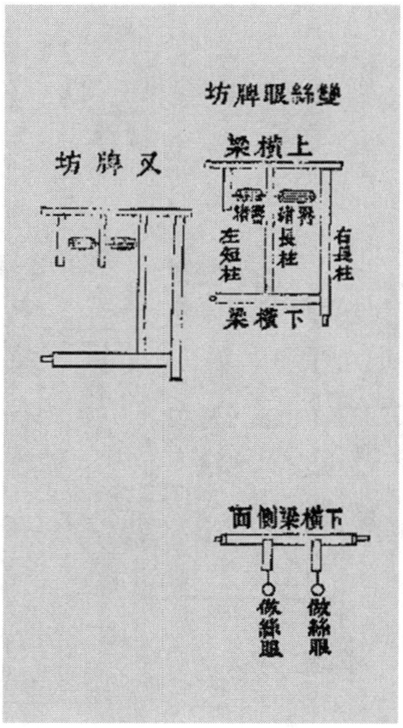

此式右邊多一長柱，中間長柱改為短柱，其餘式樣俱同，用法亦同。

雙絲眼牌坊，長柱二，短柱一，響緒絲眼各二。三絲眼牌坊，長柱二，短柱二，響緒絲眼各三。初學繅絲者，用單眼，善繅者，用雙眼，最善繅者，用三眼。至絲之粗細，視絲眼下用繭之多少絲眼下用繭多，則絲粗，絲眼下用繭少，則絲細。不在乎絲眼之多少也。同上

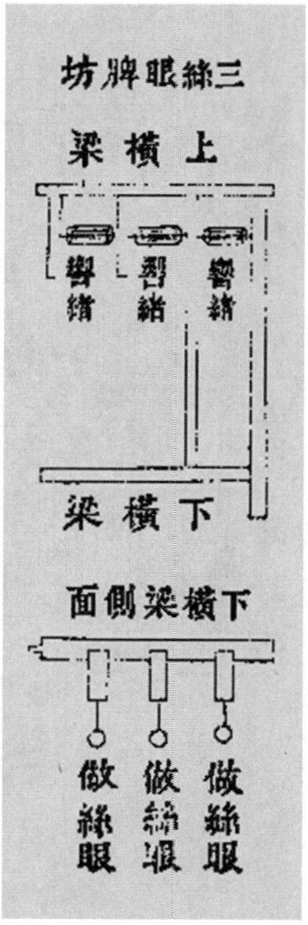

上下横梁各一上横梁長一尺三寸五分，下横梁長一尺四寸五分，中間直柱二根每根長一尺五分，榫頭在外。二直柱之下截離下横梁約一寸五分遠，各平鑲短木一截短木各長一寸六七分。短木頭上，各安送絲鈎一枝。上横梁中，左右各平鑲短木一截短木各長三寸。短木中間，各安響緒一箇，是為牌坊之頂。下横梁之後，平鑲短木二截短木各長二寸。再於短木盡頭，平鑲横梁一根此横梁比下横梁短二三寸，是為牌坊之底，此亦雙絲眼牌坊是也。三絲眼應用直柱三根，送絲鈎三枝，上横梁平鑲短木四截，安響緒三箇，餘俱同。同上

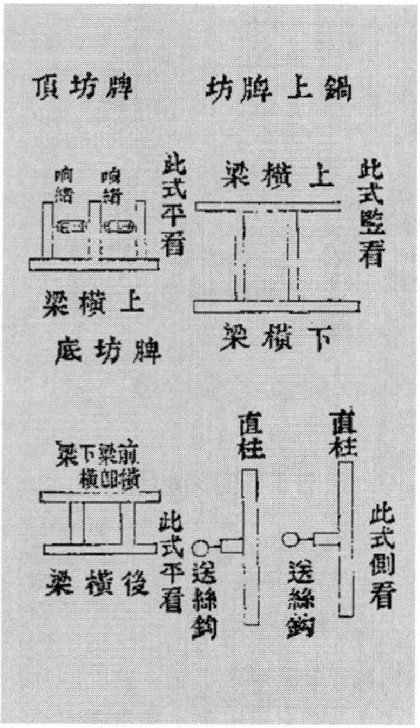

前式牌坊，或雙絲眼，或三絲眼，均嵌在車牀之上，此式牌坊，或雙絲眼，

或三絲眼，均擱在絲鍋之上，二式聽其擇用。同上

用雙絲眼牌坊者，絲秤上送絲鈎二枝，用三絲眼牌坊者，絲秤上送絲鈎三枝。

絲秤，俗名抽鎗所以製絲，使之横斜上軸也，以木條為之身長二尺，頭寬一寸，尾寬四分，自頭至尾。由寬而窄。秤頭開一圓孔，套於牡孃墩小直柱上孔比牡孃墩直柱略大。秤尾貫於車牀前右柱孔中。同上

送絲鈎以銅為之鐵亦可，一頭釘絲秤之上，一頭屈而為鈎，鍋內之絲，由絲眼引上響緒，挽入此鈎，再由此鈎搭上車軸。同上

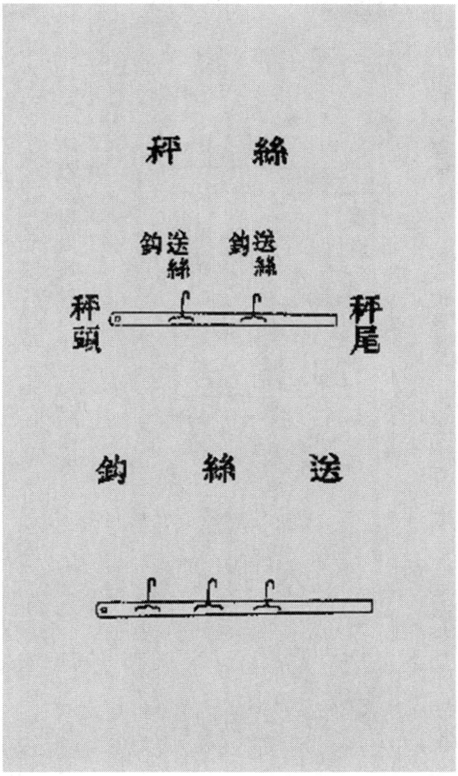

牡孃墩，以桑木為之，面平、底平、腰細身高二寸，底面各圍圓八寸六分，腰圍圓七寸，正中開一直孔，貫於車牀前左柱圓榫上，中腰周圍削凹，如蜂腰形，或八棱，或十棱，以環牡孃繩，墩上兩耳，各横穿一孔。耳高八分。以小木作門，一頭横貫兩耳孔內，一頭留孔外作横梁。門長五六寸，一頭寬四分，長三寸餘，貫兩耳孔內；一頭寬八分，長二寸餘，留孔外。横梁上安直柱一根，上半截削圓，以承絲秤。直柱長四寸，下半截方而匾，寬八分，長一寸五分，上半截圓如筆管，長二寸五分。同上

牡孃繩，以綿絞者為上，棕絞者次之。長約四尺。兩頭交結使緊，前套牡孃墩蜂腰上，後套軸柄上，中間須交亘一轉，方能使墩隨軸而運，絲之成片，必由於墩，墩之靈否，半由於繩，繅時須注意。同上

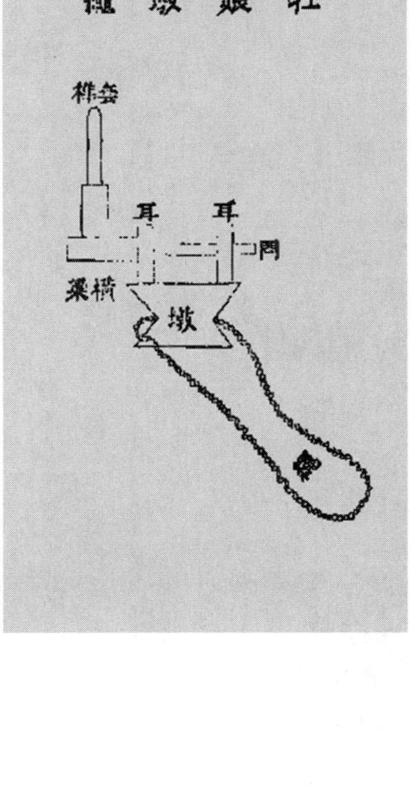

車軸，以堅木為之。軸右邊盡頭處，裁為圓榫，嵌入車牀後右柱榫口內，左邊盡頭處，留一短筒，軸身之左，短筒之右，裁成圓榫，嵌入車牀後左柱榫口內。軸身長一尺三寸，榫頭與短筒，均在一尺三寸，之外軸中間圍圓九寸，兩頭近榫處圍圓八寸，短筒長三寸六分圍圓七寸，榫頭長一寸五分，圍圓三寸，榫頭嵌入榫口不可太緊，太緊則運不動取不出。短筒靠圓榫處，削成蜂腰形，並起八棱，以環繞牡孃繩。蜂腰口寬一寸三分，深五分，圍圓五寸五分。蜂腰之左，鑲直木一條。短筒長三寸六分，除去蜂腰一寸三分，尚餘二寸三分，即在此二寸三分之中間，開一方孔，安直木一條，長五寸，寬一寸，厚一寸。直木將盡頭處，鑲横木一條，以作軸柄。直木下截將盡頭處留五六分，即在此五六分之上，開一横槽，以鑲横木，横木長四寸六分，一頭長二寸一分，粗細與直木同其形方，即在此二寸一分之中，間開一横槽鑲入直木横槽之內，一頭長二寸五分，削圓為柄。不善繅絲者，用手轉車，即執此柄搖轉如紡綫一般；善繅絲者，用脚踏車，即將脚踏板上之横木條圓孔，套於此柄之上。《蠶事圖譜》《蠶桑提要》

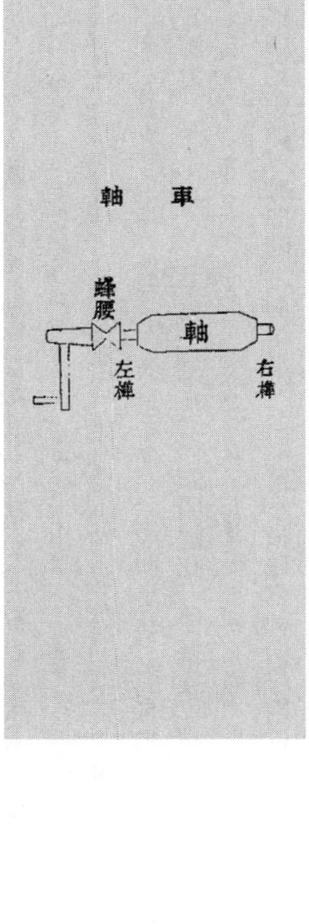

軸之四面，各安貫脚一具。

貫脚四具，安於軸身四面，以襯絲縷，每貫脚用橫梁一根，直柱二根。橫梁之上，開鑿二孔，以二直柱之榫頭，嵌入橫梁孔內，柱長六寸五分。榫頭在外寬一寸二分，厚八分，橫梁長一尺二寸六分，寬一寸二分，厚一寸二分。四面貫脚，三面嵌緊，一面用活者，以便裝入取出，軸上鑿一橫槽活貫脚正面槽長四寸二分寬八分，反面長三寸八分，寬七分，深以兩面開通為度，以活貫脚之兩柱嵌入橫槽，左右盡頭處，兩柱中間尚有空槽，以打木嵌入，用槌重擊貫脚自緊。《蠶事圖譜》、《桑蠶直説》

打木一頭大，一頭小長五寸，自大頭至小頭，由寬而窄，大頭寬二寸二分，厚八分，小頭寬一寸二分，厚七分，嵌入活貫脚兩柱之間，重擊大頭，則貫脚緊，以便裝束，重擊小頭，則貫脚鬆，以便卸下。《蠶事圖譜》

車衣，以新白布為之，貫脚橫梁之上，用布蒙其四圍，謂之車衣。所繅絲縷，由送絲鈎搭上車衣，軸既旋轉，絲自環繞車衣之上，卸架時，連車衣揭下。同上

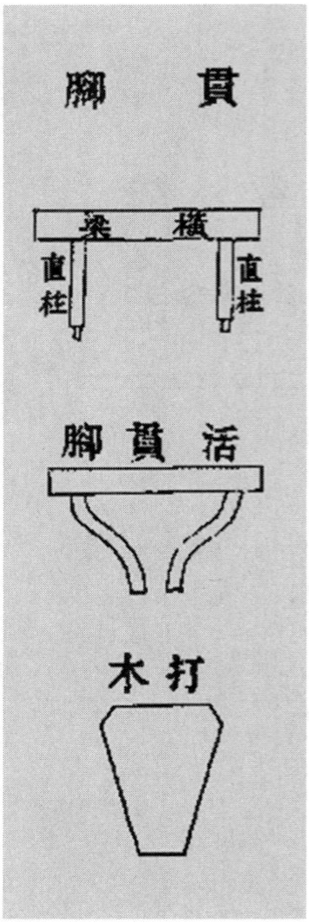

踏脚板以堅木一片為底板長九寸，寬三寸，厚六分，一頭裁榫如工字形，套入車牀前左柱脚下榫口內。底板榫頭寬七分，長一寸五分，車柱榫口靠地，以底板榫頭套入車柱榫口，則底板被車柱壓緊，脚踏之時，自不致於移動。一頭安兩耳，耳上各橫穿一孔耳高二寸五分，安於底板面上，孔寬四分，離底板一寸三分，再以木板一片，削成鞋底樣長八分，面要平，底不要平底下前六寸，由薄而厚，薄處三分，厚處一寸四分，後二寸由厚而薄，厚處一寸四分，薄處六分，便不失之太平，底下太平，則脚踏板時，鞋尖雖已落地，而鞋板尚不甚斜，不過微起微落而已，若鞋板祇微起微落，直條、橫條即不能大起大落；直條、橫條既不能大起大落，車柄、車軸，即不能旋轉如意。前宜寬，後宜窄自前至後由寬而窄，寬處二寸六分，窄處二寸，寬處可以踏脚，窄而且厚之處，旁綴二榫，穿入底板兩耳孔內。榫頭宜圓不宜方，方則運不動鞋板，宜略小於孔。不可嵌得太緊，太緊則鞋板踏不動。又鞋板之下，底板之上，須空寸許，不可緊貼，緊貼亦踏不動鞋板。另用直木一條長一尺七寸，寬一寸二分，厚五分，以一頭嵌入鞋板木嵌在鞋板至厚之處，底板兩耳之內，以一頭開一小孔。又用小木一條長一尺七寸，寬一寸二分，厚三分，一頭開小孔，與直木小孔相對，用竹釘綰之。不可太緊，太緊則橫木轉不動。一頭開圓孔，橫貫於車軸之柄孔比軸柄略大，兩木條一直一橫，其形如曲尺。踏動鞋板，則鞋板帶動直條，直條帶動橫條，橫條帶動軸柄，軸即隨之而轉矣。如不用小橫條貫軸柄，則以麻繩縛直木之頭，而另用老筍殼，浸溼作紐，套上軸柄，下用麻繩連接筍殼紐頭，以運動車軸，更覺輕靈。同上

車制自車牀起，至脚踏板止，皆浙江人現用之式。各直省絲綫鋪，所用絲車，亦以脚踏，與浙式大同小異，但車牀過高，絲竈須高與胸齊，繅絲者可立不可坐，婦女繅絲，似不如浙式為便。因業蠶之家，多以女工繅絲，不比他省，繅絲專用男工也。《蠶桑實要》

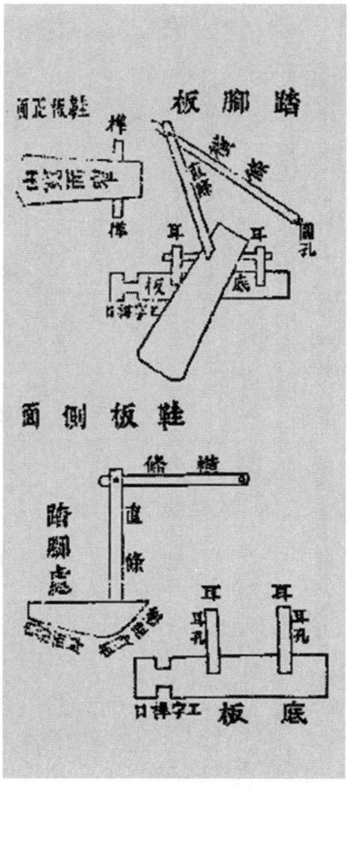

火盆有大小二種，結繭時山棚之下，熏灼蠶身，用大火盆；繅絲時車軸之後，烘炙溼絲，月小火盆。方、圓形式聽便。《蠶桑提要》

鮮繭繅絲，容易解舒，固不費手。然繭多非一二日可以竣工，難保其繭不黴腐，故不得已將繭烘乾，而貯藏之，以待逐漸繅絲。貯藏之法，須避害蟲、黴菌，及空氣之侵入，宜用鐵葉箱，密閉而藏之可也。其箱長方形，係用木造架，上下四方，均以亞鉛板裝封，外用膠漆密塗縫隙，使勿通空氣。其一方上端，靠邊設門，以由上方抽插之蓋掩閉，復糊以紙頂上，門上各安扶手，以便提動開啓。其大小尺寸，一箱容繭若干，在人注意而算定為之，不可任意貪大，亦不可堆厚壓緊，致生他害。《意大利蠶書》

外洋貯繭器

清 俞墉纂輯《蠶桑述要·器具》

諸器

鵝翎、蠶箸、晾籃、蠶架、栲栳、笆斗、箔刀、閘刀、剪刀、桑剪、桑鉤、雙梯、葉節、夾杆、簑、笠、葦簾、蘆扉片、竹簟、山欖、山箒、火盆、絲車、鐵鍋、做絲行竈、回湯盆、擠筷、弸綿架、撚綿線乂、綿綫胎、倚柱、蘆管、鐵錐、鐵鈀、鐵線、搭鉤、擁鈀、鐵鐝頭、鐮刀、篾箝、料桶、竹罱、杴部、撻泥船。

清 豫山《蠶桑輯要合編·養蠶·養蠶法》 造蠶盤，古以木作筐，筐邊高二三寸，以疏簟爲底，底鋪蘆簾，育蠶器名曰箔。箔有大小，今人用筐籢，取其輕便。

編蠶網，以細麻綫照織網法織平，孔如雞子大，量蠶器織成。每筐籢要二扇，以熟漆漆過，或以豬血和。或以槲皮，如制漁網法。三四眠後，除沙以二網輪流擡換，先將網蓋於蠶上，以葉撒之，蠶聞葉香，穿網而上，連蠶擡起，輕輕放下。除沙省工，且不傷蠶。

清 張瀛《柳蠶發明輯要·放秋季柳蠶》 其出蛾、配對、破蟻、移蠶等事，以及蠶剪、蠶鐮、蠶筐等器，無一不同椽蠶之式。

紀事

宋 吳淑《事類賦注》卷四《歲時部一·春》 薦鞠衣而修蠶器。《禮》曰：三月之節，天子薦鞠衣於先帝。董黃桑之服。又，三月乃修蠶器，后妃齋戒，享先蠶而躬桑，以勸蠶事。

宋 佚名《錦繡萬花谷前集》卷四《雜日》 二月望日 蜀人二月望日，鬻蠶器於市，因作樂縱觀，謂之蠶市，二蘇各有詩。子由詩序

宋 祝穆《方輿勝覽》卷五一《成都府路》 蠶市成都，古蠶叢之國，其民重蠶事，故一歲之中，二月望日，鬻花木蠶器於其所者，號蠶市。

清 何品玉輯刊《蠶桑會粹·序·設局條例》

種桑及養蠶器具各伙，力能自辦固佳，如資本不足，本局代買桑栽、蠶紙，及養蠶、簇箔等項，銀不計息，但要請其鄉紳士，或殷實人擔保，以昭核實。

蠶紙桑種架生，由本局發給者，其蠶繭須由本局代賣，以便扣回資本。如恐代賣價低，請自備水脚，偕本局人一同往賣。其扣法，蠶紙本逐造扣清，桑種架生之本，初年不扣，待至次年，分六造扣足。倘蠶色不好，獲利遲者，待至第三年頭，二造扣清。

清 佚名《廉興蠶政説》《皇朝經世文四編》卷二三 周制，仲春，天官内宰，詔后帥内外命婦，治蠶於北郊，以為祭服。天子、諸侯必有公桑蠶室，近川而為之，築宮棘牆而外閉之。后妃齊戒，享先蠶而躬桑，以勸蠶事。及大昕之朝，君皮弁素幘，卜夫人世婦之吉者，使入於蠶室，奉種浴於川，采於公桑，風戾以乾之。是月也，命野虞毋伐桑柘，乃修蠶器，禁婦女毋觀。蠶桑向推江浙，而兩省比較，則浙為尤甚。昔人云：『吳絲衣天下，聚於雙林，吳南諸鄉，歲入百數十萬，是以雖為賦困，而窮民未至於空虛室廬，舟楫之繁庶，勝於他所者，皆得蠶桑之厚利也。』四月務蠶，無男女老幼，萃力靡他，無稅無兌，僅習三旬之勞，無農民四時之久，而半其利，此蠶桑之所以之貴也。說者謂：『蠶桑之業，雖藉人工，然須得天時，須得地利。』江浙天時溫煖，

宜於蠶，故養蠶者較多。江、浙地土鬆潤，宜於桑，故植桑者較盛。不知蠶桑為天地自然之利，無處不宜蠶，卽無處不宜桑。《豳風》之詩曰『遵彼微行，爰求柔桑』，則豳既有桑，而豳亦可蠶矣。《將仲子》之詩曰『無折我樹桑』，則鄭既有桑，而鄭亦可蠶矣。《車鄰》之詩曰『阪有桑隰，有楊則泰』，既有桑而泰，亦可蠶矣。

藝文

南朝梁 蕭子榮《樂府・日出東南隅》《文苑英華》卷一九三《樂府二》 蠶園拾芳璽一作『蠶籠拾芳翠。』，桑陌採桑一作柔條。

宋 蘇軾《東坡全集》卷一《和子由蠶市詩》 蜀人衣食常苦艱，蜀人遊樂不知還。千人耕種萬人食，一年辛苦一春閑。閑時尚以蠶為市，共忘辛苦逐欣歡。去年霜降斫秋荻，今年箔積如連山。破瓢為輪土為釜，争買不啻金與紈。憶昔與子皆童丱，年年廢書走市觀。市人争誇閩巧智，野人喑啞遭欺謾。詩來使我感舊事，不悲去國悲流年。

宋 蘇轍《欒城集》卷一五《次韻李曼朝散得郡西歸晉別二首》 風波定後得西歸，烏鵲喧呼里巷知。未熟黄粱驚破夢，相看白髮信乘危。豚肩尚有冬深味，蠶器應逢市合時。父老爲公酣臘酒，不須猶唱式微詩。

宋 王十朋《東坡詩集註》卷一四《和子由蠶市》 次公子由詩序云：蜀之二月望日，鬻蠶器于市【略】謂之蠶市。

宋 張仲殊《前調・僧揮》《歲時廣記》卷一 成都好，蠶市趁遨遊。夜放笙歌喧紫陌，春邀燈火上紅樓。車馬溢瀛洲。人散後，繭館喜綢繆。柳葉已饒烟黛細，桑條何似玉纖柔。立馬看風流。

雜録

唐 白居易《白氏六帖事類集》卷一《春第二十八》 薦鞠衣，乘舟薦鮪勾萌達，覆舟五反，聘名士禮賢者修利隄防導達溝瀆。修蠶器，審五庫之量金革、筋角之類，無或不良。合累牛騰馬遊牝于牧。駒犢舉書其數。

又 卷二三《蠶桑第五十三》 無伐桑柘。《月令》：季春愛蠶食也。蠶事既登孟夏。蠶室具下蠶則績而蟹有筐。桑士見上。蠶織。《詩》曰：『婦無公事，休其蠶織。』桑于南陌蠶于北郊。《禹貢》：厥篚檿絲。桑之絲，可中琴瑟。《紘書》遵乃脩之文器，宜合禮。《月令》：季春乃修蠶器。趨既登之曰事必及時。

唐 柳宗元《柳河東集》卷三《論・時令論》 季春，利隄防，達溝瀆，止田獵，備蠶器，合牛馬，百工無悖於時。

唐 段公路《北户録》卷三 扶桑，葉似桐，初生如笋，國人食之。實如梨而赤，績其皮為布，以爲衣，亦以皮爲帋。

宋 吳淑《事類賦注》卷四《歲時部・春》 既而日已載陽，《詩》曰：春日載陽。時惟獻歲，《楚辭》曰：獻歲發春兮，曰吾南征。必埋胔而掩骼，《禮》曰：正月中氣，掩骼埋胔。亦行慶而施惠。《禮》曰：祖春於東郊，還乃賞公卿、大夫於朝，命相布德和令，行慶施惠，不及兆民。祭馬祖而祀高禖，《禮》曰：春分之日祭馬祖。注：祭於大澤用剛日。又曰：祀高禖注：高辛之代，玄鳥遺卵，簡狄吞之而生高。後王以爲禖氏嘉祥，而立其祀。薦鞠衣而修蠶器。

又 卷二五《本部・桑》 种桑五月取椹著水中濯灑，取子陰乾之。肥田十畝，荒久不耕者，善好耕治之，黍椹子各三升三合和種之。黍桑俱生，鋤令稀疏調適，黍熟獲之，桑生正與黍高下平，因以利鐮歷地刈之，曝令燥放火燒之。桑至春生，一畝食三箔蠶。

清 賴逸甫《嶺南蠶桑要則・倡辦蠶桑實習局程》 今既聘到教員幾位，則每年可教學羣數十，工商諸利，皆可隨於蠶利而起。故連整造蠶器工匠，亦由順德募來而教，此則歲需經費，其數孶繁，如有不敷，仍由本局輸息籌揭，以應辦至開通風氣爲目的。

蠶業標準，先由本局倡立，繼由葆聯同人次第各立。初則由於羅太地方各墾自有之荒山、曠野與往時歉收諸地，將以種桑。【略】各大憲立案，請以飭屬實力保護，並懇各給告示。俾其懸掛，仗此以樹風聲，而廣招徠，庶買絸買絲，與諸造賣蠶器工商，聞風雲集，則風氣易開。

蠶業所用器物，羅太現皆乏人造賣，如須託友從外買來，則鄉人所設蠶莊，頗有置器維艱之嘆，必須就近掅人造賣。其蠶業風氣，方易開通，其工商利益，方易普及。惟是尚未造過該物之人，非有便宜與其所占，必難得其奮志創造。况凡其初試造，工料雖然多耗，其物必未精良。若果求全責備，不肯爲渠喫虧，其必畏難而不願再。本局言念及此，所以特出高價，就近掅工而造諸般蠶器，乃備養蠶家之得便於置用，訂明造至熟手，則須減回時值，此乃欲成大事，不惜小費意也。若夫蠶絲一宗，初學繅者，無論繅洋裝，繅用門，絲條絲色，固皆遜於熟手者多。

又《勸業芻言》 集眾選舉董事二員，潘石儕、區祝三，皆同擔任集股籌欵，管理錢銀大綱，裁度置賃桑地，展布實習機宜。賴熾堂，擔任敦請著名男女教員，購買諸般蠶器，募僱蠶器工匠，來局教人整造，倡立桑蠶標準，並肩承專選桑蠶嘉種，兼蒙不領脩金，而當教員義務，隨時隨事，指點學羣。又蒙遣其眷屬，爲本局代東，而接待女教員，兼當監管繅絲，稽查女教員，學羣各義務，協理兼勸業三員，區雅堂莫文鑑、賴百男，皆同擔任，收支局欵。司理來往各項數目，遣人代各種家往辦桑種，代各蠶莊往辦蠶種，代各學羣僱人承是，將來此欵，必求有司施恩調劑，風氣方易開通。

又 將來蠶桑風氣開通，則有桑種市、桑葉市、炭市、繅市、絲市、絲皮市、絲骨市、水結市、綑殼市、桑籮市、桑園市、蠶篙蠶箔市、蠶帳蠶被市、手笪脚笪市、桑刀桑鈒市、火盤繅爐市，與夫銅、鐵、竹、木所造諸般蠶器之工商，則日以加多。地方既有許多農工商利可樂，尚何患乎？物力之艱，尚何患乎？謀生計拙，若再將乃蠶絲所造諸物之工商而計，如緝線錦綉、綾羅綢緞，此等工資商利，則更不勝枚舉。順德民生之得比他邑允裕者，皆由蠶桑之利而致。

唐 盧永《成都記》《海録碎事》卷二 三月三日，遠近祈福于龍橋，命曰蠶市。

圖表

清 沈練，仲學輅輯補《廣蠶桑説輯補》卷下

蠶桑輯要器用式列圖如左

切葉砧式一名切葉鐙葉篩附註

砧以稻草爲之，芟盡藁葉，用篾箍三層緊束，高可四寸，圓徑尺餘，兩面皆須截平。篩以細篾編之，飼小蠶用此盛葉，篩之則勻。

蠶筐式篩、篷、籯，皆可名筐，而形制不同。縣蠶網附註。

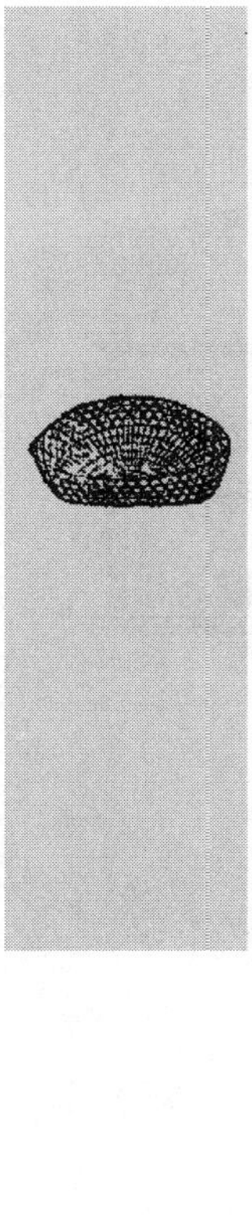

篩與篷底眼皆疏，須以紙糊之，盛小蠶或架上，向缸圍以小笭條，取其得暖早眠。然法殊未妥，近來不用者多，但以小籯代篩篷而已。蠶網績麻爲之如魚網之制。方樣大如籯眼，有疏密，蠶小宜密，眼大宜疏。

大蠶植式一名蠶具，小蠶植附註

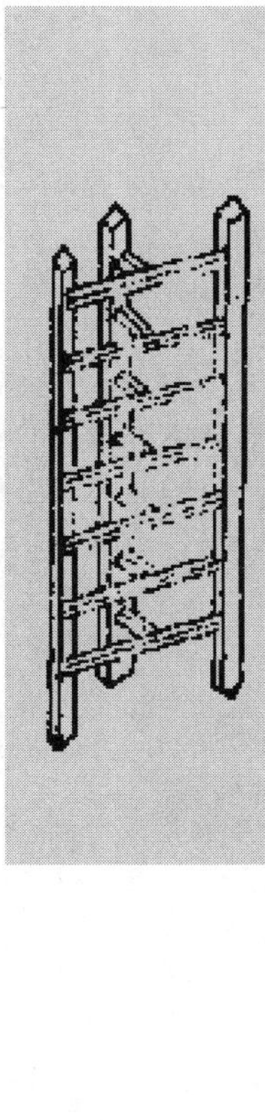

植三角式，用三木作柱，高八尺，中設檔九層，相懸各八寸，前檔長六尺，後檔長三尺，前檔木之中俱平，鑲一短榫，各長四寸；後檔木之頭，各裁成榫口，湊於前檔木之短榫上，中穿一孔，用竹釘綰住，可使轉移摺疊。小蠶用小植，高四尺餘，濶亦四尺，檔用五六層，可置牀帷之內。

蠶箸式担蠶毛附註

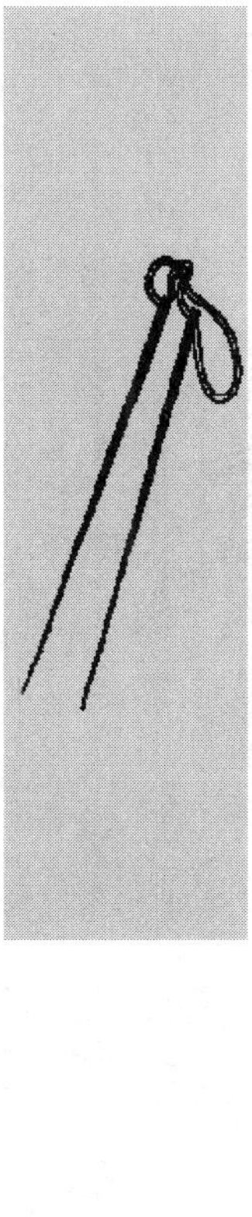

箸以竹爲之，長五寸，細如常箸。一頭削尖，磨令光潤，視小蠶稀密未勻之處，撥之，使勻。毛卽鵞雁之毛，取其輕柔無損。蠶之患，新烏初生，微如毫髮，無從下手，須此担之，鷄毛亦可用，但嫌軟弱耳。

飼蠶凳式飼蠶架，一名三脚架，更輕便，飼蠶凳改註三脚架，地蠶凳附註。

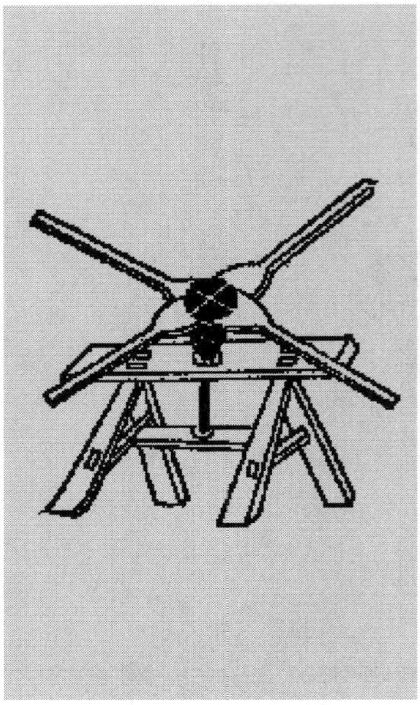

飼蠶架三角式，高三尺，脚三柱，如鼎足勢，檔兩層，相懸一尺八寸，其鑲榫及穿孔之法與蠶植同。但上層之前檔長四尺餘，後檔減半，俱冒出柱外，各五寸，以便架蠶箔飼蠶。下層之檔，俱稍短，取其撑開三柱，不令傾欹而已。地蠶凳高一尺，長七八尺，面濶八寸以壯實爲主。蠶鋪於地，人無從駐足，須登此飼蠶。

山棚蘆簾草帚式草帚卽蠶山，亦名山帚。附註繭籃亦附。

簾以蘆葦織成，山棚之上，非此無以蔟蠶。長短濶狹無定制，一室之中，大約五六簾鋪滿。草帚詳前第三十條，若山下用向缸者，帚又稍別其法。將草一小把，長二三尺，就中腰絞緊，折轉卽成兩股，隨於兩股中，搦住數莖，從總絞處盤旋，復絞數轉，使其末散開如傘。蓋有覆碗之形，而無仰盂之象也。

繭籃者，盛繭於籃，以稱斤兩也。凡光滑之篾籃，皆可用。

繅絲車牀式

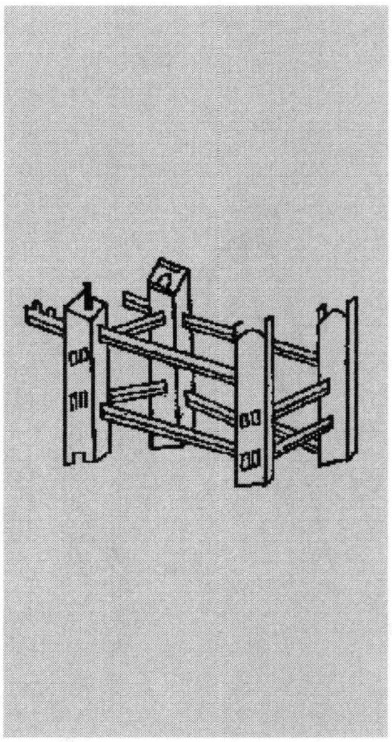

車牀之四柱宜用檀木，上架車軸，其巧合處則筆不能盡傳。惟將現成牀軸，令木工照樣製造，自然中肯矣。凡絲車内物皆倣此。

車軸式

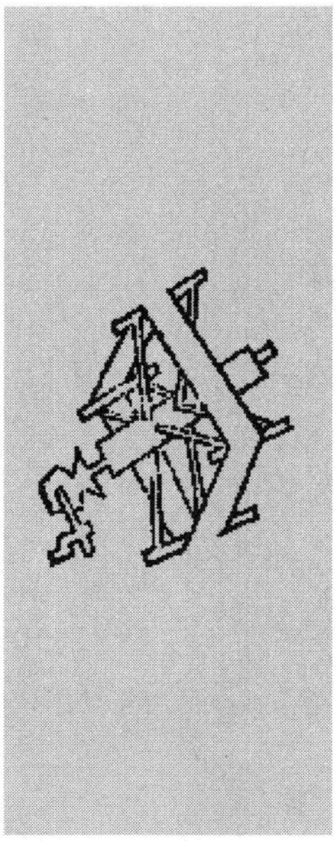

軸上横木及鑲針，皆檀木。横木一名横梁，周圍套車衣，襯絲卽易脫車。

牌坊式

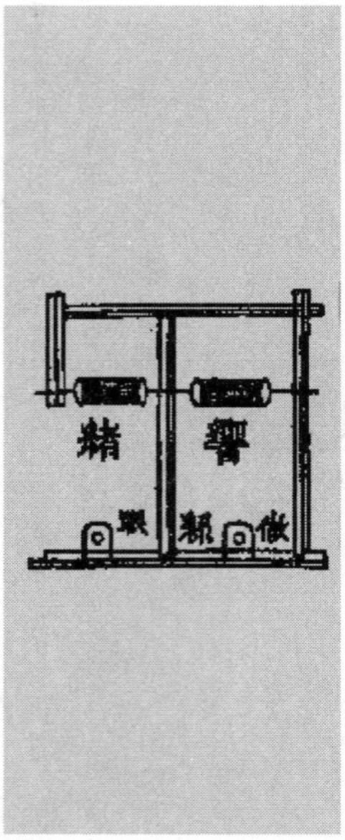

此雙錢眼之牌坊也。長柱響緒各二，尚有三錢眼者，其牌坊之長柱、響緒亦各三，以做細絲及中勻絲。

絲稱式

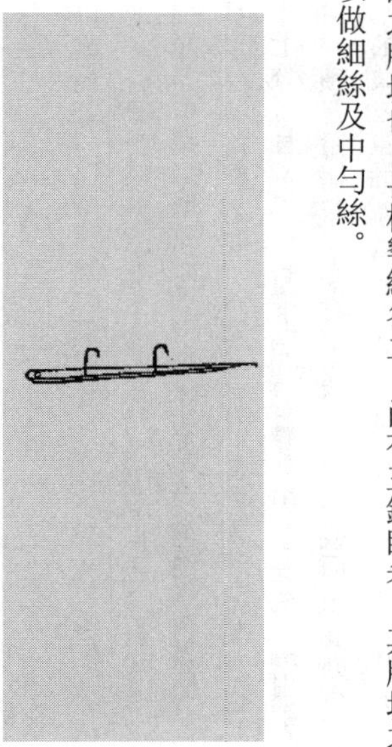

絲稱俗名抽鎗，所以制絲使之，橫斜上軸也。以小木條爲之，長二尺四五寸，上釘鉤曰送絲鉤。鉤料不一。楊枝鉤爲上，銅鐵勿用，鉤之數視響緒之數。

牡孃鐙繩式

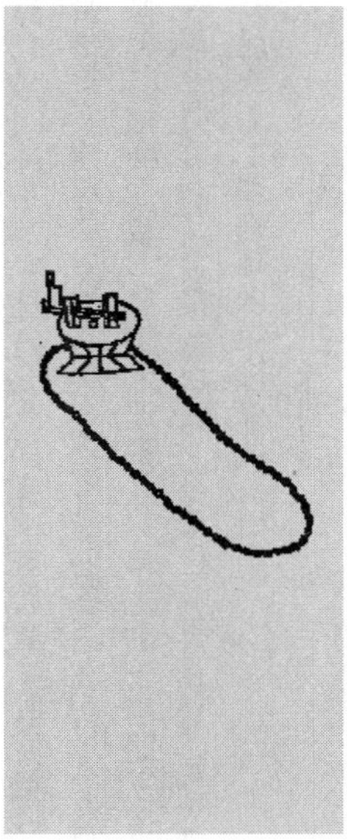

鐙宜桑木，繩以棉絞者爲上，梭絞者次之。凡絲之成片，必由於鐙，鐙之靈否，半由於繩，繅絲時常須照顧。

踏腳板式自車牀至此，絲車内之物，大致已完

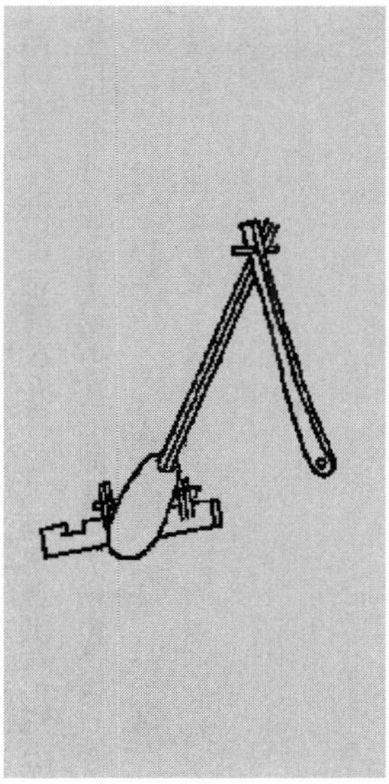

踏腳板用尺五寸長六寸寬木一塊，上製兩耳以爲底，再用八寸長厚板一片削成屨樣，綴二摔嵌於底木兩耳上，直鑲二尺小木條。頭裁榫口，另用二尺小木條，一頭湊於直木之榫口，以竹錢貫之。一頭鑿成圓孔貫於軸柄，踏動板木，可屈可伸。軸即隨之轉矣。此《蠶桑輯要》法。然不如直木上頭縛以麻繂，另以老毛筍殼水潤作紐，套上軸柄，下接麻繂以運動車軸，更覺輕靈。

絲竈煙囪式撈絲帚、火盆均附註

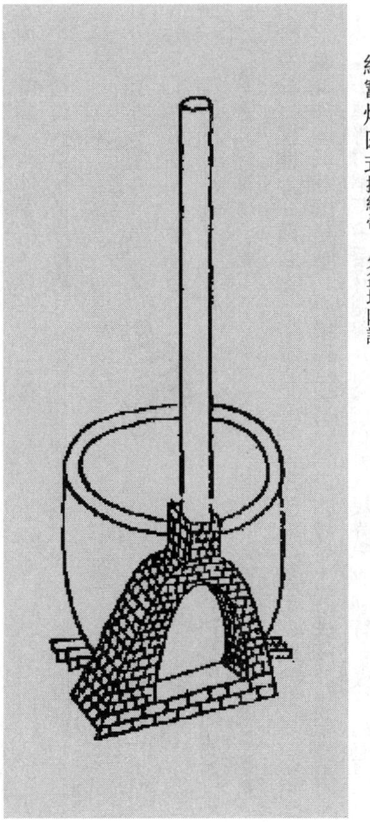

絲竈裏面或用甑，或以下甎代甑，製法無異，茲但以磚竈言之，竈底用四五寸高之木架，另以大篾就架上編就竈皮，一面開火門，火門上編煙囪，其竈内用磚砌作甑樣。石灰和泥厚托，不使漏煙。煙囪亦塗灰泥，但無磚。撈絲帚一名做絲手，一名打絲帚。以帶節竹一片爲之，濶二寸，長八寸，節須留在六寸之間，上斲根縷七八條，近節處嵌以銅絲，使縷析條分，以便導繭出緒。火盆可用山下向缸盛以炭火，繅絲時安置軸後，烘絲若停，軸先移去。

緜豁式拓綿叉、墜梗、附註

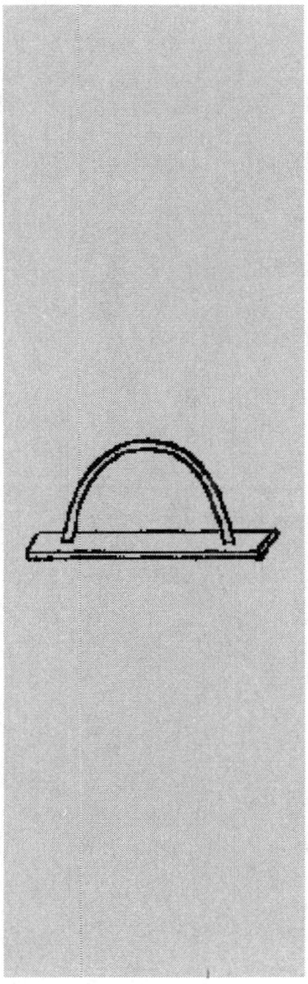

緜豁以二尺長，三寸厚，四寸濶木板爲之，兩頭各鑿一孔，用厚竹片，長三尺四五寸，濶五六分者，環轉兩頭，其形如弓，所以拓緜也。綿义以义綿，綜用銅爲之。下鑲三尺木幹，粗如指，其墜梗用竹，長一尺，削令圓潤如箸。一頭留節，貫上錢十餘文，使之重墜，一頭刻成螺旋深痕，以便嵌線，不致滾脫，套入五六寸長之蘆管，管大亦如指。

桑剪式桑梯、桑鉤、葉箝附註

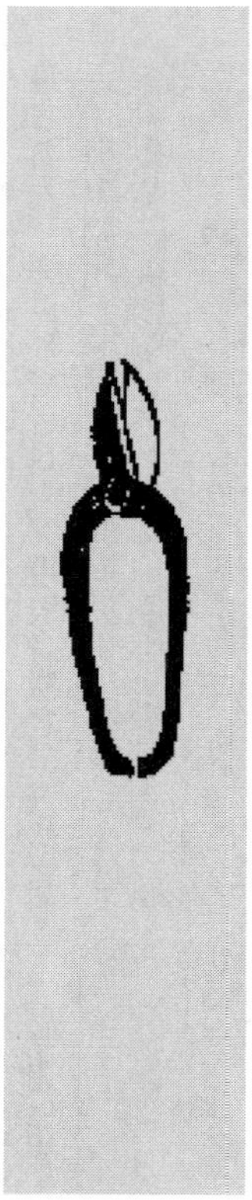

剪以鋼鐵爲之，頭長寸半，身高五寸，肩不可太濶。取便把握口，宜犀利，以桑條不當攀折，須以此剪剪之也。梯之高低無定，約以八九尺爲適中，兩梯相並，頂側各釘鐵圈二枚，以細木連貫之，移之則下兩開，摺之則下雙合。鉤以三尺長之小柄，上裝鐵鉤，鉤高颺之，桑條以便剪取。葉箝編篾爲之，圓徑尺半，高二尺餘上，須絡繩以便挑運。

刮桑鈀式亦名刮桑刀、桑鋸、接桑刀、噴筒附註

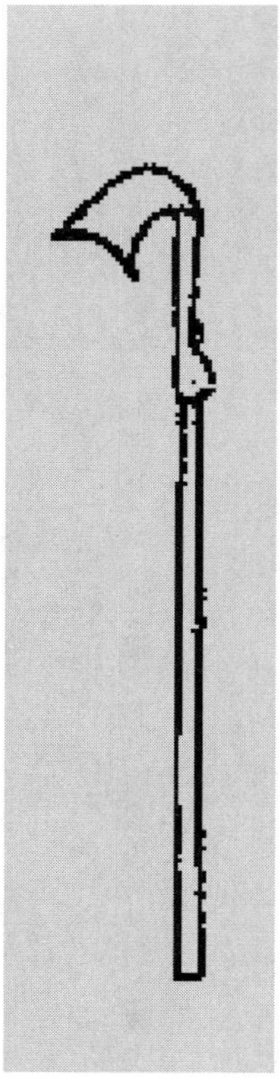

鈀刮桑蟲以鐵爲之，口濶寸餘，環屈其身，長三寸，末作圓孔，以受柄，柄長二三尺不等。凡桑幹堅壯，剪不能取者，用鋸截之。長尺餘，濶半寸，厚分半，匀排細齒，用鐵條環屈如弓，釘住兩頭，末鑲短木爲柄。刀長五寸，濶寸半，以利爲主，蓋接桑之要，全在劈削。其刀正不得苟且也。筒或銅或竹爲之，圓徑六七分，長一尺，底鑽七孔，爲水出入之處，更用細圓木一根，長於筒身有半，一頭置短拐，一頭釘牛皮，二三層或用布卷亦可，取其滿塞筒內，吸巴豆水噴桑之蠶蟲。

擔桑凳式鑿釘附註

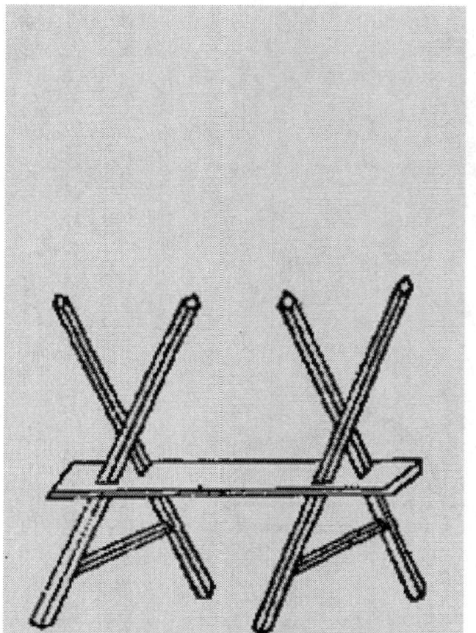

擔桑凳以杉木爲之，凳面長五尺，腳高二尺五寸，其餘制度如式。剪下桑條，連枝葉架於凳上，以免着地拖泥。擔回亦便。遇雨可以覆蓋。鑿釘以鐵打成，本身四寸長，口用鋼斧，口一寸五分，鋤口一寸，中置堅木柄，桑本内生蛀蟲，用此鑿取，以蛀空之患。

草梳式或用四齒，名四齒鐵耙，稻草簾，一名扉薦附註。

草梳用堅圓木，横長七寸，柄長五寸，用兩頭尖鐵釘，長四寸者五支，横木鑽眼排勻，釘出耙頭，用粗繩挽草，疏去軟殼，作山成繭，無草殼痕，繅絲無吊繭患。稻草簾用麻繩編九尺，相離二尺許，夾細竹一根，高七尺，麻繩五道兩邊盡處，並用竹各一根。蠶到眠起之際，以此竪圍大蠶架外，上山時卽以圍山。

清 衛杰《蠶桑萃編》卷一一《圖譜・蠶器圖類》

蠶盤圖說

蠶盤，盛蠶器也。移蠶上簇，皆可用之。或以竹編，或用木框，以疏篳為底，

長七尺，廣五尺，出入擡便用。

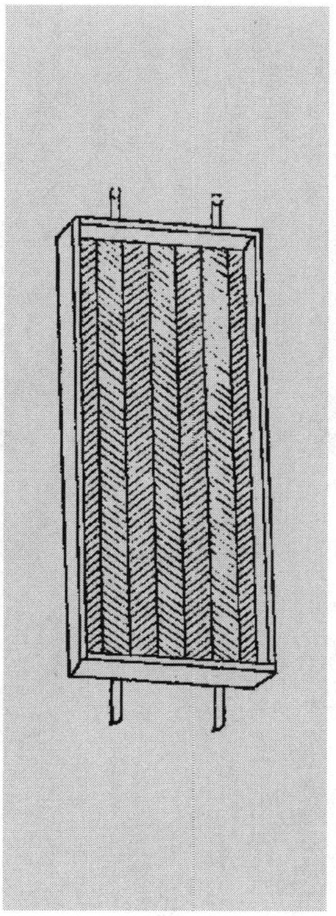

清　馬丕瑶《蠶桑簡易法·養蠶法》　置蠶具　養蠶，宜預置器具。曰：

切桑刀專為切桑葉之用，不宜切佗物，切桑板專為切桑之用，采桑筐蠶二眠前，不可翦桑條，宜摘葉，以此盛之，葉篩蠶小，需此篩葉飼之，担蠶毛蠶蟻初出在連上，須撒細葉，以毛担下担至小匾。或散布不便，飼葉以毛團聚之，免傷蟻，蠶箸為拈小蠶之用，蠶匾所以盛蠶，小匾盛小蠶，大匾盛大蠶。養蠶多者，宜多預備，蠶植為放蠶匾之用，小植放小匾，大植放大匾。取其透風，且不多占地方，火盆無論銅鐵、瓦器，皆可，形亦不拘方圓，取其貯火而已。冬月多收牛糞曬乾，蠶初生時，燒火盆中，俟煙盡擡入，煖而宜蠶，或以柴燒火，煙盡擡入亦可，木炭更佳。蓋蠶喜煖而惡煙也。火盆無定式，不另繪圖。

切桑刀式

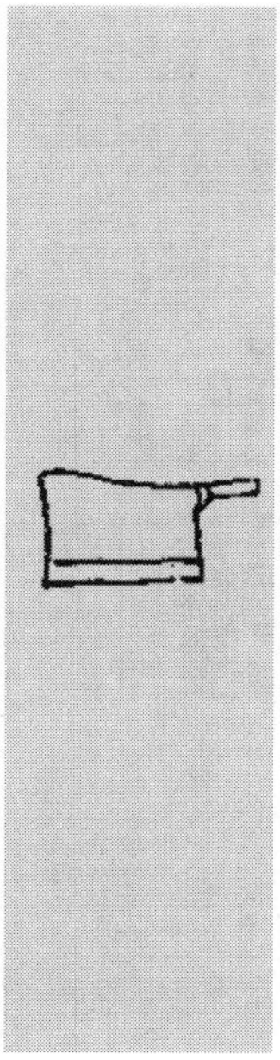

鐵身鋼口，形如菜刀，已切哉，有油膩者，不可用。

切桑板式

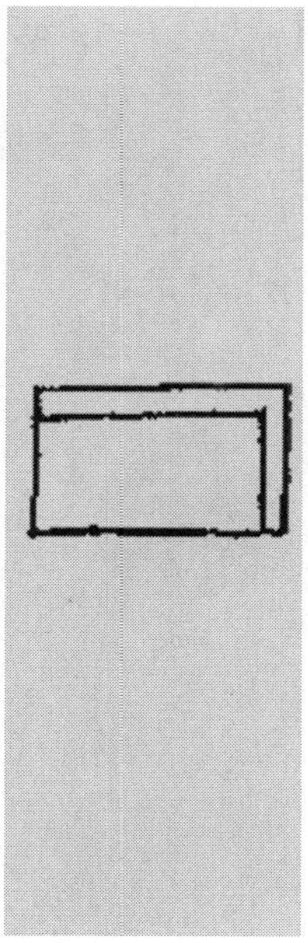

以堅木爲之，長二尺五六寸，寬一尺二三寸，厚一寸餘，刨光用。

采桑筐式

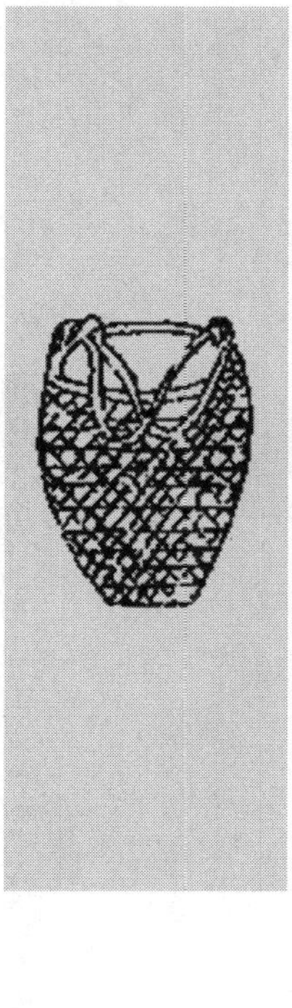

以竹篾編之，有眼，取其透風，大小隨宜，口繫繩以便兩筐並挑。

担蠶毛式

鵝鴨翅毛皆可，雞毛恐生風，以不用爲妥。

蠶箸式

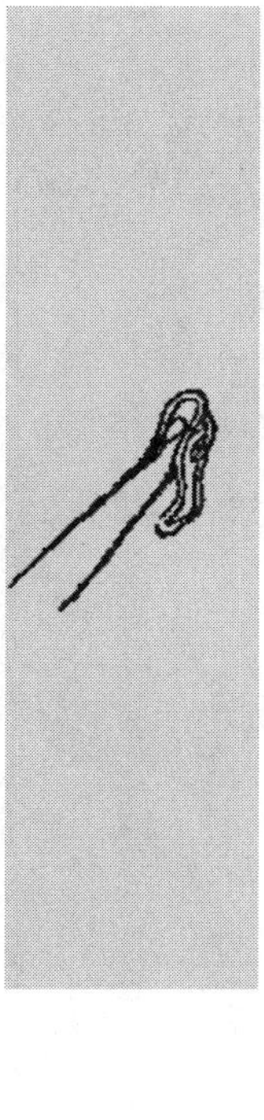

以竹爲之，長五六寸，較倉箸稍細。一頭削尖，須光潤，免致傷蠶。

蠶篩式

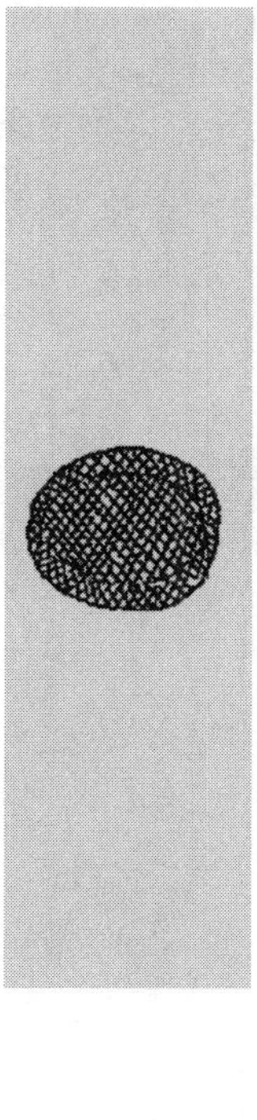

以細篾編之，圓徑八寸，邊高二寸，眼貴疎，篾須光潤，以便篩葉。

蠶簾式

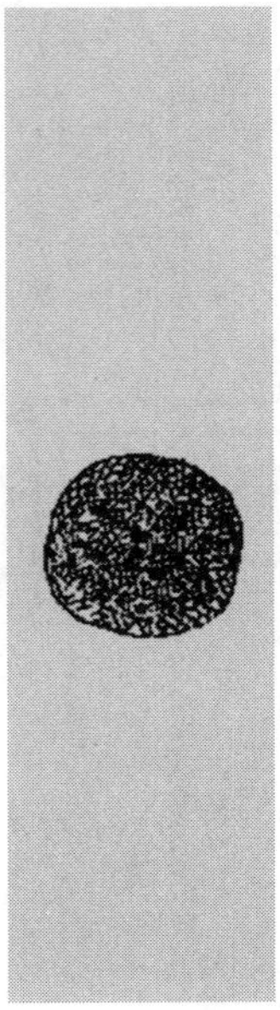

以篾編之，大者圓徑三尺七八寸，小者圓徑二尺五寸，或二尺，或尺五不等，邊高寸半，實底不用眼，邊底皆用硬篾經緯之，庶期久用。

蠶植式

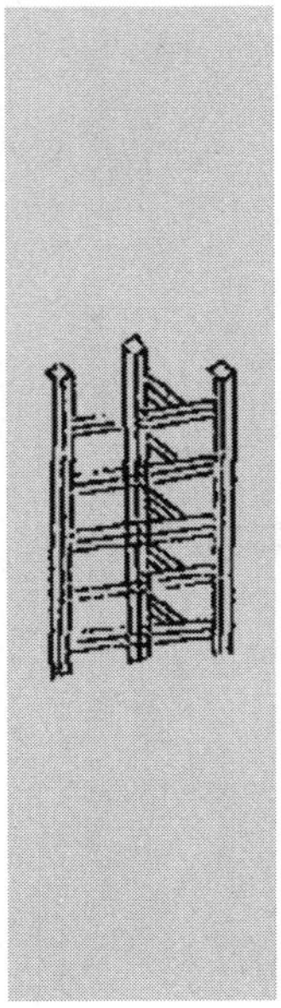

用三木作柱，大者高八尺，中設橫檔八層，相懸各八寸，令可容簾進出，前擋長四尺，後擋長二尺二寸，前擋居中，俱平鑲短榫，長四寸，後擋前各裁成榫口，湊短榫上，如公母笋式，中穿一孔，綰以竹釘，令可轉移，摺疊小植高四尺餘，闊二尺六寸，擋用五六層，以便置牀帷內。

清 許鵬翊《橡蠶新編・放蠶器具》

蠶斧

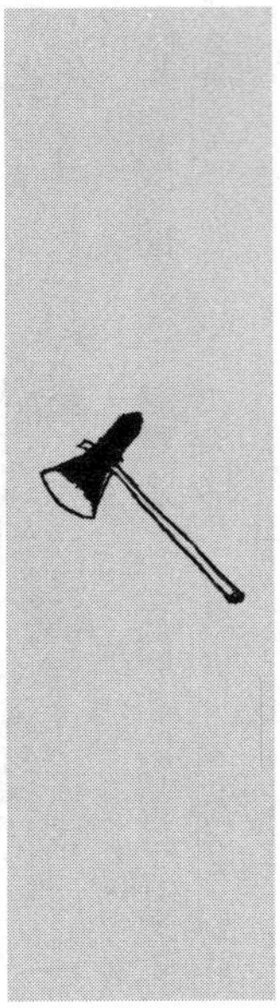

刃薄無頂，運用便利。四年以上之樹，即須用斧修之。

蠶鐮

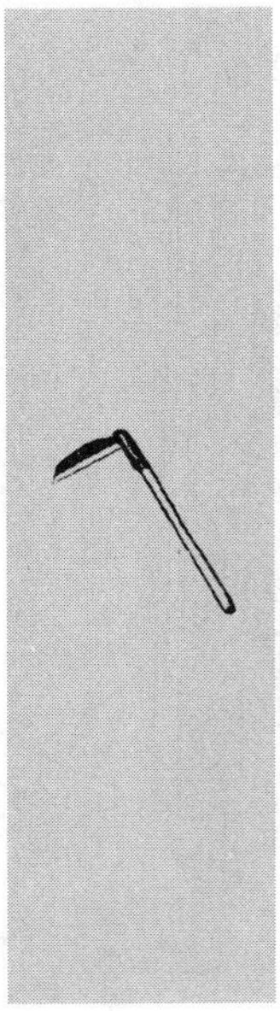

較農家所用鐮刀厚而稍短，樹下之草與榛莿等，皆用鐮刀剷除之。

蠶剪

形如裁衣之剪，頭齊而大，移蠶時用以剪樹枝。

鳥槍

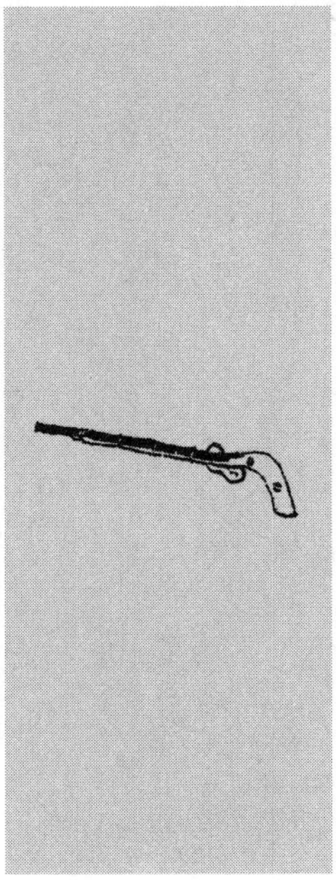

即農家常用之鳥槍，晝夜防護鳥雀，天初明與日落時，尤宜加意。

子筐

以荊條為之，俗名梢條。用榆、楊條亦可。平底，陡沿，上有平蓋，形園，高尺許，園徑三四尺許，外用紙糊，以免漏子。用新條編之，內帶潮濕氣，蠶子始無損；舊筐不潔，且損子。

蠶筐

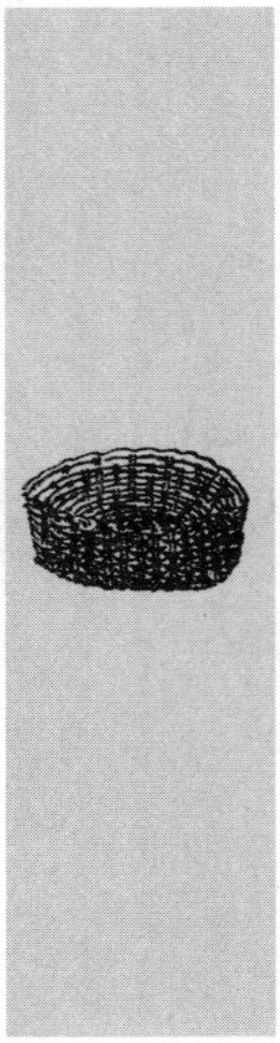

形如子筐，惟不用紙糊，使透風氣，移蠶用之。

繭筐

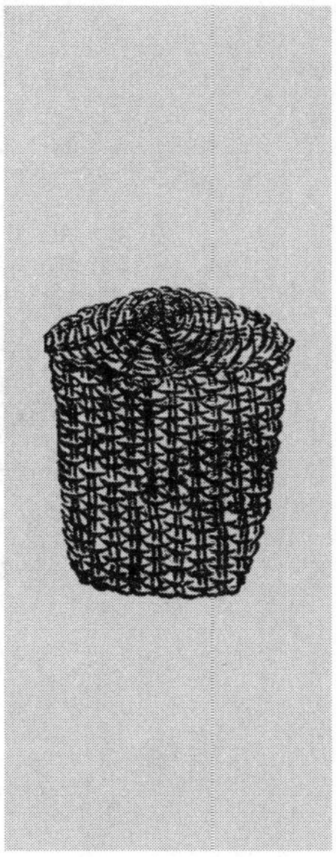

亦用荊條為之，圓徑二三尺，高三尺餘，上有平蓋，勿用紙糊，以透風氣，用盛蠶種。

噴筒

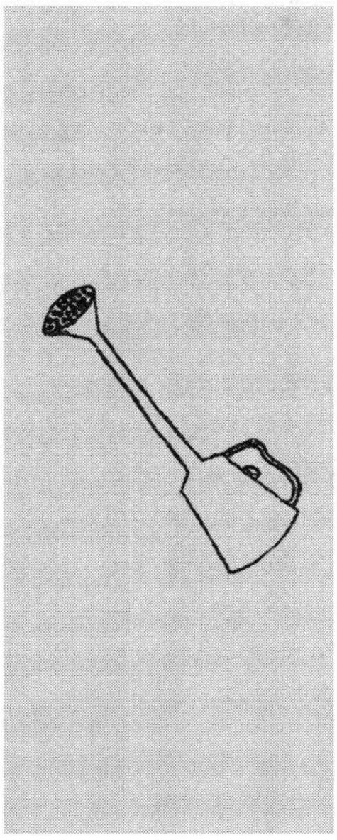

市肆中俱有，購以備用，炎旱時以噴樹葉，或即用灑地之洋鐵噴壺，最便宜價廉。但宜於日落時噴之，若當日中恐蠶受病。

蠶箔

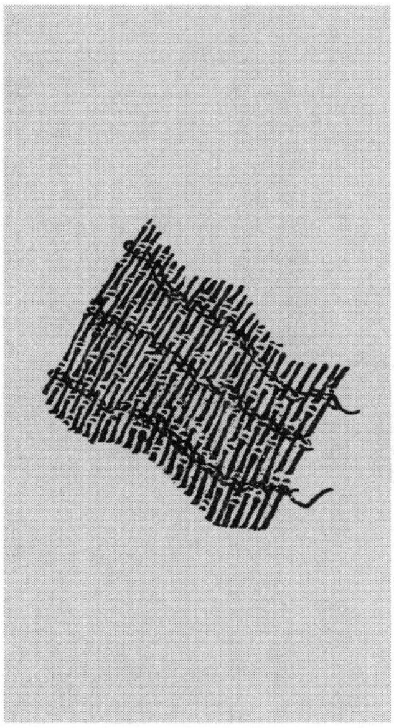

秫秸為之，長七八尺，用麻繩打成，晾繭用之。

蛾草

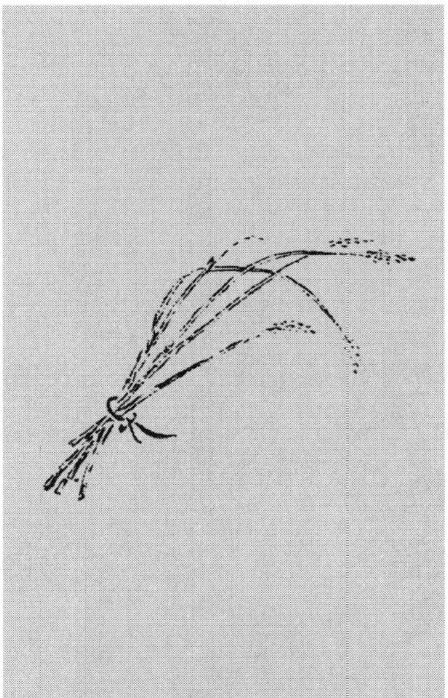

其草細長，放秋繭拴蛾用之。將草從中劈開，稔（撚）成線，兩頭拴蛾，搭拊枝上，使子自下。

蠶席

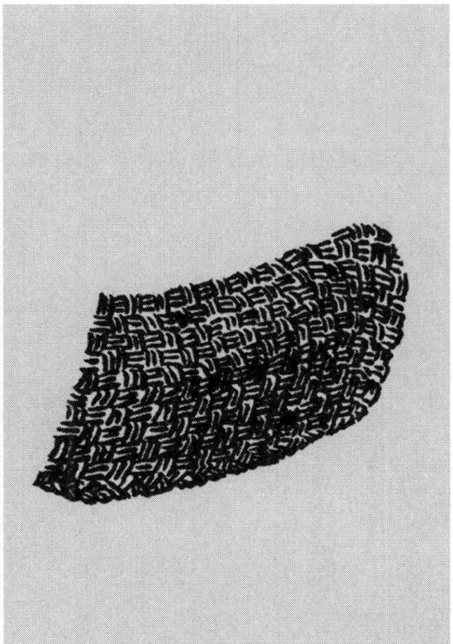

即市中所肆之葦席，春蠶生蟻即須放之水邊所栽椽枝把上。夜間尚有霜氣，宜用席蓋之，免蠶受寒。

山蠶周年一覽表

節氣	蠶事
秋分前	選蠶壯旺，無病者另窩之。
寒露後	擇繭堅實肥大者，箔晾之。
霜降後	視繭絲明潤有光者，筐貯之。
立冬後	移繭種於穿堂地下。
小雪後	移繭種於暖室地下。
大雪	同上 每九日將繭種上山翻轉一次。
冬至	同上 使寒暖均一。
小寒後	置繭於暖炕下，承以木板。
大寒	同上
立春前	將繭種復移於地下。
雨水	同上
驚蟄前	將繭種攤於暖炕之上。
春分	穿繭種掛於暖室。
清明	視繭種出蛾，使雌雄相配。
谷雨	蛾産子完，置子筐於涼處。
立夏前	栽橡樹把於向陽水邊。
立夏後	生蟻置水邊橡樹把上。
小滿	頭眠起後，移置橡山樹上。二眠移蠶。
芒種前後	三四眠移蠶。
夏至	控砂。窩蠶於有葉樹上。
小暑	摘繭。
小暑後	穿繭懸掛于透風之室。
大暑	出蛾拴于樹上，使産子。
中伏	生蟻樹上。
三伏	頭眠。
立秋	二眠。
處暑	三眠。
白露前	四眠。
秋分	控砂，結繭。
寒露前	摘繭。

放蠶器具表

蠶器	蠶事
蠶剪	移蠶時剪樹枝用。
蠶斧	修理蠶場用。
蠶鐮	刪除場中荒草用。
鳥槍	蠶上山後，防鳥雀用。
麻鞭	同上
蠶箔	晾繭種用。
蛾草	秋蠶拴蛾用。
噴筒	旱年噴樹葉用。
葦席	春蠶防霜寒用。
子筐	春蠶産子用。
蠶筐	移蠶盛於筐中用。
繭筐	盛繭種用。
紅布	掛於場邊，防孝服人偶入場用。
細繩	穿繭用。
紅礬	去蛇鼠蟾蜍草蟲等物用。

吉林一省，南北天氣，不無少差，然大概未甚相遠，右表只就吉省氣候而言，非謂各省放蠶皆此節氣也，閲者諒之。

收蟻用具分部

鵝翎

論説

北魏 賈思勰《齊民要術》卷五《種桑柘第四十五》［蠶］初生以毛掃（用荻掃，則傷蠶）調火令冷熱得所（熱則焦燥，冷則長遲。）

綜述

元 王禎《農書》卷六《農桑通訣六・蠶繅篇第十五》 自辰巳間將瓮取出，舒捲提掇，亦無度數。但要第一日變三分，第二日變七分，却用紙密糊封了，還瓮内收藏。至第三日午時，又出連舒卷，須要變至十分。其蠶屋、火倉、蠶箔。見農器譜，並須預備。蠶生宜高廣，牕户虚明，易辨眠起，仍上於行捧，各置照牕。每臨早暮，以助高明，下就附地，列置風竇，令可啓閉，以除濕鬱。若新泥濕壁，用熱火薰乾，窗上用净白紙新糊，門窗各掛葦簾、藁薦。下蟻之時，勿用雞翎等物掃拂。

蟻稱

清 鄭文同《蠶桑輯要·育蠶十二則》 蠶蚥初見二三頭，仍將種布摺藏。如稍多，則間以燈草，俟出齊，方收之。間有未出者，後雖續出，亦不必收。收蠶須在巳、午時間。小蠶畏寒，前此恐尚有餘寒。日已西，則暖氣又退矣。於室中無風處，將蠶種布平攤净桌上。俟其子出大勢已齊，以燈草置布上，引蠶緣上，即將燈草提起，以鵝毛掃入蠶箔中，然後以桑葉切細飼之。

綜述

宋 陳旉《農書》卷下《收蠶種之法篇第二》 蠶未出時，秤種寫記輕重于紙背。及已出齊，慎勿掃，多見人纔見蠶出，卽以箒刷，或以雞鵝翎掃之。夫以微渺如絲髮之弱，其能禁箒刷之傷哉？必細切葉，別布白紙上，務令匀薄，卻以出苗紙和紙覆其上，蠶喜葉香，自然下矣，卻再秤元種紙，見所下多少，約計自有葉看養，寧葉多而蠶少，即優裕而無窘迫之患乃善。今人多不先計料，至闕葉，則典質貿鬻，無所不至，苦于蠶受飢餒，雖費資産不敢恪也。縱或得之已不償所費，且狼籍損壞，枉損物命多矣。

元 司農司《農桑輯要七卷》卷四《養蠶》

下蟻

《務本新書》：農家下蟻，多用桃杖翻連敲打，蟻下之後，却掃聚，以紙包裹，秤見分兩。布在箔上已後，節節病生，多因此弊。今後比及蟻生，當匀鋪蓐草蓐宜擣軟，煻火内燒棗一二枚，先將蠶紙秤見分兩，次將細葉摻在蓐上，續將蠶連翻搭葉上，蟻要匀稀，連必頻移。生盡之後，再秤空連，便知蠶蟻分兩。依此生蠶，百無一損。今時謂，如下蟻三兩，往往止布一席，重疊密壓，不無損傷。今後下蟻三兩，决合匀布一箔。若分兩多少，驗此差分。又慎莫貪多，謂如己力止合放蟻三兩，因為貪多，便放四兩，以致桑葉、房屋、椽箔、人力、柴薪俱各不給，因而兩失。

元 王禎《農書》卷二〇《農器圖譜十六·蠶繅門》 蠶連，蠶種紙也。舊用連二大紙，蛾生卵後，又用綫長綴，通作一連，故因曰『連』。匠者嘗別抄以鬻之。《務本新書》云：『蠶連，厚紙為上，薄紙不禁浸浴。如用小灰紙，更妙。連須以時浴之，浴畢挂時，令蠶子向外，恐有風磨損。冬至日及臘八日浴時，無令水極深浸，浴畢取出。比及月望，數連一卷，桑皮索繫定。《務本新書》云：『蠶連，不得用麻繩繫挂，如或不忌，後多乾死不生。』《本草》：『陳藏器云：「以苧麻近種則不生，當遠之。」』庭前立竿高挂，以受臘天寒氣。年節後，瓮内竪連，須使玲瓏。安十數日，候日高時一出。每陰雨後，即便曬曝。』恐傷濕潤見風，亦不可多時。此蠶連育養法，直至暖種而生。前文間取諸《蠶書》。詩云：『前朝繭如山，今朝卵如粟。如山今歲謀，如粟來歲足。來歲一何神，生化楮一幅。丁寧語荆婦，依時勤曬沐。』

明 徐光啓《農政全書》卷三一《蠶桑·養蠶法》《務本新書》：【略】煻火内燒棗一二枚，先將蠶紙秤見分兩，次將細細摻在蓐上，蟻要匀稀，連必頻移。生盡之後，再秤空連，便知蠶蟻分兩。依此生蠶，百無一損。今時謂，如下蟻三兩，往往止布一蓐，重疊密壓，不無損傷。今後下蟻三兩，决合匀布一箔若分兩多少，驗此差分。又慎莫貪多，謂如己力止合放蟻三兩，因為貪多，便放四兩，以致桑葉、房屋、椽箔、人力、柴薪俱各不給，因而兩失。

清 崔應榴彙纂，錢馥補輯《蠶事統紀》卷八《飼養》 至蠶生，候東方白時，將連鋪箔上，候黑蟻全生，和蟻稱連，記寫分兩多少。

清 方大湜《桑蠶提要》卷二《蠶事四十條**·蠶具**三十則**》** 蠶連用紙為之，又名蠶種紙，以裱過厚皮紙為上紙薄，則不禁洗浴。以絲湯泡過者為佳絲湯，即煮繭鍋內之湯，種紙不用絲湯泡過，則種在紙上，易於脫落。泡過之後，須曬令極乾。用布作連更好布不拘新舊，以方為貴，布若尖斜，則布上之蛾，往往生子於布外。

清 趙淵《蠶桑摘要》卷中《蠶政·三眠類》 稱蠶之法，眠定後，逐一檢出，勿破損其身，勿擦傷其觜，恐脫殼不下。置光滑器內，以秤稱之，爲以後桑葉計也。三眠蠶一斤，至老時，可得繭八九斤或十斤不等，前後食葉一百四五十斤，除三眠以前所食不計外，以後須食葉一百餘斤。稱時，須人多手速，緩則久罨，致傷稱准。仍置蠶盤，篩糠灰於蠶上，以俟其起。又有俟大眠眠定時，方以秤稱之，只篩灰於蠶上，不計斤兩。蓋先後稱法，各有不同也。

温濕控制設施分部

火爐

題解

清 包世臣《齊民四術》卷一下《農一下·蠶桑》 火盆，以銕爲鍋，或坦瓦盆亦可。以木爲架，高五六寸。修拍絲車，備絲柴：柴栗為上，柏次之，曝極乾，二木皆無煙故也。桑葉見青乃臥種。謂以連置暖處，令生蟻。出早則蠶、葉兩損。

清 馬丕瑶《蠶桑簡易法·養蠶法》

置蠶器

火盆無論銅鐵、瓦器，皆可，形亦不拘方圓，取其貯火而已。冬月多收牛糞曬乾，蠶初生時，燒火盆中，俟煙盡擡入，煖而宜蠶，或以柴，燒火煙盡，擡人亦可，木炭更佳。蓋蠶喜煖，而惡煙也。

火盆無定式，不另繪圖。

清 衛杰《蠶桑萃編》卷四《繅政·繅具類》

火盆

火盆有大小兩種。結繭時，簇架之下，熏灼蠶身，用大火盆，則盛炭多而耐久。繅絲時，車軸之後，烘炙溼絲，令色光亮，則用小火盆，便於移動。

清 豫山《蠶桑辑要合编·圖説》 火盆有大、小兩種。用黃砂盆盛炭火，凡山棚之下，熏灼蠶身及繅絲時，烘煽溼絲。

論説

清 鄭之僑《農桑易知録》卷二《蠶有十忌》

忌寒冷

天氣寒涼，蠶房内須種一火盆，常使房内温暖。大眠以前，若使受冷，做成寒病，到老成為殭，蠶無收成矣。殭則一面吃葉，而下半身已不能動矣。

清 包世臣《齊民四術》卷一下《農一下·蠶桑》 凡蠶畏冷，然亦不可傷熱。一日内各分四時，寅卯辰如春，巳午未如夏，申酉戌如秋，亥子丑如冬。又陰晴風雨，卽分寒熱，須以進退熟火，調劑如一。蠶蛾宜極熱，時時天氣猶寒，以盆燒牛糞墼，令煙淨燒熟送入蠶房，旁置火鍤一具，多留熟灰，以便撥覆。火盆不宜太近，宜以苫席圍其暖氣，使上下四面溫和如一。以人身試，稍涼卽添火去灰，稍暖卽聚灰覆火，務令順時。

又 凡進火，當鋪葉上頓時，使蠶循葉食上乃進；拔去灰者同；食了卽退，或以灰掩之。若饑而進火，則傷火；初上葉，蠶在葉下沙上，若進火，則葉罨沙蒸而傷熱。凡蠶怕濕怕熱，怕冷怕風，傷一卽病。傷濕則黃肥，傷風則節長禁口，傷蒸則脚腫，傷冷則亮頭，傷火則焦尾，傷寒風則黑白紅僵，傷熱葉者亦蒸黃，傷露葉者亦節長禁口。病初起者，進退火盆、開閉窗簾、抬分沙以解護之，然已減絲矣。宜節節如法保持也。

清 方大湜《桑蠶提要》卷二《蠶事四十條**·蠶具**三十則**》** 火盆有大小兩種。結繭時，山棚之下，熏灼蠶身，用大火盆。繅絲時，車軸之後，烘炙溼絲，用小火盆。

又 絲車之後，須用炭火一盆，帶繅帶烘。絲從水中抽出，聽其自乾，必至彼此膠粘，俗謂之『水粘』。帶繰帶烘，則燥而且白。火盆離軸，不可太遠，亦不可太近太遠，則火力不及；太近，則火氣傷絲。炭須無煙，且不爆者爆，音豹。煙則熏壞絲色，爆則燒斷絲條。此事須一人專司。

清 高銓《蠶桑輯要》卷上

進火

凡蠶用火，室中竪立蠶植，拆去植下兩層横檔以貯火横檔須預做活脱者。收蠶前兩日，先發火令旺，俾熱氣熏蒸四壁，并筐植皆暖，烏兒收齊。先飼葉四五頓，方移置植上烘之，無分晝夜，直至眠而後已。其火宜旺，旺則沙緑皆燥，不傷濕熱。蠶少者，可用砂盆貯火，取竹簞三尺高者，圍繞火盆，架筐於簞上，烘之。

又 卷下

打悶煙

蠶初上山，皆聚簾面，不能即升于帚，驟進火盆，則傷蠶。須燒草以烟熏之，謂之打悶烟，蠶受烟熏，即上帚矣。

清 高銓《吴興蠶書》卷下《灼山》 小蠶宜煖，老蠶亦宜煖，煖則易於成繭，故上山畢，須以炭火灼之。况老蠶多溺，著繭卽潮，不得火不燥。室中應用火盆，隨屋大小加減，盆離棚約二尺，不可過高，亦不可過低。棚下宜貯水一桶，以爲厝火不虞之備。凡蠶作繭，以灼山爲第一要著，少不得宜，蠶雖豐收，繭卻多病，做絲無分兩矣。

又

排火盆

火盆之多寡，須視屋之大小，亦當酌量炭之大小。若用江炭屑或川炭屑，火雖旺卻不生焰，盆宜墊高，令稍近棚。又宜密布，室大者二十盆，小者十八盆。火稍微，卽撤開面上之灰，使火長旺。如用近地之大炭，其火生焰，盆宜稀排，室大者十六，小者十四。離棚須稍遠，晝夜在棚下照瞭，一看火力微旺，加減柴炭。一防火星飛爆，預爲撲滅。沈炳震《蠶桑樂府》云：『看火春禽鳴屋山，是時有鳥啼曰灼山。看火意似相警者，然亦物類之相感也。』

灼蠶不灼繭 山棚用火，宜乘蠶未裹身時灼之，不宜灼繭。蓋蠶未裹身，旺火熏灼則乘熱攤花，遺溺皆燥，繭成卽不颺緒。蠶絆繞謂之攤花。繅絲時絲斷繭颺，不能歸緒，謂之颺緒。攤，呂支切。《太元經》云：『張也。』若旺於成繭之時，則吐絲繚亂，不及盤旋縈繞，而厚薄不均矣。故蠶方露身，用火宜旺。既裹身，不得太旺，以簾上常熱爲度。

清 黄世本《蠶桑簡明輯説・養蠶説・論寒煖三條》 育蠶最忌天寒，寒則眠起皆遲，甚至噤口不食，又甚則變成白殭。故天寒時，室中須置火盆，解去寒風。又不可驟煖，寒而驟煖，則生黄軟等病。更不可太煖，太煖則焦燥不和，亦易致病。蓋天氣之煖，愈煖愈宜；火氣之煖，當卽相宜，後必多病。故火烘一法，亦不得已而用之。若非大寒，卽可不必。

清 汪曰楨《湖蠶述》卷三

𤓰火

山棚下著火一周，用炭火極旺。《育蠶要旨》曰𤓰火《廣韻》𤓰，桑割七，曷二切。《烏青鎭志》亦曰灼山。《胡府志》亦曰炙山。《烏程劉志》小蠶宜暖，老蠶亦宜暖，暖則易于成繭。况老蠶多溺，著繭卽潮，不得火焉能使燥。火盆離棚約二尺，不可過高，亦不可過低。

清 汪宗沂《蠶桑輯要・養蠶三十二條》 凡蠶初出時喜煖，眠時喜微温。眠後又喜煖，故宜常用火盆以温之。火盆用炭，不用煤，忌喫酒喫煙人入蠶屋。

清 吴烜《植桑育蠶書・養蠶説》 育蠶最懼天寒，寒則眠起皆遲，甚至噤口不食，又甚則變成白殭。故天寒時，室中須置火盆，解去寒氣。

清 俞墉纂輯《蠶桑述要・山棚》 山棚之下，須用火盆，諺稱紥火。使蠶得煖氣，容易吐絲成繭，日後繅絲亦多鮮明順手。火盆不宜過旺，火燭須要小心，以四面皆引火物也。火盆必加鐵罩有力者，用鐵鍋或瓦沙盆亦可。上山不紥火，天陰則停山，天晴則繅絲費手。蠶天用火，惟此時相宜，餘則均非善策。

清 朱斌《蠶桑指要・養蠶・上山》 量屋大小，用火盆或二或四，置於簾下，着一人專心搬運，以匀火氣，切勿怠忽，使火氣聚於火處，致傷熱也。火不可太猛，亦不可太緩。但覺室内和氣融洽，止堪着夾單衣，是其候也。如此一週時，天寒一週半，繭成則去之。三週時浚開牕啟户，謂之涼山頭。又三日，繭老，依次第採之，謂之落山頭。此六日内，總不可有嚮骰振動，驚斷絲頭，夜間必籠定馴猫，以防鼠齧。

清 朱祖榮《蠶桑答問》卷下《火烘法第五》 育蠶最懼天寒，寒則眠起皆遲，甚至噤口不食，又甚則變成白殭。故天寒時，室中須置火盆，解去寒氣。宜四角著火，若在一處，則寒煖不均，後必眠起不齊。又不可驟煖，寒而驟煖，則生黃輭等病。更不可太煖，太煖則焦燥不和，亦易致病。蓋天氣之煖，愈煖愈宜；火氣之煖，當時相宜，後必多病。故火烘一法，亦不得已而用之。若非大寒，即可不必。

清　佚名《樹桑養蠶要略》　小蠶初生，以至三眠，皆用火盆以温之。至蠶上山時，亦用火盆盛炭，以防陰雨。北地養蠶，遵用其法，無不順利，此固閭閻勤求本富之一大端也，爰述要略，用資倣效焉。

清　陳恢吾《農學纂要》卷四《育蠶》

火烘法

蠶懼天寒，寒則眠起皆遲，甚至噤口不食，或變成白殭。故天寒時，室中宜置火盆。宜室中四角著火，暖氣始匀。又不可驟暖，寒而驟暖，則生黃軟等病；更不可太暖，太暖亦易致病。若天氣之暖，則甚相宜，火烘須斟酌，非大寒則不必烘。寒暖七十度為最適宜，六十度以下，則可用火助之。用火須設法通空氣。

俄　佚名《中國蠶務情形記》《皇朝經世文統編》卷六〇　中國育蠶，一任自然，中國書籍，嘗見有天氣冷時，用火力助天候之語。然蠶家所為，則不然，豈失傳耶？惟天雨過冷，則或用藁薦包蠶子，或用棉布包蠶架，然仍未免有隙漏。且又不設蠶房，凡育蠶子，多在住房之内。所謂住房，亦頗不潔，多係土壁瓦壁，無地板，且多無樓，窗户亦不多。故不能疏通空氣，欲使室中乾燥，亦大難焉。

清　通州蠶學館《蠶桑簡明圖説・附録・宜忌》　忌室内冷熱不匀，故遇寒濕之時，須用火盆將蠶室烘暖，遇熱燥天氣，須開窓戶，調和生化。

綜述

宋　陳旉《農書》卷下《用火採桑之法篇第四》　蠶，火類也，宜用火以養之。而用火之法，須別作一小爐，令可擡舁出入，蠶既鋪葉餵矣，待其循葉而上，乃始進火。火須在外燒令熟，以穀灰蓋之，即不暴烈生焰。纔食了，即退火，鋪葉然後進火。每每如此，則蠶無傷火之患。若蠶飢而進火，即傷火。若纔鋪葉，蠶猶在葉下，未能循援葉上而進火，即下為糞薙所蒸，上為葉蔽，遂有熱蒸之患。又須勤去沙薙，最怕南風。若天氣鬱蒸，即略以火温解之，以去其濕蒸之氣，略疏通窗户，以快爽之。沙薙必遠放，為其蒸熱作氣也。最怕濕熱及冷風，傷濕即黃肥，傷風即節高，沙蒸即脚腫，傷冷即亮頭而白蜇，傷火即焦尾。又傷風亦黃肥，傷冷風即黑白紅僵，能避此數患乃善。

元　司農司《農桑輯要》卷四《養蠶》

火倉

《齊民要術》：屋内四角著火火若在一處，則冷熱不均。《務本新書》：生蠶有小屋者，四壁挫壘空龕，或八或六。頗類參星樣，一高一下，頓藏熟火，庶得火氣匀停。如大屋内生蠶，一邊難就壁龕，當于箔查外，挫壘土臺，或釘木橛，上安火盆。盆外另夾帷箔，收拾火氣。蠶小時，將牛糞墼子燒令無煙，移入龕内頓放，如無壁龕等，止于槌箔四向，約量頓火。近兩眠則止。若寒熱不均，後必眠起不齊。又今時蠶屋内，素無禦寒熟火，止是旋燒柴薪，煙氣籠熏太甚，蠶蘊熱毒，多成黑蔫。

元　王禎《農書》卷二〇《農器圖譜十六・蠶繅門》

火倉，蠶室火龕也。凡蠶生室内，四壁挫壘空龕，狀如三星，務要玲瓏，頓藏熟火，以通煗氣，四向匀停。蠶家或用旋燒柴薪，煙氣薰籠，蠶蘊熱毒，多成黑蔫。今制為擡爐，先自外燒過薪糞牛糞。舁入室内各龕，約量頓火，隨寒熱添減。若寒熱不均，後必眠起不齊。已上出諸《蠶書》。《農書》云：『蠶，火類也，宜用火以養之。用火之法，須別作一爐，令可擡舁出入。火須在外燒令熟，以穀灰蓋之，即不暴烈生焰。』夫擡爐之制，一如矮床內嵌燒爐，兩旁出柄，二人舁之，以送熱火。《火倉詩》云：『朝陽一室虛窗明，今朝喜見蠶初生。四壁已令得熟火，空龕挫壘如三星。阿母體測衣絹單，添減火候隨寒暄。誰識貴家歡飲處，紅爐書閣簇嬋媛。』《擡爐詩》云：『誰創擡爐由智者，出入涼溫蠶屋下。摶以水土貫以木，不假昆吾鼓爐冶。出生入熟覆穀灰，攟拾糞薪猶主苴。功成四海袴襦完，又餉春醪奏豳雅。』

清 楊屾《豳風廣義》卷二

預置火具

《農書》曰：蠶，火類也，宜用火養之，但蠶最畏烟薰，若近蠶處旋燒柴薪，烟氣薰籠，蠶緼熱毒，多成黑蔫。今制爲擡爐，先自外燒過薪糞，待烟盡，舁入室內各籠。是室內預先造成放糞火的倉子，室大者四倉，室小者一倉。火之大小，當隨寒熱添減，務要溫和。若忽寒忽熱，是爲不均，後必眠起不齊。擡爐之制，一如矮床如火盆架子樣。內嵌燒爐，兩旁出柄，二人擡以出入。無爐者，或以舊破鍋銅鐵盆，亦兩旁出柄，亦可擡以出入，送火亦妙。蠶成於一室之功，全賴此火，出入加減涼暖，用得其法，自然絲纊倍收。不論風雨晴明，寒熱晝夜，總要室中加減一樣溫和，倘火候失調，則絲便減少，可不慎與。

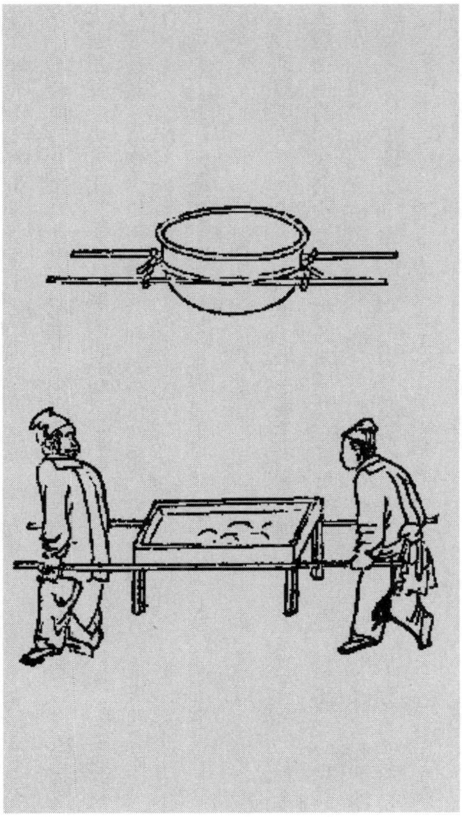

清 帥念祖《蠶政編・預置火具》 蠶，火類也，宜用火養之，然最畏烟薰。須制爲擡爐，先自外燒薪糞，烟盡，舁入室內，隨寒熱爲添減，務要溫和。若忽寒忽熱，後必眠起不齊。擡爐之制，卽火盆架式，兩旁出柄，便抬出入。無爐者，舊破鍋、銅鐵盆亦可。

清 韓夢周《蠶桑實濟》卷三

忌寒冷

如天氣寒冷，蠶房內置一火盆，常使溫煖。村歌云：『蠶要溫和，麥要寒。』凡大眠以前，若受冷，做成寒病，到老必爲殭蠶，不做繭，故忌之。

清 朱斌《蠶桑指要・養蠶》

捉蟄

隨將鮮葉補放白處，謂之點花。務極勻净，方登諸架，謂之出火蓋，謂至此方出火箱也。出火後三四日，為大眠之期，此時出火蟄，一斤當見四斤為足分，多為有餘。每籃宜蠶二斤，其囂眠、捉蟄、盤花、定蠶諸法一一與三眠同，惟除頭截脚，更要緊煞。

又 看火

自收烏至出火，約計十七八日。此時，天氣尚寒，必須用火。其煴火之具，火箱為上。火缸之一面收烏，一面將火箱排定，煴火其中，用熟炭為上，柴火次之。箱面鋪綿胎一層，以隔火氣，務在煖而不熱，斯稱得法。置籃於中，而以綿被蓋之，大約一箱可置火筐五六隻。箱大者可烘十斤，三筐四筐疊起，挨次倒換，以取調和。雖天氣大寒，亦能使蠶健旺，眠起及時。小家若無火箱，以七石缸一隻代之煴火，缸底疊筐，其上亦足烘蠶十斤。三眠後雖曰出火，若遇天寒，仍須室中置火，以避寒氣，總以煖而不熱為度。大寒急加，覺熱即退，謂之看火。此蠶娘第一要務也，若有上等煖室，可以不用火者，謂之冷看。

清 包世臣《齊民四術》卷一下《農一下・蠶桑》 凡進火，當鋪葉上頓時，使蠶循葉食上乃進，撥去灰者同，食了卽退，或以灰掩之。若飢而進火，則傷火，初上葉，蠶在葉下沙上，若進火，則葉罨沙蒸而傷熱。凡蠶怕溼，怕熱，怕冷，怕風，傷一卽病。傷溼則黄肥，傷風則節長禁口，傷蒸則脚穜，傷冷則高頭，傷火則焦尾，傷寒風則黑白紅僵，傷熱葉者亦蒸黄，傷露葉者亦節長禁口。病初起者，進退火盆，開閉窗簾，抬分沙，以解護之。

然已滅絲矣，宜節節如法保持也。

蠶老齊乃上簇，宜輕撒疏布，簇外以葦薦蔽風，進火盆暖之。約屋三間，火四角并中央五盆。盆各以席圍之，使火氣向上反下，則勻而不燥。結繭成胎，火尤宜暖，晝夜不可斷，繭成，即剝去皮薄攤，毋令蒸罨，居簇中央向東南方，明淨員厚之繭，留爲種，餘繅之。

清 高銓《蠶桑輯要》卷上

進火

凡蠶用火，室中竪立蠶植，拆去植下兩層橫檔，以貯火。橫檔須預做活脱者。收蠶前兩日，先發火令旺。俾熱氣熏蒸，四壁并筐植皆暖。烏兒收齊，先飼葉四五頓，方移置植上。烘之無分晝夜，直至眠而後已。其火宜旺，旺則沙繇皆燥，不傷濕熱。蠶少者，可用砂盆貯火，取竹簟三尺高者圍繞，火盆架筐於簟上，烘之。

又 灼山

小蠶宜煖老蠶亦宜煖，煖則易於成繭。故上山畢，須以炭火灼之。況老蠶多溺，著繭即潮，不得火不燥。室中應用火盆，隨屋大小加減。盆離棚約二尺，不可過高，亦不可過低。棚下宜貯水一桶，以為厝火不虞之備。凡蠶作繭，以灼山為第一要著，少不得宜，蠶雖豊收，繭却多病，做絲無分兩矣。

又 排火盆

火盆之多寡，須視屋之大小，亦當酌量炭之大小。若用江炭屑或川炭屑，火雖旺却不生焰，盆宜墊高，令稍近棚，又宜密布，室大者二十盆，小者十八盆。火稍微即撤開面上之灰，使火長旺。如用近地之大炭，其火生焰，盆宜稀排，室大者十六，小者十四。離棚須稍遠，晝夜在棚下照暸，一看火力微旺，加減柴炭：一防火星飛爆，預爲撲滅。沈炳震《蠶桑樂府》云：『看火春禽鳴屋山，是時有鳥啼曰灼山。看火意似相警者，然亦物類之相感也。』

清 周春溶《蠶桑寶要》第二説《晾杣》 初上杣時，棚架下勻排火盆幾個，晝夜加炭，小心火燭。兩晝夜後，繭已做完，聽之無聲響，蠶做繭時，聲如陣雨，聽之無聲，則蠶已做完矣。即將火盆及遮圍之物悉行除去，摘去桃枝，一根插在棚架之上，晾過一日，繭子蠶化為蛹，第四日可回杣矣。插桃枝者，取其闢邪之義。

又 第三説《忌寒冷》

如天氣寒冷，蠶房内種一火盆，常使溫煖。村歌云：『蠶要溫和，麥要寒也。大眠以前，若受冷，做成寒病，到老必為殭蠶，不做繭，故忌之。』

清 陳開沚《裨農最要》卷一

火料

牛糞正月收牛糞，做成餅，貼墻壁自乾。或研炭末，和牛糞做成亦好。蠶喜聞牛糞氣，每日早夜，以牛糞餅燒過擊，絶煙氣，盛火盆内，置於蠶室。倘有臭穢近蠶室，即燒牛糞餅，薰於蠶室外以避之。俟其煙盡，擡入蠶室，使蠶自初生至老，皆聞牛氣，則一切避忌之物不聞矣，此最驗最美法也。又或以鉢盛牛尿，置室四角攪之，以助其氣。大眠後，不用火，以此法行之更妙。 柴炭青岡炭，最耐久。 乾柴絲忌煙薰，煮繭之柴，宜早備，令極乾。

又 進火法

凡蠶畏冷，然亦不可傷熱。一日内分四時，寅卯辰如春，巳午未如夏，申酉戌如秋，亥子丑如冬。又陰晴風雨，即分寒熱，須以進退火盆為調劑。如蠶蟻時宜極煖，天氣猶寒，以盆盛牛糞，無烟火送入。蠶室旁，置火罏一具，多留餘灰，以便撥覆。火盆不宜大近，宜以席圍其煖氣，使上下四旁，溫和如一。蠶母以身試，稍涼即添火，稍煖即聚灰覆火，務令順時。蓋蠶火類也，宜用火以養之。用火養蠶，又恐用火傷蠶。蠶既鋪葉餧矣，待其循葉而上，始進火，乃無傷火之患。若飢而進火，則傷火。即纔鋪葉，蠶猶在葉下，未能循葉而上。此時遂進火，則下為糞蒸，上為葉蔽，遂有熱蒸之病。又寒不可驟加熱，當漸漸進火。寒而驟熱，則生黄軟等症。熱不可驟加涼，當漸漸開門。熱而驟涼，則變白殭諸症，此又不可不知也。又正熱，猛著寒，便禁口不食，即盛無烟牛糞火，用鈑撥火於槌箔下，往來避去寒氣，則蠶自然食葉。

又 卷三 停蟻

蟻之初生，如兒之初生，最畏風寒，喜溫煖。宜置牀賬内，緊閉門窗，勿令通風。天氣晴和，晝移架上。早夜置牀上，進牛糞，無煙火蠶宜火養之，但畏煙薰。風雨更添火，晴即減火，溫和便去火，以天時之寒煖，為火盆之進退。不可使蠶受寒，受寒即中寒症，亦不可使蠶受熱，受熱即中熱症。總之，天時之寒煖不一，而蠶之溫煖則一也，斯得養蠶之道矣。

又 飼蟻

遇天氣晴和，多飼一二頓。如遇陰寒，蟻不甚食，少飼一二頓。須用綿被，將蠶器四面包裹。蟻得暖氣，便思食矣。倘甚寒，再用牛糞無烟火盆，置屋四角不可近蠶器，恐傷火受症，使微有温氣斯可矣。

又　置火盆

蠶老上山，遇天氣寒冷，定宜用火。若不用火，約四五日，方能成繭間有畏寒嬾作繭，即作繭亦薄軟。謂之冷蠶絲。用火者，約兩晝夜即可成繭，謂之熱蠶絲用火則蠶山燥爽，吐絲自然快利。冷蠶絲，縷時易斷，不如熱蠶絲之省力。用火之法，緊閉門窗，不使外寒侵入，內熱走散。以無煙炭火盆置屋中，頻頻移動，務令滿室温煖，不可過大過小，亦不可忽大忽小覺處處温煖勻和，便是恰好之候。俗謂關火門關火門之時，或燒香體一撮，引蠶吐絲亦可。上山第一日，最為要緊。第二日，火力稍微亦可。蠶吐之絲，置水土中，歷久不敗。若在蠶腹，未經吐出，即化而為水。故天寒定宜用火，方能吐盡腹中絲，結繭圓硬，不用火者反是。但火性最烈，太大既恐傷蠶。又恐引燃蠶山，里人某因熱蠶焚宅。故用火必須使細心人，晝夜時時檢點。若天氣温煖，不用火亦可。

清　方大湜《**桑蠶提要**》**卷二**《**蠶事**四十條·**上山**七則》

置火爐

蠶老上山，蘆簾架下，不用火者，約四五日，方能成繭，謂之『冷蠶絲』。用火者，約兩晝夜，即可成繭，謂之『熱蠶絲』。用火，則蠶山燥爽，吐絲自然快利。冷蠶絲，繅時易斷，不如熱蠶絲之省力。用火之法，以炭火置簾下，仍將炭盆頻頻移動，滿簾煖氣。務使勻和，不可過大過小，亦不可忽大忽小。以手按簾，處處温煖，便是恰好之候。山外以稻草簾圍之既可避風，又免熱氣外散。俗謂之『關火門』。關火門之時，或燒香體一撮，引蠶吐絲亦可。上山第一日，最為要緊。第二日火力，比第一日火力稍微，亦可。火炙之法，惟上山時可用。

清　林心北、吴書年勸刻《**蠶桑輯略·蠶事趨避**三十九條》

忌寒冷

如天氣寒涼，蠶房内須燒火盆，當使溫煖。俗歌云『蠶要溫和，麥要寒』是也。大眠以前，若受冷氣，做成寒病，到老必爲殭蠶，不做繭矣，故忌之。

又《**蠶室器用**二十條》

置擡鑪

或用銅鐵火盆，或用砂鍬作平底汾陽之俗，竈口以砂鍬蓋之，但其底不平，須定做平底者，圓徑一尺三寸。以木爲架，兩旁有柄，以便擡運。蠶忌煙熏，須於戶外燒過，令煙出盡，方可擡入。

清　沈秉成《**蠶桑輯要·諸家雜説·繅絲法十二條**》　炙絲　用舊砂盆爇炭熾焙，以盆內極燥為度，潮則絲無光澤。置盆宜稍遠軸，恐火氣傷絲，盆宜側起向外，須一人專為之。

又《**圖説**》

火盆有大小兩種。用黃砂盆盛炭火，凡山棚之下，熏灼蠶身。及繅絲時，烘煽溼絲。

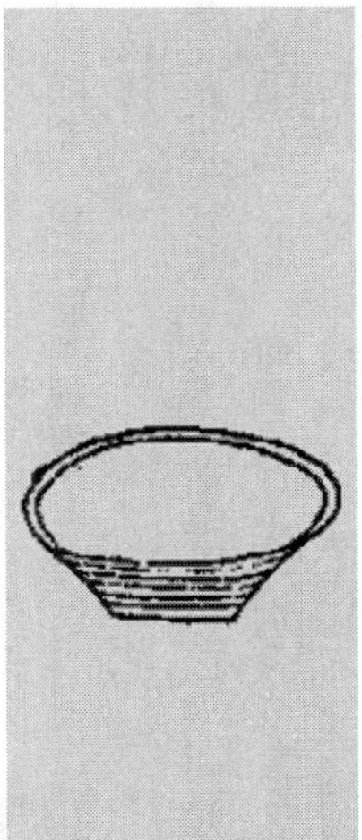

清　汪曰楨《**湖蠶述**》**卷三**

擦火

山棚下著火一周，用炭火極旺。《育蠶要旨》曰擦火《廣韻》擦，桑割七，曷二切。《烏青鎮志》亦曰灼山。《胡府志》亦曰炙山。《烏程劉志》小蠶宜煖，老蠶亦宜，暖則易于成繭。況老蠶多溺，著繭卽潮，不得火焉能使燥。火盆離棚約二尺，不可過高，亦不可過低。《吳興蠶書》使熱上升，則乘此縈絲作繭，不停口而盡出腹中所有矣。《烏青鎮志》城中必蓋以灰，不欲其過熱，南潯則必吹，使極熾。蓋肥絲、細絲，各有所宜也。《遺閒瑣記》先是有鳥鳴，如曰葉貴了。至是又有鳴者，曰灼山，看火意似相警者然。《胡府志》育者倦極，常有火患。《涌幢小品》棚下宜貯水一桶，以為不虞之備。凡蠶作繭，以灼火為第一要著，少不得宜，繭雖豐收，决多病繭，做絲無分兩矣。《吳興蠶書》又有冷種，不必用火。《遺閒瑣記》凡不用火者，絲縷終不如著火之光。《吳興掌故》

打悶煙。蠶初上山，皆聚簾面，未升于帚，驟進火，即損蠶，須燒草以煙熏之按即用曬燥之蠶糞，謂之打悶煙。蠶畏煙，即上帚頭尖。《吳興蠶書》按，蠶得煙，即遺溺，可免上帚，後遺溺污繭。

火宜柴炭相兼，砂盆貯火盆底，先以灰護之，用四寸長堅硬乾柴填實，半盆再鋪炭一層，上加炭一層，發火煨之，樹柴煨旺，火力耐久，最省炭。《吳興蠶書》

又　繅絲

煽車火　絲從水出，必用火炙。軸上約做絲兩許，即以砂盆爇炭焙之，謂之煽車火，亦曰車頭火。爇大，炭盆離車軸約五寸，緊對絲板安頓按肥絲兩板用兩盆，細絲三板用三盆。用石墊高，少側向裏。火益旺益佳，時時加炭，絲之顏光全在此火，火旺則絲鮮明，火微則彊邊而色滯。絲潮則邊相并，謂之彊邊。《吳興蠶書》所用之炭，須無煙，且不爆者；煙則熏壞絲色，爆則燒斷絲條。《廣蠶桑說》

清　楊名颺《蠶桑簡編》《牧令書》卷一〇　置擡爐　如火盆架，兩旁有柄，蠶忌烟薰，戶外將柴燒過烟盡，以便擡入。

（道光）《遵義府志》卷一六《農桑·蠶事》　晾杣：初上杣時，棚架下勻排火盆幾個，晝夜加炭，小心火燭。兩晝夜后，繭已做完，聽之無聲響蠶做繭時，聲如陣雨。聽之無聲，則蠶已做完矣。即將火盆及遮圍之物悉行除去。摘取桃枝十根，插在棚柵架之上，晾過一日，繭子內蠶化為蛹。

清　黃壽昌編《蠶桑須知·養蠶各則》

蠶眠

頭眠　蚕自初生至頭眠，約五六日，多至七日天時之寒暖為之也為率。俗有以火助之將火盆置在蚕簿之下。蚕得暖氣，則三日三夜人工為之也即可見眠頭，謂之趕頭眠。然非其所宜，恐火氣傷蚕，致後多患病，不若順其自然為妥。二眠　自頭眠開葉至二眠，為時較速，約隔三日三夜，可見眠頭。　出火三眠也　養蚕之家，往往以火助暖，欲其速眠，至三眠時，不宜用火，故謂之出火。若天時過冷，亦有以火相助者。

清　馬丕瑤《蠶桑簡易法·養蠶法》　飼蟻　先燒蠶室，令極煖，用乾柔薦草，鋪簏底麥草亦可，再鋪棉紙一層於上，將蟻用前法移下，篩極細葉飼之。葉不宜過厚，要稀勻得宜。葉盡，再飼一日，夜約五六次。飼後，放小植上，置帷賬中，以避風寒。切不可在簏上，蓋遏致受溼生病，天寒宜用牛糞，火盆中俟煙盡擡入，令受煖氣。

清　何品玉輯刊《蠶桑會粹·種桑養蠶格式》

上蠶箔兼埋火盆焙繭

至蠶成熟之時，請人執起上箔，每箔約千四五百條。將箔兩張，如人字架起，置於當風日，邊箔圈仰，半個時候，將箔倒轉一二次。晚用炭火一盆，微微烘煖，俾繭內吐絲不濕。每一個火盆，用四張蠶箔圍住，頂上蓋二張，共六張，密圍使煖。煖則速經好口，以煖一個對日為度，夜深復用刀插火盆三四次，務令火勻，勿至冷口，繭價自較人而更高。

局蠶繭

自埋火盆一對日，再用猛火，爐平排十餘個，四面將蠶箔圍住，外用紙被遮密，使其不洩火氣。自清晨局至日午，然後折開，轉面在底，轉頂在脚；再加炭火，圍囘四面，遮密局熟，此繭自晨至入更，便可收爐。蠶蛹之乾，以探響為度。過八日十日，鉗下即可繅矣，後皆如此，自清明至霜降前後上，共得六造，有養七造者，須看天時，至以火養，寒造則事難而桑葉亦少。

又《種桑各法》

蠶室

蠶室要擇燥爽光亮之地為宜，天時熱開窗通風，天時寒閉窗避風，兼用火盆以煖之秋末冬初二季可用火盆，上五季蠶留種，不宜用火燻壞，室中最宜潔淨。

又　蠶熟上山打火法

蠶將熟上山，是日半身黃亮，食葉較少，約三更候不食葉。用薄葉遮住，黎明再用薄葉，以蓄蠶身。少頃揀挑熟蠶上山，揀挑一次，下葉一次，謂之上馬桑。上午用蠶山人字架起，宜將倒轉二三次，以棄桑尿，不致污壞蠶繭。臨晚用蠶山四方架起，打火。倘遇雨涼，須早二三個時辰。取絲繭，每架用火盆一隻，炭三斤。放火盆時，用糠灰遮住。是晚二更候，火盆開心如碗面大；三更候，開心如碟面大；五更初，開心如盤面大。留種繭，每架用火盆壹隻，炭壹斤半。其火盆始終用糠灰遮住，不得露出明火。蠶之吐絲，天時暖約二日，寒則三日方能吐盡。總要聽其繭內無響為度，即可拆架撤火。

大火炕繭法

取絲繭上山五日後，打大火。如蠶繭貳拾箔，宜接續裝兩個人字架左八箔，右八箔，前後各二箔，餘可類推。每個人字架，火盆壹隻，用炭三斤半，盆面用少許糠灰畧掩，以遏火勢，不致失火。架上用布被團團圍住，留脚寸許，以通火氣，不致撲滅。約三個時辰之久，宜將架裝過內向外，上向下概行倒轉。火盆加炭輕重，如前火色方勻，再逾三個時辰，取繭探響為度，始行撤火。

又《附録·繅絲法》　照江浙之法，車後置火盆一隻烘之，使絲柔而色亮，且不膠粘。如絲抽雙眼者，則放火盆二隻，均與絲離二寸許，太遠則火氣微，太近又恐傷絲。至停車後，鍋內尚有餘繭，謂之湯頭繭。撈放大碗內，明日動車再抽，可同生繭繅之。至養蠶蟻壹錢至成繭時，約重四斤，以之繅絲，除功同繭、亮頭繭、陰繭之外，可得淨絲壹斤，餘下絲皮、絲骨、蠶蛹尚可值錢，不必廢棄，絲價每斤值銀叁兩零至肆兩不等。二蠶共繭者，名功同繭；一邊厚，一邊薄者，名亮頭繭；蠶死繭中者，名陰繭，均不堪繅絲，但可作繭綢用。

清 江毓昌《桑蠶説・養蠶説》 如天氣太冷，可用無烟火盆，上面灰蓋厚些，遠遠放著，逼除寒氣。牛糞作塊晒乾，燒著候烟出净，放在蠶房，於蠶最宜。

清 江志伊輯《飼蠶法・制居》 曰火盆凡單絲眼，設一盆。雙絲眼、三絲眼，則設二盆、三盆。盛炭火置軸後烘絲者，蓋絲從水中抽出，使從火上過，則隨繅隨 ，否則彼此膠黏，掉時費手。惟設盆處，須與車上着絲處斜對，火與絲約離二寸許，則得火力而絲不傷，停車時先移去之。

又《上簇》 蠶山之下宜布火盆凡上山用火者曰熱蠶絲，一則烘去蠶溺，使山燥爽，二則蠶口吐絲快利，不致黏實。繅絲性純□□不斷，織綢有光。不用火者曰冷蠶絲，吐絲□緩膠黏著實，繅絲不純易斷。名曰擦火，亦名灼山。宜灼蠶不宜灼繭蠶□上山尚未升帚，驟進火則損蠶，須燒曬乾沙谿以烟薰之，蠶畏烟即上帚成□，且得烟卽溺免，溺帚上致良繭受汚也。蠶得火灼旺火宜灼一日夜，周時減炭，兩日則熄火，則乘熱攤花言絆繞也。【略】

俟炭紅，移缸勻擺山下。缸下或用架，或襯以塼，或竟放地上。無缸者，於地面置火堆，作圓拱勢，下大上小，旁用茅灰厚護之，名曰『火坑』。山外用稻草簾圍護之，既可蔽風，且使熱氣不散，俗謂之『閉火門』。斯時燒香縣一二撮於山下，可引蠶吐絲。惟室中須開一二窗戶，以通空氣。否則成繭曰『悶頭繭』，繅絲不爽利。大約二丈深，一丈寬之屋，可上蠶四十八觔，向缸須二十隻。蠶上山後，三日以內，切勿碰動蘆簾、山帚。蠶受驚，則棄將成之窠而另結。夜間不宜令燈光上射。犯此，則蠶口一縮，蠶頭一昂，其絲卽斷，繅時累手也。缸內火力，不宜過大過小，忽減忽增。火力微時，於中央撥之使醒，吹之使旺，切忌大吹大撥，致令烟動灰飛。第一日，使蘆簾草帚，處處溫煖，便是恰好火候。第二日，蠶已成窠窠者，繭外之浮絲，卽繭蔬也，火力漸衰，不宜添助，衹須輕撥，稍令回陽。過兩周日，聽其消滅。用火合法，則日後繅絲省力，肥細均宜。

（光緒）《歸安縣志》卷一一《輿地略十一・蠶桑》 擦火 山棚下著火一周，用炭火極旺。《育蠶要旨》小蠶宜暎，老蠶亦宜暎，暎則易于成繭。況老蠶多溺，著繭卽潮，不得火焉能使燥。火盆離棚約二尺，不可過高，亦不可過低。《吳興蠶書》先是有烏鳴，如曰葉貴了。至是又有鳴者，曰灼山，看火意似相警者然。《乾隆府志》棚下宜貯水一桶，以爲不虞之備。凡蠶作繭，以灼山爲第一要著，少不得宜，繭雖豐收，決多病繭，做絲無分兩矣。《吳興蠶書》亦有不用火者，絲縷終不如著火之光。《吳興掌故》

清 吳宗周、陳幹材、徐謙山《蠶桑白話》卷二《養蠶白話・舊法養蠶的害處》 天冷的時候，蠶房中總要用火盆方好。那火不可太大，也不可太小。要看天氣冷得利害不利害，并這間蠶房是大的小的，都要細心講究，不可苟且將就的。這話說在後，今且不表。第二件是不曉得蠶同人是一樣的，身體也有好歹，有時也會生病的。譬如有個頂會做文章的人，遇考試忽然病了，那文章如何做得成。人病了不能做文章，蠶病了自然不能吐絲，就勉强吐出的絲，那絲自是不好的，就像臨場害病做的文章，斷難望中。但是人害病，可請醫生開方吃藥，蠶到害病，却沒藥吃。你們到了沒法，只好求甚麼蠶神貼甚麼蠶符。殊不知蠶病總有個緣故，天天小心，自然蠶不病了。頭一件是房子不好，你們那些房子，裏面潮濕也隨他，太陽晒進來也，沒人想法去遮蓋。有時把門打開，聽着東西南北風吹個不住。有時把窗門關得緊緊，一些兒氣都不透，這都是受病的緣由。第二件幾千幾萬的蠶，在一箇篇上，你想一間房子能住多少人，一床能睡多少人，人既要房子稍寬床鋪能容纔舒服，難道那蠶子不想舒服嗎？滿千滿萬的堆在一處，可憐他又不會說話，你疊我，我壓你，一個在底下吃葉，一個在他頭上撒糞，你想他苦不苦呢？苦了便會病，病了便不能吐絲，你們養蠶的不怕虧本嗎？第三件吃葉的時候沒有一定，人早上八點鐘吃早飯，十二下鐘吃午飯，七下鐘吃晚飯，或餓了還吃點心，那蠶吃葉也該有一定的時候了。倘他餓的時候沒葉吃，到餓壞了就不能吃葉了。到了餓壞以後，變作病蠶，你們須要曉得蠶的病是容易傳染的。一蠶病了別蠶也病，一傳二，二傳三，傳得一般蠶都病。再過幾天就精光了，到那時貼錢虧本，白費人工，你悔也遲了。

又《養蠶的新法子》 房子中央開一個火坑，這個火坑要蠶房地面積十六股裏頭一股的大方好，是備天冷時燒火用的。坑面兩頭鋪木隔子，中央鋪木板，平常可以走路。倘蠶房中不開火坑，另用火爐，亦是要得。還有那養蠶的傢伙也是要小心的。今年用的傢伙，明年養蠶時，是不可胡亂用的。因蠶病傳染是頂利害的，去年病蠶雖死，那餘毒都在舊傢伙裏面。若把今年好蠶放在裏面，必定傳染生起病來，所以外國養蠶人家到養完以後，便要把一切傢伙洗得乾乾淨淨收拾起來。等到二年拿出來，再用石灰水洗過，就是那養蠶的房子四面窓戶，都要石灰水洗得乾淨。到清明節那幾天，就把蠶種放在不透風的房子裏面，爲甚麽的？因爲頭一年這蠶種存在箱子裏溫度是低的，到第二年春天，須要使他漸漸和暖，放在不透風房子裏，就是防天氣忽然熱起來的毛病。房子裏面用一個火盆，把四面窓門關緊，然後逐日斟酌加添火力，那蠶遇這樣漸漸和暖的大氣，就不害他發生的順序了。大約過十四天，就一個一個都鑽出卵袋來了。但這火不可太大，不可太小，總教溫和就好。當蠶卵受暖氣正在變蟻的時，倘一停火溫度忽低，這就是阻止他的發生了。蠶到要出的頭一天，那張種紙外面用一張白紙包好，這時房子內到要做些濕氣，教他鑽出來格外容易。這濕氣做法有三種：一種把房內窓門牆壁地板都洒些水花；一種在火盆上把開水壺泡起開水，那水氣由壺裏衝出，使蠶子受濕氣，生長亦快。一種將桑花揉碎在種紙上面鋪勻。

又《賣繭》 第二件，烘繭的火，不可太大，也不可太小。火大那繭就要烘焦，火小那蠶還未曾烘死，爲害眞正不淺哩！大約烘繭要格外造一木箱，分作三層，下層用一個大火盆，架起炭火，中層擱一個有空眼的籠，籠上放繭，上面再用一個蓋蓋好。

清 劉清藜補輯《蠶桑備要》第二篇《先事預備》 置擡爐 如火盆架，兩旁有柄，蠶忌煙薰，戶外將柴糞燒過煙盡，以便擡入。火之大小，當隨寒熱添減，務要温和，勿忽寒忽熱。

清 盧燮宸《粤中蠶桑芻言・蠶熟上箔法》 避雨法 蠶箔必卡在空曠之處，倘雲時遇雨，收箔不及，則蠶被雨淋，便不吐絲矣。其法宜預尋有上蓋之地一所，如祠廟、社亭、閒屋之類，但見黑雲涌起，熱風暴吹，即用多人，先將蠶箔，快快移置屋内避之。再者上箔之夜，不論有雨無雨，均宜用小火盆，略熾碎炭，用灰蓋邊，將盆置於箔底，微微烘之，使蠶在繭内，沾着火氣，則吐絲不溼。其法每一個火盆，以箔四張圍住。另以二張蓋頂上，密圍使煖，以煖足一個對時為度，交四更後，用刀插火盆三四次。務令火匀勿冷，則蠶在繭内，絲可勻吐，將來繅絲，不至斷口太多也。若將熟繭發賣，其價亦高。每盆約用碎炭觔餘，陸續添上，用柴灰蓋邊，中通火紅，如茶盅口闊，便合。

又《圍爐局繭法》此宜小心，勿令失火

既用小火盆，微焙蠶繭後，約一個對時，再用火爐局之。每爐用大炭二觔，仍以灰少許，蓋炭頂為慎。每箔卡人字樣，左右各叠四箔，共八箔，連排三四度，四面用紙被遮密，使其不洩火氣。自淸晨局至早飯後拆開，將箔掉面在底，掉頭在脚，再加炭火，照前密圍，局至申刻，則繭可局熟。其熟透與否，試將一繭拈出，以手摇之，繭内蠶蛹聞響者，是熟透也，便可收爐。

清 吕廣文《蠶桑要言・育蠶法》

烘火

蠶初出時，天氣尚冷，下烘以火，則食葉較快，而上山之日亦較速。然或一時失於檢點，而火過於熱，則蠶卽受傷而成病，後斷不能興旺，受傷淺尚稍有收成，受傷重則全然無用，故有聽其自然，絕不用火，僅覆棉絮以温之者。若欲用火，則火須極幽，可於蠶筐之下，再用稍大之筐一個中，攤花絮一層以隔之，則火卽有時稍猛，而蠶不受傷。火盆初盛時，火熱猛列，用瓦一片蓋之。有因火勢耐久，而中加以炭。初則火氣尚幽，至炭紅時，而火勢遂猛，小心者於火盤上亦先覆一瓦，則當火猛時候，其勢亦殺而不爲害。待火幽落，可將瓦揭開，心中自爲準則可也。此火盆總須時常關心，甯過於幽，不好一兩刻，使過於熱台，屬視不出種，火可不用。

清 饒敦秩輯《蠶桑簡要録・養蠶法則》

上山

用草把子搖開，如掃帚様用高田稻草，堅潔而乾長者爲之，數個一束，捆緊草稍，掛在高處，用鐵梳梳盡草殼，截去草稍，長約二尺。每蠶十觔，需草一百五十觔，約梳淨百觔。每用五寸圍一握，中腰束住，展開兩頭，謂之蠶山把，立於葦箔之上，將蠶勻撒於草把子内，必須一二時辰，上完爲妙。山棚之下前後左右，俱要窑遮好，以關暖氣。棚架下，非勻火盆，晝夜加炭，小心火燭。兩晝夜後，繭已做完，聽之無聲，卽將火盆及遮圍之物，悉行除去，謂之晾棚，過一日卽可採繭。川中蠶山，近日多用收過油菜子之枯梗，甚便。

清 沈練，仲學輅輯補《廣蠶桑説輯補》卷下《布葉説二條》 《蠶桑輯要》曰：切不可蓋遏受濕，致生病患。務要冷暖得宜。按天寒蠶小時，須於大牀賬内，架以板片，安置蠶器。夜則沾人暖氣，晝則置火鉢於房内，藉以辟寒。但火鉢不可貼近蠶器，恐熱氣熏蒸，致貽後患。如本條所慮是也。

或有貪其速眠，架上向缸者，直行險以徼幸而已。見後蠶筐式注。

蠶出之後，布葉數次，便覺其密，用蠶筯輕輕撥開。再數次，再撥開。

又《蠶桑輯要器用式列圖》　火盆可用山下向缸，盛以炭火。繅絲時，安置軸後烘絲。若停軸，先移去。

清　盛宣懷輯《蠶桑備要・上山》　山棚下著火一周，用炭火極旺，曰撩火撩同撒，亦曰灼火，亦曰炙火。蠶宜暵，暵則易於成繭。況老蠶多溺，著繭即潮，得火乃燥。火盆離棚約二尺，不可過高，亦不可過低。使熱上升，乘此縈絲，作繭不停口矣。或蓋以灰，不欲其過熱。或吹，使極熾。蓋肥絲細絲，各有所宜也。棚下宜貯水一桶，以為不虞之備。凡蠶作繭，以灼山為第一要著。少不得宜，雖豐收，決多病繭，做絲無分兩矣。又有冷種，不必用火。然不用火者，絲縷終不如著火之光。

又《撩火》　排火盆。火盆多寡，須視屋之大小，亦當酌量炭之大小。若用江炭屑，或川炭屑，火雖旺，卻不生燄。盆宜墊高，令稍近棚。又宜窑布，室大者二十盆，小者十八盆。火稍微，即揆開面上之灰，使火長旺。如用近地之大炭，其火生燄，盆宜稀排，室大者十六，小者十四。離棚須稍遠，晝夜在棚下瞭看，一看火力微旺，加減柴炭，一防火星飛爆，預為撲滅。

又《繅絲》　火絲從水出，必用火炙。軸上約做絲兩許，即以砂盆爇炭焙之，謂之扇車火，亦曰車頭火。火大，炭盆離車軸約五寸，緊對絲板安頓，粗絲兩板用兩盆，細絲三板用三盆。用石墊高，少側向裏。火益旺益佳，時時加炭，絲之顏光全在此火，火旺則絲鮮明，火微則殭邊而色滯。

清　吳作鎮、倪紹雯、劉安欽《蠶桑速成捷法・蠶絲業普及捷法・養蠶捷法》　養蠶必無萬全之效，按蠶兒本冷血動物，畏寒惡濕。春蠶時，空氣中溫度，常降至華氏五十餘度及六十度內外，大不適于蠶兒之發育。故當此寒候，務必于蠶室中，焚燒炭火無特製火爐者，用尋常大火盆亦可。補溫度于七十度內外。又補溫之數，只于天然溫度外，加至十度而止。如天然溫度在五十八度，只可補至六十八度。又天然溫度在六十五度，只可補至七十度或七十一度是也。不然炭氣太多，亦有碍衛生。且人力所補溫度，下層稍低，上層稍高，中層在高低之間，不似天然溫度之平均。故每日各蠶箔，務必于給桑時，上下互換二次。若有發育稍遲者，可儘置于上層，則發育必能齊一。而南北向窓戶，亦須時啓，以免炭氣之深鬱，惟不使冷風陰襲蠶兒而已。除濕補濕之法，已述于前，不贅。

清　張行孚《蠶事要略》

著火

凡蠶初上山，須用火盆，盛烈火置在山棚之四角及中央。盆之多少，視山棚之大小。火中加以蠶初生時之沙菡，薰之，至一日一夜乃止。

清　曾鉌《蠶桑備要》卷二《先事預備總論》　置擡爐　如火盆架，兩旁有柄，蠶忌烟薰，戶外將柴糞燒過烟盡，以便擡入。火之大小，當隨寒熱添減，務要溫和，勿忽寒忽熱。

清　陳啟沅《蠶桑譜》卷一《育蠶贊育篇》　入夜時，要將蠶箔砌成如紗燈樣，背面相依，頂亦用箔蓋之，中心放一火盆，每盆用炭三斤，面上炭火灼透，仍用爐灰遮蓋，只留一大吼，如碗口之濶。入夜之初，煖氣便足。因是時繭絲尚薄，火太猛，有炕死之虞。及至夜半，繭絲漸厚，火盆之吼，宜開大些，火亦漸猛。及至五鼓，火盆宜盡撥開，如寒天之圍爐相似，因此時結繭已厚，火氣若緩，繭裏透不到火氣，絲亦霉矣。更恐風大吹散火氣，要用草席等圍密外邊，更為得法，明午吐絲已盡，火盆無容設也。來夜四鼓時候，蠶漸縮細而又退皮，成一崧子形，又如胆形，而黃色有紋，俗名曰蠶夢，謂其不食不知，此蠶形之一變也，再變方始成蛾。若非留種，三日後便可繅絲。繅絲法詳繅絲章。廣東俱用炕繭之法而後繅絲，其法將蠶箔架成如人字形，每邊三箔，砌成類似篷寮一式，兩頭尾亦用箔掩之，週圍以布帳或席皮封固，中心炕之以炭火。每蠶六箔，用炭火三斤。炕至一時之久，布帳上面，必有煙霧騰起，此即是蠶繭蠶箔等潮氣也。

清　福州試辦蠶桑公學《飼蠶淺說・薰磺》　蠶房每立方尺，用磺五分，硝五釐，磨碎調勻。法用炭灰，布於火盆，狀如螺旋，加硝磺其上，以火焚之。緊閉窗戶，無留空隙，一晝夜後，開窗泄氣。俟數點鐘，人方可入，防磺毒也。

清　葉向榮《農林蠶說・養蠶法》　置以抬爐　盆架兩旁有柄，蠶忌烟薰，將戶外柴燒過烟盡，以便抬入。

清　蔣斧《粤東飼八蠶法・蠶篇》

蠶室第一

擇燥爽光明之地爲蠶室，初生時，室宜密而狹，勿令洩氣，及蠶稍長，室中宜收風放氣。收風之法：在上風邊遮蓋至密，不使一隙透風，下風邊則開窗放其氣。頭造最忌東風及寒氣，宜密閉東邊，放西邊氣。二三四五造最忌西風及暑氣，宜密蔽西邊，放東邊氣。六造最忌北風及霧，宜密蔽北邊，放南邊氣。要之，頭末兩造宜和暖，勿使寒凍，中四造宜陰涼，勿使炎熱。秋末冬初二造可用火盆烘之，上五造蠶留種，不宜用火熏壞。室中忌蟻、忌鼠、忌蠅，門口宜施青羅幙以護之。至於火藥串爆煎炒及生穢死穢等氣，悉宜禁忌。室廣十七桁，深丈有三尺者，約容三四尺，大窩五十個；廣廿一桁，深丈有五尺者，約容八十窩，餘依此類推。

又 器具第二

凡育蠶紙一張者出蟻一兩二錢，須備小簇數隻，大簇四十隻三尺徑，活木架二座架以四木柱爲之，約高六尺，長七尺，上下四面用小横木扃定，四柱中間離五六寸鑿一圓孔，約十孔爲度，以小竹竿放入兩頭孔內，作爲十層，以便層層放簇，不致阻佔地方。逐層放葉換簇，周而復始，不致吝亂。蠶事畢時，可將架拆下，捆成一束，安置空閒處，蠶箔八十餘隻上山用，火盆十餘隻，紙被十餘張大火炕繭用，繭鉗四五枚摘繭用，蠶牀一亦名蠶子格，蛾生春用。以木板爲之，兩頭有界限，中空約長尺六寸，寬尺一寸。另用四方格合下界內，防其生春紙外。木防一二井，葵衣十餘領。儲桑葉用，桑忌燥濕，用木防離地三寸許，架起活桑枱一座，鋪放桑葉，不致生濕，外加葵衣遮住，不致風燥。蠶事既畢，亦可將枱析下，收貯空室。

通州蠶學館編《蠶桑簡明圖説・用火熏催子出蟻法》 法於收蟻期前十三四天或二十天，將蠶連紙平鋪筐內，置於蠶架之上，架上側掛寒暑表，以定溫度。室內安置火盆，盆內滿盛炭火，上蓋草灰，俾暖氣徐徐上昇。安火盆宜斜，謂種子勿使直觸。

又 二眠後之養法

惟切葉稍粗，若遇天氣寒濕，當置火盆烘之。中法不備寒暑表驗度，即以人穿夾衣入蠶房，覺寒，即用火盆烘，得暖氣爲度。

清 佚名《樹桑養蠶要略》 蠶性雖喜温忌涼，然南方自小蠶初生，以至三眠，皆用火盆以温之；至蠶上山時，亦用火盆盛炭，以防陰雨。北地養蠶，遵用其法，無不順利，此固閭閻勤求本富之一大端也，爰述要略，用資倣效焉。

藝文

清 王士禎《漁洋精華録集註》卷一《山蠶詞四首》 那問蠶奩更火箱，春山到處是蠶房。槲林正緑椒園碧，閒郤猗猗陌上桑。

清 吴之振《課蠶詞》《蠶事統紀》卷一九 火盆低簇半温涼，晴日融和暖透牕。舍下秀才蒙上考，頒来官紙白如霜。俗以官給紙糊牕，蠶必大利。

又 桑葉團團蠶二眠，暄涼飢飽要心堅。白頭巫媪談休咎，消息今年勝舊年。芹菜泥乹燕乳兒，鯉魚風動柳飛絲。交皆遶屋啼桑扈，正是吳蠶出火時。蠶三眠須涼爽，去火盆，俗名三眠為『出火』。三起三眠日夜忙，早蠶將熟恰清涼。爭傳葉價俄騰貴，兩槳如飛去買桑。

雜録

明 黃省曾《蠶經・三之器具》 其切桑之刀，宜闊而利。其方筐之制，縱八尺，廣六尺。其圓箔之造，在盤門張公之橋，價以十五文。有火箱，蠶之自蟻而三眠也用之。

明 徐光啓《農政全書》卷三一《蠶桑》 黃省曾曰：切桑之刀，宜闊而利。其方筐之制，縱八尺，廣六尺。其圓箔之造，在盤門張公橋。有火箱，蠶自蟻而三眠用之。

明 沈氏，清 張履祥輯補《農書》卷下 其他烘頓諸物，無不便者。西鄉專來糴為蠶簇之用，蓋取其不驟熱，不驟冷，復無厝火不虞之患。每至春半，則担可四錢矣。里中趨利者，往往冬糴春糶。又有窑灰者，湖州邢窑之灰。邢窑近山燒山柴，其竹木之節，火力不盡者，多存焉。種火最便，其力雖不及炭屑之長，然價亦止及其半，以當班糠，則過之矣。竹節，陳莊買，其值視柴價為升降，風爐火箱俱可，用費亦最省。上薪炭一則。

清 鄭之僑《農桑易知録》卷二《桑務事宜》 去其所圍之物，使之透風。

初上山時，必用炭火幾盆，不時加炭扇旺，兩人輪流看視，小心火燭。俟兩晝夜後，繭已做完，聽之寂無聲響。葢蠶做繭時，聲如陣雨，聽之無聲，則繭已做完矣。即將火盆及遮圍之物，悉行撤去，摘取桃枝，插以杣棚之上，晾過一日，繭子内蠶化為蛹。到第四日，可回杣采繭矣。插桃枝，辟邪也。

清 朱斌《蠶桑指要・蠶室》 一宜乾燥，收烏之前，先將蠶房打掃極净。若係泥地，務以灰沙築實地面，堆聚柴炭拎中，烈火烘炙一番，則濕熱宿毒之氣去，而一切虫蟻亦必走散。然後安放火箱，鋪設蠶娘牀帳，謂之修治蠶室也。至扵山頭屋宇，亦有四宜四忌。一宜軒爽，一宜透風，其温煖嚴密，與蠶房同。葢初上山時，最畏山頭凍及諸虫侵損。三朝成繭後，又忌溼熱之氣，不能涣散，故山頭屋必得前後開牕者為佳。四忌維何，近坑近竈築底屋，卑濕地也。

又 繅絲

惟是眼明手熟，絲頻上而安閑，敏捷則澈底，調匀光緻矣。又做繭五斤以外，車邊宜置火盆以烘之，晝一日工為一機，勿便落車，留至次早乃下，則不發綹。至扵同宫夾柴之繭，雖調絲捻不光匀，不如手抽紡線為妥。或云繭多繅不去，納甕中，掘地埋之，可以過時不出，逐漸繅之。

清 高銓《吴興蠶書》卷下《回山》

涼山 上山後三日，蠶絲抽盡，繭已做厚，室内須洞開窗戶，一切攔護諸物悉皆撤去，使風氣往來，謂之涼山，亦曰亮山。蓋火盆已熄，繭即復潮，必四通八達藉風以扇之，庶得常燥也。

清 高銓《蠶桑輯要》卷下

涼山

上山後三日，蠶絲抽盡，繭已做厚，室内須洞開窗戶，一切闌護諸物，悉皆撤去，使風氣往來，謂之涼山，亦曰亮山。蓋火盆已熄，繭即復潮，必四通八達，藉風以扇之，庶得常燥也。

（乾隆）《烏青鎮志》卷二《農桑》 易于繅絲，否則類多難繰，而虧折寡斤兩矣。

清 方大湜《桑蠶提要》卷二《蠶事四十條**・上山**七則**》** 晾山棚 熱蠶絲兩晝夜後，繭已做完，聽之無聲，即將火盆及遮圍之稻簾一併除去，俗謂之晾棚。

又 蠶具 養蠶結繭，雖在山坡，烘繭煖子，郤在蛾房。宜裱糊牆壁，宜關閉門窗勿令通風，竹竿以備懸揖繭串之用，火盆以備燒柴燒炭之用。無火盆，即破鍋亦可，均係蛾房必需之物。盛繭盛蛾，均用簍，簍以竹爲之，或用桑條編成。高一尺六七寸，廣二尺一二寸。簍上安曲木，如筐繫式使提携也。簍面用蓋罩好防飛蠅也簍内用紙裱糊。避風寒也。或以筐盛繭盛蛾亦可。筐徑三尺深一尺有蓋，一筐可放百餘蛾。以翦翦枝須用齊頭寬葉，大翦須十分快利翦不大，則無力。翦不利，則不能一翦即斷。

取絲器具與家蠶同。

清 陳開沚《裨農最要》卷三

二眠起齊

夜間亦必看餧，尤須斟酌寒煖，進退火盆，禁忌一切臭穢，時時留心保護。

又 晾棚

熱蠶絲，兩晝夜後，繭已做成，聽之無聲，即將火盆除去，並將蠶山扯鬆通氣，俗謂之晾棚，又謂之翻窠。

清 汪曰楨《湖蠶述》卷一《蠶具》 禦寒用火盆，擦山棚火，及車頭火，亦用火盆。繅絲用絲車，及水缸、鍋竈，竈有煙囱，車上有方輪，有軸頭，有竹豁，有旋鈎，有踏板。

又 卷四 紡織

紡織具 凡織散絲者，一梭綹紗，則順逆。二梭緯絲，有搖車，有緯管，打綫有車頭，有扯車。天潮則篋下，用火盆，燥則噴水。織紬布之機，女工用平機，與絹機相仿，唯客工用棧機，制度迴別。

清 徐樹銘《桑政邇言》 視天地之氣、人身之寒煖爲凖，室中要避西北風，西南方要避毒太陽射入及曬，以寒置火箱，燥置北窗。

清 俞墉纂輯《蠶桑述要・諸器》

鵝翎、蠶箸、晾籚、蠶架、栲栳、笆斗、箔刀、鬧刀、剪刀、桑剪、桑鉤、雙梯、葉篰、夾杆、簑、笠、葦簾、蘆扉片、竹簟、山欖、山簹、火盆、絲車、鐵鍋、做絲、行竈、回湯盆、擠筷、掤綿架、撚綿線乂、綿綫胎、倚柱、蘆管、鐵錐、鐵鈀、鐵線、搭鉤、攤鈀、鐵鐝頭、鎌刀、篾笄、料桶、竹罱、杴部、攆泥船。

清 馬丕瑶《蠶桑簡易法・養蠶法・設蠶室》 房屋寬裕之家，宜另設蠶室。閒架須寬廠，兩頭各置照窗。窗中糊捲紙一大方，以便啓閉。室内置火倉用火盆亦可，蠶生前七日，徐徐以牛糞煨火，闔閉門窗，不令暖氣出外。蠶生前一日，稍開門窗放煙盡，隨閉之。三眠後，又宜時開門窗，以通風凉。墻壁須乾透，埽净塵埃，塞鼠穴，並畱貓洞防鼠。貧家無閒房，擇豁亮避風之室，打埽潔净亦可。

清 曾鉌《蠶桑備要》附三《原桑園蠶婦養蠶簡易法》 ［蠶］至上

簇六日下繭，七日下齊，八日蒸繭，曬乾取絲。蠶繭宜早取絲，若隔年放久，則取絲不成。生絲做線織綢後，練熟則耐久。若生絲，過三年則酙朽。初下連蟻，在臥室小房內，用篩筐餧，餧至頭眠起。後又四五日，須無風天巳午時，遮蓋好移放蠶室大房內，餧侯篩筐滿，分布蠶盤，再大，分布箔子上蠶架。其大蠶架，卽前篇預設蠶槌做法。又遇天涼時，大蠶室內用木炭火盆。

清 陳雪堂《蠶桑簡法》上卷《養蠶撮要·蠶室及蠶具》 每室隔壁，亦以藁爲之。地平鋪礱糠，上覆草荐。室之兩傍，安置蠶架，中央用二尺方火盆，室外南面，留三尺闊之走廊。是法建造簡易，最合養蠶，眞輕而易舉也。他如尋常住室，稍爲改良，亦可。惟天花板、氣窗，爲必不可少之件，務須勉力添置，至室之清潔，尤爲養蠶上之第一要著也。

清 陳淳《實驗蠶桑簡要法》下篇《養蠶法》第六章《蠶室消毒之法》 以乾燥桑樹鋸屑或桑枝，置火盆中燃燒。務使其煙瀰漫室內，有舉手不見景象，乃密閉半日，如是連行三四次方可。然後洞開窗戶，室內上下四處，洗以石灰水及清水，蠶具亦照此法洗滌之。

清 陳啟沅《蠶桑譜》卷一《蠶桑總論》 因是年大寒前後，天氣太煖，蠶仔頻出，欲其遲出而不能。既出之後，忽遇風雨纏綿十餘天，故人皆用火烌之法；而火種計期成熟，必在雨水左右。未到春分，頭造蠶仔又出，天氣其寒如故，算度作正造則太早，作蠶花冷螓又太遲矣，遂用八十二三度之煖火，使其十七八日成熟，恰在清明後三兩天，騙人作冷螓，換錢此等蠶種，害人不淺矣。沅因知練種之難，故特詳述其法，以公諸業斯法者。寒造㟁用火盆之法，詳寒造篇次。

清 費烈傳口述《寧郡蠶桑要言》

頭眠

烏毛至五六日後，皆舉頭不食。見頭上有一點紅者，是正欲眠之時，卽將蠶替反面拍開，上用黑糠灰薄蓋之，收其潮濕，以小蠶入糠灰內，暖則易眠。迨其眠起，名曰起孃。桑葉必須待其起齊，養其嘴老，然後飼之，使二眠無參差之別。時常宜暖不宜寒。若天過冷，傍可用火盆。

又 上山

自大眠三四日後，預將稻草截去兩頭，取中約畱尺餘，中用草束之，以備蠶上山之用。至蠶不食葉，肚放亮光，是欲上山之候。卽將此蠶放置草山上，以便做繭。若天冷不做繭，其傍可用火盆。俟初做，周圍已就，不見蠶身。此時，必須開窗通風，以防蠶繭濕蒸。

清 何品玉輯刊《蠶桑會粹·種桑各法》

蠶器

蠶事畢時，可將架拆下，捆成束，置安空間處。蠶上山，宜置蠶箔八十餘隻，火盆十餘隻，紙被十餘張大火炕繭用，繭鉗四五枝。摘繭用。

清 江毓昌《桑蠶説·養蠶説》 蟻初生初出的蠶，名叫蟻喜極煖却不宜近大火眠時喜温，眠後喜煖，大眠起後喜涼，臨老喜漸煖，上山喜極煖。上山後，要用無烟火盆烘，結繭纔快。平時只在窻上用紙做捲窻，要明要涼就捲起，要暗要煖就放下，不可烘火。

又《上山》 蠶就上青山做繭此法：必本山有九成窠，纔可用，太早了必一齊棄窠，擁上青山，等繭都做完，不聽見聲氣，把火盆同圍護的東西一齊撤去，教他透氣。名叫晾棡。

（光緒）《歸安縣志》卷一一《輿地略十一·蠶桑》 蠶室之中，必用簾、薦以圍之。簾以蘆編，薦以草織之，皆所以蔽風寒也。其采桑也，有桑翦，有桑蔀，至飼小蠶而切葉也。有草墩，用以承刀，恐其聲之著也。時或風雨而寒，則用火盆盛炭，熾於筐之下而煐之。蠶將作繭，則用草帚，散而登蠶其上。繅絲則用絲車、水缸、鍋竈畢具。

清 林楊光、王鎮西《蠶桑條説·平利縣王學官鎮西述呈蠶桑簡易説十九條·牛糞火法》 預先將牛糞晒乾，放避雨之處。臨時放火盆內，於院中點然，令煙盡，移入蠶室。蓋蠶最喜此火，一見此火，百病不生。但必要酌其寒暖，寒則急燃此火也。

清 劉清藜補輯《蠶桑備要》第四篇《附三原桑園蠶婦養蠶簡易法》 初下連蟻，在臥室小房內，用篩筐餧，餧至頭眠起。後又四五日，須無風天巳午時，遮蓋好移放蠶室大房內餧侯篩筐滿，分布蠶盤，再大，分布箔子，上蠶架。其大蠶架，卽前篇預設蠶槌做法。又遇天涼時，大蠶室內用木炭火盆。

又 卷三《繅絲》 煽車火 絲從水出，必用火炙。軸上約做絲兩許，卽以砂盆爇炭焙之，謂之煽車火，亦曰車頭火，火大，炭盆離車軸約五寸，緊對絲板安頓按：肥絲兩板用兩盆，細絲三板用三盆。用石墊高，少側向裏。火益旺益佳，時時加炭，絲之顔光全在此火，火旺則絲鮮明，火微則殭邊而色滯。絲潮則邊相併，謂之殭邊。

清 吕道象《廣州番禺縣吕大令道象**調查境内蠶業報告》**《農學報》第二百四十四期 十三、烘繭之竈。 烘繭祇用橢圓小爐，長尺許，名繭爐，多由順德黄連售賣，用火盆亦可。

清 盛宣懷輯《蠶桑備要・蠶桑總論》 有桑翦，有桑蔀。至飼小蠶，而切葉也，有草墩，用以承刀，恐其聲之著也。時或風雨而寒，則用火盆熾炭於筐之下而烘之。

又《回山》 一、涼山。上山後三日，繭已做厚，須洞開窗戸，一切攔護之物皆徹去，使風氣往來，謂之涼山，亦曰亮山。蓋火盆已熄，繭恐復潮，必藉風以扇之，俾之常燥，易於繅絲，否則纇多難繅，而虧折寡斤兩矣。

又 一、扇車火。絲從水出，必用火炙。軸上約做絲两許，即以砂盆爇炭焙之，謂之扇車火，亦曰車頭火。

清 吴宗周、陳幹材、徐謙山《蠶桑白话》卷二《栽桑白话》

賣繭

大約烘繭要格外造一木箱，分作三層。下層用一個大火盆，架起炭火；中層擱一個有空眼的篇，篇上放繭；上面再用一個蓋蓋好。

清 佚名《樹桑養蠶要略・序》 經傳所言蠶桑之利，多在西北。張堪爲漁陽太守，百姓歌之曰：『桑無附枝。』邯鄲女秦羅敷，採桑陌上，是燕趙之地本宜桑。昔之燕趙，今之直隸也。近時京東如遷安等處，徧地皆桑，遷安桑皮紙久著稱，三五年來，擷葉養蠶，售繭得利，遂專事繅絲，繭不外售，利又倍於售繭。風氣所開，漸及永平灤州各屬，足見北土宜桑，推廣宜亟。茲先購桑於浙，並及絲車、棉矩，以裨補遺闕。至蠶性雖喜温忌涼，然南方自小蠶初生，以至三眠，皆用火盆以温之；至蠶上山時，亦用火盆盛炭，以防陰雨。北地養蠶，遵用其法，無不順利，此固閭閻勤求本富之一大端也，爰述要略，用資倣效焉。

通州蠶學館《蠶桑簡明圖説・附録・用火薰催子出蟻法》 第一天用火熱六十度，第二天須六十一度，第三天六十二度，以後依次照加，如遇天氣驟暖，即停火盆，總勿使寒暖驟變爲要。

圖表

清 方大湜《桑蠶提要》卷二《蠶事四十條**・蠶具**三十則**》** 火盆有大小兩種，結繭時，山棚之下熏灼蠶身，用大火盆；繅絲時，車軸之後烘炙溼絲，用小火盆。

清 尹紹烈《蠶桑輯要合編・蠶桑輯要圖説》 火盆有大小兩種，用黄砂盆盛炭火，凡山棚之下薰灼蠶身，及繅絲時，烘煽濕絲。

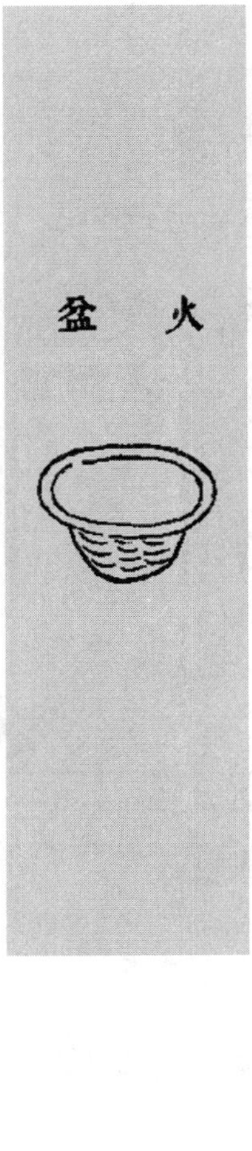

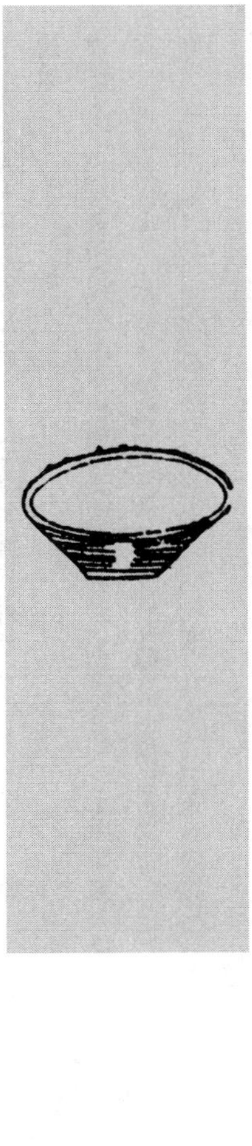

清 俞墉纂輯《蠶桑述要》

火盆

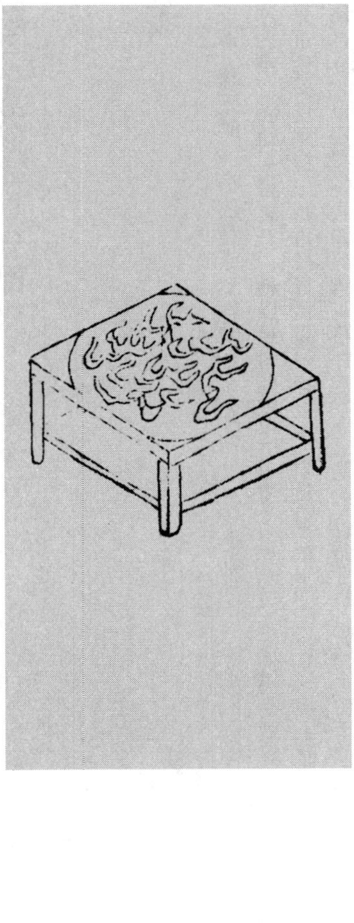

火盆，用小釜製，低架安之微爇炭火，安置棚下，遇天時陰冷，使煖氣充溢，則成繭速，而繅絲順手。

其他

藝文

清　劉光蕡《養蠶歌括・火倉》　火倉火料牛糞柴，層層相開鋪成排。每層糞厚三四指，築實柴隙勿虛埋。倉滿築實復用糞，厚蓋倉面使成堆。蠶生之前七八日，用柴引火堆上煨。黑黃煙出緊閉戶，暖氣濃熏屋四隈，蚊蠅各蟲熏盡死。蠶生一日門始開。煙盡卽須閉窗戶，窗外簾薦早安排。塗治牆壁熏鼠穴，幽民舊俗豈待催？打掃潔淨待蠶入，箔下須容貓往來。若別有屋能養蟻，生火遲早自酌裁。

圖表

清　任蘭生《蠶桑摘要・圖説》　稻草簾　用蔴繩編，九尺，相離二尺許。夾細竹一根，高七尺，邊盡處，亦用竹各一根。蠶到眠起時，以此簾豎圍大蠶架外，以避風寒。

草梳　用堅圓木，橫長七寸，柄長五寸，用兩頭尖鐵釘，長四寸五，支橫木，鑽眼排勻，釘出把頭，用粗繩挽草，梳去穤稻草、輭殼，作山成繭，無草殼痕跡，繅絲無吊繭患。

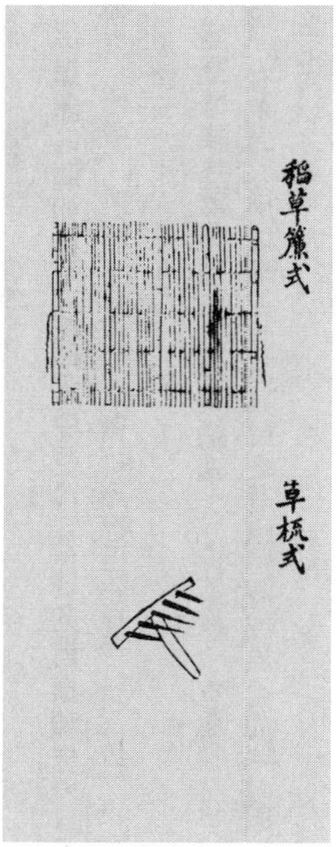

蠶架及蠶盤筐具分部

蠶架

題解

清　陳元龍《格致鏡原》卷四八　蠶槌　《務本直言》：穀雨日豎槌。立木四莖，各過梁柱之高，槌隨屋每間豎之，其立木外旁，刻如鋸齒而深。各每莖挂桑皮圜繩，四角按二長椽，椽上平鋪葦箔，稍下縋之。凡槌十懸，中離九寸，以居擡飼之間，皆可移之上下。《農桑直説》：每槌上中下閑鋪三箔，上承塵埃，下隔濕潤，中備分擡。《農桑通訣》：《禮》：季春之月，具曲植。植，即槌也。

清　鄭之僑《農桑易知録》卷二《育蠶器具》

蠶架　所以架篇，每架可篇九隻。

擇細木二根作柱，以細木十根作長關，再用粗木做一柱，上用短關十根。其長關中間及短關頭上做雌雄笋鈎連，即於鈎連處鑿孔，用竹釘箾之，擺立如三角，兼能活相，可以搬移摺叠。高七尺，寬取　其架篇，不拘尺寸，每一關上下，相去七寸餘。

清　鄂爾泰《授時通考》卷七三《蠶事門・蠶槌圖説》

《禮》：『季春之月，具曲植。』植，即槌也。《務本直言》云：穀雨日，竪槌立木，四莖各過梁柱之高。夫槌隨屋，每間竪之，其立木外傍，刻如鋸齒而深。各莖挂桑皮繞繩，四角按二長椽，椽上平鋪葦箔，梢下槌之。凡槌十懸，中間離九寸以居。擡飼之間，皆可移之上下。《農桑直説》云：每槌上中下，閑鋪三箔，上承塵埃，下隔濕潤，中備分擡。

又 卷七四《蠶事門·蠶椽圖説》 蠶椽架蠶箔木也，或用竹長一丈二尺，皆以二莖為偶，控於槌上，以架蠶箔。須直而輕者為上，久不蠹者又為上。

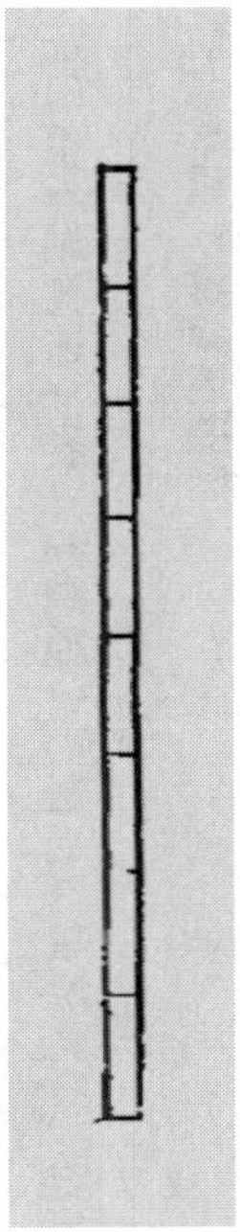

清 高銓《蠶桑輯要》卷上 蠶植

《禮》：『季春之月，具曲植。』植，所以架筐也。古制不可考，今之植，皆三角式。用三木作柱，高各八尺，中設檔九層，相懸各八寸，令可容筐進出。前檔長六尺，後檔長三尺，前檔木之中，俱平鑲一短榫，各長四寸。後檔木之頭，各裁成榫口，湊于前檔木之短榫上。中穿一孔，用竹釘綰住，可使轉移摺疊。小蠶用小植，高四尺餘，闊亦四尺，檔用五六層，可置牀帷之內。

又 草薦

草薦用稻桿織成。其制一如蘆簾，但草質弱，織尺餘必以細竹竿間之。凡遮闌門戶，圍護蠶植，較蘆簾尤暖。

清 林心北、吴書年勸刻《蠶桑輯略·蠶室器用》二十條

蠶架

以粗木二根作柱，以細木十根作長關。再用粗木做一柱，上用短關十根，其長關中間及短關頭上，做雌雄筍鉤連，於鉤連處鑿孔，用竹釘箾之，擺立如三角，兼能活相，可以搬移摺疊。大者高八尺，分作十層，每一層相去各八寸。前之長關四尺，後之短關二尺二寸，可容三尺五寸之篇八箇。上一層空鋪葦蓆，以障土氣；下一層空鋪葦蓆，以防潮溼。小者高四尺八寸，分作六層，前之長關長二尺，後之短關長一尺三寸，可容一尺五寸之篩五箇。如遇天寒，可移置牀帷之內。

清 楊名颺《蠶桑簡編·養蠶法》《牧令書》卷一〇

一、造蠶架 用粗木二根作柱，細木十根作長關，再以粗木一根做一柱，用短關十根，長關中間及短關頭上做雌雄筍鉤連，於鉤連處鑿孔，用竹釘削之，擺立如三角，兼能活相，高七尺，寬不拘。每一關相去七寸，用以架筐。

一、編葉筐 用竹或柳條，編如大斗而高，以盛細葉。蠶大葉多，又須加大。

清 闕維震《養蠶法》第二章《蠶具》 蠶篇 原料或竹、或木、或藁桿，式樣或圓、或方，皆無不可，最適用者爲竹製長方形。長三尺半，闊二尺半，外用竹筐，中編麂眼方孔，上鋪輕而且薄之草蓆蓆，之長短闊狹與篇一律。約養蟻一錢，宜備蠶篇十六。

清 李君鳳《蠶桑説·飼蠶法》 造蠶架，用粗木四株作柱，高視蠶室之高矮爲度，四面用細木作長關，每關相去一尺五寸如用稻草作簇，相去可減數寸，長關中再用細木作横擔，用以架箔。老蠶一箔極重，架須堅固。關筍處須活的，蠶飼畢後，好擇開，便於收檢。

清 林志恂《蠶桑淺要·養蠶淺要》 蠶室

蠶架，所以支篇也，以三木作柱，高七尺三寸，中分檔九層。每層相離七寸，惟最底之層須離地一尺以避溼氣及灰塵也。

清 劉清藜補輯《蠶桑備要》第二篇《先事預備》 造蠶架 用粗木二根作柱，細木十根作長關，再以粗木一根做一柱，用短關十根，長關中間及短關頭上做雌雄榫鉤連，於鉤連處鑿孔，用竹釘綰住，擺立如三角，兼能活相。高七尺，寬不拘，每一關相去七寸，用以架筐。此墻角安放三柱小蠶架也，架圓篩筐最便。

清 衛杰《蠶桑萃編·蠶政》卷三《蠶具類》

蠶槌

《禮》：『季春之月，具曲植。』植，即槌也。《務本新書》曰：『穀雨日竪槌，立木四莖，各過梁柱之高。其槌隨屋，每間竪之，立木外旁，刻如鋸齒，每莖各刻齒十一層，每層去一尺，每齒上挂桑皮繩環一個。環内横貫長椽，稍縋鋸齒之下，椽上平鋪葦箔。凡槌十懸，中空，九寸以居，擡飼之蠶，移之上下皆可。』《農桑直説》：『每槌上中下間三箔，上承塵埃，下隔濕潤，中備分擡。至蠶老，九箔皆滿，獨留一箔，以備抬蠶。抬畢，二

人餧之。餧畢，二人將椽箔掌起，轉移頂頭齒環內，下箔層自高，明仍復餧之，餧畢，仍掌起，移上二層。如此層層抬餧上移，至就地，仍留空箔在下，不可移動。俟再餧之時，又層層下移，復空上箔，如此周而復始，餧之甚便。」

又 蠶架

架以承筐、承盤，昔用四柱架，今用三柱架，尤省工料。大小架皆三角式。大架用植柱三根，前二後一，高八尺，每柱各開八孔，每孔相去各八寸，中設橫檔八層。每層用前檔木一根，長六尺，兩頭逗左右柱上。檔木之中，平逗短筍，長四寸。後檔木一根，長三尺，一頭嵌後柱孔內，一頭裁筍口，銜於前檔木之中間短筍上，筍上穿孔，用竹釘綰住，以便轉移摺疊。小蠶宜用小架，北方有秫稭，最好作架。以麻繩紮之，用釘繫於屋之四壁，每層擱以葦簾，更為省事，蠶畢拆去作薪。

山西農桑總局《蠶桑淺説・養蠶》

蠶具

放蠶的器具，名叫蠶箔，用柳條或竹條編造的都好。放蠶箔的架，名叫蠶架，有三角形和梯形二種，均是用木材製造的。還有給桑架，係每次給桑，暫放蠶箔的器具。

論説

清　汪曰楨《湖蠶述》卷一《總論》　蠶最為鼠所喜食，育蠶者，不可無猫。

清　俞墉纂輯《蠶桑述要》

禁忌

蠶架不得迎風排列，風吹則受病，風狂則頭大嘴小，風惡則殭矣。

又 餘利

《農桑要旨》云：蛾生子後，於田地內掘一深坑，埋蛾於內，能使地中數年不生刺芥，且可肥土，勿任鷄鳥啣去，蟲蟻攢食。

清　沈練《廣蠶桑説・培養桑樹法二十條》　一、糠灰、山箒、絲柴，即燒絲鍋之硬柴也，以少煙者爲貴，及淘過之乾麥，蠶倉所用之土磚，皆宜先預備。

清　沈練，仲學輅輯補《廣蠶桑説輯補》卷下《蠶屋説一條》　飼蠶以屋多為貴，如屋不多，便須多設晒匾，以蠶架架之。《蠶桑輯要》曰：蠶初生用篩，烏滿用篷，兩眠用匾。取臘月竹編者，不蛀。

清　陳開沚《裨農最要》卷一《分蠶法》　移蠶宜輕不輕，則遠擲高抛，互相撞擊，將來上山必多赤蛹，或多懶蠶。布葉宜稀。不稀，則强者得食，弱者不得食，必至繞盤遊走。進退蠶箔宜慢。箔在架上，倘拖出太速，蠶必外厚内薄；放進太速，蠶必内厚外薄。不惟食葉不均，且使蠶受驚恐。又蠶架不可移動敲響，並蠶室久停什物，亦不得移動，恐觸犯蠶神故也。

清　方大湜《桑蠶提要》卷二《蠶事四十條・易器六則》

蠶架宜留空盤架上蠶盤，無論多少，上層下層，均應空留一盤。上可以防塵埃，下可以隔濕潤，有地板者，架之下層，不留空盤亦可。蠶架，詳蠶具第四則。

蠶盤宜安草薦　盤上用茅草為薦，草須切細，須搗軟，須平鋪。薦上鋪乾净紙，紙須揉軟如綿，以數張粘連為一張。

清　方濬頤《淮南課桑備要》

飼蠶法

飼後，將蟻置之帳內，以避風寒。用小蠶架將蠶扁架好，以沾煖氣，切不可盖遏受溼，致生病患。養蠶務要冷煖得宜，冷則長遲，熱則焦躁，天寒時不可驟熱。

清　高其垣《試行蠶桑説・飼蠶法六十六條》　飼蠶以屋多爲貴，如住屋不多，便須多設晒匾，以蠶架架之。

清　何石安輯《蠶桑圖説合編・蠶桑合編》

飼蠶法

初飼蠶葉，桑宜旋摘，利刀細切，切葉一次，洗手一次，一日夜可飼葉五六次。候葉盡，再飼葉，不宜過厚，要稀匀得宜。飼後，將蟻置之帳內，以避風寒。用小蠶架，將蠶扁架好，以沾煖氣，切不可蓋遏受溼，致生病患。養蠶務要冷煖得宜，冷則長遲，熱則焦燥，天寒時不可驟熱。

清　賴逸甫《嶺南蠶桑要則》

飼蠶須知

但凡初擕蠶種回時，勿被雨淋瞻曬，勿近茶煙煤泊與諸香殠氣物。回到蠶莊，須將該種攤放箕上，再以一箕罨面，免被風吹，安置蠶架之上，毋令鼠蟻侵害。

清　李向庭輯《蠶桑述要・催種》　其養蠶多者，須另備房屋，四面板縫，用紙糊好。大約丈餘房屋一間，可安置蠶架二，火缸一。安置法：如三角形缸，要去架三尺遠，將蠶種紙平鋪簏中，放在架上。各簏要時常上下調換，前後轉移，使種紙勻受一樣熱氣。屋内亦掛寒暑表一具，第一日用六十度，二日六十一度，三日六十三度，以次每日加一度，加至七十三四度爲止。

清　林楊光、王鎮西《蠶桑條説・平利縣王學官鎮西述呈蠶桑簡易説十九條》蠶架法

每架用立木四根，隨房高低，作二立架，中用横桄，隔十餘層。另用紙編筐，深二寸許，量木架大小，安横桄上。喂蠶之時，上下轉換，則不費地方，養蠶便多。

清　盧燮宸《粵中蠶桑芻言》第二篇《養蠶事宜條例》　防蒼蠅法

各蠶架，宜用青麻疏帳，連頂遮密。蠶室門口，復用麻帳遮密以避之。間有飛走入内，即宜用粗葵扇撲之，蓋因此蠅蛀蠶，其蛆即附蠶身而生，蠶被蛀則繭薄。迨蠶熟結繭後，蛆從繭内鑽孔而出，穴地而蟄，下造復化為蠅，故當袪除也。

又　防蟻法　凡蠶架脚，及桑園之凳欖，均宜用小瓦盆墊起。盆外身用生紅砒石劃一圈，盆内注清水以禦之。其水要三日一换，砒石要十餘日再劃一次為妥。

清　呂道象《廣州番禺縣呂大令道象調查境内蠶業報告》《農學報》第二百四十四期　每室飼蠶之數　視室之大小，如闊十七桁，深一丈三尺，約放蠶架六箇，可置三尺二寸，三尺四寸，三尺六寸髈六十箇。如用四尺二寸髈，祇可放蠶架四箇，可放四尺二寸髈四十箇。

清　沈秉成《蠶桑輯要・諸家雜説》

飼蠶法

初飼蠶，葉桑宜旋摘，利刀細切，切葉宜先洗手一次。一日夜可飼葉五六次，候葉盡，再飼葉。不宜過厚，要稀勻得宜。飼後，將蟻置之帳内，以避風寒。用小蠶架將蠶扁架好，以沾暖氣，切不可蓋遏受濕，致生病患。養蠶務要冷煖得宜，冷則長遲，熱則焦躁。天寒時不可驟熱。

清　吴作鏌、倪紹雯、劉安欽《蠶桑速成捷法・蠶絲業普及捷法》第二章《眠起・食葉》　食葉者，須行引青法，何則？靜掩網于上，稍撒桑葉，誘不眠者上網而取之，另置飼于蠶架上層，以催之。

清　趙敬如《蠶桑説・飼大眠蠶法》　蠶至大眠，蠶身大，食葉較多，而天氣亦暖，飼之宜愈加勤慎。蓋三眠起後，飼葉五六日，早起，見有光黄之蠶不食，在葉上游走，是蠶將大眠。切葉宜稍細，食盡便飼，不拘偏數。見蠶身光黄，嘴向上者，有六七分，即篩糠灰，用網將食蠶提出另飼。灰下眠蠶一一揀淨，是謂『眠頭淨』。眠頭約秤四斤分一箔，微撒糠灰於蠶身，以收潮濕。移置蠶架上，俟盡醒，方可上食。前餘下食蠶，隨意併合，仍切細葉緊飼。俟眠有六七分，仍照前篩糠灰，用網提起，食蠶揀淨眠頭，分箔如式。如此屢提屢併屢分箔，所餘食蠶不多，棄之。

又《落繭揀繭蒸繭諸法》

落繭法　上簇四日後，蠶已成蛹，將繭摘下，扯去蒙茸之衣，即可繅絲。

揀繭法　蛀繭大麻蠅放蛆蠶身，蛆老穿繭出，蛀成一孔者，同宫繭二蠶同作一繭者，污繭蠶死繭中，紅腐而繭污者，釣繭繭一頭有尖者，薄繭繭薄如紙，能見蠶蛹者，凡此數者，皆不堪繅絲，只可剝綿。

蒸繭法　繭成十四日蛾即生，十日後，蛹常在繭内擺動，擾亂絲緒，即不易繅。若繭落後十日内，繅不完竣，必須將繭内之蛹令死，方不出蛾。常法多用火烘，火不烈而蛾仍生；火太烈，稍失手，繭焦可惜。且繭經烈火，絲緒膠固，往往難繅。善法莫妙於蒸，用甑二具，迭换蒸之。甑底須離水稍遠，防繭沾水。甑内盛繭，不可過滿，防蓋上氣水濕繭。蒸時，見頂上出氣即好，蒸後攤於箕中，置蠶架上。如此雖多繭，可以從容就繅。

清　鄭文同《蠶桑輯要・育蠶十二則》　飼蠶必須養猫，以防夜鼠食蠶。如無猫養，或買泥塑假猫，置於蠶架之旁，燈影照之，使鼠見而疑忌。

清　莊景仲《養蠶必讀》卷下第八章《鏗蟲》　如室内之容積百立方尺，用硫黄二十五錢，加硝酸三錢五分，其他依此數推算。室中有細孔，用紙糊好，不得稍漏其氣，并蠶架、蠶具，亦置室内薰蒸之，庶污穢悉除，而病毒淨盡，養蠶不至貽害云。

清　吉林蠶桑局《養蠶簡明法・養蠶白話》　收蟻後天氣還冷，必要用火的，不可省這幾個錢，後來多采得兩三斤繭就在内了。但用火的法子，火缸要離蠶架四尺的遠，切勿擺在蠶架的下面。在寒暑表六十八度到七十六度，平均得七十二度為最好。

清 黄毅《養蠶新論》第二節《蠶室之方向》《蠶業叢書》第二編 面西方者，恰與東方相反，而所受影響，仍與相同。且東西兩向，其蠶架必須於南北兩側並設。室內溫度，必不能平均，乾溼之度，相差亦遠。因南側多溫暖，能釀成蒸熱之患；北側多寒冷，有發育遲緩之患。故東西兩向，均不適宜也。

又 第三節《蠶室三搆造》 階造法，搆造上所宜注意者，則二層間之隔板宜少，上室與下室蠶架間之隔板宜張開，以使空氣流通。又天花板之氣窗，比尋常須多五倍，用以調停溫度也。

清 陳雪堂《蠶桑簡法》卷上《養蠶撮要》

九眠起

［少量蠶起］此際切忌攪動，以順其生理。即有未眠者，須行引青法，另移他篇，置於蠶架上層，以使速眠。其時溫度，宜降至六十七八度，過高，恐眠蠶有難起之弊。濕度亦宜，兩球相差在五六度之間，過燥過濕，均不相宜。故此中保護，尤宜周到。經一周時許，則蠶即脫皮而覓食矣。惟此時給桑，不可過早，亦不可過遲。過早，則起蠶之口器尚嫩，消化機不強，且有眠蠶，將來發育，必不齊一。過遲，則蠶經一番脫皮之厄，而又受飢餓，必至困憊難堪。然則果以何時爲適？曰自箔中有多數蠶脫皮約十之八九，約經過十二時間，見蠶口部皆呈黑褐色，活潑運動，於是給以稍嫩之桑，最爲恰當時期也。

清 陳淳《實驗蠶桑簡要法》下篇《養蠶法》第二章《流通空氣之法》 空氣不通，呼吸不暢，最易釀成膿蠶、空頭蠶諸病，故蠶架上下，不可逼近，距牆壁約四五寸爲度。既可流通空氣，且可免壁虎等之蟲害。

又 第二十章《檢別遲蠶之法》 遲眠之蠶，我國向分數種。不勤食者，名『攬絲』，言口中吐絲也。不肯眠者，謂『青條』，他蠶盡眠，此猶食葉，曰『食孃』，此等蠶均須檢出尤以頭數眠最宜細檢者。

如各箔檢出頗多，亦可別飼，須置蠶架最高處爲上。小則棄去，切勿惜小而害大也。

又 第二十一章《處理之法》 眠蠶於創脫後，宜置蠶架最低處，前此溫度，亦可照常。

清 闞維震《養蠶法》第二章《蠶具》 蠶架 宜注意階級之距離，太開則多占地位，太近則空氣不足。蠶室約九尺高者，蠶架約分十級。最下一級離地板宜一尺左右。以上各級，每級約相離七寸爲適當，式樣以梯形爲便。直柱或作齒形，或於柱中穿圓孔，將橫竿插入。直柱前後相離，約蠶篇直徑二分之一。橫竿宜光滑，庶蠶篇便於推移。

又 第五章《飼育》 就眠時之注意 遇天氣乾燥之時，宜將就眠蠶篇移至蠶架下級，并鋪溼薦，使稍溼潤。惟過溼則皮層黏合，亦復不易脫離，且多生膿蠶。遇過溼時，宜稍用火補溫，或用生石灰等吸收溼氣之物，撒布室內。

綜述

元 司農司《農桑輯要》卷四《養蠶》 擇繭出種者 次日以後出者可用，每一日所出，為一等輩。各于連上寫記，後來下蛾時，各為一等輩。二日相次為一輩猶可，次三日者，則不可為。將來成蠶，眠起不能齊，極為患害。另作一輩養則可。末後出者，名『末蛾』，亦不可用。鋪連于槌箔上，雄雌相配。當日可提掇連三五次去其尿也，至未時後，款摘去雄蛾放在苗蛾一處，將母蛾于連上勻布稀稠得所，所生子如環成堆者，其蛾與子皆不用。其餘者，生子數足，更當就連上，令覆養三五日不覆養，則氣不足。然後將母蛾亦置在雄蛾、苗蛾、末蛾處，十八日後埋之。

又 夏秋蠶法

大眠全要暄暖，大忌北風寒氣，勿飼雨露冷葉。春秋蠶法，首尾顛倒，深宜體測。

簇蠶時，相次秋高，恐值夜寒風冷，不能作繭。可于簇西北埋柱、繫椽箔，遮禦北風寒氣。三兩夜之間，便可作繭。

《士農必用》：夏蠶此別是一等，俗謂『三生蠶』。春養出夏種，夏養出秋種，秋養出來春種。不可間闕，闕則絕其種。自蛾至老，俱宜涼，忌蠅蟲。先于蠶生前，用麥糠擁于蠶房壁脚燒之，去濕氣及諸蟲子。擘黑後，須一日早晨一擡。其餘並與養春蠶同。此蠶不可多養，止欲收秋蠶種，多則損葉。然只可科採桑中冗條取葉也。

秋蠶，一名『原蠶』捋葉不無傷桑。春蠶不幸遇天災，不得已養之，以補歲計。然不宜稙，宜穉也。初宜涼，漸漸宜暖。與養春蠶正相反。其間體候，須欲得所。初可摘葉，蠶大則捋葉。初用紗糊窗，漸漸天寒，上復用紙糊，留捲窗。簇與繰絲法如前。《要旨》：熱蠶，槌底亦宜用麥糠、麥藍燒之。又大路上踏踐起乾塵土，收三四石，生蠶日，于槌底攤平，可避暑濕。簇秋蠶，多于簇心用熟火，或致焚燒。不若止于映北風處為簇，簇底用麥䕸均鋪，簇則用乾桑柴為梢，新乾黍䕸為草，得自然温暖之氣，不須用火矣。經雨則倒簇。

又卷六第一篇《竹木》

白楊

種白楊法　秋耕令熟，至正月、二月中，以犁作壟。一壟之中，以犁順逆各一到，塲中寬狹正似葱壟。作訖，又以鍬掘底一坑，作小塹。斫取白楊枝，大如指，長三尺者，屈著壟中。以土壓上，令兩頭出土，向上直竪，二尺一株。明年正月，剝去惡枝，一畝三壟，一壟七百二十株。一根兩株，一畝四千三百二十株，三年中為蠶樀都格反，蠶椽。

清　韓夢周《蠶桑實濟》卷二《育蠶預備》

預造蠶架

右制每柱裏邊，各錠長鐵釘十層，每層横擔細木棍二根，竹竿更好，以擱蠶架。飼蠶時，二人共抬之，上下挪移，最爲便捷。又制：　以粗木二根作柱，以細木十根作長闌，再用粗木做一柱，上用短闌十根，其長闌中間及短闌頭上，做雌雄榫鉤連，於鉤連處鑿孔，用竹釘箾之，擺立如三角，兼能活相，可以搬移摺叠。高七尺，寬取其架匾，不拘尺寸，每一闌相去七寸餘。

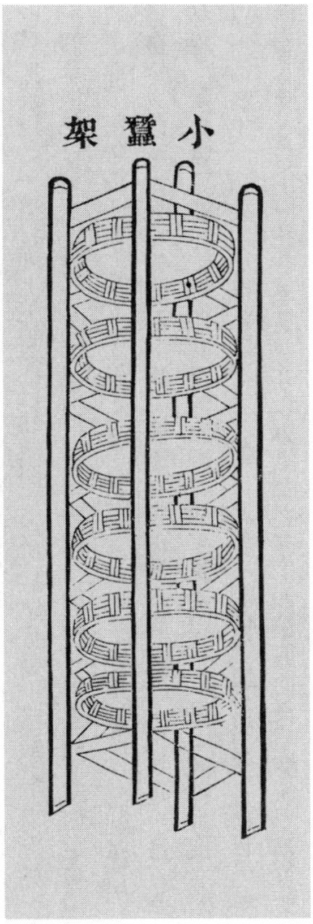

清　包世臣《齊民四術》卷一下《農政・蠶桑》　冬隙廣拾牛糞，積至春暖，打破和水，築成墼子，以備烘蠶。十二月刈茅去穗，椎軟以備蠶蓐，俱宜蠶性。秋深，捋將落桑葉曝乾，俟臘月搗為粉，以淨甕盛收於不近煙火處。臘八日長流清水或井甜水浸綠豆白米，每箔半斤為度，浸一日曬乾，俱備大眠後和葉飼蠶，能消熱病，堅絲綿。正月修蠶架、蠶盤、蠶筷。架二種，古名槌。大者高六尺，三足展之，廣亦六尺，六層，下層去地八寸，以空盤隔濕，上層以空盤隔塵，中置蠶者四層，每層相去一尺。當每層高為一凳，以便抽盤出架。

清　方大湜《桑蠶提要》卷二《蠶事四十條・蠶具二十則》　架以承盤，一名蠶植，又名蠶槌，大小架皆三角式。大架用直柱三根，前二後一高八尺。每柱各開八孔，每孔相去各八寸必相去八寸，乃可容蠶盤進出。中設横檔八層，每層用前檔木一根長六尺，一頭嵌前左柱孔內，一頭嵌前右柱孔內。每層前檔木之中，閒俱平鑲一短榫榫長四寸，後檔木一根長三尺，一頭嵌後柱孔內，一頭裁成榫口，銜於前檔木之中閒短榫上。短榫及榫口對穿，一孔用竹釘綰住，以便轉移摺叠。小蠶用小架高四五尺，闊四尺，餘與大蠶架同。

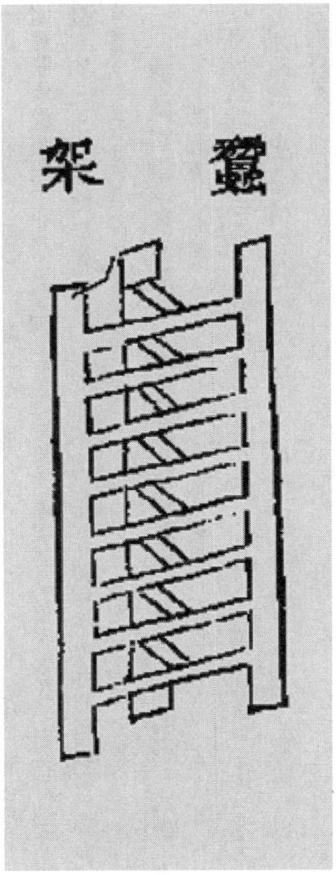

無力之家，不能備木架者，可用粗棕繩三根麻繩亦可，從屋梁檩子上穿過，垂下至地，為直柱。前二後一，與木架直柱同。木棍拴繩上為横檔竹棍亦可，每横檔相去各空七八寸，另釘一粗木樁於地，將垂下繩尾緊拴樁上，不令動摇。繩動摇，則盤内之蠶驚動不安眠，起時尤為誤事。每一架，亦可安蠶盤七八層，候蠶事畢，將繩棍收束，置空閑處，來年仍可取用，此亦簡便方法也。

清　沈秉成《蠶桑輯要・諸家雜説》

紡野繭法

稻草簾，用麻繩編九尺，相離二尺許，夾細竹一根，高七尺，邊盡處亦用竹各一根。蠶到眠起時，以此簾竪圍大蠶架外，以避風寒。草梳：用竪圓木，横長七寸，柄長五寸。用兩頭尖鐵釘，長四寸，五支。横木鑽眼排匀，釘出把頭。用粗繩挽草疏去糯稻草軟殼，作山成繭，無草殼痕迹，繅絲無吊繭患。

清 楊名颺《蠶桑簡編·養蠶法》《牧令書》卷一〇　一、造蠶架　用粗木二根作柱，細木十根作長關。再以粗木一根做一柱，用短關十根，長關中間及短關頭上，做雌雄筍鈎連。於鈎連處鑿孔，用竹釘削之，擺立如三角，兼能活相。高七尺，寬不拘，每一關，相去七寸，用以架筐。一、編葉筐　用竹或柳條編，如大斗而高，以盛細葉。蠶大葉多，又須加大。

（道光）《遵義府志》卷一六《農桑·蠶具》　草把子　待蠶上杣時，取草把子用力一擰，則上下兩頭自然撒開，遂可接連直豎于葦箔之上。上蠶：一個草把子，可上老蠶一大捧。按一斤出火蠶，約需草把子四五十個足矣。煨斑糠：每年清明日，將大米皮子煨焦存性，薄薄攤于地下，候冷，收好備用。蠶自蝸兒以至大眠，每體刮一番，要糝一層斑糠于篩筐內。每眠起一番，要稀糝一層斑糠于蠶身上。以其最能收潮，故養蠶者所必需也。多寡不拘，總以多備為主。切葉刀：以鋼鐵為之，刀口要薄，總以鋒快為主快則用以切葉，葉著刀處不硬。蠶好上口吃也。桑剪：亦以鋼鐵為之，形如銀剪而長。葉筐：以竹劈細篾為之，形如斗大而高，所以盛小葉。蠶在大眠之前，總謂之小葉。至蠶漸大，則需葉漸多，又必用大筐子盛葉，或以竹編成，或以細柳條編成，皆可為筐備用。蠶篩：以竹劈細篾編成，即米篩也。里面須用竹紙糊好必用竹紙者，取其發燥者。蠶小時，用以貯蠶，體刮，俱極輕便。如養十斤出火蠶，須備蠶篩四五十只。蠶篕：南方用竹片子密密編成不必糊紙，邊高一二寸，圍圓有兩人合抱寬，蠶至出火大眠時用之。每只可貯大眠蠶五六斤一斤出火，到大眠時必有四斤。北方有柳條曬篕貯蠶，若大眠后下地，便可不用矣。蠶箔：以細葦為之，將外面一層葦葉子削去，用細麻繩密密編成，以便蠶上杣時取用。蠶架：以粗木二根作柱，以細木十根作長關，再用粗木做一柱，上用短關十根，其長關中間及短關頭上，做雌雄筍鈎連，于鈎連處鑿孔，用竹釘箭之，擺立如三角，兼能活相，可以搬移、折疊。高七尺，寬取其架篕，不拘尺寸，每兩關相去七寸余。

清 何品玉輯刊《蠶桑會粹·種桑各法》

養蠶秘訣

安蠶架　宜甲子、庚午、癸酉、丙子、戊寅、己卯、丙戌、庚寅、甲午、乙未、丙午、甲寅、戊午日，又滿開成生氣日，及卯日、午未日。凡庚午日，蠶父生日，最吉；凡庚戌日，蠶姑死日，最忌。

清 沈練《蠶桑説·飼蠶法七十條》　天氣晴和，每日可布葉五六次黄昏一次，須略厚。如遇陰寒，布之葉而不甚食，須用棉被，將盛蠶之器四面包裹，使受煖氣器上須以他物架空，否則恐棉被壓及蠶身。若二眠以後，蠶已上植蠶植也，俗謂之蠶架。須於植之四旁，用帳幔或用稻草簾亦可圍之，以禦寒氣，則食矣。欲速者，一遇陰寒，即置火鉢於旁，非無速效，而後日往往生病，宜戒之。

清 沈練，仲學輅輯補《廣蠶桑説輯補》卷下《飼蠶法六十六條》　按，留種之繭，平鋪匾内，架上蠶植，外用稻草簾圍之，以避風霧。

清 曾鉌《蠶桑備要》卷二《先事預備總論》　欲蠶事者，於秋冬農隙，豫置蠶具什物，自不至臨時忙迫失措。凡蠶食料、簇料、火料、蓐草、火具、藁薦、曲筐、盤槌、蠶架、砧刀、擡網、葉篩、椽杓、蠶室，必先精製習熟，蠶種亦必先年如法收存，則獲利自如操券。而取今條列各件於左。

又　造蠶架　用粗木二根作柱，細木十根作長關，再以粗木一根做一柱，用短關十根長關中間及短關頭上做雌雄筍鈎連，於鈎連處鑿孔，用竹釘綰住，擺立如三角，兼能活相，高七尺，寬不拘，每一關相去七寸，用以架筐。此牆角安放三柱小蠶架也，架圓篩筐最便。

清 陳雪堂《蠶桑簡法》卷上《養蠶撮要》　蠶具品類甚多，其必不可少者，爲蠶架、蠶篇、蠶網、桑篩、桑箾、桑砧、桑刀、乾濕表等。蠶架，以梯形爲最便。梯形架者，以木橫直作梯形，長如室高。竪木外側，作合牙十，各牙距約六七寸。傅竹爲表裏之横竿，以便挿入蠶篇，式如圖。蠶篇，以長方形爲不佔地位。篇之長圓，以室之大小而定。

清 陳淳《實驗蠶桑簡要法》篇下《養蠶法》第七章《置辦蠶具之法》

蠶架除三脚架可倣製外，最簡便者，莫如搭架法。於壁旁每離八尺餘，豎立二寸方之前後兩直柱，柱上鑿□形十孔，各横穿竹竿，即成十台之搭架。但每一台須距地一尺半，其餘每台，距七寸可也。

又 第三十二章《製種之法》　製種之蠶，既取無毒蠶種，於四五齡盛食前，每齡復去其狀態惡劣，體驅短小衰弱者。擇其最强健無病者別飼，放蠶架低處，至老熟時，以中熟者爲佳。因早熟之蠶多雄，繭形概屬不正，晚熟則多虛弱故也。

清 陳啟沅《蠶桑譜》卷二《三造宜忌篇》　是造天氣略熱，最忌晝雨時行，蠶可瓦面上，宜蓋葵蓬，以隔暑氣。蠶架之頂，用大篙遮多一層，蠶細時尚可無用。若大眠起兩三個封時，正遇酷暑無風，固宜隔以篷窩，并宜蠶房通氣，陰凉則無白症之虞。掣風御雨，遇造皆然，無容贅述。蠶當大食之時，或連天大雨，無一刻之晴，間時貯備乾淨牙灰三五籮，以泮乾桑葉。然要去淨牙灰，方可飼之。既無受濕之患，亦無火氣之虞。其成熟必在小暑之後，大暑之前，狂風冒雨，在所不免。蠶熟時，若遇陰淋大雨，必照前所言炕箔之法，使該蠶箔乾爽，然後捉蠶上箔，萬無一失，是造蝇口必多。蠶熟來夜四五鼓後，蠶絲吐盡之時，蟲必退壳成蔞。天氣略熱，三點鐘後，即要炕繭。若待至天明，蝇蟲盡出，破繭必多，故不待其成蔞，而炕之也。埋爐炕繭，同前法。

清 蔣斧《粤東飼八蠶法・蠶篇》

蠶室第一

［蠶室應備］活木架二座架以四木柱爲之，約高六尺，長七尺，上下四面用小横木扃定四柱，中間離五六寸，鑿一圓孔，約十孔爲度。以小竹竿放入兩頭孔内，作爲十層，以便層層放簸，不致阻佔地方。逐層放葉換簸，周而復始，不致吝亂。蠶事畢時，可將架拆下，捆成一束，安置空閒處。蠶箔八十餘隻上山用，火盆十餘隻，紙被十餘張大火炕繭用，繭鉗四五枚滴繭用，蠶牀一亦名蠶子格。蛾生春用，以木板爲之，兩頭有界限，中空，約長尺六寸，寬尺一寸。另用四方格，合下界内，防其生春紙外。

清 江志伊輯《飼蠶法》 蠶具第二 凡育蠶紙一張出蟻一兩二錢，須備小簸數個、大簸四十個簸卽篚，粤稱窩，有徑二尺，或三尺二寸、三尺六寸者，以四尺二寸爲最。大活木架二座架有單篚、雙篚、三篚之異，大抵初蠶用單篚架；蠶大分窩時，則用雙篚、三篚架。單篚架式，用二寸方木柱三條，爲品字形。以長三尺餘横木數條，中鑿一孔，兩頭縮住。另以尺餘横木，一頭入柱，一頭入三尺餘横木中，其孔以竹釘之，使開合自如。至雙篚架，兩邊用長竹八尺；三篚架，兩邊用長竹一丈二尺，俗名『蠶架』。比合柱，則以四寸徑之木，鑿孔，圓二寸。用時，穿竹孔中，將篚置竹上。蠶事畢，則拆卸，收束之。蠶箔八十餘個上山用，粤稱簇爲箔，以篾織成，拳曲矯紐，蠶老作繭於其上。火盆十餘個、紙被十餘張大火炕繭用，繭鉗四五枚摘繭用。

清 賴逸甫《嶺南蠶桑要則・種桑要則》 如果賣桑者遇此穢氣，交桑時須將生薑幾兩，放於桑面送交。收桑者一見該薑，則必將以放於蠶姑神前，及放蠶架。有此，其穢則可解矣。順德凡務桑蠶之人，彼此所事，無論相識與否，衆皆同顧桑蠶公益，凡有見聞所及，則必痛癢相關，如見損蠶害桑情弊，則必勸之以言，或施之以力，以盡匡扶解化之道。

清 李君鳳《蠶桑説》

飼蠶法

置晾架，用長木二株作柱，高處視地方爲度。細木作關，每關相去一尺五寸。再以粗木一根做一柱，用短關鉤連，擺立如三角。每架用二座，中用長木，每關二根爲架。蠶上苦竹枝簇既匀，卽移簇横卧，於架上晾之，以待作繭。蠶作繭時，必便溺。在上之簇，勿使正對在下之簇，庶免便溺浸壞蠶繭。貧家飼蠶無多，卽用板凳架長木晾之，尤便益。如用稻草作簇，晾架卽蠶架，置明亮風涼處，仍架淨箔。老蠶上稻草簇既匀，移簇置箔上晾之，待作繭。

清 林志恂《蠶桑淺要・養蠶淺要》 蠶室 大約蠶室，每一立方尺，須用硫黄二分五釐，加硝二釐□毫。惟新造之室，其第一年可以不薰。若民間不易得硫黄硝，則用最能殺蟲之藥，如辣茄等代之，亦可。既薰之後，開放窗戶，以出臭氣，再用清水洗滌四壁及上下。俟其乾燥，而後可養蠶也。蠶架蠶篚，亦須薰洗，可於薰蠶室時，排置室内，一併薰之，最爲便利。

又 蠶篚大四十個，每個十二坪；小四個，每個六坪、蠶架五個、飼葉架兩個、切桑刀大小各一把。

清 盧燮宸《粤中蠶桑芻言》第一篇《種桑事宜條例》

採葉

若暑天，更要將籮浸濕，然後放葉，上蓋蓑衣，以避雨淋日炙。摘滿一籮，挑回閒屋，勿近蠶架之處，即將葉抽出，鬆於圍内，亦要中通。其圍可用疏竹魚箔環繞四旁，下用板墊，兼用板櫈盛起，以砒石末塗其櫈脚，勿使上蟻。

又 第二篇《養蠶事宜條例》

留蠶連

此時天寒，養之者宜在向南密室。蠶架用布圍之，蠶窩上用窩覆蓋，周圍用紙被包裹，蠶用紙墊。日夜餧葉六七次，替屎二次，不可近火，亦不可使受寒濕，桑要隔日摘定，方可與食。

清 呂道象《廣州番禺縣呂大令道象調查境内蠶業報告》《農學報》第二百四十四期 十四蠶架 以竹木爲之，或分十格或九格，每格高六寸。

又 十七蠶篣 以竹織之，大小有數種。一種三尺二寸；一種三尺四寸；一種三尺六寸；一種四尺二寸，視其室之大小定之。

清　羊復禮《蠶桑摘要・養蠶十五則》

八換筥浙人名筐

筥分三樣，小者寬尺五寸，初眠二眠用。中者約寬二尺，三眠用。大者約寬五尺，大眠後用。須一二日，去筥底桑渣、蠶屎，其器具有蠶筥，有蠶架，有蠶欉，各項皆取其便用耳。

清　豫山《蠶桑輯要合編》上《養蠶》　飼蠶自初飼至三眠冬法

初飼蠶葉，桑宜旋摘，刹刀細切。切葉一次，洗手一次，一日夜可飼葉五六次。候葉盡再飼，葉不宜過厚，要稀勻得宜。飼後，將蟻置之帳內，以避風寒。用小蠶架將蠶扁架好，以沾煖氣，切不可蓋遏受溼，致生病患。養蠶務要冷煖得宜，冷則長遲，熱則焦燥。天寒時不可驟熱，當漸漸益火，寒而驟煖，則生黃輭等疾。煖不可驟加風涼，當漸開窗，煖而驟涼，則變白殭。又正煖時，乍著寒，則蠶禁口不食，急用微火溫之，避去寒氣。蠶自食葉，若值陰雨天寒，先用微火避去寒氣，然後飼葉，則蠶不生病。采桑宜在清晨及日入後，忌溼忌熱。蠶食溼葉，多生瀉病白殭；食熱葉，則腹結頭大尾尖，食葉多，而不老，亦不作繭。

清　莊景仲《養蠶必讀》卷上第四章《下蟻》　［蠶卵］用白皮紙包之，靜放於篇上，初次置蠶架下層，經過二時，移高二層。

清　吉林蠶桑局《養蠶簡明法・養蠶白話》　養蠶的房子，及蠶架、蠶篇（筐）這等器具，要用石灰水洗過，再用清水抹淨，把上年的遺毒傳染不著。

又　我們的燒種，叫做催青，要另備房屋一間，四面的板縫，用紙糊好，大約一丈二尺見方的房屋一間，可擺蠶架兩個，火缸一隻，要像三角形的擺法，最近亦要離開三尺，把蠶種平攤篇（筐）內，放在架上。各篇（筐）要時常上下調換，前後轉移，使種子受一樣暖氣，其第一日用六十度，以後一日加一度，加到七十三四度的時候，就出蟻了。

通州蠶學館《蠶桑簡明圖說・附録・用火熏催子出蟻法》　收蟻期前十三四天或二十天，將蠶連紙平鋪筐內，置於蠶架之上。架上側掛寒暑表，以定溫度。室内安置火盆，盆內滿盛炭火，上盖草灰，俾暖氣徐徐上昇。安火盆宜斜，謂種子勿使直觸。

清　黄毅《養蠶新論》第二章《蠶具》《蠶業叢書》第二編　我國蠶家，素有儉於蠶具，而致起不良之結果者。如省去蠶篇，而用地養之法，究其根由，一因地位不足，一因儉於經費。殊不知預做蠶架，所佔地位較地養者尤少，且於除沙出糞，亦甚相宜，溫濕調停，更爲利便。

又　第七章《製種》　蠶架，所以載蠶篇者也。製造上所宜注意者，一使堅牢不易搖動，一使取用便利。其架間相距之空隙，亦須寬狹適宜。過寬經費太大，過狹則濕氣不散，空氣不通，必使有害之氣體停滯，而爲飼育之害。

又　選繭後以至發蛾之間，必須用適宜保護之法，卽將繭衣各各剝去，平列一層於蠶篇之上，架於蠶架之中。當溫低之時，又須以火力爲之補助，務使空氣流通，溫濕適當。蠶在繭中由蛹化蛾，必經脫皮一次，亦猶眠中脫皮，同一患難，體内器管之變化，於此期爲甚。

紀事

清　曾國荃《曾忠襄公批牘》卷四　古之為治者【略】於勸民種桑一節，言之特詳，且津津於桑之獲利甚厚，並刷印頒發。種桑、盤桑、接桑等法，及蠶架、蠶綢、蠶節等式，可謂盡心竭力矣。養民之政，農居十之七，桑居十之三。男耕女績，古者常以農桑並舉，倘能勤始勤終，實心實力，必期於盡善盡美而後已。即此一節，亦足以傳口碑。其餘各條，尚識大體，惟冀於一切應行事宜，切實辦理為要。

藝文

宋　梅堯臣《宛陵集》卷五一《蠶簇》　冰蠶三眠休，作繭當具簇。漢北取蓬蒿，江南籍茅竹。篙踈無鬱浥，竹淨亦森束。競畏風雨寒，露置未如屋。

又《蠶槌》　三月將掃蠶，蠶妾具其器。丘植先捋捋，音摘括，辟室亦塗墍。衆材踈以成，多薄所得寄。終老歸簇時，應無慙弃置。

清　吴衡照《看蠶詞》《清詩鐸》卷七　日防生人夜防鼠，村裏家家都閉戶。綠陰時節偏江南，屋上鳴鳩定晴雨。幾日看蠶眠，幾日看蠶熟。簇蠶上山棚，爇薪守蠶箔。小姑日討山棚信，再拜神前代娘問。大姑一月頭不梳，玫瑰花開未簪鬟。大姑稱繭小姑量，阿娘踏車煮繭香。絲成母女各歡喜，里胥打鑼催上忙。

雜録

漢 揚雄《方言》卷五 槌絲蠶薄柱也。度畏反。宋魏陳楚，江淮之間，謂之植音值，自關而西，謂之槌。齊謂之㭨音陽，其横關西曰㯤音朕，亦名校，音交。宋、魏、陳、楚、江淮之間，謂之䑇音帶。

北魏 賈思勰《齊民要術》卷五《種榆白楊第四十六・白楊》 一畝三壠，一壠七百二十株，一株兩根，一畝四千三百二十株，三年中，為蠶樀都格反，五年任為屋椽，十年堪為棟梁，以蠶擿為率一根五錢，一畝歲收二萬一千六百文柴及棟梁椽在外。歲種三十畝，三年九十畝，一年賣三十畝，得錢六十四萬八千文，周而復始，永世無窮。比之農夫勞逸萬倍，去山遠者實宜多種千根以上，所求必備。

宋 陳彭年《廣韻》卷四 縋繩懸也，馳偽切，七。膇重膇病，或作㾽。槌蠶槌。 錘稱錘，或作鎚，又直危切。 腄縣名，在東萊。 甀小口甖。 硾鎮也。《呂氏春秋》云：硾之以石。

清 韓夢周《蠶桑實濟》卷二《育蠶預備》 預造蠶架 枋音『方』，方木條也。 莖音『砼』，草木幹也，枝柱也。 筐音『匪』，竹器方曰『筐』，圓曰『筐』，今圓者亦謂之筐，筐大而篚小。 擔擔，平聲，任也。 挪音『攤』，搓挪也。俗讀作『喇』，平聲。 閼要會也，以木横持門戶曰『閼』。 榫音『筍』，義見一卷。 箾音『簫』，以竹釘貫兩木相合處，俗謂之『竹箾』。 擺折買切，拜上聲，開也，排而振之也。 匾音『貶』。不圓貌，與扁同，凡器物不圓者曰『扁』。

圖表

明 徐光啓《農政全書》卷三三《蠶桑・蠶事圖譜》

蠶槌

《禮》：『季春之月，具曲植。』植，即槌也。《務本直言》云：『穀雨日竪槌，立木四莖，各過梁柱之高。夫槌隨屋，每間竪之，其立木外旁，刻如鋸齒而深，各每莖挂桑皮繞繩蠶不宜麻四角按二長椽，椽上平鋪葦箔，稍下槌之。凡槌十懸，中間離九寸以居。擡飼之間，皆可移之上下。』《農桑直説》云：『每槌上中下間鋪三箔，上承塵埃，下隔濕潤，中備分擡。』

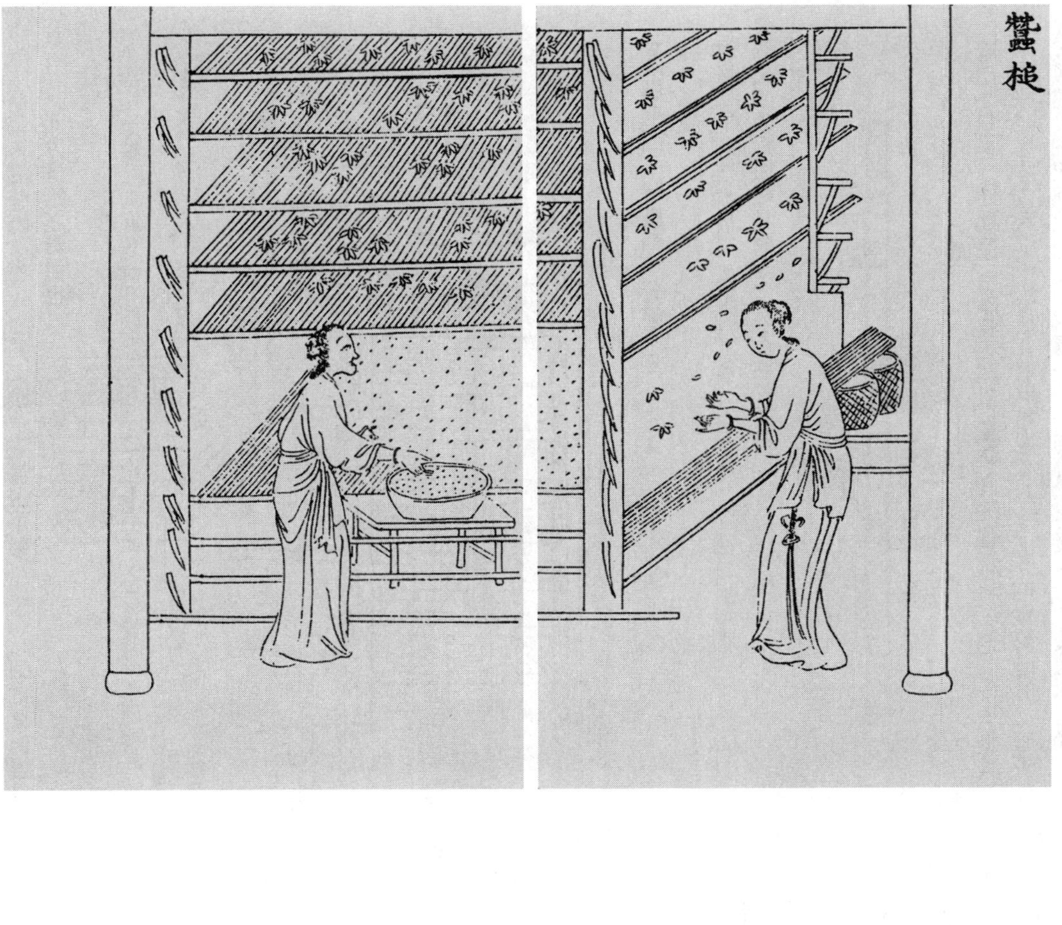

清 韓夢周《蠶桑實濟》卷二《育蠶預備》 預造蠶架

蠶架，擱蠶盤筐具也。以細枋四莖豎之，高可八九尺，上下以竹或以本棍作桄十層，每層皆擱養蠶盤，筐隨其大小，篚用小架，筐用大架。

又 小蠶架

右制每柱裏邊各錠長鐵釘十層，每層橫擔細木棍二根，竹竿更好，以擱蠶架。飼蠶時，二人共抬之上下挪移，最爲便捷。又制 以粗木二根作柱，以細木十根作長關，再用粗木做一柱，上用短關十根，其長關中間及短關頭上做雌雄榫鉤連。於鉤連處鑿孔，用竹釘箭之，擺立如三角，兼能活相，可以搬移摺疊。高七尺，寬取其架匾，不拘尺寸，每一關相去七寸餘。

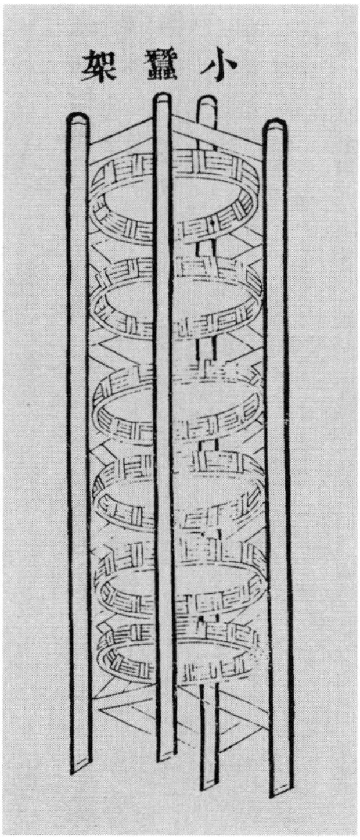

又 預造蠶椽

蠶椽，架蠶箔之木也。用竹竿長一丈二尺，每層皆以二條相對，架於槌上，以擱蠶箔。須直而輕者爲上，無竹則用細松椽亦好，總不可用雜木，恐蠹蛀蟲屑墮葉上，蠶誤食之，必有損傷。

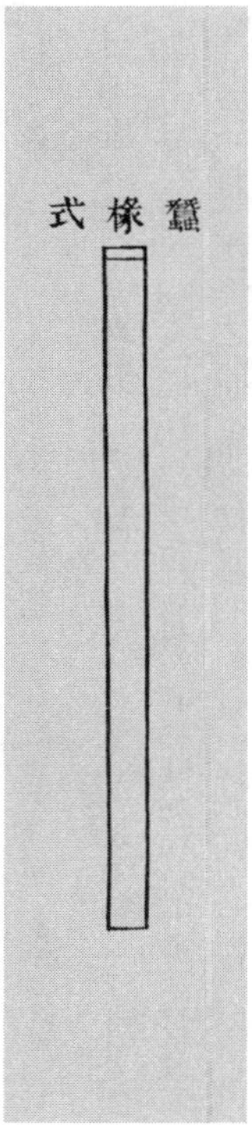

清 鄂爾泰《授時通考》卷七三《蠶事門・飼養》

蠶架圖說

蠶架，擱蠶盤筐具也。以細枋四莖豎之，高可八九尺，上下以竹通作橫桄十層，層每皆擱養蠶盤筐，隨其大小。蓋筐用小架，盤用大架。此南方盤筐有架，猶北方椽箔之有槌也。

小蠶架

小蠶用小植，高四尺餘，闊亦四尺。檔用五六層，可置牀帷之內。

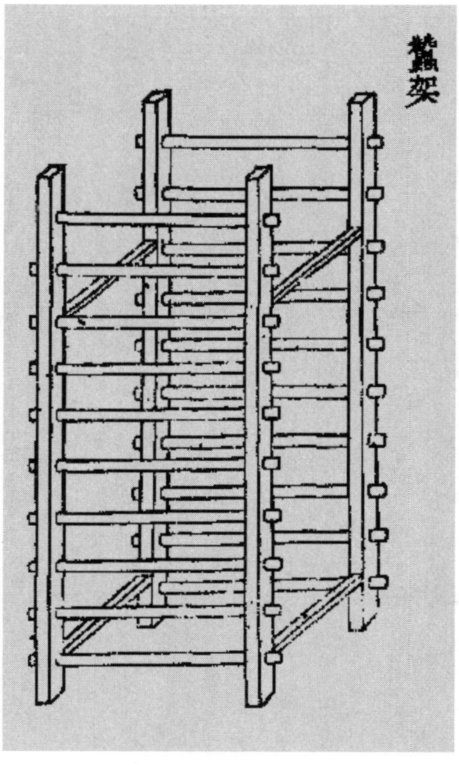

又 卷七四《蠶事門・分箔》

蠶椽圖說

蠶椽，架蠶箔木也。或用竹，長一丈二尺，皆以二莖為偶，控於槌上，以架蠶箔。須直而輕者為上，久不蠹者又為上。

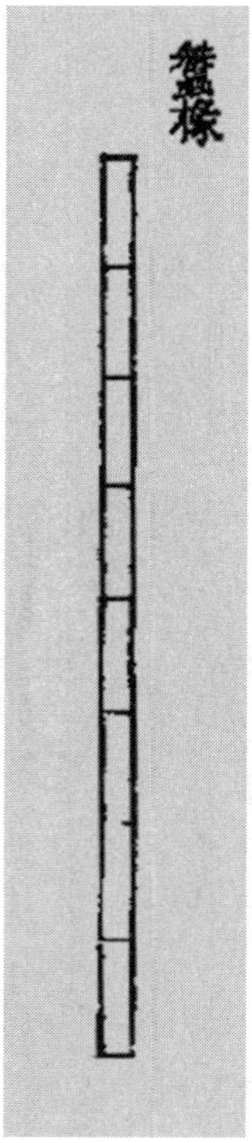

清 何石安、魏默深《蠶桑合編・蠶桑合編圖說》 植，皆三角式。用三木作柱，高各八尺，中設檔九層，相懸各八寸，令可容筐進出。前檔長六尺，後檔長三尺前檔木之中，俱平鑲一短榫，各長四寸。後檔木之頭，各裁成榫口，凑于前檔木之短榫上，中穿一孔，用竹釘綰住，可使轉移摺疊。

小蠶用小植，高四尺餘，闊亦四尺。檔用五六層，可置床帷之內。

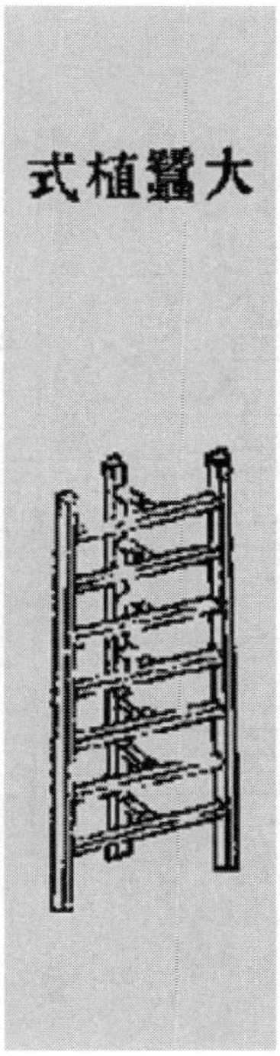

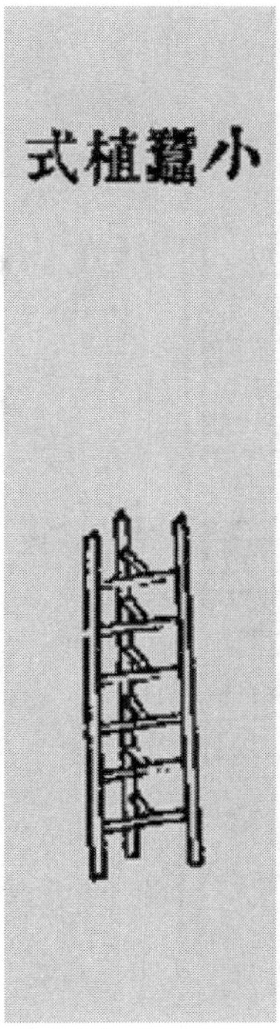

清 曾鉌《蠶桑備要・補編》 架皆三角式，用三木作柱，高各八尺，中設檔九層，相懸各八寸，令可容筐進出。前檔長六尺，後檔長三尺，前檔木之中，俱平鑲一短榫，各長四寸；後檔木之頭，各裁成榫口，湊於前檔木之短榫上，中穿一孔，用竹釘綰住，可使轉移摺疊。

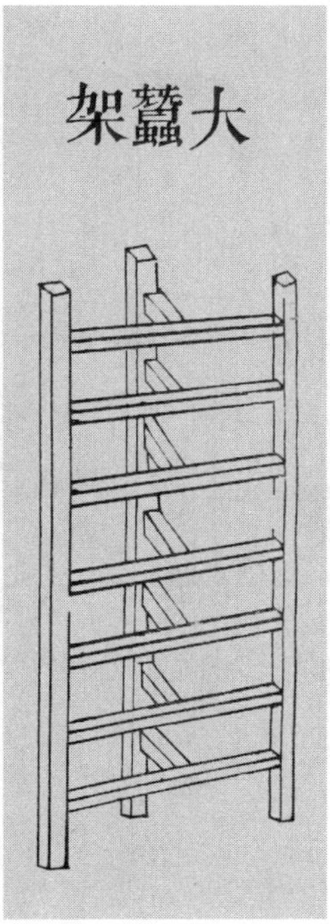

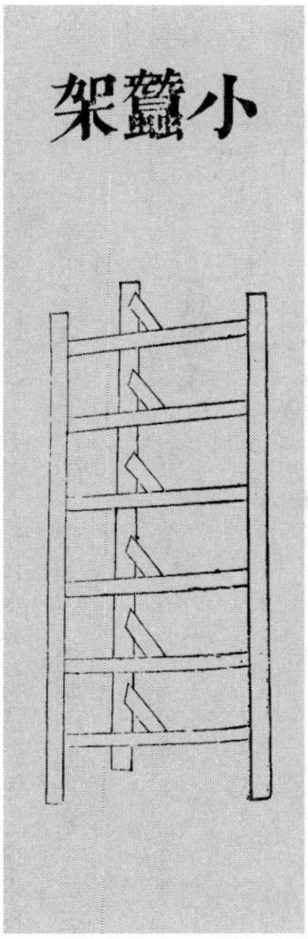

清 王文韶校，袁俊德輯《蠶桑紡織器圖説・蠶器圖類》

蠶架圖説

蠶架，擱蠶盤筐具也。以細枋四莖豎之，高可八九尺，上下以竹，或以木棍，作桄十層，每層皆擱養蠶盤筐，隨其大小。

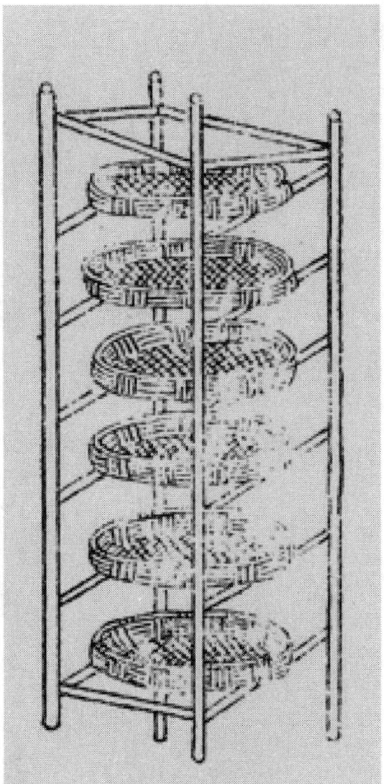

又 蠶架圖説

此蠶架每柱裏邊，各錠長鐵釘十層，每層橫擔細木棍二根，竹竿更好，以擱蠶盤。飼時二人擡之，上下挪移最便。

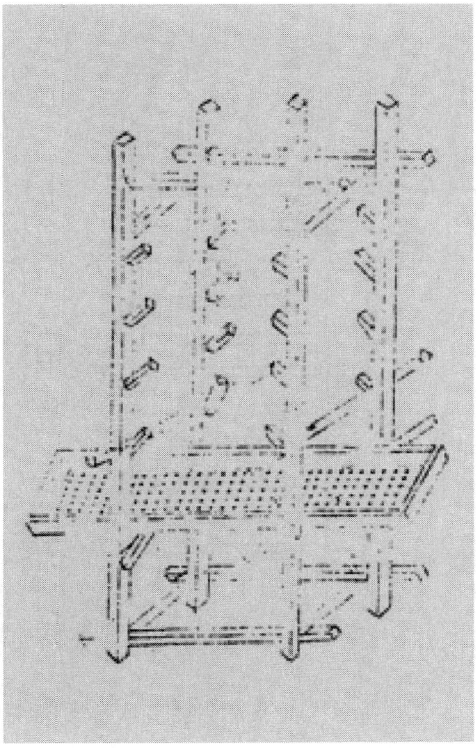

清 羊復禮《蠶桑摘要・序》 草薦，用禾草編縛爲之。浙人用以圍蠶植，圍山棚，皆恐蠶受寒也。粵東天氣燠熱，故不用。鎮屬山地陰寒，風又侵削，自宜預備。

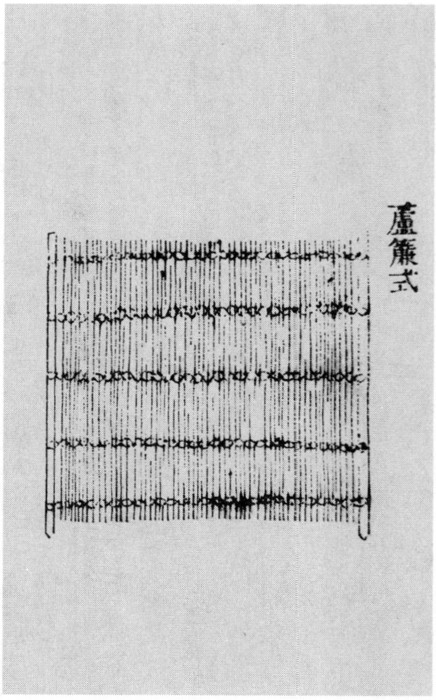

山西農桑總局《蠶桑淺説》第二編《養蠶・蠶具》 放蠶的器具名叫蠶簏，用柳條或竹條編造的都好。放蠶簏的架名叫蠶架，有三角形和梯形二種，均是用木材製造的。還有給桑架，係每次給桑暫放蠶簏的器具。

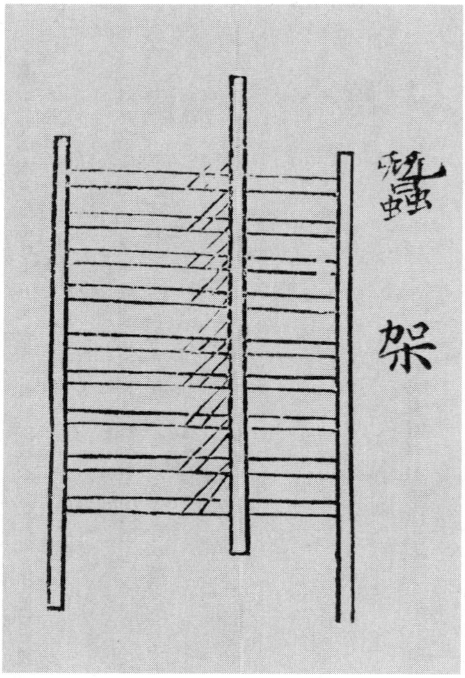

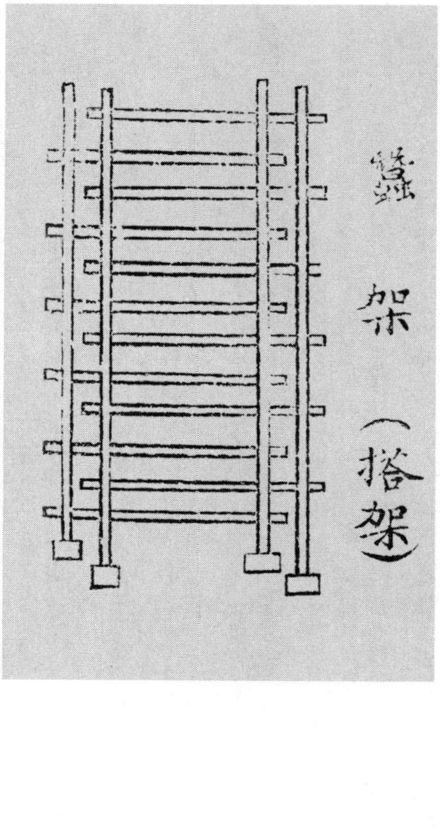

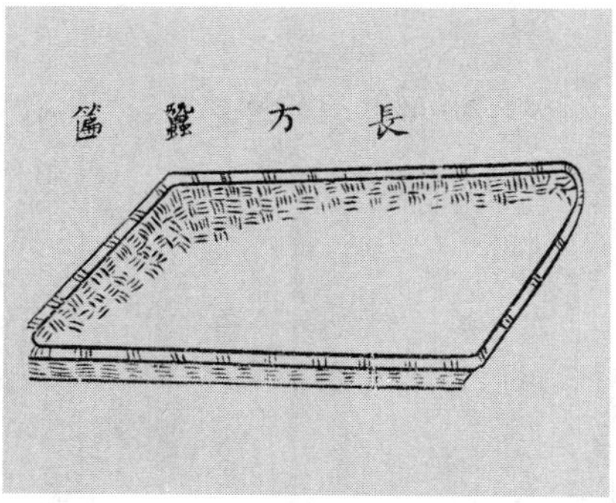

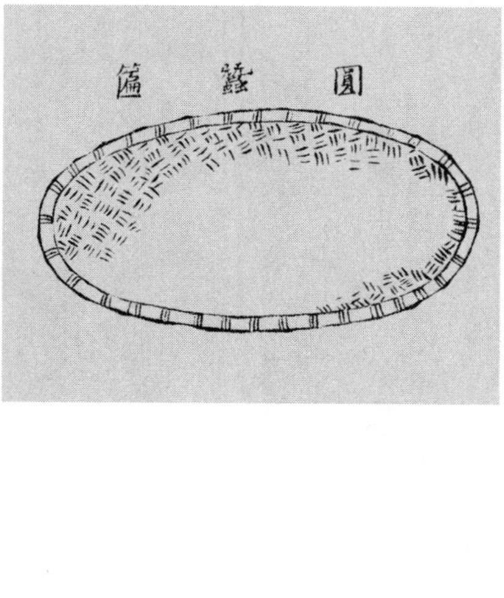

蠶盤筐具

題解

宋 戴侗《六書故》卷二三《植物三》 簇，千木切，小竹叢密簇簇也，故蠶薄亦謂之簇。

明 徐光啓《農政全書》卷三三《蠶桑・蠶箔》 蠶箔，曲薄承蠶具也。《禮》：『具曲植』，曲，即箔也。周勃以織薄曲為生，顏師古注云：葦薄為曲。北方養蠶者多，農家宅院後，或園圃間，多種萑葦以為箔材。秋後芟取，皆能自織，方可四丈，以二椽棧之，懸於槌上。至蠶分擡去蓐時，取其卷舒易用。南方萑葦甚多，農家尤宜用之，以廣蠶事。

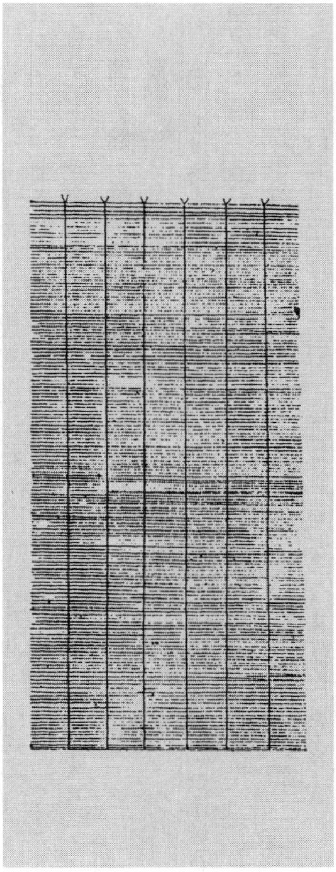

清 楊屾《豳風廣義》卷二

預織箔曲

曲箔，承蠶具也。《禮》『具曲植』，曲，即箔也。顏師古注云：葦箔為曲，北方養蠶者，多於宅院後或園圃間，多種萑葦以為箔材，秋後芟取。或山中松花細竹子，皆可自織。或冬月或正二月皆可織，其制闊五尺，長一丈，以二椽棧之，懸於槌上，至蠶分擡去蓐時，取其易於卷舒，以廣蠶事。

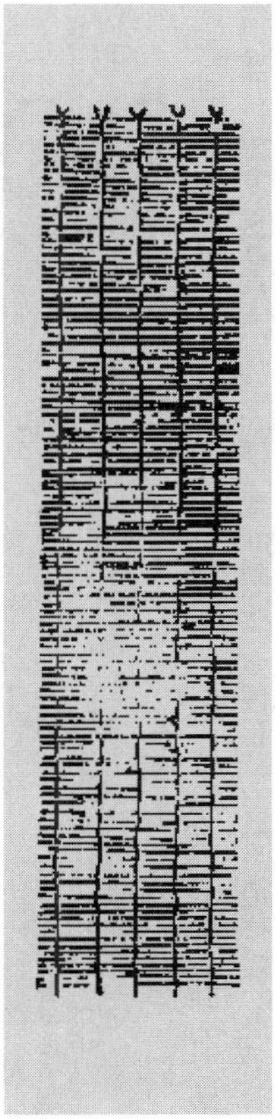

又 預編蠶筐

筐者，古盛幣帛，竹器也。今用育蠶，其名亦同。蓋形制相類，圓而稍長，淺而有緣，適可居蠶。闊三尺，長五尺南筐皆縱八尺，闊六尺，以竹編之。

余家每用鷄柳木作方筐，闊三尺，長五尺，亦輕便，但木性軟弱，經濕葉久蓋，則底捩音列，磽音敫，不平。不若用木作框架，以葦席作底，周圍用竹篾子，壓住葦席四邊，錠在框架上，席底用順木桄三道錠住，自然挺硬堅久，亦且輕便。蟻蠶及劈分時，用之擱於架上，易於擡飼。

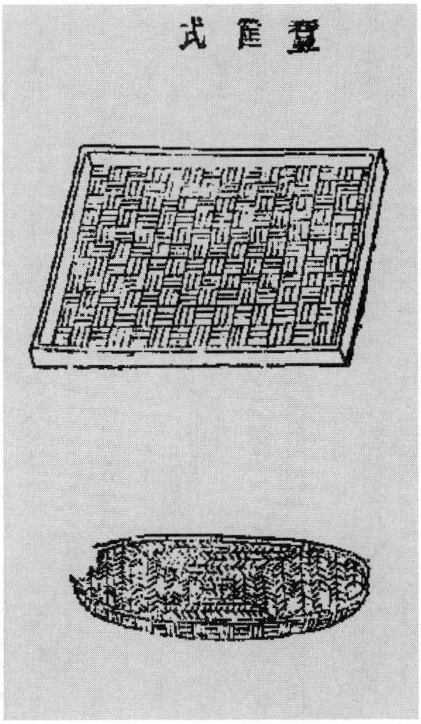

清 帥念祖《蠶政編》

預織箔曲

曲箔，盛蠶具也。園圃間多種萑葦，以爲箔材，秋後芟取。或山中松花細竹子，皆可自織。其制濶五尺，長一丈，以二椽棧之，懸槌上。蠶分擡去蓐時，易於捲舒，以廣蠶事。

又 預編蠶筐

其制濶三尺，長五尺，以竹編之，淺而有緣。或以木作框架，以葦席作底，周圍用竹篾子壓蓆四邊，錠框上，蓆底順用木桄三道。蟻蠶及劈分時，擱架上，易擡飼。

清 鄭之僑《農桑易知録》卷二《育蠶器具》 蠶篩以竹編就，大小不一。以篾編之，有蝸兒篩，狀如大圓盤。有二分篩，圍圓有六尺。有三分篩，圍圓有丈餘，用厚實黃紙糊好。蠶小時，用以貯蠶，體刮極是輕便。如養十斤出火蠶，須備四五隻。

又 蠶箔以細葦編之，攤於山棚之上，以便豎草把子。

以細葦為之，剝去葦葉，用細麻繩密密編成。編得密，則蠶落葦上，仍可走至草把子上做繭，不使蠶落地下。

清 韓夢周《蠶桑實濟》卷二《育蠶預備》

預織蠶篩

以竹劈細蔑編成，即米篩也。裏面須用竹紙糊好（必用糊紙者，恐其發燥也。）蠶小時，用以貯蠶，體刮俱極輕便，如養十斤出火蠶，須預備蠶篩四五隻。

又 預織箔曲

曲箔，盛蠶具也。《禮》：『具曲植』，曲，卽箔也。顏師古註云：葦箔爲曲，北方養蠶者多，於宅院後或園圃間，多種萑葦，以爲箔材，秋後芟取。或山中松花細竹子，皆可織。

又 卷六《蠶桑補遺》

造製摺架

承蠶之具，莫利於曲箔。古製以葦材及細竹織之，工作甚爲細密，濶五尺，長一丈。房屋寬大者最宜，其褊小者，往往抬動不便。今擬一簡便之法，用粗篾片打一笆摺，寬二三尺，長五六尺，小摺方三尺亦可。量屋大小，做成架子幾套，以代蠶槌。有力者以木作架，高不過六尺，太高則抬放不便，寬只在二三尺。將篾摺放架中間，兩邊空虛無妨（篾摺須比照木架，中间空處，約窄二寸之譜，以便擡動，）架中以四寸餘空爲一格，不可太密，密則摺不通風，易生濕熱。

清 高銓《蠶桑輯要》卷上

蠶筐

古者，承幣帛之器，謂之筐。貯蠶之器，亦謂之筐。湖人育蠶以筐計（凡蠶以烏重一錢為一筐。出火以二十四兩或二十兩為一筐。大眠以六觔或五觔為一筐。亦有不以筐計，而論分數者。以出火為主，出火一觔得繭十觔為十分，九觔為九分，以次遞增遞減。）獨其器不名為筐，一曰篩，一曰篷，一曰匾（《府志》引《湖録》云：蠶之初生，置于篩。爲滿用篷，兩眠用匾。原注篷達上聲，借用，匾亦借用。案：篷、匾二字，不見字書，未知所據。《湖録》又散佚，無從是正。今俗名筐之邊高而底疏者，音如莫雅切。邊淺而底密者，音如匾，有音無字，姑從《府志》。）用臘月竹編者不蛀。匾大者，圓徑三尺七八寸，邊高寸半；小者，二尺六七寸，邊高一寸。篷大者，圓徑三尺半，邊高四寸；小者，二尺半，或二尺，或尺半不等，邊高三寸。篩大者，圓徑二尺半；小者，二尺，邊高一寸。篩與篷底眼皆疏，須以紙糊之。

清 周春溶《蠶桑寶要》第四説《育蠶器具（十二條）》

蠶篩

以竹劈細篾編成，即米篩也。裏面須用竹紙糊上（必用竹紙者，取其發燥也。）蠶小時用以貯蠶，體刮俱極輕便，如養十觔出火蠶，須備蠶篩四五隻。

又 蠶箔

以細葦為之，將外面一層葦葉子削去，用細麻繩密密編成，以便蠶上杣時取用。

清 方大湜《桑蠶提要》卷二《蠶事（四十條）・蠶料（八則）》 盤料 竹（取臘月砍伐者，編爲蠶盤，則不生蟲。）

清 林心北、吴書年勸刻《蠶桑輯略・蠶室器用（二十條）》

蠶篩

以竹劈細篦編成，卽米篩也。圓徑一尺五寸，邊高一寸，孔如黄豆大，裏面須用竹紙糊好（必用竹紙者，取其發燥也。）蠶小時用之，不積溼，體刮甚極輕便。

又 蠶箔

以細葦爲之，或用荻亦可，將外面一層葦葉子削去，用細麻繩密密編成，長一丈，寬五尺，以便蠶上簇時使用。每蟻一錢，需用一箔（古時用箔，寬七尺，長一丈。今改爲寬五尺，以便舒卷。則蠶蟻一錢，布一箔有餘矣）卽分擡去蓐時用之，亦易於舒卷。若遇蠅蟲擾蠶，用之以遮護籚架之上，甚妙。

又 蠶盤

以木爲框，長七尺，寬五尺，兩頭各二桄，以架盤，底邊高二寸，以葦蓆爲底。擡蠶時，以葉布網上，俟蠶上網，移於盤上，擡放一邊。

清 沈秉成《蠶桑輯要・諸家雜説・養蠶法》 造蠶盤 古以木作筐，筐邊高二三寸，以疏簟為底，底鋪蘆簾。育蠶器名曰箔，箔有大小，今人用筐簸，取其輕便。

清 吴烜《植桑育蠶書・養蠶説》 小蠶既收，隨卽洗手，剪葉如絲，匀糝蠶筐。不可或密或疎，謂之『開葉』，蠶筐宜置帳內，謹避風寒。

清 楊名颺《蠶桑簡編・養蠶法》 織蠶箔 取細葦用麻繩密編，寬五尺，長一丈，分擡，去蓐時易於舒卷。每蟻一錢，需用一箔。

又 編蠶篩 用竹編，卽米篩。裏面糊竹紙，以貯小蠶，便於括沙。

又 編蠶盤 以竹編，或用木框，寬五尺，長七尺，兩頭各二柄，邊高二三寸，以疏簟爲底，擡蠶便用。

清 鄭珍《樗繭譜》莫友芝注

蠶筐口徑二三尺，底高尺，蓋高七八寸許。

筐編以荊條或蠟條荊條為上，蠟條次之，罕有用之者，知其不佳。密而實疏，使透風，可緩卵之育。其條澀音澀，不滑也。附卵斯固。筐必用新者，編筐必用生條，使卵受生氣乃易生。若以舊筐布卵，則一子不出。

清 沈練，仲學輅輯補《廣蠶桑説輯補》卷下《蠶桑輯要器用式》

蠶筐式篩籧篨皆可名筐，而形制不同，蟓蠶網附註。

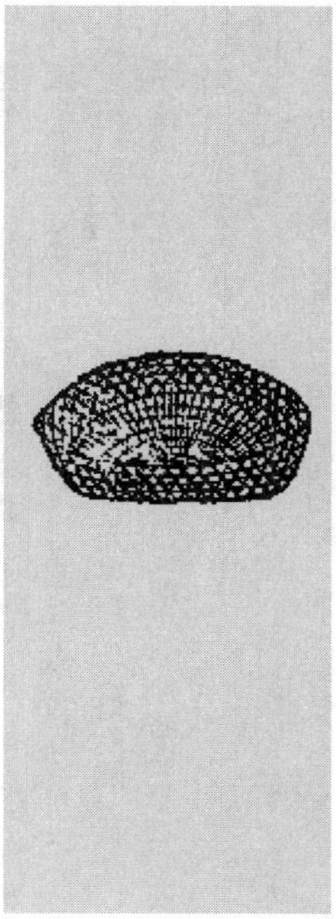

篩與籧底眼皆疏，須以紙糊之。盛小蠶或架上向缸，圍以小笭條，取其得暖早眠，然法殊未妥，近來不用者多，但以小籚代篩籧而已。

清 許鵬翊《橡蠶新編・放蠶器具》

蠶箔

秋秸為之，長七八尺，用麻繩打成，晾繭用之。

清 李君鳳《蠶桑説・飼蠶法》 置蠶箔，用竹席最便，寬五尺，長一丈。每蟻一錢，需用一箔，寬長或視蠶室爲度。

清 劉清藜補輯《蠶桑備要・先事預備》 編蠶篩 用竹編，即米篩，裏面糊竹紙，以貯小蠶，便於刮沙。

清 姚紹《南海縣蠶業調查報告・蠶部》《農學報》第二百五十期

蠶匾 俗呼爲『窩』，徑二尺，或尺八寸，或三尺二寸，或三尺六寸，以四尺二寸爲最大。四尺二寸之匾，蠶成熟時，好蠶可容四丈三尺六寸匾，容三千。三尺二寸匾，容二千。二尺八寸匾，容千餘。

清 衛杰《蠶桑萃編》卷三《蠶具類》

箔曲

曲箔，承蠶具也。《禮記》：『具曲植』，曲，即箔也。顔師古注云：葦箔為曲，北方養蠶者多於宅院後或園圃，多種葦以為箔材，秋後芟取，或細竹，冬時及正二月皆可織。其制闊五尺，長一丈，以二椽棧之，懸於槌上。至蠶分抬去蓐時，易於卷舒，以廣蠶事。

又 蠶筐

筐者，古盛幣帛，竹器也。今用育蠶，名亦同。蓋形制相類，圓而稍長，淺而有緣，適可居蠶。闊三尺，長五尺。南筐皆縱八尺，闊六尺，以竹編之。或用鷄柳木作方筐，經久則底捩不平。又用木作筐架，以葦席作底，周圍用竹篾子壓住葦席四邊，錠在筐架上，底用順木三條，自然挺硬堅久，亦且輕便。蟻蠶及劈分時用之，擱架上，易於抬飼。

又《蠶料類》

盤料

或用竹，或用荊條，或用小桑條，以臘月砍伐者佳，編為蠶盤，則不生蟲。

（道光）《遵義府志》卷一六《農桑・蠶具》 蠶筐：筐編以荊條，或蠟條荊條為上，蠟條次之，罕有用之者。筐口徑二三尺，底高尺，蓋高七八寸許。密而實疏，使透風，可緩卵之育。其條澀，附卵斯固筐必用新者，編筐必用生條，使卵受生氣乃易生。若以舊筐布卵，則一子不出。

論説

元 司農司《農桑輯要》卷四《養蠶》

安槌

《齊民要術》：比至再眠，常須三箔，中箔上安蠶，上下空置。下箔障土氣，上箔防塵埃。《士農必用》：上下二箔，上皆鋪切碎稈草。中一箔，用切碎搗軟稈草為蓐，鋪案平匀，仍須四邊留箔楂五七寸，揉淨紙粘成一段，可所鋪蓐大鋪于中箔蓐上揉紙極軟如棉，《要旨》云：底箔須鋪二領蠶，蛾生後，每日日高，捲出一領，曬至日斜，復布于生蠶箔底。明日又將底箔撤出，曬曝如前，翻覆襯藉，使受自然陽和之氣。停眠起食，然後撤去。

又 卷七《禽魚》

歲用雜事

《四時類要》：正月：豎籬落，糞田，開荒，修蠶屋，織蠶箔，造桒机，造麻鞋，春米，此月人閑。築廧。二月：栽柳。

明 佚名《便民圖纂》卷一〇《涓吉類》 安蠶架箔甲子、庚午、癸酉、丙子、戊寅、巳卯、丙戌、庚寅、甲午、乙未、丙午、甲寅、戊午生炁滿成開，及卯巳、午未日。

清 楊屾《豳風廣義》卷二

養蠶總要

蠶種備，方可言下蟻養蠶，未下蟻養蠶，先講養蠶總要。

飼蠶必晝夜無間，故頓數多，蠶疾老；頓數少，蠶遲老。古人云：養蠶莫巧，食到便老。若慇懃布葉，按時飼養，蠶室温暖，不惟繭堅多絲，亦且省葉絲韌。若怠惰因循，或饑一頓飽一頓，緊一頓漫一頓，寒一時熱一時，不惟繭薄絲少，亦且費葉絲腐，難上机杼。若蠶二十五日而老，一箔可得絲二十五兩；二十八日而老，一箔可得絲二十兩；若月餘，或四十日而老，一箔只得絲十餘兩。大約飼蠶者，慎勿貪睡，以致功廢於半途。事雖一月，其實要緊只在大眠後七日，受此七日辛苦，即獲一歲之利，可不猛醒。《務本新書》曰：蠶有十體：寒在連宜寒、熱下蟻宜熱、饑眠起宜饑、飽向食宜飽、稀布之宜稀、密下子宜密、眠卧為眠、起脱殻為起、緊臨眠上簇，宜緊飼、漫方起宜漫飼。

《蠶經》曰：蠶有三光，白光向食；青光厚飼；皮皺為饑，黄光以漸住食。蠶有三稀，下蟻稀，上箔稀，上簇稀。蠶有五廣，一、桑廣；二、人廣；三、屋廣；四、箔廣；五、簇廣。

《韓氏直説》曰：蠶有八宜，方眠時，宜暗；起以後，宜明；蠶小並眠時，宜暖宜暗；蠶大并起時，宜明宜凉；向食時，通風但忌小孔賊風吹入，宜加葉緊飼；新起時，怕風，宜薄葉漫飼。蠶之所宜，不可不知，反此者為逆，必無成理。

蠶室須知加減凉暖。蟻初生時，宜極暖，蓋是時天氣尚寒。大眠後，宜凉，蓋是時天氣已暄。又風雨陰晴不測，朝暮晝夜不同，一或失宜，蠶病即生。惟在蠶室得法，周置捲窓，中伏熟火，如蠶欲暖而天氣寒者，閉窓門，外挂簾薦，内加炭薪熟火，則外寒不入，和氣内生。若遇大寒，苦窓撥火，不能勝其寒者，則用擡爐，外燒木炭火料，置蠶室四隅，火氣自然薫蒸，覺熱則去餘火。蠶欲凉而天氣熱者，蓋閉火倉，捲起窓紙，凉氣外入，熱氣内消。若遇大熱，閉火捲窓，不能解其熱者，則去其窓紙，下開風眼，窓外及槌下，俱灑潑新水，凉氣自然透達。熱退，則糊補其窓，閉塞風眼。使其蠶自初至終，不知有寒熱之苦，病少□成，一室之功也。然寒不可驟加熱，當漸而盛火，寒而驟熱，則生黄軟等疾。熱亦不可驟通風凉，當漸而開窗，熱而驟通風凉，則變白僵，此又不可不知也。又正熱，猛着寒氣，便禁口不食，即用擡爐盛無烟牛□火，用杈撥火，於槌箔下往來，辟去寒氣，則蠶自然食葉。

眠起取齊法。蠶若齊眠齊起，自然上簇便齊，不惟省功省葉，且堅繭多絲。或有眠起不齊者，病原於初，今既然矣，當從此以治之。如於純黄之中，間有退白而向黄者，是與純黄不相遠，須頻飼以督之，則速其眠，猶可相及。如已見純黄，又多青白，此與純黄懸遠，雖飼之頻，則亦莫及。蓋蠶之變，色為變之小；絶食退膚，為變之大；為蛹為蛾，則變之尤大，而至於化也。凡至純黄，則結縈不食而眠，如人之大病，周身氣血為之變換，一晝夜安静不擾，則眠為得所。今以青白者尚多，飼而亂之，動而中踩之，則眠而失其所矣。及其青白者變黄，向之眠者，至此已起。起者如病人新愈，欲得少食以接氣血，但後眠者不能食。若先起者先飼，則先老，上簇便不齊，焉得個個細揀？若待後眠者起而同飼，則先起者已經餓損，多病少絲，端為可惜。故《蠶經》云：眠起不齊，絲減少。正謂此也。

又要量葉下蟻，不可貪多。如已力只合放蟻三兩三兩蟻，老可三十箔，就用箔三十，簾椽六十條，房三間，桑五畝，人八個，牛糞一車，槌繩鋪紙薦草，俱要預算，因為貪多，便放四兩，以致桑葉、房屋、椽箔、人力、糞薪，俱各不給，因而兩失，慎之。

又 初蠶下蟻法 （蠶） 若有先一日生者，或末後生者，皆不可用，後必眠起不齊。不忍棄者，另作一朋養之，不可混在一處。將連同蟻稱之，記寫分兩如蠶連共蟻，用戥子稱得九兩，待蟻下之後，再稱空連多少，即知蟻數。先將蠶筐或箔，用前所收薦草，搗極輭綿，匀鋪筐底或箔上，再鋪厚綿紙一層紙用桑皮，或□皮者佳，用時須粘連成一片，再將柔桑葉采來貯懷中，令暖，去露濕惡氣。或葉多不便懷暖，放温蠶室内薄攤，令晾去寒濕。如露氣太盛，將葉同細白米共入筐内摇動，令米收乾葉上露氣，筐是圓竹檕，如無，只用木檕亦可。

清 韓夢周《蠶桑實濟》卷三《育蠶切忌》 桑既樹，什物既備，可以蠶矣。然或不知禁忌，偶失檢點，則蠶多不旺甚，且不安曲箔，游走而死。欲事蠶者，須預知之，而預防之。故樹桑備物後，資之以育蠶切忌。

又 卷四《育桑急務》

上簇法

如蠶多者，將稍草疏摔潔淨，截一尺二三寸長，將上梢縛住。約五六十根爲一束，分如傘樣，豎立於老蠶箔上。又每一空處，仰立一束，上復薄撒亂稻草一層，不可厚了。一箔上，可簇兩箔之蠶。上簇之蠶，不可稠了，稠則二三蠶合結一繭，絲混不利雖繰。甚則積累厚壓，薰蒸罨熱，蠶死繭朽，俗呼爲『頓簇』。即作綿，亦不堪用。此時宜極煖。房大簇大者，用炭火八盆；房簇俱小者，用火六盆。日間天煖，火宜小些；夜間氣寒，火宜大些。務要簇室晝夜有人，以防火患。若上簇蠶寒，不惟作繭遲，而且少絲，又難於繰。如上簇時遇雷，須密閉門窻，覆以蠶蛻紙，周圍用水盆，以止其畏。用火要兩晝夜，則繭成矣。繭成之後，大開門窻以通風涼，七日而摘。

又　飼四眠四起蠶

頭眠　自初收之口起，餧至七八日，定要頭眠。將眠之先，一定旺葉三四餐餧上雯時捲過。旺葉之後，必然沸絲吐絲於葉面上，謂之『沸絲』。沸絲之後，就要打裝頭嘴仰面朝上，身子不動，謂之『打眠裝』。連忙體刮一番，薄薄再鋪一餐葉條子於上。此時底下，必先有幾個眠娘。一餐薄葉之後，不可餧葉，不可將蠶篩驚動動則其嘴一縮，要吐出嘴來，又難也。更要遮風，尤忌西北風。西北風一吹，便吐嘴不出。輕輕移放布帳之內，待其吐嘴。

清　帥念祖《蠶政編》

擇種下子

［配對後］欵欵摘去雄蛾，將雌蛾勻稀布於連上連須用桑構皮厚紙，若紙薄，則不便浸洗。將連鋪於無風處蠶盤內，上以盤覆之令暗，則生子不遊散。生子數足，更令母蛾就連上覆養三五日，然後摘去。每日所出之子爲一輩，不可將數日之蛾混一處。下子連上，須記號日子。養時，將同日所生子生蟻，爲一等養之，自然眠起皆齊。蠶連掛通風涼房，忌烟薰。掛時兩背相靠，子向外。

清　鄂爾泰《授時通考》卷七三《蠶理門・飼養》　第一頓宜薄，但可履白。第二頓比前又薄，第三頓如第一頓。此三頓，食如不短，則其蠶至老食慢，次日可漸加葉，可全開捲窗照窗，初向黄時宜微暖，眠定宜温，齊宜涼。正食時，每飼後，可挾蠶筐繞槌巡之。但見有斑黎處，即摻葉補合，拌米糝。至第七八頓食後，于巳午間，將切下葉攤在箔上，新水灑拌極勻，待少時納羅白粉子，拌令極勻。每葉一筐，用新水一升，粉子四兩。如無，止用新葉一筐，可飼一箔。拌桑麵切葉，灑拌新水極勻，羅桑麵拌勻，于大眠後，間飼三五頓。蠶欲老，飼之宜細薄，宜頻，宜微暖。

清　李拔《蠶桑説》《牧令書》卷一〇　眠則蠶不食，漸藏葉下，視眠者過半，即暫停，無與食。伺蠶蜕大半，起而後食之，初與食，不可多，多則傷食病死。漸長漸多，筐不能容，移於曲箔，蜀中呼爲簟。二三日一次，攤開令稀掃去蠶糞，以利其氣。蠶性喜温暖，宜向陽潔淨，毋使近陰暗及汚穢惡臭，犯則蠶瘟。

清　高銓《蠶桑輯要》卷上

互易法

蠶筐在植，數層疊架，飼宜時時上下替換。如前一頓從上飼至下者，後須從下至上。先後更番互易，則蠶之食葉皆均，其眠決無不齊之患。又筐之在植頂者暖，在底者寒，亦宜上下擡換，以均寒暖。

清　方大湜《桑蠶提要》卷二《蠶事四十條**・易器**六則**》**　蠶盤宜安草薦　盤上用茅草爲薦，草須切細，須搗輭，須平鋪。薦上鋪乾淨紙，紙須揉輭如綿，以數張粘連爲一張。

又《三眠三則**》**　熟眠　**【略】**爲此後桑葉計也。三眠蠶一斤，至老時，可得繭八九斤或十斤不等，前後食葉一百四五十斤。除三眠以前所食不計外，以後尚須食葉一百餘斤。稱時須人多手速人不多手不速，則久罨致傷。篩灰於蠶上，以俟其起此湖州法也，杭州人養蠶，須俟大眠眠定之時，方以秤稱之。如照杭州法則三眠眠定之時，不必稱其斤兩，只篩灰於蠶上，以俟其起，可也。杭州法，見蠶具第三則。詳大眠第二則。

又《大眠起後二則**》**　大眠起齊　餧葉之法，堆已散盡，無一眠者，便須餧葉。第一日，先餧柘葉五六次，再餧桑葉，絲乃韌而有光韌，音忍，柔而固也。無柘葉者，專餧桑葉。第二日巳午之間，以臘月所藏緑豆粉秤桑葉，餧一次先攤桑葉於蠶盤內，以新水灑秤，再用細羅篩篩緑豆粉於葉上，秤令極勻。每葉一筐，用水一升，豆粉四兩，可餧蠶五六斤。

清　林心北、吴書年勸刻《蠶桑輯略・養蠶節次三十五條**》**

收蠶蠶初生爲蟻又名蝸兒

將蠶篩糊竹紙晾乾，勻鋪稻穅灰，更以竹紙平鋪灰上。先將蠶連秤見分兩，次將切細桑葉如絲髮平鋪紙上。將蠶連翻搭，覆於葉上，將篩向明亮處安放，其子聞香自下。

清　孫詒讓《墨子閒詁》卷一四　備蛾傳第六十三　凡殺蛾傳而攻者之法，置薄城外蓋於城外植木爲藩蔽。薄，《備梯篇》作『裾』。裾，當爲椐之誤。畢云：薄，疑卽欂字，所謂壁柱。黄紹箕云：《説文・艸》『薄，林薄也』，一曰蠶薄。《荀子・禮論篇》，楊倞注云：薄器，竹葦之器。此書所云『椐』，蓋卽編木爲藩杝。椐，爲古聲，欂生字；薄爲甫聲，欂生字，二字同部，聲近義同。案，黄説是也，亦詳前《備城門篇》，畢説失之，去城十尺，薄厚十尺。伐操之法畢云：操當爲薄。大小盡木斷之，以十尺爲斷，離而深狸堅築之，毋使可拔。二十步一殺，有鬲。

清　鄭文同《蠶桑輯要·栽桑十二則》　蠶屎、桑渣，不可太厚。天冷隔日𧎬一次。天暖日𧎬一次。𧎬時，將大眼繩網覆蠶箔上，次將葉鋪網上。俟蠶穿網而上，即提網之四角，移置他箔。然後去先覆之網，掃除蠶屎、桑渣。一網常在蠶下，以二網替換，下次亦如之。𧎬，赭几切，讀若體音，字典訓，移蠶也

又《育蠶十二則》　蠶箔中遇有蒼蠅趨附，急以拂塵驅之，恐其生子於蠶身，將來成繭後，即化蛆，鑽孔而出，其繭不能繅絲。

又《生種剥綿共八則》　一、飼種蠶初收時，即天氣寒冷，亦不宜烘火。須用綿絮衣被，覆蓋蠶箔，中須架空，勿使閉氣。其餧葉務勤，弗可失時。另箔養開，熟時亦另上山帚。

清　曹倜《蠶桑速效編·種桑説》　夏蠶養育之法，與春蠶無異，惟飼葉起底，格外要勤，更忌天熱，屋宇必須清潔涼爽，不可逼近厨竈。蠶宜寬鬆，不可擁擠，所謂春蠶宜煖，夏蠶宜涼。更須用三脚架，將蠶筐層層架起，用夏布作帳，週迴遮護，以避蚊蠅。料理得宜，速則十七八日，遲則二十一二日，卽可上山。天涼三日采繭，天熱兩日可采。

清　曾鉌《蠶桑備要》卷三《養蠶總要》　蠶有諸忌：溼葉遇陰雨，必晾乾、霧葉遇大霧，須擦淨、乾葉、黄沙葉須擦淨、氣水葉積久發熱卽生氣水，須用新鮮，香氣、臭氣、不潔淨人、燈油氣、酒醋氣，葱韭薤蒜、阿魏硫磺等臭，敲擊門窗、箔架、鑼鼓、爆竹、哭泣、呌喚、怒罵等聲，及生人與凶服人入室。一說蟻初下連，卽將葱蒜酒難忌之物，少擦養蠶筐盤上，以後卽不忌。

又　卷四《養蠶程式》　大眠起齊　餧葉之法　堆已散盡，無一眠者，便須餧葉。第一日，先餧柘葉五六次，再餧桑葉，絲乃韌而有光韌，音忍，柔而固也。無柘葉者，專餧桑葉。第二日巳午之間，以臘月所藏綠豆粉，科桑葉餧一次先攤桑葉於蠶盤內，以新水灑科，再用細羅篩篩綠豆粉於葉上，科令極勻。每葉一筐，用水一升，豆粉四兩，可餧蠶五六觔。可解熱毒，且蠶絲堅韌有色，易於抽繅。或用臘月所藏熟米粉科桑葉，餧之亦可。

清　陳恢吾《農學纂要》卷四

育蠶

起底法　小蠶之蠶矢殘葉，間日去淨一次。其法於飼葉時，蠶盡上附，將竹筋削小，頭細而圓，輕輕箝過他筐，内有遺蠶，亦須箝過。二眠後逐日起底，將整葉連鋪兩次。俟蠶盡上葉，用手揭起，移過他筐，無須用筯。三眠後將綫結網，眼大如錢，攤在蠶筐，桑鋪網上。俟蠶從眼上附，兩人將網抬過他筐，即可起底，較為省易。内有壓在蠶矢蠶桑之下者，此蠶必小而無力，不能同起同眠，須將蠶筯撿出，另置一筐，以免不齊之病。

又　撿去廢蠶　每眠時，衆蠶次第皆眠，獨有一二青頭未眠，而仍食葉者，俗呼梟娘。必須將筯挾出，另置一筐，以免不齊。初二眠中之梟，照常飼葉，尚能作繭。三四眠中之梟，食葉多而不老，即可棄去。又腹結頭大而尾尖之蠶，食葉加倍，而不能上山作繭，宜去之。又三四眠時，有蠶色青亮，内若有油，雖不食葉，而在葉上掉頭不住，若有所甚苦者，此終不能眠，眠亦無用也，亦宜去之。又每眠一次，必褪衣一次，最忌風來東北，衣不能褪。蠶嘴偏歪，滿筐游走，擦損他蠶，亦皆致病。若見此蠶，急宜檢去。又大眠後二三日，有蠶身獨短，其節高聳，不食葉而在葉上游行，脚下有白水漬出者，宜急去之，毋使沾染他蠶。

育蠶者必熟知以上諸法，方可育蠶。

哺春蠶法

浴種生蟻　節交清明，先用净水將蠶種浸一刻取出，名曰浴蠶一法用火酒噴一過，能免黄輭瀉病。攤於風處，候乾。然後將蠶子摺疊，夾以葱韭蒜葉養蠶時，便少避忌用紙包之，外更裹以新棉，須血氣壯旺者，無論男女，晝則懷在胸中，夜則覆在被上。清晨人起，蓋在被中，以沾暖氣。宜表裏互易，使暖氣均勻。三日可出須逐日開看，見子色轉緑，漸漸青黑，蠶將出矣。如有三五先出者，用鷄翎掃去不用，留之致蠶不齊。蠶出在巳午時居多，見有一二成出者，即以燈草心四五寸長者數十莖，匀鋪紙上，架空。依舊摺疊，鬆包暖好，蓋先出者，餓一日無妨。明日再看，見出至五六成，然後收下。

下蟻　下蟻之法，先將有眼之筐，攤綿鋪紙，紙宜光滑，以待收蠶。見子出至五六成者，用鮮葉切絲細糝或葉微焙，搓末薄糝，亦可。俟小蠶附葉，以紙覆之。兩人執角，將蠶紙合轉，小蠶隨葉盡下。既可省力，更無傷損。既收之後，尚有未出之子，仍將蠶紙暖哺。明日巳午時，攤在筐中，架在空鍋，以受暖氣，蠶即盡出。如法再收，切不可與初次所收同置一處，致有不齊之病。收過兩次，

尚有未出者，皆劣子也，可即棄之。

飼蠶自開葉至大眠各法　小蠶既收，即洗手翦葉如絲，勻糝蠶筐，不可或密或疏，謂之開葉。蠶筐宜置帳內，謹避風寒，復以潔净衣被，架空覆之。不可逼遏受濕，致生病患，晝夜須飼葉六七次，不可間斷。每日飼葉，必先洗手，切忌沾污。

清　許鵬翊《橡蠶新編·橡蠶雜考》　蠶筐宜用新者，舊筐不潔故也。蠶忌香氣、酒氣、煙氣。放蠶之人，勿飲酒、勿吸煙、勿佩香囊與香水。蠶忌油漆氣，凡蠶器，不可用油漆。

清　江志伊輯《飼蠶法》　飼夏秋蠶法　勿飼雨露冷葉初可摘葉，大則捋葉。上簇時，相次秋高，恐值夜寒風冷，不能作繭，可於簇西北埋柱，繫椽箔，遮禦北風寒氣。三兩夜間，便可作繭。

清　劉清藜補輯《蠶桑備要》第三篇《養蠶總要》　蠶有諸忌：濕葉遇陰雨必晾乾、霧葉遇大霧須擦净、乾葉、黄沙葉須擦净。氣水葉積久發熱，即生氣水，須用新鮮。香　氣、臭氣、不潔净人、燈油氣、酒醋氣、葱韭薤蒜阿魏硫磺等臭，敲擊門窗、箔架，鑼鼓、爆竹、哭泣叫喚、怒駡等聲，及生人與凶服人入室。一説蟻初下連，即將葱蒜酒難忌之物，少擦養蠶筐盤上，以後即不忌。

清　盧燮宸《粤中蠶桑芻言》第二篇《養蠶事宜條例》

蠶熟上箔法

大眠後，食桑四日而先熟者，謂之標口。至六日而後熟者，謂之熟剩。大率以食足五日桑而熟者為衆。熟時，請人執起，用小窩載住，携去上箔，每箔約上八手。上時將箔横放，叠置於地，以手撮蠶，分上下左右中間各行泒開，該蠶自能走勻箔上，各自吐絲結繭也。每箔繭約計壹千五百個左右，便為得中。

卡箔袪雀蟻法　將已上蠶之箔兩張，左右如人字樣卡起，挨次分行，置於當風日處，約一個時，將箔倒轉一二次。另着小孩穿入箔底下，看有熟蠶跌在地上者，即拾置於箔。并要頻巡箔脚，遇有蟻上，即宜除之。箔外另用一童，手　持竹竿梭巡，見有雀來食蠶，即大聲麾竿驅之。并用木板裱净水符一張，挂於箔頭，以辟穢惡。

遮陽法　日將交巳，炎氣漸烈，蠶箔頂宜架横竹，上攤疏魚箔，以遮太陽。其箔旁當日處，亦宜遮之。

避雨法　蠶箔必卡在空曠之處，倘霎時遇雨，收箔不及，則蠶被雨淋，便不吐絲矣。其法宜預尋有上蓋之地一所，如祠廟、社亭、閒屋之類，但見黑雲湧起，熱風暴吹，即用多人，先將蠶箔快快移置屋內避之。　再者上箔之夜，不論有雨無雨，均宜用小火盆，畧熾碎炭，用灰蓋邊。將盆置於箔底，微微烘之，使蠶在繭內，沾着火氣，則吐絲不濕。其法：每一個火盆，以箔四張圍住，另以二張蓋頂上，密圍使煖，以煖足一個對時為度。交四更後，用刀插火盆三四次，務令火勻勿冷，則蠶在繭內，絲可勻吐，將來繅絲，不至斷口太多也。若將熟繭發賣，其價亦高。每盆約用碎炭觔餘，陸續添上，用柴灰蓋邊，中通火紅，如茶盅口闊便合。

清　盛宣懷輯《蠶桑備要》　眠頭　蠶將眠不勤食，曰紅嬾思又有青嬾思亦曰攬絲，言口中吐絲也。一云蠶長已倍，乃發油光，名紅嬾思。其曰食孃者，言他蠶盡眠，而此猶食葉。結背停食曰眠，蜕膚向食曰，起。時寒則遲，時溫則早，此天爲之也。冷看則遲，熱看則早；食慢則遲，食緊則早，此人爲之也。初眠曰頭眠，次曰二眠，三曰輟火，四曰大眠。已眠者爲眠頭，已起者爲起孃。火蠶之眠疾而且齊，如見紅攬絲，即宜緜除沙䅽。冷蠶之眠，略分先後，須審其眠，十之二方卻不可早，早則食葉者尚多，不能不多飼，飼多䋲厚又難復緜，必受鬱蒸之病。亦不可遲，遲則眠於沙䋲者多，既不勝檢捉之煩，且致沙䋲罨抑之患。仍以竹箸細細分開，去其殘葉。初眠雖係學眠，究欲其齊，朝見眠頭而夕定䅽，夕見眠頭而朝定䅽，其蠶必佳眠頭欲眠者，數十箇也，定䅽無不眠也。雖然好蠶，終不免有青條。捋眠葉不可多采每眠竝同。眠則擿置他器，曰捉眠頭。頭二眠蠶小，不能捉，但去沙屑，謂之替。

一、候眠頭　凡蠶之眠，皆先吐絲著䋲，以纏其足，謂之『做䋲』。須停火停葉火不停，則傷蠶；進葉，則已做䅽者，復上聚葉面，而重做矣，移放帷帳之中，勿使風襲風吹之，則背頻縮而難吐，西北風尤忌。又不可撞動蠶筐撞之，則背亦縮住。初但伸背向上，挺身不動，謂之『打眠樁』，再候之，則吐珠矣背上忽伸出一紫色圓點，如綴珠然，謂之『吐珠』

一、引青　不眠者，謂之『青條』，定䋲後，用礱糠灰糝於面上，用葉片翦開，貼在䅽上，其青自來，謂之『引青』。捉之自盡，亦名相青，或以葉䋲引亦可。

一、派老底　蠶之眠貴齊，眠齊起亦齊。若飼葉不均，則食足者眠早，不足則眠遲。一筐之中，眠頭與食葉之蠶，糾紛雜沓。飼之，則䋲益厚，而罨損眠頭；不飼，則缺食而愈不能眠矣。須𧊒開面上食葉者飼之，而以底中之眠頭另貯，謂之『派老底』。面上之蠶，雖非青蠶，收成終不及老底之豐。

一、種眠　頭蠶至吐珠爲眠成，取空筐勻糁班穅卽礱穅灰，或兼拌散石灰。以眠頭帶𧊒，鬆布其中，謂之『派𧊒』。用手宜輕，不淂觸傷蠶背，𧊒中沙矢，必盡啟去。復厚糁班穅一層，安頓靜暖處，謂之『種眠』。令蠶𧊒乾燥，眠亦易起。

一、候起孃　自眠而起，天寒約一周時，天暖較速。欲其速起，須用抄𧊒法。廊檐外架竹木作棚，上覆蘆簾，外護草薦，太陽洞照，移蠶筐置棚下，頻頻翻動，謂之『抄𧊒』。蠶乘暖氣，半日卽起矣。先起者名『搶火孃』，悉屬雄蠶。起齊後，若絆滿楊花𧊒，須用箸分開，使起孃在下者，皆淂乘鬆而上。

一、驗眠頭　起孃眠頭身體堅實，向明照之，色深綠者爲無病，疲輭紅黃則病矣。捉眠頭時，葉𧊒乾燥，沙矢堅結者，爲無病。葉𧊒潮潤，沙矢汙手，則病矣。起孃初蜕，昂首張尾，色如羊脂者爲無病。頭垂尾斂，身黄如陳倉米色，俗謂之『著黄草布衫』，放葉後，則尾流清水矣。火蠶須用新白紙一方，置筐中，眠頭起齊，紙上無一點汙穢水迹者良。若有迹，爲傷火之徵，棄之可也。

清　王元綎《野蠶録》卷一《育蠶・蠶忌》　凡烘室中有燃桐油，及誤以其木烘者，所出之蠶多不旺。又忌蘿蔔，蠶筐有誤盛蘿蔔葉者，觸之則死。又食白楊葉者，亦致病。

清　衛杰《蠶桑萃編》卷三《蠶政・易器類》　架留空盤

架上蠶盤，無論多少，上層下層，均應空留一盤。上可以防塵埃，下可以隔潮濕。

又《三眠類》

熟眠

三眠蠶一斤，至老時，可得繭八九斤或十斤不等。前後食葉一百四五十斤，除三眠以前所食不計外，以後須食葉一百餘斤。稱時須人多手速，緩則久罨致傷，稱准仍置蠶盤，篩糠灰於蠶上，以俟其起。又有俟大眠眠定時，方以秤稱之，只篩灰於蠶上，不計斤兩。蓋先後稱法，各有不同也。

又《大眠類》

大眠起齊

餧葉之法，視其眠起，即便餧葉。第一日，先餧柘葉五六次，再餧桑葉，絲乃韌而有光。無柘，則專餧桑葉。第二日巳、午刻間，以臘月所藏緑豆粉，拌桑葉，餧一次。先攤桑葉於蠶盤内，以新水洒拌，再用細羅篩篩緑豆粉於葉上，拌令極勻。每葉一筐，用水一升，豆粉四兩，餧蠶五六斤。可解熱毒，且蠶絲堅韌有色，易於抽繅。

清　吴作鏌、倪绍雯、劉安欽《蠶桑速成捷法・蠶絲業普及捷法》第三章《製絲捷法》　乾繭　日乾法者，繭以蠶箔薄盛，擇晴天，設繭架于庭園晒之，日出運出，日入運入。

清　羊復禮《蠶桑摘要・養蠶十五則》

九蠶熟

大眠後，蠶食數日，週身現黄蠟色，游走不食桑葉，昂頭吐絲，是謂蠶熟。卽取置蠶箔上，其帶青色而未熟者，照前放桑，俟通體透亮，則皆熟矣。

十上箔

蠶熟上箔，不宜太密，須要停勻。如遇天寒大雨，宜嫩火煖之，斷不可用猛火。其箔浙人用禾草，粤人用竹簾，均可仿用。

清　豫山《蠶桑辑要合编》編上《養蠶・養蠶法》

一、造蠶盤　古以木作筐，筐邊高二三寸，以疏簟爲底，底鋪蘆簾。育蠶器名曰箔，箔有大小，今人用筐簸，取其輕便。

一、編蠶網　以細麻綫，照織網法織平，孔如雞子大，量蠶器織成。每筐簸要二扇，以熟漆漆過，或以豬血和，或以槲皮，如制漁網法。三四眠後除沙，以二網輪流擡換。先將網蓋於蠶上，以葉撒之，蠶聞葉香，穿網而上，連蠶擡起，輕輕放下。除沙省工，且不傷蠶。

清　趙敬如《蠶桑説・飼蠶總説》

凡遇天暖，一日夜可飼葉六七次。天凉，晝三次，夜一次即可。天暖，夜飼最不可忽。點燈時飼一次，稍薄不妨。二鼓飼一次，畧厚。少睡，夜半起，又飼一次。鋪葉須高四寸，巡視蠶箔，見薄處，取葉鋪平。如此至天曉，再飼。每飼葉，要疏密得宜。頭二眠飼後，將蠶箔置之帳内，用小蠶架架好，以沾暖氣。但不可蓋遏受濕，致生病患。三眠後，則不必置帳内矣。

又　捉老蠶法

蠶至將老，身長有二寸半，喉下絲亮，食葉甚速。已老身轉縮小，長不過寸半，全身明亮，其軟如緜。然捉老蠶，不可使其過老，以不食游走，半身明亮為度。過老，則絲減。諺曰：蠶捉九，麥割十。若蠶齊老捉不及，宜取帶葉柳枝二條，握向蠶箔，老蠶緣柳枝上，使二人牽一單被，提柳枝向被一搖，蠶落被中，以盤盛去上蔟。上蔟大半，所餘之蠶，切細葉撒蓋其身。未老之蠶，見葉即食，不食游走者，多是老蠶，即用手捉之上蔟。

清 趙淵《蠶桑摘要》卷中《易器類・架留空盤》 架上蠶盤，無論多少，上層下層，均應空留一盤，上可以防塵埃，下可以隔潮溼。

盤鋪草蓐

盤內用茅草爲蓐，須細切擣輭，平鋪蓐上，再鋪乾淨紙，紙須揉輭，以數張黏爲一張。

又《大眠類》

大眠起齊

餵葉法，視其眠起，即便餵葉。第一日，餵柘葉五六次，再餵桑葉，絲乃韌而有光。無柘，則專餵桑葉。第二日，巳午刻間，以臘月所藏綠豆粉，拌桑葉，餵一次。先□桑葉於蠶盤內，以新水洒拌，再用細羅篩，篩綠豆粉於葉上，拌令極勻。每葉一筐，用水一升，豆粉四兩，餵蠶五六斤，可解熱毒。且蠶絲堅韌有色，易於抽繅。

清 朱祖榮《蠶桑答問》卷下 三眠後，將綫結網，眼大如錢，攤在蠶筐，桑鋪網上。俟蠶從眼上附，兩人將網擡過他筐，即可起底，較爲省易。內有壓在蠶矢殘桑之下者，此蠶必小而無力，不能與衆蠶同起同眠，須將蠶筋揀出，另置一筐，以免不齊。

又《哺春蠶法》

飼蠶自開葉至大眠各法第三

問曰：飼蠶自開葉至大眠，各法何如？

答曰：小蠶既收，隨即洗手，翦葉如絲，勻糝蠶筐，不可或密或疎，謂之『開葉蠶』。筐宜置帳內，謹避風寒，復以潔净衣被，架空覆之，不可逼遏受濕，致生病患。晝夜須飼葉六七次，不可間斷。每次飼葉，必先洗手，切忽沾污。

又《哺夏蠶法》

養育第二

問曰：此時蚊蠅已多，侵嘬之患，何以避之？

答曰：可用三腳架，將蠶筐層層架起，夏布作帳，週迴遮護，以避蚊蠅。料理得宜，速則十七八日，遲則二十一二日，即可上山矣。

综述

宋 陳彭年《廣韻》卷五《入聲・屋》 □象器曲受物之形，又姓，四。 鯆魚名。 苗蠶薄，亦作箔。 匤匤，匣也。 瘃陟玉切，寒瘡，七。 瘃上同。 孎謹也。 豖豕行皃，又丑足切。

元 司農司《農桑輯要》卷四《養蠶》

安槌

《齊民要術》：比至再眠，常須三箔，中箔上安蠶，上下空置下箔障土氣，上箔防塵埃。《士農必用》：上下二箔，上皆鋪切碎稈草。中一箔，用切碎擣軟稈草為蓐，鋪案平勻，仍須四邊留箔楂五七寸，揉净紙粘成一段，可所鋪蓐大鋪于中箔蓐上揉紙極軟如棉，《要旨》云：底箔須鋪二領蓐，蛾生後，每日日高，捲出一領，曬至日斜，復布于生蠶箔底。明日又將底箔撤出，曬曝如前，翻覆襯藉，使受自然陽和之氣。停眠起食，然後撤去。

又 下蛾

又慎莫貪多，謂如己力止合放蛾三兩，因為貪多，便放四兩，以至桑葉、房屋、椽箔、人力、柴薪俱各不給，因而兩失。《士農必用》：下蛾惟在詳欵稀勻，使不至驚傷而稠疊。

元 王禎《農書》卷六《農書通訣六・蠶繅篇第十五》 自辰巳間將瓮取出，舒捲提掇，亦無度數。但要第一日變三分，第二日變七分，却用紙密糊封了，還瓮內收藏。至第三日午時又出連舒卷，須要變至十分。其蠶屋、火倉、蠶箔見農器譜，並須預備。蠶生宜高廣，牕戶虛明易辨，眠起仍上於行捧，各置照牕。每臨早暮，以助高明。下就附地，列置風竇，令可啓閉，以除濕鬱。若新泥濕壁，用熱火薰乾，窗上用淨白紙新糊，門窗各掛葦簾、藁薦。下蟻之時，勿用雞翎等物掃拂，惟在詳欵稀勻，不至驚傷稠疊。生齊取葉著懷中令煖，用利刀切極細，簁於器內蓐紙上勻薄。將連合於葉上，蟻聞葉香自下。或過時不下連，及緣上連背者，並葉棄之。養蠶蟻時，先辟東間一間，四角挫壘空龕，狀如三星，以均火候。謂屋小，則易收火氣也。停眠前後，則撤去。擇日安槌，上下各鋪三箔，上承塵埃，下隔濕潤。鋪砌碎稈草於上中箔，以備分擡。用細切搗軟稈草，勻鋪爲蓐，又揉淨紙黏成一片，鋪蓐上安蠶。初生色黑，漸漸加食，三日後漸變白，則向食宜少加厚。變青，則正食宜益加厚。復變白，則慢食，宜少減。變黃，則短食，宜愈減。純黃，則停食，謂之『正眠』。眠起，自黃而白，自白而青，自青復白，自白而黃，又一眠也。每眠例如此，候之以加減食，凡葉不可帶雨露，及風日所乾，或浥臭者，食之令生諸病。常收三日葉，以備霖雨，則蠶常不食濕葉，且不失飢。採葉歸必疎爽於室中，待濕氣退，乃與食。蠶時晝夜之間，大槩亦分四時，朝暮類春秋。正晝如夏，夜深如冬，寒暄不一。雖有熱火，各合斟量多少，不宜一例。自初生至兩眠，正要温煖，蠶母須著單衣，以爲體測，自覺身寒，則蠶必寒，便添熟火；自身覺熱，蠶亦必熱，約量去火。一眠之後，但天氣晴朗，巳午之間，暫揭起牕間簾薦，以通風日。南風則捲北窗，北風則捲南窗，放入倒溜風氣，則不傷蠶。大眠起後，飼罷三頓，剪開窗紙透風日，必不頓驚生病。大眠之後，捲簾薦，去窗紙。天氣炎熱，門口置瓮，旋添新水，以生涼氣。如遇風雨夜涼，却當將簾薦放下。其間自小至老，蠶滋長則分之，沙燠厚則擡之，失分則稠疊，失擡則蒸濕。蠶柔輭而兗切，之物，不禁揉觸，小而分擡，人知愛護。大而分擡，或懶倦而不知顧惜，久堆亂積，遠擲高拋，損傷生疾，多由於此。蠶自大眠後十五六頓卽老。得絲多少，全在此數。北蠶多是三眠，南蠶俱是四眠。日見有老者，量分數減飼，候十蠶九老，方可入簇。值雨則壞繭，南方例皆屋簇，北方例皆外簇。然南簇在屋，以其蠶少易辦，多則不任。北方蠶多，露簇率多損壓壅閼。音遏。南北簇法，俱未得中，今有善蠶者一說。南北之間，蠶少，疎開窗戶，屋簇之則可。蠶多，選於院內，搆長脊草厦，內制蠶簇，週以木架平鋪蒿梢，布蠶於上，用蓆箔圍護，自無蠶病，實良策也。蠶簇，見農器譜。

元 王禎《農書》卷六《農桑通訣六・蠶繅篇第十五》 瓮內收藏至第三日午時，又出連舒卷，須要變至十分。其蠶屋、火倉、蠶箔，並須預備。

又 卷二〇《農器圖譜十六・蠶繅門》

蠶槌

蠶槌音墜。《禮》：『季春之月，具曲植。』植，即槌也。《務本直言》云：穀雨日，竪槌。夫槌立木四莖，各過梁柱之高，隨屋每間竪之。其立木外，旁刻如鋸齒而深。各每莖挂桑皮圜繩，蠶不宜麻。四角按二長椽，椽上平鋪葦箔，稍下縋馳僞切之。凡槌下懸中離九寸，以居箔。擡飼之間，皆可移之上下。《農桑直説》云：每捶上中下，閒鋪三箔，上承塵埃，下隔濕潤，中備分擡。梅聖俞詩云：三月將掃蠶，蠶妾具其器。立植先搨音摘括，室內亦塗塈。衆材疏以成，多箔所得寄。拾老歸簇時，應無慚棄置。

蠶椽　蠶箔

蠶椽，架蠶箔木也。或用竹長一丈二尺，皆以二莖為偶，控于槌上，以架蠶箔。須直而輕者為上，久不蠹者又為上為蠶因食葉上緣之蠹屑，不能透砂，事見《農桑要旨》。詩云：椽欲直而輕，不貴曲而蠹。輕則與人宜，蠹以病蠶故。鈎繩可移懸，蓐箔乃平布。桑餘掛新絲，功誰推此具。

蠶箔，曲簿承蠶具也。《禮》：『具曲植。』曲，即箔也。周勃以織簿曲為生，顔師古注云：葦簿為曲。北方養蠶者多農家，宅院後或園圃間，多種萑胡官切葦以為箔材，秋後芟取，皆能自織。方可四丈，以二椽棧之，懸于槌上，至蠶分擡去蓐時，取其卷舒易用。南方萑葦甚多，農家尤宜用之，以廣蠶事。梅聖俞詩云：河上緯蕭人，女歸又織葦。相與為蠶曲，還殊作筠筐。入用此何多，往售獲能幾。願豐天下衣，不嘆貧服卉。

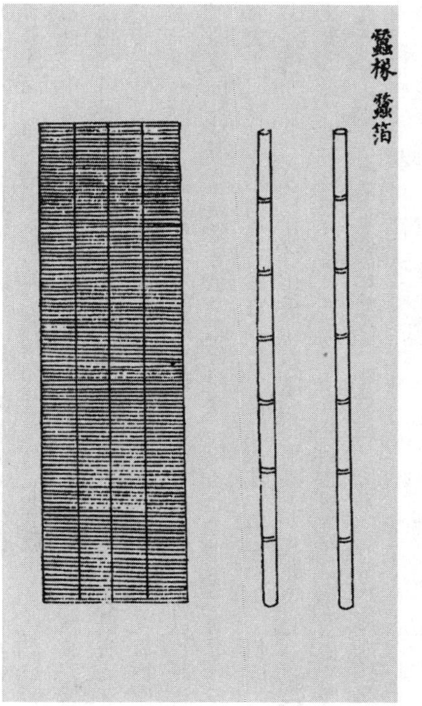

蠶筐

蠶筐，古盛幣帛竹器，今用育蠶，其名亦同。蓋形制相類，圓而稍長，淺而有緣去聲。適可居蠶。蠶蟻及分居時用之，閣以竹架，易于擡飼。梅聖俞《前蠶箔詩》云：相與為蠶曲，還殊作筠筐。北箔、南筐，皆為蠶具。然彼此論之，若南蠶大時用箔，北蠶小時用筐，庶得其宜，兩不偏也。詩云：古筐嘗奉幣，爰憑禮意將。今猶同制度，還取飼蠶桑。養視勝居箔，分擡欲擬筐。始終俱可備，仍得薦元黃。

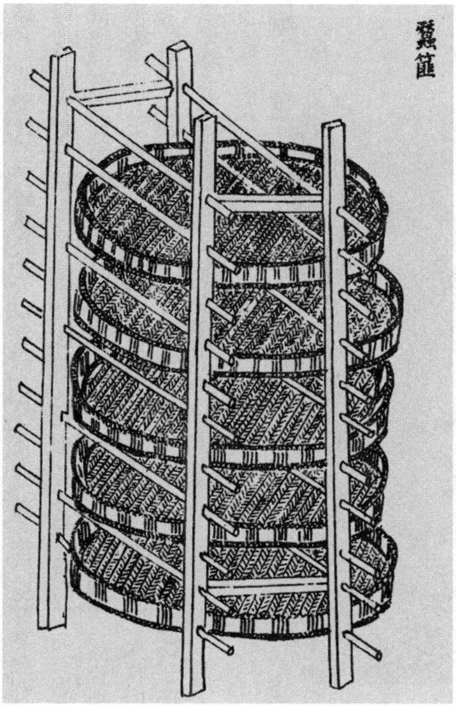

蠶槃

蠶槃，盛蠶器也。秦觀《蠶書》云：種變方尺，及乎將繭，乃方四丈，織萑葦範。以蒼筤來唐切，竹長七尺，廣五尺，以為筐，懸筐中間九寸，凡槌下懸，以居食蠶。今呼筐為槃，又有以木為框，以疏簟為底，架以木槌，用與上同。詩云：範竹作蠶槃，眠起用當倍。寬平一席多，方正四維在。擡替不妨勤，餘閒知有待。拾老或未多，就簇即無悔。

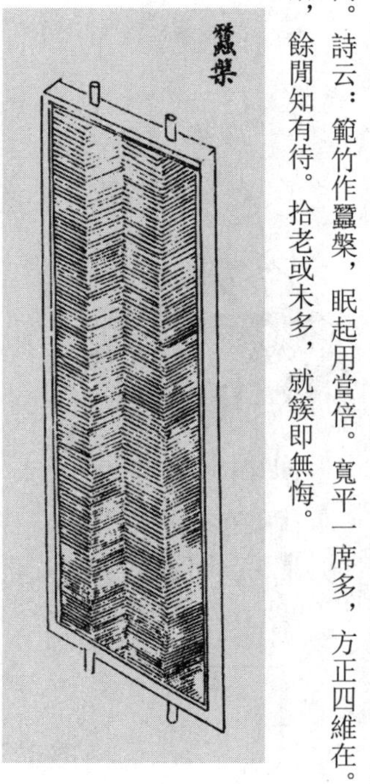

蠶架

蠶架，閣蠶盤筐具也。以細枋四莖豎之，高可八九尺，上下以竹通，作橫桄十層，每層皆閣養蠶槃筐，隨其大小。蓋筐用小架，槃用大架。此南方槃筐有架，猶北方椽箔之有槌也。詩云：育蠶必有槃，置槃須用架。竹木互維持，層級限高下。規模等箔槌，習用足桑柘。那知富貴家，羅綺簇朱榭。

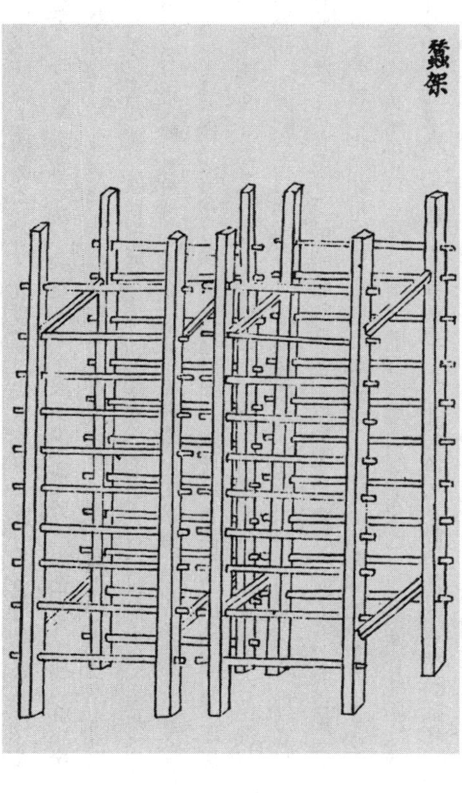

蠶網，擡蠶具也。結繩為之，如魚網之制。其長短廣狹，視蠶槃大小制之，沃以漆油，則光緊難壞；貫以網索，則維持多便。至蠶可替時，先布網于上，然後灑桑，蠶聞葉香，皆穿網眼上食。候蠶上葉齊，共手提網，移置別槃，遺餘拾去，比之手替，省力過倍。南蠶多用此法，北方蠶小時，亦宜用之。詩云：聖人制網罟，因彼川澤漁。誰知取魚具，鮮使移蠶居。紀綱用非異，水陸功有餘。兩端誠可詰，生殺意何如。

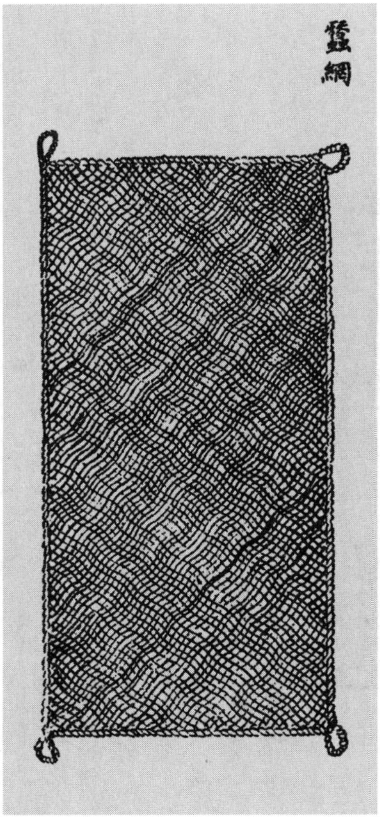

蠶簇　上簇

蠶簇，《農桑直説》云：簇用蒿梢、叢柴、苫席等也。凡作簇，先立簇心。用長椽五莖，上攝一處繫定，外以蘆箔繳合，是為簇心。仍周圍勻豎蒿梢，布蠶簇訖，復用箔圍及苫繳。簇頂如圓亭者，此團簇也。又有馬頭長簇，兩頭植柱，中架橫梁，兩傍以細椽相搭為簇心，餘如常法，此橫簇，皆北方蠶簇法也。嘗見南方蠶簇，止就屋內蠶槃上，布短草簇之，人既省力，蠶亦無損。又按南方蠶書云，簇箔以杉木觧枋，長六尺，闊三尺，以箭竹作馬眼槅插茅，疏密得中，復以無葉竹篠縱橫搭之。簇背鋪蘆箔，而以竹蔑透背面縛之，即蠶可駐足，無跌墜之患，此皆南簇。較之上文北簇，則蠶有多少，故簇有大小、難易之不同也。然嘗論之，南北簇法，俱未得中。何哉？夫南簇蠶少，規制狹小，殆若戲技，故獲利亦薄。北簇雖大，其弊頗多，蒿薪積疊，不無覆壓之害。風雨浸浥於立切，濕潤也。亦有翻倒之虞謂經雨倒簇也，《蠶桑直説》云：簇蠶時，雨被沾濕，纔晴，不以成繭不成繭，翻倒別簇，如雨少，則曝乾。復內外寒燠之不勻，或高下稀密之易所，以致簇內病生繭少，皆由此故，習俗既久，未能遽革。今聞善蠶者一法，約量本家育蠶多少，選於院內空去聲地，就添椽木苫草等物，作連脊廈屋。尋常別用，至蠶老時，置簇於內，隨其長短，先搆簇心，空直如洞。就地掘成長槽，隨宜闊狹，旁可人行，以備火候。謂用火法也。《蠶書》云：已入簇，微用熟灰火温之，待入網，漸漸加火，不宜中輟。稍冷，游絲亦止，繰之即斷，多煮爛作絮，不能一緒扣盡矣。外則周以層架，隨層卧布蒿稍，以均蠶居。既畢，用重箔圍之，若蠶少屋多，疏開窗户，就内簇之亦可。如此則上有芘覆，下無濕潤，架既寬平，蠶乃自若。又總簇用火，便於照料。南北之間，去短就長，制此良法，皆宜用之，則始終無慊矣。故梅聖俞《蠶簇詩》云：競畏風雨寒，露置未如屋，正謂此也。梅聖俞詩云：冰蠶三眠休，作繭富其簇。漢北取蓬蒿，江南藉茅竹。蒿疏無鬱泥，竹净亦森束云云，前二句。歌云：捲去緑雲桑已少，箔頭有絲蠶欲老。月餘辛苦見成功，作簇不應從草草。南北習俗久不同，彼此更須論拙巧。北簇多露置積疊仍憂風雨至。南簇俱在屋，施之北蠶良未足。南北簇法當約中，別構長廈方能容，外周層架蒿草平，内備火候通人行，飼却神桑絲已吐，女灑桃漿男打鼓，作繭直須三日許，開簇團團不勝數。我家多蠶方，自慶得法，于今還可證，免似向來多簇病。

明 楊士奇《東里集》卷一九《墓誌銘・故資政大夫戶部尚書郭公墓誌銘》 屬邑，吏爭濯磨自效。公退，所謀諸心，發諸言，未嘗不在民事。所秉正直，襟宇坦明，言出而民信，令出而民從。不俟程督，庶務畢舉。舍内蠶箔嘗有叢絲，類織成鞶帶，修廣適度，郡人謂公仁政之應。在衢七年，政化大行，坐累徵，詣京師。耆老數百人伏闕，奏乞留理，官執不可，耆老皆流涕而退。

明 黄省曾《蠶經》 方筐之制，縱八尺，廣六尺，其圓箔之造在盤門。

明 陳嘉謨《本草蒙筌》卷一一《蟲魚部》 白殭蠶 味鹹辛，氣平升也，陰中陽也，屬火，有土與水得金氣，殭而不化，無毒。一說，性溫有小毒。在人家蠶箔中，取殭直自死者，勿令中濕，犯則棄之。濕中有毒，故勿用。

明 焦竑輯《國朝獻徵録》卷二八《户部一・資善大夫户部尚書李公祖墓誌》 屬邑，吏爭濯磨自效。公退，所謀諸心，發諸言，未嘗不在民事。所秉正直，襟宇坦明，言出而民信，令出而民從。不俟程督，庶務畢舉。舍内蠶箔嘗有叢絲，類織成鞶帶，修廣適度，郡人謂公仁政之應。在衢七年，政化大行。坐累徵，詣京師。耆老數百人伏闕，奏乞留理，官執不可，耆老皆涕泣而退。

明 徐光啓《農政全書》卷一〇《農事・春》 元日五更鷄鳴時，點火把炤桑棗果木等樹，則無蟲。以刀斧班駁敲打樹身，則結實，此謂之嫁樹。是日，用尖刀刮破桃樹皮。是月，命女工趨織布，典饋釀春酒。是月十五日，戔糕糜炒令焦，和穀種子。是月，教牛，修農具，築墻圍，開溝渠，修蠶室，整屋漏，織蠶箔。此月栽樹為上時，上半月栽者，多結子，南風不可栽。

又 卷三一《蠶桑・養蠶法》《士農必用》曰：上下二箔上，皆鋪切碎稈草。中一箔，用切碎搗軟稈草為蓐，鋪按平勻，仍須四邊留箔楂五七寸。揉淨紙，粘成一段，可所鋪蓐大鋪於中箔蓐上揉紙極軟如綿。《要旨》云：底箔，須鋪二領。蠶蟻生後，每日日高，捲出一領，曬至日斜，復布於生蠶箔底，明日又將底箔徹出，曬曝如前。番覆鋪藉，使受自然陽和之氣，停眠起食，然後徹去。

清 楊屾《豳風廣義》卷二

預編蠶盤

蠶盤，盛蠶器也。移蠶、上簇，皆可用之。或以竹編，或用木框，以疏簟為底，長七尺，廣五尺，出入擡蠶便用。

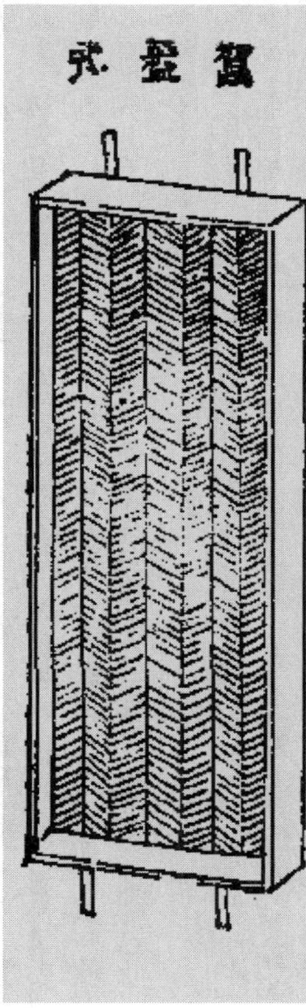

又 擇種下子 將雌蛾勻稀布於連上。連須桑皮為上，構皮次之，不可用麻。連須用厚紙，若薄，不耐浸洗。連取挂時，二相連之義。將連鋪於無風凉房中，淨蠶盤內，上再用盤覆之令暗，則生子不游散。生子數足，更令母蛾就連上覆養三五日，則氣完固，然後將母蛾摘去。

清 韓夢周《蠶桑實濟》卷四《育蠶急務》

祭先蠶

有箔皆盈。尚冀終惠用彰厥靈，簇老獻瑞繭盆效功。敬獲吉卜克契心盟。神其來享，爰祀惟誠。奠拜畢，將蠶筐上架飼之，此祭先蠶之禮也。

又　初蠶下蟻法

將連同蟻稱之，記寫分兩如蠶連共蟻，用戥子稱得幾兩，待蟻下之後，稱得空連多少，即知蟻數。先將蠶筐或箔，用前所收蓐草，搗極輭棉，勻鋪筐底，或箔上再鋪厚綿紙一層紙用桑皮或構皮者佳，用時，須粘連成一片。再將柔桑葉採來貯懷中令暖，去露溼惡氣。或葉多不便懷暖，放温蠶室内薄攤，令晾去寒溼。如露氣太盛，將葉同細白米共入篇内搖動，令米收乾葉上露氣。篇是圓竹槃，如無，只用本盤亦可。

又　上簇法

如蠶多者，將稍草疏捽潔淨，截一尺二三寸長，將上梢縛住，約五六十根爲一束，分如傘樣。豎立於老蠶箔上，又每一空處，仰立一束。上復薄徹亂稻草一層，不可厚了，一箔上可簇兩箔之蠶上簇之蠶，不可稠了，稠則二三蠶合結一繭，絲混不利。雖繰甚則積累厚壓，薰蒸罨熱，蠶死繭朽，俗呼爲『頓簇』，即作綿，亦不堪用。此時宜極煖房大簇大者，用炭火八盆；房簇俱小者，用火六盆。日間天煖，火宜小些，夜間氣寒，火宜大些。務要簇室晝夜有人，以防火患。若上簇蠶寒，不惟作繭遲，而且少絲，又難於燥。如上簇時遇雷，須密閉門窻，覆以蠶蛻紙，周圍用水盆，以止其畏。用火要兩晝夜，則繭成矣。繭成之後，大開門窻，以通風，涼七日而摘。

又法　用結實杆上，紥成臺式，離地三尺許處處要用粗麻绳，牢牢懸掛於屋梁或椽子上。取葦箔平鋪一面，將草把子豫備，以便將蠶送上。

又　飼四眠四起蠶

一餐薄葉之後，不可餧葉，不可將蠶篩驚動動則其嘴一縮，要吐出嘴來，又難也。更要遮風，尤忌西北風。

又　卷五《蠶桑雜附》

養槲蠶法

［配對后］摘去雄蛾放在揀出不用之蛾一處。將雌蛾勻稀布於連上連須桑皮紙爲上，構皮紙次之，不可用麻紙。連須用厚紙，若紙薄不耐浸洗。連，取掛時二紙相連之義。將連鋪於無風涼房中，淨蠶盤内，上再用盤覆之，令暗，則生子不遊散。生子數足，更令母蛾就連上覆養三五日，則氣完固，然後將母蛾摘去放在摘出不用蛾一處，待老死後，同埋之。

又　卷六《蠶桑補遺》

購置擡網音釋

自古移蠶之法，莫便於網擡，既省人工，兼恤物命。其網之大小、方圓、長短、廣狹，量蠶箔以爲準，則每箔二網擡換。古法，用新細麻繩織網，或生漆或猪血塗過，仍以粗麻繩穿邊，甚足耐久，有力者固宜如此。若貧約之家，力不能辦，可購取魚濫網，比照箔式，裁縫補綴完好，用細篾絲穿邊，亦可適用。

清　鄭之僑《農桑易知録》卷二《桑務事宜》

一頭眠蠶眠則不食葉如人眠然

收蠶之後，餧有六七日，定要頭眠。將眠之前，必旺葉三四餐，所謂旺葉者，餧上卽時吃過旺葉之後，必然沸絲。蠶身雖細，卽有絲吐於葉面，故謂之『沸絲』。及沸絲之後，就要打裝。所謂『打裝』者，個個頭嘴仰面朝上，身子不動，俗名謂之『打眠裝』。連忙再體一次，薄薄鋪上一層桑葉，此時底下，必先有幾個眠娘。自此一餐薄葉之後，不可再餧，亦不可將蠶篩驚動，動則其嘴一縮，再要吐出嘴來便難。更要遮風，尤忌西北風。蓋西北風一吹，嘴便吐不出。唯輕輕移置帷帳内，等其吐嘴，嘴上有一點尖角紫蔭，則嘴已吐，全嘴吐全，則為眠娘矣。

清　帥念祖《蠶政編・初蠶下蟻法》　先將蠶室掃淨，添火使暖，次日極早，取開棉包，提令鬆活，覆以輕棉。少頃，見有黑蟻出者，將連單鋪室内匟上，或箔上。稍時，黑蟻齊出，先將蠶筐或箔用柔草搗極輭棉，勻鋪筐底或箔上，再鋪厚綿紙一層。再將桑葉採來，切如髮，用葉篩細細篩筐内蓐紙上，却以帶蟻蠶連向下覆，葉上蟻自下。或有多時不下，緣於連背，翻過自下。又不下者，病蟻也。

清　鄂爾泰《授時通考》卷三《天時門・正月》　齊民要術元日五更鷄鳴時，點火把照桑棗果木等樹，則無蟲。以刀斧班駁敲打樹身，則結實，此之謂稼樹。　是日，用尖刀刮破桃樹皮。是月，命女工趨織布，典饋釀春酒。是月教牛，修農具，築墻園，開溝渠，修蠶室，整屋漏，織蠶箔。　此月，栽樹為上時，上半月栽者，多結子，南風不可栽。

又　卷七四《蠶事門・分箔》　農桑要旨底箔須鋪二領，蠶蟻生後，每日高捲出一領，曬至日斜，復布於生蠶箔底。明日又將底箔撤出曬曝，如前番覆鋪。使受自然陽和之氣。停眠起食後，然後撤去。

《古今圖書集成・歲功典》卷一五

孟春事宜　孟春之月，命女工趨織布典，饋釀春酒。　是月，教牛，修農具，築牆園，開溝渠，修元朝室，整屋漏，織蠶箔。此月栽樹爲上時，上半月栽者，多結子，南風不可栽。

清 李拔《蠶桑説》《牧令書》卷一〇 ［蠶］初生，盛以筐，藉以紙。先以柘葉食之，如無柘，用桑亦可，每日喂三次。天氣晴暖，約七日，即當初眠。眠則蠶不食，漸藏葉下，視眠者過半，即暫停無與食。伺蠶蜕大半起，而後食之，初與食，不可多，多則傷食病死。漸長漸多，筐不能容，移於曲箔，蜀中呼為『簟』。二三日一次，攤開令稀，掃去蠶糞，以利其氣。

清 崔應榴彙纂，錢馥補輯《蠶事統紀》卷九 籧筐 蠶蟻生後，每日日高，捲出一領，曬至日斜，復布於生蠶箔底。明日又將底箔撤出，曬曝，如前翻覆襯籍，使受自然陽和之氣。停眠起食，然後撤去。

又 蠶簇 嘗見南方蠶簇，止就屋内蠶盤上布短草簇之，人既省力，蠶亦無損。

又 卷一六 蠶説 蠶漸長漸多，筐不能容，移于曲箔，蜀中呼為簟。二三日一次，攤開令稀，掃去蠶糞，以利其氣。

清 高銓《蠶桑輯要》卷上

煨斑糠

斑糠，穀殼炭也。須用秈穀殼，蠶筐禦潮，非此不可。鄉人恒于清明邊煨之，煨須存性，不得太過成灰。

又 卷下 頭眠 **【略】** 風吹之，則嘴頻縮而難吐，西北風尤忌。亦不得撞動蠶筐，撞之，則嘴亦縮住。初但伸嘴向上，挺身不動，謂之『打眠樁』，再候之，則吐珠矣。嘴上忽伸出一紫色圓點，如綴珠然，謂之『吐珠』。蠶至吐珠為眠成，宜擡筐細看，或尚有游行者，青蠶也。亟檢棄之，謂之『相青』蠶之不眠者，其色獨青，故曰青蠶。宜用鮮葉切粗條引去，或以葉綈引亦可。隨取空筐，匀摻斑糠，以眠頭帶綈鬆布其中，謂之『派綈』。綈中沙菌，必盡敔去，用手宜輕，不得觸傷蠶嘴。復厚摻斑糠一層，安頓靜暖處，謂之『種眠』種，從去聲，言安頓如栽種也。此候眠法也。自眠而起，天寒約一周時，暖則不必周時。欲其速起，須用沙綈法。廊簷外架竹木作棚，上覆蘆簾，旁護草薦。太陽洞照，暖如火炙，移蠶筐置棚下，頻翻動蠶綈，蠶乘暖氣，半日即起矣。先起者，名『搶火娘』，悉屬雄蠶。起齊後，若絆滿楊花綈，須用箸分開，使起孃在下者，皆得乘鬆而上，此候起法也。

又 剝手綉

綿套于掌者，為手綉。用大木盆一具，上鋪蠶篩，取净繭置篩中，逐個剝開，翻套于手掌，摘去蠶蝺、蠶蜕。大率同功繭，可套十五六個；小繭，可套三十餘個。更取清水一桶，將掌上所套者，就水中雙手拓之，使圓轉寬大，以便上綿豁。若繭多，一日不能盡剝，須用淡油灰水浸，至次日再剝。

清 曹笙南輯《五畝居桑蠶清課》卷二《育蠶徵信篇·居蠶具》《務本直言》：穀雨日，竪槌立木四莖，各過梁柱之高，隨屋每間竪之。其立木外旁，刻如鋸齒而深。各每莖挂桑皮圜繩，四角按二長椽，椽上平鋪葦箔，稍下縋之。凡槌十懸，中離九寸以居，擡飼之間，皆可移之上下。《農桑通訣》：箔，承蠶具也。北方着蠶者多，農家宅院後，或園圃間，多種萑葦，以爲箔材。《禮》：『具曲、植』。曲，即箔也；植，即槌也。《三才圖會》：筐圓而稍長，淺而有緣，適可居蟻蠶，及分擡時用之，閣以竹架，易於擡飼。架閣，蠶筐具也，以細枋四莖竪之，高可八九尺，上下以竹通，作横枕十層。層每閣養蠶槃筐，隨其大小。蓋筐用小架，槃用大架。此南方槃筐之架，猶北方緣箔之有槌也。

清 曹倜《蠶桑速效編·養蠶説》 將竹筯削小，頭細而圓，輕輕箝過他筐，内有遺蠶，亦須箝過。二眠後，天氣漸熱，殘桑蠶矢益多，蠶身亦大，須逐日起底。法：將整葉連鋪兩次，俟蠶盡上葉，用手揭起，移過他筐，無須用筯。三眠後，將線結網，眼大如錢，攤在蠶筐，桑鋪網上，俟蠶從網眼上附，兩人將網擡過他筐，即可起底，較爲省易。内有壓在蠶矢殘桑之下，此蠶必小而無力，不能與衆蠶同起同眠，須將蠶筯揀出，另貯一筐，以免不齊。

又《種桑説》 浙地栽桑，不必太深，而東省栽桑，斷不可淺。栽一、小蠶既收，隨即洗手，剪葉如絲，匀糝蠶筐，不可或密或疏，謂之『開葉』。蠶筐宜置帳内，謹避風寒，復以潔淨衣被，架空覆之，不可逼遏受濕，致生病患。晝夜須飼葉六七次，不可間斷。每次飼葉，必先洗手，切勿沾污。小蠶漸長，須逐日撥開，間日起底，大約天暖五六日，天寒七八日。蠶頭漸白，微有黄光，嘴上隱有尖角，仰首不食，謂之『頭眠』。

清 曾鉌《蠶桑備要》卷二《先事豫備總論》 織蠶箔 取細葦，用麻繩密編，寬五尺長一丈，分擡去蓐時，易於舒卷，每蟻一錢，需用一箔。

又 一、置擡爐 如火盆架兩旁有柄，蠶忌烟薰，戶外將柴糞燒過，烟盡，以便擡入。火之大小，當隨寒熱添減，務要温和，勿忽寒忽熱。

一、織蠶箔 取細葦用麻繩密編，寬五尺，長一丈，分擡去蓐時，易於舒卷，每蟻一錢，需用一箔。

又《養蠶程式》卷四　熟眠　【略】為此後桑葉計也，三眠蠶一觔，至老時，可得繭八九觔，或十觔不等，前後食葉一百四五十觔。除三眠以前所食不計外，以後尚須食葉一百餘觔。稱時須人多手速人不多手不速，則久罨致傷。稱準須置曬簾內曬簾，即大蠶盤也。篩灰於蠶上，以俟其起此湖州法也，杭州人養蠶，須俟大眠眠定之時，方以秤稱之。如照杭州法，則三眠眠定之時，不必稱其觔兩，只篩灰於蠶上，以俟其起可也。

清　陳淳《實驗蠶桑簡要法》篇下《養蠶法・檢別遲蠶之法》　檢別時，人口中炭氣，不可直接觸蠶，亦不可使蠶被風。蠶箔上下，或左右旋轉，務格外注意，勿稍驚動為切要。

清　陳恢吾《農學纂要》卷四《哺春蠶法・下蟻》　飼蠶自開葉至大眠各法小蠶既收，即洗手翦葉如絲，勻糝蠶筐，不可或密或疏，謂之開葉。蠶筐宜置帳內，謹避風寒，復以潔浄衣被，架空覆之，不可逼遏受濕，致生病患。

清　劉祖憲《橡繭圖說》卷下　春放蠶法第二十一　凡一蠶筐，裝蛾五百，約出蠶五萬頭。而蠶之出也，只在寅卯二時。每日卯辰時，不論蠶出多少，將蠶筐置橡樹，取橡枝垂入筐內，已出之蠶，自緣枝而上，謂之拴筐。其未出者，仍筐回廠，俟明日再拴，大約四日可畢。

清　宋如林《勸種橡養蠶示・附養蠶事宜五條》《皇朝經世文編》卷三七　起眠後葉盡，用銀翦連枝翦移他樹。蠶一入山，須人看禦禽鳥。其蠶筐，以黃荆嫩條為之用，蓋其餘竹木所為，則不能粘子，次年定須新製。

清　宋如林《勸種橡養蠶示》《皇朝經世文編》卷三七　[蠶繭]以火熜之，即不成蛹。每遇蠶眠時，不可翦移，俟起眠後葉盡，用銀翦連枝翦移他樹。蠶一入山，須人看禦禽鳥，其蠶筐以黃荆嫩條為之用，蓋其餘竹木所為，則不能粘子，次年定須新製。

清　周春溶《蠶桑寶要・育蠶事宜二十七條・頭眠》　連忙體刮一番，薄薄再鋪一餐葉條子于上此時底下，必先有幾個眠娘。一餐薄葉之後，不可餧葉，不可將蠶篩驚動。動則嘴一縮，要吐出嘴來，又難也。

又　葉筐

以行劈細篾為之，形如斗大而高，所以盛小葉。蠶在大眠之前，總謂之小葉。至蠶漸大，則需葉漸多，又必用大筐子盛葉。或以竹編成，或以細柳條編成，皆可為筐備用。

又　蠶簾

南方用竹片子，密密編成不必糊紙。邊高一二寸，圍圓有兩人合抱寬，蠶至出火大眠時用之，每隻可貯大眠蠶五六觔。一觔出火，到大眠時，必有四觔。北方有柳條，晒簾貯蠶，若大眠後下地，便可不用矣。

清　常恩《放養山蠶法・初眠》　蠶出卵即能食葉，務將出蠶之筐，逆至櫟林，擇櫟樹相聯者，以三四株結成一片，將蠶筐並筐蓋，分繫叢枝密葉間，蠶卽羣相奔赴，自食其葉，謂之『靠筐』。倘不便靠筐者，則摘一二嫩櫟枝置筐中，引之使上。

又　薅林　草不鋤盡，不易拾蠶。

器具　蠶事用者曰蠶筐布卵用之，曰蠶刷以掃出筐之子蠶。

清　董開榮《育蠶要旨・鋪地》　鋪地，大眠飼食一周，可放地蠶。但著地必鋪石灰及草柴柴不可多，方免寒溼及蛇蟲育蠶多而盛蠶器具少，大眠復鋪蘆席于地，置蠶其上，謂之『下地蠶』。

清　方大湜《桑蠶提要》卷二《蠶事四十條・易器六則》　蠶大宜分　以一盤之蠶，分為兩盤，謂之分蠶。初生如蟻，頭眠時，大如衣線，長約半分。二眠時，粗如綿紗線，長約一分。三眠時，粗如麻線，長約二分。大眠時，粗如錢繩，長約五六分。大眠起後，餧葉一晝夜，便可長至寸許。臨老時，約長二寸。不分則漸長漸大，愈大愈擠，必有積壓損傷之患。大約新蟻一盤至老，可分為三十盤。蠶盤有大有小，詳蠶具第二三則。

又《山蠶八則・育蟻》　蠶既出，用新折柏枝，勻鋪筐內，蠶聞柏葉氣，自然緣上柏枝。柏枝氣香，且紋理相澀，易於攀援。卽連蠶與柏枝，提置青棡樹上嫩芽中餧養甯羌則於蠶生之後，辰巳時，將蠶筐置水渠中，筐底支以石，勿令沾水。插青棡等樹枝梢，於筐之四圍小內，以免枝葉乾枯。

清　黃世本《蠶桑簡明輯說》第二篇《養蠶說》　揀蠶三條　【略】殘桑蠶矢益多，蠶身亦大，須逐日起底。法將整葉連鋪兩次，俟蠶盡上葉，用手揭起，移過他筐，無須用篩。三眠後，將綿結網，眼大如錢，攤在蠶筐，桑鋪網上。俟蠶從網眼上附，兩人將網擡過他筐，即可起底，較為省易。內有壓在殘桑　蠶矢之下，此蠶必小而無力，不能與衆蠶同起同眠。須將蠶篩揀出，另貯一筐，以免不齊。

又　夏蠶一條

春蠶無異，惟飼葉起底，格外要勤。更忌天熱，屋宇必須清潔涼爽，不可逼近厨竈。蠶宜寬鬆，不可擁擠，所謂春蠶宜煖，夏蠶宜涼。更須用三脚架，將蠶筐層層架起，用夏布作帳，周迴遮護，以避蚊蠅。

清 林心北、吳書年勸刻《蠶桑輯略·養蠶節次》三十五條　［蠶頭眠時］

不可將蠶篩驚動動則其嘴一縮，要吐出嘴來，又難也。

又《蠶室器用》二十條

蠶篇

用竹篦密密編成，長三尺五寸，寬二尺五寸，四角微曲，其角實底不用留眼，亦不用糊紙。邊高一寸半，邊底皆用硬篦經緯之。庶期久用，蠶至出火，大眠時，每箇可盛大眠蠶五觔一觔出火，到大眠時，必有四觔。北方有以柳條曬篇盛蠶者，亦無不可。若大眠後下地，便可不用矣。

清 汪曰楨《湖蠶述》卷一《總論》　育蠶以屋多爲貴，如屋不多，便須多設曬匾，以蠶架架之。

又 卷二《頭眠》　一、候眠頭　凡蠶之眠，皆先吐絲著綈，以纏其足，謂之『做綈』，須停火停葉火不停，則傷蠶進葉，則已做綈者，復上葉面，而重做矣，移放帷帳之中，勿使風襲風吹之，則背頻縮而難吐，西北風尤忌。又不可撞動蠶筐撞之，則背亦縮住。初但伸背向上，挺身不動，謂之『打眠椿』再候之，則吐珠矣。背上忽伸出一紫色圓點，如綴珠然，謂之『吐珠』，《吳興蠶書》俗謂『頭眠頭頂沙，二眠蠶拕蠶』，然猶不足憑。唯看其蠶身放白，蠶身長大，旺葉以後，漸漸色黃，收身褪葉，背尖有黑二殼，此眠之候也。《育蠶要旨》

一、引青　不眠者，謂之『青條』。定綈後，用礱糠灰糝于面上，用葉片剪開，貼在綈上，其青自來，謂之『引青』，捉之自盡。《育蠶要旨》亦名相青，或以葉綈引亦可。《吳興蠶書》

一、派老底　蠶之眠貴齊，眠齊起亦齊。若飼葉不勻，則食足者眠早，不足者眠遲。一筐之中，眠頭與食葉之蠶，糾紛雜沓。飼之，則綈益厚，而罨損眠頭；不飼，則缺食而愈不能眠矣。須綈開面上食葉者飼之，而以底中之眠頭另貯，謂之『派老底』。面上之蠶，雖非青蠶，收成終不及老底之豐。《吳興蠶書》

一、種眠頭　蠶至吐珠為眠成，取空筐勻糝班糠即礱糠灰，或兼拌散石灰。以眠頭帶綈，鬆布其中，謂之『派綈』。用手宜輕，不得觸傷蠶背。綈中沙矢，必盡敨去。復厚糝班糠一層，安頓靜暖處，謂之『種眠』。《吳興蠶書》令蠶綈乾燥，眠亦易起。《育蠶要旨》

一、候起孃　自眠而起，天寒約一周時，天暖較速。欲其速起，須用抄綈法。廊檐外架竹木作棚，上覆蘆簾，外護草薦，太陽洞照，移蠶筐置棚下，頻頻翻動蠶綈，謂之『抄綈』。蠶乘暖氣半日即起矣。先起者名『搶火孃』，悉屬雄蠶。起齊後，若絆滿楊花綈，須用箸分開，使起孃在下者，皆得乘鬆而上。《吳興蠶書》

又 卷四《作綿》　剝手綉　綿套于掌者，為手綉。用大木盆上鋪蠶篩，取浄繭置篩中，逐個剝開，翻套于手掌上。摘去蠶蛹蠶蛻，大率同功繭，可套十五六個；小繭，可套三十餘個。更取清水一桶，將掌上所套者，就水中雙手展拓，使圓轉寬大，以便上環。《吳興蠶書》

清 吳烜《養蠶説》　［飼小蠶］法：將整葉連鋪兩次，俟蠶盡上葉，用手揭起，移過他筐，無須用篩。三眠後，將綫結網，眼大如錢，攤在蠶筐，桑鋪網上。俟蠶從網眼上附，兩人將網擡過他筐，卽可起底，較爲省易。內有壓在蠶矢殘桑之下，此蠶必小而無力，不能與衆蠶同起同眠。

又　小蠶既收，隨卽洗手，剪葉如絲，勻糝蠶筐，不可或密或疎，謂之『開葉』。蠶筐宜置帳內，謹避風寒，復以潔淨衣被架空覆之，不可逼遏受濕，致生病患。晝夜須飼葉六七次，不可間斷。

又　［夏蠶］養育之法，與春蠶無異。惟飼葉起底，格外要勤，更忌天熱，屋宇必須清潔、涼爽，不可逼近厨竈。蠶宜寬鬆，不可擁擠，所謂『春蠶宜煖，夏蠶宜涼』。更須用三脚架，將蠶筐層層架起，用夏布作帳，週迴遮護，以避蚊蠅。料理得宜，速則十七八日，遲則二十一二日，卽可上山。

清 楊名颺《蠶桑簡編·養蠶法》《牧令書》卷一〇　織蠶箔　取細葦，用麻繩密編，寬五尺，長一丈，分擡去蓐時，易於舒卷，每蟻一錢，需用一箔。

又　編蠶盤　以竹編，或用木框，寬五尺，長七尺，兩頭各二柄，邊高二三寸，以疎筆爲底，擡蠶便用。

又　編蠶篩　用竹編，卽米篩，裏面糊竹紙，以貯小蠶，便於括沙。

（道光）《遵義府志》卷一六《農桑·蠶事》　頭眠　一餐薄葉之後，不可餧葉，不可將蠶篩驚動。動則其嘴一縮，要吐出嘴來又難也。更要遮風，尤忌西北風。西北風一吹，便吐嘴不出。輕輕移放帷帳之內，待其吐嘴嘴上忽有一點尖角紫蔭，則嘴已吐全，嘴吐全則為眠娘。從沸絲時算起，一晝夜方能眠成個個眠也。如過一晝夜尚有不眠者，用竹篩逐一檢出丟棄。眠娘和替子細細分鬆，安放于干燥紙糊篩內，名曰派替。須將斑糠秾糝一層在上斑康最燥，眠娘蛻殼起來身上潮濕，多用斑康以收潮濕之氣。此時蠶身如衣線粗，半分長矣。頭眠起娘派替一晝夜，漸漸要起起娘，身上嘴上舊殼蛻盡，是名起娘。必待個個起齊，再看替子上有絲布滿名楊花替。則起娘嘴老，可以喂葉。此時切葉條子略可放寬。大概一眠一起，必須兩晝夜之外，方可喂葉。第二日體刮時，看來蠶身擠緊，必要分出些來。每日體刮，每日俱要分出。蠶吃一餐葉，必定放身，若不分出篩內太緊太密，有多吃葉者，必有吃葉不著者，就要受餓成病也。二眠：二眠之內，最是緊要關頭。頭眠起娘放葉，過四晝夜，又要二眠。若天氣暖熱，亦有三晝夜眠者，須要刻刻小心看喂。此三四日內，設有些小受病，到老必無收成。第一不可失葉蠶在二眠內，抬起頭來，就餓也。至于夜間，必要一人輪流看餧，切不可大膽安睡過此二眠一關，就不必夜間看喂矣。到將眠時，其旺葉、沸絲、打眠裝，與頭眠時同。其一切保護眠娘之法，亦與頭眠時同。此時蠶身如粗棉紗線大，一分長矣。二眠起娘：起娘亦以一晝夜為率，亦必待起齊，嘴老，然后喂葉，只須切葉，三餐后，可用單張葉平鋪上餧之。再過一晝夜，可用眼頭葉喂之葉連嫩枝者為眼頭葉。必須將光面向上。其本刮、分蠶之法與頭眠起娘時同。三眠：二眠餧葉后，不過三晝夜，又要三眠。其旺葉、沸絲、打眠裝，亦與二眠時同。其一切保護眠娘之法，亦與二眠時同。此時蠶身有麻線粗，二分長矣。如過一夜晝尚有未眠者，只須用手指揀出不必再用竹篩。其眠成者，輕輕捉于筐內，將替子盡行理出，不可破傷其身，恐蛻殼不下。亦不可擦傷其嘴。恐嘴蛻殼不下，不能吃葉。捉完之后，稱其斤兩，便可定后來收繭分數大約每一斤出火蠶收十斤繭者，為十分。若七、八斤繭者，為七、八分。若更有少者，則收成薄矣。三眠起娘：起娘亦以一晝夜為率，亦必待起齊嘴老，然后喂葉。其體刮、分蠶之法，亦與二眠起娘時同。大眠：三眠放葉后，不過三晝夜，又要大眠。其旺葉、沸絲、打眠裝，與三眠時同。其捉眠娘之法，亦要與三眠時同。此時蠶身有錢繩粗，四五分長矣。大眠起娘：起娘亦以一晝夜為率，惟放葉與前三眠時不同。隨手翻轉約一手掌，起娘內尚有三四個眠娘，就要餧葉大眠起娘帶嫩餧葉，臨老上杣時不致慌忙局促。若等個個起全、嘴老、餧葉，臨期一時齊老，人手少者一定捉蠶不及也。此時餧葉，不拘正面、反面、濕葉、霧葉、氣水、黃沙等葉，皆可不忌。喂過七餐或九餐，蠶身必有一寸余長，蠶篚內挨擠不去。其法莫便于下地，先將蓬鬆軟草、席子鋪底，即將蠶勻送于上，喂葉約高一二寸為一餐。地下須留走路，以便喂葉。如養蠶少者二三斤出火蠶之類，即席上亦可，篚內亦可但必每日體刮。自收蠶起以至上杣，日間喂葉六七餐，夜間三四餐足矣夜間寒涼，蠶吃葉稍遲也。蠶老：大眠起娘喂葉后，至四晝夜，蠶身如小指粗，二寸長。至五盡夜，要老矣，顏色本來青白，將老時如糙米色一般。取蠶向亮處照之，通身穿喉亮頸者為老娘蠶先老者謂之老娘。既見老娘，一面將薄葉喂三餐，一面就要預備棚架。搭架：用結實桿子扎成臺式，離地三盡許處處要月粗麻繩牢牢懸掛于星梁或椽子上。叚葦箔平鋪，一面將草把子預備，以便將蠶送上。上杣：諺云：『蠶老一時。』必須一二時辰內上完為妙恐蠶在地下替子內做繭，則繭亦無用也。上杣俗名柵架為杣。之法，先將草把子擰開兩頭俱如掃帚一般。隨直豎于葦箔上，然后將蠶勻撒于草把子內，從里至外，一行一行挨次而上。

清 何品玉輯刊《蠶桑會粹·種桑養蠶格式》

上蠶箔兼埋火盆焙繭

至蠶成熟之時，請人執起上箔，每箔約千四五百條，將箔兩張，如人字架起，置於當風日邊，箔圈仰半個時候，將箔倒轉一二次。晚用炭火一盆，微微烘煖，俾繭內吐絲不濕。每一個火盆，用四張蠶箔圍住，頂上蓋二張，共六張，密圍使煖，煖則速經好口，以煖一個對日為度。夜深，復用刀插火盆三四次，務令火勻，勿至冷口，繭價自較人而更高。

又

局蠶繭

自埋火盆一對日，再用猛火爐，平排十餘個，四面將蠶箔圍住，外用紙被遮密，使其不洩火氣。自清晨局至日午，然後折開，轉面在底，轉頂在脚，再加炭火圍囘，四面遮密，局熟此繭。自晨至入更，便可收爐，蠶蛹之乾，以探響為度，過八日十日，鉗下即可繅矣。

又《種桑各法》

蠶器

蠶初生如蟻，用小籖飼之，便於携取。初眠後，換用大籖，漸次添籖，至三十五六籖之多如用三尺籖，多至二十六七籖，尤為省便。另做活木架二座，以便放籖。其架以四木柱為之，約六尺高，七尺長，上下四面，用小橫木扃定。四柱中間，離五六寸鑿一圓孔，約十孔為度。以小竹竿放入兩頭孔內，作為十層，以便層層放籖，不致阻佔地方。逐層放葉換籖，週而復始，不致紊亂。蠶事畢時，可將架拆下，捆成一束，置安空間處。蠶上山，宜置蠶箔八十餘隻，火盆十餘隻，紙被十餘張大火炕繭用。繭鉗四五枝。摘繭用。蛾生春，宜用床，以木板為之。兩頭有界限，中空，約尺六長，尺一濶。另用四方格合下界內，防其生春紙外，保護桑葉。宜置木防一二井，葵衣十餘領，桑葉最忌燥濕，用木防，離地三寸許，架起活桑枱一座，鋪放桑葉，不致生濕，外加葵衣遮住，不致風燥。蠶事既畢，亦可將枱拆下，收拾空間處。凡此所載蠶器，舉其大概，為飼一張春紙之用。至飼蠶多少，可以類推。

又　揀留蠶種法

凡養本造之蠶，必留下造之種。蠶熟時，宜取蠶之雄壯，同在一時上山者為佳山即箔也，近廣之地，呼蠶箔為蠶山。至五日後繭成，輕輕摘下，攤於涼簸，厚至二三寸尤宜。擇繭之潔白厚實者為上，繭種一箔，約九百餘隻，重壹斤五六兩，可出雌蛾六兩。生春壹紙雄蛾另計，大約繭種壹斤，出雌蛾四兩左右。

清　馬丕瑶《蠶桑簡易法・養蠶法・置蠶具》　蠶匾。所以盛蠶，小匾盛小蠶，大匾盛大蠶。養蠶多者，宜多預備。蠶植。為放蠶匾之用，小植放小匾，大植放大匾，取其透風，且不多占地方。

又　摘繭　按：盛蠶，有用蠶箔者，其法：取細葦，用麻繩密編，寬五尺，長一丈。蠶二眠後，如無大箔，以此盛之亦可每蟻一分，可布滿一箔。又有用蠶網者。其法，用細麻綫編如魚網，形眼較魚網稍疏，大小視蠶匾為度。如蠶匾圓徑三尺八寸，網製方形，横直各四尺計，可遮蓋匾上。如用於蠶箔，須長五尺，闊三尺五寸，每箔用三扇，便可全蓋。以熟漆漆過，或以猪血和石灰塗之。如製魚網法，蠶三眠後，每日起底時。

清　陳開沚《裨農最要》卷一《牛糞温蠶説・蠶網》　接猪血一盆，以稻草搗開，羅篩過之，入水二三盌，緩緩打勻如稀糊樣，塗網二三次，曬乾聽用，甚是耐久。若貧家力不能辦，可購取爛魚網，照蠶盤裁剪補綴完好，亦可適用。以二網輪流擡換。於沙燥已厚，待蠶食葉盡時，蓋網於蠶上，撒葉於網上，蠶即穿網而上。二人執網兩頭，連蠶擡起，另放一箔。迨飼一晝夜，沙燥厚時，又以一網蓋蠶上，撒葉擡放如前。總之，一網常在蠶下，共用二網，輪流替換。如飼一百箔蠶，置一百廿網，即可適用。

清　陳啟沅《蠶桑譜》卷一《養蠶贊育篇》　例以炭火焙之，令其卽吐卽乾也。間有一兩造，雖照焙火之例，而仍霉爛，何也？考舊法，蠶熟之初，必將蠶箔燒去舊絲毛，而又洗淨之，以防其前造所沾蠶屎尿有發潮之虞。倘或晒之不乾，卽犯霉絲之弊。或常放在泥地之處，該箔發潮而不知，一遇天雨淋漓，繭已霉而不覺，故予新設一法。蠶將上箔之日，將近天明或五鼓時候，覺天色陰噎，有下雨之勢，先將蠶箔如炕繭之法炕之炕繭法，詳下。使蠶箔焦乾，然後捉蠶上箔，再用炭火暗暗焙之。一則絲吐出便乾，二則蠶身喜煖，固無隱絲之患。卽有蠶屎尿，沾之卽乾，何至令繭絲之霉爛乎？近有知者，用之百不失一。二三造時，天氣酷暑，并未下雨，而絲繭竟至霉爛不堪者，何也？夫天將下雨之初，地氣必先上騰，更兼酷暑熏蒸，如滚水之泡煉，焉有不霉者耶！人自不覺耳。倘移其箔于陰林之下，或用微火以散其潮，亦斷無霉絲之患。所最忌者，放在當空之際，又用篙笪以遮其頂，又無風以散其濕氣。苟幸不霉，亦出絲必多花泡。因蠶身受熏蒸之氣太重，幾至於死，故吐絲不成紋理，將來繅絲，豈得光滑乎？凡入夜時，要將蠶箔砌成如紗燈樣，背面相依，頂亦用箔蓋之，中心放一火盆，每盆用炭三斤，面上炭火灼透，仍用爐灰遮蓋，只留一大吼，如碗口之濶。入夜之初，煖氣便足，因是時繭絲尚薄，火太猛，有炕死之虞。及至夜半，繭絲漸厚，火盆之吼，宜開大些，火亦漸猛，及至五鼓，火盆宜盡撥開，如寒天之圍爐相似。因此時結繭已厚，火氣若緩，繭裏透不到火氣，絲亦霉矣。更恐風大，吹散火氣，要用草蓆等圍密外邊，更為得法。明午吐絲已盡，火盆無容設也。來夜四鼓時候，蠶漸縮細，而又退皮成一崧子形，又如胆形，而黄色有紋，俗名曰：蠶夢，謂其不食。不知此蠶形之一變也，再變，方始成蛾。若非留種，三日後，便可繅絲繅絲法，詳繅絲章。廣東俱用炕繭之法，而後繅絲。其法：將蠶箔架成如人字形，每邊三箔，砌成類似篷寮一式，兩頭尾亦用箔掩之，週圍以布帳或席皮封固，中心炕之以炭火。每蠶六箔，用炭三斤，炕至一時之久。布帳上面，必有煙霧騰起，此卽是蠶繭、蠶箔等潮氣也。當卽於頭尾頂上放開二吼，如碗口大，令潮氣從此出，方無蒸霉絲之虞。觀其潮氣將盡，封固如前，但用炭，切勿用生炭。一則潮煙難辨，二則有失火之要。再炕至二時之久，開其封，將蠶箔上下背面反轉，再加炭二斤零，封如故，再炕二三時，其蠶蟲死而蕉，可貯久而繅絲矣，湖浙不炕繭而繅絲。

又　卷二《論繅絲法》　倘若為私，當必秘而不傳，今則舉省效之，想明理者亦當諒予之苦衷也。然予亦不計此，姑將其法而詳言之。大凡蠶絲之原，用水之冷熱，打較之寬緊，而絲色之好醜，仍在於繭身成熟之時，始得全美也。當蠶成熟，將蠶箔宜放樹林之下，使其天氣爽朗，有風吹無日晒，則其繭色光潤鮮明。

清 許鵬翊《橡蠶新編》

放春蠶法

視蟻出齊，將蠶筐置於水邊所栽之橡樹把上，以布蓋筐北面，使南面露光，蟻見光而南行，以青蒿引之使上，分置橡樹把上，蟻聞葉者，自下尋食，有未出者取回蠶筐，仍懸暖室。

又 放秋蠶法

視繭皆結戌，急用人將繭從樹上摘下，置之蠶筐，運於家中，剝去樹葉，以待繅絲。

清 江志伊輯《飼蠶法》 眠起 ［眠蠶］已起者爲起孃。自眠而起，約一周時，暖則較速。欲其速起，須用抄綈法，於廊檐外架竹木作棚，上覆蘆簾，外護草薦，太陽洞照，移蠶筐其下，頻頻翻動蠶綈，謂之『抄綈』。蠶乘暖氣，半日卽起矣。先起者名『搶火孃』，悉雄蠶，綈須用箸分開，使起孃在下者，得乘鬆而上。

又 ⿸尸桑綈 至五齡，則長二寸四分，廣四分弱，蟻四萬頭爲量約四匁。騈列之，充一坪及其十分之一，擴於蠶箔爲六坪，是五倍於蠶體之面積。五齡之蠶，每箔長三尺五寸，寬二尺五寸，重量約百二十匁至百五十匁，蠶數約五百五十至六百頭，如此分箔，是爲適度矣。

又 一齡中，長約三分强，廣約六釐弱。至二齡，長約三分八釐，廣約八釐强。至三齡，則長約七分五釐，廣約一分一釐。至四齡，則長一寸四分五釐，廣約二分弱。至五齡，則長二寸四分，廣四分弱。蟻四萬頭，爲量約四匁，騈列之，充一坪及其十分之一擴，於蠶箔爲六坪，是五倍於蠶體之面積。五齡之蠶，每箔長三尺五寸，寬二尺五寸，重量約百二十匁至百五十匁，蠶數約五百五十至六百頭。如此分箔，是爲適度矣。

又 病證 ［蠶］或行蠶箔之邊，似擇死所者口吐黄褐色黏液，肛門泄軟糞如黏液，如是者，謂之『瀉蠶』。

清 蔣斧《粤東飼八蠶法・蠶篇》 上山第十一

蠶將上山，半身黄亮，食葉較少，約三更候不食葉。可用薄葉遮之，黎明再用薄葉，以蔽蠶身。少頃，揀挑熟蠶上山，揀挑一次，下葉一次，謂之『上馬桑』。上午用蠶箔二張，架起如人字形。宜倒轉二三次，以棄矢溺，免汙繭上。每箔約容蠶一千四五百條。下燒炭火，微微烘暖。俾繭內吐絲不濕，至晚用箔四張，密圍盆火，其上復蓋二張，共六張，以取暖氣。

清 蔣汝正校正，徐瀾編輯《安徽勸辦柞蠶案・柞蠶簡法・育蠶篇》

蠶忌 凡烘室中有燃桐油，及誤以其木烘者，所出之蠶多不旺。又忌蘿蔔，蠶筐有誤盛蘿蔔葉者，觸之則死。又食白楊葉者，亦致病。

又《柞蠶簡易辦法》 繅絲鍋及修樹剪、蠶筐，一切雜用，錢十千文。

清 賴逸甫《嶺南蠶桑要則・飼蠶須知》 飼蠶須知 搢絸時，亦必先從箔面搢其密者，乃圖蠶渣、蠶屎，悉由箔背之疏處扭出，免致壅污蠶絸起見。其初扶起蠶箔，必先面天背地，而逆花斜凭者，一免立脚未穩之蠶，墜地養蟻；一免蠶屎、蠶尿，遭污鄰絸。蠶之脚跟稍定，又宜將該逆凭蠶箔，使其背天面地，順花凭於通氣地方，或兩箔一架，凭成人字模樣，所因蠶熟必先散盡屎尿，然乃結絸。此又背天面地，而順花斜凭者，圖其兩面兩頭之屎尿，盡皆落地，而免染壞絸絲也。

清 劉清藜補輯《蠶桑備要》 熟眠 【略】 除三眠以前所食不計外，以後尚須食葉一百餘斤。稱時，須人多手速。人不多，手不速，則久罨致傷。稱准，須置曬□內曬□，即大蠶盤也。篩灰於蠶上，以俟其起。此湖州法也。杭州人養蠶，須俟大眠眠定之時，方以秤稱之。如照杭州法，則三眠眠定之時，不必稱其斤兩，只篩灰於蠶上，以俟其起可也。

又 大眠大眠起齊 第二日巳、午之間，以臘月所藏緑豆粉拌桑葉，餧一次。先攤桑葉於蠶盤內，以新水灑拌，再用細羅篩篩緑豆粉於葉上，拌令極勻。每葉一筐，用水一升，豆粉四兩，可餧蠶五六觔。可解熱毒，且蠶絲堅韌有色，易於抽繅。

又《附三原桑園蠶婦養蠶簡易法》 蛾下子，於暗處、避風處，將蠶連紙鋪棉套子上，辰時將雌雄蛾放連上，用蠶盤蓋住，外遮以紙，或即用紙蓋，四邊用筷子壓住。俟午後申、酉間，將雄蛾摘棄，將蠶連提兩角一抖，以去屎尿，仍放棉套子上用蠶盤或紙遮蓋。俟一連下子滿，將活雌蛾再揀放他連。將子滿之連，取出晾乾，薄灑木炭灰於連上，即不出二蠶。過伏，將灰抖去。俟臘八日清晨，用井華水將連潤濕，即提起懸挂屋內，晾乾，再用棉花包好，懸挂不熱不冷之屋內。開年二月初，漸移稍熱處，俟穀雨桑條發苞吐葉時，移放熱處，仍用棉花厚包，蠶暖即自出。人身暖出者，不穩。初出二三成，不下連，到第三日，將新桑葉切成絲，再横切成米，用手揉散，勻灑蠶連，仍摺放用紙包住，不用棉花。到四五日，出有七八成，再用軟鷄羽埽下。先埽光瓷盆內，用三指捻麵一撮，米一撮，椿葉切兩三節，蒜苗切兩三片，放盆内一邊。盆外點油燈一盞，放酒一杯，噴漢烟一口，各氣味之難忌者。初下連見過，以後即不忌。由盆内埽聚一堆，用鷄毛挑放紙上，以翎管撥匀，移放篩筐。紙下多襯紙幾層即暖，如天凉，襯棉花。其連上未出齊之蟻，俟二日出齊，另下一器。初下連，將現採桑葉，切碎如米，匀灑，一日餧三頓，二日四五頓，三日七八頓。每日於餧時，即用鷄翎管，將蟻連蠶沙桑渣往寬撥一次，層層撥寬攤薄，使處處露出紙底。然後匀灑切碎如米桑葉於上餧之，蟻即自行上葉。俟一篩鋪滿蟻密食葉不均，蠶便不齊。即於撥開，灑切碎新葉。俟蟻上葉時，用鷄翎帶桑渣蠶沙連蟻，靠紙挑起，以手揭片子，另放一器，使兩器均匀。三日後即日加頓數，餧到頭眠，見眠者有二三箇，於清晨餧葉三頓，早飯後餧葉一頓。蠶上新葉後，用鷄翎管，將此四頓濕葉渣帶蠶揭起一綹，用手輕推成撮，以手撮放他器。濕葉渣帶蟻撮盡，底下乾渣有蠶，再鋪整桑葉，俟蠶上葉，提埽過，將乾桑渣蠶沙再倒净處攤開，上放些整桑葉。如有幾個未提盡的蠶，即自上葉，提放一處。自下連至將眠，纔起底一次。將此初次起底乾桑渣收存，至第三眠起齊餧葉時，灑新葉上，謂之『投食』。大約天暖，七八日即眠；天凉，八九日纔眠。每一眠，天暖一日許，天凉二日。眠時不食，歇葉不餧。將眠，蠶頭光腫，蛸縮小，不食葉，皮緊，身帶黄光。眠定，蛸吐長。眠起，頭有皺，蛸寬方，皮鬆，身似毛。未眠食葉之蠶，頭不腫，身不亮，蛸小圓。十分中有二三分眠，仍照常頓數餧葉，灑葉稍薄。眠已過半，葉止添少半，一日衹餧三四頓，至有一成未眠，即全不餧。自見眠至眠齊，不過三日。眠齊，歇不過二日。如天暖，不過歇一日半皆起。其先起者，仍不餧，雖有一半起者，一日不餧無妨。俟二日起齊，一日餧三頓，二日餧五六頓，三日七八頓，以後但見白見蠶不見葉就餧。至將二眠，每日八九頓或十頓以上認眠餧法，三眠皆同。頭眠起後，切葉如麥幹細，至第三日切葉一分寬，餧至第四日清晨，連餧四頓後，起底分箔。仍以手推濕葉渣帶蠶，浮浮輕揭過，每揭一大片。揭完，將底子乾葉渣蠶沙，埽倒净處，攤開，以手揀取餘蠶，勿庸以整葉提。至七八日，見有一二眠者，再起底分箔，如第四日法。二眠起後，餧三眠蠶，仍切葉一指寬。至第三日一起底分箔後，切葉漸寬，餧至六七日，見眠有一二，再起底分箔。三眠起後，桑葉切成大片，至第三日餧至十二頓，起底，仍先添新葉，俟蠶上葉，以手推捲新葉帶蠶，鬆鬆捲過。一邊將蠶屎葉渣埽去，再攤開，一段一段捲埽後，即餧整葉。二日一起底，稠即分箔。此後食盡就餧，晝夜勤餧，四五日後，即連枝帶葉餧，到七日老，八日上簇。但看項頸三條横青筋，尚有一條，仍須餧一半日。至項下紅亮，青筋全無，尖頭高仰，即捉在簸箕，或篩子，送上簇，不等周身紅亮。初老者少，先用手捉，至項下青筋些微，食不過一二頓，即以桑條連枝帶葉放蠶箔上，蠶食葉後，均上枝條。看其項下，如尚有青筋，即將桑條一頭提住輕敲，將蠶都抖下，再餧。如已無青筋，項下紅亮，即取桑條帶蠶，用簸箕盛放簇上。上過兩行簇，簇上再放樹枝，樹枝上再放穀草，穀草上再放熟蠶，蠶上再撒麥草，或亂草、簇料、菜子幹、穀草夾、棉花幹、乾樹條均可用，地下鋪麥草，草上放簇下子蠶連紙，養蠶時，或鋪或苫，或放箔子上。上簇時，仍放簇上，可避雷電響動，不至驚蠶。至上簇，六日下繭，七日下齊，八日蒸繭，曬乾取絲。蠶繭宜早取絲，若隔年放久，則取絲不成。生絲做綫織紬後，練熟則耐久。若生絲，過三年則朽。初下連，蟻在卧室小房内，用篩筐餧。餧至頭眠起後，又四五日，須無風天巳、午時遮蓋好，移放蠶室大房内餧。俟篩筐滿，分布蠶盤，再大分布箔子，上蠶架。其大蠶架，即前篇預設蠶槌做法。又遇天凉時，大蠶室内用木炭火盆。

清 盧燮宸《粤中蠶桑芻言・養蠶事宜條例・雨天喂桑將護法》 如遇淫雨，蠶食過濕桑，必生浮弱之病。必須將濕桑鬆於蠶窩内，或插於蠶箔上，置當風處晾之，待其乾透，方可與食。

清 呂廣文《蠶桑要言・育蠶法》 上山 拾取山上，亦屬無碍。台屬風氣初開，生手爲多，目下甯先從其□，□其熟些，拾置山上弗過。膽大卽以生蠶上山，以置山上蹧蹋。且蠶上山時，盛蠶盤須用桑葉五六片，同付山上，謂之『送山葉』，恐中有過生之蠶，尚要食葉數口，始能作繭也。

清 饒敦秩輯《蠶桑簡要録・養蠶法則》

頭眠三條

連忙體刮一番，薄薄鋪葉條子於上，一餐之後，不可餧葉，不可將蠶篩驚動，更要遮風。待其吐嘴，一晝夜方能眠成。將眠娘和替子，細細分鬆，安放於乾燥紙糊篩内，糝班糠卽火米皮，煨焦存性一層在上，則眠娘易於脱殼，一晝夜後，卽見起娘。必待個個起齊，再看替子上有絲布滿，則起娘嘴老，可以餧葉矣。

又 夏蠶 養育之法，與春蠶無異，惟飼葉起底，格外要勤，更忌天熱，屋宇必須清潔涼爽，不可逼近厨竈，蠶宜寬鬆，不可擁擠。所謂春蠶宜煖，夏蠶宜涼，更須用三腳架，將蠶筐層層架起，用夏布作帳，週圍遮護，以避蚊蠅。料理得宜，速則十七八日，遲則二十一二日，即可上山。

清 饒敦秩《蠶桑質説・桑説十則》

蠶具第八

南中育蠶用盤用箔，川省用篋籔竹簟，亦可。擱蠶盤用三腳架，擱蠶箔用高脚凳。體小蠶用紙，體大蠶用網。揀老蠶病蠶用筷，切細葉用刀砧，篩細葉用格眼篋篩。三脚架之制，以木為之柱，作品字形，格作丁字形，高八尺。自上而下，分八層，每層隔八寸，以便擱盤。高脚凳，高約三尺，架於兩頭，中擔扁木條或竹竿數根，以承箔。體蠶以堅韌厚紙為之，形視蠶盤畧大，紙上滿刺密眼。體初眠蠶眼大如粗鍼，體二眠蠶眼大如粗釘。網則結繩為之，形視盤畧大，眼大如指。頂筷以竹為之，一頭粗，一頭尖，尖頭磨光，不可留鋒。其餘刀砧竹篩各件，皆須預置。

清 盛宣懷輯《蠶桑備要・收蠶》 或用秈稻草灰，上襯以紙，即放蠶之器中，謂之『攤烏』。上用切細嫩葉薄糝，蠶即能食。凡收下未曾食葉，即一二日不飼，不致餓壞。倘喫葉些些，以後稍飢，即斷絲腸矣。葉稀即補之，烏密處以細竹箸撥勻，放在暖處，謂之『冷看』蠶筐宜置帳內，謹避風寒，復以潔淨棉被，架空覆之。須六七周，初眠倘用火較速，謂之三日三夜趕頭眠，熾炭於筐之下，并其周圍。

又 作緜 剝手繡 緜套於掌者，爲手繡。用大木盆上鋪蠶篩，取淨繭置篩中，逐箇剝開，翻套於手掌上，摘去蠶蛹、蠶蜕。大率同功繭，可套十五六箇；小繭，可套三十餘箇。更取清水一桶，將掌上所套者，就水中雙手展拓，使圜轉寬大，以便上環。

清 孫尚質《橡蠶芻言》卷二《編製繭箔》 用二寸寬、一寸厚、一丈一尺長，木枋二根，爲直木；二寸寬、一寸厚、五尺長，木枋二根，爲横木。合作長方形式，兩頭留柄五寸，便於抬移。其底用粗篋織成席式，以釘細釘成箔，作收繭之用。以外若蠶筐、篋籃、槁簾、蒸籠，與夫炕床、抬火爐、火槍、水槍、鋤钁、鐮鋸，及一切應用器具，皆須預爲製造。

清 孫鐘亶《山蠶輯略・蠶種之原因》 及既羽化而出，則擇其健全者配偶之，使之交尾，旋溺，提置於蠶筐上，令之産卵。

清 吴鴻望校，袁俊德輯《蠶政萃編・蠶具類・蠶筐》 筐者，古盛幣帛竹器也。今用育蠶，名亦同，蓋形制相類。圓而稍長，淺而有緣，適可居蠶。闊三尺，長五尺，南筐皆縱八尺，闊六尺，以竹編之。或用雞柳木作方筐，經久則底捩不平。又用木作筐架，以葦席作底，周圍用竹篋子壓住葦席四邊，錠在筐架上，底用順木三條，自然挺硬堅久，亦且輕便。蟻蠶及劈分時用之，擱架上，易於抬飼。

又《蠶料類》

薦料

稻草、黄野草，皆可作草薦。

盤料

或用竹，或用荊條，或用小桑條，以臘月砍伐者佳，編爲蠶盤，則不生蟲。

又《收蟻類》

酌多寡

三眠蠶一斤至老時可得繭八九斤或十斤不等，前後食葉一百四五十斤，除三眠以前所食不計外，以後須食葉一百餘斤。稱時須人多手速，緩則久罨致傷，稱准。仍置蠶盤，篩糠灰於蠶上，以俟其起。又有俟大眠眠定時，方以秤稱之，只篩灰於蠶上，不計斤兩。蓋先後稱法，各有不同也。

又《大眠類》

大眠起齊

餵葉之法，視其眠起，即便餵葉。第一日，先餵柘葉五六次，再餵桑葉，絲乃韌而有光。無柘，則專餵桑葉。第二日巳、午刻間，以臘月所藏緑豆粉，拌桑葉餵一次。先攤桑葉於蠶盤內，以新水洒拌，再用細羅篩篩緑豆粉於葉上，拌令極勻。每葉一筐，用水一升，豆粉四兩，餵蠶五六斤，可解熱毒，且蠶絲堅韌有色，易於抽繅。

清 吴作鏌、倪绍雯、劉安欽《蠶桑速成捷法・蠶絲業普及捷法》第二章《養蠶捷法・蠶具》 蠶架蠶室，東西兩側，各立五對之木架，寬五寸，一側作含牙十，其距離各七寸許，縛竹爲表，裏之横竿，以便插入蠶箔。計每側木架，分爲四行，每行插入蠶箔十，是每室可插入八十箔。比諸鋪席于地，唯能飼數箔多之蠶兒，且除沙、分箔、給葉等皆不便利者，有天淵之别。

又 蠶種 蛾取出，入于袋中而封固之若蛾失逸及錯亂，皆不能檢查。另置他處，以備檢查。隨將種紙依號之次第，置于蠶箔上，或特製之種架上，或懸掛室中皆可。

又 除沙　視蠶兒皮膚上發光澤，且有帶黃褐色，而一平方尺蠶箔內，已有三四頭就眠，其他亦有昂頭而左右顧者，此卽眠除之好時期，不可錯過，須留意。

又 分箔　至第五齡，於第二日起除時，擴爲九十坪，蠶體增長，此後卽此分箔亦終。若用面，每六坪之蠶箔，則蟻蠶一錢，至五齡，須備十五枚蠶箔乃足用。其中分配坪數于蠶箔，在臨時計算可也。

又 空氣作用　每日各蠶箔，務必于給桑時，上下互換二次。若有發育稍遲者，可儘置于上層，則發育必能齊一。而南北向窗戶，亦須時啓，以免炭氣之沈鬱，惟不使冷風陰襲蠶兒而已。

又 第三章《製絲捷法·繭之處理》　一時殺蛹不盡之繭，以蠶箔薄盛，置于空氣流通室內，晴天大開窗戶，以圖換氣。雨天、曇天，緊閉之，以防濕潤。惟攪拌，不分晴天、雨天，每日必須數次。

清　楊鞏《中外農學合編》卷一〇《蠶類·春蠶·附外洋法》　菜子稍作山亦佳，稻草可作山，麥草亦可作山。薦料宜稻草、黃野草。皆可作草薦。盤料宜竹。取臘月砍伐者編。《蠶桑提要》：為蠶盤，則不生蟲。

又　布蠶宜稀不稀，則强者得食，弱者不得食，必至繞盤遊走，架上蠶盤，無論多少，上層下層，均應空留一盤上可以防塵埃，下可以隔濕潤。有地板者，架之下層不留空盤，亦可。盤上，用茅草搗軟為薦，而平鋪之。薦上鋪乾净紙，紙須揉輭如綿，以數張粘連為一張。《務本新書》

清　余銑《山蠶講義·養蠶類·靠筐一》　筐既出蠶，而肩至蠶場也。擇樹之枝幹相聯者，以三四株結成一片，將蠶筐置在叢枝密葉間，蠶即羣相奔赴，自食其葉。至夜間，仍將筐放入篷內，用微火薰之，以免受冷。

清　豫山《蠶桑輯要略編·養蠶法·飼蠶》　蠶身漸長漸多，分移曲箔，謂之擡蠶。二三日一次，攤開令稀，掃去蠶糞、乾葉，以利其氣。蠶身漸大，擡數愈勤，勿使受濕熱，有傷蠶性。初眠後七日，而再眠又七日，而三眠停飼，俱如初眠時。三眠蠶長寸許，南中呼爲大眠，食葉有聲如雨，投葉立盡。不論頓數，須要急飼，不可一刻間斷。

清　增韞《柞蠶雜志》　蠶一入山，須人看禦禽鳥，其蠶筐以黃荆嫩條為之用，蓋其餘竹木所為，則不能粘子，次年定須新製。

又　節前，購覓桑子，布種桑秧。桑秧既成，卽於境內城壕隙地，移栽桑株，并曉諭各鄉赴縣領回桑秧，隨處栽植。今年種桑，二年之後，卽可摘葉養蠶。或官爲養蠶，以示效法，或令民摘葉自養。總以境內多一株桑樹，卽可多養蠶筐；多一養蠶之家，卽有一家得蠶之利。有絲原可賣錢，原不必家家學織也。地方官費此心思，覓人養蠶，以爲衆民倡。所得之絲原可出賣，縱初行無甚利息，所虧亦甚有限。

清　張行孚《蠶事要略·蠶初生》　清明節後，桑葉已生，將變色蠶種取出，挂在温和房內如色未變黑，須厚護令變。待烏兒齊出時，將鵞翎輕輕埽在蠶箔內小蠶箔，其式如篩而薄，其邊箔內須以白紙糊好，令其光潔，湖人謂之蠶大。埽訖，采桑葉，用薄刀切細，洒在蠶上，務要匀薄。又法，蛾既齊出古書，蠶初生謂之蛾。采桑葉，用薄刀切細，將葉洒在蠶箔上，令其匀薄。

清　趙敬如《蠶桑説》　下蟻法　蟻出齊時，用乾桑葉揉成末，以糠篩篩於連上。俟蟻附上，用鷄毛輕輕埽在蠶箔內小蠶箔，其式如篩而薄，其邊箔內須以白紙糊好，令其光潔。大蠶箔，圓徑四尺許，以竹為之，俗呼為『團箕』，亦呼為『團匾』，埽訖，用薄刀細切嫩桑葉，撒於蟻上，桑葉要匀薄。如蟻一次未能全出，仍將蠶連包好。明日蟻出，如前埽下，另置一處，切不可與頭次埽下者共置一處，致有不齊之弊。凡蟻只埽兩次，連上還有未出者棄之，此殘病之蟻也，育之無益。

又 收種法　繭成五日後摘下，攤於蠶箔，用線穿掛。胖大而薄者，雌繭也；緊小而厚者，雄繭也。須分開穿掛，十四日出蛾。

清　趙淵《蠶桑摘要》卷中《蠶料類·盤料》　或用竹，或用荊條，或用小桑條，以臘月砍伐者佳，編爲蠶盤，則不生蟲。《蠶飼類》

清　蔣斧《粤東飼八蠶法·蠶篇》

器具第二

凡育蠶紙一張者出蟻一兩二錢，須備小簸數隻，大簸四十隻三尺徑，活木架二座架以四木柱爲之，約高六尺，長七尺，上下四面，用小横木扃定。四柱中間，離五六寸，鑿一圓孔，約十孔爲度。以小竹竿放入兩頭孔內，作爲十層，以便層層放簸，不致阻佔地方。逐層放葉換簸，周而復始，不致吝亂。蠶事畢時，可將架拆下，捆成一束，安置空閒處，蠶箔八十餘隻上山用，火盆十餘隻，紙被十餘張大火炕繭用，繭鉗四五枚摘繭用，蠶牀一亦名蠶子格，蛾生春用，以木板爲之，兩頭有界限，中空，約長尺六寸，寬尺一寸，另用四方格合下界內，防其生春紙外，木防一二井，葵衣十餘領儲桑葉用，桑忌燥濕。用木防離地三寸許，架起活桑枱一座，鋪放桑葉，不致生濕。外加葵衣遮住，不致風燥。蠶事既畢，亦可將柗柝下，收貯空室。

又　上山第十一

蠶將上山，半身黃亮，食葉較少，約三更候，不食葉。可用薄葉遮之，黎明再用薄葉，以蔽蠶身。少頃，揀挑熟蠶上山，揀挑一次，下葉一次，謂之『上馬桑』。上午用蠶箔二張，架起如人字形宜倒轉二三次，以糞矢溺，免汙繭上。每箔約容蠶一千四五百條，下燒炭火，微微烘暖，俾繭內吐絲不濕。至晚，用箔四張，密圍盆火，其上復蓋二張，共六張，以取暖氣。每盆用炭三斤，上蓋糠灰。二更後撥開，如碗面大，三更如碟面大，五更如盤面大，務令熱度均勻，勿致冷口。天暖約二日，天寒約三日，絲方吐盡，搖之無響，即可拆架撤火遇雨天涼，須早二三个時辰烘之。留種之繭，每盆用炭一斤半，始終用糠灰密蓋，不得露火。

清　佚名《蠶桑録要・養蠶法》　飼葉　初眠蠶，桑葉宜細切，一日夜飼五六次，葉要稀勻得宜。飼後，宜置帳內，以避風寒。用小架將蠶匾架好，以沾煖氣，切不可蓋遏受溼。天氣晴煖，蠶出七日，即當初眠。將眠之時，飼葉宜薄宜頻，一日夜可添至七八頓，眠時落後者，尤宜勤飼，令其速眠。

清　黃穀《養蠶新論》第二章《蠶具》第一節《蠶架及蠶匾》《蠶業叢書》第二編　我國改良養蠶家，多用筬籃，即常用之米籃也。多爲圓形，間有長方形者，雖適於用，而經費太大。又有用蘆席者，用萑葦所織之蠶盤者，雖種類甚多，而要在原料易得，輕便適宜，就地而擇之，可也。

傳記

明　何喬遠《名山藏》卷一〇《典謨記》　郭敦，堂邑人，洪武中以鄉舉，歷官衢州知府，有惠政，舍内蠶箔嘗有叢絲，類織成磐革帶，修廣適度，郡人謂敦仁。應坐累徵，詣京師，耆老赴闕乞留。再起監察御史，宣德中，歷户部尚書，廉慎公直，屏絶私囑。雖官六卿，泊然布素，人稱篤行君子。

紀事

清　陳宏謀《勸種桑樹檄》《皇朝經世文編》卷三七　今年種桑，二年之後，即可摘葉養蠶。或官為養蠶，以示效法。或令民摘葉自養，總以境内多一株桑樹，即可多養蠶筐；多一養蠶之家，即有一家得蠶之利。

清　楊屾《豳風廣義》　近歲以來，屾之鄰境，皆有養蠶者。但樹桑稀少，不能大獲利益。然曲箔數筐，亦可得絲，歲歲有成，已獲實效。恐疑書生之見，竣拾浮詞，無足憑信，遂將今歲所繰之絲，並所織之絹帛，一並呈。

清　曾鉌《蠶桑備要・跋》　有桑一株，便可養蠶成繭。近歲以來，屾之鄰境，皆有養蠶者。但樹桑稀少，不能大獲利益。然曲箔數筐，亦可得絲，歲歲有成，已獲實效。恐疑書生之見，摭拾浮詞，無足憑信。謹將今歲所繰之絲，並所織之絹帛，一並呈。

著録

清　崔應榴彙纂，錢馥補輯《蠶事統紀》卷九　火倉　《詩・七月傳》：『豫畜萑葦，可以為曲。』《農桑通訣》：『承蠶具也，北方養蠶者多農家，宅院後，或園圃間，多種萑葦，以爲箔材，秋後芟取，皆能自織。方可四尺，以二椽棧之，懸於梠上。至蠶分擡去蓐時，取其捲舒易用。』《庶物異名録疏》：『葦薄，織葦為之，所以棲蠶。』龍輔《女紅餘志》：『璘籍，蠶箔也。』箔，一作箱。籧筐《正韻》：『養蠶器。』陸德明《禮記釋文》：『籧，亦作筥，方曰筐，圓曰筥。』《揚子方言》：『簟麤者，謂之籧篨，或謂之籧笛。』《三才圖會》：『蠶筐，圓而稍長，淺而有緣，適可居蟻蠶，及分居時用之，閣以竹架，易於擡飼。《通俗編》笨類篇：『徒耐切，音代，吴俗謂蠶笛曰笨。』案，曲以葦織，直似今之簾，但差小耳。籧、筐二器，皆以竹篾為之，籧圓而筐方，皆淺而有緣，用以居未分箔之蠶者。今北俗尚有方曲，南方悉易以圓製，有眼而差小者，曰『笨』；無眼而較大者，曰『扁』。擡架尤為利便。《致富奇書》云：『方筐縱八尺，廣八尺，圓箔出盤門張公橋。』則方易為圓，固自吴下始也。笨糊以厚紙，出火以前，居蠶於笨，以後則分居於扁。笨猶古之筐，扁初亦謂之椠，其制方而稍長，今悉從圓樣矣。

藝文

宋　王安石《臨川先生文集》卷八《白日不照物》　白日不照物，浮雲在寥廓。風濤吹黄昏，屋瓦更紛泊。行觀蔡河上，負土私力弱。隋堤散萬家，亂若春蠶箔。仍聞決數道，且用寬城郭。婦子夜號呼，西南漫爲壑。

宋　王同祖《學詩初稿・郊行》《江湖小集》卷二七　火雲散盡晚風凉，曲澗流空草自長。蠶箔成絲秧貼水，數聲布穀為誰忙。

宋　范成大《吴郡志》卷一五

陸龜蒙：山横路若絶，轉檝逢平川。川中水木幽，高下兼良田。溝塍墮徽溜，桑柘含疎烟。處處倚蠶箔，家家下漁筌。騃犢卧新奴，野禽爭折蓮。試招搔首翁，共語殘陽邊。今來九州内，未得皆恬然。賊陣始吉語，狂波又凶年。吾翁欲何道，守此常安眠。笑我掉頭去，蘆中聞刺船。余知隱地術，可以齊真仙。終當從之遊，庶復全於天。

宋　韓淲《澗泉集》卷一六《芒種》　愧我麄官耗太倉，及瓜而代合耕桑。蠶筐閣了修秧馬，老稚時時饁酒漿。

宋　樓璹《耕織圖》卷二　蠶筐高下架頭分，食葉聲煩似雨聞，捉績

欣看光練練，一家婦女共辛勤。

捉績

麥黄雨初足，蠶老人愈忙。

明　于謙《忠肅集》卷一一《採桑婦》　歸来餧葉上蠶箔，誰問花開與花落。

明　姚可成《救荒野譜補遺六十種・木類・桑椹》　采桑采桑復采桑，葉飼蠶兮椹濟荒。朝來洒淚濕蠶筐，怨悵西郊游冶郎。綺羅裳，厭膏粱，金鞍玉勒恣尋芳。

明　高濂《遵生八牋》卷四《東效玩蠶山》　初成蠶箔，白蘭團團，玉砌銀鋪，高下業簇，絲聯蓓蕾，儼對雪嶠生寒，冰山耀日。特見田翁稱慶，鄰婦相邀。村村撾鼓賽神，繰車煑繭，倉庚促織，柳外鳴梭；布穀催耕，桑間喚雨。清和風日，春服初成，歌味郊遊，一飽菜羹麥飯。因思王建詩云：『已聞鄰裡催織作，去與誰人身上著』之句，羅遍身，可不念此辛苦！

清　宋犖《筠廊偶筆二筆・筠廊二筆》卷上　嗟爾縣官當撫摩。采桑婦云：低樹采桑易，高樹采桑難。日出采桑去，日暮采桑還。歸來喂葉上蠶薄，誰問花開與花落。二眠纔起近三眠，此際祇愁風雨惡。割鷄裂紙祀蠶□，蠶若成時忘苦辛。但願公家租賦給，一絲不望上儂身。丁男幸免官府責，脂粉何須事顏色。收蠶猶未是閒時，却與兒夫勤稼穡。其一陽曲縣治有先文康詩版云：黄口兒依母，賣兒完母錢。分明割己肉，何待別人憐。此詩家集未載，敬爲補入，知公詩文散佚者多矣。

清　楊屾《豳風廣義》卷一《終歲蠶織圖説》　君不見《豳風・七月》篇，春日載陽便起早。女執懿筐遵微行，取彼柔桑直到杪。八月萑葦作曲箔，來年蠶具今日討。繰絲織組漸盈箱，黼黻文章兼繢藻。本來婦職尚殷懃，豈但經營誇能巧。老衣帛，幼製襖，一家大小偕温飽，春作秋成冬退藏，闔户垂簾樂熙皡。更得餘息完課糧，免得催科省煩惱。天生美利人不識，枉費奔馳徒擾擾。我勸世人勤務桑，務得桑成無價寶。若肯世世教兒孫，管取吃着用不了。各書一通曉鄉鄰，方信種桑眞個好。

清　姚之駰《元明事類鈔》卷四〇《蟲豸門・蠶》

把蠶　《馬臻詩》：村婦相逢還笑問，把蠶今歲是三姑。

織成鞶帶　《楊士奇集》：郭敦知衢州府，庶務畢舉，舍内蠶箔常有叢絲，類織成鞶帶，修廣適度，郡人謂公仁政之應。

清　金德嘉《山農詞》《清詩鐸》卷六　茆堂四壁不蔽雨，蠶箔蜂房走田鼠。新婦銅釵換米炊，縣隸苦喚飯熟遲。往年人客留我屋，人有盤餐馬有粟。今年客至坐雞栖，不聞雞哺聞兒啼。阿翁有家不得住，身帶桁楊縣西去。

清　徐倬《蠶月秋霖曲》《清詩鐸》卷七　披蓑采桑歸，四壁無一完。既愁蠶箔溼，還怕蠶身寒。屋漏有時葺，天漏幾時乾。那得女媧手，一出補天漏。

清　陳梓《養蠶詞》《清詩鐸》卷七　田家養蠶極苦辛，蠶大費力小費心。臘月十二蠶生朝，炒鹽獻竈家家勞。清明夫婦莫走動，隔夜采花浴蠶種。蠶種不一分炎涼，熱看冷看須忖量。屈指來朝穀雨近，出城買紙糊蠶筐。轉绿變藍蠶子出蠶子始出時緑色，繼藍色，鵝毛撣落房中藏。先以嫩葉如乳哺，一眠三日魚鱗鋪。二眠兩日連椏枝，三眠插替勞何辭。

清　鄂爾泰《授時通考》卷五三《勸課門・織第五・捉績》

聖祖仁皇帝御製

連宵食葉正紛紛，風雨聲喧隔戶聞。喜見新蠶瑩似玉，燈前檢點最辛勤。

世宗憲皇帝御製

生熟乃有時，老嫩莫紛糅。恐煩姑與嫜，服勞夜繼晝。松火發瓦盆，星

芒射階霤。次第了架頭，忽忙顧童幼。

皇帝御製恭和聖祖仁皇帝原韻

蠶筐高下架頭分，食葉聲煩似雨聞。捉績欣看光練練，一家婦女共辛勤。

清 周凱《飼蠶十二詠》《清詩鐸》卷七　春寒忍顏色，不復畫蛾眉。二眠蠶欲起，攀桑折柔枝。所願桑葉多，令我蠶不飢。且緩賀箱籠邵謁詩：春蠶未成繭，已賀箱籠實。曷先具筐槌。梅堯臣《蠶槌詩》：三月將掃蠶，蠶妾具其器。

清 陳壽祺《左海文集》卷二《中朝受十洲之圖籍上》　萬年之歌謠，遂録珍於善宛。壓鳳喙之和調，嘉群侯之魚藻。長有醉於鈞韶，若夫菊天新酒，蒲渚清霜。小山兼收於鉏脯，子羔播美於蠶筐。皮日休之寄詠，畢茂世之清狂。徒供文士之搹撦，固亦自笑其雌黃。曾不若奏海波之恬謐，而攄澤國之輝光。

清 許鵬翊《橡蠶新編・放蠶俚歌十八章・出蟻》　編蠶筐，編蠶筐，筐盛蠶子莫傷涼，守著蠶筐幾晝夜，蟻子一出黑油光。

清 孫顔《經腴類纂》卷上《農桑》　求柔桑而邠可蠶，折樹桑而鄭可蠶，桑沃若而衛可蠶，桑侯甸而周可蠶，集苞桑而晉魏可蠶。《詩》篚織文而魯可蠶，篚檿絲而齊可蠶，篚玄纁而楚可蠶，篚織縞而宋可蠶，篚織貝而吴越可蠶。《書》　觀《禹貢》所載：絲克不緩於土田。《書》讀《豳風》所陳，授衣且先乎于耜。《詩》鞠衣薦于先帝。《禮》不蠶禁以閭師《周禮》十畝之間何閑？《詩》五畝之宅可樹。《孟子》豳風七月元黄爲公子之裳。《詩》良日三盆，朱絲具夫人之服。《禮》命野虞以毋伐，鳩拂季春。《禮》執懿筐以微行，鶊鳴七月。《詩》　豈任婆娑，以休蠶織。《詩》無尙纂組，以害女紅《漢詔》　桑土既蠶，徵治水之功《書》降觀于桑，兆卜居之吉。《詩》〇以上蠶桑。

清 汪曰楨《湖蠶述》卷二《糊筐》　紀官蠶紙歎文字歷灾厄，秦火未為深。六經已殘缺，復此汙穢侵。吴興四月間，蠶箔紙應禁。嗟哉鄒魯書，竟為蠶矢淋。顧此心戚然，習俗痛日沈。何以挽斯風？放筆徒長吟。

清 董蠡舟《南潯蠶桑樂府・糊篷》　曲植籧筐必先具，備預由來是要務。野人未熟攷工記，善事詎知先利器。傳來矩矱自先民，農家者流夙所遵。蘆簾織就更糊篷，買來側理銀光勻。㬹水手斟和麥麩，周圍方空粘須遍。糊成倚向夕陽烘，一色光明如月容。更憑摻手剪方勝，鏤盡一翻新喜紅。先貼中央後四角，勝裏香奩招百福。要祈園客錫休祥，免向羽流乞符籙。

清 董恂《南潯蠶桑樂府・上山》　縛棚初就蠶初熟，已見繚孃滿蠶箔。合家飽食趁朝閒，摒擋今朝蠶上簇。小兒捉蠶盛向盤，大兒上蠶據山角。取蠶散布蠶草間，疏疏密密山頭矗。今年蠶好勝往年，郤苦山棚限于屋。上山已罷暫休息，棚底相偕坐瑟縮。小姑作勞倦不支，看山卽向山旁宿。關心忽憶嫁衣裳，軋軋聲驚眠不足。

清 張集賢編撰，郝子雅繪製《桑織圖》

種桑歌

種桑好種桑好，要務蠶桑莫潦草。無論墻下與田邊，處處栽培不宜少。君不見《豳風·七月》篇，春日載陽便起早。女執懿筐遵微行，取彼柔桑直到杪。八月萑葦作曲箔，來年蠶具今日討。繅絲織組漸盈箱，黼黻文章兼繢藻。本來婦職尚殷勤，豈但經營本能巧。老衣帛，幼製襖，一家大小偕溫飽。

雜録

宋 戴侗《六書故》卷二四《植物四》 薄 薄，旁各切，叢薄也。因為蠶曲之薄，又因之為帷薄之薄俗作箔。借為厚薄之薄，又為薄人於險之薄，迫附之也，又為盤薄旁薄。今亦作礴，又迫各切。

元 魯明善《農桑衣食撮要》卷上

織蠶箔

二月 月內三夘，有則宜豆，無則早種禾，農家每歲經驗之言。驚蟄日，以石灰摻於門限墻壁外，則辟除諸般蟲蟻。

清 韓夢周《蠶桑實濟》卷二《育蠶預備》

預編蠶筐

緣音願，筐周邊有闌，高寸餘，如衣之有緣也。

捩力結切，戾入聲，拗也。

磽音敲，不平貌。

框音匡，檔也，檔字古借用框。

桄光，去聲，卽横檔木也。檔，音蕩，横木，框檔，又織機，桄也。

擱閣，載也，俗作擱。

又 預編蠶盤

簇音族，蠶所棲以作繭者。

簟音店，竹席也。

又 預織蠶篩

貯音著，積也，藏也。

體刮刮，音括。除去蠶屎及葉渣子，名曰體刮。

清 汪兆舒《穀玉類編》卷五〇《昆蟲類·蠶》 蠶最巧，作繭往往遇物成形。有寡女獨宿不寐，私於壁孔中視隣家蠶箔，明日繭多類之，望去隱然如愁女。蔡邕市歸，繅絲製琴絃，彈之有憂愁哀慟之聲。《說林》

清 方大湜《桑蠶提要》卷二《蠶事四十條·蠶性二則》 喜靜惡喧。蠶房內忌哭泣、叫喚、怒罵，忌敲擊門窗、棹几及蠶架、蠶盤，院內忌餧養鷄犬鵝鴨。喜燥惡濕。蠶傷濕，則生白醭貼沙之病，醭，酒上白也。

蠶盤宜安草薦盤上用茅草為薦，草須切細，須搗軟，須平鋪。薦上鋪乾淨紙，紙須揉軟如綿，以數張粘連為一張。

清 崔應榴彙纂，錢馥補輯《蠶事統紀》卷九 火倉 ［略］案，《史記·周勃世家》『勃以織薄曲為生』，《索隐》以織蠶薄為生業也。王鳴盛《十七史商榷》：《新書·禮樂志》說親蠶之儀，云：食蠶，灑一簙。本作薄，傳寫誤為簿，又轉誤為簙。《說文》無此字，今俗又別造蠶薄之字為箔，《說文新附》亦無。

又 卷一二《靈微果報》 案，董永感織女事，見《太平御覧》引《孝子傳》。《語林》：蠶最巧，作繭往往遇物成形。有寡女獨宿，欹枕不寐，私傍孔壁，視鄰家蠶箔，明日繭多類之。雖眉目不甚悉，而望之隐然如愁女。蔡邕見之，厚價市歸，繅絲製為琴弦，弹之有憂愁哀痛之聲。以問其女，女曰：此寡女絲。

清 高銓《吴興蠶書》卷上《擔烏·煨斑糠》 斑糠，穀殼炭也。須用秈穀殼，蠶筐禦潮，非此不可。鄉人恆於清明邊煨之，煨須存性，不得太過成灰。

清 吴通帛《廣廣事類賦》卷三一《蟲豸部·蠶》 繭肖隣家之女。《賈子說林》：蠶最巧，作繭往往遇物肖形。有寡女，獨宿不寐，私于壁孔視隣家蠶箔。明日繭多類之，望去隱然似愁女。蔡邕市歸繅絲，制爲琴絃，彈之有愁怨聲，問女口，口曰：『此寡女絲也。』膏祠宅角之人。宗懔《荊楚歲時記》：吴縣王成，夜見一人立宅東南角。謂成曰：『此地是君蠶室，我卽地之神，明日月半，君宜作白粥，泛膏于上，以祭我。』言訖不見。成如其言，年年得蠶也。食楓林于海上。《事物紺珠》：楓蠶葉始生有虫，食葉如蠶，赤黑色，四月吐絲，光明如琴絃，海上人取作釣緡，出横州。飼柘葉于池心。《六帖》：大軫國有靈泉池，以五色石甃池，採大柘飼蠶于池中。池有挺荷，疾風不動。蠶經十五日，即入荷中，蠶可五六寸，繭形如斗，五色，人繅之，以織神錦。色愛彌羅之碧。蘇鶚《杜陽襍編》：彌羅國有桑，連延十數頃，其上有蠶，長四寸，其色金，其絲碧。縑誇曲靖之精。《唐書》：南詔自曲靖至滇池，人水耕食蠶，以柘蠶生二旬而繭，織錦縑精緻。一襲綿衣，製就炎州之火。《杜陽襍編》：同昌公主有火蠶綿，出炎州，絮衣一襲，北用一兩，多則有熇蒸之氣。千絲文錦，纂成東海之冰。王子年《拾遺記》：東海員嶠山有冰蠶，長七寸，有鱗角，以霜雪覆之。始爲繭，其色五采，織爲文錦，入水不濡，投火不燎。乍三起而三眠。謝維新《合璧事類》：蠶俯曰眠，眠時不食桑柘，經一晝夜而脱殼。蠶有三眠者，有四眠者。周密《癸辛襍志》：紅蠶緣于枯桑，其絲不黄，蓋蠶足于葉，三俯三起，二十七而蠶已老則紅，故謂之紅蠶。以繭自衣，亦謂之室。或四熟而八熟。《合璧事類》：青州蠶，一歲四熟。俞益期箋曰：南蠶八熟。《吴録》：南陽郡一歲蠶八熟。聽軋軋于繅車。徐炬《事物原始》：西陵氏制繅車，以繅絲。聚團團于箔簇。《農桑直説》：蠶簇用蒿梢、叢柴、苫廣等。《農桑通訣》：蠶箔，承蠶具也。《禮》：具曲植，即箔也。都成錦被之文。《事物紺珠》：宋太祖時，邱封民家發蠶箔，有繭聯，屬自成被。眞宗時，荆州人家蠶簇上繭，自成被。酸棗縣民家，繭自成被。仁宗時，靈和縣民家，蠶自成被。哲宗時，北海縣蠶自織如綃，成領帶。

清　吴汝綸《深州風土記》記二一《物産·貨之類》　葦箔　饒陽有。《廣韻》：箔，簾也，通作薄。《禮》，帷薄之外不趨。葦箔，以葦爲簾也。今案，《史記·周勃世家》『以織薄曲爲生』。索隱云：織蠶薄也。小顔引許愼云：葦薄爲曲也，彼云葦薄，即此葦箔矣。

清　曹倜《蠶桑速效編·勸論種桑章程·補遺》　無桑而養蠶者，謂之『空頭蠶』。按蠶初生重一錢，長大重一斤，須桑葉一百六十斤，始能成繭。欲養蠶若干，必先租桑若干，務使桑浮於蠶，方不悮事。至於養蠶之法，或未熟嫺，修置蠶室，安排蠶箔，繅絲有具，織機有法，三年之久，逢人輒問，豈有不能之理？惟餧蠶勝於賣桑、賣繭，不如賣絲，是所宜曉。聞昉再訂。

圖表

清　韓夢周《蠶桑實濟》卷二

蠶筐式

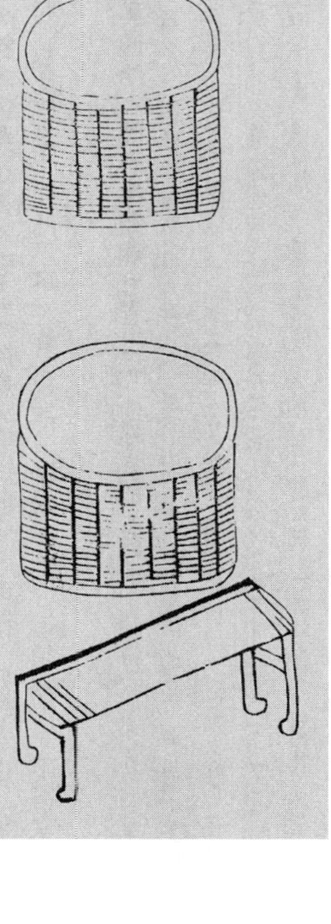

又　蠶篩式

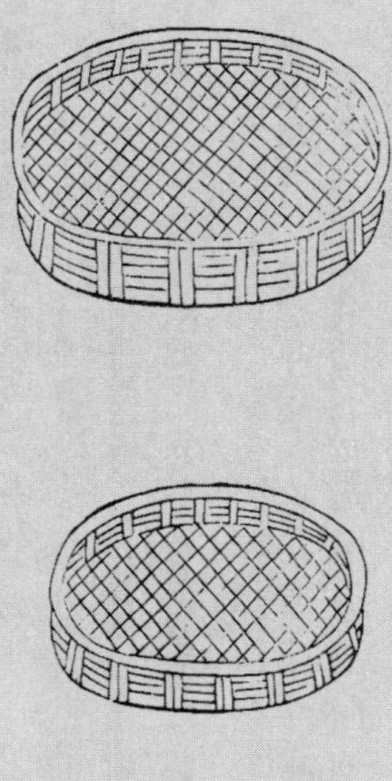

又　蠶盤式

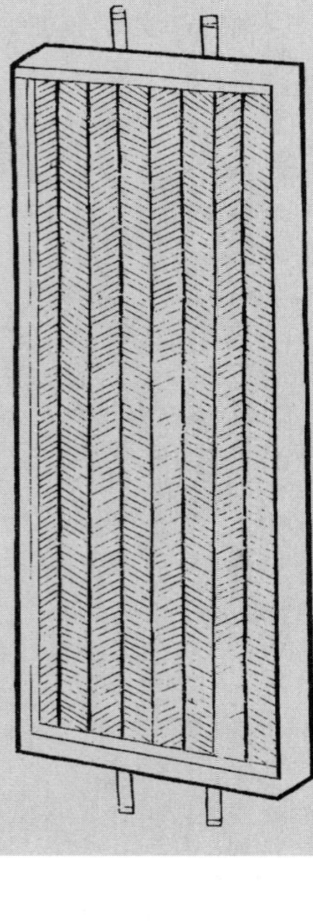

清 鄂爾泰《授時通考》卷七三《蠶事門・飼養》

蠶筐

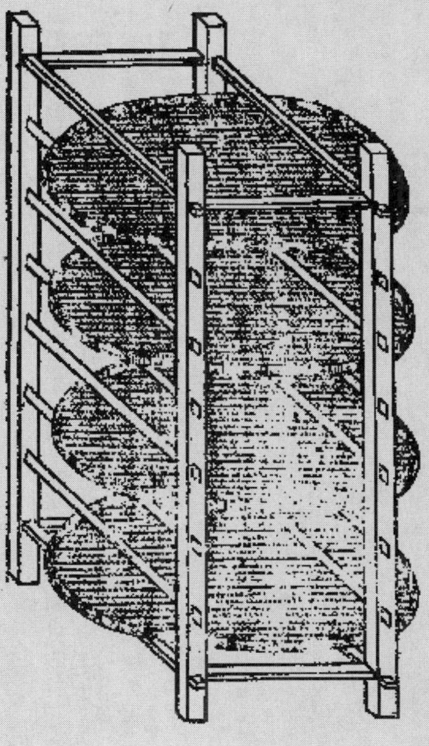

又

蠶盤

又 卷七四《蠶事門・分箔》

蠶箔

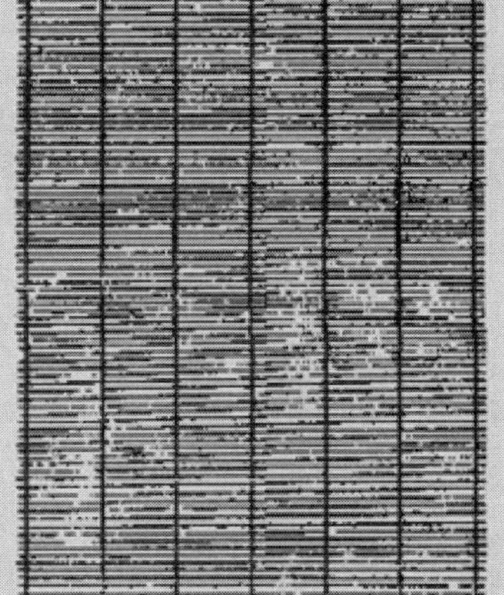

清 何石安、魏默深《蠶桑合編・蠶桑合編圖説》

蠶筐式

繅蠶網式

清 曾鉌《蠶桑備要・補編》

蠶筐

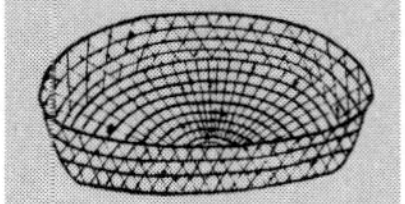

清 王文韶校，袁俊德輯《蠶桑紡織器圖説・蠶器圖類》

箔曲圖説

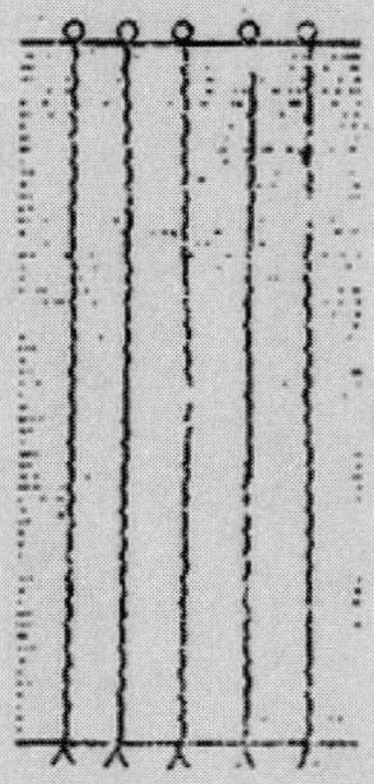

曲箔，承蠶具也。《禮》『具曲植』，曲，卽箔也。顔師古注云：葦箔爲曲，北方養蠶者多，於宅院後或園圃間，多種萑葦以爲箔材，秋後芟取。或山中松花細竹子，皆可自織。其制圜五尺，長一丈，以二椽履之，懸於槌上，至蠶分擡去蓐時，取其易卷舒，以廣蠶事。

又 蠶筐圖説

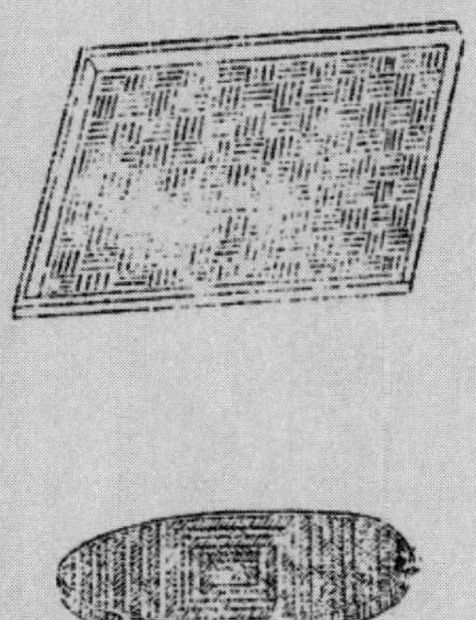

筐者，古盛幣帛，竹器也。今用育蠶，闊三尺，長五尺，以竹編之，或用鷄柳木作方筐，闊三尺，長五尺，亦輕便。蟻蠶及劈分時用之，擱於架上，易於擡飼。

清 羊復禮《蠶桑摘要・圖説》

大筐式

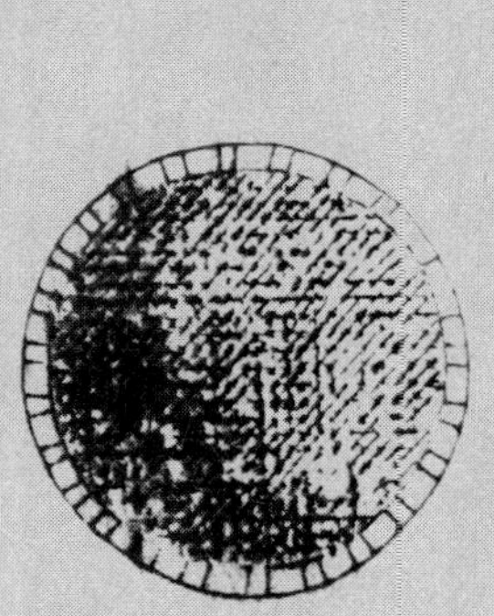

小筐式

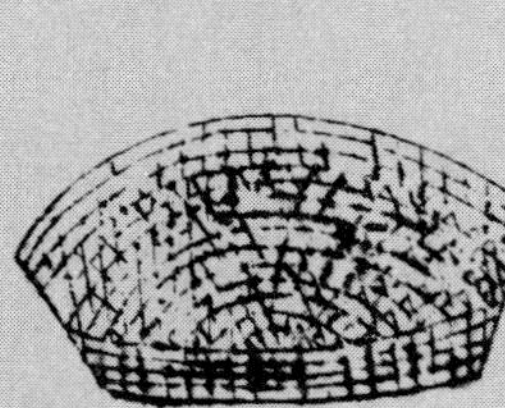

蠶筐以竹爲之，筐有大小不等。小蠶用小筐，浙人謂之『簩』，或尺半，或二尺，或二尺半，邊高三寸，底眼宜疎，以紙糊之，使蠶光潔而暖。至二眠三眠，換次號筐。至大眠，用大筐。直長約三尺，餘邊高寸半，不使蠶出外爲佳。鎮人謂之『簸匾』，浙人謂之『匾』俗作篇，卽《禮記》所謂『籧筐』也籧亦作筥。粵鎮所做邊低而底圓，不甚合用，宜仿浙江爲之，較爲平穩。

清　楊鞏《中外農學合編》卷一〇《蠶類・器具圖說》

蠶連

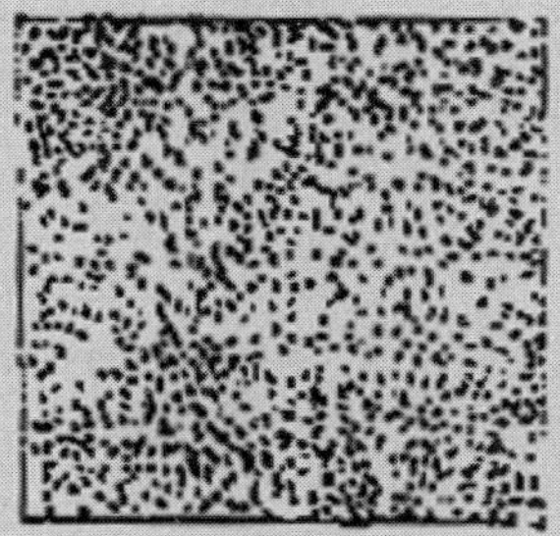

又　蠶篩

又　蠶盤簏

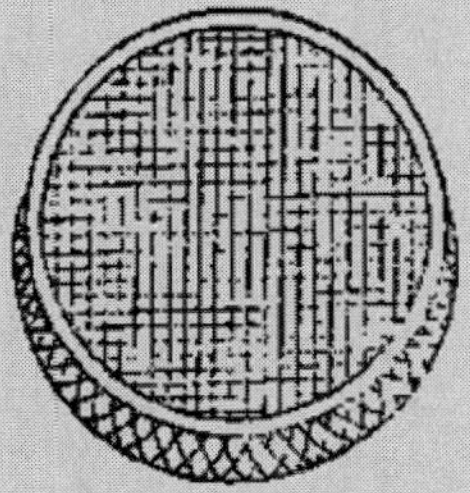

又　外洋長方盤

又　外洋盤底草蓆

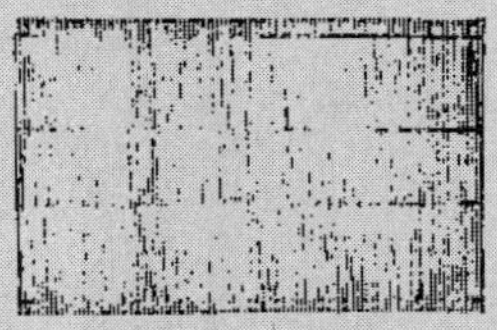

蠶架

架以盛盤，一名蠶植，又名蠶槌。大小架皆三角式，大架用直柱三根，前二後一高八尺。每柱各開八孔，每孔相去各八寸。必相去八寸，乃可容蠶盤進出。中設横檔梯，升八層，每層用前檔木一根長六尺，一頭嵌前左柱孔内，一頭嵌前右柱孔内，每層前檔木之中間，俱平鑲一短榫榫長四寸，後檔木一根長三尺，一頭嵌後柱孔内，一頭裁成榫口，銜於前檔木之中間。短榫上兩相銜合為一，對穿一孔，用竹釘綰住，以便轉移收摺。小蠶用小架高四五尺，闊四尺，餘與大蠶架同。《蠶事圖譜》

無力之家，不能備木架者，可用粗棕繩三根麻繩亦可，從屋梁檩子上穿過，垂下至地，為直柱。前二後一，與木架直柱同。用木棍拴繩上為横檔竹棍亦可，每横檔相去各空七八寸，隨繩直垂下於地。另釘粗木樁，將垂下繩尾緊束樁上，不令動搖。繩動搖，則盤内之蠶驚動不安眠，起時尤為誤事。每一架亦可安蠶盤七八層，候蠶事畢，將繩棍收束，置空閑處，來年仍可取用，此亦簡便方法也。或用竹桿緊束，橫直如式亦佳，然總不如木架之穩。《授時通考》

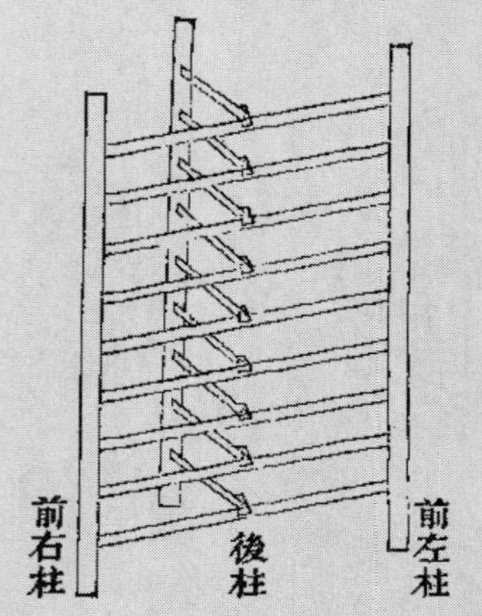

又　蠶箔

箔以蘆葦織成，長短寬狹無定制，其形如簾，故又謂之蘆簾。非此，則蠶山無從位置。無力之家，不能備辦，即用木板、門片、竹摺均可。《授時通考》

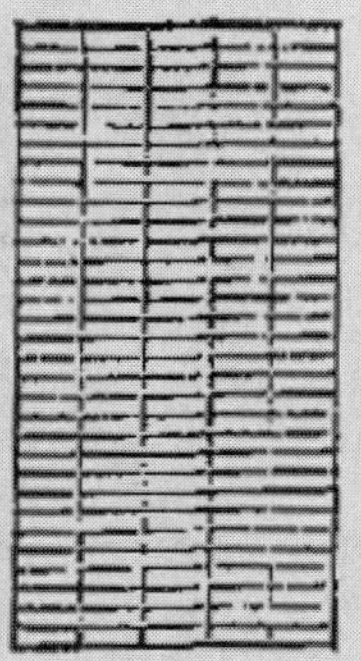

外洋長箔

此用大一寸三分，四方杉木條，造長方形框子，其長四尺，寬二尺五寸。以光滑青篾片篾寬三分，織四方孔摺子孔大，視老蠶倍半為准，大如木框，周圍四方，以寬篾片壓摺子於木框上，用釘釘住，以作箔底。蠶老時，以此箔盛蜈蚣簇，加蠶盤上，聽老蠶由底孔匍匐而上。俟簇上蠶滿，將此箔拾開，另換一箔。

養蠶法。

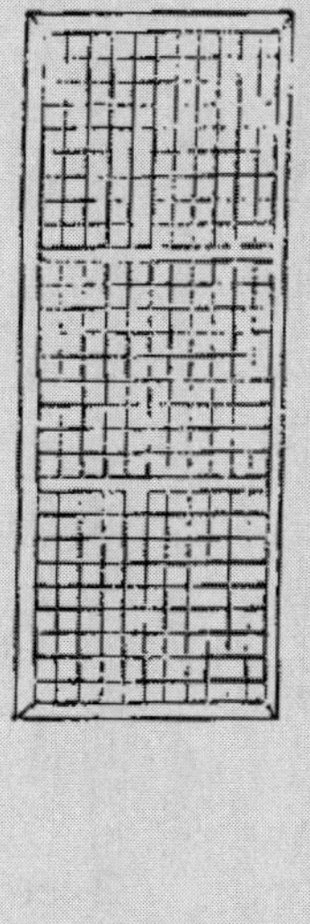

清　張集賢編撰，郝子雅繪製《桑織圖》

蠶桑器具圖

桑蠶有事器必良，農隙什物預商量。織箔造架結蠶綱，篩盤起箸並蠶筐。抬壚蓐草簇料備，兼儲牛糞與斑糠。治桑蠶織造皆有具，臨時窖密糊蠶房。

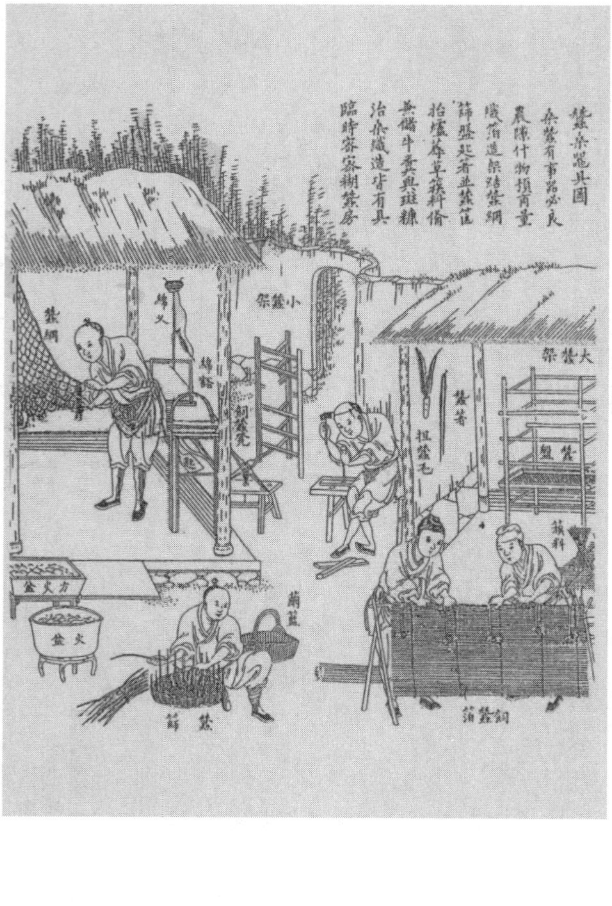

其他

題解

清 曹笙南輯《五畝居桑蠶清課》卷二《育蠶徵信篇・居蠶具》　《農桑通訣》：箔，承蠶具也。北方養蠶者多，農家宅院後，或園圃間，多種萑葦，以爲箔材。《禮》：『具曲植。』曲，即箔也；植，即槌也。

論説

元 司農司《農桑輯要》卷四《養蠶・火倉》　《齊民要術》：屋内四角著火。火若在一處，則冷熱不均。《務本新書》：生蠶有小屋者，四壁挫壘空龕或八或六，頗類參星樣，一高一下，頓藏熟火，庶得火氣勻停。如大屋内生蠶，一邊難就壁龕，當于箔查外，挫壘土臺，或釘木橛，上安火盆。盆外另夾帷箔，收拾火氣。蠶小時，將牛糞墼子燒令無烟，移入龕内頓放，如無壁龕等，止于槌箔四向，約量頓火。

又　涼暖總論　【略】然寒不可驟加暖熱，當漸漸益火。寒而驟熱，則黄軟多疾。熱不可驟加風涼，當漸漸開窗。熱而驟風涼，則變殭，此又不可不知也。又正熱猛著寒，便禁口不食，即用鏊子盛無烟熟牛糞火，用杈托火鏊，于槌箔下往來，辟去寒氣，蠶自食葉也。

清 崔應榴彙纂，錢馥補輯《蠶事統紀》卷八《飼養・性情宜忌》　蠶初生，屋内忌掃塵，忌煎煿魚肉，忌烟火紙，忌側近舂擣，忌敲擊門窗、槌箔及有聲之物。

清 郝懿行《寶訓》卷三《蠶桑》　蛾亦不可用，鋪連于槌箔上，雄雌相配，當日可提掇連三五次去其尿也。至未時後，款摘去雄蛾，將母蛾于連上勻布。所生子如環成堆者，其蛾與子皆不用。其餘者，生子數足，更當就連上，令覆養三五日不覆養，則氣不足。然後，將母蛾亦置在雄蛾、苗蛾、末蛾處，十八日後埋之。

《歲時廣記》浴連法：凡浴蠶種了，小繩子搭挂，上元日浴畢，挂一七日，卻收于清涼處。著一瓮盛，貴得清涼，令生遲也。臘日取蠶種，籠挂桑中，任霜露雨雪飄凍，至立春收，謂之『天浴』。蓋蠶蛾生子，有實有妄者，經寒凍後，不復狂生。唯實者生蠶，則强健有成也。

《務本新書》：農家自蛾在連直至臘月内，三八日浴連三次，比及此時，蛾溺毒氣，先熏汙八九月，甚違胎養之方。今後自蛾在連，即于無烟通風涼房内，桑皮索上單挂，不得見日。若遇天氣炎熱，于午、未間，將連鋪在涼房净地上，申時却挂起。至十八日後，遇天色晴明，日未出時，汲深井甜水浴連，約一頓飯間，浸去便溺毒氣，依上單挂。孕婦並未滿月産婦，不得浴連。勿用厚衣綿絮包裹，勿近銅鐵鹽灰，不得用麻繩繫挂，如或不忌，後多乾死不生。《本草》陳藏器云：苧麻近蠶種，則蠶不生，當遠之。三伏内再浴，七八月不宜收起，早收蠶子不旺。至十月天晴收卷，桑皮索繫懸之，冬至日、臘八日，依前浴挂。長流水為上，井花水次之。立春後，無煙屋内，置淨瓮，卷連竪立，以紗蓋瓮，。每十數日，將連取出，略見風日。蛾連大忌烟熏。又收乾桑葉法：秋深，桑葉未黄，多廣收拾，曝乾擣碎，于無煙火處收頓。春蠶大眠後用。

《士農必用》：至臘月内，擣磨成麵。臘月内製者，能消蠶熱病，瓮器内可多收飼蠶餘剩，作牛料，牛甚美食。

《務本新書》製豆粉米粉法：臘八日，新水浸菉豆每箔約半升，薄攤曬乾。又净淘白米每箔約半升控乾，以上二物，背陰收頓。

《野語》云：臘月造油，蠶房内點鐙，諸蟲不入。又收牛糞法：冬月多收牛糞堆聚，春月旋拾，恐臨時闕少。春暖踏成墼子墼，音戟，曬乾苫起，燒時香氣宜蠶。又收蓐草法：臘月刈茅草作蠶蓐，則宜蠶。

收貯蒿梢《士農必用》：收黄蒿、豆稭、桑梢。其餘梢乾勁不臭氣者，亦可。又修治苫薦穀草、黄野草皆可，一頭截齊，一頭留梢者為苫；兩頭齊截者為薦。

《野語》云：苫用茅草，上簇輕快，又不蒸熱。

崔寔曰：三月清明，令蠶妾具槌、椽、箔、籠，治蠶室，塗隙穴。

《齊民要術》：修屋，欲四面開窗，紙糊厚為籬。

《務本新書》：蠶屋，北屋為上，南屋西屋次之。大忌東屋，西南風大傷蠶。陝西、河南尤甚，趙地以北頗緩。《要旨》云：蠶屋地基，須高一尺，不必以陰陽形勢為法。陳志宏云：屋基新土填乾，于上用泥重覆。

《齊民要術》火倉法：屋内四角著火。火若在一處，則冷熱不均。

《務本新書》：蠶小時，將牛糞墼子燒令無烟近兩眠則止。若寒熱不均，後必眠起不齊。又今時蠶屋内素無禦寒熱火，止是旋燒柴薪，煙氣熏蒸太甚，蠶蘊熱毒，多成黑薵。

《士農必用》：治火倉：屋當中掘一阬，闊狹深淺，量屋大小。糞柴相間，築得極實。慎不可虛，虛則火焰起傷屋，又熱火不能久。牛糞熏屋，大宜蠶也。蠶喜牛糞，牛喜蠶沙。

《齊民要術》：安槌法：比至再眠，常須三箔，中箔上安蠶，上下空置。下箔障土氣，上箔防塵埃。

《農桑要旨》：底箔須鋪二領，蠶蛾生後，每日日高，捲出一領，曬至日斜，復布于生蠶箔底，翻覆襯藉，使受自然陽和之氣。停眠起食，然後撤去。

清 江志伊輯《飼蠶法·附屑繭繅絲法》 忌屋内掃塵，忌敲擊門窗、槌箔及有聲之物。

（道光）《遵義府志》卷一六《農桑·蠶忌》 蠶初生，屋内忌掃塵，忌煎煿魚肉，忌煙火紙，忌側近舂搗，忌敲擊門窗、槌箔及有聲之物，忌哭泣、叫喚，未滿月產婦不宜作蠶母，忌帶酒人切桑飼蠶，忌煙熏，不得放刀灶箔上，忌產婦、孝子入家，忌燒皮毛亂發，忌酒醋、五辛、羶辛、麝香等物《務本新書》

（光緒）《歸安縣志》卷一一《輿地略十一·收蠶》 蠶初生時，忌屋内掃塵，忌炙煿魚肉，忌油火紙於蠶屋内吹滅，忌側近舂擣，忌敲擊門窗、槌箔，忌蠶屋内哭泣，忌穢語淫辭，忌未滿月產婦作蠶母，忌帶酒人切葉飼蠶，忌一切烟熏，忌竈前熱湯潑灰，忌產婦孝子入家，忌燒皮毛亂髮，忌酒醋、五辛、羶腥、麝香等物，忌當日迎風窗，忌西照日，忌正熱著猛風驟寒，忌正寒陡令過熱，忌不潔淨人入蠶室，忌蠶屋近臭穢。《西吳蠶略》

清 盛宣懷輯《蠶桑備要·蠶禁》 葉久貯，氣熱蒸溼者。蠶初生時，忌屋内埽塵，忌炙煿魚肉，忌油火紙於蠶屋内吹滅，忌側近舂擣，忌敲擊門窗槌箔，忌蠶屋内哭泣，忌穢語淫辭，忌未滿月產婦作蠶母。

清 莊景仲《养蠶必讀》卷上《宜忌》 ［養蠶］忌敲擊門窗、槌箔及有聲之物。

綜述

元 司農司《農桑輯要》卷四《養蠶·擇繭》 取簇中腰東南，明净厚實繭。蛾第一日出者，名『苗蛾』，不可用屋中置柴草，上放不用蛾。次日以後出者可用。每一日所出為一等輩。各于連上寫記，後來下蛾時，各為一等輩。二日相次為一輩猶可，次三日者，則不可為。將來成蠶，眠起不能齊，極為患害。另作一輩養則可。末後出者，名『末蛾』，亦不可用。鋪連于槌箔上，雄雌相配。當日可提掇連三五次去其尿也，至未時後，款摘去雄蛾放在苗蛾一處，將母蛾于連上匀布稀稠得所。所生子如環成堆者，其蛾與子皆不用。其餘者，生子數足，更當就連上，令覆養三五日。不覆養，則氣不足。然後，將母蛾亦置在雄蛾、苗蛾、末蛾處，十八日後埋之。

又 蠶欲凉，而天氣暄，閉火而捲苫窓，則火氣内息，而凉氣外入。若遇大熱盡捲苫窓不能解其熱，則去其窓紙上捲照，窓下開風眼，窓外槌下洒潑新水，凉氣自然透達。熱退則糊補其窓，閉塞風眼，使其蠶自初及終不知有寒熱之苦。病少繭成，一室之功也。然寒不可驟加暖熱，當漸漸益火。寒而驟熱，則黄軟多疾。熱不可驟加風凉，當漸漸開窗。熱而驟風凉，則變僵，此又不可不知也。又正熱猛著寒，便禁口不食，即用鏊子盛無烟熟牛糞火，用杈托火鏊，于槌箔下往來，辟去寒氣，蠶自食葉也。

又 蒸餾繭法 ［蒸餾繭］亦不要蒸得不及，不及則蛾必鑽了。如手背不禁熱，恰得合宜。於蠶房槌箔上，從頭合籠内繭在上，用手微撥動。如箔上繭滿，打起，更攤一箔。候冷定，上用細柳梢微覆了。其繭只於當日却要蒸盡，如蒸不盡，來日必定蛾出。釜湯内，用鹽一兩，油半兩，所蒸繭不致乾了絲頭如餾繭多，油鹽旋入。

明 徐光啓《農政全書》卷三一《養蠶法》 王禎曰：育蠶之法，始於擇種。收繭：取簇之中，向陽明净厚實者。蛾出第一日者名苗蛾，末後出者名末蛾，皆不可用。次日以後出者取之，鋪連於槌箔，雄雌相配。

又 次日以後出者可用，每一日所出為一等輩，各於連上記寫。後來下蛾時，各為一等輩，二日相次為一輩猶可，次三日者，則不可為。將來成蠶，眠起不能齊，極為患害，另作一輩養則可。末後出者，名末蛾，亦不可用。鋪連於槌箔上，雄雌相配，當日可提掇連三五次去其尿也。至未時後，款摘去雄蛾。放在苗蛾一處。

又 籠不以大小，籠内匀鋪繭，厚三四指許。頻於繭上以手背試之，如手不禁熱，可取去底扇，却續添一扇。在上亦不要蒸得過了，過了則軟了絲頭；亦不要蒸得不及，不及則蛾必鑽了。如手背不禁熱，恰得合宜。於蠶房槌箔上，從頭合籠内繭在上，用手微撥動。如箔上繭滿，打起，更攤一箔。候冷定，上用細柳梢微覆了。其繭只於當日却要蒸盡，如蒸不盡，來日必定蛾出。釜湯内，用鹽一兩，油半兩，所蒸繭不致乾了絲頭。如餾繭多，油鹽旋旋入。

清 韓夢周《蠶桑實濟》卷四《育蠶急務・養蠶總要》 然寒不可驟加熱，當漸而益火，寒而驟熱，則生黄輭等疾。熱亦不可驟通風涼，當漸而開窗，熱而驟通風涼，則變白殭，此又不可不知也。又正熱猛著寒氣，便噤口不食，卽用擡爐盛無烟牛糞火，用扠撥火於槌箔下，往來辟去寒氣，則蠶自然食矣。

清 崔應榴彙纂，錢馥補輯《蠶事統紀》卷九《蠶簇》 槌箔上虛撒蒿槌，周圍簇稍與蒿箔苫圍之，蠶自作繭，猶勝於雨中簇也。

清 鄂爾泰《授時通考》卷七四《蠶事門・入簇》 《韓氏直説》安圓簇，於高阜處打成簇脚，一簇可六箔蠶。十分中有九分老者，宜少摻葉。就箔上用簸箕般去。宜欵手摻於簇上，務令稀勻，上復覆梢蒿或豆藍，復摻蠶如前。至三箔覆梢，倒根在上，自後蠶可近上。摻至六箔，覆蒿令簇圓上，用箔圍苫繳簇頂，如亭子樣。至晚，又用苫將簇從下繳至上，苫相接，日出高時捲去。至晚復繳，三日外，繭成不用。馬頭簇，亦依上苫繳，柴薪要廣，簇又玲瓏。中間宜架起，蠶多者宜馬頭簇，放脚宜南北。

又曬簇上蠶，後第三日辰巳時間，開苫箔，日曬至未時，復苫蓋如前。如當日過熱，上楮單箔遮日色。

又翻簇上蠶時，被雨霑濕，雨纔止纔晴，即選一簇地盤，不以成繭不成繭，翻騰遷移別簇，封苫如前。小雨則不須，但可曝曬。又一法，臨簇有雨，只於蠶屋中，木槌下，地面上安簇，開門窗使透風氣。早夜或陰雨變寒，則閉門窗，添牛糞火，比翻簇之法，又為妙也。又一法，槌箔上虛撒蒿，槌周圍簇梢與蒿箔苫圍之，蠶自作繭，猶勝於雨中簇也。

又十蠶九老，方可就箔上，撥蠶入簇。如是，則無簇污蒸熱之患，繭必早作而多絲。

又《擇繭》 蒸得過了，過了則軟了絲頭，亦不要蒸得不及，不及則蛾必鑽了。如手背不禁熱，恰得合宜。於蠶房槌箔上，從頭合籠内繭在上，用手微撥動，如箔上繭滿打起，更攤一箔。候冷定，上用細柳梢微覆其繭，只於當日却要蒸盡，如蒸不盡，來日必定蛾出。

清 汪曰楨《湖蠶述》卷一《總論》 更有頭二蠶，雖是四眠，比尋常四眠稍早，其子即可育二蠶。沈煉《廣蠶桑説》：育蠶以屋多為貴，如屋不多，便須多設曬匾，以蠶架架之。

清 林心北、吴書年勸刻《蠶桑輯略・養蠶節次三十五條**・涼暖總論》** 寒不可驟加煖熱，當漸漸益火，寒而驟熱，則黄輭多疾。熱不可驟加風涼，當漸漸開窗，熱而驟風涼，則變殭，此又不可不知也。又正熱，猛著寒，便禁口不食，卽用鍬子，盛無煙熟牛糞火，用杈托火鍬，于槌箔下往來，辟去寒氣，蠶自食葉也。

清 曹笙南輯《五畝居桑蠶清課》卷二《育蠶徵信篇・蠶室器物》 蠶室宜四面周密，内作層樓，下用地板。每間用木作活架，如槌箔之制，或用槃架。屋内勿設井口，四面推窗啟閉便適為佳。若未便築室，可擇周密無井口之室，隨通窗戶。倘屋有井口，宜用物禦風，或於板房層樓無風處，設架亦好。

藝文

清 高士奇《繅絲行》《清詩鐸》卷七 浙西民力勤，種桑無閒土。家家養吴蠶，筐籃滿廊廡。當春蠶子生，日夜守復覩。陌上女盈盈，采桑出庭戶。但憂蠶偶飢，那顧兒啼乳。計日蠶上簇，占時慮風雨。相看結繭成，堅勻白且膴。清和早夏時，茅檐置瓦釜。竹裏聲啞啞，繅車類輕櫓。持絲付機娘，織成縠與黼。侯家尚新奇，窮工綃花譜。千疋輕翦裁，那識蠶孃苦。所喜年歲豐，南北通商賈。巨舶販海洋，連鑣賣城府。婦子樂餘閒，時節到重午。刈蒲縛綵糉，食罷作繭虎。

清 崔應榴彙纂，錢馥補輯《蠶事統紀》卷一四《雜繫上》 《郁離子》：蠶吐絲而為繭，以自衛也，卒以烹其身。鄭瑗《蜩笑偶言》：繭蠶出也，而蠶非繭，則不能藏身以形化。

清 衛杰《蠶桑萃編》卷一三《圖譜・四時圖詠類》

正月

生民重歲首，衣食肇其端。此時憚勞苦，終年兩事艱。蠶室及時治，槌箔宜預安。窗戶當奧密，勿使透風寒。飯牛修耒耜，新春勿偷閒。田家飽煖樂，舍此復何貪！

給桑工具分部

蠶杓

題解

元 王禎《農書》卷二〇《蠶繅門》 蠶杓，《集韻》：『杓作勺，量器也。』《周禮》：『勺容一升，所以斞舉朱切，挹也，酌也酒。』《説文》曰：『「杓」音「標」。』今云酌物為杓，以勺從木，姑與今同。此作蠶杓，斵木刳之，首大如杯，柄長三尺許，如槃蠶空去聲隙，或飼葉偏疏，則必持此送之，以補其處。至蠶老歸簇，或稀密不倫，亦用均布，倘有不及，復以竹接其柄，此南俗蠶法。北方箔簇頗大，臂指間去聲有不能周遍，亦宜假此，以便其事，幸毋忽諸。詩云：『杓頭斟酌布蠶時，杓尾長摽手屢持。嘗向太平村落見，田家嫁女作奩儀。』

清 韓夢周《蠶桑實濟》卷二《育蠶預備》

預造蠶杓

此布蠶杓也，刳桑木爲之，或無氣味之木，亦可。其首大如酒杯，柄長三尺許，如盤蠶空隙，或撒葉不均，則必以杓挹盛以補其處。至蠶老歸簇，或稀密不匀，亦用均布，倘有不及，更以竹接柄。

清 方大湜《桑蠶提要》卷二《蠶事四十條・蠶具三十則》

蠶杓

杓以桑木為之，或無氣味之木亦可。其首大如酒杯，其柄微曲柄長二三尺，如蠶盤内布葉不匀，則用此杓盛葉，以補其處。

論説

清 鄂爾泰《授時通考》卷七三《蠶事門・蠶杓圖説》 蠶杓，《集韻》：『杓作勺，量器也。』《周禮》：『勺容一升，所以 斞酒。』《説文》曰：杓，音標。今云酌物為杓，以勺從木，姑與今同。此作蠶杓，斵木刳之，首如大棒，柄長三尺許如盤，蠶空隙，或飼葉偏疏，則必持此送之，以補其處。至蠶老歸簇，或稀密不倫，亦用均布。倘有不及，復以竹接其柄，此南俗蠶法。北方箔簇頗大，臂指間有不能周偏，亦宜假此以便其事，幸毋忽諸。

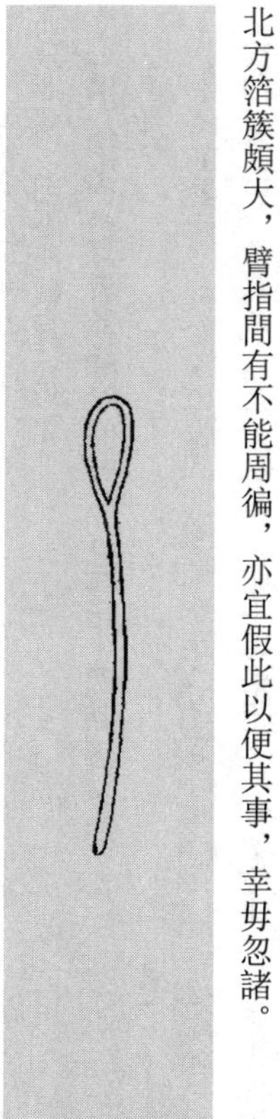

清 方大湜《桑蠶提要》卷二《蠶事四十條・飼葉七則》

飼葉務要均匀　每布葉後，須再繞盤細看，何處葉未布到，即用蠶杓盛葉，將何處添補。不均匀，則饑飽不一，眠起必不能齊。蠶杓，詳蠶具第七則。

飼葉須酌量加減　蠶有三光，白光向食，青光恣食皮皺為飢，黄光以漸住食。故飼蠶之節，必視蠶所變之色為加減，不可過，亦不可不及。當減而加，則失之太過，太過則傷，傷則禁口不食，生病而眠遲；當加而減，則失之不及，不及則餒，餒則氣弱生病，亦眠遲而繭薄。

飼葉須斟酌厚薄　蠶小，布葉宜薄；蠶大，布葉宜厚。大眠以後，蠶老以前，布葉宜極厚，每將眠時，布葉宜頻，且宜薄，每眠起時，布葉宜薄，且宜緩。

飼葉須分別眠起　古人眠起，取齊之法，至周至密，擇種下子，寫記日期，以同日所生之子為一起，連上如有空缺，即日補滿，此齊於收種時也。詳留種第五則。鹹種以鹽腌之，淡種以石灰腌之，去其子之無力者，此齊於浴種時也。詳浴種第一、二則。生蟻之時，將蠶連置懷中者，則表裏互易。不置懷中，而裹以綿花者，則以中層與上下層互換，使暖氣均匀，此齊於暖種時也。詳生蟻第三則。蟻出之後，同時下連，先後下連之蟻，各置一器，此齊於收蟻時也。詳收蟻第一則，第三則。下連有先有後，先者減頓，後者加餐，此齊於育蟻時也。詳育蟻第二則。如法行之，種齊蟻齊，眠起自無不齊之理。然究未有一時盡眠，一時盡起者，所以昔人又有抽飼斷眠之法，抽減已眠者之葉，專飼未眠之蠶。如十分中有三分黄光，則是眠者三分，未眠者七分，即抽減桑葉三分，而以七分葉專餧未眠之蠶；如十分中有黄光七分，則是眠者七分，未眠者三分，即抽減桑葉七分，而以三分葉專餧未眠之蠶。已眠未眠，同置一器，其説必不可從。眠者色黄，純黄之中，有由白而漸黄者，與純黄不甚相遠，頻飼以督之，猶可相及。若已見純黄，又多青白，則與純黄相去遠甚，飼雖頻，亦不能及。

且蠶眠一晝夜，以安靜不擾為得所。今以青白者尚多，飼而亂之，動而蹂之，則先眠者失其所矣。迨青白未眠者，變而欲眠，則前之眠者已起。因後者方眠，而停起者之食，起者既不堪其餓。因前者已起，而不停起者之食，眠者又不堪其擾，多病少絲，實由於此。故抽飼斷眠之法，必不可從。其餘收種、浴種、暖種、收蟻、育蟻諸法，一一照行，尚不能一時盡眠，一時盡起。若不照行，則種類亂雜，眠起之前後，相去更遠。故收種、浴種、暖種、收蟻、育蟻、諸法，亦不可廢。飼蠶者須分別眠與未眠，未眠者另置他器，頻飼以督其眠；已眠者，置之靜室，以俟其起。詳頭眠、二眠、三眠、大眠各條。

又《易器六則》

替子宜體　蠶屎、桑渣，謂之『替子』。以此盤之蠶，移置彼盤，抽出替子，謂之『體刮』。亦謂之『擡』，體出蠶屎、桑渣，浸土窖内，俟其腐爛，取以糞田，極肥，糞桑亦極肥，並非棄物。蠶屎乾鬆者無病。濕潤成片者有病。有病宜體，無病亦宜體。不體，則桑渣既厚，蠶屎又多，濕熱熏蒸，無病者亦必生病。後多白殭。或身止黄糙，或頭上、頸上發黑點、黑斑，甚有偏身俱生黑點、黑斑者，雖一樣吃葉，却不生絲腸，到老必不做繭。大約初眠以前，隔兩日體一次；初眠以後，隔一日體一次；二眠以後，每一日體一次。若天氣過涼，則應隔一日二日者，多隔一日亦可；若天氣過熱，則須一日一體，不必拘隔日之法。各省地氣寒暖不同，天時冷熱遲早，亦不一律，且有忽冷忽熱之時，相時體刮，不必拘泥。每次將眠之候，體刮尤為緊要。詳頭眠第一則。

蠶大宜分　以一盤之蠶，分為兩盤，謂之『分蠶』。初生如蟻，頭眠時，大如衣綫，長約半分；二眠時，粗如綿紗綫，長約一分；三眠時，粗如麻綫，長約二分；大眠時，粗如錢繩，長約五六分。大眠起後，餧葉一晝夜，便可長至寸許，臨老時，約長二寸。不分，則漸長漸大，愈大愈擠，必有積壓、損傷之患。大約新蟻一盤，至老可分為三十盤。蠶盤有大有小，詳蠶具第二三則。

體蠶法　先用礱糠燒灰礱糠，即稻穀殼，俟葉已食盡之後，用絹篩篩糠灰於蠶上灰宜薄不宜厚，必用糠灰者，取其爽利也，再布以葉，則蠶皆脫灰而出。俟其既集葉上，或以蠶筷子輕輕夾出，或以蠶匙輕輕挑出，置他器内，但蠶身太小，最易損傷。如用蠶筷子夾小蠶，須連葉帶蠶，一并夾出；如用蠶匙挑小蠶，須略帶蠶屎桑渣，一併挑出，庶免傷損蠶身。有未上葉者，再布葉一次，再挑夾一次。所遺者必無幾矣，棄之可也，大眠以前，可用此法。蠶筷子、蠶匙，詳蠶具第五六則。此器專為小蠶而設，蠶大，則用匙與筷子不如用手之便。

清　衛杰《蠶桑萃編》卷三《蠶政・審候類・飼須勻》　每布葉後，須繞盤細看，何處葉未勻，即用蠶杓盛葉添補。若不勻，則饑飽不一，眠起必不能齊。

綜述

清　帥念祖《蠶政編》

蠶杓

刳桑木爲之，或無氣味之木亦可。其首大如酒杯，柄長三尺許，如盤蠶空隙，或撒葉不勻，則必以杓挹盛，以補其處。至蠶老歸簇，或稀密不勻，亦用均布。

清　衛杰《蠶桑萃編》卷三《蠶政・蠶具類》

蠶杓

杓以桑木為之，或無氣味之木亦可。其首大如酒杯，柄微曲，長二三尺，如蠶盤内布葉不勻，則用杓盛葉，以補其處。至蠶老歸簇，或稀密不勻，亦用杓均布之，儻有不及，以竹接柄。

圖表

明　徐光啓《農政全書》卷三三《蠶桑・蠶事圖譜》　蠶杓，《集韻》：『杓作勺，量器也。』《周禮》：『勺容一升，所以斞舉朱切，挹也，酌也酒。』《説文》曰：『杓音標。』今云酌物為杓，以勺從木，姑與今同。此作蠶杓，斲木刳之，首大如棒，柄長三尺許，如槃蠶空去聲隙，或飼葉偏疏，則必持此送之，以補其處，至蠶老歸簇，或稀密不倫，亦用均布，儻有不及，復以竹接其柄，此南俗蠶法。北方箔簇頗大，臂指間去聲有不能周偏，亦宜假此，以便其事，幸勿忽諸。

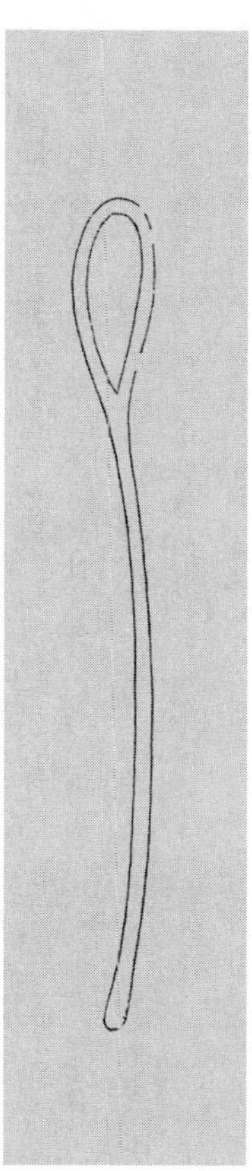

清 韓夢周《蠶桑實濟》卷二《育蠶預備》

預造蠶杓

此布蠶杓也，刳桑木爲之，或無氣味之木亦可。其首大如酒杯，柄長三尺許，如盤蠶空隙。或撒葉不均，則必以杓挹盛，以補其處。至蠶老歸簇，或稀密不勻，亦用均布。倘有不及，更以竹接柄。

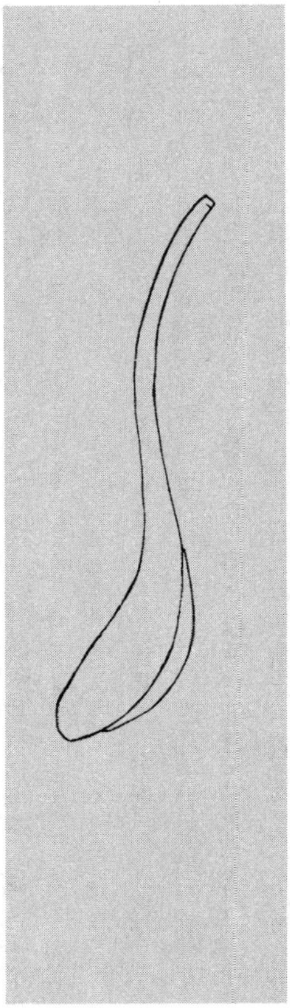

清 方大湜《桑蠶提要》卷二《總論十條**・蠶具**三十則**》**

蠶杓

杓以桑木爲之，或無氣味之木亦可。其首大如酒杯，其柄微曲柄長二三尺。如蠶盤內布葉不勻，則用此杓，盛葉以補其處。

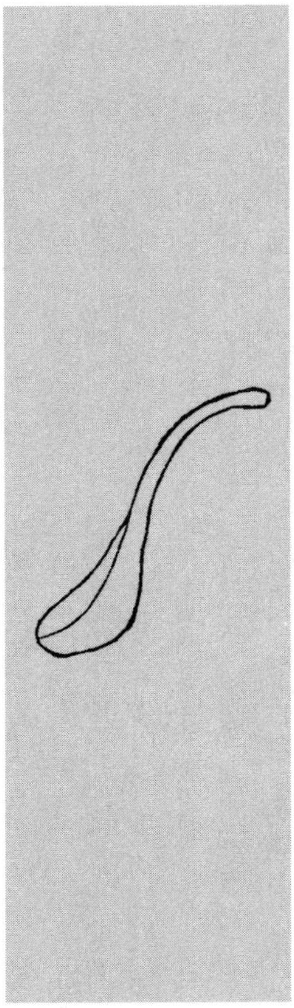

葉篩

論説

清 韓夢周《蠶桑實濟》卷四《育蠶急務・劈蟻法》

桑篩

蟻既下連，用快刀切桑葉極細，以葉篩篩於蟻上，務要薄而勻。勻薄如微雨之狀，又臨下蟻時，桑須澆過二三次方好，以後旋摘又澆，則桑多液。切葉必細者，恐蓋蠶也；必篩者，恐不勻也。不勻則食葉有偏，偏則眠起不齊，然葉槎微液不能久存，少頃之間，即便乾枯，故須頻切而頻篩也。此時不可飼以接桑葉，飼則多病，須在大眠後用之。

綜述

清 馬丕瑶《蠶桑簡易法・養蠶法》 置蠶具 養蠶宜預置器具，曰切桑刀、專為切桑葉之用，不宜切佗物，切桑板專為切桑之用，采桑筐、蠶二眠前不可翦桑條，宜摘葉，以此盛之。葉篩、蠶小，需此篩葉飼之，担蠶毛、蠶蟻初出在連上，須撒細葉以毛担下，担至小匾，或散布不便飼葉，以毛團聚之，免傷蟻，蠶箸。為拈小蠶之用。

清 關維震《養蠶法・蠶具》 桑篩 一分、分半、二分、三分、四分、五分、七分、一寸。

清 江志伊輯《飼蠶法・治具》 布葉則用竹篩。以細篾編成，用此盛葉篩飼小蠶，則勻淨。

清 豫山《蠶桑辑要合编》編上《種橡養蠶・種橡養山蠶》 篩以細篾編之，圓徑八寸，高三寸。眼貴疏，篾須光潤。飼小蠶用此盛葉，篩之則勻。

雜録

清 陳涛《實驗蠶桑簡要法》篇下《養蠶法》 桑刀二把，大一尺二寸，小八寸。切桑板一塊，四尺方，厚一寸五分。葉篩六個，大、中、小各一。簸箕一隻，磨石一方，刀枷一具，盤秤一把，大小秤各一把，葉簍五個，桑節十個。

清 沈練，仲學輅輯補《廣蠶桑説輯補》卷下《飼蠶法六十六條》

蠶事預備一條

按蠶事器用不一而足，其最著者，則切葉砧也，葉篩也，蠶筐也，餵蠶網也，大小蠶植也，擋蠶毛也，蠶箸也，飼蠶架也，地蠶凳也，山棚、蘆簾、草帚也，繭籃也，內有不能姑缺者，有不妨他代者，須隨宜變通。若繅絲之車，則車牀也，車軸也，牌坊也，絲稱也，牡孃鐙繩也，撈絲帚也，踏脚板也，及車後向絲火盆，車前絲竈煙囱，均須預備，非臨時所能猝有也。尚有綿豁，與拓綿叉、墜梗，於繅絲後用之，婦女專任之，非若車竈之難緩續置可也。至桑之器用，則桑剪也，桑梯也，桑鈎也，葉篩也，桑鋸也，接桑刀也，刮桑鈀也，噴筒也，擔桑凳也，鑿釘也，俱隨時取用者也。他如圍蠶之稻草簾，理蔟料之草梳，都是要件。

圖表

清　曾鉌《蠶桑備要・補編》

葉篩

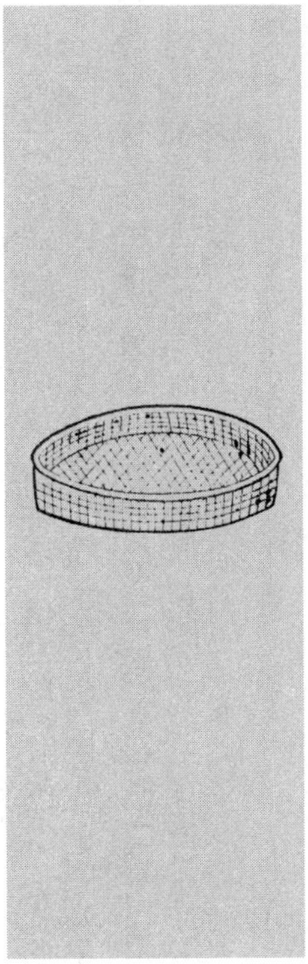

篩以細篾編之，圓徑八寸，高三寸。眼貴疏，篾須光潤，飼小蠶，用此盛葉，篩之則勻。

清　何石安、魏默深《蠶桑合編・蠶桑合編圖説》

葉篩式

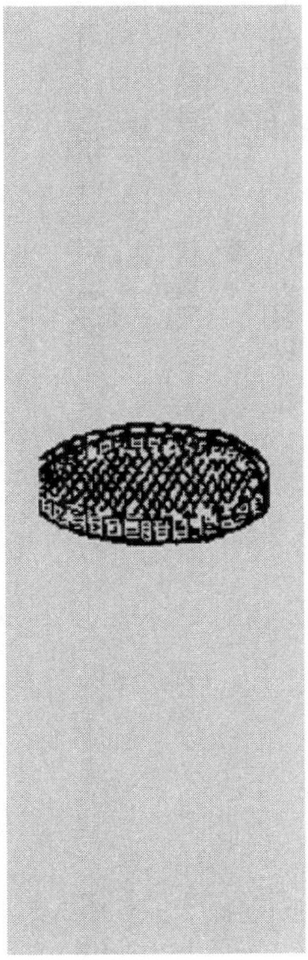

篩以細篾編之，圓徑八寸，高三寸，眼貴疏，篾須光潤，飼小蠶，用此盛葉，篩之，則勻。

清　任蘭生《蠶桑摘要・序》

葉篩式

篩以細篾編之，圓徑八寸，高三寸。眼貴疏，篾須光潤。飼小蠶，用此盛葉，篩之則勻。

清　葉向榮《蠶桑説・蠶桑輯要・圖説》

葉篩式

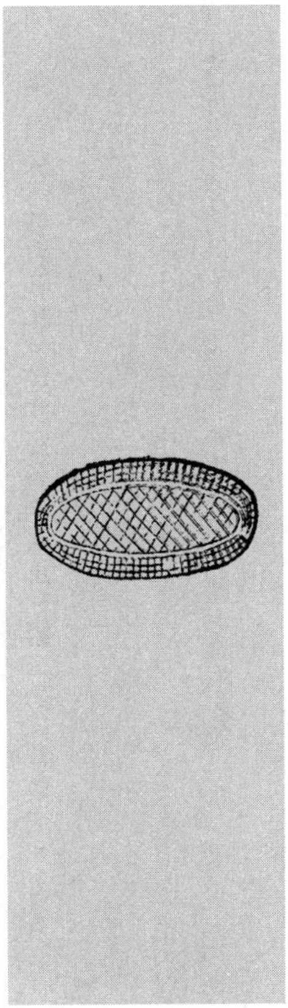

篩以細篾編之，圓徑八寸，高三寸，眼貴疎，篾須光潤。飼小蠶，用此盛葉篩之，則勻。

蘆簾

題解

清　高銓《吴興蠶書》卷上《器具・草薦》　草薦用稻稈織成，其制一如蘆簾。但草質弱，織尺餘，必以細竹竿閒之，凡遮闌門戶、圍護蠶植，較蘆簾尤暖。

清　沈練，仲學輅輯補《廣蠶桑説輯補》卷下　稻草簾用麻繩編九尺，相離二尺許，夾細竹一根，高七尺，麻繩五道。兩邊盡處，並用竹各一根，蠶到眠起之際，以此竪圍大蠶架外，上山時即以圍山。

綜述

清 江志伊輯《飼蠶法·縣緜》 半葉屑、沙矢，俱從簾縫下漏，蘆簾廣闊，蠶得舒展，決不發蒸也。

清 盛宣懷輯《蠶桑備要·作緜》 做絲畢，乘暇以水浸去汙濁，仍於河中汏净，置篩上或蘆簾上。用細竹竿就河中擊之，至絲緒颺開，潔白如玉，方取起曬燥，衣被中皆可襲以禦寒。

缸甕

論説

清 黄毅《養蠶新論》第四章《飼育法》第二節《貯桑法》《蠶業叢書》第二編 貯中桑法 蠶至三齡以後，需葉漸多，缸貯不足，必用貯桑室。室中舖以竹連以細竹編成者，將採來之桑，先行舖散，亦俟熱散，然後鬆個成堆，闊約二尺，厚只尺半，每經四五點鐘，均須上下翻撥。若此貯法，二三日後，尚可用之。

綜述

明 黄省曾《蠶經》 其繅之不及也，淹而甕之、泥之。每大缸用鹽四兩，荷葉包之，於缸甕之口，又塞實荷葉。至七日而蛾死，泥之也。仍數視之，有少罅則蛾生，凡拈絲綿之線一分銀，是拈一兩其爲綿也。

清 鄒祖堂《蠶桑事宜·飼蠶法六十條》 飼蠶者宜識天時，天將雨，便須採足一兩日之葉，以爲之備。少則以缸甕鬆鬆貯之，多則於無風日處，鋪竹席於地，而鬆鬆堆之。使食盡此葉而雨如故，則不得不於雨中採葉。所採之葉，以布夾之。新者唯白布可用，舊則不拘顏色矣。少頃即乾，否則以淘過。

清 方大湜《桑蠶提要》卷二《蠶事四十條·採桑五則》 雨前採桑 葉少則以缸甕，鬆鬆儲之，葉多則於無風日處，鋪竹席於地，鬆鬆堆之。但屋小地狹者，攤葉於地，太薄則葉無放處且易焦枯，太厚則溼熱熏蒸，蠶食之必病。不如貯以篋簍較爲穩妥。將葉鬆貯簍內，厚四五寸，一日夜翻四五次，令下面之葉轉而在上，中間之葉轉而在旁。即存二三日，亦可免潮熱之虞，且無枯焦之患。簍上加簍，自地面至頂可積十餘簍，桑簍詳桑具第十三則。

清 呂廣文《蠶桑要言·育蠶法·葉忌》 〔桑葉〕又忌倒汗水，久盛筐內或缸甕之內，葉必發熱，再久則生倒汗水矣。須於陰凉處，頻頻翻播，舒其熱氣，并待水氣乾燥飼之。又忌霧葉，如遇早晨發霧，須待其霧散，再遲片刻，方可采取，若霧中採取，其葉甚毒。

清 吴鴻望校，袁俊德輯《蠶政萃編·採葉類·雨前採葉》 葉少則以缸甕鬆儲，葉多則以無風日處，鋪席於地，鬆堆之。但屋小地狹，堆葉太厚，則溼熱薰蒸，蠶食必病，或貯以篋簍，較爲穩妥。

清 黄毅《養蠶新論》第四章《飼育法》第二節《貯桑法》《蠶業叢書》第二編 貯小葉法 幼蠶用葉不多，不必多費周折，故採來之葉，先舖散于簟上，俟其熱氣消散，即入貯桑缸中。預于缸底，用竹襯墊起，約離底五六寸許，使之懸空，然後將葉鬆放于內，不可過滿。約十分之七足已。又于中間挖成一孔，以有孔之蓋蓋之，或置于貯桑室，或置于陰冷之地，亦可。

其他

題解

清 高銓《吴興蠶書》卷上《器具·飼蠶凳》 飼蠶凳以厚重爲要，面方尺餘，腳高二尺，凳面鑿一圓孔，凳腳左右兩檔中，另設一横檔。上鑿淺穴，與凳面之孔相對，別用圓木爲柱，高三尺，縱横平置二檔於頂，如十字形。就凳面之孔貫下，竪於横檔之穴內，可以左旋右轉甚便，置筐飼葉也。

綜述

清 方大湜《桑蠶提要》卷二《蠶事四十條·地蠶五則》

設倉

大眠起後，蠶身愈大，用器愈多，如無器物可分，只好於地下設蠶倉，以代蠶器，俗謂之『放地蠶』。但不宜早放，放太早，則挫動蠶脚，且蠶既下地，桑渣蠶屎堆積太厚，亦無法可去。須俟開口兩三日，乃放倉内。蠶脚已老，無妨挫動，又為日無多，桑渣蠶屎，不至堆積太厚。設倉之法：先擇屋内明亮有地板者，打埽潔凈。次以稻草搗軟，截作寸許，鋪勻地板上。再置地蠶凳於稻草内。地蠶凳，詳蠶具第十則。無凳，則以厚磚散置其中，磚彼此相距二尺，須安置穩當，使布葉者有立脚處。倉邊四圍，用厚木板圍住，或用小土磚圍住亦可，倉之大小，以蠶之多寡酌之。然後以蠶勻布草上。如無地板，則先鋪石灰，再鋪稻草；如無石灰，則先鋪粗糠，再鋪稻草。地面多濕氣，非蠶所宜。粗糠稻草，須用極燥者。

清 高銓《蠶桑輯要》卷上

飼蠶凳

飼蠶凳以厚重為要，面方尺餘，脚高二尺。凳面鑿一圓孔，凳脚左右兩檔中，另設一横檔，上鑿淺穴，與凳面之孔相對。別用圓木為柱，高三尺，縱横平置二檔于頂，如十字形。就凳面之孔貫下，竪於横檔之穴内，可以左旋右轉，甚便置筐飼葉也。

清 劉清藜補輯《蠶桑備要·先事預備》 以稻草搗軟，截作寸許，鋪勻地板上，再置地蠶凳於稻草内，無凳則以厚磚散置其中，磚彼此相距二尺，須安置穩當，使布葉者有立脚處。倉邊四圍，用厚木板圍住。或用小土磚圍住亦可，倉之大小，以蠶之多寡酌之。

清 沈秉成《蠶桑輯要·諸家雜説·紡野繭法》 飼蠶凳，以厚重為要，面方尺餘，脚高二尺，凳面鑿一圓心。凳脚左右兩檔中，另設一横檔，上鑿淺穴，與凳面之孔相對，別用圓木為柱，高三尺，縱横平置二檔於頂，如十字形。就凳面之孔貫下竪於横檔之穴内，可以左旋右轉，甚便置筐飼蠶也。

地蠶凳，高一尺，長七八尺，面闊八寸，以壯實為主。蠶鋪於地，人無從駐足，須登此以飼葉。

清 盛宣懷輯《蠶桑備要·鋪地》 排蠶凳，蠶徧一室，人無所駐足，飼葉極難周布，須直排狹長矮凳二條，凳離開約八尺，凳上横鋪三板，以備飼蠶行之。

一、鋪草蓐，蠶身不可著地，須用稻草葉厚鋪一層，謂之草蓐，以禦潮溼，然後布蠶。

又 除蟲豸

蠶下地，易爲蟲豸所傷。室中先須淨埽塵埃，塗塞隙穴。四壁之下，蟲豸得以藏匿者，悉取石灰末徧撒，以杜絶之。俗以是日祀馬頭孃，云能祛馬螘。一排蠶凳。

蠶徧一室，人無所駐足，飼葉極難周布，須直排狹長矮凳二條，凳離開約八尺，凳上横鋪三板，以備飼蠶行之。

清 楊鞏《中外農學合編》卷一一《蠶類·地蠶》 設倉之法：須擇明亮有地板房子，打掃潔淨，次以稻草搗軟，截作寸許，勻鋪地板上，再置地蠶凳於稻草内，或用厚磚散置其中。磚彼此相距約二尺許，須安置穩當，使布葉者有立脚處。

雜録

清 高銓《蠶桑輯要》卷上

飼地蠶

蠶既下地，居高餵飼，最忌抛擲，致損物命。須蹲踞蠶凳，輕手分布，務期均平。或手不能遠及，則用細竹枝挑之使勻。

清 汪曰楨《湖蠶述》卷二 排蠶凳 蠶徧一室，人無所駐足，飼葉極難周帀，須直排狹長矮凳二條。凳離開約八尺，凳上横鋪三板，以備飼蠶行之。《吳興蠶書》

清 方大湜《桑蠶提要》卷三《蠶事四十條·蠶具三十則》 地蠶凳 凳用六足，足高一尺，面寬一尺，身長七八尺。以堅固為要。布蠶於地，飼蠶之人無從駐足，須登此凳飼之。

清 馬丕瑶《蠶桑簡易法·養蠶法》 置蠶具 養蠶宜預置器具，曰切桑刀，專為切桑葉之用，不宜切佗物。切桑板，專為切桑之用。采桑筐，蠶二眠前不可翦桑條，宜摘葉，以此盛之。葉篩，蠶小，需此篩葉飼之。担蠶毛，蠶蟻初出在連上，須撒細葉，以毛担下，担至小匾，或散布不便，飼葉以毛團聚之，免傷蟻。蠶箸。為拈小蠶之用。

清 沈練《蠶桑説·飼蠶法七十條》 以堅厚土甎散置其中，甎方尺許，彼此相距三尺餘，須安置得穩。使布葉者有立腳處，或用木凳駐足，俗謂之地蠶凳。倉邊用厚木板圍好，小土甎亦可。先以礱糠勻鋪地面，以不露地面爲度。再以稻草不拘秈稉，截作寸許者，勻鋪一層，而以蠶鋪其上。不宜過密，亦不宜過疏。過疏則費葉，過密則老而不齊。

清　沈練，仲學輅輯補，章震福校訂《廣蠶桑説輯補校訂・章震福序》　原書之末，有勸商賈之家、仕宦之家俱宜育蠶兩條，説雖近是，恐徒費筆墨。又器具有飼蠶凳、擔桑凳二圖，亦不甚切要，概從删削。要之，是書言湖蠶育法，可謂備矣！講求是學者，必能辨焉。光緒三十三年九月，歸安章震福識。

清　楊鞏《中外農學合編》卷一〇《蠶類》

附錄東洋蠶業常用品　以蠶蟻五錢計算

蠶架五架，蠶篇四十箇，給桑台二箇，切葉板一方，桑刀大小各一把，磨刀石一塊，刷帚一箇，蠶網八十張，鳌戥一把，盤秤一具，乾濕表二箇，寒暑表二個，桑篩全副共七箇，葉篰三箇。即中國所謂簸箕，如擢箕形。又飼葉用篰三個，水缸一口。貯小葉用。

圖表

清　方大湜《桑蠶提要》卷二《蠶事四十條・蠶具三十則》

飼蠶凳

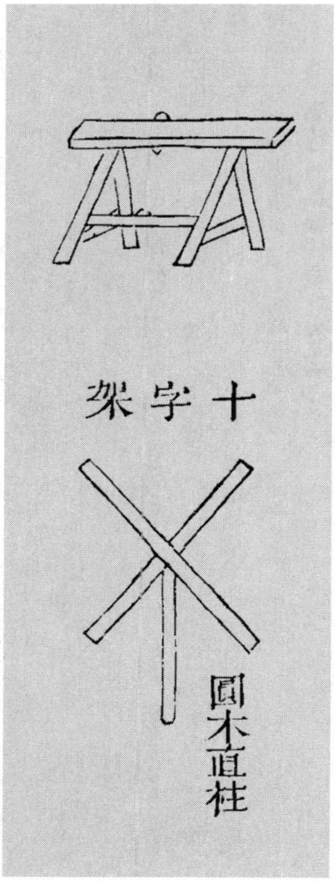

凳以厚重爲要高二尺，凳面鑿一圓孔，凳脚左右兩檔中，另安一横檔，横檔中間，鑿一圓窩莫鑿穿，與凳面之孔相對。別用圓木爲柱高三尺，柱頂安二檔，如十字形，插入凳面孔內，直貫横檔上之圓窩。飼蠶時，以此十字架承蠶盤，左旋右轉，無不如意。

地蠶凳

凳用六足足高一尺，而寬一尺，身長七八尺，以堅固爲要。布蠶於地，飼蠶之人無從駐足，須登此凳飼之。

清　尹紹烈《蠶桑輯要合編・蠶桑輯要圖説》　飼蠶凳，以厚重爲要，面方尺餘，脚高二尺。凳面鑿一圓心，凳脚左右兩檔中，另設一横檔，上鑿淺穴，與凳面之孔相對。別用圓木爲柱，高三尺，縱横平置二檔于頂，如十字形。就凳面之孔貫下，竪于横檔之穴內，可以左旋右轉，甚便置筐飼蠶也。地蠶凳，高一尺，長七八尺，面濶八寸，以壯實爲主。蠶鋪于地，人無從駐足，須登此以飼葉。

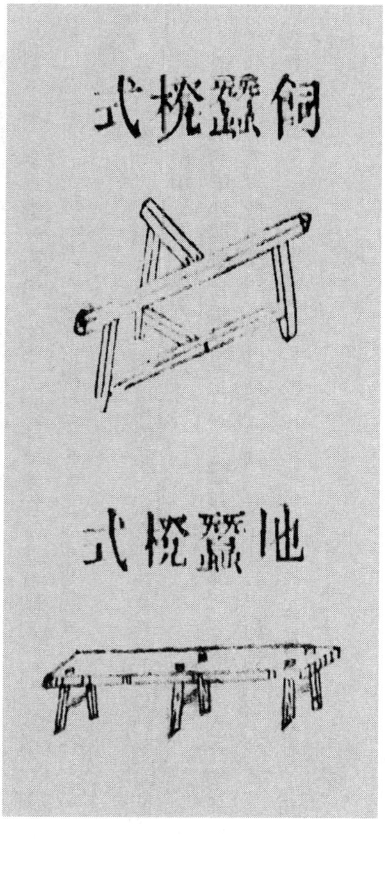

清　曾鉌《蠶桑備要・蠶桑備要補編》

蠶箸

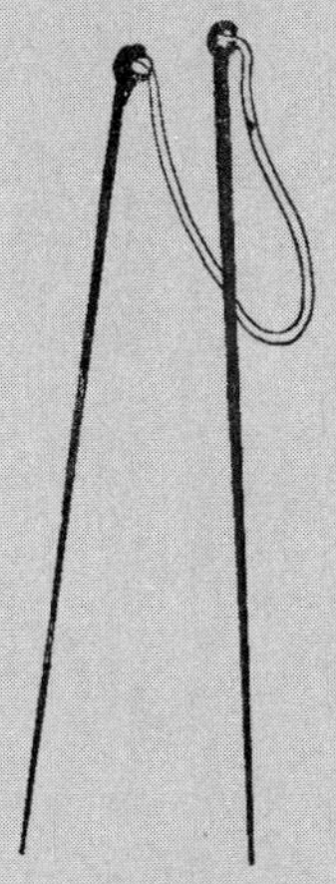

箸以竹爲之，長五寸，粗細如常箸，一頭削尖，磨令光潤，爲揭取小蠶要器。

飼蠶凳

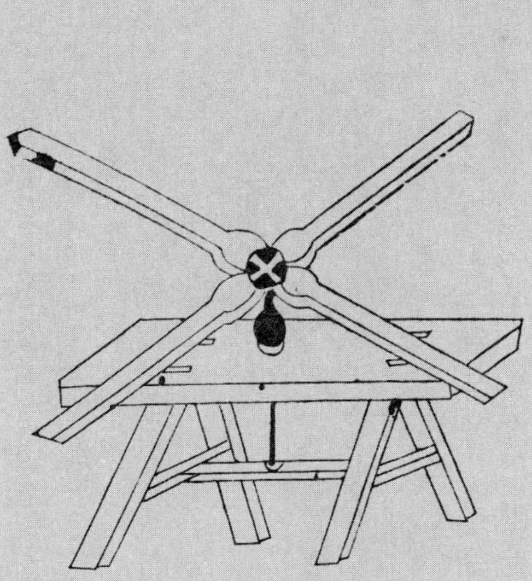

飼蠶凳以厚重為要，面方尺餘，脚高二尺。凳面鑿一圓心，凳脚左右兩檔中，另設一横檔。上鑿淺穴，與凳面之孔相對，别用圓木為柱，高三尺，縱横平置二檔於頂，如十字形，就凳面之孔貫下，竪於横檔之穴内，可以左旋右轉，甚便置筐飼蠶也。

清 任蘭生《蠶桑摘要・序》

蠶筯式

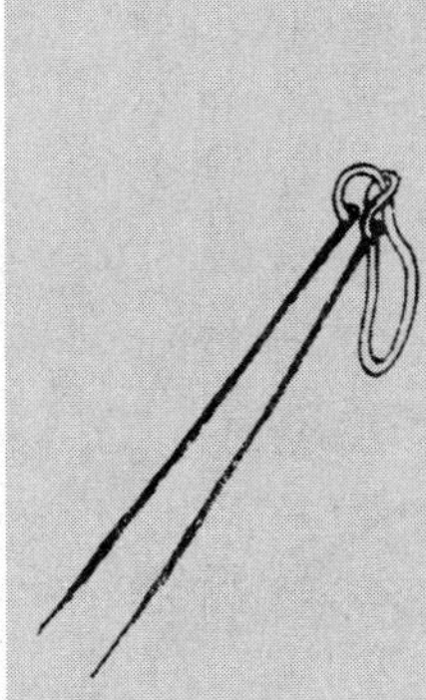

筯以竹為之，長五寸，粗細如常筯，一頭削尖，磨令光潤，為揭取小蠶要器。

飼蠶凳以厚重爲要，面方尺餘，腳高二尺。凳面鑿一圓孔，凳腳左右兩檔中，另設一横檔。上鑿淺穴，與凳面之孔相對，别用圓木爲柱，高三尺，縱横平置二檔於頂，如十字形。就凳面之孔貫下，竪於横檔之穴内，可以左旋右轉，甚便置筐飼葉也。

地蠶凳高一尺，長七八尺，面濶八寸，以堅厚為主，立腳方穩。蠶鋪於地，人無從駐足，須登此以飼蠶。

飼蠶凳式

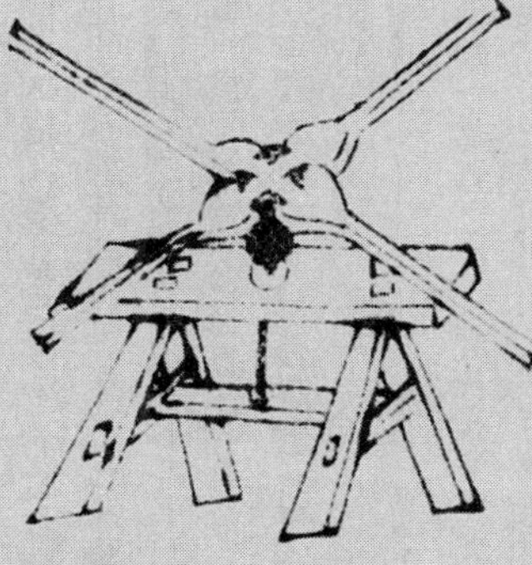

地蠶凳式

清 豫山《蠶桑輯要合編》編上《種橡養山蠶・圖説》

擔蠶毛式

蠶箸式

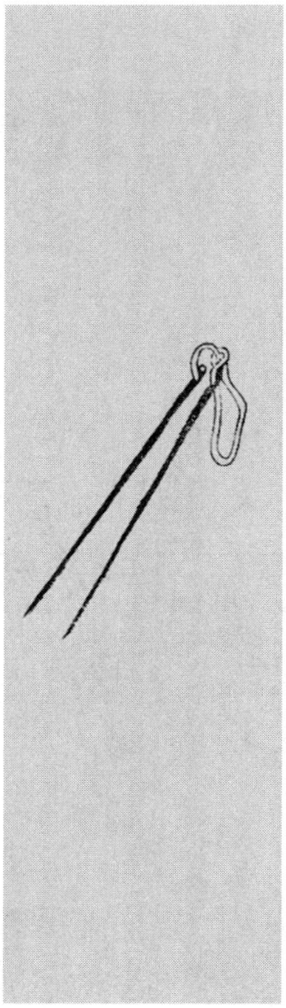

毛用鵞雁之羽爲之，取其輕柔，無損蠶之患，新烏初生，微如毫髮，無從下手收拾。須此擔之。

箸以竹爲之，長五寸，粗細如常箸，一頭削尖，磨令光潤，爲揭取小蠶要器。

除沙工具分部

概説

論説

清 陳開沚《裨農最要》卷一

體蠶法

蠶食葉已盡，用篩篩糠灰於蠶上。灰宜薄不宜厚，必用糠灰者，取其爽利也，後布葉於灰上，則蠶皆脱灰而出，俟其既集葉上，用蠶筷子連葉帶蠶，輕輕夾出，

庶免損傷蠶身。有未上葉者，又布葉再夾，不可輕棄。夾小蠶，必用蠶筷子，亦有用蠶匙挑起者。若蠶稍大，用筷子又不若用手之便也。又用糠灰，古法也，蜀人體蠶少用。若天晴蠶少，不用亦可，天雨蠶多，定不可無。

清 方大湜《桑蠶提要》卷二《蠶事四十條・留種七則》 挂連 蠶子既滿布連上，擇室中潔淨通風處，以竿懸之，去其濕氣，隨即摺好，縛以小帶，掛淨室中高處高則不至受溼。【略】

分開 餧葉數次之後，便覺其密，須用蠶筷子輕輕撥開，再餧葉數次，又覺其密，又撥開。或將細葉篩於蟻上，俟蟻上葉，用蠶筷子輕輕夾起，分布別器，或用蠶匙輕輕挑起，分布別器亦可。蠶筷子夾蟻，蠶匙挑蟻各法，詳易器第三則。

眠未齊 易器之法，篩灰布葉，與頭二眠未齊時同，所不同者，惟篩灰布葉之後，未眠蠶脱灰而出，有在葉下食葉者，不過遲眠數刻，只須餧葉，以俟共眠，不必移置他器；有在葉上食葉者，只用手指輕輕拈出，另置他器，不必用蠶筷子耳。若以蠶網擡置他器，則不特不用蠶筷子，併不用手拈。餧葉之法，易器後，仍餧葉，以督其眠，與頭二眠未齊時同。稱蠶之法，未眠者眠定，仍以秤稱之，稱准後，仍篩糠灰於蠶上，以俟其起。如照杭州法，則此時不稱，衹篩糠灰於蠶上，以收濕氣。青色蠶，此時有蠶色甚青皮内如有油，不食葉而在葉上掉頭不住，似有所苦者，此終不能眠，眠亦無用之蠶，宜急棄之。

清 尹紹烈《蠶桑輯要合編》

下蟻法

蟻出齊時，用桑葉細切如絲，撒於連上，候蟻附上，用蠶箸輕輕拈過一處，切不可用鵝翎掃撥，以致損傷。如蟻一次未能全出，仍包好，明日如前移下，另置一處，切不可與頭次移下者同置一處，致生不齊之害。移下稀匀得所，稀疊皆非所宜。蟻只移兩次，連上傍有未出者，置之，此殘病之蟻也，育之無益。又黑蟻齊生，和蟻秤連，寫明分兩，再秤空連，便知蠶蟻分兩多寡。一兩約得絲一百五六十兩，食葉約二十石，量葉下蟻，慎勿貪多。

清 曾鉌《蠶桑備要・補編》 初下連餧法 先切葉如米，蠶變白，即切細如絲而短。至起底，切葉稍寬，如麥幹亦稍長，以便帶蠶起底。前一日，即不須撥寬，使乾渣稍厚，且有絲牽連，與新葉溼渣，自成兩層。推捲新葉帶溼渣，不至帶起乾渣。舊法，將新葉絲篩稍厚，俟蟻上葉，用蠶匙薄帶沙燠挑起，或用

蠶筷子挑起。

綜述

清 楊屾《豳風廣義》卷二《浴蠶種法》 於巳、午時間，復用蓐草綿紙，另鋪一箔，先將細切桑葉，篩於蟻上，較前稍厚些。待黑蟻上葉時，用蠶匙薄帶沙燠，輕輕將蟻，欹手挑起，分如小圍棊子大，布於新安箔上，盈滿一箔。先下蟻，留箔周邊，令布滿全箔。

分蟻圖

歌曰：

蟻至三日宜劈分。
勿使沙蒸熱氣薰。
燠應頻除葉頻上。
時時用意要殷懃。

清 陳開沚《裨農最要》卷一《牛糞温蠶説・體蠶法》 蠶食葉已盡，用篩篩糠灰於蠶上。灰宜薄不宜厚，必用糠灰者，取其爽利也。後布葉於灰上，則蠶皆脱灰而出，俟其既集葉上，用蠶筷子連葉帶蠶，輕輕夾出，庶免損傷蠶身。有未上葉者，又布葉再夾，不可輕棄。夾小蠶必用蠶筷子，亦有用蠶匙挑起者，若蠶稍大，用筷子又不若用手之便也。又用糠灰，古法也，蜀人體蠶少用。若天晴蠶少，不用亦可，天雨蠶多，定不可無。

清 方大湜《桑蠶提要》卷二《蠶事四十條**・育蟻**五則**》** 分開 餧葉數次之後，便覺其密，須用蠶筷子輕輕撥開。再餧葉數次，又覺其密，又撥開。或將細葉篩於蟻上，俟蟻上葉，用蠶筷子輕輕夾起，分布别器。或用蠶匙輕輕挑起，分布别器亦可。蠶筷子夾蟻，蠶匙挑蟻，各法詳易器第三則。

又 體刮 蟻下連已二三日，蠶屎桑渣堆積漸厚，即須以礱糠灰薄篩蠶上，如法體刮。取出蠶屎桑渣，謂之體刮。法詳易器第三則。另易他器，所易之器，紙下須襯灰。初次體出之桑渣，謂之香體，須烘曬令乾，以備蠶眠起齊後之用。

又《頭眠三則**》** 眠未齊 易器之法：篩灰布葉，與頭二眠未齊時同。所不同者，惟篩灰布葉之後，未眠蠶脱灰而出，有在葉下食葉者，不過遲眠數刻，只須餧葉，以俟其眠，不必移置他器。有在葉上食葉者，只用手指輕拈出，另置他器，不必用蠶筷子耳。若以蠶網，擡置他器，則不特不用蠶筷子，併不用手拈。餧葉之法：易器後，仍餧葉，以督其眠，與頭二眠未齊時同。稱蠶之法：未眠者眠定，仍以秤稱之，稱准後，仍篩糠灰於蠶上，以俟其起。如照杭州法，則此時不稱，祇篩糠灰於蠶上，以收濕氣。青色蠶：此時有蠶色甚青皮内如有油，不食葉，而在葉上掉頭不住，似有所苦者，此終不能眠，眠亦無用之蠶，宜急棄之。

清 黄世本《蠶桑簡明輯説・養蠶説》

揀蠶三條

一、小蠶出後，逐日飼養，蠶下必有蠶矢殘桑，須間日去净一次，否則濕熱上蒸，蠶必致病，浙人謂之起底，蘇人謂之⿸尸絫讀作『体』蠶。其法於飼葉時，蠶盡上附，將竹筯削小，頭細而圓，輕輕箝過他筐，内有遺蠶，亦須箝過。二眠後，天氣漸熱，殘桑蠶矢益多，蠶身亦大，須逐日起底。法將整葉連鋪兩次，俟蠶盡上葉，用手揭起，移過他筐，無須用筯。三眠後，將綿結網，眼大如錢，攤在蠶筐，桑鋪網上，俟蠶從網眼上附。兩人將網擡過他筐，即可起底，較為省易。内有壓在殘桑蠶矢之下，此蠶必小而無力，不能與衆蠶同起同眠，須將蠶篩揀出，另貯一筐，以免不齊。

一、每眠時，有衆蠶次第皆眠，獨有一二青頭未眠，而仍食葉者，蘇俗謂之梟娘，必須將篩箝出，另貯一筐，以免不齊。初、二眠中之梟，照常飼葉，尚能作繭，不過眠起較遲。三、四眠中之梟，食葉多而不老，可即棄去。又腹結、頭大、尾尖之蠶，其食葉倍於他蠶，而不能上山作繭，宜去之。又二、三眠時，有蠶色青亮，内若有油，雖不食葉，而在葉上掉頭不往，若有所甚苦者，此終不能眠，眠亦無用者也，亦宜去之。

一、每眠一次，必褪衣一次，最忌風來東北，衣不能褪，蠶嘴偏不正，滿筐游走，擦損他蠶，亦皆致病，若見此蠶，急宜揀去。又大眠起後二三日，有蠶身獨短，其節高聳，不食葉而在葉上往來游行，脚下有白水漬出者，宜急去之，不使沾染他蠶。

又 論初眠至大眠六條

一、易器後兩三日，有色微白，嘴上隐隐有尖角，而不復食葉者，此初眠也。眠未齊時，仍照常飼葉，俟大勢已齊，照前法篩糠灰於其上，而飼以葉，則未眠之蠶，皆脱灰而上。以蠶篩輕輕箝之，另置他器，此未眠者也，更飼葉數次，則亦眠矣。再用前法，箝其不眠者而棄之。其眠者，以蠶篩輕輕撥之使鬆，更篩糠灰一次，置之静處，以俟其起。

一、蠶之眠者，隔一日視之，而其色微黄，其嘴微闊，則起矣。然不宜急於飼葉，必視其灰下一無眠者，方可飼葉。飼葉一兩次，便須以前法易器。眠一次則嘴闊一次，衣寬一次，衣即皮也，蓋其嘴其衣，皆於眠時潜换。飼葉太早，恐嘴已闊，而衣未盡脱者亦食之，食之則腹大，而未脱之衣脱不下矣。此時食葉漸多，桑渣蠶砂亦較前易厚，隔一日便須易器。

一、初眠起後，隔四五日，計飼葉二十七八次，色又微白，嘴上又隐隐有尖角，而不復食葉，則二眠矣。所用之法，與初眠同，二眠起後，桑渣蠶砂更較前易厚，須一日一易器三眠起後同。

一、二眠起後，越四五日，計飼葉二十七八次，色益白，嘴上明明有尖角，而不復食葉，則三眠矣。照前次篩糠灰於其上，而再飼以葉，俟未眠之蠶，脱灰而上，輕輕箝之此時蠶身已大，拈之以手，不必更用蠶篩矣，另置他器，此次所拈後之未眠蠶。其在葉下食葉者，不過遲眠數刻而已，須飼葉，以俟其眠。

一、三眠起後，食葉較速，宜晝夜飼葉，食盡即飼，晝時約可六七次天冷則食葉稍慢，約只飼得四五次，黄昏時飼葉一次，宜略厚，三更後再飼葉一次，宜略厚。此兩次必加厚者，夜間飼葉，斷不能如晝時之勤也。如是四日，則大眠矣。自三眠起後至大眠，有早至三日者，有遲至五日者，天氣有冷煖，而食葉有疾徐也，以飼葉之數計之，大約總在三十次外。

一、大眠狀與初二三眠同，而所用之法，則大不同。眠未齊時，仍照常飼葉。大勢已齊，以整張大葉，勻鋪其上。不用糠灰矣。其眠者伏葉下不動，未眠者必上葉就食，連鋪數次葉上蠶多即鋪，不必俟其食盡，則未眠者，與眠者已隔葉數層，將葉捲起，則未眠者盡在桑葉間隨即鋪勻他器中，而其下皆眠者矣。然後拾其眠者，置平底盤不拘方圓竹木，但忌新油新漆者中，盤滿則以秤稱之，為此後桑葉計也。大眠五斤，除前所食不算外，尚須食葉百餘斤。稱准則堆之曬匾中每斤分作五六堆，堆旁須留餘地，以待其散。用粗絹篩篩研細陳石灰於堆上，以收其濕。再以籼稻草，用閘刀截作半寸許者，覆之。以不見蠶身為度，不必過厚。一晝夜後，其起者，必脱灰脱草而散。天寒則較遲，只宜静候，斷不可欲速，而促之以火。

清 林心北、吴書年勸刻《蠶桑輯略・養蠶節次三十五條》 頭眠起娘

大概一眠一起，必須兩晝夜之後，方可飼葉。布葉一兩次，便須以前法易器。眠一次，則嘴闊一次，衣皮也寬一次。蓋其嘴、其衣，皆於眠時潜换也。布葉太早，恐嘴已闊，而衣未盡脱者，亦食之。食之，則腹大，而未脱之衣，脱不下矣。此後食葉漸多，桑渣、蠶砂，亦較前漸厚，看來蠶身擠緊，必要易器，分出些來。每日體刮，每日俱要分出。蠶喫一餐葉，必要放身。若不分出，篩内太緊太密，有多喫葉者，必有喫葉不著者，就要受餓成病。

又 二眠起娘

亦以一晝夜爲率，亦必待起齊嘴老，然後餧葉。衹須切葉三餐，三餐以後，可用單張葉，平平鋪上餧之。再過一晝夜，可用眠頭葉餧之。葉連嫩枝者，爲眠頭葉，必須將光面向上。此時桑渣、蠶砂，較前益厚，須一日一易器，體刮、分蠶與前同。三眠起後同。

清 沈練，仲學輅輯補《廣蠶桑説輯補》卷下《飼蠶法六十六條》

蠶初眠至起説二條

一、易器後兩三日，有色微白，嘴上隱隱有尖角，而不復食葉者，初次眠也。眠未齊時，仍照常布葉，俟大勢已齊，照前法篩糠灰於其上，而布之以葉。則未眠之蠶，皆脱灰而上，以蠶篩輕輕捲之，另置他器，此未眠者也。再布

葉數次，則亦眠矣。再用前法，捲其不眠者而棄之。所棄者，謂之青頭蠶，雖好亦不能絶無青頭者，飼之無益。其眠者，以蠶筯撥之使鬆，再篩一次糠灰，置之靜室，以俟其起。兩次眠者，不宜合併。蓋眠有先後，則起有先後，固不可以强合也。

又 二眠起后說三條

一、二眠起後，桑渣、蠶砂較前益易厚，須一日一易器。三眠起後同。

一、二眠起後，越四五日，計飼葉二十七八次，色益白，嘴上明明有尖角，而不復食葉，則三眠矣。照前法篩糠灰於其上，而再布以葉，俟未眠之蠶，脫灰而上，輕輕捲之捲之以手，不必更用蠶筯矣。蓋蠶筯專為小蠶而設，蠶身既大，則用筯固不若用手之爲便也，另置他器。

清 汪曰楨《湖蠶述》卷二 分繇 兩人對撥，共按緊上下兩筐，覆使翻身，卻揭起原筐，沙繇盡在蠶上。即依班糠間隔之處，捲去沙繇，糁班糠一層，以原筐蓋之。兩人如前對撥，按緊翻轉，須趁勢旋運，不得鹵莽用力，撞破蠶繇。隨去空筐與紙，紙上惹蠶，以鵝毛凈担之。火蠶亦合繇，卻不糁班糠，以綫隔之。綫用二三十條，一頭扭一總結，勻鋪蠶面，飼葉兩三頓。用空筐如法合轉，就綫之總結處提起，捲去沙繇，尤以速為貴。《吳興蠶書》

清 沈秉成《蠶桑輯要・諸家雜説》

養蠶法

一、蠶蟻下連，以一日二日下齊為好蟻。初出，不飼無妨。初宜切葉如絲，慢飼，但頭一日拂下之蟻，與第二日各置一處。如頭一日之蟻，多飼葉三四頓，即將蟻置之稍涼處，以減頓。第二日之蟻，置之煖處，每日加一二頓，前後各飼葉三十五頓，即齊眠於一日。取齊省功之法，去沙在巳年時，待蟻上葉，用蠶筯輕輕挑過小筐內，稀密得勻。古用蠶匙，今用蠶筯。

一、蟻拂下，室煖三日即緊飼，五日即變黄白色，而眠有九分，結嘴不食為頭眠。涼則七日方眠。眠時，將班糠摻一層於上，還有食蠶一分，復摻稀葉一層，食蠶上葉。此遲眠之病，蠶用蠶筯鉗而去之。眠蠶連糠起鬆放開，住食二日夜，蛻殼起齊，涼則三日。

清 曾鉌《蠶桑備要》卷二《先事預備總論》 三眠後，揀蠶除沙，以二網輪流擡換。先將網蓋於蠶上，以葉撒之，蠶聞葉香，穿網而上，連蠶擡起，掃除沙燠，輕輕放下，不可移動，沙厚復擡如前，省工且不傷蠶。撥蟻用蠶筷子，或鵝翎管；分蟻用匙，或用手薄揭。頭眠後，或以葉提，或用麻布，孔如碗豆大者；二眠後，用麻布，孔如小指大者，亦用漆漆過，兩扇輪流擡換；三眠後，即用網擡換。惟秦中多無蠶網，均係以新葉提換，添餧新桑葉，俟蠶均上葉，輕輕以手抓葉。至蠶大餧整葉時，俟蠶上葉，以手推新葉，帶蠶鬆鬆捲起，捧放另箔上，亦甚便易。

又 卷四《養蠶程式》 分蟻，餧數日，將一篩筐撥滿，蟻又密宜分，或桑渣蠶屎厚宜分。分時，先將切碎桑葉灑於蟻上，俟蟻上葉，用雞翎管帶沙燠挑起，以手揭如匙大小片子，分布另器，撥勻餧之。至六七日後，見有一二眠者，即趕緊起底，於六日清晨，餧三頓，飯後餧一頓，共四頓後。蠶盡上新葉，用蠶筷或雞翎管，將四頓溼葉渣挑起，鬆鬆推捲新葉溼渣，帶蠶捲起，鋪他篩筐。俟起完，有不盡者，再放整桑葉。提掃後，將乾葉渣另倒淨處，攤開，再放整桑葉，一提即盡。

又 眠未齊 易器之法，篩灰布葉，與頭、二眠未齊時同。所不同者，惟篩灰布葉之後，未眠蠶脫灰而出，有在葉下食葉者，不過遲眠數刻，只須餧葉，以俟其起，不必移置他器。有在葉上食葉者，用手指輕輕拈出，另置他器，不必用蠶筷子耳。若以蠶網擡置他器，則不特不用蠶筷子，併不用手拈。餧葉之法：易器後，仍餧葉，以督其眠，與頭二眠未齊時同。稱蠶之法，未眠者眠定，以秤稱之。稱準後，仍篩糠灰於蠶上，以俟其起。如照杭州法，則此時不稱，祇篩糠灰於蠶上，以收溼氣。

清 江志伊輯《飼蠶法・眠起》 已起者爲起孃。自眠而起，約一周時，暖則較速。欲其速起，須用抄繇法，於廊檐外架竹木作棚，上覆蘆簾，外護草薦，太陽洞照，移蠶筐其下，頻頻釋動蠶繇，謂之『抄繇』。蠶乘暖氣，半日即起矣。先起者名『搶火孃』，悉雄蠶繇，須用箸分開，使起孃在下者，得乘鬆而上。

凡蠶之眠，皆先吐絲著繇，以纏其足，謂之『做繇』。須停火停葉火不停，則傷蠶；葉不停，則已做繇者，復上葉而重做，移放帷中，勿使風襲風吹，則嘴頻縮而難吐，西北風尤忌，並忌穢氣。又不可撞動蠶筐。撞之，則嘴亦縮。

不眠者曰『青條』，一曰『食孃』。謂猶食葉也。定繇謂均眠也，後糁襲糠灰於面上必用糠灰者，取出爽也。其灰以秈稻糠，置瓦盆中燒之，盆上不宜用蓋，使烟氣出盡，用葉剪開，貼繇上，其青自來，謂之『引青』。捉移他箔，其眠於繇下者，曰『老底』。在面上者，雖非青蠶，然收成終不如老底之豐。

眠未齊時，仍照常飼葉。俟眠齊，以絹篩薄篩糠灰於蠶上，而布以葉。其未眠之蠶，皆脫灰而上，以蠶筯輕輕挾葉，另置他器。布葉數次，則亦眠矣。再用前法，挾其不眠者是謂『青頭』，飼之無益。而棄之。其眠者，以蠶筯撥之使鬆，再篩糠灰一次，置之靜室，以俟其起。兩次眠者，宜分器飼之，不宜合併。蠶之眠者，隔一日視之，色微黃，嘴微闊，則起矣。然不宜急布葉，必視灰下無一眠者起者必脫灰而上也。方可布葉。起齊後，蠶器乾燥，布葉易枯，故布葉須薄而勻，待食去三分之二，即宜再布，第三次可以加厚。

清 林楊光、王鎮西《蠶桑條説・白河縣知縣林令楊光述呈桑蠶各説七條・飼蠶説第六條》 分扁易器，以細葉頻飼，眠齊則住食。三眠有一日半之久，此後篩糠易器，須用六分眼大網蓋之。

清 林志恂《蠶桑淺要・除沙》 過二三點鐘，又飼葉一次。再過二點鐘，可將糠上之蠶，並葉輕輕撮取，別置一篇。尚有遺存者，以蠶筷檢取之。自初眠至四眠除沙，皆用此法。四眠以後，用網代糠，爲力更省。或問：『小蠶時，亦可用網乎？』答之曰：『小蠶時，用網甚不便，必須用糠，用過者自知。』

清 劉清藜補輯《蠶桑備要・養蠶程式》 撥寬下蟻，餧葉數次之後，便覺其密，須用蠶筷子，或鷄翎管，輕輕連蟻帶渣往寬撥，使逐處露出紙底，然後將切碎如米桑葉勻灑。再餧數次，又覺其密，又撥開，務使稀勻。

又 分蟻，餧數日，將一篩筐撥滿，蟻又密，宜分。或桑渣蠶屎厚，宜分。分時先將切碎桑葉灑於蟻上，俟蟻上葉，用鷄翎管帶沙燠挑起，以手揭如匙大小片子，分布另器，撥勻餧之。至六七日後，見有一二眠者，即赶緊起底，於六日清晨餧三頓，飯後餧一頓，共四頓後。蠶盡上新葉，用蠶筷或鷄翎管，將四頓濕葉渣挑起，鬆鬆推捲，新葉濕渣帶蠶捲起，鋪他篩筐。俟起完，有不盡者，再放整桑葉，提埽後，將乾葉渣另倒净處攤開，再放整桑葉，一提即盡。舊法，將新葉絲，篩稍厚，俟蟻上葉，用蠶匙薄帶沙燠挑起，或用蠶筷子挑起。

又 三眠

將眠 將眠之時，二眠起後，越三四晝夜，又將三眠，以上葉之次數計之，大約總在二十次內外。此亦指四眠蠶而言，若三眠蠶，則二眠起後，越七日纔三眠。將眠之狀，與頭、二次將眠同。易器、餧葉、保護諸法，均與頭、二次將眠同。

熟眠 熟眠之時，從二眠起後，算至第五日或第四日，即是三眠時候，若從下連後算起，大約不過十六七日或十八日，大約七日一變，是舉其常，一在地氣房屋冷暖，一在餧葉頓數，一在蠶種。有同一地方，而遲速不同者，若為日過多，非蠶不齊，即葉不足，其蠶必不佳，便當三眠。眠熟之狀，與頭、二眠同。惟頭二、眠，背上隱隱有尖角，三眠背上明明有尖角，稍不相同耳。保護之法，與頭二眠同。稱蠶之法，眠定後逐一拾出不可破損其身，亦不可擦傷其背，恐脫殼不下也，置光滑器內，以秤稱之。為此後桑葉計也。三眠蠶一觔，至老時可得繭八九觔，或十斤不等。前後食葉一百四五十觔，除三眠以前，所食不計外，以後尚須食葉一百餘斤。稱時，須人多手速人不多手不速，則久罨致傷，稱准，須置曬篇內，曬篇，即大蠶盤也。篩灰於蠶上，以俟其起。此湖州法也。杭州人養蠶，須俟大眠眠定之時，方以秤稱之，如照杭州法，則三眠眠定之時，不必稱其觔兩，只篩灰於蠶上，以俟其起，可也。

眠未齊 易器之法，篩灰布葉，與頭、二眠未齊時同。所不同者，惟篩灰布葉之後，未眠蠶脫灰而出，有在葉下食葉者，不過遲眠數刻，只須餧葉，以俟其起，不必移置他器。有在葉上食葉者，用手指輕輕拈出，另置他器，不必用蠶筷子耳。若以蠶網，擡置他器，則不特不用蠶筷子，併不用手拈。餧葉之法，易器後，仍餧葉，以督其眠，與頭二眠未齊時同。稱蠶之法，未眠者眠定，仍以秤稱之，稱准後，仍篩糠灰於蠶上，以俟其起。如照杭州法，則此時不稱，祇篩糠灰於蠶上，以收濕氣。青色蠶，此時有蠶色甚青皮內如有油，不食葉而在葉上掉頭不住，似有所苦者，此終不能眠，眠亦無用之蠶，急棄之。

三眠初起 眠起之時，三眠亦以一晝夜為率陝西或二日，起娘之狀，與頭二眠起娘同。保護之法，亦與頭、二眠初起同。

三眠起齊 餧葉之法，個個起齊，方纔餧葉，與頭、二次起齊後同。所不同者，甫經開口，未餧桑葉之先，可餧柘葉兩三次，既餧桑葉，切過三四次之後，可用整張大葉，不必再切耳。此時食葉較速，務須晝夜布葉，食盡即上。每一晝夜，餧葉八九次，白晝約可六七次，天寒則食葉稍緩，約只得布四五次。黄昏時布葉一次，宜略厚，三更後再布一次，亦宜略厚。此兩次必須加厚者，以夜間布葉，必不能如白晝之勤也。易器之法，與二眠起齊後同，與頭眠起齊後不同。保護之法，與頭、二眠起齊後同。惟起齊之次日，可去蓐草，謂之『落蓐』，與頭、二眠起齊後不同耳。

清 呂廣文《蠶桑要言・育蠶法・蠶器》 蠶箸，製如燭店中之燭籤，其小頭宜更削尖細方合用，以初生之烏毛蠶及一眠二眠時，蠶小，不能用手也。米篩、糠篩、小篇、小筴，均烏毛蠶及一眠二眠時所盛之器，皆須以紙襯之。大筴，即香乾店中所用，以盛腐乾者，是製須稍大方合用，乃二眠後至上山時，盛蠶之器，當以紙糊之。晒箕，即人家平日所用，以晒粉者，不須糊紙，用便於筅，而價較貴。蠶聚，以木爲之柱，三稽十如丁字形，香乾店中亦用此，以擱筅。蠶藕，以草爲之，高與蠶聚齊，圍於其外，使煖者。桑剪，備以剪取樹上桑條。葉剪，即婦女平時剪裁布帛之剪。剪紅葉絲，用大號剪刀較易。小刀絞刀，蠶至三眠以後，則所齊之葉葉之剪絲，須先將葉每片摘開，即將短梗整得畢齊，俾得裁去，曰齊葉。其把握甚大，用剪易於傷手，不如以小刀切之，絞刀絞之，較爲甚便。

清　吴鴻望校，袁俊德輯《蠶政萃編・易器類》

撿蠶法

先用粃糠燒灰，即稻穀殼，俟葉已食盡，用絹篩篩糠灰於蠶上，灰宜薄勿厚，取其爽利。再布以葉，蠶皆脱灰而出，既集葉上。或以蠶筷輕夾，或以蠶匙輕挑，置於他器。但蠶身太小，最易損傷，須連葉帶蠶夾出，並略帶蠶屎桑渣。有未上葉者，布葉一次，挑夾一次，大眠以前，可用此法。若大眠以後，用抬網除之，可也。

又　眠未齊

易器之法，篩灰布葉，與頭二眠未齊時同。所不同者，惟篩灰布葉之後，未眠蠶脱灰而出，有在葉下食葉者，不過遲眠數刻，須餵葉，以俟其起，不必移置他器。有在葉上食者，用手輕拈，另置他器，不用蠶箸，若以蠶綱抬之，亦甚便。

清　楊鞏《中外農學合編》卷一〇《蠶類・易器・體法》　先用礱糠燒灰礱糠，即稻穀殼，俟葉已食盡之候，用絹篩篩糠灰於蠶上，灰宜薄不宜厚，必用糠灰者，取其爽利也，再布以葉，則蠶皆脱灰而出，齊集葉上。俟布葉三次，用柔軟羽毛，連葉刮層轉起，以手輕輕搬出，置他器内。恐有遺棄未轉盡者，用蠶筷輕輕夾出。但蠶身極小，最易損傷，用筷夾時，須連葉帶蠶，一并夾出。如用蠶匙，尤須略帶桑渣，庶免損傷蠶身。有未上葉者，再布葉一次，再挑夾一次，所遺者必無幾矣，棄之可也。三眠以前用此法。《務本新書》《蠶桑提要》

雜録

清　陳恢吾《農學纂要》卷四《育蠶》　火烘法　蠶懼天寒，寒則眠起皆遲，甚至噤口不食，或變成白殭。故天寒時，室中宜置火盆，宜室中四角著火，暖氣始勻。又不可驟暖，寒而驟暖，則生黃軟等病。更不可太暖，太暖亦易致病。若天氣之暖，則甚相宜。火烘須斟酌，非大寒則不必烘。寒暖七十度爲最適宜，六十度以下，則可用火助之。用火，須設法通空氣。

蠶室　蠶室南向爲宜，其次向東，不妨矮小緊密，室大則須墊蓋遮攔。屋少蠶多，養育可分兩次。先一次清明後七八日出，立夏後十日上山，須三十二三日告竣。後一次將種緊蓋罎中，置之冷地，不使進風，遲至穀雨後七八日取出。一見熱風，蠶即盡出，廿七八日可以上山，先後半月，初次之繭，亦可以繅完。又法，蠶多者，必須用三脚架，一架可作十層，將筐層層架起，不占地方。山架亦可搭兩層，連地下三層，一閒可作三閒之用。惟大眠起後，無地可下，起底甚忙耳。

圖表

清　王文韶校，袁俊德輯《蠶桑紡織器圖説・蠶器圖類・分蟻圖説》

蟻既下連，用快刀切桑葉極細，以葉篩篩於蟻上，務要薄而勻。第一日，不住頻飼，一時當飼一頓，一晝夜通飼一十二頓，蠶室宜極煖極暗。第二日，減飼至八頓；第三日，又減飼至六頓。於巳、午時間，復用蓐草綿紙，另鋪一箔。先將細切桑葉篩於蟻上，較前稍厚些。待黑蟻上葉時，用蠶匙薄帶沙燠，輕輕將蟻欵手挑起，分如小圍棊子大，布於新安箔上，盈滿一箔。

蠶箸

題解

清 高銓《蠶桑輯要》卷上

蠶箸

蠶箸以竹為之，長五寸，粗細如常箸，一頭削尖，磨令光潤，為揭取小蠶要器。

清 曹笙南輯《五畝居桑蠶清課》卷二《育蠶徵信篇・蠶室器物》 蠶箸，削竹為之，約長尺許者兩枚，用繩連之，用以撥蠶。

清 衛杰《蠶桑萃編》卷三《蠶政・蠶具類》

蠶箸

箸以竹為之，長八寸，比常用箸略細，一頭削尖，磨令極光，為夾取小蠶之用。

綜述

清 程岱葊《西吴蠶略》卷上

下蠶

採嫩桑葉，切極細飼之，微有聲。天寒，暖以篝火。遇雷聲，則以故種連護之。切葉有葉刀，方而薄，其砧束藁為之，夾以尖箸名『蠶筷』。

附下蠶，《樂府》曰：『蠶生戢戢初如髮，隱約難窺出復沒。歷頭撿取最吉方，鋪筐叠架作蠶房。鵝毛細意刷更净，不教紙上猶留藏。』

清 方大湜《桑蠶提要》卷二《蠶事四十條・育蟻五則》 分開 餧葉數次之後，便覺其密，須用蠶筷子輕輕撥開。再餧葉數次，又覺其密，又撥開。或將細葉篩於蟻上，俟蟻上葉，用蠶筷子輕輕夾起，分布別器。或用蠶匙輕輕挑起，分布別器，亦可。蠶筷子夾蟻，蠶匙挑蟻各法，詳，易器第三則。

清 黄世本《蠶桑簡明輯説・養蠶説・哺蠶三條》 ［哺蠶］一又法，蠶子之出，大勢已齊，於室中無風處，鋪紙於棹上，紙宜白宜光滑，宜比蠶布大些，其下襯以棉被，使兩人牽開蠶布，以有蠶之面向棹，離紙三寸許，一人以尺餘小竹片於背面輕輕細敲，俟所出之蠶俱已落紙。有未出者，仍用前法煖之，至明日再取，另置一處。用鷄毛輕輕聚之，盛以竹器。柳條者亦可用，新油者忌用。以蠶筯以竹為之，長七寸，比日用之筯差小，上下俱圓，尖其末而磨之使光。

清 沈秉成《蠶桑輯要・諸家雜説・養蠶法》 去沙在巳年時，待蟻上葉，用蠶筯輕輕挑過，小筐内稀密得匀，古用蠶匙，今用蠶筯。

清 張壽宸彙輯《蠶桑圖説提要》

飼蠶起底法

蠶初出時，一日起底一次，細切青葉摻上，蠶自上食。用蠶箸將浮上一層，連蠶葉拑音『箝』起，餘在葉底者，再細加尋檢，餘下宿葉蠶砂，一概棄之。二眠後，蠶日長大，起底一次，放開一次，可用手輕輕將浮上一層，連蠶揭起。

清 俞墉纂輯《蠶桑述要》

放葉

烏蠶掃齊，約隔二三時之久，即在附近桑樹上，揀葉之最大者，酌量採取。隨採隨喫，不可多採。叠厚二三十張，用新磨銛利剪刀，細剪如綫，盛以磁碟，用蠶箸挑開，夾取放於紙上，烏蠶聞香，自會聚攏。逾時用鵝翎，掃併一處，宜薄不宜厚，再剪綫葉食之，濕葉宜揩乾。初生之蠶，只食葉中津液，非大嚼也，視蠶之大小，逐日放寬。

又 蠶食後，即叢聚於上，其下食殘葉梗，每日宜翻理一次，謂之替。猶言更替也。小蠶時，即用蠶箸，輕輕將最上一層揭下，其底另置於旁，逾時看有小蠶在上，挑併一處，殘葉另用空籃堆儲，積多可肥田地。三眠以後，替蠶旁置一籃。

又 揀眠

烏蠶放葉以後，次日頭上即隱現白點，兩三日變青白色。天煖六七日，天冷八九日，嘴上隱有尖影，伏於食過乾葉之下，則頭眠矣。遂將集於頂上之未眠者，用蠶箸輕輕揭下，另置一旁，次將下之乾葉，逐層揭開平鋪。凡放葉一次，毋論綫葉，整葉自爲一層。凡早晨見眠至週時，尚有未眠者，此無力之蠶，可棄之矣。

清 沈練，仲學輅輯補《廣蠶桑説輯補》卷下《飼蠶法六十六條・煖子令出説三條》 以蠶筯以竹為之，長七寸，比日用之筯差小。上下俱圓，尖其末而磨之，使極光。輕輕撥開，不可稍有疏密。有疏密，則眠得不齊矣。其未出者，仍用前法煖之，至明日再敲之，另置一處。

又 蠶箸式担蠶毛附注

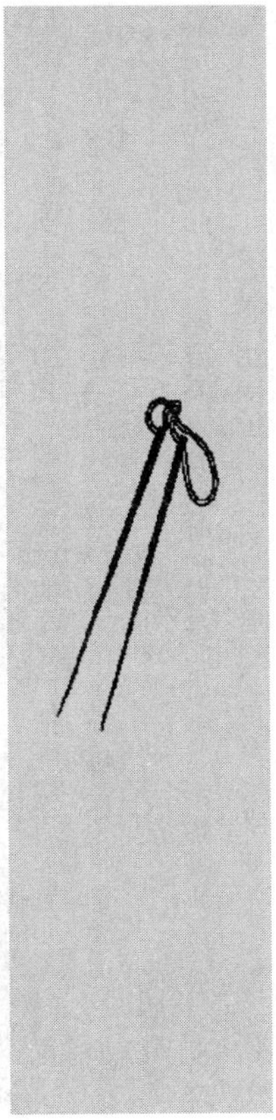

箸以竹為之，長五寸，細如常箸，一頭削尖，磨令光潤，視小蠶稀密未勻之處，撥之使勻。〇毛即鵞雁之毛，取其輕柔，無損蠶之患，新烏初生，微如毫髮，無從下手，須此担之，鷄毛亦可用，但嫌軟弱耳。

清 何石安、魏默深《蠶桑合編》

飼蠶起底法

蠶初出時，一日起底一次，細切青葉摻上，蠶自上食，用蠶筯將浮上一層，連蠶葉拑起。餘在葉底者，再細加尋，撿餘下宿葉、蠶砂，一概棄之。

清 張行孚《蠶事要略》

飼蠶總括

飼蠶之法，蠶初生時，須用薄刀，將桑葉切極細，鋪蠶上面，用蠶箸撥得極薄極勻。俟蠶食盡，再如前飼之。雖夜間食盡，亦宜起飼，至頭眠二眠後。

清 包世臣《齊民四術》卷一下《農一下·農政·蠶桑》 正月修蠶架、蠶盤、蠶筷，架二種，古名槌，大者高六尺，三足展之，廣亦六尺。六層，下層去地八寸，以空盤隔溼，上層以空盤隔塵，中置蠶者四層。每層相去一尺，當每層高爲一橈，以便抽盤出架。小者高三尺，三足展之，廣二尺四寸，每層相去六寸。小架以架苗蠶，大架以架老蠶也。盤以竹編之，員徑五尺，邊高寸許。苗時用篩，軟茅墊之，上加薄紙，三日後去紙，惟用茅蓐。綱以竹牕爲骨，蒙敗綱如盤而差大。如盤上葉，使蠶上葉背，以抬蠶除砂。蠶筷以毛竹，長尺三寸，削極尖，細糠炒淨，以除惡蠶。

又 凡蠶必欲其眠齊，如一半純黃，一半退白漸黃，是不相遠，宜薄鋪頻飼，以趕齊之。若尚是青白，則必不相及，宜以蠶筷挑出，另置一箔頻飼，始不壓遏正眠蠶也。凡蠶向眠時，見有三分黃光者，即減葉三分，切細三分，薄撒三分，頓數加三分。

清 曾鉌《蠶桑備要》卷四《養蠶程式》 撥寬下蟻，餧葉數次之後，便覺其密，須用蠶筷子或雞翎管，輕輕一層一層往寬撥，使逐處露紙底。然後將切碎如米桑葉勻灑，再餧數次，又覺其密，又撥開，務使稀勻。

清 陳淳《實驗蠶桑簡要法》篇下《養蠶法·置辦蠶具之法》 蠶筷，用於稚蠶除沙分簇最良，長短方員，與常筷等，而小及半。惟一端削尖，並須光滑，以免觸傷蠶體也。

清 關維震《養蠶法·分箔》 分箔之方法 分箔如兼除沙者，於分箔前一回給桑時，先行撒糠，然後用羽帚將蠶捲起，提至他簏。再入糠稍拌，用蠶筷撥弄平均，靜置片時，方可給桑。惟眠除時，如察視蠶太密接，亦須分箔，惟不宜用糠，祇須隨捲隨攤。蠶身大時，亦不必用糠，竟由此簏分至他簏可也。

清 江志伊輯《飼蠶法·制居》 小蠶分綈則用蠶筷。以竹爲之，長五寸，細如常箸，一頭削尖，磨令光潤。視小蠶稀密未勻處，撥之使勻。

清 林志恂《蠶桑淺要》 蠶筷所以攤鋪小蠶，使平勻也。以竹爲之，尖其一端，用時宜仔細，勿傷蠶體。

又 鳌戥，坪紙，毛刷，鉛筆，蠶筷，細礱糠。礱糠磨碎之後，又用竹節去其末屑。

清 呂廣文《蠶桑要言·育蠶法》

蠶器

蠶箸 製如燭店中之燭籤，其小頭，宜更削尖細方合用，以初生之烏毛蠶及一眠二眠時，蠶小不能用手也。米篩、糠篩、小簏、小筬，均烏毛蠶及一眠二眠時，所盛之器，皆須以紙襯之。大筬，即香乾店中所用以盛腐乾者，是製須稍大方合用，乃二眠後至上山時，盛蠶之器，當以紙糊之。晒箕，即人家平日所用以晒粉者，不須糊紙用，便於筬而價較貴。

又 替蠶

蠶有糞圓形如沙，故曰蠶沙。蠶不能將葉畢食，其棄而不食之剩葉，曰葉替，與蠶沙相和，爲日多，恐有氣上蒸，蠶觸之而成病。因將筬中之蠶，并蠶所食餘之上一層葉替，輕輕揭起，換放他筬，曰替蠶。小蠶用蠶箸并手替之，大蠶但用手替，可無須蠶箸。具有瘻黃、縮頸、焦尾、身輭而無力上行者，謂之沈替，并入蠶沙，葉替棄之，可也。蠶須每日一替，不特沙替，防其氣烝，即蠶身亦每日長大，必爲替開，使不擁擠。或兩筊替開作三，或三筊替開作四，若蠶花極好，有一筊而可替開作兩者，初行替開，不妨畧疏飼葉數次，再過一夜，即稠密矣。

清 馬丕瑶《蠶桑簡易法・養蠶法》 一置蠶具 養蠶宜預置器具，曰切桑刀專為切桑葉之用，不宜切佗物切桑板專為切桑之用采桑筐蠶二眠前不可翦桑條，宜摘葉以比盛之葉篩蠶小需此篩葉飼之担蠶毛蠶蟻初出在連上，須撒細葉，以毛担下，担至小匾。或散布不便飼葉，以毛團聚之，免傷蟻。蠶箸為拈小蠶之用。

清 吴錫璋《蠶桑新論・論止桑之關係第八》 蠶眠每不能一致遲眠者，十分中必有一二。其已眠者，即可止桑；其未眠者，須將蠶筷撿出，另行用篇。

清 楊鞏《中外農學合編》卷一一《蠶類》

育蟻

蟻初下連，只食葉之津液。餧葉之法，桑宜宿澆，葉宜現摘，刀宜快，切宜細，篩葉宜勻宜薄，又須旋摘旋切，旋切旋篩。如遇天氣晴和，每日可餧葉五六次。如遇陰寒，蟻不甚食葉，須用棉被將盛蟻之器，四面包裹。蟻得煖氣，便食葉矣。餧葉數次之後，便覺其密，須用蠶筷子輕輕撥開。再餧葉數次，又覺其密，又撥開。或將細葉篩於蟻上，俟蟻上葉，用蠶筷子輕輕夾起，分布別器。蟻下連已二三日，蠶屎、桑渣，堆積漸厚，即須以礱糠灰薄篩蠶上，如法體刮，另易他器。所易之器，紙下須襯灰。其保護之法，新蟻宜煖宜暗，忌風忌穢。《農桑輯要》、《農桑通訣》

清 葉向榮《農林蠶説・下蟻》 去沙在巳、午間，先摻礱糠，後以細絲葉佈之，蠶即上葉，用蠶箸輕輕挑過他筐內，稀密得勻。

清 張文藝《養蠶秘訣》 替箉 蠶自出後，每日須將桑渣出去，謂之『替箉』，又謂之『出脚』。蠶小時，用竹筷一雙，將其兩頭削尖，須磨光滑，蠶筷切忌插在頭上。每日天熱於午前，天寒於午後。天熱蠶身宜稀，天寒蠶身宜密。將上一層蠶，用筷捲過，另置一器中，仍舊攤平。

清 黄毅《養蠶新論》第二章《蠶具》第二節《掃蟻用器具》《蠶業叢書》第二編 蠶筷 蠶筷於除沙、收蟻、提蠶，均須用之。蟻蠶體小，不可持之以手，即用蠶筷輕提之。其造法，須一端稍粗，一端尖鋭，長尺許，表面平滑而直，毋使染有污蹟，即用尖端以提蠶。

又 第四章《飼育法》第三節《收蟻法》

紙掃法

紙掃法爲今日盛行掃蟻之方法也。當未掃之，先將紙之重量秤準，記於紙之一隅，然後將四角及背面散逸之蟻，先用鵞毛拂下，然後持種紙四隅，以蠶筷擊其背面，使蟻向下振落，惟擊時不可過重，亦不可過輕。

雜録

清 包世臣《齊民四術》卷一下《一下・農政》 臘八日，長流清水，或井甜水，浸緑豆白米，每箇半斤為度，浸一日曬乾，俱備大眠後和葉飼蠶，能消熱病，堅絲綿。正月修蠶架、蠶盤、蠶筷。架二種，古名槌。大者高六尺，三足展之，廣亦六尺。六層，下層去地八寸。以空盤隔濕，上層以空盤隔塵。中置蠶者四層，每層相去一尺。當每層高為一凳，以便抽盤出架。小者高三尺，三足展之，廣二尺四寸，每層相去六寸。小架以架苗蠶，大架以架老蠶也。盤以竹編之，員徑五尺，邊高寸許。苗時用篩，軟茅墊之，上架薄紙，三日後去紙，惟用茅蓐。網以竹片為骨，蒙敗網如盤而差大。如盤上葉，使蠶上葉背以抬蠶除沙。蠶筷以毛竹，長尺三寸，削極尖，捆糠炒淨以除惡蠶。

清 沈練，仲學輅輯補《廣蠶桑説輯補》卷下《飼蠶法六十六條》

布葉説二條

《蠶桑輯要》曰：『切不可蓋遏受濕，致生病患，務要冷暖得宜。』按天寒蠶小時，須於大牀賬內，架以板片，安置蠶器，夜則沾人暖氣，晝則置火鉢於房内，藉以辟寒。但火鉢不可貼近蠶器，恐熱氣熏蒸，致貽後患，如本條所慮是也。或有貪其速眠，架上向缸者，直行險以徼幸而已。見後蠶筐式注。

一、蠶出之後，布葉數次，便覺其密，用蠶筯輕輕撥開，再數次再撥開。

又 蚕事预備説一條

一、糠灰、山帚、絲柴，即燒絲鍋之硬柴也，以少煙者為貴。及淘過之乾麥，蠶倉所用之土磚，皆宜先時預備。

按蠶事，器用不一而足，其最著者，則切葉砧也，葉篩也，蠶筐也，鬃蠶網也，大小蠶植也，擋蠶毛也，蠶箸也，飼蠶架也，地蠶凳也，山棚、蘆簾、草帚也，繭籃也。內有不能姑缺者，有不妨他代者，須隨宜變通。若繅絲之車，則車牀也，車軸也，牌坊也，絲稱也，牡孃、鐙繩也，撈絲帚也，踏脚板也，及車後向絲火盆，車前絲竈煙囱，均須預備，非臨時所能猝有也。尚有綿豁，與拓綿叉、墜梗，於繅絲後用之，婦女專任之，非若車竈之難緩續置，可也。至桑之器用，則桑剪也，桑梯也，桑鉤也，葉箬也，桑鋸也，接桑刀也，刮桑鈀也，噴筒也，擔桑凳也，鑿釘也，俱隨時取用者也。他如圍蠶之稻草簾，理蔟料之草梳，都是要件。

又按以上各件器用，雖摘要列圖於左，未必能一一仿造，其可依圖為之者，皆顯而易見者耳。然或刻鵠不成，翻恐類鶩奈何，兹查蠶桑素盛之鄉，如杭嘉、湖紹等處，遇蠶事將臨其市鎮，必先陳設各器，聽人貿易。業蠶者，記定圖名及用處，往該鎮購辦，可也。以後便能仿製，無庸僕僕道途矣。

清 俞墉纂輯《蠶桑述要》 諸器 鵝翎、蠶箸、晾籚、蠶架、栲栳、笆斗、箔刀、鬧刀、剪刀、桑剪、桑鉤、雙梯、葉蔀、夾杆、簑、笠、葦簾、蘆扉片、竹簞、山欓、山簹、火盆、絲車、鐵鍋、做絲行竈、回湯盆、擠筷、弸綿架、撚綿線乂、綿綫胎、倚柱、蘆管、鐵錐、鐵鈀、鐵線、搭鉤、擁鈀、鐵钁頭、鐮刀、篾筓、料桶、竹罱、杴部、撻泥船。

清 曹笙南輯《五畝居桑蠶清課》卷二《育蠶徵信篇》

用糠灰法

《蠶桑寶要》：將米皮子煨焦，存性攤冷，眠時摻一層於蠶身，最能收溼，故養蠶者所必需也。　《蠶桑說》：『初眠，齊以蠶箸撥之使鬆，用絹篩篩糠灰於蠶身，置之靜處，以待其起，二、三眠同。』

清 李向庭輯《蠶桑述要》

收蟻

收蟻之法，先將坪紙秤過鋪好，兩人分執種紙兩端，即將種紙背面掃淨，再將種紙面對坪紙，用蠶箸輕敲，俟蟻盡落後，即用坪紙將蟻包好，以戥秤之。每淨蟻一錢分爲一坪，其包蠶之坪紙即鋪於籚中，此法館中行之已久，最爲簡便，於蠶亦毫無損傷，如此三日，蟻可收齊。坪圖附後

方坪圖式左方圖係六坪中籚即容得下，養蠶蟻多用中籚，故圖祇此，若大籚能容十二坪，其尺寸可照此類推。

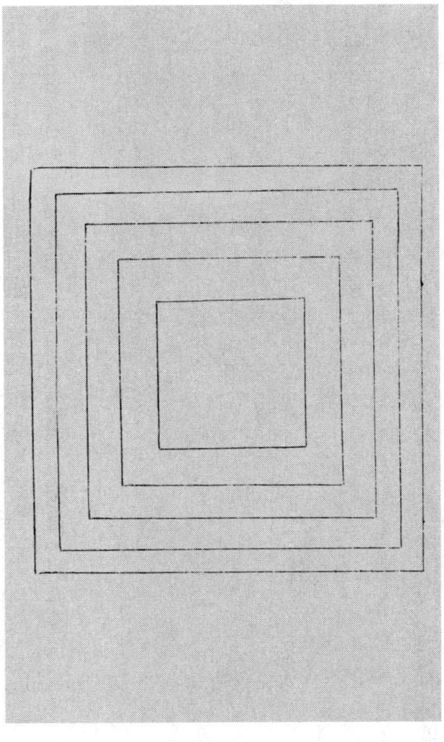

內一坪四方邊，每方邊魯尺一尺，第二坪每方邊一尺四寸二分，三坪一尺七寸三分，四坪二尺，五坪二尺二寸四分，六坪二尺四寸五分。　魯尺一尺合官尺八寸。

圓坪圖式此圖亦係六坪，若籚大者，即可隨籚增坪。

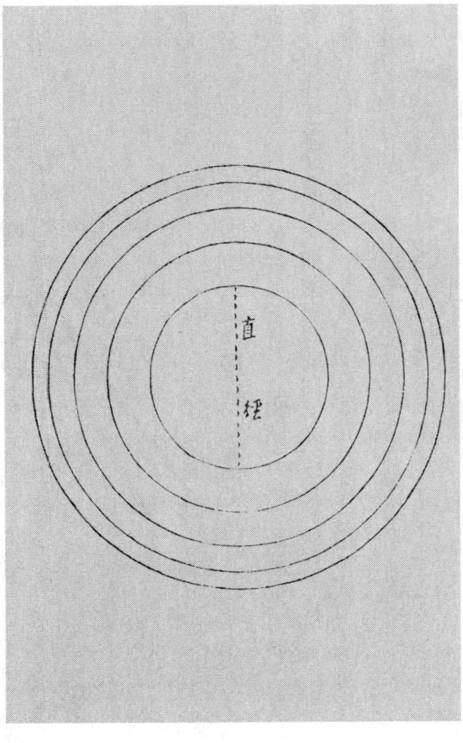

圓坪直徑須較方邊稍長，因其無四角故也。其第一坪圓徑一尺一寸二分，

第二坪一尺五寸九分，三坪一尺九寸一分，四坪二尺二寸五分，五坪二尺五寸二分，六坪二尺七寸六分。

圖表

清 方大湜《桑蠶提要》卷二《蠶事四十條**・蠶具**三十則**》**

蠶筷子

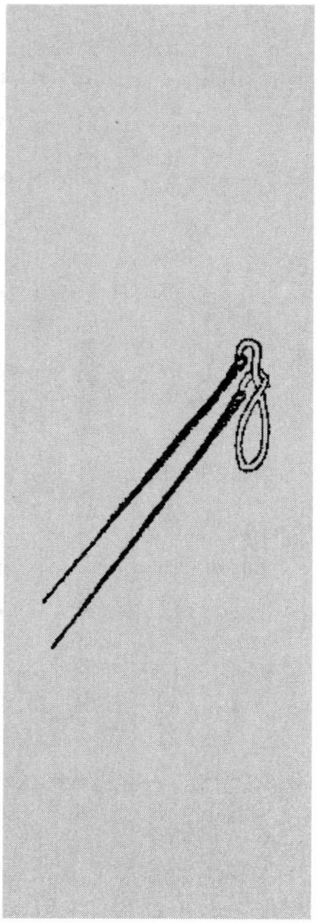

筷以竹爲之，長八寸，比常用筷子略細些。一頭削尖，磨令極光，爲夾取小蠶之用。

清 俞墉纂輯《蠶桑述要・諸圖》

箸，《漢書》作箸，食所用也。《列子》：形物其箸。《註》：形物，猶事理也。義通借箸，王前之説，玉杯象箸，由來尚矣。蠶箸，削竹爲之，長可七八寸，聯以線上，下皆圓末，稍鋭磨之，使極光滑，尖鋒太利，蠶小易傷，揀眠挑葉，非箸不可。

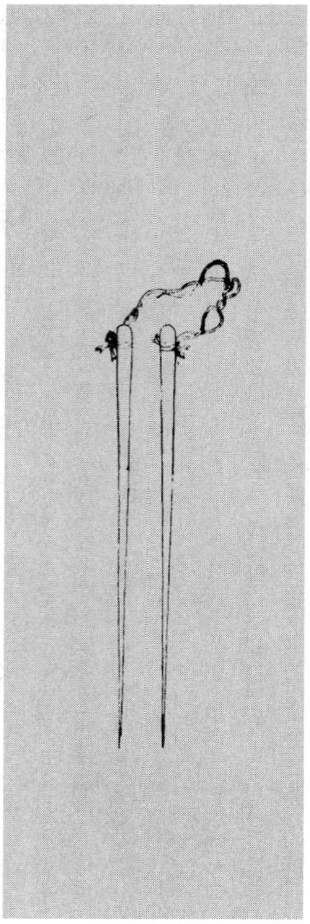

清 何石安、魏默深《蠶桑合編・圖説》

蠶箸式

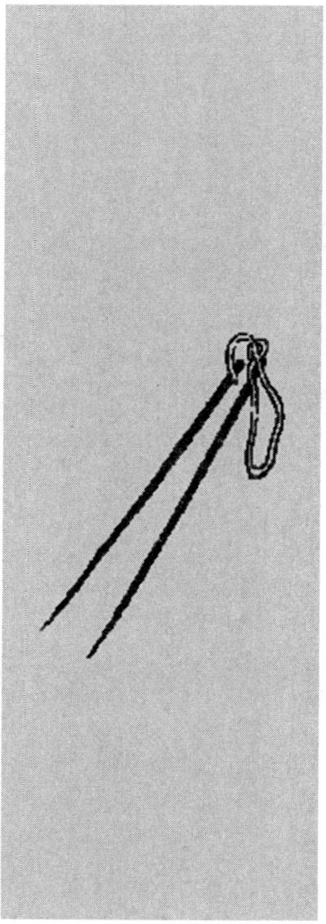

箸以竹為之，長五寸，粗細如常箸，一頭削尖，磨令光潤，為揭取小蠶要器。

清 曾鉌《蠶桑備要・補編》

蠶箸

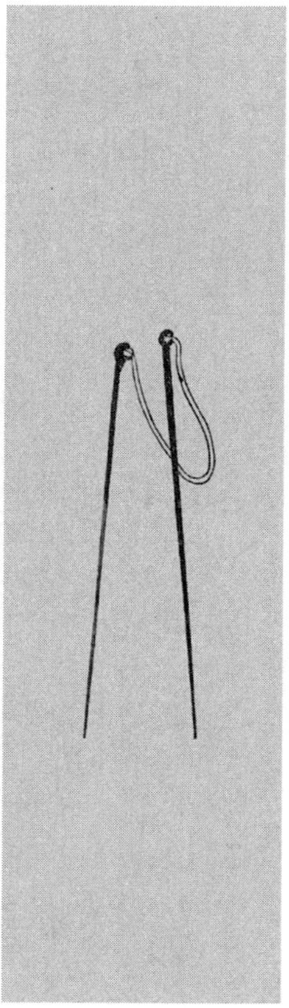

箸以竹爲之，長五寸，粗細如常箸。一頭削尖，磨令光潤，爲揭取小蠶要器。

清 楊鞏《中外農學合編》卷一〇《蠶類・飼育・器具圖説》

蠶筷子

筷以竹爲之長八寸，比常用筷子略細些。一頭削尖，磨令極光，爲夾取小蠶之

用，一頭穿孔貫以細繩，以防兩相失配。蠶事圖譜

清 沈秉成《蠶桑輯要・諸家雜説・圖説》

蠶箸式

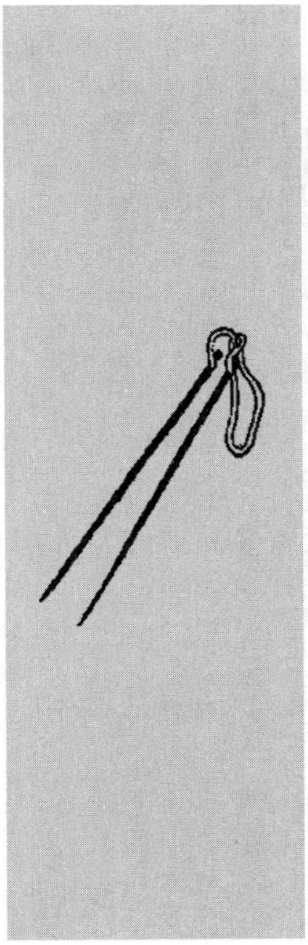

箸以竹為之，長五寸，粗細如常箸，一頭削尖，磨令光潤，為揭小蠶要器。

絹篩

綜述

清 黄世本《蠶桑簡明輯説・養蠶説》

飼葉二條

蠶出之後，飼葉數次，便覺其宻，用蠶筯輕輕撥開，再數次，再撥開；至四五曰，桑渣蠶砂之積已厚，即須以他器易之。易器之法，俟前次所飼之葉已食盡，用絹篩，篩薄薄糠灰於蠶上，必用糠灰者，取其爽也。其灰以秈稻糠置瓦盆中燒之，盆上不宜用蓋。再飼以葉，則蠶皆脱灰而上，以蠶筯輕輕箝之，置之他器。有未上者，再飼葉一次，再箝一次，則所遺必無幾，棄之可，以蠶筯輕輕取出，亦可。所易之器紙下，尚須襯灰，至二眠以後，則不消更襯矣。

（道光）《遵義府志》卷一六《農桑・蠶具》 蠶篩 以竹膀細篾編成，即米篩也。里面須用竹紙糊好。必用竹紙者，取其發燥者。蠶小時，用以貯蠶，體刮，俱極輕便。

清 衛杰《蠶桑萃編》卷三《蠶政・易器類》

撿蠶法

先用秕糠燒灰，即稻穀殼。俟葉已食盡，用絹篩，篩糠灰於蠶上，灰宜薄勿厚，取其爽利。再布以葉，蠶皆脱灰而出，既集葉上。或以蠶筷輕夾，或以蠶匙輕挑，置於他器。但蠶身太小，最易損傷，須連葉帶蠶夾出，并略帶蠶屎、桑渣。有未上葉者，布葉一次，挑夾一次。大眠以前，可用此法，若大眠以後，用抬網除之，可也。

雜録

清 高其垣《試行蠶桑説》 桑渣蠶砂，不宜厚積，厚積則濕熱上侵，非蠶所能受。蠶出之後，至四五日，桑渣、蠶砂之積已厚，即須以他器易之。易器之法，俟前次所付之葉已食盡，用絹篩，篩薄薄糠灰於蠶上，必用糠灰者，取其爽也。其灰，以秈稻糠置瓦盆中燒之，盆上不宜用蓋。再付以葉，則蠶皆脱灰而上。以蠶筯輕輕捲之，置之他器。有未上者，再付葉一次，再捲一次，則所遺必無幾矣，棄之，可以蠶筯輕輕取出，亦可。

清 沈練，仲學輅輯補《廣蠶桑説輯補》卷下《飼蠶法六十六條》

桑渣蠶砂説一條

一、桑渣蠶砂，不宜厚積，厚積則濕熱上侵，非蠶所能受。蠶出之後，至三四日，桑渣、蠶砂之積已厚，即須以他器易之，俗謂之纍。楮几切，讀若體音。纍法，俟前後所布之葉已食盡，用絹篩，篩薄薄糠灰於蠶上，必用糠灰者，取其爽也。其灰以秈稻糠置瓦盆中燒之，盆上不宜用蓋。再布以葉，則蠶皆脱灰而上，以桑筯輕輕捲之，置之他器。有未上者，再布葉一次，再捲一次，則所遺必無幾矣，棄之可。以蠶筯輕輕取出，亦可。

蠶匙

題解

清 林心北、吴書年勸刻《蠶桑輯略・蠶室器用二十條》

蠶匙

以竹片或桑木，削爲方鍪様，大小長短，各各有之。長者三尺許，短者一尺。

蠶槃布葉，如有空隙處，或飼葉偏疏，則必持此送之，以補其闕。至蠶老歸簇，或稀密不倫，亦必均布。儻有不及，復以竹接其柄。北方箔簇頗大，臂指或有不能周徧，亦宜假此以便其事，幸勿忽諸。

清 何石安、魏默深《蠶桑圖説合編》 制蠶匙法，以竹片，或用桑木，大小各數張，以分蟻。《迮常五輯》

清 曾鉌《蠶桑備要》卷二 製蠶匙，以竹片或桑木削爲方枕樣，大小各數張，用以分蟻。蠶初生三四日之間，沙厚溼蒸，或蟻稠器滿，急宜分布。網擡恐漏跌，須將碎葉，厚篩蠶上。片時，蠶盡上葉，用匙輕輕挑起，須薄帶桑渣蠶屎，揭成小片，分布另筐內，相去二三分許，置一匙。

清 李君鳳《蠶桑説・飼蠶説》 置蠶匙，以竹片或木片削爲枕樣，大小數張，以分蠶。

清 吴鴻望校，袁俊德輯《蠶政萃編・蠶具類》

蠶匙

劈分黑蟻匙也。蠶初生三四日之間，沙厚，恐溼熱薰蒸生病，宜急分劈。而用密網抬，跌落驚傷，後多不旺。法以竹片或桑木，削爲方寸枕樣，大小不等各數張，欲分劈時，將葉厚篩蠶上，俟蠶上葉時，以匙輕挑，薄帶沙燠，分布於淨筐，相去二三分，筐滿篩葉，飼一日夜，可滿筐。俟蠶大，方用網抬，因蠶小，用網猶恐在網下見復。此匙輕便，分明決然，可以無損，遠勝網抬。

綜述

清 曾鉌《蠶桑備要・補編》

初下連餧法

先切葉如米，蠶變白，卽切細如絲而短。至起底切葉稍寬，如麥幹，亦稍長，以便帶蠶起底。前一日，卽不須撥寬，使乾渣稍厚，且有絲牽連，與新葉溼渣，自成兩層。推捲新葉帶溼渣，不至帶起乾渣。舊法，將新葉絲篩稍厚，俟蟻上葉，用蠶匙薄帶沙燠挑起，或用蠶筷子挑起。

清 楊屾《豳風廣義》卷二

蠶匙

此劈分黑蟻匙也。蠶初生三四日之間，沙厚，恐濕熱薰蒸生病，宜急分劈。用織下密網擡，則跌落驚傷，後多不旺。宜用竹片或桑木，削為方寸枕樣，大小不等，各數張。欲分劈時，將葉厚篩蠶上。片時，待蠶已上葉，用匙輕輕挑起，須薄帶沙燠，分布於浄筐內，相去二三分許，置一匙。筐滿篩葉飼之，一日夜，即可滿筐，待蠶大，方用網擡。此匙，古法未用。余家於蠶小時，亦嘗用網，其後見傷，制此蠶匙，輕便無損，遠勝網擡。

蠶匙式

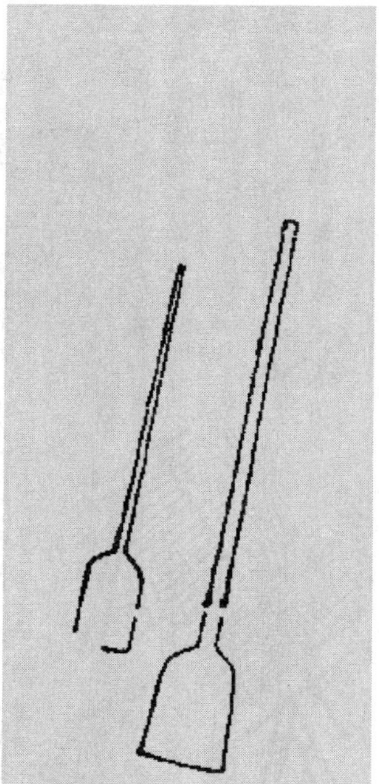

清 帥念祖《蠶政編》

劈蟻法

初蟻篩葉，要薄而勻。第一日不住頻飼，一時當飼三頓，一晝夜飼三十六頓，蠶室宜極暖極暗。第二日飼三十頓，第三日飼二十餘頓。於巳、午時間，復用蓐草綿紙另鋪一箔。先將切細桑葉，撒於蟻上，待蟻上葉時，用蠶匙薄帶沙燠，輕輕將蟻挑起，分如小圍碁子大，布於新安箔上，盈滿一箔，飼之。

清 方觀承《述本堂詩集・看蠶詞》 以竹片或桑木為匙，用擘分初生蠶。桑杓，大如杯，柄長三尺許，蠶盤空隙或布葉不勻，則以杓挹而補之。麻綫結綱為兜，蠶除沙要具，較箔稍小，漆而乾之。視沙燠已厚，以綱蓋蠶，布葉令滿，蠶穿綱而上，則舁綱除沙。畢連綱置箔上，待有積沙，又將綱一扇如前遞用，最為省功。

清 韓夢周《蠶桑實濟》卷二《育蠶預備》

預造蠶匙

此劈分黑蟻匙也。蠶初生三四日，沙燠漸厚，恐溼熱薰蒸生病，宜急分劈。若用網擡之，則跌落驚傷，後多不旺。宜用竹片，或桑木，削爲方寸枕樣，大小不等各數張，欲分劈時，將葉厚篩蠶上。片時，待蠶已上葉，用匙輕輕挑起，須薄帶沙燠，分布於淨筐內。相去二三分許，置一匙。布滿時，篩葉飼之，一日夜，即可滿筐。待蠶大，方用網擡。人家蠶小時，亦有用網擡者，然往往見傷，不如此匙之輕便，勿損也。

蠶匙式

又 卷四《育蠶急務》

劈蟻法

蟻既下連用快刀切桑葉極細，以葉篩篩於蟻上，務要薄而勻。勻薄如微雨之狀，又臨下蟻時，桑須澆過二三次，方好以後旋摘，又澆則桑多液，切葉必細者，恐蓋蠶也。必篩者，恐不勻也。不勻則食葉有偏，偏則眠起不齊。然葉槎微液不能久存，少頃之間即便乾枯，故須頻切而頻篩也。此時不可飼以接桑葉，飼則多病，須在大眠後用之。第一日，不住頻飼，一時當飼一頓，一晝夜通飼一十二頓。甚要勻薄，勿憚煩冗。蓋新蠶惟食桑葉津液，若頓數不多，譬如寸乳嬰兒小時失乳後必羸弱病生。蠶室宜極暖極暗。大凡初蟻宜暗，眠宜暗，將眠及眠起宜微明，向食宜明，後倣此。第二日，減飼至八頓，葉微加厚。第三日，又減飼至六頓，又稍加厚，此時沙燠已厚，急宜擡蠶除減，不然濕熱薰蒸，蠶必病生。擡蠶除沙者，俗呼爲『歐蠶』也，後皆倣此。於巳、午時間，復用蓐草綿紙，另鋪一箔，先將細切桑葉，篩於蟻上，較前稍厚些。待黑蟻上葉時，用蠶匙薄帶沙燠，輕輕將蟻，欵手挑起，分如小圍棊子大，布於新安箔上，盈滿一箔。先下蟻時，留箔周邊，今布滿全箔。

清 方大湜《桑蠶提要》卷二《蠶桑四十條**・蠶具**三十則**》** 蠶匙 匙以桑木為之，或竹片亦可，大小不等，總以光滑為佳，以備分開小蠶之用。

又《易器六則**》** 體蠶法 先用礱糠燒灰，礱糠，即稻穀殼。俟葉已食盡之後，用絹篩，篩糠灰於蠶上。灰宜薄不宜厚，必用糠灰者，取其爽利也。再布以葉，則蠶皆脫灰而出。俟其既集葉上，或以蠶筷子輕輕夾出，或以蠶匙輕輕挑出，置他器內。但蠶身太小，最易損傷，如用蠶筷子夾小蠶，須連葉帶蠶，一併夾出。如用蠶匙挑小蠶，須略帶蠶屎、桑渣，一併挑出，庶免傷損蠶身。有未上葉者，再布葉一次，再挑夾一次，所遺者必無幾矣，棄之可也。大眠以前，可用此法。蠶筷子、蠶匙，詳蠶具第五六則。此器專為小蠶而設，蠶大則用匙與筷子，不如用手之便。

清 劉清藜補輯《蠶桑備要》第四篇《養蠶程式》 分蟻法 至六七日後，見有一二眠者，即趕緊起底，於六日清晨餧三頓，飯後餧一頓，共四頓後。蠶盡上新葉，用蠶筷或鷄翎管，將四頓濕葉渣挑起，鬆鬆推捲。新葉濕渣帶蠶捲起，鋪他篩筐。俟起完有不盡者，再放整桑葉，提埽後，將乾葉渣，另倒净處攤開，再放整桑葉，一提即盡。舊法，將新葉絲，篩稍厚，俟蟻上葉，用蠶匙薄帶沙燠挑起，或用蠶筷子挑起。

清 吴鴻望校，袁俊德輯《蠶政萃編・育蟻類》

分開

餵葉數次之後，便覺其密，用蠶箸輕撥。再餵葉數次，又覺其密，又撥開。或將細葉篩於蟻上，俟蟻上葉，用蠶箸輕夾，分布別器，或用蠶匙輕挑，亦可。

雜録

清 韓夢周《蠶桑實濟》卷四《育蠶急務》 劈蟻法 於巳、午時間，復用蓐草綿紙，另鋪一箔。先將細切桑葉，篩於蟻上，較前稍厚些，待黑蟻上葉時，用蠶匙薄帶沙燠，輕輕將蟻，欵手挑起，分如小圍棊子大，布於新安箔上，盈滿一箔。先下蟻時，留箔周邊，今布滿全箔。

裹種附自裹種至餧蠶六條，已於前下蟻、劈蟻兩法，詳盡其妙，然亦有可參用處，因並存之。

清 沈秉成《蠶桑輯要・諸家雜説・養蠶法》 蠶蟻 取齊省功之法，去沙在巳、午時，待蟻上葉，用蠶筯輕輕挑過小筐內，稀密得勻。古用蠶匙，今用蠶筯。

清 豫山《蠶桑辑要合编》上《養蠶》 蠶蟻下連，以一日二日下齊爲好蟻。初出不飼無妨。初宜切葉如絲，慢飼。但頭一日拂下之蟻，與第二日各置一處。如頭一日之蟻多飼葉三四頓，即將蟻置之稍涼處，以減頓。第二日之蟻置之煖處，每日加一二頓，前後各飼葉三十五頓，即齊眠於一日。取齊省功之法，去沙，在巳、午時，待蟻上葉，用蠶筯輕輕挑過小筐內，稀密得匀。古用蠶匙，今用蠶筯。

圖表

清 楊鞏《中外農學合编》卷一〇《蠶類·飼育·器具圖説》 匙以桑土為之，或竹片亦可。大小不等，總以光滑為佳，以備分開小蠶之用。《蠶桑須知》

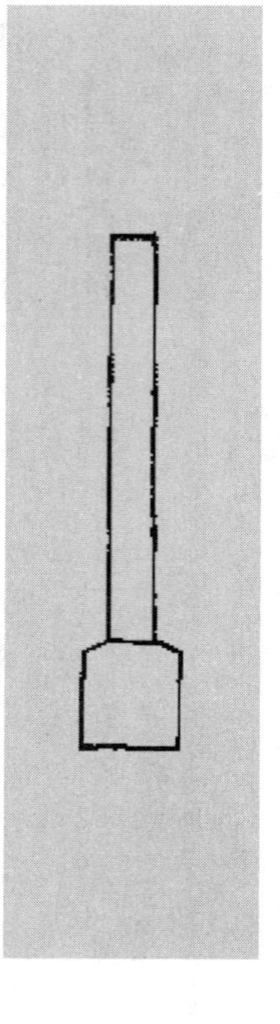

蠶網

綜述

明 徐光啓《農政全書》卷三一《蠶桑·養蠶法》 一日一擡，失擡，多生白䗐。一眠宜温，再眠如春，門窗俱挂薦簾，屋内須用無烟熟火。大眠全要暄暖，大忌北風寒氣，勿飼雨露冷葉。春秋蠶法，首尾顛倒，深宜體測。簇蠶時，相次秋高，恐值夜寒風冷，不能作繭，可於簇西北，埋柱繫椽箔，遮禦北風寒氣。三兩夜之間，便可作繭。玄扈先生曰：斟酌用火。

清 陳元龍《格致鏡原》卷四八《耕織器物類》 蠶架蠶網 《三才圖會》：蠶架，閣蠶筐具也。以細枋四莖竪之，高可八九尺，上下以竹通，作横桄十層。層每閣養蠶槃筐，隨其大小，葢筐用小架，槃用大架，此南方槃筐有架，猶北方椽箔之有槌也。蠶網，擡蠶具也。結繩為之，如魚網之制。其長短廣狹，視蠶槃大小制之，沃以漆油，則光緊難壞，貫以網索，則維持多便。至蠶可替時，先布網於上，然後灑桑，蠶聞葉香，皆穿網上食。候蠶上葉齊，手共提網，移置別槃，遺除拾去，比之手替，省力過倍。南蠶多用此法，北方蠶小時，亦宜用之。

清 韓夢周《蠶桑實濟》卷六《蠶桑補遺》

購置擡網

自古移蠶之法，莫便於網擡，既省人工，兼恤物命。其網之大小、方圓、長短、廣狹，量蠶箔以爲準。則每箔二網擡换，古法，用新細麻繩織網，或生漆或猪血塗過，仍以粗麻繩穿邊，甚足耐久。有力者，固宜如此。若貧約之家，力不能辦，可購取魚濫網，比照箔式，裁縫補綴完好，用細篾絲穿邊，亦可適用。

清 方大湜《桑蠶提要》卷二《蠶事四十條·大眠起後二則》 大眠起齊 易器之法，莫妙於用蠶網。大眠起齊之後，食葉愈多，桑渣、蠶屎，較前更易厚。不體則蠶受蒸鬱，臨老多病。此時舊皮纔脱，蠶腳尚嫩，未可抛動。早體則挫動蠶腳，日後絲縷不純。惟以蠶網體之，便可免受蒸鬱，又不挫動蠶腳，且簡便省力。法，詳易器第三則。

又 蠶網 網之長短闊狹，視蠶盤之大小，此擡蠶要物也。古法用新細麻繩織網，或塗以生漆，或塗以猪血，仍以粗麻繩穿邊，甚足耐久。若貧家力不能辦，可購取爛魚網，照蠶盤裁翦補綴完好，用細篾絲穿邊，亦可適用。網眼有疏有密，擡小蠶宜密眼，擡大蠶宜疏眼。

清 沈練，仲學輅輯補，章震福校訂《廣蠶桑説輯補校訂》卷四 蠶網以麻綫織成，或謂頭眠網眼方半寸，二眠一寸，三眠寸半，四眠二寸，網之大小，量蠶箔之大小爲之。每蠶箔要二具，輪流擡换，或買舊魚網，翦成塊，極便宜。然四眠蠶重，魚網又不適用，不如自織爲結實也。

清 吴烜《植桑育蠶書·養蠶説》 小蠶 三眠後，將線結網，眼大如錢，攤在蠶筐，桑鋪網上。俟蠶從網眼上附，兩人將網，擡過他筐，即可起底，較爲省易。内有壓在蠶矢、殘桑之下，此蠶必小而無力，不能與衆蠶同起同眠，須將蠶筯揀出，另貯一筐，以免不齊。

清 楊名颺《蠶桑簡編》《牧令書》卷一〇

編蠶網

以細麻線纏竹枝上，編如鶉綱形，孔如雞子大，長五尺，濶三尺五寸。

每箔當用三扇，以熟漆漆過，或以猪血和石灰塗之，如制漁綱法。三眠後，揀蠶除沙。以二綱輪流擡換，先於蠶上，以葉撒之。蠶聞葉香，穿綱而上，連蠶擡起，掃除沙燠，輕輕放下，不可移動。沙厚復擡，如前省功，且不傷蠶。

清 吴鴻望校，袁俊德輯《蠶政萃編·蠶具類》 蠶網 蠶網者，抬蠶除沙之網也，爲蠶事要具，養蠶諸事皆易，惟除沙揀蠶，甚是勞苦。揀久則手熱，沾熱則汗出，結薄繭，所以養蠶不多。惟嘉興湖州，用網抬蠶，每歲收絲數百斤，其餘各省，皆未有也。法以二網輪流抬換，捷便甚妙，即養數百箔，無難矣。網之寬窄，視蠶盤之大小，用新細麻織之。或塗以生漆，或塗以豬血和石灰，仍以粗麻繩穿邊，甚足耐久。或用爛魚網，照蠶盤裁翦，補綴完好，用網篾絲穿邊亦可。其除沙法，待蠶食葉已盡，將網蓋於蠶土。以桑葉撒在網上，蠶聞葉香，穿網而上，將網抬起，可以埽除下面蠶沙、殘葉。即將網輕放勿動，迨飼一晝夜，又將網蓋蠶上，仍如前經理。故除沙必用二網爲便，若一網，則費功，尤恐傷蠶。又頭眠時，劈分用匙。頭眠後用麻布，孔如豆大。二眠用麻布，孔如小指。大三眠後用網，亦無不可。

清 曹笙南輯《五畝居桑蠶清課》卷二《育蠶徵信篇》 用綱分擡法 《三才圖會》：蠶綱，擡蠶具也，結繩爲之，如魚綱之制。其長短廣狹，視蠶槃大小制之，沃以漆油，則光緊難壞；貫以綱索，則維持多便。至蠶可替時，先布綱其上，然後灑葉。蠶聞葉香，皆穿綱上食，候蠶上葉，檯綱移置別槃。比之手替，省力過信。南蠶多用此法，北方蠶小時亦宜用之。

又 蠶綱，績麻繩為之，一如魚綱，眼約鴿蛋大，宜用細竹為邊，如槃大，以便分擡。可向江岸漁處定造。

清 江志伊輯《飼蠶法·制居》 大蠶分箔，則用蠶綱。結繩爲之，式如魚綱，長短廣狹，一□筐籚。沃以油漆，則光緊持久；貫以綱索，則維持多便。替時布網於上，然後灑葉，蠶聞葉香，皆穿網眼而上，候蠶上葉齊，兩人提網移置別筐，餘遺抬去。比之手替，省力過倍。西人則用穿孔之紙，其法亦良。

清 楊鞏《中外農學合編》卷一〇《蠶類·飼育·器具圖説》 蠶網 網之長短闊狹，視蠶盤之大小，此抬蠶要物也。古法：用新細麻綫織網，或塗生漆，或塗猪血，仍以粗麻繩穿邊，甚足耐久。若貧家力不能辦，可購取爛魚網，漂盡腥氣，照蠶盤裁翦補綴完好，用細篾絲穿邊，亦可適用。網眼有疏有密，抬小蠶宜密，抬大蠶宜疏。同上

清 趙敬如《蠶桑説》 編蠶網法 以細麻綫，照織網法織平，網眼視蠶之大小。頭眠，網眼方半寸；二眠一寸，三眠寸半，四眠二寸。網之大小，量蠶箔織成。每蠶箔要二具，輪流擡換。或買舊魚網，剪成塊，極便宜。頭眠用絲網，二三眠用石斑及凍魚網，四眠用塘魚網。然四眠蠶重，魚網綫細，不甚適用，不及自織網之受拉力也。

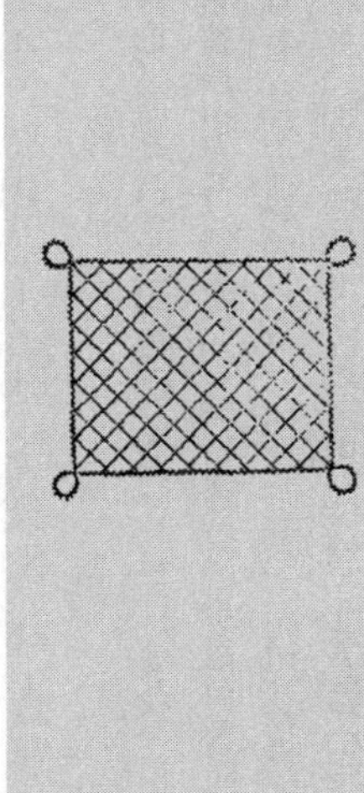

藝文

清 張集賢編撰，郝子雅繪製《桑織圖》 蠶桑器具圖

桑蠶有事器必良，農隙什物預商量。織箔造架結蠶綱，篩盤起箸並蠶筐。抬壚蓐草簇料倫，兼儲牛糞與斑糠。治桑織造皆有具，臨時窓窓糊蠶房。

雜録

清 劉清藜補輯《蠶桑備要》第二篇《先事預備》

編蠶網

三眠後，揀蠶除沙，以二網輪流擡換，先將網蓋於蠶上，以葉撒之，蠶聞葉香，穿網而上，連蠶擡起，帚除沙燠，輕輕放下，不可移動。沙厚復擡如前，省工且不傷蠶。撥蟻用蠶筷子，或鷄翎管。分蟻用匙，或用手薄揭。頭眠後，以葉提，或用麻布，孔如豌豆大者。二眠後，用麻布，孔如小指大者，亦用漆漆過，兩扇輪流擡換。三眠後，即用網擡換。惟秦中多無蠶網，均係以新葉提換，添餧新桑葉，俟蠶均上葉，輕輕以手抓葉，至蠶大餧整葉時，俟蠶上葉時，以手推新葉帶蠶，鬆鬆捲起，捧放另箔上，亦甚便易。

圖表

明 徐光啓《農政全書》卷三三《蠶事圖譜》

蠶網

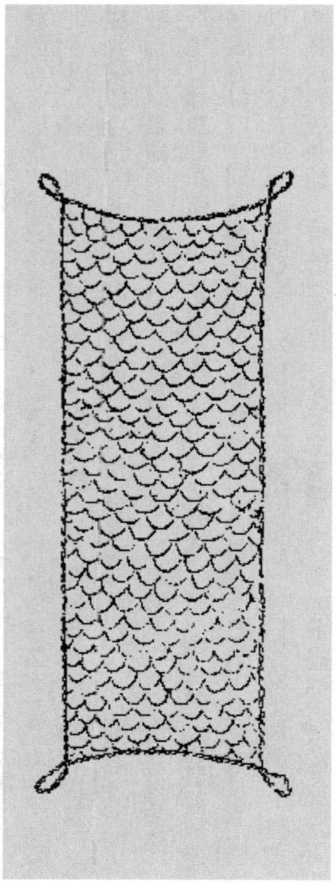

蠶網，擡蠶具也。結繩為之，如魚網之制，其長短廣狹，視蠶盤大小制之。沃以漆油，則光緊難壞；貫以網索，則維持多便。至蠶可替時，先布網於上，然後洒桑，蠶聞葉香，皆穿網眼上食。候蠶上葉，齊手共提網，移置制別槃，遺除拾去。比之手替，省力過倍。南蠶多用此法，北方蠶小時，亦宜用之。

清 方大湜《桑蠶提要》卷二《蠶事四十條・蠶具三十則》

蠶網

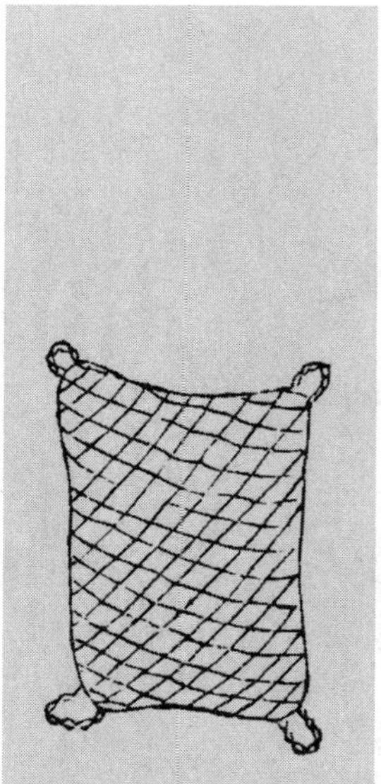

網之長短闊狹，視蠶盤之大小，此擡蠶要物也。古法，用新細麻繩織網，或塗以生漆，或塗以豬血，仍以粗麻繩穿邊，甚足耐久。若貧家力不能辦，可購取爛魚網，照蠶盤裁翦，補綴完好。用細篾絲穿邊，亦可適用。網眼有疏有密，擡小蠶宜密眼，擡大蠶宜疏眼。

清 衛杰《蠶桑萃編》卷一一《圖譜・蠶器圖類》

蠶網圖

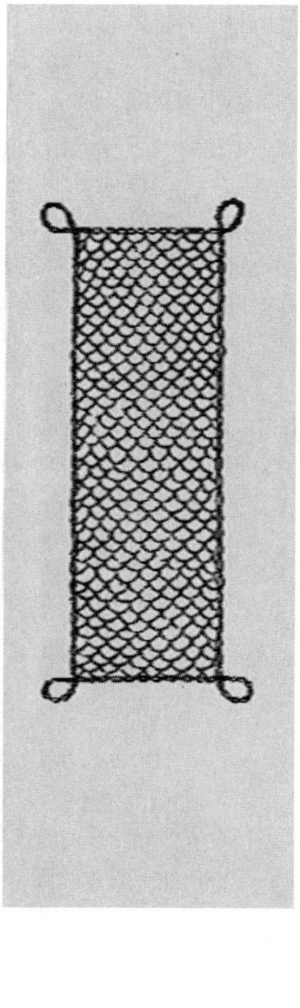

蠶網圖説

蠶網，擡蠶具也。結繩為之，如魚網之制。其長短廣狹，視蠶盤大小制之。添以漆油，則光緊難壞；貫以網索，則維持多便。至蠶可替時，先布網於上，然後灑桑，蠶聞葉香，則穿網眼上食。候蠶上葉，齊手共提網，移置別盤，遺除拾去。比之手替，省力過倍。南蠶多用此法，北方蠶小時，亦宜用之。

清 楊鞏《中外農學合編》卷一〇《蠶類・飼育・器具圖說》

外洋孔紙

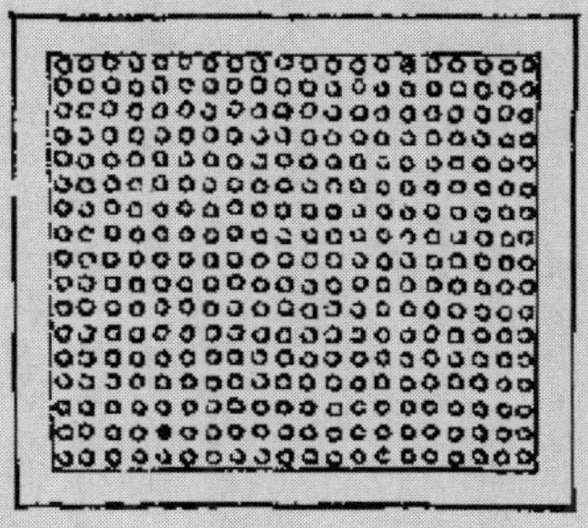

西人以一二齡蠶小，除砂不便用網。於是以潔淨紙張，視蠶身之大小，平均錯孔。初齡則用小孔，二齡則用大孔。其質柔軟，其孔圓滑，而且輕便，不傷蠶足，不壓蠶身。但須用極厚皮紙造成，方可耐久。《喝茫蠶書》

簇具部

綜述分部

山棚

綜述

清 鄭之僑《農桑易知録》卷二《桑務事宜》

蠶老將做繭也

大眠起娘，餧葉至三晝夜，不論濕葉、肥葉澆糞不久，謂之肥葉。皆可餧，唯忌霧葉、氣水。至四晝夜，蠶身便有二寸長，粗如小指。至五晝夜、六晝夜，蠶要老矣，顏色本來青白，將老時，色如糙米。取蠶向亮處炤之，通身明亮者爲考娘。蠶先老者謂之考娘。既見考娘，一面將葉薄餧三餐，一面即搭山棚。

清 高銓《吳興蠶書》卷下

蠶忌風雷

蠶口吐絲，遇風則縮，山棚之上，宜四面圍護遮風，俾得縈絲成繭。又畏雷，上山聞雷聲卽驚，而不能成繭，俗用蠶蛻紙覆於棚上，以爲保護。《故老相傳》云：『蠶蛻卽蠶母，有母在，足以護其子之畏也。』故担烏之後，蠶連紙不可擲棄。

清 何品玉輯刊《蠶桑會粹・種桑各法》 搭山六七層以俟，層猶排也。南向之室，則以自西至東為一層。西向之室，則以自北至南為一層。上山者自第一層上起，至第五、六層，便須添搭數層以俟，不宜上盡再添。有樓者於樓上搭之最妙。

清 黃世本《蠶桑簡明輯說・養蠶說》

蠶山三條

一、稱見蠶觔，須扎山把。用高田晚稻，柴堅潔而長，清白而乾者為之，數個一束，捆緊柴稍，挂在高處，用鐵梳梳盡柴殼。截去柴稍，長約二尺，每蠶十觔，需柴一百五十觔，約梳淨百觔。每用一握，圍約五寸，中腰束住，展開兩頭，密排架上，彼此交錯，謂之蠶山把。

一、山架必須高燥。屋內可搭兩層，不拘木板、竹簾，鋪以蘆席，上列蠶山，謂之蠶山梁。初上山時，宜避風日。既成窠，則又宜透亮，故以有牕之室為便。如無有牕之室，上山畢後，用竹席或蘆席密密圍好，而於成窠後撤去之。

一、搭山不宜緊靠墻壁。蓋蠶性好高，必至無可高處乃止，緊靠墻壁，則近墻山上之蠶，將有成繭於瓦縫者。

清 方大湜《桑蠶提要》卷二《蠶事四十條・紮山八則》

屋宜通氣 蠶將老，則灑埽屋內，紮山以俟。屋內無樓板更好。因瓦縫參差，可通氣也。若在樓下紮山，須先揭起正中樓板一二塊。否則日後繅絲，恐不爽利，俗謂之『悶頭繭』。

窗宜透亮 紮山之屋，必有窗戶，乃可透亮，但須避風避日耳。

架宜平穩 先用高板凳兩條，安置兩頭。次用竹竿三四根，橫置凳上，務須平正穩固。再將蘆箔鋪竹竿上，蘆箔，詳蠶具第十一則。然後取草山，排立於箔。

帚宜扭開 蠶山，以鐵埽帚為最佳，俗謂之『山帚』。無鐵埽帚，則以稻草為之。詳蠶具第十三則。草梢散亂，必輭而毛。輭則載蠶不起，毛則多浮絲。紮山時，須先將草梳仰縛於凳。草梳，見蠶具第十二則。次將草梢放梳齒上，批去其葉之散亂者。或以一手按草，一手執梳柄，而梳其散亂者，亦可。再將草把中間，用繩紮縛，而齊切其兩頭。然後將草把扭開，立於蘆箔便下，如覆椀上，若仰盂矣。草把空處，須薄撒亂稻草，以承墜蠶。

勿孤立　蠶山分層排立，此帚與彼帚交錯，此層與彼層交錯，其山乃隱。

勿靠牆　蠶山不可緊靠牆壁，緊靠牆壁，則近壁之蠶，緣牆而上，將有成繭於瓦縫間者。如恐上山之蠶，遊至極邊，不免失足墜地，則於蘆箔與牆壁貼近處，以草把横塞之。使遊山之蠶，至此停留做繭，縱有緣上牆壁者，亦必不多。

勿蠶多山少　上山之蠶，不宜太密，太密，則二三蠶合結一繭，其絲淆混難繅。甚至積壓熏蒸，蠶死繭朽，不特不能繅絲，併不能做綿。山之多少，以蠶之多少為準，大約每山一帚，可上蠶七八十枚。屋之寬一丈，深二丈者，安置山帚，可上蠶五六十斤。

勿阻塞貓路　繭怕鼠咬，箔下須留貓路。

又《上山七則》

隨老隨上　其色微紅，其輭如綿，且通身明亮，卽是蠶老之候。未老上山，則失之太早。太早，則上山一兩日，始作繭，謂之『停山』。既老不上山，則失之太遲。太遲，則蠶在盤内吐絲，上山後結繭必薄。必須隨老隨上，方為得法。見有老蠶，卽以整張桑葉，薄薄鋪之。未老者食葉如常，已老者必起至葉上，昂頭若有所求，可卽於葉上，一一取之，俗謂之『捉老蠶』。葉盡再鋪，隨捉隨鋪，至老者太多，捉之不勝捉，則以柳枝提之。以多葉之柳枝數十條，勻排葉上，其老者卽上柳枝。使兩人執包袱之四角，而微凹其中，一人將柳枝提出，向包袱凹處略一搖擺，則蠶下如雨矣。隨卽以擺净之枝，移鋪他處，以徧為度。所捉所提之蠶，均用盤盛至紮山處，次第置山上，謂之『上山』。

山上加山　上山一兩日後，有未得結繭之處，而在山頂昂頭向上者，以竹枝柳條亦可。勻插山上，隔七八寸插一枝，不必太密。卽便結繭，俗謂之『青山』。已在山頂者，必不肯復下，故不能不於山上加山。然必俟成窠者，已過十分之九，乃可用此法。用之太早，則未成窠者，無不擠上青山矣。

避風日　蠶初上山，宜避風避日。

戒驚駭　蠶將成窠時，不宜碰動蘆簾架子。若一碰動，則蠶口一縮，如受驚狀，往往棄將成之窠，而另結一窠。大約三日内，切勿撹動。夜間看火，勿令燈光上射，須戴笠而進，或遮以扇。緣蠶見燈光，則頭昂，頭昂則絲斷，日後繅絲，添此疵累也。

時啓閉　蠶老上山，先成窠後結繭。繭在窠内。未成窠以前，宜暗不宜明，須將窗門關閉。無窗門者，用蘆席遮掩。既成窠以後，宜明不宜暗，便當打開窗門，用蘆席者，撤去蘆席，令屋内透亮。

置火爐　蠶老上山，蘆簾架下，不用火者，約四五日，方能成繭，謂之『冷蠶絲』。用火者，約兩晝夜，即可成繭，謂之『熱蠶絲』。用火，則蠶山燥爽，吐絲自然快利。冷蠶絲，繅時易斷，不如熱蠶絲之省力。用火之法，以炭火置簾下，仍將炭盆頻頻移動，滿簾煖氣。務使勻和，不可過大過小，亦不可忽大忽小。以手按簾，處處温煖，便是恰好之候。山外以稻草簾圍之，既可避風，又免熱氣外散，俗謂之『關火門』。關火門之時，或燒香體一撮，引蠶吐絲亦可。上山第一日，最為要緊。第二日火力，比第一日火力稍微，亦可。火炙之法，惟上山時可用。

晾山棚　熱蠶絲，兩晝夜後，繭已做完。聽之無聲，卽將火盆及遮圍之稻簾，一併除去，俗謂之『晾棚』。

清　汪曰楨《湖蠶述》卷三《縛山棚》　架棚　搭山不宜緊靠墻壁。蠶性好高，必至無可高處乃止，緊靠墻壁，則近墻之蠶，將有成繭于瓦縫間者《廣蠶桑説》。有力之家，度室之廣狹，削木如其長，廣一尺餘，厚五之一，四足如杌子狀，謂之山棚凳，用省架木之勞《董蠡舟樂府・小序》。

清　鄭文同《蠶桑輯要・育蠶十二則》　蠶熟將欲吐絲，即先搭山棚，約高四、五尺，架以木桁竹竿。上鋪蘆簾，預儲堅浄稻幹，束把如帚。至是排列簾面，將熟蠶捉上，天暖則頃刻成繭。若多不勝捉，以柳枝十數條排於箔面，蠶即緣枝而上，使兩人執包袱角，將柳枝向袱上一摇，則蠶下如雨，便易捉矣。做繭之處，宜爽氣透風，又須遮蔽其亮光，若天氣寒冷，或以微火炭盆，置山棚下，以助蠶力。惟欲留種者，終不宜用火，成繭功有遲速，約三、四日，即可采繭矣。

清　俞墉纂輯《蠶桑述要》

上山

蠶做繭之處，俗稱山棚，蠶將老，捉送到棚，謂之上山。支搭山棚之屋，務要寬大，居中搭起，四面離墻壁尺餘，留人行走之路。其層次視屋之大小，先以山欖分列，上鋪竹簟蘆簾、蔑箝皆可。薄鋪稻草於簟，再將雙山箒排列，上添單山箒一層，平列兩箪。將上第二箪，須先安妥第三箪，上足第一排，再上第二排，以免凌亂，多少不勻。上山之蠶，不可抛擲，務要四面勻上，太密則同功繭多。山箒一個約可，做繭四、五十個。

又 回山既畢，折下山箒，逐一檢淨。浮絲擇其完整者，留爲明年湊搭山棚。

清 羊復禮《蠶桑摘要》

山棚總圖式

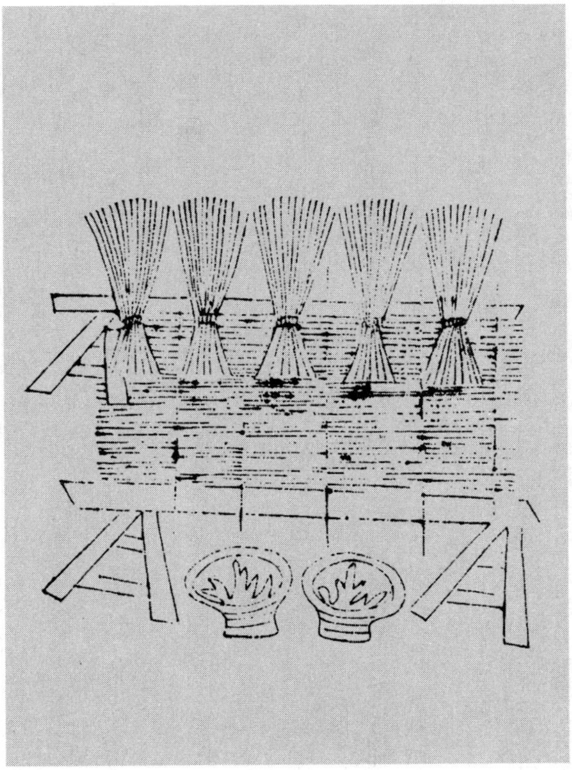

此浙人上蔟式，俗謂上蔟爲上山，採繭爲開山，故名山棚。許氏《說文》：『蔟行蠶蓐。』陸放翁詩曰：『永吳蠶上蔟時。其由來舊矣。』其法，下立山梘中，鋪蘆簾，即葦箔。上竪草帚，長短闊狹無定，視室之大小爲之，或鋪四簾，或鋪六簾，均可。蘆簾下設火盆烘之，與粵人用竹箔不同，竹箔價貴而拙，草帚價廉而易，且隨處皆有，不必倣造，鎮屬初興蠶事，當擇而用之，併繪各圖於後。

清 沈練《廣蠶桑説》 蠶將老，便須於有窗靜室中。初上山時，宜避風、避日。既成窠，則又宜透亮，故以有窗之室爲便。如無有窗之室，則於上山畢後，用竹席或蘆席密圍好，而於成窠後撤去之。打掃潔淨，以亂草平鋪地面。如其地低濕，便須去地數寸，架作板房，而鋪草於板面。如無板可架，則於鋪草前以碎石灰收其濕。搭山六、七層以俟。層猶排也。南向之室，則以自西至東爲一層。西向之室，則以自北至南爲一層。上山者自第一層上起，至第五、六層，便須添搭數層以俟，不宜上盡再添。有樓者於樓上搭之最妙。

又 搭山不宜緊靠牆壁。蓋蠶性好高，必至無可高處乃止，緊靠牆壁，則近牆之山之蠶，將有成繭於瓦縫間者。蠶山以穤稻草爲之，秈稻草亦可，麥稈亦可，秈稻草斷不合用。用四齒鐵耙，仰縛他物上，持稻梢於耙齒上，批去其葉之散亂者散亂者必軟而毛。軟則載蠶不起，毛則多浮絲，故去之。以草紐鬆鬆縛之，而截齊其兩頭，如洗箒狀，長尺五、六寸，紐以上長尺許，紐以下則五、六寸足矣。圍五寸許，以雙手握之，滿握則五寸許矣。俗謂之山箒。搭山時，以左手持紐所縛處，以右手持其下之五、六寸，以草紐之兩頭，分置左右手間，而扭之使轉，則隨扭隨緊，隨扭隨開，下如覆碗，而上若仰盂矣。

又 搭山須彼此交錯，其山乃穩。第二層者，必須與第一層交錯，第三層者必須與第二層交錯，兩旁亦然。

又 所捉、所提之蠶，均以盤盛至搭山處，依搭山之層數，次第上之，上滿第一層，再上第二層。有凌亂，便恐有上不到處。每山一箒，約可上六、七十蠶。

清 沈練，仲學輅輯補《廣蠶桑説輯補》卷下《飼蠶法六十六條》

蠶老上山四條

所捉、所提之蠶，均以盤盛至搭山處，依搭山之層數，次第上之上滿第一層，再上第二層。有凌亂，便恐有上不到處。，每山一箒，約可上六七十蠶。

按上山時，可將盈握老蠶，於山帚上勻洒之。若山帚稍遠之處，每舉半握，輕輕抛去，使山之中央與邊際，多寡悉稱。

清 沈練，仲學輅輯補，章震福校訂《廣蠶桑説輯補校訂》卷二《飼蠶法六十六條》 蠶將老搭山説三條

蠶將老，便須於有窗靜室中初上山時，宜避風、避日。既成窠，則又宜透亮，故以有窗之室爲便。如無有窗之室，則於上山畢後，用竹席或蘆席密圍好，而於成窠後撤去之。打掃潔淨，以亂草平鋪地面如其地低濕，便須去地數寸，架作板房，而鋪草於板面。如無板可架，則於鋪草前以碎石灰收其濕。搭山六、七層以俟。層猶排也。南向之室，則以自西至東爲一層。西向之室，則以自北至南爲一層。上山者自第一層上起，至第五、六層，便須添搭數

層以俟，不宜上盡再添。有樓者於樓上搭之最妙。按本條所言，山下脚不用火，俗名冷火種，留做肥絲，免費火料。若肥細兩可之蠶種，其山下用火，亦無鋪草、架板等法詳後搭山二條下。

又 震按：必須盡去外層粗葉，而僅存光滑之槁本，方爲合宜。吾鄉慣用長二尺三、四寸者，旋而折之，使兩頭歸於一處，草脚四散，直立如山。按搭山之法：橫架竹木，須平正、牢固，高齊胸。上鋪蘆簾，將隔冬蔟料即山箒之草，照本條行之。若山下用火之蠶種，其山箒另有一式，詳後山棚蘆簾草帚式註中。總之，山箒插上蘆簾，務要個個聯絡，勿留空隙，其火料預先泒定，待蠶上山用之用火及看火之法，詳後上山說首條下。

又 按：上條言搭山不宜緊靠牆壁，然竟離開，不獨其山難穩，且蠶往往遊至極邊，失足墮地。須蘆簾與牆壁貼近處，周圍橫塞草把，使遊山之蠶，至此停留做繭，雖有上墻壁者，亦不多矣。

清 盛宣懷輯《蠶桑備要》

縛山棚

蠶老作繭，架棚以處之，謂之山棚。須因地制宜，牢固平穩，需用竹木、簾帚、繩索諸物，宜先時一一整頓。屋多，棚與地蠶各據一室。屋少，即於地蠶上架之。　一、架棚用竹或木，依室之闊狹，裁爲橫棱几室。六架者棱用三根，八架者棱用五根，各以麻繩從梁上懸下，縛住棱之兩頭，棱離地約四、五尺，均湏齊、平、緊、穩，亦有於柱上各釘四、五寸小木一段，託住橫棱者，較繩懸為省便。更以竹四枝，依室之淺深，裁為直棱，勻架於橫木之面，用繩緊繫，上覆蘆簾，湊滿一室，毋使稍有空缺處，各棱及繩竝宜堅固，庶免傾側、覆壓之虞。一云搭山棚不能緊靠牆壁。蠶性好高，必至無可高處乃止，緊靠牆壁，則近牆之蠶，將有成繭於瓦縫間者。有力之家，度屋之廣狹，削水如其長，廣一尺餘，厚五之一，四足如杌子，謂之山棚凳，用省架木之勞。　一、棚之高低，貴淂中。不可太高，高則不能收火氣，亦不可過低，低則棚下局促，不便人行。　一、棚忌悶，以疏爽為主。疏爽則氣透，無悶繭之患，故樓下不可架棚，樓上搭之最妙。　一、棚宜寬。蠶多棚小，則同功繭必多。　一、棚宜暗。老蠶見亮光，輒游走無定，不即裹身。蠶上齊後，所有窗戶悉宜遮掩。

清 王世熙編輯《蠶桑圖說》匏編《育蠶圖說》

山棚蘆簾草帚圖

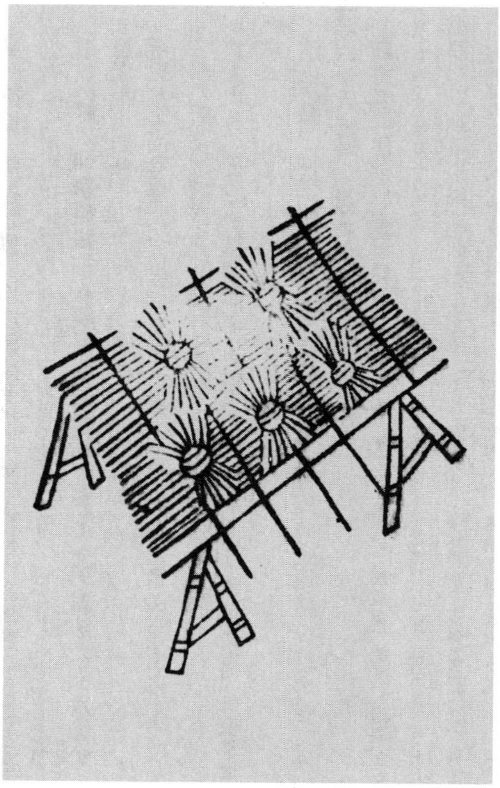

簾以蘆葦織成，山棚上，非此無以簇蠶，長短廣狹無定制，就室之大小，或四簾或六簾，鋪滿草帚，宜杭稻草，縛法有二：一、用草一握，長二尺，中腰縛緊，兩頭螺旋散開，是爲墩頭帚；一、用草一把，長三尺，就中腰絞緊，折轉即成兩股，隨於兩股中搦住數莖，從總絞處盤旋，復絞數轉，使其末散開是爲折頭帚。

清 吴宗周、陳幹材、徐謙山《蠶桑白話》卷二《養蠶白話・桑葉與蠶的關係》 搭山　搭山的法是甚麽樣呢？是把稻草或樹枝相搭，如同山樣。因爲蠶到吐絲時，必走出來覓所憑藉，纔能吐絲作繭，這山就是憑藉了。是要人想法預先把山做好，順他的生機，湖州的鄉人，做的草山最便當省錢。此外有用樹枝的，用竹片的，那些法不便當、不省錢，我且不說，只說湖州人的草山法子。他把那收下的稻草，把草衣理得乾乾淨淨，晒乾收起，到春天養蠶時候，就挪出來截成二尺長的，一把一把交相扭好，勻勻的鋪地下或匾上，就把那通身發亮的蠶，放在山上，讓他做起繭來。如天尚冷，必要用火爐去暖和他，但這蠶放在山上不可太密，太密他就要做同宫繭，不好做絲，又不能賣好價錢。大約每一尺見方的地方，上一百四五十個蠶就好了。到上山的時候，切不可常去移動他，使他做的繭變壞了樣子，這都是上山前後最要緊的事體哩！

清　吴詒善《蠶桑驗要・蠶篇》

搭山上山第十

於有窗淨室中，搭山三、四尺高，上鋪亂草。山以晚稻稈爲之，用鐵鈀將草衣批淨，截齊兩頭，長尺五、六寸，圍五寸許，以繩束腰，使下如覆盆上如仰盂，次第排列前後，將老蠶捉令上山，不宜大早，早則停山，亦不宜太遲，遲則繭薄。如天氣晴和，成繭速而易繅。若遇陰寒，須用爐火，至三日後，可開窗以透風日，免繭受霉。如上山一、二日，蠶在山頂昂頭上向，當以竹枝鋪山上，使之作繭，俗謂之青山。必須視成窠者十分之九，方用此法，早恐盡擠上青山矣。

清　張行孚《蠶事要略》

搭山棚

凡搭山棚，將竹縱横搭成一棚，與松棚相似，其高及肩，其大視蠶之多少為度。棚上面須平正，棚之上以蠶簾鋪之蠶簾，枯蘆所作，即《書》所謂曲薄也。蠶簾上以艸帚植之，艸帚上可以老蠶上之矣。湖俗謂之上山。凡捉老蠶，須多用人，其法用木盤盛之，再挈至山棚邊上。山蠶既上山，山棚外須密密遮蔽，切忌震驚，若有金鼓震驚，則蠶盡墜地矣。

清　任蘭生《蠶桑摘要》　蠶山以穤稻草爲之秔稻草亦可，麥稈亦可，秈稻草萬不可用。用四齒鐵耙仰縛他物上，持稻梢於耙齒上，批去其葉之散亂者散亂者必軟而毛。軟則載蠶不起，毛則浮絲必多，故去之。以草紐鬆鬆縛之，而截齊其兩頭，如洗箒狀，長尺五、六寸紐以上長尺許，紐以下則五、六寸足矣。圍五寸許以雙手握之，滿握則五寸許矣。，俗謂之山箒。搭山時，以左手持紐所縛處，以右手持其下之五、六寸，以草紐之兩頭，分置左右手，而扭之使轉，則隨紐隨緊，隨扭隨開，下如覆碗而上若仰盂矣。

清　張文藝《養蠶秘訣》

上山

大眠三朝後，蠶必放身。四、五朝後，蠶必收身。收身後，其色漸熟。先見考頭蠶，頭向上撩撥，頸下通亮者，此上山時也。先用乾稻柴若干，將柴殼扒盡，扎如碗口大，將其稍頭用料刀截去，剩一尺七、八寸長，在三七分處，用柴扶束緊，防其柴帚歪斜，隨手拉直謂之山帚，備用。上山時，須搭山檯。檯之高低不等，約離地尺餘，愈高愈妙。在屋中，用木架起横木，上再架竪木，每根相離約二尺，用繩紮好，必須牢固。竪木上用蘆箔攤上，蘆箔上，先將截下之柴心，薄薄攤上，倘架木高低處，亦用柴心墊平，然後用山帚右向旋開，放上其山帚，必先互相聯絡，方免坍倒。再於兩帚相聯處，用手向上一超，使柴帚脱而復合，則柴莖無拳曲之弊。其靠壁一行，不放山帚，可以出風初上。北面一行，空去半個。身邊一行，有兩行空帚方可。上一行，將上山蠶捉出放盤中，隨捉隨上，不可停歇，恐絲頭絞成結塊。每帚用兩大超，手心朝上，在手指中漏下，為勻山帚。不可有低窞。帚之四面，不可有輕重。如蠶身稍次，上山術中，每帚亦兩超。見考頭後，一面飼葉，一面在葉上捉蠶，其不食葉而遊行於葉上者，皆是也。倘上兩層頭山，上層宜早上半日，待蠶尿流清，再上下層，防下層蠶繭染尿，絲難抽也。見考頭後，飼葉三、五次，可以一齊捉上，即稍有生蠶，亦不妨，俗稱生蠶熟繭。至留種之蠶須條，條熟透方可上山，且帚上宜稍稀。至上山一晝夜，蠶已遮身。倘山頭太擠處，可用細竹梢架上收下，看其能做繭者，另帚再上。其已死者，至兩日後，用針插在竹竿上挑去。天暖三週日，天寒四週日，可以採繭。採繭從先上之第一行帚採起，一行歸一行，倘有爛蠶溏繭，務必輕輕用剪刀連柴剪下，免得污染好繭。每秤十斤，用無紙之簩安置，將繭衣剝光，以備抽絲。

清　佚名《蠶桑録要》

上山

蠶已大眠，天氣甚煖，食葉五日即老，蠶沙亦爛。先捉其老蠶上山，捉一次糝葉一次。當此時，葉要撕碎，以免架空作繭半。日許，盡老矣，看其起至葉上，通身透明，不食遊走，是欲作繭，急於上山。山用稻草，截去頭尾，束成一把，長一尺五、六寸。上山時，將稻草把一擰，令其兩頭散開，約蠶十觔。用五十把將上山時，逐個捉出，用天平稱其觔兩，以知將來出絲、收成之多少。量蠶多寡，務使行動寬展。先用木板層層疊架，每架空二尺許，將草把矗竪架中，俗名蠶山。洗手拈蠶，勻撒草把之上，兩晝夜即成黄、白繭矣。搭山勿靠墻，防蠶循墻而上。倘蠶有不甚老者，山頂須置帶條桑葉幾枝，蠶不成繭者，食之便成繭。搭山之地，宜在乾燥、透風、潔淨、有窗之静室，如遇天冷，架下宜置火爐温之，不可有烟氣。凡蠶上山忌生人來看。

藝文

清 汪曰楨《湖蠶述》卷二

鋪地

董蠡舟《樂府・鋪地》 出火五日大眠過，吾家蠶具備未多。區區筐曲盛不足，籌量無計將如何。打頭賴有三間屋，几榻不妨盡庋閣。埽地平將蘆蕟鋪，暫借坤靈作蠶簇。僅餘臥室在東廂，上羅箔篋下支牀。此際已難居八日，來歲小兒又娶婦。只願蠶花收倍豐，不愁明年無處容。別築新居高百堵，華堂卽是鋪蠶所。

又 卷三 縛山棚

沈炳震《樂府・縛山棚》 春蠶將老先縛棚，蘆簾結束如砥平。周遭倚墻架巨木，縱横更列花格竹。不畱餘地通往來，儘教大小依儂屋。地下鋪蠶上作山，棚低抱葉嗟彎環。朝來蠶食更攢攢，簾空加葉無餘閒。東鄰蠶早故多暇，隔籬問訊相慰藉。儂蠶明早見繚孃，辛苦還拌是今夜。

董蠡舟《樂府・搭山棚》 大眠餉食蠶多老，料理山棚須及早。盡將家具庋梁間，慚愧儂家屋較小。架木倚竹結構牢，去地未及一仞高。布以蘆簾平似砥，草薦三面圍周遭。上矗帚頭下擦火，棚底痀僂往來可。何須更列花格竹，不致欹傾亦已足。經營拌費一宵功，切誡兒曹毋欲速。鄰家家富貪安閒，新製雙凳厚且堅。因斯結縛遂草草，棚倒覆火蠶被難。我家力不能辦此，無恃乃得常無患，山棚歲歲安如山。

董蠡舟《樂府・搭山棚》 蠶老須置山上頭，搭山縛棚屋四周。中央巨竹横又縱，上鋪蘆席如平疇。高低結束事麤了，忽聽笑語談湖州。不知花格竹何取，工夫破費眞無謀。豈如儂家最省便，一般作繭無他愁。上安蠶帚下灼火，也如戶牖同綢繆。只憐屋低立難直，終朝棚底行傴僂。但願今番得大熟，明年起屋高于樓。

《董恂樂府・回山》 屈指上山已七日，山頭璀璨堆如雪。層層密壓滿四圍，蠶簇不分只一白。明珠纍纍相貫聯，不須如甕誇園客。今朝已届回山期，相呼并力全家集。男兒取高還取低，婦女采疏復采密。只愁繭多無處盛，草蔀桑籃盡堆積。去年記得十分收，何幸今年一倍得。爭把權衡度重輕，婦姑兒女齊歡悅。

圖表

清 楊鞏《中外農學合編》卷一〇《蠶類・器具圖說》

草梳

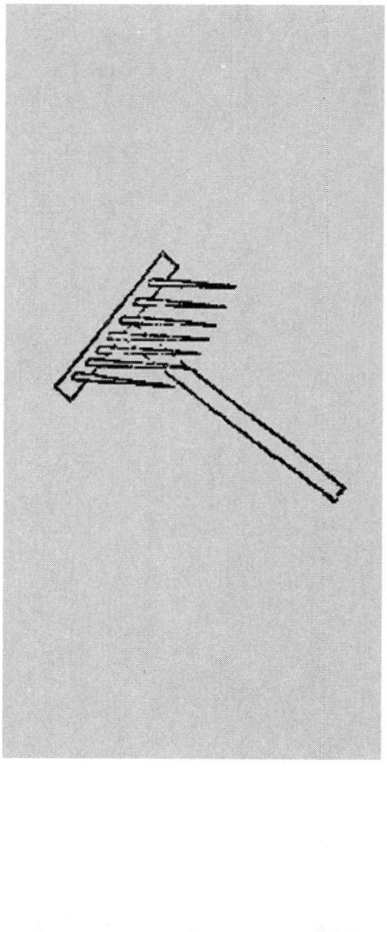

梳以堅木為横梁，用鐵釘四、五枚，排釘横梁上，横梁長七寸，鐵釘長四寸，兩頭皆尖。横梁之旁安一木柄，柄長五寸。紮山之時，以梳草之散亂者《蠶事圖譜》。

山帚

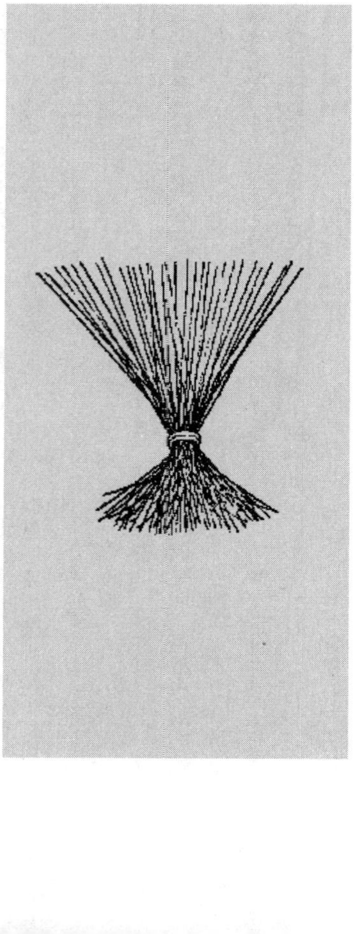

卽蠶山也，鐵掃帚最佳，糯稻草次之，麥秸亦可高二尺餘，圍五、六寸。《蠶

桑輯要》。

清 俞墉纂輯《蠶桑述要》

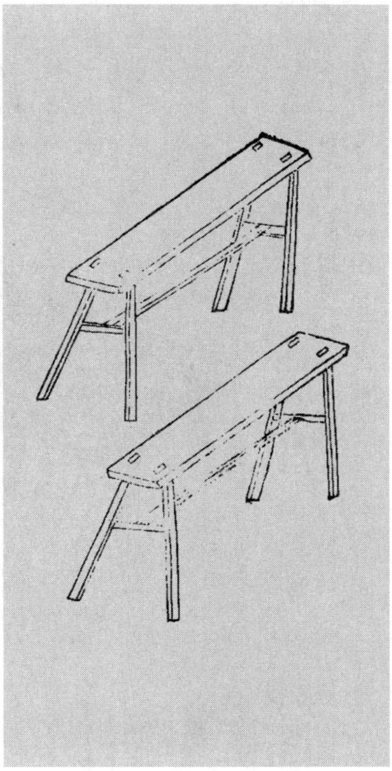

山欖

欖，正韻音『凳』，几屬《晉書》，魏凌雲殿榜成未題，匠人誤釘不可下，使韋仲將欖書之。蠶老成繭，必支山棚，其法：以欖分兩頭，上覆竹簟，箯笄、蘆簾皆可。簟上再加草箒三四層，湖俗謂之『搭山棚』。欖高四尺零，其下可容人傴僂進出。山棚或長或方，支十架或二十架，各視其屋之所宜。

蘆簾

綜述

清 方大湜《桑蠶提要》卷二《蠶事四十條・蠶具三十則》

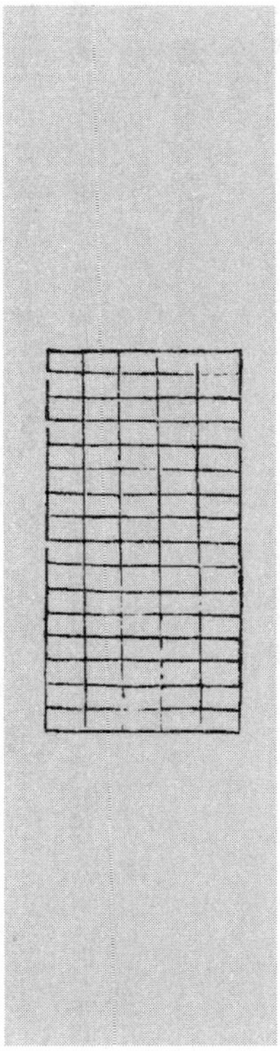

蘆箔

箔以蘆葦織成，長短闊狹，無定制。其形如簾，故又謂之蘆簾。非此，則蠶山無從位置。

清 沈秉成《蠶桑輯要・諸家雜説》

蠶桑雜記

鎮江從前雖有蠶事，講求未精，即如蠶老上山，蘆簾架下必用極熱火炕，為熱蠶絲，一則烘去蠶溲之水，使山燥爽，二則蠶口吐絲快，利膠粘，不致粘實。

（光緒）《石門縣志》卷三《食貨志・物産》

蠶類

蠶沈如封《吳中蠶法》有頭蠶、二蠶之別，又有原蠶爲二蠶所從出，在頭蠶之前。頭蠶之利甚溥，其種頗多，歲以清明下種，凡四眠而始上箔，成繭繅絲。種蠶時，婦女極艱辛，無暇膏沐、寢食，大都理葉餧蠶，用火、用曬俱有節候，頃刻不可失調，月餘始熟。二蠶亦有四眠者，其繭差薄。勞翀霄曰：蠶事興于清明節，是夕獻蠶，花神製粉，圓若繭形，同三牲供奉。越十餘日，將去年所收蠶種紙放卧席下，以身煖之謂之護種。至穀雨種出，蠕蠕微動，謂之蠶烏，細如髮末，取鵝翎收下，用戥稱其銖兩，每烏一分。到出火時，約蠶一大筐矣。然烏有兩種：一爲火種，以紙糊小筐攤勻，下用微炭火烘暖；一爲曬種，不用火，天晴將蘆簾遮掩日色，亦以紙筐盛烏曬簾下。二種皆取利刀切桑葉如絲者飼之，須時時察看，葉稀卽補，烏有密處用細竹筯撥勻，如是三四日夜，見蠶定不食謂之眠。初眠將竹筯細細分開，去其殘葉，恐濕熱傷之也。又一日夜，看蠶嘴有脱殼，則眠而起矣。再用刀切細葉飼之如前。又三四日而二眠，亦如前法飼之。又三四日而三眠，謂之出火，蠶稍粗矣。不必用竹筯，將手一一取下棄殘葉而分筐，頭每筐一觔八兩，用秤秤定，攤箯筐中，蠶長半寸，飼葉不用刀切。又三四日夜爲大眠，亦將殘葉取下，又用秤秤每六觔爲一大筐，以桑葉帶嫩枝者飼之。三晝夜，將蠶翻過謂之起薙，不使殘葉堆積，濕氣壅蒸也。此後每日一起，薙越五、六晝夜，望蠶項下耿耿有亮光則熟，先以木作架，鋪葦箔，置蠶簇，將熟蠶散布其上，謂之上山。山下熾炭火，周遭蔽護，使熱上升，則蠶乘熱縈絲作繭不停口。若陡遇風雨寒冷，則蠶口禁縮，腹雖有絲不吐，所以貴熱。天氣晴燥則火，可減半，過三日撤火，開戶去蔽，使風燥透繭，則絲易繅，逾日收採，謂之落山。每筐上收者得繭十五、六觔，中下不等直至一、二觔而止，大率人工缺失、寒煖候乖，則收成歉薄。蠶畢，擇繭之堅厚者爲種繭。十餘日蛾從繭出，雌雄既交，卽攤堅厚白紙置蛾其上，生子密布收起，放無烟處以架攤張使，透風時加檢視，防浥□及他蟲侵蝕也。臘日以食鹽作湯，將蠶種紙浸其中，謂之浴種。至春出曬屋上，七日取下仍置架上，俟清明後，取而護焉。大抵喂蠶葉宜乾不宜濕，經所謂風戾以食之也。防護宜煖不宜寒，經所謂棘墻以閉之也。頭蠶亦有三眠者，飼養視四眠較易。別有原蠶，其種獨早，不必浴、不必護，飼法大略相同，而成繭出蛾生子如作圈狀，不逾月卽又出烏，收育之爲二蠶。繭成出蛾，雌雄交者次年然後出烏，其略交者，生子不逾月。又出烏收育之爲三蠶，仍如是法，可育至四蠶、五蠶。冬初，則天寒桑落，不可復蠶。《吳都賦》稱鄉貢八蠶之緜，蓋郊廣地煖，桑葉凌冬不凋，故雖八蠶可育耳。

清 趙淵《蠶桑摘要》卷中

冷蠶絲

蠶老，上簇蘆簾架下，不用火爐，約四、五日，方能成繭，爲冷蠶絲。繅時易斷，亦費工夫，各省皆用此法，少知改變，惟杭湖不用，其絲獨佳。

圖表

清 沈秉成《蠶桑輯要・圖説》

山棚蘆簾草帶式

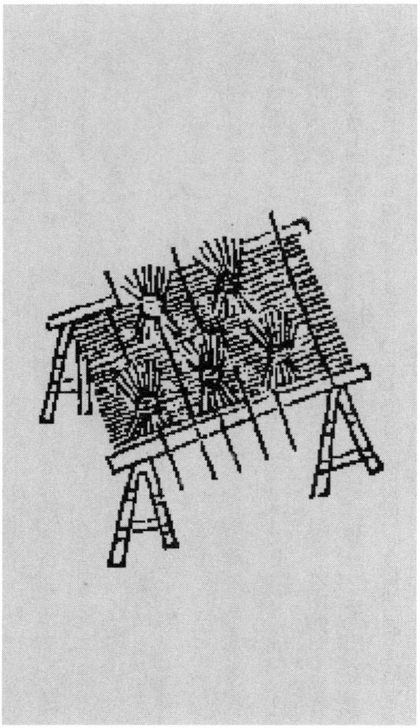

簾以蘆葦織成，山棚之上，非此無以簇蠶。長短濶狹，無定制，視室之大小為之。一室之中約四簾或六簾，鋪滿草帚。宜秔稻草。縛法有二：一用草一握，長二尺，中腰縛緊，兩頭螺旋散開，是為墩頭帚。一用草，一小把長三尺，就中腰絞緊，折轉卽成兩股，隨於兩股中搦住數莖，從總絞處盤旋，復絞數轉，使其末散開如傘，是為折頭帚。

清 葉向榮《農林蠶説》

山棚蘆簾草帶式

簾以蘆葦織成，山棚之上，非此無以簇蠶。長短濶狹無定制，視室之大小為之。一室之中，約四簾或六簾，鋪滿草帚，宜秔稻草，縛法有二：一用稻草一握，長二尺，中腰縛緊，兩頭螺旋散開，是為墩頭帚；一用稻草一小把，長一尺六寸，就中腰絞緊，折轉即成兩股，隨於兩股中搦住數莖，從總絞處盤旋，復絞數轉，使其末散開如傘，是為折頭帚。

其他

論説

元 司農司《農桑輯要》卷四《養蠶》

夏秋蠶法

大忌北風寒氣，勿飼雨露冷葉。春秋蠶法，首尾顛倒，深宜體測。簇蠶時，相次秋高，恐值夜寒風冷，不能作繭。可于簇西北，埋柱、繫椽箔，遮禦北風寒氣。三兩夜之間，便可作繭。

《士農必用》：夏蠶，此別是一等，俗謂「三生蠶」。春，養出夏種；夏，養出秋種；

秋，養出來春種。不可間闕，闕則絶其種。自蛾至老，俱宜凉，忌蠅蟲。先于蠶生前，用麥糠擁于蠶房壁脚燒之，去濕氣及諸蟲子。擘黑後，須一日早晨一擡。其餘并與養春蠶同。此蠶不可多養，止欲收秋蠶種，多則損葉。然只可科采桑中冗條取葉也。

秋蠶，一名『原蠶』。捋葉，不無傷桑。春蠶不幸遇天災，不得已之，以補歲計。然不宜稙，宜稚也。初宜凉，漸漸宜暖。與養春蠶，正相反。其間體候，須欲得所。初可摘葉，蠶大則捋葉。初用紗糊窗，漸漸天寒，上復用紙糊，留捲窗。簇與繰絲法，如前。《要旨》：熱蠶，槌底亦宜用麥糠、麥䕸燒之。又大路上踏踐起乾塵土，收三四石，生蠶日，于槌底攤平，可避暑濕。簇秋蠶，多于簇心用熟火，或致焚燒。不若止于映北風處為簇，簇底用麥䕸均鋪，簇則月乾桑柴為梢，新乾黍䕸為草，得自然温暖之氣，不須用火矣。經雨則倒簇。

綜述

元 司農司《農桑輯要》卷四《養蠶》

簇蠶

《齊民要術》：蠶老時值雨者，則壞繭。宜于屋内簇之，薄布薪于箔上，散蠶訖，又薄以薪覆之。一槌得安十箔。

《務本新書》：簇蠶，地宜高平，内宜通風。匀布柴草，布蠶宜稀，密則熱，熱則繭難成，絲亦難繰。東北位，并食六畜處，樹下，阬上，糞惡流水之地，不得簇。《野語》：如天氣暄熱，不宜日午簇蠶。蠶老，不禁日氣曬暴故也。

《士農必用》：治簇之方，惟在乾暖，使内無寒濕。簇中繭病有六：一、簇汗；二、落簇；三、遊走；四、變赤蛹；五、變殭；六、黑色。簇汗之病，蠶老食葉不净，其葉蒸濕，帶葉入簇，故繭亦濕潤，此為簇汗。其餘五病，皆地濕天寒所致。蠶欲老，可簇地盤，燒令極乾，除掃灰浮，于上置簇。

《韓氏直説》：安圓簇于阜高處，打成簇脚，一簇可六箔蠶。十分中有九分老者，宜少摻葉。名上馬桑。就箔上，用簸箕般去，宜款手摻于簇上。自東南起頭，不令落地。務令稀匀，上復覆蒿梢，或豆䕸。復摻蠶如前。至三箔，復梢倒根在上。如此，則簇圓又穩。自後蠶可近上，摻至六箔，覆蒿令簇圓。上用箔圍苫繳，簇頂如亭子樣。防雨。至晚，又用苫，將簇從下繳至上苫相接。日出高時，捲去；至晚，復繳。三日外，繭成不用。馬頭簇，亦依上苫繳，柴薪要廣，簇又玲瓏，中間宜架杆。蠶多，宜馬頭簇，簇脚宜南北。

曬簇　上蠶後，第三日辰、巳時間，開苫箔日曬。至未時，復苫蓋如前。如當日過熱，上撦單箔遮日色。

翻簇　上蠶時，被雨霑濕，雨纔止纔晴，即選一簇地盤。如雨濕了，則取乾墻土，厚覆。治簇之法如前。不以成繭不成繭，翻騰遷移，别簇封苫如前。小雨則不須，但可曬曝。又有一法，臨簇有雨，只于蠶屋中本槌下，地面上安簇，開了門窗，使透風氣。早夜或陰雨變寒，則閉門窗，添牛糞火，比翻簇之法，又為妙也。又一法，槌箔上，虚撒蒿，槌周圍簇稍與蒿，箔苫圍之，蠶自作繭，猶勝于雨中簇也。撦，音支。

明 徐光啓《農政全書》卷三一《蠶桑》

養蠶法　南方例皆屋簇，北方例皆外簇。然南簇在屋，以其蠶少易辦，多則不任。北方蠶多，露簇率多損壓壅閼。南北簇法，俱未得中，今有善蠶者，一説南北之間蠶少，疎開牕户，屋簇之則可；蠶多，選于院内，構長春草厦，内制蠶簇，週以木架，平鋪蒿梢，布蠶於上，用蓆箔圍護，自無簇病，實良策也。蠶簇，見圖譜。

又　《韓氏直説》曰：安圓簇於阜高處，打成簇脚，一簇可六箔蠶。十分中有九分老者，宜少摻葉。名上馬桑。就箔上用簸箕般去，宜款手摻於簇上，自東南起頭，不令落地。務令稀匀。上復覆蒿梢，或豆䕸。復摻蠶如前。至三箔覆梢，倒根在上。如此，則簇圓又穩。自後蠶可近上摻，至六箔，覆蒿，令簇圓。上用箔圍苫繳，簇頂如亭子樣。防雨。至晚，又用苫將簇從下繳至上苫相接。日出高時捲去，至晚，復繳三日外，繭成不用。馬頭簇，亦依上苫繳。柴薪要廣，簇又玲瓏，中間宜架起。蠶多者宜馬頭簇，放脚宜南北。曬簇，上蠶後，第三日辰、巳時間，開苫箔，日曬。至未時，復苫蓋如前。如當日過熱，上撦單箔遮日色。

翻簇，上蠶時，被雨霑濕，雨纔止纔晴，即選一簇地盤，如雨濕了，則取乾墻土，厚覆。治簇之法，如前。不以成繭不成繭，翻騰遷移别簇，封苫如前。小雨則不須，但可曝曬。又有一法，臨簇有雨，只于蠶屋中本槌下地面上安簇，開了門窻，使透風氣。早夜或陰雨變寒，則閉門窻，添牛糞火。比翻簇之法，又為妙也。又一法，槌箔上，虚撒蒿，槌周圍，簇梢與蒿，箔苫圍之。蠶自作繭，猶勝於雨中簇也。

又　初可摘葉，蠶大則捋葉。初欲紗糊窗，漸漸天寒，上復用紙糊，留捲窗。簇與繰絲法如前。《要旨》熱蠶：槌底，亦宜用麥糠麥䕸燒之。又大路上踏踐，起乾塵土，收三四石。生蠶日，于槌底攤平，可辟暑濕。簇秋蠶，多于簇必用熟火，或致焚燒。不若止于映北風處為簇，簇底用麥䕸均鋪，簇則用乾桑柴為梢，新乾麥䕸為草。得自然温暖之氣，不須用火矣。經雨則倒簇，玄扈先生曰：今人不養秋蠶，止以夏蠶作來春種，亦生。又云：「秋蠶以補歲計」，此言甚妙。秋時多晴，更比春蠶為穩。今人先言二蠶不食頭葉，致昧秋蠶補歲計之理，不知二蠶何故不食頭葉？夏秋蠶，俱要計算除蚊蠅。

清 楊屾《豳風廣義》卷二

上簇法

造簇之法，南北皆不同。古人言，南人蠶少，多室内造簇，規制狹小，殆若戲技，故獲利亦薄。北人蠶多簇大，多院中造簇，其弊頗多，蒿薪積叠，不無壓覆之害。風雨浸浥，亦有翻倒之虞。以此觀之，足徵蠶始於北，漸及於南。古法有圓簇、方簇、馬頭長簇，佘俱未試。每於蠶上簇時，用千頭掃竹子，即地覆子，用時須要將上面葉蒂摔極净。以椽作層架，縛掃竹子於上。每掃竹子心内分開，實以稻草，或以軟草。内可盛蠶。其下周圍，布以稻草，以承墜蠶。將老蠶用盤擡來，一把一把另放於掃竹子心内，自能散而結繭。如無者，用稻草，縛如鐘口大，分如傘樣。用椽板作層架，豎立其上，布蠶甚好。或穀草、乾竹稍，皆可為之。如蠶多者，將稻草疏摔潔净，截一尺二三寸長，將上稍縛住，約五六十根為一束，分如傘樣，豎立於老蠶箔上。又每一空處，仰立一束，上復薄撒亂稻草一層，不可厚了。一箔上，可簇兩箔之蠶。上簇之蠶，不可稠了，稠則二三蠶合結一繭，絲混不利難□。甚則積累厚壓，薰蒸罨熱，蠶死繭朽，俗呼為『傾簇』。即作綿，亦不堪用。此時宜極煖。房大簇大者，用炭火八盆。房簇俱小者，用火六盆。日間□煖，火宜小些，夜間氣寒，火宜大些。務要簇室晝夜有人，以防火患。若上簇蠶寒，不□作繭遲，而且少絲，又難於繰。如上簇時遇雷，須密閉門窗，覆以蠶蛻紙，周圍用水盆，以止其畏。用火要兩晝夜，則繭成矣。繭成之後，大開門窗以通風涼，七日而摘。

清 豫山《蠶桑輯要合編》上《養蠶·種橡養山蠶》 草梳，用堅圓木，横長七寸，柄長五寸。用兩頭尖鐵釘，長四寸，五支，横木鑽眼，排勻釘出杷頭。用粗繩挽草，梳去糯稻草輭殼，作山成繭。無草殼痕跡，繰絲無吊繭患。

又 下《補遺》 預築蠶室

倘有竄入者，急宜捕殺。若留在裏面，蠶上簇時，生蛆於蠶身，後必穴繭而出，則繭不能繰絲矣。其糊窗之紙，舊黑須用白紙替換。糊窗時，外掛草薦旋扯，故紙旋糊新紙，不使煖氣出外。蠶室務須早治。室舊者，預期宜補，塞絕鼠穴。鼠食蠶咬繭，室中宜育貓捕殺。凡簇箔下，宜留貓道。若臨時修治，牆壁溼潤，非所利也。下蟻前一日，將屋上壁間，及地上塵埃，務要刷掃潔淨。下蟻之後，不宜掃動矣。此係專備蠶室，費功能難治。若能各於居室之中，察其寒熱，開閉窗門，進退炭火，勤謹飼蠶，自可成熟。

紀事

宋 王應麟《玉海》卷一九九

宋野蠶成繭

五月，開封封丘民家蠶簇有繭，成被廣五尺，長倍之。七月，陽武縣野蠶成繭。九月，長葛縣桑蠶成繭。

簇具種類分部

帚類簇

題解

清 高銓《蠶桑輯要》卷上

草帚

草帚，山棚上所以簇蠶也，宜秔稻草，若秈稉稻，其質皆弱，不能勝任矣。帚之縛法有二：一、用草一握，長二尺，中腰縛緊，兩頭螺旋散開，是為墩頭帚；一、用草一小把，長三尺，就中腰絞緊，折轉卽成兩股，隨於兩股中搦住數莖，從總絞處盤旋復絞，數轉使其末散開如傘，是為折頭帚。縛法雖異，其用實一也。

清 汪曰楨《湖蠶述》卷三《架草》 折帚 中折而盤旋之，如蓋如笠《西吳蠶畧》，兩頭向下，其形下大上小《遺閒瑣記》。

又 墩帚 以草紐鬆鬆縛之，截齊其兩頭，如洗帚狀，長尺五六寸，紐以上長尺許，紐以下五六寸。圍五寸許，以隻手握之，滿握。左手持紐縛處，右手持其下之五六寸，扭之使轉，則隨扭隨緊，隨扭隨開，下如覆盌上若仰盂《廣蠶桑說》。一頭向上，一頭向下，其形上大下小《遺閒瑣記》，要灑得開，立得穩，不至眠山。《育蠶要旨》。

清 俞墉纂輯《蠶桑述要》

山箒

山箒，截稻草爲之，排立於竹簟之上，有單箒、雙箒之分。單箒約高一尺五六寸，雙箒約高八九寸。一箒可上蠶五六十，草衣及穗宜去淨。

清　佚名《樹桑養蠶要略・養蠶三十二條》

紮蠶山

山以束草為之，俗謂之山帚。草梢紮時，不可散亂。紮山時，用大木梳梳去其草之散亂者，再將草把扭開，分作三叉，分層排立，其山乃穩。山勿靠墻壁，以蠶性好高，防其上屋。

綜述

明　徐光啓《農政全書》卷三一《蠶桑》　又法：以大蓬蒿為薪，散蠶令遍。懸之於棟梁椽柱，或垂繩、鈎戈、鴞爪、龍牙，上下數重，所在皆得。懸訖，薪下微生炭火以煖之。得煖則作速，傷寒則作遲。數入候看，熱則去火。蒿蓬生涼，無鬱浥之憂；死蠶旋墜，無污繭之患；沙筴不住，無瘢痕之疵。鬱浥則難繅，繭污則絲散，瘢痕則無用，蓬蒿簇亦良。玄扈先生曰：『勝今簇遠甚，而人不用之，何故？』其外簇者，晚遇天寒，則全不作繭，用火易繅而絲明。日曝死者，雖白而漕脆，縑練長衣著，幾將倍矣。甚者，虛實失歲功，堅脆懸絶，資生要理，安可不知哉？

清　程岱葊《西吴蠶略》卷上

回山采繭

蠶在山吐絲牽繞，漸以蒙茸，後乃成繭，聲如密雨。歷三、四周時，繭始堅實，乃去箔，名亮山。取山帚采繭，名回山。凡大眠六觔，得毛繭十二觔為倍，收十觔為中，收不及為薄收。

清　高銓《吴興蠶書》卷上

草帚

草帚，山棚上所以蔟蠶也，宜杭稻草，若秈稉稻，其質皆弱不能勝任矣。帚之縛法有二：一、用草一握，長二尺，中腰縛緊，兩頭螺旋散開，是爲墩頭帚；一、用草一小把，長三尺，就中腰絞緊，折轉卽成兩股，隨於兩股中搦住數莖，從總絞處盤旋復絞，數轉使其末散開如傘，是爲折頭帚。縛法雖異，其用實一也。

又　卷下　立帚頭

蠶之成繭，不能無所倚傍，故棚上須立草帚。墩帚、折帚各隨鄉之所習，總以密簇爲主。有就簾上立者，鋪一節簾，卽立一節帚，隨上一節蠶。四圍著邊處，用草一束煞緊，謂之煞邊草，此隨立隨上法，郡城西北各鄉鎮用之。有離簾面尺許，用細長竹縱横搭成方格，以繩縛住，絡於梁間，謂之花格竹。卻簇帚於格内，棚上另設横楞，架板登之取蠶，從高摻下。繭成後，除去下横楞蘆簾，謂之除托，一切死蠶、沙菌盡墜於地，此先立後上法，郡城東南各鄉鎮用之。習俗所成，制度各異，其爲用一也。草帚須乘暇時預備，庶臨用不致忙迫。

又　撩考

蠶之先老者，名考孃，考係老之轉音，别無取義，蓋蠶之老亦畧分先後。若見考孃，須先撩上帚頭，是爲撩考。撩用楊條爲佳，楊條取帶葉者平鋪蠶面，蠶既老，其性皆昂首上升，遇楊條卽沿而上。楊條蠶滿，隨提起敨於漆盤内，次第匀撒草帚上。其未老者，四圍撿捉，集於中央，薄飼葉一層，謂之貼考。若十蠶九老，不必再撩，宜衆手疾捉上山，遲則縈絲繚繞，有綴繭於簇者矣。凡蠶之老竝與眠同頭，蠶蚤暮皆眠，亦蚤暮皆老，可以齊捉上山。一二蠶、三蠶等天晚不眠，亦復不老，故須隨老隨上，不能齊壹也。

清　汪曰楨《湖蠶述》卷三

架草

蠶之成繭，不能無所倚傍，故棚上須立草帚《吴興蠶書》，名曰帚頭《董蠡舟樂府・小序》。散布登蠶其上，有至二、三重者《涌幢小品》，墩帚、折帚各隨鄉之所習，按東鄉多用墩帚，西鄉多用折帚。總以密簇為主。有就簾上立者，鋪一節蘆簾，卽立一節草帚，隨上一節蠶，四圍著邊處，用草一束楏，私盍切《中州集》有咏楏子詩。，緊謂之楏邊草，此隨立隨上法。有離簾面尺許，用細長竹縱横搭成方格，按《胡府志》云：方孔各尺許。以繩縛住，絡于梁間，謂之花格竹。卻簇帚於格内，按湖濱及南潯左近并不用花格竹，故帚頭時患眠山。棚上另設横楞，架板登之取蠶，從高糝下。繭成後，除去下横楞、蘆簾，謂之除托，此先立後上法。習俗各異，然其用則一也《吴興蠶書》。

一、折帚，中折而盤旋之，如蓋如笠《西吴蠶略》，兩頭向下，其形下大上小《遺閒瑣記》。

一、墩帚，以草紐鬆鬆縛之，截齊其兩頭，如洗帚狀，長尺五、六寸，紐以上長尺許，紐以下五、六寸。圍五寸許，以隻手握之，滿握。左手持紐縛處，右手持其下之五、六寸，扭之使轉，則隨扭隨緊，隨扭隨開，下如覆盌上若仰盂，《廣蠶桑説》。一頭向上，一頭向下，其形上大下小《遣閒瑣記》。要灑得開，立得穩，不至眠山《育蠶要旨》。

一、殺蠶茅，草帚宜預備，置高燥處，庶臨用不致忙迫《吴興蠶書》。暇日預取稻藁，疏截整潔《西吴蠶畧》，用四齒鐵杷仰縛凳上，持草帚于杷齒上，批去其散亂者《廣蠶桑説》，俗名殺蠶茅。《務本新書》臘月刈茅作蠶蓐，即此。古書皆言上簇《西吴蠶畧》，亦謂之斫蠶忙柴，有惰者至以高價購諸鄰人云《董蠡舟樂府・小序》。

《沈炳震樂府・架草》去年田好多收稻，有米冬春尚餘藁。平頭翦截一例齊，留待今年作蠶草。山棚堅牢已搭就，次第棚間謀結構。不疏不密整復斜，不縱不横還交叉。短長錯綜如犬牙，離披拉雜何紛拏。自從蠶長不復閒，前村後村斷往還。鄰翁杖頭挂青錢，携杖入門笑且言。君家稻堆如屋高，應有留餘待索綯。我家無田那得此，有買豈復論錢刀。阿翁相須徑相取，何必區區分爾汝。呼兒負送到翁家，蠶忙未暇留翁茶。

清 沈練《蠶桑説》 搭山不宜緊靠牆壁。蓋蠶性好高，必至無可高處乃止，緊靠牆壁，則近牆之山之蠶，將有成繭於瓦縫間者。

蠶山以稉稻草爲之，秔稻草亦可，麥稈亦可，秈稻草斷不合用。用四齒鐵鈀仰縛條凳上，持草梢於鈀齒上，批去藁葉之散亂者，散亂者必輭而毛。輭則載蠶不起，毛則多浮絲，故去之。以草紐鬆鬆縛之，而截齊其兩頭，如筅帚狀，長尺五六寸，紐以上長尺許，紐以下則五六寸足矣。圍五寸許，以隻手握之，滿握則五寸許矣。俗謂之山帚。搭山時，以左手持紐所縛處，以右手持其下之五六寸，以草紐之兩頭，分置左右手間，而扭之使轉，則隨扭隨緊，隨扭隨開，下如覆盌而上若仰盂矣。

又 穅灰山帚絲柴即燒絲鍋之硬柴也，栗柴爲上，桑柴次之，雜柴又次之，香樟斷不可用。及淘過之乾麥，蠶倉所用之土甎，皆宜先時預備。

清 沈練，仲學輅輯補《廣蠶桑説輯補》卷下《飼蠶法六十六條》

蠶將老搭山説三條

蠶將老，便須於有窗靜室中，初上山時，宜避風、避日。既成窠，則又宜透亮，故以有窗之室為便。如無有窗之室，則於上山畢後，用竹席或蘆席密密圍好，而於成窠後撤去之。，打掃潔净，以亂草平鋪地面，如其地低濕，便須去地數寸，架作板房，而鋪草於板面。如無板可架，則於鋪草前以碎石灰收其濕。搭山六、七層以俟，層猶排也。南向之室，則以自西至東為一層。西向之室，則以自北至南為一層。上山者自第一層上起，至第五、六層，便須添搭數層以俟，不宜上盡再添。有樓者於樓上搭之最妙。

按本條所言，山下脚不用火，俗名冷火種，留做肥絲，免費火料。若肥細兩可之蠶種，其山下用火，亦無鋪草、架板等法詳後搭山二條下。

搭山不宜緊靠牆壁。蓋蠶性好高，必至無可高處乃止，緊靠牆壁，則近牆之山之蠶，將有成繭於瓦縫間者。

蠶山以糯稻草為之，秔稻草亦可，麥杆亦可，秈稻草斷不合用。用四齒鐵耙仰縛他物上，持草稍於耙齒上，批去其葉之散亂者，散亂者必軟而毛。軟則載蠶不起，毛則多浮絲，故去之。以草紐鬆鬆縛之，而截齊其兩頭，如洗箒狀，長尺五、六寸，紐以上長尺許，紐以下則五、六寸足矣。圍五寸許，以隻手握之，滿握則五寸許矣。俗謂之山箒。搭山時，以左手持紐所縛處，以右手持其下之五、六寸，以草紐之兩頭，分置左右手間，而扭之使轉，則隨扭隨緊，隨扭隨開，下如覆碗而上若仰盂矣。

按搭山之法，横架竹木，須平正、牢固，高齊胸。上鋪蘆簾，將隔冬蔟料，即山箒之草，照本條行之。若山下用火之蠶種，其山箒另有一式，詳後山棚蘆簾草帚式注中。總之，山箒插上蘆簾，務要個個聯絡，勿留空隙，其火料預先泒定，待蠶上山用之。用火及看火之法，詳後上山説首條下。

一、搭山須彼此交錯，其山乃穩。第二層必須與第一層交錯，第三層者必須與第二層交錯，兩旁亦然。

按上條言，搭山不宜緊靠牆壁，然竟離開，不獨其山難穩，且蠶往往遊至極邊，失足墮地。須蘆簾與牆壁貼近處，周圍横塞草把，使遊山之蠶，至此停留做繭，雖有上牆壁者，亦不多矣。

又 蚕事预備説一條

一、糠灰山帚絲柴，即燒絲鍋之硬柴也，以少煙者為貴。及淘過之乾麥，蠶倉所用之土磚，皆宜先時預備。

按：蠶事器用不一而足，其最著者則切葉砧也，葉篩也，蠶筐也，𥂕蠶網也，大小蠶植也，擋蠶毛也，蠶箸也，飼蠶架也，地蠶凳也，山棚蘆簾草帚也，繭籃也，內有不能姑缺者，有不妨他代者，須隨宜變通。若繅絲之車，則車牀也，車軸也，牌坊也，絲稱也，牡孃鐙繩也，撈絲帚也，踏脚板也，及車後向絲火盆、車前絲竈煙囱，均須預備，非臨時所能猝有也。尚有綿豁與拓綿叉墜梗，於繅絲後用之，婦女專任之，非若車竈之難緩續置可也。至桑之器用，則桑剪也，桑梯也，桑鉤也，葉箔也，桑鋸也，接桑刀也，刮桑鈀也，噴筒也，擔桑凳也，鑿釘也，俱隨時取用者也。他如圍蠶之稻草簾，理蔟料之草梳，都是要件。

又按：以上各件器用，雖摘要列圖於左，未必能一一仿造，其可依圖為之者，皆顯而易見者耳，然或刻鵠不成，翻恐類鶩，奈何？茲查蠶桑素盛之鄉，如杭嘉、湖紹等處，遇蠶事將臨其市鎮，必先陳設各器，聽人貿易，業蠶者記定圖名及用處，往該鎮購辦可也，以後便能仿製，無庸僕僕道途矣。

清 沈練，仲學輅輯補，章震福校訂《廣蠶桑説輯補校訂》卷二 按搭山之法，横架竹木，須平正、牢固，高齊胸。上鋪蘆簾，將隔冬蔟料，即山箒之草，照本條行之。若山下用火之蠶種，其山箒另有一式，詳後山棚蘆簾草帚式註中。總之，山箒插上蘆簾，務要個個聯絡，勿留空隙，其火料預先泒定，待蠶上山用之。用火及看火之法，詳後上山說首條下。

又 按：上山時，可將盈握老蠶，於山帚上勻灑之。若山帚稍遠之處，每舉半握輕輕拋去，使山之中央與邊際，多寡悉稱。

又 卷三 震按：吾湖於繅絲既畢，無不用緜豁豁綿，用綿叉打綿成綫，以收敗繭等等之餘利，此項作爲婦女私有之利，統計亦屬不小。綿兜亦有用手拓開者，兜形較小，不及用綿豁之大，綿兜亦謂之絲綿。一、糠灰山帚絲柴，即燒絲鍋之硬柴也，以少烟者爲貴。及淘過之乾麥，蠶倉所用之土磚，皆宜先時預備。

清 張壽宸彙輯《蠶桑圖説提要》 簾以蘆葦織成，山棚之上非此無以簇蠶。長短、濶狹無定制，視室之大小為之，一室之中約四簾或六簾舖满。草帚宜秔稻草，縛法有二：一、用草一握，長二尺，中腰縛緊，兩頭螺旋散開，是為墩頭帚；一、用草一小把，長三尺，就中腰絞緊，折轉即成兩股，隨於兩股中搦住數莖，從總絞處盤旋復絞，數轉使其末散開如傘，是為折頭帚。

清 鄭文同《蠶桑輯要·育蠶十二則》 生種剝綿共八則 選種繭，視其綴繭在山帚之上層、中層者。採時手力務輕，勻攤匾内，亦須輕鬆，重恐傷蛹，剝繭旒時亦然。再將繭質薄軟者挑去，祇留其堅厚者，則種無不佳。若繭在山帚下層者，蠶力較差，勿取可也。

（光緒）《歸安縣志》卷一一《輿地略十一·蠶桑》 縛山棚 蠶老作繭，架棚以處之，謂之山棚。須因地制宜，牢固平穩，需用竹木、簾帚、繩索諸物，宜先時一一整頓。屋多，棚與地蠶各據一室。屋少者，即於地蠶上架之。

架草 蠶之成繭，不能無所倚傍，故棚上須立草帚。墩帚、折帚各隨鄉之所習，總以密簇爲主。有就簾上立者，鋪一節蘆簾，即立一節草帚，隨上一節蠶。四圍著邊處，用草一束榁緊，謂之榁邊草，此隨立隨上法。有離簾面尺許，用細長竹縱横搭成方格，以繩縛住，絡於梁間，謂之花格竹。卻簇帚於格内，棚上另設横楞，架板登之取蠶，從高糝下。繭成後，除去下横楞蘆簾，謂之除托，此先立後上法。習俗各異，然其用則一也《吳興蠶書》。

又 上山 蠶將熟，吐絲繚繞，謂之繚孃《西吳蠶略》，亦名考孃。若見考孃，須先撩上帚頭，謂之撩考。撩用楊條帶葉者平鋪蠶面，蠶老性輒昂首上升，遇楊條即緣而上，楊條蠶滿，提起敁於漆盤内，次第勻撒草帚上。其未老者，四圍檢捉，集於中央，薄飼葉一層，謂之貼考。若十蠶九老，不必再撩，宜眾手疾捉上山，遲則有作繭於豁者矣。凡蠶之老性與眠同頭，蠶早暮皆眠亦早暮皆老，可以齊捉上山。二蠶、三蠶等至晚即不眠，亦即不老，須隨老隨上，不能齊壹也《吳興蠶書》。

清 盛宣懷輯《蠶桑備要》

架草

蠶之成繭，不能無所倚傍，故棚上須立草帚，名曰帚頭，散布登蠶其上，有至二三重者。墩帚、折帚各隨鄉之所習，總以密簇爲主。 一、折帚，中折而盤旋之，如蓋如笠，兩頭向下，其形下大上小； 一、墩帚，以草紐鬆鬆縛之，截齊其兩頭，如洗帚狀，長尺五六寸，紐以上長尺許，紐以下五六寸。圍五寸許，以雙手握之，滿手。左手持紐縛處，右手持其下之五六寸，扭之使轉，則隨扭隨緊，隨紐隨開，下如覆盌，上若仰盂，其形上大下小，要灑潟開，立潟穩，不至眠山； 一、殺蠶茅，草帚宜預備，置高燥處，庶臨用不致忙迫。暇日預取稻稾，疏截整潔，用四齒鐵杷仰縛凳上，持草梢於杷齒上，批去其散亂者，俗名殺蠶茅。《務本新書》臘月刈茅作蠶蓐，即此。古書皆言上簇。

清 吳鴻望校，袁俊德輯《蠶政萃編·上簇類》

簇勿孤立

蠶簇分層排立，必使枝幹交錯，互相支柱，其簇乃穩。

清 羊復禮《蠶桑摘要·序》 火盆，浙人用黄砂盆爲之，上盛炭火，使蠶得暖氣，速於成繭。宜小不宜大，緣山棚僅隔二尺餘，若用大盆炭火，上面蘆簾、草帚皆屬惹火之物，易致驚恐，且須日夜看守，不可大意。

清 楊鞏《中外農學合編》卷一一《蠶類·飼育》

蠶老

大眠起娘，餧葉四五晝夜卽老，以上葉之次數計之，大約在五十次内外，自下連至老，約二十五六日，或二十七八日。身肥嘴小，長約二寸，粗如小指，色微黄，如糙米色一般，取向明處照之，絲喉漸亮，身漸輭，謂之老娘。蠶色暗，將老則喉間先亮；蠶身硬，將老則漸輭。再薄餧三五次俗名上馬桑，便通身透明，通身柔輭，中有一絲跳動，且遊走不食，是欲作繭，急宜上山。紮山以屋内無樓板為好，因瓦縫參差，可通氣也。若在樓下紮山，須先揭起正中樓板一二塊，否則日後繅絲恐不爽利，俗謂之悶頭繭。紮山之屋，必有窗户，乃可透亮，但須避風日耳。先用高板凳兩條，安置兩頭，次用竹竿三四根，横置凳上，務須平正、穩固，再將蘆箔鋪竹竿上，然後取草山排立於箔。蠶山以鐵掃帚為最佳，俗謂之山帚。無鐵掃帚，則以稻草為之，草稍散亂，必輭而毛，輭則載蠶不起，毛則多浮絲。紮山時，須先將草梳仰縛於凳，次將草稍放梳齒上，梳去其葉之散亂者，再將草把中間用繩紮縛，而齊切其兩頭，然後將草把扭開，立於蘆箔，便下如覆碗上如仰盂矣。草把空處須薄鋪撒亂草，以承墜蠶。蠶山分層排立，此帚與彼帚交錯，此層與彼層交錯，其山乃穩。蠶山不可緊靠墻壁，緊靠墻壁，則近壁之蠶緣墻而上，將有成繭於瓦縫間者。如恐上山之蠶遊至極邊，不免失足墜地，則於蘆箔與墻壁貼近處，以草把横塞之，使遊山之蠶，至此停留做繭，縱有緣上墻壁者，亦必不多。上山之蠶不宜太密，太密則二三蠶合結一繭，其絲混淆難繅，甚至積壓，熏蒸蠶壞繭朽，不特不能繅絲，并不能做綿。山之多少，以蠶之多少為準，大約每山一帚可上蠶七八十枚，屋之寬一丈，深二丈者，安置山帚，可上蠶五六十斤，惟繭怕鼠咬，箔下須留猫路。《士農必用》《蠶桑輯要》

清 張行孚《蠶事要略》

作帚頭凡蠶作繭之艸帚，湖俗謂之帚頭，《輯要》謂之薦

凡老蠶作繭，須放在草帚上，其法將稻艸支葉去净，而又截去稻艸之兩頭，湖俗謂之撒蠶莽艸。再以净艸縛成帚，然蠶莽艸須上年冬季作好，卽帚頭亦可正二月預先作好。

又 搭山棚

凡搭山棚，將竹縱横搭成一棚，與松棚相似，其高及肩，其大視蠶之多少為度。棚上面須平正，棚之上以蠶簾鋪之，蠶簾，枯蘆所作，卽《書》所謂曲薄也。蠶簾上以艸帚植之，艸帚上可以老蠶上之矣，湖俗謂之上山。凡捉老蠶，須多用人，其法用木盤盛之，再挈至山棚邊上。山蠶既上山，山棚外須密密遮蔽，切忌震驚，若有金鼓震驚，則蠶盡墜地矣。

清 張文藝《養蠶秘訣》 上山 大眠三朝後，蠶必放身。四五朝後，蠶必收身。收身後，其色漸熟。先見考頭蠶，頭向上撩撥，頸下通亮者，此上山時也。先用乾稻柴若干，將柴壳扒盡，扎如碗口大，將其稍頭用料刀截去，剩一尺七八寸長，在三、七分處，用柴扶束緊，防其柴帚歪斜，隨手拉直，謂之山帚，備用。上山時，須搭山檯。檯之高低不等，約離地尺餘，愈高愈妙。在屋中，用木架起横木，上再架竪木，每根相離約二尺，用繩扎好，必須牢固。竪木上用蘆箔攤上，蘆箔上，先將截下之柴心，薄薄攤上，倘架木高低處，亦用柴心墊平，然後用山帚右向旋開，放上其山帚，必先互相聯絡，方免坍倒。再於兩帚相聯處，用手向上一超，使柴帚脱而復合，則柴莖無拳曲之弊。其靠壁一行，不放山帚，可以出風初上。北面一行，空去半個。身邊一行，有兩行空帚方可。上一行，將上山蠶捉出放盤中，隨捉隨上，不可停歇，恐絲頭絞成結塊。每帚用兩大超，手心朝上，在手指中漏下，為匀山帚。不可有低窅。帚之四面，不可有輕重。如蠶身稍次，上山衖中，每帚亦兩超。見考頭後，一面飼葉，一面在葉上捉蠶，其不食葉而遊行於葉上者，皆是也。倘上兩層頭山，上層宜早上半日，待蠶尿流清，再上下層，防下層蠶繭染尿，絲難抽也。見考頭後，飼葉三五次，可以一齊捉上，卽稍有生蠶，亦不妨，俗稱生蠶熟繭。至留種之蠶，須條條熟透方可上山，且帚上宜稍稀。至上山一晝夜，蠶已遮身。倘山頭太擠處，可用細竹梢架上收下，看其能做繭者，另帚再上。其已死者，至兩日後，用針插在竹竿上挑去。天暖三週日，天寒四週日，可以採繭。採繭從先上之第一行帚採起，一行歸一行，倘有爛蠶溏繭，務必輕輕用剪刀連柴剪下，免得污染好繭。每秤十斤，用無紙之篣安置，將繭衣剝光，以備抽絲。

清 趙敬如《蠶桑説》

上蔟法上蔟，俗呼為上山

安蔟之地，以高燥、有窗户處為佳。蠶初上蔟，宜閉窗户，使黑暗無一處通光，則繭坏易成。蓋蠶性好高，光亮之處雖行至山頂，猶昂首欲向高行，游走上下，耗絲甚多，試看早晨上山之蠶，必經夜而繭坏始成，因黑暗之中不辨高下，隨所遇而作繭也。繭成之後，又宜開窗户透風，使繭不悶爛。若用火繭，其法以竹木架簾，外間皆用蘆簾，太邑不得，即用苦竹編之。簾上以草帚植之，將老蠶勻布其上，要稀密得宜。倘遇雨，冷簾下用火極熱烘之，熱則繭易成、絲易繅。

清 佚名《樹桑養蠶要略》 紮蠶山 山以束草爲之，俗謂之山帚。草梢紮時，不可散亂，紮山時，用大木梳梳去其草之散亂者，再將草把扭開，分作三叉，分層排立，其山乃穩。山勿靠牆壁，以蠶性好高，防其上屋。

藝文

清 程岱葊《西吴蠶略》卷上 架草 《架草樂府》曰：去年田好多收稻，有米冬春尚餘藁。平頭剪截一例齊，留待今年作蠶草。山棚堅牢已搭就，次第棚間謀結構。不疏不密整復斜，不縱不横還交叉。短長錯綜如犬牙，離披拉雜何紛拏。自從蠶長不復閒，前村後村斷往還。隣翁杖頭挂青錢，攜杖入門笑且言。君家稻堆如屋高，應有留餘待索綯。我家無田那得此，有買豈復論錢刀。阿翁相須徑相取，何必區區分爾女。呼兒負送到翁家，蠶忙未暇留翁茶。

又 回山采繭

《采繭樂府》曰：山棚白繭重布濩，高下紛紛綴無數。舉頭一望成雪山，下簿仰窺垂玉樹。光明潔净堅且圓，如珠纍纍相駢聯。漫誇園客繭同甕，但願蠶好還年年。婦姑兒女齊共采，一餉筐間色皚皚。大筐小簿無弗盈，堆牀叠架環如城。老翁抱孫閒相評，從頭一一計重輕。少焉采盡上權衡，與翁所揣銖兩爭，拍手自詫老眼明。

清 汪曰楨《湖蠶述》卷三 沈炳震《樂府·架草》：去年田好多收稻，有米冬春尚餘藁。平頭翦截一例齊，留待今年作蠶草。山棚堅牢已搭就，次第棚間謀結構。不疏不密整復斜，不縱不横還交叉。短長錯綜如犬牙，離披拉雜何紛拏。自從蠶長不復閒，前村後村斷往還。鄰翁杖頭挂青錢，攜杖入門笑且言。君家稻堆如屋高，應有留餘待索綯。我家無田那得此，有買豈復論錢刀。阿翁相須徑相取，何必區區分爾汝。呼兒負送到翁家，蠶忙未暇留翁茶。

又 董蠡舟《樂府·架草》：禾稈一握二尺高，縛作帚狀繩束腰。兩頭剉切平若砥，矗立豈復愁傾搖。架構山棚已就緒，左右前後排以序。斜斜整整密于林，犬牙出入相撑拄。去歲豐收饒稻藁，結來草堵如高崖。冬春白米已上囤，乘閒先斫蠶忙柴。不憚勞勞到深夜，閒時肯忙忙得暇。今朝用去尚有餘，賣向鄰村博高價。

又 董恂《樂府·架草》：去年田熟多收稻，清白枝枝不枯槁。先留今歲蠶忙柴，幸是藏多不嫌少。須教平截一樣齊，二尺許長乃正好。每草一握中束之，散其兩頭計亦巧。不疏不密置山頭，不高不低互相繞。簾上先教次第排，那容欹側愁傾倒。日來寢食竟無閒，架草搭棚事難了。聞説鄰家繭已成，來歲收蠶也宜早。

圖表

清 方大湜《桑蠶提要》卷二《蠶事四十條**·蠶具**三十則**》**

山帚

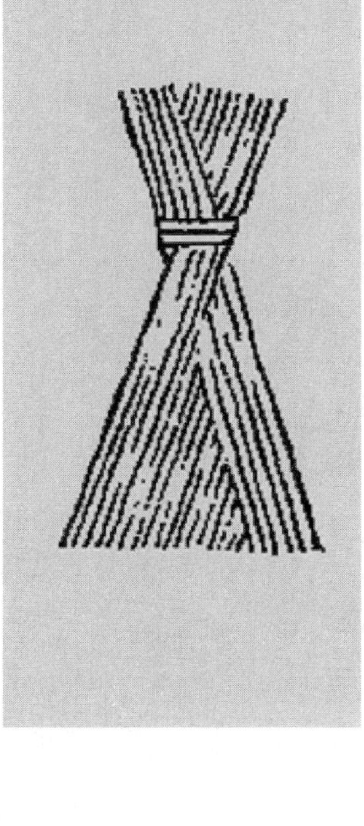

即蠶山也，鐵埽帚最佳，糯稻草次之，麥稭亦可。高二尺餘，圍五六寸，紮山帚法詳紮山第四則。

清 何石安、魏默深《蠶桑合編·圖説》

山棚蘆簾草帚式

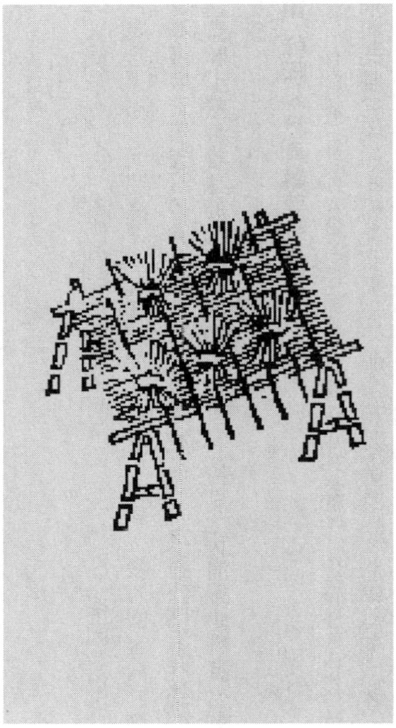

簾以蘆葦織成，山棚之上非此無以簇蠶。長短濶狹無定制，視室之大小爲之，一室之中約四簾或六簾鋪滿。草帚宜秔稻草，縛法有二：一、用草一握，長二尺，中腰縛緊，兩頭螺旋散開，是爲墩頭帚；一、用草一小把，長三尺，就中腰絞緊，折轉卽成兩股，隨於兩股中搦住數莖，從總絞處盤旋復絞數轉，使其末散開如傘，是爲折頭帚。

清 沈練，仲學輅輯補《廣蠶桑説輯補》卷下《蠶桑輯要器用式列圖》

山棚蘆簾草帚式草帚，即蠶山，亦名山帚，附註。蔴籃亦附。

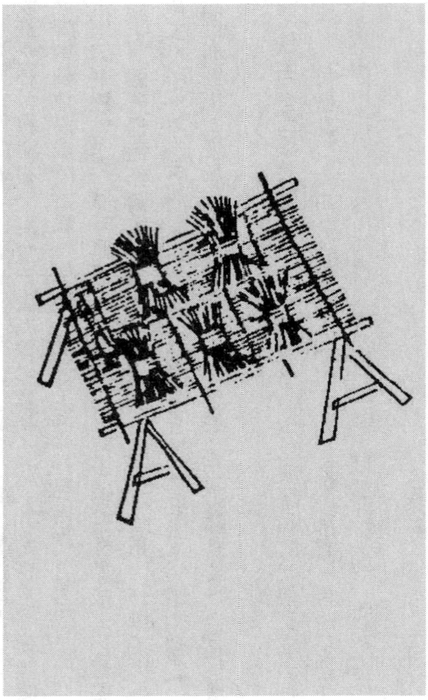

簾以蘆葦織成，山棚之上非此無以蔟蠶。長短、闊狹無定制，一室之中大約五、六簾鋪滿。

清 沈練，仲學輅輯補，章震福校訂《廣蠶桑説輯補校訂》卷三

山棚蘆簾草帚式草帚，卽蠶山，亦名山帚，附註。蔴籃亦附。

簾以蘆葦織成，山棚之上，非此無以蔟蠶。長短、闊狹無定制，一室之中，大約五六簾鋪滿。

清 羊復禮《蠶桑摘要》 草帚用禾草爲之，草須清淨光潔，先以秔稻草一握，用刷柴扒刷淨禾皮，如有禾皮做繭，有痕跡，繅絲不佳。截去頭尾約長二尺，中腰以草縛緊，兩頭螺旋散開，竪於蘆簾上，將熟蠶散於草帚上，蠶卽自能成繭。採繭時，以手捋之，纍纍而下，不如粵人用竹箔，須一一摘取也，價廉而便用者，當自知之。

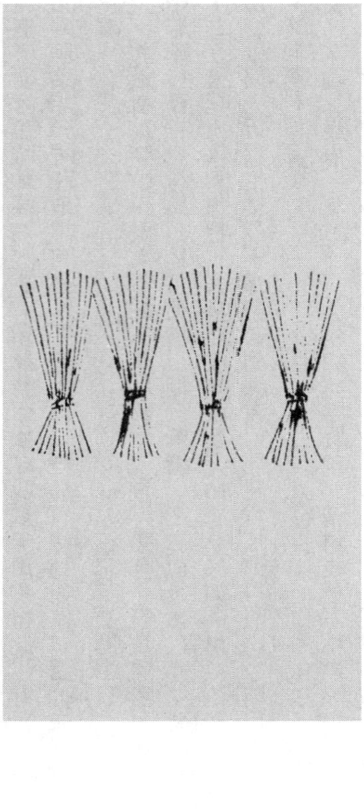

清 楊鞏《中外農學合編》卷一〇《蠶類・飼育》

草梳

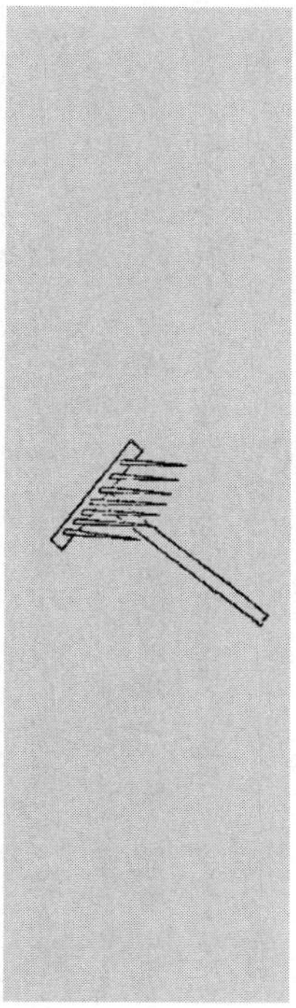

梳以堅木為横梁，用鐵釘四、五枚，排釘横梁上，横梁長七寸，鐵釘長四寸，兩頭皆尖。横梁之旁安一木柄，柄長五寸。紥山之時，以梳草之散亂者。《蠶事圖譜》

山帚

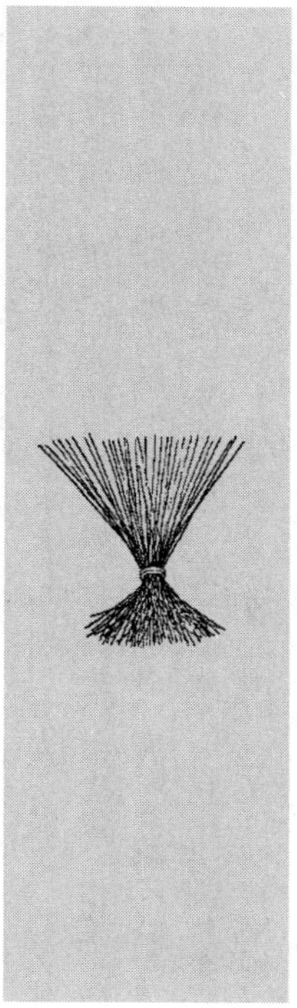

卽蠶山也，鐵掃帚最佳，糯稻草次之，麥稭亦可。高二尺餘，圍五六寸。《蠶桑輯要》

清 豫山《蠶桑輯要合編》

山棚蘆簾草帚式

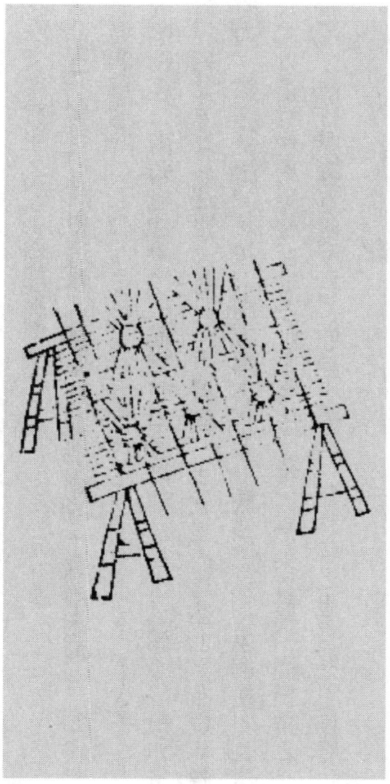

簾以蘆葦織成，山棚之上非此無以簇蠶。長短、闊狹無定制，視室之大小爲之，一室之中約四簾或六簾鋪滿。草帚宜秔稻草，縛法有二：一、用草一握，長二尺，中腰縛緊，兩頭螺旋散開，是爲墩頭帚；一、用草一小把，長三尺，就中腰絞緊，折轉卽成兩股，隨於兩股中搦住數莖，從總絞處盤旋復絞，數轉使其末散開如傘，是爲折頭帚。

其他

題解

清 鄂爾泰《授時通考》卷七四《蠶事門・入簇》

團簇圖説

簇用蒿梢、叢柴、苫席等也。凡作簇，先立簇心：用長椽五莖，上撮一處繫定，外以蘆箔繳合，是為簇心。仍周圍匀竪蒿梢。布蠶簇訖，復用箔圍及苫繳。簇頂如圓亭比，此團簇也。

又 馬頭簇圖説

馬頭長簇，兩頭植柱，中架横梁，兩傍以細椽相搭為簇心，餘如常法。此横簇，皆北方蠶簇法也。嘗見南方蠶簇，止就屋内蠶盤上，布短草簇之，人既省力，蠶亦無損。又按《南方蠶書》云，簇箔以杉木解枋長六尺，闊三尺，以箭竹作馬眼槅，插茅疎密得中，復以竹篠縱横搭之，簇背鋪以蘆箔，而竹篾透背面縛之。此皆南簇，較之上文北簇，則蠶有多少，故簇有大小難易之不同也。然嘗論之，南北簇法，俱未得中。何哉？夫南簇蠶少，規制狹小，殆若戲技，故獲利亦薄。北簇雖大，其弊頗多，蒿薪積叠，不無覆壓之患，風雨浸浥，亦有翻倒之虞。復外内寒燠之不勻，或高下稀密之易所。以致簇病内生、繭少，皆出此故。習俗既久，未能遽革。今聞善蠶者，約量本家育蠶多少，選於院内空地，就添椽木苫草等物，作連脊厦屋，尋常别用。至蠶老時，置簇于内，隨其短長，先構簇心，空直如洞，就地握成長槽，隨宜闊狹，旁可人行，以備火患。外則用以層架，隨層臥布蒿梢，以均蠶居。既畢，用重箔圍之。若蠶少屋多，疏開窻戶，就内簇之亦可。如此，則上有覆庇，下無濕潤，架既寬平，蠶乃自若。又摠簇用火，便于照料。南北之間，去短就長，制此良法，宜皆用之，則始終無慊矣。

清 王文韶校，袁俊德輯《蠶桑紡織器圖説・蠶器圖類》

馬頭簇圖説

馬頭長簇：兩頭植柱中，架橫梁，兩旁以細椽相搭爲簇心，餘如常法。此橫簇，皆北方蠶簇法也。嘗見南方蠶簇，止就屋內蠶盤上，布短草簇之。人既省力，蠶亦無損。又按《南方蠶書》云：簇箔，以杉木解枋，長六尺，闊三尺，以箭竹作馬眼槅，插茅疎密得中。復以無葉竹篠，從橫搭之。簇背鋪以蘆箔，而竹篾透背面縛之，卽蠶可駐足，無跌墜之患。此皆南簇。

綜述

宋 陳旉《農書》卷下《簇箔藏繭之法篇第五》 簇箔，宜以杉木解枋，長六尺，闊三尺，以箭竹作馬眼槅，插茅疎密得中，復以無葉竹筱，縱橫搭之。又簇背鋪以蘆箔，而以篾透背面縛之，卽蠶可駐足，無跌墜之患，且其中深穩、稠密。旋放蠶其上，初略欹斜，以俟其糞盡，微以熟灰火温之，待入網，漸漸加火，不宜中輟，稍冷卽游絲亦止，繰之卽斷絶，多煮爛，作絮不能一緒抽盡矣。纔拆下箔，卽急剝去繭衣，免致蒸壞。如多，卽以鹽藏之，蛾乃不出，且絲柔韌潤澤也。藏繭之法：先曬令燥，埋大甕地上，甕中先鋪竹簀，次以大桐葉覆之，乃鋪繭一重，以十斤為率，摻鹽二兩，上又以桐葉平鋪，如此重重隔之，以至滿瓮，然後密蓋以泥封之。七日之後，出而繰之，頻頻換水，卽絲明快，隨以火焙乾，卽不黯斁而色鮮潔也。

元 司農司《農桑輯要》卷四《養蠶》

簇蠶

《齊民要術》：蠶老時，值雨者則壞繭，宜于屋內簇之：薄布薪于箔上，散蠶訖，又薄以薪覆之，一槌得安十箔。《務本新書》：簇蠶地宜高平，內宜通風，匀布柴草。布蠶宜稀，密則熱，熱則繭難成，絲亦難繰。東北位，并食六畜處，樹下、阬上、糞惡流水之地，不得簇。《野語》：如天氣喧熱，不宜日午簇蠶。蠶老，不禁日氣，曬暴故也。《士農必用》：治簇之方，惟在乾暖，使內無寒濕。簇中繭病有六：一、簇汗；二、落簇；三、遊走；四、變赤蛹；五、變殭；六、黑色。簇汗之病，蠶老食葉不净，其葉蒸濕，帶葉入簇，故繭亦濕潤，此為簇汗。其餘五病，皆地濕天寒所致。蠶欲老，可簇地盤，燒令極乾，除掃灰浮，于上置簇。《韓氏直説》安圓簇：于阜高處，打成簇脚，一簇可六箔蠶。十分中有九分老者，宜少摻葉，名上馬桑。就箔上用簸箕般去，宜款手摻于簇上，自東南起頭，不令落地。務令稀勾。上復覆蒿梢，或豆藷。復摻蠶如前。至三箔，復梢倒根在上，如此，則簇圓又穩。自後蠶可近上。摻至六箔，覆蒿令簇圓上，用箔圍苫繳簇頂，如亭子樣，防雨。至晚又用苫，將簇從下繳至上苫相接，日出高時捲去，至晚復繳。三日外，繭成不用，馬頭簇，亦依上苫繳，柴薪要廣，簇又玲瓏，中間宜架杆，蠶多宜馬頭簇，簇脚宜南北。曬簇：上蠶後第三日辰巳時間，開苫箔日曬。至未時，復苫蓋如前。如當日過熱，上揞單箔遮日色。翻簇：上蠶時，被雨霑濕，雨纔止纔晴，卽選一簇地盤，如雨濕了，則取乾牆土厚覆，治簇之法如前。不以成繭不成繭，翻騰遷移別簇，封苫如前，小雨則不須，但可曬曝。又有一法，臨簇有雨，只于蠶屋中本槌下、地面上安簇，開了門窗使透風氣。早夜或陰雨變寒，則閉門窗，添牛糞火，比翻簇之法，又為妙也。又一法，槌箔上虛撒蒿，槌周圍簇稍與蒿，箔苫圍之，蠶自作繭，猶勝于雨中簇也。揞音支。

元 魯明善《農桑衣食撮要》卷下《養民月宜》

收蓐草

刈茅草、乾蒿收積，勿令雨損，來春作蠶蓐，則宜蠶簇作繭，加倍厚實，其絲更好。

元 王禎《農書》卷二〇《農桑圖譜十六・蠶絲門》 蠶簇，《農桑直説》云：簇用蒿梢、叢柴、苫席等也。凡作簇，先立簇心：用長椽五莖，上撮一處繫定，外以蘆箔繳合，是為簇心。仍周圍匀豎蒿梢布蠶。簇訖，復用箔圍及苫繳。簇頂如圓亭者，此團簇也。又有馬頭長簇：兩頭植柱，中架橫梁，兩傍以細椽相搭為簇心，餘如常法。此橫簇，皆北方蠶簇法也。嘗見南方蠶簇，止就屋內蠶槃上，布短草簇之。人既省力，蠶亦無損。又按《南方蠶書》云：簇箔，以杉木解枋，長六尺，闊三尺，以箭竹作馬眼槅，插茅疎密得中，復以無葉竹篠，縱橫搭之。簇背鋪蘆箔，而以竹篾透背面縛之，即蠶可駐足，無跌墜之患。此皆南簇，較之上文北簇，則蠶有多少，故簇有大小、難易之不同也。然嘗論之，南北簇法，俱未得中。何哉？夫南簇蠶少，規制狹小，殆若戲技，故獲利亦薄。北簇雖大，其弊頗多，蒿薪積叠，不無覆壓之害，風雨侵浥，於立切，濕潤也。亦有翻倒之虞，謂經雨倒簇也。《蠶桑直説》云：簇蠶時，雨被沾濕，纔晴，不以成繭不成繭，翻倒別簇。如雨少則曝乾。復内外、寒燠之不均，或高下、稀密之易所，以致簇内病生，繭少皆由此故。習俗既久，未能遽革。今聞善蠶者一法：約量本家育蠶多少，選於院内空去聲地，就添椽木、苫草等物，作連脊厦屋，尋常别用。至蠶老時，置簇於内，隨其長短，先構簇心，空直如洞。就地掘成長槽，隨宜闊狹，旁可人行，以備火候，謂用火法也。《蠶書》云：已入簇，微用熟炭火温之。待入網，漸漸加火，不宜中輟。稍冷，游絲亦止；繅之即斷，多煮爛作絮，不能一緒扣盡矣。外則周以層架，隨層臥布蒿稍，以均蠶居。既畢，用重箔圍之。若蠶少屋多，疏開窗户，就内簇之亦可。如此則上有芘覆，下無濕潤，架既寬平，蠶乃自若。又總簇用火，便於照料。南北之間，去短就長，制此良法，皆宜用之，則始終無慊矣。故梅聖俞《蠶簇詩》云『競畏風雨寒，露置未如屋』，正謂此也，梅聖俞詩云：『冰蠶三眠休，作繭富其簇。漢北取蓬蒿，江南藉茅竹。蒿踈無鬱泥，竹净亦森束』云云，前二句。歌云：『捲去緑雲桑已少，箔頭有絲蠶欲老。月餘辛苦見成功，作簇不應從草草。南北習俗久不同，彼此更須論拙巧。北簇多露置，積疊仍憂風雨至；南簇俱在屋，施之北蠶良未足。南北簇法當約中，別構長厦方能容。外周層架蒿草平，内備火候通人行。飼却神桑絲已吐，女灑桃漿男打鼓。作繭直須三日許，開簇團團不勝數。我家多蠶方自慶，得法於今還可證，免似向來多簇病。』

明 史鑑《繼母朱氏行狀》《明文海》卷四六八 食三四日而眠，眠則摘。眠一二日而起，起則餧，是為初眠。自初而之二，自二而之三，其法盡同，而用力益勞，為務益廣，是為出火。蓋自此，蠶離於火而葉不資於刀矣。又四、五日，為大起。大起為薙，薙則分箔。薙早則足傷，而絲不光瑩；薙遲則氣蒸，而蠶多濕疾。又六、七日為熟，巧為登簇，巧以熱蓋，曰貼巧，驗其猶食者也。簇以藁覆，曰冒山，濟其不及者也。風雨而寒，則貯火其下，曰炙山，晴煖則否。三日而闢户，曰亮山；五日而去疾，曰除托；七日而采繭，為落山矣。凡蠶之性，房宜卑，卑則温，蠶簇宜高，高則爽。又其收種時，須在清明後、穀雨前。大起須在立夏前，過此不宜也。至於桑葉，尤宜乾而忌濕，少則布挹之，多則箔晞之。

明 朱國禎《農蠶》［蠶］食三四日而眠，眠則摘。眠一二日而起，起則餧，是爲初眠。自初而之二，自二而之三，其法盡同，而用力益勞，爲務益廣，是爲出火。蓋自此蠶離于火，而葉不資于刀矣。又四、五日爲大起，大起則薙，薙則分箔。薙早，則足傷而絲不光瑩；薙遲，則氣蒸而蠶多濕疾。又六、七日爲熟，巧爲登簇，巧以葉蓋，曰貼巧，驗其猶食者也。簇以藁覆，曰冒山，濟其不及者也。風雨而寒，則貯火其下，曰炙山，晴暖則否。三日而闢戶，曰亮山；五日而去藉，曰除托；七日而采繭，爲落山矣。凡蠶之性，喜溫和與惡寒熱，大寒則閟而加火，太熱則疏而受風。蠶房宜卑，卑則溫。蠶簇宜高，高則爽。又其收種時，須在清明後、穀雨前，大起須在立夏前，過此不宜也。至於桑葉，尤宜乾而忌濕，少則布挹之，多則箔晞之。能節其寒煖，時其饑飽，調其氣息。常使先不踰時，後不失期，而舉得其宜。

明 黄省曾《蠶經》

五之育飼

其蟻之初出也，以薔薇之葉，焙燥揉碎之，糝之蟻上，聞香而集之於上，乃以鵝翎拂下。其厝火也，炭之團也爇之，而灰以遏之，瓦以覆之，温温然而已。綿被以隔之，而後置之於被之上焉。若熾焉，或飢焉，則傷於火。其長也，焦黄不食而死。

勿食水葉，食則放白水而死。雨中之所採也，必拭而乾之，或風戾之。

六之登簇　簇以稻之草為之，殺疏之必潔，則不牽絲，乃握而束之。厚籍以所殺疏之草殼，可以禦地濕，可以承墜蠶。廼以握許登之，勿覆以紙。至次之日，少以稻之稈糝焉，以屬其作綴之未成者，勿用菜之萁，善絆擾而薄繭。七日而摘，半月而蛾生。交五月節，梅風吹之則生。凡蠶矢之青也，為考之候。其在簇而有雷，則以退紙覆之，以護其畏。

明 徐光啓《農政全書》卷三一《蠶桑》《士農必用》曰：治簇之方，惟在乾暖，使内無寒濕。簇中繭病有六：一、簇污；二、落簇；三、遊走；四、變赤蛹；五、變僵；六、黑色。簇污之病，蠶老食葉不淨，其葉蒸濕，帶葉入簇，故繭亦濕潤，此為簇污。其餘五病，皆地濕天寒所致。玄扈先生曰：亦不止為地濕天寒。自擇種至上簇，無時不可得病也。蠶欲老，可簇地盤，燒令極乾，除掃灰淨，於上置簇。玄扈先生曰：此是北法。南方正值梅天，萬難作此，所以皆須屋内簇定，須著火。

又 卷三三《蠶桑·蠶事圖譜》　蠶簇：《農桑直説》云：簇用蒿梢、叢柴、苫席等也。凡作簇，先立簇心：用長椽五莖，上撮一處繫定，外以蘆箔繳合，是為簇心。仍周圍匀竪蒿梢布蠶。簇訖，復用箔圍及苫繳。簇頂如圓亭者，此團簇也。又有馬頭長簇：兩頭植柱，中架橫梁，兩傍以細椽相搭為簇心，餘如常法。此橫簇，皆北方蠶簇法也。嘗見南方蠶簇，止就屋内蠶桀上，布短草簇之。人既省力，蠶亦無損。又按《南方蠶書》云：簇箔，以杉木解枋，長六尺，闊三尺，以箭竹作馬眼槅，插茅疎密得中，復以無葉竹篠，從横搭之。簇背鋪以蘆箔，而竹篾透背面縛之，即蠶可駐足，無跌墜之患。此皆南簇，較之上文北簇，則蠶有多少，故簇有大小、難易之不同也。然嘗論之，南北簇法，俱未得中，何哉？夫南簇蠶少，規制狹小，殆若戲技，故獲利亦薄。北簇雖大，其弊頗多，蒿薪積叠，不無覆壓之害，風雨侵浥，亦有翻倒之虞。謂經雨倒簇也。《蠶桑直説》云：簇蠶時，雨被沾濕，纔晴，不以戎繭不成繭，翻倒別簇。如雨少則曝乾。復外内、寒燠之不匀，或高下、稀密之易所，以致簇病内生，繭少皆由此故。習俗既久，未能遽革。今聞善蠶者一法：約量本家育蠶多少，選於院内空地，就添椽木、苫草等物，作連脊厦屋，尋常別用。至蠶老時，置簇於内，隨其長短，先構簇心，空直如洞。就地掘成長槽，隨宜闊狹，旁可人行，以備火患。謂用火法也。《蠶書》云：已入簇，微用熟炭火温之。待入網，漸漸加火，不宜中輟。稍冷，游絲亦止；繰之即斷，多煮爛作絮，不能一緒扣盡矣。外則用以層架，隨層卧布蒿梢，以均蠶居。既畢，用重箔圍之。若蠶少屋多，疏開牕户，就内簇之亦可。如此，則上有芘覆，下無濕潤，架既寬平，蠶乃自若。又總簇用火，便于熇料。南北之間，去短就長，制此良法，宜皆用之，則始終無慊矣。

清 陳元龍《格致鏡原》卷四八《耕織器物類》　《農桑直説》：蠶簇用蒿梢、叢柴、苫席等。凡作簇，先作簇心：用長椽五莖，上撮一處繫定，外以蘆箔繳合，是為簇心。仍周圍匀竪蒿梢。布蠶簇訖，復用箔圍及苫繳簇頂如圓亭者，此團簇也。又有馬頭長簇：兩頭植柱，中架横梁，兩傍以細椽相搭為簇心，餘如常法。此横簇，皆北方蠶簇法也。嘗見南方蠶簇，止就屋内蠶槃上，布短草簇之，人既省力，蠶亦無損。《蠶書》：簇箔，以杉木解枋，長六尺，闊三尺，以箭竹作馬眼隔，插茅疎密得中。復以無葉竹篠，從横搭之。簇背鋪以蘆箔，而竹篾透背面縛之，即蠶可駐足，無跌墜之患。黄省魯《蠶經》：簇以稻草為之。殺疏之必潔，則不牽絲。乃握而束之厚，藉以所殺疏之草殼，可以禦地濕，可以承墜蠶，勿用菜萁。善絆擾而薄繭。《農桑通訣》：蠶箔，承蠶具也。《禮》具曲植，曲即箔也。北方養蠶者，多農家宅院後或園圃間，多種萑葦以為箔材，秋後芟取，皆能自織。方可四尺，以二椽棧之，懸於槌上，至蠶分擡去蓐時，取其卷舒易用。

清 楊屾《豳風廣義》卷二

上簇法

古法有圓簇、方簇、馬頭長簇，余俱未試，每於蠶上簇時，用千頭掃竹子。

清 韓夢周《蠶桑實濟》卷四《育蠶急務》　造簇之法：用千頭掃竹子，即地膚子。用時須將上面葉蒂摔極淨。以椽作層架，縛掃竹子於上，每掃竹子心内分開，實以稻草，或以軟草。内可盛蠶，其下周圍布以稻草，以承墜蠶。將老蠶用盤擡來，一把一把另放於掃竹子心内，自能散而結繭。如無者，用稻草縛如鐘口大，分如傘樣，用椽板作層架，竪立其上，布蠶甚好，或蘆草、乾竹梢皆可爲之。如蠶多者，將稍草疏摔潔淨，截一尺二三寸長，將上梢縛住，約五六十根爲一束，分如傘樣，竪立於老蠶箔上，又每一空處仰立一束，上復薄徹亂稻草一層，不可厚了，一箔上可簇兩箔之蠶。上簇之蠶，不可稠了，稠則二三蠶合結一繭，絲混不利難繰，甚則積累厚壓，薰蒸罨熱，蠶死繭朽，俗呼爲頓簇，即作綿亦不堪用。此時宜極煖。房大、簇大者，用炭火八盆；房簇俱小者，用火六盆。日間天煖，火宜小些；夜間氣寒，火宜大些，務要簇室晝夜有人，以防火患。若上簇蠶寒，不惟作繭遲，而且少絲又難於燥。如上簇時遇雷，須密閉門窗，覆以蠶蛻紙，周圍用水盆以止其畏。用火要兩晝夜，則繭成矣。繭成之後，大開門窗以通風，涼七日而摘。

又法：用結實杆，上紥成臺式，離地三尺許，處處要用粗麻绳，牢牢懸掛於屋梁或椽子上。取葦箔平鋪，一面將草把子豫備，以便將蠶送上。

又 卷六《蠶桑補遺》　量蟻備簇　蠶乃食而不飲、屎而不尿之物，惟上簇時有尿一便。若簇梗不乾，濕氣停蓄於中，蠶必受病。若簇料不廣，上簇不得不密，勢必積累厚壓，濕氣薰蒸，及至四、五日後，摘繭之時，其絲已在簇上腐壞，此時倘遇陰雨綿延，爲害尤鉅。古有預收簇料法，其料以地膚苗爲上，稻草、竹梢次之，俱於先一年收採，曬乾備用，濕氣停蓄之弊既可無虞矣。第其備簇多寡，未有成數，能使之乾，不能使之廣，在蠶少者尚無妨碍，若飼蠶多而簇料少，措辦不及，貽害曷可勝言？兹有量蟻計簇之法：大凡養蟻一錢者，約備地膚苗五挑；養蟻一兩者，約備地膚苗五十挑。以此遞推，雖養數十兩蟻，無難預定也。樊地多菜子梢，作簇亦佳，然亦須先一年，如前數採存，方可足用。

清 帥念祖《蠶政編》　上簇法　大眠起，一日夜可飼三頓，第一頓宜薄，但令覆白。第二頓比前，開實以稻草，或以軟草。內可盛蠶，其下周圍布以軟草，以承墜蠶。將老蠶以盤抬來，一把一把另放於掃竹子心內，自能散而結繭。如無者，用稻草縛如鐘口大，分如傘樣，用蠶板作層架，竪立其上，布蠶甚好，或穀草、乾竹稍皆可爲之。此時宜急煖，房大、簇大者，火八盆；房簇小者，火六盆。口間火宜小，夜火須大，步時防之。若上簇蠶寒，不惟作繭遲，而且少絲，又難於繰。若遇雷，閉室，覆以蛻紙，周列水盆以止其畏。用火須兩晝夜，則繭成矣，繭成，大開門窗以通風，凉七日而摘。

（乾隆）《烏青鎮志》卷二《農桑》 又六七日爲熟，巧爲登簇，巧以葉蓋，曰貼巧，驗其猶食者也。簇以藁覆，曰冒山，屬其作綴之未成者也。其在簇而有雷，則以退紙覆之，以護其畏。蠶房宜卑，卑則溫；蠶簇宜高，高則爽。風雨而寒，則貯火其下，曰炙山，晴暖則否。三日闢戶，曰亮山。五日而去藉，曰除托。七日而采絸，爲落山矣，其蛾之生也。約半月交五月節，梅風吹之則生。

清 鄂爾泰《授時通考》卷七三《蠶事門・飼養》

蠶筐圖説

蠶筐，古承幣帛竹器，今用育蠶，其名亦同。蓋形制相類，圓而稍長，淺而有緣，適可居蠶蟻，及蠶分居時用之。閣以竹架，易於擡飼，梅聖俞《前蠶箔詩》云：『相與為蠶曲，還殊作笱筐』。北簇南筐，皆為蠶具，然彼此論之，若南蠶大時用箔，北蠶小時用筐，庶得其宜，兩不偏也。

又 卷七四《蠶事門・入簇》 《農書》：簇箔，宜以杉木解枋，長六尺，闊三尺，以箭竹作馬眼槅，插茅疎密得中，復以無葉竹篠，縱横搭之。又簇背鋪以蘆箔，而以篾透背面縛之，即蠶可駐足，無跌墜之患，且其中深穩稠密。旋旋放蠶其上，初略欹斜，以俟其糞盡，微以熟灰火温之，待入網，漸漸加火，不宜中輟，稍冷即游絲亦止，繰之即斷絶，多煮爛，作絮不能一緒抽盡矣。

又 《士農必用》：治簇之方，惟在乾暖，使内無寒濕。蠶欲老，可簇地盤，燒令極乾，除埽灰淨，於上置簇。

又 簇中繭病有六：一、簇污；二、落簇；三、遊走；四、變赤蛹；五、變僵；六、黑色。污簇之病，蠶老食葉不淨，其葉蒸濕，帶葉入簇，故繭亦濕潤，此為簇污。其餘五病，皆地濕天寒所致。

又 《韓氏直説》：安圓簇：於高阜處，打成簇脚，一簇可六箔蠶。十分中有九分老者，宜少摻葉。就箔上用簸箕般去，宜欵手摻於簇上，務令稀勻。上復覆梢蒿，或豆黠，復摻蠶如前。至三箔，覆梢倒根在上，自後蠶可近上。摻至六箔，覆蒿令簇圓上，用箔圍苫繳簇頂，如亭子様，至晚又用苫，將簇從下繳至上，苫相接，日出高時捲去，至晚復繳。三日外，繭成不用。馬頭簇，亦依上苫繳，柴薪要廣，簇又玲瓏，中間宜架起，蠶多者宜馬頭簇，放脚宜南北。

又 曬簇：上蠶後第三日辰巳時間，開苫箔，日曬至未時，復苫蓋如前。如當日過熱，上楮單箔遮日色。

又 翻簇：上蠶時，被雨霑濕，雨纔止纔晴，即選一簇地盤，不以成繭不成繭，翻騰遷，移別簇，封苫如前，小雨則不須，但可曝曬。又一法，臨簇有雨，只於蠶屋中，木槌下、地面上安簇，開門窗使透風氣。早夜或陰雨變寒，則閉門窗，添牛糞火，比翻簇之法，又為妙也。又一法，槌箔上虚撒蒿，槌周圍簇梢與蒿，箔苫圍之，蠶自作繭，猶勝於雨中簇也。

又 十蠶九老，方可就箔上撥蠶入簇。如是，則無簇污蒸熱之患，繭必早作而多絲。

黄省曾曰：簇以稻草為之，殺疏之必潔，則不牽絲。乃握而束之，厚籍以所殺疏之草殼，可以禦地濕，可以承墜蠶。乃以握許登之，勿覆以紙，至次日，少以稻稈摻焉，以屬其作綴之未成者，勿用菜萁，善絆擾而薄。繭七日而摘，半月而蛾生，凡蠶色之青也，為老之候。其在簇而有雷，則以退紙覆之，以護其畏。

又 《農桑通訣》：南方例皆屋簇，北方例皆外簇。然南簇在屋，以其蠶少易辨，多則不任；北方蠶多露簇，率多損壓壅腐。南北簇法，俱未得中。今有善蠶者一説：南北之間，蠶少，疎開窗戶，屋簇之則可；蠶多，選於院内，構長春草厦，内制蠶簇，周以木架，平鋪蒿梢，布蠶於上，用蓆箔圍護，自無簇病，實良策也。

又 《農政全書》：蓬蒿簇，勝今簇遠甚，而人不用之，何故？簇地盤是北法，南方正值梅天，萬難作此，所以皆須屋内簇，定須着火。

清 郝懿行《寶訓》卷三《蠶桑》 馬頭簇亦依上苫繳，蠶多宜馬頭簇，簇脚宜南北。

又 語曰：養蠶無巧，食足便老。

《齊民要術》『簇蠶法』：蠶老時，值雨者則壞繭，宜于屋内簇之：薄布薪于箔上，散蠶訖，又薄以薪覆之，一槌得安十箔。

野語云：如天氣喧熱，不宜日午簇蠶，蠶老不禁日氣曬暴故也。

《士農必用》：治簇之方，惟在乾暖，使内無寒濕。蠶欲老，可簇地盤，燒令極乾，除埽灰浮，于上置簇。

《韓氏直説》：安圓簇：于阜高處，打成簇脚，一簇可六箔，上覆蒿梢或豆藍，摻蠶至三箔，復梢倒根在上，如此則簇圓又穩。自後蠶可近上。摻至六箔，覆蒿令簇圓上，用箔圍苫繳簇頂，如亭子様，防雨，日高時捲去，至晚復繳。三日外，繭成不用。馬頭簇，亦依上苫繳，蠶多宜馬頭簇，簇脚宜南北。

清 崔應榴彙纂，錢馥補輯《蠶事統紀》卷八 入簇 《士農必用》：治簇惟在乾暖，使無寒濕。《齊民要術》：簇下微生炭火以暖之，得暖則作速，傷寒則作遲。《月令廣義》：布蠶宜稀，恐其窸而繭難成。《湧幢小品》：大起六七日為熱巧，為登簇巧。以葉盖曰貼巧，驗其猶食者也。簇以槀覆曰冒山，貯火其下曰炙山，三日而闢户曰亮山，五日而去籍曰除托，七日而採繉為落山矣。《農政全書》：簇地盤，是北法。南方正值梅天，萬難作此，所以皆須屋内簇，定須着火。互詳噐用類。

（嘉慶）《桐鄉縣志》卷一二《農桑》 又六七日爲熟，巧爲登簇，巧以葉蓋，曰貼巧，驗其猶食者也。簇以膏覆，曰冒山，屬其作綴之未成者也。其在簇而有雷，則以退紙覆之，以護其畏。蠶房宜卑，卑則溫；蠶簇宜高，高則爽。風雨而寒，則貯火其下，曰炙山，晴煖則否。三日闢戶，曰亮山。五日而去藉，曰除托。七日而采繉，爲落山。

清 汪曰楨《湖蠶述》卷二《分簶》 簾簶 《禮》具曲植，曲卽箔也，今之蘆簾是也。古人盛蠶以箔，今則唯以筐盛，取其擡簶便易。蠶過大眠，又鋪地上，無須筐箔，箔故簾止為山棚上架蠶之用。然夏蠶大眠之後，時正炎熱，若鋪地上，沙𥻗中濕熱之氣甚于春蠶，蠶受之斷無不損，若仍置于筐，每日據筐簶換，又不勝擡運之苦，宜遵古法以簾代筐，卽于簾上簶之。簾宜據室之中，架空，平鋪兩旁，留數尺餘地，便人左右往返。先於簾之左一半，布蠶𥻗厚簶，至右一半，撤去沙𥻗，右厚復簶至左。蘆簾廣闊，不窘邊幅，蠶皆舒展，葉屑、沙矢之屬俱從簾縫下漏，簾上止存枝梗，決不發蒸《吳興蠶書》。一、捉離嬢、長嬢 簶訖，𥻗中尚有存留，俗謂之離嬢，言其離散則上行，疾病則沈𥻗。處𥻗下謂之沈𥻗。𥻗中之蠶，决非上品，然簶時遺剩，或有强健者，正須子細抉擇，不得槩棄。《吳興蠶書》。出火以後，間生小蠶，其細如烏，俗名長筐蠶，《西吳蠶畧》，是為長嬢，係蠶之胎生者，有此為滋長之徵，亦須檢留《吳興蠶書》。隨母食葉，迨母蠶登簇，小蠶亦隨成小繭，形如梅核，極可愛。《西吳蠶畧》。按：長嬢隨母同眠同老，不可離母，有愛而檢出，另育一器者，悉斃矣。

又 卷三 上山

作繭紙法 蠶老不登簇，置之平案上，卽不成繭，吐絲滿案，光明如砥，吳人效其法以製團扇，勝于紈素，卽古之繭紙也。《宋史》景祐四年，靈河縣民黃慶家蠶自成被，見《五行志》。由今觀之，自成被之説，得非人力為之耶。《西吳蠶畧》。

清 吳通帛《廣廣事類賦》卷三一《蟲豸・蠶》 聚團團于箔簇，《農桑直説》蠶簇，用蒿梢、叢柴、苫廣等；《農桑通訣》蠶箔，承蠶具也；《禮》具曲植，卽箔也。都成錦被之文。《事物紺珠》宋太祖時，邱封民家發蠶箔，有繭聯屬自成被。眞宗時，荊州人家蠶簇上，繭自成被。

清 黃壽昌編《蠶桑須知・養蠶各則》 雷忌 蚕自出火後，如遇雷聲，必驚惶無定，登簇簇，柴簇，俗名蚕山。登簇，即上山也。後，為尤忌。須以蚕殼紙收烏後之蚕紙不可遺棄。挂於蚕房，上山後，挂於山棚，蓋蚕殼即蚕母，有母在，則子可恃以無恐。

清 方大湜《桑蠶提要》卷二《蠶事四十條・蠶具三十則》 草梳 梳以堅木為横梁，用鐵釘四五枝，排釘横梁上。横梁長七寸，鐵釘長四寸，兩頭皆尖。横梁之旁，安一木柄。柄長五寸。紮山帚時，以梳草梢之散亂者。

清 楊蔚本《養蠶説》《皇朝蓄艾文編》卷二〇 入簇 治簇之方，惟在乾煖。十蠶九老，始可入簇。蠶少，宜屋內作簇，疎開窗戶，內宜通風，勻布柴草，布蠶稀則絲易繰。又法以大蓬蒿捆一頭如箒，以繩繫樑柱，布蠶令遍上下數重，下微生灰火以煖之，煖作繭遲。天熱去火，蓬蒿性涼最妙。若蠶多，則於院內作簇，搆長脊草廈，內週以木架平鋪蒿稍，或竹篠穀草，布蠶其上，外席箔圍護，此良法也。

清 沈練，仲學輅輯補，章震福校訂《廣蠶桑説輯補校訂》卷三 震按：箸之長短、粗細，與日本人之飯箸相同，其一端微見尖銳。

清　黄祖徽《蠶桑淺説》第四章《上簇即上山》　蠶簇　蠶簇以疏而通風爲要。密則二蠶合結一繭，其絲混淆難繅，不通風亦難繅，且損絲之光澤。蠶簇每一坪尺坪可上蠶四十頭至五十頭。總之，蠶簇忌密，與其失之密，甯失之稀也。

清　江志伊輯《飼蠶法》　上簇　山棚架定，然後立草帚六七排於其上。南向之室，以自西至東爲一排。西向之室，以自北至南爲一排。上山時，自一排起，至五六排，便宜添帚。墩帚以草紐鬆縛之，截齊兩頭，如洗帚狀。一頭向上，一頭向下，上大下小，要灑得開，立得穩，方不眠山。折帚中折而盤旋之，如蓋如笠，兩頭向下，其形上大下小。

又　蓋蓬蒿生凉，無鬱浥之憂；死蠶旋墮，無汙繭之患；沙箂不住，無瘢痕之疵，此蓬蒿簇之爲益也。

清　劉振清彙梓，劉維翰校録，李元春評閲，李來南參訂《農桑書録要》

制居

種變方尺，及乎將繭，乃方四丈。織萑葦，範以蒼莨竹，長七尺，廣五尺，以爲筐。建四木宫，梁之以爲槌，縣筐中間九寸。凡槌十縣，以居食蠶，時分其居糞，其葉餘，以時去之。萑葉爲籬勿密，屈藁之長二尺者，自後茨之爲簇，以居繭蠶，凡繭七日而採之。居蠶欲温，居繭欲凉，故以萑鋪繭，寒之以風，以緩蛾變。

清　吕道象《廣州番禺縣吕大令道象調查境内蠶業報告》《農學報》第二百四十四期

十四蠶架　以竹木爲之，或分十格，或九格，每格高六寸。

十五蠶簇　粵俗名爲蠶簿，以竹爲之，其式如日字狀，長約五尺，寬約二尺，内有篾圈百餘箇，將蠶放入則吐絲結繭。

十六切桑具　以竹織之，名爲桑籮，可貯桑四十餘斤，至切桑飼蠶，其蠶初生時，將桑葉用剪刀剪細如髪飼之，稍長則用刀切，及長大成熟時則不切矣。

清　盛宣懷輯《蠶桑備要》　大眠　捉離孃、長孃　𧖴訖，𧖴中尚有存留，俗謂之離孃，言其離散則上行，疾病則沈𧖴。處𧖴下謂之沈𧖴。𧖴中之蠶，決非上品，然𧖴時遺賸，或有彊健者，正湏子細抉擇，不淂概棄。出火以後，閒生小蠶，其細如烏，俗名長筐蠶，是爲長孃，係蠶之胎生者，有此爲滋長之徵，亦湏檢留。隨母食葉，追母蠶登簇，小蠶亦隨成小繭，形如梅核，極可愛。

清　衛杰《蠶桑萃編》卷三《蠶政・蠶料類》

箔料

每歲秋冬間，收蘆葦織而為箔，箔上可安置蠶簇。

又　蠶簇均匀

上簇之蠶，不宜太密，密則二蠶合結一繭，其絲淆混難繅。簇之多少，以蠶為準，約每簇一帚可上蠶七、八十枝。屋寬一丈，深二丈，安簇可上蠶五、六十斤。

又　熱蠶絲

蠶上簇架，下用火，約兩晝夜卽可成繭，為熱蠶絲。蠶簇温爽，吐絲快利。法以炭火置簾下，仍將炭盆頻移，以手探之，使滿簾温和，卽是恰好之候。簇外以稻草簾圍之，既可避風，又免熱氣分散，俗云闗火門。或焚香一撮，引蠶吐絲。上簇第一日最為要緊，第二日火力比第一日稍微，惟上簇時勿早用火。熱蠶絲繅時不斷，亦極省事，且色亮而有力，江浙間多用之。

清　吴鴻望校，袁俊德輯《蠶政萃編・簇料類》

簇料

鐵埽帚，卽地膚苗也，作蠶簇最佳，菜子梢、稻草、麥草均可作山。

又《上簇類》　簇勿靠牆

蠶簇不可緊靠牆壁，恐緣牆而上，將有作繭於瓦縫間者，並遊至極邊，不免失足墜地。於蘆箔近牆處，以草把塞之，使遊簇之蠶不能遠走。

清　羊復禮《蠶桑摘要・種桑十二則》　蠶被、蠶箔，粵人用竹爲之，名箔。蠶簇。浙人用禾草爲之，名簇。

清　姚紹《南海縣蠶業調查報告・蠶部》　蠶簇　蠶簇，粵俗名箔，以篾織之，拳曲矯紐，蠶上箔而作繭。

清　陳涥《實驗蠶桑簡要法・蠶桑簡要法下篇》第二十三章《揀選熟蠶之法》　雖五齡之蠶，養至四日後，皆可上簇。殊不知未熟之蠶，薄繭甚多，若成熟者，絲量豐滿，大有天淵之别。故五齡期，愈長愈佳者此耳。

清　闞維震《養蠶法》第九章《上簇》　上簇室宜寧静　上簇時或爲大聲所震，或振動其蠶簇，皆足使蠶驚縮中輟，致由絲腺分泌之絲質，偶爾凝滯，卽生纇節，故簇室内尤以寧静爲要。

清　莊景仲《養蠶必讀》卷上　又法：以大蓬蒿爲薪，令遍懸於棟梁椽柱，以繩钩之，上下數重。懸訖，屋内四隅，微生炭火。得煖則作速，傷寒則作遲。數入候看，熱則去火，務使寒暖得宜。蓬蒿生凉，無鬱抑之憂；死蠶旋墜，無汚繭之患；沙粒不住，無瘢痕之疵，蓬蒿簇之良如此。元扈先生曰：『勝今通用之簇遠甚』。

傳記

（康熙）《山東通志》卷二八《人物》 郭清。字仲厚，堂邑人，初名敦。洪武中，由鄉薦歷官至知衢州府，興革利弊，賑卹貧民，嘗舍内躬蠶簇，成鞶帶，人謂仁政之應。在衢七年，以坐累左遷，後復拜監察御史，陞参政。帝謂敦有大臣體，陞禮部右侍郎，賜名清，轉户部尚書。歿之後，家無餘蓄，賜祭葬如例。

紀事

南朝宋 劉義慶《世説新語》卷上 有人臨蠶求簇箔者，徽自棄其蠶而與之。

（雍正）《山西通志》卷二〇《山川四》 蠶簇山在縣東南三十里瓦甕村，山勢高峻，形似蠶簇，一名簇蠶山。

藝文

清 鄂忻《清虚齋集・柘枝黄》 昨夜西風達晚榮，重重嫩蕊疊金英。輕黄带赭纷相映，可是新絲簇箔成。

圖表

清 王文韶校，袁俊德輯《蠶桑紡織器圖説・蠶器圖類・團簇圖説》 蠶簇，《農桑直説》云：簇用蒿梢、業柴、苫席等也。凡作簇，先立簇心：用長椽五莖，上撮一處繫定，外以蘆箔繳合，是爲簇心。仍周圍匀竪蒿梢。布蠶簇訖，復用箔圍及苫繳。簇頂如圓亭者，此團簇也。

清 衛杰《蠶桑萃編》卷一一《圖譜・蠶器圖類》 團簇圖説

蠶簇，《農桑直説》云：簇用蒿梢、叢柴、苫席等也。凡作簇，先立簇心：用長椽五莖，上撮一處繫定，外以蘆箔繳合，是為簇心。仍周圍匀豎蒿梢布蠶。簇訖，復用箔圍及苫繳。簇頂如圓亭者，此團簇也。

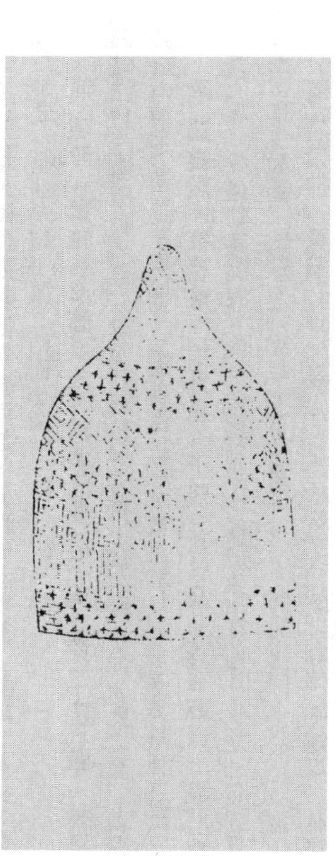

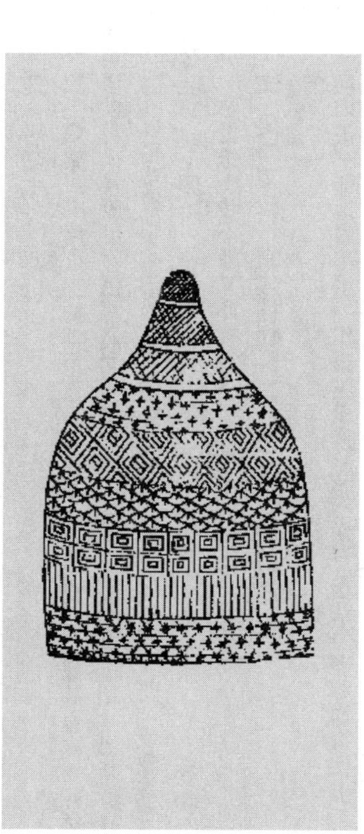

又 馬頭簇圖説

馬頭長簇：兩頭植柱中，架横梁，兩旁以細椽相搭為簇心，餘如常法。此横簇，皆北方蠶簇法也。嘗見南方蠶簇，止就屋内蠶盤上，布短草簇之。人既省力，蠶亦無損。又按《南方蠶書》云：簇箔，以杉木解枋，長六寸，闊三尺，以箭竹作馬眼槅，插茅疎密得中，復以無葉竹篠，從横搭之。簇背鋪以蘆箔，而竹篾透背面縛之，即蠶可駐足，無跌墜之患。此皆南方簇。

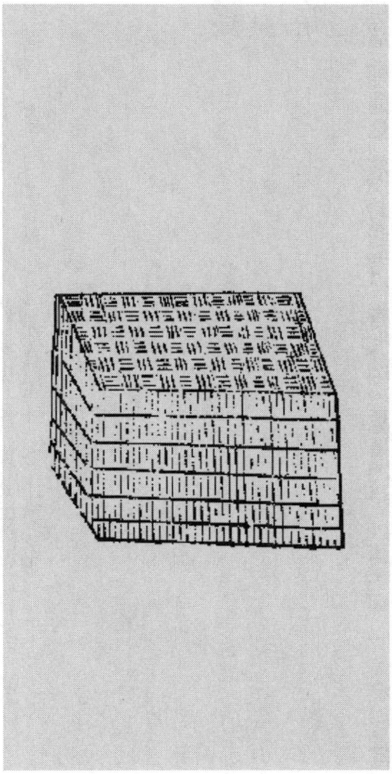

又 上簇圖說　大眠既起，一日一分擡，時時飼葉。飼至身肥嘴小，絲喉漸亮，其蠶將老。遊走不食，遍體透明，其蠶將作繭。撥之上簇，不拘方簇、團簇、長簇，均可。

繭具部

繭籃

題解

清　高銓《蠶桑輯要》卷上　繭籃

繭籃，盛繭器也，以細篾編之，大小不等，須光潤堅緻。

論說

清　方大湜《桑蠶提要》卷二《蠶事四十條**・收蟻**五則**》**　稱輕重

摘繭之後，必須置籃內過秤，籃不光滑，則以紙鋪籃內，以繭置紙上稱之。繭籃詳蠶具第十四則。知繭之斤兩，則知絲之斤兩。杭州人養蟻一兩，約得繭百斤，得絲一百五六十兩，湖絲比杭絲更細，養蟻一兩，約得繭百斤，得絲一百兩零。知絲之斤兩，則繅絲須若干日，方能畢事，可以屈指而計。詳繅絲第五則。

圖表

清　何石安、魏默深《蠶桑合編・圖說》

繭籃式

蠒籃，盛蠒器也，以細篾編之，大小不等，須光潤堅緻。

清 曾鉌《蠶桑備要・補編》

蠒籃

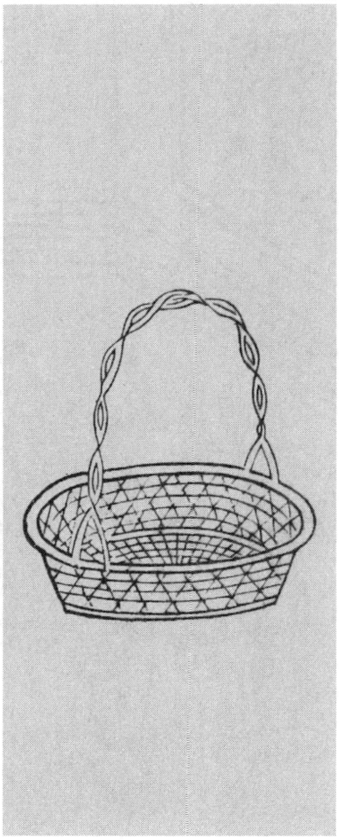

蠒籃，盛蠒器也。以細篾編之，大小不等，須光潤堅緻。

清 楊鞏《中外農學合編》卷一〇《蠶類・飼育・器具圖説》 蠒籃

盛蠒於籃，以稱斤兩。編細篾為之，大小不等，總以光滑為佳《蠶事圖譜》。

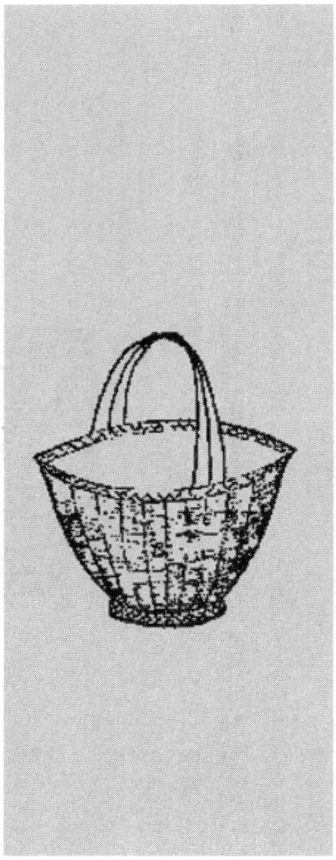

蠒甕

題解

清 鄂爾泰《授時通考》卷七四《蠶事門》 蠒甕圖説 蠒甕，藏蠒器也，為蠒多繰不及，稍遲則蛾穿蠒出，故藏之以緩蛾變。古詩云：盤中水晶鹽，井上梧桐葉。陶器固泥封，窖蠒過旬浹。正謂此也。

綜述

元 王禎《農書》卷二〇《農器圖譜十六・蠶繅門》 蠒甕 蠒甕，《蠶書》云：凡浥於立切蠒，列埋大瓮地上，瓮中先鋪竹簣，次以大桐葉覆之，乃鋪蠒一重，以十斤為率，摻鹽二兩，上又以桐葉平鋪，如此重重隔之，以至滿甕，然後密蓋以泥封之。七日之後，出而繅之，頻頻換水，即絲明快。蓋為蠒多，不及繅取，即以鹽藏之，蛾乃不出，其絲柔韌如吝切潤澤，又得匀細，此南方淹蠒法。用甕頗多，可不預備？嘗讀北方《農桑直説》云：生蠒即繰為上，如人手不及殺蠒，慢慢繰者。殺蠒法有三：一曰日曬，二曰鹽浥，三曰籠蒸。籠蒸最好，人多不解，日曬損蠒，鹽浥甕藏者穩。前人織圖詩云：盤中水晶鹽，井上梧桐葉。陶器固泥封，窖蠒近旬浹。門前春水生，布穀催畚臿。明朝踏繅車，車輪纏白氎徒叶切。

明 徐光啓《農政全書》卷三三《蠶桑・蠶事圖譜》 繭甕

繭甕，《蠶書》云：凡泥繭，列埋大甕地上，甕中先鋪竹簀，次以大桐葉覆之，乃鋪繭一重，以十斤為率，摻塩二兩，上又以桐葉平鋪。如此重重隔之，以至滿甕，然後窓蓋以泥封之。七日之後，出而繰之，頻頻換水，欲絲明快。蓋為繭多不及繰，故即以塩藏之，蛾乃不出，其絲柔韌潤澤，不得勻細，此南方淹繭法。用甕頗多，可不預備？嘗讀北方《農桑直説》云：生繭即繰為上，如人手不及殺繭，慢慢繰者。殺繭法有三：一曰日晒，二曰塩浥，三曰籠蒸。籠蒸最好，人多不解，日晒損繭，塩浥甕藏者穩。玄扈先生曰：塩著於繭，到底浥濕，今人只於甕中藏繭，另用紙、或箬、或荷葉包塩一二兩，置繭上亦可。但只須甕口窓封，不走氣耳，此必用塩泥乃可。

清 陳元龍《格致鏡原》卷四八《耕織器物類》 繭甕 《蠶書》：凡泥繭，列埋大甕地上，甕中先鋪竹簀，次以大桐葉覆之，乃鋪繭一重，以十斤為率，摻鹽二兩，上又以桐葉平鋪，如此重重隔之，以至滿甕，然後密蓋，以泥封之。七日之後，出而繰之，頻頻換水，欲絲明快。蓋為繭多不及繰，故即以鹽藏之，蛾乃不出。《農桑直説》：『生繭即繰為上，如人手不及殺繭，慢慢繰者。其法有三：一曰日曬，二曰鹽浥，三曰籠蒸。籠蒸最好，人多不解，日曬損繭，鹽浥甕藏者穩。籠蒸者，用籠三扇，以軟草扎圈，加於釜口，以籠兩扇坐於其上，籠內勻鋪繭，厚三指許，頻於繭上以手試之，如手不禁熱，可取去底扇，却續添一扇在上，如此登倒上下，故必用籠也。』

清 方大湜《桑蠶提要》卷二《蠶事四十條**・殺繭**三則**》** 籠蒸 先用鹽一兩，油五錢，入釜湯內。次以蒸籠坐釜上，以輭草作圈圍，釜口籠內鋪繭厚三四指。俟熱氣蓬勃時，用手背於蒸籠下一層繭上，頻頻試探，如手不禁熱，即取去下層蒸籠，而以上層蒸籠坐釜上，再續添一層為上層。輪流蒸轉，總以手不禁熱為恰好，不可蒸得太過，亦不可蒸得不及。太過，則輭了絲頭；不及，則蛾必鑽出。如籠蒸太多，即於添水時，酌添油鹽。免至蒸乾絲頭。已上蒸籠之繭，務要當日蒸好。延至明日，則蛾出。蒸好之繭，攤於箔上，俟冷定後，再用細柳梢微覆之。如無蒸籠，則鋪繭於大竹篩內，亦厚四指許，繭上置新鮮椿葉，覆以單布，安鍋上蒸，至椿葉變色為度。

藝文

宋 洪适《盤洲文集》卷九《繭甕亭》 倚檻課條桑，作繭看成甕。我亦効吴蠶，踏破愁清夢。

繭籠

題解

元 王禎《農書》卷二〇《農器圖譜十六・蠶繰門》 繭籠，蒸繭器也。《農桑直説》云：『用籠三扇，以軟草扎圈，加於釜口，以籠兩扇，坐於其上。籠內勻鋪繭，厚三指許，頻於繭上，以手試之。如手不禁熱，可取去底扇，却續添一扇在上，如此登倒上下。故必用籠也，不要蒸得過了，過則軟了絲頭；亦不要蒸得不及，不及則蠶必鑽了。如手不禁熱，恰得合宜，此用籠蒸繭法也。』將已蒸過繭，於蠶房槌箔上，從頭合籠內，繭在上，用手撥動。如箔上繭滿，打起，更攤一箔。候冷定，上用細柳稍微覆了，其繭只於當日都要蒸盡。如蒸不盡，來日定要蛾出，如此繰絲有一般快。釜湯內用鹽二兩，油一兩，所蒸繭不致乾了絲頭。如鍋小繭多，油鹽旋入。詩云：

『蠶家有繭如山積，日恐蛾穿繰不得。鹽浥誠佳能幾何，只有籠蒸人未識。釜湯少沸積繭籠，熱不能禁手為則。旋抽底扇加上層，走曬中庭趂風日。人在軒車氣少舒，緒縷均停堪絡織。作計何人智者心，濟物不妨聊假力。回看籠也豈筌蹄，依舊人間炊餅食。』

論說

清 李君鳳《蠶桑說》

飼蠶法

置烘籠，方二尺餘，高三尺餘，用竹編，中編竹席，上空處約五六寸，用竹蓋或木蓋，以烘蠶繭。

又 烘繭：鋪繭烘籠內，厚約二三寸，用柴炭火烘之，火不宜大，火大恐傷繭；亦不宜太小，太小蛹不斃，最要留心。以蛹斃爲率。如二日內即繰，但烘蛹斃。若須待多日始繰，要補烘，令蛹乾，否則蛹潰傷繭。遇有烈日，晒亦能斃蛹，較烘更好。須於摘繭一二日內，烘晒畢，遲卽出蛾。倘繭絲少，或繰絲人多，生繭繰更佳。《蠶書》云：『用蒸，繭經蒸必潮，蛹愈易潰，似未可爲法。』

清 楊名颺《蠶桑簡編·栽桑法》《牧令書》卷一〇 蒸繭 扯去蒙茸，用蒸籠二扇，鋪繭籠內，厚四指，至氣透出取去，攤於涼箔。一日須蒸盡，不然蛾出。

清 江志伊輯《飼蠶法》 傳種 凡欲得健全美好之種，須於最豐之繭籠中，若十分中，有爛繭、蝨鑽繭、及蛹死不變蛾之繭一分者，即不可選用。

綜述

清 理財政局《奉天全省財政説明書·東三省奉天光緒三十四年入款説明書·歲入經常類》 繭捐 安東繭籠出口，每籠抽捐東錢一百文，是爲繭捐。

圖表

清 鄂爾泰《授時通考》卷七三《蠶事門·飼養》

繭籠

繭籠圖說

以鹽泥藏繭，終憂浥濕。置繭於籠蒸之，蛾自不出，有一般快釜，湯內用鹽二兩，油一兩，令所蒸繭不致乾了，絲頭，如鍋小繭多，油鹽旋入。

其他

題解

清 江志伊輯《飼蠶法》 蠶筐以竹爲之。平底，陡沿，上有平蓋，形圓，高尺許，圓圍二尺許。盛繭，盛蛾，及用以挪蠶。若以盛子，須用紙糊，以免漏子。或云：『子筐宜以荆條爲之，歲易新者。』用舊筐，則子不出。眼疏則透風，條澁則黏子也。

清 陳淳《烘繭法》第二章《中國殺蛹乾繭貯繭之現狀》《蠶業叢書》第一一編 大抵概以鐵鍋覆置，下燃薪柴，使其傳熱，上裝烘繭室，層插繭籠，是爲繭灶。其構造甚粗簡，而熱量易逸，發熱甚小，溫度不高不均，每生過與不及之弊。且給氣、排氣之裝置，不適於理因，而繭室内濕氣充盈，或溫熱竄逸，使所發之熱量，不能有效。觀今我國繭行所用之烘繭灶，大都如此，規模雖大，蓋無一完全之繭灶也。

綜述

宋 秦觀《蠶書》 種變方尺，及乎將繭，乃方四丈。織萑葦，範以蒼筤竹，長七尺，廣五尺，以爲筐。建四木宮，梁之以爲槌，縣筐中間九寸。凡槌十縣，以居食蠶，時分其居糞。其葉餘，以時去之。萑葉爲籬勿密，屈藁之長二尺者，自後茨之爲簇，以居繭蠶，凡繭七日而採之。居蠶欲温，居繭欲凉，故以萑鋪繭，寒之以風，以緩蛾變。

清 崔應榴彙纂，錢馥補輯《蠶事統紀》卷九 蒸餾繭法 如手背不禁熱，恰得合宜。於蠶房槌箔上，從頭合籠内繭在上，用手微撥動，如箔上繭滿，打起，更攤一箔。候冷定，上用細柳梢，微覆其繭，只於當日，却要蒸盡。

清 方大湜《桑蠶提要》卷二《蠶事四十條**・摘繭**六則**》**

摘繭之時 摘繭不宜過遲，冷蠶絲上山後六、七日可摘繭，熱蠶絲上山後三、四日可摘繭，俗謂之落山。亦曰回山。

摘繭之法 先上山者先摘，後上山者後摘。如帚内有黑腐之繭，即先去其黑者，然後將好繭摘下。繭黑者觸手即破皮，皮破必污及他繭，故先去之。摘時手宜輕不宜重。下手太重，則圓者捻匾矣。

別好醜 繭以堅實為佳，然絲有粗細之分，堅實而瑩白者絲細，堅實而晦色青蔥者絲粗，須儲兩處。若綿繭、蠶揹受傷，吐絲遲緩，其繭軟而鬆。陰繭、內潰而漬濕映頭繭、已成繭而不化蛹，斃爛繭中，穢汁潤映，又名烏頭繭。草凹繭、緊靠草把上做繭，繭上定有紫色印痕。尿緒繭、蠶尿沾染，漬成黃瘢。蛆鑽繭、蠅集蠶身，蛆生腹上，成繭後穿穴而出。穿頭繭、山下用火太旺，匆遽吐絲不及周徧環繞，其繭一頭穿破。凹赤繭、薄緒纏身，赤蛹外露。同功繭，兩三蠶共作一繭，俗呼大頭繭。皆繭之醜者，只可做綿，不可做絲。摘繭時，遇有此等繭，即須挑出另儲一處，切不可與好繭同繅。好醜同繅，則好者亦變而為醜。挑出之繭以清水浸之，留作做綿之用，并非棄物，詳做綿第一則。

攤置涼室 蛾穿繭而出者，其繭不可繅絲。蛹變為蛾，雖未出來，絲亦難繅。自摘繭至蛾出不過十餘日，其變蛾約在十日以内，所摘之繭尚須剝去外衣，見本條第六則斷不能即日便繅，故繅絲只可以七、八日為限，過限則蛹變為蛾矣。摘繭後，須薄薄攤於箔上，太厚則發熱置涼室中，並貯井水於箔下，使受涼氣。如此則蛹之變蛾可遲一、二日，繅絲者乃略從容。

剝去外衣 摘繭之後，須將外衣剝去，外衣即繭㢠，乃繭外之浮絲也。務須迅速，不可太遲，遲則發熱剝後仍攤於涼處，以待繅。外衣可留作抽線之用，並非棄物，詳抽線第一則。

又《殺繭三則此法為繭多繅不及者而設，繭若不多，不必用此法**》**

火焙 繭多不及繅，恐蛾穿繭而出，以火焙之，則蛾不出矣。炕之寬大者，一日可焙繭數百斤。北邊人謂煖牀為炕。焙時須熱氣均勻，時時翻動，則熱氣均勻矣。以乾透為度，勿過焦，勿用有煙之柴，是為至要。選柴法詳繅絲第二則。夔州人焙繭，火氣自炕外達炕内，既無濕熱之患，又無枯焦之虞，亦善法也。詳蠶具第十五則。但絲經火焙，總不如未焙者之光潤。

鹽浥 以繭十斤置甕内，以荷葉，箬葉亦可包鹽一、二兩，置繭上為一層，層層如此，甕滿則用鹽泥密封，甕口勿令走氣，亦可緩蛾之變。

籠蒸 先用鹽一兩、油五錢，入釜湯内，次以蒸籠坐釜上，以輭草作圈圍釜口，籠内鋪繭，厚三四指。俟熱氣蓬勃時，用手背於蒸籠下一層繭上，頻頻試探，如手不禁熱，即取去下層蒸籠，而以上層蒸籠坐釜上，再續添一層為上層，輪流蒸轉，總以手不禁熱為恰好。不可蒸得太過，亦不可蒸得不及。太過則輭了絲頭，不及則蛾必鑽出。如籠蒸太多，卽於添水時，酌添油鹽。免至蒸乾絲頭。已上蒸籠之繭，務要當日蒸好。延至明日則蛾出。蒸好之繭，攤於箔上，俟冷定後，再用細柳梢微覆之。如無蒸籠，則鋪繭於大竹篩內，亦厚四指許，繭上置新鮮椿葉，覆以單布。安鍋上，蒸至椿葉變色為度。火焙、鹽浥、籠蒸三法，以籠蒸為最佳，然天氣晴明，自可隨蒸隨曬，卽或不曬，亦不難於陰乾。若遇天雨日久，蒸過之繭厚攤箔上，固有發熱之虞，卽薄薄攤之，而蛹在繭中總不免濕氣蒸鬱，又不能不用火焙之法。

清 曹笙南輯《五畝居桑蠶清課》卷二《育蠶徵信篇》

熱蠶絲法

《西山農書》：放蠶簇上，以熟灰火溫之，待成綱，漸漸加大，不宜中輟，稍冷，卽游絲亦止纅之。卽繼絕者，多責爛作絮，不能一緒抽盡矣。《蠶桑寶要》：蠶初上山時，棚架下勻排火盆幾箇，晝夜加炭。兩晝夜後，繭已做完，聽無聲響，卽將火盆除去。《蠶桑續編》：嘉湖蠶桑甲於天下。卽如蠶老上山，簾架下必用極熱火坑，爲熱蠶絲。一則烘去蠶溲之水，使山燥爽；二則蠶口吐絲快，利纅，絲性純，織細光彩，異於他絲。他處之蠶上山，不用火坑，爲冷蠶絲。吐絲口緩，膠黏着實纅，絲不純易斷。惟火坑之繭，不可留種，育之不收。

清 江志伊輯《飼蠶法》

采繭 繭已做厚，須撤去簾□，使之通風。蓋火盆已熄，繭恐復潮，須藉風以扇之。五日而去藉，曰除托。用花格竹者，除去蘆簾，使死蠶沙矢，悉墜於地。

清 林心北、吴書年勸刻《蠶桑輯略·養蠶節次三十五條》

上杣

上杣之後，杣棚之下，排放火盆，前後左右，俱要密密遮好，以關煖氣。杣棚上面，又要透風。火煨唯此時可用，否則停杣。

又 晾杣

初上杣時，棚架下勻排火盆幾箇，須將盆內木炭，在外燒紅，出盡煙氣，再將火盆，循環替換，小心火燭。兩晝夜後，繭已做完，聽之無聲響，蠶做繭時，聲如陣雨。聽之無聲，則繭已做完矣。卽將火盆及遮圍之物，悉行除去。摘取桃枝一根，插在棚架之上，晾過一日，繭子內蠶化爲蛹，第四日可回杣矣。插桃枝者，取其闢邪之義。

清 林楊光、王鎮西《蠶桑條説·白河縣知縣林令楊光述呈桑蠶各説七條》

焙火之法：用繭頓加火盆之上，如焙茶法。中隔以米篩，距火尺餘，四圍障蔽，使火氣不洩，火微卽煥。如是者，兩三日以手撚之蛹，隨手碎乃已。若竹箔，則上滿可烘，不待落繭，然要遲抽，亦須焙之。

清 盛宣懷輯《蠶桑備要》

作緜 用大木盆上鋪蠶篩，取净繭置篩中，逐箇剝開，翻套於手掌上。

清 孫尚質《橡蠶芻言》卷三《育蠶要務》

烘繭出蛾 春分節前後，遇烘繭時，燃火於蠶房之坑底，中開一孔眼，透放其烟，俟火氣充滿室內，撐開四窗，鈎起門戶廉幙，吸空氣而除炭氣。更將地面灑掃潔净，另用抬爐，焚柏烟環室，薰一鈎鐘止，掩閉窗簾，然後穿繭。百枚爲一掛，懸房中，置寒暑表，測其冷煖，總以室之溫度，與繭蛹所受之溫度，平均如一。天氣寒，加抬爐以助煖；天氣熱，起簾幙以迎涼。本四十日出蛾之期，加以人力，原可縮短旬日。

清 楊鞏《中外農學合編》卷一〇《蠶類·飼育·器具圖説》

火炕

炕之四圍，以火磚砌墻，或土磚亦可。形如炕床，高一尺六七寸，寬二尺，長三四五六尺不拘。炕之檔頭，開一火門。從平地開起，高一尺餘，寬五六寸。不可過高過寬，恐火氣不緊也。火門外邊平地，挖一火窩，以盛薪炭。此窩緊靠火門，方寬長各四五寸，深亦不過四五寸。緊靠火門之上，偏安石板一塊，内高外低，形如屋檐，以罩火窩。窩内火氣上衝，被外邊低檐關住，自然折入炕内，石板較火門略寬一二寸，安在炕墻磚縫内。如恐偏安不穩，即於火門兩邊，用磚直砌，托住石板，形如竈門，火氣更緊。緊靠石板之上，安横木四五根，一頭在石板上，一頭在對面墻上。形如牀之横檔，以承箔摺。自火窩裏邊起，用土築實，漸次斜上，直抵對面盡頭安横檔處，以達火氣。炕内不築斜坡，則火氣不勁。斜坡之中，開一微窩，兩旁略高，形如箭箕，以均火氣。斜坡上不開微窩，則火氣太直，不能散布兩邊。即或散布兩邊，火氣亦不均匀。但窩不宜深，深則火氣下陷，不能直送到頂。檔上箔摺密留小孔，形如米篩，以透火氣。箔摺長短寬窄，須與炕内空處一樣，切不可短窄，恐翻動時漏出繭也。摺上盛繭，摺上空六七寸，可盛多數之繭。繭上另用箔摺蓋好，以聚火氣。《授時通考》

藝文

清 惠士奇《簇蠶詞》《清詩鐸》卷七　麥風細，蠶眠地。桑葉殘，蠶上山。蠶房漸覺侵微暑，乍暄還暖愁煞汝。朝爇熏籠夜點燈，竊脂驅雀貓捕鼠。一日茸茸粉絮結，兩日堆堆白於雪。三日團團論斗盛，小婦量來大婦稱。繅出新絲付機杼，織成十樣花紋綾。君不見繭税年年充國課，浴蠶孃子常衣布。

清 張集賢編撰，郝子雅繪製《桑織圖》　上簇　蠶上簇時透體明，吐絲結繭自經營。老蠶畏寒室宜煖，時添炭火加烘籠。

圖表

清 沈練，仲學輅輯補，章震福校訂《廣蠶桑説輯補校訂》卷三

蠶箸式

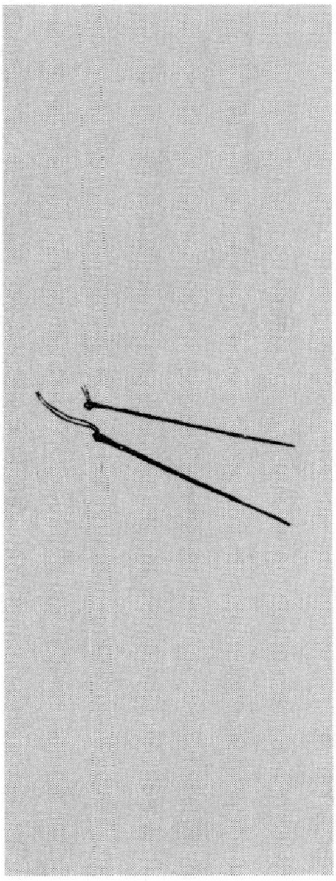

箸以竹爲之，長五寸，細逾常箸，一頭削尖，磨令光潤。視小蠶稀密未匀之處，撥之使匀。震按箸之長短、粗細，與日本人之飯箸相同，其一端微見尖鋭。

絲具部

題解

宋 秦觀《蠶書》

錢眼

爲板長過鼎面，廣三寸，厚九黍，中其厚插大錢一，出其端，横之鼎耳，復鎮以石，緒總錢眼而上之，謂之錢眼。

又　鎖星

爲三蘆管，管長四寸，樞以圓木，建兩竹，夾鼎耳，縛樞於竹中。管之轉以車，下直錢眼，謂之鎖星。

又　添梯

車之左端，置環繩，其前尺有五寸，當車牀左足之上，建柄長寸有半。匼柄爲鼓，鼓生其寅，以受環繩，繩應車運。如環無端，鼓因以旋。鼓上爲魚，魚半出鼓。其出之中，建柄半寸，上承添梯。添梯者，二尺五寸片竹也，其上揉竹爲鉤，以防系窾。左端以應柄，對鼓爲耳，方其穿以閉添梯。故車運以牽環繩，繩簇鼓，鼓以舞魚，魚振添梯，故系不過偏。

清 高銓《吴興蠶書》卷上　牌坊　牌坊用柱木二，高二尺，上設横檔，檔下置短柱，長三寸，兩緒者一柱，三緒者二柱。連長柱平穿一孔，用細篾一條貫之，以綴響緒，下鑲薄板三寸，鑽穴以鑲做絲眼。兩緒者兩穴，三緒者三穴。

又　絲稱　絲稱所以制絲，使之横斜上軸也。以小木條爲之，長二尺四五寸，一頭開圓竅，套於牡鑲鐙上，一頭貫於車牀柱之孔中，上釘鐵鉤，曰送絲鉤。兩緒者兩鉤，三緒者三鉤，亦有用竹鉤者。

做絲眼　絲眼所以穿絲也，用細銅鐵條爲之，長三寸，一頭椎扁鑽眼，眼須光潤，不令剮斷絲緒，末用桑梗鑲之。

又　牡孃鐙　鐙以桑木爲之，高三寸，圓周六寸，或削八棱，或削十棱。

十稜者不鉤堂。絲板之邊謂之堂口，八稜者絲緒旋轉，多著於邊，邊厚中薄，兩邊卽束緊而狹，是爲鉤堂。十稜則旋轉停勻，無此病矣。中鑿圓孔以套車牀柱之榫上，中腰削均，以環牡孃繩，上裁兩耳，旁鑲小圓木一條，長四寸，以承絲稱。

清 高銓《蠶桑輯要》卷上 做絲手 做絲手，以帶節竹一片為之，闊二寸，長八寸，節須留在六寸之間，上斲粗縷七、八條，形若手指，以撈絲緒。

清 俞墉纂輯《蠶桑述要》 車軸，俗名絲約子，以檀木爲之，中心長二尺二三寸，安齒處宜八角式向外。一頭圓形約二寸五分，近繅絲人。一頭鑿圓形者，亦二寸五分。鑿爲方柄者，四寸餘，接活節，龍下引至踏腳板，軸身鑲短架四齒，以成方式，均長一尺三寸，高九寸。三架牢釘於軸身，其一須活落，利於脱絲。

清 沈秉成《蠶桑輯要・諸家雜説・紡野繭法》 踏脚板，用尺五寸長六寸闊木一塊，上製兩耳以爲底；再用八寸長厚板一片，削成屨樣，旁綴二榫，嵌於底木兩耳中，上直鑲二尺小木條，頭裁榫口。另用二尺小木條，一頭湊於直木之榫口，以竹錢貫之；一頭鑿成圓孔，貫於軸柄，踏動板木，可屈可伸，軸卽隨之轉矣。

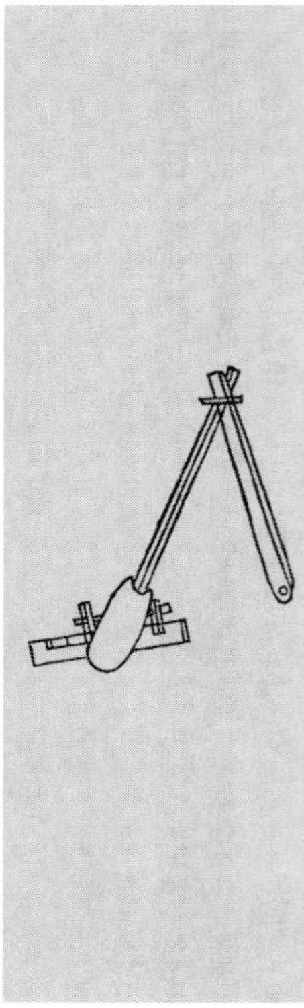

清 沈練，仲學輅輯補《廣蠶桑説輯補》卷下《飼蠶法六十六條》

絲竈烟囱式撈絲帚，火盆，均附注

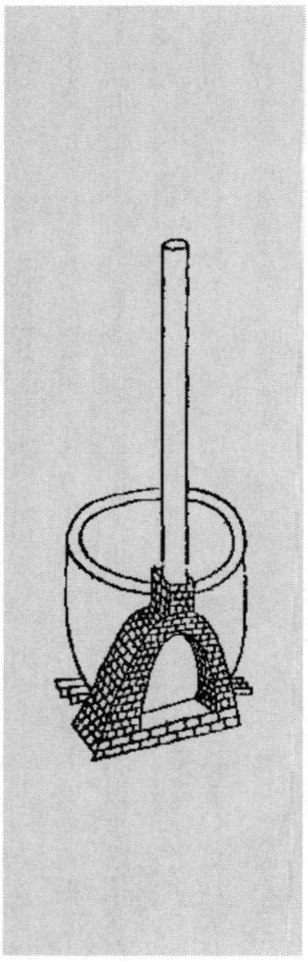

絲竈裏面，或用甌，或以甎代。製法無異，兹但以磚竈言之。竈底用四五寸高之木架，另以大篾就架上，編就竈皮。一面開火門，火門上編煙囱。其竈内用磚砌作缸樣，石灰和泥厚托，不使漏煙。煙囱亦塗灰泥，但無磚。

清 沈練，仲學輅輯補，章震福校訂《廣蠶桑説輯補校訂》卷三《飼蠶法六十六條》 踏脚板，用尺五寸長六寸寬木一塊，上製兩耳以爲底；再用八寸長厚板一片，削成屨樣，綴二榫，嵌於底木兩耳上，直鑲二尺小木條，頭裁榫口。另用二尺小木條，一頭凑於直木之榫口，以竹錢貫之；一頭鑿成圓孔，貫於軸柄，踏動板木，可屈可伸，軸卽隨之轉矣。此《蠶桑輯要》法，然不如直木上頭縛以麻繂，另以毛笥壳，水潤作紐，套上軸柄，上接麻繂以運動車軸，更覺輕靈。

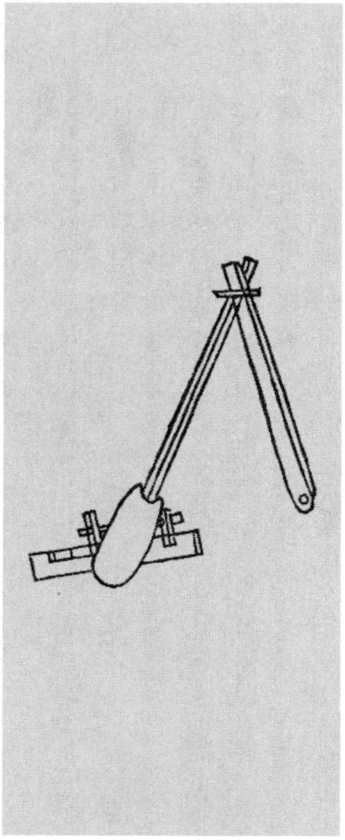

又 絲竈煙囱式撈絲帚、火盆均附註。

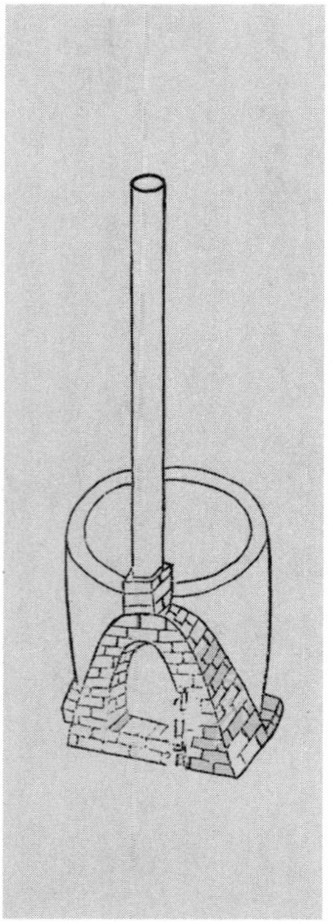

絲竈裏面，或用甑，或以甎代甑，製法無異，兹但以磚竈言之。竈底用四、五寸高之木架。另以大篾就架上編就竈皮，一面開火門，火門上編烟囱，其竈內用磚砌作甑樣。石灰和泥厚托，不使漏烟，烟囱亦塗灰泥，但無磚。撈絲帚，一名做絲手，一名打絲帚。以帶節竹一片爲之，闊二寸，長八寸，節須留在六寸之間。上劄根縷七、八條，近節處嵌以銅絲，使縷析條分，以便導繭出緒。火盆可用山下向缸，盛以炭火。繅絲時安置軸下烘絲，若停軸時，必先移去。

清 羊復禮《蠶桑摘要》 刷柴扒 以木爲之，上釘大鐵釘，拾餘箇縛在長櫈上，以刷淨木皮，此做草帚必用之器。

清 沈練，仲學輅輯補，章震福校訂《廣蠶桑説輯補校訂》卷三

絲稱式

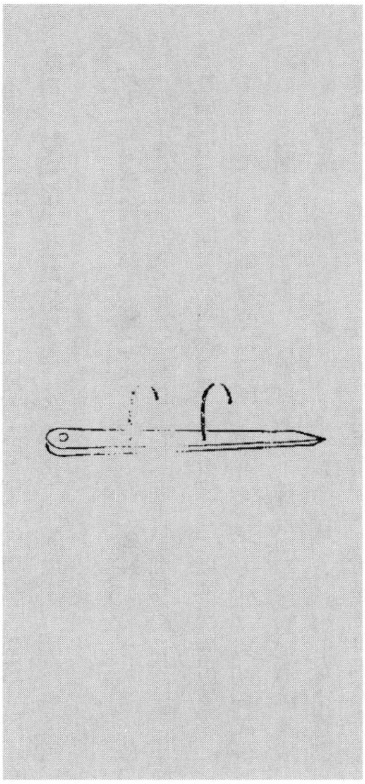

絲稱，俗名抽鎗，所以制絲使之横斜上軸也。以小木條爲之，長二尺四五寸，上釘鉤，曰送絲鉤。楊枝鉤爲上，亦有用銅鐵者。鉤之數，視響緒之數，響緒三，則絲鉤亦三。

清 豫山《蠶桑輯要合編》上 絲稱所以制絲，使之横斜上軸也。以小木條爲之，長二尺四、五寸，一頭鑿圓竅，套於牡孃鐙上。一頭貫於車狀柱之孔中，上釘鐵鉤，曰送絲鉤。

清 趙淵《蠶桑摘要》卷下 絲秤俗名抽鎗，所以制絲使之横斜上抽，不致混成一片，令交清而易尋，以木條爲之，長二寸，頭寬一寸，尾寬四分，自頭至尾，由寬而窄，秤頭開一圓孔，套於牡孃墩小直柱上。孔比牡孃墩直柱略大，秤尾貫於車牀前右柱孔中。

清 葉向榮《農林蠶説》 牡娘鐙繩式 鐙以桑木為之，高三寸，周圍六寸，或八棱，或十棱，中鑿圓孔，以套車牀柱準上。中腰削坳，以環牡娘繩，上裁兩耳，旁鑲四寸小圓木一條，以承絲稱。繩用棉絞者為上，長約四尺，兩頭交接使緊。前套牡娘鐙，後套軸柄上，中須交互一轉，方能使鐙隨軸而運。 做絲手，以帶節竹一片為之，濶二寸，長八寸，節須留在六寸之間，上剄根縷七、八條，形若手指，以撈絲緒。

清 衛杰《蠶桑萃編》卷四《繅政・繅具類》

撈絲帚

撈絲帚，以帶竹節為之，寬二寸，長八寸，便撈繭提緒。

清 豫山《蠶桑輯要合編》上

絲竈煙囱式

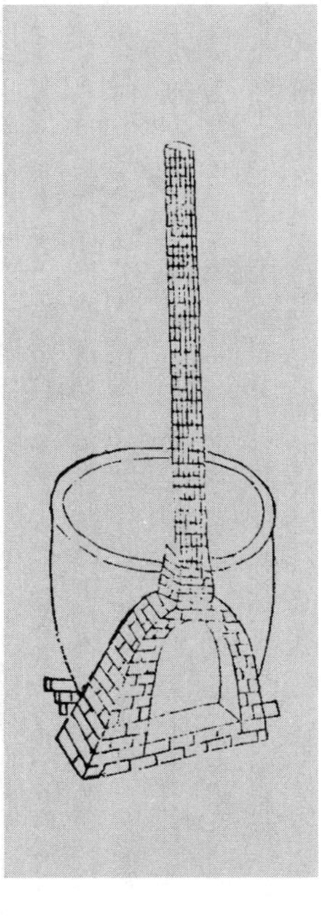

絲竈之制不一。有用缸竈者，以小黄砂缸爲之，一面開火門，用石灰和泥，內外塗托。有用甎竈者，以甎坏砌成，高二尺五六寸，寬廣以容大釜爲度。內外亦用灰泥厚托，俗有陰竈陽竈之稱。高敞者爲陽竈，發火省柴。鬱悶者爲陰竈，不發火徒增煙悶。

清 王元綎《野蠶録》卷一《繅具》

做絲眼

做絲眼，一名絲窩，以銅條為之，長三寸，一頭槌匾插於下横梁短木之横口內，一頭槌匾鑽眼。以盆內之絲從此眼內度出，搭上響緒，眼須光滑，庶免劃斷絲縷，如屈銅為鈎，絲縷一挽即入，勿庸穿度，較用絲眼更為簡便。

清 吴士鎔校，袁俊德輯《繅政萃編・繅具類》 響緒以小竹爲之，長四寸，圍圓約四寸，兩頭留節，中刻條縷，節上穿孔，貫以篾條。將鍋內撈起之絲先度又做絲眼內，再由絲眼搭上。響緒，或小竹管爲之，亦便利，但嫌聲大嘈雜。

論説

宋 秦觀《蠶書》

車

制車如轆轤，必活其兩輻，以利脱系。

清 高銓《蠶桑輯要》卷下

排車

安頓車牀，宜貼近竈基。傍竈一面，牀脚須墊高三四寸，使牀身少側，高則牌坊可架釜面，側則車軸利于旋轉。牀脚之横檔用繩纏絆，以石壓定，石不可輕，恐車牀移動；又不可高，恐礙貫脚之轉運。貫脚中朾木，須重擊使緊，不緊則貫脚為絲所束，或遍逼入軸中，卽與朾木齟齬難脱車矣。牌坊、絲稱、牡孃鐙，並踏脚諸器，各須逐一布置周正，所謂事前定，則不困也。

清 方大湜《桑蠶提要》卷二《蠶論四十條·蠶具三十則》

撈絲帚，一名做絲手，以帶節竹一片為之，寬二寸，長八寸，竹節須留在六寸之間。節上劈粗縷七、八條，形若手指，近節處貫以銅絲，務使縷析條分，以便撈繭出緒。

竈宜上寬下窄，或用缸竈或以磚砌，皆可。竈之内外，須以石灰和泥厚塗之。鍋口之四圍，亦以泥護之，不可漏煙。煙窗用薄篾條，環繞編成，上口比下口略小，高出屋檐，下口圓徑六、七寸，高約丈餘。内外均用灰泥厚塗。竈門兩旁將磚砌起，以煙窗置其上，則煙出竈門，卽直衝煙窗而出矣。

後二柱安軸，前二柱安絲秤，前二柱之前面横梁短柱，安牌坊。

車牀形方，牀之四角，各安一柱，四面各安横檔二層，檔之兩頭，各有方榫，嵌入柱内，前檔、後檔，均横長一尺三寸六分，左檔、右檔，均横長一尺零六分，嵌入柱内之榫頭，均在一尺三寸六分、一尺零六分之外。左右、上下檔與前後、上下檔高低不一，左右下檔各去地一寸八分，左右上檔各去地一尺四寸二分，前後下檔各去地三寸，前上檔去地一尺五寸，後上檔去地九寸，後上檔去地尺寸所以較前左右上檔獨低者，因車軸架在後二柱之頂，此處上檔低則上檔之上地步空闊，可容貫脚轉旋也。後左角、後右角各一柱，柱頂各開榫口以承車軸，柱高二尺零五分，寬三寸，厚一寸四分，榫口寬一寸，深一寸五分。前左角一柱，柱頂裁成直榫，以貫牡孃墩，柱高二尺零八分，寬二寸八分，厚一寸四分，榫頭徑九分，圍圓二寸七分，高一寸七分，此一寸七分卽在二尺零八分之内。柱脚裁成榫口，以套踏脚底板之工字榫頭，榫口靠地，寬八分，長一寸四分。前右角一柱，柱頂横鑿一孔，以套絲秤。柱高二尺一寸五分，寬二寸八分，厚一寸四分，孔寬一寸，高五分。前左、前右二柱之前面各安一小横梁，前左柱横梁之上安一短柱，短柱之頂裁成榫口，以嵌牌坊。下横梁之左邊榫頭，前右柱横梁，不安短柱，只於横梁盡頭處鑿一方孔，以承牌坊。右邊長柱之下截榫頭，横梁長五寸，寬一寸，厚一寸，去地一尺六寸。短柱高二寸五分，寬窄與横梁同榫口，長一寸，寬六分，深八分。二柱之前面下截靠地處，各安一小横梁，以木板擱横梁之上，以磚石壓木板之上，庶免車牀移動。

牌坊上下横梁各一，下横梁左右兩頭均裁成方榫，下横梁長一尺三寸八分，榫頭在外。右邊榫頭嵌入右邊長柱之下截横孔内，左邊榫頭嵌入車牀前左柱之前面横梁短柱榫口内，下横梁中間直開一孔，上横梁中間及左右兩頭亦各直開一孔，上横梁長一尺五寸五分。右邊長柱一，上下兩頭均各裁成方榫，柱長一尺五寸八分，榫頭在外。上截榫頭嵌入上横梁右邊直孔内，下截榫頭嵌入車牀前右柱之前面横梁直孔内，下截榫頭之上横開一孔，以承下横梁右邊榫頭。中間長柱一，上下兩頭均裁成方榫，柱長一尺三寸五分，榫頭在外。嵌入上下横梁中間直孔内。響緒在中柱之兩旁。左邊短柱一，上截裁成方榫，嵌入上横梁左邊孔内，短柱倒懸於上横梁之下，長二寸五分，粗細與長柱同。短柱、長柱均平穿一孔，用細篾一條，鐵絲亦好。横貫孔内以綴響緒，下横梁之前面開二孔，此孔與彼孔相去四寸五分。另用小方木二段，長二寸四分，寬六、七分。一頭平鑲下横梁孔内，一頭破一小口以安做絲眼。

做絲眼，一名絲窩，以銅條為之，長三寸。一頭捶扁，插於下横梁短木之横口内，一頭捶扁鑽眼。鍋内之絲從此眼内度出，搭上響緒，眼須光滑，庶免劃斷絲縷，如屈銅為鈎，絲縷一挽卽入，無庸穿度，較之用絲眼者更為簡便。

響緒，用小竹為之，長四寸，圍圓約四寸。兩頭留節，中刻條縷，節上穿孔，貫篾條上，鍋内撈起之絲先度入做絲眼内，再由絲眼搭上響緒。

雙絲眼牌坊，長柱二，短柱一，響緒絲眼各二。三絲眼牌坊，長柱二，短柱二，響緒、絲眼各三。初學繅絲者用單眼，善繅者用雙眼，最善繅者用三眼。至絲之粗細，視絲眼下用繭之多少，絲眼下用繭多，則絲粗；絲眼下用繭少，則絲細。

不在乎絲眼之多少也。

上下橫梁各一，上橫梁長一尺三寸五分，下橫梁長一尺四寸五分。中間直柱二根，每根長一尺五分，榫頭在外。二直柱之下截，離下橫梁約一寸五分遠。各平鑲短木一截，短木各長一寸六、七分。短木頭上各安送絲鉤一枝，上橫梁中左右各平鑲短木一截，短木各長三寸。短木中間各安響緒一箇，是為牌坊之頂。下橫梁之後，平鑲短木二截，短木各長二寸。再於短木盡頭，平鑲橫梁一根，此橫梁比下橫梁短二、三寸。是為牌坊之底，此亦雙絲眼牌坊式也。三絲眼應用直柱三根，送絲鉤三枝，上橫梁平鑲短木四截，安響緒三箇，餘俱同。

前式牌坊，或雙絲眼，或三絲眼，均嵌在車牀之上。此式牌坊，或雙絲眼，或三絲眼，均擱在絲鍋之上。如用前式即不用此式，如用此式即不用前式。

用雙絲眼牌坊者，絲秤上送絲鉤二枝，用三絲眼牌坊者，絲秤上送絲鉤三枝。

絲秤，俗名抽槍，所以制絲，使之橫斜上軸也。以木條為之，身長二尺，頭寬一寸，尾寬四分，自頭至尾由寬而窄。秤頭開一圓孔，套於牡孃墩小直柱上，孔比牡孃墩直柱略大。秤尾貫於車牀前右柱孔中。

送絲鉤，以銅為之，鐵亦可。一頭釘絲秤之上，一頭屈而為鉤。鍋內之絲由絲眼引上響緒，挽入此鉤，再由此鉤搭上車軸。

牡孃墩以桑木為之，面平、底平、腰細，身高二寸，底面各圍圓八寸六分，腰圍圓七寸。正中開一直孔貫於車牀前左柱圓榫上，中腰週圍削凹如蜂腰形，或八棱或十棱，以環牡孃繩，墩上兩耳各橫穿一孔，耳高八分。以小木作門，一頭橫貫兩耳孔內，一頭留孔外作橫梁，門長五、六寸，一頭寬四分，長三寸餘，貫兩耳孔內，一頭寬八分，長二寸餘，留孔外。橫梁上安直柱一根，上半截削圓以承絲秤。直柱長四寸，下半截方而匾，寬八分，長一寸五分，上半截圓如筆管，長二寸五分。

牡孃繩，以緜絞者為上，棕絞者次之，長約四尺。兩頭交結使緊，前套牡孃墩蜂腰上，後套軸柄上，中間須交互一轉，方能使墩隨軸而運絲之成片，必由於墩。墩之靈否，半由於繩，繅絲時常須照顧。

車軸，以堅木為之，軸右邊盡頭處裁為圓榫，嵌入車牀後右柱榫口內，左邊盡頭處留一短筒，軸身之左短筒之右裁成圓榫，嵌入車牀後左柱榫口內，軸身長一尺三寸，榫頭與短筒均在一尺三寸之外，軸中間圍圓九寸，兩頭近榫處圍圓八寸。短筒長三寸六分，圍圓七寸；榫頭長一寸五分，圍圓三寸。榫頭嵌入榫口不可太緊，太緊則運不動、取不出。短筒靠圓榫處削成蜂腰形，並起八稜以環繞牡孃繩，蜂腰口寬一寸三分，深五分，圍圓五寸五分。蜂腰之左鑲直木一條，短筒長三寸六分，除去蜂腰一寸三分，尚餘二寸三分，即在此二寸三分之中間，開一方孔，安直木一條，長五寸，寬一寸，厚一寸。直木將盡頭處鑲橫木一條，以作軸柄，直木下截將盡頭處留五、六分，即在此五、六分之上開一橫槽，以鑲橫木，橫木長四寸六分，一頭長二寸一分，粗細與直木同，其形方，即在此二寸一分之中間開一橫槽，鑲入直木橫槽之內，一頭長二寸五分，削圓為柄。不善繅絲者用手轉車，即執此柄搖轉，如紡線一般。善繅絲者用脚踏車，即將脚踏板上之橫木條圓孔，套於此柄之上。

貫脚四具，安於軸身四面，以襯絲縷。每貫脚用橫梁一根，直柱二根，橫梁之上開鑿二孔，以二直柱之榫頭嵌入橫梁孔內，柱長六寸五分，榫頭在外，寬一寸二分，厚八分，橫梁長一尺二寸六分，寬一寸二分，厚一寸二分。四面貫脚，三面嵌緊，一面用活者，可裝入亦可取出，軸上鑿一橫槽，活貫脚正面槽長四寸二分，寬八分，反面長三寸八分，寬七分，深以兩面開通為度。以活貫腳之兩柱嵌入槽內，盡頭處兩柱中間尚有空槽，以杙木嵌入空槽，用槌重擊，貫腳自緊。

杙木一頭大，一頭小，長五寸，自大頭至小頭，由寬而窄，大頭寬二寸二分，厚八分，小頭寬一寸二分，厚七分，嵌入活貫腳兩柱之間，重擊大頭，則貫腳緊，重擊小頭，則貫腳脫。

車衣，以布為之，貫腳橫梁之上，用布蒙其四圍，謂之車衣。所繅絲縷由送絲鉤搭上車衣，軸既旋轉，絲自環繞車衣之上，卸架時連衣揭下。

踏腳板，以堅木一片為底板，長九寸，寬三寸，厚六分。一頭裁榫如工字形，套入車牀前左柱腳下榫口內，底板榫頭寬七分，長一寸五分，車柱榫口靠地，以底板榫頭套入車柱榫口，則底板被車柱壓緊，腳踏之時自不至於移動。一頭安兩耳，耳上各橫穿一孔，耳高二寸五分，安於底板面上，孔寬四分，離底板一寸三分。再以木板一片，削成鞋底樣，長八寸。面要平，底不要平，底下前六寸由薄而厚，薄處三分，厚處一寸四分，後二寸由厚而薄，厚處一寸四分，薄處六分，便不失之太平。底下太平，則腳踏鞋板時，鞋尖雖已落地而鞋板尚不甚斜，不過微起微落而已，鞋板既微起微落，直條、橫條即不能大起大落，直條、橫條既不能大起大落，車柄、車軸即不能旋轉如意。前宜寬，後宜窄，自前至後由寬而窄，寬處二寸六分，窄處二寸。寬處可以踏腳，窄而且厚之處旁綴二榫，穿入底板兩耳孔內，榫頭宜圓不宜方，方則運不動，鞋板宜略小於孔，不可嵌得太緊，太緊則鞋板踏不動矣。又鞋板之下、底板之上，須空寸許，不可緊貼，緊貼者亦踏不動鞋板。另用直木一條長一尺七寸，寬一寸二分，厚五分。以一頭嵌入鞋板木嵌在鞋板至厚之處、底板兩耳之內。以一頭開一小孔。又用小木一條長一尺七寸，寬一寸二分，厚三分。一頭開小孔，與直木小孔相對，用竹釘綰之不可太緊，太緊則横木轉不動矣。一頭開圓孔，横貫於車軸之柄孔比軸柄略大，兩木條一直一横，形如曲尺。踏動鞋板則鞋板帶動直條，直條帶動横條，横條帶動軸柄，軸卽隨之而轉矣。如不用小横條貫軸柄，則以麻繩縛直木之頭，而另用老筍殼浸溼作紐，套上軸柄，下接麻繩，以運動車軸，更覺輕靈。

車制自車牀起，至腳踏板止，皆浙江人現用之式。襄陽絲線鋪所用絲車，亦以腳踏，與浙式大同小異。但車牀過高，絲竈須高與胷齊，繅絲者可立不可坐，婦女繅絲似不如浙式為便。緣業蠶之家多以女工，繅絲不比絲線鋪繅絲，專用男工也。

火盆有大小兩種，結繭時，山棚之下熏灼蠶身，用大火盆。繅絲時，車軸之後烘炙溼絲，用小火盆。

綿豁又名綿矩，大小不一，以木板為底，兩頭各鑿一孔，用厚竹片一條，彎轉兩頭，插於孔內，其形如弓，以綿蒙於弓上，向下拉扯，則綿形外圓而中空，方者用木為框，以綿蒙框上，向下拉扯，則綿形外方而中空。

綿叉以銅為之，叉下鑲木幹長約二、三尺，粗如指。

墜梗，以竹為之長一尺，粗如細箸。削令光圓。一頭留節貫錢十餘文，使之重墜，一頭刻成螺旋深紋，使線嵌入螺紋，不致脱落。蘆管以蘆為之長六寸，以竹為之亦可。套於墜梗之上。

清 鄭文同《蠶桑輯要・治繭繅絲共計十六則》 絲車制造宜精，務須購自下三府，令匠工之巧者，依樣製之，弗使有毫釐之差。其車座車軸，必皆四方端正，旋轉處要光滑，上有牌楼，裝小轆轤竹為之，謂之絲浴子。下有插眼之處，中有裝鈎之具，每車兩副，可以更換，繅細用三眼，繅粗用兩眼，其座軸則一也。

清 何石安、魏默深《蠶桑合編・繅絲法十二條》 牡孃繩須時時著水使緊，絲緒乃能錯綜，不至結成一塊，至不可分。且牡娘繩不緊，絲稱便爾移動，所謂走板也。

清 羊復禮《蠶桑摘要》

緊繩

牡孃繩須時時緊扣，絲緒始絡繹上軸，不致結成一塊，至不可分。蓋牡孃繩不緊，絲稱便移動，所謂走板也。

清 豫山《蠶桑輯要合編》上

一、牡孃繩須時時著水，使緊絲緒，乃能錯綜，不致結成一塊，致不可分。且牡孃繩不緊，絲稱便爾移動，所謂走坂也。

一、脱車舊法：用苎皮鬆縛絲板，以送杍木。緊緊抵住杍木之小頭，用䄯頻擊自脱，乃取車軸離牀，將絲連車衣布揭之。

清 朱祖榮《蠶桑答問》卷下

牡孃繩第九

問曰：『牡孃繩用法何如？』

答曰：『牡孃繩須時時著水，使緊絲緒，乃能錯綜，不至結成一塊，至不可分。且牡孃繩不緊，絲稱便爾移動，所謂走板也。』

綜述

宋 秦觀《蠶書》

化治

常令煮繭之鼎，湯如蟹眼，必以箸，其緒附于先引，謂之餵頭。毋過三系，過則系麤；不及則脃，其審舉之。凡系自鼎道錢眼，升于鏁星，星應車動，以過添梯，乃至于車。

錢眼：爲板長過鼎面，廣三寸，厚九黍，中其厚插大錢一，出其端，横之鼎耳，復鎭以石，緒總錢眼而上之，謂之錢眼。鎖星：爲三蘆管，管長四寸，樞以圓木，建兩竹，夾鼎耳，縳樞于竹中管之。轉以車下直錢眼，謂之鎖星。

車之左端，置環繩，其前尺有五寸，當車牀左足之上，連柄，長寸有半。匼柄爲鼓，鼓生其寅，以受環繩，繩應車運。如環無端，鼓因以旋。鼓上爲魚，魚半出鼓。其出之中，建柄半寸，上承添梯。添梯者，二尺五寸片竹也，其上揉竹爲鉤，以防絲竅。左端以應柄，對鼓爲耳，方其穿以閑添梯。故車運以牽環繩，繩簇鼓，鼓以舞魚，魚振添梯，故絲不過偏。

制車如轆轤，必活其兩輻，以利脱絲。

元 王禎《農書》卷二〇《農器圖譜十六・蠶繅門》

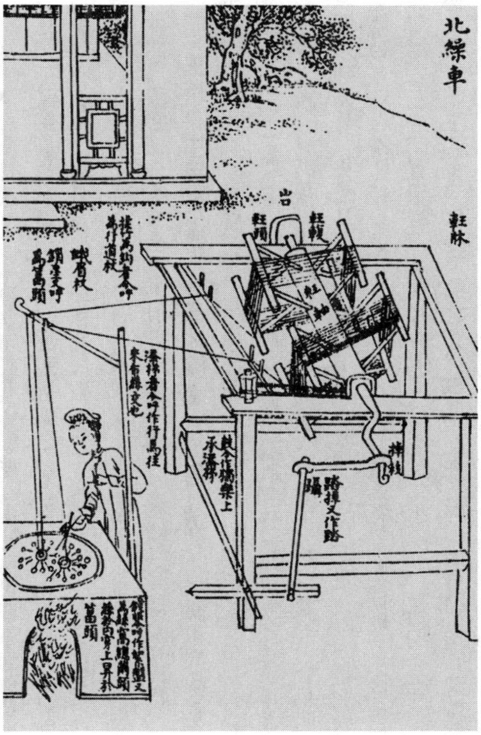

繅車繅絲，自鼎面引絲，以貫錢眼，升於鑠星，星應車動，以過添梯，乃至於軠去王切，繅輪也，方成繅車。秦觀《蠶書》：『繅車之制。錢眼：爲版長過鼎面，廣三寸，厚九黍，中其厚揷大錢一，出其端横之鼎耳，後鎮以石。鑠星：爲三蘆管，管長四寸，樞以圓木建兩竹，夾鼎耳，縛樞於竹中。管之轉，以車下直錢眼，謂之鑠星。星應車動，以過添梯。《農桑直說》云：『竹筒子，宜細鐵條子，串筒兩捲子，亦須鐵也。』添梯：車之左端，置環繩，其前尺有五寸，當床左足之上，建柄，長寸有半。匼柄爲鼓，鼓生其寅，以受環繩，繩應車運如環，無端鼓，因以旋鼓上爲魚，魚半出鼓。其出之中，建柄半寸，上承添梯者，二尺五寸片竹也，其上揉竹爲鉤，以防絲竅。左端以應柄，對鼓爲耳，方其穿以閉添梯。故車運以牽環繩，繩簇鼓，鼓以舞魚，魚振添梯，故絲不過偏。制車如轆轤，必添兩軸，以利脫絲。』竊謂：『上文云車者，今呼爲軠，軠必以床，《農桑直說》云：『軠牀下鼎一尺，軸長二尺，中徑四寸，兩頭三寸，用榆槐木四角，或六角，輻通長三尺五寸，六角不如四角，軠小則絲易鮮。』以承軠軸。軸之一端，以鐵爲裊掉，復用曲木檈作活軸，右足踏動，軠即隨轉，自下引絲上軠，總名曰繅車。』詠曰：『人家育蠶憂不得，今歲蠶收繭如積。滿家兒女喜欲狂，走送車頭趂繅緝。南州誇冷盆，冷盆細繳何輕勻。北俗尚熱釜，熱釜絲圓儘多緒。即今南北均所長，熱釜冷盆俱此軠。軠頭轉機須足踏，錢眼添梯絲度滑。非絃非管聲咿嗔，村北村南響相答。婦姑此時還對語，準備吾家好機杼。豈知縣吏已催科，不時揭去無餘紽。迫索仍憂宿負多，車乎車乎將奈何。』

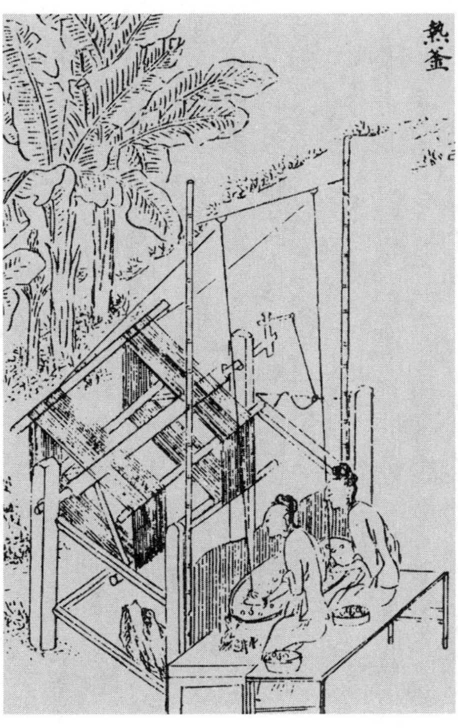

熱釜，秦觀《蠶書》云：『繅絲，自鼎面引絲，直錢眼，此繅絲必用鼎也。』今農家象其深大以槃甑接，釜亦可代鼎。故《農家直說》云：『釜要大，置于竈上。如蒸竈法，可繅粗絲。單繳者、雙繳者，亦可。釜上大盤甑接口，添水至甑中八分滿，可容二人對繅。水須常熱，宜旋旋下繭繅之，多則煮損。凡繭多者，宜用此釜，以趨速效。』詩云：『蠶家熱釜趁繅忙，火候長存蟹眼湯。多繭不須愁不辨，時時頻見脫絲軒。』

冷盆，《農桑直説》：『冷盆可繅全繳細絲，中等繭可繅下繳，比熱釜者有精神，又堅韌也。雖曰冷盆，亦是火温之。盆要小，先泥其外。口徑可二尺之上者，預先翻過，用長黏泥底，並四圍至唇，泥厚四指，將至唇漸薄，日晒乾，名為冷盆。用時添水八九分滿，繅之。』水宜温煖常勻，無令乍寒乍熱不勻也。詩云：『尾盆添水火微然，繭緒抽來細繳全。不似貴家華屋底，空教纖手芺清泉。』

明 王圻、王思義編集《三才圖會・器用九卷》 繅車繅絲，自鼎面引絲，以貫錢眼，升繅於星，星應車動，以過添梯，乃至於軖去王切，繅輪也，方成繅車。秦觀《蠶書》：『繅車之制。錢眼：爲版長過鼎面，廣三寸，厚九黍，中其厚揷大錢一，出其端横之鼎耳，後鎮以石。繅星：爲三蘆管，管長四寸，樞以圓木建兩竹，夾鼎耳，縛樞於竹中。管之轉，以車下直錢眼，謂之繅星。星應車動，以過添梯。《農桑直說》云：『竹筒子，宜細鉄條子，串筒兩揑子，亦湏鉄也。』添梯：車之左端，置環繩，其前尺有五寸，當牀左足之上，建柄，長寸有半。匼柄爲鼓，鼓生其寅，以受環繩之應，車運如環。無端鼓，因以旋鼓上爲魚，魚半出鼓。其出之中，建柄半寸上承。添梯者，二人五寸片竹也，其上揉竹爲鉤，以防絲竅。左端以應柄，對鼓爲耳，方其穿以閉添梯。故車運以牽環繩，繩簇鼓，鼓以舞魚，魚振添梯，故絲不過偏。制車如轆轤，必活兩輻，以利脫絲。』竊謂：『上文云車者，今呼爲軖，軖必以床，《農桑直說》云：『軖床下鼎一尺，軸長二尺，中經四寸，兩頭三寸，用榆槐木四角，或六角，輻通長三尺五寸，六角不如四角，軖小則絲易鮮。』以承軖軸。軸之一端，以鐵爲裊掉，復用曲木檘作活軸，右足踏動，軖卽隨轉，自下引絲上軖，總名曰繅車。』

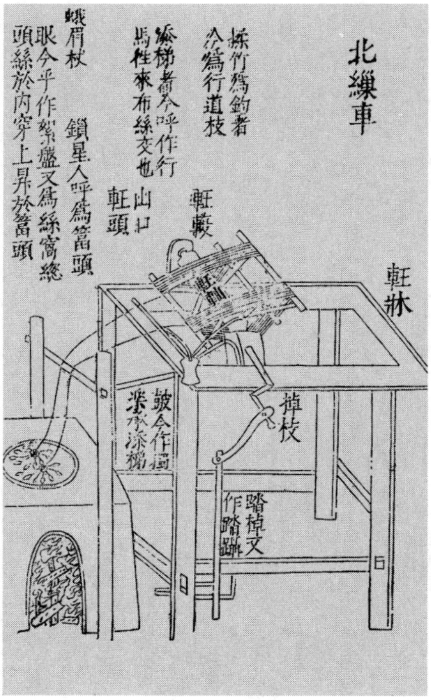

明 宋應星《天工開物》卷上《乃服第二卷》

取繭

凡繭造三日，則下箔而取之。其壳外浮絲，一名絲匡者，湖郡老婦賤價買去每斤百文，用銅錢墜打成線，織成湖紬，去浮之後，其繭必用大盤攤開。架上以聽治絲擴緜，若用厨箱掩盖，則浥鬱而絲緒斷絶矣。

清 陳元龍《格致鏡原》卷四八《耕織器物類》

繅車 《事物原始》：『黄帝始命元妃西陵氏養蠶，制絲車以繅絲。』秦觀《蠶書》：『繅車之制。錢眼：爲版長過鼎，面廣三寸，厚九黍，中其厚插大錢一，出其端横之鼎耳，後鎮以石。又為爲三蘆管，管長四寸，樞以圓木建兩竹，夾鼎耳，縛樞於竹中。管之轉，以車下直錢眼，謂之繅星。星應車動，以過添梯。《農桑直說》云：『竹筒子，宜細鐵條子，串筒兩捲子，亦須鐵也。』添梯：車之左端，置環繩，其前尺有五寸，當牀左足之上，建柄，長寸有半。匼柄爲鼓，鼓生其寅，以受環繩之應車運如環，無端鼓，因以旋鼓上爲魚，魚半出鼓。其出之中，建柄半寸上承。添梯者，二尺五寸片竹也，其上揉竹爲鈎，以防絲竅。左端以應柄，對鼓爲耳，方其穿以閉添梯。故車運以牽環繩，繩簇鼓，鼓以舞魚，魚振添梯，故絲不過偏。制車如轆轤，必活兩輻，以利脫絲。』車，今呼為軖，軖必以牀，以承軖軸。《農桑直説》：『軖牀下鼎一尺，軸長二尺，中經四寸，兩頭三寸，用榆槐木四角，或六角，輻通長三尺五寸，六角不如四角，軖小則絲易解。』

清 楊屾《豳風廣義》卷二

繅水絲法

靠盆邊又立揷一木棍，名為絲老翁，以挂清絲頭。繅盆右邊安置絲軖，離繅盆三、四寸。軖式最多，有重大繁難者，布交不清，解絲不便，余製一簡便絲軖，一周八交，易於尋頭，一手攪軖，一手添絲頭，遲速由人，校之脚蹈大軖甚便。其制：用立木樁一根，徑三寸，高五尺，下作木架立安其中，頂頭安一横桄，長三尺五寸，以懸摇絲竿。樁中間安一木軸，徑寸半。軸上貫安絲軖，軖如車輪，有頭有輻，頭徑五寸，周圍栽輻八行，每行二輻，上安平桄輻，高一尺五寸，桄長八寸，安雙輻者七桄。惟一桄只用單輻，將單輻中間斜鋸成兩截，如馬耳樣。

繅火絲法

安鍋如上法，亦作卧烟洞，使烟氣遠出，繅人自得安詳。鍋上横安絲車一箇，其制亦如上法。鍋右邊安絲軖，亦如上法。繅時將水燒令大熱不可滚滚，則煮損絲性。將繭投入鍋內，以筯撥攪，提起絲頭，用手捻住，穿過錢眼繅火絲頭不用在竹筒中穿過，只將絲車下桄前面，平安一錢令穩，將絲頭從錢眼穿過，扯起搭在輥軸上，又從下面掏過，拴在輥軸之上一迴，又於拴處，再掏絞一迴，不可死拴，以致不能滑利輥轉絞法與繅水絲無異。

清 韓夢周《蠶桑實濟》卷二《育蠶預備》

預造絲軖

軖式最多，有重大繁難者，布交不清，解絲不便，今制一輕便絲軖，一周八交，易於尋頭，一手攬軖，一手添絲頭，遲速由人，較之腳踏，大軖甚便。其制：立木樁一根，徑三寸，高五尺，下作木架，立安其中，頂頭安一横桄，長三寸、五寸，以懸搖絲竿。樁中間安一木軸，徑寸半，軸上貫安絲軖，軖如車輪，有頭有輻，頭徑五寸，周圍栽輻八行，每行二幅，上安平桄，輻高一尺五寸，桄長八寸，安雙輻者七桄，惟一桄只用單輻，將單輻中間，斜鋸成兩截，如馬耳樣，用時相合，以麻繩紮緊。待絲滿軖，解去紮繩。其桄自脫絲，遂可卸頭。後邊緊立一圓木墩，高五寸，徑三寸，底微尖如鍋底樣。中間竪安一細柄，高二尺。柄頭安三寸長拐，拐頭平串，連搖絲竿。竿以竹片爲之，長三尺五寸。中間錠一銅鈎子，以提絲擺，交其横桄。近梢去縛一竹圈，貫搖絲竿於內，令其擺搖，活動無滯。又於輻條中間，安一木橛，長四寸。手握攬之，木墩自轉搖，絲竿自能擺動，其絲根根斜壓，毫無紊亂。後日絡絲，解絲其頭，自在交中不難尋覔，雖夜可應手而解。右製：凡繅水火絲，皆用之。但火絲繅法，即將絲車安煮繭鍋上，若繅水絲，則須另立一大水盆，全圖列左。

又 卷四《育蠶急務》

繅水絲法【略】

盆上横安絲車一個絲車製詳載《育蠶預備》。靠盆邊又立插一木棍，名爲絲老翁，以挂清絲頭繰。盆右邊安置絲軖，離繅盆三、四寸絲軖製詳載《育蠶預備》。繅時用一人提絲頭，先於鍋下燃粗乾柴。柴細，則水忽大忽小，水則忽冷忽熱。

又 繅火絲法

將絲挂在搖絲竿銅鈎上，再將絲頭拴在横桄上。此時攪動軖輪絲，車隨之輥轉搖，絲竿自然擺動，其絲匀匀繃在軖上，一手攪軖，一手添續絲頭，其快如風，自然之妙，甚是美觀。

清 高銓《蠶桑輯要》卷上

絲車牀

絲車，宜堅實之木，車身謂之牀，前後共四柱，後二柱俱高二尺四寸，柱頭各開一口以承軸口大二寸。前左柱高二尺七寸，柱頭鑿孔以套稱孔大一寸。右柱高二尺三寸，柱頭裁成圓榫，以貫牡孃鐙。榫長三寸，此榫不宜直，須側向前，柱而不宜平，須前低後高。蓋繅絲之時，必墊高牀，前二柱使車身稍側，以便軸之運動，若面平榫直，則隨車俱側，牡孃鐙在上轉移，卽不能平正熨貼矣。柱前後各設橫檔兩層，俱長一尺八寸，後兩層並設在下，以讓軸前兩層分上下置之。下一層宜環不宜直，直則礙竈，左右亦分上下，設檔兩層，各長一尺四寸，離上檔二寸，又各設一檔，長出牀身七寸，首開榫眼以竪牌坊。

清　高銓《蠶桑輯要》卷上

牌坊

牌坊，用柱木二，高二尺，上設橫檔，檔下置短柱，長三寸兩緒者一柱，三緒者二柱。連長柱平穿一孔，用細篾一條貫之，以綴響緒，下鑲薄板三寸，鑽穴以鑲做絲眼兩緒者兩穴，三緒者三穴。

絲稱

絲稱，所以制絲使之橫斜上軸也。以小木條為之，長二尺四五寸。一頭開圓竅，套于牡孃鐙上，一頭貫于車牀柱之孔中，上釘鐵鉤，曰送絲鉤。兩緒者兩鉤，三緒者三鉤，亦有用竹鉤者。

牡孃鐙

鐙以桑木為之，高三寸，圓周六寸，或削八棱，或削十棱，十棱者不鉤堂絲板之邊謂之堂口，八棱者絲緒旋轉，多著于邊，邊厚中薄，兩邊卽束緊而狹，是為鉤堂。十棱則旋轉停勻，無此病矣。中鑿圓孔，以套車牀柱之榫上，中腰削坳，以環牡孃繩，上裁兩耳，旁鑲小圓木一條，長四寸，以承絲稱。

清　高銓《蠶桑輯要》卷下

打緒頭

古人繅絲，兩人對做，麤者用熱盆，細者用冷盆，詳見《士農必用》諸書。湖地惟用熱水，無兩人對做者。絲釜中貯水須八、九分滿，架粗塊乾柴燒之，水熱下繭，用做絲手就水中將繭左挑右撥，令繭推蕩滾轉，挑惹起絲緒，謂之打緒頭。隨以一手捻住麤緒頭，就水面上畧提掇數度，抽起各繭鬆浮之系，看緒頭下之絲光潔，卽將麤緒頭摘去，是為絲經頭亦曰絲拖頭。《農桑輯要》所稱之囊頭是也。凡挑潑緒頭，用手宜輕，如重手攪撥，或以做絲手繳數過，及提掇起四、五尺長，是繭上好絲十分中已為緒頭去其一，絲之銖兩焉得不減？

又

挑花

絲著貫脚，須錯綜其綹，則絲鬆而易分，方不礙于絡緯。若牡孃繩寬縱，則鐙隨軸轉。鐙之稜角盤旋處不能變動，卽綹綹著於原路而成花紋，或大塊或小塊，其緒並而不可分矣。惟用油注于繩上，繩得油則潮而緊，轉移之間自能參錯，並將絲稱頻頻擡動，卽不成花。繩上亦可用水，然水易乾，不如油之常潤也。

清　高銓《吴興蠶書》卷上

車軸軸以堅木爲之，長二尺五寸，首裁圓，樞長二寸。中段依車牀闊狹爲置，貫腳之地離末六寸，亦裁圓，樞長二寸，二樞並須圜轉流利。後樞之外削成八稜，深坳以環牡孃繩，其末鑲一短木，長六寸，短木之上又橫鑲一圓木爲柄，亦長六寸，軸身四面各裝貫腳，每腳用二柱，長約一尺，上設橫梁，梁背厚而圓者爲鯽魚背粗絲用之，薄而起稜者爲刀背細絲用之。四腳之中其一則活動，用堅木上寬下鋭者鑲緊，謂之朾，可出可入，以便絲之脱車。朾，《唐韻》：宅耕切，又中莖切，讀若爭。《説文》：橦也，類篇訓爲楔，湖人名鑲榫之木，音如爭，有音無字，故借用此。

清　方大湜《桑蠶提要》卷二《蠶事四十條・蠶具三十則》

（脾）［牌］坊上下，橫梁各一，下橫梁左右兩頭，均裁成方榫。下橫梁長一尺三寸八分，榫頭在外。右邊榫頭嵌入右邊長柱之下截橫孔內，左邊榫頭嵌入車牀前左柱之前面橫梁短柱榫口內。下橫梁中間，直開一孔，上橫梁中間，及左右兩頭亦各直開一孔。上橫梁長一尺五寸五分。右邊長柱一，上下兩頭均各裁成方榫。柱長一尺五寸八分，榫頭在外。上截榫頭嵌入上橫梁右邊直孔內，下截榫頭嵌入車牀前右柱之前面橫梁直孔內，下截榫頭之上橫開一孔，以承下橫梁右邊榫頭。中間長柱一，上下兩頭均裁成方榫。柱長一尺三寸五分，榫頭在外。嵌入上下橫梁中間直孔內。響緒在中柱之兩旁。左邊短柱一，上截裁成方榫，嵌入上橫梁左邊孔內。短柱倒懸於上橫梁之下，長二寸五分，粗細與長柱同。短柱、長柱均平穿一孔，用細篾一條鐵絲亦好橫貫孔內，以綴響緒。下橫梁之前面開二孔此孔與彼孔相去四寸五分。另用一小方木二段長二寸四分，寬六、七分。一頭平鑲下橫梁孔內，一頭破一小口，以安做絲眼。

又

做絲眼一名絲窩，以銅條爲之，長三寸。一頭搥匾插於下橫梁短木之橫口內，一頭搥匾鑽眼。鍋內之絲，從此眼內度出，搭上響緒，眼須光滑，庶免劃斷絲縷，如屈銅爲鉤，絲縷一挽卽入，無庸穿度，較之用絲眼者，更爲簡便。

又 響緒用小竹爲之，長四寸，圍圓約四寸。兩頭留節，中刻條縷，節上穿孔貫篾條上，鍋內撈起之絲，先度入做絲眼內，再由絲眼搭上響緒。

又 前式牌坊，或雙絲眼，或三絲眼，均嵌在車牀之上。此式牌坊，或雙絲眼，或三絲眼，均擱在絲鍋之上。如用前式，卽不用此式；如用此式，卽不用前式。

又 踏腳板以堅木一片爲底板長九寸，寬三寸，厚六分。一頭裁榫，如工字形，套入車牀前左柱腳下榫口內。底板榫頭，寬七分，長一寸五分。車柱榫口靠地，以底板榫頭，套入車柱榫口，則底板被車柱壓緊，腳踏之時自不至於移動。一頭安兩耳，耳上各橫穿一孔。耳高二寸五分，安於底板面上，孔寬四分，離底板一寸三分。再以木板一片，削成鞋底樣長八寸。面要平底不要平。底下前六寸，由薄而厚，薄處三分，厚處一寸四分，後二寸由厚而薄，厚處一寸四分，薄處六分，便不失之太平，底下太平則腳踏鞋板時，鞋尖雖已落地，而鞋板尚不甚斜，不過微起微落而已，鞋板既微起微落，直條、橫條卽不能大起落落，直條、橫條既不能大起大落，車柄車軸卽不能旋轉如意。前宜寬，後宜窄。自前至後，由寬而窄，寬處二寸六分，窄處二寸。寬處可以踏腳，窄而且厚之處，旁綴二榫穿入底板兩耳孔內。榫頭宜圓不宜方，方則運不動。鞋板宜略小放著孔，不可嵌得太緊，太緊則鞋板踏不動矣。又鞋板之下，底板之上，須空寸許，不可緊貼，緊貼者亦踏不動鞋板。另用直木一條長一尺七寸，寬一寸二分，厚五分。以一頭嵌入鞋板木。嵌在鞋板至厚之處，底板兩耳之內。以一頭開一小孔，又用小木一條。長一尺七寸，寬一寸二分，厚三分。一頭開小孔，與直木小孔相對，用竹釘綰之。不可太緊，太緊則橫木轉不動矣。一頭開圓孔，橫貫於車軸之柄。孔比軸柄略大，兩木條一直一橫，形如曲尺。踏動鞋板，則鞋板帶動直條，直條帶動橫條，橫條帶動軸柄，軸卽隨之而轉矣。如不用小橫條貫軸柄，則以麻繩縛直木之頭，而另用老筍殼浸溼作紐，套上軸柄，下接麻繩以運動車軸，更覺輕靈。

清　方大湜《桑蠶提要》卷二《蠶事四十條**・繅絲**十八則**》**

砌竈　繅絲砌竈，宜安車牀之前，鍋之後半，上對牌坊。繅絲者對竈而坐絲竈詳『蠶具』第十八則。

又 安車　繅絲車牀宜安竈基之後，浙中用腳踏車，較之以手轉車者，最爲靈便。且腳踏板、手理絲，一人兼二人之用，較之以手轉車者，人工亦省，車前安牌坊，中安絲秤，後安車軸，旁繫牡娘繩。車牀、牌坊、絲秤、牡娘繩、車軸，詳『蠶具』第十九，二十，二十一、二、三、四、五各則。

又 煮繭　鍋內先注清水。新繭以生繅爲佳，蒸焙之繭爲日過久，恐絲頭乾燥，不利於繅。水內須入油鹽少許，以筷子攪勻，然後下繭。換水時，再酌添油鹽，如未蒸未焙，或蒸焙未久，則不必用此法。俟水將滾時，下繭於鍋，約二十箇左右。不可太多，多則煮損，襄陽絲線鋪取絲，做線其絲甚粗，須合數十縷爲一縷，故鍋內下繭百餘枚，取絲者不可以絲線鋪爲法。以右手執撈絲帚，輕輕挑撥，使繭滾轉，又亂攪幾下，隨手一撩，將絲頭帶出水面。無撈絲帚，則用筷子三四雙，挑撥攪撩。卽以左手捻住絲頭，於水面輕輕提掇數次，右手隨卽放下撈絲帚，捻住絲頭下之清絲，左手將粗絲頭摘出另放一處。絲頭雖粗亦可抽線，並非棄物，詳『抽線』第一則。再以清絲穿入牌坊做絲眼，繭六、七箇，或八、九箇，抽成清絲一縷者，謂之七繭絲。其絲極細，其貨較高，十一、二箇抽成一縷者，謂之中勻絲。其絲較肥，其貨較次，若以一二十箇抽成一縷，則更肥矣。撈絲帚詳『蠶具』第十六則。

又 上軸　摘去粗絲頭之後，先以清絲穿入牌坊板上之做絲眼，次由絲眼引上牌坊之響緒，交互一轉，再由響緒送入絲秤上之絲鉤，復由絲鉤搭上車軸，繫於貫腳之橫梁。然後用手搖車，或用腳踏板，軸自旋轉如意，軸既旋轉，絲自環繞軸上。響緒、絲鉤、貫腳、踏腳板，詳蠶具第二十、二十三、二十六七各則。

又 烘絲　絲車之後，須用炭火一盆，帶繅帶烘。絲從水中抽出，聽其自乾，必至彼此膠粘，俗謂之水粘。帶繅帶烘，則燥而且白。火盆離軸不可太遠，亦不可太近。太遠則火力不及，太近則火氣傷絲。炭須無煙且不爆者爆音豹，煙則熏壞絲色，爆則燒斷絲條。此事須一人專司。

下架　絲繞車軸，約重四、五兩，便須卸下，俗謂之下架，又謂之脫車。脫車之法：以送杅木緊緊抵住杅木之小頭，用槌頻擊，杅木自鬆，貫腳自脫，乃將絲與車衣布一併揭下杅木、車衣，均詳『蠶具』第二十六則。

又 冷盆絲　以上十七則，皆繅火絲法也。冷盆絲卽水絲，光彩堅韌，為絲中上品。繅水絲法一切與火絲同，所不同者，惟多用一水盆。牌坊安在盆上耳，火絲所用之牌坊安在煮繭鍋上，水絲則繭鍋左邊，另安一大水盆磁盆最好，瓦盆亦可，盆內注溫水約九分滿，盆上安牌坊，俟繭鍋內提出絲頭，一手執清絲，一手用漏瓢舀繭，送入水盆舀遙上聲，挹彼注此謂之舀，再將清絲穿入牌坊板上之做絲眼，仍將鍋內已煮之繭，時時舀送盆內，以便陸續搭入絲窠。

又　車制自車牀起，至腳踏板止，皆浙江人現用之式。襄陽絲線鋪所用絲車，亦以腳踏，與浙式大同小異，但車牀過高，絲竈須高與胷齊，繅絲者可立不可坐。婦女繅絲，似不如浙式爲便。緣業蠶之家，多以女工繅絲，不比絲線鋪繅絲，專用男工也。

清　汪曰楨《湖蠶述》卷一《蠶具》　禦寒用火盆撩、山棚火及車頭火，亦用火盆，繅絲用絲車及水缸鍋竈，竈有煙囱。車上有方輪，有軸頭，有竹豁，有旋鉤，有踏板。按：又有絲伕，以竹為之，如四箸平列之形，亦名絲叉，打緒及撩蛹用之。

又　羃布名車衣，軸端屈曲以便轉，轉軸之木下連踏板。竈，編竹為之，泥於內，以置鑊架上，懸竹轆轤按：此轆轤卽竹豁，一名響緒。下設銅針各二。鑊內水煮沸，乃下繭，竹箸攪之按竹箸卽絲叉。絲頭起，穿入針孔，引上竹轆轤，復迴繞而加諸輻，輻轉卽絲抽乙乙矣，然無磨則徑直。無緒，磨以小木為之，麗牀右，腰微束環繩，連於軸磨，頂帶小長木，列兩鉤，橫於銅針之上，兩兩相對，絲出針孔卽著於鉤，於是軸帶磨，轉磨帶鉤，轉釗帶絲，轉乃左右交錯，有條不紊，廣狹適中按：此肥絲車也。細絲車則針鉤各三，餘並同。

又　卷三《繅絲》　煮繭抽絲，古謂之繅，今謂之做。《吳興蠶書》先取繭，曝日中三日，曰晾繭。然後入鍋，動絲車。《胡府志》陰雨則火烘之，使蛹不化，得以徐繅之。諺曰：小滿動三車，謂油車、水車、絲車也。《董蠡舟樂府・小序》

又　煽車火　絲從水出，必用火炙。軸上約做絲兩許，卽以砂盆，爇炭焙之，謂之煽車火，亦曰車頭火。爇大炭盆，離車軸約五寸，緊對絲板安頓按：肥絲兩板用兩盆，細絲三板用三盆，用石墊高，少側向裏，火益旺、益佳，時時加炭，絲之顔光全在此火，火旺則絲鮮明，火微則殭，邊而色滯絲潮則邊相，併謂之僵邊。《吳興蠶書》。所用之炭須無煙，且不爆者，煙則熏壞絲色，爆則燒斷絲條。《廣蠶桑説》

又　脫車　粗絲日脫一車，細絲須日半或兩日脫。先須除去野絲，挑淨粗纇，用苧皮或粗綫鬆薄絲板，以硬樹爲送，椹音砧木抵住，椹木之小頭，用椎重擊，椹卽脫矣。擊不可偏恐傷絲，隨取車軸離牀，將絲連車衣揭之，揭不可重，亦不可速，恐裂破板爪，更用苧皮或粗綫縛定，藏燥潔處。《吳興蠶書》。按：絲入市必先絞之成把，乃以絲縛縛之，若散板不絞，唯不成車之絲如此耳。

清　尹紹烈《蠶桑輯要合編・蠶桑輯要圖説》　牌坊用二長柱，高二尺，上設橫檔，檔下置二短柱，長三寸。連長柱平穿一孔，用細篾一條貫之，以綴響緒。響緒用小竹五寸，兩頭留節，中刻條縷，穿孔橫貫篾條上，絲眼所以穿絲。用細銅鐵條三寸，一頭椎扁鑽眼，眼須光潤，不令割斷絲緒。

絲稱所以制絲，使之橫斜上軸也。以小木條爲之，長二尺四五寸，一頭開圓竅，套于牡孃鐙上；一頭貫于車牀柱之孔中，上面竪釘鐵鉤，曰送絲鈎。

又《董事每月應辦事件》　一修理養蠶器具，繅絲車輛。

清　楊名颺《蠶桑簡編》《牧令書》卷一〇　繰絲用小鍋，徑尺餘，作風竈，使烟遠出，鍋高與繰絲人坐而心齊，左安大盆一口，較鍋高二、三寸，盆上橫安絲車一個，靠鍋邊又立插一木棍，名絲老翁，以掛絲頭，盆右邊安置絲軖音匡。離盆三、四寸，用一人提絲頭，燒水至大熟，將繭子一大把投入鍋內，用筋輕輕挑撥，令繭滾轉，又亂攪數次，挑起絲頭以手撚住，提掇數次，清絲已出。將粗頭摘斷，用漏瓢撈繭送入盆內，將清絲掛在老翁上約十數根，總爲一處，穿過絲車，下竹筒中扯起，從前面搭過輥軸，從軸下面掏來，於輥軸上拴一回，再掏繳一回，須令活動。將絲掛在搖絲竿銅鈎中，又將絲頭拴在絲軖平桄上，攪動軖輪，絲車隨之輥轉，搖絲竿自然擺動，其絲勻勻綳在軖上，一手攪軖，一手添續絲頭，其快如風。軖轉絲上，時時下繭，提頭繼續不絕。一軖上絲約有四、五兩，便可卸下晾乾，擰成把子。繭多者作雙頭，繰之更好。將軖桄造長一尺四、五寸，搖絲竿上，並錠二銅鉤，相去三寸餘，絲車亦造二輥軸，相去三寸餘，並上兩條頭繰，如上法，功必倍之。

又　造蠶架：用粗木二根作柱，細木十根作長關，再以粗木一根做一柱，用短關十根，長關中間，及短關頭上，做雌雄筍钩連，於钩連處鑿孔，用竹釘削之擺立如三角，兼能活相，高七尺，寬不拘，每一關相去七寸，用以架筐。

清　張壽宸彙輯《蠶桑圖説提要・繅絲法十三條》　舊法，傍竈基安頓車牀，牀與盆齊，宜置竈右。最便一切，轉軸必利。縛檔壓石，期於不動，須與貫脚無礙，貫腳中打木，須重擊使緊。

又　一、牡孃繩須時時著入聲音着水使緊，絲絡乃能錯綜，不至結成一塊；難以分明。且牡孃繩不緊，絲稱便爾移動，所謂走板也。

一、脫車舊法：用苧蔴皮鬆縛絲板，以送打木，緊緊抵住打木之小頭，用槌頻擊自脫。乃取車軸離牀，將絲連車衣布揭之。

清　沈秉成《蠶桑輯要・諸家雜説・繅絲法十二條》　脱車舊法：用貯皮鬆縛絲板，以送朾木，緊緊抵住朾木之小頭，用槌頻擊自脱，乃取車軸離牀，將絲連車衣布揭之。

清　沈練《蠶桑説・飼蠶法七十條》　絲車内器具，不一而足。承絲者曰絲軸以雜木爲之。承軸者曰車牀以檀木爲之，前後共四柱，後二柱各開一口，以承軸。前二柱較高，左柱貫鐙，右柱納稱。車牀之前曰牌坊。支於牌坊之下者曰錢眼。又名絲眼，以銅條一頭椎扁，鑽眼穿絲，眼須光溜，勿令割斷絲緒。綴於牌坊之上者曰響緒。又名錢緒，以竹爲之。兩端貫以錢絲過緒，則錚錚有聲。絲自錢眼穿過，即引上響緒，交互繳轉。制以絲鉤，然后上軸。雙錢眼用雙緒，單錢眼用單緒。牀之左柱裁榫以貫鐙，曰美孃鐙。又曰牡孃鐙，亦以檀木爲之，上鑲小圓木以承絲稱。鐙之坳環以繩，曰鐙繩。以棉爲之，兩頭環結，收之使緊前套鐙坳，後套軸柄。繩掣鐙旋，鐙隨軸運，而絲稱亦左宜右有矣。牀之右柱鑿孔以納稱，曰絲稱。以木條爲之，一端貫右柱，孔一端有圓竅，套美孃鐙圓木上。稱之上繫以鉤，曰送絲鉤。以粗銅絲爲之，尤宜光潤，勿令傷緒。絲自響緒上軸，必使之俯就絲鉤，乃能錯綜成交，不至結成一塊，鉤之數視乎緒之數。以足運軸，曰貫腳。俗謂踏腳板，以木條兩接，上承軸之起手，以足踏之，則軸自運動，而屈伸疾徐可自主矣。以布圍軸曰車衣。以衣襯絲，脱車時便不費力。一切制度，不可差以分毫。差之分毫，則必有窒礙處矣。有木匠曾在嘉湖等處習藝者，其胸中必有成竹，可使製之。

清　沈練，仲學輅輯補，章震福校訂《廣蠶桑説輯補校訂》卷三　若繅絲之車，則車牀也，車軸也，牌坊也，絲稱也，牡孃鐙繩也，撈絲帚也，踏脚板也。及車後向絲火盆，車前絲竈烟囱，均須預備，非臨時所能猝有也。尚有綿豁與拓綿，叉墜梗。於繅絲後用之，婦女專任之，非若車竈之難緩，續置可也。

清　何石安輯《蠶桑圖説合編》　車牀前後其四柱，後二柱高二尺四寸。柱頭各開一口，以承軸。前左柱高二尺七寸，柱頭鑿孔以套稱。右柱高二尺三寸，柱頭裁成圓榫，以貫牡孃鐙。

又　做絲手以帶節竹一片爲之，濶二寸，長八寸，節須留在六寸之間。上斲粗縷七八條，形若手指，以撈絲緒。

清　何石安、魏默深《蠶桑合編・圖説》　踏腳板式　踏脚板用尺五寸長、六寸濶木一塊，上製兩耳以為底，再用八寸長厚板一片，則成屨樣，旁綴二榫，嵌于底木兩耳中，上直鑲二尺小木條，頭裁榫口。另用二尺小木條，一頭湊于直木之榫口，以竹釘貫之。一頭鑿成圓孔，貫于軸柄，踏動板木，可屈可伸。軸卽隨之轉矣。

清　羊復禮《蠶桑摘要》　踏腳底板，用板一塊長一尺，闊二寸，上鑲闊木三寸，開一口，以承踏腳板。一頭旁開兩榫，以鑲車牀，前右柱開口處，再用小木一條，高一尺五寸，下釘踏腳板，長八寸，闊二寸半，削成屨形，以便履足。用一細圓木，横穿於踏腳板三寸之間。一頭架於車牀圓孔，一頭架於踏腳底板開口處，又用匾板一條，長一尺五寸，上與小木條皆鑿圓孔，用圓木三寸鑲之，以便轉動匾板末，亦鑿圓孔，以套車軸柄使隨軸轉。

清　曹笙南輯《五畝居桑蠶清課》卷二《育蠶徵信篇》　繅絲具　《蠶書》：爲板長過鼎面，廣三寸，厚九黍，中其厚插大錢一，出其端横之鼎耳，復鎮以石，緒總錢眼而上之，謂之『錢眼』。又爲三蘆管，管長四寸，樞以圓木建兩竹，夾鼎耳。縛樞于竹中，管之轉，以車下直錢眼，謂之『鎖星』。車之左端，置環繩，其前尺有五寸。當車牀左足之上，建柄長寸有半，匼柄爲鼓，鼓生其寅，以受環繩，繩應車運如環。無端鼓，因以旋鼓上爲魚，魚半出鼓，其出之中建柄半寸，上承添梯。添梯者，二尺五寸片竹也。其上揉竹爲鉤，以防絲竅。左端以應柄對鼓爲耳，方其穿，以閑添梯。故車運以牽環繩，繩簇鼓，鼓以舞魚，魚振添梯，故絲不過偏。制軸如轆轤，必活其兩輻，以利脱絲。

又　烘絲火盆，宜擇去頭無烟，去皮不爆好炭。水温下繭，用竹手少撥，令繭滾盪，惹起絲頭，急以左手捻住粗緒頭於水面上，輕輕提掇數度，旋提起粗緒頭，其下即是清絲，用手稍稍摘去此粗緒頭。再一手捻住清絲，一手用漏瓢攔住各繭在水，然後將絲繞上橛子。緒頭既多，分綹上軸，用鍼穿過牌坊板上做絲錢眼，引上響緒竹管，將絲頭於響緒交互繳一轉，使隨絲運動，牽上車軸，然後舉足踏板搭絲，須將絲理直，再送入絲鉤環繩。

清　陳恢吾《農學纂要》卷四　泥竈　絲竈以磚竈為上，缸竈次之。缸竈以小黄沙缸為之，正中開火門，用石灰和泥，内外塗托。磚竈以甎坯砌成，高二尺五六寸，寬廣以容大釜為度。内外一用灰泥塗托，惟煙易污絲，必置煙囱以出煙。用薄篾片環繞編成，下口圓徑六七寸，上口畧收小，約高丈餘，使上出屋檐。火門兩旁，將磚砌起，煙囱卽置其上，内外並用灰泥塗托。

製繅絲車　繅車之製不一，浙中有足踏車，靈活而省工。蘇屬錫金等處亦皆有之。有三縷同繅，兩縷同繅者，堅厚而乾燥之繭，可繅三縷。每縷用繭五六個，謂之細絲。十二三個，謂之粗絲，其價極貴。然繭必蓮子種，絲多而靭，抽之不斷者，方可。此蠶甚難齊集，絲少甚難聯屬，惟湖人能育此種蠶。繅此種絲，他處皆繅兩縷，少則十五六繭，多則十七八繭，謂之『肥絲』，總以粗細均勻，光潔白亮，圓而不扁者為佳。

量繭配車法　繅絲之遲速視乎繭，堅而燥者，每日可繅十五斤。輭而潮者，每日只能十斤。必須預計蠶數，配以車數。大抵繭好天凉，一車可繅一百五十斤。繭劣天熱，一車衹能八十斤。總之，天氣凉熱，難於逆料。有繭百斤，需車一部。百部以外，便須添車，否則繅絲不及，遂有出蛾之患。

安置車牀　車牀須傍灶基，牀與盆齊，宜置竈右，最便一切。轉軸必利，縛擋壓石，期於不動，須與貫脚無礙。貫脚打木，須重繫使緊。

煮繭起緒　繅絲必先煮繭，煮繭必先起緒。其法，煮繭用鐵鍋舊鍋更好，注水八分，燒火宜勻，不可太凉，亦不可太熱。試湯視蛹之浮沈，浮則嫌熱，沈則嫌凉，凉熱適宜，方不斷續。且湯宜頻換，見水色微黄，卽須拗去三分之一，以署温清水攙入，此事須一人專司之。絲方白亮。每當水温下繭，用做絲手少撥令繭滚盪，惹起頭緒。急以左手捻起粗緒頭，於水面上輕輕提輟數度，旋提起粗絲頭，其下卽是清絲。用手稍稍摘去此粗絲頭，一手捻清絲，一手用漏杓闌住各繭在水，然後將絲繞上橛子。

分緒上軸　緒頭既多，分緒上軸，須穿過牌坊上之絲眼，引上響緒。將絲頭於響緒下，交互繳一轉，便隨絲運動，牽上絲軸，然後舉足踏板，搭絲須理直，然後入送絲鈎。至於絲盡蛹沈，其絲窩減少者，卽取清絲酌添，務使粗細勻稱。其薄繭漏見蠶窩者，抽至紙薄，卽便撈去，勿使脱去。蛹隨絲上，觸斷絲緒，且污清絲。

牡娘繩　牡娘繩須時時著水使緊，絲緒乃能錯綜，不至結成一塊，且免絲稱移動走板也。

接續斷絲　絲或中斷，其繭颺開，宜酌增繭。外急須將颺開之繭，掠聚一處，打起緒頭。將清絲抽出，分搭入窩，聯搭而上。

炙絲火盆　繅車軸後，必須置兩火盆，約離絲二寸許，遠則火力不及，近則恐有火傷。隨繅隨炙，務使極乾，乾則白亮，潮則暗滯。不炙而聽其自乾，不特絲暗而黄，且膠黏難掉，絲更縐而不直。此事亦須一人專司之。

脱車　脱車之法，用麻皮鬆縛絲板，以送打木緊緊抵住打木之小頭，用槌頻擊自脱，乃取車軸離牀，將絲連車衣布揭之。

歇車　歇車時鍋中尚有餘繭，謂之『湯頭繭』，以碗儲之。明日動車時，攙入生繭繅之。

清　江志伊輯《飼蠶法》

繅絲　竈高二尺，上寬下窄，必設煙囪，使烟氣透出，不致薰絲。竈左設一木盤，架盛蠶蛹與屑繭。凡繭之浮沈水面，不盡其縮者，曰軟繭，剝出其蛹，留以作緜。四曰排車，車宜貼近竈傍，近竈一面，牀脚須墊高三四寸，使牀身稍側。高則牌坊可架釜面側，則車軸利於旋轉。牀側之横檔，用繩纏絆，以石壓定。石不可輕，恐有移動。亦不可高，恐礙轉運。貫脚中之椹木，擊之宜緊。他如綰絲之牌坊，運絲之稱，與鐙轉軸之踏脚，須一一布置周正也。五曰打緒頭，釜中水沸，然後下繭以做絲，手入水中剔撥，用手宜輕。若重手挑撥，絲多纏繞，絲手耗損良絲。挑起絲頭，曰打緒頭。隨以一手，捻住粗緒，就水面上，略提掇數度，不宜過高，高則繭中好絲爲縮頭，耗十之一，絲量減輕。使各繭粗鬆之絲，併成一緒，將上截粗緒摘去，是爲絲抳頭。以入屑□盆內，是謂屑絲。下截絲之光潔者，以之上軸。六曰穿絲眼，緒頭既淸，卽須分緒上軸，兩緒做者分兩緒，三緒做者分三緒。穿過牌坊，上之絲眼，引上響緒，將絲頭於響緒上，交互繳一轉，使響緒隨絲運動，牽上車軸，踏動脚板，屈伸往來，則軸轉絲抽車，聲咿啞矣。

清　劉清藜補輯《蠶桑備要》第四篇《養蠶程式》

將絲挂在摇絲竿銅鉤中，又將絲頭拴在絲軖平桄上，此時攪動軖輪，絲車隨之輥轉，摇絲竿自然擺動，其絲勻勻繃在軖上。一手攪軖，一手添續絲頭。其快如風，自然之妙，甚是美觀。軖轉絲上，時時下繭，提頭斷續不絶。

繅水絲法。水絲者，乃冷盆所繅之絲也。精明光彩，堅靭有色，絲中上品，錦繡紗羅之所出也，雖曰冷盆，亦是熱釜。提頭摘去黄絲、亂茸，單留清忽，送入温水盆中。以數忽相合，成絲自然光淨、勻細，勝於熱釜。其法：用小鍋一口，徑一尺餘者。銅鍋為上，砂鍋次之，鐵鍋為下，鍋小則下繭少，旋下旋繅，則絲性不損。若鍋大，下繭必多，繅之不及，煮傷絲性，腐爛無力，且成疙瘩、粗漫。周圍用土墼泥成風竈，如泥燒鍋、油鍋之法。火門向上，如湯碗口大，如不能作風竈者，只照平常泥鍋法，但多用一人燒火。柴往下燒，火焰繞鍋底而後出鍋後，相去六、七寸，再安一小鍋，火從下過鍋，水亦熱，以備换鍋内盆中之水。後作長煙洞，用椽二條，長一丈，斜安在鍋，後對接烟洞，高四、五尺，二椽相去闊一尺。椽上平鋪土墼一層，兩邊側立塼坯，上復平蓋一層，以泥泥之，便成一長卧烟洞。使烟遠出，免致薰偪繅絲之人。鍋高與繅人坐而心齊坐高一尺，左邊安大水盆一口，較之鍋高二、三寸，盆口寬二尺餘，今飲牛瓷頂盆最好，如無，卽用大瓦盆一箇，内置温水九分滿。盆上横安絲車一個，古法以竹筒，貫以鐵條，或用木輥軸貫鐵環内，轉動沉滯，響甚聒耳，猶未為善。雙山製一不響之車，其法：用一木椿削方徑寸半，高過繅盆五、六寸，插在盆邊地上，近頂處安一横桄，亦削方徑一寸三分，長與盆齊。其横桄當盆之中，豎安兩小柱，高四寸，兩柱相去三寸餘。在近上横安一細竹條，如簪幹狀，貫一輕匏輥軸。匏卽葫蘆皮，其制用匏二圓片，徑寸餘，兩片相去三寸，近邊一週，俱插細埽竹幹，亦如簪。幹狀成一圓籠様，兩匏片當中鑽一孔，棲一竹筒貫於細竹條上，令其滚轉活動無滯。軸下木桄當中鑽一孔，内棲一小竹筒，孔如豌豆大，桄下露出三、四分，此車不用錢眼。繅時將絲頭用埽竹、芒子從孔中引過，上軸掏交此絲車。概無銅鐵滚轉，最輕快利無比，總無響聲。靠盆邊又立插一木棍，名為絲老翁，以挂清絲頭。繅盆右邊安置絲軖，離繅盆三、四寸，軖式最多，有重大繁難者。布交不清，解絲不便，雙山製簡便絲軖，一周八交，易於尋頭。一手攬軖，一手添絲頭。遲速由人，較之腳踏大軖甚便。其制用立木椿一根，徑三寸，高五尺，下作木架，立安其中。頂頭安一横桄，長三尺五寸，以懸摇絲竿。椿中間安一木軸，徑寸半，軸上貫安絲軖，軖如車輪。有頭有輻，頭徑五寸，周圍栽輻八行，每行二輻，上安平桄，輻高一尺五寸。桄長八寸，安雙輻者七桄。惟一桄只用單輻，將單輻中間斜鋸成兩截，如馬耳様。用時相合，以麻繩紮緊，待絲滿軖解去。紮繩其桄自脱，絲遂可卸。頭後邊樹立一圓木墩，高五寸，徑三寸，底微尖如鍋底様。中間豎安一細柄，高二尺。柄頭安三寸長拐，拐頭平，串連摇絲竿，竿以竹片為之，長三尺五寸。中間錠一銅鈎子，以提絲擺交。其横桄近稍處，縛一竹圈，貫摇絲竿於内，令其擺摇活動無滯。又於輻條中間安一木橛，長四寸，手握攬之，則木墩自轉摇，絲竿自能擺動，其絲根根相為斜壓，略無分毫紊亂，後日絡車解絲時，頭自在交中，不難尋覓，雖夜間亦可解之。

清　盛宣懷輯《蠶桑備要》　煮繭抽絲，古謂之繅。先取繭爆日中三日，曰晾繭，然後入鍋，動絲車。陰雨則火烘之，使蛹不化，淂以徐繅之。諺曰：小滿動三車，謂油車、水車、絲車也。

又　排車，安頓車牀，宜貼近竈基，傍竈一面，牀脚須墊高三、四寸，使牀身稍側，高則牌坊可架釜面，側則車軸利於旋轉。牀脚之横檔，用繩纏絆，須以石壓定，石不可輕，恐車牀移動；又不可高，恐礙貫脚之轉運，貫脚中之椹音砧木，擊之使緊，不緊則貫脚爲絲所束，必致逼入軸中，與椹木齟齬難以脱軸矣。軸上先以白布圍之，兩板者兩條，三板者三條，所以襯絲，謂之車衣。牀之上有牌坊，所以綰絲。有牡孃鐙、有秤所以運絲。牀之外有踏脚，所以轉軸，竝須一一布置周正，所謂工欲善其事，必先利其器也。

又　分絡上軸，抽繹繭絲，惟憑軸運緒，頭已清，卽須分絡上軸，以引其端，而竟其委。兩緒做者，分兩絡，三緒做者，分三絡。各穿各牌坊板上之絲眼，引上響緒卽竹豁。捋絲頭於響緒下，交互繳一轉，使響緒隨絲運動。遂牽上車軸，舉足踏動脚板，往來伸屈以運車軸，軸轉絲抽，咿啞有聲。頓絲之上軸不可直運，直運則系聚於一處，併而難分，即不足以供絡繹之用。當取絲，捺入秤上之送絲鉤，俾之左右，移動秤左右，移絲亦左右，移其上軸也，始横斜交錯而無直縷。

清　汪曰楨《湖蠶述》卷三

繅絲

一、安竈　做絲之竈，不論缸竈、竹竈、甎竈，總宜於數日前砌就，使泥皆乾燥，方易透火。缸竈、竹竈須安置平穩，不可少有欹側。釜宜大、宜舊，大則可多容水，舊則見水不鏽。鏽則汗絲，新釜見水卽鏽。如用新釜，釜内須先以油擦之。《吳興蠶書》竈高二尺，寬上窄下，使繅絲者，有容膝處也。置鍋其上，以泥護之，勿使漏煙。《廣蠶桑説》必須用煙囱使煙直透，絲上無煤氣。《育蠶要旨》竈左須設一木盆架，高使與竈齊，以盛蛹與繅不上絲之熟繭。《廣蠶桑説》

一、排車　安頓車牀，宜貼近竈基。傍竈一面牀腳，須墊高三四寸，使牀身稍側。高則牌坊可架釜面，側則車軸利于旋轉。牀腳之横檔，用繩纏絆以石壓定，石不可輕，恐車牀移動，又不可高，恐礙貫腳之轉運，貫腳中之椹音砧木須擊之使緊，不緊則貫腳為絲所束，必致逼入軸中。與椹木齟齬，難以脱軸矣。牀之上有牌坊，所以綰絲，有牡娘鐙、有秤所以運絲。牀之外有踏腳，所以轉軸，並須一一布置周正，所謂工欲善其事，必先利其器也。《吳興蠶書》。按《車軸方輪》上，先以新潔白布圍之，所以襯絲，謂之車衣。

一、打緒頭　釜中貯水八、九分滿。竈内架粗塊乾柴燒之，候水大熱，然後下繭，用做絲手就水中將繭左剔右撥，合繭推盪滚轉，挑惹起絲，謂之打緒頭。按：宜用絲快挑撥。隨以一手捻住粗緒頭，就水面上畧提掇數度。按：此則必用手。使各繭粗鬆之絲，併好一緒。看緒頭下之絲光潔，卽將粗緒頭摘去，是為絲筋頭，亦曰絲拕頭。凡剔撥緒頭，用手宜輕，如重手攪撥，或以做絲手纏繳數過，及提掇起四五尺高，是繭上好絲十分中已為緒頭去其一，絲之分兩何能不減？《吳興蠶書》

清 王世熙編輯《蠶桑圖説》革編《繅絲圖説》

牡孃鐙繩圖

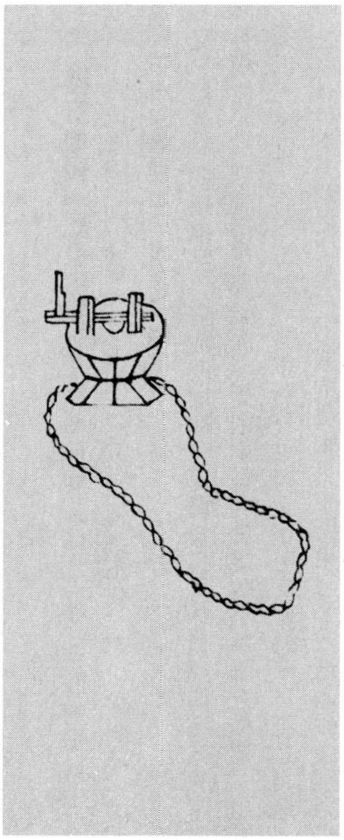

鐙以桑木爲之，高三寸，圓周六寸，或八稜、十稜。中鑿圓孔，以套車牀柱榫上。中腰削坳，以環牡孃繩。上裁兩耳，旁鑲四寸小圓木一條，以承絲稱。繩用棉絞者爲上，長四尺，兩頭交結使緊。前套牡孃鐙，後套軸柄上，中須交互一轉，方能隨軸而運。

清 衛杰《蠶桑萃編》卷四《繅政·繅繭類》

新繭

繭分生、熟二起，摘下新繭，即刻繅絲，為生繅。若繭已蒸烘，始取絲為熟繅。蒸炕者，為日過久。絲頭乾燥，繅之欠利。水内須入油鹽少許，以箸攪匀。下繭至換水，酌添油鹽，如未蒸、未烘或蒸炕未久，不必添用鍋内。先盛極清水，俟水滚下繭約二十箇，上下不可太多。久煮則損，法以右手執撈絲帚輕挑，繭便滚轉，再攪幾下，隨手一撩，將絲頭帶出水面。無撈絲帚，則用筷子三、四隻，以左手捻住絲頭，於水面輕提數次，右手隨即放下。撈絲帚捻住絲頭下之清絲，左手摘出粗絲頭，另放鍋前，再以清絲，穿入牌坊絲眼。繭五、六箇，或七、八箇，合成清絲一縷，為七繭絲，其絲細，品高。十一、二箇合成一縷，為中匀絲，其絲肥而品略次。若以十八、九箇合成一縷，則粗而下矣。

又《繅具類》

雙絲眼牌坊

牌坊上下横梁各一。下横梁左右兩頭，均裁成方榫，下横梁長一尺三寸八分，榫頭在外。右邊榫頭嵌入右邊長柱之下截横孔内，左邊榫頭嵌入車牀前左柱之前面横梁短柱榫口内。下横梁中間直開一孔，上横梁中間及左右兩頭亦各直開一孔，長一尺五寸五分。右邊長柱一，上下兩頭均各裁成方榫。柱長一尺五寸八分，榫頭在外，上截榫頭嵌入上横梁右邊直孔内，下截榫頭嵌入車牀前右柱之前面横梁直孔内，下截榫頭之上，横開一孔，以承下横梁右邊榫頭。

中間長柱一，上下兩頭均裁成方榫，柱長一尺三寸五分，榫頭在外，嵌入上下横梁中間直孔内，響緒在中柱之兩旁。

左邊短柱一上截，裁成方榫。嵌入上横梁左邊孔内，短柱倒懸於上横梁之下，長二寸五分，粗細與長柱同。短柱、長柱均平穿一孔，以細篾一條，或鐵絲，横貫孔内，以綴響緒。下横梁之前面，開二孔，此孔與彼孔相去四寸五分。另用小方木二段，長二寸四分，寬六七分。一頭平鑲下横梁孔内，一頭破一小口以安做絲眼。

做絲眼，一名絲窩，以銅條為之，長三寸。一頭槌扁插以下横梁短木之横口内，一頭槌扁鑽眼，以鍋内之絲從此眼内度出，搭上響緒。眼須光滑，庶免劃斷絲縷，如屈銅為鉤，絲縷一挽即入，勿庸穿度，較用絲眼更為簡便。

響緒，以小竹為之，長四寸，圍圓約四寸，兩頭留節，中刻條縷，節上穿孔，貫以篾條，將鍋内撈起之絲，先度入做絲眼内，再由絲眼搭上響緒，或小竹管為之亦便利，但嫌聲大嘈雜。

又 貫腳

貫腳四具，安於軸身四面，以襯絲縷。每貫腳用横梁一根、直柱二根，横梁之上開鑿二孔，以二直柱之榫頭，嵌入横梁孔内。柱長六寸五分，榫頭在外，寬一寸二分，厚八分。横梁長一尺二寸六分，寬一寸二分，厚一寸二分。四面貫腳，三面嵌緊，一面用活者，可裝入，亦可取出。軸上鑿一横槽，活貫腳正面槽長四寸二分，寬八分，反面長三寸八分，寬七分，深以兩面開通為度。以活貫腳之兩柱，嵌入槽内，盡頭處兩柱中間尚有空槽，以杠木嵌入空槽，用槌重擊，貫腳自緊。杠木一頭大，一頭小，長五寸。自大頭至小頭，由寬而窄，大頭寬二寸二分，厚八分。小頭寬一寸二分，厚七分。嵌入活貫腳兩柱之間，重擊大頭，則貫腳緊，重擊小頭，則貫腳脱。

車衣以布為之，貫腳横梁之上，用布蒙其四圍，謂之車衣。所繅絲縷由送絲鉤搭上車衣，軸既旋轉，絲自環繞車衣上。卸架時，連衣揭下。

又　簡便絲軠

軠式最多，有重大繁難者，布交不清，解絲不便。今製一簡便絲軠，一周八交，易於尋頭。一手攪軠，一手添絲頭，遲速由人，較之腳踏大軠甚便。其制：用立木樁一根，徑三寸，高五尺，下作木架，立安其中。頂頭安一橫桄，長三尺五寸，以懸搖絲竿樁。中間安一木軸，徑寸半，軸上貫安絲軠，軠如車輪。有頭有輻，頭徑五寸，周圍裁輻八行，每行二輻。上安平桄輻，高一尺五寸，桄長八寸，安雙輻者七桄。惟一桄只用單輻，將單輻中間斜鋸成兩截，如馬耳形。用時相合以蔴繩紮緊，待絲滿軠解去。紮繩其桄自脫絲，遂可卸頭。後邊竪立一圓木墩，高五寸，徑三寸，底微尖如鍋底形。中間竪安一細柄，高二尺，柄頭安三寸長拐，拐頭平。串連搖絲竿，竿以竹片為之，長三尺五寸，中間釘一銅鉤子以提絲擺交，其橫桄近梢處，縛一竹圈，貫搖絲竿於內，令其擺搖活動無滯，又於輻條中間，安一木橛，長四寸，手握攪之，則木墩自轉搖，絲竿自能擺動，其絲根根相為斜壓，畧無分毫紊亂，日後絡車解絲時，則頭自在交中，不難尋覓，雖夜間亦可解之。

又《煮絲類》

又法　水絲者，冷盆所繅絲也。精明光彩、堅韌有色，絲中上品，錦綉緞羅所由出，蓋道光年間四川雲陽製法也。雖曰冷盆，亦是熱釜。提頭摘去黄絲、雜茸，單留清忽送入温水盆中，以數忽相合，成絲光淨、勻細，勝於熱釜。用小鍋一口，徑一尺餘，周圍用土墼泥成風竈，火門向上，如湯碗口，大柴往下燒，火焰遶鍋底而出鍋後，相去六、七寸。再安一小鍋，後作高煙筒，使煙遠出，免致薰傴。其鍋高三尺，左邊安水盆比鍋高二、三寸，盆口大二尺餘，盆上橫安絲車，靠盆邊立一木棍，名為絲老翁，以挂清絲頭。繅盆右邊安置絲軠，離盆三、四寸。俟燒水大熱，方下繭子二十餘箇，用箸輕挑，令繭勻轉，又以箸左右亂攪數次，挑起自帶出絲頭，以手捻住，於湯面提掇數度，破頭壞繭盡行摘去。提出清絲，將粗頭摘斷，用漏瓢舀繭，送入温水盆內。以清絲挂在絲老翁上，絲之粗細斟酌上頭，總為一處。穿過絲車下竹筒中，扯起從前面搭過。輥軸從軸下掏來，於輥軸上拴一廻。再從拴廻中掏繳一廻，不可拴成死廻。扯之滑利活動，易尋交頭，乃成絲。要處以絲挂在搖絲竿銅鉤中，又以絲頭拴在絲軠平桄上，時攪動軠輪，車隨輥轉，搖絲竿自然擺動，其絲勻繃軠上，一手攪軠，一手添絲頭。絲在軠上層層橫斜相壓，打成絲片，不致散淆，餘今昔相同，此水絲又一法也。

又卷五《紡政・水紡類》

搖篽車江浙式水紡

搖篽車，倒紡車也，搖篽子五箇。將絲壓入水盆，分為三次。一次倒絡子絲，二、三次倒幔架。絲車座長方形，四腳四撐座，長四尺一寸，檔寬九寸，高八寸。座前置將軍柱一塊，高二尺五寸，寬一尺，厚一寸。柱中開長梒口，深二尺，寬一寸四分。柱外置月牙梭，梭二塊，長一尺二寸，中寬四寸五分，穿釘眼五箇，以安篽筒內，置皮絃撐木三小條、車架耳二根，均高一尺三寸，寬、厚均一寸五分。耳上各開梒口，深一寸。車軸長八寸，圍大七寸，一頭置小鐵條，擱梒口二。一頭置鐵拐把，長一尺。車圓徑三尺五寸，車標十根，長一尺七寸，車盤圈竹片二塊，鴉雀口二十箇，長六寸，大均一寸，用皮絃一條，套篽子五箇，圍繞車輪以右手搖車，左手牽絲。

又　搖篽車四川式旱紡

搖篽車，倒紡車也。分為三次，一次倒絡子絲，二、三次倒幔架經。絲車座長方形，腳四撐。座長五尺，檔寬一尺三寸，高六寸，座前置堵水板一塊，高二尺五寸，寬一尺二寸，厚六分。板上開梒口，長一尺八寸五分，寬九分，每邊置竹楔子五塊，共十塊。下置斜水桶一箇，長一尺四寸，寬一寸五分。梒口前置小竹棍，名將軍柱，長二尺六寸。以管線絃座中間，置車架耳二箇，高一尺五寸，寬厚均七分。耳上開梒口，深一寸，車軸長九寸二分，圍大七寸，一頭置小鐵條，擱梒口上，一頭置鐵拐把，長一尺，車圓徑四尺二寸。車標十根，長二尺，寬、厚均一寸七分。車盤圈竹片二塊，鴉雀口二十箇，長六寸，大均一寸，用黄蜡線絃五條套篽子，五箇圍繞車輪，以右手搖車，左手牽絲。

清　吴士鎔校，袁俊德輯《繅政萃編・繅繭類》

新竈

竈置車牀之前、鍋之後半，上對牌坊。用鍋一口，銅鍋爲上，鐵鍋次之。鍋宜小，下繭宜少。旋下旋繅，絲條澤亮。若鍋大，下繭必多，繅之不及，煮過繭性，絲粗漫無力矣。

又　好車

繅絲車牀，安竈基後，江浙、蜀中用腳踏車、手理絲，一人兼二人事，極爲靈便，人工亦省。此坐繅式，較諸以手轉車、倚竈立繅諸法，更覺逸而不甚勞。車前置牌坊，中置絲秤，置車軸，以壯娘繩繫於其旁。

又《繅具類》

雙絲眼牌坊

牌坊上下横梁各一。下横梁左右兩頭均裁成方榫，下横梁長一尺三寸八分，榫頭在外。右邊榫頭嵌入右邊長柱之下截横孔內，左邊榫頭嵌入車牀前左柱之前面横梁短柱榫口內。下横梁中間直開一孔，上横梁中間及左右兩頭亦各直開一孔，長一尺五寸五分。右邊長柱一，上下兩頭均各裁成方榫。柱長一尺五寸八分，榫頭在外，上截榫頭嵌入上横梁右邊直孔內，下截榫頭嵌入車牀前右柱之前面横梁直孔內，下截榫頭之上横開一孔，以承下横梁右邊榫頭。

中間長柱一，上下兩頭均裁成方榫，柱長一尺三寸五分，榫頭在外，嵌入上下横梁中間直孔內，響緒在中柱之兩旁。

左邊短柱一，上截裁成方榫，嵌入上横梁左邊孔內，短柱倒懸於上横梁之下，長二寸五分，粗細與長柱同。

短柱、長柱均平穿一孔，以細篾一條，或鐵絲，横貫孔內，以綴響緒。

下横梁之前面，開二孔，此孔與彼孔相去四寸五分，另用小方木二段，長二寸四分，寬六、七分。一頭平鑲下横梁孔內，一頭破一小口，以安做絲眼。

又　三絲眼牌坊

雙絲眼牌坊長柱二，短柱一，響緒、絲眼各二。三絲眼牌坊長柱二，短柱二，響緒、絲眼各三。初學繅絲者用單眼，善繅者用雙眼，最善繅者用三眼。至絲之粗細，視絲眼下繭之多少。用繭多則絲粗，用繭少則絲細，不在絲眼多少也。

又　鍋上牌坊

上下横梁各一，上長一尺三寸五分，下長一尺四寸五分。

中間直柱二根，每根長一尺五分，榫頭在外。二直柱之下截距下横梁一寸五分，各平鑲短木一截，各長一寸六七分。短木頭上各安送絲鉤一枝。

上横梁中左右各平鑲短木一截，各長三寸。短木中間各安響緒一箇，是爲牌坊頂。

下横梁之後平鑲短木二截，各長二寸。再於短木盡頭平鑲横梁一根，此下横梁短二三寸，是爲牌坊底。此亦雙絲眼牌坊式也。三絲眼用直柱三根、送絲鉤三枝，上横梁平鑲短木四截，安響緒三箇，餘俱同。

前式牌坊絲眼均嵌在車牀之上，此式牌坊，絲眼均擱在絲鍋之上，二法各分而用之，不能一處並用。

又　牡孃墩繩

牡孃墩，以桑木爲之，面平，底平，腰細，身高二寸，底面各圍圓八寸六分，腰圍圓七寸。正中開一直孔，貫於車牀前左柱圓榫上，中腰周圍削凹，如蜂腰形，或八稜，或十稜，以環牡孃墩。墩上兩耳，各横穿一孔，耳高八分，以小木作門。一頭横貫兩耳孔內，一頭留孔外作横梁。門長五、六寸，一頭寬四分，長三寸餘，貫兩耳孔內；一頭寬八分，長二寸餘，留孔外横梁上。安直柱一根，上半截削圓，以承絲秤。直柱長四寸，下半截方而扁，寬八分，長一寸五分，上半截圓如筆管，長二寸五分。

又　車軸

車軸，以堅木爲之。軸右邊盡頭處，裁爲圓榫，嵌入車牀後右柱榫口內，左邊盡頭處留一短筒。軸身之左、短筒之右，裁成圓榫，嵌入車牀後左柱榫口內，軸身長一尺三寸，榫頭與短筒，均在一尺三寸之外。軸中間圍圓九寸，兩頭近榫處圍圓八寸，短筒長三寸六分，圍圓七寸。榫頭長一寸五分，圍圓三寸。榫頭嵌入榫口，不可太緊，太緊則運不動，取不出短筒。靠圓榫處削成蜂腰形，並起八段以環繞牡孃繩，蜂腰口寬一寸三分，深五分，圍圓五寸五分，蜂腰之左鑲直木一條，短筒長三寸六分，除去蜂腰一寸三分，尚餘二寸三分。卽在此二寸三分之中，開一方孔，安直木一條，長五寸，寬一寸，厚一寸，直木將盡頭處，鑲横木一條，以作軸柄。直木下截將盡頭處，留五、六分，卽在此五、六分之上，開一横槽，以鑲横木。横木長四寸六分，一頭長二寸一分，粗細與直木同，其形方。卽在此二寸一分之中，開一横槽，鑲入直木。横槽之內，一頭長一寸五分，削圓爲柄。不善繅絲者，用手轉車，卽執此柄搖轉。善繅絲者，用腳踏車，卽將腳踏板上横木條圓孔套於此柄之上。

又　車衣以布爲之，貫腳横梁之上，用布蒙其四圍，謂之車衣。所繅絲縷，由送絲鉤搭上車衣，軸既旋轉，絲自環繞車衣上，卸架時連衣揭下。

又　車牀

前右角一柱，柱頂横鑿一孔，以套絲秤。柱高二尺一寸五分，寬二寸八分，厚一寸四分。孔寬一寸，高五分，前左、前右二柱之前面，各安一小橫梁。前左柱橫梁之上，安一短柱。短柱之頂裁成榫口，以嵌牌坊。下橫梁之左邊榫頭、前右柱橫梁不安短柱，只於橫梁盡頭處，鑿一方孔，以承牌坊。右邊長柱之下，截榫頭橫梁，長五寸，寬一寸，厚一寸，去地一尺六寸。短柱高二寸五分，寬窄與橫梁同。榫口長一寸，寬六分，深八分，二柱之前面下截靠地處，各安一小橫梁。以木板擱橫梁之上，以磚石壓木板之上，庶免車牀移動。

又　簡便絲軠

軠式最多，有重大繁難者，布交不清，解絲不便。今製一簡便絲軠，一周八交，易於尋頭。一手攪軠，一手添絲頭，遲速由人，較之腳踏大軠甚便。其制：用立木樁一根，徑三寸，高五尺，下作木架，立安其中。頂頭安一橫桄，長三尺五寸，以懸搖絲竿樁，中間安一木軸，徑寸半，軸上貫安絲軠，軠如車輪。有頭有輻，頭徑五寸，周圍裁輻八行，每行二輻，上安平桄。輻高一尺五寸，桄長八寸，安雙輻者七桄。惟一桄只用單輻，將單輻中間斜鋸成兩截，如馬耳形。用時相合，以蔴繩紮緊，待絲滿軠，解去紮繩，其桄自脱絲，遂可卸頭。後邊豎立一圓木墩，高五寸，徑三寸，底微尖如鍋底形，中間豎安一細柄，高二尺，柄頭安三寸長拐，拐頭平，串連搖絲竿，竿以竹片爲之，長三尺五寸。中間釘一銅鉤子，以提絲擺，交其橫桄近稍處，縛一竹圈，貫搖絲竿於內，令其擺搖活動無滯。又於輻條中間，安一木橛，長四寸，手握攪之，則木墩自轉搖，絲竿自能擺動，其絲根根相爲斜壓，畧無分毫紊亂，日後絡車解絲時，則頭自在交中，不難尋覓，雖夜間亦可解之。

又《煮絲類》

又法

水絲者，冷盆所繅絲也。精明光彩、堅韌有色，絲中上品，錦繡緞羅所由出，蓋道光年間四川雲陽製法也。雖曰冷盆，亦是熱釜。提頭摘去黄絲、雜茸，單留清忽，送入溫水盆中，以數忽相合，成絲光淨、勻細，勝於熱釜。用小鍋一口，徑一尺餘，周圍用土墼泥成風竈。火門向上，如湯碗口大，柴往下燒，火焰遶鍋底而出鍋後，相去六、七寸。再安一小鍋，後作高煙筒，使煙遠出，免致薰偪。其鍋高三尺，左邊安水盆，比鍋高二、三寸，盆口大二尺餘，盆上橫安絲車。靠盆邊立一木棍石，爲絲老翁，以挂清絲頭。繅盆右邊安置絲軠，離盆三、四寸，俟燒水大熱，方下繭子二十餘箇，用箸輕挑，令繭勻轉，又以箸左右亂攪數次，挑起自帶出絲頭，以手捻住，於湯面提掇數度，破頭壞繭，盡行摘去。提出清絲，將粗頭摘斷，用漏瓢舀繭，送入溫水盆內。以清絲挂在絲老翁上，絲之粗細斟酌上頭，總爲一處。芽溫絲車下竹筒中扯起，從前面搭過輥軸，從軸下掏來，於輥軸上拴一廻。再從拴廻中掏繳一廻，不可拴成死廻。扯之滑利活動，易尋交頭，乃成絲。要處：以絲挂在搖絲竿銅鉤中，又以絲頭拴在絲軠平桄上，時攪動軠輪，車隨輥轉搖，絲竿自然擺動，其絲勻繃軠上，一手攪軠，一手添絲頭。絲在軠上層層橫斜相壓，打成絲片，不致散淆，餘今昔相同，此水絲又一法也。

又　繅火絲

安鍋作高煙筒，如上法，只不用冷盆於鍋上橫安絲車，右邊安絲軠，繅時燒水大熱，下繭諸法，均如水絲。以箸撥攪，提起絲頭，用手捻住水絲，由竹筒中穿過，火絲不穿竹筒，只是穿過錢眼，扯起搭在輥軸上。又從下面掏過，拴在輥軸上一廻，又於拴處再掏攪一廻，不可拴死交，法與水絲無異。將絲挂在搖絲銅鉤上，再將絲頭拴在桄上，一手攪動絲，車隨軠而轉，其絲自然上軠。搭頭時，以箸攪撥，將絲窠分開，用箸夾亂絲，從中向錢眼猛提，則絲頭爲衆絲帶上，自無疙瘩。若從絲窠外邊纏遶，帶上其絲，便粗惡不勻，此火絲法遜於水絲。余數年以來，細尋其中要義，大抵上繭利繅水絲，次繭利繅火絲，故繅火絲與繅水絲並行。

清　袁俊德輯《紡政萃編・紡器類》

搖篗車 江浙式水紡

搖篗車，倒紡車也，搖篗子五箇。將絲壓入水盆，分爲三次，一次倒絡子絲，二、三次倒幔架絲。車座長方形，四腳四樘。座長四尺一寸，檔寬九寸，高八寸。座前置將軍柱一塊，高二尺五寸，寬一尺，厚一寸。柱中開長槍口，深二尺，寬一寸四分。柱外置月牙梭，梭二塊，長一尺二寸，中寬四寸五分。穿釘眼五箇，以安篗筒內。置皮絃樘木三小條，車架耳二根，均高一尺三寸，寬、厚均一一五分。耳上各開槍口，深一寸，車軸長八寸，圍大七寸。一頭置小鐵條，擱槍口二，一頭置鐵拐把，長一尺。車圓徑三尺五寸，車標十根，長一尺七寸。車盤圈竹片二塊，鵶雀口二十箇，長六寸，大均一寸。用皮絃一條，套篗子五箇，圍繞車輪，以右手搖車，左手牽絲。

又 搖篰車四川式旱紡

搖篰車，倒紡車也。分爲三次，一次倒絡子絲，二、三次倒幔架經絲。車座長方形，四腳四橖座，長五尺，檔寬一尺三寸，高六寸。座前置堵水板一塊，高二尺五寸，寬一尺二寸，厚六分。板上開椧口，長一尺八寸五分，寬九分，每邊置竹楀子五塊，其十塊下置斜水桶一箇，長一尺四寸，寬一寸五分。椧口前置小竹棍，名將軍柱，長二尺六寸，以管線絃座。中間置車架耳二箇，高一尺五寸，寬、厚均七分。耳上開椧口，深一寸，車軸長九寸二分，圍大七寸。一頭置小鐵條，擱椧口上，一頭置鐵拐把，長一尺。車圓徑四尺二寸，車標十根，長二尺，寬、厚均一寸七分。車盤圈竹片二塊，鴉雀口二十箇，長六寸，大均一寸，用黃蜡線絃五條、套篰子五箇，圍繞車輪，以右手搖車，左手牽絲。

挂絲竿

法用竹竿一根，如酒杯大，長一丈，穿鐵絲圈五箇，繫於車前，高五尺。先以池水泡幔架，不用水盆，將經絲挂入鐵圈，搭上篰筒紡之。

清 趙敬如《蠶桑説》

興桑養蠶繅絲諸器

桑剪、桑鋸、桑鉤、刮桑鈀、接桑刀、切葉刀，皆取式鐵匠。桑梯、桑櫈、大蠶架、小蠶架、繅絲車，皆取式木匠。葉籃、蠶箔、蠶笷、蠶簾，皆取式竹匠。平日備齊，臨時取用。至繅絲各法，非目見不知，手習不能。須從老蠶婦學之，數日便可諳悉。此書未及備載，且太邑現已有人開設繭行，收買蠶繭，卽養蠶家不知繅絲，以繭售賣，亦甚便也。

清 趙淵《蠶桑摘要》卷下

下橫梁之前面，開二孔，此孔與彼孔相去四寸五分，另用小方木二段，長二寸四分，寬六、七分，一頭平鑲下橫梁孔內，一頭破一小口，以安做絲眼。

又 三絲眼牌坊

雙絲眼牌坊，長柱二，短柱一，響緒、絲眼各二。三絲眼牌坊，長柱二，短柱二，響緒、絲眼各三。初學繅絲者，用單眼。善繅者，用雙眼。最善繅者，用三眼。至絲之粗細，視絲眼下繭之多少，用繭多則絲粗，用繭少則絲細，不在絲眼多少也。

又 下橫梁之後，平鑲短木二截，各長二寸，再於短木盡頭，平鑲橫樑一根，比下橫梁短二三寸，是爲牌坊底，此亦雙絲眼牌坊式也。三絲眼用直柱三根，送絲鈎三枝，上橫梁平鑲短木四截，安響緒三箇，餘俱同。前式牌坊，絲眼均嵌在車牀之上。此式牌坊絲眼，均擱在絲鍋之上。二法各分而用之，不能一處並用。

又 杧木一頭大、一頭小，長五寸，自大頭至小頭，由寬而窄。大頭寬二寸二分，厚八分。小頭寬一寸二分，厚七分。嵌入活貫腳兩柱之間，重擊大頭，則貫腳緊，重緊小頭，則貫腳脱。車衣以布爲之，貫腳橫梁之上，用布蒙其四圍，謂之車衣。所繅絲縷，由送絲鈎搭上車衣，軸既旋轉，絲自環繞車衣上，卸架時連衣揭下。

又 踏腳板

踏腳板以堅木一片爲之，長九寸，寬三寸，厚六分。一頭裁榫，如工字形，套入車牀前左柱腳下榫口內，底板榫頭，寬七分，長一寸五分。車柱榫口靠地，以底板榫頭套入車柱榫口，則底板被車柱壓緊，腳踏之時不致移動。一頭安兩耳，耳上各橫穿一孔，耳高二寸五分，安於底板面上，孔寬四分，離底板一寸三分，再以木板一片，削鞋底樣，長八寸，面平底不平，底下前六寸，由薄而厚薄處三分，厚處一寸四分，後二寸由厚而薄，厚處一寸四分，薄處六分，便不失之平，底下平，則腳踏鞋板時，鞋尖雖落地，而鞋板不斜，不過微起微落而已。直條、橫條卽不能大起大落。車柄、車軸亦不能旋轉如意。前宜寬，後宜窄，自前至後，由寬而窄，寬處二寸六分，窄處二寸。寬處可以踏腳，窄而厚之處，旁綴二榫，穿入底板兩耳孔內，榫頭宜圓不宜方，方則運不動。鞋板宜畧小於孔，不可嵌太緊，緊則鞋板踏不動矣。又鞋板下，底板上，須空寸許，不可緊貼，緊亦踏不動。另用直木一條，長一尺七寸，寬一寸二分，厚五分。以一頭嵌入鞋板木，嵌在鞋板至厚之處，底板兩耳之內，以一頭開一小孔，又用小木一條，長一尺七寸，寬一寸二分，厚三分。一頭開小孔，與直木小孔相對，用竹釘管之，不可太緊，緊則橫木轉不動。一頭開圓孔，橫貫於車軸之柄，孔比軸柄畧大，兩木條一直一橫，形如曲尺。踏動鞋板，則鞋板帶動直條，直條帶動橫條，橫條帶動軸柄，軸卽隨之動轉矣。如不用小橫條貫軸柄，以麻繩縛直木之頭，另用老筍殼浸溼作紐，套上軸柄，下接麻繩以運動車軸，更覺輕靈。

又 車牀

車牀形方，牀之四角各安一柱，四面各安橫檔二層。檔之兩頭，各有方榫嵌入柱內，前檔、後檔均橫長一尺三寸六分，左檔、右檔均橫長一尺零六分，嵌入柱內之榫頭，均在一尺三寸六分、一尺零六分之外，左、右上下檔與前、後上下檔高低不一，左、右下檔各去地一寸八分，左、右上檔各去地一尺四寸二分。前、後下檔各去地三寸，前上檔去地一尺五寸，後上檔去地九寸。後上檔去地尺寸，較前、左、右上檔獨低者，因車軸架在後二柱之頂，此處上檔低，則上檔之上地，步空闊，可容貫腳轉旋也。

又　簡便絲軖

軖式最多，有重大繁難者，布交不清，解絲不便。今製一簡便絲軖，一周八交，易於尋頭，一手攪軖，一手添絲頭，遲速由人，較之腳踏，大軖甚便。其制用立木樁一根，徑三寸，高五尺，下作木架，立安其中。頂頭安一橫桄，長三尺五寸，以懸搖絲竿。樁中間安一木軸，徑寸半，軸上貫安絲軖。軖如車輪，有頭有輻，頭徑五寸，周圍裁輻八行。每行二輻，上安平桄，輻高一尺五寸。桄長八寸，安雙輻者七桄，惟一桄只用單輻，將單輻中間斜鋸成兩截，如馬耳形，用時相合以蔴繩紮緊。待絲滿軖，解去紮繩，其桄自脫，絲遂可卸。頭後邊豎立一圓木墩，高五寸，徑三寸，底微尖，如鍋底形。中間豎安一細柄，高二尺。柄頭安三寸長拐，拐頭平串連搖絲竿。竿以竹片爲之，長三尺五寸。中間釘一銅鈎，以提絲擺交。其橫桄近梢處，縛一竹圈，貫搖絲竿於內，令其擺搖活動無滯。又於輻條中間安一木橛，長四寸，手握攪之，則木墩自轉。搖絲竿自能擺動，其絲根根相爲斜壓，畧無分毫紊亂。日後絡車解絲時，則頭自在交中，不難尋覓，雖夜間亦可解之。

又　前右角一柱，柱頂橫鑿一孔，以套絲秤，柱高二尺一寸五分，寬二寸八分，厚一寸四分。孔寬一寸，高五分，前左、前右二柱之前面，各安一小橫梁。前左柱橫梁之上，安一短柱。短柱之頂裁成榫口，以嵌牌坊。下橫梁之左邊，榫頭前右柱橫梁，不安短柱。只於橫梁盡頭處，鑿一方孔，以承牌坊。右邊長柱之下，截榫頭橫梁長五寸，寬一寸，厚一寸。去地一尺六寸，短柱高二寸五分，寬窄與橫梁同。榫口長一寸，寬六分，深八分。二柱之前面下截靠地處，各安一小橫梁，以木板擱橫梁之上，以磚石壓木板之上，庶免車牀移動。

又　難曰：冷盆亦是熱釜，提頭摘去黃絲雜茸，單留清忽送入温水盆中。以數忽相合成絲，光淨勻細，勝於熱釜，用小鍋一口，徑一尺餘，周圍用土墼泥成風竈。火門向上如湯碗口大，柴往下燒火，熖邊鍋底而出，鍋後相去六、七寸，再安一小鍋。後作高煙筒，使煙遠出免致薰傴。其鍋高三尺，左邊安水盆，比鍋高二、三寸，盆口大二尺餘，盆上橫安絲車。靠盆邊立一木棍，名爲絲老翁。以挂清絲頭，繅盆右邊安置絲軖，離盆三、四寸。俟燒水大熱，方下繭子二十餘箇。用箸輕挑合繭勻轉，又以箸左右亂攪數次，挑起白帶出絲頭，以手捻住，於湯面提掇數度，破頭、壞繭，盡行摘去。提出清絲將粗頭摘斷，用漏瓢舀繭送入温水盆內，以清絲挂在絲老翁上。絲之粗細斟酌，上頭總爲一處，穿過絲。車下竹筒中，扯起從前面搭過輥軸，從軸下掏來，於輥軸上拴一廻，再從拴廻中掏繳一廻，不可拴成死廻，扯之滑利活動，易尋交頭，乃成絲。要處以絲挂在搖絲竿銅鈎中，又以絲頭拴在絲軖平桄上，時攪動軖輪，車隨輥轉，搖絲竿自然擺動，其絲勻繃軖上。一手攪軖，一手添絲頭。絲在軖上層層橫斜相壓，打成絲片，不致散淆，餘今昔相同，此水絲又一法也。

清　朱祖榮《蠶桑答問》卷下

安置車牀第六

問曰：安置車牀，何法為便？

答曰：傍竈基，安置車牀，牀與盆齊。宜置竈右，最便一切，轉軸必利，縛擋壓石，期於不動。須與貫腳無礙，貫腳杙木，須重繫使緊。

又　煑繭起緒第七

問曰：繅絲必須煑繭，煑繭必先起緒，二法何如？

答曰：煑繭用鐵鍋舊鍋更好，注水八分，燒火宜勻，不可太涼，亦不可太熱。試湯視蛹之浮沉，浮則嫌熱，沉則嫌涼，涼熱適宜，方不斷續，且湯宜頻換。見水色微黃，即須抅去三分之一，以畧溫清水攙入此須一人專司之。絲方白亮。　每當水溫下繭，用做絲手少撥，令繭滾盪，惹起頭緒。急以左手捻住粗緒頭，於水面上輕輕提輟數度，旋提起粗絲頭。其下卽是清絲，用手稍稍摘去此粗緒頭。一手捻取清絲，一手用漏杓闌住各繭在水，然後將絲繞上橛子。

清　增韞《柞蠶彙志》

上車抽絲

潒繭既浄，斯時火候勻足，卽可上車抽絲。其法以手先捉去粗絲，以清絲頭穿入椿上絲眼，又由絲眼引上響緒，上下交互，再由響緒送入絲鉤，由絲鉤搭上車軸，下有踏腳板，將橫條套於軸端，用腳踏之車自旋轉，絲便環繞於軸上。

清 曾鉌《蠶桑備要》卷四 繅火絲法：安鍋如上法，亦作臥煙洞，使煙氣遠出，繅人自得安詳，鍋上橫安絲車一箇，其制亦如上法，鍋右邊安絲軖，亦如上法。繅時將水燒令大熱不可滾，滾則煮損絲性，將繭投入鍋內，以筯撥攪提起絲頭，用手捻住穿過錢眼。繅火絲頭不用在竹筒中穿過，只將絲車下桄，前面平安一錢，令穩將絲頭從錢眼穿過。扯起搭在輥軸上，又從下面掏過，拴在輥軸之上一迴，又於拴處再掏絞一迴，不可死拴，以致不能滑利輥轉。絞法與繅水絲無異。將絲挂在搖絲銅鉤上，再將絲頭拴在橫桄上，一手攪動絲車隨軖而轉。其絲自然上軖其快如風，搭頭時，頻以筯攪撥，將絲窠分開，以筯夾亂絲從中向錢眼猛提，其頭自爲眾絲，帶上自無疙瘩。若從絲窩外邊纏遶而帶上，其絲便粗惡不勻。欲作粗絲者，多下繭，鍋宜熱些；欲作細絲者，少下繭，鍋宜溫些時，看絲窠頻以筯撥上頭，斟酌下繭定住火候，勿使忽粗忽細，以致絲不堪用。新繭生繅爲上，如蒸過日久，恐絲頭乾燥。不利者，不論火絲、冷盆絲，俱於初下繭時，入鹽一兩、油半兩於鍋內，須先以枝條一撮，打半晌，令水與油、鹽爲一，然後下繭，如繭多者，斟酌油鹽旋入。

又 繅絲腳踏車法：摘繭下先剝去外衣，入鍋煮之。以繭六、七枚，各撈其頭，繅成一縷者爲細絲，以十二、三枚繅絲一縷者爲粗絲。繅絲用手車，不若腳踏之靈活，人工亦省。男工腳踏車，車牀高，絲竈高與胸齊。繅絲者可立而不可坐，浙式係婦女坐踏，尤便女工。又繅車下須用炭火一盆，帶繅帶烘，絲燥而白，不烘而聽其自乾則其色黃，又煑繭不宜燒松柴，因松有烟煤，絲染其氣色不明亮，尤不可不講也。

清 徐瀾《柞蠶簡法》

上車

繭熟後，將繭盛於盆內，移置牀邊，先以手提去其粗絲，以清絲頭穿入椿上絲眼，又由絲眼引上響緒，上下交互，再由響緒送入絲枰上之絲鉤，由絲鉤搭上車，軸下有踏腳板，將橫條套於軸端，用腳踏之，車自旋轉，絲便環繞於軸上。

清 李君鳳《蠶桑説・飼蠶法》 繅絲用小鍋，徑尺餘，作風竈，使烟遠出。鍋高與繅絲人坐而心齊。左安大盆一口，較鍋高二三寸，盆上橫安絲車一個，靠鍋邊又立插一木棍，名絲老翁，以挂絲頭。盆右邊安置絲軖音『匡』。離盆三四寸，用一人提絲頭，燒水至大熱，將繭子一大把投入鍋內，用筯輕輕挑撥，令繭滾轉，又亂攪數次，挑起絲頭。以手捻住，提掇數次，清絲已出。將粗頭摘斷，用漏瓢撈繭，送入水盆內，將清絲挂在老翁上，約十數根總爲一處，穿過絲車下竹筒中扯起，從前面搭過輥軸，從軸下面掏來，於輥軸上拴一回，再掏繳一回，須令活動，將絲挂在搖絲竿銅鉤中。又將絲頭拴在絲軖平桄上，攪動軖輪，絲車隨之輥轉。搖絲竿自然擺動，其絲勻勻繃在軖上，一手攪軖，一手添續絲頭，其快如風。軖轉絲上，時時下繭提頭，斷續不絕。繭多者，作雙頭繅之，將軖造長一尺四五寸，搖絲竿上，並錠二銅鉤，相去三寸餘，絲車亦造二輥軸，相去三寸餘，並上兩條頭，繅如上法，功必倍之。又煮繭取頭後不撈，送冷水盆中，名爲火絲，取絲較多，價較廉；撈送冷水盆中，名爲水絲，取絲較少，價較貴。

清 楊鞏《中外農學合編》卷一一《蠶類・飼育》 繅絲

繅絲鍋竈，宜安車牀之前、鍋之後半，上對牌坊。繅絲者對竈而坐，繅手理絲，一人兼二人之用，較之以手轉車者，人工亦省。車前安牌坊，中安絲秤，後安車軸，旁繫牡娘繩，自摘繭至繅絲，不得過七、八日。

又 以右手執撈絲帚，輕輕挑撥，使繭滾轉，又亂攪幾下，隨手一撩，將絲頭帶出水面無撈絲帚，則用筷子三、四隻，挑撥攪撈，即以左手捻住絲頭，於水面輕輕提掇數次，右手隨即放下撈絲帚，捻住絲頭下之清絲，左手將粗絲頭摘去，另放一處絲頭雖粗，亦可做線，並非棄物。

又 火盆離軸不可太遠，亦不可太近太遠則火力不及，太近則火氣傷絲。炭須無煙且不爆者，此事須一人專司。絲繞車軸約重四、五兩，便須卸下，俗謂之下架，又謂之脫車。脫車之法：以送杆木緊緊抵住杆木之小頭，用槌頻擊，杆木自鬆，貫腳自脫。乃將絲與車衣一併揭下，日晚便須歇車，俟明日再繅。歇車後鍋中所餘之繭，謂之湯頭繭。以大碗儲之，於明日動車後，傾入鍋中，雜生繭內抽之，以上皆繅火絲法。又有冷盆絲，即水絲，光彩堅韌，為絲中上品。繅水絲法，一切與火絲同，所不同者，惟多用一水盆。牌坊安在盆上耳，火絲所用之牌坊，安在煮繭鍋上，水絲則繭鍋左邊，另安一大水盆磁盆最好，瓦盆亦可。盆內注溫水約九分滿，盆上安牌坊，俟繭鍋內提出絲頭，一手執清絲，一手同漏瓢，舀繭送入水盆挹彼注此謂之舀，再將清絲穿入牌坊板上之做絲眼，仍將鍋内已煮之繭時時舀送，以便陸續搭入絲窠。《淮南子》《農書》《蠶書》《士農必用》《農政全書》《授時通考》

清　佚名《樹桑養蠶要略》　繅絲　煮繭，須擇清潔之水，則絲明亮。用無煙板炭，則絲色不晦。繅絲鍋竈，宜安車牀之前、鍋之後半，上對絲眼牌坊，繅絲者對竈而坐。浙中絲車近用足踏，較以手轉車爲靈便。一人兼二人之用，車前安牌坊，中安絲秤，後安車軸，旁繫牡娘繩。於鍋内水滚時，下繭二十個，以右手執撈絲帚，輕輕挑撥使繭滚轉，隨手一撩，將絲頭帶出水面，比用筷子數隻者爲便。卽以左手捻住絲頭，於水面提掇數次。右手卽放下絲帚，捻住絲頭下之清絲。左手摘去粗絲頭，以右手清絲穿入牌坊板上之做絲眼，次由絲眼引上牌坊之響緒，交互一轉。再由響緒送入絲秤上之絲鈎，又由絲鈎搭上車軸，繫於貫腳之横梁，然後用足踏板，軸自旋轉如意，軸既旋轉，絲自環繞軸上，其牡娘繩宜緊不宜鬆，鬆則絲秤移動，絲縷不能錯綜。繅絲者須時時著水於繩，溼則緊矣。其絲竈之左設一木盆，絲盡蛹沈，卽撈蛹入盤。如有水繭，繅不上絲頭，亦置盤内，留爲做棉之用。凡每繭一枚，抽絲一縷，細絲合八、九縷爲一縷，粗絲合十餘縷爲一縷。絲出蛹沈，隨時去蛹，隨時添繭，令早煮熟，則絲之粗細方勻。絲車之後用炭火一盤，以烘絲，帶繅帶烘，不可太近，防火氣傷絲，以火力恰到爲度，絲繞車軸，約重四、五兩，便須卸下架。俟貫腳脱後，將絲與車衣布同揭下，至晚便歇車，勿繅。繅絲車另有細圖。

清　佚名《樹桑養蠶要略》　稱繭　自摘繭至繅絲，不得過七八日。過限則内蛹變爲蛾，摘後薄攤簾箔上置涼室中，使受涼氣。再以紙鋪籃内，盛好繭稱之，大約繭一斤，可得絲一兩，百斤可得百兩。每日一人繅絲，車上單絲眼，只能繅絲四兩。雙絲眼六兩，三絲眼八兩，須預計人工、絲車足用否，以便早日繅畢。

紀事

宋　高承《事物紀原》卷九《農業陶漁部四十五》

織

《黃帝内傳》曰：帝既斬蚩尤，蠶神獻絲，稱織紝之功，因之廣織于此，言：廣明其前有黃帝廣之爾。一云《淮南子》言：伯余之初作衣，絲麻素縷，手經指緯，蓋織之始也。

著録

清　楊屾《豳風廣義》卷二

王氏先蠶壇序

王氏曰：『先蠶，猶先飯，祀其始造者。壇，築土為祭所也。黃帝元妃西陵氏始蠶，卽先蠶也。』按，黄帝元妃西陵氏，曰儽祖，始勸蠶稼。月大火而浴種，夫人副禕而躬桑，乃獻繭稱絲。織紝之功因之廣，織以供郊廟之服。《皇圖要覽》云：『伏羲化繭，西陵氏養蠶。』淮南王《蠶經》云：『西陵氏勸蠶稼，親蠶始此。』《禮・月令》：『季春，是月也，后妃齋戒，享先蠶而躬桑，以勸蠶事。』《周禮・天官・内宰》：『仲春，詔后帥外内命婦，始祭於北郊。』《漢・禮儀志》：『皇后祀先蠶，禮以中牢。』魏黃初中，置壇於北郊，依周典也。晋置先蠶壇，高一丈，方二丈。四出陛，陛廣五尺。皇后至西郊，親祭躬桑。北齊先蠶壇，高五尺，方二丈，四陛各五尺，外兆四十步，面開一門。皇后升壇，祭畢而桑。後周皇后至先蠶壇，親饗。隋制，宫北三里，壇高四尺。皇后以太牢制幣而祭。唐置壇在長安宫北苑中，高四尺，周圍二十步。皇后並有事於先蠶。其儀備《開元禮》。宋用北齊之制，築壇如中祠禮。《通禮義纂》：『后親享先蠶，貴妃亞獻，昭儀終獻。夫蠶祭有壇，稽之歷代，雖儀制少異，然皆遞相沿襲，餼羊不絶，知禮之不可獨廢。』

藝文

清　陳景鐘《繅絲曲》《清詩鐸》卷七　三春雨足桑葉肥，家家飼蠶晝掩扉。三眠三起近小滿，桑甚垂垂葉已稀。盼得紅蠶齊上箔。更喜同功繭不薄。大婦收拾繅絲車，小婦安排湯滿鑊。銀絲抽繹比淸霜，虚空堆牀生白光。啞啞軋軋聲不絶，綠陰低處新絲香。小姑回頭笑問嫂，轉眼相看織成縞。茜紅鴨綠染隨心，長翦腰裙短裁襖。嫂云小姑爾未知，阿哥正苦賣絲遲。明朝抱入城中去，已值官糧徵比時。

雜録

清　葉向榮《農林蠶説》　自始至終，總須一樣。若絲欲其粗，約二三十繭滚之，如五寸盤大一塊；欲其細，約十三四繭滚之，如中碗面大一塊，粗細均匀以此。其車後火盆，宜旺，約離車輪絲四寸足矣。至車上牡娘繩，須時時着水使緊，絲綹乃能錯綜，不至走成魚眼。及結成一塊，至不可分，係牡娘不緊，所謂走板也。惟撈細絲，則於綢莊相合，上江不合，亦繅絲家宜講究也。

圖表

清　方大湜《桑蠶提要》卷二《蠶事》四十條·**蠶具**三十則》

火炕　炕之四圍，以火磚砌墻或土磚亦可，形如炕牀高一尺六七寸，寬二尺，長三、四、五、六尺不拘。炕之檔頭，開一火門。從平地開起，高一尺餘，寬五六寸，不可過高過寬，恐火氣不緊也。火門外邊平地挖一火窩，以盛薪炭。此窩緊靠火門，方、寬、長各四五寸，深亦不過四五寸。緊靠火門之上，偏安石板一塊，内高外低，形如屋簷，以罩火窩。窩内火氣上衝，被外邊簷關住，自然折入炕内。石板較火門略寬一二寸，安在炕牆磚縫内。如恐偏安不穩，即於火門兩邊，用磚直砌，托住石板，形似竈門，火氣更緊。緊靠石板之上，安横木四五根。一頭在石板上，一頭在對面墻上。形如牀之横檔，以承篾摺。自火窩裏邊起，用土築實，漸次斜上，直抵對面盡頭安横檔處，以達火氣。炕内不築斜坡，則火氣不勁。斜坡之中，開一微窩，兩旁略高，形如筲箕，以均火氣。斜坡上不開微窩，則火氣太直，不能散布兩邊。即或散布兩邊，火氣亦不均匀。但窩不宜深，深則火氣下陷，不能直送到頂。檔上篾摺，密留小孔，形如米篩，以透火氣。篾摺長短寬窄，須與炕内空處一樣。切不可短窄，恐翻動時，漏出蠶繭也。摺内盛繭摺上空六七寸，可盛多繭。繭上另用篾摺蓋好，以聚火氣。

撈絲帚　撈絲帚，一名做絲手，以帶節竹一片為之。寬二寸，長八寸，竹節須留在六寸之間。節上劈粗縷七八條，形若手指。近節處貫以銅絲，務使縷析條分，以便撈繭出緒。

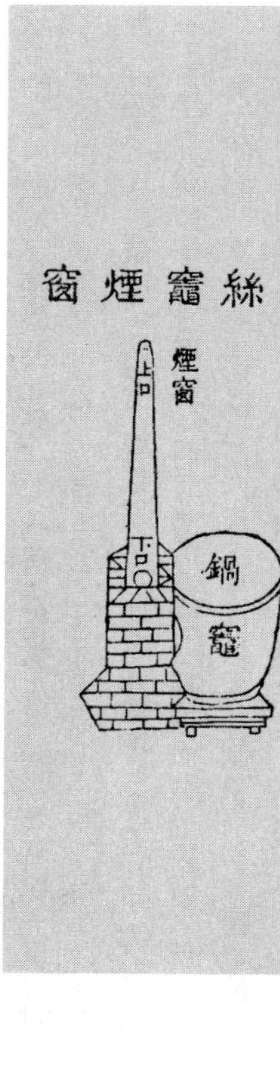

絲竈煙窗　竈宜上寬下窄，或用缸竈，或以磚砌，皆可。竈之内外，須以石灰和泥，厚塗之。鍋口之四圍，亦以泥護之，不可漏煙。煙窗用薄篾條，環繞編成，上口比下口略小，高出屋簷。下口圓徑六七寸，高約丈餘。内外均用灰泥厚塗，竈門兩旁，將磚砌起，以煙窗置其上。則煙出竈門，即直衝煙窗而出矣。

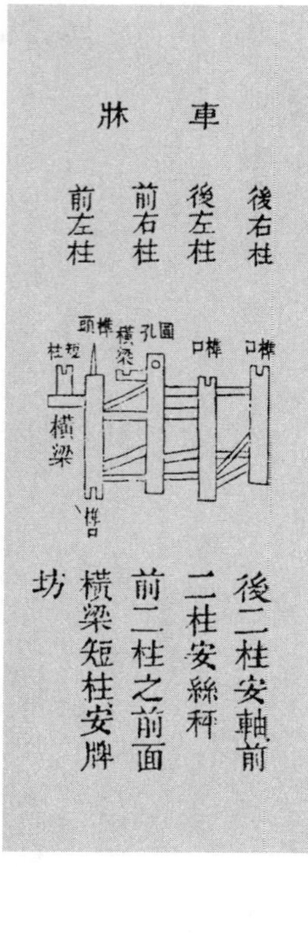

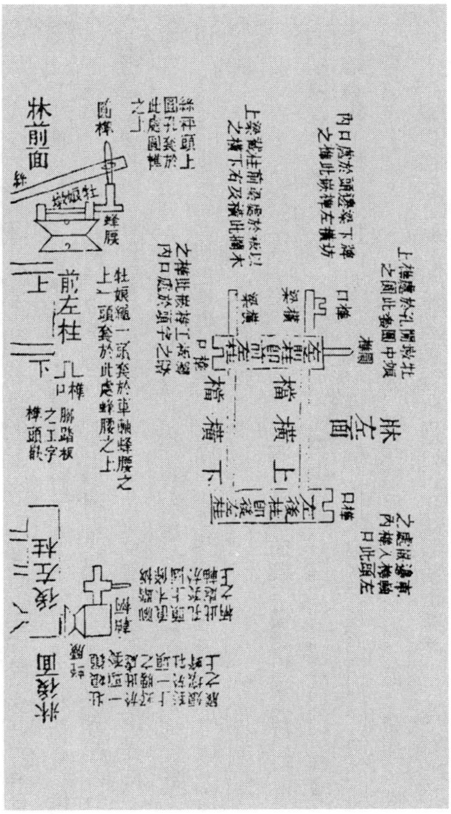

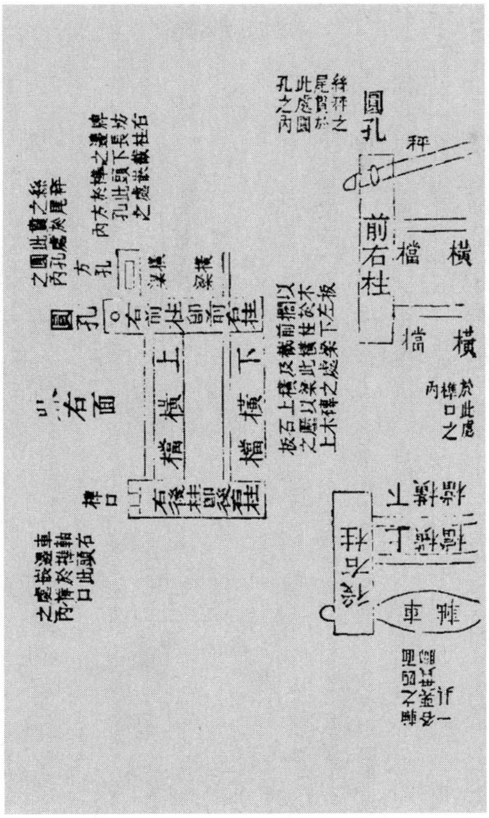

車牀形方，牀之四角，各安一柱，四面各安横檔二層。檔之兩頭，各有方榫，嵌入柱内。前檔後檔，均横長一尺三寸六分。左檔右檔，均横長一尺零六分。嵌入柱内之榫頭，均在一尺三寸六分，一尺零六分之外。左右上下檔，與前後上下檔，高低不一。左右下檔，各去地一寸八分。左右上檔，各去地一尺四寸二分。前後下檔，各去地三寸。前上檔，去地一尺五寸。後上檔，去地九寸。後上檔去地尺寸，所以較前、左、右上檔獨低者，因車軸架在後二柱之頂。此處上檔低，則上檔之上，地步空闊，可容貫腳轉旋也。後左角、後右角，各一柱，柱頂各開榫口，以承車軸。柱高二尺零五分，寬三寸，厚一寸四分。榫口寬一寸，深一寸五分。前左角一柱，柱頂裁成直榫，以貫牡孃墩。柱高二尺零八分，寬二寸八分，厚一寸四分。榫頭徑九分，圍圓二寸七分，高一寸七分。此一寸七分，即在二尺零八分之内。柱腳裁成榫口，以套踏腳底板之工字榫頭。榫口靠地，寬八分，長一寸四分。前右角一柱，柱頂横鑿一孔，以套絲秤。柱高二尺一寸五分，寬二寸八分，厚一寸四分。孔寬一寸，高五分。前左、前右二柱之前面，各安一小横梁。前左柱横梁之上，安一短柱，短柱之頂，裁成榫口，以嵌牌坊下横梁之左邊榫頭。前右柱横梁，不安短柱，只於横梁盡頭處，鑿一方孔，以承牌坊右邊長柱之下截榫頭。横梁長五寸，寬一寸，厚一寸，去地一尺六寸。短柱高二寸五分，寬窄與横梁同。榫口長一寸，寬六分，深八分。二柱之前面下截靠地處，各安一小横梁，以木板擱横梁之上，以磚石壓木板之上，庶免車牀移動。

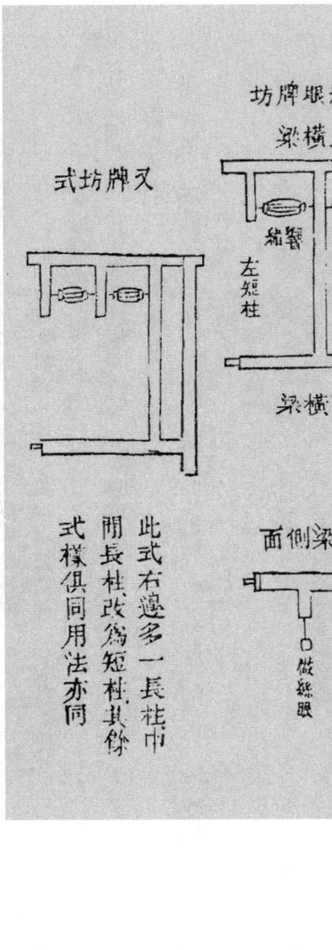

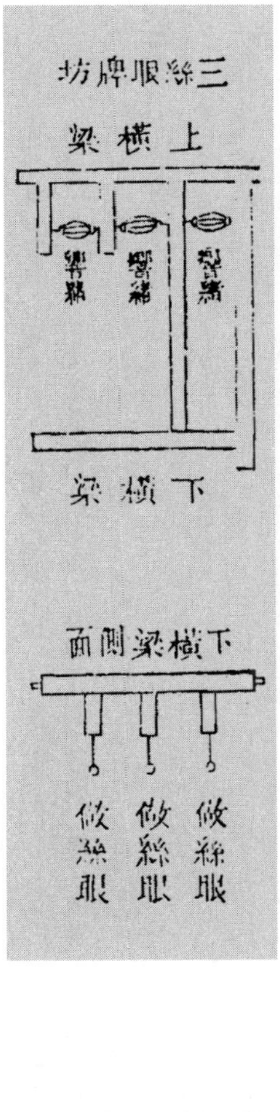

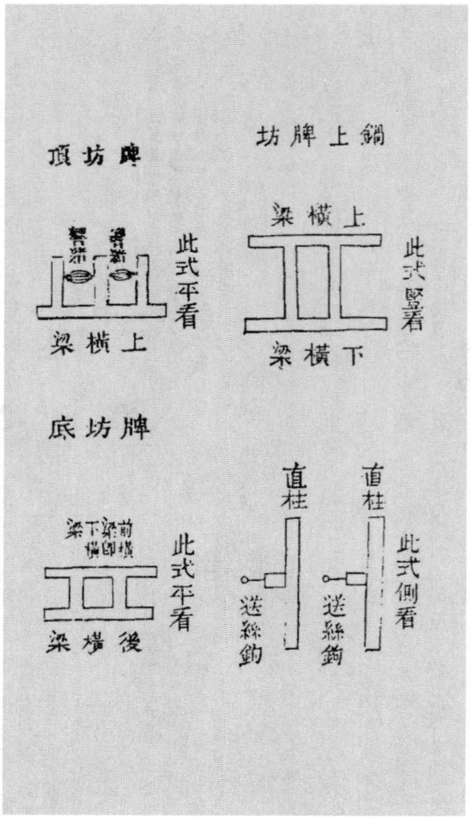

牌坊上下，橫梁各一。下橫梁左右兩頭，均裁成方榫。下橫梁長一尺三寸八分，榫頭在外。右邊榫頭，嵌入右邊長柱之下截橫孔內。左邊榫頭，嵌入車牀前左柱之前面橫梁短柱榫口內。下橫梁中間，直開一孔，上橫梁中間及左右兩頭，亦各直開一孔。上橫梁，長一尺五寸五分。右邊長柱一，上下兩頭，均各裁成方榫。柱長一尺五寸八分，榫頭在外。上截榫頭，嵌入上橫梁右邊直孔內。下截榫頭，嵌入車牀前右柱之前面橫梁直孔內。下截榫頭之上，橫開一孔，以承下橫梁右邊榫頭。中間長柱一，上下兩頭，均裁成方榫。柱長一尺三寸五分，榫頭在外。嵌入上下橫梁，中間直孔內。響緒在中柱之兩旁。左邊短柱一，上截裁成方榫，嵌入上橫梁左邊孔內。短柱倒懸於上橫梁之下，長二寸五分，粗細與長柱同。短柱、長柱，均平穿一孔，用細篾一條鐵絲亦好橫貫孔內，以綴響緒。下橫梁之前面，開二孔此孔與彼孔，相去四寸五分，另用小方木二段長二寸四分，寬六七分，一頭平鑲下橫梁孔內，一頭破一小口，以安做絲眼。

做絲眼一名絲窩，以銅條為之，長三寸，一頭搥扁，插於下橫梁短木之橫口內。一頭搥扁鑽眼，鍋內之絲，從此眼內度出，搭上響緒。眼須光滑，庶免劃斷絲縷。如屈銅為鉤，絲縷一挽即入，無庸穿度，較之用絲眼者，更為簡便。

響緒用小竹為之，長四寸，圍圓約四寸，兩頭留節，中刻條縷，節上穿孔，貫篾條上。鍋內撈起之絲，先度入做絲眼內，再由絲眼搭上響緒。

雙絲眼牌坊，長柱二，短柱一，響緒絲眼各二。三絲眼牌坊，長柱二，短柱二，響緒絲眼各三。初學繅絲者，用單眼。善繅者，用雙眼。最善繅者，用三眼。至絲之粗細，視絲眼下用繭之多少。絲眼下用繭多，則絲粗。絲眼下用繭少，則絲細。不在乎絲眼之多少也。

上下橫梁各一上橫梁長一尺三寸五分，下橫梁長一尺四寸五分中間直柱二根每根長一尺五分，榫頭在外。二直柱之下截離下橫梁，約一寸五分遠，各平鑲短木一截短木各長一寸六七分。短木頭上，各安送絲鉤一枝，上橫梁中、左、右各平鑲短木一截短木各長三寸。短木中間，各安響緒一箇，是為牌坊之頂。下橫梁之後，平鑲短木二截短木各長二寸。再於短木盡頭，平鑲橫梁一根此橫梁比下橫梁短二三寸，是為牌坊之底。此亦雙絲眼牌坊式也。三絲眼應用直柱三根，送絲鉤三枝，上橫梁平鑲短木四截，安響緒三箇，餘俱同。

前式牌坊，或雙絲眼，或三絲眼，均嵌在車牀之上。此式牌坊，或雙絲眼，或三絲眼，均擱在絲鍋之上。如用前式，即不用此式。如用此式，即不用前式。

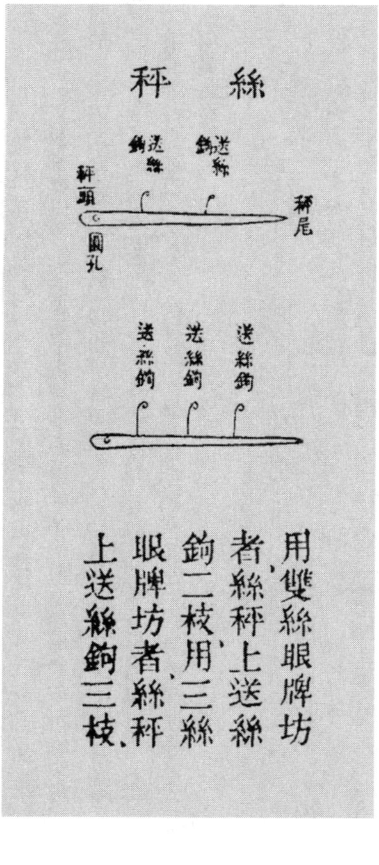

絲秤，俗名抽鎗所以制絲，使之橫斜上軸也。以木條為之身長二尺，頭寬一寸，尾寬四分，自頭至尾，由寬而窄。秤頭開一圓孔，套於牡孃墩小直柱上孔比牡孃墩直柱略大。秤尾貫於車牀前，右柱孔中。

送絲鉤以銅為之鐵亦可。一頭釘絲秤之上，一頭屈而為鉤。鍋內之絲，由絲眼引上響緒，挽入此鉤，再由此鉤搭上車軸。

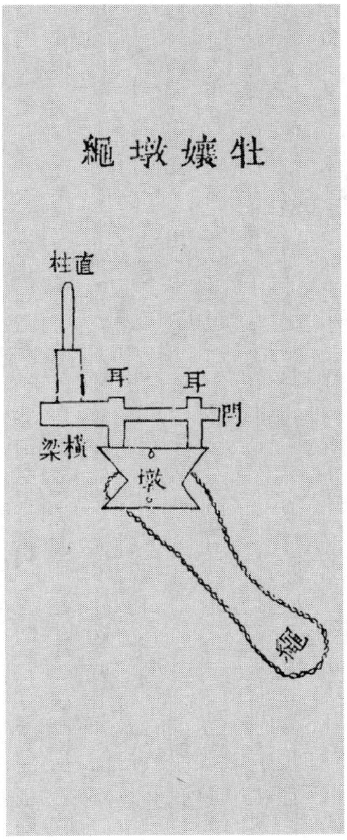

牡孃墩以桑木為之，面平、底平、腰細。身高二寸，底面各圍圓八寸六分，腰圍圓七寸。正中開一直孔，貫於車牀前左柱圓榫上，中腰週圍削凹如蜂腰形，或八稜，或十稜，以環牡孃繩。墩上兩耳，各橫穿一孔耳高八分。以小木作門，一頭橫貫兩耳孔內，一頭留孔外，作橫梁。門長五六寸，一頭寬四分，長三寸餘，貫兩耳孔內。一頭寬八分，長二寸餘，留孔外。橫梁上安直柱一根，上半截削圓，以承絲秤。直柱長四寸，下半截方而匾，寬八分，長一寸五分。上半截，圓如筆管，長二寸五分。

牡孃繩，以綿絞者為上，椶絞者次之長約四尺。兩頭交結使緊，前套牡孃墩蜂腰上，後套軸柄上。中間須交互一轉，方能使墩隨軸而運。絲之成片，必由於墩，墩之靈否，半由於繩。繅絲時，常須照顧。

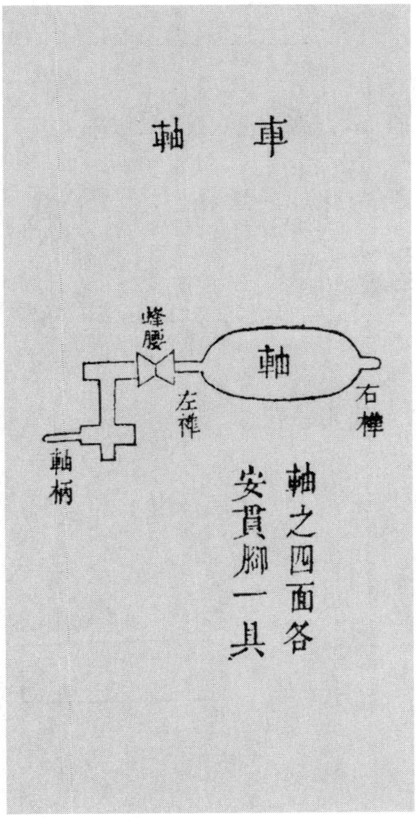

車軸，以堅木為之。軸右邊盡頭處，裁為圓榫，嵌入車牀後右柱榫口內。左邊盡頭處，留一短筒。軸身之左，短筒之右，裁成圓榫，嵌入車牀後左柱榫口內。軸身長一尺三寸，榫頭與短筒均在一尺三寸之外。軸中間圍圓九寸，兩頭近榫處圍圓八寸。短筒長三寸六分，圍圓七寸。榫頭長一寸五分，圍圓三寸。榫頭嵌入榫口，不可太緊，太緊則運不動，取不出。短筒靠圓榫處，削成蜂腰形，並起八稜，以環繞牡孃繩。蜂腰口寬一寸三分，深五分，圍圓五寸五分。蜂腰之左，鑲直木一條。短筒長三寸六分，除去蜂腰一寸三分，尚餘二寸三分。即在此二寸三分之中間，開一方孔，安直木一條，長五寸，寬一寸，厚一寸。直木將盡頭處，鑲橫木一條，以作軸柄。直木下截，將盡頭處留五六分。即在此五六分之上，開一橫槽，以鑲橫木。橫木長四寸六分，一頭長二寸一分，粗細與直木同，其形方。即在此二寸一分之中間，開一橫槽，鑲入直木橫槽之內，一頭長二寸五分，削圓為柄。不善繅絲者，用手轉車，即執此柄搖轉如紡線一般。善繅絲者，用腳踏車，即將腳踏板上之橫木條圓孔，套於此柄之上。

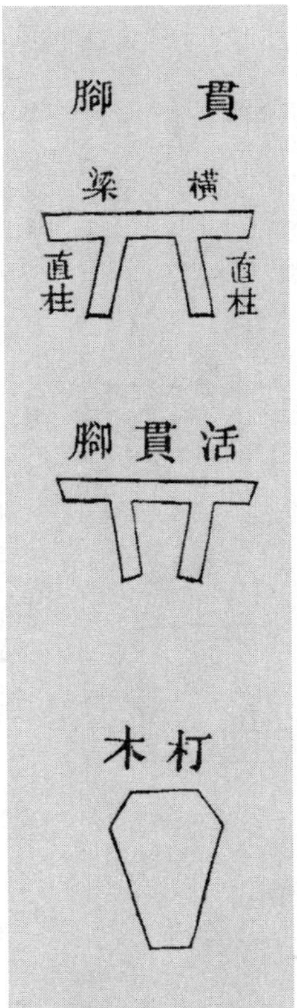

貫腳四具，安於軸身四面，以襯絲縷。每貫腳用橫梁一根，直柱二根。橫梁之上，開鑿二孔，以二直柱之榫頭，嵌入橫梁孔內。柱長六寸五分，榫頭在外寬一寸二分，厚八分。橫梁長一尺二寸六分，寬一寸二分，厚一寸二分。四面貫腳，三面嵌緊，一面用活者，可裝入，亦可取出。軸上鑿一橫槽，活貫腳正面槽長四寸二分，寬八分。反面長三寸八分，寬七分，深以兩面開通為度。以活貫腳之兩柱嵌入槽內盡頭處，兩柱中間，尚有空槽，以杙木嵌入空槽。用槌重擊，貫腳自緊。

杙木一頭大，一頭小，長五寸，自大頭至小頭，由寬而窄，大頭寬二寸二分，厚八分；小頭寬一寸二分，厚七分。嵌入活貫腳兩柱之間。重擊大頭，則貫腳緊；重擊小頭，則貫腳脫。

車衣，以布為之。貫腳橫梁之上，用布蒙其四圍，謂之車衣。所繅絲縷，由送絲鉤搭上車衣，軸既旋轉，絲自環繞車衣之上。卸架時，連衣揭下。

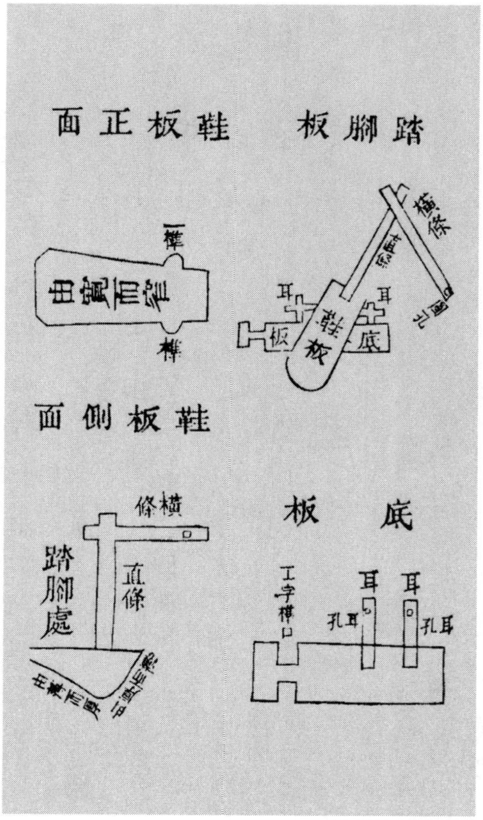

踏腳板以堅木一片為底板長九寸，寬三寸，厚六分，一頭裁榫如工字形，套入車牀前左柱腳下榫口內。底板榫頭寬七分，長一寸五分。車柱榫口靠地，以底板榫頭套入車柱榫口，則底板被車柱壓緊，腳踏之時，自不至於移動。一頭安兩耳，耳上各橫穿一孔。耳高二寸五分，安於底板面上，孔寬四分，離底板一寸三分。再以木板一片，削成鞋底樣長八寸。面要平，底不要平。底下前六寸，由薄而厚，薄處三分，厚處一寸四分。後二寸，由厚而薄，厚處一寸四分，薄處六分。便不失之太平，底下太平，則腳踏鞋板時，鞋尖雖已落地，而鞋板尚不甚斜，不過微起微落而已。鞋板既微起微落，直條、橫條即不能大起大落。直條、橫條既不能大起大落，車柄、車軸即不能旋轉如意。前宜寬，後宜窄。自前至後，由寬而窄，寬處二寸六分，窄處二寸。寬處可以踏腳，窄而且厚之處，旁綴二榫，穿入底板兩耳孔內。榫頭宜圓不宜方，方則運不動。鞋板宜略小於孔，不可嵌得太緊，太緊則鞋板踏不動矣。又鞋板之下，底板之上，須空寸許，不可緊貼。緊貼者，亦踏不動鞋板。另用直木一條，長一尺七寸，寬一寸二分，厚五分。以一頭嵌入鞋板木，嵌在鞋板至厚之處，底板兩耳之內。以一頭開一小孔。又用小木一條，長一尺七寸，寬一寸二分，厚三分。一頭開小孔，與直木小孔相對，用竹釘綰之。不可太緊，太緊則橫木轉不動矣。一頭開圓孔，橫貫於車軸之柄。孔比軸柄略大，兩木條一直一橫，形如曲尺。踏動鞋板，則鞋板帶動直條，直條帶動橫條，橫條帶動軸柄，軸即隨之而轉矣。如不用小橫條貫軸柄，則以麻繩縛直木之頭。而另用老筍殼浸溼作紐，套上軸柄，下接麻繩，以運動車軸，更覺輕靈。

車制，自車牀起，至腳踏板止，皆浙江人現用之式。襄陽絲線鋪所用絲車，亦以腳踏，與浙式大同小異。但車牀過高。絲竈須高與胷齊，繅絲者可立不可坐，婦女繅絲，似不如浙式為便。緣業蠶之家，多以女工繅絲，不比絲線鋪繅絲，專用男工也。

火盆，有大小兩種。結繭時，山棚之下，熏灼蠶身，用大火盆。繅絲時，車軸之後，烘炙溼絲，用小火盆。

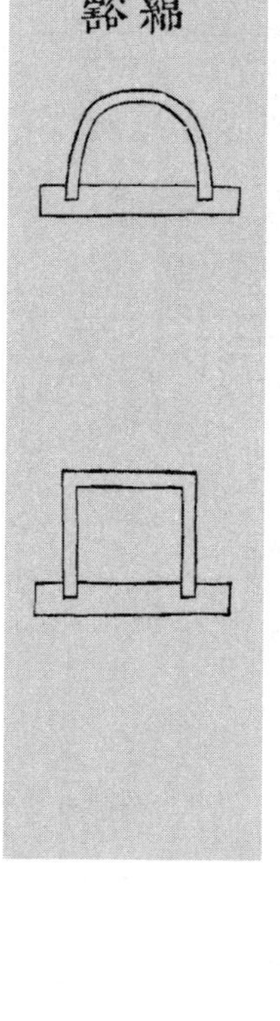

綿豁，又名綿矩，大小不一。以木板為底，兩頭各鑿一孔，用厚竹片一條，彎轉兩頭，插於孔內。其形如弓，以綿蒙於弓上，向下拉扯，則綿形外圓而中空。方者，用木為框，以綿蒙框上，向下拉扯，則綿形外方而中空。

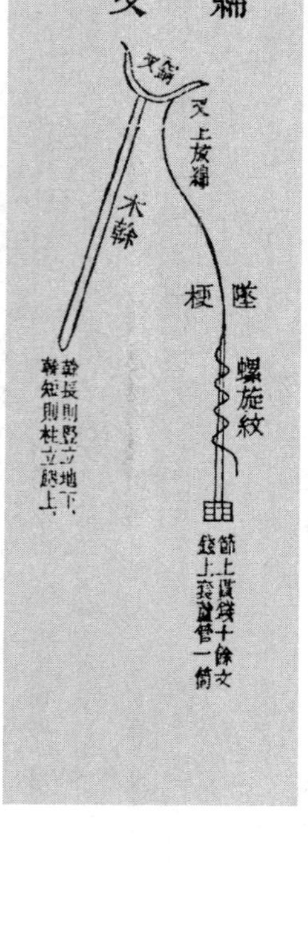

綿叉以銅為之，叉下鑲木幹。長約二三尺，粗如指。

墜梗，以竹為之長一尺，粗如細箸，削令光圓。一頭留節，貫錢十餘文，使之重墜。一頭刻成螺旋深紋，使線嵌入螺紋，不致脫落。蘆管以蘆為之長六寸，以竹為之亦可，套於墜梗之上。

清 沈秉成《蠶桑輯要·諸家雜說·紡野繭法》

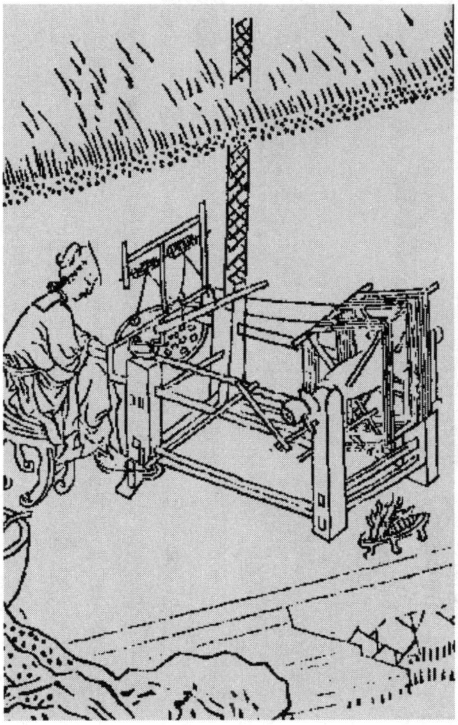

車牀前後，共四柱。後二柱高二尺四寸，柱頭各開一口，以承軸。前左柱高二尺七寸，柱頭鑿孔以套稱。右柱高二尺三寸，柱頭裁成圓榫，以貫牡孃鐙。軸以堅木為之，長二尺五寸，首裁圓樞，後樞外稍成八棱。以環牡孃繩其末，鑲短木六寸。短木上橫鑲圓木六寸，為柄軸身。四面裝貫腳，每脚用二柱，長一尺，上設橫梁，周圍套車衣襯絲，即易脫車。

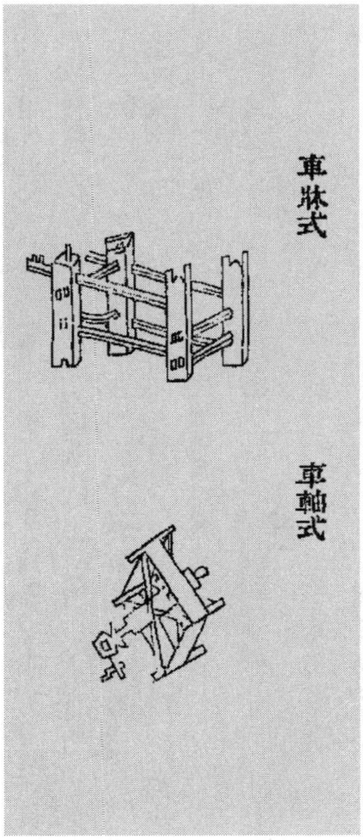

牌坊用二長柱，高二尺，上設橫檔，檔下置三短柱，長三寸。連長柱平穿一孔，用細篾一條貫之，以綴響緒。響緒用小竹五寸，兩頭留節，中刻條縷，穿孔，橫貫篾條上。絲眼所以穿絲，用細銅鐵條三寸，一頭椎扁鑽眼，眼須光潤，不令剮斷絲緒。絲稱所以制絲，使之橫斜上軸也。以小木條為之，長二尺四五寸。一頭鑿圓竅，套於牡孃鐙上，一頭貫於車牀柱之孔中，上釘鐵鉤，曰送絲鉤。

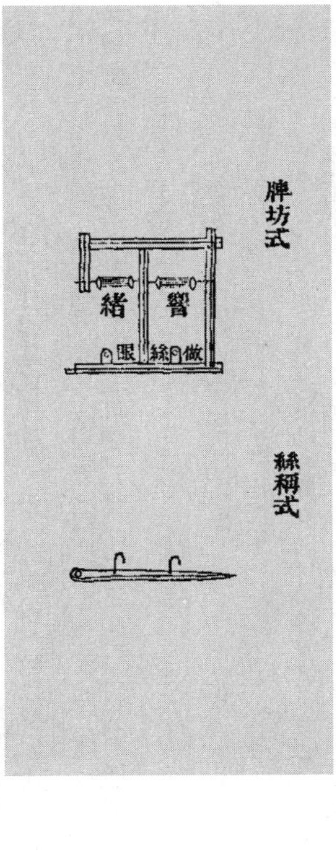

鐙以桑木為之，高三寸，圓周六寸，或八棱或十棱，中鑿圓孔，以套車牀柱榫上，中腰削坳，以環牡孃繩，上裁兩耳，旁鑲四寸小圓木一條，以承絲稱。繩用棉絞者為上，長約四尺，兩頭交結使緊，前套牡孃鐙，後套軸柄上，中須交互一轉，方能使鐙隨軸而運。做絲手以帶一片為之，闊二寸，長八寸，節須留在六寸之間。上斲根縷七、八條，形若手指，以捞絲緒。

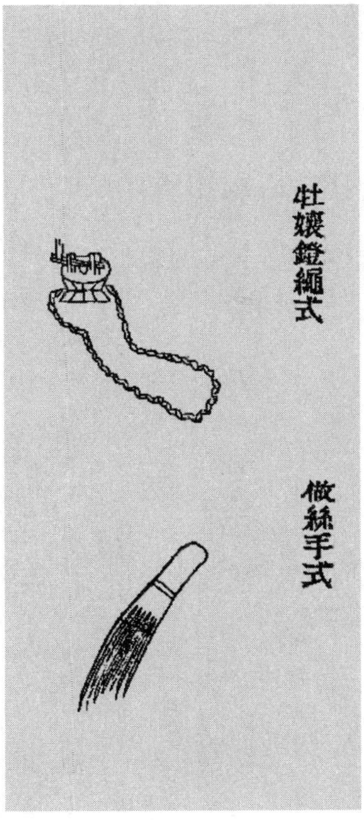

踏腳板用尺五寸、長六寸闊木一塊，上製兩耳以為底。再用八寸長厚板一片，削成履樣，旁綴二榫，嵌於底木兩耳中，上直鑲二尺小木條，頭裁榫口。另用二尺小木條，一頭湊於直木之榫口，以竹錢貫之。一頭鑿成圓孔，貫於軸柄。踏動板木，可屈可伸，軸卽隨之轉矣。火盆有大小兩種，用黃砂盆盛炭火，凡山棚之下熏灼蠶身，及繅絲時烘熇溼絲。

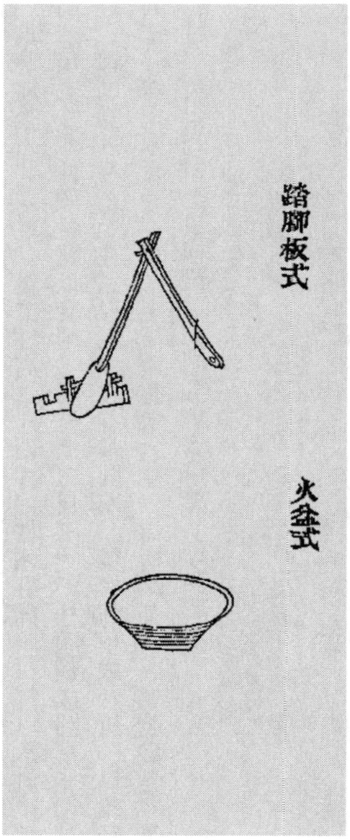

絲竈之制不一，有用甌竈者以小黃砂甌為之，一面開火門，用石灰和泥，內外塗托。有用磚竈者，以磚坏砌成，高二尺，五、六寸寬廣，以容大釜為度。內外亦用灰泥厚托，俗有陰竈、陽竈之稱，高敞者為陽竈。發火省柴鬱悶者，為陰竈。不發火徒增煙悶。絲竈煙易污絲，故必置煙囱以出煙。用薄篾片環繞編成下口，圓徑六、七寸，上口略收小，高約丈餘，使上出屋檐。火門兩旁將甎砌起，煙囱卽置其上，內外並用灰泥塗托。

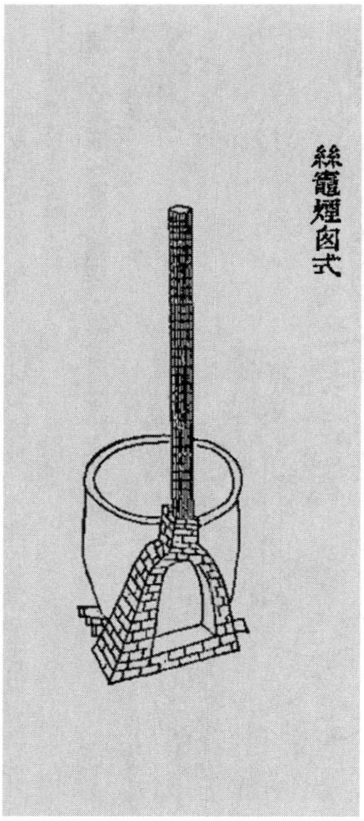

繇豁以二尺長、三寸厚、四寸闊木板為之，兩頭各鑿一孔。用厚竹片長三尺四五寸、闊五六分者，環轉兩頭。插於孔內，其形如弓，所以拓繇也。繇叉以叉繇績綜，用銅為之，下鑲三尺木幹墜梗，用竹長一尺，削令圓潤如箸。一頭留節，一頭刻成螺旋，深痕使線嵌入其中，不致脫落，欲其重貫錢十餘文。外以六寸長蘆管，套之兩頭，塗漆為繳線之用。

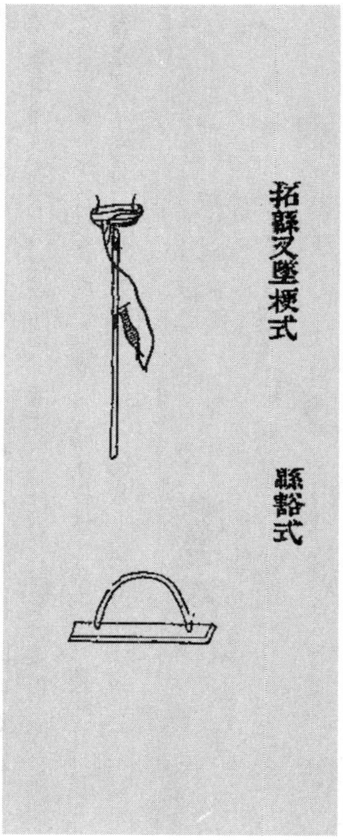

清 尹紹烈《蠶桑輯要合編・蠶桑輯要圖説》 車牀前後其四柱，後二柱高二尺四寸，柱頭各開一口，以承軸。前柱左高二尺七寸，柱頭鑿孔，以套稱。右柱高二尺三寸，柱頭裁成圓榫，以貫牡孃鐙。軸以堅木爲之，長二尺五寸，首裁圓樞。後樞車外削成八稜，以套牡□□□□□□□六寸，短木上橫鑲圓木六寸爲柄。軸身四面裝貫腳，每□□□□□□□□□橫梁。周圍套車衣，襯絲，卽易脫車。

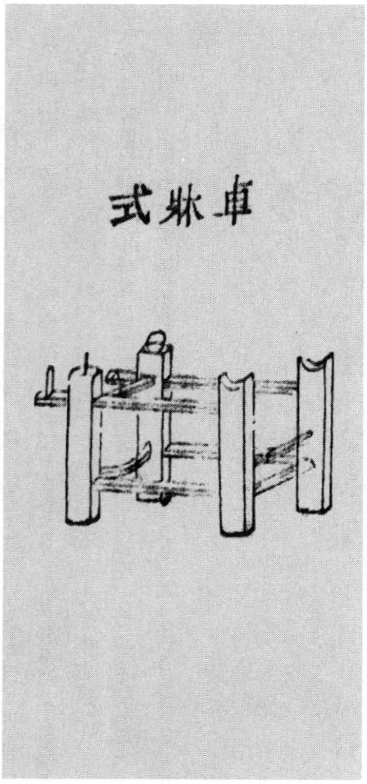

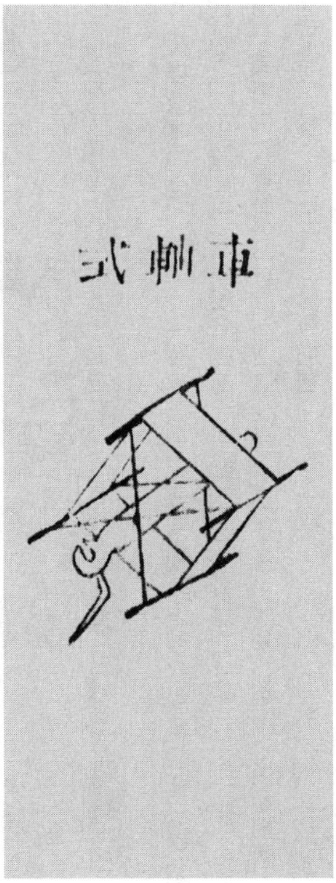

又 做絲手以帶節竹一片爲之，濶二寸，長八寸，節須留在六寸之間，上斲粗縷七八條，形若手指，以撈絲緒。

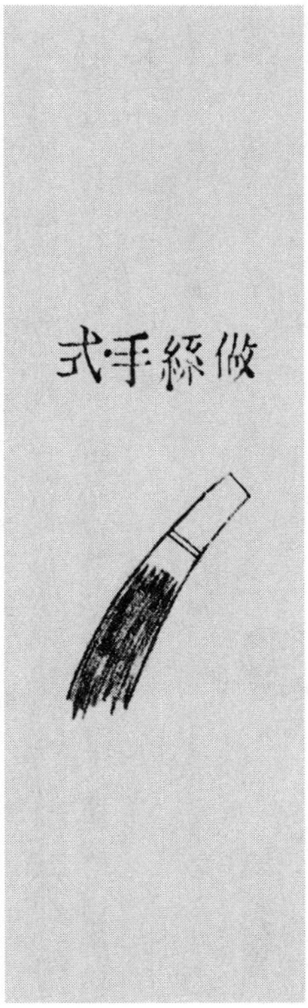

又 踏腳板，用尺五寸長，六寸濶木一塊，上製兩耳以爲底。再用八寸長厚板一片，削成屐樣，旁綴二榫，嵌于底木兩耳中，上直鑲二尺小木條，頭裁榫口。另用二尺小木條，一頭湊于直木之榫口，以竹千貫之；一頭鑿成圓孔，貫于軸柄。踏動板木，可屈可伸，軸即隨之轉矣。

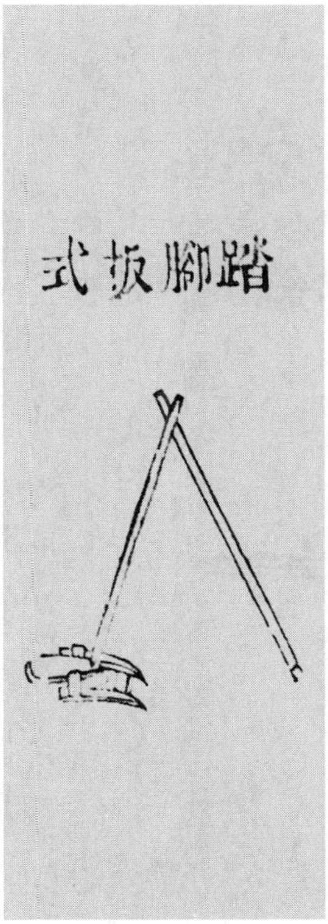

車牀式

車軸式

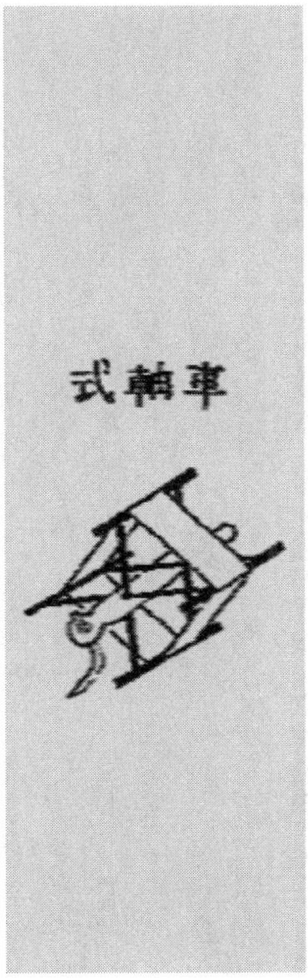

車牀前後，共四柱，後二柱高二尺四寸。柱頭各開一口，以承軸。前左柱高二尺七寸，柱頭鑿孔以套稱。右柱高二尺三寸，柱頭裁成圓榫，以貫牡娘鑲鐙。軸以堅木為之，長二尺五寸，首裁圓樞。後樞外稍成八稜，以環牡鑲繩，其末鑲短木六寸，短木上横鑲圓木六寸，為柄，軸身四面裝貫腳，每腳用二柱，長一尺，上設横梁，周圍套車衣襯絲，即易脱車。

又 牌坊式

牌坊用二長柱，高二尺，上設横檔。檔下置二短柱，長三寸，連長柱平□一孔，用細篾一條貫之，以綴響緒。響緒用小竹五寸，兩頭留節，中刻條縷，穿孔，横貫篾條上。絲眼，所以穿絲，用細銅鐵條三寸，一頭椎扁鑽眼，眼須光潤，不令剮斷絲緒。

又 絲稱式

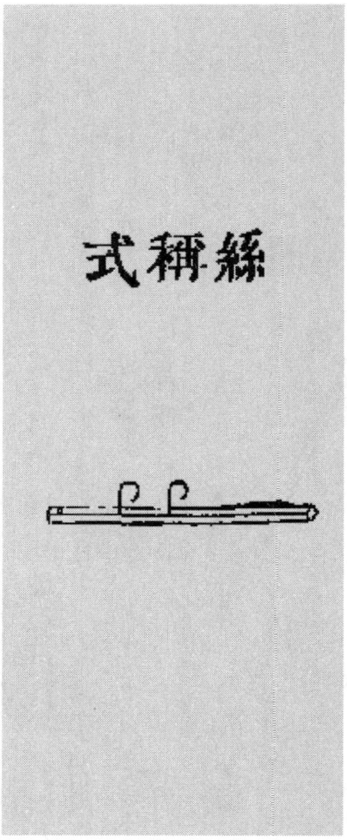

絲稱，所以制絲，使之横斜上軸也。以小木條為之，長二尺四、五寸。一頭開圓竅，套于牡孃鐙上，一頭貫于車牀柱之孔中，上釘鐵鈎，曰送絲鈎。

又 牡孃鐙繩式

鐙以桑木為之，高三寸，圓周六寸，或八稜或十稜，中鑿圓孔，以套車牀柱榫上，中腰削坳，以環牡孃繩，上裁兩耳，旁鑲四寸小圓木一條，以承絲稱。繩用棉絞者為上，長約四尺，兩頭交結使緊，前套牡孃鐙，後套軸柄上，中須交互一轉，方能使鐙隨軸而運。

清 沈練，仲學輅輯補《廣蠶桑説輯補》卷下《飼蠶法六十六條》

繅絲車牀式

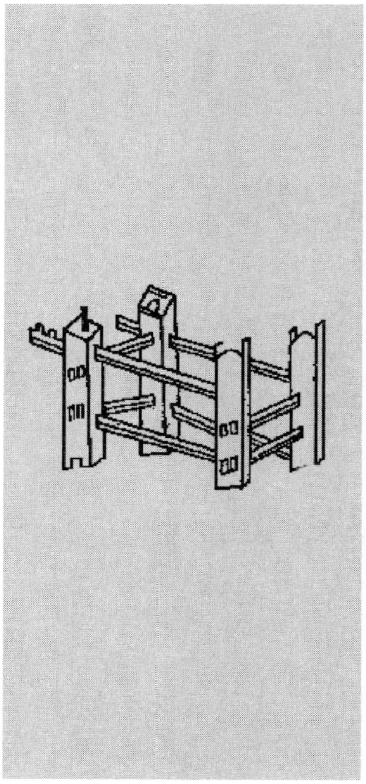

車牀之四柱，宜用檀木，上架車軸，其巧合處則筆不能盡傳，惟將現成牀軸，令木工照樣製造，自然中肯矣，凡絲車内物皆倣此。

車軸式

軸上横木及鑲針皆檀木，横木一名横梁，周圍套車衣襯絲，即易脫車。

牌坊式

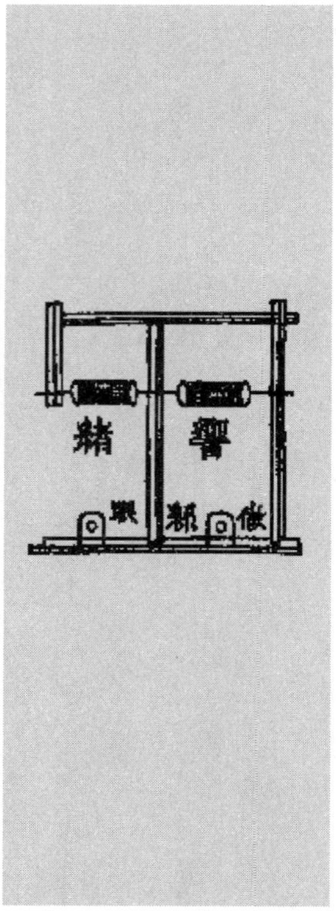

此雙錢眼之牌坊也，長柱響緒各二，尚有三錢眼者，其牌坊之長柱響緒亦各三，以做細絲及中勻絲。

絲稱式

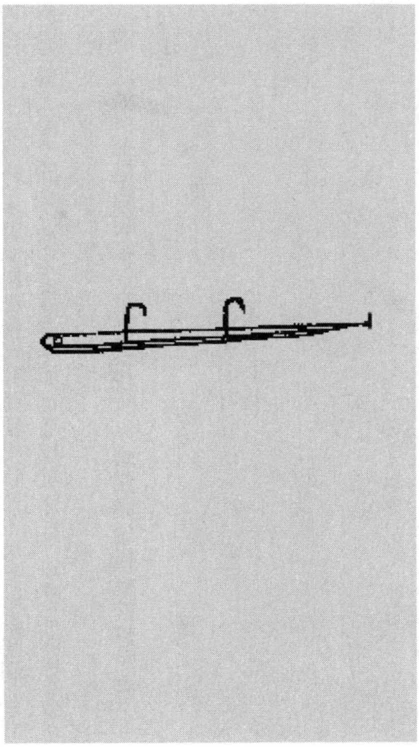

絲稱俗名抽鎗，所以制絲使之橫斜上軸也。以小木條為之，長二尺四、五寸，上釘鉤曰送絲鉤，鉤料不一，楊枝鉤為上，銅鐵勿用，鉤之數視響緒之數。

牡孃鐙繩式

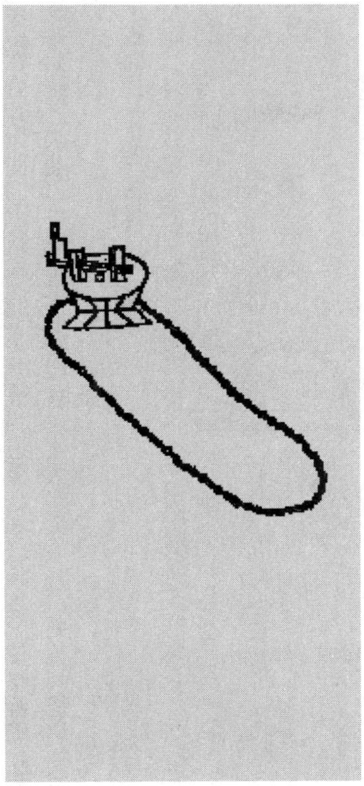

鐙宜桑木，繩以棉絞者為上，棱絞者次之，凡絲之成片，必由於鐙，鐙之靈否，半由於繩，繅絲時常須照顧。

踏腳板式自車牀至此，絲車内之物大致已完。

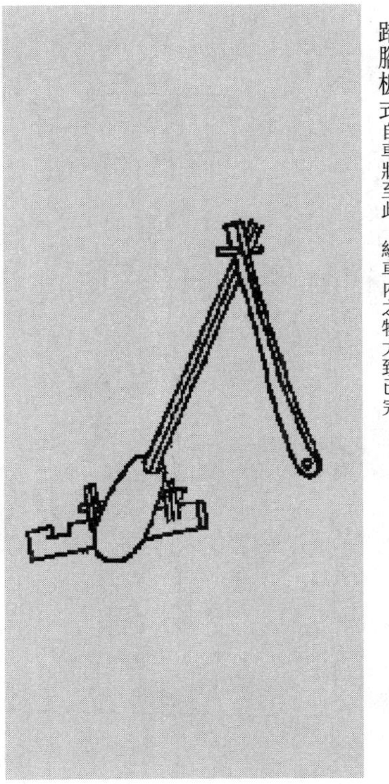

踏腳板，用尺五寸長、六寸寬木一塊，上製兩耳以為底。再用八寸長厚板一片，削成屧樣，綴二搫嵌於底木兩耳上，直鑲二尺小木條。頭裁榫口，另用二尺小木條，一頭湊於直木之榫口，以竹錢貫之，一頭鑿成圓孔，貫於軸柄，踏動板木，可屈可伸，軸卽隨之轉矣。此《蠶桑輯要》法，然不如直木上頭縛以麻繂，另以老毛筍殼，水潤作紐，套上軸柄，下接麻繂以運動車軸，更覺輕靈。

絲竈煙囱式撈絲帚、火盆均附注

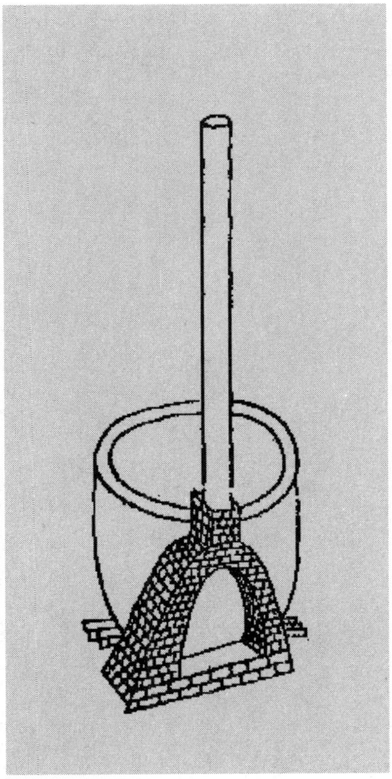

絲竈裏面，或用甑，或以甎代甑，製法無異，茲但以磚竈言之。竈底用

四、五寸高之木架，另以大篾就架上編就竈皮。一面開火門，火門上編煙囱，其竈内用磚砌作缸樣，石灰和泥厚托，不使漏煙，煙囱亦塗灰泥，但無磚。捞絲帚，一名做絲手，一名打絲帚，以帶節竹一片為之，濶二寸，長八寸，節須留在六寸之間，上斲根縷七、八條，近節處嵌以銅絲，使縷析條分，以便導繭出緒。火盆，可用山下向缸，盛以炭火，繅絲時，安置軸後烘絲，若停軸先移去。

繇豁式拓繇叉、墜梗附注。

繇豁以二尺長、三寸厚、四寸濶木板為之，兩頭各鑿一孔，用厚竹片長三尺四五寸、濶五六分者環轉兩頭，其形如弓，所以拓繇也。繇叉，以叉綿綜，用銅為之，下鑲三尺木幹，粗如指，其墜梗用竹長一尺，削令圓潤如箸，一頭留節，貫上錢十餘文，使之重墜，一頭刻成螺旋深痕，以便嵌線，不致滚脱，套入五、六寸長之蘆管，管大亦如指。

清 沈練，仲學輅輯補，章震福校訂《廣蠶桑説輯補校訂》卷三

繅絲車狀式

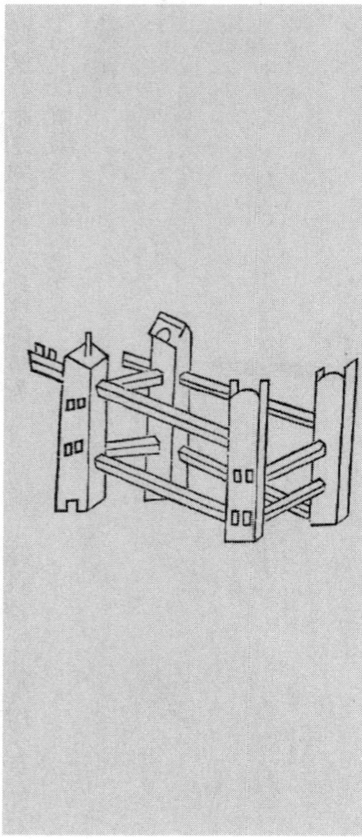

車牀之四柱宜用檀木，上架車軸，其巧合處，則筆不能盡傳，惟將現成牀軸令木工照樣製造，自然中肯矣，凡絲車内物皆倣此。

又 車軸式

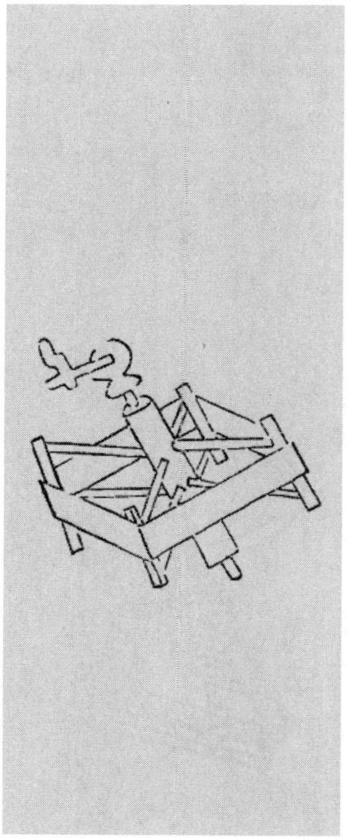

震按，車軸有四撐，其二撐做牢車軸上，餘二撐乃活動可卸。其可卸之法，則就軸幹鏤一空縫，將二撐之活動者，插入縫内。再用塞木，塞滿其縫。須敲得堅實不鬆，而後四撐成矣。必取其活動可卸者，以繅絲既畢，絲就軸上脱下，但使塞木一鬆，而軸之四撐即收攏，脱落甚易也。

軸上横木及鑲針皆檀木。横木，一名横梁，周圍套車衣襯絲，即易脱車。

震按，必須用車衣，一則脱絲甚易，一則抽絲時，亦不至於四散也。

又 牌坊式

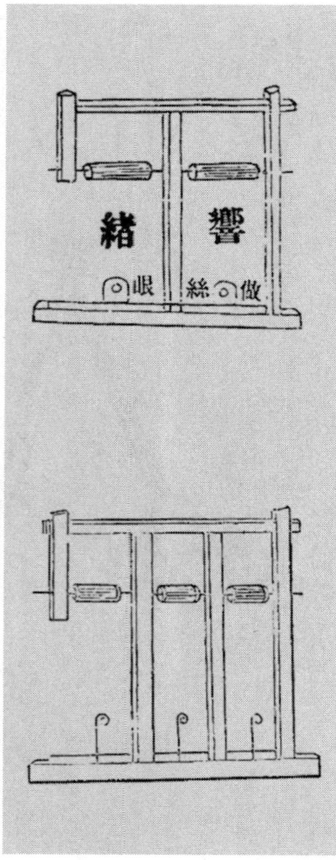

此雙錢眼之牌坊也。長柱響緒各二，尚有三錢眼者，其牌坊之長柱、響緒亦各三，以做細絲及中勻絲。

震按，吾湖多用三眼，且多用頂粗銅絲，成螺旋形，以免穿絲之不便，今爲補一三眼式，如第二圖。

清 羊復禮《蠶桑摘要・序》

車軸式

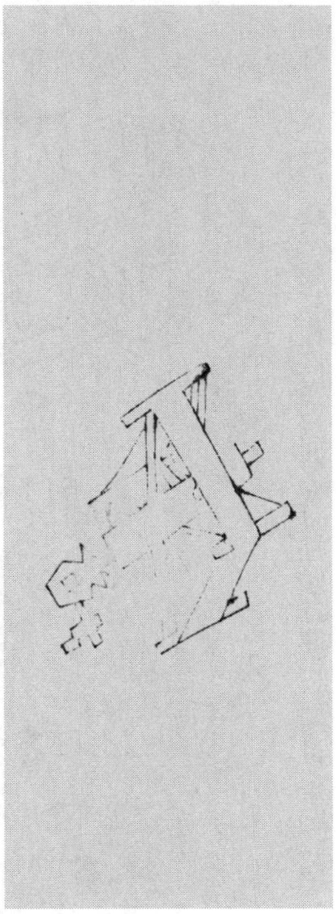

車軸以堅木爲之，長二尺，首裁圓榀，以架車牀後榀。外稍成八稜，以環牡孃繩，後裁圓榀，以架車牀。其末鑲短木六寸，上横鑲圓木六寸爲柄，以貫踏腳板，軸身四面裝腳，每腳用二柱，長九寸，上設横樑長一尺二寸，周圍套車衣以襯絲，兩腳用活柱，鑲以木塊，踏成後即敲脫，以便卸絲。

又 車牀式

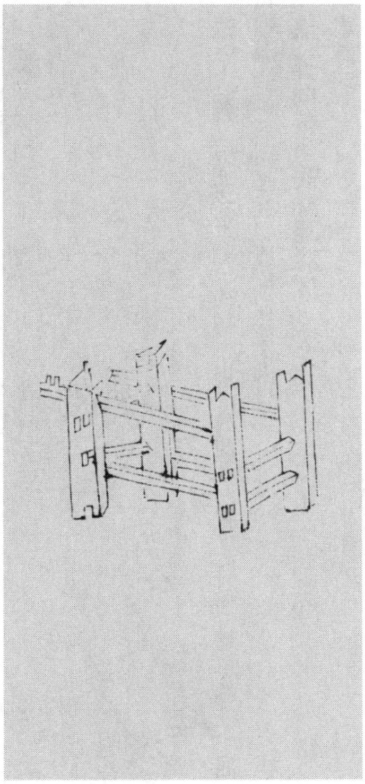

車牀前、後其四柱，皆高二尺，後二柱頭上各開一口，以承車軸。前左柱頭上鑿三角孔，以套絲稱。前右柱削成圓柱，以貫牡孃鐙，柱腳開一口，以鑲踏腳，底板上二寸，鑿一圓孔，以穿踏腳板。

又 牡孃鐙式

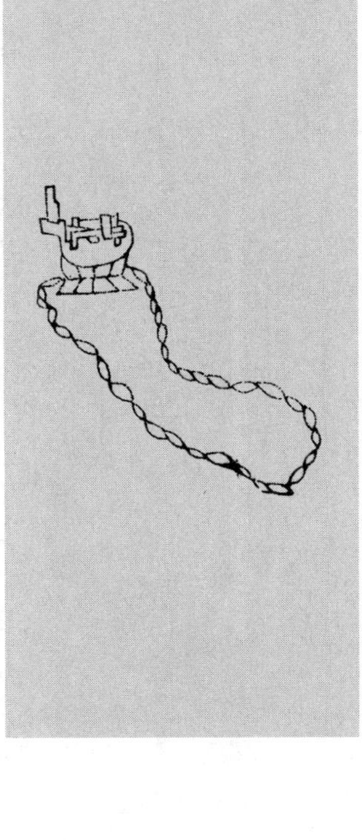

牡孃鐙以堅木爲之，高一寸三分，圓周三寸，作八稜式，中鑿圓孔以套車牀鐙，中腰削凹，以套牡孃繩。鐙面出兩耳，鑿孔穿四寸小木一條，上鑲小圓木一條，高五寸，以套絲稱。牡孃繩，用綿紗爲之，長二尺八寸，前套牡孃鐙，後套車軸柄，中間須交互綰轉，使兩頭扣緊，方能使鐙隨軸而轉。

又 絲竈式

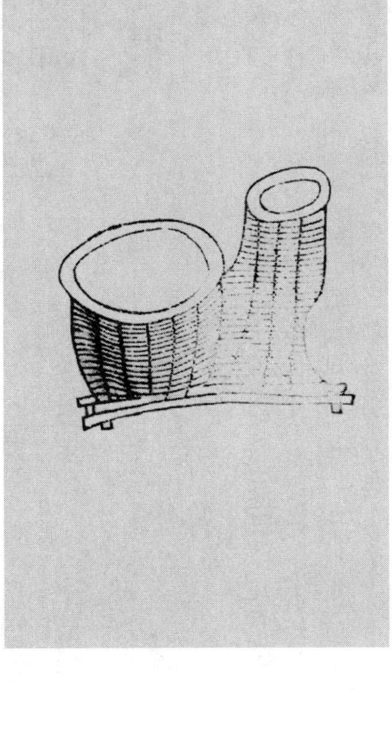

絲竈用木板做腳牀，長二尺，高三寸。下用四腳竈門，口闊八寸，後闊一尺。上用粗篾結成圓籠式，高二尺，直長二尺，中間用灰泥厚托，約二寸許，以承鐵鍋。上出煙囱，大約六七寸，高三尺，以避煙煤。鐵鍋約尺六爲度，旁置水缸，以便湯沸時隨時換水。

做絲火盆式

做絲火盆，用瓦片平攤，約長二尺，高四寸，置車牀後，離車軸三、四寸，以烘煸濕絲，或用瓦盆，或用泥塗均可。

清 葉向榮《農林蠶説》

車牀式

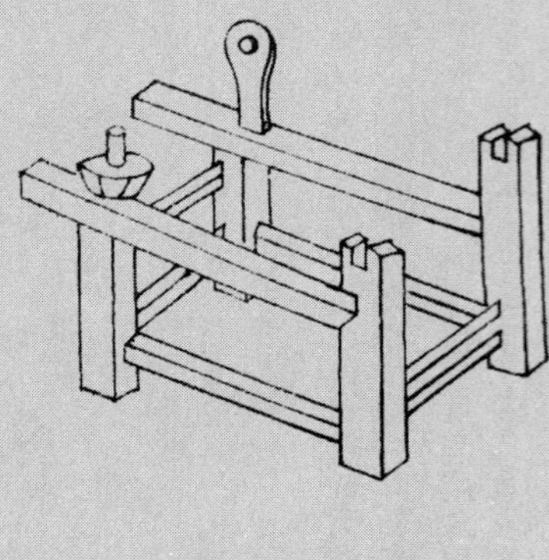

車軸式

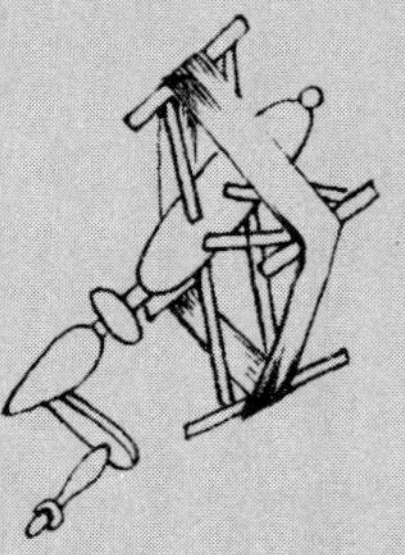

車牀前後共四柱，後二柱高二尺四寸，柱頭各開一口，以承軸，前左柱高二尺七寸，柱頭鑿孔以套稱。右柱高二尺三寸，柱頭裁成圓準，以貫牡孃鐙。軸以堅木為之，長二尺五寸，首裁圓樞。後樞外稍成八棱，以環牡孃繩，其末鑲短木六寸。短木上横鑲圓木六寸為柄，軸身四面裝貫腳，每腳用二柱長一尺上設横梁，周圍套車衣，襯絲即易脫車。

又 牌坊式

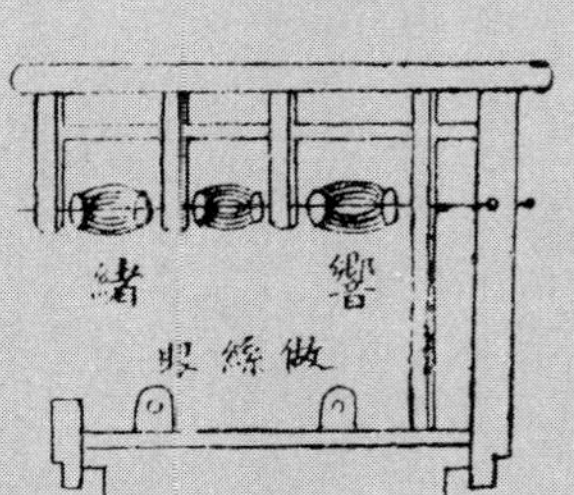

稱絲式

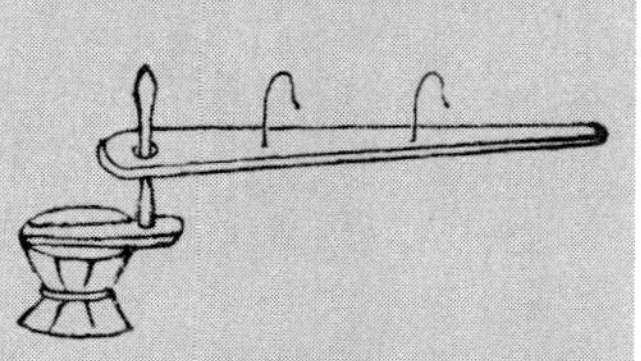

牌坊用二長柱，高二尺，上設横檔，檔下置三短柱，長三寸，連長柱平穿一孔，用細篾一條貫之，以綴響緒。緒用小竹五寸，兩頭留節，中刻條縷，穿孔，横貫篾條上。絲眼，所以穿絲，用細銅鐵條三寸，一頭椎扁鑽眼，眼須光潤，不令剾斷絲緒。絲稱，所以制絲，使之横斜上軸也。以小木條為之，長二尺四五寸，一頭鑿圓，竅套於牡娘鐙上，一頭貫於車牀柱之孔中，上釘鐵鉤，曰送絲鉤。

清 王世熙編輯《蠶桑圖説》革編

車牀圖

車牀前後，其四柱，後二柱高二尺四寸，柱頭各開一口，以承軸；前左

柱高二尺七寸，柱頭鑿孔，以套稱。右柱高二尺三寸，柱頭裁成圓榫，以貫牡孃鐙。

又 牌坊圖

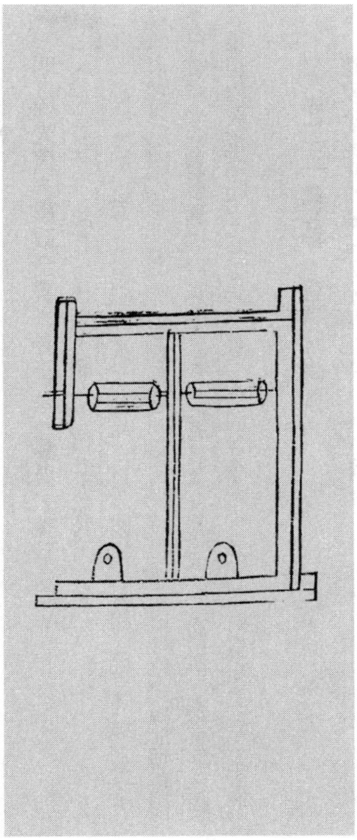

牌坊用二長柱，高二尺。上設橫檔，檔下置三短柱，長三寸。連長柱，平穿一孔，用細篾一條貫之，以綴響緒。響緒用小竹五寸，兩頭留節，中刻條縷。穿孔橫貫篾條上，絲眼所以穿絲，用細銅鐵條三寸，一頭椎匾鑽眼，眼須光潤，勿令剮斷絲緒。

又 絲稱圖

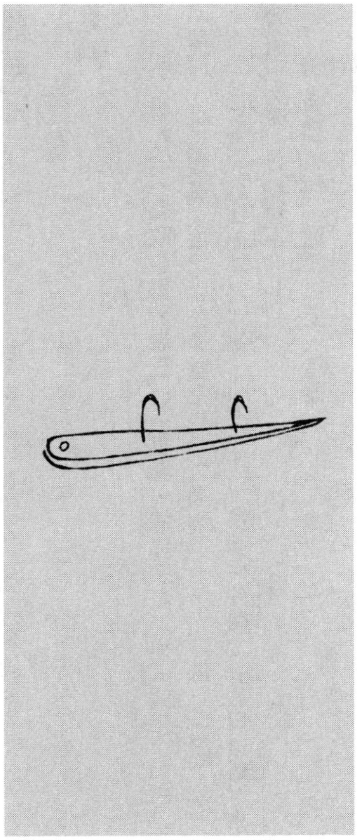

絲稱所以制絲使之橫斜上軸也。以小木條爲之，長二尺四、五寸。一頭鑿圓竅，套於牡孃鐙上。一頭貫於車牀柱之孔中，上釘鐵鈎，曰送絲鈎。

又 踏腳板圖

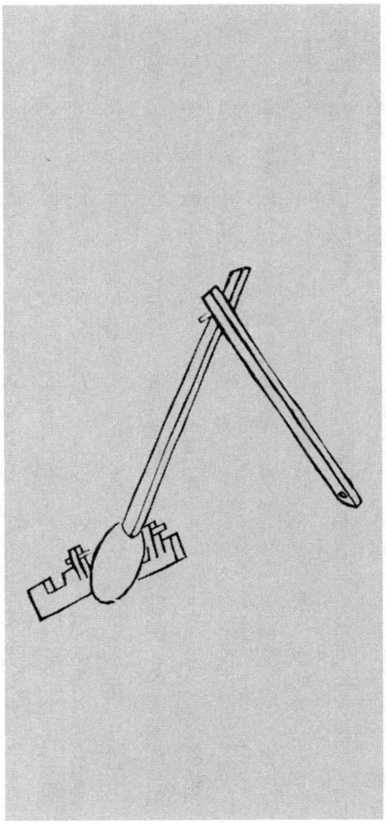

清 張壽宸彙輯《蠶桑圖説提要・繅絲法十三條》

牌坊式

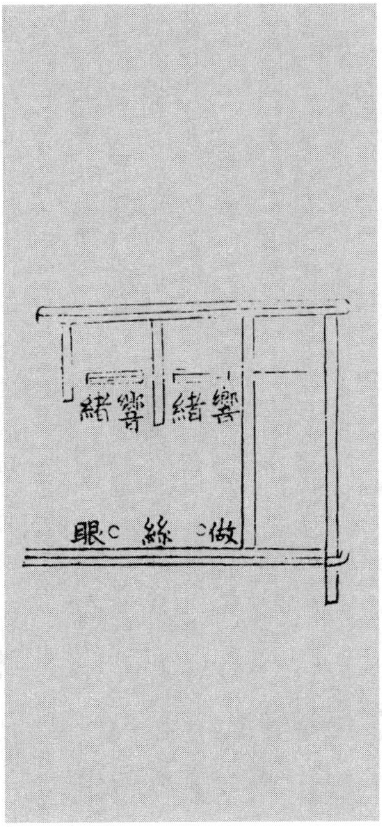

牌坊用二長柱，高二尺。上設橫檔，檔下置二短柱，長三寸。連長柱，平穿一孔，用細篾一條貫之，以綴響緒。響緒用小竹五寸，兩頭留節。中刻條縷，穿孔橫貫篾條。做絲眼，所以穿絲，用細銅鐵條三寸，一頭椎扁鑽眼，眼須光潤，不令剮斷絲緒。絲稱，所以制絲使之橫斜上軸也，以小木條為之，長二尺四、五寸，一頭開圓竅，套於牡孃鐙上。一頭貫於車牀柱之孔中，上釘鐵鉤，曰送絲鉤。

蠶室部

題解

明 徐光啓《農政全書》卷三一《蠶桑·總論》 王禎《蠶館序》曰：『蠶館，皇后親蠶之所，古公桑蠶室也。』周制，天子、（詩）［諸］侯，必有公桑蠶室，近川而為之，築宫仞有三尺，築牆而外閉之。后妃齋戒，享先蠶而躬桑，以勸蠶事。

清 俞墉纂輯《蠶桑述要·諸器》

葦簾

《説文》：『編竹作幃簿也，釋名簾廉也，自障蔽爲廉恥也。』葦葭之大者，陂澤多生，伐取織簾，修廣無定製，可蔽風日。蠶室處處宜之，推之爲山棚，底鋪地蠶，堆儲桑葉，價廉工省，此居鄉者家常物也。

論説

明 徐光啓《農政全書》卷三一《蠶桑·養蠶法》

《蠶經》曰：蠶有三稀，下蟻、上箔、入簇。

《蠶經》曰：蠶有五廣，一人，二桑，三屋，四箔，五簇。謂苫席、蒿梢等。《務本新書》蠶忌曰：忌食濕葉，忌食熱葉。蠶初生時，忌屋内掃塵，忌煎煿魚肉，不得將煙火紙撚於蠶房内吹滅，忌側近舂擣。忌敲擊門窓槌箔，及有聲之物。忌蠶房内哭泣叫喚，忌穢語淫辭。夜間無令燈火光，忽射蠶屋窓孔。未滿月産婦，不宜作蠶母。

又 卷三三《蠶桑·蠶事圖譜》

蠶室，必選置蠶宅，負陰抱陽，地位平爽，正室為上，南西為次，東又次之。若室舊，則當凈掃塵埃，預期泥補。若逼近臨時，墻壁濕潤，非所利也。夫締構之制，或草或瓦，須内外泥飾材木，以防火患。復要間架寬敞，可容槌箔。牕户虚明，易辨眠起，仍上於行椽，各置照牕，每臨蠶暮，以助高明。下就附地，列置風竇，令可啓閉，以除濕鬱。

明 佚名《便民圖纂》卷四《桑蠶類·治蠶室》 屋宜高廣潔凈，通風向陽，忌西照西風。至穀雨日，須先泥補熏乾，竪槌，勿透風氣。若逼蠶生，旋泥墻壁，則濕潤致蠶生病。正門須重掛葦廉、草薦，槌箔四向，約量頓火。

清 豫山《蠶桑辑要合编》下编《補遺·預築蠶室》 蠶室坐北向南者爲上，向東者次之，向西者又次之。締構之制，或瓦房草房，俱以泥塗材木，以防火患。其大小廣狹，任人之力，務要間架寬敞。每箔長一丈，間架可寬丈一二。可容槌箔，易於轉動。每間兩頭，各置大炤窗，每臨旦暮，以助高明，易辨眠起。大眠之後，可通風涼，窗用紙糊周密，中糊捲紙一大方，後可起閉，外掛草薦。若卑溼之地，須附地列置風竇每壁底門坎之下，各開一穴，大五六寸，以磚合封，以防啟閉，以除濕鬱。高燥之處，不必用。凡蠶室之内，務要製造火倉，隨室大小，以爲加減。如三間四椽房者，四角各置一火倉，方四尺，深二尺。坑周圍用土墼或磚坯接壘，高二尺，用粘泥泥了，通計深四尺。如屋小者，當中置一火倉，制如上法。坑底須鋪預收細碎乾牛糞一層，厚三四指，再將帶根節粗乾柴塊，於糞上鋪一層。柴塊須徑五寸以上者。凡桑、榆、槐及山中橡木、槲樹、青剛樹之類槐硬总氣味之木，皆可用。柴上又鋪糞一層，於柴空隙之處，築得極實。不可虚，虚則火燄易起，恐傷房，又恐熟火不能長久。糞柴相間，填坑令滿，再築極實，上邊用糞厚蓋一層。約蠶生前七八日北地約在穀雨前數日，是其然火之時。糞上煨火，必有黑黄烟起，合閉蠶室，不可令煖氣出外，凡五七日。於蠶蟻生前一日，少開門，令烟出盡，隨卽閉之。其柴糞陷下已成熟火蠶，火畜也，甚喜暖。初生之蠶，更宜暖。但怕烟，不可用生火，蓋生火或大或小，不能均匀。此火既熟，絕無烟氣，一兩月不滅，人不起動，便如無火。若用柴枝挑撥，烟氣卽起坑上。必壘高二者，欲欲使火氣上騰，散布室中。又防夤夜，人行誤陷入也，其屋乾透，其壁皆暖，黑婆蚊蠅諸蟲，盡可薰死。牛糞薰屋，大宜蠶也。牛喜食桑葉及蠶沙，並食蠶，蠶亦喜牛糞氣。大約蠶牛一氣。薰過門掛簾薦，或布簾，或氈簾，不宜捲起，須防蚊蠅入内。倘有竄入者，急宜捕殺。若留在裏面，蠶上簇時，生蛆於蠶身，後必穴繭而出，則繭不能繰絲矣。其糊窗之紙，舊黑須用白紙替換。糊窗時，外掛草薦，旋扯故紙，旋糊新紙，不使煖氣出外。蠶室務須早治，室舊者，預期宜補塞絕鼠穴。鼠食蠶咬繭，室中宜育貓捕殺。凡簇箔下，宜留貓道。

清 趙淵《蠶桑摘要》卷中《蠶性類·忌喧嘩》 蠶喜靜惡喧，蠶房内忌哭泣、叫喚、怒罵，并忌敲門窗，棹几動蠶架、蠶盤，院内忌餧養雞、犬、鵝、鴨。

清 賴逸甫《嶺南蠶桑要則・蠶房須知》 蠶莊地方之宜塽者，圖免潮溼之患也；蠶莊瓦蓋之宜高者，圖免酷熱之憂也；墻壁喜無太陽之曬焚者，圖免房内之發炎也；蠶架喜無光風之照及者，圖免蠶性之所忌也。蓋蠶屬龍精馬氣之物，龍性圖喜通天，而馬屬午火，火性則必上騰。故凡蠶房氣不通天者，則有韞氣傷蠶之弊。上宜高窓者，猶如竈之必須突也；下宜疏通者，猶如爐之必須楞也。如果上於瓦蓋開有形如厨房之煙樓者，下得墻脚多開形如狗竇之通氣帘者，斯可通天澈地，而消濁納清之最良法也。或於前後兩（擔）〔檐〕之下，與左右頂脊之墻，四方皆開，居高横窓，使外所照臨之光風不及於蠶架，而内所上騰之濁氣可消，此亦可納天氣以化解蠶瘴。凡除立冬至驚蟄之寒天，用火而不用氣時，於窖房養育之外，其餘皆以得通天氣爲貴。蠶因稟受天駟而生，如果天氣不通，其地氣則鹹，該蠶卽不成瘴，亦多黑頭之病。種植亦賴天氣而生，若以篷帳遮其天氣，該地一無天氣交感，雖最膏腴，亦不生物，此理不可不明。再就陰陽而論，凡除寒天用火之外，皆以上架通氣之，陽而不光，與陰而不暗者，爲佳。蓋陰暗則氣溼而寒，蠶多痳水之患；陽光則氣燥而温，蠶多殭白之災。故必天晴氣熱，方宜陰暗；天雨無風，方宜陽光。至於諸般污穢殞蝎，與，及厨竈所煎炒之煙氣，亦皆於蠶有碍，必須防避乃可。無論高低戶牖，皆宜按於寒暑針度而啟閉之，苟非用火之時，切切不可常閉。閉則隔絶天氣，有碍生機。凡諸窓口之宜幛布而搰者，圖其氣可通而蠅不可入也；門戶之必挂耑幛帷者，圖其内熱可消而外風不可掃也。立冬之後，因属水，令地面氣寒無火。驚蟄前，又因桑葉幼嫩，則木氣微薄，蠶屬午火，仗木所生，既忌水尅，亦忌寒洩。時要含氣用火者，一則駕馭寒水之尅制，二則補助木氣之微薄。故宜間一小房，形如暖閣模樣，中可安置蠶架三四箇者，爲合宜。凡有窓楞，皆以紗紙封密，蠶架頂之樓棧，務須以板鋪密，否則蓆鋪亦可。凡遇天煖之時，宜將架頂板蓆，搠開幾尺，使免膏潮之弊。房門則宜常以布幨遮密，每逢出入必，須隨攓隨遮，毋使疏風。養蠶時，則用五寸半高，一尺一寸之大，瓦盤四箇，皆以堅炭熇火，熇至無煙。須先將灰弇該炭火，然後將該火盤捧入房内，安於四角，炭少則加，晝夜不得停歇。火之應大應小，當以寒暑針而驗天氣之寒煖，將火加減，以求一律和煦，爲適當。房内煖氣，常得六十七八度者，斯則三十餘日，可以成熟也。

清 賴昌《蠶體病理論》《蠶業叢書》第七編 春日艷陽天，而一般蠶家，惟周旋於蠶室，奔走於微行，對於柳暗花明、可眺可賞之無上勝景，悉置焉而不顧，甯獨別具情性，故嗜勞而惡逸歟？抑以衣食之所從出，不得不爾，謂爲經濟故。

綜述

漢 班固《白虎通德論》卷四《耕桑》 王者所以親耕，后親桑何？以率天下農蠶也。天子親耕，以供郊廟之祭；后之親桑，以供祭服。《祭義》曰：天子三推，三公五推，卿大夫士七推，耕於東郊何？東方少陽，農事始起。桑於西郊？西方少陰，女功所成。故曾子問曰：天子耕東田而三反之。《周官》曰：后親桑，率外内婦蠶於北郊。

北魏 賈思勰《齊民要術》卷五《種桑柘第四十五》

《尚書大傳》曰：『天子諸侯，必有公桑蠶室，就川而為之。大昕之朝，夫人浴種於川。』

又 《雜五行書》曰：『二月上壬，取土泥屋四角，宜蠶吉。』

又 崔寔曰：『三月清明節，令蠶妾治蠶室，塗隙穴，具槌，持箔籠。』

《龍魚河圖》曰：『冬以臘月鼠斷尾，正月旦日未出時，家長斬鼠著屋中，祝云：付勑屋吏，制斷鼠蟲。三時言功，鼠不敢行。』

《雜五行書》曰：『取亭部地中土塗竈，水火盜賊不經；塗屋四角，鼠不食蠶；塗倉簞，鼠不食稻；以塞坎百日，鼠種絶。』

《淮南萬畢術》曰：『狐目狸腦，鼠去其穴。』注曰：『取狐兩目，狸腦大如狐目三枚，擣之三千杵，塗鼠穴，則鼠去矣。』

唐 房玄齡《晉書》卷一九 《漢儀》：皇后親桑東郊苑中，蠶室祭蠶神，曰苑窳婦人、寓氏公主，祠用少牢。

唐 白居易《白氏六帖事類集》卷二三

蠶宮、桑壇晉元康議皇后採桑，桑壇於蠶宮之西南。

繭館漢孝元皇后採桑繭館。

織室《東觀漢記》：（朋）〔明〕帝馬皇后數來往視之。

唐 杜佑《通典》卷四六《禮典六・吉禮五》

先蠶

周制，仲春，天官内宰，詔后帥外内命婦，始蠶於北郊，以爲祭服蠶於北郊，婦人以純陰也。天子、諸侯必有公桑蠶室，近川而爲之，築宫仞有三尺，棘牆而外閉之。后妃齋戒，享先蠶而躬桑，以勸蠶事。季春吉巳，王后享先蠶，先蠶，天駟也。享先蠶而後躬桑，示率先天下也。及大昕之朝，君皮弁素積，卜三宫之夫人、世婦之吉者，使入於室，奉種浴於川，桑於公桑，風戾以食之。是月也，命有司無伐桑柘愛蠶食也。有司，主山林之官也，禁原蠶原，再也。天文，辰爲馬，蠶與馬同氣，物莫能兩大，禁原蠶爲傷馬。漢皇后蠶於東郊。其儀：春桑生，皇后親桑於苑中蠶室，養蠶千薄以上，祀以中牢羊豕。祭蠶神曰『苑窳婦人』、『寓氏公主』，凡二神。羣臣妾從桑還，獻於繭館，皆賜從桑者絲，皇后自行，窳音俞。後漢，皇后四月帥公卿列侯夫人蠶，皇后出，乘鸞輅，青羽蓋，駕四馬，龍旗九斿。大將軍妻參乘，太僕妻御，前鸞旗車，皮軒闟音翕戟，雒陽令奉引，千乘萬騎。車府令設鹵簿駕，公、卿、五營校尉、司隸校尉、河南尹妻皆乘其官車，帶夫本官綬，從其官屬導從皇后。置武賁、羽林騎，戎頭、黄門鼓吹，五帝車，女騎夾轂，執法御史在前後，亦有金鉦黄鉞，五將導。桑於蠶宫，手三盆於繭館，畢，還宫。祀先蠶禮以少牢。凡蠶絲絮織飾，以作祭服。祭服者，冕服也。天地宗廟羣神，五時之服，其皇帝得以作縷縫衣，得以作巾絮而已。置蠶宫令、丞，諸天下官，皆詣蠶室，亦婦人從事，故舊有東西織室作法。魏文帝黄初七年，皇后蠶於北郊，依周典也。晉武帝太康六年，蠶於西郊蓋與籍田，對其方也。先蠶壇高一丈，方二丈，四出陛，陛廣五尺，在皇后采桑壇東南，帷宫外門之外，而東南去帷宫十丈，在蠶室西南，桑林在其東。取列侯妻六人爲蠶母，蠶將生，擇吉日，皇后著十二笄步摇，依漢魏故事，衣青衣，乘油畫雲母安車，駕六騩音貴馬，女尚書着貂蟬佩璽陪乘，載筐鉤。公主、三夫人、九嬪、世婦、諸太妃、太夫人，及縣鄉君、郡公侯、特進夫人、外世婦、命婦，皆步摇衣青，各載筐鉤從蠶。先桑二日，蠶宫生蠶著簿上。躬桑日，皇后未到，太祝令質明以太牢告祠，謁者一人監祠。祠畢徹饌，頒餘胙於從桑及奉祠者。皇后至西郊升壇，公主以下陪列壇東。皇后東面躬桑，采三條，諸妃公主各采五條，鄉縣以下各采九條，悉以桑授蠶母，還蠶室。事訖，皇后還便卽御座，公主以下乃就位，設饗宴，賜絹各有差。宋孝武大明四年，始於臺城西白石里爲蠶所，設兆域，置大殿，又立蠶觀其禮皆循晉氏。北齊爲蠶坊，於京城北之西，去皇宫十八里外，有蠶宫方九十步，牆高一丈五尺。其中起蠶室二十七，别殿一區，置蠶宫，令丞宦者爲之。路西置皇后蠶壇，高四尺，方二丈，四陛，陛各廣八尺，置先蠶壇於桑壇東南，大路東，横路南。壇高五尺，方二丈，四陛，陛各五尺。外兆方四十步，面開一門，有緑襜襦、褠衣、黄履，以供蠶母。每歲季春穀雨後吉日，使公卿以一太牢祠先蠶。

宋 陳元靚《歲時廣記》卷一《春》 望杏花

《四民月令》：清明節，令蠶妾理蠶室。

宋 黄震《黄氏日鈔》卷二三 古者，天子諸侯，必有公桑蠶室。近川而為之，築宫仞有三尺，棘牆而外閉之。及大昕之朝，君皮弁素積，卜三宫夫人、世婦之吉者，使入蠶于蠶室，奉種浴于川，桑于公桑，風戾以食之，歲既單矣。世婦卒蠶，奉繭以示于君，遂獻繭于夫人。夫人曰：此所以爲君服與。遂副褘而受之，因少牢以禮之。古之獻繭者，其率用此與。及良日，夫人繅三盆手，遂布于三宫夫人、世婦之吉者使繅，遂朱緑之，玄黄之，以爲黼黻文章。服既成，君服以祀先王先公，敬之至也褘音暉。

宋 吴淑《事類賦注》卷二五《木部》 桑

蠶室有近川之制，《禮》曰：天子諸侯必有公桑蠶室，近川而爲之。

宋 徐天麟《東漢會要》卷五《禮三吉禮**》** 親蠶

《漢舊儀》曰：春桑生而皇后親桑，於苑中蠶室，養蠶千薄以上。祠以中牢羊豕，今蠶神曰苑窳婦人、寓氏公主，凡二神。群臣妾從桑還，獻于繭觀，皆賜從桑者樂。皇后自行。凡蠶絲絮，織室以作祭服。祭服者，冕服也。天地宗廟群臣五時之服。其皇帝得以作縷縫衣，得以作巾絮而已。置蠶丞，諸天下官皆詣蠶室，亦婦人從事，故舊有東西織室作法。志並注。

宋 莊綽《雞肋編》卷上 南人養蠶，室中以熾火逼之，欲其早老而省食，此其絲細弱不逮於北方也。

元 司農司《農桑輯要》卷四《養蠶・蠶室》 蠶屋正門，須重掛葦簾、草薦簷外不必以箔攔夾，令時通風日故也，屋内東間，另用席箔搿夾一間，于内生蛾，留小門出入，上掛蒲簾。蓋屋小則容易收火氣，停眠前後拆去。蛾或于小屋内，生之熟火，易為烘暖，停眠後，移入寬快屋内。蠶屋須要寬快潔净，通風氣，映日陽，屋前不宜有大樹密陰。南北屋相去宜遠，宜安南北窗，大忌西窗。南北窗上，各糊捲窗，一眠之後，但遇白日晴明，若是南風，卻捲北窗，若有北風，卻捲南窗。蓋倒溜風氣，宜蠶故也。假有一家蠶屋三間，止養蠶十數箔，雖無北窗，亦不須剏開，蓋為蠶少，屋寬必無太熱。若至二十箔以上，決當剏開北窗，近下安置，但是窗上須掛葦簾、草薦，南簷外先架立搭棚、檁柱，大眠時搭蓋，以隔臨簷熵熱。西山牆外另搭趄棚今時多用蓟黍稭壁，以避滿牆西照。蠶屋西南角，從柱向南，高壘牆壁四五步，或夾厚籬障，以泥泥飾，防大眠之後，剪開窗紙，恐有西南風起，此風大傷蠶，陝西河南尤甚，趙地以北頗緩。《要旨》云：蠶屋地基，須高一尺，擇地不必以陰陽形勢為法。陳志宏云：屋基新土填乾，于上用泥重覆。《士農必用》：修屋宜高廣低則鬱遏多熱，勿接摔厦南摔隔陽氣，北厦助陰氣，蠶生前一月泥飾厚則耐寒熱。除正門外，每周圍可偏安窗，無西窗不妨，宜高大。每間開壁更好。如壁内有通山柱者，一壁上分安兩座，力不及者，勻立直柴枝，亦可。檁摔之間，每一間内，各開三照窗長闊皆五六寸許，兩山壁窗近上，亦各如摔上開照窗大窗先用故紙全糊，外各用草薦，密封蓋了，照窗亦糊，捲窗密封，窗臺高不過二尺五寸，每一間附地透開三風眼如貓竇，卻用磚坯蓋塞了，泥封固密。

元 司農司《農桑輯要》卷四

蠶室

《齊民要術》：修屋欲四面開窗，紙糊厚為籬。崔寔曰：三月清明，治蠶室，塗隙穴。

《務本新書》：蠶屋，正屋為上，南屋、西屋次之，大忌東屋為西照日色，又西風非長養之氣。至穀雨日，先須泥補，熏乾。竪槌了畢，勿透風氣。若逼蠶生旋泥者，牆壁濕潤，多生白醭貼沙之病。蠶屋正門，須重掛葦簾草薦。簷外不必以箔攔夾，令時通風日故也。屋内東間，另用席箔搟夾一間，于内生蛾。留小門出入，上掛蒲簾，蓋屋小則容易收火氣，停眠前後拆去。蛾或于小屋内生之，熟火易為烘暖，停眠後，移入寬快屋内。

元 王禎《農書》卷二〇《蠶繅門・蠒館》 蠒館，皇后親蠶之所，古公桑蠶室也。按《月令》：『季春之月，具曲植植，直吏切。注曰：曲薄也，植槌也籧居呂切筐，后妃齋戒，親東鄉許亮切，躬桑。禁婦女毋觀音灌，省所景切，簡少也婦使，以勸蠶事注曰：嚮者，嚮時氣也。毋觀，去容飾也。婦使，縫綫、組紃之事。蠶事既登，分繭、稱去聲。絲、效户教切功，以共音恭郊廟之服，無有敢惰徒卧切。周制：天子諸侯必有公桑蠶室，近川而爲之，築宫仞有三尺，棘墻而外閉之。后妃齋戒，享先蠶而躬桑，以勸蠶事。皇后親蠶，儀曰：『皇后躬桑，始捋一條，執筐受桑，捋三條。女尚書跪曰：「可止」執筐者以桑授蠶母，以桑適金室。』《前漢・文帝紀》詔：『皇后親桑，以奉祭服。』景帝詔：『后親桑，為天下先。』元帝王皇后為太后，幸蠒館，率皇后及列侯夫人桑。明帝時，皇后帥諸侯夫人蠶。魏文帝黄初中，皇后蠶於北郊，遵周典也。晉武帝太康中，立蠶宫，皇后躬桑，依漢魏故事。宋孝武立蠶觀，后親桑，循晉禮也。北齊，置蠶宫，皇后躬桑于其所。後周制，皇后至蠶所，桑。隋制，皇后親桑於位。唐，太宗貞觀元年，皇后親蠶。顯慶元年，皇后武氏；先天二年，皇后王氏；乾元二年，皇后張氏，並見親蠶禮。元宗開元中，命宫中食蠶，親自臨視。宋，《開寶通禮》、《郊祀録》，並有后親蠶祝辭。此歷代后妃親蠶之事，采之史編，昭然可見。兹特冠於篇首，庶有國家者，按圖考譜，知蠒館之不徒名也。昔梅聖俞有《蠶具蠒館詩》，今不揆續為之。賦云：惟蠶有功，於世歸美廣。物産之貨，資作人生之衣去聲。

元 王禎《農書》卷六《農桑通訣六・蠶繅篇第十五》 南北簇法，俱未得中。今有善蠶者一説：南北之間，蠶少，踈開窗户屋簇之則可；蠶多，選於院内，搆長脊草厦，内制蠶簇，週以木架，平鋪蒿梢，布蠶於上，用席箔圍護，自無蠶病，實良策也。蠶簇，見《農器譜》。

又 須預備。蠶生宜高廣，牕户虚明，易辨眠起，仍上於行摔，各置照牕，每臨早暮，以助高明。下就附地，列置風竇，令可啓閉，以除濕鬱。若新泥濕壁，用熱火薰乾，窗上用淨白紙新糊，門窗各掛葦簾、藁薦。

明 胡廣等《禮記大全》卷二二《祭儀第二十四》 古者天子、諸侯，必有公桑蠶室，近川而為之，築宫仞有三尺，棘牆而外閉之。及大昕欣之朝，君皮弁素積，卜三宫之夫人、世婦之吉者，使入蠶于蠶室，奉上聲種浴于川，桑于公桑，風戾以食嗣之。

公桑，公家之桑也。蠶室，養蠶之室也。近川，便於浴種也。棘牆，置棘於牆上也。外閉户扇，在外而閉，則向内也。大昕之朝，季春朔之旦也。三宫，在天子則謂三夫人，在諸侯之夫人，則立三宫，半后之六宫也。桑，采桑也。戾，乾也，蠶惡濕，故葉乾乃以食也。方氏曰：戾，至也，風至則乾矣。

明 陳嘉謨《本草蒙筌》卷三《草部下・水葒草》 漬苧汁，嘗大觧消渴，蠶咬中毒，一飲即毆。故近蠶室種之，則蠶竟不産也。

明 宋應星《天工開物》卷上《乃服第二卷・抱養》

凡清明逝三日，蠶蚪卽不偎衣衾，煖氣自然生出。蠶室宜向東南，周圍用紙糊風隙，上無棚板者，宜頂格。值寒冷，則用炭火于室內助煖。

明 徐光啓《農政全書》卷三一《蠶桑·養蠶法》 蠶屋、火倉、蠶箔，並須預備。蠶屋宜高廣，牕户虛明，易辨眠起。仍上於行捧，各置照牕，每臨早暮，以助高明下就。附地列置風竇，令可啓閉，以除濕鬱。若新泥濕壁，用熱火薰乾。窓上用淨白紙新糊，門窓各掛葦簾藁薦。下蟻之時，勿用鷄翎等物掃拂。

又 《齊民要術》曰：修屋，欲四面開窗，紙糊為籬。崔寔曰：二月清明，治蠶屋，塗隙穴。（妝）［收］拾火氣，蠶小時，將牛糞墼子，燒令無煙，移入龕内頓放。如無壁龕等，止於搥箔四向，約量頓火。近兩眠則止。若寒熱不均，後必眠起不齊。又今時蠶屋内，素無禦寒熟火，止是旋燒柴薪，煙氣籠熏太甚，蠶蘊毒，多成黑蔫。

明 陳繼儒纂輯，清 石巖參訂《陶朱公致富奇書》卷二《畜牧部·養蠶》

蠶未生之前，預淨蠶室，勿令南風吹地氣蒸。蟻生四五日後，用炭火薰煖室中，蠶變白色以全，于無烟處捲放。東方白時，將連鋪箔上，候黑蟻全生，和蟻秤連，記號分兩多寡，此生蟻之法也。

明 佚名《便民圖纂》卷四《桑蠶類》 治蠶室，屋宜高廣潔净，通風向陽，忌西照西風。至穀雨日，須先泥補熏乾，竪槌，勿透風氣。若逢蠶生，旋泥墻壁，則濕潤致蠶生病。正門須重掛葦廉草薦，槌箔四向，約量頓火，近兩眠則正。

又 下蟻，穀雨前後，熏暖蠶室，捋連暖護，候蟻出齊，切細葉摻净紙上，以蠶連覆之，則蟻聞香自下。有不下者，輕輕振下，不得以鵞翎掃撥。

又 論凉暖，蟻生捋兩眠，蠶室宜濕暖，蠶母須著單衣，可知凉暖。自身覺寒，蠶必寒，便添熟火；覺熱，蠶亦熱，約量去火。一眠後，天氣晴明，於巳、午時，捲起窓薦，以通風日。至大眠後，天氣炎熱，却要屋内清凉，臨時斟酌寒暖。

明 朱國禎《農蠶》

瓊州田禾三熟，蠶絲八登。

湖地宜蠶，新絲妙天下。每蠶忙時，必有小鳥，連叫曰『澈山看火』。其聲清澈可聽。蠶畢，則止。餘地無之。蠶室煖，育者倦極。常有火患。作繭用柴帚，以禾草爲之。長尺有咫，大可一握。散步，登蠶其上，有至二三重者，名曰上山。

《明史》卷四九《禮志三·先蠶》 今先蠶壇殿，工未畢，宜且遣官行禮。帝初不可，令如舊行。已而，以皇后出入不便，命改築先蠶壇於西苑。壇之東，爲採桑臺，臺東爲具服殿，北爲蠶室，左右爲廂房，其後爲從室，以居蠶婦，設蠶宮署於宮左。

清 蒲松齡《農桑經·蠶室》

蠶室宜静、宜暖、宜燥、宜明潔。

窗宜新糊，易辨眠起。西窗宜遮，夕曬尤忌，西南風傷蠶。泥室門，用福德土。

又 犯蠶室土

用天德水土和泥，泥犯處。元旦五更，朝蠶室方，設先蠶神位，祝之。蠶收。

又 粘蠶室

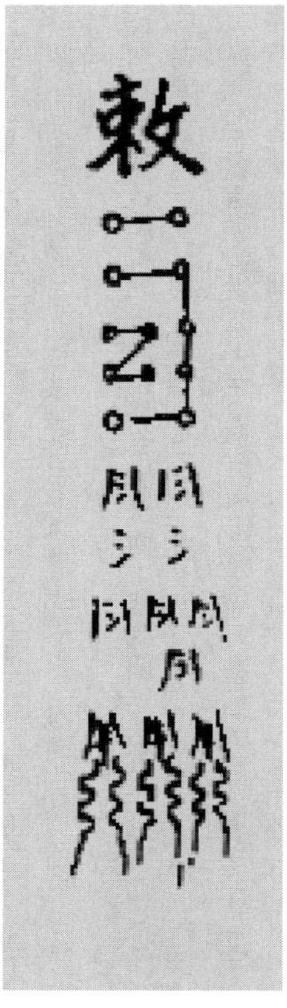

又法，禳蠶室蠶宮

用土五升，收蠶人家，節筯雙股，釘一個，蜜四兩，酒三升，甘草三兩，泥神位下。

門户不順，損小口、田蠶、六畜

硃書『嶽徵』二字粘之。

二月上壬日，取之泥屋四角，宜蠶。

埋馬牙於架下，大收。

埋蠶沙於宅亥地，大富；得絲一斛二斗。

甲子日，鎮宅，致財千萬。

停部地中土塗屋四角，鼠不食蠶。塗倉囷，鼠不食粟。以塞穴，百日鼠絶。塗灶，無水火盜賊停部即年月執。

歲朝，西北風，葉貴，東北風，葉賤。三月三日，東北風，蠶不收；東南風，收。此日蛙鳴，葉賤；早鳴，貴；晚鳴，賤；一日鳴，亦貴。三月十六日，葉生日，屬金，貴；土、木，賤；水，不收。四月有壬子，蠶貴；無壬子，賤。正月初一日無風，早蠶好；午無風，晚蠶好。陰寒中蠶不收，温暖蠶熟。此月有甲子，葉貴（葉，別本作蠶）；無甲子，多寒。

又《收牛糞》 於蠶生前七八日，蠶室内掘一坑，鋪糞墼一層，加粗柴一層，一層一層鋪滿，煨火其上。烟出五七日，蠶生前一日少開門；煙盡即閉，勿令煖氣出。其柴糞陷下，已成熟火。蠶小喜暖，牛糞又最宜蠶。坑内壘高二尺，使火氣上騰，尤妙。

清 楊屾《豳風廣義》卷二《什物宜預説》 欲事蠶者，須於秋冬農隙之時，預置蠶具什物，自不至臨時忙迫失措。凡蠶食、簇料、火料、蓐草、火具、藁薦、曲、筐、盤、槌、蠶架、砧刀、擡綱、葉篩、椽、杓、蠶室，必先精製習熟，而後可望其獲利。今條列名件，一一備述，使世之繒纊其身者，皆知其所自出云。

又《預收火料》 蠶室用火，以牛糞為上，炭火次之。牛喜食桑葉並蠶沙，並食蠶，蠶亦喜牛糞氣，大約蠶牛一氣。宜冬月預收牛糞，堆聚一處，恐臨時缺少，猝難收拾。春暖踏成墼子，晒乾收起。待臨近穀雨，生火，蠶室暖而宜蠶。又當備牛糞乾（未）［末］，以待用。冬月收拾牛糞，曬乾收藏成堆，至春月聽用。如牛糞太溼，難以成墼者，亦用此乾糞（未）［末］攙攪少許。

又《蠶室》 蠶室務須早治，室舊者預期泥補，塞絶鼠穴。鼠食蠶咬繭，室中宜育猫捕殺，凡簇箔之下宜留猫道。若臨時修治，墻壁溼潤，非所利也。下蟻前一日，將屋上壁間及地上塵埃，務要刷掃潔淨，下蟻之後不宜掃動矣。蠶室一切禁忌，開列於後。蠶屬氣化，香能散氣，臭能結氣。故蠶聞香氣則腐爛，聞臭氣則結縮。凡一切麝檀、零陵等諸香，並一切葱韭、薤蒜、阿魏等臭，並有氣息之物，皆不可入蠶室。此係專備蠶室，費工難治。若能名於居室之中，□其寒熱，開閉窗門，進退炭火，勤□飼養，即可成熟。

忌西南風。大傷蠶氣，若有西南風，閉户下薦，勿令風入。或預在室西南四五步，作壁以禦之。

忌燈火紙撚於室内吹滅，油烟之氣。

忌敲擊門窗、箔槌及有聲之物。

忌夜間燈火光射入蠶室窗孔。

忌酒醋入室，並帶酒人。忌煎炒油肉。

忌正熱，忽着猛風暴寒。忌側近舂搗。

忌蠶室内哭泣、叫喚。忌穢語淫辭。

忌正寒，驟用大火。忌放刀於箔上。

忌不潔淨人入蠶室。忌水潑火。

忌燒皮毛諸骨臭物。忌當日迎風窗。

忌一切腥臭之氣。忌燒石炭之氣。

忌燒硫黄之氣。即趨燈子之類。

忌倉卒開門。暗值賊風，多生紅殭。

忌高抛遠擲。蠶與箔相擊，後多不旺。

忌溼水葉。食則生脫肛。

忌飼冷露溼葉及乾葉。食則必頭大腹結尾尖。

忌沙燠不除。沙乃蠶屎，燠乃沙葉相合粘連一片者，久而不除，發熱薰蒸，多生白殭。

以上諸忌，須宜慎之，否則蠶不安箔，多遊走而死。

又《上簇法》 房大簇大者，用炭火八盆；房、簇俱小者，用火六盆。日間□暖，火宜小些；夜間氣寒，火宜大些。務要簇室晝夜有人，以防火患。

又 附養熱蠶法

夏月天氣大熱，蠶室務要通風涼。房南北開窗，糊之以紗，或用密孝帽麻布糊之，或門窗俱挂細密竹簾，或荻葦簾亦可，務使通透風涼，不令蚊蠅入内。蠅於蠶身生蛆，蚊能叮傷蠶膚，最能壞蠶。始終不可捲起門簾並窗扇，致令鑽入，慎之。蠶沙，每日早晨擡除，勿令溼生白醭，秋蠶亦宜如此。三眠後，常飼以菉豆麪，以解熱毒。將菉豆用温水浸，生芽曬乾，磨為麪，用葉一筐切碎，灑以新水，拌菉豆麪五六兩，三眠後間飼三四頓，又飼水葉一頓。

清 李光地等《御定月令輯要》卷二四《時刻令》 蠶室通風。增《王禎農書》：蠶一眠之後，但天氣晴明巳、午之閒時，蹔揭起牕開簾薦，以通風日。南風則捲北牕，北風則捲南牕，放入倒溜風氣，則不傷蠶。

清 韓夢周《蠶桑實濟》卷二《育蠶預備・預收火料》 蠶室用火，以牛糞爲上，炭次之。牛喜食桑葉及蠶沙，並食蠶，蠶亦喜牛糞氣，大約蠶牛一氣。宜冬月預收牛糞，堆聚一處，恐臨時缺少，猝難收拾。春暖踏成墼子，曬乾收起。待臨近穀雨生火，蠶室暖而宜蠶。

又《預養蠶貓》 蠶在蝸兒時，收拾甚易，耗鼠未必相侵。一二眠之後，蠶身漸長，便來偷食。至上簇做成繭子，又來咬繭，故蠶室中塞絕鼠穴，又須養貓，以捕殺之。

又《預築蠶室》 蠶室一切禁忌，列後第三說。此係專備蠶室，費功難治，若能各於居室之中，察其寒熱，開閉窗門，進退炭火，勤謹飼蠶，自可成熟。

以上各種什物，皆蠶事所必需，未可咄嗟而辦。且鄰里同時並忙，不能相假，故必先時置備齊全，然後臨期效用，取之若寄。惟專治蠶室，需費頗鉅，力不繼者，可卽於居室中隨宜布置。

又 卷三《育蠶切忌·忌西南風》 風自西南方來，大傷蠶氣，若遇此風，急宜閉戶下薦，勿令風入蠶室。或預在室西南四五步作壁以禦之，更佳。

又《忌穢氣》 蠶房內不可放便桶、溺壺，一切臭惡不潔之物。蠶月禁食韭蒜人食韭蒜口內出來之氣亦臭，蓋蠶爲天蟲共性好潔，若使穢臭之氣一觸，青白好蠶頃刻變成黃色，不吃葉矣，一二日後軟死。故忌之。尤忌酒醋入室，及室近燒硫黃卽趨燈子之類、燒石灰、燒皮毛骨頭各種腥臭之氣。

又《忌香氣》 蠶屬氣化，臭能結氣，香能散氣，故蠶聞臭氣則結縮，聞香氣則腐爛。凡麝檀、零陵等一切辛香之物，皆不可入蠶室。室近煎炒油肉，亦宜禁忌。

又 卷四《育蠶急務·立蠶母》 蠶母乃主蠶室，率領飼蠶者，每室必一人，以腹節饑飽，以身測寒熱，愛護珍恤如慈母育嬰，故有母稱，男、婦皆可爲之。男忌臭穢，女忌產婦，務要慇懃之人最忌懶惰貪眠之輩，熟記其法，能按規程飼養者。身着裌衣不論新舊，務要潔淨，以候涼煖，己身覺熱，蠶亦熱，宜退火；己身覺寒，蠶亦寒，宜進火。務使室中溫和，始終不知有寒熱之苦。不得頻換顏色衣裳，洗手常要潔净，不可手搯苦采，食生薑、葱、蒜、香椿、大豌豆並飲酒，又不可親身擠醋燒石灰，衣染惡氣愼之。

又《祭先蠶》 蠶室備，內設先蠶位，不忘本也。黃帝元妃西陵氏，始爲蠶室養蠶，是爲先蠶。事蠶者先立先蠶木主，當書先蠶神位，畫像亦可，安之蠶室高潔之處。下蟻之日，蠶多力厚者，設三牲酒醴。蠶少力微者，割雞設醴，點燭焚無氣味之香，將蠶蟻之筐，置先蠶几案，蠶母率闔家奠醴拜，讀祝文曰：惟蠶之原，伊駟有星，蠶事之興，聖母肇成，氣鍾孕育，惟神適從，保之佑之。有箔皆盈，尚冀終惠。用彰厥靈，簇老獻瑞。繭盆效功，敬獲吉卜。克契心盟，神其來享。爰祀惟誠，奠拜畢，將蠶筐上架飼之。此祭先蠶之禮也。

又《養蠶總要》 養蠶必晝夜無間，故頓數多，蠶速老；頓數少，蠶遲老。古人云：養蠶莫巧，食到便老。若慇懃布葉，按時飼養，蠶室溫暖，不惟繭堅多絲，亦且省葉絲韌韌。

又 蠶室須知加減涼暖。蟻初生時，宜極暖，蓋是時天氣尚寒。大眠後宜涼，蓋是時天氣已暄。又風雨陰晴不測，朝暮晝夜不同，一或失宜，蠶病卽生。惟在蠶室得法，周置捲窗，中伏熟火。如蠶欲暖而天氣寒者，閉窗門，外掛簾薦，內加炭薪熟火，則外寒不入，和氣內生。若遇大寒，苫窗撥火，不能勝其寒者，則用擡爐燒本炭火料，置蠶室四隅，火氣自然薰蒸，覺熱則去餘火。蠶欲涼而天氣熱者，蓋閉火倉，捲起窗紙，涼氣內消，熱氣內消。若遇大熱，閉火捲窗，不能解其熱者，則去其窗紙，下開風眼，窗外及槌下，俱灑潑新水，涼氣自然透達。熱退，則糊補其窗，閉塞風眼，使蠶自初至終，不知有寒熱之苦，病少繭成，一室之功也。然寒不可驟加熱，當漸而益火。寒而驟熱，則生黃輭等疾。熱亦不可驟通風涼，當漸而開窗，熱而驟通風涼，則變白殭。此又不可不知也。又正熱猛著寒氣，便噤口不食，卽用擡爐盛無烟牛糞火，用扠撥火，於槌箔下往來，辟去寒氣，則蠶自然食矣。

又《初蠶下蟻法》 將柔桑葉採來貯懷中令暖，去露溼惡氣。或葉多不便懷暖，放溫蠶室內薄攤，令晾去寒溼，如露氣太盛，將葉同細白米，共入篇內搖動，令米收乾葉上露氣。篇是圓竹槃，如無，只用木盤亦可。

又 若見蠶種十分皆變灰白色，次日蠶蟻必出。先將蠶室東邊一間，掃除潔淨，遮蔽門窗，內添熟火，使之極暖。凡蠶室或三五間，另辟東邊一間，務要周密，不通風寒，以爲養蟻之所。東間者，取其太陽先照之義。另隔一間者，取其室小，易於放火生暖，況養蟻止用一間足矣。或另修一間，在穀雨前七八日，放火生暖，專爲養蠶之所。蟻生五六日後，再於大蠶室內放火，及煙息室暖，正蟻大分箔之時，移入大室，暖氣尚勝。若同在穀雨前放火，至蟻大分箔時，暖氣已微矣。

又《劈蟻法》 蟻既下連，用快刀切桑葉極細，以葉篩篩於蟻上，務要薄而勻。勻薄如微雨之狀。又臨下蟻時，桑須澆過二三次方好，以後旋摘又澆，則桑多液。切葉必細者，恐蓋蠶也。必篩者，恐不勻也，不勻則食葉有偏，偏則眠起不齊。然葉楂微液不能久存，少頃之間，卽便乾枯，故須頻切而頻篩也。此時不可飼以接桑葉，飼則多病，須在大眠後用之。第一日不住頻飼，一時當飼一頓，亦晝夜通飼一十二頓甚要勻薄，勿憚煩冗。蓋新蠶惟食桑葉津液，若頓數不多，譬如寸乳嬰兒小時夫乳後，必羸弱病生，蠶室宜極暖極暗。大凡初蟻，宜暗眠宜暗。將眠及眠起宜微明，向食宜明，後倣此。第二日減飼至八頓葉微加厚，第三日又減飼至六頓又稍加厚，此時沙燠已厚，急宜擡蠶除減，不然濕熱薰蒸，蠶必病生。擡蠶除沙者，俗呼爲歐蠶也。後皆倣此，於巳午時間，復用蓐草綿紙，另鋪一箔，先將細切桑葉篩於蟻上，較前稍厚些，待黑蟻上葉時，用蠶匙薄帶沙燠，輕輕將蟻欵手挑起，分如小圍棊子大，布於新安箔上，盈滿一箔。先下蟻時，留箔周邊，今布滿全箔。

又 卷五《蠶桑雜附・養熱蠶法》 於立夏前三四日，將蠶連卽原蠶種以棉花包裹，置温處一二日，卽生蟻，養法與春蠶無異。一十八日而老，上簇六日而摘繭，七日而蛾出生卵，又七日而卵自生蟻，是爲原蠶。其飼法必勤而無間葉盡卽添，毋使饑，吞火氣而病。但夏月天氣大熱，蠶室務要通風涼。

【略】室內多用水缸，日換新水，不可令雜人出入。

清 帥念祖《蠶政編・初蠶下蟻法》 若見蠶種皆變灰白色，次日蠶蟻必出。先將蠶室掃淨，添火使暖，次日極早，取開棉包，提令鬆活，覆以輕棉。少頃，見有黑蟻出者，將連單鋪室內匠上或箔上。稍時黑蟻齊出，先將蠶筐或箔，用柔草搗極輭棉，匀鋪筐底或箔上，再鋪厚綿紙一層。再將桑葉採來，切如髮，用葉篩細細篩筐內蓐紙上，却以帶蟻蠶連向下覆葉上，蟻自下。或有多時不下，緣於連背，翻過自下。又不下者，病蟻也，並連取去。蟻下後，將連一稱，卽知蟻之多少。如未出，稱得九兩，今空連只得六兩，便知下蟻三兩。三兩蟻至老，可分三十箔。每蟻一錢，可老一箔，箔長一丈，濶五尺。

又《劈蟻法》 初蟻篩葉，要薄而匀，第一日不住頻飼，一時當飼三頓，一晝夜飼三十六頓。蠶室宜極暖極暗。第二日飼三十頓，第三日飼二十餘頓。於巳、午時間，復用蓐草綿紙，另鋪一箔，先將切細桑葉，撒於蟻上。待蟻上葉時，用蠶匙薄帶沙燠，輕輕將蟻挑起，分如小圍碁子大，布於新安箔上，盈滿一箔飼之。

又《繅絲法》 飼蠶之法，必晝夜無間，頓數多則蠶疾老，頓數少則蠶遲老。古人云：養蠶無巧，食到便老。若慇懃布葉，按時飼養，蠶室溫暖，不惟繭堅多絲，亦且省葉絲韌。若一怠惰，或饑飽不匀，緊漫不齊，寒熱不均，不惟繭薄絲少，亦且費葉絲腐。若蠶二十五日而老，一箔可得絲二十五兩；二十八日而老，一箔可得絲二十兩；若月餘或四十日而老，一箔只得絲十餘兩。飼蠶者，愼勿貪睡，以致功廢於半途。事雖一月，其實要緊只在大眠後七日，受此七日辛苦，卽獲一歲之利矣。

清 朱斌《蠶桑指要・蠶室》 凡養蠶十斤，須備净室三間，一間擺架，二間備搭山。大要有四宜四忌。一宜温煖，朝南房屋，更有地閣天幔者最佳，其次能向陽避風者可矣。一宜嚴密，椽當墻縫，悉用灰泥刷抹，板縫牕隙，悉以綿紙實糊，使賊風及蝇鼠、蜈蚣之屬，無隙可進。門外掛簾，出入隨手關閉，煖氣不散。一宜潔净，一切煙酒油鹽氣、香氣、臭氣、宿毒氣，及經水穢衣諸惡氣，概令不得相近。房內不時打掃，替子亦宜遠棄。手巾、清水，常安門外，非洗手不得把蠶。一宜乾燥，收烏之前，先將蠶房打掃極净，若係泥地，務以灰沙築實。地面堆聚柴炭扵中，烈火烘炙一番，則濕熱宿毒之氣去，而一切虫蟻亦必走散，然後安放火箱，鋪設蠶娘牀帳，謂之修治蠶室也。至扵山頭屋宇，亦有四宜四忌。一宜軒爽，一宜透風，其温煖嚴密，與蠶房同。葢初上山時，最畏山頭凍，及諸虫侵損。三朝成繭後，又忌溼熱之氣，不能渙散。故山頭屋，必得前後開牕者為佳。四忌維何，近坑、近竈、築底屋、卑濕地也。

又《禁忌》 生客不可冲入蠶房，恐有夾帶，致蠶中惡。若忽見不食，湖俗送鬼以禳之。故村家送鬼，有送客人之稱。葢始扵此，蠶室、蠶官、蠶命三方，及年神方位上，不可修造動土。

（乾隆）《烏青鎮志》卷二《農桑志》 育蠶之室，利邃密，尤利踈爽。晴天北風必拓窻通風，日以舒鬱氣，故版地最宜。否則墊以蘆席，使溼不上行，四壁用草簀圍，襯大寒則重帷障之，或然炭火，以禦寒冷，最忌暴熱，外偪內蒸，暑濕無所歸，則蠶身受之。或薙換不時，餵飼失節，久堆亂積，遠擲高抛，致病之源，皆係乎此。古云：『風以散之，則蠶室固當避風，尤不可不通風也。』蠶畢，擇璽之堅厚者爲種蠶。越日。蛾破璽而出，視其雌雄而聯之，使交。用桑皮紙每方廣尺許爲一幅，引蛾布子其上，收起透風，防他蟲侵蝕與浥黰也。來春，出晒屋瓦上，七日取下，俟清明後，乃取而護焉。絲頭蠶爲上，有經絲、緯絲、細絲、肥光等名。璽之不中爲絲者，剝爲緜，緜以頭蠶、同功璽者佳。兩蠶共成一璽，故名同功，蛾口次之。若繅絲未盡之璽，曰軟璽，緜之最下者也。又有黄璽，緒粗不中織染，別繰爲絲，縛至璽衣，合之成絮，名水絮，亦可納被中禦寒。育蠶，必有其具。蠶之初生，用篩置之，烏滿則用篷，篷必以紙糊其縫。兩眠出薙，盛之用筐，或用籚器之大者，可以容蠶之多也。蠶室中，必用簾、薦以圍之。簾以蘆編，薦以草織，皆取其蔽風寒也。

清 鄂爾泰《授時通考》卷七二《蠶事門·制居》

《齊民要術》：屋欲四面開窗，紙糊厚為籬，屋內四角着火。

又三月清明節，令蠶妾治蠶室，塗隙穴。

又蠶之性喜靜而惡喧，故宜版室。室靜，可以避人聲之喧鬧；室密，可以避南風之襲吹；室版，可以避地氣之蒸鬱。

又《農桑通訣》：民間蠶室，必選置蠶宅，負陰抱陽，地位平爽。正室為上，南西為次，東又次之。若室舊，則當淨掃塵埃，預期泥補。若逼近臨時，牆壁濕潤，非所利也。夫締構之制，或草或瓦，須內外泥飾材木，以防火患。復要間架寬敞，可容槌箔，窗戶虛明，易辨眠起。仍上於行捧，各置照窗，每臨早暮，以助高明。下就附地，列置風竇，令可啓閉，以除濕鬱。考之諸蠶書云，蠶時先闢東間養蟻，停眠前後撤去。西窗宜遮，西曬尤忌，西南風起，大傷蠶氣，可外置牆壁四五步以禦。所有蠶神室蠶神像，宜於高空處安置，凡一切忌惡之事，邪穢之氣，辟除蠲潔，夙夜齋敬，不致褻慢。如能依上法，自然宜蠶，不必泥於陰陽家拘忌，巫覡等誘惑。至使回換門戶，諂禱神祇，虛費財用，實無所益。故表而出之，以為業蠶者之戒。

又，養蠶蟻時，先辟東間一間，四角挫壘空龕，狀如三星，以均火候，謂屋小則易收火氣也。

又《蠶屋七則》

宜向南　以坐北向南為上，坐南向北、坐西向東次之，切不可坐東向西。西風非長養之氣，且當西曬。如有西窗，宜於窗外搭棚遮西曬也。

宜高廣　蠶屋不可太低。太低，則不免鬱蒸。亦不可太窄。太窄，則難容盤架，此為蠶多者而言。若養蠶不多，屋雖窄狹，亦未嘗不可。

宜疏爽　屋前勿留大樹濃陰密布，遮蔽陽光。屋後、屋左、屋右，勿接偏厦南厦隔陽氣，北厦隔陰氣。附地宜開風竇除溼氣也，竇形如貓洞。窗戶宜用捲紙便啓閉也。

清 喻端士《時節氣候抄》卷二《清明》

《齊民要術》：三月清明節，令蠶妾治蠶室，塗隙穴。蠶之性喜靜而惡喧，故宜版室。室靜，可以避人聲之喧鬧；室密，可以避南風之襲吹；版則可以避地氣之蒸鬱。按《禮祭義》：天子諸侯必有公桑蠶室，近川而為之，築宮仞有三尺，棘墻而外閉之。及大昕之朝，君皮弁素積，卜三宮之夫人、世婦之吉者，入蠶于蠶室，奉種浴于用川，桑于公桑，風戾以食之。築宮棘墻，則室靜矣，密矣。風乾桑葉，則蠶性惡濕可知不言。版室墻高宮廣，爽塏可知，不比民間蠶室也。周秦以下蠶室，或謂之繭館，或謂之蠶宮，或謂之蠶觀，或為之立殿。漢元帝王后為太后，幸繭館。師古曰：漢宮閣疏上林苑有繭館。蔡邕《胡夫人神誥》：采柔桑于蠶宮，手三盆于繭館。《東觀漢記》：明德馬皇后，置織室、蠶宮。曹植《卞大后誄》：親桑蠶館，為天下式。晉武帝大康中，立蠶宮。《隋書·禮儀志》：宋孝武大明四年，始於臺城西白石里為西蠶，設兆域，置大殿七間，又立蠶觀。北齊置蠶宮。唐元宗開元中，命宮中食蠶。宋於先蠶壇側築蠶室，別搆殿一區，為親蠶之所，命以『無斁』為名。趙孟頫《題耕織圖詩》：女工並時興，蠶室臨期治，則民間蠶室也。《農桑通訣》：民間蠶室，必選置蠶宅，負陰抱陽，地位平爽，正室為上，西南為次，東又次之。若舊宅，則當淨掃塵埃，先期泥補。若逼近臨時，墻壁濕潤，非所宜也。夫締搆之制，或草或瓦，須內外泥飾材木，以防火患。復要間架寬廠，可容槌箔，窻户虛明，易辨眠起，仍於上各置照窻，每臨早暮，以助高明，下就地列置風竇，令可啓閉，除濕鬱。

清 高銓《蠶桑輯要》卷上《蠶房》

《禮·祭義》曰：天子、諸侯，必有公桑蠶室，近川而為之，築宮仞有三尺，棘墻外蔽，所以慎蠶事也。夫天子、諸侯，尚有蠶室，何況庶人？蓋蠶之為物，風寒暑濕，觸之卽傷。惟蠶室布置得宜，可以袪諸病，湖俗稱蠶室曰『蠶房』。往往因陋就簡，草率從事，不知蠶為春夏之寶湖人稱頭蠶為『春寶』，二蠶為『夏寶』，一歲資以為生，豈得苟且貽悞？凡室不論新舊，以東南向者為上，高卑廣狹，雖不能不仍其舊，然其中之窗戶板壁，自可隨時斟酌改移。收蠶前半月，當早為修葺，整理屋漏，泥補隙穴，埽除宿垢，糊換窗紙，時通風日以燥之。若逼近收蠶，旋謀修治，則四壁濕潤，最不利蠶。

又《火蠶房》　用火之蠶，尤須室小，小則易闗火氣，凡窗戶板壁，尤不可留一綫之隙，要使室不貯火而已，覺煖氣融融者為上。

又《驅蠅》　夏秋，蠶室尤不可有一隙之地，使蠅得乘虛而入。宜以黃草布作帳，遮護蠶植。

又 卷下《濕葉》　蠶既大，蠶房左右宜擇空室為屯葉之所，地上鋪蘆蕟一層，取葉分行鬆布，毋高堆厚積，謂之綜葉。蓋錯綜其葉，不使之蒸也，不蒸卽無熱氣而成水矣。凡葉有氣水，當風敨之，卽乾。

清 高銓《吳興蠶書》卷上《蠶房》　小蠶房屋高敞則寒，蠶性畏寒，小蠶尤甚，故貯小蠶之室，不宜高敞。假如有室三間或兩間，中無板壁間隔，須闌出一間爲收蠶之所，上輓甎及板者佳，如不輓甎板則用草薦、蘆簾遮護，窗牖俱用新紙密糊，闢一小門出入，使上下四旁寒不內透，暖不外散，則小蠶易長。若寬大之室一間之中，亦可闌出半間爲之。

大蠶房　蠶自輟火之後，天氣漸暄，室以寬爽爲貴。寬則可容筐植便擡，鬆爽則氣舒，無鬱塞之患。一切窗戶，以簾幙障之。

避潮溼　蠶喜燥惡溼。蠶房中，宜附地鋪板，以隔地之溼氣。不鋪板，植下必用板襯。昔人治蠶室，於板壁間湊地，多置風竇，令可啟閉，以除潮溼，亦是一法。然總不若鋪板者之燥，如遇天時潮，炳熱氣外逼，溼氣內蒸，雖有板，亦不能除。卽當洞開窗戶，四通八達，使風氣往來，所謂風以散之，不可泥於避風閉塞，而傷溼熱也。

避日　蠶宜溫，蠶房宜承太陽，然不可使日光洞照。《務本新書》云：大眠時，南簷外搭棚，以隔臨簷熁熱。西山牆外亦搭棚，以避滿牆西照。此可爲法，蓋映太陽則暖見日光則熱，不得不爲之掩蔽也。

避風　蠶不可以風，東南風尤忌。凡田內禾稻遇西北風，則生蟲，東南則否。是風來東南者，能殺蟲，慎不可受。蠶房首貴邃密。使風無隙可乘。古人處腐刑之室。謂之蠶室。正取其室之密也。

避油煙臭穢喧雜　蠶之性喜潔喜靜，蠶房不得近廚庖，忌油煙之薰也。不得傍溷厠，忌惡臭之觸也。不得積塵埃，忌污穢之蒸也。室內不得食煙、酒、韭、蒜諸物，不得置辛香腦麝諸物，亦不得任意談笑肆情歌哭，一切生人及不潔淨人俱不得入。

除蛇鼠　耗蠶之物，蛇鼠爲甚。室中所有隙穴，爲蛇鼠出入之路，先須屏塞淨盡，以待收蠶。

敺蠅　蠅之類不一，其子卽蛆也。有一種號麻蠅者，巨而聲壯，飛集蠶房，卽綴子於蠶身，入而成蛆，能潰蠶腹而出蛻化成蠅，最爲蠶患，且性如鬼蜮，較難防禦。春蠶時猶少，自夏徂秋蠶之遭其害者，十有六七，故夏秋蠶室，尤不可有一隙之地，使蠅得乘虛而入。宜以黃草布作帳遮護蠶植。

又 卷下　蠶既大，蠶房左右宜擇空室爲屯葉之所。地上鋪蘆蕟一層，取葉分行鬆布，毋高堆厚積，謂之綜葉。蓋錯綜其葉，不使之蒸也，不蒸卽無熱氣而成水矣。凡葉有氣水，當風敨之，卽乾。

清 倪倬《農雅・釋天第一上》《農學報》第一百六十六期　二月，種麻、粟、豆、黍、稷、茶、蔬、瓜、瓠、椒、秧芋，祭社，造布，開荒，修蠶室，栽接桑果，浸稻種，修溝渠、池塘，築牆。

清 汪士鐸《南北史補志》卷一二《補志十二・禮儀志第二》　又爲蠶坊於京城北之西去皇宮十八里之外，方千步，蠶宮方九十步，牆高一丈五尺，被以棘，其中起蠶室二十七口，別殿一區，置蠶宮令丞佐史，皆宦者爲之。路西置皇后蠶壇高四尺，方二丈，四出階廣八尺，置先蠶壇於桑壇東南，大路東，橫路之南。壇高五尺，方二丈，四出階廣五尺，外兆方四十步，面開一門，有綠襜襦褠衣黃履，以供蠶（毋）〔母〕。

清 吳通帛《廣廣事類賦》卷三一《蠶豸部》

蠶

神尊菀窳。《後漢書・禮儀志》注：皇后視蠶于苑中，蠶室養蠶千薄以上，祠以中牢羊豕。今蠶神曰：菀窳婦人、寓氏公主，凡二神。黃省曾《蠶經》：菀窳婦人，先蠶也。蜀有蠶女馬頭娘，歷代所祭不同，今世謂蠶爲女兒者，古之遺言也。

清 王纘堂《衛濟餘編》卷一五《養蠶》　蠶未生之前，預淨蠶室，勿令南風吹，地氣蒸。蟻生四五日後，用炭火薰煖室中，蠶變白色已全，于無烟處捲放。

清 包世臣《安吳四種》卷二五下《農一下・蠶桑》　蠶室向南爲上，忌向西，受夕照，起西風，皆害蠶。屋寬者，宜割一所，東南北三面開窗，以紙糊之，加葦箔草簾于外，靠牆根東西北三面，各開三氣洞，以草塞之。屋狹者，隨處以簾箔遮風日，亦可。及蠶大眠時，埽一通風淨室，以簟鋪地。凡晨翦葉，撲去露。夕翦葉盡日下，挑來摘下嫩條，薄攤涼去鬱蒸之氣，乃飼蠶。常宜備來日葉。凡葉有露及黃沙，須揩洗淨，晝鋪簟上涼過，乃可飼蠶。整箔架，備火盆。箔架以竹爲椽，去地尺許，架之上鋪蘆箔上簇，去地七尺，以繩挂大木五六根，橫鋪竹椽，加蘆箔上簇。簇以稻草去褲辮，中拆岔爲覆鐘樣，撒蠶其上爲入簇。凡屋一間兩架，可上蠶十盤。火盆以銕爲鍋，或坦瓦盆亦可。以木爲架，高五六寸，修抽絲車，備絲柴。柴栗爲上，柏次之，曝極乾，二木皆無煙故也。桑葉見青，乃卧種。謂以連置煖處，令生蟻，出早則蠶葉兩損。自下蟻至大眠，每盤食葉廿五斤。大眠起，每盤食葉一百斤。連嫩枝秤，實淨葉七十五斤。約淨葉一百斤，飼蠶一盤。先自量葉，乃無缺乏。缺多蠶不成，缺少絲不足。先掘一坑，以草墊之，以置蠶砂。砂出卽下坑，毋置蠶旁。厚潔桑皮紙以爲連收種，桑皮索以繫連。蠶畏麻，近卽不生。割地桑，厚背鋼斧。翦條，大頭鋼翦。切葉，薄口鋼刀。以上物，皆于清明前備齊。

又 下蟻時，沐浴淨衣，入蠶室，焚香祀先蠶，忌生人及穿孝人內、外人哭泣聲，雞犬皆遠驅之。毋舂米、築牆、埽塵、酒氣、臭氣、穢言及諸忌言。蟲鼠之類。凡蠶屋內，必畜一貓。

清 程岱葊《西吴蠶略》卷上《宜忌》

《務本新書》：蠶忌食濕葉，忌食熱葉。蠶初生時，忌屋內掃塵，忌煎煿魚肉，忌油火紙撚於蠶屋內吹滅，忌側近舂擣，忌敲擊門窗、搥箔，忌蠶屋內哭泣叫喚，忌穢語淫辭，忌未滿月產婦作蠶母，忌帶酒入切葉飼蠶，忌一切烟熏，忌竈前熱湯潑灰，忌產婦孝子人家，忌燒皮毛亂髮，忌酒醋五辛羶腥麝香等物。此則節刪

《士農必用》：忌當日迎風窗，忌西照日，忌正熱著猛風驟寒，忌正寒陡令過熱，忌不淨潔人入蠶室，忌蠶屋近臭穢。

清 崔應榴彙纂，錢馥補輯《蠶事統紀》卷四《歷代祀先蠶禮親蠶禮三》

《文獻通考》：『先是議禮局、禮部太常寺被旨，議合行制度。凡七事，謂仿後齊之制，置公桑蠶室，度地為宮，四面為墻，高仞有三尺，上被以棘，中起蠶室二十七間，別建殿一區，為親蠶之所。倣漢制法，置繭館，立織室于蠶宮中。養蠶于箔，以上度所用之數，為桑林。築採桑壇，于先蠶壇南，相距二十步，方三丈，高五尺，四出陛，故有是詔。』

又 卷九《蠶室蠶具繅絲具·蠶室》 蠶屋正門，須重掛葦簾草薦，簷外不必以箔攔夾，令時通風日。屋內東間，另用席箔，擗夾一間，于內生蟻。留小門出入，上掛蒲簾盖屋。

又 糊窗時，窗上故紙，却用浄白桑皮紙替換，外幕捲草薦，不使熱氣出。每一窗，嵌四大捲窗，宜密不透風。《湧幢小品》編經曰：『蠶薦，用以圍火，恐其熱氣之散也。』

又 《四時纂要》：正月修蠶屋、織蠶箔、造桑機。《齊民要術》：修屋欲四面開窗，紙糊厚為籬，屋內四角着火。崔實《四民月令》：三月清明，令蠶妾治蠶室，塗隙穴，具槌、椽、箔、籠。《務本新書》：蠶屋，北屋為上，南屋、西屋次之，大忌東屋。《農桑輯要》云：『為西照日色，又西風，非長養之氣』。至穀雨日，先須泥補熏乹，豎槌了畢，勿透風氣。若逼蠶生旋泥者，墻壁濕潤，多生白醭、貼沙之病。蠶屋正門，須重掛葦簾、草薦，簷外不必以箔攔夾，令時通風日。屋內東間，另用席箔，擗夾一間，于內生蟻，留小門出入，上掛蒲簾。盖屋小，則容易收火氣，停眠前後拆去。《農桑通訣》：養蠶蟻時，先辟東間一間，四角挫壘，狀如三星，以均火候。謂屋小，則易收火氣，眠後移出。蠶屋須要寬快潔浄、通風氣、映日陽，屋前不宜有大樹密陰，南北屋相去宜遠，宜安南北窗，大忌西窗。南北窗上，各糊捲窗。一眠之後，但遇白日晴明，若是南風，却捲北窗；若有北風，却捲南窗，盖倒溜風氣，宜蠶故也。假有一家蠶屋三間，止養蠶十數箔，雖無北窗，亦不須朳開。盖為蠶少屋寬，必無太熱。若至二十箔以上，決當朳開北窗，近下安置。但是窗上，須掛葦簾、草薦。南簷外，先架立搭棚檁柱，大眠時，搭盖以隔臨簷熵熱。西山墻外，另搭趄棚，以避滿墻西照蠶。屋西南角，從柱向南，高壘墻壁，四五步，或夾厚蘺障，以泥泥飾。防大眠之後，剪開窗紙，恐有西南風起，此風大傷蠶。陝西、河南尤甚，趙地以北頗緩，蠶屋忌近臭穢，夜間無令燈火光忽射蠶屋窗孔，不得將烟火紙燃於蠶房內吹滅。蠶初生，忌屋內掃塵；忌蠶房內哭泣、呌喚；忌穢語淫詞；忌不潔浄人入蠶室。《士農必用》：修屋宜高廣，低則鬱遏多熱。勿接搾厦，南搾隔陽氣，北搾助陰氣。蠶生前一月，泥飾，厚則耐寒熱。除正門外，每周圍可徧安窗，無西窗不妨，宜高大。檁搾之間，每一間內，各開三照窗，兩山壁窗，近上亦各如搾上開照窗。大窗先用皮紙全糊，外各用草薦密封盖了。照窗亦糊，捲窗密封，窗臺高不過二尺五寸。每一間，附地透開三風眼，如貓竇，却用磚坯盖塞了，泥封固密。

又 《農桑通訣》：民間蠶室，必選置蠶宅，負陰抱陽，地位平爽，正室為上，南西為次，東又次之。若室舊，則當浄掃塵埃，預期泥補。所有蠶室蠶神像，宜於高處安置。《湧幢小品》：蠶室暖，育蠶者倦極，常有火患，時宜謹防。

清 方大湜《桑蠶提要》卷二《蠶事四十條·蠶性二則》

[蠶] 喜潔惡穢。蠶聞穢臭氣，則結縮，青白好蠶，頃刻變成黃色，不復食葉，三日後輒死。故養蠶人，身手皆宜潔淨，蠶房內不可放便桶溺壺，及一切臭不潔之物。喜靜惡喧。蠶房內忌哭泣、呌喚、

怒罵，忌敲擊門窗、棹幾及蠶架、蠶盤。院內忌餧養雞犬鵝鴨。喜燥惡溼。

又《蠶事四十條**・蠶母**四則**》**

男、婦皆可作蠶母，蠶室一切事宜，均以蠶母爲主，除未滿月之產婦不可作蠶母外，其餘男、婦皆可爲之。某婦命裏不宜蠶，某相屬不宜蠶，乃陰陽師巫及鄉間愚婦之言，必不可信。農桑一理，天下無不宜農之男子，豈有不宜蠶之婦人？

又《蠶事四十條**・蠶屋**七則**》**　宜乾燥　蠶屋內用地板最佳。如無地板，則地下用蘆蓆鋪墊，四壁用草薦圍襯收潮溼也。屋舊，則預先泥補熏乾。蠶生前幾日，以牛糞煨火熏之。熏時，須合閉門窗，不令煖氣外出。蠶生前一日，稍稍開門出煙，煙盡仍閉。若逼近蠶生之時，始行泥補，則牆壁溼潤，多生白醭、貼沙之病。

宜明亮　屋之前後，均宜開窗，窗臺離地，只須二尺五寸，不必太高。太高，則屋內黑暗，難辨眠起。屋頂宜開亮窗，每間開二三處。助光明也。

宜乾燥　蠶屋內用地板最佳，如無地板，則地下用蘆席鋪墊，四壁用草薦圍襯。收潮溼也。屋舊，則預先泥補熏乾。蠶生前幾日，以牛糞煨火熏之，熏時須合閉門窗，不令煖氣外出。蠶生前一日，稍稍開門出煙，煙盡仍閉。若逼近蠶生之時，始行泥補，則牆壁溼潤，多生白醭貼沙之病。

宜潔淨　切不可近臭穢處，屋內塵埃，亦須預先打埽。

宜養猫　鼠喜食蠶，一二眠之後，便來偷食。上山做繭之時，又來咬繭。故蠶屋內，必塞鼠穴，並養貓以捕鼠。

清　高其垣《試行蠶桑說・飼蠶法六十條》　忌當日迎風窓。忌西照日。忌正热著，猛風驟寒。忌正寒，陡令過热。忌不净潔人入蠶室。忌蠶屋近臭穢、哭泣、呌喚、穢語、淫辭。忌產婦及带酒人切葉飼蠶。忌蠶屋內掃塵、舂擣，敲擊門窓、搥箔，一切烟熏香臭等類。

清　汪曰楨《湖蠶述》卷一《總論》　徐獻忠《吳興掌故》：古人立蠶室甚密，止開南北窗，以紙窗藳簾重蔽之。南風則閉南窗，北風則閉北窗。內設火坑五處，蠶姑以單衣為寒煗之節。單衣覺寒，則添火；單衣覺熱，則減火。一室之內，自地至屋，無不煗之處，故天時不能損其利也。今湖中所謂蠶室，甚草草，一不能禦風，二不能留煗氣，傷寒者則殭死，傷熱者則破囊。

又《蠶具》　停葉用竹簾、蘆簾、蘆蓆，切葉有刀按《西吳蠶畧》云葉刀方而薄有草墩，刷蠶烏用鵞翎，分𧴌小蠶用尖竹箸，俗名蠶快，大蠶用網。小蠶貯以蒲簍按柳條所編，以竹篩；大蠶貯以筷音『大』，或用篣字，亦借用篷字，或以筐以匾，所以架匾曰蠶𣘘。音『代』。按，或用槌字。《西吳蠶畧》云：俗名持子，『持』當作『持見』。方言音『擿』，俗讀如持，此卽月令曲植之，植音『治』，植持槌𣘘，並一聲之轉。禦風以蘆簾，以草薦。架山棚有凳，有草帚。按《蠶書》有花格竹，東鄉不用。又盛蠶有盤，稱小蠶有戥子，稱大蠶及稱葉有秤。

清　馬丕瑶《蠶桑簡易法・養蠶法》　設蠶室　房屋寬裕之家，宜另設蠶室，間架須寬廠，兩頭各置照窗，窗中糊捲紙一大方，以便啓閉。室內置火倉用火盆亦可，蠶生前七日，徐徐以牛糞煨火，闔閉門窗，不令煖氣出外。蠶生前一日，稍開門窗，放煙盡，隨閉之。三眠後，又宜時開門窗，以通風涼。牆壁須乾透，埽淨塵埃，塞鼠穴，並畱貓洞防鼠。貧家無間房，擇豁亮避風之室，打埽潔淨，亦可。

清　楊名飏《蠶桑簡編・養蠶法》《牧令書》卷一〇　設蠶室，要間架寬廠，兩頭各置大照窗，三眠後，可通風涼。窗中間糊捲紙一大方，以便起閉，外掛草薦，室內隨製火倉。蠶生前七日，徐徐以牛糞煨火，合閉門窗，不令煖氣出外。蠶生前一日，稍開門，令烟出盡，隨卽閉之。墻壁須乾透，掃淨塵埃，塞絕鼠穴，須畱猫洞。

清　羊復禮《蠶桑摘要・五蠶宜》　養蠶室宜高宜暖，不宜透風。如天氣寒冷，須用衣被盖之，以免凍損。或天氣過熱，宜開廠，稍取涼快。粵東天氣極熱，故有納涼之說。浙西天寒，故以温煖爲主。鎮屬奉議稍熱，天保至夏尚寒，地氣寒煖不同，須相宜斟酌，不得拘定。又鎮屬之鄉間小屋下畜牛豕，臭氣滿室，甚不相宜，須將牛豕，另移他處方可。養蠶草屋低小者，亦不相宜。緣育蠶不能脫火，須格外留心也。又在連宜寒，下蟻宜熱，眠後宜飢，向食宜飽，布筐宜稀。不可過稀。

清　俞墉纂輯《蠶桑述要》

收蠶

天寒及風雨，蠶室宜温密；時燠及驟暄，蠶室宜軒廠，將屆掃蠶屋內梁上及四壁塵灰，先宜掃拂淨盡。

又　揀眠

蠶之好歹，揀眠時已知之矣。凡凸嘴昂頭，豎立周身青亮者，多強健。身伏於紙，其色班暗者，多軟弱。側卧者，爲有病無力，有濕亮光爲爛濕蠶。敲門撞壁，大聲呌喊，及金鼓之聲，最易驚眠，而大眠爲尤甚，犯則變壞，故蠶室以清静爲主。

又 禁忌

新油新漆器皿，不可以安蠶。蠶室架旁，忌喧嚷、吵鬧、哭泣、詈駡。蠶忌烟，鴉片更甚。蠶忌油，熟油更甚。忌蠶婦經水，瘡毒穢污，未滿月之產母，不宜作蠶婦。門窗板壁，忌敲擊釘釘。出糞臭氣及陽溝污濁氣，灶内燒皮骨亂髮，架旁吹燭，酒醉理蠶，洗釜刮鍋，舂米，俱宜禁忌。

吸烟之人，以烟噴之，越日即口吐黄水，烟末惹葉，食之軟死。鴉片更甚，犯之作驚悸狀，不能食葉。

又 葦簾

《説文》：編竹作幃簿也。《釋名》：簾廉也。自障蔽爲廉恥也，葦葭之大者，陂澤多生，伐取織簾，修廣無定製，可蔽風日，蠶室處處宜之。推之爲山棚底鋪地，蠶堆儲桑葉，價廉工省，此居鄉者，家常物也。

清 沈練《蠶桑説・飼蠶法七十條》 上山後，勿令燈光射入蠶室。正在吐絲營窠之際，瞥見燈光，必至驚昴停頓，甚者斷緒。

清 沈練，仲學輅輯補《廣蠶桑説輯補》卷下《飼蠶法六十六條・雜説九條》

蠶最為鼠所喜食，飼蠶者不可無猫。

按，無猫之家，每以泥塑假猫，外加粉飾，置蠶室中，以嚇鼠。此可暫恃，久則不靈。

又 蠶忌油漆，勿於飼蠶處油漆器具。

又 浴種滃種 俗以臘月十二日為蠶生日，取清水一盂，向蠶室方采柘桑葉數片，浸以浴種，去其蛾溺毒氣也。或加石灰，或加鹽鹵，浴後，於無煙通風房内晾乾，忌挂於苧蔴索上。孕婦、產婦，皆不淂浴。一云種有二，一曰鹽種，繭細而堅。中有細頸，名曰腰箍。一曰灰種，繭大而鬆。

清 黄世本《蠶桑簡明輯説・養蠶説・論寒煖三條》 養蠶之室，南向爲宜，其次莫如東向，更宜矮小緊密，方能和煖。若西向北向，又復高大寛敞，一遇陰寒即用火烘，氣亦散而不聚。故此等房屋，自小蠶初出，以至二三眠中，總宜設法遮攔，上蓋下墊，使無寒氣侵逼，育蠶方宜。

清 沈秉成《蠶桑輯要・諸家雜説・養蠶法》

設蠶室，要開架寛敞，兩頭各置大照窗，三眠為出火，窗外掛草薦，室内隨製火倉。蠶生，徐徐以牛糞煨火，合閉門窗，不令煖氣出外。

清 顧櫰三《補後漢書藝文志・藝文志》卷五 三月清明節，蠶妾理蠶室，除陳穴，具槌，持籠。一槌可安十箔。《農政輯要》

清 闕維震《養蠶法・序》

其中蠶室蠶具，以及用器檢驗等事，雖皆力求完善，而於簡易各法，亦博采兼收，以便無力購置者，不致畏難，編竣，就正蠶學專家，復證諸實驗，尚無謬誤。或於從事蠶業者不無小補云爾。

又 第一章《蠶室》 蠶室關係養蠶，甚爲重要。能建築完全蠶室最善，否則亦宜將尋常家屋，參酌修改，以期適用。兹詳述蠶室要點如左：

位置 蠶性最忌陰溼，宜擇高燥之處。若尋常家屋地勢低下，亦宜將屋旁用土塡高；外更四面開溝，不可使積水渟蓄。

方向 宜面東南，不宜面西北。東南常受陽光，室自温暖。西北光線不足，室必陰冷。面西之屋，尤忌夕陽返射，宜栽樹木蔽之。惟不可過於接近，致受陰溼。

大小 屋過大，光線透射不遍，發育易致不齊。過小，光線又逼射太緊，寒暑激變太甚。大約深處以丈五六爲宜，不可超過丈八以上。闊處視養蠶多寡，以三四倍於所列蠶簾長處爲適當。

高低 過高，温度不易調節。過低，蠶大氣盛時，易起蒸鬱。以高約九尺爲限。

幔板 室無幔板，宜壯蠶不宜稚蠶。蓋空氣雖易流通，而難於調節温度以及消毒。幔板宜裝置活動，下繫以繩，以便隨意開閉。或不用板，於屋頂下駢列竹竿，上鋪篾簟，如涼篷然，能舒卷自由亦妙。

氣窗 氣窗爲排散室内炭酸氣变換清潔空氣之要件。裝置繁簡不同：或於屋頂另建高窗，或於屋内窗上另加氣窗。窗式或用板窗，或作百葉窗。斜縫宜向外出，以防雨雪侵入。用繩綰之，扯則窗開，放則窗閉。最簡者月洋鐵作管，如煙囱式，直出屋上亦可。宜能旋轉，以便背風可開。

屋頂 瓦蓋不如茅蓋之善。瓦蓋易收外氣之炎熱；茅蓋不易傳熱，且可保存室内温度。瓦蓋之屋，宜屋頂稍高，與天花板距離稍遠，庶空氣充滿，亦可稍殺外熱。

地盤 地板 地盤宜清潔，建築時宜先塗以灰漿，庶不生雜草。再裝地板，離地盤宜高。四圍開氣孔，孔口宜裝金屬網。再加便於開閉之板窗。雨水多及西北風強時則閉，室內自不致過溼過燥。天氣炎熱則開，庶可導入空氣。板宜堅密，不可稍有間隙，以防冷氣侵入，致礙調節溫度。

火爐　使用火力，方可調節室內溫度。或用火爐，或用火盆，或裝暖氣管，皆可。暖管裝置不易，火盆則不能保常温，以設爐爲善。爐宜建於室之中央，地板之下，以磚砌之。寬約二尺五寸至二尺八寸，長以室之深處四分之三爲宜，深約二尺。上截留三四尺許之空處，空處比爐底高約尺許。上面用鐵葉板，穿多孔作蓋，俾熱氣可以擴散，其上仍可作事。爐之兩端，另裝鐵管自室外通入，以導引室氣。每次昇火，須於別處燃旺，使炭氣消散，方可放入爐內。

廊檐　蠶室周圍，宜有走廊，既便作事，亦可避炎熱。闊狹以三四尺爲度。太闊，室內易致溼暗。檐口宜掛蘆簾，或設板窗。遇陽光逼射，或雨溼時，即可放下。

容積　空氣容積，計一立方尺可容第五齡成長極度之蠶二十五頭。照此計算，如養蟻一兩，應有十萬頭。約耗去一成，存九萬頭。計需三千六百立方尺。蠶室須長二丈，闊一丈八尺，高一丈，合三千六百立方尺。

又 第二章《蠶具》

蠶架　宜注意階級之距離，太開則多占地位，太近則空氣不足。蠶室約九尺高者，蠶架約分十級。最下一級，離地板宜一尺左右。以上各級，每級約相離七寸爲適當。式樣以梯形爲便，直柱或作齒形，或於柱中穿圓孔，將橫竿插入。直柱前後相離，約蠶簾直徑二分之一。橫竿宜光滑，庶蠶簾便於推移。

又 第三章《催青》

催青前之準備　催青室不必大，室大則不易調温。著手之前，凡蠶室蠶具，及一切應用物，概須掃拭潔淨。室中宜消毒，或用石灰水粉飾。板壁門窗如有空隙，須用紙糊之。若用消毒藥水，須於掃蟻二星期前行之。恐有臭氣，宜使發散乾燥。

又 第九章《上簇》

上簇室之空氣　蠶吐絲時呼吸甚盛，空氣最宜流通。且上簇中最忌溼氣，一經傷溼，繭之解舒及光澤必不良，并多斃蠶。故上簇後必須空氣流通，排除溼氣，務令室內乾燥。如使用火力時，所有天花板及屋頂氣窗等，均宜開放。

上簇室之光線　光線既多且明之室，所結之繭，品質良好，絲量亦多。光線不平均之室，或一面明一面暗者，蠶之吐絲，每易偏集一方，致繭之厚薄不勻。故宜設備屏風，以保光線之平均，以免吐絲之偏集。

上簇室宜寧靜　上簇時或爲大聲所震，或振動其蠶簇，皆足使蠶驚縮中輟。致由絲腺分泌之絲質，偶爾凝滯，即生纇節，故簇室內，尤以寧靜爲要。

清　何品玉輯刊《蠶桑會粹·設局條例》　各鄉種桑養蠶者，約六十畝，派蠶師一人監督，桑地不必相連，蠶室則必附近，取其易於料理也。蠶室須擇陰涼背西處為之。

又《種桑養蠶格式》　安蠶室

蠶初生時，蠶室宜密而狹，勿令洩氣，即《蠶書》所謂居蠶宜温也。及蠶稍長，蠶室須要收風、放氣。收風之法，在上風邊遮蓋至密，一些風不使透入，下風邊則開窗放其氣。頭造最忌東風及天寒凍，宜密蔽東邊，放西邊氣。二、三、四、五造，最忌西風及暑氣炎熱，宜密蔽西邊，放東邊氣。六造，最忌北風及霧大，宜密蔽北邊，放南邊氣。蠶室頭尾兩造要和暖，勿使寒凍。中四造要陰涼，勿使炎熱。王建詞云『塲高地寬風日多』，蓋指夏日言也。室內忌有蟻與老鼠，並大烏蠅等物，門口宜用青羅帳幙，遮以避之。王建詞云『但得青天不下雨，上無蒼蠅下無鼠』，即是此意。至於火藥串炮煎炒，及生穢死穢等氣，悉宜禁忌，不可薰蒸蠶室。濶十七桁，深一丈三，約放三四尺，大窩五十個，濶廿一桁，深一丈五尺，約放八十窩。若有淺深濶窄，可照此推。

又《附録宜忌各條》

忌倉卒開門

室內門户窗檽，開門不可倉卒，恐其暗值賊風，必生紅殭，故忌之。忌開當日迎風窗當西照者謂之當日。室外燈火光不可令射入窗孔。

又　忌穢氣香氣

蠶房內，不可放便桶、溺壺、一切臭惡不潔之物。蠶月禁食韭蒜，人食韭蒜，口內出來之氣亦臭。蓋蠶為天蟲，其性好潔。若使穢臭之氣一觸，青白好蠶，頃刻變為黃色，不吃葉矣，一二日後，軟死。故忌之。尤忌酒醋入室，及室近燒硫磺，燒石灰，燒皮毛、骨頭，各種腥臭之氣。蠶屬氣化，臭能結氣，香能散氣，故蠶聞臭氣則結縮，聞香氣則腐爛。凡檀、麝等，一切辛香之物，不可入蠶室，室近煎炒油肉，亦宜禁忌。

又《種桑各法·蠶室》

蠶室，要擇燥爽光亮之地為宜。天時熱開窗通風，天時寒閉窗避風，兼用火盆，以煖之。秋末冬初二季，可用火盆。上五季蠶留種，不宜用火，燻壞。室中最宜潔淨。

清 黃壽昌編《蠶桑須知·養蠶各則》

蠶室

養蚕之室，忌潮濕陰閉，不通風日者。因蚕性雖最畏寒，却喜軒暢。故屋有南北窗者，養蚕最為得宜，朝夕不宜閉窗，日中天氣晴明，可開牕以爽之。遇南風則開北窗，遇北風則間南窗。若逢暴熱天氣，更宜開之，以通風日，以舒鬱悶，恐鬱蒸成病也。

清 黃書霖《二十四史九通政典類要合編》卷一一三《右宋祭先農》 北齊為蠶坊於京城北之西，去皇宮十八里，外有蠶宮，方九十步，牆高一丈五尺。其中起蠶室二十七，別殿一區，置蠶宮令丞，宦者為之。路西置皇后蠶壇，高四尺，方二丈，四陛，陛各廣八尺。置先蠶壇於桑壇東南、大路東、橫路南，壇高五尺，方二丈，四陛，陛各五尺。外兆方四十步，面開一門，有緣襜襦褠衣黃履，以供蠶母。

清 黃祖徽《蠶桑淺説·養蠶篇》第一章《總論》第一節《蠶宜》

蠶所宜者，即清氣流通，溫暖陽乾，閑靜清潔，無風、無臭、無塵，清桑肥桑等是。

又 第四節《蠶病》 如溫度太過或不及，空氣不潔，濕氣過多，氣候劇變，眠中劇動，除沙怠慢，蠶座不潔，蠶室構造不得宜，以及蒸熱冷濕，太陽光綫太過或不及等，均謂之標病。

又 蠶室內所用炭火，在室外燃燒，俟燒紅後，方運入室內。此外採桑、儲桑、切桑，養蠶者之身體衣服及攜帶器具等，均宜清潔。

又 第五節《蠶室》

（方向）蠶室方向以南向爲上，北向、東向次之，不可向西。

（高廣）蠶室不可太低，低則有濕氣蒸發；不可太窄，窄則難容筐架。

（疏爽）屋前勿留大樹，恐遮蔽陽光，附地宜開風兜兜如貓洞除濕氣，窗戶宜用卷紙，以便開閉。

（明亮）屋前後均宜開窗，窗臺離地不可太高二尺五寸最宜，高則屋內照暗，蠶起蠶眠，難於辨別。屋頂亦宜開亮窗，一則可換空氣，一則可助光明。

（乾燥）屋內有地板最佳，無則地下用蘆席及草薦鋪墊，四壁亦用草薦圍襯，可隔潮濕。屋舊則預先泥補燻乾，如有塵埃堆積，宜打掃乾淨。

（消毒）養蠶之前，蠶室宜消毒，不消毒，則舊年養蠶室往往有病毒遺傳，即得最好蠶種，亦易受毒。消毒之法，係用硫磺或木材煙燻之，將窗戶緊閉，不留空隙，一晝夜後方開窗戶，一則可免藥力消散，二則可免人受藥毒，此是鄉間容易辦到者。

又 第四章《上簇》第一節《上簇室》

上簇室宜暖，光線要均一，溫度以七十五度爲宜。天寒宜用火，天熱火宜小。天潮悶，雖極熱，火仍宜旺。蓋熱氣上升，老蠶即縈絲作繭，將腹中所有之絲，盡行吐出，繭易做成。而且繅絲時，絲不斷，極省事，色又亮而有力。本學堂多用此法。又有冷種，不必用火，約四五日方能成繭，其絲縷終不及用火之佳。

清 江志伊輯《飼蠶法》 制居　蠶室必選負陰抱陽、地位平爽正室爲上，南西餘屋次之，東又次之。室舊則當淨掃塵埃，預期泥補，若臨時牆壁溼潤，非所宜也。締構之時，須內外泥飾，以防火患。復要間架寬廠，可容植箔。窗戶虛明，易辨眠起。窗格宜新糊白紙，窗外各施簾幙。飼時卷起，飼訖下之。仍上于行搼各置照窗，每臨早暮，以助高明。就地列置風竇，令可啓閉，以除溼鬱。養蟻時，先闢東間四角，挫壘空龕，狀若參星，以均火候。屋小，則易收火氣也。停眠前後，撤去西窗，宜遮西曬。尤忌西南風起，蠶氣大傷，可外置牆四五步以禦之。所有蠶神龕室，宜置高處，一切忌惡之事，邪穢之氣，辟除蠲潔，自然宜蠶矣。蠶性喜靜惡喧，故宜靜室。喜煖畏寒，故宜密室。喜燥惡溼，故宜版室。蓋靜則可避人聲之喧鬧，密則可避風寒之襲吹，版則可避地氣之蒸鬱。蠶時，晝夜之間，亦分四時，大概朝暮類春秋，正晝如夏，夜深如冬。蠶婦須着單衣，以爲體測，覺身寒，則蠶亦寒，便宜添火；身熱，則蠶亦熱，便宜開窗。南風則開北窗，北風則開南窗，放入倒溜風氣，便不傷蠶也。大抵蠶成蟻時，宜極煖。若蠶欲煖，天氣尚寒，則閉窗撥火，外寒不入，和氣內生。若遇大寒，撥火尚不能禦，則外燒熱火，置屋四隅，煖氣自然散布，俟寒退而後去之。大眠後，宜極涼。若蠶欲涼而天氣已暄，則撤火開窗，熱氣內消，涼氣外入。若遇大熱，開窗尚不能除，則置甕室中，頻添新水，涼氣自然透達，俟熱退而後去之。惟熱時，宜漸漸開窗，不宜驟涼，熱而驟涼，則病白殭。寒時，宜漸漸撥火，不宜驟煖，寒而驟煖，則病黃軟，此不可不知也。自初至終，務令蠶不知有寒熱之苦，則病少而繭成矣。蠶室內宜建火倉。其法：於屋之中央，掘一坑，闊狹淺深，量屋大小。坑周圍以塼坯接壘，高於平地二尺使火氣上騰至室中，均勻散布，又防夤夜人行，悞陷入也，通計深四尺，闊如之。泥以黏泥，將臘月所收乾牛糞細細搥碎，勻鋪坑底，厚三四指許，復於牛糞上鋪帶根節之粗乾柴一層凡桑、榆、槐等堅木，徑五寸以上者，均可，柴上又鋪牛糞一層凡柴之空隙處，務築使堅實。虛則有火焰起，且熟火不能長久，柴糞相間，築坑使滿，上復用牛糞蓋厚，約於蟻未生前七八日，煨火糞上，令起黑黃煙。五七日，於蟻生前一日，少開門，出盡煙，即閉之。毋洩暖氣，坑內柴糞陷下，已成熟火。蠶小喜煖怕煙，故不宜生火，而宜熟火。且生火或驟或歇，亦不如熟火煖氣之勻。此火既熟，絕無煙氣，一兩月不滅不動，儼如無火，偶經剔撥，便熱氣熏騰，黑婆等蟲，盡被熏却。牛糞熏屋，大宜蠶也。蠶性喜牛糞，牛性喜蠶沙。今人製爲擡鑪狀如矮牀，內嵌燒鑪，兩旁出柄。二人舁之，以送熟火，先自室外燒過柴糞，舁入室中，約量頓火，隨寒熱增減，其法亦良。如舍此兩法，於蠶室內旋燒柴薪，煙氣薰蒸，蠶蘊熱毒，則成黑薧。日本松永伍作云：建蠶室以四面軒廠而高燥之地爲最良。如山村海濱無此良地，則擇風氣易通透處。若室旁樹木繁茂者，則室鬱陶而氣溼潤，致緩蠶之生長。惟西方或北方，有茂林修竹，足禦烈風蔽返照者最佳，於此等室飼蠶，切葉宜粗，每次宜多哺。若在卑溼之地，則屋上之排氣宜稍大，繞室開溝以排水，就地開竇以通風，切葉宜細，多其次數，少哺之。室中氣鬱，則時時炙火，有夕陽直射者，不及種樹，則設天棚。若溫度高時，則開放東北窗，以引新氣入室，免致鬱滯。凡蠶子將出蟻時，須將蠶室掃除潔淨。其法有四：一、墻壁刷以濃厚灰水；二、地枰洗以濃厚草水；三、每十方尺面積之蠶房，緊閉各孔，薰燒硫黃一啓羅格合漕平二十七兩二錢八分八釐，至二十四小時；四、蠶具均置室內，使磺氣薰透。薰畢，開出外向小窗，使天氣通入。久之，人方可入室。附日本搆蠶室法：凡蠶室，以木構之，上無樓，南向，縱二十四尺，橫十八尺，以瓦葺之屋上開窗，縱六尺，橫三尺，高一尺。室表有廊，廣三尺，裏廊廣六尺，均以障子隔之。其東南，糊土壁以白紙，天花板距床約八尺五寸許。四隅中央開六窗，以通風氣。床上附以有目板，以防床下風溼來侵。且二分其室，用板隔之，每室縱九尺，橫十五尺，東室爲煖室，西室爲冷室。於東室，則設蠶架於西側；於西室，則設蠶架於東側。又在煖室設石製火爐，廣一尺五寸，長二尺，距蠶架約三尺五寸。遇天冷，則焚薪炭以煖之。附法蘭西蠶室通氣法：凡小蠶戶無力建築蠶室，以空房或樓閣飼蠶者，必須設法改良，使通空氣。法：將房之四壁，每相距尺許鑿一孔，用磁筒鑲入孔內黏灰固之，以大邊向外，徑約二寸，蓋以鐵遮，以防蟲鼠；小邊向內，用布塞之，飼蠶時，將布塞揭開，天氣自然通入。若飼蠶於樓閣，照前式鑿孔外，更於瓦上開窗數箇，長五寸，闊三寸，套以活木板，可合可開。如蠶房深一丈五尺，闊四五尺者，宜開三窗。凡五寸長、三寸闊之窗，可通換天氣於五方尺之地。惟瓦上開窗，須在房之中央。安置蠶簾，須依牆壁，以免蠶身受風直射。安簾之法：一曰鑿孔法。於墻面離地五寸起，每隔五寸，畫一橫行，離左右墻四五寸起，每隔一尺五寸或二尺，畫一直行，於橫直兩行相交之點，鑿圓孔。取圓木棍，徑約四分者，略尖其尾，插入。各空處，用小石及灰塡塞，滿孔，將圓棍自轉數下拔起，俟用時插入。棍長一尺，以前年截下之桑枝爲之，愈直愈妙。二曰定架法。取木條，長與屋齊，上倚仰板，下踏地枰，用釘或索緊箝，使不搖動。橫向相離各一尺五寸或二尺，直向大可容簾，木條上鑲釘安簾。兩架相去約五寸，以便付葉巡視。一云：簾架以木製者爲佳，耐久而易洗刷。兩架相對，以置簾，式如衣架者爲便。製法：離地至少五寸起，上用橫棍五條作五層，上下相離各五寸，闊八寸餘，其餘離地五寸上，兩邊均鑲以洋鐵圓錐，徑約二寸，藉以防鼠。每兩架可置五簾，每蠶子一韞，昔合漕平六錢七分二釐二毫，到老須用二尺五寸長八寸闊之簾二十五個，用架則十個也。

又　粵東飼八造蠶法　蠶室宜擇燥爽光明之地。蠶初生時，室宜密而狹，勿令洩氣。稍長，室中宜放氣收風，法於上風遮密，不使透風；下風開窗以換新氣。頭造最忌東風及寒氣，宜東邊密閉，開放西邊。三四五造，最忌西風及暑熱，宜西邊密閉，開放東邊。六造最忌北風及霧，宜北邊密閉，開放南邊。要之，頭末兩造宜和煖，勿使寒凍；中四造宜陰涼，勿使炎熱。秋末冬初，二造可用火烘。上五造留種時，不宜用火薰壞。室中忌蟻、忌鼠、忌蠅初二眠被蠅則殭，三四眠被蠅則壞，結繭後烘偶失時，則蠅子成蛆，穿繭而出，宜施幃幙於門窗以蔽之。至火藥、煎炒、生死穢氣，悉宜禁絕。凡室闊一丈，深丈四尺者，左右兩邊，可置二丈二尺之架各一，容窩六十個粵俗稱飼蠶之□曰『窩』。蓋架寬四尺，高約可攀，中分十層，平排三格，一架可容三十窩也。

清　蔣斧《粵東飼八蠶法・蠶篇》　擇燥爽光明之地爲蠶室，初生時，室宜密而狹，勿令洩氣，及蠶稍長，室中宜收風放氣。收風之法，在上風邊遮蓋至密，不使一隙透風，下風邊則開窗放其氣。頭造最忌東風及寒氣，宜密閉東邊，放西邊氣。二、三、四、五造最忌西風及暑氣，宜密蔽西邊，放東邊氣。六造最忌北風及霧，宜密蔽北邊，放南邊氣。要之，頭末兩造宜和暖，勿使寒凍，中四造宜陰涼，勿使炎熱。秋末冬初二造可用火盆烘之，上五造蠶留種，不宜用火熏壞。室中忌蟻、忌鼠、忌蠅，門口宜施青羅幙以護之。至於火藥串爆煎炒及生穢死穢等氣，悉宜禁忌。室廣十七桁，深丈有三尺者，約容三四尺大筩五十個；廣廿一桁，深丈有五尺者，約容八十筩，餘依此類推。

清　蔣汝正校正，徐瀾編輯《安徽勸辦柞蠶案·鳳陽柞蠶傳習所蠶事分級表·第一級自烘繭至出蛾》　按自十二月十二日烘蛾，至正月二十五日蛾競出，計凡四十三日。其中用火之法，蠶工但云升降視乎天時，亦且由於心計，然究不能舉其所以然者以告人，遂無所據，以爲準則。擬今冬於蠶室內外，置寒暑表兩具，每晝夜分五次詳記內溫外溫，則火力之進退與其高下，似可參考而知，以後乃較有把握矣。

清　李向庭輯《蠶桑述要》

蠶房

蠶房圖說，《喝茫蠶書》詳載之矣。按築室原供住宿，專爲養蠶之用，學堂公所容有之。若徧責諸鄉民，無論中國，卽東西洋，恐亦作不到此。從來無屋不可以養蠶，草舍且較勝於華屋草舍便於養蠶，東洋蠶學家曾經試驗，以草舍最易流通空氣也。卽無地板之屋，席地養之，下藉稻草寸許，上鋪蘆席，盡心飼養，若遇蠶豐之年，與簏中亦無甚懸殊。地上養蠶，除沙較有不便，且易受潮濕，惟中國天時甚正，多藉稻草，亦可望收成，爲貧民不能備簏者計，故特議及。而養蠶專言用簏者，以簏分數層養蠶多，地祇面積養蠶少故也。惟屋無論華樸，最忌污穢，總以灑埽潔淨爲要。

又　燻洗蠶室蠶具

養蠶先期將蠶房透風處用紙糊好，所有一切蠶具均置房內，用火缸一具，中置微炭火，上堆木屑一丈之屋，約用木屑三四十斤，安置穩妥，將門封閉，約一晝夜工夫，將四面門窗盡敞，務令煙氣出盡，空氣流通爲要。燻後，蠶具用濃石灰水洗之，再用清水洗淨，養蠶最相宜。至硝磺燻法，一丈蠶房，須硫磺三兩五錢，火硝三錢五分，將蠶房閉好，納蠶具其中，亦用火缸一隻，滿盛以灰，與缸口相平，作如盤香之溝約深二寸，廣二寸，將硝磺納入，點其一端，使徐徐然燒。硝磺堆聚一處，若全行點燒，恐兆焚如之禍。外洋用此法，蠶房有因之被焚者，故不可不愼。其餘與木屑燻法同，燻後用石灰水洗法，亦與上同。

清　林志恂《蠶桑淺要·養蠶淺要》

蠶室

蠶室以乾燥、通氣、明亮，又能保持溫度爲主，不論瓦屋、草舍，調度得宜，無不堪用。

蠶室須四面有窗，得能頂上復開天窗，則更好。最簡便者，亦須前後有窗，倘惟前面有門，而三面俱滿壁者，决不相宜。若徒貪空氣之流通，而不爲密閉之預備，設天氣驟冷，溫度不繼，又不相宜。故蠶室宜多設窗戶，而窗戶尤須能使密閉，天熱則開窗以引風，天冷則閉窗以保溫，是爲得宜。

蠶室以南向爲宜，東向者宜防朝日，西向者宜防夕陽。若係北向，必須前後有窗，則與南向無異。

蠶室不宜過高，亦不宜過低。過低則空氣鬱滯，過高則溫度不易調和，大概自一丈至一丈二尺爲得中。若過高之室，可於離地丈許處，作天花板隔之，則甚好。蠶事前十日或十五日，須將蠶室嵱閉，復以厚紙，糊各窗戶之空隙，務使不透微風，乃於室之中央置一火爐，爐內盛硫黄和硝，燃燒以薰之。硫黄和硝，俱須研爲細末。使薰烟充滿室內，約一晝夜，以除室內病毒。薰時，須先以木灰寔爐內，作小溝如盤香形，乃以硫黄和硝填溝內，燃其一端，漸次燃盡。若滿堆燃燒，恐致焚如。蠶室廣大者，可增添火爐及硫黄硝。大約蠶室每一立方尺，須用硫黄二分五釐，加硝二釐五毫。惟新造之室，其第一年可以不薰。若民間不易得硫黄硝，則用最能殺蟲之藥，如辣茄等代之亦可。既薰之後，開放窗戶以出臭氣，再用清水洗滌四壁及上下，俟其乾燥，而後可養蠶也。蠶架、蠶簏亦須薰洗，可於薰蠶室時排置室內，一併薰之，最爲便利。

又　乾溼計，測室內外之寒暑、乾溼者也。

又　蠶室內之冷熱，以華氏寒暑表七十度至七十五度爲最宜平均七十三度。不及七十度時，卽須酌用炭火以至七十餘度爲止。若天溫至八十度以上時，須開放窗戶，以通空氣。然開窗又不可迎風，如東風，則開西窗，南風則開北窗，可也。微風之時，可以不拘。至於正熱時陡令過冷，及正冷時陡令過熱，爲害更甚，至要至要。故用炭火時，宜微漸加熱也。欲測室內溼氣之多少，則須用乾溼計，以乾溼兩表相差五度爲最適。四度、六度亦可，差二三度時爲過溼，差七八度時又不免過乾。然蠶沙及桑葉係能發生溼氣之物，故溼害甚於乾害也。不能備乾溼計者，於人身之感覺，及蠶䰆之燥溼，細心體會，亦不難知。若溼氣過重時，或用火力天熱時溼氣雖重，亦不宜用火，或減給桑量，或勤除沙，或用間穅以礱穅薄撒蠶上，而後飼葉，不除沙者，爲之間穅，酌度而行之可也。

又　至於務潔淨，去穢惡，小心靜肅，皆飼育者分内之事，須仔細。今略述蠶室内所當禁忌之事，如左。

忌吸烟一切烟具俱不得携入，忌震動蠶室左近亦不可有舂搗等震動之聲，忌日光窗户須用紙糊，忌迎風，忌不潔之氣酒醋及煎煿鱼肉等是，忌不潔之物鞋上着污泥者亦不得入，忌大聲疾呼，忌燭火等於室内吹滅，纔飼葉時忌掃地恐灰塵土飛着葉也。又俗例所忌，而實則不必忌者二事：

不忌生人入室，不忌不利語愈。

又　白殭蠶亦係感受一種極小之胞子，蠶之罹該病者無不死，故無遺傳之患。死後其屍體堅硬，恰似涂抹石灰粉，此粉最易飛散，若他蠶感受此粉，卽罹此病。又或此粉留存於蠶室、蠶具内，至第二次養蠶時，此粉附着蠶身，亦卽罹此病。又溼氣過重，天時過冷時，易罹此病。欲免之者，蠶室、蠶具其須行銷毒法詳蠶室節。又能室内乾燥，温度平均，蠶簶清潔，自無此患。又或見有白殭蠶時，急宜用紙包裹，投於火内。若一留存，卽能飛散白粉，遺害他蠶也。

又　養蠶前，蠶室蠶具須行銷毒法詳蠶室節。

又　催青俗名爊子

行催青法者，須先備催青室，不必過大取其調停温度容易也，以深廣各一丈六尺，高一丈爲得中。四邊門窗及天花板等處，凡有空隙，俱用厚紙裱糊。室内排列蠶架兩三個，每架插蠶籩五六個，以足攤蠶種紙爲度。催青之前數日，室之中央置一炭火缸，以驅除濕氣。火缸離蠶架須二三尺。壁間掛華氏寒暑表一個，以測定温度。能有乾濕計更好。

清　劉清藜補輯《蠶桑備要》第四篇《養蠶程式》　祭先蠶。　黄帝元妃西陵氏始教民養蠶，是為先蠶。卧種之日，先立先蠶木主，書先蠶神位或畫像，設蠶室高潔處，割鷄設醴，點燭焚無氣味香。將蠶蟻之筐，置先蠶几案，蠶母率闔家奠醴拜禱，成繭取絲，仍設供拜謝。

清　盧燮宸《粤中蠶桑芻言・養蠶事宜條列》

安置蠶室

蠶初出時，蠶室以通爽為最，勿令有潮溼氣。及稍長，室内預要收風放氣。收風之法，在上風處遮密，在下風處開窗放氣。頭造最忌東風，如天寒，則宜密蔽東邊，放西邊氣。二、三、四、五造最忌西風及暑氣，又宜密蔽西邊，放東邊氣。尾造最忌北風及大霧，又宜密蔽北邊，放南邊氣。總言之，頭尾兩造要和暖，中四造要陰涼，得有樹陰可避暑氣之屋更好，否則要有風涼透到的亦佳。室内忌有鼠蟻及大蒼蠅等物。至於火藥、硫磺、樟腦，并油鍋煎炒，及腥臊死腐穢氣，一切焦熇火烟等氣，俱不可近。如該室闊十七桁，深一丈四尺，約可放大架六個，蠶窩六十四個，兩便排列，其餘淺深闊窄，可照此推，但地方深闊者，更為妥善。

防蒼蠅法　各蠶架，宜用青麻疎帳連頂遮密，蠶室門口復用麻帳遮密以避之。間有飛走入内，即宜用粗葵扇撲之。

又　留蠶連　【略】此時天寒，養之者宜在向南密室，蠶架用布圍之，蠶窩上用窩覆蓋，周圍用紙被包裹，蠶用紙墊，日夜喂葉六七次，替屎二次，不可近火，亦不可使受寒溼桑。【略】如遇天色晴明，該蠶室窗户宜放開通氣，不宜封密。令其屎底常爽為妥，蓋養蠶種時，遇嚴寒固是難成，就令南風過多，地氣發潮，則下造亦難翻也。

清　呂道象《廣州番禺縣呂大令道象調查境内蠶業報告》《農學報》第二百四十四期　每室飼蠶之數　視室之大小，如闊十七桁，深一丈三尺，約放蠶架六箇，可置三尺二寸、三尺四寸、三尺六寸簕六十箇。如用四尺二寸簕，祇放蠶架四箇，可放四尺二寸簕四十箇。

蠶室之搆造　凡蠶室，無論大小，必須高敞，向南更佳。不宜近辛穢之地，又須通風，四圍多開窗櫺，俾得通氣。而蠶又忌風，若天時嚴寒，四圍遮閉，用微火爊之。若暑天炎熱，則開窗通風，使其清涼。

清　楊用楨、黄昌驥《武昌農務學堂報告・五齡中總論》《農學報》第二百三十六期　今年各齡中，又加氣壓計，以測晴雨，較之寒煖計，尤覺神妙，蓋可以豫定天時之變不變耳。二齡中，雖無大雨，亦未全晴，風之速力，有至五者焉，故用細糠以除濕氣。三齡中，雨雖未久落，然大雨淋漓，尤爲可異。四齡中，外温昇至八十五度，於此齡眠中，故將第一號室門展開，以使蠶室清涼。五齡初，外温度昇至八十九度，而後忽降至五十五度，實爲育蠶者所難料及者。故於昇時則開門開窗户，於降時則閉門用火力，以保温度。此皆先生善教之道也。

清　佚名《滋陽縣上農工商務局創辦農會稟並批》《農學報》第二百六十五期　接準總辦農桑會孔太史函開，現在剏設農會兼蠶桑學堂，囑將卑縣倉厫地基查明，撥歸會中作試驗場並築育蠶房舍；木料需用大而且乾者，急切難以購覓；南門裏小倉屋架五間擬拆卸挪用等。因查卑縣常平等倉，久經坍塌無存，祇有驛亭倉瓦房，亦俱殘破不堪。現在開辦農桑會及蠶學堂，需用空地作試驗場，並舊房乾料，添修蠶舍，急應查明，撥交備用。

清 蠶業新報譯《蠶業講習所研究規程・消毒施行法》《農學報》第二百九期 但燃料勿一時多用，宜以漸加添，且宜時時注水。又蠶籠、蠶莚等，別行適當消毒法，而單用本法，以消蠶室之毒亦可。

以水一斗，石灰一貫目之比例，製石灰水，以撒布于蠶室、蠶具，經兩三日後，掃除蠶室，以清水洗滌蠶具。

又《洗滌之曝露法》 洗滌蠶室、蠶具，除去塵埃及其他污物，使之清潔，其所附着病原菌，自大半從而除去。又由曝露于日光，以乾燥器具，亦稍能奏消毒之効也。

又《效力》 蠶室、蠶具之清潔，爲豫防蠶病之要旨。而病原菌不獨有上年所産者遺留，又於飼育中自他而來者亦不尠。當此時，蠶室、蠶具若不潔，則自外襲來之病原菌忽蕃殖于此，延而侵犯蠶體。故于養蠶後，將蠶室、蠶具十分設法清潔，以防次年病原菌之繁殖於未然者，斯業之所最必要也。況由洗滌曝露，故其遺留病菌亦足以殺滅之耶。要之，本法者不拘其已行他項消毒法與否，必宜實也。

又《消毒時期》 諸法中蠶室之消毒，推福摩陵及木材薰煙法爲最。蠶具之消毒，推蒸氣加熱爲最。

又 第四節《膿蠶》 因體内之老廢物欝積，而閉塞氣門，遂陷于病的變狀，非謂因蠶室之搆造，及飼育之方法，致令空氣欝積滯者也。竊以爲凡養蠶家所患之膿蠶，大都自冷濕作用起耳。

清 呂廣文《蠶桑要言・育蠶法》

蠶室

蠶最怕風，養蠶之室，須將窗隙各處，用紙糊好，使風無隙可入，則其室温和而蠶不致受病。然蠶雖畏寒，卻喜軒暢。若其室潮濕陰閉，不通風日者，亦於育蠶不宜。故屋之有南北窗者，養蠶最好，朝夕不宜開窗，日中天氣晴明，而又温和，可開窗以爽之。遇南風則開北窗，遇北風則開南窗。然此特爲多屋之家言之，若貧家住屋無多，蠶總要養，何能揀擇，亦可不拘。又蠶雖喜煖，而又大忌熱蒸。若遇暴熱之天，又復蒸悶，則粗人且爲袒裸以納涼，蠶亦不堪熱蒸，須將室中窗戶開啟，并圍護各物，一概揭去，以通其氣。蠶婦若不解此，總說蠶性畏寒喜煖，概從緊閉者，蠶卽受病，而不可救。且此等天氣，總是大眠出火之時，偶然遇着，其時蠶已盛而且多，葉亦大半舍去，若犯此弊，甚爲可惜。故逢暴熱晦悶之天，蠶室中最要留心，當卽開揭。

又 雷忌

新嵊間將蠶殼紙卽蠶子所生之紙，蠶出留殼，故謂蠶殼紙，懸於蠶室，上山後換置蠶山，蓋謂殼是母胎，母在則子可以無恐。蓋魘雷也，聞台屬之黃巖，多有惑於此說，且言海濱多雷，而不敢從事於蠶桑者，余故專論之，且詳言之，以解其惑。

清 秦緗業、黃以周等輯《續資治通鑑長編拾補》卷三〇《起徽宗政和元年正月盡是年十二月》 四月【案】錢大昕《四史朔閏考》：是月癸巳朔。癸丑，議禮局奏：有詔就先蠶壇之側，度地築公桑蠶室，歲養蠶以供祭服，令具制度以聞。合制公桑蠶室，按古者，公桑蠶室近川而為之，築宮仭有三尺，棘墻而外閉之。後齊之制，為蠶宮方十步，墻高一丈五尺，被以棘，其中起蠶室二十七。今乞倣後齊之制，度地為宮，四面為墻，高仭有三尺。其屋室間架多寡，視養蠶簿數修建。合置繭舘，按《漢舊儀》，皇后蠶於蠶室，手三盆於繭舘。合置織室，按《漢舊・儀》，凡蠶絲絮，織室以作祭服，故有東、西織室。養蠶簿數，於經無見，按《漢舊儀》，養蠶千簿以上，乞並依漢制合置桑林，按晉制，桑林在東，而無多寡廣狹之限，今若倣漢制養蠶，卽當約千薄所用之數，度地為之。合置采桑壇，按晉制，築桑壇於桑林之側，至唐《開元禮》，築於先蠶壇南，相去二十步，方三丈，高五尺，四出陛。國朝《開寶通禮》因之，合依此修建。築室建殿，按後齊制為蠶宮，其中建別殿一區，用為親蠶之所。今藉田有思文殿，以俟御耕臨幸，合依倣藉田之制，於蠶宮中置親蠶殿。詔從之，親蠶殿仍以無斁為名。《紀事本末》卷百三十三。案：《宋史・禮志》：政和禮局言，《禮》：天子必有公桑蠶室，以興蠶事。歲既畢，則奉繭而繅，遂朱綠之，元黃之，以為郊廟之祭服。今既開藉田以供粢盛，而未有公桑蠶室以供祭服，尚為闕禮。請倣古制，於先蠶壇側築蠶室，度地為宮，四面為墻，墻高仭有三尺，上被棘，中起蠶室二十七，別構殿一區為親蠶之所。倣漢制，置繭舘，立織室於宮中，養蠶於千簿以上，度所用之數，為桑林。築采桑壇於先蠶壇南，相距二十步，方三丈，高五尺，四陛。凡七事。置蠶官令、丞，以供郊廟之祭服。又《周官・内宰》：詔后帥内外命婦蠶於北郊。鄭氏謂婦人以純陰為尊，則蠶為陰事可知。《開元禮》：享先蠶，幣以黑，蓋以陰祀之禮祀之也。請用黑幣，以合至陰之義。詔從其議，命親蠶殿以無數為名。又詔：親蠶所供，不獨衮服，凡施於祭祀者皆用之。

清 饒敦秩《蠶桑質說》 蠶室以向南為佳，向東亦好，惟不宜向西北。室之制度，不可太高大，亦不可太矮小。太高大則冷氣多，太矮小則濕氣重。室之四面，均要開窓，窓糊厚紙，天冷則緊閉，天熱則推開。惟天冷時，窓雖閉，仍須日推數次，以迎空氣。如鄉間小户，餧蚕不多，則室式不能仿此作，亦不必拘此方向。室之上面，如有灰塵，須要打去。室之下面，如有渣滓，須要掃除。室內更宜備石灰一桶，隔日翻攪，以收濕氣。川省春末夏初，天氣尤覺溫和，育蠶最好，較他省天時為相宜。

清 盛宣懷輯《蠶桑備要》 蠶桑總論 古人蠶室甚密，止開南北窗，以紙窗稾簾重蔽之。南風閉南窗，北風閉北窗，設火炕五處。蠶姑以单衣爲節，单衣覺寒則添火，覺熱則減火。若蠶室草草不能禦風，不能留暝氣，傷寒則殭死，傷熱則破囊。 蠶性喜溫和，惡寒熱。收種時須在清明後穀雨前，大起須在立夏前，過此不宜也。 蠶房固宜邃密，尤宜疏爽。晴天北風，宜開窗牖，以通風。日舒鬱氣，下用地板者最佳，否則用蘆席墊鋪，使溼不上行。四壁用草簀圍襯，收潮溼，大寒則重幃障之，別用火缸，取火氣以解寒。唯暴熱，則外逼內蒸，暑熱無所歸，則蠶身受之，或替換不時，餵飼略後，受病之源，皆在於此。

又 有草墩，用以承刀，恐其聲之著也。時或風雨而寒，則用火盆，熾炭於筐之下而煖之。蠶將作繭，則用草帚散而登蠶其上，繅絲則用絲車、水缸、鍋竈、畢具。修桑，有鋸，有斧，有鑿。治桑上蟲，有刮杷鐵絲。采桑，有桑翦，有桑梯。貯桑葉有蓓蔀字或用。停葉，用竹簾、蘆簾、蘆蓆。切葉，有刀，有草墩。刷蠶烏，用鵞翎。分鰇小蠶，用尖竹箸，俗名蠶快，大蠶用網。小蠶貯以竹篩，大蠶貯以筷音大，或用箉字，或借籧字，或以筐，以扁，所以架扁曰蠶栚音代，或用槌。《禮・月令》『具曲植籧筐』，鄭注：植，槌也，釋文：植，直吏反。今呼架扁之具曰植。粗絲之車絲眼二，以二板爲一車，細絲之車絲眼三，以三板爲一車，剝緜有竹環。

清 王文韶校，袁俊德輯《蠶桑紡織器圖說・蠶器圖類》

蠶室圖說

《蠶室記》曰：古者天子、諸侯，皆有公桑蠶室，近川而爲之，築宮仞有三尺，棘牆而外閉之。三宮之夫人及世婦之吉者，使入蠶室，奉種浴於川，桑於公桑。此公桑之蠶室也。其民間蠶室，坐北向南者爲上，向東者次之，向西者又次之。締構之制，或瓦房、草房，俱以泥塗材木，是以防火患。其大小廣狹，任人之力，務要間架寬廠，可容槌箔，易於轉動。

清 衛杰《蠶桑萃編》卷三《蠶政・蠶始類》

舉蠶母

蠶母者，主蠶室率飼蠶也。每室必立一人，以腹節飢飽，以身測寒熱，愛護珍惜如慈母育嬰，故有母稱，男、婦皆可為之。男忌臭穢，女忌產婦。若俗云某婦命裏不宜蠶，某相屬不宜蠶，乃陰陽師巫及鄉愚妄言，必不可信。又有改門換戶，諂禱神祇，虛費財用，其實無益。

又 蠶室

宜向南

屋以坐北向南為上，坐南向北、坐西向東次之，不可坐東向西。以西風非長養之氣，且當西曬，如有西窗，宜窗外搭棚遮之。

宜高廣

蠶屋不可太低，低則不免欝蒸。亦不可太窄，窄則難容盤架。此爲養蠶多者而言，少則隨便。

宜疏爽

蠶屋前勿留大樹，恐遮蔽陽光。屋後屋左右勿接偏廈，南廈隔陽氣，北廈隔陰氣。附地宜開風兜，以除溼氣，兜如貓洞。窗戶宜用捲紙，便啟閉也。

宜明亮

屋之前後均宜開窗，窗臺離地二尺五寸，不必太高，高則屋內黑暗，難辨眠起。屋頂宜開亮窗，每間開二三處，助光明也。

宜乾燥

蠶屋內有地板甚佳，無則地下用蘆席及草薦鋪墊，四壁亦用草薦圍襯，可隔潮溼。屋舊，則預先泥補薰乾。蠶生前幾日以牛糞煨火薰之，薰時須閉門窗，勿令煖氣外出。蠶生前一日稍開門出煙，煙盡仍閉。如屋有潮溼，蠶多生白醭貼沙之病，如偶積塵埃，須預先打掃收拾乾淨。

清 衛杰《蠶桑淺說》

蠶室

蠶室宜乾燥潔淨，不入污穢之物，亦不宜太冷之屋，及久無人住之空房。

清 河南蠶桑織務局《蠶桑織務紀要·蠶桑織務局園舍告成記》 憲台批准，在於省城設立蠶桑總局。當經籌欵倡捐，置買南鄉百塔莊地畝，蓋造蠶室桑園，製備各項器具；一面札行各府州縣，量爲捐資，派員赴浙，採買湖桑來汴，乘時栽種，凡地土宜桑處所，悉已辦有端倪。

清 吳鴻望校，袁俊德輯《蠶政萃編·蠶始類》

敬蠶神攷

蠶室全備，安設先蠶位，不忘本也。歷代所祀不同，如漢祀宛窳婦人、寓氏公主，蜀有蠶女馬頭娘，又有三娘爲蠶神者。又南方祀蠶花五聖者，後世之溢典也。夫農桑，固天界以養民重寶，必有所司之神以主之，故農祭先農，蠶祭先蠶。神農始教稼穡，是爲先農。黄帝元妃西陵氏始爲室養蠶，是爲先蠶。事蠶者，先書先蠶神位，畫像亦可，安蠶室高潔之處。稽古制，祭先蠶，壇壝牲幣，如中祀禮，此后妃祭先蠶禮也。《蠶書》云：臥蠶之日，割雞設醴，以禱先蠶，此庶人祭先蠶禮也。自天子后妃至於庶人之婦，禮雖不同，敬奉之心則一。凡養蠶家，下蟻之日，蠶多力厚者設三牲酒醴，蠶少力微者割雞設醴，點燭焚香，將筐置先蠶几案，蠶母率闔家奠醴拜禱。

清 吳作鏌、倪紹雯、劉安欽《蠶桑速成捷法·速成桑園種植法》

蠶室及其附屬舍，即飼育室之全部，上簇室、貯桑室、剉桑室等，病原物多潛伏其間，故飼育之前，須先大掃除。室之周圍，若有間隙，宜善貼塞，而後着手消毒。其『福爾買令』之應用分量，對於室之平面積百方尺，以『福爾買令』原液原液大約百分之三十五十二瓩瓩爲立方糎，算出其室應用之總量，再對於是，約混和三十四倍量之清水，稀薄之。用噴霧器撒布可也。

又 第四蠶病消毒法 『福爾買令』蒸氣消毒法，如有完全消毒室，更屬美善，否則利用蠶室亦可。當消毒前，蠶室周圍如有間隙，嚴密貼塞。每蠶具蓆二枚，網二枚，箔二枚二副，插入蠶架內，密閉其室，注加二倍之清水於所要之『福爾買令』，蒸發器之蓋，善螺釘之，架諸炭火爐之上，其噴出器插入蠶室內，使『福爾買令』蒸發，以發散其『蟻酸挨爾提西提』蟻酸Aldehyde，而其分量，則視蠶具之多少而異。

又《蠶絲業普及捷法·養蠶捷法》

貯桑室

在專防桑葉之蒸熱、醱酵、萎凋等爲目的，無論春夏秋，皆有好葉飼蠶。縱使連雨二三日，亦可豫儲其葉以供給，而無濕葉飼蠶及絕養之害。法：宜築五六尺深之地室，周圍用土墻壁，門戶宜北向。又不宜直接當風，竝于日光不透射處，稍通光線及空氣。底下多鋪沙石。亦有通流水于其中者，上横木鋪板，周圍設架，插入多數之貯桑箔，可也。若小農家，不能作此，亦宜仿此目的，從單簡作一土墻壁室，周圍栽樹亦可。

又 上簇室宜明暗均一，並忌日光透射，寒濕侵襲。惟暗室均一容易，中加炭火，保七十五度至八十度之溫度，以禦寒濕。夏秋蠶時，天氣鬱熱，夜間宜放開窓戶，使之涼爽。

清 楊鞏《中外農學合編》卷一〇《蠶類》

附外洋法

蠶室以避寒暑激變，空氣流通，保持温度為主。地宜高燥，忌東南有山嶺樹木遮蔽，及水田大澤，恐致陰濕。如北面有此等障礙諸物，尚不甚妨，總之東南須寬廣。惟西當夕照，宜二丈外種杉檜等木，以避日光。若太逼近，亦不宜也。室横寬一丈二三尺，直長一丈四五尺，高不得過一丈，蓋過於高大，則調温不易也。室内離地八尺以上，用天花板，每間屋脊上，宜設一排氣窗，以通空氣。屋上蓋茅最妙，因瓦屋易於傳熱，如係瓦屋，須瓦上加鋪松杉等枝，以蔽陽光傳熱。地板下須通空氣，四面均須附地設氣孔。按氣候風雨，以時開閉。室中平地板正中直徑造一長方形火爐，大小視蠶室為之。蠶室周圍須有走廊，若無走廊，則懸雨板，可掛簾以防暴熱。大約屋寬一丈四尺，長一丈八尺，可養蟻一兩。室之内外，各懸寒暑、燥溼二表，以定温溼。《喝茫蠶書》

又 蠶事

蠶室一切事宜，均以蠶母為主，除未滿月之産婦不可作蠶母外，其餘男、婦皆可為之。某婦命裏不宜蠶，某婦相屬不宜蠶，乃陰陽師巫及鄉黨愚婦之言，必不可信。蠶母養蠶，手宜潔淨，勿飲酒，勿食葱蒜等物，勿佩香囊。蠶自初生至結繭，或眠或起，或小或老，各有其狀。或宜煖，或宜涼，或宜明，或宜暗，各有其時。切葉餧葉，體蠶分蠶，各有其法。蠶屋蠶室，避忌尤多，蠶母須事事留心，時時注意。養蠶時，合家大小，無不忙迫，蠶母尤不可躲懶，夜間切勿貪眠。《務本新書》《農桑通訣》《蠶桑易知錄》《桑蠶直說》

又卷一一《蠶類》

附外洋法

蠶種得各種適宜之保護卵内胚子漸次長成，將内部皮膜食盡，其體色外透，故稱爲青。又漸次孵化，數日後胎子將殻端食破而生，卽謂之蟻。其發育總須温度得宜，方得順適齊一。至催令出蟻，名曰催青。桑芽破綻時，始由種箱取出，漸昇温度，二星期而出蟻。但催青室務須完密，勿令冷熱浸入室内為要。大約第一日為五十五度，按日用火加一度，至第十四日七十四度，而蟻出矣。惟乾溼仍須注意，以乾溼表測之，相差以二三度為宜。過濕則室内略加炭火，過乾則地上微噴以水，決不可於種紙裏面，或包紙上噴水。《喝茫蠶書》

又 當埽立前一日，將十分發育之蠶種，用最輕而有力之紙，分別包置原所，乃將蠶具、蠶室施消毒法，再放蠶室各窗，導入新鮮空氣，鉢盛炭火，内外懸乾溼表，所有天平、羽帚掃、立紙均須備置。蓆鋪籚中置架上，各齡温度、給桑量及時刻預定，均列表張貼。另備一簿，以記育蠶日誌，至蠶室、桑園及人夫分配，亦製一表，以免混淆。《蠶外紀》

又 催青室之温度，自六十度逐日加升一二度，待升至七十二三度時，卵内孵化已成蟻體。但此時室内温度甚高，又恐卵殻乾枯，蟻不能出，卽當檢視室中乾溼兩表，有差至五度以外者，須將器内種紙取去，鋪籚内，用溼連法以潤之，助其生機。

清 黄可潤《種樹法》《牧令書》卷一〇 青棡樹類，亦同橡木，有三種。細皮橡，結繭絲多；粗皮橡，結繭絲少；木橡葉尖，不可飼小蠶。九月橡子熟，掘坑，深三四寸，每坑種一子，拌糞土築平，來年二三月卽生。或挖一窖，將子貯於筐内，放在窖中，以板蓋上，來春生芽二三寸，清明前後栽之，三年後卽可飼蠶。橡子易生蟲，須速種槲，樹有二種。一叢生而小，卽樸樕也。一高大似櫟，俗名大葉櫟，實似橡子可食，栽如上法。此說採於甯羌廷俊趙刺史。 青棡、橡槲等樹，山中處處有之，人多不知取以養蠶。康熙年間，山東劉公棨來牧甯羌，始教以繅織之法，至今利賴，稱爲劉公繭，因民之所利而利之，亦在爲民父母者隨處留心耳。

又《養蠶法》《總說》：蠶本天駟之精，黄帝元妃西陵氏始蠶。卵生爲蟻，蟻脱爲⿰虫少音「苗」，⿰虫少脱爲蠶，蠶脱爲蛹音「勇」，蛹脱爲蛾，蛾脱繭復卵。蠶紙爲連，皮爲蛻，屎爲沙蓐，曰沙燠，臥曰眠，脱殻曰起。南蠶多四眠，北蠶多三眠。總之，一七而變，四變而老，七變而死，蓋氣化神物。蠶室高潔處，供奉先蠶神位，下蟻日，用牲醴祭之。

又 下蟻。各省節氣不同，只看桑葉如茶匙大，卽是蠶生之候，以二連相合，包綿三四寸，置煖坑上。再用淨綿衣被覆之，不可寒冷，亦不可太熱，日夜翻轉十數次，開包忌風，或將綿包懷在身上，夜放身旁，三四日，變灰白色，次日必出。先煖蠶室，令極熱，蟻出鋪連，煖坑出齊，稱記分兩。共稱得幾兩，除連便知蟻數。先將蓐草鋪筐底，再鋪綿紙一層，切葉如絲，篩於紙上，以連覆葉上，聞香自下，用隔年枯桑葉揉末亦可。有不下，翻過自下，再不下是病蟻，取去勿用。

清 姚紹《南海縣蠶業調查報告・蠶部》 蠶室 蠶忌西風，又畏燥熱，蠶室以坐北向南，不近烟火地爲宜。故開窻以通氣，以時開闔，以調冷熱。圍爐以避寒，必相節令，以和燥濕。然貧民搆造一室，生聚食宿均於是，其建造時，又非爲飼蠶而設，方向不合，高下不宜，比比皆是也。

清 豫山《蠶桑辑要合编》上编《養蠶》 夏月天氣大熱，蠶室務要通風凉。屋南北開窗，糊之以紗，或用密孝絹布麻之類，總要透風。門窗俱掛細密竹簾，或荻葦簾亦可，務使通透風凉，無令蚊蠅入内室中。

又 下蟻，各省節氣不同，只看桑葉如茶匙大，卽是蠶生之候。以二連相合，紙包，再包綿三四寸置煖處，不可寒冷，每日翻轉開包，忌風。或將綿包懷在身，夜放身傍，不可太熱。七日變青白色，次日必出。宜先煖蠶室，令極熱，蟻出鋪連煖阬，出齊稱記分兩。共稱得幾兩，除連，便知蟻數。先將稻草簾鋪筐底，再鋪綿紙一層，切葉篩勻紙上，以連覆葉，聞香自下。用隔年乾桑葉揉末篩簾，拂下亦可。

又 下編《補遺》 蠶室務須早治。室舊者，預期宜補，塞絕鼠穴。鼠食蠶咬繭，室中宜育貓捕殺。凡簇箔下，宜留貓道。若臨時修治，牆壁溼潤，非所利也。下蟻前一日，將屋上壁間，及地上塵埃，務要刷掃潔淨。下蟻之後，不宜掃動矣。此係專備蠶室，費功能難治。若能各於居室之中，察其寒熱，開閉窗門，進退炭火，勤謹飼蠶，自可成熟。

清 豫山《蠶桑輯要略編・養蠶法》 蠶種 只看桑葉如茶匙大，不久卽生小蟲如蟻，總在巳午時居多，先燒蠶室，令熱，蟻出。

清 袁俊德《蠶桑稽古編・歷代制詔類》 唐制，皇后歲祀季春，吉亯先蠶，致齋三日於後殿，致齋一日於正寢，遂以親桑。皇后受鈎採桑典制，奉筐受桑，妃嬪、命婦以次從至蠶室，尚功以桑授蠶母，蠶母切以授婕妤，婕妤飼蠶灑一薄訖，司賓引婕妤還本位，尚儀前奏禮畢。

清 增韞《柞蠶彙志・春蠶飼育法》

宜忌

而蠶所最忌者，辛香酸辣之氣。故桐油、白楊、蘿蔔等物，皆不宜入蠶室，而其氣味之重者，更無論矣。如烘室中有燃桐油，或誤以桐木烘者，所出之蠶多不旺。蠶觸蘿蔔葉卽死，食白楊葉亦致病，皆不可不慎。

清 趙淵《蠶桑摘要》卷中《蠶室類》

宜向南

屋以坐北向南爲上，坐南向北、坐西向東次之，不可坐東向西，以西風非長養之氣，且當西晒，如有西窗，宜窗外搭棚遮之。

宜高廣

蠶屋不可太低，低則不免鬱蒸。亦不可太窄，窄則難容盤架。此爲養蠶多者而言，少則隨便。

宜疏爽

蠶屋前勿留大樹，恐遮蔽陽光。屋後屋左右勿接偏厦，南厦隔陽氣，北厦隔陰氣，附地宜開風兜，以除溼氣，兜如貓洞。窗戶宜用捲紙，便啟閉也。

宜明亮

屋之前後均宜開窗，窗臺離地二尺五寸，不必太高，高則屋内黑暗，難辨眠起。屋頂宜開亮窗，每間開二三處，助光明也。

宜乾燥

蠶屋内有地板甚佳，無則地下用蘆席及草薦鋪墊，四壁亦用草薦圍襯，可隔潮溼。屋舊則預先泥補薰乾，蠶生前幾日以牛糞煨火薰之，薰時須閉門窗，勿令煖氣外出，蠶生前一日稍開門出煙，煙盡仍閉。如屋有潮溼，蠶多生白醭貼沙之病。如偶積塵埃，須預先打埽收拾乾淨。

又《頭眠類》 眠起之狀，眠娘色微黄，觜微潤，衣已盡褪則起，俗云起娘衣皮也。眠一次則觜闊一次，衣寬一次。保護之法，宜微明微煖，禁止煎炒。一見起娘，卽禁油腥氣，恐吹入蠶室，起娘嗅氣則登時生病，不必急於餵葉，因口尚嫩，恐有觜已闊而衣未盡脱者。食葉早則腹大，未脱之衣便難脱矣，必待箇箇起齊，方可餵葉。

清 鄭愷《飼蠶新法》

催青注意

在下蟻前十四日或二十日，由貯藏器内取出種紙，移入催青室，漸次昇高温度。前一週日之第一日，以五十五度為始，每日昇高一度。後一週日之第一日，以六十二度為始，每日昇高二度，合前後二週日，温度經過九百度内外，蠶卵始發生也。蠶室及一切器具，未移蠶種之前一二日，須先用火烘之，次開窗户，以散室内之惡嗅，使外氣流通交換，種紙平鋪匾上，每日上下轉換二次，則上下種紙感温平均後，發生齊一矣。

又 蠶室構造

蠶室，必擇四面開闊，土地高燥，空氣流通，無池沼之近繞，無樹木之遮閉，無大山之東立，始適宜其地焉。建造之方向，必東南面。故室内常温暖，而育蠶始宜。蠶室之高九尺至一丈俱日本尺，長一丈二尺至一丈五尺，幅一丈五尺至一丈八尺。室之四圍，須多設兩層之窗户，其屋頂設排氣窗，地板距地須二尺二寸，其下層鑿水溝，以使地水流去，濕氣不上蒸為宜。今東西洋建造蠶室之完善，要不外以上諸法。

又 蠶病消毒法

蠶病為害最甚者，莫如微粒子。軟化硬化，膿蠶蛆害諸病，其中三病有傳染性。若留附於蠶具蠶室中，至第二年養蠶，必有前病，故製消毒法以除之。最易行者，用硫黄燻燒法。如室内之容積百立方尺，用硫黄二十五錢，加硝酸三錢五分，其他依此數推算。室中有細孔處，盡用紙糊好，不得稍漏其氣。并蠶架器具，亦置入室内而燻蒸之。此外有蟻酸ワルデヒノド（鴨路叠希獨），瓦斯燻蒸法，及フオルマリン（富惡路馬利恩）撒布消毒法，其價皆甚昂貴，且不易行，故不述及焉。

清 曹笙南輯《五畝居桑蠶清課》卷二《育蠶徵信篇》 蠶室

《蠶經》：蠶之性喜静而惡喧，故宜静室。喜煖而惡溼，故宜版室。室静可以避人聲之喧鬧，室密可以避南風之吹襲，室版可以避地氣之蒸鬱。

又 蠶室器物

蠶室宜四面周密，内作層樓，下用地板，每間用木作活架如槌箔之制，或用槃架，屋内勿設井口。四面推窗啟閉，便適為佳。若未便築室，可擇周密無井口之室，隨通窗戶。倘屋有井口，宜用物禦風，或於板房層樓無風處設架亦好。

清 曹倜《蠶桑速效編》 至於養蠶之法，或未熟嫻，修置蠶室，安排蠶箔，繅絲有具，織機有法，三年之久，逢人輒問，豈有不能之理？惟喂蠶勝於賣桑，賣繭不如賣絲，是所宜曉。

清 曾鉌《蠶桑備要》卷二《先事預備總論》 欲蠶事者，於秋冬農隙，豫置蠶具什物，自不至臨時忙迫失措。凡蠶食料、簇料、火料、蓐草、火具、藁薦、曲筐、盤槌、蠶架、砧刀、擡網、葉篩、椽杓、蠶室，必先精製習熟，蠶種亦必先年如法收存，則獲利自如操券而取，今條列各件於左。

又 設蠶室，要開架寬厰，兩頭各置大照窗。三眠後，可通風涼，窗中間糊捲紙一大方，以便啓閉，外掛草薦。室內隨製火倉，蠶生前七日，徐徐以牛糞煨火，合閉門窗，不令煖氣出外；蠶生前一日，稍開門，令烟出盡，隨卽閉之。牆壁須乾透，掃淨塵埃，塞絕鼠穴，須留猫洞。忌西南、西北風。

又 卷三《養蠶總要》 蠶室須知加減涼煖。蟻初生時，宜極煖，蓋是時天氣尚寒。大眠後，宜涼，蓋是時天氣已暄。又風雨陰晴不測，朝暮晝夜不同，一或失宜，蠶病卽生，惟在蠶室得法。周置捲窗，中伏爇火。如蠶欲煖而天氣寒者，閉窗門，外掛簾薦，內加炭薪爇火，則外寒不入，和氣內生。若遇大寒，苦窗撥火不能勝其寒者，則用擡爐，外燒木炭火料，置蠶室四隅，火氣自然熏蒸，覺熱則去餘火。蠶欲涼而天氣熱者，蓋閉火倉，捲起窗紙，涼氣外入，熱氣內消。若遇大熱，閉火捲窗，不能解其熱者，則去其窗紙，下開風眼，窗外及槌下俱灑潑新水，涼氣自然透達，熱退則糊補其窗，閉塞風眼，使其蠶自初至終，不知有寒熱之苦，病少繭成，一室之功也。然寒不可驟加熱，當漸而益火，寒而驟熱，則生黃輭等疾。熱亦不可驟通風涼，當漸而開窗，爇而驟通風涼，則變白殭，此又不可不知也。又正熱，猛著寒氣，便噤口不食，卽用擡爐盛無烟牛糞火，用杈撥火，於槌箔下往來，辟去寒氣，則蠶自然食葉。

又 卷四《養蠶程式》 祭先蠶。黄帝元妃西陵氏始教民養蠶，是爲先蠶。臥種之日，先立先蠶木主，書先蠶神位或畫像，設蠶室高潔處，割雞設醴，點燭焚無氣味香，將蠶蟻之筐置先蠶几案，蠶母率闔家奠醴拜禱，成繭取絲，仍設供拜謝。

立蠶母。蠶母者，乃主蠶室，率領飼蠶者，每室必立一人，以腹節飢飽，以身測寒熱，愛護珍惜，如慈母育嬰，故有母稱。男婦皆可爲之，男忌臭穢，女忌產婦，務要殷勤之人最忌懶惰貪眠之輩，熟記其法，能按規程飼養者，身著袂衣不論新舊，務要潔淨，以候涼煖。己身覺熱，蠶亦熱，宜退火；己身覺寒，蠶亦寒，宜進火，務使室中温和，始終不知有寒熱之苦。不得頻換顔色衣裳，洗手要潔淨，不可手掐苦菜，食生姜、葱、蒜、香椿、大豌豆，並飲酒。又不可親身拌醋，燒石炭，衣染惡氣，慎之。

量葉下蟻不可貪多，反致葉缺力絀，悞事，蟻一錢，至老約食葉一百五六十觔，可布滿一箔。什物量蠶豫備，一錢淨子，須一丈長、五尺寬一箔。頓數多速老，頓數少遲老。養蠶莫巧，食到便老，殷勤按時餧養。蠶室温煖，不惟繭堅多絲，亦且省葉，絲韌。若怠惰因循，或飢一頓飽一頓，緊一頓慢一頓，寒一時熱一時，不惟繭薄絲少，亦且費葉，絲腐，難上機杼。慎勿貪睡，要緊尤在三眠後七日。若二十五日而老，一箔可得絲二十五兩；二十八日而老，一箔可得絲二十兩；月餘而老，只得絲十餘兩。

又 倘春蠶不幸偶遇天災，夏秋養之，以補歲計。其法，於立夏前三四日，將蠶連卽原蠶種以棉花包裹，置温處一二日，卽生蟻，養法與春蠶無異。一十八日而老，上簇六日而摘繭，七日而蛾出生卵，又七日而卵自生蟻，是爲原蠶。其飼法，必勤而無間葉盡卽添，毋使饑，吞火氣而病。但夏月天氣大熱，蠶室務要通風涼。房南北開窗，糊之以紗，或用密孝帽麻布糊之，或門窗俱掛細密竹簾，或荻葦簾亦可，務使通透風涼，不令蚊蠅入內。蠅於蠶身生蛆，蚊能叮傷蠶膚，最能壞蠶。始終不可捲起門簾並窗扇，致令鑽入，慎之。蠶沙，每日早晨擡除，勿令溼生白醭。秋蠶亦宜如此。三眠後，常飼以菉豆麪，以解熱毒，將菉豆用温水浸，生芽曬乾，磨爲麪，用葉一筐切碎，灑以新水，秤菉豆麪五六兩，三眠後開飼三四頓，又飼水葉一頓。室內多用水缸，日換新水，不可令雜人出入。其蠶最小一十八日而老，見利甚速。夏蠶亦不可多養，只須些少，以度秋種，秋月養之，比春更穩。但秋蠶初宜涼，漸漸宜煖，正與春蠶相反。春蠶初宜煖後宜涼，秋蠶初宜涼後宜煖，因天氣故也。但夏秋蠶蓐草，須用陳稻草，搗令輭爛爲之，勿用麥菅。初糊窗以紗，漸漸天寒，復用紙糊之，及至臨老上簇之時，天氣更寒，室中亦可用火。至於上簇繅絲，其法與春蠶皆同。

又《附三原桑園蠶婦養蠶簡易法》 初下連蟻，在臥室小房內，用篩筐餧餧。至頭眠起後，又四五日，須無風天巳、午時，遮蓋好，移放蠶室大房內餧。俟篩筐滿，分布蠶盤，再大分布箔子上。蠶架，其大蠶架，卽前篇預設蠶槌。做法，又遇天涼時，大蠶室內用木炭、火盆。

清 陳雪堂《蠶桑簡法》卷上《養蠶撮要》

蠶室及蠶具

建造完全蠶室，首宜擇地，次宜定向，終則講究一切之結構，此惟大營業家之事，非通俗皆能仿傚之也。今就尋常養蠶家所應用而易辦者，厥維藁葺以草類代磚瓦者，曰藁葺，卽俗名『草屋』。蓋蠶室之築，無非欲其能調停溫度，流通空氣，以便蠶時之佈置。而藁如稻草、蘆葦等物，名之曰藁葺之益，首在不導熱，養夏秋蠶，尤爲適用。其築法，先宜墳高地平，室高七尺自天花至地平，深一丈五尺，闊每間一丈二尺，三間連之。四圍皆以藁葺，南面兩側開格子門闊四尺，以便出入。中間離地四尺高開窗闊與室等，高二尺，北面兩側亦有戶夏秋蠶時用之，與南面等。東西兩面，開三尺方窗洞，以透光線。屋頂人字脊處，裝小百葉窗，以通空氣。屋頂下横列竹竿，上鋪箯簟，可以捲舒名曰天花板。每室隔壁，亦以藁爲之，地平鋪礱糠，上覆草荐。室之兩傍，安置蠶架，中央用二尺方火盆，室外南面，留三尺闊之走廊。是法建造簡易，最合養蠶，眞輕而易舉也。他如尋常住室，稍爲改良，亦可。惟天花板、氣窗，爲必不可少之件，務須勉力添置。至室之清潔，尤爲養蠶上之第一要著也。

又 選種

至桑芽開綻，然後催青。催青前，須預將蠶具、蠶室洗滌浄盡，用藥消毒。空氣中有微生物體，爲蠶病之原因，或前年有病菌遺留，故宜用藥消除之。尋常用消毒器及藥品，用石灰水洗滌之亦可，或燒硫黄亦可代之。此事斷不可省畧。然後從事催青。

又 給桑

蠶兒依空氣以爲生活，則必需新鮮空氣。但蠶室以保持溫度之故，密閉窗戶，則空氣窒滯。又以桑葉蠶糞之蒸氣，炭火中之炭氣，飼育者之呼吸等，皆足以致室內空氣不潔，有害蠶之衛生。故在溫暖之際，須時啟窗戶（如南風則開北窗，北風則開南窗），使空氣新陳代謝。其在濕冷之候，須開放窗戶，焚燒刨花，以助空氣之交換，自無沈鬱之患也。

春蠶時氣溫尚低，每降至華氏五六十度之間，若非用人功補溫法，必不適蠶兒之發育。法卽於蠶室中，離蠶架二三尺許地位，裝置地爐或火缸，焚燒炭火。備華氏乾濕計二，一掛室內蠶架之側，一掛室外清潔之所，視外溫之升降以補助之。大抵蠶之最適溫度在七十度左右，惟內外相差不得過二十度。倘外溫過低，則內溫只得稍降，不然炭氣太多，有礙衛生，惟不可降至六十八度以下。如外溫已足或過高，卽宜滅火，或開通窻戶，以使凉爽。又溫度之在上層，每比下層爲高，故逐日於給桑時，須上下交換其蠶箔，卽有發育稍遲者，可儘置上層，則發育必能齊一矣。

又 改良蠶室之法

窗戶多寡，關室內空氣之通滯，蠶病卽由此而增減。假如有蠶室三楹，中間前後，必須設雙扇門各一對，以便飼育之用。外此宜設長方窗四五處，及外懸竹簾，以免蠅害而防鬱熱。但夏秋蠶時，此簾更不可省也。

又 上簇

遴選熟蠶，宜擇始行絕食，胸部瑩澈，尾端三環節尚未透明之蠶，否則未熟者上山往往不能作繭，太熟者絲量不免廢棄。一、簇上置蠶，宜疏密得中。如傘簇，每帚上約放二十頭，撚簇每坪上約放五六十頭。否則，過密，每多同宮之繭；過疎，不免耗廢簇料，多佔房屋。一、簇室溫度，宜於繭基俗名成□，未成之前，昇至八十度以上；繭基既成之後，漸降至七十五六度之間。否則過高必害其呼吸，過低吐絲力必弱。一、簇室空氣，在上山之初，欲保溫度，不得不行密閉。若繭基成後，如無強風，不妨開放氣窻，流通空氣，發散水分。否則上山之初，卽開氣窻，蠶體觸風，吐絲停止。若繭基成後，氣窻仍行密閉，蠶體之多量水分，無地發洩，勢必浸淫繭層，固有色澤必由此而損矣。此外繭室之內，不宜偏明，亦不宜振動。偏明則繭有厚薄，振動則止吐不做，雖逾時復吐，而絲頭已斷矣。

清 陳洊《實驗蠶桑簡要法》下篇《養蠶法》第二章《流通空氣法》

欲換氣者，如蠶室五楹，各密閉窗戶。最東偏一間，若係別用，卽於此燃火，上啟氣窗，洞開其四楹連接之門，僅開西面一門。各間之空氣，必來此室，其新鮮空氣，亦卽由西門入室填充，但交換後，宜注意內溫爲要。

又 第三章《調停溫度之法》

燃燒木炭，必須在距蠶室稍遠處通紅，方可攜入蠶室，免其微臭有毒之一酸化炭素侵入室内而害蠶。又炭上必須蓋薄灰一層，不可以明火升溫，因明火之溫，易高易低，未免蹈激變之害也。

又 第四章《驅除濕氣之法》

蠶室内用地板者最佳，若板價過高，難以置辦，須散布礱糠，上鋪蘆蓆，使濕氣不得上行可也。

又 第五章《豫防蠶病之法》

每年二三月之交，收蠶室內外陰濕臭穢處表土，厚二三寸，以細篩篩之，殺滅其蟄伏之蠅蛆，或直燒其土，亦可。

又 第八章《蠶室禁忌之例》

（子）不得帶烟具入內。（丑）不得在室內吐痰。（寅）不得使蠅鼠入內。（卯）室旁不得有穢臭氣。（辰）不得在室內掃塵。（巳）室內旁不得堆積沙䴵。（午）不得佩異香殊味之物入內。

（未）不得使陽光直射與强風暴入。（申）摘燭燼不得使其發烟。（酉）不得振動蠶籠。（戌）酒氣及人口中之氣，不得直沖蠶身。（亥）飼蠶時之歸女，每日忌用一切臙粉。

又 第十章《催青之法》 先時密糊蠶室，任意用火，試驗内溫定後，即開箱移種入室，平置籠中，不可重疊。每日宜將其籠上下前後轉換十數次，使感溫平均，發生自齊一也。

又 第二十五章《上簇之法》

簇室中光線，非普明或全暗。最忌偏明偏暗，因蠶之營繭，明處恐爲所見，其繭層厚，暗處則薄。此等厚薄不匀之繭，製絲極難解舒。

清 陳開沚《裨農最要》卷一《蠶室》 蠶室坐北向南為上以負陰而抱陽也，坐西向東次之，忌向西北北風猛烈傷蠶，西風非長養之氣，西曬尤忌。但人家住屋，各有定向，須擇横廳之乾燥背風而向東南者為蠶室。即坐向西北，勢難改换，惟閉西北門，開東南門窗，俟蠶事畢，仍依原向，亦未嘗不可。屋宜高廣低窄則不免熱蒸，外宜爽朗屋前勿留大樹，遮蔽陽光，地宜潔浄不可近厠房、厨房。每間兩壁，去地二尺五寸太高則屋黑暗，難辨起眠，各置亮窗，窗用紙糊，中留捲紙以便啓閉。屋頂置亮瓦一二處，每臨旦暮，以助陽明，易辨起眠。附地宜開風竇形如猫洞，用磚合封，以便啓閉。四地下有地板最好，如無地板，必擇乾燥地鋪以舊席。俟蠶大，地下不必鋪席了。四壁隙穴，以牛糞和田泥，預先塗好。二月上壬，取土泥屋四角，宜蠶吉。又塗則乾暖，遲則溼寒而傷蠶。牆腳以麥稴和泥，兼瓦石，塞絶鼠穴，須留貓洞，屋内宜養貓鼠喜食蠶。蠶室方忌修造，犯之，主是年飼蠶不利。蠶室方載《時憲書》，年神方位圖，年年運動，按圖量宅便知。

又《進火法》

凡蠶畏冷，然亦不可傷熱。一日内分四時，寅、卯、辰如春，巳、午、未如夏，申、酉、戌如秋，亥、子、丑如冬。又陰晴風雨，即分寒熱，須以進退火盆為調劑。如蠶蟻時宜極煖，天氣猶寒，以盆盛牛糞無烟火，送入蠶室。旁置火鏟一具，多留餘灰，以便撥覆火盆。不宜太近，宜以席圍其煖氣，使上下四旁温和如一。蠶母以身試，稍凉，卽添火，稍煖，卽聚灰覆火，務令順時。蓋蠶，火類也，宜用火以養之。

又 卷三《治屋》

蠶生前幾日，以牛眠過屎尿爛草含栢葉煨火薰之，緊閉門窗，不令煙氣走出。蠶生前一日，掃除上下四旁塵埃，有樓屋最好，如無，樓上用曬席蓋好，以蔽塵埃。天寒加火，熱氣不走，滿室皆温。若上空則火氣上洩，不能轉下，温氣不匀，置牀一架，帳被整齊，蠶架、蠶箔、蠶褥，一一安妥。用牛糞燒火再薰，至次日開門，令煙出盡，以便貯蟻。

清 董元亮《柞蠶彙誌・春蠶飼育法》

宜忌

凡蠶場中，潮濕之氣、不潔之物，除之宜淨。卽蠶工之衣服，亦須更换使潔。而蠶所最忌者，辛香酸辣之氣，故桐油、白楊、蘿葡等物，皆不宜入蠶室。而其氣味之重者，更無論矣。如烘室中有燃桐油，或誤以桐木烘者，所出之蠶多不旺。蠶觸蘿葡葉卽死，食白楊葉亦致病，皆不可不慎。

山西農桑總局《蠶桑淺説》第二編《養蠶》 蠶室

養蠶的房屋，要向東南或南方，地勢要高，土質要燥，空氣要流通，室内要清潔。

又 蠶室溫度

出蠶期内，室中要煖，一二齡時，宜加些溫煖，三四齡時，宜減些溫煖，老熟時，宜稍加些溫煖，上山時，要極煖。若遇天氣寒冷的時候，須用木炭火補溫；若遇天氣炎熱的時候，須開啓窗戶，使空氣流通，減少熱氣。大概養蠶適宜的溫煖，以華氏寒暑表七十至七十五度爲最宜，若無此物，則以人穿單衣不覺冷熱爲標準。

蠶室忌物

煙草、煤油、酒、醋、麝香、葱、蒜和有氣味的各種食物，都是蠶所最忌的。凡養蠶的人，切不可帶此氣味。

又 蠶病預防

蠶蛆病預防法 蠶生蛆病的原因，由於蠶室内不清潔，招引蒼蠅進入蠶室，產卵於蠶體，卵化成蛆，蛆卽由蠶的外皮侵入，發現出病來，名叫蛆病。要預防蛆病發生，蠶室内宜設二重窗戶，内窗糊紗，常閉不開，斷絶蠅的來路，外窗糊紙，開閉隨意，可以交换空氣，能這樣設置，就可免蛆病發生。【略】

蠶室蠶具消除病毒法 養蠶完畢，須洒掃蠶室，洗滌蠶具一次。再於蠶室内焚燒硫黄或生松葉，以行消毒。如此則蠶室、蠶具，雖有病毒，都被消滅，可免傳染。

清 黄毅《養蠶新論・總論》《蠶業叢書》第二編

改良育　于給桑以前，密閉蠶室，亦將氣窓畧開，撥旺炭火，須使溫在九十度以上。給桑之後，任火之自熄。以後每次給桑，均依此法。當將眠之時，亦須如此。溫度昇而多給桑，以催其眠。按此法乃由高溫育改良而成，飢餓之時與以高溫，既食之後，溫度復低，皆有害也。

溫暖育　亦密閉蠶室，借助于火力，常保七十度以上之溫。室內亦設氣窓，以通空氣，給桑亦多少相宜。若用此法，較前固善，但始終以人爲之氣候而飼育之，費用既大，亦不甚相宜。製種家用之則可，取絲家用之，則不可也。

高溫育　密閉蠶室，盡用火力，常保八十度以上之溫。室上開窗，以流通空氣。給桑回數甚多，延日則短，人工費用皆大。又易招軟化病菌，不適蠶體之衛生，故用爲試驗則可。若言經濟，則不可也。

天然育　開放蠶室，而以天然氣候飼育者也。飼育時日雖長，每日給桑回數亦少。既不調停氣候，又不耗費木炭。農家用爲副業，洵爲適宜。然恐遇氣候有變時，亦須以人力爲之補助，方盡善也。

又 第一章《蠶室》　衣食與居，吾人生活上三大要件也。若人類以外之生物，則只具其二。因其皮膚均有自然之機能，可以抵制外界之刺戟。故雖無衣，亦未見其害也。若蠶室之于蠶，則不獨關于其居，亦且影響于其衣。何者？蠶兒當野生之際，沐浴于風雨霜露，曝露于日光，其體質固强壯也。乃數千年來，人盡利用之，而飼育之于室內，經年既久，習慣自然，絲量雖增，而體質退化矣。試以家養之蠶，置之野外，不經時而斃命者，卽退化之現象也。夫室固其居也，而室內之溫冷乾濕明暗，與其體有直接之關係，亦猶乎人之衣也。由是以言，蠶室之適否，卽爲吾人居室之善惡、服衣之厚薄也，其關係顧不重乎？故養蠶法中，以蠶室爲最要之事。而熱心斯業者，雖精心講求，每多失敗，推其理由，亦皆因蠶室不適之故。蠶室之構造適宜者，其收果必美，否則不能也。我國蠶業，雖漸發達，而留意于蠶室者，尚無其人，實爲斯業之缺點。願此後新建築者，悉從新法，已築成者，亦從事改造，則斯業其庶幾乎。

又 第一節《蠶室之位置》　蠶室之位置，宜擇高燥之地，必使空氣流通，方爲適宜。地低而復冷濕者，不相宜也。然或不得高燥之處，亦當將土地塡高，四圍開溝，以通積水，方可畧免其害。然室之近旁，不可有高山峻岳、池沼森林，因其能遮蔽日光，足招陰暗污濕之患。今將其位置與蠶室之關係述之。

（一）東方　蠶室之東方受日光多者，則蠶之生育最旺，而發育亦速。因朝日東升，光輝燦爛，陽氣靄和，于生物之衛生上最爲適當。故蠶室之東方開闊者，其効果必大也。倘若高山叢樹，屹立東方，旭日之光熱，既被所遮，室內之陰濕因之而起，雖用炭火以爲補助，且難挽其一二，况於經濟上又有損失者乎。

（二）南方　南方亦同于東方，以開闊爲要。因南風既暖，光線亦多，于蠶之衛生甚爲適宜。若有山林障礙，陰氣因之而生，室內卽爲冷濕，至用炭火，則亦如前之所言，而有損于經濟矣。

（三）西方　西方不若東南兩方之爲善，最不宜于開闊，蓋夕陽返照，日雖沉沒，室內尚餘有高溫，于蠶之發育雖畧可催速，然其高溫能釀成蒸熱，不獨于蠶之發育上妨害甚多，卽於飼育上亦甚困難。果其四方皆爲開闊，蒸熱可以四散，其害尚輕。若三方皆不開闊，獨西方開闊，則其害更有甚也。雖處不得已之時，亦可做厚壁於西方。而於夕陽返照之處栽植樹木，以爲預防。且須將屋根天井均使開闊，空氣流通，蒸熱自散，方可免其妨害。但西方雖已預防，北方亦宜注意，若遇開闊者，亦當如西方之處置，以防其冷風之驟來，是爲至要者也。

（四）北方　地居赤道以上，寒氣常由北風送來，是以幼蠶之際，於發育上甚有妨害，急宜杜塞之。若至蠶壯之時，氣候漸加和暖，空氣最宜流通，則北方雖有烈風，亦不妨使之開闊。夏秋之蠶，亦當如是。

由此而言，可知幼蠶最畏低溫，寒風一來，室中溫度卽變，發育亦因之遲鈍，故在此時，北方宜閉塞。至於蠶壯之時，溫度昇高，惟賴寒風以調停之，溫度方得適宜，稍有不勻，卽有溫高氣塞之患，故在此時，北方反宜開闊。然亦須量地而行變通之法，方能得當也。

（五）海濱　接近海岸之地，濕風甚多，空氣交通甚爲不便，故於建造蠶室上言之，爲不相宜之地。然於大海之濱，晝夜溫度無大差異之地，雖夜中稍有冷氣，日中稍有高溫，若能多開氣孔，窻戶日開夜閉，善以調停，亦或可免其害。

（六）街市　街市繁華之地，人烟稠密，空氣概不清潔，且亦不甚流通，故濕氣重而溫度高，易釀蒸熱之禍。若限於事勢，不得不建於街市者，亦當擇高燥之地，多設氣孔、窗門，高其地盤，而作二階之式，或亦權宜適當也。

（七）高燥開闊地　立身一望，四大皆空之地，陽光必多，而且氣候乾暖，蠶兒發育甚爲便利。然空氣流通過度，溫度激變必烈，飼育幼蠶，深當注意。雖至蠶壯之期，飼育略稱容易，然欲得最好收成，尚須善爲處置，可於西方栽植樹本，或設立板屏，以防夕陽返照之害。而於幼蠶之際，又須將室中墻孔，用紙補之，以免空氣流通過度。

（八）卑濕地　湖沼洲圩窪地，濕氣甚多，若建築蠶室，不可使空氣過於流通，否則有濕氣過度之患。然其室中溫度必常低，於幼蠶之時，又須補其溫度，方能適其生育。若在壯蠶之時，則可不必，蓋恐釀成蒸熱之患也。要而言之，凡卑濕之地，於養蠶上總不相宜，處於無法之時，亦須早先排水，高設地盤，墻之四圍、屋之中央均宜開設氣窻，地板之下距地亦宜高遠而使之乾燥，空氣更宜流通。

（九）山地　山中地勢，雖各有不同，然其空氣則皆流通過度，溫度變化亦激。當日未東昇之初，其氣候尤冷，常有陰濕之患，故於蠶之發育甚有妨害，不獨飼育困難，抑亦爲諸病之源起，必須慎選蠶兒之種類，留心蠶室之搆造，總以調停溫度爲最要之點。

以上所述，不過大要。世界上地勢種種，氣象萬千，變化既已繁多，關係因之而起，是以精密之方法，尚須由實際上隨時得來。蠶室之位置，雖已如前所述，其中缺點尚不能免，變而通之，責在我輩，然亦須於實驗上求之，方能精確也。

又第二節《蠶室之方向》　欲搆造蠶室，須先定方向。即以住室兼蠶室之用者，亦當以定方向爲事前第一之準備。至其方向，則以向陽爲主。陽光直接射入，則室內溫度平均，氣候亦必乾燥，故以東南面爲最適宜，次則正南向亦可。惟東西北三方，或寒風陰冷，或光線不勻，故皆不相宜，建蠶室者，深宜注意。

面東方者，午前受陽光之時間極短，午時一過，光線隨之薄弱，室內不免有偏暖偏寒之病。

面西方者恰與東方相反，而所受影響仍與相同。且東西兩向，其蠶架必須於南北兩側並設，室內溫度必不能平均，乾溼之度相差亦遠。因南側多溫暖，能釀成蒸熱之患，北側多寒冷，有發育遲緩之患，故東西兩向均不適宜也。

面北方者，其背後雖向南方，受有陽光，而北方則有寒風吹來，室內不免遭陰暗冷溼之患，蠶之發育既因之遲緩，且易生病，故北向亦不適宜。

由上以言，蠶室之方向與地勢及其周圍之情形大有關係，大抵東南面爲各方之冠，因其不獨關於室內之溫度，可以使之平均，即以飼育上言之，亦可免其困難，且收繭好，而絲質亦佳也。

又第三節《蠶室之搆造》　既知蠶室之位置及方向矣，其搆造亦不可不研究也。夫搆造之法，亦甚複雜，若欲完全無缺，亦頗覺其難。今就養蠶專用及居宅養蠶兼用兩種蠶室搆造上之要件，略述之。

一、二階造法與通常造法之得失

二階造法即二層造法與通常造法，養蠶各有得失。今且就飼育上言之，則蠶之發育可以略早，然空氣每流通過激，且蠶壯之時，食葉甚多，上下搬運，亦甚不便。不過於蠶之衛生上有適當之處，故多有用此法以建蠶室者。若通常造法，則恰與之相反。約言之，凡乾燥之地，用通常造法，尚稱適宜。若在卑溼之地，則須用二層造法，方爲得當。然幼蠶之時，用火最宜留意，果能留意於溫度，則必有極美之成蹟。

由上以言，則於高廣乾燥之地，必用通常之法築造蠶室。若土地低狹而又陰溼者，則必須用二階法建築也。

二階造法，搆造上所宜注意者，則二層間之隔板宜少，上室與下室蠶架間之隔板宜張開，以使空氣流通。又天花板之氣窗比尋常須多五倍，用以調停溫度也。

二、蠶室之廣狹與深淺

溫度與乾濕，關於蠶室之廣狹與深淺，故蠶室之形，於飼育之便否及蠶兒發育上影響極大。其室之狹者，便於保持溫度，然易招蒸熱之憂，是以處置爲難，且於勞役上既有不便，而水蒸氣及有害氣體又易鬱滯。若室之廣者，未易保持溫度，調和甚難，且室中又易乾燥。兩者相較，則甯使之廣，毋失之狹。蓋狹者適於幼蠶，廣者適於壯蠶及夏秋蠶，幼蠶量少而晷短，廣之可行間隔改小之法，故較狹者爲宜也。

蠶室不可深也，深則空氣過於通透，蠶之發育必致遲緩，而且室內空氣過於流通，則溫度必低，陰濕因之以起，此皆深室之患也。考室深適宜之度，約在一丈五尺或至一丈八尺。至於蠶室之門，大小隨時而定，過狹則勞役不便，約以三尺闊爲最適宜。

室之周圍隔以板壁，可以保持溫度，尤利於飼育幼蠶，至壯蠶及夏秋蠶之時則去之，因恐飼育上有困難也。

三、走廊及外圍

走廊不獨便於勞役，而且便於調停溫度，然亦不可太濶，濶則室內因之濕暗。東南北之三面，闊須四尺或至六尺，外圍當另設板戶，或欲從省，亦須掛以簾簀。西方須用玻璃嵌入，因玻璃有遮避輻射之性，可以杜絕夕陽返射之害。又西方之走廊，亦須稍濶，可爲調桑場之用。

四、地盤

地盤宜清潔，亦宜乾燥，其影響直接於蠶室之內，故當築室之先，即須高置地盤，用灰漿塗抹，使其清潔乾燥。地板之距離亦宜稍高。能於此數者注意，方免濕氣停滯之患，否則土內仍生雜草，污濕因之而生，至室既築成，欲改作而無如何矣。

地盤之周圍，須開設氣窗，使可自由開閉，空氣方能流通。且地板相接，亦須嚴密，不可使有間隙，致有溫度不能保持之患。惟於幼稚之時，更爲緊要，若有間隙，務必以紙糊之，方無害於飼育。

五、排氣裝置

排氣裝置，即氣窗是也。蠶室中由蠶呼出之炭養二氣，全賴此以排出而交換清潔之空氣，以應蠶兒之吸入，故氣窗爲室中所不可缺之物。其大小及多少，則由蠶室所在之地勢及天花板之高低而定，概設於天花板之中央及四隅。其在中央者，須設於火爐之上，可以開閉自由，方能得用。又有設於屋頂上之氣窗，形如小室者，然因室之大小，而各有不同也。

蠶室之小者，構造宜簡，可用洋鐵管或瓦管，做成煙囱之形，直出於屋頂之上，即可以應用。若室稍大者，可於屋上人字脊處設一氣窗亦可。惟蠶室闊至五丈以外，則排氣必多，須於屋頂建立高窗，搆造之法如後圖，直對於屋頂中梁之上而爲之。其深當爲蠶室六分之一，闊爲三分之一，高約出屋頂一尺五寸方可。

高窗兩直側可爲泥壁，兩橫側須用百葉窗或介字窗。百葉窗每板之闊以三寸爲限，各板相距，有斜縫向外，可免風雨侵入之患。介字窗形如介字，兩面對待，上用繩索以綰之，其索通於室中，可以自由扯放，而窗即隨之開閉也。

六、天花板

天花板，一名漫板，爲最要之物，其高低於蠶之衛生上有至大之關係。凡蠶室有天花板者，則空氣交通自在，養壯蠶及夏秋蠶最稱便利，既可免寒暑之激變，又可防鼠害之侵入。然農家之屋每少此物，若不添設，其害甚大，此不可不注意者也。

天花板造法，式樣亦甚多，其最完全而適宜者，則以格子板爲之，可以隨時取去，以便調停溫度。其次者以板漫之，其間裝設氣口，引繩可以開閉。其他欲節省資費者，可將篾簟上糊紙以爲之。裝置之法，於屋頂之下，先將竹竿駢列，再將篾簟鋪設其上，中開氣孔，可以隨時舒展。如是裝置，遇室中濕在九十度以上之時，用火既不相宜，不用則濕氣又難解散，即可放開此簟，使蒸濕散去，而室內即清潔自如也。

天花板裝設氣孔，先當算定尺寸，然後截天花板中間之一部，兩側設溝柱，以使引戶往復自由，口之一邊，固定一桿，將引戶之繩索穿過，當使用之時，扯其繩索，即可開閉矣。

天花板之高，通常總在八尺或至一丈。過低，則飼育不便，常使空氣滯鬱，釀成蒸熱，蠶病即因之而起。過高，雖於蠶兒衛生上適宜，經濟上又多不便。今將蠶室大小，與天花板開設氣孔廣狹適宜之尺寸列之。

蠶室		氣孔	
縱梁長	橫樑長	長	闊
一丈二尺	一丈二尺	二尺	二尺
一丈五尺	一丈二尺	二尺	二尺
一丈五尺	一丈五尺	二尺五寸	二尺
一丈五尺	一丈八尺	二尺五寸	二尺五寸

七、屋頂

屋頂高低與廣狹，於養蠶大有影響。屋頂低者，室內空氣鬱滯，必使蒸熱釀成。且室狹而屋頂廣者，亦易鬱積污氣，均有害於蠶之衛生。又屋頂蓋法，亦各有不同，有瓦蓋、板蓋、茅蓋三種之别。今就其蓋法之關係略說之。

瓦蓋屋頂，保溫之力尚强，故至夜間熱氣尚不易散。然日中吸收外熱太易，室內每有蒸悶之憂，當春蠶之際，其害尚淺，若夏秋蠶，則更易致病，故不可不注意也。當此之時，須開放氣窗，使空氣交換，方能免其禍害。

板蓋屋頂，保溫力甚弱，日中雖吸熱稍强，夜間放散甚速，較瓦蓋甚不相同，飼育上亦稍便利，因其板有間隙，可以排泄空氣，故於稚蠶之際溫度不致過於變更，壯蠶之際亦少蒸熱之患，且每年亦可省却換頂之勞。

茅蓋屋頂，室內溫度晝夜無大差異，雖外間溫高，亦少傳熱之病，故於養蠶上最稱適宜。然屋頂低者，須注意氣窗，否則易使蒸熱釀成，故其蓋時宜薄，每隔若干年又須換蓋。又茅蓋之屋，不可用麥稈，因有麥蛾發生之害。概而言之，三者中惟瓦蓋最次，然農人每愛用之，因其經年既久，又可不惹火災。但用瓦蓋，須使屋頂與天花板之距離畧遠，俾空氣充滿者多，雖不能及茅蓋之良，亦可免炎熱直接之害。此亦變通之一法也。

八、火爐

飼育蠶兒，既須使用火力，則必宜置火爐。其構造最完全者，須於室之中央，地板下築之。其形長方，深二尺，闊亦二尺，長則過之方可，因使熱氣之廣布也。周圍均以磚塡砌，爐口卽開於地板之面，爐面之蓋，兩側用十字欞柵每欞闊約一寸半，各欞相距約五分，熱氣方可蒸騰擴散。此外之蓋，概以鐵葉包之，以免焦灼。除納火外，其蓋均可蓋好，仍可履如平地，無礙於勞役也。火爐兩側，又須另裝通空氣之鐵管兩個，近爐口處，徑約一寸，通室外者則須三寸也。今更將合蠶室之大小，構造火爐之尺寸表於後。

蠶室		火爐		爐底之長	十欞之長
縱	橫	闊	全長		
一丈二尺	一丈二尺	二尺二寸	七尺	二尺二寸	一尺二寸
一丈二尺	一丈五尺	二尺二寸	七尺七寸	二尺五寸	一尺三寸
一丈五尺	一丈二尺	二尺五寸	七尺五寸	二尺五寸	一尺二寸
一丈五尺	一丈五尺	二尺八寸	八尺六寸	二尺八寸	一尺五寸
一丈五尺	一丈八尺	二尺八寸	九尺五寸	三尺	一尺六寸
一丈八尺	一丈八尺	三尺	九尺五寸	三尺	一尺六寸

以上所述，皆爲構造蠶室之要項。建築蠶室者，果皆依法施行，并加以隨時改革，則完全効果，自然易得。今將日本東京蠶業講習所新設養蠶傳習室之構造，畧記之以備參考。

該蠶室長七丈，闊二丈七尺，高則九尺六寸，中爲二階造法。其東側長二丈五尺、闊三丈之平屋，爲附屬之剉桑場，總由七十一平方尺而成。蠶室之區劃，總分五室，南北兩方，廊寬四尺五寸，在西方者，則爲三尺。其南方廊下有總押戶，其內側須建紙窗，北方廊下則有長四尺五寸之玻璃窗。

今復將其搆造與尋常蠶室不同之處畧述之。地板下南北相對（十）須設窗，更須固定鐵網之戶，使開閉自由，附於板戶，於室內溫度之高低、空氣之通塞大有影響。又兩室間壁不可全用板隔，於中央須用通常之板戶，使可左右開閉，俾四齡以後，空氣流通，火爐兩側於空所（十二）附有上蓋，與地盤相通。屋上氣窗，各室須設三個，距離亦須相等，外面附於鎧窗，內面附於板戶，由一條釣繩卽可以開，當烈風之際，則宜閉之，亦可防其吹下也。二階之室專爲上簇之用，故只有（十三）之小玻璃窗，設於南北兩方，可以平均室中光線。於南北廊下設一活梯，不用之時卽吊於天花板上，亦無礙於勞動，而有益於上下者也。

圖中附號之解

一 剉桑場　二 爐
三 上蓋　四 鐵板爐蓋
五 板蓋　六 格戶
七 板戶　八 藏門之所
九 進出之門　十 地板下之窗
十一 氣窗鎧窗　十二 四隅天窗
十三 中央天窗　十四 板引戶
十五 鐵網引戶　十六 上口

以上皆爲養蠶專用蠶室之標準。然養蠶一事，專業者少，農家用爲副業者多，若投重資搆成巨室，或有收効不良，得不償失，故最上之法，須使資本低廉，構造簡便，而又適於飼育，是爲至要者也。

日本蠶業講習所依法考究於山村僻地建設簡便蠶室，爲貧農所易建造者。據明治二十一年試養鬼縮、均白、小石瓦、赤熟皆日本蠶種名各種，由男女二人所養，其成績亦甚良好。可見其所造之蠶室，適於飼育無疑矣。

試將其蠶室之搆造畧述之，俾吾國農家用爲副業者有所取法。其室深約一丈五尺，長三丈六尺，須用十五平方尺地位，四周均以藁圍，于南北左右之兩端各設一門，以爲出入。各門之間又須設窗一個，距地約四尺，高二尺。西面中央所設之窗，高可三尺，屋首設有百葉窗，以便流通空氣。屋內兩側門外，又須添設飼育者之居所及剉桑所，即又設在一丈五尺深板壁之間也。下面於一尺厚之土上鋪以五寸厚之糠，再蓋以草莚，即代床鋪之用。天花板距地七尺之處，横裂細木，上架竹竿，再鋪藁莚於其上，中立藁壁，分爲兩室，各室東西兩側可設蠶架，中央即開二尺方之火爐，如後圖所示。日本蠶業講習所現今所建之藁圍蠶室，規模雖較宏大，搆造則仍相同，其飼育之成績，每歲皆美。

按原本於此章之末，曾參入我國蠶室記一段，因舊籍已詳，茲不贅。

東建側圖

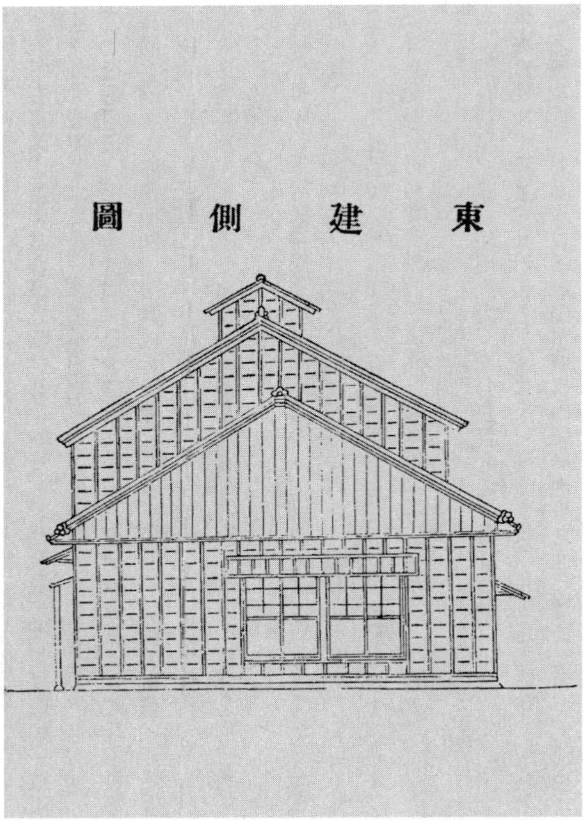

南建側圖

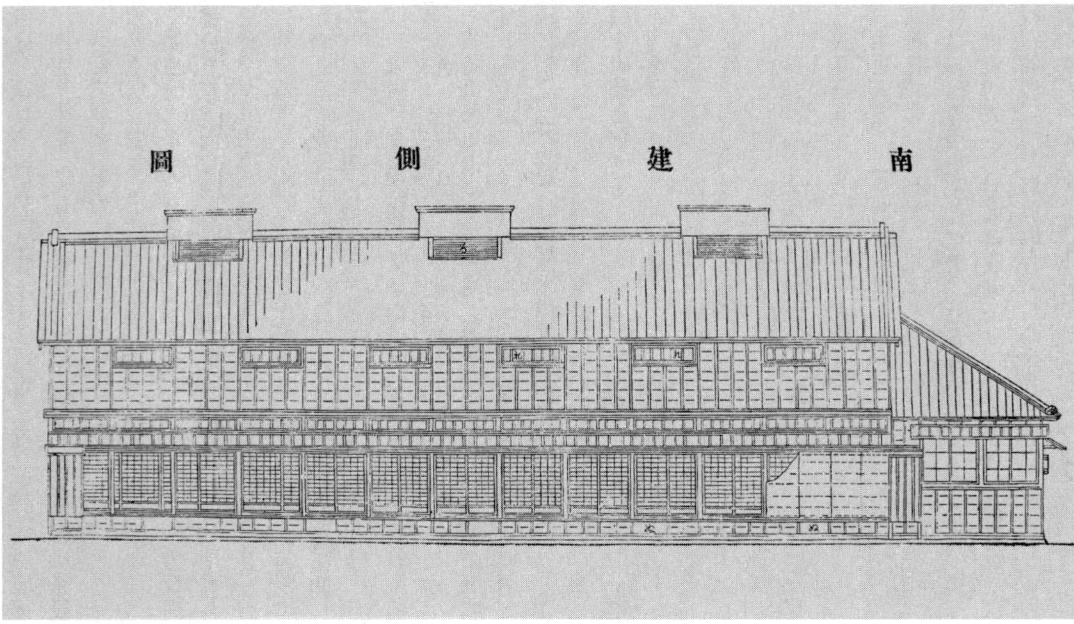

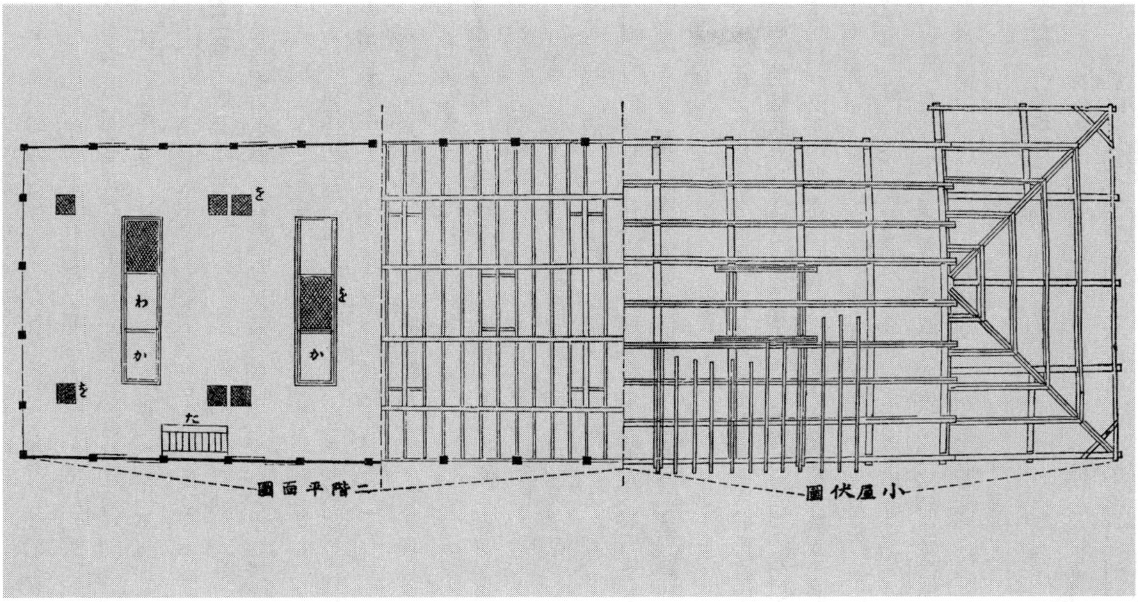

又 第二章《蠶具》第一節《蠶架及蠶籠》

蠶籠所以盛蠶者也。我國舊籍所載甚多，其中亦多適宜之法。若日本昔時各法，多有不合，俟後詳加討論。而現在盛行之法，則用竹籠，有大小兩種。其大籠在羣馬地方用者頗多，爲長方形，寬約三尺，長約六尺，籠目爲二寸五分之方塊。以竹篾爲之，上面鋪蓆，即可盛蠶。然須二人方能搬運。其小籠在長野地方多用之，寬約二尺五寸，長約三尺五寸或至四尺，一人之力即能搬運。故此種尤爲盛行，如農科大學之養蠶室，蠶葉講習所之蠶室，及新興養蠶各地方，均用此種蠶籠。

其構造之法，以粗直之木柱，定其適宜之距離，穿鋸齒狀之孔，以横木插入之，於室之兩側樹其二，中間亦按適宜之距離，樹其四本或六本不等，可按室之廣狹以度之。若蠶室爲九尺高，則横架可分十級，地板與最下第一級，距約一尺，第一級與第十級，每級相距須六寸至七寸之間，第十級至天花板，相距約在一尺五六寸，能如是，則室内溫度自能上下平均。然有不作鋸齒狀而作圓孔者，即可以竹竿横架，蠶籠進退，更可自由。

又 第三章《蠶種之保護》第二節《催青法》

催青室之地位不必過大，大則不便調停溫度。預於室中消毒，用石灰水粉飾清潔，所有孔隙均須用紙糊黏。於催青之前一日，即將溫度調好，蠶架排齊，次日將種由貯藏箱取出，移入室内，平置籠中，須常上下移換，方能齊一。按日昇溫，前一星期，每日昇溫一度，後一星期，每日昇溫二度，過於乾燥之時，須行濕連之法。出蟻前一日，須以白皮紙包之。

又 第四章《飼育法》第一節《飼育之準備》

飼育蠶兒必須預先準備。預備者，即所用器具物件及掃除蠶室、消毒等事是也。養蠶之家，對於本年所育之蟻量，自應早備各種器具物件。今將養蟻一兩所用之物件列之。【略】

凡蠶室蠶具，及一切應用之物，當未養蠶以前，及既養之後，均須大加洗掃。其未養蠶以前，宜在掃蟻前數日，擇其天氣晴和之辰，將室中四壁之板，並天花板、地板、門窻等，均須細爲掃除，以水洗淨。火爐之中，須換新灰，總宜使室中無塵埃臭氣，而要以清潔乾燥爲宜。其所用蠶具，最好于流水之處洗滌，將其污物洗淨，然後晒乾。凡此諸事，皆爲養蠶必行之要務，於蠶之優劣，大有關係，萬不可忽。

既掃除後，即行消毒之法。蓋欲撲滅附着蠶室蠶具之病毒，使適于飼育。萬不可不先行消毒之法，且須在掃蟻二星期前行之。因所用藥品恐有臭氣，須使發散而乾燥也。消毒之法亦有數種。蠶室蠶架之消毒，可用甫爾馬令藥品名撒布法，或甫爾馬令蒸發法均可。若蠶網之消毒，則用蒸汽加熱法可已，其他尚有種種，因有專書容後譯出，玆概從畧。

又　第二節《貯桑法》

貯桑之方法雖有數種，若其最切要者，須留心于貯桑室之搆造，今將其要點述之。

第一，空氣不可過于流通，室氣若不甚流通，固易釀成蒸熱，然流通太過，則水分易散，桑葉凋萎甚速，須安置冷所。甯使之不甚流通，勿使流通過激也。

第二，光線不可過于透射。光線透射則溫度昇高，既能釀蒸熱之患，且易發散水分，貯桑室最忌者也。

第三，溫度宜低。溫度若高，則凋枯蒸熱均易且速，故亦爲貯桑所忌，務使溫低而清涼，方爲得當。

第四，貯桑室周圍不可張風。周圍張風，則空氣必易搖動，室內即受其影響，而受第一條之病。

又　最適宜之貯桑室，首稱穴藏，或周圍有堅壁，或北側或東北、西北，均可傾斜之面有橫穴或土藏。即或不能如此構造，亦須造成陰室，務使合於以上述之四條，纔能合用。

又　採來之葉，先鋪散于簟上，俟其熱氣消散，即入貯桑缸中。預于缸底用竹襯墊起，約離底五六寸許，使之懸空。然後將葉鬆放于內，不可過滿，約十分之七足已。又于中間挖成一孔，以有孔之蓋蓋之。或置于貯桑室，或置于陰冷之地，亦可。

又　蠶至三齡以後，需葉漸多，缸貯不足，必用貯桑室。室中舖以竹連以細竹編成者，將採來之桑先行舖散，亦俟熱散，然後鬆個成堆，闊約二尺，厚只尺半，每經四五點鐘，均須上下翻撥，若此貯法，一二三日後，尚可用之。

又　第六節《給桑》

給桑量及給桑回數，由蠶兒之成長，與溫度之高低，及空氣之乾燥，隨時爲之加減。夫蠶之食量，概不相同。其小者，若與以多量，則殘廢之葉，堆積蠶座，冷濕旣甚，則衛生與經濟兩受害矣，故比標準表宜少。若在溫高氣乾之時，又須比標準表加多。大抵總須酌視前回餘葉之多寡，變通而行之，此皆由實驗得來，不得以毫素達其精義，實行家自能知之。又給桑量及回數，亦依蠶室之位置而異。其蠶室高燥者，可照前表。若低濕之地，或近河流，濕氣常多，桑葉乾燥則慢，給桑量及回數亦須稍減。若以前者飼育之法施於後者，則大有危險，不可不經意也。

又　第十節《空氣及溫濕》

空氣爲養蠶上必要之物，與人類賴以生活相同。吾國於人身需用之空氣，尚不能講求，而況於養蠶。是故室矮無窻，空氣閉塞，蠶之發育能不劣乎？歐洲、日本之蠶室，均注重於空氣之流通。實以蠶室之內，桑葉、蠶體、蠶糞及炭火中之炭氣，人與蠶之呼吸等，皆足污染空氣，最有害於蠶之衛生，故須使其交換流通，深宜注意，今錄其要旨。【畧】空氣交換，以風爲最大之勢力，火力亦能助之。故用最輕燃料如刨花及松枝等燃之，開放其門戶，空氣自能交換。且換氣之緩急，關於蠶室之大小，室愈大則愈美也。

溫度卽冷暖之謂，然冷暖實爲比較之詞。熱量多則爲暖，少則爲寒。蠶室之溫，宜常在七十度上下。彼自然氣候，不能如是適宜，必須用人力爲之補助，此火力之所以必用也。

清　黃毅《蠶體生理論》第四章《呼吸機論》《蠶業叢書》第六編

氣候漸加溫暖，則空中包含水蒸氣亦漸增加。蓋空氣中之水蒸氣，一經高溫，卽增其量。育蠶之時期，恰在一年溫氣最多之時，不獨使蠶兒呼吸之氣水氣飽和，卽蠶體皮膚及蠶糞，已有多量水氣矣。兼之桑葉及蕻沙之內又皆發散水氣，因此蠶室之內，卽生多量之濕氣，若外氣乾燥，溫度增高之時，其濕氣更大，必爲害也。今摘錄呼吸及生理與水蒸氣之關係於後。

一、室內濕氣過多，養氣欠乏，呼吸必困難。

二、室內濕氣過多，有妨蠶體內水分之排泄，必停滯於皮膚及呼吸器內。

三、室內濕氣過多，卽奪去體溫，使發育遲延。

四、室內濕氣過多，溫度昇高，必加蒸熱，則更有害於生理之機能。

蠶室內空氣所含濕氣最多，須由桑葉蒸發水分，而其蒸發量則關於溫度之高低，室內之乾濕，桑葉之軟硬，及給桑量之多寡。日本曾有調查表，能指明濕氣之害，蠶業家必當愼防者也。

清 賴昌《蠶體病理論》上編《通論》第四章《傳染及豫防》《蠶業叢書》第七編 由野外傳來者，及因病原體之附着殘留於蠶室蠶具，因而傳染者。

又 若夫病原體之殘留附着於蠶室蠶具者，則利用各種藥品，以施行消毒之手段，不容緩焉。綜而論之，蠶之生命，僅三十日内外。設病已發現，斷無施救之方。當業者苟懼乎病之足以擾害乎收成，而有傷於經濟也，亦惟有悉心研究其致病之理由，爲先事預防之一法而已。

又 下編《各論》第一章《微粒子病》

蠶室蠶具之消毒 撲滅微粒子，此法甚爲實效。如蒸氣消毒，日光消毒，蟻酸、亞爾台西特消毒等是也。

又 第二章《軟化病》 考軟化病菌之存在，多在空氣中，或附着於蠶室與蠶具，或繁殖於蠶座，當移入桑葉，給與蠶食，卽與病菌共相嚥下，及入胃中，乃攝取胃液爲養料，因以繁殖，漸進而入胃細胞，蔓延於胃筋肉，以妨其消化作用，並失却胃部筋肉之收縮力。或發生瓦斯，致前部之環節腫起，甚者乃至傷害其消食管，不能吸收桑葉中水分，致蠶糞多含水分，呈柔軟狀而排出于體外。其所排出之軟糞，不獨多含水分，且多含病原菌。他蠶若含此附着軟糞之桑葉，遂亦不免罹軟化病者也。

又 養蠶家不幸遭軟化病之發生，則凡蠶室蠶具，必有無數病原菌附着，至下次養蠶期，蠶兒傳染病毒，致仍發軟化病而斃，其害更爲激烈，故宜行消毒法。其法甚多，就中最有効力而養蠶家又可執行者，以蒸汽消毒，與亞爾台西特 Aldehrde 消毒爲最宜。

又 第三章《硬化病》

本病原菌之胞子，極爲微細，常浮游於空氣中，或附着桑葉，而入蠶室内。若前期養蠶已發生白殭病，則其胞子往往遺留於蠶室蠶具者，遂因之而傳染於次期之蠶兒。

又 凡養蠶家，倘本年已有本病之發生者，則彼蠶室、蠶具中所遺畱之胞子，待至下期或來春飼育之時，仍不能免其傳染之害。蓋其胞子於一二年内，離其濕氣養料等物，亦仍能保續其生命，不失其發芽力也。準此，則養蠶家對於本病，舍預防之外，無他良法矣。欲預防者，惟有於蠶事告成之後，將蠶室、蠶具全行消毒，借猛烈之藥力，以撲滅其胞子之一法而已。

又 欲豫防本病之發生，苟宜注意於飼育方法。務使空氣流通，溫濕得宜，蠶座清潔，蠶室乾燥，是爲至要。緣病菌之發生，必須得一定之溫度、濕度與適當之養料。例如每一年中，以霉雨之時病原菌之繁殖爲最盛，誠以此時空氣中富含水分，而氣候溫暖故也。吾人飼育之際，苟怠於除沙，致使蠶座中麩沙等不潔之物堆積，則何異以相當之養料供給病原菌之取求耶？況蠶室之内溫度較外間爲高，而麩沙堆積，濕量亦因而增進。

又 第四章《膿病》

當西曆一千八百七十一年時，澳國哈倍魯浪督ハーベルラント氏，始從事膿蠶病之研究。以爲蠶罹此病，體軀甚爲腫脹。在白繭種體軀呈乳白色，在黄繭種呈暗黄色，失透明之觀。此暗黄色者，初現於氣門之側，因之而波及於全身。至其膿液之所以汚濁者，因有無數之脂肪小球浮游於血液中，而此小球，卽由脂肪組織分解時，自細胞内排出者也。唯其致病之原因，則由於蠶室内濕度之過度，或氣溫下降之所致云。

又 此蠶病之原因，雖尚未判然大明，然空氣之停滯，溫度之下降，空氣中含過度之濕度等，當爲發生膿病之媒介無疑。其預防之法，亦祇須使空氣得以流通，防溫度之驟降及濕氣之過度，幷保持蠶室内空氣適宜、乾燥等而已，而在五齡之蠶兒，更宜特別注意其衛生。

又 本病之病原，從往昔歐洲學者之説觀之，雖千差萬別，然尋其主點，歸其要着，則不外蠶室内空氣鬱滯之一要項。他如濕氣過重，桑葉中濕氣大多，置蠶太密，溫度劇降等之狀態，要皆爲膿蠶病之誘因而已。雖然，據佐佐木博士之研究，就膿蠶論中所載言之，則基於呼吸作用之妨礙，法以豚脂塗塞蠶之氣門，以防害其呼吸作用，則必發生膿蠶，非明証乎。

又 如前期養蠶，有本病發生者，則蠶室及蠶具等，宜行消毒法。

蠶室中，宜設通氣窗以通空氣。當五齡時，尤須注意於換氣。燃木材極薄之片，可以驅出室中之汚濁氣。惟燃時須用火爐，燃畢毋使室中揚煙，是爲至要。

又 第五章《蛆害》 蠶蛆傳染之徑路，我國與日本不同。日本則產卵於桑葉，蠶食之，致繁殖於胃中。我國雖間有如是者，究不若日本之多，往往因桑蠅飛入蠶室，產卵於蠶之皮膚，從而侵入者。推原其故，因日本桑之仕立法，多爲根刈，與地相近，且桑枝繁茂，易於產卵。我國桑樹，概爲中刈，或高刈，故產卵於桑葉者較少。但日本蠶室清潔，而又有種種之相當處理詳後，故由皮膚而侵入者自少。我國養蠶家，蠶室不清潔，麩沙往往堆積於室外，致蠅羣一入，遂釀蛆害，切宜戒也。

又 我國及日本，既當區爲二途，則預防與驅除，自當分別言之。即對於日本，當防除於桑園，注意於給桑。對於我國，當注意於蠶室之改良，以防蠅卵之産於蠶體，是也。雖然，日本育蠶家，於蛆之發育順序、被害狀況、傳染徑路等，已詳悉靡遺。且飼育之巧，遠超我國，驅除之方，已大明曉，故對於蠶蛆之害於蠶室也，似可無慮。觀大森順造氏之《日本蠶病論》，曾無一語道及蠶室内蠅蛆之害者，即其明証。若我國育蠶家，蠶室之不清潔，𦵏沙之堆積室外，蠶座之污濁而發惡臭等，既在在皆足以引蠅之飛入而逞其害。而桑園中雜草叢生，陰鬱污濁，甯無一蠅之飛入，産卵於葉？故本書於驅除預防之法，對於蠶室則一再言之，以供育蠶家之參攷，藉收改良之效。而於日本原書中所載，桑園中預防驅除，亦約略言之。俾桑園不潔，有蛆害傳入者，得以先事防範焉。

又 欲除蛆害，首宜除去蠶蛆之蠅。除蠅之方，實惟集蠶蛹而燒殺之，爲最便利。其方法即於綵繭上簇之後，於春蠶則七八日之内，於夏秋則四五日之中，悉爲殺蛹是也。又種繭置於蠶籠之上，同時於其籠下，可張以金巾。其中央穿一孔，而置壺於其下，蛆由繭而脱出，落於金巾内，更由其中央之孔，而集於壺内，乃可取而焚殺之。如此執行，其地方之蠅數，必能逐漸減少。又或配置蠶籠，敷筵於蠶架之上，而盛之以砂，則蛆由蠶籠而墮，皆潛伏於砂中，亦可集而殺之者也。又上簇後之十日中，於户外輸送生繭，宜嚴禁之，藉防室外蠶蠅之飛入。

又《蠶體病理論・附録・蠶病消毒》 各蠶兒疾病之主因，除蛆害之外，皆因病原微生物之寄生於蠶體而起者也。此等病原微生物，常附着殘留於蠶室蠶具。苟不豫爲殺滅而驅除，則次年或次期育蠶之時，此等病原微生物，仍爲繁茂，寄生于蠶體，致釀成種種之疾病。我國育蠶家，一旦蠶病發生，而連年繼續，遭逢凶歉者，執是故耳。

又 凡屬於理學的消毒者，大半行之於蠶具，而所謂瓦斯消毒者，則假蟻酸亞爾台西特之力，而消滅其病毒者。液體消毒，則用福姆買林之藥液，以噴霧器而適當行之者，惟用化學的瓦斯消毒法，而以蠶室蠶具共同消毒者，亦所常見。

又 附録《蠶病消毒》第一章《消毒藥品》 消毒藥品，由吾人及他一切動物言之，其種類甚多。若求其能應用於蠶病上之消毒者，爲數極少。誠以必具備如下之條件，而後始可應用於蠶病消毒也。所謂應具備之條件者，即（一）無害於人體及蠶體，其處置屬於簡便者。（二）價格低廉，不問何地，皆得購入者。（三）無損於蠶室蠶具者。

又 蟻酸亞爾台西特，有刺戟鼻目之劇烈性，其比重殆與空氣相同空氣一立之重量爲一點二九瓦，此一立之重量爲一點三二瓦，無色之氣體也。是以行之於消毒，不僅蠶室蠶具，觸之不變色。即其他之衣服毛布等類，亦無損壞變色之虞。惟通常之衣，則較之毛織物，其滲透爲較易，蓋其對於較厚之物體，其滲透性固弱也。

又 以木精為原料，而使之發生蟻酸亞爾台西特者，常用消毒燈，當使用時之手術，殊須熟練。又如蠶室之規模較大，蠶具之裝置甚多者，則頗不適當，不如用他種方法，較爲便捷也。

又 第二章《消毒器械》 以美既兒亞爾科兒爲原料者，雖有前述之督魯臨式，與田原式之兩消毒燈，然於實際應用上言之，於蠶室廣大，蠶具多數者，殊不便利。

又 第三章《蠶室消毒法》 蠶室及附屬室，如飼育室、上簇室、貯桑室、切桑室等，其病原物之潛伏殘留多者，必當洒掃清潔，而施以消毒。其施行之時期，依理論言之，則以養蠶畢後爲善。就業務上言之，則先於養蠶期爲便。即飼育春蠶一回者，行之於春期。飼育春夏秋三期者，於每期之前施行之。其方法以福姆買林即蟻酸亞爾台西特之水溶液，故亦有稱爲蟻酸亞爾台西特消毒法者撒布消毒法爲最善，今述其次序於下。【略】行蠶室消毒者，當先計算室内上下四壁之面積，以定撒布之量。【略】又消毒之後，其蠶室須於晴朗之天氣時，全開其窗户，以使室内乾燥，兼除諸種之臭氣。當收蟻之前日，即宜使室中清潔乾燥，如温度低時，猶須燃火二三時間，以使温度之上昇，是爲最要之點。

【略】

尚有數種消毒法，亦可行於蠶室者。如各里司福姆買林消毒法，及蟻酸亞爾台西特蒸氣消毒法，以及木材燻煙消毒法等是也。

又 第四章《蠶具消毒法》

蒸氣消毒法

該法乃取大釜煑湯，使之沸騰，而於其上裝置以底穿小穴之大桶，或四方形之蒸籠，中盛蠶具，器内温度，達華氏沸騰點後二百十二度，更宜連續燃火三十分時。如造酒之蒸桶，頗爲適當。惟所用之箱或桶，須一寸以上之厚板造之。當氣候寒冷時，其外更宜用厚席或毛布等圍繞之，以防熱度之散逸，而保存器內沸點之溫度。當施行此法之時，可以殺滅多數之病菌，其効力與用藥品者，不相上下，且無害於人，亦消毒法中之完善者。蒸氣消毒器，又有以鉛板製之者。然金屬導熱速，外部熱氣之散逸，亦因之增多。故常有燃火數時間，而器內溫度總不能達沸騰點之慮者。又蒸氣消毒，其効力既等於用藥品之消毒，而又以洽於經濟，故爲一般蠶家所最易施行，此優點恰如蠶室消毒法中之木材燻煙法相似。我國鄉間育蠶家，苟能實地施行，自可免彼蠶病之猖獗，曷起而圖之乎？

第四節　日光消毒法

凡一切微生物，對於蠶室內分布之光線，雖有幾分抵抗之力，然若使射映於直接的太陽光線之下，則未有不死滅者也。例如結核菌，在室內長時日間，本依然有其生活力，若一旦直射於太陽中，則經一日間，即爲死滅者矣。彼醫學家謂以患肺病者之衣服用具，曝露於日光中，能獲至大之消毒効能者，即此故也。準此，則以蠶具曝露於日光，自能死滅多數之病毒，或使之衰弱，不容疑者。是以育蠶家於養蠶了結後，自宜洗滌蠶具於河川，急曝露於炎日之下，一則受日光直射消毒之效，則因同時受濕熱，而能得幾分之消毒効益，無損於經濟，而獲効又大，法固莫善於此者矣。又養蠶期中，如將蠶具交換晒曝於日光中，則蠶具乾燥，既可免損壞之虞，又能奏消毒之効焉。

清　佚名《蠶病預防法》第一章《緒論》《蠶業叢書》第八編　例如微粒子病，自其母體傳染而來者，則當行蠶種之檢查，以除去其被傳染之卵。如蠶室蠶具，或有病原體之附着殘留者，則次期所育之蠶，勢必爲所傳染，則當行適當之消毒法，以豫爲殺滅。

又　蓋病原體之寄生繁殖，不獨於蠶爲然也，即野生之昆蟲類，因寄生而致斃者，亦非少數。故病原微生物有存於野外者，亦最可恐之事也，而對於是等病原，以設施適當之特殊方法，則或行桑葉之消毒，或行蠶室內空氣之消毒等是。然專賴是等方法，要亦未盡圓滿。故須於此一方面，對於病原體之侵入，謀保蠶兒固有之康健，以防其侵害。於彼一方面，更宜考究是等病原體之由來，講明繁殖侵害之理法，以期實行驅除，而其主要之一大因，要不外改良飼育之方法，及注意於豫防而已。蓋飼育法之適宜與否，對於病蠶之發生，實有密切之關係在也。是以前記之特殊豫防法，與飼育上之改良，固相俟而不相離者也，亦惟如是，而後始得以達完全之目的也。

又　第三章《微粒子病預防法》　當養蠶前後，蠶室蠶具，須用藥水或蒸汽消毒。

又　第四章《膿病預防法》　蠶室內宜設氣窗，以通空氣。至五齡時，尤須注意換氣，或燃火以助交換之勢。

蠶室內之溫度，勿使劇變或低降。

又　蠶室內須清潔，勿使穢沙偶爾堆積，致生濕氣，及一切穢氣。

又　第五章《軟化病預防法》

空頭病之性質

此病有非常之傳染性，於春蠶夏蠶或秋蠶，均有發現，其爲害患，係軟化病中之最劇烈者。其病原菌類，遇溫高濕潤之氣候，則非常繁殖。故夏蠶秋蠶，罹此害者，比諸春蠶，因亦較多；而蠶室蠶具，若附著此種病菌，苟不施行消毒之法，則連年所育之蠶，均能沾染此病，悉數倒斃者也，於戲危矣。

又　軟化病之種類，甚爲複雜，一旦發生，均能減其收穫，或竟致一無收穫。病原徵狀雖各異，要皆有同一之影響，悉爲蠶家所恐懼。且軟化病之病菌，概存在於空氣中，或附着於蠶室與蠶具，或寄居於桑葉，以次侵入蠶胃，吸取養分，漸由胃細胞胃筋肉等，蔓延繁殖，致起種種之疾病，而因之致斃者也。今欲設法杜絕，免厥患害，對其徑路以施豫防之方法，當依左例之三項，而分別注意，勿稍懈怠，庶有濟乎！【略】

消毒方法，種類繁多。其最有効益，兼便宜於蠶家，而易於遵行者，即蒸汽消毒，與亞爾台西特消毒是也。蓋軟化病發生之後，有多數病菌，附著蠶室蠶具，既如前節之所述，則於下次飼育期內，不免有殘留之病毒，傳染於蠶體，致罹同樣之疾病。故必行此方法，藉爲未雨綢繆之計，以冀收穫好果焉。

又　第六章《硬化病預防法》　白殭病原菌之形性　此種病菌，屬絲狀菌核菌科之一種，名 Botrytis bassiama 者是，中分菌絲體與胞子二者。其菌絲成於一列細胞，內含脂肪球，及能溶於水之糖類，且分泌蓚酸石灰，結晶爲稜形八面體者。其菌絲之大，長約一㎜之千分之一，至千分之二不等。假胞子之長徑，有〇點〇〇七乃至〇點〇一五㎜，其闊爲〇點〇〇二㎜。

其胞子爲圓球狀，直經約一㎜之千分之二，至千分之三不等，常浮游於空氣中，或附著於桑葉，入於蠶室，散沾蠶體，乃自軟弱之體皮或皺襞之部分，或於下顋之凸起部，或腹部侵入，吸收養液，漸次伸長，屢屢分枝，而生卵形體於先端，卽謂之假胞子。此假胞子脫落體內，旋卽伸長，而於其兩端，或於其一端，或於其中部生細小之菌絲綫，伸出皮膚，卽謂之結實綫。綫之各處，又生擔子綫，旁茁短小之枝，而成球狀之胞子於尖端也。至發育之遲速，與溫度之高低，濕氣之多寡，成爲正比。如在華氏七十五至八十度之溫時，其移植胞子發芽，至結實綫結成胞子之時間，須五日許。若於八十度至八十五度時，祇三日而已足。然降至六十度以下，則停止此作用，而不能發育矣。故此病菌之對於夏秋蠶之傳染力，恒較强於春蠶，而夏秋蠶之罹此患者，亦較多於春蠶也。今將白殭病菌之發育諸狀況，繪圖列左。

又 綠殭病原菌之形性

此種病菌，屬絲狀菌類，名之爲Boctrytis Praciua Deac者是，與白殭病菌相類似。胞子爲橢圓形，帶綠色，長自〇點〇〇三乃至〇點〇〇四㎜，短徑爲〇點〇〇二五乃至〇點〇〇三㎜。其傳染於蠶體，及於蠶室內，發育之情形，亦同於白殭病之病菌。惟其結實綫之貫皮膚而出體外者，則不似白殭病之歧分支條，祇于結實綫上生數條，或十數條之擔子體。自擔子體生一個或二三個之漸現綠色之胞子，連結而不易飛散。故其毒之貽害于次期所育之蠶者，亦不至如白殭之甚也。

又 硬化病一般之豫防法　一般之硬化病，種類雖各不同，要皆由菌類之繁殖而發，且所生之胞子，均能飛散空中，傳染蠶體，爲害蠶家，非常激烈。如前各節之所述，雖無發於羽化之後，致貽害於卵子，遺傳於後代，如微粒子病之劇烈，要亦爲蠶家之勁敵，必設法以防遏之，方可免其惡作劇，而招經濟之損失也。防之維何？卽於飼育時期，注意於蠶室蠶具之淸潔乾燥，桑葉之貯藏精密，且爲勤除沙䓀，勿使堆積，致偶有濕氣蒸發，以釀此種種之疾病，是爲主要之主要也。蓋此種病菌，發育繁殖，須取給於濕氣養料之各種。如果乾燥淸潔，葉又貯藏合法，縱有附著葉上，偶致侵入蠶體，或留存箔上，則蠶旣壯健，抵力自强；且又無濕氣以促其生長繁殖，決不至遂其蔓延，而致貽厥害矣，此防之於未然者也。若已見有此等病蠶，須於未生胞子之前卽舉動遲鈍，不欲食葉，體上略有斑點之際，速卽檢出，投入沸湯，或埋諸地下，或貯於瓶中，並將䓀沙卽時焚化；而箔與架等，亦卽移出蠶室，用沸湯或石灰水洗滌，以防遏其傳染也。苟遲至病蠶已現白色或他色，然後檢去，卽不能免傳染之害，以病菌之胞子，早經飛散也。

又蠶現此病，一簇事畢，須行消毒方法，以預防其後患，而所有䓀沙，亦不可直用於桑地。蓋此種胞子發生以後，於一二年內，雖無濕氣養料等營養物品，亦能自保其生命，不失發芽之能力。故發此等病時，必有胞子留存於蠶室蠶具，或混和於䓀沙，以直接或間接傳染於下期之蠶體焉。間接傳染，謂以未經消毒之䓀沙，徑用於桑地，而所有之胞子，卽與土沙相混，飛颺空中，粘附桑葉，因傳染蠶體者也。

又 第七章《蠶蛆病預防法》　蛆蠅　蠶蛆之成蟲，屬雙翅類，學名(Uginya Sericarid)爲一種之蠅，其大小因雌雄而異。雌之體長，約十四㎜，翅之開張約二十八㎜。雄之體長，約十五㎜，翅之開張約二十㎜，體軀呈鼠黑色，生有黑色之粗毛，且有黑色帶狀或線狀之斑紋，頭部爲銀灰色，兩側有二複眼，爲褐色。其上三角形處，又有三單眼，成鼎足狀之配置。複眼之間，生有觸鬚，粗短而黑。其頸甚細，隱而難見。胸部成自三環節，背面有黑色縱綫四條，綫間縱列粗毛，腹部係六環節所成。雄者略爲三角形，兩側有帶赤褐色之半月形斑紋。雌者爲橢圓形，兩側無斑紋。其翅由薄膜所成，面上生白灰色之鱗毛，此種蛆蠅，成長極度時，始交尾產卵，以爲繁殖者也。至究產卵之狀況，係由雌蠅飛入蠶室，止於蠶體，因而產出，以次輪生，更番移易，藉使多數蠶兒，悉蒙其害也通常一蠅能生卵六千粒。

又 蠶蛆病之豫防法　本病傳入之徑路，如上所述。我國及日本，旣當區爲二途，則豫防驅除之法，自當分別言之。卽對於日本，當防除於桑園，注意於給桑。對於我國，當注意於改良，以防蠅卵之產於蠶體，是也。雖然日本育蠶家，於蛆之發育順序、被害狀況、傳染徑路等，已詳悉靡遺。且飼育之巧，遠超我國，驅除之法，已大明曉。故對於蠶蛆之害蠶室也，似可無慮。觀大森順造氏之《日本蠶病論》，曾無一語道及蠶室內蠅蛆之害者，即其明証。若我國育蠶家，蠶室之不淸潔䓀沙之堆積室內外，蠶座之污濁而發惡臭等，旣在在皆足引蠅之飛入而逞其害，而桑園中雜草叢生，陰鬱污濁，寗無蠅之飛入，產卵於葉？故本書於蠶蛆豫防之法，對於蠶室上之被害，則一再言之，以供育蠶家之參考，藉收改良之効；而於日本原書中所載，亦約畧採取。俾桑園不潔，有蛆害傳入者，得以先事防範焉。

斯病傳入之徑路，既如前述。有因雌蠅飛入蠶室，產卵蠶體，因而發生者。則吾人自當對其徑路，不令飛入，以豫爲防遏。但蠶室窗戶，密閉不開，則空氣因之不能流通，於飼育夏秋蠶炎熱之際，必致穢濁濕熱，偏滿室中，變壞瓦斯，妨碍呼吸，種種疾病，恐因此而惹起，則其害反有甚於蛆蠅者矣。故欲行相當之豫防者，宜設二重之窗戶，於内重則張掛洋紗（最好用有細孔之洋羅），常時關閉，以杜絶其來路，庶蛆蠅不能飛入，空氣仍得流通，不致顧此失彼也。

又 一度養蠶之後，蠶匾蠶架及蠶室之地下，終不免有蛆之存在，見時務宜捕獲，或焚之或溺之，務殺其命而滅其痕跡；而上簇室中，尤宜注意，苟見有蛆蠅者，亦當隨時撲殺之。

又 第八章《氣候與蠶病之關係》

一般蠶家，於貯藏蠶種一事，固宜注意，而蠶室之構造安排，亦當經心從事。此外如飼育期中，倘有不順之氣候襲來，則亦不免蒙其害，尤宜完全設備焉。

空氣爲養蠶上必要之物，同於吾人之必需此以營生活也。伊法日本之蠶室，均注意於空氣之流通。誠以蠶室之内，桑葉蠶體蠶糞，及炭火中之炭氣與夫人及蠶兒之呼吸等，皆足以汚染空氣而有餘，實最有害於蠶之呼吸者。我國育蠶家，均蠶室内之空氣，素不知講求，往往空矮而暗黑，且無氣窗，致蠶之發育每流於不良。故宜注意於交換，藉使空氣之流轉爲要。

又 空氣之交換，實以風之勢力爲最大，而助之者則惟大力。故用最輕燃料，如刨花及松枝等燃之，開放其門戶，空氣自能交換。凡換氣之緩急，關於蠶室之大小，室愈大則愈便利也。

又 第九章《蠶室與蠶病之關係》

氣候之不順，欲調節而使緩和，以適於蠶之生育者，則端在蠶室也。概言之，則凡構造宏壯房間，寬廠一似大家屋，空氣十分流通，用火力不甚適宜，而室内常有過於冷濕之患者，往往不適於春蠶之飼育，因是等房屋在於春蠶時期，易生不眠之蠶，或不免有各種硬化病之發生也。雖然是等蠶室縱不適於春蠶。而以之飼育夏秋蠶期則甚宜，何則？以夏秋期之溫度較高。凡適於春蠶飼育之蠶室，其有碍於夏秋蠶之衛生，而易招失敗故也。由是言之，則適於飼育春蠶之蠶室，其必不適於夏秋蠶之飼育，誠憾事也。

大凡蠶室之位置構造均不適當，而所處之方法，亦不得其宜者，則其關係，無異氣候之不適順。蓋同一妨碍乎蠶之生理衛生，而虛弱其體質耳。古來當業者，對於蠶室與蠶病之關係，立一種確定之理論。例如某蠶室年年生空頭病蠶，某蠶室年年生白殭病蠶，俗稱之爲室癖者日本人稱シックセ者。是皆睹諸已事而立說焉，非虛語也。蓋一旦既發生蠶病，蠶室蠶具，設不爲之消毒，則所有之病原體，必多附着殘留，致年年發生同一之蠶病。是以欲適於蠶體之生理衛生，以免病原體之繁殖蔓延，除用消毒法外，猶以蠶室之構造爲基因。

雖然蠶室之構造，欲臻於至完全之點，一至難之問題也。蓋民間住屋，卑狹而陰濕者，固不適用。卽宏壯華麗者，亦往往有不合於蠶之衛生。至欲新設，不僅於該地之風土氣候，均有關係，卽於斯業經濟，寔無影響。無已，則唯就舊屋而改之，藉使各各適宜，不致誘起一般之蠶病，以免種種之危險焉。今將其應修之點，述其大畧於下。至欲明詳細之構置，須參觀拙著《實驗養蠶法》，與新譯之《養蠶法》二書。

（一）蠶室之位置，宜取向東南方者爲佳。西方或西北方等，均不適於蠶之衛生，勿宜取用。

（二）蠶室之内，必須上有天花板，下有地板。倘舊屋無之，則於飼蠶之先，必須如法添置，以防陰冷之患。

（三）蠶室之内，必須多設窻戶。於天氣晴朗無風，與日光直射之際，開啟之以通空氣。若遇天雨之時，宜即關閉，以防濕氣之侵入。

（四）屋顶上宜裝以煙囱形之瓦管，或洋鐵管，使蠶及飼蠶者所呼出之炭酸氣，得藉此以排出。

（五）蠶室前後如有森林池沼等之障害物，則均不適用，宜避之。

（六）蠶室之内，必須裝置火爐，以便調停溫度，及排濕氣之用。

又 第十章《蠶兒本體與蠶病之關係》 蠶室蠶具，皆施行完全之消毒，而飼育之方法，亦甚適當，則必發育完善，得獲圓滿之效果。然徵之事實，其結果亦往往有難於預期者在。蓋蠶種健强矣，蠶室蠶具之消毒完全矣，仍有不免蠶病之續出，而屢招失敗者。揆厥原因，抑亦由於飼育中之寒煖燥濕等之調和，及換氣之加減等，或有不得其當，以致減却蠶體之健康，損失其固有之抵抗力，有以致之也。【略】摘桑之際，於葉質之選擇，必當十分注意者也。抑施完全貯桑時，於桑葉之乾枯一事，亦宜時時預防。而室內指蠶室濕度之調和，與給桑後防過度水分之發散，以及食桑時中保有適度之水分等事，要亦不可不用意調停也。即如遇室內乾燥之時，欲防過乾之虞，則剉桑亦宜稍爲加大，是亦豫防之一法。

又 蓋凡使用火力之蠶室，於稚蠶期中，往往有過燥之弊，務須時爲注意者也。然於宏大陰冷之蠶室，設使用火力之設備，甚不完全，適足使蠶座過於濕潤，以致蘔沙之中，往往有黴菌之發生者，誠亦一大可恐怖之事也。蓋蠶座既招冷濕之害，則蠶之體質，日漸虛弱，就眠之際，生多數之不眠蠶。而當五齡之期，則見有膿蠶等之發生，且同時被軟化病之侵害，簇上生多數之斃蠶與死籠等繭，推究此現象及主因，何莫非蠶室陰冷之所致耶。

又 過於濕潤，與以全葉全芽者，則稚蠶之發育，既不甚美滿，而壯蠶之經過，亦殊不良，是卽被蠶座冷濕之害之所致也。總而言之，凡稚蠶期之蠶室，規模宜小，溫濕及火力之調和，均宜隨意調停，是爲至要之務。當業者慎勿忽畧，致貽將來無窮之患也可。

又 故若於此期中欲避室內之濕潤，以圖室內之乾燥，則於彼宜圖空氣之流通，於此更宜避蘔沙之堆積。勿傾倒於近處，誘彼桑蠅襲來，致釀蛆害之病。以三齡以後，蠅已孵化出土，故宜常閉紗窗，勿使蒼蠅偶爾侵入。及於室內隨見隨除外，須將所有蘔沙，遠倒他處，勿使蠶室左近，積有穢物，俾彼蠅類逐臭而來，多數相集，致易侵入蠶室，是爲唯一之要務也。並使用適當之火力，行適當的驅濕之方法，是爲至要。今就調查之實績言之，則凡稚蠶期中，所得平均之濕度，室外較高於室內。而於三齡時，則內外平均。至四五齡間，則室外乾燥，而室內濕潤，適與稚蠶時期，立於反對的地位。究其所以致濕之由，亦以室內增加多量之含水物耳指蘔沙與桑葉。脫於此時，不速行換氣之法，聽其鬱澁積滯，則室內濕氣，必致達於飽和點乾濕兩球，度數平均，是謂保和點。如此，壯蠶期中之蠶室內，既時遭飽和之濕度，則平均之下，濕量必日益增加，各種病菌，亦卽乘此機會，大逞其繁殖侵害之力，以致蔓延其病毒也。凡軟化病及硬化病，之所以多見於此期者，亦以此故。準此而言，則注意於室內排濕之一事，要未可以片刻疏忽，致貽無窮之禍患者明矣。然排濕之手段，端在換氣之敏捷，以期其安全，亦每有因用少量之炭火，致釀蒸熱之媒助。故於陰雨多濕之時間，宜稍行燃火之法，以圖乾燥外，尤宜避過高之溫度。蓋室內溫高者，於一般蠶之生活機能，固能大進，而對於抵抗病原體之侵害，以漸至於虛弱之事，終勿獲免。且病原微生物，於高溫多濕之時內，繁殖亦極爲迅速。故一遇七十五度以上之高溫，不論其爲天然的氣候，與火力所至之度數，均當避却之爲要也。

又 第十三章《有害物》 白粉中往往含有鉛質，設附着桑葉，使蠶食之，則蠶兒必蒙鉛之中毒，大有害於衛生。豫防之法，凡從事養蠶之妻女，及所雇女工，宜於入蠶室之先，將手洗淨，以免遺害。

又 或有謂石灰有消毒力，於飼育中撒布之，視爲有効者。不知既入胃中，胃不能堪，必有妨其消化。惟石灰與木灰比，則石灰之被害較少，但下繭多，而繭之形狀光澤亦居於劣等。若木灰則被害甚著，蓋其發育甚不齊一，而營繭上不良好。故均宜注意避却，至石灰有吸濕之性，則指蠶室而言，非令其食下者也。

又 凡養蠶家，對於蠶室蠶具有煙草附着否，極宜注意，而桑園中切不可間栽煙草。又如養蠶家吸煙者，當養蠶期中，宜廢止吸煙，否則於給桑之前，務須將手洗淨，而後給桑。

又 酒亦有害於蠶。飼育者好飲酒，入蠶室時，殊宜注意。若附著桑葉，則其害更大，宜切忌也。

又 第十五章《蠶疫防遏》 凡所稱爲蠶病者，悉有傳染之性。故蠶種及病蠶之隔離，實最要之一事。試取附着於蠶室之欄間，或窗間之塵埃，用顯微鏡檢視，則必見有微粒子之混在，況其他之細菌。如在蠶病豫防事務所之蠶種檢查所，直可視爲微粒子之巢窟。倘以無毒之蠶種，置此室內，殊甚危險。故必置於消毒之別室內，與之隔離而置之。然則欲免却病毒之增加者，自當置於普通之種屋，其他蠶種，則必宜置於已消毒之室內，與病毒相離隔，是爲至要。其他對於藏庫及貯藏器，則貯藏之前，必須行一回之消毒，乃爲最要。

又 如病蠶隔離消毒，及其他之蠶沙之埋沒與燒却，皆人爲之防遏也。倘病蠶多量發生，則蠶沙尤不宜久堆積於蠶室之周圍，是因病毒有導入室內之患，故往往除後卽遠棄之。又病菌之乾燥者，得由風而輸送於室內。如飛至桑園，則附着於桑葉。入蠶兒之胃中，遂惹起疾病，而生多量之蠶病。是以蠶沙宜深埋沒於土中，或堆積而燒却。燒却者，實最完全之防遏法，因其生存者，均得因此而殄滅也。但蠶沙者，可供肥料之使用，故不妨埋沒而使之醱酵，以供肥料之用，是爲經濟的防遏法也。

又《消毒的方法》 蠶病既多起於細菌之繁殖，如前數章之所述。今若欲其滅絶，以免爲害於蠶體，則必先備猛烈之藥劑，以除去其殘毒而後可。蓋凡飼蠶一次，其蠶室蠶具，不僅有細菌之胞子，殘留以爲患害，卽微粒子與塵埃鱗毛等，亦皆爲有害之物。故必預爲洗滌，使之十分清潔，始可飼育。其他由空氣傳來之菌絲，與左近蠶家傳來之病毒謂鄰家飼育之蠶，發生蠶病，因之而傳入病毒者，亦烏可聽其猖獗，絶勿爲之顧忌也。

又 蒸汽消毒，洗滌消毒，日光消毒，一般蠶家，多行之於蠶具者，而瓦斯消毒，卽假蟻酸亞爾台西特藥名，原文爲蟻酸ワルテヒノド，今依吳浩然《化學講義錄》，譯爲蟻酸亞爾台西特之瓦斯 Gas，爲氣體之力，而消滅其病毒者也。液體消毒，卽用福姆買林 Formaline 依張修爵《實驗化學》，譯爲福姆買林，而吉田彥六之《有機化學》，稱フォルマリン以音譯之，當與拙著之《實驗養蠶法》中之名稱相同，今以未甚流行，故不取用之液，以噴霧器而適當行之者，多用於蠶室中也。但亦有用化學的瓦斯消毒法，以蠶室及蠶具，而同時消毒者。

消毒之預備　於施行消毒法之先，有不可不預爲設備者。如計算蠶室內面積，及蠶具之多寡，整理消毒器，配置消毒藥品等。是以瓦斯消毒時，尤宜將室內之隙縫，嚴密封閉，並消毒物體之排列，疏密適度，使毋碍於瓦斯之滲透。而瓦斯之接觸物體，亦須有一定之程度與一定之時間者也。至若藥品之於人體，或有妨害者，施行之時，務須注意，設於蠶體有害，且有惡臭者，則消毒之後，更宜行適當之方法，以處理之。

消毒之効力。常與溫度之高低爲比例差。若在天溫甚高之際，則收効亦較著。是以當春夏蠶事已竣之時，行一回之消毒者，祇於飼蠶期前，將彼蠶室，大加掃除，已能奏効，此爲日本經多次之實驗，甚足信據者也。雖然，吾國農家，當此消毒最好之時，往往以農事忙迫，未暇顧此；且或有一般蠶家，輒爲新賃一屋，以飼養春夏蠶者。其所新賃之屋，上年既未消毒，則當飼養之先，又安能僅行洗滌掃除之法以蕆事。惟於春蠶以前，擇天時溫暖之日，燃火爐於室內，使昇至華氏七十度以上，以補天溫之不逮，並以濃度適當之藥液至少須在一%以上，行一次之消毒，始有濟也。至計算蠶室內面積之大小，以定消毒藥劑之稀釋量，亦消毒上之一大事。今先將測算蠶室內面積之方法，列一式于左。【略】

按右式算之，例如有闊十二尺，深亦十二尺，高九尺之室，則得如左式。

【略】

如上式，可知蠶室內面積之大，爲七百二十平方尺。依對于百平方尺之面積，使用一點五瓦 Gramme 英名，約爲二釐六毫有奇之蟻酸亞爾台西特瓦斯量計算之，則七百二十平方尺面積之蠶室，須取一〇點八瓦之瓦斯，方足敷用。而稀釋福姆買林藥液時，宜先檢查其液體內，每百分中含有蟻酸亞爾台西特若干量，而後可和以相當之水，取而用之者也。但現今市售之舶來品，概爲三五%之割合，而每一磅中，當混之水量，又當因時與地而改變之者。例如夏季用一%之福姆買林，對於每一方尺地方，則當撒布〇點〇一五瓦。若於春蠶飼育期前，宜用一點五%之割合者，而廊下及調理場等處，須增加二培之濃度。

蠶室與蠶具之消毒　蠶室消毒，用福姆買林者，其効力不僅在所用之液體已也，而撒布之時，其所發散之蟻酸亞爾台西特瓦斯體，且能停滯室內，侵入各部，以殺病毒，其力甚猛。故當撒布之時，切勿開啟窻戶，致爲漏洩，是爲至要。室內如有隙縫，亦宜預先封好。而消毒畢後，至少須閉窗戶至十五時以上，方可開啓。至其撒布之法，以噴露器先撒布於天花板，而後及于四周，終乃至于地板。須按次序，（母）［毋］稍疏忽，否則不獨消毒不勻，且藥液之損失甚大。此外蠶室外之走廊掾側，以及天花板等處，亦恒有病毒附着，必如室內行同樣之消毒，方爲完善。一般蠶家，欲獲圓滿之効果者，尚宜注意于此點。

蠶室消毒之大畧方法，已如上節所述，今更以蠶具之消毒法約畧言之。蓋蠶室消毒與蠶具消毒，均有相待而不可相離之勢。當業者須將二者之方法參合行之，始有濟也。申言之，徒行蠶室消毒而不行蠶具消毒，則蠶室之消毒固去，而蠶具上之胞子必仍有所殘留，將與不消毒者等。若徒行蠶具消毒，而不行蠶室消毒者，則蠶具之消毒去，而蠶室之細菌仍留，其究也，亦將與不消毒者等耳。

又 行蠶具消毒之先，當預爲準備一切之事。如洗滌蠶具，整理消毒之器械及藥品，與佈置蠶具等是。洗滌之時期，於蠶事竣後及蠶事之前，擇天氣晴朗之日，將消毒器具運至河畔，帶水洗滌，使所有污物滌淨無遺，庶免消毒之際，致有他種物質，因與藥品觸接，起化學的作用，致消毒之功效，乃因之而減却也。至其洗法，可以竹帚或草帚，於水中細擦蠶具，且又再三冲滌，而後曝露於日光中，使其十分乾燥者也。然此不獨於蠶具爲然，凡蠶室中應用之一切物件，亦必如此。

又 至究其性狀，則爲無色有刺戟性之瓦斯體也。其比重與空氣略同，其分子成於炭素一、酸素一、水素二之四原子，易於變質，爲不安定之化合物。故于消毒之際，務須密閉蠶室，毋使空氣過於流通，是爲至要。否則取多量之酸素，而變爲蟻酸，失其消毒之能力矣。

又 又此瓦斯遇亞母亞 Ammonia，亞母尼亞鹽類，亞爾加里 Alkali 疏化水素等，即與之化合，生一種無消毒力之新物質，欲免其弊，宜先將消毒器械及蠶室蠶具，預先洗滌清淨爲要。

蟻酸亞爾台西特，對於蠶具之多寡，亦有至密之關係。設有甲乙二蠶室，其容積等，而所置之蠶具亦等，則其效力恒相符合。若蠶室之容積雖同，而甲室之蠶具，多於乙室者，則消毒之際，其所用之蟻酸亞爾台西特液，亦當於甲室稍加濃厚，而增其瓦斯之量，以期其適當焉。

既消毒後，蠶室應閉之時間，亦有一定之期限。例如在華氏七十五度以上之温，行蒸發消毒後，不論其室之大小奚若，而密閉之期須在五小時以上。若行撒布消毒者，則須在十五時以上，方爲合格，否則效力甚微，不能奏功也。

瓦斯消毒之方法，以其器械之構造不同而有異，要其效力則一也。例如脱利剌及靈古耐魯等消毒器，價值頗昂，無力蠶家，可以福姆買林蒸發器代之。若猶嫌其貴，即以尋常之鍋代之亦可。惟一般蠶家，恒置鍋於蠶室之中央，燃炭於爐而蒸發之，非特易招火災，且於取出器時，不免有瓦斯散逸之虞，尚非完善之法。故欲求其完善，則必於窗下先開一穴，以通於室外。即於穴旁作一小竈，置鍋於窗內，而燃火於室外，使鍋內之瓦斯，得蒸發於其內。惟穴上宜用玻片，俾得觀測室中之蒸發也。迨蒸發既異，鍋底必有白色固體粘附，尤當暫時加熱，使其蒸發淨盡，不稍殘留斯可矣。

又 福姆買林之撒布法 以效力言，液體與瓦斯，亦無所軒輊。今述其最簡便而功効最著者，莫如於無風處所，以噴霧器神速撒布福姆買林於蠶箔之內，而後再置蠶箔於撒過者之上而撒布之，更疊繼續。待積至適當之高，即以篾簟蘆簾等圍之，以防瓦斯之逸散。於是密閉至十五時之久，即能收效，至在蠶室時，則當加高其溫度。

計算福姆買林之重量，以定使用之多寡，亦一要事也。如夏時在一千八百立方尺容積之蠶室內，欲以三五％之福姆買林液，對於一立方尺之容積，當用〇一二瓦之瓦斯量，始能收十分之效力。至欲求該室所需之全量瓦斯體，則以一立方尺之瓦斯量乘室之全容積即得，今示其算式如左：

$$012 \times 1800 = 216$$

如欲知三五％之福姆買林之應需量，則當依左式求之。

$$216 \times 100 \div 35 = 617$$

按上式算之，即知該室應需之福姆買林爲六百十七瓦，即一磅之三分之一以上也。

清 黄涓西《實驗蠶病消毒法》第一篇第四章《微生物》（《蠶業叢書》第九編） 微生物之繁殖，既如此之迅速激進。故今如一頭之蠶而發生病焉，此蠶兒之糞及死體或附着於桑葉蠶座等，遂乃傳染於四鄰之健蠶，而蔓延於其蠶室，以至生失敗之結果者，時有所聞。乃幾多之當業者，不留意於病源之研究，徒歸罪於氣候之變遷，或飼育之巧拙，使無辜之蠶齎恨於地下，比比皆然。吾非敢謂氣候飼育之良否，與蠶之豐者毫無所關，特此非直接之病源，不過助病原菌之感染及繁殖，爲一間接之誘因耳。由此觀之，不論飼育術如何精巧，蠶種之選擇如何鄭重，以爲病蠶可以藉此全滅者，未之有也。故欲達育蠶之目的，而可與撰種飼育相鼎立者，其惟實行此消毒法爲當務之急乎。

又 第二編《本論》第一章《消毒藥品之説明》 蟻酸亞勒西特之瓦斯，其比重殆與空氣同，是以行之於消毒，不唯蠶室蠶具觸之而不變色，即其他之衣服毛布等類，亦毫無毀損變色之害。不過其滲透性，在通常之衣，則較之毛織物，易於滲透耳。

又 第五章《亞硫酸瓦斯》 亞硫酸瓦斯，其所以能撲殺微生物者，則以其與酸素之化力甚强，能奪取凡百物質所含有之酸素而自行酸化，其撲殺之理，則本乎此。故薰蒸亞硫酸瓦斯，凡遺留於蠶室蠶具之病原的生物，其中所含有之水分，均能一一分解之，而奪取其酸素，使之無能生存焉。且此瓦斯，含有漂白物體之性，故用以爲漂白劑者亦甚多也。惟此瓦斯之消毒力，較之蟻酸亞勒西特之殺菌力似稍弱，但其價格廉，使用之器械亦可取其簡便者。故對於經濟上甚合算，且亦有效。然世間往往以亞硫酸薰蒸之後，則其臭氣永久存在，恐於蠶之生理上有害。實則不然，日本以此而行多數之試驗，其結果無一不達於良好者，由此觀之，亦可見矣。

又 第三編《消毒器械》第一章《瓦斯體消毒器》 薰蒸瓦斯，必審明蠶室之大小，庶不至誤用藥量。但經過消毒以後，必須開放窗戶，使空氣得以流通，以便驅除藥劑中之臭氣。若欲速除臭氣，則使室內之溫度加高，并以稀薄之亞莫尼亞水撒布之，即得矣。

又 對於一千六方尺之蠶室，則用八十五瓦之蟻酸亞勒西特，使之接觸五時間，卽蠶席二枚相重，在軟化病原菌及硬化病原菌，殆無不全然消滅者。且對於右之試驗，在右之藥品中，加入1%之薄荷及㶲利洒靈 Glyarine，則更爲有効云云。

又 第二章《靈㶲納而 Lingner 式消毒器》 消毒之後，可以他之方法去其臭氣，或以水洗，或以亞莫尼亞洗滌之，或入以炭火而發散之，惟在蠶室則不用亦可。

又 第四編《消毒法論》 夫消毒法者，非僅關于蠶業界上而用之者也。然其關于蠶業界所行者，則別爲二類。其一爲蠶室消毒法，其一爲蠶具消毒法，均得以其藥品之性質，或用瓦斯體，或用液體，依其所用之便利，選擇而行之可也。

又 第一章《蠶室消毒法》 自來蠶室消毒上，亦有直接用瓦斯者。但瓦斯之用，對于家屋之構造上，非時切防維，恐釀意外之虞。况當業諸人，如鄉間者流，大都心粗意大，故不若以液體而行福落麻倫之撒布，則較爲完全。今畧述其梗概，以備採用。

第一節 蠶室之面積計算

未行消毒以前，先將蠶室之面積細細算出，然後配合藥量，庶不至誤有耗費。今舉其簡單之算式，人人所易知者，記之于下，以爲當業者之則效。

（間口×奥行＋間口×高＋奥行×高）×2＝面積

例如：間口（開闊）十二尺、奥行（深遠）十二尺、高九尺之蠶室，其面積之計算依上之公式而所得如下：

(12×12＋12×9＋12×9)×2＝720平方尺

于是以蠶具之面積幾何，除所得之面積，則于消毒之時，應用幾何之藥量，若干之時間則爽然無失矣。

又 第二章《蠶具消毒法》

關于蠶具之消毒，其種類甚多，大別之則爲瓦斯消毒、液體消毒、蒸氣消毒、日光消毒之四者。而此中今日一般所行者，則以瓦斯消毒法爲主，或亦有以福落麻倫之蒸發法行之者。况夫蠶具之類，亦與蠶室同，未消毒以前，充分洗滌，而此中布置，亦不可不有次序。

第一節 消毒之準備

蠶具之洗滌

凡蠶具者，于養蠶完結之後，藉天朗氣淸、溫度適當之日，運之河流等處，充分洗滌，去其污物。倘有污物附着，則於消毒時必起化學作用，其有防害于消毒之效力也明矣。不惟蠶箔，卽桑籠等，凡有關于蠶室中之用動器具，無不宜同時洗刷，然後晒于日中，俟其乾燥後，置之室中，以備行何種之消毒。

又 消毒之時期

蠶具之消毒時期，亦與蠶室無大異。在溫度高時所行者，較之溫度低時所行者，其效過之。且瓦斯之消費量，亦因溫度之高而較省，卽浸透力亦然；故當業者，不如以溫度高時行之也。

又 卽對於一立方尺所供給之瓦斯量，約0.8瓦是也。由此而對于一千三百立方尺之蠶室，其所要之供給量，則爲千零四十瓦矣。欲計算瓦斯量者，依此而求之可也。

又 蠶室蠶具，經消毒以後，必須密閉二十時間以上。

清 吴宗周、陳幹材、徐謙山《蠶桑白話》卷二《養蠶的新法子》 他們外國人頂講究的是蠶房，這講究兩字並不是要如何雕彩體面。不過這蠶房總要揀高燥地方，比尋常房子高一兩尺，下面就可以不潮濕了。那房子方向，頂好是東南兩面，因爲東南風比西北風和暖些，蠶是頂怕冷的，所以那西北向不甚合用。房子的高下大小，也有一定尺寸，高要九尺上下，闊約一丈二尺上下，深一丈五尺上下的最好，小了只得少養。房子上若無瓦蓋，就是草蓋也可。房子中央開一個火坑，這個火坑要蠶房地面積十六股裏頭一股的大方好，是備天冷時燒火用的。坑面兩頭鋪木隔子，中央鋪木板，平常可以走路。倘蠶房中不開火坑，另用火爐，亦是要得。還有那養蠶的傢伙也是要小心的。今年用的傢伙，明年養蠶時，是不可胡亂用的。

紀事

《東觀漢記》卷六《列傳外戚**·明德馬皇后》** 太后置蠶室、織室，于濯龍中，數往來觀，視以爲娛樂。

南朝宋 劉義慶《世説新語》卷下之下《排調第二十五》 褚季野問孫盛卿：國史何當成？孫云：久應竟，在公無暇，故至今日。褚曰：古人『述而不作』，何必在蠶室中？《漢書》曰：李陵降匈奴，武帝甚怒，太史令司馬遷盛明陵之忠，帝以遷為陵遊説，下遷腐刑，乃述唐虞以來至于麟止為《史記》。遷《與任安書》曰：李陵既生降，僕又茸之以蠶室。蘇林注曰：腐刑者，作䆉室，蓄火時如蠶室，舊時平陰有蠶室獄。

《晉書》卷一九《禮志上》 詔曰：『【略】今藉田有制而蠶禮不脩，田中間務多未暇崇備。今天下無事，宜脩禮以示四海。其詳依古典，及近代故事，以条今宜，明年施行。』於是蠶於西郊，蓋與耤田對其方也。乃使侍中成粲草定其儀。先蠶壇高一丈，方二丈，爲四出陛，陛廣五尺，在皇后採桑壇東南帷宮外門之外，而東南去帷宮十丈，在蠶室西南，桑林在其東。取列侯妻六人爲蠶母。蠶將生，擇吉日，皇后著十二笄步搖，依漢魏故事，衣青衣，乘油畫雲母安車，駕六騩馬。女尚書著貂蟬佩璽陪乘，載筐鉤。公主、三夫人、九嬪、世婦、諸太妃、太夫人及縣鄉君、郡公侯特進夫人、外世婦、命婦皆步搖衣青，各載筐鉤從蠶。先桑二日，蠶室生蠶著薄上。桑日，皇后未到，太祝令質明以一太牢告祠，謁者一人監祠。祠畢徹饌，班餘胙於從桑及奉祠者。皇后至西郊升壇，公主以下陪列壇東。皇后東面躬桑，採三條，諸妃公主各採五條，縣鄉君以下各採九條，悉以桑授蠶母，還蠶室。事訖，皇后還便坐，公主以下乃就位，設饗宴，賜絹各有差。

又 卷四四《華嶠傳》 嶠所著論議難駁詩賦之屬數十萬言，其所奏官制，太子宜還宮及安邊，雩祭明堂、辟雍，浚導河渠，巡禹之舊跡，置都水官，修蠶宮之禮，置長秋，事多施行。

唐 白居易《白氏六帖事類集》卷一一《藉田第十一》 先蠶附藉田門

《東觀漢記》曰：馬皇后置織室，蠶於濯龍中，又皇后採桑，壇在蠶宮西南。

唐 李君房《獻繭賦》《文苑英華》卷一二〇 冠六宮六職者，公桑而已矣。既卒蠶於世婦，乃奠璽於天子。稽諸祭典實可重，考諸女工斯為美。信率土而在茲，亦奉先而是以。當其令布明堂，時更青陽。蠶事既卒，女工式臧。然後衣禮服，出棘墻。奉茲珍璽，盈彼懿筐。纍纍乎如將薦卵，皎皎乎有類凝霜。既依于一作乎后，亦獻於王。所以申課績之勞止，展威儀之孔將。遂繰三盆，脩六服。或黼或黻，或采或緑。期有事於王公，庶無勞於杼軸。侯其褘而已注在前，寔足尚之。享廟之容克備，展敬之禮允釐。斯蓋夫人之畏慎，王者之肅祇。不然者，賦有織紝之筐，貢有畎岱之絲。海人奉冰蠶至止，園客將絲緒來茲。冠冕之服可成，祭祀之儀可輯。可以重其珍美，可以揚其褐襲。何必桑壇而世婦斯復，繭舘而夫人乃入，俾來者既单，恒日不暇給。蓋欲輸於勤苦，表我敬恭。厚禮奉於先祖，躬勤勸乃農功。使三官疑作宮之有序，斯百代之攸崇。是以獻繭之道，治國之要，將取媲於三推，明至誠於九廟。

《太平御覽》卷八二五《資産部五·蠶》 又《祭義》曰：古者天子、諸侯，必有公桑蠶室，近川而爲之，築宮仞有三尺，棘牆而外閉之。及大昕之朝，君皮弁素幘，卜三宮之夫人、卋婦之吉者，使入蠶室，奉種浴于川，桑于公桑，風戾以食之。大昕，季春朔日之朝也。諸侯、夫人、三宮，半王后也。風戾之者，及早凉脆采之。風戾之，使露氣燥，乃以食蠶，蠶性惡濕。歲既單矣，卋婦卒蠶，奉繭以示于君，遂獻繭于夫人。

《玉海》卷七七《禮儀·親蠶·周中春蠶北效》

《禮·内宰》：中春，詔后帥外内命婦，始蠶於北郊，以為祭服。歲終，稽其功事。注，蠶於北郊，婦人以純陰為尊，郊必有公桑蠶室焉。疏：按《月令》，三月，后妃親東鄉躬桑。此云二月。

又 夫人蠶於北郊，以共冕服。夫人不蠶於西郊，婦人禮少變也。《祭義》：古者，天子諸侯，必有公桑蠶室公桑，猶公田也。近川而為之，築宮仞有三尺，棘牆而外閉之。及大昕之朝，君皮弁素幘，卜三宮夫人、世婦之吉者，使入蠶於蠶室，奉種浴於川，桑於公桑，風戾以食之，歲既單矣。三月之末，四月之初。

又 漢祠先蠶 漢織室蠶繭館 蠶官

《後·禮儀志》：永平二年三月，皇后帥公卿、諸侯夫人蠶。祠先蠶，禮以少牢。注：丁孚《漢儀》曰：皇后出，乘鸞輅，青羽盖，駕駟馬，龍旂九斿，大將軍妻參乘，太僕妻御，前鸞旗車，皮軒闟戟，雒陽令奉引，亦千乘萬騎。車府令設鹵簿，公、卿、五營校尉、司隸校尉、河南尹妻皆乘其官車，帶夫本官綬，從其官屬，導從皇后。置虎賁、羽林騎、戎頭、黄門鼓吹，五帝車，女騎夾轂，執法御史在前後，亦有金鉦、黃鉞，五將導。桑於蠶宮，手三盆於繭館，畢，還宮。《月令》曰：禁婦女無觀。按，谷永對，四月壬子，皇后蠶桑之日也，則漢桑亦用四月。《漢舊儀》曰：春桑生，皇后親桑，於苑中蠶室，養蠶千簿以上。祠以中牢羊豕，令蠶神曰苑窳婦人、寓氏公主，凡二神。羣臣妾從桑還，獻於繭觀，皆賜從桑者樂。皇后自行。凡蠶絲絮，織室以作祭服。祭服者，冕服也，天地宗廟羣臣五時之服。其皇帝得以作縷縫衣，得以作巾絮而已。置蠶官令、丞，諸天下官皆詣蠶室，亦婦人從事，故舊有東西織室作法。晉后祠先蠶，先蠶壇云云。見《晉志》《輿服志》漢制，皇后蠶服，青上縹下，貴人助蠶，服純縹。皇后以蠶衣為朝服。《宋志》漢東郊，非古也。魏北郊，依《周禮》也。晉西郊，與藉田對其方也。董巴《輿服志》曰：漢皇后桑於東郊苑中。傅毅《洛都賦》，桑宮繭館，區制有矩，后率九嬪，躬敕工女。

又　唐親蠶

散齋三日於後殿，致齋一日於正寢，一日於正殿。致齋之日，尚服率司仗布侍衛，司賓引內命婦陪位。六尚以下，各服其服，詣後殿奉迎。皇后服鈿釵禮衣，結珮，乘輿出自西房，華蓋警蹕。降就齋室，散齋。散齋之日，內侍率內命婦之吉者，使蠶於蠶室。前享二日，大樂令設宮縣之樂於壇南內壝之內，女工各位於縣後。右校為採桑壇於壇南二十步所，方三丈，高五尺，四出陛。尚舍量施帷障於外壝之外，設御位於壇之東南，西向。又設御採桑位於壇上，東向。享日，司設升，設先蠶氏神座於壇上。其日，六尚以下，詣室奉迎。尚服負寶，內僕進厭翟車。皇后服鞠衣，乘輿以出，華蓋、侍衛、警蹕。皇后升車，尚功奉鉤，司製進筐，載之。內命婦及六尚等乘車從。駕次大次門外，降車。停大次半刻頃出，次，入自東門，至版位。樂三成，受幣跪奠於神座。已奠，乃奉毛血，跪奠於神座前，皇后復位。復升，自壇酌醴齊，進先蠶氏神座前，奠爵，尚儀讀祝文。皇后再拜，飲福受胙。復位，尚宮曰禮畢，引詣採桑壇。尚功奉金鉤，採桑三條止，內外命婦以次採至蠶室。尚功以桑按蠶母，蠶母切之，以授婕妤，食蠶洒一薄止，車駕還宮。之明日，內外命婦設會於正殿，如元會之儀，命曰勞酒。

又　政和親蠶無斁殿

政和元年四月二十一日，於壇側度地，築公桑蠶室，其親蠶殿名曰無斁。宣和元年三月二十八日，皇后親蠶於延福宮。於宮築採桑壇、繭館、織室，服用鞠衣。

又　卷一六五《宮室·館》

漢繭館

《元后傳》：王莽欲娛太后市權，迺令太后四時車駕，巡守四郊，春幸繭館，率皇后列侯夫人，桑遵灞水而祓除。《注》師古曰：漢宮閣疏云，上林苑有繭觀，蠶繭之所也。《洛都賦》傅毅桑宮繭館，區制有矩，后帥九嬪，躬勑工女。《咸宣傳》闌入上林中蠶室門。《後·禮儀志》注，桑于蠶宮，手三盆于繭館。

宋　陳景沂《全芳備祖後集》卷二二《農桑部·賦詠祖·五言散句》

兩淮蠶室地，不復長桑牙。後村

宋　祝穆《古今事文類聚前集》卷九《天時部·夏·五月·端午》

五彩絲

五月五日，以五綵絲繫臂者，辟鬼及兵。一名長命縷，一名續命縷，一名辟兵繒。《風俗通》北人端午以雜絲結合歡，縈纏手臂，《提要錄》又名條達，織組雜物以相贈遺，及日月星辰鳥獸之狀，文繡金縷帖畫，貢獻于所尊。古詩云：『繞臂雙條達。』《初學記》歐詩：『五色雙絲獻女功，多因荊楚記遺風。』又云：『綉繭誇新巧，縈絲喜續年。』章簡公《皇帝閣帖》云：『清曉會披香，朱絲續命長。一絲增一歲，萬縷獻君王。』又云：『繭館初成長命縷，珠囊仍帶辟兵。』《繒欒城帖子》云：『飲食祈君千萬壽，良辰更上辟兵繒。』

元　王禎《農書》卷二〇《農器圖譜十六·蠶繅門》　蠶室，《記》曰：『古者天子諸侯，皆有公桑蠶室，近川而為之，築宮仞有三尺，棘牆而外閉之。三宮之夫人，世婦之吉者，使入蠶室，奉種浴於川，桑於公桑。』此公桑蠶室也。其民間蠶室，必選置蠶宅，負陰抱陽，地位平爽，正室為上，南、西為次，東又次之。若室舊，則當淨掃塵埃，預期泥補。若逼近臨時，墻壁濕潤，非所利也。夫締構之制，或草或瓦，須內外泥飾材木，以防火患。復要間架寬敞，可容槌箔，窗户虛明，易辨眠起。仍上於行椽口練切各置照牕，每臨蠶暮，以助高明。下就附地，列置風竇，令可啓閉，以除濕鬱。考之諸蠶書云，蠶室先辟東間養蟻，停眠前後撤去。西牕宜遮西曬。

明　彭大翼編，張幼學增訂《山堂肆考》卷八《時令·春》

繭館

漢元帝王后厭居深宮，王莽欲市其歡，令四時巡四郊，春幸繭館。繭館，上林蠶所也。晏元獻詩：『繭館蠶初起，瑶箱燕未歸。』

明　王應電《周禮傳》卷一下《天官下》　中春，詔后帥外内命婦，始蠶于北郊，以為祭服。中，音仲。中春，蠶月也。北郊，純陰之地。婦道屬陰，故公桑蠶室于北郊。后帥外内命婦親蠶者，一則供祭服，以奉郊廟；一則勤職事，以化百姓也。為祭服見後典枲。

清　嵇璜等纂修《欽定續通典》卷五〇《禮典・先蠶》　高宗紹興七年，從黄積厚請，以季春吉巳日，享先蠶視風師之儀。十五年，太常王湛言，請按政和禮建親蠶殿、蠶室、繭館，請皇后就禁中，行親蠶之禮。詔送禮部，下太常寺討論，不果行。

又　言：禮，天子必有公桑蠶室。今請倣古制，於先蠶壇側，築蠶室，度地為宫，四面為牆，高仞有三尺，上被棘，中起蠶室二十七，别搆殿一區，為親蠶之所。倣漢制，置繭館，立織室，養蠶於薄，度所用之數為桑林，築採桑壇於先蠶壇南，相距二十步，方三丈，高五尺，四陛。置蠶官令、丞，以供郊廟之祭服。

清　李光地等《御定月令輯要》卷九《四月令・日次・二十一日》　築蠶室。增《玉海》：政和元年四月二十一日，於壇側度地，築公桑蠶室，其親蠶殿名曰：無斁。

清　崔應榴彙纂，錢馥補輯《蠶事統紀》卷二《歷代祀先蠶禮親蠶禮一》　《漢書・元后傳》：『孝元皇后，春幸繭館，率皇后列侯夫人桑，遵霸水而祓除。』

又　《後漢・禮儀志》：『明帝永平二年三月，皇后率公卿諸侯夫人蠶，祠先蠶，禮以少牢。』注引《丁孚漢儀》曰：『皇后出，乘鸞輅，青羽蓋，駕駟馬，龍旂九旒。大將軍妻驂乘，太僕妻御，前鸞旂車，皮軒闟戟，雒陽令奉引，亦千乘萬騎。車府令設鹵薄駕。公卿、五營校尉、司隸校尉、河南尹妻，皆乘其官車，帶夫本官綬，從其官屬，道從皇后。置虎賁、羽林騎、戎頭、黄門鼓吹，五時車，女騎夾轂。執法御史在前後，亦有金鉦黄鉞，五將導。桑于蠶宫，手三盆于繭館，畢，還宫。』《月令》曰：『禁婦人無觀』。按谷永對稱：『四月壬子，皇后蠶桑之日也』，然則漢桑亦用四月。

案，《後漢・輿服志》：『太皇太后，皇太后蠶，青上縹下，皆深衣制。貴人助蠶服，純縹上下，深衣制。公卿列侯、中二千石、二千石夫人助蠶者，縹絹上下，皆深衣制。』又云：『公卿列侯、中二千石、二千石夫人，會朝若蠶，各乘其夫之安車，右騑，加交路帷裳，皆皁。』

又　卷四《歷代祀先蠶禮親蠶禮三》　《文獻通考》：紹興十五年，太常丞王湛言：『請按政和禮，建親蠶殿、蠶室、繭館。請皇后就禁中行親蠶之禮。』朝旨送禮部，下太常寺討論，不果行。

清　黄書霖《二十四史九通政典類要合編》卷七七　晋武帝太康六年，蠶於西郊。蓋與籍田對其方也。先蠶壇高一丈，方二丈，四出陛，陛廣五尺，在皇后採桑壇東南，帷宫外門之外。而東南去帷宫十丈，在蠶室西南，桑林在其東。取列侯妻六人爲蠶母，蠶將生，擇吉日，皇后著十二笄，步摇依漢魏故事，衣青衣，乘油畫雲母，安車駕六騩音貴馬。女尚書著貂蟬佩璽，陪乘載筐鉤。公主、三夫人、九嬪、世婦、諸太妃、太夫人及縣鄉君、郡公侯、特進夫人、外世婦、命婦，皆步摇衣青，各載筐鉤，從蠶先桑。二日蠶宫生蠶，著簿上，躬桑日，皇后未到，太祝令質明，以太牢告祠。謁者一人監祠，祠畢，徹饌，頒餘胙於從桑及奉祠者。皇后至西郊，升壇，公主以下陪列壇東。皇后東面躬桑，採三條；諸妃、公主，各採五條；縣鄉以下，各採九條，悉以桑授蠶母，還蠶室。事訖，皇后還便座，公主以下乃就位，設饗宴，賜絹各有差。《晋書・禮志》、《通典・吉禮》、《通考・郊社考》同。

清　袁俊德《蠶桑稽古編・歷代制詔類・明》　嘉靖九年，續定親蠶儀制，帝曰：『周禮，耕蠶分南北郊。其蠶於禁中，唐人便安之制耳，不可爲法。』於是禮部請行於北郊，酌治蠶禮，定壇壝向，制採桑器，擇掌壇官。翟車出入，或從東華門，或從元武門，用謹厚内臣，用肅宫禁。帝從之。其壇制殺先農什一，建具服殿，蠶室繭館，俱如古制，仍於西内營織堂，一終蠶事。

藝文

元　虞集《道園學古録》卷三〇《題樓攻愧織圖》　吴越蠶桑用日多，始終吟詠極婆娑。玉成繭館間琴瑟，宜薦房中備樂歌。

明　彭大翼編，張幼學增訂《山堂肆考》卷一一《時令・五月・端午》　《抱朴子》曰：『或問辟五兵之道？』曰：『合以五月五日作赤靈符，著於心前。』今釵頭符是也。《王沂公夫人閣帖子》：『欲謝君恩卻無語，心前笑指赤靈符。」歐陽公詩：『五兵消以德，何用赤靈符。』章簡公帖子：『桃印敞金扉，鳴環繭館歸』。又云：『赤符神印穿金鏤，團扇鮫銷畫鳳文』。

清　崔應榴彙纂，錢馥補輯《蠶事統紀》卷四《歷代祀先蠶禮親蠶禮三》

望燎曲同送神

皇后親蠶宴內外命婦樂章

陞座奏天香鳳詔之曲　春雲缭繞芳郊曙，喜乾坤萬景咸舒。皐蕙圃迎仙馭，采柔條，攀茂柯。蠶宮繭館親臨御，璧月珠星照太虛。開筵還駐翠旓旗，萬載垂貞譽。

清　馬曰璐《養蠶詞》《蠶事統紀》卷一八　江南四月桑陰薄，辛苦吴蠶初上箔。柔條倚偏小姑梯，生怕朝來雨不宜。玉蛾金繭漸成熟，織作羅紈自無服。背人更祭馬頭娘，何不絲繅萬丈長。聞道今年立繭館，眼看蠶桑天下滿。

清　劉光蕡《養蠶歌括》

蠶室

蠶應房星火之精，一室溫暖始成功。門窗向南方爲上，下則向西中向東。中間火倉方四尺，壘高二尺下深同。木用泥塗防失火，下慮潮溼許通風。兩頭置窗辨眠起，閒須寬大槌箔容。此爲專備蠶室說，屋大需要財力豐。貧民謹慎能潔淨，養蠶卧室亦成功。

雜録

南朝梁　宗懔《荊楚歲時記》　按《續齊諧記》曰：吴縣張成夜起，忽見一婦人立於宅東南角，謂成曰：此地是君家蠶室，我即此地之神。明年正月半，宜作白粥，泛膏其上以祭，我當令君蠶桑百倍。言絶而失之，成如言作膏粥，自此後大得蠶。世人正月半作粥禱之，加肉覆其上，登屋食之。咒曰登高，糜挾鼠腦，欲來不來，待我三蠶老，則是爲蠶逐鼠矣。石虎《鄴中記》：正月十五日，有登高之會，則登高又非今世而然者也。

唐　白居易《白氏六帖事類集》卷一《正月十五日》　《齊諧記》曰：月半昔，吴縣王成家，夜一人立宅東南角，謂成曰：此地是君蠶室，我即地神，明日月半，宜作白粥，泛膏於上，以祭我，必當令君蠶桑百倍。神言訖，失所在。如其言，年年大得蠶。或云，神降陳氏之家，云蠶神也。劉敬叔《異苑》曰：其夕迎紫姑神以卜。云本人家妾，爲大婦所妬，以其日感激而死，故代人至日，作其形迎於廁。云子胥不在，曹夫已行，小姑可出，子胥，壻曹夫姑也。

宋　陳旉《農書》卷下《收蠶種之法篇第二》　次治明密之室，不可漏風，以糠火温之，如春三月。

宋　陳元靚《歲時廣記》卷一一《上元中》

祭蠶室

《續齊諧記》：吴縣張誠之，夜見一婦人，立於宅東南角，舉手招誠，誠就之。婦人曰：此地是君家蠶室，我即地之神，明日正月半，宜作白粥，泛膏於上，以祭我，當令君蠶桑百倍。言訖，失之，張如其言，為作膏粥，年年祭之，大得蠶焉。或云，其神降於陳氏之家，云蠶神也，世人正月半作膏粥，由此故也。今俗傚之，謂之粘錢財。《壺中贅録》云：今人正月半，作粥禱，加以肉覆其上，登膏糜，採鼠朏，欲來不來，待我三蠶老，則以為蠶禳鼠。

清　康基淵《先蠶祠記》《蠶事統紀》卷十六　先蠶祠何？重桑也。重桑者何？嵩之民貧，桑之利厚，且其土宜桑也。宜桑，則曷為祀先蠶也。《周禮》：『后帥外內命婦，蠶北郊。』《月令》：『季春，命野虞，毋伐桑柘。省婦使，勸蠶事。』後世織室、桑壇、繭館代興，蓋其重也。嵩之桑凡四種，女桑尤宜。山谷間亦多柘。人知槲葉飼山蠶，不知桑與柘食蠶之為利也。夫曠廢久，則圖始難，非有觀而感不深，驟喻民以所不習，則疑。明示以事之有，因斯共信佛老空談，本無有也。大士天尊之像，繪人心目，桑而蠶，蠶而食服裕，實有其祖也。祀其祖，並繪蠶織于壁，俾民有觸而興，衣食之源，用以濟焉。斯其為福普矣！君子不以民之愚而弛其心，不以效之迂而闕其政，先蠶之祠，堅民信也。釋奠者祭先師，祈穀者祭先嗇，則躬桑者祭先蠶，宜也。先蠶者何？元妃西陵氏也。

《欽定續通典》卷五〇《禮典・先蠶》　今請就北郊為壇，以享始蠶之人。不設燎壇，但瘞埋以祭，餘如故事。徽宗政和時，禮局言：禮，天子必有公桑蠶室，今請倣古制，於先蠶壇側築蠶室，度地為宮，四面為牆，高仞有三尺，上被棘。中起蠶室二十七，別搆殿一區，為親蠶之所，倣漢制置繭館，立織室，養蠶於薄，度所用之數為桑林，築採桑壇於先蠶壇南。

清 韓夢周《蠶桑實濟》卷四《育桑急務》

上簇法

［造簇］此時宜極煖房大簇大者，用炭火八盆；房簇俱小者，用火六盆。日間天煖，火宜小些；夜間氣寒，火宜大些。務要簇室晝夜有人，以防火患。若上簇蠶寒，不惟作繭遲而且少絲，又難於燥。如上簇時遇雷，須密閉門窗，覆以蠶蛻紙，周圍用水盆，以止其畏。用火要兩晝夜，則繭成矣。繭成之後，大開門窗，以通風涼，七日而摘。

清 程岱葊《西吴蠶略》卷上

蠶室

清明後，招村巫禳蠶室。相傳昔有王成，夜見一婦，立宅東南，謂之曰：此地君家蠶室，我即此地之神。正月上元，作白粥，泛膏於上，以祭我，當令君蠶桑百倍。成如言，作膏粥祭之，蠶果大善。見宗懔《荆楚歲時記》及吴均《續齊諧記》作張成。語甚無稽，惟《時憲書》年神方本有蠶室之目禳之，未嘗不是怪誕之説，可無論已。

又 白鱟

弁山中有白鱟，相傳能攝人魂，及蠶穀之屬。有説已別見四月蠶盛時，遇風雨晦冥，有白氣起山中，狀如素霓，搖曳天半，下垂蠶室，則剨然有聲，蠶中之，即不食不繭。故蠶家望見，即羣聚村衆，擊鉦鼓，放爆竹，喧呼相逐，迄鱟退方已。　按湖俗稱虹為鱟，即白鱟，亦以白氣如虹名之。竊意虹之為物，有形無質，然唐韋皋鎮蜀，宴客，虹垂首於庭，吸席上飲食。劉義慶在廣陵，白鱟入室，飲其粥，則又有質矣。《山海經》注：鱟魚形如惠文冠，青黑色，十二足，長五六尺，似蟹，雌常負雄，取必得雙子，可為醬。與虹絶不類，俗稱殊誤。

清 高銓《蠶桑輯要》卷上

驅蠅

蠅之類不一，其子即蛆也。有一種號麻蠅者，巨而聲壯，飛集蠶房，即綴子于蠶身，入而成蛆，能潰蠶腹而出，蛻化成蠅，最為蠶患。且性如鬼蜮，較難防禦。春蠶時，猶少。自夏徂秋，蠶之遭其害者，十有六七。故夏秋蠶室，尤不可有一隙之地，使蠅得乘虚而入。宜以黄草布作帳，遮護蠶植。

清 崔應榴彙纂，錢馥補輯《蠶事統紀》卷二《歷代祀先蠶禮親蠶禮》 案師古注：引漢宮闕疏云：『上林苑有繭館，盖蠶繭之所也。』並見《三輔黄圖》。桑，採桑也。王莽知太后厭居深宫，欲娱樂以市其權，故令如此。馥案文帝景帝詔書，皆有后親桑之文，然史不述其事，故靡得而詳焉。

清 陳淳《實驗蠶桑簡要法》篇下第二十五章《上簇之法》 蠶之作繭，本藉其護膜質而成。若簇室中濕重，則繭帶濕氣，護膜質固着，妨解舒，損光澤。

圖表

清 衛杰《蠶桑萃編》卷一一《圖譜・蠶器圖類》

蠶室圖説

《蠶室記》曰：古者天子、諸侯，皆有公桑蠶室，近川而為之，築宫仞有三尺，棘墻而外閉之。三宫之夫人，及世婦之吉者，使入蠶室，奉種浴於川，桑於公桑，此公桑之蠶室也。其民間蠶室，坐北向南者為上，向東者次之，向西者又次之。締構之制，或瓦房草房，俱以泥塗材木，以防火患。其大小

廣狹，任人之力，務要間架寬廠，可容槌箔，易於轉動。切桑刀式

鐵身鋼口，形如菜刀，已切哉，有油膩者，不可用。

切桑板式

以堅木爲之，長二尺五六寸，寬一尺二三寸，厚一寸餘，刨光用。

采桑筐式

以竹篾編之，有眼，取其透風，大小隨宜，口繫繩以便兩筐並挑。

担蠶毛式

鵝鴨翅毛皆可，雞毛恐生風，以不用爲妥。

蠶箸式

以竹爲之，長五六寸，較倉箸稍細。一頭削尖，須光潤，免致傷蠶。

蠶篩式

以細篾編之，圓徑八寸，邊高二寸，眼貴疎，篾須光潤，以便篩葉。

蠶篇式

以篾編之，大者圖徑三尺七八寸，小者圓徑二尺五寸，或二尺，或尺五不等，邊高寸半，實底不用眼，邊底皆用硬篾經緯之，庶期久用。

蠶植式

用三木作柱，大者高八尺，中設横檔八層，相懸各八寸，令可容篇進出，前擋長四尺，後擋長二尺二寸，前擋居中，俱平鑲短摣，長四寸，後擋前各裁成摣口，湊短摣上，如公母笋式，中穿一孔，綰以竹釘，令可轉移，摺疊小植高四尺餘，闊二尺六寸，擋用五六層，以便置牀帷内。

清 曾鉌《蠶桑備要·序·經始事宜章程十二條》 桑務廢弛已久，應用各具，無處購買，擬用匠工一人，造作蠶器，以便民間買用。所成蠶具，按工本加息二分，所得息錢，即爲該工口食之需，不足再行酌添。

又 卷四《養蠶程式》 頭眠起齊【略】起齊後，第一次布葉，須薄而勻。蠶眠時，器内篩有糠灰，起後蠶器乾燥，所布之葉易枯，枯則蠶不能食，故布葉宜薄。

又 設倉 大眠起後，蠶身愈大，用器愈多，如無器物可分，只好於地下設蠶倉，以代蠶器，俗謂之『放地蠶』。但不宜早放，放太早，則掽動蠶腳，且蠶既下地，桑渣蠶屎堆積太厚，亦無法可去，須俟開口兩三日，乃放倉内。蠶腳已老，無妨掽動。又爲日無多，桑渣蠶屎，不至堆積太厚。設倉之法，先擇屋内明亮有地板者，打掃潔淨。次以稻草搗輭，截作寸許，鋪勻地板上。再置地蠶凳於稻草内，無凳則以厚塼，散置其中。塼彼此相距二尺，須安置穩當，使布葉者，有立腳處。倉邊四圍，用厚木板圍住。或用小土塼圍住亦可，倉之大小，以蠶之多寡酌之，然後以蠶勻布草上，如無地板，則先鋪石灰，再鋪稻草。如無石灰，則先鋪粗糠，再鋪稻草。地面多溼氣，非蠶所宜，粗糠、稻草，須用極燥者。

清 沈秉成《蠶桑輯要·諸家雜説》 養蠶説 造蠶盤，古以木作筐，筐邊高二三寸，以疎簟為底，底鋪蘆簾，育蠶器名曰箔。箔有大小，今人用筐簸，取其輕便。

清 關維震《養蠶法》第二章《蠶具》

養蠶器具不備，固非所宜，器具備而不得當，亦不適於養蠶。

又 養蟻量一兩需備各物如左

蠶架 二組 大篇 百卅個 中篇 八個 小篇 四個

草蓆如篇數 桑梯 一步 桑翦 二把 竹籠 六對

篾簟 二十張 桑刀大小 二把 桑砧 二塊 刀礴 一方

桑篩 一分 分半 二分 三分 四分 五分 七分 一寸 各一面 簸箕 二隻 葉簍 六隻

篇架 四個 踏櫈 二個 蠶網 二百張 寒煖計乾溼表 二個

鑱草刀 一把 火筷 二副 火鍘 一個 糞箕 一隻

大秤 一管 釐秤 一管 洋燈 二盞 燭台 二個

蠶筷 四雙 鵝毛 四柄 筆硯 一副 算盤 一架

風扇 一把 草衣 二件 箬帽 二頂 浴種桶 一隻

排筆 二支 貯種箱 一組 竹竿 四十支 自鳴鐘 一個

消耗品

桑葉 三十擔 木炭 五擔 礱糠 四百斤 人工 六十工

燭 五斤 洋油 一箱 稻草 二百束 製種紙 六百張

毛紙 一捆 皮紙 五十張 蛾袋一萬六千八百個 繩索 二斤

蔴線 四兩 燈籠 二管 草鞋 十雙 掃帚 四把

筆墨 一副 帳簿 一本

清 許鵬翊《柳蠶新編》卷下《柳蠶橡蠶之同異》 橡蠶，放春秋兩季，柳蠶亦放兩季。且其種子即用橡蠶種子，其配對、移蠶、去病、防害等事，以及蠶剪、蠶鐮、蠶筐、蠶箔等器，無一不同。

清 許鵬翊《橡蠶新編·蠶性總論》 蠶性喜潔惡穢，凡蠶場不可堆積

糞壤與腐草等物。蠶筐宜用新者，舊筐不潔故也。【略】蠶忌油漆氣，凡蠶器，不可用油漆。

又《**放蠶器具**》

蠶斧

刃薄無頂，運用便利。四年以上之樹，即須用斧修之。

蠶鐮

較農家所用鐮刀厚而稍短，樹下之草與榛荊等，皆用鐮刀刪除之。

切桑刀式

鐵身鋼口，形如菜刀，己切哉，有油膩者，不可用。

切桑板式

以堅木爲之，長二尺五六寸，寬一尺二三寸，厚一寸餘，刨光用。

采桑筐式

以竹篾編之，有眼，取其透風，大小隨宜，口繫繩以便兩筐並挑。

担蠶毛式

鵝鴨翅毛皆可，雞毛恐生風，以不用爲妥。

蠶箸式

以竹爲之，長五六寸，較倉箸稍細。一頭削尖，須光潤，免致傷蠶。

蠶篩式

以細篾編之，圓徑八寸，邊高二寸，眼貴疎，篾須光潤，以便篩葉。

蠶匾式

以篾編之，大者圖徑三尺七八寸，小者圓徑二尺五寸，或二尺，或尺五不等，邊高寸半，實底不用眼，邊底皆用硬篾經緯之，庶期久用。

蠶植式

用三木作柱，大者高八尺，中設橫檔八層，相懸各八寸，令可容匾進出，前擋長四尺，後擋長二尺二寸，前擋居中，俱平鑲短榫，長四寸，後擋前各裁成榫口，湊短榫上，如公母筍式，中穿一孔，綰以竹釘，令可轉移，摺疊小植高四尺餘，闊二尺六寸，擋用五六層，以便置牀帷內。

清 曾鉌《**蠶桑備要・序・經始事宜章程十二條**》 桑務廢弛已久，應用各具，無處購買，擬用匠工一人，造作蠶器，以便民間買用。所成蠶具，按工本加息二分，所得息錢，即爲該工口食之需，不足再行酌添。

又 卷四《**養蠶程式**》 頭眠起齊【略】起齊後，第一次布葉，須薄而勻。蠶眠時，器內篩有糠灰，起後蠶器乾燥，所布之葉易枯，枯則蠶不能食，故布葉宜薄。

又 設倉 大眠起後，蠶身愈大，用器愈多，如無器物可

加工總部

加工總部説明

加工總部由織紝部、蠶桑產品綜合利用部、蠶桑物料部和圖説部四部分組成。織紝部有繅絲和絲綿製作兩個專題。從繅絲部分輯録的史料上看，周代已用熱水繅絲，《禮記·祭義》記載，繅絲時用手多次將繭子按入熱水中并攪動，反映出早期的煮繭和索緒技術。《周禮·考工記》記載了用草木灰濾液脱膠技術。北宋秦觀《蠶書》説，煮繭湯温應掌握在水面有蟹眼大小的氣泡而不可有大的沸滚。這時的湯温約爲八十度。元代王禎《農書》記載南北不同的繅絲方法——冷盆和熱釜。明清時期要求做到『出水乾』，《飼蠶法》記載：『去車底五寸，置盆火，火以槲炭，毋猛，使絲旋繅旋乾。』絲綿部分輯録了古籍中絲綿的材料，例如《天工開物》記載：『凡雙繭（同宫繭）并繅絲鍋底零餘，并出種繭殻，皆緒斷亂不可爲絲，用以取綿。』

蠶桑業除主產品外，還有大量的副產物。現代科學研究表明蠶桑副產品具有良好的開發利用價值。桑葉含有人體需要的十七種氨基酸、七種維生素，還含有鋅、錳、鈣、鐵等微量元素，降血壓物質γ-氨基丁酸含量高達226mg/100g，具有藥性平和、無毒副作用等特點；蠶沙中含有較豐富的葉緑素、葉蛋白、植物醇、果膠、類胡蘿蔔素等成分，可以從蠶沙中提取葉緑素、銅鈉鹽、果膠等具有高附加值的產品，另外利用殘渣添加微量元素可生產有機肥；蠶蛹中含有25%–29%蠶蛹油，以及51%–59%的蛋白質，其中有人體所必需的十八種氨基酸，還含有能延緩人體衰老的維生素E。其實，蠶桑副產品的利用價值在古代文獻中有很多記載，蠶桑產品綜合利用部輯録了蠶沙、桑渣、僵蠶、繭衣、蠶蛹、蠶蛾、桑葚、桑葉、桑皮、桑條等方面的史料。如《本草綱目》記載，桑葉乃手足陽明之藥，汁煎代茗，能止消渴，治勞熱咳嗽，明目長髮。又如清代程岱葊《西吴蠶略》記載：『凡養頭二蠶皆甚少，無繅絲者，其繭殻、繭黄、蠶沙皆入藥，其僵者尤不可得，治痘有回生之功。』

蠶桑生產需要各種物資和材料，清代劉清藜輯《蠶桑備要》記載：『欲蠶事者，於秋冬農隙，豫置蠶具什物，自不至臨時忙迫失措。』蠶桑物料部輯録了火料、糠料、蓐料、箔料、簇料、薦料、盤料等方面文獻。例如，火料：『蠶室用火，以牛糞爲上，炭次之』，『煮繭之柴宜早備曬，令極乾』。糠料：『斑糠最燥，眠娘蜕殻起來身上潮濕，多用斑糠以收潮濕之氣』。蓐料：『臘月收茅草，搗軟作蠶蓐最佳，以茅草不蒸熱也』。箔料：『每歲秋冬間，收蘆葦織而爲箔，箔上可安置蠶簇』。簇料：『黃蒿、豆楷、桑稍、穀草、黃野草、蓬蒿、稻草俱宜預收，其餘稍勁不臭者亦可用，惟有地膚子作簇甚妙』。蔫料：『稻草、黃野草，皆可作草蔫』。盤料：『或用竹，或用荊條，或用小桑條，以臘月砍伐者佳，編爲蠶盤，則不生蟲。』

蠶絲紡織加工需要各種工具，圖説部輯録了古代紡織所用的工具，如絲籰、經架、緯車、絡車、織機、紝床等；還輯録了形象展示古代紡織的織紝圖、脚踏絲車圖、經絲圖、脚踏紡車圖、解絲絡車圖、緯車圖、冷盆繅水絲圖、熱釜繅火絲圖等。

加工總部

織紝部

繅絲

概説

論説

清　楊廷璋、定長《請復絲斤出洋舊例疏》乾隆二十九年《皇清奏議》卷五五

閩浙總督臣楊廷璋、福建巡撫臣定長謹奏：為遵旨議奏事，乾隆二十九年欽奉上諭，臣等跪誦之下，仰見聖主遠鑒如神，為閭閻籌畫生計至周且備。伏查絲觔一項，數年以來價值原極昂貴，乾隆二十四年，仰蒙聖主俯准臺臣李兆鵬等條奏，將絲觔嚴禁出洋，並准部議將綢、緞、絹一律嚴禁。節年實力，遵行在案。原使留有餘於內地，俾物多價平，於民生日用有裨。臣等於奉文飭禁後，竊意從此絲價自必日減，乃自二十四年禁止出洋以來，迄今五載，不特絲價依然昂貴，未見平減，且偶值蠶事收成稍薄，價值較前更昂。推原其故，總由國家承平日久，百數十年生齒日繁，民間需用日多，物價有不得不長之勢，誠如聖諭：生齒衍繁，取多用宏，蓋物情自然之勢也。查向來販洋絲觔，均不過土絲及粗糙之絲，祇堪供織土綢，而不足供紗緞、綾羅之用，祇應粗絲價昂，而細絲價減，今無論粗細絲觔，一律昂貴，其非關販洋，已可概見，且不特此也。即以產地而論，浙省之杭、嘉、湖及紹屬之諸暨，產絲最盛，每届新絲出後，江、浙、粵、閩販絲客民挈本而來者甚多，所產粗絲頃刻得價售賣，農民轉覺生計裕如。今奉禁之後，絲價未見其平，而粗絲消售轉滯，於農民反有轉售不速之苦。再查外番船隻，載貨挾貲，遠赴內地，原欲以其所有易其所無，而各番首重者絲觔，今因禁止販洋，近年粵閩貿易番船甚覺減少，即內地販洋商船亦多有停駕不開者。在外番因不能置買絲觔，運來之貨日少，而內地所需洋貨價值亦甚見增昂，是中外均無裨益。臣等悉心體察，竊謂絲價之低昂，總視乎蠶事之豐嗇。蠶收稔則絲價自平，蠶收歉則絲價自貴，固有自然之勢。今蒙聖主燭照民隱，敕下臣等，悉心體察。應否即行開禁，臣等伏思禁洋而絲價過減，有益於民，自宜永行禁止，今奉行已五年之久，絲價迄未平減，徒使外番以織紝不供紛紛瀆請，而民間又乏銀貨流通之益，實屬兩無所便。伏讀聖訓：以天下之物供天下之用，尤為通商便民。大哉，天言！誠中外一體之遠模也。應請特頒諭旨，將販洋絲觔照舊弛禁，但開禁之後，若不定以限制，竊恐商民惟利是圖，知外番缺絲已久，一經弛禁，必紛紛不惜重價買運新絲，赴洋內地，不免有絲少價翔之患，似非稱物平施之道。伏查乾隆二十八年，琉球國請聖主格外施恩，准其歲買土絲五千觔，二蠶湖絲三千觔，此係出自特恩，且係一國一歲所買之數，今絲禁一開，商販船隻多寡雖屬難定，每船各有配買絲觔，一至外番積少成多，即足供其織紝。臣等愚昧之見，應請定以海洋內外商船，每船止許配搭土絲一千觔，二蠶粗絲一千觔，此外不許多帶，並不許兼帶細絲，影射蔽混，俟三年之後，內地不致絲少價昂，再請酌增斤數，至絲觔既蒙恩准其帶往，則外番俱可自供織紝。其內地已織之細緞、紗羅、絲棉等項，應請仍照舊例，禁止出洋，留為內地之用，以免價值騰貴之虞。其稽查之法，應責成各海口關，及沿海各汛口文武員弁，逐層查驗，先令海關驗明絲觔粗細、觔兩，如無影射、多帶情弊，收稅後即予印照，注明絲斤數目，再令出口之處及沿途各海汛文武官弁會同查驗，屬貨照相符，方准開行。設有奸商於額定觔數之外多帶，及將細絲混作粗絲，并夾帶紬緞、紗綾、絲棉等項者，不拘何處，查出即照原例，按多帶觔數分別充軍，徒杖治罪。汛口文武官弁如不實力稽查，致有影射侵漁之弊，即分別失察故縱，嚴揭參懲。如此弛禁之中定節制之限，或亦因時調劑之一法也。緣奉諭旨飭議，謹就臣等管見所及，恭摺議奏。

清　汪曰楨《湖蠶述》卷三《繅絲》　絲欲其細而白。欲白必多換湯水，欲細不可惜工夫。絲必欲其好做，好做則蠶蛹身上無衣，絲多而工夫不費，若好做而繭選得白，是為上號；倘繭白不好做，終是次號，因繭在湯中多滚，去其顔光矣。其故由于上山時，潮溼悶熱，則絲必不好做。上山之不可不講究如此。《育蠶要旨》近時多有往嘉興一帶買繭，歸繅絲售之者，亦有載繭來鬻者。

董恂《南潯志稿》

又《擇良工》 湖絲唯七里尤佳，較常價每兩必多一分，蘇人入手卽識，用織帽緞，紫光可鑑，其地去南潯七里，故名。有卽其地載水作絲者，亦只如常，蓋地氣使然。《南潯鎭志》舊以七里絲爲最佳，今則處處皆佳，而以北鄉爲上。

按，有他處攜繭至湖濱繅之者，謂之南繭北做，絲肆中老眼能識之。

清　江毓昌《桑蠶說・繅絲做綿抽線說》 繅絲　水要極清，泉水最好，若用河水，半月前挑在缸內，放些田螺，等他自清，不可用礬。若用井水，要色清亮、無鹹味的。柴要極乾，栗柴、桑柴、柏柴、柿柴，烟少都好。鍋要極浄，繅生繭最好。若蒸烘過的，鍋內要些微放點油鹽，換水時仍要酌添。火要不大不小以湯上泡像蟹眼爲恰好，水將滚時，下繭二十來個不可多，用右手拿撈絲帚，用筷子三四支亦可，把繭輕輕挑撥、滚轉，又亂攪幾下，隨手一撩，把絲頭帶出水面，用左手捻住絲頭，在水面輕提幾下，右手放下撈絲帚，捻住絲頭下的清絲，左手把粗絲頭摘去，另放一處留著抽線。再把清絲穿進牌坊上做絲眼內，六七個或七八個繭合抽成一莖絲，名叫七絲，最細，貨最高，十一二個合抽成一莖的稍次，一二十個合抽成一莖的，就是粗絲。引上牌坊的響緒，交互一轉，又從響緒送入絲秤上的絲鈎，再從絲鈎搭上車軸，拴在貫脚横樑上，用脚踏板手車用手摇車，軸自旋轉，絲自環繞軸上。牡娘繩要常緊時刻用水打溼，湯要酌換，換水太勤絲不亮，不勤絲不白，總要湯色畧渾，就舀去三分之一，用畧温水照樣添入。繭要隨時添，少幾個添幾個，鍋內要常有二十來個。蛹要隨時去，有總不上絲頭的繭，名叫水繭，撈出做綿。若有絲忽然中斷，或新添繭未上絲眼，必須另挑絲頭搭入名叫搭頭，先把右手大、中二指拿住清絲，用左手二指、中指分開絲窠，絲眼下面未合成的絲，名叫絲窠。再把清絲頭搭入，便無忽粗忽細痕迹。又有牽連直上，阻塞絲眼的繭，結繭時烘火太大。用手輕打，便落鍋內，若是太多，取出攤在盤內，用熱水勻噴像裁縫噴衣服，放浄罎內，封蓋片時，取出再繅。又有絲忽然細斷的繭結繭時烘火太小，取出用燒酒勻噴再繅，約軸上有絲四五兩就要卸下。名叫下架。先用無烟不爆的炭火一盆，放在軸下，不可太近，又不可太遠，只要常有熱氣，一面繅一面烘，到下架時，絲又乾又白。晚上歇車，鍋內剩繭名叫湯頭繭，用浄碗裝著，明天和入生繭再繅。以上是繅火絲法。若是繅時，另用大盆磁的最好，瓦的亦可，放在絲鍋左邊，裝九分滿極清温水，把牌坊安在盆上，候繭鍋內提出絲頭，一手拿住清絲，一手用漏瓢，舀繭倒入水盆，再把清絲穿在牌坊的做絲眼，照前法一樣繅，盆內繭少又把鍋內的繭舀來添。名叫冷盆絲，又叫水絲，光彩格外好，爲絲中第一上品。

清　李向庭輯《蠶桑述要》 中國蠶絲，五洲豔羡，近意、法諸國，儘欲設法抵制，奈其地不宜桑，人工過貴，卽巧如機器，而於蠶事卻無可施，故講蠶利者，中國仍當首屈一指焉。夫中國在昔，農桑卽已並重，當今五洲通道，絲之獲利尤豐，聞從前鮮繭每斤賤時祇一角五分，貴亦不過三角，今則七八角不等，卽賤亦須四五角之譜。試觀浙省杭、嘉、湖、甯、紹諸處，富饒甲於他郡，雖由其地人善居積，亦蠶桑之利普耳。計嘉湖絲價，每年所得不下數千萬元，農田之外，又博此厚利，焉得不富？況農事係男子專責，而養蠶則女子亦得分任其勞，計男女二人，可養蠶蟻一兩五錢，如遇蠶豐之年，可收繭三百觔，除桑葉外，別少開銷，若自家有桑，何等便易？且女子用心精細，體貼蠶性，較男子且獨勝，平時中國女子除酒食、縫紉外，無他事，若使盡致力養蠶，則是以無事之人反得謀最厚之利，此後女爲男累之患，當不至見詬於外人矣。惟計養蠶，種蟻一兩需葉三千觔，是蠶非桑無所食，冀廣蠶學，植桑最爲要務，故將種子、插渡諸法，臚詳於左。

清　劉清藜補輯《蠶桑備要》第四篇《養蠶程式》 繅絲脚踏車法　採繭下，先剝去外衣，入鍋煮之。以繭六七枚，各撈其頭，繅成一縷者爲細絲。以十二三枚繅絲一縷者，爲粗絲。繅絲用手車不若脚踏之靈活，人工亦省。男工脚踏車，車牀高，絲竈高與胸齊，繅絲者可立而不可坐。浙式係婦女坐踏，尤便女工。又繅車下須用炭火一盆，帶繅帶烘，絲燥而白，不烘而聽其自乾，則其色黄。又煮繭不宜燒松柴，因松有烟煤，絲染其氣，色不明亮，尤不可不講也。

綜述

清　鄂爾泰《授時通考》卷七五《蠶事・繰絲》 《蠶書》：常令煮繭之鼎，湯如蟹眼，必以箸，其緒附於先引謂之喂頭。毋過三絲，則絲矗，不及則脆，其審舉之。凡絲自鼎道錢眼，升於鏁星，星應車動，以過添梯，乃至于車錢眼，為版長，過鼎面，廣三寸，厚九黍中其厚插大錢一出其端，横之鼎耳後，鎮以石，緖總錢眼而上之謂之錢眼。鏁星為三蘆管，管長四寸，樞以圓木，建兩竹夾鼎耳，縳樞於竹中管之，轉以車下直錢眼謂之鏁星。車之左端，置環繩，其前尺有五寸，當車牀左足之上，建柄長寸有半，匼柄為鼓，鼓生其寅以受環繩，繩應車運，如環無端，鼓因以旋。鼓上為魚，魚半出鼓，其出之中，建柄半寸，上承添梯，添梯者二尺五寸片竹也，其上揉竹為鈎，以防絲竅，左端以應柄，對鼓為耳，方其穿以閑添梯。故車運以牽環繩，繩簇鼓，鼓以舞魚，魚振添梯，故絲不過偏。制車如轆轤，必活其兩輻，以利脫絲。

又《織染》《農桑通訣》：織紝，婦人所親之事。《傳》曰：一女不織，民有寒者。古謂庶士以下，各衣其夫，秋而賦事，烝而獻功，愆則有辟是也。凡紡絡經緯之有數，梭榷機杼之有法，雖一絲之緒，一綜之交，各有倫敘，皆須積勤而得，累工而至，日夜精思，不致差悞，絲絲可成幅疋。如閨閫之屬務之，不惟防閑驕逸，又使知其被服之所自，不敢易也。

清 李拔《蠶桑説》《牧令書》卷一〇 約食二十三四次，蠶則老不復食，置簇上令作繭。漸多不勝摘，則多置葉其上，而覆以草，如鞠梗、竹枝之類，蠶老者次第而上，其前後亦不甚相遠，如遇天冷，下置火溫之。四五日便成黃、白二繭，各取歸筐中，黃者繅爲黃絲，白者繅爲白絲。繅絲之法：大釜沸水，入繭一升，攪出絲頭，置一木長徑釜，上立三柱，置二小車，長五寸，徑二寸，下鑽竹管各一，抽絲頭由竹管出，繞小車周匝，而後引入大車，車制寬尺六寸，徑四尺五寸，前輊後軒，後二柱架車，前二小柱作機，納絲二竹钩下，分爲二行上大車，每運車則機隨車往來，疾徐如意。每抽繭絲盡則蛹出，不盡者再攪而抽之，有不上頭者名水繭，去之。破頭者入水卽沉，鎮以石，毋令再起亂絲。每次添繭半斤，佳者煮繭三斗，可得絲二斤，卽宜下架軸，作一束如繩，挽其末如髻，卽可貿。川中每斤價自八九錢至一兩不等，惟其時耳。川中又有水絲，取法與火絲略同，惟煑繭取頭後，卽下冷水盆中繅之，與火絲小異。色光而細，可作綾緞經線，然取之較少，故價稍貴，聞湖州蠶皆火絲。

清 陸獻輯《山左蠶桑考・課桑事宜》《蠶桑説》：蠶簟長丈二，寬五尺，編竹爲之，屋中立四柱，柱下十齒，作架容五簟，養蠶家多者二百簟，少者亦十餘簟，每簟可得絲一斤，若得絲二百斤，則小康之家也。一畝之桑，獲絲八斤，爲紬二十疋，夫婦並作，桑盡八畝，獲絲六十四斤，爲紬百六十疋。

清 沈秉成《蠶桑輯要・諸家雜説・繅絲法十二條》 先於半月前，用舊缸蓄河水待清，所云山水不如河水，止水不如流水，如不及貯，臨時欲取清者，投螺升許，切忌用礬。

泥竈時，兼泥盆底，以至四圍盆口，約厚四指許，將至唇口漸薄，待乾。用時，添水八九分滿，温煖適勻，舊釜更妙至，《農桑輯要》云：『熱盆不如冷盆之瑩潔』，但今無用冷盆者，又云：『甑中用一板闌斷，二人對繅』，今亦不用。竈下燒乾柴，試湯則視女之浮沈，浮則稍凉，沈則加熱，火力須勻。

又 水温下繭，下手少撥，令繭滚盪，惹起緒頭，急以左手捻住粗緒頭，於水面上輕輕提掇數度，旋提起粗緒頭，其下卽是清絲，用手稍稍摘去此粗緒頭，一手捻取清絲，一手用漏杓，闌住各繭在水，然後將絲繞上櫪子。

又 絲或中斷，其繭颺開，宜酌增外，急須將颺開之繭掠聚一處，打起緒頭，將净絲抽出，分搭入窩，聯接而上。

炙絲，用舊砂盆爇炭熾焙，以盆內極燥為度，潮則絲無光澤，置盆宜稍遠軸，恐火氣傷絲，盆宜側起向外，須一人專為之。

換湯，以多為妙，察其稍渾，卽傾出三之一，以略温清水攙入，須一人專司之。

牡孃繩須時時著水使緊，絲緒乃能錯綜，不至結成一塊，至不可分。

又 各繭做法，有颺緒者，上軸數轉卽斷，宜籠火焙燥，以沸湯做；有生參者，上軸卽參，宜闢潮，以温湯做；有熟參者，繅至中突出，宜摘去；有颺且參者，湯熱卽參，湯凉卽颺。又有野蠶繭，須先曬燥，以滚水泡透，打撈起緒，分一簇入釜繅之，繅至中又取一簇續之，釜中之水不必加火，止須畧温。

清 董開榮《育蠶要旨・繅絲》 絲欲其細而白，欲白必多換湯水，欲細不可惜工夫。又絲竈必須用煙囱，使煙直透，絲上無煤氣。燒柴亦須揀擇，最好是栗柴，桑柴次之，雜柴又次之。切不可燒香樟，其氣能使絲紅色。絲必欲其好做，好做則蠶蛹身上無衣，絲多而工夫不費。若好做而繭選得白，是為上號，倘繭白不好做，終是次號，因繭在湯中多滚，去其顏光矣。其故由於上山時，潮溼悶熱，則絲必不好做。上山之不可不講究如此。

清 方大湜《桑蠶提要》卷二《蠶事四十條**・繅絲**十八則**》** 選柴 煮繭之柴，以無烟為佳，板炭最好，如無板炭，則用栗柴、柏柴，以二木無煙故也，桑柴、柿柴亦可用。但須曬令極乾耳，松柴多煙不可用。絲被煙熏，則色不明亮。

砌竈 繅絲鍋竈，宜安車牀之前，鍋之後半，上對牌坊，繅絲者對竈而坐。絲竈詳《蠶具》第十八則。【略】

計日 自摘繭至繅絲，不得過七八日詳《摘繭》第五則。湖州人繅絲，每繭一斤約得絲一兩，杭州人繅絲，每繭一斤約得絲一兩五六錢，因湖絲最細，杭絲較肥也。絲細則摘去絲頭等項較多，故所得净絲較少，然貨高價昂，亦甚合算。茲以細絲計之，假如收繭百斤可得細絲百兩，善繅者以三絲眼繅之，一日止能繅細絲八兩，計煮繭八斤，必十二三日乃畢；以雙絲眼繅之，一日止能繅細絲六兩，計煮繭六斤，必十六七日乃畢；若不能用三絲眼、雙絲眼，而以單絲眼繅之，一日止能繅細絲三四兩，計煮繭三四斤，須三十日內外乃畢。故抽繅細絲，用三絲眼者繭過六十餘斤，用雙絲眼者繭過四十餘斤，用單絲眼者繭過二三十斤，便須添設絲車。若抽繅中勻絲，較之繅細絲者，每日可多繅半倍；抽繅肥絲，較之繅細絲者，每日可多繅一倍或兩倍、三倍。取絲愈肥，則煮繭愈多。繭過若干斤，便應添車，可類推之，如不添車，即須以籠蒸繭，免致蛹變為蛾。絲眼詳《蠶具》第二十則，籠蒸詳《殺繭》第三則。

煮繭　鍋內先注清水，新繭以生繅為佳，蒸焙之繭為日過久，恐絲頭乾燥，不利於繅，水內須入油鹽少許，以筷子攪勻，然後下繭。換水時，再酌添油鹽，如未蒸、未焙或蒸焙未久，則不必用此法。俟水將滾時，下繭於鍋，約二十個左右，不可太多，多則煮損，襄陽絲綫鋪取絲做綫，其絲甚粗，須合數十縷為一縷，故鍋內下繭百餘枚，取絲者不可以絲綫鋪為法。以右手執撈絲帚，輕輕挑撥，使繭滾轉，又亂攪幾下，隨手一撩，將絲頭帶出水面無撈絲帚，則用筷子三四隻，挑撥攪撩，即以左手捻住絲頭，於水面輕輕提掇數次，右手隨即放下撈絲帚，捻住絲頭下之清絲，左手將粗絲頭摘出，另放一處絲頭雖粗亦可抽綫，并非棄物，詳『抽線』第一則。再以清絲穿入牌坊做絲眼，繭六七個或八九個抽成清絲一縷者，謂之七繭絲，其絲極細，其貨較高；十一二個抽成一縷者，謂之中勻絲，其絲較肥，其貨較次；若以一二十個抽成一縷，則更肥矣。撈絲帚詳《蠶具》第十六則。【略】

看火　煮繭時，火不可過大，亦不可過小，火過大則水太熱，絲多疵累。火過小則水不熱，繭必颺開。繭如颺開，絲必中斷，急將颺開之繭掠聚一處，挑起絲頭，以净絲搭入絲眼，便可接聯而上。務須斟酌合宜，大約以湯如蟹眼為恰好。

換湯　煮繭時，換水不可太勤，亦不可不勤，絲要亮又要白，換水太勤則白而不亮，換水不勤則亮而不白。務必留心細看，如湯色稍渾，即傾出三分之一，以略溫清水攙入，此事須一人專司。【略】

添繭　每繭一枚抽絲一縷，細絲合八九縷為一縷，絲眼之下應有繭八九枚，粗絲合十餘縷為一縷，絲眼之下應有繭十餘枚。絲盡蛹沈，去一蛹即少一繭，鍋內須時時添繭，使絲縷接續不絕，若不添繭，或絲眼下已上絲頭之繭時多時少，則絲之粗細必不能勻。所添之繭未上絲眼，須另挑絲頭，以清絲搭入。【略】

治病　煮繭繅絲時，繭有牽連而上，直至絲眼阻塞去路者，此病繭也此病由結繭時火力過大所致，少則以手擊之，繭自墜落鍋內，多則不勝其煩，須將繭攤在曬匾上，以熱水勻噴之如細雨濕衣狀，再放潔净甕內，封蓋片時，然後取出，繅絲自然順利。又有繅絲時，絲已過眼上軸，忽然極細而斷者，亦病繭也此病由結繭時火力過小所致，須先以燒酒勻噴繭上不必封蓋瓮內，再煮而繅之，便不中斷矣。【略】

歇車　今日已晚，便須歇車，俟明日再繅。歇車後，鍋中所餘之繭，謂之湯頭繭，以大椀儲之，於明日動車後，傾入鍋中，雜生繭內抽之。未經湯者曰生繭。

冷盆絲　以上十七則皆繅火絲法也。冷盆絲即水絲，光彩堅韌，為絲中上品，繅水絲法一切與火絲同，所不同者惟多用一水盆，牌坊安在盆上耳。火絲所用之牌坊安在煮繭鍋上，水絲則繭鍋左邊另安一大水盆磁盆最好，瓦盆亦可，盆內注溫水約九分滿，盆上安牌坊，俟繭鍋內提出絲頭，一手執清絲，一手用漏瓢，舀繭送入水盆舀遙上聲，挹彼注，此謂之舀，再將清絲穿入牌坊板上之做絲眼，仍將鍋內已煮之繭時時舀送盆內，以便陸續搭入絲窠。

又《做綿四則》　各樣醜繭　摘繭時，挑出各樣醜繭詳《摘繭》第三則，亦可做綿，挑出之後，即以清水浸之，每日須換水二三次，且須多浸幾日，以去其污。

蛾口繭　出蛾時，留下蛾口繭詳《留種》第三則，亦可做綿，其污較少，只須水浸一兩日，不必久浸。

水繭　繅絲時，撈出不上絲頭之水繭詳《繅絲》第十一則，亦可做綿。歇車後，將水繭置鍋中，以原湯煮之。煮透後，以絲帚撥之、擺之，則蛹皆離絲，而絲亦牽連成片。明晨取出，貯以蒲包，用重物壓乾，提起牽連成片之絲，擺落蠶蛹，置日中曬之，俗謂之『絲搭頭』。

清 高銓《蠶桑輯要》卷下《各繭做法》　繭有颺緒者，抽緒上軸，數轉即斷，宜籠火焙燥，以沸湯做；有生參者，上軸即參，宜灑水潤潮，以溫湯做；有熟參者，上軸不參，繅至中突然上撞，宜摘出，免致參斷緒頭；有颺且參者，湯熱即參，湯涼即颺，須燒火者微旺得中，耐性緩做。至尿緒，本屬好繭，但為溺所污，須擇其斑點少者，用醋微洗之，即可做；若為死蠶所染，其色濁，不可與好繭雜，須揀出另做，勤換清湯。他如黄繭，其絲染色極鮮，惟不得與白繭雜做；緑繭，色肥嫩，用以蓋面，極增光采。能識繭性，斯各得其宜矣。又有野蠶繭，係桑上野蠶所成，各鄉皆採，惟雙林鎮人以之繅絲。其法：取繭曬燥，用大鉢貯之，以滚水泡透，打撈起絲緒，分一簇入釜，如常法繅之，繅至中，又取一簇續之，釜中之水不必架火燒熱，止須畧温。

清 黄世本《蠶桑簡明輯説·養蠶説·器具四條》 一、繅絲必先蓄水，山泉、天泉為上，湖水次之，池水、潮水又次之，半月前舊缸盛貯，濁者待清，或用螺螄吸泥，切勿用礬，伏久愈佳，暴則絲色緑滯。近江之處，多係潮水，伏一過半月，抽絲白亮，無須遠求。三眠時，每蠶一斤儲水一石。井水鹽，勿用。

一、煮繭必須儲柴，栗樹火烈而無烟，其餘堅結之樹，但須乾透，亦皆可用。三眠時，每蠶一斤儲柴五十斤，唯松柴烟重，最易污絲，勿用。

一、抽絲之灶，上下俱圓，高二尺，寛共上而窄其下使抽絲者有容膝處也，上徑尺六寸，圍四尺八寸，下徑尺一寸，圍三尺三寸，置鍋其上，以泥護之，勿使漏烟。

一、絲車製度不可差以分毫，差以分毫則必有礙矣，須制過木匠製造。

清 江志伊輯《飼蠶法》 煮煉。先注灰汁以荍燒灰淋之半鍋，煮沸，將繭滿盛筐中，用木繫筐，横擔鍋上，取鍋内滚灰汁澆之，俟繭澆透落實，覆以槲葉，以重物壓沈鍋底。食頃，蛹香，其繭即熟，煉繭火候不及，則繭生硬，抽絲不利；太過，則繭腐爛，抽絲易斷。所用灰汁須日久細淋者，則繭易熟，聞蛹香則抓出數繭，抽絲試之，不硬不爛乃適度也。傾繭於席上，剝出其蛹，蛹亦可食，繭蔕下原有一孔，剝繭時，由此孔出蛹，切勿倒取。將繭殼十枚束成一套，溫水洗濯，以手捻之，水清為度灰水不宜去淨，淨則綢色太白，曬乾收貯，以待繅。若即煮即繅者，無須曬矣。

又 繅織繅法。甃獨竈置繅絲鍋，中盛荍灰水，候沸極入繭，煮一二沸即繅。去竈右尺置繅車，車六輻，徑四尺，活二輻以脱絲軸，修五分徑之一牀，修三軸之修，去其半爲高容車，半以閣軸端，端活之。一端菑軸，柄末繫四尺之繩活之，斜而左下結於絲竿。鍋之上閣木架一，横之端，出鍋二寸，於横之一正中菑方柱一，高四尺，上二尺釘筦絲弓，弓末懸鐵環，柱之顛横一木，長三寸，兩頭各植一木，長二寸，令勢斜横，近端圓鑿，以銜天輥，輥六觚，中楔一縫，以迎送絲上下。司繅者執竿繳其絲，和其絲，引其緒，去其緆，司火者節火力，立踏絲竿，竿運繩，繩運柄，柄運車，車運天輥，絲出鍋上貫弓環，又從上輥外入輥縫繞出輥外，下縈於車。去車底五寸，置盆火，火以槲炭，毋猛，使絲旋繅旋乾，畢則脱之、糾之。繅常二人，不能踏車，則三人，車急則絲急，急絲爲水絲織、水綢，車緩則絲緩，緩絲爲府絲、織府綢。繅水絲合三忽，府絲倍之，緯則再倍之。緒之繭曰鋃頭，繅者隨盡隨續，毋絶鋃則絲均。繭舞躍湯面，能終繅無增改，是上工也。繅已，以絡張綳車，車方趺植一柱，中置輪，輪徑如繅車，列左；右列淨車，前於左者尺，車製如紡綿車長，其筳貫籆，左牽綳車之緒，謹去其纇節，右轉淨車，收淨絲，於籆車一左旋一右旋，其行亦異遲速也，籆中積徑三寸爲一筒則脱之，是爲淨絲。

清 汪曰楨《湖蠶述》卷三《繅絲》 絲欲其細而白，欲白必多換湯水，欲細不可惜工夫；絲必欲其好做，好做則蠶蛹身上無衣，絲多而工夫不費。若好做而繭選得白，是為上號，倘繭白不好做，終是次號，因繭在湯中多滚，去其顔光矣。其故由于上山時潮濕悶熱，則絲必不好做。上山之不可不講究如此。《育蠶要旨》近時多有往嘉興一帶買繭，歸繅絲售之者，亦有載繭來鬻者。董恂《南潯志稿》

澄水 絲由水煮，治水為先，有一字訣曰，『清清則絲色潔白』，須于半月前用舊缸貯蓄，以待其清。繅絲之時，恒多雨水，河流漲溢，渾濁難清，故須先時預貯，缸舊則水不泛。如或不及預貯，臨時欲其澄澈，當取螺升許投之，螺涎最能潔水，大忌用礬，絲遇礬水，色即紅滯。又須明水性，使水不為絲疵。山水性硬，其成絲也剛健；河水性軟，其成絲也柔順；流水性動，其成絲也光潤而鮮；止水性靜，其成絲也肥澤而緑，山水不如河水，止水不如流水，止水不宜獨用，須用流水對半調和，以其色太緑也。《吳興蠶書》勿用井水，用井水者絲不亮。《廣蠶桑説》

儲薪 亦須揀擇，最好是栗柴按，即橡櫟樹，桑柴次之，雜柴又次之，切不可燒香樟，其氣能使絲紅色。《育蠶要旨》。按，薪宜乾，故必預儲曬燥。

安竈 做絲之竈，不論缸竈、竹竈、磚竈，總宜於數日前砌就，使泥皆乾燥，方易透火，缸竈、竹竈須安置平穩，不可少有欹側，釜宜大宜舊，大則可多容水，舊則見水不銹。銹則汙絲，新釜見水即銹，如用新釜，釜内須先以油擦之。《吳興蠶書》。竈高二尺，寛上窄下，使繅絲者有容膝處也。置鍋其上，以泥護之，勿使漏烟，《廣蠶桑説》必須用烟囱，使烟直透絲上，無煤氣，《育蠶要旨》竈左須

設一木盆，架高使與竈齊，以盛蛹與繅不上絲之熟繭。《廣蠶桑説》

又 匀繭窩。絲以匀為主，或粗或細，須使始終如一，然絲之匀全在繭窩匀，《吳興蠶書》三四枚合成一緒者細，至七八枚則粗。《董蠡舟樂府・小序》一云粗絲以二三十繭為一窩，細絲以六七繭為一窩，多則損之，少則益之，不得乍多乍少。《吳興蠶書》

又 添絲接緒。繭窩抽繹，良久必有絲先盡而脱者，有絲中斷而颺開者。繭漸減少，絲即失之太細，宜酌量增添，况颺開之繭浮游釜面，若不搜緒歸窩，適足使繭煮熟，須掠聚一處，添入生繭，伴打起緒頭，蓋颺開之繭絲已光滑，不易打撈，必以生繭伴打方能惹起絲緒，謂之伴繭。將清絲抽出，斟酌肥細，分搭入窩中，自能蟬聯而上，無接續之痕。《吳興蠶書》

又 辨生熟重輕 凡繭生則絲重，熟則絲輕。繭之熟由于繅之緩，手足遲鈍，轉運不捷，繭在釜久，適足煮熟，故打緒宜速，脚踏宜緊，眼專覷窩，手頻撥繭、添搭，緊踏緊轉，則繭皆歸緒，即時繹盡而不煮熟，絲成，自增銖兩矣。《吳興蠶書》

理野絲 凡絲上軸，不可隨手亂搭，亂搭則堂口、板爪之間絲在貫脚之背者，謂之板爪。多縱横游颺之絲，是為野絲。雖無甚害，終不美觀，唯于上軸時引絲使直，然後入送絲鈎，自不致雜亂無章。《吳興蠶書》

又 煽車火 絲從水出，必用火炙，軸上約做絲兩許，即以砂盆、爇炭焙之，謂之煽車火，亦曰車頭火。爇大炭盆離車軸約五寸，緊對絲板安頓，按，肥絲兩板用兩盆，細絲三板用三盆。用石墊高，少側向裏，火益旺益佳，時時加炭，絲之顔光，全在此火，火旺則絲鮮明，火微則僵邊而色滯。絲潮則邊相并，謂之僵邊。《吳興蠶書》所用之炭須無烟且不爆者，烟則熏壞絲色，爆則燒斷絲條。《廣蠶桑説》

清 佚名《樹桑養蠶要略》 繅絲 煮繭須擇清潔之水，則絲明亮。用無煙板炭，則絲色不晦。繅絲鍋竈，宜安車牀之前，鍋之後半，上對絲眼牌坊，繅絲者對竈而坐。浙中絲車，近用足踏，較以手轉車爲靈便，一人兼二人之用。車前安牌坊，中安絲秤，後安車軸，旁繫牡娘繩，於鍋内水滚時下繭二十個，以右手執撈絲帚，輕輕挑撥，使繭滚轉，隨手一撩，將絲頭帶出水面，比用筷子數隻者爲便。卽以左手捻住絲頭，於水面提掇數次，右手卽放下絲帚，捻住絲頭下之淸絲，左手摘去粗絲頭，以右手淸絲穿入牌坊板上之做絲眼，次由絲眼引上牌坊之響緒，交互一轉，再由響緒送入絲秤上之絲鈎。又由絲鈎，搭上車軸，繫於貫腳之横梁，然後用足踏板，軸自旋轉如意，軸既旋轉，絲自環繞軸上。其牡娘繩宜緊不宜鬆，鬆則絲秤移動。絲縷不能錯綜，繅絲者須時時著水於繩，溼則緊矣。其絲竈之左，設一木盆，絲盡蛹沈，卽撈蛹入盤，如有水繭，繅不上絲頭，亦置盤内，留爲做棉之用。凡每繭一枚，抽絲一縷，細絲合八九縷爲一縷，粗絲合十餘縷爲一縷。絲出蛹沈，隨時去蛹，隨時添繭，令早煮熟，則絲之粗細方匀。絲車之後，用炭火一盤以烘絲，帶繅帶烘，不可太近，防火氣傷絲，以火力恰到爲度。絲繞車軸，約重四五兩，便須卸下架，俟貫腳脱後，將絲與車衣布同揭下，至晚便歇車勿繅，繅絲車另有細圖。

清 吳烜《植桑育蠶書・養蠶説》 作種之繭只宜多留，蛾出時方可剔選，餘皆采下，剝去浮綿，秤見觔數，亦宜輕輕安放，恐蛹傷出水，繭爛難繅。攤貯筐中，不可堆厚，厚則暖而易出，須架陰涼高爽之處，陰涼則出蛾遲，高爽則抽絲易。以采下之日爲始，大約天寒十二日，天暖七八日，必須抽完，遲則出蛾穿繭，不能抽矣。

清 宗景藩《蠶桑説略・繅絲説》 採繭下，先剝去其外衣，入鍋煑之，以繭六七枚，各撈其頭，繅成一縷者，爲細絲，以十二三枚繅絲一縷者，爲粗絲。繅絲用浙中脚踏車較爲靈活，人工亦省，惟踏車之藝非可言傳，擬買絲車來命家人親授，俾可傳習。又繅車下須用炭火一盆，帶繅帶烘，絲燥而白，不烘而聽其自乾，則其色黄。又煮繭不宜燒松柴，因松有煙煤，絲染其氣，色不明亮，尤不可不講也。

清 李君鳳《蠶桑説・飼蠶法》 繅絲用小鍋，徑尺餘，作風竈，使烟遠出，鍋高與繅絲人坐而心齊。左安大盆一口，較鍋高二三寸，盆上横安絲車一個，靠鍋邊又立插一木棍，名絲老翁，以挂絲頭。盆右邊安置絲軖音匡，離盆三四寸，用一人提絲頭，燒水至大熱，將繭子一大把投入鍋内，用筯輕輕挑撥，令繭滚轉，又亂攪數次，挑起絲頭，以手捻住提掇數次。清絲已出，將粗頭摘斷，用漏瓢撈繭送入水盆内，將清絲挂在老翁上，約十數根總爲一處，穿過絲車下竹筒中，扯起，從前面搭過輥軸，從軸下面掏來，於輥軸上拴一回，再掏繳一回，須令活動，將絲挂在搖絲竿銅鉤中。又將絲頭拴在絲軖平桄上，攪動軖輪，絲車隨之，輥轉搖絲竿自然擺動，其絲匀匀綳在軖上，一手攪軖，一手添續絲頭，其快如風，軖轉絲上，時時下繭、提頭，斷續不絶，繭多者作雙頭繅之，將軖造長一尺四五寸，搖絲竿上並錠二銅鉤，相去三寸餘，絲車亦造二輥軸，相去三寸餘，並上兩條頭繅，如上法，功必倍之。又煮繭取頭後，不撈送冷水盆中，名爲火絲，取絲較多，價較廉；撈送冷水盆中，名爲水絲，取絲較少，價較貴。

清 李應珏《蠶桑説略》 繅蚕絲法，【略】絲多换湯水則白，工柔手調則細，絲旁必置火爐，方免潮濕。上山時，潮濕悶熱，則繅時不易，然此中微妙，恐難驟精，總不若將繭焙乾，售與繅絲机器局爲妙。該局收乾繭一百斤，價抵八九十兩濕繭，三斤得乾繭一斤，則工少而絲價仍不遜也。繭每日焙兩時，三日即乾繭多輪流迭焙，故日僅兩時，摇之有聲爲度，繭十四日後即生蛾，十日後蛹常在繭内擺動，攪亂絲緒，故須三日繅完，否則須以火焙死蚕蛹，然火力不齊，絲易生病，不可忽也。

（光緒）《歸安縣志》卷一一《輿地略十一·蠶桑》 繅絲 煮繭抽絲，古謂之繅，今謂之做，《吴興蠶書》先取繭曝日中三日，曰晾繭，然後入鍋動絲車。《乾隆府志》【略】絲欲其細而白，欲白必多换湯水，欲細不可惜工夫。絲必欲其好做，好做則蠶蛹身上無衣，絲多而工夫不費。若好做而繭選得白，是爲上號，倘繭白不好做，終是次號，因繭在湯中多滚，去其顔光矣。其故由於上山時潮溼悶熱，則絲必不好做。上山之不可不講究如此。《育蠶要旨》

作緜 絲有頭蠶、二蠶之别，以頭蠶爲善，緜亦如之。緜之上者同功繭所作，謂之純緜，推出次之，蛾口又次之繭已出蛾者，烏頭輭繭爲下。俗謂作緜曰剝緜兜，《董蠡舟樂府·小序》大要不可使邊厚，亦不可使中厚，須層層匀展，内外如一，最忌有繭片或塊，或穿破如網。其色之潔白雖由淘洗之功，然亦須當日曬燥，方有光采，若遇天陰，色雖白而終滯。古者年五十始衣帛，今湖人無老無幼，俱藉此禦寒，其輕暖適體，遠勝木棉也。《吴興蠶書》

清 林心北、吴書年勸刻《蠶桑輯略·養蠶節次三十五條》 自落繭至成蛾，不過十餘日耳，其變蛾約在十日内，蛾已變成，雖未出，絲已難抽，而落繭之後尚須剝繭，斷不能即日便抽，則抽絲祇可以七八日爲限，極其匆促，置之涼室，其變蛾可略遲一兩日，抽絲者較爲從容。

又 繅絲 湯要燒至將滚，取繭十數箇左右下湯，用竹拐子打緒，隨手撩起來，摘去糙頭名曰絲頭，可打緜線、織紬，分作兩頭穿過做絲錢孔内，再兜送絲鉤上，然後將絲搭到車上搖之緒頭上，五六箇繭起，至八九箇繭止，多則扯落，少則續上，是爲緞絲。若繭多絲粗，則爲紬絲。

繅絲之竈，上下俱圓，高二尺，寬其上而窄其下使繅絲者有容膝處也，上徑尺六寸，圍四尺八寸，下徑一尺一寸，圍三尺三寸，置鍋其上，以泥護之，勿使漏煙。

繅絲之水，擇溪澗之極清者取之自石罅流出者尤佳，勿用井水用井水者，絲不亮。

絲車制度不可差以分毫，差之分毫則必有窒礙處矣。河南、安徽者又極笨拙，當託人於湖州等處收買一二具，將卯筍拆開擦活，折疊捎回，照式做做可也。

絲車後須用火倉，與車上著絲處鍼對雙錢眼設兩倉，單錢眼設一倉，蓋絲從水中抽出，使從火倉上過，火與絲約離二寸許，遠則火力不及，近則恐有火傷。則隨繅隨乾，否則彼此膠黏，俗謂之水黏。掉絲時費手矣。

倉中所用之炭，須無煙且不爆者。煙則熏壞絲色，爆則燒斷絲條。

絲竈之左，須設一水盆，用物架高，使與竈齊，以盛蛹即蠶所變也，成繭後一變而蛹，再變而蛾。與繅不上絲之熟繭。歇車後，擇繭之尚厚者，併入陰繭治之，餘則盡置鍋中，以原湯煮之。煮透後，以絲箒撥之，擺之，則蛹皆離絲，而絲亦牽連成片矣。於明晨取出，儲以蒲包，用重物壓乾，提起牽連成片之絲，擺落其蛹而曬之，俗謂之絲搭頭。俟抽絲既畢後，以桑枝灰和煮，扯開匀鋪篩底，用輭竹枝於淺澗中，疊疊敲去蠶嘴，而曬之使極乾，以手抽之。用與陰繭略同，於冬時披之肩背間裏衣之外，絮襖之内，尤足以禦寒。

歇車時，鍋中所餘之繭謂之湯頭繭，以大碗儲之，於明日動車後，雜入生繭未經湯者，曰生繭抽之。

繅絲之法難以言傳，必熟看始能通曉，可於繅絲時前往觀之。

清 林楊光、王鎮西《蠶桑條説·白河縣知縣林令楊光述呈桑蠶各説七條·摘繭烘繭説第七條》 自摘繭至出蛾不過十餘日，其變蛾約在十日内，蛾若變成，雖未咬出，絲已難抽，且繭落後要晾一二日，絲方好抽。是抽絲之期不過七八日爲限，每一人日夜抽絲二十両左右，計時甚促，當以火焙之，使不能變蛾，或向烈日晒四五天，蛹亦死，否則蒸之，用鹽與茶油和湯，次半柱香蒸透，取出晾之。焙火之法：用繭頓加火盆之上，如焙茶法，中隔以米篩，距火尺餘，四圍障蔽，使火氣不洩，火微即焕，如是者両三日，以手撚之，蛹隨手碎乃已。若竹箔則上滿可烘，不待落繭，然要遲抽，亦須焙之。

又《繅絲器具説》 絲竈之左，須設一木盆，高與竈齊，以盛蛹即蚕所變也，一變而蛹，再變即蛾。與繅不上絲之熟繭。歇車後，擇繭之尚厚者，併入陰繭治之，餘則盡置鍋中，以原湯煮之，煮透後，以絲帚撥之、擺之，則蛹皆離絲，而絲亦牽連成片矣。次蚕取出，用重物壓乾，提起牽連成片之絲，擺落其蛹而晒之，俗謂之絲搭頭，俟抽絲既畢後，以桑枝灰和煮，扯開勻鋪篩底，用細竹竿於淺澗中，疊疊敲去蚕嘴，而晒之使極乾，以手抽之。用與陰繭畧同，於冬時披之肩背閒，裡衣之外，絮襖之內。尤足以禦寒。

清 盛宣懷輯《蠶桑備要》 繅絲。煮繭抽絲，古謂之繅。先取繭爆日中三日，曰晾繭，然後入鍋動絲車，陰雨則火烘之，使蛹不化，得以徐繅之。諺曰：『小滿動三車』，謂油車、水車、絲車也。凡繭初采，蠶蛹皆嫩，絲不易繅，過七八日，蠶蛹已老，亦不易繅，惟四五日閒為恰好時候，并工急做，則成功易且淂絲多。絲欲其細而白，欲白必多換湯水，欲細不可惜工夫。絲必欲其好做，好做則蠶蛹身上無衣，絲多而工夫不費。若好做而繭選淂白，是為上號，倘繭白不好做，終是次號，因繭在湯中多滚，去其顔光矣。其故由於上山時潮溼悶熱，則絲必不好做。上山之不可不講究如此。

澄水。絲由水煮，治水為先，有一字訣曰，『清清則絲色潔白』，須於半月前用舊缸貯蓄，以待其清。繅絲之時，恒多雨水，河流漲溢，渾濁難清，故須先時預貯，缸舊則水不汎。如或不及預貯，臨時欲其澄澈，當取螺升許投之，螺涎最能潔水，大忌用礬，絲遇礬水，色即紅滯。又須明水性，使水不為絲疵。山水性硬，其成絲也剛健，河水性輭，其成絲也柔順，流水性動，其成絲也光潤而鮮，止水性靜，其成絲也肥澤而綠。山水不如河水，止水不如流水。止水不宜獨用，須用流水對半調和，以其色太綠也。勿用井水，井水絲不亮。

儲薪。亦須揀擇，最好是栗柴，桑柴次之，雜柴又次之。切不可燒香樟，其氣能使絲紅色。

安竈。做絲之竈，不論缸竈、竹竈、甎竈，総宜於數日前砌就，使泥皆乾燥，方易透火。缸竈、竹竈，須安置平穩，不可稍有攲側。釜宜大宜舊，大則可多容水，舊則見水不鏥。鏥則汙絲，新釜見水即鏥，如用新釜，釜内須先以油擦之。竈高二尺，寬上窄下，使繅絲者有容膝處也。置鍋其上，以泥護之，勿使漏煙，必須用煙窗，使煙直透絲上，無煤氣。竈左須設一木盆，架高使與竈齊，以盛蛹與繅不上絲之熟繭。

又 辨生熟、重輕。凡繭生則絲重，熟則絲輕，繭之熟由於繅之緩，手足遲鈍，轉運不疾，繭在釜久，適足煮熟。故打緒宜速，腳踏宜緊，眼專覷窩，手頻撥繭添搭，緊踏緊轉，則繭皆歸緒，即時繹盡，可不煮熟絲成，自增銖兩矣。

理野絲。凡絲上軸不多，隨手亂搭，亂搭則堂口、板爪之間絲在貫腳之背者，謂之板爪。多縱横游颺之絲，是為野絲，雖無甚害，終不美觀。惟於上軸時，引絲使直，然後入送絲鉤，自不致雜亂無章。

又 換湯。絲之色，湯清則鮮，湯渾則滯，故絲釜之湯不可不頻換，然待其渾而後換，則時清時渾，絲即不能一色。精於治絲者時時察看湯色，微變則取出三之一，以清熱水添滿，頻頻添換，謂之走馬。換湯之色始終如一，絲之色亦始終如一矣。

架火。絲竈架火宜緊對繭窩，或旺或微，須審察繭性，繭有宜涼湯者，有宜熱者，極宜斟酌。凡湯之涼熱，以蠶蛹之浮沈為準，沈則湯涼，浮則湯熱，要在火力長勻，無忽旺忽微之失，則做絲者易於調濟矣。

清 曹笙南輯《五畝居桑蠶清課》卷二《育蠶徵信篇・責繭繅絲》

繅絲之法，不甚難學，須請善繅者教之，學者從旁觀之，自一目了然。但初學者，其絲恐不能勻，繅多自然精進。水不拘河澗，以清為佳，用井水則絲不亮，如江河不清，半月前蓄之，待清；若臨時需用，投螺升許自清，切忌用礬。絲竈忌用松柴，烘絲火盆，宜擇去頭無烟、去皮不爆好炭。水溫下繭，用竹手少撥，令繭滚盪，惹起絲頭，急以左手捻住粗緒頭於水面上，輕輕提掇數度，旋提起粗緒頭，其下即是清絲。用手稍稍摘去此粗緒頭，再一手捻住清絲，一手用漏瓢攔住各繭在水，然後將絲繞上橛子。緒頭既多，分緒上軸，用鍼穿過牌坊板上做絲錢眼，引上響緒竹管，將絲頭於響緒交互繳一轉，使隨絲運動，牽上車軸，然後舉足踏板，搭絲，須將絲理直，再送入絲鉤，環繩時時着水使緊，絲緒乃能錯綜，不至結成一片，至不可分。且環繩不緊，絲鉤易動，是謂走板。繭以六七枚繅成一縷者為細絲，宜緞；十二三枚繅成一縷者為粗絲，宜紬。繅絲務使粗細勻稱，如絲盡蛹成，絲窩減小，即取清絲酌添；如絲中斷，其繭颺開，亦宜酌添，即將颺開之繭，掠聚一處，打起緒頭，以待分搭、入窩。其繭薄漏見蠶蛹者，待其薄如一紙，即便撈去，勿使脫出，觸斷絲緒且污清絲。水以頻換之為妙，另鍋燒溫水備之，察其稍渾，即傾出，以所備溫水攙入，若不備水，則費工多矣。試盪則視蛹之浮沈，浮則稍涼，沈則加熱，火力須勻，焙絲火盆，以極燥為度。

絲軸預製軸衣套軸上，覩絲脫車時，連衣揭下便不傷絲。仍有各繭做法：有上軸數轉即斷者，名颺緒繭，宜籠火焙燥，以沸湯做；有生參者，上軸即參，宜闢潮，以溫湯做；有熟參者，繅至中突出，宜摘去；有颺且參者，湯熱即參，湯涼即颺；又有野蠶繭，須先曬燥，以滾水泡透，再以溫湯做，另繅之。繅絲，雙錢眼一日約繅一斤半，單錢眼一日約繅一斤。

清 陳恢吾《農學纂要》卷四《繅絲》 蓄水 繅絲必先蓄水，山泉、天泉為上，湖水次之，潮水、池水又次之。先於半月前用舊缸蓄水待清，如不及蓄，臨時取，投螺升許，吸泥即清，切忌用礬。如水不清，則絲色綠滯。近江之處，多係潮水，停過半月，抽絲亦頗白亮，無須遠求。三眠時，每蠶二斤蓄水一石。惟井水味鹹，抽絲易莓，切不可用。

儲柴 煮繭必先儲柴，栗樹火烈而無烟，最為相宜。其餘堅結之樹，但須乾透，亦皆可用。三眠時，每蠶一斤儲柴五十斤。惟松柴烟重，最易污絲，切不可用。【略】

製繅絲車 繅車之製不一。浙中有足踏車，靈活而省工，蘇屬錫金等處，亦皆有之，有三縷同繅、兩縷同繅者。堅厚而乾燥之繭，可繅三縷，每縷用繭五六個，謂之細絲，十二三個謂之粗絲，其價極貴，然繭必蓮子種，絲多而韌，抽之不斷者方可。此蠶甚難齊集，絲少甚難聯屬，惟湖人能育此種蠶，繅此種絲。他處皆繅兩縷，少則十五六繭，多則十七八繭，謂之肥絲。總以粗細均勻，光潔白亮，圓而不扁者為佳。

量繭配車法 繅絲之遲速視乎繭，堅而燥者，每日可繅十五斤，輭而潮者，每日只能十斤，必須預計蠶數，配以車數。大抵繭好天涼，一車可繅一百五十斤，繭劣天熱，一車祇能八十斤。總之，天氣涼熱難於逆料，有繭百斤需車一部，百部以外便須添車，否則繅絲不及，遂有出蛾之患。

安置車牀 車牀須傍竈基，牀與盆齊，宜置竈右，最便一切，轉軸必利，縛擋壓石，期於不動，須與貫脚無礙，貫脚打木，須重繫使緊。

煮繭起緒 繅絲必先煮繭，煮繭必先起緒。其法：煮繭用鐵鍋舊鍋更好，注水八分，燒火宜勻，不可太涼，亦不可太熱，試湯視蛹之浮沈，浮則嫌熱，沈則嫌涼，涼熱適宜方不斷續。且湯宜頻換，見水色微黃，即須拗去三分之一，以略溫清水攙入此事須一人專司之，絲方白亮。每當水溫下繭，用做絲手少撥，令繭滾蕩，惹起頭緒，急以左手捻起粗緒頭，於水面上輕輕提輟數度，旋提起粗絲頭，其下即是清絲，用手稍稍摘去此粗絲頭，一手捻清絲，一手用漏杓闌住各繭在水，然後將絲繞上橛子。

又 脫車 脫車之法：用麻皮鬆縛絲板，以送打木緊緊抵住打木之小頭，用縋頻擊自脫，乃取車軸離牀，將絲連車衣布揭之。【略】

敗繭繅絲 剔出敗繭，如蛆鑽，上山第七日采下，天氣涼，後三日蛆方出，如車多可於三日内急繅完，以免蛆出鑽破。若已穿破，絲頭多斷，止可繅一半，至半則繭灌水沈下矣。同宮繭，絲頭多亂，只可繅粗絲。溲緒、映頭等繭，亦可揀出另繅用醋微洗做之。絲湯易濁，宜頻頻換水，惟均不可與好絲同繅，致累好絲，其餘之繭，或為綿、或為絮可也。餘物可肥田。

清 衛杰《蠶桑萃編》卷一二《圖詠・紡織圖詠類》

繅絲第一圖

河水清清不染塵，繅絲煮繭鬥鮮新。抽來粗細隨人力，色要相同縷要勻。

煮以河水、淡水、泉水爲佳，雨水更好。井水味鹹減色，不可用。燒用枯桑枝，於大釜沸水入繭一升，煮三四刻，用箸撥轉，再煮三四刻，再撥轉。俟繭輭時，用莜灰淋汁，量繭多寡，酌入釜內，再煮一二刻即熟。

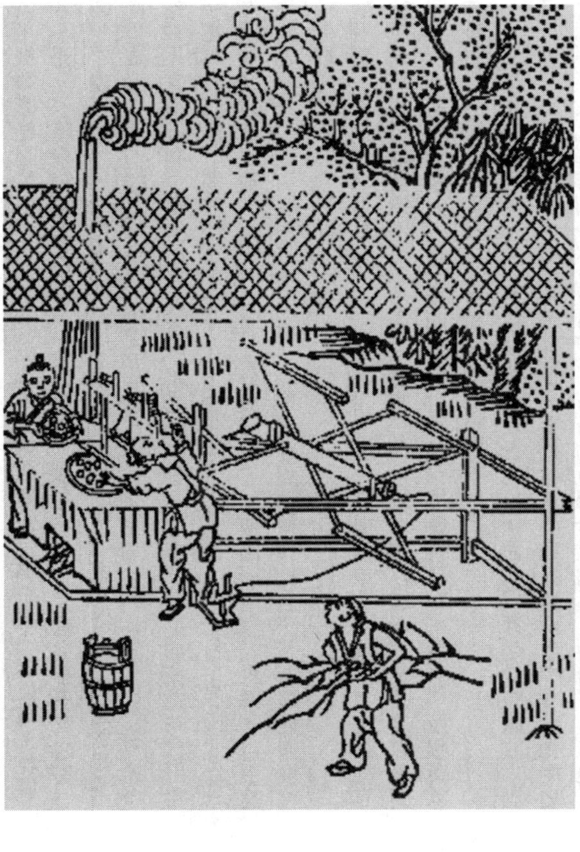

清 吳鴻望校，袁俊德輯《蠶政萃編·收蟻類》 稱輕重 摘繭之後，先須過稱，知繭之斤兩卽知絲之多寡。杭州養蟻一兩約得繭百斤，得絲一百五六十兩。湖絲比杭絲更細，養蟻一兩約得繭百斤，得絲一百兩零。直絲約得繭百斤，得絲八九十兩，知絲之斤兩，則繅絲須若干日，可以屈指而計。

又《繅法類》 量日 繭摘後，不待蒸炕而計日以繅者，其色鮮豔，爲絲之上品，然爲時甚迫促，不過七八日卽須繅完。如湖絲每繭一斤約繅得絲一兩，杭絲每繭一斤約繅得絲一兩四五錢，湖細而杭肥，成都、武昌兩法兼用，細則貨高價昂，肥則斤多價減。第以細絲計之，繭百斤得上細絲百兩，善繅者以三絲眼繅之，一日八兩計，煮繭八斤，十二三日乃畢；次繅者以雙絲眼繅之，一日六兩，計煮繭六斤，十六七日乃畢；又次者以單絲眼繅之，一日只繅三四兩，計煮繭三斤，須二十五六日內外乃畢，故繅多便須添車，若繅中細絲，每日可多繅半倍，是繭過若干斤，應添若干車，以此類推，否則必用蒸繭、炕繭、窨繭諸法，免致蛹變成蛾，可以緩繅，不必剋期。

清 吳作鏌、倪紹雯、劉安欽《蠶桑速成捷法》第三章《捷法》 製絲工場之選定 建設製絲工場之先，須擇適宜位置，苟位置不良，雖工女優熟，管理精明，難期必勝。例如水質惡劣，損生絲之色澤，市價因之而貶；產繭不足，原料購買因難，浪費在所必須；運搬不便，不惟繭質易受損傷，生產費緣此而貴；土地潮濕，生絲難于乾燥，職工又易罹疾病，種種弊害由此而生，欲博巨利，反遭巨損，小則工場倒閉，大則家業陵夷。日本明治初年，一般人士不顧利害，不擇地位，爭設製絲場，爲時未久，盡歸破產。我國甫經創始，正宜藉爲前鑒，故于欲立工場之先，充分調查其位置如何，然後定經營之方針。老成持重未有不成，輕舉妄動烏有不敗。今持舉數條以資從事斯業者之參攷：（甲）水質良好豐富；（乙）石炭價廉量富；（丙）原料繭購入易得；（丁）交通機關完備靈敏；（戊）工女雇入容易；（己）衛生適宜；（庚）物價低廉；（辛）民情樸質、勤勉。以上八件爲設立製絲工場之要素，備此可興，缺此非宜也。

又 束裝清絲 束裝之目的有三：（一）豫防絲縷紊亂；（二）不傷絲質；（三）荷造便宜。近來評定市價多以外觀美惡爲標準，故不可不求優美中看爲主。元來束裝方法，各國各地風俗習慣爭尚新奇，致不一定，日本一國造法不下十數種，歐米固無論也。今所述者爲捻造，一名打把。此樣造法，歐米機織家極爲歡迎，最通行之造法也。捻造之先，視察其生絲乾燥之程度，若不充分，將來絲縷漸漸縮短，外觀惡劣，混于括中，又有大小不齊之弊，再繅不便，價格從而低廉，故要十分乾燥。有捻造器，定在壁上，兩綛絲相重，籰角之處，上下兩層對正，一端掛于捻鈎，他端貫竹桿一本，用右手持之加捻，捻首尾宜避籰角之處緒結，亦宜撚折內面，恐其切斷。右手加捻之時，用左手捲綛之左端，然後適當加捻，左手撮捻之中央折返，此時右手更三回施捻，左手握絲，右手抽去竹桿，令其部分成圓形，卽所謂緒口也。再挿入掛于捻絲器之部分，由鈎取下，整齊形狀，造法遂終。但加捻之際，緊緩要適度，綛量約以一兩八九錢爲度，過厚則捻造困難，過輕每傷絲質。

又 荷造，一名打包 生絲多輸出外國，瀛船瀛車移上移下，至近亦有數千里路程，故荷造不可不鞏固、堅牢。荷造箱一個以裝十五括爲度，緊閉箱蓋，嚴防濕氣侵入，箱面記明番號、重量，出荷人住趾、姓名，及收荷人住趾、姓名等，箱外再用草蓆包裹，大繩緊縛妥當。

又 生絲審查 （一）色澤。色澤良否，一望而知，惹起顧客購買，固在此點，惹起顧客之嫌棄，亦在此點。蓋通常稱生絲之色澤者，非眞生絲之色澤，其眞色澤非精練概不可見，平時所謂色澤者全由人工製造，製造美者其色美，製造劣者其色劣。致此原因，大抵乾燥不完全之繭、繭層焦損之繭、污穢之繭、蛹體腐敗之繭，又如貯藏中感應大氣、罹黴菌害者，製絲用水不良者，煑湯繅湯過于昏濁者，繅絲揚返之際絲縷乾濕不勻等，均生不良色澤，故不可不注意繭之品質及保全方法、製絲用水、繅絲方法等。檢查色澤必擇面北方之房宇，配列生絲，判其優劣，外來光線映射集注一方，不要變動室內光線，使不致反射，如大製絲家、品評會、共進會、博覽會等，非特別建設審查室不可。（二）纖度。元係數粒蠶繭合繅一絲，各繭纖維粗細不均，故繅出之際，自不齊一，然屢屢實驗，若得技術熟練之工女，首尾相差亦僅一二得尼兒內外，故添緒配繭之時，須嚴重注意，不難齊一也。檢纖度以新式檢尺器，繅取四百回，更掛于檢位衡，衡上有一定刻度，可以知輕重、粗細。檢尺器一回轉，最新式約三尺七寸一分二厘五毛，四百回轉約得千四百八十五尺，檢位衡一得尼兒，最新式零點零五格蘭母，約一厘三毛三絲餘。兩器購置之時，均留意選擇平準者。（三）纇節。纖度不齊，生絲纇節，均爲機業家之最忌。嘗調查生纇節之原因，半多由于繭質不良，乾繭、貯繭、選繭等不適當，繅絲法拙劣等。檢纇方法：以生絲捲于六角形黑漆之檢尺器上，一排並列，叮嚀分別大纇、小纇，明記其數，而定工女之賞罰、絲質之品位。（四）强伸力。生絲比他動植物纖維，强力、伸度均過之，通常纖維大者强力富，纖度細者强力乏，伸度則不然。生絲强伸力之强弱，每基于原繭之良否，殺蛹、乾繭、貯繭之適否，繅絲技術、器械之精粗，及于生絲實質，含水量之多寡等，製絲水質之如何，生絲抱否之善惡，纇節之多寡等。檢查强伸力時，用检力計，計强力以瓦（格蘭母）表之，計伸度以先奇米突表之。檢查之先，以生絲兩端各係于計之上下两挾絲器，輕輕延張，寄附于中央之針旁，伸度計遂戛戛作聲下降，至于生絲切斷，始行停止，幷于此時表示强力計之針亦上進，可知其爲若干格蘭母，幾何米里米突也。（五）練減。生絲外圍，有種種膠質包被，絹絲固有之色澤，非去其絲膠，不能出現。去絲膠之工程曰精練。精練之絲比之未練前減少若干重量，此爲練減，致此原因，由于繭之品質、乾燥、貯藏、繅絲方法，製絲用水等，而生差異。練減方法：先將生絲入于乾燥器，充分乾燥後，裝入麻袋，以對絲量四分之一馬耳塞石鹼，溶解于蒸溜水內，至于沸騰，乃以麻袋投入，煑二回（約四十分間）後，以炭酸曹達液洗滌除去石鹼，更于微溫湯內洗滌，再加醋酸少許于清水中洗滌之，絞乾，旋入乾燥器，至于乾燥，比較未練減之前，減去之量，謂之練減量。

清 楊鞏《中外農學合編》卷一一《蠶類・飼育》 選繭 摘繭之後，必須置籃內過秤，知繭之斤兩則知絲之斤兩。杭州人養蟻一兩約得繭百斤，得絲一百五六十兩，湖絲比杭絲更細，養蟻一兩約得繭百斤，得絲一百兩零。知絲之斤兩，則繅絲須若干日方能畢事，可以屈指而計。蛾穿繭而出者，其繭不可繅絲，蛹變為蛾，雖未出來，絲亦難繅。自摘繭至蛾出不過十餘日，其變蛾約在十日以內，所摘之繭尚須剝去外衣，斷不能即日便繅，故繅絲只可以七八日為限，過限則蛹變為蛾矣。摘繭後須薄薄攤於箔上太厚則發熱，置涼室中，并貯井水於箔下，使受涼氣。如此則蛹之變蛾可遲一二日，繅絲者乃略從容。摘繭之後，須將外衣剝去外衣即繭繞，乃繭外之浮絲也，務須迅速，不可太遲遲則發熱，剝後仍攤於涼處，以待繅。外衣可留作抽綫之用，并非棄物。《蠶桑輯要》《蠶桑須知》《韓氏直説》

又 繅絲 煮繭之水以清為佳。如用山水，須擇溪澗中之極清者取之。自石罅流出者更佳。如用河水，須於數日前儲舊缸內，以待其清；若先未儲備，則臨時投螺升許於水中，切勿用礬。如用井水，須擇其味不鹹色不暗者。水不清則絲不亮。煮繭之柴以無烟為佳，板炭更好。如無板炭，則用栗柴、柏柴，二柴最無烟。但須曬令極乾耳，松柴多煙不可用。絲被煙熏，則色不明亮。繅絲鍋竈宜安車床之前、鍋之後半，上對牌坊，繅絲者對竈而坐，繅絲車床宜安竈基之後。浙中用脚踏車，較之以手轉車最為靈便，且脚踏板手理絲，一人兼二人之用，較之以手轉車者人工亦省。車前安牌坊，中安絲秤，後安車軸，旁繫牡娘繩。自摘繭至繅絲不得過七八日。湖州人繅絲，每繭一斤約得絲一兩，杭州人繅絲，每繭一斤約得絲一兩五六錢，因湖絲最細，杭絲較肥也。絲細則摘去絲頭等項較多，故所得净絲較少，然貨高價昂，亦甚合算。鍋內先注清水，新繭以生繅為佳，蒸焙之繭為日過久恐絲頭乾燥，不利於繅。水內須入油鹽少許，以筷子攪勻，然後下繭。換水時，再酌添油鹽，如未蒸未焙或蒸焙未久，則不必用此法。俟水將滾時，下繭於鍋，約二十個左右。不可太多，多則煮損。絲綫鋪取絲做綫，其絲甚粗，須合數十縷為一縷，故鍋內下繭百餘枚，取絲者不可以絲綫鋪為法。以右手執撈絲帚，輕輕挑撥，使繭滾轉，又亂攪幾下，隨手一撩，將絲頭帶出水面無撈絲帚，則用筷子三四隻，挑撥攪撈，即以左手捻住絲頭，於水面輕輕提掇數次，右手隨即放下撈絲帚，捻住絲頭下之清絲，左手將粗絲頭摘去，另放一處絲頭雖粗，亦可做綫，并非棄物。再以清絲穿入牌坊做絲眼。繭六七個或八九個抽成青絲一縷者，謂之七繭絲，其絲極細，其貨較高；十一二個抽成一縷者，謂之中勻絲，其絲較肥，其貨較次；若以一二十個抽成一縷，則更肥矣。摘去粗絲頭之後，先以清絲穿入牌坊板上之做絲眼，次由絲眼引上牌坊之響緒，交互一轉，再由響緒送入絲秤上之絲鉤，復由絲鉤搭上車軸，繫貫脚之横梁，然後用手搖車或者用脚踏板，軸自旋轉如意，軸既旋轉，絲自環繞軸上。煮繭時，火不可過大，亦不可過小，火過大，則水太熱，絲多疵累；火過小，則水不熱，繭必颺開，絲必中斷。急將颺開之繭掠聚一處，挑起絲頭，以净絲搭入絲眼，便可接聯而上。務須斟酌合宜，大約以湯如蟹眼為恰好。煮繭時，換水不可太勤，亦不可不勤絲要亮又要白，換水太勤則白而不亮，不勤則亮而不白，務必留心細看，如湯色稍渾，即傾出三分之一，以略温清水攙入，此事須一人專司。牡娘繩宜緊不宜鬆，鬆則絲秤移動，俗謂之走板，且絲縷不能錯綜，必至結成一塊。繅絲者須時時著水於繩繩濕則緊。絲竈之左設一木盆，用物架高，使與竈齊，絲盡蛹沉，即將蛹撈起置於盆內。如有水繭繅不上絲頭，亦撈置盆內留為做綿之用。每繭一枚抽絲一縷，細絲合八九縷為一縷，絲眼之下應有繭八九枚；

粗絲合十餘縷為一縷，絲眼之下應有繭十餘枚，絲盡蛹沉，去一蛹即少一繭，鍋內須時時添繭，使絲縷接續不絕。若不添繭，或絲眼下已上絲頭之繭時多時少，則絲之粗細必不能勻。所添之繭未上絲眼，絲窠必然減少絲眼下衆縷謂之絲窠，必須另挑絲頭，以清絲搭入，謂之搭頭。搭頭之法：先以右手大、二、中指執清絲，以左手二指、中指分開絲窠，再以清絲之頭搭入窠內，自然將絲頭夾帶上去，無迹可尋。若在窠外纏繞帶上，便不免接頭痕迹矣。煮繭繅絲時，繭有牽連而上，直至絲眼阻塞去路者，此病繭也此病由結繭時火力過大所致，少則以手擊之，繭自墜落鍋內，多則不勝其煩，須將繭攤於晒匾上，以熱水勻噴之，如細雨濕衣狀。再放潔凈甕內，封蓋片時，然後取出，繅絲自然順利。又有繅絲時，絲已過眼上軸，忽然極細而斷者，亦病繭也此病由結繭時火力過小所致，須先以燒酒勻噴繭上，不必封蓋甕口。再煮而繅之，便不中斷矣。絲車之後須放炭火一盆，帶繅帶烘，絲從水中抽出，聽其自乾，必至彼此膠粘，俗謂之水粘。帶繅帶烘，則燥而且白。火盆離軸不可太遠，亦不可太近太遠則火力不及，太近則火氣傷絲，炭須無煙，且不爆者，此事須一人專司。絲繞車軸約重四五兩便須卸下，俗謂之下架，又謂之脫車。脫車之法：以送杆木緊緊抵住杆木之小頭，用槌頻擊，杆木自鬆，貫脚自脫，乃將絲與車衣一并揭下。日晚便須歇車，俟明日再繅。歇車後鍋中所餘之繭，謂之湯頭繭，以大碗儲之，於明日動車後，傾入鍋中，雜生繭內抽之。以上皆繅火絲法。又有冷盆絲，即水絲，光彩堅韌，為絲中上品。繅水絲法一切與火絲同，所不同者惟多用一水盆，牌坊安在盆上耳，火絲所用之牌坊安在煮繭鍋上，水絲則繭鍋左邊另安一大水盆磁盆最好，瓦盆亦可，盆內注溫水約九分滿，盆上安牌坊，俟繭鍋內提出絲頭，一手執清絲，一手用漏瓢舀繭送入水盆挹彼注此，謂之舀，再將清絲穿入牌坊板上之做絲眼，仍將鍋內已煮之繭時時舀送，以便陸續搭入絲窠。《淮南子》《農書》《蠶書》《士農必用》《農政全書》《授時通考》

紀事

《文獻通考》卷三一四《物異考·蟲異》 文宗太和元年，鄭注篋中藥化為蠅數萬飛去。十月，陳許奏界內野蠶自生桑上，三遍成繭，連綿九十里，百姓收拾得，並抽繅得絲綿，并織成紬絹。

藝文

元 趙孟頫《松雪齋集》卷二《題耕織圖二十四首奉懿旨撰·織》

六月

釜下燒桑柴，取繭投釜中。纖纖女兒手，抽絲疾如風。田家五六月，綠樹陰相蒙。但聞繅車響，遠接村西東。旬日可經絹，弗憂杼軸空。婦人能蠶桑，家道當不窮。更望時雨足，二麥亦稍豐。酤酒田家飲，醉倒嫗與翁。

元 王禎《農書》卷一七《農器圖譜十一·鼎釜門》 鼎 《說文》云：『鼎三足兩耳，烹飪器也。』《周禮》：『烹人掌共鼎鑊，以給水火之齊。』今農家乃用煮繭、繅絲，嘗讀秦觀《蠶書》云：『凡繅絲，嘗令煮繭之鼎，湯如蟹眼。』又云：『絲自鼎道升於鎖星，蓋繅絲用鼎，就其深大，煮繭既多，則繅取欲速，不致蛾出，或用甑接釜口，象其深綽，但權務省節，終不若鼎之火候為便。』然原夫鼎之為器，大則烹牲而供上祀，小則和羹而備五味，今用之以取繭絲，而衣被斯民，則其功利所及，又豈止為向之食饗而已哉？故嘉其兼用，遂寘名《田譜》之內。贊云：『維鼎在昔，祀享多儀。三代以來，鑄象剖疑。以定九州，以正四夷。國所係望，農何與知？降及後世，物變風移。取其深綽，蠶繅是宜。湯生蟹眼，緒引繭絲。婦工對向，手筋駢持。餵端自內，輕紕由茲。冷盆莫並，熱釜何裨？古今異用，彼此一時。既國而家，既食而衣。器兮不器，備用無遺。著為永法，載播聲詩。』

清 愛新覺羅·玄燁《御製耕織圖》 炊烟處處繞柴籬，翠釜香生煮繭時。無限經綸從此出，盆頭喜色動雙眉。

清 沈炳震《蠶桑樂府》

繅絲先取繭暴日中三日，曰晾繭，然後入鍋動絲車，有頭蠶絲、二蠶絲，頭蠶為上，細而白者謂之合羅，稍粗者謂之串五，又粗者謂之肥光，見宋雷《西吳里語》

汲水然薪將煮繭，繅車搖動風雷轉。轟轟一刻千百迴，旋風莫及奔車緩。絲叉打繭水百沸，提起絲頭正無既。從教斷卻更續來，萬緒千頭難數計。插秧車水鬧如雲，男兒下田屋無人。小姑添水更加薪，新婦繅絲色勝銀。儂家戲語姑勿嗔，傳聞百兩近良辰。絲成織絹白且長，與姑裁作嫁衣裳。五紋刺繡雙鴛鴦，記儂辛苦毋相忘。

清　吳榮光《和程春海學士橡繭十詩》《貴州橡繭詩》附　種稻三年勞，種橡一鋤力。况土不宜禾，磽瘠橡可植。植成葉泥泥，用以供蠶食。黔民勤且攭，胡弗事紝織。紝織夫如何，始事窖秋繭。寒來知屋深，暖至知春淺。雙蛾起累卵，瑟瑟復蠉蠉。昨夜東風多，枝頭新綠展。新綠復新綠，忽忽今三年。我有八育種，汝有九春天。借汝一枝春，引我萬絲纏。枝上日漸高，且莫驚蠶眠。蠶眠又成繭，秋事繼自今。問我何所事，秋蛾已滿林。蛾子下如雨，風露相蕤森。千喙萬連蜷，眈窺奈饑禽。饑禽復胡爲，重以螽緝緝。安能去之逃，色斯舉不集。我欲衛其生，豈必傷汝及。春聲與秋影，中有人獨立。獨立人再思，葉盡防空枝。就食但求飽，守株難爲饑。今日碧雲合，昨日碧雲離。碧雲去復回，相送老不知。繭老絲始成，繭熟絲始出。以身殉其絲，衣被及萬室。我繭一灰柔，汝繭三絲密。貿絲人或來，如念保素質。素質定不貴，終日歌七襄。大姑織袿被，小姑織裙裳。更有機前人，夜讀聲琅琅。秋燈勿辭勞，已免春來筐。春筐何但免，成繭勞逸判。回視吳越蠶，功倍而事半。况彼樹有實，園收未貧歎。肄者汝洗染，朽者成薪炭。山炭與山蠶，俱不入課則。聖恩寬邊隅，重戒盡民力。塗畬賦本輕，微末何足殖。寄言循良吏，慎勿擾作息。

清　劉光蕡《養蠶歌括・總要》　養蠶莫巧，食到便老。此言雖淺，能扼總要。晝夜無閒，室溫育飽。頓數既多，蠶便速老。省日省葉，繭堅絲好。倘或懶惰，貪眠忘曉。緊漫寒熱，忽飢忽飽。費葉繭薄，抽絲亦少。此等辛苦，大眠尤要。不過七日，全功便了。二十五日，爲上等好。二十八日，得絲便少。月餘四十，辛苦自討。奉勸蠶婦，醒悟須早。

雜録

清　尹紹烈《蠶桑輯要合編・蠶桑局顯明繅絲利厚易知單》　江南繅絲，半多婦女，車務求小靈便省力，水定西清水澄清，鍋不可大，火須燒匀。一人連轉，繅繭十斤。先分黃白，次揀抛綿，水熱下繭忌用礬，切莫貪多，陸續接煮，出絲便匀。水常添換不用井水，絲自亮光。絲繭繅完，再煮抛綿，查頭殘繭，煮熟漚之，浸泡數日，河水洗淨，絲綿手繡緒衣做線，胥出於此，賣繭十斤，價只二串，繅繭十斤，定值四千，舉手之勞，利已倍蓰，早遲出售，任已便宜。本局製造江南絲車，僱有江南婦女抽繅，鄉民來局賣繭，即可就便學繅，能繅繭一斤，給錢四百文，獲利甚厚。

圖表

清　衛杰《蠶桑萃編》卷一二《紡織圖詠類》

束捆第三圖

乙乙抽絲趁早暉，繅車下架錦成圍。從頭擊出匀條理，黃白分明辨細微。

煮繭三斗，可得絲二斤，即下架作一束，雙挽之，置温涼室中，色間黃白，更形鮮明。

清　吳詒善《蠶桑驗要・蠶篇》　繅車圖說：甲甲甲甲爲車床四柱。乙乙乙乙乙乙乙爲左右前後上下横木。丙爲前額，戊爲雙錢眼，以銅圈插眼。丙、丁爲簹頭，以小竹爲之。絲從錢眼過，上繞簹數週。再由牽絲木鈎住，後至絲軒。巳爲牽絲木，上列二鈎。庚爲磨，辛爲繩，壬爲絲軒。絲軒旋，轉繩牽磨動，則牽絲木鈎絲交錯，不使紊亂。癸爲脚踏架，子爲火倉。

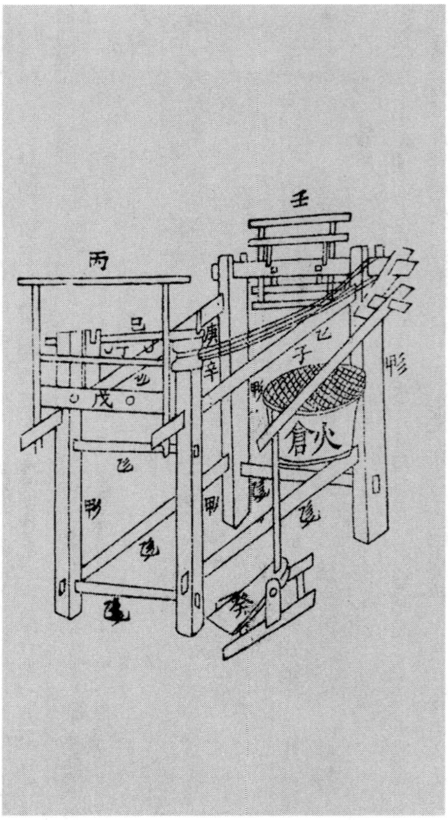

煮繭

綜述

元 王禎《農書》卷一七《農器圖譜十一・鼎釜門》 鼎 《說文》云：『鼎三足兩耳，烹飪器也。』《周禮》：『烹人掌共鼎鑊，以給水火之齊。』今農家乃用煮繭、繅絲，嘗讀秦觀《蠶書》云『凡繅絲，嘗令煮繭之鼎湯如蟹眼』，又云『絲自鼎道升於鎖星，蓋繅絲用鼎，就其深大，煮繭既多，則繅取欲速，不致蛾出，或用甑接釜口，象其深綽，但權務省節，終不若鼎之火候為便』，然原夫鼎之為器，大則烹牲而供上祀，小則和羹而備五味，今用之以取繭絲，而衣被斯民，則其功利所及，又豈止為向之食饗而已哉？故嘉其兼用，遂《寘名田譜》之內贊云：『維鼎在昔，祀享多儀。三代以來，鑄象剖疑。以定九州，以正四夷。國所係望，農何與知？降及後世，物變風移。取其深綽，蠶繅是宜。湯生蟹眼，緒引繭絲。婦工對向，手節駢持。餵端自內，輕紕由兹。冷盆莫并，熱釜何裨？古今異用，彼此一時。既國而家，既食而衣。器兮不器，備用無遺。著為永法，載播聲詩。』

宋 秦觀《蠶書》

化治

常令煮繭之鼎，湯如蟹眼，必以筯，其緒附于先引謂之餵頭。毋過三系，過則系麤，不及則脆，其審舉之。凡系自鼎道錢眼，升于鏁星，星應車動，以過添梯，乃至于車。

清 曹倜《蠶桑速效編》 煮繭必先儲柴，栗樹火烈而無煙，其餘堅結之樹，但須乾種既深，即遇亢旱，地中尚潤，不至受傷。桑喜燥而惡濕，考之往昔，證之今人，莫不謂然。而東省栽桑非不宜燥，而又不宜太燥，良由地土暑殊，是以種法亦稍異，因考江浙已成之法，互證東省土性之宜，量爲增損，以爲東省人民生計之一助爾。

又 三眠時，每蠶一觔，儲柴五十觔，惟松柴煙重，最易污絲，不堪煮繭，柴水既備，方可繅絲。

又 蓋繅絲必先煮繭，以鐵鍋注水八分，燒火宜勻，不可太涼，亦不可太熱，試湯視蛹之浮沉，浮則嫌熱，沉則嫌涼，涼熱適宜，方不斷續，且湯宜頻換，見水色微黃，即宜扨去三分之一，以略溫清水攙入，絲方白亮。繭堅而燥者可以抽盡存蛹，稍劣則抽至紙薄，即宜撈去，否則蛹隨絲上，觸斷絲縷，既損好絲，且有支節。軸後須用熾炭兩盆，火約離絲二寸，遠則火力不及，近則恐有火傷，隨繅隨烘，務使極乾，絲乾則白亮，潮則暗滯，不烘而聽其自乾或曬乾，不特色暗而黃，且膠粘難掉，絲更縐而不直，此特言其大略耳。至繅絲之具與繅絲之法，必須身親見之，方能了然，則又非紙上空談可憑虛而得也。

繅絲之遲速視乎繭，堅而燥者每日可繅十五觔，軟而潮者每日祗能十觔，必須預計繭數，配以車數，大約繭好天涼，一車可繅一百五十觔，若繭劣天熱，一車祗能八十觔，總之，天氣涼熱難於逆料，有繭百觔須車一步，百觔之外便須添車，倘繭多車少，繅絲不及，天涼滿至十二日，天熱多止八日，須防出蛾，至時剖蛹看子，子軟可緩一日，子硬明晨必出，須赶緊烘蒸、曬悶，以免咬穿。

清 方觀承《述本堂詩集・看蠶詞》 釜注清水煮繭，即盆繅也，去其亂茸，淹得清忽，以箸挑之，其名朵際。又有送絲鈎、收絲軸等具，一引至盡，一繭為一忽，十忽為一絲，三繭合一絲者為最細，手足並用，軋軋有聲，受傭者擅為能事焉。

清 李拔《蠶桑說》《牧令書》卷一〇　惟煮繭取頭後，即下冷水盆中繅之，與火絲少異，色光而細，可作綾緞經線，然取之較少，故價稍貴。

清 劉祖憲《橡繭圖說》卷下《煮繭取絲第三十一》　煮繭之法：以大鐵锅盛水三桶，入繭子五千枚，置火锅下煤火、柴火俱可，煮半時許，時時攪勻之，俟繭殼將軟，入蕎灰汁一杯，再煮一二刻，以小竹棍如小指大，長一尺。攄其浮絲浮絲，繭殼外之亂絲也，如絲頭可抽上棍，則絲可取矣。

清 程恩澤輯《貴州橡繭詩》　煮繭繭成，投熟湯，入荍灰汁乃熟，乃繅之，蛹不能生也，或曰蛹混沌無知，故昔人無捄蛹法。

清 方大湜《桑蠶提要》卷二《蠶事四十條**・繅絲**十八則**》**

儲水　煮繭之水以清爲佳，如用山水，須擇溪澗中之極清者取之自石罅內流出者更佳，如用河水，須於半月前儲舊缸內，以待其清，若先未儲備，則臨時投螺升許於水中，切勿用礬，如用井水，須擇其味不鹹、色不黯者。水不清，則絲不亮。

選柴　煮繭之柴以無煙爲佳，板炭最好，如無板炭，則用栗柴、柏柴，以二木無煙故也，桑柴、柿柴亦可用。但須曬令極乾耳，松柴多煙，不可用。絲被煙熏，則色不明亮。【略】

計日　自摘繭至繅絲不得過七八日詳摘繭第五則。湖州人繅絲，每繭一斤約得絲一兩。杭州人繅絲，每繭一斤得絲一兩五六錢。因湖絲最細，杭絲較肥也。絲細則摘云絲頭等項較多，故所得淨絲較少。然貨高價昂，亦甚合算。茲以細絲計之，假如收繭百斤，可得細絲百兩。善繅者以三絲眼繅之，一日止能繅細絲八兩計。煮繭八斤，必十二三日乃畢。以雙絲眼繅之，一日止能繅細絲六兩計。煮繭六斤，必十六七日乃畢。若不能用三絲眼雙絲眼而以單絲眼繅之，一日止能繅細絲三四兩計，煮繭三四斤，須三十日內外乃畢，故抽繅細絲用三絲眼者，繭過六十餘斤，用雙絲眼者，繭過四十餘斤，用單絲者，繭過二三十斤，便須添設絲車。若抽繅中勻絲，較之繅細絲者，每日可多繅半倍，抽繅肥絲，較之繅細絲者，每日可多繅一倍或兩倍、三倍取絲愈肥，則煮繭愈多。繭過若干斤，便應添車，可類推之，如不添車，即須以籠蒸繭，免致蛹變爲蛾。詳『蠶具』第二十則，籠蒸詳『殺繭』第三則。

煮繭　鍋內先注清水，新繭以生繅爲佳，蒸焙之繭爲日過久，恐絲頭乾燥，不利於繅，水內須入油鹽少許，以筷子攪勻後下繭，換水時再酌添油鹽，如未蒸未焙或蒸焙未久，則不必用此法。俟水將滾時，下繭於鍋約二十箇左右，不可太多，多則煮損，襄陽絲線鋪取絲做線，其絲甚粗，須合數十縷爲一縷，故鍋內下繭百餘枚，取絲者不可以絲線鋪爲法。以右手執撈帚，輕輕挑撥使繭滚轉，又亂攪幾下，隨手一撩，將絲頭帶出水面，無撈絲帚，則用筷子三四雙，挑撥攪撩。即以左手捻住絲頭，於水面輕輕提掇數次，右手隨即放下撈絲帚，捻住絲頭下之清絲，左手將粗絲頭摘出，另放一處，絲頭雖粗，亦可抽線，並非棄物，詳『抽線』第一則。再以清絲穿入牌坊做絲眼，繭六七箇或八九箇抽成清絲一縷者，謂之七繭絲，其絲極細，其貨較高；十一二箇抽成一縷者，謂之中勻絲，其絲較肥，其貨較次；以一二十箇抽成一縷，則更肥矣。撈絲帚詳『蠶具』第十六則。【略】

看火　煮繭時，火不可過大，亦不可過小，火過大則水太熱，絲多疵纍，火過小則水不熱，繭必颺開，繭如颺開，絲必中斷，急將颺開之繭掠聚一處，挑起絲頭，以淨絲搭入絲眼，便可接聯而上。務須斟酌合宜，大約以湯如蟹眼爲恰好。

又《蠶料八則**》**　火料　牛糞牛喜蠶砂，蠶喜牛糞，冬月收牛糞，曬乾，春煖時搥碎，秤水杵築成餅，於蠶屋內燒之，最為有益。乾柴絲忌煙熏，煮繭之柴宜早備，曬令極乾。

又《附録八條》　煮繭　以大鍋盛冷水，下繭二三千枚，煮三四刻，將繭翻轉，再煮三四刻，再翻轉，俟繭將輭時，用荍灰淋汁，量繭多寡，酌傾鍋內，再煮一二刻即熟，如尚未熟，再加荍灰汁略煮。

清 高銓《蠶桑輯要》卷下

煮繭

繭必熟煮，方可成綿，同功為上，尿緒、映頭、綿繭次之，蛾口又次之，出蛾之繭為蛾口，同功繭十斤成綿一斤，細繭十斤止得十三、四兩。須用綿包裹，不包易亂。煎滚灰水，下釜煮之，候將熟以大碗盛香油一杯，入灰水冲滿，分一半水勻澆釜中，煮數沸，將繭翻轉，以所留之一半油灰水澆入再煮，務使極熟，亦有用柏油者。凡煮繭灰水，輕則綿濁，重則綿黴，加油輕則綿澀，煮不熟則綿成塊而不勻，太熟則綿又殐，須得恰好為佳。老農云：油以猪油為上，柏油次之，香油為下，以綿經香油即黄也，灰水亦能變色，近故有純以清水煮者。

清 陳開沚《裨農最要》卷一

火料

柴炭青崗炭最耐久。乾柴絲忌煙薰，煮繭之柴宜早備，令極乾。

又 卷三 煮繭

水宜極清，柴宜無烟，鍋宜洗净，新繭以生繅為佳，蒸炕之繭為日過久，恐絲頭乾燥，不利於繅。水内須入油鹽少許不可多絲眼，以筷子攪勻，然後下繭，換水時換水太勤，則黃而不亮，換水不勤，則亮而不黃。如湯色稍渾，即傾出三分之一，以署温清水攙入。再酌添油鹽，如未蒸未炕或蒸炕未久，則不必用此法。

治繭　煮繭繅絲時，繭有牽連而上，直至絲眼阻塞去路者，此病繭也，此病由結繭時，火力過大所致。少則以手擊之，繭自墜落鍋内，多則不勝其頌，須將繭攤在曬簟上，以熱水勻噴之，如細雨濕衣狀。再放潔净瓮内，封蓋片時，然後取出繅絲，自然爽利。又有繅絲時，絲已過眼上軸，忽然極細而斷者，亦病繭也，此病由結繭時，火力過小所致。須先以燒酒勻噴繭上，不必封蓋瓮内。再煮而繅之，便不中斷矣。

清 黃世本《蠶桑簡明輯説・養蠶説》 蓋繅絲必先煮繭，以鐵鍋注水八分，燒火宜勻，不可太凉，亦不可太熱，試湯視蛹之浮沈，浮則嫌熱，沈則嫌凉，凉熱適宜，方不斷續，且湯宜頻換，見水色微黃，即宜拗去三分之一，以略温清水攙入，絲方白亮。繭堅而燥者，可以抽盡存蛹，稍劣，則抽至紙薄，即宜撈去，否則蛹隨絲上，觸斷絲縷，既損好絲，且又支節。軸後須用熾炭兩盆，火約離絲二寸，遠則火力不及，近則恐有火傷，隨繅隨烘，務使極乾，絲則白亮，潮則帶暗滯，不烘而聽其自乾或曬乾，不特色暗而黃，且膠粘難掉，絲更繆而不直。

清 江志伊《飼蠶法・飼夏秋蠶法》 煮繭作絲，舒解頗易，繭雖薄而得絲多利。【略】絲質優劣，織造各有所宜，或謂絲縷之細，光澤之美。

清 蔣汝正校正，徐瀾編輯《安徽勸辦柞蠶案・柞蠶簡法補遺・繅絲篇》 繅絲　魯山收繭後，皆自繅絲出售，繅絲尚用土法，每鍋每次用清水煮繭千枚，隨煮隨繅，謂之水絲。其已出蛾之繭，用荍灰水拌勻，再入蒸籠蒸之，然後繅取，謂之乾絲。水絲、乾絲售價略同。

清 吴烜《植桑育蠶書・養蠶説》

煮繭必先儲柴，栗樹火烈而無烟，其餘堅結之樹，但須乾透，亦皆可用。三眠時，每蠶一觔儲柴五十觔，惟松柴烟重，最易污絲，不堪煮繭，柴水既備，方可繅絲。

繅絲之繭，内有兩三蠶共成者，爲同宫繭；一頭穿破者，爲穿頭繭；蠶溺染成黃瘢者，爲溲緒繭；蠅集生蛆，鑽繭而出者，爲蛆鑽繭；老不變蛹，斃爛繭中，穢不映出者，爲映頭繭；蠶受蚊叮，作繭未半，中間黑爛者，爲蚊叮繭；薄緒纏身，赤蛹外露者，爲赤身繭；蠶嘴受傷，吐絲寬慢，其繭軟而鬆者，爲綿繭，采繭時皆宜剔去。其堅厚潔白之繭，剝淨浮綿，秤見觔數，赶緊繅絲，不可延緩。繅絲必用浙中脚踏車，靈活而省工，蘇屬、錫金等處亦皆用之，有三縷同繅、兩縷同繅者，堅厚而乾燥之繭可繅三縷，每縷用繭五、六個，謂之細絲，十一二個卽謂之粗絲，其價極貴，然繭必蓮種，上山必用火烘，絲多而韌，抽之不斷者方可，但此蠶甚難齊集，惟湖人能育之，絲少甚難聯屬，亦惟湖人能繅之，他處皆繅兩縷，少則十五六繭，多則十七八繭，謂之肥絲，總以粗細均勻、光潔白亮、圓而不扁者爲佳，蓋繅絲必先煮繭，以鐵鍋注水八分，燒火宜勻，不可太凉，亦不可太熱，試湯視蛹之浮沉，浮則嫌熱，沉則嫌凉，凉熱適宜，方不斷續，且湯宜頻換，見水色微黃，卽宜拗去三分之一，以略温清水攙入，絲方白亮。繭堅而燥者可以抽盡存蛹，稍劣，則抽至紙薄，卽宜撈去，否則蛹隨絲上，觸斷絲縷，既損好絲，且有支節軸，後須用熾炭兩盆，火約離絲二寸，遠則火力不支，近則恐有火傷，隨繅隨烘，務使極乾，絲乾則白亮，潮則暗滯，不烘而聽其自乾或曬乾，不特色暗而黃，且膠粘難掉，絲更繆而不直，此特言其大略耳。至繅絲之具與繅絲之法，必須身親見之，方能了然，則又非紙上空談所可憑虛而得也。

清 宗景藩《蠶桑説略・繅絲説》 採繭下，先剝去其外衣，入鍋煮之，以繭六七枚各撈其頭繅成一縷者，爲細絲；以十二三枚繅絲一縷者，爲粗絲。繅絲用浙中脚踏車較爲靈活，人工亦省，惟踏車之藝非可言傳，擬買絲車來，命家人親授，俾可傳習。又繅車下須用炭火一盆，帶繅帶烘，絲燥而白，不烘而聽其自乾，則其色黃。又煮繭不宜燒松柴，因松有煙煤，絲染其氣，色不明亮，尤不可不講也。

清 李鴻章撰，袁俊德輯《蠶桑紡織器圖詠・紡織圖詠類》 束捆第三圖　煮繭三斗，可得絲二斤，卽下架作一束，雙挽之，置溫涼室中，色間黃白，更形鮮明。

清 何石安輯《蠶桑圖説合編・蠶桑合編》 繅絲説　採繭下，先剝去其外衣，入鍋煮之，以繭六、七枚各撈其頭繅成一縷者，爲細絲，以十二、三枚繅絲一縷者，爲粗絲。繅絲用浙中脚踏車較爲靈活，人工亦省，惟踏車之藝非可言傳，擬買絲車來，命家人親授，俾可傳習。又繅車下須用炭火一盆，帶繅帶烘，絲燥而白，不烘而聽其自乾，則其色黃，又煮繭不宜燒松柴，因松有煙煤，絲染其氣，色不明亮，尤不可不講也。

清 盛宣懷輯《蠶桑備要》 繅絲 煮繭抽絲，古謂之繅。先取繭爆日中三日，曰晾繭，然後入鍋動絲車，陰雨則火烘之，使蛹不化，得以徐繅之。諺曰『小滿動三車』，謂油車、水車、絲車也。凡繭初采，蠶蛹皆嫩，絲不易繅，過七、八日，蠶蛹已老，亦不易繅，惟四、五日間為恰好時候，并工急做，則成功易且得絲多。絲欲其細而白，欲白必多換湯水，欲細不可惜工夫。絲必欲其好做，好做則蠶蛹身上無衣，絲多而工夫不費，若好做而繭選得白，是為上號，倘繭白不好做，終是次號，因繭在湯中多滾，去其顏光矣，其故由於上山時潮溼悶熱，則絲必不好做。上山之不可不講究如此。

澄水。絲由水煮，治水為先，有一字訣曰：『清清則絲色潔白』，須於半月前用舊缸貯蓄，以待其清。繅絲之時，恒多雨水，河流漲溢，渾濁難清，故須先時預貯，缸舊則水不汎。如或不及預貯，臨時欲其澄澈，當取螺升許投之，螺涎最能潔水，大忌用礬，絲遇礬水，色即紅滯。又須明水性，使水不為絲疵，山水性硬，其成絲色剛健，河水性輭，其成絲也柔順，流水性動，其成絲也光潤而鮮，止水性靜，其成絲也肥澤而綠，山水不如河水，止水不如流水。止水不宜獨用，須用流水對半調和，以其色太綠也。勿用井水，井水絲不亮。

儲薪。亦須揀擇，最好是栗柴、桑柴次之，雜柴又次之，切不可燒香樟，其氣能使絲紅色。

安竈。做絲之竈，不論缸竈、竹竈、甎竈，総宜於數日前砌就，使泥皆乾燥，方易透火。缸竈、竹竈，須安置平穩，不可稍有敧側。釜宜大宜舊，大則可多容水，舊則見水不鏥。鏥則汙絲，新釜見水即鏥，如用新釜，釜內須先以油擦之。竈高二尺，寬上窄下，使繅絲者有容膝處也。置鍋其上，以泥護之，勿使漏煙，必須用煙窗，使煙直透絲上，無煤氣。竈左須設一木盆架，高使與竈齊，以盛蛹與繅不上絲之熟繭。

又 辨生熟、重輕。凡繭生則絲重，熟則絲輕，繭之熟由於繅之緩，手足遲鈍，轉運不疾，繭在釜久，適足煮熟。故打緒宜速，腳踏宜緊，眼專覰窩，手頻撥繭添搭，緊踏緊轉，則繭皆歸緒，即時繹盡，可不煮熟絲成，自增銖兩矣。

又 理野絲。凡絲上軸不多，隨手亂搭，亂搭則堂口、板爪之間，絲在貫脚之背者，謂之板爪。多縱横游颺之絲，是為野絲，雖無甚害，終不美觀。惟於上軸時，引絲使直，然後入送絲鉤，自不致雜亂無章。

又 換湯。絲之色，湯清則鮮，湯渾則滯，故絲釜之湯不可不頻換，然待其渾而後換，則時清時渾，絲即不能一色，精於治絲者時時察看湯色，微變則取出三之一，以清熱水添滿，頻頻添換，謂之走馬，換湯之色始終如一，絲之色亦始終如一矣。

架火。絲竈架火宜緊對繭窩，或旺或微，須審察繭性，繭有宜涼湯者，有宜熱者，仍宜斟酌。凡湯之涼熱，以蠶蛹之浮沈為準，沈則湯涼，浮則湯熱，要在火力長勻，無忽旺忽微之失，則做絲者易於調濟矣。

清 衛杰《蠶桑萃編》卷四《繅政・繅繭類》 煮繭以無煙為佳，桑條火極旺，如無桑條，柴芝麻桿極好，如乏麻桿，板炭、木炭亦好，如少炭，則栗柴、柏柴、柿柴皆可，須曬得極乾，自然無煙，若煙多，不可用，因絲被烟薰，色不明亮。

又 觀火

煮繭，火候最為緊要，不可過大過小，過大則水太熱，絲多疵累，過小則水未温，繭必颺開，可將颺開之繭掠聚一處，挑起絲頭，以净絲搭入絲眼，便接聯而上。大約看火之法，斟酌合宜，湯如蟹眼，所謂爐火純青，正是十分火候。

清 吴詒善《蠶桑驗要・量繭繅絲第十二》 繅線遲速，視繭之燥濕，車有單眼、雙眼，繭堅而燥，每日繅繭十五觔，輭而濕，每日祇繅十觔。繭多必須添車，車後設以火倉，與車軒着絲處針對，如雙錢眼則設雙火倉，絲從水中抽出，便由火倉上經過，相隔二寸許，故能隨繅隨燥，不致彼此膠粘。煮繭水宜取溪澗極清者，柴宜質堅，無烟者爲佳。余用松柴，隔年先浸黃泥水內，晒燥，煮繭則無烟。

清 楊鞏《中外農學合編》卷一〇《蠶類・春蠶》 儲料 火料宜牛糞。牛喜蠶砂，蠶喜牛糞，冬月收牛糞，晒乾，春煖時搥碎，拌水杵築成餅，於蠶屋内燒之，最為有益。乾柴。絲忌煙熏，煮繭之柴宜早備，晒令極乾。

又 卷一一《蠶類・養法》 煮繭法 以大鍋盛冷水，下繭二三千枚，煮三四刻，將繭翻轉，再煮三四刻，再翻轉，俟繭將輭時，用茇灰淋汁，量繭多寡酌傾鍋内，再煮一二刻即熟，如尚未熟，再加茇灰汁略煮。煮熟之後，用短小竹棍濾浮絲成緒，分作數提，仍存鍋内，然後照家繭法繅之，竈内不可斷火。

清 張行孚《蠶事要略》 凡繭繅絲，必有遺剩，將繅後遺剩之薄繭，及繭上剝下之浮絲，於夜間在絲竈内煮之（湖俗謂之煮繭黄），至明日將所煮之物，振去蠶蛹，在湖中打成一片（湖俗謂之經頭），曬燥，可以打線縣，織之即為綿紬。

清 趙淵《蠶桑摘要》卷下

乾柴

煮繭以無煙爲佳，桑條火極旺，如無桑條，柴芝蔴桿極好，如乏蔴桿，板炭、木炭亦好，如少炭，則栗柴、柏柴、柿柴皆可，須曬得極乾，自然無煙，若煙多，不可用，因絲被煙薰，色不明亮。

又 轉軸

摘粗絲頭後，先以清絲穿入牌坊上絲眼，又由絲眼引上牌坊響緒，交互一轉，再由響緒送入絲秤上之絲鈎，復由絲鈎搭上車軸，繫於貫腳横梁，用手搖車或用腳踏板，軸自旋轉，絲便環繞於軸之上。

觀火

煮繭，火候最爲緊要，不可過大過小，過大則水太熱，絲多疵累，過小則水未温，繭必颺開，可將颺開之繭掠聚一處，挑起絲頭，以淨絲搭入絲眼，便接聯而上。大約看火之法，斟酌合宜，湯如蟹眼，所謂爐火純青，正是十分火候。

藝文

宋 范成大《石湖詩集》卷三《繅絲行》 小麥青青大麥黄，原頭日出天色涼。姑婦相呼有事忙，舍後煮繭門前香。繅車嘈嘈似風雨，繭厚絲長無斷縷。今年那暇織絹著，明日西門賣絲去。

清 沈炳震《蠶桑樂府・繅絲》 汲水然薪將煮繭，繅車搖動風雷轉。轟轟一刻千百迴，旋風莫及奔車緩。絲義打繭水百沸，提起絲頭正無既。從教斷卻更續來，萬緒千頭難數計。插秧車水鬧如雲，男兒下田屋無人。小姑添水更加薪，新婦繅絲色勝銀。儂家戲語姑勿嗔，傳聞百兩近良辰。絲成織絹白且長，與姑裁作嫁衣裳。五紋繡刺雙鴛鴦，記儂辛苦毋相忘。

清 程恩澤輯《貴州橡繭詩》 煮繭 生自覓新葉，死亦甘沸水。生死皆化工，用以供羅綺。試聽軋軋聲，南邦風味美。繅絲事所同，黔民應色喜。

又 煮繭 吐盡口中絲，功成身乃失。鼎鑊風來香，聞之或心怵。我思歐絲人，即是古良弼。衣被及萬民，身死非所恤。

清 愛新覺羅・玄燁《御製耕織圖》 連村煮繭香，解事誰家娘。盈盈意媚竈，拍拍手探湯。上盆顔色好，轉軸頭緒長。晚來得少休，女伴語隔墻。

圖表

清 李鴻章撰，袁俊德輯《蠶桑紡織器圖詠・紡織圖詠類》

繅絲第一圖

河水清清不染塵，繅絲煮繭鬬鮮新。抽來粗細隨人力，色要相同縷要勻。

煮以河水、淡水、泉水爲佳，雨水更好，井水味鹹、減色，不可用。燒用枯桑枝，於大釜沸水入繭，一升煮三四刻，用箸撥轉，再煮三四刻，再撥轉。俟繭輭時，用莜灰淋汁，量繭多寡，酌入釜内，再煮一二刻即熟。

清 宗景藩説略，吴嘉猷繪圖《蠶桑圖説》 繅絲採繭下，先剝去其外衣，入鍋煮之，以繭六七枚各撈其頭繅成一縷者，為細絲，以十二三枚繅絲一縷者，為粗絲。楚人繅絲用手車，不若吾浙脚踏車之靈活，人工亦省，惟踏車之藝非可言傳，擬買絲車来命家人親授，俾可傳習。又繅車下須用炭火一盆，帶繅帶烘，絲燥而白，不烘而聽其自乾，則其色黄，又煮繭不宜燒松柴，因松有烟煤，絲染其氣，色不明亮，尤不可不講也。

添絲接絡

綜述

清 高銓《吴興蠶書》卷下 勻繭窩 絲以勻爲上，或麤或細，須使始終如一，麤絲以二三十繭爲一窩，細絲以六七繭爲一窩，多則損之，少則益之，總要繭窩之大小長勻，不得乍多乍少。

又 添絲接絡 繭窩抽繹良久，必有絲先盡而脱蝺者，有絲中斷而颺開者，繭漸減少，絲即失之太細，宜酌量增添，况颺開之繭浮游釜面，若不搜緒歸窩，適足使繭煮熟，須掠聚一處，添入生繭，颺開之繭系已光滑，不易打撈，須以生繭伴打，方能惹起絲緒，俗謂之伴繭。另打起緒頭，將净絲抽出，斟酌肥細，分搭窩中，自能蟬聯而上，無接續之痕。

清 劉祖憲《橡繭圖説》卷下 攢絲第三十五 以二絲、三絲即煮繭時所取之絲也并合為一絲，謂之攢絲。凡為雙絲綢者，經緯皆用之，餘則否。緯絲欲粗，間亦用之，但欲緯之粗，須於取絲時，多提繭絲合為一綹，若既取絲而又□□，則未免徒費工夫耳。

清 盛宣懷《蠶桑備要・繅絲》 理野絲。凡絲上軸不多，隨手亂搭，亂搭則堂口、板爪之間，絲在貫腳之背者，謂之板爪。多縱横游颺之絲，是爲野絲，雖無甚害，終不美觀，惟於上軸時，引絲使直，然後入送絲鉤，自不致雜亂無章。

換湯。絲之色，湯清則鮮，湯渾則滯，故絲釜之湯不可不頻換，然待其渾而後換，則時清時渾，絲即不能一色，精於治絲者，時時察看湯色，微變則取出三之一，以清熱水添滿，頻頻添換，謂之走馬。換湯之色始終如一，絲之色亦始終如一矣。

架火。絲竈架火宜緊對繭窩，或旺或微，須審察繭性，繭有宜涼湯者，有宜熱者，極宜斟酌。凡湯之涼熱以蠶蛹之浮沈爲準，沈則湯涼，浮則湯熱，要在火力長勻，無忽旺忽微之失，則做絲者易於調濟矣。

清 吴作鏌、倪紹雯、劉安欽《蠶桑速成捷法・蠶絲業普及捷法》第三章《製絲捷法》 索緒打盆 繭之外面浮絲最多，須除去乃得正緒，而上之集緒器，索緒方法有兩種，求初煑熟之繭，以杓子柄或筷子，從煑鍋周圍迴轉一次，然後由中央挑起；求落繭之緒，與上不同，所謂落繭者，繅絲中途絲縷因類節切斷所生者，其方法：用索緒箒，以右手三指輕撮之，輕掃繭面五六十回，緒絲附着箒上，取出寄于鍋之一隅，如有殘餘，再如前法掃取，然後整緒，務求得正緒爲止，若過于粗暴，徒傷繭層，減損絲量。索緒湯溫度要高，索緒箒之物質不宜過硬過軟，蜀黍之穗、稻草之尖部揉造者最爲適度，繅絲湯溫度過度，則絲縷中含有之膠質溶解太甚，纖維抱合力乏，絲力減乏，由是而絲量亦蒙影响，且浸湯時間稍長，崩壞繭層，作業因難；過低，則膠質溶解不得適度，生絲硬韌，解舒因難，切斷過多，兩均不利。

又　添緒　一縷生絲，既言從數繭集合而成，其間自然生落緒繭，繰了繭，不可不以新繭添入，以補其缺，添緒方法之巧拙大與生絲纖度齊否、纇節多寡有關係，故從事繰絲者必十分熟練其方法，有器械添緒、指頭添緒二種，器械添緒多生纇節，遠不如指頭之靈敏，欲得良絲，非採指頭添緒不可，以左手撮繭之緒，右手取繭投入集緒器之下，更下向握繭緒，掛于食指內部，竝回轉左手食指一週，以左手母指抑緒，兩指用力而緒自斷，此時右手食指端約剩五六分長之絲頭，迅速仰向集緒器七八分下投去，絲頭遂包圍幹絲，一齊捲上。

清　林在南《屑繭紡絲論·新法屑繭紡絲自習書》《蠶業叢書》第四編　緒絲　此由繅絲索緒之際，初時抽出緒頭，即俗所稱絲吐是也，若爲綢絲原料，亦非佳品，只可紡作粗絲而已。

繅絲湯

綜述

清　方大湜《桑蠶提要》卷二《蠶事四十條**·繅丝**十八则**》**　換湯　煮繭時，換水不可太勤，亦不可不勤絲要亮又要白，換水太勤則白而不亮，換水不勤則亮而不白，務必留心細看，如湯色稍渾，即傾出三分之一，以略温清水攙入，此事須一人專司。

清　高銓《蠶桑輯要》卷下　淋灰湯　煮繭須灰水，用稻秆燒灰入籮，取水再四淋之，欲辨濃淡，用碗盛香油半杯，冲以澄清，灰汁淡者黄，濃者白，以色如豆腐漿，無一點浮油為度。

清　汪曰楨《湖蠶述》卷三《繅絲》　澄水　絲由水煮，治水為先，有一字訣曰『清清則絲色潔白』，須于半月前用舊缸貯蓄，以待其清，繅絲之時，恒多雨水，河流漲溢，渾濁難清，故須先時預貯，缸舊則水不泛。如或不及預貯，臨時欲其澄澈，當取螺升許投之，螺涎最能潔水，大忌用礬，絲遇礬水，色即紅滯。又須明水性，偃水不為絲疵，山水性硬，其成絲也剛健；河水性軟，其成絲也柔順；流水性動，其成絲也光潤而鮮；止水性靜，其成絲也肥澤而緑，山水不如河水，止水不如流水止水不宜獨用，須用流水對半調和，以其色太緑也。《吴興蠶書》勿用井水，用井水者，絲不亮。《廣蠶桑説》

儲薪　亦須揀擇，最好是栗柴，按，即橡櫟樹。桑柴次之，雜柴又次之，切不可燒香樟，其氣能使絲紅色。《育蠶要旨》按，薪宜乾，故必預儲曬燥。

又　卷四《作綿》　淋灰湯　煮繭須灰水，用稻秆燒灰入籮，取水再四淋之，其澄澈較速于樹柴灰，欲辨灰水濃淡，用盌盛香油半杯，冲以澄清，其水淡者黄，濃者白，以色如豆腐漿，無一點浮油為度。《吴興蠶書》

清　吴烜《植桑育蠶書·養蠶説》　繅絲必先蓄水。山泉、天泉爲上，湖水次之，池水、潮水又次之。半月前舊缸盛貯，濁者待清。或用螺螄吸泥，切勿用礬，伏久愈佳，暴則絲色綠滯。近江之處，多係潮水，伏過半月，抽絲白亮，無須遠求。三眠時，每蠶一觔儲水一石，井水味鹹，抽絲易霉，不堪用。

清　林楊光、王鎮西《蠶桑條説·繅絲器具説》　繅絲之水，宜擇溪澗之極清者用之，勿取井水，致絲不亮，然絲貴亮亦貴白，總要換湯得法，如勤換湯則絲白而不亮，少換湯則絲亮而不白，須適中。

清　沈練，仲學輅補輯《廣蠶桑説輯補》卷下《飼蠶法六十六條**·繅丝器具説**五條**》**　繅絲之水，擇溪澗之極清者取之自石罅流出者尤佳，勿用井水。用井水者，絲不亮。

按，用井水而絲不亮者，其水必帶鹹味，或黯濁不清故也。若無諸病，何妨擇用，且絲貴亮亦貴白，總要換湯得法，如勤換湯則絲白而不光，少換湯則絲光而不白，須適中。

清　衛杰《蠶桑萃編》卷四《繅政·繅繭類》

易湯　絲鍋換水，必須一人專理其事，繅絲者力不暇及。換水以勤為佳，然不勤換不可，過勤換亦不宜。絲要亮又要白，換水太勤則白而不亮，換水不勤則亮而不白，務留心斟酌。以清而半温者妥，如湯色渾，即傾三分之一，以微温清水攙入，温熱得當，即換湯要法。

又　溲緒、映頭等繭之外，更有陰繭，其不可繅者，或爲綿，或爲絮，其畧可繅者亦只可揀出另繅。絲湯易濁，宜頻頻換水，若與好繭同繅，併好繭之絲，亦不能白亮矣。

清　吴錫璋《蠶桑新論・論繅絲湯之關係第十七》　繅絲湯之温度，中國繭與日本繭異，鮮繭與乾繭亦異，是以温度之高低，必須隨時加減，萬不可墨守成規。若湯不調均，不特絲質不良，即繅時亦多齮齕，繅絲與調湯關係良非淺鮮。蓋日本之繭膠質多，中國之繭膠質少，如温度過高，則薄膜必多耗失，而絲嫌柔軟；過低，則絲多節類，又且硬韌不堪。今華民於繅絲一道，平素以農爲業，無人考究，及至採繭以後，始抒出庸庸之故技，率爾操觚，既不求水之清潔，又不諳湯之均勻，譬之閉戶造車，自謂合轍，迨出門而知自誤，晚矣。比來外洋俱重日、意兩國之絲，華絲已瞠乎其後。近日兩國愈製愈精，其絲價之昂比華絲高起五倍有餘，并且有時專購日、意之絲，華絲則市場歇寂。設將來日、意之絲足敷外洋之用，勢必華夏細絲而爲外洋所唾棄。嗟乎！以固有之利權，甘讓他人以獨步，抑何自棄若是？僕不憚苦口，特揭日本繭調湯之揭櫫於左。

清　朱祖榮《蠶桑答問》卷下《敗繭繅絲第十六》　溲緒、映頭等繭亦可揀出另繅，絲湯易濁，宜頻頻換水，惟均不可與好繭同繅，致累好絲，其餘之繭，或爲綿，或爲絮可也。

清　賴昌《製絲新論》第四章《繅絲湯》《蠶業叢書》第十编　繅絲之際，必須取湯水浸繭，以溶解其膠質，庶絲縷得以解開，乃能一一抽出，然因繅絲湯之多寡、清濁、冷熱，對於操作經濟以及諸種之成蹟上，固大有關係者也，當業者安可不愼重以處之乎？兹將最要之事，現略述於下，以供採擇：

第一節　繅絲湯之温度

繅絲湯之温度不宜太高，亦不宜過低，太高則絲膠之溶解多，絲量減，纇節增，有時甚至繭皮崩裂，成爲揚繭，且絲質輕弱，强力亦減；如温度過低，則絲膠之溶解少，解舒困難，切斷與纇節俱多，而伸度亦減。總之，太高與太低均非所宜也。雖然適當之温度殊難預定，蓋繭之性質、種類各有不同，未可以一律論也。左表所列僅示標準之大概，觸類變通，是在學者。

繅絲繭之種類	繅絲湯之温度華氏
生繭未殺蛹者	百二十五度至百三十度
殺蛹後未行乾燥者	百三十五度至百四十度
殺蛹後一半乾燥者	百四十五度至百五十度
適度乾燥者	百五十五度至百六十度
過度乾燥者	百六十五度至百七十度
污染及稍帶黴腐者	百七十五度至百八十度

又因繭質之如何，須隨時斟酌，如繭形大而繭皮强韌者，繅絲湯之温度可照標準表所定者稍加高；反之，則繭皮甚薄而柔軟者，則宜低降其温度。

第三節　繅絲湯之交換

湯水之交換，視温度之高下以爲衡，若交換過早，則繅絲湯清潔，而絲之色澤必甚美麗，然水量及蒸汽量之消耗，必因之而大減，且製絲之時間加長，而絲量因之減耗；反之，交換過遲，則繅絲湯必爲之溷濁，其缺點雖不至如交換過早之多，然損失絲之色澤，而練減之量亦增多矣。故繅絲湯之交換過早過遲均有弊也，以大概言，總以繅絲湯帶濁色時，交換爲最宜。今揭示試驗之成蹟於左，以示得失。

湯別	繅絲時數	屑物量	繭一升之絲量	色澤	練繭量
純青	一、一〇（時）	二、〇五（錢）	四六、五〇	一、	一、八九八（割）
少濁	一、〇三	一、〇五	四六、九八	二、	一、九一七
最濁	一、〇六	一、九九	四、六九三	三、	一、九七三
蛹之煎汁	一、〇六	二、二八	四、七二〇	四、	一、九九六

又　第十三章《水質之改良及妨害》

第三節　各水質之妨害

上節既言繅絲須有佳良之水，且述及濾水之方法，雖然，在無力之農家製絲，又安能另設池水？是仍不得不取尋常之河水、井水以繅絲，然在尋常之河水、井水，多含有種種之雜質，用以繅絲則於經濟上之虧損也實甚大。無已，則維有稍事變通，擇雨水之清潔者與泉水之佳良者而用之。常見我國一般之製絲者，往往視此爲無足重輕，且甚至有繅絲湯已變爲暗黑之色，而仍不爲之更換者，是亦未知其妨害耳。

清 曹倜《蠶桑速效編》 溲緒 映頭等繭之外，更有陰繭，其不可繅者，或爲綿，或爲絮，其畧可繅者亦只可揀出另繅。絲湯易濁，宜頻頻換水，若與好繭同繅，併好繭之絲，亦不能白亮矣。

圖表

清 吴錫璋《蠶桑新論》

蒸溜水桶圖

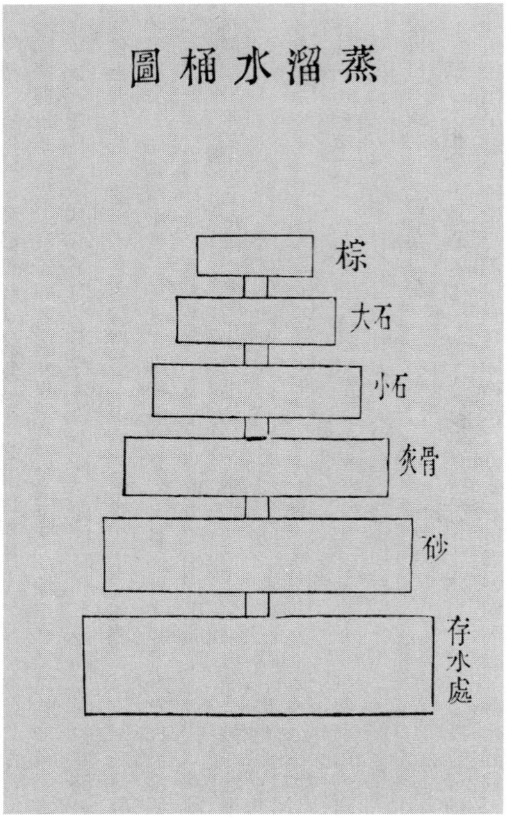

冷盆

綜述

元 司農司《農桑輯要》卷四《養蠶》

繅絲

《士農必用》：『繅絲之訣，惟在細圓、匀緊，使無褊慢、節核接頭為節，疙瘩為核。麤惡不匀也。』生繭繅為上，如人手不及，殺過繭，慢慢繅。殺繭法有三：一、日曬；二、鹽浥；三、蒸；蒸最好；人多不會，日曬損繭；鹽浥者穩。

熱釜可繅麤絲單繳者，雙繳亦可，但不如冷盆所繅者潔净光瑩也。釜要大，置于竈上，釜上大盆甑接口，添水至甑中八分滿，甑中用一板攔斷，可容二人對繅也。繭少者，止可用一小甑，水須熱，宜旋旋下繭。多下則繅不及，煮損。

冷盆可繅全繳細絲，中等繭可繅雙繳，比熱釜者有精神，而又堅韌。雖曰冷盆，亦是大温也，盆要大，必須先泥其外口徑二尺五寸之上者，豫先翻過，用長粘泥泥底，并四圍至唇，厚四指，將至唇漸薄，日曬乾，名為冷盆。用時，添水八九分滿水宜温暖常匀，無令乍寒乍熱，釜要小。口徑一尺以下者，小則下繭少，繭欲頻下，多下則煮過，又不匀也。

又 蒸餾繭法

《韓氏直説》如蠶成，繭硬、紋理麤者必繅快，此等繭可以蒸餾，繅冷盆絲。其繭薄、紋理細者必繅不快，不宜蒸餾，此止宜繅熱盆絲。其蒸餾之法：用籠三扇，用軟草札一圈，加于釜口，以籠兩扇坐于上，其籠不以大小，籠内匀鋪繭，厚三四指許，頻于繭上以手背試之，如手不禁熱，可取去底扇，却續添一扇在上，亦不要蒸得過了，過了則軟了；絲頭亦不要蒸得不及，不及則蛾必鑽了；如手背不禁熱，恰得合宜，于蠶房槌箔上，從頭合籠内繭，在上用手微撥動。如箔上繭滿，打起更攤一箔，候冷定，上用細柳梢微覆了，其繭只于當日都要蒸盡。如蒸不盡，來日必定蛾出。釜湯内用鹽一兩、油半兩，所蒸繭不致乾了絲頭。如餾繭多，油鹽旋旋入。

元 王禎《農書》卷六《農桑通訣六・蠶繅篇第十五》 繅絲有熱釜、冷盆之異，然皆必有繅車、絲軖，然後可用。熱釜要大，預於釜上接一盆甑，添水至甑中八分滿，甑中用一板攔斷，可容二人對繅也。水須常熱，旋旋下繭，多下則繅不及，煮損，此可繅麤絲單繳者，雙繳者亦可，但不如冷盆所繅潔净光瑩也。冷盆要大，先泥其外，用時添水八九分，水宜温暖長匀，無令乍寒乍熱，可繅全繳細絲，中等繭可繅雙繳，比熱釜者有精神，而又堅韌也。南北蠶繅之事，摘其精妙筆之於書，以爲必效之法，業蠶者取其要訣，歲歲必得，庶上以廣府庫之貨資，下以備生民之纊帛，開利之源，莫此爲大。

清 韓夢周《蠶桑實濟》卷四《育桑急務》

繅水絲法

水絲者，乃冷盆所繅之絲也，精明光彩，堅韌有色，絲中上品，錦繡、紗羅之所出也。雖曰冷盆，亦然熱釜，提頭摘去黃絲、亂茸，單留清忽，送入溫水盆中，以數忽相合成絲，自然光淨勻細，勝於熱釜。

清 帥念祖《蠶政編・繅絲法》 繅絲之法：水絲爲上，火絲次之。水絲者，乃冷盆所繅之絲也，精明光彩，堅韌有色，絲中上品。雖曰冷盆，亦是熱釜，提頭摘去黃亂茸，單留清緒，送於溫水盆中，以數緒相合成絲，光勻自勝熱釜，堪中錦繡、紗羅之用矣。

清 郝懿行《寶訓》卷三《蠶桑》 冷盆可繅全繳細絲，中等繭可繅雙繳，雖曰冷盆，亦是大溫也。

（道光）《遵義府志》卷一六《農桑》 繅水絲合三忽，府絲倍之，緯則再倍之。緒之繭，曰餵頭，繅者隨盡隨續。毋絕餵，則絲均。繭舞躍湯面，能終繅無增減，是上工也。淨絲：繅已，以緒張繃車，車方趺，植一柱，中置輪，輪徑如繅車，列左；右列淨車，前左者尺，車制與紡綿車等。長其筳貫篗，左牽繃絲之緒，謹去其纇節。

清 崔應榴彙纂，錢馥補輯《蠶事統紀》卷九

釜 《禮記・祭義》鄭注：三盆手者，三淹也。凡繅，每淹大總而手振之，以出緒也。《士農必用》：熱釜，釜要大，置於竈上，《農桑直訣》云：如蒸竈法，可繅麤絲、單繳者，雙繳者亦可。釜上大盆甑接口，添水至甑中八分滿，甑中用一板攔斷，可容二人對繅也。繭少者止可用一小甑，水須熱，宜旋旋下繭。凡繭多者，宜用大釜，以趨速效。冷盆，可繅全繳細絲，比熱釜有精神，而又堅韌。雖曰冷盆，亦是大溫水也。盆要大，必須先泥其外，用時添水八九分滿，水宜溫暖常勻，無令乍寒乍熱。釜要小，用突竈半破塼坯圓壘一遭，中空，其高比繅絲人身一半，其圓徑，相盆之大小。當中壘一小臺，坐串盆於小小臺上串盆即冷盆之異號，其盆要比圓壘高一唇，靠圓壘安打絲頭。小釜竈比圓壘低一半，揜火透圓壘，竈子後火烟過處，名揜火。與揜火相對，圓壘匝近上，開烟突口，做一卧突，長七八尺已上，先於安突一面壘一臺，比突口微低，又相去七八尺外安一臺，高五尺，用長一丈椽二條，斜磴在二臺上，二椽相去，濶一塼坯許，用塼坯泥成一卧突，二椽上平鋪塼坯一層，兩邊側立，上復平蓋泥了，便成一卧突也，須與竈口相背，謂如竈口向南，突口向北是也。繅盆居中，火衝盆底與盆下臺，烟熖遶盆過，烟出卧突中，故得盆水常溫又勻也。又得烟火與繅盆相遠，其繅絲人不為烟火所逼，故得安詳也。

打絲頭用一人，小釜內添水九分滿，竈下燃麤乾柴，候水大熱，下繭於熱水內，用箸輕剔撥，令繭滾轉盪勻，挑惹起囊頭，手捻住，於水面上輕提掇數度，復提起其囊頭，下即是清絲，摘去囊頭，一手掇捻清絲，一手用漏杓窈繭，欵送入溫水盆內，將清絲掛在盆外邊絲老翁上。盆邊釘錘一橛子，名絲老翁。

繅絲用一人，將絲老翁上清絲，約十五絲之上，總為一處，穿過錢眼，繳過篙頭蛾眉杖子上，兩繳杖子下，兩繳掛於軒上，又取絲老翁上清絲，如前掛於軒子，右脚踏軒右轉，長切照覷，撥掠兩絲窩，錢下繭攢聚，名絲窩，又名絮盤，兩箇絲窩，其頭齊行。於內有繭絲先盡，蛹子沉了者，繭絲斷了，繭浮出絲窩者，其絲窩減小，即取清絲，約量添加，務要兩絲窩大小長均。

案：繅車之制，北方重遲而所繅多，南方輕利而所繅少，蓋北車可容兩人對繅，南車只可一人獨繅也。南車亦有二種：一曰掉桿車，僅可一腳踏；一曰平車，可兩腳轉踏。視掉桿為省力，而絲之圓緊，則掉桿尤勝。繅盆，南方只有熱釜，無用冷盆者。

清 高銓《蠶桑輯要》卷下

打緒頭

古人繅絲，兩人對做，麤者用熱盆，細者用冷盆，詳見《士農必用》諸書。湖地惟用熱水，無兩人對做者。絲釜中貯水須八九分滿，架麤塊乾柴燒之，水熱下繭，用做絲手就水中將繭左挑右撥，令繭推盪滾轉，挑惹起絲緒，謂之打緒頭。隨以一手捻住麤緒頭，就水面上略提掇數度，抽起各繭鬆浮之系，看緒頭下之絲光潔，即將麤緒頭摘去，是為絲經頭亦曰絲拖頭，《農桑輯要》所稱之『囊頭』是也。凡挑潑緒頭，用手宜輕，如重手攪撥，或以做絲手繳纏數過，及提掇起四五尺長，是繭上好絲，十分中已為緒頭去其一，絲之銖兩焉得不減？

清 楊蔚本《養蠶說》《皇朝蓄艾文編》卷二〇 繅絲惟在細圓、勻緊，使無褊慢、節核粗細不勻也。熟釜不如冷盆，水熱須旋旋下繭，多下繅不及，必致煑損，均用筋輕剔挑起粗絲頭，手捻住水面上輕輕提掇，弄起絲頭，下即是清絲，摘去絲頭一尺，一手捻清絲，一手持漏杓，將繭過入溫水盆內。清絲掛於絲老翁上，約十五絲穿入錢眼，眼專看，手頻撥，頻添四、五絲，多則絲粗，少則絲細也。今改爲沙鍋銅鍋，取絲尤光亮。以一鍋煑湯，二釜共一竈門，火煙入於臥突，以熱二串盆，一人執爨，二人直釜繅絲，二人打絲頭，五人共一竈，日繅絲三十斤，可當六人之功。二盆之水，溝以瀉之，作門以啓閉之可也。

清　何石安輯《蠶桑圖説合編・繅絲法十二條》　泥竈時，兼泥盆底，以至四圍盆口，約厚四指許，將至唇口漸薄，待乾用時，添水八九分滿，温煖適勻，舊釜更妙，至《農桑輯要》云『熱盆不如冷盆之瑩潔』，但今無用冷盆者。又云：『甑中用一板闌斷，二人對繅』，今亦不用。竈下燒乾柴，試湯則視蝸之浮沉，浮則稍凉，沉則加熱，火力須勻。

清　江志伊輯《飼蠶法》　繅絲　繅絲之訣，惟在圓勻、緊細，使無褊慢、節核接頭爲節，疙疸爲核，麤惡不勻。生繭繅者爲上，如人手不及，則用蒸繭緩繅。有冷熱二法：冷盆可繅全繳細絲，中等繭可繅雙繳，比熱釜有精神，而堅韌。雖曰冷盆，亦是大溫；熱釜可繅麤絲單繳者，雙繳亦可，但不如冷盆潔淨光瑩也。熱釜法：於竈上置大釜，釜上用大盆甑接口，甑内添水八分，用一板居中攔斷，可容二人對繅。如繭少，止容一人繅者，可用一小甑也。水須熱，宜旋旋下繭。多下則不及繅，久煑絲損。冷盆法：盆要大口徑二尺五寸以上者，預先以黏泥泥其底，並四圍至唇，厚四指，將至唇漸薄，日中曬乾，名曰串盆。用時添水八九分，水宜温熱常勻，無令乍寒乍熱。釜要小口徑一尺以下者，釜小則下繭亦少，繭欲頻下、多下、煑久，則絲不勻，用突竈，以半破甎塊，圓壘一遭，中空，如直桶子樣。比人身一半高其圓徑視盆之大小，當中壘一小臺徑比盆底稍大，坐串盆於小臺上其盆比圓壘高一唇，靠圓壘安打絲頭小釜竈比圓壘低一半，揜火竈子後火烟過處，名揜火透圓壘，於與揜火相對，圓壘帀近上處，開烟突口，復用甎塊做一臥突，長七八尺以上先於安突一面壘一臺，比突口微低，又相去七八尺，外安一臺，高五尺，用長二丈之椽二條，斜磴在二臺上，二椽相去闊一磚坯許，椽上平鋪甎坯一層，兩邊側立，甎坯上復平蓋泥了，便成一臥突也，須與竈口相背謂如竈口向南，則突口須向北。繅盆居中，火衝入盆底與盆下臺，煙焰則繞盆過以出於臥突，故盆水常溫煖而勻，且煙火與盆相遠，繅絲人不爲煙火所逼，故得安詳也。

一云：欲繅細絲者，可改作連冷盆，其釜用砂鍋或銅鍋，必較鐵釜繅絲尤光亮，法以一鍋專煑湯，供絲頭，釜二具，串盆二具，繅車二乘，五人共作一鍋，二釜共一竈門，火煙入於臥突，以熱串盆，一人熱爨以供二釜、二盆之水，爲溝以瀉之，爲門以啓閉之，二人直釜，專打絲頭，二人直盆，主繅，是五人一竈可繅繭三十觔，勝於二人一車僅繅十觔，然則五人當六人之功，一竈當二竈之用也。

凡繭之初采者，蠶蛹尚嫩，絲不易繅，過七八日，蠶蛹已老，亦不易繅，一云：硬、紋粗理者易繅，可蒸繭，繅冷盆絲；薄、紋細理者難繅，不宜蒸餾，宜繅熱盆絲。又云：難繅之繭，由上簇時向火失法，火大之繭，其繅過眼上軸時，繭卽牽連至眠，阻塞去路，須先將繭攤在箔上，以熱水噴勻，如細雨溼衣狀，卽取置甕内，封蓋半時許，然後取出，以稍凉之水繅之；火小之繭，絲過眼上軸後，輙細極而斷，當以燒酒噴勻，入極熱水中繅之，不必入甕封蓋；如係二家之繭，當預分爲兩等，以火小者先繅，火大者後繅。惟四五日間爲恰好時候，並工急做，則成功易而得絲多易繅者，蠶蛹身上無衣，故絲多而工不費；不易繅者，則衣厚而得絲少，且久在湯中，光澤盡失，由於上山時潮溼悶熱所致，故上簇時宜管理如法也。繅絲之法：一曰選水。選水之訣，貴乎澄清繅絲時，雨水恒多，河流渾濁，須於半月前，用舊缸貯水，以待其清，如不及預貯者，臨時取螺螄升許投缸中，其水自潔，以螺涎最能清水也，大忌用礬，絲遇礬水，色卽紅滯，山水性硬其成絲也柔順，流水性動其成絲也光潤而鮮，止水性靜其成絲也肥澤而綠，用山水不如河水，用止水不如流水，用止水時，宜以一半流水調和之，以其色太綠也。井水之含有鹹味者，不宜用以繅絲；二曰儲薪。栗柴橡櫟等樹爲上，桑柴次之，雜柴又次之均宜預儲曬乾，樟樹有香，焚之使絲成紅色；三曰安竈。絲竈或甎，或缸，或竹宜數日前砌就，使黏泥乾燥，方透火而不漏煙，更宜安置平穩，不可欹側。釜宜大宜舊，大則多容水，舊則不鎗水，竈高二尺，上寬下窄，必設烟囪，使烟氣透出，不致薰絲，竈左設一木盤架，盛蠶蛹與屑繭；凡繭之浮沈水面，不盡其縮者，曰軟繭，剝出其蛹，留以作緜。四曰排車。車宜貼近竈傍，近竈一面牀脚須墊高三四寸，使牀身稍側高則牌坊可架，釜面側則車軸利於旋轉，牀側之横檔用繩纏絆，以石壓定石不可輕，恐有移動，亦不可高，恐礙轉運，貫脚中之椹木，擊之宜緊，他如綰絲之牌坊、運絲之稱，與鐙轉軸之踏脚，須一一布置周正也；五曰打緒頭。釜中水沸，然後下繭，以做絲手入水中剔撥用手宜輕，若重手挑撥，絲多纏繞絲手，耗損良絲，挑起絲頭，曰打緒頭，隨以一手捻住粗緒，就水面上略提掇數度不宜過高，高則繭中好絲爲縮頭耗十之一，絲量減輕，使各繭粗鬆之絲併成一緒，將上截粗緒摘去，是爲絲挖頭以入屑□盆内，是謂屑絲。下截絲之光潔者以之上軸：六曰穿絲眼。緒頭既清，即須分緒上軸兩緒做者分兩緒，三緒做者分三緒，穿過牌坊上之絲眼，引上響緒，將絲頭於響緒上，交互繳一轉，使響緒隨絲運動，牽上車軸，踏動脚板，屈伸往來，則軸轉絲抽，車聲咿啞矣上軸時，須將絲緒□入送絲鈎中，使之左右移動，絲在軸上横斜交錯，而無直縷，便供絡緯之用；七曰勻繭窩繭之在釜中抽絲，跳動者曰□窩。絲以勻爲主，或粗或細，須始終如一，粗絲以二三十繭爲一窩，細絲以六七繭爲一窩，多則損之，少則增之，不宜乍多乍少；凡三四十繭一窩者，絲極肥，止可充粗料；若細料必求細絲，每窩六七繭或七八繭，以三錢眼繅之，日消繭八觔，謂之七繭絲，貨最高而價最貴；十餘繭者謂之中勻絲，日可消繭十觔；餘貨較次，大約消繭至二十觔，無論粗細，均可下軸矣。繅細絲、中勻□，較之繅粗絲工之多寡、□之分兩，相去無幾而價高過之，業蠶者不可不多繅細絲也；八曰撈蠶蛹。蛹脫在釜，水易渾濁，宜速撈之，毋使浮沈以汙湯，然不可太早，早則衣厚而損絲，亦不可太遲，遲則蛹脫其衣，黏連上抵絲眼，撞斷絲緒，或徑過絲眼，與緒相併，突增絲類，須視衣薄，即撈出之；以蠶蛹養魚最佳，或以油炸食之，名□蠶女；九曰接絲緒。繭窩抽久，有絲先盡而脫蛹者，有絲中斷而颺開者，繭減則絲細颺開之繭浮游釜面，久煑太熟，足損其絲，須添入生繭，打起緒頭繭熟則光滑，打緒不易，必以生繭伴打，謂之伴繭，抽出清絲，斟酌肥細，分搭入窩，自蟬聯而上，無接續痕也；十曰調火候。竈中柴火宜緊對繭窩，沈則湯凉，浮則湯熱，宜微宜旺，須視繭之浮沈調劑之。車頭火盆肥絲兩板則兩盆，細絲三板則三盆熱炭宜旺炭須無煙不爆者，烟則薰損絲色，爆則燒斷絲條，絲之色澤，全在此火，旺則絲色鮮明，微則絲潮而邊相併，謂之殭邊，其色亦滯，須用石墊高，離軸五寸，少側向裡爲佳；十一曰換清湯。湯清則色鮮，湯渾則色滯，故絲釜換湯宜頻，然必待渾而始換，則湯色時渾時清，絲色不能一律，須察看湯色，微變即取出三分之一，以清熱水頻頻添入之，如是則湯色始終如一，絲色亦始終如一也。此外更須留意者曰理野絲。絲上軸時，若隨手亂搭，則多縱橫游颺之絲，謂之野絲，上軸時須引絲使直，送入絲鈎，方免雜亂，曰防跳花。絲著貫脚，須錯綜其緒，則緒鬆而易分，若鐙繩寬縱，旋轉不靈，則絲緒著於原路，大塊、小塊併成花紋，其緒不可分矣；須注油於鐙繩上，繩得油則潮而緊，隨軸運動自然左右錯綜，不致跳花而走板；曰辨生熟、輕重。凡繭熟則絲輕由於手足遲純，繅絲不捷，繭在釜久則煑熟，繭生則絲重，故打緒宜速，上軸宜靈，脚踏宜緊，一眼覷窩，一手撥繭，絲悉歸緒，一時抽盡，則繅成而絲量增。若爲貿絲計，更宜於絲將脫車時，揀取緊厚、圓淨之生繭，專繅一窩蓋之，倍覺光采動人。繅成脫車細絲須一日半或兩日始脫，先須除去野絲，挑淨粗類，用絨鬆縛絲板，以硬木爲送椹木，抵住椹木之小頭，用椎擊脫擊不可偏，偏則傷絲，隨取車軸離牀，將絲連車衣車衣於排車時，用潔白新布圍於車上，以襯絲者揭下揭時宜輕緩，毋裂破板爪，絞成絲把，更用絨綫縛定，於燥潔處藏之近日本國中文助氏初一新式製絲機，使用極靈，繅絲極快，一日可消繭一斗五升，繅成之絲纖度均一，無纇節而有光澤，單用一具者、以足踏十具以上者，則用連續法，以水車運轉或手轉，雖十二三歲女兒，亦能使用其機，六口繅一具，高四尺，總寬二尺四寸，橫寬一尺二寸，重量六貫，價日幣十九元五角；四口繅一具，高如之，總寬一尺八寸，橫寬一尺二寸，重量五貫五百目，價日幣十六元。

清 劉清藜補輯《蠶桑備要》第四篇《養蠶程式》 繅水絲法 水絲者，乃冷盆所繅之絲也，精明光彩，堅韌有色，絲中上品，錦綉、紗羅之所出也。雖曰冷盆，亦是熱釜，提頭摘去黃絲、亂茸，單留清忽，送入温水盆中，以數忽相合成絲，自然光净勻細，勝於熱釜。

清 衛杰《蠶桑萃編》卷四《繅政・煮絲類》

繅水絲

絲則有水繰、火繰之法，工有粗細、高低之分，但用冷盆為水絲，不用冷盆為火絲。各省繅火絲者多，繅水絲者少，水絲值昂，火絲價減，非人力不欲繅好，聞見有未及也。水絲繅法與火絲同，其不同者惟多用一水盆，牌坊安在水盆上耳。火絲所用牌坊安在繭鍋上，水絲則繭鍋左邊另安一大水盆，磁盆、瓦盆均可，內注温水約八九分滿，盆上安牌坊，俟繭鍋內提出絲頭，一手執清絲，一手用漏瓢。舀繭送入水盆，以清絲穿入牌坊上之絲眼，仍將鍋內已煮之繭，時時舀送盆內，以便陸續搭入絲窠，此水絲法也。

又法：水絲者，冷盆所繰絲也，精明光彩，堅韌有色，絲中上品，錦綉、緞羅所由出。蓋道光年間，四川雲陽製法也。雖曰冷盆，亦是熱釜，提頭摘去黃絲、雜茸，單留清忽送入温水盆中，以數忽相合成絲，光净勻細，勝於熱釜。

清 徐瀾輯《柞蠶簡法》 其繅也，不以熱釜，不以冷盆，先蒸繭而後繅絲。已蒸之繭，十數里可以取攜，附近之村落朝而授繭、暮而課絲，權其輕重，以給其值，幾於無一里之家不繅絲者，此工之省也，床頭置盤，盤中置繭，繭有定數，一目可以了然；其有絲盡或中斷者，隨手拾之無事，停車而待，亦無粗細不勻之病，此藝之精也。

今繅絲者以木為盤，盤底密鑿為孔，煉繭後將繭置盤中，用冷水澆之，以堿氣淘淨為止，然後放釜中蒸之；繅出之絲，潔白不異家蠶，是亦改良之一端也。惟關東繭，無論如何絲終不白，或亦地氣使然歟。

清 羊復禮《蠶桑摘要・繅絲十則》 試湯 凡鍋水，以不温不熱爲佳，欲試其湯當視蛹之浮沉，浮則加涼水，沉則添火加熱。温煖適勻，繭自易繰，不致有斷緒等患。又繰絲時，有颺緒者，上軸數轉卽斷，宜籠火焙燥，以沸湯做；有生穿者，上軸卽穿，宜置平地，稍潮，以温湯做；有熟穿者，中忽突出，自宜摘去；有颺且穿者，湯熱卽穿，湯涼卽颺，均宜分辨。若《農桑輯要》所言，冷盆今無有用之者，換湯以多爲妙，如湯已渾濁，卽傾去三分之一，以清水攙入，則水清而絲自潔白。

清 葉向榮《蠶桑説・蠶桑輯要・諸家雜説》 泥竈時，兼泥盆底，以至四圍盆口，約厚四指許，將至脣口漸薄，待乾用時，添水八九分滿，温煖適勻，舊釜更妙。至《農桑輯要》云：『熱盆不如冷盆之瑩潔』，但今無用冷盆者。又云『甑中用一板闌斷，二人對繰』，今亦不用。竈下燒乾柴試湯，則視女之浮沉，浮則稍涼，沉則加熱，火力須勻。

清 余鋐《山蠶講義》第四章《繅絲類》第八節《用水》 繅絲作用，不可無水，初溶鹼質，繼澆繭皮，終亮絲塘，而後使繅，但繭既熟，即去火而減其熱力焉，蓋繅絲時，水不宜過沸，亦不宜過冷矣。如用新法者，於煮繭時另用清水一鍋，先燒沸以聽用，俟繭熟即置其中，陸續繅之，則所出之絲愈形光澤，或云煮繭之鍋不宜用鏞，恐水助鹼力，侵蝕鐵質，而絲色受其影響耳。

又 第十一節《繅別》 繅水絲合三忽，府絲倍之，緯則再倍之，然府絲之中，又有輕莊、重莊、雲莊之別，繅輕經繭十枚，重經十三四枚，雲經十八枚，緯視之，雖有不同，而上工之於餵頭，則皆有條不紊矣。

藝文

元 王禎《農書》卷二〇《農器圖譜十六・蠶繅門》 人家育蠶憂不得，今歲蠶收繭如積。滿家兒女喜欲狂，走送車頭趁繅緝。南州誇冷盆，冷盆繳細何輕勻；北俗尚熱釜，熱釜絲圓儘多緒。即今南北均所長，熱釜冷盆俱此軖。軖頭轉機須足踏，錢眼添梯絲度滑。非絃非管聲咿嘎，村北村南響相答。婦姑此時還對語，準備吾家好機杼。豈知縣吏已催科，不時揭去無餘紵。迫索仍憂宿負多，車乎車乎將柰何。

清 張集賢編撰，郝子雅繪製《桑織圖・繰水絲》 煮繭繰絲手弗停，要分粗細用心情。上好細絲增重價，粗線賣得價錢輕。

雜録

清 韓夢周《蠶桑實濟》卷四《育蠶急務・繰火絲法》 安鍋如上法，亦作卧烟洞，使烟氣遠出，繰人自得安詳，鍋上横安絲車一箇，其制亦如上法，鍋右邊安絲軖，亦如上法。繰時，將水燒令大熱（不可滚，滚則煮損絲性），將繭投入鍋内，以筯撥攪，提起絲頭，用手拴住穿過錢眼，（繰火絲頭，不用在竹筒中穿過，只將絲車下桄前面，平安一錢令穩，將絲頭從錢眼穿過。）扯起搭在輥軸上，又從下面掏過，拴在輥軸之上一迴，又於拴處再掏絞一迴，不可死拴，以致不能滑利輥轉（絞法與繰水絲無異。）。將絲挂在搖絲銅鉤上，再將絲頭拴在横桄上，一手攪動，絲車隨軖而轉，其絲自然上軖，其快如風。搭頭時，頻以筯攪撥，將絲窠分開，以筯夾亂絲，從中向錢眼猛提，其頭自爲衆絲帶上，自無疙瘩，若從絲窠外邊纏遶而帶上，其絲便粗惡不勻。欲作粗絲者，多下繭，鍋宜熱些；欲作細絲者，少下繭，鍋宜温些，時看絲窠，頻以筯撥上頭，斟酌下繭，定住火候，勿使忽粗忽細，以致絲不堪用。新繭生繰爲上，如蒸過日久，恐絲頭乾燥不利者，不論火絲、冷盆絲，俱於初下繭時，入鹽一兩、油半兩於鍋內，須先以枝條一撮打半晌，令水與油鹽爲一，然後下繭。如繭多者，斟酌油鹽旋入。

清 衛杰《蠶桑萃編》卷四《繅政・煮絲類》 繅火絲　安鍋作高煙筒，如上法，只不用冷盆，於鍋上橫安絲車，右邊安絲軖。繅時，燒水大熱，下繭諸法均如水絲，以箸撥攪，提起絲頭，用手捻住水絲，由竹筒中穿過，火絲不穿竹筒，只是穿過錢眼，扯起搭在輥軸上，又從下面掏過，拴在輥軸上一廻，又於拴處再掏攪一廻，不可拴死，交法與水絲無異。將絲挂在搖絲銅鈎上，再將絲頭拴在桄上，一手攪動，絲車隨軖而轉，其絲自然上軖。搭頭時，以箸攪撥，將絲窠分開，用箸夾亂絲，從中向錢眼猛提，則絲頭為衆絲帶上，自無疙瘩，若從絲窠外邊纏遶帶上，其絲便粗惡不勻，此火絲法遜於水絲。余數年以來細尋其中要義，大抵上繭利繅水絲，次繭利繅火絲，故繅火絲與繅水絲并行。

清 楊屾《豳風廣義》卷二

繅火絲法

安鍋如上法，亦作卧烟洞，使烟氣遠出，繰人自得安詳。鍋上橫安絲車一箇，其制亦如上法。鍋右邊安絲軖亦如上法，繰時將水燒令大熱不可滚滚則費損絲性，將繭投入鍋內，以筯撥攪提起絲頭，用手捻住穿過錢眼繰火絲頭不用在竹筒中穿過只將絲車下桄前面平安一錢令穩將絲頭從錢眼穿過，扯起搭在輥軸上。又從下面掏過拴在輥軸之上一廻，又於拴處再掏絞一廻。不可死拴以致不能滑利輥轉絞法與繰水絲無異。將絲挂在摇絲銅鈎上，再將絲頭拴在橫桄上，一手攪動絲車，隨軖而轉，其絲自然上軖，其快如風。搭頭時頻以筯攪撥，將絲窠分開，以筯夾亂絲，從中向錢眼猛提，其頭自爲衆絲帶上，自無疙瘩。若從絲窠外邊纏繞而帶上，其絲便粗惡不勻。欲作粗絲者，多下繭，鍋宜熱些。欲作細絲者，少下繭，鍋宜温些。時看絲窠，頻以筯撥上頭，斟酌下繭，定住火候，勿使忽粗忽細，以致絲不堪用。新繭生繰為上。如蒸過日久，恐絲頭乾燥不利者，不論火絲、冷盆絲，俱於初下繭時，入鹽一兩、油半兩於鍋內，須先以枝條一撮打半晌，令水與油鹽為一，然後下繭。如繭多者，斟酌油鹽旋入。

圖表

元 王禎《農書》卷二〇《農器圖譜十六・蠶繅門》 冷盆，《農桑直説》：『冷盆可繰全繳細絲，中等繭可繰下繳，比熱釜者有精神，又堅韌也。』。雖曰冷盆，亦是火温之盆，要小，先泥其外口徑可二尺之上者，預先翻過，用長粘泥底，并四圍至唇，泥厚四指，將至唇漸薄，日曬乾，名為冷盆，用時添水八、九分滿，繰之水宜温暖常勻，無令乍寒乍熱，不勻也。詩云：『瓦盆添水火微然，繭緒抽來細繳全。不似貴家華屋底，空教纖手弄清泉』。

清 衛杰《蠶桑萃編》卷一一《圖譜・紡織器圖類》

繰水絲圖説

水絲乃冷盆所繰之絲，精明光彩堅韌有色，絲中上品。雖曰冷盆亦是熱釜。其法用小鍋一口徑一尺餘者，周圍用土墼泥成風竈，火門向上，柴往下燒，火焰繞鍋底而後出。鍋後相去六七寸再安一小鍋，後作長烟洞使烟遠出，免致薰逼繰絲之人，鍋高與繰人坐而心齊，左邊安大水盆一口，較之鍋高二三寸，盆上横安絲車一個，靠盆邊又立插一木棍，名為絲老翁，以挂清絲頭。

絲綿製作

題解

宋　陳彭年等《廣韻》卷二　棉屋聯棉，又木棉，樹名。《吴錄》云：「其實如酒杯，中有棉，如蠶綿，可作布，又名曰緤。」《羅浮山記》曰：「正月，花如芙蓉，結子方生葉，子内綿至蠶成即熟。」《廣州記》云：「枝似桐枝，葉如胡桃葉而稍大也。」

元　王禎《農書》卷二一《農器圖譜十九・纊絮門》　絮車，構木作架。上控鈎繩滑車，下置煮繭湯瓮。絮者掣繩，上轉下滑徹瓮内。鈎繭出没灰湯，漸成絮段。莊子所謂「洴澼洸」者，古者纊絮綿一也。今以精者為綿，粗者為絮。因蠶家退繭造絮，故有此車煮之法，常民藉以禦寒，次于綿也。彼有擣繭為胎，謂之「牽縭」者。較之車煮，工拙懸絕矣。

清　劉祖憲《橡繭圖説》下卷《套繭》　凡蠶蛾咬破之繭殼，謂之破口繭。作繭半成，而蠶死。其膿浸繭，謂之血繭。湯鍋中取盡水絲之餘殼絲好者名曰水絲。

清　鄭文同《蠶桑輯要・生種剝綿共八則》　出蛾之繭殼，名蛾口繭。當時曬乾儲之。俟伏天，煮熟剝綿，以供衣被之用。亦有以之打綿綫而織綢。其細白者，與紡綢相似。

清　江毓昌《桑蠶説・養蠶説》　各樣不能繅的繭，泡在清水内。每天換水三回，到絞不出污水時，用桑枝，或稻草，燒灰，淋汁在鍋内用竹篩一個，墊布一兩層，布上倒灰，用水在灰上淋，再用大碗裝香油一酒杯，用灰水冲在碗内，等鍋内灰汁煎滾，把泡的繭倒入。再把碗内油灰水，勻澆一半，煮數滾後，把繭翻轉。又把碗内剩的一半油灰水勻澆。候煮熟，撈出用清水漂四五天每天換水三回，就水中挨個剝開。先把一個套在左手上，用右手摘去蠶蛹，把繭慢慢拉扯，一邊拉到手掌，一邊拉到手背名叫做手透子，又加繭一個套上，套到四五十個，把右手也插進綿内，漫漫拉長拉寬，做成綿兆，隨時晒乾，就是絲綿。

清　江志伊輯《飼蠶法》　作繇則用繇叉繇豁繇叉用以叉繇綜者，以銅爲之。下檠三尺木榦，粗如指。其墜便用竹，長一尺，削令圓潤，如箸。一頭留節，貫上錢十餘文，使之重墜。一頭刻成螺旋，深痕以便嵌綫，不致滾脱。套入五六寸長之蘆管，管大亦如指。繇豁以二尺長，三寸厚，四寸闊，木板爲之。兩頭各鑿一孔，用厚竹片，長三尺，四五寸闊，五六分者，轉兩頭。共形如弓，所以拓繇也，飼蠶者皆須預治之也。

論説

清　周春溶《蠶桑寶要》第二説《育蠶事宜二十七條》　繅絲已畢，將同功繭並蠶尿柴凹等繭，瀝灰水取稻草灰瀝水煮熟。同功繭另煮一鍋。蠶尿、柴凹並蛾口繭繭出蛾子不可做絲，亦可做綿。另煮一鍋。用手剝開翻轉，套在左手掌上，將蠶蛹摘出壅地最肥，做成手透子每大繭五個成一手透子，小繭十餘個成一手透子。退下再剝，再套。剝完將手透再上繇環，便成綿兜矣。亦用灰水盛於大瓦盆内，將手透子放在水内，用力扯開約一尺餘長。帶水兜在繇環竹片上，用力撳下大約四個手透子，可做一個繇兜也。

清 汪曰楨《湖蠶述》卷四

作綿

繭必煮熟，方可成緜。須用緜包裹不包易亂，煎滚灰湯下釜煮之。又以大碗盛香油一杯，入灰水中冲滿。俟繭將熟，分一半匀澆釜中。煮一二沸，將繭翻轉，以所留一半油澆入，再煮務使極熟。亦有用柏油者，凡煮繭灰水，輕則緜濁，重則緜黴。加油輕則緜澀，煮不熟，則綿成塊，而不匀。太熟則綿又爛，須各得恰好乃佳。

清 董開榮《育蠶要旨》 剝去繭衣，擇其圓白者，其中有同功繭一繭兩蠶、黄繭、緑松繭、棱角繭限於地而不能舒展故不圓、尿暈繭為他繭所污、爛死繭作繭後卽死、薄繭力不足、香眼繭大眠後，為麻蒼蠅所齩，作繭後，其蠅子自出而有此眼也。蠶時，蒼蠅必須常拂，點線香亦避，當一一選出，然後其絲光而且白。鄉人往往貪重，選之不淨以至其絲黑色，其實多而不精，無益也。況選出各繭，亦非無用。同功繭上者可做絲，下者可剝綿。黄繭、緑松繭可做經絲，亦可做緯絲黄絲染紅色最鮮。棱角繭，亦可剝綿。尿暈繭，可做粗絲。爛死繭、薄繭可做澼花。香眼繭，只可剝綿。外此者做絲，所剩滞頭及繭衣，此二者當煮熟，河中敲軟，可打綿線。沙粸可作壅蛹，可爥食，亦可作壅。蓋蠶之一身，無一物無用也。

清 宗景藩《蠶桑説略・説蠶十條》 兩蠶共作一繭，名同功繭，俗呼大頭繭。又繭之薄而軟者，下山時均宜挑去。待繅絲事畢，將挑下之繭，一併煮熟。水浸數日，剝開漂洗，與煮繭時剝下之外衣，及繅剩繭衣，一同搗爛晒乾。待暇日，抽絲手撚之，浙中謂之打綿線，可織綿綢。或用以作帛，若將各繭一併繅絲，必不匀細，售必貶價。楚人不挑繭，不先剝繭衣，皆病也。

清 黄壽昌編《蠶桑須知・養蠶各則》

煮底

凡繅剩壞繭，俗名鑊圖底。停車後，放入鑊内，煮約一時許要煮得極透。煮時須要用物，頻頻撥鬆。煮畢不必取出，悶在鑊内，俟明早取起。將蚕蝸翻出，以鑊圖底，浸入水中。約隔十日左右，用蚕筷覆水中，將鑊圖底放上，以竹爿鞭匀，曬乾，暇時打作綿線，織成綿綢，經用異常。

煮繸即繭衣也：煮法與煮底同，用亦無異。

煮繭

凡同功繭，如不抽絲，可製成環綿。同功繭出絲不佳，嘉湖每揀出，作為環綿。出蛾之雙蚕繭，同用。其法用豆梗灰，或樹柴灰瀝水，將繭煮熟，約煮半炷香時候煮作綿之繭最難，不可過熟，不可太生，須要生熟得宜在清水内漂净，用一竹環，將漂净之繭，放入水中。用兩手將繭扯開，套於環上，須套十餘繭，成綿一張，然後取下，仍放清水内。再用滚水泡過，瀝乾展開，線穿晒乾。遇天雨，於有風處吹乾，謂之環綿。

炒蝸

蚕蝸乃可食之物，切勿輕棄。可用布包裹，以物壓癟。用油鹽炒過。其性清涼，食之解毒明目。如蝸肚中已有生子，即不可食，棄之可也。

清 陳恢吾《農學纂要》卷四《哺春蠶法》

揀剔敗繭

采下之繭，有兩三蠶同宫者，一頭穿破者，蠶溺染成黄瘢者，蠅集生蛆、鑽繭而出者，老不變蛹、斃爛繭中、穢水映出者，蠶受蚊叮、作繭未半、中間黑爛者，薄緒纏身、赤蛹外露者，蠶嘴受傷、吐絲寬緩、其繭軟鬆者，皆宜剔去。其堅厚潔白之繭，稱見斤兩，趕緊繅絲，不可延緩。

清 何品玉輯刊《蠶桑會粹・種桑各法・飼蠶用桑法》

摘繭下山法

炕繭一日後，可將繭摘下。如有日色，仍須曬過。收拾通風處，至三四十日，又宜曬一次，其繭不致霉壞，即繅者不必照此。

附録繅絲法

繅絲即抽絲也。以山水、泉水為上，清河水次之，井水不亮，恐有鹹滷氣，不堪用。取小鍋一口，風爐一隻，高兩尺鍋，放爐上。用木炭燒之，鍋高與抽絲人，坐與心齊。繅絲車正面放，靠在鍋邊右向，使絲眼懸映鍋中，傾水鍋内約八分，燒至將滚，取繭十餘隻下水，用細竹片約一尺長，鏤成五指樣，名為『絲筷子』，即將絲筷子打緒，隨手捲起十二三繭，拈在手上，摘去絲頭，分做二股，穿過絲眼，再挑絲鈎上。然後搭到車上，搖之，則絲隨輪轉。一面將左手所餘之絲，二條或三條，陸續聯絡，旋將鍋内之繭，如法撩起，以備接續。如要添水，可從鍋邊添入。添水至三次，則鍋内之水宜换。然换水亦須清濁得宜，過清則絲色呆白；過濁色黄黑不鮮。每絲一條，約五六繭，起至八九繭，止多則扯落少，則續上出得極匀，是為『緞柔』，其價最貴。若繭起至十四五個為一條，其絲較粗，價亦稍遜；若再粗，則可為綿，價更平矣。照江浙之法，車後置火盆一隻，烘之，使絲柔而色亮，且不膠粘。如絲抽雙眼者，則放火盆二隻，均與絲離二寸許，太遠則火氣微，太近又恐傷絲。至停車後，鍋內尚有餘繭，謂之湯頭繭，撈放大碗內。明日動車再抽，可同生繭繅之。至養蠶蟻壹錢，至成繭時，約重四斤。以之繅絲，除功同繭、亮頭繭、陰繭之外，可得淨絲壹斤。餘下絲皮、絲骨、蠶蛹尚可值錢，不必廢棄。絲價每斤值銀叁兩零至肆兩不等。二蠶共繭者，名功同繭。一邊厚，一邊薄者，名亮頭繭。蠶死繭中者，名陰繭。均不堪繅絲，但可作繭綢用。

清 何石安《蠶桑合編·蠶桑說略·說蠶十條》 兩蠶共作一繭，名同功繭，俗呼大頭繭。又繭之薄而軟者，下山時均宜挑去，待繅絲事畢，將挑下之繭，一併煮熟。水浸數日，剝開漂洗，與煮繭時剝下之外衣，及繅剩繭衣，一同搗爛晒乾。待暇日，抽絲手撚之，浙中謂之打綿線，可織綿綢。或用以作帛，若將各繭一必繅絲，不勻細，售必貶價。

清 林楊光、王鎮西《蠶桑條說·繅絲器具說》 落繭時，遇有綿繭、蛆鑽繭、映頭繭、凹赤繭、穿頭繭、草凹繭、尿絲繭、同宮繭、陰繭等類，摘繭時，皆宜提出。另儲其不可繅者，或爲綿，或爲絮。其略可繅者，或另繅作醜絲，慎勿雜入。好絲中繅之，致使好者亦醜。

清 沈練、仲學輅《廣蠶桑說輯補》卷下《飼蠶法六十六條·蛾出繭說一條》 留種之繭，蛾已盡出俗謂之蛾口繭，即以清水浸一兩日其汗較少，且在外而不在內。故無需久浸，濯去其汗，煮而晒之。餘與治陰繭之法略同，其用亦略同。

按，年老之人，陽氣衰弱，筋骨漸不勝任，冬衣裹綿即絲綿，取其溫且軟也。陰繭、蛾口繭、繭絖、絲搭頭，成綿之後，皆可裹入。製綿法詳上，及絲灶之左條，陰繭、蛾口繭、繭絖、絲搭頭，製法相同。但煮繭絖，不用桑枝灰耳。

清 趙敬如《蠶桑說·落繭揀繭蒸繭諸法》 蛀繭大麻蠅放蛆蠶身蛆老穿繭出，蛀成一孔者、同宮繭二蠶同作一繭者污繭蠶死繭中紅瘀而繭污者釣繭繭一頭有尖者薄繭繭薄如紙能見蠶蛹者，凡此數者，皆不堪繅絲，只可剝綿。蒸繭法，繭成十四日蛾即生。十日後，蛹常在繭內擺動。擾亂絲緒，即不易繅，若繭落後，十日內繅不完竣，必須將繭內之蛹令死，方不出蛾。

清 曹倜《蠶桑速效編·養蠶說》 溲緒、映頭等繭之外，更有陰繭。其不可繅者，或爲綿，或爲絮。其畧可繅者，亦只可揀出另繅。絲湯易濁，宜頻頻換水，若與好繭同繅，併好繭之絲，亦不能白亮矣。

剝綿之法，用桑枝灰，或豆稭灰、麥柴灰，淋水澄清，煎滾下繭。候將熟，以大碗盛香油一杯，入灰水冲滿，分一半勻澆釜中。數滾後，將繭翻轉，以所剩油灰水，盡入再煮。期於極熟，乘熱取浸清水河中，漂洗潔淨。將綿扯開，套在手掌，探下綳在竹環曬乾。蘇人謂之『剝綿』，浙人謂之『剝手繡』。用以撚線，謂之『打綿線』，可織綿綢。

清 江志伊《飼蠶法·繅絲》 凡絲釜中撈出之着衣繭薄者，一名滯頭。以清水入釜中沸煮，俟半熟，翻轉再煮。俟極熟，取出敔去蠶蛹，自成片段。隨於河中汰去汚濁，置蘆簾或篩上，用細竹竿就河中擊之，至絲緒颺開，潔白如玉。取起曬燥，入衣被中禦寒最佳。繭絖拗出曬燥，敔去蠶沙、葉屑，用清水煮熟，溪中洗淨，堆置檐下陰處五六日，每日以清水淋洗不淋則色不白，隨取就溪中敲擊成絮。絲筋頭煮洗敲擊與繭絖同，惟不須堆置陰處。上岸繭厚者、烏殍等繭，先焙乾去蛹，止存繭殼，名曰軟繭，亦名澼花。用清水煮極熟烏殍宜隔宿用水浸去汚濁方煮，向河水澼洗擊鬆，較著衣更瑩淨。絲拖頭及繭絖、澼花、滯頭，並可撚緜綫、治絮。用清水煮不宜用油灰液灰去濁，然損絲易黴；油潤繭，日久則黃，絮成後，用以績綫，慮其澀滯，則以豬脊髓揉於溫水中浸之，使潤。則肥膩粹白，無黴爛變色之病。

綜述

北魏 賈思勰《齊民要術》卷三 六月，命女工織縑練，可燒灰染青紺雜色。

元 王禎《農書》卷二五《農器圖譜十九·纊絮門木綿附》 纊絮禦寒，古今所尚。然制造之法，南北互有所長。

明 宋應星《天工開物》卷上《乃服第二卷》

調絲 凡絲議織時，最先用調。透光簷端宇下以木架鋪地，植竹四根于上，名曰絡篤。絲匡竹上，其傍倚柱高八尺處，釘具斜安小竹偃月掛鈎，懸搭絲于鈎內，手中執籰旋纏，以俟牽經織緯之用。小竹墜石爲活頭，接斷之時，扳之卽下。

清 曹笙南輯《五畝居桑蠶清課》卷二《育蠶徵信篇》 做綿打線。

繅絲既畢，將同功、蠶尿、柴凹、蛾口等繭，用淋過穤稻草灰水極淨煎滾下繭。候將熟，以大盌盛香油一杯，入灰水沖滿，分水一半，匀入鍋內。數滚後，將繭翻轉，以所餘一半灰水盡入。再煮極熟，乘熱至河中，用篩淘淨，用手剝開翻轉，套在左手之上，俗名手透。將蛹取出，大繭約五箇成一手透。小繭約十餘個成一手透。每成一箇即退下，如法再套。仍用灰水於瓦盆內將手透子放在水內，用力扯開，約一尺餘長。帶水兜在綿環竹片子上用力套下，約四箇手透成一綿兜也。前所分出陰繭、蠶尿等繭，內有不便做綿者，可作打線之用。預用清水浸一二日，剝開漂洗曬乾，及繭外剝下亂絲。繅絲所餘繭衣，亦可擣爛曬乾。待繅絲畢，得暇以手抽之，不必過細，但欲其匀可為綿紬。

清　鄭之僑《農桑易知録》卷二《桑務事宜》　做綿　繅絲已畢，蠶婦將同功，蠶尿、柴痕、穿頭等繭，即日草把燒灰瀝水煮熟。將同功繭另煮一鍋。蠶尿、柴痕、穿頭、蛾口等繭另煮一鍋，俱用清水澆去黄水，乃用清水漂着。另用木盆一個，盛水其中。用雙手將繭剝開，翻轉套在左手掌上。將蠶蛹摘出肥地，做成手透子。每大繭五個成一手透子。小繭十餘個成一手透子。退下，再剝再套。剝完，將手透再上綿環，便成大綿兜。其環綿之法，亦用清水盛於盆內，將手透子放在水內，用力扯開，約一尺餘長。帶水兜在綿環竹片上，用力揿下，大約四個手透，可做一個綿兜也。

清　張宗法《三農紀》卷八《蠶》　繅絲主須精，取匀圓柔和者為上。有水火之別，水絲收少而價昂，為錦美。火絲收多而價歉，為紬佳。去繭外游蕩浮絮，除空袋雙蛹等繭，然後可繅。火絲游以釜盛水，炊温入繭，收絲頭，貫筒，輪小車引大車，撥轉環旋，要知抽添火候。及不上頭者，另處為綿。水絲法：以繭入温湯釜內，撈上頭者入清涼火盆中，然後輪抽叩定繭數，或頭斷，或絲凈方緒不得加減。不上頭驟口者，另處為綿。綿以出蛾蛹口者為最，繅撈者次之，繭衣浮絲者下之。法用蕎炭水浸三日，入鍋緩煉，勿翻弄，令熟匀以清水淘洗，晒乾為綿。或碾絲造紬，或裝衣襍褥甚煖。

清　高銓《蠶桑輯要》卷下

剝綿

綿與絲同為服御之所需，凡繭之不中為絲者，既已扨出。繅絲畢，即當以之剝綿。頭蠶之綿韌，二蠶之綿鬆，亦有以繭繞為之者。古者年五十始衣帛，今湖人無老無幼，俱藉此以禦寒。其輕煖適體，遠勝木棉也。

又　淘洗

繭潔淨則綿白。煮既熟，繭中穢濁，悉已沸出。宜乘熱取置河中淘洗之。淘用篩，盛繭放于水面。蕩滌數次，不得揉攪。即連篩掇起就岸上，按去濁水，再蕩再按，須按出之水清，方潔凈。

又　剝手綉

綿套于掌者，為手綉。用大木盆一具，上鋪蠶，篩取净。繭置篩中，逐個剝開，翻套于手掌，摘去蠶蝺、蠶蛻。大率同功繭可套十五六個，小繭可套三十餘個。更取清水一桶，將掌上所套者，就水中雙手拓之，使圜轉寬大，以便上綿豁。若繭多，一日不能盡剝，須用淡油灰水浸，至次日再剝。

又　上豁

綿不上豁，則小而不適于用。以大木盆滿貯清水，中置綿豁。取重石或鐵器，壓定。兩人以手綉就水中對扯，約長尺餘，復移轉。對扯使方，即帶水上于豁上。各用力拉下，則彎環如兜。名曰綿兜。凡上四個手透，可成一厚綿兜。大要不可使邊獨厚，或中獨厚，須層層展匀，內外如一，最忌有繭片成塊，或穿破如綱。又須即日曬燥，方潔白有光采。若遇天陰，縱白亦終帶滯色。

又　治絮

絲釜中撈出之，著衣、上岸（繭薄者，為著衣；厚者，為上岸，亦稱推出），及烏殊繭、繭繞之屬，俱不堪為絲、為綿，是以俗通名之曰下脚，以其不材而賤之也。然煮而治之為絮，既足禦寒，復可績線，以供經緯之用。蠶之所吐，實無棄物也。

又　煤汏頭

汏頭，即著衣絲。釜中撈出，人手衆即可隨撈隨剝。除去蠶蝺，使薄繭空洞潔淨。若無人翻剝，晚須以清水煮之。俟半熟翻轉，再煮，極熟取出。將蠶蝺敨淨，自成片段。隨於河中汏去污濁，故曰汏頭。次日晾乾，凡蠶蝺之留餘不盡者，必先剖剝。使盡做絲畢，乘暇以水浸去污濁，仍于河中汏淨，置于篩上。用細竹竿就河中擊之，至絲系颺開，潔白如玉，方取起曬燥。衣被中皆可襲之以禦寒。

又　煮繭繞絲經

繭繞扨出，須曬燥，敨去蠶沙、葉屑，用清水熟煮，河中淨洗之，堆置簷下陰處五六日。每日以清水淋洗，不淋色不白。隨就河中敲擊成絮。絲經頭煮熟，即向河中洗擊。不必如繭繞之堆淋數日也。

又 忌油灰水

灰水最去濁，亦極能損物。治絮用灰，取其剝穢，然絮之易黴。實由于此油取潤繭，日久必變黃色。故治絮，宜用清水煮，不宜用油灰水。絮成後，用以績線，慮其澀滯，則以猪脊髓布裹，揉擦于清水中，使水如漿。取絮浸之，使潤。不惟無黴殜之患，抑且肥膩猝白，永不變色。

清 董開榮《育蠶要旨》

作綿

剝綿有環綿、手綿之分，手綿剝在手上，環綿則有竹環。

清 方大湜《桑蠶提要》卷二《蠶事四十條**·做綿**四則**》**

各樣醜繭　摘繭時，挑出各樣醜繭詳《摘繭》第三則，亦可做綿，挑出之後，即以清水浸之。每日須換水二三次，且須多浸幾日，以去其污。

蛾口繭　出蛾時，留下蛾口繭詳《留種》第三則，亦可做綿，其污較少，只須水浸一兩日，不必久浸。

水繭　繅絲時，撈出不上絲頭之水繭詳《繅絲》第十一則，亦可做綿。歇車後，將水繭置鍋中，以原湯煮之。煮透後，以絲帚撥之、擺之。則蛹皆離絲，而絲亦牽連成片。明晨取出，貯以蒲包。用重物壓乾，提起牽連成片之。絲擺落蠶蛹，置日中曬之，俗謂之絲搭頭。

做綿法　杭州做綿之法：先去污水浸各項醜繭，以絞不出污水為度，次煮熟繅絲已畢，先以桑枝或稻草，燒瀝汁入鍋。再以大碗盛香油一杯，用灰水冲入碗內。俟鍋中灰汁煎滾時，即將已經浸去污水之各樣醜繭及蛾口繭、絲搭頭，併投於鍋。隨以碗內油灰水一半，勻澆鍋內。數滾之後，將繭翻轉，復以所餘一半油灰水入鍋。再煮，務期煮熟，次漂净煮熟之後，乘熱取置篩內，放水中淘洗潔净，次剝開漂净之後，放水盆中，挨箇剝開，次做手透子剝開之後，以繭套於左手之上，以右手摘去蠶蛹。將繭徐徐拉扯，一邊扯至手掌，一邊扯至手背，謂之剝手綉，亦謂之做手透子。約計大繭五六箇，或小繭十餘箇，可做一箇手透子，次做綿兜做成手透子之後，即將手透子蒙於綿豁之上，將綿扯寬、扯長。然後逐層加增，逐層拉扯。約計手透子四箇，可成一箇綿兜。綿豁見《蠶具第二十九則》，次曬乾做成綿兜之後，隨時曬乾，便是絲綿。湖州做綿之法，與杭州大同小異。去污之後，杭州以香油一杯煮繭。湖州則以木臘，燭油二三兩同煮。煮熟之後，杭州乘熱淘洗。湖州則以清水漂浸四五日，換水三次。剝開之後，杭州以繭數箇，或十數箇做成手透子。然後將手透子蒙於綿豁之上，做成綿兜。湖州則以繭四五十箇套於左手上，將綿拉至手掌、手背。再以右手插入綿內，徐徐拉長、徐徐拉寬，即成綿兜。隨時曬乾，不再蒙於綿豁之上。

又《抽綫三則**》**

【略】

各樣醜繭　不論何項蠶繭，凡可做綿者，皆可抽線。但抽線在成綿之後，綿以鬆為佳，以絨為妙。如不鬆不絨，便難抽扯。須照製繭繞法，將綿浮放水面，以小竹枝帶水擊之。取出曬乾，便如彈熟之綿花矣。或先以滚水淋木炭灰務要淋得極釅，用舌餂試，以辛辣刺舌為度，次以竹篩盛繭斤許，再將炭灰汁入鍋內，燒滚於繭上。勻潑數次，然後將繭篩安置鍋上，以滚炭汁淋之篩中炭汁仍入鍋內，用手試扯，以絲開為度如扯不開，取汁再淋。絲開之後，將篩置鍋內蒸，一杯茶時，然後取出蒸如不及，則生而難扯。蒸如太過，則腐而無筋。取出之後，將繭翻轉，套於筷子之上。俟套至一二十層，然後取下。取下之後，再浸於净水盆內，以手握洗十餘次。以去灰氣，然後如法抽扯。

清 黄世本《蠶桑簡明輯説·養蠶説》　所剔之繭，內有同宫、蛆鑽兩種，同宫繭，絲頭多亂，只可繅粗絲。蛆鑽繭，絲頭多斷，只可繅一半，繅至一半，繭即灌水沉下，不能繅矣。繅此兩種，粗細難勻，更多支節，切勿與好繭同繅，致累好絲。

清 沈秉成《蠶桑輯要·繅絲法十二條》　牡孃繩須時時著水，使緊絲綌，乃能錯綜，不至結成一塊，至不可分。且牡孃繩不緊，絲稱便爾移動，所謂『走板』也。

清 汪曰楨《湖蠶述》卷四　作緜

絲有頭蠶、二蠶之別。以頭蠶為善緜，亦如之緜之上者。同功繭所作，謂之純緜。推出次之，蛾口又次之繭已出蛾者，按俗稱紅口繭，烏頭軟繭為下，俗謂作緜曰剝緜兜。董蠡舟《樂府小序》　手緜剝在手上，環緜則有竹環。《育蠶要旨》　須于晴日，遇陰雨則緜不速乾而縷脆。《胡府志》　頭蠶之緜韌，二蠶之緜鬆，僞者以繭繞雜之，甚有攙和白石粉，以取重者，謂之藥綿繭繞緜易敝，當拗繭時，預為剝緜地步。每拗一繭，取繞翻套木槌上，套至十數層，取下。用草一莖環其中，以便剝時，分開牽扯。和同功蛾口緜中規。取善價石粉，取其色白體重。湖地之綿，以出烏鎮者為上，勻薄如紙，瑩净如玉。大要不可使邊厚，亦不可使中厚，須層層勻展，內外如一，最忌有繭片成塊，或穿破如網。其色之潔白，雖由淘洗之功，然亦須當日曬燥，方有光彩。若遇天陰，色雖白而終滯。古者年五十始衣帛，今湖人無老無幼，俱藉此禦寒。其輕煖適體，遠勝木棉也。《吳興蠶書》

清 温忠翰《蠶桑問答》

問：陰繭尙有用否？

答曰：用清水浸之，日換水兩三次。待他絲繅畢，以絞不出汙水爲度。用桑枝灰和煮，再取清水漂淨晒乾，抽絲可織綿綢。

問：留種之繭有用否？

答曰：蛾出後，水浸一二日。照陰繭治法，亦可織綿綢。

清 張壽宸彙輯《蠶桑圖説提要・繅絲法十三條》 凡繭之不中為絲者，下簇時均宜挑去。待繅絲事畢，將挑下之繭，一併煮熟。煮法，淋稻稈草灰水極浄，煎滚下繭，候將熟，以大碗盛平聲香油一杯，入灰水冲滿，分一半水，匀澆釜中。數滚後，將繭翻轉，以所餘油灰水盡入再煮。期於極熟。熟後乘熱取置河中，用篩淘洗潔浄。然後與煮繭時剥下之外衣及繅剩繭衣，一同搗爛，曬乾音干，待暇日抽絲手撚之，謂之打綿線，可織綿綢，或用以作帛。若將各繭一併繅絲，必不匀細，售必貶價。

清 鄭文同《蠶桑輯要・製繭繅絲共計十六則》 同功繭兩三蠶合成一繭者絲縷較粗，繅出亦糙。賣不起價，不如另先煮熟。留待蠶事畢後，復煮透，浸清水中，剥成綿兜，以作衣被之用。較出蛾之繭殼名蛾口繭剥綿者，為尤韌。

又《生種剥綿共八則》 剥綿之法，用稻草灰，稍加桑柴灰，瀝湯入鍋。將繭殼盛夏布袋，略放蠟燭油，和灰湯煮透。取出，向溪沿漂浄油氣，浸清水中。以指摘開繭之穿口，翻綳於小竹環，去其蛹衣，重疊套厚，取下將水捏盡，謂之瓜乾。形似絲瓜之有絡，向陽曬乾故名。次第再剥。

清 俞墉纂輯《蠶桑述要》

收蠶

頭蠶繭，所做綿絲，潔白而有玉色，中含活潤之光。二蠶綿絲，却白於頭蠶。然多呆滯之色，優劣以此分之。

又 硼綿

繅絲揀剩之繭，除紗亮外繭薄如紗蠶蛹顯見者，其餘毋論瘢痕、鬆歪、穢污之繭，概可硼綿。

清 曾鉌《蠶桑備要》卷四《養蠶程式》 繭絖絲頭做法：繭絖，即攤繭時剥下繭衣，絲頭，即煮繭時所摘下者，均可搗爛做綿，但其性均不甚煖。湖州人以之抽線，不以之做綿也。繭絖無污可去，剥下之後不必水浸，煮時亦不必用柴灰汁、稻草灰汁，只以清水煮之。煮熟後用手撕開，於薄板上浮於水面。以小竹枝帶水擊之，以打薄、打絨爲度。取出曬乾，便可抽線矣。以絲頭抽線者，法亦如之。

清 陳恢吾《農學纂要》卷四

繅絲

敗繭繅絲 剔出敗繭，如蛆鑽。上山第七日采下，天氣涼，後三日蛆方出，如車多，可於三日内急繅完，以免蛆出鑽破。若已穿破，絲頭多斷，止可繅一半，至半則繭灌水沈下矣。同宫繭絲頭多亂，只可繅粗絲。溲緒映頭等繭，亦可揀出另繅用醋微洗做之。絲湯易濁，宜頻頻換水，惟均不可與好絲同繅，致累好絲。其餘之繭，或為綿或為絮可也。餘物可肥田。

繅絲宜擇良工，善繅能增絲且光潔。

又 剥綿

剥綿之法，用桑枝灰或豆秸灰淋水澄清，煎滚下繭，將熟以大碗盛香油一盃，入灰水冲滿。分一半匀澆鍋中，數滚後繭翻轉，以所剩油灰水盡入再煮。期於極熟，乘熱取浸清水河中漂洗浄潔。將綿扯開，套在手掌，探下綳在竹環晒乾，蘇人謂之剥綿，浙人謂之剥手繡，用以撚線，謂之打綿線，可織綿綢。

又 育夏蠶法

采繭繅絲 天涼，三日采繭。天熱，兩日可采，隨即繅絲。天涼七日、天熱五日，必須繅完是時蛾出極速。大約有繭百斤，須車兩部，少則不及。其烘蒸曬悶之法，亦必至將出時，不得已而用之。時至小暑，蛹死易爛，故烘晒。後三日，必須繅完煮繭剥綿諸法，與春蠶同。

清 何石安、魏默深《蠶桑合編・繅絲法十二條補輯》 凡繭之不中為絲者，即以之剥綿。煮法：淋稻杆灰水極浄，煎滚下繭。候將熟，以大碗盛香油一杯，入灰水，冲滿分一半水匀澆釜中。數滚後，將繭翻轉，以所餘油灰水，盡入再煮。期于極熟，熟後乘熱取置河中，用篩淘洗潔浄然後剥手綉。綿套于掌者，謂之手綉。

清 江毓昌《桑蠶説・養蠶説》 繭衣即攤繭時剥下繭外浮絲、絲頭即煮繭時摘出粗絲用清水煮熟，撕開，放薄板上，浮在水面，拿小竹枝，帶水儘打，打到極薄極絨，取出晒乾若用絲綿抽線，也要照樣浮水，打絨晒乾。掛在綿叉上銅叉安木柄長二三尺，用左手大二中指捻綿，往下抽扯。又用右手大二指，把左手抽出的綿撚成線像撚紙撚一樣，約一尺多長，再把線下截纏在蘆筒上，線上截嵌繞在墜梗螺紋上墜梗用筷子粗的竹籤，長一尺，削光削圓，下頭留節，穿錢十多文，作墜脚。上頭用刀刻成螺絲，轉深紋，把線嵌在紋內，纔不得脱竹籤。下頭稍粗，越往上越尖。蘆筒用蘆柴做，細竹管亦可，長六寸，套墜梗上。再用手撚線，帶動墜梗旋轉下墜，越抽越長。等漸漸到地，把線下頭纏在蘆筒上。線的上頭，依舊嵌在螺紋內再撚。候筒上纏成大捲，連線帶筒取下，換筒再撚。線不論粗細，總要匀，好織線綢。

清 林心北、吴書年勸刻《蠶桑輯略·養蠶節次三十五條**》** 所落之繭有内潰而漬溼者，謂之陰繭，摘繭時便須提出，慎勿雜入好繭中繅之雜入其中，則絲湯易濁，併好繭之絲，亦不能發亮矣。所提出之陰繭，以清水浸之，日易水兩三次，俟繅絲既畢繅絲時，無暇及此，且本以多浸幾日爲妙，搗去其污以絞不出污水爲度，用桑枝灰和煮，復以清水漂淨，而曬之使乾，則極潔極鬆，如彈熟之棉花矣。以手抽之但欲其匀，不必過細，可織緜紬。以手抽絲之法，一見便曉。然必見而後曉，非筆所能述也。留種之繭，蛾已盡出俗謂之蛾口繭，卽以清水浸一兩日其污較少，且在外而不在内，故無須久浸，濯去其污，煮而曬之，餘與治陰繭之法略同，其用亦略同。

清 劉清藜《蠶桑備要·養蠶程式》 做綿法，留種出蛾咬穿之繭，為蛾口繭最好。以及下架時摘出之薄繭、鬆繭、孔繭、血尿繭、兩頭薄繭，二三合做同功繭，均可做綿。杭州做綿之法，先去污水浸各項醜繭，以絞不出污水為度，次煮熟繅絲已畢，先以桑枝或稻草燒灰瀝汁，入鍋。再以大碗盛香油一杯，用灰水冲入碗内。俟鍋中灰汁煎滾時，即將浸去污水之各樣醜繭及蛾口繭、絲搭頭，并投於鍋。隨以碗内油灰水一半，匀澆鍋内。數滾之後，將繭翻轉後，以所餘一半油灰水入鍋。再煎，務期煮熟，次漂净煮熟之後，乘熱取置篩内，放水中淘洗潔净，次剝開漂净之後，放水盆中，挨箇剝開，次做手透子剝開之後，以繭套於左手之上，以右手摘去蠶蛹。將繭徐徐拉扯，一邊拉至手掌，一邊拉至手背，謂之剝手繡，亦謂之做手透子。約計大繭五六箇，或小繭十餘箇，可做一箇手透子，次做綿兜做成手透子之後，即將手透子蒙於綿豁之上，將綿扯寬扯長，然後逐層加增，逐層拉扯，約計手透子四箇，可成一個綿兜，次曬乾做成綿兜之後，隨時曬乾，便是絲綿。湖州做綿之法，與杭州大同小異。去污之後，杭州以香油一杯煮繭；湖州則以木蠟，燭油二三兩同煮。煮熟之後，杭州乘熱淘洗；湖州則以清水漂浸四五日，換水三次。剝開之後，杭州以繭數個或十數箇做成手透子，然後將手透子蒙於綿豁之上，做成綿兜；湖州則以繭四五十箇，套於左手上，將綿扯至手掌、手背，再以右手插入綿内，徐徐拉長、徐徐拉寬，即成綿兜，隨時曬乾，不再蒙於綿豁之上，或先乘濕拉鬆，曬乾再細拉，即成好綿，若繭中有壞蠶蛹，與血尿污，煮起後，於清水溝捶洗之，蛹皮自脱，亦成好綿。

又 繭繞絲頭。繭繞即攤繭時，剝下繭衣、絲頭，即煮繭時所摘下者，均可搗爛做綿。但其性均不甚煖。湖州人以之抽綫，不以之做線也。繭繞無污可去，剝下之後，不必水浸。煮時亦不必用柴灰汁、稻草灰汁，只以清水煮之。煮熟後，用手撕開，放薄板上浮於水面。以小竹枝帶水擊之，以打薄、打絨為度。取出曬乾，便可抽線矣。以絲頭抽線者，法亦如之。

清 饒敦秩輯《蠶桑簡要録·養蠶法則》 將同功繭揀在一處，蠶尿、柴凹及出蛾繭，併歸一處，均用稻草灰水瀝過，入鍋内煑透。用手剝開，翻轉套在左掌上。將蠶蛹摘出，做成手透子。再將手透子兜在綿環竹片上，約大繭五個或小繭十餘個成一手透子，約四個手透子成一綿兜。【略】

種桑養蠶，無一棄物。立夏後，剪葉連條，條可熬膏，服之可以愈風濕。熬過晒乾，可以作薪。灰水澄清，可以煑繭剝綿，可以澣衣去垢。桑内生蟲，謂之桑蠹，足以害桑。然害桑之物，卻爲小兒種痘、催漿之要藥。

清 任蘭生《蠶桑摘要·育蠶收繭法四十三條》 凡繭之不堪為絲者，即以之剝綿。煮法：淋稻稈灰水極淨，煎滚下繭。候將熟以大碗盛香油一杯，入灰水沖滿。分一半水匀澆釜中，數滚後將繭翻轉，以所餘油灰水，盡入再煑。期於極熟，熟後乘熱取置河中，用篩淘洗潔淨，然後剝手綉綿套于掌者，謂之『手綉』。

清 沈練《蠶桑説》 留種之繭，蛾已盡出俗謂蛾口繭，卽以清水浸一兩日其汙較少，且在外而不在内，故無須久浸，濯去其汙，煑而曬之，餘與治陰繭之法略同。其用亦略同。尤宜剝綿，可製綿兜。

清 沈練，仲學輅輯補，章震福校訂《廣蠶桑説輯補校訂》卷四 剝綿兜法：將所有不能做絲之繭，用冷水先浸周時，入鍋内。用瀝過濃桑柴灰湯加蠟油，燒煮約半日許。視繭不生不爛，取出。再用清水漂淨，然後將各繭一一拓開，冒在拳上，成如口袋形。大者卽冒在綿轄上，約計繭殼。厚者十六繭而成一兜，薄者二十四繭而成一兜。其未用水浸之，先須先將各繭翦開，以去其蛹。

清 王元綎《野蠶録·繅絲》

拓絲

拓綿以稻草灰汭水，將繭放釜中煮之，並加豆油少許。煮熟後，取置清水中，浸之一日一夜。再用清水一盆，將繭撕開，一一洗淨。層累套在手上，或十餘箇，或二十餘箇不等，用兩手拓之，既成絲。然後取置日中曬之。野蠶綿，色不甚白，無大用處，祇供被絮，或打綫紡綫亦可。

又 打線

打線之法，將繭煮熟煮繭法與拓絲同，去其蛹，洗淨，用一尺之竿，層累套於上，或拓為絲，挂絲叉上。另用銅籤，下鎮鉛墜，上扭為螺紋。尖有小鈎中貫蘆筒，以左手執綿叉，以右手大指、二指抽絲撚而為線。將線先纏蘆筒上，餘繞於銅籤上，鈎之撚其籤，籤愈旋墜，愈下絲，亦愈引愈長。將及地乃收之蘆筒上，積寸許為一維。

清 衛杰《蠶桑萃編》卷八《綿譜·繭餘類》

水繭

繅絲時，撈出不上絲頭水繭，亦可做綿。歇車後，將水繭置鍋中，沸以原湯煮透後，以絲帚撥擺蛹，蛹皆離絲，而水繭牽連成片，次早取出，盛一蒲包，以重物壓乾。提起牽連成片之絲，擺去蠶蛹，置放日中曬之令乾，俗云『絲搭頭』，亦謂水繭，做綿尤宜。

又《製綿類》

分先後次

一曰去污水，浸各項劣繭，以絞不出污水為度。

一曰煮熟繰絲已畢，以稻草燒灰、桑柴灰，亦可瀝汁入鍋。再以大椀盛香油一杯，用灰水冲入椀內。候鍋中灰汁煎滚時開，將已經浸去污水之各樣劣繭，及蛾口繭、絲搭頭、水繭，并投於鍋。隨以椀內油灰水一半勻澆鍋內，數滚之後將繭翻轉，復以所餘一半油灰水入鍋再煮，務期煮熟。【略】

一曰：做手透子。剝開之後，以繭套左手之上，以右手摘去。將繭徐徐拉扯，一邊扯至手掌，一邊扯至手背，謂之剝手繡，亦謂之做手透子。約計大繭五六箇，或小繭十餘箇，可做一箇手透子。

又 有同異習

一法有異同：四川、湖州、杭州均大同小異。去污之後，蜀中、杭中以香油一杯煮繭。湖州則以木爓，燭油二三兩同煮。煮熟之後，蜀中、杭中乘熱淘洗，湖州則以清水漂浸四五日，換水三次。剝開之後，蜀中、杭中以繭數箇，或十數箇做成手透子，然後將手透子蒙於綿豁之上，做成綿兜。湖州則以繭四五十箇套於左手上，將綿扯至手掌、手背，再以右手插入綿內，一一拉長，一一拉寬，即成綿兜，隨時曬乾，不再蒙於綿豁之上。

清 豫山《蠶桑輯要合編·養蠶》

繅絲法

各繭做法。有颺緒者，上軸數轉即斷，宜籠火焙燥，以沸湯做。有生參者，上軸即參，宜避潮，以溫湯做。有熟參者，繅至中突出，宜摘去。有颺且參者，湯熱即參，湯涼即颺。又有野蠶繭。須先曬燥，以滚水泡透。打撈起緒，分一簇入釜繅之。繅至中，又取一簇續之。釜中之水，不必加火，止須略溫。

一凡繭之不中爲絲者，即以之剝綿。煮法淋稻稈灰水極淨，煎滚下繭。候將熟以大碗盛香油一杯，入灰水冲滿。分一半水，勻澆釜中。數滚後將繭翻轉，以所餘油灰水，盡入再煮。期於極熟，熟後乘熱取置河中，用篩淘洗潔淨，然後剝手繡綿套於掌者，謂之手繡。

清 袁俊德輯，王拱辰校《劣繭製棉法》

水繭

繅絲時，撈出不上絲頭水繭，亦可做綿。歇車後，將水繭置鍋中沸，以原湯煮透後，以絲帚撥擺蛹，蛹皆離絲，而水繭牽連成片。次早取出盛一蒲包，以重物壓乾，提起牽連成片之絲，擺去蠶蛹。置放日中曬之，令乾，俗云『絲搭頭』，亦謂水繭，做綿尤宜。

清 朱祖榮《蠶桑答問》卷下

剝綿

問曰：剝綿之法何如？

答曰：用桑枝灰，或豆稭灰，淋水澄清。煎滚下繭，候將熟，以大碗盛香油一杯，入灰水冲滿。分一半勻澆鍋中，數滚後將繭翻轉，以所剩油灰水，盡入再煮。期於極熟，乘熱取浸清水河中，漂洗潔淨，將綿扯開，套在手掌。探下綳在竹環曬乾，蘇人謂之剝棉，浙人謂之剝手繡。用以撚線，謂之打綿，線可織綿綢。

又 撲絮

問曰：撲絮之法何如？

答曰：繅過之繭，每日歇車後，將衣之稍厚者揀出剝綿。其餘傾入鍋中，以原湯煮透，用筯撥之，蛹皆落出，絲亦牽連成片。明晨取起，擺去蠶蛹，瀝乾曬之，俗謂之絲搭頭。亦用炭湯再煑，扯開，取鋪河中水面。下襯蘆席，用光竹條叠叠撲去蠶嘴。愈撲愈大，取起曬乾，可鋪衣被。

又 問曰：采繭繅絲當從速否？

答曰：天涼三日采繭，天熱兩日可采。隨即繅絲，是時出蛾極速。天涼七日，天熱五日，必須繅完。大約有繭百觔，須車兩部，少則不及。其烘蒸曬悶之法，亦必至將出時，不得已而用之。緣時近小暑，蛹死易爛。爛即有黑水映出，不能繅絲。故烘曬之後，三日必須繅完，不可稍緩也。至煑繭及剝綿諸法，與春蠶同。

清 曹倜《蠶桑速效編·養蠶説》

歇車時，鍋中所餘之繭，謂之湯頭繭。以碗貯之，明日動車後，攙入生繭抽之。

蛆鑽繭，上山第七日采下，天氣若涼，原可出在三日之外。若繭少車多，於三日內趕緊繅完，使蛆鑽不及，以免穿破。緣破繭衹可剝綿，不能繅絲，絲昂綿賤，其價何止倍蓰也。

又 繅過之繭，每日歇車後，將衣之稍厚者，揀出剝綿。餘皆傾入鍋中，以原湯煮透。用筯撥之，蛹皆落出，絲亦牽連成片矣。明晨取起，擺去蠶蛹，瀝乾曬之，俗謂之絲搭頭。俟抽絲畢後，亦用灰湯再煮抽開。取鋪河中水面，下襯蘆席，將光竹條叠叠撲去蠶嘴，愈撲愈大，取起曬乾，可鋪衣被。

清 江志伊《飼蠶法·繅絲》

附製緜法

製緜，以同功繭爲上名曰純緜，推出次之，蛾口又次之，烏軟繭爲下。頭蠶緜韌，二蠶緜鬆僞者，以繭繞雜之繞緜易敞，拗時取繞，翻套木椎上，套至十數層取下，用草一莖環其中，便剝時分開，牽扯攙和同功、蛾口，中規取善價。甚有攙和白石粉，以取其色白體重者名曰藥緜。製緜須層層勻展，內外如一。以勻薄如紙，瑩淨如玉者爲上。最忌繭片成塊，中邊獨厚，或穿破如網。色之潔白，雖由淘洗，必須作於晴天，當日曬乾不速乾則縷脃，方有光彩。若遇陰雨，色卽白而終滯。欲製緜者，須先製灰液。法：用木桶二枚，一安較高處，於其底之側面，穿一小孔插小竹管，令流灰液桶內。下層置十字架，次層入藁座，三層入礲糠。其上加入燒過之稻稈灰，注以清水灰一斗約注水二斗五升，再四淋之，則灰液自小竹管口滴出，受以他桶。復用香油半杯，冲灰液中水淡則色黃，水濃則色白。使澄清，以色白如豆腐漿，無一點浮油爲度。量繭之多寡，以適當之灰液灰液輕則緜濁，重則緜黴。其率繭自一升至二升，則灰液量同繭自三升至五升，則灰液量自二升五合至四升，繭自六升至一斗，則灰液量自四升五合至六升五合，入釜中煮沸，將繭投入投時須用緜，或布袋包繭，不包則易亂，復以大碗盛香油或用柏油一杯，以灰液冲滿。俟繭將熟，分一半勻澆釜中，煮一二沸，將繭上下翻轉，以所餘半碗油灰液澆入，再煮。前後計煮七八分時若繭一斗約煑一時頃，則繭已熟不熟，則緜不勻；太熟，則緜又爛。欲驗熟否，須於投繭袋入釜時，別投浮繭數個，屆時取一繭，以清水洗滌，其形如海參，漲大是爲熟候。繭中穢濁，悉已沸去此爲煑同功、蛾口之法。若屑繭，則灰液十分加清水一分。若繅絲時已煑過，除出而乾燥之，揚繭則先入灰液之半入鍋中，於未沸騰之前，先置繭，將沸時，再加灰液一半翻轉上下，俟熟取出。卽乘熱取置河中淘洗潔淨淘法用篩盛繭，放水面蕩滌數次，不得揉攪。卽連篩掇起就岸上按去濁水，再蕩再按，以按出水清爲度。再用篩鋪大木盆上，取淨繭置篩內，逐一剝開翻轉。內面除去蠶蛹及汚物，套左手上除拇指不用，悉拳他四指套繭拳上，謂之手繡。大率同宮繭，則套十五六個，小繭則套三十餘個或云以五六繭爲一張，合二張再延伸之。取清水一桶，將手繡以雙手就水中展拓，使圓轉寬大。再用大木盆，滿貯清水，中置緜環以竹爲之，以兩人取手繡，就水中扯約尺餘長，復移轉。扯之使方帶水上於環上不上環則口小而不適用，用力揿下，則彎環如兜，名曰緜兜四手繡可成一兜。取下絞乾或以除水板用力壓除水分，懸竹竿，置日中曬燥。此爲手掛製法，又有板掛製法。將熟繭破之，以爪以兩手之食指頭，將前方兩端掛板之上，兩角□裏面向上引伸，後兩端掛下方兩角，除去蛹及汚物。如此重叠五六枚作一張，再合四張作一兜，其乾燥法與手製者同。凡熟繭一日不能剝盡，及手繡一日不能盡上環者，須浸入淡油、灰液中，養至次日再製，不可令乾。

清 蔣汝正校正，徐瀾編輯《安徽勸辦柞蠶案·柞蠶簡法·繅絲篇》

打線之法，將繭煮熟煮繭法與拓綿同，去其蛹，洗淨，用一尺之竿，層累套於上。另用銅籤，下鎮鉛墜上，扭爲螺紋。尖有小鈎中貫蘆筒，以左手執綿叉，右手大指、食指抽綿撚而爲線。將線先纏蘆筒，餘繞於銅籤上。鉤之撚其籤。籤愈旋墜，愈下絲，亦愈引愈長。將及地乃收之蘆筒上，積寸許爲一緱。

清 盛宣懷輯《蠶桑備要》

作緜：淋灰湯，煮繭湏灰水用稻稈燒灰入籮，取水再四淋之。其澄澈較速於樹柴灰。欲辨灰水濃淡，用盌盛香油半杯，沖以澄清，灰水淡者黃，濃者白。以色如豆腐漿，無一點浮油為度。

煮繭：繭必煮熟，方可成緜，湏用緜包裹不包易亂，煎滾灰湯下釜煮之，又以大盌盛香油一杯，入灰水中沖滿。俟繭將熟，分一半勻澆釜中，煮一二沸，將繭翻轉。以所留一半油澆入再煑，務使極熟。亦有用柏油者，凡煮繭灰水，輕則緜濁，重則緜黴。加油輕則緜澀煮不熟，則緜成塊而不勻。太熟則緜又爛，須恰好乃佳。

淘洗：繭净則緜白。煮既熟，繭中穢濁，悉已沸去。宜乘熟取置河中淘洗之，淘用篩盛繭，放水面蕩滌數次，不淂揉攪。即連篩掇起就岸上，按去濁水，再蕩再按，須按出清水，繭方潔净。

剝手繡：緜套於掌者，為手繡。用大木盆，上鋪蠶，篩取净。繭置篩中，逐箇剝開，翻套於手掌上。摘去蠶蝺、蠶蛻，大率同功繭可套十五六箇，小繭可套三十餘箇。更取清水一桶，將掌上所套者就水中。雙手展拓，使圜轉寬大，以便上環。

水浸：凡煮熟之繭，須用水浸，不可使乾。若一日不能剝盡，及已剝之手繡，當日不及上環，竝宜以淡油灰水，養至次日再剝再上。

又

澼絮

絲釜中撈出之著衣、上岸繭薄者為著衣，厚者為上岸及烏殜繭、繭繞之屬，俱不堪為絲，為緜，俗通名之曰下腳，以其不材而賤之也，然煮而治之，既足禦寒，復可績綫，以供經緯之用。繭黃、澼花、滯頭三種，竝可撚緜綫，緫名水絮。絲拖頭亦可撚緜綫，但視純緜為費功耳。蠶之所吐，真無棄物。諺云：賞貴葉，不如養病蠶。正以蠶雖歉收，絲之外必有此等贏餘，實日用所不可缺也。

爍汏頭：汏頭，即著衣，亦作箕頭，又作篷頭，又名滯頭。做絲終日著衣，堆積無算。人手眾者即可剝去蠶蝺，使繭殼潔净。若無人翻剝，晚須以清水煮之。候半熟就釜中翻轉，再煮，俟極熟取出。將蠶蝺敔净，自成片段。隨於河中汏去汙濁，故曰汏頭。次日晾乾，凡蠶脫蝺殼之留餘不盡者，剖剝使盡，做絲畢，乘暇以水浸去汙濁，仍於河中汏净，置篩上或蘆簾上，用細竹竿就河中擊之，至絲緒颺開，潔白如玉，方取起曬燥。衣被中，皆可襲以禦寒。

煮繭繞絲筋。繭繞拗出，湏曬燥敔。去蠶沙、葉屑，用清水煮熟。溪中洗净，堆置檐下，陰處五六日。每日以清水淋洗，不淋色不白。隨取就溪中敲擊成絮。絲筋頭煮熟，即向溪中洗擊。不必如繭繞堆置陰處也。

爍輭繭、上岸，烏殜等繭，悉先焙燥去蝺，止存繭殼，故名輭繭，亦曰澼花。用清水煮極熟烏殜繭宜隔宿用水浸去汙濁方煮，向河澼洗、擊鬆，較汏頭更瑩净。

忌油灰水：灰水最去濁，亦極能損物。治絮用灰，取其剝穢，然絮之易黴。實由於此油取潤繭，日久色必變黃。故治絮宜用清水煮，不宜用油灰水。成絮後，用以績綫，慮其澀滯，則以豬脊髓，揉於溫水中浸之，使潤。不惟無黴爛之患，抑且肥膩粹白，永不變色。

清 孫尚質《橡蠶芻言》卷四

繭綿與木棉，非紡製成紗，均不能任機杼之工。然木棉絲短，力軟，紡彈較易；繭綿絲長，力勁，製練不熟絲緒，亦難引而彌長。其法：雜集出蛾之空繭、同功繭、汗繭、破頭繭，用竹筐盛之，俟鍋內水沸，下鹻於內，勻潑繭上，約五六次，覆以篋蓋，蒸半時久，傾入清水缸內，洗去鹻質，用盆盛住，以待別用。再換清水浸淘曬乾，預備暇餘紡織。以外有繅餘之湯繭絲頭亂者，未成之病繭，吐絲未半之棄繭，吐不成絲之亂頭繭及剝繭外之蒙絨，將剩餘盛住之鹻水注鍋中，燒極熱，入雜繭煮一二沸，盛之盆內，俟五六日，繭水俱臭，綿已熟矣。

清 楊鞏《中外農學合編》卷一一《蠶類・飼育》

做綿

摘繭時，挑出各樣醜繭，亦可做綿。挑出以淸水浸之，每日須換水二三次，且須多浸幾日，以去其污。蛾口繭亦可做綿，其污較少，只須水浸一二日。繅絲時撈出不上絲頭之水繭，亦可做綿。歇車後將水繭置鍋中，以原湯煮之。煮透後，以絲帚撥之擺之，則蛹皆離絲，而絲亦牽連成片。明晨取出，貯以蒲包，用重物壓乾。提起牽連成片之絲，擺落蠶蛹，置日中晒之，俗謂之『絲搭頭』。杭州做綿之法，先去污水浸各項醜繭，以絞不出污水為度，次煮熟繅絲已畢，先以桑枝或稻草燒灰瀝汁於鍋內，再以大碗盛香油一盃，用灰水冲入碗內。俟鍋中灰汁煎滾時，即將已經浸去污水之各項醜繭及蛾口繭、絲搭頭，並投於鍋。隨以碗內油灰水一半勻澆鍋內，數滚之後，將繭翻轉，復以所餘一半油灰水入鍋再煮，務期煮熟，次漂净煮熟之後，乘熱取置篩内，放水中淘洗潔净，次剝開漂净之後，放水盆中，挨箇剝開，次做手透子剝開之後，以繭套於左手之上。以右手摘去繭蛹，將繭徐徐拉扯。一邊扯至手掌，一邊扯至手背，謂之剝手綉，亦謂之做手透子。約計大繭五、六箇，或小繭十餘箇，可做一箇手透子，次做綿兜做成手透子之後，即將手透子蒙於綿豁之上，將綿扯寬扯長。然後逐層加增，逐層拉扯，計手透子四箇可成一箇綿兜，次晒乾做成綿兜之後，隨即晒乾，便是絲綿。湖州做綿之法，與杭州大同小異。去污之後，杭州則以香汩一盃煮繭。湖州則以木爦、燭油三兩同煮。煮熟之後，杭州乘熱淘洗，湖州則以清水漂浸四五日，換水三次。剝開之後，杭州則以繭數箇，或十數箇做成手透子，然後將手透子蒙於綿豁之上，做成綿兜。湖州則以繭四五十箇套於左手上，將綿拉至手掌、手背，再以右手插入綿内，徐徐拉長，徐徐拉寬，即成綿兜。隨時攤晒，不再蒙於綿豁之上。《農政全書》

又　抽綫

繭絲即攤繭時，剝下繭衣。絲頭即煮繭時，所摘下者。均可搗爛做綿，但其性均不甚煖。湖州人以之抽綫，不以之做綿也。繭絖無污可去，剝下之後，不必水浸。煮時亦不用桑灰汁、稻草灰汁，只以清水煮之。煮熟後，用手撕開，放薄板上，浮於水面。以小竹枝帶水擊之，以打薄打絨為度。取出晒乾，便可抽綫矣。以絲頭抽綫者，法亦如之。然不論何項蠶繭，凡可做綿者，皆可抽綫。但抽綫在成綿之後，綿以鬆為佳，以絨為妙。如不鬆不絨，便難抽扯。須照製繭絖法，將綿浮放水面，以小竹枝帶水擊之，取出晒乾，便如彈熟之棉花矣。或先以滚水淋木炭灰。務要淋得極釅，用舌餂試以辛辣刺舌為度。

清　張行孚《蠶事要略》

煮繭黄

凡繭繅絲，必有遺剩。將繅後遺剩之薄繭，及繭上剝下之净絲，於夜間在絲竈内煮之湖俗謂之煮繭黄。至明日，將所煮之物振去，蠶蛹在湖中打成一片湖俗謂之『經頭』，曬燥可以打綿，綿織之即為綿紬。

藝文

清　沈炳震《蠶桑樂府·作綿》　繅絲剝蛹事已了，煮繭作綿須及早。黄梅風雨鎮長有，趁此風光正晴昊。瓦盆盛水滿漬綿，竹架彎環比月圓。擘頭帶水施架上，潔净如紙當風懸。門前櫓聲黄犬咋，隔籬知是買絲客。今年蠶好絲倍多，儂絲待價不輕擲。況復高田麥有秋，冬春未動困如邱。莫愁糧長多科派，還有同功綿可賣。

雜録

宋　陸九韶《陸氏家制·居家制用上》　其田疇不多，日不能有餘，則一味節嗇，裘葛取諸蠶績，牆屋取諸畜養，雜種蔬果皆以助用，不可侵過次日之物。

明　徐光啓《農政全書》卷二三《農器》　鼎，《説文》云：『鼎，三足兩耳，烹飪器也。』《周禮》：『烹人掌共鼎鑊，以給水火之濟。』今農家，乃用煮繭繅絲。嘗讀《秦觀蠶書》云：凡繅絲，常令煮繭之鼎，湯如蟹眼。夫鼎之為器。大則烹牲而供上祀，小則和羹而備五味。今用之以取繭絲，而衣被斯民。嘉其兼用，遂置名田譜之内。

明　屈大均《廣東新語》卷二四《蟲語》　其二蠶、三蠶曰小蠶，亦曰連蠶。言相連不絶，月月熟也。繭既成，大蠶繭四千，小者六千可獲絲一斤。大蠶絲光滑，而細小者不及。計一婦之力，歲可得絲四十餘斤。桑葉一月一摘，摘已復生。計地一畝，月可得葉五百斤，蠶食之得絲四斤。家有十畝之地，以桑以蠶，亦可克八口之食矣。坡山之絲線良，龍江之線綢良。然龍江蠶種率購之於九江，而爲絲及線乃獨良。非女手之不同也，水色異也。然李商隱詩云『八蠶繭綿小分炷』，又云『小炷八蠶綿』。左思賦『鄉貢八蠶之綿』，皆言『綿』而不言『絲』，蓋以蠶養至第八次，不中爲絲，但可作綿。然吾廣第八蠶，皆可爲絲，所謂珍蠶也。

清　吴通帛《廣廣事類賦》卷三一　縑誇曲靖之精。《唐書》：『南詔自曲靖至滇池，人水耕，食蠶以柘，蠶生二旬而繭，織錦縑精緻。』一襲綿衣，製就炎州之火。《杜陽襍編》：『同昌公主有火蠶綿，出炎州。絮衣一襲，北用一兩多，則有熇蒸之氣。』千絲文錦，纂成東海之冰。王子年《拾遺記》：『東海員嶠山有冰蠶，長七寸，有鱗角。以霜雪覆之，始爲繭，其色五采，織爲文錦。入水不濡，投火不燎。』乍三起而三眠。謝維新《合璧事類·蠶俯》曰：『眠眠時不食。』桑柘經一晝夜而脱殼。蠶有三眠者，有四眠者。周密《癸辛襍志》：『紅蠶緣于枯桑，其絲不黄。蓋蠶足于葉，三俯三起，二十七，而蠶已老則紅，故謂之「紅蠶」。』以繭自衣，亦謂之室。』或四熟而八熟。《合璧事類》：『青州蠶，一歲四熟。俞益期箋日，南蠶八熟。」《吳錄》：「南陽郡，一歲蠶八熟。」聽軋軋于繅車。徐炬《事物原始》：「西陵氏制繅車，以繅絲。」聚團團于箔簇。《農桑直說》：「蠶簇用蒿梢、叢柴、苫廣等。」《農桑通訣》：「蠶箔，承蠶具也，禮具曲植，即箔也。」都成錦被之文。《事物紺珠》：「宋太祖時，邱封民家發蠶，箔有繭，聯屬自成被。眞宗時，荊州人家蠶簇上繭，自成被。酸棗縣民家，繭自成被。仁宗時，靈和縣民家，蠶自成被。哲宗時，北海縣，蠶自織如綃，成領帶。」王圻《續文獻通攷》：「金章宗成安中，平晉縣民利通家蠶，自成錦段，長七尺一寸五分，濶四尺九寸，詔賜絹十匹。自中絲絃之曲。《禹貢注》：「檿桑之絲，可以爲琴瑟之絃。」禊辰不雨。《五行志》：「三月三日天陰，無日不雨，蠶大熟。」東萊之瑞非常。崔豹《古今注》：「元帝永元四年，東萊郡東半山，有野蠶爲繭。繭成蛾，蛾生卵。卵著石，收得萬餘石，民以爲繭絮。」上甲占風。《史天官書》：「正月上甲，風從東方來，宜蠶。」建武之祥是卜。《續漢書》：「光武建武二年，野蠶成繭，野民收其絮。」

清 汪士鐸《南北史補志》卷一〇《五行志》 天安元年六月，兖州有黑蟻與赤蟻交鬪，長六十步，廣四寸，赤蟻斷頭而死。黑主北，赤主南。高祖太和十年七月，并州治中張萬，壽表建興濩澤縣民賈日成以去。四月中，養蠶有絲，網成幕。中有卷物似絹帶，長四尺，廣三寸，薄上復得黃，繭二狀如履形。

清 曹倜《蠶桑速效編・補遺》

一、種桑養蠶，無一棄物。立夏後，剪葉連條，條可熬膏，服之可以愈風濕。熬過曬乾，可以作薪。灰水澄清，可以煮繭剝綿，可以滌衣去垢。

一、桑葉經霜，可以入藥，可以飼羊。

一、桑內生蟲謂之桑蠶，必須戳死，恐其鑽空樹本也。然害桑之物，卻爲小兒種痘、催漿之要藥。

一、蠶食殘桑煎水，可以洗目疾。浸在水中，俟其腐爛，可以肥田。

一、蠶砂入藥，治肝經疾、小兒作枕，去驚風。水中浸爛，可以肥田、肥桑，並不生蟲。

一、蠶蛹，小兒食之，去驚風，亦可培桑。

圖表

元 王禎《農書》卷二一《農器圖譜十八》

織紝門

織紝，婦人所親之事。《傳》曰：「一女不織，民有寒者。古謂庶士以下，各衣去聲其夫，秋而成事，烝而獻功，愆則有辟是也。」凡紡絡經緯之有數，梭緯機杼之有法，雖一絲之緒，一綜之交，各有倫叙，皆須積勤而得，累功而至，日夜精思，不致差互，然後乃成幅匹。如閨閫之屬務之，不惟防閑驕逸，又使知其服被之所自，不敢易也。

絲籰

絲籰玉縛切，絡絲具也。《方言》曰：「榬音爰，兖豫河濟之間謂之𨍏。」郭璞注云：「所以絡絲。」《說文》曰：「籰，收絲者也。或作，從角，間聲。今字從竹，又從矍，竹器，從人執之，矍矍然，此籰之義也。然必竅貫以軸，乃適於用，為理絲之先具也。」《耕織圖詩》云：「兒夫督機絲，輸官趂時節。向來催租瘢，正為坐踰越。獨來掉籰勤，寧復辭腕脫。辛勤夜未眠，敗屋燈明滅。」

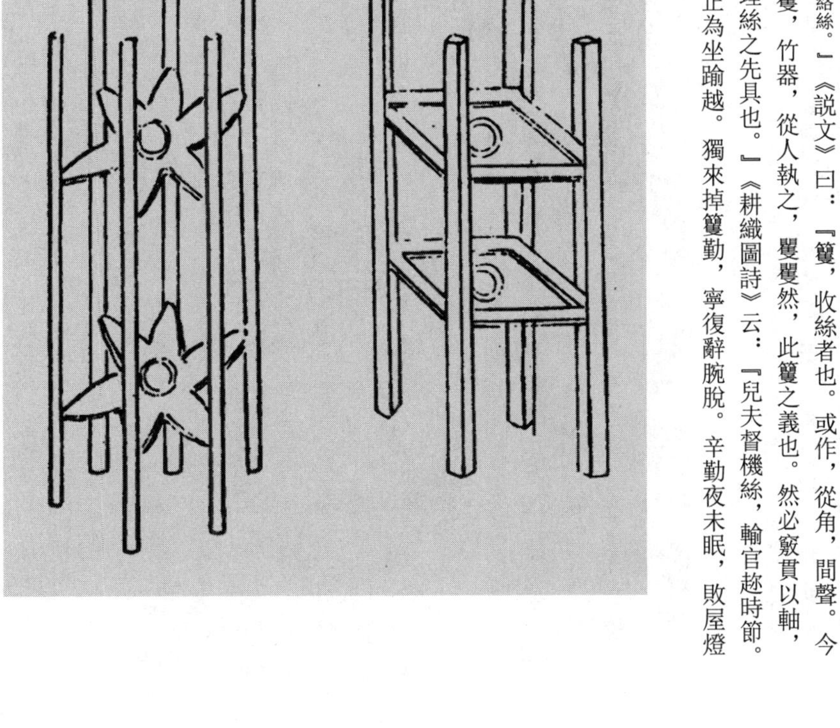

經架

經架，牽絲具也。先排絲籰于下，上架橫竹，列環以引衆緒，總于架前經簰與牌同，一人往來挽而歸之紖軸，然後授之機杼。前人《織圖詩》云：『素絲頭緒多，羨君巧安排。青⿰角間胡街切。不動塵，緩步交去來。脉脉意欲亂，眷眷首重回。王言正如絲，亦付經綸才。』

緯車

緯織絲也車，《方言》曰：『趙魏之間謂之歷鹿車，東齊海岱之間謂之道軌，今又謂繀音碎車。』《通俗文》曰：『織纖謂之繀，蘇内切受緯曰莩。』其柎，上立柱置輪，輪之上，近以鐵條，中貫細筒，乃周輪與筒，繚環繩。右手掉輪，則筒隨輪轉。左手引絲上筒，遂成絲繀，以充織緯。孫德施《賦》云：『惟工藝之多門，偉英麗乎創形，擬老氏之一轂兮，應天運以回行；秉轉屈以成規兮，不辭勞以自傾。故其用同造物，巧糸天地，軒轅垂衣，因其以濟，衮冕龍旂，用康上帝，勳存王室，惠我皁隸。觀其微風，興於軸端，霧雨散于□輻，制以靈木，絡以奇竹，規朝日以為圓兮，準暈月以造象。若洪輪之在碓兮，似蜘蛛之結網。爾乃才藝妻妾，工巧是嘉，或織錦組，或匠綾羅，一作紗舒皓腕於□輪兮，換擬景乎鏡華，絲成妙於指端，清籟幽而相和，象蟋蟀之鳴户兮，類寒蟬之吟家。』

絡車

絡車，《方言》曰：『河濟之間，絡謂之給。』郭璞注曰：『所以轉籰給事也。』《説文》云：『車柎方無切為柅。』《易・姤》曰：『繫於金柅。』柅，女履切。金者，堅剛之物。柅者，制動之主。《通俗文》曰：『張絲曰柅。』蓋以脱軖之絲，張於柅上；上作懸鈎，引致緒端，逗於車上。其車之制，必以細軸穿籰，措於車座兩柱之間，謂一柱獨高，中為通槽，以貫其籰軸之首，一柱下而管其籰軸之末。人既繩牽軸動，則籰隨軸轉，絲乃上籰。此北方絡絲車也。南人但習掉籰取絲，終不若絡車安且速也。今宜通用。詩云：『軖絲張柅復相牽，絡婦車成用具全。座上通槽連簨臼，軸頭引籰逗繩圈。一鉤遞控防偏度，獨縷依循入卧纏。幾向華筵曾誤認，箜篌人坐理冰絃。』

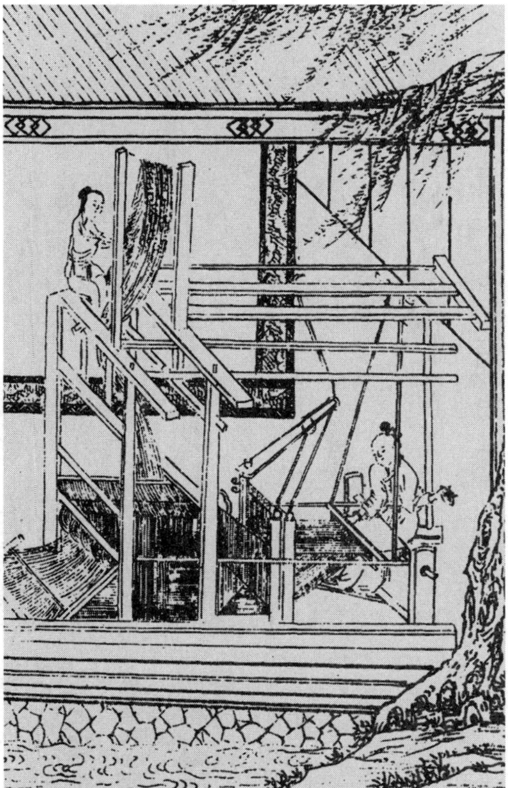

織機

織機，織絲具也。按，黄帝元妃西陵氏，曰嫘祖，始勸蠶稼。月大火而浴種，夫人副褘而躬桑。乃獻繭稱絲，遂成織紝之功，因之廣織，以給郊廟之服。見《路史》。《傅子》曰：『舊機五十綜者五十躡，六十綜者六十躡。馬鈞者，天下之名巧也，患其遺日喪功，乃易以十二躡。』今紅音工女織繒，惟用二躡，又為簡要。凡人之衣去聲被於身者，皆其所自出也。王逸《賦》曰案此賦已经删節：織機，功用大矣。上自太始，下訖羲皇。案，今本漢王逸《賦》，無此三句。帝軒龍躍，伯余是創。案，今本作『庶業是昌』。俯亶聖思案，今本作『俯覃聖思』，仰覽三光。悟彼織女，終日七襄，案，今本无此二句。爰制布帛，始垂衣裳。於是取衡山之孤桐，南岳之洪樟。賸復回轉，刻象乾形，大庭淡泊，擬則川平。光為日月，蓋取昭明。三軸列布，上法台星。兩驥齊首，儼若將征。方圓綺錯，極妙窮奇。兔耳跧伏，若安若危。猛犬相守，竄身匿蹄。高樓雙峙，下臨清池。游魚銜餌，瀺灂其陂。鹿盧並起，纖繊俱垂。宛若星圖，屈膝推移。案，今本作『一往一來，匪勞匪疲』。

又　梭

梭，《通俗文》曰：『織具也，所以行緯之莎蘇戈切。』《藝苑》曰：『陶侃嘗捕魚，得一梭，還插着壁，有頃雷雨，梭變赤龍躍去。蓋梭得魚之象，有化龍之義焉。』梅聖俞《詩》云：『給給機上梭，往返如度日。一經復一絲，成寸遂成匹。虛腹銳兩端，素手投未畢。陶家挂壁間，雷雨龍飛出。』

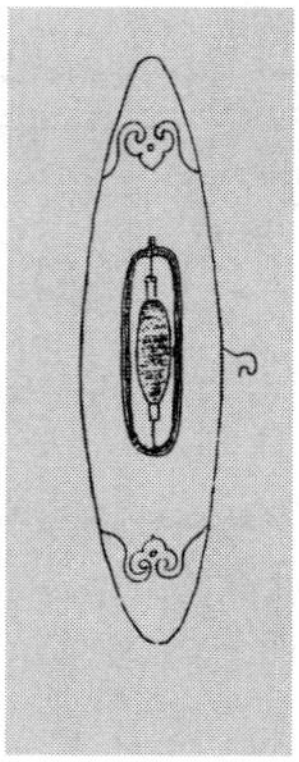

又《農器圖譜十九》

絮車

絮車，構木作架。上控鉤繩滑車，下置煮繭湯瓮。絮者掣繩，上轉滑車，下徹瓮內。鉤繭出沒灰湯，漸成絮段，莊子謂『洴澼絖』者疏云：洴，浮也；澼，漂也；絖，絮也。古者纊絮綿一也，今以精者為綿，粗者為絮。因蠶家退繭造絮，故有此車煮之法。常民藉以禦寒，次於綿也。彼有搗繭為胎，謂之『牽縭』者，較之車煮，工拙懸絶矣。詩云：『世有洴澼纊架構，以車名下上輪繩。滑牽聯瓮繭烹濟，貧寒可禦。售業價還輕，會遇不龜手，百金為爾榮。』

明　王圻、王思義編集《三才圖會・器用九卷》

梭

梭：《通俗文》曰：『織具也，所以行緯之莎樵代切。』《藝苑》曰：『陶侃常捕魚，得一梭，還插着壁。有頃雷雨，梭變赤龍躍去。梭蓋得魚之象，有化龍之義焉。』梅聖俞《詩》云：『給給機上梭，往返如度日。一經復一絲，成寸遂成匹。虛腹銳兩端，素手投未畢。陶家挂壁間，雷雨龍飛出。』

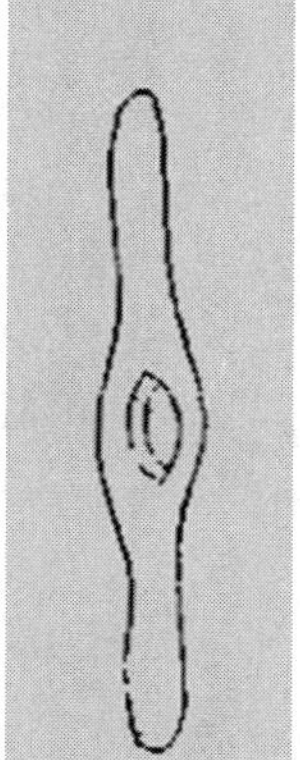

又　絡車

絡車

絡車：《方言》曰：『河濟之間，絡謂之給。』郭璞注曰：『所以轉籰給事也。』《說文》云：『車柎方無切為柅。』《易・姤》曰：『繫於金柅柅，女履切；金者，堅剛之物；柅者，制動之主。』《通俗文》曰：『張絲曰柅。』蓋以脫軠之絲，張於柅上；上作懸鉤，引致緒端，逗於車上。其車之制，必以細軸穿籰，措於車座兩柱之間謂一柱獨高，中為通槽，以貫其籰軸之首，一柱下而管其籰軸之末，人既繩牽軸動，則籰隨軸轉，絲乃止籰。此北方絡絲車也。南人但習掉籰取絲，終不若絡車安且速也。今宜通用。

又 緯車

緯織絲也車，《方言》曰：『趙魏之間，謂之歷鹿車；東齊海岱之間，謂之道軌；今又謂繀音卒車。』《通俗文》曰：『織纖謂之繀蘇內切，受緯曰莩。』其柎，上立柱置輪，輪之上，近以鐵條，中貫細筒，乃周輪與筒，繚環繩。右手掉輪，則筒隨輪轉。左手引絲上筒，遂成絲繀，以充織緯。

清 王文韶撰，袁俊德輯《蠶桑紡織器圖説・紡織器圖類》

砧杵圖説

砧杵，擣練具也。《東宮舊事》曰：『太子納妃，有砧杵一枚，又擣衣杵十。』《荊州記》曰：『秭歸縣有屈原宅、女嬃廟，擣衣石猶存。』蓋古之女子，對立，各執一杵，上下搗練於砧。其丁冬之聲，互相應答。今易作卧杵，對坐搗之，又便且速，易成帛也。

又 綿矩圖説

綿矩，以木框方，可尺餘，用張繭綿，是名綿矩。又有揉竹而彎者，南方多用之。其綿外圓內空，謂之猪肚綿。及有用大竹筒，謂之筒子綿。就有改作大緜裝時，未免拖裂。北方大小用瓦，蓋所尚不同，各從其便。然用木矩者，最爲得法。酈善長《水經注》曰：房子城西，出白土細滑如膏，可用濯綿，霜鮮雪耀，異於常綿。世俗言：房子之纊也，抑亦類蜀郡之錦，得江津矣。今人張綿用藥，使之膩白。

清 衛杰《蠶桑萃編》卷一一《圖説・紡織器圖類》

絡車圖説

絡車：《方言》曰：『河濟之間，絡謂之給。』《説文》云：『車柎為柅。』《易・姤》曰：『繫於金柅。』《通俗文》曰：『張絲曰柅。』蓋以脫軖之絲，張於柅上；上作懸鈎，引致緒端，逗於車上。其車之制，必以細軸穿篗，措於車座兩柱之間，人既繩牽軸動，則篗隨軸轉，絲乃上篗，此絡車式也。

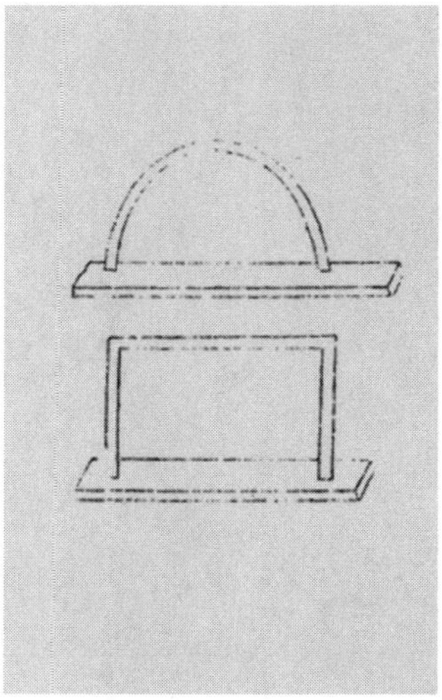

又 緯車圖説

緯車，《方言》曰：『趙魏之間謂之歷鹿車，東齊海岱之間謂之道軌，今又謂緯車。」《通俗文》曰：『織纖謂之維，受緯曰莩。』其柎上立柱置輪，輪之上近以鐵條中貫細筒乃周，輪與筒繚環繩，右手掉綸則筒隨輪轉，左手引絲上簧，遂成絲維以充織緯。

經絲圖説

經架，牽絲具也。先排絲籰於下，上架橫竹，列環以引衆緒，總於架前經簰，一人往來挽而歸之紖軸，然後授之機杼。

湖絲

綜述

明　王世懋《閩部疏》　凡福之紬絲，漳之紗絹，泉之藍，福延之鐵，福漳之橘，福興之荔枝，泉、漳之糖，順昌之紙，無日不走分水嶺，及浦城小關，下吳越如流水。其航大海而去者，尤不可計，皆衣被天下，所仰給它省獨湖絲耳，紅不逮京口，閩人貨湖絲者，往往樂翠紅而歸織之。

明　朱國禎《湧幢小品》卷二《農桑》　湖絲惟七里者尤佳，較常價每兩必多一分，蘇人入手即識，用織帽緞，紫光可鑒，其地去余鎮僅七里，故以名。有即其地載水作絲者，亦只如常，蓋地氣使然。

明　宋應星《天工開物》卷上《粹精第四卷》　凡麥經磨之後，幾番入羅，勤者不厭重復。羅匡之底，用絲織羅地絹為之，湖絲所織者，羅麪千石不損。若他方黄絲所為，經百石而已朽也。

清　方觀承《述本堂詩集・看蠶詞》　爲織爲綿異製，作經作緯殊筐。已分湖郡嘉郡，更辨西鄉北鄉。【略】湖絲甲天下，而以歸安、德清為最，其次嘉之桐鄉、崇德，杭之仁和。絲產北鄉者可作經，三眠之初，南鄉移北亦然，大眠後則不能變矣，石門又以西鄉者為經，其西北氣勁之故與？

清　鄭光祖《一斑録・雜述七》　蠶桑之利，天下所同，而必以湖州府屬所産爲上，若太湖、兩洞庭山之絲，質已稍粗，性亦稍剛，蘇地各處皆遜，川中所産猶相亞，然終不迨，閩廣更無論已。若織手亦大有高下，緞蘇州不及金陵，線縐蘇州不及杭州，易地弗能爲良。

清　方大湜《桑蠶提要》卷二《蠶事四十條**・摘繭**六則**》**　摘繭之後，必須置籃內過秤籃不光滑，則以紙鋪籃內，以繭置紙上稱之。繭籃詳『蠶具』第十四則，知繭之斤兩，則知絲之斤兩，杭州人養蟻一兩約得繭百斤，得絲一百五六十兩，湖絲比杭絲更細，養蟻一兩約得繭百斤，得絲一百兩零，知絲之斤兩則繅絲須苦干日方能畢事，可以屈指而計。詳『繅絲』第五則。

清　董開榮《育蠶要旨・薛時雨序》　黄帝制衣裳之法，而衣被天下，《周禮》因之，親桑作於上，樹桑布於野，典至重，利至溥也，顧古農家諸子書，傳流絶少，魏賈思勰《齊民要術》九十二篇始有蠶桑之説，而未能詳盡，且不盡與今同，宋陳旉《農書》下卷附論養蠶，秦觀又附《蠶書》一卷，元官譔《農桑輯要》，魯明長又譔《農桑衣食輯要》。世久而漸詳，國朝乾隆初年，欽定《授時通考》，以蠶桑列為一門，崇宏賅博，與《豳風》《無逸》鼎足不祧，按，蠶桑盛於浙西，天下莫與敵，養蠶之月，夫不食婦不眠，盡力以為之，勤劬六十日，而一歲之衣食賴焉，利厚而法密，匹夫匹婦類能與知，庚申之變中，廢五載，數年以來，承弊興作，漸復舊观，絲故產湖州，天下謂之湖絲，然邇歲嘉興所產，遂駸駸與湖角，又江蘇溧陽，舊亦產絲，亞於湖一縣，以為生計，此可知遷地弗良之説不足盡之也。江南兵燹以後，田廬十損其八，曠土至多，今相國湘鄉公秉鉞秣陵，首重民食，出教命各屬，舉廢地勸民蠶桑，又遴需次官之賢者分董其事，鎮江揚州各屬以次舉行，王君韻石暨路青吾弟膺是選，主金陵局，自夏涉秋日有興舉，期以歲月，當必蔚然可現，近沈观察仲復譔《蠶桑輯要》，自種桑至收絲條件分晰，又取諸器具，物物為圖，其詳備殆軼《齊民要術》而上之，昨路青相過出所輯《育蠶要旨》，則又專取蠶政為專門，備述浙右民間之法，自浴種迄酬神凡二十四條，又補《蠶桑輯要》所未備者，二書相輔而行，擥而充之，自此田無曠，民無遊，王政之原起於布帛、菽粟，此二書所裨，豈淺鮮哉？即以著述而言，列之農家，又可備天祿、石渠之選矣。

清　吴錫璋《蠶桑新論・樊恭煦叙》　古時蠶桑之利，皆在《禹貢》青、兖、雍、荊之域，未嘗及今之吴越也，迺天道日變，地球日移，人心日巧，故北方田地日荒，而南方艸萊日闢，遂使蠶桑之利，利於南而不利於北，是豈盡天道使然，不關人力之勤惰哉？近年自日本維新，飼蠶樹桑，奪我國之利權，剏養蠶之新法，見長於全球各國，豈不賴有人別悟蠶學之新理，而始得其效哉？卽如十年以前，西洋各國用華絲者十之六，三年之內，日本絲銷者十之六，意國絲十之三，華絲十之一，則中華豈終自甘頹敝，不復能與日本竝駕齊驅乎？惟吾越蠶學館初創，有吴君琢甫肄業於日本轟本長，及前島次郎、功深月久，其於普通學中化學、物理、動物、地理等學，俱克融會貫通，悉其中之奥妙，而於蠶學一切新法，尤克神明變化，示未有之新奇鄉條間，果能家喻戶曉，安知不可駕地球各國而上之？余查湖絲銷數近來大減，實以日本絲多之故，中國如洪澤湖、洞庭湖、昆明池，以及太湖等處，凡水鄉肥美之區，無不宜養蠶植桑，仿日本製絲、製種之新法，是不獨吾越爲然也，苟蠶學日興，出絲多而價自平，行新法而國自富，其利爲日本所奪者，不難漸次收回也。余素慕吴茂才之名，而尤嘉其能習專門之學，今見其心得之《新法》二十篇，巧妙異常，奚翅諸葛武侯於斜谷口，勸農講武，作木牛流馬。余方深信其力學之專，不愧爲吾浙蠶學館之卒業，蓋中國之貧且弱，患不在不仿西法，而在仿行之不能得其精妙耳，丁今之世，既有茂才歷年於專門之學專心致志，不吝以己之祕本公諸今世，是民之幸也，亦國之幸也，異時國日富，民日彊，蠶桑日盛，不可謂非茂才之力也。爰特爲之序。

蠶桑產品綜合利用部

概説

論説

明　王象晉輯《桑麻葛譜・桑》　百種風熱：椹汁三斗，白蜜二合，酥油一兩，生姜汁一合。重湯煮，椹汁減半，方入酥蜜等，令匀。每一合酒服甚妙。欬嗽吐血甚者：鮮桑根白皮一斤，米泔浸三宿，刮去黄皮，剉細入糯米四兩，焙乾爲末。每服一錢米，飲下。消渴尿多：入地三尺桑白皮，炙黄黑，剉水煮濃汁，隨意飲，亦可入少米，忌塩。產後下血：炙桑白皮，煑水飲。血露不絶：鋸截桑根，取屑五指，撮醇酒服，日三。墜馬拗損：桑白皮五斤爲末，水一升，煎膏傅之，卽止。後無宿血，亦不發。金瘡作痛：新桑白皮煑汁服，再入燒灰和乾馬糞塗上，仍以皮裹之，新桑葉汁亦可。物眯眼：新桑白皮洗浄，搥爛，入眼，撥之自出。髮落：桑白皮剉二升，水淹浸煑，五六沸，去滓，頻洗。髮不澤：桑白皮、栢葉各一升，煎汁沐之，卽潤。小兒重舌：桑白皮煑汁，塗乳上飲。小兒流涎、脾熱、膈有痰：新桑白皮擣自然汁，塗之，效。乾者，煎水。小兒天吊、驚癇客忤：家桑東行根，研汁服。桑白皮汁亦可。小兒火丹：桑白皮煑汁浴，或爲末，羊膏和塗。石癰堅硬不作膿血者：蜀桑白皮，陰乾爲末，烊膠和酒調傅，以軟爲度。以上俱根皮　小兒鵞口：桑白皮汁和胡粉塗之。　小兒唇腫：桑木汁塗，即愈。桑葉汁亦可。解毒：桑白汁服一合，須臾吐，利自出。破傷風：桑瀝和好酒温服，以醉爲度。醒，服消風散。水腫脹滿，水不下滿溢水，下則虚竭仍脹，十無一活：用桑心皮切，水二斗。煑一斗，入桑椹，再煑五升糯飯，五升釀酒，飲。桑葉灰潛汁煑小豆，食，亦良。瘰癧結核：桑椹黑熟者二斗，取汁。銀石器熬膏，湯服，一匙日三。骨哽：取紅椹子細嚼，先嚥汁，後嚼滓，新水送下。乾者亦可。小兒赤禿：桑椹取汁，頻服。白禿：黑椹入罌中，曝二七日，化爲水，洗之三七日，效。陰症腹痛：桑椹絹包，風乾，過伏天爲末，每服三錢，熱酒下，取汗。青盲：宋仲孚患此，十二年用此法，二年目明如故。新斫青桑葉，陰乾。按目就地上燒存性，每以一合于器内煎，減二分傾出，澄清。温熱洗冷，即重湯頓熱，至百度屢試，有驗。正、二月初八，三、五月初六，四月初四，六、十一月初二，七月初七，八月二十，九月十二，十月十三，十二月三十。風眼下淚：臘月不落葉煎湯，日日温洗，入芒硝少許。赤眼澁痛：桑葉爲末，帋卷，燒烟薰鼻，效。髪不長：桑葉、麻葉煑泔水，頻洗。吐血：晚桑葉焙研，凉茶服三錢，只一服止。後用補肺肝藥。霍亂、轉筋入腹煩悶：桑葉一握，煎飲，一二服，立定。大腸脱肛：黄皮桑樹葉三升，水煎，帶温罨納之。肺毒，風瘡，狀如□風：用好桑葉洗浄，蒸熟，二宿，日乾爲末，水調二錢，匙服。癰口不斂：經霜黄葉爲末，傅之。穿掌腫毒：新桑葉研爛，罨之，愈。湯火傷：經霜桑葉燒存性爲末，油和敷，三日愈。手足麻木，不知痛痒：霜後桑葉煎湯，頻洗。變白，久服通血氣，利五臟。雞桑嫩枝，陰乾爲末，蜜丸，每酒服六十丸。水氣脚氣：桑條二兩，炒香，以水一升煎二合，空心服，無禁忌。　風熱臂痛：桑枝一升切炒，水三升煎二升，一日服盡。許叔微云：『常病臂痛，諸藥不效，服此數劑，尋愈。』解蠱毒，腹中堅痛，面黄青色，淋露骨立，病變不常：桑木心剉一斛，水三斗煑二斗，澄清。微火煎五升，空心服，五合即吐出。刺傷手足犯霜水，腫痛，多殺人：桑枝三條，煻火炮熱，斷之，以頭熨瘡上，令熱，冷即易之，盡二條則瘡自爛。仍取韭白或薤白敷上，急以帛裹之，有腫更作。紫白癜風：桑枝十斤，益母草三斤，水五斗慢煑。至五升，去滓，再煎成膏。每卧時，温酒調服半合，以愈爲度。再以桑柴灰二斗，甑蒸，取釜内汁，熱湯洗之，妙。大便後血：桑花水煎服，爲末服，止吐血。目赤腫疼：桑灰一兩，黄連末半兩，每一錢炮湯，澄清洗。尸注鬼注：其病變動，自三十六種至九十九種。使人寒熱恍惚，默默不知所苦，累年積月，以至于死。復傳親人，宜急治之。用桑樹白皮曝乾，燒灰二斗，甑中蒸透，以釜中湯三四斗淋之。又淋凡三度，極濃澄清止。取二斗漬赤小豆，三斗一宿曝乾，復漬灰汁盡乃止。以豆蒸熟，或羊肉、或鹿肉作羹。進此豆飯，初食一升至二升，取飽。微者，三四斗愈。極者，七八斗愈。病去時，體中自覺疼痒，淫淫若根本不盡，再爲之，神効。水腫，坐卧不得：取東引花桑枝，燒灰淋汁，煑赤小豆。每飢，即飽食之。忌湯飲。除痣：取桑條，燒灰淋汁，入石灰熬膏，自己唾調點之，自落。大風惡疾，眉髪脱落：桑柴灰熱湯淋取汁，洗頭面。再以水研大豆漿，解灰味。次用熱水，入菉豆粉濯之。三日一洗頭，一日一洗面，不過十度良。狐尿刺人，腫痛欲死：桑灰汁漬之，冷即易。蛇、蜈、蜘蛛傷：桑白皮汁塗之，効。桑葉挼爛，塗之，亦佳。瘡傷風水，腫痛入腹，則殺人：桑灰汁漬之，冷復易。頭風白屑：桑灰汁沐之，良。少小鼻衄，小勞輒出：桑耳炒焦，搗水。每發時，以杏仁大塞鼻中，數度可斷。五痔下血：桑耳作羹，空心飽食，三日一作。待孔中痛，如鳥啄狀。取大小豆各一升，合搗作雨囊蒸之。及熱，更互坐之，即瘥。脱肛、瀉血：桑黄一兩，熟附子一兩爲末，煉蜜丸梧子大。每米，飲下二十丸。血淋疼痛：桑黄槲、白皮各二錢，水煎服，日一次。月水不斷，肉色黄瘦，血竭暫止，數日復發，小勞輒劇，久疾失治者，皆可服：桑黄焙研，每服二錢，食前熱酒下，日三服。崩中漏下：桑耳炒黑爲末，酒服方寸匕，日三服，取効。赤白帶下：桑耳切碎，酒煎服。遺尿且澀：桑耳爲末，每酒下方寸七，日三。留飲宿食：桑耳二兩，巴豆一兩去皮，五升米，下蒸過，和棗膏摶丸麻子大，每服一二丸，取利止。心下急痛：桑耳燒存性，熱酒服二錢。瘰癧潰爛：桑黄菰五錢，小紅豆一兩，百草霜三錢，青苔二錢，片腦一分爲末，雞子白調敷。以車前、艾葉、桑皮煎湯，洗之。咽喉痹痛：五月五日，收桑耳白如魚鱗者，臨時搗碎，綿包彈子大，蜜湯浸，含之，立効。面上黑斑：桑耳焙研，每食後，熱湯服一錢，一月愈。足趾肉刺：先以湯浸，刮去一層，用黑木耳貼之，自消爛不痛。

清　何品玉輯刊《蠶桑會粹・種桑養蠶格式》　一畝地，每造可出桑五百斤。若初年，則其葉稍少，一年六造，約出桑三千斤。以中價論，每百斤值銀陸錢，一畝三千斤，值銀壹拾捌兩，十畝則壹百捌拾兩矣。以之飼蠶，春夏食葉一百八十斤得絲一斤，秋季食葉一百六十斤得絲一斤，一畝三千斤約得絲一十七斤。以中價論，每絲一斤值銀貳兩伍錢，一畝十七斤值銀肆拾貳兩伍錢，十畝則肆百貳拾伍兩矣。況一畝得絲十七斤，另得絲皮四斤有餘，每斤約價銀壹錢。絲骨一斤有餘，每斤約價銀叁錢。蠶蛹七十餘斤，每斤約價銀壹分零。桑枝柴十擔，每擔約價銀壹錢零。他如蠶屎可以下肥，蠶食餘桑可以養魚，利又不一而足。蓋地利出息之厚無過於此。且粵地蠶桑，順德稱最，而順德地租頗貴每畝租銀值四五兩，人工亦貴，他處則不必然，費用又較順德而省。有志興利者，其可不知所從事乎！

清 江志伊《種桑法》 餘利 植桑之利，有在飼蠶外者。如桑葉，荒年可以濟飢，炙熟可以代茶，經霜葉可治疾，可飯羊。嫩桑枝及桑根白皮均充藥餌，桑皮可以造紙。春初，斫繁枝，剝芽皮為上，餘月次之。桑材可為弓弩，射則耐挽曳也。桑莪即木耳，素食中妙品。凡木耳有五謂桑槐榆柳楮，以桑耳為良生野田中者，恐有毒，不可食。桑花，一名桑蘚，一名桑錢，生桑上。白蘚如地錢花樣，非桑椹花也。能健脾、澀腸、止血。桑葚為桑之精英，采摘微研，以布濾汁。石器中熬成稀膏，入蜜熬稠，貯瓷器中，滾湯點服，消熱止渴。其性微涼，或曝乾為末，蜜和為丸，酒服亦良。四月宜飲桑椹酒，能理百種風熱。法：用椹三斗，重湯煮至一斗半，入白蜜二合，酥油一兩，生薑一合，煮令得所瓶收。每服一合，和酒飲之。或以汁熬燒酒，藏之，經年味乃愈佳。椹，乾、溼皆可救荒，平時宜收采之。

清 蔣汝正校正，徐瀾編輯《安徽勸辦柞蠶案・勸養野蠶白話告示》

現在皖南北有幾處自生的柞樹極多，滿山都是，真算得天然的財產，頂大的利源。如今人開口就要說安徽土瘠民貧，真真寃枉極了。依我看來，竟徧地是黃金呢！況且這個橡樹，不止葉子可以養蠶，結的果子外殼，叫做橡椀，可以染青。南京的玄色緞子，都是拿這個染的。果子可磨粉吃，六安州有賣栗子粉的，就是這個東西。老枝粗的鋸下來，埋在潮濕地裏，可以長木耳。生過木耳之後又能燒炭。有一種極好的炭，名叫栗炭，就是這個木頭燒的。更有一樣極大的用處，橡樹的皮，可以熬膠。洋人拿他製造各樣東西，中國人都叫做象皮，其實就是這個膠做的。這些用場，你們都不曉得，僅拿他砍做柴燒，不是把真珠寶貝當做瓦塊看了嗎？實在可惜得狠！

綜述

宋 陳承、裴宗元、陳師文《增廣太平惠民和劑局方用藥總論》卷中《木部中品》 桑白皮 味甘寒，無毒，主傷中，五勞六極，羸瘦，崩中脈絕，補虛益氣，去肺中水氣，唾血熱渴，水腫腹滿臚脹，利水道，去寸白，可以縫金瘡。採無時，出土上者殺人，〔葉〕除寒熱出汗，汁，解蜈蚣毒。桑耳。味甘，有毒，黑者主女子漏下赤白，沃，血病，癥瘕積聚，陰痛，陰陽寒熱，無子，療月水不調。其黃熱陳白者，止久洩，益氣不飢。〔藥性云〕：〔使〕能治肺氣喘滿，水氣浮腫，主傷絕，利水道，消水氣，虛勞客熱，頭痛，內補不足。桑耳使，又名桑黃，味甘辛，無毒，能治女子崩中帶下，月閉血凝，產後血凝，男子痃癖，兼療伏血下赤白。〔日華云〕：桑白皮。溫調中下氣，益五臟，消痰止渴，利大小腸，開胃下食，殺腹臟蟲，止霍亂吐瀉，續斷，桂心，麻子為〔使〕。

又 卷下《蟲魚部中品》 原蠶蛾 雄者有小毒，主益精氣，強陰道，交接不倦，亦止精。《日華》云：晚蠶蛾壯陽事，止泄精尿血，暖水藏。又治暴風金瘡，凍瘡，湯火瘡。又蠶布紙，平，治吐血鼻洪，腸風瀉血，崩中帶下，赤白痢，傅丁腫瘡。又云蠶沙治風痺，頑疾不仁，腸鳴。

宋 吴欑《種藝必用》 肥田法：緑豆為上，小豆、胡麻次之，皆以五月六月，漑種之，七八月耕殺之。春種穀即一畝，收十石，其力與蠶沙熟糞同矣。臘日種麥及豆，來年必熟，麥苗盛時須使縱牧其間，蹂踐令稍實，其收倍多。麥屬陽，故宜乾原；稻屬陰，故宜水澤。凡栽樹須記南北枝，坑中着水作泥。即下樹栽，搖令泥入根中，即四面下土堅築，上留三寸浮土。埋令深，澆令常潤，勿令手近，及六畜牴突，凡一切樹正月十五日以前上時兼多子。種桑，收魯桑椹，水淘取子，曝乾，熟耕地畦，種如葵法。土不得厚，厚則不生。待高一尺，又上糞一遍。當四五尺，常耘令净，來年正月移之。白桑無子，壓枝種之，纔收得子，便種之亦可。

明 陳嘉謨《本草蒙筌》卷四《木部》 桑根白皮 味甘而辛，甘厚辛薄，氣寒，可升可降，陽中陰也，無毒。山谷出少，家園植多。山桑質堅，木堪作檐；家桑氣厚，葉可飼蠶。凡入劑中，須覓家者。近冬收採，如式製精，根出土外者殺人，根向東行者得氣得生氣也。皮取近水洗净，留白去青，片用銅刀咀成，惡鉛忌鐵，稀蜜拌透，文火炒乾，爲使續斷桂心，入手太陰肺臟，甘助元氣，補勞怯虛羸，辛瀉火邪。羅謙甫曰：『桑白皮瀉肺，是瀉肺中火邪，非瀉肺氣也，火去則氣得安矣。』止喘嗽、唾血，利水消腫，解渴歐痰。刀刃傷作綫縫，熱鷄血，塗即合。

皮中白木　取依四時，春夏取向上者從升枝幹皮汁也，秋冬取向下者因降根皮汁也，敷金瘡，血止。剥白皮褁之，令汁得入瘡中，良。敷蛇咬毒消，點唇裂易差，染褐色不落，釜中煎如糖赤，老痰宿血並推。

葉　採經霜者煑湯，洗眼去風淚殊勝。塩搗敷蛇蟲、蜈蚣咬毒。蒸搗署撲損瘀血滯凝煎代茶，消水腫脚浮，下氣令関節利，研作散湯調。止霍亂吐瀉出汗，除風痺疼炙，和桑衣煎濃，治痢諸傷，止血。

枝　煎常飲，耳目聰明，去手足拘攣，脚氣兼散，潤皮毛枯稿，風癢且毆，陰管通便，眼眶退暈，利喘嗽逆氣，消焮腫毒癧。

椹　收曝乾，蜜和丸服，開関利竅，安魂鎮神，久久不饑，聰耳明目。

黑椹　絞汁，係桑精英，入鍋熬稀膏，加蜜攪稠濁，退火毒。貯磁瓶，夜臥將臨，沸湯調下每服一二錢止，鮮金石燥熱止渴，染鬚髮皓白成烏。一方：黑椹一升，和科斗子一斤，瓶盛封閉，懸屋東向百日，化爲泥，染白鬚如漆。又方：取黑椹二七，和胡桃脂研如泥，拔去白鬚，點孔中，即生黑鬚。

柴灰　辛寒，淋汁小毒，合冬灰爲爛藥，醫外科著奇功，蝕惡肉死肌，滅瘢疵黑痣，能結鉛汞，曾益丹家。

桑耳　有毒，味甘，古方入劑屢用。一名桑菌，又名桑黄，老樹上多雨即生，軟濕者，作葅堪啖採收剉碎，醇酒煎嘗，散血如神，止血甚捷。黑者，主女人癥瘕崩漏帶下，及乳腫暴來。黄者治男子癖飲，積聚腹疼，併金瘡。初得若色黄熟陳白，止洩補益元陽。

桑花　非指桑椹花爲云，乃樹上白蘚，其狀因與地錢花相類，故假此立名。刀削取之，火炒入藥，性緩，無毒，健脾，澁腸，寒崩中，禁帶漏鼻洪吐血，愈腸風，下血安。

桑上蠹蟲　主卒心痛，金瘡潰爛，亦可生肌。

桑上寄生　節間生出，葉厚，軟如橘葉，莖肥脆類槐枝，別樹雖有不靈，獨桑氣厚甚妙。儻求主治，須認精詳。或云，碎其實，有汁稠粘者真。又曰，折其莖，以色深黄者是固，當宗此辯別，仍貴纏附桑枝。外科散瘡瘍，追風濕，卻背強腰痛篤疾。女科安胎，孕下乳汁，止崩中漏血沉疴，健筋骨，充肌膚，愈金瘡，益血脉，長鬚長髮，堅齒堅牙。

明　蔣儀《藥鏡》卷一《温部》

白殭蠶

治中風失音，喉中痰若鋸響。主膚瘡癮疹，身上癢似蟲行，搐搦定。䵟黑祛小兒驚癇夜啼，女子崩中赤白。助肺氣，除風濕有功平相火，拔疔毒極效。痘家用之于解毒藥中，喉痺用之于甘桔湯裡。生熟白礬，同吹急喉風痺。炒研入蜜，調敷通白口瘡。晚蠶蛾固精滑而能壯陽，鴛交不倦，兼敷玉枕生瘡。二蠶沙去風濕而起頑痺，癱緩可立，亦治血崩瘀宿。紙上種殼，血熱生風頓和麝入煆灰，牙用纏喉俱效。老蠶皮蛻，痘疹目翳並施。存性末吞，排膿穿毒最速。

明　王象晉輯《桑麻葛譜・桑》

製用

桑椹煎膏，入少蜜，滚湯調服，止渴消熱。桑葉炙熟可代茶。嫩桑枝炒香煎飲，久服，不患偏風。桑花健脾、澁腸、止血、消熱。桑耳，一名五鼎芝，作菜用，益人。

清　陳元龍《格致鏡原》卷六四《木類一・桑》

《典術》：『桑木者，箕星之精，神木也。』蟲食葉爲文章。人食之，老翁爲小童。』《周易》『繫於苞桑』注：『苞桑，言固也。』《本草》：『桑根白皮，出見地上名馬領，勿取，毒殺人。桑根旁行出土上者名伏蛇，治心痛。桑花，一名桑蘚，一名桑錢，生桑樹上。白蘚，非桑椹花也。』

清　李拔《蠶桑説》《皇朝經世文編》卷三七　樹仍結子，惟葉稍薄。然任砍伐，枝可為薪，取葉又甚易，養蠶者利之。

清　孫星衍、孫馮翼輯《神農本草經》卷二　桑根白皮，味甘寒，主傷中，五勞六極，羸瘦，崩中脈絶，補虛益氣。葉主除寒熱出汗。桑耳，黑者，主女子漏下赤白汁，血病，癥瘕積聚，陰痛，陰陽寒熱，無子。五木耳，名檽，益氣不飢，輕身强志，生山谷。

清　崔應榴彙纂，錢馥補輯《蠶事統紀》卷一五《雜繫下》

東坡《物類相感志》：『彈琴士指甲薄者，用僵蠶燒烟熏之，則厚。』

《本草綱目》：『凡蠶類入藥，俱用食桑者。』

《月令廣義》：『取蠶自死而白色條直者，勿令中濕，濕則有毒也。用時，仍去綿絲。及乾燥過，醫家用治中風、急喉、脾欲死者。擣篩細末，生薑自然汁調，灌之下喉，立愈。』

《廣惠方》：『五月五日，取蠶蛾為末，津調塗刺，良久即出。本法用晚蠶蛾，盖將臀倒點濕繭子頭出者。生收，用竹筒兩頭有節者於一頭錐穿，放入蛾，塞之令自在虬死。遇竹木等刺肉内不能出者，取少許為末，點刺上，即出。』

《代醉編》：『有負脾中創，血如箭出，醫者以炒原蠶蛾末傅之，立止。』

《通志・昆蟲草木略》：『《周禮》：「禁原蠶。」注云：「為其傷馬。」今以蠶為末塗馬齒，即不能食草；以桑葉拭去，乃還食。此明蠶，馬類也。』

《通俗編》：『《爾雅・釋草》：『列蕱，豕首。』郭注曰：『江東呼為豨首，可以熓蠶蛹。』按，熓蛹，特饕饞小夫所為，不謂晉時已然。

清 鄒祖堂《蠶桑事宜・建平紳耆公擬蠶桑規條》 採過桑葉，桑枝剪下可作柴，自落冬桑葉可治病，可餵羊。羊糞可肥田、擁桑、養魚。蠶沙可肥田、擁桑、養魚。蠶蛹可食。蠶蛾生子，生財大道，於斯爲盛。

清 汪曰楨《湖蠶述》卷一《總論》 《周禮・夏官司馬》：『職禁原蠶。』注云：原，再也。字書作『願』。《本草》有晚蠶沙、晚殭蠶等目，皆未詳辨，遂誤以初蠶再出爲晚蠶、原蠶矣，不知其種迥別。凡二蠶，繭蛾生種，謂之頭二蠶種。按，《烏程劉志》誤分二蠶頭二蠶爲兩種。次年清明後即担而養之，担，上聲。《玉篇》云拂也。名頭二蠶，時頭蠶尚未出也，其眠其老甚速，纔兩旬即收繭。時頭蠶甫大眠也，出蛾生子，是爲二蠶種。凡養頭二蠶皆甚少，無繅絲者，其繭殼、繭黃、蠶沙皆入藥按，蠶蛻紙亦入藥。

又 蠶有功於人，而留以生蛾者，祇千萬中之一二，餘皆不免湯鑊，良可憫也。《唐史》：『于闐國無蠶，求婚鄰國，女置蠶帽絮中，始有種。刻石須蠶蛾盡乃得治繭。』秦少游《蠶書》『欲求于闐治絲法，以貸蠶死』，然至今未有得者。考和闐即古于闐，久隸版圖，望仁人留意求之。按，今和闐不知蠶繅爲何事，無從訪求矣。

清 董開榮《育蠶要旨》 選出各繭，亦非無用。同功繭，上者可做絲，下者可剝綿。黃繭、綠松繭可做經絲，亦可做緯絲黃絲染紅色最鮮。棱角繭亦可剝綿。尿暈繭可做粗絲。爛死繭、薄繭可做瓣花。香眠繭只可剝綿。外此者做絲，所剩滯頭及繭衣，此二者當煮熟，河中敲軟，可打綿線。沙緓可作壅。蛹可熓食，亦可作壅。蓋蠶之一身無一物無用也。

清 黃世本《蠶桑簡明輯説・養蠶説・雜説十二條》

種桑養蠶，無一棄物。立夏後，剪葉連條，條可熬膏，服之，可以愈風濕。熬過曬乾，可以作薪，灰水澄清，可以煮繭剥綿，可以滌衣去垢。

桑葉經霜，可以入藥，可以飼羊。

桑内生蟲，謂之桑蠹，必須戳死，恐其鑽空樹本也。然害桑之物，却爲小兒種痘催漿之要藥。

蠶食殘桑，煎水可以洗目疾，浸在水中，俟其腐爛，可以肥田，可以肥桑。

蠶砂入藥，治肝經疾，小兒作枕，去驚風。水中浸爛，可以肥田肥桑，并不生蟲。

蠶蛹，小兒食之去驚風，可以培桑。

繅絲水治病極多。大人洗内外一切風濕、癬疥、目疾、小兒花癩、痧癩等疾，其效如神。

無用之綿，燒灰研末，治湯火燙傷，亦神效。

清 吴宗周、陳幹材、徐謙山《蠶桑白話》卷二《栽桑白話》 蠶屎可以做肥料，培壅桑樹是極合宜的。做絲的時，蠶蛹做肥料，亦極合宜的。還有那做絲剩的繭衣與屑絲，亦可以賣錢。在江浙地方，值五錢銀子一斤。倘若生種，更有餘剩的繭殼，可以做絲綿。若賣與人，值七錢銀子一斤。這個都是養蠶家分外的利。更有一種不費的好事，蠶子可以做湯火藥，蠶屎可以做明目藥，煮繭湯可以治惡瘡，均極靈驗。這都是惠而不費的事，你門想蠶身上的好處，多也不多？

清 羊復禮《蠶桑摘要・煮繭》 繅絲時，撈出貼蛹之薄繭，每日在繅絲鍋内煮熟，將蛹取去，積久煮透。浙人謂之綁頭，亦可扯粗緜綫。其摘出之粗絲緒，可作絨線。蠶蛹可食以葱、薑加油炒之，味甚佳、可飼魚、可作壅。蠶沙即蠶糞葉替即葉餘亦可作壅。隨在值錢，無一遺棄之物，育蠶者當知寶貴也。鎭屬蠶事初興，恐繅絲之外其餘不中，繅絲之繭不知做法，故以煮繭剝緜二法告之。

清 俞墉纂輯《蠶桑述要・餘利》 殭蠶可醫馬病，入藥。蠶蛾咬出之繭，取配咬頭葯末，外科家必須之品。出過蠶之種紙，可配方藥。

清 陳開沚《裨農最要》卷一《農桑兼資説》 植桑一株，盛者葉百餘斤，得絲廿兩，易粟一石。次者易粟數斗，又次者亦易粟斗許，或數升。桑渣、桑葚、蠶屎飼猪，敵麥豆。嫩枝、敗葉、粗滓飼牛馬，勝他料。絲水灌蔬，繭絮鬻市，桑幹為薪，桑皮入藥，無所不宜。且農按畝計税，而桑無征。或遇旱澇，蠶桑亦可添補糧佃諸費，此蠶桑之有裨於農也。況農終歲勤動，所入有限，倘遇凶荒，顆粒俱無，蠶則男女老幼皆可為之。

清 曹笙南《五畝居桑蠶清課・曹英序》 桑皮可以造紙，桑枝可以作薪，熟葚可以製酒，冬葉可以飼畜，次繭可以成綿，繭衣可以絡線，蠶沙可以壅田，蠶蛹可以為腊。

清 楊鞏《中外農學合編》卷九《林類・樹桑・培壅》 培壅之物農諺云：『家不興少心齊，桑不興少河泥。』故壅河泥是要緊事。如無河泥，即以湖泥、塘泥、溝泥及拉颯培壅之。拉颯即掃地所積之灰土及一切渣滓。或壅以蠶沙、豆餅、綿餅。《蠶桑輯要》

又 培壅之效 雨淋土剝，桑根往往露出土外，縱澆糞亦不全盛，壅以泥則藉此培補，免至老根呈露。桑性喜燥，壅以拉颯則土鬆，雨過便乾。桑性喜肥，壅以豆餅等項，則肥氣浸灌，桑眼自然飽綻，桑葉自然豐盛。《蠶桑實際》

著録

清 葉世倬輯《樹桑百益・序》 昔余嘗刻《桑蠶須知》，勸山中樹桑飼蠶，年來郡縣士民種植日廣矣。顧人知桑之益於蠶，而不知其益於人。止知療病者用桑皮、桑葉、桑枝、桑葚，而不知桑柴之有火，火之有灰，桑之有蟲，蟲之有糞。又桑花、桑汁、桑耳，無一不可用也。余甚惜之，山僻購藥不易，而庸醫率多以草藥應之，往往殺人而人不知，誠大病也。爰檢《本草綱目》截錄桑之修治、主治氣味及附載各方，其有發明者，亦間采錄，而柘亦附焉。續刻《桑蠶須知》之後，俾人人知桑之物薄而用重如此。顔曰《樹桑百益》，而其實所益不僅以百計也。屋角、田邊，取攜甚便，凡我士民幸益努力焉！

雜録

清 羅振玉、陳敬彭《南海縣西樵塘魚調查問答》《農學報》第二百五十期

問：魚之飼料及管理法？

答：蠶蛹、青草、蠶沙、桑屑、畜糞、豆麵均魚之飼料，但宜相水之深淺，爲之管理。法如暑雨驟至，雨止，則魚遊水面以吸空氣，宜灌入清水以涼之。倘照管不及，逾時輒斃。時或水色紅濁，魚必生蛆，謂之入鱗蛆，此時急須鬻市，否則傳染特遍，而鯇魚尤甚，宜用茶麩熟烟梗即黑絲烟，浸在塘内以防之。

蠶沙

題解

清 韓夢周《蠶桑實濟》卷二《育蠶預備》

預造蠶匙

匙音義見一卷。燠音郁，甚熱也，熱在中也。蠶屎厚而熱積，故曰沙燠。

又 卷四《育蠶急務》 生蠶北蠶皆三眠三起，南方亦有養之者。有大小白烏斑色之異，繭有青黃白綠之殊。自卵生爲蟻，蟻脱爲𧈧，𧈧脱爲蠶，蠶脱爲蛹，蛹脱爲蛾，蛾脱繭復卵。蠶屎名爲蠶沙，蠶皮爲蠶蜕，蠶紙爲連，蠶卧曰眠，蠶已脱殼曰起，蠶卧之蓐曰沙燠。不論南北之異，四眠三眠之殊，總之，一七而變，四變而老，七變而死，蓋氣化神物也。資生要理，安可不知。

又 體蠶

蠶吃一餐葉，有一層替子葉渣子連蠶屎，名曰替子。

清 方大湜《桑蠶提要》卷二 《釋名》：蛾穿繭而出，又復生卵，蠶屎曰砂。

清 方濬頤《淮南課桑備要・養蠶法》 蠶紙為連，皮為蜕，屎為沙，蓐曰沙燠。

論説

清 吴鴻望校、袁俊德輯《蠶政萃編・蠶始類》 貴辨化 蠶屎曰蠶沙。

清 奚子明《多稼集》卷上《種田新法》 攷種稻不生諸蟲法，氾氏謂種子傷溼鬱蒸則生蟲，又曰，牽馬就穀堆食數口，卽令踐過，爲種無蚸蚄等蟲。如薄田不能糞者，用蠶矢雜禾種之，不生蟲脂麻渣糞田，肥而殺蟲，且絶蘆草根。或取馬骨剉石許，以水三倍煮之，漉去骨渣渣曬乾燒灰下田不傷足，用附子五枚切碎，以汁浸三四日，去附子，再將汁和蠶矢、羊矢等分攪如稠粥，先種二旬，日以溲種，如麥飯狀。當晴燥時，溲之立乾，薄佈數撓令燥，明日復溲，陰雨則勿溲，六七次而止，曝過謹藏，毋使再溼。至種時，以餘汁溲而下種，則不生蝗螨。時以食苗心者曰螟，食葉者曰螣，食根者曰蟊，食節者曰賊，皆蝗類也。其大而方首有王字者，沴氣所生，古有避法。

（光緒）《高明縣志》卷二《地理・物産》 桑種園苑者，肥美田原者次之，年收六造。末造曰寒造。秀麗圍近年業蠶之家將窪田挖深，取泥覆四周爲基，中凹下爲塘基，六塘四基種桑，塘蓄魚，桑葉飼蠶，蠶矢飼魚，兩利俱全，十倍禾稼。

綜述

漢 氾勝之《氾勝之書》卷上《大小麥篇》 凡田有六道，麥爲首種。種麥得時，無不善。夏至後七十日可種宿麥，早種則蟲而有節，晚種則穗小而少實。當種麥，若天旱無雨澤，則薄漬麥種，以酢漿并蠶矢，夜半漬，向晨速投之，令與白露俱下。酢漿令麥耐旱，蠶矢令麥忍寒。

北魏 賈思勰《齊民要術》卷一《耕田第一》 凡美田之法，緑豆為上，小豆、胡麻次之，悉皆五六月中穊美懿反，漫掩也種，七月八月犁稀殺之，為春穀田，則畝收十石，其美與蠶矢熟糞同。

又《種穀第三》 薄田不能糞者，以原蠶矢雜禾種種之，則禾不蟲。又馬骨剉一石，以水三石煮之三沸，漉去滓，以汁漬附子五枚，三四日去附子，以汁和蠶矢、羊矢各等分，撓令洞洞如稠粥。先種二十日時，以溲種，如麥飯狀。常天旱燥時溲之，立乾。薄布數撓，令易乾，明日復溲，天陰雨則勿溲。六七溲而止。輒曝，謹藏，勿令復濕。至可種時，以餘汁溲而種之，則禾不蝗蟲。

《太平御覽》卷一二《天部十二・雪》 《氾勝之書》曰：取雪汁漬原蠶屎五六日，待釋，手挼之，和穀種之，能御旱，故謂雪爲五穀精也。

《太平御覽》卷八二五《資産部五・蠶》 《龍魚河圖》曰：蠶沙宅亥地大富，得蠶絲吉利。

宋 秦觀《秦淮海蠶書序》《蠶事統紀》附 陰而不雨，則蠶大善。其壅也，以糞、以蠶沙、以稻草之灰、以溝池之泥以肥土。

宋 蘇軾《格物麤談》卷上《天時》 雪水浸原蠶矢和五穀，種之耐旱不生蟲。

宋 寇宗奭《本草衍義》卷六 婦人血露，蠶沙一兩，炒伏龍肝半兩，阿膠一兩，同為末，温酒調，空肚服二三錢，以知為度。

宋 羅願《爾雅翼》卷二四《釋蟲一・蠠》 今農家下種，以原蠶矢雜禾種之，以辟蝗。否則鬻馬骨汁和蠶矢溲之。

宋 史鑄《百菊集譜》卷五《栽植》

澆灌

一月凡三度鉏薙，至日暮，以溺澆之，春月則用蠶沙。一法：先以溺漬草屨，置土下，極有力。

宋 陳元靚《歲時廣記》卷二《夏》

埋蠶沙

《河圖》：『四月收蠶沙，於宅内亥地埋之，令人大富得蠶。又甲子日，以一碩三㪷鎮宅，令家財千萬。』

元 司農司《農桑輯要》卷二《耕墾・耕地》 凡美田之法，菉豆為上，小豆、胡麻次之，悉皆五六月中穊美懿反，漫種也種，七月八月犁稀殺之，為春穀田，則畝收十石一石大約今二斗七升，十石今二石七斗有餘也。後《齊民要術》中石斗倣此，其美與蠶矢、熟糞同。

又 卷三《栽桑・種椹》 《務本新書》：『【略】又法：春月先於熟地内東西成行，勻稀種穇，次將桑椹與蠶沙相和，或炒黍穀亦可。趁逐雨後，於穇北單耩或點種，比之搭矮棚，與黍同種，緣穇陰高密又透風露，雖種十數畝，亦不甚委曲費力。』

又 卷四《養蠶・火倉》 《士農必用》：『【略】其屋乾透，其壁皆暖，黑婆等諸蟲盡熏了，牛糞熏屋，大宜蠶也蠶喜牛糞，牛喜蠶沙。』

元 汪汝懋《山居四要》卷三《衛生之要》

心疼

用晚蠶沙少許，白湯下。

又《雜病》 癮疹入腹，用蠶沙濃煎湯洗。

元 胡古愚《樹藝篇·穀部》卷五《大小麥》 種麥若天旱無雨澤，則薄漬，麥種以酢且故反漿并蠶矢夜半漬，向晨速投之，令與白露俱下，酢漿令麥耐旱，蠶矢，令麥忍寒。

元 魯明善《農桑衣食撮要》卷下《五月》

斫桑

斫桑不可留觜角，比及夏至開㬡，根下可用糞或蠶沙培壅，此時不斫，則枝條來春不旺。

又 刈紵麻

看根赤便刈，刈畢宜用蠶沙、麻籸、糠秕或糞壅之，盛旺。

元 王禎《農書》卷七《百穀譜一·穀屬·大小麥》《務本直言》云：『麥種初收時，旋打旋揚，與蠶沙相和，辟蟲傷，資地力，苗又耐旱。』

又《百穀譜二·穀屬·麻子》《氾勝之書》曰：樹高一尺，以蠶矢糞之，無蠶矢，以溷中熟糞，亦善。

又 卷八《百穀譜三·蓏屬·瓠》 又曰『幡幡匏葉，采之亨之』，此甘瓠也。故曰：『甘瓠纍之其為物也，蔓生而齒瓣，夏熟而秋枯。』《爾雅》曰：『瓠犀瓣。』《豳風》曰『八月斷壺』，亦其義也。《本草》云：『味甘冷，無毒，利水道，止消渴，惟苦者有毒，不宜食，凡種如瓜法，蔓長則作架。』引之《氾勝之書》云：『先掘地作坑，方圓深各三尺，圍蠶沙，和土令勻。無蠶沙，牛糞亦可。著坑中，作踐令堅平，以水沃之，水盡下子十顆，復以前糞覆之。既生長二尺餘，便總聚十莖一處，以布纏之五寸許，以泥封護。俟纏處合為一莖，擇彊者留之，餘悉掐去。』

又 卷一二《農器圖譜二·耬車》 近有創制，下糞耬種，於耬斗後別置篩過細糞，或拌蠶沙，耩時隨種而下，覆於種上，尤巧便也。

元 俞宗本《種樹書·叙》 彼蠶沙可以蓄桂，貓瘞可以引竹，堅椰以鹽，鑽榕出火，柘不採經年則毒蠶，梓爲艅行海則召蜃，棉北靭而南鬆，櫰宵炕而晝聶，物既爾矣。

明 孫若英輯《花史》一 凡花三四月間，便可上盆，則不生長根，不生長根，則多花，如無退牲水，用蠶沙浸水尤佳。

明 黄省曾《蠶經》 其壅也，以糞，以蠶沙，以稻草之灰，以溝池之泥，以肥土。

又 凡蠶矢之青也，爲考之候，其在簇而有雷，則以退紙覆之，以護其畏。

明 陳嘉謨《本草蒙筌》卷一一《蟲魚部·白殭蠶》 蠶沙即屎，其性亦溫，治濕、痺癮、疹癱風，主腸鳴熱中消渴。

明 顧起元《客座贅語》卷九

御筆藥方

《仁宗皇帝與恭靖札》：其一：馬烏肝丸。馬鳴肝，卽晚蠶沙，五月收者，揀浄炒至烟起，用半斤，大草烏二兩，入灰火内逼烈，取出用布袋打去皮尖，右二味爲細末，酸醋煑糊，丸如梧桐子大。

明 袁黄《寶坻勸農書》 夫糞不獨矢也，有苗糞，有草糞，有火糞，有毛糞，有灰糞，有泥糞，而泥糞爲上。苗糞者，《齊民要術》云：美田之法，緑豆爲上，小豆、胡麻次之，皆五六月下種，七八月犂掩殺之，爲春穀田則畆收十石，其美與蠶矢、熟糞同。

明 王象晉輯《桑麻葛譜·桑譜》 培桑。凡耕桑田，不用近樹，犂不着處，劚上令起，斫去浮根，以蠶矢糞之，根下埋龜甲，則茂盛而不蛀，生黄衣亦以此治之。

明 徐光啓《農政全書》卷七《農事·營治下》 又有苗糞、草糞、火糞、泥糞之類。苗糞者，緑豆爲上，小豆、胡麻次之蚕豆、大麥皆好，悉皆五六月穊種，七八月犁掩殺之，爲春穀田則畆收十石，其美與蠶矢、熟糞同，此江淮迤北用爲常法。

又 卷二七《樹藝·蓏部》 又曰區種瓠法：收種子須大者，若先受一斗者，得收一石，受一石者，得收十石。先掘地作坑，方圓深各三尺，用蠶沙與土相和，令中半。若無蠶沙，生牛糞亦得。【略】

又曰：凡收種，于九月黄熟時摘取擘開，水淘洗去浮者，曝乾，至春二月。種如葵法，常澆潤之，旱即乾死，俟着四五葉，高可五寸許，帶土移栽之。

又 卷二八《樹藝·蔬部》《四時類要》：『種薑，闊一步作畦，長短任地形，横作壠，相去一尺餘，深五六寸。壠中一尺一科，帶牙大如三指闊，蓋土厚三寸，以蠶沙蓋之，糞亦得。芽出後，有草即耘，漸漸加土，已後，壠中卻高，壠外即深，不得併上土，鋤不厭頻。』

又《農桑通訣》曰：『凡種宜用沙地熟耕，或用鍬深掘為善。三月畦種之，畦闊一步，長短任地，橫作壟，深可五七寸。壟中一尺一科，以土上覆，厚三寸許，仍以糞培之，益以蠶糞尤佳。』

又 王禎曰：『薑宜耕熟肥地，三月種之，以蠶沙或腐草灰糞覆蓋。每壟闊三尺，便于澆水。待芽發後，又揠去老薑，上作矮棚蔽日。八月收取，九十月宜掘深窖，以糠秕合埋暖處，免致凍損，以為來年之種，置火閤亦可。』

又卷二九《樹藝・果部上》 性喜肥，濃糞澆之，無忌當午，澆花更茂盛，蠶沙壅之佳。

又卷三一《蠶桑・養蠶法》 《士農必用》曰：治火倉【略】其屋乾透，其壁皆煖，黑婆等諸蟲盡薰了，牛糞熏屋，大宜蠶也蠶喜牛糞，牛喜蠶沙。

又《務本新書》曰：『【略】蠶沙宜頻除，不除則久而發熱，熱氣熏蒸，後多白殭。』

明 徐石麒《花傭月令・二月・滋培》 壅桂蠶沙壅根最妙。或云，猪糞澆之妙。

明 姚可成匯輯《食物本草》卷五《穀部・麥類》

小麥

李時珍曰：北人種麥漫撒，南人種麥撮撒。北麥皮薄麵多，南麥反此。收麥以蠶沙和之，辟蠹；或立秋前以蒼耳剉碎同曬收，亦不蛀。

又卷一五《味部・附録・蠶沙酒》 治風緩頑痺，諸節不隨，腹內結痛。其法：用原蠶沙炒黃，袋盛浸酒飲之。

明 佚名《便民圖纂》卷四《桑蠶類》 斫桑。宜五月斫，不可留觜角，比及夏至開掘，根下用糞或蠶沙培壅，此時不斫，則枝條來春不旺。

又 論分擡 蠶住食，即分擡去其蠶沙，否則先眠之蠶久在燠底，濕熱熏蒸，必為風蠶。擡時又宜布開，若受鬱熱，必病損，多作薄繭。

清 方以智《物理小識》卷四《醫要類》 氣熏法。【略】《靈樞》：以蜀椒、乾薑、桂心、淳酒、漬絮置馬矢燥中，五日暴乾，再漬盡汁，以巾炙而熨寒痹，三十遍而止，凡刺熨之，此其例也。偏枯以蠶沙袋蒸熨喎，斜焚皂角以逐外邪，熏乳香以順血脈。

清 顧元交《本草彙箋》卷九《蟲部卵生類八種》 白殭蠶卵之五合，蠶蛻雄，原蠶蛾，原蠶沙。

又 蠶沙，亦須用原蠶者，蠶屬火性燥，燥能勝濕去風，故其沙主療風濕之病。

又 蠶沙酒。用蠶沙炒黃，袋盛浸酒，去風緩諸節皮膚頑痺、手足不遂等證。若因血虛不能榮養經絡，而無風濕外邪侵犯者，又非蠶沙所能愈。

清 蒲松齡《農桑經・農經》

薄田不能糞者，以蠶沙雜禾種種之，則禾不蟲。

又取馬骨剉一石，以水三石，煮之三沸，漉去滓。以汁浸附子五枚，三四日，去附子。以汁和蠶沙、羊屎各半，攪如稠粥。先二十日用以溲種，如麥飯狀。當晴燥時溲之，立乾。薄攤頻攪，令易乾。明日復溲，陰雨則勿溲。六七溲止，輒曝謹藏，勿令復濕。

又 安蠶

用青石七片，生鐵四條，杜仲、車輻各四兩，紅筋一雙，燈七盞，白青綿各一兩，蠶沙一斗二升，白馬牙一塊，房門埋之，蠶則大旺。

清 陸世儀《論區田》《牧令書》卷一〇 中土有耬車，製狀如三足犁，中置耬斗藏種，以牛駕之，一人執耬，且行且搖種，乃隨下。又有用糞耬者，用篩過細糞或蠶沙，隨種而下。

清 韓夢周《蠶桑實濟》卷二《育蠶預備》 預收火料 蠶室用火，以牛糞爲上，炭次之。牛喜食桑葉及蠶沙，並食蠶，蠶亦喜牛糞氣，大約蠶牛一氣。

清 陵廷燦《藝菊志》卷二 《種菊法》 春用蠶沙，夏用毛水，立秋後酌用糞水，初次糞一水三，二次水倍之，三次糞水相半，花蕾既結，始用純糞。

清 楊屾《豳風廣義》卷二 蠶室用火，以牛糞為上，炭火次之。牛喜食桑葉並蠶沙，並食蠶，蠶亦喜牛糞氣，大約蠶牛一氣。

又 忌沙燠不除。沙乃蠶屎，燠乃沙葉相合粘連一片者，久而不除，發熱薰蒸，多生白殭。

又 我秦中，一種三卧一生蠶北蠶皆三眠三起，南方亦有養之者，有大小白烏斑色之異，有青黃白緑之殊。自卵生為蟻，蟻脫為蚪，蚪脫為蠶，蠶脫為蛹，蛹脫為蛾，蛾脫繭復卵。蠶屎名為蠶沙，蠶皮為蠶蛻。

清 李光地等《御定月令輯要》卷七《三月令・民用》 種禾。增《氾勝之書》：種禾無期，因地為時。三月榆莢時，雨膏地強，土可種禾，薄田不能糞者，以蠶矢雜禾種種之，則禾不蟲。

（乾隆）《烏青鎮志》卷二《農桑志》 諺云：『三日猶可，四日殺我。』陰而不雨，則蠶大善。其壤也，以糞，以蠶沙，以稻草之灰，以溝池之泥，以肥土。

清 程瑶田《九穀考·稙稚種稑稼穡》《皇清經解》卷五五〇 又有一種俗呼二耬子，耬盛穀，播種之器。《廣韻》：耬種具形如斗，底中有孔，爲三股，池立於前。股空其中，上通於底孔，股端有鐵銳。其末於斗兩旁，施轅設軛，牛駕之行，行則股端鐵畫地，鐵上皆有小孔向後。一人在後扶其斗而搖之，穀種從底孔入三孔，復自小孔中漏出，恰入畫中所謂耩也。【略】近有創制下糞耬種，於耬斗後另置篩過細糞，或拌蠶沙，耩時隨種而下，覆於種上，今又名曰種蒔，曰耩子，曰耬犁，習俗所呼不同，用則一也。

清 鄂爾泰《授時通考》卷七六《桑政門》 黃省曾《藝桑總論》：【略】則來年條滋而葉厚，歲歲剪條則盛。禁原蠶之飼，飼則來年枝纖而葉薄。桑之壅也以糞，以蠶沙，以稻草之灰，以溝地之泥以肥地。

清 郝懿行《寶訓》卷二 禾稼 又薄田不能糞者，以原蠶矢雜禾種種之，則禾不蟲。

清 李元《蠕範》卷八《物名》 獅糞、蘇合香、兔糞、明月砂、雀糞、白丁香、蚓糞、六一泥、蝙蝠糞、夜明砂、鸕鷀糞、蜀水花、鶡鳴糞、五靈脂、蟾蜍糞、土檳榔、馬糞、通牛糞、洞豬糞、零蠶糞砂。

清 倪倬《農雅》《農學報》第一百六十八期 北人種麥漫撒，南人種麥撮撒，北麥皮薄麪多，南麥反此。或云，收麥以蠶沙和之，辟蠹，或云，立秋前以蒼耳剉碎同曬，收亦不蛀。《本草綱目》

清 趙學敏《鳳仙譜》卷下《醫花》 葉黃有三，或壅遏不疎氣，受雨日溼蒸，則全枝黃萎。或土力不肥，兼受水傷，發爲葉黃，一爲煙毒所觸，或香麝所中，皆令黃。落種時，埋蠶砂少許土中，可解其黃。

清 陳崇砥《治蝗書·捕飛蝗説》 按《爾雅翼》載，農家下種，以原蠶矢雜禾種之，或煮馬骨和蠶矢溲之，可以避蝗。

清 包世臣《齊民四術》卷一上《農一上·農政》 不論山水平原，各鄉皆宜樹桑種蔬果。桑宜近居，土既肥，又便採折修理也。蔬果，地少人多而糞足者，宜畦種，地廣人少而糞乏者宜漫種。凡作畦，不擇地，掘長八尺，廣四尺，或長四尺廣二尺，爲坑深尺許。掘平，外爲溝環之，深半坑，以土壅坑畔，築令堅實。坑内掘出土，勞碎，和熟糞或蠶沙拌勻，先以足踐坑底，令平實保澤。支草薄燒之，下和糞之土，鋪二三寸，攤平，足踐實，以水澆之。令透，乃下種。上以糞土輕覆之寸許，俟芽出土一二寸，乃於早晚灌之。計中塡比外溝稍高，雨多滲出，坑不積水。旱則以水灌溝，使之遙潤，不致灌刷糞力。

又 凡農皆宜備甕，于冬至後接收雪汁，埋于地中，于各種先種二十餘日，出種淘去浮粃，則無莠。薄攤晒燥，再于日熯時出雪汁溲之，如麥飯狀，以薄布盛而輕拌之令乾，明日復溲，天雨則止，七溲後曝而藏之，至種時，以餘汁和原蠶矢拌勻種之，則不蟲。

又 卷一下《農一下·農政》 茶【略】開坑員三尺，深一尺。相去二尺。熟劚，和糞土，每坑種二十顆子，土蓋一寸。旱則以米泔澆之。二年外乃治草鋤土，以原蠶矢澆壅之，亦不宜太厚，忌水浸根，三年可收，茶子可榨油。

又 先掘一坑，以草墊之，以置蠶砂。砂出，即下坑，毋置蠶旁。

又 夏蠶，名原蠶，不宜多養，損葉，人工尤苦。惟宜少取其矢，以備浸穀種耳。又原蠶矢薰臭蟲神效。

又 牛 宜時其寒熱，勿令内傷。冬耕宜待日出，薄暮而休。夏侵晨而耕，及午放之陰林，申酉再耕。九月草枯後入欄。儲草宜足，故諺有『水牛三千，黃牛八百』之説。諺又曰『畜生不要好，只要窠乾食飽』，每夜以草鋪欄，厚五六寸，食之餘，踐以爲糞。常以草覆糞，毋令糞貼牛身，入春即出之，則不蒸溽。夏、秋則十日一清欄，冬月，仍時以乾桑葉和麥麩、剉草、剉豆其飼之。以蠶沙浸水一桶置欄内，能除春病。

清 程岱葊《西吳蠶略》卷上《治桑地》 以桑之喜疏也，墾必數四，深必尺餘。以桑之喜肥也，壅以蠶沙暨豆屑糞草。以桑之惡沙礫草菜也，植必平原，芟必净盡。治地之道，能順桑性，故生葉蕃大而厚。

又 卷下《頭二蠶》 《本草》有晚蠶沙、晚殭蠶等目，皆未詳辨，遂悞以初蠶再出為晚蠶、原蠶矣，不知其種迥別。凡二蠶繭蛾生種，謂之頭二蠶種，次年清明後即担而養之，名頭二蠶，時頭蠶尚未出也。其眠其老甚速，纔兩旬即收繭。時頭蠶甫大眠也。出蛾生子，是為二蠶種，凡養頭二蠶皆甚少，無繅絲者，其繭殼、繭黃、蠶沙皆入藥，其殭者尤不可得，治痘有回生之功。蓋時方春，杪蠶亦得清淑之氣，故堪治疾，殆珍之名所由起歟？《本草》所載專指此，即《周禮》原字之義，未必不指此，請質諸博雅。二蠶始稱晚蠶，出於頭蠶登簇之際，飼以二葉，自眠至老，皆值黄梅時候，蒸鬱日甚，蠅蚋咕嘬，臭穢生蛆，性偏熱有毒，其繭其絲價亦較廉。凡所棄餘，僅以肥田，從未入藥，《本草》之註未詳，故特表之。

清 崔應榴彙纂，錢馥補輯《蠶事統紀》卷一五《雜繫下》

《衍謝》：予以頭二蠶沙浸酒飲，明目去風，頗得其益。湖州蠶民云：僵者煎湯飲，治疫甚效。又以其自脱繭，燒灰存性，百滚水調服，能止小産。憶昔年劉左黄言之。

又《四時類要》：種茶。桑下竹陰地種之，以小便稀糞蠶沙澆擁之，不可太多。【略】

《氾勝之書》：麻高一尺，以蠶矢糞之，蕃收。

《四時類要》：種薑。盖土厚三寸，以蠶沙盖之，糞亦得，有草即耘，漸漸加土。

《務本直言》：麥種初收時，旋打旋揚，與蠶沙相和，辟蟲傷，資地力，苗又耐旱。

《月令廣義》：蠶沙及剩殘亂葉，皆可以喂牛。又宜壅桑，及花樹，肥田地，其功甚溥，宜潔净收之。

《農桑通訣》：種瓠如瓜法，掘地作坑，方圓深各三尺。圍蠶沙和土，令匀着坑中，足踐令堅平，以水沃之，水盡下子，復以前糞澆覆之。

《氾勝之書》：取雪汁，以漬原蠶矢，漬之五六日，待釋，因摩之雜穀種，能禦旱。

清 馮祖繩《救貧捷法·種樹·桂》 種法 五月生根，次年截斷，如法移栽。澆以豬穢則茂，壅以蠶沙則肥，培高根土自活，但不宜糞而喜河泥。

清 高銓《蠶桑輯要》卷上 灼野火 其屋乾透，其壁皆暖，諸蟲熏盡，牛糞熏屋，大宜蠶也。原註：蠶喜牛糞，牛喜蠶沙。案：《本草衍義》云：『蠶飼牛可以代穀，此牛性之喜蠶沙也。牛喜蠶沙，則牛糞宜蠶，亦是感應之至理。

（嘉慶）《如皋縣志》卷六《物産》

藥之屬【略】

蟹爪 蜂蜜 蜂蠟 露蜂房 殭蠶 蠶沙晚蠶矢 桑蟲 桑螵蛸螳螂卵也 蟬蛻 蟾酥 地龍 鼠婦即伊威 五穀蟲 九龍蟲米花養治癆疾 蠟蟲生冬青葉上

清 鄒祖堂《蠶桑事宜·飼蠶法六十條》 桑渣、蠶砂皆非棄物，設土窖貯之，而浸之以水，俟其腐爛，取以糞田，極肥，糞桑亦極肥。

清 方大湜《桑蠶提要》卷二《蠶事四十則·蠶料八則》 火料 牛糞牛喜蠶砂，蠶喜牛糞。冬月收牛糞，曬乾，春煖時搗碎秤水，杵築成餅，於蠶屋内燒之，最爲有益。

清 沈秉成《蠶桑輯要·諸家雜説》 蠶紙為連，皮為蛻，屎為沙，蓐曰沙燠，臥曰眠，脱殼曰起。

清 汪曰楨《湖蠶述》卷一 壅肥 桑宜肥，肥則葉厚而光潤，冬春必須沃之以糞，人糞力旺，畜糞力長，垃圾最鬆地《廣蠶桑説》。或用稻草灰《烏青文獻》。或罱河泥、或上田中稻秆泥、或用菜餅豆餅。先用刨層層刨下，再杵細，匀滲潭中。或用頭蠶沙綈二蠶沙綈不可用。

又 出蛾生子，是爲二蠶種，凡養頭二蠶皆甚少，無繅絲者，其繭殼、繭黄、蠶沙皆入藥按，蠶蛻紙亦入藥。

又 栽桑 桑之喜肥也。雍以蠶沙暨豆屑、糞草，以桑之惡沙礫、草萊也。植必平原，芟必淨盡，治地之道，能順桑性，故生葉蕃大而厚。《西吴蠶畧》

又 剪桑葉 蠶事畢，將枝髡去。但髡時，不可留觜角，及夏至，開掘根下，用糞或蠶沙培壅《書城雜著》，否則葉不暢茂。

又卷二 分蟻 葉過後，枝莖雜蠶矢謂之『薙子』，俗呼蠶沙垃圾。《董蠡舟樂府小序》設土窖儲之，浸之以水，俟其腐爛，取以糞田、糞桑，極肥。《廣蠶桑説》

清 汪宗沂《蠶桑輯要·培壅河泥》 諺云：家不興，少心齊。桑不興，少河泥。嘉湖之桑甲天下者，以每年冬春必取河泥培於桑田，桑既肥大，河淤亦通，兼省開河之費。河泥最肥，塘泥、溝泥次之。培泥之外，兼培蠶矢，桑日肥大，以泥土深厚，桑根永固，不致雨淋土剝也。

清 温忠翰《蠶桑問答》

問：桑渣、蠶砂尚有用否蠶砂即蠶糞？

答曰：浸水中，待腐爛後，用此培桑最佳，蠶砂兼治病，可賣與藥店。

清 吴烜《植桑育蠶書·補遺》 蠶砂入藥，治肝經疾。小兒作枕，去驚風。水中浸爛，可以肥田、肥桑，并不生蟲。

清 俞墉纂輯《蠶桑述要》 蠶沙及大眠以前，食剩碎葉、青筋，置地蒸霉，以之壅地培田，極爲肥潤。

又 蠶沙能解酸酒味，晒乾浸酒，治老年筋骨風濕。癱瘓作耳枕，枕之三歲以內嬰孩，可以平整頭面，袪驚風。高年及壯年枕之，明目益精，愈頭疼，驅風濕，消痰涎，活氣血。

（光緒）《新會鄉土志輯稿》卷一四《物産》 畜産椎動物魚類 本邑育魚與順德異，順邑魚塘在桑基中，以蠶沙、殘桑爲飼魚食料，肥大較易。且又藉塘泥爲種桑肥料，循環作用，其利更厚。邑中用此法者，僅有附近順德之天河荷塘各鄉，江門以下皆無之，故以全境論，魚利不如順德也。

清 陳雪堂《蠶桑簡法》卷上《養蠶撮要》 又以桑葉蠶糞之蒸氣，炭火中之炭氣，飼育者之呼吸等，皆足以致室內空氣不潔，有害蠶之衞生。故在溫暖之際，須時啟窗戶如南風則開北窗，北風則開南窗，使空氣新陳代謝。其在濕冷之候，須開放窗戶，焚燒刨花，以助空氣之交換，自無沈鬱之患也。

清 陳恢吾《農學纂要》卷一 即如蠶糞，一千兩中有窒素十兩，燐酸二兩，加里五兩，餘倣此。

又 卷二 培養。植時施廐肥，秋植用糠肥，於植時鋤入。春朝或夕灌薄液肥，施肥四五次，除草驅蟲，液肥用糞溺，或水溶蠶砂施之。

又 肥料。冬月鋤地一次，每一反步，溶酒糟三千兩，和水十分之八布之，或用水溶蠶砂人尿。三月下旬晴天，鋤二次，布廐肥五萬兩。鋤三次，如前。

又 卷三 肥料。一人糞和水五之四，腐六十日，二人尿和水九之二，六七十日用，三牛馬糞，四鳥糞，五蠶矢，六獸肉，七魚肉，八海螺，九骨粉，十石灰，十一木灰，十二漆核，十三苗肥豆莖葉和馬糞腐後用，十四草肥和草以尿水待其腐，十五火肥燒落葉草芥和人糞腐用，十六煤肥掃竈突煙及蛛網。

又 桑性喜肥，惟忌新糞冬寒歲暮不腐者亦可用，糞料以人糞最良，次則羊糞、猪糞。蠶砂、殘葉，水中浸爛，亦可肥桑。【略】

初二年欲長柯條，宜多施加里，草木灰最妙。數年後欲多獲葉，宜多施窒素肥料，設每畝日本畝欲得葉三千斤，則需用窒素二十斤，燐酸三斤，加里十三斤，以此爲率。如用厩肥即猪羊牛馬糞和腐草敗葉，三千七百斤中有窒素九斤，再加蠶砂千餘斤，即合用蠶砂即多窒素，可查肥料表配合之，河泥壅桑最佳。

清 董開榮《育蠶要旨》 蛻殼時，不食不動，名曰眠。初眠雖係學眠，究欲其齊，朝見眠頭，而夕定蛈；夕見眠頭，而朝定蛈，其蠶必佳眠頭欲眠者，數十箇也，定蛈無不眠也。雖屬好蠶，終不免有青條。俗謂頭眠頂沙頭戴蠶沙矢。

又 葉過後，枝莖雜蠶矢，充積筐中，蠶棲其上，久則氣蒸。於是置網於筐，鋪桑於網，蠶就食集於葉上，乃舉網而出之，移置他器，曰出蛈。筐中之枝莖及蠶矢謂之蛈子，又曰蠶沙，用以壅地，則桑倍肥。

清 董元亮《柞蠶彙誌・柞樹培植法》 培養地力 有柞之山，一經放蠶，地土即易瘠薄，蓋蠶糞即名蠶沙，其性寒凉，復經人迹踐踏，遇多雨水，寒性入地。地土又經踐踏而實，樹根即不易長。或放蠶三四年，間過一二年以養地力，或鬆土，而加以相當之肥料，方無瘠薄之慮。

清 何品玉輯刊《蠶桑會粹・種桑養蠶格式》 貼桑肥料，以塘泥、肉麯為上，次用糞料。若有蠶屎，則用蠶屎，不用買肥。其法：種秧後，芽出寸許，便下肥，後頻芆草淋肥。迨至二尺餘高，將根底黃葉打去，即下肥。待二十日，乃可摘桑養蠶如下肥十餘日，恐有鹹氣，蠶食不吉，惟遇風雨不論，摘後下肥，至六造止。若地肥者，隨時斟酌，至冬至斬桑枝後，即下足肥，待來年三造摘畢，復下肥一次，則可至六造矣，地太瘦者不能。

又 他如蠶屎，可以下肥，蠶食餘桑，可以養魚。

又《附録宜忌各條》

忌沙燠不除

沙乃蠶屎，燠乃沙葉相連，粘成一片者。久而不除，多生白殭，故忌之。

清 黄世本《蠶桑簡明輯説・養蠶説》 小蠶出後，逐日飼養，蠶下必有蠶矢、殘桑，須間日去淨一次，否則濕熱上蒸，蠶必致病，浙人謂之起底，蘇人謂之驝讀作体蠶。其法於飼葉時，蠶盡上附，將竹筯削小，頭細而圓，輕輕箝過他筐，內有遺蠶，亦須箝過。二眠後，天氣漸熱，殘桑、蠶矢益多，蠶身亦大，須逐日起底，法將整葉連鋪兩次，俟蠶盡上葉，用手揭起，移過他筐，無須用筯。三眠後，將綿結網，眼大如錢，攤在蠶筐，桑鋪網上，俟蠶從網眼上附，兩人將網擡過他筐，即可起底，較爲省易。內有壓在殘桑、蠶矢之下，此蠶必小而無力，不能與衆蠶同起同眠，須將蠶筯箝出，另貯一筐，以免不齊。

清 賈振聲校，袁俊德輯《桑政萃編》卷二《論糞類・苗糞》 美田之法，菉豆爲上，小豆、胡麻次之，皆五月穠種，七八月犁掩殺之，爲春穀田，則畝收十石，其美與蠶矢、熟糞同。江淮北常用之也。

又《**培壅類・積物**》　農諺云：家不興，少心齊。桑不興，少河泥，故培桑以河泥爲要。無之，則湖泥、溏泥、溝泥及灰土、渣滓等物均宜，或壅以蠶矢、豆餅、綿餅、騾馬糞尤佳。

（**光緒**）《**重修嘉善縣志**》**卷一二**《**食貨志四・物産**》　藥屬　晚蠶沙。卽原蠶沙，主療風濕之病。

清　劉光蕡《**修齊直指評**》　釀糞有十法之詳。【略】凡一切鳥獸之糞，及蠶沙等物收積，俱可肥田。

清　饒敦秩《**蠶桑質説・桑説十則**》　桑性喜肥，用糞水灌最好，或菜餅、棉子、羊糞、蠶沙之属皆可。

清　沈練《**蠶桑説・飼蠶法七十條**》　地蠶不宜放得太早，蓋既放地蠶，則桑渣、蠶沙之積，無法可以去之。俟開口兩三日乃放，庶所積不至太厚，而無溼熱上侵之患。

清　沈練，仲學輅輯補《**廣蠶桑説輯補**》**卷下**《**飼蠶法六十六條**》

按此後桑渣、蠶砂，可肥桑土。然桑渣本不肥，經蠶蹂躪則肥也。或儲土窖，水浸使爛，作糞用見第五十八條。

又　按放地蠶，爲無器具而設，不得已也。蓋地面多濕氣，非蠶所宜，須下鋪板片，然後照上大眠起後第三條之法行之。倘無板片，則下勻鋪礱糠，再施稻草令稍厚，此不獨避地面之濕氣，且以泄桑渣、蠶砂之濕氣也。但稻草礱糠，須用極燥者。

清　衛杰《**蠶桑萃編**》**卷二**《**桑政・種椹類**》

拌種

以油餅麪一分，蠶沙一分，黄沙土一分，草灰一分拌勻。卽擇本年好椹子，酌量多寡，攙入和勻，用簸箕盛之，人在畦内退後移步，輕手細播，務求停勻，恐子密不齊也。

又　卷三《**蠶政・蠶始類**》

貴辨名

蠶作繭成，化而為蛹，亦曰螝，曰繭蟲，曰蠶女。蛹化為蛾，亦曰羅蛾。穿繭而成，又復生卵，蠶屎曰沙，蠶皮曰殼，亦曰衣，曰蛻繭繞。外浮絲曰繭，亦曰窠，曰外衣。

清　吴傳沄《**藝蘭要訣・一載十二月養花要訣**》　四月中收二蠶砂，浸水，待其熱過澄清，方可用。澆時清水調和，避陽數天爲要。

又　六月炎天旱晚澆，行根透葉長新苗。若逢苗瘦如何治，水浸蠶砂灌一瓢。如新苗細小，將蠶砂水一大鍾，澆於盆之四邊。如有雨最妙，使雨水將蠶砂冲淨。如無雨，三日後，將河水緩緩過清，暫勿見日，避陽五天，如曬之，則熱毒傷根，受害不少。照以上法行之，苗至八九月，自能發旺也。

又　九月正逢發棵之時，見新箭之日，盆面宜滋潤，斯花莛出土較易，澆蠶糞水以助其力。然澆後三日，仍宜用水過清，以防他虞。

清　吴作鏌、倪紹雯、劉安欽《**蠶桑速成捷法・速成桑園種植法**》**第十二章**《**施肥**》　速成桑園，發育迅速，命脈因之較短，故宜用速效肥料，且須多量施用。而肥料之種類，祇須擇本地方之易得者，如堆肥、厩肥、人糞尿、蠶沙、諸粕類均可，且其價亦低廉。其回數，每年三回。第一回在春季發芽前，或與第一回耕耘同時施行，或在其前。而第二回在春期刈採後，第三回在秋季落葉後。然春期務多用速效肥料，秋期則用漸效肥料爲宜。

又《**蠶桑速成捷法**》**第一章**《**桑樹栽培捷法**》　施肥　製造堆肥處，宜北向築墻屋，竝栽大葉樹以遮蔽風日及雨。其底亦宜堅實，凡藁葉、雜草、塵芥、渣滓、鋸屑、蠶沙等物，堆積其中，凡汙濁之，水皆可撒布于其上，半月之頃，須翻轉一次，月餘卽熟。凡貯藏人糞尿，亦宜遮蔽風日，防止洩漏爲要。

又　第二章《**養蠶捷法**》　在天氣乾燥時，蠶兒食慾旺盛，所給葉皆食盡無餘。蠶沙亦乾硬，蠶皆揚頭瞻望，如求食狀，則日中宜加桑一回。

清　楊蔚本《**養蠶説・論種椹**》《皇朝蓄艾文編》卷二〇　或先於地内東西成行，勻稀種穇，將椹與蠶沙相合，或炒黍穀亦可。趁雨後於穇北單搆綠穇陰，高密透風，雖種十畝，亦不費力。

清　姚紹《**南海縣蠶業調查報告・桑部**》　灌壅之法　豆麩一担，灌桑一畝，灌麩之桑葉厚，色烏，可生兩造糞，二十擔祇生一造。近養蠶之家，多下蠶沙，其發生比豆麩雖遜，惟不生草，農人恆利用之。但過度則發熱葉焦，又歲晚將桑枝截去時，則加以生泥。

又　桑田每畝之利益　是故農人植桑者，無不養蠶，以所得之蠶沙可省麩費也。

清 沈秉成《**蠶桑輯要・諸家雜説・養蠶法**》 蠶紙為連，皮為蛻，屎為沙，蓐曰沙燠。

清 佚名《**相法牛經大全・治療篇**》

膝冷肺病牛圖方

牛多肘膊冷，乃是肺病。蓋冷疾所生也。宜用蠶沙二兩，柳蛇糞三升，食鹽半斤，三味相和，蒸二時，用布袋盛卻，著冷熱得所，置在前後膊上，一日三上。二日後服排風散一兩，食鹽半兩，葱白一把，用水二升煎取一升，灌後即痊。

又 專治四時中瘴加減十三方并雜方　第四方：進食瘴，吐倒草，急宜用之。

木通三兩、山梔二錢、晚蠶沙二兩、青皮二錢、山藥二錢、陳皮二錢、瓜蔞根五錢、香附子一錢、南星一錢、蒼术二兩，共焙乾為末，用酒調下。

清 佚名《**醫牛寶書・膊冷肺病論**》 導赤散。南星五錢、半夏一兩、當歸六錢、陳皮一兩、知母六錢、柴胡五錢、黄柏六錢、黄芩六錢、梔子六錢、連翹五錢、茯苓一兩、天花粉六錢、牛蒡子五錢、晚蠶砂五錢，用生姜一塊同水煎服。先針四蹄，全身刺之即見有效。

又《**轉筋結腸論**》 破結湯。僵蠶八錢、蠶砂五錢、大黄八錢、大戟八錢、芫花五錢、皂角四錢、黄柏四錢、黄芩四錢、知母四錢、赤芍五錢、苦參五錢、澤蘭四錢、柴胡五錢，用百草霜、野菊花根、酒為引，同水炆服；或共研末，用水酒化服。

清 豫山《**蠶桑輯要合編・集文・江蘇興辦蠶桑序**》 且甚可爲酒，條可以薪，蠶糞水可飼豕而肥田，旁收菜茹瓜豆之利。是桑八畝，當農田百畝之入。

清 豫山《**蠶桑輯要略編・養蠶法**》 上簇　蠶已大眠，天氣甚暖，食葉五日即老，蠶沙亦爛。

清 增韞《**柞蠶彙志**》

培養地力

有柞之山，一經放蠶，地土即易瘠薄，蓋蠶糞即名蠶沙，其性寒涼，復經人迹踐踏，遇多雨水，寒性入地。地土又經踐踏而實，樹根即不易長。或放蠶三四年間，過一二年，以養地力，或鬆土，而加以相當之肥料，方無瘠薄之慮。

清 鄭文同《**蠶桑輯要・育蠶十二則**》 小蠶約飼五六天，見其嘴上隱隱有尖角，而不復食葉，謂之頭眠。用礱糠灰撒蠶身上，以收潮氣。既眠之翌日，天冷或二日，則蛻衣脱灰而出，謂之起娘。俟灰下無眠蠶，方可喂葉。又約四五天，則二眠。又約五天，則三眠。乃捉置他箔，法皆如初，惟所喂葉，可不必切。又約五六天，則大眠，其養法亦如前。大眠起後，第一日或先喂柘葉五六次，再喂桑葉，絲乃有光。第二日巳午時，或以緑豆粉拌桑葉喂一次，可解熱毒。再閲三五天，身轉稍斂，蠶糞謂之沙，視其沙色純緑，蠶體瑩徹，則知其熟。有先熟者謂之巧娘，雖喂以葉，亦不食而吐絲矣。

清 朱斌《**蠶桑指要**》 澆桑須離根尺許，開塘受肥，冬底春初澆濃糞一次，謂之養芽，更以河泥壅之，尤妙。剪葉後再澆一次，謂之謝樹，盖接力也。他如餅屑、草頭、蠶沙俱可。

清 蔣斧《**粤東飼八蠶法・桑篇**》 肥料以蠶沙、塘泥、肉麩爲上菜麩、豆麩、花生麩，皆可，糞料次之猪、狗、牛糞尤佳，惟馬糞馬溺不可用。其法：種秧後，芽出寸許，便下肥，後頻芟草淋肥先以水和便淋之，迨高至二尺餘，將根底黄葉打去，即下肥。二十日後，乃可摘葉飼蠶如下肥未及二十日，恐有鹹氣，蠶食不宜，遇雨不論。每摘一造，即除草下肥一次。地肥者，或少下一二次。至冬至，鉤榦後，即下足肥，待來年三造摘畢，復下肥一次，則可至六造矣。若地太瘠者不能。

清 鄒存淦《**田家占候集覽**》**卷一〇**　十二月　雪水浸原蠶矢，和五穀種之，耐旱不生蟲。

清 關維震《**養蠶法**》**第十一章**《**製種・選繭**》 蠶體過肥大軟弱者，未至熟蠶之期，蠶糞先柔軟者。

清 黄祖徽《**蠶桑淺説・栽桑篇**》**第五章**《**培養**》**第二節**《**施肥**》

桑宜肥，肥則葉厚而光潤，冬春必須沃之以糞，或用菜餅豆餅，或用蠶沙𥻗皆可。每年以三次爲足，惟採葉時不可見肥，肥葉害蠶。

清 江志伊輯《**飼蠶法**》 辨種　永嘉有八輩蠶，曰蚖珍，三月績。《本草》有晚蠶沙、晚殭蠶。晚蠶，即蚖珍，其繭殼、繭黄、蠶沙、蠶□紙皆入藥。殭者尤不易得，治痘尤良。蓋時方春杪，蠶得清淑之氣，故堪治疾。俗悮以頭蠶再出之夏蠶，當之此種蠶，自眠至老，皆值黄梅時節，性偏熱有毒，何堪入藥。如無八輩□種，可取本年二蠶蛾生子，次年清明後養之，其眠老甚速，兩旬卽收繭，則蚖珍也。

又 頭眠初次桑渣、蠶沙俗名香鬖，烘曬令乾，凡蠶眠既起，欲布葉時，燒一撮於室內，蠶聞之即思食，是醒胃法也。

清 盛宣懷輯《蠶桑備要》 壅肥 桑宜肥，肥則葉厚而光潤，冬春必須沃之以糞，人糞力旺，畜糞力長，垃圾最鬆地。或用稻草灰，或罱河泥，或上田中稻秆泥，或用菜餅、豆餅先用鉋層層鉋下，再杵細，勻滲潭中，或用頭蠶沙，二蠶沙不可用，或用豬糞、羊矢皆可，每年壅泥一次，不可少此，用肥二三次足矣。唯翦葉後，所謂產母桑也，宜用肥一次，能發二葉枝條。

又 大眠 葉過後，枝莖雜蠶矢，謂之薙子，俗呼蠶沙垃圾。設土窖儲之，浸之以水，俟其腐爛，取以糞田、糞桑，極肥。

又 上山 或曰：『蠶沙入水浮，亦欲上山也。』

清 姚紹《南海縣蠶業調查報告》《農學報》第二百五十期 豆麩一担，灌桑一畝，灌麩之桑葉厚色烏，可生兩造糞，二十擔祇生一造。近養蠶之家，多下蠶沙，其發生比豆麩雖遜，惟不生草，農人恒利用之，但過度則發熱葉焦。

又 每畝桑之中數三千四百斤，近每百斤常價約一兩二錢，計得總價四十兩零八錢。惟桑地一畝，值租二十元。基塘各半者別論，麩二百五十斤，每百斤六元，共十五元。尿廿擔，每擔二毫五角，共五元。統約四十元，人工在外，是故農人植桑者，無不養蠶，以所得之蠶沙可省麩費也。

清 馮曉青《馮曉青大令調查順德蠶業陳粵督稟兼說帖》《農學報》第二百四十五期 蠶沙可以喂魚。

清 呂道象《廣州番禺縣呂大令道象調查境內蠶業報告》《農學報》第二百四十四期 如飼蠶之家種桑，有蠶屎可作肥料，獲利較豐。

清 楊鞏《中外農學合編》卷五《農類·肥料》

蠶糞

用於蔬菜果木，皆能有效，惟不宜過用。發熱太甚，仍有傷損，施於桑田為最適宜。《農書》

又 卷一〇《蠶類·飼育》

易器

蠶屎、蠶渣謂之䅟子，以此盤之蠶移置彼盤，除去䅟子，謂之體刮亦謂之擡體，出蠶屎桑渣，浸土窖內，俟其腐爛，取以糞田，極肥。糞桑亦極肥，并非棄物。蠶屎乾鬆者無病，濕潤成片者有病，然總宜勤體不體則桑蠶既厚，蠶屎又多，溼熱熏蒸，無病者亦必生病。或身上黃糙，或頭頸上下發黑點黑斑，甚至徧身俱生黑點黑斑，雖一樣吃葉，却不生絲，到老必不做繭。大約初眠以前，隔二日體一次，初眠以後，隔一日體一次，二眠以後，每一日體一次，每次將眠之後，體刮尤為要緊。《蠶桑實要》《蠶桑輯要》

體法。先用礱糠燒灰礱糠即稻穀殼，俟葉已食盡之候，用絹篩篩糠灰於蠶上灰宜薄不宜厚，必用糠灰者，取其爽利也，再布以葉，則蠶皆脫灰而出，齊集葉上。俟布葉三次，用柔軟羽毛連葉刮層轉起，以手輕輕搬出，置他器內。恐有遺棄未轉盡者，用蠶筷輕輕夾出。但蠶身極小，最易損傷，用筷夾時，須連葉帶蠶一并夾出。如用蠶匙，尤須略帶桑渣，庶免損傷蠶身。有未上葉者，再布葉一次，再挑夾一次，所遺者必無幾矣，棄之可也。三眠以前用此法。《務本新書》《蠶桑提要》

又法 三眠以後，結繩為網，先以網覆蠶身，次布葉於網上，蠶聞葉香，自穿網眼而上。俟蠶皆上葉，即提網之四角，連網平抬，移置他盤。下次再體時，又將網覆蠶身，葉布網上，待蠶上網，再提起，後覆之網，連蠶帶葉，移置他盤。然後撤去先覆之網，掃除蠶屎、桑渣。如不移置他盤，俟蠶上網，以二人執網兩頭，連蠶抬起，以一人掃除蠶屎、桑渣，然後連網帶蠶輕輕放下，亦是一法也。一網常在蠶下，以二網輪流替換。既可減省人力，又不傷損蠶身，體蠶之法莫妙於此。但三眠後用小眼網，大眠後用大眼網。蠶大則網眼宜疏，蠶小則網眼宜密，因飼養小蠶葉宜細切，葉細而網眼疏，恐抬蠶之時，蠶與葉由網眼漏出。《農桑要旨》《蠶桑簡編》《蠶桑備覽》

清 吉林蠶桑局《養蠶簡明法·養蠶白話》 大概生病的蠶，一半從種子不好上起的，一半從養法不好上起的。所說養法的不好，其道理有三樣：一則從冷暖不勻上起的病；二則從蠶沙堆積上起的病；三則從蠶身挨密上起的病。

藝文

清 董蠡舟《樂府·出薙》《湖蠶述》卷二 大起已後食倍加，須臾止剩枝槎枒。枝間遺矢更狼籍，積來箔底何紛拏。淬穢叢殘待捐棄，始可再將新葉飼。更欲移蠶置別筐，一一捃拾談何易。唯將罜麗筐上張，網中層疊敷柔桑。蠶從網下來就食，一網舉之誠善策。枯莖薙出芻狗陳，明日晨炊可代薪。豈徒爨下供所乏，更得草人土化法。亭亭如蓋桑陰遮，得氣全賴壅蠶沙。

清 莊綸渭《紀吳興蠶事六首》《清詩鐸》卷七　春醪爭祝馬頭娘。大眠上山，必祭。蠶沙淨處絲綸富。蠶沙在腹，淨一節則絲富一節，光可外照。桑葚甘時吐屬香。一縷橫空身往復。千層團結首低昂。家家看火靈禽喚。山棚下炭火不慎，輒致火患，是月有禽適至，其聲宛云家家看火。

雜録

漢 氾勝之《氾勝之書》卷上《種瓠篇》　取雪汁以漬原蠶矢，漬之五六日，待釋手挼之，和穀種之，能禦旱，故謂雪為五穀精也。

種瓠法。以三月耕良田十畝，作區方深一尺，以杵築之，令可居澤，相去一步區種四實，蠶矢一斗與土糞合澆之。

又　區種瓠法。收種子須大者，若先受一斗者，得收一石，受一石者，得收十石。先掘地作坑，方圓深各三尺，用蠶沙與土相和，令中半若無蠶沙，生牛糞亦得著坑中，足躡令堅，以水沃之，候水盡，即下瓠子十顆，復以前糞覆之。既生長二尺餘，便總聚十莖一處，以布纏之五寸許，復用泥泥之，不過數日便合為一莖。

又　取馬骨剉一石，以水三石煮之，三沸漉去滓，以汁漬附子五枚，三四日去附子以汁和蠶矢、羊矢各等分，撓令洞洞如稠粥，先種二十日，時以溲種如麥飯狀，常天旱燥時溲之立乾，薄布數撓，令易乾，明日復溲。天陰雨則勿溲，六七溲而止，輒暴謹藏，至可種時，以餘汁溲而種之，則禾稼不蝗蟲。

又《麻子篇》　種麻預調和田。二月下旬三月上旬，傍雨種之，麻生布葉，鋤之，率九尺一樹，樹高一尺，以蠶矢糞之，樹三升，無蠶矢，以溷中熟糞糞之，亦善。

北魏 賈思勰《齊民要術》卷五《種桑柘第四十五》　凡耕桑田，不用近樹傷桑破犁，所謂兩失。其犁不著處，斸斷令起，斫去浮根，以蠶矢糞之。去浮根不妨耬犁，令樹肥茂也。

唐 郭橐駝《種樹書》卷上　種茶宜斜坡陰地走水處，用糠與焦土種，每一圈用六七十粒，土厚一寸，出時不要耘草，旱用米泔澆，常以尿糞水或蠶沙壅之，三年後可採藥。

唐 鹿門老人《紀歷撮要·雜占》　肥田法：菉豆爲上，小豆、胡麻次之，皆以五月及六月概種之，七月八月耕殺之，春種穀即一畝收十石，其力與蠶沙、熟糞同矣。

宋 王愈《蕃牧纂驗方》卷上《治心病》　防風散　治馬心有風氣。初得時，兩耳緊，頭直，頭高，狂走咬人。

蔚金　黄耆　乾地黄　知母　沒藥　天門冬　黄藥子　沙參　防風　桔梗　晚蠶沙　桑螵蛸　大黄　人參　貝母　紫參　麥門冬

已上各等分爲末，每用藥一兩，鷄子四個，漿水一碗調嚾。

元 王磐《種植》《荊川稗編》卷四五　氾勝之曰：牽馬令就穀堆食數口，以馬踐過為種，無虸蚄等蟲也。種或傷濕浥鬱，則生蟲也。或取馬骨剉一石，以水三石煑之，三沸，漉去滓，以汁漬附子五枚，三四日去附子，以汁和蠶矢、羊矢各等分，擾令洞洞如稠粥，先種二十日以溲，種如麥飯狀。當天旱燥時，溲之，立乾。

元 卞管勾集註《痊驥通玄論·湯頭·治雜病部》　天南星散，治馬中風。

天南星、白附子、海桐皮、乾蠍、川芎、麻黄、白僵蠶、黑附子、白蒺藜、烏藥、桂心、防風、甘草、藁本、天麻、硃砂，各等分。

上藥為末，各用藥一兩，酒一升，同調灌之。

元 胡古愚《樹藝篇》卷六《蔬部一》　八月微霜下收取，掘地深二丈，薦以藁，四邊各厚一尺，以實置孔中，令底下向瓠。一行覆上土，厚二尺，二十日出，黄色，好破，以為瓢。其中白膚以養豬肥，其辨以作燭致明，一本三實，一區十二實，一畝得二千八百八十實，十畝凡得五萬七千六百，瓠瓢直十錢，并直五十七萬六千文。用蠶矢二百石，牛耕功力直二萬六千文，餘有五十五萬。肥豬、明燭利在其外。

又《蔬部第三》　薑宜耕熟肥地，三月種之，以蠶沙或腐草灰糞覆蓋，每隴闊三尺，便於澆水。待芽蕟後，又揠去老姜，上作矮棚蔽日。八月收取，九十月宜掘深窖，以糠秕合埋煖處，免致凍損，以為來年之種。《便民纂》

清明後三日封薑，立夏後蠶大食時生芽，未可移種。先用蠶沙麻粈灰糞盦熟過，以大麥地上做壟，則四畔泥不流下。每隴闊三尺，揀有芽者，一尺一窠，欹斜種坑内，用灰糞厚三寸，上用土一寸，以腐草蓋之。六月棚蓋，或插蘆蔽日，東西為坑，坑口種芋頭，以遮日色。

又 卷四《草部第一》 苧麻正月移根分栽，【略】三月内於肥地内撒子種之，以草蓋，用蠶沙壅，二年後移，疏行密栽，用灰糠拌之，寒露後收子。十月以後，用牛馬糞勻蓋其根，則免致凍死。《農桑撮要》

五月刈苧麻，看根赤便刈，刈畢宜用蠶沙、麻粈、糠秕或糞壅之，盛旺。於此月刈一鐮，六月半刈一鐮，八月半刈一鐮。隨即用竹刀從捎分批開，剝下皮，以刀刮去白瓤，浮上粗皮自然脱去，縳作小束，搭於房上，夜間得露水露之，則麻潔白。同上

元 魯明善《農桑衣食撮要》卷上 宜斜坡陰地走水處，用糠與焦土種，每一圈可用六七十粒，覆土厚一寸。出時不要耘草，旱以米泔澆，常以小便糞水或蠶沙壅之，水浸根必死。三年後可採茶，相離二尺種一叢。

元 司農司《農桑輯要》卷三《栽桑》 《氾勝之書》曰：牽馬令就穀堆食數口，以馬踐過為種，無虸蚄等蟲也。又種傷濕鬱熟則生蟲也。《務本新書》：『種椹【略】又法：春月，先於熟地内，東西成行，勻稀種穊，次將桑椹與蠶沙相和，或炒黍穀亦可。趂逐雨後，於穊北畔耩或點種，比之搭矮棚，與黍同種，緣穊陰高密，又透風露，雖種數十畝，亦不甚委曲費力。』

又 修蒔

《齊民要術》：凡耕桑田，不用近樹傷桑破犁，所謂兩失。其犁不著處劚地令起，斫去浮根，以蠶矢糞之去浮根不妨耬犁，令樹肥茂也。

又 卷五《瓜菜》 《四時類要》：『種薑。闊一步作畦，長短任地形，横作壠，相去一尺餘五六寸，壠中一尺一科，帶牙大如三指闊，盖土厚三寸，以蠶沙盖之，糞亦得。牙出後，有草即耘，漸漸加土，已後壠中却高，壠外即深，不得併上土，鋤不厭頻。』

又 卷六《藥草》 《四時類要》：『熟時收取子，和濕沙土拌，筐籠盛之，穰草蓋。不爾即凍，不生。至二月中出，種之于樹下，或北陰之地。開坎圓三尺，深一尺，熟斸著糞和土，每阬中種六七十顆子，蓋土厚一寸强，任生草，不得耘，相去二尺種一方。旱時以米泔澆。此物畏日，桑下竹陰地種之皆可。二年外方可耘治，以小便稀糞蠶沙澆擁之，又不可太多，恐根嫩故也。大概宜山中帶坡坂，若于平地，即于兩畔深開溝壟，泄水，水浸根必死，三年後收茶。』

又 卷七《孳畜》 《韓氏直説》：『餵養牛法：農隙時入暖屋，用場上諸糠穰鋪牛脚下，謂之牛鋪，牛糞其上。次日又覆糠穰，每日一覆，十日除一次。牛一具三隻，每日前後餉，約飼草三束，豆料八升。或用蠶沙乾桑葉水三桶浸之，牛下餉噍透刷飽飲畢，辰巳時間，上槽一頓，可分三和，皆水拌，第一和草多料少，第二比前草減半、少加料，第三草比第二又減半。所有料全繳拌，食盡，即往使耕，噍了牛無力。夜餵牛，各帶一鈴，草盡牛不食，則鈴無聲。』

元 王禎《農書》卷八《百穀譜三・蓏屬》 薑，《説文》曰：『禦濕之菜。』《史記》云『種千畦薑与千戶侯等』，言其利博也。凡種宜用沙地熟耕，或用鍬深掘為善。三月畦種之，畦闊一步，長短任地，横作壟，深可五七寸。壟中一尺一科，以土上覆，厚三寸許，仍以糞培之，益以蠶糞尤佳。

又 卷一二《農器圖譜二・耒耜門》 近有創制下糞耬種，於耬斗後别置篩過細糞，或拌蠶沙，耩時隨種而下，覆於種上，尤便，又名曰種蒔，曰耩子，曰耬犁，習俗所呼不同，用則一也。

明 高濂《四時花紀》

木樨花四種

有四種，金黄花、白花、黄花，結子。四季花，惟金桂為最。葉邊如鋸齒而紋粗者，其花香甚。灌以豬糞，則茂，蠶沙壅之，亦可。

又《八月・移植》 移枇杷 丁香 移桂含蘂時移栽，灌以猪糞則茂，蠶沙壅之亦可。此花性喜陰，不宜濃糞，帶雨栽尤妙。

明 周文華《汝南圃史》卷七《木本花部下》

桂花

《灌園史》云：『栽桂之法，灌以猪糞，壅以蠶沙，如患蛀損，取芝麻梗，懸之樹間，能殺諸蟲。』

又 卷九《草本花部上》

菊

七月初旬，有等蠶樣青蟲，與葉一色，潛住葉底，卒然難見，下必有蟲糞如蠶沙者。因糞尋蟲，則易得也，亦必於早起尋殺之。

又 **卷一二《蔬菜部》**

薑

種法：宜於三月，耕熟肥地，作畦種之。隴闊三尺，以便澆灌，培以蠶沙，或將灰糞壅之。待芽發，揠去老根，上作矮棚，以防日曝。秋社采之，遲則漸老成絲矣。小雪前後，將種曬乾，掘窖藏之，裹以糠秕，免致凍損，來春種之，其利益倍。

明 **陳繼儒《種菊法》** 春用蠶沙，夏用毛水，立秋後酌用糞水。初次糞一水三，二次水倍之，三次糞水相半，花蕾既結，始用純糞。

明 **王路《花史左編》卷八《花之宜》**

藝菊事宜

六七月内不可用糞，用則枝葉皆蛇。每晨用河水澆灌，若有撏鷄鵝毛水停積作冷清，或浸蠶沙，清水時常澆之尤妙。

明 **徐光啓《農政全書》卷三二《蠶桑・栽桑法》** 必於交湊之處空其幹焉，則來年條滋而葉厚，歲歲剪條則盛，禁原蠶之飼，飼則來年枝纖而葉薄。桑之壅也，以糞、以蠶沙、以稻草之灰、以溝池之泥、以肥土，其初藝之壅也，以水藻、以棉花之子壅其本，則煖而易發。玄扈先生曰：『以荳餅，以棉餅，以麻餅，以猪、羊、牛、馬之糞。』

明 **徐石麒《花傭月令・六月・修整》** 捕菊蟲此時青蟲難見葉上，有如蠶沙，是其糞也，宜尋去之。

清 **曹溶《倦圃蒔植記》卷中《花卉二》** 栽桂之法：須俟夏初攀枝着地，以土壓之，逾年截斷。含蕊移栽，灌以猪糞、蠶沙壅之。如患蛀損，取芝麻梗懸之樹間，能殺諸虫。

又 **卷下《茶蔬》** 予嘗聞之山僧言，茶子數顆落地，一莖而生，有似連理，故婚嫁用之。舊傳茶樹不可移，竟有移之而生者，乃知晁采寄茶，徒襲影響耳。法：宜科坡陰地，用糠與焦土種之，每圈用六七十粒，土厚一寸，出時不用耘草，以米泔水并尿糞常澆，或蠶沙壅之，務令走水，否則必死，三年以後方可採之。

又 薑性辛烈，能去邪穢，宜於三月耕熟肥地，作畦種之，隴闊三尺，以便澆灌培。以蠶沙或將灰糞壅之，待芽發，揠去老根，上作矮棚，以防日曝。秋社采之，遲則漸老成絲矣。小雪前後，將種曬乾掘，窖藏之，裹以糠秕，免致凍損，來春種之，其利益倍。

清 **陳淏子輯《花鏡》卷一《花曆新栽・三月事宜》** 木竹 茉莉 虎刺 天棘 鬧山俱方出露天 收蠶沙 開溝渠

又 **卷二《課花十八法》** 植物莫不以土爲生，以肥爲養。故培壅之法，必先貯上取好土糞，澆草火煨過，再以糞澆，復煨，如此數次，曝乾搗碎節净，揀去瓦石草根，收藏缸内，置之日照雨飄處聽用。或取黄泥浸臘糞中年餘，亦有用處。至於各花，各有宜壅之糞土，必須預爲料理。如或用灰糞，或麻餅豆、餅屑和土者，或貯二蠶沙靴鼓皮屑和土者鼓皮取其無硝，或以牛馬糞，或以猪羊糞，或以鷄鴨等糞和土，當令發熱過，方爲肥土。又人之櫛髮垢膩壅花最佳，然不能多得，只可盆花取用耳。壅根宜高三五寸，澆水實定不可太過，如竹木桑菊根皆上長，每年必添泥覆方盛。

又 凡植花，三四月間方可上盆，則根不長而花多。若根多，則花少矣。或用蠶沙浸水澆之，亦良。

又 **卷三《花木類考》** 桂【略】葉如鋸齒而紋粗，花繁而香濃者，俗呼毬子木樨，花時凡三放，為桂中第一。澆以猪穢則茂，壅以二蠶沙則肥，但不宜糞而喜河泥。

清 **陸世儀《田器》**《牧令書》卷一〇 中土有耬車，製狀如三足犁，中置耬斗藏種，以牛駕之，一人執耬，且行且搖種，乃隨下。又有用糞耬者，用篩過細糞或蠶沙，隨種而下。

清 **蒲松齡《農桑經・農經七十一則》** 茶惡水，宜肥土斜坡陰地走水之處，用糠或焦土種之。每一圈可下六七十粒，覆土一寸厚。出時勿芸草，以米泔澆之，常以小便糞水或蠶沙壅之，水浸根必死，三年可采。凡種，二尺一叢，穀雨前采，擇净微蒸，候色變，攤扇去氣，揉畢，以大氣焙乾，箬裹之。

又 凡榴樹，最喜午澆，又喜肥水、蠶沙。如不結，以枯骨置叉間或根下。石榴連枝摘下，入新缸内，紙十餘重，密封之，可久。

又 苧有紫白二種，宜沙薄地，兩和土次之。以土半升、子一合，和匀撒畢，不用土蓋，以草覆之，蠶沙壅之。二年後，移畦内，用箔棚遮炎熱，惟要陰密，如乾，以箒灑水於棚上，令濕潤。如雨，則去箔。苗高三指，不用棚，稍壯，別作畦移栽。離三四寸許，三五日一澆，頻鋤，至十日用馬糞厚蓋，歲三刈，大麻割麻旺，五月初，□□月半，八月割一次，取皮，以刀割去白瓤，漚曝之，其利甚溥。西北方無，其根擣敷癧疽發背，日夜數易，即消。

又 桂

春月壓條，或以石榴接之，則紅桂為丹，以冬青接之亦可。如患蛀，以芝麻梗懸樹間，灌以猪糞，壅以蠶沙，板條着地，隔年可栽。

又 菊

澆灌法。初種澆水，後得大日色，曬三四日，候晴燥，早晚用河水澆一次。澆在盆者，須緩緩令透，不透則下邊土熱，葉則發黃。雨則不必澆。既活，長至六七寸，方將糞水發過者澆一次，隔日又一次。澆時須雨過後為妙，若晴久土燥，澆肥則傷根。且糞水不宜浸根，宜四邊高壅，而後澆之。瘦者宜偏澆一二次，葉翠則止。芒種後，往往無故自瘁，但遇大雨一歇，宜澆些少冷糞，以扶植之。若厭澆糞，用糞泥壅根半寸，功倍於糞，且不壞葉。六七月不可用糞，糞則多蛀。每晨用河水或浸蠶沙，或雞毛水停作冷清澆之良妙，淤泥水亦可。大約三五日一澆，以天之晴雨為則。花如豆大，方澆淡糞一二次。將放又一次，則花佳矣。

又《禦災》

種麥旱

種麥時天旱，則以酸漿並蠶矢薄漬麥種。夜半漬，向晨速投之，令與白露俱下。漿令耐旱，矢令耐寒。

又《蠶祟書十二則**》** 埋蠶沙於宅亥地，大富；得絲一斛二斗。

清 陵廷燦《藝菊志》卷一《考·書》 仲春土膏流動，菊苗怒生，纔及五六寸，掘起揀根莖大者相去四尺許種之。先用麻餅末一大撮，拌土。又一月中凡三度鋤薙，至日暮以溺串水澆之，春月則用蠶沙。一法：先以溺漬舊草鞋置土下，極有力。

清 郝懿行《寶訓》卷三 牛糞熏屋，大宜蠶也蠶喜牛糞，牛喜蠶沙。

清 梁章鉅《農候雜占》卷四《穀蔬占》 薑以通州出者佳，宜沙地。清明後三日，取母薑種之，培以蠶沙，壅以灰糞。立夏後芽出，棚遮烈日。秋社採之，遲則漸老成絲。小雪前後，將種曬乾藏窖內，免致凍損。諺云：『養羊種姜，子利相當。』同上。

又《草占》 藏麥先宜烈日中曬極乾，即將稻草灰鋪缸底，帶熱收藏。復以草灰蓋之，用蒼耳剉碎，或和蠶沙入其中，可免化蛾。見《陶朱公書》

清 倪倬《農雅》卷五《釋事第五稼法附**》**《農學報》第一百六十八期 薑。清明後三日種壠中，蓋土三寸，覆以蠶沙，無則用熟糞，雞糞尤好。芽出後，有草即耘，漸漸土蓋之，不得去土，爲其芽向上長也。八月收取，寒甚作深窖，以穅秕加埋，勿凍壞，來年作種。《羣芳譜》

清 張宗法《三農紀》卷六 每窠須得子數十粒，覆土厚一寸，出苗，勿去草。旱宜澆得小便和水灌佳，以蠶矢壅更茂。

清 崔應榴彙纂，錢馥補輯《蠶事統紀》卷九《蠶室蠶具繅絲具》

《士農必用》：【略】牛糞熏屋，大宜蠶也。蠶喜牛糞，牛喜蠶沙。糊窗時，窗上故紙，却用浄白桑皮紙替换，外幕捲草薦，不使熱氣出。每一窗嵌四大捲窗，宜密不透風。《湧幢小品》：『編絟曰蠶薦，用以圍火，恐其熱氣之散也。』

又 卷一〇《民俗祈禳占候宜忌附**》** 《龍魚河圖》：蠶沙宅亥地，大富，得蠶絲吉利。

又 卷一五《雜繫下**》** 《農桑通訣》：種瓠如瓜法，掘地作坑，方圓深各三尺，圍蠶沙，和土令勻，着坑中，足踐令堅平，以水沃之，水盡下子，復以前糞澆覆之。

清 馮祖繩《救貧捷法·種樹桑》 桑土宜肥熟，不宜荒蕪；宜耘鋤，又不宜近根。犁不著處，劚土令起，斬去浮根，以土糞、蠶矢壅之。十二月以濃糞汁灌，餘月以清糞汁灌。忌午日，不宜鋤苗。初生，種豆麥以蔭之，可當耘鋤。蠶事畢後，將冗枝枯幹髡去，但髡時不可留鬚角。夏至後掘開根下，用蠶矢或入土糞培壅，來歲葉茂。

又《茶》 出苗勿去草，旱則宜澆，得小便和水灌更佳，以蠶矢壅更茂，三年后可以采。

清 包世臣《齊民四術》卷一上《農一上·養種》 瓠有區種法，種受一斗者，可受一石。經受一石者，可受十石。其法：先掘地作坑，方深各三四尺，用蠶矢及牛糞、麻豆稭與土和拌，一重草一重土一重糞，踐實向上尺許，專著糞土水澆令平。種大瓠子十顆，輕覆土糞。既生二尺許，便聚置一處，用竹刀各刮去皮一片相着，以麻皮纏縛五寸，黃泥封裹，數日合氣，留強者，餘悉掐去，引蔓結子。初生二三子不佳，去之；留四五後，擇周正圓好者兩枚，掐去枝蔓，旋生，即摘食之，則較原種十倍。此古法，其理可信。若地方乏陶器，可仿行也。

又 卷下《農一下·蠶桑》 椹熟，收黑魯桑椹，水淘淨，曬乾。及四月耕地令熟，糞而勞之，為溝塍，以黍、桑子各三升，蠶沙三斗種之。輕概平，勿令土厚壓。二月種舊椹者，多不生。黍桑俱生，三鋤三糞。桑密者去之，令相間五六寸，黍熟刈之。

清 陳開沚《裨農最要》卷二 未立春以前，將樹脚土四圍掘開，見有絲根即止，先澆以糞，次壅以所治河泥、田泥、塘泥、牛糞泥加以蠶沙、菜餅、棉餅更好，再用原土蓋好，四圍做埂，以便遇旱澆灌，肥氣下降，桑根上行，本年發葉倍茂。又桑下有石則礙根，宜去之。桑下有草則分肥，且易生蟲，宜鋤之。

清 程岱葊《西吴蠶略》卷上 地利既擅，人功尤備，以桑之喜疏也。墾必數四，深必尺餘，以桑之喜肥也。壅以蠶沙暨豆屑、糞草，以桑之惡沙礫草萊也。植必平原，芟必净盡，治地之道，能順桑性，故生葉蕃大而厚。

清 何剛德《撫郡農產考略·木類一·桑》 六月天熱不宜糞，浙桑宜糞，樹下再以新土覆之，粵桑則每行距桑尺餘，灌糞一道。凡用肥，宜在立春前，塘湖溝渠淤泥、渣草及蠶糞、豬羊牛馬糞、豆棉枯均可培壅。以曬乾粉碎為佳。凡桑初栽，用糞輕，後漸加倍，惟出蠶時，不宜澆糞，澆糞過七日者，飼蠶不忌。

清 何品玉輯刊《蠶桑會粹·種桑養蠶格式》 貼桑肥料以塘泥、肉𪌉為上，次用糞料，若有蠶屎，則用蠶屎，不用買肥。其法：種秧後芽出寸許，便下肥，後頻芟草、淋肥，迨至二尺餘高，將根底黃葉打去，即下肥，待二十日，乃可摘桑養蠶。如下肥十餘日，恐有鹹氣，蠶食不吉，惟遇風雨不論。

清 何石安輯《蠶桑圖説合編·文柱序》 甚可爲酒，條可以薪，蠶糞水可飼豕而肥田，旁收菜茹瓜豆之利，是桑八畝，當農田百畝之入。爲貧民計，爲土陋人稠計，孰尚于此。語曰：『種桑三年，採葉一世。』《管子》曰：『一年之計樹穀，十年之計樹木。』勿迂視，勿虛文，無治法有治人，是在良有司哉，是在良有司哉。

清 江志伊《種桑法》 大約種椹一升，其秧可共十畝之用。種時，幷以草灰及油餅末、蠶沙、黃沙土各一分，或點或撒。點則將子一小撮，離二寸許布，令成行撒。

清 李光地等《御定月令輯要》卷七《三月令·民用》 種薑增《齊民要術》：薑宜白沙地，少與糞和熟耕，如麻地不厭熟，縱横七徧尤善，三月種之。原《羣芳譜》：薑宜清明後三日種，澗一步作畦，横作壠，壠相去一尺，深五六寸。壠中安薑，一尺一科，帶芽大三指，蓋土三寸，覆以蠶沙。芽出後，有草即耘，漸漸以土蓋之，已後壠中，却令高不得去土，為其芽向上長也。

清 沈練，仲學輅輯補，章震福校訂《廣蠶桑説輯補校訂》卷二《飼蠶法六十六條·放地蠶説三條》 按，放地蠶，爲無器具而設，不得已也。蓋地面多濕氣，非蠶所宜，須下鋪板片，然後照上大眠起後第三條之法行之。倘無板片，則下勻鋪礱糠，再施稻草，令稍厚。此不獨避地面之濕氣，且以泄桑渣、蠶砂之濕氣也，但稻草、礱糠須用極燥者。

蠶不宜放得太早，蓋既放地蠶，則桑渣、蠶砂之積，無法可以去之。俟開口兩三日乃放，庶所積不致太厚，而無濕熱上侵之患。

清 盛宣懷輯《蠶桑備要》 栽桑 桑地宜高平，不宜低溼，高平處亦宜培土深厚，以桑之喜疏也。墾必數四，深必尺餘，以桑之喜肥也。壅以蠶沙暨豆屑、糞草，以桑之惡沙礫草萊也。植必平原，芟必淨盡，治地之道，能順桑性，故生葉蕃大而厚。

清 汪曰楨《湖蠶述》卷一

栽桑

厥土塗泥，陂塘四達，水潦易消，《周禮》謂：『川澤之土，植物宜膏，原隰之土，植物宜叢』，湖實兼之，乃淮南所謂息土也。地利既擅，人功尤備。以桑之喜疏也，墾必數四，深必尺餘。以桑之喜肥也，壅以蠶沙，暨豆屑糞草。以桑之惡沙礫草萊也，植必平原，芟必净盡。治地之道，能順桑性，故生葉蕃大而厚。《西吴蠶畧》

又 剪桑葉 桑貴剪，初種剪其榦，獨剩根而糞之，令其發生，如是三年而後留其榦。《烏青鎮志》蠶事畢，將枝髡去，但髡時不可留觜角。及夏至開掘，根下用糞或蠶沙培壅。《書城雜著》否則葉不暢茂，其不剪者曰高桑，剪而秃

者曰鼓椎桑。《烏青鎮志》

清 王芷《稼圃輯・麥經》 小麥用蠶沙水浸一宿下種，則耐寒。

又《蔬品》 種薑宜耕熟地七八遍，極肥，令深。三月種之，一尺一稞，帶芽大三指，以蠶沙或腐草灰糞牛糞覆之，每壟闊三尺，便於澆水。

清 吴詒善《蠶桑驗要・桑篇》

培壅第八

新栽桑秧不可卽澆水，待三四日後，以糞一分水九分和澆之。如天氣晴燥，五六日澆一次。長活後，糞二分水八分。芽纔肥時，糞三分水七分，日澆一次。凡冬月、正月、清明前後，用糞水各半，均澆一次。澆後，蓋以新土。採葉時不宜澆糞，恐葉有毒，能害蠶。蠶事畢，以蠶沙同糞埋根下，明年葉倍茂。所用糞忌新者，須積坑内數月後方可澆灌。

清 奚誠《畊心農話》

葫蘆

區種大葫蘆法：二月初，掘高燥沙地作坑，方圓四五尺，深亦如之。填油麻緑豆秸及爛艸等物，覆土一重，再下牛糞，又土一重，復下蠶沙，又土一重。凡下一重糞土，踏實沃水，下種十來顆。待苗生尺許，揀四莖肥好者，每兩莖相貼著處，竹刀削去半皮，合併一處，麻皮纏縛，黄坭封固，猶接樹法。

清 楊鞏《中外農學合編》卷一《農類・穀種》 貯麥法：於伏天極乾，乘熱覆以石灰，則不生蟲。又以蠶沙和之，辟蠹，蒼耳或艾曝乾剉碎同收，亦不蛀，若稍溼，必生蟲。

又 卷五《農類・肥料》

動物質肥料

凡熱血之動物，其全副尸體肉血皮角蹄髮羽毛骨，與夫凉血動物，魚蝦鱗介螺蜆蠶蛹蠶屎，及人之糞尿、海鳥糞、家禽獸畜之糞尿，皆為動物質肥料。以全體論，其腐敗分解，以供植物用，則淡質居多，惟骨含礦物質亦多。此質中又含有燐酸，為植物肥培養料之無上上品。《肥料篇》

又 卷六《農類・蔬菜》

生薑

種植宜白沙地，少與糞和種，熟耕縱横七八徧佳。清明後三日種，澗一

步作畦，長短隨地，横作壟，壟相去一尺，深五六寸。壟中安薑，一尺一科，帶芽大三指，蓋土三寸，覆以蠶沙，無則用熟糞，鷄糞尤妙。芽出後，有草卽耘，漸漸以土蓋之，已後壟中却令高，不得去土，為芽向上長也。芽長後，從旁揠去老薑，耘鋤不厭數。五六月，覆以柴棚，或插蘆蔽日，而耐寒熱。八月收取，九月置煖窖中。寒甚，作深窖，以糠秕和埋煖處，勿凍壞，來年作種。《群芳譜》

又 卷一一《蠶類・飼育》

夏蠶別是一種，然春蠶亦可作夏蠶種，夏蠶亦可作來年春蠶種。其形與春蠶同，但較小耳，故曰魏蠶。魏，細也，性惡濕喜凉，獲利甚速。夏蠶屎熏臭蟲神效，浸穀種則不生蟲。

清 葉向榮《農林蠶説・圃事各蔬》

生薑

宜沙地背陰處，清明後取母薑種之，培以蠶沙，壅以灰糞。立夏後，芽出，用小麥桿棚遮烈日。秋社前採之，是謂芽薑遲則漸老成絲矣。小雪前後，將種晒乾藏窖内，免致凍損。諺云：養羊種薑子，利相當。

又《林業樹植》

茶葉

寒露後，收子掘畦播秧，盖以草，春間出後移栽，每坎栽五六根，作五方向。或地邊下種，聽其自出，亦可。壅以蠶沙，如種成更妙，分栽次之。

清 佚名《相法牛經大全・治療篇・專治四時牛瘴加減十三方并雜方》

第七方：治牛遍身皮戰

百藥煎，蒼术，荊芥，白僵蠶，晚蠶沙，大黄，滑石，半夏姜汁炒，上藥為末，用蜀葵根煎湯調灌下一方用毛桃汁二錢，麻油一兩，灌下，治夏瘴進食。

清 曹笙南輯《五畝居桑蠶清課》卷二《育蠶徵信篇・樹桑總説》

培養

初栽之條，宜不時用清糞水潤之，遇旱更須勤灌。待芽出時，宜用濃糞澆之。或用燒過糞土、池塘汙泥，或於廚傍及豬牛棧邊開池，使不漏，隨積穢物、糠稾、敗葉、肥水漚爛，壅之，人糞、蠶沙、牛馬豬羊等糞均可。如用桐茶、棉、菜、蔴、荳各油餅可，舂碎和石灰少許，則不引蟲。離根開坎下之為妙，尤防草木分肥，宜勤鋤去。約每年正月一次，清明一次，五月一次，七月一次，

十月一次，成樹後酌減一二次可也。澆水糞宜用三尺長木釘，於桑邊釘穴，勿使傷根，四邊築高，澆則直注根底，不致流走。又有預埋空通竹筒於根傍，常覆以瓦，免水漬入，澆則揭起，亦直注根底之法也。或於桑間稀種麻、苴，亦兩利之道也，切忌瓜、苴各籐纏絆。

清 曹倜《蠶桑速效編·補遺·種桑餘説》 喂桑之法：每年春分後，將土鋤鬆，每株豆餅三斤，或糞一筐蠶糞更妙，常常澆水。秋分後再喂再澆，其葉黑厚而潤，春日喂樹東，秋日則喂樹西，次年喂樹之南北，力均而茂。

清 陳淳《實驗蠶桑簡要法·養蠶法》

豫防蠶病之方法

硬化病之豫防。此病由菌類異同，分爲白殭蠶、綠殭蠶諸種，欲防此病，其法如下：（甲）蠶室、蠶具乾燥清潔，又勤除沙，不使桑䕸堆積。（乙）禁蠶具貸借，免芽胞附着，傳染健蠶。（丙）於未成芽胞前檢出，投沸湯或埋地下，勿使病菌觸接空氣，並焚其䕸沙爲妙。（丁）倘遲至體被白粉，其芽胞已飛散四處，雖檢盡其屍體，亦毫無效。（戊）如有此病，蠶室、蠶具必有病菌遺留，非行完全消毒法不可。（己）此病蔓延時，蠶䕸蠶沙必有芽胞混和，未經消毒，不可遽施桑田。

清 張行孚《蠶事要略》 桑地成區後，春初桑葉未放，必將桑地掘鬆，耙開桑邊之泥成畦，令桑本透露，蠶老時以蠶沙繭糞之。

清 趙學敏《鳳仙譜》卷下《除蟲》 小暑後，生青螻蟲，如蠶而大，喜食其葉，其矢如蠶沙，見枝葉有蛀傷，積有蟲矢，須即覓其蟲去之。

清 朱祖榮《蠶桑問答》卷上

問曰：培壅肥料，以何者爲相宜？

答曰：培桑自以人糞爲最良，其次莫如羊糞、豬糞二糞，培桑既不生蟲，且能鬆土。蠶砂、殘葉水中浸爛。亦可。肥桑並不生蟲。若用河泥，多多益善。陳土亦肥，堆積桑根，一遇雨淋，大能滋養。至於菜餅、豆餅，亦甚相宜，惟易生蟲耳。

清 蔣斧《粵東飼八蠶法·桑篇》

施肥第七

肥料以蠶沙、塘泥、肉麩爲上菜麩、豆麩、花生麩皆可，糞料次之猪狗牛糞尤佳，惟馬糞、馬溺不可用。其法：種秧後芽出寸許，便下肥，後頻芟草淋肥先以水和便淋之，迨高至二尺餘，將根底黄葉打去，即下肥。二十日後，乃可摘葉飼蠶。如下肥未及二十日，恐有鹹氣，蠶食不宜，遇雨不論。每摘一造，即除草下肥一次，地肥者或少下一二次。至冬至鉤榦後，即下足肥，待來年三造摘畢，復下肥一次，則可至六造矣，若地太瘠者不能。

清 崔應榴彙纂，錢馥補輯《蠶事統紀》卷一〇 《白孔六帖》：豐寧傳，蠶退之後，多為乳腊，貨之。開元中春末，白眼蜂如山，市人以此卜絲帛之豐稔。《魚龍河圖》：蠶沙宅亥地，大富，得蠶絲吉利。

圖表

明 徐光啓《農政全書》卷二一《農器·圖譜一》

耬車

近有剏制下糞耬種，於耬斗後另置篩過細糞，或拌蠶沙，耩時隨種而下，覆於種上，尤巧便也。今又名曰種蒔，曰耩子，曰耬犁，習俗所呼不同，用則一也。

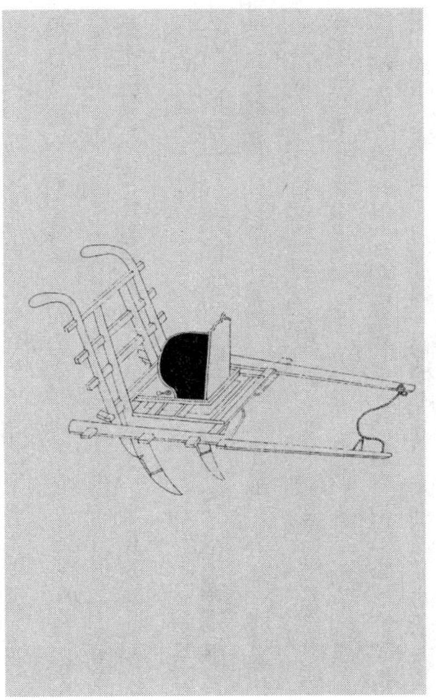

桑渣

題解

清 方大湜《桑蠶提要》卷二《蠶事四十條·易器六則》 替子宜體 蠶屎、桑渣謂之替子。以此盤之蠶移置彼盤，抽出替子，謂之體刮。亦謂之擡體，出蠶屎、桑渣，浸土窖內，俟其腐爛，取以糞田，極肥，糞桑亦極肥，并非棄物。

論説

清　高其垣《試行蠶桑説・飼蠶法六十條》　桑渣、蠶砂皆非棄物，設土窖貯之，而浸之以水，俟其腐爛，取以糞田，極肥，糞桑亦極肥。

綜述

清　劉光蕡《養蠶歌括・停眠》　眠起如病食宜少，細切薄撒一頓好。初飼桑渣燒作香，蠶聞此香食易飽。

清　沈練、仲學輅《廣蠶桑説輯補》卷下《飼蠶法六十六條・桑渣蠶砂説一條》　按，初次桑渣，俗名香䌰，烘曬令乾。凡蠶眠既起，欲放葉時，可於室內先燒香䌰一撮，蠶聞此香，皆思食矣。是醒胃之法，蠶上山亦用之。

又《再去桑渣蠶砂説一條》　此時食葉漸多，桑渣、蠶砂亦較前易厚，隔一日便須易器。按，此後桑渣、蠶砂可肥桑土，然桑渣本不肥，經蠶蹂躪則肥也。或儲土窖，水浸使爛作糞用。

又《放地蠶説三條》　按，放地蠶，爲無器具而設，不得已也。蓋地面多濕氣，非蠶所宜，須下鋪板片，然後照上大眠起後第三條之法行之。倘無板片，則下勻鋪礱糠，再施稻草，令稍厚。此不獨避地面之濕氣，且以泄桑渣、蠶砂之濕氣也，但稻草、礱糠須用極燥者。

清　鄭文同《蠶桑輯要・栽桑十二則》　桑葉之茂萎，視培養之勤惰。冬月、正月最宜擁肥；四月間或以蠶屎、桑渣為擁。地肥易生草，可種蔬物以除之，惟大麥不宜種。

又《育蠶十二則》　慎防。蠶性本忌雷，而起娘之未食葉時者為尤甚。須預將逐時䌰出之桑渣，曬乾儲之，謂之香䌰，一聞雷聲，即取香䌰以護之，否恐驚而致傷。

僵蠶

論説

清　方以智《物理小識》卷五《醫藥類》　取白殭蠶。取直死者，曲則藥力不行。

清　佚名《相法牛經大全・牛前幾天分類治療圖歌方》　藥性賦　詳論藥品，平和性存。【略】　五加皮堅筋骨以立行。柏子仁養心神而有益。抑又聞安息香辟惡且止心腹之痛。冬瓜仁醒脾實為飲食之資。僵蠶治諸風之喉閉。百合斂肺勞之嗽痿。赤小豆解熱毒瘡腫宜用。枇杷葉下逆氣噦嘔可醫。

綜述

《太平御覽》卷七三六《方術部》　又曰：馬齧人，取僵蠶塗上脣，卽止，復不齧人。

宋　陳承、裴宗元、陳師文《增廣太平惠民和劑局方・用藥總論》卷下《蟲魚部中品》　白殭蠶。味鹹辛平，無毒，主小兒驚癇夜啼。去三蟲，滅黑䵟，令人面色好，男子陰瘍病，女子崩中赤白，產後餘痛。藥性云：有小毒，治口噤發汗。日華云：治中風失音，一切風疾，小兒客忤。蠶蛹子治風及勞瘦。惡：桑螵蛸、桔梗、茯苓、茯神、萆薢。

宋　寇宗奭《本草衍義》卷一七《白僵蠶》　然蠶有兩三番，惟頭番殭蠶最佳，大而無蛆，治小兒驚風。白殭蠶、蝎梢等分，天雄尖、附子尖共一錢，微炮過，爲細末。每服一字或半錢，以生薑溫水調，灌之。其蠶蛾則第二番者，以其敏於生育。

清　包世臣《齊民四術》卷一下《農一下・農政》　頭多不可抽者爲棉繭，可剝棉；亂頭及抽剩湯皮爲湯繭，可撚線；蠶白死者名僵蠶，可入藥。夏蠶名原蠶，不宜多養，損葉，人工尤苦。惟宜少取其矢，以備浸穀種耳。又原蠶矢薰臭蟲神效。

清　孫星衍、孫馮翼輯《神農本草經》卷二《中經》　白僵蠶　味鹹，主小兒驚癇夜啼，去三蟲，滅黑皯，令人面色好，男子陰瘍病，生平澤。

清　李南暉《活獸慈舟・論牧養法》　草須用新草剉鍘成細，篩簸去土石泥渣，大忌吃禽獸雜毛、污濁等物。食鼠糞必多患肚脹；食雞糞致生眼骨；食烏藥而多促斃，以僵蠶、烏梅拭齒不食草料，用桑葉煎水服之能解。如無桑葉，桑皮亦可。

宋 王愈《蕃牧纂驗方》卷上《治心部》

麻黄散 治馬心臓虚熱、中風。

天南星 乾 蝎 白附子 白殭蠶 麻 黄

乾 蛇 川 芎 白蒺藜 海桐皮 防 風

黑附子 甘 草 藁 本 天 麻 桂 心

已上十五味，各等分為末。每用藥一兩，酒半升同調嚾之。

宋 趙希鵠《調燮類編》卷四《鳥獸》 劣馬食牛肉則馴。馬食杜衡則善走，食稻則足重，食鼠屎則腹脹，食鷄糞則生骨眼。以僵蠶、烏梅拭牙則不食，得桑葉則解。掛鼠狼皮於槽內亦不食。土中有海馬骨則不行。芻粟中入貫仲飼之易肥。性畏暑，不畏寒。

元 卞管勾集註《痊驥通玄論注釋·痊驥通玄論注解湯頭·治雜病部》

諸風解表

附子、川烏、防風、白附子、防己、羌活、獨活、荊芥、麻黄去節、地龍、麝香、全蝎、僵蠶、天麻、烏蛇、川芎、藁本、蔓荊子、皂角 柴胡、升麻、豆豉、生薑、葱、酒。

清 顧元交《本草彙箋》卷八《獸部畜類四種》 喉風閉塞 臘月取猪膽五六枚，將黄連、青黛、薄荷、僵蠶、白礬、朴硝等分裝入膽內，青紙包固。掘地方深各一尺，以竹棒横懸前膽在內蓋好。候立春日取出，待風乾去膽皮青紙，研末密收，每吹少許，神驗。

清 李元《蠕範》卷八《物名》 馬，騎畜，側面小耳，圓蹏散尾，項上有鬃毛，膝前有夜眼，腎中有實，謂之墨。其齒少者，眼光能照人全身，齒愈大則光愈近。食杜衡善走，食稻穀足重，食鼠屎腹脹，食雞糞生骨眼。其性畏灰，馬駒遇灰則死。以僵蠶拭脣，或取桑作末塗口，則不食草；以鼠狼皮掛槽，則不食穀；以馬毛犬尾置朋友衣中，若夫婦衣中，則兩相憎惡。馬生子謂之駒。

清 趙翼《簷曝雜記》卷六《爛眼邊單方》 固齒及血衄方。生地黄、細辛、白芷、皂角各一兩，去黑皮，并子入瓶，黄泥封固。用炭火五六片，煅令炭盡。入白僵蠶一分，甘草二錢，并爲細末，早晚用。

清 佚名《相法牛經大全·治療篇·專治四時中瘴加減十三方并雜方》

第七方：治牛遍身皮戰

百藥煎、蒼朮、荊芥、白僵蠶、晚蠶沙、大黄、滑石、半夏姜汁炒，上藥為末，用蜀葵根煎湯調灌下一方用毛桃汁二錢，麻油一兩，灌下，治夏瘴進食。

又 第十一方：

白芍藥、藿香、半夏、蒼朮、制朴、甘草、白僵蠶，上藥為粗散，水煎灌之。

按語：

凡濕內侵，影響脾運化水草功能，使濕聚痰擁，脇痛體顫，本方具有針對性療效。

清 佚名《醫牛寶書·治療篇·三十六癥論》

時疫寒凝論出《進賢茅崗抄本》【略】

治者先用禾草入尿浸微濕搭得渾身發熱，肚消作雷聲，針穴鼻出汗，卽好。

補元湯 黄芪八錢 白芷五錢 茯苓一兩 天花粉四錢 僵蠶五錢 川芎六錢 白朮六錢 高良姜六錢 甘草五錢 用糯米一撮，酒一瓶爲引，同水炆服。

又《一百癥治方》

治牛舌硬不納水之癥方

黄連 黄柏 大黄 僵蠶 甘草 川朴 陳皮 烏藥各一兩，為末，米泔水同灌。

又 治牛糞后出血癥方出《進賢云橋抄本》

用伏龍肝 紅花 燈芯 厚朴 陳皮 半夏 僵蠶 黄芩 黄連 黄柏 歸身 梔仁 荊芥 紫蘇 滑石 甘草，以蘇木湯和藥灌之。

又 治牛牽爐癥方【略】

順氣散：烏藥 枳殼 桔梗 南星 半夏 防己 白芷 川烏 香附各一兩 水香一錢 僵蠶五個 全蝎二個（炙） 甘草 姜酒同灌之。

歌曰：牛患氣喘似牽爐，敢問仙方有也無，順氣先行為第一，清風痰咳僵蠶蝎，氣急枳桔香附芷，順氣散要記清識，三江玉堂針出血，管教病體得安寧，若是肺脹難調治，另請仙方來相助。

清 張行孚《蠶事要略》 二蠶【略】 按《周禮》禁原蠶。鄭注謂「辰爲馬」。《蠶書》：蠶爲龍精，蠶與馬同祖，物莫能兩大，禁原蠶者，爲傷馬也。夫蠶馬同祖天駟，天駟，房星也。

以馬病食殭蠶卽愈驗之，蠶盛傷馬，容有此理。然愚謂：禁原蠶之大指，尚不在此。蓋育蠶必采桑，桑樹一年數采，則滋液竭而根本傷，來年桑葉必不茂。而頭蠶不能多育矣，則原蠶雖有薄利，而所以損蠶桑之利甚大，此古人所以禁原蠶也。《淮南子》曰：原蠶一歲再登，非不利也，然王者法禁之，爲其殘桑也。此説得之矣。

清 佚名《醫牛寶書・治療篇》

治牛倒地風癱方出《進賢云橋抄本》

春三個月冷行風，咬住牙關氣不通，往往如雷聲在腹，時時卷腳似蜈蚣；藥用麻黄并甘桂，防風荊芥白頭翁，僵蠶全蝎川芎芷，姜酒無時服便松。

麻黄一兩　白芷一兩　甘草七錢　桂枝一兩　防風一兩　僵蟲五錢　全蝎五錢　川芎一兩　香附一兩　烏藥一兩　小茴一兩　木香　青木香二兩　大茴一兩，共爲末，生姜一塊、連根葱、桃葉、楓葉同擂爛，好酒灌之。

蠶蛹

題解

清 翟灝《通俗編》卷二九《禽魚》　爒蠶蛹　《爾雅・釋草》：『列虈，豕首。』《郭注》曰：『江東呼爲豨首，可以爒蠶蛹。』按，爒蛹，特饕饞小夫所爲，不謂晉時已然。

清 鄒漢勛《高平物産記》下《蟲類・蠶》　《爾雅》：『螝，蛹。』注：『蠶蛹。』『蛾，羅。』注：『蠶蛾。』『蟓，桑繭。』注：『食桑葉作繭者，即今蠶。』『雔由，樗繭。』注：『食樗葉。』

綜述

清 黄世本《蠶桑簡明輯説・養蠶説・雜説十二條》　蠶蛹，小兒食之，去驚風，可以培桑。

清 黄毅《畜産叢書》第五編《養雞法》　若食以乾魚、蠶蛹及他動物質，[蛋黄] 亦易呈深黄之色。

清 江志伊輯《飼蠶法》　繅絲　撈蠶蛹。蛹脱在釜，水易渾濁，宜速撈之，毋使浮沈以汙湯。然不可太早，早則衣厚而損絲；亦不可太遲，遲則蛹脱，其衣黏連，上抵絲眼，撞斷絲緒，或徑過絲眼，與緒相併，突增絲纇。須視衣薄即撈出之。以蠶蛹養魚最佳，或以油炸食之，名□蠶女。

清 金文錦《黄頭志・養法十六條》　蠶蛹粉，將蠶蛹壓扁，曬乾炒燥，研細為末。

清 孫鐘亶《山蠶輯略》第二課《蠶之利益》　山蠶爲有益于人類之昆蟲，其繭可製絲，絲可制綢，已不待言。而其蛹可食，更可作肥料，且又有説多含脂肪，可以榨油。按蠶蛹多含磷酸，但多脂肪，腐爛稍遲，宜入液肥中，俟腐熟而後用之。今之用者，未曾腐熟，直投入地，亦見奇效。

清 吴儀洛《本草從新》卷一七《蟲魚鱗介部》　蠶蛹　炒食，治風及勞瘦；爲末飲服，治小兒疳瘦、長肌肉；浪熱除蚘蟲；煎汁飲，止消渴；研敷瘑瘡、惡瘡。吴瑞曰：『繰絲後蛹子，今人食之，呼小蜂兒』。孫思邈曰：『猘犬齧者，終身忌食，發則難免』。

清 楊鞏《中外農學合編》卷一二《畜牧・孳養・魚》　凡蠶蛹，多含脂肪質，故蠶蛹不止為鼈餌，諸魚皆用之也。然蠶蛹有一種臭氣，若多數積之，其臭氣觸魚，且池水亦生臭氣，終至池水腐敗，魚鼈為死。然不多與之亦無害，且速成長，有大利。然鼈生臭氣，亦所不免，故其供食膳者，别池養之。一月間，間與他餌，則可去其臭氣，但親鼈不必如斯。田螺、鹽吹介等壓碎與之不厭其混殼屑，兒鼈之餌，亦細切魚介類及蠶蛹與之。

雜録

《三國志・魏書》卷二九《管輅傳》　季龍取十三種物，著大篋中，使輅射，云器中藉，藉有十三種物，先説雞子，後道蠶蛹，遂一一名之，唯以梳爲枇耳。

元 胡古愚《樹藝篇・藥品・草類上品之下》　《爾雅・菺虈豕》首註，《本草》曰：彘顱，一名蟾蜍蘭。今江東呼『豨首』可以爒蠶蛹。

明 朱橚等《救荒本草》卷八《菜部》

苦蕒菜　俗名『老鸛菜』，所在有之生田野中。人家園圃種者，為家苦蕢脚葉。似白菜，小葉拖莖，而生梢葉似鵶嘴形，每葉間分叉攛葶，如穿葉狀，稍間開黄花，味微苦，性冷無毒。

救飢。採苗葉煠熟，以水浸洗淘淨，油鹽調食。出蠶蛾時，切不可取，拗令蛾子赤爛。蠶婦忌食。

又 晨澆猪糞，宜至晚蓋泥，因性鹹也。用羊豕宜露少許在外，因性熱也。用荳餅，宜先以水發透，拌以草灰，可隨壅隨蓋。用蠶渣、蠶蛹，宜於養蠶畢後，俟其腐敗，即埋於桑田爲上。用人尿糞，宜混和油餅、木灰等，成爲堆肥，俟腐熟後，壅之最佳。須即覆土，勿使暴露，致肥氣散逸爲要。用稃皮，最好先作家畜飼料，或堆積注以尿水，使腐熟亦可。

清 程瑶田《九穀考》（皇清經解）卷五四九 《郭氏注本草》曰：『堯盧，一名蟾蠩蘭，今江東呼豨首，可以煼蠶蛹。』

清 崔應榴、錢馥補《蠶事統紀》卷九《笊籬》 《事物原始》：『黄帝命元妃西陵氏養蠶，制笊籬以撈蠶蛹，以竹為之。』

清 鄭光祖《一斑録》附編三《醫方》 咬後百日，忌雞、羊、猪、犬、牛肉，及麪食、茄子、赤豆、芝麻、蝦蟹、海魚諸鮮毒之物，終身忌食蠶蛹。

清 陳敬彭《南海縣西樵塘魚調查問答》

問：魚之飼料及管理法？

答：蠶蛹、青草、蠶沙、桑屑、畜糞、豆麯，均魚之飼料，但宜相水之深淺，爲之管理法。如暑雨驟至，雨止，則魚遊水面以吸空氣，宜灌入清水以涼之，倘照管不及，逾时辄斃。時或水色紅濁，魚必生蛆，謂之入鳞蛆。此時急須鬻市，否則傳染特遍，而鯇魚尤甚，宜用茶麯、熟烟梗即黑絲烟浸在塘内以防之。

清 陳揚《養雞彙編》第十三章《雞卵》第六節《蛋黄之色》（畜産叢書）第五編 以乾魚、蠶蛹，及他種動物質爲飼料，能使黄變深濃。

又 第十七章《雞之飼育法》第一節《飼料》 動物質之食物，如屑肉、腸胃、臟器等，前已述。而魚類之頭骨、尾鰭、臟腑等，亦有用之食料也。獨如鮪、鰤、鮫等之骨頭大者，宜以火煑之，以石臼搗碎，入於布囊而絞出之，除其粗骨，其餘爲他種食物之調和品而用之。是等魚類之廢棄物，可向酒肆購買。無魚屑之處，可用乾鲱及乾鰯等代之。他若蠶蛹，亦爲適當之動物質食品。然食之不得過量，每羽每日，六七頭足矣。

清 陳揚《養魚彙編》第一章《金魚養殖法》第六節《餌料及投餌法》（畜産叢書）第八編 麥粉宜以水煉合，在釜中煮沸，固煉爲塊，入炮烙而與之。其他田螺、魚介類、蠶蛹、麩麪等，亦可用。但宜一時浸於水，或沸煮後，細碎而與之。叩池等小面積内養魚，投餌久則水濁，宜速交換，不使殘餌腐敗於水中。

清 方旭編《蟲薈》卷二《毛蟲・犬》 《急救方》：凡犬頸硬、頭低、耳落、尾鞸，直向前行，不能返身顧後，闖入人家，不拘生熟，即亂齩者，此癲犬也。春夏曰桃花癲，秋冬曰梅花癲。人若中其毒，重則七日，輕則七七日，定當發作，不急治必死。惟初齩時，急就無風處，以冷水洗净，隨服韭菜汁一碗，七日又一碗，至四十九日共服七碗，始可無慮。然百日内當忌鹹酸，一年内忌魚腥，終身忌狗肉、蠶蛹，否則必發。

又 卷三《昆蟲・地蠶》 《赤雅》：『地蠶如蠶蛹，無頭蠉動，獠人爲鮓食之，令人不寒，肉頗香美。』

清 陳洊《實驗蠶桑簡要法》篇上《培壅桑田之法》 壅桑之物，不可枚舉，茲舉最便、最良者數種於左，以供採用。一、人糞尿；二、馬、牛、羊豕糞；三、雞、鴨、鵝、鴿糞；四、蠶渣、蠶蛹；五、油粕、荳粕；六、稃皮、荳腐渣；七、廐肥、堆肥；八、草肥、植物灰；九、河泥、客土；十、溝泥、污水。

蠶蛾

題解

清 鄒漢勛《高平物産記》下《蟲類・蠶》 《爾雅》：『蜆，蛹。』注：『蠶蛹。』『蛾，羅。』注：『蠶蛾。』『蟓，桑繭。』注：『食桑葉作繭者，即今蠶。』『雔由，樗繭。』注：『食樗葉。』『棘繭。』注：『食棘葉。』『欒繭。』注：『食欒葉。』『蚢，蕭繭。』注：『食蕭葉[者]此「者」字，點校者據《爾雅注疏》阮元校勘記補入皆蠶類。』案：今新化惟有桑繭，養者亦少，餘不見也。

蛾　俗呼飛蛾。狀似穀所化蟲而大，有黄赤白黑數色，皆是蠶類所化。

綜述

唐 孟詵、張鼎，謝海洲等輯《食療本草》卷下《苦蕒》 冷，無毒。治面目黄，強力，止困，傅蛇蟲咬。又，汁傅丁腫，卽根出。蠶蛾出時，切不可取拗，令蛾子青爛。蠶婦亦忌食。野苦荬五六回拗后，味甘滑于家苦荬，甚佳。

明 陳嘉謨《本草蒙筌》卷一一《蟲魚部·白殭蠶》 毆分娩，罷餘疼，解傷寒，後陰易。繭內變化，名原蠶蛾，氣溫味鹹，畧有小毒。盖原，釋再字，乃重養晚蠶，入藥務擇雄蛾，以其敏於生育。折去翅足，微火炒黄，合散爲凡，隨宜使用，強陰道。《陰痿必用》。交接不倦，益精氣禁固難來，敷諸瘡，滅瘢，止尿血煖腎。

明 徐光啓《農政全書》卷五八《荒政·菜部·蕓薹菜》 救飢 採苗葉煠熟，以水浸洗淘净，油鹽調食。出蠶蛾時切不可取拗，令蛾子赤爛。蠶婦忌食。

明 姚可成匯輯《食物本草》卷六《菜部·柔滑類》 苦菜 蠶蛾出時不可折取，令蛾子青爛。蠶婦亦忌食之。

玄扈先生曰：『可作恒蔬，蠶特忌之嘗過。』

清 崔應榴彙纂，錢馥補輯《蠶事統紀》卷一五《雜繫下》 《廣惠方》：五月五日，取蠶蛾為末，津調塗刺，良久卽出，本法用晚蠶蛾，盖將臀倒點濕繭子頭出者，生收，用竹筒兩頭有節者，於一頭錐穿，放入蛾，塞之，令自在軋死。遇竹木等刺肉内不能出者，取少許為末，點刺上，卽出。

又《代醉編》：『有負脾中創血如箭出，醫者以炒原蠶蛾末傅之，立止。』

清 郭柏蒼《閩産録異》卷四《草屬》 《本草》：『蠶蛾出時，近之則青，爛蠶。婦亦忌食。』亦指苦蕒，非苦荬也。按，蕒應作『藚』。

清 許鵬翊《柳蠶新編》卷下《放夏季柳蠶法》 開筐拆對，棄雄蛾，使飛去，將雌蛾提出，以兩指輕捻蛾腹，去净其溺，然後拴掛樹上，使自産子。一日夜摘下，置諸場外樹茁間，聽其自斃。夫蠶蛾有功於人匪細，而蠶工每於其産子後即煎食之。

清 汪曰楨《湖蠶述》卷二《相種》 蠶蛾布子参錯不齊，村嫗以相種為業者，就種之斜整疏密，擬其形似，撰為致語，以占吉凶，相欺誑，曾無中也。《胡府志》按，此風唯南鄉盛行。

紀事

清 崔應榴彙纂，錢馥補輯《蠶事統紀》卷一一 《靈徵志》：『世宗正始二年三月，徐州蠶蛾喫人，尪殘者一百一十餘人，死者二十二人。』

藝文

宋 樓璹《耕織圖詩·蠶蛾》 蛾初脱纏縛，如蝶栩栩然。得偶粉翅光，散子金粟圓。歲月判悠悠，種嗣期綿綿。送蛾臨遠水，蚤歸屬明年。

清 愛新覺羅·玄燁御製，張玉書等纂《聖祖仁皇帝御製文集》第二集卷四五《題耕織圖·織·蠶蛾》 蛾兒布子如金粟，水際分飛任所之。莫令繭絲遺利盡，來年留作授衣資。

雜録

唐 郭橐駝《種樹書》卷下《果》 林禽蛀，以鐵線尋竅内鑽刺，用百部末杪木釘塞之。如生毛蟲，以魚腥水潑根，或埋蠶蛾於地下。

《太平御覽》卷三七四《人事部十五》 《郭璞洞林》曰：東中郎叅軍周稚琰，封蠶蛾裁蟲，使璞射之，璞曰：『射覆得此大落度，必是蠶蛾及毛蠹。』稚琰饒鬚，故因以調之也。

又 卷八二五《資産部》 《後魏書》曰：『世宗正始年，徐州蠶蛾喫人，尪殘者一百一十餘人，死者二十二人，時高肇專政，聚斂不息。』

又 卷九五一《虫豸部》 《廣志》曰：『有蠶蛾，凡草木蟲，以蛹化爲蛾甚衆。』

任昉《述異記》曰：『楚莊王宮人，一旦化爲野蛾而飛去。』

宋 趙希鵠《調燮類編》卷三《菓品》 林檎樹生毛蟲，埋蠶蛾於下，或以洗魚水澆之卽止。

明 王綸《本草集要》卷八《藥性分類·治瘡門》 白殭蠶治男子陰瘍封

丁，腫根出，傅刀斧所傷，一切金瘡。原蠶蛾治金瘡、凍瘡、湯火瘡。蠶退傅丁腫、瘡牙、宣牙、癰口瘡。

明 姚可成匯輯《食物本草》卷八《果部・山果類》 林檎熟時，晒乾研末，點湯甚美，謂之林檎麨。林檎樹生毛蟲，埋蠶蛾於下，或以洗魚水澆之，即止。皆物性之妙也。

明 周文華《汝南圃史》卷四《木果部》 其樹多蟲，有蛀蛀屑，即為蟲穴，時時以鐵線鈎取，用百部或杉木釘塞其竅。生毛蟲則以魚腥水潑根，或埋蠶蛾於地下。別有金林檎花，尤勝，而實比花紅為最小，熟亦最遲。《吳郡志》云：『金林檎以花為貴。』

清 曹溶《倦圃莳植記》卷上《花卉一》 雖生其味不佳，取栽如壓桑法，或如栽桃李法。復於正二月中翻斧，斑駁椎之，則饒子矣。若蛀，則以鐵絲鑽竅，用百部杉木釘塞之。生毛虫，則以魚腥水潑根，或埋蠶蛾於地下。昔唐大帝時，王方言嘗以林檎一樹進階文林，若能多植，豈直其人與千户侯等。

清 陳淏子輯《花鏡》卷二《課花十八法》 桐油脚入糞，澆蔬菜，亦能去蟲。樹有蠹孔，彈竹筱於孔邊，如蒲蟲聲，其蠹自出，即此可悟啄木鳥取蟲之理矣。桃生蛀，煮猪頭湯，冷澆之。橘生蟲，用修馬蹄屑塞之。林擒、梨樹生毛蟲，埋蠶蛾於下，或用海魚腥水澆之。槐生蟲，擂鼓於樹下，則盡落。芝麻梗拄樹上，則無蓑衣蟲。西風久雨，亦能殺毛蟲。桑樹蟲多用鐵線鈎取。凡樹生癩，以甘草削釬，鍼之自消。

又 卷三《花木類・攷》

林檎

林檎，一名來禽。因其能來衆鳥於林 一名冷金丹，即柰之類也。二月開粉紅花，似西府。但花六山實則圓而味甘，非若柰之實，長而味稍苦，果之香甜可口。月中熟者，蜜林檎為第一。金林檎以花為重。唐高宗時，李謹得五色林檎以貢，有金、紅、水、蜜、黑，五色之異。帝悅，賜謹以文林郎，因名為『文林郎果』。但此木非接不結，多以柰樹搏接之，其法與接梨同。臘月，可將嫩條移栽，若樹生毛蟲，埋蠶蛾於樹下，或澆魚腥水可除。好事者以枝頭向陽好實，於未熟時，剪紙為花，貼於其上。待紅熟時，猶若花木瓜樣，入盤何可愛。又四月收林檎一百，内取二十枚槌碎，入水同煎，候冷，納瓮中浸之，密封其口，久留愈佳。

清 顧元交《本草彙箋》卷九《蟲部依舊本分卵化濕三類》

桑螵蛸卵之四

桑螵蛸，禀秋金之陰氣，走腎利膀胱，其能事也，以其輕飄如綃，故謂之螵蛸，乃螳螂乳子作房粘著枝上者。獨取桑螵蛸，以其兼得桑皮之津氣耳。桑螵蛸散治男子房勞，小便日數十次，如稠米甘，心神恍惚，瘦瘁食減。此方能安神魂，定心志，治健忘，補心氣，止小便數。用桑螵蛸、遠志、龍骨、菖蒲、人參、茯神、當歸、龜甲，各如法製，各一兩爲末，臥時人參湯調下二錢。如無桑上者卽用他樹者以炙桑白皮佐之，桑白皮行水以接螵蛸，就腎經也。

桑螵蛸 村人每用桑螵蛸炙焦飼小兒，云止夜尿。

白殭蠶卵之五合蠶蛻，雄原蠶蛾，原蠶沙。

殭蠶，蠶之病風者，治風化痰，散結行經。所謂因其氣相感而以意使之者也。其氣味輕薄而升，故能去皮膚諸風之如蟲行者。凡咽喉腫痛及喉痺，用此下咽立愈。又取其清化之氣，從治相火，散濁逆結滯之痰也。然其性辛溫能散，惟祛有餘之客邪？今世治小兒驚風，不問虛實，一概混施者，非也。

清 蒲松齡《農桑經・農經》 柰：如壓桑法。以正、二月翻斧椎之，則子多。蛀則以杉木、百部釘塞之。生毛虫，以魚腥水潑根，活埋蠶蛾於下。

清 王芷《稼圃輯・栽植移接花木吉日・木果品》 花紅長大者名柰，三月開花結子，若八月開花結子者曰林檎，一云員者為林檎。臘月，取根上氣條，移栽接法與梨同。摘實後，有蛀蟲，以鐵線鈎取之，或用百部末及杪木釘塞之。如生毛蟲，用魚鯹水潑上，或埋蠶蛾於地下，即死。

二月八月，用本色接，不接則不實，梨樹接。

臘水同，薄苛一握，明礬少許，入甕中，浸之可久。

桑葚

題解

宋 陳彭年等《廣韻》卷三 葚說文曰：『桑實也，食荏切，二。』䰼上同，俗又作椹，椹本音砧。甚劇過也，說文曰：『尤安樂也，常枕切，二。』

宋 吴淑《事類賦注》卷二五《木部・桑》 天錫稱北方之美。《前凉録》曰：張天錫歸晉，孝武帝問之曰：北方何物爲美？錫對曰：桑椹甘香，鴟鴞革響，淳酪養性，人無壯心。禁野虞而勿伐《禮》曰：季春，命野虞無伐桑柘，候戴勝之來止。《禮》曰：季春，戴勝降於桑。亦有環五畝而爲宅《孟子》曰：五畝之宅，樹之以桑，五十者可以衣帛矣，比千户之封侯。《史記》曰：齊魯千畝桑，其人與千户侯等。陽谷大明之浴《山海經》曰：陽谷上有扶桑，十日所浴，范宫周穆之遊。《穆天子傳》曰：天子居范宫以觀桑者。乃飲于桑中，命桑虞出桑者，用禁暴民。注：桑虞，主桑者。至於美沃若《詩》曰：桑之未落，其葉沃若，稱有儺《詩》曰：隰桑有阿，其葉有儺，楊沛以乾椹爲糧《魏略》曰：楊沛爲新鄭長，課民畜桑椹、豋豆，積得千餘斛。太祖軍無糧，沛進之，張堪以附枝見歌。《後漢書》曰：張堪爲漁陽，百姓歌曰：桑無附枝，麥穗兩岐。復有沈瑀行勸課之教《齊書》曰：沈瑀爲建德令，教人一丁種十五株桑、柿、栗，女丁半之。人咸歡悦，頃之成林，馮跋下篤察之書。《載記》曰：北燕馮跋下書曰：桑柘之益，有生之本。此土少桑，可令百姓人植桑百二十株。太戊之懼，既七日而拱《家語》曰：太戊之時，道缺法圮，以致天孽。桑穀生朝，七日而拱。太戊恐懼，側身修德，愍懷之廢，亦數日而枯。《晉書》曰：愍懷太子時，有桑生於西廂，長數日而枯。十二月，后廢太子。狀鳳闕之萬桷，繁欽《桑賦》曰：上似華蓋，紫極北形；下象鳳闕，萬桷一楹。擢帝女之四衢。《山海經》曰：宣山上有桑，大五十尺，其枝四衢，名曰帝女之桑。郭璞曰：婦人主桑，故以名也。若夫種殖傳《氾勝之書》，《氾勝之書》曰：種桑五月，取椹著水中濯灑，取子，陰乾之，肥田十畝。荒久不耕者，善好耕治之，黍、椹子各三升三合和種之，黍、桑俱生，鋤之令稀疏、調適，黍熟獲之，桑生正與黍高下平，因以利鎌歷地刈之，曝令燥，放火燒之。桑至春生，一畝食三箔蠶。繁茂見陸機之賦陸機《桑賦》曰：初，世祖武皇帝爲中壘將軍，植桑一株，世更三代，年漸三紀。緑葉興而盈尺，柔條蔓而增尋，顧出水而得伊尹見《水賦》陷空桑之里注，游大冢而生尼父。《孔演圖》曰：孔子母徵在游大冢之陂，睡夢黑帝使請己往交，語曰：女乳必於空桑。覺則若感，生丘於空桑之中。注：乳，産也。或問以榆、棗《隋書》曰：齊河清中定令，丁給永業二十畝爲桑田，其中種桑五十根，榆三根，棗五根，或用爲綿、布。《齊書》曰：扶桑國在大漢國東二萬餘里，土多扶桑，葉似桐，初生如笋，國人食之，實如梨而赤。縷其皮爲布，亦爲綿、爲紙。貢美青州，《書》曰：青州厥篚檿絲。注：檿桑絲，中琴瑟絃。名傳三輔。《范子計然》曰：桑葉出三輔。得齊王之奇女《列女傳》曰：齊瘤女者，齊東郭採桑之女，項有大瘤。閔王遊至東郭，百姓盡觀，獨瘤女採桑如故。王怪，問之，對曰：妾受父母教採桑，不受教觀大王。王曰：此奇女也。聘迎之，見秋胡之烈婦。《列女傳》曰：魯秋胡子納妻五日，而宦於陳。後歸，未至家，見路傍美婦人方採桑，秋胡悦之，下車，願託桑陰下，歸人採桑不輟。胡曰：力田不如逢年，採桑不如逢郎，今吾有金，願與夫人。婦人不受，胡乃歸，母呼其婦，乃向採桑者也。數胡之罪，而自投于河。至若枝上拂乎十日《淮南子》曰：扶桑在陽州，日所拂。注：十日所出，九日居下枝，一日居上枝，根下屈乎三泉。《玄中記》曰：天下之高者扶桑，無枝木焉，上至於天，下通三泉。食之美君仲之孝《東觀漢記》曰：蔡君仲，汝南人。王莽亂，人相食。君仲取桑椹異器，賊問所以，君仲曰：黑與母，赤自食。賊義之，遺鹽二升，受而不食，採之接龐統之言。《荊州先賢傳》曰：龐士元師事司馬德操，不務小名，衆莫之知。德操蠶月躬採桑後園，士元助之，因與談論廢興，其言若神，遂移日忘食。争則有卑梁之鬬《史記》曰：吴公子光伐楚，拔居巢、鍾離。初，楚邊邑插梁氏之處女，與吴邊邑之女争桑，二女家怒相滅，兩邑長聞之，怒而相攻，滅吴之邊邑。吴王怒，遂伐楚，讓則有係伯之賢。《齊書》曰：襄陽人土俗，鄰居種桑於界上爲誌。韓係伯以桑蔭妨他地，遷界上開數尺，鄰畔隨侵之，係伯輒更改種。鄰人慚愧，還所侵地。知天風而已枯，古詩曰：枯桑知天風，海水知天寒。變東海而爲田。《神仙傳》曰：麻姑謂王方平云：吾見東海三爲桑田。至其禁原蠶而慮殘《淮南子》曰：原蠶一歲再登，非不利也，然王法禁之者，爲其殘桑也，獲死龍而有害《三國典略》曰：齊長廣郡人伐枯桑樹，於中得死龍，長尺餘。識者以爲長廣齊太上皇本封也，齊氏木德，龍爲君象，木枯龍死，非吉徵焉，蜀主之舍邊羽葆，《蜀志》曰：先主舍東南角籬上有桑樹生，高丈餘，遥望童童如小蓋，往來者皆怪此樹非凡，謂當出貴人。先主少時與宗中諸兒於樹下戲言：吾必當乘此羽葆車蓋。齊祖之宅南車蓋。《齊書》曰：太祖宅在武進，宅南有桑樹，狀如車蓋。上年數歲，遊於其下，從兄敬宗謂曰：此樹爲汝生也。又若《詩》稱猗彼《詩》曰：猗彼女桑，《易》著其亡《易》曰：其亡其亡，繫于苞桑，條之蠶月《詩》曰：蠶月條桑，執以懿筐。《詩》曰：女執懿筐，爰求柔桑。既兩兩以同根，《十洲記》曰：扶桑在碧海中，上有天帝宫，東王所治。樹長數千丈，兩兩同根，更相倚依，故曰扶桑。仙人食其椹，體作金色。其樹雖大，椹如中夏桑椹也，稀而色赤，九千歲一生實，味之絶香，亦葉葉而相當。曹植《艷歌》曰：出自薊北門，遥望胡地桑。枝枝自相值，葉葉自相當。

宋 戴侗《六書故》卷二一《植物一・椹》 椹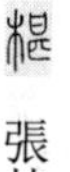 張林切，鈇質也，古稱鈇椹。椹質，《周官・司弓矢》：『王矢弧弓，以授射甲革、椹質者。』王弓，弓之彊者，故試諸甲革，椹質也。圉師射則充椹質，圉人蒭莝食馬，椹質其所掌也，故射則使共之。古之斬戮者用椹質，故謂伏斧椹伏質也。搗衣者以石為質，故椹亦作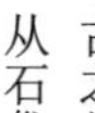，从石俗又作枯，桑實亦謂之椹亦作葚，食荏切。

宋 袁文《甕牖閒評》卷一 桑黮，即桑葚也。《氓詩》云：『于嗟鳩兮，無食桑葚。于嗟女兮，無與士耽！』註：葚，桑實也。鳩食葚多，則致醉泮水。

《詩》云：『翩彼飛鴞，集于泮林。食我桑黮，懷我好音。』此黮字亦當作平聲，但借字耳。補音以其不在韻，故遺余獨證此黮字。既叶林字，音、字則與葚字同音，椹字無疑也。又《五經文字》：『葚，音示枕切，桑實，見《魯頌》。黮與葚同。』然《氓詩》自有葚字，云『于嗟鳩兮，無食桑葚。』《五經文字》不引此『葚』字，乃引《魯頌》之『黮』字，何耶？

明　姚可成匯輯《食物本草》卷一二《禽部・林禽類》　青鵻　音錐。一名黄褐候。狀如鳩而緑褐色，聲如小兒吹竽。李時珍曰：鳩有白鳩、緑鳩。今夏月出一種糠鳩，微帶紅色，小而成羣，掌禹錫所謂『黄褐候秋化斑佳』，恐即此也。好食桑椹及半夏苗，昔人有食之過多患喉痺，醫用生薑解之愈。

（乾隆）《盛京通志》卷二七《物産・果之屬》　桑椹味甘酸，色紫黑。

清　徐鼎《毛詩名物圖説》卷八《木上・桑》《七月》云『爰求柔桑』者，穉桑也。云『蠶月條桑』者，枝落之，采其葉也。云『猗彼女桑』者，荑桑，葉草木初生謂荑；女桑，少枝，長條不枝落者，束而采之也。桑實爲葚，荆桑多椹魯桑少椹，椹有白黑二種，《泮水》詩作『黮』，並同。

清　程岱葊《西吴蠶略》卷下《桑椹》　《爾雅・桑辨》『有葚、梔』，言一半有葚，一半無葚也。野桑葚多而味酸，家桑葚少而味甘。善飲者以之浸酒，醫家以之蒸露煎膏，并芳烈可愛。至歲饑為粻，惟古有之。漢王莽時，蔡君仲順，采椹異器，賊問其故，君仲曰『黑奉母，赤自食』，賊義之，遺鹽二斗。見《東觀漢記》。又興平中九月，桑再椹。先主經小沛，年荒穀貴，士衆仰以為粻。見《異苑》。又楊沛為新鄭長，課民蓄乾椹，得千餘斛。會太祖軍無粻，沛進之。見《魏略》。若《十洲記》謂食扶桑之椹，一體皆作金光色，則又可以仙矣。

（嘉慶）《常德府志》卷一八《物産考》　桑。《詩・鄘風》『降觀於桑』，注『觀』，之察其土宜也。《爾雅・桑瓣》有『葚，梔』。《説文》：『葚，桑實也。』舍人曰：桑樹一半有葚，半無葚，爲梔。

清　黄毅《栽桑新論》第一章《桑樹之形態及其組織》《蠶業叢書》第一編

第五节　椹

桑之果實，在植物學上稱爲複果，乃羣花密簇而成者也，通常稱爲桑椹。其花蓋主萼肥大，有槳質，爲多角形或卵圓形。初爲靑白色，成熟漸變紫黑色，頗帶甘味。歐人常用爲食品，或以之釀酒。市所售桑酒，卽以椹釀成者也。椹中有數多之種子，概無胚乳，因含于子葉中。

論説

《資治通鑑》卷二五二《僖宗惠聖恭定孝皇帝上之上》　乞蠲租賑給疏　或租税之外，更有它徭，朝廷儻不撫存，百姓實無生計。乞勅州縣應所欠殘税，並一切停徵，以俟蠶麥，仍發所在義倉，亟加賑給。至深春之後，有菜葉、木牙，繼以桑椹，漸有可食。在今數月之間，尤爲窘，急行之，不可稽緩。

元　王楨《農書》卷九《百穀譜七・果屬・桑椹》　嘗考之史傳，三國魏武軍乏食，乃得乾椹以濟飢。《魏志》，武祖軍無糧，新鄭長楊沛進乾椹，後遷沛為鄴令。後漢王莽時，天下大荒，有蔡順採椹，赤黑，别盛之。赤眉賊見而問之，順曰：『黑者奉母，赤者自食。』蓋桑椹乾濕皆可食，可以救儉。昔聞之故老云：前金之末飢歉，民多餓莩；至夏初，青黄未接，其桑椹已熟，民皆食椹，獲活者不可勝計。凡植桑多者，椹黑時悉宜振落箔上，曝乾，平時可當果食，歉歲可禦飢餓。雖世之珍異果食，未可比之。適用之要，故備録之。

綜述

《北堂書鈔》卷一五六《兇荒篇三十八》　桑椹爲糧。《英雄記》云：『幽州穀不登，民人以桑椹爲糧。』〇今案《御覽》三十五引《英雄記》『穀』作『歲』，歲餘同。陳本『穀』上有五字，無幽州二字。使民種芋。《列仙傳》云：『各有爲梁丞，使民益種芋，三年當大飢餓，卒如其言，梁民不死。』〇今案『秘書廿一種本』《列仙傳》『各有』作『後來』，餘同，陳俞本脱。使民輸芋。《汝南先賢傳》云：『袁安，字召公，除陰平長。時年飢荒，民皆菜食，租入不畢，使人輸芋。』〇王石華校云：『降』應作『除』，見《御覽》九百七十五。今案陳俞本脱『字召公』三字，『除』作『爲』，『人』作『民』，餘同。考《御覽》引《汝南先賢傳》『召公』作『公召』，《本鈔・方畧篇》引仍作『召公』。木實爲酪。《漢書》云：『王莽時，雒陽以東，米石二千。莽遣大夫謁者，教民爲酪。』注曰：煑木實爲酪也。〇今案《漢書・王莽傳》『下教民句』作『分教民煑草木爲酪』，無『注曰以下』。桑榆爲飯。《漢書》：『袁術在壽春，百姓以桑椹乾爲飯。」○嚴氏校漢上加『斜勒』，今案陳本作『謝漢書』，餘同。考姚輯、汪輯七家《漢書》均無《袁術傳》。飢饉乃噉弩煑履。《東觀漢記》云：『朱勃上書理援曰：「八年，車駕討隗囂，豪强畧成，酋羌煞吏，唯獨狄道爲國堅守，士民飢饉，乃噉弩煮履。」○今案聚珍本『羌』作『長』，『噉』作『啖』，車上脱『八年』二字，餘同。姚本脱。嚴輯《全後漢文》卷十七據《舊鈔》引『畧』作『叛』，『饉』作『因』，餘同。無食則以桑椹螢豆。王《晉書》：『劉昆與丞相書云：「不得進軍者，實因無食。編草盛糧，不盈十日。夏則桑榆椹，冬則螢豆。視之哀歎，使人氣絶。」○今案陳俞本脱，《御覽》四百八十六引王《晉書》『書』作『牋』，『十』作『二』，無『榆』字，『視之』作『視此』，『絶』作『索』。嚴輯本『因』作『困』，仍作『十日』，餘同《御覽》。

唐 郭橐馳《種樹書》卷上 移桑樹 高樹白桑宜山岡地上、墻邊籬畔種之。五月收桑椹，以水淘取子，畧晒，成畦種之。至冬間燒去，稍明年分開，再種一年後，可移。若是矮短青桑，宜水鄉田土、水畔種之。正二月用木鈎攀枝地上，以土壓之，明年正月，便可截斷移種。每年兩次，用糞或蠶沙添肥土澆壅，常鋤去草根、動浮根。樹下宜種菜蔬，依時修治，則葉茂。

唐 孟詵、張鼎，謝海洲等輯《食療本草》卷上 桑椹：性微寒。食之補五藏，耳目聰明，利關節，和經脈，通血氣，益精神。

又 卷下 桑椹酒：補五藏，明耳目。

宋 戴侗《六書故》卷二四《植物四》 菌蕈葚 菌 渠隕切。《爾雅》曰：菌，芝。中馗菌，小者菌。」郭氏曰：『地蕈也，似蓋，江東人名土菌亦曰馗厨，可啖。」《説文》亦曰『地蕈也』。蕈 慈衽切。俗又作蕈，《説文》曰：『蕈，桑萸也。萸，木耳也。』葚 食衽切。《説文》曰：『桑實也。』按，菌蕈之柄，皆朽腐熏烝所産。莊周所謂『烝成菌』也。地有朽壤，木有朽腐則生之。其類不一，似蓋而耎者，可食。其毒甚者，能殺人。今人謂之簟，亦謂之茋。其似鼠耳者，謂之木耳。生石上者，為石耳。初耎後剛，亦可食。堅厚而有五色文采，或一本十數莖者，謂之之今作芝，詳具之下。桑實本謂之黮，取其熟而紫黑也，亦作椹。今人以草牙之卷者為葚。

《**太平御覽**》**卷三五《時序部》** 劉琨與丞相牋曰：『夏則桑椹，冬則螢音勞豆。視此哀歎，使人氣盡。』

宋 田錫《曲本草》 桑椹酒 补五脏，明耳目。

宋 吴欑《種藝必用》 種桑，收魯桑椹，水沟取子，曝乾，熟耕地畦，種如葵法。土不得厚，厚則不生。待高一尺，又上糞一遍。當四五尺，常耘令净，來年正月移之。白桑無子，壓枝種之，纔收得子，便種之亦可。只須於陰地頻澆為妙。

元 胡古愚《樹藝篇·蔬部》卷五 今背膊悶楓木上者食之，令人笑不止，地漿解之。一人患痔，諸藥不效，用木耳同它物煮羹，食而愈，極驗。但它物今失記矣。桑耳味甘，有毒。黑者，主女子赤白帶下，癥瘕陰痛，陰陽寒熱無子。月水不調。其黄熱白者，止洩，益氣。金色者，治癖飲精聚。一云寒，無毒，主消渴。【略】五木耳曰檽。蘇恭云：『楮、槐、榆、柳、桑之耳也。』其桑耳曰桑菌、曰木麥、曰桑巨、曰桑黄。《草木略》。

元 司農司《農桑輯要》卷三《栽桑》

種椹

以黍、椹相和於葫蘆内，點種過處，用帚掃匀。或慮天旱，宜就黍壟内撥土平匀，順壟作區，下水種之。又法：春月先於熟地内，東西成行，匀稀種䅉。次將桑椹與蠶沙相和，或炒黍、穀亦可，趂逐雨後，於䅉北單耩，或點種。比之搭矮棚，與黍同種。緣䅉陰高密，又透風露。雖種十數畝，亦不甚委曲費力。《士農必用》畦種與前法同。

又 桑雜類

《齊民要術》：『椹熟時，多收，曝乾之。凶年粟少，可以當食。』《魏略》曰：楊沛為新鄭長。興平末，人多飢窮。沛課民益畜乾椹、收螢豆，閲其有餘以補不足，積聚千餘斛。會太祖西迎天子，所將千人皆無糧，沛謁見，乃進乾椹，太祖甚善。及太祖輔政，超為鄴令，賜生口十人、絹百疋。既欲勵之，且以報乾椹也。今自河以北，大家收百石，少者尚數十斛。故杜葛亂後，饑饉薦臻，惟仰以全軀命，數州之内，民死而生者，乾椹之力也。《務本新書》：『桑椹平時以棗椹拌餡熕餅，食之甜，而有益。椹子煎採熟椹，盆内微研；以布紐汁，磁器盛頓。晝夜露地放之，四十九日。以湯點服，明耳目，益水藏，和血氣或加蜜少許，石器同煎，亦可。病諸瘡疾，作膏藥貼，神效。桑螵蛸、桑根白皮皆入藥用。桑皮抄紙，春初劏斫繁枝，剝芽皮為上；餘月次之。桑木為弓弩胎則耐挽拽。桑莪，素食中妙物。又『五木耳』，桑、槐、榆、柳、楮，是也；桑、槐者為良。野田中者，恐有毒，不可食。』

明 朱橚等《救荒本草》卷下《桑椹樹》 《本草》有桑根、白皮，舊不載所出州土，今處處有之。其葉飼蠶，結實為桑椹，有黑白二種，桑之精英盡在於椹。桑根、白皮東行，根益佳，肥白者良。出土者不可用，殺人。味甘，性寒，無毒。製造忌鐵器及鉛。葉椏者名鷄桑，最堪入藥。續斷麻子，桂心為之使。桑椹味甘，性暖。或云木白皮亦可用。

救飢　采桑椹熟者食之。或熬成膏，攤於桑葉上晒乾，搗作餅收藏。或直取椹子晒乾，可藏經年。及取椹子淸汁，置瓶中封三二日即成酒。其色味似葡萄酒，甚佳。亦可熬燒酒，可藏經年，味力愈佳。其葉嫩老皆可煠食。皮炒乾，磨麵可食。

明　朱權《臞仙神隱》卷三《仙家服食凡二十條**・守中徑易法》**　桑椹黑者，晒乾為末，水服三合，日三次，則不飢。

明　瞿祐《四時宜忌・四月事宜》　《雲笈七籤》曰：『是月望後，宜食桑椹酒，治風熱之疾。亦可造膏，用桑椹取汁三斗，白蜜四兩，酥油一兩，生薑汁二兩，以罐先盛椹汁，重湯煮汁到三升，方入蜜、酥、薑汁，再加鹽三錢。又煮如膏，瓷器收貯，每服一小杯，酒服，大治百種風疾。』

明　王綸《本草集要》卷四《木部》　桑根白皮【略】桑皮中白汁，主小兒口瘡及鵞口、舌上生瘡，傅之神效。又塗金刃傷，燥痛，須臾血止。更剥白皮裹之，令汁得入瘡中，良。冬月，用根皮、蛇咬、蜈蚣、蜘蛛毒傅，效。桑耳，味甘，有毒，黑者主女子漏下赤白汁，血病，癥瘕積聚、陰痛、陰陽寒熱、無子。黄熟陳白者止久洩，益氣；金色者治癖飲積聚、腹痛、金瘡。桑椹曝乾搗末，蜜和丸服，主消渴，治金石發熱，久服不飢，變白不老。取黑者一斤，和科斗子一斤，瓶盛封閉，懸屋東頭，一百日化爲黑泥，染白髮如漆。及取二七放和胡桃脂，研如泥，拔去白髮，點孔中即生黑。

明　陳嘉謨《本草蒙筌》卷四《木部》　桑耳有毒，味甘，古方入劑屢用。一名桑菌，又名桑黄。老樹上多雨即生，軟濕者作菹堪啖。採收剉碎，醇酒煎嘗。散血如神，止血甚捷。黑者，主女人癥瘕、崩漏、帶下及乳腫暴來，黄者，治男人癖飲、積聚、腹疼併金瘡初得。若色黄熟陳白，止洩補益元陽。桑花非指桑椹花，爲云乃樹上白蘚，其狀因與地錢花相類，故假此立名。刀削取之，火炒入藥。性緩無毒，健脾澁腸。寒崩中，禁帶漏。鼻洪吐血愈，腸風下血安桑上蠹蟲，主卒心痛，金瘡潰爛，亦可生肌。

又　卷五《穀部》　葱豉酒，觧煩熱而散風寒。桑椹酒，益五臟以明耳目。狗肉汁釀酒，日飲，大補元陽。葡萄肉浸酒，時嘗，甚消痰癖。牛膝乾地黄酒，更妙，漸滋陰衰。枸杞僊靈脾酒，尤佳，專扶陽痿。又等杜酒，亦有小能，指納嬰兒冂中，可令速語。口含噴屋四壁，堪逐蚊蠅。醋罯，跌傷行瘀，止痛，亦敺蛇毒，仍酓凍瘡。

又　卷一一《蟲魚部》　《書》云：『鼈影抱蝦蟇，聲抱者是焉。』始出色黑頭圓，有尾無足，稍大足生尾脫，聚夥成群。俗呼蝦蟇黏，亦入方藥用。子正黑多取，合桑椹染鬚，未不皓白詳載桑根白皮條中。形已成爛搗，爲火瘡敷藥，絕無瘢痕。其卵得之，亦主明日。

明　蔣儀《藥鏡》卷三《平部》　女貞實五十益中氣而安五臟，強筋力而去風濕。伴淮生首烏，能補腎虛。同益智金櫻，能固精滑。蒸熟作丸丹，至老無白頭之歎。化灰點髮孔，更生有綠鬢之懽。從甘菊、蒺藜、地黄、枸杞，使精彩增入瞳人，佐五月旱蓮，四月桑椹，返童顏還于髦老。葉長而子黑，是曰久貞。葉微圓而子紅，俗號涷青者，但能治風虛，肌膚裨益而已。

明　蔣以化《花編》卷二《春花部・桃》　三月三日，收桃花片，至七夕和烏雞血塗面。又浸酒飲之，除病注顏。採桃蕋陰乾，與桑椹和臘月猪油塗禿瘡，極效。取桃葉搗汁七升，以醋一升同煎至五分，服之，屍蟲俱下。取桃膠，以桑木灰漬，服之，愈百病。

明　王象晉輯《桑麻葛譜・桑》　桑椹煎膏，入少蜜，滾湯調服，止渴消熱。桑葉炙熟，可代茶。嫩桑枝炒香，煎飲，久服不患偏風。桑花健脾，澁腸，止血，消熱。桑耳一名五鼎芝，作菜用，益人。

又　百種風熱：椹汁三斗，白蜜二合，酥油一兩，生姜汁一合。重湯煮，椹汁減半，方入酥蜜等，令勻。每一合酒服甚妙。欬嗽吐血甚者：鮮桑根白皮一斤，米泔浸三宿，刮去黄皮，剉細入糯米四兩，焙乾爲末。每服一錢，米飲下。消渴尿多，入地三尺桑白皮，炙黄黑，剉水煑濃汁，隨意飲，亦可入少米，忌塩。產後下血：炙桑白皮，煑水飲。血露不絕：鋸截桑根，取屑五指，撮醇酒服，日三。墜馬拗損：桑白皮五斤爲末，水一升，煎膏，傅之即止。後無宿血亦不發。金瘡作痛：新桑白皮煑汁服，再入燒灰和乾馬糞塗上，仍以皮裹之，新桑葉汁亦可。物眯眼：新桑白皮洗净，搥爛，入眼，撥之自出。髮落：桑白皮剉二升，水淹浸煑五六沸，去滓，頻洗。髮不澤：桑白皮、栢葉各一升，煎汁沐之，即潤。小兒重舌：桑白皮煑汁，塗乳上飲。小兒流涎、脾熱、膈有痰：新桑白皮搗自然汁，塗之，效。乾者，煎水。小兒天吊、驚痼客忤：家桑東行根研汁服。桑白皮汁亦可。小兒火丹：桑白皮煑汁浴，或爲末，羊膏和塗。石癰堅硬不作膿血者：蜀桑白皮，陰乾爲末，烊膠和酒調傅，以軟爲度。以上俱根皮小兒鵞口：桑白皮汁和胡粉塗之。小兒唇腫：桑木汁塗，即愈。桑葉汁亦可。解毒：桑白汁服一合，須臾吐，利自出。破傷風：桑瀝和好酒溫服，以醉爲度。醒，服消風散。水腫脹滿：水不下滿溢水，下則虚竭仍脹，十無一活。用桑心皮切，水二斗。煑一斗，入桑椹，再煑五升，糯飯五升釀酒，飲。桑葉灰潛汁煑小豆，食，亦良。瘰癧結核：桑椹黑熟者二斗，取汁。銀石器熬膏，湯服一匙，日三。骨哽：取紅椹子細嚼，先嚥汁，後嚼滓，新水送下，乾者亦可。小兒赤禿：桑椹取汁，頻服。白禿：黑椹入罌中，曝二七日，化爲水，洗之，三七日效。陰症腹痛：桑椹絹包，風乾，過伏天爲末，每服三錢，熱酒下，取汗。

明 姚可成匯輯《食物本草》卷一五《味部・附録・諸藥酒方》 桑椹酒 補五藏，明耳目，治水腫，不下則滿，下之則虚，入腹則十無一活。其法：用桑椹擣汁煎過，同麯、米如常釀酒，飲之。

又 卷一九《草部・芳草類・薄荷》 陸农师曰：薄荷，猫之酒也。犬，虎之酒也。桑椹，鳩之酒也。茵草，魚之酒也。

又 卷二〇《木部・灌木類》 桑椹味酸甘，性寒。單食，止消渴。利五藏關節，通血氣，久服不饑，安魂鎮神，令人聰明，變白不老。多收曝乾為末，蜜丸日服。擣汁飲，解中酒毒。釀酒服，利水氣消腫。李時珍曰：椹有烏白二種。《楊氏產乳》云：孩子不得與桑椹，令兒心寒。陸璣《詩疏》云：鳩食桑椹，多則醉傷其性，何耶？《四民月令》云：四月宜飲桑椹酒，能理百種風熱。其法用椹汁三斗，重湯煑至斗半，入白蜜二合、酥油一兩、生薑一合，煑令得所，瓶收。每服一合，和酒飲之。亦可以汁熬燒酒，藏之經年，味力愈佳。

明 佚名《便民圖纂》卷九《祈禳類》 三月是月，取桃花未開者陰乾百日，與赤桑椹等分擣，和臘月猪脂，塗禿瘡，神效。

又 四月 是月，宜飲桑椹酒。其方：用椹汁三斗，白蜜二合，酥油一兩，生薑汁一合，以重湯煑椹汁，至斗半少些方入鹽酥等。令得所每服一合，和酒服，理百種風。

清 陳淏子輯《花鏡》卷二《花園自供五則》

百花釀

市醞村醪，豈宜名勝，沉園中自有芳香，皆堪採釀，既具。百般美麴，何難一浼杜康。

椒柏酒 梅花酒 松液酒 柏葉酒 天門冬酒 茯苓酒 桑椹酒 竹葉酒 茴香酒 百靈藤酒 菖蒲酒 南藤酒 五加酒 荔枝酒 薏苡仁酒 枸杞酒 菊花酒 女貞酒 桂花酒 枸杞子酒 碧芳酒 蒲萄酒 豆淋酒 歸圓酒 生地黄酒 縮砂酒 玫瑰酒 豆勝酒即炒芝麻，同薏苡仁各二，凡生地八兩，袋浸可 酒庫須近厨房左右，夏日合麯，冬日釀酒。隨意取麯，造成每瓮上號明某酒，則開飲不差。

清 方以智《物理小識》卷一一《鳥獸類下》 陸遊曰：『馬鞭擊猫，笻竹杖擊狗，皆折。姙孿者坐虎皮則毛壞，貂帽見猫踏則毛結，貉皮見燕則毛落。斑鳩食桑椹，貓食薄荷，虎食狗，雞食蜈蚣，蛇食茱萸，鹿得茶飲，駱駝食柳，虎伥食烏梅，貍精食羊肝，狐鼠之妖食人爪髮，皆醉。雞可求。

清 顧元交《本草彙箋》卷五《木部・灌木類》 桑椹單食，止消渴，解酒毒。釀酒服，利水氣，消腫。其性微凉，孩子不得與食，令兒心寒。

清 蒲松齡《農桑經・農經》 伐木 宜四月、七月，則不蛀而堅；榆莢落，桑椹熟，亦其時也。

清 李光地等《御定月令輯要》卷九《四月令・民用》 桑椹酒原《四時月令》：『四月宜飲桑椹酒，能理百種風熱。』其法：用椹汁三斗，重湯煑至一斗半，入白蜜二合、酥油一兩、生姜一合，煑令得所，瓶收。每服一合，和酒飲之。

清 韓夢周《蠶桑實濟》卷一《樹桑捷驗》 桑秧種過三年之後，桑椹多而葉薄小，是爲草桑，必用移接之法，葉方大而少桑椹。宜於春分半月之中，翦取別株。家中樹桑多者，不惟得絲，且宜婦人。蓋桑本箕星之氣下映而生者，箕乃女相之星，下映其室，婦人少病而無夭折之患。況桑又能祛邪，逐邪者用桑弓，即此義也。如有陰陽術士，妄談『桑』與『喪』同音，樹之不吉者，此愚迷無識之輩，休聽信。再於路旁、門前、場圃、城壕悉爲種植，不使有尺寸曠土，則遍地皆錦繡之資矣。

清 郝懿行《寶訓》卷二《禾稼》 崔寔曰『正月可種豍豆，二月可種大豆』，又曰『三月杏花盛，桑椹赤，可種大豆。四月時雨降，可種大小豆。美田欲稀，薄田欲稠』。

又 卷三《蠶桑》 《務本新書》：桑椹，平時以棗椹拌餡煿餅，食之甜而有益。椹子，煎采熟椹，盆內微研，以布紐汁，磁器盛頓，晝夜露地放之四十九日，以湯點服，明耳目，益水藏，和血氣。或加蜜少許，石器同煎亦可。病諸瘡疾，作膏藥貼，神效。桑螵蛸、桑根白皮，皆入藥用。桑皮抄紙，春初剸斫繁枝，剝芽皮為上，餘月次之。桑木為弓弩胎，則耐挽拽。桑莪，素食中妙物。又五木耳，桑、槐、楡、柳、楮是也。桑、槐者為良。野田中者，恐有毒，不可食。《本草》桑根白皮出見地上，名馬領，勿取，毒殺人。桑根旁行出土上者，名伏蛇，治心痛。

清 厲荃原輯，關槐增纂《事物異名録》卷三四《果蓏部》

桑椹

文武實。《本草》註：『桑椹熬膏，治瘰癧，名文武膏，以椹名文武實也。』

又 棗實 《孔叢子》：『棗實謂之棗，桑實謂之甚。』

清 徐鼎《毛詩名物圖説》卷九《木下》 《淮南子》：『八月，其樹柘。』《說文》：『桑屬。』《蠶書》：『柘葉飼蠶，爲絲中琴瑟絃，清響勝凡絲。』《埤雅》：『柘宜山石。』愚按，柘，材可爲弓、矢，故《考工记》云，弓人取幹柘为上投壺，云以柘若棘是也。葉可飼蠶，又堪染色。《本草》云：『其木染黃赤色謂之柘。』黃，天子服是也。又季夏取桑柘之火，見《周書》。其實名佳，崔豹曰：『桑實曰葚，柘實曰佳。』

清 葉世倬輯《樹桑百益》

桑椹

主治 單食止消渴，利五臟關節痛，血氣久服不饑，安魂鎮神，令人聰明，變白不老。多收暴乾爲末，蜜丸日服。擣汁飲解中酒毒，釀酒服利水氣消腫。

發明【略】椹有烏、白二種。楊氏產乳云『孩子不得與桑椹，令兒心寒』。而陸機《詩疏》云：『鳩食桑椹多，則醉傷其性，何耶？』四詩《月令》云：『四月宜飲桑椹酒，能理百種風熱。』其法：用椹汁三斗，重湯煮至一斗半，入白蜜二合，酥油一兩，生薑一合，煮令得所。瓶收，每服一合，和酒飲之。亦可以汁熬燒酒，藏之經年，味力愈佳。史言魏武帝軍乏食，得乾椹濟饑。金末大荒，民皆食椹，獲活者不可勝計。則椹之乾溼皆可救荒，平時不可不收采也。

又 附方

水腫脹滿。水不下則滿溢，水下則虛竭還脹，十無一活。宜用桑椹酒治之。桑心皮切，以水二斗煮汁一斗，入桑椹再煮，取五升，以糯飯五升釀酒，飲之。瘰疬結核。文武膏，用文武□□，椹子二斗黑熟者，以布取汁，銀石器熬成膏。每白湯調服一匙，日三服。□骨□□椹子細嚼，先嚥汁，后嚥滓，新水送下，乾者亦可。小兒赤禿。桑椹取汁，頻服。小兒白禿。黑椹入罌中，曝三七日，化爲水，取之，三七日神效。拔白變黑。黑椹一斤，科蚪一斤，瓶盛封閉，懸屋東頭一百日。盡化爲黑泥，以染白髮，如漆。髮白不生。黑熟桑椹，水浸日晒，搽塗令黑而復生也。陰證腹痛。桑椹絹包風乾，過伏天爲末，每服三錢，熱酒下，取汗。

又 桑實

氣味 甘平，無毒。

主治 明目，輕身通神。

清 包世臣《齊民四術》卷一上《農上·農政》 立夏刈大麥，剪桑，種薑，灌豆，收桑椹，伐木，移蘆稷玉黍，刈豌豆蠶豆，種遲芋拔蒜。

《古今圖書集成·歲功典》卷三三《季春部彙考》 《瑣碎錄》曰：『是月，採桃花未開蘂，陰乾，與桑椹子和臘月猪油塗禿瘡，神效。』

清 方觀承《述本堂詩集·看蠶詞》 桑之宜蠶者，海桑、箈桑、黃桑，葚少葉密而厚。子桑、花桑、草桑，葚多葉稀薄，蠶食之不肥。

清 喻端士《時節氣候抄》卷二 穀雨二候鳴鳩拂其羽，穀雨三候戴勝降于桑。拂羽，飛而翼拍其身也。戴勝降于桑，蠶候也。《月令》：是月也，命野虞毋伐桑柘。鳴鳩拂其羽，戴勝降于桑，具曲、植、籧、筐。野虞，主田及山林之官，毋伐桑柘，愛蠶食也。《典術》：『桑，箕星之精。』《詩·豳風》：『爰求柔桑，稚桑也，猗彼女桑，荑桑也。』蠶月，條桑枝落，采其葉也。柘桑屬，《蠶書》：『柘葉飼蠶，絲中琴瑟，絃清響勝凡絲。』崔豹《古今注》：『桑實曰葚，柘實曰佳。』《鳴鳩詩》『小宛之鳴鳩』，《氓》之『食桑葚』者也。戴勝，織紝之鳥，一名戴鵀，鵀即頭上勝也。

（嘉慶）《黃平州志》卷四《食貨志·物産》 菓之屬曰桃李，有麥熟鷄心、六月蚌蛤、苦李、郁李、蟠果等名，梨甜雪，酸香水，澁半斤，諸類柿、栗、核桃、木瓜、花紅、櫻桃、銀杏、梅、杏、林檎、石榴、枇杷、香櫞、柑橘、橙、桑椹、葡萄、蓮子、刺梨、木薑子。

清 劉清藜補輯《蠶桑備要》第一篇《栽桑説》 以魯桑條接荊桑，身茂盛亦久遠。桑種宜擇。凡本粗皮皺者，其葉小而薄，白皮而節疏芽大者，為柿葉桑。其葉大而厚，堅繭而多絲，枝如藤蔓，葉如紬帛，謂之柔桑，飼蠶多絲而堅韌。有一種木理極粗，葉如扇面，光如沃油，謂之烏桑，甚宜初蠶。有一種紫藤之桑，枝如紫色之蔓，高大而葉肥厚，飼蠶最好。或謂絲勝接桑。有一種白桑，其葉厚大，得繭重實。白桑椹有自土魯番來者，椹形如馬乳、如珍珠，其味甘美，兼可充佳果。惟鷄脚、花桑葉毛背，桑葉不可用。

清 劉振清彙梓，劉維翰校録，李元春評閲，李來南參訂《農桑書録要》

伐木

凡伐木，四月七月則不蟲而堅肕；榆莢下，桑椹落，亦其時也。然則凡木有子實者，候其子實將熟，皆其時也。凡非時之木，水漚一月，或火煏取乾，蟲則不生。

清 馮曉青《馮曉青大令調查順德蠶業陳粤督稟兼説帖·説帖》《農學報》第二百四十五期　桑花開於冬月，實於臘月，至正月間摘取。桑葚曬乾後，先用清水漂洗去殼，留仁乃可播種。

清 衛杰《蠶桑淺説》

桑益

桑皮可作白紙，今遷安多造之。桑椹可作鮮果，今高陽南皮各村多種小葉桑，專養椹子，每樹可値京錢二十多串。桑條可以作器，今任邱多製之。桑根、桑皮可以入藥，今易州婁山多存之。冬桑葉可以喂羊，更肥美；可以喂猪，更细嫩。民間亦或有之，惟向未習耳。今年蠶桑局已於清苑、滿城、易州、博野、贊皇、元氏、束鹿、深州、安平、饒陽、任邱各村莊勸民就桑養蠶，獲利甚倍。自此以後，種桑者以蠶利爲主，益以諸利，而利愈溥矣。

清 楊鞏《中外農學合編》卷七《林類·果實·附培果諸法》

果名

棗、杏之屬為核果，梨樹之屬為膚果，榛、栗、胡桃之屬為殻果，松柏之實為檜果。棘實為棗，杼實為橡，桑實為椹，楮實為任。竹萌謂之笋，蘆萌謂之虇，穀稻萌謂之秧。陸游《農書》。

清 葉向榮《農林蠶説·每月事宜·四月》

人事

小滿前，採收黑桑椹，即置桶内，灌水搓。出即播之，其法詳《蠶桑圖説》内。

清 俞墉纂輯《蠶桑述要·餘利》　桑樹蛀蟲可消疳積、治驚風。桑牛、桑螵蛸、桑椹、冬桑葉、桑白皮、桑寄生，均爲上品之藥。

清 陳開沚《裨農最要》卷二　擇葉厚大之魯桑葚，取其老而黑者，剪去兩頭葚之兩頭，子細小，作種必變成鷄桑、花桑，只取中間，置水内搓洗，浮水面者去之，沉水底者漉出不用水洗，以灰和子搓散亦可，陰乾經日曬則其生較遲，值芒種前後，雨後布種，或以蠶沙和種更好遇旱則灌水，令土濕透，然後布之。

清 陳啟沅《蠶桑譜》卷二《栽種桑宜忌篇》　每年三四月，將成熟之桑椹，俗名桑棗，用竹籮洗去其肉此肉沽與藥材店，可作桑椹膏，留其核晒乾，貯至下年二三月放栽。其放栽方法：將地鋤鬆，取其泥面，再將該地底打結，復將面坭鋤幼，分開畛數，每畛闊約五六尺，長約數丈，然後散於面，以禾稈灰蓋之，復將禾稈加蓋面上，每日分早晚灑水十餘天，漸漸萌芽，待長至六七寸高，以薄肥灌之，再長至尺五六高，或二尺高，便能移栽分種矣。

清 方旭編《蟲薈》卷一《羽蟲》　《本草綱目》　今夏月，一種微帶紅色小而成羣者，恐卽掌禹錫所謂黄褐侯秋化斑雎者也。好食桑椹及半夏苗。陳藏器曰：『黄褐侯，聲如小兒，吹竽。』

清 金步瀛《古今合纂殖桑法》第二章《播實法·備録》

關於條播點播者

春月先於熟地内，東西成行，匀稀種穄，次將桑椹與蠶沙相和，或炒黍穀亦可。趁逐雨後，於穄北單耩或點種，比之搭矮棚與黍同種，綠穄陰高密，又透風露，雖種數十畝，亦不甚委曲費力。

清 趙淵《蠶桑摘要》卷上《辨葉類》

桑椹

椹子或多或少，卽種後葉多葉少之分。凡先葉後椹者，葉必多；先椹後葉者，葉必少。椹多者葉亦少。椹之有粒無粒，揉淨以知之粒之堅實與否，沈水以辨之。

又《種椹類》

桑椹

椹有三種，白、紅、黑也。白則子不實，可食不可種。紅則子未老，種之不多生。黑則子已老，種之極易發芽。

傳記

漢 劉珍等《東觀漢記》卷一六《蔡順傳》　蔡順，字君仲，汝南人，至孝。王莽亂，人相食，順取桑椹，赤黑異器。賊問所以，云『黑與母，赤自食』，賊義之，遺鹽二斗，受而不食。

《太平御覽》卷四七九《人事部》 楊沛，字孔梁，爲新鄭長。謂民益蓄桑椹，勞豆積浸，得千餘斛。後爲鄴令，賜其生口十人，絹百疋。

（康熙）《山東通志》卷二八《選舉志・辛卯科永樂九年》 張敏黄人，四歲能讀《孝經》。與衆兒分食桑椹，留紫者袖之，曰『歸以奉母』，鄉人以孝童稱之。後官石阡同知，以道遠不得迎養，築室于署之東偏，曰『思親堂』，朝夕焚香拜謁。

紀事

《三國志・魏書》卷一《武帝記》 天子之東也，奉自梁欲要之，不及。冬十月，公征奉，奉南奔袁術，遂攻其梁屯，拔之。於是以袁紹為太尉，紹耻班在公下，不肯受。公乃固辭，以大將軍讓紹。天子拜公司空，行車騎將軍。是歲，用棗祗、韓浩等議，始興屯田。《魏書》曰：『自遭荒亂，率乏糧穀。諸軍並起，無終歲之計。饑則寇略，飽則棄餘，瓦解流離，無敵自破者，不可勝數。袁紹之在河北，軍人仰食桑椹。』

《周書》卷二五《李賢傳》 吴姓宇文氏，養爲姪女，賜與甚厚。及高祖西巡，幸賢第。詔曰：朕昔冲幼，爰寓此州。使持節、驃騎大將軍開府儀同三司、大都督、瓜州諸軍事、瓜州刺史賢，斯土良家，勳德兼著，受委居朕，輔導積年。念其規弼，功勞甚茂。食彼桑椹，尚懷好音，矧茲惠矣，其庸可忘？今巡撫居此，不殊代邑，舉目依然，益增舊想。雖無屬籍，朕處之若親。凡厥昆季乃至子姪等，可並豫宴賜。

宋 釋贊寧《笋譜》 沈如琢，成都人，有孝行。母患渴，非時思桑椹，苦求不遂。家東一樹，生摘以奉母，母渴愈。及亡，負土成墳，廬於側。白鵠二栖于廬，冬，筍抽十莖。天寶二年詔旌表。

《太平御覽》卷四八六《人事部・食我》 王隱《晉書》曰：『永嘉五年，洛中大飢。五月，摯虞餓死。』

又曰：『劉琨與王丞相牋曰：『不得進軍者，實困無食。殘民鳥散，擁髮徒跣。木弓一張，荆矢十發。編草盛粮，不盈二日。夏即桑椹，冬則營豆。視此哀歎，使人氣索。恐吴、孫、韓、白，猶或難之。況以琨怯弱凡才，而當率此，以殄強寇。』

又 卷八五〇《飲食部・飯》 《吴書》曰袁術在壽春，百姓飢窮，以桑椹、蝗蟲爲乾飯。

又曰：『是儀，服不精細，食不重膳，家無儲稿。孫權聞之，幸儀舍，求視蔬飯，親嘗之，歎息。即增俸賜。』

又 卷九五五《木部・桑》 魏略曰：楊沛爲新鄭長，課民益蓄桑椹、營豆，積浸得千餘斛。太祖遷天子，軍無粮，沛乃進乾椹。後爲鄴令，賜其生口十人，絹百疋，以報乾椹也。**【略】**

崔鴻《前凉録》曰：張天錫爲符堅破，後歸晉。孝武帝問之曰：『北方何物爲美？』錫對曰：『桑椹甘香，鴟鴞革響，淳酪養性，人無疾心。』

又 卷九七三《果部・椹》 又曰：『北方有白桑椹，長數寸，食之甘美。』

《五行記》曰：『晉武太元中，太原王戎爲鬱林太守。泊舡新亭，眠，夢人以七枚椹與之，着衣襟中。既悟，得椹如夢中。』傳休弈《桑椹賦》：曰『繁實離離，含甘吐液。翠米三變，或玄或白。嘉味殊滋，食之無斁。』

《册府元龜》卷五〇三《邦計部》二十一《屯田》 魏太祖初興，值董卓之亂，百姓流離，穀石至五十餘萬，人多相食。既破黄巾，欲經略四方，而苦軍食不足。羽林監潁川棗祗及韓浩建置屯田議，太祖乃下令曰：『自遭荒亂，率乏糧穀。諸軍並起，無終歲之計。饑則寇略，飽則棄餘，瓦解流離，無敵自破者，不可勝數。袁紹之在河北，軍人仰食桑椹。』

《資治通鑑》卷一〇六《晉紀・烈宗孝武皇帝中之上》 燕冠軍將軍，宜都王鳳，每戰奮不顧身，前後大小二百五十七戰，未嘗無功垂戒之，曰，今大業甫濟，汝當先自愛！使爲車騎將軍德之副，以抑其鋭。鄴中饑甚，秦長樂公丕帥衆就晉穀於枋頭。劉牢之入屯鄴城，收集亡散，兵復少振，坐軍敗，徵還。燕、秦相持經年，幽、冀大饑，人相食，邑落蕭條。燕之軍士多餓死，燕王垂禁民養蠶，以桑椹爲軍粮。垂將北趣中山，以驃騎大將軍農爲前驅，前所假授吏眭邃等皆來迎候，上下如初，李攀乃服農之智略。

又 卷一一一《晉紀・安皇帝丙》 初，魏奮武將軍張衮，以才謀爲魏主珪所信，重委以腹心。珪問中州士人於衮，衮薦盧溥及崔逞，珪皆用之。珪圍中山，久未下，軍食乏。問計於羣臣，逞爲御史中丞，對曰：『桑椹可以佐糧，飛鴞食椹而改音，詩人所稱也。』珪雖用其言，聽民以椹當租，然以逞爲侮慢，心銜之。秦人寇襄陽，雍州刺史郗恢以書求救於魏常山。

又 卷二五二《唐紀・僖宗惠聖恭定孝皇帝上之上》 ［盧攜］乞敕

州縣應所欠殘税并一切停徵，以俟蠶麥。仍發所在義倉，亟加賑給。至深春之後，有菜葉、木牙，繼以桑椹，漸有可食。在今數月之間，尤爲窘，急行之，不可稽緩。敕從其言，而有司竟不能行，徒爲空文而已。

《續資治通鑑長編》卷二四五《神宗》　辛酉，河北路察訪副使趙子幾言：『自西山道口東至百濟村二百餘里，栽榆桑，科買桑椹，石數不少，種在民田，牛羊不敢牧。』察訪使曾孝寬亦言：『民訴植木占耕地，隔州借車牛載桑榆甚擾，又科桑椹及令村社監督澆灌，民甚苦之。』詔下程昉相度。先是，言者謂河北沿邊，可植桑榆雜木以限邊馬，且給邦之材用。

宋　洪邁《容齋隨筆·容齋三筆》卷六《蕨萁養人》　建安中，咸陽人拔取酸棗、藜藿以給食。晉郗鑒在鄒山，兖州百姓掘野鼠、蟄。燕幽州人以桑椹爲糧。

《建炎以來繫年要録》卷四　是月末，高麗使始離樂賓館。凡留明州百三十餘日，云：初上皇行至邢趙之間，金右副元帥宗傑請觀打圍，遂遣郭藥師奏謝。上皇曰：『天時如此，非公之罪。』藥師慚而退。燕王俁以絶食薨於慶源境上，歛以馬槽，猶露雙足，上皇道中苦渴，摘桑椹食之。』此並據曹勛所進《北狩録》。

元　王禎《農書》卷九《百穀譜七·果屬》

桑椹

嘗考之史傳，三國魏武軍乏食，乃得乾椹以濟飢。《魏志》，武祖軍無粮，新鄭長楊沛進乾椹，後遷沛為鄴令。後漢王莽時，天下大荒，有蔡順採椹，赤黑别盛之。赤眉賊見而問之，順曰：『黑者奉母，赤者自食。』蓋桑椹乾濕皆可食，可以救儉。昔聞之故老云：前金之末飢歉，民多餓莩；至夏初，青黄未接，其桑椹已熟，民皆食椹，獲活者不可勝計。凡植桑多者，椹黑時悉宜振落箔上，曝乾，平時可當果食，歉歲可禦飢餓。雖世之珍異果食，未可比之。適用之要，故備録之。

明　陳詩教編著，陳繼儒删定《灌園史》　王甲從北來，詣謝公。公問：『北方何果最勝？』答云：『桑椹最佳。』公問：『可比江南何果？』甲云：『是黄柑之流。』公曰：『君乃爾妄語！』甲不欲受妄語之名，乃買駿馬，俟熟時，馳取數十枚奉公。公食之，以爲美。語甲曰：『此味江東所無，君何僅比黄柑！』

明　王象晉輯《桑麻葛譜·桑》　楊沛爲新鄭長，課民蓄桑椹、豋豆，積得千餘斛。太祖軍乏粮，沛進之。後遷鄴令。《魏書》愍懷太子孕時，有桑生于西廂，數日而枯，十二月太子生。《晉书》遼初無桑，慕容廆通于晉，求種江南平州之桑，悉繇吴來。《後燕録》太祖宅在武進，宅南有桑樹，高三丈，横出四枝如車蓋。太祖方數歲，游其下。從兄敬宗謂曰：『此樹爲汝生也。』《齊書》襄陽土俗，凡隣居必種桑界上，以爲誌。韓係伯以桑蔭妨隣人地，遷開數尺，隣人隨侵之。係伯輒又改種，隣人慚還所侵地。同前金末，人饑，至夏，桑椹熟，民皆採食獲活者，不可勝計。《金史》

明　葉向高《蒼霞草》卷二〇　穆皇初歲，虔劉汾、石，幾無孑遺。屬天厭亂，孽虜扣關，遂緣舐犢之思，用蠲放麑之德，桑椹既食，好音是懷，馴異類于壇坫，拯氓隸于干戈，亦云盛矣。

明　張萱《西園聞見録》卷二〇　璧星嘗爲御史，按郡國報命，常省公于家，公止之門外，視橐中装無他，而後命之入。御史按晉時或饋公一扇及桑椹膏一罌，竟謝不受，其廉介如此。

清　俞正燮《癸巳存稿》卷一〇《陸景思秋成詞》　何撫循關中，轉粟餉軍。韓信初歸漢，漢以爲治粟都尉。光武使寇恂力農河内，爲爭天下根本。袁紹軍食桑椹，袁術軍食蒲蠃，魏武於許屯田，州郡並置田官。司馬懿言天下不耕二十餘年，請務農積穀。昭烈入蜀，倥傯戎馬，首立督農官。魏蜀烏得不建國也。

（道光）《清澗縣志》卷二《田賦志·物産》　棗，東鄉自店房坪直抵黄河，計百餘里，皆棗林。里民販鬻他處，歲值萬金。以外為邑之貨産云。桑椹，史言魏武帝軍乏食，得乾椹以濟饑。金末大饑，民皆食椹，獲活者不可勝計。則椹亦濟荒所需也。

清　徐珂《清稗類鈔·時令類》　京師謂端午爲五月節，初五日爲五月單五，蓋端字之轉音也。端午以前，世家大族，皆以粽相餽貽，副以櫻桃、桑椹、荸薺、桃杏及五毒餅、玫瑰餅。其供佛祀先者，則以粽、櫻桃、桑椹爲正供，亦薦其時食之義也。

清　李聿求《桑志》卷七《取材》

《詩·衛風》：『于嗟鳩兮，無食桑葚。』

《詩·魯頌》：『食我桑黮。』

《魏略》：『楊沛爲新鄭長，課民益畜乾椹，積得千餘斛，藏在小倉。會太祖爲兗州刺史，西迎天子，餘人皆無糧。過新鄭，沛謁見。乃進乾椹，太祖甚喜。』

《晉書》：『王道子問其西土所出，張天錫應聲曰：桑椹甜甘，鴟鴞革響。』

《北史》：『六軍乏糧，問計于崔逞。逞曰：飛鴞食葚而改音，《詩》稱其事，可取以助糧。帝乃聽人以葚當租。』

《東觀漢記》：『蔡君仲至孝。王莽亂，人相食，君仲取桑椹，赤黑異器。賊問所以，君仲曰：黑與母，赤自食。賊義之。』

《漢武内傳》：『神仙上藥，有扶桑丹椹。』

《風俗通義》：『楊範，齊人。齊宋之亂，母在賊中。範采椹藏于地，夜取之進母，如是非一。忽地中得米十斛，上有字，云：米十斛，賜孝子楊範，以資給母。』

《世説新書》：『有王甲從北方來詣，謝公問：北方何果最勝？甲云：桑椹最好。謝公問：可以比江東何果？甲云：是黄甘之流。公曰：君何乃爾妄語！甲恐責，乃買駿馬。候熟時，取數千枚還，以奉公。公食之，以爲美。乃謂甲：此味乃江東所無，而君近比黄甘。於是引甲爲賓客。』

《續博物志》：『鳩食桑椹則醉。』

藝文

南朝宋　劉義慶《世説新語》卷上《德行第一》　張天錫【略】為孝武所器，每入言論，無不竟日。頗有嫉己者，於坐問張：『北方何物可貴？』張曰：『桑椹甘香，鴟鴞革響。《詩・魯頌》曰：『翩彼飛鴞，集于泮林。食我桑椹，懷我好音。』淳酪養性，人無嫉心。《西河舊事》曰：『河西牛羊肥，酪過精好，但寫酪置革上，都不解散也。』

唐　白居易《白氏六帖事類集》卷二三　維桑與梓。必恭敬止。桑椹。翩彼飛鴞，集于泮林，食我桑椹，懷我好音。

又卷二九　宛彼鳴鳩《詩》居鵲巢。見上門。食桑椹。于嗟鳩兮，無食桑椹集白水。景毅爲白水令，有異政，鳩集其廳。

唐　白居易《白氏長慶集》卷一〇《孟夏思渭村舊居寄舍弟》　嘖嘖雀引雛，稍稍笋成竹。時物感人情，憶我故鄉曲。故園渭水上，十載事樵牧。手種榆柳成，陰陰覆墻屋。兔隱豆苗大，鳥鳴桑椹熟。前年當此時，與爾同遊矚。詩書課弟姪，農圃資僮僕。日暮麥登場，天晴蠶拆簇。弄泉南澗坐，待月東亭宿。興發飲數盃，悶來碁一局。一朝忽分散，萬里仍羈束。井鮒思返泉，籠鶯悔出谷。

又卷三〇《才識兼茂明於體用科策一道・第三道》　公子荆苟美之言，嘉安人而豐財也。鳳鳴朝陽，非梧桐而不棲，擇木而集也。鴞止泮林，食桑椹而好音，感物而變也。事有躁而失，靜而得者，故木雞勝焉。有貴而失，賤而得者，故瓦注巧焉。雖去聖逾遠，而大義斯存。是故遠旨微言，可明徵矣。謹對。

唐　柳宗元《柳河東集》卷四三《聞黄鸝》　鄉禽何事亦來此，令我生心憶桑梓。《詩》：『維桑與梓，必恭敬止。』閉聲迴翅歸務速，西林紫椹行當熟。椹，匙荏切。《説文》：『桑實也。』《詩》：『食我桑椹，懷我好音。』

《太平御覽》卷九二七《羽族部・異鳥・鴞》　又曰：翩彼飛鴞，集于泮林。食我桑椹，懷我好音。

又《詩義疏》曰：鴞，大如鳩，緑色，惡聲鳥也，入人家，凶。

宋　曾鞏《元豐類稿》卷七《次維得禽字韻》　黄蜀葵開收宿雨，紫桑椹熟轉新禽。看花弄水非無事，猶勝紛紛别用心。

宋　文同《丹淵集》卷一五《夏日南園》　陰陰喬木下，翠影若雲浮。滿地紫桑椹，數枝黄栗留。迎風湖上去，避日竹間遊。定作今宵雨，繞墻啼曉鳩。

宋　程珌《程洺水先生集》卷一六《湯詞・鷓鴣天》　飲罷天厨碧玉觴，仙韶九奏少停章。何人采得扶桑椹，擣就藍橋碧紺霜。凡變骨，驟清涼，何須仙露與瓊漿。君恩珍重渾如許，祝取天皇似玉皇。

宋　楊萬里《誠齋集》卷一六《南海集・水落》　桑椹垂紅似荔支，荻芽如臂與人齊。夜來水落知深淺，看取芭蕉五尺泥。

明　丘濬《大學衍義補》卷一四五《慎德懷遠之道》　魯頌曰：『翩彼飛鴞惡聲之鳥，集于泮林。食我桑黮桑實，懷我好音。憬覺悟也彼淮夷，來獻其琛寶也。元大也龜尺二寸象齒，大賂遺也南金。』

清　李元《蠕範》卷四《物食》　虎醉狗，貓醉薄荷，雞醉馬蚿，鳩醉桑椹，蚺醉葛藤，鯢醉淡水，蛇醉茱萸，鼇醉蒿花，貍醉羊肝，鱼醉茵草，鼉醉夜火。

雜録

《漢書》卷九五《西南夷兩粤朝鮮傳第六十五》 南粤食蒙蜀枸醬。晉灼曰：『枸，音矩。』劉德曰：『枸樹如桑，其椹長二三寸，味酢。取其實以爲醬，美，蜀人以爲珍味。』師古曰：『劉説非也，子形如桑椹耳。緣木而生，非樹也。子又不長二三寸，味尤辛，不酢。今石渠則有之。食讀曰飤。』

唐 白居易《白氏六帖事類集》卷三〇 期我乎桑中。《詩》以桑爲均。《月令》爲『桑多則繭多，以桑少則繭少』。無伐桑柘。桑之落矣，其黄而隕。桑之未落，其葉沃若。桑田。説于桑田説勸也。南山有桑。充養母。蔡順採桑椹充養母。以桑爲弧。子初生。桑間濮上。衣食之源。蠶月條桑。行採。《秋胡詩》五畝之宅，空桑，扶桑，桑樞，蔽野。

唐 孟詵、張鼎、謝海洲等輯《食療本草》卷上 禿瘡：收未開花陰乾，與桑椹赤者，等分作末，以猪脂和。先用灰汁洗去瘡痂，卽塗藥。

《太平御覽》卷四八六《人事部二十七》 《吳志》曰：『袁術在壽春，穀石百餘萬，載金錢之市求糴，市無米，而棄錢去。百姓飢寒，以桑椹、蝗蟲爲乾飯。』

又 卷九五五《木部》 《十洲記》曰：『扶桑，在碧海中，上有天帝宮，東王公所治。有椹樹，長數千丈、二千圍，兩兩同根，更相依倚，故曰扶桑。仙人食其椹，椹體作金色。其樹雖大，椹如中夏桑椹也。稀而色赤，九千歲一生實耳，味甘香。』

又 卷九七三《果部十》 《魏書》曰：袁紹在河北，軍人仰棗椹。車頻《秦書》曰：慕容垂圍鄴，百姓不得復田，民以桑椹爲糧，相噉略盡。《晉書載記》曰：符登攻姚萇，萇據武都相持，累戰，互有勝負。登軍中大飢，收葚以供兵。

又 《北史》曰：後周趙肅爲齊州別駕，有能名。其東鄰有桑椹，落其家，就遣人悉拾歸其主。誡諸子曰：吾非以此求名，意者非機杼物，不願侵人，汝等宜以爲誡。

又 《漢武内傳》曰：神仙上藥有扶桑丹椹。《汝南仙賢傳》曰：蔡君仲孝，養老母時赤眉亂。君仲取桑椹，赤黑異器。賊問之，答云：黑者與母，赤者自食，賊嘉之，與塩二升。

宋 羅願《爾雅翼》卷五《釋草》 則發婬生噉，增恚，皆有損於性情，故絶而不食。今北人好生食葷菜，雖其天性獷戾，亦食性所染致然。故鴞食桑椹，則革暴。鳩食之，則好淫。醍醐發性，中藥養性，皆其類，故為教者，因其所甚，謹而戒之。今道家亦有五葷，乃謂韭、蒜、芸薹、胡荽、薤也，無茖葱等。此自隨中國所多者為説，故不同焉。

《資治通鑑》卷六二《漢紀五十四》 中平以來，天下亂離，民棄農業。諸軍並起，率乏糧穀，無終歲之計。饑則寇略，飽則棄餘，瓦解流離，無敵自破者，不可勝數。袁紹在河北，軍人仰食桑椹。袁術在江淮，取給蒲蠃。民多相食，州里蕭條，羽林監棗祇請建置屯田，曹操從之。

宋 謝維新《古今合璧事類備要別集》卷七三《飛禽門・鸎》 格物總論【略】當椹熟時，來在桑樹鳴則蠶熟，應節趍時之鳥云。【略】囀柔枝。新鶯傍簷曉更悲，孤音清吟。口邊血出語未盡，豈是怨恨人不知。不食枯桑椹，不噙苦李花。偶然弄樞機，宛轉凌烟霞。衆雛飛鳴何躅促，自覞遊鱗啄枯木。玄猿何事朝夜啼，白鷺長在汀洲宿。黑鵰黄鶴豈不高，金籠玉鈎傷羽毛。三江七澤去不得，風烟日暮生波濤。飛去來，莫上高城頭，莫下空園裏。城頭饑烏拾腥羶，空園燕雀争泥滓。願為結舌含白雲，五月六日一聲不可聞。僧瑩徹。

宋 戴侗《六書故》卷三《天文下》 黮 徒感、他感二切；黤黮之象，如其聲。又他減切，黯黮之象，如其聲；又徒監切，黮黵，雲起濃黑貌；又石荏切，《詩》云『翩彼飛鴞，食我桑黮』，桑實黑熟，故以名之，亦作葚，《詩》云『無食桑葚』；亦知林切。又作椹。

元 佚名《居家必用事類全集》丙集《任官・夢寐因想》 夢食梨子主離別。夢食柿子疾病凶。

明 韓奕《易牙遺意》卷上《醞造・紅白酒藥》 用草菓五箇，青皮官、桂砂仁、良姜、茱萸、光烏各二斤，陳皮、黄柏、香附、蒼朮、乹姜、野菊花、杏仁各一斤，姜黄、薄荷、各半斤。每藥末二斤，粳米粉一斗，辣蓼三斤或五斤水，姜二斤，春汁和滑石末一斤四兩，如常法盦之上等料，更加蓽撥、丁香、細辛、三賴、益智丁、皮砂仁各四兩。凡酒内，止可用砂仁，餘藥皆不可用。其外，桑椹、松枝可和炊飯入缸內，橘皮、沉香、木香、檀香可入酒，皆取其香。紅曲入酒，取其色。地黄、黄精入酒，取其補益也。

（嘉靖）《重修寧夏新志》卷一《物産》 鉛、礬俱賀蘭山出。鐵麥垛山出。塩地生。麻，碧，瑱，馬，牙，鰱，紅花，藍靛，鏤，鐵器物以上貨類。稻，穀，稷，大麥，小麥，豌豆，黑豆，青豆，胡麻，秫，青稞，茶，豆，黍，菽以上穀類。薔薇，石竹，金盞，鳳仙，珍珠鷄，冠玉簪，萱草，菊，荷，戎葵，罌粟，寶像，百合以上花類。杏，桃，李，梨，花紅，白沙，桑椹子，菱，林檎，藕，葡萄，棗，柰秋子，櫻桃，沙棗以上果類。松，栢，樺，椿，白楊，榆，柳，桯，梧以上木類。

明　沈沈《酒概》卷三　虎以犬爲酒，猫以薄荷爲酒，鷄以蜈蚣爲酒，鳩以桑椹爲酒，蛇以茱萸爲酒，謂食之而醉也。

明　姚可成匯輯《食物本草》卷一二《禽部·水禽類》　鶩　音木。一名鴨，一名家鳧。【略】卵味甘鹹，微寒，無毒。治心腹胸膈熱。多食發冷氣，令人氣短背悶。小兒多食脚軟。鹽藏食之，即宜人。生瘡毒者食之，令惡肉突出。不可合鱉肉、李子食，合桑椹食，令人生子不順。李時珍曰：今人鹽藏鴨子，其法多端。俗傳小兒泄痢，炙鹹卵食之，亦閒有愈者。

又《林禽類》　鶻嘲　一名鶻鵃。南北總有之。似山鵲而小，短尾，有青毛冠。在深林間，飛翔不遠。春來秋去，好食桑椹子，易醉而性淫。

又《山禽類》　鴞　處處山林時有之。少美好而長醜惡，狀如母鷄，有斑文，頭如鴝鵒，目如猫眼，其名自呼，好食桑椹。

又　卷二〇《木部·灌木類》　治鬚髮早白。黑桑葚一斤，蝌蚪即三月内池塘中初生蝦蟇烏一斤，瓶盛封閉，懸屋東百日，盡化為黑泥，以染白髮如漆。

明　佚名繪《食物本草》卷四　桑椹酒，補五臟，明耳目。

明　鐘化民《救荒圖説》《荒政叢書》卷五　勸務農桑　臣惟救荒于已然，不若備荒于未然。救于已然者，時窮勢迫，而莫可誰何。備于未然者，事制曲防，而可以無患。漢賈誼曰：『聖王在上，而民不凍餒者，非能耕而食之，織而衣之，為開其資財之道也。』臣歷中州，至虞城縣，村中父老以桑椹供食。臣食而甘之，問父老曰：『此地有桑椹，必有桑樹。有桑樹，必有蠶絲。今桑樹罕見，蠶絲罕有，其故何在？』父老答曰：『民間栽桑不多，養蠶之家亦不紡絲。止是費璽，頗無厚利！』臣喟然歎曰：『天地自然之利，何為惰農自棄哉？』因令答府州縣正官，循行阡陌，隨地課農。如有地一畝，令其植桑百株，十畝千株，百畝萬株，桑多則蠶多，蠶多則絲多，絲多則利多。至于麥豆粟穀，及時深耕，棗梨柿栗，隨地編植，務使人無遺力，地無遺利者。周家以農事開基，此王業根本也。我朝勸課農桑，載在令甲，有司以引為勤民者首務，則殷盛富庶之風，無難致矣。

清　方以智《物理小識》卷三《人身類·驗妊》　《物類志》曰：『將斧潛於妊牀下斫之，必生男，試將斧于雌雞欲卵時，可驗也。』舊有佩雄黄，精衣冠照井之説，此亦與胎教同其意耳。無意中呼妊者，回頭過戸，限視其左右，以知男女。孕娘食桑椹，復食雞、鴨蛋，子横生。食薑，子六指。在孕，恒聞鷹鷂聲，生子不畏雷。未齋曰：『陰經方動而交則子生髮白、肝枯，俗名社公，皆氣之不純焉。』

又　卷五《醫藥類·烏鬚髮》　内服胡麻丸，外用鱧腸即旱蓮墨草。青鹽作牙散，或兼桑椹用之，孫眞人金陵草煎，用旱蓮草一秤絞汁，日中煎五日。又取薑汁與蜜各一斤和合，日中煎之，任服。《普濟方》用大水蛭七枚爲末，汞一兩，以銀合盛之，用蚯蚓泥固濟，埋馬矢中，七七日取出，化爲黑油，以魚脬籠指蘸鬚上，自黑至根。或以油蜒蝸飲墨水而化之，或以龜溺，皆倒上法。中通曰：『眞生漆一斤，入二蟹，盛一瓦瓶内。又取黑桑椹一斤，入瓦瓶内，同日埋土，一月取起。濾去其滓，和勻貯一罐中，入麝少許。用雞肫皮包手指蘸藥水抹鬚尾，即上其根。若用藥一鍾加酒一鍾飲之，可黑半載。常染則石灰鉛粉或銅緑耳。

清　李光地等《御定月令輯要》卷一《歲令上》　女貞丸。增《簡便方》：女貞實，十月上巳日收，陰乾，用時以酒浸一日，蒸透，晒乾，一斤四兩。旱蓮草，五月收，陰乾，十兩為末。桑椹子，五月收，陰乾，十兩為末。煉蜜丸如梧子大，每服七八十丸，淡鹽湯下。久服。髮白再黑，返老還童。

清　陳元龍《格致鏡原》卷六四《木類一》　《拾遺記》：『員嶠山有木，名猗桑，煎椹以为蜜。』

又　卷七六《果類三·諸果》　《異苑》：『北方有白桑椹，長數寸，食之甘美。』

清　李元《蠕範》卷四《物食》　鵰食雞，鷂食雀，鴻豻食雁。如貓身，如鷹，少美長醜，黄黑斑文，有毛角兩耳，穴土而居，好食桑椹，不能遠飛，行不出域，盛午不見物，夜則飛入人家，捕雞鼠食之。

又　鵰食桑椹，鶴食橡實，狪食松脂，獬食楝葉，夜燕食龍眼，石鼠食山豆根。

清　厲荃原輯，關槐增纂《事物異名録》卷三五《禽鳥部上》　鸒

鳩　鳴鳩　嚴粲《詩緝》：『鶻鳩，鷽鳩也，小宛之鳴。』鳩，《氓》食桑椹之鳩是也。按，《本草綱目》：以鳴鳩爲布穀，鳲乃鳴字之訛。《禽經》《方言》謂卽戴勝，並非。

清　檀萃《滇海虞衡志》卷三《志香》　鬱金香，一名草麝香，根卽薑黃，入酒爲黃流。

按，沉水香，一名沉香，一名密香。密香者，則香所出之本樹也。樹如欅柳，皮靑，葉似橘，隆冬不凋，花白而圓，實似檳榔，大如桑椹，出六種香：曰沉香、曰雞骨香、曰桂香、曰𦟛香、曰黃熟香、曰馬蹄香，六香同出一樹，有精粗之異。

又　卷四《志酒》　桑椹酒、山查酒、葡萄酒。滇產葡萄佳，不知釀酒，而中甸地接西藏，藏人多居之，酒蓋自彼處來也。

清　鄭之僑《農桑易知録》卷三《農桑善後事宜》

備救荒

重農貴穀，有備無患。但天灾流行，出於人力所不及防，意議所不及料者，亦不能免。故水旱螽螟，春秋時屢書不絶。為民父母者，雖有平糴、賑恤、煮粥、安撫之法；而為百姓者，亦救荒不可無術。第一要養性命，全在五穀，五穀盡而糠秕繼之，糠秕盡而草根、木葉繼之。如粉葛、蕨萁，二者最美，取於山中，挖起洗净，搗碎，以水淘汰，去渣，水澄粉聚，取出充食，甚便。若芋實、桑椹、菱芡、葧薺，採取殆盡，何處可來充饑？唯稗米一斗，可舂三升，米皮、豆屑和劑蒸煮，食之無患。至海米蘋蘩，所出亦少，待取當穀，亦非救時通論。山中有一種泥土，其質膩味甘，人稱為觀音土。食者頗多，而土氣膠粘腸腹，一二月後，死者無算，此種誤人不淺，歷有明驗，不可不慎。至辟穀之方，載於《救荒本草》《王氏農書》與夫《山居四要》《山娥淸玩》等書，立言頗詳，而按之實少有驗。惟劉景先一方，與許眞人濟世一方，傳述者多，而醫書内，亦以用之有驗，屢屢鎸行。劉方：用大黑豆五斗，净淘洗，蒸三遍，去皮。又用火麻子三升，浸一宿，漉出，蒸三遍，令開口。取二味之仁，共搗為末，團如拳大，入甑蒸，戌時蒸至子時止，直至寅時，出甑，午時曬乾，為末。乾服，以飽為度，不得食一切他物。第一頓七日不饑，第二頓四十九日不饑，第三頓三百日不饑，不問老少，依法服食，永遠不饑。

清　周凱《勸襄民種桑説三則》《皇朝經世文編》卷三七　厥篚元纁璣組，豫州厥篚纖纊。纊，細緜也；纁，絳幣；組，綬屬，皆絲所織。不桑不蠶，其何以織？昔北燕馮跋下書令百姓種桑，遼無桑，慕容廆通晋，求種江南，而平川有桑息。張天錫歸晋，稱北方之美，桑椹甘香，涼燕皆處西北，且曰桑為有生之本，利盡西北矣！何獨東南其尤足為襄陽明證者。《先賢傳》載司馬德操躬采桑後園，龐士元助之。

清　單學傅輯《蔫譜》　紅豆幾枝，種堪相匹；淸簫一曲，塘直稱佘。食譜如添，不讓黃粱、紫筍；平心擬去，難爲竹葉、梨花。他如紅嚼檳榔、紫飱桑椹。輕團、鴉片、芙蓉之瓣同芬，小貯鼻蔫玻瓈之缾似錦。曷若消磨日昃，撚髭抽軋軋之思；含吐宵分，翦燭解酣酣之寢。爲農帝未嘗之靈根，乃神州偏嗜之佳品也哉！案：『糝蘭花』句乃用《分甘餘話》，以蘭花子拌入者，名蘭花蔫也。

圖表

明　姚可成《救荒野譜·補遺》

桑椹食實。

四月紫色時，采之生食

采桑采桑復采桑，葉飼蠶兮椹濟荒。朝來洒淚濕蠶筐，怨悵西郊遊冶郎。綺羅裳，厭膏粱。金鞍玉勒恣尋芳。

明 佚名繪《食物本草》卷二《果類》 桑椹，味甘，寒，主消渴。或暴乾和蜜食之，令人聰明，安魂、鎮神。不可與小兒食，令心寒。《詩》註言『鳩食椹多，則致醉，物類之相制也』，有如此夫？

桑皮

題解

清 顧元交《本草彙箋》卷五《灌木一八種》 桑白皮。灌木之一。合桑椹、桑葉、桑枝。

清 俞墉纂輯《蠶桑述要》 桑皮浸爛爲紙，名『桑皮紙』，裹物最經久。

綜述

明 蔣儀《藥鏡》卷四《寒部》 桑白皮六十二。利肺中之氣，氣泄而喘嗽平；逐肺中之水，水去而腫滿退。又治唾痰見血，抑制客熱虛癆。阿膠補血，怪其歛肺，製以桑皮，補瀉得均。蜜炙殺肺蟲，作線縫瘡口。汁取新根，治小兒之鵞口，與夫天吊。瀝燒下酒，治破傷之中風，并及風瘡。桑葉清涼補血，經霜明目，渴亦能消，至與胡麻合并九蒸，氣血兩盈。晚葉焙研茶下，吐血立止。剪其柔枝，祛風□□，兼同益母煎膏，紫白癜風歛跡。摘其甘椹，血養□除，熬液蜜和酒下，百種風熱然踪。桑柴灰淋汁者乾，別名木硇，引藥攻毒，透骨鑽筋，同鐵鏽蟾酥以拔疔，同乳香、沒藥而止痛。桑蟲發毒，桑耳破。

清 陳恢吾《農學纂要》卷四《桑》 桑皮，桑皮可造紙。日本將翦下枝條剝皮製綿，無異蠶綿。桑皮百兩，可得綿十八兩。

桑條

論說

《漢書》卷二七《五行志》 《史記》夏后氏【略】入于國，如先君之數。劉向以爲夏后季世，周之幽、厲皆誖亂逆天，故有龍黿之怪。近龍蛇，孽也。漦，血也，一曰沫也。檿弧，桑弓也。其服，蓋以其草爲箭服，近射妖也。女童妾者，禍將生於女，國以兵寇亡也。師古曰：『因婦人以致兵寇也。』

唐 段成式《酉陽雜俎・續集》卷八 一日，江楓亭會，衆說單方。成式記：『治壁鏡用白礬，重訪許君，用桑柴灰汁三度沸取汁，白礬爲膏，塗瘡口，即差。兼治虵毒，自商、鄧、襄州多壁鏡，毒人必死身匾五足者是，坐客或云巳年不宜殺虵。』

清 鄭光祖《一斑録》 阿城中有狼溪，煎阿膠者用烏驢皮浸溪中，百日刮盡毛垢，汲阿井水煎之。火宜桑柴，三晝夜始成，以麻油收者色微綠，以鹿角膠收者色微紫。明如鏡，味甘鹹，無惡臭，眞者蓋如是。他說多妄，若貨於墅者，俱收雜敗皮革，果係濟水煎之，猶可用也。如以他水，則於好牛皮膠且不能及，可以阿膠稱乎？

綜述

晉 李石《續博物志》卷九 桑柴灰取汁煎白礬，治壁鏡蛇毒。

宋 魏了翁《鶴山集》卷一八《師友雅言上》 火無體託物，而後見於用，故離為麗。凡南方之物，多附麗以見。諸用如朱砂，本性寒，以桑柴煑則煖，是火麗於桑木也。他皆然。

元 忽思慧《飲膳正要》卷二《食物利害》 蓋食物有利害者，可知而避之。【略】

燒肉不可用桑柴火。

元 王禎《農書》卷二二《農器圖譜二十・麻苧門》 每織，必先以油水潤苧，及潤纑。經織成生布，子好灰水中浸蘸曒乾，再蘸再曒，如此二日，不得揉搓。再蘸濕了，於乾灰內，周徧滲浥兩時久，納于熱灰水內，浸濕於甑中蒸之，文武火養二三日，頻頻翻覷，要識灰性及火候緊慢，次用淨水澣濯，天晴再三帶水搭曒如前，不計次數，惟以潔白為度。灰須上等白者，落黎、桑柴、豆稭等灰，入少許炭灰，妙。

元 佚名《居家必用事類全集》癸集《謹身・走獸》 桑柴炙羊肉，食生寸白蟲。

明 姚可成匯輯《食物本草》卷一二《禽部・原禽類》

鷄

烹治多年老鷄，以桑柴火煮之即爛。

又 卷二一《火部》

桑柘火

主補脾胃，壯真元。

桑柴火

煮物食之，主益人。又煮老鷄及猪羊等肉，俱能令極爛。能解一切毒，又治癰疽發背不起，瘀肉不腐，陰瘡瘰癧流注，臁瘡頑瘡，燃火吹滅，日炙二次。未潰拔毒止痛；已潰補接陽氣，去腐生肌。凡一切補藥諸膏，宜此火煎之。但不可點艾，傷肌。李時珍曰：桑木能利關節，養津液。得火則拔引毒氣，而祛逐風寒，所以能去腐生新。《抱朴子》云：一切仙藥，不得桑煎不服。桑乃箕星之精，能助藥力，除風寒痺諸痛，久服終身不患風疾故也。陳藏器曰：桑柴火灸蛇，則足見。《一統志》云：昔有人於浙江永康縣金豚山遇一大龜，束之歸。龜作人言曰：游不良時，為君所得。人甚怪之，載上吳王。王命烹之，焚薪數百車，語猶如故。諸葛恪命燃老桑，頃成糜爛。【略】

蘆火竹火【略】

李時珍曰：凡服湯藥，雖品物專精，修治如法，而煎藥者鹵莽造次，水火不良，火候失度，則藥亦無功。觀夫茶味之美惡，飯味之甘餲，皆係於水火烹飪之得失，即可推矣。是以煎藥須用小心老成之人，以深罐密封，新水活火，先武後文。如法服之，未有不效者。火用陳蘆枯竹，取其不强，不損藥力也。桑柴火取其能助藥力，桴炭取其力慢，櫟炭取其力緊。温養用糠及馬屎、牛屎者，取其暖而能使藥力勻遍也。

又 卷二二《治食方法》 凡煮肉宜用桑柴火，燒肉不宜用。

明 沈氏，清 張履祥輯補《農書》卷下 日用所急薪米二事為重，米取給於田，計口而食，相去不遠。惟柴薪之費，相去甚遠。炭及山柴為上，費樹柴次之，桑條荳萁又次之，稻柴麥柴又次之。然麥柴又不如稻柴以其無灰也。田家之灰，是一項肥壅。商鞅刑及棄灰，秦之農事，所以山東不敵。芋茇亦無灰，以其取給於地，不待價也。總之，必待買薪而舉火，難乎為家矣。最儉者有燒礱糠之法，另作連竈俗名螻蛄竈，用風箱以炊，則其費較稻柴倍省，而其灰復可以糶冶坊用之，桑柴灰、荳萁灰俱可糶，白藕荳萁灰，入粉則青。此難為法。吾里冬天用炭屑，實是省便，竹節更省。炭屑，杭州江干為佳，價又賤，路遠不便，則鑪鎮冶坊可糶。其價，十月，擔可二錢五分。篩出粗塊約二斗入炊爐，可當炭二十觔用，其餘八斗，每脚爐一事用炭屑一升，分晝夜翻入，可以無輟火矣。若置火缸，一事分晝夜翻入二升，晝頓滾湯，則一日可省燒茶幾次。夜頓清水，則早晏可得熱水濯手頮面，亦省柴十數觔也。其他烘頓諸物，無不便者。西鄉專來糴為蠶簇之用，蓋取其不驟熱、不驟冷，復無厝火不虞之患。每至春半，則担可四錢矣。里中趨利者，往往冬糴春糶。又有窑灰者，湖州邢窑之灰，邢窑近山，燒山柴其竹木之節，火力不盡者，多存焉。種火最便，其力雖不及炭屑之長，然價亦止及其半，以當班糠則過之矣。竹節陳莊買，其值視柴價為升降。風爐火箱俱可用，費亦最省。

清 陳元龍《格致鏡原》卷九九《昆蟲類四》 《事物原始》：『兩頭蛇，兩頭俱能行，以桑薪燒之，則足出。』

清 方以智《物理小識》卷九《草木類上》

桑

春斷枝瘞之生條，臘月移種，平其根翦去，俟次年離跗四五寸翦去，後年亦如法翦，始成木灌。宜鬱栖，不宜糞。桑根下埋龜甲則茂盛不蠹。桑條宜燥土，則根易生；溼則條爛矣。《抱朴》言：『桑爲箕精，能助藥力。』惟愚按，夏季取桑柘火，以木黃而綿，則火氣長，故利關節、拔氣奪邪也。燒肉忌桑柴。

又 卷一一《鳥獸類下》

蛇

北方介與蛇俱蟠，必向上，有草、木、水、土四種，有紅者、金翠者。劉郁云：『訖立兒地，蛇皆四跗，口吐紫艷。青蛙蛇最毒，怒時毒在頭尾。桑柴燒蛇，則見其足。四足蛇則木僕苟印千歲蝮也。』

清　顧元交《本草彙箋》卷五《木部灌木類十八種》

桑白皮灌木之一，合桑椹桑葉桑枝

桑枝本四發，有發散之義，故能利關節而除風寒、濕痺，煎藥用桑柴，即此意也。可見藥性之微，雖膈鐺火氣，便與臟府相關，况形質之物納之腸胃，其損益禍福更何如哉！勞薪炊茶，茶味即變。嘗以巴豆殼投炭火中，飲其湯水，即時大泄。《抱朴子》云：『一切仙藥，不得桑煎不服。』厥有故也。

清　閔鉞《本草詳節》卷一〇《水部》

艾火用陽燧火珠，承日取太陽眞火。次則鑽槐取火良，急用眞麻油燈或蠟燭火，不可用桑柴火，傷人肌肉。

桑柴火

主利關節，拔毒氣，祛風寒，宜煎一切補藥。

又　卷一一《草部》　鱉甲味鹹，氣平，生各處，以岳州沅江所出有九肋者，生剔爲上。三足赤足者，腹下有『卜』字、『王』字、『五』字形者，頭足不縮者，獨目者，目四陷者，腹下紅有蛇紋者，俱有毒，不可食，急埋深穽，免悞後人。惡理石礬石，凡使堅積醋煮，勞熱童便煮，須研極細用。又法以煆竈灰一斗，酒五升，浸一夜，煮令爛如膠用更佳，桑柴火尤炒。

清　吴儀洛《本草從新》卷一五《火土部火類土類**》**

桑柴火

主治：癰疽發背不起，瘀肉不腐及陰瘡、瘰癧流注、臁瘡頑瘡。然火吹滅，日炙二次。未潰，拔毒止痛；已潰，補接陽氣，去腐生肌。凡一切補藥諸膏，宜此火煎之，但不可點艾，傷肌。震亨曰：『火以暢達，拔引鬱毒，此從治之法也。』時珍曰：『桑木能利關節，養津液。得火則拔引毒氣，而祛逐風寒，所以能去腐生新也。』《抱朴子》云：『一切仙藥，不得桑煎不服。桑乃箕星之精，能助藥力，除風寒痹諸痛，久服終身不患風疾故也。』

清　丁宜曾《西石梁農圃便覽》　煮猪肉，封鍋口，加楮實子少許，易爛又香，忌桑柴火。

清　王太岳《四庫全書考證》卷五〇《本草綱目》　桑柴炭條，洗靑盲眼。方注：澄取極清，稍熱洗之。刊本熱訛熟，據下文改。

清　葉世倬輯《樹桑百益》

桑柴灰

氣味：辛寒有小毒。

主治：蒸淋取汁爲煎，與冬灰等分同，滅痣、疵、黑子，蝕惡肉。煮小豆食，大小水脹，敷金瘡，止血生肌。〇桑霜治噎食積塊。

附方

目赤腫痛。桑灰一兩，黄連半兩，爲末。每以一錢泡湯，澄清洗之。洗靑盲眼。正月八、二月八、三月六、四月四、五月五、六月二、七月七、八月二十、九月十二、十月十七、十一月二十六、十二月三十日，每遇上件神日，用桑柴灰一合，煎湯沃之，于瓷器中澄取極清，稍熱洗之，如冷，即重湯頓溫，不住手洗，久久視物如鷹鶻也。一法以桑灰、童子小便和作丸，每用一丸，泡湯澄洗。尸注鬼注。其病變動，乃自三十六種，至九十九種，使人寒熱淋瀝，恍惚默默，不的知所苦，累年積月，以至于死，復傳親人。宜急治之。用桑樹白皮曝乾，燒灰二斗，着甑中蒸透，以釜中湯三四斗淋之又淋，凡三度，極濃，澄清，止取二斗，以漬赤小豆三斗一宿，曝乾復漬，灰汁盡乃止。以豆蒸熟，或羊肉或鹿肉作羹，進此豆飯。初食一升至二升取飽，微者三四斗愈，極者七八斗愈。病去時，體中自覺疼痒淫淫，若根本不盡，再爲之。神效方也。痃癖氣塊。用大鼈一枚，以蠶沙一斗，桑柴灰一斗，淋汁五度，同煮如泥，去骨再煮成膏，擣丸梧子大，每服十丸，日三服。身面水腫。坐卧不得，取東引花、桑枝燒灰淋汁，煮赤小豆，每飢即飽食之，不得吃湯飲。面上痣疵。寒食前後，取桑條燒灰淋汁，入石灰熬膏，以自己唾調，點之，自落也。白癜駁風。桑柴火二斗，甑内蒸之，取釜内熱湯洗，不過五六度瘥。大風惡疾。眉髮脱落，以桑柴灰熱湯淋取汁，洗頭百以大豆水研漿，鮮澤灰味彌佳，次用熟水入菉豆麪濯之，三日一洗頭，一日一洗面，不過十度，良。狐尿刺入。腫痛欲死，桑灰汁漬之，冷即易。金瘡作痛。桑柴灰篩細，敷之。瘡傷風水。腫痛入腹則殺人，以桑灰淋汁漬之，冷復易。頭風白屑。桑灰淋汁沐之，神良。

又　桑柴火

主治：癰疽發背不起，瘀肉不腐，及陰瘡瘰癧流注。臁瘡頑瘡，燃火吹滅，日炙二次，未潰拔毒止痛，已潰補接陽氣，去腐生肌。凡一切補藥諸膏，宜此火煎之，但不可點艾傷肌。

清　崔應榴彙纂，錢馥補輯《蠶事統紀》卷九《火倉》　案：小蠶固當用火，然南北之天時氣候既殊，尤當隨時隨地斟酌以為施。至於牛糞為墼，特宜北方；若南土，則皆用炭屑，俗名窰消者。以三尺之缸為爐，桑薪下排，炭屑上覆，火不過熱，使蠶室温和，且便轉移，此又南法之良也。

清 方大湜《桑蠶提要》卷二《蠶事四十條**・繅絲**十八則**》**

選柴

煮繭之柴，以無煙爲佳，板炭最好，如無板炭，則用栗柴、柏柴，以二木無煙故也。桑柴、柿柴亦可用。但須曬令極乾耳。松柴多煙，不可用。絲被煙熏則色不明亮。

清 汪曰楨《湖蠶述》卷三《繅絲》 儲薪 亦須揀擇，最好是栗柴，按，即橡櫟樹。桑柴次之，雜柴又次之，切不可燒香樟，其氣能使絲紅色。《育蠶要旨》按，薪宜乾，故必預儲曬燥。

清 方旭編《蟲薈》卷四《鱗蟲》

壁鏡蛇

《談薈》：壁鏡蛇，身扁，五色，螫人必死，惟桑柴灰汁三沸，調白礬爲膏，塗之可救。

清 江毓昌《桑蠶説》

繅絲【略】

柴要極乾，栗柴、桑柴、柏柴、柿柴，烟少，都好。

清 江志伊輯《飼蠶法》 飼育 若值陰雨天寒，飼時須先用乾桑柴，或去葉稈草一把，點火繞箔照過，熘出寒溼之氣，然後飼之，則蠶不生病。

清 沈練《蠶桑説・飼蠶法七十條》 糠灰、山帚、絲柴即燒絲鍋之硬柴也，栗柴爲上，桑柴次之，雜柴又次之，香樟斷不可用。及淘過之乾麥，蠶倉所用之土甎，皆宜先時預備。

清 沈練、仲學輅《廣蠶桑説輯補》卷下 若熱蠶做法，須用向缸，其缸口大而底小，高尺餘，大如尋常飯鍋者合用。缸或不足，可以破鍋代之。如大眠頭十一二斤，約用向缸五隻，將極燥柴頭。桑柴、栗柴、青柴、柿柴俱可，其有香臭氣與多煙之柴頭，不宜夾入。

清 衛杰《蠶桑萃編》卷四《繅繭類》

乾柴

煮繭以無煙為佳，桑條火極旺。如無桑條柴，芝麻桿極好。如乏麻桿，板炭、木炭亦好。如少炭則栗柴、柏柴、柿柴皆可。須曬得極乾，自然無煙。若煙多，不可用，因絲被煙薰，色不明亮。

清 趙彪詔《説蛇・蛇譜》

壁鏡蛇身扁五色，螫人必死。用桑柴灰汁三沸，調白礬爲膏，塗之，即愈。按，《物性志》曰：『蛇甚飽則蛻，冬含土蟄，春吐爲蛇黄，可治瘡毒。』

又 蛇無足。或云蛇皆有之，五月五日，燒地令熱，以酒沃之，置中，足出。又云，蛇以桑薪燒之，則足出見。

紀事

《南史》卷一八 蕭思話，南蘭陵人。【略】十四年，遷臨川王義慶平西長史、南蠻校尉。文帝賜以弓琴，手敕曰：『前得此琴，言是舊物，今以相借，并往桑弓一張，理材乃快。良材美器，宜在盡用之地，丈人真無所與讓也。』嘗從文帝登鍾山北嶺，中道有盤石清泉，上使於石上彈琴，因賜以銀鍾酒，謂曰：『相賞有松石間意。』歷寧蠻校尉、雍州刺史，監四州軍事，徵爲吏部尚書。思話以去州無復事力，倩府軍身九人。文帝戲之曰：『丈人終不爲田父於閭里，何憂無人使邪？』未拜，遷護軍將軍。

唐 王懸河《三洞珠囊》卷二《貧儉品》 范豺者，巴西閬中人也。【略】以宋太元十四年到荊州，居于南郡枝江縣之富城洲尾巴芒中，亦有屋宇，不障風霜，以桑柴爲牀，束藁揷其間。有一空簞、一瓦瓶，裝擔枕倚以卧。或有十日，荷擔乞食，口絕粳粱，醪醴滋味，果實，唯麤粟、飯菜、羹。食一升許，便過旬日也。

宋 王應麟《玉海》卷三八《藝文・漢韓詩外傳》 《白虎通》《韓詩内傳》曰：『太子生，以桑弧蓬矢六，射上下四方。』《内傳》曰：『師臣者帝。』《文選注》《内傳》：『桑弓蓬矢，王者舞六代之樂舞四夷之樂，大德廣之所及。』又《内傳》曰：『世子者何言，世世不絕。』

清 杜文瀾《古謠諺》卷一七

周宣王時童謠

檿弧箕服，實亡周國。韋注云：山桑曰檿。弧，弓也。桑，木名。服，矢房也。《洪範・五行傳》：『檿弧，桑弓也。其服，蓋以其草爲箭服，近射妖也。女童奮者，禍將生於女，國以兵寇亡也。』

清 梁清遠《雕丘雜録》卷一四《西廬漫筆》 熹宗不豫，大司馬霍維華獻仙方靈露飲。熹宗累服之，亦覺甘美，後以不能多飲而罷其法。大署用銀鍋一口，内安木甑如桶，高尺許，圓徑稱之。甑底安篦篦，中央安長頸大口空銀瓶一箇，周圍用淘净秔米或糯米、小米、老米旋添入甑，候熱氣透一層，再添一層，約離甑口七分滿。不可十分滿，恐米漲入瓶，不便。上盔一尖底銀鍋，底尖正對銀瓶之口，離二三分許。外上添冷水，周圍固濟嚴秘，下用桑柴或好炭火蒸之。候上鍋内水熱，即便换冷水，不數换而瓶中之露可滿。取出温服，乃米穀之精華也。其熟飯，食之無味，可驗。器忌銅、鐵、錫。火忌煤。

藝文

宋 范成大《石湖詩集》卷三《繅絲行》 繅車軋伊繭抽絲，桑薪煑水急莫遲。黄絲白絲光縰縰，老蠶成蛹啖兒飢。田家婦姑喜满眉，賣絲得錢買羃羅。翁叟慣事罵婦姑，只今長男戍葭蘆。秋寒無衣霜洌膚，鳴機織素將何須。翁叟喃喃罵未竟，當門叫呼迎縣令。騶奴横索馬鞭絲，婦姑房中折纑經。

宋 劉克莊《後村先生大全集》卷一二三《卓漳州》 退老明農已拜神武門之疏，故人作牧未寒真率社之盟。隳括新腔，寵光初度。恭惟某官，成周髦士，先率甲科。避弋退飛，以熙寧不容而去；改弦入覲，為開元有道少留。謂津要之立登，乃蕃宣之自説。置盂水，拔薤本，郡人皆曰清官；開竹棧，擲桑弓，山越復為赤子。既循良之居最，猶故舊之不遺。興念衰陳，素叨好雅。昔陪半老儒之後，蓮照禁中；今成一秃翁而歸，草深戶外。自不記桑弧之旦，乃為鑒寶瑟之音。某視蔭凄涼，聞歌感慨。無青玉案之作，美贈難酬；踐烏石岡之言，相尋未晚。輙抒拙訥，少答殷勤。

宋 潘興嗣《逍遥亭》《皇朝文鑑》卷一九 作亭名逍遥，此理誠不虚。寛於一天下，原憲惟桑樞。況我卜清曠，風雨庇有餘。方池容瀲灔，小徑足縈迂。花木頗窈窕，松筠亦扶疎。鳴蛙送鼓吹，好鳥來笙竽。可琴亦可詠，可飲亦可娛。盤雖無下筯，賓食亦有魚。恢論或申旦，隱几忘移晡。困來展足眠，醉倒從人扶。率爾但付暢，因煩而領無。鄰侯三萬軸，方朔五車書。棄置復棄置，任自相賢愚。無妨吾逍遥，此樂誠何如。

宋 劉克莊《後村先生大全集》卷一七九《詩話續集》 大官連檣十萬艘，小官僅得一葉如漁舠。其中何所有，白髮翁媪并兒曹。赤脚婢三後執爨，蒼頭奴二前操篙。元眞筆牀間茶竈，吏部酒杯兼蟹螯。書緘一箱半魚蠹，壹束百軸成牛腰。平鋪藁秸薦貓犬，賸買棗栗供猿猱。新花欝屈作萎木，清酒蕩摇成濁醪。篷低日覺巾角折，竈近時聞羹釜轑。高驤正難望鷁首，緩進豈敢爭龍標。全家窟拘嘆蹐跼，長物屏當隨週遭。桑樞騆馬各是累，人肝薇蕨俱成饕。不須彼此更相笑，未必欝林之石賢胡椒。舟行。

明 陳繼儒纂輯，清 石巖增訂《陶朱公致富奇書》卷三《詩賦部》

正月以下咏織

正月新獻歲，最先理農器。女工並時興，蚕室臨期治。初陽力未勝，早春尚寒氣。窗戶當奧密，勿使風雨至。田疇耕耨動，敢不修耒耜。經冬牛力弱，相戒勤飯飼。萬事非預備，仓卒恐不易，田家亦良苦，舍此復何計。

二月

仲春凍初解，陽氣方滿盈。旭日照原野，萬物皆欣榮。是時可種桑，插地易抽萌。列樹偏阡陌，東西各縱横。豈惟日落間，採葉惮遠行。大哉皇元化，四海無交兵。種桑日已廣，彌望緑雲平。匪惟錦綺謀，祇以厚民生。

三月

三月蠶始生，纖細如牛毛。婉孌閨中女，素手握金刀。切葉以飼之，擁紙散周遭。庭樹鳴黄鳥，發聲和且嬌。蚕飢當採桑，何暇事遊遨。田時人力少，丈夫方種苗。相將挽長條，盈筐不終朝。數口望無寒，敢辭終歲勞。

四月

四月夏氣清，蠶大已屬眠。高首便昂昂，蛾眉復娟娟。不憂桑葉少，徧野如緑烟。相呼携筐去，迢遞立遠阡。梯空伐條枝，葉上露未乾。蠶飢當早歸，秉心静以專。飭躬修婦事，黽勉當盛年。救忙多女伴，笑語方喧然。

五月

五月夏已半，谷鶯先弄晨。老蠶成雪繭，吐絲亂紛紜。伐葦作薄曲，束縛齊榛榛。黄者黄如金，白者白如銀。爛然滿筐筥，爱此顔色新。欣欣舉家喜，稍慰經時勤。有客過相問，笑聲聞西鄰。論功何所歸，再拜謝蠶神。

六月

釡下燒桑柴，取蔭投釡中。纖纖兒女手，抽絲疾如風。田家五六月，緑樹陰相蒙。但聞繰車響，遠接村西東。旬日可經絹，弗憂杼軸空。婦人能蠶桑，家道當不窮。更望時雨足，二麥亦稍豊。沽酒及時飲，醉倒嫗與翁。

七月

七月暑尚熾，長日弄機杼。頭蓬不暇梳，揮手汗如雨。嘤嘤時鳥鳴，灼灼紅榴生。何心娱耳目，往來忘傴僂。織爲機中素，老幼要紉補。青燈照夜梭，蟋蟀窗外語。辛苦亦何有，身體衣幾縷。嫁爲田舍婦，終歲服勞苦。

八月

池水何洋洋，漚麻水中央。數日麻可取，引過兩手長。織絹能幾時，織布已復忙。依依小兒女，歲晚嘆無裳。布襦不掩脛，念之熱中腸。朝緝滿一籃，暮緝滿一筐。行看機中布，計口漸可量。我衣苟已成，不憂天早霜。

九月

季秋霜露降，凜凜寒氣生。是月當授衣，有布織未成。天寒催刀尺，機杼可無營。教女學紡纑，舉足疾且輕。舍南與舍北，嘒嘒聞車聲。通都富豪家，華屋貯娉婷。被服雜羅綺，五色相間明。聽説貧家女，惻然當動情。

十月

豐年禾黍登，農心稍逸樂。小兒漸長大，終歲荷鋤钁。目不識一字，每念心作惡。東鄰方迎師，收拾令入學。後月日南至，相賀因舊俗。爲女裁新衣，修短巧量度。龜手事塞向，庶禦北風虐。人生真可嘆，至老長力作。

十一月

冬至陽來復，草木潛滋萌。君子重其然，吾道自此亨。父母坐堂上，子孫列前榮。再拜稱上壽，所願百福并。人生屬明時，四海方太平。民無扎瘥者，厚澤敷群情。衣食苟給足，禮義自此生。願言興學校，庶幾教化成。

十二月

忽忽歲將盡，人事可稍休。寒風吹桑林，日夕聲颼颼。墻南地不凍，墾掘爲坑溝。斫桑埋其中，明年芽早抽。是月落蠶種，自古相傳流。産出易脱殼，絲纊亦倍收。及時不努力，知有來歲否。手凍不足惜，異免號寒憂。

清 周凱《飼蠶十二詠・炙箔》《清詩鐸》卷七

炙箔蠶宜温，上簇時，更宜加煖。微火炙之，毋太烈。

大蠶已吐絲，小蠶看猶臥。恐犯春風寒，候火不敢惰。蘆簾疊疊鋪，桑柴細細剉。宜温毋太烈，守爐忍飢餓。

雜録

北魏 賈思勰《齊民要術》卷三《雜説第三十》 八月，暑退。命幼童入小學如正月焉。涼風戒寒，趣練縑帛，染綵色。河東染御黄法：碓擣地黄根令熟，灰汁和之，攪令匀，搦取汁，别器盛。更擣滓，使極熟，又以灰汁和之，如薄粥，瀉入不渝釜中，煮生絹。數迴轉使匀。舉看有盛水袋子，便是絹熟。杼出，著盆中，尋繹舒張。少時，捩出，净擺去滓。曬極乾，以别絹濾白淳汁，和熱杼出，更就盆染之，急舒展令匀。汁冷，捩出，曝乾，則成矣。治釜不渝法，在醴酪條中。大率三升地黄，染得一匹御黄。地黄多則好。柞柴、桑薪、蒿灰等物，皆得用之。擘綿治絮，製新浣故；及韋履賤好，預買以備冬寒。刈萑、葦、芻茭。涼燥，可上角弓弩，繕理檠鋤正，縛鎧弦，遂以習射。弛竹木弓、弧。糴種麥、糴黍。

又 卷六《養羊第五十七》 令氈不生蟲法：夏月敷席下卧上，則不生蟲。若氈多無人卧上者，預收榨柴、桑薪灰，入五月中，羅灰遍著氈上，厚五寸許，卷束，於風凉之處閣置，蟲亦不生。如其不爾，無不生蟲。

又 卷七《白醪麴第六十五皇甫吏部家法**》** 作白醪麴法：取小麥三石，一石熬之，一石蒸之，一石生。三等合和，細磨作屑。煮胡葉湯，經宿使冷，和麥屑，擣令熟，踏作餅。圓鐵作範，徑五寸，厚一寸餘。床上置箔，箔上安蘧蒢，蘧蒢上置桑薪灰，厚二寸。作胡葉湯令沸，籠子中盛麴五六餅許，著湯中，少時出，卧置灰中，用生胡葉覆上以經宿，勿令露濕，特覆麴薄偏而已。七日翻，二七日聚，三七日收，曝令乾。作麴屋，密泥戸，勿令風入。若以牀小，不得多著麴者，可四角頭竪槌，重置椽箔如養蠶法。七月作之。

南朝宋 劉叔敬《異苑》卷三 吴孫權時，永康有人入山，遇一大龜，即逐之。龜便言曰：『遊不良時，爲君所得。』人甚怪之，載出欲上吴王。夜泊越里，纜船於大桑樹。宵中樹呼龜曰：『勞乎元緒，奚事爾耶？』龜曰：『我被拘縶，方見烹。雖盡南山之樵，不能潰我。』樹曰：『諸葛元遜博識，必致相苦，令求如我之徒，計從安出？』龜曰：『子明無多辭，禍將及爾！』樹寂而止。既至，權命煮之，焚柴百車，語猶如故。諸葛恪曰：『然以老桑方熟。』獻之人仍説龜樹共言，權登使伐取，煮龜立爛，今烹龜猶多用桑薪，野人故呼龜爲元緒也。

唐 郭橐駞《種樹書》卷上《十二月》 浴蠶種：臘八日，以桑柴灰淋汁，以蠶種浸一日，却以雪水浸挂收，或挂桑木上，從雨雪凍一二宿收，庶幾耐養。

唐 孟詵、張鼎、謝海洲等輯《食療本草》卷下《大豆平》

（六）大豆：寒。和飯搗涂一切毒腫。療男女陰腫，以綿裹内之。殺諸藥毒。又，生搗和飲，療一切毒，服、涂之。

謹按，煑飲服之，去一切毒氣，除胃中熱痹，傷中，淋露，下淋血，散五藏結積内寒。和桑柴灰汁煑服，下水鼓腹脹。

宋 陳承、裴宗元、陳師文《增廣太平惠民和劑局方》卷一《諸風附腳氣》 天南星圓，治風化痰，精神爽氣，利胸膈，消酒毒，止痰逆、惡心，中酒嘔吐。

天南星一斤，每箇重一兩上下者，用溫湯浸洗，刮去裏外浮皮，并虛軟處令淨。用法：酒浸一宿，用桑柴蒸，不住添熱湯，令釜滿，甑内氣猛。更不住洒酒，常令藥潤，七伏時滿，取出。用銅刀子切開一箇大者，嚼少許，不麻舌爲熟；未即再炊。候熟，用銅刀切細焙乾。

宋 秦觀《秦准海蠶書序》《蠶事統紀》附 臘之八日，以桑柴之灰或草之灰淋之汁，以蠶連浸焉，一日而出。繼以雪之水浸之，懸而乹之，或懸桑木之上以冐雨雪，二宿而收之。

宋 莊綽《雞肋編》卷上 二浙造酒，皆用石灰，云無之則不清。嘗在平江常熟縣，見官務有燒灰柴，歷漕司破錢收買。每醅一石，用石灰九兩。以樸木先燒石灰令赤，并木灰皆冷，投醅中。私務用尤多，或用桑柴云。樸木，葉類青楊也。李百藥為杜伏威欲殺，飲以石灰酒，因大利瀕死，既而宿病皆愈。今南人飲之無恙，豈服久反得愈病之功乎？

又 卷一八五《詩話》 劉禹錫《八陣圖》云：『會有知兵者，臨流指是非。』《寄嚴司空》云：『歡謡開竹栻，拜舞擲桑弓。』

宋 王觀國《學林》卷三《弧弓》 上古時質樸，故其始創弧弓，則弦木爲弧。至周時，禮樂庶事備矣；故爲弓也，有角、筋、膠、絲、漆參合而爲之。《史記》云：『宣王立，女童謡曰：「檿弧箕服，實亡周國」』服虔注曰：『檿，桑也。』顔師古注曰：『檿，山桑之有文者。』前漢《五行志》曰：『檿弧，弧弓也。』《禮記》曰：『桑弧，蓬矢。』凡此言，弧皆以木爲弧也。然《列子》曰：『乃以燕角之弧，朔蓬之幹射之』，此又以角爲弧是。或以木，或以角，無定制矣。

元 忽思慧《飲膳正要》卷二《神仙服食・鐵甕先生瓊玉膏》

此膏填精補髓，腸化為筋，萬神具足，五藏盈溢，實血滿，髮白變黑，返老還童，行如奔馬。日進數服，終日不食亦不飢。開通强志，日誦萬言，神識高邁，夜無夢想。人年二十七歲以前服此一料，可壽三百六十歲；四十五歲以前服者，可壽二百四十歲；六十三歲以前服者，可壽一百二十歲；六十四歲以上服者，可壽百歲。服之十劑，絶其慾，修陰功，成地仙矣。一料分五處，可救五人癰疾；分十處，可救十人勞疾。修合之時，沐浴至心，勿輕示人。

新羅參二十四兩，去蘆 生地黄一十六斤汁 白茯苓四十九兩去黑皮 白沙蜜一十斤煉净

右件人參、茯苓為細末，蜜用生絹濾過，地黄取自然汁。搗時不用銅鐵器，取汁盡去滓，用藥一處拌和匀，入銀石器或好磁器内封，用净紙二三十重封閉。入湯内，以桑柴火煮三晝夜。取出，用蠟紙數重包瓶口，入井口去火毒，一伏時取出。再入舊湯内煮一日，出水氣，取出，開封，取三匙作三盞，祭天地百神，焚香設拜，至誠端心。每日空心，酒調一匙頭。

延年益壽，填精補髓。久服，髮白變黑，返老還童。

枸杞不以多少，採紅熟者

右用無灰酒浸之，冬六日，夏三日，於沙盆内研令爛細，然後以布袋絞取汁，與前浸酒，一同慢火熬成膏，於净磁器内封貯。重湯煑之，每服一匙頭，入酥油少許，温酒調下。

元 司農司《農桑輯要》卷二《播種・苧麻》 每歲可割三鐮【略】

五月初一鐮，六月半一鐮，八月半一鐮。唯中間一鐮，長疾，麻亦最好。刈倒時，隨即用竹刀，或鐵刀，從梢分批開，用手剝下皮，即以刀刮其白瓤，其浮上皴皮自去。縛作小箕，搭於房上，夜露晝曝。如此五七日，其麻自然潔白，然後收之。若值陰雨，即於屋底風道内搭凉去聲，恐經雨黑漬故也。所剝之麻，春夏秋温暖時分，績與常法同；若於冬月，用温水潤濕，易為分擘，不然乾硬難分。其績既成，纏作纓子，於水甕内浸一宿。紡車紡訖，用桑柴灰淋下，水内浸一宿，撈出。每纑五兩，可用一净水盞，細石灰拌匀，置于器物内，停放一宿。至來日擇去石灰，却用黍稭灰淋水煮過，自然白輭。曬乾再用清水煮一度，別用水擺拔極净，曬乾，逗成纑，鋪經蔭織造，與常

法同此。

又 卷四《養蠶·夏秋蠶法》 《要旨》：『熱蠶：槌底亦宜用麥糠、麥䴬燒之。又大路上踏踐起乾塵土，收三四石。生蠶日，于槌底攤平，可辟暑濕。簇秋蠶多于簇心用熟火，或致焚燒。不若止于映北風處爲簇。簇底用麥䴬均鋪，簇則用乾桑柴爲梢，新乾麥䴬爲草，得自然温暖之氣，不須用火矣。經雨則倒簇。

元 佚名《居家必用事類全集》庚集《閨閣事宜》

取靨五灰膏

桑柴灰　柳柴灰　小灰　石灰　陳皮灰

右件五灰，用水煎浓汁入釅醋点之，凝定不散，收贮。

明 汪汝懋《山居四要》卷三《新增諸證雜方一類》 治背發：癰瘡用温水洗净，用桑柴燒取紅炭，炙瘡口，待乾，用白麪槎繩圍瘡口，四弦上用雞子清翎毛刷傅，數次即安。如瘡内肉腫出，易治；塌内，難治。

明 朱權《臞仙神隱》卷三《仙家服食凡三十條·餌鴈腹丹法》 丹砂三斤，治下篩，盛以重練囊，内鴈腹中，縫腹令合，蒸黍米，下炊以桑薪，三日三夜出之。以白蜜丸如黃豆大，每服二丸，日三，除萬病，亦可延年。

又 卷四《治藥·瓊玉膏》 用人參末一斤，丰茯苓末三斤一兩，生地黄十六斤取汁，沙蜜十斤濾净，同和為一處。用桑柴於砂鍋内煑三日，取出，用蠟纸封固，勿令水入浸，於井底一伏時取出，再煑一伏時，然後調服。

明 陳嘉謨《本草蒙筌》卷四《木部·松脂》 味苦甘，氣溫，無毒。普天下植養，州土不拘。大木中流來，瀝清松脂别名便是。採取媒利，鑿多竅可遂貪心；鍊餌延年，待自流易奏捷効。擇通明成顆，分向背陰陽。向南日月照者爲陽脂，向北日月背者爲陰脂。陽脂補陽，陰脂補陰。《僊經》亦云：『不見日月者，皆可取服。』以人多陰虚，欲其專補陰爾。製鍊有方，依式勿錯。水盛釜内，甑安水傍。白茅藉甑底兩層，黄沙蓋茅上寸許。松脂任布，桑柴緊炊。湯減少旋添，脂流盡方出。新笊篱掠投冷水。沉釜底者勿用。

又 卷五《穀部·生大豆》 味甘，氣平，無毒。原産泰山平澤，今則處處有之，黑白種殊，惟取黑者入藥；大小顆異，須求小粒煎湯。紫小者爲雄豆，入藥方効。惡龍膽、五參，草龍膽、人參、沙參、玄參、丹參、苦參。宜前、烏、杏、牡，前胡、烏喙、杏仁、牡蠣。和桑柴灰汁煑，下水蠱腫脹，瘀血積脹如神，同生甘草片煎，解飲饌中毒，丹石藥毒立效。合飯搗，箍癰疽消腫，婦人陰戶腫，亦可納之；煎水飲，殺鬼疰止疼，脚膝筋攣疼，勿吝服也。炒研豆屑，湯調下咽。消食免膨，毆熱除痺。又炒黑煙未斷，乘熱投淋酒中即古方豆淋酒，一名紫酒。

明 黄省曾《農圃四書》卷二《蠶經·四之種連》 其在簇也，擇繭之尖細堅小者。腰小者雄也；圓慢厚者、腰大者雌也。相兼而收，以簇中爲佳，近上則絲薄，近下則子不生。其蛾之生也，取其同時者擇而對焉，自辰而亥，乃折，厥氣乃全。其放子也。必覆而暗之，見光則其子遊散。其爲連也，必桑皮之紙出於南潯。母蛾之覆也，四五日厥氣，乃因沃之，以絲之湯，則子不落。其子之如環如堆者，棄之。貫之以桑皮，忌麻苧之線，懸之於涼處，忌烟熏日炙之所。至端午也，以蒲、以艾、以柳，和井水而浸，少時焉，去其尿以懸。其留蠒十斤也，可以得三眠之蠶四十斤焉。至臘之十二，浸之於鹽之滷，至二十四出焉，則利於繅絲。或曰，臘之八日以桑柴之灰或草之灰淋之汁，以蠶連浸焉，一日而出。繼以雪之水浸之，懸而乾之；或懸桑木之上，以冒雨雪，二宿而收之，則耐養。二月十二浴焉，清明之曉則綿紙裹之，藏於廚之内。俟桑之芽如茶匙之大，則綿絮裹之，暮也，覆以所服之煖衣；晨也，覆以所蓋之煖被。既出也，溫以火；未出也，禁以火焙。其浸也，用桑條之灰，濕其連，而後摻之，摺而浸之於滷中，即鹽化之水有分兩，恐其浮也，以磁器壓之。其至二十四出也，用河水滌去其灰，或置之扁中而沃，而後涼之，掛之。則至春也者，生否者，陰不至於費葉。至二月十二浴也，以菜之花、野菜之花、韭之花、桃之花、白豆之花，揉之中而浴之。蛾之放子也，一夜而止，否則生蟻也不齊。

明 徐光啓《農政全書》卷三一《蠶桑·養蠶法》 藏卵時，勿令見人。應用二七赤豆，安器底，臘月桑柴二七枝，以麻卵紙，當令水高下與種相齊。若外水高，則卵死不復出；若外水下卵則冷氣少，不能折其出勢。不能折其出勢，則不得三七日。不得三七日，雖出不成也。不成者，謂徒績成繭、出蛾、生卵，七日不復剖生，至明年方生耳。欲得陰樹下。亦有泥器三七日，亦有成者。

又 冬節及臘八日浴時，無令水極凍，浸二日取出，復挂。年節後，瓮内竪連，須使玲瓏。每十數日，日高時一出。每陰雨止，即便曬暴。黄省曾曰：『臘月十二，浸之於鹽滷，至二十四而出，則利於繅絲。或曰臘八日，以桑柴灰或草灰淋汁，以蠶連浸焉，一日而出，繼以雪水浸之，懸乾，或懸桑木之上，以冒雨雪，三宿而收之，則耐養。

又 若值陰雨天寒，比及飼蠶，先用乾桑柴或去葉稈草一把，點火繞箔照過，熇出寒濕之氣，然後飼之，則蠶不生病。

又 卷三六《蠶桑廣類·圖譜》 行臺監察御史詹雲卿造布之法曰：揀一色白苧麻，水潤分成縷，粗細任意。旋緝旋搓，本俗於腿上搓作纑亘。成鋪不必車紡，亦勿熟漚，只經生纑論帖穿苧如常法。以發過稀糊調細豆麵刷過，更用油水刷之，於天氣濕潤時，不透風處，或地窨子中洒地令潤，經織爲佳。若風日高燥，則纑縷乾脆難織，每織必先以油水潤苧及潤纑，經織成生布，於好灰水中浸蘸，曒乾再蘸，再曒。如此二日，不得揉搓，再蘸濕了於乾灰內，周遍滲浥，兩時久，納於熱灰水內，浸濕，於甑中蒸之。文武火養二三日，頻頻翻覷，要識灰性及火候緊慢。次用净水澣濯，天晴再三帶水，搭曒如前，不計次數，惟以潔白為度。灰須上等白者，落藜、桑柴、豆稭等灰，入少許炭灰妙。北方古有此法，今獨肅寧用之。

明 姚可成匯輯《食物本草》卷一一《介部·蛇蟲部·黿鼈類》

附方

治詳細癖氣塊。用大鱉一箇，蠶沙一斗，桑柴灰一斗，淋汁五度，同煮如泥，去骨甲，再煮成膏，擣丸梧子大。每日三服，每服十丸。

又 卷一四《獸部二·野獸類一·鹿》 以新鹿角寸截，米泔浸七日令軟，再盛於長流水中浸七日，去粗皮，以東流水、桑柴火煮七日，旋旋添水，入醋少許，擣成霜用。其汁加無灰酒，熬成膠用。味甘平，無毒。主傷中勞絶，腰痛羸瘦，補中益氣。婦人血閉無子，止痛安胎。久服，輕身延年。療吐血下血，崩中不止，四肢作痛，多汗淋露，折跌傷損。炙噙酒服，補虛勞，長肌益髓，令人肥健，悦顔色。又治勞嗽，尿精尿血，瘡瘍腫痛。

又 卷一六《味部二·雜類·蜂蜜》 凡煉沙蜜，每斤入水四兩，銀石器內，以桑柴火慢煉，掠去浮沫，至滴水成珠不散取用，亦佳，且不傷火也。

又 卷一七《草部一·山草類·人參膏》 用人參十兩細切，以活水二十盞浸透，入銀石器內，桑柴火緩緩煎取十盞，濾汁，放過一邊。將滓再下水十盞，煎取五盞，與前汁合煎成膏，瓶收。隨病作湯使。丹溪云：多欲之人，腎氣衰憊，咳嗽不止，用生薑、橘皮煎湯化膏服之。浦江鄭君，五月患痢，又犯房室，忽發昏暈，不知人事，手撒目暗，自汗如雨，喉中痰鳴如拽鋸聲，小便遺失，脈大無倫，此陰虧陽絶之症也。醫令急煎大料人參膏，仍炙氣海穴在臍下一寸二分一十八壯，右手能動。再三壯，唇口微動，遂與膏服一盞，半夜後服三盞，眼能動。盡三斤，方能言而索粥。五斤而痢止，十斤而全安。若作風治則誤矣。

又 卷一八《草部二·隰草類二·瓊玉膏》 常服開心益智，返老還童，辟穀延齡，及治癰疽勞瘵，咳嗽唾血等症，乃鐵甕城申先生方也。生地黃汁十六斤取汁，人參末一斤半，白茯苓末三斤，白沙蜜十斤濾淨。拌勻，入瓶內，箬封。安砂鍋中，桑柴火煮三晝夜。再換蠟紙重封，浸井底一夜，取起再煮一伏時。每以白湯或酒點服一匙。丹溪云：好色虛人，咳嗽唾血者，服之甚捷。國朝太醫院進御服食，議加天門冬、麥門冬、枸杞子末各一斤，賜名益壽永真膏。

又 卷二〇《木部·香木類·松脂》 凡用松脂，先須錬治。用大釜加水置甑，用白茅藉甑底，又加黃砂於茅上厚寸許，然後布松脂於上，炊以桑薪，湯減頻添熱水，候松脂盡入釜中乃出之，投於冷水，既凝又蒸，如此三過，其白如玉，然後入用。

又 服食松脂辟穀方。用松脂十斤，以桑柴灰淋汁一石，煮五七沸漉出，冷水中凝，復煮之，凡十遍乃白，細研為散。每服一二錢，粥飲調下，日三服。久久服之，不饑延年。

明 佚名《便民圖纂》卷四《桑蠶類·浴連》 臘月八日，用桑柴灰或稻草灰淋汁，以蠶連浸之，雪水尤佳。

又 《論飼養》 蠶必晝夜飼，頓數多則易老，少則遲老。初飼蟻，宜旋切細葉，食盡即飼，不拘頓數。頭眠起，晝夜可飼六頓，次日漸加。停眠起，散葉宜薄，晝夜可飼四頓，次日漸加。大眠起，散葉又宜薄，晝夜可飼三頓，次日加至七八頓。若眠齊，住食起齊，投食眠起不齊，而飼之者亦不齊，又多損失。每飼必勻，葉薄處再摻。倘陰雨天寒，比及飼葉，先用乾桑柴或去葉稈草一把，點火繞箔照過，熇去寒濕之氣，然後飼之，則不生病。停眠至大眠，若見黃光，便擣起住食。候起齊，慢飼葉，宜薄摻。蠶白光多是困餓，宜細飼之，猛則多傷。如蠶青光，正是蠶得食力，急須勤飼。

明 沈氏，清 張履祥輯補《農書》卷下 日用所急，薪米二事為重。米取給於田，計口而食，相去不遠。惟柴薪之費，相去甚遠。炭及山柴為上費，樹柴次之，桑條、豆萁又次之，稻柴、麥柴又次之。然麥柴又不如稻柴，以其無灰也。田家之灰，是一項肥壅，商鞅刑及棄灰，秦之農事，所以山東不敵。

芋芟亦無灰，以其取給於地，不待價也。總之，必待買薪而舉火，難乎為家矣。最儉者，有燒礱糠之法，另作連竈俗名螻蛄竈，用風箱以炊，則其費較稻柴倍省。而其灰復可以糶。冶坊用之，桑柴灰、豆萁灰俱可糶，白藕豆萁灰入粉則青。

清　王芷《稼圃輯》　苧麻刈倒時，即用竹刀或鐵刀從梢分批開，用手剝下皮。即以刀刮其白瓤，其浮土皴皮自去。縛作小束，搭於房上，夜露晝曝，五七日其麻潔白，然後收之。若值陰雨，即於屋内透風處晾之。其絲紡過，用桑柴灰淋湯浸一宿。水漂了，用細石灰拌勻，停放一宿。次日滌去石灰，用黍秸灰淋汁煮一過，自然白軟。曬乾，再用清水煮一過，水漂，曬乾織。

清　喻仁《圖像水黄牛經合併大全》卷上

牛患仲臍者用

雌黄一兩。　黎蘆半兩。

右各搗為末，相和生油，調搽脐上，即痊。

方用桑柴灰摻後，用石灰摻後，以物拍臍，不便痊。

又　卷四《羊躑躅毒草之十六**》**　一筆消眞方：羊躑躅花五十觔，搗攔絞汁；蕎麥稭燒灰、桑柴灰各五升；當歸、白芷、皂刺、南星、驢蹄跟、眞阿魏、大黄各三錢，羌活、穿山甲、猳海藻、昆布、半夏、白丁香、眞蟾酥、沒藥乳香、狼毒、麝香、明碱、番硇各貳錢。右二十味俱爲末，先將二灰共淋湯煎汁，至味辣爲度。入前花汁煎至如沙糖樣，須砂鍋內煎，離火乘熱漸糝前末，用

筯不住攪，勿令凝底，調勻再糝一層，糝盡後攪千轉，令極和。坐冷水中一宿，次日再攪千轉。將大磁盆多面，每盆攤藥一薄層，烈日中晒乾入磁瓶封固，臨用以新汲水調如半乾糊，圍法以舊筆蘸從紅腫外圍起，逐漸逐層圍進，空頭如豆大以出毒氣。如乾，以水潤之。大毒用一錢，小毒不過三五分。

清　韓夢周《蠶桑實濟》卷一《樹桑捷驗》

家宅墳園宜樹桑説

家中樹桑多者，不惟得絲，且宜婦人。蓋桑本箕星之氣下映而生者，箕乃女相之星，下映其室，婦人少病而無夭折之患。況桑又能祛邪，逐邪者用桑弓，卽此義也。如有陰陽術士妄談『桑』與『喪』同音，樹之不吉者，此愚迷無識之輩，休聽信。再於路旁、門前、場圃、城壕，悉爲種植，不使有尺寸曠土，則遍地皆錦繡之資矣。

清　李光地等《御定月令輯要》卷三《每月令・天道》　鹿角膠。增《衛生方》：以米泔浸鹿角七日，令軟。入急流水中浸七日，去粗皮。以東流水、桑柴火煮七日，旋旋添水。入醋少許，搗成霜，用其汁加無灰酒，熬成膠用。

又　卷六《二月令・天道》　洗眼。增《龍木論》：『洗青盲眼：二月八日，用桑柴炭一合，煎湯沃之於甆器中，澄取極清，稍熱洗之。如冷，即重湯頓溫，不住手洗，久久視物如鷹鶻也。』

又　卷二〇《十二月令・初八日》　浴蠶　原《蠶書》：『臘之日，聚蠶種，沃以牛溲，浴於川，毋傷其藉，迺縣之。』《農政全書》：『臘八日，以桑柴灰或草灰淋汁，以蠶連浸焉一日而出，繼以雪水浸之，懸乾。或懸桑木之上，以冒雨雪，三宿而收之，則耐養。』

清　閔鉞《本草詳節》卷六《木部》　松脂味苦甘，氣溫。向南者屬陽，向北者屬陰。凡使甑底藉白茅兩層，黄沙蓋茅上寸許，松脂布沙上，炊以桑柴，湯減頻添熱水，蒸脂盡入釜中。乃掠出之，投于冷水，俟凝再蒸，色白如玉矣。

又　卷一〇《水部》　鹿角膠粉，名鹿角霜，味甘，氣平，畏大黄。製法：米泔水浸七日，長流水浸七日，令軟截組。桑柴火煮七日，旋旋添水，入乾牛皮一片，卽易消爛，搗成粉。取粉熬成膏，或只以濃汁煎成。

又　卷一二《蟲部》　壁錢大如蜘蛛而形扁，斑色，八足而長，亦時脱殼。其膜色光白如繭，其虫有毒咬人至死。以桑柴灰煎取汁，調白礬末敷之。

清　楊屾《豳風廣義》卷一《家宅墳園宜樹桑説》　桑乃裕國福民之大寶，豈他木可比。家中樹桑多者，不惟得絲，且宜婦人。蓋桑本箕星之氣

下映而生者，箕乃女相之星，下映其室，婦人少病而無夭折之患。況桑又能祛邪。逐邪者用桑弓，即此義也。如有陰陽術士，妄談『桑』與『喪』同音，樹之不吉者，此愚迷無識之輩，不可聽信。孟夫子言王政，必教以五畝之宅，樹墻下以桑，豈有心通造化。亞聖之識以不吉祥之事教天下哉！再於路旁、門前、場圍、城壕悉爲種植，不使有尺寸曠土，則遍地皆錦綉之資矣。

清 鄂爾泰《授時通考》卷七八《桑餘門·麻》 漚苧麻法：縛作小束，搭房上，夜露晝曬，五七日自然潔白。若值陰雨，屋底風道處搭晾，經雨即黑。一云：績既成，纏作纓子，於水盆内浸一宿。紡車紡訖，用桑柴灰淋水浸一宿，撈出。每纑五兩，用净水一盞，細石灰拌匀，停一宿，至來日擇去石灰，却用黍稭灰淋水煮過，自然白輭。

清 陸烜《人參譜·方療》 狗咬，風傷腫痛。人參置桑柴炭上燒存性，以盌覆定，少頃爲末，摻之立瘥。

清 張宗法《三農紀》卷七《松》 效方。辟穀方：松脂十斤，桑柴灰淋汁一石，煮五七沸，撈入新汲冷水中。旋復煮，凡七次，乃自爲末。每服一二錢，米粥飲調下，日三服，至十兩不饑。一年以後，自明夜視。久服延年。松葉切碎，陰乾，搗末，每晨以無灰酒下二錢，久服難老，絶穀不饑。初服覺難，久則自便。

清 包世臣《齊民四術》卷一上《農政·養種》 苧麻：【略】凡小芽出土半寸齊，其大麻即可割，小茅便是下届所割，若不割，則既抑小茅，又損大麻也。刈倒即折其稈，令褪皮以刀刮，其白瓤，青皮晾于竹桁，以水貧之潔白，便可分接成纓，水浸一宿便可紡。紡成，用桑柴灰淋水，煑一宿，用細石灰拌匀放一宿，去石灰，用黍稭灰淋水煑，則白而軟。再清水煑一度，晒乾便可上機。

清 陳開沚《裨農最要》卷三

夏浴

蛾生子十八日後，若遇天氣太熱，十日後即宜浴。遇天氣晴明，日未出時，汲井新水，浴連孕婦、産婦忌浴連一頓飯時，浸去便溺毒氣，置通風處陰乾。用篩篩桑柴灰於連上，或篩陳石灰於連上。遇夏熱薰蒸，子不變色而出，懸挂净室中無烟處。凡貯連、挂連皆宜於無烟處，值烟薰者，多不生子，生亦多病。

又 冬浴

十二月初八日，清晨汲井新水，浸連一二時，取出置院中，日曬月照一晝夜，使受日精月華之氣，則耐養，收懸室中。又，是日以鹽滷浸連鹽滷，即鹽化之水也。對日取出，泡極濃茶，洗盡鹽氣，懸挂俟乾。又，是日以石灰泡水，浸連一日，取出再浸於冷茶汁内，漂去石灰，懸挂候乾。又，是日用穀草桑柴茄稈，燒灰淋汁，兼食鹽牛尿、冰水雪水，共合攪匀，俟温凡浴連，水不可太熱，太熱則損子；亦不可太冷，太冷則無氣。如人體温煖斯可矣，以解其不祥也浸連，置風處吹乾。次日汲井水或河水，洗盡灰鹽氣宜頻頻輕沃，恐漂去蠶子，仍置風處吹乾。用長竿高懸空中，或挂桑樹上，令霜雪壓三五夜，收挂。浸鹽滷中則利繅絲，壓霜雪中則耐養。十二月十二日，蠶生日初八日未浴者，蠶生日亦可浴。如初八日已浴者，是日不必再浴矣，以井水吹連，令溼，次以桑柴灰撒上，摺浸鹽滷中。至二十四日取出，用河水滌去灰鹽，風乾。又，是日，鹽滷茄灰薰揉蠶子上，藏穀殼中，至二十四日出之，浴於川，以待春至。又，是日用風化石灰，置盆中，以開水冲之，候手指可探，將連對摺，子在裏面，浸於盆底，以手按連數周，雙手擡起，離水為度，水中熱氣尚在，不可久浸，故暫令出水，以疏其氣，旋又入水，照樣浴之。如是三次，泡極濃茶，亦候手指可探時，輕輕洗盡石灰，以竿懸之。如此，則子之氣機通暢，來年易生易育。

又 凡一切繭劣絲污不能抽綫者，以清水浸數日，每日換水兩三次，擣去其污，以絞不出污水爲度。用桑柴灰和煮，後以清水洗净，曬乾，則極净極鬆，與彈熟之綿花相似，可襯衣，可實被。

清 顧元交《本草彙箋》卷三《地黄隰草之二十八》 古方瓊玉膏：用生地黄四觔取汁，人參末六兩，白茯苓末十二兩，白沙蜜二觔半，濾净拌匀，入瓶内箬封，置砂鍋内桑柴火煮三日夜，再換蠟紙重封，浸井底一夜取起，再煮一伏時，每以白湯或酒點服一匙。丹溪云：好色虚人欬嗽唾血者服之，得效殊捷。

又 上簇時，相次秋高，恐值夜寒風冷，不能作繭，可於簇西北埋柱，繫椽箔遮禦北風寒氣，三兩夜間便可作繭。人多於簇心用熟火，或致焚燒，不若止於映北風處爲簇，簇底用麥藍匀鋪。簇則用乾桑柴爲梢，新乾麥藍爲草，得自然温煖之氣，不須用火矣。

（嘉慶）《桐鄉縣志》卷一二《農桑》 蛾之生也，取其同時者，擇而對焉。自辰而亥乃拆，厥氣乃全。其放子也，必覆而暗之。見光則其子游散，蛾之放子也，一夜而止。否則，生蟻也不齊。其爲連也，必桑皮之紙，或以布。母蛾之覆，四五日厥氣乃固，沃以繰絲之湯，則子不落。貫之以桑皮，忌麻苧之線，懸之於涼處，忌煙薰日炙之所。至端午，以蒲艾和井水浸少時焉。至臘月之十二，浸之於鹽滷，則利於繰絲。或于是日用桑柴之灰，或草之灰，或石之灰覆於連之上，而露於天，以冒雨雪，而後收之，則耐養。竝至二十四日而出，用河水滌去其灰。二月十二又浴焉，以菜之花、桃之花操而浴之，留種之法於是全矣。

清 李聿求《桑志》卷七《取材》

取榦稱于《周禮》，鳩食咏于『葩經』，桑之用煩矣。則器用，食物之所需，析言之，要亦未可略也。志取材第七。

《詩・豳風》：『徹彼桑土。』《毛亨傳》：『桑土，桑根也。』

《詩・小雅》：『樵彼桑薪。』

《周禮・考工記》：『凡取榦之道，柘爲上，檿桑次之。』

《儀禮・士冠禮》：『鬠笄用桑。』

《禮・内則》：『桑弧蓬矢。』

《禮・雜記》：『臼以椈，杵以梧，枇以桑。』

《公羊傳》：『虞主用桑。』

《易・通卦驗》：『夏至日，瑟用桑木，長五尺七寸。』

《韓詩外傳》：『原憲居魯，桷桑無樞。』

《遼史・儀衛志》：商人『以桑根之瑞爲大輅』。

《路史》：伏戲氏『絙桑爲三十六絃之瑟』。

《風俗通義》：『桑車榆轂，聲聞數里。』

《拾遺記》：庖犧『絲桑爲瑟』。

《齊民要術》：『桑十五年，任爲弓材，亦堪作履。栽截碎木，中錐、刀靶。二十年，好作犢車材。欲作鞍橋者，生枝長三尺許，以繩繫旁枝，木橛釘著地中，令曲如橋。十年之後，便是渾成柘橋。欲作快弓材者，宜于山石之間北陰中種之。其高原山田，土厚水深之處，多掘深坑，之中種桑者，隨坑深淺，或一丈、丈五，直上出坑，乃扶疏四散。此樹條直，異于常材。十年之後，無所不任。』

《異苑》：『東陽郡永康縣，吳時有人入山，逢大龜，擔之歸。遇夜，攬舟于岸。見老桑樹呼龜曰：元緒，女當死矣！龜呼桑樹曰：子明無苦也！雖然，盡東南之樵不能潰我！對曰：諸葛恪明敏，禍必及于汝子二人也。明日，其將龜獻吳王。吳王命煮之，三日三夜不死，遂問諸葛恪。恪曰：此龜有精，須多載老桑爲薪，煮之立死。遂命伐岸邊老桑樹爲薪，煮之火燃，龜即糜矣！』

《常新錄》：『裴休得桑木根，曰：若作沉香想之，更無異（相）。雖對沉水香，反作桑根想，終不聞香氣，諸相從心起。』

杜光庭《録異記》：『李德裕，一旦，有老叟謁門，引五六輩舁巨木請謁焉。曰：某家藏此桑寶三世矣！感公之好奇搜異，是以獻耳。木有奇寶，若能者斲之，必有所得。洛邑有匠，計其年齒且年，或身已沒，子孫亦當得其旨訣。公如其言，訪于洛下，其子應召而來，因解爲二琵琶槽，自然有白鴿，羽翼爪足，巨細畢備。匠料之微失，厚薄不中，一鴿少其翼，公以形羽全者進，自留其一。』

清 吴其濬《植物名實圖考》卷一四《隰草類・密州胡堇草》 《宋圖經》：『胡堇草，生密州東武山田中。味辛滑，無毒。主五臟榮衛，肌肉皮膚中瘀血，止疼痛，散血。絞汁塗金瘡科。葉似小堇菜。花紫色，似翹軺花。一枝七葉，花出三兩莖。春採苗，使時擣篩，與松枝乳香、花桑柴炭、亂發灰同熬，如彈丸大。如有打撲損筋骨折傷，及惡癰癤腫，破，以熱酒摩一彈丸服之，其疼痛立止。』

又 卷一七《水草類·豆瓣緑》

豆瓣緑生雲南石間，小草高數寸，莖葉緑脆，每四葉攢生一層，大如豆瓣，厚澤類佛指甲。梢端發小穗長數分，亦脆。土醫云：性寒，治跌打。順寧有製為膏服之，或有驗。惟滇南凡草性滋養者皆曰鹿銜誕詞，殊未可信，姑存其方。

六味鹿銜草膏

六味鹿銜草皆生順寧縣瑟陰洞林岩。扳岩採取豆瓣鹿銜草、紫背鹿銜草、岩背鹿銜草、石斛鹿銜草、竹葉鹿銜草、龜背鹿銜草六味，加大茯苓，用桑柴合煎，去渣，更加別藥熬一日夜，冰糖煼膏。性平和，男女老幼皆可服，忌酸冷，治痰火，用苧根酒服。年老虛弱、頭暈、眼花、用福圓、大棗湯服。年幼先天不足、五癆七傷，火酒調服。患病日久，難以起欠，福圓、大棗、茯苓、姜湯服。此膏長服，益壽延年，鬚髮轉黑。

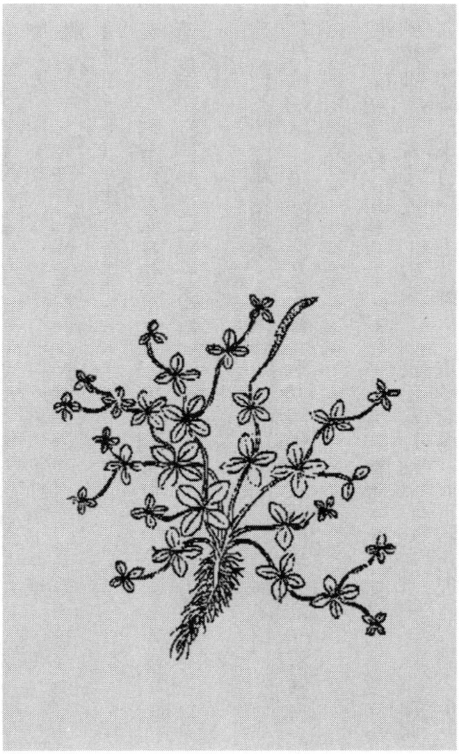

（道光）《遵義府志》卷一六《農桑·蠶事》 蛾之放子也，一夜而止；否則生蟻也不齊。其為連，必桑皮紙，或以布。母蛾之覆，四五日，厥氣乃固。沃以絲之湯，則子不落。貫以桑皮，忌麻苧之線；懸于凉處，忌煙熏日炙。端午，以蒲、艾和井水浸少時焉，去其尿也。大約留種繭十斤，可得三眠之蠶四十斤。擇繭之尖細堅厚者。腰小者雄也，腰大者雌也，相兼而收。至臘月十二日，浸之于鹽鹵，則利于繅絲。或于是日用桑柴灰，或草灰，或石灰覆于連上，而露于天，以冒雨雪，而后收之，則耐養，并至二十四日而出。

清 林心北、吴書年勸刻《蠶桑輯略·栽桑法則十六條》 蠶在春時，多無雨水，迨至水漲，蠶事已畢，人亦何憚而不爲？若夫家宅墳園，亦宜栽種，蓋桑秉箕星之氣而生，箕爲女相之星，下映其室，主婦女少病，而無夭折之患。況桑能祛邪，逐邪者用桑弓，卽此義也。

清 沈練，仲學輅輯補，章震福校訂《廣蠶桑説輯補校訂》卷二《飼蠶法六十六條·蠶老上山説四條》 若熱絲做法，須用向缸，其缸口大而底小，高尺餘，大如尋常飯鍋者，合用缸或不足，可以破鍋代之，如大眠頭十一二斤，約用向缸五隻，將極燥柴頭。桑柴、粟柴、青柴、柿柴俱可，其有香臭氣與多煙草柴頭，不宜夾入。

又 卷四《雜説九條·剥綿兜法》 將所有不能做絲之繭，用冷水先浸周時，入鍋內，用瀝過濃桑柴灰湯，加蠟油，燒煮約半日許，視繭不生不爛，取出，再用清水漂淨，然後將各繭一一拓開，冒在拳上，成如口袋形，大者卽冒在綿轄上，約計繭壳厚者十六繭而成一兜，薄者二十四繭而成一兜。其未用水浸之先，須先將各繭翦開以去其蛹。

清 衛杰《蠶桑萃編》卷八《綿譜·製綿類》 煮熟繅絲已畢，以稻草燒灰，桑柴灰亦可，瀝汁入鍋。再以大椀盛香油一杯，用灰水冲入椀內，候鍋中灰汁煎滚時開。將已經浸去污水之各樣劣繭，及蛾口繭、絲搭頭，水繭并投於鍋，隨以椀内油灰水一半，匀澆鍋內。數滚之後，將繭翻轉，復以所餘一半油灰水入鍋，再煮，務期煮熟。

又 卷一七《蟲魚鱗介部·蛇類》 鹹寒至陰，屬金與水，補心資智，益腎滋陰性靈，故資智，通心入腎以滋陰，治陰血不足，勞熱骨蒸，腰脚瘦痛，久瀉久痢能益大腸，久嗽痎瘧老瘧也，或經數年中結痞塊，名曰『瘧母』，癥瘕崩漏，五痔産難爲末酒服，或加芎歸、煅髮，陰虛血弱之證。益陰清熱，故治之。時珍曰：龜鹿皆靈而壽，龜首常藏向腹，能通任脈，故取其甲以補。補腎補血，以養陰也。鹿首常返向尾，能通督脈，故取其角以補命，補精補氣，以養陽也。雖腎虛而無熱者勿用。大者力勝，自死敗龜良，得陰氣更全也。酥炙或酒炙、醋炙、豬脂炙，煅灰用若入丸散，須研極細，否則恐著入腸胃，變爲瘕也。洗淨搥碎，水浸三日。用桑柴熬膠，補陰之力更勝。合鹿膠，一陰一陽，名『龜鹿二仙膏』。

清 羊復禮《蠶桑摘要·繅絲十則·九煮繭》 凡剝繇，先須煑繭。

如同功繭兩三蠶合做者爲同功繭。蛾繭出蛾者爲蛾繭，浙人謂之繭殼。不中繅絲者，可以剝緜，卽桂林所謂猪肚緜也。煑法，用淋浄桑柴灰水或稻草灰水。鎭屬廣種蕎麥，卽三角麥，取其稈燒灰淋水甚佳。將繭盛鍋内，滿注灰水，再用菜油一杯沖入，數沸後將繭翻轉，不必罩鍋盖，俟極熱時，乘熱取置溪河邊，用篩淘浄，卽可剝緜。如緜尚脆薄不堅韌，再用猪骨筋煑之，其次者不中剝緜，祇可用緜叉梗扯緜綫。浙人以之織粗綢。

清　佚名《相法牛經大全·治療篇·牛病治療圖方牛》　患仲臍者用：

【略】又方：用桑柴灰摻，後用石灰摻，再以物拍臍下便痊。

清　佚名《醫牛寶書·治療篇·胃腸部》

治牛生子不下方出《安義縣抄本》

苦楝子、車前、桑柴皮燒灰存性，麻油調敷肚臍。

清　周凱《飼蠶十二詠·浴蠶》《清詩鐸》卷七　浴蠶。清明取蠶子，以桑柴灰水澄清，微溫輕拂之。厚緜絮包置緜被中，數日生，寘人懷更速。

清　鄭文同《蠶桑輯要·治繭繅絲共計十六則》　暈污之繭，亦非無用。須先以清水浸浄，再加桑柴灰銷剝一過，卽併薄衣繭内和煮之。若繭繞，則本清白，務須另煮。

又　剝綿之法，用稻草灰，稍加桑柴灰，瀝湯入鍋。將繭殼盛夏布袋，略放蠟燭油，和灰湯煮透。取出，向溪沿漂浄油氣，浸清水中，以指摘開繭之穿口，翻綳於小竹環，去其蛹衣，重疊套厚。取下將水捏盡，謂之瓜乾。形似絲瓜之有絡，向陽曬乾，故名。次第再剝。

其他

綜述

唐　昝殷《食醫心鑒》

治痔下血不止方

桑耳半斤

右以水三升煎，取二升去滓，著盐、椒、葱、白米摻煮作粥，食之，治久患痔下血不止，肛邊及腹肚疼痛。

元　胡古愚《樹藝篇》卷五《蔬部第五》　桑耳，味甘，有毒。黑者，主女子赤白帶下，癥瘕陰痛，陰陽寒熱，無子，月水不調。其黄熟白者，止洩益氣。金色者，治癖飲精聚。一云，寒，無毒，主消渴。又云，甘辛。又云，微溫，毒，止腸風瀉血，婦人心腹痛，治五痔。

明　王綸《本草集要》中部卷三《草部下》　木賊，味甘，微苦，無毒。四月採，去節剉，以水潤濕，火上烘用。主目疾，退翳膜，益肝膽，明目。又消積塊，療腸風，止痢及婦人月水不斷。又用發汗至易。得牛角鰓、麝香，治休息痢，歷久不差。得禹餘粮、當歸、芎藭，療崩中赤白。得槐鵞、桑耳，療腸風下血。又與槐子、枳殼相宜，主痔疾血出。

又　下部卷八《藥性分類·婦人門》

補虚調經安胎藥

桑耳。黑者，主漏下，赤白汁血病，癥瘕陰痛，陰陽寒熱，無子。

桑上寄生。主崩中不足，懷妊漏血不止，産後餘疾，下乳汁。

明　陳嘉謨《本草蒙筌》卷二《草部中》

木賊

味甘，微苦，無毒。苗長尺餘，寸寸有節，産自秦、隴諸郡。色青，凌冬不凋。夏將莖收手掐節浄，憑煎湯液，任合散丸。益肝膽，退目瞖暴生，消積塊，止月經。久滴，極易發汗，大能疎邪。得麝香、牛角鰓，治休息痢證。得芎歸、餘糧石，治赤白崩中。得桑耳、槐鵝，療腸風下血。得槐子、枳殼，療痔瘻來紅。

又　卷四《木部》

桑根白皮　味甘而辛，甘厚辛薄，氣寒，可升可降，陽中陰也，無毒。山谷出少，家園植多。山桑質堅，木堪作檐。家桑氣厚，葉可飼蠶。凡入劑中，須覓家者。近冬收採如式製精，根出土外者殺人，根向東行者得氣得生氣也。皮取近水洗浄，留白去青，片用銅刀咀成，惡鉛忌鐵，稀蜜拌透，文火炒乾，爲使續斷桂心，入手太陰肺臟，甘助元氣，補勞怯虚羸辛瀉火邪羅謙甫曰：桑白皮瀉肺，是瀉肺中火邪，非瀉肺氣也。火去，則氣得安矣，止喘嗽唾血，利水消腫，鮮渴歐痰。刀刃傷作線縫，熱鷄血塗，即合。

皮中白木　取依四特春夏取向上者，從升枝榦皮汁也。秋冬取向下者，因降根皮汁也。敷金瘡血止剥白皮裹之，令汁得入瘡中良，敷蛇咬毒消，點唇裂易差，染褐色不落，釜中煎如糖赤，老痰宿血並推。

葉　採經霜者煑湯，洗眼，去風淚殊勝。塩搗敷蛇蟲蜈蚣咬毒，蒸搗罯撲損瘀血滯凝煎代茶，消水腫脚浮，下氣令関節利。研作散湯調止霍亂吐瀉出汗，除風痺疼。炙和桑衣煎濃，治痢諸傷止血。

枝　煎常飲，耳目聰明，去手足拘攣，脚氣兼散，潤皮毛枯槁，風癢且毆，陰管通便，眼眶退暈，利喘嗽逆氣，消焮腫毒癧。

椹　收曝乾，蜜和丸，開関利竅安魂鎮神，久久不饑，聰耳明目。

黑椹　絞汁，係桑精英，入鍋熬稀膏，加蜜攪稠濁，退火毒。貯磁瓶，夜臥將臨，沸湯調下每服一二錢止，解金石燥熱，止渴，染鬚髮皓白成烏一方：黑椹一升和科斗子一斤，瓶盛封閉，懸屋東向百日，化爲泥，染白鬚如漆。又方：取黑椹二七和胡桃脂研如泥，拔去白鬚，點孔中，即生黑鬚。

柴灰　辛寒，淋汁小毒，合冬灰爲爛藥，醫外科著奇功。蝕惡肉死肌，滅瘢疵黑痣，能結鉛汞，曾益丹家。

桑耳　有毒，味甘。古方入劑屢用，一名桑菌，又名桑黄，老樹上多雨即生，軟濕者作堪啖。採收剉碎，醇酒煎嘗，散血如神，止血甚捷。黑者主女人癥瘕崩漏帶下，及乳腫暴來。黄者治男人癖飲積聚腹疼，併金瘡初得。若色黄熟陳白，止洩補益元陽。

桑花　非指桑椹花爲云，乃樹上白蘚，其狀因與地錢花相類，故假此立名。刀削取之，火炒入藥，性緩無毒，健脾澁腸，寒崩中，禁帶漏鼻洪吐血愈腸風下血安。

桑上蠹　主卒心痛，金瘡潰爛亦可生肌。

桑中寄生　節間生出，葉厚軟如橘葉，莖肥脆類槐枝，別樹雖有不靈，獨桑氣厚甚妙。儻求主治，須認精詳。或云碎其實，有汁稠粘有真。又曰折其莖，以色深黄者是固當宗此辯別，仍貴纏附桑枝，外科散瘡瘍，追風濕，卻背強腰痛篤疾。女科安胎孕，下乳汁，止崩中漏血沉疴，健筋骨，充肌膚，愈金瘡，益血脉，長鬚長髮堅齒堅牙。

實　服通神，輕身明目。

謨按，木部之中，惟桑寄生，最難得其真者。必須近海桑樹，生意郁濃，地暖不蠶，葉無採捋，節間自然生出，纏附桑枝，採得陰乾，乃可入藥。

又 卷一一《蟲魚部》　又有蠶退，用宜燒灰，多治血風，甚益女婦。止帶漏崩中，赤白痢疾，除腸風下血，吐衄鼻洪。疔腫取灰敷，牙疳加麝貼。牙宣灰擦齦上，口瘡灰敷患間。又治邪祟風癲，灰調酒下立愈。《本經》又曰：近世醫家多用蠶退紙是初出蠶殻在紙上者。

明 劉仲達《劉氏鴻書》卷八七《花木部》　孫眞人《千金正禪方》：『春桑耳，夏桑子，秋桑葉，服之三日，外令人身輕目明，無眠睡十日，覺遠智，通初禪。』

明 徐光啓《農政全書》卷五六《荒政・木部》

柘樹　《本草》有柘木，舊不載所出州土，今北土處處有之。其木堅勁，皮紋細密，上多白點，枝條多有刺，葉比桑葉甚小而薄，色頗黄淡，葉稍皆三叉，亦堪飼蠶。綿柘刺少，葉似柿葉微小，枝葉間結實，狀如楮桃而小，熟則亦有紅蕊，味甘、酸。葉味甘、微苦。柘木味甘，性温，無毒。

救飢　採嫩葉煠熟，以水浸，作成黄色，換水，浸去邪味，再以水淘淨，油鹽調食。其實紅，熟，甘酸可食。

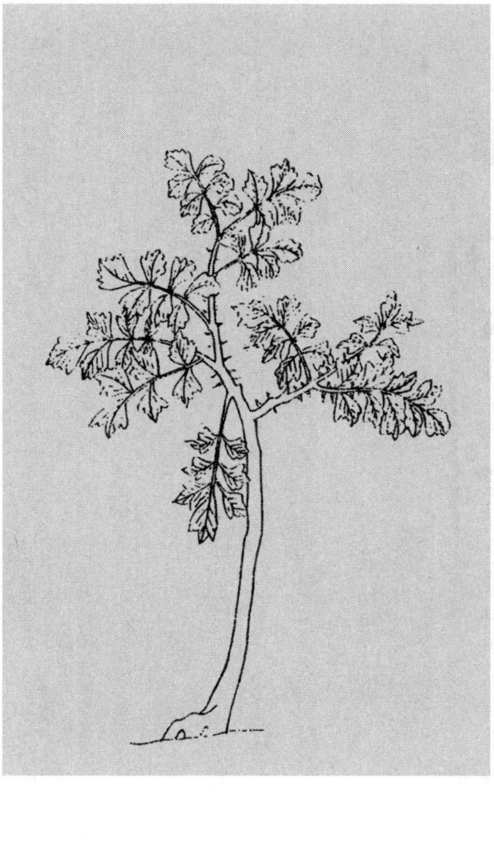

明 姚可成匯輯《食物本草》卷七《菜部二・芝栭類》

桑耳

味甘，平，有毒。黑者，主女子漏下赤白，血病癥瘕積聚，陰痛，陰陽寒熱，無子，療月水不調。其黄熟陳白者，止久泄，益氣不饑。其金色者，治癖飲積聚，腹痛金瘡。治女子崩中帶下，月閉血凝，產後血凝，男子痃癖。止血衄，腸風瀉血，婦人心腹痛。利五藏，宣腸胃氣，排毒氣。壓丹石人熱發，和葱豉作羹食。

又 治女子崩中下血。桑耳炒黑為末，酒服方寸七，日三服取效。

又 治痔疾。桑耳作羹，空心飽食，三日一作。待患處痛如鳥啄，取大、小豆各一升合搗，作兩囊蒸極熱，更互坐之，即瘥。

又 治小便血淋疼痛。桑耳、槲白皮各二錢，水煎服。

又 治瘰癧潰爛，日久不愈。桑耳五錢，水紅豆一兩，百草霜三錢，青苔二錢，冰片一分，為末，鷄子白調敷，以車前、艾葉、桑皮煎湯洗之。

又 去面上黑斑。桑耳焙研，每食後，熱湯下一錢，一日三服，取效。

清 閔鉞《本草詳節》卷七《榖部》 桑耳，味甘，氣平，主漏下赤白，血凝月閉，產後血凝，癥瘕積聚，衄血，腸風瀉血。

清 王先謙《釋名疏證補》卷四《釋采帛第十四》 緗，桑也，如桑葉初生之色也。畢沅曰：「《御覽》引曰：緗，桑花初生色也。」說文無緗字，意古者假借湘字爲之。孫詒讓曰：《周禮》内司服有「鞠衣」，鄭注：「鞠衣」，黄桑服也，色如鞠塵，象桑葉始生者。《急就篇》：「鬱，金半，見緗。白䵋顔注：緗，淺黄也。」

清 葉世倬輯《樹桑百益》

附方

少小鼻衄。小勞輒出，桑耳熬焦擣末，每發時，以杏仁大塞鼻中，數度卽可斷。五痔下血。桑耳作羹，空心飽食，三日一作，待孔卒痛，如鳥喙狀，取大小豆各一升，合擣作□囊蒸之。及熱，更互坐之，卽瘥。脱肛瀉血。不止，用桑黄一兩，熟附子一兩爲末，煉密丸，梧子大，每米飲下二十九。月水不斷。肉色黄瘦，血竭暫止，數日後□。小勞輒劇，久疾失治者，皆可服之。桑黄焙研，每服二錢，食前熱酒下，日二服。血淋疼痛。桑黄、槲白皮各二錢，水煎服，日一次。崩中漏下。桑耳炒黑爲末，酒服，方寸七，日三服，取效。赤白帶下。桑耳切碎，酒煎服。遺尿且澀。桑耳爲木，每酒下，方寸七，日三服。留飲宿食。桑耳二兩，巴豆一兩，去皮，五升米下蒸過，合棗膏擣丸麻子大，每服一二丸，取利止。心下急痛。桑月燒存性熱，酒服，二錢。瘰癧潰爛。桑黄菰五錢，水紅豆一兩，百草霜二錢，青苔二錢，片腦一二分爲末，雞子白調敷，以車前、艾葉、桑皮，煎湯洗之。咽喉痺痛。五月五日，收桑上木耳，白如魚鱗者，臨時擣碎，綿包彈子大，蜜湯浸含之，立效。面上黑斑。桑耳焙研，每食後熱湯服一錢，一月愈。足趾肉刺。先以湯浸刮去一層，用黑木耳貼之，自消爛不痛。

又 緣桑蠃

集解此蠃全似蝸牛，黄色而小，雨後好援桑葉。此蠃諸木上皆有，獨取桑上者，正如桑螵蛸之意。

發明小兒驚風，以蜜丸通聖散服之，間以桑樹上牛兒陰乾，焙研爲末，服之以平其風。桑牛、蝸牛、蛞蝓三物，皆一類而形畧殊，故其性味、功用皆相彷彿。而桑牛治驚，又與僵蠶、螵蛸同功，皆食桑者，其氣能入肝平風也。

主治 大腸脱肛，燒研和猪脂塗之立縮。小兒驚風，用七枚焙研，米飲服。

清 羊復禮《蠶桑摘要·養蠶十五則》 用繭鑊將清水煮繭，絲卽徐徐而出。其不能繅者，可抽線。其蠶虫可食，可飼魚，亦可作肥壅，無一可棄之物。其繅絲有絲鑊、絲車、送絲鈎、響錢、做絲筷等物。浙粤所用各異，須繪圖倣造。

清 方大湜《桑蠶提要》卷二《蠶事四十條**·蠶具**三十則**》** 蠶連用紙爲之，又名蠶種紙，以裱過厚皮紙爲上紙薄則不禁洗浴，以絲湯泡過者爲佳。絲湯卽煮繭鍋内之湯。種紙不用絲湯泡過，則種在紙上易於脱落。泡過之後，須曬令極乾。

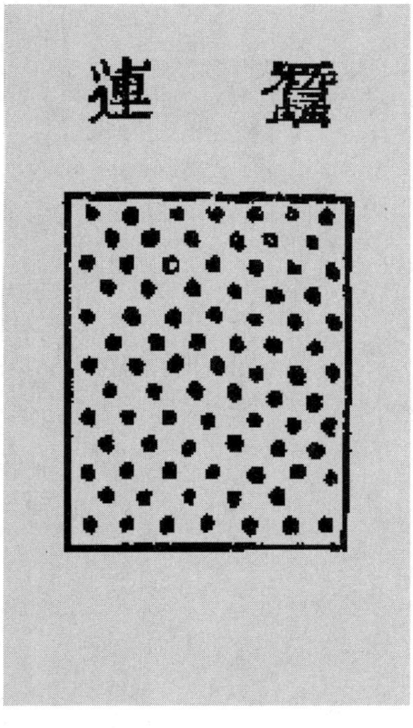

清 林心北、吴書年勸刻《蠶桑輯略·養蠶節次三十五條**》** 繅絲已畢，將同宫繭並蠶尿繭、柴凹繭瀝灰水取稻草灰瀝水煮熟。同宫繭另煮一鍋，蠶尿、柴凹並蛾口繭繭出蛾子不可做絲，亦可做線，另煮一鍋。用手剝開翻轉，套在左手掌上，將蠶蛹摘出壅地最肥，然易生蟲，須與糞水同壅，將土埋好勤澆，做成手透子。每大繭五箇，成一手透子。小繭十餘箇，成一手透子。退下，再剝再套，剝完將手透子再上繇環，便成繇兜矣。亦用灰水盛於大瓦盆內，將手透子放在水內，用力扯開，約一尺餘長。帶水兜在繇環竹片上，用力撳下，大約四箇手透子可做一箇繇兜也。

清 林志恂《蠶桑淺要》 催青時，連日加用炭火，室內乾燥必甚，而蟻出之時，須藉溼氣之力，故此時又不可不給與適當之溼氣，使發生齊一也。行溼連法：時先用白皮紙包裹蠶連，則蟻出以後，無四散之虞。而後以揉捽之桑花芽桑先發桑花，後結桑葚，摘取其花，可以濕連；并可使桑葉速發。但摘桑花時，切宜仔細，以勿傷桑芽爲要，鋪蠶連之下，又薄撒於蠶連之上，約經兩三點鐘，除去桑花，蠶連仍平鋪箇內，至夜間又鋪撒兩三點鐘。日間用過之桑花，置陰溼處，夜間仍可用。將桑花聚積箇內空處，是爲最適當之法。或不用桑花，而用水點撒布室之四壁及地板上，乾則又撒之，使發生溼氣，亦法之妥者也。

清 王揚鑫《擬整頓瀏陽縣茶務章程》《農學報》第五十二期 若高田視其地勢，高水所會歸之處，量其所用而鑿爲陂塘，約十畝田即損二三畝以瀦畜水。春夏之交，雨水時至，高大其隄，深闊其中，俾寬廣足以有容。隄之上，疎植桑柘，可以繫牛。牛得涼蔭而遂性，隄得牛踐而堅實，桑得肥水而沃美，旱得決水以灌溉，潦即不致於瀰漫而害稼。高田旱稻，自種至收，不過五六月，其閒旱乾不過灌溉四五次，此可力致其常稔也。又田方耕時，大爲塍壟，俾牛可牧其上，踐踏堅實而無滲漏。若其塍壟地勢，高下適等，即併合之，使田坵闊而緩，牛犁易以轉側也。其下地易以渰浸，必視其水勢衝突趨向之處，高大圩岸環遶之。其欹斜坡陁之處，可種蔬茹麻麥粟豆，兩傍亦可種桑牧牛。牛得水草之便，用力省而功兼倍也。

清 盛宣懷輯《蠶桑備要》 蠶忌風雷。蠶口吐絲，遇風即縮。棚上宜四面圍護，不使風入。又畏雷，上山聞雷即驚，而不成繭，宜用蠶蛻紙覆於棚上。相傳以爲蠶蛻即蠶母，母在，足以護其子之畏也。故担烏之後，蛻紙不可擲棄。

清 俞墉纂輯《蠶桑述要・餘利》 木耳有五，桑、榆、槐、楮、柳是也。桑耳、榆耳爲上品。

清 莊景仲《養蠶必讀》卷上第四章《下蟻》 催青至孵化之際，用火既盛，過於乾燥，恐蠶卵水分易散，故必用滋潤之物以濕之，謂之濕連法。用桑花搓碎，於收蟻前一日，午後五六時間，平鋪桑花於種紙背面，約高二分，其上又蓋以白皮紙，再用桑花掩沒之。如種紙多，可以重疊，然不宜過三張。如此約一點半鐘之久，將桑花除去，即用白皮紙包之，靜放於箇上。初次置蠶架下層，經過二時，移高二層。若過三四時後，種紙過於乾燥，仍用前法濕之。

清 鄒存淦《田家占候集覽》卷五 咽喉痹痛。五日收桑耳，白如魚鱗者，臨時搗碎，綿包彈子大，蜜湯浸含之，立效。

蠶桑物料部

火料

論説

清 韓夢周《蠶桑實濟》卷二《育蠶預備》《農書》曰：『蠶，火類也，宜用火養之，但蠶最畏烟薰。』若近蠶處旋燒柴薪，烟氣薰籠，蠶醞熱毒，多成黑蔫。今制爲擡爐，先自外燒過薪糞，待烟盡舁入室內，各籠是室內預先造成放糞火的倉子室，大者四倉室，小者一倉火之大小，當隨寒熱添減，務要溫和。若忽寒忽熱，是爲不均，後必眠起不齊。擡爐之制如矮床如火盆架子樣，內嵌燒爐，兩旁出柄，二人擡以出入。無爐者以舊破鍋、銅鐵盆，兩旁出柄亦可，擡以出入送火亦妙。蠶成於一室之功，全賴此火出入加減涼暖。用得其法，自然絲纊倍收，不論風雨晦明寒熱，晝夜總要室中加減一樣溫和，倘火候失調，則絲便減少，可不慎歟。

綜述

清 楊屾《豳風廣義》卷二《預收火料》 蠶室用火，以牛糞為上，炭火次之。牛喜食桑葉，并蠶沙，并食蠶，蠶亦喜牛糞氣，大約蠶牛一氣。宜冬月，預收牛糞堆聚一處。恐臨時缺少，猝難收拾。春暖踏成墼子，曬乾收起。待臨近穀雨，生火蠶室，暖而宜蠶，又當備牛糞乾末，以待用。冬月收拾牛糞，曬乾收藏成堆。至春月聽用，如牛糞太濕，難以成墼者，亦用此乾糞末，攙攪少許。

清 方大湜《桑蠶提要》卷二《蠶事四十條・蠶料八則》 火料 牛糞。

牛喜蠶砂，蠶喜牛糞。冬月收牛糞曬乾，春暖時捶碎秤水，杵築成餅，於蠶屋内燒之，最為有益。乾柴。絲忌烟熏，煮繭之柴，宜早備曬，令極乾。

清 楊名颺《蠶桑簡編・養蠶法》 收火料，蠶火料也。宜用火養之，但畏烟薰。冬月多收牛糞晒乾。蠶生時，用以燃火，煖而宜蠶。

清 陳開沚《裨農最要》卷一

火料

牛糞。正月收牛糞，做成餅貼墻壁自乾，或研炭末和牛糞做成亦好。蠶喜聞牛糞氣，每日早夜以牛糞餅燒過擊絶烟氣，盛火盆内，置於蠶室。倘有臭穢近蠶室，即燒牛糞餅薰於蠶室外以避之。俟其烟盡擡入蠶室，使蠶自初生至老，皆聞牛氣，則一切避忌之物不聞矣。此最驗最美法也。又或以鉢盛牛屎，置室四角攪之以助其氣，大眠後不用火，以此法行之更妙。柴炭。青岡炭最耐久。乾柴。絲忌烟薰，煮繭之柴，宜早備令極乾。

清 李君鳳《蠶桑説・飼蠶法》 收火料。蠶宜火養之，但畏烟薰。乾牛糞，煖而宜蠶，柴炭亦可如。天大熱不用，天寒斷不可少。

置擡鑪，如火盆架，蠶忌烟薰，在戶外將乾牛糞或柴燒過，擡入蠶室。

清 沈練，仲學輅輯補，章震福校訂《廣蠶桑説輯補校訂》卷二《飼蠶法六十條・蠶將老搭山説三條》 震按，必須盡去外層粗葉，而僅存光滑之槁本，方爲合宜。吾鄉慣用長二尺三四寸者，旋而折之，使兩頭歸於一處，草脚四散，直立如山。

按，搭山之法，橫架竹木，須平正牢固，高齊胸，上鋪蘆簾，將隔冬蔟料即山箒之草，照本條行之。若山下用火之蠶種，其山箒另有一式，詳後山棚蘆簾草帚式註中。總之山箒插上蘆簾，務要個個聯絡，勿留空隙。其火料預先泒定，待蠶上山用之。用火及看火之法，詳後上山説首條下。

清 葉向榮《蠶桑説・養蠶法》 收火料。蠶，火料也，宜用火養之，但畏煙熏。冬月，多收牛糞作塊，曬乾。蠶生時，用以然火，煖而宜蠶。一、置以擡爐盆架，兩旁有柄，蠶忌煙熏，戶外將柴燒過，煙盡，以便擡入。

藝文

清 劉光蕡《養蠶歌括・火倉》 火倉火料牛糞柴，層層相閒鋪成排。每層糞厚三四指，築實柴隙勿虛埋。倉滿築實復用糞，厚蓋倉面使成堆。蠶生之前七八日，用柴引火堆上煨。黑黄煙出緊閉戶，暖氣濃熏屋四限。蚊蠅各蟲熏盡死，蠶生一日門始開。煙盡卽須閉窗戶，窗外簾薦早安排。塗治牆壁熏鼠穴，豳民舊俗豈待催。打掃潔淨待蠶入，箔下須容貓往來。若別有屋能養蟻，生火遲早自酌裁。

雜録

清 沈練、仲學輅《廣蠶桑説輯補》卷二《飼蠶法六十條・蠶將老搭山説三條》 蠶將老，便須於有窗靜室中初上山時，宜避風避日，既成窠，則又宜透亮，故以有窗之室爲便。如無有窗之室，則於上山畢後，用竹席或蘆席，密密圍好，而於成窠後撤去之，打掃潔淨，以亂草平鋪地面如其地低濕，便須去地數寸，架作板房，而鋪草於板面。如無板可架，則於鋪草前，以碎石灰收其濕，搭山六七層以俟層猶排也。南向之室，則以自西至東爲一層；西向之室，則以自北至南爲一層。上山者自第一層上起至第五六層，便須添搭數層以俟，不宜上盡再添。有樓者於樓上搭之最妙。

按，本條所言，山下腳不用火，俗名『冷火種』。留做肥絲，免費火料。若肥細兩可之蠶種，其山下用火，亦無鋪草、架板等法。

糠料

題解

清 黃毅《養蠶新論》第二章《蠶具》第二節《掃蟻用器具》《蠶業叢書》第二編 礱糠 礱糠爲勻拌蟻蠶及除沙之用，故須細軟，方無害於蟻蠶之體，以農家粗糠少磨之，卽可用矣。

論説

清 楊鞏《中外農學合編》卷五《農類・肥料》

稻草粗糠糞

稻草多和用於蒸糞中，粗糠則每用以散水，近日花圃中用者甚多。《種植

新書》

附外洋法

以稻藁細斷，耕錯於粘質土中，有離散土壤，軟和地質，流通空氣，透達温熱等功用，大助植物之生育，尤宜用於桑園，可吸取園中惡氣。雨水過多時，可吸取其水分，令圃面乾燥適中。暑氣强烈時，又有禦炎熱之效，其用良多。籾糠礱糠也，用之於强固粘性，難長稻麥之地，能改良土質，尤於積雪寒冷之地，用以防麥之枯死，最有功效。《肥料效用篇·肥料篇》

綜述

清 方觀承《述本堂詩集·看蠶詞》 白米、綠豆為粉，羅葉上以飼三眠蠶，解熱毒出絲白韌，箔蠶飼粉十餘兩，即減葉三四分，可助葉荒。豆以臘日藏者為佳，清明日火米糠，令焦研極細，謂之斑糠。於眠起時，密灑蠶身能收濕氣，其非應眠之時，忽不食，是為被厭。焚香楓箬葉可解諸物，皆於平時備之。桑經接換者為家，桑葉茂而厚。《種樹書》云：『桑以構接，則大構，即榖桑也。其不接者，甚生枝擫，謂之野桑，但以食。原蠶不貴也，蠶炭產梅溪、晝溪二鎮，一在安吉，一在長興。』

清 韓夢周《蠶桑實濟》卷四《育蠶急務》 〔蠶〕如過一晝夜，尚有不眠者，用竹筯逐一檢出，丟棄。眠娘和替子細細分鬆，安放於乾燥紙糊篩內名曰沠替，須將斑糠穠糝一層在上斑糠最燥，眠娘蜕殻起來，身上潮濕，多用斑糠以收潮濕之氣，此時蠶身如衣線粗，半分長矣。

清 鄭之僑《農桑易知録》卷二《桑務事宜》 須用斑糠、濃糝一層在上，斑糠最燥，眠娘蜕殻起來，身上潮濕，多用斑糠以收潮濕之氣，此時蠶身如衣線，粗半分長矣。

清 周春溶《蠶桑寶要》第四説《育蠶器具十二條》

煨斑糠

每年清明日，將大米皮子煨焦存性，薄薄攤於地下，候冷收好備用。蠶自蝸兒以至大眠，每體刮一番，要糝一層斑糠於篩簏內，每眠起一番，要穠糝一層斑糠於蠶身上，以其最能收潮，故養蠶者所必需也，多寡不拘，總以多備為主。

清 董開榮《育蠶要旨》 不眠者謂之青條，度簇後，用礱糠灰糝於面上，再用葉片剪開貼在簇上，其青自來，謂之引青，捉之自盡。不可過遲，遲則有起孃，二眠出，火多不齊也矣。又將蠶簇拆開，用散石灰同礱糠灰拌匀糝上，或日光中，或火爐上，稍令蠶簇乾燥，眠亦易起，否則起孃食葉不齊也。

又 初二眠拆簇，即當燥簇出火，則眠齊。後徑將頭眠捉出，其簇棄之，乃用稱權之，共捉若干。將匾用礱糠灰鋪底，置蠶於中，每匾或三斤四斤，皆可上用散石灰稍稍糝之。鄉人謂之：『供俟有起孃，即用簇子預先曬乾拆開，放在面上，起孃不至沸騰。如天陰用稻柴剪斷，亦可起齊，後方可餉食。如蠶少買出火須，擇其絲緒纏綿者為上。』

清 方大湜《桑蠶提要》卷二《蠶事四十條·蠶料八則》 糝料 糠灰。將稻糠煨焦存性，自初出至三眠，每體蠶一次，即篩糠灰於盤內，每眠起一次，即撒糠灰於蠶身，最能收潮。石灰。宜陳不宜新，宜細不宜粗，眠定時篩石灰於蠶身之上，可收濕氣，且易於退殼。

清 高銓《吴興蠶書》卷上 煨斑糠 斑糠，穀殼炭也，須用秈穀殻。蠶筐禦潮，非此不可。鄉人恆於清明邊煨之，煨須存性，不得太過成灰。

又 布烏 烏担畢，用新白紙一幅，平鋪筐中，以箸就漆盒，取烏布置紙上，宜稀、宜匀、宜平、宜薄，務使圓整，不可稍有稠，疊高低處，新紙下須先厚摻斑糠一層，斑糠可禦潮，兼可禦寒也。

又 卷下 往往有捉未齊而蠶已起者，惟俟其眠者稍多，則䝉畢，不過飼一兩頓，即眠。沙䝉既薄，檢捉亦易，可不患其蒸損矣。捉齊後稱準分兩，取石灰末和斑糠摻於筐中，以眠頭稀布之，更用斑糠摻於面上，則燥而煖。

又 蠶之沙䝉，熱而易蒸，不䝉則傷蠶。凡筐內䝉厚，須取斑糠薄摻蠶上，飼葉兩三頓，俟葉既過，就斑糠間開之處，將蠶逐漸剝起，匀布空筐，渣滓既除，筐內清潔，即不爲穢氣所熏矣，剝須詳慎，不得匆遽損蠶。

又 蠶初生至二眠宜之。蓋小蠶體弱，不任翻剝，既有斑糠間隔，即以新紙一幅，鋪於蠶面紙須大於筐，上蓋空筐，兩人對掇按緊，上下兩筐覆使轉身卻揭起原筐，依斑糠間隔之處捲去沙䝉，即摻斑糠一層，以筐蓋之，兩人復如前對掇仰轉，須趁勢旋運不得撞破蠶䝉。隨撤去空筐，并紙相稀密以匀布之。亦有用桑皮紙厚糊鋪於蠶上，外蓋布袱，兩人綳緊覆之者。火蠶亦合䝉，卻不用斑糠間隔，惟以線分開，線用二十條或三十條，隨蠶多少增減一頭紐，一總結匀鋪蠶中。䝉時合轉，就線之總結處提起，揭去沙䝉，尤以速爲要。

清　吴烜《植桑育蠶書・養蠶説》　浙人用石灰研末輕糝，使衣易褪。蘇人則用礱糠燒灰存性糝之，尤爲爽滑。先眠先起，亦必一日之久，方能起齊，是時老皮既褪，新皮尚嫩，不可亂動，更忌見風，須再遲片刻，然後飼葉。一則口老殺葉，二則蠶身易大，若起至八九分，卽便投葉，則食有先後，到老不齊。是時將交夏令。天氣漸熱，蠶亦漸大，食葉漸多，每日起底一次，須勻開一次，筐宜有眼，可使濕氣下透。晝夜必飼七八次，大約天暖三四日，天寒五六日，又起黄光，嘴上顯有尖角，仰首不食，謂之二眠。漸漸減葉，眠齊斷葉，内有不眠者，仍宜如法箝出，再用礱糠灰如前糝之，避風不動，起齊飼葉，暖則二三日，寒則四五日，又起黄光不食，謂之三眠。依舊減葉斷葉，糝灰避風，如前保護，内有未眠者，用整葉鋪上，俟蠶盡上葉，用手捲去，無須用筯，起齊飼葉，是時蠶大口硬，葉可不切。天若大暖，兩日卽眠，是謂四眠。四眠謂之大眠，卽可秤斤見數，秤過將蠶捧置筐中，大筐可貯五六斤分作數堆，以俟其起。一秤見蠶斤，須扎山把，用高田晚稻柴堅結而長，淸白而乾者爲之。數個一束，捆緊柴梢，挂在高處，用鐵梳梳盡柴殼，截去柴梢，長約二尺，每蠶十斤，需柴一百五十斤，約梳凈百斤，每用一握，圍約五寸，中腰束住，展開兩頭，密排架上，彼此交錯，謂之蠶山把。

清　楊名颺《蠶桑簡編・养蠶法》《牧令書》卷一〇　收斑糠。清明日將米糠煨焦存性。自初出至三眠，除沙澳一番，要糝一層於筐内。每眠起一番，濃糝一層於蠶身，最能收潮。

又　頭眠分箔後，可漸加葉。第四五日，飼五六頓。第六日，將眠之時，飼之宜薄宜頻，一日夜可添至七八頓，漸變黄色隨色加減。第七日，皆變黄色，結嘴不實，是爲頭眠。第八日，脱殻盡起，將斑糠糝一層於上。

清　張集賢編撰，郝子雅繪製《桑織圖・蠶桑器具圖》　桑蠶有事器必良，農隙什物預商量。織箔造架結蠶綱，篩盤匙箸並蠶筐。抬壚蓐草簇料倫，兼儲牛糞與斑糠。治桑織造皆有具，臨時窖窖糊蠶房。

清　江毓昌《桑蠶説・養蠶説》　用燈草長四五寸數十莖勻鋪連上摺好，免得壓傷，等三天出齊。不下連，不怕餓。用茅草頭年冬天收茅草，捶軟晒乾聽用，如無茅草，稻草捶軟亦可。切細平鋪盤内用竹晒籚，做盤最好，又鋪礱糠灰一層，穀糠煨焦，存性研細，最能收溼。再鋪揉軟的皮紙一層紙小，用幾張接成一張，以後不論大小蠶盤，都照這樣鋪，到巳、午時。不可過早、過晚。

清　沈練、仲學輅《廣蠶桑説輯補》卷下《飼蠶法六十條・放地蠶説三條》　放地蠶，為無器具而設不得已也。蓋地面多濕氣，非蠶所宜，須下鋪板片，然後照上大眠起後第三條之法行之。倘無板片，則下勻鋪礱糠，再施稻草，令稍厚，此不獨避地面之濕氣，且以泄桑渣蠶砂之濕氣也，但稻草礱糠須用極燥者。

清　吴錫璋《蠶桑新論・論入糠之關係第六》　糠者卽穀之殻，俗謂礱糠是也，鋪於蠶籚，非特乾燥，卽空氣亦易流通，但小蠶宜用細礱糠，以石磨碎之。至三齡後，可用大礱糠，惟眠中不宜入糠，以免重壓。蠶初起皮膚尚嫩，亦不宜。入糠，給桑四五次方可，眠入糠期，見蠶有一二條眞眠者，始可入糠。（犬）[太]早䅧厚，太遲蠶壓，均不宜矣。

清　吴作鏌、倪绍雯、劉安欽《蠶桑速成捷法・養蠶捷法》　糠籾，卽簸米所出之粗糠也，爲避濕除沙最重要之物。内地升斗，各處不一，每一錢蟻蠶，需用若干，難以預定，惟多備之，試用一回，卽知。又一二齡用粟糠爲宜，若無粟糠，用粗糠搗細用亦宜，又將粗糠，在鍋内煆炒，俟起青煙，用火點燃，卽行取出攤于地上，而成爲糠炭，用之于一二齡蠶坐潤濕之時最佳。

清　葉向榮《農林蠶説・養蠶法》　收礱糠。將糠洗淘晒燥收存。自初至三四眠，除沙澳一番，要摻一層於筐内，每眠一番，濃摻一層於蠶身，燥溼易眠。

清　趙敬如《蠶桑説》　十冬月間，將礱米糠粗糠、稻殻均可用擇空屋乾燥土地堆成尖堆，尖上加火種，聽其煨燼。惟面與底成糠炭，中間皆成潔白糠灰。量灰不敷所用，勿動面上糠炭，再加糠於糠炭面上，仍成尖堆，以火種引燃，如此屢加糠屢煨燼。至後來將上面糠炭撥去，取出中間净白糠灰置乾燥處待用，煨糠取冬時者，一則務閒，一則灰存日久無火性也。

清　陳溥《實驗蠶桑簡要法》下篇《養蠶法》　礱糠須於冬令農隙時，洗除塵埃，使乾淨豫儲之。以二成磨細糠，以便收蟻及稚蠶時用可也。

清　鄭愷《飼蠶新法・貯藏保護法》　貯藏器之構造甚多，不能盡贅。最易之法：造二層木箱，周圍充滿礱糠，并鑿内外上下，斜對小孔以通空氣，不使外氣直接為佳。

清　莊景仲《養蠶必讀》卷下第七章《膿病》　天候溫暖無風，卽開戶障，放氣孔，苟蠶座非乾燥，則每次給桑之量不宜多，且宜撒布礱糠。若棘桑多而室內空氣溼潤，則翌朝日出之前開放戶障，燒燃乾枝枯稍，以昇室內溫度，至華氏十度而止，或其日午後再行之亦可。當以日光曝礱糠而去其水分，貯之於箱，俟冷用之，可使蠶座乾燥也。

清 吉林蠶桑局《養蠶簡明法・養蠶白話》 蠶房內有水汽發散，最多濕氣，看溫濕兩表相差五度為好，如差四度六度也好的，倘鄉間沒有溫濕表，察人身上的潮濕，就曉得了。倘濕氣多的時候，總要多用礱糠，可以收濕氣的，常見鄉人用礱糠灰及石灰，然也只三眠的時候用一回。本局的養蠶，礱糠日日要用，既可省得工夫，而且於蠶極有好處。

又 除沙有狠［很］容易的法子，用篩淨的礱糠自出蟻至二眠，要用碎礱糠，到二眠以後，就可用粗礱糠散在蠶上，要蓋滿了蠶體，然後飼葉，蠶到礱糠上吃葉，便已分作兩層了，再飼葉一回或二回，就可把礱糠上的蠶，順手拿去，攤在別個籩［筐］內，到四眠以後，蠶籩［筐］較多，用蠶網還要容易。

清 黃穀《養蠶新論》第二章《蠶具》第一節《給桑及除沙器》《蠶業叢書》第二編 除沙所用，惟糠與網。礱糠用於三齡以前，蠶網用於三齡以後。礱糠在一二齡時，須如前所言，先行磨碎，并須洗淨晒乾，方利於用。蠶網有線製、麻製、草製三種。

又 第四章《飼育法》第七節《除沙及分籩》 小蠶除沙用糠，大蠶除沙用網。因小蠶運動不遠，位置難移，籩之中心與四周恐有不同，則發育必不能齊一。若用礱糠攪拌，位置變換，可使全籩均勻，自無不齊之弊矣。至四五齡之際，運動力已强，故可用網除之。

雜録

清 高銓《吴興蠶書》卷下 蠶至吐珠，爲眠成宜，擡筐細看，或尚有游行者青蠶也。亟檢棄之，謂之相青。蠶之不眠者，其色獨青，故曰青蠶。宜用鮮葉，切粗條引去，或以葉豒引亦可。隨取空筐，勻摻斑糠，以眠頭帶豒鬆布其中，謂之派豒。豒中沙菌必盡敨去，用手宜輕，不得觸傷蠶嘴，復厚摻斑糠一層，安頓靜暖處，謂之種眠。種，從去聲，言安頓如栽種也。

又 每輟火，蠶一兩，長至大眠，以重四兩爲正額，過四兩爲蠶長，不及四兩爲蠶損，恆以此卜，收成之豐歉，輟火眠頭，每筐分布三觔，大眠五觔為疏密得中，筐內勻撒菜莢，或寸切稻草，以石灰斑糠覆之。

清 吴錫璋《蠶桑新論・論蠶卵之貯藏第一》 箱內必糊封堅固，以絕外溫之流通。又用乾燥木屑填其空隙，而以堅厚之物，覆蓋其上。貯藏之室，宜冷宜燥，最忌溫溼。蠶紙安置於簾上，簾下須用木桿作空架，兩面相對，排列竹條，橫直均可。每格各離四分，可鋪蠶紙一張，藏後可放入二重之箱，箱宜桐木製之，再用兩箱蓋蓋之。箱之大小，必須配準，籠架不得過寬，厚薄一律，均以四分之板爲度，然後再放入大箱此箱松、杉均可。板厚七分，其大小較上兩箱宜寬一寸，箱底須用木屑，或礱糠以塡塞之，將蓋蓋好，復爲封固，擇高燥寒冷之室藏之。及催青時，始移蠶連入蠶室。藏之密斯出之良，育蠶之要著，莫先於是。

清 吴作鏌、倪紹雯、劉安欽《蠶桑速成捷法・速成桑園種植法附録》 豫貯藏松杉類之生葉、稻草、礱糠、鋸屑等，迨溫度將近於氷點時，降雪有兆，將上之燃料等，分配于桑園內外，點火使其發煙。又時時注水於燃料，務使發散多量之水蒸氣，以防土地熱氣之放散，且遮日光之直射。然此須合同近隣者，一致施行，最爲有效。若以一人之力，從事其間，則其目的殊難達也。

清 鄭愷《飼蠶新法・除沙》 除沙有三，曰起除、中除、眠除是也。其旨要在使蠶座清潔，除去殘桑蠶糞，若蠶座濕潤，除之便能乾燥，故遇天常雨時，以多除沙為宜。在二三齡稚蠶之時，欲除沙必先散布礱糠。用細糠。

清 陳淳《實驗蠶桑簡要法》下篇《養蠶法》

消耗品四

桑葉十五担，礱糠二百五十斤，條炭一擔半，蠟燭三斤，麥草三四百斤，皮紙十張。

蓐料

綜述

清 方大湜《桑蠶提要》卷二《蠶事四十條・蠶料八則》 蓐料 茅草臘

月收茅草，搗輭作蠶蓐最佳，以茅草不蒸熱也。稻草、麥草皆可作蓐，然稻草不如茅草，麥草又不如稻草。

清 楊名颺《蠶桑簡編·養蠶法》 收蓐草。蠶初生，鋪柔草筐底，上加綿紙，紙上置蠶，取其溫軟。

箔料

綜述

清 方大湜《桑蠶提要》卷二《蠶事四十條·蠶料八則》

箔料

蘆葦。秋冬間收蘆葦，織而為箔，箔上可安置蠶山。

清 衛杰《蠶桑萃編》卷三《蠶政·蠶料類》

箔料

每歲秋冬間，收蘆葦，織而為箔。箔上可安置蠶簇。

簇料

論説

清 韓夢周《蠶桑實濟》卷六《蠶桑補遺·量蟻備簇》 蠶乃食而不飲，屎而不尿之物，惟上簇時，有尿一便。若簇梗不乾，濕氣停蓄於中，蠶必受病。若簇料不廣，上簇不得不密，勢必積累厚壓，濕氣薰蒸。及至四五日後，摘繭之時，其絲已在簇上腐壞，時倘遇陰雨綿延，爲害尤鉅。古有預收簇料法，其料以地膚苗爲上，稻草、竹梢次之，俱於先一年收採晒乾備用，濕氣停蓄之弊，既可無虞矣。第其備簇多寡，未有成數，能使之乾，不能使之廣，在蠶少者尚無妨碍，若飼蠶多而簇料少，措辦不及，貽害曷可勝言。茲有量蟻計簇之法，大凡養蟻一錢者，約備地膚苗五挑，養蟻一兩者，約備地膚苗五十挑，以此遞推，雖養數十兩蟻，無難預定也。夔地多菜子梢，作簇亦佳，然亦須先一年如前數採存，方可足用。

清 葉向榮《蠶桑説·諸家雜説》 上簇法 簇用糯晚稻草，梳去草殼，中間緊紮，長一尺六寸，兩頭用刀截齊。做簇之地，宜乾燥透風，用竹木架蘆簾，簾上載草山，列置於上，將老蠶盛於廣漆盤內，盥手布於簇上，要稀密得宜。倘遇雨冷，簾下用火極熱烘之，熱則繭易成，絲易繅。過五日後，摘繭，尋去蒙戎之衣，即可繅絲，切不可受溼，受溼則難成絲矣。至蠶眠之日，以清香虔祀蠶神。大眠，以香燭素菜，供酒三杯，不拘米麥麪，做繭式，以祀蠶神。

綜述

明 徐光啓《農政全書》卷三三《蠶桑·蠶事圖譜》 今聞善蠶者一法：約量本家育蠶多少，選於院內空地，就添椽木苫草等物，作連脊厦屋。尋常別用，至蠶老時，置簇於內。隨其長短，先構簇心，空直如洞。就地掘成長槽，隨宜闊狹，旁可人行，以備火患。謂用火法也。《蠶書》云：已入簇，微用熟炭火溫之。待入網，漸漸加火，不宜中輟。稍冷，游絲亦止；繅之即斷，多煮爛作絮，不能一緒扣盡矣。外則用以層架，隨層卧布蒿稍，以均蠶居。既畢，用重箔圍之。若蠶少屋多，疏開牕户，就內簇之亦可。如此則上有芘覆，下無濕潤，架既寬平，蠶乃自若。又總簇用火，便於照料。南北之間，去短就長，制此良法，宜皆用之，則始終無慊矣。

清 楊屾《豳風廣義》卷二《預收簇料》 《士農必用》曰：『預收黄蒿、豆稭、桑稍、穀草、黄野草、蓬蒿、稻草，其餘稍勁不臭氣者亦可用。余嘗試之，以上諸簇，皆不甚善，惟有地膚子作簇甚妙一名千頭子，俗名獨掃竹。蓋其玲瓏，內空生凉，無鬱浥之患。死蠶旋墜，無污繭之憂，沙汁不住，無瘢痕之疵，乃天生簇蠶之物。夏月田間多種，或家庭多藝，多收。次年簇蠶，大勝諸物。』

清 尹紹烈《蠶桑輯要合編·辨桑法》 簇用糯晚稻，草梳去草殼，中間緊紮，長一尺六寸，兩頭用刀截齊。做簇之地，宜乾燥透風，用竹木架蘆簾，簾上載草山，列置於上。

清 張集賢，郝子雅繪製《桑織圖·蠶桑器具圖》 桑蠶有事器必良，農隙什物預商量。織箔造架結蠶綱，篩盤起箸並蠶筐。抬墟蓐草簇料倫，兼儲牛糞與斑糠。治桑織造皆有具，臨時䆩䆩糊蠶房。

清 方大湜《桑蠶提要》卷二《蠶事四十條**・蠶料**八則**》**

簇料

鐵埽帚一名千頭子，即地膚苗也，作蠶山最佳。菜子梢作蠶山亦佳、稻草可作蠶山、麥草亦可作山。

清 曾鉌《蠶桑備要》卷二《先事豫備總論》 收簇料，南人用稻穀草截去頭尾，束成一把。上簇時，一擰兩頭撒開，接連直豎，箔上千頭子更妙。即鐵掃箒到處有。北人以菜子稈、棉花稈、粟穀草、茅竹梢等，均可束成把子用。以板凳兩條，横擔竹竿三四根，上架箔子，箔子上接連豎簇，行子排滿，再挨搭箔子再豎。如無箔子，即以麥草鋪地，上豎簇把，凡簇上，仍可鋪麥草亂草。

清 陳開沚《裨農最要》卷一

簇料

作簇，以鐵埽帚為上，竹枝菜子桿次之，稻草苕藤又次之，棉花桿青崗柴亦可用。蠶未老時，先將諸料敲拍，去其渣滓，曬極乾。日未落，便收積乾燥處。否則回潤壞繭。至作簇，又曬更妙。

清 李君鳳《蠶桑説・飼蠶法》 收簇料，用苦竹枝去葉，束成把，要蓬鬆。上簇時，用木等墊接，連卧箔上。一箔約用十餘把，或用稻穀草截去兩頭，束成把。上簇時，用力一搖，兩頭撒開，接連直立箔上。老蠶一斤約用五十把。均須於冬閒時預備，川俗用菜梗等物亦便。

清 林心北、吴書年勸刻《蠶桑輯略・蠶室器用二十條**》**

收簇料

冬閒，將稻穀草，剝去毛葉，與外面一層穀葉子，用刀截去頭尾，約長一尺四五寸。束成一把，於春閒上簇做繭時，用手握一小把子，將輭草二根，中閒束縛之，以梳刷去毛草。將中閒用水浸輭，取草把子用力一擰，則上下兩頭，自然撒開，遂可接連直豎於葦箔之上。每一觔出火蠶，約需草把子五十箇足矣。如無稻草，以地膚子梢代之。

清 吴作鏌、倪紹雯、劉安欽《蠶桑速成捷法・蠶絲業普及捷法》

簇，其作法有種種，惟折簇最便易。法用木板，四角立四小柱，柱之距離各五寸，其中順鑿一槽，先置稻草二三本，然後以一握稻草，横鋪于柱中，而齊其頭。即用鐵箸一枝，靠柱壓其折處而折之，又用鐵箸一枝，壓其第二折處，以中三個指按其箸，以掌按其已折之草，而折之。即抽其第一枝鐵箸，靠柱壓于第三折處，而折之。法皆如前，折終後，即用槽中二三本之草，横中束之，然後取出用木戒方稍敲其折處，即得一簇。上簇時，即去其草束，鋪于席上，每一席，用四个連接鋪之即足，若知作法，用乾油菜枝，收束成排列而用，亦可。又簇宜豫先製造，懸掛于風日處，不受雨濕，使十分乾燥爲佳。

清 楊名颺《蠶桑簡編・養蠶法》 收簇料，冬間，將稻穀草截去頭尾，束成一把。上簇時，用力一擰，兩頭撒開，接連直竪箔上。老蠶一觔約用五十把。地膚子更妙。一名子頭子。

清 葉向榮《蠶桑説・養蠶法》 收簇料，冬間，將梗稻草截去頭尾，束成一把。上簇時，用力一擰，兩頭撒開，接連直竪箔上。老蠶一斤約用五把。地膚子作簇亦好一名千頭子。

又 收簇料，冬間將糯稻草，洒去亂衣，截去頭尾，約裁尺長、一尺六寸許，捆堆存備。收蓐草。蠶初生，編稻草簾，鋪於筐底，上加棉紙，紙上放蠶，取其温輭。

圖表

明 徐光啓《農政全書》卷三三《蠶桑・蠶事圖譜》

團簇

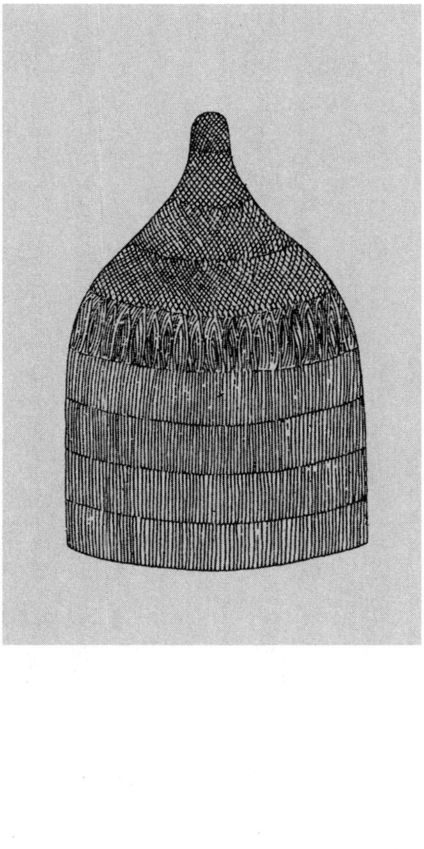

馬簇

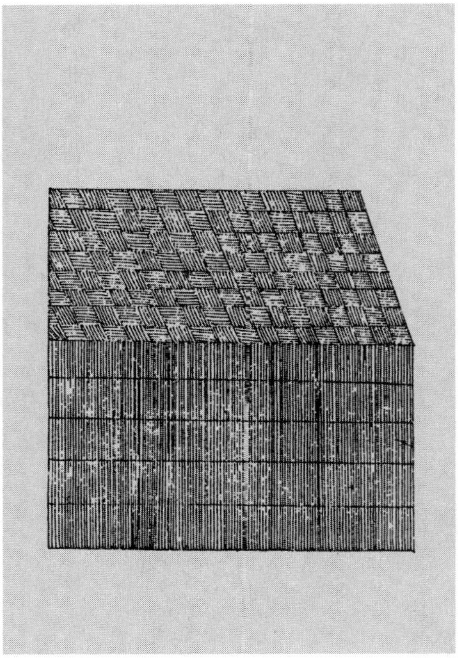

清 曾鉌《蠶桑備要》補編

簇料

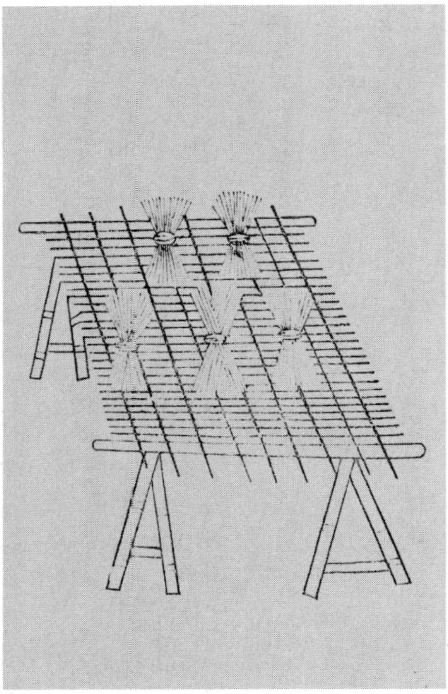

簇料宜秔稻草。縛法有二：一用草一握，長二尺，中腰縛緊，兩頭螺旋散開，是爲墩頭帚；一用草一小把，長三尺，就中腰絞緊折轉，即成兩股，隨於兩股中搦住數莖，從總絞處盤旋復絞，數轉使其末散開如傘，是爲折頭帚。

薦料

綜述

清 方大湜《桑蠶提要》卷二《蠶事四十條・蠶料八則》

薦料

稻草、黄野草。皆可作草薦。

盤料

綜述

清 方大湜《桑蠶提要》卷二《蠶事四十條・蠶料八則》

盤料

竹。取臘月砍伐者編為蠶盤，則不生蟲。

清 衛杰《蠶桑萃編》卷三《蠶政》

盤料

或用竹，或用荆條，或用小桑條，以臘月砍伐者佳，編為蠶盤，則不生蟲。

其他

論説

清 楊屾《豳風廣義》卷二《什物宜預説》 欲事蠶者，須於秋冬農隙之時，預置蠶具什物，自不至臨時忙迫失措。凡蠶食、簇料、火料、蓐草、火具、藁薦、曲筐、盤槌、蠶架、砧刀、擡網、葉篩、椽杓。蠶室必先精製習熟，而後可望其獲利。今條列名件，一一備述，使世之繒纊其身者，皆知其所自出云。

清　劉清藜補輯《蠶桑備要》第二篇《先事豫備》　欲蠶事者，於秋冬農隙，預置蠶具什物，自不至臨時忙迫失措。凡蠶食料、簇料、火料、蓐草、火具、藁薦、曲筐、盤槌、蠶架、砧刀、擡綱、葉篩、椽杓、蠶室，必先精製習熟，蠶種亦必先年如法。收存，則獲利自如操券而取。

清　沈練、仲學輅《廣蠶桑説輯補》卷三《蠶事預備説一條》　按蠶事器用不一而足，其最著者，則切葉砧也，葉篩也，蠶筐也，縣蠶網也，大小蠶植也，攩蠶毛也，蠶箸也，飼蠶架也，地蠶凳也，山棚蘆簾草帚也，繭籃也。内有不能姑缺者，有不妨他代者，須隨宜變通。若繅絲之車，則車牀也，車軸也，牌坊也，絲稱也，牡孃鐙繩也，撈絲帚也，踏脚板也，及車後向絲火盆。車前絲竈烟囱，均須預備。非臨時所能猝有也。尚有綿豁與拓綿叉墜梗，於繅絲後用之，婦女專任之，非若車竈之難，緩續置可也。至桑之器用，則桑剪也，桑梯也，桑鉤也，葉箝也，桑鋸也，接桑刀也，刮桑鈀也，噴筒也，擔桑凳也，鑿釘也，俱隨時取用者也。他如圍蠶之稻草，簾理蔟料之草梳，都是要件。

（光緒）《高明縣志》卷二《地理志·物産》　桑種園，苑者肥美，田原者次之，年收六造，末造曰：『寒造秀麗圍，近年業蠶之家，將窪田挖深，取泥覆四周，爲基中。凹下爲塘基，六塘四基。種桑塘、蓄魚，桑葉飼蠶，蠶矢飼魚，兩利俱全，十倍禾稼。』

综述

清　程岱葊《西吴蠶略》卷上

縛山棚

蠶見繚孃迺縛竹木於所懸索端，以次攤葦箔如架樓，然高與眉齊，名山棚。

附《縛山棚樂府》曰：春蠶將老先縛棚，蘆簾結束如砥平。周遭倚墻架巨木，縱横更列花格竹。不留餘地通往來，儘教大小依儂屋。地下鋪蠶上作山，棚低抱葉嗟彎環。朝來蠶食更攢攢，簾空加葉無餘閒。東鄰蠶早故多暇，隔籬問訊相慰藉。儂蠶明早見繚孃，辛苦還拚是今夜。

清　崔應榴彙纂，錢馥補輯《蠶事統紀》卷七　案：蕭属草類，然蠶之食草，蠶書俱未見載也。《通志昆蟲草木畧》釋『蕭』為『蒿』。邵氏《爾雅正義》《玉篇》云：『蚢，蠶類，食蒿葉，蒿即蕭也。』今嶺南蠶，或食紫蘇葉。毛公《采蘩》詩傳曰：『蘩，皤蒿也。』《七月》傳曰：『蘩，白蒿也，所以生蠶。』皤白變文，其意則同。然則蕭一名蒿，而又一名蘩乎？但毛所言生蠶，恐是藉以為蓐，未必兼食其葉，則蚢所食之蕭，究未知果何等也？宋王延德《奉使高昌行程記》，稱伊州蠶有生苦參上者，則蠶要當有食草而生之一種，未可以耳目所不及，而疑《爾雅》之文為不實也。

清　方大湜《桑蠶提要》卷二《蠶事四十條·紮山八則》　帚宜扭開　蠶山以鐵埽帚爲最佳，俗謂之山帚。無鐵埽帚，則以稻草爲之。詳蠶具第十三則。草梢散亂必輭而毛，輭則載蠶不起，毛則多浮絲。紮山時，須先將草梳仰縛於凳，草梳見蠶具第十二則。次將草梢放梳齒上，批去其葉之散亂者，或以一手按草，一手執梳柄，而梳其散亂者亦可。再將草把中間用繩紮縛，而齊切其兩頭，然後將草把扭開，立於蘆箔便下，如覆椀上，若仰盂矣。草把空處，須薄撒亂稻草以承墜蠶。

又《蠶料八則》　食料　桑葉麵。深秋桑葉欲落時，趁其未黄即將葉摘下，以採早則傷來年桑眼，遲則自落少津液也。臘月内搗磨成麵，收頓無煙火處。春蠶大眠後，患熱病以桑葉麵治之，如有餘剩，餧牛羊甚肥。緑豆粉。臘八日以新水浸緑豆，薄攤曬乾，磨細成粉。或臨時將緑豆浸濕，俟生芽後，曬乾磨粉亦可。蠶大眠後，秤葉餧之，可解熱毒。米粉。浄淘白米，蒸熟作粉，用與緑豆粉同。

清　周春溶《蠶桑寶要·育蠶器具十二條》

草把子

每年正二月間，將大米稻草或小米子草剝去外面一層穀葉子，用刀截去頭尾，約長一尺四五寸，每手握一小把子，將軟草一二根中間束縛之。待蠶上杣時，取草把子用力一擰，則上下兩頭自然撒開，遂可連接直豎於葦箔之上。上蠶，一個草把子可上老蠶一大捧，按一觔，火蠶約需草把子四五十個足矣。

清　高銓《蠶桑輯要》卷下《立帚頭》　蠶之成繭，不能無所倚傍，故棚上須立草帚，墩帚、折帚，各隨鄉之所習，總以密簇為主。有就簾上立者，鋪一節簾即立一節帚，隨上一節蠶，四圍着邊處，用草一束煞緊，謂之煞邊草。此隨立隨上法，郡城西北各鄉鎮用之。有離簾面尺許，用細長竹縱横搭成方格，以繩縛住絡於梁間，謂之花格竹，却簇帚於格內，棚上另設横楞架板登之取蠶，從高摻下繭成後，除去下横楞蘆簾，謂之除托。一切死蠶沙菌，盡墜于地。

此先立後上法，郡城東南各鄉鎮用之。習俗所成，制度各異，其為用一也。草帚須乘暇時預備，庶臨用不致忙迫。

清　包世臣《齊民四術》卷一下《農一下・蠶桑》　冬隙廣拾牛糞春暖，打破和水，築成墼子，以備烘蠶。十二月刈茅去穗椎軟，以備蠶蓐，俱宜蠶性。秋深，捋將落桑葉曝乾，俟臘月，擣爲粉，以淨甕盛收于不近煙火處。臘八日，長流清水或井甜水，浸綠豆白米，每箔半斤爲度，浸一日晒乾，俱備大眠後，和葉飼蠶，能消熱病，堅絲綿。正月，修蠶架、蠶盤、蠶筷。架二種，古名槌，大者高六尺，三足展之，廣亦六尺。六層，下層去地八寸，以空盤隔溼，上層以空盤隔塵。中置蠶者四層，每層相去一尺，當每層高爲一橈，以便抽盤出架。小者高三尺，三足展之，廣二尺四寸，每層相去六寸。小架以架苗蠶，大架以架老蠶也。盤以竹編之，員徑五尺，邊高寸許。苗時用篩，軟茅墊之，上加薄紙，三日後去紙，惟用茅蓐。綱以竹片爲骨，蒙敗綱如盤而差大，如盤上葉，使蠶上葉背，以抬蠶除砂。蠶筷以毛竹長尺三寸，削極尖，細糠炒淨，以除惡蠶。蠶室向南爲上，忌向西，受夕照，起西風，皆害蠶。屋寬者，宜割一所，東南北三面開窗，以紙糊之。加葦箔草簾于外，靠牆根東西關三面，各開三氣洞，以草塞之。屋狹者，隨處以簾箔遮風日，亦可。及蠶大眠時，埽一通風淨室，以簟鋪地。凡晨翦葉撲去露，夕翦葉盡日下，挑來摘下嫩條，薄攤涼去欝蒸之氣，乃飼蠶。常宜備來日葉，凡葉有露及黃沙，須揩洗淨，盡鋪簟上涼過，乃可飼蠶。整箔架、備火盆，箔架以竹爲椽，去地尺許，架之上，鋪蘆箔上簇，去地七尺。以繩掛大木五六根，横鋪竹椽，加蘆箔上簇，簇以稻草去褌瓣，中拆岔爲覆鐘樣，撒蠶其上，爲入簇。凡屋一間兩架，可上蠶十盤，火盆以銕爲鍋，或坦瓦盆亦可。以木爲架，高五六寸，修抽絲車，備絲柴。柴栗爲上，柏次之，曝極乾，二木皆無煙故也。桑葉見青，乃臥種。

清　曹笙南輯《五畝居桑蠶清課》卷二《育蠶徵信篇》

催蠶法

《詩・豳風・集傳》：『蘩，白蒿也。所以生蠶，今人猶用之。蓋蠶生未齊，未可食桑，故以此啖之也。』

清　葉向榮《農林蠶説・蠶桑圖説》　草梳，用堅圓木横長七寸，柄長五寸，用兩頭尖鐵釘長四寸五支，横木鑽眼排勻，釘出把頭。用粗繩挽草，疎去糯稻草軟殼，作山成繭，無草殼痕跡，繅絲無弔繭患。

清　楊鞏《中外農學合編》卷一〇《蠶類・飼育》　儲料　火料宜牛糞牛喜蠶砂，蠶喜牛糞。冬月收牛糞晒乾，春煖時搥碎，拌水杵築成餅，於蠶屋内燒之，最為有益。乾柴絲忌煙熏，煮繭之柴宜早備晒，令極乾。糝料宜糠灰。用稻糠，或煨或不煨。自初出至三眠，每體蠶一次，即篩糠灰於盤内。每眠起一次，即撒糠灰於蠶身，最能收潮。石灰宜陳不宜新，宜細不宜粗，眠定時篩石灰於蠶身之上，最能收潮，且易退殼，然不可過多。蓐料宜茅草。臘月收茅草，擣輭，作蓐最佳。以茅草不蒸熱也。稻草麥草皆可作蓐，然稻草不如茅草，麥草不如稻草。箔料宜蘆葦秋冬間，收蘆葦織成為箔，箔上可安置蠶山。簇料宜鐵掃帚一名千頭子，即地膚苗，作山最佳。菜子梢作山亦佳。稻草可作山。麥草亦可作山。薦料宜稻草、黃野草皆可作草薦。盤料宜竹取臘月砍伐者編爲蠶盤則不生蟲，《蠶桑提要》

圖表

清　任蘭生《蠶桑摘要・圖説》　稻草簾，用蔴繩編九尺，相離二尺許，夾細竹一根，高七尺，邊盡處亦用竹各一根。蠶到眠起時，以此簾竪圍大蠶架外，以避風寒。草梳，用堅圓木，横長七寸，柄長五寸，用兩頭尖鐵釘，長四寸五，支横木，鑽眼排勻，釘出把頭。用粗繩挽草梳，去糯稻草輭殼，作山成繭，無草殼痕跡，繅絲無弔繭患。

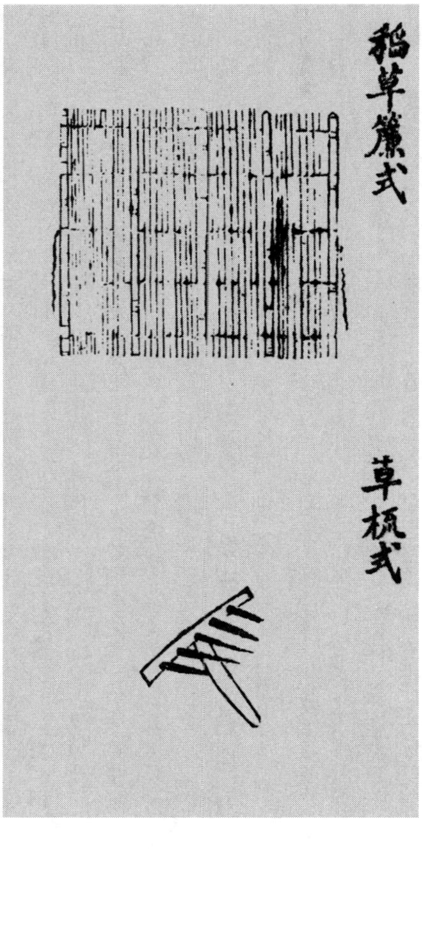

圖説部

元 王禎《農書》卷二一《農器圖譜十八・織紝門》

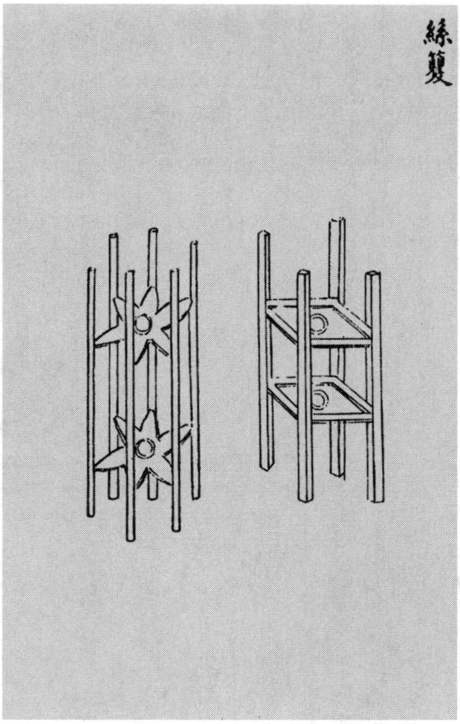

絲籰

經架

緯車

絡車

臥機

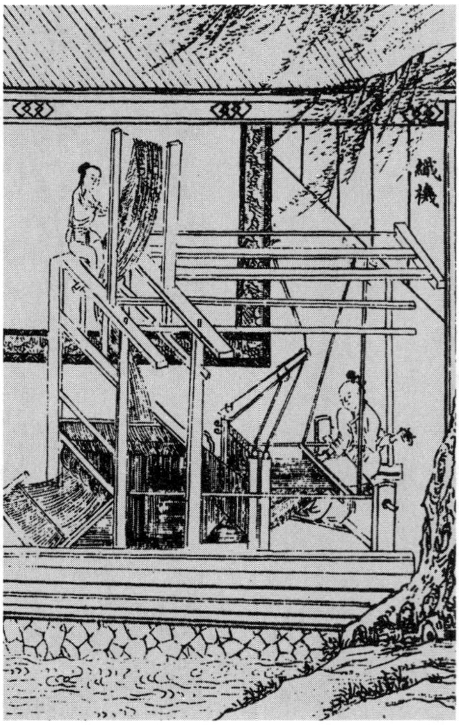

織機

又《農器圖譜十九・纊絮門》

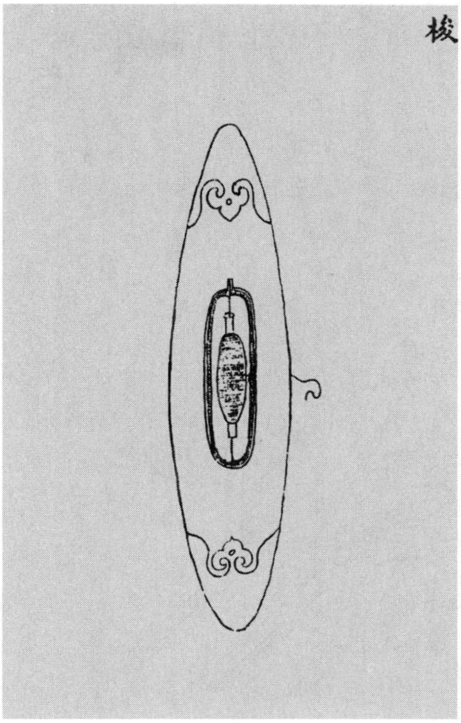

梭

砧杵

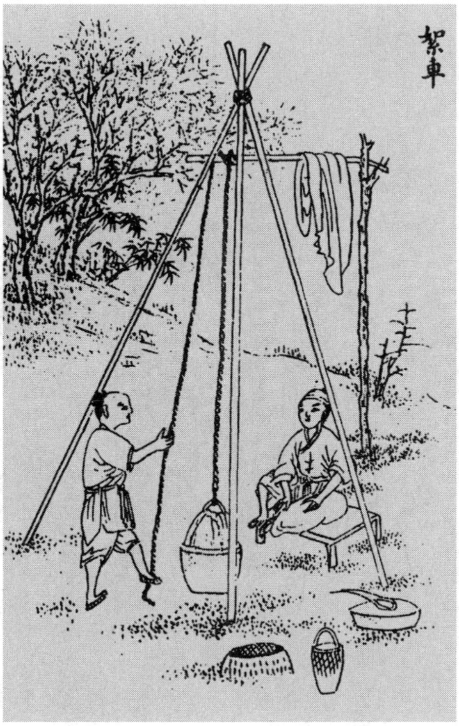

絮車

撚綿軸

明 徐光啟《農政全書》卷三四《織紝圖譜》

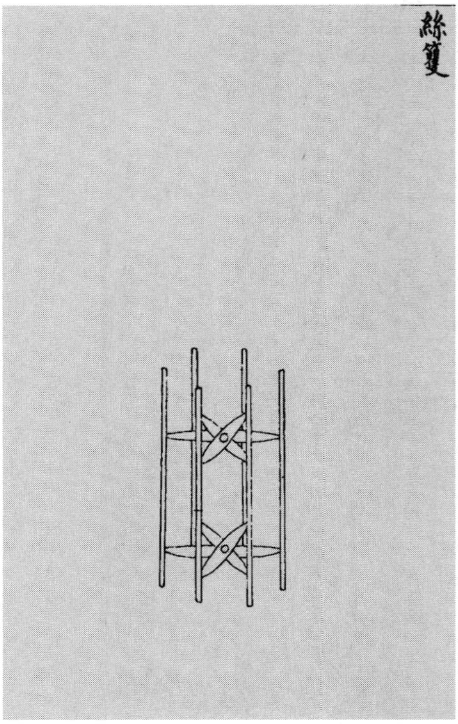

絲籰

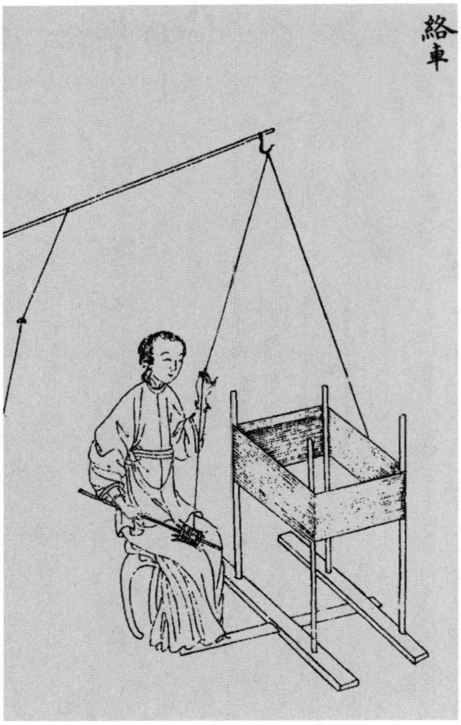

絡車

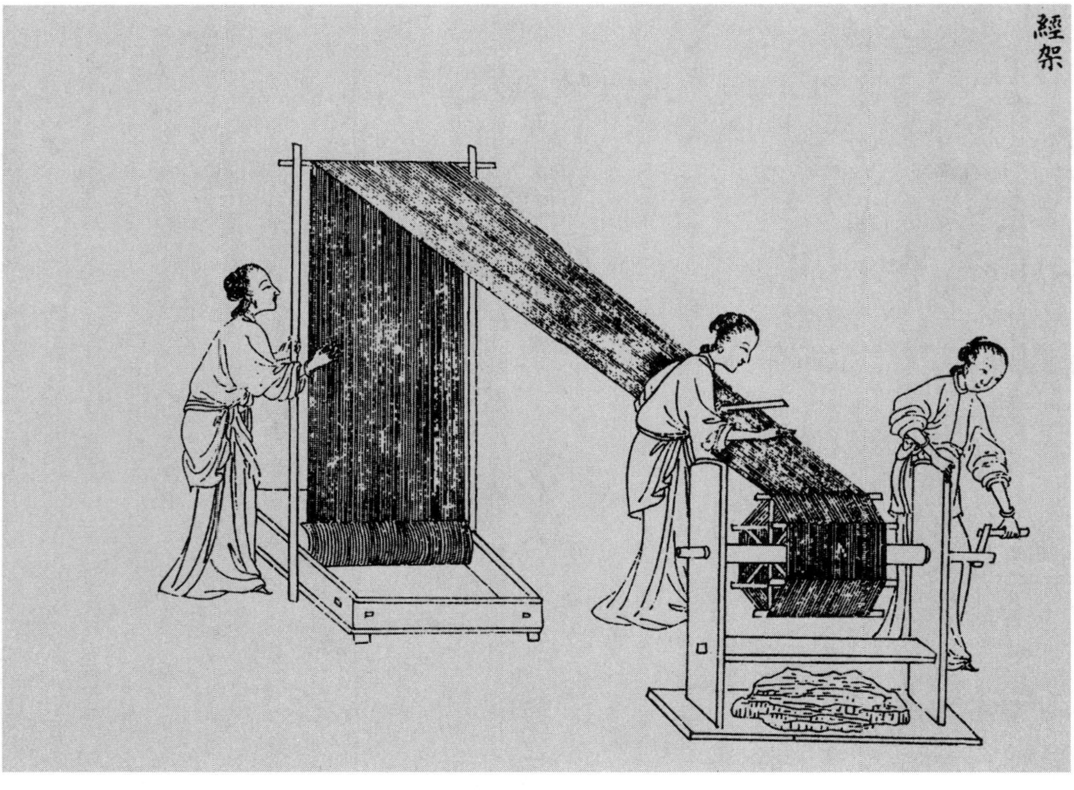

經架

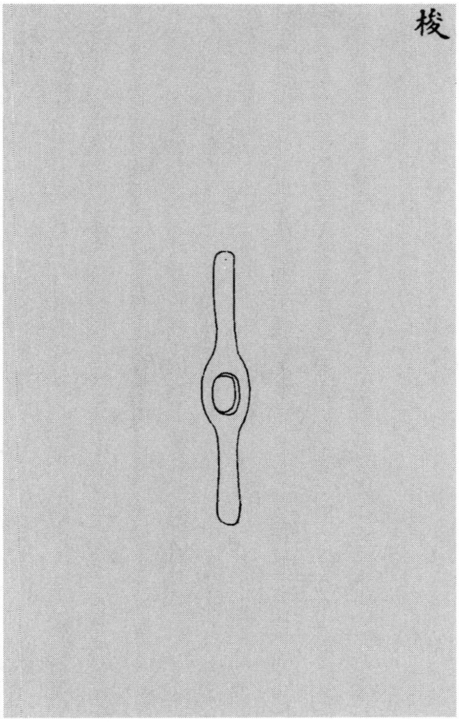

梭

緯車

織機

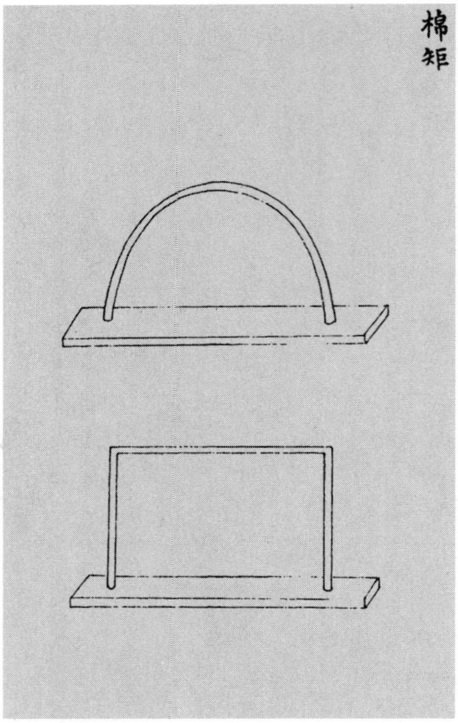

棉矩

砧杵

絮車

清 楊屾《豳風廣義》卷三

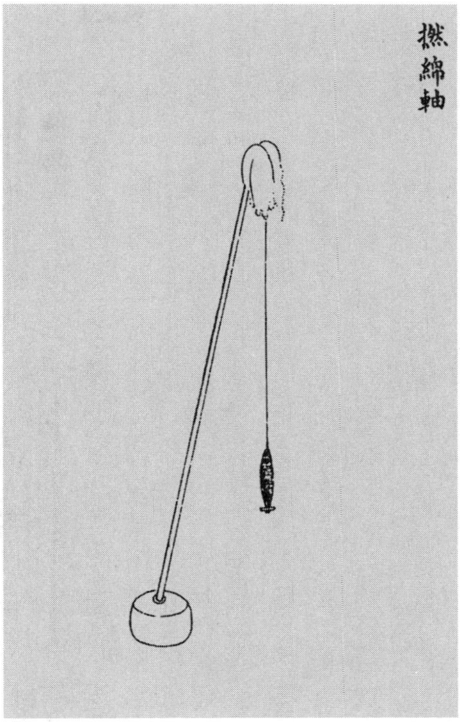

撚綿軸

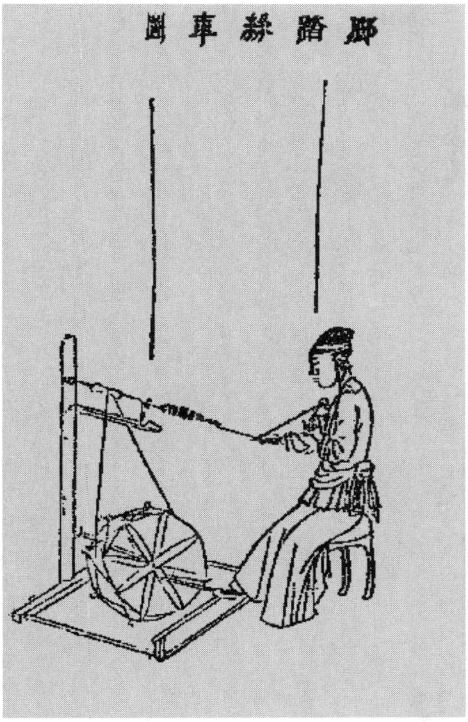

腳踏絲車圖

經絲圖

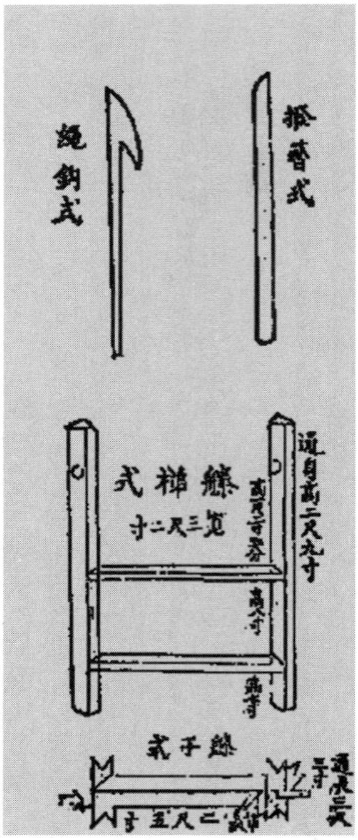

絧牀

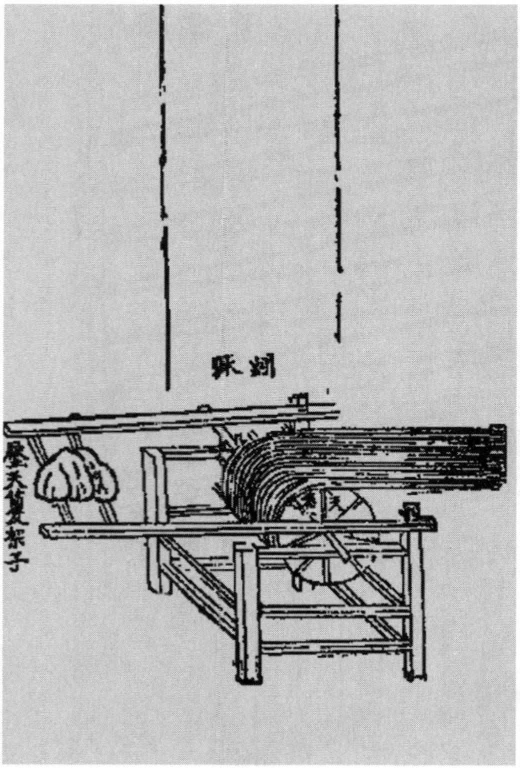

絧絲圖

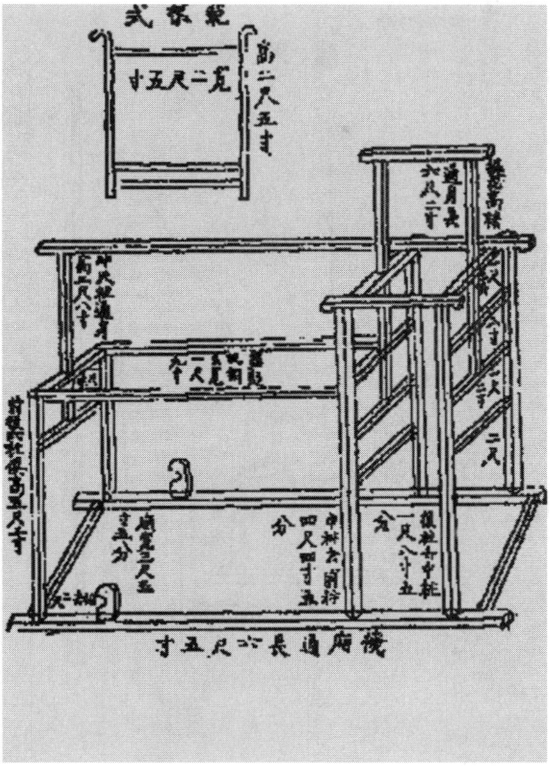

紝牀

織紝圖

清 衛杰《蠶桑萃編》卷一一《圖譜·紡織器圖類》

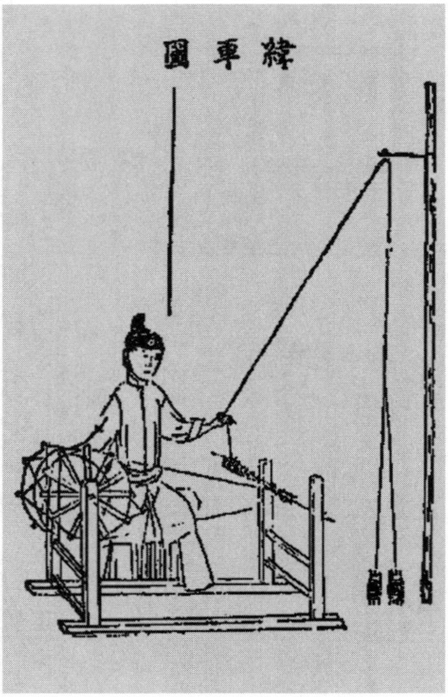

緯車圖

冷盆繅水絲圖

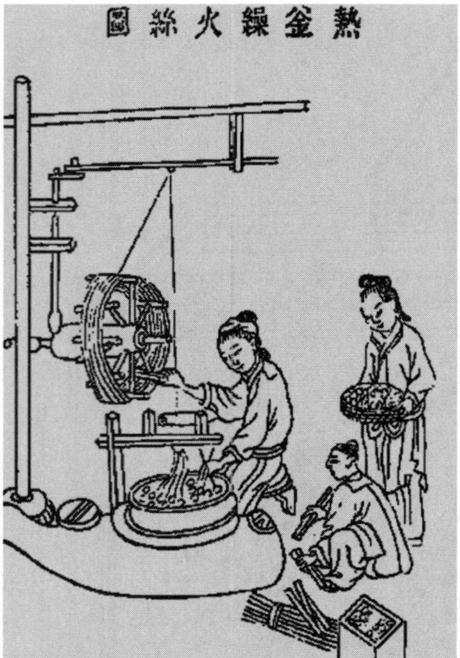

熱釜繅火絲圖

腳踏紡車圖

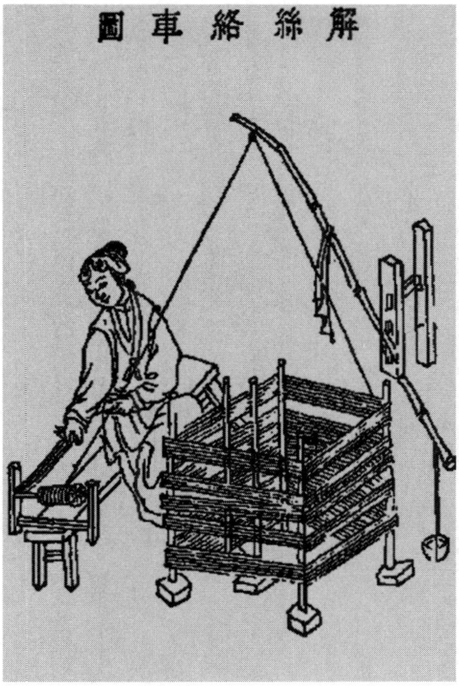

解絲絡車圖

緯車圖

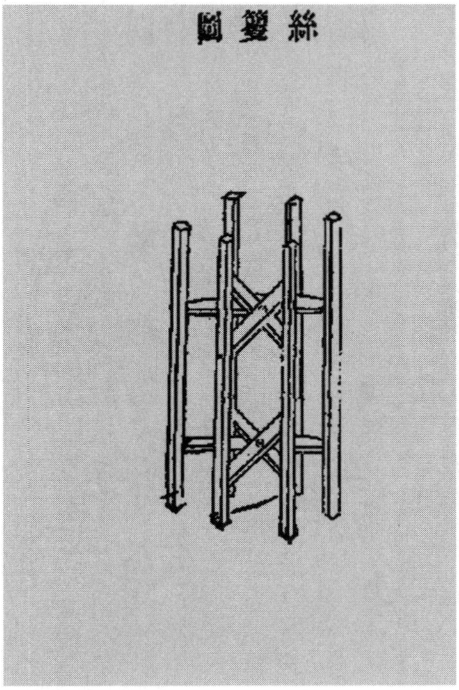

絲籰圖

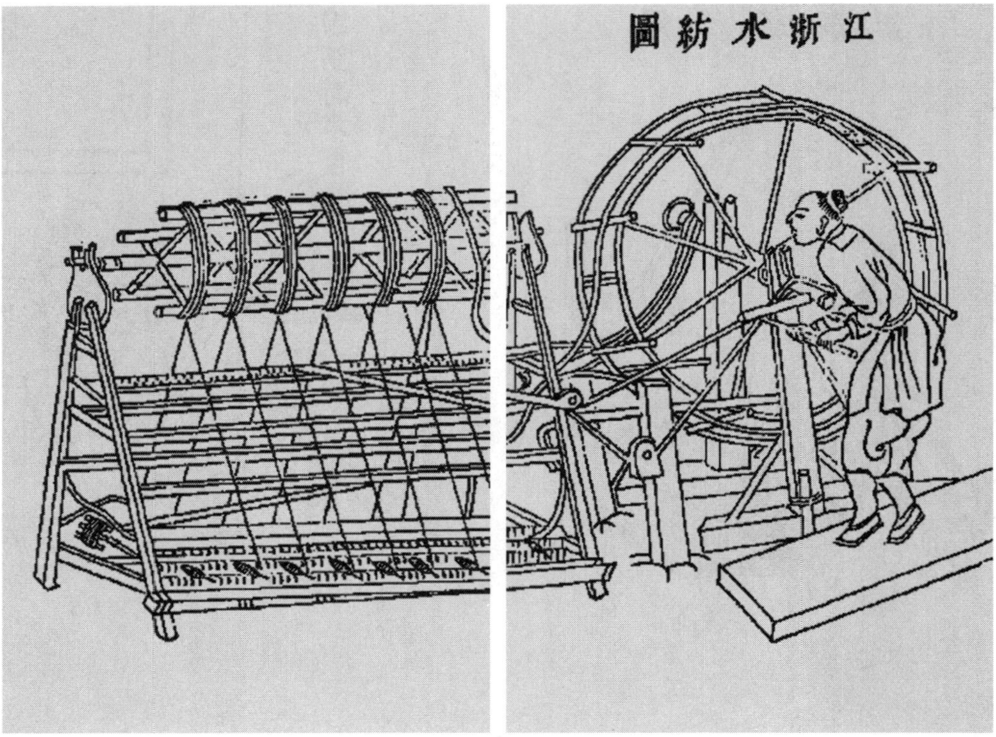

江浙水紡圖

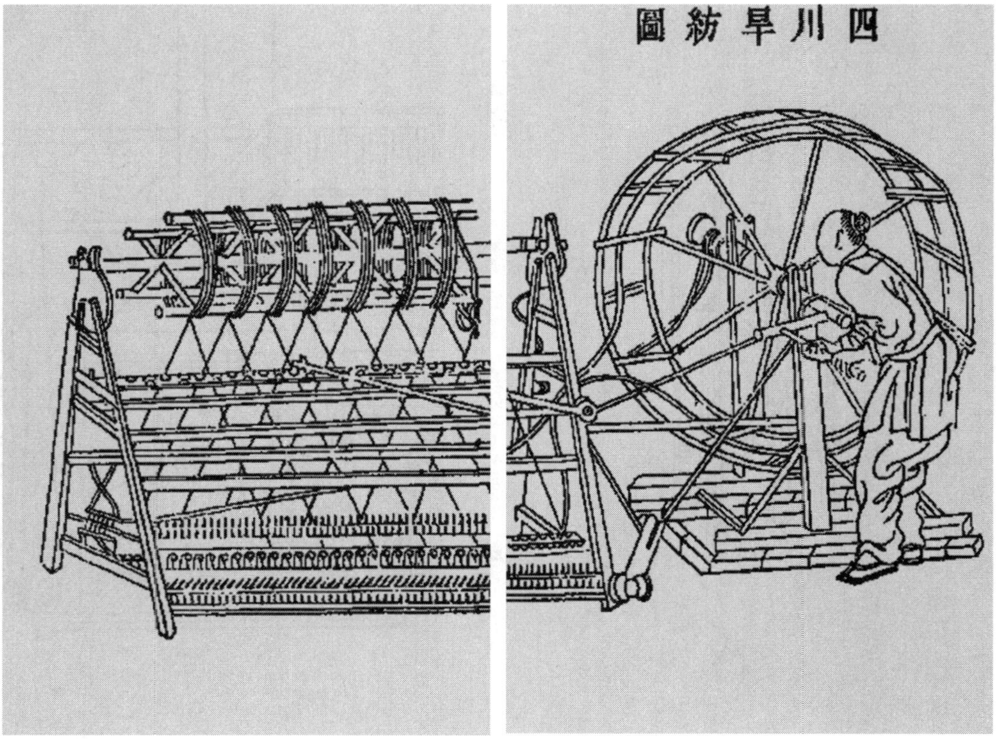

四川旱紡圖

經絲圖

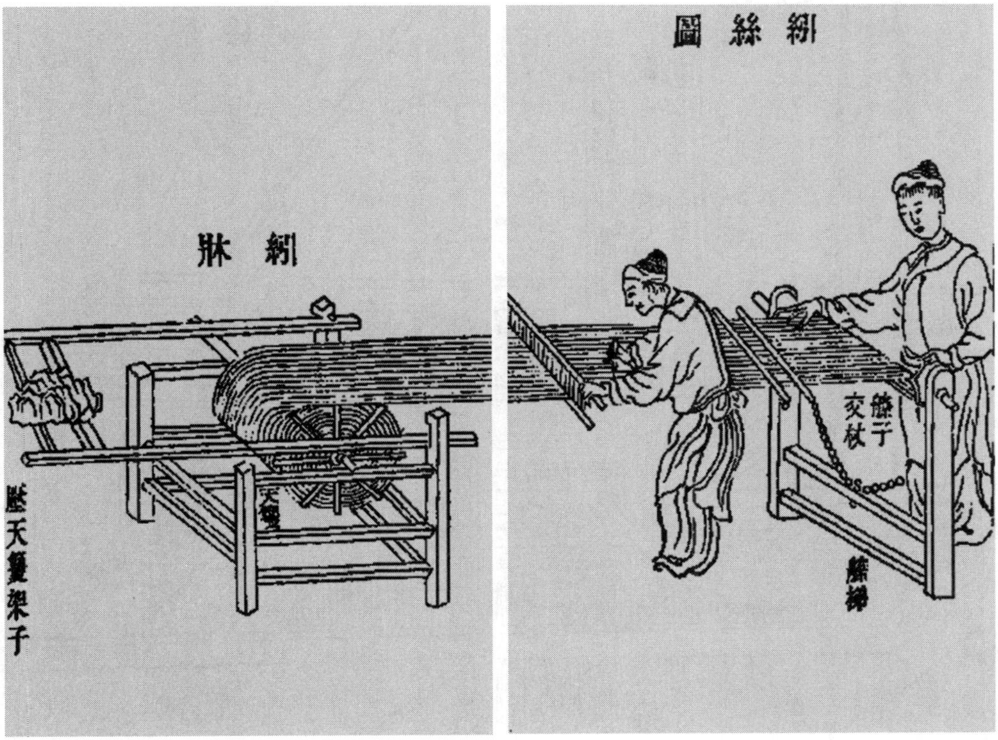

絅絲圖

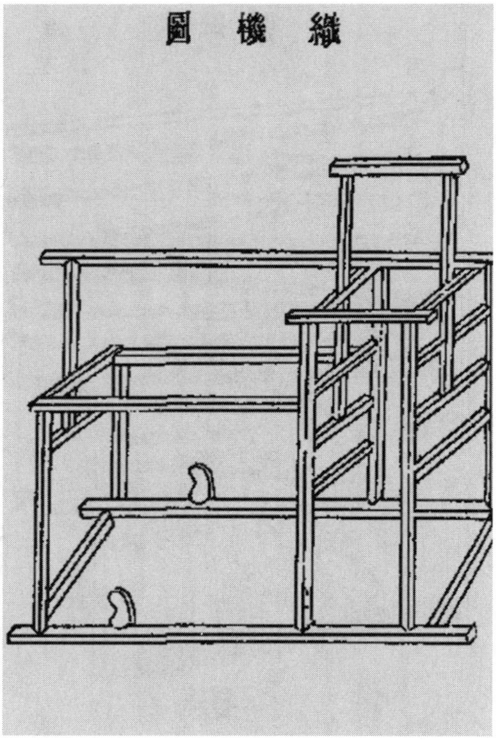

織機圖

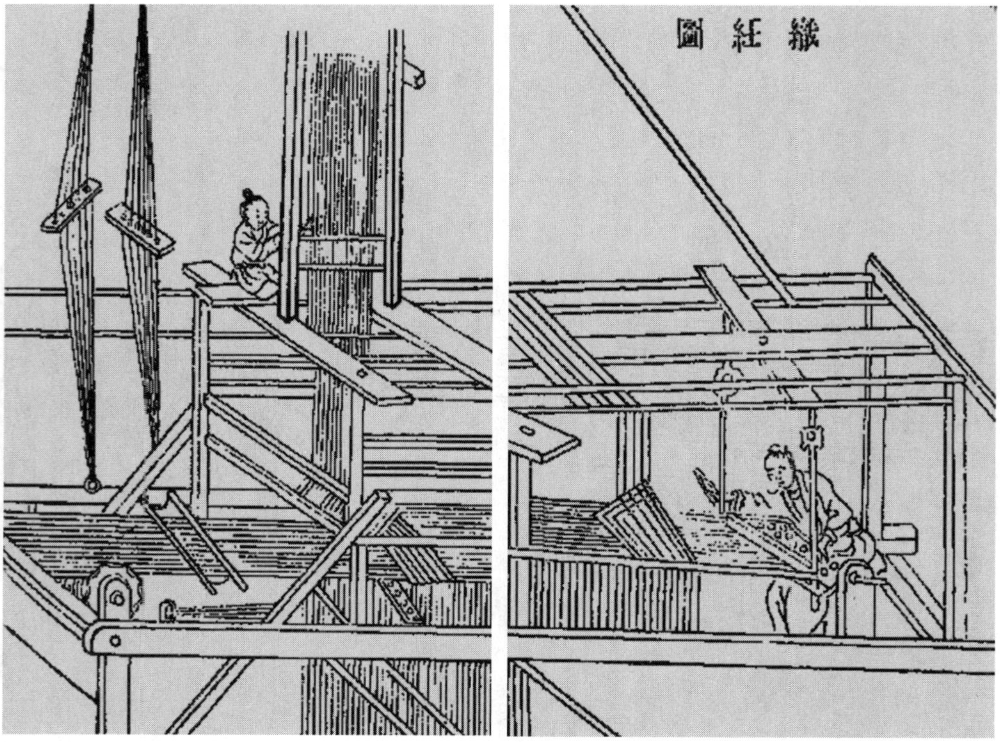

織紝圖

砧杵圖

綿矩圖

絮車圖

謝先蠶圖

又卷一二《圖詠・紡織圖詠類》

繅絲第一圖

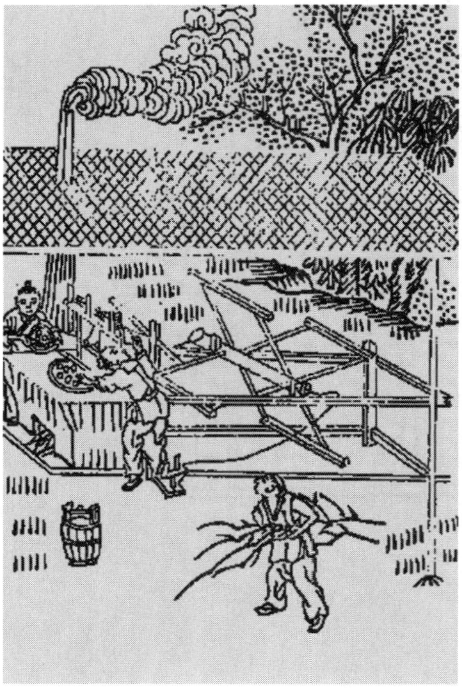

製車第二圖

束捆第三圖

紡絡第四圖

染色第五圖

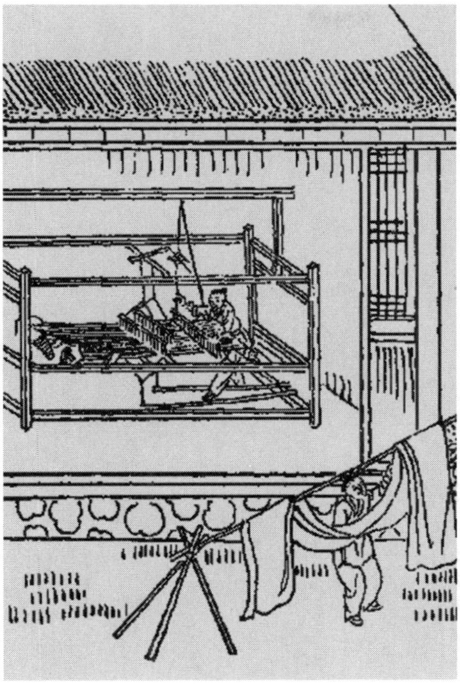

織綢第六圖

攀花第七圖

成錦第八圖

蠶俗總部

蠶俗總部説明

蠶農的種桑養蠶、衣食住行、婚喪嫁娶、生老病死、社會交往無不受到蠶桑生産的影響，構成蔚爲大觀的蠶俗文化，是博大而厚重的蠶桑文化的重要組成部分。蠶俗總部輯録了皇家和蠶鄉祭祀信仰活動、蠶桑生産和蠶農生活習俗的歷史文獻資料，包括起源傳説與信仰祭祀部、蠶鄉習俗部和蠶農部、蠶時蠶事部、蠶桑集貿部、蠶桑祭禮部和圖説部共七個部。

起源傳説與信仰祭祀部輯録了嫘祖、菀窳婦人和寓氏公主、蠶叢氏、馬頭娘、蠶花、蠶三姑等蠶神的相關記載。如，嫘祖：『西陵氏之女嫘祖爲帝之妃，始教民育蠶，治絲繭以供衣服，而天下無皴瘃之患，後世祀爲先蠶。』菀窳婦人和寓氏公主：『卧種之日，割鷄設酒，以禱先蠶寓氏公主之神。』蠶叢氏：『蜀王蠶叢都教蜀人養蠶，鑄金蠶數千。春月，集蠶市，將金蠶給之民間，以爲蠶瑞，誘而教之。數年之間，其政大興。』馬頭娘：『今佛寺中亦有塑像，婦飾而乘馬，稱馬鳴王菩薩，鄉人多祀之。』蠶花：『民間蠶時，事蠶花五聖極虔。每眠餉必祀，至大眠餉，或封鵝祀之。』蠶三姑：『俗呼蠶神，曰「蠶姑」。其占爲：一姑把蠶，則葉賤；二姑把蠶，則葉貴；三姑把蠶，則倏貴倏賤。』

蠶鄉習俗部包括養蠶習俗、節日蠶俗、蠶忌風俗等。養蠶習俗有：臘八浴蠶種，在臘八這一天，蠶農要用井水浴蠶種；護種，蠶娘將蠶種以羅帕包好，貼置胸前，蠶種得暖點青出蟻蠶，養蠶也就從此開始；收蟻儀式，用鵝毛把蠶連上的蟻蠶輕輕拂蠶箪裏；蠶關門，蠶蟻孵出，家家閉户防生人闖入，民間一切交往停止；蠶開門，蠶繭采罷始恢復交往；望蠶信，繅絲時親戚和鄉鄰之間都以猪蹄、魚鮮、果子、糕餅等相互贈送。節日蠶俗有蠶花娘娘生日、照田蠶、燒田蠶、接蠶花、做繭圓、軋蠶花、蠶花水會等活動。養蠶禁忌五花八門，如忌不潔物入蠶室，忌室内掃塵，忌吸烟，忌烟熏，忌穢氣，忌香氣，忌燈油，忌食濕葉、霧葉、氣水葉、黄沙葉、肥葉，忌餵葉失時，忌用『亮』、『僵』、『伸』、『笋』、『蝦』、『爬』、『逃』、『游』、『蔥』、『四』、『完』、『腐』字，忌生人衝克、忌産婦，忌喪服孝子入家。此外，還有忌鼠、忌蠅、敬猫、敬蛇、祛白虎等習俗。

蠶農部輯録的是有關蠶母等養蠶人的資料。蠶時蠶事部輯録的是有關蠶月的記載。蠶桑集貿部輯録的是蠶市和桑買賣的文獻。蜀人以二月望，鬻蠶器於市，因作樂縱觀，謂之『蠶市』。蠶桑祭禮部輯録的是關於皇家親蠶、親蠶禮、祭祀先蠶和親桑、親桑禮、躬桑、公桑、禱於桑等的記載和論述。

圖説部輯録了從正月至十二月這十二個月份中有關蠶鄉習俗的文字史料及其插圖，更形象地展示了養蠶之家每月的蠶事準備、養蠶習俗，以及蠶桑勸課等。

蠶俗總部

起源傳説與信仰祭祀部

嫘祖

論説

《太平御覽》卷八二五　先蠶儀注曰：親蠶前三日，太祝令質明，以太牢祠先蠶也。

元　王禎《農書》卷一《蠶事起本》　按，黄帝元妃西陵氏，始勸蠶事。月大火而浴種，夫人副禕而躬桑，乃獻繭、稱絲，織紝之功，因之廣織，以供郊廟之服，所謂黄帝垂衣裳而天下治，蓋由此也。然黄帝始置宫室，后妃乃得育蠶，是為起本。西陵氏曰儽祖，為黄帝元妃。淮南王《蠶經》云：西陵氏勸蠶稼，親蠶始此。《皇圖要覧》云：伏羲化蠶，西陵氏養蠶。《禮記·月令》：季春，后妃齋戒，享先蠶而躬桑，以勸蠶事。《周禮·天官·内宰》：中春，詔后帥内外命婦，始祭蠶於北郊。蠶于北郊，以純陰也。上古有蠶叢帝，無文可考。蓋古者蠶祭，皆無主名。至後周壇祭先蠶，以黄帝元妃西陵氏為始，是為先蠶，歷代因之。嘗謂天駟為蠶精，元妃西陵氏始蠶，實為要典。若夫漢祭菀窳婦人、寓氏公主，蜀有蠶女馬頭娘，又有謂三姑為蠶母者，此皆後世之溢典也。然古今所傳，立像而祭，不可遺闕，故併附之。夫蠶之有功於人，萬世永賴，注於祀典，以示報本。後之蒙衣被之德者，其可不知所本耶？嘗撰《蠶事》《祭文》二篇，以為祈報之禮，其文見《農器譜》。

又　卷六《蠶繅篇》　淮南王《蠶經》云：黄帝元妃西陵氏始蠶。蓋黄帝制作衣裳，因此始也。其後，禹平水土。《禹貢》所謂『桑土既蠶，其利漸廣。』《禮·月令》曰：古者天子諸侯，必有公桑蠶室。季春之月，具曲植音值籧、筐，后妃齊戒，親東鄉音向躬桑，禁婦女毋觀去聲，省婦使以勸蠶事。婦使，謂縫線、紐串之事。蠶事既登，分繭稱絲，效功以供郊廟之服，無有敢惰。及考之歷代皇后與諸侯夫人親蠶之事昭然可見。况庶人之婦可不務乎？

清　楊屾《豳風廣義》卷二《王氏先蠶壇序》　王氏曰：先蠶，猶先飯，祀其始造者。壇，築土為祭所也。黄帝元妃西陵氏始蠶，即先蠶也。按，黄帝元妃西陵氏曰儽祖，始勸蠶稼。月大火而浴種，夫人副禕而躬桑，乃獻繭稱絲，織紝之功因之廣，織以供郊廟之服。《皇圖要覧》云：伏羲化繭，西陵氏養蠶。淮南王《蠶經》云：西陵氏勸蠶稼，親蠶始此。《禮·月令》：季春，是月也，后妃齋戒，享先蠶而躬桑，以勸蠶事。《周禮·天官·内宰》：仲春詔后帥外内命婦，始祭於北郊。《漢禮儀志》：皇后祀先蠶禮以中牢。魏黄初中，置壇於北郊，依周典也。晋置先蠶壇，高一丈，方二丈，四出陛，陛廣五尺。皇后至西郊，親祭躬桑。北齊先蠶壇，高五尺，方二丈，四陛各五尺，外兆四十步，面開一門，皇后升壇，祭畢而桑。後周皇后，至先蠶壇親饗。隋制宫北三里，壇高四尺，皇后以太牢制幣而祭。唐置壇在長安宫北苑中，高四尺，周圍二十步；皇后並有事於先蠶，其儀備開元禮。宋用北齊之制，築壇如中祠禮。《通禮義纂》：后親享先蠶，貴妃亞獻，昭儀終獻。夫蠶祭有壇，稽之歷代，雖儀制少異，然皆遞相沿襲，餼羊不絶，知禮之不可獨廢。

清　衛杰《蠶桑萃編》卷三《蠶政·蠶始類》　蠶室全備，安設先蠶位，不忘本也。歷代所祀不同，如漢祀宛窳婦人、寓氏公主，蜀有蠶女馬頭娘，又有三娘為蠶神者，又南方祀蠶花五聖者，後世之溢典也。夫農桑固天畀以養民重寶，必有所司之神以主之。故農祭先農，蠶祭先蠶。神農始教稼穡，是為先農。黄帝元妃西陵氏，始為室養蠶，是為先蠶。事蠶者，先書先蠶神位，畫像亦可，安蠶室高潔之處，稽古制，祭先蠶，壇壝牲幣，如中祀禮，此后妃祭先蠶禮也。《蠶書》云：卧蠶之日，割鷄設醴，以禱先蠶。此庶人祭先蠶禮也。自天子后妃至於庶人之婦，禮雖不同，敬奉之心則一。凡養蠶家下蟻之日，蠶多力厚者，設三牲酒醴。蠶少力微者，割鷄設醴，點燭焚香，將筐置先蠶几案，蠶母率闔家奠醴拜禱。

清　楊名颺《蠶桑簡編·養蠶法》　蠶本天駟之精。黄帝元妃西陵氏始蠶，卵生爲蟻，蟻脱爲𧌒音苗，𧌒脱爲蠶，蠶脱爲蛹音勇，蛹脱爲蛾，蛾脱繭復卵。蠶紙爲連，皮爲蛻，屎爲沙，蓐曰沙燠，臥曰眠，脱殼曰起。南蠶多四眠，北蠶多三眠。總之，一七而變，四變而老，七變而死，蓋氣化神物。

蠶室高潔處供奉先蠶神位，下蟻日用牲醴祭之。

綜述

《唐會要》卷一〇　享日，未明五刻，司設服其服，升設先蠶氏神座於壇上，北方，南向，席以莞，設神位於座首。

宋 王應麟《玉海》卷七七　後周制，后乘翠輅至蠶所，奠先蠶西陵氏神。自齊、周及隋，多依晉儀損益。

宋 吴淑《事類賦注》卷四《歲時部一》　薦鞠衣而修蠶器。《禮》曰：三月之節，天子薦鞠衣於先帝。董黄桑之服。又，三月乃修蠶器，后妃齋戒，享先蠶而躬桑，以勸蠶事。

元 司農司《農桑輯要》卷一　北齊，先蠶祠黄帝軒轅氏，如先農禮。後周祭先蠶西陵氏。

清 蒲松齡《農桑經・附録》

犯蠶室土

用天德水土和泥，泥犯處。元旦五更，朝蠶室方，設先蠶神位，祝之。蠶收。

清 李光地等《御定月令輯要》卷九《四月令》

二十八日

先蠶黑幣。增《玉海》：大觀四年，四月二十八日，議禮局言，《開元禮》：享先蠶，幣以黑。請從黑，以合至陰之義。

清 帥念祖《蠶政編・祭先蠶説》　蠶室備，設立先蠶木主，不忘本也，宜安高潔處。下蟻致祭，豐儉隨力，誠敬爲上。事竣，仍須祭奠，以答神功。

清 鄂爾泰《授時通考》卷四六《勸課門》　又育蠶者，亦有祈禳報謝之禮。皇后祭先蠶，至庶人之婦，亦皆有祭。此后妃與庶人之祭，雖貴賤之儀不同，而祈報之心一也。

又 卷七二《蠶事門》　《蠶書》：卧種之日，升香以禱。天駟，先蠶也。割鷄設醴，以禱婦人、寓氏公主，蓋蠶神也。毋治堰，毋誅草，毋沃灰，毋室入外人，四者神實惡之。

清 曾鉌《蠶桑備要》卷四《養蠶程式》　一、祭先蠶。黄帝元妃西陵氏，始教民養蠶，是爲先蠶。卧種之日，先立先蠶木主，書先蠶神位，或畫像，設蠶室高潔處，割雞設醴，點燭，焚無氣味香，將蠶蟻之筐，置先蠶几案，蠶母率闔家奠醴拜禱，成繭取絲，仍設供拜謝。

清 許鵬翊《橡蠶新編・橡蠶雜考》　黄帝元妃西陵氏始蠶。卵生為蟻，蟻脱為蚸音苗，蚸脱為蠶，蠶脱為蛹，蛹脱為蛾，蛾脱繭復卵。

清 王元綎《野蠶録》卷一《育蠶》　春蠶，以五月端陽祭山；秋蠶，以七月中元祭山。壘石為台，供山神位於上，香花酒果，爆竹聲震陵谷，亦祀先蠶之意也。

清 衛杰《蠶桑淺説》　昔黄帝元妃西陵氏始蠶，自三代至周，皆與農功並重，後世因之不廢。蠶乃天駟之精神化之物，初浴爲卵，卵生爲蟻，蟻出爲蚸，蚸脱爲蠶。皮曰蜕，糞曰沙，卧曰眠，食曰起，一七變，五七老，七七化。南方眠遲，食葉多。北方起速，食葉少。凡興蠶事，養蠶家宜供先蠶神位，於浴子日，用酒醴祀之，猶農家之必祀先農也，潔淨誠敬，蠶事自興隆百益。

清 袁俊德輯《蠶桑稽古編》　後周制，皇后率妃嬪、夫人至蠶所，以太牢奠先蠶西陵氏。禮畢，降壇，因以公桑焉。

清 孫鐘亶《山蠶輯略・養蠶溯原》　蠶事始于西陵，西陵氏之女嫘祖，爲黄帝之元妃。始教民育蠶，治絲繭以供衣服，後世祀爲先蠶。蠶利始于關中，繼則提倡乏人，蠶織遂廢。

清 衛杰《蠶桑萃編》卷三《蠶政・蠶始類》

原始

古西陵氏之女嫘祖為黄帝元妃，始教民養蠶，治絲繭以供衣服，而天下無皴瘃之患，後世祀為先蠶。

藝文

清 鄂爾泰《授時通考》卷五三《織第十五・祀謝》

聖祖仁皇帝御製：勞勞拜簇祭神桑，喜得絲成願已償。自是西陵功德盛，萬年衣被澤無疆。

世宗憲皇帝御製：豐祀報先蠶，灑庭佇來格。釃酒注罇罍，獻絲當圭璧。堂下趨妻孥，堂上拜主伯。神惠乞來年，盈箱賜倍獲。

皇帝御製恭和聖祖仁皇帝原韻：年年勞苦事耕桑，及早還將租稅償。今日蠶成虔祀謝，西陵功德戴無疆。

清 吴鴻望校，袁俊德輯《蠶政萃編·蠶始類·讀蠶歌》 先蠶赫赫有神靈，助我三春蠶事成。萬箔千槌都順遂，絲多繭好慶豐盈。

雜録

唐 迦葉志忠《進桑條歌表》《全唐文》卷二七六 昔高祖未受命時，天下歌《桃李子》。太宗未受命時，天下歌《秦王破陣樂》。高宗未受命時，天下歌《側堂堂》。天后未受命時，天下歌《武媚娘》。伏惟應天皇帝未受命時，天下歌《英王石州》。順天皇后未受命時，天下歌《桑條韋》。闕。五行六合之內，齊首蹀足，應四時八節之會，歌舞同歡。豈與夫『簫韶九成』、『百獸率舞』同年而語哉！伏惟皇后降帝女之精，合爲國母，主蠶桑以安天下。后妃之德於斯爲盛。謹進《桑條歌》十二篇，伏請宣布中外，進入樂府，皇后先蠶之時，以享宗廟。

《唐會要》卷一〇 尚儀持版進於神座之右，東向跪，讀祝文曰：『維某年歲，次月朔日，子皇后某氏，敢昭告于攝事女祝持版祝云：皇后某氏謹遣某官妾姓敢昭告於先蠶氏，唯神肇興蠶織，功濟黔黎。爰擇嘉時，式遵令典，謹以制幣、犧齊、粢盛庶品明薦於神，尚享訖興。

宋 陳襄《古靈先生文集》卷一九《四望山川社稷五祀，朝日夕月風師雨師司命司中七祀，禬百神先蠶五龍靈星壽星司寒馬祭，冕服各異》

國朝祀儀，祭社稷、朝日、夕月、風師、雨師，皆服衮冕；其禬祭、先蠶、五龍，亦如之；祭司命、户竈、門厲行，皆服鷩冕；壽星、靈星、司中、司寒、中霤、馬祭，皆服毳冕，皆非是。今天子六服，自鷩冕而下，既不親祠，廢而不用，則諸臣攝事，自當從王所祭之服。伏請依《周禮》，凡祀四望、山川，則以毳冕；祭社稷、五祀，則以希冕；朝日、夕月、風師、雨師、司命、司中，則以玄冕。若七祀、禬祭、百神、先蠶、五龍、靈星、壽星、司寒、馬祭，蓋皆羣小祀之比，當服玄冕。

宋 陸游《渭南文集》卷一七《寧德縣重修城隍廟記》 禮不必皆出於古，求之義而稱揆之心而安者，皆可舉也。斯人之生，食稻而祭先嗇，衣帛而祭先蠶，飲而祭先酒，畜而祭先牧，猶以爲未則。凡日用起居所賴者皆祭，祭門、祭竈、祭中霤之類是也。

宋 魏了翁《鶴山集》卷一〇九《師友雅言下》 祭食，祭所先進。

長樂劉氏曰：古者，於爨則祭先炊，於樂則祭樂祖，將射則祭侯，用火則祭司爟，用龜則祭先卜，養老則祭先老，於馬則祭馬祖，於社、於田，則祭先嗇、司嗇。某謂：蠶則祭先蠶，於學則祭先聖、先師，每事有所先。

《大明會典》卷二一五《太常寺》 歷代帝王，及百神之祀，西苑所出者，藏之恒裕倉，以供方澤、朝日、夕月、宗廟、社稷、先蠶、先師孔子之祀。隆慶元年，罷西苑耕種，諸祀仍取給於耤田。

明 廖道南《楚紀》卷二八《孚諫外紀後篇》 先蠶祠者，桑野之隅也。后躬桑，以先天下之婦順也。

明 王應電《周禮傳》卷一下 女祝，掌王后之内祭祀，凡内禱祠之事。內祭祀，六宫之中，竈門户中，窗水泉及先蠶、先嗇、高媒等，出宫則有祓祭也。禱疾病求瘳，禱爾于上下神祇也。祠，報福也。

清 吕廣文《蠶桑要言・育蠶法》 凡蠶上山，三日絲盡，六日變蛹。至第七日，先以酒脯酬先蠶，婦女謂請蠶姑娘，請後，將蠶收下，謂之落山，亦曰轉繭。再隔一日，須將繭薄薄攤晒，連晒五六日，則蛹晒斃。否則，自上山數起數至十六日，蛹復化蛾，破繭而出，其繭无可繅絲矣。若遇連日陰雨，須以火烘燥，且火須畧猛，其蛹方死。否則，日期一到，仍要出蛾。如繭多之家，可用燕籠畧蒸，後用火焙，較爲穩當。

圖表

清 楊屾《豳風廣義》卷二《祭先蠶圖説》 蠶室備，内設先蠶位，不忘本也。歷代所祭不同，即如漢祀宛窳婦人、寓氏公主；蜀有蠶女馬頭娘，又有三娘爲蠶神者；又南方祀蠶花五聖者，此後世之溢典也。夫農桑天畀，養民重寶，必有所司之神以主之。所司者，即始爲開導者，故農祭先農，蠶祭先蠶。神農始教稼穡，是爲先農；黄帝元妃西陵氏，始爲蠶室養蠶，是爲先蠶。事蠶者，先立先蠶木主，當書先蠶神位，畫像亦可，安之蠶室高潔之處。稽古制，祭先蠶壇壝牲幣，如中祀禮，此后妃祭先蠶之禮也。《蠶書》云：卧種之日，割鷄設醴，以禱先蠶，此庶人祭先蠶之禮也。自天子后妃，至於庶人之婦，禮雖不同，而敬奉之心則一。凡養蠶家，下蟻之日，蠶多力厚者，設三牲酒醴；蠶少力微者，割鷄設醴，點燭焚無氣味之香，將蠶蟻之筐，置先蠶几案，蠶母率闔家奠醴拜禱，祈祝之文曰：『惟蠶之原，伊駟有星。蠶事之興，聖母肇成。氣鍾孕育，惟神適從。保之佑之，有箔皆盈。尚冀終惠，用彰厥靈。簇老獻瑞，繭盆效功。敬獲吉卜，克契心盟。神其來享，爰祀惟誠。』奠拜畢，將蟻筐上架，飼之，此祭先蠶之章程也。

菀窳婦人和寓氏公主

綜述

漢 衛宏《漢官舊儀》卷下 春桑生，而皇后親桑於苑中，蠶室養蠶千箔以上，祠以中牢羊豕。祭蠶神曰宛窳婦人、寓氏公主，凡二神。羣臣妾從桑還，獻於繭觀，皆賜從採桑者樂。

清 蒲松齡《農桑經・蠶經》 卧種之日，割雞設酒，以禱先蠶寓氏公主之神。祝曰：『維某年月日，割雞設酒，以禱于先蠶之神曰：惟蠶之精，天駟有星。惟蠶之神，伊昔著名。氣鐘於此，孕卵而生。既桑而育，既眠而興。神之福我，有箔皆盈。尚冀終惠，用彰厥灵。簇老獻瑞，繭盆效成。敬獲吉卜，願契心盟。神宜享之，祈祀惟馨。』禱後勿動土，勿誅草，勿沃灰，勿室入外人。

清 吴通帛《廣廣事類賦》卷三一《蟲豸部・蠶》 《後漢書・禮儀志》注：皇后視蠶于苑中，蠶室養蠶千薄以上，祠以中牢羊豕。今蠶神曰菀窳婦人、寓氏公主，凡二神。黄省曾《蠶經》：菀窳婦人，先蠶也。蜀有蠶女、馬頭娘，歷代所祭不同。今世謂蠶爲女兒者，古之遺言也。 養肇西陵。 《皇圖要覽》：伏羲氏化蠶爲絲。黄帝元妃西陵氏，始養蠶。 形齊馬喙。 《東方朔別傳》：天公問：下方何衣？朔曰：衣蠶。蠶何若？曰：喙呥呥類馬，色斑斑類虎。穆希文《蟫史》：世傳，蠶乃馬化，故背負馬跡。蛻殼時，頭如馬。今人祭馬頭娘，名馬面菩薩，其神也。 類屬龍精。 秦觀《蠶書》：蠶爲龍精。

清 羊復禮《蠶桑摘要・養蠶十五則》 《記》曰：有其事，必有其治。故農事有祈焉，有報焉，所以治其事也。《載芟》之詩言春祈，《良耜》之詩言秋報，以及田祖、田畯、先農、先嗇，皆載於《詩》《禮》，此以見農事之有祈報也。《蠶書》言：卧種之日，升香以禱天駟。割雞，設醴，以禱菀窳婦人、寓氏公主，盖祀先蠶與蠶神也。

蠶叢氏

論説

清 饒敦秩輯《蠶桑簡要録・南溪種桑請准立案並飭後任照章接辦勿使廢墜禀》 窃以耕織遞咏，見於風詩、月令，親蠶同於耕耤，農桑並重，古訓昭然。攷西蜀蠶叢開國，爲當年固有之利，沃野千里，氣候暄和，是無地不宜桑，無人不可蠶。近今食其利者，除成嘉順保數郡外，其餘各州縣，偶一有之，無視爲恆業者，失此大利，殊爲可惜。察南邑地方情形，比歲不登，民俗凋弊，捐稅頻增，輸將竭蹶；兼以民情浮動，飢寒廹人，良懦者尚能作苦營生，狡黠者遂爾比匪苟活。欲施補救之良方，莫妙標本之兼治。

清 沈練，仲學輅輯補，章震福校訂《廣蠶桑説輯補校訂》卷一 按《禹貢》及《國風》所載，則各州皆有蠶絲，皆有桑樹；雖梁州未有明文，而自蠶叢氏教民養蠶，後世蜀錦重天下，則梁州蠶桑之盛，亦可相見。本條言，桑秧出浙之嘉湖，就近處多處而言，非謂二郡有之，而他郡不能有也。但遐僻之地，乏人教導，未習蠶桑，遂疑風土本不相宜，闕焉不講。因此沃野竟成瘠土，婦人不識女紅。若非因逸生淫，卽是逐末忘本，亦可哀已。

綜述

宋 黄休復《茅亭客話》卷九 蜀有蠶市，每年正月至三月，州城及屬縣循環一十五處。耆舊相傳，古蠶叢氏為蜀主，民無定居，隨蠶叢所在致市居，此其遺風也。

宋 高承《事物紀原》卷八《歲時風俗部四十二》 《仙傳拾遺》曰：蜀蠶叢氏王蜀，教人蠶桑。作金蠶數千，每歲首出之，以給民家。每給一，所養之蠶必繁孳，罷即歸於王。王巡境內，所止之處，蠶成市。蜀人因其遺事，每年春有蠶市也。

宋 祝穆《方輿勝覽》卷五一《成都府路》 成都，古蠶叢之國。其民重蠶事，故一歲之中，二月望日，鬻花木蠶器於某所，號蠶市。

清 楊屾《豳風廣義・敬陳桑蠶實效廣開財源以佐積貯裕國輔治以厚民生事》 蜀王蠶叢都教蜀人養蠶，鑄金蠶數千。春月，集蠶市，將金蠶給之民間，以爲蠶瑞，誘而教之。數年之間，其政大興。至今嘉定、保甯、成都，每歲所出之絲，獲利不下數百萬金。明洪武，取淮徐桑子二十石，命種辰永、寶衡之間。數年之中，民大獲利。

清 佚名《論宜整頓蠶務以興絲利》《皇朝經世文四編》卷二三 蠶叢都蜀，教民蠶桑，則蜀可蠶。不知何時，利獨歸於吳越。

傳記

《太平御覽》卷一六六 揚雄《蜀王本紀》曰：蜀之先稱王者有蠶叢、折權、魚易、俾明。是時，椎髻左衽，不曉文字，未有禮樂。從開明已上至蠶叢，凡四千歲。次曰伯雍，又次曰魚尾。尾田於湔山，得仙後有王曰杜宇，出天墮山。又有朱提氏女，名曰利，自江源而出，爲宇妻，乃自立爲蜀王，號曰望帝，移居郫邑。

又 《蜀王本紀》曰：蜀王之先，名蠶叢。後代名曰栢濩，後者名魚鳧，此三代，各數百歲，皆神化不死。其民亦頗隨王化去，王獵至湔山，便仙去。今廟祀之。

（道光）《仁壽縣新志》卷二《古蹟志》 開國王碑在唱車山，貞元元年，貴平令王覺記。《續纂》：開國王，蜀侯蠶叢氏也。《華陽國紀》曰：周失綱紀，蜀先稱王。有蜀侯蠶叢，其目縱，始稱王。

紀事

元 費著《歲華記麗譜》 五日，五門蠶市。蓋蠶叢氏始爲之，俗往往呼爲蠶叢，太守卽門外張宴。

藝文

唐 李白《李太白文集》卷二《蜀道難諷章仇兼瓊也**》** 噫吁嚱，危乎高哉！蜀道之難，難於上青天。蠶叢及魚鳧，開國何茫然。爾來四萬八千歲，不一作乃。與秦塞通人煙。

唐 岑參《招北客文》《文苑英華》卷三五八 蜀之先曰蠶叢兮，縱其目一作號以稱王。當周室陵頽兮，亂無紀綱。洎乎杜宇，從天而降，鼈靈泝江而上，相禪而帝，據有南國之九世二字一作地。蜀本南夷人也，皆左其衽而椎其髻。及通乎秦也，始於惠王之代。五牛琢《文粹》作椓而秦女至，一蛇死而力士斃。二江雙注，羣山四蔽。其地卑濕，其風脞脆。蠻貊雜處，滇僰爲鄰。地偏而兩儀不正，寒薄而四氣不均。花葉再榮，秋冬如春。暮夜多雨，朝旦多雲。陽景罕開，陰氣恒昏。以暑以濕爲瘵爲癘。氣浥熱以中人，吾知虛腫之疾兮，將嬰爾身。蜀之不可往，北客歸去來兮！

唐 司空曙《送夔州班使君》《文苑英華》卷二七五 魚國一作蜀國，蠶叢、魚鳧，皆蜀事。又有魚復，地屬益州，故兩存之。巴庸落，麾幢漢守過。曉檣爭市隘，夜鼓祭神多。雲白當山雨，風清滿峽波。夷陵舊人吏，猶誦兩岐歌。

宋 史鑄《百菊集譜》卷六《酴醾菊宋景文公〈酴醾詩〉：來自蠶叢國，香傳弱水神。按，古蠶叢國，即蜀中也**》** 春架秋籬景一同，想因分種自蠶叢。但將酩酊酬佳節，不管花居酒品中。

明 歸有光《震川集・別集》卷一〇《檀溪跳澗》 滹沱曾啓中興功，倐武先逃隆準公。三百餘年炎燼熄，猶延廟祏寄蠶叢。

清 王維藩《東石山室》（雍正）《山西通志》卷二八 王維藩詩：阿頂如禿翁，兩竅張雙瞳。窘步從竅入，蟄身縮蠶叢。豁然晨光啟，引我造琳宮。

清 王元綎《野蠶録》卷一 清溪槲葉始濛濛，樹底春蠶葉葉通。曾說蠶叢蜀道險，誰知齊道亦蠶叢。

雜録

南朝梁 李膺《益州記》 青衣神，號雷塠廟，班固以爲離塠。

宋 歐陽忞《輿地廣記》卷二九 次府成都府，自三代以前為蜀國。其君曰蠶叢，曰伯雍，曰魚鳧，曰杜宇，曰開明，相繼王之。

又 望青神縣，本漢南安縣地。後周置青神縣及青神郡。隋開皇初，郡廢，屬嘉州。唐武德二年來屬，舊治思濛水口，八年移於今治。昔蠶叢氏衣青衣以勸農桑，縣盖取此為名。

宋 黄震《黄氏日鈔》卷六七 自眉至嘉，百二十里，半途有中嚴，西州林泉最佳處。嘉州：凌雲，舊名青衣山，蠶叢氏之神也。

宋 祝穆《事文類聚》卷四四《羽蟲部・望帝化杜鵑》 蜀之先，肇於人皇之際。至黄帝子昌意，娶蜀人女，生帝嚳，後封其支庶於蜀。歷夏殷周，始稱王者。自名蠶叢，次曰栢灌，次曰魚鳧。其後有王曰杜宇，杜宇稱帝，號望帝。自恃功德高，乃以褒斜為前門，熊耳靈關為後戶，玉壘峨眉為池澤。時有刑人鼈靈，其尸隨水上，荆人求之不可得。鼈靈至汶山下，忽復見望帝，帝立以為相。後帝自以其德不如鼈靈，因禪位於鼈靈，號開明，遂自亡去，化為杜鵑。故蜀人聞子鵑鳴，曰：是我望帝也。《寰宇記》、李膺《蜀志》大畧同。

明 潘游龍輯《康濟譜》卷一〇《農桑》 蠶叢都蜀，衣青衣，教民蠶桑，則蜀可蠶。猶之農夫之於五穀，非龍堆狐塞極寒之區，猶可耕且穫也。

明 徐光啓《農政全書》卷三一《蠶桑》 《孟子·告梁惠王》曰：五畝之宅，樹之以桑。《十畝之詩》曰：十畝之間，桑者閒閒，則梁可蠶。蠶叢都蜀，衣青衣，教民蠶桑，則蜀可蠶。猶之農夫之於五穀，非龍堆狐塞極寒之區，猶可耕且穫也。

清 張爾岐《蒿庵閒話》卷二 《華陽國志》云：周失紀綱，蜀先稱王。有蜀侯蠶叢，其目縱，始稱王。次王曰柏灌，次王曰魚鳧，後有王曰杜宇，教民務農。七國稱王，杜宇稱帝，號曰望帝，更名蒲卑。會有水灾，其相開明，决玉壘山，以除水害。帝遂委以政事，法堯舜禪授之義，遂禪位於開明，帝升西山隱焉。時適二月，子鵑鳥鳴，故蜀人悲子鵑鳥鳴也。據《志》所言，蜀帝自以二月捨位去，子鵑自以二月鳴。蜀人感鳥鳴而思故主，非蜀帝化子鵑也。

馬頭娘

題解

（道光）《遵義府志》卷一六《農桑》 《吳興掌故》所稱馬頭孃，今佛寺中亦有塑像，婦飾而乘馬，稱馬鳴王菩薩，鄉人多祀之。《湖州胡志》

論説

明 顧起元《説略》卷三〇《蟲注下》 荀子《蠶賦》曰：『此夫身女好而頭馬首者歟？』今蠶頭實似馬，而卿乃云爾，則蠶為馬類，古有其傳矣。《周禮》禁原蠶，為妨馬也。今術家末僵吞塗傳馬，輙不能嚙草，則蠶馬同類，信矣。

清 方觀承《述本堂詩集·看蠶詞》 《周禮》：夏官為質，掌質馬，禁原蠶。鄭注：天文房為天駟，辰則大火，蠶與馬同氣，物莫能兩大，故禁再蠶。此《蠶書》月值大火，則浴其種也。舊祀先蠶為馬祖。晉楊泉《蠶賦》：既差我馬，惟蠶之祖。蓋為馬祈福，謂之馬祖。為蠶祈福，謂之先蠶。蠶有龍頭、馬頭之形。《搜神記》載：蜀人祀蠶女為馬頭孃，又馬明王蠶，皆今之俗稱。然宋嘉祐《方書》，名蠶蛻為馬明退，其義必有取矣。蠶王，見《續酉陽雜俎》。

清 程岱葊《西吳蠶略》卷上 下蠶後，室中即奉馬頭孃，遇眠以粉繭香花供奉蠶畢，送之。凡村社間，塑馬頭孃像，嚴粧，坐馬上，狀若天人，俗稱馬鳴王。又塑三女立其下，謂之大姑、二姑、三姑，每年以次把蠶，云，相傳蜀中有女，其父為人所掠，惟所乘馬在。母言於衆曰：『有得女父還者，以女嫁之。』馬聞言即絕絆而去，數日父乘馬歸。母告之，故父曰：『人畜道殊，言將安踐？』馬跳躍不平，父殺之，曬皮於庭。皮忽捲女而去，棲於桑間，女身悉化為蠶。一日，女乘雲駕馬而至，謂父母曰：上帝以兒不忘義，授為九宮仙嬪。語本《搜神》《蟫史》，諸家皆祖高辛氏，女配槃瓠事，以神其説，不免荒誕傅會。按天文書辰為馬蠶書：蠶為龍精。《周禮》：『司馬職禁原蠶，謂蠶與馬同氣物，不能兩盛故也。』尚論者或主此説，愚謂『身女好而頭馬首，固五帝所占蠶理也』，語出荀卿，足為典要，他説可廢。

綜述

清 吳通帛《廣廣事類賦》卷三一 形齊馬喙 《東方朔別傳》：天公問下方何衣。朔曰：衣蠶。蠶何若？曰：喙呐呐類馬，色斑斑類虎。穆希文《蟫史》：世傳，蠶乃馬化，故背負馬跡。蛻殼時，頭如馬。今人祭馬頭娘，名馬面菩薩，其神也。【略】桑林化女，雲中看駕馬之娘。干寶《搜神記》：蜀有蠶女，父爲人掠去，惟所乘馬在。母曰有得父還者，以女嫁焉。馬聞言，絕絆而去。數日，父乘馬歸，母告之故，父不可。馬咆哮，父殺之，曝皮于庭。皮忽卷女而去，棲于桑，女化爲蠶。一日，女乘雲駕馬，謂父母曰：『太上以兒不忘義，授以九宮仙嬪。』又《廣東舊語》：新興有東山神者，有處女採桑過焉，歌曰：『路邊神，爾單身。一蠶生二繭，吾舍作夫人。』還家，果一蠶二繭，且甚巨。是夜風雨大作，失女所之。有一紅絲牽入廟中，追覓之，厄坐無聲息矣。泥塑之，稱羅夫人。

清 沈秉成《蠶桑輯要·樂府二十首》

賽神《吳興掌故集》引蜀郡《圖經》曰：『九宮仙嬪者，蓋本之列仙。』《通記》所稱馬頭娘，今佛寺中亦有塑像，婦飾而乘馬，稱『馬鳴王菩薩』，鄉人多祀之。

今年把蠶值三姑，葉價貴賤相懸殊。俗呼『蠶神』，曰『蠶姑』。其占為：一姑把蠶，則葉賤；二姑把蠶，則葉貴；三姑把蠶，則倏賤倏貴。儂家幸未食貴葉，唯姑所貺誠難誣。猪頭爛熟粉餌香，新蒭茅柴炊黃粱。高燒樺燭光輝煌，大男小女拜滿堂。酹酒燒錢神喜悅，傴僂送神酒脯撤。團圞共坐享神餘，大肉硬餅堆盤列。老翁醉飽坐春風，小兒快活舞庭中。酒瓶已罄盤已空，堂前屏當還匆匆。狸奴不眠勤捕鼠，賸有魚頭却賚女。

（光緒）《桐鄉縣志》卷二《疆域志下》 三月三日，聽蛙聲，以卜水旱。諺云：『田家無五行，水旱卜蛙聲。上晝叫上鄉熟，下晝叫下鄉熟。終日叫，上下皆熟。』晚撒螺螄於屋上，謂之『趕白虎』，又謂之『除瓦剌』。清明前一日，插柳祭墓祀竈，易幡食角黍。是夜，育蠶家設祭『禳白虎』，門前畫石灰象弓矢，驅蠶祟也。食螺螄，名『挑青』，蓋病蠶謂之『青娘』故云。清明日輿城隍神出北門，至邑厲壇，祭無主孤魂。是日，鄉里人家，閉門不炊，親知不相往來。婦女出游，名曰『踏青』。穀雨前三四日，始護種收蠶。諺云：『穀雨兩邊蠶。』十五日，祀蠶神馬鳴王菩薩像，作婦飾而乘馬，卽古之馬頭娘也。

傳記

晉 干寶《搜神記》卷一四《馬皮蠶女》 舊說太古之時，有大人遠征，家無餘人，唯有一女。牡馬一匹，女親養之。窮居幽處，思念其父，乃戲馬曰：『爾能為我迎得父還，吾將嫁汝。』馬既承此言，乃絕繮而去。徑至父所。父見馬，驚喜，因取而乘之。馬望所自來，悲鳴不已。父曰：『此馬無事如此，我家得無有故乎？』亟乘以歸。為畜生有非常之請，故厚加芻養。馬不肯食，每見女出入，輒喜怒奮擊。如此非一。父怪之，密以問女，女具以告父，必是為故。父曰：『勿言，恐辱家門。且莫出入。』于是伏弩射殺之，暴皮于庭。父行，女與鄰女于皮所戲，以足蹙之曰：『汝是畜生，而欲取人為婦耶？招此屠剝，如何自苦？』言未及竟，馬皮蹶然而起，卷女以行。鄰女忙怕，不敢救之，走告其父。父還求索，已出失之。後經數日，得于大樹枝間，女及馬皮，盡化為蠶，而績于樹上。其繭綸理厚大，異于常蠶。鄰婦取而養之，其收數倍。因名其樹曰桑。桑者，喪也。由斯百姓競種之，今世所養是也。言桑蠶者，是古蠶之餘類也。案《天官》，辰為馬星。《蠶書》曰：『月當大火，則浴其種。』是蠶與馬同氣也。《周禮》馬質職掌『禁原蠶者』注云：『物莫能兩大，禁原蠶者，為其傷馬也。』漢禮，皇后親采桑，祀蠶神，曰『菀窳婦人、寓氏公主』。公主者，女之尊稱也。菀窳婦人，先蠶者也。故今世或謂蠶為女兒者，是古之遺言也。

《太平廣紀》卷四七九 蠶女者，當高辛帝時，蜀地未立君長，無所統攝。其人聚族而居，遞相侵噬。蠶女舊跡，今在廣漢，不知其姓氏。其父爲鄰所操去，已逾年，唯所乘之馬猶在。女念父隔絕，或廢飲食，其母慰撫之，因告誓於衆曰：『有得父還者，以此女嫁之。』部下之人，唯聞其誓，無能致父歸者。馬聞其言，驚躍振迅，絶其拘絆而去。數日，父乃乘馬歸。自此馬嘶鳴，不肯飲齕。父問其故，母以誓衆之言白之。父曰：『誓於人，不誓於馬，安有配人而偶非類乎？能脫我於難，功亦大矣。所誓之言，不可行也。』馬愈跑，父怒，射殺之，曝其皮於庭。女行過其側，馬皮蹶然而起，卷女飛去。旬日，皮復栖於桑樹之上，女化爲蠶，食桑葉，吐絲成繭，以衣被於人間。父母悔恨，念之不已。忽見蠶女，乘流雲，駕此馬，侍衛數十人，自天而下，謂父母曰：『太上以我孝，能致身心不忘義，授以九宮仙嬪之任，長生于天矣，無復憶念也。』乃沖虛而去。今家在什邡、綿竹、德陽三縣界。每歲祈蠶者，四方雲集，皆獲靈應。宮觀諸化，塑女子之像，披馬皮，謂之馬頭娘，以祈蠶桑焉。《稽聖賦》曰：安有女，感彼死馬，化爲蠶蟲，衣被天下。是也。出《原化傳拾遺》

清 厲荃原輯，關槐增纂《事物異名録》卷二八《神鬼部》 馬頭娘《輟耕錄》：蠶神謂之馬頭娘。高辛時，蜀有夫在外，久不歸，妻誓曰：『得夫歸者，以女妻之。』家有一馬，聞而躍去。數日，夫乘馬歸，馬嘶不已。夫審其故，曰：『人豈與馬匹耶！』殺馬，曝皮於庭，女過，皮忽捲女飛去，掛于桑上，遂化爲蠶，食桑葉作一繭，大如甕。後人塑女像，爲馬頭娘，以祈蠶焉。

藝文

清　李宗昉《蠶事二十詠》《清詩鐸》卷七　喃喃村語說機祥，如月如錢費揣量。天馬何年逢伯樂，故應重問馬頭娘。十九相種，村媪習此者，就種之斜整疏密，擬其形似，撰語占吉凶相欺。

清　黃金臺《馬頭娘神絃曲》《清詩鐸》卷七　神鴉噪晚巫簫迎，綠陰滿地香風生。白粥一盂酒一斝，喃喃拜禱靈祠下。東家姑婦西家姨，辛苦育蠶勝育兒。葉價怕昂絲怕賤，蠶娘心事惟神知。乞神默護賴神佑，村歌里語當筵奏。但願新繅萬匹光皚皚，宮坊錦樣如雲堆。不求小姑嫁衣足，綠襖紅裙任翦裁。

清　衛杰《蠶桑萃編》卷一三《四時圖詠類·園中即事》　五月摘繭新，繅來勻又勻。絲盡蠶成蛹，捨身總為人。古來多志士，報國裕經綸。賦性貞如此，合祀馬頭神。

雜録

明　王士性《廣志繹》卷四《江南诸省》　農為歲計，天下所共也。惟湖以蠶。蠶月，夫婦不共榻，貧富徹夜搬箔攤桑，江南用舟船，無馬。偶有馬者，寄鄰郡親識，古人謂：『原蠶，馬之精也，彼盛則此衰』。

明　游日章《駢語雕龍》卷四《物類類·馬》　觀《周禮》於姬公，當愼原蠶之禁《周禮》曰：馬質禁原蠶。注曰：原，再也。蓋蠶馬同氣，物莫能兩大，禁原蠶者，爲傷馬也。

清　顧元交《本草彙箋》卷九《蟲部卵生類八種》　周禮，禁原蠶，爲其妨馬。養蠶多，即馬不蕃息，龍馬同氣，蠶亦其餘氣也。今以殭蠶末塗馬齒，即不能食，以桑葉拭去乃還食，豈非蠶馬同類歟？蠶之屬火爲陽，明矣。

清　陳元龍《格致鏡原》卷八五《獸類四》　養馬《周禮》：馬質，禁原蠶。注：原，再也。天文，辰爲馬。《蠶書》：蠶爲龍精，月直大火，則浴其種。是蠶馬同氣，物莫能兩大，禁再蠶者，爲傷馬歟？

清　鄂爾泰《授時通考》卷五一《勸課門》　周禮，禁原蠶，論者謂蠶、馬同以天駟房星為祖，物莫能兩大，再蠶則蠶盛而馬耗，禁之所以蕃馬也。蠶既與馬同氣，恐蠶盛傷馬，獨不恐馬盛傷蠶乎？意者校人祭天駟，而馬質掌馬政，使并掌蠶禁，所以禁原蠶者，恐其氣竭，則來年之蠶，不能蕃滋。所以節盈虛消長，以為阜物育材之本耳。究而言之，蠶之為用在民，而上供絲枲，則仍入乎官。馬之為，用在官，而成羣阡陌，則仍利乎民。聖人之政，亦惟斟酌損益，與時偕行，期於政修物阜而已。又何容心於蠶馬之分哉！

清　俞正燮《癸巳存稿》卷二

蠶馬

《周官》：馬質禁原蠶。注云：『蠶與馬同氣，再蠶傷馬』。《呂氏春秋》《淮南子》，則皆以爲殘桑。宋戴埴《鼠璞》云：『俗以蠶神爲馬明菩薩，是同氣之驗。』《搜神記》言：『女足蹴馬皮，被卷化蠶，疑亦古説。』《荀子·賦篇》云：『身女好頭馬，首女好馬頭，故生馬皮之説。』然亦可知其同氣矣。

清　張行孚《蠶事要略·二蠶》　按《周禮》：禁原蠶。鄭注謂『辰為馬』，《蠶書》『蠶為龍精，蠶與馬同祖，物莫能兩大，禁原蠶者，為傷馬也。』夫蠶馬同祖天駟。天駟，房星也。以馬病食殭蠶即愈驗之，蠶盛傷馬，容有此理。然愚謂，禁原蠶之大指，尚不在此。蓋育蠶必采桑，桑樹一年數采，則滋液竭，而根本傷，來年桑葉必不茂，而頭蠶不能多育矣，則原蠶雖有薄利，而所以損蠶桑之利甚大。此古人所以禁原蠶也。《淮南子》曰：原蠶一歲再登，非不利也。然王者法禁之，為其殘桑也。此説得之矣。

清　鄭珍《樗繭譜·蠶眠》莫友芝注　凡蠶出卵時，旋必食其殼之半。每眠起時，旋必食其蛻之半。不令食，則蠶弱繭薄，此事頗與馬子之食胞同似。蠶馬二物，嘗相關也。方悟《搜神記》載：太古時，馬皮捲女化蠶，事未盡誣。且《周禮》原蠶之禁，亦掌之馬官也。

清　許鵬翊《橡蠶新編》　《周禮》有原蠶之禁，謂蠶盛妨馬，以蠶馬屬也。

蠶花

綜述

清　高銓《吴興蠶書》卷下

蠶花懺

村鄉祠宇，各塑蠶神，像貌婦人坐馬，謂之馬明王。案《搜神記》云：太古，有人遠征，家有一女幷一馬，女思父，戲馬云：『能爲迎我父，吾將嫁汝。』馬絶韁而去至父所，父乘之而還。馬後見女輒怒，而奮擊。父怪之，問女，女以告。父屠馬，曬皮於庭，女至皮所，皮蹷然起，卷女而行。父失女後，於大桑樹枝間，得女及皮，盡化爲蠶，績樹上，繭厚大異常。又《傳燈錄》云：富那夜奢昔爲毘舍利國王。其國有一類人，如馬倮露，王運神力分身爲蠶後，乃得衣。王復生中印度，馬人感戀悲鳴，因號馬鳴大士，此塑像之所本也。昔鄭氏注《周禮》，禁原蠶，云：天文，辰爲馬，蠶與馬同氣。禁原蠶者，爲傷馬也。賈疏曰：辰則大火，房爲天駟，故辰爲馬。《祭義》：大昕之朝，奉種浴於川。大昕，爲季春朔日之朝，乃建辰之月，蠶與馬俱取大火，是同氣也。由斯觀之，則馬頭孃、馬面菩薩、馬鳴大士，諸名號不過因蠶馬同氣一語，而傅會之耳。俗每於臘月十二日，二月十二日，禮拜經懺於神前，謂之『蠶花懺』，僧人亦以五色紙花饋送，謂之『送蠶花』。

拜蠶花五聖　湖地淫祠，通稱五聖，如堂子五聖、利市五聖之類；至蠶神，亦以五聖稱之，殊屬不經。鄉人祈福之心勝，競事禱賽，每遇蠶眠，及上山回山，做絲之日，俱祀之，統謂之拜蠶花五聖。奉牲奉醴，比戶皆然，亦足見土風之重蠶事也。

清　汪曰楨《湖蠶述》卷二

浴種滃種

俗於臘月十二日，二月十二日禮拜，經懺謂之『蠶花懺』，僧人亦以五色紙花施送，謂之『送蠶花』。《吳興蠶書》寒食節具牲醴『禳白虎』，以袪蠶祟，以米粉肖白虎神像，祭畢棄之。《西吳蠶略》設酒餌以禱棟柱，謂可袪鼠耗。《吳興蠶書》是日市門神貼之，以石灰畫地為弓弩形，以袪祟。董蠡舟《樂府小序》清明食螺，謂之『挑青』。按蠶忌青條，多以此禳之。以殼撒屋上，謂之『趕白虎』。《湖錄》招村巫禳蠶室。《西吳蠶略》

（光緒）《石門縣志》卷一一《雜類志·風俗》　農家并祭蠶花五聖。靳志：民間蠶時，事蠶花五聖極虔。每眠餉必祀，至大眠餉，或封鵞祀之，甚有徧祠諸神者。俗信巫卜，其餘淫祀尚多。僧寺自占人戶，謂之『門徒』，歲時印經疏，書人祖先姓名其上，與之焚化，以資冥福。

蠶三姑

綜述

（康熙）《貴池縣志》卷二　三月清明祭蠶姑，婦女製米繭，祀蠶姑以祈蠶。

清　何品玉輯刊《蠶桑會粹·種桑各法》　俗呼蠶神曰『蠶姑』。其占為：一姑把蠶，則葉賤；二姑把蠶，則葉貴；三姑把蠶，則倏貴倏賤。

（道光）《遵義府志》卷一六《農桑》　蠶神，俗呼曰蠶姑。其占為：一姑把蠶則葉賤；二姑把蠶則葉貴；三姑把蠶則倏賤倏貴。

雜録

明　徐光啓《農政全書》卷一二《水利》　又三里橋湧泉流出灤河，又蠶姑廟，涌泉成河。遷安藝桑甚盛，故宜有蠶姑廟耶。然聞其人藝桑者，皆剝皮造紙，恐昔人曾治蠶而後稍廢耳。與灤河相接，夾河皆可田之地。

明　徐貞明《潞水客談》　又三里橋湧泉流出灤河，蠶姑廟，湧出泉成河，與灤河相接，夾河皆可田之地。盧龍縣燕河營，湧泉成河，及營東五泉，漫湧四出，至張家莊。撫寧縣西臺頭營河流，亦自燕河營湧泉而來，皆可田。

（乾隆）《永定河志》卷一一《奏議》　又三里橋湧泉流出灤河，蠶姑廟泉河與灤河相接，龍王廟之泉頭流為三里河，經十里橋而南，夾河皆可田。

清　鄂爾泰《授時通考》卷一八《土宜門》　又三里橋湧泉流出灤河，蠶姑廟泉河與灤河相接，龍王廟之泉頭流為三里河，經十里橋而南，夾河皆可田。黄山之麓，一泓滮然，西入石渠，即浭河自出。自臮庄至新集，地與水平，播之可種稻田百餘頃。盧龍縣北之燕河營，湧泉成河，及營東五泉，漫溢四出，至張家莊一帶，皆可挹取，為樹藝之利。京東土壤，膏腴甲於天下。臣等勘過情形，大槩如此。惟是工程浩大，地方遼闊，隨宜酌量，容有變通之處，統俟工完，彙齊送册。

其他

論説

《唐會要》卷一〇下補　《通考》有司言：案《周官·宗伯》，后不祭，則攝而薦豆籩徹。明王后之事，而宗伯攝行之。伏以農桑乃衣食萬民，不宜獨闕先蠶之祀。無已，皇帝遣有司享之如先農。

元　王禎《農書》卷六《祈報篇》　又育蠶者亦有祈禳、報謝之禮，皇后祭先蠶。《淮南子》云：黄帝元妃西陵氏始蠶，即為先蠶。考之《後漢·禮儀志》，祭菀窳婦人與寓氏公主。至庶人之婦，亦皆有祭。秦觀《書》云：庶人家婦以下，再拜。詰旦，升香，各齋設醴而祭。此后妃與庶人之祭，雖貴賤之儀不同，而祈報之心則一。

明　郎瑛《七修類稿》卷一九《蠶》　《皇圖要記》曰：伏羲化蠶為絲，又黄帝四妃西陵氏，始養蚕為絲。而干寶《搜神記》以為，古有遠征者，女思父，語所養之馬曰：若得父歸，吾將嫁汝。後，馬迎父歸，見女輒怒。父殺馬曝皮庭中，忽卷女飛去，下於桑間，化蠶。故《乘異集》載：蜀中寺觀多塑女人披馬皮，謂之『馬頭娘』，以祈蠶也。予意化蠶之説荒唐，而西陵氏養蚕者為是。但世遠不可稽也。若干寶所記，但因馬頭娘一事遂駕空而神其説。所謂馬頭娘者，本荀子《蠶賦》『身女好而頭馬首者歟』一句，又荀子嘗為蘭陵王，或世訛而為『馬明王』也。此干寶、乘異皆因言以成訛耳。但蠶乃馬精所化，故古人禁原蚕，恐傷馬也。白殭蚕擦馬齒，馬即不食，可見矣。欲祀其神古者，后妃享先蚕。先蚕，天駟也，非馬之精而何？《漢舊儀》又曰：蚕神苑窳婦人，寓氏公主。據此，則始於西陵氏可知。故世以蚕為婦人之業也。

明　沈德符《野獲編》卷三《親蠶禮》　世宗更定祀典，遂行皇后親蠶禮。當時俱咎夏貴溪逢迎上意。禦史馮恩至謂：后親蠶于郊，不可示後世。然夏説未可非也。《周禮·天官·内宰》：『中春，诏后率内外命婦，始祭蠶于北郊。』《漢·禮儀志》：『皇后祠先蠶以中牢，文帝、景帝、元帝，俱诏皇后親蠶。魏黄初中，依《周禮》置壇于北郊，晉與高齊俱置高壇，皇后親祭，俱躬蠶，後周因之。隋置壇宫北三里，皇后以太牢祭。唐置壇在長安宫西苑中，貞觀、顯慶、先天、乾元間，皇后親蠶，皆先有事于先蠶壇，儀具《開元禮》。宋用高齊制，后親享先蠶，貴妃亞獻，昭儀終獻，其神則祠天駟星，次則黄帝元妃西陵氏，漢加菀蓏婦人、寓氏公主，後又益以蠶女馬頭娘之屬，皆有所本。嘉靖之制，雖未盡合古，然農桑並舉，固帝王所重。

明　徐光啓《農政全書》卷三一《蠶桑》　王禎《蠶神序》曰：蠶神，天駟也。天文，辰為龍；蠶辰生，又與馬同氣，謂天駟，即蠶神也。淮南王《蠶經》云：黄帝元妃西陵氏始蠶。至漢，祀宛窳婦人、寓氏公主。蜀有蠶女馬頭娘。此歷代所祭不同。然天駟為蠶精，元妃西陵氏為先蠶，實為要典。若夫漢祭宛窳婦人、寓氏公主，蜀有蠶女馬頭娘。此歷代所祭不同。然天駟爲蠶精，元妃西陵氏爲先蠶，實爲要典。若夫漢祭宛窳，寓氏公主婦人，蜀有蠶女馬頭娘，又有謂三娘為蠶母者，此皆後世之溢典也。然古今所傳，立像而祭，不可遺闕，故併附之。稽之古制，后妃祭先蠶，壇壝牲幣如中祠。此后妃親蠶祭神禮也。《蠶書》云：卧種之日，詰旦，升香，割鷄，設醴，以禱先蠶。此庶人之祭也。自天子后妃，至於庶人之婦，事神之禮，雖有不同，而敬奉之心一是。諒為知所本矣。乃作祈報之辭曰：惟蠶之神，伊駟有星。惟蠶之神，伊昔著名。氣鍾於此，孕卵而生。既桑而育，既眠而興。神之福汝，有箔皆盈。尚冀終惠，用彰厥靈。簇老獻瑞，繭盆效成。敬獲吉卜，願契心盟。神宜享之，祈祀惟馨。報龍精一氣，功被多方。繼當是歲，神降於桑。載生載育，來福來祥。錫我繭絲，製此衣裳。室家之慶，閭里之光。敬率長幼，詰旦升香。設殺干俎，奠醴於觴。工祝致告，神德彌彰。有圖不載。

清　劉祖憲《橡繭圖説》卷上《禦風雹法第十七》　或曰：蠶利固大矣。設遇雹灾，則蠶無遺類，奈之何哉？余曰：俗以蠶為天蟲。人果能毋為不義，毋自暇逸，誠心事神，以祈蠶年，善待工人，毋有詬厲刻薄，則上天斷不降灾。即或天灾難免，黔西何天爵先生，謂有辟除風雹之法，云其家有茶樹數十萬株，開花時亦最忌雹。遇異人授禦雹之法，行之十餘年，雹灾不作，且雹作而以此法免者有二次。今見君急切為民，故不敢吝秘，務廣為傳之。其説曰：凡雹必有風以送之。風不至，雹亦不至矣。風之神曰蜚廉。雹之神曰李左車。能制風雹之神曰后羿。其法：於蠶未入山之前，或二月，或三月内，擇第一箇丙戌日，將羅針在橡林中間，定准戌方，在於何處，即於是處立一播竿。竿以小直木為之。長三丈四尺九寸，必如此數。播以黄布一幅為之，長一丈四尺九寸。必如此數。播上書日月木火土金水氣孛羅計十一字。播上除頭二尺，播尾除一尺零九寸，中間一丈一尺，一尺寫一字。日。硃書。月。粉書。木。靛書。火。硃書。土。黄土書。金。粉書。水。墨書。氣。靛書。孛。墨書。羅。硃書。計。黄土書。令道士照依齋醮立皇播之法樹之。緊播竿绳索，務要堅固。以麻紵為之，防大風摇落。不落，則雹自不來矣。播竿下設一小棹，用潔净栗木版片，寬一尺，長二尺，做一牌位。牌分三行，一直書『風主蚩大將軍之神』，一書『護蠶后羿大將軍之神』，一書『雹主李大將軍之神』。棹及牌位，坐辰向戌。又取年月日時四戌方之土，各一小撮，和水為泥，塑一小狗像安頓棹下。其尾在辰，其頭向戌。播竿於丙戌前三日造畢。播與牌位上字，以丙戌日寫土狗，以丙戌日辰時取土為之。樹竿及牌位，皆於午中刻畢事。隨取一雄鷄祭之，洒血牌位上。設香帛酒醴祭品，衆蠶户整潔衣冠，俯伏讀祝文。奠獻畢，化錢畢，出泥狗於棹下，向播下焚香奠酒化錢，殺一小黑狗以祭之。取血塗黄播尾上，即於此時豎播，并取血塗狗背上。塗畢，取泥狗仍置棹下，剝取狗皮曬乾，亦掛於棹下。每日焚香二次，遇雹將起，即奔赴播下，焚香拜祝云：幸赦過，幸赦過。再割黑狗皮如掌大，走出橡林之外，向風來處，和乾草燒之。祝曰：他方顯化，他方顯化。如此，則鄰村雨雹，而養蠶之處，定不受害矣。

清 高銓《蠶桑輯要》卷下 物必有神，故蠶亦有神。《漢舊儀》云：蠶神曰菀窳婦人、寓氏公主，凡二人。《蠶書》云：卧種之日，升香以禱天駟先蠶也。割雞，設醴，以禱婦人、寓氏公主，蓋蠶神也。夫祠農曰先農；祠蠶亦惟曰先蠶，此報本反始之義。《皇圖要覽》云：伏羲化蠶爲絲。黄帝西陵氏，始養蠶。《蠶經》云：黄帝元妃西陵氏始蠶。蓋黄帝制作衣裳，因此始也。是先蠶定當屬之西陵氏，外此諸説，俱可存而不論。湖俗佞神，不指蠶神之所屬，但事祈禱。卜筮、巫祝之流，又以禍福之説動人，愚民無知，任其蠱惑，不知享祀之道，藉以報本，非所以祈福免禍也。孔子云：敬鬼神而遠之。懼其褻也，祀之數則瀆，瀆則褻矣，神豈據我哉？或曰蠶月，人力辛勤，正須勞以酒食，屢借祠神之名，以享餕餘之福，是亦一道也。

清 劉振清彙梓，劉維翰校録，李元春評閲，李來南參訂《農桑書録要·禱神》 卧種之日，升香以禱。天駟，先蠶也。割鷄設醴以禱。婦人、寓氏公主，蓋蠶神也。毋治堰，毋誅草，毋沃灰，毋室入外人，四者神實惡之。

清 陳開沚《裨農最要》卷一《祈蠶翕天説》 先蠶之祀，由來已久。神祠叠鼓，采風者有餘慕焉。予家世業蠶，其祀蠶神，倣吴人張成故事。於正月十五夜，作白粥泛膏，設香帛酒肴，依正宅蠶室方祀之。下蟻時，又命蠶母率子女，於蠶室祀之，必潔必虔，無所苟已。元旦夙興衣冠，祀先祖百神，默祝曰：某承先人餘業，肆力蠶桑，以事以畜，以衣以食。願乞稱意、得利饒優，更分贏餘，作諸善舉，緩急攸賴人已兩得。荷天庥貺，保我後昆，循是以為常，亦既歷有明驗矣。不敢自祕，竊以其説，告我同人。夫蠶桑之利倍於農，天之寶也。天不自惜而畀之人，人貪其功而專其利，是違天也。違天不祥，蠶神雖靈，烏得而福之。蠶之字，俗作蚕，謂天虫也。虫本虺字，俗讀作蟲。育之者人，主之者天。天心愛人，故降天蟲以利人。人苟不愛人以順天，天豈復佑之乎？嘗見育蠶之家，累獲厚利，奇貨是居，謂吾子孫百世之利，而不知存心刻薄不肯為善，既懟於人，必厭於天。災禍之臨，有悖入悖出者矣。今使豐裕之家，計所獲取十之三四。小康之家，計所獲取十之一二。時行方便，拯濟人窮，天必助之，神必相之。其業彌增，其家日大。若夫根基淺薄，僅足自給，而俯仰有資，孝慈兼盡，夫耕妻蠶，作盛世之良民，不至為盜罹法，是亦自食其力，與人無尤，而為天心所默佑者也。不此之務，幸而獲利，曰惟己之功；不幸失利，曰惟運之阨。抑知人定勝天，天定亦勝人，固有相在爾室者，而何僅祀與祈之虚文哉。

清 盛宣懷《蠶桑備要》 賽神 俗呼蠶神曰蠶姑。其占爲一姑把蠶，則葉賤；二姑把蠶，則葉貴；三姑把蠶，則倏賤倏貴。下蠶後，室中卽奉馬頭孃，遇眠以粉繭、香花供奉，蠶畢，送之。湖州向奉先蠶皇帝元妃西陵氏嫘祖神位於照磨，故署。

清 趙淵《蠶桑摘要》卷中《敬蠶神攷》 蠶室全備，安設先蠶位，不忘本也。歷代所祀不同，如漢祀宛窳婦人、寓氏公主；蜀有蠶女馬頭娘；又有三娘為蠶神者；又南方祀蠶花五聖者，後世之溢典也。夫農桑固天畀以養民重寶，必有所司之神以主之。故農祭先農，蠶祭先蠶。神農始教稼穡，是爲先農；黄帝元妃西陵氏，始爲室養蠶，是爲先蠶。事蠶者先書先蠶神位，畫像亦可，安蠶室高潔之處。稽古制，祭先蠶壇壝牲幣，如中祀禮，此后妃祭先蠶禮也。《蠶書》云：卧蠶之日，割雞設醴，以禱先蠶，此庶人祭先蠶禮也。自天子后妃，至於庶人之婦，禮雖不同，敬奉之心則一。凡養蠶家下蟻之日，蠶多力厚者，設三牲酒醴；蠶少力微者，割雞設醴，點燭焚香，將筐置先蠶几案，蠶母率闔家奠醴拜禱。

綜述

《晉書》卷一九《禮志上》 周禮》：王后帥内外命婦，享先蠶於北郊。《漢儀》：皇后親桑東郊苑中蠶室，祭蠶神，曰苑窳婦人、寓氏公主，祠用少牢。

（康熙）《順慶府志》 欒山，治北二十八里，每歲人日，邑人將皷笛、酒食，登此讌樂，以祈蠶事。

清 郝懿行《寶訓》卷三 《通典》：周制，享先蠶。先蠶，天駟也。蠶與馬同氣。漢制，祭蠶神曰苑窳婦人、寓氏公主。案《爾雅翼》：苑窳婦人、寓氏公主，凡二神。北齊，先蠶祠黄帝軒轅氏，如先農禮。後周，祭先蠶西陵氏。案《圖經》：蜀人祠蠶神馬頭娘，其事不經，故削之。

傳記

宋 陳元靚《歲時廣記》卷一一《賽紫姑》 《異苑》：世有紫姑神，古來相傳，是人家妾，為大婦所嫉，每以穢事相役。正月十五日，感激而卒。故世人以其日，作其形于厠間或猪欄邊，迎之，亦必須净潔。祝曰：子胥不在，曹姑亦歸去，小姑可出。戲捉者覺重，便是神來，奠設果酒，亦覺面輝輝有色，便跳躞不住，能占衆事，卜蠶桑。又善射鈎，好則大舞，惡則仰眠。平昌孟氏恒不信，躬往試捉，便自躍穿屋，永失所在。子胥是其婿，曹姑即其大婦也。又《時鏡洞覽記》曰：帝嚳女將死，云生平好樂，正月十五日，可來迎我。二説未知孰是。又沈存中《筆談》云：舊俗，正月望夜，迎厠神，謂之紫姑。亦不必正月，常時皆可召之。李義山詩云：消息期青鳥，逢迎異紫姑。又云：昨日紫姑神去也，今朝青鳥使來賒。又云：身閑不覩中興盛，羞逐鄉人賽紫姑。劉偉明詩云：大奴聽響住屋隅，小女行卜迎紫姑。又歐陽公詞云：應卜紫姑神。

清 李光地等《御定月令輯要》卷五《正月令》 迎紫姑 原《異苑》：世有紫姑神，相傳云是人家妾，為大婦所疾，每以穢事相次役，正月十五日，感激而死。故世人以其日作其形，夜於厠間或猪欄邊迎之。祝曰：子胥不在（是其婿名也），曹姑亦歸（曹即其大婦也），小姑可出戲。投者覺重，便是神來，奠設酒果亦覺貌輝輝有色，即跳躞不住，能占眾事，卜行年蠶桑。增《春渚紀聞》：政和二年，襄邑民因上元請紫姑神為戲，既書紙間，其字徑丈，或問之曰：汝更能書否？即書曰：請連黏襄表二百幅，當為作一『福』字。或曰：紙易耳，安得許大筆也？曰：請用麻皮十觔縛作，令徑二尺許，墨漿以大器貯，備濡染也。諸好事因集紙筆，就一富人麥場鋪展，聚觀神至，書云：請一人繫筆於項。其人不覺身之騰踔，往來場間，須臾字成，端麗如顔書。復取小筆，書於紙角，云：持往宣德門，賣錢五百貫文。既而縣以妖捕大府，取就鞫治，訖無他狀，即具奏知。有旨令就後苑再書騐之，上皇為幸苑中，臨視，乃書一『慶』字，與前書『福』字，大小相稱，字體亦同。上皇大奇之，因令於襄邑擇地建祠，歲祀之。李商隱《正月十五夜詩》：月色燈光滿帝都，香車寶輦隘通衢。身間不覩中興盛，羞逐鄉人賽紫姑。蘇軾《紫姑神詞》序：黄之僑人郭氏，每歲正月迎紫姑神，以箕為腹，箸為口，畫灰盤中，為詩敏捷，立成。余往觀之，神請余作《少年遊》，乃以此戲之。詞云：玉肌鉛粉傲秋霜。準擬鳳呼凰。伶傳不見，清香未吐，糠粃且吹揚。到處成雙君獨隻，空無數、爛文章。一點香檀，誰能借箸，無復似張良。

清 俞正燮《癸巳存稿》卷一三《紫姑神》 《歲華紀麗》：上元，注云：《異苑》：紫姑本人家妾，爲大婦所妒，正月十五感激而死。世人於是日作其形於厠，迎之，曰：子胥不在，曹姑已行，小姑可出。子胥，壻也。曹姑，姑也。《荆楚歲時記》：十五日，其夕，迎紫姑，以卜將來蠶桑，并占衆事。亦引《異苑》。《白帖》卷四引同。今本《異苑》及《太平廣記》所載者，則曰：曹姑，其大婦也。《顯異錄》云：紫姑，萊陽人，姓何，名媚，字麗卿，壽陽李景妾也。大婦曹氏，於正月十五夜，陰殺之厠閒。上帝憫之，命爲厠神。《事物紀原》謂《時鏡新書》引《洞覽記》云：帝佶之女壻死，生好音樂，正月十五日可以衣見迎，引爲紫姑事。其法，則《稽神錄》云：正月望夜，江左風俗，取飯箕衣之衣服，插箸爲嘴，使畫粉盤，以卜。《遊宦紀聞》云：請紫姑，以箸插筲箕，布灰棹上，畫之，皆男兒名字，或系僧徒。《睽車志》云：臨安雨溪寨將請紫姑，岳侯降之。《夷堅志》：有台州祝氏子請紫姑，温州樂清縣弓兵請紫姑，新建栗七官人請紫姑，皆男子所爲。唐李商隱，正月十五日聞京有鐙，恨不得觀。詩云：身閑不覩中興盛，羞逐鄉人賽紫姑。蓋男子賽卜之風久矣。《文昌雜錄》有禮部謝侍郎，及唐義問家二事。《夢溪筆談》言博士王綸家，有紫姑神集，則女神也。今蘇州有田三姑娘，嘉興有灰七姑娘，皆紫姑類。

清 常恩《放養山蠶法·蠶神》 祀先蠶，重報本也。西陵聖母、苑窳夫人窳音宇，蠶家皆祀之。黔省蠶利，始自遵義知府陳公。攷《遵義府志》，公諱玉璽，字韞璞，山東歷城人。由蔭生補光祿寺署正，出同知江西贛州。乾隆三年，來守遵義。日夕思所以利民，事無大小具舉，民歌樂之。郡故多槲樹，以不中屋材，薪炭之外，無所於取。公循行見之，曰：此青萊間種，兼以蠶師來。至沅湘間，蛹出。不克就，公志益力。六年冬，復遣歸售種，且以織師來。期歲前到，蛹得不出。明年，布子於郡治側西小邱上，春繭大獲。遂遍諭鄉里，教以放養、繅織之法，令轉相教告。授以種，給以工作之資，經緯之具。民爭趨，若取異寶。八年秋，會報民間所獲繭至八百萬。自是，郡善養蠶，迄今百年。遵綢之名，與吳綾、蜀錦爭價。遵義視全黔為獨饒，公之力也。道光十八年，題祀名宦祠。以上《遵義府志》。查，遵義蠶神廟內，原有陳公專祠。每歲六月望日，逢公誕期，遵民業綢者，羣相祭賽，育蠶之厰，必設位祀陳公。《禮》云，有功德於民則祀之。陳公為民興利，功在百世，宜乎食其德者，尸祝勿忘也。

紀事

（康熙）《陽穀縣志》卷一　正月十日，炊麪象繭，以祈蠶功。

藝文

唐 白居易《白氏長慶集》卷一三《春村》　二月村園暖，桑間戴勝飛。農夫舂舊穀，蠶妾禱新衣。牛馬因風遠，雞豚過社稀。黃昏林下路，鼓笛賽神歸。

宋 魏了翁《鶴山集》卷九六《人日南山約應提刑懋之》　無邊春色，人情苦向南山覓。村村簫鼓家家笛，祈麥祈蠶，來趁元正七。翁前子後孫扶掖，商行賈坐農耕織。須知此意無今昔，會得為人，日日是人日。

明 高濂《遵生八箋》卷四《東郊玩蠶山》　初成蠶箔，白繭團團。玉砌銀鋪，高下業簇。絲聯蓓虆，儼對雪嶠。生寒冰山，耀日時見。田翁稱慶，鄰婦相邀。村村撾鼓賽神，繰車袞繭。倉庚促織，柳外鳴梭；布穀催耕，桑間喚雨。清和風日，春服初成，歌咏郊遊，一飽菜羹麥飯。因思王建詩云：『已聞鄰里催織作，去與誰人身上著。』之句。羅綺遍身，可不念此辛苦？

清 莊綸渭《紀吳興蠶事六首》《清詩鐸》卷七

臘祭牢刀繭樣饒，臘月十二，俗名蠶生日。浴蠶種，搓粉作繭形，祀竈祈蠶。春回爭翦舊桑條。窗封薄薄桃花紙，戶插毵毵楊柳標。清明插柳，為焕蠶種之始。少婦澣衣忙欲返，阿娘前席早相邀。倩助蠶事，呼曰蠶阿娘。宜蠶喜拾鞭春楮，豐兆先占遇歲朝。立春日鞭紙牛，家拾碎紙歸貼蠶室，兆曰宜蠶。

又　老翁傴背學和南，稚子流涎果實甘。來歲一姑還福我，無蟲無鼠十分蠶。二十賽神，一姑把蠶則葉賤，二姑把蠶則葉貴，三姑把蠶則倏貴倏賤。

又　浴蠶清明取蠶子，以桑柴灰水澄清，微溫，輕拂之，厚緜絮包置緜被中，數日生，寘人懷更速。

鼓笛喧神祠，戶戶祈蠶畢。溪女各分種，昨過寒食節。厚絮密密包，灰水但輕拂。桑芽小於錢，乍看纖手擷。

雜録

南朝宋 劉敬叔《異苑》卷五　世有紫姑神，古來相傳云是人家妾，為大婦所嫉一作妬，每以穢事相次役，正月十五日感激而死，故世人以其日作其形。夜于廁間或猪欄邊迎之。祝曰：『子胥不在』，是其壻名也；『曹姑亦歸』，即其大婦也；『小姑可出』，戲捉者覺重，便是神來。奠設酒果，亦覺貌輝輝有色，即跳躞不住，能占衆事，卜未來一作行年蠶桑。又善射鉤，好則大儛，惡便仰眠。平昌孟氏恒不信，躬試往投，便自躍茅一作穿屋而去，永失所在也。

清 韓夢周《蠶桑實濟》卷四《育蠶急務》　蠶食裕，蠶具備，蠶性諳，適立蠶母，事蠶宜矣。然其先有擇種、浴種、醃種諸法。自下蟻至上簇，飼養之法，又因時變易，及後分繭繅絲，仍不可苟。蠶事以祀神起，謝神終，中間約計一月，稍不如法，絲利頓減，可不慎歟！故統之以育蠶急務。

清 鄭珍《樗繭譜・定繭》莫友芝注　《山海經》載，歐絲之野歐，即嘔字，一女子據跪樹歐絲。又載民之國載音至，不績不經而服。知天地既生斯人，憫其寒不知自為計，有受自然之衣被者矣。自伏羲化蠶為繭，鹵陵氏身教之，絮帛之暖遍海內，於是蠶功盛焉。【略】今有一種野蠶，成繭於蒿艾間，蕭繭或即類此，唯欒繭不可知。今之槲繭正即古之樗繭，或曰樗山椿也，槲与之不類，不得强目樗繭合之，曰昝有言之者矣。《藥溪談記》案：《爾雅》雔由樗繭即今萊陽之山繭紬。《暑窗臆説》則云山繭即《禹貢》之檿絲，今之山紬樗繭又別一種，乃今之椿紬。樗不材木，土人嫌其名故偺名椿。《爾雅》所云蟓桑繭即今山桑㡿絲。𧕍由樗繭，今樗絲借名椿繭者也。如仲威說：今遵之槲繭，種即齊之椿繭，其爲《爾雅》樗繭明矣。樗栩叠韻樗柔雙聲特平上之分槲櫟類亦可名栩柔名樗一也詩采荼薪樗唯樗即是槲乃中薪材堅耐火若必指爲臭椿則腐臭特甚今亦從未有以爲薪者何詩必取之也且莊子言樗必兼櫟少有單言者其爲一類明甚合鄭君所引諸說樗繭之名確不可易。

清 衛杰《蠶桑圖説》册中《祈蠶神第一圖》 馨香一炷爇鑪中，元日祈蠶處處同。贏得兒童喧柘社，扶筐神賽夕陽紅。

蜀中元日，老嫗、童姑陳設果核，列拜於庭，擊鼓，然爆竹，如祈田儀，為迎莪眉蠶神。扶筐，聽爆聲之高下，以兆蠶事之盛衰。

蠶鄉習俗部

養蠶習俗

題解

清 喻端士《時節氣候抄》卷二 穀雨二候。鳴鳩拂其羽。穀雨三候。戴勝降于桑。柘，鳴鳩拂其羽，戴勝降于桑。具曲植籧筐，野虞主田及山林之官，毋伐桑柘，愛蠶食也。《典術》桑，箕星之精。《詩·豳風》爰求柔桑，稚桑也。猗彼女桑，荑桑也。蠶月條桑，枝落采其葉也。柘，桑屬。《蠶書》柘葉飼蠶，絲中琴瑟弦清，響勝凡絲。崔豹《古今注》桑實曰：葚柘，實曰佳鳴鳩。《詩·小宛》之鳴鳩，《氓》之食桑葚者也。戴勝，織紝之鳥，一名戴鵀。鵀，即頭上勝也。《爾雅》曰：鵖鴔。鵖，彼及切。鴔，皮反切。方言自關而西謂之戴，鵀或謂之戴頒。東齊吳揚之間謂之鵀，或謂之鶝鴀。鴀鶝，音福伏，降者重之，若自天而下也。曲，薄也，薄一作簿。《漢·周勃傳》以織簿曲為生，葦簿為曲也，植，音緻。懸蠶簿柱，所謂槌也。槌，馳僞切，音縋。關西謂之特，所以架曲與籧筐者，籧圓而筐方，籧一作篆，又作筥，音舉。又后妃齊戒，親東鄉躬桑，禁婦女毋觀，省婦使，以勸蠶事。后妃先采桑，帥先天下也。東鄉，鄉時氣也。毋觀，去容飾也。婦使，縫紉組紃也。《穀梁傳》：天子親耕，以共粢盛；王后親蠶，以共祭祀。躬桑也。按《農桑通訣》：后躬桑，始捋一條，執筐受桑，捋三條。女尚書跪曰，止執筐者，以桑授蠶。《晋書·禮志》：皇后采三條，諸妃各采五條，縣鄉君以下各采九條。《新論》：天子親耕于東郊，后妃躬桑於北郊。國非無良農也，而王者親耕；世非無蠶妾也，而后妃躬桑。上可以供宗廟，下可以勸兆民。《宋·天文志》：扶筐七星，為盛桑之器，主勸蠶也。鄉觀，并去聲。紃，音旬。捋，盧活切。又蠶事既登，分繭稱絲效功，以共郊廟之服。登，成也。分繭者，《祭義》所謂世婦卒蠶，奉繭以示于君，遂獻于夫人。夫人副禕而受之，及良日，夫人繅三盆，手遂布于三宮夫人，世婦之吉者是也。共郊廟之服者，所謂使繅，遂朱緑之，元黄之，以為黼黻文章。服既成，君服以祀先王先公是也。副，首飾。禕，音揮，上衣。繅，音搔，置繭于盆，手三次繅之，而出其緒也。《物類相感志》：蠶過小滿，則無絲。繭，音趼，《古文》作絸，俗作璽。

論説

宋 王安石《臨川先生文集》卷四三《乞改三經義誤字劄子二道》

又蠶月者，非一月，故不指言某月也。下添云，蠶，女事也，故稱月焉。

清 金文錦《鵪鶉論》 駕本田鼠，食蠶月月氣而化，亦食蠶月月色而死，故至蠶月當避月色。

清 沈炳震《望蠶信》《農學報》第六十一期 繅絲時，戚黨咸以豚蹄魚鱐、果實餅餌相饋遺，謂之『望蠶信』。董蠡舟《樂府小序》有不至者，以爲失禮。蓋非特蠶時禁忌，久絶往來，亦以蠶事爲生計所關，故重之也。《遺聞瑣記》按此風，東鄉最重之。

董蠡舟《樂府·望蠶信》：親串過從情密邇，昏姻不出一鄉裏。課晴問雨每相偕，只隔盈盈衣帶水。一自蠶房深閉門，從教彼此絶音塵。不知蠶信今何似，消息傳來苦未真。算來前日回山始，料應今日繅絲起。江魚白枇杷黄，去問諸姑及伯姊。沸耳伊軋搖車聲，絲竃滿室縱復横。入門一笑不須問，黄上眉間喜氣盈。

清 楊屾《豳風廣義》卷一《豳風圖説》 七月流火，九月授衣。一之日觱發，二之日栗烈。無衣無褐，何以卒歲？三之日于耜，四之日舉趾。同我婦子，饁彼南畝，田畯至喜。七月流火，九月授衣。春日載陽，有鳴倉庚。女執懿筐，遵彼微行。爰求柔桑，春日遲遲。采蘩祁祁，女心傷悲，殆及公子同歸。七月流火，八月萑葦。蠶月條桑，取彼斧斨，以伐遠揚，猗彼女桑。七月鳴鵙，八月載績。載玄載黄，我朱孔陽，爲公子裳。以下數章，兹不具述。此詩乃周公述后稷、公劉之化，前段言衣，後段言食，以明農桑爲政教之首務。夫后稷封於有邰，即今武功等縣；公劉立國於豳，即今豳州，諸處俱屬秦地。當日諄諄詰誡，不遑暇逸。肇農桑、樹畜，爲養民之本；開女工、蠶織，作衣被之源。男女各勤其職，而民以富實，上下雍睦，庶姓休和，化行俗美，漸及南國，載諸經史，班班可考。余友人高子，嘗南遊，至嘉湖，見柍桑密布，園圃如綺，緑蔭畎畝，壠頭似雲機聲，午夜與春聲相答，深羡南地女工之勤，而嗟我秦人之惰。偶探勝地有名人題咏：『夫耕婦蠶，各勤業，儼然豳風好畫圖』之句。其嘆慕豳風如此，而我豳地之人，反漠然不知桑蠶之利，徒興無衣之嘆，是以自有之良富而廢爲烏有。歲歲衣帛，仰給於遠方，雖日誦《豳風》，而誤於南北風氣各殊之説，究莫肯一試，良可慨也。余故述其成效，特録《七月》之章，繪圖編首，庶幾開卷觸目，感發實行，豳原之風，不難再見於今日矣。顒共勉旃。

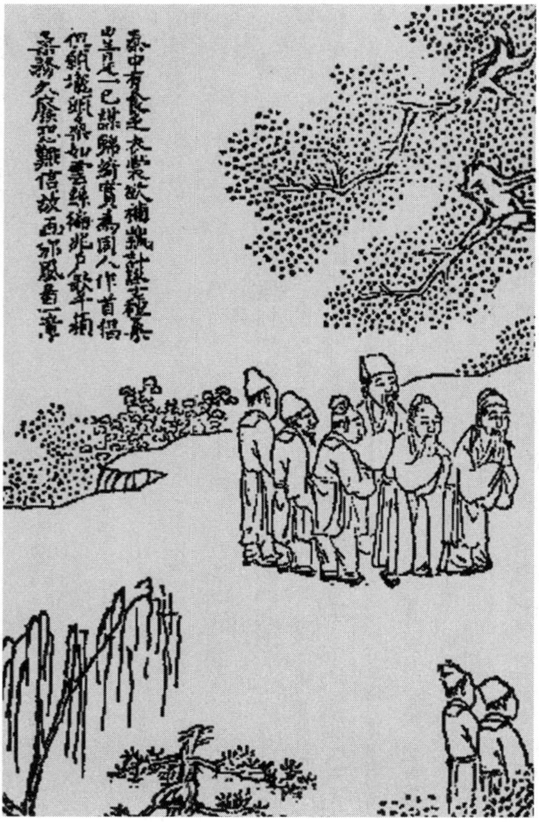

又 卷二《立蠶母説》 蠶母者，乃主蠶室率領飼蠶者，每室必立一人，以腹節饑飽，以身測寒熱，愛護珍惜，如慈母育嬰，故有母稱。男、婦皆可為之，男忌臭穢，女忌産婦，務要慇懃之人最忌懶惰貪眠之輩，熟記其法，能按規程飼養者。身着裌衣不論新舊，務要潔净以候凉煖，己身覺熱，蠶亦熱，宜退火。己身覺寒，蠶亦寒，宜進火，務使室中温和始終，不知有寒熱之苦。不得頻換顔色衣裳，洗手常要潔净，不可手掐苦菜，食生姜、葱、蒜、香椿、大豌豆，并飲酒。又不可親身拌醋、燒石炭，衣染惡氣，慎之。

以上一切忌惡之事，邪穢之氣，辟除蠲潔，夙夜齋敬，不致褻慢，能依此法，自然宜蠶。不必聽信陰陽師巫并愚婦之言，某人命裏不宜蠶，某相屬不宜蠶。豈不知農桑一理，世無不宜農之男，焉有不宜蠶之婦乎？至使改門換户，諂禱神祇，虚費財用，實無所益。故先儒有銘，以為業蠶者戒，銘曰：世業農桑，既興我室。比臨蠶月，復事塗飾。桃茢祓除，神主斯立。曲植既具，錡筐乃集。連蟻方生，若不厭密。婦以母名，育有慈德。爰求柔桑，入此飼食。寒煗身先，是為體測。上無疏薄，下無濕浥。簾箔垂門，龕火在壁。夜窓或遮，風竇時窒。頗忌北風，空障西日。他工莫興，外人莫入。庇護攸安，漸至捉績。祈祀以時，願獲終吉。神實相之，簇如雪積，分繭稱絲，來告功畢。

又《解桑多蠶廣做法》 或畏其桑多蠶廣，功大難成，一家人力有限，婦工無幾，何能任此勞苦，而獲斯大利？是不知江浙有歲可收絲數百觔者，豈可盡靠女工？蠶雖婦事，而實得力於男子。南方至蠶忙之月，官長停其徵訟，里民停其婚喪，親友息其往來，專心事蠶。里有蠶市，春日賣筐、箔、簾、薦，一切蠶事器具。賣桑樹、賣蠶連、賣蟻、賣蠶、賣桑葉、賣繭、賣絲，無不畢具。來傭功者成都市，即日用百餘人，登時俱有，更有包箔者。每箔蠶自蟻至老傭價不過錢餘，量力包飼數箔，各自經理，主人只是熟記養蠶之法，坐而提調。至於蠶多之家，傭功者甚衆，即飲食亦是僱覔人做，女工豈能任此？南方蠶月，正是種稻、插秧之時，内外並忙，猶不肯失此美利。況我秦中，三月正是農閒之月，即僱覔人工，一月不過費錢三四百文，人若將此養蠶之法，熟記胸中，多僱人功，不過用心提調，教他採桑布葉、除沙擡網、擡爐用火、安箔盤簇，使一人各執一事，有何不能？即養至數百箔，亦爲極易。即如我處農忙之月，亦有遠方之人，皆來傭工，包穫麥、包鋤地。至於農家什物器具，自有貨賣者，誰使然與？良由此感彼應，自然之理也。若桑多蠶廣之時，傭工什物、繰絲之人，無不畢至，勿嫌其室窄不爲，而失此大利。即於小室中作層架少養，將所獲之利，積二三年，便可如法造蠶室、火倉、一切什物，可爲世守之業，一勞永逸，享利如江浙矣。有桑而能養蠶固好，若不能養蠶，葉亦可賣錢。養蠶而能織絹緞綾紬，其利更倍，即不能織，賣絲亦得重價。余家嘗將所繰之絲，以二絲相合，上紡車成線，織成堅重線紬，余現衣之數年，猶然完好，貨之價同緞價。若果桑蠶大盛，絲廣之時，便有江廣巧匠，來開織房，不待招而自至矣。南方二忙，故人得豐衣足食，所以富稱東南；秦只一農忙，僅可自給，若再得一蠶忙，復增利一倍，便可富甲天下矣。當共勉之。

清 高銓《吴興蠶書・沈錫周叙》 冀、梁、雍三州，不聞有絲者。冀帝都不言貢，雖有絲不可知，而梁、雍二州，或其時尚未興蠶桑之利耶？考魏詩『彼汾一方，言採其桑』，是冀州宜桑也；豳詩『蠶月條桑』，是雍州宜桑也；《蜀志・諸葛傳》『成都有桑八百株』，則梁州之域，亦於桑無不宜。夫以天下無不宜蠶桑之地，無不可蠶桑之婦女，而顧於其利有未興者，彼蓋以農爲亟，以工商賈爲重，而不知蠶桑之利之大矣。吴興者，蠶桑之聖地也。天下莫不宜蠶桑，而吴興獨以蠶桑擅天下，匪蠶桑獨良於吴興，其所以爲蠶桑者，至良且盡，故獲利爲天下最事宜爾也。

又 卷上 護種 蠶出，率以穀雨爲期，諺云『穀雨不藏蟲』，言蠶至此自出也。然俟其自出，則嫌其遲，田家忌三小：小滿蠶、小暑田、小雪麥，其收較薄，遲故也。蠶子在紙，護之則其出也，早不護即遲。護之爲言助也，借人之暖氣，以助物之生氣也。湖地育蠶之家，節屆清明，輒用石灰畫灣弓之狀於門前，相傳以爲祛蠶祟，此非蠶有祟也，誠以清明爲護種之期，畫此以自警其出入閒蕩耳。夫清明距穀雨有半月之隔，老農有言『穀雨擡頭眠』，能於半月中擁護得法，使蠶速出，至穀雨即眠，則蠶早而收成自厚。大率冷看者，宜早護；熱看者，不妨稍遲。湖人以育蠶爲看蠶，用火者爲熱看，不用者爲冷看。如清明前，桑芽未展，突遇天氣驟熱，須將種紙包裹，安放清涼處，不可使熱風吹襲。熱風一吹，子即自變而出，既無葉可飼，或天氣驟轉寒冷，即遭凍損，靡有孑遺矣。在昔嘉慶九年，合郡蠶子損傷，政坐此病。此亦護種之一端，育蠶之家，不可不留意也。

清 曾鉌《蠶桑備要・劉光蕡後序》 又嘗考之於《詩》，無處不言桑，而咏於北方者居多。以秦論之，《豳風・七月》之篇，言蠶桑者屢屢矣，有曰：春日載陽，有鳴倉庚。女執懿筐，遵彼微行，爰求柔桑。又曰：蠶月條桑，取彼斧斨，以伐遠揚，猗彼女桑。此治桑也，即所以治蠶。夫豳地即今邠、慶、三水等處，地近邊壤，亦云寒矣，其田高燥瘠磽，而周先王當日諄諄誥誡，不遑暇逸者。誠以農桑爲王政之本，女工乃衣被之原，男力乎耕，女事乎蠶，男女各勤其職，而民以富實，上下雍睦，庶姓休和。載諸經史，班班可考。豳地尚然，而類於豳者，在在皆然。況臨、渭一帶，沃壤千餘里，勝於豳者多矣，豈不能樹桑、養蠶，以興萬世無疆之利？此可証據者二也。

清 陳開沚《裨農最要》卷一《立蠶母》 蠶母乃主蠶事，率領多人以飼蠶者。凡蠶之飢飽寒熱，體恤愛護，如慈母之育嬰，故有母稱，男女皆可為之。男忌臭穢，女忌産婦及不潔净者。衣服必潔净，每食必盥手，勿飲酒，勿食葱蒜等一切有氣味之物。以食則氣從口鼻出，蠶嗅此氣登時生病。勿親身掐苦菜，切薑葱，冲海椒、花胡椒之類。身衣染惡氣，蠶嗅此氣亦登時生病。勿佩香囊，勿著顔色衣服。弔孝人及孝家人，勿令入蠶室。凡蠶室，一切事宜均以蠶母為主，熟記其法，隨時留心，按法飼養。如蠶之眠起，小老各有其狀。暖涼明暗，各有其時。切餧分體，各有其術之類。自然宜蠶，不必信陰陽巫師及鄉間愚夫愚婦之言某命某相不宜蠶。蓋農桑一理，世無不宜農之男焉，有不宜蠶之婦乎？故立蠶母，務要慇懃，不躲懶，不貪睡之人為主。以催眠催老之時，夜間宜起餧故也。

清 羊復禮《蠶桑摘要・序》 粤稽《書》言桑土，《詩》詠蠶月，《禮》詳躬桑勸蠶之典，是知爲天下之本者，農功而外，厥惟蠶桑。孟子備陳王道之始，而牆下之桑與百畝之田，言之至於再三；故後世先蠶壇與先農並重。蓋撫世長民者，之所必有事也，厥後賈思勰箸《齊民要術》，陳旉作《農書》，秦觀作《蠶書》，元初頒《農桑輯要》於民間，明徐光啟撰《農政全書》備言農桑之事。至我朝乾隆間，奉敕撰《授時通攷》七十八卷，至詳且備。

綜述

唐 白居易《白氏六帖事類集》卷二三 后妃桑蠶第五十七 《月令》：季春，后妃齊戒，享先蠶，而躬桑，以勸蠶事。先蠶，天駟星也。后妃躬桑，率先天下也。后妃獻繭。孟夏，蠶事既登，后妃獻繭，乃收繭税月令。古者，天子諸侯，必有公桑、蠶室，近川而爲之，築宫仞有三尺，棘牆而外閉之。及大昕之朝季春朝日之朝，君皮弁素幘，卜三宫夫人、世婦之吉者，使入蠶于蠶室，奉種浴于川，桑于公桑，風戾以食之風戾者，恐露濕葉，傷蠶，風之使燥，而後食之。歲既單矣謂三月月盡之後也，世婦卒蠶，奉繭以示君，遂獻繭于夫人。夫人曰，此所以爲君服與？遂副褘而受之，因少牢以禮之。古之獻繭者，其率用此歟。及良日，夫人繅三盆手，遂布于三宫夫人、世婦之吉者，使繅，遂朱緑之、玄黄之，以爲黼黻文章。君服以祀先王、先公，敬之至也。三盆手，三淹也。凡繅每淹大總，而手振之，以出絲緒。王后親蠶於北郊，以供緇服；夫人蠶於北郊，以供冕服。王后、夫人非莫蠶也，身致其誠信也。

又 漢儀。《晉・禮志》：漢儀，皇后親蠶桑東郊苑中，蠶室祭蠶神，曰苑窳婦人、寓氏公主，祠用少牢。侍中成齊，草定其儀，取列侯妻六人爲蠶母。擇吉日，皇后著十二笄步搖，衣青，乘油畫雲母安車，駕六騩馬。女尚書陪，載筐鉤。外命婦皆步搖，青衣，各載鉤筐。先桑二日，蠶室生蠶，著薄上。桑日，皇后未到，太祝質明以太牢祀之。祠畢，班餘胙於從桑。后東面躬桑，採三條，諸妃公王採五條，郡縣已下九條，以桑受蠶母也。一條。皇后儀曰：皇后躬桑，始將一條，執筐受葉。三灑。見上。

宋 陳元靚《歲時廣記》卷一一 《續齊諧記》：吴縣張誠之，夜見一婦人，立於宅東南角，舉手招誠，誠就之。婦人曰：此地是君家蠶室，我即地之神，明日正月半，宜作白粥，泛膏於上以祭我，當令君蠶桑百倍。言訖，失之，張如其言為作膏粥，年年祭之，大得蠶焉。或云，其神降於陳氏之家，云蠶神也，世人正月半作膏粥，由此故也。今俗傚之，謂之『粘錢財』。《壺中贅録》云：今人正月半，作粥禱，加以肉覆其上，登膏糜，採鼠朏，欲來不來，待我三蠶老，則以為蠶禳鼠。

宋 王應麟《玉海》卷七七《禮儀・親蠶》

周中春蠶北郊

《禮・内宰》：中春，詔后帥外内命婦，始蠶於北郊，以為祭服。歲終，稽其功事。注，蠶於北郊，婦人以純陰為尊，郊必有公桑蠶室焉。疏，按《月令》，三月后，妃親東鄉躬桑。此云二月。佐后而受獻功者，比其大小麤良。大宰九職，嬪婦化治絲枲。典絲掌絲入而辨其物。內司服王后六服鞠衣。注，鞠衣，黄桑服也。色如鞠塵，象桑葉始生。《月令》：三月，薦鞠衣於先帝，告桑事。先帝，太昊之屬，為蠶求福也。疏謂，季春將蠶，后服之告先帝。巾車、翟車。注，后所乘以出桑。記《月令》：季春，鳴鳩拂其羽，戴勝降於桑。蠶將生之候。具曲、植、籧、筐，后妃齋戒，親東鄉躬桑，禁婦女毋觀，省婦使以勸蠶事。蠶事既登，分繭稱絲效功，以供郊廟之服。注，后妃親採桑，示帥先天下也。《夏小正》曰：妾子始蠶，執養宮事。孟夏，蠶事畢，后妃獻繭，乃收繭税。以桑為均，貴賤長幼如一，以給郊廟之服。注，內命婦獻繭於后妃，收繭税者，收於外命婦。季夏，命婦官染采。《祭統》：王后蠶於北郊，以共純服亦冕服也。夫人蠶於北郊，以共冕服。夫人不蠶於西郊，婦人禮少變也。《祭義》：古者，天子諸侯，必有公桑蠶室。公桑，猶公田也。近川而為之，築宮仞有三尺，棘牆而外閉之。及大昕之朝，君皮弁素積，卜三宮夫人、世婦之吉者，使入蠶於蠶室，奉種浴於川，桑於公桑，風戾以食之，歲既單矣。三月之末，四月之初。世婦卒蠶，奉繭以示於君，遂獻繭於夫人，遂副禕而受之，用少牢以禮之。及良日，夫人繅三盆手，遂布于三宮夫人、世婦之吉者使繅，遂朱綠之，玄黄之，以爲黼黻文章。服既成，君服以祀先王先公，敬之至也。《玉藻》：唯世婦命於奠繭。注，世婦以下，蠶事畢，獻繭乃命之。疏謂，世婦及命婦入助蠶畢獻繭也。《魯語》：王后親織玄紞，公侯夫人加以紘、綖。社而賦事，烝而獻功。《孟子》：《禮》曰：諸侯耕助，以共粢盛。夫人蠶繅，以為衣服。《公羊》：注，后夫人親西郊采桑，以共祭服。《禮・內宰》疏，馬質注，天文，辰為馬。引《蠶書》曰：蠶為龍精，月值大火，則浴其種。是蠶與馬同氣，故此亦仲春始蠶，亦謂浴種。《詩》：蠶月條桑。《書・禹貢》：兖州貢絲。《穆天子傳》：甲寅，天子作居范宮，以觀桑者，乃飲於桑中。命桑虞出桑者，禁暴民。

漢親蠶

《紀》：文帝十三年，春二月甲寅，詔曰：朕親率天下農耕以供粢盛，皇后親蠶以奉祭服，其具禮儀。

景帝後二年四月詔：后親桑以奉祭服，為天下先。

《王莽傳》：請元后春幸繭館，率皇后、列侯、夫人桑。師古曰：《漢宮闕疏》，上林苑有繭館，蓋蠶繭之所也。

後紀：明德皇后置織室，蠶於濯龍中。前書有東織西織，屬少府。

元 王禎《農書》卷二〇《農器圖譜十六・蠶繅門》　繭館，皇后親蠶之所，古公桑蠶室也。按《月令》：季春之月，具曲植，植，直吏切。注曰：曲薄也，植槌也籧居呂切筐，后妃齋戒，親東鄉許亮切躬桑。禁婦女毋觀音『灌』，省所景切，簡少也婦使以勸蠶事。注曰：鄉者，鄉時氣也。毋觀，去容飾也。婦使，縫綫、組紃之事。蠶事既登，分繭、稱去聲絲、效户教切功，以共音『恭』郊廟之服，無有敢惰徒卧切。周制：天子諸侯必有公桑蠶室，近川而為之，築宮仞有三尺，棘墻而外閉之。后妃齋戒，享先蠶而躬桑，以勸蠶事。《皇后親蠶儀》曰：皇后躬桑，始捋一條；執筐受桑，捋三條。女尚書跪曰：『可止』。執筐者，以桑授蠶母，以桑適金室。《前漢文帝紀》詔：『皇后親桑，以奉祭服。』景帝詔：『后親桑，為天下先。』元帝王皇后為太后，幸繭館，率皇后及列侯夫人桑。明帝時，皇后帥諸侯夫人蠶。魏文帝黄初中，皇后蠶於北郊，遵周典也。晉武帝太康中，立蠶官，皇后躬桑，依漢魏故事。宋孝武立蠶觀，后親桑，循晉禮也。北齊，置蠶宮，皇后躬桑于其所。後周制：皇后至蠶所，桑。隋制，皇后親桑於位。唐太宗貞觀元年，皇后親蠶。顯慶元年皇后武氏，先天二年皇后王氏，乾元二年皇后張氏，並見親蠶禮。元宗開元中，命宮中食蠶，親自臨視。宋《開寶通禮》《郊祀録》，並有后親蠶祝辭。此歷代后妃親蠶之事，采之史編，昭然可見。茲特冠於篇首，庶有國家者，按圖考譜，知繭館之不徒名也。昔梅聖俞有《蠶具繭館詩》，今不揆續為之。賦云：惟蠶有功，於世歸美。廣物産之貨貲，作人生之衣去聲被。中春之月，天子詔后以躬桑；大昕之朝，內宰告期而命祀。於是詣靈壇，降寶殿，翠障夾乎道周，鳳輦翔於畿甸。順春氣于東方，朝先蠶于北面。具夫青縹之服，皇后蠶服，青上縹下，深衣。侑以芳馨之薦。九宮傾動，藹然陪祭以成班；三獻禮成，沛矣迎祥于回眷。當其疊承寵命，適對韶光，擇世婦於吉卜，受鞠衣于明堂《月令》：三月，薦鞠衣，祭先帝于明堂。所以崇開禁館，始入公桑；援條有三，聽女尚書之勸止，執筐不再，受宮夫人之是將。體之以坤儀之柔順，視之以母道之慈良。破蟻以來，庶養至于千箔，獻繭之後，諒化被於多方。是以命繅治以成絲，就趨工而俟織。元黄朱綠，染各精明；黼黻文章，古者獻繭，使繅，遂朱綠之，元黄之，以為黼黻文章。參同品色。案，原本誤將繭館及先蠶壇連繪，又誤題曰蠶神，今謹改正分繪。

又　蠶神，天駟也。天文，辰為龍，蠶辰生，又與馬同氣。謂天駟，即蠶神也。淮南王《蠶經》云：黄帝元妃西陵氏始蠶，至漢，祀菀窳婦人、寓氏公主。蜀有蠶女馬頭娘。此歷代所祭不同。然天駟為蠶精，元妃西陵氏為先蠶，實為要典。若夫漢祭菀窳婦人、寓氏公主，蜀有蠶女馬頭娘。又有謂三姑為蠶母者，此皆後世之溢典也。然古今所傳，立像而祭，不可遺闕故，併附之。稽之古制，后妃祭先蠶，壇壝牲幣如中祠。此后妃親蠶祭神禮也。《蠶書》云：卧種之日，詰旦，升香，割鷄，設醴，以禱先蠶。此庶人之祭也。自天子后妃，至於庶人之婦，事神之禮，雖有不同，而敬奉之心一是。諒為知所本矣。乃作為祈報之辭，曰：祈。唯蠶之精，天駟有星。惟蠶之神，伊昔著名。氣鍾於此，孕卵而生。既桑而育，既眠而興。神之福汝，有箔皆盈。尚冀終惠，用彰厥靈。簇老獻瑞，繭盆效成。敬獲吉卜，願契心盟。神宜饗之，祈祀唯馨。報。龍精一氣，功被多方。繼當是歲，神降于桑。載生載育，來福來祥。錫我繭絲，製此衣裳。室家之慶，閭里之光。敬帥長幼，詰旦升香。設餙於俎，奠醴於觴。工祝致告，神德彌彰。案，菀窳婦人、寓氏公主，本二神，原本圖中併作一神，謹改正。

又　《蠶室記》曰：古者天子、諸侯，皆有公桑蠶室，近川而為之，築宮仞有三尺，棘墻而外閉之。三宮之夫人、世婦之吉者，使入蠶室，奉種浴於川，桑於公桑，此公桑、蠶室也。其民間蠶室，必選置蠶宅，負陰抱陽，地位平爽，正室為上，南西為次，東又次之。若室舊，則當浄掃塵埃，預期泥補；若逼近臨時，墻壁濕潤非所利也。夫締構之制，或草或瓦，須内外泥飾材木，以防火患。復要間架寬敞，可容槌箔；牕户虚明，易辨眠起，仍上於行樺口練切，各置照牕。每臨蠶暮，以助高明，下就附地，列置風竇，令可啓閉，以除濕鬱。考之諸蠶書云，蠶室先辟東間養蟻，停眠前後，撤去，西牕宜遮西曬，尤忌西南風起，大傷蠶氣，可外置墻壁四五步以禦之。餘備蠶書。所有蠶神室、蠶神像，宜用高空去聲處安置。凡一切忌惡之事、邪穢之氣，辟除蠲潔，夙夜齋敬，不敢褻慢。余觀《蠶書》云，毋治堰、毋誅草、毋沃灰、毋室入外人，四者神實惡之。如能依上法，自然宜蠶，不必泥去聲於陰陽家，拘忌巫覡胡的切，女巫也等誘惑。至使回換門户，謟禱神衹，虚費財用，實無所益，故表而出之，以為業蠶者之戒，銘曰：世業農桑，既興我室。比臨蠶月，復事塗飾。桃茢祓除，神主斯立。曲植既具，籧筐乃集。連蟻方生，苦不厭密。婦以母名，育有慈德。爰求柔桑，入此飼食。寒燠身先，是為體測。上無疏薄，下無濕浥。簾箔垂門，龕火在壁。夜牕或遮，風竇時窒。頗忌北風，空障西日。他工莫興，外人勿入。庇護攸安，漸至捉績。蠶欲老時，取以視絲明也。《耕織圖》有《捉績》篇。祈祀以時，願獲終吉。神實相之，簇如雪積。分繭秤絲，來告功畢。

明 王士性《廣志繹》卷四《江南諸省》 農為歲計，天下所共也，惟湖以蠶。蠶月，夫婦不共榻，貧富徹夜搬箔攤桑。江南用舟船無馬，偶有馬者，寄鄰郡親識，古人謂『原蠶，馬之精也。』彼盛則此衰。官府為停徵罷訟，竣事，則官賦私負，咸取足焉。是年蠶事耗，即有秋亦告匱，故絲綿之多之精甲天下。寧紹之間，地高下偏頗，水陸不成河。昔人築三數壩蓄之，每壩高五六尺。舟過者，俱繫絙於尾榜，人以機輪，曳而上下之，過乾石以度，亦他處所無也。度剡川而西北，則河水平流，兩岸樹木交蔭。蓮荇菱芡，浮水面不絶。魚梁罾笱，家家門前懸掛之。舟行以夜，不避雨雪，月明如罨畫，昔人謂『行山陰道上，如在鏡中』，良然。又云，秋冬之際，殆難為懷。

明 王應電《周禮傳》卷一下《天官下》 中春，詔后帥外、内命婦始蠶于北郊，以為祭服。中，音仲。中春，蠶月也。北郊，純陰之地，婦道屬陰，故公桑蠶室于北郊。后帥外、内命婦親蠶者，一則供祭服以奉郊廟，一則勤職事以化百姓也。為祭服，見後《典枲》。歲終，則會内人之稍食，稽其功事。内人，九御及女宫、女奚也。稍食，給事后宫之冗食。正歲均之，歲終則會之。功事，凡酒漿、醯醢、衣服等事。正歲施之，歲終則稽之。佐后而受獻功者，比其小大與其麤良，而賞罰之。麤，粗通。典婦功，凡授嬪婦功，及秋獻功，内宰佐后受之。小大者，猶云粗細，盖各有適用。麤惡也，良善也，小大各有善惡，良善則可用，麤惡則不堪用。比而賞罰之，靡不兢為精美也。會内宫之財用。内宫，夫人而下也。後宫用財，易于侈靡，先為定式，使有品節限制，歲終而會之，庶不至于驕奢浪費也。正歲，均其稍食，施其功事。正歲均之施之，歲終會之稽之，與天道相始終也。憲禁令于王之北宫，而糾其守。北宫，對王宫在南而言繫之。王者，王兼内外也。禁，謂宫禁。令，謂宫中之職事。正歲懸之，以時糾之。上春，詔王后帥六宫之人，而生穜稑之種，而獻之于王。

（乾隆）《海寧州志》卷二《風俗》 四月爲蠶月。育蠶之家，各閉戶，親鄰毋得輕入，官府暫停訟，謂之『放蠶忙』。

清 金友理《太湖備考》卷六《風俗》 以蠶桑爲務，地多植桑。凡女未及笄，即習育蠶。三四月謂之蠶月，家家閉户，不相往來。今惟西山尚沿舊俗，東山則好逸惡勞，育蠶之家十無二三矣。

清 李光地等《御定月令輯要》卷七《三月令》 裹蠶子。增《海寧縣志》：清明夜，育蠶之家，各裹蠶子於綿衣中，卧身下，謂蠶得人氣始生。

清 包世臣《齊民四術》卷一下《農一下・蠶桑》 凡養蠶，固合家幫忙，須擇一精細耐勤勞人爲蠶母，總經其事。下蟻時，沐浴淨衣，入蠶室焚香祀先蠶。忌生人，及穿孝人，內外人哭泣聲，雞犬皆遠驅之。毋舂米、築牆、埽塵，酒氣、臭氣，穢言及諸忌言。蟲鼠之類。凡蠶屋內，必畜一貓。

清 高銓《吴興蠶書》卷下 掇冷飯 自古有蠶忌生人之說，一緣蠶性喜靜惡喧，一緣蠶月人忙，客至則人事牽率，貽誤蠶工，故概以忌生人謝絶之，非生人之能爲蠶祟也。今人不明此意，輒如小兒，忤客禁忌太甚。收蠶之日，即以紅紙書『育蠶』二字，貼於門，或書『蠶月知禮』四字，親戚不相往來，慶弔之禮俱廢。雖官府勾攝徵收，亦罷不行，是爲蠶禁，亦謂之『關蠶房門』。猝遇客至，即懼爲蠶祟，晚必以酒食禱於蠶房，棄之野外，謂之『掇冷飯』，又謂之『送客人』。諺曰『引魑入蠶房』，蓋指蠶月客至而言也。

清 顧禄《吴趨風土録》 環太湖諸山，鄉人比戸蠶桑爲務，三四月爲蠶月，紅紙黏門，不相往來，多所禁忌。治其事者，自陌上桑柔，提籠采葉，至村中。繭煑、分箔、繅絲，歷一月而後弛諸禁，俗目育蠶者曰『蠶黨』。或有畏護種出火辛苦，往往於立夏後，買現成三眠蠶於湖以南之諸鄉村，諺云『立夏三朝開蠶黨』。小滿乍來，蠶婦煑繭、治車、繅絲，晝夜操作。郊外菜花，至是亦皆結實，取其子至車坊，磨油以俟估客販賣。插秧之人，又各帶土分科，設遇梅雨泛溢，則集桔槔以救之。旱則用連車遞引溪河之水，傳戽入田，謂之『踏水車』，號曰『小滿動三車』，謂絲車、油車、田車也。蠶繭絲既出，各負至城，賣與郡城隍廟前之收絲客，每歲四月始聚市，至晚蠶成而散，謂之『賣新絲』。

清 汪曰楨《湖蠶述》卷二 僧于蠶月入夜，打鐘三次，以警蠶婦飼葉之候，蠶畢，率酬以綿。施國祁《禮耕堂詩集》大約每蠶一斤廿四兩秤，自收下至上山，喫葉一百八十斤十五兩三錢秤，此上上蠶也。稍平者，不到此數。《育蠶要旨》

又 卷四 俗呼蠶神曰蠶姑，其占為一姑把蠶則葉賤，二姑把蠶則葉貴，三姑把蠶則倏貴倏賤。按，俗以寅、申、巳、亥年，一姑把蠶；子、午、卯、酉年，二姑；辰、戌、丑、未年，三姑。而《吴興掌故集》引《蜀郡圖經》曰：九宫仙嬪者，蓋本之列仙。通記所稱『馬頭孃』，今佛寺中亦有塑像。婦飾而乘馬，稱馬鳴周密《癸辛雜識》作名王菩薩，鄉人多祀之。《胡府志》下蠶後，室中即奉馬頭孃。遇眠，以粉繭香花供奉，蠶畢送之。出火後，始祭神。大眠、上山、回山、繅絲，皆祭之，神稱『蠶花五聖』。《西吴蠶略》謂之『拜蠶花利市』。董蠡舟《樂府小序》考《通典》：周制，享先蠶。先蠶，天駟，蓋蠶與馬同氣也。按今俗稱『蠶王天子』。漢制，祭蠶神，曰菀窳婦人、寓氏公主。北齊，乃祠黄帝軒轅氏。湖州向奉先蠶，黄帝元妃西陵氏嫘祖神位于照磨故署，乃折衷後周法耳，不知始于何時。嘉慶四年撫浙，中丞以浙西杭、嘉、湖三府，民重蠶桑，請建祠以答神貺，奏奉俞允，乃建廟於東嶽宫左，曰蠶神廟。有司祭祀，鄉氓雖瞻敬惟虔，而蠶時猶不敢褻祀先蠶，是小民知禮處。第五聖之名，鄙俗不典，民間報賽，祀菀窳婦人、寓氏公主，亦無不可。或祀蜀君蠶叢氏，亦得馬頭孃授為九宫仙嬪，語本《搜神》，不免荒誕。按身女好而頭馬首，固五帝所占蠶理也，語出荀卿，足為典要，他說可廢。《西吴蠶略》湖俗佞神，不指神之所屬，但事祈禱，不知享祀之道，藉以報本，非所以祈福免禍也。或曰：蠶月人力辛勤，正須勞以酒食，屢借祠神以享餕餘，是亦一道也。《吴興蠶書》

（同治）《孝豐縣志》卷一《方輿志·風俗》 穀雨，撒穀種，燠蠶子，祀竈，採茶。清明後數日，爲蠶月，禁往來省視，使育蠶。閲月，繭成治絲。

（光緒）《桐鄉縣志》卷二《疆域志下·風俗》 三月三日聽蛙聲，以卜水旱。諺云『田家無五行，水旱卜蛙聲。上晝叫，上鄉熟；下晝叫，下鄉熟；終日叫，上下皆熟』。晚撒螺螄於屋上，謂之『趕白虎』，又謂之『除瓦剌』。清明前一日，插柳祭墓，祀竈易幡，食角黍。是夜，育蠶家設祭，禳白虎，門前畫石灰象弓矢，驅蠶祟也。食螺螄，名挑青，蓋病蠶謂之『青娘』，故云清明日輿城隍神，出北門，至邑厲壇，祭無主孤魂。是日鄉里人家，閉門不炊，親知不相往來，婦女出游，名曰『踏青』。穀雨前三四日，始護種收蠶。諺云『穀雨兩邊蠶』。十五日，祀蠶神馬鳴王菩薩像，作婦飾而乘馬，即古之馬頭娘也。春末夏初，浸穀種，宜用臘雪水，春雪則生蟲。

（光緒）《石門縣志》卷一一《雜類志·風俗》 農家并祭蠶花五聖。《靳志》：民間蠶時，事蠶花五聖極虔，每眠飼必祀。至大眠飼，或封鵞祀之，甚有徧祠諸神者。

清 豫山《蠶桑辑要合编》上《養蠶》

上簇法

簇用糯晚稻草，梳去草殼，中間緊紮，長一尺六寸，兩頭用刀截齊。做簇之地，宜乾燥透風，用竹木架蘆簾，簾上載草山，列置於上，將老蠶盛於廣漆盤內，盥手，布於簇上，要稀密得宜。儻遇雨冷，簾下用火，極熱烘之，熱則繭易成，絲易繅。過五日後摘繭，撏去蒙戎之衣，即可繅絲，切不可受溼，受溼則難成絲矣。蠶眠之日，以清香虔祀蠶神。大眠，以香燭、素菜、供酒三杯，不拘米麥麪，做繭式，以祀蠶神，闔家下拜，示不忘本也。

紀事

《册府元龜》卷五二〇《邦計部二十・常平》 六年三月，詔曰：德惟善政，政在養人，必將厚生阜俗，利物弘義。朕奉若天命，副膺王業，思一物失所，以百姓爲心。間者河北、河南，頗非善熟之人，糧食固應乏少。頃雖分遣使臣，已領巡問，猶慮鰥獨不能自存。凡立義倉，用爲歲備，今舊穀向没，新麥未登。蠶月務困，田家作苦，不有惠恤，其何以安？宜問彼困儲，時令貸給。況京坻轉積，歲月滋壞，因而變造，爲利弘多。將以散滯收贏，理財均施，所司明作條件，俾便公私。

清 李光地等《御定月令輯要》卷五 作膏粥原《續齊諧記》：吳縣張成，夜見一婦人，立宅東南角，謂成曰：『此地是君家蠶室，我即此地之神。明日正月半，宜作白粥，泛膏於上，以祭我，當令君蠶桑百倍。』言絕，失所在。成如言作膏粥，年年大得蠶也。世人正月半作粥禱之，加肉覆其上，登屋食之，咒曰：登高糜，挾鼠腦，欲來不來，待我三蠶老。則是爲蠶逐鼠矣。

藝文

《文選・顔延之〈秋胡詩一首〉》 勤役從歸願，反路遵山河。昔辭秋未素，今也歲載華。蠶月觀時暇，桑野多經過。佳人從所務，窈窕援高柯。傾城誰不顧，弭節停中阿。

宋 刘爚《雲莊集》卷一五《青詞祝文》 伏以事天事地，夙罄精忱；時雨時暘，未臻休應。念茲蠶月，重以麥秋，詎意浹旬之間，偶遭霖潦之變。三盆將獻，恐妨就簇之功；五穀最先，懼失躬親之望。況連歲旱荒之相踵，而四方愁歎之未紓。重罹此灾，一至斯極！皇矣上帝，本恩溥以好生；今此下民，將困窮而阽死。願回慈愍，極掃陰霾。庶寬寒餒之憂，少逭菲凉之責。無任懇禱之至。

明 王象晉輯《桑麻葛譜・桑》 麗藻散語 五畝之宅，樹墻下以桑。《孟子》 桑之未落，其葉沃若，吁嗟鳩兮，無食桑椹。桑之落矣，其黄而殞。肅肅鴇行，集于苞桑。鳴鳩在桑，其子七兮。蠶月條桑，取彼斧斨。以伐遠揚，猗彼女桑。 菀彼柔桑，其下侯旬。捋採其劉，瘼此下民。俱《詩》 季春之月，具曲植蘧筐。后妃齋戒，親東鄉躬桑，禁婦女毋觀，省婦以勸蠶事。《禮月令》 桑柳醜條。《爾雅》 麻姑云，接待以來，見東海三爲桑田。葛洪 維六龍於扶桑。劉向

賦 惟蠶有功，萬世歸美，廣物産之貨貲，作人生之衣被。仲春之月，天子詔后以躬桑。大昕之朝，内宰告期而命祀。于是詣靈壇，降寶殿，翠障夾乎道周，鳳輦翔于畿甸。順春氣于東方，朝先蠶于北面。具夫青縹之服，侑以芳馨之荐。當其疊承寵命，適對韶光，擇世婦于卜吉，受鞠衣于明堂。崇開禁館，始人公桑，援條有三，聽女尚書之勸止，執筐不再，受宫夫人之是將。體之以坤儀之柔順，視之以母道之慈良。破蟻以來，庶養至于千薄；獻繭之後，諒化被千多方。命繅治以成絲，爰趨工而俟織。玄黄朱緑，染各精明；黼黻文章，糸同品色。王禎《親蠶賦》

贊 有星天駟，象匹神龍。惟蠶辰生，厥精冥通。孕卵而出，寓食桑中。惟君立后，毓德中宫。既正母儀，普師婦工。建茲繭舘，桑必以躬。爰制祭服，郊廟是供。王禎《農書》

詩五言 桑柘起寒烟。謝玄暉 枯桑知天風。古詩 巖枝落帝桑。唐詩 但願桑麻成，蠶月得紡績。江淹 翳翳桑榆日，照我征衣裳。五月梅始黄，蠶稠桑柘空。李白 藹藹桑麻交，公侯爲等倫。天用莫如龍，有時繫扶桑。俱杜少陵 出自薊北門，遥望胡地桑。枝枝自相植，葉葉自相當。曹子建 蠶生春三月，春桑正含緑。女郎採春桑，歌吹當春曲。古樂府 採桑盛陽月，緑葉何翩翩。攀條上樹表，牽懷紫羅衫。秦地羅敷女，採桑緑水邊。素手緑條上，紅粧白日鮮。蠶饑妾欲去，五馬莫留連。李白 翳翳陌上桑，南枝交北望。美人金梯出，手自提竹筐。非但畏蠶饑，盈盈嬌路傍。常建 用拙存吾道，幽居近物情。桑麻深雨露，燕雀半生成。村皷時時急，漁舟箇箇輕。杖藜從白首，心跡喜雙清。杜甫 美女渭橋東，春還事蠶作。五馬如飛龍，青絲結金絡。不知誰家子，調笑來相謔。妾本秦羅敷，玉顔艷名都。緑條映素手，採桑向城隅。使君且不顧，況復論秋胡。寒螿愛碧草，鳴鳳棲青梧。託心自有處，但怪旁人愚。徒令白日暮，高駕空踟躕。李太白 野外罕人事，窮巷寡輪鞅。白日掩荆扉，虚室絶塵想。時復墟曲中，披草共來往。相見無雜言，但道桑麻長。桑麻日已長，吾土日已廣。

常恐霜霰至，零落同草芥。陶淵明　厚地植桑麻，所用濟生民。生民理布帛，所求活一身。身外充征賦，上以奉君親。國家定兩稅，本意在愛人。厥初防其衡，明較内外臣。稅外加一物，皆以枉法論。奈何歲月久，貪吏得因循。役我以求寵，斂柰無冬春。織絹未成疋，繰絲未盈斤。里胥逼我納，不許暫逡巡。歲暮天地閉，陰風生破村。夜深烟火盡，霰雪白紛紛。幼者形不蔽，老者體無温。怨啼與寒氣，併入鼻中辛。昨日輸殘稅，因窺官庫門。繒帛如山積，絲絮似雲屯。號爲羡餘物，隨同獻至尊。奪我身上暖，買爾眼前恩。進入瓊林庫，歲久化爲塵。白樂天七言繰成白雪桑重緑。王介甫起居八座稱觴日，遥指扶桑海上霞。馮琢菴舍西柔桑葉可拈，江上細麥復纖纖。人生幾何春已夏，不放香醪如蜜甜。杜子美鵝湖山下稻粱肥，豚穽雞埘半掩扉。桑柘影斜春社散，家家扶得醉人歸。張演女桑新緑映宫槐，三月春風戴勝來。織就鴛鴦錦千疋，金刀先取合歡裁。陳眉公

清　愛新覺羅·玄燁《桑賦并序》《授時通考》卷五〇

朕巡省浙西，桑林被野，天下絲縷之供，皆在東南，而蠶桑之盛，惟此一區。近在宫中，刻為《耕織圖》，每示司牧，使知其艱苦。今更為賦以託意焉。

伊彼條桑，其葉始黄。春日載陽，緑陰乃披。紫陌上兮婀婀，綺岸側兮垂垂。來璧旭之晨照，受光風之午吹。影映帶兮青翰，色彷彿兮翠旗。既扶疏而相亞，復低昂而參差。念蠶事之欲動，正芳候之如期。聿兹女紅，生計是賴。采采盈筐，慎加覆蓋。虞日煦之少潤，防雨頻之為害。儻薄蘆之不繼，時憂心之旆旆。虔飼食之維勤，勞形神於塵搕。曉露之輕滋，乘良月之新薈。望千畝之閒閒，實蠶家之弘賚。誠黼黻之必資，繫衮職之用大。其重等於苗稼，為王政之不外。予恒恐其難知，作深宫之圖繪。至夫厥貢著於《尚書》，沃若詠於篇什。公室見説於《禮經》，墻下屢申於孟集。試古訓之歷稽，又民務之應急。若乃訝為神木，騁以青華，末照是晞，甘椹如瓜。馴雉表異，黄鳥稱嘉。雖景物之堪娱，咸無關於大家。夫其詫幢幢之高蓋，美亭亭之奇樹。靈根依倚於十洲，巨迹遂闢於周宇。類齊諧之荒唐，皆予今日之所不取也。聊因清晏，簡牘是書。用示遠邇，是溉是鋤。共知愛護，種繞其廬。蠶桑農穡，安寶璠璵。

清　朱休度《蠶開門行》《清詩鐸》卷七　春雨多，菜爛死，桑葉薄於紙，蠶喫不足待僵矣。貧農皇皇揭火債，買葉不顧葉價昂。到家蠶娘急，捋葉指出血。可憐飢蠶欲僵不僵，將就作繭投釜湯。蠶開門，聲啞啞，蠶娘繰絲，伸手縮腳。債主到，敲絲車，算來不彀償。蠶娘目瞪口咨嗟，夫乃告債主，勿懊惱，明日入城，有女賣女，有兒賣兒，便相了。債主去，蠶娘哭，人無語，雞膈膊。

清　趙翼《陔餘叢考》卷三〇　謝枋得有《謝劉純父惠木棉》詩，云：『嘉樹種木棉，天何厚八閩。厥土不宜桑，蠶事殊艱辛。木棉收千株，八口不憂貧。江東易此種，亦可致富殷。奈何來瘴癘，或者畏蒼旻。吾知饒信間，蠶月如岐邠。兒童皆衣帛，豈但奉老親。婦女賤羅綺，賣絲買金銀。角齒不兼與，天道斯平均。所以木棉利，不畀江東人。』

清　沈炳震《蠶桑樂府·護種》　林間春鳥啼布穀，穀雨纔過蠶事促。蠶房紙窗照眼明，當户春光快晴燠。堂前老翁負朝陽，室中新婦罷曉妝。旋向牀頭理蠶種，拂拭塵埃手自奉。東家昨夜已打包，西鄰擇吉聞今朝。香羅包裹更重重，束成置之薰籠中。晏温㬉氣正融融，阿翁晚睡抱當胸。非關新婦好安眠，哺兒時復開胸前。阿翁慎莫辭辛苦，繰絲織絹先奉父。

清　沈炳震《蠶桑樂府·飼蠶》　初眠二眠蠶如毛，飼蠶切葉嗟勞勞。大辛勤半月蠶出火，帶葉連枝亦已可。小時食葉葉須乾，露中采得當風懸。大眠餉後葉可濕，清泉細灑明珠圓。葉乾葉濕各有宜，第一難防侵曉時。晚來黑雲忽四布，明朝定是漫天霧。擷蔬芼羹罷晚膳，結伴提燈連夜剪。我儂辛苦自不免，隨人更復勞黄犬。

清　沈炳震《蠶桑樂府·賽神》　今年把蠶值三姑，葉價貴賤相懸殊。儂家幸未食貴葉，唯姑所貺誠難誣。豬頭爛熟粉餌香，新筍茅柴炊黄粱。高燒樺燭光輝煌，大男小女拜滿堂。酹酒燒錢神喜悦，傴僂送神脯酒撤。團欒共坐享神餘，大肉硬餅堆盤列。老翁醉飽坐春風，小兒快活舞庭中。酒瓶已罄盤已空，堂前摒擋還悤悤。貍奴不眠勤捕鼠，賸有魚頭却賚汝。

清　董蠡舟《樂府·護種》《湖蠶述》卷二　深林曉聞冇穀語，屋角鳴鳩拂其羽。微禽解報蠶候臨，剛是今朝逢穀雨。穀雨已過蟲難藏，城中戶戶打包忙。牀頭布種亟檢理，護來趁此春宵長。一層只隔香羅帕，勝傍熏籠取餘熱。明晨生意定全蘇，温馨氣借酥胸熨。袙服頻番掩復開，嬌兒索乳數投懷。枕邊低喚教郎醒，今夜憑君抱護來。

清　董恂《樂府·生種》《湖蠶述》卷四　種蠶食葉倍于衆，種蠶作繭大

如甕。莫辨蛾頭短與長，已見蠕蠕繭破縫。須臾蛾口出紛然，粉翅修眉堪鄭重。雌雄相配各成雙，軀腹胮肛子已種。引蛾紙上密密生，紛紜散布無缺空。似此幺麼細已甚，衣被翻爲世所用。一年一度轉團團，功業何人能與共。却恨蠶家太負心，佳種生成水濱送。

清　董蠡舟《樂府・飼蠶》《湖蠶述》卷二　終朝剉斫費摒擋，藁砧束作明月樣。絲絲青葉如牛毛，細意聶切何辭勞。浹辰之間眠過二，眠起便將完葉飼。盼到幾時纔出火，連枝喂食無不可。只愁霧雨氣鬱蒸，檐前風戾懸長繩。小蠶惡濕大宜潤，手瀹寒泉細噴噀。調飢未怨朝食遲，生怕蠶飢甯我飢。蠶飢便恐絲腸斷，未敢片時少稽緩。一宵四起黎明興，阿母年邁猶能勝。回眸一笑呼小妹，鋪筐未了乘頭睡。

清　董蠡舟《樂府・望蠶信》《湖蠶述》卷四　親串過從情密邇，昏姻不出一鄉裏。課晴問雨每相偕，只隔盈盈衣帶水。一自蠶房深閉門，從教彼此絶音塵。不知蠶信今何似，消息傳來苦未眞。算來前日回山始，料應今日繅絲起。江魚白白枇杷黄，去問諸姑及伯姊。沸耳伊軋搖車聲，絲竃滿室縱復横。入門一笑不須問，黄上眉間喜氣盈。

清　董蠡舟《樂府・賽神》《湖蠶述》卷四　沍寒驟暖蠶無疴，燥濕有患煩護呵。蛇鼠不秏葉不貴，蠶姑降福亦已多。貧家何以酬神惠，牲醴蠲潔恭報賽。挈籃市物向街頭，拚把新絲一車賣。花冠雄鷄大彘首，佳果肥魚舊醪酒。兩行紅燭三炷香，阿翁前拜童孫後。孫言昨返自前村，聞村夫子談蠶神。神為天駟配嫘祖，或祀菀窳寓氏主。九宮仙嬪馬鳴王，衆説紛綸難悉數。翁云何用知許事，但願神歡乞神庇。年年收取十二分，神福散來謀一醉。開圩明日到處同，插秧農父多悤悤，又將叠鼓祈先農。

清　董恂《樂府・飼蠶》《湖蠶述》卷二　蠶飢蠶飽不可過，早起飼蠶何敢惰。只愁飢後斷絲腸，那顧女啼與兒餓。辛勤更是小時難，葉濕宜揩大宜剉。盼到今朝捉大眠，帶葉連枝滿筐簸。所恨連朝風霧深，照料稍疏又囊破。竟晝綿宵那得閒，幸是兒夫肯儂佐。葉乾葉濕要關心，與少與多莫相左。夜間飼罷且偷閒，和衣暫向床頭卧。

清　董恂《樂府・望蠶信》《湖蠶述》卷四　育蠶無奈忙蠶節，親朋遂使音塵絶。道是蠶家禁忌多，不教來往成疏闊。邇來鄰右競回山，聞得收蠶同一日。未識收花得幾分，搖船親自探消息。門外相逢一笑迎，紅燈昨夜花曾結。入門無暇道寒暄，致語先教詰得失。歡呼只有稚兒慧，翻道客休問盈歉。試聽儂家軋軋聲，絲車十部繅還急。

清　董恂《樂府・酬神》《湖蠶述》卷四　育蠶有秋生計足，蠶家有願向神祝。今年大好稱意收，酬神拚費絲一握。九宮仙嬪馬頭孃，稽首焚香更燒燭。大瓮中有酒新釀成，割得雄鷄配豬肉。願神覆庇自年年，絲滿筐籠繭滿箔。大兒祈禱拜不休，小兒索果爭啼哭。迎神已罷還送神，酹酒撤肴事忙碌。晚來團坐聚堂前，得意高談散神福。

清　衛杰《蠶桑萃編》卷三《蠶始類》

業蠶銘

銘曰：世業農桑，既興我室。比臨蠶月，復事塗飾。桃茢祓除，神主斯立。曲植既具，籧筐乃集。連蟻方生，若不厭密。婦以母言，育有慈德。爰求柔桑，入此飼食。寒燠身先，是為體測。上無疏薄，下無濕浥。簾箔垂門，龠火在壁。夜窗或遮，風竇時窒。頗忌北風，宜障西日。他工莫興，外人莫入。庇護攸安，漸至捉績。祈祀以時，願獲終吉。神實相之，簇如雪積。分繭稱絲，來告功畢。

（光緒）《容城縣志》卷二《食貨・物産》　桑。《毛詩》云：『蠶月宜桑。』《術》云：『桑木，箕星之精。』王介甫詩『幽燕桑葉暗川原』，幽薊，古多樹桑，今則絶少矣。

清　袁俊德《蠶桑豳風圖詠》

豳風圖詠

快寫豳詩授衣章，觀風觀俗首蠶桑。欲知大利來何處，耕織圖陳澤萬方。

園中即事

蠶桑好，蠶桑好，蠶桑便是無價寶。不分陌上與牆頭，隨地栽植不宜少。君不見《豳風》授曳章，春日遲遲起趁早。蠶月條桑女執筐，恐怕蠶飢不待曉。取彼斧斨伐遠揚，子細辛勤莫潦草。八月萑葦預製箔，來歲蠶具今歲講。天機上機下不停梭，元黄衣裳施采藻。婦職端宜修蠶職，何必女紅鬭奇巧。開美利留生計，家家戶戶全溫飽。售得餘錢完徵税，更免催科多煩惱。我勸世人務蠶桑，往者熙熙來皞皞。諺曰種桑人不窮，兒孫穿著用不了。願書萬本頌萬遍，始知蠶桑眞箇好。

懷古

王道富强本，端自農桑括。匹夫與匹婦，耕織謀生業。孟子説齊梁，世人笑迂闊。救得貧弱病，衣食何慮缺。願繪《無逸圖》，萬古歌一轍。

雜録

宋 陳景沂《全芳備祖》後集卷二二《農桑部・桑麻附》 女桑、積桑、壓桑、山桑。《爾雅》遵彼微行，爰求柔桑。《七月》蠶月條桑，取彼斧斨，以伐遠揚。《七月》桑之未落，其葉沃若，維桑與梓，必恭敬止。《小弁》星言夙駕，税于桑田。《定之方中》無踰我墻，無折我樹桑。《將仲子》食我桑椹，懷我好音。《泮水》桑土既蠶。《禹貢》厥貢檿絲同。上其亡其亡，繫于苞桑。《否卦》五畝之宅，樹之以桑，五十者可以衣帛矣。《孟子》季春之月，命野虞無伐桑柘。鳴鳩拂其羽，戴勝降于桑，具曲植蘧箱。后妃齋戒，親東鄉躬桑。禁婦女毋觀。省婦使以勸蠶事，蠶事既登，分繭稱絲效功，以共郊廟之服，無有敢惰。《月令》古者天子諸侯必有公桑蠶室，近川而為之，築宮仞有三尺，棘墻而外閉。夫人世婦之吉者，使入蠶室，奉種浴于川，桑于公桑，風戾以食之。注：戾，燥也。蠶性惡濕。既畢矣，世婦奉蠶繭以示于君，遂獻繭于夫人。《祭義》宅不毛者，有里布。注謂不植桑麻也，欲令宅植桑麻，則無税賦以勸之。不植桑麻之毛者，則罰以二十五家之税布。《周禮》麻枲麻黂枲，實黂子麻母。《爾雅》有倉麻，有緝麻二種。《草木記》仲秋之月，天子乃以犬嘗麻，先薦寢廟。《月令》天子居總章，服白。王食麻與犬。同上。蓬生麻中，不扶自直。

紀要

伊尹生于空桑。《列子》晉公子重耳出奔，齊桓公妻之，將行，舅犯等謀于桑下，蠶妾在上聞之，以告姜氏。姜氏殺之，謂公子曰：『子有四方之志，其聞者，吾殺之矣。』《左傳》趙宣子田于首山，舍于翳桑。見靈輒餓，曰：『不食三日矣！』為携簞食與肉食，實諸橐以與之。既而與為公介，倒戟以禦公徒，而免之。問何故，曰：『翳桑之餓人也。』問其姓名，不告而去，遂自亡也。《左傳》晉文公會欲伐衛，公子鉏仰而笑，公問之，曰：『臣之鄰人有送其妻適私家者，道見桑婦，悦而與言，然顧其妻，亦有招之者矣。臣切笑此。』公悞其言，引師還，未至，而有伐其北鄙者。《列子》子産開畝植桑，鄭人訾謗。《韓非》鄒魯濱洙泗，猶有先王之遺風，其民頗重桑麻之業。《史・貨殖傳》齊帶山海，膏壤千里，宜桑麻，與千户侯等。《史・貨殖志》齊宿瘤女，東郭採桑之女，項有大瘤。閔王遊至東郭，百姓盡觀，宿瘤女採桑如故，王怪，問之。對曰：『受父母教採桑，不受教觀王。』王曰：『此奇女。悦而聘迎之。』《列子傳》吴公子光伐楚，拔居巢、鐘離。初，楚邊邑卑氏之處女與吴邊邑之女爭桑，二女家相怒，喧兩國。楚邊邑長聞之，怒而攻吴之邊邑。王怒，遂伐楚兩都。《國語》魯秋胡子納妻，五日而官于陳，後歸，未至家，見路傍有美婦方採桑，秋胡悦之，下車願託桑陰下。婦人採桑不顧，胡曰：『力田不如逢市，力桑不如見郎。今吾有金，願與夫人。』而婦人不受，胡乃歸，母呼其婦，乃向採桑者也。數胡之罪，而自投于河。《列女傳》邯鄲有美女，姓秦名羅敷，為邑人王仁妻，仁後為趙王家令。羅敷出採桑于陌，趙王登臺見悦之，因飲酒欲奪焉。羅敷善彈箏，作陌上桑之歌以自明。崔豹《古今注》晉大夫使于宋，過陳，遇採桑之女，止而戲曰：『女為我歌，吾將告女。』女乃歌曰：『墓門有棘，斧以斯之。夫也不良，國人知之。』《晉詩》漢魯恭為中牟令，雉馴于桑下。《後漢書》蔡君仲，汝南人，至孝。王莽亂，人相食。君仲取桑椹，赤黑異器。賊問仲，仲答曰：『黑者，供母。赤者，自食。』賊義之，遺鹽二斗。同上。陳留申屠蟠，恥無義士，遂閉門養志。蓬户菜室，依大桑樹，以為棟梁。《漢書》汝南尹昆，為陰縣功曹令，新到官，問曰：『園中有桑，以食蠶，何如？』昆曰：『非初至所當務。』謝承《後漢書》蜀先主舍東南角有桑，高丈餘，遥望如小車蓋。先主曰：『吾必當乘此羽葆車蓋。』叔父曰：『勿妄言，以滅門。』《蜀志》龐士元師事司馬德操，不矜少名，衆莫知之。德操蠶月躬採桑後園，士元助之。因與談廢興，其言如神，遂移日忘餐，德操于是異之。《三國志》齊太祖在武進，其宅有大桑樹，高三丈，横出四枝如車蓋。太祖年數歲遊於下，從兄謂之曰：『此桑為汝生也。』《北史》諸葛亮自表後主，曰：成都有桑八百株，薄田十五頃，弟子衣食自有餘饒。臣死之日，不使内有餘帛，外有餘財，以負陛下。《本傳》何祗夢桑主井中，趙直占曰：『桑字四十八，君壽不過此矣。』果然。《史書》尉遲敬德贊曰：桑陰未徙，而大功立。《本傳》李襲譽嘗謂子弟曰：『吾負郭有田四十頃，能耕之足以食。河内千株桑，事之足以衣。吾殁後，勤此，無資于人矣。』《本傳》

明 瞿祐《四时宜忌・三月事宜》 《纂要》曰：三月爲蠶月，爲末春。

清 王念孫《廣雅疏證》卷一〇 《夏小正》：五月，鴂則鳴。傳云：鴂者，百鷯也，鳴者，相命也。鶪鳴始于五月。而《豳風・七月》篇，言『七月鳴鶪』者，鄭箋云：伯勞鳴，將寒之候也。五月則鳴，豳地晚寒，鳥物之候，從其氣焉。《正義》云：王肅云：蟬及鶪，皆以五月始鳴，今云七月，其義不通也。古，五字如七，肅之此說，理亦可通，但不知經文實誤否耳。今按，是《詩》紀月之例，或次第相因，『七月流火，八月萑葦』、『四月秀葽，五月鳴蜩』之類是也。或相距一月，『七月流火，九月授衣』、『八月其穫，十月隕籜』之類是也。其有相距不止一月者，則於第三句始得轉韻爲之，如『七月流火』與『八月萑葦』，韻也。而下句『蠶月條桑』，則與『取彼斧斨』爲韻。『四月秀葽』與『五月鳴蜩』，韻也。而下句『八月其穫』，則與『十月隕籜』爲韻。蓋八月之去蠶月，五月之去八月，中間甚遠，則必轉韻以別之。此《七月》一篇之例也。若作『五月鳴鶪』，則與『八月載績』，相距兩月，文甫二句，而義已參差，韻復無別，於例爲不倫矣。肅說非是，附引《廣雅》一條。

清 汪曰楨《湖蠶述》卷二《貨錢》 蠶時，貧者貸錢于富戶，至蠶畢，每千錢償息百錢，謂之『加一錢』。《南潯鎮志》富家實漁利，而農民亦賴以濟蠶事，故以爲便焉。董蠡舟《樂府小序》

節日蠶俗

題解

清 方觀承《述本堂詩集・看蠶詞》 蠶大起後吐絲，以青闌為佳，紅闌，則知其必歉。絲之精者為緯，三繭絲充貢，名『合羅』。初下之毛繭，外有浮衣為蠓透子，剝而攤之，令通風涼。繭之帖草凹癟者，名『柴坳繭』，不堪治絲，祇可做綿。三眠既成，百室賽祀，謂之『獻大眠』。自元旦至上元，村民以竹葦束炬然之，名曰『照田蠶』，火光巨者為勝。

（光緒）《重修華亭縣志》卷二三《雜志上・風俗》 田間秉高炬，名『照田蠶』。原注，田蠶看火色，以占來年，白主水，紅主旱，猛烈主豐，萎衰主歉。案《郭府志》，接竈、照田蠶，竝在元夕。

清 鄒存淦《田家占候集覽》卷一〇 是日，田夫牧豎候昏時，爭立竿燎火于野，名曰『照田蠶』。看火色占來年水旱，白主水，紅主旱。猛烈主豐，衰微主歉，東北風吉。臘盡火光，及燒粈盆爆竹看火色，大率與田蠶火同。

綜述

宋 陳元靚《歲時廣記》卷一《游蜀江》 杜氏《壺中贅録》，蜀中風俗，舊以二月二日為踏青節，都人士女，絡繹游賞，緹幕歌酒，散在四郊。歷政郡守，慮有强暴之虞，及分遣戍兵，於岡阜坡冢之上，立馬張旗望之。後乖崖公帥蜀，迺曰：慮有他虞，不若聚之為樂。乃于是日，自萬里橋以錦繡器皿，結綵舫十數隻，與郡僚屬官分乘之。妓樂數船，歌吹前導，名曰『游江』。於是都人士女，駢於八九里間，縱觀如堵。抵寶歷寺橋，出讌于寺内，寺前刱一蠶市，縱民交易，嬉游樂飲，倍於往歲，薄暮方回。

（萬曆）《嘉興府志》卷一《風俗》 五日内，田間束芻於木末，颺以緋帛，夜擊金鼓而焚之，侑以祝詞，曰『燒田蠶』，蓋祈年也。

（康熙）《常熟縣志》卷九《風俗》 十二月初一日，乞人始偶。男女傅粉墨，粧爲鍾馗、竈王，持竿劍望門，歌舞以乞，亦儺之遺意云。二十四日，掃屋塵，曰『除殘』。至夕，田間燃長炬，名『照田蠶』。各家祀竈，以燈籌爲竈神之座，積薪焚之，火光如晝。二十五日，家戶多持清齋，云爲玉皇下降日，門外燃火爐，焰高者喜，古謂之『粇盆』。

（康熙）《邵陽縣志》卷六《節序》 十二月二十五日，人家門首然薪滿盆，謂之『相煖熱』。

村落則以禿帚若麻藍竹枝，然火炬縛長竿之杪，以照田。爛然遍野，以祈絲穀，謂之『照田蠶』，與燒火盆同於爆竹之夕。

清 李光地等《御定月令輯要》卷五 祈蠶。原《順慶府志》：蜀有樂山，在渠縣北，每歲人日，邑人將鼓笛酒食，登此娛樂，以祈蠶事。

《古今圖書集成·歲功典》卷九五《除夕部雜録》 《陶朱公書》：除夜，燒盆爆竹，與照田蠶，看火色同，是夜取安靜爲吉。

清 崔應榴匯纂，錢馥補輯《蠶事統紀》卷一〇 案《劉敬叔異苑》云：『世人以正月十五日，迎紫姑神，能占衆事，卜未来蠶桑。』《田家五行》云：『祀紫姑，俗謂之坑三姑娘。姑娘以箕插筯就側，婦人禱之，以卜蠶桑之事。』

《西湖遊覽志》：正月十五，為上元節。人家婦女，則召帚姑、針姑、葦姑、筲箕姑，以卜問一歲之吉凶。鄉間則有祈蠶之祭。

（嘉慶）《桐鄉縣志》卷四《風俗》 正月立春前一日，以綵仗迎春於東郊，用牲醴，祭勾芒神。回至縣，奏樂，飲春酒，次日行鞭春禮。觀者爭擲五穀，中者以爲宜田蠶。元旦，放爆竹，以驅疫癘。晨起，拜天地神像，謂之『接天』，次拜尊長親隣，謂之『拜年』，餉粉團，取團圓之意。先一夕，懸祖考像於中堂，設果餚奠酒食，三日乃撤。一日至三日，禁掃除，兒童競擊金鼓。元夕張燈於市，或迎龍燈、馬燈，簫鼓聲達旦。農家束芻木末，焚之，名『燒田蠶』，卜農事也。

（道光）《武强縣志重修》卷一《方輿志·民俗》 寒食清明日 士庶詣墓田，添土祭掃。是日，插柳於門，挈榼郊遊，謂之踏青。婦女上廟祈蠶，庭院縛鞦韆，放紙鳶。

又 三月清明前一日，插柳祭墓，祀竈易幡，晚撒螺螄殼於屋上，謂之『除瓦剌』，又謂之『趕白虎』。是夜，育蠶家門前，畫石灰象弓矢，驅蠶崇也。食螺螄，名挑青，蓋蠶病謂之『青娘』。故云清明日，鄉里人家，閉門不炊，親知不相往來，婦女出遊，名曰『踏青』。至穀雨節，護種收蠶。十五日，祀馬頭孃，春末夏初，浸穀種。

（光緒）《桐鄉縣志》卷二《疆域志下·風俗》 正月或年前立春，或新年立春，皆於前一日，縣主率領丞、尉，各具朝服，乘明轎，排儀仗，陳鼓樂，舁春牛，以迎春於東郊。春牛以泥雜稻草爲之，首、尾、腹、背及四足，各按太歲、干支歲變其色。出東門，至東皇廟，迎太歲神，歸至縣署大堂，同飲春酒。次日，候至立春時刻，祭太歲神，訖，各官執綵仗，行鞭春禮。觀者爭擲五穀於春牛之身，中者，以爲宜田。蠶禮畢，送太歲神於城隍廟別殿供奉。元旦，晨起放開門爆竹，以驅疫癘。拜天地神馬，謂之接天；次拜竈神，謂之接竈；次拜家長，長幼以次遞拜，親鄰彼此投賀，謂之拜年。出門必視憲書，先向喜神方所在。先於除夕，懸祖考像於正寢，設果餌，奠酒食六日乃撤。親族過從，必設菓盤，子弟擊金鼓，以相娛樂。自初一至初十日，喜天晴，以十日落山爲祥瑞。諺云：一雞，二犬，三羊，四猪，五牛，六馬，七人，八穀，九蠶，十麥。一日至三日，禁掃除。元夕，張燈於市，或迎龍燈、馬燈，簫鼓聲達旦，農家束芻木末焚之，名曰『燒田蠶』。蓋祈年也。

又 十二月【略】十二日，蠶生日，養蠶家醃蠶種屑秫爲繭圓，以祀竈。

清 楊鞏《中外農學合編》卷三《十二月》 念四日黄昏時候，鄉人束稻草於竿，點水在田間行走，名曰照田蠶。看火色，卜水旱，色白主水，色赤主旱。猛烈年豐，葳蕤歲歉，取北風為上。又除夜燒盆爆竹，與照田蠶看火色同，是夜取安靜為吉。

（光緒）《石門縣志》卷一一《四時土俗》 十五日，禮上元天官，祀竈。是夜燈最盛，簫鼓喧闐，徃來如織，掉龍燈，扮故事，擊元宵鼓。咸豐庚辛，遭粵匪後，此風稍衰。屑米爲丸，食之，曰『燈圓』。鄉村婦女，召厠姑，卜一歲吉凶，田蠶豐耗。晝剖長蘆，請蘆姑過燈節，則曰『癡姑』，不復請矣。是月內，農家束芻木末颺以緋帛，擊金鼓而焚之，曰『燒田蠶』，蓋祈年也。燒時看火色以占年，紅爲旱，白爲水，旺爲豐，衰爲歉。

又 三月三日，徃水際，祓除不祥，禮眞武元帝，以蛙鳴爲穀賤之占。寒食祀神，祈蠶晚食青螺，謂之挑青。《蘄志叢談》：清明前一夕，具酒脯，祭餓鬼。又翦紙束竹，爲三四寸婦人，以粉團、酒脯祭之，送至大路傍，棄置，謂之送九娘。門限外兩邊，各釘桃枝三寸許，縛一左轉繩，橫攔之，使鬼物不得入，云宜蠶。清明日，插柳枝於簷戶，各祭祖塋。其米食，用青白團。于民間潔蠶具，扮蠶娘船，鄉人有徃划腳船漾問葉價者，越一日爲二。明日，農船裝設旂幟，鳴金擊鼓，齊集龍蠶廟前，謂之龍蠶會，亦擊鼓祈蠶之意。穀雨浸穀種前後，數日收蠶。諺云：穀雨不藏蠶，蠶時宜靜不宜譁。至親密友，不相往來。官府每於蠶時，放假。立夏，啖青梅、朱櫻、蠶豆，以麥芽、草芽揉粉爲餅，相餽遺。是日有霧，主桑葉價賤。諺云：立夏三朝霧，老葉換豆腐。四月八日，釋迦誕，夜行有雨，損麥。十四日，呂誕，晴則歲稔。是月以桔槔灌田，旱入澇出。諺云：小滿動三車。謂水車、油車、絲車。

清 張行孚《蠶事要略》卷一

祈報

十二月十二日，俗謂蠶生日。二月十五日，俗謂花朝。凡育蠶之家，皆祀蠶神，花朝日并祀竈。其元旦及諸令節，如之。其育蠶前後，亦如之。凡祭物，以豬首鷄魚及酒果等。若邨莊有蠶神廟，則蠶生日及育蠶前後，更到廟中祀之。按蠶神之象，以女人騎馬，俗名馬鳴王，蓋蠶為女人之事。而又傳始於西陵氏，故塑為女人。蠶與馬同祖，故又塑為女人騎馬。蓋其始想當然而為之，而祀之既久，則神亦安之矣。若夫蜀中有女子云云，蓋又因其象而附會者矣。

藝文

宋 范成大《石湖詩集》卷三〇《臘月村田樂府十首并序》 其七《照田蠶詞》。與燒火盆同日，村落則以禿帚，若麻藍、竹枝輩，燃火炬縛長竿之杪，以照田，爛然遍野，以祈絲穀。【略】

鄉村臘月二十五，長竿然炬照南畝。近似雲開森列星，遠如風起飄流螢。今春雨雹繭絲少，秋日雷鳴稻堆小。儂家今夜火最明，的知新歲田蠶好。夜闌風焰西復東，此占最吉餘難同。不惟桑賤穀芃芃，仍更苧麻無節菜無蟲。

明 高啓《照田蠶詞》《元明事類鈔》卷三 東村西村作除夕，高炬千竿照田赤。老人笑祝小兒歌，願得宜蠶又宜麥。

清 程岱葊《西吴蠶略》卷下《蠶家樂》 高竿矗立場圃前，束藁為炬飛晴烟。光明如晝群兒顛，去年納稅入城府。賣絲買得新鑼鼓，鑼鼓新排七五三。元宵正及照田蠶，老翁告語莫喧豗。鄰村祝讚巫師來，祝讚田蠶往復回。衆口共和聲如雷，讚到蠶收田事始。火花爆竹轟轟起，擊鼓鳴鑼歡未已。

右燒香船

大賈連檣江廣來，小滿應候絲市開。色逾白雪珍逾璧，束以黄條縚以帛。儂絲整理潔且光，酬值喜比鄰家强。銀錢充值來海國，花鬘半面摹其王。摹，《史記》作莫。銖兩勻稱取攜便，公私逋負須臾償。償逋追計儂無賞，催租船輕駕雙艣。里正狐威假餓虎，朱籤在手索在腰。沿村弱肉充朝脯，箇儂骨瘦莫垂涎。昨朝城市賣絲錢，易得縣符紅印徧。童孫在塾兒在田，老翁企脚將晝眠。

右照田蠶

蠶忌風俗

題解

清 李元《蠕範》卷一 蠶性畏溼惡水，其蛻爲蠶皮，爲馬明退，爲佛退，爲金牛兒。其蛹爲螝，其神爲宛窳，爲馬頭娘，爲馬明菩薩。其別種曰蟓，食桑葉；曰讐由，食樗葉；曰蚢，食艾葉；曰棘蠶，食棘葉；曰欒蠶，食欒葉；曰山蠶，食槲葉；曰楓蠶，食楓葉；曰冰蠶，長七寸，黑色，有角鱗，霜雪覆之，然後作繭，長一尺，織錦不濡不燎，出員嶠山；曰鳳蠶，出橫州；曰火蠶，出炎洲；曰水蠶，出軫國；曰海蠶，出南海。

論説

清 韓夢周《蠶桑實濟》卷三《育蠶切忌》

忌穢氣

蠶房內不可放便桶、溺壺、一切臭惡不潔之物。蠶月禁食韮蒜，人食韮蒜，口內出來之氣亦臭。蓋蠶爲天蟲，其性好潔，若使穢臭之氣一觸，青白好蠶頃刻變成黄色，不吃葉矣一二日後軟死，故忌之。尤忌酒醋入室，及室近燒硫黄，卽趨燈子之類燒石灰，燒皮毛、骨頭，各種腥臭之氣。

清 高銓《吴興蠶書》卷下 自古有蠶忌生人之說，一緣蠶性喜靜惡喧，一緣蠶月人忙，客至則人事牽率，貽誤蠶工，故概以忌生人謝絶之，非生人之能爲蠶祟也。今人不明此意，輒如小兒，忤客禁忌太甚。收蠶之日，卽以紅紙書『育蠶』二字，貼於門，或書『蠶月知禮』四字，親戚不相往來，慶弔之禮俱廢。雖官府勾攝徵收，亦罷不行，是爲蠶禁，亦謂之『關蠶房門』。猝遇客至，卽懼爲蠶祟，晚必以酒食禱於蠶房，棄之野外，謂之『掇冷飯』，又謂之『送客人』。諺曰『引魑入蠶房』，蓋指蠶月客至而言也。

清 汪曰楨《湖蠶述》卷二

蠶禁

蠶时多禁忌，雖比戶不相往來。宋范成大詩云『采桑時節暫相逢』，蓋其風俗由來久矣。官府至爲罷徵收，禁勾攝《胡府志》○按學政試士，提督閱兵按臨湖州，並避蠶時，謂之『關蠶房門』。收蠶之日，卽以紅紙書『育蠶』二字，或書『蠶月知禮』四字，貼於門。猝遇客至，卽懼爲蠶祟，晚必以酒食禱於蠶房之內，謂之『掇冷飯』，又謂之『送客人』。《吳興蠶書》雖屬附會，然旁人知其忌蠶，必須謹避，庶不致歸咎也。有實係當忌者，曰雨，曰霧，曰黃沙葉有霧甚毒，雨亦不宜，黃沙必洗，曰氣水葉葉久貯，氣熱蒸溼者，曰煙氣，曰油氣熬熱油尤忌，曰酒氣，曰穢濁氣。《育蠶要旨》蠶初生時，忌屋内埽塵，忌炙煿魚肉，忌油火紙於蠶屋内吹滅，忌側近舂擣，忌敲擊門窗檻箔，忌蠶屋内哭泣，忌穢語淫辭，忌未滿月產婦作蠶母，忌帶酒人切葉飼蠶，忌一切煙熏，忌竈前熱湯潑灰，忌產婦孝子入家，忌燒皮毛亂髮，忌酒醋、五辛、腥羶、麝香等物，忌當日迎風窗，忌西照日，忌正熱著猛風驟寒，忌正寒陡令過熱，忌不潔淨人入蠶室，忌蠶屋近臭穢。《西吳蠶畧》蠶喜靜而惡鬧，勿任人喧嚷其旁，忌醋瓶、酒甕、藥鑪，及一切有香氣之物，勿使近。蠶婦勿佩香囊。忌煙，吸煙者向蠶吐之，蠶口立流黃水。忌油漆，勿於飼蠶處油漆器具。《廣蠶桑說》苦菜，蠶蛾出時，不可折取，令蛾子青爛，蠶婦亦忌食之。李時珍《本草綱目》。按苦葉卽荼，一名苦苣，一名苦蕒。又苧，亦蠶所畏，故蠶室左近，不可種苧。穿蠶種紙，忌用苧綫。

清 李向庭輯《蠶桑述要・忌諱》

養蠶忌諱最多，但流俗所傳，亦有不必過拘者。如養蠶不令人看，不準對蠶講不利言。諸所忌諱，館中均經試驗，與蠶絕不相干。此類忌諱，當因蠶忙時親朋酬應，恐荒正業，故禁往來，日久訛傳，遂成陋俗。此事雖無關緊要，而於彼此考證養法，亦最有礙。且如此，將專諉諸命運，而人事恐有不盡也。惟煙酒氣近蠶，亦最忌。

清 呂廣文《蠶桑要言・育蠶法》

蠶忌

蠶最忌臭穢各氣，如燒漆紙、煎藥、洋油、酸醋等類，宜謹防之，弗使其氣觸蠶，致有弊病。惟農工挑糞一事，一月中在所難免，須緊閉窗戶，外灼艾把薰之，則其臭自闢，弗侵蠶矣。又忌煙，若吸煙向蠶噴之，蠶卽吐黃水而死。又忌香氣，蠶婦不宜佩香囊。又忌喧嚷，應禁止孩兒等吹各眲，以蠶性喜靜故也。

雷忌

雷忌之說，新嵊及嘉湖均有之。然養蠶之月，雷已發聲，多則四五次，少則兩三次，未有養蠶月內，絕不一聞雷聲。然從未聞所養之蠶，有因雷而致壞事者。若致壞事，則震驚百里，一縣之蠶盡聞之，必且盡壞之矣。何以自昔至今，一縣中蠶花參差不一，未嘗有一縣之蠶，盡致驚壞者？則雷忌之說，可不拘也。舊說，相傳當蠶上山後，初做起外層殼絡，天震重雷，蠶要脫絡透出。然余年已五十有餘，聞其說，卻未見有其事也。新嵊間，將蠶殼紙卽蠶子所生之紙，蠶出留殼，故謂蠶殼紙。懸於蠶室，上山後，換置蠶山。蓋謂殼是母胎，母在，則子可以無恐，蓋禳雷也。聞台屬之黃巖，多有惑於此說，且言海濱多雷，而不敢從事於蠶桑者。余故專論之，且詳言之，以解其惑。

清 余銑《山蠶講義》第五十二節《蠶忌》

蠶之所避忌者數端，地避高塲，恐吸霧而多疾也。樹避焦葉，恐食蠶而愈瘦也。有一種簸籮桑，黃且痩，少漿汁，似乾焦，不肥蠶。又忌孝婦產婦，若犯之，山蠶必變。至於掌廠蠶工，湏擇老成安靜之人為首，羣工聽其指揮。如各任意見，不相和好，蠶即不收，盖養蠶如用兵也。

綜述

元 司農司《農桑輯要》卷四《雜忌》

《務本新書》：忌食濕葉，忌食熱葉。蠶初生時，忌屋内掃塵。忌煎煿魚肉，不得將烟火紙撚于蠶屋内吹滅，忌側近舂搗，忌敲擊門窗槌箔及有聲之物，忌蠶屋内哭泣叫喚，忌穢語淫辭。夜間無令燈火光忽射蠶屋窗孔。未滿月產婦不宜作蠶母。蠶母不得頻換顔色衣服，洗手長要潔净。忌帶酒人切桑飼蠶，及擡解布蠶。蠶生至老，大忌烟熏。不得放刀于竈上、箔上、竈前。忌熱湯潑灰，忌產婦孝子入家，忌燒皮毛亂髮，忌酒醋、五辛、羶腥、麝香等物。《士農必用》：忌當日迎風窗，忌西照日，忌正熱著猛風驟寒，忌正寒陡令過熱，忌不净潔人入蠶室，蠶屋忌近臭穢。

明 胡廣等《禮記大全》卷六　是月也，繼長增高，毋有壞墮，毋起土功，毋發大衆，毋伐大樹。長者繼之，而使益長；高者增之，而使益高。壞墮，則傷已成之氣。起土功，發大衆，皆妨蠶農之事，故禁止之。

明 謝肇淛《西吴枝乘》《授時通考》卷七二　吴興以四月爲蠶月，家家閉戶，官府勾攝征收，及里閈往來慶弔，皆罷不行，謂之『蠶禁』。

清 鄭之僑《農桑易知録》卷二《蠶有十忌》

一忌寒冷

天氣寒凉，蠶房内須種一火盆，常使房内温暖，大眠以前若使受冷做成寒病，到老成爲殭蠶，無收成矣。殭則一面吃葉而下半身已不能動矣。

一忌食濕葉

天時將雨，便要採乾葉預備，卽使連日陰雨，亦必將濕葉用繩晾起，將葵扇扇乾纔可餧蠶，尚有濕迹亦必以平時洗净白布抹乾方可，若大眠以前吃過濕葉，老來必成氣水蠶，爛死不做繭矣。俗名篩節高糖罐頭皆爛死之别名也。

一忌食霧葉

晨起迷霧，須將門牕關閉，帶霧之葉先將清水洗過，再用潔净細布片抹乾方可餧蠶，大眠以前若吃霧葉，老來必成白肚蠶，肚下有白水流出，沾在好蠶身上，好蠶亦似此流水而死，無收成矣。凡蠶食霧葉到老必在篩沿飛跑肚下有白水流出俗名拖板子是也。

一忌食氣水葉

夜間桑葉不打鬆停好便烝熱，熱卽生氣水蠶，當蝸兒時，只在樹上摘取幾眼葉便好餧幾餐，及其漸漸長大，亦餧葉無多，如防陰雨及過夜葉，只須剪幾根桑條或幾十根桑條養於水缸之内，不使風吹則葉鮮活而不瘪，永無氣水之患，若大眠以前或食氣水葉，老來亦成爲白肚蠶矣。蠶食氣水葉非白肚流水而死卽成爛死其色黑故名糖罐頭。

一忌食黄沙葉

仲春天氣，黄沙漫天，桑葉遇之則不長。如遇黄沙天，將葉剪下用清水洗過晾乾方可餧蠶，若以黄沙葉餧之，蠶必不長且要脹死。黄沙乃黄河灘上之飛沙其細如麪。

一忌食肥葉

凡地上初澆人糞者，其葉必肥。不可餧蠶，必得過七晝夜之後方可，大眠以前若吃肥葉，凡遇眠時必有肥青者，蠶身分外粗肥，皮膚光亮如油漆然，不肯眠矣。

一忌餧葉失時

蠶食桑葉原無休歇，或餧之久逾時刻，蠶卽受饑。大眠以前吃葉不到做成餓病，老來必成亮頭蠶俗名謂之蘇空頭。到老不做繭亦不死也俗名謂之活婆子。

一忌穢氣

蠶房内從不安放便桶溺壺及一切臭惡不潔之物。蠶月禁食韭蒜，口内出來之氣亦臭，故禁之。湖俗少年夫婦每年於清明日自母家接回及收蠶時媳卽同姑一室夫婦不敢同床，蓋蠶爲天蟲，其性最潔，若使穢氣觸之，青白好蠶頃刻變成黄色，不吃桑葉一二日後俱軟死矣。

一忌香氣

臭氣固所當避，而香氣亦所當禁。蠶房之内一切辛香之物及冰麝之藥俱不可聞於蠶房，如香氣觸之亦不吃葉，故平時將頭二眠替子曬乾，臨時燒之以避香臭之氣。

一忌生人

養蠶之家，門前必有禁人記號，或寫『蠶月知禮』，或寫『育蠶』二字，或寫『蠶天自揣』，貼於門上。如遇生人進門，或在門外呌喊，蠶就雯時變壞，或沿篩走，或不吃葉。故湖俗穀雨之後，停征停訟，差不下鄉，重蠶事也。

以上各項避忌，苟能自收蠶以至大眠，刻刻留意，不使稍有沾染，則將來回杣采繭，必有十二分之收成矣。

清 朱斌《蠶桑指要》　生客不可冲入蠶房，恐有夾帶，致蠶中惡。若忽見不食，湖俗送鬼以禳之。故村家送鬼，有送客人之稱，蓋始於此。蠶室、蠶官、蠶命三方，及年神方位上，不可修造動土。

清 包世臣《齊民四術》卷一下《農一下・蠶桑》　凡養蠶，固合家幫忙。須擇一精細耐勤勞人爲蠶母，總經其事。下蟻時，沐浴淨衣，入蠶室，焚香祀先蠶。忌生人、及穿孝人，内外人哭泣聲，雞犬皆遠驅之。毋舂米、築牆、掃塵，酒氣、臭氣、穢言及諸忌言。蟲鼠之類。凡蠶屋内，必畜一貓。

清 方觀承《述本堂詩集・看蠶詞》　蠶家忌客，皆揭『蠶忙知禮』四字於門。范成大詩云：『三旬蠶忌閉門中。』

清 高銓《蠶桑輯要》卷下

蠶忌風雷

蠶口吐絲，遇風則縮。山棚之上宜四面圍護遮風，俾得縈絲成繭。又畏雷，上山聞雷聲，即驚而不能成繭。俗用蠶蛻紙覆於棚上以爲保護。故者相傳云：『蠶蛻卽蠶母，有母在，足以護其子之畏也。』故担写之後，蠶連紙不可捲棄。

又 白肚

蠶忌濕，食雨水葉則潰死。俗謂之爛肚食霧露葉則瘻死。若食氣水葉，及受沙雜濕熱之氣，則成乾濕白肚。乾者，節高身縮而無水。濕者，節高而足流白水，滿筐游走無定，俗稱爬蠶，亦曰潮蠶。

又 退白虎

清明前一日，育蠶之家，各以粉餌祠白虎神，謂之『退白虎』。蓋蠶書以蠶爲龍精，龍屬木，虎屬金，木畏金剋，故退之。

拜棟柱

鼠能耗蠶，自初生至成繭，竝受其害。時屆寒食，鄉人設酒食，以禱棟柱，謂可祛鼠耗。按《歲時記》云：世人正月十五日，作粥禱之，加以肉覆其上，登屋食之。呪曰『登高糜，挾鼠腦，欲來不來，待我三蠶老。』此爲蠶逐鼠也，棟柱之拜，卽其遺風。

又 忌面生人

人家養蠶，比如小兒出痘一般，故養蠶之家，門前必有禁人記號。或寫『蠶月知禮』，或寫『育蠶』二字，粘於門上。如遇生人進門，或在門外吽喊，蠶就霎時變壞。或沿篩走，或不食葉。南方穀雨之後，停徵停訟，公差不許下鄉，重蠶事也。尤忌不潔人、帶酒人、親見喪棺死物人入室。蠶母不可出門弔孝，或偶見喪棺，及一切死物，須間兩三時辰，方可入室視蠶，否則蠶多暴死。又室中不可哭泣怒駡，穢語淫辭。

（道光）《遵義府志》卷一六《農桑·蠶事》 蠶忌：蠶酷忌油桐，經其樹，上其葉者，死。烘室中燃桐油者及誤以其木烘者，後生之蠶死。山有桐，除之；家有桐，謹之。又食白楊者死。亦食他雜木致病。食他木之味辛澀者，皆致病。其餘，雖不病，亦瘠繭。惟嫩楓葉，蠶食之無害，薅林時亦不去之。

又 唯秋蠶宜山之陰者，為可避秋陽之烈。凡當西曬之山，秋蠶最忌。又蠶最畏霧，著之，甚者死，不甚亦病斑，不能作繭。山有空穴，雨欲晴、晴欲雨時，霧最甚，相蠶山者謹避之，故有煙瘴之處，斷不可蠶。

又 蠶忌

忌寒冷：如天氣寒凉，蠶房內種一火盆，常使溫暖，村歌雲：『蠶要溫和麥要寒』也。大眠以前若受冷，做成寒病，到老必為殭蠶，不做繭，故忌之。忌食濕葉：天將陰雨，要采幹葉預備。使連日陰雨，亦必將濕葉晾幹，方可餵蠶或以潔淨衣衫、綢布之類抹幹亦可，若大眠以前吃過濕葉，老來必成氣水蠶，不做繭矣，故忌之。忌食霧葉：如遇天霧，須將門窗關閉。帶霧之葉，先將清水洗過，用潔淨綢布抹幹，方可餵蠶。大眠以前若吃霧葉，老來必成白肚蠶。肚子下有白水流出。沾在好蠶身上，好蠶亦死。不做繭矣，故忌之。忌食氣水葉：桑葉最易發熱，壹熱即生氣水。蝸兒蠶初收一二三日，只在樹上摘幾眼葉，好餵幾餐。漸漸長大，亦餵葉無多。如有預備一兩餐葉及過夜葉，須剪幾根桑條或幾十根桑條養於水罎之內，又要不使風吹，則能鮮活而不熱，永無氣水之患。若大眠以前一食氣水葉，亦成白肚蠶矣，故忌之。忌食黃沙葉：如遇黃沙天氣，將葉剪下，用清水洗過，晾幹，亦可餵蠶。若竟以黃沙葉餵之，蠶必不長，且要脹死，故忌之。忌食肥葉：桑地上如初澆糞謂人糞，其葉必肥，不可餵蠶。大眠以前若吃肥葉，必有肥青蠶身分外粗肥，皮膚光亮如油漆者，謂之肥青，不肯眠矣，故忌之。若澆糞過七日之後，不忌。忌餵葉失時：蠶吃一餐葉，片刻就要再吃。或餵之久逾時刻，蠶即受饑，大眠以前做成饑病，老來必成亮頭蠶頭內空白，謂之亮頭，不做繭矣，故忌之。忌穢氣：蠶房內不可安放便桶、溺壺、一切臭惡不淨之物。蠶月禁食韭、蒜。人食韭、蒜、口內出來之氣亦臭。蓋蠶為天蟲，其性好潔，若使穢臭之氣一觸，青白好蠶頃刻變成黃色，不吃葉矣。一二日後軟死。故忌之。忌香氣：一切辛香之物，不可在蠶房內焚燒。如有香氣觸之，亦不吃葉，故忌之。忌燈油：夜間餵蠶，燈火必須明亮，然亦最要小心。無論蠟油、菜油、麻油，一點沾著蠶身，及葉上沾油，蠶吃一口，俱要立時攪死。故蠶房內點燈第一要謹慎也。忌面生人：人家養蠶，比如小兒出痘一般。故養蠶之家，門前必有禁人記號。或寫『蠶月知禮』。或寫『育蠶』二字粘於門上。如遇生人進門，或在門外叫喊，蠶就霎時變壞。或沿篩走，或不吃葉。南方谷雨之後，停征、停訟，公差不許下鄉，重蠶也。《蠶桑寶要》

又 蠶初生，屋內忌掃塵，忌煎熂魚肉，忌煙火紙，忌側近舂搗，忌敲擊門窗、槌箔及有聲之物，忌哭泣、叫喚，未滿月产婦不宜作蠶母，忌帶酒

人切桑飼蠶，忌煙熏，不得放刀灶箔上，忌产妇、孝子入家，忌烧皮毛乱发，忌酒醋、五辛、膻辛、麝香等物。《務本新書》

清　俞墉纂輯《蠶桑述要》

新油新漆器皿，不可以安蠶。蠶室架旁，忌喧嚷、吵鬧、哭泣、詈駡。蠶忌烟，鴉片更甚。蠶忌油，熟油更甚。忌蠶婦經水瘡毒穢污。未滿月之産母，不宜作蠶婦。門窗板壁，忌敲擊釘釘。出糞臭氣、及陽溝污濁氣，灶内燒皮骨亂髮，架旁吹燭，酒醉理蠶，洗釜刮鍋舂米，俱宜禁忌。

吸煙之人，以煙噴之，越日卽口吐黄水。煙末惹葉，食之軟死。鴉片更甚，犯之作驚悸狀，不能食葉。

濕氣浸淫，熱氣悶蒸。或開門推窗，暗被罡風、賊風吹打，遂有白殭、紅殭之變。

蠶最忌蒼蠅。毋論大小，被叮咬一口，至蠶老成繭之後，卽有蛆蟲，於繭身咬一小孔鑽出，而蠶蛹已死，不復變蛾。隔三四日，蛹腐污繭矣。蠶有中毒而死，皆驅蠅不勤，被叮過久之故。死後卽有蛆蟲五六個鑽出，實被蛆咬死也。

清　周凱《種桑十二詠》《清詩鐸》卷七

禁再采初桑葉肥嫩，可飼蠶。二葉澀，飼蠶作絲，僅可爲絃。《周禮》禁原蠶，再蠶，恐妨馬也。隰桑葉有儺，童童望如蓋。云是采後生，飼蠶亦何害。無乃味苦澀，吐絲恐不類。況復蠶與馬，應星不兩大。

清　趙淵《蠶桑摘要》卷中《蠶政·蠶性類》　蠶忌穢語狎褻，及生人與凶服人，如不禁止，蠶卽變壞，或沿箔遊走，或不食葉。凶服人入，蠶多暴壞。

(同治)《孝豐縣志》卷一《方輿志·風俗》　穀雨，撒穀種，燠蠶子，祀竈，采茶。清明後數日爲蠶月，禁往來省視，使育蠶。閱月，繭成治絲。

清　盛宣懷《蠶桑備要》

一、蠶忌熟。凡老蠶，色帶青者爲生，紅者爲熟。帶生而上，不過成繭略遲。若太熟，則蠶急於成繭，每多同宫，及遺溺汙繭之病。

一、蠶忌稠。上蠶須疏密得中，與其失之密，甯失之稀。密之害與熟同，大約四尺架之室，一架屋止可容蠶一筐。

一、蠶忌風雷。蠶口吐絲，遇風卽縮，棚上宜四面圍護，不使風入。又畏雷，上山聞雷卽驚，而不成繭。宜用蠶蛻紙覆於棚上，相傳以爲蠶蛻卽蠶母，母在足以護其子之畏也。故担烏之後，蛻紙不可擲棄。

清　衛杰《蠶桑淺説》　桑樹既種之後，卽宜嚴禁偷伐，如有前項等事，務令賠償，重加懲處。

清　吴鴻望校，袁俊德輯《蠶政萃編·蠶性類》　蠶喜潔而惡穢，聞臭氣則結縮，卽青白好蠶，頃刻變成黄色，不復食葉，三日后輭死。故養蠶人，身、手皆宜潔淨。蠶房内不可放便桶、溺壺，及一切不潔之物。

(光緒)《桐鄉縣志》卷二　三月三日，聽蛙聲，以卜水旱。諺云『田家無五行，水旱卜蛙聲。上晝叫，上鄉熟；下晝叫，下鄉熟；終日叫，上下皆熟』。晚撒螺螄於屋上，謂之『趕白虎』，又謂之『除瓦剌』。清明前一日，插柳祭墓，祀竈易幡，食角黍。是夜，育蠶家設祭，禳白虎，門前畫石灰象弓矢，驅蠶祟也。食螺螄，名挑青，蓋病蠶謂之『青娘』，故云清明日輿城隍神出北門，至邑厲壇，祭無主孤魂。是日鄉里人家，閉門不炊，親知不相往來，婦女出游，名曰『踏青』。穀雨前三四日，始護種收蠶。諺云『穀雨兩邊蠶』。十五日，祀蠶神馬鳴王菩薩，像作婦飾而乘馬，卽古之馬頭娘也。春末夏初，浸穀種，宜用臘雪水，春雪則生蟲。

清　許鵬翊《橡蠶新編蠶》　蠶性喜潔惡穢，凡蠶場不可堆積糞壤與腐草等物。蠶筐宜用新者，舊筐不潔故也。蠶忌香氣、酒氣、煙氣。放蠶之人，勿飲酒，勿吸煙，勿佩香囊與香水。蠶忌油漆氣，凡蠶器，不可用油漆。蠶性依人，凡大風、雨、雷、電之天，宜加意看守，時時口發聲，以招呼之。蠶聞人聲自安静，而無恐。夜間尤不可忽，以黑夜雷聲電光，最宜使蠶驚恐也。

清　黄世本《蠶桑簡明輯説》　飼蠶忌濕葉、熱葉、泥污葉、沾沙葉、沾穢葉、沾菸沾油葉。食濕葉則生瀉病、白殭。雨中採葉，必須晾乾。食熱葉則頭大、腹結、尾尖，食葉多而不老，亦不作繭。故日中之葉，與發熱之葉，必須冷透。如遇大風，桑葉沾沙，或沾泥土，必須洗净晾乾，否則食之病脹。沾穢之葉與沾菸、沾油之葉，食之必死。

清　黄壽昌編《蠶桑須知·養蠶各則》

蠶忌

蚕忌臭穢，忌香氣，及醋瓶、酒甕、藥罏、洋油等物，皆不可近。蚕婦勿佩香囊。忌生人故嘉湖蚕大眠後，謂之『蚕關門』，蓋人家多不相往來。蚕小時不忌，忌喧嚷，忌炮聲，忌煙氣。若吸煙向蚕噴之，蚕口即吐黄水而死。初生蚕，忌屋内掃塵。

清 江毓昌《桑蠶説・養蠶説》 喜忌 蠶喜潔淨、乾燥、向陽、通風。不可迎風。子在連蠶子紙，名『母連』，喜極寒。若是買的種，要問明三眠、四眠，鹹種、淡種。三眠易養，絲少；四眠難養，絲多。鹹種，繭小絲重，結繭時見亮，喜遊山。淡種，繭大絲輕，結繭時不甚遊山。蟻初生初出的蠶，名母蟻。喜極煖。却不宜近大火，眠時喜温，眠後喜煖。大眠起後喜涼，臨老喜漸煖，上山喜極煖。上山後，要用無烟火盆烘，結繭纔快。平時只在窻上，用紙做捲窻，要明要涼，就捲起；要暗要煖，就放下。不可烘火。初生喜暗，大時喜明，方眠喜暗，眠起喜明，初上山喜暗，成窠後先做窠，後結繭，喜明。忌一切香氣、臭氣、污穢、養蠶人要潔淨，不可帶香，不可喫有氣味東西。油腥、烟子、淫辭、穢語、吵鬧、生人、孝服。又怕蠅、蠅咬生蛆。鼠。鼠喜喫蠶，要養好猫。總之，必要乾燥、潔淨、勤謹，處處細心，蠶不生病，出絲纔多。

清 曹倜《蠶桑速效編・禁止竊桑章程》 勸種桑，宜先禁窩竊。竊桑之賊，必先串約蠶多桑少之家，方有銷路。日以竊爲生計，養蠶無桑者，巧於窩受，以致種必以斜削之皮，與桑根之皮，膏液粘併，方能浹洽。若將接條正插，以皮貼皮，以骨貼骨，必不能活。如法接好，札以桑皮，塗以河泥。復撚泥丸，蓋在條頂，切勿搖動。若常遇天晴，旬日卽活。清明後桑芽盡放，摘去下芽，上存一芽，發成一枝。俟高至尺餘，須用蘆葦數尺植其旁，用浸軟草柴，鬆鬆縛住，以防風折。勤削勤澆，一年可長五六尺。倘有接而不活者，其根必發新條，來年再接。

藝文

清 吴鴻望校，袁俊德輯《蠶政萃編・蠶始類》

業蠶銘

銘曰：世業農桑，既興我室。比臨蠶月，復事塗飾。桃茢祓除，神主斯立。曲植既具，籧筐乃集。連蟻方生，若不厭密。婦以母言，育有慈德。爰求柔桑，入此飼食。寒燠身先，是爲體測。上無疏薄，下無溼浥。簾箔垂門，龕火在壁。夜窗或遮，風竇時窒。頗忌北風，宜障西日。他工莫興，外人莫入。庇護攸安，漸至捉績。祈祀以時，願穫終吉。神實相之，簇如雪積。分繭稱絲，來告功畢。

雜録

清 沈秉成《蠶桑輯要》 蠶時多禁忌，雖比户不相往來。宋范成大詩云『采桑時節暫相逢』，蓋其風俗由來久矣。

其他蠶俗

論説

《通典》卷一〇六《禮六十六・開元禮纂類一》 又先蠶之祀，合用季春吉巳。若其年節氣晚，卽於節氣後卜日也。

宋 陳元靚《歲時廣記》卷一八《上巳上》 《博聞録》：浙人以三月三日晴雨占桑柘貴賤。諺曰：雨打石頭遍，葉子三錢片。或言，四日雨尤甚。杭人云：三日尚可，四日殺我。又曰：三月十六晴，樹上挂銀餅。三月十六雨，樹上挂泥土。皆桑柘之先兆也。

明 陳繼儒纂輯，清 石巖增訂《陶朱公致富奇書》卷一《木部・桑》 占桑葉貴賤，只看正月之上旬，木在一日，則為蠶食一葉，為甚貴；木在九日，則為蠶食九葉，為甚賤。又占，三月三日有雨則貴，四日有雨，尤貴。杭人云：三日尤可，四日殺我。陰而不雨，則蠶大利。遇午日，不宜鋤桑園。

明 姚可成匯輯《食物本草》卷一一《蟲類》

蠶女 南人以蠶作繭成絲後，取蠶油内煎炒食之，云次年大利蠶桑。

蠶女 味鹹辛平，無毒。治小兒驚癇，夜啼，去三蟲，滅黑皯，令人面色好。男子陰癢病，女子崩中赤白。滅諸疕痕。

清 鄧琳輯《海虞農家占驗》 穀雨日，占蠶麥。諺云：『穀雨值甲辰，蠶麥盡豐登；穀雨值甲子，每箔絲三斤。』《田家五行》

清 高其垣《試行蠶桑説》 考《田家五行志》云：占蠶絲之豐歉，如清明午前晴，早蠶熟；午後晴，晚蠶熟。穀雨日辰值甲辰，蠶麥相登大喜忻。穀雨日辰值甲午，每箔絲綿得三觔。復考賈思勰《齊民要術》云：要知蠶之善惡，常以每年三月三，以是日天陰無雨不見日，大善。又考黄省曾《蠶經》

云：占桑葉之貴賤，以正月之上旬，水在一日也，則為蠶食一葉，甚貴。水在九日也，則為蠶食九葉，甚賤。又以三月三日晴則賤，有雨則貴，四日雨尤貴。諺曰：三日尤可，四日殺我。又，俗以清明所插柳條榮枯，卜桑葉貴賤，頗驗。因現係試行之初，特考録各書占驗証據，俾知蠶桑之豐歉貴賤，須看天時。倘適逢其會，請以次年再試養之，毋謂閩省地理之不可行，遽而中止，致民間終失厚利也。

清 俞墉纂輯《蠶桑述要》 蠶簾之旁，宜燃水線香，以辟蠅蚋。養二蠶時，更宜多燃。蠶家以三月三日，天氣之陰晴，占葉價之貴賤，卜蠶花之豐歉。十二月十二日，爲蠶生日，宜浴之。詳見留種門。又正月八日晴，主蠶花茂盛，大蠶生小蠶，乃蠶花旺茂之兆。諺云：蠶星臨門及紫微星過度，蠶自憑空加增。其理莫能測度。又云，每年出一蠶王，降生蠶王之家，其絲必數倍豐收。

清 何品玉輯刊《蠶桑會粹・種桑養蠶格式》 桑價之貴賤可於正月上旬占之，木在一日，為蠶食一葉，其價貴。木在九日，為蠶食九葉，其價賤。又占三月三日，有雨則貴。四日有雨，尤貴。杭諺云：三日猶可，四日殺我。陰而不雨，則蠶大利。《五行志》云：三月三日，天陰不雨，無日，蠶大熟。說與此合。《史・天官書》云：正月上甲，風從東方來，宜蠶。諺又云：遇午日，不宜鋤桑園，意謂桑以飼蠶，蠶與馬同氣，午為馬，故忌之。凡此，雖未必盡然，然古有是言，存之亦可備參考。

（光緒）《桐鄉縣志》卷二《疆域志下・風俗》 鄉人以蠶事多禁忌，故葬必以大臘。大寒後逢戊爲大臘。一交立春，即禁不葬。故每歲逢臘，則堪輿及圬者，奔走不暇。

清 楊鞏《中外農學合編》卷三《農類》 立春，天陰無風，民安，蠶麥十倍。東風吉，人民安，果穀盛。

綜述

明 婁元禮《田家五行》卷上 探宮繭 以麪作繭，蒸之餡內，占水旱，驗各人流年休咎。 楊誠齋詩云：『小兒欲求得官早，小女只求蠶事好。』 爆孛婁 燒乾鍋，以糯穀爆之，曰：孛婁花，占稻色，卜人口，皆爆一把，以花多斷吉。已上二事，縱不甚信，亦可爲田家及時之樂。祀紫姑，俗謂之『坑三姑娘娘』，以箕插箸就厠，婦人禱之，以卜蠶桑之事，及請畫花樣，以求巧。若男子見之，即退。十六日，謂之『落燈』，夜晴主旱。又喜東南風，水鄉最宜，其年低田大熟。

明 朱國禎《湧幢小品》卷二 湖之畜蠶者多自栽桑，不則預租別姓之桑，俗曰秒葉。凡蠶一觔，用葉百六十觔。秒者，先期約用銀四錢，既收而償者，約用五錢，再加雜費五分。蠶佳者用二十日辛苦，收絲可售銀一兩餘。爲綿爲線，矢可糞田，皆資民家切用，此農桑爲國根本，民之命脈也。我郡在在有之，惟德清尤多。本地葉不足，又販於桐鄉、洞庭。價隨時高下，倏忽縣絕。諺云『仙人難斷葉價』，故栽與秒最爲穩當。不者，謂之看空頭蠶。有天幸者，往往趣之。余鄰家章姓者，豫占桑價，占賤即畜至百餘觔。凡二十年無爽，白手厚獲，生計遂饒，鼓樂賽謝以爲常。一日賽畢，有婦人，矮而肥白，求齋，臥于地，不肯去。其家內外醉飽，得意甚，厭之，叱曰：『亟去，毋得聒擾。』則應曰『我與汝曾祖母有連，歲爲汝應卜助，生計不啻足矣。一齋何有，而慳至此。』匍匐將入門，衆恚甚，蹴之，忽不見，且駭且疑。其佛堂忽有聲，曾祖母牌已裂爲二。蓋祖母故好善，每見裸蟲，必致煖處護其生，俟生翼翔去乃已，沒已數十年矣。矮婦之祥，或在於此。以後卜吉而畜者，其價每每相左，初猶得失半，而後失者居多，最後價騰十倍，棄其蠶於水，家亦隨耗矣。

明 陳繼儒纂輯，清 石巖增訂《陶朱公致富全書・十二月總占》 朔日值小寒，主有祥瑞；東風半日不止，主六畜災；風雨，主春旱。立春在殘年，主冬暖。諺雲：兩春合一冬，無被暖烘烘。又雲：立春日暖，凍殺百鳥卵。冬至第三戌爲臘，臘前得兩三番雪，謂之臘前三白。諺雲：若要麥，見三白。又主凍殺蝗蟲子。又雲：臘前是被，春雪是鬼。俗傳廿四竈君朝天，奏人間善惡事，吳下家禱祀，黃昏時，鄉人束稻草于竿，燃火遍走田間，名曰照田蠶。火色白主水，色赤主旱，猛烈年豐，葳蕤歲歉。北風爲上。除夕夜燒盆爆竹，與照田蠶看火色同，是夜安靜爲吉。諺雲，除夜犬不吠，新春無疫癘。占風，東北爲上。諺雲：今夜東北，來年大熟。東南風，主來年大水。月內有霧，主來年有水。一說臘月有霧露，無水做酒醋。未知孰驗？有暴雨，主來年七月內有水。

（康熙）《嘉定縣志》卷四《風俗》 正月十五日爲上元節，先數日賣燈，謂之『燈市』。燈有楮練、羅帛之屬，繪縷人物故事，或爲花果、蟲魚，動植之像。好事者或爲藏頭詩句，懸雜物於幾，任人商揣，曰『燈謎』，亦曰『彈壁燈』。揣著者，其物聽其取去。豪家富室，則有繚絲、琉璃、魚魫、綵珠、明角、羊皮、夾紗、麥絲、竹縷、流蘇、寶帶、鼇山諸品，至期則結綵棚於衢巷，懸燈爭勝白日，遊觀，名曰『看彩色』。夜擊鑼鼓，曰『鬧元宵』。鄉村土人以迎土地神，聯百千燈籠爲身，輥毬燈爲珠，互街穿巷，導以旌旄，夾以鼓吹，以迎神，而祈水澤慶家。於望夕，以高炬照田四隅，曰『照田蠶』。又造麪繭，今俗所製，正如蠶繭狀，蒸之餡內，占水旱，卜流年休咎。《歲時記》謂：卽厚皮饅頭，大謬。

清　姚之駰《元明事類鈔》卷三六《柴木門・桑》　矮婦卜價　《湧幢小品》：湖州章姓者，預占桑價，賤即畜之，二十年無爽，生計遂饒。一日賽畢，有婦人矮而肥，臥地求齋，其家叱之。婦曰：『我連歲爲汝應卜助生，何吝一齋！』匍匐入門，忽不見。自後，卜吉而畜，其價必左。

清　鄂爾泰《授時通考》卷六《天時門》

《陶朱公書》：朔日值大雪或冬至，皆主有灾，風雨主麥好，西風主盜賊起。又，念四夜黄昏時候，鄉人束稻草於竿，點水在田間行走，名曰『照田蠶』。看火色，卜水旱。色白，主水；色赤，主旱。猛烈年豐，葳蕤歲歉，取北風爲上。又除夜燒盆爆竹，與照田蠶看火色同，是夜取安靜爲吉。

清　李光地等《御定月令輯要》卷七《三月令》　祛蠶祟。增《烏程縣志》：清明日晚，育蠶之家設祭以禳白虎，門前用石灰畫彎弓之狀，蓋去蠶祟也。

清　梁章鉅《農候雜占》卷一　除夕占風，東北爲上。諺云『今夜東北，來年大熟』，東南風，主來年水大。又除夕燒盆爆竹，與照田蠶，看火色同。兼看火占。見《陶朱公書》。

清　劉祖憲《橡繭圖說》卷上

占蠶及繭之成熟第十八

凡蛾一萬，得繭六十萬，爲大熟；四五十萬，爲中熟；一二十萬，爲歉收。占之之法，《史記・天官書》曰：正月上甲初旬第一甲也，風從東方來，宜蠶。《晉書・五行志》曰：三月初二日，天陰無日，兼無雨，則繭大熟。此古法也。今占有數法，凡蠶覆卵之時，此十餘天內，及拴筐之時，天氣晴明，則蠶出多而易長。詳見覆卵、放蠶、拴筐各條。又卵色微赤如膏粱，散布筐中，則卵有生氣，蠶必盡出。或白色、綠色，均爲敗卵。又蠶出時，有頭紅者數頭，名曰『紅頭蠶』，又名爲『蠶王』，大熟之兆。又蠶初出時，自食其殼，只留一蒂，亦主繭熟。每起眠，盡食其所蛻之殼，其絲亦多。又放蠶處鳥雀倍多，其蠶必旺，以鳥趨旺地故也。二三眠時，蠶多變黄色，謂之『黄金蠶』，繭必大熟。青色亦佳，若色淡白而皮薄，斯爲下矣。凡蠶三眠，有病吊膅者，則四眠必病發斑，如其數。若三眠無病則大熟，又有二三蠶共成一繭，或五六蠶共一繭者，俗以為懶蠶，其絲不貴諸多難抽故也。不知此惟大熟時始有之。《齊民要術》謂爲同繭蠶。若風雨調和，雹灾不作，則繭之大熟，更不俟占驗而知，故祈蠶貴焉。

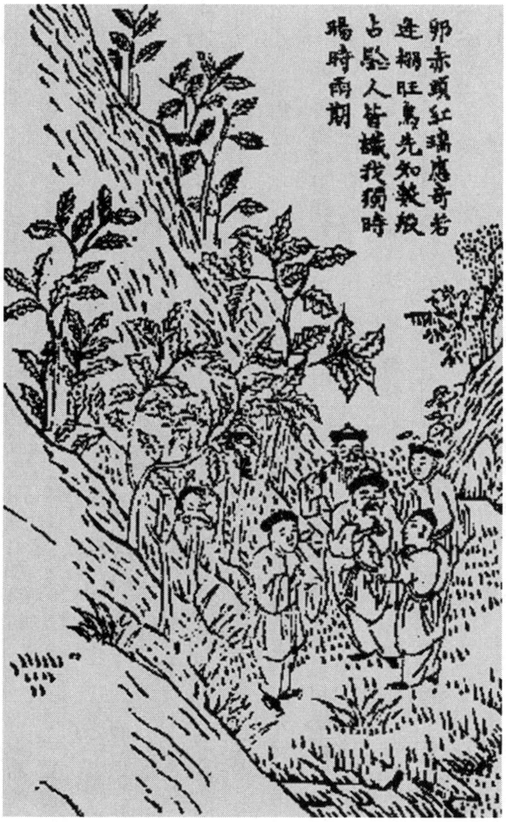

清　高銓《吳興蠶書》卷下　占蠶　湖俗信卜，每正月中旬，輒延陰陽家擲錢布卦，以卜蠶事。舊有相種法，就子之整斜疏密，擬其形似以定吉凶，大率皆虛誕之詞，十無一中。又有所謂蠶姑把蠶者，以寅、申、巳、亥年爲大姑把蠶，子、午、卯、酉年爲二姑把蠶，辰、戌、丑、未年爲三姑把蠶。大姑多損傷，二姑最吉，三姑則吉凶無定。村夫村婦共相推論，而於古人占候之書，罕有明其術者，按《淮南子》云：攝提格之歲寅，蠶不登。單閼之歲卯，蠶昌。執除之歲辰，蠶閉。大荒落之歲巳，蠶小登。敦牂之歲午，蠶登。協洽之歲未，蠶登。涒灘之歲申，蠶登。作鄂之歲酉，蠶不登。

閹茂之歲戌，蠶不登。大淵獻之歲亥，蠶閉。困敦之歲子，蠶、稻、麥昌。赤奮若之歲丑，蠶不出。此以歲陰論也。《史記・天官書》云：正月上甲，風從東方，宜蠶。《周益公日記》云：正月內有三子，葉少蠶多；無三子，葉多蠶少。《田家五行》云：穀雨日，辰值甲辰，蠶麥相登，大喜忻。穀雨日，辰值甲午，每箔絲緜得三觔。《羣芳譜》云：元日值巳，蠶傷。此以日辰論也。《便民書》云：元日霞氣，主蠶少。《陶朱公書》云：二月，虹見在西，主蠶貴。此以雲物論也。《田家五行》云：清明午前晴，早蠶熟。午後晴，晚蠶熟。《五行書》云：欲知蠶善惡，三月三日，天陰而無日不雨，蠶主大喜。《臞仙神隱》云：立春，天陰無風，蠶麥十倍。此以節候陰晴論也。余每欲取諸書之説，逐一驗之，卒亦因循未果。至俗所傳流郎歌、地母經，多隱語鄙詞，不足盡信。

占桑　桑葉貴賤，俗以正月上旬之木日占之，木在一日，則爲蠶食一葉，主貴；木在九日，則爲蠶食九葉，主賤。此説本諸《陶朱公書》。或以歲支之所屬占之，歲支在丑屬牛，在卯屬兔，在午屬馬，在未屬羊，并主貴，以其皆食芻也。或又以枯葉占之，枯葉貴，則次年之葉亦貴，賤則亦賤，同條者無二價也。《便民書》云：『元日有霧，主葉貴』。《通考》云：『二月十六日西南風，主桑葉貴』。《田家五行》云：『諺曰：三月初三晴，桑上挂銀瓶。三月初三雨，桑葉成苔脯。』又云：『兩打石頭斑，桑葉錢價難』，言蠶損，葉無用也。《種樹書》云：『常以三月三日雨，卜桑葉之貴賤』。諺云：『雨打石頭遍，桑葉三錢片』，或曰：『三日尚可，四日殺我』，言四日雨尤貴。今俗不卜此數日，專以三月十六日爲主，謂是日爲天做葉市，終日晴或終日雨，則葉價貴賤有常。若乍陰乍晴，則貴賤無定，朝更暮改也。

清　顧禄《吴趨風土録》　望夕迎紫姑，俗稱接坑三姑娘，問終歲之休咎。婦女又有召帚姑、鍼姑、葦姑。卜問一負吉凶者，一名百草靈，鄉間則有祈蠶之祭。十五夜，月明時，立一尺五寸之表於地，至夜子正一刻候之，以卜旱澇。是夜，俗又呼爲燈節，比戶然雙巨蠟於中堂，或安排筵席，互相宴賞。神祠、會館鼓樂以酬，華燈萬盞，謂之燈宴。遊人以看燈爲名，遂隊往來，或雜還於茶罏、酒肆之間，達日不絶。橋梁植木桅，置竹架，如塔形，逐層張燈其上。沿河神廟，亦植竿引索懸燈，云造橋燈，皆以禳祓。

清　杜文瀾《古謠諺》卷四二《三月占桑諺二則》　《種樹書》：畜蠶者三字據《廣羣譜》卷十一增，常以三月三日雨，卜桑葉之貴賤。諺云，云云。

或曰，四日尤甚。杭州人云，云云。言四日雨尤貴。

雨打石頭徧，桑葉三錢片。

三日尚可，四日殺我。

清　汪曰楨《湖蠶述》卷四

賽神

俗呼蠶神曰蠶姑。其占爲一姑把蠶，則葉賤，二姑把蠶，則葉貴，三姑把蠶，則倏貴條賤。按，俗以寅申巳亥年，一姑把蠶；子午卯酉年，二姑；辰戌丑未年，三姑。而《吴興掌故集》引《蜀郡圖經》曰：九宮仙嬪者，蓋本之《列仙通記》所稱馬頭孃。今佛寺中亦有塑像。婦飾而乘馬，稱馬鳴。周密《癸辛雜識》作名。王菩薩，鄉人多祀之。《胡府志》下蠶後，室中即奉馬頭孃，遇眠以粉繭、香花供奉，蠶畢送之，出火後，始祭神。大眠、上山、回山、繅絲皆祭之，神稱蠶花五聖，《西吴蠶畧》謂之拜蠶花利市。董蠡舟《樂府小序》考《通典》：周制享先蠶。先蠶，天駟，蓋蠶與馬同氣也。按，今俗稱蠶王天子。漢製祭蠶神，曰菀窳婦人寓氏公主；北齊乃祠黄帝軒轅氏。湖州向奉先蠶，黄帝元妃西陵氏嫘祖神位于照磨故署，乃折衷後周法耳，不知始于何時。嘉慶四年撫浙中丞以浙西杭、嘉、湖三府，民重蠶桑，請建祠以答神貺。奏奉俞允，乃建廟於東嶽宫左，曰：蠶神廟。有司祭祀，鄉氓雖膽敬惟虔，而蠶時猶不敢褻祀先蠶，是小民知禮處。第五聖之名，鄙俗不典，民間報賽，祀菀窳婦人、寓氏公主，亦無不可。或祀蜀君蠶叢氏，亦得。馬頭孃授爲九宮仙嬪，語本《搜神》，不免荒誕。按身女好而頭馬首，固五帝所占蠶理也。語出荀卿，足爲典要，他説可廢。《西吴蠶畧》湖俗佞神，不指神之所屬，但事祈禱，不知享祀之道，藉以報本，非所以祈福免禍也。或曰：蠶月人力辛勤，正須勞以酒食，屢借祠神以享餕餘，是亦一道也。《吴興蠶書》

又　占驗

占候，古法也。蠶與田并重，故農家推測。田之外，唯蠶。術士之説，與謠諺所陳，或驗或否，正不必盡斥之爲無稽也。《吴興蠶書》

一、占蠶　湖以春初，迎盧姑卜蠶，即古紫姑遺意。《西吴蠶略》

正月中旬，延陰陽家擲錢布卦，以卜蠶事。又以大姑把蠶多損傷，二姑最吉，三姑則吉凶無定。村夫村婦，共相推論，而于古人占候之書，罕有明其術者。按《淮南子》云：攝提格之歲寅，蠶不登。單閼之歲卯，蠶昌。執徐之歲辰，蠶閉。大荒落之歲巳，蠶小登。敦牂之歲午，蠶登。協洽之歲未，蠶登。涒灘之歲，申蠶登。作鄂之歲，酉蠶不登。閹茂之歲，戌蠶不登。大淵獻之歲亥，蠶閉。困敦之歲子，蠶稻麥昌。赤奮若之歲丑，蠶不出。此以歲陰論也。《史記·天官書》云：正月上甲，風從東方，宜蠶。《周益公日記》云：正月內有三子，葉少蠶多；無三子，葉多蠶少。《田家五行》云：穀雨日，辰值甲辰，蠶麥相登，大喜忻。穀雨日，辰值甲午，每箔絲綿得三斤。《群芳譜》云：元日值巳，蠶傷。此以日辰論也。《便民書》云：元日霞氣，主蠶少。《陶朱公書》云：二月，虹見在西，主蠶貴。此以雲物論也。《田家五行》云：清明午前晴，早蠶熟；午後晴，晚蠶熟。《齊民要術》云：要知蠶善惡，常以三月三，以是日天陰無雨，不見日，大善。《臞仙神隱》云：立春，天陰無風，蠶麥十倍。此以節候陰晴論也。至俗所傳流郎歌、地母經，多隱語鄙詞，不足盡信。《吴興蠶書》正月九日爲蠶，晴則吉。按俗云『七人八穀九蠶十麥』。十二月十二日爲蠶生日，宜晴。諺云『三月三落雨，落到繭頭白』。又云，『有春好看蠶，無春好種田』。謂立春節。《南潯鎮志》《玉歷通政經》：舍北種榆九株，蠶大得。《西吴蠶略》

一、占桑　正月一日，納音屬木，爲蠶食一葉，至九日納音屬木，爲蠶食九葉。少主貴，多主賤。《南潯鎮志》歲支在丑屬牛，在卯屬兔，在午屬馬，在未屬羊，并主貴，以其皆食芻也。或以枯葉貴，則次年之葉亦貴，賤則亦賤，所謂桑條無二價也。《便民書》云：『元日有霧，主葉貴。』《田家五行》云：『諺曰：三月初三晴，桑上挂銀瓶。三月初三雨，桑葉成苔脯』。又云：『雨打石頭斑，桑葉賤價難』，言蠶損，葉無用也。《吴興蠶書》一云：三月三日有雨則貴，四日雨，尤貴。諺曰：『三日猶可，四日殺我。』《西吴蠶畧》清明日插柳，卜桑葉貴賤。柳葉早瘁，則桑葉貴。《菰城文獻》今俗專以三月十六日為主，謂是日，天做葉市。終日晴，或終日雨，則葉價貴賤有常；若乍陰乍晴，則貴賤無定，朝更暮改也。《吴興蠶書》

一、占絲綿　絲綿之貴賤，由于蠶之荒熟，亦由于商估之聚散。古人有測候法。《陶朱公書》云：元日日出時，有紅霞，主絲貴。《羣芳譜》云：元日值丁，絲綿貴。《農政全書》云：重五日雨，主絲綿貴。今農家，官租私債，憑絲以償。絲脫車，卽公私交迫，豈能推測，以待價哉？然亦不可不知。《吴興蠶書》：按俗又以迎春時，芒神手執絲鞭，主絲貴；執苧鞭，主絲賤。

一、擇吉日　五行各書，有浴蠶吉日，爲甲子、丁卯、庚午、壬午、戊午五日。有出蠶吉日，爲甲子、甲寅、甲午、乙巳、乙未、乙酉、丙午、丁未、戊午、戊申、庚午、壬午、癸卯、癸酉十四日。有繅絲吉日，爲子寅、午申、酉亥日。及成，收開日，又庚午爲蠶父生日，尤吉。庚戌爲蠶姑死日，忌鋪蠶房。又陳藏器《本草拾遺》云：二月上壬日，取土泥屋之四角，宜蠶。《吴興蠶書》

清　黄壽昌編《蠶桑須知·占驗》　有以寅、申、巳、亥年為大姑蚕神也。把蠶，子、午、卯、酉年，為二姑把蠶，辰、戌、丑、未年，為三姑把蠶。諺云：大姑多損傷，二姑最吉昌，三姑至靡常。言吉凶無定也。一云，正月內有三子，蠶多葉少；無三子，葉多蠶少。一云，清明日午前晴，早蠶熟；午後晴，晚蠶熟。諺云：三月三落雨，落到蠶繭白。又云，三月初三晴，桑上掛銀瓶。又以三月十六日為天做葉市，天晴葉貴，天雨葉賤，陰晴無定，葉價亦漲落不時。

占驗之法甚多，不能盡述，略舉一二以附之。

清　賈振聲校，袁俊德輯《桑政萃編》卷二《禱雨类》

占時

地利人事，無不兼備，如是，可種椹乎？曰：『未也。久旱時不可種，地過燥不生。久雨後不可種，地過溼不發。惟黄梅熟後，荷花生前，以新畦新椹，安排停當』。其歌曰：『坐看西山雲起時，急忙種椹勿遲遲。』如種後數日遇雨，則苗必勃然而興之矣。

清　楊鞏《中外農學合編》卷三《占驗》

正月

【略】

占桑葉貴賤，只看正月上旬，木在一日則爲蠶食一葉，爲甚貴；木在九日，則爲蠶食九葉，爲甚賤。正月內有三子，葉少蠶多；無三子，則葉多蠶少。

（光緒）《石門縣志》卷一一《雜類志·風俗》　農家占歲之法頗多。如歲朝東北，五湖大熟，言風也；又如歲朝霜結，好栽田，雲霧桑麻，好養蠶。十二月內，俱有占此載春牛圖者。又陰陽生蠶符，定蠶室何方。預占蠶葉，流郎詩載水旱，并鶴神方向。《耿志補遺》

又　三月三日，往水際，祓除不祥，禮眞武元帝，以蛙鳴爲穀賤之占。寒食祀神祈蠶，晚食青螺，謂之挑青。靳志《叢談》：清明前一夕，具酒脯，祭餓鬼。

又翦紙束竹，爲三四寸婦人，以粉團、酒脯祭之，送至大路傍，棄置謂之送九娘。門限外兩邊，各釘桃枝三寸許，縛一左轉繩，橫攔之，使鬼物不得入，云宜蠶。清明日，插柳枝於簷戶，各祭祖塋。其米食，用青白團，于民間潔蠶具。扮蠶娘船，鄉人有往划腳船，漾問葉價者越一日爲二。明日，農船裝設旂幟，鳴金擊鼓，齊集龍蠶廟前，謂之龍蠶會，亦擊鼓祈蠶之意。穀雨浸穀種前後數日收蠶。諺云：穀雨不藏蠶，蠶時宜靜不宜譁。至親密友，不相往來。官府每於蠶時放假。

立夏，噉青梅、朱櫻、蠶豆，以麥芽、草芽揉粉爲餅，相餽遺。是日有霧，主桑葉價賤。諺云：立夏三朝霧，老葉換豆腐。四月八日，釋迦誕，夜行有雨，損麥。十四日，呂誕，晴則歲稔。是月以桔槔灌田，旱入澇出。諺云：小滿動三車。謂水車、油車、絲車。

藝文

清 李光地等《御定月令輯要》卷五《正月令》 繭卜。增楊萬里詩：『兒女炊玉作繭絲，中藏吉語默有祈。小兒祝身取官早，小女只求蠶事好。』注：上元夜里，俗粉米為繭絲，書吉語置其中，以占一歲之禍福，謂之『繭卜』。

清 程岱葊《西吴蠶略》卷下

蠶家樂

余編次語蠶，於蠶家作苦，略具始末，尚遺瑣屑數事。因效東甫先生樂府占蠶家樂六首，道其暇日嬉娛之概，非敢學步風雅，亦樵歌漁唱之濫觴耳。

家家養蠶蠶起家，花蠶顛倒呼蠶花。花信風番二十四，蠶花比之演爲戲。夫隨婦唱東南來，兒童相逐笑口開。綠裳紅襖羣相催，本地風光試一回。手持箕帚堂前繞，聲容罄折花枝裊。先唱蠶生繼蠶老，分繭稱絲等珍寶。曲終奏雅作諛詞，主婦聽之喜且嗤。半生辛苦天公知，何日眞當富貴時。

清 莊綸渭《紀吴興蠶事六首》《清詩鐸》卷七 豆子青青喜斗量人多以蠶豆占蠶，春醪爭祝馬頭娘大眠上山必祭。蠶沙淨處絲綸富蠶沙在腹，淨一節則絲富一節，光可外照，桑葚甘時吐屬香。一縷橫空身往腹，千層團結首低昂。家家看火靈禽喚山棚下炭火不慎，輒致火患，是月有禽適至，其聲宛云『家家看火』，雲髻偷梳總未遑。

雜録

漢 王充《論衡》卷五 故人之死生在於命之夭壽，不在行之善惡；國之存亡在期之長短，不在於政之得失。案，祖己之占，桑穀為亡之妖，亡象已見，雖修孝行，其何益哉？何以效之？

蠶農部

蠶母

題解

清 李光地等《御定月令輯要》卷七《三月令》 始蠶。增《夏小正》：妾子始蠶。《傳》：先妾而後子。何也？曰：事有漸也。言自卑事者始也。

論説

唐 獨孤郁《才識兼茂明於體用策》《文苑英華》卷四八八 夫古有四人，今轉加七，計口而十分之，其所以盡悴出賦，而衣食其九者，農夫、蠶婦而已。絳衣淺帶，以代農者，人十之一。

《續資治通鑒長編》卷三五九 光又言：臣伏覩近降農民，許疾苦實封狀，王嚞等一百五十道除所訴重複外，俱已簽帖進入。竊惟四民之中，惟農最苦。農夫寒耕熱耘，霑體塗足，戴星而作，戴星而息。蠶婦治繭績麻，紡緯縷縷而積之，寸寸而成之，其勤極矣。而又水旱、霜雹、蝗蜮，間為之災。幸而收成，則公私之債，交爭互奪。穀未離場，帛未下機，已非已有矣。農夫、蠶婦所食者糠籺而不足，所衣者綈褐而不完。直以世服田畝，不知捨此之外，有何可生之路耳。故其子弟遊市井者，食甘服美，目覩盛麗則不復肯歸南畝矣，至使世俗俳諧共以農為嗤鄙，誠可哀也。又況聚斂之臣，於租稅之外，巧取百端，以邀功賞。青苗則强散重歛，給陳納新；免役則刻剥窮民，收養浮食；保甲，則勞於非業之作；保馬則困扵無益之費，可不念哉！夫農蠶者，天下衣食之源，人之所仰以生也。

宋 秦觀《蠶書》 《唐史》載：于闐初無桑蠶，丐鄰國，不肯出。其王即求婚，許之。將迎，乃告曰：『國無帛，可持蠶，自為衣』。女聞，置蠶帽絮中，關守不敢驗，自是始有蠶。女刻石約無殺蠶，蛾飛盡乃得治繭。言蠶為衣，則治繭可為絲矣。世傳繭之未蛾而窺者，不可為絲。頃見鄰家誤以窺繭雜全繭治之，皆成系焉。疑蛾蜕之繭也，欲以為絲，而其中空不復可治。嗚呼！世有知于闐治絲法者，官以教人，則貸蠶之死，可勝計哉？予作《蠶書》，哀蠶有功而不免，故録《唐史》所載，以俟博物者。

明 沈氏，清 張履祥輯補《農書》卷下 西鄉女工，大概織緜紬素絹，績苧麻黄草，以成布疋。東鄉女工，或雜農桑，或治紡織。若吾鄉女工，則以紡織木棉，與養蠶作緜為主。隨其鄉土，各有資息，以佐其夫。女工勤者，其家必興；女工游惰，其家必落。正與男事相類。夫婦女所業，不過麻枲、繭絲之屬，勤惰所係，似於家道甚微，然勤則百務俱興，惰則百務俱廢，故曰：『家貧思賢妻，國亂思良相。』資其輔佐，勢實相等也。且如匹夫匹婦，男治田地可十畝，女養蠶可十筐，日成布可二疋，或紡棉紗八兩，寧復憂飢寒乎？刺繡淫巧，在所當戒。女工。

清 楊屾《豳風廣義》卷二《立蠶母説》

蠶母者，乃主蠶室，率領飼蠶者，每室必立一人，以腹節饑飽，以身測寒熱，愛護珍惜，如慈母育嬰，故有母稱。男婦皆可為之。男忌臭穢，女忌産婦。務要殷懃之人，最忌嬾惰貪眠之輩。熟記其法，能按規程飼養者，身着袷衣，不論新舊，務要潔净。以候凉暖。己身覺熱，蠶亦熱，宜退火。己身覺寒，蠶亦寒，宜進火。務使室中温和，始終不知有寒熱之苦。不得頻換顔色衣裳，洗手常要潔净，不可手掏苦菜，食生姜、葱、蒜、香椿、大豌豆，并飲酒。又不可親身拌醋、燒石炭、衣染惡氣。慎之。

以上一切忌惡之事，邪穢之氣，辟除蠲潔，夙夜齋敬，不致褻慢。能依此法，自然宜蠶。不必聽信陰陽師巫并愚婦之言，某人命裏不宜蠶，某相屬不宜蠶。豈不知農桑一理，世無不宜農之男，焉有不宜蠶之婦乎？至使改門換户，諂禱神祇，虚費財用，實無所益。故先儒有銘，以為業蠶者戒。銘曰：世業農桑，既興我室。比臨蠶月，復事塗飾。桃茢祓除，神主斯立。曲植既具，錡筐乃集。連蟻方生，若不厭密。婦以母名，育有慈德。爰求柔桑，入此飼食。寒燠身先，是為體測。上無疏薄，下無淫浥。簾箔垂門，龕火在壁。夜窗或遮，風竇時窒。頗忌北風，空障西日。他工莫興，外人莫入。庇護攸安，漸至捉績。祈祀以時，願獲終吉。神實相之，簇如雪積。分繭稱絲，來告功畢。

又《論蠶》

欲事蠶者，先樹桑，次製什物，修蠶室，安蠶神，立蠶母，數事備，而方可以言蠶矣。

清 程岱葊《西吴蠶略》卷下 自頭蠶始生，迄二蠶成絲，首尾六十餘日，婦女勞苦特甚。其飼之也，篝燈徹曙，夜必六七起。葉帶露，則宜蠶，故採必淩晨，不暇櫛沐。葉忌霧，遇陰雲四布，則乘夜採之。葉忌黄沙，遇風霾，則逐片抖刷。葉忌澆肥，必審視地土。葉忌帶熱，必風吹待凉。飼一周時，須除沙屑，謂之替替，遲則蠶受蒸。葉必遍筐，不遍則蠶饑。葉忌太厚，太厚則蠶熱。俟其眠，可少省飼葉之勞。又須捉而秤之，以分筐。將起，有煎煿、油腥之戒。起必待齊，然後飼葉，不齊而遽飼之，則至老早晚參差。皆一定之法，稍不經意，其病立見。富室無論已，貧家所養無多，而公家賦税，吉凶禮節，親黨酬酢，老幼衣著，惟蠶是賴，即惟健婦是賴。顧利殊有限，豐收三五載，汔可小康。如值桑葉涌貴，典衣鬻釵，不遺餘力。蠶或不旺，輒忘餐廢寢，憔悴無人色，所係於身家者，重也。男丁惟鋪地後，及繅絲可以分勞。又值田功方興之際，不暇專力從事，故自始至終，婦功十居其九。陶穀《清異録》謂『齊、魯、燕、趙之間，養蠶收繭訖，主蠶者簪通花銀碗謝祠廟。村野指為〝女及第〟。』吾湖則比户養蠶，更指何者為及第乎？《唐詩》云『遍身羅綺者，不是養蠶人』，旨哉斯言。

清 方大湜《桑蠶提要》卷二《蠶事四十條・蠶母四則》

男婦皆可作蠶母。蠶室一切事宜，均以蠶母爲主。除未滿月之産婦，不可作蠶母外，其餘男婦，皆可爲之。某婦命裏不宜蠶，某相屬不宜蠶，乃陰陽師、巫及鄉間愚婦之言，必不可信。農桑一理，天下無不宜農之男子，豈有不宜蠶之婦人？

潔淨 蠶母養蠶，手宜潔淨，勿飲酒，勿食葱蒜等物，勿佩香囊，均詳蠶性第一、二則。勿頻換顔色衣服。

精細 蠶自初生至結繭，或眠或起，或小或老，各有其狀。詳蠶種第二、三則，老蠶第二則，及頭眠、二眠、三眠、大眠並眠起各則。或宜煖，或宜涼，或宜明，或宜暗，詳蠶性第一則。各有其時。切葉詳飼葉第一則、餧葉詳飼葉第三、四、五、六、七則、體蠶、分蠶詳易器第一、二、三、四則，各有其法。蠶屋蠶食，避忌尤多。詳蠶性第二則，蠶食第二、三則。蠶母須事事用心，時時留意。

辛勤　養蠶之時，合家大小，無不忙迫。蠶母尤不可躲嬾，夜間切勿貪眠。

清　呂廣文《蠶桑要言·育蠶法》

養蠶爲婦女第一件分內事，卽富貴之家，亦當使婦女身習勤勞不致，來休其蠶織之譏。然養蠶以葉爲主，有葉當養，無葉斷不可養。無葉蠶餓，蠶婦對之，比自己餓腹，更屬難堪。故養蠶須先備葉。若家無桑園，必先將葉租定，方可養，此是要言，特首揭之。

清　吴鴻望校，袁俊德輯《蠶政萃編·蠶始類》

舉蠶母

蠶母者，主蠶室，率飼蠶也。每室必立一人，以腹節飢飽，以身測寒熱，愛護珍惜，如慈母育嬰，故有母稱。男婦皆可爲之，男忌臭穢，女忌產婦。若俗云某婦命裏不宜蠶，某相屬不宜蠶，乃陰陽師巫，及鄉愚妄言，必不可信。又有改門換戶，諂禱神祇，虛費財用，其實無益。

清　豫山《蠶桑辑要合编》下　謂人力不逴耶，則吴中貧婦，往往操鋤耦耕，何如蠶婦女工，自修內職，而不行于野。且一歲中，僅竭三旬之勞，無農四時之苦，無水旱之虞，而坐收倍耕之利。謂其事之不習耶？則鄰壤相望，止須傭一蠶婦、一種樹之工，教幼丁童女爲之，初無南北風土之隔。是桑利可佐田賦之窮明矣。

清　張壽宸彙《蠶桑圖説提要·常郡蠶桑合編原序》　謂人力不逴耶，吴中貧婦，往往操鋤耦耕，何如蠶婦女工，自修內職，而不行於野。且一歲之中，僅竭三旬之勞，無農四時之苦，無水旱之虞，而坐收倍耕之利。謂其事之不習耶，則鄰壤相望，止須傭一蠶婦、一種樹之工，教幼丁童女為之，初無南北風土之隔。是桑利可佐田賦之窮明矣。可行於蘇、松，并可行於常鎮、襄陽，均以勸興桑蠶著績，何况吴越接壤之地。柱藩吴以來，思所以紓吴農之困，佐其養生之資。既檄行各屬，剴切示諭，復取近人所著《蠶桑切要》及《丹徒蠶桑局章程》刋布，加以圖説，并仿製器具，頒行所部。或曰：陳、宋諸公行諸地曠賦輕之地，非其所施於土陿人稠賦重之區，奈何舍穡事談桑事？答曰：正惟其土陿人稠賦重，農田所入不足供上，乃必以桑佐穡也。上田畝米三石，春麥石半，大約三石為常。漕賦之外，所餘幾何？今桑地得葉盛者，畝蠶十餘筐，次四五筐，最下亦二三筐。米賤絲貴時，則蠶一筐卽可當一畝之息。夫婦並作，桑盡八畝，給公贍私之外，歲餘半資。且葚可為酒，條可以薪，蠶糞水可飼豕而肥田，旁收菜茹瓜荳之利，是桑八畝當農田百畝之入。為貧民計，為土陿人稠計，孰尚於此？語曰：種桑三年，採葉一世。《管子》曰：一年之計樹穀，十年之計樹木。勿迂視，勿虛文，無治法，有治人，是在良有司哉，是在良有司哉！

清　理財政局《奉天全省財政説明書》第四卷《正雜各捐·利弊説明》

蠶戶養蠶，與農民耕種，性質正同。繭捐之抽收，卽爲畝捐之變象，因地制宜，尚屬有利無弊。

清　曹倜《蠶桑速效編》　山左風俗：務農之家，收穫之餘，毫無生計。無論水旱風災，舉家失望，卽年歌大有，工本以外，所剩無多。竊思民情困苦，生計維艱，欲有以振興之，則功效最速者，莫如蠶桑。己亥歲，倜以丁艱旋里，見種桑育蠶之家，獲利甚鉅。每年一邑所出之繭，售銀已逾百萬。詢其由，則吴茂才孔彰之力也。孔彰爲江邑善士，因見鄉人性多守舊，風氣未開，於是手自種桑，分秧鄰里，並聘蠶婦，招繅師，講求育蠶作繭之法。

清　黄祖徽《蠶桑淺説·栽桑篇第一》　按，家中無農家子弟經理，萬不可栽桑過多，以致折本。《唐詩》云：『徧身羅綺者，不是養蠶人。』旨哉斯言！

又《養蠶篇第二》　是知養蠶家，雖於一季蠶事，僅三十餘日，日後且有十分酬報。而此三十餘日之間，如何保養，如何勤勞，良非易易也。

綜述

宋　王應麟《玉海》卷七七　萬民之業，以農桑為先。故千畝之祀，王者所以勸耕民；吉己之祠，王后所以率蠶婦。稽往古之制，皆合親行；從後世之宜，亦當攝祭。

宋　佚名《錦繡萬花谷》前集卷一五《國賦》　租庸調，唐制，凡授田者，丁歲輸粟二斛，稻三斛，謂之租。丁隨鄉所出，歲輸絹二匹，綾、絁二丈，布加五之一，綿三兩，麻三斤。非蠶鄉，輸銀十四兩，謂之調。用人之力，歲二十日，閏加二日，而不役者為絹三尺，謂之庸。

元 司農司《農桑輯要》卷四《養蠶》　《士農必用》：下蟻惟在詳款稀匀，使不至驚傷而稠疊。是時蠶母沐浴净衣，入蠶屋。蠶屋内焚香。又將院内鷄犬孳畜，逐向遠處，恐驚新蟻也。

又　自蟻初生，相次兩眠，蠶屋内正要温暖。蠶母須著單衣，以身體較。若自身覺寒，其蠶必寒，便添熱火；若自身覺熱，其蠶亦熱，約量去火。

又　未滿月産婦，不宜作蠶母。蠶母不得頻换顔色衣服，洗手長要潔净。

明 丘濬《大學衍義補》卷三一　唐租庸調法：丁隨鄉所出，歲輸絹二疋，綾、絁二丈，布加五之一，綿三兩，麻三斤。非蠶鄉，則輸銀十四兩，謂之調。用人之力，歲二十日，閏加二日。不役者，日為絹三尺，謂之庸。有事而加役二十五日者，免調；三十日者，租調皆免。通正役不過五十日。

明 徐光啓《農政全書》卷三一《蠶桑》　蠶時晝夜之間，大概亦分四時，朝暮類春秋，正晝如夏，夜深如冬，寒暄不一。雖有熱火，各合斟量多少，不宜一例。自初生至兩眠，正要温煖。蠶母須著單衣，以為體測，自覺身寒，則蠶必寒，便添熱火；自身覺熱，蠶亦必熱。約量去火。

又　《士農必用》曰：下蟻惟在詳款稀匀，使不致驚傷而稠叠。是時，蠶母沐浴净衣，入蠶屋，蠶屋内焚香。又將院内鷄犬孳畜，逐向遠處，恐驚新蟻也。

明 陳繼儒纂輯，清 石巖增訂《陶朱公致富奇書》卷二《畜牧部·養蠶》　蟻初生，將次兩眠。蠶屋正要暖，蠶母須着單衣，可知凉煖。自身覺寒，蠶亦寒，便添熱火；若自身覺熱，量去火。一眠之後，天氣晴明，於巳午時間，捲起窗薦，以通風日。至大眠後，天氣炎熱，卻要屋内清凉，務須臨時斟酌，此凉暖之法也。

又　自蟻而三眠，俱用切葉，三眠之後不用。切忌油鑊氣、煤氣，尤忌零陵香。蠶室不可容生人入内。蠶婦不可食薑，食蠶豆。

清 顧炎武《天下郡國利病書》第九册　初桑絲賦，諸蠶鄉税絲賦，諸漁户以漁網用絲也，並以銀折，每觔折銀八錢五分。惟京庫折絹，每絲二十兩，折絹一疋。但户額以洪武為准。逃絶十之七八，惟取足於見在。漁家令賠貱充數，而漁户病矣。桑絲本派自應天府牛首山，山籍宣城，税遂歸焉。不屬蠶鄉，不派通邑，而獨累漁户，實弊政也。

清 顧炎武《日知録》卷一〇　松江一府，税糧尚不下一百二萬九千餘石。愚歷觀往古，自有田税以來，未有若是之重者也。以農夫、蠶婦凍而織，餒而耕，供税不足，則賣兒鬻女。又不足，然後不得已而逃，以至田地荒蕪，錢糧年年拖欠。

（康熙）《雲夢縣志》卷八《風俗志》　寒食在清明前一日，自冬至至此一百有六日。日，蠶娘于是日驗蠶事。午前晴，早蠶成；午後晴，晚蠶成。歷試不爽。

清 韓夢周《蠶桑實濟》卷四《育蠶急務》　均布一箔，惟在詳欵稀匀，不至稠疊、驚壓。上用一箔，遮塵土，下用一箔，隔隰氣，中箔養蠶。是時蠶母沐浴淨衣，入蠶室祀神。《儀注》詳前。又用炭灰燒棗子一二枚，以辟邪惡之氣。又將院内雞犬畜類，逐向遠處，恐驚新蟻。

清 鄭之僑《農桑易知録》卷二《桑務事宜》

回杣採繭俗名為回杣

蠶上杣後，至第四日，蠶身在繭内，皆變為蛹。俗名蠶女也。此時男婦齊集採繭，將繭採下，盛竹筐内，每秤十觔。如火出蠶十觔，收繭一百觔，即是十分收成。然必十觔一篇，薄薄匀攤，以防烝也。毛繭一烝，絲便不好取矣。

清 朱斌《蠶桑指要》　護蠶婦人名曰『蠶娘』，尤必潔其衣身。年高者妙，年少者恐經期正轉，便須换人三日。故凡汚穢之氣，始終不可觸犯。

清 包世臣《齊民四術》卷一下《農一下》　凡養蠶，固合家幫忙，須擇一精細耐勤勞人爲蠶母，總經其事。下蟻時，沐浴淨衣，入蠶室，焚香祀先蠶。忌生人及穿孝人，内外人哭泣聲、雞犬，皆遠驅之。毋舂米、築牆、埽塵，酒氣、臭氣、穢言，及諸忌言。蟲鼠之類。凡蠶，屋内必畜一貓。

清 俞墉纂輯《蠶桑述要》　古時採桑皆婦工。《詩》云：女執懿筐，遵彼微行，爰求柔桑。此蠶小時在於家園附近處。至三眠以後，食葉漸多，非婦工所能勝。他省須蠶戸赴地剪採，蠶忙工宜多雇。蠶忙時，雇來之幫工，謂之『蠶忙工』。一人剪葉，每日不過二百觔。江浙城鄉村鎮，俱開葉市。桑已剪下，裝就葉簖，只須挑運，不煩剪折，故人工較省，且物聚於市。急需，則隨時可以秤購也。湖州葉市，每十觔爲一箇，十箇爲一擔。《金鈴集》中《蠶詞》云『青青論箇，不論觔者』，是也。

又　更甚忌蠶婦經水瘡毒穢污；未滿月之産母，不宜作蠶婦。

清 方大湜《桑蠶提要》卷二《蠶事四十條**·蠶母**四則**》**　辛勤　養蠶之時，合家大小，無不忙迫。蠶母尤不可躲嬾，夜間切勿貪眠。

清 汪宗沂《蠶桑輯要·樹桑養蠶要略》 重蠶母 擇老成婦女，耐苦習勞者爲之。手宜潔，勿飲酒，夜間勿貪眠，勤餧養。凡蠶自初生至結繭，或宜煖，或宜涼，切葉、餧葉，各因其時，全須蠶母處處留心，以腹測蠶之飢飽，以身測蠶之寒熱。能依禁忌，蠶利十倍，婦品亦漸趨純靜。

（光緒）《湖南通志》卷末之三《雜志三·紀聞三》 建武中，桂陽太守茨充，教人種桑蠶，人得其利。至今江南頗知桑蠶織屨，皆充之化也。《後漢書·衛颯傳》注

清 曾鉌《蠶桑備要·附三原桑園蠶婦養蠶簡易法》 夫婦二人，一幼子，夫採桑，婦育蠶，兼乳哺造飯。養蠶三架，頭、二眠時，婦尚出門，與人做線、聽戲。惟大眠後忙入日，添幫工一二人，每年僅需一月，成繭二百三四十觔，取絲二十觔。其蠶甚齊，一日上簇，二日即上完，成繭皆堅厚。

清 盛宣懷《蠶桑備要》 嘉湖等處，家家育蠶，人人種桑，從未有一家種數十畝桑者，工少樹多，鮮不荒廢。亦須人人種桑，依時壅肥，削草、修翦、捉蟲，但勿貪多，自能獲利。

清 衛杰《蠶桑萃編》卷三《蠶政·蠶始類》 凡養蠶家，下蟻之日，蠶多力厚者，設三牲、酒醴；蠶少力微者，割鷄設醴，點燭焚香，將筐置先蠶几案，蠶母率闔家，奠醴拜禱。

清 豫山《蠶桑輯要合編·補遺》 蠶母乃主蠶室，率領飼蠶者。每室必立一人，以腹節饑飽，以身測寒熱，愛護珍恤，如慈母育嬰，故有母稱。男婦皆可爲之，男忌臭穢，女忌產婦，務要慇懃之人。最忌懶惰貪眠之輩。熟記其法，能按規程飼養者，身着裌衣，不論新舊，務要潔淨。以候涼煖。己身覺熱，蠶亦熱，宜退火；己身覺寒，蠶亦寒，宜進火，務使室中溫和，始終不知有寒熱之苦。不得頻換顏色衣裳，洗手常要潔淨。不可手掐苦采，食生薑、葱、蒜、香椿、大豌豆，並飲酒。又不可親身拌醋，燒石灰，衣染惡氣，慎之。

紀事

《舊唐書》卷一八五下《倪若水傳》 四年，玄宗令宦官往江南採鵁鶄等諸鳥，路由汴州。若水知之，上表諫曰：『方今九夏時忙，三農作苦，田夫擁耒，蠶婦持桑。』

宋 謝維新《古今合璧事類備要別集》卷五一 見桑婦。晉文公會欲伐衛，公子鉏仰而笑，公問之，曰：『臣之鄰人，有送其妻適私家者，道見桑婦，悅而與言。然顧其妻，亦有招之者矣，臣切笑此。』公悟其言，引師還。未至，而有伐其北鄙者。《列子》 採桑女。齊瘤女，東郭採桑之女，項有大瘤。閔王遊至東郭，百姓盡觀，惟瘤女採桑如故。王恠問之，對曰：『受父母教採桑，不受教觀王』。王曰：『此奇女。』悅而聘迎之。劉向《列女傳》。

明 張萱《西園聞見録》卷一五《機權》 公駕至南都，中使矯詔，令泗州進美人善歌吹者，數十人。公奏：『泗州婦女荒陋，且近多荒亡，無以應勅旨。臣向募桑婦十餘人，倘蒙納之宮中，俾受蠶事，實于治化有裨焉。』事遂寢。

清 嵇璜等《欽定續通典》卷八《食貨·賦税上》 孝宗淳熙五年，詔曰：『比年以來，五穀豐登，蠶絲盈箱，嘉與海内，共享阜康之樂。尚念耕夫、蠶婦，終岁勤動，價錢不足以償其勞。郡邑兩税，除折帛、折變，自有常制，當輸正色者，毋以重價强之折錢。』臨安府刻石，徧賜諸路。光宗紹熙元年，臣僚言：『古者賦租，出於民之所有，不强其所無。』

俄 佚名《中國蠶務情形記》《皇朝經世文統編》卷六〇 日本某君，抵中國視察蠶業情形，歸而語人曰：『余以四月十四日抵上海，先往蘇州、無錫二地。中國蠶事之盛，莫如江蘇、浙江兩省。無錫屬江蘇省，為育蠶要地。時適當蠶子三眠之際，得親視其中情形。中國育蠶之家，不似日本，以男子執蠶桑之業，乃婦女親當其任，男子不過取桑於圃中，以助女子之勞而已。中國風俗多拘吉凶避忌，既屬婦女專心之事，甚至雖為夫者，或不得知育蠶之實情。』

藝文

晉 楊泉《蠶賦》《藝文類聚》卷六五 惟陰陽之產物，氣陶化而播流。物受氣而含生，皆纏緜而自周。伊夫蠶之為物，功巨大而弘優。成天子之袞冕，著皇后之盛服。昭五色之玄黃，作四時之單複。是以王者貴此功焉，使皇后命三宮之夫人，又世婦之吉者，親桑於北宮。二月初吉，遂布令於天下，百辟兆民，使咸務焉。是以仲春之月，吉日庚午，既差我馬，惟蠶之祖。編使童男，作以童女。溫室既調，蠶母入處。陳布涚種，柔和得所。晞用清明，浴用穀雨。爰求柔桑，切若細縷。起止得時，燥濕是俟。逍遥偃仰，進止自如。

仰以龍騰，伏似虎跌。員身方腹，列足雙俱。昏明相推，日時不居。粵召役夫，築室於房。於房伊何？在庭之東。東愛日景，西望餘陽。既酌以酒，又挹以漿。壺飧在側，敷修在旁。我鄰我黨，我助我康。於是乎蠶事畢矣，大務時成。閣紆卷簿，灑掃宮庭。蠶母須飾，從容自寧。至於再宿，三日乃開闔啓房，是瞻是觀。方者四張，員者紆盤。縱者相屬，橫者交連。分薪柴而解著，繭絲互而相攣。競以挐攫，載笑載言。惰者悦而忘解，劣者勉以增勤。是月也，天子以太牢之禮，獻繭於寢廟。皇后親繅三盆，然後頒於夫人世婦。至於百辟卿士，下及兆民，咸趨繅事。爾乃絲如凝膏，其白伊雪，以為衣裳，冠冕服飾。禮神納賓，各有分職。以洽百禮，罔不斯服。夫功也起於繇，繇成於翼，翼頌之難，周論之罔極。殷斯勤斯，如何勿憶！

宋 范成大《石湖詩集》卷二七《四時田園雜興六十首并引**・夏日田園雜興十二絶》** 百沸繅湯雪湧波，繅車嘈囋雨鳴蓑。桑姑盆手交相賀，綿繭無多絲繭多。

又《蠶婦吟》 掃下烏兒毛様細，滿箱山葉翦青柔。大姑不似三姑巧，今歲繅絲兩倍收。諺有『大姑拙，三姑巧』之語。

宋 張俞《蠶婦》《皇朝文鑑》第二六 昨日到城郭，歸來淚滿巾。遍身羅綺者，非是養蠶人。

宋 葉茵《順適堂吟稿》卷三《蠶婦歎》 浴蠶纔罷餧蠶忙，朝暮蓬頭去採桑。辛苦得絲了租稅，終年秖着布衣裳。

又《蠶婦吟》 九日三眠火力齊，五朝又報四眠時。辛勤一月方能蠒，繅得成絲却賣絲。

宋 釋文珦《潛山集》卷五《蠶婦歎》 吳儂三月春盡時，蠶已三眠蠶正饑。家貧無錢買桑餧，奈何饑蠶不生絲。婦姑携籃自相語，誰知我儂心裏苦。姑年二十無嫁衣，官中催税聲如虎。無衣衣姑猶可緩，無絹納官當破産。隣家破産已流離，頹垣廢井行人悲。

明 李開先《李中麓閑居集》卷二《蠶婦》 少婦采柔桑，養蠶日夜忙。葉須防浥臭，椹恐汙衣裳。九老方歸簇，王氏《農書》云：十蠶九老，方可入簇。三眠色正黃。繭絲組織後，温暖却寒涼。

明 姚可成《救荒野譜・絲蕎蕎食莖葉**》**

二三月采，熟食；四月結角，不用。

絲蕎蕎，如絲縷。昔爲養蠶人，今作挑菜侶。養蠶衣整齊，挑菜衣襤褸。張家姑，李家女，隴頭相見淚如雨。

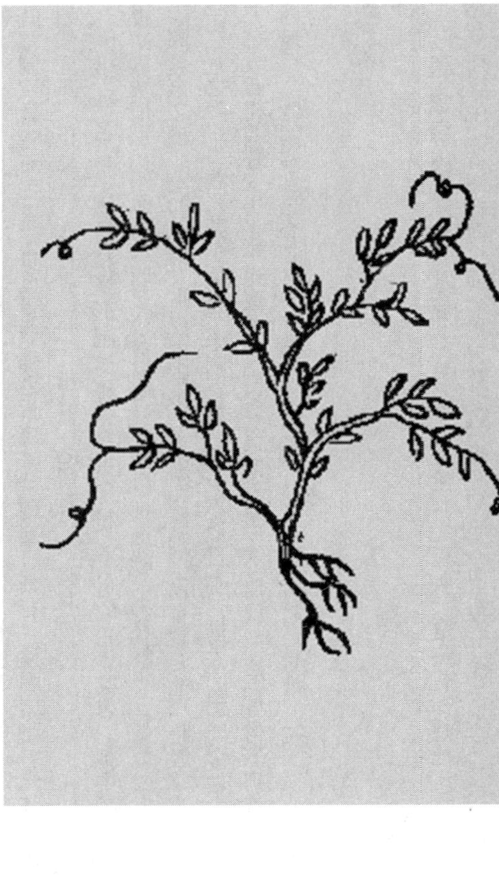

清 宋犖《筠廊二筆》卷上 祥符周雪客在浚，晉稗載二事。其一，正統朝于忠肅謙巡撫太原，有《憫農》《采桑婦》二詩先，文康于天啟朝令陽曲，手書刻縣治屏上，至今猶存。憫農云：無雨農怨嗟，有雨農辛苦。老夫出門荷犁鋤，村婦看家事縫補。可憐小女年十餘，赤脚蓬頭衣藍縷。提筐朝去暮始歸，青菜挑來半粘土。茅檐風急火難炊，旋爇山柴帶根煮。夜歸夫婦聊充饑，食罷相看淚如雨。將奈何？有口難論辛苦多，嗟爾縣官當撫摩。采桑婦云：低樹采桑易，高樹采桑難。日出采桑去，日暮采桑還。歸來喂葉上蠶薄，誰問花開與花落。二眠纔起近三眠，此際祇愁風雨惡。割鷄裂紙祀蠶神，蠶若成時忘苦辛。但願公家租賦給，一絲不望上儂身。丁男幸免官府責，脂粉何須事顔色。收蠶猶未是閒時，却與兒夫勤稼穡。其一：陽曲縣治，有先文康詩版云：黄口兒依母，賣兒完母錢。分明割己肉，何待別人憐。此詩家集未載，敬爲補入，知公詩文散佚者多矣。

清 愛新覺羅・玄燁《御製耕織圖》 春深處處掩茅堂，滿架吳蠶婦子忙。料得今年收繭倍，冰丝雪縷可盈筐。

清 蔣廷錫《六荒詩・蠶荒》《清詩鐸》卷一四 吳民事蠶絲，燥溼惟時候。今年三月前，霡霂潤土厚。蠶婦欣相告，可保蠶有收。有綿白如雪，有絲細如縷。㬠風護蠶子，蠶子衆且驟。一線黑如針，初眠已昂首。誰知連旬雨，桑枝爛若蹂。重陰固微陽，葉葉皮縮皺。水氣毒中蠶，蠶死首相湊。蠶婦長歎泣，相約毀絲扣。

清 邵曾訓《蠶婦吟》《清詩別裁集》卷二五 姑采牆下桑，婦采陌上桑。桑葉昨嫩今日老，天氣今陰昨日好。一解。

清 方觀承《述本堂詩集・看蠶詞》 蠶婦常著單衣，以節寒煖。寒則進火，煖則減徹。採採筐盈，幾過分番。沃葉頻輸，信約黃金。桑下不同，魯國秋胡。

清 朱奕曾《蠶婦謠》《清詩鐸》卷七 三月三日天氣清，苕溪女兒逐隊行。提筐攜筥不厭重，爲言采桑育蠶種。初生細如絲，薄刀切葉聲差差。一眠二眠蠶上架，桑葉漸與黃金亞。衣釵質錢買桑葉，只論有葉不論價。大姑鬔髮鬆不梳，小姑辛苦脣不朱。老婦椎髻飼蠶食，衣裳不解體不舒。日間防蠶飢，夜間防鼠皵。保蠶如保嬰，刻刻難離抱。三眠之後蠶始壯，燒紙祈神祝蠶旺。買牲市酒皆貸錢，一家羅拜求神貺。時交小滿蠶上山，昂頭纍纍絲如蟠。瓦盆烈烈然炭火，雌雄結繭何斑斕。繅車轣轆轉銀牀，飛濤滾滾百沸湯。大姑纖手把絲緒，一莖抽出萬丈長。纔喜新絲初出釜，硃牌紛票來官府。完糧刻日不許遲，胥吏下鄉猛如虎。蠶娘授絲與主公，主公接絲賣城中。賣絲得銀納官稅，可憐今歲蠶事空。蠶娘痛哭陳詞說，辛苦看蠶枉勞力。未贖酬神買葉錢，寸絲尺縞留不得。主公涕泣告蠶娘，賣絲未足清官糧。上司行文又催促，儘拚五月賣新穀。

清 朱奕曾《養蠶曲》《清詩鐸》卷七 蠶喜靜，密室簾櫳生客屏。蠶喜煖，深窗無風日華滿。清晨采桑珠露滴，葉葉玉纖親拂拭。不梳不沐一月忙，紅蠶滿箔繭白黃。絲成許兒作布袴，賣絲不彀充租賦。貴家女兒不識蠶，裁紈翦綺終朝憨。養蠶人家無寸帛，七十老翁凍折骨。

清 黃安濤《蠶婦歎》《清詩鐸》卷七 城東桑葉不值錢，家家養蠶過二眠。二眠已過雨不止，箔上眠蠶寒欲死。貧家那有深房櫳，穿牆入戶多酸風。蠶娘視蠶如性命，連夜速備熏爐烘。呼兒入市添薪炭，泥滑難行歸去晏。眼看箔底淚珠流，戢戢剛成無一半。去年葉貴絲賤賣，今年葉賤蠶又壞。養蠶本爲償債來，那識養蠶翻作去聲。債。朝來河邊傾一筐，暮來河邊傾一筐。不愁室無糧，不愁寒無裳，妾身安得如蠶僵。

雜録

《隋書》卷七《禮儀二》 皇后因親桑於桑壇，備法駕，服鞠衣，乘重翟，帥六宮升桑壇，東陛即御座。女尚書執筐，女主衣執鉤，立壇下。皇后降自東陛，執筐者處右，執鉤者居左，蠶母在後。乃躬桑三條，訖，升壇即御座。內命婦以次就桑，鞠衣五條，展衣七條，褖衣九條，以授蠶母。還蠶室，初授世婦，灑一簿領。預桑者並復本位。后乃降壇，還便殿，改服，設勞酒，班賚而還。

宋 陳景沂《全芳備祖》卷二二《農桑部》 趙宣子田于首山，舍于翳桑，見靈輒餓，曰：『不食三日矣』。為携簞食與肉食，實諸橐以與之。既而與為公介倒戟，以禦公徒，而免之，問何故，曰：『翳桑之餓人也』。問其姓名，不告而去，遂自亡也。《左傳》晋文公會欲伐衛。公子鉏仰而笑，公問之，曰：『臣之鄰人，有送其妻適私家者，道見桑婦，悦而與言。然顧其妻，亦有

招之者矣。臣切笑此。』公悮其言，引師還。未至，而有伐其北鄙者。《列子》

《太平御覽》卷八〇二五《資産部五》 《物理論》曰：使人主養民，如蠶母之養蠶，則其用豈徒絲蠶而已哉！

宋 樓鑰《攻媿集》卷七六《跋揚州伯父耕織圖》 高宗皇帝身濟大業，紹開中興，出入兵閒，勤勞百爲，櫛風沐雨，備知民瘼，尢以百姓之心爲心，未遑他務。下務農之詔，躬耕藉田之勤。伯父時爲臨安於潛令，篤意民事，慨念農夫、蠶婦之作苦，究訪始末，爲耕織二圖。耕自浸種，以至入倉，凡二十一事；織自浴蠶，以至翦帛，凡二十四事。事爲之圖，繫以五言詩一章，章八句。農桑之務，曲盡情狀，雖四方習俗，間有不同，其大略不外於此。

《新唐書》卷二〇〇《林藴傳》 農桑無百分之一，農夫一人給百口，蠶婦一人供百身。

宋 王應麟《玉海》卷一七九 唐賦役法：唐授人以口分、世業，取之以租庸調之法。凡授田丁，歲輸粟二斛，稻三斛，謂之租。《陸宣公奏議》云：丁男一人，受田百畝，歲納租粟二石。丁隨鄉所出，歲輸絹二匹，綾絁二丈，布加五之一，綿三兩，麻三斤。非蠶鄉，則輸銀十四兩，謂之調。陸云：每丁各隨鄉土，所出歲輸，綾若絁共二丈，綿三兩。其無蠶，則輸布二丈五尺，麻三斤。

《明史》卷四九《禮三》 禮部上皇后親蠶儀：蠶將生，欽天監擇吉巳日以聞；順天府具蠶母名數送北郊；工部以鈎箔、筐架諸器物給蠶母；順天府以蠶種及鈎筐一進呈内官，捧出還授之。出元武右門，置綵輿中，鼓樂送至蠶室，蠶母受蠶種浴飼，以待命婦。

（康熙）《山東通志》卷二九《列女傳》 費縣周邵氏。秋胡妻，秋胡納婦，五日而之陳，五年而歸。將至家，見道有採桑婦，美而悦之，與之金，不受。胡至家拜母畢，母呼其婦出見之，乃所見採桑婦也。胡大慙，婦曰：『悦桑下婦人，而忘其母，是不孝也。妾不忍見不孝之子。』投河而死。

清 鄭珍《樗繭譜・居守》莫友芝注 主廠者，蠶匠也。其傭曰蠶火，所居曰蠶廠，分駐曰蠶篷，器備曰蠶刷，曰蠶筦，曰蠶剪，曰蠶銃，『充』，去聲，卽鳥鎗也，空發以驚鳥不置子。曰薅刀，卽鐮刀。曰排套，曰機竿，曰響笴，曰沙撮，曰擎霹。音料辟餘如成家，飲食器用。或妻兒具也。

清 俞墉纂輯《蠶桑述要・剥繭》 繭以堅厚緊小兩頭匀圓帶長式者爲上，純圓者爲梅子繭，帶長者爲花鼓繭，中有束痕者爲腰鼓繭，兩三蠶合成一繭者爲同功繭，兩頭有孔者爲穿口繭，頂上蓬鬆不收口者，為蓬頭繭。一説蠶母不梳頭，送上山者，率多此繭。入手軟瘪，可照繭裡之蛹爲薄殻繭。此最無用，并綿亦不能弸。

清 程岱葊《西吴蠶略》卷上 忌未滿月産婦作蠶母。

清 理財政局《東三省奉天光緒三十四年入款説明書・歲入經常類・蠶捐》 就養蠶之戶，所徵收之捐款，曰『蠶捐』。有按蠶戶收捐者，如本溪縣，春季每戶捐小銀元一元，秋季每戶捐兩元是也。有按蠶場收捐者，如莊河廳，每場月捐小銀元二角五分是也。

圖表

清 衛杰《蠶桑萃編》卷一二《蠶圖詠類・重蠶母第三圖》 青青陌上採新桑，飼養關心煖與涼。三起三眠均得法，辛勞幾費老蠶娘。擇老成婦女，能耐勞苦者，潔浄梳洗，早起晚息，晝夜勤飼。宜微煖微涼，謹避風雨，細測蠶之飢飽，不先不後，飼之方佳。

其他

論説

清 曾鉌《蠶桑備要・計開經始事宜章程十二條》 將來蠶事大興後，宜收買繭子。民間養蠶，不習取絲，且繭子多無賣處，致歸無用。故屢辦蠶桑，民不興行者，職此之由。今擬每歲收買繭子，僱匠取絲，其絲即售於官機房。儻有餘利，即可次第收買，周轉無窮，蠶事庶可興旺。若再歷久不懈，實事求是，秦地桑政，自可風行矣。

綜述

清 王晉之《山居瑣言・治生宜精理桑棉》 治生之道，男女俱不可曠。蠶桑紡織，乃婦女專責。詩云：『婦無公事，休其蠶織。』《周官》：『不蠶不績，胥有明罰。』故桑棉二者，治家者宜破出氣力經營，爲婦女作久遠恒業。【略】至於女子之於蠶織，正當童而習之，以爲作家之本。乃幼則嬉戲度日，長務女工，亦多從事於描鸞刺鳳，疲精勞神，以作無益，鮮有計及蠶織者。不知男耕女織，利相抵而家業始成，舍其半而不圖，無怪其用之不足也。麻亦日用必需者，績織之法並宜兼講。

紀事

清 黄書霖《二十四史九通政典類要合編》卷一三八 武德七年，定每丁歲入租粟二石正，按《唐書》有：稻三斛。調則隨鄉土所產，綾、絹、絁，各二丈，按《唐書》作：絹二匹，綾絁二丈。布加五分之一。輸綾絹絁者，兼調綿三兩；輸布者，麻三斤。按《唐書》有：非蠶鄉，輸銀十四兩。

藝文

宋 王應麟《玉海》卷七七《建隆勸農詔》 周世宗顯德三年，留心農穡，思廣勸課之道，命國工刻木為耕夫、織婦、蠶女之狀於禁中，召近臣觀之。學士承旨陶穀，為贊以美其事。其序曰：耕於歷山，重華之德也；蠶於岐陽，大姒之美也。我后在宥之四載，以為化民成俗者，莫如身率。乃命有司刻木為耦人耕耘之象，又為織婦、蠶女之類，置于紫庭，亦几杖盤盂座右之義也。志在足食，豈同流馬之運。人皆有褐，且殊昆明之石。同穎八蠶，可翹足而望。豈比獲玉鈎於山陽，空有採桑之號。陳金根於鈎盾，但為弄田之戲哉！贊曰：寒耕暑織，上感皇情。帝梧景轉，遲遲欲行。宮簾風度，扎扎有聲。疲俗是念，侈心不萌。

雜録

宋 吴淑《事類賦注》卷二五《木部・桑》 范宮周穆之遊。《穆天子傳》曰：天子居范宮以觀桑者。乃飲于桑中，命桑虞出桑者，用禁暴民。注：桑虞，主桑者。

清 韓夢周《蠶桑實濟》卷一《樹桑捷驗》 家中樹桑多者，不惟得絲，且宜婦人。蓋桑本箕星之氣，下映而生者，箕乃女相之星，下映其室，婦人少病而無夭折之患。況桑又能祛邪，逐邪者用桑弓，即此義也。如有陰陽術士，妄談『桑』與『喪』同音，樹之不吉者，此愚迷無識之輩，休聽信。再於路旁、門前、場圃、城壕悉爲種植，不使有尺寸曠土，則遍地皆錦繡之資矣！

清 吴通帛《廣廣事類賦》卷三一《蟲豸部・蠶》 桑林化女，雲中看駕馬之娘。干寶《搜神記》：蜀有蠶女，父爲人掠去，惟所乘馬在。母曰：『有得父還者，以女嫁焉。』馬聞言，絕絆而去。數日，父乘馬歸。母告之故，父不可，馬咆哮，父殺之，曝皮于庭，皮忽卷女而去，棲于桑，女化爲蠶。一日，女乘雲駕馬，謂父母曰：『太上以兒不忘義，授以九宮仙嬪。』又《廣東舊語》：新興有東山神者，有處女採桑過焉，歌曰：『路邊神爾單身，一蠶生二繭，吾舍作夫人。』還家，果一蠶二繭，且甚巨。是夜，風雨大作，失女，所之有一紅絲，牽入廟中，追覓之，戹坐無聲息矣，泥塑之稱羅夫人。

清 曾國荃《曾忠襄公批牘》卷四《武鄉縣吴令稟遵札就各鄉情形并籌辦之法稟覆請示由》 《唐風》之詩詠桑者一，《魏風》之詩詠桑者三，未見山右之不宜於桑也。《魏風》明言採桑，若不宜蠶，採桑何為？惟婦女一身不能兼營，該州鄉村女子，七八歲以上，即能紡綫。十二三以上，即能織布此種既出女手，則蠶桑或可無庸耳。聊相與共證之。

清　**黃漢《貓苑》卷下**　吴杏林云，養蠶人家，多買以禳鼠。

清　**沈練著，仲學輅輯補，章震福校訂《廣蠶桑説輯補校訂·章震福序》**　鄙人生長蠶鄉，於蠶事習聞習見。前在嘉定縣署，曾擬就《湖蠶説》兩卷，欲付梓而未果，今已稿無存矣。

清　**袁俊德輯《蠶桑稽古編·歷代勸課類》**　姜彧知濱州時，行營軍士多占民田，壞民桑棗。彧言於中書，遣官分畫疆界，强猾者治之，課民種桑，民謂『太守桑』。

蠶時蠶事部

蠶月

題解

宋　**王安石《臨川先生文集》卷四三《詩義》**　又蠶月者，非一月，故不指言某月也。下添云：蠶，女事也，故稱月焉。

清　**鄂爾泰《授時通考》卷七二《蠶事門·彙考》**　《詩經·豳風》：蠶月條桑。《傳》：蠶月，治蠶之月也。

論説

清　**羊復禮《蠶桑摘要·序》**　粵稽《書》言桑土，《詩》詠蠶月，《禮》詳躬桑勸蠶之典，是知爲天下之本者，農功而外，厥惟蠶桑。孟子備陳王道之始，而牆下之桑與百畝之田，言之至於再三，故後世先蠶壇與先農並重，蓋撫世長民者之所必有事也。【略】第鎮屬風土異宜，天時地利與浙粵不同，民情質陋，耕而不蠶，亦未知寒温燥濕之宜，曲植籧筐之器，且所植皆粵桑，與浙桑迥異，所育皆粵蠶，即所謂鄉貢八綿者，每年收四造、五造之利，與《蠶桑輯要》所載者互有異同。因就粵人所習者，纂輯其要，加以成法，而論次之，以示吾民，俾覽者有條而不紊，用者有序而易循，且曉然於委曲纖悉，具有良規，朝夕勤勞，非可慵惰，而民之利用厚生在乎是，即民之飲和食德亦在乎是矣。男耕女織，農桑廣興，不將變磽瘠爲富庶哉？

綜述

明　**丘濬《大學衍義補》卷一五《治國平天下之要》**　季春之月，天子乃薦鞠衣色如鞠花之黄于先帝薦衣以祈蠶，命野虞毋伐桑柘，具曲薄也、植槌也、籧席之粗者、筐筥之方者，四者皆蠶具，后妃齋戒，親東鄉去躬桑，禁婦女毋觀使不得為容觀之飾，省婦使咸省其他役，以勸蠶事。蠶事既登，分繭稱絲，効功以共郊廟之服，毋有敢惰。

清　**查初白《齊東野蠶》**　永樂時，山東進野蠶絲，製衾，薦太廟，羣臣稱賀。今齊東山谷處處有之，與家蠶等。蠶月浴種出蛾，散置樹上，聽其眠食。食槲葉者，名槲紬；食椿葉者，名椿紬；食椒葉者，名椒紬。野人伺蠶，駕廬其下，手長竿，逐樹按行，爲禦鳥鼠。其穰者，春夏秋歲三收焉。有一種蠶之小者，作繭堅如石，大才如指頂，在深谷叢林間，不關人力，樵牧遇之，收曰『山繭』。

《古今圖書集成·歲功典》卷四七《孟夏部紀事》　《西吴枝乘》：吴興以四月爲蠶月，家家閉戶，官府勾攝徵收，及里閈往來相慶弔，皆罷不行，謂之『蠶禁』。是月也，有鳥飛，其聲曰『看山看火』，湖州民謂之『蠶鳥』。又有小蝦，亦以蠶時出，市民謂之『蠶花』，蠶熟則絕無矣。

清　**金友理《太湖備考》卷六《風俗》**　以蠶桑爲務，地多植桑。凡女未及笄，即習育蠶。三四月謂之蠶月，家家閉户，不相往來。今惟西山尚沿舊俗，東山則好逸惡勞，育蠶之家十無二三矣。

（光緒）《歸安縣志》卷一二《輿地略十二·風俗》　小滿日，必有新絲出市，諺云：『小滿見新絲』。近年未到小滿，已有新絲。以四月爲蠶月，家家閉戶，官府勾攝徵收，及里閈往來慶吊，俱罷不行，謂之『蠶禁』。

清　**喻端士《時節氣候抄》卷二**　穀雨二候。鳴鳩拂其羽。穀雨三候。戴勝降于桑。拂羽，飛而翼拍其身也。戴勝降于桑，蠶候也。《月令》：『是月也，命野虞毋伐桑柘。鳴鳩拂其羽，戴勝降于桑，具曲、植、籧、筐。』野虞，主田及山林之官。毋伐桑柘，愛蠶食也。《典術》：桑，箕星之精。《詩·豳風》『爰求柔桑』，稚桑也；『猗彼女桑』，荑桑也；『蠶月條桑』，枝落采其葉也。柘，桑屬。《蠶書》：柘葉飼蠶，絲中琴瑟絃，清響勝凡絲。崔豹《古今注》：桑實曰葚，柘實曰佳。鳴鳩，《詩·小宛》之『鳴鳩』，《氓》之食桑葚者也。戴勝，織紝之鳥，一名戴鵀。鵀，即頭上勝也。《爾雅》曰鵖鴔。鵖，彼及切。鴔，皮反切。《方言》：自關而西謂之戴鵀，或謂之戴頒。東齊吴揚之間謂之鵀，或謂之鶝鶝。鶝鶝，音福伏，降者重之，若自天而下也。曲，薄也，薄一作簿。《漢·周勃傳》以織簿曲為生，葦簿為曲也，植，音緻。懸蠶簿柱，所謂槌也。槌，馳僞切，音縋。關西謂之特，所以架曲與籧筐者，籧圓而筐方，籧一作篆，又作筥，音舉。又后妃齊戒，親東鄉躬桑，禁婦女毋觀，省婦使，以勸蠶事。后妃先采桑，帥先天下也。東鄉，鄉時氣也。毋觀，去容飾也。婦使，縫紉組紃也。《穀梁傳》：天子親耕，以共粢盛；王后親蠶，以共祭祀。躬桑也。按《農桑通訣》；后躬桑，始捋一條，執筐受桑，捋三條。女尚書跪曰，止執筐者，以桑授蠶。《晉書·禮志》：皇后采三條，諸妃各采五條，縣鄉君以下各采九條。《新論》：天子親耕于東郊，后妃躬桑於北郊。國非無良農也，而王者親耕；世非無蠶妾也，而后妃躬桑。上可以供宗廟，下可以勸兆民。《宋·天文志》：扶筐七星，為盛桑之器，主勸蠶也。鄉觀，並去聲。紃，音旬。捋，盧活切。又，蠶事既登，分繭稱絲效功，以共郊廟之服。登，成也。分繭者，《祭義》所謂世婦卒蠶，奉繭以示于君，遂獻于夫人。夫人副褘而受之。及良日，夫人繅，三盆手，遂布于三宮夫人、世婦之吉者是也。共郊廟之服者，所謂使繅，遂朱、緑之，元、黄之，以為黼黻文章。服既成，君服以祀先王、先公是也。副，首飾。褘，音揮，上衣。繅，音搔，置繭于盆，手三次，繅之而出其緒也。《物類相感志》：蠶過小滿則無絲。繭，音趼，古文作絸，俗作繭。

紀事

唐 白居易《白氏六帖事類集》卷二三 桑林之禱。湯克夏，大旱，湯乃以身禱于桑林，翦爪髮，自以爲犧牲，以祈於天，雨大至，人悦之。

又 爭桑第五十六 楚邊邑名卑梁，其處女與吴邊邑處女爭桑，而傷卑梁女，卑梁人讓吴人，吴人應不恭，怒而殺之。吴往，盡屠其家，於是吴楚大爭。《呂氏春秋》

明 陳洪謨《治世餘聞録》下篇卷四《芷沅箬陂》 湖州人以養蠶為生，然蠶神甚異。弘治中，太倉孫廷慎行販安吉，徃來皂林，見巡司獲盜三人，其人是彼處大族伍氏家丁也。蓋其家每歲畜蠶，因蠶多桑薄，飼之不繼，乃棄蠶十餘筐，瘗之土窖中。三人仍駕船，徃市桑葉，不得。舟還途次，忽一大鯉躍入舟中，約重數斤。三人喜其罕得，載歸饋主。舟經皂林，巡司異其小船而用兩櫓急駕，疑之，遂追捕。至檢其外，見頭倉有人腿一。三人自相驚駭。巡司卽縛解浙江按察司，拷掠甚，至詰其身屍所在。三人不勝煆煉，訴辨得魚之故，變易之端，主司不信。三人者不得已而認之，云殺人，身屍見埋在家隙地内。主司卽命吏卒人等押至其家。妄指一地，發之，正是瘗蠶之處，蠶皆不見，惟見一死屍，身軀完全，乃少一腿。事之符合，併家主俱抵罪。此事江南人盛傳其事到京，豈其家害蠶命數多，有此冤報？然司刑者不可不審也。

藝文

《詩經·七月》 蠶月條桑，取彼斧斨，以伐遠揚，猗彼女桑。

南朝梁 江淹《江文通集》卷四《陶徵君田居潛，淵明》 但願桑麻成，蠶月得紡績。

《文選·顔延年〈秋胡詩一首〉》李善注 勤役從歸願，反路遵山河。昔醉秋未素，今也歲載華。蠶月觀時暇，桑野多經過。《毛詩》曰：蠶月條桑。又曰，蜎蜎者蠋，烝在桑野。阮籍《詠懷詩》曰：趙李相經過。

南朝梁 吴均《陌上桑》《文苑英華》卷二〇八 嫋嫋陌上桑，蔭陌復垂塘。長條映白日，細葉影一作隱。鸝黄。蠶飢妾復思，拭淚且提筐。故人去如一作寧知此，離恨煎人腸。

南朝梁 王筠《陌上桑》《文苑英華》卷二〇八 人傳陌上桑，未曉已含光。重重相蔭映，軟弱一作軟軟自芬芳。秋胡始倚一作停馬，羅敷未滿筐。春蠶朝已老，一作伏安得久彷徨。

唐 劉希夷《孤松篇》《全唐詩》卷八二 蠶月桑葉青，鶯時柳花白。澹艷煙雨滋，敷芬陽春陌。如何秋風起，零亂從此始。獨有南澗松，不逐東流水。

唐 李白《李太白文集》卷四《陌上桑》 遊女緗綺衣，春還事蠶作。五馬如花飛，青絲結金絡。不知誰家子，調笑來相謔。妾本秦羅敷，玉顔艷名都。緑條映素手，採桑向城隅。使君且不顧，況復論秋胡。寒螿愛碧草，鳴鳳棲青梧。託心自有處，但怪旁人愚。徒勞一作令。白日暮，高駕空踟躕。

唐 杜甫《杜工部集》卷四《成都府》 翳翳桑榆日，照我征衣裳。

五月梅始黄，蠶稠桑柘空。

唐 戎昱《漢上題韋氏莊》《全唐詩》卷二七〇 水痕侵岸柳，山翠借廚煙。

調笑持筐婦，春来蠶幾眠。

宋 郭茂倩《樂府詩集》卷四八《採桑度》 蠶生春三月，春桑正含緑。女郎採春桑，歌吹當春曲。

宋 陸游《劍南詩稿》卷一三《小園》 麥秋天氣朝朝變，蠶月人家處處忙。

宋 真德秀《西山真文忠公文集》卷二三《青詞祝文・祈晴設醮青詞》 伏以事天事地，夙罄精忱；時雨時暘，未臻休應。念茲蠶月，重以麥秋。詎意浹旬之間，偶遭霖潦之變。三盆將獻，恐妨就簇之工；五穀最先，懼失食新之望。况連歲旱荒之相踵，而四方愁歎之未紓。重罹此災，一至斯極！皇矣上帝，本溥博以好生；今此下民，將困窮而阽死。願回慈愍，極掃陰霾。庶寬寒餒之憂，少逭菲涼之責。無任懇禱之至。

清 郝懿行《寶訓》卷一《雜説》 山歌云：『作天莫作四月天，蠶要温和麥要寒。秧要日頭麻要雨，採桑娘子要晴乾。』尤侗《艮齋續説》九。

清 徐倬《蠶月愁霖曲》《清詩鐸》卷七

雨靡靡，三眠時。樵採斷，炊烟寥。豆麥爛，農人飢。人飢尚可，蠶飢則那。漏丁丁，雨屑屑。漏已停，雨不歇。農夫踝上泥，蠶婦眼中血。但見梅子黄，那得繭頭白。

雨淫淫，夜方深。朝雨滴人面，夜雨滴人心。人心不願天雨粟，亦不願天雨金。但願陽烏展兩翼，略暵桑條蠶得食。

披蓑采桑歸，四壁無一完。既愁蠶箔溼，還怕蠶身寒。屋漏有時葺，天漏幾時乾。那得女媧手，一出補天漏。

雨點落梧桐，徹夜騷騷耳欲聾。早起炷香拜天工，綵衣孃子掃晴出，攔街小兒罵癡龍。獨不見山棚未卸繭如琲，前索官租後私貸，白棒黄荆挟爾背。

清 王槐《養蠶行》《清詩鐸》卷七 吳興徧地皆種桑，家家四月飼蠶忙。陰陽災沴傷草木，桑樹雖多葉不足。葉不足，蠶苦飢，無力作繭抽新絲。絲少賦多難稱貸，賣絲更把桑葉賣。胥吏門前爭叫呼，翩翩春服何其都。君不見輕紈細綺白如雪，寸寸蠶娘眼中血。

清 吳鴻望校，袁俊德輯《蠶政萃編・業蠶銘》 銘曰：世業農桑，既興我室。比臨蠶月，復事塗飾。桃茢祓除，神主斯立。曲植既具，籧筐乃集。連蟻方生，若不厭密。婦以母言，育有慈德。爰求柔桑，入此飼食。寒燠身先，是爲體測。上無疏薄，下無溼浥。簾箔垂門，龕火在壁。夜窗或遮，風竇時室。頗忌北風，宜障西日。他工莫興，外人莫入。庇護攸安，漸至捉績。祈祀以時，願穫終吉。神實相之，簇如雪積。分繭稱絲，來告功畢。

雜録

原題師曠《禽經》張華注 倉鶊，黧黄、黄鳥也。【略】亦曰商庚，夏蠶候也。云此鳥鳴時，蠶事方興，蠶婦以爲候，對上文也。

明 謝肇淛《五雜俎》卷二《天部二》 改年而不改月，秦政之失也。三代皆改月。《豳風》所紀，與今氣候同者，夏正也。然十一月以後，不書月，但云『一之日』、『二之日』而已，三月則曰蠶月，四月以後，始如常稱。蓋亦不能無異矣。

清 鄧琳輯《海虞農家占驗》 四月微寒，宜麥，微雨，宜麻、宜蔬，晴暖，宜秧、宜蠶。諺云『做天切莫要做四月天，秧要日頭麻要雨，蠶要溫和麥要寒，種菜小哥要潮濕，採桑娘子要晴乾。』擬增。

（光緒）《石門縣志》卷三《食貨志・物産》 靳一派曰：按《宋志》語溪無間塘，上下地必植桑。富者等候封培壅，茂美不必以畝計；貧者數弓之宅地，小隙必栽，沃若連屬。蠶月無不育之家，【略】而育蠶作繭，豈徒手搏者？饔飧器具，皆從質貸辦，經月辛勤，眼昏頭白。

其他

綜述

宋 王應麟《玉海》卷七七《禮儀・親蠶・周中春蠶北郊》 《禮・内宰》：中春，詔后帥外、内命婦，始蠶於北郊，以為祭服。歲終，稽其功事。《注》：蠶於北郊，婦人以純陰為尊，郊必有公桑蠶室焉。《疏》：按《月令》，三月，后妃親東鄉躬桑。此云二月。佐后而受獻功者，比其大小麤良。大宰九職，嬪婦化治絲枲，典絲掌絲入而辨其物，内司服王后六服鞠衣。《注》：鞠衣，黄桑服也。色如鞠塵，象桑葉始生。《月令》：三月，薦鞠衣於先帝，告桑事。先帝，太昊之屬，為蠶求福也。疏謂，季春將蠶，后服之告先帝。巾車、翟車。《注》：后所乘以出桑。記《月令》季春，鳴鳩拂其羽，戴勝降於桑蠶將生之候。具曲、植、蘧、筐。后妃齋戒，親東鄉躬桑，禁婦女毋觀。省婦使，以勸蠶事。蠶事既登，分繭稱絲效功，以供郊廟之服。注，后妃親採桑，示帥先天下也。《夏小正》曰：妾子始蠶，執養宮事。孟夏，蠶事畢，后妃獻繭，乃收繭稅。以桑為均，貴賤長幼如一，以給郊廟之服《注》：內命婦獻繭於后妃，收繭稅者，收於外命婦。季夏，命婦官染采。《祭統》：王后蠶於北郊，以共純服亦冕服也。夫人蠶於北郊，以共冕服夫人不蠶於西郊，婦人禮少變也。《祭義》：古者，天子諸侯，必有公桑蠶室公桑，猶公田也。近川而為之，築宮仞有三尺，棘牆而外閉之。及大昕之朝，君皮弁素積，卜三宮夫人、世婦之吉者，使入蠶於蠶室，奉種浴於川，桑於公桑，風戾以食之，歲既單矣。三月之末，四月之初。世婦卒蠶，奉繭以示於君，遂獻繭於夫人，遂副禕而受之，用少牢以禮之。及良日，夫人繅三盆手，遂布于三宮夫人、世婦之吉者使繅，遂朱綠之，玄黃之，以爲黼黻文章。服既成，君服以祀先王先公，敬之至也。《玉藻》：唯世婦命於奠繭。《注》：世婦以下，蠶事畢，獻繭乃命之。《疏》：謂，世婦及命婦入助蠶畢，獻繭也。《魯語》：王后親織玄紞，公侯夫人加以紘、綖。社而賦事，烝而獻功。《孟子》《禮》曰：諸侯耕助，以共粢盛。夫人蠶繅，以為衣服。《公羊注后、夫人親西郊采桑，以共祭服。《禮・內宰》疏、馬質注：天文，辰為馬。引《蠶書》曰：蠶為龍精，月值大火，則浴其種。是蠶與馬同氣，故此亦仲春始蠶，亦謂浴種。《詩》：蠶月條桑。《書・禹貢》：兖州貢絲。《穆天子傳》：甲寅，天子作居范宮，以觀桑者，乃飲於桑中。命桑虞出桑者，禁暴民。

元 王禎《農書》卷五《農桑通訣五・種植篇第十三》 《士民必用》云：種藝之宜，惟在審其時月，又合地方之宜，使之不失其中。蓋謂栽培之宜，春分前後十日，及十月并為上時。春分前後，以其發生也；十月號陽月，又曰小春，木氣長生之月，故宜栽培，以養元氣。此洛陽方左千里之所宜，其他地方，隨宜取中可也。大抵春時及寒月，必于天氣晴明巳午時，藉其陽和。如其栽子已出元土，忽變天寒風雨，即以熱湯調泥培之。暑月則必待晚凉，仍預於園中稀種麻麥為蔭。惟十一月種栽不生活。種桑之次，則種材木果核。

明 王應電《周禮傳》卷一下《天官下》 中春，詔后帥外、內命婦始蠶于北郊，以為祭服。中，音仲。中春，蠶月也。北郊，純陰之地，婦道屬陰，故公桑蠶室于北郊。后帥外、內命婦親蠶者，一則供祭服以奉郊廟，一則勤職事以化百姓也。為祭服，見後典枲。

明 朱國禎《湧幢小品》卷二《農蠶》 瓊州田禾三熟，蠶絲八登。湖地宜蠶，新絲妙天下。每蠶忙時，必有小鳥，連叫曰『瀓山看火』。其聲清澈可聽，蠶畢，則止，餘地無之。蠶室煖，育者倦極，常有火患。作繭用柴帚，以禾草爲之，長尺有咫，大可一握。散步，登蠶其上，有至二三重者，名曰上山。

清 吳邦慶《澤農要録》卷一《授時第一》 清明後十五日，斗柄指辰，爲穀雨。三月中，雨爲天地之和氣，穀得雨而生也。一候，萍始生，萍陰物，靜以承陽也。二候，鳴鳩拂其羽，拂羽飛而翼迫，其聲也。三候，戴勝降於桑，蠶候也。

清 高銓《吳興蠶書》卷下《拗繭》 諺曰『蠶忙不如繭忙』，言拗繭之功忙也。蓋回山之後，即繼繅絲，毛繭堆屯，又易蒸損，須於兩三日中，治淨繭絖，抉擇精粗，以爲繅絲。計其時甚促，故其功較蠶爲更忙，常見邨巷婦女，交相援助，往往不筭工食，止取繭絖，亦古之通功易事法也。

（光緒）《歸安縣志》卷一二《輿地略十二・風俗》 立夏三日，開市貿葉，舟人輻輳，晝夜不絕，謂之『葉市』。初八日，僧尼作浴佛會，啖青精飯。十四日，祀呂純陽，郡城天醫院，雲巢荻岡祖師殿，扶乩，求仙方。小滿日，必有新絲出市，諺云『小滿見新絲』近年未到小滿，已有新絲。以四月爲蠶月，家家閉戶，官府勾攝徵收，及里閈往來慶吊，俱罷不行，謂之『蠶禁』。

清 衛杰《蠶桑淺説・浴子》 浴子節候，北方與南方較，約緩二十餘日。南人養蠶家云：『驚蟄前後包，清明前後掃，穀雨前後養，小滿前後老。不吃五月桑，蠶娘牢記曉。』北方則視桑葉之挺生，爲蠶子之將浴。今年蠶桑局導民養蠶之法，約清明節後五六日暖子，穀雨節後五六日掃蟻。其吃葉較南方日淺，至小滿節老。

紀事

《太平廣記》卷一三三《王公直》 唐咸通庚寅歲，洛師大飢，穀價騰貴，民有殍於溝塍者。至蠶月，而桑多爲蟲食，葉一斤直一鍰。新安縣慈澗店北村民王公直者，有桑數十株，特茂盛蔭翳。公直與妻謀曰：『歉儉若此，家無見糧，徒竭力於此蠶，尚未知其得失。以我計者，莫若棄蠶，乘貴貨葉，可獲錢十萬。蓄一月之糧，則接麥矣，豈不勝爲餒死乎？』妻曰：『善。』乃携鍤坎地，卷蠶數箔，瘞焉。明日凌晨，荷桑詣都市，鬻之，得三千文，市彘肩及餅餌以歸。至徽安門，門吏見囊中殷血連洒於地，遂止詰之。公直曰：『適賣葉得錢，市彘肉及餅餌貯囊，無他也。』請吏搜索之。既發囊，唯有人左臂，若新支解焉。羣吏乃反接送於居守，居守命付河南府尹正琅琊王公凝，令綱紀鞫之，其款示：『某瘞蠶賣桑葉，市肉以歸，實不殺人，特請檢驗。』尹判差所由監領就村檢埋蠶之處。所由領公直至村，先集鄰保責手狀，皆稱實。知王公直埋蠶，別無惡跡。乃與村衆及公直同發蠶坑，中唯有箔角一死人，而缺其左臂，取得臂附之，宛然符合。遂復領公直詣府白尹，尹曰：『王公直雖無殺人之事，且有坑蠶之咎，法或可恕，情在難容。蠶者，天地靈蟲，綿帛之本，故加剿絶，與殺人不殊，當寘嚴刑，以絶凶醜。』遂命于市杖殺之，使驗死者，則復爲腐蠶矣。

《新唐書》卷一四八《康日知傳》 曹翔退保兖州，勳欲乘勝攻承訓，或曰：『今北兵敗，西軍搖，不足虞也。方蠶月，宜息衆力農，至秋士馬彊，決可以取勝。』

明 王穉登《虎苑》卷上《戴義第五》 李叟，家湖濱，蠶月出條桑，幼孫守室。虎渡湖，餒甚，入室見孫，不食。登豕牢，食豕去。叟歸，尋豕，甚怪。夜聞牢中虎嘯及豕鳴。天明視之，豕故在，而大過前豕，蓋虎銜來報之也。

《古今圖書集成·歲功典》卷三六《季春部紀事》 《西吳枝乘》：湖州三月朔日，則民間婦女，簪蓬於首，無貴賤皆然。清明後，千百成羣，進香於道場山。迨日初夕，紅紫靚妝，半醉笑語步堤上，歸亦有進香於天竺者，間爲桑中之約。近來，衣冠子女間相傚矣。

清 衛杰《蠶桑萃編》卷一《歷代詔制類》

漢光武中元二年，明帝即位。十二月甲寅，詔曰：方春戒節，人以耕桑。其敕有司，務順時氣，使毋煩擾。

明帝永平二年三月，皇后帥公卿諸侯夫人蠶祠先蠶，禮以少牢。

永平三年春正月癸巳，詔曰：有司勸督農桑，夙夜匪懈，以稱朕意。

永平十年夏四月戊子，詔曰：百姓勉務桑稼，以備災害。吏敬厥職，無使愆墮。

章帝建初元年春正月丙寅，詔曰：方春東作，宜及時務，二千石勉勸桑。

和帝永元十三年八月，詔：賜象林貧民失桑業者。

藝文

晉 陶潛《陶淵明集》卷二《歸園田居》 野外罕人事，窮巷寡輪鞅。白日掩荆扉，虚室絶塵想。時復墟曲中，披草共來往。相見無雜言，但道桑麻長。桑麻日已長，吾土日已廣。常恐霜霰至，零落同草芥。

唐 李白《李太白集》卷四《陌上桑》 美女渭橋東一作美女緗綺衣，又作遊女，春還一作還來事蠶作。五馬飛如花一作如飛花，又作如飛龍，青絲結金絡。不知誰家子，調笑來相謔。妾本秦羅敷，玉顔艷名都。緑條映素手，採桑向城隅。使君且不顧，況復論秋胡。寒螿愛碧草，鳴鳳棲青梧。託心自有處，但怪旁人愚。徒令白日暮，高駕空踟躕。

又 卷五《子夜吴歌》 秦地羅敷女，採桑緑水邊。素手緑條上，紅粧白日鮮。蠶饑妾欲去，五馬莫留連。

唐 杜甫《杜工部詩集》卷八《屏跡二首》 用拙存一云誠吾道，幽居近物情。桑麻深雨露，燕雀半生成。村鼓時時急，漁舟箇箇輕。杖藜從白首，心跡喜雙清。

唐 常建《常建詩》卷一《春詞二首》 翳翳陌上桑，南枝交北堂。美人金梯出，素手自提筐。非但畏蠶饑，盈盈嬌路傍。

宋 郭茂倩《樂府詩集》卷四九《採度桑》 採桑盛陽月，緑葉何翩翩。攀條上樹表，牽懷紫羅衫。

清 陝梓《養蠶詞》《清詩鐸》卷七 田家養蠶極苦辛，蠶大費力小費心。臘月十二蠶生朝，炒鹽獻竈家家勞。清明夫婦莫走動，隔夜采花浴蠶種。蠶種不一分炎涼，熱看冷看須忖量。屈指來朝穀雨近，出城買紙糊蠶筐。轉緑變藍蠶子出，蠶子始出時緑色，繼藍色。鵝毛撣落房中藏。先以嫩葉如乳哺，一眠三日魚鱗鋪。二眠兩日連椏枝，三眠插替勞何辭。每眠三日，換出老桑葉，謂之替蠶。今年二姑把蠶穩，不如頭姑昏昏小姑狠。出火一錢二百倍，大眠一斤五斤外。

如此收成定十分，割肉先獻蠶將軍。掘筍勿叫筍，叫筍蠶要損。喫薑勿喚薑，喚薑蠶要殭。況今天時頗温和，微風拂拂雨不多。雷驚沙脹更何慮，人力到時天豈誤。大眠以後廣送葉，老翁提籃小兒挈。不愁葉貴只求飽，四十二餐一齊考。蠶熱，腹通亮，曰考。山棚灼火眞小心，起望山頭白皜皜。三日齊封門，五日始採繭。一斤採十斤，合家開笑臉。前村後村絲車鳴，咿咿啞啞聲相聞。或歎白肚孃，上山一半殭。或恨出火早，蠶了葉又了。四鄉各比並，只有我家好。我家雖好勿喜歡，地丁昨夜催完。豪家復要蠶罷米，今早撑船泊村裏。官糧不抵私債苦，一石冬舂須石五。賣絲分完兩手光，一月替汝空奔忙。落得繭黃績緜綫，織得緜綢一丈半。去年無襦今有袴，畢竟蠶桑是長算。不恨官私兩迫促，但願年年如此十分足，放膽且喫豪家粟。鄭世元曰：田家情事，銖黍具悉，可補吳風。

清 錢枚《蠶生日辭》山家以十二月十二日爲蠶生日，炊南瓜和秫作餈，邦禮甚虔，爲作此辭》《清詩鐸》卷七 炊新瓜，潔瓦缶。翁上香，兒進酒。阿婆拜前婦拜後，春爲蠶忙冬祝壽。蠶神喜，蠶子肥。蠶神怒，桑葉稀。不願餘錢易新穀，不願兒女易冬衣。齊叩頭，告神聖。惟願桑多蠶不病。來年官糧早端正，多賣新絲來續命。

清 程岱葊《西吳蠶略》卷下《蠶家樂》 余編次《語蠶》，於蠶家作苦，略具始末，尚遺瑣屑數事，因效東甫先生樂府，占《蠶家樂》六首，道其暇日嬉娛之概，非敢學步風雅，亦樵歌漁唱之濫觴耳。

家家養蠶蠶起家，花蠶顛倒呼蠶花。花信風番二十四，蠶花比之演為戲。夫隨婦唱東南來，兒童相逐笑口開。綠裳紅襖群相催，本地風光試一回。手持箕帚堂前繞，聲容罄折花枝裊。先唱蠶生繼蠶老，分繭稱絲等珍寶。曲終奏雅作諛詞，主婦聽之喜且嗤。半生辛苦天公知，何日眞當富貴時。

右蠶花戲

一年之計蠶為先，桑枝綠意明前川，村村搖出燒香船。姊妹娣姒先期邀，輕衫月色紅裙飄，纖纖步履淩山椒。山椒盡是冶遊客，欲避無方雙頰赤。入廟先教學面壁，蓮臺稽首無他求，但求一倍春蠶收。長年安樂免生愁，願綉花幡座下酬。

右燒香船

高竿矗立場圃前，束藁為炬飛晴烟。光明如晝群兒顛，去年納稅入城府。賣絲買得新鑼鼓，鑼鼓新排七五三。元宵正及照田蠶，老翁告語莫喧豗。鄰村祝讃巫師來，祝讃田蠶往復回。衆口共和聲如雷，讃到蠶收田事始。火花爆竹轟轟起，擊鼓鳴鑼歡未已。

右照田器

大賈連檣江廣來，小满應候絲市開。色逾白雪珍逾璧，束以黃絛緇以帛，儂絲整理潔且光，酬值喜比鄰家强。銀錢充值來海國，花髮半面摹其王。摹，《史記》作莫。銖兩勻稱取攜便，公私逋負須臾償。償逋追計儂無裳，催租船輕駕雙艕。里正狐威假饑虎，朱籤在手索在腰。沿村弱肉充朝脯，箇儂骨瘦莫垂涎。昨朝城市賣絲錢，易得縣符紅印偏。童孫在塾兒在田，老翁企脚將晝眠。

右賣新絲

花蠶愛護如女兒，女兒箱賴花蠶絲。儂女如花髮覆頸，轉輾思儂未嫁時。阿母辛勤作蠶嫗，年年織縑還織素。壓箱縑素送子歸，還怕姑嫌錦繡稀。剩繭零絲歲歲收，嫁衣製畢製衾裯。更將麤帛易精帛，教繡鴛鴦作枕頭。錦繡從來害女紅，荊釵裙布古人風。辯論嘵嘵嫗與翁，湖鄉養蠶遍鄉曲。婚嫁浮華成薄俗，薄俗浮華可奈何。蠶多那怕女兒多，村南村北綵輿過，嫁女誰家不綺羅。

右嫁衣裳

蕭蕭絡緯啼不止，聲驚嬾婦清宵裏。儂也綢繆迨未雨，白綿如雪傾箱底。喚取鄰姑對手牽，羊脂軟玉當中塡。衣錦尚褧法用翻，翁媼年高畏寒早。先擘新綿添舊襖，郎衣兒褌以次了。儂有當年初嫁襦，賸綿於我無所須。白者剖鬆黃者棄，今歲蠶豐加被絮。絮被融融絮襖柔，生來無分著輕裘。偏道輕裘遜一籌，夜來北風漸謖謖。取諸宮中安且燠，奇溫遠勝負朝旭。全家老幼免皸瘃，一任三冬雪覆屋。

右翻綿襖

清 黃世本《蠶桑簡明輯説・施愚山戒溺蠶歌》 勸君莫溺蠶，溺蠶最大惡。上天有好生，何可肆殘虐。君不見三眠三起吐絲綸，到底藏身若束縛。繅其繭兮食其蛾，猶嘆世上人情薄。忍將蠕動付川流，竟不念彼貪生樂。嗟爾鄉民為甚忙，一歲之中有兩望。春祈蠶兮秋祈殼，男耕女織務農桑。桑葉稠兮欣奉種，桑葉少兮遽張皇。貪多務得惟評價，至此不敬馬頭娘。貧者待飼甚嗷嗷，富者求桑方逐逐。不知神物自天來，不惜微蟲為化育。遽爾慘然毒手施，可憐生機頓傾覆。勸君莫溺蠶，溺蠶還有絕。天道惡殺而好生，似此傷殘福應折。何論往歲與來年，種種蠶花多欠缺。勸君莫溺蠶，溺蠶因心貪。若云園桑多市利，甯必蠶事付空談。轉禍為福憑心地，佇見繅盆樂且耽。勸君莫溺蠶，溺蠶緣心忌。若云桑價費囊錢，何不與爾親鄰飼。憂人富來自怕窮，百箔含生甯拋棄。豈知蒼穹佑善人，有秋獲望足償春。祇須作事循天理，何必終窶且憂貧。蟲蟻舉步宜常看，山林禁火亦為仁。勸君及早迴前轍，從此豐衣樂歲民。

雜録

《太平廣記》卷四〇七《草木二・果木》

偃桑

東方有樹焉，高八十丈，敷張自輔，其葉長一丈，廣六七尺，名曰桑。其上自有蠶，作繭長三尺，繅一繭，得絲一觔。有椹焉，長三尺五寸，圍如長。桑是偃桑，但樹長大耳。出《神異經》。

《太平御覽》卷九五五《木部四・桑》　《穆天子傳》曰：甲寅，天子作居范宮，范離宮別名。以觀桑者，《詩》曰：桑者閑閑兮。乃飲于桑中。桑林之中。天子命桑虞主桑者也。出桑者，用禁暴民。不得令妄割犯桑也。〇《神異經》曰：東方有樹焉，高八十尺，敷張自輔，葉長一丈，廣六七尺，曰扶桑。有椹焉，長三尺五寸。

宋　周去非《嶺外代答》卷一〇《蠻俗門》

捲伴

深廣俗多，女嫁娶，多不以禮。商人之至南州，竊誘北歸，謂之『捲伴』。其土人亦自捲伴，不能如商人之徑去，則其事乃有異。始也，既有桑中之約，即暗置禮聘書于父母牀中，乃相與宵遁。父母乍失女，必知有書也，索之衽席間，果得之，乃聲言訟之，而迄不發也。歲月之後，女既生子，乃與壻備禮歸寧。預知父母初必不納，先以醲酒入門，父母佯怒，擊碎之。壻因請託鄰里祈懇，父母始需索聘財，而後講翁壻之禮。凡此皆大姓之家然也。若乃小民有女，惟恐人不誘去耳。往誘而不去，其父母必勒女歸夫家。且其俗如此，不以為異也。

明　王象晉輯《桑麻葛譜・桑》　典故　天子、諸侯必有公桑蠶室。后妃齋戒，享先蠶而躬桑，以勸蠶事。《周禮》黄帝元妃西陵氏儽祖，始勸蠶事，月大火而浴種，夫人副偉而躬桑。《王禎農書》皇后躬桑，始捋一條。執筐受桑，捋三條。女尚書跪曰『可止』，執筐者以桑受蠶母，以桑適金室。皇后親蠶儀皇后親桑，以奉祀服。漢文帝詔　后親桑爲天下先漢景帝詔太后幸蠶舘，率皇后及列夫人桑。《漢元帝紀》武帝太康中，立蠶官，皇后躬親，依漢魏故事。《晉史》孝武立觀，后親桑，循晉禮也。《宋史》置蠶室，皇后躬桑于所。《北齊書》皇后至蠶所桑。《後周書》皇后親桑于位。《隋史》

清　梁章鉅《退庵隨筆》卷一一《家誡》　陳履祥光庭【略】嘗為說曰：『富貴人如老蠶作繭，貧賤人如乳燕待哺，均爲豪傑所恥。』

清　吴鴻望校，袁俊德輯《蠶政萃編・蠶始類》

貴辨化

蠶作繭成，化而爲蛹，亦曰螝，曰繭蟲，曰蠶女。蛹化爲蛾，亦曰羅蛾。穿繭而成，又復生卵。蠶屎曰沙。蠶皮曰殻，亦曰衣，曰蜕。繭外浮絲，曰繭統，亦曰窠，曰外衣。

蠶桑集貿部

蠶市

題解

宋　陳元靚《歲時廣記》卷一《春》　樂誠文《蠶市詩序》云：蜀人以二月望日，鬻蠶器，謂之蠶市。

又　卷一八《上巳上》　《成都記》：三月三日，遠近祈蠶福於龍橋，曰『蠶市』。

宋　高承《事物紀原》卷八《歲時風俗部四十二》　《仙傳拾遺》曰：蜀蠶叢氏王蜀教人蠶桑，作金蠶數千，每歲首出之，以給民家。每給一所養之蠶，必繁孳，罷即歸於王。王巡境內，所止之處，蠶成市。蜀人因其遺事，每年春有蠶市也。

宋 佚名《錦繡萬花谷前集》卷四《雜日》 二月望日 蜀人二月望日，鬻蠶器於市，因作樂縱觀，謂之『蠶市』。二蘇各有詩。《子由詩序》

清 李光地等《御定月令輯要》卷六 蠶市增蘇轍《詩序》：『眉之二月望日，鬻蠶器於市，因作樂縱觀，謂之蠶市。蘇軾《和子由蠶市詩》：蜀人衣食常苦艱，蜀人遊樂不知還。千人耕種萬人食，一年辛苦一春閑。閑時尚以蠶為市，共忘辛苦逐欣歡。去年霜降斫秋荻，今年箔積如連山。破瓢為輪土為釜，争買不啻金與紈。憶昔與子皆童丱，年年廢書走市觀。市人争誇閏巧智，野人喑啞遭欺謾。詩來使我感舊事，不悲去國悲流年。原《方輿勝覧》：成都，古蠶叢之國，其民重蠶事，故一歲之中，二月望日，鬻花木、蠶器，號蠶市，在大慈寺前。』

綜述

宋 黄休復《茅亭客話》卷九 蜀有蠶市，每年正月至三月，州城及屬縣，循環一十五處。耆舊相傳，古蠶藂氏爲蜀主，民無定居，隨蠶聚所在致市居，此其遺風也。

元 費著《歲華紀麗譜》 五日，五門蠶市，蓋蠶叢氏始爲之俗，往往呼爲蠶叢，太守即門外張宴。

又 二十三日，聖壽寺前蠶市。張公詠始即寺爲會，使民鬻農器。太守先詣寺之都安王祠，奠獻，然後就宴。舊出萬里橋，登樂俗園亭。今則早宴祥符寺，晚宴信相院。

清 曾鉌《豳風廣義・陝西西安府興平縣監生楊屾謹爲敬陳桑蠶實效廣開財源以佐積貯裕國輔治以厚民生事》 蜀王蠶叢都教蜀人養蠶，鑄金蠶數千，春月集蠶市，將金蠶給之民間，以爲蠶瑞，誘而教之。數年之間，其政大興。至今嘉定、保甯、成都，每歲所出之絲，獲利不下數百萬金。

清 李光地等《御定月令輯要》卷二 月市增《成都記》：正月燈市，二月花市，三月蠶市，四月錦市，五月扇市，六月香市，七月七寶市，八月桂市，九月藥市，十月酒市，十一月梅市，十二月桃符市。

清 崔應榴匯纂，錢馥補輯《蠶事統紀》卷一〇《民俗祈禳》 案趙抃《成都古今記》：蠶蕟氏，每春勸民蠶桑，俱鬻蠶具，設之蠶市，蠶市在府城大慈寺前。唐韋元康有記，宋太守田況有詩，《范忠宣公集》，亦有《和吳仲庶暮春蠶市诗》。又眉州亦有蠶市。《四川總志》云：『在眉州城內，州民習俗重蠶事。歲二月望日，相聚鬻蠶噐於此，因作樂縱觀。洎暮而散。』東坡、潁濵皆有詩，並見鎦孟熙《霏雪録》。馥案《茅亭客話》：蜀有蠶市，每正月至三月，州城及屬縣一十五處，耆舊傳聞，古蠶蕟氏為蜀主，民無定居，隨蠶蕟所在致市居，此其遺風也。

藝文

宋 蘇軾《蘇軾詩集》卷四《和子由蠶市》 蜀人衣食常苦艱，蜀人遊樂不知還。千人耕農萬夫食，一年辛苦一春閑。閑時尚以蠶為市，共忘辛苦逐欣歡。

宋 張仲殊《望江南》《歲時廣記》卷一 成都好，蠶市趁遨游。夜放笙歌喧紫陌，春邀燈火上紅樓，車馬溢瀛洲。人散後，繭館喜綢繆。柳葉已饒烟黛細，桑條何似玉纖柔，立馬看風流。

宋 樓璹《耕織圖詩・織圖二十四首・祝謝》 春前作蠶市，盛事傳西蜀。此邦享先蠶，再拜絲滿目。馬革裹玉肌，能神不爲辱。雖云事渺茫，解與民爲福 。

清 于源《哀春蠶》《清詩鐸》卷七 今年蠶市開，處處說蠶熟。奢心十倍成，歡聲遍茅屋。一解

雜録

宋 陳元靚《歲時廣記》卷一《春・遊蜀江》 杜氏《壺中贅録》，蜀中風俗，舊以二月二日為踏青節，都人士女，絡繹遊賞，緹幕歌酒，散在四郊。歷政郡守，慮有强暴之虞，及分遣戍兵，於岡阜坡冢之上，立馬張旗望之。後乖崕公帥蜀，迺曰：慮有他虞，不若聚之為樂。乃於是日，自萬里橋以錦綉器皿，結綵舫十數隻，與郡僚屬官分乘之。妓樂數船，歌吹前導，名曰『遊江』。於是都人士女，駢於八九里間，縱觀如堵。抵寶歴寺橋，出讌于寺內。寺前刱一蠶市，縱民交易，嬉遊樂飲，倍於往歲，薄暮方回。

宋 張君房《雲笈七籤》卷一二二《葛瑣化丁东水驗》 葛瑣化周回巖巒，左右嵌穴，有二十四峯，八十一洞。【略】每年三月三日，蠶市之辰，

衆逾萬人，宿止山内，飲食之外，水常有餘。

又《金堂縣昌利化玄元觀九井驗》 金堂縣昌利化玄元觀南院，玄元殿前有九井焉。平陸之上纔深一二尺，或方或圓，大者五六尺，小者三二尺，相去各數步，泉脉相通而水色皆異，其味甘香，蓋醴泉之屬也。【略】每歲三月三日，蠶市之辰，遠近之人，祈乞嗣息，必於井中探得石者為男，瓦礫為女。

三月二十七日，大西門睿聖夫人廟前蠶市，初在小市橋田，以禱雨而應，移於廟前。

桑市

論説

清 朱斌《蠶桑指要·占候》 立夏日，風響桑葉價必長。蓋西南風盛，天必燥，而蠶必旺也。

又 立夏東南風，桑葉概不空。蓋東南風，則潮和多雨，食溼葉而蠶不盛也。

又 出窩娘多，葉必貴；坐窩娘多，葉必賤。出窩則健，坐窩則嬾也。

清 俞墉纂輯《蠶桑述要》 東南絲利，近年每歲所産，約有六千餘萬兩，核計工本，桑葉應分千萬兩矣。論地利，幅幗縱横，不過二三千里，其功豈淺鮮耶？葉市開行者，爲主人代賣者，買者居間得中用，日派人四出，探聽各路蠶訊好歹，以定葉價之漲落。此外尚有販戶、囤戶，販鮮跳青諸名式，葉之貴賤，非人意所能窺測。業此者，起家易，傾家亦並不難，故定隔年葉者，最爲穩妥。俗呼『箝葉』。

清 楊鞏《中外農學合編》卷一〇《蠶類·飼育·採桑》 倘蠶多而桑葉不足，須約計所少之數，預先買定。葉價貴賤，難以逆料，預先買定，必平價也。併言明夏至後幾日剪採。早則夏至後三日，遲則夏至後五日，不先言明，恐買者欲早，賣者欲遲，易滋口舌。勿買金桑葉，勿買毛背桑葉，勿買大麥地土所種桑葉，勿買遠道桑葉。如不得已，而買自遠處，須行二十餘里，即翻動放風一次，以防發燒。買來之葉，須用筐挑運。路太遠，不能不緊按筐內，惟按之過緊，故易發燒，須於中途擇有風無日之處，翻而鬆之，名曰『放風』。《齊民要術》《農桑輯要》《蠶書》《養蠶總論》《廣蠶桑説》

綜述

明 朱國楨《湧幢小品》卷二

蠶報

湖之畜蠶者，多自栽桑，不則豫租別姓之桑，俗曰『秒桑』。凡蠶一斤，用葉百六十斤。秒者，先期約用銀四錢。既收而償者，約用五錢，再加雜費五分。蠶佳者，用二十日辛苦收絲，可收銀一兩餘，為棉為線，矢可糞田，皆資民家切用。此農桑為國之根本，民之命脉也。我郡在在有之，惟德清尤多，本地葉不足，又販于桐鄉、洞庭，價隨時高下，倏忽懸絶。故諺：傒人難斷葉價。故栽與秒最為穩當，不則謂之看空頭蠶。有天幸者，往往趣之。

清 朱斌《蠶桑指要·採葉》 葉有高低，其斤數以家桑為准，花桑、板桑半斤作一斤，子桑三斤作一斤，故葉價亦以此相准。然買葉亦有法：若預先定葉，寧定大園，勿定散樹。若買散葉，寧可連枝估，不可採見稱。蓋連枝則不熱不醃，雨天易乾，燥天得潤，散葉則反是，況守候稱，有悮時刻也。若收散葉，寧可增價買鮮葉，可不貪賤買宿葉。此要訣也。

（乾隆）《烏青鎮志》卷二《農桑》 凡畜蠶者，或自家桑葉不足，則預定別姓之桑，俗曰『梢葉』。凡蠶一觔，用葉八個二十觔爲一個。梢者先期約用銀四錢謂之『現梢』。既收繭而償者，約用銀五錢，雜費五分謂之『賒梢』。葉價隨時高下，倏忽懸絶。諺云『仙人難斷葉價』，其時必有小鳥，連叫曰『澈山看火』。俗云三斗半把。其聲清澈可聽，或云叫葉之貴賤，蠶畢卽止，餘地無之。或云《月令》『戴勝降于桑』，卽此。

清 程岱葊《西吴蠶略》卷上

葉市

蠶向大眠，桑葉始有市。其預期市定者，謂之梢。盛時有經紀主之，名青桑。葉行無牙，帖牙税評價，不論擔而論個，個凡二十觔南潯以東則論擔，市價早晚迥別，至貴每十個錢至四五緡，至賤或不值一飽。議價既定，雖黠者不容悔，公論所不予也。二葉亦同，惟三葉任人采取，不索值，以三蠶少也。

附《餇蠶樂府》曰：卷帷看蠶蠶盡起，求食紛紜曲簿裏。青青采得新葉歸，緣枝食葉疾于飛。須臾連筐食更盡，從頭添葉寧令饑。餇蠶粗了到門前，偶值鄰姑采葉還。聞道市頭葉大貴，只論有葉不論錢。東家典衣還去買，西家新婦耳無環。歸來絮語問夫婿，細數儂家蠶葉計。不愁葉少便歡然，留得銀釵長壓髻。

清 吴烜《種桑説》 以上諸法，下種分接之後，雖逐年已可采葉，然必七載方成，既費人功，更稽歲月。不如於立春以後，春分以前，至浙江石門之天花蕩，揀買接過單槍紅皮大種，甫經出土，根鬚淡黄而潤者，載歸栽種。

清 余治《得一録》卷六《清江勸課蠶桑局規條》 局中每年種買桑葉，俾貧民知有桑樹，卽可易錢，自必多栽桑樹。局中每年種桑秧普散，並收備桑子施散。

清 汪曰楨《湖蠶述》卷二

稍葉

葉之輕重，率以二十斤爲一箇。《胡府志》南潯以東，則論擔。《西吴蠶畧》其有則賣，不足則買，胥謂之『稍』。俗讀平聲，或作秒字。預立約以定價，而俟蠶畢，貿絲以償者，曰『賒』。稍有先時予直，俟葉大而采之，或臨期以有易無，胥曰『現稍』。其不能者，或典衣鬻釵釧以償之，或稱貸而益之。《胡府志》蠶向大眠，桑葉始有市，有經紀主之名，青桑葉行無牙帖、牙税，市價早晚迥别。至貴，每十箇錢至四五緡。至賤，或不值一飽。議價既定，雖黠者不容悔，公論所不予也。二葉亦同，唯三葉任人采取，不索值，以三蠶少也。○《西吴蠶畧》葉莫多於石門桐鄉，其牙儈則集於烏鎮，買葉者以舟往，謂之『開葉船』。饒裕者，亦稍以射利，謂之『作子賀切葉』，又曰『頓葉』。董蠡舟《樂府小序》買葉當用十擔，先買五擔，恐蠶或不佳，不至餘葉。又停葉之法，亦稱住葉，葉來之時，先向陰地上鋪蘆蔽，或竹簾，葉放其上，不可鬆，亦不可過緊。須將每帖俗以一枝爲一帖豎起，整齊平直，清水灑之，謂之『封好』一周時，宜灑三四次。可停三日或兩日，臨餇蠶時，將葉放鬆涼透停處必熱。否則有氣水葉，蠶食卽壞。《育蠶要旨》

清 盧燮宸《粤中蠶桑芻言·種桑事宜條例》

預定桑

蠶到二眠後，看其皮色，確是根穩，須預計其到尾應食桑多少，先與賣家劄定，因時議價，交些定錢。到用桑時，令其按日交桑若干，彙記核價長短，俟賣絲得銀，隨即找算。一免臨時趁市，或遇價貴，且本錢短少而欲多養者，亦可通融將就，誠兩便之計也。但須因刻下絲價可以承得住，必使本外有利，方可定價。

清 何品玉輯刊《蠶桑會粹·設局條例》 通融之法：何處桑多蠶少，何處桑少蠶多，桑市未開以前，着總管蠶師檄各蠶師，隨時調動，其桑價照中停發給。桑市既開，則買賣隨時，不拘此例。或桑葉合計有餘，疏通無法，則留下造採摘，名曰『隔造』。卽買下造之至早蠶蛋紙，食之，如此則葉無壅滯矣。

又 各鄉各伙桑葉，無論有餘不足，蠶師看定蠶色好歹，隨時通信總管蠶師，俾好通融接濟，不得私自買賣，有悞疏通之法。其桑葉，彼此往來，一年六造，每百觔均定價銀陸錢。摘桑人工，歸賣桑者自給。若桑市既開，則買賣桑價隨時，本局不能預定。

紀事

清 包世臣《齊民四術》卷二《致前大司馬許太常書》 今年蠶收亦豐，而葉價至每石錢五千。

藝文

清 朱休度《蠶開門行》《清詩鐸》卷七 春雨多，菜爛死，桑葉薄於紙。蠶喫不足待僵矣，貧農皇皇揭火債。買葉不顧葉價昂，到家蠶娘急，捋葉指出血。可憐飢蠶欲僵不僵，將就作繭投釜湯。蠶開門，聲啞啞，蠶娘繅絲，伸手縮腳。債主到，敲絲車，算來不彀償。蠶娘目瞪口咨嗟，夫乃告債主，勿懊惱，明日入城有女賣女有兒賣兒便相了。債主去，蠶娘哭，人無語，雞膈膊。

清 董恂《樂府·秒葉》《湖蠶述》卷二 樹桑墻下地不多，蠶食不足如葉何。鄰翁明日向烏戍，顧語夫壻無蹉跎。葉行早晚價不一，秒遲秒早宜猜摩。清明插柳妾曾卜，今年平穩靡有他。但願初貴後時賤，彼做葉者空婆娑。當其貴時儂有葉，墻陰屋角枝猗儺。待至蠶長葉已賤，葉船兩兩門前過。百斤亦衹値錢百，剪刀聲裏多歡歌。

清　董蠡舟《樂府・稍葉》《湖蠶述》卷二　家家門外桑陰繞，不患葉稀患地少。及時唯恐値尤昂，苦語勸郎稍欲早。我家稍時在冬月，一擔不過錢五百。迨至新年數已懸，蠶月頓增至一千。未到三眠忽復變，一錢一斤價驟賤。夫壻聞之咎阿儂，而今欲悔已無從。儂笑謂郎莫爾爾，吾家所失殊無幾。不見街頭作葉人，折閲已過大半矣。此曹平日子母權，計利析到秋毫巔。居來奇貨不肯鬻，黄金不飽貪夫腹。去有腰纏返垂橐，烏戍歸來唯一哭。

清　于源《哀春蠶》《清詩鐸》卷七

蠶信日以熟，葉價日以昂。誰家傍門前，乃有百株桑。二解【略】

蠶歉與蠶熟，只苦養蠶娘。城中販葉客，新絲做衣裳。六解

清　鄒祖堂《蠶桑事宜・施愚山戒溺蠶歌》　勸君莫溺蠶，溺蠶最大惡。繅上天有好生，何可肆殘虐。君不見，三眠三起吐絲綸，到底藏身若束縛。繅其繭兮食其蛾，猶歎世上人情薄。忍將蠕動付川流，竟不念彼貪生樂。嗟爾鄉民爲甚忙，一歲之中有兩望。春祈蠶兮秋祈穀，男耕女織務農桑。桑葉稠兮欣奉種，桑葉少兮遽張皇。貪多務得惟評價，至此不敬馬頭娘。貧者待飼甚嗷嗷，富者求桑方逐逐。不知神物自天來，不惜微蟲爲化育。遽爾慘然毒手施，可憐生機頓傾覆。勸君莫溺蠶，溺蠶還自絶。天道惡殺而好生，似此傷殘福應折。何論往歲與來年，種種蠶花多欠缺。勸君莫溺蠶，溺蠶因心貪。若云園桑多市利，甯必蠶事付空談。轉禍爲福憑心地，伫見繅盆藥且耽。勸君莫溺蠶，溺蠶緣心忌。若云桑價費囊錢，何不與爾親鄰飼。憂人富來自怕窮，百箔含生甯拋棄。豈知蒼穹佑善人，有秋獲望足償春。衹須作事循天理，何必終窶且憂貧。蟲蟻舉步宜常看，山林禁火亦爲仁。勸君及早迴前轍，從此豐衣樂歲民。

雜録

清　程岱葊《西吴蠶略》卷下　淳熙間，湖蠶頓盛，桑葉價數倍，民無以為飼育，舉家哭於蠶室，誦經而送諸河者，有用大板浮籧篨，書標云：『下流善友鐃於桑，乞育此蠶，必得報者。』獨南潯鎮胡二桑有餘，足供飼養，志於鬻葉，以規厚利。與妻議，欲瘞蠶，妻非之。胡不顧，喚厥子擕鋤剜穴，悉窖之，約遲明采葉入市，三更後聞牀壁嘖嘖聲，謂有盜，舉火就視，蓋蠶也。以帚掃之，隨帚隨布，竟夕擾擾，一家駭懼，妻尤申詈，胡愈憤怒，決意屏滌盡。明日昏時乃定，已失一日摘鬻之利。入夜，又聞嘖嘖聲，胡亟起明燈，足才下地，覺為蟲所嚙，大叫稱痛，其子繼起，亦如之，妻急奔視，則滿榻上下蜈蚣無數，父子宛轉痛楚。數日胡二死，蝴蚣悉隱，子幸無他，而其時蠶已老，胡桑葉盈園，不得一錢。故老傳聞如此，而洪邁《夷堅志》誤南潯作南昌，不知南昌江流駛疾，必無其事，因删正之。

（光緒）《石門縣志》卷一一《雜類志・風俗》　三月三日，往水際，祓除不祥，禮眞武元帝，以蛙鳴爲穀賤之占。寒食祀神，祈蠶晚食青螺，謂之挑青。《蘄志叢談》：清明前一夕，具酒脯，祭餓鬼。又翦紙束竹，爲三四寸婦人，以粉團、酒脯祭之，送至大路傍，棄置，謂之送九娘。門限外兩邊，各釘桃枝三寸許，縛一左轉繩，橫攔之，使鬼物不得入，云宜蠶。清明日，插柳枝於簷戶，各祭祖塋。其米食，用青白團子。民間潔蠶具，扮蠶娘船，鄉人有徃划腳船漾，問葉價者，越一日爲二。明日，農船裝設旂幟，鳴金擊鼓，齊集龍蠶廟前，謂之龍蠶會，亦擊鼓祈蠶之意。穀雨浸穀種前後，數日收蠶。諺云：穀雨不藏蠶，蠶時宜静不宜譁。至親密友，不相徃來。官府每於蠶時，放假。

又　立夏，噉青梅、朱櫻、蠶豆，以麥芽、草芽揉粉爲餅，相餽遺。是日有霧，主桑葉價賤。諺云：立夏三朝霧，老葉换豆腐。四月八日，釋迦誕，夜有雨，損麥。十四日，呂祖誕，晴則歲稔。是月以桔槔灌田，旱入澇出。諺云：小滿動三車。謂水車、油車、絲車。

其他

論説

清　賴逸甫《嶺南蠶桑要則・勸業芻言》　但求賃得堪以種桑之地三四畝，將以依法種桑，以籌家用。培至每造發得桑葉二千餘斤，其家有此一宗，則可豐衣足食。儲蓄士商所得與田疇所獲者，留將以增置産業，與栽培子弟讀書，及喜慶各事所用。因屬每造二千餘斤，合周年六造而計，則可得葉一萬五六千

斤，除地租、肥料、挖草、摘桑等價之外，桑價好者，允可得銀二百五六十兩。中等價者，亦可得銀二百二三十兩。即遇桑價賤者，亦有銀二百兩。十口之家，有此以供，仰事俯畜，則可飽食煖衣。如果養蠶而不賣桑，蠶運佳者，固可出絲七十斤，除炭價繰工之外，允可得銀三百零兩。其中若有兩三造堪作蠶種者，斯又可再得銀數十。如當中等蠶運者，亦可出絲六十斤，得銀二百七八十兩。即遇蠶運否者，仍可出絲五十斤，得銀二百三四十兩。設遇蠶運最不堪者，亦必有絲四十餘斤，得銀二百兩。即如賣絸而不繰絲，所得亦有此數。因屬按絲而計，其中已除繰工炭價矣。凡逢絲市勝絸市，則必賣絲；絸市勝絲市，則必賣絸。今所按絲而算者，乃圖得家人之繰絲工價，以濟己用也。如再賃塘一口，每年可養大魚三千餘斤，歲中除支塘租、魚種、肥料之外，又可賺銀壹百餘兩。或購豬種十隻，韞欄而養，專買浮薸，或薯藤，或假莧菜，或芋莢，或水苴，是但一樣，每日將此熓腼和豬糠餧豬。歲中餧大該豬，除支豬種食用之外，亦可賺銀壹百餘兩。照此豬、桑、魚、蠶四宗養齊，十口之家，少壯者多准可勝任裕如，此則一年之獲，可供兩年之需。如或幼弱者眾，養得三宗，每歲除支家費之外，允有百餘，以備增置產業。即僅務蠶、桑兩宗，十口之家，則亦食用有餘，而卒歲無憂。

清　盧燮宸《粵中蠶桑芻言・養蠶事宜條例》

設絲市

養蠶之家既多，則得絲必盛。自宜於近市之處，另設絲市，以便買賣。該市地近水更佳，其市模、市規，隨時隨地妥酌。如該處絲未暢旺，不能開市。可先設熟繭市，招客交易，亦變通之一法也。

清　佚名《論中國整頓蠶桑宜先設養蠶學堂》（皇朝經世文四編）卷二三　近年來中國之絲猶是也，中國之蠶桑猶昔也。而絲市日衰，絲商日困，推原其故，皆外邦種蠶以分其利，且種桑養蠶之法，較精於中國。中國若仍墨守舊法，將日復一日，年復一年，絲市之衰不知伊于胡底。

綜述

清　汪曰楨《湖蠶述》卷四　小滿之日，必有新絲出市，諺云：小滿見新絲。《湖錄》列肆購絲，謂之絲行。商賈駢坒，貿絲者羣趨焉，謂之新絲市。董蠡舟《樂府小序》向之頓葉者，至此則轉而頓絲焉。董蠡舟《樂府小序》

清　余治《得一録》卷六《清江勸課蠶桑局規條》　局中製造江南絲車二輛，鐵鍋二口，年年繰絲，如民間來賣繭，婦女願學繰者，令其自繰。買絲，照買繭價酌加。總期於民有利。

清　張壽宸彙《蠶桑圖説提要・文柱序》　吳中田賦之重甲天下，夏秋二税之外加以漕糧之費，民無餘蓄，每用愁焉。吳絲衣被天下，每歲絲市聚於湖州之雙林，近則吳越閩番，遠及西洋番舶，貿遷百萬，是以田賦雖重，而民不至匱。太倉之嘉寶，地宜木綿，則漕收折色亦較各邑漕困為少甦，豈非稼穡之外自有餘利哉。顧木綿必沙地，而桑則無壤不宜，何以其種南不逾浙，北不逾淞，西不逾湖，僅行於方千里之間，而隔壤即無桑種，謂土之不宜耶？無論蘇之吳江、震澤，桑半於稼織半於耕，即常州之宜興、荆溪、鎮江之溧陽，皆有絲市，至丹徒則地不瀕太湖，而近日設局種桑育蠶，亦有成效。

清　張瀛《柳蠶發明輯要・柳蠶十利》　先冬栽柳，明夏即可放蠶。賣絲得錢先五穀，三利也。

清　楊鞏《中外農學合編》卷三《占驗・正月》　正月元日，值甲，穀賤；乙，穀貴；丙，四月旱；丁，絲綿貴；戊，米麥魚鹽貴；己，米貴蠶傷，多風雨；庚，田熟；辛，米平，麻麥貴；壬，絹布豆貴，米麥平；癸，主禾傷，多風雨。一說，元日值戊，主春旱四十五日。

藝文

清　董蠡舟《樂府・貸錢》《湖蠶述》卷二　盎中餘粟食已罄，笥裏寒衣典無賸。買葉無錢餬口難，何人肯乞監河潤。里中豪右富熏天，千鎰萬貫流如泉。鑽核障篦鄙且慳，今年廣放加一錢。貸錢一千息一百，儘許阿儂徒手得。傅別何須合兩書，責償毋許逾三月。負歸兒女亦熙熙，養蠶豈復愁無資。只期今歲還宜早，料得明年借不辭。子母償清絲賣矣，歸來依舊囊如洗。青黃不接可奈何，待喫豪家轉斗米。

清　董恂《樂府・貸錢》《湖蠶述》卷二　清明已過將梅夏，村農摒擋無休暇。儲無儋石懸罄如，安得餘錢計桑柘。趁墟走訪足穀翁，人未登門氣先下。已慣寅年用卯年，何妨潤向監河借。他日甘心厚利償，薪炭今時免賒貰。豈料年來足穀翁，慳貪心計尤狙詐。較量加一息尚輕，竟使錙銖到葉價。先期買取奇貨居，乾没還將厚利射。

清 陶元藻《泊鷗山房集》卷一八《繅絲歎》 繅絲繅絲乍出盆，催徵虎吏早入門。吏云賣絲輸我税，婦云無絲姑不温。吏聲轉厲婦聲苦，婦翁抱絲入城去。婦牽姑衣不敢言，姑視繅車泪如雨。賣絲翁歸意轉歡，今年官賦賴婦完。巾箱雖空魂夢安，一夕騷騷北風起，翁姑僵卧同長歎。

清 王槐《養蠶行》《清詩鐸》卷七 吳興偏地皆種桑，家家四月飼蠶忙。陰陽災沴傷草木，桑樹雖多葉不足。葉不足，蠶苦飢，無力作繭抽新絲。絲少賦多難稱貸，賣絲更把桑葉賣。胥吏門前爭叫呼，翩翩春服何其都。君不見，輕紈細綺白如雪，寸寸蠶娘眼中血。

清 孫原湘《天真閣集》卷五《養蠶曲》 蠶喜靜，密室簾櫳生客屏。蠶喜煖，深窗無風日華滿。清晨采桑珠露滴，葉葉玉纖親拂拭。不梳不沐一月忙，紅蠶滿箔繭白黃。絲成許兒作布袴，賣絲不彀充租賦。貴家女兒不識蠶，裁紈翦綺終朝憨。養蠶人家無寸帛，七十老翁凍折骨。

蠶桑祭禮部

蠶禮

題解

宋 黄震《黄氏日鈔》卷一六《讀禮記三》 野虞，主田及山林之官。無伐桑柘，愛蠶食也。鳴鳩拂羽，戴勝降桑，蠶生之候也。致曲而織曰曲，取直而立曰植，席之粗者曰籧，筥之方者曰筐，皆蠶具也。禁婦女無觀者，戒其遊觀。省婦使者，省其他役使，勸其一於趨蠶事，此章言親蠶，以供祭服。鄭氏、方氏及高誘注。

《大明會典》卷一八七《工部七》 先蠶壇嘉靖中，始建在安定門外，後改于西苑 壇，石包甎砌，方廣二丈六尺，高二尺六寸，四出陛。壇東為採桑臺，用甎石，方一丈四寸，高一尺四寸，南、東、西三出陛。

明 胡廣等《禮記大全》卷六《月令第六》 是月也，天子乃薦鞠衣于先帝。

鞠衣，衣色如鞠花之黄也。註云：黄桑之服者，色如鞠塵，象桑葉始生之色也。鞠字，一音，去六反。先帝，先代木德之君。薦此衣於神坐，以祈蠶事。

論説

《春秋穀梁傳·桓公二年》 天子親耕，以供粢盛；王后親蠶，以供祭服。國非無良農工女也，以為人之所盡事其祖禰，不若以己所自親者也。

《宋書》卷一四《禮志》 晉武帝太康六年，散騎常侍華嶠奏：『先王之制，天子諸侯親耕千畝，后夫人躬蠶桑宮。今陛下以聖明至仁，修先王之緒，皇后體資生之德，合配乾之義，而教道未先，蠶禮尚闕。宜依古式，備斯盛典。』詔曰：『昔天子親籍以供粢盛，后夫人躬蠶以備祭服，所以聿遵孝敬，明教示訓也。今籍田有制，而蠶禮不修，中間務多，未暇崇備。今天下無事，宜修禮，以示四海，其詳依古典及近代故事以參今，宜明年施行。』於是使侍中成粲草定其議。

唐 朱希濟《治論》《文苑英華》卷七四六 故率公卿以躬耕於千畝，非獨致敬於粢盛也；率嬪御以親蠶於繭絮，非獨致美於黻冕也。皆所以先民之教化也。下之人必曰：王者后妃，尚勤於耕桑，余何人哉？若天下之人，皆相率以耕織爲務，則穀帛可指期而取，穀帛既賤，人各足其所欲。

《續資治通鑑長編》卷二八 國子司業孔維上書，請禁原蠶，以利國馬。直史館樂史駁奏曰：管子云：倉廩實知禮節，衣食足知榮辱。是以古先哲王，厚農桑之業，以為衣食之原耳。一夫不耕，天下有受其飢者。一婦不蠶，天下有受其寒者。故天子親耕，后妃親蠶，屈身以化下者，邦國之重務也。

宋 樓鑰《攻媿集》卷七六《跋揚州伯父耕織圖》 是知農桑爲天下之本。孟子備陳王道之始，由于黎民不飢不寒，而百畝之田，墻下之桑，言之至于再三，而天子三推，皇后親蠶，遂爲萬世之法。

宋 黄震《黄氏日鈔》卷二〇《讀禮記七》 唯世婦命於奠繭，其他則皆從男子。奠音獻，孔如字。 世婦，謂天子二十七世婦以下也。世婦及命婦，入助蠶畢，獻繭。凡獻物必先奠於地，故曰奠繭。奠繭者，有功於祭服而命之，不專爲夫。其餘非助蠶者，不須奠繭之命，惟從夫之爵，故云皆從男子。本孔氏説凡侍於君，紳垂足如履齊，頤霤垂拱，視下而聽上，視帶以及袷聽鄉任左。齊，音咨。霤，力救反。袷，音刼。鄉，許亮反。

元 司農司《農桑輯要》卷一《典訓・經史法言》 《齊民要術》傳曰：人生在勤，勤則不匱。古語曰：力能勝貧，謹能勝禍。蓋言勤力可以不貧，謹身可以避禍。庸人之性，率之則自力，縱之則惰窳耳。稼穡不修，桑果不茂，畜産不肥，鞭之可也。杝落不完，垣墻不牢，掃除不盡，笞之可也。此督課之方也。且天子親耕，皇后親蠶，況夫田父而懷惰窳乎？

元 王禎《農書》卷一《農桑通訣一・蠶事起本》 按，黄帝元妃西陵氏始勸蠶事，月大火而浴種，夫人副褘而躬桑，乃獻繭稱絲。織紝之功因之廣，織以供郊廟之服。所謂黄帝垂衣裳而天下治，蓋由此也。然黄帝始置宮室，后妃乃得育蠶，是為起本。西陵氏曰嫘祖，為黄帝元妃。淮南王《蠶經》云：西陵氏觀蠶稼，親蠶始此。《皇圖要覽》云：伏羲化蠶，西陵氏養蠶。《禮記・月令》：季春，后妃齋戒，享先蠶而躬桑，以勸蠶事。《周禮・天官・内宰》：中春，詔后帥内外命婦，始祭蠶於北郊。蠶于北郊，以純陰也。上古有蠶叢帝，無文可考。蓋古者蠶祭，皆無主名。至後周壇祭先蠶，以黄帝元妃西陵氏為始，是為先蠶，歷代因之。嘗謂天駟為蠶精，元妃西陵氏始蠶，實為要典。若夫漢祭菀窳婦人、寓氏公主，蜀有蠶女馬頭娘，又有謂三姑為蠶母者，此皆後世之溢典也。然古今所傳，立像而祭，不可遺闕，故并附之。夫蠶之有功於人，萬世永賴，注於祀典，以示報本。後之蒙衣被之德者，其可不知所本耶？嘗撰蠶事祭文二篇，以為祈報之禮。其文見《農器譜》。

明 林俊《傳奉勑諭查勘畿内田地疏》《皇明疏鈔》卷四一 文冊如蒙聖慈，俯察愚忠，深惟國本乞勑該部，查照臣等勘報文冊，將在京附郭大興縣地方各宮莊田，原不係占奪民田，不滿數十頃者，請一切改為各宮親蠶廠、公桑園等項名額。勑令有司種植桑柘，以備宮中蠶事。蓋古者天子，親秉耒以耕。后妃親桑，以供郊廟之服。後世漢文帝、景帝，皆詔皇后親蠶，以供祭服，為天下先。乃者改元之春，臣等恭覩陛下躬耕籍田，既以身先天下矣。兹者，恭遇皇后殿下，配德之初，正位之始，所宜躬履勤儉以率天下，而親蠶之禮，實為我朝百年缺典。誠願陛下恩賜建興，克配皇祖，特勑禮部詳考《禮經》《月令》《祭統》《祭義》等篇，斟酌古今，具皇后親蠶儀以進，待明年季春之月，擇日舉行，播告天下。此誠帝王之高致，后妃之盛節，閫門風化之首，而王業之根本也。將見風聲感動，德教流行，男勸於耕，女勸於織，海内富庶之效，不患不文。帝若矣，而曠代之典，又不足以為萬世之美談也哉！

明 夏言《夏桂洲先生文集》卷一二《請舉親蠶典禮疏》 竊念臣於嘉靖元年四月，謬蒙簡命，令查勘順天等八府皇莊田土，事竣之日，嘗具本於册。陛下面進内一節，欲將在京負郭大興縣等地方，各宮莊田，原不係占奪民田者，一切削去皇莊之名，宜改爲親蠶廠、公桑園等項名額，勑令有司種植桑柘，以備宮中蠶事。勑禮部詳考《禮經》，斟酌古今，具皇后親蠶儀以進。仍於季春之月，擇日舉行，播告天下誠爲。帝王之高致，皇后之盛節，閫門風化之首，王業之根柢也。

明 歸有光《震川集》卷一二《顧夫人八十壽序》 上崇孝養，册上昭聖皇太后、章聖皇太后徽號，夫人於是朝三宮。親蠶之禮，曠千載不見矣！上考古事，憲周制，舉三繅之禮，夫人陪侍翟車。煌煌乎三代之典，豈不盛哉！

明 胡廣等《禮記大全》卷一三《玉藻第十三》 唯世婦命於奠繭，其他則皆從男子。

世婦，天子二十七人。奠繭，獻繭也。凡獻物必先奠置于地，故謂獻為奠。凡妻，貴因夫，故得各服其命數之服。惟世婦必俟蠶畢，獻繭，命之服，乃服耳，他皆從夫之爵位也。

又卷二二《祭義第二十四》 良日，吉日也。三盆手者，置繭於盆中，而以手三次淹之。每淹則以手振出其緒，故云三盆手也。方氏曰：夫人之繅，止於三盆，猶天子之耕，止於三推。毗陵慕容氏曰：夫躬耕親蠶，一則以教民致力於農桑，而豐衣食之原；一則以為齊盛祭服，而盡事神之敬。故先王以所事者教民，故民之聽命也速。以所率民者奉神，故神饗之也易。夫民，神之主也。成民，然後可以致力於神。民和而神降之福，耕以足食，蠶以足衣。生民之道，於是乎在。所以成民而致其和，莫先於斯二者。故齊盛以告，冤服以祀，而成民之道盡焉。故可以陳信於鬼神，若夫民則棄本，飢寒是憂，和氣不應，災害日至，則是矯舉以祭。雖潔齊豐盛，致美乎冕服，神亦弗饗矣。

明 廖道南《楚紀》卷二八《孚諫外紀後篇・申論郊廟疏》 盖先農祠者，藉田之域也。君躬耕，以先天下之男教也。男教屬乎陽也，近于南郊，亦以就陽也。先蠶祠者，桑野之隅也。后躬桑，以先天下之婦順也。婦順屬乎陰也，近于北郊，亦以就陰也。

明 吕坤《實政録》卷二《明務・小民生計》 民不樹桑，何以飼蠶？古者，天子后妃，諸侯夫人，皆親蠶繅。而曆日年神，方位屬蠶者三。太原地方，飼蠶甚少。州縣、衛所、衙門，先出告示，責令所屬軍民，五月半催畦桑椹，六月半催壓桑條，仍先期示以親查，不奉令者重責。又正當栽種時，掌印官掣籤，親自帶二三人下鄉，查驗是否全活，量行賞勸。抽查責治一二次，則衆自知警而爭相栽種矣，甚不可委甲長及佐貳、首領查看，以致煩擾。

明 沈德符《野獲編》卷二《帝社稷》 户部以本年所入之數，上聞蓋自夏言，皇后親蠶之説行，於是農桑竝舉，以復邃古神農之政。未幾，親蠶禮卽廢，而農務則終世宗之世焉。今西苑宫殿久撤，惟《無逸》、《豳風》尚存，仍爲至尊親稼之所。

又 卷三《親蠶禮》 世宗更定祀典，遂行皇后親蠶禮。當時俱咎夏貴溪逢迎上意，御史馮恩至謂，后親蠶于郊，不可示後世。然夏説未可非也。《周禮・天官・内宰》：中春，詔后率内外命婦，始祭蠶於北郊。《漢・禮儀志》：皇后祠先蠶以中牢。文帝、景帝、元帝俱詔：皇后親蠶。魏黄初中依《周禮》，置壇于北郊。晋與高齊俱置高壇，皇后親祭，俱躬蠶，後周因之。隋置壇宫北三里，皇后以太牢祭。唐置壇在長安宫西苑中，貞觀、顯慶、先天、乾元間，皇后親蠶，皆先有事于先蠶壇，儀具《開元禮》。宋用高齊制，后親享先蠶，貴妃亞獻，昭儀終獻，其神則祠天駟星，次則黄帝元妃西陵氏，漢加菀窳婦人、寓氏公主，後又益以蠶女馬頭娘之屬，皆有所本。嘉靖之制，雖未盡合古，然農桑並舉，固帝王所重。

明 王應電《周禮傳》卷一下 后匹天王，非行侔天地，無以奉神靈之統理萬物之宜，故聖王立之史以佐之，其職不隆且重歟？《禮・職者》：凡后于行大禮，執事有常者，若經所稱，后祼獻脩齍，立市蠶于北郊等。職事禮儀，女史掌之，貴用其中也。内治者，若内宰所掌版圖之法，六宫之禮，職北宫之禁，令女史貳之，詔后以時而班，以時而省治其不法，以聽天下之内治也。

明 楊邦憲《隆聖德慎儲教疏》《皇明留臺奏議》卷四 我太祖高皇帝遊宴，有儆卹農，有諭：食藜藿而知畎畆之艱難，親蠶桑而知績紝之不易。

清 黄宗羲《宋元學案》卷二三《滎陽學案・吕氏雜志》 孝子事親，須事事躬親，不可委之使令也。《穀梁》言：天子親耕，以供粢盛。王后蠶，以供祭服。非無良農工女，以為人之所盡事親其祖禰，不若以己所自親者也。此説最盡事親之道。

清 楊屾《豳風廣義》卷二《淮南王蠶經説》 《淮南子》曰：黄帝元妃西陵氏始蠶，蓋黄帝制作衣裳，因此始也。其後禹平水土，《禹貢》所謂『桑土既蠶，其利漸廣。』《禮・月令》曰：季春之日，具曲植籧筐。后妃齋戒，親東鄉躬桑，禁婦女毋觀去容飾也，省婦使以勸蠶事。婦使，謂之縫綫、組串之事。蠶事既登，分繭稱絲效功，以供郊廟之服，無有敢惰。及考之歷代皇后與諸侯夫人親蠶之事，昭然可見。況庶人之婦可不務乎？

清 朱斌《蠶桑指要・叙》 古者，蠶桑之事與農事並重。故天子耕籍，王后親蠶，以唱導之，載於三禮，播於風詩，甚盛典也。

清 秦緗業、黄以周等輯《續資治通鑒長編拾補》卷三九 三月，皇后親蠶。詔建蠶宫、蠶殿。【案】《九朝編年備要》云：親蠶於延福殿。又云，政和初，詔建蠶宫、親蠶殿，以無斁爲名。《紀事》載，建宫殿之詔在政和間。是時，宫殿已成，始行親蠶禮。疑此書誤訛詔建二字也。《東都事略》亦，但云：『是月，皇后親蠶。』不言詔建宫殿。《宋史本紀》云：甲戌，皇后親蠶。《玉海》卷七十七云：政和元年四月二十一日，度地作公桑、蠶室，其親蠶殿名曰無斁。宣和元年三月二十八日，皇后親蠶於延福宫。注云：築采桑壇、繭館、織室，服用鞠衣。

清 衛杰《蠶桑萃編》卷三《蠶始類》

敬蠶神考

蠶室全備，安設先蠶位，不忘本也。歷代所祀不同，如漢祀宛窳婦人、寓氏公主，蜀有蠶女馬頭娘。又有三娘為蠶神者。又南方祀蠶花五聖者，後世之溢典也。夫農桑固天畀以養民重寳，必有所司之神以主之。故農祭先農，蠶祭先蠶。神農始教稼穡，是為先農。黄帝元妃西陵氏，始為室養蠶，是為先蠶。事蠶者，先書先蠶神位，畫像亦可，安蠶室高潔之處。稽古制，祭先蠶，壇壝牲幣，如中祀禮。此后妃祭先蠶禮也。《蠶書》云：臥蠶之日，割鷄，設醴，以禱先蠶，此庶人祭先蠶禮也。自天子后妃，至於庶人之婦，禮雖不同，敬奉之心則一。凡養蠶家下蟻之日，蠶多力厚者，設三牲，酒醴。蠶少力微者，割鷄，設醴，點燭，焚香，將筐置先蠶几案，蠶母率闔家奠醴，拜禱。

清 賴逸甫《嶺南蠶桑要則・陳經序》 古者天子諸侯，必有躬桑，蠶室近布於三宮而築之。大昕之朝，君皮弁視幘，卜三宮夫人、世婦之吉者，風戾以食，卒蠶獻繭。夫人副幃受君，其非慎重之謂夫，固謂天子躬耕，后妃親蠶，而知稼穡艱難，心關民瘼，身爲先導耳。

綜述

《宋書》卷一八《志第八・禮五》

漢制，太后入廟祭神，服紺上皂下；親蠶，青上縹下，皆深衣。深衣，即單衣也。首飾剪氂幗。

漢制，皇后謁廟服，紺上皂下。親蠶，青上縹下。首飾假髻、步搖、八雀、九華，加以翡翠。晉《先蠶儀注》：皇后十二鏌，步搖，大手髻，衣純青之衣，帶綬佩。今皇后謁廟服袿襹大衣，謂之褘衣。公主、三夫人大手髻，七鏌，蔽髻。九嬪及公夫人五鏌，世婦三鏌。公主會見，大手髻，其長公主得有步搖。公主封君以上皆帶綬，以采為緄帶，各如其綬色。公特進列侯夫人、卿校世婦、二千石命婦年長者，紺繒。佐祭則皂絹上下，助蠶則青絹上下。自皇后至二千石命婦，皆以蠶衣爲朝服。

唐 張鷟《龍筋鳳髓判》卷下《籍田親蠶二條》 皇后親蠶，諸侯之小君，古者亦有蠶室，今廢其事，不可以率下。

《晉書》卷二五《輿服志》

皇后謁廟，其服皁上皁下，親蠶則青上縹下，皆深衣制，隱領袖緣以絛。首飾則假髻，步搖，俗謂之珠松是也，簪珥。步搖，以黄金爲山題，貫白珠爲支相繆。八爵九華，熊、獸、赤羆、天鹿、辟邪、南山豊大特六獸，諸爵獸皆以翡翠爲毛羽，金題白珠璫，繞以翡翠爲華。元康六年，詔曰：魏以來，皇后蠶服，皆以文繡，非古義也。今宜純服青，以爲永制。

貴人、夫人、貴嬪，是爲三夫人，皆金章紫綬。章文曰：貴人、夫人、貴嬪之章，佩于寘玉。

淑妃、淑媛、淑儀、脩華、脩容、脩儀、婕妤、容華、充華，是爲九嬪，銀印青綬，佩采瓄玉。貴人、貴嬪、夫人助蠶，服純縹爲上與下，皆深衣制。太平髻，七鏌蔽髻，黑玳瑁，又加簪珥。九嬪及公主、夫人五鏌、世婦三鏌。助蠶之義，自古而然矣。

《隋書》卷七《志第二・禮儀二》

《周禮》：王后蠶於北郊，而漢法皇后蠶於東郊。魏遵周禮，蠶于北郊。吳韋昭制《西蠶頌》，則孫氏亦有其禮矣。晉太康六年，武帝楊皇后蠶于西郊，依漢故事。江左至宋孝武大明四年，始於臺城西白石里爲西蠶，設兆域。置大殿七間，又立蠶觀。自是有其禮。

後齊爲蠶坊於京城北之西，去皇宮十八里之外，方千步。蠶宮，方九十步，墻高一丈五尺，被以棘。其中起蠶室二十七，別殿一區。置蠶宮令、丞、佐史，皆宦者爲之。路西置皇后蠶壇，高四丈，方二丈，四出階，廣八尺。置先蠶壇於桑壇東南大路東，横路之南。壇高五尺，方二丈，四出階，廣五尺。外兆方四十步，面開一門。有緣襜襦、褠衣、黄履，以供蠶母。每歲季春穀雨後吉日，使公卿以一太牢祀先蠶黄帝軒轅氏於壇上，無配，如祀先農。禮訖，皇后因親桑於桑壇。備法駕，服鞠衣，乘重翟，帥六宮升桑壇東陛，即御座。女尚書執筐，女主衣執鉤，立壇下，皇后降自東陛，執筐者處右，執鉤者居左，蠶母在後。乃躬桑三條，訖，升壇，即御座。内命婦以次就桑，鞠衣五條，展衣七條，褖衣九條，以授蠶母。還蠶室，初授世婦，灑一簿。預桑者并復本位。后乃降壇，還便殿，改服，設勞酒，班賚而還。

後周制，皇后乘翠輅，率三妃、三㚤、御媛、御婉、三公夫人、三孤内子至蠶所，以一太牢親祭，進奠先蠶西陵氏神。禮畢，降壇，昭化嬪亞獻，淑嬪終獻，因以公桑焉。

隋制，於宮北三里爲壇，高四尺。季春上巳，皇后服鞠衣，乘重翟，率三夫人、九嬪、内外命婦，以一太牢，制幣，祭先蠶於壇上，用一獻禮。祭訖，就桑位於壇南，東面。尚功進金鉤，典制奉筐。皇后採三條，反鉤。命婦各依班採，五條、九條而止。世婦亦有蠶母受公桑，灑訖，還依位，皇后乃還宮。自後齊、後周及隋，其典大抵多依晉議。然亦時有損益矣。

又 卷一一《志第六・禮儀六》 皇后謁廟，服袿襹大衣，蓋嫁服也，謂之褘衣，皁上皁下。親蠶則青上縹下，比深衣制，隱領袖，緣以絛。首飾則假髻，步搖，俗謂之珠松是也。簪珥，步搖，以黄金爲山題，貫白珠爲文相繆。八爵九華，熊、獸、赤羆、天鹿、辟邪、南山豊大特六獸，諸爵獸皆以翡翠爲華綬，佩同乘輿。

《通典》卷四六《禮第六·吉五》

先蠶周、漢、後漢、魏、晉宋、北齊、後周、隋、大唐

周制，仲春，《天官·内宰》：詔后帥外内命婦，始蠶於北郊，以爲祭服。蠶於北郊，婦人以純陰也。天子諸侯，必有公桑蠶室。近川而爲之，築宫仞有三尺，棘墻而外閉之。后妃齋戒，享先蠶而躬桑，以勸蠶事。季春吉巳，王后享先蠶。先蠶，天駟也。享先蠶而後躬桑，示率先天下也。及大昕之朝，君皮弁素積，卜三宫之夫人、世婦之吉者，使入於室，奉種浴於川。桑於公桑，風戾以食之。是月也，命有司無伐桑柘。愛蠶食也。有司，主山林之官也。禁原蠶。原，再也。天文，辰爲馬。蠶與馬同氣，物莫能兩大，禁原蠶，爲傷馬。漢，皇后蠶於東郊。其儀：春桑生，而皇后親桑於苑中。蠶室養蠶千薄以上，祀以中牢羊、豕。祭蠶神曰苑窳婦人、寓氏公主，凡二神。羣臣妾從桑還，獻於繭館，皆賜從桑者絲。皇后自行。窳音俞。後漢，皇后四月，帥公卿列侯夫人蠶。皇后出，乘鸞輅，青羽蓋，駕四馬，龍旗九斿。大將軍妻參乘，太僕妻御，前鸞旗車，皮軒闟音翕戟，雒陽令奉引，千乘萬騎。車府令設鹵簿駕，公、卿、五營校尉、司隸校尉、河南尹妻皆乘其官車，帶夫本官綬，從其官屬導從皇后。置武賁、羽林騎，戎頭、黄門鼓吹，五帝車，女騎夾轂，執法御史在前後，亦有金鉦黄鉞，五將導。桑於蠶宫，手三盆於繭館，畢，還宫。祀先蠶，禮以少牢。凡蠶絲絮，織飾以作祭服。祭服者，冕服也。天地宗廟群神五時之服。其皇帝得以作縷縫衣，皇后得以作巾絮而已。置蠶宫令、丞，諸天下官下法皆詣蠶室，與婦人從事，故舊有東西織室作法。魏文帝黄初七年，皇后蠶於北郊，依周典也。晉武帝太康六年，蠶於西郊蓋與籍田對其方也。先蠶壇高一丈，方二丈，四出陛，陛廣五尺，在皇后采桑壇東南帷宫外門之外，而東南去帷宫十丈，在蠶室西南，桑林在其東。取列侯妻六人爲蠶母。蠶將生，擇吉日，皇后著十二笄步摇，依漢魏故事，衣青衣，乘油畫雲母安車，駕六騩音貴馬。女尚書著貂蟬，佩璽陪乘，載筐鉤。公主、三夫人、九嬪、世婦、諸太妃、太夫人及縣鄉君、郡公侯特進夫人、外世婦、命婦皆步摇，衣青，各載筐鉤從蠶。先桑二日，蠶宫生蠶著簿上。躬桑日，皇后未到，太祝令質明以太牢告祠，謁者一人監祠。祠畢，徹饌，頒餘胙於從桑及奉祠者。皇后至西郊升壇，公主以下陪列壇東。皇后東面躬桑，采三條，諸妃公主各采五條，縣鄉以下各采九條，悉以桑授蠶母，還蠶室。事訖，皇后還便卽御座，公主以下乃就位，設饗宴，賜絹各有差。宋孝武大明四年，始於臺城西白石里爲蠶所，設兆域，置大殿，又立蠶觀。其禮皆循晉氏。北齊爲蠶坊於京城北之西，去皇宫十八里外。有蠶宫，方九十步，牆高一丈五尺。其中起蠶室二十七，别殿一區。置蠶宫令、丞，宦者爲之。路西置皇后蠶壇，高四尺，方二丈，四陛，陛各廣八尺。置先蠶壇於桑壇東南，大路東，横路南。壇高五尺，方二丈，四陛，陛各五尺。外兆方四十步，面開一門。有緑襘襦、褠衣、黄履，以供蠶母。每歲季春，穀雨後吉日，使公卿以一太牢祠先蠶黄帝軒轅氏於壇上，無配，如祀先農。禮訖，皇后因親桑於壇。備法駕，服鞠衣，乘重翟，帥六宫升桑壇東陛，卽御座。女尚書執筐，女主衣執鉤，立壇下。皇后降自東陛，執筐者處左，執鉤者居右，蠶母在後。乃躬桑三條，訖，升壇，卽御座。内命婦以次就桑，服鞠衣者采五條，展衣者七條，褖衣者九條，以授蠶母。還蠶室，切之，授世婦，灑一簿。凡應桑者並復本位。后乃降壇，還便殿，設勞酒，頒賚而還。後周制，皇后乘翠輅，率六宫三妃、三㚤音弋，婦官名、御媛、御婉、三公夫人、三孤内子至蠶所，以一少牢親進，祭奠先蠶西陵氏神。禮畢，降壇，令二嬪爲亞獻終獻，因而躬桑。隋制，先蠶壇，於宫北三里爲壇，高四尺。季春上巳，皇后服鞠衣，以一太牢制幣，祭先蠶於壇上，用一獻之禮。祭訖，親桑位於壇，東面。尚功進金鉤，典制奉筐。皇后采三條，反鉤。命婦各依班采五條九條止。世婦於蠶母受切桑，灑訖，皇后乃還。自齊及周隋，其典法多依晉儀，亦時有損益。大唐顯慶元年三月辛巳，皇后武氏，先天二年三月辛卯，皇后王氏，乾元二年三月己巳，皇后張氏，並有事於先蠶。其儀，備《開元禮》。

又 卷六二《禮第二十二·嘉七·后妃命婦服章制度》

唯侍親桑，則用鞠衣，佩綬與揄衣同。良娣，鞠衣，銀印，青綬，獸爪鞶囊。餘同世婦。寶林、八子，展衣，銅印，佩水蒼玉，艾綬。諸侯王太妃、妃、長公主、三公夫人、一品命婦，揄翟，繡爲九章。佩山元玉，獸頭鞶囊，綬同夫色。公夫人、縣主、二品命婦，亦揄翟，繡八章。從親桑，同鞠衣。自此以下，佩皆水蒼玉。侯伯夫人、三品命婦，亦服揄翟，繡爲七章。子夫人、四品命婦，服闕翟，刻赤繒為翟，綴衣上，爲六章。男夫人、五品命婦，闕翟，五章。若從親蠶，皆同鞠衣。大唐武德制：皇后服有褘衣、鞠衣、鈿釵禮衣三等。王太子妃揄翟鞠衣。自皇后至内外命婦衣服制度，並具《開元禮》序例。

《舊唐書》卷四五《輿服志》

鞠衣黄羅爲之，其蔽膝、大帶及衣革帶、舄隨衣色，餘與褘衣同，唯無雉也親蠶則服之。

宋 高承《事物紀原》卷二《禮祭郊祀部九》

先蠶

《周禮·内宰》：詔王后蠶于北郊，齋戒享先蠶。禮亦雜記其事，然禮之所紀，多商周之制，及其餘群小祀，俱周典云。

《太平御覽》卷一四五《皇親部十一·世婦》 又曰：季春之月，后妃齋戒，親東嚮躬桑。齋戒者，事於先蠶也。東嚮，盛德也。躬桑者，手三繅，猶天子親耕三推也。古者，天子諸侯必有公桑蠶室。近川而爲之，築宮仞有三尺，棘牆而外閉之。卜夫人、世婦之吉者，使入蠶室，奉種浴于川，公桑以食之。蠶事既升升，成也，分繭稱絲，絲以斤兩，故曰稱，知其多少，所以旌其成功也。在孟夏，於此終言之也。以供郊廟之服。天子諸侯所服以祭者，必后夫人所親蠶也。禮，世婦卒蠶，獻繭于夫人。受之，親繅三盆手，朱緑之，玄黄之，以爲黼黻文章。君服之，以祀先王、先公，敬之至也，故曰無或敢怠。

又 卷八二五《資産部五·蠶》 《皇后親蠶儀注》曰：皇后躬桑，始捋一條，執筐受桑，捋三條。女尚書跪曰：『可止。』執筐者，以桑授蠶母，蠶母以桑適金室也。

又 《先蠶儀注》曰：親蠶前三日，太祝令質明以太牢祠先蠶也。

《唐會要》卷一一《明堂制度》 陛下躬耕藉田，親蠶事，以勸天下之農桑，養三老五，更以教天下之孝悌。

宋 王應麟《玉海》卷七七 《禮儀·親蠶》

周中春蠶北郊

《禮·内宰》：中春，詔后帥外内命婦，始蠶於北郊，以為祭服。歲終，稽其功事。注，蠶於北郊，婦人以純陰為尊，郊必有公桑蠶室焉。疏，按《月令》，三月后妃親東鄉躬桑。此云二月。佐后而受獻功者，比其大小麤良。大宰九職，嬪婦化治絲枲，典絲掌絲入而辨其物，内司服王后六服鞠衣。注，鞠衣，黄桑服也。色如鞠塵，象桑葉始生。《月令》：三月，薦鞠衣於先帝，告桑事。先帝，太昊之屬，為蠶求福也。疏謂，季春將蠶，后服之告先帝。巾車、翟車。注，后所乘以出桑。記《月令》季春，鳴鳩拂其羽，戴勝降於桑蠶將生之候。具曲、植、籧、筐。后妃齋戒，親東鄉躬桑，禁婦女毋觀。省婦使，以勸蠶事。蠶事既登，分繭稱絲效功，以供郊廟之服。注，后妃親採桑，示帥先天下也。《夏小正》曰：妾子始蠶，執養宮事。孟夏，蠶事畢，后妃獻繭，乃收繭税。以桑為均，貴賤長幼如一，以給郊廟之服。注，内命婦獻繭於后妃，收繭税者，收於外命婦。季夏，命婦官染采。《祭統》：王后蠶於北郊，以共純服亦冕服也。夫人蠶於北郊，以共冕服。夫人不蠶於西郊，婦人禮少變也。《祭義》：古者，天子諸侯，必有公桑蠶室。公桑，猶公田也。近川而為之，築宮仞有三尺，棘牆而外閉之。及大昕之朝，君皮弁素積，卜三宮夫人、世婦之吉者，使入蠶於蠶室，奉種浴於川，桑於公桑，風戾以食之，歲既單矣。三月之末，四月之初。世婦卒蠶，奉繭以示於君，遂獻繭於夫人，遂副褘而受之，用少牢以禮之。及良日，夫人繅三盆手，遂布於三宮夫人、世婦之吉者使繅，遂朱緑之，玄黄之，以爲黼黻文章。服既成，君服以祀先王先公，敬之至也。《玉藻》：唯世婦命於奠繭。注，世婦以下，蠶事畢，獻繭乃命之。疏謂，世婦及命婦入助蠶，畢獻繭也。《魯語》：王后親織玄紞，公侯夫人加以紘、綖。社而賦事，烝而獻功。《孟子》，《禮》曰：諸侯耕助，以共粢盛。夫人蠶繅，以為衣服。《公羊》：注，后夫人親西郊采桑，以共祭服。《禮·内宰》疏，馬質注，天文，辰為馬。引《蠶書》曰：蠶為龍精，月值大火，則浴其種。是蠶與馬同氣，故此亦仲春始蠶，亦謂浴種。《詩》：蠶月條桑。《書·禹貢》：兖州貢絲。《穆天子傳》：甲寅，天子作居范宮，以觀桑者，乃飲於桑中。命桑虞出桑者，禁暴民。

又 晉親蠶 先蠶禮 先蠶儀注

《紀》：武帝太康九年三月丁丑，皇后親蠶於西郊，賜帛各差。《志》：《周禮》，王后率内外命婦，享先蠶於北郊。《漢儀》：皇后親桑東郊。武帝太康六年，散騎常侍華嶠奏先王之制，天子親耕，后夫人躬蠶。今蠶禮尚缺，宜依古式，備斯盛典。《華嶠傳》：奏修蠶宮之禮。詔曰：今藉田有制，而蠶禮未修。今天下無事，宜修禮以示四海，其詳依古典，明年施行。於是蠶於西郊，蓋與藉田對其方也。乃使侍中成粲，草定其儀。先蠶壇高一丈，方二丈，為四出陛，陛廣五尺，在皇后採桑壇東南。取列侯妻六人為蠶母。蠶將生，告擇吉日，后著十二笄步摇，衣青衣，乘油畫雲母安車，駕六騩馬。公主、三夫人、九嬪、世婦、内外命婦，皆步摇，衣青，從蠶。先桑二日，蠶宮生蠶著簿上。桑日，皇后未到，太祝令質明以一太牢告祠。皇后至西郊升壇，東南躬桑，採三條，諸妃公主五條，縣鄉君以下九條，以授蠶母。事訖，皇后還便坐，設享宴，賜絹各有差。《晉元康議》曰：皇后採桑壇在蠶宮西南。晉閔鴻有《親蠶賦》。左芬文：亦既青陽，鳴鳩告時。躬執桑曲，率導媵姬。修成蠶蔟，分繭理絲。女工是察，祭服是治。祇奉宗廟，永言孝思。

又 唐親蠶

《紀》：貞觀元年三月癸巳，皇后親蠶。《會要》：貞觀元年三月十日，文德后率內外命婦，有事於先蠶。顯慶元年三月辛巳，皇后親蠶。總章二年三月癸巳，皇后親蠶。上元元年三月己巳，皇后親蠶。二年三月丁巳，天后親蠶，祀先蠶於邙山之陽。開元元年三月辛巳十八日，《舊紀》云辛卯，皇后親蠶。乾元二年三月己巳，皇后親蠶。《志》：皇后，季春吉巳，享先蠶，遂以親桑。隋，上巳祭先蠶。散齋三日於後殿，致齋一日於正寢，一日於正殿。致齋之日，尚服率司仗布侍衛，司賓引內命婦陪位。六尚以下，各服其服，詣後殿奉迎。皇后服鈿釵禮衣，結珮，乘輿出自西房，華蓋警蹕。降就齋室，散齋。散齋之日，內侍率內命婦之吉者，使蠶於蠶室。前享二日，大樂令設宮縣之樂於壇南內壝之內，女工各位於縣後。右校為採桑壇於壇南二十步所，方三丈，高五尺，四出陛。尚舍量施帷障於外壝之外，設御位於壇之東南，西向。又設御採桑位於壇上，東向。享日，司設升，設先蠶氏神座於壇上。其日，六尚以下，詣室奉迎。尚服負寶，內僕進厭翟車。皇后服鞠衣，乘輿以出，華蓋、侍衛、警蹕。皇后升車，尚功奉鉤，司製進筐，載之。內命婦及六尚等乘車從，駕次大次門外，降車。停大次半刻頃，出次，入自東門，至版位。樂三成，受幣跪奠於神座。已奠，乃奉毛血，跪奠於神座前，皇后復位。復升，自壇酌醴齊，進先蠶氏神座前，奠爵，尚儀讀祝文。皇后再拜，飲福受胙。復位，尚宮曰：『禮畢』，引詣採桑壇。尚功奉金鉤，採桑三條，止內外命婦，以次採至蠶室。尚功以桑授蠶母，蠶母切之，以授婕好，食蠶灑一薄，止車駕還宮。之明日，內外命婦設會於正殿，如元會之儀，命曰勞酒。

《張后傳》：親蠶苑中，羣命婦相禮儀，物甚盛。

《百官志》掖庭局，公桑養蠶，會其課業。

《會要》永徽三年三月七日甲子制，以先蠶為中祠，后不祭則皇帝遣有司享之，如先農。

《祭先蠶樂章二》，奏永和之舞。顯慶三年，洗馬郭瑜撰。先天二年三月二十八日辛卯，皇后親祠先蠶，自嗣聖以來禮廢，至是重行。

開元十五年五月上，命宮中育蠶。丁酉，夏至，賜貴近絲人一綟。玄宗以六宮親蠶絲賜近臣，崔沔獻《御絲賦》。見《顏魯公集》。徐彥伯《南郊賦》：率先金薄之錢，謹覆瑤箱之燕。《通典》：北齊，先蠶壇高五尺，方二丈，四陛，陛各五尺。皇后蠶壇高四尺，方二丈，四出陛，廣八尺。隋置壇於宮北三里，高四尺。唐在長安宮北苑中，高四尺，周迴三十步。

又 卷一〇一《郊祀・祠壇》

隋先蠶壇

《禮儀志》：隋制，於宮北三里為壇，高四尺。季春上巳，皇后服鞠衣，乘重翟，率三夫人、九嬪、內外命婦，以太牢、制幣，祭先蠶於壇上，用一獻禮。

又 卷一六一《宮室・室》

漢織室 凌室

《後禮儀志》：季春之月，皇后帥公卿、諸侯夫人，蠶祠先蠶，禮以少牢。有蠶壇、蠶宮、繭觀、織室。《馬后紀》：置織室蠶于濯龍中，數往觀視，以為娛樂。注：濯龍，園名也。《前書》有東織、西織，屬少府，平帝改名織室。

元 司農司《農桑輯要》卷一《農桑通訣一・蠶事起本》 北齊，先蠶祠黃帝軒轅氏，如先農禮。後周，祭先蠶西陵氏。

元 王禎《農書》卷二〇《農器圖譜十六・蠶繅門》 先蠶壇 先蠶，猶先酒、先飯，祀其始造者。壇，築土爲祭所也。黃帝元妃西陵氏始蠶，即先蠶也。按黃帝元妃西陵氏，曰儽祖，始勸蠶稼，月大火而浴種，夫人副褘而躬桑，乃獻繭稱絲。織紝之功因之廣，織以供郊廟之服。《皇圖要覽》云：伏羲化蠶，西陵氏養蠶。淮南王《蠶經》云：西陵氏勸蠶稼，親蠶始此。《禮・月令》：季春，是月也，后妃齋戒，享先蠶而躬桑，以勸蠶事。《周禮・天官・內宰》：中春，詔后帥外內命婦，始祭於北郊。注：蠶于北郊，以純陰也。《漢・禮儀志》：皇后祠先蠶，禮以中牢。魏黃初中，置壇于北郊，依周典也。晉制，先蠶壇高一丈，方二丈，四出陛，陛廣五尺。皇后至西郊，親祭，躬桑。北齊，先蠶壇高五尺，方二丈，四陛，陛各五尺。外兆四十步，面開一門。皇后升壇，祭畢而桑。後周，皇后至先蠶壇，親饗。隋制，宮北三里，壇高四尺。皇后以太牢、致幣而祭。唐制，壇在長安宮北苑中，高四尺，周圍三十步。皇后並有事於先蠶。其儀，備《開元禮》。宋用北齊之制，築壇如中祠禮。《通禮義纂》：后親享先蠶，貴妃亞獻，昭儀終獻。夫蠶祭有壇，稽之歷代，雖儀制少異，然皆遞相沿襲，餼羊不絕。知禮之不可獨廢。有天下國家者，尚鑒茲哉！贊曰：有星天駟，象合乎龍。惟蠶辰生，精氣相通。孕卵而出，寓食桑中。取育于室，繭絲內充。衣去聲被于人，奕世有功。粤載祀典，同答恩隆。壇壝制度，歷代所崇。惟君立后，毓德中宮。既正母儀，普帥婦工。嘗建繭館，桑必以躬。奉制祭服，郊廟是共。公侯夫人，莫不勉從。爲天下勸，繼古人風。約漢故事，築祭于東。享以中牢，相以禮容。登降有節，拜獻惟恭。眷此區域，萬方混同。舉被繒纊，神福稔蒙。國有定式，報德無窮。

明 丘濬《大學衍義補》卷一五《治國天下之要・重民之事》 季春之月，天子乃薦鞠衣色如鞠花之黄于先帝。薦衣以祈蠶。命野虞，毋伐桑柘，具曲簿也、植槌也、籧席之粗者、筐。筥之方者，四者皆蠶具。后妃齋戒，親東鄉去躬桑。禁婦女毋觀使不得為容觀之飾，省婦使咸省其他役以勸蠶事。蠶事既登，分繭稱絲，效功以共郊廟之服，毋有敢惰。

明 何喬遠《名山藏》卷七三《席書熊浹別見》 上使言勘皇親莊田，言請罷還官爲公桑地，皇后行親蠶禮焉。上方復古禮，文更定舊典，顧未及親蠶事。

明 彭大翼編，張幼學增訂《山堂肆考》卷九《時令・三月》

薦鞠衣

《月令》：是月也，天子乃薦鞠衣於先帝。注云：先帝，先代木德之君，薦此衣於神主，以祈蠶事。鞠衣，言衣色如鞠花之黄也。

明 王應電《周禮傳》卷一下《天官下》 中春，詔后帥外内命婦，始蠶于北郊，以為祭服。中，音仲。中春，蠶月也。北郊，純陰之地。婦道屬陰，故公桑蠶室于北郊。后帥外内命婦親蠶者，一則供祭服，以奉郊廟；一則勤職事，以化百姓也。為祭服，見後《典枲》。

明 徐光啓《農政全書》卷三一《蠶桑・總論》 王禎《蠶神序》曰：蠶神，天駟也。天文，辰爲龍；蠶辰生，又與馬同氣。謂天駟，即蠶神也。淮南王《蠶經》云：黄帝元妃西陵氏始蠶。至漢，祀宛窳婦人、寓氏公主，蜀有蠶女馬頭娘。此歷代所祭不同。然天駟爲蠶精，元妃西陵氏爲先蠶，實爲要典。若夫漢祭宛窳婦人、寓氏公主，蜀有蠶女馬頭娘，又有謂三娘爲蠶母者，此皆後世之溢典也。然古今所傳，立像而祭，不可遺闕，故併附之。稽之古制，后妃祭先蠶，壇壝牲幣如中祠。此后妃親蠶祭神禮也。《蠶書》云：卧種之日，詰旦，升香，割鷄，設醴，以禱先蠶。此庶人之祭也。自天子后妃，至於庶人之婦，事神之禮，雖有不同，而敬奉之心一是。諒爲知所本矣。乃作祈報之辭曰：祈惟蠶之神，伊駟有星。惟蠶之神，伊昔著名。氣鍾於此，孕卵而生。既桑而育，既眠而興。神之福汝，有箔皆盈。尚冀終惠，用彰厥靈。報龍精簇老獻瑞，繭盆效成。敬獲吉卜，願契心盟。神宜享之，祈祀惟馨。報龍精一氣，功被多方。繼當是歲，神降於桑。載生載育，來福來祥。錫我繭絲，製此衣裳。室家之慶，閭里之光。敬帥長幼，詰旦升香。設殺于俎，奠醴於觴。工祝致告，神德彌彰。有圖不載。

《大明會典》卷五一《禮部九・親蠶》 嘉靖九年定先期，欽天監擇日以聞，順天府具蠶母名數奏送蠶室内，工部具鈎、箔、筐、架及一應養蠶什物，給送蠶母。順天府將蠶種及鈎筐一副進呈訖，捧自西華門出，置綵輿中，鼓樂送至蠶室。蠶母浴種伺蠶生，先飼以待。先一日，蠶宫令、丞設皇后採桑位於採桑臺，東向。執鈎筐者位於稍東，設公主及内命婦位於皇后位東，設外命婦位於採桑臺東陛之下，南北向，以西為上。至日四更，宿衛陳兵衛，女樂工備樂，司設監備儀仗，及重翟車，蠶官令備鈎筐，俱候於西華門外。内執事女樂生，并司賛六尚女官等，皆乘車先至壇内候。將明，内侍詣坤寧宫，奏請皇后詣先蠶壇所。

又 親蠶壇，築於安定門外。皇后率公主及内外命婦，躬往採桑，而擇内西苑隙地，盖造織堂，以終蠶事。十年，以出入不便，改築壇於西苑。壇高二尺六寸，四出陛，廣六尺四寸，甃以甎石。又為瘞坎於壇右方，深取足容物。東為採桑臺，方一丈四寸，高二尺四寸，三出陛，鋪甃如壇制。臺之左右，樹以桑。壇東為具服殿三間，前為門一座，俱南向。西為神庫、神厨，各三間，右宰牲亭一座。壇之北為蠶室五間，南向。前為門三座，高廣有差。左右為廂房，各五間之後為從室各十，以居蠶婦。設蠶宮署於宮左偏，置蠶宮令一員，丞二員，擇内臣謹恪者為之，以督蠶桑等務。

又 卷九二《禮部五十・群祀二・先農》 正祭。先一日，蠶宮令陳樂女生位于壇南，設皇后拜位于壇下，北向。次公主、次内命婦、次外命婦拜位，俱異位重行，北向。設内贊位于壇南，設司贊位于皇后拜位之東西，設司賓位于外命婦班之北，東西相向。皇后至壇所，入具服殿少憩。司賓先引外命婦列于先蠶壇下，東西相向，以北為上。尚儀詣皇后前，奏請皇后易禮服，出殿門。將至壇，内贊唱樂，女生就位。執事官各司其事。導引女官導皇后至拜位，司贊奏就位。次公主、次内命婦、又次外命婦，各就拜位。内贊唱瘞毛血，迎神，樂作，樂止，司贊奏四拜公主以下同。内贊唱奠帛行初獻禮，樂作。執事官捧帛爵跪于神位前，各奠訖，樂暫止，内贊唱讀祝，司贊奏跪，皇后跪公主以下同，讀祝女官跪于神位前右，讀訖，樂作，司贊奏興，皇后興公主以下同。樂止。内贊唱行亞獻禮，樂作。執事官捧爵，跪奠于神位前，訖，樂止。内贊唱行終獻禮。儀同亞獻執事女官進立壇東，西向，唱賜福胙。司贊奏跪，皇后跪。執事女官以福酒跪進于皇后右，奏飲福酒，皇后飲，訖。執事女官以胙跪進于皇后右，奏受胙，皇后受胙，訖。司贊奏興，皇后興。司贊奏二拜公主以下同，内贊唱徹饌，樂作。執事女官詣神位前徹饌，訖，樂止。内贊唱送神，樂作。司贊奏四拜公主以下同，樂止。内贊唱，讀祝官捧祝，執事官捧帛饌，各詣瘞位，樂作。樂止，司贊唱禮畢。皇后還具服殿，更常衣，行親蠶禮。

又 卷二一七《光禄寺》 凡祀圜丘，賜百官湯飯。孟春祈穀，夏至方澤，及朝日、夕月，祭畢，賜内外官酒飯。耕耤，賜三公九卿并執事等官酒飯。親蠶，賜内外命婦等酒飯，俱本寺供辦。

凡每歲遇有慶成宴，其文武大小應與官員，該用上、中、下卓不等，奉禮部開送職名，照數備辦。

《明史》卷四九《禮志三・先蠶》 先蠶，明初未列祀典。嘉靖時，都給事中夏言請改各官莊田爲親蠶廠、公桑園。令有司種桑柘，以備宮中蠶事。九年，復疏言，耕蠶之禮，不宜偏廢。帝乃敕禮部：『古者，天子親耕，皇后親蠶，以勸天下。自今歲始，朕親祀先農，皇后親蠶，其考古制，具儀以聞。』大學士張璁等請於安定門外建先蠶壇。詹事霍韜以道遠爭之。户部亦言：『安定門外近西之地，水源不通，無浴蠶所。皇城内西苑中有太液、瓊島之水。考唐制在苑中，宋亦在宮中，宜倣行之。』帝謂唐人因陋就安，不可法。於是禮部尚書李時等言：大明門至安定門，道路遙遠，請鳳輦出東華、元武二門。因條上四事：一、治繭之禮；二、壇壝之向；三、採桑之器；四、掌壇之官。帝從其言，命自元武門出。内使陳儀衛，軍一萬人，五千圍壇所，五千護於道，餘如議。三月，工部上先蠶壇圖式，帝親定其制。壇方二丈六尺，疊二級，高二尺六寸，四出陛。東西北俱樹桑柘，内設蠶宮令署。採桑臺高一尺四寸，方十倍，三出陛。鑾駕庫五間，後蓋織堂，壇圍方八十丈。禮部上皇后親蠶儀：蠶將生，欽天監擇吉巳日以聞。順天府具蠶母名數送北郊，工部以鈎箔筐架諸器物給蠶母。順天府以蠶種及鈎筐一進呈，内官捧出，還授之。出元武門，置綵輿中，鼓樂送至蠶室。蠶母受蠶種，浴飼以待。命婦文四品、武三品以上俱陪祀，攜一侍女執鈎筐。皇后齋三日，内執事竝司贊、六尚等女官及應人壇者齋一日。先一日，太常寺具祝版，祭物，羊、豕，籩豆各六、黑帛，送蠶宮令。是日，分授執事女官。日未明，宿衛陳兵備，女樂司設監備儀仗及重翟車，俱候元武門外。將明，内侍詣坤寧宮奏請。皇后服常服，導引女官導出宮門，乘肩輿，至元武門。内侍奏請降輿，升重翟車。兵衛、儀仗及女樂前導，出北安門，障以行帷，至壇内壝東門。内侍奏請降車，乘肩輿，兵衛、儀仗停東門外。皇后入具服殿，易禮服，出，至壇。司贊奏就位。公主、内外命婦各就拜位。祭先蠶，行三獻禮，女官執事如儀。迎神四拜，賜福胙二拜，送神四拜。凡拜跪興，公主、内外命婦皆同。禮畢，皇后還具服殿，更常服。司賓引外命婦先詣採桑壇東陛下，南北向。尚儀奏請，皇后詣採桑位，東向。公主以下位皇后位東，亦南北向，以西爲上。執鈎者跪進鈎，執筐者跪奉筐受桑。皇后採桑三條，還至壇南儀門坐，觀命婦採桑。三公命婦採五條，列侯、九卿命婦採九條。訖，各授女侍。司賓引内命婦一人，詣桑室，尚功率執鈎筐者從。尚功以桑授蠶母。蠶母受桑，縷切之，以授内命婦。内命婦食蠶，灑一箔，訖，還。尚儀奏禮畢，皇后還坐具服殿。司賓率蠶母等叩頭訖，司贊唱班齊。外命婦序立定，尚儀致詞云：親蠶既成，禮當慶賀。四拜畢，賜宴命婦，竝賜蠶母酒食。公主及内命婦於殿内，外命婦文武二品以上於臺上，三品以下於丹墀，尚食進膳。教坊司女樂奏樂。宴畢，公主以下各就班四拜。禮畢，皇后還宫，導從如前，詔如擬。四月，蠶事告成，行治繭禮。選蠶婦善繅絲及織者各一人。卜日，皇后出宫，導從如常儀，至織堂。内命婦一人行三盆手禮，布於織婦，以終其事。蠶宫令送尚衣織染監局造祭服，其祀先蠶止用樂，不用舞，樂女生冠服俱用黑。十年二月，禮臣言：去歲皇后躬行採桑，已足風勵天下。今先蠶壇殿工未畢，宜且遣官行禮。帝初不可，令如舊行。已而以皇后出入不便，命改築先蠶壇於西苑。壇之東爲採桑臺，臺東爲具服殿，北爲蠶室，左右爲廂房，其後爲從室，以居蠶婦。設蠶宫署於宫左，令一員，丞二員，擇内臣謹恪者爲之。四月，皇后行親蠶禮於内苑。帝謂親耕無賀，此安得賀，第行叩頭禮，女樂第供宴，勿前導。三十八年罷親蠶禮。四十一年，竝罷所司奏請。

清 孫承澤《天府廣記》卷七 先蠶壇，嘉靖中始建，在安定門外，後改于西苑。壇，石包磚砌，方廣二丈六尺，高二尺四寸，四出陛。祭以歲仲春，擇日，皇后祭。用少牢，禮三獻，樂六奏，去舞。公主、内外命婦陪祀。先期内尚儀奏祭祀，皇后内執事皆致齋。蠶宫令陳祭物，樂女生陳樂器。至日，皇后乘肩輿出宫，至西華門，升重翟車，女官奉鈎筐前行。郊至壇，皇后易禮服，拜跪，瘞奠，飲酒受胙如禮，畢，皇后易常服，遂視桑。

清 楊屾《豳風廣義》卷二《王氏蠶館序》 王氏曰：蠶館，皇后親蠶之所，古公桑蠶室也。周制，天子諸侯，必有公桑蠶室。近川而爲之，築宫仞有三尺，棘墻而外閉之。后妃齋戒，享先蠶而躬桑，以勸蠶事。《后妃親蠶儀》曰：皇后躬桑，始捋一條；執筐受桑，捋三條。女尚書跪曰：『可止。』執筐者，以桑授蠶母，以桑適金室。《前漢·文帝紀》詔：皇后親桑，以奉祀服。景帝詔：后親桑，爲天下先。元帝王皇后爲太后，幸繭館，率皇后及列夫人桑。明帝時，皇后諸侯夫人蠶。魏文帝黄初中，皇后蠶於北郊，遵周典也。晋武帝太康中，立蠶官，皇后親桑，依漢魏故事。宋孝武立蠶觀，后親桑，循晋禮也。北齊，置蠶宫，皇后躬桑於所。後周制，皇后至蠶所，桑。隋制，皇后親桑於位。唐，太宗貞觀元年，皇后親蠶。顯慶元年，皇后武氏，先天二年，皇后王氏，乾元二年，皇后張氏，并見親桑禮。玄宗開元中，命宫中飼蠶，親自臨視。宋《開寶通禮》《郊祀録》，并有后親蠶祝辭。此歷代皇后親蠶之事，采之史編，昭然可見。茲特冠於篇首，庶有按圖考譜，知繭館之不徒虚名也。賦曰：惟蠶有功，於世歸美。廣物産之貨資，作人生之衣被。仲春之月，天子詔后以躬桑。大昕之朝，内宰告期而命祀。於是詣靈壇，降寶殿，翠障夾乎道周，鳳輦翔於畿甸。順春氣於東方，朝先蠶於北面。具夫青縹之服皇后蠶服，青上縹下，深衣，侑以芳馨之薦。九宫傾動，藹然際以成陪班。三獻禮成，沛然迎祥於回眷。當其叠成寵命，適對韶光，擇世婦於吉卜，受鞠衣於明堂。所以崇開禁館，始入公桑。援條有三，聽女尚書之勸止，執筐不再，受宫大人之是將。體之以坤儀之柔順，視之以母道之慈良。破蟻以來，庶養至於千箔；獻繭之後，諒化被於多方。是以命繅治之成絲，就趨工而傒織。玄黄朱緑，染各精明；黼黻文章，參同品色。

清 姚之駰《元明事類鈔》三六《材木門·桑》 採桑臺 《泳化編》：嘉靖時，定親蠶禮。皇后祭先蠶畢，易服，詣採桑臺，採桑三；公命婦，五採；侯、九卿命婦，九採。

清 鄂爾泰《授時通考》卷七二《蠶事門·彙考》 《農桑通訣》：繭館，皇后親蠶之所，古公桑蠶室也。齋戒享先蠶，以勸蠶事。后躬桑，始捋一條。執筐受桑，捋三條。女尚書跪曰：『可止。』執筐者，以桑授蠶母，以桑適金室。《前漢文帝紀》詔：『皇后親桑，以奉祀服。』景帝詔：『后親桑，爲天下先。』元帝王皇后爲太后，幸繭館，率皇后及列侯夫人桑。明帝時，皇后帥諸侯夫人蠶。魏文帝黄初中，皇后蠶於北郊，遵周典也。晋武帝太康中，立蠶宫，皇后躬桑。依漢魏故事，宋孝武立蠶觀，后親桑，循晋禮也。北齊，置蠶宫，皇后躬桑于其所。後周制，皇后至蠶所，桑。隋制，皇后親桑於位。唐太宗貞觀元年，皇后親蠶。顯慶元年，皇后武氏，先天二年，皇后王氏，乾元二年，皇后張氏，並見親蠶禮。元宗開元中，命宫中食蠶，親自臨視。宋《開寶通禮》《郊祀録》，並有后親蠶祝辭。此歷代后妃親蠶之事，采之史編，昭然可見。

清 喻端士《時節氣候抄》卷二《春三月》 黄桑之服，色如鞠塵，象桑葉始生之色也。薦此衣于帝，以祈蠶事。黄帝元妃西陵氏始蠶，後世祀爲先蠶。或天子先告黄帝，而后乃祀西陵氏。案，王后六服，有鞠衣服，以躬桑，則鄭氏以為蠶求福祥，非無據也。

又 攷《周禮・天官・内宰》，中春，詔后帥外内命婦，始蠶于北郊，與天子耕于南郊等，則先蠶亦視先農可知也。《月令》作于秦，不詳祀先蠶之儀。漢以下，則推薦鞠衣，祈蠶之意，典禮日增矣。惟所謂先蠶，其説不一。或曰馬頭娘，事頗荒唐。或曰神名菀窳，亦無所攷。《蠶書》：卧種之日，升香以禱。天駟，先蠶也，於理不悖。《周禮・夏官》：馬質，禁原蠶。注：原，再也。天文，辰爲馬蠶，爲龍精，與馬同氣。物莫能兩大，故禁之。後世馬頭娘之説，當從此附會。至割鷄設醴，以禱婦人、寓氏公主，指爲蠶神，則亦馬頭娘類也。禮以義起，黄帝制作衣裳，帝元妃始蠶，則先蠶自當祀西陵氏也。《後漢・禮儀志》：祀先蠶，禮以太牢。《唐書・禮樂志》：中祀社稷、日月、星辰、嶽鎮、海瀆、帝社、先蠶。《宋史・禮志》：紹興七年，始以季春吉巳日，享先蠶，視風師之儀，升爲中祀。《王欽若傳》：請置先蠶，并壽星祠。《北史・齊・文宣帝紀》：天保八年八月庚辰，詔丘郊禘祫時祭，皆市取少牢，不得封割，有司監視，必令豐修。農社、先蠶，酒肉而已。少牢應是少牢之訛，故下接曰：『不得封割』，本易封羊言也。農桑爲衣食之本，祭唯酒肉，非所以重農勸蠶也。

又 《齊民要術》：三月清明節，令蠶妾治蠶室，塗隙穴。蠶之性喜靜而惡喧，故宜靜室。喜暖而惡濕，故宜版室。室靜可以避人聲之喧鬧，室密可以避南風之襲吹，版則可以避地氣之蒸鬱。按《禮祭義》，天子諸侯必有公桑蠶室，近川而爲之。築宫仞有三尺，棘墻而外閉之。及大昕之朝，君皮弁素積，卜三宫之夫人、世婦之吉者，入蠶于蠶室，奉種浴于川，桑于公桑，風戾以食之。築宫棘墻，則室靜矣密矣。風乾桑葉，則蠶性惡濕，可知不言版室。墻高宫廣爽塏，可知不比民間蠶室也。周秦以下蠶室，或謂之繭館，或謂之蠶宫，或謂之蠶觀，或爲之立殿。漢元帝王后，爲太后幸繭館。師古曰：漢宫閣疏，上林苑有繭館。蔡邕胡夫人神誥，采柔桑于蠶宫，手三盆于繭館。《東觀漢記》：明德馬皇后置織室、蠶宫。曹植《卞大后誄》：親桑蠶館，爲天下式。晉武帝太康中，立蠶宫。《隋書・禮儀志》：宋孝武大明四年，始於臺城西白石里爲西蠶，設兆域，置大殿七間，又立蠶觀。北齊置蠶宫。唐元宗開元中，命宫中食蠶。宋於先蠶壇側築蠶室，別構殿一區爲親蠶之所，命以無斁為名。

清 劉祖憲《橡繭圖説》卷上《祈蠶第十六》 蠶之空肚發斑，皆由人事，不藉神功。若久雨久晴及大風雹，皆有神主之，是則不可以不祈也。或曰：風雹爲上天所司，蠶神豈能作主？殊不知我祈於神，神祈於天，我一念之誠，上天可以感格，況有神以爲之助乎。其法，於棚之東西角上在別處，則蠶神不靈，築一小臺或砌石亦可，方二尺，寬二尺，高三尺，豎四小柱，搭茅於上，如街坊土地祠狀。中用木片，高一尺三寸，寬一尺。擇神在日，書寫蠶神姓氏及應祀諸神，安設臺上，每日焚香設茗。每月十五日，煮油米白粥祀之用白米煮粥，入猪油白益以磁器盛之。如此，虔誠供養，則祈禱無不應矣。又按，歷代所祀蠶神有四。一、黄帝元妃西陵氏見《皇圖要覽》；一、蜀蠶女馬頭娘見《蠶經》及《搜神記》；一、菀窳婦人、寓氏蠶神；見《後漢書・禮儀志》注 一、新興泥塑東山蠶神羅夫人見《廣東舊語》。今從之。

蠶神木主牌式

本山土地之神
作繭新興羅氏之神
蠶女馬氏小姑之神
始蠶黄帝元妃之神
蠶娘菀窳寓氏之神
本縣城隍之神
遵義陳太守部壓之神

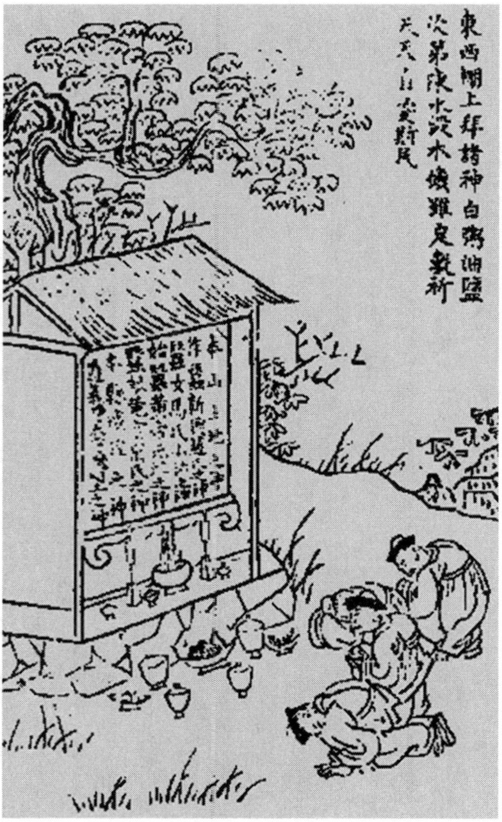

清 秦緗業、黄以周等輯《續資治通鑒長編拾補》卷三〇 四月案：錢大昕《四史朔閏考》：是月癸巳朔。癸丑，議禮局奏：有詔就先蠶壇之側，度地築公桑蠶室，歲養蠶以供祭服，令具制度以聞。合制公桑蠶室，按古者，公桑蠶室，近川而爲之，築宫仞有三尺，棘墻而外閉之。後齊之制，爲蠶宫方十步，墻高一丈五尺，被以棘，其中起蠶室二十七。今乞仿後齊之制，度地爲宫，四面爲墻，高仞有三尺。其屋室間架多寡，視養蠶簿數修建。合置繭館，按《漢舊儀》，皇后蠶於蠶室，手三盆於繭館。合置織室，按《漢舊儀》，凡蠶絲絮，織室以作祭服，故有東、西織室。養蠶簿數，於經無見，按《漢舊儀》，養蠶千簿以上，乞並依漢制合置桑林；按晋制，桑林在東，而無多寡廣狹之限，今若仿漢制養蠶，即當約千薄所用之數，度地爲之。合置采桑壇，按晋制，築桑壇於桑林之側，至唐《開元禮》，築於先蠶壇南，相去二十步，方三丈，高五尺，四出陛。國朝《開寶通禮》因之，合依此修建築室建殿。按後齊制爲蠶宫，其中建别殿一區，用爲親蠶之所。今藉田有思文殿，以俟御耕臨幸，合依仿藉田之制，於蠶宫中置親蠶殿，詔從之，親蠶殿仍以無斁為名。《紀事本末》卷百三十三案：《宋史・禮志》：政和禮局言：《禮》：天子必有公桑蠶室，以興蠶事。歲既畢，則奉繭而繅，遂朱緑之，元黄之，以爲郊廟之祭服。今既開藉田，以供粢盛，而未有公桑蠶室，以供祭服，尚爲闕禮。請仿古制，於先蠶壇側築蠶室，度地爲宫，四面爲墻，墻高仞有三尺，上被棘，中起蠶室二十七，别構殿一區爲親蠶之所。仿漢制，置繭館，立織室於宫中，養蠶於千簿以上，度所用之數，爲桑林。築采桑壇於先蠶壇南，相距二十步，方三丈，高五尺，四陛。凡七事。置蠶官令、丞，以供郊廟之祭服。又《周官・内宰》，詔后帥内外命婦，蠶於北郊。鄭氏謂：婦人以純陰爲尊，則蠶爲陰事可知。《開元禮》：享先蠶，幣以黑，蓋以陰祀之禮祀之也。請用黑幣，以合至陰之義。詔從其議，命親蠶殿以無斁爲名。又詔：親蠶所供，不獨衮服。凡施於祭祀者，皆用之。

清 汪士鐸《南北史補志》卷一二《禮儀志》 又爲蠶坊於京城北之西去皇宫十八里之外，方千步，蠶宫方九十步，牆高一丈五尺，被以棘。其中起蠶室二十七口，别殿一區。置蠶宫令、丞、佐史，皆宦者爲之。路西置皇后蠶壇高四尺，方二丈，四出階，廣八尺。置先蠶壇於桑壇東南大路東，横路之南壇高五尺，方二丈，四出階，廣五尺。外兆方四十步，面開一門。有緑襜襦、褠衣、黄履，以供蠶母。每歲季春穀雨後吉日，使公卿以一太牢祀先蠶黄帝軒轅氏於壇上，無配，如事先農。禮訖，皇后因親桑於桑壇。備法駕，服鞠衣，乘重翟，帥六宫升桑壇東陛，即御座。女尚書執筐，女主衣執鉤，立壇下。皇后降自東陛，執筐者處右，執鉤者居左，蠶母在後，乃躬桑三條，訖，升壇，即御座。内命婦以次就桑，鞠衣五條，展衣七條，褖衣九條，以授蠶母。還蠶室，初授世婦，灑一簿。領桑者并復本位。后乃降壇，還便殿，改服，設勞酒，班賚而還。

清 衛杰《蠶桑萃編》卷一《稽古・歷代詔制類》 隋制，皇后祀先蠶，禮畢，就桑位於壇東，南面。尚功進金鉤，典制奉筐，皇后採三條返。

清 衛杰《蠶桑圖説》上册 然考諸往代，王后親蠶，繅三盆手，分田畫井，五畝樹桑，曷嘗有畛域之分，人事之别哉？

清 羊復禮《蠶桑摘要》 我朝建先蠶壇，祀西陵氏，與先農壇並重，亦以種桑育蠶，必有祈報之事焉。鎮屬蠶事將興，故復舉此以告之。

清 陳開沚《裨農最要》卷一《祈蠶龠天説》 先蠶之祀，由來已久。神祠疊鼓，采風者有餘慕焉。予家世業蠶，其祀蠶神，倣吴人張成故事。於正月十五夜，作白粥泛膏，設香帛酒肴，依正宅蠶室方祀之。下蟻時，又命蠶母率子女，於蠶室祀之，必潔必虔，無所苟已。

傳記

《太平御覽》卷五一五《宗親部》 又曰：魏霸，字喬卿爲鉅鹿太守，妻子不到官舍，常念兄嫂在家勤苦，己獨專樂，故常服麄糲，不食魚肉之味。婦親蠶桑，服機杼，子躬耕農，與兄弟子同苦樂，不得有異。鄉里慕其行化。

明 張萱《西園聞見録》卷九二《工部六》 龔輝，字實卿，號笑齋，□□人，嘉靖癸未進士，歷官工部左侍郎。初授工部主事時，營仁壽宫先蠶壇殿，命公督大木于四川及貴州西路。貴西路山不産木，禄下赤永二衛，以狀白公。公單車躬詣其地，果如狀。遂具疏請停免，得旨，允其奏。于是公往四川，得大木五千餘根，板枋如之。而部劄欲再倍其數，公私俱困，民情洶洶。適彗星見，詔求直言，公遂上《蘇民困，以弭天變疏》。其略謂：四川僻處二隅，而巨木多在深山窮谷，採取必弔崖懸橋而出。况連年兵荒相仍，民窮財盡，殊可憂也。竊計先蠶壇室漸次落成，仁壽一宫亦當無幾解過，木植似足用者，仍繪山川險惡，轉運艱苦萬狀一十五圖，各爲貼説具奏。人爲公危，幸荷先帝聖明，即命停止。蜀民如脱焚溺，相携持，頂禮號泣隨公車。

《明史》卷一一四《世宗張廢后傳》 廢后張氏，世宗第二后也。初封順妃，七年，陳皇后崩，遂立爲后。是時，帝方追古禮，令后率嬪御親蠶北郊。又日率六宮，聽講章聖《女訓》於宮中。十三年正月，廢居別宮。十五年，薨，喪葬儀視宣宗胡廢后。

紀事

《晉書》卷一九《禮志上》 魏文帝黃初七年正月，命中宮蠶於北郊，依周典也。及武帝太康六年，散騎常侍華嶠奏：先王之制，天子諸侯親耕藉田千畝，后夫人躬蠶桑宮。今陛下以聖明至仁，脩先王之緒，皇后體資生之德，合配乾之義，而坤道未光，蠶禮尚缺。以爲宜依古式，備斯盛典。詔曰：昔天子親藉以供粢盛，后夫人躬蠶以備祭服，所以聿遵孝敬，明教示訓也。今藉田有制，而蠶禮不脩。由中間務多，未暇崇備。今天下無事，宜修禮以示四海。其詳依古典及近代故事，以參今宜。明年施行。於是蠶於西郊，蓋與藉田對其方也。乃使侍中成粲草定其儀。先蠶壇高一丈，方二丈，爲四出陛，陛廣五尺，在皇后採桑壇東南，帷宮外門之外而東南，去帷宮十丈，在蠶室西南，桑林在其東。取列侯妻六人爲蠶母，蠶將生，擇吉日，皇后著十二笄，步搖，依漢魏故事，衣青衣，乘油畫雲母安車，駕六騩馬。女尚書著貂蟬，佩璽，陪乘，載筐鉤。公主、三夫人、九嬪、世婦、諸太妃、太夫人、及縣鄉君、郡公侯特進夫人、外世婦、命婦，皆步搖，衣青，各載筐鉤從。蠶先桑二日，蠶宮生蠶著簿上。桑日，皇后未到，太祝令質明以一太牢告祠，謁者一人監祠。祠畢，徹饌，班餘胙於從桑及奉祠者。皇后至西郊，升壇，公主以下陪列壇東。皇后東面躬桑，採三條；諸妃公主各採五條；縣鄉君以下各採九條。悉以桑授蠶母。還蠶室，事訖，皇后還便坐，公主以下乃就位，設饗宴，賜絹各有差。

《宋書》卷一四《禮志一》 魏文帝黃初七年正月，命中宮蠶于北郊。按，韋誕《后蠶頌》，則于時漢注已亡，更考撰其儀也。及至晉氏，先蠶多采魏法。晉武帝太康六年，散騎常侍華嶠奏：『先王之制，天子諸侯親耕千畝，后夫人躬蠶桑。今陛下以聖明至仁，修先王之緒，皇后體資生之德，合配乾之義，而教道未先，蠶禮尚闕。以爲宜依古式，備斯盛典。』詔曰：古者天子親籍以供粢盛，后夫人躬蠶以備祭服。所以聿遵孝敬，明教示訓也。今籍田有制，而蠶禮不修。中間務多，未暇崇備。今天下無事，宜修禮以示四海。其詳依古典及近代故事，以參今宜，明年施行。於是使侍中袁粲草定其儀。皇后採桑壇在蠶室西，帷宮中門之外，桑林在其東，先蠶壇在宮外門之外而東南。取民妻六人爲蠶母。蠶將生，擇吉日，皇后著十二笄，依漢魏故事，衣青衣，乘油蓋雲母安車，駕六馬。女尚書著貂蟬，佩璽，陪乘，載筐鉤。公主、三夫人、九嬪、世婦、諸太妃、公太夫人、公夫人，及縣鄉君、郡公侯特進夫人、外世婦、命婦，皆步搖，衣青，各載筐鉤從。蠶桑前一日，蠶官生蠶著薄上。桑日，太祝令以一太牢祠先蠶。皇后至西郊，升壇，公主以下陪列壇東。皇后東面躬桑，采三條，諸妃公主各采五條，縣鄉君以下各采九條。悉以桑授蠶母，還蠶室。事訖，皇后還便坐，公主以下以次就位，設饗，賜絹各有差。宋孝武大明四年，又修此禮。

又卷一七《禮志四》 宋文帝元嘉二十一年春，親耕，乃立先農壇於藉田中阡西陌南。高四尺，方二丈，爲四出陛，陛廣五尺，外加埒，去阡陌各二十丈。車駕未到，司空、大司農率太祝令及衆執事質明以一太牢告祠。祭器用祭社稷器。祠畢，班餘胙於奉祠者。舊典先農又常列於郊祭云。漢儀，皇后親桑東郊苑中。蠶室祭蠶神曰：苑窳婦人、寓氏公主。祠用少牢。晉武帝太康九年，楊皇后躬桑于西郊，祀先蠶。壇高一丈，方二丈，爲四出陛，陛廣五尺。在採桑壇東南帷宮之外，去帷宮十丈。皇后未到，太祝令質明以一太牢告祠。謁者一人監祠。畢，徹饌，班餘胙於從桑及奉祠者。

又卷四一《孝武文穆王皇后傳》 大明四年，后率六宮，躬桑于西郊，皇太后觀禮。上下詔曰：朕卜祥大昕，測辰拂羽。爰詔六宮，親蠶川室。

《舊唐書》卷五《高宗本紀》 三月丁未日，色如赭。丁巳，天后親蠶於邙山之陽。時帝風疹，不能聽朝政，事皆決於天后。自誅上官儀後，上每視朝，天后垂簾於御座後，政事大小皆預聞之，內外稱爲『二聖』。

《通典》卷六七《禮典·嘉禮》 晉武帝太康元年，楊皇后親蠶。《儀注》曰：皇后乘輦，羣臣皆拜。安昌君平立安昌君，楊皇后父也。至壇，下輦，后乃拜安昌君。及升壇，后乃爲安昌君設榻於其位，至還，后復拜。

《唐會要》卷一〇下《皇后親蠶》

唐先蠶壇在長安宮北苑中，高四尺，周迴三十步。《文獻通考》

貞觀元年三月癸巳，皇后親蠶。《唐書·太宗本紀》

九年三月，文德皇后率內外命婦，有事于先蠶。同上

永徽三年三月七日，製以先蠶爲中祀，后不祭，則皇帝遣有司享之，如先農。《通典》

又 顯慶元年三月辛巳，皇后親蠶。《唐書·高宗本紀》，下同。

總章二年三月癸巳，皇后親蠶。

咸亨五年三月，皇后親蠶。

上元元年三月己巳，皇后親蠶 。

二年三月丁巳，天后親蠶。

又 乾元二年三月己巳，皇后親蠶。《文獻通考》

后親蠶苑中，儀物甚盛。《唐書·張皇后傳》

《東漢會要》卷五《親蠶》 三月，皇后帥公卿、諸侯夫人，蠶祠先蠶以少牢。《漢舊儀》曰：春桑生而皇后親桑於苑中，蠶室養蠶千薄以上，祠以中牢羊、豕。今蠶神曰苑窳婦人、寓氏公主，凡二神。群臣妾從桑還，獻于繭觀，皆賜從桑者樂。皇后自行，凡蠶絲絮，織室以作祭服。祭服者，冕服也。天地宗廟群臣五時之服，其皇帝得以作縷縫衣，得以作巾絮而已。置蠶官令、丞，諸天下官皆詣蠶室，亦婦人從事，故舊有東西織室作法。《志》並注。

宋 王應麟《玉海》卷七七《漢親蠶》 《紀》：文帝十三年春二月甲寅，詔曰：朕親率天下農耕，以供粢盛。皇后親蠶，以奉祭服，其具禮儀。景帝後二年四月，詔后親桑，以奉祭服，為天下先。《王莽傳》：請元后春幸繭館，率皇后、列侯夫人桑。師古曰：漢宮闕疏，上林苑有繭館，蓋蠶繭之所也。《後紀》：明德皇后置織室，蠶於濯龍中。《前書》有東織、西織，屬少府。

又《魏蠶北郊》 《宋志》：魏黃初七年正月，命中宮蠶於北郊。韋誕《親蠶頌》曰：嘉柔桑之肇敷，思郊廟之至敬。命皇后以親蠶，俾躬桑於外垌。爾乃皇英參乘，塗山奉輿。摠姜任於後陳，載樊衛於貳車。千乘隱其雷動，萬騎粲以星敷。登崇壇以正位，覲休氣於朝陽。步雕輦而下降，手柔條於公桑。嬪妾肅以莅事，各奉職而承箱。供副褘之六服，昭孝敬於烝嘗。《初學記》 《隋·禮志》，吳韋昭製《西蠶頌》，則孫氏亦有其禮。

又《宋蠶宮》 《南史》：宋大明三年十一月甲子，立蠶宮於西郊四年又修此禮，倣曾氏之禮，立蠶觀。《宋書》：大明四年，皇后率六宮躬桑於西郊，皇太后觀禮，詔曰：卜祥大昕，測辰拂羽。爰詔六宮，親蠶川室。皇太后降鑾從御，佇蹕觀禮。綠籧既具，玄紞方修。儀發椒闈，化動中縣。 北齊為蠶坊、蠶宮。《隋志》：《周禮》，王后蠶於北郊，漢法於東郊，魏遵《周禮》於北郊。晉太康六年於西郊，依漢故事。宋大明四年，始於臺城西白石里，為西蠶，設兆域，置大殿七間，又立蠶觀。後周制，后乘翠輅至蠶所，奠先蠶西陵氏神。自齊、周及隋，多依晉儀損益。

又《景德祀先蠶 壇 政和親蠶無斁殿 宣和親蠶》 景德三年二月一本二十一日丙申，資政殿大學士王欽若言：『古者，皇后親率嬪御，以祀先蠶，是以《開寶通禮》《郊祀錄》，並有《親蠶祝辭》，屬之命婦，不若歸於有司。』乃詔，自今依先農例，遣官攝事。三月二十八日，太常禮院言：按《周禮》蠶於北郊，以純陰也。漢蠶於東郊，以春桑生也。晉蠶於西郊，與藉田對其方也。伏請，約附古事，築壇於東郊，從桑生之義。其壇酌中，用北齊之制，設一壝二十五步，如淳化四年中祠禮。例每季春吉日，有司攝事從之，遣官擇地以聞，乃飾舊九宮壇為之。一本云，享先蠶者，自唐乾元三年，祠於苑中，是後曠絕。《開寶通禮》：季春吉巳，享於公桑，有司攝事。景德三年二月二十一日，資政殿大學士王欽若言：切以九年之儲，以穀帛為本。萬民之業，以農桑為先。故千畝之祀，王者所以勸耕民。吉巳之祠，王后所以率蠶婦。稽往古之制，皆合親行，從後世之宜，亦當攝祭。伏見《開寶通禮》《郊祀錄》，並有《親蠶祝祠》，蓋由中宮未嘗親祭，是以禮司缺而不舉。《義纂》云：后親饗，貴妃亞獻，昭儀終獻。攝事則尚宮初獻，尚儀亞獻，尚食終獻。臣謂，屬之命婦，不若歸於有司。按，《周禮·大宗伯》：后不祭，則攝而薦徹。王后之事，而宗伯得攝之。農桑衣食萬人，不宜獨缺先蠶之祭。皇帝遣有司享之，如先農可也。詔禮官詳考攝祭故事以聞，乃請於東郊，擇地築壇，取漢制，以春桑生之義。壇高五尺，方二丈，四出陛，陛廣五尺，一壝祀禮如中祠。遣太常、光祿卿奉祀祝辭，以先農為準，奏可。元豐四年十月，詳定禮文所言。唐《月令》注，以先蠶為天駟。按，先蠶之義，與先農、先牧、先炊一也。《開元禮》，享先蠶，為瘞埳於壇之壬地。義羅曰：無燔柴之儀。王涇《郊祀錄》載祝文曰：惟神肇興蠶織，則是始蠶之人明矣。今壇在東郊，《熙寧祀儀》又有燎壇，則沿襲唐《月令》，以為天駟，誤矣！《周禮》：后蠶北郊，以純陰為尊，請為壇，北郊以享始蠶之人，不設燎壇，瘗埋以祭從之。大觀四年四月二十八日，議禮局言，

《開元禮》享先蠶，幣以黑請，從黑以合至陰之義。政和元年四月二十一日，於壇側，度地築公桑蠶室，其親蠶殿名曰無斁。宣和元年三月二十八日，皇后親蠶於延福宮於宮築採桑壇，繭館織室，服用鞠衣。六年閏三月三日，親蠶。太宗遊金明池，召田婦數十人，於殿上賜席使坐，問以民間疾苦，田婦愚戇，無所隱避，賜帛遣之。太宗興於側微，民事固無不知，恐富貴而忘之也。每臨朝，無一日不言及稼穡。真宗乳母，秦國夫劉氏，本農家也，喜言事，真宗自幼聞之，故為開封尹，以善政著聞。及踐大位，咸平景德之治，為有宋隆平之極。景德農田勅，至今稱為精當。司馬光奏哲宗，乞省覽農田封事。

又《紹興宮中蠶》 紹興二年四月二十四日，上謂輔臣曰：宮中亦自育蠶，欲知女工艱難，俾每事質儉。五年三月甲午，上曰：朕令宮中養蠶，庶知稼穡艱難。七年五月十一日，常博黄積厚請季春吉巳日，享先蠶，從之。十五年閏十一月十八日，太常丞王湛請於禁中行親蠶之禮，不果行。祖宗時於延春閣兩壁，畫農家蠶織甚詳，元符間因改山水。六年六月丁酉，諭宰臣曰：宮中親種一方稻。女執懿筐，爰求柔桑。裸裸其狀，屢化如神。占之五帝，繅三盆，修六服。海人氷蠶，園客絲緒。神蠶之木，帝女之林。鳴鳩醉椹之朝，戴鵀降桑之日。鴛帷就列，鶯服斯臨。翠蓋參差，翟扇容裔。荀卿、楊泉有《蠶賦》。

又卷一〇一《皇祐先農壇・先蠶壇》 《志》：立春後亥日，享先農。壇高九尺，東西十步，南北十步三尺。明道二年二月，親耕籍田，修飾先農壇，如雍熙制。皇祐，定壇高五尺，周四十步，如唐制。季春吉巳，享先蠶。壇高四尺五寸，周四步二尺，皇祐定壇如新禮，高五尺，方四丈，四出陛，陛各五尺。

明　何喬遠《名山藏》卷二三《典謨記》 三月，幸太學，皇后親蠶于内苑。

明　夏言《夏桂洲先生文集》卷一二《定擬籍田西苑廪實分供粢盛疏》 該司禮監太監鮑忠題，嘉靖十年二月二十六日奉聖旨：西苑等處但有空閑土地，都要耕種五穀，牛具、種子并應用農器，奏領銀錢買造使用。欽此。本月二十九日，臣帶領本監右監丞宋興等，并内官監太監温璽等及官匠人等，親詣西苑等處，逐一將空閑土地通行丈量過，共七頃九十四畝五分，畫圖貼說具奏。節該奉聖旨：有點的都要宜時耕耘種五穀。欽此。有點的地計六頃三十七畝三分一釐，内除建造帝社稷壇、無逸殿、豳風亭、省耕亭、恒裕倉、省斂亭，并御路、稻池、界境、糧場及呑宮各衙門直殿、碾磨、農夫農器房屋占用一頃二十畝一分七釐。行間該戶部手本，順天府宛大二縣送到，應用農夫、牛具、種子、犂耙、鍬鋤等器，臣就會同戶部右侍郎張雲、郎中張玩及府縣委官李僉等督率農夫，於本年三月十一日起，將堪種土地五頃十七畝一分四釐，耕治播種五穀間續奉聖旨：先蠶壇，著戶部栽培小樣桑樹。欽此。臣又同右侍郎張雲，并兩縣上林苑監委官侯璽、魏夢吉等，於先蠶壇西夾道，栽植小樣桑樹七百八十株，完備。訖，臣仍督率播種，既畢，將牛具發出，又買辦騾一十六頭，西苑專力耕種。【略】聖上定耕籍之儀，立先蠶之制，身先天下，風動四方，實千古而一見者也。如蒙乞賜該部著爲令典，使歲有常規以供郊廟粢盛之用，以昭聖上敬天勤民之意，以立萬世永遠之規。臣下情不勝忭，躍快覩之至等，因隨該戶部右侍郎張雲題同前事俱奉聖旨，是君后耕蠶以供郊廟粢盛衣服，除親蠶已定有儀注了，今將西苑隙地命内外官員耕種五穀，已經收穫藏貯恒裕倉内，著禮部查照，著在令甲每歲定擬戶部官二員管領耕種。各郊廟合用粢盛定擬數目支給，其田地頃畝、農夫牛具册籍喂養等項，一應事宜都立篇，一定規制以垂永遠，庶稱朕敬天事神之意，便開具來看。欽此。行據籍由祠祭署呈報常年郊廟合用粢盛等項數目前來，臣等竊惟古者天子躬耕以供粢盛，是以有千畝之籍，恭惟皇上敬天勤民，憲則古典耕籍之禮，每歲舉行，猶以郊坰遼遠，不得時時觀省。又則西苑之中以爲農桑之所，雖於農務有内外之分，而恪共神祀之心則一也。玆者農事告成，御廪充實，乃命有司定擬支給之常以供郊廟粢盛。臣等查得舊規，郊廟百神之祀所用粢盛以及葱、韭、芹、菜、醬、醋之類，悉取給於神倉，乃今西苑之穫，固足以供一歲祭祀之用，但籍田之舉，皇上躬執三推而公卿共宣其力校之。西苑爲重，西苑之事雖屬農官督理，而皇上時省耕斂校之，籍田特勤，所據二倉之儲，委當分屬兼支以供郊廟祭祀，合無每歲將籍田之所出者，臧之南郊圓廪、方倉以供圜丘、祈穀、先農、神祇壇、歷代帝王長陵等陵，以及百神之祀。西苑之所出者，藏之恒裕倉，以供方澤、朝日、夕月、太社稷帝、社稷、太廟世廟祫祭禘祭、先蠶、先師孔子之祀。庶稱皇上敬天禮神勤重致誠之意而内外倉廪之儲，皆得以供明薦事體便而禮意周矣。謹將查過每年該用粢盛等項數目，開具揭帖，隨本進呈，乞惟聖明裁定。嘉靖十年十一月　日奉聖旨：是郊廟粢盛支給數目，都依擬行，其田畝農夫等項册籍立爲定規的，還會同戶部擬議來說。

《大明會典》卷五一《禮部九·親蠶》 國初無親蠶禮。肅皇帝始勅禮部，以每歲季春，皇后親蠶於北郊，後改於西苑，未久即罷。

又 卷九二《禮部五十·先蠶》 嘉靖九年，初建先蠶壇于北郊。歲春擇日，皇后躬祀先蠶，行親蠶禮。十年，改築壇于内苑，致祭，行親蠶禮。

又 卷二一六《詹事府》 凡每歲内苑親蠶，本府官進蠶種，至西華門外，授司禮監官捧進。今不行。

明 顧起元《客座贅語》卷四《耕臺蠶觀》 宋文帝元嘉二十一年，司空、大司農、京尹、令、尉，度宮之辰地八里之外，整制千畝，中開阡陌，立先農壇於中阡西陌南，設御耕壇於中阡東陌北。梁武帝普通二年，又移籍田於建康北岸，築兆域，如南北郊。別有望耕臺在壇東。宋孝武帝大明四年，始於臺城西白石里爲蠶所，設兆域，置大殿，又立蠶觀，今地皆不復可考。

《明史》卷一七《世宗本紀》 九年春正月丁酉，大祀天地於南郊。丙午，作先蠶壇於北郊。丁巳，振山西饑。二月戊辰，耕耤田。乙亥，振京師饑。丁丑，禁官民服舍器用踰制。三月丁巳，皇后親蠶於北郊。

又 夏四月丁巳，皇后親蠶於西苑。甲子，禘於太廟。

又 卷四八《禮志二》 會給事中夏言請舉親蠶禮，帝以古者天子親耕南郊，皇后親蠶北郊，適與所議郊祀相表裏，因令璁諭言，陳郊議言。

《欽定續通典》卷五〇《禮典·先蠶宋元明》 宋真宗景德三年，從王欽若請，詔有司檢討故事以聞。禮院言，按《開寶通禮》：季春吉巳，享先蠶於公桑。前享五日，諸與享官，散齋三日，致齋二日。享日未明五刻，設先蠶氏神座於壇上，北方，南向。尚宮初獻，尚儀亞獻，尚食終獻。女相引三獻之禮，女祝讀文，飲福、受胙如常儀。又按《唐會要》：皇帝遣有司享先蠶，如先農禮。乃詔，自今依先農例，遣官攝祭。祭禮院又言，《周禮》：蠶於北郊，以純陰也。漢蠶於東郊，以春桑生。請築壇東郊，從桑生之義。壇高五尺，方二丈，四陛，陛各五尺。一壝，二十五步。祀禮如中祀。仁宗慶曆時，用羊、豕各一，攝事獻官太尉、太常、光禄卿，不用樂。神宗元豐四年，詳定禮文所言，季春吉巳，享先蠶氏。唐《月令》注，以先蠶為天駟。按，先蠶之義，與先農、先牧、先炊同，當是始蠶之人。故《開元禮》享先蠶，為瘞埳於壇之壬地。無燔柴之儀，明不祀天駟星也。今請就北郊為壇，以享始蠶之人，不設燎壇，但瘞埋以祭，餘如故事。徽宗政和時，禮局言，《禮》：天子必有公桑蠶室。今請倣古制，於先蠶壇側築蠶室，度地為宮，四面為牆，高仞有三尺，上被棘，中起蠶室二十七，別搆殿一區為親蠶之所，倣漢制，置繭館，立織室，養蠶於薄。度所用之數為桑林，築採桑壇於先蠶壇南，相距二十步，方三丈，高五尺，四陛。置蠶官令、丞，以供郊廟之祭服。又《周官·内宰》，詔后帥内外命婦，蠶於北郊。鄭氏謂，婦人以純陰為尊，則蠶為陰事可知。《開元禮》：享先蠶，幣以黑。蓋以陰祀之禮祀之也。今請用黑幣，以合至陰之義。詔，從其議。命親蠶殿，以無斁為名。又詔，親蠶所供，不獨袞服。凡施於祭祀者，皆用之。宣和元年三月，皇后親蠶，即延福宮行禮。命有司，享先蠶氏於本壇。其儀，屆期内命婦妃嬪以下，詣殿庭起居訖。皇后首飾鞠衣，乘龍飾肩輿，出内東門，至左昇龍門，降輿，升獻翟車，出宣德東偏門，至親蠶所，内侍導詣壇，行禮。尚功詣採桑位前，奉鈎以進，皇后受鈎採桑。司製奉箱，以受桑。皇后採桑三條止，内外命婦依次採桑訖，内侍奏請歸殿後閣，解嚴。六年，復行親蠶之禮。高宗紹興七年，從黄積厚請，以季春吉巳日，享先蠶，視風師之儀。十五年，太常王湛言，請按《政和禮》，建親蠶殿、蠶室、繭館，請皇后就禁中，行親蠶之禮。詔，送禮部，下太常寺討論，不果行。

又 元武宗至大三年，從大司農請，建先蠶壇。博士議壇式，與社稷同。趙天麟奏述古公桑之製，勸中宮倣古親蠶，然祀事未舉，其禮儀無可考云。

又 明初，先蠶未列祀典。世宗嘉靖時，都給事中夏言，請改各官莊田為親蠶厰、公桑園，令有司種桑柘，以備宮中蠶事。九年，復疏言，耕蠶之禮，不宜偏廢。帝乃勅禮部，具儀以聞。大學士張璁等請於安定門外建先蠶壇，帝親定其制，壇方二丈六尺，疊二級，高二尺六寸，四出陛，東西北俱樹桑柘，内設蠶宮令署。採桑臺高一尺四寸，方十倍，三出陛。鑾駕庫五間，後蓋織堂。三月，皇后親蠶於北郊，祭先蠶氏，儀與宋政和禮同。四月，蠶事告成，行治繭禮，選蠶婦善繅絲及織者，各一人。卜日，皇后出宮，導從如常儀。至織堂，内命婦一人，行三盆手禮，布於織婦，以終其事。蠶宮令送尚衣織染監局造服，其祀先蠶，止用樂，不用舞，樂女生冠服俱用黑。十年，改築先蠶壇於西苑仁壽宮側，毀北郊蠶壇。四月，皇后行親蠶禮於西苑。十六年，詔罷之，仍命進蠶具如常歲，遣女官祭先蠶。四十一年，並罷，所司奏請。

清 郝懿行《寶訓》卷三《蠶桑》 祈蠶祝云：登高縻，挾鼠腦，欲來不來，待我三蠶老。《歲時記》《續齊諧記》云：吳縣張成夜起，見婦人立於宅東南角，曰：我卽此地蠶神，明年正月半，宜作白粥，泛膏其上以祭我，當令君蠶桑百倍，成如言。自此後，大得蠶。世人正月半，作粥禱之，加肉覆其上，登屋食之。咒曰：登高糜，挾鼠腦，欲來不來，待我三蠶老。則是爲蠶逐鼠矣！案，世人作餻粥，謂之粘女財。蠶三眠，故云三蠶。以下蠶。

清 衛杰《蠶桑萃編》卷一《歷代詔制類》

漢制

漢文帝十三年二月甲寅，詔曰：皇后親蠶，以奉祭服，其具禮儀，賜天下孤寡布、帛、絮各有數。

景帝二年夏四月，詔曰：朕親耕，后親蠶，以奉宗廟粢盛祭服，布告天下，使明知朕意。

又 晉

晉武帝太康六年，楊皇后蠶於西郊。

太康九年三月丁丑，皇后親蠶於西郊，賜帛各有差。

元帝太興元年秋七月戊申，詔：二千石令長課桑，州牧刺史互相檢察。

又 宋

文帝元嘉八年閏六月庚子，詔曰：自農桑惰業，游食者衆，宜思獎訓，導以良規，咸使肆力，地無遺利，耕蠶樹藝，各盡其力。

孝武帝大明三年冬十月丁酉，詔曰：古者薦鞠青壇，聿祈多慶，分繭元郊，以供純服。來歲可使六宮妃嬪，修親桑之禮。

大明四年，始於臺城西白石里爲西蠶，設兆域，置大殿七間。又立蠶觀。三月甲申，皇后親蠶。

又 唐

唐制，皇后歲祀，季春，吉，享先蠶。散齋三日於後殿，致齋一日於正寢，遂以親桑。皇后受鈎採桑，典制奉筐受桑。妃嬪命婦以次從，至蠶室。尚功以桑授蠶母，蠶母切以授婕妤，婕妤飼蠶，灑一薄訖，司賓引婕妤還本位，尚儀前奏，禮畢。

唐太宗貞觀元年三月癸巳，文德后率內外命婦，有事於先蠶。

貞觀九年三月，皇后親蠶。

高宗永徽三年三月，制以先蠶為中祀。

顯慶元年三月辛巳，皇后親蠶。

上元元年三月己巳，皇后親蠶。

上元二年三月丁巳，天后親蠶。

元宗開元元年正月辛巳，皇后親蠶。

開元十五年五月丁亥，夏至，賜宰臣及供奉官諸司長官各蠶絲。先帝命宮中養蠶，親自臨視，欲使嬪御以下，知女工之事。及蠶罷，獲絲甚多，因以賜焉。

開元十七年春正月丁酉，詔曰：獻歲發生，陽和在候，乃睠甿庶，方就農桑。其力役不及之務，一切並停。

肅宗乾元元年，后親蠶苑中。

乾元二年三月己巳，皇后親蠶。

上元三年，詔天下刺史縣令，令於所部勸桑。

貞元二十年，詔曰：理化之本，繫乎京師，副朕憂人，屬於長吏。宜勉務農桑，各安生業，以舒朕懷。

元和七年四月癸巳，詔曰：農桑務切，衣食所資。始聞閭里之間，蠶織猶寡，所宜勸課，以利於人。諸道、州、府有田戸無桑處，每檢一畝，令種桑兩根。年終長吏具聞。

宣宗大中元年，制天下逃戸桑田，限五年復業。

又 宋

太祖建隆三年，命官分詣諸道，申勸課桑之令。

神宗熙寧二年，分遣諸路常平官，專領農田水利，民增種桑柘者，毋得加賦。

徽宗政和元年三月己巳，詔：監司督州縣長吏，勸民增種桑柘，課其多寡爲賞罰。

政和元年四月，詔：就先蠶壇之側，度地築公桑蠶室。歲養蠶以供祭服，其親蠶可以無斁爲名。

宣和元年三月甲戌，皇后親蠶。

宣和六年閏三月辛巳，皇后親蠶。

乾道六年二月壬寅，詔：諭大臣均役法，嚴限田，抑游手，務農桑。一務本，二協力，三因時。

光宗紹熙三年九月丙申，勸兩淮民種桑。

理宗寶慶三年三月庚戌，詔：郡縣長吏勸農桑，抑末作，戒苛擾。

端平三年春正月己未朔，詔：勸桑。

又　明

洪武二年二月壬午，命皇后率内外命婦蠶於北郊，以為祭祀衣服。【略】

世宗嘉靖始勅禮部，以每歲季春，皇后親蠶於北郊，後改於西苑。

嘉靖九年，續定親蠶儀制。帝曰：《周禮》：耕蠶分南北郊。其蠶於禁中，唐人便安之制耳，不可為法。於是禮部請行於北郊，酌治蠶禮，定壇壝向，制採桑器，擇掌壇官。翟車出入，或從東華門，或從元武門，用謹厚内臣，用肅宮禁，帝從之。其壇制，殺先農什一，建具服殿、蠶室、繭館，俱如古制。仍於西内營織堂，一終蠶事。

嘉靖十三年五月，定内苑，先蠶壇繭成進絲。

清　袁俊德輯《蠶桑稽古編·歷代詔制類》

後漢

明帝永平二年三月，皇后帥公卿諸侯夫人，蠶祠先蠶，禮以少牢。

永平三年春正月癸巳，詔曰：有司勸督農桑，夙夜匪懈，以稱朕意。

《清史稿》卷八九《禮志二·先蠶》　按周制，蠶於北郊。今京師建壇亦北郊為宜，部議然之。侍郎圖理琛奏，立先蠶祠安定門外，歲季春吉巳，遣太常卿祀以少牢，未及行。乾隆七年，始敕議親蠶典禮，議者以郊外道遠，且水源不通，無浴蠶所。考唐、宋時后妃親蠶，多在宮苑中，明亦改建西苑。高宗鑒往制，允其議。命所司相度，遂建壇苑東北隅，三面樹桑柘。壇東為觀桑臺，前桑園，後親蠶門。其内親蠶殿，後浴蠶池，池北為後殿。宮左為蠶婦浴蠶河。南北木橋二，南橋東即先蠶神殿也。左曰蠶署，北橋東曰蠶所，皆符古制云。是歲定皇后饗先蠶禮，立蠶室，豫奉先蠶西陵氏神位。屆日辰初刻，后禮服乘鳳輦出宮，至内壝左門，降入具服殿，妃嬪從。盥訖，升中階，就南階上拜位，六肅，三跪，三拜。謝福胙禮三減一。不讀祝，爵三獻。凡拜跪，妃嬪壇下皆行禮。餘如饗先農儀，禮成還宮。越日，行躬桑禮。先是築臺桑田北，置蠶母二人，蠶婦二十七人，蠶宮、令丞各一人承其事。后散齋一日，從採桑，妃嬪以下畢齋。是日昧爽，從桑侍班公主等祗候南門内。巳初刻，后出宮，妃嬪從，詣西苑，入具服殿。傳贊分引妃嬪、公主等就採桑位，典儀奏請后行禮。出詣桑畦北正中，相儀二人，跽進筐、鉤，后右持鉤，左提筐，東行畦外。内監揚綵旗，鳴金鼓，歌採桑辭，后東西三採畢，歌止。相儀跽受筐、鉤。后御觀桑臺，以次妃、嬪、公主等五採，命婦九採。訖。蠶母北面跪，典儀舉筐授之，祗受退。切之，授蠶婦，洒於箔。后御繭館，傳贊引妃、嬪等行禮訖。還宮。蠶事畢，蠶母、蠶婦擇繭貯筐以獻。卜吉行治繭禮，后復詣壇臨織室，繅三盆手，遂布於蠶婦以終事。尋侍郎三德疏言：『親蠶典禮，為曠世鉅儀，請將壇址宮殿規制，興工告成日期，宣付史館。』詔從之。九年三月，始親蠶如儀。尋定后不親蒞，遣妃代行。行禮階下，升降自東階。不飲福，受胙，不陪祀。十四年，禮部請遣妃代祀。時皇貴妃未正位中宮，帝諭曰：『妃所代，代后也。位未正，何代為？』因命内府大臣行禮。洎皇后冊立，始親饗。嗣後或躬親，或官攝，或妃代，並取旨行。其行省所祭，惟乾隆五十九年，定浙江軒轅黄帝廟蠶神暨杭、嘉、湖屬蠶神祠，歲祭列入祀典，祭器視先農。

藝文

唐　李君房《獻繭賦》《文苑英華》卷一二〇　冠六宮六職者，公桑而已矣。既卒蠶於世婦，乃奠繭於天子。稽諸祭典實可重，考諸女工斯為美。信率土而在茲，亦奉先而是以。當其令布明堂，時更青陽。蠶事既卒，女工式臧。然後衣禮服，出棘墻。奉茲珍繭，盈彼懿筐。纍纍乎如將薦卵，皎皎乎有類凝霜。既依于一作乎后，亦獻於王。所以申課績之勞止，展威儀之孔將。遂繅三盆，脩六服。或黼或黻，或朱或緑。期有事於王公，庶無勞於杼軸。侯其禕而已注在前，實足尚之。享廟之容克備，展敬之禮允釐。斯蓋夫人之畏慎，王者之肅祗。不然者，賦有織紝之筐，貢有畎岱之絲。海人奉冰蠶至止，園客將絲緒來茲。冠冕之服可成，祭祀之儀可輯。可以重其珍美，可以揚其褕襲。何必桑壇而世婦斯復，繭館而夫人乃入，俾來者既殫，恒日不暇給。蓋欲輸於勤苦，表我敬恭。厚禮奉於先祖，躬勤勸乃農功。使三宮之有序，斯百代之攸崇。是以獻繭之道，治國之要。將取媲於三推，明至誠於九廟。

《舊唐書》卷三〇《音樂志三·享先蠶樂章五首》明慶中，皇后親蠶，奉勅内出此詞》

迎神用永和亦曰順德

芳春開令序，韶苑暢和風。惟靈申廣祐，利物表神功。綺會周天宇，黼黻藻寰中。庶幾承慶節，歆奠下帷宮。

皇后昇壇用肅和

明靈光至德，深功掩百神。祥源應節啓，福緒逐年新。萬寓承恩覆，七廟佇恭禋。于茲申至懇，方期遠慶臻。

登歌奠幣用展敬

霞莊列寶衛，雲集動和聲。金卮薦綺席，玉幣委芳庭。因心罄丹欵，先已勵蒼生。所冀延明德，於茲享至誠。

迎俎用潔誠

桂筵開玉俎，蘭圃薦瓊芳。八音調鳳律，三獻奉鸞觴。潔粢申大享，庭寓冀降祥。神其覃有慶，錫福永無疆。

飲福送神用昭慶

仙壇禮既畢，神駕儼將昇。佇屬深祥啓，方期庶績凝。虔誠資宇內，務本勗黎蒸。靈心昭備享，率土洽休徵。

宋 梅堯臣《宛陵集》卷五一《和孫端叟蠶具十五首·繭館》 漢儀后親蠶，採桑來繭館。雲母飾車上，鉤籠載車畔。援條露已乾，受葉日將晏。為言天下婦，茲事不可慢。

宋 歐陽修《歐陽文忠公集》卷八三《內制集·皇后閤五首》 椒塗承茂渥，嬪壼範柔儀。更以親蠶繭，紉為續命絲。

宋 陸游《劍南詩稿》卷五〇《春欲盡天氣始佳作詩自娛》 浮雲飛盡見青天，拄杖閒拈瘦倚肩。漸喜綠秧分罷稏，又看畫柱坼鞦韆。雞豚雜遝祈蠶社，鼓笛喧嘩競渡船。惟有此翁無一事，閉門贏得日高眠。

宋 刘爚《雲莊集》卷一五《祈晴設醮青詞》 伏以事天事地，夙罄精忱；時雨時暘，未臻休應。念茲蠶月，重以麥秋，詎意浹旬之間，偶遭霖滂之變。三盆將獻，恐妨就簇之功。五穀最先，懼失躬親之望。況亘歲旱荒之相踵，而四方愁歎之未紓。重罹此災，一至斯極。皇矣，上帝本恩溥以好生，今此下民將困窮而阽死，願回慈愍極掃陰霾，庶寬寒餒之憂，少逭菲涼之責，無任懇禱之至。

宋 陳元靚《歲時廣記》卷二一《續命縷》 《風俗通》：五月五日，作續命縷。俗説以益人命。歐陽公詩云：綉繭誇新巧，縈絲喜續年。又云：更以親蠶繭，紉為續命絲。章簡公《端五皇帝閤帖子》云：清曉會披香，朱絲續命長。一絲增一歲，萬縷獻君王。

明 楊榮《皇都大一統賦》《明文海》卷二 六宮備陳，七所在列。親蠶有館，繅絲有室。

明 夏言《夏桂洲先生文集》卷一《恭和御製西苑視穀祇先蠶壇位賦》

惟皇勤一身兮，為萬國先。志存復古兮，追三代前。念農耕與蠶織兮，實為衣食之本原。彼男惰於外而女惰於內兮，孰非良民者，弗率之為愆。惟吾皇之克振舉兮，闕典以全；即西苑而舉趾以俶載兮，弗茂草之芊芊。培王業之根本兮，億萬斯年，覽《無逸》而知小人之依兮。惟憂勤惕勵，恒朝夕之顒顒，此聖心所以克享乎皇天。

又 卷六《恭和御製秋日書懷詩》 北郊已復親蠶禮，內苑仍開獻繭宮。繅出素絲方玉雪，織成玄衮炫山龍。

《明史》卷六三《樂志三·嘉靖間皇后親蠶宴內外命婦樂章》 陞座，奏《天香鳳韶》之曲：春雲繚繞芳郊曙，喜乾坤萬象咸舒，蘭皐蕙圃迎仙馭。采桑條，攀茂樹，蠶宮繭館親臨御。璧月珠星照太虛，開筵還駐翠旂旟，萬載垂貞譽。

又 進膳曲，《沽美酒》：蠶禮成，鳳輦停，薦霞觴，列雲屏。宮妃世婦仰坤寧。祥雲映紫冥，同頌耀前星。

又 回宮，《御鑾歌》：惟天啟聖皇，君耕耤，后躬桑，身先田織率萬邦。天清地寧民阜康，百穀用成，四夷來王。治化登虞唐，世發禎祥。

清 愛新覺羅·弘曆，蔣溥等編《御製詩初集》卷二一《二月二十七日耕耤禮成得詩四首》

祥風扇盎融，金翼影方中。閶闔千門啓，逶迤一路通。

心因繩武恪，禮以重農隆。蠶館初諏吉，勤民此意同。是年初，命皇后舉親蠶禮。

雜録

《文選·謝玄暉〈齊敬皇后哀策文一首〉》李善注 敬始紘綖，教先種稑。《列女傳》敬姜曰：皇后親蠶玄紞，公侯夫人加之以紘綖。《周禮》曰：上春，詔王后帥六宮之人，出種稑之種，而獻于王。

唐 陳子昂《陳拾遺集》卷九《諫理政書》 於是遂發大號，宣布四方，各順十二月之令，無敢有逆。乃命太史守典，奉法司天，日月星辰之行，無失經紀，以初爲常。陛下遂躬籍田，親蠶，以勸天下之農桑。

《舊唐書》卷三〇《音樂志》 《蜡百神樂章》八首，貞觀中作。《通考》：禮部侍郎許敬宗撰。

《享先蠶樂章》五首，皇后親蠶，奉敕内出此辭。《通考》：顯慶三年，太子洗馬郭瑜撰。

宋 韓琦《安陽集》卷二三《策問》 問：『親蠶之禮，廢之久矣。今欲舉而行之，則患歷代沿革之儀，未能折中，願條其當今可行者，著之于篇，庶稽參而用焉。』

《太平御覽》卷八二五《資産部五・蠶》 文德太后率内外命婦，有事於親蠶。

又曰：開元中，上命官中食蠶，親自臨視，欲使嬪御已下知女工之事。及蠶罷，獲絲甚多，因以賜焉。

《新唐書》卷一一《禮樂志第二》 至於壇坫、神位、尊爵、玉幣、籩豆、簠簋、牲牢、册祝之數，皆略依古。四成，而成高八尺一寸，下成廣二十丈，而五減之，至于五丈，而十有二陛者，圜丘也。八觚三成，成高四尺，上廣十有六步，設八陛，上陛廣八尺，中陛一丈，下陛丈有二尺者，方丘也。高、廣皆四丈者，神州之壇也。其廣皆四丈，而高八尺者青帝，七尺者赤帝，五尺者黄帝，九尺者白帝，六尺者黑帝之壇也。廣四丈，高八尺者，朝日之壇也。為坎深三尺，縱廣四丈，壇於中，高一尺，方廣四丈者，夕月之壇也。廣五丈，以五土為之者，社稷之壇也。高尺，廣丈，蜡壇也。高五尺，周四十步，先農、先蠶之壇也。其高皆三尺，廣皆丈者，小祀之壇也。嶽鎮、海瀆祭於其廟，無廟則爲之壇於坎，廣一丈，四向為陛者，海瀆之壇也。廣二丈五尺，高三尺，四出陛者，古帝王之壇也。廣一丈，高一丈二尺，户方六尺者，大祀之燎壇也。廣八尺，高一丈，户方三尺者，中祀之燎壇也。廣五尺，户方二尺者，小祀之燎壇也。

宋 陳元靚《歲時廣記》卷一八

祈蠶福

《成都記》：三月三日，遠近祈蠶福於龍橋，曰蠶市。

明 李默《西内前記》《明文海》卷三五五 陸子前驅，望西安門，舍騎，步入至内門。聞車駕且出，心甚恐，急趨過仁壽宫北門，又東折而南，則斧斤如織，稍西為仁壽宫。直北隙地，初築親蠶壇殿于此，用前詹事霍韜議也。

明 何喬遠《名山藏》卷七五《臣林記》 陞禮部右侍郎，尋轉左。時上方稽古制，南北郊分祀，禮成，視穀西苑，祇先蠶壇位，若水獻《聖主躬肇農桑頌》及《西苑賦》，因進《天德王道疏》。

明 王世貞《大學士夏公言傳》《國朝獻徵錄》卷一六 農桑，天下本。今人主既親耕，行籍田禮，而后不親蠶，非所以昭陰教，示婦職也。因上《皇后親蠶疏》。

明 王世貞《弇山堂别集》卷一一《異典述六・君臣同遊》 嘉靖十年，上召大學士張孚敬、尚書李時於西苑，視蠶壇地，賜酒飯、珍餌。御製《西苑視穀祇先蠶壇位賦》，手授孚敬，曰：『朕適有作，卿等删潤，因命和，以寓警戒之意。』

明 王應電《周禮傳》卷一下 按，四方之奢儉勤惰，皆起于后宫。后夫人者，佐天子以理天下之内治。正以其貴而勤，富而儉，有以率先天下耳。天文有扶筐星，后妃親蠶之器也；織女星者，宫嬪親織之象也，咸列象于紫微垣，故《周禮》特為典婦功一職，以司後宫工作之事，此内治之所以脩舉，而無怠荒之禍也。

明 王應鵬《都察院右副御史臣王應鵬謹題爲省咎陳言以回天意事》《皇明嘉隆疏抄》卷七 親蠶桑，改服色，辯儀位，尊孔氏，黜異端。於凡用人行政之間，苟可以補偏救敝者，靡不殫志悉力。三代以下，求君道如陛下者，豈非千載一時之會耶？

《大明會典》卷二二二《尚寶司》 凡皇后行親蠶禮，先期文官四品以上、武官三品以上、命婦及使人，各具手本，于本司關領牙牌。

（康熙）《順慶府志・形勝》 樂山 治北二十八里。每歲人日，邑人將鼓笛、酒食，登此娛樂，以祈蠶事。

（康熙）《山東通志》卷一一《闕里志・廟祠》 孟母祠。在鄒縣城南，子思書院之右，傳為孟子故居，有臺高丈許，世稱為孟子曝書臺。元縣尹司居敬，又於臺西建斷機堂。元僉憲楊國憲重葺，學士李泂記。又陽穀縣東北四十五里，亦有孟母祠，世傳孟母祈蠶之所，後人立廟祀焉。

又卷二一《秩祀志》 陽穀縣孟母祠。在縣東北四十里，世傳孟母祈蠶處。

《明史》卷五三《禮志七》 皇太后聖誕，正統四年賜宴午門。東宮千秋節，永樂間，賜府部堂上、春坊、科道、近侍錦衣衛及天下進箋官，宴於文華殿。宣德以後，俱宴午門外。凡祀圜丘、方澤、祈穀、朝日、夕月、耕耤、經筵日講、東宮講讀，皆賜飯。親蠶，賜内外命婦飯。纂修校勘書籍，開館暨書成，皆賜宴。

清　李拔《蠶桑説》《皇朝經世文編》卷三七　聖天子加意農桑，每歲必親蠶，收入供御。蠶桑之利遍於天下。

清　汪士鐸《南北史補志》卷一〇《五行志第二》 簡宗廟不禱祠，廢祭祀，逆天時則水不潤下。【略】《洪範五行傳》曰：水者，北方之藏氣，至陰也。宗廟者，祭祀之象也。故天子親耕，以供粢盛；皇后親蠶，以供祭服。敬之至也。發號施令，十二月咸得其氣，則水氣順。

清　佚名《相法牛經大全・畜牧學篇》 黄屋乃帝堯之心，播植五穀，躬耕是禹稷之事。所以身率藉田，化民成俗，農桑之務，乃命有司，刻木為偶人，又為織婦蠶女之像，置于紫薇殿。

圖表

清　楊屾《豳風廣義》卷二《祭先蠶圖説》 蠶室備，内設先蠶位，不忘本也。歷代所祭不同，即如漢祀宛窳婦人、寓氏公主，蜀有蠶女馬頭娘。又有三娘爲蠶神者，又南方祀蠶花五聖者，此後世之溢典也。夫農桑天畀養民重寶，必有所司之神以主之。所司者，即始爲開導者。故農祭先農，蠶祭先蠶。神農始教稼穡，是爲先農。黄帝元妃西陵氏，始爲室養蠶，是爲先蠶。事蠶者，先立先蠶木主，當書先蠶神位，畫像亦可，安之蠶室高潔之處。稽古制：祭先蠶，壇壝牲幣，如中祀禮。此后妃祭先蠶之禮也。《蠶書》云：卧種之日，割鷄，設醴，以禱先蠶。此庶人祭先蠶之禮也。自天子后妃，至於庶人之婦，禮雖不同，而敬奉之心則一。凡養蠶家，下蟻之日，蠶多力厚者，設三牲酒醴。蠶少力微者，割鷄，設醴，點燭，焚無氣味之香，將蠶蟻之筐，置先蠶几案，蠶母率闔家奠醴，拜讀祈祝之文，曰：惟蠶之原，伊駟有星。蠶事之興，聖母肇成。氣鍾孕育，惟神適從。保之佑之，有箔皆盈。尚冀終惠，用彰厥靈。簇老獻瑞，繭盆效功。敬獲吉卜，克契心盟。神其來享，爰祀惟誠。奠拜畢，將蟻筐上架，飼之。此祭先蠶之章程也。

清 李鴻章《蠶桑紡織器圖詠・桑圖詠類・桑政第一圖》

生意葱蘢次弟栽，燕雲織錦五雲開。桑株八百成都市，移向黄金臺畔來。

粤攷《豳風》，桑政與農功遞重。《月令》親蠶之典，同於耕籍。後世因之。蜀漢諸葛亮種桑八百於成都，蜀錦遂甲天下，與江南埒。燕地寒冷，向無多桑，人亦鮮以藝桑、藝蠶爲業。近年天道北行，地氣轉暖，奉督憲命於蜀境移來桑株，及甚種之碩茂，飼蠶作繭，不亞他省。乃設局創辦，用溥三輔，無窮之利。

桑禮

題解

宋 王觀國《學林》卷五《叒》 《玉篇》《廣韻》皆曰：叒，而灼切。搏桑，叒木也。然叒則搏桑，即扶桑也，叒木即若木也。後之文士變叒爲若耳，扶桑在東，若木在西，事見《山海經》。故《離騷》曰：飲余馬于咸池兮，總余轡于扶桑。折若木以拂日兮，聊逍遙兮以相羊。蓋扶桑者，日出之處；若木者，日入之處。折若木以拂日者，日既西矣，猶能抓若木以揮拂其日，使之不暮，而我尚逍遥安舒以游也。謝希逸《月賦》曰：嬗扶桑于東沼，嗣若英于西冥。若英，即若木也，此理甚明。然李賀詩曰『天東有若木』，豈賀誤耶？桑字上從叒，又有桑字，乃俗書不可用若。

清 李光地等《御定月令輯要》卷四《春令・政典》 採桑獻繭。增《漢舊儀》，皇后春桑，皆衣青，手採桑，以繅三盆繭，示羣妃妾從。春桑生，而皇后親桑於苑中，蠶室養蠶於箔以上，羣臣妾從。桑還，獻繭於舘。

又 卷五《正月令・雜紀》 帝女桑 原《廣異記》：南方赤帝女，學道得僊，居高陽崿山桑樹上。正月一日，銜柴作巢，至十五日成。或作白鵲，或作女人。赤帝焚之，女即升天，因名帝女桑。今人至十五日，焚鵲巢作灰汁，浴蠶子招絲，象此也。增《元萬頃春日》詩『花輕蝶亂僊人杏，葉密鶯啼帝女桑』。

論說

漢 王充《論衡》卷五《感虚篇》 《傳書》言：湯遭七年旱，以身禱於桑林，自責以六過，天乃雨。或言五年，禱辭曰：余一人有罪，無及萬夫，萬夫有罪，在余一人，天以一人之不敏，使上帝鬼神傷民之命。於是剪其髮，麗其手，自以為牲用，祈福於上帝。上帝甚說，時雨乃至。言湯以身禱於桑林自責，若言剪髮麗手，自以為牲用，祈福於帝者，實也；言雨至，為湯自責，以身禱之故，殆虚言也。

又《明雩篇》 夫天之運氣，時當自然，雖雩祭請求，終無補益。而世又稱湯以五過禱於桑林，時立得雨。夫言運氣，則桑林之説絀；稱桑林，則運氣之論消。世之說稱者，竟當何由？救水旱之術，審當何用？

宋 羅泌《窮桑辨》（康熙）《山東通志》卷三五 空桑在陳，窮桑在西。《歸藏・啟筮》云：空桑之蒼蒼，八極之既張。乃有羲和，是主日月，職出入，以為晦明，蓋指嵎夷之地。《故記》：孔子生於空桑。《春秋演孔圖》云：徵在游於大冢之陂，夢黑帝謂己『汝産必於窮桑』。而于寶所記：徵在生子，空桑之地，今名孔竇，在魯南山之穴。《孔廟禮器碑》云：顔育空桑。空桑，魯北孔子魯人，故說者指云空桑，既而言之，魯南山穴之説，正自戾矣。乃若共工氏之振滔鴻水以薄空桑，則為莘陝之間。伊尹，莘人，故《吕氏春秋》、《古史攷》等俱言尹産空桑，故城今在陳留，空桑固非魯也。故《地記》言：空桑南杞，而北陳留各三十里，有伊尹村，而所謂窮桑，則非是矣。《拾遺記》言：窮桑者，西海之濱也。地有孤桑千尋，蓋在西垂少昊之居雍梁之域。故《周書・嘗麥》云：帝命蚩尤宇於小顥。而遠遊《章句》：西皇所居西海之津。西皇者，少昊之稱；而小顥者，少昊之正字也。宜為咸陽，故咸陽曰雲陽，而少昊一曰雲陽氏，雲陽縣今隸耀州。甘泉宫，即武帝之太畤。顓頊繼少昊者，故《世記》顓頊亦自窮桑遷商丘事可知矣。而杜預遽以窮桑為在魯北，至釋例地名乃云地闕，故穎達云：『言魯北者，相傳言爾。』蓋以定公四年，《傳》封伯禽於少昊之墟逆之，而《樂史》之所記，乃在曲阜，此又因預而妄之也。

太昊在東，少昊在西，予既言之，《拾遺》遂遊窮桑，既在西極，則魯曲阜之所得，非太昊之墟乎？《郡國志》云：少昊自窮桑登帝位，非空桑也。

宋 黃震《黃氏日鈔》卷二三《讀禮記・祭義》 古者天子諸侯必有公桑蠶室，近川而爲之。築宮仞有三尺，棘牆而外閉之。及大昕之朝，君皮弁素積，卜三宫之夫人世婦之吉者，使入蠶于蠶室，奉種浴于川，桑于公桑，風戾以食之。歲既單矣，世婦卒蠶，奉繭以示于君，遂獻繭于夫人，夫人曰：此所以爲君服與？遂副禕而受之，因少牢以禮之。古之獻繭者，其率用此與？及良日，夫人繅三盆手，遂布于三宮夫人、世婦之吉者使繅，遂朱緑之，玄黄之，以爲黼黻文章。服既成，君服以祀先王、先公，敬之至也。禕，音『暉』

明 胡廣等《禮記大全》卷二二《祭義》 去歲蠶成之後，迄今歲蠶成之時，期歲矣，故謂之『歲單』。若孟夏稱『麥秋』者，亦此之意。延平周氏曰：蠶與繅婦功也，以婦功而貴。於夫人、世婦，則無不可者，而必用卜，以擇其夫人、世婦之吉者。蓋先王以為躬桑，所以為祭服，而又將以勸於天下，則不可不決於神明者也。示於君，告其功之成也。獻繭不於君，而於夫人者，別内事也，夫人受之以副禕。所以敬其將為祭服也。禮之以少牢，所以勞其還也。〇長樂陳氏曰：躬桑不過鞠衣，而受繭必以副禕者，重繭之成也。

（嘉靖）《湖廣圖經志書》卷一《司志》 成湯大旱，禱于桑林之野。《周禮・荒政》：『索鬼神而祭之。』《詩》云：『靡神不舉，靡愛斯牲。』古人敬神如此，所以為民祈福也。

清 顧炎武《天下郡國利病書》第十七册《山西》 明道《遺書》云：『澤州北望有桑林，即成湯禱雨處。』《澤州志》云：『伊侯山在城西北二十里，成湯禱雨，伊尹從之，降毒龍于此上，建伊尹祠。』按成湯都亳，先在商丘，後移偃師，去澤州遠甚，安得逾太行，而禱雨于此。《穆天子傳》曰：『天子里圃田之路，南至于桑野，北書經林。』《左傳》：昭公十六年九月，鄭大旱，使屠擊祝款豎拊有事于桑山，斬其木不雨。子産曰：『有事于山，蓺山林也，而斬其木，其罪大矣。奪之官邑。』《戰國策》：張儀説韓王曰：『秦下甲取成皋宜陽，則鴻臺之宮，桑林之苑，非大王之有已。』《穆天子傳》又曰：『庚午，天子飲于洧上，乃遣祭父如圃鄭。辛未，天子北還，釣于漸澤，食魚于桑野。』觀此，則桑林之野，在吾洧北明甚，且去亳不遠，湯之所禱在彼不在此矣。

清 李聿求《桑志》卷三《桑之事》

《白虎通義》：王者親耕，后親桑，所以率天下農蠶也。

《潛夫論》：一婦桑，百人衣之。

《潛夫論》：民廢農桑，遠來詣闕，而拘以禁忌，豈為政之意乎？

《昌言》：益君長以興政理，急農桑以豐委積。

《昌言》：君子非自農桑，以求衣食也。

《昌言》：農桑失業，兆民吁嗟。

《新論》：天子親耕，后妃躬桑。國非無良農也，而王者親耕。世非無蠶妾也，而后妃躬桑。上可以供宗廟，下可以勸兆民。

清 羊復禮《蠶桑摘要・序》 粵稽《書》言桑土，《詩》詠蠶月，《禮》詳躬桑勸蠶之典，是知爲天下之本者，農功而外，厥惟蠶桑。孟子備陳王道之始，而牆下之桑與百畝之田，言之至於再三，故後世先蠶壇與先農並重，蓋撫世長民者之所必有事也。

綜述

《呂氏春秋》卷二六《士容論・上農》高誘注 后妃率九嬪蠶於郊，桑於公田。是以春秋冬夏皆有麻枲絲繭之功，以力婦教也。力任其力，効其功也。是故丈夫不織而衣，婦人不耕而食，男女貿功以長生貿易也，此聖人之制也制法也。

漢 班固《白虎通德論》卷四《耕桑》 王者所以親耕，后親桑，何以率天下農蠶也。天子親耕，以供郊廟之祭；后之親桑，以供祭服。《祭義》曰：天子三推，三公五推，卿大夫士七推。耕於東郊何？東方少陽，農事始起。桑於西郊，西方少陰，女功所成。故曾子問曰：『天子耕東田而三反之。』《周官》曰：后親桑，率外内婦蠶於北郊。《禮・祭義》曰：古者天子諸侯必有公桑蠶室，近外水為之，築周棘墻而外閉之者也。

漢 荀悅《申鑒》卷四《雜言上》 或曰：『愛民如子，仁之至乎？』曰：『未也。』曰：『愛民如身，仁之至乎？』曰：『未也，湯禱桑林。』湯時大旱七年，太史占之曰：『當以人禱。』湯曰：『吾所為請雨者，民也。若以人禱，吾請自當。』遂齋戒，剪髮斷爪，素車白馬，身嬰白茅，以身為犧，禱于桑林之野。

宋 羅願《爾雅翼》卷二四《釋蟲・蠶》 養蠶之室，欲明而温。漢法，犯腐刑者下未央蠶室，取其温爾。古者，后妃享先蠶而後躬桑。先蠶，天駟也。《漢舊儀》曰：今蠶神曰苑窳婦人、寓氏公主，凡二神。

宋 劉克莊《後村先生大全集》卷八六《進胡事》 臣按，内降非盛世事也。《詩》詠后妃以無私謁為賢，桑林禱旱，以婦謁盛自責，蓋自昔未嘗無是事。

宋 樓鑰《攻媿集》卷二二《雷雪應詔條具封事》 自古人主遭值災異者多矣，請以成湯宣王之事明之。湯之禱旱于桑林，以六事自責，曰：『政不節與？使民疾與？宫室崇與？女謁盛與？苞苴行與？讒夫興與？』成湯不邇聲色，不殖貨利，以義制事，以禮制心，顧安得有此六事，而深以自責。若不能自容者，此所以消弭天災，而反致勃興也。宣王中興。《大雅》以雲漢爲首，竊嘗攷之，止言靡神，不舉靡愛，斯牲上下，奠瘞靡神，不宗敬恭明神，宜無悔怒。若歸過于百神者，蓋宣王之意，以爲祀神如此，不應致有災變，其所以至此者，必由于我其刻責之深，又過于成湯，反己之切，乃見于言外。序詩者，所以稱其側身修行，而王化復行，實始于此。臣願陛下，遠鑒桑林之禱六事，雖無亦當自責，一或有之改過不吝，三復雲漢之詩，至誠反己，祈以應上天仁愛之意，則聖德日新，今日之異，適當爲後日之祥也。

宋 祝穆《事文類聚》卷五《天道部・禱雨》

湯禱桑林

湯伐桀後，大旱七年，煎砂鑠石。太史占之曰：『當以人禱。』湯曰：『吾所為請雨者，民也。若必以人禱，吾請自當。』遂齋戒，剪髮斷爪，素車白馬，身嬰白茅，以身為犧牲，禱於桑林之野，持三足鼎，祝於山川曰：『政不一與？民失職與？宫室營與？婦謁盛與？苞苴行與？讒夫昌與？何不雨之極？』言未已，而天大雨。

宋 黄震《黄氏日鈔》卷六《月令》 是月也，命野虞無伐桑柘，鳴鳩拂其羽，戴勝降于桑，具曲植籧筐。后妃齋戒，親東鄉躬桑，禁婦女毋觀，省婦使，以勸蠶事。蠶事既登，分繭稱絲效功，以共郊廟之服，無有敢惰。籧，居呂反。鄉，許亮反。觀，古喚反。省，所景反。高誘《呂氏春秋》注如字。

《玉海》卷七七《禮儀・親蠶・周中春蠶北郊》 后妃齋戒，親東鄉躬桑，禁婦女毋觀，省婦使，以勸蠶事。蠶事既登，分繭稱絲效功，以供效廟之服。注，后妃親採桑，示帥先天下也。《夏小正》曰：妾子始蠶，執養宫事。

明 胡廣等《禮記大全》卷六《月令》 后妃齋戒，親東鄉躬桑，禁婦女毋觀，省婦使，以勸蠶事。東鄉，迎時氣也。躬桑，親自采桑也。禁婦女毋觀者，禁止婦女使不得為容觀之飾也。省婦使者，減省其箴線、縫製之事也。此二者，皆為勸勉之，使盡力於蠶事也。

明 彭大翼編，張幼學增訂《山堂肆考》卷九《時令・后妃躬桑》 《月令》：命野虞毋伐桑柘，鳴鳩拂其羽，戴勝降於桑，具曲植籧筐。后妃齋戒，親東鄉躬桑，禁婦女毋觀，省婦使，以勸蠶事。按，鳩即鷹所化者，乃布穀也，拂羽飛而翼拍身也。戴勝，織紝之鳥，此時恒在桑，言降者重之，若自天而降也。

明 王象晉輯《桑麻葛譜・桑》 典故 天子諸侯，必有公桑、蠶室。后妃齋戒，享先蠶而躬桑，以勸蠶事。《周禮》黄帝元妃西陵氏儽祖始勸蠶事，月大火而浴種，夫人副禕而躬桑。《王禎農書》皇后躬桑始捋一條，執筐受桑捋三條。女尚書跪曰：『可止。』執筐者以桑受蠶母，以桑適金室。《皇后親蠶儀》皇后親桑以奉祀服。《漢文帝詔》后親桑爲天下先。《漢景帝詔》太后幸蠶舘，率皇后及列夫人桑。《漢元帝紀》武帝太康中，立蠶官，皇后躬親，依漢魏故事。《晉史》孝武立觀，后親桑，循晉禮也。《宋史》置蠶室，皇后躬桑于所。《北齊書》皇后至蠶所桑。《後周書》皇后親桑于位。《隋史》扶桑在陽州，日所拂。《淮南子》天下之高者扶桑，無枝葉，上至于天，下通三泉。《寰中記》扶桑在碧海中，上有天帝宫。東王公所治樹，長數千丈，兩兩同根，更相依倚。仙人食其椹，體作金色。《十洲記》

（康熙）《山東通志》卷一《典謨》 朕聞養民之本，在於衣食。農桑者，衣食所由出也。一夫不耕，或受之饑；一女不織，或受之寒。古者天子親耕，后親桑，躬為至尊，不憚勤勞，為天下倡。

《古今圖書集成・歲功典》卷三二九《仲春部彙考》 《内宰》：中春詔，后帥外内命婦，始蠶于北郊，以爲祭服。

《訂義》鄭鍔曰：說者謂《月令》『季春之月，鳴鳩拂其羽，戴勝降于桑。后妃齋戒，親東鄉躬桑』。而先儒於《祭義》『大昕』之注，亦以爲季春朔日。今此仲春詔后，何也？然以《七月》之詩攷之，『春日載陽，有鳴倉庚。女執懿筐，爰求柔桑』，謂仲春也。倉庚以仲春鳴記，禮者乃言季春，豈季春者，蠶事之始歟？謂之始蠶，意可知矣。

清 鄂爾泰《授時通考》卷七二《蠶事門》 《禮記・月令》：季春之月，

后妃齋戒，享先蠶，親東鄉躬桑，禁婦女毋觀，省婦使以勸蠶事。

注：后妃先採桑，示帥先天下也。東鄉者，鄉時氣也，是明其不常留養蠶也。留養者，所卜夫人與世婦。婦，謂世婦及諸臣之妻也。女，外內子女也。毋觀，去容飾也。婦使，縫線組紃之事。

清 賈振聲校，袁俊德輯《桑政萃編》卷二《桑林禱雨》 每歲五六月間，或種椹未生，或椹生未齊，天旱太甚，井涸泉枯，不敷澆灌。擇丙丁前吉日，偕同事至桑林，謹備三牲、醴酒、香燭、果品，恭設龍王神位，虔誠禱雨，行三跪六叩禮，越日叩禱一次。若不設位，望桑林禱之，行三跪九叩禮。直局連年祈禱，皆驗以民和，而神降之福也。

清 衛杰《蠶桑萃編》卷一《歷代詔制類》

北周

後周制，皇后率妃嬪夫人至蠶所，以太牢奠先蠶西陵氏。禮畢降壇，因以公桑焉。

傳記

《太平御覽》卷七九《皇王部四》

《帝王世紀》曰：少昊帝名摯，字青陽，姬姓也。母曰女節。黃帝時，有大星如虹，下流華渚。女節夢接意感，生少昊，是爲玄囂。降居江水，有聖德，邑于窮桑，以登帝位，都曲阜。故或謂之『窮桑帝』，以金承土。《帝圖讖》所謂『白帝朱宣』者也。故稱少昊，號金天氏，在位百年而崩。

《河圖》曰：大星如虹，下流華渚，女節氣感，生白帝朱宣。宋均生云：朱宜，少昊氏也。

《册府元龜》卷一《帝王部一》 少昊，金天氏，黃帝之子。黃帝娶西陵之女，是爲嫘祖一作妵，爲正妃，生二子。其一曰玄囂，是爲青陽，降居江水，即少昊也。邑于窮桑，以登帝位，故謂之窮桑帝。以金承土，故天下號曰金天氏金主西方秋，故曰少昊，在位百年一云八十四年。

（康熙）《山東通志》卷八《圻封志》 當黃帝之世，降居江水邑於窮桑，故號窮桑氏按《路史》：窮桑，本在雍梁之域。今兗州府城北，亦有窮桑社，國於青陽，故又號青陽氏，能修太皞之法，故曰少昊。以金德王，故曰金天氏，繼黃帝而有天下，都於曲阜，在位八十四年，年一百歲崩，葬雲陽山在曲阜縣東北貳里。

（雍正）《山西通志》卷一〇九《人物志》

靈輒

晉人宣子田首山，舍於翳桑，見輒餓，問其病，曰：『不食三日矣。』食之，則舍其半。問之，曰：『宦三年矣，未知母之存否，請以遺之』。使盡之，而為簞食與肉，置諸橐以與之。既而與為公介，靈公伏甲攻盾，輒戟以禦公徒，而免之。問何故，對曰：『翳桑之餓人也。』問其名居，不告而退，自亡。

（光緒）《湖南通志》卷一〇一《名宦志十・明五》 鄧國材，横州人，萬歷中知衡山縣。始至，即教民樹桑，禁人毀折，人指為鄧公桑。當微行田間，見民之藝桑多者，親慰勞之，聞織紝聲，賜以茶米。在任數年，田野增治，人耻游惰，吏不敢犯，民不忍欺。《一統志》

紀事

晉 干寶《搜神記》卷八《湯禱桑林》 湯既克夏，大旱七年，洛川竭。湯乃以身禱于桑林，剪其爪髮，自以為犧牲，祈福于上帝。于是大雨即至，洽于四海。

《宋書》卷一七《禮志四》 宋文帝元嘉二十一年春，親耕，乃立先農壇，於耤田中阡西陌南，高四尺，方二丈。爲四出陛，陛廣五尺，外加埒，去阡陌各二十丈。車駕未到，司空、大司農，率太祝令及衆執事，質明以一太牢告祠。祭器用祭社稷器。祠畢，班餘胙於奉祠者。舊典，先農又常列於郊祭云。漢儀，皇后親桑東郊苑中，蠶室祭蠶神，曰苑窳婦人、寓氏公主，祠用少牢。晉武帝太康九年，楊皇后躬桑于西郊，祀先蠶壇，高一丈，方二丈，爲四出陛，陛廣五尺，在採桑壇東南帷宮之外，去帷宮十丈。皇后未到，太祝令質明以一太牢告祠，謁者一人監。祠畢徹饌，班餘胙於從桑及奉祠者。

《資治通鑑》卷一五《太宗孝文皇帝下》 十三年春，二月甲寅，詔曰：『朕親率天下農耕，以供粢盛；皇后親桑，以奉祭服，其具禮儀。』

《玉海》卷六四《詔令》 文帝詔，即位赦天下，賜爵。元年封誅吕功臣，議犯法相坐元年十二月，下議犯法相坐之詔，載於《刑法志》，蓋即位後第一詔也，立太子，振貸，養老，封宋昌列侯，增户邑。二年，令列侯歸國日，食籍田，立諸王，除誹謗妖言，賜半租。三年，免丞相勃就國，赦濟北吏民。十二年，勸農，舉孝弟力田，三老廉吏。十三年，具親耕、親桑禮儀，除祕祝。語在《郊祀志》。

又 卷七七《禮儀・親蠶・漢祠先蠶》 四月壬子，皇后蠶桑之日也，則漢桑亦用四月。《漢舊儀》曰：春桑生，皇后親桑於苑中，蠶室養蠶千簿以上，祠以中牢羊豕令蠶神，曰苑窳婦人、寓氏公主，凡二神。羣臣妾從桑還，獻於蠒觀，皆賜從桑者，樂皇后自行。

《西漢會要》卷一一《禮五・藉田親蠶**》** 景帝後二年，夏四月，詔曰：雕文刻鏤，傷農事者也；錦繡纂組，害女紅者也。農事傷，則飢之本也；女紅害，則寒之原也。夫飢寒並至，而能亡為非者寡矣。朕親耕，后親桑，以奉宗廟粢盛、祭服，為天下先。欲天下務農蠶，素有蓄積，以俻灾害。《本紀》

又 卷五〇《食貨一・勸農桑》 六月詔曰：農，天下之本，務莫大焉。今廑身從事，而有租税之賦，其於勸農之道未備，其除田之租税。《本紀》

《欽定續通典》卷三一《職官典》 掖庭局，唐置，令二人，丞三人。掌宫人簿帳、女工。凡宫人名籍，司其除附；公桑養蠶，會其課業，供奉物皆取焉。

又 卷五〇《禮典吉》 元武宗至大三年，從大司農請，建先蠶壇，博士議壇式，與社稷同。趙天麟奏述，古公桑之製，勸中宫倣古親蠶，然祀事未舉，其禮儀無可考云。

清 李聿求《桑志》卷三《桑之事》

《宋書・禮志》：大明四年，皇后率六宫躬桑于西郊。

《北齊書》：皇后親桑于壇，備法駕，服鞠衣，乘重翟，帥六宫升桑壇東陛即御座，女尚書執筐，女主衣執鉤立壇下。皇后自東陛，執筐者處右，執鉤者處左，乃躬桑三條訖，升壇即御座，內命婦以次就桑服，鞠衣者采五條，展衣、緑衣者九條以授蠶母。還蠶室，切之授世婦，灑一簿。凡應蠶者，竝復本位，后乃降壇還便殿，設勞酒頒賚而還。

又 《後周書》：皇后乘翠輅，率六宫三妃三㚤，御媛御婉三公夫人三孤内子，至蠶所，禮畢降壇，令二嬪為亞獻終獻，因以躬桑。

又 《隋書》：季春上巳，皇后服鞠衣，親桑于位壇東南，尚功進金，鈎典奉筐，皇后采三條反鈎，命婦各依班采五條，九條世婦以授『蠶母』，受切桑灑訖，皇后降壇。

清 袁俊德輯《蠶桑稽古編・歷代詔制類》 孝武帝大明三年，冬十月丁酉，詔曰：古者薦鞠青壇，聿祈多慶，分繭元郊，以供純服。來歲，可使六宫妃嬪，修親桑之禮。

藝文

晉 楊泉《蠶賦》《藝文類聚》卷六五 惟陰陽之產物，氣陶化而播流。物受氣而含生，皆纆綿而自周。伊夫蠶之為物，功巨大而弘優。成天子之衮冕，著皇后之盛服。昭五色之玄黄，作四時之單複。是以王者貴此功焉，使皇后命三宫之夫人，及世婦之吉者，親桑於北宫。二月初吉，遂布令於天下，百辟兆民，使咸務焉。是以仲春之月，吉日庚午。既差我馬，惟蠶之祖。徧使童男，作以童女。温室既調，蠶母入處。陳布涚種，柔和得所。晞用清明，浴用穀雨。爰求柔桑，切若細縷。起止得時，燥濕是俟。逍遥偃仰，進止自如。仰以龍騰，伏似虎跌。員身方腹，列足雙俱。昏明相推，日時不居。粤召役夫，築室於房。於房伊何？在庭之東。東愛日景，西望餘陽。既酌以酒，又挹以漿。壺飧在側，敷修在旁。我鄰我黨，我助我康。於是乎蠶事畢矣，大務時成。閣紆卷簿，灑掃宫庭。蠶母須飾，從容自寧。至於再宿，三日乃開闔啓房，是瞻是觀。方者四張，員者紆盤。縱者相屬，横者交連。分薪柴而解著，繭絲互而相攀。競以挈攫，載笑載言。惰者悦而忘懈，劣者勉以增勤。是月也，天子以太牢之禮，獻繭於寢廟。皇后親繰三盆，然後頒於夫人世婦。至於百辟卿士，下及兆民，咸趨繰事。爾乃絲如凝膏，其白伊雪。以為衣裳，冠冕服飾。禮神納賓，各有分職。以洽百禮，罔不斯服。夫功也起於緜緜，成於翼翼，頌之難周，論之罔極。殷斯勤斯，如何勿憶！

唐 柳宗元《柳河東集》卷三七《王京兆賀雨表》 然則周王徒勤於方社一作方岳，謂其事於山川也，殷帝虛美於桑林湯既克夏，大旱，湯乃以身禱於桑林，剪爪髮，自以為犧牲，以祈於天，雨乃大至，豈無災而旱圖，未禱而先應，化超前聖，道貫重元，徧野同歡，傾都相慶，臣之欣躍，倍萬恒情。

唐 李君房《獻蠒賦以將給宗廟之服爲韻**》**《文苑英華》卷一二〇 冠六宫六

職者，公桑而已矣。既卒蠶於世婦，乃奠繭於天子。稽諸祭典實可重，考諸女工斯為美。信率土而在茲，亦奉先而是以。當其令布明堂，時更青陽。蠶事既卒，女工式臧。然後衣禮服，出棘牆。奉茲珍繭，盈彼懿筐。纍纍乎如將薦卵，皎皎乎有類凝霜。既依於后，亦獻於王。所以申課績之勞止，展威儀之孔將。遂繅三盆，修六服。或黼或黻，或朱或緑。期有事於王公，庶無勞於杼軸。侯其偉而，實足尚之。享廟之容克備，展敬之禮允釐。斯蓋夫人之畏慎，王者之肅祇。不然者，賦有織紝之筐，貢有畎岱之絲。海人奉氷蠶至止，園客將絲緒來茲。冠冕之服可成，祭祀之儀可輯。可以重其珍美，可以揚其禓襲。何必桑壇而世婦斯復，繭館而夫人乃入，俾來者既殫，恒日不暇給。蓋欲輸於勤苦，表我敬恭。厚禮奉於先祖，躬勤勸乃農功。使三宮之有序，斯百代之攸崇。是以獻繭之道，治國之要。將取娩於三推，明至誠於九廟。

宋 樓璹《耕織圖詩・浴蠶》 農桑將有事，時節過禁烟。輕風歸燕日，小雨浴蠶天。春衫卷縞袂，盆池弄清泉。深宮想齋戒，躬桑率民先。

明 楊慎《升庵經説》卷四《烝在桑野》 烝在桑野，烝在栗薪，或訓爲衆，或訓爲進，皆不通。當訓爲麻，軍士從征于外，而麻無人收。或在桑野，或在栗薪，此于物理人情最叶，千載之疑，今日始釋然。周公有靈，亦當撫掌矣。

雜録

《史記》卷三《殷本紀》 帝小甲崩，弟雍巳立，是爲帝雍巳。殷道衰，諸侯或不至。帝雍巳崩，弟太戊立，是爲帝太戊。帝太戊立伊陟爲相。《集解》，孔安國曰：『伊陟，伊尹之子』。亳有祥桑穀共生於朝，一暮大拱。《集解》，孔安國曰：『祥，妖怪也。二木合生，不恭之罰』。鄭玄曰：『兩手搤之曰拱』。索隱此云『一暮大拱』。《尚書・大傳》作『七日大拱』，與此不同。

晉 王嘉《拾遺記》卷一 少昊以金德王，母曰皇娥，【略】經歷窮桑滄茫之浦，時有神童【略】窮桑者，西海之濱，有孤桑之樹，直上千尋，葉紅椹紫，萬歲一實。【略】及皇娥生少昊，號曰窮桑氏，亦曰桑邱氏。

《文選・應璩〈與廣川長岑文瑜書〉》李善注 昔夏禹之解陽旴，殷湯之禱桑林。《淮南子》曰：禹爲水，以身解于陽旴之河；湯苦旱，以身禱于桑林之祭。高誘曰：爲治水解禱，以身爲質。解，讀『解除』之『解』。陽旴河，蓋在秦地。桑山之林，能興雲致雨，故禱之。旴，音『紆』。

《册府元龜》卷二四三《列國君部・宴享》 十年，宋公享晉侯於楚丘，請以《桑林》《桑林》，殷天子之樂名，荀罃辭之辭，讓之，荀偃、士匄曰：『諸侯宋、魯，於是觀禮。』宋，王者後；魯以周公故，皆用天子禮樂，故可观。魯有禘樂，賓祭之。禘，三年大祭，則作四代之樂；别祭群公，則用諸侯樂。宋以《桑林》享君，不亦可乎？言俱天子樂也。舞師題以旌夏師，帥也。旌夏，大旌也。題，識也。以大旌表識其行列，晉侯懼而退入于房旌夏非常，卒見之，人心偶有所畏，去旌，卒享而還，及著雍，疾晉侯疾也，著雍，晉地。卜，桑林見祟見於卜兆。荀偃、士匄欲奔請禱焉奔走還宋禱謝，荀罃不可，曰：『我辭禮矣，彼則以之以，用也。猶有鬼神，於彼加之。』言自當加罪于宋。晉侯有間間，疾差也。

又 卷四九五《邦計部・田制》 德宗建中四年六月，判度支戶部侍郎趙贊，請置大田。天下田計其頃畝，官收十分之一，擇其上腴，樹桑環之，曰公田、公桑。自王公至於匹庶，差借其力，得穀絲以給國用。詔從其説，贊熟計之，自以爲非便，皆寢不下。

宋 洪邁《容齋四筆》卷五《宋桑林》 《左傳》：宋公享晉侯於楚丘，請以桑林。注：桑林者，殷天子之樂名。舞師題以旌夏。晉侯懼而退，及著雍疾，卜桑林見。荀偃、士匄欲奔請禱焉，荀罃不可。予案《呂氏春秋》云：武王勝殷，立成湯之後於宋，以奉桑林。高誘注曰：桑山之林，湯所禱也，故使奉之。《淮南子》云：湯旱，以身禱於桑山之林。許叔重注曰：桑山之林，能興雲致兩，故禱之。桑林二説不同，杜預注：《左傳》不曾引用，豈非是時未見其書乎？

宋 黄震《黄氏日鈔》卷一六《讀禮記》 收繭税者，命婦就公桑而蠶，以繭爲税，桑多税多，桑少税少，税皆十一。鄭氏、孔氏。

《玉海》卷七六《禮儀・耤藉》 文帝二年春，正月丁亥詔曰：夫農，天下之本也。其開藉田。【略】入未備者皆赦之。【略】臣瓚曰：景帝詔曰：朕親耕，后親桑，為天下先，本以躬親為義，不得以假借為稱也。

又 卷七八《車服・漢輿服志》 《漢輿服志》云：太皇太后、皇太后，皆御金根車。阮諶《禮圖》并載奏漢以來輿服，亦云：金根輅，皇后法駕乘之，以禮婚見廟；乘輅，后法駕乘之以親桑；安車，后小駕乘之以助祭；山軿車，后行則乘之；紺罽軿車，后小行則乘之；入閤輿，后出入閤、宮中小遊則乘之。

又 卷一〇三《音樂・桑林樂》 《左傳》：襄十年，宋公享晋侯於楚丘，請以《桑林》。荀偃、士匄曰：諸侯宋、魯，於是觀禮。魯有禘樂，賓祭用之。宋以《桑林》享君，不亦可乎？舞師題以旌夏。注：《桑林》，殷天子之樂名。疏：殷為大護，此復云桑林者，蓋殷家本有二樂，如周之《大武》、《象舞》也。大護言：覆護下民，使得其所，其曰《桑林》，唯《書傳》言：湯大旱七年，禱於桑林之社，而雨大至，或禱桑林，以得雨，遂以桑林名其樂也。皇甫謐云：殷樂，一名《桑林》，以為大護別名，無文可馮。《莊子》：庖丁奏刀，合於桑林之舞湯樂名。《吕氏春秋》：武王立成湯之後，於宋以奉桑林。湯所禱也。周與微子盟曰，相奉桑林注：使奉桑林之樂。《列子》：周穆王奏承雲六瑩，九韶晨露。注：九韶，舜樂；晨露，湯樂。《淮南子》：延露。《選注》：防露古曲也。樂動聲儀曰：調露之樂。宋均曰：調和至甘露，使物茂長之樂。《漢志》：有商樂鼓員十四人。

又 卷一九五《祥瑞・神農時雨》

《淮南子》：湯以身禱桑林，而四海之雲湊，千里之雨至。

《六韜》：武王伐殷，將行之日雨，太公曰：是洗濯甲兵也。

宋 金履祥《尚書表注》卷上《咸有一德》 既葬伊尹于亳，咎單遂訓伊尹事，作《沃丁》。伊陟相大戊，亳有祥，桑穀共生于朝。

明 徐光啓《農政全書》卷三一《蠶桑・總論》 《尚書大傳》曰：天子諸侯，必有公桑蠶室，就川而為之，大昕之朝，夫人浴種於川。

又 王禎《蠶繅篇》曰：淮南王《蠶經》云，黄帝元妃西陵氏，始蠶。蓋黄帝制作衣裳，因此始也。其後，禹平水土，《禹貢》所謂『桑土既蠶』，其利漸廣。《禮・月令》曰：季春之月，具曲植蘧筐，后妃齋戒，親東鄉躬桑，禁婦女毋觀毋觀，去容飾也，省婦使，以勸蠶事婦使，謂縫線、紐串之事。蠶事既登，分繭稱絲，效功以供郊廟之服，無有敢惰。及考之歷代皇后與諸侯夫人親蠶之事，昭然可見，况庶人之婦，可不務乎？

明 俞汝爲輯《荒政要覽》卷五《修德禳災》 亳有祥，桑穀共生于朝，一暮大拱。太戊問於伊陟，陟曰：『妖不勝德君之政，其有闕歟？』太戊於是修先王之政，明養老之禮，早朝晏退，問疾吊喪。

清 顧炎武《天下郡國利病書》第十三册《河南》 又言顓頊自窮桑，遷于商丘，窮桑乃在西海之濱，又非兗矣。干寶又言：魯有空桑，徵在所生之處，今名孔竇。故《孔廟禮器碑》云：『顏育空桑』。《野史》又言：『軒轅作于空桑之北，然則有四空桑矣。杞之空桑，則伊尹所生之地。』若《吕氏春秋》所謂空桑，則伊洛間樹名，爾非地也。至周武王時，追思先聖王，乃褒封大禹之後于杞，號東樓公，杞之得名，于斯始焉。或曰：『殷湯時已封于杞，然不經見。』《史記》云：『殷時或絶封，或絶理，或然也。』武公初年即遷淳于，淳于在敝邑安丘境内，至武公二十九年為魯隱公元年，方入春秋

清 蒲松齡《農桑經・桑經》 扶桑：似槿。紅者貴，藏法與茉莉同。

清 張宗法《三農紀》卷六《桑》 典故《元命苞》：黄帝元妃西陵氏，始養蚕林桑，儽祖始勸農事，月大火而浴種，夫人副褘而躬桑。《周禮》：天子諸侯，必有公桑、蚕室，后妃齋戒，享先蚕而躬桑，以勸蚕事。《史記》：邯鄲女羅敷者，采桑于陌上，趙王登臺見而悅之欲奪。敷乃彈事作陌上敲，以目明歌日，使君自有歸，羅敷自有夫，王知其不可乃止。

清 程岱葊《西吴蠶略》卷下《桑椹》 《十洲記》謂食扶桑之椹，一體皆作金光色，則又可以仙矣。

（雍正）《山西通志》卷一六五《祠廟二》

《魏・地形志》：樂陽有堯廟，令長子有樂陽城。

靈應侯廟，在西五十里方山巔，俗傳，祀堯時神醫。

商烈祖廟，在東南六里上坊村，有殘碑云：歲大旱，邑人以王嘗有桑林之禱，設位致禱，澍雨大洽，因立廟焉，制極雄麗。元至正間重修，明嘉靖間縣令劉浩復修。

周公廟在東南六里，元中統三年建。

又 卷一六六《祠廟三》 成湯廟，在西南七十五里。相傳成湯禱雨於此，有二泉，亢旱不竭，與濟瀆通。

又 卷一六七《祠廟四》 祚德三侯廟，宋元豐二年建，今圮。

靈輒廟，在西闕，有哺饑坂靈輒墓。《左傳》：宣子田於首山，舍於翳桑，見靈輒餓。食之，舍其半。曰：『宦三年矣，未知母之存否，今近焉，請以遺之。』使盡之，而為之簞食與肉，置諸橐以與之。既而與為公介，倒戟以禦公徒，而免之。問何故，對曰：『翳桑之餓人也。』問其名，居不告而退，遂自亡也。元王惲有詩，明永樂間，廟重修。

清 周凱《種桑詩説》《皇朝經世文编》卷三七 又《蠶書》：飼蠶，弗以

雨露溼葉。《禮·祭義》：三宫夫人，桑于公桑，風戾以食之，是也。《淮南子》曰：蠶食而不飲，二十七日而化。夫竭二十七日之力而得繭，何其工之省且易乎？

清　汪士鐸《南北史補志》卷一二《禮儀志》　又制：皇后乘翠輅，率三妃、三㚤、御媛、御婉、三公夫人、三孤内子至蠶所，以一太牢親祭，進奠先蠶西陵氏神。禮畢降壇，昭化嬪亞獻，淑嬪終獻，因以公桑焉。

（光緒）《湖南通志》卷一八二《人物志》　高平民多逐末，乃刊《農桑輯要》一書頒示之，罪有至笞者，令種公桑於社中，遂得免。

其他

論説

清　周凱《勸襄民種桑説三則》《皇朝經世文編》卷三七　余非僅與爾民言利也，余甚憫襄之婦女，無以專其執業，而壹其心志也。婦人無事，以蠶織為事。士、庶人之妻，親蠶以衣其夫，餘力足以自食，而心始貞。

清　曾國荃《曾忠襄公批牘》卷四《絳州陳令稟覆垂問事件開摺請核由》　惟所云《禹貢》：冀州不言蠶桑之利，遂稱山石，自古不宜蠶桑，似不盡然。《左傳》：趙宣子舍于翳桑，晋侯召桑田，巫醫桑田，雖皆地名，要因其地有桑，而後以桑名之。《唐風》之詩詠桑者一，《魏風》之詩詠桑者三，未見山石之不宜於桑也。《魏風》明言，採桑若不宜蠶，採桑何為？惟婦女一身不能兼營，該州鄉村女子，七八歲以上，即能紡綫，十二三以上，即能織布，此種既出女手，則蠶桑或可無庸耳。聊相與共證之。

綜述

《梁書》卷五四《諸夷列傳》　扶桑國者，齊永元元年，其國有沙門慧深，來至荆州，説云：『扶桑在大漢國東二萬餘里，地在中國之東，其土多扶桑木，故以爲名。』扶桑葉似桐，而初生如笋，國人食之，實如梨而赤，績其皮爲布，以爲衣，亦以爲綿。作板屋，無城郭，有文字，以扶桑皮爲紙。

《太平寰宇記》卷二一《河南道·土産》　窮桑，《郡國志》云：『少皡自窮桑登帝位。』按，窮桑在魯國之北，后徙曲阜。顓頊亦自窮桑陟帝位。又干寶云：『徵在生孔子于空桑之地。』今名孔竇，在魯南山之陽。

《册府元龜》卷一三《帝王部·都邑》　少昊邑于窮桑在魯城北，後徙曲阜今魯城中。

宋　陳景沂《全芳備祖後集》卷二二《農桑部·紀要》　伊尹生于空桑。《列子》晋公子重耳出奔，齊桓公妻之。將行，舅犯等謀于桑下，蠶妾在上聞之，以告姜氏，姜氏殺之，謂公子曰：『子有四方之志，其聞者吾殺之矣。』《左傳》趙宣子田于首山，舍于翳桑，見靈輒餓。曰：『不食三日矣。』為携簞食與肉食，實諸橐以與之。既而與為公介，倒戟以禦公徒，而免之。問何故，曰：『翳桑之餓人也』。問其姓名，不告而去，遂自亡也。《左傳》

清　陳元龍《格致鏡原》卷六四《木類》　《山海經》：宣山有桑，大五十尺，其枝四衢，赤理、黄花、青葉，名曰帝女之桑。郭註《四衢》言：交互四出，婦人主蠶，故以名桑。《廣異記》：南方赤帝女，學道得仙，居南陽崿山桑樹上。正月一日，銜柴作巢，至十五日成。或作白鵲，或作女人。赤帝見之悲慟，誘之不得，以火焚之，女即昇天，因名帝女桑。《十洲記》：扶桑在碧海中，上有天帝宫，東王所治樹，長數千丈，兩兩同根，更相倚依，故曰扶桑。仙人食其椹，體作金色。其樹雖大，椹如中夏桑椹也。稀而赤色，九千歲一生，實味之絶香。《齊書》：扶桑國在大漢國東二萬餘里，土多扶桑，葉似桐，初生如笋，國人食之，實如梨而赤，績其皮爲布，亦爲綿，爲紙。《拾遺記》：窮桑者，西海之濱，有孤桑之樹，直上千尋，葉紅椹紫，萬歲一實，食之后天而老。《述異記》：空桑，生大野山中，爲琴瑟之最者，空桑也。《神異經》：東方有樹焉，高八十丈，敷張自輔，其葉長一丈，廣六七尺，名曰桑。其上自有蠶，作繭長三尺，繅一繭，得絲一斤。有椹焉，長三尺五寸，圍如長，此是偃桑，但樹長大耳。

清　黄書霖《二十四史九通政典類要合編》卷七七《禮志》　晋制，每歲朝設葦茭桃梗，磔雞於宫及百寺之門，以辟惡氣。太始二年，有司奏，春分祀厲殃及禳祠，詔曰：不在祀典，除之。

晋公卿以下，至於庶人，皆禊洛水之側。東晋元帝詔罷，三日弄具。海西公於鍾山，立流杯曲水，延百僚。以上並《晋書·禮志》《通典·吉禮》《通考・郊社考》同。

右祈禳

清 曹倜《蠶桑速效編・禁止竊桑章程》 野桑各有地主，從前私行爭取，遂致日出事生。今既廣勸蠶桑，議有嚴禁條約，宜報明地主，估值兩願買賣，即親友之野桑，或買或送，亦必説明，聽桑主人自便。若有小兒負包私行自取，損人利己，以妨蠶事，即作竊桑，向其家主理論也。若蟲傷太甚，枝條不多，可去之條，亦可修紮，皆不必去。枯枝最能引蛀，當速去之，丫間一段枯枝，亦宜剪去。

清 鄭珍《樗繭譜・蠶眠》莫友芝注 每眠約一日，陰雨二日，眠時慎無剪移。移則傷其絆。凡蠶出卵時，旋必食其殼之半；每眠起時，旋必食其蛻之半。不令食，則蠶弱繭薄。此事頗與馬子之食胞同，似蠶馬二物嘗相關也。方悟《搜神記》載，太古時，馬皮捲女化蠶事未盡誣，且《周禮》原蠶之禁，亦掌之馬官也。

紀事

《史記》卷六六《伍子胥列傳》 至於吳，吳王僚方用事，公子光爲將。伍胥乃因公子光，以求見吳王。久之，楚平王以其邊邑鍾離，與吳邊邑卑梁氏俱蠶，兩女子爭桑相攻，乃大怒。至於兩國舉兵相伐，吳使公子光伐楚，拔其鍾離、居巢而歸。索隱，二邑，楚縣也。鍾離在六安，古鍾離子之國，世本謂之終犁，嬴姓之國。居巢亦國也。桀奔南巢，其國蓋遠。《尚書・序》：巢伯來朝，蓋因居之於淮南楚地。

漢 趙曄《吳越春秋》卷三《王僚使公子光傳》 九年，吳使光伐楚，拔居巢、鍾離。《左傳》昭公二十四年，吳遂滅巢及鍾離而還，世家所記，與此合。巢，今無爲巢縣。吳所以相攻者，初，楚之邊邑胛梁之女，與吳邊邑處女，蠶，爭界上之桑《史記》曰：小童爭桑。《伍子胥傳》：兩女子爭桑，二家相攻，吳國不勝，遂更相伐，滅吳之邊邑。吳怒，故伐楚，取二邑而去。

《宋書》卷三二《五行志三》 晉孝懷帝永嘉三年冬，項縣桑樹有聲，如解材，民謂之『桑林哭』。案：劉向説：『桑者，喪也。』又爲哭聲不祥之甚。是時京師虛弱，胡寇交逼，司馬越無衛上國之心。四年冬，委而南出，至五年春，薨于此城。石勒邀其衆，圍而射之，王公以下至庶人，死者十餘萬人，又剖越棺焚其尸。是敗也，中原無所請命，洛京尋沒。桑哭之應也。

《欽定續通典》卷九八《兵典・引退設伏取之》 元王義從穆呼哩，取鉅鹿、洺州二城，還軍至廣陽西九門，遇金監軍納蘭，率冀州節度使柴茂等將兵萬餘北行。王義伏兵桑林，先以百騎挑之，納蘭迎戰，因稍却誘之，近桑林伏起，金兵大亂奔還。又石應天取綏德金行省，完顏哈達出兵三萬，陣於城東，蒙古布哈以騎三千覘之，馳報曰：『彼見吾兵少，有輕敵心，明日合戰，當佯敗，可以伏兵取勝也。』從之。夜半以大軍銜枚齊進，伏於城東十五里兩谷間。明日，蒙古布哈進兵，望見金兵，即棄鼓旗走，金兵果追之。伏發，鼓聲震天地，萬矢齊下，金兵大敗。

清 衛杰《蠶桑萃編》卷一《歷代詔制類》

昭帝元平元年春二月，詔曰：天下以農桑爲本。

元帝建昭五年春二月，詔曰：方春農桑興，百姓戮力自盡之時也。故是月勞農勸民。

成帝陽朔四年春正月，詔曰：方東作時，其令二千石勉勸農桑，出入阡陌，致勞來之。

平帝元始元年六月，置大司農部丞十三人，人部一州，以勸農桑。

藝文

晉 郭璞《帝女桑贊》《藝文類聚》卷六 爰有洪桑，生濱淪潭。厥圍五丈，枝相交參。園客是採，帝女所蠶。

《文選・顔延之〈秋胡詩一首〉》 勤役從歸願，反路遵山河。昔辭秋未素，今也歲載華。蠶月觀時暇，桑野多經過。佳人從所務，窈窕援高柯。傾城誰不顧，弭節停中阿。

唐 司空圖《司空表聖詩集》卷五《力疾山下吳村看杏花十九首》 鏡留雪鬢暖消無，春到梨花日又晡。移取扶桑堦下種，年年看長礙金烏。

唐 周曇《詠史詩》卷上《春秋戰國門・靈輒》 失水枯鱗得再生，翳桑無地謝深情。朱輪未染酬恩血，公子何由見赤誠。

唐 鄭谷《鄭守愚文集》卷一《採桑》 曉陌攜籠去，桑林路隔淮。何如鬬百草，賭去鳳頭釵。

宋 蘇軾《蘇文忠公全集》卷一五《過萊州雪後望三山》 東海如碧

環，西北捲登萊。雲光與天色，直到三山迴。我行適仲冬，薄雪收浮埃。黄昏風絮定，半夜扶桑開。參差太華頂，出没雲濤堆。安期與羨門，乘龍安在哉？茂陵秋風客，勸爾麾一盃。帝鄉不可期，楚些招歸來。

又卷一八《文登蓬萊閣下石壁千丈，爲海浪所戰，時有碎裂，淘灑歲久，皆圓熟可愛，土人謂此彈子渦也，取數百枚以養石菖蒲，且作詩遺垂慈堂老人》 蓬萊海上峯，玉立色不改。孤根捍滔天，雲骨有破碎。陽侯殺廉角，陰火發光采。纍纍彈丸間，瑣細成珠琲。閻浮一漚耳，真妄果安在。我持此石歸，袖中有東海。垂慈老人眼，俯仰了大塊。置之盆盎中，日與山海對。明年菖蒲根，連絡不可解。儻有蟠桃生，旦暮猶可待。

宋 楊萬里《誠齋集》卷二一《雪後曉過八盤嶺詣東宮謝受左司告》

扶桑梢上上朝暾，起早行遲却載奔。玉作宫城三萬雉，呼僮換馬入金門。

玉京世界大千中，銀屋樓臺一萬重。好上寶蓮山上望，南高峯照北高峯。

宋 程珌《程洺水先生集》卷一六《湯詞·鷓鴣天》 飲罷天厨碧玉觴，仙韶九奏少停章。何人採得扶桑椹，搗就藍橋碧紺霜。凡骨變，驟清涼，何須仙露與瓊漿？君恩珍重渾如許，祝取天皇似玉皇。

明 唐寅《唐伯虎先生集外編續刻》卷五《題自畫桑維翰銕研》

書生豪氣壓千軍，示者扶桑一卷文。銕研未穿時世改，功名回首信浮雲。

明 馬一龍《泰山賦》（明文海）卷一一 神霄峙於左兮神霄在山岳之東，迎翔陽於扶桑翔，日也。暘谷上有扶桑，日出所浴，言迎日於東也。見木玄虚《海賦》。

明 王象晉輯《桑麻葛譜·桑》 詩五言：桑柘起寒烟。謝玄暉 枯桑知天風。古詩 巖枝落帝桑。唐詩 但願桑麻成，蠶月得紡績。江淹 翳翳桑榆日，照我征衣裳。五月梅始黄，蠶稠桑柘空。李白 藹藹桑麻交，公侯爲等倫。天用莫如龍，有時繫扶桑。俱杜少陵

清 王維藩《東山石室》（雍正）《山西通志》卷二二一 少陵奇石櫃閣立在層波。我來尋石室，山傍扶桑阿。阿頂如禿翁，兩竅張雙瞳。窘步從竅入，蟄身縮蠶叢。豁然晨光啓，引我造琳宫。地中别有天，結構若化工。因憶倉頡塚，藏書臺穹窿。茅茨土階時，圖書陶穴中。安知龍象窟，非即古三墳借叶。後世罕傳書，巖穴無人窮。如來踞奎壁，誰復辨西東。

清 陸豹雯《清虚仙跡》（雍正）《山西通志》卷二二四 參天古柏欝千章，閣敞仙來菊正黄。無漏有情驚小别，乘風驂月故還鄉。奇文詰屈烟霞老，古貌蕭疎海嶽涼。欲駐朱顏從羽化，蓬山長日近扶桑。

雜録

北魏 賈思勰《齊民要術》卷一〇《五穀果蓏菜茹非中國物産者·椹》

《漢武内傳》：西王母曰：『上仙之藥，有扶桑丹椹』。

《南史》卷七九《夷貊列傳》 扶桑國【略】有牛角甚長，以角載物，至勝二十斛。

《太平寰宇記》卷一七五《東夷·扶桑國·風俗物産》 其土多扶桑，木葉似桐，初生如笋，國人食之。實如梨亦績，其皮為布，以為衣，亦以為錦。有牛角甚長，以角載物，至勝二十斛。

《太平御覽》卷九二一《羽族部八·鵲》 廣異記曰：南方赤帝女，學道得仙，居高陽崿山桑樹上。正月一日，銜柴作巢，至十五日成。或作白鵲，或作女人。赤帝焚之，女卽升天，因名帝女桑。今人至十五日，焚鵲巢作灰汁，浴蠶子招絲，象此也。

《玉海》卷一九五

少昊曰五色

《尸子》：少昊邑於窮桑，日五色，互照。《田俅子》：少昊金天氏邑於窮桑，天開，日五色，丕照窮桑。《禮斗威儀》：政太平則日五色。《隋志》：君乘土而王，日五色。《春秋元命包》：代殷者姬昌，日衣青光。

又卷一九九《祥瑞·宋野蠶成繭》 扶桑貢絲。《梁四公記》：扶桑國，貢黄絲三百斤。

清 陳定國《荔譜·附瓊珠小傳》 瓊珠，字寶員，其先擾龍氏，聚族川蜀。漢時有從閩越王來閩者，支派繁衍，遂以龍爲姓，望甲天下。其本支之處蜀與徙海南者，皆逡巡不敢齒厥，後遊吳航六都三溪閈，樂其山水，遂居焉。母青陰氏，夢吞燕卵而生珠，珠生而眼碧肌香，纍纍若若。家鄰滄海扶桑，飽飫日月精華之氣，故長而膚潤比玉，容麗耀金。每當秋風晨至白露宵泫，笑著杏黄衫子，裼以蜃戶冰綃，明眸善睞，光采射人，秋波含情，秀色可餐，遠近津津稱爲飛瓊下降。當是時，南離王聲名震寰宇，後宫難其選，方廣採淑女，無可亞者，聞珠賢備禮，冊爲后。珠與王生同年，差後一月，

性堅貞，操鮮潔。又種宜子果，屬母儀。南離王氣岸棱棱，珠輒以圓通佐之。王英華太露，珠獨以澹泊濟之。王兄弟戚屬或有寒酸氣，珠每以甘美解之。入宮有見妒者，珠目不斜視，色無旁假，端莊嫻雅，機警如滾盤，無少窒礙，令人不忍指摘。入至輒飲以瓊漿，能益人智慧，故得王歡，倡隨不少。離斯男則百奕，葉彌茂，眞如鮫人泣涙，驪龍吐啖，顆顆夜光。佳兒佳婦皆珠啓之，獨怪張華博物採風，聞浪載爲奴，蔡君謨爲珠里人，不急爲表章，殊失珠之品格也。龍眼別名燕卵、亞荔、益智、鮫涙、驪珠。

清 鄭光祖《一斑録》卷五《鬼神變怪》 商大戊，亳有祥，桑穀共生於朝，一暮大拱。大戊修德，而祥桑枯死，可知妖孽之興，亦待人君修德弭之耳。

清 衛杰《蠶桑萃編》卷一《稽古・歷代勸課類》

吳王僚，因吳邊邑處女與楚邊邑之女，爭界上之桑，而伐楚。

清 鄒存淦《田家占候集覽》卷三《二月》 上壬日，取土泥屋四角，宜蠶事。

圖説部

清 楊屾《豳風廣義》卷一《終歲蠶織圖説》 聖王教民，春作秋成，冬則閫户邃養，安享休和，以順天道。故於至日閉關，商旅不行，使民以養陽伏陰，得盡天年。今我秦人，往往於朔風凜冽，衝寒冒雪，尚逐逐不息。良由一耕，不足一年之用，焉得不營營外求？予特繪終歲之圖，解以俚句，月月警醒，使知桑蠶之利，足遂閫户之養，能臻熙皥之盛。又總十二月之意，謹編一歌，易於誦讀，以為觀惺之一助。歌曰：『種桑好，種桑好，要務蠶桑莫潦草。無論墻下與田邊，處處栽培不宜少。君不見《豳風・七月》篇，春日載陽便起早。女執懿筐遵微行，取彼柔桑直到杪。八月萑葦作曲箔，來年蠶具今日討。繰絲織組漸盈箱，黼黻文章兼繢藻。本來婦職尚殷懃，豈但經營詩能巧。老衣帛，幼製襖，一家大小偕温飽。春作秋成冬退藏，閫户垂簾樂熙皥。更得餘息完課糧，免得催科省煩惱。天生美利人不識，枉費奔馳徒擾擾。我勸世人勤務桑，務得桑成無價寶。若肯世世教兒孫，管取吃着用不了。各書一通曉鄉鄰，方信種桑眞個好。』

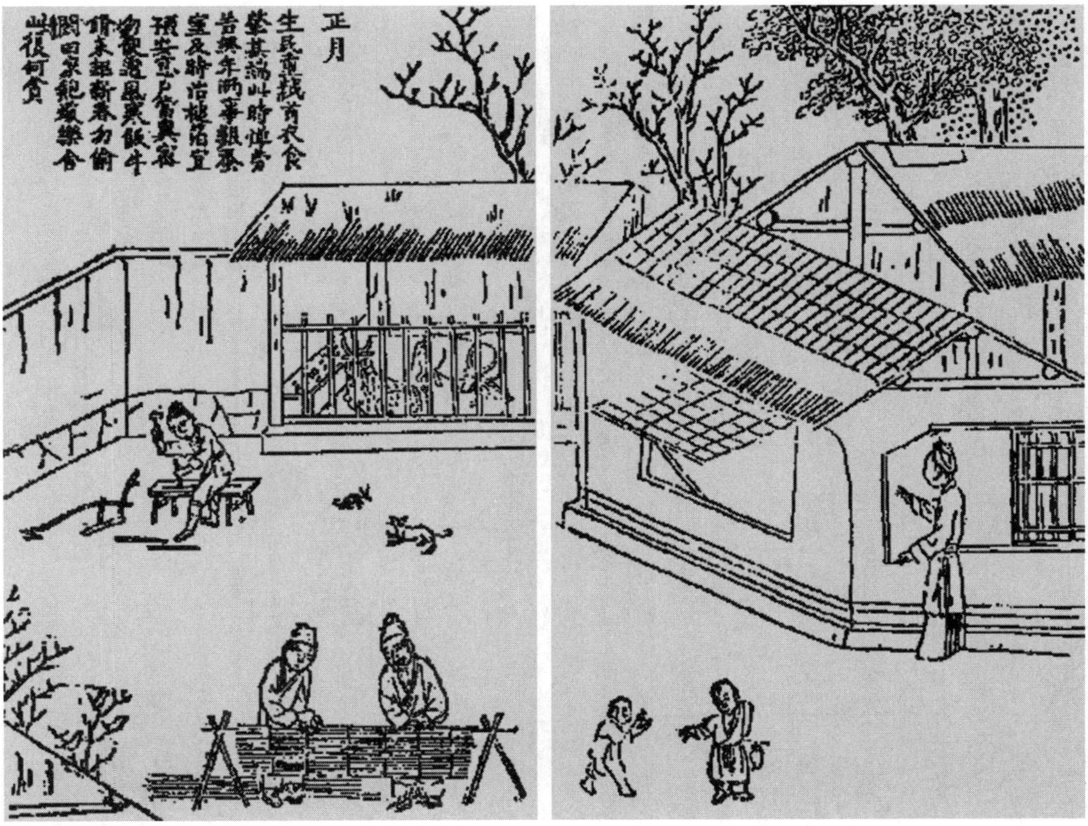

正月

二月

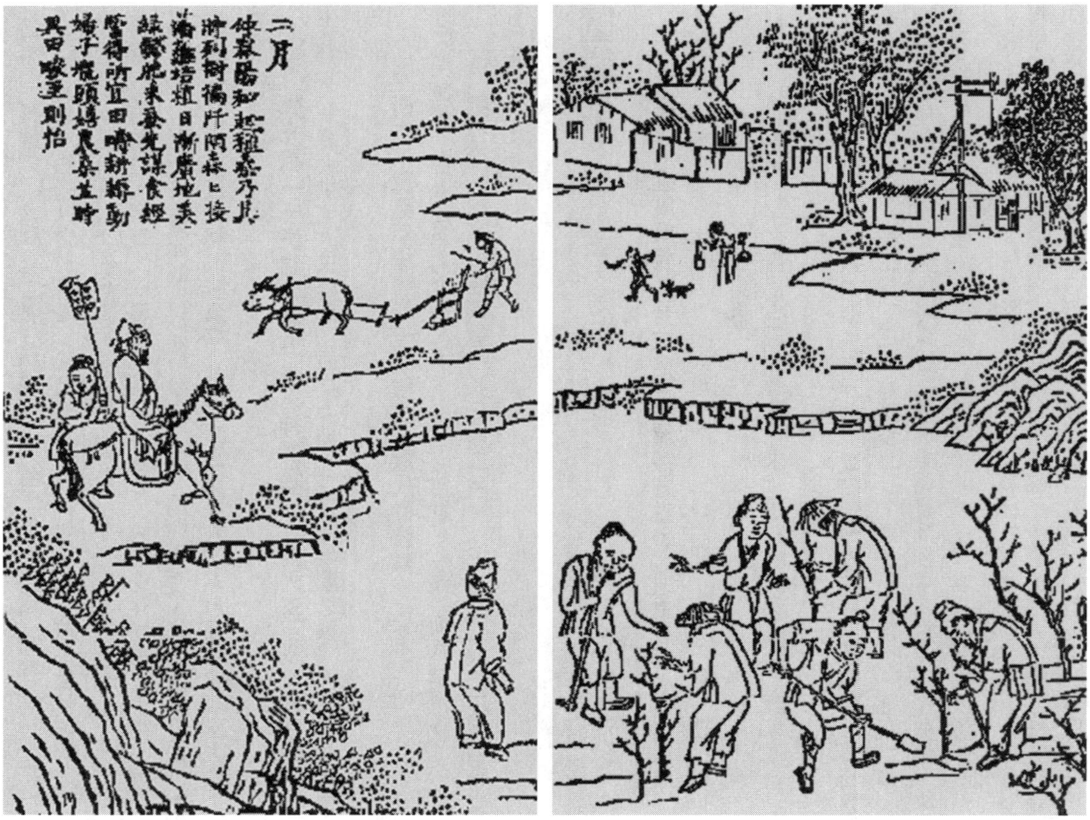
二月
仲春陽和起蠶蟻乃其
時種樹遍阡陌森森接
滄蘊培植日漸廣地桑
綠鬱肥未蠶先謀食經
營得所宜田疇耕耨動
婦子攜頭嬉農桑並時
興田畯逕則怡

三月

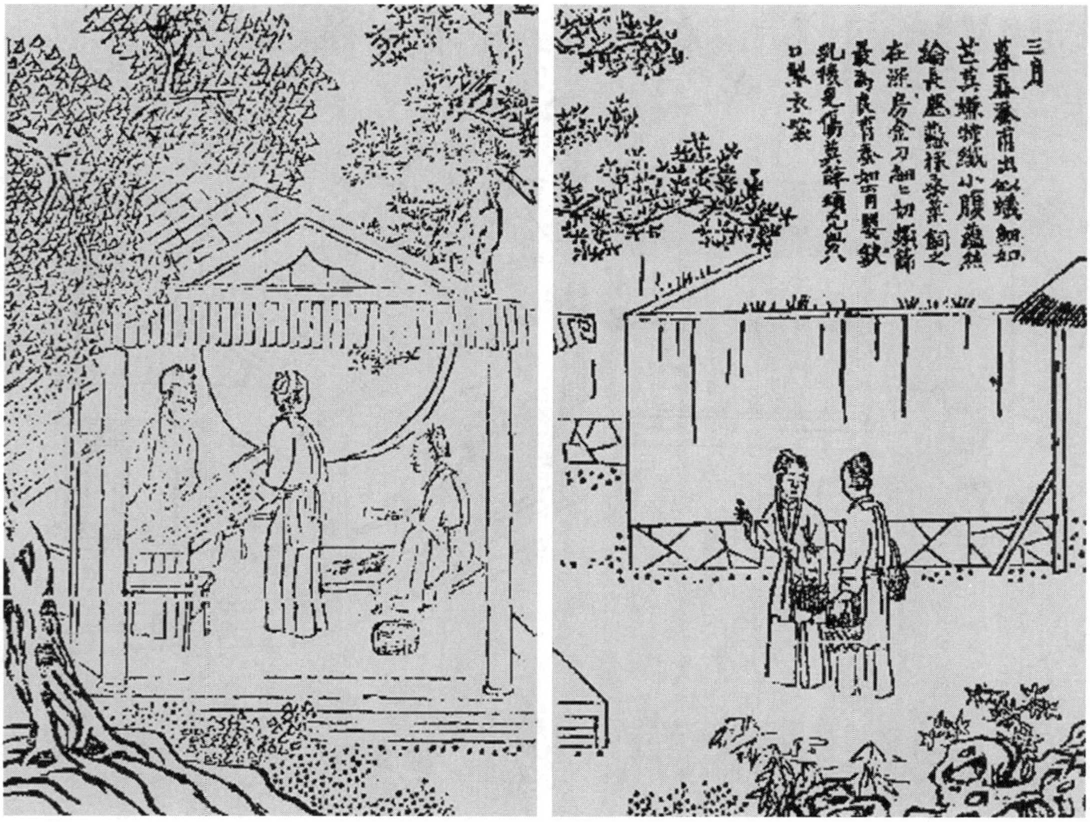
三月
暮春蠶甫出似蟻細如
芒其嫩特纖小腹蟲無
給長歷蠶採桑葉飼之
在深房金刀細細切餵飼
最為良育蠶如育嬰欲
乳護見傷其辟頓冗
口聚衣篋

四月

五月

六月

七月

八月

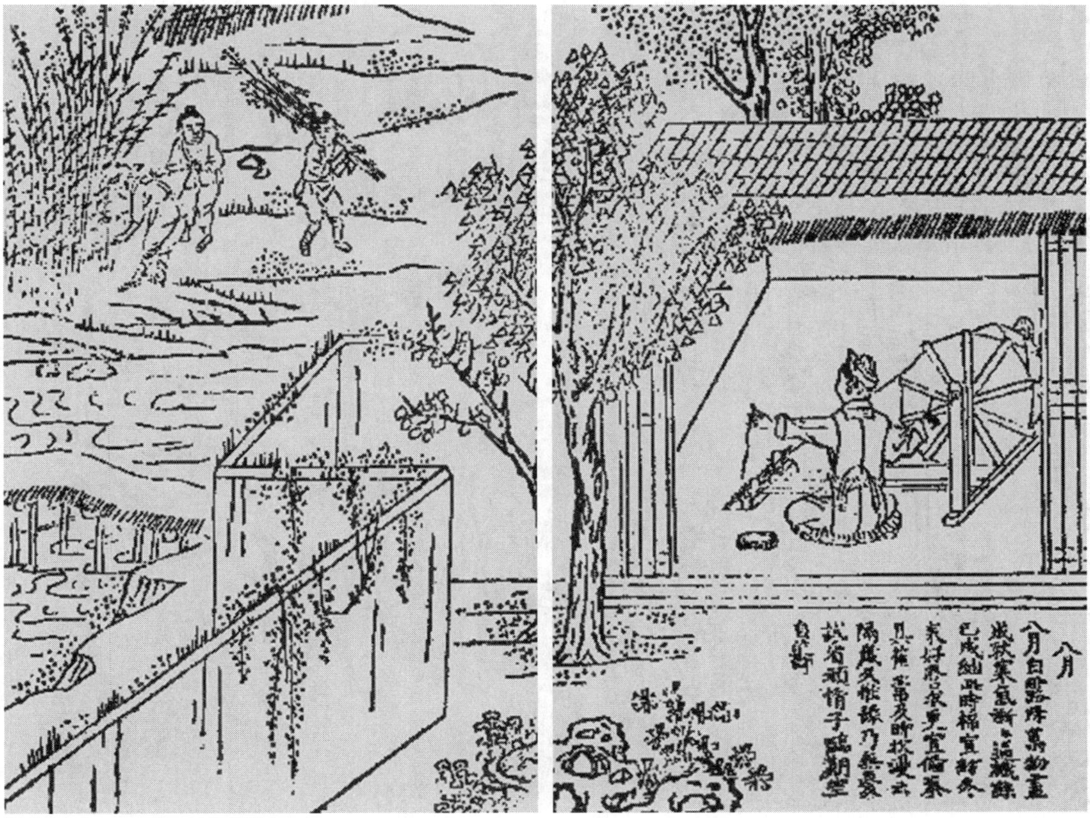
八月
八月白露降萬物盡
[illegible]
已成絲此時稀實餘冬
衣好紡紗衣更宜備蠶
具篩〻箔及時收洩去
陽氣又帳餘乃無蠶
試看痴情子臨期空
自悔

九月

九月
西風吹漸動霜天氣氣
早月當授衣有綢已織
成關箇能刀尺長短隨人
情身被錦綺服五色相鮮
明可惜無裼者此際尚難
營婦女於蠶桑懸勤不
可輕

十月

十一月

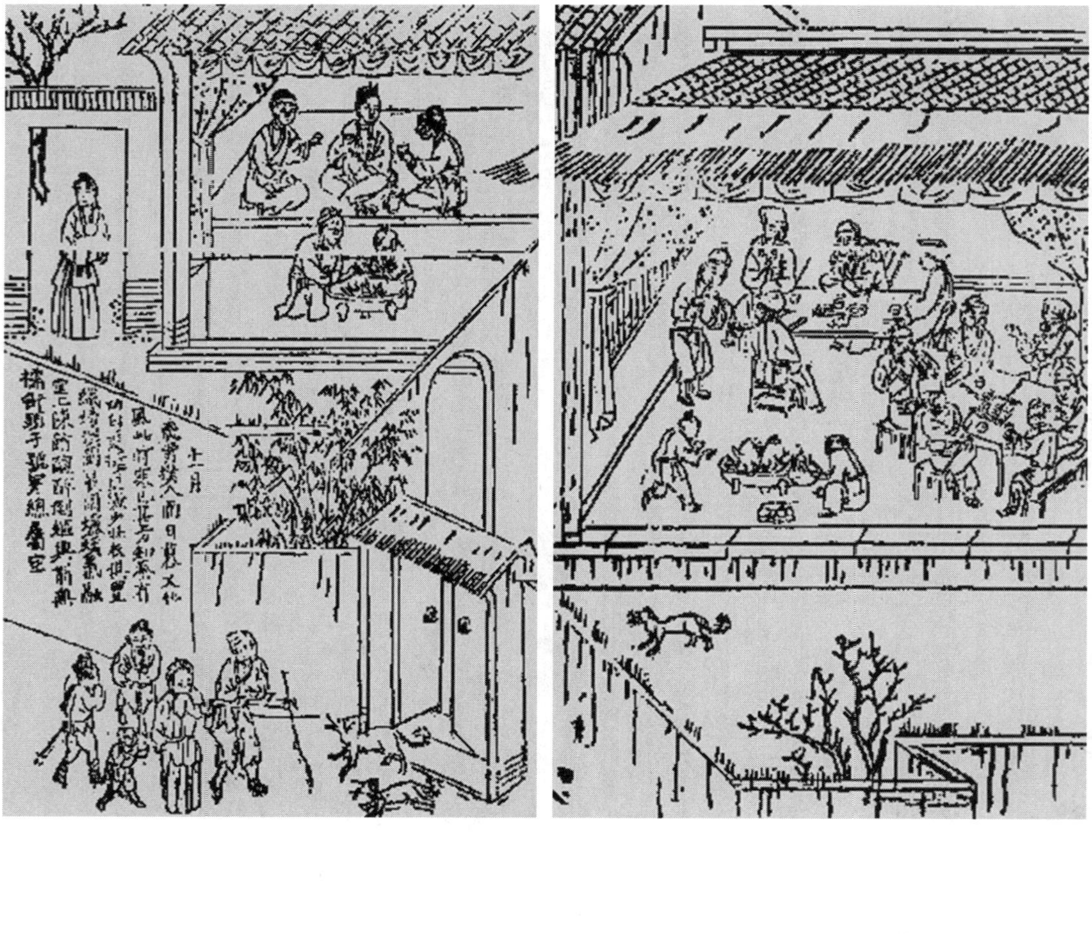

十二月

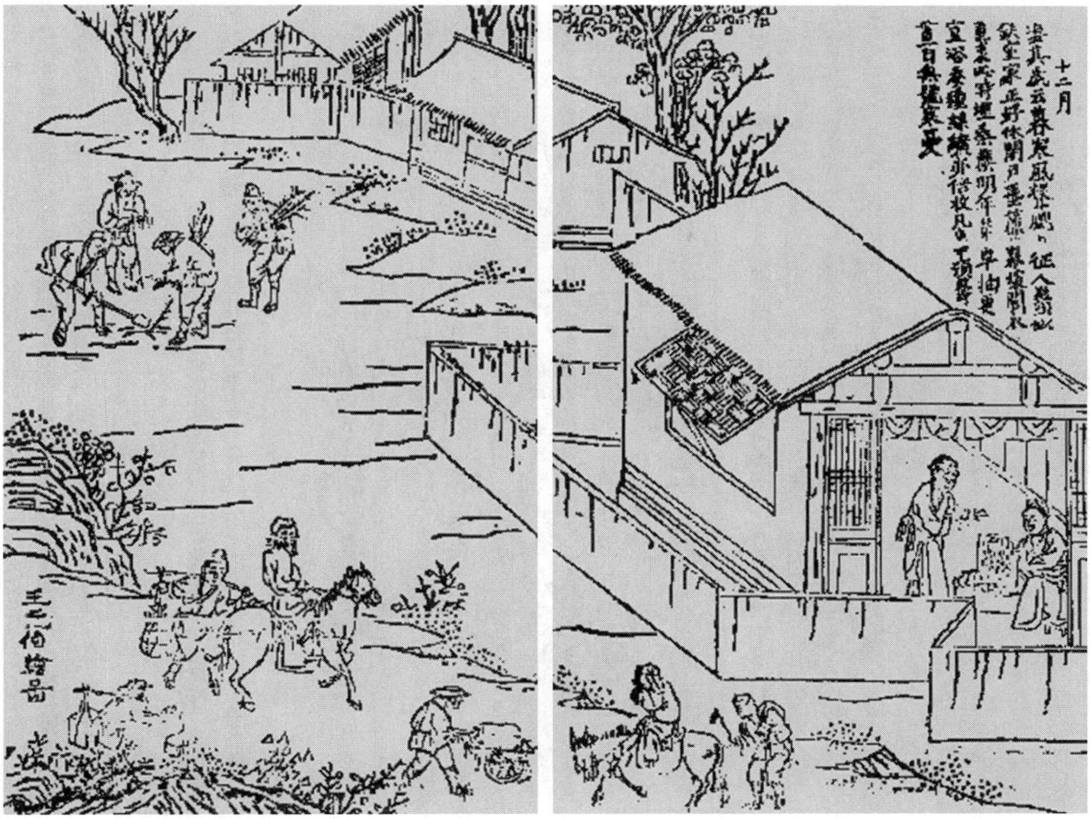

清 袁俊德《蠶桑豳風圖詠・四時圖詠類》

正月

生民重歲首，衣食肇其端。此時憚勞苦，終年兩事艱。蠶室及時治，槌箔宜預安。窗戶當奥密，勿使透風寒。飯牛修耒耜，新春勿偷閒。田家飽煖樂，舍此復何貪。

園中即事

正月上甲風，信番吉利東。穀日又蠶日，婦工參化工。豆觴春酒後，柘社影斜中。燈火元宵鬧，神祠報賽功。

二月

仲春陽氣起，種桑乃其時。列樹徧阡陌，森森接藩籬。培植日漸廣，地美綠雲肥。夫蠶先謀食，經營得所宜。田疇耕耨動，婦子壠頭嬉。農桑並時興，田畯至則怡。

園中即事

二月風似刀，蠶連緊緊包。牆頭生意滿，紙上化機描。驚蟄芽含細，清明子浴勞。綢繆天未雨，慵聽市錫簫。

三月

暮春蠶甫出，似蟻細如芒。莫嫌特纖小，腹蘊絲綸長。慇懃採桑葉，飼之在深房。金刀細細切，頻篩最爲良。育蠶如育嬰，缺乳後見傷。莫辭煩冗勞，八口製衣裳。

園中即事

三月三日裏，閒步南城南。似晴非晴象，方浴未浴蠶。遙聞聲翦翦，出自手纖纖。料是高攀得，終朝一匊籃。

四月

四月號清和，麥浪如綠綺。薰風漸漸暄，蠶多宜分理。高首龍馬形，三眠復三起。蠶大葉更濃，時時勤桑餌。食如風雨聲，聽之中心喜。慇懃三九功，絲成誰能比。

園中即事

四月閒人少，陌上女羅敷。于以盛之莒，行行絜小姑。蠶饑妾心怯，何怕手拮據。道旁貞烈婦，愧煞魯秋胡。

五月

夏半蠶已老，罄腹吐絲綸。簇山營綿爛，藹然似金銀。擇之盈筐筥，聚觀來四鄰。養蠶功至此，足補終年貧。先擇來歲種，化蛾尼稱神。連懸通風處，愛護保如珍。

園中即事

五月摘繭新，繅來勻又勻。絲盡蠶成蛹，捨身總爲人。古來多志士，報國裕經綸。賦性貞如此，合祀馬頭神。

六月

六月暑方盛，揮汗苦莫辭。繭老繰難綏，當釜自抽絲。繰車殷勤轉，且喜日遲遲。婦子躬蠶桑，自免淫惰思。旬日可經絅，衣食兩有資。盈倉滿籠樂，何事能如之。

園中卽事

六月長養之，夏蠶珍復珍。飼豈償租負，但覺歷苦辛。黄者黄如金，白者白如銀。枝幹重添葉，野虞禁伐薪。

七月

喞喞復喞喞，當窗鳴促織。大火已西流，天寒受衣逼。取我筐中絲，用我閨中力。既經而復緯，焚膏可繼昃。青燈照拋梭，午夜尚未息。莫謂多苦辛，此樂人罕識。

園中卽事

七月乞巧娘，杼軸報成章。軋軋機聲響，村村煮繭香。天孫雲錦裳，公子爲元黄。瓜果庭前薦，兒女跪拜忙。

八月

八月白露降，萬物盡成秋。寒氣漸漸逼，織絲已成紬。此時棉宜紡，冬來好營求。更宜備蠶具，萑葦及時收。漫去隔歲久，惟豫乃無憂。試看頑惰子，臨期空自籌。

園中即事

八月秋蠶天，桑葉大而園。一一躬採摘，三三卜起眠。工夫有餘力，栽培計來年。慇懃採緒女，市之有餘錢。

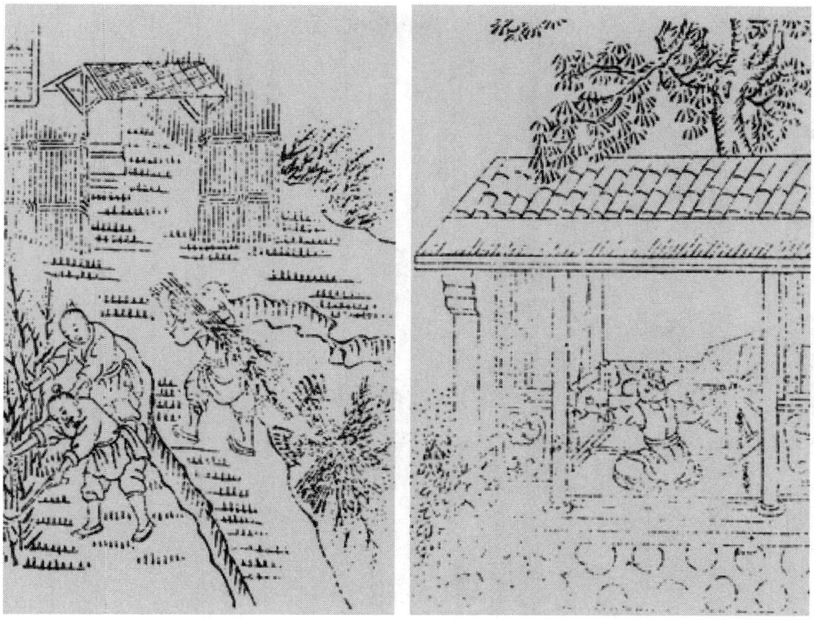

九月

西風吹漸勁，凜凜寒氣生。是月當授衣，有絹已織成。開笥就刀尺，長短隨人情。身被羅綺服，五色相間明。可惜無褐者，此際尚經營。婦女於蠶桑，慇懃不可輕。

園中即事

九月築場圃，大田稼多多。初蠶徵稅供，再蠶錦繡歌。三蠶衣食裕，人力敏加何。寄語紈綺子，慎勿輕綺羅。

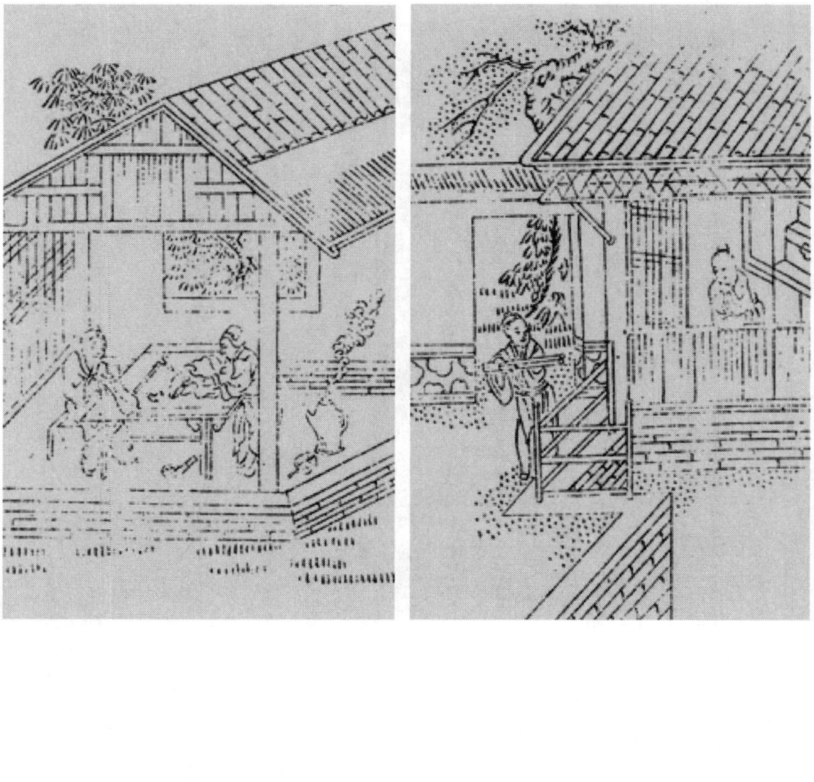

十月

孟冬三時畢，歲寒識勤惰。勤者衣食足，農隙釀新糯。乘閒宴姻親，婚嫁隨時過。庖羔復蒸豚，稱壽雙親座。子弟攻詩書，勤理窗前課。此時慵懶人，受寒復忍餓。

園中既事

十月納禾稼，聲涵樂歲中。爲裳正流火，卒歲頌豳風。牽蘿補茅屋，挑燈課女紅。七襄功報最，莫詠杼其空。

十一月

飛雪撲人面，日暮又北風。此時寒已甚，方知蠶有功。白髮擁重纊，少壯衣俱豐。織婦深閨裏，圍爐煖氣融。堂上陳餚醴，醉倒媪與翁。無襦街頭子，號寒總屬空。

園中卽事

冬月木葉脫，冬至桑葉乾。枯桑知天風，海水知天寒。長宵勞紡績，終歲怯衣單。妾心忙不得，坐看丹葉丹。

十二月

淒其歲云暮，寒風聲颼颼。征人鬢似鐵，室家正好休。閉戶垂簾幕，煖閣衣重裘。此時理桑蘖，明年芽早抽。更宜浴蠶種，絲績亦倍收。凡事預籌畫，自無號寒憂。

園中即事

歲十有二月，飲蜡始伊耆。百種報以穡，勞酒稱觴卮。民事不可緩，乘屋亟其宜。一幅田家樂，羔羊獻頌詩。

中華大典·農業典

蠶桑分典　引用書目

說　明

一、本引用書目包括本分典所使用的主要書籍。

二、本引用書目的各書著録順序依次爲書名、作者及其朝代、版本。書名以所列版本顯示的書名爲準。

三、本引用書目的各書版本爲通行善本、新整理點校本或較具影響之版本，本分典有些書籍實際使用的版本并不限于本書目所列，爲避免繁冗，本引用書目不一一開列。

四、爲便于查閲，本書目按音序排列。

安徽勸辦柞蠶案	清・蔣汝正校正，徐　瀾編輯	清宣統二年勸業道署刻本
安吴四種	清・包世臣	清同治十一年刻本
安陽集	宋・韓　琦	明正德九年張士隆刻本
鵪鶉論	清・金文錦	上海古籍出版社一九九三年生活與博物叢書點校本
傲軒吟稿	元・胡天遊	清文淵閣四庫全書本
白虎通德論	漢・班　固	四部叢刊影印元大德覆宋監本
白氏長慶集	唐・白居易	四部叢刊影印日本翻宋大字本
白氏六帖事類集	唐・白居易	宋紹興間刊本
百菊集譜	宋・史　鑄	清文淵閣四庫全書本
寶坻勸農書	明・袁　黄	續修四庫全書影印明萬曆三十三年建陽余氏刻了凡雜著本
寶訓	清・郝懿行	清嘉慶光緒間郝氏遺書本
北户録	唐・段公路	清光緒六年吴興陸氏十萬卷樓重刊本
北史	唐・李延壽	清乾隆武英殿刻本
北堂書鈔	唐・虞世南	清光緒孔氏三十三萬卷堂影鈔本
本草從新	清・吴儀洛	上海科學技術出版社二〇〇〇年影印清同治庚午年瓶花書屋校刊本
本草彙箋	清・顧元交	上海中醫藥大學出版社一九九四年歷代本草精華叢書影印清康熙十五年龍耕堂刻本
本草蒙筌	明・陳嘉謨	上海中醫藥大學出版社一九九四年歷代本草精華叢書影印明萬曆元年同氏仁壽堂刻本

本草詳節	清·閔鉞	上海中醫藥大學出版社一九九四年歷代本草精華叢書影印清康熙二十年默堂主人刻本
本草衍義	宋·寇宗奭	清光緒十萬卷樓叢書本
裨農最要	清·陳開沚	清光緒潼川文明堂刻本
便民圖纂	明·佚名	清嘉靖二十三年刻藍印本
豳風廣義	清·楊屾	清乾隆刻本
泊鷗山房集	清·陶元藻	清衡河草堂刻本
博物典彙	明·黃道周	明崇禎刻本
補後漢書藝文志	清·顧櫰三	民國三年臯月蔣氏慎修書屋金陵叢書排印本
補農書	清·張履祥補	清乾隆四十七年楊園先生全集本
補宋書食貨志	清·郝懿行	叢書集成初編影印清光緒二十五年文瀾書局史學叢書本
不繫舟漁集	元·陳高	清文淵閣四庫全書本
蠶經	明·黃省曾	上海商務印書館一九三八年影印明隆慶刻本
蠶桑白話	清·吴宗周	清光緒三十三年河南省農工商務局刻本
蠶桑寶要	清·周春溶	清同治十一年川東保甲局重刻本
蠶桑備要	清·曾鉌編	清光緒二十一年刻本
蠶桑備要	清·劉清藜補輯	清光緒刻本
蠶桑備要	清·盛宣懷輯	清光緒二年丙子思補樓校印本
蠶桑豳風圖詠	清·袁俊德	清光緒二十七年小倉房富强齋叢書續全集石印本
蠶桑叢編	清·朱祖榮等編	清光緒二十六至二十九年石印本
蠶桑萃編	清·衛杰編	清光緒浙江書局刻本
蠶桑紡織器圖説	清·王文韶校，袁俊德輯	清光緒二十七年小倉山房富强齋叢書續全集石印本
蠶桑紡織器圖詠	清·李鴻章校，袁俊德輯	清光緒二十七年小倉山房富强齋叢書續全集石印本
蠶桑合編	清·何石安、魏默深輯	清同治富文樓刻本
蠶桑會粹	清·何品玉輯刊	清光緒二十二年丙申刊本
蠶桑稽古編	清·袁俊德輯	清光緒二十七年小仓山房富强齋叢書續全集石印本
蠶桑輯略	清·林心北、吴書年勸刻	清光緒七年張馭富刻本

蠶桑輯要	清・高 銓	清道光遵義王青蓮刻本
蠶桑輯要	清・沈秉成	清同治常鎮通海道署刻本
蠶桑輯要	清・汪宗沂	清光緒十四年蓮池書局刊本
蠶桑輯要	清・鄭文同	清光緒刻本
蠶桑輯要合編	清・尹紹烈	清同治刻本
蠶桑輯要合編	清・豫 山	清光緒六年河南蠶桑局刻本
蠶桑輯要略編	清・豫 山	清光緒六年刊本
蠶桑簡編	清・楊名颺	清刻本
蠶桑簡法	清・陳雪堂	清宣统三年安徽蠶業講習所刊本
蠶桑簡要録	清・饒敦秩輯	清光緒二十八年壬寅南溪官舍刊本
蠶桑簡易法	清・馬丕瑶	清光緒河東道署刻本
蠶桑録要	清・黄恩彤	清光緒二十八年清江溥利公司刊印本
蠶桑譜	清・陳啟沅	清光緒二十九年吴尌刻本
蠶桑淺説	清・黄祖徽	清光緒三十三年刻本
蠶桑淺説	清・衛 杰	清光緒十八年刻本
蠶桑淺要	清・林志恂	民國上海大東書局鉛印本
蠶桑實濟	清・韓夢周	清光緒八年天津廣仁堂刊本
蠶桑事宜	清・鄒祖堂訂	清道光二十六年刻本
蠶桑述要	清・李向庭輯	清光緒二十九年刻本
蠶桑述要	清・俞 墉纂輯	清同治十二年刻本
蠶桑説	清・李君鳳	清光緒間四川藩署刻本
蠶桑説	清・沈 練	清光緒十四年歸安縣署刻本
蠶桑説	清・葉向榮	清光緒丙申年刊本
蠶桑説	清・趙敬如	清文緒漸西村舍本
蠶桑説略	清・李應珏	清光緒二十六年刻鄉董箴言本
蠶桑説略	清・宗景藩	四庫未收書輯刊影印清同治七年安襄鄖荆道署刻本

蠶桑速成捷法	清・吴作鎮等	清宣統二年鉛印本
蠶桑速效編	清・曹 倜	清光緒二十七年刊本
蠶桑條説	清・林楊光、王鎮西	清光緒三十年金城金文同刻本
蠶桑圖説	清・王世熙編輯	清光緒二十一年刻本
蠶桑圖説	清・衛 杰	清光緒二十一年刻本
蠶桑圖説	清・宗景藩説略，吴嘉猷繪圖	清光緒十六年石印本
蠶桑圖説合編	清・何石安輯	清同治八年公善堂刻本
蠶桑圖説提要	清・張壽宸匯	清同治十一年刻本
蠶桑問答	清・温忠翰	清光緒五年刻本
蠶桑新論	清・吴錫璋	清光緒二十九年刻本
蠶桑須知	清・黄壽昌編	清光緒九年浙江台州天台學廨刻本
蠶桑驗要	清・吴詒善	清光緒二十九年刊本
蠶桑要言	清・吕廣文	清光緒二十二年求志齋刻本
蠶桑樂府	清・沈炳震	四庫全書存目叢書影印清鈔本
蠶桑摘要	清・任蘭生	清光緒元年刻本
蠶桑摘要	清・羊復禮	清光緒間海昌羊氏傳卷樓粤東刻本
蠶桑摘要	清・趙 淵	清光緒二十八年德陽縣署刻本
蠶桑織務紀要	清・魏綸先等	清光緒七年河南蠶桑織務局刻本
蠶桑指要	清・朱 斌	清光緒二十六年抄本
蠶桑質説	清・饒敦秩	清光緒間油印本
蠶事統紀	清・崔應榴匯纂，錢 馥補輯	清抄本
蠶事要略	清・張行孚	清光緒漸西村舍本
蠶書	宋・秦 觀	清知不足齊業書本
蠶務圖説	[英]・康發達	清光緒二十六年格致叢書石印本
蠶業叢書	清・賴 昌編輯，莊景仲校閲	民國上海新學會社印行
蠶政編	清・帥念祖	清光緒十二年韓江郡廨刻本

蠶政萃編	清・吴鴻望校，袁俊德輯	清光緒二十七年小倉山房富强齋叢書續全集石印本
蒼霞草	明・葉向高	明萬曆刻本
册府元龜	宋・王欽若	中華書局一九六〇年影印明刻初印本
曾忠襄公批牘	清・曾國荃	清光緒二十九年曾忠襄公全集本
查浦詩鈔	清・查嗣瑮	清刻本
常建詩集	唐・常　建	清乾隆間天禄琳琅叢書影印宋臨安本
巢經巢詩文集	清・鄭　珍	民國遵義鄭徵君遺著本
陳拾遺集	唐・陳子昂	四部叢刊影印明本
塵餘	明・謝肇淛	日本寬政刻本
程洺水先生集	宋・程　珌	明崇禎元年刻本
誠意伯文集	明・劉　基	四部叢刊影印明本
誠齋集	宋・楊萬里	四部叢刊影印宋寫本
池北偶談	清・王士禛	清文淵閣四庫全書本
赤雅	明・鄺　露	清知不足齋叢書本
蟲薈	清・方　旭編	續修四庫全書影印清光緒十六年古睦州刻鵠齋藏版
樗繭譜	清・鄭　珍	清道光刻本
楚紀	明・廖道南	明嘉靖二十五年何城李桂刻本
楚詩紀	清・廖元度	清乾隆十八年際恒堂刻本
春秋穀梁傳	晉・范　寧	四部叢刊影印宋本
促織經	清・金文錦	上海古籍出版社一九九三年生活與博物叢書點校本
大明會典	明・趙用賢	明萬曆内府刻本
大學衍義補	明・丘　濬	清文淵閣四庫全書本
丹淵集	宋・文　同	四部叢刊影印明汲古閣刊本
道光晃州廳志	清・俞克振修	清道光五年刻本
道光江陰縣志	清・陳延恩修	清道光二十年刻本
道光來安縣志	清・符　鴻纂修	清道光十年刻本

道光南宫縣志	清・周　栻修	清道光十年刻本
道光蓬溪縣志	清・吴章祁、徐楊文保纂修	道光二十五年刻本
道光清澗縣志	清・鍾章元纂修	臺灣成文出版有限公司一九七〇年影印清道光八年抄本
道光仁壽縣新志	清・馬百齡修	清道光十八年刻本
道光思南府續志	清・夏修恕、周作楫修	清道光二十一年刻本
道光武强縣志重修	清・翟慎行修	清道光十一年刻本
道光遵義府志	清・鄭　珍修	清道光刻本
道園學古録	元・虞　集	四部叢刊影印明景泰翻元小字本
得一録	清・余　治	清同治八年刻本
滇海虞衡志	清・檀　萃	清光緒三十四年新昌胡氏版問影樓輿地叢書本
典故紀聞	明・余繼登輯	清畿輔叢書本
雕丘雜録	清・梁清遠	清康熙二十一年梁允桓刻本
調燮類編	宋・趙希鵠	中華書局一九八五年叢書集成初編排印本
東觀漢記	漢・劉　珍等	清刻武英殿聚珍版叢書本
東漢會要	宋・徐天麟	宋寶慶二年建寧刻本
東里集	明・楊士奇	清文淵閣四庫全書本
東坡志林	宋・蘇　軾	中華書局一九八一年點校本
東洋蠶事書	清・袁俊德	清光绪二十七年小倉山房富强齋叢書續全集石印本
動物	清・袁俊德	清光绪二十七年小倉山房富强齋叢書續全集石印本
杜工部集	唐・杜　甫	清文淵閣四庫全書本
杜荀鶴文集	唐・杜荀鶴	宋刻本
多稼集	清・奚子明、王毓瑚輯	財政經濟出版社一九五五年區種十種點校本
噩夢	清・王夫之	清光緒刻王船山先生四種本
爾雅	晉・郭　璞	四部叢刊影印宋本
爾雅翼	宋・羅　願	清文淵閣四庫全書本
二十四史九通政典類要合編	清・黄書霖	臺灣大通書局一九七九年影印清光緒二十八年刻本

二知軒文存　清・方濬頤　清光緒四年刻本
蕃牧纂驗方　宋・王　愈編集　江蘇人民出版社一九五八年點校本
樊榭山房集　清・厲　鶚　四部叢刊影印清振綺堂本
范德機詩集　元・范　梈　四部叢刊影印元鈔本
方言　漢・揚　雄　四部叢刊影印宋本
芳蘭軒集　宋・徐　照　明汲古閣影印宋鈔本
紡政萃編　清・袁俊德輯　清光緒二十七年小倉山房富强齋叢書續全集石印本
放養山蠶法　清・常　恩　清抄本
奉天全省財政説明書　清・理財政局編　民國經濟學會出版
鳳仙譜　清・趙學敏　清道光昭代叢書本
甫里集　唐・陸龜蒙　四部叢刊影印黄丕烈校明鈔本
撫郡農産考略　清・何剛德　清光緒撫郡學堂活字本
陔餘叢考　清・趙　翼　商務印書館一九五七年排印本
高平物産記　清・鄒漢勛　岳麓書社一九八六年風土叢書點校本
高太史大全集　明・高　啟　四部叢刊影印明景泰刊本
格物麤談　宋・蘇　瞻　清學海類編本
格致鏡原　清・陳元龍　清文淵閣四庫全書本
畊心農話　清・奚　誠　清鈔本
耕織圖　明・仇　英　紅旗出版社二〇〇九年版
耕織圖　明・宋宗魯　紅旗出版社二〇〇九年版
耕織圖　清・何太清　紅旗出版社二〇〇九年版
耕織圖　清・焦秉貞　紅旗出版社二〇〇九年版
耕織圖　清・冷　枚　紅旗出版社二〇〇九年版
耕織圖　清・佚　名　紅旗出版社二〇〇九年版
耕織圖　宋・梁　楷　紅旗出版社二〇〇九年版
耕織圖　宋・樓　璹　清康熙三十五年御序刊本

耕織圖詩	宋·樓璹	清知不足齋本
攻媿集	宋·樓鑰	清刻武英殿聚珍版叢書本
古今合璧事類備要別集	宋·謝維新	清文淵閣四庫全書本
古今合纂殖桑法	清·金步瀛	民國十九年浙江省立圖書館鉛印本
古今圖書集成	清·陳夢雷等	民國二十三年中華書局影印清雍正銅活字本
古靈先生文集	宋·陳襄	宋刻本
古謠諺	清·杜文瀾	清咸豐刻本
穀玉類編	清·汪兆舒輯	四庫未收書輯刊影印清乾隆二十二年汪質資履堂刻本
故唐律疏議	唐·長孫無忌	四部叢刊三編影印宋本
管子		四部叢刊影印宋本
灌園史	明·陳繼儒刪定，陳詩教編	明萬曆刻本
光緒安邑縣續志	清·赵輔堂修	清光緒六年刻本
光緒高明县志	清·邹兆麟、蔡蓬恩總纂	清光緒二十年刻本
光緒歸安縣志	清·李昱修	清光緒八年刻本
光緒湖南通志	清·卞寶第、李瀚章等修	清光緒十一年刻本
光緒嘉興府志	清·許瑶光修	清光緒五年刊本
光緒金華縣志	清·鄧鍾玉等纂	民國二十四年鉛印本
光緒南滙縣誌	清·金福曾等修	清光緒五年刻本
光緒容城縣志	清·俞廷獻等修	臺灣成文出版社一九六九年影印光緒二十二年刊本
光緒石門縣志	清·余麗元總纂	清光緒五年刻本
光緒松江府續志	清·博潤修	清光緒十年刻本
光緒睢甯縣志稟	清·侯紹瀛修	清光緒十二年刻本
光緒望都縣新志	清·陳洪書原修，李兆珍重訂	清光緒三十年刻本
光緒孝豐縣志	清·劉濬修	清光緒三年刊本
光緒新會鄉土志輯稿	清·蔡垚爔修	清光緒三十四年鉛印本
光緒續修浦城縣誌	清·翁天祜、吕渭英修	清光緒二十六年刻本

光緒宣平縣志	清・皮樹棠纂修	清光緒四年刻本
光緒鄆城縣鄉土志	清・畢炳炎編纂	成文出版社一九六八年影印清光緒十九年抄本
光緒政要	清・沈桐生輯	臺灣文海出版社一九八五年影印本
光緒重修華亭縣志	清・楊開第修	清光緒五年刻本
光緒重修嘉善縣志	清・江峰青	清光緒二十年刻本
廣蠶桑説	清・沈　練	清同治十二年安徽六安州署吴郡鄒氏刻本
廣蠶桑説輯補	清・沈　練撰，仲學輅輯補	清光緒漸西村舍本
廣蠶桑説輯補校訂	清・沈　練等	清光緒三十三農工商部印刷科刊印本
廣東新語	清・屈大均	清康熙水天閣刻本
廣廣事類賦	清・吴通帛	清道光十八年務本堂刻本
廣雅疏證	清・王念孫	中華書局一九八三年影印清畿輔叢書本
廣韻	宋・陳彭年等	清文淵閣四庫全書本
廣志繹	明・王士性	清康熙十五年刻本
龜溪集	宋・沈與求	四部叢刊續編影印明本
癸巳存稿	清・俞正燮	清道光靈石楊氏刻連筠簃叢書本
貴州橡繭詩	清・程恩澤輯	清刻本
國朝獻徵録	明・焦　竑輯	明萬曆四十四年徐象橒曼山館刻本
海録碎事	宋・葉庭珪	清文淵閣四庫全書本
海山存稿	清・周　煌	清乾隆五十八年周氏葆素家塾刻後印本
海虞農家占驗	清・鄧　琳原輯	清光緒三十一年鉛印本
漢官舊儀	清・衛　宏	清刻武英殿聚珍版叢書本
漢書	漢・班　固	清乾隆武英殿刻本
杭州蠶學館章程	清・杭州蠶學館	清光緒間江南農學會農學叢書石印本
蒿庵閒話	清・張爾岐	清康熙徐氏真合齋磁版印本
鶴山集	宋・魏了翁	清文淵閣四庫全書本
紅豆村人詩稿	清・袁　樹	民國十九年國學書局刊本

後村先生大全集　宋・劉克莊　四部叢刊影印舊鈔本
湖北興農文牘　清・端　方等　清光緒間江南農學會農學叢書石印本
湖蠶述　清・汪曰楨　清光緒汪氏刻本
虎苑　明・王穉登　續修四庫全書影印明萬曆十二年吴氏蕭疏齋刻本
花編　明・蔣以化　四庫未收書輯刊影印明萬曆刻本
花鏡　清・陳淏子輯　清刻本
花史　明・孫若英軞　一九五九年據北京圖書館藏舊鈔本鈔録
花史　清・佚　名　續修四庫全書影印清刻本
花史左編　明・王　路　明萬曆刻本
花傭月令　明・徐石麒　清光緒傳硯齋叢書本
華夷花木鳥獸珍玩考　明・慎懋官　明萬曆九年刻本
淮南課桑備要　清・方濬頤　清光緒年間抄本
荒政叢書　清・俞　森　清宣統三年文盛書局石印本
荒政要覽　明・俞汝為輯　明萬曆刻本
皇朝經世文編　清・賀長齡等編　清光緒十二年思補樓重校本
皇朝經世文四編　清・何良棟輯　清光緒二十八年鴻寶書局石印本
皇朝經世文統編　清・邵之棠輯　清光緒二十七年上海寶善齋石印本
皇朝文鑑　宋・吕祖謙輯　四部叢刊影印宋刊本
皇朝蓄艾文編　清・于寶軒編纂　臺灣學生書局一九六五年影印清光緒二十九年刊本
皇明嘉隆疏鈔　明・張　鹵輯　明萬曆刻本
皇明留臺奏議　明・朱吾弼輯　明萬曆三十三年刻本
皇明疏鈔　清・孫　旬輯　明萬曆自刻本
皇清奏議　清・佚　名　臺灣文海出版社二〇〇六年中國近代史料叢刊三編影印清道光間都城國史館刊本
黄氏日鈔　宋・黄　震　元後至元刻本
黄氏日鈔　宋・黄　震　清文淵閣四庫全書本
黄葉邨莊詩集　清・吴之振　四庫全書存目叢書影印清康熙刻本

雞肋編　宋・莊綽　清文淵閣四庫全書本

吉林全省財政説明書　清・理財政局編　民國經濟學會出版

紀歷撮要　唐・鹿门老人　明刻居家必备本

嘉靖九江府志　明・馮曾修　上海古籍書店一九六二年影印天一閣藏明嘉靖六年刻本

嘉靖濮州志　明・鄧韍纂修　明嘉靖刻本

嘉靖湖廣圖經志書　明・薛剛纂修，吴廷舉續修　書目文獻出版社一九九一年日本藏中國罕見地方志叢刊影印明刻本

嘉慶常德府志　清・應先烈修　清嘉慶十八年刻本

嘉慶如皋縣志　清・楊受廷等修　嘉慶十三年刻本

嘉慶上海縣志　清・王大同等修　清嘉慶十九年刻本

嘉慶桐鄉縣志　清・李廷輝修　清嘉慶四年刻本

嘉慶西安縣志　清・姚宝煃修　臺灣成文出版社一九七〇年影印民國六年重刊本

嘉慶義烏縣志　清・諸自谷修　臺灣成文出版社一九七〇年影印清嘉慶七年刊本

嘉慶沅江縣志　清・唐古特修　清嘉慶二十二年刻本

嘉泰吴興志　宋・談鑰纂修　民國刻吴興叢書本

稼圃輯　清・王芷　清鈔本

見物　明・李蘇　中華書局一九九一年叢書集成新編排印本

建炎以來繫年要録　宋・李心傳　清文淵閣四庫全書本

劍南詩稿　宋・陸游　明汲古閣刊陸放翁全集本

澗泉集　宋・韓淲　清文淵閣四庫全書本

江湖長翁集　宋・陳造　清文淵閣四庫全書本

江湖小集　宋・陳起編　清文淵閣四庫全書本

江南催耕課稻編　清・李彦章　清刻榕園全集本

江文通集　南朝宋・江淹　清文淵閣四庫全書本

教民種桑養蠶繅絲織綢四法　清・馬丕瑶　清光緒十五年刻本

教種山蠶譜　清・江國璋　清光緒二十年宜賓官署刻本

戒菴老人漫筆　明・李詡　明萬曆刻本

金史	元・脱　脱	清乾隆武英殿刻本
錦繡萬花谷	宋・佚　名	清文淵閣四庫全書本
晉書	唐・房玄齡	清乾隆武英殿刻本
荆楚歲時記	晉・宗　懔	日本大阪古本屋櫻町天皇元文二年刊行本
經腴類纂	清・孫　顔	清同治六年緯文堂小瑯嬛山館匯刊十二種刻本
敬業堂詩集	清・查慎行	四部叢刊影印清康熙本
靖康緗素雜記	宋・黄朝英	清守山閣叢書本
靜居集	明・張　羽	四部叢刊三編影印明成化刻本
九穀考	清・程瑶田	清道光皇清經解本
酒概	明・沈　沈	四庫全書存目叢書影印明刻本
救荒本草	明・朱　橚等	中華書局一九五九年影印明嘉靖四年刊本
救荒野譜	明・姚可成	清嘉慶借月山房彙鈔本
救貧捷法	清・馮祖繩撰	天津古籍出版社二〇一〇年中國荒政全書點校本
舊唐書	五代・劉　昫	清乾隆武英殿刻本
居家必用事類全集	元・佚　名	明刻本
橘潭詩稿	宋・何應龍	清光緒钱塘丁氏嘉惠堂刻本
倦圃蒔植記	清・曹　溶	清鈔本
筠廊偶筆二筆	清・宋　犖	清康熙刻本
郡縣農政	清・包世臣	農業出版社一九六二年點校本
康濟譜	明・潘游龍輯	四庫禁毁書叢刊影印明崇禎刻本
康熙貴池縣志	清・李愈昌修，梁國標輯纂	清康熙三十一年刻本
康熙嘉定縣志	清・趙　昕修	清康熙十二年刻本
康熙上海縣志	清・史　彩修	清康熙二十二年刻本
康熙陽穀縣志	清・王時来修	清康熙五十五年鈔本
康熙雲夢縣志	清・陳夢舟修	清康熙七年刻本
康熙諸羅縣志	清・周鍾瑄修	上海書店出版社一九九九年影印清康熙五十六年年刻本

亢倉子	庚桑楚	明刻子彙本
客座贅語	明・顧起元	明萬曆四十六年自刻本
李開先集	明・李開先	中華書局一九五九年點校本
李太白文集	唐・李　白	清文淵閣四庫全書本
李中麓閑居集	明・李開先	明刻本
禮記大全	明・胡　廣等	清文淵閣四庫全書本
荔譜	清・陳定國	叢書集成續編影印清昭代叢書本
梁書	唐・姚思廉	清乾隆武英殿刻本
遼史	元・脱　脱	清乾隆武英殿刻本
臨川先生文集	宋・王安石	四部叢刊影印明嘉靖本
陵川集	元・郝　經	清文淵閣四庫全書本
嶺南蠶桑要則	清・賴逸甫	清宣統三年佛山同文堂承印瀧陽蠶桑義學刻本
嶺外代答	宋・周去非	清文淵閣四庫全書本
劉氏鴻書	明・劉仲達	明萬曆年間刻本
柳蠶發明輯要	清・張　瀛	吉林省檔案館一九八三年點校本
柳蠶新編	清・許鵬翊	清宣統間安徽勸業道署鉛印本
柳河東集	唐・柳宗元	清文淵閣四庫全書本
六書故	宋・戴　侗	清文淵閣四庫全書本
龍筋鳳髓判	唐・張　鷟	清嘉慶學津討原本
婁東荒賑匯編	清・顧嘉言等輯	天津古籍出版社二〇一〇年中國荒政全書點校本
陸氏家制	宋・陸九韶	清初刻本
鹿洲初集	清・藍鼎元	清文淵閣四庫全書本
潞水客談	明・徐貞明	清道光光緒間粤雅堂叢書本
欒城集	宋・蘇　轍	四部叢刊影印明嘉靖蜀藩活字本
論衡	漢・王　充	清文淵閣四庫全書本
論區田	清・陸世儀	清道光二十八年楚興國李煒校刻本

呂氏春秋	呂不韋	四部叢刊影印明刊本
呂氏春秋集解	宋・呂本中	清文淵閣四庫全書本
蠻書	唐・樊綽	清刻武英殿聚珍版叢書本
貓苑	清・黄漢輯	民國年間上海進步書局石印本
毛詩名物圖説	清・徐鼎	清乾隆刻本
毛詩正義		北京大學出版社一九九九年十三經注疏標點本
茅亭客話	宋・黄休復	清光緒琳琅秘室叢書本
孟子傳	宋・張九成	清文淵閣四庫全書本
夢粱録	宋・吴自牧	清學津討原本
閩部疏	明・王世懋	臺灣成文出版社一九七五年年影印明保顔堂訂正刊本
名山藏	明・何喬遠	明崇禎刻本
明史	清・張廷玉	清乾隆武英殿刻本
明文海	清・黄宗羲編	清文淵閣四庫全書本
墨客揮犀	宋・彭乘	明刻稗海本
墨子閒詁	清・孫詒讓	清光緒三十三年刻本
牧令書	清・徐棟輯	清道光二十八年楚興國李煒校刻本
穆堂類稿	清・李紱	清道光十一年奉國堂刻本
南北史補志	清・汪士鐸	清光緒四年淮南書局刻本
南海縣蠶業調查報告	清・姚紹	清光緒間江南總農會農學叢書石印本
南史	唐・李延壽	清乾隆武英殿刻本
南齋集	清・馬曰璐	商務印書館一九三五年排印本
南征紀略	清・孫廷銓	文海出版社一九六九年影印清鈔本
內自訟齋詩鈔	清・周凱	上海古籍出版社二〇一〇年清代詩文集滙編影印清道光刻本
能改齋漫録	宋・吴曾	清文淵閣四庫全書本
蔫譜	清・單學傅輯	清咸豐八年拜詩閣刻本
甯郡蠶桑要言	清・費烈傳口述	清汲綆齋刻本

農工商部農事試驗場第一期報告	清・廣東省農林試驗場編輯	清宣統間廣州石印本
農候雜占	清・梁章鉅	清同治二思堂叢書本
農林蠶説	清・葉向榮	清宣統三年衢城正新書局石印本
農圃四書	明・黄省曾	河南教育出版社一九九四年影印明田園經濟叢書本
農桑輯要	元・司農司	清刻武英殿聚珍版叢書本
農桑輯要	元・司農司	元後至元五年刻明修本
農桑經	清・蒲松齡	廣東省農林學院圖書館一九七七年據一九五一年柿園王氏鈔藏本校録油印本
農桑書録要	清・劉振清等	清道光十五年青照堂叢書次編本
農桑衣食撮要	元・魯明善	清文淵閣四庫全書本
農桑易知録	清・鄭之僑	清乾隆鄭氏刻本
農書	宋・陳　旉	清乾隆道光間知不足齋叢書本
農學報	清・羅振玉、蔣　黻等编	清光緒間江南總農會石印本
農學叢書	清・羅振玉編	清光緒間江南農學會石印本
農學纂要	清・陳恢吾	清光緒刻本
農政全書	明・徐光啓	明崇禎平露堂本
歐陽文忠公集	宋・歐陽修	四部叢刊影印元本
歐洲十一國游記二種	清・康有為	岳麓書社一九八五年點校本
盤洲文集	宋・洪　适	四部叢刊影印宋刊本
培遠堂偶存稿	清・陳宏謀	上海古籍出版社二〇一〇年清代詩文集滙編影印清道光十七年刻本
皮日休文集	唐・皮日休	四部叢刊影印明本
埤雅	宋・陸　佃	明成化刻嘉靖重修本
駢語雕龍	明・游日章	商務印書館一九三六年叢書集成初編排印本
蒲松齡集	清・蒲松齡	中華書局一九六二年點校本
七修類稿	明・郎　瑛	明刻本
齊東野蠶	清・查初白	清光緒武昌崇文書局刊本
齊民四術	清・包世臣	中華書局二〇〇一年點校本

齊民要術	北魏・賈思勰	四部叢刊影印明鈔本
乾隆安肅縣志	清・張　鈍修	清嘉慶十三年影清乾隆四十三年刻版重印本
乾隆安遠縣志	清・董　正修	清乾隆十六年刻本
乾隆光州志	清・高兆煌纂修	清乾隆三十五年刻本
乾隆海寧州志	清・戰效曾修	清乾隆四十一年刻道光二十八年補刊本
乾隆揭陽縣志	清・劉業勤修	清乾隆四十四年刻本
乾隆天津府志	清・李梅賓、程鳳文修	清乾隆四年刻本
乾隆威遠縣志	清・李南暉修	清光緒三年刻本
乾隆續河南通志	清・阿思哈等修	清乾隆三十二年刻本
乾隆正定府志	清・鄭大進纂修	清乾隆二十七年刻本
潛山集	宋・釋文珦	清文淵閣四庫全書本
黔記	清・李宗昉	商務印書館一九三五年叢書集成排印本
牆東類稿	元・陸文圭	清文淵閣四庫全書本
篋衍集	清・陳維崧	清乾隆二十六年華綺刻本
清稗類鈔	清・徐　珂編撰	中華書局一九八四年點校本
清朝文獻通考	清・張廷玉	商務印書館一九三五年排印本
清經世文編	清・賀長齡、魏　源等	中華書局一九九二年影印清光緒十二年思補樓重校本
清詩鐸	清・張應昌編	中華書局一九六〇年排印本
清史稿	趙爾巽	民國十七年清史館本
清虛齋集	清・鄂　忻	清抄本
秋崖集	宋・方　岳	清文淵閣四庫全書補配清文津閣四庫全書本
臞仙神隱	明・朱　權	明格致叢書本
曲本草	宋・田　錫	中國青年出版社一九九八年歷代茶經酒經論選譯點校本
全芳備祖	宋・陳景沂	明毛氏汲古閣鈔本
全金詩	金・元好問	清文淵閣四庫全書本
全唐詩	清・曹　寅等	清文淵閣四庫全書本
全唐文	清・董　誥輯	清嘉慶內府刻本

痊驥通玄論注釋	元·卞管勾集注	甘肅人民出版社一九五九年點校本
勸辦桐廬柞蠶歌	清·陳蕃誥	清浙江官紙刷印總局印本
勸農書	明·袁黄	明萬曆刻了凡雜著本
人參譜	清·陆烜	清昭代叢書本
日涉園集	宋·李彭	民國刻豫章叢書本
日知録	清·顧炎武	清文淵閣四庫全書本
日知録集釋	清·黄汝成	清道光西谿草廬刻本
容齋隨筆	宋·洪邁	清修明崇禎馬元調刻本
蠕範	清·李元	臺灣新文豐出版公司一九八五年叢書集成新編本
汝南圃史	明·周文華	明萬曆書帶齋刻本
三才圖會	明·王圻、王思義編集	上海古籍出版社一九八八年影印明萬曆王思義校正本
三洞珠囊	唐·王懸河	明正統道藏本
三國志	晉·陳壽	清文淵閣四庫全書本
三農紀	清·張宗法	清刻本
三垣筆記	清·李清	民國嘉業堂叢書本
桑蠶説	清·江毓昌	清東陽縣署刻本
桑蠶提要	清·方大湜	續修四庫全書影印清光緒十八年瑞州府署重刊本
桑麻葛譜	明·王象晉輯	明天啟元年刻本
桑麻水利族學彙存	清·李有棻	清刻本
桑政萃編	清·賈振聲校，袁俊德輯	清光緒二十七年小倉山房富强齋叢書續全集石印本
桑政邇言	清·徐樹銘	清光緒間刻本
桑織圖	清·張集賢編撰，郝子雅繪圖	農业出版社一九九五年中國古代耕織圖影印清光緒年間木刻本
桑志	清·李聿求	清虎溪山房刻本
山蠶輯略	清·孫鐘亶	農業出版社一九八三年柞蠶三書點校本
山蠶講義	清·余銑	清宣統三年遵義藝徒學堂石印本
山蠶圖説	清·夏與賡	清光緒三十二年合江農務局刻本
山居四要	明·汪汝懋	明胡文煥刻本

山居瑣言　清·王晉之　清光緒七年刻本

山堂肆考　明·彭大翼、張幼學　清文淵閣四庫全書本

山左蠶桑考　清·陸　獻輯　清刻本

删後詩存　清·陳　梓　清嘉慶二十年胡氏敬義堂刻本

尚書　漢·孔安國傳　四部叢刊影印宋本

尚書表注　宋·金履祥　清通志堂經解本

尚書正義　唐·孔穎達等正義　清嘉慶二十年南昌府學重刊宋本十三經注疏本

申鑒　漢·荀　悦　清文淵閣四庫全書本

深州風土記　清·吴汝綸　清光緒二十六年刻本

神農本草經　清·孫星衍、孫馮翼輯　河南教育出版社一九九四年中國科學技術典籍通滙影印清光緒刻本

神農本草經百種録　清·徐大椿　清文淵閣四庫全書本

升庵經説　明·楊　慎　商務印書館一九三六年叢書集成初編排印本

聖祖仁皇帝御製文集　清·愛新覺羅·玄燁　清摛藻堂四庫全書薈要本

詩瀋　清·范家相　清文淵閣四庫全書本

石倉歷代詩選　清·曹学佺編　清文淵閣四庫全書補配清文津閣四庫全書本

石湖詩集　宋·范成大　四部叢刊影印清愛汝堂本

石田文集　元·馬祖常　元至元五年揚州路儒學刻本

石園文集　清·萬斯同　民國四明叢書本

食療本草　唐·孟　詵、張　鼎撰　人民衛生出版社一九八四年點校本

食物本草　明·姚可成匯輯　人民衛生出版社一九九四年點校本

食物本草　明·佚　名繪　華夏出版社二〇〇〇年影印宫廷寫本

食醫心鑒　唐·昝　殷　上海中醫藥大學出版社一九九四年歷代本草精華叢書影印民國甲子東方學會印本

時節氣候抄　清·喻端士　清道光蜜香庵刻本

實驗蠶桑簡要法　清·陳　淳　上海新學會社一九一三年印行

實政録　明·吕　坤　明萬曆二十六年趙文炳刻本

史記　漢·司馬遷　清乾隆武英殿刻本

世説新語　南朝宋·劉義慶　四部叢刊影印明袁氏嘉趣堂本

世説新語	南朝宋・劉義慶	清文淵閣四庫全書本
世宗憲皇帝御製文集	清・愛新覺羅・胤禛	清文淵閣四庫全書本
事類賦注	宋・吴　淑	中華書局一九八九年點校本
事文類聚	宋・祝　穆	清文淵閣四庫全書本
事物紀原	宋・高　承	清文淵閣四庫全書本
事物異名録	清・厲　荃原輯，關　槐增纂	續修四庫全書影印清乾隆刻本
試行蠶桑説	清・高其垣	清道光二十三年刻本
釋名疏證補	清・王先謙	上海古籍出版社一九八四年影印清光緒二十二年刻本
授時通考	清・鄂爾泰	清刻武英殿聚珍版叢書本
菽園雜記	明・陸　容	清文淵閣四庫全書本
束鹿鄉土志	清・李中桂	臺灣成文出版社一九六八年影印清光緒三十一年鉛印本
述本堂詩集	清・方觀承	清乾隆三十年桐城方氏刻本
樹桑百益	清・葉世倬輯	全國圖書館文獻縮微複製中心中國古代醫方真本秘本全集影印清嘉慶辛未年刊本
樹桑養蠶要略	清・佚　名	清光緒十四年蓮池書局刻本
樹藝篇	元・胡古愚	明純白齋鈔本
水經注	北魏・酈道元	四部叢刊影印清刻武英殿聚珍版叢書本
順適堂吟稿	宋・葉　茵	清嘉慶間顧氏讀畫齋刻本
説郛	明・陶宗儀纂	清順治宛委山堂刻本
説略	明・顧起元	清文淵閣四庫全書本
説蛇	清・趙彪詔	續修四庫全書影印清昭代叢書本
四民月令	漢・崔　寔	清文淵閣四庫全書本
四时宜忌	元・瞿　祐	清學海類編本
四時花紀	明・高　濂	巴蜀書社一九八八年遵生八箋點校本
飼蠶法	清・江志伊輯	鉛印本
飼蠶淺説	清・福州試辦蠶桑公學	清光緒二十七年福州試辦蠶桑公學刊本
飼蠶新法	清・鄭　愷	清光緒二十八年刻本
松雪齋集	元・趙孟頫	四部叢刊影印元刻本

宋詩紀事	清・厲　鶚	清文淵閣四庫全書本
宋史	元・脱　脱等	中華書局一九七七年點校本
宋書	南朝梁・沈　約	中華書局一九七四年點校本
宋文鑑	宋・吕祖謙	四部叢刊影印宋刊本
宋元學案	清・黄宗羲	清道光刻本
搜神記	晉・干　寶	中華書局二〇〇九年點校本
隋書	唐・魏　徵	中華書局一九九七年點校本
歲華記麗譜	元・費　著	中華書局一九九一年點校本
歲時廣記	宋・陳元靚	清光緒十萬卷樓叢書本
笋譜	宋・釋贊寧	宋咸淳百川學海本
太湖備考	清・金友理	江蘇古籍出版社一九九八年排印本
太康物産表	清・葉景葵	上海古籍出版社一九八六年點校本
太平廣記	宋・李　昉	民國影印明嘉靖談愷刻本
太平寰宇記	宋・樂　史	清文淵閣四庫全書本
太平御覽	宋・李　昉	四部叢刊三編影印宋本
泰西蠶事書	清・吴士鎔校，袁俊德輯	清光緒二十八年小倉山房富强齋叢書續全集石印本
泰西育蠶新法	清・張坤德譯	清光緒二十八年小倉山房富强齋叢書續全集石印本
譚子雕蟲	明・譚貞默	四庫全書存目叢書影印民國二十四年嘉興譚氏承啓堂刻嘉興譚氏遺書本
唐伯虎先生集	明・唐　寅	明萬曆刻本
唐會要	宋・王　溥	清刻武英殿聚珍版叢書本
陶淵明集	晉・陶　潛	中華書局一九七九年點校本
陶朱公致富奇書	明・陳繼儒輯	清乾隆刻本
天府廣記	清・孫承澤	清鈔本
天工開物	明・宋應星	明崇禎初刻本
天下郡國利病書	清・顧炎武纂輯	崇禎十二年鈔本
天真閣集	清・孫原湘	清嘉慶五年刻增修本
田家五行	明・婁元禮	明張師説校訂本

田家占候集覽　清·鄒存淦　清稿本
通典　唐·杜　佑　清乾隆武英殿刻本
通俗編　清·翟　灝　續修四庫全書影印武林竹簡齋藏板無不齋雕本
同治昌黎縣志　清·何崧泰修　清同治五年刻本
同治阜平縣志　清·勞輔芝編輯　清同治十三年刻本
同治滑縣志　清·姚　錕修　清同治六年刻本
退庵隨筆　清·梁章鉅編　清道光十六年刻本
宛陵集　宋·梅堯臣　四部叢刊影印明萬曆梅氏祠堂本
宛陵群英集　宋·汪澤民、張師愚編　清文淵閣四庫全書本
晚香書劄　清·潘道根　臺灣新文豐出版公司一九八五年叢書集成三編影印峭帆樓校刻本
萬曆野獲編　明·沈德符　清道光七年姚氏刻同治八年補修本
王司馬集　唐·王　建　清文淵閣四庫全書本
王隱晉書　晉·王　隱　清光緒廣雅叢書本
王禎農書　元·王　禎　清文淵閣四庫全書本
渭南文集　宋·陸　游　四部叢刊影印明活字本
衛濟餘編　清·王纕堂編　清咸豐甲寅年鐫來鹿堂藏版
魏書　北魏·魏　收　清乾隆武英殿刻本
文獻通考　元·馬端臨　清光緒二十二年浙江書局刊本
文選　南朝梁·蕭　統編　胡刻本
文苑英華　宋·李　昉輯　明刻本
甕牖閒評　宋·袁　文　清刻武英殿聚珍版叢書本
吴郡志　宋·范成大　清文淵閣四庫全書本
吴趨風土録　清·顧　禄　清光緒上海著易堂小方壺齋輿地叢鈔鉛印本
吴興蠶書　清·高　銓　清光緒十六年新繁沈氏家塾刻本
吴苑栽桑記　清·孫福保　清光緒二十六年江南总農會石印本
吴越春秋　漢·趙　曄　四部叢刊影印明弘治刻本
吴中水利全書　明·張國維　清文淵閣四庫全書本

無不宜齋未定稿	清・翟　灝	清乾隆刻本
五百家注柳先生集	唐・柳宗元	清文淵閣四庫全書本
五畝居桑蠶清課	清・曹笙南輯	清抄本
武陵土產表	清・楊守敬	清光緒二十六年江南總農會石印本
戊戌年中國農產物貿易表	清・陳壽彭輯譯，羅振玉編	清光緒間江南農學會石印農學叢書本
物類相感志	宋・苏　軾	河南教育出版社一九九四年中國科學技術典籍通滙影印明寶顏堂秘籍本
物理小識	清・方以智	清光緒寧靜堂刻本
西陂類稿	清・宋　犖	清文淵閣四庫全書本
西漢會要	宋・徐天麟	清文淵閣四庫全書本
西行瑣録	[德]・福　克（Alfred・F）	清光緒上海著易堂小方壺齋輿地叢鈔鉛印本
西河集	清・毛奇齡	清文淵閣四庫全書本
西山真文忠公文集	宋・真德秀	四部叢刊影印明正德刊本
西石梁農圃便覽	清・丁宜曾	清乾隆原刻本
西吴蠶略	清・程岱葊	清刻本
西園聞見録	明・張　萱	民國哈佛燕京學社印本
希澹園詩集	明・虞　堪	清文淵閣四庫全書本
霞外詩集	元・馬　臻	清文淵閣四庫全書本
夏桂洲先生文集	明・夏　言	明崇禎十一年吴一璘刻本
咸豐盛京通志	清・吕耀曾等修	清咸豐二年據清乾隆元年刻版重修刻本
憲章録	明・薛應旂	明萬曆二年刻本
相法牛經大全	清・佚　名	湖南科學技術出版社一九九三年點校本
香乘	明・周嘉胄	清文淵閣四庫全書本
橡蠶芻言	清・孫尚質	清光緒刻本
橡蠶新編	清・許鵬翊	吉林省檔案館一九八三年清代吉林檔案史選編點校本
橡繭圖説	清・劉祖憲	清道光七年自刻本
校正增補痊驥通玄論	元・卞管勾集注	甘肅人民出版社一九五九年點校本
新唐書	宋・歐陽修	清乾隆武英殿刻本

信徵録	清・徐慶	清道光五年聚秀堂刻本
修齊直指評	清・劉光蕡	民國陝西通志館關中叢書排印本
盱江集	宋・李覯	清文淵閣四庫全書本
續博物志	晉・李石	明古今逸史本
續齊諧記	南朝梁・吴均	明顧氏文房小説本
續通典	清・嵇璜、劉墉	商務印書館一九三七年萬有文庫排印本
續資治通鑒長編	宋・李燾	清文淵閣四庫全書本
續資治通鑒長編拾補	清・秦緗業等輯	清光緒浙江書局刻本
學林	宋・王觀國	清刻武英殿聚珍版叢書本
學餘堂集	清・施閏章	清文淵閣四庫全書本
遜志齋集	明・方孝孺	四部叢刊影印明本
煙霞草堂文集	清・劉光賁	上海古籍出版社二〇一〇年清代詩文集匯編影印一九一八年蘇州刻本
簷曝雜記	清・趙翼	清嘉慶湛貽堂刻本
弇山堂别集	明・王世貞	清文淵閣四庫全書本
演繁露	宋・程大昌	清學津討原本
儼山集	明・陸深	清文淵閣四庫全書補配清文津閣四庫全書本
楊園先生全集	清・張履祥	清同治十年刻重訂楊園先生全集本
養蠶必讀	清・莊景仲	清光緒三十四年上海新學會社再版鉛印本
養蠶成法	清・韓夢周	農業出版社一九八三年柞蠶三書點校本
養蠶法	清・關維震	商務印書館民國十八年萬有文庫排印本
養蠶歌括	清・劉光蕡	清刻本
養蠶説	清・吴烜	續修四庫全書影印清刻本
養蠶秘訣	清・張文藝	清光緒通學齋叢書鉛印本
藥鏡	明・蔣儀	上海中醫藥大學出版社一九九四年歷代本草精華叢書影印明末刻本
野蠶録	清・王元綎	清光緒進呈寫本
野客叢書	宋・王楙	清文淵閣四庫全書本
一斑録	清・鄭光祖	清道光舟車所至叢書本

醫牛寶書　清・佚　名　農業出版社一九九三年排印本
沂水桑麻話　清・吴樹生　沂水縣政協文史研究委員會一九八七年點校本
易牙遺意　明・韩　奕　上海涵芬樓影印明萬曆刻夷門廣牘本
藝菊志　清・陸廷燦　清康熙刻本
藝蘭要訣　清・吴傳沄　民國藝海一勺本
藝文類聚　唐・歐陽詢　明嘉靖天水胡纘宗刻本
欽定續通典　清・嵇　璜等纂修　清文淵閣四庫全書本
飲膳正要　元・忽思慧　明景泰七年内府刻本
營田輯要　清・黄輔辰　清同治成都刻本
雍正山東通志　清・岳　濬等監修　清文淵閣四庫全書本
雍正山西通志　清・覺羅石麟修　清雍正十二年刻本
永定河志　清・陳　琮　清鈔本
甬上耆舊詩　清・胡文學　清文淵閣四庫全書本
湧幢小品　明・朱國禎　中華書局一九五九年排印本
詠史詩　唐・周　曇　四部叢刊三編影印宋鈔本
酉陽雜俎　唐・段成式　中華書局一九三一年點校本
漁洋山人精華録　清・王士禎　四部叢刊影印林佶寫刻本
輿地廣記　宋・歐陽忞　清文淵閣四庫全書本
禹貢古今合注　明・夏元彝　續修四庫全書影印明刻本
禹貢要註　清・鄭濬泉、祝逢源校　清光绪十年古虞朱氏刻本
庾子山集　南朝梁・庾　信　上海涵芬樓影印明屠隆合刻評點本
玉海　宋・王應麟　清文淵閣四庫全書本
玉函山房輯佚書　清・馬國翰輯　清光緒九年長沙琅嬛館刻本
育蠶要旨　清・董開榮　清抄本
御定歷代賦　清・陳元龍　清文淵閣四庫全書本
御定月令輯要　清・李光地等　清文淵閣四庫全書本
御定子史精华　清・张廷玉、吴士玉　清文淵閣四庫全書本

御製耕織圖	清・愛新覺羅・玄燁	清康熙内府刻本
御製樂善堂全集定本	清・愛新覺羅・弘曆	清文淵閣四庫全書本
元豐類稿	宋・曾　鞏	四部叢刊影印元本
元明事類鈔	清・姚之駰	清文淵閣四庫全書本
元史	明・宋　濂	清乾隆武英殿刻本
元文類	元・蘇天爵	四部叢刊影印元至正本
粵東飼八蠶法	清・蔣　斧	清光緒二十六年上海江南總農會農學叢書石印本
粵中蠶桑芻言	清・盧燮宸	清光緒番禺黄從善堂刻本
樂府補	元・楊維楨	清文淵閣四庫全書補配清文津閣四庫全書本
樂府詩集	宋・郭茂倩	四部叢刊影印明汲古閣本
樂府雜録	唐・段安節	清守山閣叢書本
雲笈七籤	宋・张君房	中華書局二〇〇三年道教典籍選刊校點本
雲莊集	宋・劉　爚	清文淵閣四庫全書本
棗林雜俎	清・談　遷	民國適園叢書本
澤農要録	清・吴邦慶	清道光刻本
增廣太平惠民和劑局方	宋・陳　承等	商務印書館一九三九年叢書集成初編排印本
柞蠶彙誌	清・董元亮	清宣統二年浙江官紙局刻本
柞蠶簡法	清・徐　瀾輯	上海交通大學出版社二〇一〇年點校本
柞蠶簡法補遺	清・徐　瀾輯	上海交通大學出版社二〇一〇年點校本
柞蠶雜志	清・增　韞	清光緒浙江書局刻本
摘刊蠶瘟説略	[法]・白爾辣	清光緒九年浙江省釐捐總司刻本
張文襄公全集	清・張之洞	民國刻張文襄公全集本
貞素齋集	元・舒　頔	清文淵閣四庫全書本
真臘風土記	元・周達觀	明新安吴氏刻本
震川集	明・歸有光	清文淵閣四庫全書本
震澤集	明・王　鏊	清文淵閣四庫全書本
鄭守愚文集	唐・鄭　谷	四部叢刊續編影印宋本

植桑育蠶書	清・吴　烜	清同治九年刻本
植物名實圖考	清・吴其濬	清道光山西太原府署刻本
植物名實圖考長編	清・吴其濬編	上海商務印書館一九五九年鉛印本
至正集	元・許有壬	清文淵閣四庫全書補配清文津閣四庫全書本
治蝗書	清・陳崇砥	清同治十三年蓮花池書局刻印本
治世餘聞録	明・陳洪謨	明萬曆刻紀録彙編本
致富全書	明・陳繼儒輯	河南科學技術出版社一九八七年點校本
製種法	清・陳　淳輯	民國上海新學會社鉛印本
中外農學合編	清・楊　鞏	清光緒三十四年刻本
中州集	金・元好問	四部叢刊影印元刊本
種菊法	明・陳繼儒	清光緒農學叢書本
種桑成法	清・湯聘珍輯	清光緒刻本
種桑法	清・江志伊	鉛印本
種桑説	清・吴　烜	清同治刻本
種樹書	明・俞宗本	叢書集成初編排印本
種樹書	唐・郭橐駞	明萬曆夷門廣牘本
種樹圖説	清・程　述編	鉛印本
種藝必備補遺	元・張　福	明永樂大典本
種藝必用	宋・吴　欑	明永樂大典本
周禮傳	明・王應電	清文淵閣四庫全書本
周禮鄭氏注	漢・鄭　玄	民國十一年上海博古齋影印清嘉慶士禮居本
周禮注疏	漢・鄭　玄注，唐・賈公彦疏	北京大學出版社二〇〇〇年十三經注疏整理本
周書	唐・令狐德棻	清乾隆武英殿刻本
滋溪文稿	元・蘇天爵	民國適園叢書本
資治通鑑	宋・司馬光	四部叢刊影印宋刻本
遵生八牋	明・高　濂	明刊本
左海文集	清・陳壽祺	清刻本

《中華大典》辦公室

主　任：于永湛

副主任：伍　傑

　　　　姜學中

編　審：趙含坤

　　　　崔望雲

　　　　馮寶志

　　　　宋志英

　　　　谷笑鵬

裝幀設計：章耀達

《中華大典·農業典》編輯組

負 責 人：陳廣勝　靳宇峰

編輯人員：袁喜生　劉小敏

　　　　　王　慧　龍玉明

　　　　　何　新　胡玲霞

　　　　　孫增科　解遠文

　　　　　展文婕　范　昕

技術指導：李玉玲　葛　强

　　　　　劉　春

技術編輯：郭　林　李雪艷

　　　　　馬　龍　陳盛傑

　　　　　李艷潔

圖書在版編目（CIP）數據

中華大典．農業典．蠶桑分典／唐志强主編．-- 鄭州：河南大學出版社，2017.12
ISBN978-7-5649-3127-8

Ⅰ．①中…Ⅱ．①唐…Ⅲ．①百科全書－中國②桑蠶生産Ⅳ．①Z227②S88

中國版本圖書館CIP數據核字（2017）第326140號

中華大典·農業典·蠶桑分典

編　　纂	《中華大典》工作委員會 《中華大典》編纂委員會
出版發行	河南大學出版社有限責任公司
出版社地址	鄭州市鄭東新區商務外環中華大厦2401號 郵編：450046
出版社網址	www.hupress.com
排　　版	書翰設計
印　　刷	河南瑞之光印刷股份有限公司
開　　本	787×1092　1/16
印　　張	122.25
字　　數	4002千字
版　　次	2017年12月第1版　2017年12月第1次印刷
標準書號	ISBN 978-7-5649-3127-8
定　　價	1350.00圓（全二册）

ISBN 978-7-5649-3127-8
9 787564 931278 >
定價：1350.00圓
（全二册）